中国名水志文化工程丛书
陕 西 省 地 情 丛 书
陕 西 省 河 流 志 丛 书

千河志

《陕西省河流志丛书》编纂委员会 编

黄 河 水 利 出 版 社
· 郑 州 ·

图书在版编目（CIP）数据

千河志 / 《陕西省河流志丛书》编纂委员会编. 郑州 : 黄河水利出版社, 2025. 6. -- (陕西省河流志丛书). -- ISBN 978-7-5509-4119-9

Ⅰ. TV882.841

中国国家版本馆CIP数据核字第2025H7F133号

千河志　QIANHE ZHI

《陕西省河流志丛书》编纂委员会　编

责任编辑	李晓红	责任校对	岳晓娟
封面设计	张心怡　孟周利	责任监制	常红昕
出版发行	黄河水利出版社		
	地址:河南省郑州市顺河路49号　邮政编码:450003		
	网址:www.yrcp.com　E-mail:hhslcbs@126.com		
	发行部电话：0371-66020550		
承印单位	陕西省水利印刷厂		
开　　本	787mm × 1092mm　1/16		
插　　页	16		
印　　张	31		
字　　数	762千字		
版次印次	2025年6月第1版	2025年6月第1次印刷	
定　　价	3680.00元（全十卷）		

《千河志》编纂委员会

主　任　许　灏
副主任　常崇信
委　员　张卫东　杨陆平　马兵林　江先武　周建宇　邢　阔　张晓亮　张新弟
贾　涛　杨国华　田伟哲　齐清孝　张少平　苏新军　高　巍　任宏超
陈焕荣　马　阵　于世宏　徐　炜　余宏伟　杨　斌　王晓卫
主　编　常崇信

《千河志》参加编写人员

主　编　常崇信
副主编　于世宏
成　员　邢　阔　张晓亮　（宝鸡市水利局）
杨军红　刘　瑞　郭璐菱　张　茜　（冯家山水库管理局）
常　春　刘　曦　（宝鸡市渭河生态区保护中心）
曾胜迅　（宝鸡市水资源事务中心）
张怀欧　李健旗　（宝鸡市地下水管理监测中心）
段亚宁　党　琼　（宝鸡市河务工作站）
杨彦峰　鲜素林　（陇县水利局）
沈　伟　（千阳县水利局）
李栓平　（凤翔区水利局）
李爱平　（陈仓区水利局）
温召玉　刘战胜　（宝鸡水文水资源勘测中心）
郭　敏　刘碧波　梁俊宝　任　洋　（宝鸡市水利水电规划勘测设计院）
郑　颖　（宝鸡市环保监测总站）

审定单位

初　审　陕西省水利厅
复　审　陕西省地方志办公室
终　审　水利部水文化研究工作指导委员会办公室

千河流域水系站网图

数据由宝鸡水文水资源勘测中心提供

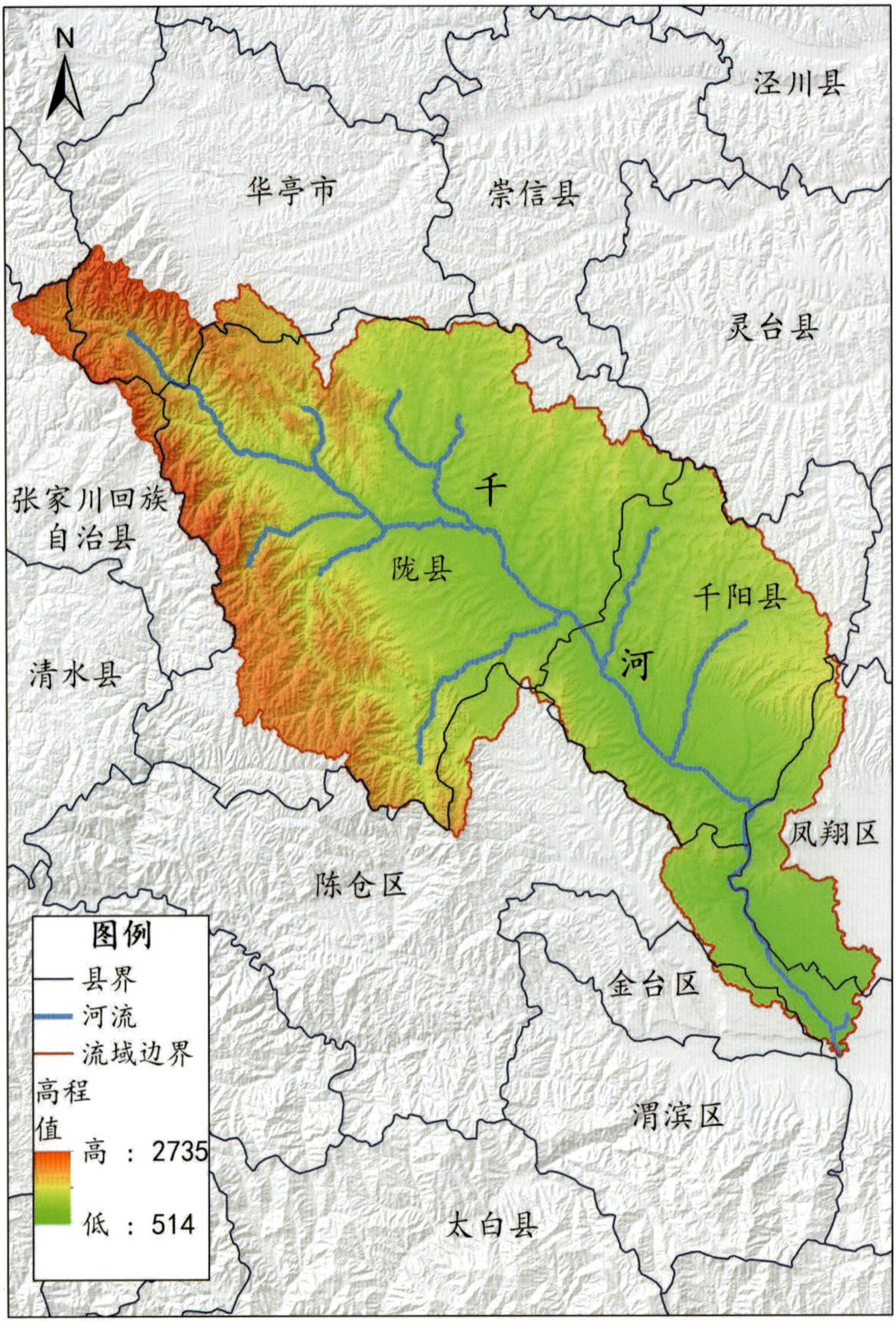

数据来自地理空间数据云（GSCloud），数据集为 ASTER GDEM 30M 分辨率数字高程数据。

天水市张家川回族自治县、平凉市华亭市、平凉市庄浪县
三县（市）交汇于张棉驿乡唐帽山石庙梁（常崇信）

平凉市华亭市麻庵千河源头瀑布（常崇信）

莲花台国家风景名胜区秦始皇雕像

华亭市西华镇麻庵千河源头（常崇信 2023 年 9 月）

冯家山水库异重流排沙（常崇信 2024 年）

冯家山水库异重流排沙清淤（常崇信 2024 年）

冯家山水库鸟瞰图（常崇信 2024 年 9 月）

千陇纪念大禹治水之地——鲧亭遗址（常崇信 2024 年 9 月）

冯家山水库纪念碑（常崇信 2024 年 9 月）

冯家山水库鸟瞰图（常崇信 2008 年）

千河冯家山峡谷原貌

1970 年 7 月，冯家山水库拦河大坝坝肩削坡

冯家山水库大坝清基

1971 年 8 月，冯家山水库开挖溢洪洞誓师动员大会

1970 年 12 月，冯家山水库导流洞清理导流

冯家山水库泄洪洞进水塔

冯家山水库红喇叭宣传队宣传

宝鸡市冯家山水库建设表彰大会

冯家山水库开山劈石

1971 年 8 月，多奇志女子打夯队打夯

1971 年，多奇志女子打夯队

大坝施工场面

大坝填土场面 1

大坝填土场面 2

大坝加高培厚场面

工人研读机加工图

冯家山水库溢洪洞开工动员（1971 年）

民工文艺演出

1971 年 8 月，大坝填土

工地运土忙

民工住宿窑洞（13层）

一丝不苟保质量

水库民工读图（1970 年）

大坝机械碾压

1971 年，时任陕西省委第一书记、省革委会主任李瑞山（右三），
省军区副司令员、省革委会生产组组长熊光焰（左一），
宝鸡军分区政委杨建鼎（右一），市革委会副主任董宜斋（右二）在水库工地检查工作

1970 年，时任陕西省第一书记、省革委会主任李瑞山（右二）在时任宝鸡军分区副司令员、
冯家山工程指挥部政委陈杰远（前左一）陪同下视察水库工地

李瑞山（右二）等领导视察建设工地

李瑞山（右二）率众视察万米隧洞

李瑞山（前一）在工地检查

李瑞山（前右）等领导视察工地

陈杰远作动员讲话

陈杰远（左二）与冯家山水库班子等领导合影

陈杰远（左二）等领导开会研究工作

陈杰远（右二）等领导考察研究工程进展

1982 年 1 月，水库一期工程竣工验收交付使用。
图为指挥部党委书记卢汉武（左）、管理局局长索世耀（中）
及市水利局副局长冯忠贤（右）在验收交接仪式上签字

1972 年，冯家山水库航拍图

固关战斗烈士纪念碑（常崇信 2023 年 9 月）

王家崖水库（常崇信 2023 年 8 月）

华亭市麻庵千河源头（2017 年）

华亭市四岔河沟口与长沟河交汇处（2017 年）

张家川回族自治县唐帽山石庙梁（2017 年）

华亭市莲花台瀑布（2017 年）

冯家山水库库区图 1（常崇信 2009 年 8 月）

冯家山水库库区图 2（常崇信 2009 年 8 月）

冯家山水库库区图 3（常崇信 2009 年 8 月）

千渭之汇图 1（马亚思 2017 年）

千渭之汇图 2（马亚思 2017 年）

千渭之汇图 3（马亚思 2017 年）

《陕西省河流志丛书》编纂团队合影

（前排左起赵西安、常崇信、许灏、蒋建军、雷保寿、耿涛，

后排左起田晓强、杨永平、权医平、王辛石、黄卫涛、于世宏、龚裕凌）

千河流域水利事业发展数据（2020年）

水资源量	全流域年水资源总量6.75亿立方米，其中70%集中在汛期，94%分布在陕西省，全流域水资源可利用量143亿立方米。2020年全流域年总供水量91.17亿立方米，其中农业供水57.95亿立方米，工业供水14.22立方米，城镇公共供水2.83亿立方米，居民生活供水13.26亿立方米，生态环境供水2.91亿立方米。
水源工程	全流域已建成水库34座，其中大型1座，中型2座，小（1）型6座，小（2）型25座，总库容6.46亿立方米，其中大型水库总库容4.27亿立方米。大中型水库移民0.84万人。已建成抽水泵站82处。机电井1055处，其中规模以上机电井1055处。
灌溉面积	全流域灌溉面积达到2.99万公顷。其中，有效灌溉面积2.405万公顷，节水灌溉面积0.106万公顷；万亩以上灌区6处，有效灌溉面积1.63万公顷；50万亩以上灌区1处，有效灌溉面积8.54万公顷。
城乡供水	全流域建成城乡集中式供水工程406处，其中水厂5处，千吨万人以上供水工程4处。全流域农村饮水安全达标人口255400人。
水力发电	全流域建成农村小水电站23处，装机容量10.92亿千瓦时，年发电量39.7亿千瓦时。
江河堤防	全流域建成江河堤防154.04千米，其中达标堤防保护人口13.96万人、耕地0.556万公顷。江河堤防水闸中，有节制闸5座，排水闸4座。
水土保持	全流域水土流失面积3.855万公顷，累计治理水土流失面积0.026万公顷，其中小流域治理面积0.026万公顷；累计建设淤地坝20座，其中中型坝8座，小型坝12座；累计建成小型水土保持工程12处。
从业人员	全流域水利系统从业人员2272人，专业技术人员1138人，在岗职工年均工资9.38万元。
流域管理	全流域有水利管理机构4个，乡镇水务管理站26个；大型灌区1个，中型灌区13个；河湖长41人。
水文化建设	流域内国家级风景名胜区1处，省级水利风景区1处，国家级湿地公园2处，省级森林公园2处，国家级水利风景区1处，省级以上水土保持示范园2处，水文化遗产239处，人文景观15处，自然景观11处，湖泊1个，泉水98处，现存水利碑石22通。

序

陕西省位于中国中部，以地理分界，分陕南、陕北、关中三区，今人称其为三秦。三秦大地被两个山系——北山和秦岭分界。北山山系的黄龙山、子午岭、陇山诸山划出了陕西北部沟壑纵横的黄土高原和中部一马平川的关中平原。大地理的秦岭，西起昆仑，中经陇南、陕西中部，东至鄂、豫、皖，分出长江、黄河两大流域，以及中国南北方的地理、气候。而横贯秦地中部的秦岭，在此自西向东也成为渭水与汉水的分界，形成了黄河和长江两大流域最大的支流。山是水之依，水是山之魂。北山、秦岭和巴山造就了三秦河流，孕育了悠久的中华文明，见证了夏、商、周三代以后朝代的更替兴衰。

三秦河流自然环境差异极大，河流所经高原、山地、丘陵、盆地、平原交错其间，多年平均降水量从陕北的 340 毫米过渡到陕南的 1240 毫米。华夏先民进入三秦，水利便是他们生存和发展的必然选择。不算很优越的水资源条件，因他们卓越的水利创造，滋养出了灿烂的河流文化。

《陕西省河流志丛书》是所涉三秦河流的百科全书。丛书分为《渭河志》《汉江志》《无定河志》《泾河志》《丹江志》《北洛河志》《千河志》《延河志》《漆水河志》《褒河志》各卷。河流志各卷以河为轴，以水为主干，涵盖了河流的自然地理、发展利用、人文历史等。以水利凿通上下 5000 年及至当代，由此可见这部丛书作者们的担当。

陕西的河流保留了自上古时期至现代文明演替的历史印迹，其文化类型之丰富，在中国乃至世界江河中少有与之比肩者。中国水利史大致可以分为四个阶段，比照三秦尤其具有代表性。

第一阶段（距今约 10000 年—前 221 年），这是从部落氏族走向中国的文明生发期。近年考古发现证实了从农业的发端到秦帝国成立，没有中断的中华文明演变轨迹。距今 5000 年上下，黄河流域处于炎帝、黄帝、伏羲、女娲、尧、舜、禹的传说时代，华夏文化已经初具农耕社会形态，是为华夏文明的源头。约公元前 11 世纪，擅长农业的姬姓部族进入漆水河流域的周原，在岐山下经营出旱作、稻作农业，灌溉工程因此诞生。传说时代以禹治水而发生文明大转折。兴起于豳、岐的周人，经牧野之战，灭商建立了中国唯一的贵族王国——周，史称西周。西周先后建都丰、镐，建立了国家川衡、虞泽制度，为其后春秋战国各诸侯国水利兴起的先声。战国时期后起的秦国，经孝公时（前 381—前 338 年）商鞅变法迅速强大，兼并六国，建立起第一个王朝集权国家。强大的秦国在泾河上兴建了郑国渠，关中水利区由此历经汉唐至明清，支撑了区域农业 2000 余年。郑国渠亦开创了中央王朝经营水利工程的先河。

第二阶段（前 221—1279 年），经历了汉、唐、宋水利发展的高潮，水利支撑了古代中国最重要朝代的繁盛。自汉迄唐，渭河横贯的八百里秦川，从京畿的咸阳、长安，到华州、陕州两岸密集分布着具有灌溉、水运、水能（水磨、水碾）等功能的水利工程。在渭河的支流北洛河上兴建了中国最早的隧洞引水工程——龙首渠。汉兴之地的汉江及其支流褒河、丹江，由军事屯垦带来了区域性水利工程兴建，历经东汉、三国、两宋发展，形成了陕南汉中水利区。这一阶段可称道的还有唐代第一部国家水利法规《水部式》的颁布，强化了中央政府对关中灌溉工程、河西和西域屯田水利、运河工程和用水管理，从而确立了国家、地方不同的水利管理体制。

第三阶段（1279—1930 年），这一时期水利以陕北边镇水利为代表。陕北地处干旱和半干旱区，是农耕与游牧不同文化的分界线。北宋、西夏、明代在无定河与黄河支流清水河（今延河）流域先后涌现出大大小小的引水工程，营造出延安、榆林一带塞北稻作农业区。20 世纪三四十年代抗日战争期间，旱区水利继续发扬光大。陕北的古代水利工程中，以无定河支流榆溪河红石峡灌渠最为著名。引水渠或明或暗穿行于榆溪河两岸的山崖中，灌渠、榆溪河、对峙的山崖和摩崖石刻，营造出著名的“榆林八景”，这一于 15 世纪兴建的工程今天仍在发挥作用，并继续九边重镇的无限风光。

第四阶段（1931 年至今），这是传统水利步入现代工业文明的时期。水利技术逐渐取代传统工程技术，水资源开发利用超过了任何历史阶段。先是以泾惠渠、渭惠渠为代表的“关中八惠”等现代水利工程的兴建，带来了水权制度在灌区管理中的实践。在抗日战争期间，渭河边现代水利科学、教育发展起来；陕甘宁边区水利事业蓬勃发展。1949 年以后，现代水利在三秦大地得到全面发展，水利在城市供水、防洪减灾等方面发挥的作用日渐突出。近年来，引汉济渭工程、东庄水利枢纽工程的实施，为咸阳、西安及秦地的渭北地区开辟了新水源，城市供水安全、经济可持续发展得到了保障。但是，工业革命理念下的水利建设也留下了违反河流规律的后果，如 20 世纪 50 年代三门峡水利工程规划失误，造成河流自然环境不可逆转的蜕变，此后数十年，渭河平原洪水灾害频发，直到实施三门峡枢纽工程重大改造才得以控制。近 40 年来，水利可持续发展理念日益深入人心，陕西省数十年持之以恒的水土保持工程，改善了河流自然环境，使青山绿水重返陕北。

《陕西省河流志丛书》所志十河，每河皆为名水，以“水”而见三秦山川之美，而见治水与治世、治水与文化的交织。《诗经 · 鲁颂 · 閟宫》曰：“赫赫姜嫄，其德不回。上帝是依，无灾无害。弥月不迟，是生后稷。降之百福。黍稷重穋，稙稚菽麦。奄有下国，俾民稼穑。有稷有黍，有稻有秬。奄有下土，缵禹之绪，后稷之孙，实维大王。居岐之阳，实始剪商。”十河的历史与文化属于三秦，亦属于中国。

是以为序。

谭徐明

二〇二五年，乙巳岁旦之日

（谭徐明，中国水利水电科学研究院原副总工程师，教授级高级工程师、博士生导师，中国水利学会水利史与水利遗产专业委员会主任委员，水利遗产保护与研究国家文物局重点科研基地学术委员会主任）

凡　例

一、本志以马克思列宁主义、毛泽东思想、邓小平理论、“三个代表”重要思想、科学发展观、习近平新时代中国特色社会主义思想为指导，坚持辩证唯物主义和历史唯物主义的观点、方法，按照“统合古今，详今略古”的原则，客观记述千（汧）河流域自然地理、河流水系、水资源、水旱灾害，并重点记述流域治理和开发的历史与现状，兼有关的社会经济和人文等内容。重点记述新中国成立后千河流域治理与开发的成就。新中国成立前历史部分的记述，坚持略古详今、略远详今，不做烦琐考证，内容务求真实，力求体现专业特征和流域特色，以达到“存史、资治、教化”的功能。

二、本志记述时间，由于千河流域历史上没有流域志，为填补空白，本志上限追溯至成书于战国的《尚书·禹贡》，即“平治水土，修治河山”，“导岍及岐”事物发端；下限断至2020年底。“大事记”下限延至2021年。个别事件和工程建设等连贯性强的事件，延至封笔。

三、本志是《陕西省河流志丛书》之一，编排体例遵循丛书编纂统一规范。全志设序、概述、凡例、大事记及志、传、表、录、图等，采取门类横排、始末纵述，依类叙事，以事系人。结构按篇、章、节、目、子目层次设置，节以下层次用数字序号表示。本志以志为主体，辅以记、述、图、表和照片。概述为全志之纲，尽量做到全面、简要，并且述中有议。“大事记”为全志之经，以编年体为主，辅以记事本末体。本志以文字记叙为主，随文配以必要的表格、照（图）片；照（图）片置于卷首和正文中，具有存史价值的资料附录于后。表以篇、章为单位编号。

四、本志除引文外，一律使用语体文、记述体编纂，坚持公允、客观，述而不评，寓观点于记事之中。行文力求语言朴实、简练、流畅。引录原文载于引号内，一般注明出处，古文酌予诠释。历史朝代年号、政权机构、社会团体、官职及地名称谓等均从原称，必要的加以括注；人名一般不冠褒贬和职称，注释采用脚注。文字使用以2000年10月31日发布的《中华人民共和国国家通用语言文字法》为准；标点符号使用以2011年12月30日发布的《标点符号用法》（GB/T 15834—2011）为准。

五、本志计量单位，采用中华人民共和国法定计量单位。考虑到社会使用习惯，志中出现“亩产”“亩耗水量”予以保留，未做统一换算。数字书写按照2011年7月29日发布的《出版物上数字用法》（GB/T 15835—2011）执行。

六、千（汧）河为跨省河流，流域涉及陕西、甘肃2省3市6县（市、区）。遵从“简述外省，重述本省”的原则，重点记述陕西省河流自然环境状况、水生态、水资源集约利用、防洪与河道整治、水土保持与生态环境建设、文化保护传承弘扬、流域文化、机构与人物等。

七、本志历史纪年，民国及民国以前用历史朝代年号，加注公元纪年；新中国成立后，一律用公元纪年。

八、遵循“生不立传”的惯例，入志人物以对千河流域治理和生态环境建设作出突出贡献和较大影响为标准。立传记述人物以卒年为序。

九、本志资料来源，以陕西省、宝鸡市及有关县（区）档案、地方志资料和流域范围有关部门提供资料为主，亦有经考证和鉴别的文史资料、口碑资料。对有关部门提供资料和照片的相关人员在志书附录中予以记载。

十、本志概述数据一般采用统计年报数据，过程性数据采用流域内市、县、区有关部门提供的数据。一些大型水库工程，如冯家山水库、段家峡水库等，有关单位均有专志记述，本志只作简要记述。

目　录

第一篇　自然环境

第二篇　水利工程

第三篇　防汛抗旱防雹与河道建设

第四篇　水保生态与水环境建设

第五篇　千河流域水文化建设

第六篇　千河流域民俗文化

第七篇　机构与人物

Contents

Part II Water Conservancy Projects

Part III Flood/Drought/Hail Control & River Channel Improvement

Part IV Ecological Conservation and Soil Erosion Control

Part V Water Culture Development

Part VI Folk Culture

Part VII Institutions and Figures

概　述

千河，渭河左岸支流，旧称汧河，《水经注》载：“汧水出汧县蒲谷乡弦中谷”。现代地理学研究，千河发源于甘肃省张家川回族自治县唐帽山南麓石庙梁，向东南流经甘肃省平凉市华亭市，经陕西省陇县固关镇唐家河村进入宝鸡市，向东南流经陇县、千阳县、凤翔区、陈仓区千河镇冯家嘴村汇入渭河。干流长 152.6 千米，河道平均比降 5.8‰，流域面积 3493.9 平方千米，河道总落差 2017.5 米。千河流域南北长 138 千米，东西宽约 50 千米，位于东经 106° 15′ ~ 107° 22′，北纬 34° 21′ ~ 36° 10′，河流海拔 553 ~ 2748.6 米。千河流域是秦陇大地上神奇美丽的山川。

千河流域地形、气候多样。这里是中国中部几个大地构造带的接合部，为鄂尔多斯地台与秦祁地槽皱褶带北部交会处，在祁吕“山”字形构造的弧顶。西北的千山属鄂尔多斯地台南部边际，西南部关山山脉属六盘山余脉，中部是千河淤成的谷地，地势西高东低，山川台谷兼备，处在暖温带大陆性季风气候区，降雨较关中丰沛，局部小气候“十里不同天”。

一

千河滋养了域内的物质文明。千河流域属鄂尔多斯台地向斜西南边缘，境内陇山山脉和千山山脉对峙，中间为山间断陷盆地，千河横贯其中，呈西北—东南走向。流域山峦叠嶂，沟壑纵横，山、丘、塬、川皆有。陇县曹家湾以上为土石中低山区，曹家湾至千阳县千河大桥为低山丘陵区，千河两岸为一级、二级狭长河谷阶地，千阳县千河大桥以下至入渭口为千河四级阶地台塬区，千河两岸大部分基岩出露。河滩表层为新近黄土，其下为砂卵石层。千河流域土壤主要类型有黄土类、绵土类、红黏土类和紫土类。流域内天然林面积少，以人工林、经济林为主，森林覆盖率为 30% 多，箭筈岭中段至西段有丰富的紫檀玉、提花里、阴花里、云灰铁，南部石质山区有石灰石，海子河东西有沟、有耐火黏土，草碧唐家河至茨洼坡有深厚的煤层。千河中游修建大（2）型、小型水库 10 余座，总库容 5.53 亿立方米，千河流域为矿产资源、水资源丰富之河，为建设矿山和能源化工基地奠定了深厚的基础。域内探明煤炭储量 107.2 亿吨，石灰石 107.5 亿吨，石墨 3638 万吨，陶土 319 万立方米，白云石 4710 万吨，磷 234 万吨，石英石 3.8 万吨，大理石 3000 万立方米；大理石品种繁多，其中“陇州红”尤为名贵；石墨可选性好。铅、锌、钼、铜、金等稀有金属也有一定藏量。

千河流域适宜多种生物繁衍，有天然基因库美誉，是多种粮经作物的优生地，为陕西省五大林区之一。

二

千河是我国最早开发的河流之一。《尚书·禹贡》记述5 000多年前提出“平治水土，修治河山”，“导汧及岐”是从治河治土开始的。炎帝部落在千河流域逐水而居，最晚在6000多年前新石器时代时期,即有先民繁衍生息。这里是黄河流域中华民族的重要源头，地处陕甘宁三省（区）接合部，是伏羲、炎帝、黄帝文明的融合区。夏代，这里属雍州之域。商代，此地建有矢国、虞国等方国。秦人西迁中开辟陇关道，使这里成为沟通中原与西部的交通要隘。西周，秦非子在此辟建秦邑，先秦秦文公入主关中，在千渭之会建都邑。公元前647年晋国发生饥荒，秦穆公伸出援手，运用千河、渭河、黄河、汾河水路，实现了历史上著名的“泛舟之役”。凤翔长青千河西汉大型漕运遗址，是千河漕运的历史见证。

距今4000多年前，夏禹就组织先民兴修水利，东汉时期开成国渠，唐代修五节堰、升原渠，明代创修利民渠，清代凿修惠民渠，新中国成立后20世纪五六十年代后，开始了大规模的农田水利建设，千河中游兴建了大（2）型冯家山水库，上游兴建了段家峡水库，千河两岸支流上修建了小（1）型以上水库10座，总库容5.53万立方米，其中兴利库容3.85亿立方米，使千河流域成为安澜之河、幸福之河、农林特产基地、能源化工基地。

三

千河有着深厚的历史文化底蕴。千河是周秦文化的发祥地，秦雍畤文化积淀深厚。距今两千六七百年前的先秦国君和大臣们在千河狩猎、歌咏等活动被石鼓刻凿于此。石鼓中的《汧殹鼓》《汧殹篇》《霝雨篇》《吾水篇》，记录着千河的美景、千河水丰沛长流和人们捕鱼的情景等，是发生在千河上的史实，具有史诗性和文学性。石鼓上斑驳的文字，记录着秦始皇统一全国前秦国那段鲜为人知的轶事，也记录着千河上两千六七百年前秦国人在千河上的历史。

四

千河充满着诗意浪漫的游牧文化、农耕文化、关隘古道文化、军事文化、道教文化、陇头水诗歌文化、民间艺术文化。这里留有秦始皇巡幸的足迹、汉武帝察关的身影、隋文帝受降的场面、唐太宗狩猎的威猛、李自成战马的嘶鸣，还留有徐陵、卢照邻、骆宾王、王勃、王维、高适、岑参、杜甫、皮日休、陆游的千古绝唱和方玉润著成的《诗经原始》，也有丘处机修成正果的道教龙门派祖庭龙门洞。

五

千河是宝鸡“水都”。冯家山水库是陕西省大（2）型水利工程，使关中渭北高原西部形成了一个河流型湖泊——千湖。千河流域面积3493平方千米，干流长152.6千米，冯家山水库距河口25千米，控制面积3232平方千米，占流域面积的92.5%。多年平均径流量4.85亿立方米，年平均流量15.4亿立方米每秒。2003年大坝加高培厚，水库形成了以灌溉为主，兼有防洪、发电、养殖等综合利用的大型水利枢纽。水库灌区西起金陵河，东至漆水河，北依千山，南接宝鸡峡灌区，东西长约80千米，南北宽约18千米，灌溉陈仓、凤翔、岐山、扶风、眉县、永寿、乾县7县（区）旱原，全国30万亩以上灌区评比列为第24位，全省大型灌区位列第3位。千河是林草基地、能源化工基地、城乡供水基地，为宝鸡地区农业、工业和国民经济插上了 腾飞的翅膀。

在远古时期，大禹曾引导先民疏导千河，西汉、三国、唐代和清代，多次对千河进行整修。直到20世纪70年代初，十万民兵7个兵团会战在千河峡谷处的冯家山脚下，车拉肩挑，土法上马，终于修建成宝鸡地区最大的水库——冯家山水库。战天斗地修建水库中，涌现出了许多可歌可泣的英雄事迹，其中147位民工牺牲在水库工地。按照“节约优先、空间均衡、系统治理、两手发力”的治水思路，加快构建国家水网是当代的责任。

千河从六盘山南麓走来，穿山过涧，汇聚到渭河之畔。千河是历史之河、文化之河、岁月之河、安澜之河。它创造了昨天的历史，也续写着未来。

第一篇　自然环境

千河流域水系属不对称叶脉状水系，流域支流众多。主要分布于中游陇县、千阳县境内，陇县娘娘庙以上两岸支流基本对称，集流面积大。娘娘庙以下至铧角堡右岸支流多，集流面积小；左岸支流少，集流面积大。铧角堡以下至入渭口无支流汇入，但右岸冲沟多、泉水多。右岸支流发源于土石山区，流域植被较好，大多为清水河流，泥沙含量小。左岸支流发源于黄土高原丘陵沟壑区，地表植被差，土壤侵蚀严重，泥沙含量大。流域内水土流失面积2570平方千米，占全流域面积的73.6%，为黄土高原严重水土流失区和渭河泥沙主要来源区。境内属暖温带大陆性半湿润季风气候，四季分明，冬季干燥寒冷，夏季炎热多暴雨。千河属于雨源性河流，径流地域分布不均，产流量主要在上中游流域。降水主要集中于夏秋雨季，7—9月径流量约占全年的46.7%。径流量年际变化大，是千河流域的一个重要特征。千河流域由于受地形和降水时空分布不均的影响，冬春干旱，夏秋洪涝，冰雹入侵和局部暴雨灾害经常发生。本篇从河流水系、流域环境、水沙资源、自然灾害四章进行记述。

第一章 河流水系

千河是黄河支流渭河左岸的一级支流，从陕西陇县入陕到入渭口，主干流由西北向东南，纵贯陇山山地和千山山脉，穿越千河谷地，接纳与汇集众多支流泉溪。浩浩荡荡，一泻三百多里（1 里 =0.5 千米），奔腾不息，最终汇入渭河。本章从流域概况、干流、主要支流、水泉堰塞湖四节进行记述。其中，千河源头区和干支流两节分别对千河甘肃段的流域情况、干支流水文水资源等进行了简要记述。

第一节 流域概况

千河是多源头的河流。

千河源出大关山的张家川回族自治县唐帽山石庙梁南侧，流经玉皇庙梁北侧至华亭市麻庵三角城村，与千河干流麻庵河汇合。由关山山麓 5 条支流汇成，流经华亭市马峡镇燕麦河村、东厂沟村、昌台村，西华镇麻庵村，入陇县固关镇唐家河，为千河源头。境内长 23 千米，流域面积 157.29 平方千米。有长 5 千米以上支沟 7 条，5 千米以下毛沟 97 条。河床比降 1 : 28.6，年均流量 0.195 立方米每秒，年均径流量 0.35 亿立方米。北魏《水经注·渭水》载："汧水有两源，一水出县西山，世称小陇山……，汧水又东，会一水，水发南山两侧"，俗称此山为吴山。"吴山在县西，故以为汧山也。"这里的"县"指汧县，小陇山指吴山，南山指汧水发源地。

千河源头流域支流密集，水量丰沛，河源高程 2428 米。麻庵河在唐家河以上，穿行于山谷中，宽谷和峡谷相间，切割小，地表起伏较缓，有山涧盆地和峡谷分布。

源头长沟河山高沟深，河道狭窄，险奇并存，两岸绝壁悬崖，无路可走，属花岗岩、灰岩、砂岩、片麻岩山区，沟内生态良好，生长着一些其他地方难以见到的野生植物。由于地形复杂，林间小道崎岖，常人难以进入，是一处生态环境未被破坏的美丽之地。东南部多为深切割的高山峡谷，峰锐坡陡。

麻庵河流向由西北流向东南，过窄石峡后进入陇县唐家河，流入千河谷地，地势豁然开朗，沿途接纳较多支流。在陇县固关镇柴家嘴村接纳发源于甘肃省张家川回族自治县的后河，在陇县曹家湾镇三联村接纳发源于甘肃省华亭上关的左岸支流石罐沟后，水量大增，河面增宽。在陇县曹家湾上湾村纳入右岸支流咸宜河。在陇县堎底下镇工马嘴村纳入右岸支流蒲峪河，继续东流，在陇县城东汇入左岸支流峡口河，河面增宽，水量增大。千河干流折向东南流，沿途支流众多，在陇县境内先后汇入右岸支流梁甫河、普洛河，左岸支流水银河、大杜阳沟等。

源头至陇县唐家河以上流经陇山山地，植被较好，为关山林区；陇县、千阳县间为黄土原梁浅山丘陵区，千阳县以下流经黄土台原区，冯家山水库附近2千米长一段呈峡谷状，以下则河谷展宽，水流分散，主岔不明。

千河干流从陇县西部固关镇唐家河入境，至东风镇交界村出境入千阳县。横贯陇县东西，境内流长68.8千米。河床平均比降1：135，河道宽阔，漫滩较多。流域面积1957.9平方千米，占陇县境内渭河水系总流域面积的90%，占陇县总面积的85.60%。年径流量3.3亿立方米，多年平均流量5.6立方米每秒。

千河上游比降大，水流湍急，属花岗岩、灰岩、砂岩、片麻岩山区，植被良好；下游河谷阶地较宽，土地肥沃，灌溉条件较好，为宜农区。

千河干流在陇县东风镇流入千阳县境后，支流汇入呈现不对称现象，右岸汇入支流短促稀少，主要原因是右岸箭筈岭山体纵深狭窄，且山体多为石灰岩地貌，植被稀疏，形不成含水构造。左岸汇入支流多且源远流长，多源于千山山脉分水岭，在千阳县境内先后有草碧河、夜权木河、段坊河、冯坊河、西河沟河、东河沟河、涧口河、白石河汇入千河。

源于箭筈岭北麓入千河的河溪有辛家沟、三泉涧沟、水沟、石家沟、阎家沟、邓家沟（新庄沟）、上王家沟、柿沟、后沟、西沟、纸坊沟（留坊寨、留坊沟）、下王家沟、冉家沟、洞子沟、惠家沟、刘家沟、段家湾沟、富家沟、老虎沟、侯家头沟、担水沟、张家沟等。这些小溪，长3~8千米，流域面积多在5~17平方千米。

在千阳县境内，千河干流横贯千阳县南，流经草碧镇、水沟镇、张家塬镇、县城、南寨镇、崔家头镇，境内流长36千米，境内流域面积835.86平方千米。

在凤翔区境内先后有五里坡河、刘家河汇入千河。千河干流流经柳林镇、长青镇、陈村镇。

在陈仓区境内有刘家沟河汇入千河，千河干流流经贾村镇、千河镇，于千河镇冯家嘴村汇入渭河。境内河段长30千米。

千河流域，特别是中下游阶地较宽，土地肥沃，灌溉条件较好，交通便利，水利发达，是粮、油生产区之一。流域内城镇集中，陇县、千阳县、陈仓区城区都在千河沿岸，是经济发达地区。河道平均比降5.8‰，宽约280米。

千河干流在王家崖水库大坝以下至入渭口，无支流汇入，河道位于河床中部，多弯多汊，滩面较宽，最宽处达600米，经多年治理，主河槽形成，河势趋于稳定，是下游主要耕作区。

千河流域位于黄土高原南缘，东经106° 24′ 12.7″ ~ 107° 18′ 50.7″、北纬35° 09′ 44″ ~ 34° 21′ 02.9″，流域面积3493.9平方千米，流经甘肃、陕西2省3市6县（市、区）。其中，甘肃省境内211平方千米，陕西省境内3282.9平方千米。甘肃省境内流域面积占总流域面积的6.04%，陕西境内流域面积占总流域面积的93.96%。

千河流域属渭北丘陵沟壑侵蚀区。右岸支流多发源于土石山区，植被较好，大多为清水河流，含沙量少，但河床比降大，水流湍急，推移质大。左岸支流发源于丘陵沟壑区，植被差，土壤侵蚀严重，泥沙含量大。泥沙主要来源于左岸峡口河、大杜阳沟、草碧河和冯坊河等支流。泥沙含量最多的是峡口河。据千阳水文站监测统计，河水多年平均含沙量为 9.59 千克每立方米，多年平均输沙量 439 万吨，年输沙模数为 1560 吨每平方千米。

第二节 干 流

千河，旧称汧河（岍，音 qian），属黄河水系，是渭河左岸一级支流，中国河流名称代码 ADC16 006。千河发源于甘肃省张家川回族自治县唐帽山南麓石庙梁，经华亭市域，从陇县固关镇唐家河村进入陕西省宝鸡市陇县境内，经陇县、千阳、凤翔、陈仓 4 县（区），于陈仓区千河镇冯家嘴村汇入渭河。

一、概况

位于宝鸡市西北部，介于东经 106° 15′ ~ 107° 22′、北纬 34° 21′ ~ 36° 10′。流域南北长 138 千米，东西宽约 50 千米，海拔在 553 ~ 2748.6 米。全流域面积 3493.9 平方千米。干流全长 152.6 千米，总落差 2017.5 米，河道平均比降 5.8‰。甘肃段流域面积 211 平方千米，河长 30.6 千米。宝鸡市境内流域面积 3282.9 平方千米，干流长 122 千米。

二、地貌

千河流域在大地构造上属鄂尔多斯台地向斜西南边缘。境内关山山脉和千山山脉对峙，以北为千山山脉，以南为关山山脉，中间为山间断陷盆地，千河横贯其中，呈西北—东南流向。区域内山峦叠嶂，沟壑纵横，山、丘、塬、川地貌皆有。陇县唐家河村以上为土石中低山区，山岭重叠，沟壑深长，森林茂密，牧草丰盛，水源充足，植被良好，水土流失轻微。陇县唐家河村至千阳县千河大桥为低山丘陵沟壑区和黄土台塬区，80% 的表面为褐土、黄土、红土、紫土覆盖，径流侵蚀强烈、保水保肥力差，植被少，水土流失严重，在地貌上属梁峁丘陵沟壑区，以梁为主，间有峁状分布，梁峁顶部比较平缓，坡度一般为 3° ~ 8°，沟岸两边有川地分布。由于长期受水流侵蚀，坡面已被切割得支离破碎，沟壑纵横。千河两岸由一、二级阶地构成狭长河谷阶地，地势平坦，土质肥沃，是主要农耕区；千阳县千河大桥以下为渭河四级阶地构成的黄土台塬区，沿岸西高而窄，东低而宽，地形平坦，土壤肥沃，水资源丰富，农业生产条件优越。千河两岸大部分基岩出露，岩性主要为板岩，河漫滩表层为新近黄土，其下为砂卵石层。西南部的陇山土石山区，由片麻岩、花岗岩、灰砂岩等组成，高程 1600 ~ 2466 米；中部断陷冲积而成的千河谷地，高程 800 ~ 1300 米；北部丘陵沟壑区，高程 1000 ~ 1600 米，上覆黄土，下有砂砾岩、黏土等。千河流域土壤主要类型有黄土类、绵土类、红黏土类和紫土类。

千阳县千河大桥下游的冯家山水库库区，地势由西北向东南逐渐低落，高程在 630 ~ 1250 米。该区地形以黄土塬梁沟壑与低山丘陵为主，沟壑密度为 1.49 千米每平方千米。左岸有涧口河和白石河两条支流汇入，白石河是千阳县、凤翔区两地分界线，白石河流域北属黄土塬梁沟壑区，残塬明显，塬坡短缓；白石河流域南地势隆起，梁背浑圆，系塬梁沟壑与低山丘陵过渡地段。库区右岸大部分为低山丘陵类型，上部坡度较陡，多见岩石裸露，中下部坡度较缓，坡面较完整。区内有林地5000多亩（1亩=1/15公顷），占总土地面积的6.6%。

从冯家山水库大坝坝脚到铧角堡村，两岸基岩出露，河岸稳定，河势变化不大，河势变迁受人为影响较大。冯家山水库建成后，千河洪水得到有效控制，流量减小，主流河床缩窄，河床宽度由原来的600米缩窄到300米左右。此河段是陈仓区与凤翔区的分界，沿岸村民为了保护和拓宽滩地，采用不合理的工程措施，将水流导向对岸，使河流主槽左右摆动，摆动达到300～400米。

千河流域支流众多。自陇县娘娘庙以上两岸支流基本对称，但支流少，集流面积大。娘娘庙至凤翔区铧角堡村右岸支流多，集流面积小，左岸支流少，集流面积大，为不对称的叶脉状水系。铧角堡村以下至入渭口无支流，但右岸冲沟多、泉水多。千河流域水系地表水4.85亿立方米。宝鸡市境内有一级支流29条，较大的二级支流14条。流域面积在100平方千米以上的有石罐沟、咸宜河、蒲峪河、北河、梨林河、草碧河、冯坊河7条，千河水系流域面积大于50平方千米的河流特征见表1–1–1。

表1–1–1　千河水系流域面积大于50平方千米的河流特征一览表

河流名称	流域面积/km^2	河流长度/km	比降/‰	多年平均径流量/万m^3
关山沟	56.1	13.8	70.7	1122
石罐沟	133.4	30.8	25.9	2535
咸宜河	163.2	33.5	36.8	3264
蒲峪河	176.3	35.8	30.0	3526
北河	413.0	35.3	9.8	5989
大杜阳河	95.8	22.5	15.4	1245
梁甫河	56.4	21.8	20.2	959
普洛河	218.9	37.6	5.5	4159
草碧河	288.4	30.0	8.6	2622
夜权木河	51.9	22.4	14.2	522
冯坊河	230.1	30.4	15.6	2186
涧口河	84.6	23.9	31.3	761
白石河	66.0	19.0	35.2	528

千河右岸支流多发源于土石山区，流域植被较好，大多为清水河流，含泥沙量少，但河床比降大，水流湍急，滚石多，推移质大。左岸支流源于丘陵沟壑区，地表植被差，土壤侵蚀严重，泥沙含量大。

千河发源于甘肃省张家川回族自治县唐帽山南麓石庙梁。干流由张家川回族自治县、华亭市东南村流至唐家河村入陕境，斜穿陇县中部，经千阳县、宝鸡市凤翔区、陈仓区，于陈仓区冯家嘴村注入渭河。河流全长 152.6 千米，总落差 2017.5 米，平均比降 5.8‰，流域面积 3493.9 平方千米，平均年径流量 4.85 亿立方米。千河干流按其自然形态分为上游、中游、下游，各段河道特征差异明显。

三、上游段

千河张家川回族自治县石庙梁河源至陇县段家峡水库坝址（曹家湾村）以上为上游段，唐家河村以上穿行于陇山麻庵河峡谷中。千河流经甘肃省华亭市境内，为河源，称麻庵河，流经华亭市西南部。发源于庙岭梁马峡燕麦河和长沟，由关山山麓 5 条支流汇成，经南庄入陇县唐家河村，为千河源头区。甘肃省境内流域面积 211 平方千米。上游比降大，水流湍急，属花岗岩、变质岩、灰岩、砂页岩、片麻岩、红砂岩山区。地貌坡陡谷深，峰峦叠嶂，高寒阴湿。森林茂密，牧草丰盛，水源充足。人口稀少，植被良好，水土流失轻微。上游段全长 76.6 千米，流域面积 855.9 平方千米。属陇山中山土石山区，位于关山林区，海拔 1600 ~ 2628.6 米，相对高差大于 1000 米。河床比降在段家峡水库 21.24‰，段家峡水库以下为 9.6‰。主要植物群落有红桦、青㭎、山杨、箭竹、灌木、草类、地衣等。因受褶断构造控制和流水作用，形成交叠起伏的低山谷地，是林木、药材的主要生长地。在陇县境内接纳大小支流 11 条，干流流经固关镇、曹家湾镇。主要支流有石罐沟河、莱子河等。

关山主脉自山寨中嘴梁起，至上关海龙山地焦坡止，全长 32.8 千米，海拔 1500 ~ 2748.6 米。中嘴梁、大梁、牛心山、五台山、赵家山等海拔均在 2500 米以上，最高峰为五台山，海拔 2748.6 米。山势雄伟陡峻，一般坡度 26° ~ 60°，从上到下，野草丛生，灌木林、针叶阔叶混交林和浅山阔叶林密布，属天然林区，森林覆盖率 75.3%。土层厚 0.5 ~ 1 米，下层为砂岩、页岩和板岩。五台山西南有莲花台奇景，巉岩嶙峋，林木参天，瑰丽壮观。莲花台古称“龙首山”，因山上有一奇石形似莲花，民间称“莲花台”，唐宪宗李纯改名“青龙山”，始建于秦汉，兴盛于唐代，建有寺观庙宇 200 余座，现仅存遗迹。

千河源头长沟河山高沟深，河道狭窄，险奇并存，两岸绝壁悬崖，无路可走，属花岗岩、灰岩、砂岩、片麻岩山区，沟内生态良好，生长着一些其他地方难以见到的野生植物。由于地形复杂，林间小道崎岖，常人难以进入。

千河上游麻庵河一带历史文化悠久，灿烂辉煌。史载元封四年（前 107 年），汉武帝第 7 次西巡，到陇县固关镇沿汧河而上，经麻庵普陀、旧城、三角城等地，直达莲花台上畤和下畤祭祀。北魏孝昌三年（527 年），北魏地理学家郦道元来到陇山阴盘驿，盘踞陇山的军阀萧宝寅，因在麻庵河谷麻庵制造假币，害怕被御史身份的郦道元揭露，派人暗杀郦道元于阴盘驿，致使麻庵河一带山川地理未能载入《水经注》。历史上著名的“伐木塞道”和“伐木开道”的故事就发生在这一带。唐代，这里开采铜矿，宋代开始大规模开采，用于冶炼和铸币，运往关中和陇右集散。1985 年，经全国文物单位普查，南庄村朝阳观、窄石峡古栈道、旧城炼铜遗址、三角城古栈道遗址、铜场沟铜矿遗址被列为华亭市保护单位。境内自然景观独特，如麻庵河、蒲塘庵天池、铜场沟五指山、老庙沟青龙潭、青龙塔、赵家山石抱树、树抱石等自然风光，天然景色美不胜收。

四、中游段

陇县段家峡水库坝址以下至冯家山水库大坝以上为中游，中游段全长 51 千米，流域面积 2598 平方千米。为低山丘陵沟壑区和黄土台塬区，千河两岸由一、二级阶地构成狭长河谷阶地。中部断陷冲积而成的千河谷地，高程 800 ~ 1300 米。北部丘陵沟壑区高程 1000 ~ 1600 米，上浮黄土，下有砂砾岩、黏土等。千河两岸大部分基岩出露，岩性主要为板岩，河漫滩表层为新近黄土，其下为砂卵石层。80% 的表面为褐土、黄土、红土、紫土覆盖，径流侵蚀强烈，保水保肥力差，植被少，水土流失严重。在地貌上属梁峁丘陵沟壑区，以梁为主，先有峁状分布，梁峁顶部比较平缓。坡度一般为 3° ~ 8°，沟岸两端有川地分布。由于长期受水流侵蚀，坡面已被切割得支离破碎，沟壑纵横，河网密度高。千河河谷阶地，地势平坦，土质肥沃，是主要的农耕区。在陇县境内接纳大小支流 39 条，千阳县境内 14 条，干流在陇县、千阳境内流经�底下镇、城关镇、东风镇、草碧镇、水沟镇、千阳城关镇，人口稠密。主要支流南侧有关山沟河、蒲峪河、梁甫河、八渡河等；北侧有峡口河、北河、大杜阳沟河、草碧河、冯坊河、葫芦铺河、寇家河、新兴铺河、段坊河、西河沟河、东河沟河、涧口河、白石河、五里坡河、刘家河等。千阳县等境内南侧还有 20 多条小河溪汇入千河。

此外，千河中下游还有小支流 30 多条，其中北岸支流多呈“S”形，流长较长，季节性特征明显，从西向东主要有草碧河、葫芦铺河、寇家河、新兴铺河、段坊河、冯坊河、西河沟河、东河沟河、涧口河、白石河等；南岸支流均源于陇山山脉箭筈岭北麓，河谷狭窄，流长短促，均为沟溪，从西向东主要有辛家沟、三泉涧沟、水沟、石家沟、闫家沟、邓家沟 （新庄沟）、上王家沟、柿沟、后沟、老崖沟、西沟、纸坊沟、下王家沟、冉家沟、洞子沟、惠家沟、刘家沟、段家湾沟、富家沟、老虎沟、侯家头沟、担水沟、张家沟等，总流长 31 千米，流域面积 100.4 平方千米，年径流量约 3500 万立方米，年均流量 2.1 立方米每秒，河道比降 4.6‰，自然落差 142.6 米。小溪流长多在 3 ~ 8 千米，流域面积多在 5 ~ 17 平方千米。

五、下游段

冯家山水库大坝以下至陈仓区千河镇冯家嘴村入渭口为下游，下游段全长 25 千米，流域面积 40 平方千米。千阳县千河桥以下为千河四级阶地构成的黄土台塬区，沿岸西高而窄，东低而宽，地势平坦，土地肥沃，水资源丰富，人口集中，农业生产条件优越。千河两岸大部分基岩出露，岩性主要为板岩，河漫滩表层为新近黄土，其下为砂卵石层。千阳县千河桥以下的冯家山水库库区，地势由西北向东南逐渐低落，海拔高程在 600 ~ 1250 米，冯家山水库附近 2 千米长一段呈峡谷状。地形以黄土塬梁沟壑与低山丘陵为主，沟壑密度为 1.49 千米每平方千米。左岸有涧口河和白石河两条支流汇入，白石河是千阳县、凤翔区两县（区）分界线，白石河流域北属黄土塬梁沟壑区，残塬明显，塬坡短缓；白石河流域地势隆起，梁背浑圆，系塬梁沟壑与低山丘陵过渡地区。库区右岸大部分为低山丘陵类型，上部坡度较陡，多见岩石裸露，中下部坡度较缓，坡面较完整。区内有林地面积5000多亩。

从冯家山水库大坝坝脚到铧角堡村，两岸基岩出露，河岸稳定，河势变化不大。在铧角堡村以下无支流汇入，河势变迁受人为影响较大。冯家山水库建成后，千河洪水得到有效控制，流量减少，主流河床缩窄，河床宽度由原来的600米缩窄到300米左右。此河段是陈仓区与凤翔区的分界线。由于采用不合理的方式使河流主槽左右摆动，摆动达到300 ~ 400米。

王家崖水库大坝至千河入渭口，没有支流汇入，入渭口海拔553米。此段河段在王家崖水库建成后变迁较大，水库兴建前，河道主流位于河床中部，多弯多岔，滩面较宽。王家崖水库建成后，由于泄水建筑物位于大坝右岸，致使主槽位置产生较大距离的偏移，最宽处达600米左右，经过多年的治理，主流已完全控制，河势也逐步趋于稳定。受王家崖水库削峰滞洪的作用，洪水流量得到控制，水流主槽摆动不大，河段基本顺直，河床稳定。两岸农田土壤熟化程度好，耕作层厚，是沿岸居民主要的产粮基地。在凤翔区、陈仓区境内流经长青镇、贾村镇和千河镇。

第三节　主要支流

千河流域面积50平方千米以上支流17条，其中左岸一级支流5条，右岸一级支流9条，二级支流3条，具体情况如下。

一、关山沟

关山沟，位于陇县北部的千河以西，千河右岸一级支流、渭河二级支流。发源于陇县固关镇大南沟，关山沟水流从发源地南沟由南向北，在崖付沟口折向东北，沿途汇集大小支流11条，在固关镇牛鼻桥汇入千河，入千河口地理坐标为东经106° 36′ 27.5″，北纬34° 57′ 37″，海拔1185.94米。较大支流为罗家沟支流。

关山沟干流长13.8千米，流域面积56.1平方千米。河源地理坐标为东经106° 34′ 00.4″，北纬34° 51′ 29.8″。关山沟流域的地势西高东低，干流横向穿过关山山脉，属黄土侵蚀地貌。梁峁相间，以梁为主，间有峁状分布，斜坡坡度较大，沟岸两边部分地区有川平地分布。两岸山崖陡峭，岩体裸露，森林茂密，按山系和地貌特征分，该流域为土石山区，海拔2255米。河流具有山区河流的特征，河谷狭窄呈“V”字形，河床稳定。河床宽度不一，在20 ~ 40米，河道平均比降70.7‰。

流域内由于受秦岭、关山的阻隔，海洋性气候影响较小，西伯利亚大气环流影响较大，流域属暖温带大陆性季风气候区，据气象资料统计，年平均气温为10.7摄氏度，最热月为7月，平均气温23.4摄氏度；最冷月为1月，平均气温为–2.4摄氏度，最低气温–5.9摄氏度。流域内多年平均年降水量600.1毫米，最大降水量为937毫米，最小降水量为

339.86 毫米，年降水量最大差 597.14 毫米。受地理条件的影响，年内降水分布极不均匀，8 月降水量最大为 152 毫米；12 月几乎无降水；7—9 月降水总量为 280.89 毫米，占全年降水量的 46.8%，而且多以暴雨形式出现，历时短、强度大，是造成水土流失及洪涝灾害的主要因素。年蒸发量为 810.1 毫米，超出年降水量 35%。

流域内多年平均径流量 1122 万立方米，最大值为 1178.1 万立方米，最小值为 682.37 万立方米。多年平均水资源总量为 472.3 万立方米。

流域内人口稀少，水旱灾害轻微，历史上未出现较大水旱及滑坡、泥石流灾害。流域内自然植被较好，水土流失较轻。水流常年清澈，无大水大沙。按照《全国地表水水质评价标准》，关山沟水质中氯化物含量较低，溶解氧低于 7.5 毫克每升。水质符合饮用、灌溉用标准水，可作为人畜饮用水水源。

流域具有典型的黄土高原植被特征。植物区系的基本性质以北温带为主。自然植被呈森林向草原过渡，分布有落叶阔叶林和针叶林（如油松、白皮松、落叶松、桦树、青杆等）；上游大部分地区为半干旱草原带，以沙棘等耐旱灌木为主。

流域内野生动物有黄羊、金钱豹、野猪、狼、梅花鹿、锦鸡等，关山沟干流和支流水域生存着国家Ⅱ类水生野生保护动物秦岭细鳞鲑，现为国家级自然保护区。

流域内储藏的矿藏主要有石墨、镁、花岗岩、铅、锌、白云石等，储量丰富，开发潜力巨大。

流域内固殿渠灌溉工程于 1958 年开工，1960 年 3 月完工，总长 24.28 千米，斗渠 66 条，长 55.44 千米，灌溉面积达 4.3 万亩。流域内有三桥电站和牛鼻桥电站两处，装机容量 360 千瓦。

1974 年固关镇对关山沟河道进行了第一次治理，疏通河道，堆筑土堤，围河造田。

流域总供水量 445.6 万立方米，其中地表水供水量 254.6 万立方米，地下水供水量 191 万立方米。年发电用水 138.1 万立方米，占总用水量的 31%。

流域内森林茂密，荒山荒坡面积大，在国家退耕还林政策的号召下，流域内连续多年积极开展了退耕还林工作，有效地减少了洪涝灾害的频发，为流域内的生态治理工作和农民居住生产条件的改善发挥了巨大作用。

流域内辖固关镇 3 个行政村，总人口 2520 人，人口密度 45 人每平方千米。关山沟流域内有耕地面积 2600 多亩，林地面积 4300 多亩，草地面积 2700 多亩。农民收入靠粮食和经济作物。粮食作物以小麦、玉米为主，经济作物以烤烟、药材、林果等为主。核桃种植历史悠久，个大皮薄，畅销国内外；烤烟品质优良，是陇县优质烟叶生产基地。其流域内的固关镇位于陇县西部，距县城 27 千米，与甘肃省张家川回族自治县、华亭市接壤，辖 12 个行政村，56 个村民小组，占总人口的 10.6%。

流域内历史文化悠久，颇有名气的是陇县固关镇。据考证，固关镇早在先秦时期就已初步形成，已有两千多年的历史。历史上著名的秦始皇西巡的大致路线也是出咸阳经陇县关山，到达今天的甘肃平凉一带。这条路线是后来形成的关山古道中线，路况较好、作用较大，是陇关道上必经的要塞。西汉时期，张骞开辟了世界闻名的“丝绸之路”，西行的第一个驿站就是固关镇。直到明清时期，由于全国经济重心相对南移，穿过固关镇的关山古道才从繁盛渐渐走向衰落。秦人的先祖“非子”因为在关山牧马有功，被周孝王重用，继而开创了秦人一统天下的基业。直到今天，关山的骏马仍然驰名，陇州的“马社火”蜚声天下。公元 524 年关陇起义，北魏军与起义军在关山间征战七年；隋炀帝翻关山西巡；唐太宗贞观元年，高僧玄奘翻越陇坂西去天竺取经；唐广德元年，吐蕃入侵大震关；唐代宗大历三年，凤翔节度使李抱玉与右军督将李晟从固关出塞，在临洮一带大破吐蕃；清左宗棠西征，在固关调集兵马粮草。到了清代，虽然固关的古丝绸之路风光不再，但是朝廷仍设“固关镇”，扼守出陕入陇的关口。

1949 年 7 月 28 日，中国人民解放军第 1 军会同第 2 军歼灭国民党第 90 军第 24 师及第 61 师后，参加陇东阻击战，攻克陇县固关镇，会同第 7 军 20 师歼灭国民党军骑兵 14 旅；固关镇经历的历史烽烟不胜枚举。王维在《陇头令》里写道“陇头明月回照关，陇上行人夜吹笛”。这些成就了中国古代诗词的一大流派，关山月、陇头流水、陇头辞成了固定的词牌。如今的固关街近 3 里（1 里 =0.5 千米）长，古风犹存，分上、下两街，两面的店铺多达二三百间，逢单日集市。逢集之日，周围青铜滩、唐家河，包括毗邻甘肃省的麻庵、秦家塬的群众，都会到固关镇来赶集。陇县固关镇的马蹄酥、核桃饼历史悠久。

二、咸宜河

咸宜河属千河右岸一级支流，渭河二级支流。咸宜河发源于关山松林沟，河源地理坐标为东经 106° 35′ 13.7″、北纬 34° 42′ 16.5″，海拔 2035 米。

咸宜河河道长 33.5 千米，流域面积 163.2 平方千米。入千河口地理坐标为东经 106° 44′ 28.9″、北纬 34° 54′ 06.4″，海拔 1000.36 米，河床比降 36.8‰。

咸宜河位于陇县中部千河以西，地理位置在东经 106° 31′ 43″ ~ 106° 41′ 12″、北纬 34° 28′ 35″ ~ 34° 50′ 10″，流经关山松林沟、天成、曹家湾等乡镇 11 个行政村，于陇县曹家湾镇上湾村汇入千河。

咸宜河分上游、下游两段。松林沟—楸树湾段为上游。该区属关山土石山区，两岸山崖陡峭，岩体裸露，森林茂密，河流具有山区河流的特征，河谷狭窄呈“V”字形，河床稳定。楸树湾—曹家湾上湾村为下游，域内河槽宽浅，河床极不稳定，自然河床沙滩较多，弯曲交错，水流散乱，河床宽度不一。境内共有支流 33 条，其中较大支流有烂泥滩、南峡沟。

咸宜河流域的地势西高东低，干流横穿关山山脉。地表广泛覆盖黄土层，属黄土侵蚀地貌。梁峁相间，以梁为主，间有峁状分布，梁峁顶部地形相对平缓，以下的斜坡坡度逐渐增大，沟岸两边部分地区有川平地分布。该区属关山土石山区，两岸山崖陡峭，岩体裸露。

流域内受秦岭、关山的阻隔，海洋性气候影响较小，西伯利亚大气环流影响较大，属暖温带大陆性季风气候区。据气象资料统计，年平均气温为 10.7 摄氏度，最热为 7 月，平均气温 23.4 摄氏度；最冷为 1 月，平均气温为 −2.4 摄氏度，最低气温 −5.9 摄氏度。

流域内多年平均年降水量 600.1 毫米，最大降水量为 937 毫米，最小降水量为 339.86 毫米，年降水量最大差 597.14 毫米。受地理条件的影响，年内降水分布极不均匀，8 月降水量最大，为 152 毫米；12 月降水甚微；7—9 月降水总量为 280.89 毫米，占全年降水量的 46.8%，而且多以暴雨形式出现，历时短、强度大，是造成水土流失及洪涝灾害的主要因素。年蒸发量为 810.1 毫米，超出年降水量 35%。

咸宜河流域内多年平均径流量 3264 万立方米，最大值为 4677.12 万立方米，最小值为 2041.6 万立方米，径流深 200 毫米。汛期最大流量 271 立方米每秒（1981 年 8 月 21 日陇县曹家湾乡调查值），枯水期最小流量 0.2 立方米每秒，平均流量 1.00 立方米每秒。

咸宜河流域多年平均水资源总量为 3060.95 万立方米。

咸宜河泥沙主要来源于下游支流，大部分泥沙产生于汛期。20 世纪 90 年代后，经过有效治理，洪水发生频率减少，大大减少了河道泥沙输入量。河水水质中氯化物含量较低，溶解氧低于 7.5 毫克每升。水质符合饮用、灌溉用水标准。

据史料记载，咸宜河流域 1949—2006 年共发生旱灾 11 次。时有春旱连夏旱，夏旱又延至秋旱。据记载，1965—1966 年，长期干旱，当年小麦减产。7 月下旬至 8 月下旬严重干旱，导致晚秋作物旱死。洪水灾害大部分发生在汛期下游段。据史料记载，咸宜河流域 1949—2010年中，发生洪水灾害11次，特别是1996年发生了新中国成立以来最大洪水灾害，损失惨重。

咸宜河流域内大部分泥沙由汛期陡峭山体遭受洪水冲刷造成，但自然植被较好，水土流失较轻。水流常年清澈，无大水大沙。

咸宜河流域属关山土石山区，两岸山崖陡峭，森林植被较好。珍稀动物有金钱豹、狼、锦鸡等。2004 年 6 月省、市主管部门普查，流域水体中生存着国家Ⅱ类水生野生保护动物秦岭细鳞鲑，该流域被纳入省政府同年批准建立的陕西省陇县秦岭细鳞鲑自然保护区（川陕哲罗鲑），现为国家级自然保护区。

流域内储藏的矿藏主要有花岗岩和少量的镁等金属。

流域内辖 2 个乡镇 11 个行政村，总人口 1.46 万人。涉及土地面积 18.485 万亩，其中耕地面积 3.84 万亩，林地面积 9.92 万亩，草地面积 4.725 万亩。以农业生产为主，农民收入靠粮食和经济作物。粮食作物以小麦、玉米为主，经济作物以烤烟、药材、林果等为主。

1966年，在咸宜关村楸树湾咸宜河上建设拦水坝1座，咸惠渠干渠2条，总长14.2千米，斗渠 16 条，长 25.6 千米，设施灌溉面积 1.01 万亩，有效灌溉面积 0.79 万亩。1981 年 8 月，原渠首被洪水冲毁，同年底重新修复了渠首工程。2002 年农业综合开发项目，对咸惠渠灌区进行了配套，维修拦水坝 1 座，共衬砌干渠 3 条 16 千米，斗渠 78 条 23 千米，并新打机井 7 眼，配套机电泵 7 台套。2007 年，再次对渠首拦水坝修复改造，保证了灌溉用水。

1974 年春，曹家湾镇政府组织沿岸群众对咸宜河进行了治理，疏通河道，堆筑土堤，围河造田。20 世纪 80 年代，相继建成浆砌石堤防 3600 米，有效地减少了水毁农田。经过历次整治，基本上保证了沿岸群众和农田汛期安全度汛。

曹家湾镇 13 个村人畜饮水引用水源来自咸宜河。在咸宜关村建设供水池一座，沿咸宜关村至曹家湾镇将水自流入咸宜关、三里营等 10 个村，解决了 3150 人、2780 头大家畜的饮水问题。2010年流域总供水量1224.38万立方米，其中地表水供水量771.36万立方米，地下水供水量 450.02 万立方米。农业用水占总用水量的 53.2%。

流域内流域治理工作连续多年不间断开展水土保持工作。河道洪水泥沙量大大减少，农作物和林地土壤含水率明显提高。同时，开展了退耕还林工作，栽植各类林木6000多亩，有效地减少洪涝灾害的发生。

咸宜河较大支流的烂泥滩，为关山旅游风景区之一，1996年关山牧场被列为省级旅游景点。区内气候湿润，景色独特，草场广阔，水草茂密，水源充足，马、牛、羊放牧其间，是古代著名的养马区。

新中国成立后，国家在此兴办大型马场，饲养了数千匹马，并研究培育出了我国著名的优良品种关中马，其体型高大，毛色红润，能奔善跑。

陕西关山草原旅游风景区位于陕西、甘肃两省接壤的陇县西南部，距宝鸡市134千米、西安300千米，是以山地草原为主体的省级风景名胜区。关山草原旅游风景区内有天然林104万亩、草地35万亩，海拔2200米，年平均气温5.4摄氏度。景区荟萃山峦、槽谷、森林、草原、天象和气候等多种自然景观，春秋相连，长冬无夏，是人们饱览草原风光、骑马射箭、避暑度假、休闲健身、旅游观光的理想胜地。

三、蒲峪河

蒲峪河又名扑鱼河，属千河右岸一级支流，渭河二级支流。

蒲峪河发源于天成镇关山磨沟，河源地理坐标为东经106° 41′ 52.1″、北纬34° 39′ 55.2″，海拔2073米。

蒲峪河位于陇县西部千河以西，地理位置在东经106° 28′ 39″ ~ 107° 48′ 43″、北纬34° 42′ 29″ ~ 34° 51′ 26″，河道长35.8千米，河道平均比降30.0‰。流经陇县天成、埝底下2个镇13个行政村，于陇县埝底下镇王马嘴村汇入千河，地理坐标为东经106° 45′ 33″、北纬34° 53′ 07.1″，海拔979.23米。流域面积176.3平方千米。

按自然地形，蒲峪河在流域内分为上游、下游两段。上游段（关山磨沟—天成镇木拉石沟口）河道长25.5千米。该区域属于关山土石山区，两岸山崖陡峭，岩体裸露，森林茂密，河流具有山区河流的特征，河谷狭窄呈“V”字形，河床稳定。下游段（天成镇木拉石沟口—埝底下镇王马嘴村）河道长10.3千米，区内河槽宽浅，河床极不稳定，原自然河床沙滩较多，弯曲交错，水流散乱，河床宽度不一。境内共有大小支流45条，其中较大支流有老虎沟、大油松沟、木拉石沟。

蒲峪河流域地势东高西低，河道横穿关山山脉。地表广泛覆盖黄土层，梁峁相间，以梁为主，间有峁状分布，梁峁顶部地形相对平缓，以下的斜坡坡度逐渐增大，沟岸两边部分地区有川平地分布。流域地质属关山土石山区。

流域属暖温带大陆性季风气候区。据气象资料统计，年平均气温为10.7摄氏度，最热为7月，平均气温为23.4摄氏度；最冷为1月，平均气温为-2.4摄氏度。

流域内多年平均年降水量600.1毫米，最大降水量为937毫米，最小降水量为339.86毫米，年降水量最大差597.14毫米。受地理条件的影响，年内降水分布极不均匀，8月降水量最大，为152毫米；12月降水最小，几乎无降水；7—9月降水总量为280.89毫米，占全年降水量的46.8%，而且多以暴雨形式出现，历时短、强度大，是造成水土流失及洪涝灾害的主要因素。年蒸发量为810.1毫米，超出年降水量35%。

流域内多年平均径流量3526万立方米，最大值为4027.88万立方米，最小值为1921.33万立方米，径流深200.7毫米。平均流量1.15立方米每秒，汛期最大流量128立方米每秒，汛期最小流量2.5立方米每秒，流域多年平均水资源总量为3447.29万立方米。

蒲峪河泥沙主要来源于下游支流，大部分泥沙产生于汛期。20世纪90年代后，经过有效治理，洪水发生频率减少，大大减少了河道泥沙输入量。水质中氯化物含量较低，溶解氧低于7.5毫克每升。水质符合饮用、灌溉用水标准，可作为人畜饮用水源。

蒲峪河灾害频繁。洪水灾害大部分发生在汛期下游段。据史料记载，蒲峪河流域1949—2007年发生洪水灾害18次，损失惨重。特别是2003年8月下旬至9月上旬，流域内持续连阴雨，降水量达141.5毫米，蒲峪河洪峰流量123.5立方米每秒，0.15万人受灾，农作物受灾面积5100亩，水毁农田3270亩，水毁道路2.6千米、桥涵15座、输电通信线路4.5千米，倒塌房屋427间，水毁堤防2.5千米，直接经济损失1850万元。

2005年9月19日至20日17时22分，陇县境内又一次普降大暴雨。20日日降水量达115.5毫米，此次降水过程降水量135.8毫米，20日4时至14时12分，雷电集中，而且雷雨持续时间长，时段降水强度大，特别是20日6—8时，降水量达57.4毫米，暴雨致使陇县至关山公路K17+100处路基被彻底冲毁达100余米，11时交通全部中断；李坪路（温水镇至李家河乡）K15+800处上阳桥桥头引道于10时被冲毁，交通全部中断，天成镇被冲走1人。当时县境内南北河流急剧上涨，村庄、街道污水不能迅速排放，积水一片汪洋，部分地势较低的旧房屋进水严重。

滑坡、泥石流遇暴雨时有发生。2005年9月20日6—8时蒲峪河流域突降暴雨，引起山洪暴发，山体风化的岩石在暴雨的冲刷作用下，产生了大量的泥石流冲向河道，致使陇县至关山公路多处路基被彻底冲毁，交通全部中断，下游河道泥沙淤积，抬高了河床。

流域内植物以灌木为主，森林覆盖率不足40%。珍稀动物有金钱豹、狼、梅花鹿、锦鸡，以及国家二级保护动物秦岭细鳞鲑等，流域内水资源比较丰富。2004年6月省、市主管部门普查，水域生存着国家二级保护动物秦岭细鳞鲑，被纳入省政府同年批准建立的陕西省陇县秦岭细鳞鲑自然保护区，现为国家级自然保护区。

流域内储藏的矿藏主要有花岗岩和少量的黄金等。

流域内有天成、堎底下2个镇13个行政村，总人口1.42万人，人口密度78人每平方千米。流域涉及土地面积22万亩，其中耕地面积3.4万亩，林地面积10万亩，草地面积8万余亩。

流域内以农业生产为主，农民收入靠粮食和经济作物。粮食作物以小麦、玉米为主，经济作物以烤烟、药材、林果等为主。

流域内现有自流灌区蒲峪渠灌区1处。1959年，在天成镇铁塬村刺拉沟门蒲峪河上建设拦水坝1座，蒲峪渠干渠1条长5.67千米，斗渠34条长15.4千米，有效灌溉面积达304公顷。20世纪90年代以后，利用渭北旱塬项目资金连续5年对灌区进行了维修配套，衬砌干渠2.8千米，田间渠道12千米。2003年利用农业综合开发项目资金，再次对蒲峪渠灌区进行了配套，维修拦水坝 1 座，共衬砌干渠 1 条 5.8 千米，斗渠 68 条 24 千米。

1974 年，天成镇政府组织群众采用竹筐装卵石、麻袋堆石沙筑坝护岸等多种办法，对蒲峪河进行了治理，共修筑防洪堤 2.35 千米，防洪能力为 20 年一遇洪水标准设置，并在蒲峪河主要交通要道架设石墩木土面桥 2 座。1990—1992 年，在镇政府的统一指挥下，动员沿河群众对险段堤防进行了治理，新修防洪堤 4.1 千米，加固基础 2800 米，加高培厚河堤 2200 米，并建成石拱桥 2 座，总长 72 米。

流域内建有小（2）型水库 1 座，即韦家庄水库，控制流域面积 4.455 平方千米，总库容 17.5 万立方米。蒲峪渠干渠建设小水电站 1 处，装机容量 150 千瓦。

2010 年流域总供水量 896.29 万立方米，其中地表水供水量 376.44 万立方米，地下水供水量 519.85 万立方米。农业用水占总用水量的 48.6%。

流域内植被差，荒山荒坡面积大，流域治理工作连续多年不间断开展，在地方政府和水利部门及当地群众的努力配合下，流域治理工作取得了一定成效，丰水季节河道洪水泥沙量大大减少，农作物和林地土壤含水率明显提高。同时，积极开展了退耕还林工作，栽植各类林木近万亩，有效地减少了洪涝灾害的发生。

流域内的秋菊山庄位于美丽的陇州关山脚下蒲峪河上游石尧河村，有中国西部“第二九寨沟”之美誉。秋菊山庄是由国际资深导演张艺谋执导，著名影星巩俐、刘佩奇、雷恪生领衔主演的电影《秋菊打官司》的实景拍摄地。该剧创作人员在这里工作的近两年时间里，给人们留下了许多感人的轶事。沟内溪流涓涓，晶莹清澈，林木茂盛，百草葱茏，山清水秀，为人们避暑休闲的好地方。

四、梁甫河

梁甫河属千河右岸一级支流，渭河二级支流。

梁甫河发源于陇县东南镇原牙科乡宋家岭的二岭关，河源地理坐标为东经 106° 44′ 23.2″、北纬 34° 45′ 48.2″，海拔高程 1500 米。梁甫河河道长 21.8 千米，河床比降 20.2‰。落差 440 米左右，河床宽不定，在 30 ～ 60 米。

梁甫河流经陇县东南镇原牙科乡地域宋家岭、吉家庄等 10 个行政村，流域面积 56.4 平方千米。汇入千河口地理坐标为东经 106° 54′ 55.1″、北纬 34° 50′ 19.1″，海拔 842.10 米。

梁甫河主要支流有 3 条，即页水沟、焦家山沟、盘艾沟。

梁甫河流域地势南高东低，境内关山、陇山山脉延伸贯连。海拔在 900 ～ 1600 米，相对高差 700 米。地表广泛覆盖有黄土层，属黄土侵蚀地貌。流域内梁峁相间，以梁为主，间有峁状分布，梁峁顶部地形相对平缓，坡度一般为 3° ～ 8°，以下的斜坡坡度逐渐增大，沟岸两边部分地区有川平地分布。

梁甫河流域属暖温带大陆性季风气候区。据气象资料统计，年平均气温为 10.7 摄氏度，最热为 7 月，平均气温为 23.4 摄氏度；最冷为 1 月，平均气温为 –2.4 摄氏度，极端最低气温为 –5.9 摄氏度。

梁甫河流域内多年平均年降水量 600.1 毫米，最大降水量为 937 毫米，最小降水量为 339.86 毫米，年降水量最大差 597.14 毫米。受地理条件的影响，年内降水分布极不均匀，8 月降水量最大，为 152 毫米；7—9 月三个月降水量为 280.89 毫米，占全年降水量的 46.8%，暴雨频发，历时短、强度大，是造成洪涝灾害的主要因素。年蒸发量为 840.1 毫米。

梁甫河多年平均径流量 959 万立方米，平均径流深度 200 毫米，平均流量 0.36 立方米每秒。流域内水资源理论蕴藏量 1243 千瓦，可开发量 555 千瓦。

梁甫河流域内大部分泥沙源于汛期陡峭山体遭受洪水冲刷，但自然植被较好，水土流失较轻。水流常年清澈，无大水大沙。水质中氯化物含量较低，溶解氧低于 7.5 毫克每升。水质符合饮用、灌溉用水标准，可作为人畜饮用水源。

梁甫河流域内的洪水灾害大部分发生在汛期。流域内降水多以暴雨形式出现，历时短、强度大。流域土壤年侵蚀模数为 2200 吨每平方千米。

梁甫河流域位于关山土石山区，两岸山崖较缓，森林植被较好。动物有狼、锦鸡、国家二级保护动物秦岭细鳞鲑等。

梁甫河流域内有陇县东南镇原牙科乡域 16 个行政村、总人口 1.32 万人。以农业生产为主，农民收入靠粮食、经济作物和养殖业。粮食作物以小麦、玉米为主，经济作物以烤烟、果品等为主。

1970 年，梁甫河流域引梁甫河水进行灌溉，在原牙科乡目家庵村梁家坪大桥以东约 50 米河上建设拦水坝 1 座。1998 年进行改造后建成光芒渠，干渠长 6.0 千米，斗渠 7 条，长 10.0 千米，有效灌溉面积 4000 亩。

1974 年，原牙科乡组织沿岸群众对梁甫河进行了治理，疏通河道，堆筑土堤，围河造田。

梁甫河流域尚未开发，流域内水力资源理论蕴藏量 1243 千瓦，可开发量 555 千瓦。流域内水资源可利用量 58.8 万立方米，主要用于农业灌溉及当地群众人畜饮水。

梁甫河流域内有陇县著名佛教寺庙华严寺。华严寺位于陇县县城西南约 20 千米处，海拔 1917 米，三面环山，山高林密，依山傍水，地理环境独特，风景十分优美。华严寺始建于北魏太和年间，清康熙时法会盛行。1949 年被国民党骑九师破坏，“文化大革命”时又遭彻底毁坏，1990 年复修。华严寺依山傍水，五间大雄宝殿，供奉着 5 吨之巨的缅甸玉佛。这里游客可骑马赏景，是关山马乡寺庙的一大特色。

五、普洛河

普洛河上游称八渡河，下游称梨林河，属千河右岸一级支流，渭河二级支流。普洛河系千河陇县段第二大支流，发源于八渡镇的碾盘沟，河源地理坐标为东经 106° 43′ 09″、北纬 34° 39′ 10.5″，海拔 1760 米。普洛河流经陈仓区、陇县八渡、东风 3 镇 14 个行政村，河道长 37.6 千米，平均比降 5.5‰。于东风镇西沟村汇入千河，入千河口地理坐标为东经 106° 58′ 25.6″、北纬 34° 47′ 56.2″，海拔 808.35 米。流域面积 218.9 平方千米。

普洛河流域分为上游、中游和下游三段：碾盘沟—桃园村为上游段，河道长 11.8 千米；桃园村—西坡村为中游段，河道长 12.2 千米；西坡村—东风镇西沟村为下游段，河道长 13.6 千米。

普洛河支流有 5 条，即大蒿地河、干沟河、沙盆沟、寺院沟和小峡沟。最大支流为大蒿地河，发源于陈仓区。

普洛河流域地势南高东低，境内陇山山脉延伸贯连。地貌形态以梁为主，间有峁状分布，梁峁顶部地形相对平缓，坡度一般为 4° ~ 8°，河岸两边部分地区有川塬平地分布，海拔在 820 ~ 1945 米，相对高差 1125 米。地处关山土石山区，两岸山崖陡峭，岩体裸露，森林茂密，河流具有山区河流的特征，河谷狭窄呈 “V” 字形，河床稳定。中游段河谷狭窄呈 “U” 字形，河床较稳定。下游段河槽宽而浅，自然河床沙滩较多，水流散乱，河床宽度不定。

普洛河流域属暖温带大陆性季风气候。据气象资料统计，年平均气温为 10.7 摄氏度，最热为 7 月，平均气温为 23.4 摄氏度；最冷为 1 月，平均气温为 –2.4 摄氏度，极端最低气温 –5.9 摄氏度。

流域内多年平均年降水量 600.1 毫米，最大降水量为 937 毫米，最小降水量为 339.86 毫米，年降水量最大差 597.14 毫米。受地理条件的影响，年内降水分布极不均匀，8 月降水量最大，为 152 毫米；12 月有效降水几乎为零；7—9 月降水量为 280.89 毫米，占全年降水量的 46.8%，暴雨频发，历时短、强度大，是造成洪涝灾害的主要因素。年蒸发量为 840.1 毫米。

流域内多年平均径流量 4159 万立方米，最大值为 4498 万立方米，最小值为 1269 万立方米，平均径流深 97.2 毫米，平均流量 0.74 立方米每秒。

普洛河流域多年平均水资源总量为 3800 万立方米。

普洛河泥沙主要来源于下游支流，大部分泥沙产生于汛期。20 世纪 90 年代后，经过有效治理，洪水发生频率降低，大大减少了河道泥沙输入量。

普洛河水质，上游段达到饮用水标准，下游段达到灌溉水标准。

普洛河自然灾害较多。据史料记载，普洛河流域 1949—2010 年全流域干旱灾害发生 18 次。普洛河流域洪水灾害大部分发生在汛期末段。据史料记载，普洛河流域 1949—2010 年发生洪水灾害 23 次，损失惨重，特别是 1978 年发生了新中国成立以来的最大洪水灾害，当年流域内降雨 215 毫米，造成山洪暴发，泥石流成河。汇入千河的最大洪峰流量 360 立方米每秒，水毁粮食、经济作物 0.58 万亩，其中 0.23 万亩绝收；洪水冲毁房屋 154 间，造成危房 568 间，冲倒围墙 1256 米，水毁堤防 184 米、渠道 1873 米、抽水站 2 座、人饮站 1 座，埋没机井 3 眼，毁坏高压输电线路 680 米、广播线路 350 米，冲毁公路桥涵 2 座、公路 16 千米，造成直接经济损失 780 多万元。

1989 年 7 月 15 日流域内遭受大暴雨后，岭南处第二小组对面山坡出现 16 条裂缝，经工程技术人员现场勘查，滑坡体最大裂缝宽 3.7 米、深 2.4 米、长 250 米，滑坡体土方约为 150 万立方米，直接威胁 12 户 65 人、45 头大家畜、68 间房屋、5 孔窑洞及 1 所学校的安全。险情发生后，陇县政府及时组织群众转移到安全地带。

普洛河上游流域内森林茂密，土壤以粉质红土为主，水土流失较轻；下游段属川塬区，水土流失严重。土壤年侵蚀模数为 1000 ~ 2000 吨每平方千米。

普洛河流域自然植被较好，林区资源丰富，有中药材 1000 多种，林区内蕨菜、木耳、刺椿等都是陇县享有盛誉的绿色特产。野生动物 20 多种，在河道中游段高楼村境内生长有国家二级保护动物秦岭细鳞鲑、香獐等珍稀动物。八渡是我国稀有树种白皮松分布区和国家二级保护动物秦岭细鳞鲑繁育基地。

流域内矿藏以花岗岩、大理石为主。

普洛河流域内辖 3 个乡镇 14 个行政村，总人口 1.5 万人，其中农业人口 1.4 万人，占总人口的 93.5%，人口密度 134 人每平方千米。流域有耕地面积 25.3 万亩，林地面积 123.45 万亩，荒坡地面积 53.3 万亩。普洛河流域以农业生产为主，农民收入依靠粮食、经济作物和养殖业。粮食作物以小麦、玉米为主，经济作物以烤烟、果品等为主。境内是陇县干果生产基地之一，出产毛栗、黑木耳、生漆、五味子、沙棘、核桃等。现有核桃 5000 余亩、毛栗 1000 多亩。

普洛河流域于 1958 年先后在梨林河上游高楼村境内干流上建有八渡渠引水枢纽拦水坝一座，建设引水渠道 4.1 千米，灌溉面积 2670 亩；下游西坡村境内干流上建有林惠渠引水枢纽拦水坝一座，建设引水渠 8.5 千米，灌溉面积 8160 亩。两个灌区有干渠 2 条，总长 12.6 千米，斗渠总长 29.4 千米；有 4 处小型水利工程，其中小型机电泵站 2 处，装机容量 12.4 千瓦，设施灌溉面积为 1.2 万亩，有效灌溉面积 8500 亩。

1976 年，陇县东风镇组织干部群众对普洛河进行了治理，修筑河道防洪堤 1.25 千米，防洪标准按抗御 20 年一遇洪水设计，并在普洛河主要交通要道架设石墩木土面桥 3 座，共长 86 米。

在陇县人民政府和水利部门及当地群众的努力下，栽植各类林木 5400 亩，有效地减少了洪涝灾害的发生。

陇县八渡镇，因八渡河左有一山形似大象镇山，右有一山如雄狮伏地把门，沿河有四山嘴延伸，像八面旗帜，俗称“八旗”；另外有沙河沟、芋家沟、王家沟、薛家沟、马泉沟、柳沟、安沟、大沙沟等八沟汇入。中间有普洛河，河水滔滔，人来人往，形成渡口，因而称八渡。

陇县八渡镇文化底蕴深厚，自然景观独具特色，素有“八水汇渡，古镇雄风”的美誉。西武当——牛心山历史悠久，牛心、牛肺形态逼真；青石崖天然溶洞，生态景色独特；以高楼村为中心的八渡鱼乐园、垂钓园、牛沟生态园三大休闲垂钓区备受广大休闲爱好者的青睐。

西武当牛心山位于陕西陇县东南的八渡镇桃园、沙盆沟、大力村之间，南北长 5 千米，东西宽 4 千米，面积 12 平方千米，海拔 1714 米，山势险峻，森林茂密，景色奇特，气候宜人。据《陇州续志》载：“四面皆石并峙，中有高凸似牛心，故名‘牛心山’。”清代咸丰五年（1855 年）碑载牛心山“古称西武当”。山上庙宇据传始建于春秋时期，历经各朝修建，规模较大。由山门至峰顶形成了六台建筑群，一台有玉皇殿、灵官殿、文昌殿、关公殿、子孙宫；二台有大佛殿、菩萨殿；三台有八仙楼、三官殿；四台有药王殿和八卦亭；五台有三皇殿；六台为山顶，建有祖师等众圣殿和龙王庙。清道光九年（1829 年），武汉冶金业铸造名师金震宇来此铸造一巨钟重 1800 千克置于山顶。古建筑庙宇因年久失修和“文化大革命”遭破坏，损毁严重。1994 年起，八方群众多方筹资维修重建，已基本恢复了历史原貌。牛心山是古代陕甘商贾的必经驿站。1946 年，中原解放军 359 旅和干部 16 旅在王震率领下奉命突围，北上延安，路经牛心山与敌 144 师激战于大力村。

六、石罐沟

石罐沟属千河左岸一级支流，渭河二级支流。

石罐沟发源于甘肃省华亭市上关镇包家山。河源地理坐标为东经 106° 33′ 56.9″、北纬 35° 06′ 15.1″，海拔 1760 米。石罐沟流域范围位于陇县北部千河以东，地理位置在东经 106° 32′ 46″ ~ 106° 36′ 18″、北纬 34° 55′ 33″ ~ 35° 08′ 30″，流域面积 133.4 平方千米。

石罐沟自陇县新集川镇流入宝鸡市境，流经新集川、曹家湾 2 镇，于曹家湾镇三联村汇入千河，海拔 1092.31 米。

石罐沟河道总长 30.8 千米，其中甘肃省境内长 1.74 千米，陕西省境内长 28.25 千米，河道平均比降 25.9‰，平均流量 0.2 立方米每秒。

石罐沟具有山区河流的特征，河谷狭窄呈“V”字形，河床稳定。共有支流 13 条，其中较大支流为陈家河。

石罐沟流域地势北高南低，干流横穿千山山脉。地表广泛覆盖黄土层，属黄土侵蚀地貌，梁峁相间，以梁为主，间有峁状分布，梁峁顶部地形相对平缓，以下的斜坡坡度逐渐增大，沟岸两边部分地区有川平地分布。按山系和地貌特征分类，该流域属关山土石山区。

石罐沟流域由于受秦岭、关山的阻隔，海洋性气候影响较小，西伯利亚大气环流影响较大，属暖温带大陆性季风气候区。据气象资料统计，年平均气温为 10.7 摄氏度，最热为 7 月，平均气温 23.4 摄氏度；最冷为 1 月，平均气温为 –2.4 摄氏度，极端最低气温 –5.9 摄氏度。

流域内多年平均年降水量 600.1 毫米，最大降水量为 937 毫米，最小降水量为 339.86 毫米，年降水量最大差 597.14 毫米。受地理条件的影响，年内降水分布极不均匀，8 月降水量最大，为 152 毫米；12 月降水最少，几乎无降水；7–9 月降水总量为 280.89 毫米，

年蒸发量为 810.1 毫米，超出年降水量 35%。最大值比物值还小占全年降水量的 46.8%，而且多以暴雨形式出现，历时短、强度大，是造成水土流失及洪涝灾害的主要因素。

石罐沟流域内多年平均径流量 2110.58 万立方米，最大值为 2235.5 万立方米，最小值为 594.29 万立方米；年平均流量 0.67 立方米每秒。流域多年平均水资源总量为 2494.97 万立方米。水质中氯化物含量较低，溶解氧低于 7.5 毫克每升。水质符合饮用、灌溉用水标准，可作为人畜饮用水源。

石罐沟流域内人口居住稀少，水旱灾害轻微，历史上未出现较大干旱、滑坡及泥石流灾害。

石罐沟流域内大部分泥沙由汛期陡峭山体遭受洪水冲刷造成，但自然植被较好，水土流失较轻。水流常年清澈，无大水大沙。

石罐沟流域野生动物有黄羊、野猪、狼、锦鸡、野鸡等；森林植被有枸杞、漆、楸、秋海棠、天南星、松、五味子、沙棘等。

石罐沟流域内储藏的矿藏主要有石墨、镁、花岗岩、铅、锌、白云石等，储量丰富，

开发潜力巨大。

石罐沟流域内辖甘肃省华亭市上关、陕西省陇县曹家湾、新集川3个乡镇5个行政村，总人口1920人，人口密度15人每平方千米。石罐沟流域涉及土地面积15.49万亩，其中耕地面积1.28万亩，林地面积7.53万亩，草地面积6.68万亩。农民收入靠粮食和经济作物。粮食作物以小麦、玉米为主，经济作物以烤烟、药材等为主。

2009年10月，陇县段家峡水库移民区灾后重建项目三联村渠道改造工程实施，工程总投资78.54万元，其中国家投资66万元，群众自筹12.54万元。完成衬砌干渠浆砌石矩形断面3.1千米，配套U形渠道3千米，修筑跌水5座、生产桥15座、分水口30处。

陇县曹家湾镇政府和新集川镇组织沿岸群众对石罐沟进行了治理，疏通河道，堆筑土堤，围河造田。

石罐沟流域内河流水质没有污染，常年清澈。2010年7月，陇县勘察规划设计了陇县神泉供水工程。该工程引用水源为石罐沟流水，铺设引水管道17千米，年供水量27.2万立方米，解决了6800人的吃水问题。

石罐沟流域总供水量648.69万立方米，其中地表水供水量415.16万立方米，地下水供水量233.53万立方米。农业用水占总用水量的16.4%，其他水汇入千河。

流域内森林茂密，荒山荒坡面积大，加之流域治理工作连续多年不间断开展，丰水季节，河道洪水泥沙量大大减少，农作物和林地土壤含水率明显提高。在国家退耕还林政策的倡导和号召下，流域内积极开展了退耕还林工作，栽植各类林木1.1万亩，有效地减少了洪涝灾害的发生，保护了流域生态，改善了农民生产、生活条件。

流域内有著名佛寺石拱寺和龙门洞及景福山道教圣地，景福山是西北道教名山之一。

景福山位于陕西省陇县西北的新集川镇境内，属陇山山脉中支，北接六盘山，绵亘千余里，地处陕甘两省接壤之处。主峰海拔1924米，山势巍峨险峻，境内森林繁茂，奇峰幽洞遍布。相传汉景帝时方士娄景曾幽居于此，景帝遂下诏赐名曰景福山，取大福之意。山中现存的主要道教建筑及名胜古迹有龙门洞道院、云溪宫、灵官殿、玉皇殿、斗姆殿、丘祖殿、老君殿、祖师殿、子孙宫、三玄洞、三皇洞、丘祖洞、磨性石、混元顶等，其中山西侧峡谷中的龙门洞道院，为丘处机当年修炼并演传全真道龙门派之地。

龙门洞以奇险著称，位于陇县城西北35千米处新集川镇境内的龙门山上，地质属典型的岩溶地形。龙门山千奇百怪，山间处处是洞，河道处处是潭，相传有36洞24潭。朝元、凤爪两山对峙，奇峰竞秀，峭壁迭出；葱茏茂密的花草树木千姿百态。此处山崖、溶洞、林木、溪涧等自然景色与庙宇建筑巧妙结合，相得益彰，现开发成龙门洞旅游风景区。春秋季节，群山裹翠，山花纷呈，与山崖楼阁相掩映；风雨晨昏，云笼雾罩，绿树红楼，时隐时现；谷中泉鸣、林间鸟声相和，构成一个清幽、秀丽而又雄奇、险峻的神奇境界。龙门洞以其优美的自然景色和灿烂的道教文化内涵久负盛名。1984年，龙门洞被陕西省人民政府列为全省第一批对外开放的旅游点，1992年、1993年又先后被确定为省级文物保护单位和省级森林公园。

石拱寺位于华亭市南 11 千米的上关镇半川村，窟群坐北向南，开凿于北魏延昌元年（512 年），依崖开窟，窟释分布于东西约 120 米长的沙质石崖上，现存窟龛 14 个。1981 年，石拱寺被甘肃省人民政府公布为省级文物保护单位。2013 年 3 月 5 日，石拱寺被国务院公布为全国重点文物保护单位。建有一座高 4 米、长 36 米的水泥栈道，供游人登极参观。开凿于 1400 多年前的北魏时期的华亭石拱寺石窟以其悠久的历史和精美的佛教造像艺术饮誉陇上乃至大西北，堪称历史考古和文化旅游的一朵奇葩。

七、峡口河

峡口河原名汭河，也称北河，是千河左岸一级支流，渭河二级支流。

峡口河发源于陇县北部温水镇原火烧寨乡杨岭子，河源地理坐标为东经 106° 41′ 54.1″、北纬 35° 01′ 17.4″，海拔 1280 米。

峡口河河道全长 35.3 千米，河道平均比降为 9.8‰。流经原火烧寨乡、李家河乡，经温水镇、城关镇后绕县城西北流过，于陇县城东汇入千河。入千河口地理坐标为东经 106° 52′ 04″、北纬 34° 53′ 15.7″，海拔 893.87 米。流域面积 413.0 平方千米。

峡口河分为上游、下游两段。原火烧寨乡杨岭子—温水镇店子村为上游段，河道长 29.52 千米。两岸山岭重叠，植被差，容易形成泥沙。店子村—千河、峡口河交界处为下游段，即县城段，河道长 5.78 千米，河左岸紧靠山崖或高滩，岸线稳定；右岸为县城所在的冲积平原，洪水极易侵蚀。峡口河共有支流 17 条，较大支流有北河、杨河沟和水银河 3 条。

峡口河流域地处千河左岸，涉及陇县北部原火烧寨乡、李家河乡，经温水镇、城关镇，峡口河流域属黄土丘陵沟壑区，植被差，水土流失较重。土壤年侵蚀模数为 2200 吨每平方千米。

峡口河流域内属暖温带大陆性季风气候区。据气象资料统计，年平均气温为 10.7 摄氏度，最热为 7 月，平均气温为 23.4 摄氏度；最冷为 1 月，平均气温为 –2.4 摄氏度，最低气温为 –5.9 摄氏度。

峡口河流域多年平均年降水量 600.1 毫米，最大降水量为 937 毫米，最小降水量为 339.86 毫米，年降水量最大差 597.14 毫米。受地理条件的影响，年内降水分布极不均匀，8 月降水量最大，为 152 毫米；12 月几乎无降水；7—9 月降水总量为 280.89 毫米，占全年降水量的 46.8%，而且多以暴雨形式出现，历时短、强度大，是造成水土流失及洪涝灾害的主要因素。年蒸发量为 810.1 毫米。

峡口河流域多年平均径流量 5989 万立方米，最大值为 8375.15 万立方米，最小值为 2463.28 万立方米。其中，汛期最大流量为 650 立方米每秒，最小流量为 0.2 立方米每秒，平均流量 0.51 立方米每秒。陇县 1981 年成立陇县水利管理工作站，负责峡口河干流流量观测，2005 年建流量观测站。根据观测统计资料，平均年断流天数为 40 天，1981—2005 年间，累计断流天数为 1000 天。

峡口河流域多年平均水资源总量为 7778.98 万立方米。

峡口河流域水土流失严重，大部分泥沙产生于汛期，泥沙含量大，床质以砂砾为主，小卵石次之，具有大水大沙的特点。20 世纪 90 年代后，大力开展退耕还林工作，植被有了较大的改善，有效地降低了洪水的发生频率，大大减少了河道泥沙输入量。河水由于泥沙含量大，水质浑浊，未经沉淀等处理人畜不可饮用。

峡口河流域自然灾害较多。据史料记载，1949—2007 年，全流域发生旱灾 28 次，其中较严重的为 1994—1995 年，平均降水量仅 374.13 毫米。1994 年 9 月至 1995 年 5 月，9 个月降水量仅 58 毫米，比正常年份同期降低 79.3%，致使流域内 90% 晚秋作物旱死，烤烟减产，群众吃水困难，靠其他地域拉水解决吃水问题，直接经济损失达 1200 万元。

峡口河流域内暴雨强度大，历时短，汇流速度快，洪水暴涨暴落。峡口河流域的洪水灾害大部分发生在汛期峡口河上游段原火烧寨乡和李家河乡。据资料记载，1949—2010 年，发生洪水灾害 18 次，特别是 1979 年 7 月 21 日，峡口河上游突降一场大暴雨，降水量达 60 毫米，山洪暴发，发生了新中国成立以来最大的洪水灾害，洪峰流量 653 立方米每秒，超过原设计流量 2.4 倍，峡口河堤防上游段洪水漫顶，堤防冲毁决口，直入峡口河果园，县委机关、县木器厂及莲池居民家中也遭受洪水浸没，损失惨重。

1988 年 8 月 7—9 日、14 日峡口河流域的原火烧寨乡后沟村、温水镇麻子山村先后发生了较大面积的滑坡，滑坡体长 50 ~ 400 米，宽 200 米，最大滑陷高度 21 米，最小滑陷高度 14 米，滑坡体土方大约 145 万立方米，造成十几户村民 50 人受灾，摧毁民房 25 间，23 间房屋受到威胁。

流域内山岭重叠，植被差。流域内野生动物有野猪、狼、野鸡等。

流域内矿藏资源主要是石灰岩及少量的磷矿石。

流域内居住陇县原火烧寨、李家河、温水和城关4个乡镇58个行政村，总人口5.36万人，其中农业人口 2.54 万人，占总人口的 47.4%，流域内人口密度 130 人每平方千米。

峡口河流域内有耕地面积 5.4 万亩，林地面积 4.3 万亩，草地面积 1.1 万亩。流域以农业生产为主，农民收入依靠粮食和经济作物。粮食作物以小麦、玉米为主，经济作物以烤烟、果品等为主。

峡口河支流温河沟上游建有小（1）型丰收水库，并从水库引水至丰收渠进行灌溉，干渠全长 13 千米，斗渠 14 条，共 9.2 千米，有效灌溉面积 4500 亩。峡口河上游建有拦水坝 1 座，进行蓄水灌溉，灌溉面积 1300 亩。

1953 年，全县人民在北门外靠城南岸，用打木桩的办法护岸约 100 米。1958 年，在北门外靠城南岸，改建修成护城防洪石堤 2 千米，丁字坝 20 多个，有效地抗御和减轻了洪水危害。1973 年，第三次对峡口河进行了治理。在北门外 3 千米的主道上，通过裁弯取直、拉沙堆堤、疏通河道、引水归槽等措施扩宽河道。1979 年底统计，共修建防洪堤 46.3 千米，绿化造林 30.06 千米。1999—2003 年，分三期对峡口河城区段右岸河道及堤防进行了治理，共建成 30 年一遇防洪堤 4.98 千米，平均河床宽度 120 米。至 2011 年，共建成 30 年一遇防洪堤 8.32 千米，防洪能力达到了国家防洪标准的设防标准。新修橡胶坝一处，改善了城市环境，河水清澈，花草映衬，为群众提供了一处游乐、休闲、健身的美好佳境。

峡口河流域内共建成小（1）型水库 1 座，即丰收水库；小（2）型水库 2 座，分别为杨家沟水库、艾家沟水库；塘坝 2 座，分别为苏家塬塘坝、权家下塘坝；总库容 143.59

万立方米，控制流域面积 15.68 平方千米。

2003 年建设的陇县城区供水工程，引用水源来自峡口河支流温河沟上游自流水，水量充沛，水质良好。

流域内现有小型机电泵站 12 处，装机容量 120 千瓦，有效灌溉面积 187 公顷。

流域内总供水量 2956.02 万立方米，其中地表水供水量 895.63 万立方米，地下水供水量 2060.39 万立方米。农业用水占总用水量的 48%，人畜用水占总用水量的 21%。

20 世纪 90 年代后期，流域内大力开展退耕还林工作，植被有了较大的改善，有效地缓解了洪水的发生频率，大大减少了河道泥沙输入量。

流域内著名的景观有老龙殿、磬口寺。老龙殿位于陇县县城西北 7.5 千米的温水镇柴家洼村，是古陇州八景之一。流域内有老龙殿，雕梁画栋，林荫掩映，风光如画，庙内祀奉“龙王”。老龙殿以其温泉而闻名。在老龙殿庙宇脚下，一连排列着几处温泉，以珍珠泉最具特色。珍珠泉约三尺见方，清澈见底，泉底为石质，水从石缝中迸出，在水面形成水沟、水花，似颗颗珍珠晶莹剔透、明光闪闪，冬季水温在 15 摄氏度以上，因而水面热气腾腾，与泉外冰天雪地之自然景观形成鲜明的对比。

1970 年，陇县利用温泉水源，在珍珠泉下方修建了丰收水库，为老龙殿增添了一处自然景观。水库旁是磬口寺，又名报恩寺，因寺建在一座岩溶小山丘上，上大下小，山顶平展，洞窟千奇百怪，形似一口大玉磬而得名。相传唐太宗李世民路经此地游览后，拍手称绝，遂传御旨，遣钦差敬德监修佛教寺院，形成一处景观。

八、北河

北河，当地也称峡口河，属峡口河左岸一级支流，千河二级支流，渭河三级支流。

北河发源于陇县北部原火烧寨乡木家庄村，河源地理坐标为东经 106° 48′ 28.8″、北纬 35° 04′ 36.9″，海拔 1440 米。

流经原火烧寨乡、温水镇，于温水镇团结村的把关口汇入峡口河，入峡口河口地理坐标为东经 106° 49′ 12.9″、北纬 34° 56′ 48.7″，海拔 968.14 米。河道全长 20.5 千米，河道平均比降为 9.0‰，流域面积 50 平方千米。

北河流域范围在东经 106° 45′ 41″ ~ 106° 47′ 12″、北纬 34° 57′ 29″ ~ 35° 09′ 38″。流域内有大小支流 6 条，分别为七条沟、后庵河、水眼沟、寒水沟、刘家沟和莲花沟。

北河流域处于黄土高原，植被差，千沟万壑。土壤以棕壤土、黄土类土质为主。地质为碎屑岩孔隙裂隙弱透水区，含水层为砂岩或砂砾岩，泥质含量高，透水性差。

流域内属暖温带大陆性季风气候区。据气象资料统计，年平均气温为 10.7 摄氏度，最热为 7 月，平均气温为 23.4 摄氏度；最冷为 1 月，平均气温为 –2.4 摄氏度，极端最低气温 –5.9 摄氏度。

北河流域内多年平均年降水量 600.1 毫米，最大降水量为 937 毫米，最小降水量为 339.86 毫米，年降水量最大差 597.14 毫米。受地理条件的影响，年内降水分布极不均匀，8 月降水量最大，为 152 毫米；12 月降水甚微；7—9 月降水总量为 280.89 毫米，占全年降水量的 46.8%，而且多以暴雨形式出现，历时短、强度大，是造成水土流失及洪涝灾害的主要因素。年蒸发量为 810.1 毫米。

北河流域内多年平均径流量 600 万立方米，年平均流量 0.2 立方米每秒。流域多年平均水资源总量为 1004.35 万立方米。

北河流域大部分泥沙产生于汛期，具有大水大沙的特点。泥沙含量大，床质以砂砾为主，小卵石次之。20 世纪 90 年代后，经过有效治理，洪水发生频率降低，大大减少了河道泥沙输入量。

北河河水泥沙含量大，水质浑浊，未经沉淀等办法处理，人畜不可饮用。

流域内自然灾害频发。据史料记载，1949—2007 年，全流域发生旱灾 28 次，其中较严重的为 1994—1995 年，年均降水量为 374.13 毫米。1994 年 9 月至 1995 年 5 月，9 个月降水量仅 58 毫米，比正常年份同期降低 79.3%，致使流域内 90% 晚秋作物旱死，烤烟减产，群众吃水困难，靠其他地域送水解决吃水问题，直接经济损失达 720 万元。

北河流域暴雨强度大，历时短，汇流速度快，洪水暴涨暴落。北河流域的洪水灾害大部分发生在汛期上游段原火烧寨乡和李家河乡。据史料记载，1949—2007 年，发生洪水灾害 18 次，特别是 1996 年发生了新中国成立以来最大的洪水灾害，损失惨重。

1988 年 8 月 14 日，北河流域的原火烧寨乡后沟村发生了较大面积的滑坡，滑坡体长 400 米左右，宽 200 米，最大滑陷高度 21 米，最小滑陷高度 14 米，滑坡体土方大约 140 万立方米，造成 6 户村民 24 人受灾，摧毁民房 25 间，23 间房屋受到威胁。

北河流域处于黄土高原，千沟万壑，水土流失严重。流域内土壤年侵蚀模数为 2000 ~ 3000 吨每平方千米。

流域内山岭重叠，植被差。野生动物有野猪、狼、野鸡等。

流域内矿藏资源品类少，主要是石灰岩及少量的磷矿石。

流域内辖 2 个乡镇 12 个行政村，总人口 2.12 万人，人口密度 400 人每平方千米。

北河流域内有土地面积 5.7 万亩，其中耕地面积 2.7 万亩，其他为林草地。流域以农业生产为主，农民收入靠粮食和经济作物。粮食作物以小麦、玉米为主，经济作物以烤烟、果品等为主。

北河流域上游建有拦水坝 1 座，进行蓄水灌溉，引水渠道 3.5 千米，灌溉面积 1305 亩。2010 年流域总供水量 78.3 万立方米，主要用于农业灌溉。

流域内植被差，荒山荒坡面积大。自积极实施退耕还林政策以来，栽植各类林木 1 万多亩，有效地减少了洪涝灾害的发生，流域内的生态环境和农民生产生活条件得到了改善。

商代水银河流域水流清澈，因河水宛如一条银色的飘带顺着二郎山旁缓缓流过，河水银光闪烁，景色异常奇特而得名，属千河左岸二级支流，渭河三级支流。

水银河发源于陇县河北镇东坡，河源地理坐标为东经 107° 01′ 17.1″、北纬 35° 00′ 07.7″，海拔 1370 米。流经陇县河北镇、城关镇杨家寺村、梁家湾、安儿坡村、黄家崖村等，于陇县县城东北桑家坡南汇入北河，再汇入千河。河口地理坐标为东经 106° 49′ 12.9″、北纬 34° 56′ 48.7″，海拔 968.14 米。河道全长 16.8 千米，河道平均比降为 19.7‰，流域面积 82.15 平方千米。

水银河流域属黄土高原北部丘陵梁峁沟壑区，地表广泛覆盖沙土、黄土层。耕地面积大，林木稀少，植被较差，覆盖率低，水土流失严重，面积占总流域面积近一半，每逢暴雨，山洪暴发，泥水下泄，山坡耕地表土被刮，河道两岸良田、公路、村庄被毁，严重威胁着水银河两岸人民群众的生命和财产安全。

水银河为季节性河流，河道洪水主要由暴雨产生形成，具有历时短、强度大、泥沙含量大、危害严重的特征。在暴雨季节，河水猛涨，泥沙俱下，雨过水落，沉沙淤浅，遇旱干涸，溪涧断流。

水银河流域在大地构造上属鄂尔多斯台地向斜西南边缘，地势北高南低，地貌形态以梁为主，间有峁状分布，梁峁顶部地形相对平缓，坡度一般为 3° ~ 9°。河床位于陇县新生代山间断陷盆地之中。河谷上游比较狭窄，下游地势开阔，河流极不稳定。水银河支流较多，自然河床沙滩密布，岔道交错，水流散乱，主流靠左岸行走，右岸自然岸线稳定。河床宽度不一，在 45 ~ 65 米。

水银河在陇县境内。东坡村—杨家寺村为上游段，河道长 4 千米，两岸山崖陡峭，岩体裸露，森林茂密，河流具有山区河流的特征，河谷狭窄呈“V”字形，河床稳定。杨家寺村—安儿坡村为中游段，河道长 6.4 千米，河谷狭窄呈“U”字形，河床较稳定。安儿坡村—黄家崖村为下游段，河道长 6.4 千米，河槽宽浅，河床极不稳定。

流域土壤以棕壤土、黄土类土质为主。地质为碎屑岩孔隙裂隙弱透水区，含水层为砂岩或砂砾岩，泥质含量高，透水性差。

流域内属暖温带大陆性季风气候区。据气象资料统计，年平均气温为 10.7 摄氏度，最热月为 7 月，平均气温为 23.4 摄氏度；最冷月为 1 月，平均气温为 -2.4 摄氏度，最低气温为 -5.9 摄氏度。

流域内多年平均年降水量 600.1 毫米，最大降水量为 937 毫米，最小降水量为 339.86 毫米，年降水量最大差 597.14 毫米。受地理条件的影响，年内降水分布极不均匀，8 月降水量最大，为 152 毫米；12 月降水最少，为 0 毫米；7—9 月降水量为 280.89 毫米，占全年降水量的 46.8%，暴雨频发，历时短、强度大，是造成洪涝灾害的主要因素。年蒸发量为 810.1 毫米。

流域内多年平均流量 0.32 立方米每秒，流域多年平均水资源总量为 1000 万立方米。

水银河是北河泥沙最多的支流，泥沙主要来源于下游支流，大部分泥沙产生于汛期。20 世纪 90 年代后，经过有效治理，洪水发生频率降低，大大减少了河道泥沙输入量。下游段达到灌溉水标准。

流域内植被差，野生动物亦少，有狼、锦鸡等。荒山荒坡面积大，水土流失严重。土壤年侵蚀模数 2000 ~ 3000 吨每平方千米。

流域内辖 2 个乡镇 2 个行政村，1911 户，总人口 0.66 万人，耕地 189670 亩。流域内以农业生产为主，农民收入靠粮食、经济作物和养殖业。粮食作物以小麦、玉米和豆类为主，经济作物主要有辣椒、蔬菜等。近几年，村民由传统的种植业向手工加工业、养殖业迅速发展，农业由单一的粮食种植向多品种的经济作物发展。全村共发展奶牛 358 头，辣椒、蔬菜等经济作物种植 400 多亩，发展村办、民营集体企业共 3 个，为农民提高收入奠定了良好的基础。

陇县 2011 年水银河流域水土保持综合治理工程，涉及城关、河北 2 个镇，黄家崖、东坡 2 个行政村。治理任务为：治理水土流失面积 9.01 平方千米（1.35 万亩），其中坡改梯 0.12 万亩，水保林 0.15 万亩。

2022 年，陇县城关镇的干部群众对水银河下游段黄家崖村段的河道进行了治理，共新修堤防工程 770 米。防洪能力按 30 年一遇的洪水标准设计，工程建成后可确保水银河沿岸城关镇黄家崖村 357 户 1646 人及陕西民爆有限责任公司陇县分公司职工的财产和生命安全，同时保护了河岸两侧的耕地。

水银河流域内植被差，荒山荒坡面积大。在地方政府和水利部门及当地群众的努力下，流域治理工作取得了一定成效，有效地减少了洪涝灾害的发生，流域内的生态环境和农民生产生活条件得到了改善。

九、大杜阳河

大杜阳河又名大杜阳沟，因流经陇县杜阳村而得名，属千河左岸一级支流，渭河二级支流。

大杜阳河发源于陇县河北镇的大谈湾村，河源地理坐标为东经 107° 01′ 17.1″、北纬 35° 00′ 07.7″，海拔 1338 米。流经陇县河北镇、原杜阳镇，于杜阳镇堡子身河滩汇入千河，河口地理坐标为东经 106° 54′ 26.9″、北纬 34° 50′ 52.2″，海拔 856.96 米。河道长 21.7 千米，河床比降 15.4‰。流域面积 95.8 平方千米。

大杜阳河在陇县境内分为上游、中游和下游三段。大谈湾村—兰家堡村为上游段，河道长 6.2 千米，两岸山崖陡峭，岩体裸露，森林茂密，河流具有山区河流的特征，河谷狭窄呈“V”字形，河床稳定。河北镇兰家堡村—杜阳镇旨留家村为中游段，河道长 8.5 千米，河谷狭窄呈“U”字形，河床较稳定。旨留家村—堡子身村为下游段，河道长 7.8 千米，河槽宽浅，河床极不稳定，沙滩较多，水流散乱，河床宽度不一，在 30 ~ 50 米。

大杜阳河是千河流域陇县段主要支流，地理位置在东经 106° 55′ 45″ ~ 107° 01′ 37″，北纬 34° 49′ 34″ ~ 35° 02′ 22″。涉及陇县河北镇、原杜阳镇 2 个乡镇 15 个行政村。

大杜阳河在陇县境内的地势北高南低，属于黄土高原梁峁丘陵沟壑区，地表广泛覆盖沙土、黄土层。地貌形态以梁为主，间有峁状分布，梁峁顶部地形相对平缓，坡度一般为 3° ~ 9°。海拔在 870 ~ 1355 米，相对高差 485 米。

流域土壤以棕壤土、黄土类土质为主。地质为碎屑岩孔隙裂隙弱透水区，含水层为砂岩或砂砾岩，泥质含量高，透水性差。

流域内属暖温带大陆性季风气候区。据气象资料统计，年平均气温为 10.7 摄氏度，最热月为 7 月，平均气温为 23.4 摄氏度；最冷月为 1 月，平均气温为 –2.4 摄氏度，最低气温为 –5.9 摄氏度。

流域内多年平均年降水量 600.1 毫米，最大降水量为 937 毫米，最小降水量为 339.86 毫米，年降水量最大差 597.14 毫米。受地理条件的影响，年内降水分布极不均匀，8 月降水量最大，为152毫米；12月降水量最小，为0毫米；7—9月降水量为280.89毫米，占全年降水量的46.8%，暴雨频发，历时短、强度大，是造成洪涝灾害的主要因素。年蒸发量为840.1毫米。

流域内多年平均径流量862万立方米，最大值为1154万立方米，最小值为570万立方米。流域多年平均水资源总量为1200万立方米。

大杜阳河泥沙主要来源于下游支流，大部分泥沙产生于汛期。20世纪90年代后，经过有效治理，洪水发生频率降低，大大减少了河道泥沙输入量。上游段水质达到饮用水标准，下游段水质达到灌溉水标准。

流域内干旱、洪水、泥石流自然灾害发生较多。据史料记载，大杜阳河流域1949—2010年全流域发生干旱灾害20次。

1949—2010年，大杜阳河流域发生洪水灾害26次，大部分发生在汛期中下游段，损失惨重。特别是1978年发生了较大洪水灾害，当年8月流域内降水156毫米，造成山洪暴发，泥石流成河。入汇千河的最大洪峰流量280立方米每秒，水毁粮食、经济作物0.12万亩，其中0.05万亩绝收；洪水冲毁房屋34间，造成危房28间，水毁堤防260米、渠道1023米、抽水站1座，埋没机井2眼，毁坏高压输电线路260米、广播线路280米、公路桥涵1座、公路11千米，造成直接经济损失240多万元。

2010年7月23日至8月1日，发生了1954年有实测记录以来的最大洪水灾害。

流域内植被差，荒山荒坡面积大，水土流失严重。土壤年侵蚀模数为2000 ~ 3000吨每平方千米。

流域植被差，野生动物亦少，有狼、锦鸡等。

流域内辖2个乡镇15个行政村，总人口0.35万人，其中农业人口0.34万人，占总人口的97.1%，农业人口密度78人每平方千米。流域内以农业生产为主，农民收入靠粮食、经济作物和养殖业。粮食作物以小麦、玉米为主，经济作物以烤烟、果品等为主。

1973年，在大杜阳河流域内上游段建成兰家堡水库1座，灌区设施灌溉面积1500亩，有效灌溉面积1000多亩。

1978年，陇县杜阳镇的干部群众对大杜阳河下游段龙眼寺村、堡子身村段的河道进行了治理，共修筑防洪堤2.86千米，防洪能力按20年一遇的洪水标准设计，可保护耕地860亩。

1973年，在大杜阳河流域上游段建成兰家堡小（2）型水库1座，总库容39万立方米。此后，右岸支流权家下村境内建成权家下村陂塘1座，总库容8.3万立方米；左岸支流焦家坡村境内建成焦家坡陂塘1座，总库容8.25万立方米。

大杜阳河流域内植被差，荒山荒坡面积大。在地方政府和水利部门及当地群众的努力下，流域治理工作取得了一定成效，栽植各类林木8000亩，有效地减少了洪涝灾害的发生，流域内的生态环境和农民生产生活条件得到了改善。

十、草碧河

草碧河因流经千阳县草碧镇而得名，是千阳县境内千河左岸一级支流，渭河二级支流。

草碧河发源于陇县东风镇的西凉湾南麓，地理坐标为东经 107° 08′ 15.1″、北纬 34° 56′ 22.1″，海拔 1200 米。河流呈西北—东南流向，流经千阳、陇县两县，支流河沟众多。流至千阳县草碧镇汇入千河，汇入口地理坐标为东经 107° 01′ 09.1″、北纬 34° 19′ 52.7″，海拔 770 米。河道长 30.0 千米，河道高差 430 米，河道平均比降 8.6‰。流域面积 288.4 平方千米，其中千阳县境内 217.4 平方千米，陇县境内 71.1 平方千米。

草碧河是千阳县境内千河左岸一级支流，渭河二级支流。从河源西凉湾至上店村，河道长 13.8 千米。草碧河从河塬向东南 10.8 千米，在教场沟进入千阳县境，再行 3 千米到了上店村。右岸接纳了发源于分水岭的柿树沟。从上店村至草碧镇河长 15 千米。从上店村转向南下，在磨朝村接纳了从陇县发源的磨朝沟，在白村寺村接纳了发源于分水岭、流经陇县麻家台的白村寺沟。左岸依次接纳了发源于寇家河乡山地的雨园沟、狼沟、新庄沟、阳坡沟，流量达到 0.5 立方米每秒。草碧镇至入千河口段，河长 1.2 千米。河道出草碧镇便是千河川道。

流域地跨千阳、陇县两县，北与泾河流域相邻，东与夜权木河流域接壤，西与陇县尧场沟毗邻。在千阳县草碧镇附近汇入千河，流域地理位置在东经 106° 55′ ~ 107° 12′、北纬 34° 45′ ~ 34° 58′。草碧河流域内地形破碎，千沟万壑；坡耕地多，土壤质地疏松；岩石风化，水土流失普遍且严重。

草碧河流域属大陆性季风半湿润气候区，冷暖干湿，四季分明。春季气温变化大，雨少、风多、干旱，时有沙尘和霜冻天气；夏季炎热，多冰雹，多暴雨，时有伏旱；秋季湿润多淋涝；冬季雪少、干旱，时有冷空气侵入。多年平均气温 10.8 摄氏度。全年主导风向为东南风，次为西北风。平均风速 1.8 米每秒，最大风速 24 米每秒（1980 年 6 月 21 日北风）。极端最高气温 40.3 摄氏度（1966 年 6 月 19 日），极端最低气温 -19.9 摄氏度（1977 年 1 月 30 日）。多年平均无霜期 197 天，最长 223 天（1961 年），最短 156 天（1970 年）。历年结冰期为 11 月至次年 2 月，约 120 天。

流域自然降水有明显的季节性特点，时间地区分布不均，旱涝较为明显，降水主要集中在 7—9 月。流域内年降水变化明显。上店村多年平均年降水量 560 ~ 590 毫米，草碧镇多年平均年降水量 640 毫米。最大降水量 924.3 毫米（1964 年），最小降水量 390.1 毫米（1997 年）。年度变化较大，年内分配不均。1—3 月降水量占全年的 5.5%。6—10 月降水量占全年的 70% 以上。流域内多年平均水面蒸发量 814.1 毫米。

流域内多年平均径流量 2622 万立方米，平均径流深 115.0 毫米，年均流量 1.05 立方米每秒。草碧河属季节性河流，干旱和枯水期经常断流。

草碧河流域多年平均水资源总量 3078.1 万立方米，其中地下水资源量 110 万立方米。水力资源理论蕴藏量 1.6 万千瓦，可开发量 450 千瓦。

草碧河上游段河道是泥沙的主要来源。泥沙一是产生于汛期暴雨，二是产生于坡耕地，三是产生于分化岩石，具有大雨、大洪、大沙的特点。

草碧河的水质经 1991 年 11 月取样测定，总硬度 206 毫克每升，总碱度 191 毫克每升，溶解氧 6.3 毫克每升，耗氧量 1.1 毫克每升，氟化物含量 0.4 毫克每升，氰、砷、酚、六价铬和汞等有毒物质的含量均低于国家规定标准。

草碧河有史以来，水旱、滑坡、涝灾尤为频繁。旱灾尤为严重，损失惨重。明万历至崇祯三年间，几乎持续大旱；到清顺治年间，因饥荒造成全县人口降为1500余人，流域仅存10余户。民国十七年至二十二年（1928—1933年）夏特大干旱，外逃饥荒又使人口减少近半。新中国成立后的1960—1984年25年间，共发生干旱58次，年均2.3次，1960年、1973年各旱4次，其中双百日大旱3次，百日大旱11次。1979年7月23日至1980年5月1日干旱283天，降水量比同期减少60%。

1979年7月21日，流域北部暴雨，河水猛涨，曾使何家沟水库爆满，大坝过水被毁。1983年、1984年6—7月，阴雨连绵，小麦霉变，夏粮减产严重。2010年7月23日降暴雨，草碧村调查洪峰流量381立方米每秒，8月1日继续降雨致使草碧镇段左岸决口140米。

流域内滑坡灾害普遍而严重。陇县西凉湾是个古滑坡体，簸箕形的大弯下塌50余米，耕地呈鼓肚状，褶皱明显，松软，到处出水。1980年，寇家河乡龙槐塬村山吊庄李家湾发现滑坡。滑弧长2千米，滑舌从山顶到沟底长达1千米，裂缝上下错位0.5 ~ 1.0米，缝宽0.3 ~ 0.5米，最宽处达2米以上，毁坏坡耕地390亩、房屋20余间。

流域属次强度水土流失区，土壤年侵蚀模数5350吨每平方千米，年均输沙量127.5万吨。

流域属千山防护林区，草场丰富，植被覆盖情况较好，有柏、马尾松等天然树种。野生动物有狼、狐、豹、鹿等。

流域北部煤炭资源丰富。

流域内千阳县居住有2镇1乡14个村26个村民小组农户1100户，村民4158人。有农耕地9.06万亩，粮食总产4529吨。区域内以农业生产为主，农民收入依靠种植粮食、畜牧养殖、农闲外出务工。农作物以小麦、玉米和谷豆类为主。

民国时，沟口阳湾村、东河下村修渠引河水灌地，有水浇地近200亩。1949年后，草碧河被纳入千阳县农田水利建设规划，坚持开发和综合治理。1956年，草碧镇的阳湾村、东河下村整修原有渠道，引河水自流浇田。1970—1973年，补充修订使规划更加完善。1974年起，结合第二次千河治理，改变河道600米，河滩造田80亩。

20世纪70年代，修建何家沟小（2）型水库1座，控制面积2平方千米；陂塘3座，蓄水池1座，总库容31.3万立方米，发展水浇地1050亩。

2008—2010年，新修人畜饮水泵站10处，兴建机泵5处，装机容量270千瓦，解决了群众吃水困难问题，全部实现自来水化。

1974年，结合第二次千河河道治理，在宝平公路大桥至入千河口段修筑护岸堤防2.4千米，栽植护堤林带宽10米，植树24万株。1976年12月，堆筑拦河大堤长80余米，河滩造田80亩。2010年，草碧河治理被列入国家中小河流治理规划，计划投资1500余万元。

流域内水资源开发工程有小（2）型水库1座、陂塘3座、蓄水池1座、人畜饮水泵站10处，主要为农灌供水和人畜饮水。水力资源蕴藏量1.6万千瓦，可开发量450千瓦。草碧河因其遇涝发洪，遇旱断流，水利工程少，调蓄能力低，水资源利用率较低。

20世纪70—90年代，流域内坚持开展以平田修地改土为主要内容的水土保持建设工作。30年来，共计兴修“四田”5万亩，栽植水土保持防护林9.6万亩，封山育林种草7.38万亩，治理水土流失面积145.4平方千米，占总面积的70.6%，使河流泥沙得到了一定控制。

流域内历史和文化资源丰富。坟湾岭距县城西北40千米，海拔1210米，有唐代名将段秀实之父段行琛的坟墓。

上店，古为陇县麻家台，是千阳县西和甘肃灵台农用物资商品的集散地，古代为军事要塞。唐大和元年（827年）凤翔节度使王承元修筑临千城于寨子村山岭，置兵千人，以防吐蕃侵入。清乾隆二十四年（1759年）建镇以替代明建起的乱石镇（今磨朝村），至今已有240多年历史。新中国成立后，为公社和乡镇府所在地，1988年被撤销。电视剧《麦客》中的上店镇麦场外景就是这里。1960—1980年设雨量站，有短期的降水实测资料。大（湾岭）上（店）公路环山绕岭，将千高、宝灵公路与草（碧）上（店）公路连通。上（店）湾（西凉湾）公路直达河流河源。从上店经枣树林庄，过白家头岭，越分水岭有条古便道，可直达甘肃灵台县新集镇、朝那镇。

石鱼，清光绪十三年（1887年），千阳知县焦思善将石鱼沟产地列为“鱼薮潜鳞，为千阳八景之一”。石鱼沟，考古发现有鱼类化石。“石鱼”为狼翅鱼形，石质成分为硅酸盐，距今已有一亿两千多万年的漫长历史，证明了草碧河流域系山叠系地层，属浅湖相发育，河湖相沉积。

草碧，地处千阳西陲，商周时的“安夷官道”，秦代的“回中道”和汉代的“丝绸南路”都从此经过。民国二十五年（1936年）西（安）陇（县）简易公路建成，民国三十一年（1942年），宝（鸡）平（凉）简易公路建成，今已扩建为省级公路。草碧镇，初设于清乾隆二十四年（1759年），取代了白松镇（今水沟镇），隔日一集。民国三十五年（1946年），发展商户35家，药业杂货、染布各业均有。草碧乃古代兵事要塞。东晋元帝大兴二年（319年）路松多起兵占据多年，招抚氐、羌，后被前赵刘耀所败。清康熙九年（1670年）置炮4尊。光绪末年，驻右哨第八棚，有军百余人。嘉庆初年，白莲教起义在此地流动作战。古代草碧山崖上翠柏环绕，荫郁遮天，常年碧潭。山崖下，直上直下，如刀劈一般。因常年碧翠，故有“草碧春早”的赞誉，为千阳八景之一。

十一、夜杈木河

夜杈木河，因上游有“夜杈木”村而得名，也因入千河口有个“新兴铺”的村子，又名新兴铺河（简称新兴河），是千阳县境内千河左岸一级支流，渭河二级支流。

夜杈木河发源于千阳县张家塬镇柳王庙村的丑沟梁西麓，河源地理坐标为东经107°10′01.6″、北纬34°52′14.2″，海拔1200米。河道呈北高南低流向，流经夜杈木村，经新兴铺村入千河。入千河口地理坐标为东经107°04′27.4″、北纬34°02′31.1″，海拔752米。河道长22.4千米，河道总高差448米，河道比降14.2‰。流域面积51.9平方千米。

夜杈木河流域形如一片柳叶，两端小而中间宽，呈窄带状，支流短小，发源于上游段两侧山地。左岸有何家沟、雪岭沟等11条小沟溪，右岸有姬家湾沟、高盘沟、宋家沟等20条小沟溪，多为季节性河流，长流水月份较少。

夜杈木河干流由发源地向西南流程 3.5 千米，右岸纳入庙上沟、焦家沟，左岸纳入岭下沟、杨家沟、荒家沟和尚家寺沟。从尚家寺沟口起右岸进入了寇家河乡，干流转向南行程 3.5 千米，右岸接纳 10 条小沟溪，流量达 0.3 立方米每秒。再向南流经 3.4 千米，左岸接纳福驮沟等 9 条小沟溪水，右岸接纳上梁沟、下梁沟，流量增加到 0.5 立方米每秒，汇入了夜杈木河水库。夜杈木河从水库向南 0.6 千米，右岸纳入宋家沟，左岸纳入老虎窝沟和杏树要险沟。水流继续向南行程 4.5 千米，右岸纳入从高盘发源的高盘沟和姬家湾沟，左岸纳入新庄沟、何家沟。从何家沟口到新兴铺村，河道长 5.4 千米，两岸均无支流汇入，却有多处泉水流进。河谷狭窄，塬高沟深，落差达 110 ~ 200 米。从新兴铺村到入千河口河段长 1 千米。

流域位置在东经 107° 04′ ~ 107° 11′、北纬 34° 41′ ~ 34° 53′。东以大湾岭、南湾岭、三步塬为界，与冯坊河段流域相接；西以李家湾、高盘、董坊塬为界，与千河草碧河流域相邻；北以丑沟梁、柳王庙为界，与草碧河流域相毗邻，流域地跨草碧、寇家河和张家塬 3 个乡镇。

流域内地势北高南低，东北部的大湾岭是流域内的最高点，海拔 1367 米。沟溪流向由东北向西南，后转向南，干流穿行于千山中部。千山中部丘陵起伏，沟壑纵横。千山山脉在地形构造上为千山断层，多条正逆断层把千山与千河地堑分开，连接这两种地形的是山前洪积扇区、黄土台塬和千河阶地。经长期水力冲刷，台塬被切割成宽窄不等的条形状。沟谷与台塬高差 100 米以上。夜杈木河流域地貌总特征是，上游段沟壑纵横，起伏连绵；中游段塬面窄小、沟深谷狭。

流域内属大陆性季风半湿润气候，冷暖干湿，四季分明。春季回暖较快，但寒暖交替频繁，雨少、干旱、多风，时有沙尘或霜冻天气，夏初干旱炎热，中期闷热多雷雨、冰雹，时有伏旱或暴雨，秋季降水集中，多雨涝；冬季雪少干旱，常有冷空气侵入。该流域多年平均气温 10.8 摄氏度，极端最高气温 40.3 摄氏度（1966 年 6 月 19 日），极端最低气温 -19.9 摄氏度（1977 年 1 月 30 日）。全年主导风向为东南风，西北风次之，平均风速 1.8 米每秒，最大风速 24 米每秒。多年平均无霜期 197 天，最长 223 天（1961 年），最短 156 天（1970 年）。历年结冰期为 11 月至次年 2 月，约 120 天。

流域降水年际变化较大，1961—2006 年平均年降水量 625.5 毫米，最大降水 924.3 毫米（1964 年），最小降水量 390.1 毫米（1997 年）。年内分配不均，汛期和枯水期界限分明。冬春降水少，1—3 月占年总降水量的 5.5%，而 6—9 月降水多，占年总降水量的 60% ~ 70%。流域内多年平均水面蒸发量 814.1 毫米。

流域多年平均径流量 646.2 万立方米，平均径流深 124.5 毫米。年径流量 1104.5 万立方米，频率为 20%；年径流量 479.2 万立方米，频率为 75%；年径流量 248.0 万立方米，频率为 95%。多年平均流量 0.2 立方米每秒。

流域多年平均水资源总量 778.5 万立方米，其中地下水资源量 2.3 万立方米。水流自然落差 100.8 米，水力资源理论蕴藏量 1200 千瓦，可开发量 400 千瓦。

流域地处黄土丘陵沟壑区，水土流失严重，河水含沙量大，年输沙量 15.4 万吨。

夜杈木河属季节性河流，干旱年份和枯水期经常断流。夜杈木河的水质经 1991 年 11 月检测，总硬度 206 毫克每升，总碱度 219 毫克每升，溶解氧 5.2 毫克每升，耗氧量 3.7 毫克每升，氟化物含量 0.4 毫克每升。氰、砷、酚、六价铬、汞等有毒物质的含量都低于国家规定标准。

流域自然灾害频发。据史料统计，公元前 205 年—公元 1949 年的 2154 年间，流域内共发生大旱 129 次。明万历至崇祯年间，几乎连年持续特大干旱，造成“赤地千里，斗米千钱，饥民失所，饿死无数，人相食，十亡八九”，甚至“合室尽毙”。1960—1985 年的 26 年间，干旱 58 次，年均 2.3 次，1969 年、1978 年各旱 4 次，其中百日以上大旱 11 次，双百日大旱 3 次。1979 年 7 月 23 日至 1980 年 5 月 1 日干旱 283 天，降水比常年同期减少 61%。2009 年，流域发生严重干旱，夜杈木河水库干枯，靠水库供水的 8000 多人断水，县上紧急送水 15 天，修复紧急供水站 1 处，保证了群众正常生活。

流域内的洪水灾害较严重，大部分发生在汛期，由局部暴雨造成。据史料统计，1500—2005 年的 506 年间，较大的水涝灾害共计 159 次。1954 年 7—8 月，阴雨间暴雨，持续 40 余天，8 月 16 日晚，又降特大暴雨，河水猛涨，夹杂着大量树枝败叶和泥沙滚滚而下，使下游的新兴铺村半数进水被淹，损失惨重，宝平公路到柿沟乡英明村的千河河滩一片汪洋。这次洪水冲毁早秋作物 240 亩、蔬菜西瓜 87 亩、滩地 165 亩。1971 年 8 月 5 日，一场暴雨造成的洪水携带泥沙，将夜杈木河水库 7 米高的施工临时围堰淤平。1971—1974 年，洪水携带泥沙将水库 14.7 万立方米的死库容全部淤平。2010 年 7 月 23 日，流域发生特大暴雨。

夜杈木河流域内部分植被较好，但流域内地形破碎，坡耕地多，植被稀疏，土质疏松，水土流失面积 41.9 平方千米，占总面积的 81%。多年平均土壤年侵蚀模数 2970 吨每平方千米。

流域内野生植物种类繁多，有珍稀千年古槐、橡子树等。野生动物种类较多，在河道上游段有狼、鹿、豹等。

流域内地层蕴藏煤炭资源丰富。

流域地跨千阳县的草碧、张家塬和寇家河 3 个乡镇，共 14 个村 55 个村民小组，流域内有 1100 户 5090 人，有耕地 4.05 万亩，2006 年粮食总产 3091 吨。夜杈木河流域以农业生产为主，农民收入靠种植粮食、栽桑养蚕、作物瓜果、养殖奶蓄、农闲外出务工。农作物以小麦、玉米、豆类为主。

夜杈木河流域内的农田水利开发较早，河流下游的新兴铺村，唐宋时就引千河和夜杈木河灌溉。1949 年以后，夜杈木河流域的治理与开发被纳入千阳县水利规划。1958 年，引夜杈木河水修渠两条，浇灌河滩耕地 150 亩。1970 年，重新补充修订规划。依据规划内容扎实认真地开展了以改变农业生产基本条件为目标，以修库建站、平整土地、建设基本农田为主要内容的水利建设高潮，组织实施规划。

流域内修建小（1）型夜杈木河水库 1 座，控制面积 20.17 平方千米，占总流域面积的 38.9%，总库容 486 万立方米，其中兴利库容 327 万立方米。2009 年投资 440 万元，对其进行除险加固，整修大坝，砌护溢洪道，修护放水设施。水库设施灌溉面积10000亩。2010年投资300多万元对灌区进行全面改造，灌区得到全面恢复。同时，建泵站3处，大口井7眼，灌溉面积1200亩；节水灌溉工程1处，灌溉面积1200亩；小型自流渠5条，过境渠道1条（即千丰果），灌溉面积700亩。

以夜权木河水库为水源，1999年修建集中供水工程——董坊水厂，年供水32万立方米，解决8000人吃水问题，但随后失修严重，到2009年供水能力下降，不足4000人。2010年进行全面改造后，全面恢复供水能力，还兴修小高抽人饮站10处。

下游段河道，在第二次千河治理工程建设中，将上翘的河道改顺，修筑护岸堤防2千米，栽植护堤林2万株。下游段河道改道后，在废弃的河道上开挖养鱼池塘80亩，年可捕捞成鱼15 ~ 20吨。

20世纪60年代，流域内兴修水磨7盘。大电网线路布网千阳县后，水磨被替代。

2006年，夜权木河流域水利工程总供水量194.6万立方米，其中地表水供水量139.6万立方米，地下水供水量55万立方米。农田灌溉用水量占总供水量的84%。

1981—1987年，夜权木河流域被列入省重点治理流域进行综合治理。7年内，新修“四田”1.215万亩，造林1.98万亩，种优良草1.275万亩，治理面积29.8平方千米，占水土流失面积的71%。20世纪90年代后，采用户包治理和机械修梯田等办法，加快了治理速度。2010年流域治理被列入国家陕甘宁梯田治理项目。

流域内历史和文化资源丰富，有著名的高盘古庙。流域内最高峰大湾岭，古名大王岭，是关中通往灵台的要冲，是清代回军与清军作战的古战场。大湾岭曾有座千年古刹，内有5株1500多年的古槐，胸围2.5 ~ 3米，苍劲雄伟，古香古色。登顶远望，极目百里，心旷神怡，有“一览众山小”之感。

十二、冯坊河

冯坊河，又名芬芳河，古称晖川河，因流经千阳县冯坊村（今寺坡村）而得名，是千阳县境内千河左岸一级支流，渭河二级支流。

冯坊河发源于凤翔、千阳、麟游3县（区）交界的千山四甥疙瘩山西麓，地理坐标为东经107° 18′ 31.6″、北纬34° 44′ 21.2″，海拔1470米，由东向西在下高石崖村转向南流，于千阳县城西毗庐寺附近汇入千河，冯坊河河道长30.4千米，河道总高差660米，平均比降15.6‰。

冯坊河先由东向西流，再折向南流，流经寺坡村和晖川村，在城西毗庐寺入千河。汇入口地理坐标为东经107° 06′ 03″、北纬34° 05′ 16.8″，海拔740米。流域面积230.1平方千米。

冯坊河沿途接纳大小支流近20条。上游段右岸支流多，中游段左岸支流多。右岸支流多发源于分水岭，左岸支流多发源于倒回庙、乾树子和三女峰一带山梁。赵家河为其最大支流，于朱家嘴汇入。

冯坊河发源后进入崔家头镇的大柳树地区，穿沟越谷，两岸纳入11条小沟溪，沟溪细流变成了潺潺河水。河水向西北延伸至高石崖村，右岸依次纳入从雪白殿发源的柿沟，从普社岭发源的姬家河，左岸依次接纳了从立马寨、倒回庙发源的咸水泉沟、桐树沟等多条小沟小溪，水流量 0.3 立方米每秒。从高石崖河转向西南流至路家河，左岸纳入发源于红崖寺村的老虎沟，右岸纳入发源于乾树子村的路家河。河水继续向西南流，右岸纳入发源于分水岭西村山峰的赵家河。古代人们将冯坊河称席家河，认为冯坊河是由赵、席两河构成的，两河由一条长达 10 千米的山梁分开，山梁端直，梁头、梁根大而中间低凹，形如人的鼻梁。从高石崖村至尚家堡村，沟谷深窄、石峡林立、山高岩露，水流湍急。尚家堡村至侯家坡村，再至寺坡村，右岸纳入从南湾岭的核桃树湾发源的小河沟，左岸纳入从三女峰发源的刘巴沟水，河水常流量 0.5 立方米每秒。再行到达晖川村，左岸依次纳入从乾树子村发源的琵琶沟，从立马寨发源的干河沟，流量达到 0.7 立方米每秒。水流南行在侯家坡村进入了城关镇地界。

冯坊河流域地处千河中游，流域位于东经 107° 07′ ~ 107° 19′、北纬 34° 39′ ~ 34° 53′。北与泾河的二级支流高崖河流域相邻；东以郭家岭、立马寨、前殿岭、曹家塬为界，与千河支流涧口河、西河沟相邻；西以大弯岭、南弯岭、张家塬为界，与夜杈木河、段坊沟相毗邻。流域跨凤翔、千阳两县（区），在千阳县流经崔家头、高崖、张家塬、文家坡、南寨和城关 6 个乡镇。

冯坊河流域地势东北高西南低，千沟万壑，群峰林立，山峦重叠，峰峦顶部被黄土戴帽覆盖，沟谷岩石裸露，山崖陡峭，石碶林立，水流湍急，地貌呈现出黄土丘陵沟壑区形态。千山与千河凹陷区的衔接地带，为山前洪积扇区、黄土台塬和千河阶地。沟谷较为宽阔，河谷较平坦，不少地方还发育形成二、三级阶地，倾向千河盆地。台塬呈纺锤形或条形状，塬小窄长、沟岸扩张、地形破碎，呈现出渭北西部黄土残塬的形态。

冯坊河流域地处暖温带大陆性季风半湿润气候区，冷暖干湿，四季分明。春季暖寒气温交替变化较大，雨少、干旱、风多，时有沙尘或霜冻。夏初，炎热干旱、多冰雹；仲夏，闷热潮湿多暴雨，时有伏旱。初秋，湿气大，炎热多淋涝；深秋冷气团侵入快，天高气爽，降雨显著减少。冬季雪少、干旱，不时有冷空气入侵，又干又冷。多年平均气温 10.8 摄氏度，极端最高气温 40.3 摄氏度（1966 年 6 月 19 日），极端最低气温 -19.9 摄氏度（1977 年 1 月 30 日）。全年主导风向为东南风，次为西北风，平均风速 1.8 米每秒，最大风速 24 米每秒。多年平均无霜期 197 天，最长 223 天（1961 年），最短 156 天（1970 年）。历年结冰期为 11 月至次年 2 月，约 120 天。

流域内降水量年度变化较大，平均年降水量 626.5 毫米，最大年降水量 924.3 毫米（1964 年），最小年降水量 390.1 毫米（1997 年），极值相差 534.2 毫米。年内分布不均，汛期和枯水期界限分明。降水量冬春少而 7—9 月大。汛期降水量占年总降水量的 60% ~ 70%，1—3 月占年总降水量的 5.5%。流域内多年平均水面蒸发量 814.1 毫米。

流域内多年平均径流量 2186.0 万立方米，平均径流深 104.0 毫米，多年平均流量 0.65 立方米每秒。最枯流量 0.2 ~ 0.3 立方米每秒。冯坊河是季节性河流，干旱年份和枯水期中下游段时有断流。

流域多年平均水资源总量 2186 万立方米，其中地下水资源量 357.4 立方米。水力资源理论蕴藏量 12300 千瓦，可开发量 3400 千瓦。

冯坊河流域地处黄土丘陵沟壑区，水土流失普遍，是向千河输入泥沙的主要支流，大部分泥沙产生于汛期暴雨，年输沙量 46 万吨。

冯坊河流域的水质选用郝家坡、桐花庄两库的水进行检测，总硬度 206 毫克每升，总碱度 192 毫克每升，溶解氧 4.9 毫克每升，耗氧量 1.4 毫克每升，氟化物含量 0.3 毫克每升，含氰、坤、酚、六价铬、汞的量对照《全国地表水水质评价标准》均低于国家规定标准。

冯坊河有史以来遇涝发洪，遇旱断流。流域内干旱灾害频繁，特大干旱相间发生。在 1328—1949 年的 621 年间，共发生大旱灾害 58 次。明万历至崇祯年间几乎连年持续特大干旱，到清顺治初年，干旱饥荒造成许多灾民外逃或死亡。民国十七至二十二年（1928—1933 年）夏，5 年内少雨干旱，粮食少收或绝收，造成“赤地千里，饥民盈野，饿殍载道，十室九空”的现象。1949—2006 年的 58 年内，百日以上大旱 1 次，双百日大旱 3 次，严重干旱和一般干旱 30 次，年均 0.63 次。1973 年 10 月 3 日至 1974 年 5 月 6 日连续干旱 209 天。1979 年 7 月 23 日至 1980 年 5 月 1 日持续干旱 283 天。1997 年全年降水量仅 390.1 毫米，比多年平均减少四成。

冯坊河流域的暴雨洪水灾害的大部分发生在汛期。50 年一遇的洪水流量 576 立方米每秒。据史料统计，1500—2005 年的 506 年间共发生较大的水涝灾害 159 次。明嘉靖二十六年六月二十五日（1547 年 7 月 11 日）晚，暴雨大作，千河和冯坊河暴涨，冲毁千河左岸阶地上的古新县城，老百姓漂没无数，时任知县张涵、教谕张相全家均被没入水中。由于这场洪水冲毁县城，以后县城迁址至现在的县址。1976 年、1978 年、1981 年、1989 年、2010 年均发生过较大暴雨洪水，桐花庄水库曾暴满溢洪，冲毁新文、晖川段河堤，淹没农田，造纸厂、酒厂等单位全部进水，造成极大损失。1981 年 8 月 21 日，千阳县城关镇调查洪峰值为 148 立方米每秒。

流域内的滑坡灾害不时发生。1991 年 6 月 9 日，支流琵琶沟上游肖家槽在一场暴雨之后发生大滑坡。滑体长约 600 米，宽 60 米，滑落高 70 米，滑体 250 万立方米。毁坏耕地 100 亩。中断交通，堵塞沟道水路，形成堰高 17 米的堰塞湖，蓄水 5 万立方米。

冯坊河流域地处黄土丘陵沟壑区，山岭起伏、沟壑纵横，水土流失普遍，上游段右岸和中游段较严重。流域内水土流失面积 194.4 平方千米，占流域总面积的 84.5%。上中游段属中度水土流失区，平均年侵蚀模数为 1500 ~ 2500 吨每平方千米；下游属轻度流失区，平均年侵蚀模数为 500 吨每平方千米。

冯坊河流域植被覆盖率 30% 左右，草资源丰富，有“北山鲜草”之美称，乔木类有橡树、古柏、马尾松等。野生动物有狼、狐、豹、鹿等，金钱豹为国家二级保护动物。

流域内矿藏有赤铁矿、石灰石、大理石，北部煤炭资源丰富。

冯坊河流域涉及两县，跨经千阳县、凤翔区 6 个乡镇 13 个村 61 个村民小组，有农户 3600 个，1.52 万人，农业劳动力 7100 个。流域内有农耕地 8 万亩，有效灌溉面积 3.6 万亩。以农业生产为主，农民收入依靠种植粮食、栽桑养蚕、种瓜栽果、养殖奶畜、农闲外出务工。农作物以小麦、玉米、豆类为主。流域有 4 处水产养殖场，已养殖水面 150 亩，年均捕捞成鱼 4 吨。

冯坊河是千河的主要支流，流域内农业水利开发较早。隋唐时就引泉水灌田，宋时引河水灌田，栽植芦苇，种植棉花和水稻。据记载：清嘉庆年间，复修观音殿渠。清顺治知县王国维在石门遗事的《劝农七略条陈》中载“开浚水道，灌溉农田，不至一端……”。民国县志载“自清初始，阳湾河、晖川河、千河等引泉水或河水修油磨 3 盘，水磨 7 盘，轧花 3 处”。

1949 年以后，开发治理冯坊河被纳入千阳县农田水利建设规划。1955 年，先后新修小型自流渠道 10 条，灌地 500 余亩。1964 年修水轮泵站 1 处，既灌田又磨面。在随后的 1973 年和 1985 年编制的水利、水保区划和规划中，都把开发治理冯坊河流域作为重要内容，先后开展了河道整治、蓄水工程、提水工程、引水工程、水能利用、水产养殖和水土保持治理，取得了显著的经济效益、社会效益和生态效益。

2001 年，投资 900 万元建成了蓄水 30 万立方米冯坊河引水工程，建成拦河溢流坝 1 座，控制流域面积 160 平方千米，最大引水量 1.4 立方米每秒，常引水量 0.5 立方米每秒，一部分汇入郝家坡水库，蓄而待用；另一部分直接进入张家塬集中供水工程，供人畜饮用。

2005 年 10 月，投资 503.65 万元，对郝家坡水库进行了除险加固，2008 年建成投用，形成库容 172 万立方米；2008 年投资 780 万元建成张家塬供水站，成为全省现代化农村供水站。

2009 年 4 月，投资 600 万元对 20 世纪 70 年代建的桐花庄水库进行了除险加固，形成库容 241 万立方米。各项工程的逐项建成，取得了显著的经济效益、社会效益和生态效益。

到 2006 年，冯坊河流域的水利工程设施供水量 1158.2 万立方米，其中地表水供水量 1007 万立方米，地下水供水量 151.2 万立方米。农业灌溉用水占总供水量的 82.2%。

2007—2010 年，该流域相继完成了张家塬镇寺坡村节水灌溉工程、观明村引水修复工程、郝柳冯灌区改造工程和农发项目、桐花庄水库灌区改造项目，恢复灌溉面积 4 万多亩。建成小型灌溉泵站 6 处，深机井 8 眼、大口井 13 眼，总装机容量 690 千瓦，设施灌溉面积近 3000 亩；小型自流渠道数十条，有效灌溉面积 1800 亩。

到 2010 年，冯坊河流域共建成小（1）型水库 2 座，即郝家坡水库和桐花庄水库，陂塘 2 座，淤地坝 1 座。总控制流域面积 32.3 平方千米，总库容 435.5 万立方米。随着水库建成，流域内建成万亩以上灌区 2 处，郝家坡水库设施灌溉面积 1.4 万亩，桐花庄水库设施灌溉面积 1.4 万亩。

流域内兴修人畜饮水工程 26 处，其中深机井泵站 8 眼、大口井泵站 11 眼、小高抽泵站 7 处，总装机容量 620 千瓦。多年平均供水量 51.2 万立方米，解决了农村 1.48 万人吃水困难的问题。

20 世纪 70 年代末至 80 年代，中游段的文家坡乡、张家塬镇组织沿河村组，统一整治干流河道，拉沙筑堤，保滩护地。2005 年，结合第三次修筑县域防洪工程，在下游的侯家坡村至入千河口段左岸修建堤防 5.2 千米，其防洪能力是 30 年一遇洪水的标准。2010 年，投资 2333.86 万元，全面实施了河道治理工程，新修堤防 13.6 千米，全面疏浚河道，成为千阳县历史上最大的单体水利工程，实现冯坊河两岸安澜。

流域内充分利用河水或泉水，曾在20世纪50—70年代发展水磨17盘。寺坡村兴修水轮泵站1处，灌地200亩，同时又加工磨面。随着农电的发展普及，这些水能利用设施逐渐被替代。

20世纪70—90年代，流域内开展了以新修基本农田、造林种草为主要内容，以水库上游生态恢复、治理小流域为重点的水土保持的综合治理。30多年间，共计兴修“四田”3.24万亩，灌区平整土地2.85万亩，人工造林9.2万亩，种草和封山育林12.6万亩，治理水土流失面积167.1平方千米，占水土流失流域的86%。流域内活立木蓄积量已达12.7万立方米，年均拦蓄径流200万立方米，年均拦泥7.6万吨。2010年，流域被国家列入陕甘宁梯田建设项目，开始进行大规模农田治理。

流域内历史遗迹较多。庙山，在千阳县城东北18千米，海拔1210米，突元环山丘丛，颇具景观。普社山，在千阳县城北48千米，海拔1424米，相传古时此地土匪经常出没，民多外逃，后返乡里，“普生结社”，凭山险以自保，苦谋生计，遂改名“普社”。雪白殿，其所在山地海拔1476米，明成化年间兴修了雪白寺，因刹而闻名。三女峰，海拔1212米，三峰形如坟丘，以山排开，位居山头。传说三姐妹都有一段辛酸悲痛的生活经历，死后葬在这里。乾树子村，距离县城北16千米，海拔1381米，因有一棵胸围数尺的大橡树焚火死亡干枯而得名，山腰有座千年古刹，远近闻名。隃麋古城，冯坊河右岸二级阶地上的晖川村，曾是千阳县的县城，即马牢古城。马牢古城，西魏时是一处著名地方镇所，北周天和五年（570年），长蛇县分置恢复了原隃麋县，县名更改为千阳，设为县城，因前述明嘉靖二十六年（1547年）洪水毁城而搬迁。千阳“新古城”，武家磨村曾于北周建德四年（575年）至元至治二年（1322年）设立县城，长达748年。旧志称这座县城为“古城”，后因城垣塌陷将县城南迁至千河左岸一级阶地，志称“古新城”。古新城从1323年至明嘉靖二十六年（1547年）六月遭水毁，计224年之久。

十三、涧口河

涧口河，又名箭口河，因入千河口处有个叫“涧口”的村子而得名，干流上游又叫大沟河。涧口河是千阳县境内千河左岸一级支流，渭河二级支流。

涧口河发源于千山西麓，由几条山泉沟溪汇集而成。河源地理坐标为东经107° 17′ 45.5″、北纬34° 43′ 58.3″，海拔约1400米。河道呈东北—西南流向，由大柳树村进入千阳县境内，流经大沟、涧口河，到千阳县南寨镇马莲滩村汇入千河下游的冯家山水库，汇入点地理坐标为东经107° 10′ 34.8″、北纬34° 14′ 07.4″。入库处海拔710米。河道全长23.9千米，河道总高差690米，河道平均比降31.3‰。流域面积84.6平方千米。

涧口河流域形如一片植物叶子，支流不对称分布，干流自河源到入水库处，沿途接纳大小支流十余条。

涧口河主流发源地在千山岭头后，从西北蜿蜒向东南而去。主流向西不足1千米就进入了千阳县崔家头的大柳树村，河源由三条支沟小溪汇成，晶莹清澈，潺潺向西4.2千米后，在缠头坡将从庙山、郭家岭发源的北平沟小溪纳入河道。主流在庙山脚下流入南寨镇，在缠头坡转向西南流向。小河流经 1.4 千米，右岸纳入从黄狗湾、立马寨发源的七叉沟，左岸依次接纳了桑树沟、南平沟、安沟，至此，河道水流不再是涓涓细流，而是淌淌有声的小河了。河流流经 3.5 千米，右岸将旋风沟、城墙岭沟沟溪纳入河道，左岸接纳了万庵沟、狼沟、梨坪沟等小溪，流量达到了 0.3 立方米每秒，流经 1.5 千米汇入了大沟水库。

主流沟道脱离大山深谷转向东南流，进入了山前洪积扇区、千河阶地地区和黄土台塬区。沟谷逐渐开阔，左右两岸发育形成有二级、三级阶地。河床宽度 200 ~ 400 米，河与黄土台塬相对高差 100 米。河道行程 3 千米，在史家坪村接纳了小河沟，在马家河村接纳了马家河。马家河口有一眼质地清澈、甘甜爽口的泉水汇入水流。河道行程 2.5 千米，在乔家堡村接纳了姜家河。水泉和殿沟泉汇入。河水流程 1 千米，在门口村接纳了发源于砚月台的土门沟，在安嘴稍接纳了发源于斩断山南麓的车子河。随后下行 2 千米汇入千河。

流域地跨凤翔区柳林镇和千阳县崔家头、南寨 3 个乡镇。地理位置在东经 107° 11′ ~ 107° 18′、北纬 34° 33′ ~ 34° 45′。

流域内地势东北高西南低，东北部的西愣疙瘩山峰（又名斩断山）是千山的最高点，海拔 1467 米。主河道流向由东向西，在缠头坡至大沟水库转向西南，大沟水库再转向东南。主流穿行于千山东部。流域是地势高峻的土石山区，群峰林立，山峦重叠。千山山脉大部分被厚度不等的松散黄土所覆盖，丘陵起伏、沟壑纵横，地形在地质构造上称为千山断层，数条正逆断层将千山断隆与千河地堑分开，经长期的水力冲刷，台塬被切割成宽窄不等的条形状，沟谷与台塬高差 100 ~ 200 米。

涧口河流域属大陆性半湿润季风气候区，冷暖干湿，四季分明。春季回暖快，时有沙尘或霜冻天气；夏季炎热，多雷雨冰雹天气，时有伏旱或暴雨；秋季降水集中，多雨涝；冬季雪少干旱，常有冷空气侵入。多年平均气温 10.8 摄氏度，极端最高气温 40.3 摄氏度（1966 年 6 月 19 日），极端最低气温 -19.9 摄氏度（1977 年 1 月 30 日）。全年主导风向为东南风，次为西北风。平均风速 1.8 米每秒，最大风速 24 米每秒。多年平均无霜期 197 天，最长 223 天（1961 年），最短 156 天（1970 年）。历年结冰期为 11 月至次年 2 月，约 120 天。

流域内降水年际变化较大，平均年降水量 641.1 毫米（1961—2006 年）。最大降水量 924.3 毫米（1964 年），最小降水量 390.1 毫米（1997 年）。年内分配不均，汛期和枯水期界限分明，1—3 月降水量占年总降水量的 5.5%，6—9 月降水量占全年总降水量的 60% ~ 70%。多年水面蒸发量 814.1 毫米。

流域多年平均径流量 761 万立方米，平均径流深 120 毫米。平均流量 0.32 立方米每秒，最枯流量 0.2 立方米每秒。

涧口河流域多年平均水资源总量 1166.2 万立方米，其中地下水资源量 112.3 万立方米。涧口河自然落差 131 米，水力资源理论蕴藏量 1581 千瓦，可开发量 500 千瓦。由于是季节性河流，干旱年份和枯水期经常断流。大沟水库至马家河段河床砂卵石厚度 19 ~ 21 米，平水年河流基本潜入地下。

水质经 1991 年 11 月监测，总硬度 230 毫克每升，总碱度 209 毫克每升，溶解氧 6.4 毫克每升，耗氧量 0.4 毫克每升，氟化物含量 0.2 毫克每升，含氰、砷、酚、六价铬、汞的量对照《全国地表水水质评价标准》都低于国家规定标准。

流域内自然灾害较多。据史料载，1328—1949 年的 622 年间，涧口河流域共发生特大干旱灾害 58 年次。1950—2005 年的 56 年中发生特大干旱 3 次，严重干旱 11 次，一般干旱 30 次。民国九年至十二年（1920—1923 年）连续 4 年少雨干旱。民国十七年至二十二年（1928—1933 年）夏，6 年少雨干旱，造成“赤地千里，饥民盈野，饿殍载道，十室九空”。新中国成立以来发生百日以上大旱 11 次，双百日大旱 3 次。1973 年 10 月 3 日至 1974 年 5 月 6 日干旱 209 天。1979 年 7 月 23 日至 1980 年 5 月 1 日干旱 283 天。大沟水库于 1995 年 7—8 月连续干枯。1997 年降水量 390.1 毫米，比多年平均降水量减少了四成。

涧口河流域的洪水灾害大部分发生在汛期。据史料统计，1500—2005 年的 506 年间共发生较大的水涝灾害 159 次，其中 16 世纪 12 次，17 世纪 21 次，18 世纪 14 次，19 世纪 42 次，20 世纪至 2005 年 70 次。据气象部门分析，造成水涝灾害的因素中暴雨占 20%，连阴雨涝占 80%。1954 年 7、8 月间，阴雨间暴雨持续 40 余天，8 月 16 日晚，又降特大暴雨，河水猛涨，洪水将牛一般大的石头都冲至下游，两岸二级阶地耕地全部被毁，洪水沿千凤公路直下，将黄里镇南街全部淹没，街东南一片汪洋。1988 年 8 月 8 日，流域北部突降暴雨，大沟水库爆满泄洪，又加上山坡洪水将溢洪道西侧墙 40 米冲毁倒塌，冲毁河滩护岸堤防 10.5 千米。支流车子河、姜家河都发生较大洪水，河道、河滩及阶地上的 84 亩鱼塘全部被冲毁，冲走鱼苗 22 万尾，直接经济损失 30 万元。

流域内滑坡灾害不时发生。1985 年 11 月 3 日 10 时 30 分，车子河下游的段家塬村阎家阴坡组发生塬边大滑坡。滑体长 700 米，宽 200 米，垂直滑落高度 80 米，土方量约 420 万立方米。造成河道堵塞，堆土高达 20 米，形成 9 万立方米的蓄水。死 3 人，伤 1 人。毁坏耕地 320 亩，造成一个村子 20 余户居民全部搬迁。

2008 年 5 月 12 日，“5 · 12”汶川地震造成该流域皂角树沟水库成为病危水库，渗漏极为严重，下游崔家头乡和南寨镇 3 个村 1000 多名群众紧急撤离。

涧口河流域处于黄土丘陵沟壑区，下游水土流失比较严重，水土流失面积 67.7 平方千米，占总面积的 80%。流域属中度侵蚀区，平均年侵蚀模数为 1670 吨每平方千米，年输沙量 11 万吨。

流域内植被较好，天然乔木林多为辽东栎、山杨、山楂、山杏、山桃和散生核桃。天然灌木林多为柠条、荆条、沙棘，天然草地多为白杨草、黄菅草、蒿类、早熟禾、大油芒，覆盖率 30%。人工林主要是刺槐，成林地郁闭度 0.8。到 2010 年，活立木蓄积量达 3.5 万立方米，森林覆盖率达到 32%。年拦蓄径流量 291 万立方米，年拦泥 4.97 万吨。

流域内野生动物有狼、鹿、豹、野猪等。流域上游北部有煤炭资源。

涧口河流域内流经千阳、凤翔两县、区4个乡镇。千阳县有19个村79个村民小组，农户2433户，1.2万人，劳动力3800个。流域内有耕地4.2万亩，占全县总耕地面积的15%。有效灌溉面积1.8万亩，占全县总有效水浇地的19%。有林地31.5万亩，封育草坡幼林2.4万亩。2010年粮食总产7480吨。涧口河流域以农业生产为主，农民收入依靠种植粮食、栽桑养蚕、养殖奶畜，农闲外出务工。农作物以小麦、玉米、豆类为主。

涧口河是千河的重要支流，流域内农业水利开发较早。河道两岸的马家河、乔家堡、乔家河、水泉、马莲滩、涧口等村很早就靠水择地建舍组村居住。相传唐时水泉、马家河和乔家河等村引泉水灌地，宋时修渠引河水灌地，栽植芦苇，种植棉花和水稻。据《千阳县志》记载，"自清初始，阳湾河（即马家河）利用泉水修油磨一盘，乔家河利用沟水建油磨三盘，水磨多盘""水力轧花历来就有，民国初年，涧口河又修水力轧花两处"。

1958年，开始修建大沟水库。1970年，开展了以改变旱塬面貌、修库建塘为主要内容的水利建设高潮。大沟水库建成蓄水后，于1974—1976年开展了以修堤护滩、拉土造田、筑路、绿化为内容的河道整治，治理建设滩地600亩，现保存堤防3千米。

2009年4月，投资425.25万元对流域内的大沟水库进行了除险加固，形成库容214万立方米。投资224万元对流域内的皂角树沟水库进行了除险加固，形成库容30.96万立方米，保障了群众生命和财产安全。

流域内先后建水库4座、陂塘5座，总库容为322.5万立方米。大沟水库为小(1)型水库，控制流域面积25.0平方千米，有效灌溉面积2.1万亩。流域内建成小型机电泵站5处，机电井8处，总装机容量38万千瓦，有效灌溉面积2250亩。有小型自流灌溉引水渠数十条，有效灌溉面积2250亩。

1992年，千阳县在该流域利用大沟水库水源，建成全县第一个大型农村集中供水工程南寨水厂，受益人口2.1万人，经过2009年、2010年全面扩容改造，受益人口增至2.5万人。1999年，利用皂角树沟水库水源建成崔家头水厂，受益人口达8000人，但随之管道毁损严重。2008—2010年，又投资300余万元进行全面改造，全面提高供水能力，受益人口达万人以上。2010年，利用大沟水库水源再建的文家坡、沙家坳乡集中供水工程，列入国家规划，总投资680万元，全面启动建设。2010年，流域内兴修人畜饮水工程26处，年供水106万平方米，解决了3.5万余人的吃水困难问题。

1957年，沙家坳公社水泉大队利用天然沟泽泉水挖塘引水进行人工养鱼，至2010年已发展水产养殖5处，养殖水面315亩，年均捕捞成鱼10吨。

1960—1968年，流域内水能梯级开发利用，兴修水磨30余盘，其中大沟水库至马家河段修水磨16盘。1968年，当时的南寨公社阳坡大队修建水轮泵站1处，浇地105亩。随着大电网的发展，这些水能利用设施后被电力所替代。

2006年，涧口河流域的水利工程设施总供水量440万立方米，其中地表水供水量390万立方米，地下水供水量50万立方米。在总用水量中，农业灌溉用水量占总用水量的39%。

1983—1990年，涧口河流域被列入黄河中游局小流域综合治理试点，7年内新修基本农田1.02万亩，造水保林4万亩，种优良草7500亩，兴修谷坊工程114座，累计治理水土流失面积 38.5 平方千米。20 世纪 90 年代后，又纳入水库上游生态恢复等项目，采取户包治理的办法，上游的千山山脉已基本治理。2010 年，该流域被列入国家退耕还林水保和陕甘宁梯田项目，治理力度进一步加大。

涧口河主流发源地千山岭头是个“鸡叫一声鸣三县”之地。岭西半山腰中矗立着一块巨大的界址石碑，将三县分开。这条山岭，是千阳县城到麟游县去的便道。

郭家岭是东汉丞相司直郭钦的故乡。郭钦晚年为了躲避王莽的暗杀及迫害，辞职后一直躲避在深山老林之中。

流域内还有千阳刺绣、三合村社火、阎家村碗碗腔、前殿古庙等历史文化和景观。

十四、白石河

白石河，是千阳县与凤翔区的界河，故称“界址河”。因下游段是千阳与凤翔两县、区的分界而得名，上游凤翔区境内河道又叫“北申家河”。白石河是千河左岸一级支流，渭河二级支流。

白石河发源于凤翔区老爷岭西麓，河源地理坐标为东经 107° 18′ 20.1″、北纬 34° 43′ 08.7″，海拔 1460 米。白石河自上游流入千阳县崔家头镇庄科、黄里村后，在五里坡汇入千河下游段冯家山水库，汇入口地理坐标为东经 107° 11′ 49.4″、北纬 34° 14′ 11.9″，海拔 1080 米。流域面积 66 平方千米，其中凤翔区境内流域面积 36 平方千米。

白石河河道长 19.0 千米，河道平均比降 31.3‰。在千阳、凤翔界河河道长 7.5 千米，沟谷与台塬相差 100 米，河道比降 35.2‰。属季节性河流。

白石河流域临近秦都邑雍城，历史文化悠久。《史记 · 秦本纪》载，晋国遭受粮荒，秦国向晋国运送粮食的码头，就发生在雍城附近（今凤翔区）汧河孙家南头。秦国的粮食在千河孙家南头村起运，经千河、渭河、黄河再到汾河，直接到达山西新绛，这是历史上著名的“泛舟之役”。

2004 年陕西省、宝鸡市考古队和原凤翔县博物馆，在原凤翔县长青镇孙家南头村发现了一个长方形仓库，经考证它是西汉时期大型漕运码头仓库遗址。遗址群位于千河东岸，距千河 300 米，由三组南北相连的建筑物构成，东西宽 33 米，南北长 216 米，总面积 7000 多平方米。遗址西距千河 300 米，东距秦始皇加冕礼的蕲年宫 600 多米，在遗址中发现了大量陶制容器，其中已经炭化了的粮仓装到了容器的一半，证明了当年这些陶罐里都是装满的，这个遗址说明千河在汉代起着重要的交通和军事作用。遗址有墙垣、通风道、门、柱础、筒瓦及纹瓦当，以及“长生未央”瓦当，铺地砖，还有少量铁器等遗物。它是中国考古已发现的时代较早、结构完整、规模宏大的一处国家性质漕运仓储设施，为研究西汉时期及全国漕运与河岸码头仓库存储情况提供了重要的实物资料。2019 年 10 月 7 日，遗址被国务院公布为第八批全国重点文保单位。

1948 年 4 月 23 日，彭德怀从原凤翔县城西关移住紫荆村，西北野战军指挥部设在紫荆村的浦家窑洞。4 月 24 日 0—2 时，召开前委扩大会议，参战部队和随军的西府地委，以及凤翔县委同志参加会议，前委扩大会议安排部署了作战方针。4 月 26 日西北野战军攻占宝鸡，歼敌师长徐保等 3325 人，4 月 28 日彭德怀离开紫荆村，在千阳县涧口河的黄里镇任家湾主持召开紧急军事会议，并制定了“佯诱平凉，调马迎回头，乘其骄傲，在运动出列灭”的作战方针。4 月 29 日西北野战军一纵解放了千阳县城。在完成预定作战任务后，西北野战军冲破敌人阻碍返回陕甘宁边区。

白石河流域地处千河中游段，流入千阳县崔家头镇庄科村，流域地势西北高东南低，最高处海拔 1040 米。崔家头塬沟谷与台塬相差 100 米以上，特点是塬窄、谷深。刘家沟村段地貌为阶地，其上游为碎壁悬崖，后坡至入千河处均无支流汇入，但有多处崖根泉水流入河道，水量不大，流域地质为黄土，土层深厚，土质疏松，塬边布满冲沟。

白石河流域属大陆性季风半湿润气候区。冷暖干湿，四季分明，春季回暖较快，但寒暖交替频繁，雨少、干旱、多风，时有沙尘和霜冻天气；夏初干旱、爽热，中期闷热多雷雨，多冰雹，时有伏旱或雨涝；秋季降水集中，多淋雨，多低温；冬季雪少、干旱，常有冷空气侵入。多年平均气温 10.8 摄氏度，极端最高气温 40.3 摄氏度（1966 年 6 月 19 日），极端最低气温 -19.9 摄氏度（1077 年 1 月 30 日）。全年主导风向为东南风，西北风次之，平均风速 1.8 米每秒，最大风速 24 米每秒。多年平均无霜期 197 天，最长 223 天（1961 年），最短 156 天（1970 年）。历年结冰期为 11 月至次年 2 月，约 120 天。

白石河流域多年平均径流量 528 万立方米，平均径流深 78.2 毫米，年平均流量 0.16 立方米每秒。白石河属季节性河流，干旱年份和枯水期经常断流。

白石河流域属季节性多洪水泥沙河流，年输沙量 4.5 万吨。流域内无水质污染源，水质质地良好。

白石河流域自然灾害旱涝、滑坡泥石流灾害频发。据史料记载，公元前 205—公元 1949 年间发生大旱 129 次，明万历至崇祯年间，几乎连年持续特大干旱，造成“赤地千里，斗米千钱，饥民失所，饿死无数，人相食，十室九空”。民国十七年至二十二年（1928—1933 年）夏，6 年干旱少雨，粮食歉收或绝收。1960—1985 年的 26 年间发生干旱 58 次，年均 2.3 次，1969 年、1978 年各旱 4 次，其中百日以上大旱 11 次，双百日特大干旱 3 次。1979 年 7 月 23 日至 1980 年 5 月 1 日持续干旱 283 天，降水量比常年同期减少 61%。

白石河流域的洪水灾害大部分发生在汛期，由局部暴雨造成。据史料统计，1500—2005 年的 506 年间共发生较大水涝灾害 159 次。1954 年 8 月 16 日、1978 年 7 月 20 日、1981 年 8 月 15 日、1989 年 7 月 16 日、1996 年 7 月 26 日均发生过损失惨重的暴雨洪水灾害。

1988 年 8 月，白石河流域内的崔家头柳沟发生塬边高崖崩塌，崩塌土体高 70 米，宽 50 米，长 110 米，土方量约 40 万立方米，堵塞了全部河道。

白石河流域崔家头塬属黄土残塬区，地形平缓，耕地都经过平整。塬坡陡峭，坡耕地不多。塬区为轻度水土流失区，平均土壤年侵蚀模数为 500 ~ 1000 吨每平方千米；塬坡属中度水土流失区，多年平均年侵蚀模数在 1500 ~ 2000 吨每平方千米。植被覆盖情况一般。天然乔木有山杨、山楂、山杏、山桃和山核桃等。野生动物有狼、鹿、豹、野猪等。

白石河流域涉及凤翔、千阳两县、区的崔家头、柳林 2 乡镇 6 个村 5620 人。有耕地 1.66 万亩，其中基本农田 1.4 万亩。千阳县辖下崔家头镇 3 村，总人口 0.35 万人，农业人口 0.34

万人，农业劳动力0.12万个，人口主要分布在塬区。流域总耕地0.13万亩，有效灌溉面积0.02万亩。流域以农业及畜牧业为主，农民收入靠种植粮食、栽桑养蚕、作物瓜果、养殖奶畜、农闲外出务工。农作物以种植小麦、玉米、豆类为主。

民国年间，千阳县当地群众引河水灌溉农田，建小型自流渠道3条，灌溉面积300亩；利用河水建水磨2盘。新中国成立后，千阳县对白石河进行了多次整治，并纳入了水利建设规划，先后修建了蓄水池、小型抽水站等水利设施，修建人畜饮水站3处，解决了1300人的饮水问题。1970—1990年，流域内开展了基本农田建设，兴修“四田”9750亩，其中水平梯田7800亩。2008—2010年兴修“四田”2万亩。凤翔区在上游建有汉封水库、后沟塬水库，引水灌田2400亩。

十五、杨河沟

杨河沟，属峡口河左岸一级支流，千河二级支流，渭河三级支流。

杨河沟发源于陇县温水镇南涧，河源地理坐标为东经106°55′43.5″、北纬35°04′29″，海拔1220米。

杨河沟自南涧起，流经陇县温水镇李家河村汇入峡口河，入峡口河口处地理坐标为东经106°49′44.3″、北纬34°56′31.1″，海拔948.39米。流域面积111.9平方千米。

杨河沟河道长26千米，比降为12.6‰，平均流量0.38立方米每秒。流域内共有支流7条，分别为小黑沟、陈家河、董家沟、赵家河、高家河、沙金沟和党家沟。

杨河沟流域范围位于峡口河东北部，地理位置在东经106°47′49″ ~ 107°48′52″、北纬34°56′21″ ~ 35°08′36″，涉及李家河乡、温水镇两个乡镇。

杨河沟流域植被差。土壤以棕壤土、黄土类土质为主。水文地质分区为碎屑岩孔隙裂隙弱透水区，含水层为砂岩或砂砾岩，泥质含量高，透水性差。

流域内属于暖温带大陆性季风气候区。据气象资料统计，年平均气温为10.7摄氏度，最热为7月，平均气温为23.4摄氏度；最冷为1月，平均气温为-2.4摄氏度，极端最低气温-5.9摄氏度。

流域内多年平均年降水量600.1毫米，最大降水量为937毫米，最小降水量为339.86毫米，年降水量最大差597.14毫米。受地理条件的影响，年内降水分布极不均匀，8月降水量最大，为152毫米；12月降水甚微；7—9月降水总量为280.89毫米，占全年降水量的46.8%，而且多以暴雨形式出现，历时短、强度大，是造成水土流失及洪涝灾害的主要因素。年蒸发量为810.1毫米。

流域内多年平均径流量1191.14万立方米，最大值为1619.94万立方米，最小值为476.46万立方米。平均流量0.38立方米每秒。多年平均水资源总量为1504.6万立方米。

杨河沟流域泥沙大部分产生于汛期，泥沙含量大，床质以砂砾为主，小卵石次之。具有大水大沙的特点。

杨河沟水泥沙含量大，水色浑浊，未经沉淀等办法处理人畜不可饮用。

杨河沟流域自然灾害较多。据史料记载，1949—2007年，全流域发生旱灾28次，其中较严重的为1994—1995年，年均降水量仅为374.13毫米。1994年9月至1995

年 5 月，9 个月降水量仅为 58 毫米，比正常年份同期降低 79.3%，致使流域内 90% 晚秋作物旱死，烤烟减产，群众吃水困难，靠其他地域送水解决吃水问题，直接经济损失达 930 万元。

杨河沟流域的洪水灾害大部分发生在汛期。暴雨强度大是造成水土流失及洪涝灾害的主要因素。降水多以暴雨形式出现，强度大，历时短，汇流速度快，洪水暴涨暴落，几乎年年出现暴雨，特别是 1996 年发生了新中国成立以来最大的洪水灾害，损失惨重。

杨河沟流域千沟万壑，水土流失严重，土壤年侵蚀模数为 2200 吨每平方千米。

杨河沟流域植被稀疏，生态较差，野生动物有狼、锦鸡等。

流域内储藏的矿藏主要为煤炭。

流域内辖 2 个乡镇 11 个行政村，总人口 7980 人，人口密度 101 人每平方千米。流域内有土地 8.3 万亩，其中耕地面积 1.5 万亩，林地面积 3.9 万亩，草地面积 2.9 万亩。流域内以农业生产为主，农民收入依靠粮食和经济作物。粮食作物以小麦、玉米为主，经济作物以烤烟、药材等为主。

1974 年，陇县温水镇的干部群众采用竹筐装卵石、麻袋堆砂石、筑坝护岸等多种办法，对杨河沟进行了治理，共修筑防洪堤 1.3 千米，防洪能力按抗御 20 年一遇的洪水防洪标准设计。1990—2006 年，在陇县水利局和乡政府的统一指挥支持下，对沿岸险段堤防进行了治理，新修防洪堤 3.8 千米，加固基础 3100 米，加高培厚河堤 2000 米，基本上消除了汛期的安全隐患。

流域总供水量 70.2 万立方米，主要作为农业灌溉用水。到 2010 年，流域内有塘坝 2 处，配套提灌设施 2 台套，以灌溉为主，有效灌溉面积 1200 亩。

流域内植被差，荒山荒坡面积大，在地方政府和水利部门及当地群众的努力配合下，流域治理工作取得了一定成效，栽植各类林木 1.2 万亩，有效减少了洪涝灾害的发生。

十六、大蒿地河

大蒿地河是普洛河右岸的一级支流，千河二级支流，渭河三级支流。

大蒿地河发源于陈仓区新街镇旋瓦山北麓。河源地理坐标为东经 106° 50′ 24.7″、北纬 34° 35′ 29.3″。河道全长 26.8 千米，其中陈仓区境长 25.87 千米，陇县境长 0.93 千米，河流比降为 33.9‰。流域面积 70.3 平方千米。

大蒿地河流经陈仓区新街镇官村村，于陇县八渡镇西坡村南汇入普洛河。汇入口地理坐标为东经 106° 54′ 17.8″、北纬 34° 17′ 59.5″。

大蒿地河流域地理位置在东经 106° 45′ 48″ ~ 107° 58′ 28″、北纬 34° 38′ 26″ ~ 34° 46′ 52″。流域涉及陈仓区新街镇和陇县八渡镇。

流域内地势南高东低，境内关山、陇山山脉延伸贯连。地貌形态以梁为主，间有峁状分布，属关山土石山区，两岸山崖陡峭，岩体裸露，森林茂密，河流具有山区河流的特征，河谷狭窄呈“V”字形，河床稳定。流域地貌主要为山地，海拔在 820 ~ 2068 米，相对高差 1248 米。

流域内属温暖带大陆性季风气候。据气象资料统计，多年平均气温为 10.7 摄氏度，最热为 7 月，平均气温为 23.4 摄氏度；最冷为 1 月，平均气温为 -2.4 摄氏度。流域多年平均年降水量 600.1 毫米，最大降水量为 937 毫米，最小降水量为 339.86 毫米，年降水量最大差 597.14 毫米。受地理条件的影响，年内降水分布不均，8 月降水量最大，为 152 毫米；12 月降水量几乎为零；7—9 月降水量为 280.89 毫米，占全年降水量的 46.8%，暴雨频发，历时短、强度大，是造成洪涝灾害的主要因素。年蒸发量为 840.1 毫米。

流域内多年平均径流量 530.8 万立方米，平均径流深 77.2 毫米，年平均流量 0.24 立方米每秒。历史最大洪峰为 1981 年 8 月 21 日的 149 立方米每秒（调查值）。全段水质达到饮用水质标准，水质清纯。

流域自然灾害频繁。受地理条件的影响，7—9 月暴雨频发，暴雨历时短、强度大，是造成山洪暴发的主要因素。流域森林茂密，土壤以粉质红土为主，水土流失较轻。

流域内有香獐、獾、野猪、锦鸡、鹿、青羊等野生动物。水域生存有国家Ⅱ类水生野生保护动物秦岭细鳞鲑。

在镇、村两级机构和水利部门及当地村民的努力下，流域积极开展退耕还林和水保治理工作，小流域治理取得了一定成效，有效地减少了洪涝灾害的发生。

十七、赵家河

赵家河，以河畔居住赵姓人家居多而得名，属冯坊河一级支流、千河二级支流、渭河三级支流。

赵家河发源于千阳县高崖镇孟家坪。河源处地理坐标为东经 107° 11′ 50.0″、北纬 34° 52′ 41.1″，海拔约 1380 米。

河道长 15.6 千米，河道平均比降 23.9‰。流域面积 66.8 平方千米。

赵家河系冯坊河上游的支流，由北向南在朱家嘴汇入冯坊河，汇入点地理坐标为东经 107° 09′ 58.0″、北纬 34° 08′ 39.5″。

赵家河属季节性多洪水泥沙河流，主要支流有后庄河、王年沟河。

赵家河流域地处温带向干旱地带过渡区，处在泾渭分水岭千山南坡，北高南低，地形为典型的渭北沟壑区。

赵家河流域处于大陆性半湿润季风气候区，四季分明。多年平均气温 8.7 摄氏度，热量条件差，平均风速为 1.8 米每秒，最大风速为 24 米每秒，平均无霜期 156 天，风向多为西北风。赵家河域流年降水量为 562.8 毫米。

赵家河流域属于千山防护林区，流域植被覆盖较好，灌木丛生，具有丰富的野生沙棘资源。野生动物有狼、鹿、野猪等，有国家二级保护动物金钱豹。

赵家河流域处在陇县至麟游县煤炭地带上，地层煤炭资源丰富。

赵家河流域以前是千阳县南湾岭乡主要辖区，1988 年撤乡成立张家塬镇南湾岭办事处，2003 年撤销办事处，经过扶贫搬迁，现仅有张家塬镇南湾岭村，人口 400 人。农作物以小麦、玉米、豆类为主。

赵家河流域沟壑多、坡地多，水土流失严重，经过 20 世纪六七十年代治理，有所缓解，但仍较严重。2008 年被列入国家渭河流域重点水保治理区，建设淤地坝 19 座，2010 年第一座淤地坝建成。

流域上游是千阳高崖林场管护范围，2005年建成莲花山狩猎场，集住、玩、游、猎为一体，是休闲娱乐的好去处。大湾岭是这一地区古代关中通往甘肃平凉地区的驿站，有古庙、古槐等景观。

第四节　水泉堰塞湖

一、水泉

（一）陈仓区水泉

陈仓区水泉主要分布于贾村镇、千河镇千河两岸，共有水泉58处，其中主要水泉41处，出水量不一。沿河贾村镇由于水土流失，泉水时有时无，有的常年干枯，有的水量较少。

1. 拐角水泉

拐角水泉位于贾村镇龙尾村留村自然村，因地名拐角而得名。泉自贾村塬半坡源出，其泉水涌量不大，四季不竭，有杯口粗细，涌水量约4立方米每小时，水质清冽甘甜。作为饮用水源，解决村民200多人饮水问题，泉水流入千河。近年来，由于贾村塬上多打深井，泉水流出减少。

2. 留村水泉

留村水泉位于贾村镇龙尾村留村自然村，因地名留村而得名。泉自贾村塬半坡源出，其泉水涌量不大，四季不竭，有杯口粗细，涌水量约4立方米每小时，水质清冽甘甜。作为饮用水源，解决村民200多人饮水问题，泉水流入千河。近年来，由于贾村塬上多打深井，泉水流出减少。

3. 水湾水泉

水湾水泉位于千河镇三星村北湾自然村，地处千河西岸贾村塬下，泉源在坡下出露，杯口粗细，涌水量约5立方米每小时，常年不竭。村中用管道将泉水收集汇入蓄水池，解决了200多村民生活用水问题。

4. 院家沟水泉

院家沟水泉位于贾村镇龙尾村七组（原留村一组半坡），水流量5～6立方米每小时；属于自然流，主要用于沿线村民灌溉浇地。

5. 红沟水泉

红沟水泉位于贾村镇龙尾村四组以南，水流量1立方米每小时，自然流入河沟。

6. 担水沟水泉

担水沟水泉位于贾村镇灵龙村七组牛家滩担水沟内，也称灵龙山泉。泉自贾村塬灵龙山担水沟源出，其泉水涌量较大，四季不竭，有水桶粗细，水流量约9立方米每小时；水质清冽甘甜，当地村民建有蓄水池，作为居民生活饮用水源，泉水浇灌菜田、农田，多余水流入千河。近年来，由于贾村塬上多打深井，泉水流出量减少。泉源附近灵龙山上建有灵龙山小庙，灵龙山庙地势高亢，位于山坡之上，占地不算阔大，民国二十八年（1939年）建，坐西向东，有两座庙宇，雕梁画栋，各面阔三间，硬山式建筑，有碑碣一通。内供奉玉皇大帝、关公、无量祖师、观音菩萨、黎山老母、张爷等诸神神像。“文化大革命”中被毁，后于20世纪80年代重修。

7. 白家沟水泉

白家沟水泉位于贾村镇灵龙村三、四组，也称白家沟泉。白家沟，因明清时期有白姓人家见此沟内有泉水，便移居至此，地名沿用至今。泉自贾村塬白家沟源出，涌量较大，约9立方米每小时，四季不竭，有水桶粗细，水质清冽甘甜。当地村民建有蓄水池，作为居民生活饮用水源，泉水浇灌菜田、农田，多余水流入千河。近年来，由于贾村塬上多打深井，泉水流出减少。泉源上未建庙宇。

8. 馒馒水泉

馒馒水泉位于贾村镇灵龙村五组黄家沟内，水流量约1立方米每小时；主要用于沿线群众农业灌溉。

9. 湾子沟水泉

湾子沟水泉位于贾村镇灵龙村六组湾子沟内，水流量约1立方米每小时，自然流入河沟内。

10. 老君庵水泉

老君庵水泉位于贾村镇灵龙村张家寨螃蟹沟老君崖庵下和清泉观，泉有两股，分别自贾村塬西北张家寨老君庵清泉观下螃蟹沟内和清泉观旁源出，涌量较大，涌水量18立方米每小时，四季不竭，有水缸粗细，水质清冽甘甜。当地村民建有蓄水池，作为居民生活饮用水源，泉水浇灌菜田、农田，多余水流入千河。近年来，由于贾村塬上多打深井，泉水流出减少。螃蟹沟位于老君庵崖下，沟内深邃，盛产螃蟹。清泉观俗称老君庵，建于张家寨村西山坡之上。庙院规模宏大，香火旺盛，庙内苍松翠柏，杨柳盘龙，数百年来为道教圣地，庙宇内上殿三间，供奉太上老君、三清道祖，班神南为白骨真人，北为迎喜杰士等共八位，金碧辉煌，雕梁画栋，为娱乐休闲胜地。北有关帝庙一间，南有土地庙一间，东南处有僧房，前殿供奉玉皇大帝，后殿供奉奎星帝君，北为钟楼，悬挂八卦大钟，南为鼓楼，山门外建有一间清泉观。新中国成立初被毁。20世纪50年代在坡上挖窑三孔，供奉玉皇大帝，中窑供奉太上三清道祖，南窑供奉关圣帝等。1983年小学校搬迁，其后建山门，2000年在泉上建成观音菩萨宝亭一座，2006年建成中殿，面阔三间，北侧建有僧房，四周筑有围墙。山门高耸雄伟气派，庙院内有碑碣两通，一通为清光绪七年（1881年）所立，碑上字迹漫漶，辨识不清；一通为2007年2月15日所立。

11. 庄神水泉

庄神水泉位于千河镇肖村三组，泉自贾村塬半坡流出，有二股泉眼，有碗口粗，涌水量约5立方米每小时，水质甘甜清澈，当地村民建有蓄水池，用于居民生活。泉附近建有庄神庙，“庄神”这个名词源出于南方传统民俗文化，庄神也被称为“店拜神”，指的是古代居民把大门前的土地称作“庄稼”，用来祭奠神灵。庄神是古代祭祀活动中一种供奉神灵的仪式，其中有请神、祭拜、求子、获安顺、攒粮、祈求丰收等活动，用来表达古代劳动人民对可以满足生活重要需求的厚望。当地村民在泉旁建庙敬奉庄神，并将泉命名为庄神泉，其意不言而喻。庄神庙坐西向东，硬山式建筑，面阔一间，内塑有庄神神像。庄神泉顺着坡势一路流淌，穿村而过流入千河，沿途灌溉田亩，后因引渭渠修建泉水流入引渭渠中。

12. 金龙山水泉

金龙山水泉位于陈仓区千河镇肖村七组，泉自贾村塬半坡流出，有两股泉眼，分别位于村旁沟壑中和山坡上金龙山庙旁，两股泉水在坡下汇合，有水桶粗细，涌水量 10 余立方米每小时，水质甘甜清澈，当地村民建有蓄水池，作为居民生活饮用水源。泉源附近金龙山半坡建有金龙山庙，庙宇地处高亢，设有陡峻石阶，须攀援而上，方可到达庙址。步入山门，映入眼帘的是一座坐西向东的硬山式庙宇，面阔三间，雕梁画栋，内供奉三霄娘娘——云霄、琼霄、碧霄，三霄娘娘就在紫霄宫的父母殿中。他们头戴宝冠，衣着华贵，面容丰润，手中拿着一件宝物，端坐在那里，供人祭拜。庙院中还有僧房数间。将娘娘庙建于泉旁，其中有祭拜求子、子孙丰盈、家族兴旺之愿，也与泉水源泉有直接原因。金龙山泉顺着坡势一路流淌，穿村而过流入千河，沿途灌溉田亩，后因引渭渠修建泉水流入引渭渠中。

13. 陈家水泉

陈家水泉位于千河镇肖村五组，也称瓜婆泉。泉自贾村塬瓜婆洞半坡源出，有一股泉眼，有碗口粗细，涌水量约 5 立方米每小时，水质清冽甘甜，当地村民建有蓄水池，作为居民生活饮用水源。泉源附近半坡建有瓜婆小庙，瓜婆庙占地不算阔大，面阔一间，木柱、房檐、门窗却都是雕花带彩，由五颜六色的图案构成。殿堂中间供奉着瓜婆和几位菩萨的尊贵塑像。团花绣锦的服装亮丽夺目，慈祥和蔼的神态更让人自然而然地肃然起敬。每年阴历七月十五是瓜婆会，也是传说中瓜婆得道成仙之日。瓜婆泉顺着坡势一路流淌，穿村而过流入千河，沿途灌溉田亩，后因引渭渠修建泉水流入引渭渠中。

14. 高南水泉

高南水泉位于千河镇高南村，高南由高崖和南崖各取一字组成高南村。高南村地处千河镇西岸贾村塬下，底县公路、宝鸡峡引渭渠从村西经过。高南村西地处贾村塬下一个扇形大山坳，山坳呈扇形分布着大小十几个群泉，这些泉眼自流出露，日夜不竭，分散在数百平方米内，涌水量 10 余立方米每小时，由于临近引渭渠，有些泉水流入引渭渠。后来村中建了 100 平方米的蓄水池，将零散的泉水都汇集在一起，通过管道输送过引渭渠，主要供应村民生活用水和蔬菜浇灌，多余泉水经李家堡村流入千河。高南泉水清澈透明，矿化物含量高，经化验为优质泉水。其浇灌的蔬菜，比其他蔬菜耐存放，历久不腐。

高南水泉旁有回龙山道观和龙门山道观。回龙山道观为景復山下院，重建于 1987 年秋，1992 年竣工。主要为纪念马圆通（马鹏）道长，马鹏生前医术精湛，救死扶伤，家喻户晓，人人皆知，誉满西北大地。虽已驾鹤西归，但其救死扶伤，倡导人道主义，为民祛除疾患，事迹感天动地。

2015 年 6 月 18 日凌晨，道观突起大火，将道观前殿三间、碑亭、石碑三通烧毁。后社会各界筹划重建，于当年 8 月吉日奠基，2017 年岁次丁酉二月初八竣工。

龙门山道观即为高南水泉所建，原称为龙王庙，庙址在半塬之上，后移至山坳下，近年庙宇工程重建，尚未竣工。

15. 东社 1 号水泉

东社 1 号水泉位于千河镇浐东村东社，王家崖水库大坝下宝冯公路西侧。因地处东社而得名。泉自千河一级阶地塬坡下源出，其泉水喷涌，水量不小，四季不竭，有碗口粗细，涌水量约 5 立方米每小时，水质清冽甘甜，当地村民将其作为生活饮用水源，泉水用于灌溉、洗衣，余者流入千河。

16. 东社 2 号水泉

东社 2 号水泉位于千河镇浐东村东社，王家崖水库大坝下宝冯公路西侧。因地处东社而得名。泉自千河一级阶地塬坡下源出，有杯口粗细，涌水量约 3 立方米每小时，水质清冽甘甜，当地村民将其作为生活饮用水源，泉水用于灌溉、洗衣，余者流入千河。

17. 景家崖水泉

景家崖水泉位于千河镇浐东村景家崖，王家崖水库大坝下宝冯公路西侧。因地处景家崖而得名。泉自千河一级阶地塬坡下源出，其泉水涌量不大，四季不竭，有杯口粗细，涌水量约 3 立方米每小时，水质清冽甘甜，当地村民将其作为生活饮用水源，泉水用于灌溉、洗衣，余者流入千河。

18. 山神庙水泉

山神庙水泉位于千河镇杨家沟村五组宝冯公路东侧，因地处山神庙而得名。泉自千河东岸崖坡下源出，其泉涌水量约 3 立方米每小时，水质清冽甘甜，当地村民将其作为生活饮用水源，泉水用于饮用、洗衣。

19. 杨家沟水泉

杨家沟水泉位于千河镇杨家沟村二组宝冯公路东侧，因地处杨家沟而得名。泉自千河东岸崖坡下源出，其泉涌水量约 3 立方米每小时，水质清冽甘甜，当地村民将其作为生活饮用水源，泉水用于饮用、洗衣。

20. 张家崖 1 号水泉

张家崖 1 号水泉位于千河镇张家崖村四组宝冯公路东侧，因地处张家崖而得名。泉自千河东岸崖坡下源出，其泉水涌量不大，四季不竭，有杯口粗细，涌水量约 3 立方米每小时，水质清冽甘甜，当地村民将其作为生活饮用水源，泉水用于饮用、洗衣。

21. 张家崖 2 号水泉

张家崖 2 号水泉位于千河镇张家崖村六组宝冯公路东侧，因地处张家崖而得名。泉自千河东岸崖坡下源出，其泉有杯口粗细，涌水量约 5 立方米每小时，水质清冽甘甜，当地村民将其作为生活饮用水源，泉水用于饮用、洗衣。

22. 张家崖 3 号水泉

张家崖 3 号水泉位于千河镇张家崖村六组宝冯公路东侧，因地处张家崖而得名。泉自千河东岸崖坡下源出，其泉有碗口粗细，涌水量约 8 立方米每小时，水质清洌甘甜，当地村民将其作为生活饮用水源，泉水用于灌溉、饮用、洗衣。

23. 张家崖 4 号水泉

张家崖 4 号水泉位于千河镇张家崖村七组宝冯公路东侧，因地处张家崖而得名。泉自千河东岸崖坡下源出，其泉有杯口粗细，涌水量约 3 立方米每小时，水质清洌甘甜，当地村民将其作为生活饮用水源，泉水用于饮用、洗衣。

24. 魏家崖水泉

魏家崖水泉位于陈仓区千河镇魏家崖村宝冯公路东侧，因地处魏家崖而得名。泉自千河东岸崖坡下源出，其泉有杯口粗细，涌水量约 3 立方米每小时，水质清洌甘甜，当地村民将其作为生活饮用水源，泉水用于饮用、洗衣。

魏家崖水泉公路南有果亲王题利民渠诗碑。清雍正十三年（1735 年）春，果亲王爱新觉罗・允礼察看民渠后，题诗一首，勒石立于石鼻寨渠旁。诗云："太守开渠利民赖，停车使者为题诗。好将南亩勤耕作，更勉儿孙孝弟规。"碑高 140 厘米，宽 64 厘米，厚 23 厘米。1987 年又发现雍正十三年（1735 年）和乾隆五十年（1785 年）刻有"利民渠"三字碑各一通。三通碑今均矗立在原址千河镇魏家崖村的公路西侧民居旁，并加钢棚保护。

25. 司家崖水泉

司家崖水泉位于千河镇司家崖村二组宝冯公路东侧，原宝鸡县新华综合经营部房侧，因地处司家崖而得名。泉自千河东岸崖坡下源出，其泉四季不竭，有杯口粗细，涌水量约 3 立方米每小时，水质清洌甘甜，当地村民将其作为生活饮用水源，泉水用于饮用、洗衣。

司家崖水泉上方为无量祖师庙，内供奉无量祖师，庙立崖边，面阔一间，硬山式结构，庙前有大树一株。

26. 陈家崖水泉

陈家崖水泉位于千河镇陈家崖村二组千河一级阶地崖下，因地处陈家崖而得名。泉自千河东岸崖坡下源出，其泉水涌量较大，四季不竭，有东西两眼泉，碗口粗细，涌水量 7 余立方米每小时，水质清洌甘甜，当地村民将其引入蓄水池作为其居民生活饮用水源，泉水用于浇地、饮用。泉旁为村民活动广场，砌有鱼池，金鱼欢快地在水中游动。东泉位于玄武山庙和五圣宫庙下。五圣宫，面阔一间，硬山式建筑，庙前有一株大树。

27. 闵家崖水泉

闵家崖水泉位于千河镇闵家崖村千河一级阶地崖下，因地处闵家崖而得名。泉自千河西岸崖坡下源出，其泉涌水量约 5 立方米每小时，水质清洌甘甜，当地村民将其作为生活饮用水源，泉水用于浇地、饮用、洗衣。

28. 仝家沟 1 号水泉

仝家沟 1 号水泉位于千河镇仝家沟村三组千河一级阶地崖下，因地处仝家沟而得名。泉自千河西岸崖坡下源出，有泉 2 眼，碗口粗细，涌水量约 7 立方米每小时，水质清洌甘甜。

29. 仝家沟 2 号水泉

仝家沟 2 号水泉位于千河镇仝家沟村二组千河一级阶地崖下，因地处仝家沟而得名。泉自千河西岸崖坡下源出，有泉 2 眼，碗口粗细，涌水量约 7 立方米每小时，受 47 信箱地下水污染，不能饮用，仅用于浇灌农田、菜田。泉源上方建有聚神宫，供奉菩萨、马王爷、关公、关平、周仓等众神，面阔三间，硬山式结构，混凝土圈梁砖构，高阔雄伟，香火旺盛。

30. 仝家沟 3 号水泉

仝家沟 3 号水泉位于千河镇仝家沟村一组千河一级阶地崖下，因地处仝家崖而得名。泉自千河西岸崖坡下源出，有泉 3 眼，碗口粗细，涌水量 9 余立方米每小时，水质清冽甘甜，当地村民将其作为生活饮用水源，泉水用于浇地、饮用、洗衣。2006 年 4 月 28 日，该村黄明科、黄宇科、黄勤科等 3 人出资将泉重新修浚，并命名“幸福泉”。泉源崖畔建有山神庙，供奉山神爷，面阔三间，硬山式建筑。

31. 底阁叠泉

底阁叠泉又称三叠泉，为旧时宝鸡外八景之一的邸阁叠泉。位于千河镇底店村武城山西石崖上，泉水沿石阶滴下，形成一挂冰清玉洁的瀑布，再汇成一池清澈见底的乌潭，转了一圈又落成一杆玉柱，溅起珠星万盏，激起碧波荡漾，最后撕成玉帛数条。三叠三落，上下数丈，蔚为壮观。旧志载：“旧有渠，为居民占，种稻地。水雍不行，漫溢官路。”清乾隆四十九年（1784 年）知县邓梦琴清地复渠，重加开浚，灌田 300 余亩。今废。

32. 二龙泉

二龙泉位于陈仓区贾村镇殿沟村七组西观山沟下，泉自花园沟内涌出，其泉水涌量不小，四季不竭，有碗口粗细，涌水量约 7 立方米每小时，水质清冽甘甜，流入刘家沟汇入千河。二龙泉也称阴泉，据说是秦穆公当年亲手开凿的泉之一。二龙泉山上有西观山道观，始建于东汉时期，因天旱村民在此取湫，因此也称湫山。清康熙五十四年（1715 年）更名为西观山，嘉庆十五年（1810 年）重修，后损毁，1994 年以来陆续修复。现有庙殿楼阁 4 座，窑洞 8 孔，住房 10 间，1996 年 12 月经原宝鸡县人民政府批准为道教开放活动场所。

33. 二龙 1 号泉

二龙 1 号泉位于陈仓区贾村镇殿沟村七组西观山沟下，泉自花园沟内涌出，其泉水涌量小，四季不竭，有杯口粗细，涌水量约 3 立方米每小时，水质清冽甘甜，流入刘家沟汇入千河。二龙 1 号泉也称阳泉，据说是秦穆公当年亲手开凿的泉之一。

34. 二龙 2 号泉

二龙 2 号泉位于陈仓区贾村镇殿沟村七组西观山沟下，泉自花园沟内涌出，其泉水涌量小，四季不竭，有杯口粗细，涌水量约 3 立方米每小时，水质清冽甘甜，流入刘家沟汇入千河。

35. 二龙 3 号泉

二龙 3 号泉位于陈仓区贾村镇殿沟村七组西观山沟下，泉自花园沟内涌出，其泉水涌量小，四季不竭，有杯口粗细，涌水量约 3 立方米每小时，水质清冽甘甜，流入刘家沟汇入千河。

36. 花园 1 号泉

花园 1 号泉位于陈仓区贾村镇殿沟村花园村沟内，泉自花园沟内涌出，其泉水涌量小，四季不竭，有杯口粗细，涌水量约 3 立方米每小时，水质清冽甘甜，流入刘家沟汇入千河。

37. 花园 2 号泉

花园 2 号泉位于陈仓区贾村镇殿沟村花园村沟内，泉自花园沟内涌出，其泉水涌量小，四季不竭，有杯口粗细，涌水量约 3 立方米每小时，水质清冽甘甜，流入刘家沟汇入千河。

38. 马迹泉

马迹泉位于陈仓区贾村镇殿沟村黄梅山，泉自黄梅山涌出，其泉水涌量小，四季不竭，有杯口粗细，涌水量约 3 立方米每小时，水质清冽甘甜。该泉用于黄梅山青垒寺庙宇建筑群日常佛事活动所需。

39. 陈家崖 2 号泉

陈家崖 2 号泉位于陈仓区千河镇陈家崖村五组千河一级阶地崖下，因地处陈家崖而得名。泉自千河东岸崖坡下源出，其泉水涌量较大，四季不竭，有水泉 1 眼，碗口粗细，涌水量 5 立方米每小时，水质清冽甘甜，当地村民将其引入蓄水池作为居民生活饮用水源，泉水用于浇地、饮用。

40. 龙头泉

龙头泉位于陈仓区千河镇北坡村二组贾村塬西侧塬坡下，因当地称龙头而得名。泉自宝鸡峡引渭渠崖坡上源出，通过压埋管道穿过引渭渠，其泉水涌量较大，四季不竭，有水泉 1 眼，碗口粗细，涌水量 5 立方米以上每小时，水质清冽甘甜，当地村民将水引入蓄水池，解决了村组 1000 多人饮水问题，剩余泉水自流用于浇地。

41. 底店泉

底店泉位于陈仓区千河镇底店村九组贾村塬西侧武城观塬坡下，因当地称底店而得名。泉自宝鸡峡引渭渠崖坡上源出，其泉水涌量较小，四季不竭，有水泉 1 眼，杯口粗细，涌水量 3 立方米左右每小时，水质清冽甘甜，泉水自行从坡下流走，未利用。

（二）陇县水泉

1. 弦蒲薮

古代称湖泊为薮。弦蒲薮古遗迹中心在今陇县城西 12 千米的蒲峪川。《周礼 · 职方》载：“正西方曰雍州，其泽薮曰弦蒲。”南北朝《水经弦》曰：“汧水出弦谷乡，弦中谷决为弦蒲薮。”《九域志》云：“汧源县西有弦蒲薮。”《晋书 · 地理志》载：“（陇）州西有蒲谷乡，弦中谷即此。”弦蒲薮原是千河流经弦中谷时受到阻塞形成的一个小湖泊。地势扩展，风景优美，被列为陇州八景之一。后有诗赞曰：“蒲谷弦中名早留，职方曾记入雍州。由来泽薮无穷产，饱看千山千水流。”隋代以后，由于水带泥沙，沉淀淤积，薮逐渐干涸成为陆地。今湮。

2. 陇州温溪

陇州温溪位于陇县县城西北 7.5 千米之处的温水镇柴家洼村。《陇州志》载，名曰“温泉溪流或汤池，是温水河的源头。”其处山势幽邃，有5处14眼泉水从山崖石隙内迸出。其中，一水从山麓崖面迸流，在阳光下如水晶链；一水从老龙殿身下石峡内小水潭迸出，水潭深不见底，清波翻滚如涌沸。泉水冬季水温达17.5摄氏度，如带烟雾缭绕，隆冬不冻，暖气郁然。为人称美，誉为“温溪不冻”。被列为陇州八景之一。后有诗赞曰：“不计愚溪与蟠溪，水流州北出州西。隆冬不冻温如汤，胜似曲江流饮堤。”溪水从温水镇店子村东流入汭河，全长4千米。现温溪即是丰收水库百万方蓄水之水源。5处泉水群经2005年下半年改建为5处积水池，通管道引水10千米到县城，又成为陇县县城5万余人饮水之源。

3. 龙门洞二十四潭

据清康熙五十二年（1713年）《重修龙门洞碑记》载：“龙门洞有三十六洞，二十四潭。且洞洞设仙，潭潭传龙。”二十四潭为：

（1）汩水潭。在龙门峡北口的曲道处，西为笔架山。深约3米，阔6米，因水流汩汩故名。

（2）垂瀑潭。在汩水潭南约10米处，潭上有瀑布约7米，其声淙鸣，雨季尤为壮观。

（3）青石潭。紧连垂瀑潭，阔约5米，潭中有3块巨石砥立故名。

（4）偃月潭。在青石潭下10余米处。潭狭长形如半月，水色碧绿，倒映山色林影。

（5）连环潭。在偃月潭下，激流三叠，形成上、中、下三潭，水流声响彻峡谷。

（6）放鹤潭。在连环潭南，水流舒缓，潭面宽阔，旧时有鹤数十只栖饮于此，故名。丘处机曾有放鹤诗云“放去欲齐支盾鹤，笼归宁效右军鹅，虽符庄子能鸣义，恐学茅君著爱魔。”

（7）双龙潭。在禹王洞下。深约4米，宽10余米，水色碧绿，微波潋滟，夏秋多有游人于此泳浴。

（8）金龙潭。距双龙潭数十米，狭而深，两侧为千仞绝壁。民间传说清代，陈明耀（野仙）曾用神功搬运安口窑陶瓷瓮于悬崖之中，被人们称为一绝。

（9）蛰龙潭。紧连金龙潭，三潭相连，潭内巨石穿插，夏秋有蛰气罩于水面，故名。

（10）鸣鹿潭。在蛰龙潭下10余米处，宽阔平缓，水面如镜，清澈见底，昔日因有麋鹿常于此饮水，故名。

（11）飞仙潭。在蹑云桥下。自桥东登山即至道院。传说唐代有孙飞仙（疑指孙思邈）常浴洗于此。

（12）映月潭。水面平静，站在遮云桥上，夜观潭中映月，别有情趣。

（13）双月潭。在蹑云桥南，两潭相连，各有圆月。

（14）黑虎潭。在黑虎殿下深涧中，深4米，水色幽暗，上有飞流疾涛。昔日潭上有独木桥，蹑足而过，有临渊之悸。

（15）青龙潭、乌龙潭、卧龙潭。三潭由北至南依次相连，西为早阳洞下之绝壁，东为黑虎台下之悬崖，两侧如削，峡似闸门，秀水由黑虎潭飞流直入，其间由高约3米的两处瀑布相接，惊涛撞击，山鸣谷应，响彻道院。雨季，山洪汹涌，水声雷鸣，似蛟龙出穴，巨蟒奔腾。

（16）玉女潭。紧连上潭，因地处平夷，水势平缓，水流清澈，传说曾有羽衣仙子过此，故名。又称仙人潭。

（17）漱玉潭。在玉女潭下。因峡水击石飞溅如珠而名。深、阔约 10 米。

（18）黄龙潭。由漱玉潭激流冲刷为槽而成。上阔下缩，形如凹瓢，深不可测。相传为陈野仙得道处，道内称为洞天。

（19）桃花潭。在黄龙潭下转弯处。两岸山桃遍布。阳春三月，细雨斜飞，落花泛溪，缓缓荡出，景色别致，故名桃花潭。

（20）碧水潭。在桃花潭下数十米处，因水色碧绿而名。

（21）莲花潭。潭内旺生草莲，入夏泛绿，涟漪映波，相映成趣。为山野怡情之处。

（22）三叠潭。在莲花潭下，瀑布三叠，石壁三阶，各为一潭。因激流飞溅，其潭时隐时现，为龙门峡南第一名潭。

4. 金泉

金泉位于陇县城南 20 千米处的东风镇洞子村磨沟组。据《陇州志》载，原来约 5 米见方，水深 3 米，冬季不冻，遇旱不竭，四季如常。俗传宋代时驻守秦州某将军奉命赶赴陇州抗击金兵，渡渭水时不慎将铜鞭掉入水中，悔恨不已。后人们发现从金泉中流出一金鞭，而宋金战后，有人拾得金鞭藏于泉中，后遇暴雨洪水冲刷露出水面，被一将军闻讯后赎回，并出资修建起金鞭寺。此为传说，不足为信，因此，典故泉水被誉为“金泉涌派”，列为陇县八景之一。有诗赞曰：“金鞭流出是何年，派涌山中喷玉泉。萦绕奔腾千水南，梨川佳境说秦川。”民国时期村子利用此泉水为动力，修立轮磨一盘，后遭焚毁。1962 年重新建起。1976 年利用此水源修陂塘 1 座、抽水站 1 座，1984 年后连续遭受两次大暴雨，陂塘、抽水站、泉水俱毁，水源逐渐减小。

5. 神泉

神泉位于陇县城西 8 千米处的城关镇神泉村西山根，因建有神女祠一座，奉祀汉司空张鲁之女鲁元公主，祠前有一泉水，其水香甜可口，故名神泉。元代穆衍有神女祠诗一首赞曰“祠下灵泉映碧空，源浮谁知有神龙。直须均作秦民泽，莫学朝云阁楚峰”。民国时，渠长约 1 千米，建有立轮磨 1 盘，灌田 40 余亩。

6. 养马河群泉

养马河群泉位于陇县城南 5 千米之处的东南镇边家庄村至 15 千米之处的东风镇普乐塬村。南北走向 10 千米，北起边家庄村经牙科乡申家嘴、杨家坡、磨儿塬村，杜阳镇上凉泉、下凉泉、刘家嘴村，东风镇夏家湾、老观、史家湾村等 11 个村庄，共有水泉 29 眼。其中，刘家嘴村百米之内有泉 9 眼，号称“九龙泉”。泉水清澈味甘，隆冬不冻，遇旱不涸，2 万余人、5 千头家畜皆饮用此水。其中，以杨家坡的三家河、玄龙山水泉、磨儿塬、上下凉泉、刘家嘴的 7 眼泉水最旺而著名，数秒就可接满一桶水。1939 年初至 1945 年秋国民党骑兵第三军第九师借泉水养马练兵，在这一带驻扎达 7 年之久，被民谣称作陇县三害之中的一害。1958—1972 年，11 个村均建有卧轮或立轮水磨，用于磨面或榨油，现在部分泉水虽有所减少，但仍可灌溉农田 3 千余亩。

7. 莲池

莲池故址在今陇县城西北隅，纵横 10 余亩，始建于明，中植莲苇，上筑亭榭。清康熙、乾隆年间及民国初年，曾多次修葺扩建，莲池胜景空前。池中心有亭榭一座，方园以砖砌花墙环绕，南侧架有浮桥，池内置船一只，荷花满池，杨柳密布，西北城墙下修大小房 3 座 13 间，桑果园各一，环门埂外，皆凿新池，内栽莲花，夏日接天莲叶，映日荷花，春秋佳日，桃红柳绿，蛙鸣鱼跃，悦怡耳目，不啻蓬莱仙境也。《陇州志》有诗赞曰：桥边散步起遐思，莲叶莲根百尺丝，一架彩虹分泽园，半勾新月伏水池……。惜此美景于民国十五年（1926 年）军阀混战中遭到破坏。1959 年，县政府拨款 5000 元进行了维修。1960 年以后，池地被县木器厂、水产站基建占用，池废。

8. 龙眼寺

龙眼寺地处陇县原杜阳镇龙眼寺村，唐代始建。据《陇州志》载："龙眼寺在州东 15 里，其山脊南有二泉若龙之眼，相传鄂国公建。弘治年间重修。明河北参政仲实撰文曰：其地在山之阳，高明爽朗，乔木森蓊，其土原而腴，其泉甘而旺。世传乡人婴渴疾者，往往饮之辄愈。"

（三）千阳县水泉

1. 隃麋薮。也称隃麋泽。中国古代九大名薮之一。隃糜是汉时著名的制墨地。在今陕西省千阳县东八里。汉以此名县。附近宜种粳稻，今已湮废。

2. 饮马泉。在千阳县崔家头镇边坡村崖坡涧。相传是秦非子为周孝王牧马千渭之间之饮马池。

3. 曦泉。在千阳县东纸坊湾沟口，隆冬水温，草木不枯。今没于冯家山水库。

4. 珍珠泉。在千阳县东南冉家沟四坡涧。泉水从岩间裂缝迸出，坠落石盘，撞出串串水珠颇像大小珍珠飞落翠盘，古人以景名泉。

5. 龙泉。在千阳县东龙泉寺。山腰中水出石雕龙口，注流成泉，常年不竭。

6. 水眼泉。在千阳县西南水沟村南 3 千米，于山坡岩石裂隙中，喷泉腾涌，银河铺地，独具景观。

7. 三泉。在千阳县西南三泉涧。高涧涤谷之清泉寺脚下，连出三泉，飞泻山涧，景观别致。

8. 矿峪泉。古名冽古泉，在千阳县西矿峪沟，清澈见底，旺盛不竭。

9. 新碧潭。在老庄门下。清顺治时的知县王国瑋曾引潭水灌田。近年水缓泥沙淤积则潭隐，水猛冲走泥沙则潭可现出。

10. 千川泉。位于千阳县城以东的千川、安坡两村北崖根。大小沟岔均有地下水露头流出，形成大小不等的泉溪十余处，承供两村居民生活用水和部分田地的灌溉。

11. 马刨泉。位于千阳县城关镇千川村南（原称龙王殿村），距县城 2 千米。相传宋太祖赵匡胤即位后，有一年盛夏出朝微服私访，当时正值大旱，他骑马路过千阳县城龙王殿村时人困马乏，口干舌燥。觅水之时，他骑的枣红大马仰头嘶鸣奔向一片草地，猛刨三蹄，顿时一股清澈泉水喷射而出。赵匡胤掬水喝了几口，顿感精神倍增。后来，人们就将龙王殿村的水泉称为“马刨泉”。现存泉一眼。

12. 秦王泉。又名马迹泉。位于千阳县城关镇陈家村南（地理位置为城关镇青石坡），因泉位水量较高，被人们称为上泉，泉水东靠北崖，南邻陈仓区花园村。此泉已有2000多年历史，可谓是宝鸡市域内一历史文化名泉。

公元前256年东周末期，秦穆公据守雍州（今凤翔区），传说一天，雍州城被围困，秦穆公带领部分卫士向西奔逃，中午时分到达陈家村南，人困马乏、饥渴难耐时，邂逅一清泉。喝足了水、进食干粮后的兵勇和将士们在此处一个山洞中休息，秦穆公在此处勘察地形，做着反击敌寇重回雍州城的打算。后来士兵们休息的山洞成了藏兵洞，人们称其为秦王洞。在士兵们饮泉水的一旁建起了铸剑炉制造兵器，秦王泉周边缓坡山坳平地成了练兵场。

清乾隆三十二年（1767年），《重修凤翔县志》对秦王泉加以记述：“马迹泉，秦王洞西泉旁，有秦王铸剑炉”。

现在，此泉乃是当地居民生产生活用水，水泉流水不断，泉下有一块湿地，泉水滋润，周边的林草茂盛。

（四）凤翔区水泉

1. 灵化泉。位于凤翔城区西北25千米的灵化村千河右岸边，地处宝中铁路千河2号桥下方，宝冯公路千河侧，清泉两眼，碗口粗，四季不竭，涌水量约9立方米每小时，水质清洌甘甜，因泉水地处灵化村境而得名，距村庄较远，泉上建有泉房、水池，流入千河。原旁建有砖瓦场，现已废弃。

2. 水沟泉。由于陈村地理特征是东北高、西南低，镇东、镇北地势起伏，镇西、镇南较为平坦，属典型的沟壑过渡带。陈村街中间在历史上曾经流淌着一条从西北方向山丘沟壑间发源的小河，这条小河源头出露在陈村镇北的水沟沟脑，因此叫水沟泉，泉水流量大，汇成小河，碧波荡漾，流经水沟（今水沟自然村），在火星庙（陈村镇政府所在地）的西边经三眼桥流入街中心宽5米左右的河沟，那条小河沟四季水很大，清凌凌的河水带着偶尔被风吹落水面的树叶，欢快地一路直下，穿过石桥，向东南杜家门前开阔滩地流淌而去。杜家门前曾经芦苇成片，这个地方叫苇园窖口，窖口的河沟流水能带动水磨，昼夜转动不停，生意非常火爆。用水沟泉水做的豆腐色味独特，其量超常量三成许。直到20世纪五六十年代，街中心的河沟流水还在流淌。后来随着20世纪七八十年代水沟水库修起，街中心河沟断流、匿迹。现水沟泉水为陈村水库水源。

3. 凉水泉。位于凤翔区陈村镇西北5千米蔡阳山村山下。清泉两眼，四季流淌，因泉水清凉而得名，泉上盖有泉房，流入千河。水旁芦苇盛生，环境甚为清雅。

4. 潘家泉。位于凤翔区陈村镇西北潘家山村下，潘家山村民潘姓，泉又在山下，以地理位置而得名，泉水流入千河。

5. 铧角泉。位于凤翔城区西北23千米的铧角堡村后，村人掘渠引水食用，旁有两小泉，名曰：蜜儿泉、龙眼泉。

6. 寺河池泉。罗钵寺位于凤翔城区以西 20 千米、千河东岸二台坡地。寺北相邻罗钵禅林寺，寺西 1 千米处有瓦王寺，寺西北 1.5 千米处有侯村庙。据《县志》载：此三寺一庙均为唐代所建。罗钵寺坐落秦蕲年宫院内，寺内塑有罗钵佛像。据现存石碑记载：自汉明帝时，摄摩腾自西域白马驮经来，初止于鸿胪寺，创立白马寺，后明代浮屠居亦白马寺之所由来也。罗钵爷傅相夫人青提其子道成脱化处也，东连华岳，西映吴峰，北依灵鹫，南临渭水，之诚胜境也，亦福地也。自唐宋以迄元明旧有其迹，寺中尚有佛殿，前有罗钵殿，后有三元洞、菩萨洞，左右有钟鼓楼。由白马寺来此修禅传道，讲经念佛，惠及万民，弟子甚广。当地民众又兴建罗钵禅林寺，寺院左右两侧有神泉两眼，名曰“寺河池”。此寺庙宇宏大，雕梁画栋，寺庙拾级而上，居高临下，巍峨壮观，分上殿、中殿、卷殿，两旁有厢房，供四方慕名而来的弟子居住，伴有钟楼、鼓楼，寺院内古柏参天，村以罗钵寺庙得名。新中国成立初期，此寺庙改为“罗钵寺小学”，“文化大革命”中拆毁，后建为长青中学至今。

每年正月初十为庙会日。会期 3 天，献戏一台助兴。四方善男信女络绎不绝前来烧香拜佛，热闹非凡。正会日，罗钵寺、团庄、孙家南头三村分别列队敲锣打鼓，燃放鞭炮，祈神赐福，确保四季平安，八方开泰。

7. 石头坡泉。位于长青镇石头坡村，因地处石头坡称为石头坡泉，泉自千河一级阶地塬坡下源出，四季不竭，有碗口粗细，涌水量约 9 立方米每小时，水质清冽甘甜，以前当地村民作为生活饮用水源，现改用地下井水，泉水用于灌溉，流入千河。

8. 石头坡 2 号泉。石头坡泉位于凤翔区长青镇石头坡村二组，因地处石头坡称为石头坡 2 号泉，泉自千河一级阶地塬坡下源出，其泉水涌量不小，四季不竭，有碗口粗细，涌水量约 4 立方米每小时，水质清冽甘甜，以前当地村民作为其居民生活饮用水源，因水质污染，现改用地下井水，泉水用于洗衣、灌溉，流入千河。

9. 石头坡 3 号泉。石头坡泉位于凤翔区长青镇石头坡村二组，因地处石头坡称为石头坡 3 号泉，泉自千河一级阶地塬坡下源出，其泉水涌量不小，四季不竭，有碗口粗细，涌水量约 4 立方米每小时，水质清冽甘甜，以前当地村民作为其居民生活饮用水源，因水质污染，现改用地下井水，泉水用于洗衣、灌溉，流入千河。

10. 山头沟泉。山头沟泉位于凤翔区长青镇石头坡村九组山头沟内，因地处山头沟而称山头沟泉，泉自山头沟内涌出，其泉水涌量不小，四季不竭，有碗口粗细，涌水量约 4 立方米每小时，水质清冽甘甜，流入千河。

11. 侯村泉。位于长青镇侯村，因地处侯村称为侯村泉，泉自千河一级阶地塬坡下源出，其泉水有碗口粗细，涌水量约 9 立方米每小时，水质清冽甘甜，以前当地村民作为其居民生活饮用水源，现改用地下井水，泉水用于灌溉、洗衣，余者流入千河。

侯村庙始建于唐朝中叶，原庙址靠北面南，占地数十亩。庙门两侧除雕塑石猴外，各植数人合抱古槐一株；庙门之上套建魁星楼，高接云汉；大门内建有戏楼一座，飞檐斗拱；戏楼前钟楼、鼓楼两相对峙。庙院内奇花芳香，古柏参天。大佛殿、菩萨殿伫立中院。明嘉靖年间，又在侧院建造了关帝殿，气势磅礴，炳若日星；亭台楼阁、僧房禅舍古风古韵，金光四射；诸位尊神银光素裹，丹青彩绘，神态栩栩如生。

每年阴历正月十二为庙会期，由两大社（薛家湾、潘家湾、文家湾、石头坡、赵家前头、山头沟、薛家山、文家山为一社；李家沟、蒲家底下、吕家底下为一社）组成理事会，具体负责庙会事宜。每逢会期，献戏一台，各村锣鼓助兴。如遇接送“茶会”，更是热闹非凡，献戏两台，此风俗延续至今。

12. 罗钵寺群泉。位于长青镇罗钵寺村，泉自千河一级阶地侯村、李家沟、杨家、罗钵寺等地塬坡下涌出，共有大小 8 个泉眼，其泉水涌量大，涌水量 40 余立方米每小时，四季不竭，大泉如桶，小泉如碗，水质清冽甘甜。由于泉水水量大，地势低洼，难以汇入千河，因此在崖下汇成小溪，流入地势低洼处形成数亩大水面或水塘积水，水少处形成湿地和沼泽，遍生芦荡，形成数十亩芦苇荡，由于地处千河河漫滩，泉水未得到利用。

罗钵寺群泉上方为古罗钵寺，历久天长形成罗钵禅林寺庙会。唐初，玄奘法师赴印度取经，沿长安—雍城—陇州道，行至凤翔县城后，却折向西南，沿汧渭谷道继续前行。今长青镇罗钵寺村的罗钵寺，是佛教高僧鸠摩罗什从西域取经归来歇脚弘扬佛法之地。唐代诗名法云寺，与《西游记》中唐僧西行出长安后经过的第一个寺院是同一名字，后改名为罗钵禅林寺。现位于罗钵寺一组长青中学隔壁，每年正月初十为庙会期。范围为罗钵寺一、二、六组，团庄村、晁家沟村。

二、堰塞湖

（一）阎家阴坡堰塞湖

1985 年 11 月 3 日 10 时 30 分，千阳县崔家头镇段家塬村阎家阴坡组发生塬边沟坡大滑坡。

当时，民办教师阎玉昌在沟南头挖土，先听到沟里吼声如闷雷，接着烟雾升腾，崖坡崩塌。这天早上，村民阎存怀老汉在沟里割完芦苇，扛了一捆刚上到沟边，便发生滑塌，他随滑土摔下深沟，半身壅土。苏醒后他抱着身旁一根树干爬出逃生，与此同时，有 3 个在沟边玩耍的孩子滑入深沟而丧生。

此次滑坡为千阳县历史上所罕见。滑坡南北长约 700 米，东西宽 30 ~ 40 米，垂直高度 80 米，滑体土方约 420 万立方米。滑体将沟道的砂砾石推搬到对岸高 30 多米的山坡上，在沟道里形成凸状断面堆体，堵塞沟道，堆体高达 20 余米，形成堰塞湖，蓄水近 9 万立方米。滑坡毁坏农田 320 亩，埋没麦草垛 13 个，数百株成材树木埋于沟底。滑坡发生后，宝鸡市防滑办公室摄制有实况录像，可播放 20 分钟。

（二）景家寨堰塞湖

1991 年 6 月 9 日一场较大的雷雨之后，千阳县文家坡乡景家寨村北约 2 千米西沟河道右岸（山吊庄肖家槽）发生滑坡。滑体弧长 600 米，宽 60 米，垂直高 70 米。滑体滑向沟道 200 多万立方米。滑体从沟道右岸的山顶直落 70 余米，痕迹如刀砍剑削，直上直下；又像推土机推铲，边槎整齐坚实；滑体形如肚鼓状，褶皱明显、松软如绵。滑坡毁地 100 亩，堵塞沟道，中断交通与水道，形成高约 15 米土坝，蓄水约 5 万立方米的堰塞湖。因山吊庄尚未夏收，也没住人畜，未造成伤亡。

第二章 流域环境

千河是渭河中游左岸一级支流，属黄河二级支流，干流全长152.6千米，全流域面积3493.9平方千米，发源于甘肃省天水市张家川回族自治县唐帽山南麓石庙梁，经甘肃省华亭市，陕西省陇县、千阳县、凤翔区、陈仓区，至陈仓区千河镇冯家嘴村汇入渭河。

千河流域位于陕西省宝鸡市西北部，东经106° 24′ 12.7″ ~ 107° 18′ 50.7″、北纬35° 09′ 44″ ~ 34° 21′ 02.9″，南北长约138千米，东西宽约50千米，东临凤翔、陈仓区，西望甘肃省天水市张家川回族自治县、平凉市华亭市，南与渭滨区接壤，北与陇县、千阳县相连。涉及天水、平凉、宝鸡3市的张家川回族自治县、华亭市、陇县、千阳县、凤翔区、陈仓区共计6县（市、区）28个镇（乡）。

千河流域地势为西北高、东南低，地形复杂多样。以北为千山山脉，以南为陇山山脉，中间为山间断陷盆地，呈西北—东南流向，形成石质中山区、黄土台塬区、黄土梁塬沟壑区、河谷区各具特色的自然分区。石质中山区，多连绵陡峻的基岩山，山脊轴部分多为岩石，植被发育；黄土台塬区，沟壑多、地面破碎，切割强烈，山、丘、川、塬地貌兼备，是严重的水土流失区；黄土梁塬沟壑区，沟壑纵横，流水侵蚀强烈，崩塌、滑坡等重力地貌发育，梁、塬地貌兼备，是严重的水土流失区；河谷区，土地肥沃，水源丰沛，农业较发达，为千河流域主要农业区。千河全流域面积3493.9平方千米，流域水资源总量4.85亿立方米。流域属暖温带大陆性半湿润、半干旱气候，植被为暖温带落叶阔叶林，但由于地质地貌结构复杂，海拔差异悬殊，因之形成十分复杂且多种多样的成土环境。

本章记叙了千河流域地形地貌、土壤植被、气候水文、社会经济等概况。

第一节 地形地貌

千河是渭河左岸一级支流，流域地形地貌复杂，山、丘、川、塬地形兼备；土壤类型多样，植被分布呈地带性；暖温带半湿润季风气候区，四季分明，径流量不均匀，集中在夏、秋季。

千河流域在大地构造上属鄂尔多斯台地向斜西南边缘。域内陇山山脉和千山山脉对峙，以北为千山山脉，以南为陇山山脉，中间为山间断陷盆地，千河盆地横贯其中，呈西北—东南流向。区域内山峦重叠，沟壑纵横，山、丘、塬、川地貌皆有。流域按地形地貌特征可分为陇山石质中山区、陇山支脉黄土台塬区、千山黄土梁塬沟壑区和千河河谷区四种类型。

一、石质中山区

陇山是黄土高原西边的一座年轻的山脉，地跨陕甘宁三省（区），南起陕西省宝鸡市，最北至宁夏海原县境内，南北逶迤200多千米，地域上有大小陇山之别，大陇山即六盘山，地处陇山北段；小陇山即关山，地处陇山南段。陇山石质中山区位于千河流域西部，主要包括甘肃省张家川回族自治县、华亭市，陕西省陇县，千河源头四岔河、长沟河、燕麦河、后河、麻庵河、上关河等河流的陇山石质中山区，面积855.9平方千米，占流域面积的24.5%。其中，211平方千米面积位于甘肃省，占流域面积6%。该区域中嘴梁、五台山、赵家山等海拔均在2500米以上，最高峰五台山，海拔2748.6米。山势雄伟陡峻，一般坡度26°～60°，从上到下，野草丛生，灌木林、针叶阔叶混交林和浅山阔叶林密布，属天然林区，森林覆盖率75.3%。土层厚0.5～1米，下层为砂岩、页岩和板岩。五台山西南有莲花台，垲岩嶙峋，林木参天，瑰丽壮观，因山上有一奇石形似莲花，故名莲花台，唐代曾名青龙山，奇景一，建造庙宇，现仅存遗迹。

该区由石质山地和石山土戴帽式的山地组合而成。关山山地，山顶起伏较小，多呈浑圆状，局部地段孤峰突兀，海拔2000米以上；山谷切割较浅，谷形多为U形和槽形，谷坡较缓，谷底较宽，河流多曲流，并发育有漫滩阶地。区内主要为下古生界大理岩、片麻岩、凝灰岩，还有大片花岗岩、闪长岩等侵入岩类。薄层黄土主要覆盖在南部和东部的山坡上，一般厚5～15米，陇山是我国大陆内部最年轻的山系之一，因而新构造运动比较活跃。区内主要为下古生界大理岩、片麻岩、凝灰岩，还有大片花岗岩、闪长岩等侵入岩类。地表主要由前寒武系及震旦系变质岩、下白垩系砂砾岩及加里东以后侵入岩体组成连绵、陡峻的基岩山，形成侵蚀构造低山地貌。区域内坡陡沟深，侵蚀切割强烈，沟谷多呈峡谷和V形谷，岩石表面破碎，植被发育，第四系沉积层很薄，主要是沿沟谷分布的砂砾石层。海拔1300～2628.6米，分水岭脊起伏和缓呈浑圆状，宽度约数十米，岭脊间为开阔的槽形谷，谷底宽80～100米，谷坡坡度多为25°～35°；山岭重叠，沟壑长深，山崖陡峻，森林茂密，牧草丰盛，水源充足，植被较好，水土流失轻微，是山区林牧、山货、中草药基地。由于造山运动，山脊轴部分多为岩石，土层浅薄，为森林、草原植被所覆盖，河源地为山地草甸和灌丛草甸群落，多系天然牧草和杂灌木。陇山高寒山区，山大、土薄、质地粗、肥力低，气候湿凉，沟谷地下水埋藏较浅，雨水较多，天气多变，差异显著。年降水量为700～800毫米，无霜期在130～160天，活动积温仅1900～2300摄氏度，年平均气温4.7摄氏度。暴洪灾害频发。

二、黄土台塬区

陇山支脉土石台塬区位于陇山石质中山区与千河河谷区之间，海拔1000～1500米，面积755.67平方千米，占流域面积的21.63%。山地基础与陇山石质中山区相同，地势较低，绝大部分为黄土覆盖，且黄土层厚度大，台塬沟壑多，地面比较破碎，年降水量较多，植被破坏较重，水土流失严重。谷川狭长，河溪湍急，为其地貌特点。地势从西南方向千河谷地倾斜，山脊起伏平缓，山谷切割不深，谷底宽展。河流多曲流，发育有漫滩阶地。千河右岸于陇山支脉土石山区，植被较好，大多为清水河流，但河床比降大，水流湍急，滚石多，推移质大。

陇山支脉由西北向东南的主要山峰有大岭、益坪山、蝉耳山、南尖山、高寒川梁、炮石梁、青石崖、牛心山、朝天岭、箭筈岭、梁武城、仰天池、锅廓廊、双天井、庙岭山、雷击石梁、大王殿、清凉山、箭筈关、龟山、马迹山等。箭筈岭，以古箭筈关而名，俗称南山或千阳岭，源于陇山的吴山，西入千阳县境，呈西南走向，止于陈仓区贾村塬，全长 35 千米，海拔 1000 ～ 1502.1 米。箭筈岭岩石裸露，基岩顶部覆盖不足 5 米黄土，坡度 15° ～ 35°。山势低，山脊起伏平缓，由锥状山峰、猪背状山脊及 V 形谷、峡谷、断裂谷组成，山顶多浑圆状。植被稀疏，切割较强，切割深度 200 ～ 500 米。

主要台塬有南塬、普乐塬、程家塬、柳曲塬、蚂蚱塬等。

南塬西起王马嘴，东至刘家嘴，长约 20 千米。塬面南北两头窄、中间宽（2.5 千米），全塬西高东低，南高北低，坡度平缓，为千河二级台地，土质肥沃，人口稠密，是陇县精华地带。新中国成立后，随着千惠渠工程的兴建和不断改善，已成为粮食、经济作物的主要生产区。

普乐塬是千河三级台地。西起东风镇李家山村，东至西沟村侯家咀，长 6 千米，宽 2.5 千米，土质较好，塬面平缓。1989 年千惠渠延伸上塬，为产粮区。

程家塬位于河北乡东南方 5 千米处。海拔 1300 米，长、宽均为 2 千米，有耕地 5720 亩，主产小麦，畜牧业发达，核桃生产量大。

柳曲塬位于温水乡西北 7.2 千米处。东西向长 2 千米，南北向宽 1.5 千米，土层深厚，水利条件差，有耕地 3000 亩左右。

蚂蚱塬位于原牙科乡北部，呈圆形，直径 1.5 千米，耕地 2500 亩。塬上缺水。土地为东南乡演峪山、河沟，原牙科乡李家堎、梁甫等村耕种。

三、黄土梁塬沟壑区

千山俗称北山，主脉分导泾渭水系，又称“分水岭”。《括地志》载，“东邻岐岫，西接陇冈”。源出陇山（六盘山），由陇县西入千阳县北，东伸麟游县、凤翔区，长 40 千米。是一系列由西北向东南延伸的低山，在西段称为千山，在地质构造上属鄂尔多斯台地南边缘。千山山脉古称岍山，在陇县城北 20 千米处，由陇县西北部入境，东西延迤新集川、原火烧寨、温水、李家河、河北、唐家庄、东风、麻家台、上店、普社、高崖等地。面积 1382.33 平方千米，占流域面积的 39.56%。

千山海拔 1000 ～ 1545.5 米，相对切割度 200 ～ 300 米。山体构成属奥陶、寒武纪砂岩、灰岩、碳酸盐岩、碎屑岩、沙质泥岩夹砂岩和砂砾岩，以“黄土戴帽的石山”为特征。山脊呈舒缓的波浪状。峰与鞍部的比高 30 ～ 50 米，坡度 25°左右，由丘状山顶、猪背状山梁、V 形谷和单面山组成，多凸形坡，谷坡与山坡的谷缘线明显，沟壑纵横。由于人类活动频繁，绝大部分山坡、丘陵已被开垦，地表植被差，坡面流水侵蚀强烈，崩塌、滑坡等重力地貌发育，水土流失严重。

千山山脉由西向东的主要山峰有锦鸡屏山、景福山、峰山、清凉山、殿山梁、九龙山、青白岭、马家山梁、相公山、金鸡庙梁、大湾岭、庙山、天台山、三女峰、普社山、雪白山、前殿岭、马蹄山、马鞍山、砚月台、四楞疙瘩、坟湾岭、高盘等。

千阳县塬区，是指千山南部山前洪积扇群和相接的黄土台塬。因其长期经流水切割，被深沟肢解得支离破碎。面积 138.7 平方千米，占全县总面积的 13.9%。

塬区西起草碧镇，东至崔家头镇。山前地带计 22 千米，属山前洪积扇群区，南北宽 0.5 ~ 3.5 千米，面积约 36 平方千米，海拔 940 ~ 1060 米，坡度较大。接连山前洪积扇群区的黄土台塬，长约 22.3 千米，宽 8.7 千米，面积 138.7 平方千米，海拔 880 ~ 1020 米。塬边冲沟密布，切割深度 100 ~ 150 米，黄土层厚 90 ~ 120 米。

仰塬、龙槐塬、白善坊、柳家塬、北坡、上千河、刘家坳、邓家塬、占阳等地，靠近山前洪积扇群区，海拔 900 ~ 1020 米，以 3° ~ 5°向千河倾斜，为山前台塬区；小寨、南寨、曹家塬、吕家团庄、时家坳、邢家塬、罗家塬一带，海拔 880 ~ 950 米，以 2° ~ 5°向千河斜倾，为二级台塬区；高出千河 100 ~ 135 米和二级台塬之间的邓家塬边、双庙塬、郑家庄、北台新庄子、小塬、王家坳等地，海拔 850 ~ 900 米，以 5° ~ 10°向千河倾斜，为三级台塬区。

整个黄土台塬是千阳县粮油主产区，唯塬面被沟水切割成 11 块大小不等的梁状旱塬，隔沟相望，交通不便。兹举各主要塬区概貌：

（1）歇马塬位于城东 16 千米，含崔家头镇，宽 1 ~ 2 千米，长 8 千米。面积 12 平方千米，塬面较缓。

（2）中作塬（阎家庵塬）位于城东北 18 千米的崔家头镇（沙家坳）东部。宽 0.5 ~ 1.5 千米，长约 4 千米，北大南小，呈三角形，塬面小，以 5° ~ 10°的坡度向千河倾斜。

（3）南寨塬（古楚作塬）位于城东 5 千米，含南寨镇，宽 3 ~ 4 千米，长 9 千米，面积 22 平方千米，为县内最大塬面。

（4）北台塬（古称长蛇岭）紧邻城北，宽 0.5 ~ 1 千米，长 9 千米，面积 4 平方千米，属张家塬镇（文家坡），以 5° ~ 10°向千河倾斜。

（5）曹家塬位于城北偏西 5 千米，宽 4 ~ 1.5 千米，长 8 千米，面积约 10 平方千米，属张家塬镇（文家坡）。

（6）张家塬位于城西北 5 千米，含张家塬镇。宽 1 ~ 2 千米，长 9 千米，面积约 11 平方千米。

（7）三步塬位于城西北 7 千米，属张家塬镇（寇家河），宽不及 0.3 千米，长约 6 千米，面积约 2 平方千米。侵蚀严重，最窄塬面仅 3 步。

（8）董坊塬位于城西北 13 千米，属张家塬镇（寇家河），宽 1 ~ 3 千米，长 10 千米，面积约 12 平方千米。

（9）邢家塬位于城西北 15 千米，属草碧镇，宽 1.0 千米，全长约 10 千米，面积 8 平方千米。

（10）罗家塬位于城西北 17 千米，属草碧镇，宽不及 1 千米，长近 4 千米，面积 2 平方千米多，是全县最小的塬面之一。

该区年降水量 610 ~ 660 毫米，活动积温 2700 ~ 3000 摄氏度，无霜期 160 ~ 180 天，气候温和湿润，黄土覆盖较厚，雨水稍多，流水侵蚀厉害，植被破坏厉害，水土流失严重，沟壑多，地面比较破碎。

四、河谷区

千河河谷区介于关山、千山之间，海拔553 ~ 1063米，千河横贯中部，沿岸西高而窄，东低而宽，三面环山，面积约500平方千米，占流域总面积的14.3%。千河河谷宽谷与峡谷相间，在宽谷段阶地发育，往往沿河连续分布，阶面保存较好，前后缘界线清楚。第一级阶地主要分布于千河中下游两岸，左岸比右岸阶地发育，呈明显的不对称，相对高度为1 ~ 3米，阶面宽阔，一般宽1000 ~ 1500米，地面平坦，土壤肥沃，潜水埋浅，便于灌溉，是主要农业区。第二级阶地在千河两岸块状分布，尤以陈仓区千河至凤翔区陈村地段，千阳县城关、新兴铺、草碧地段，陇县堎底下、东南、杨家坡地段较为发育。相对高度为8 ~ 15米，阶面平坦宽广，宽500 ~ 1000米，最宽可达2000米。组成物质上部为风积黄土，下部为砂卵石层。潜水埋深在15米左右，便于农业用水。第三级阶地主要分布在陈仓区营子头至凤翔区长青段，千阳县石岩崖至罗家店段，陇县小沟、小寨高坡等地。相对高度60 ~ 90米，阶面受后期流水侵蚀强烈，起伏较大，局部地区为丘状阶面。组成物质上部为黄土，夹有2 ~ 3层古土壤层，下部为砂卵石层。潜水埋深在40 ~ 60米，含水层厚度较小。第四级阶地主要分布在凤翔区陈村境内，相对高度70 ~ 100米，阶面起伏较大但宽阔，一般宽2000米左右，组成物质上部为中更新统原生荒地，厚60 ~ 80米，含有4 ~ 5层古土壤层，下部为砂砾石层，胶结致密。潜水埋藏较深，农用水缺乏。

陇县境内河流众多，其谷地按习惯宽者称川，窄者叫沟。千河主流区域古称陇州川道。除此以外，千河流域较大的川道有州川、蒲峪川、咸宜川、梁甫川、梨林川、固关川。小川有峡口川、新集川、白石川等。

（1）州川。千河主流河谷一级阶地与高漫滩，西起城关镇的神泉，东至东风镇交界村，长36千米，宽约5千米，西北—东南走向。城关、杜阳、东风等乡镇政府均居其中，人口密集，土壤肥沃，水利条件较好，为陇县粮油、蔬菜、经济作物区。

（2）蒲峪川。蒲峪河两岸一、二级阶地与高漫滩，位于千河南侧。西起扫帚滩，东至韦家庄，长约7千米，宽约25千米。天成镇政府位于川中。蒲峪川古时为“弦蒲薮”，是有名的大湖泊。《禹贡》载，“天下九薮，此其一也”。隋《九域志》载，“汧源县有弦蒲薮”，经过长期淤积，乃至决口变湖为川。清《陇州志》所载“陇州八景”中的“弦蒲名薮”时云：“峰遇势阻，入谷平衍，泉甘土肥，桑麻遍野，如太行之盘谷”。川中有宝（鸡）天（水）公路、蒲峪渠穿越而过，交通便利，水利发达，是陇县粮、油生产区之一。

（3）咸宜川。在陇县城西曹家湾镇南。西起桃园村，东至流渠村，因咸宜河得名。长约6千米，宽约3千米。为古驿站通道，旧有咸宜铺、流渠铺。土地平坦肥沃，水源充足，是陇县粮食产区之一。

（4）梁甫川。南北走向，南起盘桃坡下，北至梁甫村，长12.5千米，宽0.25 ~ 1.5千米。原牙科乡政府位于川中。

（5）梨林川。西起八渡镇西坡村，东至东风镇峪头村，长7.5千米，宽3千米，口宽内窄。土地平坦，土质肥沃，盛产柠麻、辣椒，是陇县粮油、经济作物产区。

（6）固关川。位于陇县西部。西起上岔，东至殿嘴，东西长 7 千米，南北宽 2 千米。川北有千河穿境而过，川南有固殿渠。为河谷平川地，水利条件较好，土地肥沃，是固关镇小麦、烤烟主产区。

（7）峡口川。在陇县城西北部。西起峡口，东至把关口，东西长 5 千米，南北宽 2 千米。峡口河从中流过，两岸为河谷川地和台地，为温水镇小麦、烤烟、油菜主产区。

（8）新集川。在陇县城北部，为新集川镇政府所在地。北接甘肃省华亭市上关镇，南至龙门洞沟口，中有新集河流经。地势平缓，为河谷川地和阶地，土质肥沃，为柠麻主产区。

（9）白石川。在陇县河北镇白石村。东北接甘肃省灵台县，南至南沟底渠村，西连原李家河乡槐庄村。川道为东西走向，长约 5 千米，宽约 1 千米，土质肥沃，为冬小麦、玉米的主要产区。

箭筈岭北麓至北部台塬下的千河河谷阶地，俗称“千阳川道”。西起屈家湾，东至张家河，长 28 千米，宽 0.5 ~ 2.5 千米，面积 75.43 平方千米。海拔 710 ~ 860 米，河流冲积层深厚，地势平坦，呈北西—南东走向。

千阳县千河南岸有 3 个阶地，北岸有 3 个阶地，而三级阶地仅存局部残留部分。一级阶地分布于宝（鸡）平（凉）公路和千陇公路沿线，阶面宽 0.2 ~ 0.5 千米，前缘高出千河水面 5 ~ 10 米，海拔 720 ~ 730 米。二级阶地分布于城关镇的川台地和柿沟、水沟二乡的“二塬”地区，阶面宽 0.5 ~ 2.5 千米，前缘高出千河水面 20 ~ 30 米，海拔 730 ~ 780 米，以 2° ~ 4° 向千河倾斜。三级阶地分布于城关镇的小塬、段坊和文家坡三级台塬前的前塬地区，阶面宽 0.3 ~ 1 千米，前沿高出千河水面 60 ~ 75 米，海拔 750 ~ 820 米，以 2.5° ~ 3° 向千河倾斜。

在千河一级支流中，有晖川（也叫冯坊河川）、涧口河川、草碧峪川几条较大的沟川，沟川宽 0.3 ~ 0.5 千米。

位于千河两岸，包括长青、千河、贾村镇的千河川道，面积 90 余平方千米，川道地势较平坦，土壤耕层有机质含量在 1% 以上，海拔 553 ~ 600 米，年平均日照 2100 ~ 2130 小时，大于或等于 10 摄氏度积温 4010 ~ 4200 摄氏度。地表水、地下水藏量占全县地下水总藏量的 82%，人均耕地 1.4 亩，其中每人平均水浇地 1.1 亩，每个劳动力平均耕地 3.21 亩，农业机械化耕作水平达 70% 以上，粮食、油菜等农作物亩产均高出全县水平。

该区年降水量 530 ~ 700 毫米，气候比降温暖，活动积温 3200 ~ 3500 摄氏度，无霜期 190 ~ 200 天，台塬上气温较低，降水也较少，地表水缺乏，地下水很深，故旱象比川地严重，亦称旱塬。

第二节　土壤植被

一、土壤

千河流域有 5 种土壤母质，12 个土类，25 个亚类，65 个土属，176 个土种，按特征与适用性归地带性古老农业土壤、地带性森林和草原土壤及非地带性土壤 3 个地带性类型。

地带性古老农业土壤包括娄土、黑垆土。地带性森林和草原土壤包括褐土、棕壤。非地带性土壤包括黄土性土、红土、紫色土、潮土、淤土、沼泽土、山地草甸土、山地沼泽土。以黄土性土面积最大，依次是棕壤、黑垆土、山地草甸土、褐土、紫色土、娄土、潮土、山地沼泽土、沼泽土、红土和淤土。

（一）黄土性土

黄土性土是发育在黄土母质上，尚未脱离黄土特性的土壤，即发育程度很低。一般分布在塬边沟坡上。在千河流域面积有 10350 万多亩。发育在黄土母质或次生黄土母质的幼年土壤，由于反熟化作用强烈，所以一般成土时间较短，成土作用较微，全剖面无明显层次分化。陇县仅黄塘土一个亚类，其肥沃度的高低，随耕作时间长短、施肥条件、种植作物种类、地形部位和侵蚀程度的不同，差异很大。一般土层深厚，贫地中壤，质轻口松，渗水透气，耕性好。有机质氮元素贫乏，较缺磷，严重缺铁、锌，地力较差，水土流失侵蚀模式大，保水保肥性能差，后劲不足，宜作物小苗发育，不适宜老苗生长，在加强施肥、管理下，可种植小麦、玉米和各种杂粮。主要分布在低山丘陵区的陇县东风、麻家台、河北、唐家庄、温水、东南、牙科、堎底下等乡镇大部分地区和陇县八渡、天成、曹家湾乡的东北部，火烧寨、李家河、新集川乡较少，陇县关山、固关乡的山间盆凹地也有分布。黄土性土中，包括分布于各个梁、峁、台塬及千河阶地的坡边、梯地的黄塔土 878 万多亩，分布于千阳县千河河滩一级阶地及草碧河、冯坊河、涧口河河谷等地的淤黄塔土 29374 亩，分布于刘家沟村东南老虎沟、齐家底下等地白增土 3300 多亩。

（二）棕壤

棕壤属暖温带地带性土壤，为千河流域陇山山地土壤垂直带谱中重要的建谱土类，形成发育在千河流域中山海拔 1300 ~ 2800 米范围。在千河流域面积有 1233 万亩。是在半湿润寒温气候条件下形成的具有鲜棕色心土层的森林土壤，土体呈棱状或粒块状结构，上松下实，托水托肥能力较强，通透性好，适耕期长，铁元素丰富，较缺磷、硼、锌。沟壑梁峁缓坡宜高粱、大豆、玉米、药材等作物生长，陡坡宜林、草生植。主要分布在陇县天成、固关、曹家湾、关山等地海拔 1250 米以上的区域，牙料、堎底下、八渡等地 1300 米以上的区域，陇县温水、新集川、火烧寨等乡的中山地带。

（三）黑垆土

黑垆土是发育于黄土母质上的具有残积黏化层（俗称黑垆土层）的黑钙土型土壤。在千河流域面积有 751 多万亩，是半干旱草原性生物气候条件下形成的地带性自然黑垆土，经人们长期旱耕熟化而成的农业土壤，由黄土母质和自然黑垆土经长期耕种培育而成的优质土壤。土层深厚，土体结构良好，通气透水，疏松易耕，保水保肥，肥力平缓，后劲较足，是良好的农业土壤。其质地均匀，土层深厚，疏松易耕，腐殖质营养丰富，耕层有机质含量为 1.114% ~ 1.364%。但严重缺硼，较缺锰、锌。种植作物与娄土同。主要分布在陇县东南、城关、堎底下、东风、温水、天成、牙科、杜阳、曹家湾等乡镇的川平地带，以及千阳县千山前的黄土台塬区。黑垆土中的黏黑垆土分布于千阳县干沟、仰原、陈家槽、阎家庵等地，红垆土分布于千阳县崔家头、南寨、张家塬、草碧 4 镇 56 个村的二、三级黄土台塬上，川黏黑垆土分布于千阳县城关镇小塬地区等千河三级台塬。

（四）山地草甸土

山地草甸土位于陇山中山山顶局部水湿条件较好的平缓部位。在千河流域面积有252万亩，是直接受地下水或侧渗水侵蚀，在山地草甸植被下发育而成的半水成土壤。由于每年留给土壤很多有机残体，形成了深厚的腐殖质层，水源丰富，肥力较高，植繁，发展畜牧业条件良好。主要分布在陇县关山、固关等地的低凹山地和山麓地带。

（五）褐土

褐土属暖温带地带性土壤，主要发育在半干旱、半湿润浅山丘陵地区，在千河流域面积有171多万亩，是在暖温带半湿润半干旱森林草原生物气候条件下，在岩石母质上直接发育而成的地带性土壤。无明显土壤发生层次，质地黏重、性硬口紧，地表易板结，径流侵蚀强烈，耕性差，氮、磷均缺。但蓄水性强，应深耕改土，增施有机肥，培肥地力，改善理化性状，逐步提高产量。除典型性褐土从黄土母质形成外，其他由石灰岩、页岩、板岩直接发育而成，多属草原向森林过渡的地带性土壤。耕层薄，土性硬，质地粗，多岩屑，适耕期短，农用价值低。陇县主要分布于八渡、东风、牙料、天成、固关、曹家湾等地，新集川、温水乡有零星分布。千阳县主要分布在箭筈岭山区，褐土中的碳酸盐褐土主要分布于千阳县梁武城、槐石、孟家嘴、党家山、冉家沟、惠家沟及唐家山林场、南山山吊庄等地，淋溶褐土主要分布于千阳县雷击石梁、牛娃山等地，褐土性土分布于千阳县梁武城、武家庄等地。

（六）紫色土

紫色土是由侏罗纪、白垩纪紫色砂岩、泥岩时代形成的紫色或紫红色砂岩、页岩岩层上发育而成的土壤，富含钙、磷、钾等营养元素，其矿质养分含量丰富，肥力较高。千河流域紫色土面积有51万亩，为紫色砂页岩风化而成，多呈紫红色、紫红棕色或紫暗棕色，由紫色砂岩、页岩和砾岩母质上发育而成。剖面上下颜色均一，因成土时间短，成土作用轻微，表层下即为母质层。土层浅薄，多岩屑，侵蚀强烈，保水保肥力差，有机质含量低，地力瘠薄，钾丰富，氮、磷俱缺，硼、锰、锌、铁严重缺乏。除少量平地被开垦种植外，多为林草覆蔽，主要分布在陇县西北部的六盘山坳陷带，以李家河、火烧寨、温水、天成、杜阳、新集川等处分布最多，在黄土丘陵沟壑区各乡镇也有零星分布。千阳县主要分布于千山海拔1000米以上的丘陵地区和箭筈岭山坡。紫色土中的砂岩质石灰性紫色土主要分布于千阳县草碧、上店、南湾岭、普社、南寨等乡镇丘陵山地的沟坡，与黄塔土交错分布，为紫色土土类面积较大的土属。页岩石灰性紫色土主要分布于千阳县八家庄、西沟、草碧河谷口东坡地区，砾岩质石灰性紫色土主要分布于千阳县皂角树沟、谢家沟、陈家槽沟东西及武家庄地区。

（七）娄土

娄土是千河流域各级阶地和黄土台塬的主要耕作土壤。在千河流域面积有82234亩，是人们在褐土上长期耕种、施肥，培育形成的农业土壤，具有“蒙金型”土体结构。土层深厚松散，黏着力弱，黏结性差，疏松散碎，耕性良好，通透性强，水分易下渗，耐旱耐涝，适宜小麦、玉米、油菜、蔬菜、烤烟等多种作物种植。主要分布于陇县千河、八渡河的二级阶地和破碎的黄土台塬面上，陇县东南镇面积分布最大，杜阳、八渡、天成、固关等地有零星分布。

（八）潮土

潮土是河流沉积物受地下水运动和耕作活动影响而形成的土壤，因有夜潮现象而得名。属半水成土。其主要特征是地势平坦、土层深厚。在千河流域面积有 7.58 万亩。潮土也叫浅色草甸土，发育在河流冲积洪积物上，属潜育化过程形成的土类型，由全新世以来河流沉积物经人力耕种熟化而形成。主要分布于千河谷地河漫滩地和低阶地，具有草甸化过程并经耕作熟化而形成。地下水位多在 1.5 ~ 2 米，因湿度较大，故名。剖面有锈纹，水平层理分明，沙石底子或泥沙相间，质地适中偏轻。疏松易耕，无板结，土性较暖，作物出苗全，发育快，营养水平较低，锰、铁缺乏，严重缺硼、锌，适种小麦、玉米、瓜类、蔬菜等作物，主要分布在千河及其支流的新老滩地上。陇县东风、杜阳、牙科、城关、东南、天成、堎底下等乡镇沿河一带面积最大，北河、水银河、梨林河、蒲峪河等两岸也有分布。潮土中的二合土主要分布在千河两岸的滩地、一级阶地及草碧河、新兴铺河的河谷，潮沙土零星分布在千河河堤两侧的滩地上。陈仓区千河镇、贾村镇千河河滩也有分布。

（九）山地沼泽土

山地沼泽土是发育于山地环境的沼泽土壤。在千河流域面积有 1.6 万多亩，主要分布在关山低凹山地中。分山地草甸沼泽土和山地腐殖质沼泽土两个亚类。山地草甸沼泽土一般属季节性积水沼泽土，水草肥美，为良好的牧场；山地腐殖质沼泽土常年积水，虽肥力很高，但难以利用。

（十）沼泽土

沼泽土是发育于长期积水并生长喜湿植物的低洼地土壤。在千河流域面积有 12168 亩。多处于河滩低洼地带，属草甸土向沼泽土过渡和河流沉积物在水分饱和状态下形成的土壤类型。经常积水，结构不良，土体紧实，通透性差。潜在肥力很高，有机质分解缓慢，农业难以利用，宜芦苇和三棱、木贼等药材种植。陇县东南、牙科乡分布较多。千阳县分布于千河水沟段河畔和白石河谷地，因低洼地势排水不畅，地表处于常年浸水，农业难以利用，可资发展水生经济作物。

（十一）红土

红土是黄土性土的另一个亚类，广布于陇县、千阳县丘陵山地，与黄土性土、紫色土交错相间，在千河流域面积有 32.4 多万亩，是古土壤层出露地表形成的，属岩性土壤，由老黄土中的古土壤层出露地面而成。呈块状结构，质地黏重，湿黏干硬，通透性差，耕性不良，有机质和氮磷养分缺少，属瘠薄劣质土壤。肥力贫乏，氮、磷俱缺，质地较重，通透性差，致密紧实，性硬口紧，板结严重，耕作阻力大，耕不深，影响作物出苗及根系发育。宜增施有机肥，提高土壤肥力，种植小麦、玉米、薯类及小日月庄稼。红土中的红色黏土分布于千阳县庙岭、南湾岭、红崖寺、殿沟等地，二色土分布于千阳县内北部丘陵山区。一般性红土主要分布在陇县新集川、火烧寨、李家河、河北、温水等乡，杜阳、麻家台、八渡、东南、底下等乡也有少量分布。

（十二）淤土

淤土是一种潮土土种，该土种为黄泛沉积物发育而形成，属于均质型。在千河流域面积有 31.8 万多亩，是在冲积物洪积物上经耕种而成的幼年土壤，由近代河流沉积物经耕种熟化后而成。经常受河水泛滥淤积影响，农业生产无保证，耕性差，耕作阻力大。母质营养补给丰富，地下水位高，耐旱，但表土薄，砂性大，保水保肥性能差。多分布于山区洪积扇峪口处、山间凹地、河谷及河流上游两岸等地。千河两岸河漫滩和洞口河河滩，淤土中的河淤土主要分布在千河两岸新滩地，洪积土主要分布在洞口河深沟。

二、植被

千河流域流经的陇山中山自然区，为六盘山南端的一部分。海拔 1500 ~ 2628 米，山体大部基岩裸露或为石山黄土戴帽，起伏平缓，黄土层一般 10 米左右，年降水量 700 ~ 800 毫米，有利于林木和草类的生长，加之交通不便，人烟稀少，天然植被破坏较轻，因此森林茂密。主要树种为栎、桦、油松、华山松等。陇县 381 种木本植物，针叶落叶阔叶混交林分布在陇山，且分布随纬度、海拔的变化而逐渐变化，自北向南树木种类不断递增。在北纬 35° 08′ ~ 35° 26′ 的区间内，树木种类不足 200 种；在北纬 34° 24′ ~ 35° 08′，树木种类多达 360 种以上。

千河流域有天然林地面积 408.2 万亩，75% 集中于陇山山区。森林面积 268.6 万亩，林木总蓄积量 997.09 万立方米，森林覆盖率 53%。植物 1056 种，其中野生牧草 352 种，林木 399 种，栽培农作物 305 种。

陇山山脉由于海拔高度的限制，植物的垂直分布带谱比较简单，仅分为暖温带落叶阔叶林带、阔叶混交林带和亚高山灌丛草甸带。

陇山森林植被既有温带草原区与暖温带落叶阔叶林区互相过渡的特征，又有秦岭山地的亚热带向暖温带过渡的特征，野生灌木和草本植物有构树、臭檀、臭椿、苦木、漆树、文冠果、酸枣、楸树、秋海棠、天南星、独角莲、软枣、猕猴桃、杠柳等热带起源的植物，又有很多喜马拉雅和西南成分的植物华桔竹、掌叶大黄、秦艽、华山松等。因受垂直气候影响，陇山植被还呈落叶阔叶林带—针阔叶混交林带—亚高山草甸带状分布。

落叶阔叶林带分布于海拔 800 ~ 1600 米地区。其中，1200 米以下为陇山下沿地带，由于靠近川道和人口密集区，森林植被受人为活动影响较大。仅在部分地区残存有较为成片的天然次生侧柏林，其余均为人工栽培的椿、榆、楸、槐、桐、杨、刺槐、油松、苹果、柿子、花椒等。农作物以冬小麦、玉米、豆类为主，一年一熟或两年三熟。海拔 1200 ~ 1600 米地区，是陇山山脉森林植被最为茂盛的地区。建群种和优势种为辽东栎、槲栎、锐齿槲栎、漆、山杨等；灌木有沙棘、湖北山楂、甘肃山楂、三棵针、五加属多种植物、羊奶子、枸子、牛奶子、胡秃子、子梢、毛樱桃；藤本植物有华中五味子、三叶木通、盘叶忍冬、杠柳、蛇葡萄等；林下阴生草本植物主要有蕨类、金线重楼、心叶淫羊藿、鹿蹄草、蕨叶天门冬等；阳生草本中的优势种类分别为菊科、禾本科、豆科、伞形科、蔷薇科、毛茛科、十字花科多种植物。栽培植物中树木较少，以农作物冬小麦、玉米、马铃薯、蚕豆、苦荞为主，为一年一熟。

落叶阔叶林带又分为栎漆疏林亚带和刺槐、杨树林亚带。栎漆疏林亚带分布在海拔1200 ~ 1400米地区，集体林地均在这一地区。由于人为破坏，仅剩山坡上部的杂类、栎类和中下部的散生漆木，呈疏林状。刺槐、杨树林亚带分布在海拔1200米以下地区，仅有少量块状天然侧柏林分布。

针阔叶混交林带分布于海拔1600 ~ 2100米以上地区。为落叶阔叶林向高山草甸过渡地带，表现为温带气候特征，逐渐增加针叶树种。这里又分为栎桦林亚带、栎松林亚带和栎杂林亚带三个亚带。栎桦林亚带分布于海拔2100米左右，以栎类和桦类为主，并有部分山杨混生，红桦较其他树种生长好。林下多为香樟、忍冬、珍珠梅和松花竹，林分多为过熟林。栎松林亚带主要分布在海拔1900米左右，成林树种为栎类和华山松，杂木类也占一定比例，但面积不大。林下为胡枝子、忍冬、松花竹，林分多为近熟林，山脊为成熟林，华山松在这一地区天然更新良好。栎杂林亚带分布在海拔1380 ~ 1860米地区，主要树种是栎类和杂木类，如山杨、槭、椴、白桦等，阳坡有漆树生长，林带面积占比例最大。林下有铺地栒子、杭子梢、藤木，林分为中龄林，山顶上部为近熟林和成熟林，林相基本整齐，生长较好。一部分地区有成片的油松和华山松。阔叶树种在海拔1800米以下，以栎类为优势种。海拔1800米以上，以白桦、红桦、牛皮桦、陇山柳、黄花柳、沙棘为优势种。林下植物种类不多，以鹿蹄草、蕨类为主，阳生植物有野菊、水蒿、蔷薇、草莓、蛇莓、羌活、蓼酸模、土大黄、秦艽等。此区栽培植被变化很大，农作物中的冬小麦、玉米已不能正常生长，多为洋麦、燕麦、蚕豆、马铃薯及耐寒蔬菜甘蓝等。

亚高山灌丛草甸分布于海拔2500米以上的陇山顶部，是亚高山草甸自然景观，与黄土高原中东部草原区相接，属温带草原类型，很少有成片树林，莎草科书带薹草等天然牧草已成为主要植被。主要植物有早熟禾、披碱草、细叶蒿草、矮蒿草、垂穗冰草、羊茅、针茅、萎陵菜、铁杆蒿、猪牙蓼、黄花柳、书带苔草、苔草、苜草，灌木有山柳、金樱子、野刺玫、胡颓子、酸刺等，多为灌木草场，唯平缓低洼处有少量桦类、栎类小块林生长。

人工林主要分布于陇县北部的麻家台、河北、唐家庄、李家河、新集川、火烧寨、温水和西部的曹家湾、固关等地，在东、南部的牙科、八渡、东南、东风和西南部的堎底下、天成等地，人工造林条件十分优越。民国时期大部分地区杂草丛生，人工造林甚少。新中国成立后，本着管造并重的精神，组织群众有计划地坚持每年春秋两季进行突击性的植树造林活动。到1989年，累计人工造林76.41万亩，保存面积27.97万亩，“四旁”植树留存137万株。栽植的用材林有椿、楸、榆、杨、柳、泡桐、刺槐等，经济林有水梨、核桃、柿子、山杏、枣、花椒、苹果、葡萄、桑、桃、山楂、山萸等。20世纪70年代，在川塬区大搞农田林网化，普遍在渠旁、路旁栽植树木。进行桐粮间作，基本形成道路树木成荫，美化环境。

第三节　气候水文

一、气候

（一）气温

千阳县1988—2010年年平均气温11.8摄氏度，年平均最低气温10.4摄氏度（1989年），最高气温12.7摄氏度（2006年），年际平均气温差2.3摄氏度。月极端最低气温-20.7摄氏度（1991年12月），最高气温40.3摄氏度（1971年9月）。

季节气温差异较大，春季气温回升较快，气温增幅4.8摄氏度左右。夏季高温持续时间较长，月降幅为1.8～2.1摄氏度。秋季气温早晚差异较大，月降幅6摄氏度左右。冬季气温迅速下降，低温时间较长，月降幅1.9～5.5摄氏度。

受地形及高度影响，不同地区气温差异明显，川道年平均气温约12摄氏度，塬区年平均气温约11.1摄氏度，山区南湾岭年平均气温约9.6摄氏度。境内南北气温相差2.0～2.5摄氏度，东西相差约0.5摄氏度。

受气温影响，春、秋季时长较短且基本相等，冬季比较漫长。川塬4月初入春，6月初入夏，8月末入秋，冬季由10月末到次年4月初，超过150天。海拔较高的南、北山区冬长夏短，春秋间隔较小。

河源市年均气温4.7～6摄氏度。1990年以来，陇县川道地区年平均温度为11.3摄氏度；年均最高气温12.2摄氏度（2006年），年均最低气温10.3摄氏度（1993年），年较差1.9摄氏度，变化幅度17%。各年均气温基本稳定。年度最热月为7月，平均气温23.7摄氏度；最冷月为1月，平均气温-2.2摄氏度，最高与最低相差25.9摄氏度。陇县1990—2010年年平均气温11.3摄氏度，较1958—1980年年平均气温10.7摄氏度升高0.6摄氏度。前23年与后21年各月相比，最热的7月由23.4摄氏度升至23.7摄氏度，升高0.3摄氏度；最冷的1月由原来的-2.8摄氏度升至-2.2摄氏度，升高0.6摄氏度。陇县境内11月气温开始下降，由10月的11.5摄氏度降为4.7摄氏度，月较差为6.8摄氏度；11月至次年3月平均气温6.5～-2.2摄氏度；4月气温开始快速提升，由3月的6.5摄氏度提升到12.4摄氏度，升高5.9摄氏度；4—10月气温在23.7～11.5摄氏度。

2011—2015年，陇县年平均气温11.38摄氏度。2019年，陇县年平均气温11.6摄氏度，千阳县年平均气温12.1摄氏度。

（二）降水量

千阳县1993—2023年的31年降水中，最低的1997年降水量390.1毫米；2022年全年降水量900.2毫米，是雨水最为丰沛的年份。干旱年份与湿润年份降水量相差510.1毫米。

降水季节性明显。冬季干旱少雨；夏季降水较多但不均匀，大（暴）雨及伏旱不时发生，年降水地区分布不均，由南向北递减。西南部山区与中部塬区、塬区与北部山区相比，年降水量一般相差50～100毫米。

陇县地理环境复杂，总体地貌为以千河谷地为中心，四周群山环抱，受地形高度影响，雨量分布呈簸箕形。南部关山区为年降水量高值区，南北浅山区次之，南部多于北部。千河川塬区地处西北气流的下风坡，年降水量明显偏少。

域内降水年内分布不均，主要降水集中在夏、秋两季；冬、春两季少雨，春旱时有发生；降水高峰期为7—10月，多年降水量最低的1995年340.4毫米，最高的2003年913.2毫米，相差562.8毫米。降水季节差异明显，冬季降水量最少；春季相对较多；夏季降水不均，南部降水多于北部；秋季降水较多，且北部多于南部。

2011—2015年，陇县年均降水量601.38毫米。2019年，陇县降水量812.8毫米。

（三）日照

陇县1990—2010年年平均日照时数为1885小时，日照率43%。21年间年日照时数差异较大。日照最少的2009年为1700小时，是历年日照平均数的90.19%；日照最多的1995年为2130小时，是历年日照平均数的113%；日照最多年份与最少年份相差430小时，日照时数逾2000小时的年份占19.05%。近年来，陇县年日照时数趋于减少。

千阳县1988—2010年年平均日照时数为1976.3小时，日照率48%。年日照时数在2000小时以上的年份，占30.4%。其中1996年全年日照时数为1758.6小时，日照率40%，属日照较低年份；2004年全年日照时数为2213.2小时，日照率50%，属日照较多年份；年日照最多与最少时数相差454.6小时。

日照夏季最长，秋季最短，春、冬季较为充足。4—5月，月平均日照时数200.1小时，日照率49%，其中5月日照时数为全年最高210.9小时；6—8月，月平均日照时数190.1小时，日照率44%；9—10月，月平均日照时数140.5小时，日照率39%；11月至次年3月，月平均日照时数146.9小时，日照率45%，其中2月127.7小时，为全年最低。全年平均月日照时数在160小时以上的月份占41.7%。因地形差异，境内日照时数北长南短，春、冬季南部山区日照时数略低于全县平均时数。

2011—2015年，陇县年平均日照时数1979.5小时。2019年陇县日照时数1758.7小时。

（四）风

1990—2010年，21年来陇县2—9月风向以东南风为主，其余各月均以西北风为主。其间其他风向也时有发生。最大风速出现在1990年4月6日、2001年6月12日和2004年3月31日，达到7级（16米每秒）。其余年份最大风速均在6级左右（12 ~ 14米每秒），各月起风频率为12 ~ 15次。风速都在10米每秒以下。

千阳县年均风速1.4米每秒，最大1.7米每秒（1990年），最小1.2米每秒（2006年），瞬时风速高达17米每秒（1988年7月15日）。其他年份最大风速9 ~ 13.7米每秒，风力5 ~ 6级。

各月起风频率12 ~ 15次，风速多在10米每秒（5级）以下。春季太阳辐射增强，冷暖气流交替出现，故多大风。夏季大气层结构多不稳定，易产生阵性大风。冬季受较强冷空气侵袭，多寒风。受地形影响，风向、风速随季节性变化。每年2—9月以东南风为主，其余各月以西北风为主。

千河流域风能资源比较丰富，海拔 2000 米以上的山峰，季风风向强、风力大，部分山区已进行风力能源开发。

二、水文

（一）测站布设

1. 站网布设

千河发源于甘肃省张家川回族自治县唐帽山南麓石庙梁，干流全长 152.6 千米，总流域面积 3493.9 平方千米。千河从陇县西部唐家河入陕西省宝鸡市境，宝鸡市境内河长 129.6 千米，其中陇县境内 68.75 千米，千阳县段 36.0 千米，凤翔至陈仓（含高新）区段 25 千米。甘肃省境内干流长 23 千米，流域面积 211 平方千米。

在千河流域的 13 条较大支流及干流上，建有国家基本水文站千阳站 1 处，陕西省发展改革委于 2012 年 2 月 15 日批复在千河流域建设有温水镇、天成镇、草碧镇、侯家坡村专用水位站 4 处。流域内布设雨量站点 64 处，其中基本站 14 站，遥测雨量站点 50 站。测站布设详见表 1–2–1、表 1–2–2。

2. 水文测站沿革

据水文志资料记载，千河流域先后共设立过水文（水位）站 12 处。至今设立的水文（水位）站 5 处。

（1）千阳水标站。

1936 年 5 月，由陕西省水利局在千阳县城南门外设立千阳水标站；1938 年 11 月，省库艰绌，奉令撤销。

（2）铧角堡水文站。

1937 年 4 月，由泾洛工程局在凤翔县铧角堡村设立铧角堡水文站，施测水位、流量、降水量。

1942 年 9 月，该站被撤销，上迁至陇县神泉嘴村。

（3）神泉嘴水文站。

1942 年 10 月，由泾洛工程局将凤翔县铧角堡水文站上迁至陇县神泉嘴村设立神泉嘴水文站。

1949 年 11 月，由陕西省人民政府水利局接办。

1957 年 1 月，改为神泉嘴水位站。

1959 年 8 月，被撤销。

（4）冯家山水位站。

1952 年 7 月，由西北黄河工程局在宝鸡县冯家山村设立冯家山水位站。

1957 年 11 月，被撤销。

（5）上河村水文站。

1956 年 10 月，由陕西省水利局在宝鸡县桥镇乡设立上河村水文站。

1963 年 12 月 31 日，被撤销，上迁 18 千米到千阳县，改为千阳水文站。

（6）石嘴子水文站。

1959 年 7 月，由陕西省水利局在陇县杜阳乡石嘴子设立石嘴子水文站（专用站）。

1962 年 5 月，因石嘴子水库停修，奉水利厅精简机构指示撤销。

（7）段家峡水文站。

1959 年 7 月，在陇县曹家湾乡段家峡设立段家峡水文站。

1970 年 12 月 31 日，因上游修建段家峡水库被撤销。

（8）千阳水文站。

1963 年，因宝鸡县上河村水文站测验断面发生较大变化，经陕西省水利局批准，由陕西省水文总站于 1963 年夏末，经千阳县城关镇人民公社批准，征用所属新民生产队土地 2 亩，1964 年 1 月 1 日，由陕西省水文总站在千阳县城关设立千阳水文站。

1976 年，断面受冯家山水库回水影响上迁 3 华里（1.5 千米）观测。

1979 年 1 月，断面又迁回原址观测至今。

（9）草碧水位站。

2012 年 8 月，因中小河流工程建设，由陕西省水文水资源勘测局批准在千阳县草碧镇窑湾村段的草碧河设立草碧水位站。

（10）侯家坡水位站。

2012 年 8 月，因中小河流工程建设，由陕西省水文水资源勘测局批准在千阳县城关镇冯坊村的冯坊河设立侯家坡水位站。

（11）温水镇水位站。

2012 年 7 月，因中小河流工程建设，由陕西省水文水资源勘测局批准在陇县城关镇北坡村的北河设立温水镇水位站。后因陇县在河道修建水景观工程，2017 年上迁至温水镇坪头村党家沟段。

（12）天成镇水位站。

2012 年 6 月，因中小河流工程建设，由陕西省水文水资源勘测局批准在陇县天成镇曹家庄村段的蒲峪河设立天成镇水位站。

表 1-2-1　千河流域水文（水位）站点基本情况一览

序号	河名	站名	流域面积/km^2	站类	站址	坐标		设站年月	撤站年月	设立或领导机关
						经度	纬度			
1	千河	千阳		水标站	千阳县城南门外	107° 06′	34° 37′	1936.05	1938.11	陕西省水利局
2	千河	锌角堡		水文站	凤翔县锌角堡村	107° 11′	34° 27′	1937.04	1942.09	前泾洛工程局
3	千河	神泉嘴		水文站	陇县神泉嘴村	106° 50′	34° 51′	1942.10	1959.08	前泾洛工程局

续表 1-2-1

序号	河名	站名	流域面积/km²	站类	站址	坐标		设站年月	撤站年月	设立或领导机关
						经度	纬度			
4	千河	冯家山		水位站	宝鸡县冯家山村	107° 11′	34° 29′	1952.07	1957.11	西北黄河工程局
5	千河	上河村		水文站	宝鸡县桥镇乡	107° 14′	34° 27′	1956.10	1963.12	陕西省水利局
6	千河	石嘴子		水文站	陇县杜阳乡	106° 57′	34° 49′	1959.07	1962.05	陕西省水利局
7	千河	段家峡		水文站	陇县曹家湾乡	106° 44′	34° 54′	1959.07	1970.12	陕西省水利局
8	千河	千阳	2935	水文站	千阳县城关镇新民村	107° 09′	34° 38′	1964.01		陕西省水文总站
9	蒲峪河	天成镇	176.3	水位站	陇县天成镇曹家庄村	106° 45′	34° 52′	2012.06		陕西省水文水资源勘测局
10	北河	温水镇	408	水位站	陇县城关镇坪头村党家沟	106° 50′	34° 56′	2012.07		陕西省水文水资源勘测局
11	草碧河	草碧	238	水位站	千阳县草碧镇窑湾村	107° 02′	34° 46′	2012.08		陕西省水文水资源勘测局
12	冯坊河	侯家坡	230	水位站	千阳县城关镇冯坊村	107° 07′	34° 39′	2012.08		陕西省水文水资源勘测局

表 1-2-2　千河流域雨量站点分布一览表

序号	测站编码	测站名称	站类	设站日期	坐标		站址
					经度	纬度	
1	41127820	老虎沟	专用站	2012.05	107° 07′ 30″	34° 38′ 19″	陇县关山镇关山管委会老虎沟村
2	41127830	丰头村	专用站	2012.05	107° 06′ 42″	34° 39′ 13″	千阳县柿沟镇丰头村村委会院楼顶
3	41129200	唐家河	基本站	1980	107° 02′ 17″	34° 45′ 41″	陇县固关镇唐家河村
4	41129210	柴家嘴	专用站	2012.05	106° 44′ 35″	34° 52′ 05″	陇县固关镇柴家嘴小学院内

续表 1-2-2

序号	测站编码	测站名称	站类	设站日期	坐标		站址
					经度	纬度	
5	41129220	上岔村	专用站	2012.05	106° 51′ 31″	34° 53′ 55″	陇县固关镇上岔村
6	41129230	上坪村	专用站	2012.05	106° 31′ 35″	35° 01′ 47″	陇县固关镇上坪村抽水站房顶
7	41129240	柴家嘴药厂	专用站	2012	106° 30′ 37″	34° 59′ 44″	陇县固关镇上关厂院内
8	41129250	固关	基本站	1961	106° 32′ 08″	35° 00′ 24″	陇县固关镇街道
9	41129260	李家山	专用站	2012.05	106° 33′ 31″	34° 59′ 30″	陇县新集川镇李家山村委会
10	41129270	三桥村	专用站	2012.05	106° 35′ 30″	34° 57′ 55″	陇县固关镇三桥村村委会房顶
11	41129290	段家峡	专用站	2012.05	106° 37′ 14″	34° 57′ 26″	陇县曹家湾镇段家峡村
12	41129300	新集川	基本站	1980	106° 35′ 42″	34° 56′ 48″	陇县新集川镇政府西边养老院
13	41129400	曹家湾	基本站	1971	106° 39′ 11″	34° 56′ 42″	陇县曹家湾西街卫生所
14	41129450	关山	基本站	1980	106° 39′ 42″	35° 04′ 16″	陇县关山镇牧场
15	41129470	咸宜关	专用站	2012.05	106° 39′ 24″	35° 00′ 08″	陇县曹家湾镇咸宜关村
16	41129490	苟家沟	专用站	2012.05	106° 37′ 40″	34° 42′ 04″	陇县固关镇苟家沟村
17	41129550	石庄子	基本站	1964	106° 34′ 21″	34° 43′ 30″	陇县关山管委会老虎沟村
18	41129650	火烧寨	基本站	1959	106° 39′ 53″	34° 42′ 22″	陇县火烧寨街道
19	41129660	粮食沟	专用站	2012.05	106° 40′ 25″	34° 53′ 29″	陇县火烧寨镇粮食沟村
20	41129670	峰山	专用站	2012.05	106° 44′ 23″	34° 54′ 21″	陇县火烧寨镇峰山村
21	41129680	草滩	专用站	2012.05	106° 43′ 00″	34° 55′ 20″	陇县温水镇草滩村
22	41129690	闫家湾	专用站	2012.05	106° 42′ 34″	34° 51′ 49″	陇县温水镇闫家湾村村委会
23	41129710	李家河	专用站	2012.05	106° 46′ 35″	34° 48′ 24″	陇县温水镇李家河村
24	41129720	洞沟门	专用站	2012.05	106° 47′ 33″	34° 50′ 01″	陇县温水镇洞沟门村
25	41129750	清河里	基本站	1958	106° 57′ 05″	34° 59′ 34″	陇县河北街道兴隆饭店

续表 1-2-2

序号	测站编码	测站名称	站类	设站日期	坐标		站址
					经度	纬度	
26	41129760	黄家崖	专用站	2012.05	106° 58′ 59″	34° 57′ 36″	陇县城关镇黄家崖村
27	41129770	唐家庄	专用站	2012.05	106° 54′ 28″	34° 56′ 49″	陇县城关镇唐家庄村
28	41129780	兰家堡	专用站	2012.05	106° 53′ 22″	34° 54′ 39″	陇县河北镇兰家堡村
29	41129790	焦家坡	专用站	2012.05	106° 57′ 04″	34° 52′ 56″	陇县东风镇焦家坡村
30	41129795	杜阳社区	专用站	2012.05	106° 55′ 56″	34° 50′ 04″	陇县东风镇（原杜阳镇政府院内）
31	41129800	艾家庄	基本站	1980	106° 57′ 39″	34° 48′ 24″	陇县东南镇盘艾村
32	41129810	下枣园	专用站	2012.05	106° 51′ 58″	34° 50′ 06″	陇县城关镇下枣园村
33	41129820	胡家庄	专用站	2012.05	106° 50′ 13″	34° 47′ 44″	陇县东风镇胡家庄村
34	41129830	党家河	专用站	2012.05	106° 51′ 00″	34° 46′ 51″	陇县八渡镇党家河村
35	41129840	马家山	专用站	2012.05	106° 53′ 48″	34° 48′ 01″	陇县东南镇马家山二组
36	41129850	牙科	专用站	2012.05	106° 59′ 45″	34° 45′ 52″	陇县东南镇牙科村三组
37	41129900	东风	基本站	1980	107° 02′ 27″	34° 42′ 59″	陇县东风镇东风照相馆
38	41129910	小力村	专用站	2012.05	107° 03′ 53″	34° 42′ 54″	陇县八渡镇小力村
39	41129920	铁塬村	专用站	2012.05	107° 04′ 44″	34° 44′ 40″	陇县天成镇铁塬村小学院内
40	41129950	八渡镇	基本站	1958	107° 13′ 01″	34° 40′ 43″	陇县八渡镇街道
41	41129960	桃源村	专用站	2012.05	107° 14′ 09″	34° 40′ 39″	陇县八渡镇桃源村村委会
42	41129970	沙盆沟	专用站	2012.05	107° 14′ 16″	34° 39′ 44″	陇县八渡镇沙盆沟村
43	41129980	官村	专用站	2012.05	107° 16′ 37″	34° 38′ 56″	陈仓区新街镇官村村委会
44	41129990	大力村	专用站	2012.05	107° 10′ 29″	34° 31′ 03″	陇县八渡镇大力村
45	41129995	董家寺	专用站	2012.05	107° 15′ 06″	34° 25′ 08″	千阳县草碧镇董家寺村
46	41130000	上店村	基本站	1958	106° 43′ 41″	35° 02′ 57″	千阳县草碧镇上店村

续表 1-2-2

序号	测站编码	测站名称	站类	设站日期	坐标		站址
					经度	纬度	
47	41130010	席家堡	专用站	2012.05	106° 47′ 37"	35° 04′ 48"	陇县东风镇席家堡村
48	41130020	菜园	专用站	2012.05	106° 46′ 54"	35° 01′ 23"	陈仓区新街镇菜园村村委会
49	41130050	草碧	基本站	1976	106° 48′ 16"	34° 58′ 48"	千阳县草碧镇草碧村
50	41130060	三泉村	专用站	2012.05	106° 47′ 25"	34° 57′ 36"	千阳县水沟镇三泉村
51	41130070	郝家庄	专用站	2012.05	106° 51′ 38"	34° 59′ 54"	千阳县草碧镇郝家庄村
52	41130080	夜杈木河	专用站	2012.05	106° 52′ 35"	35° 02′ 43"	千阳县草碧镇坡头村一组
53	41130090	南湾岭	专用站	2012.05	107° 10′ 38"	34° 51′ 54"	千阳县张家塬镇南湾岭林业检查站
54	41130110	寇家河	专用站	2012.05	107° 08′ 45"	34° 48′ 55"	千阳县草碧镇新兴村
55	41130140	天台山	专用站	2012.05	107° 10′ 03"	34° 42′ 40"	千阳县张家塬镇天台山林场
56	41130150	大湾岭	专用站	2012.05	107° 09′ 51"	34° 43′ 20"	千阳县张家塬镇大湾岭道班
57	41130160	尚家村	专用站	2012.05	107° 08′ 04"	34° 43′ 25"	千阳县张家塬镇尚家村
58	41130170	景家寨	专用站	2012.05	107° 07′ 07"	34° 43′ 29"	千阳县张家塬镇景家寨村
59	41130190	陈家槽	专用站	2012.05	106° 52′ 26"	34° 45′ 13"	千阳县南寨镇陈家槽村
60	41130210	马家岭	专用站	2012.05	106° 53′ 50"	34° 43′ 14"	千阳县南寨镇马家岭村
61	41130220	闫家庵	专用站	2012.05	106° 53′ 35"	34° 42′ 13"	千阳县南寨镇闫家庵村
62	41130230	北湾	专用站	2012.05	106° 48′ 42"	34° 43′ 48"	陈仓区贾村镇北湾村
63	41130300	王家崖	基本站	1977	106° 48′ 59"	34° 43′ 13"	陈仓区千河镇王家崖村
64	41132180	关村	专用站	2012.05	106° 46′ 32"	34° 43′ 29"	凤翔区柳林镇关村村委会楼顶

（二）水文特征

1. 流域概况

千河为渭河左岸一级支流，流域位于宝鸡市的西北部，介于东经 106° 15′ ~ 107° 22′、北纬 34° 21′ ~ 35° 10′。流域南北长 138 千米，东西宽约 50 千米，高程在 553 ~ 2 628 米，流域总面积 3493.9 平方千米，干流全长 152.6 千米，总落差 859 米，河道平均比降 5.8‰。流域地跨甘肃省天水市张家川回族自治县、平凉市华亭市和陕西省宝鸡市陇县、千阳县、凤翔区、陈仓区 6 县（市、区）。

2. 地质地貌

千河流域在大地构造上属鄂尔多斯台地向斜西南边缘，境内陇山山脉和千山山脉对峙，以北为千山山脉，以南为陇山山脉，中间为山间断陷盆地，千河横贯其中，呈西北—东南流向。区域内山峦重叠，沟壑纵横，山、丘、塬、川皆有。上游为关山土石山区，大部分为中山区，海拔 1200 ~ 2628 米。中下游为低山丘陵沟壑区和黄土台塬区，沟壑密度 1.46 千米每平方千米，山头密度 1.12 个每平方千米，海拔 700 ~ 1600 米。河滩表层为新近黄土，其下为砂卵石层。水文测站地处河川地，南有土石山，北有黄土塬。

千河两岸由一、二级阶地构成狭长河谷阶地，河流两岸地情差异较大，土壤类型主要有黄善土、白善土、紫土、红胶土，川道两侧为沉积土。上游的关山是六盘山的南延部分，为灰岩和杂岩分布区。径流侵蚀强烈，水土流失严重，在地貌上属梁峁丘陵沟壑区，以梁为主，间有峁状分布，沟岸两边有川地分布。千阳桥以下至入渭口为渭河四级阶地构成的黄土台塬区，沿岸西高而窄，东低而宽，地形平坦。

3. 气象特征

千河流域属暖温带大陆性半湿润季风气候，四季分明，冬、春季严寒干燥，夏季炎热多有暴雨、伏旱出现，秋季多连阴雨，天气凉爽润湿。多年平均气温 10.9 摄氏度，极端最高气温 40.5 摄氏度，极端最低气温 –18.0 摄氏度，流域年水面蒸发量 1250 毫米，年植被蒸发量在 814.3~922.0 毫米，流域内多年平均降水量 673.3 毫米，降水量年内分布极不均匀，5—10 月降水量占全年的 82%。

4. 水文特征

（1）降水与蒸发。

流域内年降水量地理分布差异较大，局部性小气候降水特征明显，全流域多年平均降水量 673.3 毫米，其分布主要是山区高、河谷川道低。降水量年内分布不均，春季约占全年降水量的 20%，夏季约占 47%，秋季约占 31%，冬季约占 2%。汛期和枯水期界限分明，5—10 月降水量约占全年的 82%，7—9 月降水量集中，降水量约占全年的 54.5%。降水量年际变化大，变差系数为 0.33，最高年份（2003 年）降水量 1135.9 毫米，最低年份（1997 年）降水量 340.2 毫米。

流域内降水量的分布主要受气候、地形和地理环境因素影响较大，降水量由北向南逐渐递减。暴雨主要集中在夏季，在该流域每年均会出现 1~2 场暴雨，其雨量占全年降水量的比重较大，是降水量年内分配的一个显著特征。据千阳水文站 1993—2022 年 30 年的降水量资料统计显示，暴雨日总量大于 50.0 毫米的年份有 19 年；暴雨的量级和特征在地域分布上差别较大，陇县的关山、火烧寨一带以霖雨中的暴雨为主，其特点是降水历时长，但强度不大，千阳一带以短历时暴雨为主，其特点是暴雨强度大，历时短、频率稀遇。见表 1-2-3、表 1-2-4。

表 1-2-3　千河流域代表站 1993—2022 年最大、最小降水量及相差倍数

站名	代表区域	年最大降水量 /mm	出现年份	年最小降水量 /mm	出现年份	最大、最小相差倍数
唐家河	北部	912.9	2019	379.1	1997	2.4
曹家湾	中部	1135.9	2003	340.2	1997	3.3
石庄子	西南部	985.3	2005	393.3	1997	2.5
东风	中部	971.4	2003	239.2	1995	4.1
千阳	南部	843.4	2021	358.3	1995	2.4
王家崖	南部	912.1	2011	308.9	1995	3.0

表 1-2-4　千河流域 1993—2022 年平均降水量年内分配

单位：mm

序号	站名	项目	月份												7—9月降水量	年降水量	7—9月占年降水量 /%
			1	2	3	4	5	6	7	8	9	10	11	12			
1	唐家河	降水量	9.3	11.1	30.1	41.6	65.4	91.4	129.3	122.7	120.4	56.5	25.0	4.9	372.4	707.6	52.6
		占年量 /%	1.3	1.6	4.2	5.9	9.2	12.9	18.3	17.3	17.0	8.0	3.5	0.7			
2	新集川	降水量	9.5	11.6	22.3	36.9	65.9	91.5	136.6	130.1	122.1	61.7	23.2	5.4	388.7	716.5	54.3
		占年量 /%	1.3	1.6	3.1	5.1	9.2	12.8	19.1	18.2	17.0	8.6	3.2	0.7			
3	固关	降水量	9.4	11.3	21.4	28.5	54.5	78.1	109.7	112.5	111.2	49.2	17.5	5.9	333.4	609.1	54.7
		占年量 /%	1.5	1.8	3.5	4.7	8.9	12.8	18.0	18.5	18.2	8.1	2.9	1.0			
4	曹家湾	降水量	6.8	9.2	21.0	32.3	54.9	72.9	120.2	116.1	112.1	55.2	14.0	4.9	348.5	619.7	56.2
		占年量 /%	1.1	1.5	3.4	5.2	8.9	11.8	19.4	18.7	18.1	8.9	2.3	0.8			
5	火烧寨	降水量	8.4	11.6	21.8	36.1	55.9	77.3	126.2	122.0	108.6	53.3	15.5	4.5	356.8	641.3	55.6
		占年量 /%	1.3	1.8	3.4	5.6	8.7	12.1	19.7	19.0	16.9	8.3	2.4	0.7			
6	艾家庄	降水量	8.3	10.7	25.9	40.6	58.2	72.1	113.9	126.1	121.1	57.7	19.6	4.9	361.1	659.2	54.8
		占年量 /%	1.3	1.6	3.9	6.2	8.8	10.9	17.3	19.1	18.4	8.8	3.0	0.7			

续表 1-2-4

序号	站名	项目	月份												7—9月降水量	年降水量	7—9月占年降水量/%
			1	2	3	4	5	6	7	8	9	10	11	12			
7	清河里	降水量	9.7	11.0	21.0	39.0	55.9	71.1	118.0	107.3	100.8	55.4	16.3	4.8	326.1	610.4	53.4
		占年量/%	1.6	1.8	3.4	6.4	9.2	11.6	19.3	17.6	16.5	9.1	2.7	0.8			
8	石庄子	降水量	9.9	12.7	26.6	40.7	66.4	90.0	127.3	113.1	120.6	58.4	19.8	5.2	361.0	690.8	52.3
		占年量/%	1.4	1.8	3.9	5.9	9.6	13.0	18.4	16.4	17.5	8.5	2.9	0.7			
9	东风	降水量	7.6	10.7	23.8	35.5	52.6	72.1	131.8	116.5	106.9	55.8	16.3	4.8	355.2	634.4	56.0
		占年量/%	1.2	1.7	3.8	5.6	8.3	11.4	20.8	18.4	16.8	8.8	2.6	0.8			
10	八渡镇	降水量	8.5	9.6	22.3	36.2	57.5	78.9	121.6	115.7	109.4	54.4	15.6	4.8	346.7	634.5	54.7
		占年量/%	1.3	1.5	3.5	5.7	9.1	12.4	19.2	18.2	17.2	8.6	2.5	0.7			
11	上店镇	降水量	7.3	9.0	20.7	33.7	51.9	72.7	118.6	115.8	101.4	48.3	13.4	4.6	335.8	597.5	56.2
		占年量/%	1.2	1.5	3.5	5.6	8.7	12.2	19.8	19.4	17.0	8.1	2.2	0.8			
12	千阳	降水量	6.4	8.9	19.9	33.5	51.6	63.4	110.0	105.5	102.8	49.7	13.7	5.0	318.4	570.3	55.8
		占年量/%	1.1	1.6	3.5	5.9	9.0	11.1	19.3	18.5	18.0	8.7	2.4	0.9			
13	冯家山	降水量	8.4	9.5	20.9	36.9	50.0	66.5	104.4	104.8	102.7	53.0	17.9	6.0	311.8	580.9	53.7
		占年量/%	1.4	1.6	3.6	6.4	8.6	11.4	18.0	18.0	17.7	9.1	3.1	1.0			
14	王家崖	降水量	6.3	9.8	20.7	39.3	53.8	63.7	95.7	98.0	107.3	51.8	14.9	3.6	300.9	565.0	53.3
		占年量/%	1.1	1.7	3.7	7.0	9.5	11.3	16.9	17.3	19.0	9.2	2.6	0.6			

千河流域中下游植被稀少，水分涵养能力差，地表对径流的调蓄作用小。径流年际变化明显，各河流最大、最小年径流量相差达 3~5 倍。由于上游关山一带植被较好，对径流有明显的调蓄作用，年际变化不大，其他区域径流的年际变化很大。径流量年际变化大，是千河流域的一个重要特征。

千河径流量地域分布很不均匀，产流区主要集中在千河的上中游流域，而中游段又主要在右岸支流。据统计，段家峡站以上径流模数为 6.4 升每秒·平方千米，千河站以上为 4.25 升每秒·平方千米，二者相差 34%，下游流域产流甚少。流量最大的是峡口河，多年平均流量为 0.51 立方米每秒。

千河流域多年平均蒸发量（1993—2022 年）在 615.6 ~ 1138.2 毫米，其中千阳站 1993—2022 年年平均蒸发量为 884.3 毫米，最大日蒸发量 11.8 毫米（1997 年 6 月 25 日），最小日蒸发量 0 毫米（1993 年 1 月 5 日）。

（2）洪水径流。

千河流域支流较多，多年平均径流量 4650 × 10 亿立方米，平均径流深 133.1 毫米。径流主要集中在夏、秋两季，7—10 月径流量约占全年径流量的 58%，径流量的年际变化大，变差系数为 0.52。千河流域 1907 年 8 月 21 日千阳桥（千阳县城关镇）调查洪峰流量 3840 立方米每秒；1954 年 8 月 16 日千阳桥（千阳县城关镇）调查洪峰流量 3200 立方米每秒。

千河流域现建有水文（水位）站共 5 处，其中 2012 年建有中小河流专用站 4 处，国家基本水文站 1 处。建站时间最长的为现有的千阳水文站，建于 1964 年 1 月。该站地处千阳县城关镇新民村，水文监测断面位于千阳县千河大桥下游 100 米处。流域属暖温带大陆性半湿润季风气候区，冬季寒冷，夏季炎热多暴雨，降水主要集中在 7—9 月，占全年降水量的 56%。千阳水文站集水面积 2935 平方千米，据千阳水文站史料及 1964—2022 年水文观测资料统计，本站多年平均降水量 601.2 毫米，多年平均流量 10.8 立方米每秒，多年平均径流量 3.412 亿立方米，多年平均年输沙量 297 万吨。建站以来出现的最大流量为 2160 立方米每秒，发生于 2010 年 7 月 23 日，次大水为 2021 年 10 月 3 日，洪峰流量 1890 立方米每秒。实测最小流量为 0，2009 年 3 月 21 日（因上游水利工程蓄水河干）。测得最大水深 6.0 米，出现在 2021 年 10 月 3 日。实测最大含沙量 604 千克每立方米，出现在 1974 年 7 月 3 日。最大年径流量 9.799 亿立方米，发生于 1964 年；最小年径流量 0.4629 亿立方米，发生于 1997 年，最大年份是最小年份的 21 倍。千河千阳站不同量级洪峰流量频率分析成果见表 1-2-5，千阳水文站多年平均降水量和径流量统计见表 1-2-6。

表 1-2-5　千河千阳站不同量级洪峰流量频率分析成果

序号	河流	站名	洪峰流量均值	C_V	C_S/C_V	频率（重现期）/%										
						0.01	0.1	0.2	0.5	1	2	3.33	5	10	20	50
						10000	1000	500	200	100	50	30	20	10	5	2
1	千河	千阳	453	1.4	3.0	8530	5820	5020	4000	3250	2540	2060	1650	1060	574	194

表 1-2-6　千阳水文站多年平均降水量和径流量统计

序号	年份	年降水量 /mm	年径流量 / 亿 m^3	年径流深度 /mm
1	1993	582.1	3.407	11.1
2	1994	410.1	1.826	62.2
3	1995	358.3	0.5906	20.1
4	1996	578.1	1.722	58.7
5	1997	381.8	0.4629	15.8

续表 1-2-6

序号	年份	年降水量 /mm	年径流量 / 亿 m^3	年径流深度 /mm
6	1998	592.7	1.761	60.0
7	1999	641.4	1.856	63.2
8	2000	590.9	1.443	49.2
9	2001	521.1	1.868	63.7
10	2002	585.8	1.081	36.8
11	2003	753.3	5.796	197.5
12	2004	531.3	1.401	47.8
13	2005	573.2	5.011	170.8
14	2006	517.9	1.662	56.6
15	2007	552.0	2.031	69.2
16	2008	614.7	1.414	48.2
17	2009	483.8	1.44	49.1
18	2010	715.4	5.584	190.3
19	2011	772.1	3.378	115.1
20	2012	601.6	3.788	129.1
21	2013	613.5	4.316	147.1
22	2014	485.4	2.129	72.5
23	2015	437.8	2.292	78.1
24	2016	388.7	1.236	42.1
25	2017	577.4	2.043	69.6
26	2018	541.0	4.129	140.7
27	2019	555.2	3.093	105.4
28	2020	658.7	4.004	136.4
29	2021	843.4	5.727	195.1
30	2022	569.7	2.064	70.3
平均		567.6	2.619	89.2

（3）泥沙。

千河流域属于渭北丘陵沟壑侵蚀区，右岸支流多发源于土石山区，流域植被较好，大多数为清水河流，含沙量较少，但河床比降大，洪水时水流湍急，滚石多，推移质大。左岸支流发源于丘陵沟壑区，植被差，土壤年侵蚀严重，含沙量较大。泥沙主要来源于左岸的北河、大杜阳沟、草碧河和冯坊河等支流。土壤年侵蚀模数，土石山区为 200~500 吨每平方千米，黄土丘陵区为 2000~5000 吨每平方千米，最大值达到 5963 吨每平方千米。据千阳站（1964—2022 年）监测资料统计，多年平均含沙量为 8.15 千克每立方米，多年平均输沙量为 297 万吨，年输沙模数为 1011 吨每平方千米。通过本次统计数据显示，千河流域含沙量近些年有所偏小，说明千河流域的水土保持工作已经取得了较大效益。

（三）河流演变

中小河流建设的水位站均建于 2012 年，正式投入使用的年限较短，且为巡测站，监测资料偏少。4 站断面在建站后均不同程度受当地水利工程整治影响，发生过较大变化。如温水镇水位站 2018 年受陇县城关镇水景观工程影响由原址断面上迁；天成镇水位站监测断面由于 2019 年当地水利部门对监测断面进行了整治，监测断面人为地发生了变化；草碧水位站 2021 年测验河段由于修建子堤，河床断面发生了变化；侯家坡水位站在 2018 年因千阳县整治河道，整个河床发生了变化。因此 4 站的纵横断面均有不同程度的改变。

千阳水文站自 1964 年 1 月在千阳县千河大桥下游 100 处设立监测断面，1976 年由于受冯家山水库影响断面上迁 1.5 千米进行监测，1979 年又迁回原断面观测至今。主要变化由于上游 460 米处的橡胶坝工程、断面处水利工程施工及下游冯家山水库蓄水影响发生演变。洪水对断面河流造成的演变主要还是横向的变化较大一些。在每次洪水中断面有冲刷也有淤积，常常是涨水时冲刷的概率大，落水时有淤积，对于洪水变化复杂、涨落历时较长的洪水，也会因洪水含沙量的大小稍有变化。根据 2010—2023 年千阳站 14 年的大断面图显示，河床冲刷纵向变幅范围在 2 米左右。由于河堤两岸已经加固，横向变化除人为因素影响几乎没有变化。千阳水文站近年代表年份实测大断面变化见图 1–2–1。

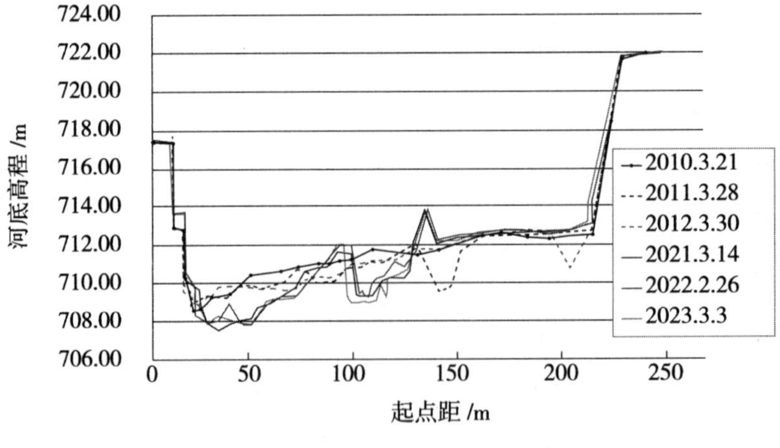

图 1–2–1　千阳水文站 2010—2023 年代表年份实测大断面

第四节　社会经济

千河流域社会经济以农业为主，经济欠发达。本节主要论述千河流域人口、交通和社会经济状况。

一、人口

千河流域是一个以汉民族为主，回汉民族交织的地区。甘肃省境内华亭市人口 37.9 万人，其中回族人口 2.2 万人，在千河流域居民 1 万余人。张家川回族自治县人口 33.25 万人，回族人口 20.69 万人，回族人口占 60% 多。宝鸡市域内陇县、千阳县也居住部分回族居民。宝鸡市域内划入陈仓区的千河流域的千河镇、贾村镇 6.3 万人，凤翔区在千河流域居民 1.6 万人。千阳县 6.5 万人，陇县 27.4 万人。

千河流域陕甘两省 6 个县（市）区居民 43 万余人，属市镇人口密集、山区人口稀少区域，特别是千河中游的千阳、华亭、张家川人口资源并不丰裕。千河流域在建冯家山水库初期包括陇县、千阳、凤翔、宝鸡四县（区）的 41 个公社（乡镇），435 个大队（行政村）。2001 年，宝鸡市撤销了石羊庙、红峰、上店、唐家庄、关山、麻家台 6 个乡。2004 年华亭市撤销麻庵乡。2011 年宝鸡市撤销了汉封、桥镇、寇家河、文家坡、沙家坳、牙科、杜阳 7 个乡镇。2015 年宝鸡市撤销了柿沟、火烧寨、李家河 3 个乡镇。2003 年 4 月，陕西省撤销宝鸡县，成立宝鸡市陈仓区，原流域内的宝鸡县贾村镇、桥镇镇、千河镇划宝鸡市陈仓区管辖。截至 2003 年底，千河流域在陕西境内涉及陇县、千阳、凤翔、陈仓区 4 县（区）35 个乡（镇）。据 2022 年统计资料，流域内户籍人口 55.2 万人，其中农业人口 49.5 万人，农业劳动力 20.2 万人。人口主要分布在千河两岸及支流川道区。流域内土地面积 492.4 万亩，总耕地面积 101.84 万亩，其中有效灌溉面积 19.26 万亩。产业结构以农业为主，农业以种植业为主，占农业总产值的 70%，属“粮主型”的农业格局。林、牧、副、渔产值占 30%。千河平川地区作物一年两熟，其他地区多数两年三熟，部分地区一年一熟。地方性工业主要有乳品、酿造、煤炭及机械加工和农产品加工业，集中在千河川道和宝平公路两侧。

二、交通

（一）陇海铁路

1905 年动工，1953 年全线通车，全长 1759 千米，是贯穿东、中、西的重要铁路干线，也是我国欧亚大陆桥的重要组成部分。宝鸡市是陇海铁路重要城市之一。

（二）徐兰客运专线

徐兰客运专线是连接江苏省徐州市与甘肃省兰州市的高速铁路，是《中长期铁路网规划》（2016 年版）中“八纵八横”高速铁路陆桥通道之一。2005 年 9 月 25 日，徐兰高速铁路郑西段正式开工。2013 年 12 月 28 日，西宝高速铁路开通运营。2017 年 7 月 9 日，徐兰高速铁路宝兰段正式开通运营，标志着徐兰高速铁路全线正式通车。

（三）宝中铁路

宝中铁路南起陕西宝鸡，北至宁夏中卫，宁夏段途经回族聚居地西海固地区（西吉、固原、海原），为客货兼运型铁路。沿线重要车站有宝鸡站、千阳站、陇县站、华亭站、平凉站、固原站、同心站、中卫站等，全长 498 千米。穿越中国大西北腹地 14 个县、市，北与包兰铁路接轨，对推动民族团结和巩固国防有重要的意义。北宝中铁路增建二线项目，惠及宝鸡、平凉、固原和中卫，形成双线快速运行。

（四）天平铁路

天平铁路为国铁一级单线电气化铁路。自陇海铁路的天水站引出，途经麦积区、清水县、张家川回族自治县，沿莲花台抵达华亭煤矿集配站，全长约 123 千米。该铁路是以煤炭运输为主、客货运输为辅的区域性干线铁路，途经张家川、青林、麻庵河等站。

（五）银昆高速公路

银昆高速公路起点是宁夏银川，终点是云南昆明，途经 20 多个城市，全长 2322 千米。银昆高速公路陕西段即 G85 银昆高速公路陕甘界至陕川界段，起于陕西省陇县火烧寨，止于陕西省汉中市南郑区米仓山隧道，是陕西省高速公路网中三条南北纵线之一。南段高速穿越国家级千湖湿地保护区——冯家山水库。

（六）连霍高速公路

G30 连霍高速公路起于江苏连云港市，终于新疆霍尔果斯市，全长 4395 千米，是中国最长的高速公路。由东向西经过许多主要城市，宝鸡也位列其中。连霍高速公路是陕西投资最大、里程最长、设施最完善的高等级公路。

（七）宝鸡绕城高速公路

宝鸡绕城高速公路从西宝高速改扩建西端的陈仓区虢镇五一村以西出线，南行跨渭河再沿秦岭脚下与西宝客运专线平行向西，从高新区潘家湾向西经凉泉、神农，延伸到渭滨区高家镇苟家岭村，再与宝天高速相接，全长 38 千米，对建设关天副中心城市意义重大。

（八）宝鸡凤翔机场

宝鸡凤翔机场将形成 5700 吨货邮吞吐量和 140 万人次载客量，机场建成后对区域经济发展起到重要作用。宝鸡铁路、高速公路、航空将对千河流域的发展、对外交通和流通起到不可估量的作用。

三、经济

（一）陕西省宝鸡市陈仓区

1. 建制沿革

陕西省宝鸡市陈仓区原称宝鸡县，2003 年因新增市区而称陈仓，区政府设在虢镇。西周初年称为西虢，为周文王母弟虢叔之封地。秦武公十年（前 688 年）设虢县，秦孝文王元年（前 250 年）设陈仓县，唐至德二年（757 年）改为宝鸡县。2003 年改为陈仓区。管辖范围管理渭北台塬及秦岭北麓部分、渭河两岸及西部山区及贾村塬、千河沿岸。面积 2517 平方千米，辖 11 个镇，3 个街道办事处，157 个行政村，13 个社区居委会，户籍人口 59.59 万人。宝鸡—中卫铁路过境千河车站，溯千河谷地而上，银昆高速公路伴行。

2. 地形地貌

陈仓区是秦岭纬向构造体系与其他构造体的复合交接部位，分为南部秦岭褶皱带、渭河断隔带和北部鄂尔多斯台地向斜区 3 个地质单元。南、西、北三面环山，渭河为中轴向东拓展，呈尖角开口槽型特点，山川塬地貌兼有。

3. 工业门类

拥有 15 个工业门类，形成了装备制造、轻工纺织、食品饮料等支柱产业。规模以上工业企业 122 家，北方动力、群力电工等国企，青岛啤酒、海螺水泥等民营企业 1000 多家，形成五大产业集群，2020 年实现地区生产总值 220 多亿元。

4. 旅游资源

形成了九龙山、灵宝峡、西镇吴山的西山精品环线，孙家村绿丰源、大水川南由古镇为主导的山水人文观光度假游，北坡森林公园、虢镇水上乐园、渭河百里花海、周秦文化旅游长廊的全域旅游示范区。

5. 千河入渭

陈仓区属渭河流域，千河在陈仓区千河镇冯家嘴入渭河。面积 53.5 平方千米，其中耕地 3.5 万亩，历史上“千渭之会”就发生在这一区域。

（二）陕西省宝鸡市凤翔区

1. 建制沿革

凤翔在西周属邢邑，是邢伯封地，又称西郑。秦国时为都城，称为雍城，商鞅变法时设雍县。南北朝至唐宋，为州、郡治。唐肃宗至德元年（756 年），依萧史弄玉骑龙乘凤的传说，改郡名为凤翔郡，分雍县另设天兴县，郡治雍县。至德二年（757 年）升凤翔郡为凤翔府，号西京。改雍县为凤翔县，与天兴县并存，府治凤翔。宝应元年（762 年），凤翔县并入天兴县。金世宗大定十九年（1179 年），改天兴县为凤翔县，宋、元、明、清皆设凤翔府，府治设在凤翔县城。民初废府，仍设凤翔县。民国二十七年（1938 年）至民国三十年（1941 年），为陕西省第九行政督察专员公署驻地。新中国成立后，仍设凤翔县。新中国成立后管辖渭北台塬、凤山山区。2021 年 1 月，改为宝鸡市凤翔区。总面积 1179 平方千米，辖 12 个镇 5 个居委会，233 个行政村 233 个村民委员会，1913 个村民小组，户籍人口 51.04 万人。宝中铁路穿境而过，区境内设凤翔、冯家山等火车站，银昆高速公路、212 省道过境。

2. 地域环境

宝鸡市凤翔区位于关中西部渭北黄土台塬，东连岐山，南邻陈仓，西接千阳，北靠麟游。地势西北高，东南及西南低，海拔在 595 ~ 1678 米，境内三面环山，向东南敞开，渭河流域在全境覆盖。低山丘陵区、山前洪积扇区、渭北黄土高原区和千河谷地区四个地貌单元。北部山区西老爷岭海拔 1678 米，白石河（申家河）是渭河的二级支流、千河的一级支流。

3. 历史文化名城

凤翔 1991 年被定为陕西省首批历史文化名城。先秦 19 位王公在凤翔建都达 294 年，秦始皇在此加冕，苏东坡初仕凤翔，六营民俗驰名国内外。凤翔东湖、城墙遗址公园、秦公大墓、灵山净慧寺、石佛寺享誉省内外。

4. 工业和酿造

凤翔酒业历史悠久，现正打造千亿元的大产业。还有长青工业园、东岭冶炼、能源化工、建材正在崛起，苹果产业异军突起，成为全国著名品牌。

5. 旅游产业

凤翔在旧的“八景”基础上，又开发出了新八景。东湖揽胜、周宅生辉、吹箫引凤、凤舞九天、秦陵惊世、灵山远照、马村古槐、泥塑流彩，新八景是旧八景的继承和发扬光大。

（三）陕西省宝鸡市千阳县

1. 建制沿革

千阳县位于千河北岸，东连凤翔、麟游，南接陈仓区，西邻陇县，北邻甘肃省灵台县，地处渭北高原丘陵沟壑区，地貌分山、川、塬三部分。西汉称隃麋县，因境内有隃麋泽而名。王莽改为扶亭县，东汉改隃麋侯国，西晋置汧阳，因在千水之北而得名，1958 年汉字改革，将“汧”改为“千”，县名改为千阳县，管理千河谷地及两岸台塬和山区。总面积 996.46 平方千米。户籍人口 130671 人，辖 7 个镇 65 个行政村，515 个村民小组，城镇人口 4.95 万人。第一产业增加值 12 亿元，第二产业增加值 41 亿元，第三产业增加值 20.8 亿元。全县非公经济增加值比重为 49.11%。宝中铁路在千阳境内设段家湾、千阳、水沟等车站，银昆高速公路、212 省道过境千阳。

2. 地形地貌

地处渭北高原丘陵沟壑区，南屏陇山支脉箭筈岭，海拔 1000 ~ 1502 米。北部横亘千山，中部为断陷盆地，千河横贯山前台塬之下，形成冲积河谷。南部箭筈岭地区以古生界为主，千山地区以中界为主，中部千河沿岸主要为新生界。地质构造分为箭筈岭地垒、千河地堑、千山断隆三个次级构造单元。有千山、台塬、千河谷地等地形地貌。

3. 农畜产业

小麦、玉米、苹果、中华蜂是主导产业。农产品加工、陶瓷、建材是特色工业，全县规模以上工业和商贸流出企业 9 家。

4. 旅游三产

看千湖风光，赏西秦刺绣，拜先贤燕伋，观石鱼和农耕文化，食千阳美食是旅游产业的主打品牌。

（四）陕西省宝鸡市陇县

1. 建制沿革

宝鸡市陇县位于陇山支脉关山西北千河河谷地段，东接千阳县，南邻陈仓区，西北与甘肃省清水县、张家川回族自治县、华亭市、崇信县、灵台县接壤。西汉设杜阳县，北魏设平秦州，西魏改为陇州，北周设陇东郡，隋设汧源县，唐初改为陇州，因位于陇阪改为陇州。民国二年（1913 年）改为陇县，管理千河谷地和关山山区，总面积 2276.93 平方千米，全县辖 10 镇，104 个行政村，户籍人口 268860 人。宝中铁路在陇境设娘娘庙、陇县、史家湾、火烧寨等车站，银昆高速公路、212 省道过境。

2. 地形地貌

地势西北高、东南低，关山、千山南北对峙，千河流贯中部，全县划分为千河川塬区、南部浅山区、北部丘陵沟壑区和关山土石区四个类型。以千山为界，分为泾、渭河两大水系。

3. 资源丰富

煤炭、石灰石、陶土、花岗石、铅、锌、铜、铁、金均有存藏。生物种类多样，森林覆盖率 50.3%，是国家森林县城、世界生态羊乳名城、国家生态建设示范县、中国社火文化艺术之乡、全国避暑旅游城市，全县生产总值 110 亿元。

4. 旅游产业

正在打造大美关山、神奇龙门、社火之乡名片。东线生态山水游、南线草原风光游、西线固关新集川古镇游、北线龙门养生游、中线秦塬民俗风情五线条旅游线，彰显陇县历史文化和产业特色。

5. 河流水系

陇县域内有千河、泾河多条水系，演绎着丰富的山水文化特色。

（五）甘肃省天水市张家川回族自治县

1. 建制沿革

夏商时境内为西戎地。周代时为秦国发源地，秦昭襄王二十八年（前 279 年），秦设陇西郡，张家川县归陇西郡。西汉沿袭秦制，实行郡、县两级制。汉武帝元鼎三年（前 114 年），置天水郡，辖 16 县，其中陇县（治今张家川县城）在今县境。武帝元封五年（前 106 年），置监察性质的刺史部 13 州，陇县属凉州刺史部天水郡辖。东汉光武帝建武十八年（42 年），改王莽所置州牧为刺史，凉州刺史部驻陇县（今张家川县城）。明帝永平十七年（74 年），天水郡改称汉阳郡，辖 13 县，撤清水、戎邑道并入陇县。金太宗天会八年（1130 年），今张家川县分属秦州之冶坊（治今清水县黄门乡）、陇城（治今秦安县陇城乡）二县。元世祖七年（1270 年），今张家川县分属秦州之清水、秦安两县辖。明清时，今张家川县大部仍属秦州之清水县、秦安县辖。民国二年（1913）3 月，推行省、县两级制，暂存道制。今张家川县大部分属甘肃省陇南道之清水、秦安两县辖。民国二十四年（1935 年），甘肃省设立行政督察区，今张家川县大部属省第四行政督察区之清水、秦安县辖。1949 年 10 月 1 日新中国成立后，今张家川县分属天水分区行政督察区之清水、秦安县辖。1951 年 4 月，天水分区行政督察区改称天水区。1953 年 7 月 6 日，析清水、秦安、庄浪、陕西陇县 37 乡合并成立张家川回族自治区（1955 年 6 月改称县），属天水区。天平铁路过境，设张家川车站。2022 年张家川回族自治县设 10 镇、5 乡 225 个行政村，户籍人口 37.77 万人。全县生产总值 37.12 亿元。

2. 位置境域

张家川回族自治县位于甘肃省东南部，东接陕西省陇县，南邻清水县，西连秦安县，北与平凉市华亭市、庄浪县接壤。六盘山经地槽和陇西陆台两大地质构造与秦岭纬向构造带接壤处，总面积 1311.8 平方千米。

3. 地形地貌

张家川回族自治县地势由东北向南倾斜，以山地为主，最低点位于龙山镇马家河村，最高点位于恭门镇秦家石洼梁顶，海拔在 1486 ~ 2659.4 米。东北部为陇山石质、土石山地，中部为红土与红砂岩黏土相间山地，中西部为黄土梁峁沟壑山地。地形地貌大体为沟壑、梁峁、河谷组成，张家川以回族为主，全县人口 33.25 万人，其中回族 20.69 万人，占 69%。

4. 十大旅游景点

关山云凤山、宣化岗拱北、街亭遗址、西梁子森林公园、沈遐熙革命纪念馆、关山马鹿自然风景区、张家川回乡风情园、马家塬遗址及墓群、马家塬遗址、下城子城址是重要历史文化景点。

（六）甘肃省平凉市华亭市

1. 建制沿革

华亭市位于甘肃省东部、关山东麓，东临崇信县，西连庄浪县和宁夏回族自治区泾源县，南接张家川回族自治县和陕西省陇县，北连平凉市崆峒区，为陕甘宁三省（区）交汇处。北魏普泰二年（532 年）因战事之需，筑城置华亭镇，因皇甫山麓有华尖山亭而得名。金改渭州为平凉府，华亭市隶属平凉府。民国初撤府留道，华亭先后属陇东道、泾源道和泾源行政区。2018 年 8 月，设立县级华亭市。2022 年华亭市设 7 个镇、3 个乡，户籍人口 17.91 万人。全市生产总值 81.72 亿元。宝中铁路、天平铁路、银昆高速公路过境，市境内铁路设青林、麻庵河、华亭、安口窑、安口南、神峪河等车站。

2. 矿产资源

主要有煤炭 34 亿吨，还有陶土、坩埚、石灰石、石英砂。每年吞吐量 1000 万吨的煤炭铁路专用线过境。

3. 精煤产业

煤炭、陶瓷为主业，拓展电化两翼，壮大转型主要产业，以煤炭为主的多元化工业体系正在形成，煤炭开采向绿色智能转型，煤炭利用向清洁高效转型，煤炭开发向精细化工延伸。

4. 文化旅游

构建以关山莲花台为特色龙头旅游产业体系，依托关山森林生态资源，全力推进仙姑山生态文化产业园、古塔公园、野狐峡旅游景区开发等项目，形成“点线面”融合衔接的旅游发展机制。

第三章　水沙资源

千河流域水资源主要受气候、地形和地理环境因素影响，地表水主要来自夏、秋两季；地下水分布悬殊；千河流域千阳、陇县境内，以及凤翔区的北部多薄层黄土覆盖的丘陵，流水侵蚀强烈，崩塌、滑坡等重力地貌发育，水土流失较严重，泥沙产出量大，水质经整治治理，总体尚好。本章主要论述千河流域地表水、地下水、河流泥沙及水环境评价。

第一节　地表水

陇县自产水量主要来自千河水系，当保证率为 50% 和 75% 时，千河水系分别占全县自产水量的 84.83% 和 84.63%，占全县径流总量的 29.41% 和 30%。受地形限制，陇县自产水利用率较低。千河可利用水量保证率为 50% 和 75%，分别为 1.60 亿立方米和 1.20 亿立方米，分别占千河自产水量的 44% 和 45%。入境水量除千河可利用部分外，其余多在关山峡谷，利用困难。

总径流量区域分配不均。耕地多的北部山区径流量小，耕地少的关山区径流量大，形成北山缺水、南山富水状况。

1988—2010 年，受年度、季节降水影响，地表径流量年度变化较大。期间年均降水 6.49 亿立方米，年均约形成地表径流 1.4371 亿立方米，年平均径流深 144.2 毫米，年径流模数 12.55 万立方米每平方千米。其中：1988 年，年降水 7.37 亿立方米，约形成地表径流 1.62 亿立方米，径流深 163.5 毫米，年径流模数 16.42 万立方米每平方千米；1995 年，年降水 3.77 亿立方米，约形成地表径流 0.83 亿立方米（为历年最少），年均径流深 83.73 毫米，年径流模数 8.37 万立方米每平方千米；2003 年，年降水 8.49 亿立方米，约形成地表径流 1.876 亿立方米（为历年最多），年均径流深 188.4 毫米，年径流模数 18.92 万立方米每平方千米；2010 年，年降水 7.29 亿立方米，约形成地表径流 1.611 亿立方米，年均径流深 161 毫米，年径流模数 16.18 万立方米每平方千米。

地貌不同，径流随之不同。1988—2010 年，千阳县箭筈岭地区年均径流量 3200 万立方米，径流深 119 毫米，千河川道地区年均径流量 1207.22 万立方米，径流深 115 ~ 116 毫米，台塬地区年均径流量 2040 万立方米，径流深 80 ~ 90 毫米。北部山区年均径流量 1.114 亿立方米。径流深 113 毫米，其中分水岭以南，年均径流量 1.2921 亿立方米，经冯坊河、草碧河等 30 余条河流入渭河支流千河。

千河流域多年平均径流量 4.65 亿立方米，流域水资源拥有量在宝鸡市属于富水区域，地下水储量1.7亿立方米，可开采量3400亿立方米，地下水与径流量重复计算2200立方米，水资源总量6.13亿立方米。千河流域多年平均降水量673.26毫米，降水总量22.39亿立方米。其中，冯家山水库控制流域多年平均天然径流量4.51亿立方米。

流域地表水特点：一是地表径流量的年内分配与降水的年内分配极为相近，径流主要集中在夏、秋两季，7—10月径流量占全年径流量的58%，但径流与农作物生长期需水量不相适应。二是径流量的年际变化大，变差系数为0.52。千阳水文站（集水面积2935平方千米）实测多年平均径流量3.93亿立方米，年径流深133.9毫米，而最大年份（1964年）为9.80亿立方米，最小年份（1997年）为0.41亿立方米，最大年份为最小年份的23.9倍。千河多年平均流量15.4立方米每秒，最小流量0.17立方米每秒（1974年7月22日），1907年秋，汛期洪峰流量3840立方米每秒（千阳水文站调查值），1981年8月21日，实测洪峰流量1180立方米每秒。三是地域分布不均，产流量主要在千河的上、中游流域，中游流域又主要在右岸支流，而下游流域产流量甚少。

第二节　地下水

地下水的形成、赋存、运动和类型，与地质、地貌、气象及地表水等因素有着极为密切的关系，千河流域境内陇山山脉和千山山脉对峙，北为千山山脉，南为陇山山脉，中间为山间断陷盆地，千河横贯其中，呈西北—东南流向。

从地下水情况来看，千河流域地下水分布比较广泛，从河谷两岸到山区、台塬几乎都有涌水量不等的含水地层，含水地层主要为第四系黄土和上第三系砂及砂砾卵石层，按水力性质可分为潜水、承压水及裂隙水三种类型。

千河流域地下水分布悬殊。山区主要为裂隙水，蕴藏量少，可供人畜生活之用。千河河谷阶地为潜水区，千河河谷发育有五级阶地，潜水沿阶地分布于陇县、千阳、凤翔及陈仓等沿河地区和千河河口地带。一级阶地区潜水埋深1～10米，含水层为砂砾卵石层，厚3～10米，单井出水量20～70立方米每小时，蕴藏量大，属强富水区。千河河谷地带，含水层厚度2～7米，潜水埋深2～36米，每小时涌水量31～78立方米，属富水区。千河高阶地，含水层厚度5～28米，潜水埋深61～116米，每小时涌水量11～37立方米，属中等富水区。千河低阶地，含水层厚度32～35米，潜水埋深17～19米，每小时涌水量20～50立方米，属中等富水区。二至五级阶地多数地段残缺不全，潜水水源较缺。例如赵家塬一口井仅能抽11分钟，水位降深达60多米，出水20立方米后，即需停抽2小时才能继续抽提。含水地层主要为细砂夹黏质层，局部地区上部已胶结，透水性较差。千河东高阶地，含砾石中粗砂（泥质多），承压水埋深84米，含水层单层最大厚度7米，每小时涌水量4立方米，属较弱富水区。

千河流域潜水极强富水区分布于陇县城以东的千河高漫滩及杨家坡以东和梨林河以西一、二级阶地和千阳县冯坊河以西千河三级阶地，潜水位埋深1.75～18.29米，含水层厚度7.14～10.25米，单位涌水量大于2000立方米每日。强富水区分布于陇县城以西、神泉村以东高漫滩及杨家坡以西的二级阶地和千阳县冯坊河以西千河三级阶地，潜水位埋深0.69 ~ 31.42 米，含水层厚度 5.05 ~ 11.31 米，单位涌水量 1000 ~ 2000 立方米每日。中等富水区分布于千河支流及千河南岸二级阶地和千阳县千河以北四、五级阶地，潜水位埋深 1.93 ~ 11.26 米，含水层厚度 1.74 ~ 3.44 米，单位涌水量 500 ~ 1000 立方米每日。弱富水区分布于陇县神泉以西高漫滩一级阶地及蒲峪河、北河三级阶地和千阳县北部黄土台塬与山前洪积扇区，潜水位埋深 7.05 ~ 24.89 米，含水层厚度 2.95 ~ 4.51 米，单位涌水量 100 ~ 500 立方米每日。极弱富水区分布于蒲峪河二级阶地及北河峡口高漫滩，含水层薄、含泥量大，单位涌水量小于 100 立方米每日。

千河流域承压水极强富水区分布于陇县马曲村以东、麦枣峪以西高漫滩与二级阶地，压力水头埋深27.09米，含水层厚度94米，涌水量5.23升每秒，最大涌水量3048立方米每日，是陇县承压水最富、水质最好的地段。弱－极弱富水区分布于陇县麦枣村至三教殿以南黄土丘陵区及陇县城北部黄土丘陵区，压力水头埋深7.89 ~ 48.17米，含水层厚度8.13 ~ 40.40米，涌水量 0.02 ~ 2.88 升每秒，单位涌水量 2 ~ 469 立方米每日。千阳县千河高阶地和黄土台塬，下更新世含水岩组，埋深 150 ~ 250 米，水质好，水量大，开发远景好。

千河流域裂隙水分布区域有：千阳县箭筈岭山区，单位涌水量 20 ~ 30 立方米每日，富水性较差。千山山区单位涌水量小于 10 立方米每日，富水性极差。

地下水主要靠降水及地表水入渗补给，年均补给量 1.7 亿立方米，可开采量 0.75 亿立方米，可开采模数为 1.54 万立方米每平方千米。千陇川道区可开采量为 3400 万立方米。千陇川道区地下水埋藏浅，水质好，水量丰富，可作为工业用水水源；山丘区主要为裂隙水，细菌指数低，可作为人畜饮水水源。

千河流域山区、川道、塬区均有天然泉水分布，以川道、山区较多。陇县涌水量较大的有老龙殿温泉、神泉、养马河群泉、金泉等。老龙殿温泉位于县城西北 7.50 千米的温水镇温河村柴家洼沟谷，其水隆冬不冻，故名温水、温泉；水质优良，为丰收水库和城区供水主要水源。神泉位于城关镇神泉村，距县城 8 千米，因位于神女祠前，故名神泉；水量较大，泉水清冽，修有渠道，用于灌田和水磨动力。养马河群泉位于东南镇申家嘴、杨家坡、磨儿塬到东风镇的上、下凉泉和刘家嘴等沿千河南岸一带的极强富水区，有泉29 眼。其中刘家嘴村百米之内有泉 9 眼，号称九龙泉，泉水流量较大，泉水清澈，遇旱不涸，隆冬不冻。金泉位于东风磨沟自然村亢家门前，5 米见方，水深 3 米，冬季不冻，水量四季如一。

千阳县以千川、安坡一带沟岔露头流出地下水最多，形成水泉十余处，供附近居民生活用水和部分灌溉。人工泉因废弃漫溢塌陷湮没。天然泉今存且有名者有：

饮马泉，在崔家头镇边坡村崖坡涧，相传为秦非子为周孝王牧马千渭间之饮马池。马迹泉，又名秦王泉，在县东南陈家山北侧。《石门遗事》载“泉旁石上有人马迹，近有秦王铸剑炉”，泉址今存。暖泉，在县东纸坊湾沟口，隆冬水温，草木不枯。今淹没于冯家山水库。珍珠泉，在县西南冉家沟窑湾。泉水从岩间裂缝迸出，坠落石盘，撞出串串水珠，颇如大小珍珠飞落翠盘，古人以景命名。龙泉，在县东龙泉寺东侧，山腰中水出石雕龙口，注流成泉，常年不竭。磨沟泉，在县东磨沟东沟，水从浅沟涌出，清澈丰富，因水力带动石磨，故名。今为村民饮用水源。马跑泉，在县东龙王殿村东南角，古称“泉经五尺”。唐诗人韦庄《题千阳跑马泉》记之。泉水终年旺盛，晶莹清澈，味质甘甜，后淹没于冯家山水库。筛子沟泉，在县东华岩寺北侧，水从岩根涌出，旺盛充溢，与马跑泉南北相应，为附近村民饮用、浇灌水源。水眼河泉，在县西南水沟村南 3 千米处，泉水于山坡岩石裂隙中喷涌而出，若银河铺地，独具景观。三泉，在县西南三泉涧清泉寺脚下连出三泉，飞泻山涧，景观别致。废弃漫溢塌陷湮没。矿裕泉，在县西矿格沟，古名冽古泉，水旺不竭，清澈见底。新碧潭，在县北尚家堡村老庄门下。清顺治年间，知县王国玮曾倡民凿引潭水灌田。后水冲泥沙潭现，泥沙淤积潭隐。

第三节　河流泥沙

千河流域属于渭北丘陵沟壑侵蚀区。右岸支流多发源于土石山区，流域内植被较好，大多数为清水河流，含泥沙量少，但河床比降大，水流湍急，滚石多，推移质大。左岸支流发源于丘陵沟壑区，植被差，土壤侵蚀严重，水土流失严重，泥沙含量大。泥沙主要来源于左岸的峡口河、大杜阳沟、草碧河和冯坊河等支流。泥沙最多的是峡口河。土壤年侵蚀模数土石山区为 200~500 吨每平方千米，黄土丘陵区为 2000~5000 吨每平方千米，最大达到 5963 吨每平方千米。据千阳水文站监测统计，河水多年平均含沙量为 9.59 千克每立方米，多年平均输沙量 439 万吨，年输沙模数 1560 吨每平方千米。千河流域是黄河流域水土流失重点地区，全流域水土流失面积 2570 平方千米，占全流域的 73.6%。

第四节　水环境评价

一、水质

千河上游甘肃省所辖流域地处山区，植被茂密，水质优良。陇县及其以下，以农牧业为主，影响水质的主要因素是水土流失，一般水质较好，工业生活污染源主要集中分布在中下游陇县、千阳、凤翔、陈仓和高新区境内，尤其是县城生活污水和造纸、化工等企业排污。1995 年通过对千河主干道七处监测断面（依次为唐家河—段家峡—曹家湾—千河铁桥—红崖湾—千陇两县交界处—冯家山水库入口）和千河支流入口处的涧口河、咸宜河、蒲峪河、峡口河、梨林河等断面采样分析，参照《地面水环境质量标准》评价，其水质状况是唐家河到营沟桥区段水质达到地面水Ⅰ类标准，曹家湾断面以上水质达到Ⅱ类标准，尚属清洁，千、陇交汇处水质属中度污染，千河铁桥断面入冯家山水库前水质属重度污染，水质为Ⅴ类标准。几条支流的水质状况是：咸宜河、蒲峪河、梨林河尚属清洁，峡口河和涧口河的水质已受到中度污染。

1995 年和 2001 年两次对冯家山水库入口千阳桥断面和坝前水质进行监测，参照《地面水环境质量标准》评价，水库入口为地面Ⅴ类水质，坝前主要水质指标都符合地面Ⅰ类标准。通过全面评价，水库水质达到地面水Ⅱ类标准，这说明水库水体的自净能力较强。

自 1998 年冯家山水库向宝鸡市区和宝鸡二电厂供水以来，宝鸡市加大了千河流域、陇县县城、千阳县县城及冯家山水库库区环境保护工作和污水治理工作。相继取缔了陇县县城、千阳县县城污染源的“五小”企业，建设了陇县县城、千阳县县城污水处理厂，也取缔了冯家山水库库区网箱养鱼设施，库区 2003 年利用环保专项投资解决了冯家山水库枢纽的污水排放问题。近年来，千河流域和冯家山水库库区加大了水保生态治理工作，流域水质和水库水质将进一步提高。

1988—2010 年，千阳县境内河流水质完全适用于饮用、灌溉及工业用水；氧化物含量千河及其他河流较低；硬度，千河水小于 200 毫克每升，其他河流均大于 200 毫克每升；溶解氧，全县河流在 4.0 ~ 7.5 毫克每升；耗氧量，千河、新兴铺河为二级水，草碧河、冯坊河、涧口河为一级水；千河、葫芦铺河、冯坊河、新兴铺河、涧口河 pH 值在 7.7 ~ 8.4。

地下水经过不同地貌单元多年取样监测分析，均为一级水质。

具体指标为：地下水碱度小于 15 的约占 69.2%，15 ~ 25 的约占 30.3%；硬度指标 8.4 ~ 16.8 的约占 93.3%，16.8 ~ 25.2 的约占 6.7%；矿化度指标 0.2 ~ 0.4 的约占 92.3%，0.4 ~ 0.6 的约占 7.7%。

陇县境内地下水无色、无味、无臭、透明，适合生活、灌溉和工业利用。生活用水矿化度小于 0.50 克每升。潜水总硬度在 10 ~ 20 德国度，硫酸根离子含量在 0 ~ 70 毫克每升，氯离子含量小于 50 毫克每升，多属微硬水。承压水硬度在 1 ~ 10 德国度，多为软水。县城、北河一带的承压水硫酸根离子含量在 400 ~ 750 毫克每升，氯离子含量在 200 ~ 250 毫克每升。承压水均为好的饮用水。北部山区部分地区水质较差，长期饮用易患大骨节、克山病，危害人畜健康。

二、地表水环境质量监测范围

2020 年，宝鸡市设置地表水监测断面 28 个，其中渭河干流 7 个断面，渭河支流 12 个断面（千湖为湖库断面），嘉陵江干、支流 4 个断面，汉江支流 5 个断面。涉及千河的断面共有 4 个（见表 1–3–1）。

表 1–3–1　宝鸡市千河地表水监测断面一览表

序号	断面名称	所属河流		所属水系	取水点经纬度 / (°)		水质功能区类别
					东经	北纬	
1	千陇交界（水沟桥）	千河	渭河支流	黄河	107.0194	34.4550	Ⅲ类
2	千河公路桥				107.1238	34.6391	Ⅲ类
3	千湖（冯家山水库）				107.1821	34.5315	Ⅱ类
4	千河入渭口				107.3052	34.3631	Ⅲ类

三、地表水环境质量现状评价

2020 年，宝鸡市 28 个地表水监测断面的 21 项参评指标［水温、总氮（湖库）、粪大肠菌群作为参考指标单独评价］年均值均达到或优于“地表水Ⅲ类标准”，千河 4 个断面见表 1–3–2、表 1–3–3，市辖区内地表水总体水质状况优，Ⅲ类及以上水质断面占比 100%。

表 1–3–2　2020 年宝鸡市千河地表水监测断面水质状况

序号	断面名称	2019 年监测统计		2020 年监测统计		水质状况变化评价
		水质类别	水质状况	水质类别	水质状况	
1	千陇交界（水沟桥）	Ⅱ类	优	Ⅱ类	优	无明显变化
2	千河公路桥	Ⅱ类	优	Ⅱ类	优	无明显变化
3	千湖（冯家山水库）	Ⅱ类	优	Ⅰ类	优	好转
4	千河入渭口	Ⅱ类	优	Ⅱ类	优	无明显变化

表 1–3–3　“十三五”宝鸡市千河地表水水质类别变化及与“十二五”末对比

水系	河流名称	断面名称	2016 年	2017 年	2018 年	2019 年	2020 年	“十二五”末
黄河	千河	千陇交界（水沟桥）	—	Ⅱ类	Ⅱ类	Ⅱ类	Ⅱ类	—
		千河公路桥	Ⅲ类	Ⅱ类	Ⅱ类	Ⅱ类	Ⅱ类	Ⅱ类
		千湖（冯家山水库）	Ⅱ类	Ⅰ类	Ⅱ类	Ⅰ类	Ⅰ类	Ⅱ类
		千河入渭口	劣Ⅴ类	Ⅴ类	Ⅳ类	Ⅱ类	Ⅱ类	—

“十三五”末年较“十二五”末年，宝鸡市地表水环境质量整体好转，水质状况由“良好”提升至“优”，同时Ⅰ类～Ⅲ类水质比例明显提高，由 82.8% 提高到 100%，地表水环境质量全面达标，无Ⅳ类～劣Ⅴ类水质出现。

四、主要污染指标变化

“十三五”初期，宝鸡市地表水环境主要污染指标为氨氮、总磷和化学需氧量，超标断面集中在渭河干、支流，主要出现在渭河干流的拓石镇仙龙村、虢镇桥、魏家堡断面和渭河支流的千河入渭口、金陵桥断面，该三项指标的超标率、超标倍数基本呈逐年递减趋势；至“十三五”后期，黄河水系监测断面全面达到并优于地表水Ⅲ类标准；长江水系宝鸡段监测断面水质状况优。

“十三五”末年较“十二五”末年，宝鸡市地表水环境（渭河干流）主要污染指标明显下降并稳定达标，千河入渭口主要污染物变化状况见表 1–3–4。

表 1-3-4　“十三五”宝鸡市千河地表水主要污染物变化状况

超标断面名称	年份	主要污染指标	浓度 /（mg/L）	超标倍数 / 倍
千河入渭口	2016	总磷	1.80	8.0
		化学需氧量	28	0.4
千河入渭口	2017	化学需氧量	22	0.1
		总磷	0.36	0.8
千河入渭口	2018	总磷	0.27	0.4

“十三五”期间宝鸡市黄河水系—渭河干、支流水环境质量变化情况：宝鸡市辖区内黄河水系—渭河干、支流水质状况明显好转，水质状况由“十三五”初年的“轻度污染”提高至“十三五”末年的“优”，同时Ⅰ类～Ⅲ类水质比例明显提高，2019—2020 年地表水环境质量稳定达标，无劣Ⅴ类水体出现，千河流域指标见表 1-3-5、表 1-3-6。

表 1-3-5　2020 年宝鸡市千河地表水断面主要监测指标统计

所属水系	河流名称	断面名称	断面类别	指标分类	监测结果 /（mg/L）							
					溶解氧	高锰酸盐指数	五日生化需氧量	氨氮	化学需氧量	总磷	氟化物	粪大肠菌群/(个/L)
黄河	千河	千河公路桥	Ⅲ类	年均值	10.1	2.2	1.1	0.110	7	0.05	0.24	—
				最小值	7.7	1.2	0.2	0.020	5	0.02	0.21	—
				最大值	12.7	3.5	1.7	0.320	11	0.11	0.27	—
				超标次数	0	0	0	0	0	0	0	—
		千河入渭口	Ⅲ类	年均值	9.2	2.1	1.3	0.160	9	0.04	0.46	4338
				最小值	7.4	1.6	0.5	0.025	5	0.02	0.26	480
				最大值	11.3	2.8	2.6	0.616	18	0.08	0.96	≥ 24000
				超标次数	0	0	0	0	0	0	0	1
		千陇交界（水沟桥）	Ⅲ类	年均值	9.9	2.2	1.3	0.249	8	0.04	0.26	13783
				最小值	7.0	1.6	0.5	0.058	4	0.01	0.20	1500
				最大值	13.5	3.2	2.9	0.808	20	0.08	0.33	≥ 2400
				超标次数	0	0	0	0	0	0	0	5
		千湖（冯家山水库）	Ⅱ类	年均值	9.0	2.0	0.9	0.150	6	0.01	0.24	647
				最小值	6.5	1.6	0.5	0.060	4	0.01	0.20	20
				最大值	11.2	2.4	1.5	0.220	10	0.02	0.26	5400
				超标次数	0	0	0	0	0	0	0	0

表 1-3-6　“十三五”宝鸡市千河地表水断面主要监测指标统计

所属水系	河流名称	断面名称	断面类别	指标分类	监测结果 /（mg/L）						
					高锰酸盐指数	五日生化需氧量	氨氮	化学需氧量	总磷	氟化物	粪大肠菌群 /（个 /L）
黄河	千河	千河公路桥	Ⅲ类	2020 年	2.2	1.1	0.110	7	0.05	0.24	—
				2019 年	2.2	1.4	0.220	6	0.06	0.20	—
				2018 年	2.9	1.7	0.310	9	0.04	0.25	—
				2017 年	2.6	1.1	0.272	10	0.07	0.25	4119
				2016 年	2.4	1.2	0.281	11	0.11	0.28	6292
		千河入渭口	Ⅲ类	2020 年	2.1	1.3	0.160	9	0.04	0.46	4338
				2019 年	2.4	1.6	0.470	11	0.07	0.40	3853
				2018 年	3.6	2.3	0.280	14	0.27	0.70	1984
				2017 年	3.2	2.9	0.227	22	0.36	0.86	3234
				2016 年	2.8	3.4	0.586	28	1.80	0.90	6108
		千陇交界（水沟桥）	Ⅲ类	2020 年	2.2	1.3	0.249	8	0.04	0.26	13783
				2019 年	2.4	1.5	0.212	8	0.06	0.20	6542
				2018 年	2.4	1.9	0.280	9	0.05	0.24	3133
				2017 年	2.7	0.9	0.163	8	0.05	0.26	5120
				2016 年	—	—	—	—	—	—	—
		千湖（冯家山水库）	Ⅱ类	2020 年	2.0	0.9	0.150	6	0.01	0.24	647
				2019 年	2.0	0.8	0.120	7	0.01	0.25	608
				2018 年	2.0	1.0	0.160	9	0.01	0.28	353
				2017 年	1.9	0.7	0.132	8	0.01	0.29	201
				2016 年	1.9	1.1	0.108	10	0.01	0.30	335

第四章　自然灾害

千河流域历史上属重灾区，自然灾害频发，旱灾、水灾、雹灾叠加，新中国成立后，通过建设水利工程、流域水土治理、人工防雹等措施，灾害频率、程度得到较大改善。本章主要论述历史和现代发生的旱灾、水灾、雹灾自然灾害状况。

第一节　旱　灾

一、历史上的干旱

陕西旱灾一般分为干旱、严重干旱、特大干旱、大旱四种。干旱是指春夏旱、夏旱、夏秋旱、年旱。严重干旱是指春夏旱甚，禾苗枯死无收，夏秋大旱，冬大饥；特大干旱指连年干旱，旱荒尤甚；大旱，人相食，赤地千里，饿殍载道，井泉皆竭，死者过半等。根据历史资料，千河流域周秦时，前 841 年—前 205 年大旱 5 次；汉代时（前 206 年—公元 220 年）大旱 15 次；魏晋时，220—420 年，大旱 12 次；南北朝时，420—581 年，大旱 6 次；隋代时，581—618 年，大旱 4 次；唐代时，618—907 年，大旱 22 次；五代十国时，907—960 年，大旱 1 次；北宋时，960—1127 年，大旱 8 次；金代时，1128—1179 年，大旱 6 次；元代时，1279—1368 年，大旱 27 次；明代时，1368—1644 年，大旱 27 次；清代时，1644—1911 年，大旱 17 次；民国时，1912—1949 年，大旱 10 次；新中国成立后，1949—2010 年，特大干旱 4 次，严重干旱和一般干旱 40 次。据英国科学家李约瑟研究统计，在过去的 2100 多年间，中国共发生大旱灾 1300 多次。

二、历史上的重大干旱

周厉王二十二至二十六年（前 841—前 837 年），关中地区连续 7 年大旱。

周幽王二至三年（前 780—前 779 年），关中地区连续 2 年大旱。

晋泰始六至七年（270—271 年），关中地区连续 2 年大旱、大饥。

晋元康五至七年（295—297 年），关中及秦雍地区 3 年连旱，“疫，大饥，斗米万钱”。

北魏大统二至三年（536—537 年），2 年连旱，关中西部“大旱，大饥，人相食，死者十之七八”。

明成化十七至二十二年（1481—1488 年），千阳 8 年连旱。明成化二十年“大饥，尸骸枕藉，流亡多日，井邑空虚”。明成化二十二年“六月旱，虫鼠食苗稼”。

明万历至崇祯 50 多年间，几乎持续连年大旱、大饥。万历十三至十六年（1585—1588 年）4 年连旱；崇祯元年至六年（1628—1633 年），6 年连旱；崇祯十一至十四年（1638—

1641 年），又 4 年连旱。“斗米千钱，民多逃移，饥死”，“道馑相望，村空无烟”，“人相食，野断人烟”。

民国九至十二年（1920—1923 年），连续 4 年大旱，雨泽稀少，麦秋异常歉薄，渭北关中有七十二州县灾民，各达十至二十多万，灾情惨苦。

民国大事记载：民国十七年夏至二十二年夏（1928—1933 年），县连续干旱 5 年多，四料歉收，六料绝收。民国十七年（1928 年），“6—9 月大旱，秋粮无收，来年小麦播种困难，干种待雨，次年 2 月麦开始发芽”。民国十八年（1929 年），“连续干旱，歉收，饥民盈野，赤野千里，青苗毫无，苗尽枯槁，十室九空，饿殍载道。”“大旱，麦秋无收，斗麦 15 个银圆，饿毙者甚多”。民国十九年（1930 年），“间有阵雨，但缺调雨”，4 月“小麦将熟，迭降严霜，夏粮亩产仅 10 余斤”。民国二十年（1931 年），“自冬连春，未见雨雪，苗尽枯槁，旱饥持续”；“春又降黑霜，夏田绝收”。民国二十一年（1932 年），“大旱，灾情尤为严重，麦秋几乎无收，饥民逃亡甘肃”。民国二十二年（1933 年），“春夏连旱，麦田绝收，民饥，村烟空”，“秋雨沛，粮始丰”。8 月中旬后落雨，持续 5 年多的特大干旱灾害才告结束。

三、新中国成立后发生的旱灾

新中国成立以后，多次发生干旱。1959—1960 年，1963 年，1969 年，1912—1974 年，1979—1980 年，1994—1995 年，1997 年等都是比较典型的干旱年。1959—1960 年，2 年各降水仅 500 多毫米，比多年平均偏少 3 成，出现秋、冬、春连旱，麦产歉收。1969 年降水仅 440.9 毫米，年内又出现 30 天以上的干旱达 4 次。1972—1974 年，连续 3 年各年降水仅 500 多毫米。1973 年 10 月 3 日至 1974 年 5 月 6 日，干旱 209 天。1979 年降水仅 413.8 毫米，比历年平均偏少 4 成，1979 年 7 月 23 日至 1980 年 5 月 1 日干旱 283 天，降水比同期少 61%。1994 年降水 418.2 毫米，1995 年降水 402.3 毫米，均比历年同期偏少四成以上。1997 年是降水量最少的一年，全年降水仅 390.1 毫米。冬、春、夏连旱，河水断流，井泉干涸，水量奇缺，山区群众吃水困难，夏、秋粮食歉收五成左右，群众生活困难。党和政府采取各种补救措施，群众情绪稳定，社会安定。

第二节　水　灾

千河流域及渭北塬区从古至今水旱灾害频繁。据史籍记载，干旱灾害多，危害程度大，影响范围广，持续时间长；其次为洪涝灾害，还有水旱灾害年内交错发生。据史料记载：自隋文帝仁寿元年（601 年）到 2003 年的 1403 年中，宝鸡市境内共发生 238 个水灾年，其中纯水灾年 142 年，年内水旱交错发生 96 年。连阴雨和局部暴雨造成的水灾年 171 年，洪水造成的水灾年 67 年。在所有水灾年中，灾情极为惨重的有：

唐贞观三年（629 年），千陇秋季大水。

明宣德六年（1431 年）四月，陇州大水，卢舍学宫漂没。明嘉靖二十六年六月二十五日（1547 年 7 月 11 日），“千、晖（冯坊河）二水暴涨，冲陷城垣，住户漂没，知县张涵、教谕张相一并溺焉，民漂死者无算。”

清光绪三十三年（1907 年）秋，大水，据千阳水文站调查，千河洪峰流量 3840 立方米每秒。

民国二十五年（1936 年）8 月 14 日，陇县，大雨滂沱直至 17 日晚，以致山洪暴发，千河突涨，沿岸秋禾、地亩、房屋冲崩无数，城墙坍塌不下十余处，县城南关外、沙岗子（南河桥南边）街房数十间被水一扫而光，民众幸逃生，啼泣嚎喊，栖处俱无。

1949 年 8—9 月，连阴雨约 40 天，陇县 9 月降水达 275.9 毫米，千河水上涨，沿河田地被洪水冲淹。

1954 年 8 月 13 日、16 日两日，宝鸡地区普降暴雨。千河暴涨，陇县、千阳、凤翔遭受洪水灾害。8 月 16 日，千河千阳站洪峰流量达 3200 立方米每秒，沿河两岸惨遭洪水袭击，倾窑倒屋，冲走粮食无数；千阳县千河大桥被毁，千阳县 7 人丧生，陇县 4 人丧生。洪水下泄，渭河沿岸损失惨重。

1970 年 8 月 29 日陇县大暴雨，日降水量达 116.4 毫米，山洪暴发，千河水猛涨，堤坝决口 31 处 4745 米，冲毁宝平公路，毁农田 990 余亩。

1981 年是宝鸡市历史上罕见的水灾年，8 月上旬至 9 月中旬出现连阴雨、大雨和暴雨，8 月 21 日，千阳水文站实测洪峰流量 1180 立方米每秒，当日陇县每小时平均降水 19.3 毫米，造成千河大小支流涨水，河堤溃决，水毁工程达 139 处；千阳段南北河堤决口 26 处 16.5 千米，毁丁字坝 175 座，淹农田 1367 亩，损失粮食 67 万斤，树木 12 万株。由于冯家山水库拦蓄洪水，削减洪峰至 300 立方米每秒出库，避免千河下游受灾，抑制了渭河洪水的暴涨，减轻了下游的灾害损失。

1989 年 7 月 15 日 18 时至次日 10 时，千阳、陇县骤降特大暴雨，造成山洪暴发、河水猛涨，陇县受灾农田 25 万亩，倒塌房屋 316 间，死伤 7 人；千阳县死 7 人，26 头家畜死亡，毁屋 444 间，塌窑 478 孔。直接经济损失 1472 万元。

2003 年 7 月上旬至 10 月上旬，流域出现长历时、大范围、高强度降雨天气，大部分乡镇受灾。千河千阳站 8 月 29 日和 9 月 19 日分别出现 310 立方米每秒和 258 立方米每秒的洪峰流量。8 月 28—30 日，千阳县境内河流沟道普遍涨水，冲毁农田 5700 亩，秋田作物倒伏 9.5 万亩；冲毁路面 3462 平方米，经济损失 1326 万元。2010 年 7 月 23 日与 8 月 1 日，千河流域先后发生两次较大洪水，最大洪峰 2160 立方米每秒，相当于 37 年一遇。这次洪水导致千河大桥下游左岸出现两次决口，县变电站受到一定水毁，直接经济损失近 1 亿元。2021 年 10 月 3 日 16 时 40 分，千阳站实测流量 1890 立方米每秒。千河流域的橡胶坝、滚水坝等 9 处涉及水利工程，大大减轻了水灾损失，冯家山水库拦蓄洪水，削减洪峰，避免了下游受灾，并为渭河错峰，减轻了渭河灾害损失。

关中西部渭北塬区水灾以夏季暴雨洪水灾害造成的损失最大，其次是秋霖水灾，常常造成山洪暴发、河水泛滥、毁田淹禾、毁舍伤人等严重灾情。根据洪涝灾害的严重程度和范围，千河防汛应急响应分为Ⅰ级（红色）、Ⅱ级（橙色）、Ⅲ级（黄色）和Ⅳ级（蓝色）四个级别。防汛指挥长或副总指挥长主持决定启动不同级别的应急响应。

第三节 雹 灾

陇县降雹具有较强的局部性和突发性，冰雹发生频率和危害程度较高，是陕西省的多雹区之一。据资料统计，1950—1989 年的 40 年中，共降雹 271 次，年降雹 10 次以上的有 11 个年份。较多的 1977 年出现 11 次，1978 年出现 16 次；最少的 1957 年、1963 年各出现 1 次。只有 1962 年、1966 年两年未出现降雹。20 世纪 50 年代，平均每年降雹 32 次，60 年代平均每年 33 次，70 年代平均每年 37 次，80 年代平均每年 27 次。冰雹一般始于 4 月，终于 10 月，6—8 月出现次数最多，占全年降雹次数的 70%。降雹期最早的是 1958 年 3 月 28 日，最晚的是 1979 年 10 月 10 日。日内冰雹多发生在午后至傍晚，以 14—18 时最常见。每次降雹时间最短数分钟，持续最长可达 1 小时左右。雹粒小者似豆，大者似枣、杏、核桃、鸡蛋、拳头，历史上亦有雹粒大如牛的记述。积雹厚度，轻者数粒，一般寸许，厚者可达尺余。

陇县冰雹的形成和发生，与其地形关系密切。在山区，特别是在荒山荒岭的北部山区，盛夏季节，由于空气冷热不均，使形成的冰雹在波浪式前进的大气流动过程中，造成跳跃式降雹现象，降雹的方位：

（1）迎风坡多于背风坡，低洼区多于高山区。

（2）喇叭形和簸箕形地形中，两边缘多于中间。

（3）山区多于川道。

由于冰雹云受暖气流引导和山脉地形的动力作用，冰雹的路径一般是顺山脉而行，有的地方年年有冰雹，有的地方数年偶遇 1 次。群众有雹打一条线、年年旧道窜的说法。冰雹的分布多呈带形，危害范围小则几个村或一两个乡镇，大则遍及全县，带宽一般 5 千米左右，长则数十千米。严重的强度降雹过程也有成片的，但不多见。

陇县冰雹来向多为西北方，主要路径大体有 5 条：第 1 条，起于甘肃省顺长沟口河谷南下到苏家河、八龙潭一带；第 2 条，由固关的唐家河、上坪，黑沟门到雍家山，向南经三里营、上寨子，直到八渡槐家沟、大底村；第 3 条，从甘肃省进入固关后，沿千河移至东南川道地区；第 4 条，起于甘肃省华亭市，经李家河、苏家塬、唐家庄到东风镇，后移入千阳县境；第 5 条，起于甘肃省崇信县，入河北乡白石川，经南沟、程家塬、麻家台，移入千阳县西南地区。除以上路径外，也有少数冰雹从其他方向移来。如 1972 年 8 月 1 日，冰雹从千阳县进入陇县，经东风、杜阳、城关、曹家湾等地，这次降雹强度大，损失惨重。

千阳县夏季冰雹时间短，区域性强，出现概率较大。“雹打一条线”，大范围降雹少。千阳县冰雹路径多从西北部甘肃的灵台或陇县的麻家台入境，沿千山东南下出境，或由陇县八渡西沿箭筈岭南下，或由陇县麻家台南下，经水沟、柿沟东去。过去山头神庙多备土炮，撞钟轰击雹云。近年备有土制“火箭炮”、军用高射炮，以驱雹害。

历代主要雹灾纪实

汉

初平四年（193 年）六月，雨雹如斗。大风发屋拔木。

北魏

景明元年（500 年）七月，大雨雹，杀獐鹿。

明

成化八年（1472 年）七月，雨雹，大如鹅卵，中有大如牛者，六日乃消，北山裂，成沟长半里。

成化九年（1473 年）五月，雨雹如拳。

清

乾隆三年（1738 年）三月二十八、二十九日和四月十五日、十六日、十七日，雨雹伤禾。

乾隆十一年（1746 年）四月、五月两月，雨中带雹。损其禾稼。

嘉庆五年（1800 年）四月，雨雹损毁已成熟之二麦。知州报请开常平仓，出借粮种。

嘉庆六年（1801 年）四月，大雨雹损害粮地 267 万亩，知州刘勘报请开社仓，出借粮种。

道光二十二年（1842 年）五月，千阳下雹，大如鸡蛋，积厚尺余，损麦无收。

道光二十五年（1845 年）四月初三，麦将熟，千阳下雹毁麦数百顷。

同治七年（1868 年）三月，千阳千川大风骤起，土雾迷天，大雨前导，继降冰雹，打伤麦禾，粮价腾贵，斗粟 6000 余钱，民饥。

同治八年（1869 年）四月，雨雹，知州汤敏报请开义仓赈济。

光绪元年（1875 年）四月，用雹，知州周鸾勘报详情，设法赈济。

光绪七年（1881 年）八月，雨雹，报毁秋禾。

光绪十二年（1886 年）闰四月十一日午后，狂风大雨，带降冰雹，4 个村庄受灾，夏禾受灾三至四成。

光绪十八年（1892 年）五月初七，降雨雹。

光绪二十六年（1900 年），夏收回，雹半时，大如鸡蛋，积厚 5 寸，千阳乔家河等地降有牛大冰块，半月方消，人多伤亡，树皮打光，鸟兽死者无数。

宣统二年（1910 年）四月，千川雹雨，粒大如杏，损麦减产。

中华民国

民国四年（1915 年）9 月，千阳全境雹，粒大如杏，积厚过寸。

民国七年（1918 年）6 月，千阳全境雹，大如鸡蛋，毁稼损树。

民国十二年（1923 年），雨雹打伤麦苗。

民国十四年（1925 年）6 月 29 日，千阳全县雨雹半时，大如核桃，积厚盈尺，唐家山、葫芦铺降冰似牛，麦秋俱毁。

民国十五年（1926 年）夏，冰雹大如李、杏，又有大过鸡蛋者，居民房屋尽被打坏。

民国十九年（1930 年），南原、预村一带雹灾甚重，二麦损失 7 成以上。

民国二十年（1931 年），中、西、北区猝遭冰雹。

民国二十一年（1932 年）6 月，大雨雹，秋禾受报，西北区龙门洞，北区尚家庄、白石川、石岭等地灾情甚重。

民国二十二年（1933 年）6 月，又降冰雹，收成大减。

民国二十四年（1935 年）夏，雨雹大如鹅卵，约 1 小时之久，中、东区损伤麦禾无数，北区受灾特重，杨青峪、槐平寺、铁马河等地群众呈报灾者络绎不绝。县长程海岑分报省政府暨民政厅、禁烟总局，请示减款，以恤民艰。

民国二十五年（1936 年）6 月，千阳县南降雹如卵，积厚 3 寸，夏田无收。

民国三十三至三十五年（1944—1946 年），每年 4 月中旬，阴霾四布，陡降冰雹，大如鸡卵，麦禾摧折殆尽。曹段、天成、八渡、杜阳、赤沙、香泉、温水、河北等地受灾尤重。县参议会、县政府报请省上拨救济款 650 万元（法币），派员就地散放，赈济灾民。

民国三十三年（1944 年）5 月，千阳大湾岭等地，雹半时，大如蛋，麦毁无收。8 月 12 日，狂风骤雹，张家塬以东诸地，损麦无算。

民国三十六年（1947 年）6 月 3 日午后 3 时，雷雨大作，冰雹陡降，大如枣杏，约 1 小时之久。城关、东南地区受灾特重，麦打落十之三四，豌豆、秋禾都遭受重大损失。8 日午后 5 时，又大雨雹，约 1 小时，雹粒小者如卵，大者如盎如盆，城关、东南等地重灾，二麦损失四至五成，秋禾俱伤。

中华人民共和国

1949 年，温水区遭雹灾，1053 亩谷子和 3800 亩糜子、荞麦全被打成光秆。

1950 年 6 月 18 日，8 月 23 日、25 日，城关、杜阳、温水、河北、八渡等地 3 次降雹，大如拳，积厚 5 寸，打坏房屋，死伤人畜，秋禾损失四成左右。

1951 年 5 月 7 日、7 月 19 日、10 月 9 日，温水、曹家湾、河北、八渡等地降雹，特别是 9 月 28—30 日，温水、河北、杜阳等 3 区 10 乡受灾最重，雹大如拳头，曹家嘴乡荞麦被袭如割，刚种上的小麦被水冲走。

1952 年 6 月 10 日和 7 月 14 日，天成区降雹，7 月 15 日下午，曹家湾区又降雹，秋禾全部打坏。

1954 年 5 月 21 日下午，史家湾等地降雹 2 次，损失甚重。

1954 年 4 月、8 月、9 月、10 月各月，千阳县北降雹 4 次，死 6 人，毁禾倾屋无计。

1955 年 6 月 5 日下午，娘娘庙、八渡、温水等地暴雨夹雹，麦、秋俱受损。6 月 15 日下午 6 时半，河北区程家塬、白石等地降雹 20 分钟。6 月 26 日下午 6 时，磨儿塬一带暴雨夹雹约 1 小时，麦、秋均受灾。6 月 28 日上午，火烧寨遭冰雹袭击，下午涝池沟、郭家槽等地又降大雨夹雹，雹厚 5 寸，受灾面积 9897 亩，减产三至九成。6 月 28 日和 7 月 23 日，天成、杜阳、曹家湾、河北、温水、八渡、城关和八龙潭、史家湾、柳巷、桃园等地分别遭雹灾。由于本年内雹灾严重，部分地区颗粒无收，县人民政府报请减免征购任务，并发放赈灾款万余元。

1956 年 3 月 29 日，娘娘庙、杜阳区和河北区的白石、南沟、程家塬降雹。4 月 19 日，河北地区降雹，小麦受损。4月30日下午3时半，娘娘庙、杜阳、牙科、麻家台、槐树巷、唐家庄、黄崖、赵家坡等地降雹，小麦受灾减产。5月30日晚，程家塬、南沟、曹家嘴等地柳巷等地雨夹雹反复数次，夏粮损失7成。6月3日，程家塬、南沟、曹家嘴等地降雹。6月13日至17日，八渡区的桃园、大底村先后5次大雨夹雹，雹厚6寸，打掉麦头、禾叶、树皮，打碎屋瓦，有牛犊被打死。6月18日和7月25日，程家塬、柳巷、庙坡、苏家河、高家山、新庄、胡家滩等地降雹。8月23日、25日，八渡、温水、河北等地又降雹，积雹厚达5寸，大如拳头、碗口，伤1人，亡1人，伤牛47头，打坏房屋753间，18万多亩秋田受灾。

1958年7月8日和8月24日，新集川、温水、河北区遭雹灾，玉米减产二至五成，荞麦减产四至六成。

1959年8月14日、15日，娘娘庙、河北、城关、温水等地大风、暴雨夹雹1小时，玉米半数倒伏，三分之一被打折，城区南街15万尾鱼和15头小猪被冲走，塌房3间。死牲畜4头。全县受灾面积133万亩，其中绝收田65万多亩。

1962年8月26日下午6时许，新集川、火烧寨、河北、娘娘庙、八渡、城关等8个社镇的120个大队降雹半小时，积雹5寸至1尺，26万亩农田受灾，其中1万余亩秋田绝收，损失粮食75万千克，打伤34人，死亡1人，损坏房屋711间。9月11日下午，8个社镇的29万亩秋田又受雹灾，损失粮食725万千克。

1963年6月29日傍晚，新集川等地降雹半小时，夏粮损失60%，秋苗也受损。

1964年6月15日、22日、26日，全县18个公社的227个大队、1002个生产队先后遭大风、冰雹袭击，小麦受灾10万多亩，绝收田1.1万多亩，损失小麦119万千克，大风刮断树木无数，水梨、核桃被打落；冲走牛、驴、羊17头（只）；塌房3间，塌窑3孔，塌死牛3头；冲走碌碡4个，磨子1合；2万多亩晒地的表土被冲走，屋瓦全被打烂。8月1日12—15时，河北、新集川、固关、曹家湾等公社46个大队又降雹，损失粮食18.5万千克。为了扶持灾区人民，全年发放救济款5.6万元，修补房屋202间，解决了1319户、8495人的生活困难问题。

1965年降雹10次，受灾作物面积26万多亩，减产粮食85万千克，塌房422间，死亡大家畜20头。受灾最重的是5月23日下午4时，李家河、火烧寨、新集川、温水、河北、城关等7个社镇的27个大队86个生产队，降雹20～30分钟，受灾面积3.7万多亩，绝收田1万多亩。

1967年6月13日，天成和新集川公社的4个大队16个生产队降雹，已成熟的2360亩小麦被打，轻者减产2成，重者减产6成以上。8月刘家河、白杨林、付家坪降雹。

1969年7月13日，唐家河、上关厂、家咀、麻子山、铁马河、王家堡、百草山等地降雹。

1970年5月23日下午3时，固关、曹家湾、天成、东风、八渡等公社的54个大队、193个生产队降雹，小麦、油菜受灾面积3.8万亩。6月12日，温河、柴家洼的300多亩小麦遭雹灾。6月21日、22日、23日、26日，八渡、东风、天成、固关、河北、曹家湾、李家河等公社的201个大队，夏田受灾面积5万多亩，减产133.5万千克。

1971 年 4 月 27 日下午 2—3 时，河北公社的兰家堡等地降雹 20 分钟，积雹厚 3 寸。6 月 7 日，东风、城关、唐家庄、李家河等公社的 23 个大队、90 个生产队的 1.4 万多亩麦田遭雹灾。6 月 8 日晚，李家河、河北等地 2400 亩麦田遭受雹灾，减产 3 成。6 月 20 日下午，东风、城关、麻家台、杜阳、牙科、东南、城关镇、堎底下、唐家庄、河北、李家河等公社的 77 个大队 309 个生产队遭雹灾，受灾面积 6.9 万多亩。6 月 25 日，固关、新集川公社的 3 个大队 769 亩小麦受灾。

1972 年 4 月 25 日至 6 月 23 日，曹家湾、天成、八渡、温水等地先后降雹 4 次。8 月 1 日，11 个公社的 220 个大队遭受冰袭击，受灾作物面积 4.5 万亩，减产粮食 738 万千克。堎底下公社太春口一队场内晒的 1830 千克小麦被冲走，1 头牛被打死；城关、天成公社大风吹倒直径 1 尺以上的树 3270 棵，吹倒电杆 86 根，烧坏电话总机两部，单机 12 部，11 个公社的 64 个大队通信中断。

1973 年 4—9 月，北部山区先后降雹 10 次。其中 5 月 27 日下午 2 时许，冰雹沿火烧寨、李家河、河北、唐家庄、杜阳、东风一线以 5 千米左右的宽度擦山而过，只落雹，未下雨，雹粒如蛋，雹随狂风肆虐，沿途各地，降雹前一片青绿，霎时被茫茫冰雹覆盖，雹层厚处达 2 尺 5 寸，小麦被打成秃茬，树木被打得脱皮掉叶，百草凋谢，屋瓦被打碎。全县绝收田达 16 万多亩，减产粮食 500 多万千克，唐家庄 1 个公社就冲走耕牛 13 头，羊 49 只，猪 9 头，毁田 200 多亩。其惨状为历史上罕见。

1973 年 5 月 27 日午后，千阳县北塬区降雹 16 分钟，大如卵杏，积厚数寸，12 个公社 111 个生产大队受灾；毁房 2443 间，小麦受灾 143298 亩，油菜受灾 3354 亩，早秋作物受灾 29982 亩；灾后政府大力救灾，农民生活安定。

1976 年 4—9 月，陇县降雹 8 次，成灾 1 万多亩，其中绝收田 2150 亩。

1977 年降雹 17 次，6 月 21—30 日的 10 天内连续降雹 7 次，是历史上少有的。其中 24 日下午 6 时，9 级大风夹带冰雹持续 10 ~ 20 分钟，雹大如拳，积雹 5 ~ 6 寸，电杆被吹折，房瓦被打烂，城关、堎底下、曹家湾、温水、牙科等 9 个公社的 51 个大队、189 个生产队的 6 万多亩庄稼受灾，绝收田 6439 亩，减产 300 多万千克。城关公社高堎大队一些低凹处淤积的冰雹，次日下午仍有几尺厚，麻坊铺大队在雹后 4 天，树林仍有淤雹。此次雹灾死 2 人，伤 6 人，畜禽死伤无数，同年 8 月 20 日下午 5 时左右，河北、麻家台公社的 9 个大队 27 个生产队降雹 20 多分钟，积雹半尺厚，两日方消，除玉米有少量收获外，高粱、荞麦、豆子、辣椒等农作物绝收，有的核桃树、梨树从半腰吹折，有的连根拔起，冰雹打伤 5 人，打死耕牛 1 头、猪 12 头、羊 12 只。

1977 年 6 月、8 月，千阳县北及南山相继降雹，绝收 4 万余亩。

1978 年，陇县内降雹 16 次，受灾面积 33 万亩，绝收田 5956 亩。

1979 年 5 月 24 日至 9 月 30 日，河北、李家河、火烧寨、麻家台、唐家庄、城关镇、温水、杜阳、关山 9 个社镇的 79 个大队降雹 13 次，9.5 万亩夏秋作物遭受损失，减产达 531 万千克，其中 3 万亩绝收，打坏房屋 9203 间，塌窑 67 孔。打死 29 头耕畜，死亡 8 人。尤以 7 月 21 日、23 日北部山区的 65 个大队、308 个生产队降雹最重，狭谷地区的高家河 5 天后还有长 33 米、宽1米、高116米的冰墙。重雹区死禽遍地，树断杆倒，路陷渠毁，村无鸟鸣，酷似严冬，仅李家河公社的损失就达75万元之多，人均损失100元。当年陇县发放救济款10万元，补修房屋2401间，使灾民情绪稳定，很快恢复了生产。

1981年4月30日至9月17日，降雹9次。最严重的是9月17日下午4时至5时20分，有11个公社的79个大队、265个生产队到袭击，曹家湾公社降雹雨55分钟，天成公社25分钟。致使山洪暴发，道路冲毁，树干伤迹斑斑，晚秋作物头秃秆光，新种的小麦不少被冲毁，辣椒等蔬菜基本无收，苹果、柿子大部分被打落，农田受灾面积29万亩，打坏房屋1.5万间。

1982年4月14日至8月11日，全县降雹11次，其中5月25日下午1时至2时20分，八渡、麻家台、牙科、唐家庄、河北、李家河、温水、火烧寨、新集川、天成、固关、关山、东南等13个公社的36个大队受灾较重。小麦受灾面积13.2万亩，其中绝收1471亩，减产小麦89万千克，油菜4.6万千克。

1983年4月1日至8月31日，全县降冰雹12次，主要分布在曹家湾、新集川、温水、天成、固关等北部山区，有22万亩夏秋粮食和经济作物受损失，其中7621亩粮食作物绝收，打坏房屋4000多间，打死大家畜5头、猪7头。

1983年8月31日，千阳柿沟地区降雹盈寸，倾树毁荞，塌窑陷屋，损失重大。

1984年5月27日至8月24日共降雹7次，其中8月21日的暴雨夹雹使火烧寨、温水、李家河、城关、东南、河北等6个公社的20多个大队、100多个生产队受灾严重，全县受灾农田3万亩，绝收田近3000亩。

1985年5月3日至8月24日共降雹6次，其中6月7日下午5时12分至6时16分，火烧寨、温水、李家河、唐家庄、河北、杜阳、东风、八渡、城关、城关镇10个乡镇的48个村、215个村民小组的5.3万亩农作物遭受严重损失，减产133.6万千克。打坏房屋3510间，打伤53人、5头大家畜。温水乡中湾村共391间瓦房，有302间房瓦被打碎，有17人受伤。

1985年6月7日，雹损千阳川塬夏田107902亩，致小麦减产24万余斤（1斤=0.5千克），油菜籽减产23万余斤。7月31日，北山降雹，大如核桃，积厚5寸，受灾秋田4931亩。8月12日草碧、柿沟和高崖、普社地区大风伴以冰雹，毁秋9000余亩，折树无计。

1986年降雹5次。其中4月21日下午，李家河、麻家台、杜阳、火烧寨、温水、唐家庄、河北、东风镇8个乡镇的68个村、324个村民小组、1.02万户，4.99万人受灾，受灾小麦9.9万亩，减产281.5万千克，损毁烤烟苗床244畦、辣子苗床160畦。

1986年4月21日，千阳北塬区大风带雹，小麦受灾35513亩，油菜受灾4079亩。6月22日，川塬区狂风暴雨伴以雹，受灾田18915亩；26日，北山区又雹，大者如卵，受灾田7298亩。

1987年共降雹6次，新集川、火烧寨、温水、固关、东风、麻家台、河北、李家河、东南、牙科等乡镇的74个村、258个村民小组遭受了冰雹、大风和暴雨的袭击，成灾25万亩，粮食减产148.5万千克。毁坏房屋141间，毁树34万株，毁渠8000多米，雷电击毁广播线路2000多米，死亡1人。

1988年降雹6次，较重的有2次。6月27日，城关、堎底下、天成、曹家湾、固关、东风、杜阳、麻家台、李家河等9个乡遭受冰雹袭击，25万亩小麦受灾，堎底下乡小沟、王马嘴等村200多户正在碾打的7500千克小麦被洪水冲走，固关乡六股槐和北大山村的玉米和烤烟全被打坏，9月5日18时10分至19时30分，火烧寨、温水、牙科、杜阳、东风、东南、麻家台、唐家庄、城关、河北、曹家湾等11个乡镇又遭冰雹、狂风及暴雨的袭击，温水乡10个村的6000多亩荞麦、糜谷、烤烟被打成光秆，4296亩玉米、高粱严重减产，死2人，死大家畜6头、羊21只、猪2头。

1989年降雹5次，最严重的是5月3日下午5时30分至6时，李家河、火烧寨、河北等乡的9个村、45个村民小组、1768户的27万多亩农田受灾，其中小麦损失在四成以上，被雷电击死1人。

1990年4月22日17时，千阳县南寨、文家坡和陇县麻家台、河北、李家河乡遭受特大冰雹袭击，大的如核桃，小的如蚕豆，持续15分钟，地面积雹3~4厘米，9556.33公顷小麦、684公顷油菜、301公顷胡麻严重受损。

1990年5月3日，千阳县8个乡（镇）降雹，最大直径0.9厘米，农作物受灾面积7353公顷。5月11日19时，陇县固关遭受冰雹、大风袭击，持续30分钟，621.87公顷农作物受灾。

6月27日，陇县李家河乡遭受冰雹袭击，大的如核桃，小的如蚕豆，持续15分钟，746.67公顷小麦受损。

1991年8月15日，千阳县草碧、水沟乡遭受冰雹袭击，大的如核桃，小的似山杏，历时15分钟，经济损失161.7万元。

1991年9月6日，陇县冰雹伴随大风，冰雹厚度达15厘米多，受灾面积1093.47公顷，其中烤烟面积118公顷，受损房屋183间。死亡5人，经济损失410万元。

1992年7月10日，千阳县南寨、沙家坳2个乡遭受冰雹、大风袭击，冰雹直径0.5~1厘米，持续时间1小时15分钟，农作物受灾面积155公顷，经济损失44万元。

1992年9月5日，陇县3个乡（镇）出现冰雹、大风，冰雹最大直径2厘米，受灾秋田面积1093公顷，打坏房屋1183间，吹倒树木15万株，死亡5人，造成直接经济损失410万元。

1993年5月27日，千阳县冰雹直径0.5 ~ 1厘米，持续时间3 ~ 9分钟，农作物受灾500公顷，经济损失13万元。陇县新集川等14个乡镇遭受雷电冰雹袭击，这次雹灾强度大，持续时间长，冰雹直径10 ~ 30毫米，全县受灾面积8800公顷，成灾7133.33公顷，造成粮食减产472万千克，油菜受灾262.67公顷，减产15.9万千克，烤烟受灾783.07公顷，减产10.35万千克。

1993年6月23日15时48—57分，千阳县11个乡遭受冰雹、大风袭击，冰雹最大直径2厘米，持续时间9分钟，农作物受灾21306公顷，经济损失5400万元。陇县10个乡镇出现冰雹，受灾秋田18000公顷，成灾11600公顷，绝收2533公顷，粮食减产427.1

万千克，造成直接经济损失 3307 万元。

1993 年 7 月 8 日，陇县出现冰雹，直径 7~15 毫米。9 个乡镇 76 个村受灾，部分地区绝收，受灾 5706 公顷，成灾 5206 公顷，绝收 466 公顷，粮食减产 482 万千克，造成直接经济损失 973 万元。8 月 5 日，陇县出现冰雹天气，雹块大如鸡蛋，1120 户房屋被打坏，死亡 2 人。

1996 年 7 月 9—11 日，陇县固关、曹家湾、牙科、杜阳、东风、八渡、麻家台 7 个乡（镇）46 个村 194 个组遭受冰雹袭击，持续 8~20 分钟，最长达 25 分钟，大的如山杏，小的似蚕豆，同时伴有暴雨、狂风，风力最大达 7 级以上，受灾农作物 0.31 万公顷，直接经济损失 1463.4 万元。

1998 年 5 月 27 日 17 时 30 分，陇县、千阳县出现冰雹，冰雹直径最大 1 厘米，受灾 6133 公顷，直接经济损失 3214 万元。

2000 年 6 月 16 日 21 时 15 分，千阳县高崖乡腰崖、许焕、仓坊、高明 4 个村 11 个小组降雹 5~10 分钟，大的如杏核，小的如玉米粒，267 公顷早秋作物、467 公顷豆类受损，其中未收割小麦 30%~50% 籽粒被打落，玉米、豆类叶片破坏严重，经济损失 89 万元。

2002 年 7 月 2 日午后，陇县新集川乡 3 个村 17 时 40 分遭受冰雹袭击，雹粒大的如核桃，小的如蚕豆，降雹时间约 15 分钟，使 3 个村的烤烟、玉米等作物受到重大损失，粮食作物受灾面积 100 公顷，经济作物受灾面积 130 公顷，造成直接经济损失 77.8 万元。

2002 年 7 月 21 日 17 时左右，陇县固关镇三桥、柴家嘴等 6 个村遭受冰雹，降雹持续 20 分钟左右，受灾农作物面积 173.33 公顷，成灾 2146.67 公顷，损失约 30 万元。17 时左右，陇县杜阳镇焦家坡等村遭受冰雹袭击，冰雹伴随着大雨持续 10 分钟左右，受灾面积 100 公顷，成灾面积 66.67 公顷，直接经济损失 40 万元。

2003 年 8 月 14 日，从 17 时 30 分至 19 时 40 分，陇县李家河、火烧寨、新集川、河北、牙科等 12 个乡镇遭受冰雹暴雨袭击，雹粒直径 1 厘米左右，降雹时间约 15 分钟，烤烟、玉米等作物受到重大损失，粮食作物受灾面积 2167.33 公顷，经济作物受灾面积 2805.6 公顷，直接经济损失 320.5 万元，山洪冲走两人，造成一死一伤。15 日雷电击死 1 人。

2003 年 8 月 25 日 3 时 20 分至 4 时 30 分，千阳县出现雷雨、大风、冰雹天气，县城降水量达 31 毫米，致使张家镇和城关镇的部分村组受灾。受灾面积达 216.67 公顷，其中秋田 150 公顷、蔬菜 20 公顷、苹果 33.33 公顷。造成直接经济损失 59.3 万元。

2005 年 6 月 20 日 19 时，陇县牙科、八渡等乡镇的 10 个村遭受特大冰雹袭击，冰雹持续时间长达 20 分钟，雹径 2 厘米，农作物受灾面积 664.67 公顷。其中，玉米 409.33 公顷，绝收 86.67 公顷；烤烟 25.53 公顷，绝收 206.67 公顷；核桃 7000 株，减产 210 万斤，共造成经济损失 945 万元。

2006 年 7 月 24 日 17 时 40 分至 18 时 30 分，陇县新集川、火烧寨、固关、天成突降冰雹，直径 1.5 厘米，受灾农作物 1000 公顷，减产 5 成，700 公顷烤烟和 100 公顷水果受损。受灾群众 2.4 万人，直接经济损失达 1000 万元以上。

2008 年 6 月 12 日 16 时至 20 时，千阳县、麟游县、陇县出现冰雹天气，并伴有大风。

千阳县城关镇等9个乡镇52个村不同程度受到灾害，冰雹最大直径15毫米。受灾农作物面积2333.33公顷，直接经济损失达98.1万元。陇县杜阳镇部分村遭受冰雹袭击，40公顷烤烟、53.33公顷玉米、33.33公顷辣椒受灾。

2011年5月27日下午，在距固关镇政府约15千米、半径约5千米的唐家河村、上岔村、柴家嘴村等地出现了近30年来罕见的冰雹灾害，降雹持续达20 ~ 30分钟，积雹厚度达5 ~ 10厘米，冰雹伴随短时大风暴雨并引发泥石流和山洪暴发，天成镇椿树滩村、扫帚滩村、石尧河村有较强的冰雹灾害发生。据调查统计，这次雹灾致使全县两镇共11个村882户3194人受灾，造成直接经济损失735.34万元。

2012年6月18日，陇县部分地区出现冰雹，如蚕豆般大，作物受灾面积5372亩，损失200多万元。

2013年9月12日，陇县八渡镇、东风镇、东南镇、李家河镇出现冰雹，普遍如蚕豆般大小，最大直径达4.0厘米左右，362户村民太阳能集热管受损，108户498间住房屋顶瓦片被冰雹打烂，95座47.5亩蔬菜大棚损毁，作物受灾面积2.34万亩，造成直接经济损失2050万元。

2015年6月9日，冰雹过程致使陇县部分乡镇烤烟茎秆被打折、叶片打烂，玉米叶片呈絮状，小麦大片倒伏，造成全县25921户100917人受灾，13.44万亩农经作物减产，直接经济损失4360万元。

2015年7月18日，陇县境内除李家河、固关、河北、东风四个镇未降雹外，其余镇均有不同程度的冰雹天气出现，最为严重的是牙科社区、天成镇、新集川镇，两镇一社区的烤烟、玉米部分绝收，核桃、鲜果、蔬菜等受到不同程度的影响。这次降雹过程冰雹云发展迅速，强度大、范围大、降雹密集、持续时间长，冰雹纵横覆盖陇县大多数镇，灾害非常严重。经统计，全县受灾农作物面积73229亩，灾害造成直接经济损失7580.85万元，是多年来陇县罕见的一次雹灾。

第二篇　水利工程

本篇记述了历史及当今千河流域水资源开发利用及灌渠、水库、陂塘、水窖、淤地坝、机井、抽水站等状况。

第一章　农田灌渠

千河流域从古至今兴修农田渠堰不辍，充分利用千河水源。本章论述了古代、民国、新中国成立后各时期兴修农田灌渠及现今主要灌渠情况。

第一节　古代渠堰

《尚书·禹贡》篇中有《导岍及岐》，记述距今4000多年前的夏禹曾组织先民兴修水利。这是千河开发的最早记载。

《晋书·食货志》载，“青龙元年（233年）开成国渠，自陈仓至槐里”。成国渠始开于汉武帝时期（前140—前87年），后逐渐失修淤废。三国时魏国卫臻重新整修，并在汉代基础上将渠道向西伸展近百里，导引汧水东流到槐里（今兴平东南5千米）。

《唐史·地理志》载，“千源县（今陇县）有五节堰，引陇川水（即千河）通漕，武德八年（625年）水部郎中姜行本开，其在县西”。据考证，因唐代建都长安，当时陇山森林茂盛，朝廷派主管水利的官员赴陇州督修五节堰，其目的是将采伐的木材自陇水运至长安，以供大兴土木之用。

据清郑士范《旧雨集》记载：“唐之升原渠引千水升凤翔塬上，北宋时尚存，而今渺无痕迹。”唐时，升原渠由灵化村拦河引千水向东南经铧角堡、石家窑窝、山头沟、罗钵寺村东，从小海子村北上塬，灌溉尹家务、南指挥一带大片农田。1966年修千河抽水站、1972年修冯家山水库总干渠时，在刘家台、罗钵寺、高嘴头、铧角堡一带曾发现古渠遗迹。

明弘治年间（1488—1505年），凤翔知府沈权舆创修“利民渠”（又名皇渠）。渠首在今陈仓区千河镇魏家崖村西，引汧水南下，尾入渭河，浇灌虢镇以西、汧河以东川道地区农田，后因失修报废。清雍正十二年（1734年），重修后灌溉受益10多年。乾隆十五年（1750年），再次重修，抬高水位，将渠首由石鼻寨（今千河镇魏家崖）移至凤翔县高嘴头。乾隆二十九年（1764年），又进行修复。至乾隆四十九年（1784年），高宗弘历批示：“中臣毕公授岁修渠道入秦，并相互度复旧疏新各机宜。”知县邓梦琴勘查渠道始知失修，即令全面整修和扩建，历半年于当年十月竣工。从渠首高嘴头引千河水，控制灌溉面积增至近0.8万亩，为效益最好时期。因此次修复是奉皇帝之旨，故名“皇渠”。光绪二十八年（1902年），知县朱弼臣奉令再次修复，后渐淤废。

清代时期，陇县沿千河两岸除官督民修的水利工程外，民间也因地制宜修了不少小型水利工程，共计22处，灌田0.96万亩。其中记载中注明建于清代4处。陇县、千阳县利用千河水源建磨坊60余处，以磨面为主，兼有碾米、弹花、榨油等，一般不用于浇地，除非十分干旱，禾苗枯萎至极，才浇一点救命水。

千阳地处渭北黄土高原西南边缘，境内山丘川塬皆有，地形复杂，自古农业常受旱灾威胁。据清乾隆《陕西通志》载，当时千阳川道，东起黄里、段家湾，西止屈家湾、三泉涧，有引流灌田渠数十条。《陕西秦疆治域》载，千阳于清嘉庆十八年（1813年）新开渠3条，名曰广惠渠，引千水灌田22顷。晖川河筑堰灌田，明代已有；清咸丰六年（1856年），李家庄、观音殿两村因渠争讼，平息后改渠名为“潘郝公渠”。清光绪七年（1881年）二月，宝鸡县李家堡《圣母官地灌田规式碑》因泉水灌田争讼，凤翔府立此一通水规判文解决水事纠纷。

千河开发利用颇负盛名，除漕运、磨面加工外，以灌溉为主。但至清代末年，工程已“半就湮废，食利无多”。至民国初年，由于水政失修，历代水利设施大多废弃，残留和新修的一些灌溉工程只能浇千河川道和临河沿岸的局部阶地。据《陕西各县政治视察汇刊》[民国十三年（1924年）]，视察员报告：“查陇县地势甚高，四境山坡向无以凿井及蓄水池灌田者，唯千河经过地方，川道平坦，土质亦佳，邻近农民多引沟水以资灌溉，利益甚薄”。

在古代，千河流域各县充分利用千河及支流水源，利用出露泉眼，因地制宜兴修了许多年代不详的小型引水灌渠。据史籍记载，仅明清时期就有60多处，这些小型灌渠后来大多改建或扩建成为大中小型灌区的组成部分。据不完全统计，明清时期，千河流域各县修筑的小型渠堰有69处，其中陇县有引千河水的头道堰、二道堰、四道堰、五道堰、东门外渠、龙眼寺东渠、景阳坪渠、温家堡渠、寨子堡渠。陇县有南门外小渠二、龙眼寺北山根渠、龙眼寺南岸磨渠、菜园子渠、又支渠一、又接开支渠一、陈家庄磨渠、陈家庄泉渠、高寺庵磨渠、边家庄泉渠、马家河泉渠、凉泉寺底泉渠、刘家嘴泉渠、神泉泉渠、神泉嘴渠、温水老龙潭泉渠、咸宜关渠、三里营泉渠、申家嘴泉渠、蒲峪川泉渠、支渠一、东拉峪磨渠、流渠桥渠、梨林河西边泉渠、梨林河南村街泉渠、老官窝涧峪沟泉渠、温家堡新开支渠、千河滩渠、安化村渠、水磨沟渠、马家村渠、堎底村渠、古迹沟渠、朱坊堡渠、上下马家滩渠等45条；千阳县有屈家湾渠、草北镇渠、罗家店渠、葫芦铺渠、寇家河渠、新兴铺渠、段坊渠、玉清宫渠、小石门渠、五里铺渠、龙泉里渠、黄里镇渠、段家湾渠、邹家庄渠、峰台山渠等15条。凤翔县有关村渠、豆村渠、长青渠、孙家南头渠等4条。宝鸡县有成国渠、升原渠、惠民渠、利民渠、肖村渠等5条。灌溉土地10000多亩。其中较大的灌渠有惠民渠和利民渠。

一、惠民渠

清乾隆二十九年（1764年）《宝鸡县志》载：“在西渠里龙头村旧有渠，久废。乾隆六年，邑令乔光烈复开。缘崖凿石，为功颇艰。土人不习水利，旋就堙废。”清乾隆五十年（1785年）《宝鸡县志》载：“在治东四十里西渠里龙尾头村，乾隆六年，邑令乔光烈倡开，自有记。其渠引汧水上崖，缘崖凿石，穿沟过水，下灌李村旱地数百顷。然渠高水下，拂其本性，旋就堙废。”查惠民渠，在今之桥镇乡南湾、龙尾、留村一带。南湾村千河岸石嘴处，至今留有当年引水口石渠一段。观其状，高出河床2米余。表明其后至今，河床更加淘深，旧志所记“渠高水下”不假。

二、利民渠

利民渠位于千河以东、虢镇以西的川道地带。修于明弘治年间（1488—1505年），是历经明、清、民国三个时期的一条小型灌溉工程。清乾隆以来的三次《宝鸡县志》均有记载。水源来自千河，由凤翔县长青乡高嘴头引水。渠线沿千河左岸，经杨家沟、司家崖、魏家崖、冯家嘴，折东经惠家湾、湾沟堡南下入渭。清乾隆二十九年（1764年），受益面积最大，“灌地百十余顷”（折合今制约1万余亩）。后兴衰无常。至民国二十六年（1937年），有灌溉面积2400亩。

清雍正十三年(1735年)春，果亲王允礼途经宝鸡时，曾察看过利民渠，并为之题诗立碑。诗碑镌刻：“太守开渠民利赖，停车使者为题诗。好将南亩勤耕作，更勉儿孙孝悌规。”1982年7月，宝鸡县人民政府将诗碑列为保护文物，矗立原址千河乡魏家崖村西石灰窑边。1987年，宝鸡县水利工作者又觅得清雍正十三年和乾隆五十年“利民渠”三字碑各1座，一并立于其侧。新中国成立后，原利民渠杨家沟至冯家嘴一带，先后被1954年所建的凤宝汧河渠、1967年宝鸡市所建千河抽水灌溉工程东一干渠、1970年省建的宝鸡峡引渭灌溉工程总干渠三斗……付四斗等五条斗渠所取代。

第二节 民国灌渠

民国十七年（1928年），陇县先后建成八渡渠、夏湾渠、杨马渠，其杨马渠引泉水至杨家坡到瑞沟崖一带，灌溉面积达1052亩。民国十九年（1930年），陇县先后建成凉泉渠、杜阳渠、温水渠、神泉渠、济北渠、济南渠、广流渠和济西渠等，其神泉渠引千河水灌陈家庄一带田地1670亩，广流渠引千河水灌岔口至流渠一带田地达2070亩。

民国十八年（1929年），关中大旱，夏秋作物枯死，饥民遍野，饿殍每日可见，树皮剥食殆尽，人相食之，惨不忍睹。省府遂训令各县县长亲自督促，每户凿井1眼，建水田2亩，但都成为空话。只有陇县水磨渠有了发展，灌溉面积增加到5387亩。民国十九年（1930年），据《陕西建设统计汇刊》载，陇县有渠道30条，灌溉面积14441亩；千阳县有渠道11条，灌溉面积3500亩；凤翔县有渠道4条，灌溉面积650亩。民国二十年（1931年），据《陕西建设统计汇刊》载，陇县有主要渠道8条，灌溉面积6750亩。至民国三十六年（1947年），全县共有渠道29条，灌溉面积6000多亩。民国三十七年（1948年），县长史恒信曾具文报告省府，要求拨款兴修林惠渠、北渠（今北干渠），因财政拮据，公款难以筹集而未能实现。千惠渠也虽几经测量，终未动工。

陇县、千阳县利用千河水源建磨坊60余处，以磨面为主，兼有碾米、弹花、榨油等，一般不用于浇地，除非十分干旱，禾苗枯萎至极，才浇一点救命水。据《陇县新志》[民国三十五年（1946年）]所列磨渠统计，共可灌地600余亩。

千河开发利用颇负盛名，除漕运、磨面加工外，以灌溉为主。但至清代末年，工程已“半就湮废，食利无多”。至民国初年，由于水政失修，历代水利设施大多废弃，残留和新修的一些灌溉工程只能浇千河川道和临河沿岸的局部阶地。据《陕西各县政治视察汇刊》[民国十三年（1924年）]，视察员报告：“查陇县地势甚高，四境山坡向无以凿井及蓄水池灌田者，唯千河经过地方，川道平坦，土质亦佳，邻近农民多引沟水以资灌溉，利益甚薄”。

民国三十年（1941年）《陕西水利》刊载，陇县、宝鸡县渠堰4处，灌溉面积4328亩；千阳引泉灌田4处760亩。民国三十八年（1949年），全县灌溉面积为900余亩。千惠渠引用宝鸡千阳河水，以灌溉宝鸡、凤翔等高原地约17万亩，长约45千米，工程费约170万元，泾洛工程局研究、计划中。

民国三十五年《陇县新志·建置志·水利》载：陇邑万山重叠，四面环水，境内诸河以汧、渭、汭三水为大，金陵、八渡、蒲峪、渠诸河次之。然非乱石磊砢，即砂砾漫延，故夏秋霖雨涨发，激流汹涌，不数日而水落石出，良田变为石田矣，近河居民对于水利一事素少研究，不解南方车戽之法，雨泽稍欠，即坐视枯槁，间有泉出自山岩穴者，涓滴微流，难供浇引。曩时，能资河水之利者，唯向筑四大渠上之水磨，乃其一端也。至唐、宋以及明、清，屡奉上峰派吏指示，州牧加意董劝，凡可为引凿之地者，一律疏浚涤通，渐资灌溉。民国壬申春，鉴于庚午岁饥馑连年，饿殍载道，送员赴省学习自流井法式，以期灌溉高原之地，或由蒲峪川引水至王马嘴，所有南原之地可变为水田矣！推而广之，利殆无穷也，兹将泉渠散在县境已三十余，所灌田且五十余顷者，汇书原委，远近如后：

头道渠：由神泉经过朱柿堡、西关厢至南门外，引汧河之水入，长二十里，共灌田三百余亩。二道渠：由朱柿堡渠坝至西关龙王殿，引汧水入，长十二里，共灌田一百亩。三道渠：由西关厢龙王殿引汧水入，长二里，至南门外，共灌田一百亩。四道渠：由银沟里至南门外，引汧水入，长三里，共灌田一百二十亩。南门外小渠二：引汧水入，长半里，共灌田五十亩。东门外渠一：引北河水入，长半里，共灌田五十亩。龙眼寺北山根渠：引汧水入，长半里余，共灌田一百六十五亩。龙眼寺南岸东渠：引汧水入，长二里，共灌田四百五十亩。龙眼寺南岸磨渠：引汧水入，长二里，共灌田五百亩。菜园子渠：引汧水入，长三里，灌田四十余亩；又支渠一，长一里，灌田四十亩；又接开支渠一，长二里，灌田二百余亩。景阳坪渠：引汧水入，长三里，灌田一百六十五亩。陈家庄磨渠：引汧水入，长半里，灌田三十亩；又泉渠，长半里，灌田二十五亩。高寺庵磨渠：引汧水入，长半里，灌田三十亩。边家庄泉渠：长半里，灌田二十五亩。马家河泉渠：长半里，灌田一十五亩。凉泉寺底泉渠：长半里，灌田二十亩。刘家嘴泉渠：长半里，灌田七亩。神泉嘴渠，引汧水入，长半里，灌田一十二亩。神泉渠：长半里，溉田四十亩。温水老龙潭泉渠：长二里，灌田一百七十亩；又支渠一，长半里，灌田一百余亩。咸宜关三里营泉渠：长一里，灌田二十五亩。申家嘴泉渠：长半里，灌田二十亩。蒲峪川泉渠：引蒲薮河入，长三里，灌田一百八十亩；又支渠，发源蒲峪川寨子堡东，长二里，灌田四百亩。东拉峪磨泉渠：发源本峪，长三里，灌田一百八十亩。流渠桥渠：引汧水入，长半里，灌田四十亩。梨林河西边泉渠：长半里，灌田十五亩。老鹳窝涧峪沟泉渠：长半里，溉田四十亩。温家堡新开支渠：接老鹳窝泉渠，长五里，灌田一百七十四亩。

民国三十八年（1949年），陇县有南关渠、高寺渠、朱柿渠、王马渠、蒲峪渠、八渡渠、夏湾渠、杨马渠、凉泉渠、杜阳渠、温水渠、神泉渠、济北渠、济南渠、广流渠、济西渠、头道渠、二道渠、四道渠、五道渠、南门外小渠、东门外渠、龙眼寺南磨渠、龙眼寺东渠、菜园子渠、景阳坪渠、高寺庵渠、寨堡子渠、流渠桥渠、温家堡渠等30条；千阳县有龙泉渠、天池渠、天地渠、广惠渠、筛子渠、华岩寺渠、三泉渠、街北渠、马刨渠、冯坊河渠、杨家渠、小原渠等12条；凤翔县有关村渠、豆村渠、长青渠、孙家南头渠等4条；宝鸡县有肖村渠。

第三节 新中国成立后灌渠

新中国成立后，千河流域各县人民政府大力发展水利事业，在动员和组织群众修复、加固、扩建旧有渠道的同时，续建了一些老旧灌渠，加大投入力度，组织新修了千惠渠、林惠渠、蒲峪渠、咸惠渠、固殿渠、丰收渠、千丰渠、关山一渠、关山二渠、花园寺渠、兴中渠、团结渠、东风渠、益民渠、跃进渠等一大批中、小型引水渠，为流域农业发展和生态环境改善提供了水利保障。

1954年，宝鸡、凤翔两县整修改造原利民渠，建成凤宝千河渠，灌溉长青、千河镇等土地近万亩农田，后因千河抽水灌溉工程建成，该渠被取代。

1957年，陇县动工修建千惠渠灌溉工程，1958年6月建成。千惠渠渠首位于神泉上游，从窑嘴青石窟嘴筑坝，坝顶高出河床2米，溢流坝坝顶高程990米，分南北干渠，南干渠全长15.78千米，北干渠长8.5千米。南干渠灌地2266.67公顷，北干渠灌地600公顷。陇县境内还建有引千河水的兴中渠、团结渠、东风渠等7处小型渠道，共计有效灌溉面积6813亩。

千阳县在千河两岸修渠。主要渠道有：南岸1956—1963年修建的益民渠，灌溉面积万余亩，1958—1965年先后7次施工修建的跃进渠，灌溉耕地7000亩。1968年千阳县在干流千栽交界处建成了“千丰渠”引水工程，引水枢纽位于千阳县草碧乡屈家湾村，溢流坝坝顶高程794.5米，分南北干渠，其中右岸南干渠引水流量1.0立方米每秒，南干渠全长28.0千米，左岸引水流量3.5立方米每秒，北干渠长27.1千米，1968年竣工，设施面积3.3万亩，有效灌溉面积2.8万亩。随后干渠淤毁严重。1999年千阳县对左岸灌溉渠上游改扩建为引水流量7.0立方米每秒，2009年千阳县对拦河大坝枢纽进行全面改建加固修复，2010年对南北干渠渠道等进行大规模节水改建修复。

20世纪60年代，宝鸡专署水电局组织凤翔、宝鸡两县，在原龙星渠的基础上合建千河抽水灌溉工程。1964年勘察设计，1965年动工，1967年建成。在北湾村妖崖嘴处设溢流坝引水，沿千河右岸流经宝鸡县（今陈仓区）的北湾、南湾，通过渡槽跨河至左岸凤翔铧角堡，流至罗钵寺，经一级抽水站送入川台地，沿途建站5处，灌溉凤翔陈村、长青、尹家务和宝鸡县千河、南原5乡（镇）的10.4万亩农田。

至2020年，千河流域引千河及其支流河水灌田4000亩及以上的灌渠共11条，灌溉面积149110亩。

第四节　主要灌渠

一、千惠渠

民国三十一至三十七年（1942—1948年），曾先后测量3次，并在陇县神泉村窑嘴备料，但未动工。1957年春，陕西省水利勘测设计院重新勘测，拟定了新的工程方案。

千惠渠引千河水，在窑嘴上侧的青石嘴筑坝，分南北干渠，共可灌溉千河川道和南塬农田6.1万亩。南干渠长15.78千米，自韦家庄跨蒲峪河过桐水沟上塬，经天成、堎底下、东南、牙科等乡到杜阳乡刘家嘴，灌地3.4万亩；北干渠长8.5千米，经城关乡神泉、麻坊铺、高堎、晁家坡、祁家庄退水入北河，灌地8900亩。

千惠渠工程于1957年12月17日开工，次年5月完工投入灌溉。1974年4月又进行南、北干渠扩建工程。南干渠流量由2.2立方米每秒扩大到5立方米每秒，北干渠由0.5立方米每秒扩大到2立方米每秒。1978年1月又开始南干渠延长工程，建土渠6千米，双管混凝土倒虹1座，渡槽1座，三级抽水站1座。

千惠渠工程有滚水坝、隧洞、渡槽、倒虹、桥虹等建筑物。共设计修建斗渠66条，长55.44千米，已衬砌32.76千米，有水力发电站6处，总装机容量1130千瓦，配套机井389眼，纯抽灌面积6400亩。

千惠渠工程共投工日17.9万个，挖土36万立方米，石1900立方米。1987年，段家峡水库稳定蓄水后，为扩大灌溉面积，经省水利水保厅批准，省、市、县共投资225万元，于同年9月开始续建南干渠延长工程。从南干渠白家河退水处向东延伸，跨越白家河，穿过夏家湾塬到老观沟左岸出露，干渠全长1.6千米。从老观沟分水闸处分为两条支渠，一支渠从老观沟水库引水上普乐塬至温家堡，退水于梨林河，全长5.47千米；二支渠将水引至塬下，顺陇八公路向东延伸，由西沟村退水入千河，全长4.59千米。整个工程分为自流和抽水两种，以抽水为主。共建抽水站3处6座，安装水泵12台，总装机容量869千瓦，配变压器6台1210千伏安。共有各类建筑物101座，其中干渠建筑物9座，支渠建筑物92座。在这些建筑物中，有3项工程为陇县之最。一是白家河倒虹，全长518米，用内径1米钢筋混凝土预制压力管道连接，最大压力水头32米；二是夏家湾塬隧洞，全长965米，洞高1.8米，宽1.4米，设计流量1立方米每秒，校核流量1.2立方米每秒，侧墙用块石衬砌，洞顶由预制拱片安装而成；三是李家塬渡槽，全长245米，采用钢丝网U形薄壳渡槽建成。千惠渠续建工程从1987年9月开工，到1989年12月竣工，总耗资275万元，总投工54万个；共消耗水泥2047吨，钢材67.2吨，木材95立方米；完成土石方28.1万立方米，其中挖方17.9万立方米，清淤9243立方米，填方9.25万立方米；浆砌石1.24万立方米，浇筑混凝土和钢筋混凝土2418立方米；修建抽水站闸房12座，建筑面积484平方米，架设高低压线路3千米。扩大灌溉面积1.5万亩，改善灌溉面积3000亩。该工程经省、市验收评为优良工程。1990年，集中力量进行了田间水利配套工程，新修斗渠29条，总长19.7千米，已衬砌16.8千米，修建斗门27座，桥涵142座，跌水136座，分水口177处。

千惠渠于1980年改名为段家峡水库灌区南干渠。

二、林惠渠

民国三十四年（1945年），县长蔡绍牧曾呈文陕西省政府，要求派员勘测兴建林惠渠。省政府主席祝绍周派工程师张殿卿进行了测绘设计，后因财政拮据未动工。新中国成立后，经重新勘测设计，于1958年3月开工兴建，1968年12月竣工，总投资20.3万元。

林惠渠位于梨林川，西连八渡乡西坡村，东至东风镇峪头村，灌区东西长7千米，南北宽0.8千米，包括东风、八渡两个乡镇的7个村，设施灌溉面积8155亩，有效灌溉面积7321亩，旱涝保收面积4296亩。

渠道枢纽工程由拦河坝、进水闸、冲刷闸、引水渠组成。浆砌石滚水坝长40米，宽4.2米，高3.1米，拦引八渡河水。干渠长8.5千米，已衬砌7.7千米，设计引水量1立方米每秒。布设斗渠18条，长24.98千米，各类建筑物68座，百米倒虹1处，渡槽两座。灌区内有陂塘两座，小（2）型水库1座，抽水站4座，机井12眼全部配套，渠井双灌面积1030亩。

1980年后，东风地区经历了几场大暴雨，林惠渠水毁严重。1986年，市水利水保局投资9万元，进行了改建。新建支渠两条，斗渠30条，全长22.54千米，恢复有效灌溉面积7321亩。

三、蒲峪渠

蒲峪渠位于天成乡西，是拦引蒲峪河水的渠道。灌区西起铁原村刺拉沟口，东至韦家庄，退水蒲峪河，设施灌溉面积5014亩，有效灌溉面积4561亩，旱涝保收面积2914亩。

1959年动工兴建，1970年建成受益。干渠总长5.76千米，已衬砌5.16千米；支渠2条，长11.6千米，已衬砌1.7千米；斗渠34条，总长15.4千米，已衬砌3.2千米。共修筑各种建筑物122座，其中渡槽两座，隧洞两处。渠道枢纽工程有滚水坝、冲沙闸、进水闸、引水渠4大部分。1981年8月21日，发生特大洪水，坝体和截水墙被毁。随即动工，增修了截水墙、八字墙、防洪墙、丁字坝及防洪堤等工程，至1982年4月全部修复。灌区建有抽水站1处，陂塘两座，机井40眼，干渠上修有水电站1座，装机两台，容量150千瓦。设有蒲峪渠管理站，由天成乡管理。

四、咸惠渠

咸惠渠位于曹家湾乡咸宜河南侧，西起咸宜关村楸树湾，东至流渠村，退水入千河。灌区东西长9千米，南北宽1.2千米，受益村10个。设施灌溉面积1万多亩，有效灌溉面积7900亩，旱涝保收面积5800亩。

干渠工程1958年开工，1965年10月完成，累计投资37万元，其中国家投资21万元。渠道枢纽工程有拦河坝、进水闸、冲沙闸、引水坝。浆砌石滚水坝长20米、宽5.8米、高1.8米。干渠长14.2千米，其中已衬砌13.7千米。矩形断面设计引水量1立方米每秒，布设斗渠16条，长25.6千米。各类建筑物58座，包括28米长的隧洞1处，渡槽3座。灌区内有陂塘 7 座，蓄水能力 18.3 万立方米，抽水站 1 座，配套机井 32 眼，双灌面积 1709 亩。灌区拦引咸宜河水，拦河坝以上流域面积为 114.3 平方千米，水源充沛。1981 年 8 月 21 日，渠道拦河坝工程被洪水冲毁，同年底动工至 1982 年 6 月修复。

咸惠渠是在"大跃进"中边勘测、边设计、边施工修建的，原设计不够合理，干渠沿山沟盘绕，斗渠不配套，加之管理不善，灌溉面积逐年减少。1986 年，市水利水保局投资 7.5 万元，对该渠进行改建。至 1987 年 5 月改建工程完成，新建支渠 3 条，布设斗渠 36 条，大小建筑物 183 座，恢复灌溉面积 1 万多亩。

五、固殿渠

固殿渠位于固关乡南，西起上岔村十字湾，东至岔口大桥与曹家湾乡三联村接壤，拦引千河水，水源充沛。干渠长 11 千米，受益村 8 个。设施灌溉面积 5682 亩，有效灌溉面积 5164 亩，旱涝保收面积 4419 亩。

1958 年动工兴建，至 1963 年完成干渠开挖工程，1964 年修建渠道引水工程，两期工程均于 1964 年底完成，当年投入使用。由于渠道系沙质和砂卵石，渗漏严重。1975 年，将干渠衬砌 9.8 千米。共有斗渠 10 条，长 5.2 千米，已衬砌 2 千米。整个工程累计投资 36 万元，其中国家投资 12 万元。

干渠为矩形断面，设计引水量 1 立方米每秒，各类建筑物 107 座，其中渡槽 8 座，隧洞 2 处，倒虹 1 处。枢纽工程位于关山脚下，设有拦河坝、进水闸、冲沙闸、引水渠等建筑物。浆砌滚水坝长 30 米，宽 3.4 米，高 3 米。

干渠上建有小型水力发电站 7 处，装机 7 台，容量 136 千瓦，抽水站 3 处，抽灌面积 1102 亩。设有固殿渠管理站，效益比较显著。

六、丰收渠

丰收渠原名温惠渠，1958 年 9 月改建。灌区包括温水、城关两乡 4 村的山坡台阶地和少量川地，设施灌溉面积 6000 亩，有效灌溉面积 4550 亩。灌区地形复杂，高低悬殊，落差总量达 106 米，跨越大沟 7 条，在杨家沟退水于峡口河。渠道由于坡洪淤积严重，后将淤积严重段明渠改暗渠，明暗结合，使流水畅通。灌区下游以"长藤结瓜"形式建有艾家沟、杨家沟小（2）型水库 2 座，总蓄水量 23.4 万立方米。陂塘 3 座，蓄水量 6.8 万立方米。

干渠全长 13 千米，已衬砌 12 千米。斗渠 14 条，全长 9.2 千米，已衬砌 1 千米。有各种建筑物 65 座。灌区内有喷灌点 7 处，灌溉面积 916 亩。配套机井 5 眼，抽水站 1 处。干渠设计流量 0.5 立方米每秒，由丰收水库引水，年引水 473 万立方米，灌区年需水 148.7 万立方米，全部工程累计投资 49.6 万元，其中国家投资 11 万元。

七、千丰渠

千丰渠位于千河中游地区。两条干渠平行于千河两岸，自西向东伸展。1965 年由千阳县水电队编制设计，报经陕西省水电厅批准，同年 12 月动工，1968 年 5 月竣工。

枢纽工程由滚水坝、冲沙闸、进水闸和防洪堤组成。坝轴线基本南北方向，垂直于主河道，坝体为梯形断面浆砌石空心隧洞形，通过隧洞向南干渠输水，坝高 1.7 米，全长 130 米。

南端修建浆砌石河堤，长 750 米，坝端外向，垂直于主河道，坝体为梯形断面浆砌石空心隧洞形，通过隧洞向南干渠堤顶高出坝顶 4.4 米。冲沙闸 3 孔，每孔净宽 3 米，配木质闸板、10 吨涡轮螺杆启闭机。进水闸南北各 1 座，宽分别为 1 米和 2 米，配 3 吨和 5 吨八字枢纽工程由滚水坝、冲沙闸、进水闸和防洪堤组成。坝轴线基本南北方向，南北干渠总长 27 千米，引水量 3 立方米每秒。41 条斗渠，总长 54 千米。主要建筑物有隧洞 6 座，长 410 米，渡槽 6 座，长 112 米，其他各类建筑物 114 座。灌区西至千阳、陇县交界处的屈家湾，东至千阳县城南千河大桥，东西长 20 千米，包括草碧、寇家河、城关、水沟、柿沟 5 个乡。设施灌溉面积 2 万亩，有效灌溉面积 1.41 万亩。土地多为川地和滩地，盛产小麦、玉米、烤烟等农作物，自渠道建成后，产量显著提高。

第二章　水库陂塘水窖淤地坝

蓄水工程从1958年开始兴建。在此之前，山原旱区村庄多利用涝池（陂塘）蓄积雨水，供大家畜饮水和村民洗衣，没有专供灌田的陂塘。本章论述了千河流域水库及陂塘水窖淤地坝状况。

第一节　大（2）型水库

一、概述

冯家山水库位于千河下游，坝址在凤翔、宝鸡两县（区）交界处的冯家山峡谷出口处，控制流域面积3232平方千米，多年平均径流量4.85亿立方米，历史最大洪峰（1907年）为3840立方米每秒，平均含沙量8.76千克每立方米。总库容3.89亿立方米，其中有效库容2.86亿立方米，死库容0.91亿立方米。水库最大水面17.75平方千米，回水约17.5千米。

民国三十一年（1942年），全国经济委员会泾洛工程局曾对千河进行查勘，并拟在冯家山峡谷口以下2千米的二门峡处建坝，引千河水以灌渭北旱塬农田。次年成立铧角堡水文站，积累资料，时值抗日战争未能实现。1952年，黄河水利委员会又对千河进行踏勘，提出在冯家山附近筑坝建库的设想。1953年进行普查，提出石嘴子、桂家峡、冯家山、二门峡等4处比较方案。1957年，陕西省水电厅副厅长张寿荫等亲赴现场视察。1958年黄河水利委员会对坝址进行钻探，并对灌区草测定线，编拟初步设计，对方案分析比较后，坝址定于冯家山。1958年冬破土动工，至1959年挖导流洞109米。不久因缩短基建战线暂停。1968年，省市水电部门重新勘测。次年初成立冯家山工程筹建处，7月编制设计任务书，不久正式成立宝鸡市冯家山工程指挥部。1970年又编报设计说明书，12月省水电厅对初设进行现场审查，并将意见上报水电部。1971年10月，水电部批复将水库枢纽、总干渠和东灌区的干渠及自流灌区71万亩（其中局部小高抽5.67万亩），列为第一期工程，按最终规模设计。

冯家山水库工程分两期进行。一期主要修建枢纽和自流灌区，于1970年7月动工，由受益的宝、凤、岐、扶4县7个民兵团包干完成，一些项目聘请省水电工程局工程队、铁一局等协作单位施工。1974年3月下闸蓄水，8月试渠灌溉。至1981年，除坝后电站未修外，其他工程基本竣工。二期工程为抽水灌区。1978年3月，水电部正式行文批准修建，实际从1974年各县已开始筹备。工程由省水电勘测设计院和市冯家山工程指挥部共同规划，由4个受益县勘测设计。省投资机、泵、管，市投资输变电材料，县负责施工。至1978年，大部抽水站相继建成。截至1981年底，水库工程共投资13281.78万元，其中一期工程10986.78万元，二期工程1355万元，渠系配套工程870万元，枢纽保坝加固工程70万元。共完成土石方3066万立方米、混凝土42万立方米，消耗水泥15.44万吨、木材3.44万立方米、钢材8062吨。

二、枢纽工程

枢纽工程包括拦河坝、泄洪洞、溢洪洞、非常溢洪道和输水洞。

拦河坝为均质土坝，高73米，坝顶高程714米，河床高程641米，坝顶宽7米、长282米，共填筑土方255.5万立方米，坝基深入河床以下5米与基岩相接，铺设反滤层，并做齿墙和帷幕灌浆防渗处理，坝坡有干砌片石和草皮护坡。

泄洪洞位于右岸，为有压隧洞，主要起泄洪、排沙和放空水库的作用。洞底低于坝顶62米，洞身为圆形断面，直径5.6米，长445.82米，设计最大泄洪流量575立方米每秒。隧洞进口筑有78.08米高的泄洪塔，设2.2米 ×6.4米平板检修钢闸门2扇，出口设4.9米 ×4.9米弧形工作闸门1扇。洞身全部用钢筋混凝土浇筑衬砌，并对裂缝用环氧树脂砂浆贴橡皮的办法进行了处理。

溢洪洞位于左岸，为开敞式无压隧洞，洞身系圆拱直墙式断面，高10.5米，宽7.2米，长920米，进口设10米 ×14米钢结构拱式检修闸门1扇、10米 ×12.5米钢结构弧形工作闸门1扇。洞底低于坝顶21米，设计泄洪流量1140立方米每秒，洞身全部采用永久性锚喷支护，用钢筋混凝土浇筑衬砌（此技术于1978年先后受到全国、陕西省、宝鸡市科学大会表彰奖励），并在洞内流速最大的陡坡段采用高速泄水通气减蚀设施（此技术为国内首创）。

非常溢洪道位于右岸，是防御特大洪水的保坝措施，开敞式进水，堰顶低于坝顶4米，堰端土堤高4米，泄流槽底宽10米，全用混凝土衬砌，长469米，设计泄洪流量512立方米每秒。

输水洞位于左岸，为有压隧洞，供灌溉、发电放水两用，为圆形断面，洞径4米，长314米，设计最大流量47立方米每秒，进口设5.9米 ×6.5米拦污栅1个、4米 ×4米平板钢结构检修闸门1座，出口设3.6米 ×3.6米弧形钢结构工作闸门1扇，全洞用钢筋混凝土浇筑衬砌。

此外，对库区内盘水沟至金水沟一带古河道施以防渗处理。横跨古河道砂卵石河床挖筑3道混凝土防渗墙，其底部直至相对隔水层砾岩，墙厚0.3 ~ 0.6米，墙顶覆盖6.2米厚的黄土，与岸坡斜墙覆盖相接；涝池沟一带对沟底及两岸砂卵石裸露之处，采用预先倒土待蓄水沉陷密实的方法；非常溢洪道进口左岸，对砂卵石全部露头处用混凝土护坡，厚0.15 ~ 0.2米，局部用浆砌石抹面，1980年又全面复浇混凝土补强，对砂卵石上部铺土较薄地段，另加黄土覆盖碾压；右坝肩防渗采用挖筑混凝土防渗墙与右岸基岩相接的办法处理，墙厚0.8米，长117.8米，平均深17.3米，最深24.7米，并结合帷幕灌浆补强加固。

原设计位于左岸输水洞口的坝后电站，因对将来加坝施工有影响，故暂未修建。

三、灌区建设

灌区位于渭北黄土高原，以千河为界，分东、西两部分，西起金陵河东岸的贾村塬，东至漆水河西岸，南与宝鸡峡灌区相毗连，北至凤翔县中部和岐山、扶风县的山前洪积扇前沿，东西长约80千米，南北宽约18千米，灌溉宝鸡、凤翔、岐山、扶风、眉县和咸阳市永寿、乾县共7县耕地136.826万亩，其中自流灌溉65.605万亩，抽水灌溉71.221万亩，本市灌溉面积135.018万亩，其中宝鸡28.40万亩，凤翔18.936万亩，岐山44.80万亩，扶风42.20万亩，眉县0.682万亩。

自流灌区主要设施有4条干渠，10处退水工程，6条隧洞，5座渡槽，6座库渠结合工程，共有建筑物19392座，其中干渠541座，支渠3947座，斗渠14904座；抽水灌区有抽水站26处，53座。

总干渠从水库输水洞口（海拔688.5米），沿千河阶地流向东南，经凤翔县长青乡、陈村镇，宝鸡县周原乡、慕仪乡，穿越万米隧洞至凤翔县彪角镇瓦岗寨分水闸，全长38.953千米，设计引水流量42.5立方米每秒，加大流量至47立方米每秒。由瓦岗寨分南、北干渠。南干渠经凤翔县虢王乡，岐山县马江乡、麦禾营乡至枣林乡的罗局镇，全长27.83千米，设计流量8立方米每秒，加大流量至9立方米每秒。北干渠从瓦岗寨分水闸起，经凤翔县横水乡、岐山县孝子陵乡、凤鸣镇、故郡乡、益店乡、青化乡和扶风县法门镇、南阳乡至天度乡，全长50.8千米，设计流量分段为22.19立方米每秒和13.5立方米每秒。西干渠从总干渠桩号2+114米处设闸引水，用桥式倒虹跨越千河至宝鸡县桥镇乡的小原进入西高抽，全长2.25千米，设计流量4.5立方米每秒，加大流量至5立方米每秒。干渠均用混凝土衬砌。全灌区共有支渠76条（包括抽水灌区），总长570千米；斗渠918条，总长1403千米。支斗渠大部衬砌。

退水工程均在东灌区。总干有灵化、阎家务、瓦岗寨3处；南干有枣林、午井2处；北干有肖家桥、天度2处，孔头沟、祁家沟、美水沟等渠库结合进水道亦兼退水。

全灌区除枢纽外有6条隧洞，全长14845.14米，均为无压过水洞。西干小原隧洞为预制三铰拱卵形断面；总干灵化隧洞前段为圆拱直墙形断面，铧角堡隧洞、万米隧洞和南干马洛社隧洞、铁炉头隧洞等均为马蹄形断面。有5座渡槽，即总干渠苜蓿沟和北千渠雍水、横水、凤鸣沟、肖家桥渡槽。除苜蓿沟渡槽系混凝土实腹拱砌石外，其余均为钢丝网水泥薄壳U形槽身、钢筋混凝土排架支撑，最长为6跨84米。北干渠共有6座渠库结合工程，即孔头沟、中张庄、祁家沟、王家沟、刘家沟、美水沟，总计库容2133.5万立方米，有效库容1282.6万立方米，均属小（1）型水库，除孔头沟为N级建筑外，其他均为V级建筑。全灌区共有9座倒虹，其中南干渠1座，午井退水渠3座，北干渠4座，天度退水渠1座。此外，灌区共有桥、涵、闸、斗等一般建筑物588座，其中公路、大车、架子车桥291座，各种闸（节制、进水、退水、抽水及支斗闸）135座，涵洞38个，测流桥、排洪渡、跌水等124个。

冯家山水库建设期间，时任省委书记、省革委会主任李瑞山多次深入工地听取汇报，现场解决问题。灌区群众、干部和工程技术人员、工人、解放军战士及各协作单位付出艰苦的劳动，抗严寒，战酷暑，夜以继日，上劳高峰达10万人，有的甚至献出了宝贵的生命。1972年3月28日6时25分，水库渠首段一号隧洞进口左侧50米高边坡发生严重滑塌事故，塌陷土方5万立方米，塌方体厚25米、宽70米。正在施工的凤翔县民兵团尹家务营王堡村第二排21人、指挥所1名施工员和1名营长，除5人跑出、2人出外挑水外，其余16人均不幸牺牲，他们是：胡西、付德玉、侯勤、张林贤、侯周明、张崇笃、张万劳、张永勤、张建成、张甫生、张兴海、张天良、张万利、张潮、王岗、王信娃。同年7月9日下午6时50分，水库泄洪洞进口放水塔南侧岩石滑塌1200多立方米，正在输水洞施工的省水电工程局工人朱鹏生、王碎鱼和宝鸡县蟠龙公社索家村民工索晓，于泄洪洞放水塔682工作平台躲炮，被岩石掩埋，不幸牺牲。1974年11月22日，总干渠开始试渠放水，中午12时30分在渠首瓦子沟填方处发现底部漏水，指挥部接到报告后立即答复从上游灵化退水闸退水，由于渠内余水量大，顺沟而下，冲毁填方公路。指挥部党委副书记、代总指挥党仲昆即同省水电工程局工程师孙九经、司机马永和乘车前往检查。下午2时30分左右，他们下车走近冲毁段时，突然公路下沉，3人陷入深沟泥水，不幸牺牲。

第二节　中型水库

一、段家峡水库

段家峡水库位于千河上游陇县西北曹家湾乡段家峡村。坝址以上流域面积634平方千米，多年平均流量5.6立方米每秒，多年平均径流量1.71亿立方米。实测最小流量0.23立方米每秒（1966年6月22日），最大流量430立方米每秒（1981年8月21日），1911年历史最大洪水流量800立方米每秒。总库容1832.4万立方米，其中滞洪库容538.4万立方米，有效库容1127万立方米，死库容167万立方米。

工程由陇县水电局勘测设计。1970年10月动工兴建，成立陇县段家峡水库建设民兵团，抽调县、社、队百余名干部负责施工，上库民兵最多时达1.8万余人。1971年10月，兰州军区司令员皮定均、21军副军长刘建德、703部队政委阎子庆曾赴水库工地视察。1972年10月主体工程基本完工，12月开始蓄水冬灌。次年2月24日，水位升至1076.8米高程、相应库容712万立方米时，背水坡右岸9米处1065米高程严重漏水，并形成长5.3米、宽5米的陷坑。3月3日，在塌坑上方1076米高程，距右岸21米处又发生一深3.5米、长4.5米、宽4.6米的塌坑，坑内有积水，周围出现22条弧形裂缝，最宽达22厘米，长70米，迎水护坡干砌石局部涌起。工程部遂制定“前堵后排，堵排并重”的抢险方案，组织3000名民兵，用半年时间，对迎水坡开挖回填补强，右岸坡脚水中倒土3.3万立方米，在背水坡筑反滤体一道，挖垂直减压井2眼，对土坝裂缝灌浆，对溢洪道左右岸做了加固处理。为彻底根除隐患，1974年6月至1977年5月，进行了帷幕灌浆，共打孔130个，总进尺7372.56米，耗用水泥983吨，土料1068吨，合格率79.2%。后又加高大坝2米，溢洪道按可能最大洪水扩建，输水洞延长120米。1976年10月至1978年11月，又进行了加固处理，最大坝高由41.6米增至43米，坝体按7级Ⅸ度地震设防，背水坡放缓，溢洪道按最大可能暴雨洪峰流量2200立方米每秒扩宽延长，输水洞延长49米，总长达170米。至此，加固处理结束。此工程历时8年，共完成土方2234万立方米，石方551万立方米，混凝土7487立方米，用钢材108吨、木材496立方米、水泥7385吨，总投资915万元，其中国家投资470万元。

枢纽工程由拦河大坝、溢洪道、输水洞组成，属Ⅲ级工程。拦河大坝为均质土坝，高43米，坝顶高程1090米，顶宽12米，长177.5米，底宽262.5米。坝基设截水墙一道，深3米，底宽5米。坝后设棱柱反滤体排水。溢洪道位于右岸基岩上，为侧槽式，总长258.77米，侧堰长95米，堰顶高程1083米，侧槽底宽8.1 ~ 19.2米，深6.5 ~ 12米，比降1 ： 15。渠槽宽19.2 ~ 24.1米，上段比降1：100，下段比降1：6，出口段有挑水消能设备，挑射角30°，最大挑距52米。输水洞位于坝左端基岩上，内径为2米的圆形钢筋混凝土压力管道，长170米，比降为1：300，最大流量43.2立方米每秒，距进口24.1米处设有放水塔，内设平板工作钢闸门1道、50吨螺杆式启闭机1台。

水库灌区西起段家峡，东至梨林河，东西长约35千米，南北最宽处约5千米。库水由输水洞放出后仍注入千河，流至7.7千米的神泉村，再从原千惠渠的空心混凝土过水坝导于左岸渠道，全长9千米；南干渠穿过空心坝折向正东，经牙科乡至刘家嘴，长22千米。灌区主要工程有渠首滚水坝，坝高2米，长70米，最大过水流量1240立方米每秒，设进水闸2孔，冲刷闸3孔。渠道建筑物有跌水19座，渡槽13座，倒虹1座，退水设施4座，大小桥涵44座，斗渠66条，长55.44千米，已衬砌32.76千米。并有原益民渠上修建的小型抽水站18处，总装机31台。全灌区设施灌溉面积6.31万亩，有效灌溉面积5.67万亩。利用跌水建成发电站6座，总装机容量1193千瓦，其中县办2座，已并入国家电网。

二、王家崖水库

王家崖水库是宝鸡市境内渭河一级支流、千河干流下游修建的一座中型水库，坝址位于陈仓区千河镇王家崖村北，故名王家崖水库。这座水库是省属宝鸡峡引渭灌溉工程的渠库结合工程，宝鸡峡总干渠从坝顶通过，大坝既是宝鸡峡总干渠跨千河的建筑物，又可拦蓄千河径流调剂宝鸡峡灌区用水，水库枢纽距宝鸡市区约15千米。

（一）自然概况

王家崖水库位于千河下游，距上游冯家山水库大坝仅15千米，区间没有支流汇入，其自然情况与冯家山水库基本相同。流域多年平均降水量607毫米，多年平均径流量4.85亿立方米。王家崖水库以上共建成小（1）型以上水库8座，总库容45888万立方米。

（二）工程概况

水库枢纽由大坝、坝顶总干渠、溢洪道、干渠渡槽及放水洞组成，并建有渠水入库进水道、抽水站及坝东引水渠等附属工程。

大坝为碾压式均质土坝，坝顶长1816米，宽36.0米，最大坝高24米，坝顶高程605

米，1992 年加防浪墙高 1 米。防洪标准按 100 年一遇洪水设计，1000 年一遇洪水校核，2000 年一遇洪水保坝，相应洪峰流量为 1296 立方米每秒、1730 立方米每秒、2370 立方米每秒，相应水位为 602.07 米、603.26 米和 604.60 米，按校核水位 603.26 米时，库容 9420 万立方米；正常蓄水位 602.07 米时，库容 8750 万立方米，调洪库容 1141.0 万立方米，有效库容 7829.0 万立方米，死库容 450.0 万立方米，死水位 583.0 米。截至 2007 年，已淤积库容 4675 万立方米，其中死库容已全部淤完。坝顶总干渠过水流量为 50~60 立方米每秒，渠底高程 598.4 米，水深 3.6 米，全部用混凝土衬砌。

溢洪道位于右岸，为闸孔式，宽浅式堰顶高程 596.0 米，堰高 1.5 米，宽 71 米，溢洪道长 485 米，最大泄流量 2370 立方米每秒，同上游冯家山水库最大泄洪量相一致。1978 年 11 月于堰顶加闸 6 孔，各配 10.3 米 ×8.3 米的平板钢闸门，用 22 千瓦卷扬机启闭。

放水洞位于溢洪道左侧，为两道钢筋混凝土管，内径 1.7 米，长 140 米，进口高程 583 米，最大放水量 53.1 立方米每秒。

总干渠入库进水道位于溢洪道右侧，闸坎高程 599.75 米，总长 306.25 米，分水平、陡坡和缓坡三段，最大水位差 12.54 米，设计流量 50~60 立方米每秒。该工程于 1958 年 11 月开工，1962 年 4 月停工，停工前完成了放水洞、土坝基础及部分坝体，1969 年 3 月复工，1970 年 12 月竣工，1971 年正式投入运用。抽水站建于 1980 年 6 月至 1981 年 12 月，作为抽取库水入总干渠之用，扬程 9.92 米，安装湘江 56–28 型水泵 4 台，配 1250 千瓦电机，总装机容量 5000 千瓦，抽水流量 25.2 立方米每秒。

坝东引水渠建于 1989 年，为库水位高于总干渠时自流引水入渠工程，设闸门 3 道，闸底高程 598.17 米，通过流量 20 立方米每秒。

（三）工程运行情况

水库蓄水后，坝下游右侧、放水洞两侧、溢洪道陡坡段、消力池右侧墙及左侧坝基发现多处渗漏。1972 年进行地质补查，查明了渗漏的原因，先后采取了多种处理措施：在坝右侧做黏土防渗层、浆砌片石护坡、浆砌卵石及灰土截渗墙、人工混凝土灌浆，溢洪堰闸下游加设“日”字形排水廊道等；左侧坝基采取钻孔灌浆，沿坝坡脚修建深 6 米反滤排水暗管，以防管涌。经过防渗处理，水库渗漏问题基本解决。

千河年均径流量 4.85 亿立方米，输沙量 392 万吨，初期基本进入王家崖水库，上游冯家山水库建成后拦蓄了千河泥沙，因此王家崖水库只承担冯家山水库年泄洪排沙 100 万吨，总干渠水入库年挟沙 25 万吨。截至 2007 年，共淤积 4675 万立方米，有效库容仅余 7000 余万立方米，淤积高度已超过溢洪道顶 1 米，水库下游冲刷亦很严重。

（四）效益情况

水库除抽水补充宝鸡峡灌区用水不足外，还可向原下灌区自流供水。据统计，1986—1995 年 10 年间为总干渠补水 6.8 亿立方米，调节灌溉用水 10.6 亿立方米，年均灌地 100 万亩次。从 1992 年起，省体委将该库作为水上运动的培训基地。

（五）管理情况

王家崖水库属宝鸡峡引渭灌溉管理局统一管理，具体管理单位是宝鸡峡王家崖水库管理站，站址在水库坝后右岸。

第三节　小型水库

一、大沟水库

位于千阳县南寨镇尧头村北、沙家坳乡史家坪村西的大沟水库，以拦蓄涧口河流水为主，集水面积25平方千米，设计总库容218万立方米，有效库容158万立方米，死库容5万立方米。水库大坝底宽162.5米，坝高35米，顶宽7米，坝顶长230米。坝体5.5米以下为夯实土质，以上为黏土心墙坝，左右岸各有结合槽3道。坝右岸建放水闸阀，设放水卧管124米，形状呈马蹄形，最大放水量1.5立方米每秒。坝顶右岸设溢流堰式溢洪道，堰口宽21.1米，深3米，最大下泄量236立方米每秒。该库于1958年5月11日开工兴建时，全县抽调民工，施工三个冬春，在完成清基、结合槽开挖、输水涵洞浆砌和5.4米高的土坝工程后，于1961年7月停建。1970年7月15日，南寨公社组织复建。1971年10月，大坝断面达到33米时开始蓄水，1973年春，建成水库主体工程。整个工程总投资39万元（国家投资25万元），投劳194万个，移土石182万立方米。水库主体完工后，1973年夏季至1981年，建成设施灌溉面积2.5万亩、有效灌溉面积2万亩的灌区渠系配套工程。2009年4月，投资439万元，加固大坝、卧管，改溢洪道，完善监测设施。

二、东河沟水库

位于千阳县南寨镇益致村西的东河沟水库，是一座以防洪、灌溉为主，兼顾水产养殖的综合性小型蓄水工程。集水面积5平方千米，大坝为碾压式均质土坝。坝高35米，坝顶高程820.00米，坝顶长123米，坝顶宽8米。溢洪道为宽顶堰，设于右岸。涵洞设于右岸，矩形断面，宽1.2米，高0.7米。设计总库容124万立方米，有效库容65万立方米，滞洪库容14万立方米，死库容45万立方米，已淤积库容13万立方米。工程于1970年10月动工，1972年1月大坝施工按小断面完成，1973年培厚加固竣工蓄水。水库建成后曾拦蓄了1978年、1981年、1989年和1996年境内的大暴雨洪水，使下游县城东关未受洪水灾害。水库是小原灌区的主要供水来源。设施抽灌面积0.23万亩，有效灌溉面积0.11万亩，年均灌溉供水量12万立方米，年均灌溉0.03万亩。水库每年捕捞成鱼3吨，还曾搞过网箱化肥养鱼试验，向全县推广。

三、桐花庄水库

位于千阳县文家坡乡景家寨村北的桐花庄水库，是一座以防洪、灌溉为主，兼顾水产养殖的综合性水利工程。集水面积15平方千米，大坝为碾压式均质土坝，坝顶高程1004米，坝高39米，坝底宽258米，底长40米，坝顶长256米，坝顶宽6.0米。设计总库容241万立方米，有效库容184万立方米，死库容17万立方米，滞洪库容40万立方米，已淤积库容26万立方米。溢洪道为宽顶堰式，设于大坝右岸。输水涵洞设于左岸，矩形断面，宽1米，高1.4米，长105米。工程于1969年11月动工，1973年3月竣工。桐花庄水库效益明显，水库建成后多次拦蓄了较大洪水，溢洪道多次泄洪，使下游冯坊河两岸免受洪水灾害。水库是曹家塬、北台塬和景家寨塬灌区的主要供水水源，设施灌溉面积 1.55 万亩，有效灌溉面积 1 万亩。多年平均实际灌溉用水量 50 万立方米，年均实灌面积 0.5 万亩。水库建成至今养殖成鱼年均捕捞 4 吨。

四、郝家坡水库

位于千阳县寺坡村郝家坡组的郝家坡水库，以拦蓄沟溪水流及洪水为主，集水面积 8 平方千米，设计总库容 172 万立方米，有效库容 123 万立方米，死库容 27 万立方米。水库大坝为夯实均质土坝，底宽 242 米，顶宽 7 米，高 43.68 米。坝体右建放水卧管，坝顶左建溢洪道。该库于 1973 年 3 月由文家坡公社组织劳力修建，1974 年末，建成大坝主体，1975 年坝体培厚。工程总投资 35.9 万元（国家投资 30 万元），投工 104 万个。1975 年至 1976 年 4 月，建成渠系配套工程，设施灌溉面积 1000 公顷。2003 年，冯坊河西干引水工程建成，向郝家坡水库注水，彻底解决了该库水源不足的问题。2005 年，投资 503.65 万元，除险加坝，修补渗漏，至 2010 年运行正常。

五、夜杈木水库

位于千阳县原寇家河乡北 10 千米的夜杈木水库，以拦蓄夜杈木河水为主，集水面积 33 平方千米。总库容 486 万立方米，有效库容 327 万立方米，死库容 15 万立方米。水库由大坝、涵洞、放水塔、溢洪道组成。坝体为夯实均质土坝，高 38 米，底宽 239 米，顶宽 6 米，坝顶长 190 米。坝体右建有放水涵洞和放水塔，坝顶左岸设溢洪道。该库由寇家河公社组织建设，1970 年 8 月动工，1974 年库坝主体完工。1976 年建成总干渠 1.1 万米后，开始蓄水。总投资 50 万元，其中国家投资 48.2 万元，投工 110 万个，移土石 109 万立方米。2009 年，投资 444.19 万元加固大坝、溢洪道，改水塔控制放水为卧管放水，并增设管理监测设施。

六、丰收水库

丰收水库是陇县境内千河一级支流、北河右岸支流温水河上修建的一座小（1）型水库，坝址位于陇县温水镇柴家洼村，是一座以灌溉、防洪为主，兼顾水产养殖等综合利用的小型水库。集水面积 9.15 平方千米，总库容 119.6 万立方米，有效库容 77.6 万立方米，死库容 18.8 万立方米，防洪库容 23.2 万立方米。截至 2006 年，已淤积库容达 20.2 万立方米，死库容 18.8 万立方米已全部淤积，有效库容已淤积 1.4 万立方米。大坝为均质土坝，坝顶高程 1090.65 米，坝基高程 1059.65 米，坝高 31 米，坝顶长 171 米，坝顶宽 6 米，坝基宽 145 米。丰收水库于 1966 年 10 月动工，1970 年 12 月底建成。放水洞设在大坝左端，溢洪道位于大坝右岸。灌区设施灌溉面积 6000 亩，有效灌溉面积 4550 亩。

七、柳家塬水库

位于千阳县张家塬乡柳家塬村西的柳家塬水库，是一座以拦洪、灌溉为主，兼顾水产养殖的小型蓄水工程。集水面积 3.5 平方千米。大坝为碾压式均质土坝。坝高 35 米，坝顶长 237 米，坝顶宽 6 米。总库容 94 万立方米，滞洪库容 7.5 万立方米，兴利库容 26.5 万立方米，死库容 60 万立方米，已淤积库容 37 万立方米。水库溢洪道为宽顶堰式，设于右岸，堰顶相对高程 23.5 米，溢洪道长 200 米，设计泄洪流量 29.7 立方米每秒。自流灌溉设施面积 3000 亩，抽灌设施面积 3000 亩，有效灌溉面积 5300 亩。2006 年实灌面积达到 3800 亩。水库多年坚持养殖成鱼，2006 年捕捞成鱼 10 吨，亩产量高于全县平均水平。流域水保生态治理成效显著。20 世纪 70 年代至 80 年代，流域内平田修地，连片治理，共兴修水平梯田 1500 亩。

八、邓家塬水库

位于千阳县南寨镇邓家塬村西的邓家塬水库，其功能是拦洪、灌溉，兼顾水产养殖，集水面积 3.5 平方千米。大坝为水坠均质土坝，坝高 28 米，坝顶长 128 米，坝顶宽 8.5 米，总库容 30 万立方米，滞洪库容 4 万立方米，兴利库容 16 万立方米，死库容 10 万立方米，已淤积库容 9 万立方米。工程于 1968 年 11 月动工，1972 年 6 月建成。溢洪道为宽顶堰式，设于右岸，涵洞设于左岸，洞径 0.4 米，卧管放水。水库分自流和抽水两种形式给灌区供水，自流灌溉设施面积 1500 亩，有效灌溉面积 1500 亩；抽水灌溉设施面积 1500 亩，有效面积 1500 亩，多年平均实灌面积 2300 亩。水库多年坚持成鱼养殖，每年捕捞成鱼 8 吨左右。

九、段家塬水库

位于千阳县崔家头乡段家塬村东的段家塬水库，主要是拦洪拦泥和灌溉，兼顾水产养殖，集水面积 2 平方千米。大坝为碾压式均质土坝。坝高 25 米，坝顶长 105 米，坝顶宽 4 米。总库容 30 万立方米，滞洪库容 2 万立方米，兴利库容 28 万立方米，已淤积库容 3 万立方米。溢洪道为宽顶堰式，设于左岸。工程于 1973 年 7 月动工，1974 年 7 月竣工。水库有效地拦蓄了河道泉水和流域内的洪水及泥沙，为下游后沟水库减轻了洪水和泥沙灾害。水库是赵家塬和段家塬两个灌区的唯一水源。灌区抽灌设施面积 1200 亩，有效灌溉面积 1050 亩，多年实灌面积 1050 亩。多年坚持成鱼养殖，年均捕捞 1.0 吨左右。

十、庙沟水库

庙沟水库是千阳县境内涧口河二级支流庙沟上修建的一座小（2）型水库。坝址位于千阳县沙家坳乡陈家曹村西，功能是拦洪拦泥、灌溉，兼顾水产养殖。集水面积 4.1 平方千米。大坝为碾压式均质土坝，坝高 29 米，坝顶长 127 米，坝顶宽 4 米，总库容 34 万立方米，兴利库容 27 万立方米，滞洪库容 4 万立方米，死库容 3 万立方米，已淤积库容 14 万立方米。溢洪道为宽顶堰形式，设于左岸。涵洞设于右岸，洞径 0.75 米，卧管放水。庙沟水库的效益是拦蓄了洪水和泥沙，使下游免受洪水泥沙灾害。水库是灌区的主要供水来源，设施灌溉面积 3000 亩。

十一、宝丰水库

宝丰水库位于千阳县原文家坡乡宝丰村，主要功能是拦洪拦泥、灌溉，兼顾水产养殖。集水面积 3 平方千米。大坝为水坠式均质土坝。坝高 27 米，坝顶长 140 米，坝顶宽 6 米。溢洪道为宽顶堰式，设于右岸。总库容 33 万立方米，兴利库容 24 万立方米，滞洪库容 9 万立方米，已淤积库容 10 万立方米。工程于 1971 年 9 月动工，1974 年 12 月竣工。宝丰水库拦蓄了洪水径流和泥沙，使下游县城西关地区 30 多年未受暴雨及洪水灾害。宝丰水库与桐花庄水库同属一个灌区，是北部台塬灌区的主要供水来源。

十二、后沟水库

位于陇县东风镇后沟村的后沟水库，以防洪、灌溉为主，兼顾水产养殖。集水面积1.72平方千米。大坝为均质土坝，坝高36.5米，坝顶长77米，坝顶宽10米，坝基宽188.75米。大坝左岸设溢洪道，宽2.5米，深2米，长210米，最大泄洪流量12立方米每秒。大坝右岸设放水洞，洞径0.3米。设计总库容82.5万立方米，有效库容60.25万立方米，滞洪库容13.6万立方米，死库容8.65万立方米，截至2006年已淤积库容35.4万立方米。后沟水库于1972年4月动工兴建，1973年12月竣工蓄水。从1988年起，陇县连续3年进行流域水保生态综合治理，共完成治理面积8.4公顷，水库年来沙量减少了18%，农作物增产效益显著，村民收入提高。

十三、老观沟水库

位于陇县东风镇老观村的老观沟水库，主要以防洪、灌溉为主，兼顾水产养殖。集水面积11.98平方千米。设计总库容93.8万立方米，有效库容68.5万立方米，滞洪库容15.9万立方米，死库容9.4万立方米。截至2006年，水库已淤积库容84.5万立方米。大坝为均质土坝，坝高22米，坝顶长164米，坝顶宽6米，坝基宽117米。大坝左岸设卧管和放水洞，卧管孔径0.25米；大坝右岸设溢洪道，为宽浅开敞式，底宽6米，深2.5米。工程于1970年11月动工兴建，1972年3月竣工蓄水。老观沟水库淤积严重，淤积库容占总库容90.1%，基本失去调蓄能力。

十四、兰家堡水库

位于陇县河北乡兰家堡村的兰家堡水库，以灌溉和水产养殖为主。集水面积2.09平方千米，大坝为均质土坝，坝高22米，坝顶长98米，坝顶宽10米，坝基宽114米。大坝右岸设溢洪道，为宽浅开敞式，大坝左岸设卧管，卧管孔径0.5米。设计总库容39万立方米，有效库容25.6万立方米，滞洪库容7.6万立方米，死库容5.8万立方米。截至2006年，已淤积库容14.3万立方米。工程于1973年10月动工兴建，1974年2月竣工蓄水。1978年对大坝进行了加固处理，现大坝运行安全。从1994年起，陇县连续5年对流域进行水保生态综合治理，共完成治理面积16.5公顷，水库年来沙量减少24%，农作物增产效益显著，村民收入提高。

十五、演峪山水库

位于陇县东南镇演峪山村的演峪山水库，以防洪和灌溉为主，兼顾水产养殖。集水面积4.5平方千米，大坝为均质土坝，坝高20米，坝顶长43米，坝顶宽5米，坝基宽85米。大坝左岸设溢洪道，为宽浅开敞式，底宽1.5米，深1.5米。总库容16.2万立方米，有效库容11.8万立方米，滞洪库容2.8万立方米，死库容11.2万立方米。截至2006年，已淤积库容10.51万立方米。演峪山水库建成运行，为当地农业经济的快速发展发挥了重要作用，防止了水土流失，生态效益显著。但随着上游水量的逐年减小，库容缩小，有效灌溉面积仅有300亩，养鱼水面不足15亩，工程效益逐年下降。

十六、汉封水库

汉封水库是千河的二级支流北申河上的一座小（2）型水库，位于凤翔县汉封乡关村西北部的石鳖滩，距凤翔县城约 32 千米，是凤翔县五指岭地区唯一的人造“天池”。

北申河发源于凤翔县千山南麓，由发源于千山千阳岭头的西峡和发源于千山灵芝山的东峡汇流而成。汇流后的上游段又称为石鳖滩，汉封水库坐落在石鳖滩上游，控制流域面积 12.5 平方千米，年均降水量 738.6 毫米，多年平均径流量 92 万立方米。水库防洪标准为 10 年一遇洪水设计，20 年一遇洪水校核。水库年来沙量为 4 万立方米。

汉封水库于 1970 年 8 月动工兴建，1973 年 6 月竣工蓄水。设计总库容 51.5 万立方米，滞洪库容 6.5 万立方米，有效库容 40 万立方米，死库容 5 万立方米。根据 2002 年观测，已淤积库容 3 万立方米。正常高水位水面长 1.2 千米，平均宽 0.13 千米，水面面积 0.16 平方千米。坝型为均质土坝，坝顶长 130 米，坝顶宽 6 米，迎水坡坡比 1：2 ～ 1：2.5，背水坡坡比 1：1.5 ～ 1：2.5，坝高 30 米，坝顶高程 1164.29 米。大坝右岸设有开敞式溢洪道，长 140 米、宽 15 米、槽深 2.7 米，设计泄洪流量 19.5 立方米每秒，溢洪道进口高程 1163.23 米。大坝左岸设有卧管式放水洞，洞径 0.8 米，最大放水流量 1.65 立方米每秒。水库建有水库放水流量和水库水位观测设施。

汉封水库主要以解决汉封乡五指岭地区农田灌溉和人畜饮水为目的，兼有拦沙和水产养殖功能。灌区涉及汉封乡五指岭地区关村、程家塬、后沟塬、西沟和豆村 5 个行政村的 1.91 万亩耕地。设施灌溉面积 2000 亩，有效灌溉面积 1500 亩，多年平均实灌面积 500 亩。水产养殖多年平均生产成鱼 12 吨。

汉封水库由汉封乡水务管理站管理。水库运行 34 年来，未进行安全鉴定。水库枢纽主要存在以下几个问题：一是溢洪道未达到设计标准；二是大坝背水坡无排水设施，水库除险加固、挖潜扩灌势在必行。

十七、水沟水库

水沟水库是凤翔县西南部千河流域一座小（2）型水库，位于西府名镇——陈村镇镇北约 1 千米的水沟村沟道，故取名水沟水库，距凤翔县城约 14 千米。

水沟发源于凤翔县唐村乡与陈村镇交界的宋家岭，流经陈村镇注入千河，干流全长近 10 千米，陈村水库以下河段由于长期不流水，河床干涸，部分被村民耕种。

水沟水库控制流域面积 5 平方千米，流域年均降水量 576.8 毫米，多年平均径流量 35 万立方米，水沟水库水源还有多处泉水补充，在库区淹没范围形成湿地环境，泉水长年涌流量 0.3~0.5 立方米每秒。当地人曾用泉水带动水磨，水味甜香，所做豆腐色味独特，至今水沟豆腐仍为陈村地区一绝。由于水沟泉水清纯芳香，陈村镇酿酒业由来已久，酿酒作坊达十余家，特别是改革开放以来，陈村镇镇区大力发展酿酒业，开发酒文化，兴办酒厂六家。现在的水沟酒厂利用其得天独厚的地域优势，生产两种部优注册新产品，年生产量近百吨，已是该村的支柱产业之一。

水沟水库于 1969 年 7 月动工，1971 年 6 月竣工蓄水。水库总库容 40 万立方米，有效库容 22.2 万立方米，滞洪库容 13.2 万立方米，死库容 4.6 万立方米，水库正常蓄水位 747.6 米。设施灌溉面积 2500 亩，有效灌溉面积 2000 亩。2004 年实测水库淤积总量 2.3 万立方米，水库正常高水位水面长度 1800 米，平均宽度 70 米，水面面积 190 亩。坝型为均质土坝，大坝高 26 米，坝顶长 72 米，坝顶宽 3.5 米，坝顶高程 751.7 米，坝基高程 725.7 米，迎水坡坡比 1：2.5，背水坡坡比 1：1.9 ~ 1：2.5，上、下游分别在高程 739.7 米处设置一级 2.0 米宽的马道，下游无排水体和排水渠。溢洪道设在大坝左岸的黄土层上，溢洪道底宽 6.0 米，深 6.0 米，溢洪道底坡降 1：30，全长 25.0 米，下游出口不通。大坝右侧设有城门洞型泄洪洞，进口高程 745.7 米，出口高程 745.5 米，洞宽 0.8 米，高 1.2 米，洞长 21.92 米，为红砖衬砌结构，设计泄水流量 1.6 立方米每秒。水沟水库防洪标准为 10 年一遇洪水。年来沙量为 0.13 万立方米。

水沟水库以陈村镇防洪和水沟村灌溉为主，兼作水产养殖。建库以来，效益显著。水沟水库由村委会负责水库的日常运行和管理工作，陈村镇水管站负责技术指导。由于受历史条件和生产力水平影响，该库属典型的“三边”工程。施工工艺落后，坝基截渗槽未开挖到设计深度，大坝填筑采用拖拉机带动混凝土预制羊脚碾碾压，人工夯打补强。由于坝基截渗槽未挖到基岩，坝肩结合槽未深入到坝基基岩，坝体填筑碾压质量控制不严，泄洪洞和溢洪道施工存在质量缺陷，致使工程竣工后一直带病运行。经 2007 年 3 月宝鸡市水利局组织专家进行安全鉴定，水库主要存在以下几个问题：①大坝填筑质量差，下游坝坡不稳定；②溢洪道建设标准低，未衬砌，无消能设施，不具备泄洪条件；③坝坡迎水面未衬砌，背水坡无排水沟和排水体。对水库除险加固、挖潜扩灌是当务之急，势在必行，以确保该地区防洪安全和水库综合效益的发挥，促进当地工农业生产持续发展。

千河流域除上述水库外，还有何家沟、仰塬、麦峪沟、沙沟、安坡、刘巴沟、皂角树沟、杨家沟、河沟、韦家庄、艾家沟、后塬沟等 12 座小型水库。陇县还有淤地坝 13 处，总库容 135.12 万立方米，见表 2-2-1 ~ 表 2-2-3。

表 2-2-1　千河流域（千阳县）小（1）型水库情况

水库名称	建成日期（年 - 月）	库容 / 万 m^3				灌溉面积 / 万亩	
		总库容	兴利库容	死库容	累计淤积	设施面积	有效面积
大沟	1971-09	218	158	5	38	2.5	2.0
夜杈木	1974-12	486	327	15	38	1.0	0.42
桐花庄	1973-03	241	184	17	26	1.55	1.0
郝家坡	1973-12	172	123	27	27	1.4	1.0
东河沟	1972-01	124	65	45	13	0.23	0.11
丰收	1970-12	120	78	19	20	0.6	0.45

表 2-2-2　陇县小（2）型水库基本情况

水库名称	所在乡镇及村	建成时间（年－月）	集水面积 / km^2	库容 / 万 m^3				灌溉面积 / 亩
				总库容	有效库容	死库容	滞洪库容	
演峪山水库	东南镇演峪山村	1972–05	0.45	16.20	11.8	11.20	2.8	300
河沟水库	东南镇河沟村	1976–05	7.46	14.80	9.80	1.00	4.00	900
韦家庄水库	天成镇韦家庄村	1973–07	4.46	17.50	8.10	3.50	5.90	300
兰家堡水库	河北乡兰家堡村	1974–02	2.09	39.00	25.6	5.8	7.6	450
杨家沟水库	温水镇团结村	1980–04	2.33	11.74	10.08	0.40	1.36	236
艾家沟水库	温水镇团结村	1972–12	0.76	11.40	4.70	4.60	2.10	200
后沟水库	东风镇后沟村	1973–12	1.72	82.50	60.25	8.65	13.6	300
老观沟水库	东风镇老观沟村	1972–03	11.98	93.80	68.50	9.40	15.90	900

表 2-2-3　千阳县小（2）型水库

水库名称	建成时间（年－月）	管理权属	水源	集水面积 / km^2	坝型	坝高 / m	库容 / 万 m^3			溢洪设施	灌溉面积 / 万亩	
							总库容	有效库容	累计淤积		设施面积	有效面积
邓家塬	1972–06	乡	东河沟	3.5	均质土坝	28	30	16	9	矩形堰	0.15	0.15
仰塬	1972–05	村	泉水	0.5	均质土坝	15	30	25	0.5	宽浅式	0.2	0.105
段家塬	1974–06	村	泉水	2	均质土坝	25	30	28	3.0	宽浅式	0.12	0.105
谢家沟	1971–09	村	谢家沟	5	均质土坝	22	15	10	0.3	宽浅式	0.4	0.14
皂角树沟	1971–09	村	车子河	3.4	均质土坝	25	30	26	1.5	矩形堰	0.4	0.07
宝丰	1974–12	村	东河沟	3	均质土坝	27	33	24	10	宽浅式	0.5	0.12
沙沟	1972–09	村	沙沟	2	均质土坝	20.1	22	18	0.4	宽浅式	0.1	0.05
庙沟	1971–01	村	庙沟	4.1	均质土坝	29	34	27	14	宽浅式	0.3	0.02
柳家塬	1974–09	村	段坊沟	3.5	均质土坝	35	94	26.5	37	侧槽式	2.6	2.53

第四节 陂塘水窖淤地坝

一、陂塘

陂塘，也称池塘、水塘、涝池、涝坝、蓄水池。西府地区修建塘池始于公元前13世纪初，当时公刘的后代古公亶父（周太王）继承后稷、公刘的事业，率领部族从豳地（今旬邑、彬州市一带）迁徙岐下，开垦荒地，修池引泉，从事农田灌溉。《诗经·大雅·皇矣》中有“我池我泉，度其隰原，居岐之阳，在渭之将”的诗句为佐证。北宋诗人秦观一首《行香子》“树绕村庄，水满陂塘。倚东风，豪兴徜徉。小园几许，收尽春光。有桃花红，李花白，菜花黄。”形象地描绘了陂塘及周边风物之美。

陂池塘坝，古时没有划分界限，按现行等级，蓄水量在10万立方米以下者属之。千河流域在古代就有九大名薮之弦蒲薮和阏麋薮。

弦蒲薮，中国古名薮之一，在陇县西20千米的蒲峪川，为水流经之蒲。《水经注》载：“水出蒲谷乡弦中谷，决为弦蒲薮。”《晋书·地理志》载：“州西有蒲谷乡，弦中谷即此。”清代的《陕西通志》载，州西四十里有弦蒲寨。清康熙《陇州志》陇州八景中有：“弦蒲名薮”一景，其“峰回势阻，入谷平衍，泉甘土肥，桑麻遍野，如太行知盘古。”就是记载了弦蒲薮干涸成陆地的情景。

阏麋薮，中国古名薮之一，又称阏麋泽。西汉高祖二年（前205年）置阏麋县，因阏麋泽而得名。以泽名县，故地在今陕西千阳东4千米城关镇安坡村南至涧口河以西，呈带状，占地千亩左右。泽心水深，边缘多产芦苇丛草，泽中多产鱼、鳖、虾、蟹、蚌、蜗，“地宜禾亢稻”，是千阳特产桃花米的主产地。1953年后开垦泽区，渐变良田。1975年后没入冯家山水库。

西府渭北旱塬地区的村落大都挖有涝池，以收集雨水，供牲畜饮水、村民洗衣、建筑用水等。千陇山区在明清时就用自然降水蓄积成塘，以解决家禽家畜饮水、百姓洗衣、洗菜和建筑用水。20世纪50年代开始，千陇山区就新建了一批陂塘，满足了群众生产生活急需，也成了抗旱应急的一个重要措施。1956—1958年，千阳县挖掘涝池950处。涝池多为土池蓄水，到20世纪80年代以后，一些地方用混凝土砌护，建成高质量的蓄水池，供牲畜饮用或灌溉使用。1988年前，千阳县有陂塘55处，分布于川塬泉水、河水和水库排水口。1990年后，随着集中供水设施的建成，自来水进村入户，陂塘效用降低，有38处先后废除。截至2010年，全县仅有何家沟、干沟、陈家槽、尚家沟、东华、孟家嘴、老庄沟、刘家坳、西河沟、车子河、坡头、三泉、肖家槽、闫家岭、后沟、安坡、刘巴沟等村组陂塘17处，塘容1万~14万立方米，仍依靠集纳河水、库水、泉水发挥效益。为了充分利用雨水，增加地表水存量，市政府于2008年8月18日在扶风县召开了农村涝池工作现场会，要求全市重视涝池蓄水工作，以缓解水资源短缺问题。截至2010年，千阳县共有陂塘17处，总蓄水容量104.5万立方米，陇县有陂塘33处，总库容125.63万立方米，有效库容86.75万立方米，见表2-2-4、表2-2-5。

表 2-2-4　千阳县陂塘

陂塘名称	所在乡镇	水源	坝高 /m	容量 / 万 m^3		灌溉面积 / 亩	
				总容量	有效	设施面积	有效面积
何家沟	崔家头	何家沟	18	7.5	7	2700	500
干沟	沙家坳	干沟	10	1	0.8	100	
陈家槽	沙家坳	姜家河	15	2	2	200	100
尚家沟	城关	河水	10	7	6	400	230
东华	城关	泉水	8	2	2	40	40
孟家嘴	水沟	河水	12.5	8	2.5	80	80
老庄沟	上店	泉水	12	7	7	300	
刘家坳	南寨	大沟水库	4	2		在水库内	
西河沟	城关	西河沟	19	1		500	
车子河	崔家头	车子河	21	10	10	1000	500
坡头	寇家河	夜权木水库	3	2		在水库内	
三泉	水沟	泉水	3	3		50	30
肖家槽	文家坡	河水	15	9		50	
闫家岭	崔家头	河水	18	9		200	
后沟	崔家头	沟水	14	10	8	2000	500
安坡	城关	泉水	15	14	10	2000	700
刘巴沟	文家坡	沟水	18.5	10	8	2000	400

表 2-2-5　陇县陂塘

陂塘名称	所在乡村	建成时间（年－月）	工程规模			灌溉面积 / 亩		建设资金 / 万元		
			坝高 / m	总库容 / 万 m^3	有效库容 / 万 m^3	设施面积	有效面积	合计	国家	集体
七眼泉陂塘	杜阳镇刘家嘴村	1972–08	2	2.0	2.0	20	20	0.10		0.10
焦家坡陂塘	杜阳镇焦家坡	1974–02	10	0.2	0.2	200	100	0.10		0.1
上洞陂塘	杜阳镇三教殿	1973–06	2	0.06	0.06	130	130	0.05		0.05
麻地沟陂塘	牙科乡焦家山村	1972–08	17	8.25	5.85	635	400	2.76	0.32	2.44
郑家沟陂塘	牙科乡予村	1974–05	15.5	9.08		400	400	1.80	0.10	1.70

续表 2–2–5

陂塘名称	所在乡村	建成时间（年–月）	工程规模			灌溉面积 / 亩		建设资金 / 万元		
			坝高 / m	总库容 / 万 m^3	有效库容 / 万 m^3	设施面积	有效面积	合计	国家	集体
凤台山陂塘	牙科乡李家域村	1977–11	5	0.7	0	480	300	0.15		0.15
庙滩陂塘	牙科乡盘艾村	1977–11	7	1.6	1.6	150	150	0.18		0.18
黄花峪陂塘	东南镇黄花峪	1973–02	17	1.6	1.6			0.32		0.32
东兴陂塘	东南镇东兴村	1971–03	12	1.0	1.0			0.20		0.20
高坡陂塘	东南镇高坡村	1976–05	15	6.0	6.0	220	130	0.50		0.50
桑树沟陂塘	坡关镇店子村	1973–08	15	6.0	5.0	400		0.60		0.60
腰庄陂塘	崚底下乡腰庄村	1972–04	13	9.3	6.6	220	130	4.72	0.12	4.60
方家槽陂塘	河北乡方家槽村	1975–02	14	6.0	5.0	39	30	0.15		0.15
西凉湾陂塘	河北乡西凉湾村	1972–05	9	0.3	0.24	20	20	0.10		0.10
赵家塬陂塘	李家河乡赵家塬村	1977–12	14	7.6	6.2	580	300	0.70		0.70
甘沟陂塘	温水镇—坪头村	1973–02	15	3.0	2.5	300		0.20		0.20
中山陂塘	温水镇坪头村	1972–12	14	0.8	0.7	75		0.76	0.01	0.15
清凉山陂塘	温水镇清凉山村	1976–07	12	1.5	0.8	50	50	0.23	0.15	0.08
七眼泉陂塘	杜阳镇刘家嘴村	1972–08	2	2.0	2.0	20	20	0.10		0.10
观音沟陂塘	火烧寨乡火烧寨村	1974–04	15	8.0	8.0			0.38	0.03	0.35
瓦窑沟陂塘	火烧寨乡河儿下村	1981–06	14	1.3	1.2	200	200	2.44		2.44
铁塬陂塘	天成镇铁塬村	1974	15	9.24	7.4			3.18		3.18
马曲村陂塘①	天成镇马曲村	1974	11	1.0	0.5			0.20		0.20
马曲村陂塘②	天成镇马曲村	1977	15	6.0	5.0			0.48		0.48
黄家沟陂塘①	天成镇上寨子村	1971	12	2.0	1.0	30	30	0.21		0.21
黄家沟陂塘②	天成镇黄家沟村	1971	12	2.0	1.0	30	30	0.20		0.20
教场塬陂塘①	曹家湾镇教场塬村	1972	12	5.0	2.0	50	50	0.50		0.50
教场塬陂塘②	曹家湾镇教场塬村	1973	6	1.0	1.0	20	20	0.10		0.10
余家尧陂塘	曹家湾镇余家尧村	1972–12	11	6.10	2.0	100	100	0.24		0.24
南坡陂塘	曹家湾镇南坡村	1972	5	3.0	3.0	80	80	0.20		0.20

续表 2-2-5

陂塘名称	所在乡村	建成时间（年-月）	工程规模			灌溉面积/亩		建设资金/万元		
			坝高/m	总库容/万 m^3	有效库容/万 m^3	设施面积	有效面积	合计	国家	集体
上庙陂塘	东风镇柳家山村	1972-05	6	0.3	0.3	50	30	0.10		0.10
阳坡滩陂塘	东风镇白杨树沟	1973-07	9	0.9	0.8	80	60	0.13		0.13
店沟陂塘	东风镇张家庄村	1972-01	10	0.8	0.7	80	60	0.1		0.1
合计				125.63	86.75	4669	3120	22.70		21.90

二、水窖

在20世纪70年代以前，宝鸡旱塬地区的群众采用旱窖拦蓄天雨，解决人畜饮水问题。水窖一般底大口小，蓄水量数十立方米不等。防渗措施有胶泥铺底护帮、水泥砂浆抹面、砖石砌护等。1957—1958年，曾兴起打窖热潮，在农田地头每隔数十米就打一口水窖。到20世纪60年代后期，地头水窖多为旱窖，并且影响农田作业，绝大多数都报废回填，只在村庄保留水窖。20世纪70年代后，随着打井技术的发展，机井越来越多，而水窖越来越少，到了20世纪90年代末，为了缓解渭北塬区农灌水源短缺问题，千阳县、陇县等地实施集雨窖灌工程，陇县在1999年10月至2004年6月，5年期间实施了省水利厅、省财政厅、省计委批准立项的集雨节灌水窖工程项目。在牙科、东南、河北、温水、城关镇等8个乡镇18个村，共新建集雨窖3892眼，增加蓄水量21万立方米。每眼水窖灌溉面积2～3亩，共新增节水窖灌面积9730亩。完成工程总投资657.2万元，其中国家投资339.1万元，群众自筹318.1万元。工程受益后增加粮食48.6万千克，增加优质水果60万千克，年增加经济收入144.6万元。

千阳县1958年开始在塬区打集雨窖，到1988年，所打集雨窖全部废弃。2001年后，水源缺乏的村组，在路旁、村口新建成754眼（其中崔家头126眼，沙家坳48眼，南寨55眼，城关234眼，文家坡70眼，柿沟61眼，水沟59眼，草碧101眼）年蓄水量20万立方米左右的砖混结构集雨窖，集蓄雨水补充浇灌农作物。因多数集雨窖基础渗漏或进水不畅，到2010年已有286眼处于闲置或废弃状态，仅有468眼集雨窖在使用。这些水窖普遍结构简单，衬砌质量高，坚固耐用，蓄水量较大。

中国妇女发展基金会组织实施的“母亲水窖”公益项目设立于2000年，千阳县、陇县采取向社会募集资金，根据项目地群众的不同需求，开展不同形式的安全饮水工程，秉持人文关怀和可持续发展理念，赋能妇女指导当地妇女及其家庭摆脱生活生产困境。

2002—2007年，该项目拓展了集雨水窖、集中供水工程，解决校园安全饮水问题，配合政府解决项目地用水、吃水难问题，持续帮助西部干旱地区群众改善生产生活。在此期间，陇县建成“母亲水窖”815眼。

三、淤地坝

淤地坝是指在水土流失地区各级沟道中，以拦泥淤地为目的而修建的坝工建筑物，称为淤地坝或生产坝。

陇县的淤地坝主要包括后河里淤地坝、谢家沟淤地坝、中嘴沟淤地坝、尹家沟淤地坝、刘家沟淤地坝、沙金沟淤地坝、党家沟淤地坝、药王沟淤地坝、皮条沟淤地坝、石峡里淤地坝、方家槽淤地坝、想还沟淤地坝、西沟淤地坝等13座，千阳县有后沟、皂角树沟、占坡、蒲家山、段家湾、邓家沟、烂泥沟7座淤地坝。

（1）后河里淤地坝位于陇县温水镇花园村，总库容18.69万立方米，属于中型坝，坝长83.7米，坝高9.4米，坝顶宽度3米。枢纽工程主要包括放水卧管和溢洪道，坝址以上控制流域面积2.21平方千米。

（2）谢家沟淤地坝位于陇县温水镇峰山村，总库容8.46万立方米，属于小型坝，坝长59米，坝高15米，坝顶宽度3米。枢纽工程主要包括放水卧管和溢洪道，坝址以上控制流域面积1平方千米。

（3）中嘴沟淤地坝位于陇县温水镇李家河村，总库容28.88万立方米，属于中型坝，坝长107米，坝高21.4米，坝顶宽度3米。枢纽工程主要为放水卧管，坝址以上控制流域面积2.56平方千米。

（4）尹家沟淤地坝位于陇县温水镇闫家湾村，总库容13.88万立方米，属于中型坝，坝长67米，坝高13.3米，坝顶宽度6米。枢纽工程主要为溢洪道，坝址以上控制流域面积1.63平方千米。

（5）刘家沟淤地坝位于陇县温水镇闫家湾村，总库容15.76万立方米，属于中型坝，坝长73米，坝高14.7米，坝顶宽度3米。枢纽工程主要包括放水卧管和溢洪道，坝址以上控制流域面积1.85平方千米。

（6）沙金沟淤地坝位于陇县温水镇枣林村，总库容8.34万立方米，属于小型坝，坝长81米，坝高11.6米，坝顶宽度3米。枢纽工程主要为溢洪道，坝址以上控制流域面积0.5平方千米。

（7）党家沟淤地坝位于陇县东南镇黄花峪村，总库容0.48万立方米，属于小型坝，坝长54米，坝高9米，坝顶宽度3米。枢纽工程主要包括放水卧管和溢洪道，坝址以上控制流域面积2.07平方千米。

（8）药王沟淤地坝位于陇县城关镇北关村，总库容6.93万立方米，属于小型坝，坝长57.5米，坝高11.5米，坝顶宽度3米。枢纽工程主要为溢洪道，坝址以上控制流域面积1.2平方千米。

（9）皮条沟淤地坝位于陇县城关镇北关村，总库容10.81万立方米，属于中型坝，坝长67.4米，坝高9.14米，坝顶宽度3米。枢纽工程主要包括配电房和溢洪道，坝址以上控制流域面积1.35平方千米。

（10）石峡里淤地坝位于陇县东风镇焦家坡村，总库容 10.23 万立方米，属于中型坝，坝长 77.5 米，坝高 15.5 米，坝顶宽度 3 米。枢纽工程主要为溢洪道，坝址以上控制流域面积 0.37 平方千米。

（11）方家槽淤地坝位于陇县河北镇权家下村，总库容 3.24 万立方米，属于小型坝，坝长 80.5 米，坝高 18.5 米，坝顶宽度 3 米。枢纽工程主要为溢洪道，坝址以上控制流域面积 0.32 平方千米。

（12）想还沟淤地坝位于陇县河北镇兰家堡村，总库容 12.53 万立方米，属于中型坝，坝长 62 米，坝高 16 米，坝顶宽度 3 米。枢纽工程主要包括放水卧管和溢洪道，坝址以上控制流域面积 2.5 平方千米。

（13）西沟淤地坝位于陇县河北镇东坡村，总库容 3.82 万立方米，属于小型坝，坝长 63 米，坝高 15.7 米，坝顶宽度 3 米。枢纽工程主要为溢洪道，坝址以上控制流域面积 0.45 平方千米。

（14）占坡淤地坝位于千阳县张家塬镇南湾岭村，坝长 107 米，坝高 22.7 米，属中型坝，坝长 59.10 米，坝高 22.7 米，控制面积 3.4 平方千米，总库容 57.6 万立方米，拦泥库容 31.7 万立方米，淤地 54.2 亩，防洪标准为 20 年一遇。枢纽建筑物由大坝、放水建筑物两部分组成。

（15）烂泥沟淤地坝位于千阳县张家塬镇七一村，坝长 132.5 米，坝高 10.5 米，属小型坝，控制面积 3.3 平方千米，总库容 8.53 万立方米，拦泥库容 6.2 万立方米，淤地 17.4 亩，防洪标准为 20 年一遇。枢纽建筑物由大坝、放水建筑物两部分组成。

（16）邓家沟淤地坝位于千阳县南寨镇邓家塬村，坝长 106 米，坝高 9 米，属小型坝，控制面积 4.0 平方千米，总库容 8.6 万立方米，拦泥库容 3 万立方米，淤地 31.4 亩，防洪标准为 20 年一遇。枢纽建筑物由大坝、放水建筑物两部分组成。

（17）后沟淤地坝位于千阳县崔家头镇黄里村，坝长 105.5 米，坝高 16.3 米，属小型坝，控制面积 3.4 平方千米，总库容 58.22 万立方米，防（滞）洪库容 31.69 万立方米，拦泥库容 31.69 万立方米，淤地 54 公顷，防洪标准为 20 年一遇。枢纽建筑物由大坝、放水建筑物两部分组成。

（18）皂角树沟淤地坝位于千阳县崔家头镇庄科村，坝长 39.8 米，坝高 15 米，属小型坝，控制面积 4.7 平方千米，总库容 9.65 万立方米，拦泥库容 5.6 万立方米，淤地 31.2 公顷，防洪标准为 20 年一遇。枢纽建筑物由大坝、放水建筑物两部分组成。

（19）段家湾淤地坝位于千阳县城关镇惠家沟村，坝长 26 米，坝高 10 米，属小型坝，坝长 26 米，坝高 10 米，控制面积 1.7 平方千米，总库容 1.14 万立方米，拦泥库容 0.74 万立方米，淤地 2.7 亩，防洪标准为 20 年一遇。枢纽建筑物由大坝、放水建筑物两部分组成。

（20）蒲家山淤地坝位于千阳县城关镇惠家沟村，坝长 26 米，坝高 11 米，属小型坝，控制面积 1.3 平方千米，总库容 0.93 万立方米，拦泥库容 0.57 万立方米，淤地 2.7 亩，防洪标准为 20 年一遇。枢纽建筑物由大坝、放水建筑物两部分组成。

第三章　机井抽水站

新中国成立前，千河流域主要利用辘轳、桔槔、水斗提水浇地，效益甚微。新中国成立后，20 世纪 60 年代开始发展机井、抽水站灌溉。本章论述了机井、抽水站发展的状况。

第一节　机　井

伴随着经济社会发展与科技进步，水井类型、打井机具、箍井材料、提水机具经历了由人力、畜力到机械化、电动化的过程。水井类型历代有土井、石箍井、砖箍井，打井工具历代有镢头、木掀、辘轳、滑轮、吊筐等，提水工具历代有序斗、辘轳、桔槔、水车等简单机具。当时建井以井径 2 米、井深 8 ~ 30 米的大口井为主，以及部分筒井、管井、辐射井等几种类型。凿井机具有人力冲击锥凿井机、农用简易钻机、转盘式钻机、大口井钻机等几种打井机械。箍井材料由砖石改为预制混凝土管、钢管、塑料管等材料。提水机具主要用 QY、QS 系列的潜水电泵，和机泵分离的水泵、电动机，以及少量的柴油机。流动抽水使用小型拖拉机带动水泵抽水灌溉。

1958 年以前，农村、城镇都是小型人饮水井。遇到大旱，用卧杆、辘轳、水车等人畜力提水浇地，灌溉面积很少。1960 年，开始发展机电井灌溉，提水工具有长轴泵、离心泵和潜水泵等。各种机井泵从 1960 年的 15 台，发展到 1980 年的 1141 台，其中深井泵 114 台。配用动力由柴油机发展到电动机，有的是机电双配套。提水能力由几十立方米提高到上万立方米，由近距离提水发展到远距离输水。扬程由几米增加到几百米，方便了群众，提高了生产效益。

1961 年，省水电工程局机井队先后在宝鸡县贾村、李家庄、扶托、杜家凹、广福、南皋等 6 村各凿机井 1 眼，这是宝鸡县农村出现最早的一批电力机井，井深均在百米以下。广福、南皋两眼出水量小，其余 4 眼不仅供人畜饮用，且兴灌溉水利（贾村、扶托 2 眼，灌田各在 30 亩以上，至今不减）。

20 世纪 70 年代以后，随着打井机具、箍井材料和提水工具的不断改进提高，特别是机电动力机的出现，水井由浅向深，打井由河谷向塬区、山区发展。打井用机械，提水用水泵，动力使用柴油机或电力，井壁材料由预制混凝土管、塑料管或钢管代替砖、石材料，人力、畜力逐被替代。水井从凿打到成井，直到配套使用运行，完全变成了机电井，土井和提水工具辘轳等逐渐被替代而废弃。

20 世纪 70 年代初，始在千阳县千川公社段坊大队用人力挖凿大口井。开工前，在井位上就地按井径预制钢筋混凝土底盘；打井时，不断挖空底盘圈内和底盘下面的沙土，底盘靠自身重量不断下落；边打边在底盘上砌筑预制混凝土块箍井，直到井内出水满足机泵连续抽水灌地的要求。

1970年，千阳县成立了打井队，首次在三合村采用简易圆盘钻机打井，1971年使用150型延河钻机，首次在沙家坳乡牧羊沟村打井，接着又在城北为县自来水公司钻井。至1984年，全县除南湾岭、普社两乡外，13个乡镇用钻机凿打深井110余眼，成井90余眼，安装泵机70余眼，其中37眼用于人畜饮水，33眼用于浇地。钻机凿打的深机井，一般井深70 ~ 90米，最深的达130多米，百米以上深机井16眼。

1980年，千阳川塬10个公社打成大口井307眼。其中251眼用于农田灌溉，浇地面积达1.45万亩；56眼用于人畜饮水。安装机泵282台，配套动力容量3.6千瓦。至1987年，全县有大口井333眼。

至1989年底，陇县共打成机井661眼，其中深井12眼，浅井649眼。配套机电井615眼，其中电动机配570眼，柴油机配45眼。发展有效灌溉面积4.2万亩，其中纯井灌面积6776亩，井渠双灌面积3.5万亩。配套电机583台，功率3802千瓦，柴油机111台，功率1284马力。陇县配套装机总功率6455马力，水泵670台。修建井房161座，线路13.23万米，其中高压4900米。渠道长4.8万米，衬砌2.2万米，固定机泵手149人。

1973—1983年，国家投资机井费168.5万元，每眼井平均投资2270元。机井建设成效显著的有城关镇、东风人民公社普乐原大队、杜阳人民公社胡家庄大队第4生产队、东南人民公社纸沟大队、牙科人民公社山西营大队。

陇县城关镇共打机井66眼，3660亩耕地实现水利化。1978—1984年，连续7年获得小麦大丰收，其中235亩丰产田亩产过千斤。西关村840亩小麦连续3年亩产在450千克以上，被评为陕西省小麦生产红旗单位。由于水利条件的改变，全镇4个村近年来大力发展经济作物，扩大了蔬菜、瓜果生产。据地下水工作队在东街村调查，这些经济作物每亩年产值都在2000 ~ 3000元。

新中国成立前，千阳县前川道多井，供人畜饮用。塬区、山区人畜用水，系采自沟溪或涧泉，无打井车水灌田者。新中国成立后，1952年始在川道打井提水灌田。由于提水工具的进步，井的分布亦不断扩大；川道多大口井、机井，塬区多深机井。据统计，1952—1972年打普通车井217眼，1970—1980年打大口机井307眼，1970—1984年打深机井77眼（报废6眼）。近年来，机井在抗旱中持续发挥作用。

1987年，在地下水源充足区域，千阳县打有灌溉机电井224眼，其中深10米左右、口径2 ~ 3米的大口井191眼，百米以上深机井33眼，安装水泵273台（配备电动机235台1388.9千瓦，柴油机38台488千瓦）以补充灌区或非灌区水源，设施灌溉面积2022.6公顷。1988—2000年，利用500型钻机，开凿机电井10眼。同期淤塌报废机电井88眼。

至2010年，全县保留有大口井207眼。其中用于灌溉117眼，设施灌溉面积22340亩；人饮井72眼，解决了26481人的饮水问题；企事业单位生活或生产大口井18眼，见表2-3-1 ~表2-3-3。

表 2-3-1　1987 年千阳县大口井分布及配套情况

乡镇	水井数 / 眼	其中		配套装机台数 / 台			
		灌溉机电井	人畜饮水井	达到	电动机	柴油机	水泵
红峰	6	2	4	6	6		6
崔家头	7		7	7	7		7
沙家坳	20	8	12	20	17	3	20
南寨	18	2	16	18	18		18
城关	59	54	5	59	59		59
文家坡	6	3	3	6	5	1	6
张家塬	19	9	10	19	18	1	19
柿沟	64	56	8	64	54	10	64
寇家河	15	15		15	15		15
水沟	31	21	10	31	12	19	31
草碧	25	19	6	25	22	3	25
县果园	2	2		2	2		2
高崖	1		1	1		1	1
合计	273	191	82	273	235	38	273

表 2-3-2　2010 年千阳县大口井情况

乡镇	机电井数 / 眼							投资 / 万元	备注
	合计	深机井			大口井				
		小计	灌溉数 / 亩	人饮数 / 人	小计	灌溉数 / 亩	人饮数 / 人		
崔家头	41	7	4/400	3/5000	34	8/700	26/2000	227.62	
沙家坳	15	12		12/3000	3		3/230	106.95	
南寨	7	7	7/2000					81.90	
城关	34	6	6/1000		28	18/3170	10/3000	151.00	
文家坡	15	5	2/2300	3/4853	10	7/2000	3/2800	68.00	
张家塬	16	9		9/8050	7	1/200	6/3200	112.00	

续表 2-3-2

乡镇	机电井数 / 眼							投资 / 万元	备注
	合计	深机井			大口井				
		小计	灌溉数 / 亩	人饮数 / 人	小计	灌溉数 / 亩	人饮数 / 人		
寇家河	28	6	4/1000	2/1500	22	15/2000	7/2300	125.65	
草碧	10				10	10/8000		43.80	
水沟	26	8	8/1300		18	15/2900	3/6141	70.30	
柿沟	59	3		3/1050	56	43/3370	13/6640	239.45	
高崖	6	5		5/440	1		1/170	29.40	
机关单位	40	22		（22）	18		（18）	357.35	自备水源
合计	297	90	31/8000	37/23893	207	117/22340	72/26481	1613.47	

表 2-3-3　千阳县百米以上深机井分布情况

乡镇	深井数 / 眼	乡镇	深井数 / 眼
沙家坳乡	1	柿沟乡	2
南寨乡	2	水沟乡	1
文家坡乡	2	草碧乡	2
张家塬乡	4	城关镇	2

第二节　抽水站

1952—1961 年，陇县使用畜力水车提水灌田。1962 年以后，柴油机逐步使用，机配动力水泵逐步取代了畜力水车。1972 年 35 千伏高压输电线路建成，电配水泵抽水全面普及，川塬地区遂改为电配站。

陇县抽水站于 1962 年开始修建，至 1989 年底，共建成 52 处。其中电灌站 47 处，配备动力机 109 台，总功率 1996.8 千瓦，设施灌溉面积和有效灌溉面积均为 1.18 万亩，旱涝保收面积 4430 亩。较大的抽水站有东风镇西沟高塬抽水站、牙科乡南塬抽水站、堎底下乡王马嘴抽水站、城关乡鸭娃沟抽水站、温水乡甘峪山抽水站。

这些抽水站多为电动抽水，少部分用柴油机带动抽水，建站代价均较高。由于山区群众对引水上山灌溉认识上有差距，加上技术力量薄弱和农业实行家庭联产承包责任制后管理工作跟不上，设备失修、损失、被盗严重，使用率极低，灌溉效益很差。到 1989

年底，能够运转用于灌溉的抽水站只有 12 座，设施灌溉面积 6989 亩，有效灌溉面积 5265 亩。

千阳县第一座灌溉抽水站是 1962 年由黄里公社纸坊湾大队建成的。该站建于千河南岸，抽取千河水，以柴油机为动力，灌地 350 亩。紧接着该社英明大队在千河北岸建站，浇灌黄里西街一带河滩耕地 500 余亩。1973 年，国家设立专项资金，加快山区县小高抽灌溉站建设步伐。

1984 年，千阳县共建成灌溉抽水站 68 处。1987 年，全县保留灌溉抽水站 59 处，设施抽灌面积 23723 亩，年实灌面积 2 万亩左右。至 2010 年，全县保存灌溉抽水站 47 处，设施灌溉面积 21500 亩。

1987 年，千阳县有以水库、陂塘等为水源的抽水站 59 座（电灌站 54 个，机电站 5 个），装泵 86 台，装机容量 2523 千瓦，以补充灌区和非灌区水源。设施灌溉面积 1533.3 公顷，其中灌溉面积 60 公顷以上的有邓家塬、赵家塬、北台、仰塬、白善坊、半塔寺、益致、丰头、柳家塬、东河沟、段家塬、三合村 12 座抽水站。1988 年以后，拆除以小沟、溪、小陂塘为水源的小抽水站 24 座。1989 年，龙槐塬半塔寺抽水站水毁后，当年进行改造，1994 年又实施重修。2010 年，全县存以水库、千丰渠为水源的抽水站 34 座，配套装机容量 1318.5 瓦，灌溉面积 1498 公顷，其中灌溉面积 60 公顷以上的效益较好的柳家塬、邓家塬、北台、丰头、半塔寺、东河沟、赵家塬等 7 座水站，装机容量 664 千瓦。

一、冯家山水库西灌区抽水站

冯家山水库西灌区抽水站是宝鸡县属工程。4 级 5 站，总扬程 312 米，机组 23 台套，装机容量 14000 千瓦。压力管道 4500 米。变电站 5 座，其中 35 千伏 3 座，10 千伏 2 座。

一级抽水站：站址设于桥镇乡龙尾村的小塬西南半坡，一级站前池前接小塬隧洞，厂房水下部分为钢筋混凝土结构，长 39.5 米，宽 13 米，内设 6 台机组，装机容量 5840 千瓦。其中，3 台装机容量各为 1370 千瓦，另 3 台各为 577 千瓦。扬水管道 2 排，钢质，直径 1.2 米，扬程 82.923 米。出水流量 5 立方米每秒，供二级抽水站。一级站前池左侧设退水跌井，深 31 米，退水入千河，亦可自流灌溉千河川道耕地 3600 亩。

二级抽水站：站址设于龙尾村西塬坡半腰。水自一级站出水池流出，经干渠，入二级站前池。厂房长 48.6 米，宽 13 米，结构及内设机组和容量均与一级站同。扬水管道 3 排，直径各为 1 米，坡段为钢管，上塬后为承插式钢筋混凝土预应力管。扬程 80.472 米，出水流量 5 立方米每秒，其中一半供一支渠灌溉，一半供三级抽水站提取。二级站前池左侧设闸。建 1.7 千米长退水渠，退水入千河。

三级抽水站：三级站有抽 3–1 站和抽 3–2 站两处。

（1）抽 3–1 站，站址设在马家村北塬坡半腰，为二支渠供水灌溉，水出井边头—马家隧洞后，设分水闸，入站之前池，机房长 20 米，宽 6 米，内设 3 台机组，装机容量 570 千瓦。钢筋混凝土扬水管道 3 排，扬程 33 米，出水流量 0.93 立方米每秒，抽 3–1 站于分水闸前、干渠侧设退水渠。

（2）抽3–2站，站址设在桥镇乡东南约1.5千米处塬之半坡。干渠水直入前池。机房长28.5米，宽7米，内设5台机组，装机容量1620千瓦。有高、低出水池：低池为三支渠供水，一台机组供水，扬程51.9米，出水流量0.51立方米每秒；高池扬程72.3米，4台机组供水，管道下段为钢管，上部合并为两排钢筋混凝土预应力管，水入高池，一部供四级抽水站，一部供四支渠。

四级抽水站：站址设于桥镇西北约1.5千米的嘴头村以西，水由抽3–2站之高池引来，入前池，机房长24米，宽7米。内设3台机组，装机容量725千瓦，设高、低出水池：低池为五支渠供水，扬程50米，一台机组供水，出水流量0.2立方米每秒；高池为六支渠供水，扬程76米，2台机组供水，管道下段为钢管，上部合并为单排钢筋混凝土预应力管。

二、冯家山水库东灌区张谢抽水站

冯家山水库东灌区张谢抽水站为县办工程。因建于周原乡张谢村得名，站址设在总干渠左岸桩号25处，二级抽水，扬程58.22米，共有9台机组，装机容量1550千瓦。抽水流量2.14立方米每秒，灌溉周原、慕仪两乡4.8万亩耕地。1976年6月建成。

三、冯家山水库东灌区高里抽水站

冯家山水库东灌区高里抽水站为县办工程，因建于宝鸡县周原乡高里村得名。站址设在总干渠左岸桩号21处，二级抽水，总扬程67.21米。6台机组，装机容量1065千瓦。抽水流量为1.14立方米每秒。灌溉周原乡2.93万亩耕地。1979年6月建成。

四、千河抽水站

千河抽水站是由原宝鸡地区水利电力（今宝鸡市水利水保局）组织宝鸡县、凤翔县两县合建的一项大型抽水灌溉工程。1964年勘测设计，1965年动工兴建，1967年基本建成。

千河抽水站是在宝鸡县桥镇乡原龙星渠的基础上大规模改建和扩建而成的。在渠首（妖儿嘴）处设拥水坝和冲沙闸，将原双孔进水闸改建成向前引伸的单孔进水闸；对渠首以下干渠及建筑物改建、加固，使桥镇乡龙尾、留村一带原有4000余亩灌溉面积得以巩固；在桥镇乡上河西村建跨千河渡槽，引水入左（东）岸凤翔县化原，至罗钵寺设一级抽水站，扬水上台塬，沿途建站5处，灌溉凤翔县陈村、长青、尹家务和宝鸡县的千河、周原等5个乡镇农田10.4万亩，其中宝鸡县受益面积4.73万亩（包括千河西岸桥镇乡的两个村农田）。1975年，冯家山水库工程建成后，千河抽水站纳入冯家山水库灌区自流引水，原设5处抽水站被撤销，7千米干渠废，灌区渠系大部分沿用。

2010年千阳县有较大抽水站47处，其中设施灌溉面积在千亩以上的有邓家塬、赵家塬东站、北台、仰塬、白善坊、板塔寺、益致、丰头、柳家塬、东河沟、段家塬西站、三合村等十余处，见表2–3–4 ~ 表2–3–8。

抽取库水的，水源水位浮动较大，多为两级站，一级站浮动，二级站固定。水源水位浮动不大的多为固定式，一级抽水。

建站较早、规模较大、效益较好的有柳家塬抽水站、邓家塬抽水站、北台抽水站、丰头抽水站、板塔寺抽水站、东河沟抽水站。

表 2-3-4　千阳县 1987 年抽水站工程统计

乡镇	站数 / 处			动力机台数 / 台			水泵台数 / 台	有效灌溉面积 / 亩
	合计	电灌站	机灌站	合计	电灌站	机灌站		
红峰	2	2		6	6		6	173
崔家头	8	8		12	12		12	4418
南寨	7	7		10	10		10	3730
城关	10	10		14	14		14	2164
文家坡	10	10		14	14		14	2630
张家塬	3	3		4	4		4	2445
柿沟	5	5		12	12		12	3223
寇家河	3	3		5	5		5	2551
水沟	3	3		4	4		4	1139
草碧	3	3		5	5		5	1150
上店	5		5	5		5	5	100
合计	59	54	5	91	86	5	91	23723

表 2-3-5　千阳县 2001—2006 年改水工程

乡镇名称	项目村名称	乡镇总人口 / 人	应改水人口 / 人	5 年内改水人口 / 人	累计改水人口 / 人	5 年内完成投资 / 万元	累计完成投资 / 万元	改水率 /%
崔家头镇	庄科、崔家头、黄里等村	8757	8757	4630	5254	188.45	284.84	60
南寨镇	大寨、闫家、什字、南寨等村	21228	21228	2550	21228	69.08	271.09	100
沙家坳乡	闫家庵、史家坪、马家岭、水泉等村	4629	4629	3550	3550	33.6	57.6	77
城关镇	段坊、段家湾、西关五组、城北水厂、侯家坡等村、	29952	29952	10859	29952	310.1	416.02	100
张家塬镇	寺坡、郑家团庄等村	12473	12473	10439	10439	342.77	422.77	84
文家坡乡	曹家塬、宝丰、北坡等村	9500	9500	7065	7065	162.2	198.50	74

续表 2–3–5

乡镇名称	项目村名称	乡镇总人口 / 人	应改水人口 / 人	5 年内改水人口 / 人	累计改水人口 / 人	5 年内完成投资 / 万元	累计完成投资 / 万元	改水率 /%
寇家河乡	仰塬、龙槐塬、新兴等村	11472	11472	10033	10033	288.91	334.59	96
草碧镇	屈家湾、罗家店、邢家塬等村	4972	4972	4813	4813	123.65	137.09	97
水沟镇	裕华、槐石、辛家沟、三泉等村	9367	9367	2200	2200	65.55	118.16	23
柿沟乡	丰头、英明、纸坊沟、西沟等村	9612	9612	2780	2780	81.53	135.19	29
高崖乡	红崖寺、羊头庙等村	4616	4616	489	489	16.19	36.19	11
合计		126578	126578	59408	98803	1682.03	2412.04	76

表 2–3–6　千阳县饮改水一览表

项目批次及工程序号	计划投资 / 万元			实际完成投资 / 万元			项目数量	实际受益人口 / 人	备注
	合计	中央	县配套及群众自筹	合计	中央	县配套及群众自筹			
2001 年人饮解困	283.4	170	113.4	304.36	170	134.36	审批 10 个项目，完成 10 个项目	10270	
2002 年人饮解困（一、二批）	104.1	57.3	46.8	107.94	57.3	50.64	审批 4 个项目，完成 4 个项目	3490	
2003 年人饮解困（一批）	205	112	93	207.36	112	95.36	审批 14 个项目，完成 14 个项目	12100	
2003 年人饮解困（二批）	114	68	46	130.3	68	62.3	审批 8 个项目，完成 8 个项目	4160	
2004 年人饮解困（一批）	136	75	61	147.72	75	72.72	审批 11 个项目，完成 11 个项目	4534	
2006 年人饮解困（一批）	217.27	186.72	30.55	217.27	186.72	30.55	审批 8 个项目，完成 8 个项目	4357	
总计	1059.77	669.02	390.75	1114.95	669.02	445.93	审批 55 个项目，完成 55 个项目	38911	

表 2-3-7　千阳县 2001—2006 年抽水站工程

乡镇	站数 / 处			动力机台数 / 台			水泵台数 / 台	有效灌溉面积 / 亩
	合计	电灌站	机灌站	合计	电灌站	机灌站		
红峰	2	2		6	6		6	173
崔家头	8	8		12	12		12	4418
南寨	7	7		10	10		10	3730
城关	10	10		14	14		14	2164
文家坡	10	10		14	14		14	2630
张家塬	3	3		4	4		4	2445
柿沟	5	5		12	12		12	3223
寇家河	3	3		5	5		5	2551
水沟	3	3		4	4		4	1139
草碧	3	3		5	5		5	1150
上店	5		5	5		5	5	100
合计	59	54	5	91	86	5	91	23723

表 2-3-8　2010 年抽水站统计

乡镇	抽水站数 / 座	乡镇	抽水站数 / 座
城关	9	寇家河	3
崔家头	6	柿沟	5
南寨	7	水沟	3
文家坡	8	草碧	3
张家塬	3		
合计	47		

陇县 1986—2012 年抽水站及机井数、降水等见表 2-3-9 ~ 表 2-3-13。

表 2-3-9　陇县 1986—2012 年抽水站及灌溉面积

年度	抽水站数 / 座	电灌站 / 座	机灌站 / 座	灌溉面积 / 亩	电灌面积 / 亩	机灌面积 / 亩
1986	78	68	10	17800	16800	1000
1990	54	47	5	11800	11200	600

续表 2-3-9

年度	抽水站数 / 座	电灌站 / 座	机灌站 / 座	灌溉面积 / 亩	电灌面积 / 亩	机灌面积 / 亩
1995	56	51	5	11800	11500	300
2000	48	44	4	13100	12800	300
2005	48	44	4	12600	12300	300
2010	48	44	4	25050	13645	300
2011	48	44	4	25050	13645	300
2012	48	44	4	25050	13645	300

表 2-3-10　2012 年陇县抽水站分布

乡镇名称	序号	抽水站名称	水源	建站时间（年 – 月）	扬程 / m	级数	权属	装机		灌溉面积 / 亩	
								台	千瓦	设施面积	有效面积
东风镇	1	枣林寨站	库水	1975–05	15	1	村	1	10	120	80
	2	尧场抽水站	井水	1976–02	46	1	村	1	5.5	980	580
	3	后沟抽水站	库水	1975–12	103	2	组	2	85	1900	700
	4	西沟高塬站	井水	1972–10	113	2	村	2	85	748	748
	5	峪头寺塬站	井水	1978–12	19	1	村	1	30	1000	600
	6	西沟桥头站	河水	1980–10	8	1	组	1	5.5	200	200
	7	西沟流动站	河水	1980–10	8	1	组	1	5.5	500	300
	8	洞子一组站	陂塘	1980–10	25	2	组	2	12	120	120
	9	麻台甘草塬站	泉水	1973–04	12	1	村	1	5.5	60	40
八渡镇	10	大力村南塬站	池水	1970–12	28	1	村	1	17	200	180
	11	高楼西塬站	渠水	1980–10	15	1	村	1	7	110	50
	12	高楼上川站	渠水	1980–10	10	1	组	1	8.8	120	100
	13	碾盘抽水站	渠水	1980–10	20	1	组	1	2.2	120	120
牙科乡	14	牙科范家坡站	井水	1981–06	52	1	村	1	17	250	250

表 2-3-11　陇县 1986—2010 年水井及井灌面积

年度	水井数 / 眼				井灌面积 / 亩			
	水井总数	配套井	其中		小计	电配井	柴配井	其中喷滴灌
			电配井	柴配井				
1986	662	613	559	54	42900	40300	2600	1900
1990	670	614	568	45	42154	39899	2700	1939
1995	829	778	507	35	43007	40797	2210	1939
2000	1030	987	720	53	45750	42900	2850	4200
2005	1040	996	734		46800	42700		8300
2010	938	777	777		48600	36150		8300

表 2-3-12　陇县 1986—2010 年打机井统计

乡镇	井数 / 眼	配套水泵 / 台	修渠道 /m	效益	
				新增面积 / 亩	改善面积 / 亩
合计	208	208		5000	24497
城关区	53	53	6227	1030	6210
城关镇	44	44	5827	660	5148
唐家庄乡	3	3	400	150	351
温水镇	6	6		320	702
南塬区	111	111	6772	2660	13764
东南镇	42	42	4922	740	5208
崚底下镇	14	14		390	1736
杜阳镇	35	35	850	440	4390
牙科乡	10	10	400	220	1240
梨林川区	44	44	2800	1310	4532
东风镇	36	36	8100	410	3918
八渡镇	18	18	2050	570	1854

表 2-3-13 陇县 1986—2012 年降水、灌溉面积与粮食产量

年份	年降水量 / mm	设施灌溉面积 / 万亩	有效灌溉面积 / 万亩	农田实灌面积 / 万亩）	灌溉供水 / 万 m^3	粮食作物面积 / 万亩	粮食总产 / 万 t	平均亩产 / kg
1986	424	14.2	12.73	8.36	2812	61.4	8.45	138
1987	553	14.4	12.9	8.54	2620	65.3	9.33	143
1988	694	14.45	12.2	9.02	2560	64.5	9.67	150
1989	578	14.05	12.36	9.8	2941	62.9	10.37	164
1990	739	14.63	13.05	10.42	2792	65.2	11.29	173.1
1991	345	14.63	13.36	10.73	3872	62.9	11.29	175.2
1992	668	14.74	13.67	11.75	3290	65.5	8.53	130
1993	594	14.74	13.77	10.62	3696	61.0	11.39	186.5
1994	407	14.82	13.80	10.61	2523	65.6	9.70	148
1995	340	14.9	13.91	10.13	3907	65.0	5.93	61
1996	624	14.42	13.39	10.01	5220	68.9	8.27	120
1997	352	14.76	14.28	9.95	4306	65.4	9.37	143
1998	854	14.8	14.54	9.54	2780	64.7	10.80	166.7
1999	533	14.9	14.70	8.96	3360	66.2	11.13	168
2000	461	14.93	11.9	9.09	3790	60.7	8.78	144.6
2001	518	15.09	11.89	8.47	3652	57.9	9.6	165.8
2002	392	15.09	11.82	9.19	3931	54.3	9.37	170.7
2003	913	14.7	11.89	8.37	2610	50.1	9.1	181.6
2004	463	14.85	12.0	8.26	3190	55.2	10.65	192.8
2005	902	15.0	12.19	7.0	2530	55.9	11.1	198.6
2006	580	19.0	12.2	10.0	3350	56.9	11.75	206.5
2007	555	19.03	12.4	10.16	3205	57.7	11.93	206.7
2008	438	19.08	12.58	10.28	3473	56.3	12.65	224
2009	490	19.06	12.73	10.2	3370	53.0	12.2	210
2010	788	19.08	15.42	10.2	3273	54.6	12.78	230
2011	645.6	19.08	11.87	10.2	3126	54.15	12.59	230
2012	637.9	19.08	11.22	9.98	2932	50.43	44.48	220

畦灌、沟灌、喷灌、管灌、滴灌、渗灌是水库管理处和广大群众根据长期灌溉用水实践总结出的一套农作物灌水、配水制度。在农作物不同生长阶段，灌水定额、灌水时间和灌水次数等均不同，见表2-3-14。

表2-3-14　段家峡水库灌区农作物灌溉制度

作物种类	种植比/%	生育阶段	灌水次数/次	灌水时间（月-日）	灌水天数/天	灌水定额/（m^3/亩）	灌溉定额/（m^3/亩）
小麦	70	越冬	1	11-15—12-16	31	60	175
		拔节	1	03-20—04-10	21	55	
		抽穗	1	05-10—05-30	21	60	
早玉米	20	拔节	1	06-15—06-30	15	60	165
		抽穗	1	07-15—07-30	15	55	
		乳熟	1	08-05—08-25	20	50	
晚玉米	30	播前	1	06-01—06-15	15	60	225
		拔节	1	06-20—07-10	20	60	
		抽穗	1	07-20—08-10	21	55	
		乳熟	1	08-20—09-10	21	50	
油菜	6	越冬	1	11-15—12-15	30	60	160
		开盘	1	03-20—04-10	21	50	
		抽薹	1	05-01—05-20	20	50	
辣椒	40	移栽	1	05-15—05-31	16	60	160
		开花	1	07-01—07-20	20	50	
		结角	1	07-21—08-31	41	50	
其他	4	春灌	1	4月中旬	10	50	100

第四章　城乡供水

20 世纪 90 年代前，千河流域城乡供水以泉水和井水为主，偏远山区饮水困难。本章论述了宝鸡市区及千河流域城镇、农村供水和工业用水状况。

第一节　城镇供水

一、市区供水

1990 年前，宝鸡市区供水以自流泉水和地下水抽取为主。1990 年后，以冯家山水库供水为主，年供水量为 1.04 亿立方米，每日供水能力为 28.5 万吨，其中市自来水公司共有机井 49 眼，有十里铺、市区、九千米 3 个水厂，日供水能力为 11.5 万吨，自备取水日供水能力为 17 万吨。市区供水能力不足，为保证工厂、企业、福利区生产用水，对居民用水实行定时、定量供应，市中心区供水兼定时、定量供应，三楼以上日供水只有几个小时，人均综合用水量为 160 升每日，市区 33.78 万人年缺水 493 万吨，日缺水 1.35 万吨。1990 年，全市共有自备井 197 眼，年供水量 3920 万吨，日开采量 23049 立方米，但仍满足不了城市生活和生产用水，在年高峰供水期，日缺水 4.5 万 ~5 万吨。

1994 年，冯家山水库引水工程开工，整个工程包括取水引水管道、净水厂、输水管道和城市配水管网四大部分。1996 年，工程建成，向市区年供水 3000 万吨。同年，市政府颁发了保护清姜河和冯家山水库水源的文件，采取治理措施，关停了冯家山水库上游千、陇两县的污染企业，整治净化了清姜河沿岸的环境。2004 年，市水利局与石头河水库管理局签订《石头河水库向宝鸡市区供水协议》。2006 年 6 月，建成了清姜河取水口上移工程，增加了清姜河的供水量，提高了保证率。2009 年又修建了冯家山水库给市区输水管道复线工程。

1996 年 4 月，通过实施水源工程、供水应急工程、供水管网改扩建工程、城区供水管网改造工程及输水管道工程，城市供水大为改善。自来水普及率达到 99% 以上。

宝鸡市获国家“全国节水型城市”荣誉称号。

（一）取水工程

1. 冯家山水库取水工程

整个工程由取水、引水管道、净水厂、输水管道及城区配水管网等五部分组成。取水工程的水源为冯家山水库，取水口设在冯家山水库东干渠 3.68 千米处，从取水头部经 10.68 千米双管 DN1200 预应力钢筋混凝土管引水管道输送到金陵河桥西，与市区配水管网相连。1997 年 4 月 15 日开工，2000 年 6 月 24 日基本建成并网试通水，完成项目投资 30556.23 万元。

2003 年 9 月，为发挥冯家山水库取水一期工程效益，有效利用水资源，提高供水保证率，市政府决定建设宝鸡市冯家山水库取水二期工程。主要包括新建冯家山水厂至市区敷设 26.20 千米输水干管复线，市中心区 17 条道路增设、改造 26.113 千米的配水管网。至 2009 年，共完成输水复线工程约 26 千米，完成投资 13708 万元。

2. 城市供水管网改扩建工程

改扩建高新开发区东区、老城区、陈仓区、福临堡地区、姜谭地区、马营和卧龙寺地区，共计 130 条 144 千米的供水主干管道。2004 年 7 月开工建设，至 2010 年，完成并投入使用高新三路、四路、六路、姜谭路、新福路、陈仓大道、植物园路等 17 条道路的供水管网工程 21.05 千米。

3. 城区供水管网改造工程

改造中山路、建华巷、红旗路、西一路、石坝河河堤路、宏文路西段、粮食街、太白路、斗鸡路等供水管道，建设福临堡、川陕路加压站 2 座。2003 年 9 月开工建设，至 2010 年，完成新华路、中山东路、枢纽路、宝中路、粮食街、市场街、新民路、清姜路、引渭路等路段的管网改造工程 47.17 千米；福临堡、川陕路加压泵站建成投入使用。

4. 代家湾地区配水管网改扩建工程

改扩建代家湾行政中心、卧龙寺地区、石羊庙地区供水管道 38.64 千米。

2008 年 1 月开工建设，2010 年底完成三迪小区、行政东路、卧龙寺、行政路等球墨管道、钢管给水管道扩建 18 千米。

5. 底店输水管道工程

新建黄家崖村至底店村输水复线工程，改造李家堡村至底店村输水管道 1.71 千米。至 2009 年 7 月 23 日全线贯通，管道铺设 5.3 千米。

6. 北塬（蟠龙新区）供水管网工程

2010 年，开始实施北塬（蟠龙新区）供水管网工程。建设规模为日供水 6 万立方米。主要建设内容在北塬东侧坡下新建加压站一座引水上塬；在塬上新建供水服务中心一座，包括加压泵站、清水池、配水泵站、变配电室、综合楼等，建设输水引水和配水管道 56.801 千米。同年年底，输水管道工程量完成 60%。

7. 高新三期及千渭片区供水管网工程

供水量 128 万立方米，新建供水服务中心 2 处、供水调度中心 1 处。

（二）净水厂

截至 2010 年，市自来水公司先后建有水厂 3 座。

1. 市区水厂

1982 年建成，位于市人民医院北侧，占地 0.60 公顷。为地下水水厂，清水库 4 座，容量 9500 立方米。日供水能力达 4.5 万立方米。加压泵站两处，加氯泵房两处，深井 15 口和大口井。随着地下水位逐年降低，一些深井逐步报废，日供水能力减至 2.5 万立方米。

2000 年，冯家山水厂建成后，地下水厂深井作为应急备用水源。市区水厂有 3 种供水方式：清水池水经高压管到崆峒寺，自流到群众路、宝平路一带；清水池水经中压管到中山路；清水池水经低压管供铁路以南、渭河以北区域。

2. 斗鸡水厂

1985 年建成，位于斗鸡大庆路南侧，占地 1.29 公顷。为地下水水厂，清水库 3 座，容量 6500 立方米，日供水能力 1.5 万立方米，全面投产后日供水能力达到 3 万立方米。加压泵站 1 处，加氯泵房 1 处，深井 14 口、大口井及部分租用农井。2000 年后，作为城市应急备用水源。

3. 冯家山水厂

位于凤翔区长青镇浐西村，占地 5.25 公顷。为地表水水厂，2000 年一期工程建成投入运行。日供水能力 8 万立方米，两个清水库容量分别为 10000 立方米和 5000 立方米。2006 年，威创水务有限责任公司进行了二期扩建工程，建成后日供水能力增加到 12 万立方米。

（三）加压站

1991—2010 年，市自来水公司先后修建了 8 座加压站，分别属于 3 个水厂。

（1）105 加压站（旧）位于市区水厂院内，1991—2000 年，有机泵 10 组。1997 年，在建输水管道日供水能力 4.5 万立方米。2000 年后，作为备用水源，机泵仍为 10 组，日供水能力 1 万立方米。

（2）105 加压站（新）2009 年建成，有机泵 2 组，日供水能力 1 万立方米，清水库容量 5000 立方米。

（3）石坝河加压站属于市区水厂，位于人民公园西侧，机泵 4 组，日供水能力 7000 立方米，有地下深井 7 口，清水库容量 1000 立方米。

（4）福临堡加压站（旧）位于西河滩，占地 0.70 公顷，有卧式离心泵机组 4 组，地下深井 5 口，清水库容量 1500 立方米。

（5）福临堡加压站（新）位于福临堡旧加压站东侧。2005 年，为降低供水能耗，弃用旧加压站，投资 153.3 万元，建成无负压变频增压泵站，有立式离心泵机组 6 组，日供水能力 3 万立方米。

（6）斗鸡加压站位于斗鸡水厂院内，有卧式离心泵机组 10 组。1991 年，对原 8 号机泵进行扩容改造，在国内首次采用内反馈串级调速技术实施调速运行方式，电机容量 440 千瓦，水泵额定流量 1610 立方米每小时，机组效率 82%~86%。

（7）新华路加压站位于新华巷与引渭渠东侧。2000 年，市区水厂高压供水停止后，为满足群众路、宝平路一带居民及单位供水需求，投资 107.1 万元，建成新华路加压站，有立式离心泵机组 3 组，日供水能力 0.9 万立方米。

（8）川陕路加压站位于清姜高速路出口南侧。2006 年，为满足姜谭路供水需求，自来水公司自筹资金 121.7 万元，建成变频增压泵站，有机泵 5 组，日供水能力 2.2 万立方米。

（四）引水管道

1997 年，市政府投资建设冯家山水厂，从冯家山水库东干渠取水，铺设两条 DN1200PCCP 引水管道，从锌角堡取水口沿宝冯公路至冯家山水厂共 10.8 千米。2009 年，铺设了闫家务球墨铸铁应急引水管道 2 千米。

（五）输水管道

1997 年，在建设冯家山水厂时，设计了两条输水管道。其中，一条从冯家山水厂至黄贺村千河技校，过千河至底店，沿陈仓大道至卧龙寺，再向南至西宝高速公路，沿北辅道至烟厂广场，最后过金陵河至市区热力中心，共铺设管道 24.14 千米。2007 年，修建另一条输水管道，从冯家山水厂铺设至黄贺村千河技校处，全长 7.5 千米。

2009 年，从黄贺村千河技校开始铺设球墨铸铁管，沿一期输水管道线路至底店，向南过渭河至高新十三路，沿高新大道北侧至高新七路，再沿滨河南路至人民公园，向北过渭河至滨河北路烟厂幼儿园处约 26 千米，形成了冯家山水厂输水管道双线运行模式。至 2010 年底，输配水管网总长度达 667.58 千米。

（六）供水调度

1991 年，建立了 8 米供水管网管理系统，实现对供水管网电子化管理，同时建立了供水调度管理系统。

1991—2000 年，市区供水以地下水为主，采用高压、中压、低压分区供水方式。高压和中压以 105 水厂为主供，供水范围为陇海铁路以北区域。低压以斗鸡水厂、石坝河水厂为主供，供水范围为东至代家湾，西至宝鸡技校，北至陇海铁路。

2000 年，冯家山水厂生产运行后，市区以冯家山重力流供水为主，九公里水厂仍主供清姜地区。地下水水厂全部作为应急备用水源。

2005 年前，供水调度管理系统采用电台信号传输数据，测压点数量 18 个。2011 年 7 月以后，供水调度管理系统改用中国移动 GPRS 通信方式传输数据，测压点数量增至 29 个。实现对供水管网压力的实时监测，并对九公里水厂、锌角堡取水口、冯家山水厂进出水流量和大唐热电厂水量进行了实时监测，设立了报警功能。

（七）水质检测

1990—1992 年，陆续配备了水质检测设备火焰 / 石墨炉原子吸收分光光度计、气相色谱仪、弱放射性测量仪、可见光分光光度计等大型分析设备。通过采用新的分析方法，检测结果的准确性大为提高，具备了《生活饮用水卫生标准》（GB 5749—85）规定的 35 项水质指标中的 34 项指标（除苯并芘）进行检测的能力。

1993—2001 年，先后配备了双道原子荧光光度计、离子色谱仪、示波极谱仪、高纯水制备机等先进分析设备和一批快速水质检测设备，工作效率和准确性提高。

2002—2005 年，对水质检测原有的原子吸收分光仪、气相色谱仪、弱放射性测量仪等工作性能下降的大型设备进行了一次全面的更新换代，使设备的操控性有了质的突变，保持了分析水平始终处于全省前列。

2006 年，国家颁布了新的《生活饮用水卫生标准》（GB 5749—2006），水质控制指标由原来的 35 项提高到 106 项。

至 2010 年底，可独立开展对生活饮用水、地表水、地下水的质量检验，水质检测项目达到 80 项。

二、县城供水

（一）千阳县县城

1973 年 5 月，千阳县公用事业管理站在城北沈家庄打机井 2 眼，铺设输水管道，开始在县城集中供自来水。到 1987 年，输水管道发展到 5100 米，日供水 960 立方米，供水人口 281 户 8372 人，县城自来水入户率 46%。1990 年 3 月，建成安沟滩取水点，并与沈家庄取水点联通供水，延长供水管道 3100 米，日供水能力提高到 3000 立方米，供水范围扩展至城内村、西关村。1996 年工程再次扩建，对沈家庄供水点更新改造使县城供水设施日供水能力达到 6300 立方米， 基本可满足县城工矿企业生产和 3.5 万名居民的生活用水需要。1995—2000 年，县城供水工程先后累计投资 205 万元。在安沟滩取水点新打机电井 2 眼，新建 400 立方米蓄水池 1 座，更新、延长输水管道 2510 米，供水范围向南延伸至火车站及周边诸村，向西延伸至冯坊河东岸诸厂区。在沈家庄取水点新打机电井 2 眼，输水主管道延长至新民村和千阳中学。供水区东达千川村，西至冯坊河，南到火车站，北及砖瓦厂，供水范围覆盖县城 4 平方千米区域。

2007 年，依靠省级财政专项补助资金支持，改造扩建自来水管网。城区管径 1 米以上的输水主管道发展到 22300 米，供水范围覆盖至县城及周边千川村一组、段坊村一组、惠家沟村一组等。到 2010 年，日供水能力 6300 立方米左右，完全满足城区工商企业和居民的生产生活用水。

（二）陇县县城

陇县县城供水工程始于 1977 年。1986 年 9 月，在县城西北三里铺建起水源井 3 眼、水厂 1 座，日供水能力 2000 立方米，发展用户 1048 户，用水人口 1.38 万人，自来水普及率 50.50%。1992 年 9 月，县自来水公司改造农用机井 1 眼，日供水能力增加 840 立方米。1994 年，自来水公司新建水源井 1 眼，缓解了县城供水矛盾。1996 年 11 月，县城供水由城建部门移交水利部门管理。

2004 年 4 月，陇县委托宝鸡市水利水电规划勘测设计院设计县城供水工程，选用温河（老龙殿）优质泉水作水源，依靠自然差自压供水，设计日供水能力 1 万立方米。其水源工程在老龙殿，利用 5 处泉眼建成取水构筑物 5 座，埋设 DN200、DN315 集水管道 3.11 千米至磬口寺汇流池；建成 200 立方米汇流池 2 座，并建成 300 平方米管理综合楼；沿柴家洼—温河村村级公路埋设输配水管道，跨温河沟至第二水厂，埋设 DN200、DN250 输水双管，管线总长 6.45 千米，管线沿途设有检修井、排气阀、减压阀等设施；水厂位于祁家庄北台塬上，占地 15.30 亩，生产区建成 2000 吨清水池 2 座，内设水质化验分析室、控制室等；生活区工程建成宿办楼 550 平方米，架设输电线路 2 千米；配水管道在新水厂至旧水厂之间埋设 DN250PE 双管 1.79 千米。工程总投资 1259.56 万元，2005 年 12 月建成投运。

1990年，陇县县城有供水管道16.60千米，其中主管道6.60千米、支管道10千米。2004年，改造莲池巷供水主管道420米。2006年9月至2007年5月，先后改造北大街、儒林巷、南道巷供水工程，安装供水主管道6.78千米、支管道4.85千米。2008年，四川汶川“5·12”特大地震发生后，县自来水公司重修了严重受损的北关路、宝平路十字、东河桥过河管道等4处配水管道，更换受损阀门12座，保证了县城正常供水。2009年，延伸安装城区供水管道1.01千米。2010年7月22日、8月1日，陇县两次降暴雨，城区供水管道毁损严重，一度停水。同年9月，国家投资115万元、县级自筹35万元修复。2010年，陇县城区供水主管道总长42.90千米、支管道74.90千米。

2011年，陇县自来水公司投资500万元，改造了尚德路、新民巷、西大街、宝平路、北大街、北贤巷、崇文路、察院巷、陇清公路至新二村等9条街巷的供水管网，铺设DN110–DN350高密度聚乙烯PE供水管2819米。2012年1月，陇县住建局在北坡西路实施了道路排水项目建设，工程总投资751.53万元，建成了北坡西路城市主干道，长639米、宽20米。2013年3月，陇县住建局在新民巷完成道路硬化、供水及排水项目，该工程全长537米，占地8600平方米，标准断面平面单幅式，电力通信、供水、排水、热力、燃气、照明等管道一次性到位，总投资537万元。2013年10月，陇县住建局新建星火路、友谊路、育才路等四条城市道路，包括供水、排水工程一次到位。

（1）水源保护。陇县对温河饮用水水源区实行分级保护。一级保护区为以泉眼为中心、半径55米的圆形区域；二级保护区为柴家洼自然村及泉眼向水坡200米范围以内；准保护区为二级保护区外延伸至两侧及南北两侧山脊，东至温河水源地管理站东界桩。

（2）水质监测。1994年，陇县自来水公司设立水质化验室，检测项目有细菌总数、总大肠菌群、浑浊度、余氯4项，每日对出厂水进行自检，每季度对水源水质检测1次。2003年，陇县自来水公司水质自检项目增至10项，新增pH、肉眼可见物、总硬度、氯化物、色度、臭和味6项。2005年，设管网末梢水质监测点2个，检测项目10项，每月检测2次。2009年10月，陇县农村饮水安全水质监测中心成立，水质化验检测能力达到20项，新增溶解性总固体、硫酸盐、氟化物、硝酸盐、铁、锰、六价铬、砷、耗氧量、耐热大肠菌群等。2010年，启动农村饮用水检测，由县疾控中心逐月检测分析26项指标，水质检测资料显示，陇县城乡饮用水质均符合国家标准。

（3）供水价格。陇县县城供水价格，按照生活用水保本微利、生产和经营用水合理定价的原则，实行政府定价。1990—2010年间进行了6次水价调整。1991年10月，居民生活用水每立方米由0.20元调整为0.30元（含0.07元电价加价），工商业用水由0.30元调整为0.40元（含0.07元电价加价）。1996年10月，居民生活用水每立方米由0.30元调整为0.45元，工商业用水由0.40元调整为0.55元。1997年11月，居民生活用水每立方米由0.45元调整为0.55元，工商业用水由0.55元调整为0.70元，建筑业用水定为0.75元。2001年4月，居民生活用水每立方米由0.55元调整为0.75元，工商业用水由0.70元调整为1元，建筑业用水由0.75元调整为1.35元，特种行业用水定为1.65元。2006年4月水费改革，居民生活用水、行政事业用水每立方米1.50元，工业用水1.40元，服务业和特殊行业用水 1.80 元。2010 年 2 月，工业用水每立方米调整为 1.55 元，服务业和特殊行业用水 1.95 元；污水处理费和水资源费每立方米分别为 0.10 元和 0.05 元。

2020 年前后，为解决陇县县城用水高峰期供水紧张问题，陇县县城供水温河输水管道工程已落实县级地方债券资金 650 万元，工程规划沿温河沟道柴家洼村水源管理站汇流池至塬子头净水厂新铺设 DN315PE 输水管道 7090 米。已进入招标投标阶段，计划年内建成投入运行，新增 5000 立方米每日供水规模，将有效解决用水高峰期供水紧张的问题。

第二节　农村供水

陇县南北山区地下水位较深且水源少、水质差，人畜饮水存在着不同程度的困难。1990—2010 年，陇县利用项目和自筹资金，兴建人畜饮水工程，较好地解决或缓解了南北山区人畜饮水困难。

一、乡镇集中供水

改革开放后，乡镇所在地的工副业和经济贸易日渐繁荣，居住人口逐渐增加，生产和日常生活用水量趋于上升，乡镇供水工程亦紧随其后逐步发展。据 1998 年调查统计，陇县 35 个乡镇仅 13 个乡镇有供水工程 15 处，其中以地表水为水源的 7 处，以地下水为水源的 8 处，总供水能力 0.185 万立方米每日，年总供水量 67.52 万立方米，受益人口 3.37 万人，普及率 8.77%，人均生活用水量 39.66 升每日。其余大部分乡镇供水依赖驻地村组农村饮水工程。川道塬区经济发达的乡镇供水主要依靠驻地村组提取深层地下水，水质较好，水量充足，供水有保障。丘陵沟壑和西部山区的大部分乡镇供水主要靠提引沟道泉眼溢水、河水，若遇干旱时期，水源断流或干涸，供水严重不足。2000 年以后，陇县县政府将小城镇供水工程建设纳入全区经济发展的总体规划，提出乡镇供水工程要从乡镇建设总体布局来规划，近远结合，统筹解决。

陇县、千阳县在乡村供水方面采用以乡镇为中心集中供水和单村人饮站的形式，使全县农村人畜饮水和县城供水状况得到改善，实现了群众由缺水吃到有干净卫生自来水吃的愿望，解决了困扰多年的乡镇、农村供水问题。

（1）蒲峪川供水站。2011 年建成。工程水源在木拉石沟下游河道，利用自然地形高差重力输水入水厂，修建拦河坝、沉淀池各 1 座，水厂 1 处，管理房 156.80 平方米；铺设主管道 100.99 千米，解决了陇县天成镇铁塬、黄家沟、上寨子、王家庄、马曲、范家营等 9 村 8651 人和 1339 头大家畜饮水问题。

（2）神泉集中供水站。2012 年建成。工程选用石关沟泉水为水源，水源地新建汇流池 1 座，2000 平方米水厂 1 处，清水池 1 座，供水调节池 1 座；铺设主管道 10.20 千米，输水管道 27.60 千米，解决了陇县曹家湾镇石关、三联、段家峡和城关镇神泉、麻坊铺、高堎、晁家坡等 10 村 1.49 万人饮水问题。

（3）城关镇向阳人饮站。1977 年 12 月建成。人饮站以城关镇穆家寨村东新凿井作水源，主要解决唐家庄乡段家庄、老庄、黄家崖村和城关乡穆家寨村三、四组人畜饮水问题。工程分五级抽水，总扬程600米，上水主管道9.80千米，动力装机总容量37.20千瓦。2010年6—9月对人饮站进行改建，段家庄村589人受益。

（4）固关镇人饮站。1996年建成。工程选用关山沟河水作水源，铺设主管道8千米、支管道27千米。2004年实现供水到户，解决了固关街、李家沟等8村5703人和2300头大家畜饮水困难的问题。

（5）咸宜关人饮站。1997年建成。工程由关山沟凉水泉引水，利用自然地形高差重力输水，设主管道14.78千米。2008年地震灾害中损失较大。维修后，2010年全面实现供水入户，解决了咸宜关、教场塬、对坡、余家窑、三里营、西堎、东堎、南坡8村7200人及3000头大家畜饮水问题。

（6）演峪山人饮站。1998年建成。工程取牙科乡宋家岭村山间泉水，利用自然地形高差重力输水，埋设输水主管道16千米，铺设支管网3千米，修建蓄水池5座260立方米，解决了全村900人和180头大家畜饮水问题。

（7）南寨供水工程。1992—1994年，千阳县以大沟水库为水源，投资220万元，建成南寨集中供水工程，解决了南寨镇21个村、101个村民小组2.5万人用水问题。工程由供水厂、输水干渠和供水管网三部分组成，其中供水厂位于南寨镇尧头村北，面积0.83公顷，建有沉淀池、洗沙过滤池、蓄水池及办公用房。水库到供水厂输水干渠长1700米，全部加盖并有建筑物3座。

供水管网包括水厂至邓家塬1800米主供水管道，在邓家塬分水为东、中、西的三条1.73万米支管道，26万米连接各村、组、户的分管道、引管道。在支管道末端、位于海拔920米处的干塬、国家村、涧头三村各建有减压池1个，海拔900米以下村组由减压蓄水池直接供水。

1997年投资6万元，从涧头村延伸西支管2160米，向城关镇小塬村供水。2002年，投资18万元，埋置支管6780米，在宝丰村与主管道连通后，向文家坡乡宝丰、北台村供水。2007年投资18.5万元，埋置支管6450米，在尧头村同主管道相接后又实现向沙家坳乡史家坪、马家岭村供水。到2010年，工程日供水能力1000立方米，可供26村28000人的农村居民用水。

（8）崔家头供水工程。工程以皂角树沟水库为水源，经过3千米输水管引水至庄科村北1千米处的崔家头镇水厂，经过沉淀、澄清过滤、加氯净化处理后，通过1.2千米主供水管道至庄科村，后分成东、西两条支管。西支管延伸至吴家塬村，东支管延伸至王家坳村。支管与组户引管道相接，供崔家头镇8个村46个组1360户5300人生产生活用水，日供水能力881立方米。

（9）董坊供水工程。工程以夜权木河水库为水源，经过0.6千米输水管引水至寇家河乡坡头村的董坊水厂，经过沉淀、澄清过滤、加氯净化处理，再引至坡头村南的减压站减压后，分东、西两条供水管直接供水。东供水管4.6千米，到孟家庄；西供水管45千米，经董坊村直到寇家河乡塬边村。同时在减压站前端埋设供水管2.5千米，与输水管直接相接后，向龙槐塬村十组供水。工程建成后，解决了寇家河乡4个村15个组970户0.35万人的吃水问题，日供水能力209立方米。

工程于1996年8月开工，1998年12月完工，投资168万元，其中国家投资138万元，自筹30万元。

（10）张家塬供水工程。工程以冯坊河西干渠水和郝家坡水库为水源，经过4.7千米的输水管道，引水至位于柳家塬村的张家塬镇水厂，经过处理后再供水至张家塬、寇家河、城关3乡镇10个行政村55个村民小组，日供水能力600立方米，满足1.87万人、0.4万头大家畜用水需求。

工程分两期施工。2008年4月至2009年6月，一期工程建设投资725万元，建成净化处理和管网设施。2009年9月至2010年12月，二期工程建设投资110万元，建成信息化、自动化监控中心。

（11）水沟供水工程。工程以腰鞍山五股泉水为水源，经过1.76千米的输水管道引水至位于孙家塬的水沟水厂进行处理后，再经过20.68千米供水管道至水沟、柿沟、草碧、寇家河、城关5乡镇的川道23个行政村，日供水能力1495立方米，满足2.65万人、0.7万头大家畜用水需求。

工程总投资1333万元，分两期施工。2008年4月至2009年6月一期工程，建成输引水管道、水厂和水沟至冉家沟供水管道；2009年9月至2010年12月二期工程，建成水沟至段坊北线供水管道。

二、农村供水

陇县北部山区和南部山区一些村庄，人畜饮水十分困难，群众要到几里外深沟担水驮水。有的饮用沟水、河水、泉水，遇到天旱，河沟干涸，遇到雨涝，山洪下泄，河沟涨水，不能饮用。有的村庄水质不好，严重危害人民的身体健康。

新中国成立后，陇县人民政府把解决农村人畜饮水作为主要任务之一，从1958年开始，先在山区打窖挖池引蓄雨水，之后发展到掏箍泉水、打机井、修建抽水站，把经过化验基本符合卫生标准的好水，通过机电设备，抽上山解决有地方病和缺水村庄的人畜饮水问题。对于修建饮水工程所需资金，本着自力更生为主、国家补助为辅、困难大的多补助、困难小的少补助的原则，动员组织人民群众，加快工程建设。至1989年底，全县已建成人畜饮水抽水站154座，解决了6.3万人和1.79万头大家畜的饮水困难，也使地方病发病率有了明显下降。

（一）千河人畜饮水站

麻家台乡地处县东北部浅山区，地下水源缺乏，水质不好，大骨节等地方病较为严重，群众不能安居乐业，多数儿童、少年每年春冬要到川塬地区亲友家里居住“换水”。1958—1974年，该社曾采用打水、用药物进行水处理等方法改水，均未成功。1975年3月始建千河人畜饮水站，1978年10月建成。从东风公社峪头生产大队引泉水和机井水，埋设管道通过千河，经交界村上山至猪头山生产大队，总扬程688米，长19千米，解决了麻家台公社的席家堡、张家庄、柳家山、柏树坡、珠头山、麻家台和东风公社的戚家坡等8个生产大队1959人和1565头大家畜的饮水问题。

千河人畜饮水站站址在东风公社戚家坡大队。共修建机房7座33间，安装水泵13台1625千瓦，安装主管道19.15千米、支管道308千米，建成蓄水池48处，总蓄水量2495立方米，供水点34处，总投资5085万元，其中国家投资41.54万元。

1983年后，千河人畜饮水站设备逐渐老化，通过千河的管道被洪水冲垮，停止供水。1985年重新设计，国家又投资9万元，进行改建和管道更新，增开水源井1眼，新装水泵机组6台，使供水恢复。该站建成9年来，使麻家台乡的地方病明显减轻。据对人饮站供水的453人调查，建站前有大骨节病的136人，占供水人口的30%，饮用好水后，病情好转的109人，占原患病者的80%。7岁以下儿童86人，患病的只有3人，占3.4%。

（二）向阳人畜饮水站

主要解决唐家庄乡的段家庄、老庄、黄崖村和城关乡穆家寨村3、4组，杜阳乡步湾村共1210人、433头大家畜的饮水问题。工程始于1975年4月，1977年底建成。在穆家寨生产大队南川打井抽水上山，扬程600米，五级抽水至老庄，约10千米。共修建机房5座10间，安装水泵5台、电机5台，修蓄水池7座，可蓄水210立方米。安装主管道9.8千米、支管道10千米，设供水点13处，总投资11万元，其中国家投资46万元。

（三）北峰人畜饮水站

站址在陇县木器厂南侧，并抽木器厂井水，埋设管道通过北河上山，解决城关乡北坡村、唐家庄乡耀先、黄家山、唐家庄村的2100人、576头大家畜的饮水。1977年4月开始修建，1980年5月建成。总扬程520米，共修建机房4座11间，安装水泵4台，主管道9千米，支管道12千米，设供水点11处。总投资1343万元，其中国家投资955万元。

40年来，陇县水利建设取得了重大成就，也发生过一些失误，造成一定损失。

一是缺乏深入调查研究，盲目蛮干。1959年4月14日开工的关山一渠，引南峡沟水上山，渠道盘山高达250米，渠长283千米，要过28条大沟，修建时日上劳力达万人之多。同年5月31日，土渠、路面全部完成。1958年5月开工的关山三渠，由曹家湾公社的石关沟引水上山，到温水公社的柿树塬退入千河，全长501千米，经过大小沟道126条，投工25.8万个，开挖土方69.3万立方米，石方44万立方米。1960年开工的花园寺果，已修通103千米主干渠。这3条引水工程，都是在“大跃进”中群众投资兴建的。均因水源不足，盘山绕沟，渠线过长，耗费劳力、资金太多，导致半途而废。

二是只看数量，忽视效益。1976年，在温水公社田家河生产大队建的大口井群，共建井56眼。县上开现场会，表扬推广，而真正能起作用的仅4眼，群众讽之为“副业井”（每眼井国家补贴500元）。

三是仅凭长官意志，违反自然规律。在学习昔日经验中，大搞与水争地，侵占河床，只讲拓出河滩地，不讲造田的实际效益。耗费大量劳力、资金修建的李家河、水银河、大杜阳沟、八渡河等堤防工程，几乎全被洪水冲毁，所剩无几。

1976年，凤翔县长青镇建成石头坡供水工程，设计供水能力185立方米每日，实际供水量106立方米每日，受益人口2648人。

1990 年后，陇县、千阳县先后实施甘露工程、人饮解困工程和农村饮水安全工程，使农村供水建设由单村供水向连片集中供水方向发展，人畜饮水状况得到改善，供水状况逐年改观。

1975—1986 年，以山泉、井水为水源，千阳县兴建单村人饮站 213 处，主要解决地方病区和冯家山水库移民村组群众的用水困难。1988—1993 年，投资 26 万元，改建、修复邓家塬、孟家庄、干沟塬、三泉、南寨、史家坪、殿沟、水泉、新文等村深井 20 口、小高抽站 11 处，提高供水能力。

1991—1992 年，陇县实施以工代赈人畜饮水工程，新建和改建了跃先、峡口、大柳树等 35 个村供水设施。其中管道自流引水工程 6 处、泵站抽水工程 29 处，解决了 2.26 万人和 0.73 万头大家畜的饮水困难。1992 年，全县始推自来水进户 176 户。1996—1999 年，陇县实施甘露工程，先后新修和改建固关、咸宜关、黑沟门等 23 村供水设施，其中管道自流引水工程 5 处、泵站抽水工程 17 处、人饮工程 1 处 30 眼，解决了 5.16 万人和 3.63 万头大家畜饮水困难，2100 户农村居民实现自来水入户。

1992—1998 年，千阳县南寨、崔家头、董坊水厂建成后，全县单村人饮站减至 110 处。1996—2006 年，经过省“甘露工程”和“人饮解困”项目支持，分两批（每批 55 个站）改建 110 个村、组抽水站，改水率 70%，改水覆盖人口 5.9 万人。2007 年以后，利用冯家山水库后期扶持、汶川地震灾后重建及安全用水等项目资金支持，在川塬区 22 个村组新建供水站 17 个，升级改造原抽水站 29 座，正常供水率达到 95%。至 2010 年 12 月，全县川塬村组全部实现乡镇集中供水，26 个山区村组设集中供水站（点）35 个，供水人口 1.24 万人。

2008 年 6 月，凤翔县在长青镇实施农村饮水重点工程，供应范围为长青镇长青、石头坡、罗钵寺 3 村和镇区学校及驻镇企事业单位，共 5600 余人。打深机井 1 眼，配套潜水泵 7 套，变压器 1 台，200 吨蓄水池 1 座，加压泵房、加氯间、管理房设施 130.5 平方米，埋设供水管道 29.1 千米，总计投资 296 万元。2008 年 6 月动工，2009 年 5 月竣工投产。

凤翔县落实《凤翔县 2008—2012 年农村饮水项目实施规划》，按照“规模集中，板块推进，标准统一，因地制宜”的建设思路，完成投资 8730 万元，新建横水、唐村、长青、汉封、尹家务 5 个乡镇集中供水工程；建成汉封五指岭供水工程，解决汉封全乡关村嘴、马连滩、刘家河、后沟塬、程家塬、西沟、豆村、关村 8 个行政村 8400 多人的饮水问题。

2009 年，省市安排农村安全饮水项目 3 批 7 次 20 处，完成投资 948 万元，解决 17662 人的饮水问题。

2010 年，省市安排农村安全饮水项目 2 批 2 次 13 处，兴建了千阳县张家塬等集中供水工程信息化自动化管理设施，解决 7805 人的饮水问题。

至 2010 年底，千阳县共建人饮安全供水工程 221 处，解决了 84 个村、441 个村民小组、7.5 万人的安全饮水问题，占应解决总人数的 78.4%。规模较大的几处单村人饮站：景家川人饮站、雪白殿人饮站、庙岭人饮站。

至2010年，千阳县保存灌溉站59处，设施灌溉面积23723亩。解决了崔家头、闫家岭两个旱塬8个村、46个组、1360户、0.53万人的吃水困难问题。人饮工程从1994年开工，到1996年竣工，总投资180万元，其中国家投资150万元，村组自筹30万元。

2001年，新修和改建了温河、柳曲塬等8处农村供水工程，其中管道自流引水工程3处、泵站抽水工程3处、集雨水窖工程2处146眼，解决了7700人和0.33万头大家畜饮水困难问题，发展自来水进户698户4060人。2001—2002年，在火烧寨、李家河、河北、天成等13乡（镇）52村新建人饮水窖3278眼，集雨场总面积18.23万平方米，可蓄水4.38万立方米；新建和改建东南镇纸沟、后沟等9处人饮站工程，解决了2.07万人和0.65万头大家畜饮水困难。

2002—2007年，陇县妇联协同县水利局组织实施“大地之爱·母亲水窖”工程，在曹家湾镇米家山、金山寺、跃先村，河北乡东坡村，天成镇张家山、桐水峪村和李家河乡苏家塬、赵家塬等村建成人饮水窖815眼及小型集中供水工程1处，解决了6村1072户3862人和1242头大家畜的饮水困难问题。2003—2004年，新修和改建腰庄、岭南、高庙等人饮站33处和人饮水窖10处743眼，解决了5273户2.76万人和0.91万头大家畜饮水困难问题。2007年4月，在杜阳、八渡、东风、牙科、堎底下、东南、李家河、河北、天成、曹家湾和城关等11乡（镇）20村新建和改建供水工程，解决了2.08万人和0.51万头大家畜饮水问题。

2007—2009年，陇县水利局利用农村饮水安全专项资金新修、扩建李家河乡郭家山、槐庄和火烧寨乡苟家寨等34处农供水工程，3.39万人和0.95万头大家畜用上了安全饮用水。

至2010年底，陇县有农村供水工程366处，其中泵站抽水221处、自流引水71处、人饮水窖74处，解决了130村16.40万人及6.88万头大家畜的饮水困难及安全问题。

2017年，陇县完成温水、城关、曹家湾、河北等乡镇农村供水工程52处，共解决1.8万人的饮水困难和饮水安全问题。在温水镇李家河村山庄、上庙嘴和高家河两处搬迁点实施完成了农村饮水工程，解决了92户380人的饮水问题。

陇县城乡一体化供水工程计划投资1.2亿元，以段家峡水库为水源，新建处理能力4万立方米水厂一座，配套铺设输配水管线83.5千米。2020年后，该工程已批复立项，完成王马嘴水厂建设用地29.55亩地表清理、果树移栽工作，土地手续正在办理之中。计划年内开工建设，2025年竣工投入运行。建成后，解决天成、城关（含县城区）、东南、东风、八渡等5镇41个村群众生活用水及县城区中长期发展用水需求，有效提升供水质量，促进城乡供水融合发展。

宝鸡市蟠龙塬区城乡供水一体化工程供水范围涉及陈仓区贾村镇和县功镇、金台区蟠龙镇和金河镇、高新区千河镇3区5镇109村，可集中解决近20万群众安全饮水和产业发展、城乡建设等用水问题，供水覆盖面积约173平方千米。该工程新建日处理能力3万立方米的白荆山水厂1座，铺设输配水管网系统，管道总长约200千克，新建泵站2座、调蓄水池3座，并配套建设智慧水务管理系统。工程总投资约3.46亿元，预计2023年8月竣工。

第三节　工业供水

冯家山水库大坝以上控制流域面积 3232 平方千米，占千河流域总面积的 93%。千河流域多年平均流量 4.85 亿立方米，流域水资源量在宝鸡属于富水区域。地表径流主要集中在千河的上中游流域，下游流域产流甚少。设计多年平均流量 15.4 立方米每秒，年均径流量 4.85 亿立方米。据 1957—2001 年实测，多年平均径流量 4.09 亿立方米，多年平均流量 13.0 立方米每秒。据千阳水文站观测资料，1974—2003 年 30 年间，累计入库 107.9838 亿立方米，年平均入库 3.5 亿立方米。从 2010—2019 年实际运行情况来看，冯家山水库年平均入库水量 35188 万立方米，实际出库 34350 万立方米，其中输水洞出库 6750 万立方米，一级电站出库 15591 万立方米，泄洪 12009 万立方米。可见，每年有 1.2 亿立方米的水资源被弃泄掉，没有得到充分的开发利用，是巨大的资源浪费。

随着经济社会的发展，冯家山水库供水从单纯以本灌区农业供水为主，逐渐向相邻灌区调剂供水、工业供水、城市供水等领域扩展。20 世纪 80 年代初期，水库开始向毗邻的宝鸡峡灌区调剂水量，到了 90 年代，引冯济羊输水工程、宝鸡第二发电有限责任公司供水工程、宝鸡市市区供水工程、长青工业园供水工程相继建成投入使用。进入 21 世纪以来，冯家山水库向凤翔灵山供水，冯家山水库向凤翔县城供水，冯家山水库向千阳南寨水库调剂供水，灌区孔头沟水库向岐山县城供水，祁家沟水库向岐山北三乡（蒲村、青化和祝家庄）供水工程相继建成。灌区刘家沟水库、王家沟水库已实现了向扶风官务水库调剂供水。正在全面实现水库水资源的多元化利用，冯家山水库向渭北塬区城乡供水已具雏形，初具规模，被誉为“关中水龙头”。

冯家山水库建成 44 年来，创造了巨大的社会效益和经济效益。截至 2018 年春灌，累计向灌区供水 40 多亿立方米。为灌区争创粮经效益 60 多亿元。灌区以宝鸡 23% 的耕地面积，生产出了全市 45% 的粮食，被誉为宝鸡第二粮仓，为宝鸡市城乡和宝鸡二电厂、长能化工累计供水 6.5 亿立方米，实现经济收入 1.9 亿元。

截至 2023 年 7 月，冯家山水库累计向宝鸡市区提供生活用水 6 亿立方米，向外灌区调水 1.48 亿立方米，为宝鸡乃至全省经济社会发展作出了贡献。每年向二电厂供水 4000 万立方米。

为满足当前及今后麟游县两亭工业园区用水需求，从根本上解决麟游县水资源短缺问题，保障全市能源化工产业快速发展，计划实施冯家山水库向麟游县两亭工业园区引水工程。该项目初拟为Ⅲ等中型供水工程，工程拟从冯家山水库取水，经多级泵站加压提水到需要的高程后，再由明流隧洞和压力管道输水至丁家河事故调蓄池，最后分别向陕西麟游经济技术开发区和麟游能源化工基地供水。工程取水口设计流量为 1.3 立方米每秒，年取水量约为 3900 万立方米，线路总长约 60 千米，建设内容包括提水工程、输水工程及调蓄工程三部分。施工总工期 48 个月，经估算，总投资约 20 亿元。

宝鸡市委、市政府高度重视冯家山水库向陕西麟游经开区引水项目，该项目自 2018 年启动前期工作，于 2019 年 6 月委托陕西省水电设计院编制完成了《冯家山水库向麟游天堂工业园引水工程可行性研究报告》。同年 9 月，宝鸡市水利局向省水利厅上报了《冯家山水库向麟游天堂工业园引水工程可行性研究报告》的请示，努力实现麟游资源型缺水和工程性缺水两大改变，为麟游经济腾飞奠定基础。

第五章　水资源利用开发

千河流域水资源开发利用率高，同时利用水能发电、进行水产养殖。本章论述了水产养殖、秦岭细鳞鲑保护及水电开发情况。

第一节　水产养殖

一、千阳县水产养殖

千阳县土地总面积 996.46 平方千米，其中水域面积 8055 亩，不包含 14.9 平方千米属冯家山水库管理局，滩涂面积 15000 亩，都可发展渔业生产。

至 2010 年，全县有可养殖面积 1032 亩，占总水域面积的 12.8%，有养殖面积 890 亩，占可养殖水面的 86%（见表 2-5-1）。其水域资源主要有入境河流水域、县境内河流水域和库塘水域。

表 2-5-1　千阳县已养殖水面

单位：亩

乡镇项目	已养殖水面面积	其中			备注
		水库	池塘	专养池	
城关	140	128	12		
崔家头	60	37	23		
南寨	160	158	2		
沙家坳	35	30	5		
文家坡	150	140	10		
张家塬	30	30			
寇家河	150	87	63		
草碧	84	35	49		
水沟	20	20			
柿沟	31		31		
县站	30			30	
合计	890	665	195	30	

（一）鱼类养殖

千阳县水域中生存的鱼类有5目、6科、16种（见表2–5–2）。鲤鱼类为最大鱼种群，有11种，占68.8%，其他各科5种，占31.2%。清康熙五十二年《陇州志》记载，“鱼龙川，源出小陇山东北，流中有五色鱼，人不敢取。”杜甫“水落鱼龙夜”的诗句即描述此地。

新中国成立后，先后人工繁育的特种鱼类有秦岭细鳞鲑、马口鱼、修条、鲤鱼、草鱼、鲢鱼、鳙鱼、鲫鱼、麦穗鱼、鲂鱼、鱼皮鱼、棒花鱼、鲶鱼、泥鳅、黄鳝等15种，以及螃蟹、鳖、蚌、虾等水生动物。1970年后，推广养殖生产人工繁殖四大家鱼（草、鲤、鲢、鳙）；1985年以后，先后引进推广了罗非鱼、团头鲂鱼、红鲤鱼、黄河鲤鱼、高背鲤鱼。

表2–5–2　千阳县鱼类资源情况

目别	科别	种数	种名	其中	
				引进鱼种	有害鱼种
鲤形目	鲤科	11	草鱼、鲢鱼、鳙鱼、鲫鱼、马口鱼、麦穗鱼、鳑鲏、修条、棒花鱼、团头鲂鱼、红鲤鱼	团头鲂 红鲤鱼	马口鱼 修条
	鳅科	1	泥鳅		
鲑形目	鲑科	1	秦岭细鳞鲑		
鲶形目	鲶科	1	鲶鱼		鲶鱼
合鳃目	合鳃科	1	黄鳝		
鲈形目	罗非科	1	罗非鱼	罗非鱼	
合计	6	16	16	3	3

（二）渔业生产

千阳县渔业生产是从1957年起步的。为了贯彻“五业并举，全面发展”的方针，城关管区上湾、黄里管区光明、文家坡管区七一、沙家坳管区水泉等农业生产合作社利用天然沟溪或泉水开挖成鱼塘。1958年、1961年分两次投放引进的鱼苗56.25万尾，开始人工养殖成鱼，发展渔业生产。

全县有鱼种池16个，养殖水面75亩，生产水花250万尾，夏花50万尾，鱼种35万尾。2010年，全县生产水花250万尾，夏花60万尾，鱼种30万尾。鱼种的品种也由最初鲤鱼科中的草、鲤、鲢、鳙四大种发展到后来的5目、6科、16个种类。

千阳县人工渔业养殖主要分布在川塬10个乡镇的水库、池塘，其经历了不同的发展阶段。随着渔业产业的不断发展，成鱼养殖逐步多样化。

2010年，全县养殖水面890亩，年生产成品鱼75吨（见表2–5–3、表2–5–4），平均亩产84.3千克。

表 2-5-3　千阳县成鱼生产情况

年度	养殖面积 / 亩	产量 /t	平均亩产 /（kg/ 亩）
1975	899.9	0.9	1.0
1976	923.9	1.2	1.3
1977	1000.3	2.2	2.2
1978	869.9	3.3	3.8
1979	897	3.7	4.12
1980	873	6	6.87
1981	864	1.4	1.6
1982	882	3.7	4.2
1983	997	4.6	4.6
1984	937	7	7.5
1985	890	10	11.2
1986	300	15	16.7
1987	1200	20	16.7
1988	1300	25	19.23
1989	1250	30	24
1990	920	30	32.6
1991	890	35	39.3
1992	880	35	39.7
1993	850	40	47.1
1994	810	40	49.4
1995	900	45	50
1996	710	50	70.4
1997	690	50	72.5
1998	680	50	73.5
1999	690	55	79.7
2000	690	55	79.7
2001	700	60	85.7
2002	710	60	84.5

续表 2-5-3

年度	养殖面积 / 亩	产量 /t	平均亩产 /（kg/ 亩）
2003	690	60	86.9
2004	890	79	88.8
2005	890	80	89.9
2006	890	80	89.9
2007	890	80	89.9
2008	890	65	66.3
2009	890	70	71.4
2010	890	75	84.3

表 2-5-4　千阳县鱼苗、鱼种生产情况

年度	鱼种池面积 / 亩	鱼苗 / 万尾	鱼种 / 万尾
1975	18.6	34	3
1976	18.6	10	7
1977	18.6	27	6
1978	18.6	28	14
1979	18.6	20	7
1980	18.6	11	6
1981	18.6	14	3
1982	18.6	18	6
1983	18.6	17	8
1984	30	150	12
1985	30	120	25
1986	30	130	24
1987	30	140	26
1988	40	150	27
1989	50	160	25
1990	60	180	27

续表 2-5-4

年度	鱼种池面积 / 亩	鱼苗 / 万尾	鱼种 / 万尾
1991	70	210	20
1992	80	240	28
1993	85	255	29
1994	90	270	21
1995	95	285	23
1996	100	300	28
1997	120	360	29
1998	150	345	30
1999	110	330	28
2000	100	300	30
2001	95	285	27
2002	90	270	24
2003	80	240	25
2004	75	225	20
2005	75	230	25
2006	75	240	30
2007	75	250	35
2008	75	250	30
2009	75	250	30
2010	75	250	30

二、陇县水产养殖

陇县养鱼业始于 1958 年。当年，有 14 个养鱼水面 46 亩（含今宝鸡县县功镇），改变了数千年来鱼类资源自生自灭的状况。但由于技术推广赶不上，又遇 3 年经济困难，使刚刚起步的养鱼事业在 20 世纪 60 年代又陷于中断。1970 年，在抓多种经营中，重新提出发展水产养殖事业，公社、生产队集体陆续修建池塘，发展养鱼。1975 年，成立了县水产站，从此养鱼事业走上正轨。

（一）水产资源

陇县属于北温带半湿润半干旱季风气候区，水域冰冻期为 60 ~ 90 天，冰层较薄，利于鱼类越冬。年日照时数 2033 小时，年大于 10 摄氏度积温 3431 摄氏度，热量适合，宜于鱼类饵料生物繁殖生长。水质条件较好，河流水质年平均总硬度 3608 毫克当量每升，总碱度 3425 毫克当量每升，pH 值为 7.9，可满足鲤科鱼类养殖。除化工厂、纸厂工业废水对鱼类有害外，其他尚无大的污染源，发展水产养殖条件良好。鱼类资源有马口鱼、餐条、鲤、鲫、麦穗、鳑鲏、泥鳅、黄鳝、棒花、丁纱、鲶等 19 种及螃蟹、蚌等水生动物。近几年引进了草、鲢、鳙、团头鲂、兴国红鲤、黄河鲤、罗非等品种。饵料资源，有大量的野生禾本、单子叶草类，引进的草木犀、毛苕子等。传统生殖的苜蓿、藻类、浮游生物也是鱼类的好饲料。

（二）渔业生产

1. 养殖水面

截至 1987 年，陇县共建成鱼池 88 个，水库 9 座，已养殖水面 1061 亩，其中国营 660 亩，乡、村集体 352 亩，专业户 49 亩。各类水域情况是：

（1）富营养型。有丰收、兰家堡、演峪山 3 座水库，水面面积 64 亩，平均水深 3 ~ 5 米。水质肥沃，生物量多，鱼类生长快，多年平均亩产 15.6 千克。

（2）一般营养型。有段家峡、艾家沟、韦家庄、枣林寨、后沟等 6 座水库，水面面积 702 亩，平均水深 3 ~ 10 米，天然饵料缺乏，水体交换量大、水质较瘦，冬季冰封时间长，水温回升慢、生长期短、产量低，多年平均亩产 1.5 千克。

（3）池塘类。共有池塘 88 个，水面面积 295 亩，均系人工开挖和修建，平均水深 1.3 ~ 3 米，水源条件较好，便于施肥投饵和管理，单产较高。1972—1985 年，平均亩产 25.5 千克。

1990 年，陇县有水产养殖水面 1064 亩，水产品年产量 20.10 吨。1997 年，陇县生产夏花鱼 130 万尾，成活率 80%，单产比上年提高 40%。同年，丰收水库、段家峡水库网箱养鱼面积由 50 平方米发展到 175 平方米，网箱养殖罗非鱼产量 4 吨多，全县水产品产量 25 吨。1998 年水产产权制度改革，全县有精养池塘 100 亩。东风镇西沟村池塘养鱼水面 30 亩，年产成鱼 7.50 吨，平均亩产 250 千克；温水镇把关口鱼池 40 亩、李家磨鱼池 9 亩、史家铺鱼池 10 亩，曹家湾镇南坡鱼池 9 亩。段家峡水库 618 亩养殖水面捕捞成鱼 12.50 吨，网箱养鱼 7 吨，平均亩产 31.55 千克。2006 年，陇县水产养殖面积增加至 1125 亩，成鱼年产量增加到 65 吨。至 2010 年，全县成鱼年产量 70 吨。

2. 鱼苗鱼种

鱼种生产，1973 年始在社队试养，获得成功，1984 年转向国营，进行规模生产，年产鱼种 1478 万尾，基本自给。1983 年，县水产站孵化鲤、鲫鱼成功，年产水花 1.5 万尾，6 年累计孵化 50.2 万尾，出夏花 30.2 万尾，除满足本县自用外，始有外销。1989 年，陇县有苗种池 26 个，水面面积 46.9 亩。其中国营 21 个，面积 40.6 亩；乡、村集体 5 个，面积 6.3 亩。草、鲢、鳙鱼等鱼苗多从外购。

1995 年春，陇县水产站引进建鲤水花鱼苗 20 万尾池养，翌年共繁育鱼种 26 万尾。1996 年，调进 10 万尾水花鱼苗，草、鲤、鲂鱼分别占 30%、40% 和 20%。同年，八渡水管站甲鱼场人工孵化幼鳖 620 只，孵化率 95%。1998 年，陇县苗种精养池增至 30 亩，调进水花鱼苗 50 万尾、夏花鱼苗 10 万尾，生产大规格鱼种 30 万尾。2000 年，调进水花鱼苗 90 万尾，生产大规格鱼种 30 万尾，外销夏花鱼 10 万尾。2004 年，全县繁育鱼种 40 万尾，鲂鱼、草鱼比重增大。2005 年后，陇县鱼种生产以自繁自育为主、外购为辅。2009 年，咸宜关林场养鱼场成功孵化出虹鳟鱼苗，并饲养为成品鱼。至 2010 年，全县有县水产站、段家峡水库鱼种场、八渡细鳞鲑增殖放流站 3 家鱼种生产单位，年产鱼种 30 万 ~ 40 万尾；八渡细鳞鲑增殖放流站孵化虹鳟、金鳟鱼苗成功。

3. 人工养鱼

以乡村集体经营为主，陇县养鱼单位中，集体占 94%，国营、专业户各占 3%；水面集体占 33%，国营占 62%，专业户占 5%。养殖品种始以草鱼为主，后因草鱼病多，调整为草、鲢各占 40%，鳙鱼占 10%，其他底层杂食性鱼类占 10%。饲养方法以天然生养为主、人工养殖为辅，产量低而不稳，1990 年捕捞成鱼 20 吨。

陇县水产养殖技术推广由县水产站负责，采取定期、不定期集中培训养殖人员、上门指导养殖技术。

1987 年，县水产站试行网箱养鱼。1988 年，水产站在丰收水库布设网箱 2 个，养殖面积 50 平方米；购回大规格罗非鱼种 300 千克，用配合饲料喂养，鱼苗生长快、个体大，平均尾重 262.70 克。

1991 年起，东风镇西沟村鱼塘开始投放大规格草、鲤鱼鱼种，当年成鱼全部出塘，产量比上年增加 1.50 倍。1995 年，县水产站在丰收水库网箱养鱼 25 平方米，当年捕捞罗非成鱼 1.50 吨。1997 年段家峡水库开始网箱养鱼试验，2000 年后因成本过高、管理难度大终止。

（三）渔政管理

1975 年成立了陇县水产工作站，负责繁殖鱼苗、传播养鱼技术、库塘养鱼捕捞等工作。

1981 年起，对全县农村 68 处 1061 亩水面全部推行了大包干的养殖承包责任制。给其中 48 处 927 亩水面的承包户发了水面使用证，把责、权、利统一了起来，国营的 24 个池库 660 亩水面实行了定人员、定产量、定产值、定利润和超定额奖励的“四定一奖”责任制。

至 1989 年底，陇县有渔业养殖职工 11 人，养殖劳动力 66 人。其中专业人员 9 人（含专业户 2 人），捕捞设备有 2 吨位 7 马力的机动渔船两艘，7 吨位的非机动船 7 艘，各种网具 37 片，长 1850 米，能独立完成各种水域捕捞作业。

陇县浩丰水产养殖专业合作社投资 200 万元在东风镇梨林川村磨沟建立了鳟鱼养殖基地，养殖面积 5000 余平方米，引进了鲟鱼、金鳟、虹鳟等名特优品种。新增养殖水面 45 亩，水产品总量连年保持 110 吨左右，产值 320 余万元。2014 年，换发新版养殖证 10 本。2015 年，引进锦鲤等 30 多种观赏鱼 500 万尾，水产品总量 110 吨，产值 342 万元，养殖水面 1180 亩。先后争取渔业基础设施、渔业标准化健康养殖扶持项目等项目资金 361 万元。

三、冯家山水产养殖

1973 年 10 月，成立了冯家山水库养鱼场。位于水库大坝下游千河右岸的河滩，避风向阳，地势平坦，总面积 234 亩。养殖水源来自冯家山水库，年总用水量 12.87 万立方米，现有鱼塘 27 个，保温棚 2640 平方米，冷库 90 立方米，育苗车间 600 平方米，总养殖水面 100 亩。

1975 年，试养鱼种 46 亩，初步形成以渔业为主，农、牧、副业相结合的渔场雏形。

1977 年 12 月，在库区千阳县黄里村旁设立捕捞点。

1983 年，渔场的捕捞班更名为水库捕捞队。

20 世纪 80 年代初，冯家山水库被确定为全省和宝鸡市商品鱼基地。冯家山水库也加大了鱼种投放量，设置了拦鱼栅设备，配备捕捞船只和网具，水产养殖形成了以大库养殖为主，繁、育、管、捕专业化的生产模式。

1985—1995 年主要以网箱养殖为主，大库捕捞、饲料加工并举，规模进一步扩大。1985 年，宝鸡市水产站和管理局鱼场在水库开展网箱养殖鲤鱼试验，获得成功。同时，为开展以渔业为主的综合经营，鱼场扩建养猪场和淀粉车间，为养鱼开辟了新的饵料来源。

20 世纪 90 年代初，大力提倡综合经营，渔业生产迅速发展，渔场和渔业队网箱养殖鲤鱼规模迅速扩大。网箱养殖总规模达到 5 亩，产值收入超过大库散养。水产品除省内销售外，还远销到甘肃平凉、天水等地，扩大了销售市场。

1997 年，引进太湖银鱼进行大库养殖取得成功，并与江苏等地的经销公司签订协议，捕捞后直接销售。

1999 年，鱼场停止了网箱养鱼。调整渔业经营思路，引进新技术、新产品，养殖名特优品种。鱼场开始养殖斑点叉尾鮰、乌鳢等新品种。

2001 年，鱼场引进史氏鲟鱼，成为省内首家成功驯养鲟鱼的单位，之后又扩大了养殖规模。

2008 年开展净水性鱼类生态养殖、池塘无公害养殖、冷水性鱼类流水养殖等。开始发展以花白鲢为主养品种的净水渔业生态养殖。同时，成立宝鸡市冯家山水库库区管理处和宝鸡市冯家山水库安全保卫大队。

2019 年与西北农林科技大学合作，成立了院士专家工作站。2022 年，成立“宝鸡市冯家山水库鱼场院士专家工作站”。

2021 年创建了“国家级水产健康养殖和生态养殖示范区”。

2023 年，水库大水面养殖的鳙鱼、鲢鱼、银鱼，经中国绿色食品发展中心审核，认定为绿色食品 A 级产品，许可使用绿色食品标志。

2023 年，水库大水面养殖的鳙鱼、鲢鱼、银鱼，经南京国环有机产品认证中心有限公司认证，获得有机转换认证证书。

除养殖草鱼、鲤鱼、武昌鱼、鲢鳙鱼等外，还先后引进斑点叉尾鮰、鲟鱼、鳟鱼、乌鳢、三倍体虹鳟等冷水性鱼类。2001 年将史氏鲟鱼养殖成功，成为陕西省内首家成功驯养鲟鱼的单位；2019 年试养鲈鱼取得成功并步入规模养殖，填补了渭北旱塬水产养殖的空白。现年养殖鲟、鳟等商品鱼 100 多吨，年收入 250 万元。年培养鲢鳙鱼苗 300 万尾，养殖鱼种、成鱼 40 多吨，实现年收入 40 万元。鲈鱼由 2019 年小规模试养成功，现已建立大棚温室，养殖规模达 5 万尾每年。鱼货产品除远销甘肃省、青海省、宁夏、河南省，以及陕西省西安、延安等省内外大中城市外，2020 年已成功成为盒马鲜生供货商，并与之签约成为商品鱼生产基地。

开展水产养殖以来，在渔业新品种试验和技术推广方面先后获省部级科技成果三项，市级科技成果十项，达到了国内先进、省市领先水平。养殖的鲟鱼、鳟鱼、草鱼、鲤鱼被农业农村部认定为无公害水产品，多次被省、市评为水产技术推广先进单位和安全生产先进单位。被农业农村部认定为"健康养殖示范场"，被省渔业主管部门批准为"无公害渔产品养殖基地""省级水产良种场"，被宝鸡市人民政府命名为"农业产业化重点龙头企业"。

冯家山水库自1974年下闸蓄水后就开始花白鲢渔业生产养殖，养殖面积2万亩左右。1974—1996年水库以网箱养殖和大水面养殖为主，1998年水库向宝鸡市区供水后，为保护水源，撤销了网箱养殖设施。

作为一级水域保护地，充分发挥渔业在水域生态修复中的作用，科学利用水生生物资源，加强水域环境保护，水库养殖坚持健康养殖和生态养殖，科学系统地建立了生态养殖技术操作规程和质量控制规范等制度体系，做到了人放天养，不投饵，不施肥。实现了以鱼拟藻、以鱼净水、以鱼固碳，有效保护和修复了水库水域生态环境，科学实现了水质净化和渔业经济互利共赢。

第二节　秦岭细鳞鲑保护

秦岭细鳞鲑又名梅花鱼、细鳞鱼、五色鱼，是国家二级保护动物，属鱼纲，鲑形目，鲑科，细鳞鲑属。宝鸡市陇县关山山脉是秦岭细鳞鲑的集中分布区之一。在陇县当地人们称为梅花鱼、五色鱼。据史料记载，早在北宋时期，陇县幽谷产的梅花鱼就被当作贡品进献朝廷。清康熙《陇州志》还详细记述了细鳞鲑的形态和生活习性。秦岭细鳞鲑背侧暗绿色，两侧红褐色，腹部白色。背部及两侧有大小不同的椭圆形黑斑，斑外缘有淡白色环状纹，鱼体两侧有六至七条带状条纹，背、尾鳍呈黄色，胸、腹、臀鳍橘黄色。秦岭细鳞鲑是典型的冷水性鱼类。其通常栖息于海拔1000米以上的山涧溪流或深潭中。水底多为大型砾石。秋末，在深潭或河道深槽中越冬。水质清新、低温、高氧及砂砾质的产卵基质是其必要的环境生存条件。秦岭细鳞鲑以水体底栖生物为饵料，摄食种类主要是沙蚕、各种水蚯蚓、摇蚊幼虫、小鱼和甲壳类。正常生存水体溶氧应在8毫克每升以上，pH值在5.7 ~ 7.8。秦岭细鳞鲑最小性成熟鱼龄为3 ~ 5龄，体重1000克以上，体长250 ~ 400毫米，雌雄比例接近于1∶1。产卵季节4—6月，产卵期水温20摄氏度左右，产卵场在水流湍急、水深不超过1米的砂砾底质的山涧溪流之中。秦岭细鳞鲑具有溯河逆游习性，每年5—6月由主河道进入山涧支流度过整个夏季，到9—10月由山涧支流进入主河道，聚集于深水潭中越冬，适宜生活水温9 ~ 22摄氏度，忍耐极限水温25摄氏度。秦岭细鳞鲑肉味鲜美，肉质鲜嫩，其卵可与大麻哈鱼媲美，营养丰富，生长速度快。

自20世纪80年代以来，由于全球气候变暖和人为破坏，秦岭细鳞鲑种群数量不断下降，分布范围逐渐缩小，已由海拔1000米向1200米以上的水域迁徙上升。据2001年市、县渔业主管部门对陇县千河和长沟河流域抽样调查估算，秦岭细鳞鲑的存量约为6.34万尾，规格为30 ~ 1150克，鱼龄在1 ~ 8龄，其中3龄以上的个体性腺发育良好。

一、秦岭细鳞鲑

秦岭细鳞鲑，为第四纪冰川期残留物的冷水性鱼类，对鱼类系统演化和古地理环境变迁等科学问题具有重要的研究价值，分布区较为狭窄，生长环境特殊，生态环境脆弱，易受全球气候变化和人类活动的影响，资源衰退严重。我国 1998 年就将其列入国家二级保护动物，加强保护，刻不容缓。

2001 年，市、县渔业主管部门在千河、长沟河流域抽样调查，发现秦岭细鳞鲑存量约 6.34 万尾。2001 年 11 月 29 日，陇县县政府决定建立陇县秦岭细鳞鲑自然保护区。

2004 年 4 月 27 日，陕西省人民政府《关于设立陕西天竺山等十个省级自然保护区和两个县级自然保护区晋升为省级自然保护区的函》（陕环函〔2004〕113 号），同意新建陕西省陇县秦岭细鳞鲑省级自然保护区。

2009 年 9 月 18 日，国务院办公厅以《国家务办公厅关于发布吉林松花江三湖等 16 处新建国家级自然保护区名单的通知》（国办发〔2009〕54 号）文件批复，批准陕西省陇县秦岭细鳞鲑省级自然保护区晋升为国家级自然保护区。

陇县秦岭细鳞鲑自然保护区地处县境内的关山山脉地区，保护区面积 65.59 平方千米，其中核心区面积 13.76 平方千米，缓冲区面积 31.97 平方千米，试验区面积 19.86 平方千米。2004 年 3 月，陕西省水产研究所在陇县西南部八渡河高楼村南岸投资 390 万元新建秦岭细鳞鲑增殖放流站。该站驻址海拔 1017 ~ 1156 米，南、北、西三面环山，山体地貌高大，森林茂密，植被覆盖率高，向东河谷开阔，临近河道滩地树木成林，环境幽雅。2007 年，在咸宜关、马道、苏家河试验区和核心保护区建立起保护站 3 处，设置混凝土界桩 3000 个，界碑 12 个，标志牌 100 平方米。

2007 年 12 月，国家农业部批准，在陇县秦岭细鳞鲑自然保护区新建细鳞鲑驯养繁殖场、观测站及保护站，总投资 253 万元，其中国家投资 230 万元，市县配套 23 万元。工程于 2009 年 4 月开工建设，2010 年 6 月竣工。使陇县成为全国秦岭细鳞鲑产业基地，使细鳞鲑保护执法、生态观测、驯养繁育等工作更加有效地全面开展，提高了秦岭细鳞鲑保护区的管理水平。

2011 年起，保护区先后建立了八渡高楼、曹家湾咸宜关、固关马道、关山、苏家河等 5 处保护站。与林业、公安、环保部门协作，成立了关山、固关、八渡林业派出所及曹家湾派出所秦岭细鳞鲑保护警务室，聘请管护员 13 名，增强了保护力量。2014 年，在保护区千河上游固关段安装高清摄像头 6 处，实现了对该区域全天候远程监控。与环保、公安等部门开展联合执法行动，共查办案件 13 起，解救放生秦岭细鳞鲑 673 尾，罚款 1 万余元。

为了更好地保护好秦岭细鳞鲑，2018 年起，甘肃省华亭市申报成立了“甘肃华亭秦岭细鳞鲑国家级水产种质资源保护区”，经过连续 5 年的增殖放流、生长环境保护等巩固提升工作，该流域内秦岭细鳞鲑栖息环境不断改善，种群数量明显增加。

二、秦岭细鳞鲑繁育与保护

2008 年 4 月，保护区与中国水产科学研究所、华中农业大学协作开展秦岭细鳞鲑人工繁育，经过 3 个月努力，人工孵化秦岭细鳞鲑获得成功，获得幼苗 2000 尾，全部流放到保护区河流。2009 年 6 月，成功孵化细鳞鲑幼苗 7000 尾，全部流放到保护区河流，对全县细鳞鲑驯养、养殖和保护工作起到积极的推动作用。

陇县千河流域是国家二级水生保护动物秦岭细鳞鲑的集中分布区，涉及全县 5 个乡镇的 45 条河道，流域面积近 1100 平方千米，保护任务繁重。6 月 8 日，县政府制定下发了《关于严厉打击破坏秦岭细鳞鲑等水生动物资源的通告》，组织人员先后到 5 个乡镇、25 个村组、30 多条河流进行宣传和检查，并与当地村民签订联保协议书 3 份，建立举报点 3 处，遏制了破坏秦岭细鳞鲑资源的违法活动。2003 年 5 月 18 日至 6 月 15 日，陇县渔政监督管理站共查处秦岭细鳞鲑破坏案件 13 起，收缴作案工具 2 件，查获细鳞鲑 141 尾，其中 121 尾已放归大自然，20 尾经救护无效死亡已作处理，收缴罚款 175 元。

2006 年 9 月 8 日，陕西省陇县秦岭细鳞鲑省级自然保护区管理处挂牌成立。2003—2012 年，累计查处各类渔事案件百余起，解救秦岭细鳞鲑等水生野生动物 1000 余尾，为国家挽回经济损失 40 多万元，严厉打击了个别顶风作案的违法行为，有效遏制了破坏渔业资源和渔业生产秩序的不良势头，为陇县渔业生产和水生野生动物资源保护创造了良好环境。

陕西省陇县秦岭细鳞鲑自然保护区连年与中国水产科学院长江研究所、陕西省水产研究所协作，在陇县曹家湾咸宜关保护站开展秦岭细鳞鲑人工繁育研究，孵化出秦岭细鳞鲑幼苗约 3.6 万尾。2014 年 10 月，举办了秦岭细鳞鲑增殖放流活动，放流秦岭细鳞鲑幼苗 1000 余尾。2015 年，与天成特种水产养殖场协作，成功孵化秦岭细鳞鲑幼苗 2000 尾。至年底，累育 3 龄秦岭细鳞鲑幼苗 20 多尾，1 龄幼苗 3000 余尾。

2023 年 9 月 28 日，甘肃省华亭市积极争取渔业资源保护项目支持，采购秦岭细鳞鲑苗种 10257 尾并增殖放流。

三、川陕哲罗鲑（陇县）

川陕哲罗鲑，又名条鱼、贝氏哲罗鲑、四川虎嘉鱼、四川哲罗鲑等，属鲑形目哲罗鲑属，是国家一级保护动物。哲罗鲑属有四个成员，分别是哲罗鲑、欧洲哲罗鲑、川陕哲罗鲑、石川哲罗鲑，均为大型冷水性纯淡水鱼。

1988 年，川陕哲罗鲑被列为中国国家二级保护动物，同时被收录于《中国濒危动物红皮书鱼类》。2012 年，其被收录于《世界自然保护联盟红色名录》中，保护级别为极度濒危。2021 年，《中国国家重点保护野生动物名录》将其"升级"为一级保护动物。因野生种群数量极为稀少，被称为"水中大熊猫"。

川陕哲罗鲑主要分布在中国西部，特别是四川、陕西一些海拔较高的地方，包括四川省岷江上游（灌县至理县）、大渡河上游（泸定至阿坝、峨边），青海省班玛县（大渡河支流玛尔柯河）和陕西省太白山南麓的西太白河上游及湑水河上游部分地区。这里是生物多样性丰富的地区，这里的山涧溪流海拔高达 1000 米以上，常年水温较低，高山耸立，绿荫遮蔽，河窄水急，水中含氧量高，是适合川陕哲罗鲑这类冷水性鱼类生活的家园。

川陕哲罗鲑为山林溪涧冷水性鱼类，喜栖息于河底为石砾或石质的流水深潭中，性格活跃，游泳力强，喜单独活动。川陕哲罗鲑是山涧溪流中较大型的鱼类，一般个体 0.5 ~ 1.5

千克，最大个体可达8.5千克。川陕哲罗鲑属凶猛鱼类，肉食性，常捕食同水域生活的小鱼、条鳅及一些大型水生昆虫和两栖类。

川陕哲罗鲑生殖期间腹部、尾柄下半部及臀鳍呈橘红色。繁殖时，雌雄亲鱼共同筑窝，产卵窝分两次筑成，第二次筑窝时产卵，卵窝内有一雌一雄亲鱼，产卵时间一般在夜晚及清晨。

川陕哲罗鲑资源极为稀少，在北纬40°以南地区就更为稀少。川陕哲罗鲑在千河和甘肃长沟河流域以前常见，而且因其个体大，味道鲜美，是当地百姓最喜食的鱼类。但在2000年进行的资源调查中，经过约3个月的调查，8月12日，仅在千河支流咸宜河一处深潭中发现哲罗鲑，至今未再次发现。

第三节 水电开发

原始社会，我们祖先"刳木为升，剡木为辑"，借助天然河道，利用水利进行航运。西汉末东汉初，"水碓"广泛用于舂米，又创造出提水工具，人们利用水车原理创造了提水工具筒车。明清时期，千河流域利用水力榨油，油面轧花。新中国成立后，利用河流水利发展小水电、水较机，开始水能变为电能的电气化时代。陇县、千阳县分别被列入初级电气化试点县。

一、千阳县小水电

1958年5月，千阳县武装部组织700名复退军人组成施工队，利用千丰渠水力，在城西人腊庙开工建设"八一"水电站，因勘察不周、资金困难、无力购买设备等原因，于10月停建。1961年8月，采取民办公助的办法，水利部门在千丰渠出口建成装机容量55千瓦的"五一"水电站。1962年后，县、社、村先后建成红卫、"七五"及上下段坊、团结、梅沟、王家沟、白石河、涧口河、屈家湾、寇家河、石家沟、黄寀、高崖等大小水电站14座，安装发电机19台，装机容量1366千瓦。1970—1973年，团结、柿沟、王家沟、白石河、涧口河、寇家河、屈家湾水电站由于效益太低，相继拆除。1988年，高崖水电站停运关闭。至1990年，全县存小型水电站7个（县办4个、乡办1个、村办2个），总装机容量1180千瓦。1991年3月，列入国家"八五"农村水电初级电气化试点县后，当年10月至1995年7月，投资135.17万元，在草碧屈家湾村建成装机2台总容量360千瓦的草碧水电站。1995年3月至1999年10月，投资389万元，扩建寇家河水电站，装机容量500千瓦。2006年12月，扩建改造红卫水电站，装机容量达到4台800千瓦。至2010年，全县有小水电站9座，装机13台，装机总容量2040千瓦。

1961年8月，千阳县第一个水电站建成，翌年发电4900小时、发电量26万千瓦时，供应县城部分机关用电。1970年，全县12座水电站年发电时间在4900～5300小时，发电总量66万千瓦时，供应城区及周边机关单位、部分群众生产生活用电。1985年，小水电所发电量并入国家宝鸡电网营运。1988年，全县7座小水电站，年发电5180～5400小时、发电总量437万千瓦时。1995年、1999年，新建草碧和扩建后寇家河水电站后，年均新增发电量436万千瓦时。2004年5月后，以招商引资形式改制县属水电站，解决小水电站设备老化、效益下滑问题。寇家河水电站由县水利局直接管理，实行站长负责制：水沟水电站出售给县电力局管理。草碧、红卫、段坊、七五、五一水电站，整体出售给西安长海房地产开发公司经营。至2010年，全县正常运行的9座水电年发电时间5180～5440小时、发电总量1094万千瓦时，上网电量200万千瓦时。

小水电站从1958年开始，1962年至1984年是初始阶段，1985年至2010年千阳小水电站经历了发展阶段到大力兴办三个阶段，全县先后建设小水电站17座，其中停止运转和拆除8座，保留下来9座，装机容量2040千瓦，运行的水电站分别如下（见表2-5-5～表2-5-7）。

（一）草碧电站

草碧电站位于草碧镇屈家湾村西，距镇政府1.2千米处的宝平路南侧，为千丰渠北干梯级开发的第一级电站。原隶属县水利局，现改制为红卫水电有限责任公司民营。

（二）红卫电站

原名朱家湾电站，位于千丰渠北干渠约5千米处的草碧镇罗家店村。该站为千丰渠北干梯级开发的第二级电站。原隶属县水利局，现改制为红卫水电有限责任公司民营。

（三）寇家河电站

该站位于寇家河乡政府西1.0千米处宝平路南侧，为千丰渠北干梯级开发的第三级电站。该站于1995年10月开工，1999年10月建成发电。年发电量267万千瓦时。现隶属地方所有，由县水利局管理。

（四）上段坊电站

上段坊电站地处城关镇段坊村八组，为千丰渠北干梯级开发的第四级电站。该站于1982年5月动工，1982年12月建成发电。原隶属县水利局，现改制为红卫水电有限责任公司民营。

（五）下段坊电站

下段坊电站地处城关镇段坊村三组，为千丰渠北干梯级开发的第五级电站。该站于1969年12月动工，1970年12月建成。年发电量68万千瓦时。隶属城关镇段坊村所有。

（六）七五电站

七五电站位于县城西关宝平路南侧，1969年3月动工修建，1969年12月投产。为千丰渠北干梯级开发的第六级电站。年发电量86万千瓦时。原隶属县水利局，现改制为红卫水电有限责任公司民营。

（七）五一电站

五一电站位于西关村前滩，为千丰渠北干梯级开发的第七级电站。1958年8月动工兴建，1961年8月建成投产。原隶属县水利局，现改制为红卫水电有限责任公司民营。

（八）水沟电站

该站为石家沟电站（一级站）和黄窦村电站（二级站）两个小机组的合称站。年发电量69万千瓦时，两机组均于1979年后并入大电网。原为水沟镇所属，现隶属地方国有，县电力局管理。

公有制运行管理1户，隶属县水利局运行管理1户，非公有民营运行管理5户，以产权出售形式由非公经济运行管理1户。

表 2-5-5　千阳县水电站修建情况（1958—2010年）

名称	建站地址	开工时间（年-月-日）	停止运行时间	总投资/万元			工作量		
				合计	其中		工日/个	石方/m^3	土方/m^3
					国家	集体			
八一电站	八腊庙	1958-05-17	未建成				6500	1824	10880
五一电站	南河滩	1958-08		21.25	21.25		33850	2665	378000
团结电站	团结大队	1962	1972年拆除						
黄里电站	白石河	1965	1971年拆除						
柿沟电站	柿沟大队	1966	1970年拆除						
王家沟电站	王家沟大队	1967	1970年拆除						
黄里电站	涧口河	1968	1971年拆除						
七五电站	南河滩	1969-03-05		27.20	27.20		1634.54	600	10000
寇家河电站	寇家河街	1969-10	1973年拆除	5.5	1.1	4.4	55000		
红卫电站	罗家店	1969-12		48.00	48.00		57000	13810	
屈家湾电站	屈家湾大队	1969	1973年拆除						
下段坊电站	下段坊	1970-12							
水沟电站	石家沟	1970-04		12	4	8			
高崖电站	高崖街南	1972-09	1988年10月	1.5	1.5		1000	2300	2800
水沟电站	黄窦村	1978-12		18	6	12			
上段坊电站	上段坊	1982-05		14	14		30000	15000	
草碧电站	屈家湾村西	1991-10—1993-07		135.17	79.28	55.89	6200	2300	58800
寇家河电站	寇家河宝平路南	1995-10—1999-10		389	270	119	206700	2612	161000

表 2-5-6　千阳县 2010 年底正常运行电站及机组

序号	电站名称	装机容量 /（台 ×kW）	计划发电量 /（万 kW·h）	实际发电量 /（万 kW·h）	厂用电量 /（万 kW·h）	利用小时 /h	厂用电率 /%	备注
	合计	13/2040	1205	1094	50.39		5	
1	草碧电站	1×200+1×160	216	196	7.64	5440	3.9	
2	红卫电站	3×160	280	257	12.01	5360	4.7	
3	上段坊电站	1×160	94	86	3.67	5360	4.2	
4	七五电站	1×160	94	86	3.70	5360	4.3	
5	五一电站	1×125	72	65	2.95	5180	4.5	
6	寇家河电站	2×250	290	267	11.39	5345	4.3	
7	水沟电站	1×55+1×75	85	69	6.12	5400	4.5	包括石家沟和黄窦村 2 个机组
8	下段坊电站	1×125	74	68	2.91	5400	4.3	

表 2-5-7　千阳县 2010 年底正常运行电站及机组

序号	电站名称	所在河流	装机容量 /kW	机组型号		设计水头 /m	设计流量 /（m³/s）	年利用小时 /h	年发电量 /（万 kW·h）	投产时间（年 -月）	投资 / 万元	备注（隶属关系）
				水轮机	发电机							
合计			2040						1094		689.82	
1	草碧电站	千河	360	ZD560-LH-160	SF200-16P SF160-16P	7	7.0	5440	196	1995-07	135.17	红卫公司
2	红卫电站	千河	480	HL260-WJ-50	TSN13-10	17	3.0	5360	257	1969-10	48.00	红卫公司
3	上段坊电站	千河	160	ZD661-UH-80	TSN185/39 149/60	8	2.5	5360	86	1982-12	22.40	红卫公司
4	七五电站	千河	160	ZD560HUH-8C	TSN185/39-149/60	8	2.5	5360	86	1969-12	27.20	红卫公司

续表 2-5-7

序号	电站名称	所在河流	装机容量/kW	机组型号		设计水头/m	设计流量/(m^3/s)	年利用小时/h	年发电量/(万kW·h)	投产时间(年-月)	投资/万元	备注(隶属关系)
				水轮机	发电机							
5	五一电站	千河	125	ZD560HLH-80	SF-125-12/174	6.5	2.5	5180	65	1961-08	21.25	红卫公司
6	寇家河电站	千河	500	ZD560-LH-100	SF250-14/900 SF250-14/900	9.7	7.0	5345	267	1999-10	389	水利局、电力局
7	水沟电站	千河	130	HL110-WJ-422	SF-125-12/174	35	0.2	5400	69	1979-12	30.00	电力局
8	下段坊电站	千河	125	ZD560HH-80	SF125-12/174	6.0	3.0	5400	68	1970-10	16.80	段坊村

表 2-5-8　千阳县正常运行电站及机组情况一览表

序号	电站名称	所在河流	装机容量 / kW	机组型号		设计水头 /m	设计流量 /（m^3/s）	年利用小时 /h	设计年发电量 /（万 kW·h）	投产时间	投资 / 万元	备注
				水轮机	发电机							
1	千阳县寇家河水电站	千河	250	ZD660-LH-100	SFW250-14/990	7.8	7.0	3000	137.5	1999 年 10 月建成投产	384.3	国营（县水利局直管）
			160	ZD660-LH-100	SFW160-14/850	7.8	7.0	3900	88			
2	千阳县红卫电站	千河	600	1-3$^{\#}$ TYPE HL-A551C-WJ-55	1-3$^{\#}$TYPE SFWE-W200-10/850	17.3	7.0	8776	518	1969 年 10 月建成投产。2014 年 10 月技改	1000.0	民营（千阳红卫水电有限责任公司）
			400	4$^{\#}$TYPE HL-A551C-WJ-71	4$^{\#}$TYPE SFWE-W400-14/990	17.3	7.0	8776	345			
3	千阳县草碧电站	千河	200	1$^{\#}$TYPE ZDJP502-LH-100	1$^{\#}$TYPE SF-W200-16/990	7.1	7.0	4750	172	1995 年 7 月建成投产。2014 年 10 月技改	500.0	
			250	2$^{\#}$TYPE ZDJP502-LH-100	2$^{\#}$TYPE SFWE-W250-16/990	7.1	7.0	4750	216			
4	千阳县段坊电站	千河	200	TYPE ZDJP502-LH-80	TYPE SF-W200-12/850	7.0	3.5	4750	172	1978 年 10 月建成投产。2014 年 10 月技改	200.0	
5	千阳县兴隆水电站	千河	125	ZDT03-LH-80	SF-W125-12/740	6.37	1.7m^3/s	5672	71	1985 年 5 月建成投产	126	民营

2020年后电站仅存草碧、红卫、上段坊、下段坊、寇家河5座电站。

截至2010年，陇县小水电建成94座，其中装机容量1000千瓦2座。装机容量在110 ~ 700千瓦11座，在120 ~ 750千瓦的20座，14座并网发电（见表2-5-9）。

表2-5-9　1986年12月前陇县并网水电站效益

序号	水电站名称	发电量/（万kW·h）	发电收入/万元	总支出/万元	上缴税金/万元	实现利润/万元	从业人数/人	技术人员人数/人	并网时间
1	河沟寨	73.7	3.68	3.15	0.21	0.53	15	1	1972年
2	白牛寺	52.8	2.64	2.33	0.17	0.31	16	1	1972年
3	高坡	100.0	5.00	3.17	0.39	1.83	8	1	1972年
4	马曲	20.0	1.00	0.97		0.03	4	1	1978年
5	太春口	26.0	1.30	1.19		0.11	3	1	1985年7月
6	黄花峪	1.0	0.05	0.53		–0.48	3	1	1986年10月
合计		273.5	13.67	11.34	0.77	2.33	49	6	

二、陇县小水电

陇县境内有大小河流100余条，流域面积在100平方千米以上的有10条，水能理论蕴藏量11.5万千瓦，可开发量42万千瓦。其中，千河最大水能蕴藏量536万千瓦，可开发量239万千瓦，过去开发利用甚少。1958年以前，全县没有一座水电站。新中国成立后，各级人民政府组织动员集体力量大兴水利，1957年12月至1973年，先后建成的千惠渠、林惠渠、固殿渠、咸惠渠、蒲峪渠、胜利渠、光芒渠、八渡二渠、丰收渠，既扩大了农田灌溉面积，又为兴办小水电站创造了条件。1958—1960年，利用千惠渠水头落差，办起了全县第一座装机容量200千瓦的白牛寺水电站，群众“点灯不用油，磨面不用牛”的夙愿变成了现实。办水电站热情高涨，先后掀起了3个办电站高潮。20世纪60年代初期出现了第一个大办小水电站的高潮。当时物质条件较差，发电的不少机械设备要用铜、铁换取，群众自愿献铜献铁。很多人献出了铜盘铜灯，甚至拆下箱柜上的铜件。这一时期共献铁775吨，献铜67.7吨，先后以5年时间利用千惠渠南干渠、北干渠落差，建起了河沟寨、南门外、神泉嘴、高堎、麻坊铺5座小水电站，连同白牛寺水电站装机容量508千瓦。其中装机容量430千瓦的县办河沟寨电站，以25千米联网线路把电输送到县城，解决了城内面粉厂、农械厂、酒厂、影剧院、广播站及多数机关、学校的生产、生活用电，为发展经济、活跃政治文化生活发挥了重大作用。1969—1971年，又掀起了第二个办水电站高潮。当时技术力量不足，县上采取派出去学、请进来教的办法，攻克了不少难关，买不到设备，自己动手制造木制旋桨式和铁制双击式水轮机，没有水泥杆用木杆代替。在建设资金上国家补助30%，群众自筹70%。固关公社为解决技术力量不足问题，请来陕西水校师生包干，半年时间建成了6座小水电站。这一时期，全县建成小水电站34座，装机容量9854千瓦，为当地群众照明、磨面、碾米、榨油、弹花、碾场、粉碎等工副业生产提供了能源，大大减轻了一些农活的劳动强度。到1972年底，全县共发展小水电站48座，装机容量21924千瓦。架设高、低压输电线路1138千米。其中水轮泵站22座，安装木制旋桨式水轮机6台、铁制双击式水轮机5台。只有15座小水电站安装的是国家定型水轮机。1972年大电网进入陇县，建设小水电的热潮时有低落。随着工农业生产的发展和人民生活的改善，用电需求大幅度增长，大电网不能满足，特别是人口稀少的边远山区，大电网难以覆盖，办小水电的问题又突现出来。1975—1980年，又掀起了第三个办小水电站高潮。此间，先后建成了苟家沟、椿树滩、上岔等11座小水电站。尤其是段家峡水库建成后，改善了沿渠电站的水力状况，调动了人们大办水电站的积极性，高坡、黄花峪等电站应运而生。近年，装机容量1260千瓦的段家峡水电站也相继建成。

到1989年，除20世纪60年代在物质技术条件差的情况下兴建的水轮泵站、木制旋桨式、铁制双击式水轮站均已淘汰停运外，全县保留下来的小水电站共有29座，装机容量3241千瓦，有20座正常运行。其中联网9座，装机容量2780千瓦（内国营4座，装机容量1915千瓦），年发电量1253万千瓦时，占全县供电量的35.3%。到1990年底，陇县小水电站共发电8361万千瓦时，产值424万元，社会效益209亿元。

为了充分利用县内水力资源，进一步发展水电事业，促进经济发展，国务院已批准把陇县列入全国第二批农村电气化试点县。1991—1995年，将新建神泉、梁甫、段家峡水库坝后、南村等9座水电站，改建白牛寺、河沟、小寨等9座水电站，把装机容量增加到9182千瓦，发电量增加到3983.5万千瓦时，全县水力发电量将占到全部用电量的70%以上。

表2-5-10　1990年12月前陇县并网水电站效益

序号	水电站名称	发电量/（万kW·h）	发电收入/万元	总支出/万元	上缴税金/万元	实现利润/万元	从业人数/人	技术人员人数/人	并网时间
1	段家峡	603.0	40.93	25.02	2.13	15.91	29	4	1987年4月
2	河沟寨	139.0	12.68	10.22	0.81	2.46	16	2	1972年
3	高坡	140.0	12.74	10.20	0.83	2.54	8	2	1972年
4	马曲	50.0	4.55	3.64	0.36	0.91	5	1	1978年
5	太春口	44.0	4.00	3.10	0.30	0.90	4	1	1985年7月
6	鸭儿嘴	40.0	3.64	3.00	0.28	0.64	4	1	1988年1月
7	黄花峪	42.0	3.82	3.05	0.29	0.77	4	1	1986年10月
合计		1058.0	82.36	58.23	5.00	24.13	70	12	

表 2-5-11　1995 年 12 月底前陇县并网水电站效益

序号	水电站名称	发电量 /（万 kW·h）	发电收入 / 万元	总支出 / 万元	上缴税金 / 万元	实现利润 / 万元	从业人数 / 人	技术人员人数 / 人	并网时间
1	神泉						28	8	1995 年 10 月
2	段家峡	93.5	8.51	23.46		–14.59	26	5	1987 年 4 月
3	河沟寨	176.0	16.02	16.75		–0.73	16	5	1972 年
4	白牛寺	3.3	0.30	15.45		–15.15	15	5	1972 年
5	小寨						12	3	1995 年 5 月
6	高坡	21.0	1.91	8.36		–6.45	10	4	1972 年
7	固关	4.2	0.38	7.14		–6.76	9	4	1995 年 4 月
8	鸭儿嘴	1.6	0.14	1.45		–1.31	4	1	1988 年 1 月
9	黄花峪	7.0	0.63	1.36		–0.73	4	1	1986 年 10 月
10	苟家沟	16.2	1.47	1.58		–0.11	2	1	1989 年 4 月
合计		322.8	29.36	75.55		–46.19	126	37	

表 2-5-12　2010 年 12 月底前陇县并网水电站效益

序号	水电站名称	发电量 /（万 kW·h）	发电收入 / 万元	总支出 / 万元	上缴税金 / 万元	实现利润 / 万元	从业人数 / 人	技术人员人数 / 人	并网时间
1	神泉	402	115.00	108.98	7.50	6.02	28	8	1995 年 10 月
2	段家峡	253	64.00	59.55	4.10	4.45	15	5	1987 年 4 月
3	河沟寨	173	37.20	40.30	2.41	–3.10	16	5	1972 年
4	白牛寺	156	34.90	37.10	2.26	–2.20	15	5	1972 年
5	小寨	40	12.50	14.40	0.81	–1.90	12	3	1995 年 5 月
6	梁甫	143	31.60	27.30	2.05	4.30	14	4	2006 年 8 月
7	坝后	133	30.00	31.34	1.90	–1.34	12	4	2007 年 12 月

续表 2-5-12

序号	水电站名称	发电量/（万kW·h）	发电收入/万元	总支出/万元	上缴税金/万元	实现利润/万元	从业人数/人	技术人员人数/人	并网时间
8	高坡	86	23.22	20.18	1.92	3.00	10	4	1972年
9	固关	87	23.49	21.80	2.03	1.69	9	4	1995年4月
10	天成	21	5.67	4.79	0.27	0.88	8	5	2008年3月
11	太春口	33	8.91	6.53	0.36	2.38	5	2	1985年7月
12	鸭儿嘴	24	6.48	4.56	0.21	1.92	4	2	1988年1月
13	黄花峪	35	7.00	5.40	0.50	1.60	4	2	1986年10月
14	苟家沟	7	1.89	1.81	0.10	0.07	2	1	1989年4月
合计		1593	401.86	384.04	26.42	17.77	154	54	

1987年主要水电站4座介绍如下。

（一）河沟寨水电站

河沟寨水电站位于东南乡河沟寨村，属国营县办水电站。1960年9月动工兴建，1962年2月建成。水流量1.21立方米每秒，水头高19米，保证出力180千瓦。装机两台共400千瓦，变压器1台320千伏安，高压线435千米，低压线378千米。总投资3266万元，其中国家投资27.7万元，集体投资4.96万元，年发电量80万千瓦时左右，现有干部职工12人。

（二）白牛寺水电站

白牛寺水电站位于堎底下乡白牛寺村，属国营县办电站。1958年，国家投资32万元开工修建，1960年12月建成。水头125米，水流量23立方米每秒，保证出力150千瓦，配有立式电机1台200千瓦，变压器2台390千伏安，年发电量40万千瓦时。1980年与河沟寨电站合并为千惠渠电站，现有干部职工20人。

（三）高坡水电站

高坡水电站位于东南乡高坡村，属乡办电站。1970年9月开工兴建，1976年8月建成。水头10.5米，水流量25立方米每秒，保证出力300千瓦，年发电量130万千瓦时。配有变压器2台480千伏安，混流式电机2台3200千瓦。总投资32万元，其中国家投资18万元。年收入7万元，支出5万元，有管理人员10名。

（四）段家峡水电站

段家峡水电站位于曹家湾乡段家峡村，系干河上游梯级开发中的第一座国营电站。

1985 年 7 月动工，1988 年建成，引用段家峡水库水，引水位紧接放水洞口，经消力池、进水闸、引水渠道、压力前池、压力管道进入机房，引水渠长 800 米，正常水深 1.8 米，水流量 7 立方米每秒，压力管道双列布置，单管长 101.5 米，水头 25.5 米，安装 630 千瓦机组 2 台，出线电压 10 千伏，直送县变电站，总投资 217 万元，其中国家投资 95 万元，其余为贷款。年发电量 600 万千瓦时，收入 40 万元。1990 年，有干部职工 29 人，人均产值居本县工业企业之冠。

三、冯家山水库水资源开发

冯家山水电站位于冯家山水库大坝下游，是水库枢纽的重要组成部分，是水库资源综合利用的配套工程，在灌溉季节利用灌溉水发电，在非灌溉季节利用水库弃（余）水发电，发挥调节作用。

水电站由一级电站、二级电站和输变电工程三部分组成，属于小型水电站。截至 2023 年底，电站共装机 3 台，总装机容量 4900 千瓦。所发电能通过 19.68 千米的 35 千伏输电线路输送到宝鸡供电局县功变电站。当水库外电源发生故障时，电站机组亦可独立运行，作为水库大坝汛期备用电源。同时，电站还承担着枢纽地区各单位和附近村组的生活办公用电，以及大坝防汛用电，其具体内容包括两条进线、三条出线及 35kV 户外变电站、开关站。

一级电站从 1992 年 7 月并网运行以来，截至 2023 年底，一级电站累计发电运行 5074 天，用水量 322263 万立方米，发电量 15850.43 万千瓦时，发电收入 4449.14 万元。二级电站从 1995 年 12 月 31 日并网运行以来，累计发电运行 3228 天，用水量 115722 万立方米，发电量 16425.78 万千瓦时，发电收入 5130.65 万元。

第三篇　防汛抗旱防雹与河道建设

千河流域横跨甘肃、陕西6县（区），大小支流众多，为区域经济发展提供了丰富的水资源。同时，众多河流也成了水旱雹灾害的多发区，防汛抗旱成了流域内的大事，防洪减灾也是历代治水的要事。

第一章 防汛抗灾

千河流域历来为自然灾害多发区，历代为此付出了巨大努力。本章论述了千河流域抗旱、防汛、防雹情况。

第一节 抗 旱

新中国成立前，出现重灾后，陇州（陇县）成立救灾会或赈务分会，给灾民散发赈款或发放种子，有时还施放舍饭。民国十八年（1929 年），关中大旱，夏秋作物枯死，饥民遍野，毙殍每日可见，树皮剥食殆尽，人相食之，惨不忍睹。陇县救灾会奉令更名为陇县赈务分会，陕西赈务分会发银币 2 千元，华北赈务分会发银币 1 万元，西北军总司令冯玉祥捐发购买种子的银币 4 千元，买杂粮每人以 5 盒散发。由于散发赈款，不能从根本上抵抗灾害，陕西省政府曾训令各县县长督促群众，要求每户凿井 1 眼，建水田 2 亩。陇县县长蔡绍牧、史恒信先后两次具文呈报省府，要求拨款兴修林惠渠、北渠，都没有实现。民国三十六年（1947 年）虽成立千惠渠工程处，但终未动工。民国时期，陇县有水磨渠 29 条，皆以磨面为主。到民国三十六年（1947 年），全县共有水浇地 6000 多亩。

新中国成立后，党和人民政府对防旱抗旱工作十分重视。发动与依靠人民群众，采取了一系列行之有效的措施。一是每当旱情出现，就及时调查研究，制定措施，组织群众利用一切水利设施投入抗旱。对无水利设施地区，动员群众运用各种提水工具点浇保苗。严重干旱成灾以后，一方面及时发放救灾款、物，解决生产生活急需；另一方面动员轻灾地区支援重灾地区，互助互济，共渡难关。同时，发动重灾地区农民自力更生，积极开展生产自救，夏粮减产秋粮补，农业歉收工副业补，保证灾区人人有饭吃。二是坚持不懈地大搞农田水利基本建设，彻底改变农业生产基本条件。从 20 世纪 50 年代起，在大搞农田水利基本建设中，先后修成了一批渠道、水库、陂塘、灌溉抽水站、机井。截至 1989 年，水利有效灌溉面积达 12.9 万亩，修成梯田、埝地等 31.34 万亩，增强了防旱抗旱能力。三是在山旱地区大力推广旱作农业技术、地膜覆盖和水平沟播种等技术，起到了很好的防旱抗旱作用。1980 年以后，陇县境内虽多次发生严重干旱，但都未造成重大灾害。

陇县受地域和气候影响，旱涝灾害频发。1990—2010 年间，累计发生全局性旱灾 39 次，水灾 30 次。县乡镇政府多措并举抗旱防汛，降低了损失。

1991 年，陇县大旱，县委、县政府抽调县、乡（镇）520 名干部下乡包村，配合乡（镇）组织群众开展抗旱保秋。县政府争取省市资金 227.20 万元，县财政配套 52.70 万元，群众自筹 85.90 万元，抢修各种水利设施 245 处，衬砌斗分渠 76 条 43.80 千米；1990—2010 年，陇县发生大旱 9 次，粮食减产 5 成以上；中旱 11 次，粮食减产 3 成以上；小旱 19 次，粮食减产 2 成以上，共造成经济损失 3.50 亿元。

1991 年，陇县大旱，全年降水量 345 毫米，其中 6—12 月降水量仅 180.7 毫米，比历年同期平均值减少 60%；除千河外的所有河流、浅井大都干枯，10 座水库有 7 座干涸；秋田作物受灾面积 34 万亩，绝收 8 万亩；北部山区 27 村 1.83 万人和 4500 头大家畜饮水困难。1991 年 10 月至 1992 年 4 月，冬春夏连旱，212 天降水 67.3 毫米，比历年同期平均值减少 64.9 毫米，夏田受灾面积 39.90 万亩，直接经济损失 3536 万元。1994 年 8 月至 1995 年 7 月，陇县发生特大干旱，365 天降水量 299.5 毫米，比历年平均降水量减少 269.5 毫米，气温比历年平均温度偏高 1.8 ~ 2 摄氏度，县域内 8 条主要河流断流，地下水位下降 2.50 米左右；夏田受灾面积 38 万亩，直接经济损失 6780 万元；秋田受灾 28.20 万亩，秋粮减产 2 万吨，直接经济损失 240 万元，全县 6 乡（镇）57 村 10 万人和 4.50 万头大家畜饮水困难。1997 年 1—8 月，全县大旱，274 天累计降水 211 毫米，比历年同期平均降水量减少 210.7 毫米，5—6 月降水量仅 23.8 毫米，比历年同期平均降水量减少 98.6 毫米；8 条主要河流断流，地下水位下降 2 米，10 座水库 8 座干涸，33 座陂塘全部干涸；农作物受灾面积 36.90 万亩，夏秋粮减产 2.70 万吨，4.75 万人和 2.02 万头大家畜饮水困难。

1999 年 12 月至 2000 年 5 月，陇县大旱，6 个月降水 58.3 毫米，比历年同期平均降水量减少 63.5 毫米，农作物受旱面积 53 万亩，夏粮减产 1.20 万吨，7 万多人和 2 万多头大家畜饮水困难。当年 5—7 月，全县又出现严重高温干旱，92 天降水 98.1 毫米，比历年同期平均降水量减少 130 毫米，秋粮减产 2 万吨。2001—2010 年，陇县每年都有不同程度的干旱，给农作物和经济作物带来危害与损失。

1991 年，陇县大旱，县委、县政府抽调县、乡（镇）520 名干部下乡包村，配合乡（镇）组织群众开展抗旱保秋。县政府争取省市资金 227.20 万元，县财政配套 52.70 万元，群众自筹 85.90 万元，抢修各种水利设施 245 处，衬砌斗分渠 76 条 43.80 千米；新修各类建筑物 165 座，恢复改造机井 48 眼，新打机井 3 眼。同年 6—7 月，全县开动一切水利设施，灌溉秋田面积 8.40 万亩。是年秋，干旱造成小麦出苗差、长势弱，县政府印发“关于迅速掀起抗旱冬灌高潮的紧急通知”，全县水库提前放水冬灌，灌溉小麦、油菜 8.20 万亩，缓解了旱情。

1991—1992 年，陇县冬春夏连旱，县委、县政府紧急动员全县干部群众抗旱保麦保春播，县水利局抽调专业技术人员组成抗旱服务小分队，深入田间地头帮助村组抢修机泵，指导群众修复渠道。县政府争取渭北旱塬农业综合开发、以工代赈、灌溉配套等工程专项资金 191.50 万元，财政下拨特大抗旱补助费和各类专项资金 44 万元，乡村自筹 36.80 万元，新建和修复各种水利工程 161 处，衬砌南北干渠 11 千米、支渠 16 千米，新建 U 形渠 271 条 114.40 千米，建成高标准方田 2 万亩，扩大灌溉面积 4800 亩，改善灌溉面积 1.40 万亩，当年小麦返青前，抢灌夏田作物 11.50 万亩。

1994—1995 年，陇县大旱，县委、县政府抽调县、乡（镇）300 多名干部下乡（镇）

包村开展抗旱救灾，抽调技术人员深入村组开展技术服务，抢修抽水站10座、机井22眼，渠道32千米；争取渭北旱塬开发工程、以工代赈工程专项资金136.40万元。抢修水库1座、机井140眼、抽水站8处、配套机泵290台（件）、低压线路6.30千米。全县民办水利共筹资103.40万元，新打机井275眼，简易井132眼，改造旧井81眼，购买水泵361台（件），架设低压线路6.10千米，扩大灌溉面积3.40万亩。全县春灌面积9.90万亩，夏灌面积9.10万亩，复灌面积50万亩次。

1999—2000年，陇县冬春夏大旱，县水利局争取省、市资金400多万元改造灌区，新打机井66眼，配套改造机井256眼。全县共投入抗旱劳力210万个，投入抗旱资金1500万元，抗旱浇灌面积46.50万亩次。2008—2009年，陇县冬春夏连旱，县政府下拨抗旱资金10万元，开动4座水库、371眼机井，灌溉农作物25万亩。

1988—1993年，千阳县境内发生大、中旱灾6次。期间全县各灌区和有水源的乡村利用一切灌溉设施开展农田灌溉，年均灌溉面积2666公顷左右；非灌区和水源不足的乡村，选用抗旱作物品种，推广碾、浅耕、草、膜等保墒技术，减少水分蒸发。1994—1997年，全县动用385处水利设施，年均投入灌溉水泵320台（套），年均抗旱灌溉农田3000公顷左右。2000年以后，千阳县每年根据旱情编制修订抗旱预案。每遇旱象，视旱情启动应急响应等级后，县委、县政府随即召开电视、电话会议和抗旱现场流动会议，发布通知，深入村组，稽查督导，并按灌溉面积适时向村组发放抗旱专项补助资金。是年8月，县水利局成立县抗旱服务队，配置潜水泵、移动式喷灌机、150小钻机、水管和维修设备，深入田间地头，无偿支持农业抗旱。2007年冬夏连旱，县乡抗旱服务队帮助群众冬灌农作物3333.3公顷，夏灌1333.3公顷。2009年冬春连旱，抗旱灌溉麦、秋作物5000公顷。2010年6—7月，降水稀少，气温偏高，河道径流偏枯3成，土壤失墒严重，千阳县启动三级抗旱应急响应，开动一切抗旱设施灌溉秋田。

2014年7月，陇县持续以晴热高温天气为主，降水量仅为21.7毫米，较常年同期111.1毫米偏少80%，最高气温突破历史同期值，全县立即行动，共投入抗旱人数1.8万人，投入抗旱资金36万元，开动机井332联、抽水站13处，动用水库2座，7个小灌区开闸放水。2014—2018年，报批预案605个，减灾防灾宣传制作宣传牌2870面，手册5万册；投资6500万元，治理中小河流域3条，建设达标堤防19.5千米，除险加固小型水库3座，建设预防设施423处，配备预警设施1846台（套）、抗旱设备344台（套），开展县、镇两级防汛演练3场（次）5400人。

第二节　防　汛

陇县为确保城乡人民生命财产不受或少受洪水威胁，每年春季，县乡都成立防汛指挥机构，有关部门负责人参加，县乡主要领导干部担任总指挥。设办公室，制订防洪应急方案，并在县水利局和段家峡水库枢纽站设防汛电台两部，随时收发雨情、水情电报，采取措施。同时，加强防汛宣传教育，提高警惕，做好防汛准备。进入汛期，对河道堤防和水库、陂塘，按工程大小、险情程度，以民兵为骨干，组成抢险队伍，明确分工，各负其责。机关单位、堤库工程均有人日夜值班，一旦发现险情，及时抢修加固。

1965 年，全县 12 个公社遭受阴雨、冰雹灾害，宝鸡专署拨给陇县返销粮 85 万千克，给重灾区的新集川、固关公社发放春荒救济款 13.5 万元。1979 年，全县两次受到严重冰雹袭击和洪水灾害，9 个公社 79 个大队的 9.54 万亩夏田作物遭受严重损失，政府给 6751 户发放救济款 10 万元，协助建房 2401 间，解决了灾区人民的吃饭、住房、看病困难问题，稳定了群众情绪，恢复了生产。

1987 年 5 月，全县乡镇、村普遍建立了灾情信息情报传递制度，每个村设灾情信息员 1 人。每年“三夏”、汛期，除有关部门加强天气预测预报，做好防范工作外，县、乡都昼夜值班，遇有灾情信息，随时采取应急措施。1989 年 7 月 15 日，县城以东的 5 个乡镇突降暴雨，县政府立即组织力量深入灾区发动群众进行抢救，县级机关、企事业 87 个单位的干部职工为受灾地区捐款 8134 元，粮票 4146 千克，衣物 1936 件；宝鸡市宝成仪表厂等单位也捐款 370 元，粮票 2570 千克，衣物 938 件，解决受灾群众的急需。

1989 年 7 月 15 日特大暴雨发生的当天晚上，县人民政府领导干部即到防汛指挥部办公室了解通报雨情，次日凌晨召开紧急会议，研究抢险抗灾措施，5 位县级领导干部当即赶往杜阳、东风、八渡等重灾地区察看汛情灾情，并由县级单位抽调 180 多名干部，驻陇部队出动一个营的官兵，一同赶往灾区，与乡村干部一起，组织人民群众开展抢险救灾工作。17 日下午，县委、县人民政府召开防汛救灾广播动员大会，动员全县人民全力以赴投入抗洪救灾斗争。在抗洪救灾斗争中，出现了许多动人的事迹，八渡乡杨家庄村共产党员、复退军人陈德栋，不顾自己房子受洪水威胁，帮助受灾严重的村民李六斤从倒塌的房子里抢救粮食等财物，头部受伤，鲜血直流，他还继续为被山崖崩塌推倒房屋的邻居从泥土里救出了伤亡的 3 位亲人。共产党员、东风供电站站长王广智，冒着生命危险从洪水中打捞出价值 2 万多元的输电导线。县邮电局的外线职工，手挽手蹚过八渡河，在泥泞里艰难跋涉几十里，连续奋战 41 个小时，于 7 月 17 日下午接通了县城至八渡乡的电话线路。县交通局组织 50 多名干部职工，自带工具、干粮，奋战 10 个小时，疏通了宝平公路红崖湾塌方路段。县级机关单位的干部职工，开展了抗洪救灾捐助钱粮（票）衣物的活动。经过紧张的工作，使居住在危房危窑中的群众及时转移，灾区交通、通信、广播、供电线路全面恢复，受灾群众的生活得到安排。县委、县人民政府于 9 月 26 日召开广播表彰大会，表彰了在“七・一五”抗洪抢险斗争中涌现出的 29 个先进集体和 78 个先进个人，号召全县人民向他们学习。此后，又成立了灾区建房领导小组，各单位密切配合，帮助灾民修建住房，并组织群众修复了被洪水冲毁的农田、道路和水利工程。

1994 年前，陇县抗旱防汛指挥部暨办公室设在县水利局，主管水利的副县长兼任总指挥，县委副书记兼任政委。1994 年，县委书记兼任县抗旱防汛指挥部政委，县长兼任总指挥，下设办公室和县城区、段家峡水库、东风镇等 5 个重点指挥部及 18 个区段指挥部。各指挥部下设检测、信息、转移、调度、保障 5 个工作组和应急抢险队、信息发送员等，以确保一般洪水发生时主要堤防不决口，各个水库不垮坝，危险滑坡点不死人，交通和通信线路不中断；特大暴雨和超标准洪水发生时，保证国家和人民生命财产安全，将损失减少到最低程度。

1989 年，陇县防汛办启用超短波电台 1 套，配备对讲机 2 部。1994 年，在北坡山顶架设超短波中转设备 1 套，对讲机增至 10 部，通信范围扩大。2010 年，防汛指挥车和防汛总指挥配备车载电台各 1 部，保证了汛期通信畅通。2010 年，省、市预报年内会有特大汛情。陇县迅速下拨防汛物资储备资金 120 万元，储备编织袋 24 万条、铅丝 20 吨、铅丝笼 2.60 吨、汽油和柴油各 18 吨、木桩 56 立方米、救生衣 150 件、机动船 1 只；组建了 158 支 3 万余人的抢险队伍和 21 支 206 人的医疗救护队，落实抢险救灾车辆 195 台，保证了抗洪抢险的物力人力。同年，购置备用发电机组 3 台（套）、电台 4 部、对讲机 6 部、彩条布 6000 平方米。

1993 年 7 月 21 日晚，陇县普降大暴雨，县城南大街南端堤防决口，洪水涌入城区。县防汛指挥部组织干部职工、驻陇部队指战员、铁一局干部职工 3500 多人连夜抢险，动用汽车 38 辆、草袋 1.86 万条、砂石 8625 立方米，奋战 5 小时，封堵决堤，排除了险情。1996 年 7 月 26 日晚，陇县普降特大暴雨，全县受灾。县委、县政府领导赶往东河大桥和杜阳、东风镇察看灾情，紧急转移险区群众 3000 余名。27 日早，县委、县政府领导带领有关人员，分到 9 个重灾乡（镇）查灾救灾，现场办公，解决群众生活困难问题；采取搭工棚、投亲靠友措施安置灾民，民政和县级帮扶部门给予生活救济。当日中午，县交通、电力、邮电部门恢复了交通、电力和通信；水利、民政、农业、林业、土地、财政等部门和各乡（镇）多渠道筹集资金，解决受灾群众的吃住行等问题。当年，县政府对灾害隐患区 129 户 570 人实施搬迁，县水利局组织抢修千河堤防险段 5 千米、丁字坝 16 座，修复人饮站 19 座、支渠 16.50 千米、机井 112 眼、抽水站 9 处。

2010 年 7 月 22 日下午 3 时至 25 日上午 8 时，陇县普降特大暴雨。县委、县政府调动抗洪抢险队伍 5100 多人、防汛机动车辆 98 台（辆），加固千河东风镇险段、北河温水镇险段、梨林河险段等堤防 15 处 2960 米，抢修县城供水水源 3 处、主管道 1 千米。7 月 23 日下午 5 时，千河东风镇段洪水毁堤决口约 350 米。县委、县政府调动抢险队伍 600 人、铅丝 6 吨、编织袋 5 万余条、装载车辆 30 余台，拉运沙石料 3200 立方米，封堵水毁堤防，加固堤防险段。灾后，县政府及相关部门争取项目资金 1257 万元，修复水毁堤防 8 千米，农村供水工程水源井 49 眼、高位池 50 座、供水管道 16.10 万米，修复县城供水眼、线路 6660 米。工程水源井 3 处、输水管道 1015 米，修复受损小型水库 4 座、淤地坝 8 座、灌溉机井 26 眼，线路 6660 米。

2011—2015 年，进入主汛期以后，县政府成立以县长为防汛指挥部总指挥，主管县长、水利局局长为副总指挥，城建、卫生、安监等部门为成员单位的防汛组织机构，下设县防汛指挥部办公室，昼夜值班，负责通信联络、信息传递等具体业务工作。

2011 年 8 月 1 日，陇县境内普降特大暴雨，山洪暴发，河道、水库水位猛涨，农田被淹，房屋被毁，局部出现山体滑坡，全县上下全力以赴，迅速组织力量抗洪减灾、生产自救，做到抗旱保秋、保生产、保民生、保安全、保稳定，最大限度减少了灾害造成的损失。

2019年，陇县召开全县防汛工作会议，下发了《预案修编大检查》等文件，与各镇各有关单位签订防汛工作目标责任书。修编完善了县、乡（镇）、村三级防洪抢险应急预案，对全县26处自动雨量站、水位站和县级视频监测系统等进行了检修维护。坚持领导带班制和24小时值班制度，保证了雨情、汛情上传下达，完成了全年安全度汛各项工作任务。

1988年，千阳县乡镇建有以民兵、干部为主要成员的防汛抢险队伍14个，县城建有以武警、城关镇基干民兵和县级部门职工、红十字会为成员的防汛抢险组织15个，有队员800人。县防汛部门配有指挥车辆，手摇发电机，中波、超短波电台，备有防汛器材和物资，并每年协调组织有关单位和乡村干部群众，定期清理沟谷河道阻洪物、维修排洪设施。1989年7月15日，因天雨宝丰水库大坝突发管涌，16日，县政府主要领导率领200名抢险人员赶赴现场，连续奋战7昼夜，堵渗漏，加固坝体，排除险情。1996年以后，随着千河、冯坊河、草碧河防洪大堤陆续建成，千河及其主要支流水患得到遏制。1998年以后，每年5月至10月汛期，县、乡政府编制、修订防汛、抢险、撤离预案，制定观测、报警制度，层层签订责任书，落实防汛、防滑责任。县防汛部门排查防汛重点部位，及时消除隐患。每遇汛情，县乡领导实行24小时带班，监视汛情，随时组织抢险。2001年以后，实行防汛分级指挥和部门行政首长负责制。2002年8月至9月底，投资55万元，开展千河河道清障，使行洪宽度达到200米。2003年、2007年和2008年，县政府3次向县乡防汛部门、单位配置防汛警报器2部、卫星电话1部、防汛信息电台设备10套，并适时更新防汛物资。2010年7月23日，千河大堤城区段南岸堤基遭遇水毁，县武警中队和城关镇民兵，冒雨抢险，迅速遏止了堤坝坍塌。10月，千阳县列入全省山洪灾害防治项目县。至年末，全县沟、坝、塘、库等重点防汛区域均未发生重大汛情险情。

第三节　防　雹

一、防雹演变

陇县人工防雹已有数百年的历史。据《陇县新志·祥异志》载："陇州环境皆山，向来雹灾众多，在入夏二麦成熟之际，农民苦之以故，每见猛雨将作，黑云乍起，即于山巅设置大炮向空迎头击之，辄有效。"人民群众在生产实践中创造的土炮驱云防雹技术在清代已得到广泛应用。但由于科学技术水平的限制和缺乏组织领导等原因，发展十分缓慢。

新中国成立后，县委和县人民政府对开展人工防雹、保护农业生产十分重视。组织群众和科技人员不断总结民间土炮防雹的经验，并应用现代科学技术，大胆创新，使群众性的防雹工作迅速发展。

新中国成立后，陇县人工防雹经历了以下两个时期。

（一）民间防雹（1949—1974年）

1956年，在米家山召开了百余人的土炮防雹现场会，培训组织队伍，调整设立炮点。1959年，又增添了堆放烟火的办法配合消雹。1960年将人工土炮防雹列为县气象站工作内容之一，加强了对人工防雹工作的技术指导，县委、县政府成立了防雹武器研制试验小组，进行了土火箭、空炸炮等防雹武器的研制工作。1962年，进行了冰雹路径普查，绘制了详图，编印了《人工防雹知识手册》。1969年3月，县政府成立了防雹器材厂（县福利厂址），试制陇40－1型土火箭和空炸炮、火药，供群众防雹之用。1970年，新集川公社购回防雹高空炮1门，县农具厂仿制21门，并造弹配用。1973年4月，县革委会成立了防雹指挥部，人工防雹全面铺开。到1974年，全县已拥有土炮、土火箭1177门，土炮点538处，群众性的防雹队伍达5000余人。1976年后，防雹工作从过去的各村分散防雹，发展到全县统一联防。按照雹云来向将全县各土炮点布为两道防线，新集川、火烧寨、李家河、河北、麻家台、固关等公社的各点为第一道防线，其他公社的炮点为第二道防线。前锋炮点一旦出现冰雹，县防雹指挥部立即通过广播下达防雹信息。

（二）高炮防雹（1974年以后）

1974年，省军区、省气象局牵头，由宝鸡军分区借用退役的高炮6门，在曹家湾公社金山寺、火烧寨公社峰山、河北公社石岭子设点进行了试验，每点高炮2门，每门炮配8名由工厂抽调的民兵。高炮防雹具有射程远、爆炸能量大、操作灵活、比较安全的优点，其原理是利用弹头在云中爆炸后撒布一定量的碘化银，改变云内水分分布状况，以防止结雹，比土炮、土火箭等防雹效果好，深受群众欢迎。1976年，按冰雹在陇县境内出现的路径，将8门炮分别设于金山寺、石岭子、峰山、河北公社岐家塬、新集川公社白杨林、温水公社屈家山、城关公社北坡7个炮点。炮点民兵来自受益的公社，共64人，其中河北公社由16名女民兵承担防雹工作。为了提高防雹效果，1975年5月，宝鸡气象局在河北石岭子设立雷达观测点，进行雹云观测，后该点于1983年10月搬到宝鸡市姜城堡。1980年后，县政府几次调整了炮点，将随炮的民兵减至每炮6人。除白杨林炮点是男民兵外，其余各炮点的炮手全是女民兵。1987年，县政府给防雹组配备解放牌汽车1辆，根据雹云流动路径，炮点均设在海拔较高、视野开阔、交通方便的来雹路径口上。1989年，8门炮分别设在石岭子、岐家塬、白杨林、峰山、北坡、米家山、三成和普乐塬8个炮点上。

为了切实做好高炮防雹工作，陇县每年4月集中培训炮手，5月初进入炮点。防雹季节炮手日夜食宿在炮点，有专线电话直接和县防雹指挥部联络。为了保证飞机空域安全，每次高炮作业前县防雹指挥部直接与西安军航调度室联系，经许可后方能在指定时间内作业。10月初，高炮撤回，进行全面检修和维护。高炮联防后，土炮、土火箭等数量逐年减少。

二、冰雹预报

陇县劳动人民在与冰雹灾害作斗争中，积累了丰富的实践经验，初步掌握了冰雹活动的规律，通过看云、测风、听雷等辨别有无冰雹，并总结了许多测雹、防雹谚语，指导防雹工作。

（一）看云测天

冰雹是由发展旺盛的积雨云里降落下来的。这种云体高耸庞大，翻腾滚动，扰动很剧烈，垂直发展非常旺盛，移速快，常伴有快速移动的碎云。云体除积雨云主体有乌黑色外，还偶有特殊的红黄色，云顶是黄白色，多为砧状，云底是暗红色，有时又黑又浓，团团翻滚好像水冲的旋涡，滚轴状、乳房状很明显，飞乱云拖地，谚语有：

黑云红梢子，必定有雹子。

黑云红云上下翻，冰雹紧跟在眼前。

恶云黑心带红边，不下大雨下冰蛋。

黑云头上起疙瘩，冰雹打坏好庄稼。

雹云紫红疙瘩多，小心冰雹砸脑壳。

云头黑，云身黄，冻雹必定下一场。

云打架，雹要下；云合群，雹不停。

云中若有白云扬，雨中必定带冰雹。

（二）看风识天气

降雹的积雨云，下层风大而乱，在未降雹之前，常刮东南风或东风，到冰雹将要来临时，风向转为西北风或北风，同时风力加大，冰雹随云而来。谚语有：

雹前风头乱，云彩打转转，一定下蛋蛋。

恶云伴黄风，冰雹来势凶。

（三）观闪电、听雷声识天气

雹云来临之前，可见闪电并可听到雷声。冰雹云的雷声隆隆不断，声音沉闷，像推磨一样。谚语有：

红色闪电遇好雨，白色闪电下冰蛋。

推磨雷，雹子堆。

嗡嗡声不停，冰雹随云行。

不怕炸雷响破天，就怕闷雷挤磨眼。

炸雷不下雨，闷雷雹雨急。

八月雷，不空回。

（四）观物象识天气

在降雹之前，许多生物都会有一定的反应，预示着雹雨将临，谚语有：

热过头，冰子流。

早晨露水大，后响冰雹下。

麻叶翻，冰雹天。

山沟蝼蛄叫，不下大雨必下雹。

鸡晒翅膀多下雹。

早晨冷飕飕，午后雹子打破头。

三、防雹方法

（一）选好炮点的位置

按照本地区冰雹的活动规律和地形特点，确定炮点位置。炮点一般设在冰雹经常经过的路线上，在整个防区组成几道防线，以构成严密的火力网。炮点一般要设在较高山顶的迎风面上，便于按雹云的来向灵活机动地调转炮口，四面八方打，发挥每门炮的威力。在多雹地区和雹云经常通过的重要山口，雹云的强度区、接云区、回云区，炮点应设得较密，武器弹药配备较充分。

（二）看清目标，掌握战机

当听到天气预报有冰雹或冰雹征兆出现时，及时进入战斗岗位，严密监视雹云的变化，掌握好打炮时机，当冰雹云进入土炮或高炮的射程以内时，便开始炮击，通常坚持“六打两不打”，即一打云头，在雹云到来之前，集中火力攻打云头，阻止雹云前进；二打云腰，打雹云中间部位，拦腰斩断，以减弱雹云发展强度，使雹云断裂、消散；三打接云，各云团向一处集结时，应各个击破，分散消灭；四打雷电交加处；五打云中翻滚处，这两处常常是降雹的中心处，用火力轰击此处就可减弱雹云内部活动的强度，使大冰雹不易生成，减轻或避免灾害；六打黄风，黄风刮来，有助于雹云移动发展，打它可以减弱后雹。两不打是不打好雨云，不打无雨云。

（三）防雹必须做到早、快、准、狠

早：提高警惕，严密监视，及时准备，常备不懈。快：闻风而动，行动迅速，分工协作，坚守岗位。准：掌握部位，击中要害，不放空炮，彻底歼灭。狠：集中火力，连续作战，驱散雹云，决战到底。

在对雹云作战时，要根据云的来向、距离、高低，灵活地应用不同武器，高、中、低紧密配合，各个点、各条线、各联防区在统一指挥下，协同作战，集中打、连续打。如果各自为政，零敲单打，往往影响炮击效果。

四、防雹效果

当出现雹云后，只要抓住时机，及时用土炮、高空炮、“三七”高炮集中火力，快、准、狠地进行轰击，就会产生好的效果。从防雹实践看，经对土炮、高空炮和“三七”高炮等几种火炮观测对比，尽管“三七”高炮弹头代价高，但防雹效果好。其最大射高 6700 米，最大射程 8500 米，连射每分钟可发射炮弹 80 ~ 90 发，方向、射界无限制。同时，“三七”消雹降雨弹内含一定量的碘化银，催化作用强。加之其炮弹引信自炸时间有 7 ~ 10 秒、9 ~ 11 秒、13 ~ 17 秒等不同规格，防雹时可根据观测到的雹云远、近、高、低不同距离而选用。实践证明，“三七”高炮的消雹效果是明显的。

1982 年，7 个炮点 8 门高炮共作业 57 次，耗弹 1779 发，全年降雹 11 次，其中成灾 4 次，未成灾 7 次。当年 6 月 7 日，县西北方向雹云发展旺盛，强度 60 分贝，云层厚度达 1.7 万米，闷雷不断。经 7 个高点联防作业后，火烧寨乡国家岭、河北乡岐家塬仅降了 3 分钟软雹，新集川乡白杨林只降了阵雨。

1983 年高炮共作业 64 次，耗弹 2213 发，全年降雹 12 次，其中成灾 4 次，未成灾 8 次。当年 7 月 21 日 14 时前，陇县西北方向积雨云正在发展，14 时后乌云压顶，雷鸣电闪。白杨林、国家岭、寺嘴高点以 45°射角打云头、打云腰、打闪电和云团结合处，发射 9 ~ 11 秒、13 ~ 17 秒人工消雹降雨弹 145 发，散布碘化银 725 克。从 14 时开始作业到 14 时 30 分结束，由于及时炮击要害，炮点周围普降阵雨、零星冰雹数粒，炮火控制范围内无灾。雹云明显向东南方消散，部分向西南方移去。打炮前雹云不断增厚，变浓黑，经炮击后云层明显抬高，变白，退缩。

1984年，先后作业15次，耗弹2246发，降雹8次，经及时炮击，保护区内化雹为雨，免受雹害，保护区外则不同程度受灾。当年5月25日，雹云压境，狂风挟冰雹猛扑而来，经及时炮击，15分钟后大雨倾盆，保护区内降阵雨，夹杂零星雹粒，未成灾。而相邻的甘肃省华亭市、崇信县一些乡村则出现雹灾，大如核桃小如豆，灾后部分小麦翻犁，损失甚重。

五、防雹安全措施

防雹工作经常接触爆炸物品，稍有疏忽便会发生事故，轻则受伤，重则人身伤亡。特别是用土炮和空炸炮、土火箭防雹，最易发生事故。1974年，陇县发生防雹事故6起。1975年，发生防雹事故8起。1978年，发生防雹事故6起。

六、防雹经费筹集

新中国成立以前，只有少数土炮防雹，由乡民自发组织，在本村或联村设炮点，推举炮手。自筹粮款。农业合作化后，开始以农业合作社和生产队或大队为单位统筹。20世纪六七十年代，土炮防雹大发展，土炮和炮点大量增加，后又使用空炸炮和土火箭，需要资金更多，有的以生产大队为单位向各生产队筹集经费，统一设点；有的以公社为单位统一设炮点，统一筹集经费，统收统支。河北公社20世纪70年代初每年统筹的防雹经费达2万元之多，全县每年农民自筹的防雹经费在5万～10万元。陇县防雹指挥部的工作人员工资和活动经费由县财政列支。1974年用“三七”高炮防雹以后，高炮炮弹由陕西省气象局无偿调拨，防雹人员工资以社队自筹为主，县防雹指挥部每月按人补贴一部分。土炮、高空炮和土火箭的经费，仍然由社队自筹。从1989年起，“三七”高炮炮弹除配额以内（每门高炮每年配100发人工降雨消雹炮弹）由省气象局按20%拨款外，其余部分自购。每发人工降雨消雹炮弹，也由原来的12元提高到33元。同时，为了解决乡镇各自筹措高炮防雹人员经费不平衡问题，改为全县统筹。1989年统筹高炮防雹经费1.2万元，平均每亩地0.016元；1990年统筹24万元，平均每亩地0.032元。

陇县人工防雹工作曾多次受到省、市的表彰。1970年，宝鸡地区在陇县召开防雹工作现场会，介绍本县的防雹经验。1974年12月，陕西省气象局在陇县召开有200多人参加的全省防雹工作经验交流会，中国气象局和兰州气象中心，青海、甘肃、河南等省也派员参加。在这次会上，陇县被确定为陕西省人工防雹试验基地。1976年，河北公杜女子高炮民兵排被评为先进集体，其事迹在《民兵建设》上刊载。战斗在各个炮点的防雹人员，在与冰雹灾害进行的艰险斗争中，曾有过许多感人事迹。

七、女子民兵防雹高炮连

1976年，陇县革命委员会决定选调农村女青年和插队女知青组建陇县女子民兵防雹高炮连。1980年后，全县各炮点炮手全部为女民兵。1989年，陇县境内设有河北石岭子、岐家塬和新集川白杨林、火烧寨峰山、城关北坡、曹家湾米家山、李家河三成、东风镇普乐塬8个女子民兵炮点，配备高炮8门、解放牌汽车1辆。1990年后，增设火烧寨郭家槽、李家河苏家塬、温水柳曲塬、固关李家沟、天成张家山、牙科马家山、八渡大底村7个女子民兵炮点，撤销河北岐家塬、城关北坡、李家河三成3个炮点。2010年。陇县民兵女子防雹高炮连共设有 12 个防雹炮点，拥有防雹高炮 12 门，火箭发射架 8 副；高炮连下辖 3 个民兵排，12 个民兵班。全县有 8 个炮点基本达到正规化建设水平，各炮点配备有电视机、电脑、DVD、文体器材、架子床、作训服装等。每年 4 月，防雹连从全县 10 多个乡（镇）选拔 70 多名女青年入驻训练基地，进行为期 1 个月的军事化、科学化、规范化、标准化集中封闭式训练，然后分赴各炮点执行防雹任务。防雹女民兵坚持 24 小时执勤，遇旱增雨，遇雹防雹，10 月撤离炮点。

陇县女子民兵防雹高炮连防雹减灾、抗旱增雨，为陇县农业生产作出了突出贡献。2003 年，联合国官员金玛丽考博士来陇县考察人工防灾减灾工作时指出，陇县防雹增雨减灾的经验值得其他国家借鉴，并称赞女子防雹连为“敢与雹魔抗衡的女英雄”。至 2010 年，陇县女子民兵防雹高炮连累计实施防雹作业 700 多次、发射防雹炮弹 8.50 万余发，为农业减灾增收 6 亿余元，事迹多次被新华社、中央电视台、《解放军报》、《国防报》等 50 多家媒体报道，赢得社会各界一致好评。1995 年 5 月，陇县女子民兵防雹高炮连被市妇联命名为三八红旗集体；同年 10 月，被省妇联命名为三八红旗集体。1997 年被宝鸡市委、市政府树立为学雷锋标兵单位。1998 年被兰州军区政治部表彰为精神文明建设先进单位。2000 年被陕西省军区表彰为民兵预备役基层建设先进单位。2001 年被陕西省妇联表彰为巾帼建功文明示范岗。2001 年被省委、省政府、省军区授予防雹英雄女子民兵连称号。2002 年被总参谋部、总政治部表彰为全国基层民兵预备役工作先进单位。2005 年被省委、省政府、省军区表彰为基层建设先进单位。2006 年被市委、市政府、宝鸡军分区表彰为民兵基层建设标兵单位。2008 年被兰州军区表彰为民兵预备役基层建设先进单位。2009 年被省委、省政府、省军区表彰为基层建设先进单位。2011 年被中华人民共和国人力资源和社会保障部及解放军总参、总政、总后、总装部评为全国民兵工作先进集体。在 2011 年 12 月 15 日召开的全国民兵工作会议上，连队代表受到时任中共中央总书记、国家主席、中央军委主席胡锦涛接见。2012 年 2 月被全国妇联表彰为全国三八红旗集体、全国妇女创先争优先进集体；同年 5 月被中华人民共和国人力资源和社会保障部、中国气象局表彰为全国人工影响天气工作先进单位。2021 年 4 月，陇县民兵女子防雹连被全国妇联授予“全国巾帼文明岗”荣誉称号。

第二章　河道治理

治水治河，防御洪水，保护农田和村镇历史悠久。古代就有大禹治水的传说，《国语·周语》载有“防民之口，甚于防川，川壅而溃，伤人必多”，治河修堤，防御洪水灾害，史载周代及春秋时期就有防洪工程。

千阳历史上就有治水治河活动，据“石门遗事”载，千阳境内有两处古地名“大石门，在县南里许……传神禹所凿。县东一里，小石门……”“桂家峡，县东南三十里，千凤交界，神禹所凿……尚有斧凿痕”。引洪淤地来由已早，但真正的建设防洪工程，还是新中国成立以后开始的。

东汉王景治河，统一规划，统一施工，完成了黄河下游堤防已有成功实例。西汉时期，区别于以往土堤为主的修筑形式，较大规模的石堤开始出现。凤翔长青镇孙家南头村距今2000多年的西汉时期大型漕运码头建筑基址，千河东岸东西宽33米，南北长216米，建筑总面积7000多平方米的墙垣、柱础石、道路等遗址的“泛舟之役”作为渡口，证明了当时已具备了建河堤的技术和能力。

陇县冬春干旱，夏秋霖雨多涝。7—9月雨量占全年雨量的51%以上，且暴雨频繁，强度大，往往给人民生命财产造成严重损失。据《陇州志》载，清乾隆十年（1745年）九月，知州洪维松捐资购料，劝动民夫，采取打排桩、竹席围岸、填土夯实的方法，修筑了护城堤。其余乡镇村庄及主要河道沿岸均无防洪设施。

千河的历史长河中，几乎年年有灾，水旱灾害遍及陇州。据千阳旧县志记载，629—994年，平均92年一次大洪水，明代40年一次，清代29年一次，民国16年一次。新中国成立至今10年一次，越到现代，水灾越频发。

本章论述了千河流域河道治理，分干流治理、支流治理及重点防洪工程情况。

第一节　干流治理

千阳县千河境内流长36.7千米，集水面积835.86平方千米。支流20余条，皆源于两侧山地，流程短、河谷窄。千河在千阳县境内，从草碧镇屈家湾村的交界村流入，经草碧、水沟、寇家河、柿沟、城关镇等5个乡镇，流长20千米汇入冯家山水库。沿库回水线涉及南寨、崔家头两个乡镇，回水长16.7千米。北岸与凤翔区五里坡交界，南岸于陈仓区冯家沟出界，县城以上千河两岸有29个村，83个村民小组，3万余人，3万余亩耕地。

千河河床为宽浅式砂砾卵石，极不稳定，水流变化无常，常有“30年河南，30年河北”之变。平均河滩宽度455米，最宽处达1千米。千河属季节性河流，洪水主要由暴雨产生，多发生在夏秋雨季。多年平均洪水流量509立方米每秒，变差系数0.95。经推算，千河洪水流量在1%频率时为2520立方米每秒，2%频率时为2060立方米每秒，5%频率时为1470立方米每秒，10%频率时为1050立方米每秒。

近代千阳县千河曾经历三次较大规模的统一整修，1964—1965年为第一次，1973—1977年为第二次，1996年至今为第三次。

第一次千河治理，在1963年12月，县委会议作出了治理千河的决议。1964年1月，县委扩大会议专题讨论千河治理及安排部署，并提出“拆滩漫地，三年大搞突击，五年基本完成，七年彻底根治”的治理口号。

1964年1月，县委、县政府成立了以县委书记伍玉泉、副县长张志斌和沿河公社党委书记或社长组成的千河治理委员会。当年2月，各社组织沿河大队在各自所在地界的河段内，拉沙堆堤，筑坝砌石，进行初步治理。

至1965年，总投工23.73万个；修筑河堤9.98千米，丁坝及防洪短坝40座；筑堤堆沙石3.46万立方米，砌石及铁笼装石2.76万立方米；护岸造林25.1万株，1201亩；种芭茅草267.5亩；引洪漫地3495亩。

1966—1972年，沿河大队、生产队各自为战，拆滩造田，引洪淤灌，虽零敲碎打，却不曾间断。1970年，西北工业大学为保护其农场滩地，在上游的罗家店村前滩修筑护岸铁笼丁坝3座，总长150余米，坝高2.0米，堆石约1500立方米。

第二次治理规模较大。1973年9月至1977年7月，县政府成立千河治理指挥部，统一领导，统一治理标准，统一组织劳力，分期划段，组织实施。指挥部由县革委会副主任李世卿任总指挥，堤防按抗御20年一遇洪水标准规划，上游段可抗御洪峰流量1100立方米每秒，下游段可抗御洪峰流量1400立方米每秒。河床宽度，即南北岸堤防间距，屈家湾至草碧河段宽130米，草碧河至新兴铺河段宽150米，新兴铺河至冯坊河段宽180米，冯坊河至千河大桥段宽200米（实际原千河大桥长88米）；屈家湾堤顶高程796.3米，千河大桥堤顶高程714.65米。上游段，堤顶宽3米，堤高3.0米，基础深1.5米，内外坡比1∶1.5。下游段楔形断面，基础深2米，堤高2.5米，外坡垂直，内坡比1∶0.1，外培沙堤。

历经5个寒冬初春，工程于1977年7月基本结束。修筑千河两岸干流河道护岸堤防39.8千米，险工顶冲段修筑丁坝16组、61座，护堤园盘坝135座，引水闸16座；河堤背水坡外，按各社队所在地段营造10米宽的防护林带，总计植树38.59万株。修筑千河支流护岸堤8.5千米。这次千河治理共投工174万个，移动土沙砾石89.9万立方米，浆砌块石10.1万立方米，干砌块石50.8万立方米，现浇混凝土2.4万立方米，用水泥2178吨，白灰1355吨，铅丝22吨，炸药30余吨；工程总投资86.5万元，其中国家投资80万元，群众和地方自筹6.5万元。千河初步治理后，保护了两岸6公社、29个大队、83个生产队的耕地3万余亩、3万余人口，并新出滩地8000余亩。经过拉土、引洪淤灌、水枪冲土等办法造地，至1981年已治理滩地3000余亩。

1997 年县水利局组织建设了千河北堤，修筑了柿沟大桥至五一电站段 500 米。后县城防汛工作移交给水利部门。1997 年，县水务局组织建设延伸千河北堤至千河大桥段 628 米。1998 年至 1999 年 9 月，又组织修筑了洞子沟口至千桥段的南堤 1600 余米。

至此，历时 4 载，千阳县城区段千河堤防建设，共移动砂卵石 22 万立方米，浆砌块石 2.15 万立方米，完成投资 496 万元；修筑县城区段千河防洪堤防 2.728 千米，建惠家沟、西河沟过堤涵洞 2 座，丁坝 4 座。

按照市《千河治理总体规划》方案要求，2004 年修建了千河北岸葫芦铺河至寇家河段防洪堤防 2.44 千米。工程按五级农防工程标准设计，可抵御 20 年一遇洪水。

2007 年，修建了千河北岸罗家店至葫芦铺段堤防 3 千米，堤防可保护农田 1600 亩，保护千阳县瓷砖厂、新出滩地 500 亩。

2008 年，修建了千河北岸段坊村堤防 825 米，疏浚千河河道 1187 米。工程采用格宾网块石护垫基础 4122 平方米，雷诺护垫 4098 平方米，碾压沙砾石堤坝 2.02 万立方米，开挖疏浚河道 6287 立方米。可保护段坊村 5 个村民小组、2832 人，保护耕地 2690 亩，保障宝平公路及通信光缆的安全。修建千河北岸千阳水文站至东河沟沟口段堤防 1002 米，其中浆砌石护岸 175 米，格宾网基础块石护垫，迎水坡护坡 827 米，背水坡草皮护坡。工程碾压堆筑沙砾石堤防 3.2 万立方米，格宾网砌石 537 立方米，完成投资 147.6 万元。工程保护新民村 5 个村民小组、380 户、1512 人，保护蔬菜基地耕地 795 亩，新出滩地 300 亩。

2009 年，修建并延长了千阳中学护岸堤防工程。从西北角至东南角，堤长 436 米，其中新筑 206 米，加固整修提高原堤防护岸 230 米，使堤高达到 3.6 米。堤坡浆砌块石 1050 立方米，清基 2712 立方米，堆筑沙砾石 2044 立方米，碾压 2880 立方米，回填平整修坡 4300 平方米，新修排水渠 22 米，完成投资 70 万元。工程有效地保护了千阳中学的安全，给广大师生营造出一个滩绿水清的外围环境。

2010 年春季，列银昆高速公路第七合同段和兰郑长石油管道项目修建了千河右岸水沟大桥至夹嘴村段堤防 1172 米，修复加固堤防 268.2 米。防洪标准按 50 年一遇洪水设计，洪水流量为 2340 立方米每秒。堤形为梯形断面，堤顶宽 6 米，安全超高 1.0 米，迎背水坡坡比为 1∶1.5，基础 1×1 浆砌石砌筑，迎水坡浆砌块石，厚度 0.5 ~ 0.3 米。护坡基础顶冲段埋深在泓线以下 3 米，加 3×1 格宾网护基，背水坡草皮护坡。工程移动土石方 17.77 万立方米，浆砌石 5122 立方米，格宾网护基 1908 立方米。完成投资 376.72 万元。可保护银昆高速公路水沟大桥段和兰郑长石油管道的安全。

2010 年秋季，列银昆高速公路附属项目修建了英明段千河右岸堤防 1000 米。工程铺设格宾网片石基础 1200 平方米，雷诺护垫护坡 3000 平方米。移动沙砾石土方 2.3 万立方米，完成投资 93.84 万元。可保护西沟至英明段银昆高速公路的安全，新出滩地 400 亩。

千阳县草碧河、冯坊河段防洪治理工程，治理河道总长度 14.2 千米。新修、加培、加固干流左岸堤防、护岸 13.965 千米。新修、加固支流堤防 3.934 千米。葫芦铺河新修涵闸 1 座；千阳县千丰渠枢纽—千河大桥段防洪治理工程，治理河道总长度 19.6 千米，新修堤防 1.7 千米，新修护坡 2.75 千米，新修护岸 13.48 千米，新修堤顶泥结石道路 4.4 千米，上堤路 1 条，河道疏浚 2.09 万立方米。

新中国成立后，陇县建立防汛抢险专业队伍。县水利水保局和段家峡水库设防汛电台两部，固定专人，按规定时间及时收发雨情、水情等电报。在工程措施上，多年来，以千河防治为中心，先后对千河、北河、蒲峪河、八渡河、水银河、李家河、大杜阳沟河等多次进行治理。共修河道防洪堤 132 千米，其中重点堤防 26.55 千米，护岸坝 134 座，保证了县城及沿河乡村的安全，保护耕地 2.5 万亩。

1956 年前，陇县千河主河道从城南纸坊庄分为南、北两道，此后，主河道逐渐北移。县城东南角以上 3.9 千米，河床平均比降 13.5‰，河道宽阔，漫滩较多，个别地方高出北岸耕地。1956 年 6 月 23 日遭受洪水袭击后，陇县县委、县人委组织县级机关干部职工及城关区的干部群众，用竹筐装卵石、麻袋装石砂修筑护岸堤，控制了洪水的蔓延。洪水过后，报请陕西省水利厅拨款 3000 元，修筑卵石护岸堤 800 米，导流坝两座，磨盘坝 6 座，防洪堤 3.95 千米，砌石护岸 1666 米，治理河槽 200 米。

1957 年 4 月 11 日动工，再次治理千河，由温水、曹家湾、娘娘庙（今东风镇）、河北 4 个区和小寨、黄崖两个乡参加施工，至 6 月 14 日，共投工 4.78 万个，开挖护岸基础 1815 米，挖土 1.51 万立方米，筑防洪堤 3900 米，砌护岸堤 1800 米，做丁字坝 58 座，进水闸 2 座，退水口 1 处，干砌石 5500 立方米，浆砌石 3900 立方米，木笼装石和坝心抛石 3600 立方米。

1964 年冬至 1965 年 7 月，在学大寨高潮中，又动员千河两岸群众治理千河。共修防洪堤 2.31 万米，其中干砌石堤 2.15 万米，堆沙土堤 1600 米，修丁坝 43 座，归垄并岔 18 处，疏通河道 140 米。段家峡水库建成后，控制了千河洪流。1973 年冬，在千河上游修防洪石堤 2.1 万米，治滩造田 1.5 万亩。

1974 年春，又组织千河沿岸 9 个公社对西从固关人民公社岔口入口，东至东风人民公社交界出境，全长 56.7 千米的千河干流进行全面治理。根据千河较大洪水 10 年一遇的情况，设计河床宽 80 ~ 150 米，水深 1 米，河堤高 2.8 米，顶宽 2.5 米，砌石基础宽 1.5 米，内外坡比 1∶1。进行全面规划，综合治理，分期实施。迎河面用水泥浆砌石堤，坡后修造防护林，顶冲险段重点砌护，在千河及其 5 条支流的河谷川道中，新修防洪堤 37 千米，千河、北河新修丁坝 57 座，加固基础 3000 米，加高培厚河堤 2700 米。生产队自筹自烧白灰 4500 吨。总投资 82.51 万元，其中国家投资 62.1 万元，先后投工 28.3 万个。

1980—1986 年，经过洪水多次冲刷，千河朱家寨、营沟两岸的河堤严重毁坏，对县城威胁很大。1987 年冬到 1988 年，又重点治理了朱家寨段，改建河堤 731 米，共移动沙石 7.1 万立方米，浆砌石堤 5627 立方米，维修河堤 1269 米，总投工 3.5 万个，国家投资 32.5 万元。1990 年冬开始，又对营沟险段进行了改建。同时，经查勘，主河堤经多年冲刷，毁坏段落已达 18 千米。市水利水保局又拟定了新的治理规划。

千河橡胶坝工程位于千河干流千河公路大桥段上游的 460 米处，列千河生态治理项目修建。2008 年 1 月 6 日开工，同年 12 月 30 日竣工。

千河橡胶坝由两部分组成。一是拦河大坝由橡胶坝组成，坝长 195 米，划分为三个坝段，其中间坝长 61 米，坝高 3.5 米，两边坝长分别为 67.5 米和 66.5 米，坝高 3.0 米。回水线总长 1.7 千米，在千河河道上形成水面 36 万平方米，蓄水达 45 万立方米的人工湖。二是距下游 46 米处修建连拱坝一座，坝长 92.4 米，坝高 2 米。工程安装西新区排污管道 814 米，修建两层框架式设备管理房 200 平方米，堤顶路面铺设彩色生态砖 5386.4 平方米，新修了堤顶亮化和其附属工程。

工程移动沙砾石 12 万立方米，回填 9.75 万立方米，浇筑混凝土 8657.5 立方米，浆砌石 5338.4 立方米，消耗水泥 3500 吨、钢材 1590 吨、砂子 7000 立方米、石子 7500 立方米、块石 6500 立方米、柴油 55 吨。总支出 1554.48 万元，分 8 年，每年 338.09 万元，归还银行本息。

工程与千河休闲园融为一体，在县城形成了水绕城、水在城中的美好景观，提升了县城品位，使县城更加靓美、富有魅力，营造出了最佳的人居环境。

千河在本县境内有冯家山、王家崖两座水库滞洪调蓄，这是治理千河下游的关键。王家崖水库以上，右岸有桥镇乡、贾村镇，左岸为凤翔县长青乡；王家崖水库以下，右岸石羊庙乡，左岸千河乡。石羊庙、千河两乡治理千河，年代久远。常因争滩淤地，发生冲突。中华人民共和国成立初期，仍有发生。1965 年，县政府作出规划，堤距定为 200 米，中止争滩纠纷。至 1987 年，石羊庙乡由王家崖至千河入渭处建堤防 7.9 千米；千河乡由王家崖至铁路桥建堤防 6.3 千米。由于堤防断裂，质量较差，常有被毁之处。1974 年 3 月至 1976 年 9 月，桥镇乡曾于上河村至留村建堤 2.9 千米，并建铅丝笼坝 1 座（装石约 300 立方米），后水毁 2.5 千米，坝不存。后又整修，1987 年有堤防 2.39 千米。贾村镇张家寨至王家崖一段，20 世纪 70 年代中期曾建堤防，以护果园，为水所毁。经修复现存堤防 0.5 千米和护岸短坝 8 座。

第二节　支流治理

一、冯坊河治理

冯坊河为千阳县内的第二大支流，也属季节性多泥沙河流。上游干流 10 千米处建有冯坊河引水拦河溢流坝，支流上修建有桐花庄、郝家坡两座小（1）型水库，还有刘巴沟等陂塘多处。

1980 年，县水电局勘测设计，从冯坊河公路大桥两侧进行初步治理，修建东岸河堤 635 余米，其中桥下至千河 400 米，丁坝 3 座；桥上至马家湾村 235 米，丁坝 3 座，浆砌块石护岸。工程投资 4.15 万元。

1976—1980 年，冯坊河上游的文家坡公社新文、北坡等大队，张家塬公社观明、晖川、寺坡等大队，所在地段自发修建简易河堤，长约 20 千米。县投资 2 万元的水泥，用于基础浆砌。后经水毁，至 1985 年保存约 4 千米。2002 年，文家坡乡冯坊河左岸堤防与千河堤防相接，修筑河堤 2.7 千米，将柿沟大桥至马家湾村的河堤，连在一起，有效地防御较大洪水。文家坡乡冯坊河堤防可抗御30年一遇洪水，堤高5 ~ 6米，冯坊河口断面堤高725.26-719.51+0.5=6.25米，上游段堤高5米；堤顶宽3米，基础深2.0米，全部浆砌石基础和堤坡。工程移动土沙卵石5.8万立方米，浆砌块石1.62万立方米。

2009年，惠家沟沟道治理工程列水库移民后期扶持项目修建，整治沟道276米，修筑村口至千河大堤挡水墙式堤防552米。工程移动土方量5226立方米，浆砌块石1358立方米。

冯坊河下游河段设防标准按20年一遇洪水设计，上游段设防标准按10年一遇洪水设计。新修堤防10.029千米，加固护岸607米，迎水坡为干砌块石护坡，背水坡草皮护坡，堤顶铺设石渣路面。堤防为梯形断面，坡比1∶2，堤高4米，安全超高1.2米，顶宽4米，修筑改造上堤路七处。

工程移动土石方56.12万立方米，浆砌基础2.2万立方米，干砌护坡1.09万立方米，铅丝笼装石0.42万立方米，种植草皮5.61万平方米；消耗柴油398吨、水泥2054吨、块石4.2万立方米、砂子9714万立方米。投工9.72万个，投资1834.9万元。

二、北河治理

陇县北河属千河左岸一级支流，发源于陇县北部火烧寨镇后河显村，由峡口河、李家河、田家河3条支流汇成，流经火烧寨镇、李家河镇、温水镇、城关镇，绕县城西北流于城东，与水银河相汇流入千河。干流全长35.3千米，流域面积413平方千米。多年平均径流量6373万立方米。历史上北河洪水具有历时短、强度大、暴涨暴落、发生频繁等特点。

陇县先后于1956—1957年、1964—1965年、1974年春，对北河进行了3次较大规模的统一治理。1984—1986年，陇县分5次筹措资金，对水毁堤防又一次进行了加固。但除千河北岸城区段1.78千米堤防外，仍不足抵御30年一遇洪水灾害的袭击。

1999—2003年，千河流域防洪治理工程连续三年列入国家水利国债项目。1998年12月至2002年8月，省、市先后3次下发千河防洪治理工程陇县城区建设总投资1830万元。

千、北河连续三期治理工程，共新修加固堤防工程11.69千米，其中完成千河朱家寨至南河桥段两岸加固工程5.46千米，新修千河左岸堤防工程1.82千米。千、北河防洪工程建成后，堤防标准由原来不足20年一遇洪水标准提高到30年一遇洪水标准，使千河防洪能力达到1255立方米每秒，北河防洪能力达到600立方米每秒，彻底改变了城区防洪卡喉现象，加之段家峡水库、丰收水库对洪水排泄的调节，保证了河道汛期安全行洪。堤防工程建成后，可保护耕地2.8万亩，折合年经济效益2800万元；保护县城和沿岸城关、堎底下、东南、温水等4个镇9个村5.8万人，145个企事业单位，10所学校及北河大桥、二中大桥、东河大桥、宝平公路等重要交通道路，通信设施免受洪水灾害，减少经济损失7500万元，经济效益显著。生态效益不仅改善了河道周围耕地的土壤结构，美化了县城区环境，净化了城区空气污染，而且为未来社会发展和经济建设奠定了坚实的基础。

2010年8月23日，陕西省水利厅下达了项目计划。涉及火烧寨、李家河、温水、城关4个乡镇，耕地1.68万亩。按设计批复内容进行公开招标投标。共完成新修堤防7.29千米，护岸2.49千米，综合治理河道9.79千米。建成后的火烧寨镇、温水镇河段堤距40米，李家河镇堤距35米，三个河段堤高为2米，堤顶宽3米。城关镇北河段堤距120米，堤高

3.3 米，堤顶宽 5 米。水银河堤距 80 米，洪峰流量 191 立方米每秒，北河汇流口河堤洪峰流量 1408 立方米每秒。2011 年 8 月 6 日，陇县北河上游突降大暴雨，北河流域河水暴涨，先后通过两次较大洪水考验，工程运行正常。陇县北河乡镇防洪工程实施后，保障了陇县县城和沿岸流域 4 个乡镇 4.73 万人、1.68 万亩耕地、4 个厂矿企业度汛安全，为陇县县域经济可持续发展奠定了坚实的基础。

陇县县城地处千、北河环抱之中，三面环水的自然条件使陇县形成独特的天然龙舟。根据城区河床的自然条件，综合城区发展规划，总体规划在千河、北河城区段采用梯级开发，布设 5 座拦河坝，共形成生态水面 65 万平方米。按照分期实施的原则，2011—2012 年投资 1700 万元，建成了 1 号和 4 号橡胶坝，形成景观水面 18 万平方米；2012—2013 年投资 2700 万元，新建了 2 号和 3 号橡胶坝，形成景观水面 37 万平方米。4 座橡胶坝共形成景观水面达 55 万平方米，为县城增添了一道靓丽的风景。

2013—2014 年投资 1500 多万元在北河新建 5 号橡胶坝和在水银河建设生态湿地，2014 年 4 月底工程建成运行，工程建成后，形成景观水面 10 万平方米，生态湿地 130 亩。

第三节　重点防洪工程

凤翔县河道堤防工程始于新中国成立初期。位于千河左岸的长青乡沿河一带，村民为抗御千河洪水，在千河左岸曾因害设防，断断续续修建了一些浆砌石河堤约 10 千米和丁坝工程。工程因无规划，标准低劣，在 20 世纪 70 年代大部分水毁失修，今残迹尚存。

1998 年，宝鸡二电厂在凤翔县长青镇建设期间，为保护电厂灰渣场安全，在千河左岸修建一条长 2.6 千米的浆砌石河堤，设防标准为 100 年一遇。

冯家山、王家崖水库滞洪调蓄，是治理千河下游之关键。王家崖水库以上，右岸有桥镇、贾村镇，左岸为凤翔县长青乡。王家崖水库以下，右岸为石羊庙乡，左岸为千河乡。石羊庙、千河两乡治理千河年代久远，常因争滩淤地发生冲突，至新中国成立初期仍有发生。1965 年，县政府作出规划，堤距定为 200 米，终止争滩纠纷。至 1987 年，石羊庙乡由王家崖至千河入渭处兴建堤防 7.9 千米；千河乡由王家崖至陇海铁路千河桥兴建堤防 6.3 千米，由于堤防质量较差，被毁之处随处可见。贾村镇张家寨村至石羊庙乡王家崖村一段，20 世纪 70 年代中期曾建堤防以护果园，为水所毁，经修复，0.5 千米堤防和 8 座护崖短坝尚存。

2004 年 3 月，经省计委安排，由宝鸡第二发电厂出资 180 万元，宝鸡市政府出资 50 万元，兴建桥镇龙尾村至留村段 1937 米的堤防工程，共移动土方 10.37 万立方米，混凝土 4596 立方米。

新中国成立后，千河先后发生过 1954 年、1989 年、1994 年、1996 年、2003 年、2006 年和 2010 年等场大洪水，对沿河地区造成较大洪涝灾害。在与洪水斗争中，先后建有段家峡水库、冯家山水库、王家崖水库等大中型水库和干流堤防 69.35 千米，千阳小型水库 13 座，陇县建各类水库 30 座，对保护沿岸城市、村镇和农田发挥了较好的作用，陇县、千阳县城和重点防护段的防洪标准达到 20 ~ 30 年一遇，部分农田段防洪标准为 10 年一遇，千河干流仍有一些村镇和农田段的防洪设施不够完善，部分已建堤防的建设标准低，堤身毁损严重；受洪水冲淘，河道堤防出现多处险工隐患，不能有效防御洪水灾害；随着城市建设的快速发展，对防洪工程建设也提出了新的要求。

2010 年 8 月，国务院对防汛抗旱工作作出重要指示。2011 年中央一号文件进一步强调加快中小河流治理。千河防洪治理被列入全国重要支流治理计划，2012 年 4 月开始《陕西省宝鸡市千河干流治理工程可行性研究报告》的编制。

项目可研规划治理河道总长度 106.5 千米，建设范围为陇县固关街至千河入渭口，规划新修加固干支流堤防护岸工程 141.74 千米，估算总投资 4.41 亿元。

由于本工程涉及范围较广，工程形式较多，且所涉及的 5 个县（区）的保护对象、防洪标准及工程等级也不同，故在水工设计时各个部分设计都有难点。工程设计者们匠心独具、巧妙构思，对堤防工程、护岸工程、护坡设计、穿堤涵闸等几大部分设计存在的难点问题进行了认真分析，研究出了科学可行的解决方法，使得难点问题迎刃而解，设计工作圆满按期完成。他们还总结出了“对于这样涉及范围广、工程形式多的防洪工程，水工设计时要分县区、分段落、分工程形式具体问题具体分析，不能千篇一律搞均一化设计”的宝贵经验。

陇县段家峡—神泉桥及北河口—杜阳桥段防洪治理工程，治理河道总长度 15.923 千米。布设防洪工程 29.213 千米，完成新修护岸 18.59 千米，新修堤防 5.49 千米，加固护岸 22.75 千米，新建堤顶道路 7.92 千米；陇县固关段—段家峡水库尾段及杜阳桥—千陇交界段防洪治理工程，河道治理长度 13.833 千米，共布设防洪工程 20.345 千米，其中干流 18.905 千米，支流 1.44 千米；陇县神泉大桥—新陇大桥段防洪工程，河道治理长度 8.77 千米，布设防洪工程 14.853 千米。

凤翔县段防洪治理工程，治理河长 10 千米，2017 年开工建设，2019 年完工，布设防洪工程 4.849 千米。

陈仓区段防洪治理工程，治理河长 5.5 千米，2018 年开工，2019 年完成建设内容，完成新修护岸工程 2862 米，护脚加固工程 2202 米，堤防加固工程 223 米，水毁修复工程 489 米。

陈仓区千渭之会段防洪工程，河道治理长度 12 千米，布设防洪工程 15.116 千米。

千河防洪治理工程的逐步实施（见表 3-2-1、表 3-2-2），提高了千河流域的整体防洪能力，人民生命财产安全和经济社会发展得到了有效保障。

千河防洪治理工程的建成，完善了河道防洪体系，满足了河道正常行洪，实现了新时期人水和谐相处的治水思路。更为可喜的是，通过堤防工程建设，改善了河道沿岸生态环境和自然景观，对扩大招商引资、促进区域发展、丰富区域内涵等，都起到了立竿见影的推动作用。

陇县水利水保局和段家峡水库设防汛电台两部，固定专人，按规定时间及时收发雨情、水情等电报。在工程措施上，陇县 1980—2020 年 41 年来，以千河防治为中心，先后对千河、北河、蒲峪河、八渡河、水银河、李家河、大杜阳沟河等多次进行治理。共修河道防洪堤 132 千米，其中重点堤防 26.55 千米，护岸坝 134 座，保证了县城及沿河乡村的安全，保护耕地 2.5 万亩。

表 3-2-1 1964—1965 年千河治理实绩及投工

年份	工程名称	丁字坝	防洪堤	导流堤	土堤	导流坝	造岸护林	引洪漫地	其他工程	护岸	合计
1964	工程处数 / 座	10	2	3	2	3				1	
	工程量		890 米	240 米	350 米		1201 亩	1218 亩		300 米	
	完成石方 /m³	984	975	692		210			160	180	3501
	完成土方 /m³		4030	682	400				400	1280	6792
	投入工日	3070	17000	4380	600	1300	24020	12180	2480	2280	67310
1965	工程处数 / 座	21									
	工程量		2700 米	5500 米			250564 株	2277.4 亩	种草 267.5 亩		
	完成石方 /m³	6020	3200	15840							24060
	完成土方 /m³		12231	15620							27850
	投入工日	18060	51570	100375							170005

表 3-2-2 1973—1977 年千河治理堤防工程一览

项目	时间（年–月）	河段	堤防基本情况			植树造林 / 万株	新出滩地 / 亩
			主堤长度 /km	丁坝 /（座 / 组）	支流 /km		
第一期	1973–10—1974–05	大坝—葫芦铺河	14.0	26/5	草碧河 2.4	16	3000
第二期	1974–09—1975–06	葫芦铺河—冯坊河	20.8	20/6	葫芦铺河 0.5 阎家沟 0.4 新兴铺河 1.2 寇家河 0.4 西沟 0.4 段坊沟 0.4	20	4100
第三期	1975–09—1977–07	冯坊河—千桥	5.0	15/5 圆盘坝 135	冯坊河 1.0 西河沟 1.4 惠家沟 0.4	2.6	900
合计	1973–10—1977–07	大坝—千桥	39.8	196	8.5	38.6	8000

第四篇　水保生态与水环境建设

《尚书》述：“禹平治水，管山林，管薮泽，水土归壑。”治理水土在千河流域历史久远。当今继承古之法则并予扩大，采取耕作、工程、生物流域、水保生态、水政执法，做节水型社会的实施者、健康幸福河湖的守望者。本篇论述了千河流域水土流失和治理状况及实行河长制、水政执法、节水、水资源管理等状况。

第一章 水土流失

千河流域水土流失严重，是水土流失重点区域。本章论述了历史上千河生态、水土流失治理、农田建设、小流域治理和水保治理等情况。

第一节 历史上千河生态

远古时代，千河流域森林茂密，荒草萋萋。随着人为的破坏等原因，森林资源日渐减少。据考古发掘资料，新石器时代人类开始利用木材作燃料，同时为了开垦农田，大片森林被砍伐烧毁。

周人迁居周原后，彻田为粮，从事耕作。当时虽对林木取舍曾有规定，但大都在砍伐之列。对丛生的灌木进行修枝整理，去掉柽树（柽柳）和椐树（灵寿木），那些檿树（柞树）和柘树（桑属）也要攘去剪除。越来越多的森林被垦为农田。暂时不需开垦的土地作为牧地。由于农田发展，居民点亦相应增多，对森林的破坏日趋严重。

西周时秦非子在汧、渭之间为周王室牧马有功，被封为附庸，设邑于秦（今陕西陇县），在汧水之滨修筑秦城，秦始立国。这里气候湿润，降水充足，每年夏季汇入千河的水资源很丰富。充足的水资源加上天府之国的千里沃野，还有方便的水利交通，这些因素使得沿岸地区经济发达，人民安居乐业。

《诗经》中有“塬隰既平，泉流既清”的诗句，公元前956年，《尚书·吕刑》中有“禹平水土，治山川”的记载，那时设“山虞”管山林，设“泽虞”管理薮泽，又兼职“春三月，山林不登斧，必成草木之长；夏三月不泽不入网罟，必成鱼鳖之长”，用来保护自然生态环境，防止水土流失。后来随着人口的增加、铁器农具的使用，耕垦范围扩大，薮泽相继垦殖，植被被破坏，水土流失严重。“土返其宅，水归其壑”，具有水土保持的内容应运而生。《汉书·食货志》载：后稷始甽田，以二耜为耦，广尺、深尺曰甽，长终亩。一亩三甽，一夫三百甽，而播种于甽中。创造了甽田工作方法，庄稼种在沟甽之中，这是最早的水土保持耕作方法。

战国末年，秦国为了发展农业，从三晋招揽劳力砍伐森林，开垦荒地。陕西凤翔孙家南头村发掘了西汉汧河码头仓储建筑遗址。附近地方考古调查所获同类建筑材料说明，春秋战国时期汧河沿岸已经建造了仓储设施及水运码头。汧河水文条件的历史变化与仓储码头的使用及废弃有关。秦汉王朝为了大兴土木，专门设立管理采伐的官员，所采之木大部分出于终南山。东汉末年，汉献帝迁都长安，曾用砍伐陇山之木修建宫室。至南北朝末年，关中平原的森林已遭彻底破坏。

平原地区林木稀疏，进一步加剧了山地森林的破坏。到唐宋时期，浅山区可采林木已不能满足需要，其采伐范围远及岐山和陇山。武则天垂拱初年，从宝鸡引千河水到咸阳升原渠，将岐、陇山地木材运到长安。唐代治陇右节度使李元谅曾在这里与兵卒共辟榛莽，垦出肥沃土地数十里，使天水以东陇山下的森林毁坏殆尽。北宋时期，陇山一带林木继续遭受摧残，官吏和贵族凭借权势私自遣人进山砍伐，每年可得大木万株以上，贩运到开封城的大木堆积如山。由于岐、陇山林被破坏殆尽，宋建国 30 年后采伐林木的重点西移至今甘肃省武山县境的洛门镇。至宋代，岐、陇诸山森林资源已被严重毁坏。

明代，森林遭到全面破坏。陇山东侧的灵山，清初已无树木，陇山南侧渭河岸边长达 200 千米的地带，原来森林茂密，行走困难，至清代中叶，却仅见有未劈老树。

20 世纪后的千河生态状况。据千阳水文站 1960—1980 年实测，千河流域多年平均年输沙模数 1580 吨每平方千米，1970 年最大为 3880 吨每平方千米，中游流域（段家峡水库以上），夜杈木河流域观测点 1976—1979 年实测流域内多年平均输沙模数 5387 吨每平方千米，1979 年最高达 7139 吨每平方千米。按强度标准划分，北丘西部和南丘东部为强度水土流失区，北丘东部和南丘西部为中度水土流失区，千河北部的台塬和中部的千河川道及支流河谷、河漫滩，一、二级阶地为轻度水土流失区，河谷坡地为强度水土流失区。按典型调查，15° 以上的坡耕地，年侵蚀模数为 3187 吨每平方千米，坡度为 35° 时年侵蚀模数为 13396 吨每平方千米，坡耕地年侵蚀模数为 5000 吨每平方千米，每年流失泥沙 212.1 万吨（见表 4-1-1、表 4-1-2）。

表 4-1-1　千阳县水土流失侵蚀量调查

分区编号	分区名称	总土地面积 / km^2	水土流失面积 / km^2	流失面积占土地面积 /%	侵蚀程度 /（$t/km^2 \cdot a$）
Ⅰ	千河川道	75.43	28.73	38.1	1770
Ⅱ	台塬区	138.72	78.38	56.5	2170
Ⅲ	丘陵沟壑区	782.31	751.07	96	3100
合计		996.46	858.13	86.1	2970

表 4-1-2　千阳县水土流失状况

类型	流失形式	面积 /km^2	比例 /%
水力侵蚀	溅蚀及面蚀	190.25	19.1
水力侵蚀	面蚀兼沟蚀	125.5	12.6
水力侵蚀	沟蚀及细沟侵蚀	562.31	56.4

续表 4-1-2

类型	流失形式	面积 /km^2	比例 /%
重力侵蚀	重力侵蚀	103.5	10.4
冯家山水库水面		14.9	1.5
合计		996.46	100

第二节　水土流失治理

水土流失的自然动因：一是年降水量分布不均，集中在7—9月，暴雨出现历时短、强度大，是造成水土流失的前提条件。二是地形破碎，坡耕地多，大坡差，是造成水土流失的内因条件。三是土质疏松，抗侵蚀力弱，易水土流失。人为因素造成森林破坏，土壤吸收能力减弱，造成小水大的水土流失。水土流失的社会动因：一是不合理地利用土地资源；二是人口急剧增加，植被遭到破坏。

水土流失易造成以下问题。

一、耕地遭破坏

陇县北部山区年土壤侵蚀量175.15万吨，表层土壤年损失量2.2毫米，侵蚀严重的地段，每亩年损失表土4.5立方米。1989年7月15日，在东风、八渡、杜阳、牙科一带的特大暴雨，降水量275.6毫米，暴雨历时2个小时，在八渡的夏用地上每亩流失土壤37.6立方米，冲走表土厚56毫米，损失耕层土壤30%。

二、造成干旱，威胁农业生产

坡耕地、坡荒地植被覆盖差，不易拦蓄雨水，影响农业生物产量。据测量，一次降水59.5毫米，水平梯田每亩拦蓄水量34.56吨。20° 的坡耕地，每亩拦蓄28.23吨。坡耕地水土流失，使土层变薄，肥力减退，小麦平均亩产只有140.3千克，比梯田少131.1千克。

三、洪水灾害频发，经济损失严重

陇县内山岭重叠，丘陵起伏，沟壑纵横，水土流失严重。每逢暴雨，山洪暴发，泥水下泄，山坡耕地表土和河道沿岸田路常被水冲刷，人民生命财产受到损失。全县水土流失面积达1612.99平方千米，占总面积2285.2平方千米的70.58%，年侵蚀模数为3570吨每平方千米，洪水径流含沙量每立方米高达393千克。各乡镇均有不同程度的水土流失现象，北部山区最为严重，占全县总流失面积的近一半，流失量2793吨每平方千米。全县年平均径流量36亿立方米，平均每平方千米流失水量2232万立方米，年平均输沙量428吨。按总土地面积计算，每平方千米流失泥沙为1881.6吨；按水土流失面积计算，每平方千米年流失泥沙2653.46吨，相当于每年全县有1.3万亩土地中0.3米厚的表土层被冲走。每吨土壤中按含氮0.8 ~ 1.5千克，磷1.5千克，钾20千克计算，每年流走氮、磷、钾2.4万吨。

严重的水土流失造成耕地减少，土壤瘠薄，生态环境恶化，使这些地区农业产量低且不稳。

千阳县境山梁丘峁起伏，地形支离破碎。千河北岸被 10 条沟溪切割成 11 块小塬，南岸的 20 块残塬更为狭小，1 千米以上的 401 条沟道分布全境，相对沟深 100 ~ 250 米，沟壑密度达 1.49 千米每平方千米。南北丘陵黄土、红土覆盖，残塬多为垆土、五花土和白墡土，土质松散，易于冲刷，降雨集中，暴雨多而强度大。植被覆盖率为 30.76%。这些自然条件导致水土流失严重。全县水土流失面积 857 平方千米，占总面积的 89.4%。每年平均流失泥沙 251.5 万吨，年侵蚀模数 2300 吨每平方千米，千河洪水期含沙量 84.7 千克每立方米。严重的水土流失造成土壤瘠薄，生态环境恶化，农业产量低且不稳，人民生活长期贫困，成为黄河中游水土流失重点县。

陇县内 1 千米以上的河流沟道有 1747 条，其中 5 ~ 10 千米的 551 条，10 ~ 30 千米的 17 条，30 ~ 50 千米的 4 条，50 ~ 100 千米的 5 条，100 千米以上的 7 条。这些河流沟道是按分水岭形成的自然集水单元，是大支流的分支，面积小，沟道短，汇流快，对暴雨径流反应比较迅速。从土壤侵蚀上看，它是由上到下，由坡到沟，产生泥沙，搬运和堆积泥沙全过程的基地；从发展生产上看，它又是合理利用水土资源，全面发展农、林、牧、副、渔业生产的经济区域。

陇县地处渭河、泾河两大水系，其中渭河流域面积 2175.57 平方千米，泾河流域面积 99.70 平方千米，流域面积 50 平方千米以下的河流沟道 584 条，50 平方千米以上的 12 条。

1985—2011 年，陇县争取国家投资 5124.73 万元，先后实施大杜阳沟、温河沟、段家峡、白牛沟、杜阳沟、北河和峡口河等 30 多条小流域治理工程，治理水土流失面积 378.67 平方千米。

（1）大杜阳沟流域治理。大杜阳沟流域面积 95.8 平方千米，水土流失面积 76.60 平方千米。1980—1984 年，国家投资 46.51 万元，治理水土流失面积 43.30 平方千米，其中新建“四田”1.27 万亩，造林 2.22 万亩，种草 3 万亩。2000 年，国家投资 1001.4 万元，再度实施大杜阳沟小流域综合治理工程；建成基本农田 7683 亩，营造水保林 3.86 万亩，种草 1.37 万亩，封禁治理 5 万亩；修筑淤地坝 6 座、水窖 320 眼、沟头防护 50 千米。两期累计治理水土流失面积 73.30 平方千米，占水土流失面积的 95.69%。

（2）白牛沟流域治理。白牛沟流域面积 12.36 平方千米，水土流失面积 11.15 平方千米。1990—1992 年，县水利局和堎底下乡连续 3 年共治理水土流失面积 2.74 平方千米，其中兴修梯田 1587 亩，营造水保林 1670 亩、经济林 304 亩，种草 740 亩，修筑土谷坊 3 座，完成改造河道等水保工程 4 处。经后续治理，共治理水土流失面积 6.39 平方千米，占水土流失面积的 57.31%，工程投资 10.62 万元。

（3）段家峡流域治理。段家峡流域面积 28 平方千米，水土流失面积 22 平方千米。1998 年，县水利局和曹家湾镇利用国家、地方、群众投资 132 万元，在 25° 以上坡地退耕还林、种草种树，新增林地 4800 亩、草地 1800 亩；兴修梯田 3000 亩，封山禁牧 600 亩；修建小型水保工程 8 座，沟头防护 10.20 千米，治理水土流失面积 13.54 平方千米。2001 年 5 月，工程荣获全国水土保持生态环境建设“十百千”示范工程奖。

（4）田家庄流域治理。田家庄流域面积 26.73 平方千米，水土流失面积 25 平方千米。1999—2002 年，国家和群众投资 360 万元治理水土流失面积 21.05 平方千米，其中兴修梯田 1.05 万亩，营造水保林 1.12 万亩、经济林 3839 亩，种草 2380 亩，封禁治理 2400 亩，保土耕作 1120 亩。治理后，可拦蓄径流 24 万立方米，拦蓄泥沙 4.82 万吨。

（5）北河流域治理。北河流域面积 35 平方千米，水土流失面积 31.30 平方千米。2001—2002 年，国家和群众投资 133.26 万元，治理水土流失面积 29.27 平方千米，占水土流失面积的 93.51%，其中兴修梯田 2536 亩，营造水保林 1.34 万亩，种草 6333 亩，封禁治理 4.17 万亩；修筑淤地坝 3 座，沟头防护 5 千米。

（6）峡口河流域治理。峡口河流域面积 117 平方千米，水土流失面积 112.32 平方千米。2001—2010 年，国家和群众共同投资 1155.06 万元，先后 2 次治理水土流失面积 65.56 平方千米，其中坡改梯 8110 亩，营造水保林 2.54 万亩，栽植经果林 3500 亩，种草 6700 亩，封禁治理 4.85 万亩，保土耕作 6100 亩。治理后，年拦蓄泥沙量 12.94 万吨、拦蓄径流量 16.82 万立方米，林草覆盖率达到 19.24%，土地利用率达到 70.17%。

第三节　农田建设

1960 年以前，陇县群众在坡地上修筑沟边埂、埝边埂、地边埂，沿等高线分段打地埂，挖地填沟，截短坡长，减少坡面径流，地面还不十分平整，叫坡式梯田。1965 年以后，总结以往经验，县委书记刘增才亲自组织领导全县开展以兴修水平梯田、水平埝地、打坝淤地和河滩造地为主的“四田”建设群众运动，成效显著。新修的水平梯田，保土、保水、保肥，可以拦蓄每次 100 毫米的暴雨。1970 年，北方地区农业会议以后，县上把修“大寨田”（水平梯田）提到建设“大寨县”的位置上，全党抓、全民办、各行各业齐支援。每年在夏秋之交和秋收后封冻前、解冻后春播前，坚持修地平地，形成习惯。

（1）东南人民公社演峪山生产大队综合治理。演峪山生产大队地处丘陵沟壑区，总土地面积 3304 亩，其中水土流失面积 2754 亩，耕地面积 1332 亩，分布在 1 梁 4 坡 6 条沟和距村庄 20 千米外的山庄上。由于水土流失严重，干旱缺水，粮食产量低且不稳，亩产仅 50 多千克，群众生活贫困。1964 年开始，演峪山群众在荒山陡坡上造林种草，在农耕地上兴修水平梯田，坚持不懈地干了 20 多年，到 1984 年底，共修水平梯田 1242 亩，占耕地面积 93.2%。造林 920 亩，栽果树 290 亩，种草 105 亩，林草覆盖率达 59%，林果经济收入 15 万元，伐木材 532 立方米，在沟道修陂塘 1 座，建成抽水站 3 处，既解决了人畜饮水困难，又发展水浇地 600 亩。1982 年种植小麦 1136 亩，平均亩产达到 230.6 千克，总产 26.2 万千克，为修地前平均亩产的 2 倍，彻底改变了贫困面貌，其事迹在全国农展会展出后，受到好评。

（2）火烧寨人民公社苟家寨生产大队综合治理。苟家寨生产大队是北部山区兴修“四田”的一个典型。全大队 143 户、773 人，耕地 4173 亩，由于水土流失严重，粮食亩产只有 50 千克左右。从 1963 年开始，他们采取专业队常年干，群众运动搞会战的方法，坚持不懈 10 余年，共投入工日 11.6 万个，移动土方 71.3 万立方米，集中连片治理了 10 面坡 8 个山头 5 条沟，修筑地埂 68 千米，使 1772 亩山坡陡地变成了一层层平展的水平梯田。营造护坡林 1670 亩，控制水土流失面积 3200 亩，占总流失面积的 75%。其中专业队投工 5.7 万个，移动土方 43 万立方米，打地埂 303 万米，所修梯田占总面积的 59%。1974 年，全大队粮食总产 66 万千克，亩产、总产都超过治理前的 2 倍。有 340 亩水平梯田高粱平均亩产 300 千克，其中 27 亩高产田亩产达到 550 千克。

（3）甘峪山系综合治理。甘峪山系内包括城关人民公社殿子生产大队及温水人民公社坪头、温河、团结 3 个生产大队，耕地 8661 亩，林地 565 亩，牧地 1404 亩，非生产地 4190 亩，地形破碎，水土流失严重，粮食亩产只有 50 千克左右。1972 年冬，市、县和温水人民公社共同组成了甘峪山系治理规划小组，制订了 5 年治理规划。1973 年开始实施，大干 10 余年，修成水平梯田 5598 亩，修斗、支渠 14 条，库塘 5 座，发展灌溉面积 5334 亩，营造水土保持林、防风林带 5834 米，治理支沟 5 条，营造护坡沟底防冲林 618 亩，发展核桃、苹果等经济林 891 亩，种草 800 亩，治河拉土造田 300 亩，治理水土流失面积达 87 平方千米，占应治理面积的 86%。先后多次受到省、市表彰和奖励。

1985 年以后，纠正农田基本建设中的松劲问题，1987—1988 年，陇县全县每年修梯田万亩以上，1989 年和 1990 年每年达到两万亩以上，夺得宝鸡市“愚公杯”竞赛四连冠。到 1990 年，全县已修成“四田”31.34 万亩，其中水平梯田 30.42 万亩，水平埝地 600 亩，引水漫地 8600 亩，全县人均“四田”1.4 亩。

1956 年，千阳县被国家列为黄河中游水土流失重点县。至 1987 年，治理面积 372.66 平方千米，占水土流失面积的 43.4%。在工程治理中，主要从“四田”修筑和小流域治理两方面着手。

千阳县以整修缓坡台田为水平梯田的工程最大，时期最长，面积最多，效益很高。

1955—1956 年，千阳县修沟头防护 381 道，柳、石谷坊 598 道，淤地坝 293 道，水簸箕 1000 多个，是为初级阶段。1958 年打旱井 15632 眼，投工 175 万个，治理支毛沟 150 余条，结果劳而无功。1956 年，始由打地埂、帮盖楞、修沟谷谷坊发展为修水平梯田。1964 年，以公社、大队为单位，统一组织施工，一面坡、一座山、一条沟地连片治理，6 年综合治理水土流失面积 108.8 平方千米。“文化大革命”前期，水保机构被撤销，贯彻“以粮为纲”，水土保持工作停顿。1970 年后，提高“四田”要求标准（保水、保肥、保土），县、社逐级设立农田基建领导机构，并成立专业队伍，每年收种之后，在集中的地块或坡面上突击治理，截至 1987 年，共修建“四田”13342 万亩。

灌区土地基本上可以灌溉，但不少田块大平小不平，遇水往往是“低处水成潭，高处仍干旱”。对这些大平小不平，有水浇不到的田块，从 1974 年起，陇县每年都组织动员群众，通过搞园田化、建方田加以平整，消灭“水中旱”，使之变成保灌面积，达到高产、稳产的目的。

1974年10月，段家峡水库补强加固第一期工程完工，投入蓄水灌溉后，把农田水利建设的重点转向了组织千河沿岸群众治理千河，发动灌区群众搞园田化建设方面。陇县成立了县园田化建设规划领导小组，抽调行政干部和专业人员，在东南人民公社进行试点，采取以改土治水为中心，地、渠、路、树统一规划，按村庄定路，按地形定渠，按渠路结构划块定方，大方套小方，方方结成网的办法，将南塬上2000多块共23万亩地规划成方田217块，新建方田道路28条、长85千米，新修斗渠2条、长48千米，路旁、渠边植树6万株。1975年夏季，全公社日上劳力3100人，大干40天，修成高标准方田33块200亩。县革委会召开了现场会，后园田化建设在全县8大灌区普遍展开，一年多时间全县建成方田5.6万亩。到1990年底，累计建成方田11.44万亩。这些方田便于耕作、灌溉、运输和管理，已成为陇县粮食和经济作物的主要生产基地。

1989年，段家峡灌区4万多亩粮食作物亩产由20世纪70年代的225千克提高到650千克。1990年，段家峡灌区综合开发工程被列入陕西省基建项目，国家投资300万元，开始了以渠系配套为中心的高标准方田建设工程。

1990年，陇县政府与各乡（镇）签订兴修梯田1.56万亩的责任书，在山区乡改土治水、兴修“四田”，在山川兼备乡（镇）开展“四田”建设。是年夏，全县集中40余天时间突击展开农田基建。完成“四田”2.07万亩，全年兴修梯田2.20万亩。1991年，全县共修梯田1.60万亩。1992—1996年，陇县兴修梯田6.12万亩。1997年，全县拉开百亩以上修地现场15处，50亩以上27处，共修梯田1.15万亩。1998年，全县拉开百亩以上修地现场29处，50亩以上41处，兴修梯田1.30万亩。1999年，全县共修梯田1.90万亩，被评为全省夏季农田基建先进县。2002—2010年，全县兴修梯田5.17万亩。

陇县在持续兴修“四田”的同时，还注重园田化建设。1990—1993年，共完成斗、分渠衬砌708条，修建配套各类建筑物1.11万座，建成方田7.20万亩，扩大灌溉面积2.14万亩，改善灌溉面积5.06万亩。2009年，陇县争取国家投资1220.79万元，实施北河流域温水镇坪头村北河滩地高标准方田建设，以改土治水为重点，地、路、渠、井、电、堤、树统一规划，拉土造田2691.45亩，新修田间道路24.93千米，修建机井26眼、灌溉渠道28.95千米，架设输电线路15千米，修筑河堤8.03千米，路、桑、堤旁植树1.23万株。

从20世纪50年代起，千阳县开展农田基建，整修“四田”。至1987年，全县累计整修“四田”面积8893.3公顷。1988年以后，平田修地。主要在流域治理工程及部分涉农项目中开展，并以机械平整、人力打地边儿埂的方式进行。1990—1998年，依托农业综合开发项目支持。在南寨、城关、文家坡、张家塬、寇家河、草碧、柿沟、水沟平整四田1880公顷。2003—2009年在草碧镇、寇家河乡、水沟镇、柿沟乡、张家塬镇农业综合开发项目区平田修地31333公顷。

2008—2010年，在崔家头、高崖、沙家坳、寇家河、城关、草碧、柿沟等7乡镇退耕还林还牧区的基本口粮田建设项目中，实施荒坡、旧台地平整改造，水利设施配套和增施化肥工程。新修“四田”935公顷，改造台田1259.2公顷。2010年，根据地域状况，打破乡村界限，连片集中开展农田基建，建设33.3公顷以上农建点8个，66.6公顷以上3个，

100 公顷以上 3 个，200 公顷以上 1 个，其中景家寨农田基建日上劳 156 人、施工机械 24 台（辆），历时 3 个月兴修水平梯田 201 公顷；惠家沟修建水平台田 72 块 68 公顷；庄科村改造提高坡式台田 50 公顷。至年末，全县“四田”保有面积 12880 公顷。

第四节　小流域治理

一、小流域治理

以小流域为单元进行水土保持综合治理，是从 1958 年开始的。陇县城关公社的麻坊铺和北坡生产大队、东南公社的演峪山生产大队、火烧寨公社的苟家寨生产大队等水土保持先进单位，都是坚持以小流域为单元，通过进行综合治理、集中治理涌现出来的。

农业生产实行家庭联产承包责任制以后，流域治理的形式发生了一些变化，大体有县办、社办、户包 3 种形式。

县办：1979 年，按照省上要求，县上开始对大杜阳沟流域治理做规划工作，组成领导干部、技术干部、群众三结合的规划小组进行了踏勘规划。1980 年开始治理，到 1984 年，完成治理面积 27.73 平方千米。

社办：从 1982 年开始，以社镇为单位治理的小流域共有 10 条，流域面积 114 平方千米，现仍在治理中。

户包：从 1983 年开始施行户包小流域和“五荒地”治理。农民除自觉地在自己承包的土地上投工、投肥、投资治理外，还对支毛沟和小流域内的“五荒地”竞相承包。城关公社北坡生产队农民叶伯成联户在麻家台乡张家庄村承包退耕地 1900 亩，造林 1160 亩。

二、径流观测

为研究各种自然因素和人的生产生活活动对水土流失的影响及采取水土保持措施后的减洪减沙效益，1981 年，在陇县杜阳人民公社九子沟建立了径流观测站，主要观测降水量、沟道水位、流量、含沙量、土壤水分、不同植被、不同坡度林地和天然荒坡、多级坡度牧草和农耕地的径流量，经过 4 年观测，取得了大量第一手资料，为水土保持掌握了科学数据。如 1983 年汛期降雨 135 次，降水量 361 毫米。沟口测流 15 次，洪水总量 1.58 万立方米，径流量 8010 立方米每平方千米。测含沙量 15 次，取沙样 160 个，洪水输沙量 2095 吨，冲刷量 1063 吨每平方千米，带走氮、磷、钾 48 吨，每亩跑水 5.34 立方米，跑土 709 千克，跑肥 16.2 千克。测小区径流 6 次，土壤含水量 21 次，取土样 1850 个。还总结了不同树林拦蓄效益的数据。

千阳县有荒山 25.4941 万亩，荒沟 2.3045 万亩，荒滩 0.2027 万亩，荒水 0.0371 万亩，“四荒”总面积 28.0384 万亩。1979 年，宝鸡市水电局定夜杈木河为试点治理流域，专款扶助。1985 年，省水利水保厅与县水利水保局共同定东河沟为试验治理流域。同年，黄河水利委员会中游治理局定涧口河流域为重点试验治理流域，投资 22 万元。与此同时，各乡、村也开展小流域治理工程，自定 18 个小流域治理项目，分别与 7223 户签订治理合同，总计承包治理“四荒”23.7427 万亩，占全县“四荒”总面积的 34.6%，其中宜造林面积

13.634 万亩，宜牧宜草面积 8.576 万亩，悬崖、石山不可治理面积 1.5326 万亩，并将 25°以上山坡地 7.8902 万亩承包给 3309 户。1985—1987 年，还林还牧、栽树种草主要分布在沙家坳、崔家头、上店、普社等乡。

1984 年，沙家坳乡水泉村村民巨兴无联合 6 户村民承包治理乔沟小流域，总长 2300 米，总计 129 亩，治理合同期限 30 年，当年栽树 106 亩，种芦苇 7.5 亩，育苗 3 亩，种黄花菜 1 亩，整修谷坊 23 处，完成治理面积的 80%。后又承包红沟流域治理 600 亩。巨兴无出席同年陕西省小流域治理先进代表会议，受到奖励。

至 1987 年，全县自定治理的 18 条小流域总面积 166.1 平方千米，已治理 97.24 平方千米，占任务的 58.6%，其中修梯田 14644 亩，种草 17191 亩，修“四田”21209.7 亩，育苗 2009 亩，营造用林、经济林 52794 亩，营造灌木林 1980 亩，修筑沟谷坊 92 座，挖鱼塘 7 处 180 亩。

但据 1988 年初调查，承包荒山生产周期长，效益低，加之资金缺乏，劳力不足，管护难度大，抗灾能力差；沙家坳等乡承包荒山户，半数以上要求退包。

1988—1990 年，千阳县以生产队为单位组织的小流域治理行为，开始转为个户承包治理、“四荒”（山、坡、滩、水）拍卖治理及县列项目统一治理多种形式，其中个户承包治理期限一般为 30 ~ 50 年，并允许子女继承。全县 2400 户 0.86 万人，承包治理面积 26.3 平方千米。始于 1982 年的省列半山沟、段坊沟、西沟、涧口河流域治理项目，至 1991 年累计投资 153.7 万元，治理面积 48.95 平方千米，整修农田 4045 公顷，造林 2320 公顷，种草 1733 公顷。1999—2002 年，大湾岭、龟山、阳湾河流域列入渭北农业综合开发水土保持项目，冯坊河、郝家坡、惠家沟流域列入国家以工代赈项目，大沟、皂角树沟流域列入中央财政预算内专项资金项目，均进行以生态修复为主、兼顾环境改造的坝、渠、路、田、林、草综合治理。累计投资 1273.8 万元，治理流域面积 67.47 平方千米，整修农田 1186 公顷，造林 4083 公顷，种草 1400 公顷。

2001 年起，在皂角树沟、邓家沟、段家湾、蒲家山流域进行以固沟、拦洪、淤地为主的综合治理，至 2003 年，投资 138 万元，按拦蓄 20 年一遇洪水标准，建成淤地坝 4 座，控制流域面积 11.7 万平方千米。2003—2010 年，依靠以工代赈、农业综合开发、退耕还林等项目支持，投入资金 561 万元，综合治理千河、冯坊河流域的刘家沟、千河面积 34.2 平方千米，控制占坡、烂泥沟面积 6.7 平方千米。采用人工和大型机械结合的方式，新修、改造“四田”206 公顷，造林 986 公顷，种草 413 公顷，建成淤地坝 2 座。

以小流域为单元进行综合治理，符合自然规律和经济规律，是劳动人民长期同水土流失作斗争的过程中，逐步探索出来的一种行之有效的治理办法，既利于土地资源的合理利用，又利于上下游、左右岸、坡沟、农林牧统筹兼顾的综合治理，更利于集中力量打歼灭战，发挥投资效益。

从 20 世纪 60 年代起，千阳、陇县就开始了按小流域为单元进行水土保持综合治理的初步尝试。1979 年，省政府在子长县召开了小流域治理经验交流会。1979 年，夜叉木河流域列为省重点，进行水土保持综合治理。1982 年，东河沟流域列为省重点项目，涧口河流域列为黄河中游治理局第三副区试点项目，进行综合治理。

1981 年后，千阳县各乡镇确定了自己的重点小流域开展综合治理。至 1982 年，全县 12 个乡镇治理小流域 12 条。1983 年，发展到 15 条；1984 年，又将大沟、桐花庄、郝家坡、东河沟等水库上游列为重点进行生态造林治理。1985 年，葫芦铺河流域列为省重点，进行为期三年的综合治理。

1982 年，千阳县有 12 个乡，治理小流域 12 条，控制面积 76.1 平方千米。经过 3 年努力，治理水土流失面积 39.5 平方千米，占总面积的 51.9%；其中修水平梯田 2849 亩，修坝地 1.7 亩，修水浇田 522 亩，造林 52794 亩，种草 1076 亩，造灌木林 1980 亩。1983 年小流域治理增加到 15 条。之后，又在大沟、桐花庄、郝家坡、柳家塬、东河沟等水库上游开展以生物措施为主的生态修复治理，营造水保林 4944 亩。

1990 年，段坊沟、西沟两流域被列为省、市重点，进行为期三年的综合治理。

1999—2000 年，大湾岭、龟山、阳湾河等三条小流域被列为农业综合开发水土保持防治项目，冯坊河、郝家坡等两条小流域被列为以工代赈项目。2001—2022 年，大沟、皂角树沟等两条小流域被列为中央财政预算内专项资金项目，慧家河流域被列为以工代赈项目，进行以生态修复为主要内容，兼顾环境改造发展小水增加灌溉面积的综合治理。

2002 年，刘家沟、干沟两条小流域被列为农业综合开发水土保持防治项目，进行以生态修复为主要内容的综合治理。

2010 年，文家坡、张家塬、寇家河等乡镇三北地区的千河流域被列为农业综合开发陕甘宁地区水土流失综合治理项目，进行为期三年综合治理。

省、市重点治理流域：

（1）夜杈木河流域是省水土保持局扶持的重点试验治理项目。

（2）涧口河流域是黄河中游治理局第三副区试点开发治理项目。1986—1990 年，该流域延长治理 3 年，3 年内造林、种草 3.75 万亩，投资 14.4 万元。

（3）冯坊河流域被列入 1999 年度以工代赈项目进行综合治理。

（4）郝家坡流域被列入 1999 年度以工代赈项目进行综合治理。

（5）大沟、皂角树沟流域被列入 2000 年度中央财政预算内专项资金项目进行综合治理。

（6）惠家沟流域被列入 2001 年度至 2002 年度以工代赈项目进行综合治理。

截至 2021 年，千河流域建成小流域水土保持工程 12 处，累计治理水土流失面积 260.48 平方千米。

第五节　水保治理

1950—1956 年，陇县开始探索水土保持工作的路子，开始在耕地上补壑，填嵩富帮坡地，挖涝池，拦蓄洪水径流，造林绿化。1957—1960 年，掀起了打坝填埝，兴修梯田，修建沟头防护、谷坊、水簸箕、汤二地坝，打旱井等水保措施。1961—1966 年成立水保专业队，兴修三保田。在一些地方，以公社和大村为单位，一面坡、一座山、一条沟综合治理，农闲全民搞水保，专业队常年搞，工程措施与生物措施齐上。1966—1976 年，县政府成立水保机构，提出“以土为首，土、水、林综合治理，为农业生产服务的水土保持”方针。1976—1990 年，提出“防治并举，治管结合，因地制宜，全面规划，综合治理，兴利除害”的水保方针，开始小流域治理。荒坡、荒山、荒滩拍卖，规定谁治理、谁管理、谁受益，予以治理。经营权 30 ~ 50 年不变，并允许子女继承，这期间水保治理由防护型向开发型转变。1991—1999 年，实行国务院《中华人民共和国水土保持法实施条例》《中华人民共和国水土保持法》，水保体系的法治化水平显著提升，以法水保，注重生态治理跨越式发展。2000—2010 年，推出了工程措施、生物措施、耕作措施相结合，社会、生态、经济并重，山、水、田、林综合治理的新模式。

一、工程措施

工程措施主要是兴修水平梯田，水平埝地，变“三跑田”为三保田，修筑拦泥淤地坝，谷坊、塘堰，坡面挖水簸箕，依坡梯田，沟头防护，挖涝池，修陡塘，修沟边埂。2000 年千阳县修建淤地坝情况见表 4–1–3。

表 4–1–3　2000 年千阳县修建淤地坝情况

名称	所在乡镇	流域面积 / km^2	坝高 / m	坝体结构	干容重 / （t/m^3）	总库容 / 万 m^3	拦泥库容 / 万 m^3	枢纽三大件			设计标准		淤地面积 / 亩
								土坝	放水设施	溢洪道	设计 / 万 m^3	校核 / 万 m^3	
烂泥沟	文家坡	3.3	10.5	均质土坝	≥ 1.55	8.53	6.2	√	√		20	50	17.4
皂角树沟	崔家头	4.0	25	均质土坝	≥ 1.60	8.6	30	√	√	√	10	30	31.7
邓家沟	文家坡	4.7	15	均质土坝	≥ 1.55	9.65	5.6	√	√	√	20	30	31.2
段家湾沟	红峰	1.7	10	均质土坝	≥ 1.55	1.14	0.74	√	√	√	20	100	2.7
蒲家山沟		1.3	11	均质土坝	≥ 1.55	0.91	0.57	√	√	√	20	100	2.7
合计		15				28.83	43.11						85.4

二、生物措施

生物措施，主要是植树种草。从 1954 年开始人工造林，1984 年首次在水沟寺利用飞机造林。2007 年飞播造林 8 次，总计飞播造林 20.5 万亩。到 2010 年，千阳县人工营造水保林共保存 60.5 万亩。耕地内种草 7.1 万亩，天然草场草坡 40.8 万亩。

三、耕作措施

耕作措施主要是沟垄耕作种植，间作套种，草、田轮作轮歇。耕作措施是传统方式。20 世纪 60 年代草田轮作，1976 年开始推广间作套种。

1985—2011 年，陇县实施三期国债水保项目。第一期大杜阳沟流域生态工程，第二期北河生态工程，第三期峡口河流域生态工程，还有小水项目、基本耕田项目、煤气油水土流失补偿项目，共治理水土流失面积 378.67 平方千米。其中：兴修基本梯田 79528.6 亩、水保林 199088.1 亩、经果林 39018.6 亩、种草 75471 亩、封山育林 162895.5 亩，修筑生产道路 209.55 千米、地坝 20 座、谷坊 73 座、水窖 722 眼、沟头防护 99.3 千米，修滚水坝 2 座，改河工程 2 处，修鱼池 10 亩，衬砌渠道 0.63 千米。共完成工程投资 6138.73 万元，其中，国家投资 5124.73 万元、地方财政配套资金 200 万元、群众自筹 814 万元。

大杜阳沟流域治理、白牛沟流域治理、段家峡流域治理、北河流域治理、峡口河流域治理、黄家崖村流域治理、水银河流域治理，使陇县的生态环境大为改善。千河流域宝鸡域内按照“渠直路端树成行，田块整体地成方，地平土层似海绵，渠塘蒿排工程全，东西南北地成网，电杆树木栽路旁”进行建设，一个山川秀美的千河流域正在形成。

表 4-1-4　千阳县水土保持措施统计

年度	田间工程	生物措施	
	四田面积	水保林面积	水保草面积
1973	5.61	9.90	
1974	5.61	10.23	0.05
1975	6.32	10.23	0.05
1976	7.16	11.58	0.07
1977	8.09	11.58	2.02
1978	7.21	5.28	2.81
1979	7.69	6.99	2.85
1980	7.91	9.44	3.06
1981	8.08	12.43	3.14
1982	8.72	14.43	3.2
1983	9.84	18.09	3.44
1984	10.995	21.36	3.82
1985	11.76	25.38	4.5
1986	12.79	28.67	5.02
1987	13.34	32.15	5.34
1988	14.14	35.88	5.34
1989	14.8	39.72	5.36
1990	15.3	42.62	5.48
1991	16.31	45.63	5.48

续表 4–1–4

年度	田间工程	生物措施	
	四田面积	水保林面积	水保草面积
1992	17.28	48.21	5.30
1993	18.00	50.22	5.30
1994	18.50	52.08	5.30
1995	19.10	53.05	5.36
1996	19.32	54.08	5.36
1997	19.55	54.08	5.36
1998	19.65	56.70	6.50
1999	20.22	58.58	6.75
2000	20.32	58.58	6.81
2001	20.48	59.00	6.98
2002	20.82	59.67	7.02
2003	20.86	60.00	7.10
2004	20.88	60.35	7.20
2005	21.00	55.80	7.30
2006	22.25	58.95	7.38
2007	22.48	62.55	7.49
2008	19.92	57.9	5.99
2009	20.41	59.1	6.18
2010	19.32	55.53	5.73

表 4–1–5　千阳县被列入省市重点治理小流域情况统计

名称	所在乡镇	流域面积 /km^2	水土流失面积 /km^2	治理起止年份	治理面积 / km^2	总投资 / 万元	其中国家投资 / 万元	备注
夜杈木河	寇家河	47.30	37.30	1980—1984	28.54	90.84	13.80	已阶段验收
东河沟	南寨文家坡	10.10	10.10	1983—1987	7.3	29.41	4.40	已阶段验收

续表 4-1-5

名称	所在乡镇	流域面积 /km²	水土流失面积 /km²	治理起止年份	治理面积 / km²	总投资 / 万元	其中国家投资 / 万元	备注
涧口河	崔家头沙家坳南寨	82.58	74.99	1982—1986 1986—1990	30.15 25	93.84 37.0	22.60	黄河中游治理局试点
葫芦铺沟	草碧	10.43	10.43	1985	1.60	20.40	1.40	已验收
段坊沟	寇家河张家塬	15.6	15.6	1987—1989	7.8	15	5.0	已验收
西沟	柿沟	16.0	16.0	1989—1991	9. 6	14.6	4.6	已验收
大湾岭	张家塬	29.16	29.16	1999—2001	34.06	510.3	336.0	已验收
龟山	红峰	21.6	18.76					
阳湾河	沙家坳	19.77	18.57					
冯坊河	张家塬文家坡	230.1	203.74	2000	9.3	200.0	140.0	已验收
郝家坡	文家坡张家塬	12.0	12.0	2000	10.57	260.0	210.0	已验收
大沟	沙家坳	26.46	21.45	2001	7.0	157.5	157.5	已验收
皂角树沟	崔家头							
惠家沟	城关	21.61	18.76	2001—2002	5.8	146.0	108.8	已验收
刘家沟	城关	35.0	35.0	2003—2004	34.2	491	391.0	已验收
千沟	文家坡	30.0	30.0					

1990—2010 年，陇县投入大量人力、物力和财力，治沟打坝、修田造地、植树种草，融工程措施、生物措施、耕作措施于一体治理水土流失。21 年间，陇县在北部丘陵沟壑区陡坡地和荒山荒坡上人工造林、飞播造林、封山育林，营造千山“三北”防护林带，实行退耕还林还草；在南部浅山区坡地发展林杂果、种草、植物护埂，增加植被覆盖面积；在川道等河谷地带营造护岸、护渠、护滩林带及四旁绿化；在缓坡耕地上兴修水平佛田、小沟道打坝淤地、河滩还土造田；在灌区平整改良土地、保持水土、提高耕地肥力；在山区大力推广草田轮作，增加植被，拦截降水，提高土地肥力；在川塬区推广间作套种，减

少地表径流，保持水土。

1999 年以后，国家实施西部大开发战略，生态环境建设步伐加快。1999—2010 年的 12 年间，陇县治理水土流失面积 425.33 平方千米，其中小流域治理面积 273.30 平方千米，兴修“四田”9.36 万亩，营造水土保持防护林 42.86 万亩，种草 8.83 万亩，封山育林 10.73 万亩。至 2012 年底，陇县累计保存水土流失治理面积 934.90 平方千米，占总流失面积的 54.45%；修成水平梯田 52.78 万亩，其中退耕还林 11.90 万亩，保存面积 40.88 万亩；营造水土保持防护林 60.47 万亩，种草 17.76 万亩；建成淤地坝 18 座，土谷坊 50 座。

至 2015 年，陇县投资 5000 万元以上的千河防洪治理、抗旱应急水源、中小河流域治理，农村饮水供给、以电代燃料小水电开发、千河北河环境综合治理项目立项建设，特别是南峡沟水库等四个投资过亿元的项目资金已落实或基本落实。

2017 年，陇县按照历次制定的水土保持规划和重点项目建设规划，分区域、分期集中连片治理，创出了一条工程措施、生物措施、耕作措施相结合，社会效益、生态效益与经济效益并重，山、水、田、林、路综合治理的新模式。完成了城关、温水等镇治理水土流失面积 16 平方千米，“百千万”水面生态工程完成涝池建设 19 个及日月湖水面工程。

1990 年 9 月，陇县设立水土保持监督管理站。1995 年起，水土流失补偿费和水土流失防治费起征，当年征收“两费”1.60 万元。2001 年，县水保监督站检查审验了 20 多家厂矿企业水保方案；向西坡村七〇砂厂发出“矿山整改意见通知书”，征收水土流失补偿费 1000 元。2009 年，县水保站征缴宝鸡秦源煤业有限公司煤炭资源开采水土流失补偿费 105 万元。2010 年，全县收缴水土补偿费 201.33 万元，其中煤资源开采水土流失补偿费 200 万元。1990—2010 年，全县查处案件 132 起，征收水土流失补偿费和防治费 133.36 万元。

小流域治理情况见表 4-1-6、表 4-1-7。

表 4-1-6　千阳县 1999—2003 年度小流域治理

年度	流域名称	完成情况						完成总投资 / 万元				投工 / 万个
		治理面积 / km^2	基本农田 / 万亩	水保林 / 万亩	经果林 / 万亩	种草 / 万亩	封禁 / 万亩	总投资	中央	配套	自筹	
1999	大湾岭阳湾河龟山	17.66	0.25	1.2	0.46	0.57	0.18	260.3	100	83	77.3	25.48
2000	大湾岭阳湾河龟山	16.40	0.27	1.2	0.40	0.62		250	100	53	97	30
2003	刘家河千河	34.2	0.31	1.1	0.38	0.62		491	200	191	100	46.29
合计		68.27	0.83	3.5	1.24	1.81	0.18	1001.3	400	327	274.3	101.77

表 4-1-7　千阳县各乡镇治理小流域一览

流域名称	所在乡镇	流域面积 / km^2	水土流失面积 / km^2	治理时间	治理面积 / km^2	"四田" / 亩	造林 / 亩	种草 / 亩	育苗林木 / 亩
洞子沟	沙家坳	5.3	5.3	1982—1983	1.66	1003	1272	77	5
后沟	崔家头	3.27	3.27	1982—1983	2.10	1976	936	238	4
大沟	南寨	25.0	25.0	1985—1987	4.92		7450		50
柴家沟	城关	3.1	3.1	1923—1983	1.0	300	1200		5
对窝沟	红峰	3.31	3.31	1982—1983	1.82	217	2436	77	11
段坊沟	寇家河	15.6	15.6	1983	1.5	700	1480		5
葫芦铺河	草碧	8.94	8.94	1982—1983	2.26	1197	2879	140	21
后沟	柿沟	2.065	2.065	1982—1983	0.98	533	582	321	3
麦裕沟	水沟	3.4	3.4	1982—1983	2.16	458	787	2003	3
桐条涧沟	上店	2.24	2.24	1982—1983	0.90		1225	130	2
蟠桃沟	普社	1.7	1.7	1982—1983	0.97		1430	20	2
祁家沟	高崖	4.0	4.0	1982—1983	1.93	443	660	1700	2
花儿沟	普社	1.1	1.1	1982—1983	200		3000		5
郝家沟	张家塬	8.0	8.0	1984—1987	2.17		3160		18
干河沟	文家坡	15.0	15.0	1984—1987	3.5		5240		35
苗山沟	张家塬	1.7	1.7	1987—1988	0.54	360	200	250	2
半山沟	南寨	2.0	1.7	1988—1989	1.4		2110		5

第二章　河长制

2016年12月，中共中央办公厅、国务院办公厅印发《关于全面推行河长制的意见》（厅字〔2016〕42号），水利部、环境保护部印发《贯彻落实〈关于全面推行河长制的意见〉实施方案》（水建管函〔2016〕449号）。2017年2月，陕西省委办公厅、省政府办公厅印发《关于全面推行河长制的实施方案》（陕办〔2017〕8号），要求地方各级党委和政府要把推行河长制作为推进生态文明建设的重要举措，切实加强组织领导。水利部2019年12月印发《关于进一步强化河长湖长履职尽责的指导意见》（办河湖〔2019〕267号）。2020年3月，陕西省河湖长办公室印发《关于进一步强化河长湖长履职尽责实施意见》（陕河湖长发〔2020〕1号），明确了省、市、县、乡、村五级河湖长职责，要求夯实层级责任。本章主要论述了河长制推行以来河长履行职责情况。

第一节　体制机构

中共中央办公厅、国务院办公厅2016年印发《关于全面推行河长制的意见》《关于在湖泊实施湖长制的指导意见》后，宝鸡市按照全国和省委要求、推行河（湖）长的意见的任务表和线路图，依托宝鸡河湖状况，科学施策并制定宝鸡市“一河一策”方案（2021—2025年），努力打造人水和谐、人与自然和谐共生的水生态局面，实现河畅、水清、岸绿、景美的河湖新格局。在千河流域各县（区）全面推行河长制。

2018年4月23日，宝鸡市水利工程集中开工暨“湖长制”工作启动仪式在岐山县举行，市长惠进才下达开工令，并宣布全市“湖长制”启动。要求建立市、县（区）、镇（街道）、村四级责任明确、协调有序、监管严格、保护有力的河流和湖库保护机制。会议提出工作目标：对常年水域面积1平方千米以上的天然湖泊实施湖长制，并将全市所有人工湖、塘堰、涝池纳入湖长制管理，落实属地管理责任。

一、组织体系

建立河湖长制体系：市总河长、副总河长分别担任市总湖长、副总湖长；市内重要湖库、跨县区湖库设立市级湖长；相关县（区）、镇（街道）和村级组织为责任主体，主要负责人担任各级湖长；市内其他湖库塘池按照所在区域和所属流域相结合的原则分级分区设立湖长，实行网格化管理。村组设湖库专管员，城区按现有城市管理体制落实专管人员。

宝鸡市根据域内和跨省河流的状况，于2018年确定了市、县（区）、镇（街道）、乡、村五级河湖长体系。其中市级河长1人，县（区）级河长5人，镇（街道）级河长38人，乡级河长 164 人，村级河长 316 人。对五级 524 名河长进行培训，做到应知应会。还组织万余名河管志愿者，按照职能履行管、治、保三项职责。市委书记、市长、县委书记、县长为第一河（湖）长。市县书记、市县长组织带领县、乡、村、组和志愿者巡河巡湖。按照“河道段面不缩窄，河床滩面不抬高，堤防安全不受损”的原则，在千河流域统筹实施生态治理和河道疏浚市县（区）发改，水利、环保等 25 部门作为河（湖）长组成单位，实施“河长 + 警长 + 督察长”，“河长 + 警长 + 检察长”三长治河。建立一河一长一部门河湖联动运行机制。2018 年千河流域河长制单位移动土方 10 万立方米，治理滩区 1000 多亩，查处违规违章案件 50 多起，有效地保障了千河水常流、岸常绿、景常美。在河（湖）长制运行过程中，形成了党政主导、水利牵头、部门协同、社会共治的河湖管理保护新局面，按省及中央河湖长制的要求，到“十四五”末，开创全面建成河湖长制要求的新阶段。

二、主要任务

根据中央部署和省委、省政府及市委、市政府的要求，推行河长制主要有五大任务：一是加强水域岸线管理。坚持柔性治水理念，严格水域岸线等水生态空间管控，依法划定河流水域及其水利工程管理范围和保护范围，科学编制岸线利用规划，严格划定岸线保护区、保留区、限制开发区、开发区，打造健康自然的河流水域岸线。二是严格水资源管理和加强水污染防治和监测评价落实最严格水资源管理制度，严守水资源开发利用控制、用水效率控制、水功能区限制纳污三条红线，构建水资源合理配置和高效利用体系。严格治理工矿企业污染、城镇生活污染、畜禽养殖污染、水产养殖污染、农业面源污染，加强水质水量标准化规范化监测和评价，改善水环境治理。严格治理工矿企业污染、城镇生活污染、畜禽养殖污染、水产养殖污染、农业面源污染，加强水质水量标准化规范化监测和评价，改善水环境治理。三是加大水环境综合整治力度，加大水源地保护力度。加快市、县两级饮用水水源保护区划定，对饮用水水源保护区、自然保护区和水源涵养区依法实施强制性保护，严格控制水源地上游及周边地区开发活动。四是推动湖库生态治理与修复。强化山水林田湖草沙系统治理，加大水土流失治理和生态修复力度，开展黑臭水体治理和水系连通、水美乡村建设。加强水文化示范基地和水生态科普基地建设，构建以水文化、水科技、水生态、水景观、水民俗等为主要内容的文化传播平台。五是严格实行综合执法监管。探索推行行政执法与刑事司法有效衔接，建立联合执法机制。加大对涉河违法行为查处力度，用法治力量守护好江河。

三、规章制度

根据水利部、省河长办要求，宝鸡市、县、镇三级均按要求成立河湖长制工作领导小组，制定《河长制工作会议制度》《河长制信息共享制度》《河长制工作督查督办制度》《河长制工作信息报送制度》《河长制工作验收制度》《河长制工作问题清单制度》《河长制工作考核办法》，明确市级河湖长的联络员单位，构建河长制工作机制，试行河长制工作提醒机制，设立“河警长”，建立了“河长 + 检察长”。组织司法、公安、水利、检察等部门，研究制定了《河道非法采砂与司法衔接办法》《“携手清四乱，保护母亲河”

专项行动实施方案》，宝鸡市把推行河长制纳入全市目标责任考核体系，规范了河长制运行模式。

设立市级河长的主要河流河湖名录，各县（市、区）、各乡镇也编制了辖区设立河长的河湖名录，制作了河流的图表，明确了每条河流的基本情况、存在问题、治理思路、部门任务、河长职责，为各级河长工作提供了决策依据。陇县、千阳县、陈仓区、凤翔区还印制了县（区）级河长制工作手册，编排了河长工作日志，规范了河长工作。

第二节 河长履职

一、履职规范和要求

总河湖长、各级河湖长定期或不定期开展河湖巡查调研活动，动态掌握河湖健康状况，及时协调解决河湖管理和保护中的问题。

市级河湖长每年巡河湖不少于3次（每半年不少于1次），县级河湖长每季度不少1次，镇级河长每月不少于1次，村级河长每周不少于1次。

二、河长履职

2018年，对全流域13条县级河流及2个县级湖泊和16个镇级湖泊进行了建档，设立县级总河长2名、副总河长3名，县级河长13名，县级警长1名，镇级河长23名、镇级警长10名、河湖专管员10名、村级巡查员80名，设立县级总湖长2名、副总湖长3名，县级湖长2名，县级警长1名，镇级湖长18名，镇级警长7名，镇级专管员7名，村级巡查员18名，建立了县、镇、村三级河（湖）长组织体系；调查清每条河流名称、起点、终点和流经的乡镇及村组，按照左右岸厘清权属，河流涉及镇村的长度及流域面积数据翔实可靠。一年来，县级河（湖）长巡河59次、巡湖6次，镇级河（湖）长巡河187次、巡湖29次，村级巡查员巡河820次、巡湖125次；召开河（湖）长制会议38次，信息报送72次，巡查督查87次。

2019年，陇县编制完成了全县13条河流及18个湖泊“一河一策”方案，确定了目标清单和任务清单，建立“一河一档”台账。结合“携手清四乱，保卫母亲河”专项行动，加大了河道日常巡查，全年县级河长巡河45次，镇级河长巡河130次，村级河长巡河365次。河道没有乱采、乱挖、乱搭、乱建“四乱”现象，恢复了河畅、水清、岸绿、景美的自然生态。

三、河道“清四乱”

2019年，千阳县全面落实河长湖长主体责任，成立“携手清四乱，保护母亲河”专项行动领导小组，开展联合执法，深化“携手清四乱，保护母亲河”专项行动，集中力量开展河湖巡查120余人次，有效解决20个河湖范围内乱占、乱采、乱堆、乱建等问题。

按照省委“清四乱”的要求，开展了河道采砂企业的清理整顿。陈仓区2023年查处非法采砂案件期逮捕5人，行政拘留15人，追缴非法所得33万多元。完成“四乱”整治6处，清运河道滩区堆料3400立方米，清除违建55处。启动河湖水利工程范围的划界，维护保障国家水利产权。

第三节　河道基础管理

一、科学采砂疏浚河道

在推行河湖长制过程中，修编了《千河流域幸福河湖规划》。河道采砂由过去无序开采，变为国有企业进驻，有序开采。凤翔、陈仓、陇县、千阳县（区）取缔了非法采砂，实现了采砂企业的国有化，并用现代化的机械设备装备采砂企业。

2019 年，千阳县牢固树立和践行水生态文明理念，规范河道采砂行为，实施流域生态保护及综合治理工程，涵养好水源，建设好千阳的生态屏障。年内通过河道疏浚工程规范清理河道碍洪砂石料 11.75 万立方米，既实现了河道行洪安全，又全力保障了县内砂石供应，抑制非法采砂行为，有效维护河道生态秩序。实施水生态修复工程，新建河道堤防 1.7 千米，新修护岸 13.6 千米，建成溢流坝 5 座，河堤生态护坡 2.6 万平方米，栽植柳树 260 株，栽植荷花 6.2 万株，河道清障 2.1 万平方米，打造了安澜干净的河道生态空间，维护了河湖健康生命。

二、河湖健康评价指南

建立河湖健康档案，制定并实施一河一湖档案，推进城市（含城镇）黑水体整治，加强农村垃圾污水收集处理，全过程监督畜禽类污染综合利用。搭上“十四五”河湖档案建立的快车，编制一河（湖）一策方案，实现河湖系统科学治理，维护河湖健康生命。通过“盆”“水”、生物、社会服务功能等四个监测指标体系，围绕水域岸线利用管理、水量水质、生物多样性和防洪等方面，对河流健康状态进行体检，提出了千河健康问题诊断和保护对策，逐步建立动态河湖健康档案，为各级河长治理与保护提供重要科学依据。

三、实施幸福河湖工程

按照水利部江河（湖）连通工程的要求，建设河湖连通工程，恢复河湖的历史面貌，根据千河流域历史文化和水文化底蕴，恢复提升一批历史文化名湖、名薮，建成南北长 17 千米、东西宽 8 千米的库塘河流湿地，使千渭湿地成为宝鸡幸福河湖的地标名片。打造出了以县城（镇）自然为美，好山、好水、好风光融入城（县），使水系、绿地同城市外围的河湖、森林相连为生态网络，让城市再现绿水青山。建设幸福河湖，守住了宝鸡的青山绿水，形成了以河湖水系为脉络，以山水林田湖草（河）一体化保护和修复为路径，实现人水和谐的河湖生态目标。

四、确保下游生态基流

千河流域下泄方案保证下游生态基流是千河、渭河长久之策。渭河水资源不足，季节性缺水，闹水荒是常态。为了保证渭河生态基流，省政府综合考量，要求宝鸡市冯家山水库最少下泄 1 立方米每秒的水量。市政府根据千河下游湿地和中下游用水的实际，提出宝鸡市冯家山水库保证 2 立方米每秒的下泄量，以保证最小生态基流。

第三章　水政执法

水政执法是保护水资源的一项重要任务。新中国成立后初期，20 世纪 50—70 年代，水利法规不健全，多以党和政府发布政策文件、行政法规代之，随着社会发展，原法规已不适应经济社会形势发展需要，急需制定水利法规依法行政，《中华人民共和国水法》的颁布，客观上为水行政执法奠定了依据。本章论述了水法普法宣传、建立执法机构队伍、水政执法等情况。

第一节　普法宣传

千河流域普法宣传，在前些年工作的基础上，“八五”普法在 2011 年展开。充分利用“世界水日”“中国水周”，在国家水法规颁布纪念日等时间节点，宣传水法规，为全面依法治水创造良好的环境氛围。当好河湖卫士，成为水政工作者的自觉行动。

随着依法行政的深入，努力打造优质水行政服务品牌，成为水政工作的自觉。水政行政许可、水工程建设规划同意书、河道管理服务类建设项目、工程建设方案审批，非防洪水建设项目成为水政常态化工作的重要组成部分。供水影响评价报告审批等行政许可越来越被重视。推行互联网 + 政务服务，网上办理许可、评价报告等同意书，成为提升水政服务的当家品牌，受到群众的喜爱。

2019 年，千阳县水利局不断加强机关运行管理，从规范机关行文做起，健全完善机关管理制度，落实基层减负精神，有效提升机关人员整体素质和办事效率。不断提升执法队伍建设，从开展相关法律政策学习培训考核入手，提升水利系统执法人员整体素质，组织开展河道巡查，加大执法力度，强化行业监管水平，严格水利工程“四制”管理，开展水利工程社会风险评估，提升工程质量安全。落实安全生产“党政同责、一岗双责”工作责任，坚持每月对局办公室及涉水领域安全开展排查，消除隐患盲区，年内无不安全事故发生。

第二节　机构队伍

一、建设流域水政队伍

随着《中华人民共和国水法》和《中华人民共和国水土保持法》等一系列水法规的颁布实施，水行政执法成为水利部门依法治水的重要举措。20 世纪 90 年代以来，千河流域水资源紧缺、水旱灾害严重、水环境污染、河道内乱采乱挖乱建和水土流失等问题突出，流域内各级水行政主管部门和具有行政执法职责的单位，确认或组建执法机构，明确并落实执法责任；建章立制，进行水政监察规范化建设；实施综合执法改革，提高水行政执法的质量和效率；水行政执法机构逐步健全和完善，水资源管理、防汛抗洪、河道管理、水土保持监督等执法工作得到进一步加强，维护了正常的水事秩序，促进了改革和发展。

流域内各县（区）水利局，负责本行政区域范围内的水行政执法。其内设的规划计划管理、水资源管理、建设管理、农村水利管理、城乡供水管理、防汛抗旱管理等机构，分别负责各自职责范围内的水行政执法；另外，各县（区）的水土保持机构、渔政机构及灌区灌溉管理单位也分别由法规授权或受水行政机关委托，负责相应业务及地域范围的水行政执法。2020 年前后，各县（区）水利局陆续成立了水政监察支队，大队负责水行政执法的统一管理和综合协调工作，绝大部分水政监察支队均与水政、水资源或河道管理机构合署办公。

二、守牢千河流域河湖防线

千河流域地处陕西、甘肃两省交界处，陕西流域内有 4 个县（区），冯家山水库有 6 支水政执法队伍，百余人承担着千河中下游水政执法任务，担当省际河流执法巡查水库的水事纠纷调处，维护水秩序的责任。本着坚持预防为主、预防和调处相结合的原则，强化河湖管理，实现流域内“纠纷清零”是水行政执法者的责任。按照宝鸡市水利制度改革方案，科学分配水权，做好河湖卫士，筑牢河湖管理防线。

第三节　水政执法

1988 年《中华人民共和国水法》公布实施后，千河流域各县（区）就逐步开展了水行政执法活动，以维护千河流域水事稳定。随着经济社会的发展，水沙需求陡增，水事纠纷不断增加，千河流域各级水行政主管部门在开展水利水保执法体系建设中，将查处各类水事违法案件作为工作的重点，依法开展水行政执法。

20 世纪 80 年代初期，农村实行土地承包经营后，乡村公用水利设施设备损毁、被盗较多。据 1984 年统计，千阳县机电井、抽水站被盗窃和毁坏的变压器、水泵、电动机、柴油机达 46 台件，电力线被偷割 1800 米。大沟水库灌区渠道损坏 15.3 千米，夜权木河水库灌区 8 条斗渠破坏 1171 米。1985 年，县水利部门从严打击破坏大沟水库干渠和尧头支渠的行为，实施行政处罚 1 人。1991 年以后，检察院驻水利局水政监察室、水土保持监督站和县水政监察大队，立案查处水事违法案件 30 起。

1991 年 9 月，陇县水利、土地局对河道管理范围内土地进行了确权、划界发证，与 13 乡镇 128 村签订土地确权划界协议书。陇县土地局为千河陇县段等 8 条较大河道发放国有土地使用证，共划出护堤地 1574 亩、堤基地 3023 亩、河床地 1.94 万亩。同时，开展了河道取砂秩序整顿，重新换发采砂许可证，吊销非法采砂场许可证 7 本。1992 年，宝中铁路陇县段开工建设。铁路与境内水库、陂塘、道、机井、抽水站等 129 处水利工程交叉，铁路工程仅对65处交叉点予以设计，造成水利工程及设施不同程度毁坏。陇县同铁路部门协商20多次，促其对64处漏项水利设施中的27项做了补充设计，其余37项工程做了补救性处理和赔偿。1993年，查处了温水杨家沟水库损毁案、火烧寨观音沟陂塘毁坏案和温水闫家湾二级抽水站毁坏案，索赔32.50万元；协商处理了陇县火车站中断4条斗渠案，索赔20.50万元。

2004年，陇县被省水利厅确定为水政监察能力建设和综合执法改革试点县。县水利执法部门加大整顿河道和查处典型水事案件力度，覆平河道沙坑372处3570立方米，拆除违章建筑房屋、违法构筑物12处，封堵越堤、穿堤路18处，砍伐河床树木83株，取缔违法采砂场2户，拆除收缴采砂设备6台，查处纠正违法取水案2起。次年，陇县被省水利厅评为优秀试点县。

2005年，陇县公开招标承包河道采砂，为取得采砂资格的单位和个人颁发采砂许可证，将洗车、洗浴、水力发电、水面养殖等行业纳入水资源费征收范围。2007年，河道管理部门勘测了县境内主要河流砂石储量，制订了合理的开采方案，与各采砂户签订河道采砂责任书。2009年，宝汉高速公路陇县段开工，河道超深度、超范围采砂现象严重。县政府出动大型机械设备52台次，覆平沙坑沙堆560多处，查处涉河、涉水违法案件6起，纠正违法行为55起，调解水事纠纷20起，封堵越堤、穿堤路13处，整顿违法采砂场11户，拆除违法采砂设备1台，依法征收河道砂石资源费40.50万元。

2010年，陇县以千河、北河、水银河、大杜阳沟、咸宜河、蒲峪河、梨林河为重点，整顿河道采砂管理秩序和查处重大河道违法采砂案件。全年查处涉河水事违法案件6起，调处各类涉河水事纠纷5起，治理整改采砂场2户，查处超范围、超深度开采砂石行为12起，覆平河道沙坑沙丘55处6.20万立方米，清除河道管理范围内堆放的砂石弃料4.10万立方米，征收河道砂石资源费60.42万元。

20世纪90年代开始，宝鸡域内先后建立了水政执法队伍、执法大队，完善了水政执法人员，配备了水政监察车辆和船只，装备了水事调查取证的设备和通信工具，形成了水政案件调处工作机制和工作模式，建立健全了行政处罚自由裁量基准。按照陕西省水政执法自由裁量基准，制定重大执法决定，审核目录清单和公示制度，使水政监察执法巡查制度走向正轨，为水政案件执法提供秩序保障。对河道、水库等进行日常巡查，把涉及违建、非法建筑，消灭在萌芽状态。对重点河段水域水质监察，进行河源排查，发现问题及时整改。

2008年，千阳县严厉处罚宝汉高速公路施工中，违法取砂行为，追缴水资源管理费和砂石资源费11万元。2009年，查处滥采滥挖、破坏水土保持案件5起，罚款5000元。2010年，又按有关法规查处了白村寺沙石场在草（碧）上（店）公路旁非法取沙取土、中铁十五局七公司和中铁十二局在任家山石料厂擅自挖井取水、宝（鸡）汉（中）高速公路施工单位向千河弃废渣等案件。

2015年，陇县严厉打击河道非法采砂行为，取缔非法沙场12户，建立高标准规范化管理的标准化砂厂9户，杜绝了河道“五乱”行为。

2019 年，千阳县开展水政执法，立案查处河道非法盗采砂石 6 起，没收违法所得 3.9 万元；行政处罚冯坊河非法砂场 17.86 万元，彻底改善河湖面貌，打造干净、整洁、有序的河湖生态环境，推动河长制从“有名”到“有实”的转变。2022 年整改占用水域问题 238 个，发现问题 16 个，判定水事违法行为 104 起，其中采砂案件 30 起。在流域内水政执法纠违的作用下，水政秩序开始了根本好转。

第四章 节约用水

千河流域是陕西省缺水地区之一。水资源完全依赖大自然补给，资源有限，水资源短缺，通过建设冯家山水库等水利工程，使水资源得到较为充分的利用，是陕西省境内水资源利用率最高的流域。2000年以来，在省委、省政府的重视和社会各界的关注下，陕西省先后出台了《陕西省节约用水办法》《陕西省节水型社会发展纲要》等政策法规；流域内各级水行政主管部门组织持续不断开展节水宣传教育，推进节水型社会建设试点，进行节水示范。千河流域节约用水是必然之举。本章论述了千河流域城镇节水、乡村农灌节水状况。

宝鸡是关中的水龙头，但水资源并不丰富，水资源短缺已经成为经济社会发展的制约因素之一。2018年开始，宝鸡市认真贯彻党的二十大精神和习近平总书记在黄河流域生态保护和高质量发展座谈会上的重要讲话精神，积极践行“节水优先”思路，以巩固扩大国家节水型社会建设示范区成果为主线，以节水载体建设为抓手，加强领导，精心组织，落实措施，开展县域节水型社会建设工作。

政府主导推进节水型社会建设。

宝鸡市将节约用水工作纳入政府年度目标责任考核，把节水管理作为重点考核内容之一，占6大类21分，将考核结果纳入县（区）目标责任考核和地方主要领导干部综合考核评价体系，有效地推动了全市节水工作的落实。建立了市水利局牵头，同市发展改革委、市水利局、市工信局等15个市级部门组成的宝鸡市落实国家节水行动方案联席会议工作机制，明确责任分工，提出落实目标，形成政府主导、条块结合、合力推进的工作机制，协调解决节水型社会建设工作中的重大问题情况。

宝鸡市建立了区域水资源消耗总量和强度双控管理制度，市政府印发了《关于下达“十四五”水资源管控目标的通知》，对各县（区）用水总量用水强度控制指标进行分解下达，每年年底对执行情况进行严格考核，对考核不达标的县（区）责令其限期整改，从严划定节约用水红线。

2022年全市用水总量7.52亿立方米，地下水开发利用量3.60亿立方米；重点区域地下水水位城区达标率为100%，农灌区达标率为96.6%；万元国内生产总值用水量30.24立方米，比2020年下降4.2%；万元工业增加值用水量5.45立方米，比2020年下降13.9%；农田灌溉水有效利用系数0.593；8个重要水功能区全部达标，达标率100%。

第一节　城镇节水

一、筑牢县域节约用水根基

宝鸡市每年及时落实县域节水型社会建设。各县（区）高度重视县域节水型社会达标建设工作，成立了领导小组，严格落实三条红线，大力推进载体建设，节水器具普及率达到100%，节水型社会建设的11方面20项指标达到考核标准要求。

2011—2015年，陇县先后开展节水型示范单位、节水型小区、节水型城镇、节水型企业、节水型示范灌区、节水型公共机构创建活动，共创建节水型企业1户、节水型示范灌区3个、节水型单位2个、节水型小区5个、节水型公共设施48个。

近年来，千阳县积极践行“节水优先、空间均衡、系统治理、两手发力”的治水思路，大力实施国家节水行动，纵深推进县域节水型社会达标建设工作，开创了节水工作新局面。

千阳县严格水资源开发利用、用水效率控制、水功能区限制纳污“三条红线”管理，狠抓水灾害、水资源、水生态、水环境、水文化“五水同治”。明确地下水、农业灌溉、工业生产、城镇用水等指标，把水资源论证作为项目审批、核准和开工建设的前置条件。严格落实节水“三同时”管理制度，全面实施阶梯水价制度，加大水资源税和生活用水、城市污水处理费等依法征收，达到了应收尽收。2020年千阳县用水总量为3422万立方米，控制在计划指标内；工业企业单位产品用水量低于省级标准定额；农田灌溉水有效利用系数提高到了0.588，高于0.587的目标值。全县重点用水行业企业共11户，已创建命名节水型企业6户，建成率达54.5%；公共机构共179家，已创建命名节水型公共机构116家，建成率达64.8%；居民小区共25个，已创建命名节水型居民小区10个，建成率达40%；农业灌区共5个，已创建命名市级节水型灌区3个，建成率为60%；公共场所和新建小区居民家庭全部采用节水器具，节水器具普及率达100%；城镇公共供水管网漏损率控制在9.96%；城市再生水利用率达22%。

截至目前，千河流域已有陈仓区、凤翔区陇县等县（区）创建成国家节水型社会建设达标县（区），创建比例名列全省前列。

二、树立节水示范标杆

宝鸡市把节水载体建设作为落实节水措施的重要手段，千方百计推进各项节水单元创建步伐。市水利、住建等7部门联动积极开展了节水型居民小区、公共机构节水型单位、节水型校园、节水型企业创建工作。市水利局发挥牵头抓总的职能，联合相关部门认真做好省级节水型单元申报工作。经过多方努力，有773个单位创建成市级以上各类节水载体。被省工信厅等四部门评为“省级节水标杆企业”，并入选工信部等四部门重点用水企业水效领跑者企业行列。

近年来，陇县大力推进节水型社会建设，共创建省、市、县节水单位106个，重点用水行业节水型企业、公共机构节水型单位、节水型居民小区建成率分别达到60%、53%、41.2%。2020年全县万元工业增加值用水量9.5立方米每万元，全年用水总量4870万立方米，农田灌溉水有效利用系数0.581，均实现控制目标，公共场所和新建小区节水器具普及率达100%。2021年，陇县荣获水利部全国第四批节水型社会建设达标县。

三、改造城市公共供水管网，降低管网漏损率

为保障城市供水安全，解决老旧供水管道“跑、冒、滴、漏”现象，降低供水管道漏损率，宝鸡市在市区实施了给水管网改造工程，先后在大庆路、红旗路、中滩路、烟厂路、金陵东路、新华巷等地方总投资838.70万元，铺设及维修供水管道总长度为7705.10米。通过管网改造、阀门及水表的新装和更换等措施，2022年市区供水管网漏损率8.06%，较上年下降了0.61%。

四、提高全民节水参与率

宝鸡市始终把提高社会知晓率作为宣传目标，利用3月22日世界水日和中国水周、12月4日国家宪法日、科技之春等重点节点，走进社区、校园、企业等单位，并利用“周末文化广场”，举办专场文艺晚会等方式，坚持点面结合，开展贴近生活、贴近群众、贴近实际的宣传活动，奏响节水宣传主题曲。进一步宣传了水资源的稀缺及节水的重要性，增强了广大市民节约用水和科学用水的紧迫性，全社会节水理念逐步形成，人人参与节水的自觉性和参与率实现较大提升，为节水工作开展奠定了坚实基础。

节约用水意义重大，责任重大，节水型社会建设任重道远。宝鸡市将继续以习近平新时代中国特色社会主义思想为指导，坚持和落实 “节水优先”方针，以提升水资源集约节约利用能力为目标，深入实施国家节水行动，打好黄河流域深度节水控水攻坚战，加快形成节水型生产生活方式，全面建设节水型社会，为推进新阶段宝鸡水利高质量发展提供有力支撑。

第二节 农业节水

1977—1980年，千阳县投工1900个，投资1.79万元，于千阳县水沟公社高楞利用石家沟水电站3000立方米蓄水池的25米自然落差压力，试建喷灌。后虽成功，然因资金、设备不济，未用闲置。1979年，于柳家塬建起以串联水泵加压喷灌站，投资4.57万元，试喷几次后，因操作工序麻烦，仍闲置未用。

1977年4—6月，陇县水保站在城关公社殿子生产大队进行自压喷灌试验，在200亩梯田中建立了1座容积102立方米蓄水池，沿山坡埋设塑料管道1108米，配喷灌机3台。在试验中测得最大压力8千克、最小4千克，喷洒半径15米，每亩用水20立方米，每小时进度1亩，效果良好。到1980年，陇县先后在甘峪山和东风公社南村生产大队建立自压喷灌点11处，埋设主管道6千米，发展喷灌面积2522亩，并发展活动喷灌点47处。实行家庭联产承包生产责任制后，因管理不善，设备损失严重，基本停顿。

陈仓区加快建设冯家山大型灌区和段家峡中型灌区等节水配套改造，结合农田水利工程建设、设施农业建设、农业发展项目建设等，大力开展农业节水改造活动，突出特色，提高农业用水效率，实现了农业节水和农田水利工程的良性运行，恢复改善农田灌溉面积 4.461 万亩，3 户农业企业建成了高效节水灌溉灌区。实施的新增粮食生产能力建设项目田间工程，衬砌改造渠道 11.14 千米，铺设输水管道 4.19 千米，建设高产稳产粮田 1.04 万亩；新修农田 950 亩，新增灌溉面积 1180 亩，为节水农业发展提供了有力技术支撑。

1980 年，在千阳县水沟镇高塄村，利用水源自然落差，建成第一处喷灌设施，喷灌面积 20 公顷。1990 年，投资 70 万元，在沙家坳乡水泉村和南寨镇千塬村、三合村等苹果园兴建渗灌设施，建成渗灌蓄水池 726 座，可渗灌苹果园 121 公顷。1998 年，龙槐塬村半塔寺抽水站改建为节水灌溉示范点，配潜水泵加压喷灌，每小时出水量 80 立方米。2001 年，投资 147.77 万元，投工 26852 个，建设输水渠 6000 米，埋置输水管 1.12 万米，配备喷灌机 10 套，建成曹家塬喷灌示范点，可移动喷灌农田 100 公顷，半固定喷灌农田 133.3 公顷。2002 年 5 月，建成王家庄移动喷灌示范点，设施灌溉面积 100 公顷。至 2007 年，全县有节灌设施 20 处，可喷、滴、渗、微灌农田 466.6 公顷，年可节水 70 万立方米。到 2010 年，除滴灌设施外，渗、喷灌设施因建设质量不高，使用效益低下，且村民不善管理，大部分已经闲置或废弃。

2018 年，陇县投资 1200 万元，在东风、东南、城关等镇新增节水灌溉面积 6000 亩。2019 年，投资 1300 万元，在城关镇、东风镇完成高效节水项目，新建改造机井 7 眼，抽水站 4 座，铺设管道 120 千米。

第五章　水资源管理

水资源管理指水行政主管部门运用法律、行政、经济、技术等手段对水资源的分配、开发、利用、调度和保护进行管理，其作用是保证可持续地满足经济社会发展和改善环境对水的需求。本章论述了水资源配置、取水许可管理、水资源费征收、综合管理等情况。

第一节　水资源配置

一、水资源普查

1980年，在全省第一批农业区划试点县建设中，千阳县水电局组织水利工作队、水利工程管理处、地下水工作队、水土保持工作站14名专业技术人员，利用两年时间，全面普查全县地表水、地下水、水利工程、水土保持情况，并与气象局、水文站一起，整理出版近10万字普查报告。2010年6月，随着全国第一次水利普查，县水利局组建由8名专业技术人员、13名指导员和132名普查员组成的普查队伍，设立98个普查区、258个台账对象，采用现场查勘、CPS坐标定位、实地访问、查阅资料、分析计算等方法开展基础资料收录，按国家标准编制名录和数据库。

1992年7月，陇县完成《陇县水资源调查评价和水利化区划更新研究报告》。1993年，完成《陕西省陇县水资源开发利用现状分析报告》，核实全县水资源总量为5.94亿立方米，其中地表水资源量5.65亿立方米，地下水资源量1.64亿立方米。

陇县地下水动态观测工作始于1976年。1990年，全县33眼观测井观测正常，资料齐全；后因经费紧缺，地下水动态观测工作处于勉强维持状态。2004年底，全县保留观测井14眼，分布于不同地貌单元，其中千河一级阶地9眼，千河二级阶地3眼，千河三级阶地2眼，控制面积64.84平方千米。2010年，全县保留观测井7眼，其中重点井1眼，日观测井1眼，5日观测井5眼，控制面积45.26平方千米。观测资料分析显示：城内水位年内变化1—3月为稳定期，4—6月为下降期，7—9月为上升期，10—12月为极弱下降期，年均变化幅度0.42米。

二、水源地保护

2007年5月，千阳县政府制定水资源保护建设规划，划定地表水源地和地下水源地三级保护区范围，设立界碑和标志进行保护；千河大桥以上实施全流域保护，以保护宝鸡市水源地—冯家山水库；大沟水库、皂角树沟水库、夜权木河水库、郝柳水库、水沟五股泉等县内水源地，实行三级保护；提供县城供水的地下水源，单井或群井100米影响半径内，实施封闭保护。到2010年，各保护区内水质安全全部达到国家标准《生活饮用水卫生标准》，全县无工业废水和生活污水灌溉现象发生。

第二节 取水许可管理

1984年，国家实施取水许可制度，千阳县办理“中华人民共和国取水许可证”79个，并每5年进行一次审验。1998年，开始向自备采水的企事业单位征收水资源管理费，当年征收2000元。2006年开始，征收范围扩大到所有采水、用水企业和单位与个人，至2010年，向62个采、用水户征收水资源费30.07万元。

1993年，陇县开始实行取水许可制度。县地下水工作队对县城已建成取水工程予以登记，为81个单位颁发“中华人民共和国取水许可证”，要求部分用水大户限期安装量水设施。1995年3月，县地下水工作队向全县93个单位和用户下达年度用水计划，其中工业企业用水计划量209.19万立方米，城乡生活用水456.19万立方米，农业灌溉用水5661万立方米。2000年，县地下水工作队审批新水源井4眼，核定开采量16万立方米。同年，实施取水许可证年审制度。2009年，更换了全县46个取水单位取水许可证，许可开采总量3214.55万立方米。

第三节 水资源费征收

1993年，陇县开始征水资源费，征收总额1.34万元。1994年，全县征收水资源费60户2.30万元。1995年1月1日起，全县国营、集体、个人及合资联办（股份）水力发电企业水资源费统一征收，水资源费以发电量计，每百度电征收0.20元，当年征收水资源费3.30万元。2000年，依法查处了个别长期拒缴水资源费的用水户，全年征收水资源费3.87万元。2003年4月，陇县水政监察大队成立，依法查处2个小区违法打井取水案，规范了陇县水资源保护管理秩序。2004年2月，查处浪费水资源、破坏水资源、抗缴水资源费行为。2005年，征收水资源费5.39万元，其中追缴历年拖欠水资源费1.30万元。2010年，开征井水资源费，对2户采矿企业、1所医院、1所高中下达限期缴费通知书，对2户乳品企业下达限期整改通知书，督促取水户安装取水计量设施6套、关闭自备井4眼、补办取水许可证1户，全年收缴水资源费85.10万元。1993—2010年底，全县共征收水资源费245.64万元。

1973年，千阳县县城自来水开始收费。1976年，千丰渠灌区始按实际灌溉面积收取固定水费，1981年又以用电量或用水量收取灌溉水费。1988年起，县城用水不分行业，一律按各用户水表计量收费，每立方米0.25元。

1990年，夜权木、桐花庄灌区农业灌溉实行固定水费，价格每公顷300元。1991年起，南寨水厂每年向南寨造纸厂收取500元水费，直到2000年该厂关停。

1992年起，陇县县城自来水实行分类水价，工商贸服务业和特种行业水价开始高于居民生活、行政事业单位水价。乡镇集中供水用户开始实行按桶收取水费，各村组价格每桶在0.01 ~ 0.05元。1993年，农村水表入户后，亦实行按表收费，每立方米0.3元。1994年起，县城供水连续5次调高水价，并按居民生活、行政事业、工业企业、服务业、特种行业5类收取水费。农村集中供水始有南寨、崔家头按每立方米0.32元的价格收取水费。2005年后，农业灌溉水费停收，城镇用水价格调高至每立方米1.15 ~ 2.3元。2010年，县城居民生活用水价格每吨1.5元，行政事业单位1.9元，工业企业2.1元，服务业2.2元，特种行业2.7元；乡镇集中供水每立方米1.3米，县城及乡镇集中供水收缴水费204.22元。

陇县水利管理单位实行经济核算，从1963年千惠渠征收水费开始到1989年，收费办法和标准几经变动。起初每年只收一次固定水费，每亩1.50元。到1989年，除国营灌区坚持收水费外，乡管工程一般都是时收时停。只有固殿渠、蒲峪渠管理站征收较好，使经费自给有余。

第四节　综合管理

一、用水管理

1988年，千阳县城区46%的居民用户生活用水由自来水公司供水，城中村部分居民自备井水或挑用泉水，农村居民多在村人饮站买水。1992年起，乡镇始有集中供水站实行按月计划供用水。是年全县城乡年生活用水130万立方米，其中县自来水公司年供水量28万立方米。2000年以后，随着人口增多和农村供水条件改善，城乡居民生活用水量逐年增加。到2004年，全县生活用水总量达到427万立方米，其中城镇117万立方米，乡村310万立方米。2005年以后，全社会推行计划用水和节水型社会建设，生活用水量有所减少。至2009年，城乡居民年用水量减少7.3%，供水管网漏损率由20%下降到12%以下，年节约用水10万立方米。2010年，全县居民生活用水量390万立方米，城镇人均生活用水44立方米，农村人均生活用水28立方米。

陇县灌区均实行计划用水和“水权集中，统一调配，分级管理”的原则。水量调配由管理机构负责，单位在用水前，编制用水计划，由管理单位安排。用水的次序是：先保证农业灌溉用水，再安排发电、工业用水。在农业用水中，实行先下游后上游的轮灌制度，并引导群众积极推广先进灌溉技术，采用小畦灌、沟灌、渗灌等办法节约用水。对于私开水口、拦截抢用、聚众争水斗殴者，进行批评教育；造成重大破坏的，依法查处。

二、农业灌溉

1981年，千阳县千丰渠灌区开始推行计划用水。到1988年，千丰渠灌区用水按计划用水771.5万立方米。灌溉农田2620公顷，每公顷用水2944.7立方米。此后，计划用水扩大到各水库灌区和益民渠灌区。1994年，灌溉用水由供水管理单位按水源来水量、需水量和用水季节进行调节，控制用水总量。1995年，全县大旱，灌溉用水804.6万立方米，灌溉农田3546.6公顷，每公顷用水2268.7立方米。2000年，灌溉用水728万立方米，灌溉农田3766.6公顷，每公顷用水1933立方米。2008年后，防渗渠道、管道增多，节灌工程实施，灌溉用水系数提高到0.56以上，年节约用水227万立方米。2010年，全县灌溉用水量1113万立方米，灌溉农田3966.6公顷，每公顷用水2806立方米。

1988—1996年，千阳县工商企业有自备水井19眼，无自备水源的企业依靠自来水公司供水，年用水量约60万立方米，水源浪费较多。1998年以后，随着落户千阳的外来工商业增多，全县工商业用水逐年增长，到2004年达到82万立方米，年均增长4%。陶瓷、水泥工业相继建设投产，用水量猛增。是年，工商业用水量231万立方米，同比增加114万立方米。2008年10月起，宝鸡市被确定为全国第三批节水型社会建设试点地区后，县上确定飞天公司等8个节水示范点，奶粉、缫丝企业水重复利用率90%以上。至2010年末，全县工商业用水231万立方米，年均增长率有所降低。

三、水利工程管理

陇县规定各类工程，从交付使用之日起，就加强管理。

工程的保护范围是：灌区干渠渠道外坡脚线以外2米；库区最高蓄水位线以上不小于20米，水库大坝坡脚线以外及溢洪道出口以下20～100米；千河、北河主要堤防外5～10米，小型堤防外5米内为工程保护区，保护区内不准取土、挖坑、侵占渠堤、围库造田、毁林开荒及修建其他工程。

每年冬、春季集中力量进行整修，清淤除草，加高培土，处理病害工程。灌溉工程在灌溉以前进行一次普遍检查，运行期间发现问题，及时突击抢修。

水库、闸坝、重点堤防、建筑物，固定专人经常监护。对沉陷、位移、裂缝、变形、渗漏、滑塌等进行观测记载。小（1）型以下水库还没有水文、气象记载。要求工作有日记、工程有档案、现状有图表、启闭有记录、资料有分析，为管好工程提供依据。

四、机电管理

建立技术档案。每眼机井打成后，由乡、村管理单位及承包单位、受益单位进行验收，达到标准的，填写技术档案，1式3份，存乡、村、县以备查考。

五、培训机泵手

每眼机井由县培训1～2名机泵手，经考核合格，发给合格证。无证不能开机。机电维修每年至少检查维修1次，深井泵停灌期间，都定期开机运转，防止锈蚀和井淤。

六、综合经营

从1985年开始，陇县水利管理单位全面开展综合经营，除开办县大理石开发公司、段家峡水电站两家骨干企业外，还成立劳动服务公司兼营养殖业、种植业、商业、民用建筑、设计、承包工程等。1987年，综合经营收入达17万元，基本上解决了水利职工家属住房问题，安置了待业青年，提高了职工福利待遇，弥补了经费不足。

20世纪80年代，千阳县水利工程实行县、乡、村分级分类管理，以责任合同形式落实保护范围和管护责任：千丰渠、小（1）型水库由县灌溉站和乡镇水管站联合管理，其干渠、支渠由县、乡、村按权属界桩分段管理；小（2）型水库及渠系、陂塘、机电井、斗渠、灌溉设施由受益村承担管理责任，各村再以多种承包形式落实看管人员。河道防洪堤以县河道管理站为主，落实乡村管护责任。1988年以后，水利部门每年开展两次水利工程观测检查，编制蓄水、引水工程水位运行和控制计划。定期定点观测乡村机电井水位、水温、出水量及电耗，用减叶轮、换电机、降吸程、调整输水管长度等措施，提高机井设备装置效率。河道采砂实行划段招标承包，计划管理开采量，办理采石采砂许可证。1993年后，随着乡镇集中供水工程相继建成，各水厂和乡镇水管站共同管理辖区内所有水库、水渠、人饮工程管网设施。2002年，全县集雨窖承包于农户管理。至2010年，全县水利设施及河道，按权责均已落实到单位、乡镇、村及农户，未发生较大人为损毁水利工程事件。

第六章　水利风景区和水保示范园

水利风景区，是指以水域（水体）或水利工程为依托，具有一定规模和质量的风景资源与环境条件，可以开展观光、娱乐、休闲、度假或科学、文化、教育活动的区域。水保示范园是指具有水土保持的社会宣传、示范推广作用和科普示范功能，所在区域的水土流失具有典型性，能够代表区域内水土流失的主要类型、程度、危害及生态环境、地质地理等基本特征，面积不小于 50 公顷，并具有一定的典型性，能够布设水土流失综合防治的各项措施，便于开展科学研究和技术推广的科研试验和示范推广园区。本章论述了千河流域水利风景区、水保示范园、风景名胜区等情况。

第一节　水利风景区

一、千湖国家湿地公园

千湖国家湿地公园位于陕西省宝鸡市千阳县千河流域。湿地公园南北宽 7.7 千米，东西长 6.3 千米，总面积达 573 公顷，是以河流湿地特征为主，集河流湿地、库塘湿地、沼泽湿地特征于一体的典型的黄土高原湿地。

自西向东贯穿千阳县境的千河，是黄河最大支流渭河北岸的主要支流；20 世纪 70 年代修筑于千阳、凤翔、宝鸡县（今宝鸡市陈仓区）接壤处千河段的冯家山水库，库容达 4 亿多立方米，是陕西关中地区最大的水库。千湖国家湿地公园依托位于千阳县城附近的冯家山水库库尾区位优势而建，2008 年 11 月经国家林业局正式批复设立，是陕西省最早成立的国家级湿地公园。

湿地公园位于陕西省宝鸡市千阳县千河谷地中游，覆盖千阳县 2 镇 12 个行政村，规划四址为东至千阳中学以西至寇家河乡寇家河村以东的千河河床流域，南北以千陇南线和陇凤路为界，南北宽约 7.7 千米，东西长约 6.3 千米，地理坐标位于东经 107° 03′ 55″ ~ 107° 08′ 13″，北纬 34° 37′ 54″ ~ 34° 41′ 59″，总面积 573.2 公顷。

区内有陆生脊椎动物 5 纲 27 目 47 科 174 种，占陕西省脊椎动物总种数（751 种）的 23.2%。设有管理区、保育区、科研区、休闲区、新家园区五个功能区，项目建设期限为 7 年，即 2009—2015 年，工程规划建设总投资 8854.45 万元。前期建设为 2009—2011 年，重点建设内容是湿地环境保护与安全工程中湿地保护、自然环境保护、绿化美化等项目，生态旅游工程中城关景区、新兴商务休闲景区等项目，管理处、站等基础服务设施项目建设；

后期建设为2012—2015年，主要建设内容是湿地环境保护与安全工程中湿地生物资源保护项目、科研与监测工程、宣传教育与解说系统工程、社区共管工程、生态旅游工程中的段坊景区项目建设等。

该湿地内有陆生脊椎动物5纲27目47科174种，其中湿地鸟类14目24科81种，水禽41种，国家二级重点保护鸟类如大天鹅、灰鹤等，有省重点保护鸟类并列入《中日候鸟保护协定》名录中的白鹭、豆雁、针尾鸭、绿翅鸭、花脸鸭、赤膀鸭、赤麻鸭等，且种类较多，数量较大；哺乳类5目8科24种，两栖爬行类3目8科21种。还有丰富的鱼类资源，如秦岭细鳞鲑、马口鱼、拉氏鱼岁、鲤、鲫等共5目7科48种。水生生物十分丰富，湿地植物（苔藓、蕨类、裸子、被子植物）34科61属101种。生物资源丰富，良好的自然资源为水禽栖息提供了丰富的食物资源，每年冬季在此栖息的有雁、鸭、鹭等多种鸟类。同时，湿地公园具有显著或特殊生态、文化、美学和生物多样性价值的湿地景观，生态特征显著。以湿地景观为主体，融合湿地景观和人文景观并具有生态、科学、教育、休闲、其他自然景观和历史文化价值。

目前，已开园的景区包括千湖水生植物园、湿地门户区、千湖湿地珍禽观赏区、西府秦风民俗园、纸坊湾风景区等5大景观，成为陕西西部新的湿地特色旅游景点。

二、千渭之会国家湿地公园

陕西千渭之会国家湿地公园位于宝鸡市东部千河与渭河交汇处，西起卧龙寺大桥，东至凤凰大桥以东约2千米，北起王家崖水库，南到滨河路二道堤。东西长约7千米，南北长约17千米。建设范围内涉及陈仓区贾村镇、千河镇及凤翔区长青镇等3个镇的23个行政村。建设项目占地总面积1864.0公顷。其中湿地面积1716.3公顷，占总面积的92.1%，其余为建设用地及其他土地。

千渭之会是周秦文明的发祥地，如今，这一地区也将成为宝鸡市未来城市建设的重要部分。千渭之会区域国家湿地公园修建规划自2012年起开始研究制订、规划。公园将以恢复重建自然湿地为主，形成湖面、河流、滩涂、沼泽多形态湿地，同时也将周秦自然苑囿文化、建筑文化、河运文化、农耕文化融于一体；此外，通过各种节水措施，公园也将向游客展示水体净化过程，营造节水型新型湿地公园；而堤坝的建造也将不再使用硬质渠化形式，坡面采用自然草坡，恢复良好的生态环境。

千渭之会湿地是宝鸡市市区重要的“生态绿肾”。2013年初，千渭之会湿地经国家林业局正式批准开展国家级湿地公园试点建设，围绕国家湿地公园建设目标和公园总规要求，坚持“保护优先，科学修复，合理利用，持续发展”的原则，有针对性地组织实施堤防整修、河道疏浚、治污净水、湿地修复、植树建绿、环境治理等生态工程建设，累计栽植各类乔灌木50万株，建成防护景观林带17千米；连片种植芦苇等水生植物280多万株，有效修复和保护湿地1.7万亩。公园范围内湿地资源得到较好保护和恢复，野生动物栖息环境明显改善，公园宣教展示区基础设施日趋完善，在全市社会经济发展和生态环境建设中发挥了重要作用。

第二节　水保示范园

一、千阳县段家湾水土保持示范园

千阳县段家湾水土保持示范园位于千阳县城关镇段家湾村，总面积 1.15 平方千米，距千阳县城 3 千米，交通便利，示范园紧邻千湖国家湿地公园，是千阳县旅游系统的重要一环。渭北旱塬丘陵沟壑梁峁纵横和湿地公园水草丰美的景色形成鲜明对比，视觉冲击强烈。园区水保措施因地制宜，生态环境壮阔优美，对于同类型水土流失治理具有广泛的推广价值。

按照“山顶戴帽子，坡面栽林子，湿地铺毯子”的治理思路，划分为湿地旅游观光、黄土沟壑综合治理示范、道路侵蚀控制示范、宣传教育示范、水源与径流控制利用等九大功能区实施综合治理，建设苹果、核桃园 43 公顷，整修梯田 38 公顷，栽植各类绿化苗木 137 万株、草皮 2.23 万平方米，建设 50 平方米蓄水池 1 座、谷坊 1 座，建成环山观光道路 6 千米、游园道路 1130 米，修理管理房 4 座，制作水保科普知识宣传栏和导引标识 86 个。

园区建成以来，充分利用千湖湿地良好的生态景观和“吉祥之鸟”朱鹮北迁栖息地的知名度，以水保生态为主题，相继成功举办了中小学生水土保持科普宣传、湿地书画展、秦之声演唱会等活动，吸引了省内外大量游客，打造了远近闻名的旅游名片，园区 2014 年被评为省级水土保持示范园。

二、冯家山水库水土保持示范园

冯家山水库水土保持示范园工程位于千河干流下游的冯家山水库枢纽旁边，系渭河水系，项目区土地总面积为 64.65 平方千米，水土流失面积 52.6 平方千米，占土地总面积的 81.36%，截至目前已治理水土流失面积 23.64 平方千米。项目区坚持保护生态环境，秉持近自然生态理念，设计采用水土保持园林景观等生态柔性措施，并通过水利工程基础设施建设，将项目区打造成国家级水土保持示范园。

工程措施：在渔场东南角现状滩地处修建人工湿地，对渔场废水进行处理；对枢纽右岸防汛路裸露段进行护坡；对渔场东侧围墙外排水沟加盖板，对渔场道路、枢纽二级电站道路、总干渠巡堤路、千河两岸土路进行整修；新修渔场至枢纽人行便道；在项目区主要建设节点和主要路口布设形象宣传及导视牌。

林草措施：在库区两岸营造水土保持林，对冯家山渔场入口、千河滨河滩地、冯家山水保广场、冯家山苗圃地、电站管理区、二级电站旁荒地进行场地整治与绿化。

封育治理措施：对项目区疏林地进行封禁补植，在冯家山至灵山公路沿线的林地旁布设铁丝围栏。

治理措施年均蓄水 452.83 万立方米，年保土 9.94 万吨，土壤侵蚀模数由治理前 2500 吨每平方千米，减少到 962 吨每平方千米。项目区水土流失治理程度达到 90% 以上，减沙效益达到60%以上，林草覆盖率达到50%以上，水环境得到修复，降低了水力侵蚀、重力侵蚀，增加土壤蓄水量，改善和提升了项目区生态环境，通过湿地修复、鱼塘废水处理等水环境治理措施，枢纽周边绿化提升措施，裸露边坡防护及库区水源涵养措施及宣传导视措施的实施，极大地改善了河道水环境，提升了枢纽周边景观，防止了水土流失，涵养了水源，使冯家山水库呈现出“山清、水秀、河畅、岸绿、景美”的宜人景象。

第三节　风景名胜区

一、关山莲花台国家级风景名胜区

关山，古称陇山，属六盘山系，山体呈南北走向，北起宁夏固原，南至陕西宝鸡渭滨区，横跨3省（区）8县，全长240余千米，总面积约160万亩，是沿丝绸之路西出长安的第一座天然屏障，回中道、番须道经此而过，历史悠久、文化厚重。

位居其中的关山莲花台景区由1个主景区（莲花台）和6个独立景区（玄凤山、车场沟、海龙洞、石拱寺、麻庵古遗址、古铜矿遗址）组成，共有景源134处。主景区莲花台，距华亭市区约42千米，主峰五台山，海拔2748米，景区规划面积161.7平方千米，核心景区52.9平方千米，是平凉市八大人文生态景区之一，也是甘肃东部人文生态旅游最具潜力景区。1995年被评为省级森林公园，2004年被评为省级风景名胜区，2017年3月被国务院批准为国家级风景名胜区。

莲花台始建于秦汉，兴盛于唐代，其上、下畤就是秦在雍“五畤”中的“上、下畤”，是秦汉帝王祭天的重要场所。秦始皇在称帝后第二年（公元前220年）首次西巡，到莲花台上、下畤祭祀炎、黄二帝，从此，莲花台就成为皇家祭祀炎、黄二帝的专用神坛。据《青龙山碑》记载，唐时敕封僧人达3500人，佛道并存。直到唐元和十二年（817年）陇山被吐蕃所占，唐宪宗李纯就敕封其所在青龙山为“西陇之名山”，交由平民百姓供奉香火。历唐及各代均在此修建庙宇，鼎盛时有寺庙50多处、200余间，清同治年间被毁，但遗迹尚存。现有铜佛1座、泥雕造像24座、馨3只和唐明清残存石碑32通。现存有少数庙宇、石刻、石造像，比较完整的有上畤慈航宫、下畤北极洞。

经专家反复勘察论证，确认华亭市西南陇山的“五台山”就是古“西镇吴山”，今“五台山”南麓莲花台是古上、下畤，正是秦灵公在吴阳武畤废址上建起的“上、下畤”，“上畤”祭祀黄帝，“下畤”祭祀炎帝，从此中国有了第一座祭祀黄帝的轩辕庙。唐元和十二年（817年），因陇山被吐蕃占领，唐宪宗李纯将这个皇家祭祀炎、黄二帝的专用神坛敕封为“青龙山”，交由平民百姓供奉香火。

古上、下畤的发现，揭开了两千多年来的千古之谜，填补了秦汉史学和西北历史地理学的空白，有很高的史料价值，得到了陕、甘两省史学专家的一致肯定和好评。

这里群山巍峨，森林茂密，物种繁多，文化遗迹丰富，山既有北方之雄，又有南方之秀；水既有江南之柔，又有北方之美，山与水构成了奇、险、峻、秀、妙等独特的自然景观。

莲花台景区群山巍峨，植被丰富，森林覆盖率达96.2%，有红桦、白桦、华山松等各类林木 40 科 75 属 146 种，木材积蓄量 201.21 万立方米，草地 15 万余亩，牧草优质，西汉景帝时曾在此建呼池苑，专为皇室牧马；林区有柴胡、党参、灵芝、麝香等优质中药材 260 多种；有梅花鹿、金钱豹、红腹锦鸡等多种国家一、二级保护动物；年平均气温 7.7 摄氏度，负氧离子含量均在 2700 个每立方厘米以上，是名副其实的天然氧吧和养生福地。

著名景点如下。

（一）拴马桩和饮马池

在老庙沟内有天王塔与青龙潭，当地群众叫拴马桩和饮马池。悬崖上耸立一高大的石笋，顶端长着苍松，由于风雨剥蚀，远远望去犹如三层宝塔；石笋西侧崖下有一潭水，清澈见底，悬崖上"泽润秦陇"的摩崖石刻碑文清晰可见。《太平寰宇记·吴山》载："吴山五峰望辇峰之东有擎天柱，高不可攀"。其柱在灵湫潭所处的老庙沟口，高 70 余米，底部直径约 30 米，顶端直径不足 20 米，顶部长有一棵数百年的柏树。唐朝中期，御林军中的"神策军"在老庙沟之南五华里之处的铜场沟冶炼过铜，尉迟敬德曾任过大唐的监造使，民间便把这个擎天柱和青龙潭传说为敬德到此时的拴马桩和饮马池。

（二）古铜矿遗址

古铜矿遗址在老庙沟南五华里处，遗址较好的有大、小铜厂沟矿遗址和旧城古冶炼厂遗址。这些遗址分布在风景如画的关山深处，游人在领略关山秀美风光的同时，也可以了解我国古代采矿冶炼技术，不能不说是一处非常难得的观赏点。

（三）古道遗址

古道遗址在普塘庵、三角城附近。约公元前 128 年，汉武帝刘彻修通了陕西凤翔至陇山的"回中道"，除用以在"五畤"中最西的"上、下畤"祭天外，主要想开辟西域。后来派张骞出使西域及派遣霍去病西征，直到开通在西域的商贾通道，今称"丝绸之路"，都是在陇山东麓的御马场"呼池苑"（今西华呼沱）策划实施的。出使、西征都以陇山为起点，因为从陇山到咸阳的路早就在秦始皇时就修通了，称为"秦御道"，这三处栈道也是"回中道"上的重要栈道。古道遗址周围更有奇花异草，溪流飞瀑，百鸟鸣啭，山泉叮咚，为莲花台增添了诗情画意般的内容和情趣。

二、千湖风景名胜区

千湖风景名胜区位于千阳、陈仓、凤翔三县（区）交界地带，是以冯家山水库水体为主的城郊湖泊型风景名胜区，总面积 25 平方千米，其中水面近 18 平方千米，为陕西关中地区之最。因水库大坝拦截千河水而形成巨大人工湖泊为风景区的核心景观，名为"千湖风景名胜区"。

景区风景资源丰富，内涵深刻，以水体和水工程为独特优势，特色鲜明，是一处集休闲度假、避暑野营、水利科普、红色革命传统教育于一体的名胜区。1999 年 3 月，经陕西省人民政府第五次常务会议研究，审定千湖风景名胜区为第四批省级风景名胜区。同年 4 月，"千湖风景名胜区"地域名称在宝鸡市民政局注册登记。2002 年 4 月，千湖风景名胜区又被陕西省水利厅确定为全省第一批水利风景区。2010 年 12 月，被水利部认定为第十批国家水利风景区。

景区范围：北起千阳县千河大桥，南至冯家山水库大坝下游3千米，沿千河两岸向水坡区域，面积25平方千米，其中水域面积近18平方千米，景观保护区面积68.47平方千米。风景区南依陇山，北靠千塬，以水库枢纽为龙头，以广阔水面为主体，著名的灵山、西观山、黄梅山宗教寺观点缀其间。群山叠翠，林草青青，湖光山色，碧水粼粼。雄伟的现代水利工程、优美的自然风光、众多的古迹遗址在此交相辉映，相得益彰，构成了千湖风景名胜区得天独厚的风景名胜资源。

（一）自然景观

（1）水体景观。主要是千湖水面，有充满神话色彩的山泉、温泉，以及以黑滩、坝下深潭为代表的池潭景观；水库泄洪胜景和千河峡谷的河溪景观等。

（2）山体景观。冯家山水库大堤电站退水口（海拔630米），沿千河古河床是水库漂流景区，在山泉、龙潭、石阵、九妖十八怪中穿越，夏秋可享受清凉、刺激、惬意、欢快、宜人的河谷漂流，恰似在水中踱步，在激流中勇进。以黄土高原为大背景的千河峡谷山体景观，包括老爷岭、墩台山、黄梅山、堡子梁、中嘴梁、妖崖嘴等。

（3）动植物景观。主要包括水中以各种鱼类为主的水生动物，以及栖居在岸边、水面上的各种鸟类，如白鹭、鸬鹚等。局部地段人工林成为植物景观的重要组成部分。

（4）气象景观。主要是千湖晨曦，雾气覆罩，烟波浩渺，旭日东升，霞光万道；湖中雨景，遇雨云绕，山轻雨烟，叶覆草木，微风吹皱，山林寂静，一幅淡淡的水墨画，如梦如幻，幽雅深远；雾锁黄梅，春夏黄梅山早晚多雾，层层云雾绕梁缠山，置身其间，满山遍野的松柏在浓雾中隐约可见，显得神秘而含蓄，幽雅而缥缈。

（二）人文景观

（1）水利工程景观。包括水库枢纽大坝、坝区五塔、非常溢洪道、灵化退水渠、西干桥式倒虹、原千河抽水站溢流坝、索桥遗址、坝后电站、百亩鱼池，以及宝鸡二电厂供水管线和宝中铁路隧道群工程。水库纪念碑、展览馆、工程建设指挥部旧址，以及在大坝周围留有建设期民工住宿的窑洞1500多孔，是当年以人海战术建设大会战的历史见证。

（2）先秦文化景观。景区涉及先秦文化的旅游资源包括北部的秦回中宫遗址，南部的秦蕲年宫遗址，有传说的秦穆公阅书台、秦穆公点将台、救主地、跑马岭、圣旨沟等。

（3）宗教文化景观。景点包括黄梅山青崖寺遗址、龙泉山普济禅院、灵山净慧寺、华严寺、西观山道观、墩台山石窟等。

（4）古遗址景观。主要包括临河村仰韶文化遗址、汉隃麋县遗址、鲧亭遗址、墩台山古烽火台、古堡寨、晾经寺遗址及段公祠（唐忠烈将军段秀实故里）等。

2000年7月，由西安建筑科技大学编制《陕西省千湖风景名胜区总体规划》。

2001年6月，成立陕西省千湖风景名胜区管理处，具体负责风景区规划、开发、运营、管理和库区水土保持、绿化美化与生态建设保护等工作。同年10月，实施景观绿化园工程，总面积35亩，以生态观光和培育景区风景美化树种、珍贵苗木、园林及园林花卉为主要功能。园内共有36个品种，以常绿树种及花灌木为主，较为名贵的有雪松、云杉、银杏、广玉兰、樱花等十多种。

2003 年 1 月，围绕水库枢纽“一点四片”，即千湖生态园（老爷岭）、千湖山庄（原网箱养鱼平台）、千湖广场（原气象站）、千湖游园（老舞台平台）开发建设。

2009 年 12 月，宝鸡市人民政府以宝政办函〔2009〕109 号批复了《陕西千湖水利风景区详细规划》，依照规划开展了建设工作。

第五篇　千河流域水文化建设

中国水文化积数千年之精华，深植于中华民族的沃土之中，成为民族文化和民族精神的重要组成部分。认识千河流域的水文化，挖掘千河流域的水文化，弘扬千河流域的水文化，形成良好的社会风尚和氛围，其意义深远而重大。本篇论述了千河流域历史文化名胜、自然人文景观、龙门洞、水文化建设等概况。

第一章　历史文化名胜

千河流域历史文化名胜众多，关隘军事文化、宗教文化浓郁。本章记述了千河流域的关隘要塞、宗教佛寺道观。

第一节　关隘要塞

大震关　位于陇县西50千米的固关镇关山顶东坡洪家滩。汉初设关，因处陇山，故名陇关（或陇山关）。汉太始二年（前95年）正月，汉武帝刘彻巡行回中，经陇关遇雷震，改陇关为大震关。北周天和元年（566年）改名大宁关，隋代复名大震关。西汉末年，王莽置四关（东函谷关、西陇关、南武关、北萧关）将军，遣右关将王福守此关。东汉建武二年（26年），大司徒邓禹战赤眉义军于陇山。唐武德五年（622年），突厥入侵原州（今宁夏回族自治区固原市），攻陷大震关。天宝十五年（756年），大震关使郭英义在此斩安禄山使高嵩。广德元年（763年），吐蕃入大震关，尽取河西、陇右之地。大历三年（768年），凤翔节度使李抱真部将李晟率兵五千，出大震关，破吐蕃于临洮。

安戎关　在陇县西40千米的固关镇关山沟二桥。唐大中六年（852年），陇州防御使薛逵奏："……伏以汧源县西境切在故关，昔有堤防，殊无制置，僻在重岗之上，苟务高深。今移要会之中，实堪控扼。旧绝井泉，远汲河流；今则临水挟山，当川限谷，危墙深堑，克扬营垒之势，伏乞改为安戎关……"

自薛逵徙筑安戎关于陇山下后，大震关称故关，安戎关称新关。大震关与安戎关相距10余千米，同为关防戍守处。此地两山对峙，当川限谷，形势险要，为逾越陇山西行的要道。后汉高祖乾祐元年（948年），上景崇叛，以凤翔附蜀。蜀将韩保贞赴援，出新关，屯军陇州。南宋高宗建炎四年（1130年），金兵逾陇关，攻取秦、巩诸州。明初徐达克陇州，逾陇关。1949年7月28日，中国人民解放军在此关歼灭马继援骑兵第14旅，打开西进大门，挺进兰州。

咸宜关　在陇县西20多千米的曹家湾镇西南，是唐代以后的军事要塞。五代后梁末帝贞明六年（920年），蜀使王宗俦将兵伐岐，出故关，壁于咸宜。南宋绍兴四年（1134年），宋金战争中，宋将吴玠、吴璘收复秦（今甘肃省天水市）、陇（今陇县）、凤（今凤翔区）三州时，以咸宜关为屯兵之地。明英宗正统年间（1436—1449年），因关山路阻，改建咸宜关，径通秦、凤，并设巡检司驻守，增置驿站，安戎关遂废为镇。清康熙五十二年（1713年），陇州至清水，设铺司9处，咸宜关为咸宜铺。乾隆初，设咸宜关游击营，乾隆三十一年（1766年）改设都司防守。同治二年（1863年），咸宜关改为腰站，设驿丞承担政务、邮递及人役转解、迎送官员等事，为州西重镇。

白崖关　在陇县西北16千米的原火烧寨乡上川白崖堡村。东晋时赫连勃勃进攻陇右，由白崖堡经回中道转入陇关道，趋清水，就在此关。

番须口　在今陇县新集川镇铁马河村。《后汉书》载："建武七年（31年），光武帝刘秀遣来歙取略阳（今天水市境），隗嚣将王元据陇，巡守番须口。"《资治通鉴》载："东晋义熙八年（412年），仇池氐杨盛叛后秦，攻岐山，姚兴四路征讨，合诸将于陇山口。"《陇州志》载："番须在州西北50里，即陇山之口。"《读史方舆纪要》载："番须为陇山之口。东汉初赤眉军过陇山隗嚣所破，至阳城（今华亭市境内），入番须中，逢大雪，人马多冻死。此后东汉将领伐隗嚣仍从蕃须经略阳（今秦安境内）。"据《陇县县志》考证："今陇县新集川铁马河一带，古称蕃须口"。是陇山古道的一部分，是历史上番邦商旅进入关中的必经之道。

石嘴关　在陇县西南40千米处，明代设置，后废。为逾越陇山西行要道，又西20千米为甘肃省清水县盘龙铺。

青崖关　在陇县西北20千米的峡口村西清凉山下，路通宁夏回族自治区固原市，今废。

固关镇　在陇县西30千米处，古名新关镇。道通临（今甘肃省临洮县）、巩（今甘肃省陇西县），为秦（今天水市）、凤（今凤翔区）要道。镇西陇山，汉、唐时期置有关隘，驻兵把守。后在该镇置固关大寨巡检司、关山营，设游击都司、把总驻守。

火烧寨　在陇县西北25千米处，位于古回中道上。古名赤延镇，为经通固原、银川要道。南宋绍兴二年（1132年），宋将杨政焚破金兵棚寨于此，后置寨（火烧寨）防守。清同治十年（1871年），陇州巡防营派左哨第六棚兵驻守。

箭筈关　千阳县南山颠为箭筈岭，又称大山梁，关在岭中，宝平公路南北通过，距宝鸡市31千米，距县城11千米，岭高坡陡，形势险峻，扼南北通途。后梁末帝贞明六年（920年）十二月，蜀将陈彦威出兵散关，破岐王李茂贞1.5万兵于此。宋绍兴元年（1131年），金将没立郎君自凤翔攻箭筈关，被宋将吴玠遣将击退。民国时，箭筈关设碉堡2座，常驻防队。

留坊寨　千阳县西4千米处，在千阳原柿沟乡纸坊沟，为南通宝鸡县新街要口。宋绍兴十一年（1141年），宋军行营统制张彦与金人战于刘坊寨（"刘"又作"留"）。

安都寨　千阳县南5千米处，在千阳原红峰乡尚家庄，为南通宝鸡的又一要隘。后汉乾祐元年（948年），蜀将安思谦与后汉战于此。

草碧镇　千阳县西15千米处，在宝平公路侧，为北通上店镇和甘肃灵台，西通陇县、平凉必经之地。东晋元帝大兴二年（319年），路松多起兵占草碧，秦陇氐羌多归之；大兴三年（320年）为前赵刘曜所败。清代设有塘汛，民国筑有碉堡，防兵驻守。

上店镇　千阳县西北40余千米处，为北通甘肃之要口。唐大和元年（827年），于此筑"临千城"，置兵千人，以阻吐蕃，清置哨棚。民国设碉堡。

武城山　武城山上屹武城古寨，下连底店古镇，地襟贾村塬西北之两翼，进可控制渭河干河之川道，退可固守贾村台塬之壁垒，实为三省通衢和关中之锁钥。其佛道古建依山而造，取材自然，与山林岩泉融为一体，使亭台楼阁藏于松柏云霞之中，殿宇之间有阶路护栏相接，慢行之上有移步换景之妙。超脱之情油然而生。武城山又名武城楼。传为宋将陈友亮为守凤翔所建。武城山道观内“底阁叠泉”为宝鸡八景之一。

石鼻寨 又名石鼻城、武城镇等，位于宝鸡市区东15千米处，清顺治十四年（1657年）《宝鸡县志》载：“石鼻城，在东四十里，汉武侯所筑，以拒郝昭。”有苏东坡《石鼻城》诗曰：“平时战国今无在，陌上征夫自不闲。北客初来试新险，蜀人从此送残山。独穿暗月朦胧里，愁渡奔河苍茫间。渐入西南风景变，道边修竹水潺潺。”今考，石鼻城在千河乡魏家崖村，西与石羊庙乡底店隔千河相望。城垣遗迹可见，筑于高达10余米的石层上，三面绝壁，远眺似只大船紧靠千河东岸，其形雄伟壮观。清同治年间魏家崖有天兴关、武侯堡，东关有太白庙、城隍庙、指路牌、碑清门、驿站、马号等；出城不远的魏家沟口有石鼓寺，山门上刻“东石鼓寺”四字，院内有大殿四座，其关帝殿前书有“东曾游赤壁府，青山绿水畅其怀”之句。

青阳关 青阳关位于陇县城南八渡镇的白鹤坪村南2.5千米处，亦名青石崖，海拔1527米。因满山皆为青石，松柏茂密，遥望为青色，故称此峡为青阳峡。《关中胜迹图志》载：“在陇州西南七十里，峡极险阻，行人难”。山为青石质，松柏环绕，郁郁葱葱。八渡盆地以东的青阳峡口，是古丝绸之路陇关道支线要道和西进的关口，素有一夫当关、万夫莫开之称。由此入山进峡，八渡河穿流其间，深幽奇险的山峡景观沿途比比皆是。在黑滩峡、青阳峡、龙头峡、青石崖，昂头看天成一线，身临其境却有“山重水复疑无路，柳暗花明又一村”之感。唐代诗圣杜甫游此峡曾留有《青阳峡》五言诗一篇：“塞外苦厌山，南行道弥恶。岗峦相绵亘，云水气参错。林回硖角来，天窗壁石削。溪山五星行，奋怒向我落。仰看日车侧，俯恐坤轴弱。魑魅啸有风，霜霰浩漠漠。昨忆逾陇坂，高秋视吴岳。东笑莲华卑，北知崆峒薄。超然侔壮观，已谓殷寥廓。突兀犹趁人，及兹叹冥莫。”描述了青阳峡的险奇形态。青阳峡高耸，有刺破青天之势。四周古木参天，白皮松旺盛生长于石缝之间。山腰有万峰寺，寺侧有石洞，洞中潺潺流水，瀑布倾泻如白练下垂，为峡中奇观。洞内三层楼台，塑有神像，甚是玄妙。

第二节 宗教佛寺道观

一、道观

元明时期是道教在千河流域传播鼎盛之时。察其千河流域现存的宫观，创建年代基本以元代为最。千河流域的道教以全真派为主。王重阳的弟子邱处机（字通密，成吉思汗曾召见于西域，封为国师，赐号“长春真人”，命其总领道教），是道教全真派的创始人，也是道教的主要传播者。

全真道龙门派祖师丘处机曾在宝鸡县磻溪宫潜心修道六年之久，日乞一食，行则一蓑，人称蓑衣先生。期间，他“烟火俱无，箪瓢不置”“破衲重披，寒空独坐”，极为清苦。邱处机的诗词《磻溪集》记录了其苦修的历程。后于金大定二十一年（1181 年）移居陇县景福山。是时，吉林人蒲察道渊入关拜丘处机为师。丘、蒲师徒在景福山龙门洞，创建全真龙门派。蒲察道渊在千阳创建了全真堂（后改玉清观）。

元太祖十五年（1220 年），丘处机被赐神仙号，爵大宗师，掌管天下道教，龙门洞从此名震海内。元至正十五年（1355 年）在千阳县玉清观废址重建庙宇，并易新名“玉清万寿宫”

明、清以来千河流域道教发展很快，到处新建庙宇。明代先后修建了城隍庙、土地祠、东岳庙、凝阳观（又名祖师殿）、吴岳庙、八蜡庙、三义庙等。清代先后修建了关帝庙、火神庙、马王庙、三官殿、长春观、天庆观、万寿观、谷神观等，历代共建道教庙观 80 余处，今多已不复存在。

民国时期，道教衰落，有的道观被占用，民国中期后，庙观被不断改作学校，天庆观被改为伤兵医院，城隍庙被改建成陇县中学。民国初，分布于千河流域的道教庙观较大者有 80 余处。1949 年，道教主要在陇县龙门洞、景福山、火烧庵、老龙殿、药王洞、蝉耳山、三教殿、杏林寺（今太春口）、千阳药王洞、青崖洞、高洞沟、清凉山等处活动，有道士 120 余人。

新中国成立后，道教的活动场所主要集中在陇县药王洞、龙门洞、景福山、土地祠，千阳药王洞、青崖洞、高洞沟、清凉山等处。1978 年以后，陇县景福山、龙门洞、药王洞庙宇逐步整修，景观逐渐恢复，成为旅游胜地，龙门洞成为宝鸡地区八大风景区之一。2014 年 8 月，陇县龙门洞举办了“龙门论道，德润众生”中国宝鸡陇县龙门洞道文化论坛活动。2010 年，陇县主要道院有龙门洞、景福山、牛心山、药王洞、二郎山、玄寿山、火烧庵等几十处。

（一）陇县龙门洞道院

道教龙门派祖师丘处机在此修道，使龙门洞道院成为关中西部最大的道观庙宇群。位于陇县新集川镇龙门山。1180 年建成命名，明万历年间（1573—1620 年）和清顺治、康熙年间（1638—1722）进行了改处和扩处，成为关中西部较大的道教名山旅游景点。

（二）陇县药王洞道院

庙宇因供奉药王孙思邈而得名，属于龙门洞的下院。1123 年修建命名，位于陇县县城北部北坡脚下，占地 33350 平方米，始建于唐代，原名谷神观。清乾隆四十二年（1777 年）陇州知州李经芳筹资扩建，清道光十五年（1835 年）药王洞道观主持郑欣元复修，新中国成立后又经多次修葺已成规模，是城区最大的风景名胜区。

（三）陇县景福山道院

景福山道教活动场所始建于 1663 年。景福山主峰海拔 1900 米，山势巍峨险峻，奇峰幽洞遍布。从汉唐到明清，修建了多座道教人物宫殿，总面积 7337 平方米，森林茂密，为陕、甘、宁三省风景旅游胜地。

（四）火烧庵道观

陇县火烧庵道观位于陇县温水镇火烧寨村。火烧寨是从甘肃平凉进入陕西的第一乡，当年焦赞、孟良二将火烧木柯寨即发生在此，故此寨子至今仍称“火烧寨”。寨内有一道观，名曰火烧庵，又称上清观，是龙门洞的下院。观中古柏参天，殿宇楼亭，依山傍水，高树锁门，翠竹沄沄，倒柳成荫，鲜花夺目，环境幽雅，是道家修身养性之佳境。可惜上清观钟碎鼓息、殿堂楼阁在“文化大革命”中毁于一旦，沦为废墟。改革开放后，经数年努力，重修三清殿等殿宇30余间，游人香客纷至沓来。

（五）二郎山道观

陇县县城东北二里处，有一座山，自古以来，人们称之为“二郎山”。唐初，朝廷官府在二郎山大修庙宇，建成了规模空前的道教庙宇群，称二郎山道院。道教名士纷纷云集此地，庙内香烟缭绕，终日不绝，已成为闻名遐迩的著名道观。二郎山碑文记载：二郎山道观，历史上因为战乱曾遭受过三次大的损毁，每次毁坏后，都是信教民众自筹资金，再次重修，使二郎山道观延续至今。现在展现在人们面前的二郎山道观四组庙宇群由东至西，沿山梁取势而建，错落有序，庙堂周围苍松翠柏遮天蔽日，景色秀丽，不仅是幽静的宗教活动场所，也是旅游胜地。

（六）蝉耳山庙院

因该山夏季多禅而得名，位于陇县天成镇铁塬村。约617年初建，山上有明代修建的弦蒲寺。1983—2008年多次重建，共有建筑面积3300平方米，房屋几十间，山间峭壁下有风化剥落的白沙岩壁，形似圆镜，洁白如月。数十里外可见，故名月亮崖。山顶绝险处有王姆宫、斗姆宫、无极宫等庙宇遗迹。

峰顶北面有一泓清水称龙窝，旁有两通石碑，其文漫漶，字迹模糊，仅能看清大明二字，一通仍隐约可辨识为《重修蝉耳山弦蒲寺碑记》，旁有被毁的庙宇遗迹。龙窝下峭壁上为混兀老祖庙，峭壁为红色花岗岩，高数十丈，极其险要。

蝉耳山西峰前平坦处，是古弦蒲寺遗址。清乾隆五十九年（1794年），《重修蝉耳山弦蒲寺碑记》载：弦蒲寺始建于大唐，宋、元、明、清各朝代均进行过修葺。如同平凉的崆峒山一样，蝉耳山佛、道同居一山，两家修筑的庙宇风格各异，在丛林掩映下，妙趣横生。近年来新建通明宫、八卦亭、佛殿等庙宇，雕梁画栋，焕然一新。

每逢阴历四月初一会期，正值春光明媚时节，在丛林掩映下，妙趣横生。蝉耳山青山绿水，鸟语花香，风景如画，是一处极好的游览胜地。

（七）西武当牛心山道院

陕西西武当牛心山道院位于陇县东南的八渡镇桃园、沙盆沟、大力村之间，南北长5千米，东西宽4千米，面积12平方千米，山势险峻，森林茂密，小牛心山崎立于旁，周围八沟、八河分布，地形地貌别具特色，景色奇特，气候宜人。

西武当牛心山道院属道家山场，山上庙宇据传始建于春秋，初时为石垒壁墙茅庵小庙，历经各朝修建，规模随之扩大。明嘉靖年间香火旺盛，经清道光、咸丰及民国时期数次修缮，由山门至峰顶形成了五台建筑群。清道光九年（1829年），武汉冶金业铸造名师金震宇来此铸造一巨钟，重 1800 斤置于山顶。

该道院建在山势形似牛心的牛心山上而得名，故称西武当牛心山道院。据传说，为唐代李世民吴山封禅祭天时命名。占地面积 8643 平方米。1990 年重修，内有道教神像 50 余。四层台阶，台台有庙，是 3A 旅游景区西武当的主要景点之一。

（八）老龙殿

老龙殿位于陇县温水镇柴家洼自然村，是供奉水神龙王的殿宇，占地 2300 平方米，殿旁有丰收水库，温水河严冬不冻。相传清康熙四十七年（1708 年）所建，清道光年间重修。是一处风景优美的休闲胜地。

（九）玄寿山

玄寿山地处陇县固关镇穆家庄村南，因山顶有一尖峰，又名尖山。明万历十四年（1586 年），乡民在山上建成玄武殿、转角殿、玉皇殿、三官殿、菩萨殿等。山上松柏苍翠，庙宇林立，风景幽雅。山南壁有百丈绝崖，系有数十丈深沟。有崆峒之雄伟，华山之险峻，是陕、甘两省群众朝拜的著名道院。

（十）青崖洞庙院

因庙院位于千阳县水沟镇孙家塬村青崖洞，故名，又因院内踞卧一石虎，又称卧虎山，占地 2000 平方米，建筑面积 260 平方米。金大定二十六年（1186 年）创立，丘处机师徒去终南山主持重阳宫做事，于当年春从陇县龙门洞游历至千阳县青崖洞，讲经传道三个多月创立了青崖洞道观。青崖洞为陇县龙门洞下院。清乾隆四十一年（1776 年）时有香灯庙会，会期为每年二月十五日。青崖洞道观建有山门，崖顶原建玉皇宫，殿宇宏伟辉煌，清同治年间战乱中被焚毁。另外建有关帝灵官楼、钟鼓楼、圣母殿等。关帝灵官楼为穿堂两层歇山式建筑，其余有无量祖师、三星、观世音菩萨、三霄殿、灵官亭等，多为依山临洞的半亭式建筑。崖上有古洞 15 孔，分上下两层，多在天然溶洞基础上加工，上层悬壁凌空，各洞以栈道甬道相连或云梯登达。大洞约 35 平方米，小洞仅有数平方米，洞内供奉各方诸神。青崖洞西侧有一著名景观“一线天”，系一熔岩冲刷沟。1994 年批准开放，为宗教活动场所。

（十一）泰山庙

泰山庙因庙内供奉东岳泰山神黄飞虎，故名古泰山庙建筑群，位于千阳县城东北隅，始建于宋代（960 年后），因年久失修，清道光十七年（1837 年），县令罗曰壁捐廉修葺。1996 年城关镇信众捐资重修。庙南有一幢照壁，东西各有门楼出入。过照壁有三楹山门可进入庙院，两厢各塑守门神将，门旁建有三间戏楼，戏楼东西建有钟鼓楼。戏楼北为广场，其上北端为祭台，台北便是三间泰山大殿，神龛内奉东岳大帝黄飞虎神像。大殿东有三楹娘娘殿，前筑现殿，南有送子娘娘殿。其后有一小院，为道首住房、灶房，靠大殿南侧有三间三元殿，西为雷祖殿，南为老母殿。原庙基地约 20 亩，且有香火田地 87 亩，在北山申滩。泰山殿其结构为重梁五檩主梁，附以四面回廊，飞檐斗拱，屋面七檩六檐，五脊六兽，琉璃屋瓦，外形巍峨壮观。新中国成立后大部分地方被单位挤占，仅剩残缺大殿一座。2016 年，千阳县道教协会牵头，进行集资修复事宜，2017 年 9 月竣工。

（十二）西观山道观

自宝鸡市北行约 30 千米，即可到达陈仓区桥镇镇殿沟村的西观山道观。

它东接皇梅，西临五峰太白，南观凤郡灵山，北连六盘龙门。它阴龙发祖，长生得地，龙真穴的，开、休、生当位；乙、丙、丁朝拱。道观富有苍柏，面积 1350 余亩。耕种面积 38 亩。处在石崖峻起、溪水中流、古木参天、泉水涓涓、花奇草异、百鸟合鸣、乡俗质朴、人情笃实的优美环境之中。

追溯西观山历史：在东汉前称为“秦王寨”。据“皇梅山”碑文考证。在“秦穆公”兄长秦成公执政期间，穆公名曰在“黄梅山”，实际在西观山读书十年，养精蓄锐，结交豪杰，故西观山有“穆公洞”“百里溪洞”“演兵山”的传说，道观千百年来供奉着“穆公”当年亲笔题的“当今帝王万岁，万万岁”的万岁牌（在 1967 年 8 月“文化大革命”中烧毁）。西观山古会三月十五日，就是为纪念穆公来临而设的。至今最传奇的“二龙泉”之一的“阴泉”，据说是穆公当年亲手开凿的。

西观山在清康熙五十四年（1715 年）前，称为五凤朝阳的“湫山”“医山”，五凤之说有两种：一是站在道观正中看东、西、南、北，西南有五座山峰若凤凰形，飞来朝向观中的泉水。二是据碑文记载：“东汉末年，凤郡来五位道姑，无名姓，泉水医万民，信众择其地，象其形，始建其寺庙，信众尊之道姑曰‘五凤’”。

陕、甘、宁各地信众，为什么千里迢迢，跋山涉水在此山沟建寺庙呢？据现存碑文曰：“即以祈霖言之，有祷必应，无雨不时，又以医病言之‘扁鹊’在泉，心诚有感，故秦为‘湫山’‘医山’，康熙五十四年，重整寺庙，命东、南、西、北四观山，斯地位于凤郡之西，故名曰：西观山”。

西观山在历史上波及四方，建造较宏大，但经“文化大革命”毁之一尽。

（十三）武城观

武城观位于陈仓区千河镇底店村西坂，道观原名“武城寺”，系佛教古刹，建于南北朝北魏后期。隋唐时，道教盛行，武城山增修道观殿宇，经历代数修葺渐成佛道相融合的宗教文化圣地。1977 年，在此修校舍时，出一短碣，上题“元祐壬申”（1092 年），据此，则其寺至迟建于北宋。观内分上下院，上院包括山门、三清大殿、财神殿、菩萨殿及丹房、斋堂等建筑，下院包括王母官、老母官、火神殿、龙王督府、水帘洞、杨泗将军殿、净室等庙宇。周围依坡而建梵官琳宇洞龛颇多，且有三叠泉、三柱泉（参天巨树三株）诸名胜。旧志称其“林柯荫翳，石齿流泉”，“行道望之，无不竞赏。”许荪泉《华阳集》咏三叠泉诗云：“空山殊未雨，何自百重泉，三叠传声处，依稀太古弦。”今道观及周围名胜被破坏殆尽，无昔日风貌。

抗战时期的河南大学，在 1945 年 3 月南阳失守后，在紫荆关难以为继，于是奉国民政府教育部令继续西迁到陕西宝鸡县。

河南大学师生陆续在武城山、石羊庙、卧龙寺、姬家殿重新开展教学。

1945 年 12 月底，河南大学从宝鸡返回开封，结束了 8 年流亡生涯。武城观经过历史变迁和修缮，新的武城山道观巍然屹立宝鸡城东。

二、佛寺

（一）香山寺

香山寺位于陇县城北桑家坡半山坡，原名罗汉院，建于唐代，民国十一年（1922年）重修，会期在阴历六月十九。1978年后，佛教活动逐步恢复。1987年，开始修复，到1989年底，新建庙宇8间，僧房18间，有和尚4人。

（二）华严寺

以佛教经典《华严经》命寺名，404年命名至今。位于陇县东南镇宋家岭村后崇山峻岭中，北距县城20千米，四周山高林密，群峰起伏。寺前两溪交汇北流，古时以12级铁塔而闻名于县内外。抗日战争后期，铁塔被毁，至此该寺日渐败落，庙宇被拆无存。1995年，法门寺弟子释本明动员香客化缘修建殿宇30余间，佛像10尊，并从缅甸迎供玉佛1尊。1999年10月对外开放。

（三）磬口寺

因寺庙基础为水沉岩的含水石，高耸出地面60米，凌空形成一口大磬，民国二十四年（1935年）陕西省主席杨虎城将军来此游览后提议将原报恩寺改名“磬口寺”。磬口寺位于陇县温水镇柴家洼自然村，占地3464平方米，寺内有108级台阶，殿宇辉煌，四面环山，青山绿水。1993年批准为开放寺院。

（四）混元寺

唐开元十四年（726年）兴建，因供奉混元圣母宫而得名。位于陇县天成镇范家营村雷音山，占地面积28697平方米，建筑面积5000平方米，寺庙建于唐代，近代全毁。1978年由本地居士范天良历时17年重建，共修殿宇26座，资金来源于全国各地信众的布施和捐款。1993年批准为宗教开放场所。

（五）弦蒲寺

因该山夏季多蝉而得名，位于陇县天成镇铁塬村，约617年初建。《周礼·职方》载：“正西方雍州，其泽薮，曰弦蒲。”南北朝郦道元《水经注》载：“汧水出蒲谷乡，弦中谷决为蒲薮。”《九域志》载：“汧源县西有弦蒲薮乡，弦中谷决为蒲薮”，汧源县即今天的陇县。唐代房玄龄编撰的《晋书·地理志》载：“陇西有弦蒲乡，弦中谷决为蒲薮”。由汧水流经中谷受阻塞而形成，填充，与汧水干流中断，逐渐干涸而形成平川。陇州西五十里有蒲峪寺，蝉耳山上建寺，明万历二十年（1592年），云南左布政使，陇州人阎薄亲笔写弦蒲薮古碑一通。1981年在蝉耳山发现明天启三年（1623年）《重修蝉耳山弦蒲寺碑记》。山上有明代修建的弦蒲寺，“文化大革命”期间被损毁。弦蒲寺历史上曾颇具规模，建有大雄宝殿、韦驮殿、地藏殿、菩萨殿、香山、文昌殿、龙王殿、山神殿等庙宇建筑群。1983年到2008年多次重建，共有殿宇建筑面积3300平方米，房屋几十间。俯瞰全山，耸秀迥然，万绿丛中，屋脊耸然，悬崖峭壁，亭台楼榭，因势而起，其仙境之超然物表。山上石月凌空，松柏参天，山间峭壁下有风化剥落的白沙岩壁，形似圆镜月，洁白如月，数十里可见，故名“月亮崖”。

（六）青石崖万佛寺

青石崖万佛寺始建于清代，位于陇县八渡镇桃园村青石崖山腰岩壁间，地处八渡河上游支流的西岸。地势西北高、东南低。由青石崖下万佛寺保存的清乾隆四十四年（1779年）《建修万佛寺龙王庙祈雨碑》、民国十八年（1929年）《青寺重修碑》两通碑石得知，最迟应早于乾隆四十四年。在青石崖的岩壁间，自然山水冲蚀形成一个比较大的溶洞裂缝，经人工雕凿形成石窟，上下及内部多呈圆弧状，有多处水流冲蚀形成的窝洞，内壁有香火缭绕的黑色烟渍。高约10米，宽3～5米，径深1.5～5米。石窟内人为搭建木质平台形成三层，一层高约3米，径深约1.5米，内有二圆形龛，是上下分布，龛径约1.5米，深约1米；二层为独长通道，高约5米，宽约34米，进深3～4米，有水流冲蚀形成的圆兔；三层位于最高处，高约2米，进深约5米。在青石崖石下方的平台处，曾有庙宇，现已被毁。在青石崖石东南约200米的山下为万佛寺碑刻判定，青石崖石与万佛寺应为一个完整的寺庙或道观。青石崖石窟为研究陇县清代的佛教与道教文化的发展变化和民间的宗教信仰等方面提供了实物资料。

（七）龙泉寺普济禅院

龙泉寺普济禅院位于千阳县城关镇安坡村四组，因寺院地处龙泉山，寺院中有一泉水从龙口中喷出，故名。寓佛教"普济众生"之意名为普济禅院。占地面积8000平方米，建筑面积520平方米，始建于隋代，新中国成立前后均有翻修。改革开放后，先后修建了菩萨殿、睡佛殿、禅房。1993年经政府批准，开放为宗教活动场所。

（八）崇觉寺禅院

崇觉寺禅院位于千阳县张家塬镇寺坡村，始建于唐武宗时期（841—846年），历代都有修建，"文化大革命"中被毁。改革开放后，村民自发修建菩萨庙三间等各类建筑，占地面积1万平方米，建筑面积450平方米。1997年批准开放为宗教活动场所。

（九）毗卢寺

因寺院坐落于千阳县城关镇段坊村冯坊河口毗卢寺村，故名。毗卢，佛名，法身佛通称毗卢寺，修建于宋太平兴国六年（981年），后经宋、元、明、清不断修复，2007年开始重修。占地面积4666平方米，建筑面积500平方米。主要供奉佛祖释迦牟尼，寺内建有大雄宝殿、天王殿、三圣殿、卧佛殿等，有释迦牟尼金身坐像、地藏王菩萨金身坐像、缅甸玉佛坐像和西北最大的卧佛像、500罗汉像，香火旺盛，享誉四方。2009年被批准开放为宗教活动场所。

（十）石拱寺

石拱寺位于甘肃省华亭市上关镇半川村，距县城33千米。石拱寺坐落在坐北向南的半山崖上。石窟开凿于北魏晚期，有1400多年的历史，石群雕凿在距地表5～10米的黄砂岩石崖上，有14个窟龛，其中2号、6号两个高约10米，存留部分造像残迹和石窟南壁门窗两侧的数十尊供养人及金刚、力士造像，1号大造像于早年山崖崩塌时被毁，其余11尊均为0.5～2.5米的中、小型，尚完整。位于整个窟群的中心部位的11号窟雕像最为精美，顶部有四组八尊飞天，南壁供养人造像栩栩如生。1981年，石拱寺被评为甘肃省级文物保护单位。2003年投资12万元对石拱寺部分石窟进行了维护修缮。

第二章　自然人文景观

千河流域山水风光自然天成，拥有森林、草原、河流、山峦、峡谷等自然景观，人文景观众多，尤以龙门洞著称。本章论述了千河流域自然景观、文化名胜。

第一节　自然景观

一、关山草原风景区

关山草原风景区位于陕西省宝鸡市陇县西南部，西邻甘肃省天水市张家川回族自治县，距宝鸡市区 134 千米、西安市 300 千米，是中国西北内陆地区唯一的以山地草甸为主体的具有欧式风情的省级风景名胜区，为国家 AAAA 级旅游景区。景区内荟萃了森林、草原、河流、山峦、峡谷等自然景观，淳朴自然又不失壮观，享有“小天山”之美誉。

地貌与中欧阿尔卑斯山相似。气候受垂直地带性地理条件的影响，冬春无界，夏秋相连，有“关山六月寒凝霜”的写照。

2019 年 12 月，陕西省旅游资源开发管理评价委员会发布公告，宝鸡市关山草原旅游度假区被确定为省级旅游度假区。

二、龙门洞森林公园

龙门洞位于陇县西北 35 千米的陇山北侧，海拔 1800 米，是景福山的一部分，在新集川镇境内，西距华亭市 60 华里。

龙门洞古名灵仙岩。《龙门洞记》碑载：“始于春秋，建于西汉”。据《景福山云栖官志》说：景福山，官号云栖，居群山之中。左温溪，右龙门，前清流后疏林，千峰争秀，万壑争流，为关中山水奇观，是历代贤人隐士修身养性之地。据载，周有大夫尹喜弃职归山，隐居灵仙岩石室龙门。汉娄景先生隐居灵仙后更名景福山。唐孙思邈，施药济世，避皇帝征召，曾居于龙门洞太玄洞。元代丘长春，庚子年由磻溪至陇，栖居景福山，改名龙门洞。丘系全真道“七真人”之一，相传八仙中汉钟离、吕洞宾都曾游栖龙门洞，因此龙门洞名扬远近朝，山游览者云集。

龙门洞境内多穴潭。志载有“三十六洞、二十四潭”，潭洞各有其名。洞如神虎洞、黑虎洞、青龙洞、祖师洞、太玄洞、三皇洞、白云洞、早阳洞、丘祖洞、飞仙洞、八仙洞、龙门洞等。潭有青石潭、莲花潭、飞鱼潭、黑虎潭、八龙潭等，还有北泉、太乙泉、上泉、跑鹿泉四大甘泉。潭深水碧，清苍幽邃。洞在山腰窄径可跻，势高险而安稳，洞深幽而明亮，夏凉冬暖，攀索而上，疑若登天，风雨前后，云从洞出，片片朵朵，层层团团，遍满山谷，恍如仙境。

龙门洞建筑险奇。庙宇阁亭，沿山依洞而建，悬空绝壁而起，仅有石阶、铁索云梯、栈道可通，游人上下，无不心惊胆战。

龙门洞历代修道求仙之士，先后多次在这里修筑庙宇，立坛设炉，遗留下不少胜迹。有娄景亭，为后人纪念娄景所修。亭后绝壁顶凿有“全真崖”三个横额大字，向东南有“定日月楼景先生洞”八个直书大字。传说为三国道士葛丹阳的炼丹炉，唐孙思邈是施药济世，医治龙伤的晒药石，有元丘长春住过的遗洞——丘祖洞，内有一光滑异常、直径约 30 厘米的球状石，名磨性石，有八仙洞，有汉代的玉磬。还有道教壁画 81 幅，并有清康熙时木板刻制龙门洞全图及历代石碑 50 多尊，还有历代名人学士的撰文题词，如战国人的“灵仙岩”，明参政阎仲实、尚书李善的《咏龙门》及《龙门洞八景赞》等，以各种形式赞美了龙门洞的山水奇观。

龙门洞不仅以奇美的山水、险峻的建筑吸引游人，而且以道教龙门派的胜地受教徒的顶礼膜拜。千百年来，每年 3 月 1 日至 4 月 8 日，周围几个县的游客都来这里赶会“朝山”，游览者络绎不绝，至今仍为关中西部和陇东人们游览的胜地，是重点文物保护单位之一。

三、西武当

西武当位于陇县东南的八渡镇桃园、沙盆沟、大力村之间，南北长 5 千米，东西宽 4 千米，面积 12 平方千米，山势险峻，森林茂密，小牛心山崎立于旁，周围八沟、八河分布，地形地貌别具特色，景色奇特，气候宜人。

西武当属道家山场，山上庙宇据传始建于春秋，初时为石磊壁墙茅庵小庙，历经各朝修建，规模随之扩大，明代嘉靖年间香火旺盛，经清代道光、咸丰及民国时期数次修缮，由山门至峰顶形成了六台建筑群，一台有玉皇、灵官殿、文昌殿、关公殿、子孙宫、药王殿；二台有大佛殿、菩萨殿；三台有八仙楼、三官殿；四台有药王殿和八卦亭；五台有三皇殿；六台为山顶，建有祖师等众圣殿和龙王庙，庙前有一泉水，可供人饮用。道光九年（1829 年），武汉冶金业铸造名师金震宇来此铸造一巨钟，重 1800 千克，置于山顶。

据《陇州续志》载：四面皆石并峙，中有高凸似牛心，故名“牛心山”。清代咸丰五年（1855 年）碑载牛心山“古称西武当”。山名由来，另有两种传说：一种说法是道教武当派创始人张三丰曾来牛心山居住修炼传道，从那以后人们就把牛心山叫西武当。另一种说法是唐太宗李世民去吴山圣游时远观一山独秀，有武当之气势，问众随从此山何名，众皆不知，太宗沉思良久，说：“此山有武当之势，就叫它西武当吧。”从此，“西武当”就流传至今。

西武当是古代陕甘商贾的必经驿站，文化内涵极为丰富，不少名人雅士曾在此留下足迹。相传太上老君和无量祖师在此修炼，悟造出了奇令（中国象棋）。医仙孙思邈曾住牛心山采药灭瘟疫。唐代诗圣杜甫曾路过青阳峡，留诗一首。元末明初道教宗师张三丰曾在此修炼。1946 年，中原解放军 359 旅在王震率领下奉命突围，北上延安，路经牛心山与敌 144 师激战于大力村。

西武当自然景观奇特，景色秀丽，风光迷人，飞禽走兽繁多，植物种类俱全，晴天蓝空绕白云，雨后清爽映彩虹。青阳峡、龙头峡合围环抱牛心山，顺龙头峡西行，蜿蜒一线，有“山重水复疑无路”之状，峡谷内景点众多，各具千秋。行至峡口，山峡豁然开朗，柳暗花明，盆地大力村展现在眼前，街道、店铺、房舍毗连，犹如世外桃源。当地百姓有：“陕西西武当雾气腾腾，大力村赛过北京”之说。站在牛心山顶，南望可赏吴山十七峰，东观可见凤翔城，北看陇州城，再看千河像条龙。清代石碑载：“牛心山古为西武当，苍松翠柏，林木繁茂，阴雨时节烟雾笼罩，恍若仙境”。“峰奇水秀，形势嵯峨，北接朝烟于陇阪，南迎晓日于吴峰，千山而高耸，翠水以回旋”，亦反映了这里的优美风光。

四、雷音山

陇县雷音山风景区位于陕西省宝鸡市陇县天成镇范家营村，是一处融山林自然景观和寺庙殿堂于一体的旅游风景区。在这里既可观山林自然风景，也可游览依山而建的混元寺。这里，山环水抱、万木争荣，山崖之间，林荫之下，座座庙宇巍峨轩昂，阵阵烟霞缭绕，松柏常青，时和景明，真可谓“山水林佳胜、仙景郁葱薇”。混元寺始建于唐代。开元十四年（726 年）在此兴建佛殿，取名混元寺，每逢会期，信徒摩肩接踵，声势浩大。可惜寺院在后来战乱中被焚毁。而今，经多方扶持重处，混元寺已然重现往日盛景。殿宇精工细作、飞檐翘角、雕梁画栋、金碧辉煌。殿内诸佛神像神态各异，栩栩如生。

一棵棵古老的柿子树排列有序、千姿百态，尤逢深秋季节，柿叶通红烂漫，逗人留恋。越过柿树林步入山门，但见庙宇起于悬崖，香烟出乎岩岫，曲径通幽，绿树红楼，鸟语花香、清奇秀丽。若登上山巅举目四眺。东视，层层田块，酷如云梯；南观，丘陵起伏，百壑争流；西望，绵绵关山，层峦叠嶂；北看，蒲峪河川，气象万千。这里奇妙精美的殿宇建筑与山清水秀的自然风光相互点缀，交相辉映，形成了一幅美丽壮观的画卷。目睹这如诗如画的美景，让人又如置身仙境，又似回归自然，心旷神怡，陶然忘返。

五、秋菊山庄

富有传奇的秋菊山庄，是大自然恩赐给人类的自然美景。位于美丽的关山脚下蒲峪河上游，素有中国西部“第二九寨沟”之美誉。

秋菊山庄上邻关山大草原，俯视龙王沟森林公园，是一处以人文景观为主体，草原风光为陪衬，集原始森林、天然氧吧、避暑休闲、娱乐为一体的旅游胜地。山庄以特有的秋菊文化、民俗风情、人文地貌、山水风光、宜人的气候为游客提供了“世外桃源”般的享受。

进入景区，吊桥悠悠，湖水荡漾。关中最后一盘水磨、石磨、石碾、水车能使人回味远古的文明；秋菊家园青砖小瓦，泥坯土墙、辣椒、玉米棒，生动再现了拍摄电影时的场景；影展室里观展览，方知幕前幕后，看电影回味秋菊“要个说法”；湖口瀑布飞泻千里，涛声撼山岳；接待区青砖小瓦四合院，古色古香入眼帘，拾级而上通秀楼，依栏回首别有天，大红灯笼高高挂，秋菊园里似神仙！水上游乐区青山倒映，碧水蓝天，轻舟泛水面，悠杆钓彩鱼；森林游览区青松红桦，百鸟争鸣，山花烂漫，溪流淙淙，信步入林，如临仙境；饱览和品味藏族风情，跑马场上策马扬鞭，体味“金戈铁马陇上风，英雄儿女壮我行”；

跨上沙地车纵横驰骋，领略沙漠铁骑雄风。

六、药王洞

以药王命名的地方很多，几乎我国每个地方都有，究其原因，是因为药王是福佑健康平安的神灵。陇县这个药王洞则是纪念道教全真派祖师爷马丹阳的。

马丹阳（1123—1183年），宝鸡扶风人，初名从义，字宜甫，更名钰，字玄宝，号丹阳子，后来迁往山东登州宁海县（今山东省牟平）传道行医，他最擅长针灸疗法。

道院位于陕西省宝鸡市陇县县城北门外千山脚下，倚山面水，竹苞柏翠，洞亭错落，殿阁掩映，清幽雅致，既是道教的活动场所，又是游览胜地。

药王洞，在陕西省陇县城北约2千米处的北坡村。始建于唐代，初名谷神观；元代马丹阳曾隐居于此，修道传教，行医治病，影响颇大，故而时人改称丹阳洞；清代乾隆、道光、光绪年间均有修缮与扩建；民国二十一年（1932年），杨虎城将军来陇县视察，曾游览此道院，后助资维修并扩建道院部分殿宇。新中国成立后，道院多次得到政府的拨款维修。现存主要的建筑及景观有玉皇殿、药王殿、纯阳阁、斗姆洞、土地洞、丘祖洞、丹阳洞等，依山傍水，递次而上，苍柏葱茏，翠竹嫩绿，洞宇错落，殿堂辉煌，环境雅致，风景宜人。每年阴历二月初二为道院传统的庙会日。

七、关山森林公园

关山森林公园位于陇县西南35千米处的关山林区，陕甘宁三省（区）的接壤地带，海拔2205米，总面积6982公顷，是一处以森林景观为主体，草原风光为陪衬，具有多功能的山岳型省级旅游胜地。

这里自然风光以谷为幽，以林见郁，以水示秀，以云而神，公园气象景观独特，植被垂直带状分布明显，碧潭、飞瀑相映成趣，古树参天蔽日，草原辽阔柔美，马群遍野，有“东方阿尔卑斯山”之美誉。

景区内规划有大型跑马场、彩弹射击场、模拟高尔夫球场、高空滑索、滑雪滑草、攀岩、卡丁车等娱乐项目30余处。

关山森林公园已建成拥有住宿森林别墅群、蒙古族风情园宴会餐厅、赛马场等融吃、住、娱、购于一体的综合性旅游度假胜地，可一次性接待200人以上的会议及旅游团体。

在这里春可踏青、夏可避暑、秋可观叶、冬可赏雪，充分领略鬼斧神工般的自然景色，感受多种娱乐项目给人的惬意和刺激。

八、莲花台

莲花台位于甘肃省华亭市西部的古关山，距城区35千米，海拔1520 ~ 2764米，相传为皇帝祭天的地方。莲花台以大自然原始景观为主，是兼容道教人文景观的风景名胜区。区内峰峦竞秀、岩壑幽深、百鸟和鸣、风光秀丽，动植物资源丰富，被称为黄土高原上叹为观止的“动物园”和“植物园”。

这里的文化遗迹甚多，有古铜矿遗址2处、古栈道遗址2处、石刻21处、佛像20尊、庙宇多处，迄今发现的秦在雍所建五寺中的古“上畤”“下畤”遗址就在此处。青龙山碑记是历史考古的见证。

第二节　文化名胜

一、景福山

景福山位于龙门洞东南，两相毗连。山上景福山道院建有灵官楼、玉皇阁等庙宇。山中有凤爪、朝元、定心三峰及八仙崖等景观。此山高耸入云，峭壁矗立，森林丰茂，景色优美。传为八仙逸游避暑之地。

二、老龙殿（温泉）

老龙殿在陇县县西7.5千米处的陇县温水镇柴家洼村。《雍大记》载："其水隆冬不冻，一名汤池。水沸如汤，故名温泉"。冬季水温平均15摄氏度。其地山势幽邃，水从山腰石缝迸出，向崖石流跌。水花飞溅，沾人衣襟。半山有庙，朱梁画栋，林荫映辉，风光如画。庙内祀"龙王"，又名老龙殿。殿前为丰收水库，侧有地震台。《陇县八景》"温溪不冻"诗说，"不计愚溪与磻溪，水流州北出州西。隆冬不冻温如汤，胜似曲江流饮堤"。

三、西尖山

西尖山又名玄寿山，在陇县固关镇苟家沟村西南。上有高峰，形圆顶尖，故名尖山。有玄武祠，内植罗汉竹。山清水秀，柏翠松苍，绿竹依依，为县西名山。明万历十四年（1586年），乡民依地势分三支建庙：第一支建玄武殿，转角楼（高10余丈）；第二支建玉皇、三官、灵官殿；第三支建菩萨殿，共13柏9殿。风景幽雅，绚丽壮观。"文化大革命"中转角楼等庙宇景物被毁。

四、蝉耳山

蝉耳山位于陇县县城天成镇铁塬村西南约20千米处，海拔1710米，山势陡峭，两峰凭秀，回环互扼，如鸟舒翼，其状如蝉，所以古人称之为蝉耳山。清乾隆年间已形成了完整的道教、佛教、儒教为一体的古建筑群。

蝉耳山森林茂密，主峰东侧有白色裸露的一块半圆形百丈绝壁砂岩，与周围林海相映，分外显眼，人称月亮崖，50里以外亦清晰可见。陇州八景之一的"关山夜月"即指此。

城东三十里的相公山形似卧牛，牛首直望此崖，故有"兕牛望月"之称。山顶绝险处有王姆宫、斗姆宫、无极宫等庙宇遗迹，登上峰顶，放眼南望，群山起伏，青翠欲滴；北望咸宜关，平畴万顷，一马平川；西望关山，巍巍峨峨，层峦叠嶂；东望陇县城，汧、汭二河南北合围，城如巨舟。

峰顶北面有一泉清水称龙窝，旁有两通石碑，其文漫灭，只能看清"大明"二字，一通仍隐约可辨识为《重修蝉耳山弦蒲寺碑记》，旁有被毁的庙宇遗迹。龙窝下峭壁上为混元老祖庙，峭壁为红色花岗岩，高数十丈，极其险要。

蝉耳山西峰前平坦处，是古弦蒲寺遗址。清乾隆五十九年（1794年）《重修蝉耳山弦蒲寺碑记》载：弦蒲寺始建于大唐，宋、元、明、清各朝代均进行过修葺。如同平凉的崆峒山一样，蝉耳山佛、道同居一山，两家修筑的庙宇风格各异，在丛林掩映下，妙趣横生。每逢阴历四月初一会期，正值春光明媚时节，蝉耳山青山绿水，鸟语花香，风景如画，是一处极好的游览胜地。

五、鱼龙川

在陇县县城西北 20 千米处的火烧寨，因有鱼龙水流经而得名。《陇州续志》载："水出县西小陇山，其水东北流历涧注以成渊潭，涨不测，出五色鱼，俗以为灵，莫敢采捕，因谓是水为鱼龙水，自下亦通谓之鱼龙川。"唐杜甫诗"水落鱼龙夜，山空鸟鼠秋"即指此。《旧唐书 · 太宗本纪》载，唐太宗贞观四年（630 年）十一月，李世民在鱼龙川狩猎，自射鹿，献于大安官。《宋史》载，南宋绍兴二年（1132 年），金人合步、骑数千人立栅察于鱼龙川口，宋将杨政率兵破敌于此。1983 年，曾在此地出土了红色鱼化石。

六、青阳峡

青阳峡在陇县八渡镇白鹤坪村南 2.5 千米处。《关中胜迹图志》载："在陇州西南七十里，峡极险阻，行人难"。唐杜甫曾游于此，写有《青阳峡》诗。山为青石质，松柏环绕，郁郁葱葱。山腰有万峰寺，寺侧山崖上有一溶洞，形似龙门洞混元顶。原为道家三清洞，唐明皇时代改为万峰寺，最终成为道、佛共奉的山场。洞的顶层为元始天尊，中层为灵宝天尊，底层为太上道德天尊，洞下宝殿左有三教殿、四大灵官殿，右有药王殿、龙王宫，左行天险云中桥，透过紫气一洞天，高 10 丈，宽 5 丈，深 6 丈。洞中又修殿，内设神像，中有西天古佛，左有无量寿佛，右有弥勒笑佛，内旁十八罗汉，洞口左有南海观音菩萨，右下一洞内有普贤菩萨。洞内有水下流，如白练下垂，为峡中奇观。

每年阴历四月初八为古庙会，来人如潮，香烟旺盛。

七、回城

《郡国志》载，汧县有回城，名回中。《陕西地理沿革》载："回城故址在陇县西北四十里，回中道经此。"《史记》载，秦始皇二十七年登鸡头山，过回中；东汉建武八年（32 年），来歙将兵两千人，伐木开道，从回中、番须口径袭隗嚣领地略阳。据考证，城址在今温水镇史家铺村。其地有古城夯土遗迹和"城背后"村名，是新石器时代村落遗址。

八、回中宫

明万历《重修凤翔府志》载，在州西北一百四十里，秦建。清康熙《陇州志》载，在州西北一百四十里，秦建。《陕西地理沿革》中称：回中官故址在陇州西一百二十里，秦建。西汉文帝前元十四年（前 166 年），匈奴南侵萧关，使骑烧毁回中宫。《汉书》云："回中宫在汧源县内，温水、赤延皆其所辖。"《方舆纪要》载，回中宫在陇州西北百二十里，华亭三乡关。清乾隆《陇州续志》中曰："回中在汧源县州西北，温水、赤延诸镇，皆其所辖故地，离州当不甚远。"

九、黄梅山

黄梅山地处陈仓区贾村镇殿沟村，位于汧河西北岸，以山上树木名称得名，别名马迹山。唐末，以山上有黄梅树成林，故名黄梅山。位于陕西省宝鸡市陈仓区、凤翔区、千阳县、陇县四县（区）的中部，四山环绕风景优美，北有天佛寺、花因寺，东有东灵山，西有西灵山，南有西观山双龙寺。黄梅山景色独特，满山翠柏、槐树成林、青山绿水，万古流传。黄梅山，俗称黄米山，又称马迹山、马脊山。山上有放马滩、跑马岭、圣旨沟、秦王洞等秦王遗迹，山下有马迹泉，相传为周穆王西巡坐骑所葬之处。

十、墩台山—烽火台

位于千阳县城东 20 里的墩台山，紧倚冯家山水库南岸，形若馒头，周崖峭耸，其顶端置有烽墩，故名墩台山，山腰有石佛洞。

烽火台，乃为古代都城各边防驻军借以报警之设施，边关有警，则举火。一台燃起烽烟，邻台见之，立即举火。便很快传告全线戍兵，以做准备。古时叫烽烟、烽燧，昼用燔烟，夜则举烽，因用狼粪生烟，故叫“狼烟”。

烽火台乃为土筑之墩，并置于高山，四顾险绝处，隔一定距离即筑一座，相邻遥望，由京都一直通向各边疆，各台设有守台士兵，曰烽卒，也叫烽子，专司烽火。到唐时设有烽侯（以窥视敌方）、烽副等职。侯望惊，而举烽。尤对烽区（长起战火之区）殊以布防。千阳在周时，地处边防，其台当设于周代。

千阳县境内现在保留下来的 12 处烽火台遗迹走向有两条路线。一是东起黄里—段家湾—冉家沟—新兴铺—丰头—草碧，6 处为通凤（翔）陇（县）的信息干线；一是从冉家沟起—武家半山—四郎庙—尚家寺—大湾岭，6 处是向北通甘肃的支线。

烽火台为古代信息传递之用，千境之台大多残损不全。然墩台山烽火台巍然、高耸，略具峻峭，对岸群山耸秀，龙泉古寺胜景尽收眼底，西眺吴岳，五峰秀致。登其俯瞰平湖，湖光返照，仰视晴空，蓝天白云，令人心旷神怡，流连忘返。日暮鸦归远树，鹭落沙灯，烟雾迷离，夕阳余晖映衬，颇有乐山半壁之势。

十一、望鲁台

燕伋赴鲁从学孔子归来后，在渔阳设教十八年。因千河上游古称渔龙川，千河水古称渔龙水，渔龙水之北称渔阳。据考证，渔阳设教就在今千阳城西裴家台。燕伋思念尊师孔子，每日站在那里眺望鲁国，为了看得更远，不断以黄土加高，终成一土台，高约 20 米，顶部约 6 平方米。后人起名燕伋望鲁台。明天启元年（1621 年）八月，知县夏之时在城东郊修起“三贤祠”，称燕伋、郭钦、段秀实为千阳三贤。民国年间，在裴家台下面的公路畔竖起“燕伋望鲁台”石碑，由书法家高孟立篆字，幸存至今。新中国成立后，陕西省人民政府曾将燕伋望鲁台定为省级历史名胜古迹。

十二、大小石门

过去，千河千桥处有两块巨石挺立，像两扇大门，所以称大石门。清代焦思善撰写《增续千阳县志》记载，大石门“在县南里许，千水两岸，天生巨石。”清代罗曰璧在《重修千阳县志》中写道：“千水奔流，至此锁束，水势顿刹，相传神禹所凿。”小石门在今千阳中学南千河处，两块巨石若门挺立，千河从中间流过，因比千河宾馆南的石门窄小，因而称小石门。千阳旧县志称其“在县东一里”。因大石门来水较快，小石门窄出水较慢，两石门间形成一片广阔的湖面，即为古代之千湖，波澜不惊，绿树倒影，鱼虾众多，飞鸟成群，文人墨客、官方民间，多以胜境览之。后来在修建千河大桥时，大石门被毁，小石门也在日常的采石中逐渐消失。

清顺治年间，千阳知县王国纬写了《石门记》《后石门记》两篇文章，记载石门胜景，并编写《石门遗事》。嘉庆八年（1803年），王廷璧任千阳县县长，他了解到由于千河阻隔，当地人出行不便，就在大石门附近设官船，拉运群众过河。为感恩王知县，人们在大石门石壁上凿了“王公渡”三个大字。后来，陇州州同方玉润高度肯定了王廷璧的做法，在“王公渡”三个大字附近题写了“古石门”三个大字。

十三、青崖洞

青崖洞位于陕西省千阳县水沟镇南，因山前卧一石虎又名“卧虎山”，青崖洞以石崖构成，山间及山顶自然生长众多松柏，郁郁葱葱，形成一道绿色的屏障。山前石崖有一险道，沿途呈现奇形怪状的山洞，洞中大小各不相，每个洞都有自己的名字。崖顶南边直泻下一瀑布为青崖洞增添了活力。青崖洞不仅自然景观奇特，而且是道教圣地。相传丘处机曾到过此地，传授道家文化。

青崖洞以石崖构成，山间及山顶自然生长众多松柏，郁郁葱葱，形成一道绿色的屏障，名为“青崖洞”，又因山前卧一石虎名“卧虎山”。

山前石崖有一险道，狭窄处行人只能弯腰单行通过，沿途呈现奇形怪状的山洞，洞中大小各不相同，每个洞都有自己的名字。每年农历二月十五举行重大的庙会，前去观赏、游玩、祈福的人络绎不绝，站于远处望去真是人山一体，美景绝伦。

崖顶南边直泻下一瀑布，在微风吹拂下东漂西摆，不时地为青崖洞洗去尘埃，相传丘处机曾到过此地，传授道家文化。

主要景点有青崖烟雨、一线天、卧虎石、青崖洞道观、青崖古洞、水眼泉、龟伏石。

十四、磨儿塬遗址

磨儿塬遗址位于宝鸡市陇县东南镇磨儿塬村，是第七批全国重点文物保护单位，是陇县保存较好的东周—汉时期新石器时代仰韶文化和西周村落遗址，东西长400米，南北宽250米，总面积10万平方米。历史上的汧邑，大致就在今天的陕西陇县郑家沟—边家庄—磨儿塬一带。在陇县县城南，千河以南郑家沟到边家村绵延3千米范围内千河边的第二层台地上。

汧邑是秦人建立的军事要塞，沿千河河道进出关中。陇县磨儿塬遗址出土的双耳彩陶罐等，表明仰韶时代晚期文化重心西移。

十五、千阳龙泉寺普济禅院

距千阳县城东约4千米，城关镇安坡村有一处风景秀丽的龙泉山，山脚下原是古城隃麋城遗址，附近有历史上著名的古泽隃麋薮，汉代以此为县名。

龙泉山山腰有一股清泉从石雕的龙嘴汩汩涌出，沿山谷蜿蜒流下，伸颈可饮，甘甜爽口，这便是龙泉山得名的来由。半山腰丛林深处，便是千阳古老的佛教刹龙泉山普济禅院。寺院左右侧有两条山岭如双臂伸出，将寺院抱在怀中，成古时陕甘古道上的一大景观。

龙泉寺初建于隋代，兴盛于唐代，至今有1300多年的历史。昔日的龙泉殿阁修建别致，飞檐斗拱，彩绘装饰，工艺精巧。大雄宝殿法像生辉，睡佛长卧精舍，莲花石座古朴玲珑。佛寺古建筑群富丽堂皇。到了唐代末年，因年代久远，殿宇倾倒，经过后代几次重修，寺院又显新貌，香火旺盛，这时期高僧纷纷云集于龙泉寺。在宋代太平兴国三年（978 年），宋太宗降旨，钦命为“普济禅院”，龙泉寺进入鼎盛阶段，每座殿宇雕梁画栋，五脊六兽，盘龙戏珠，链环四角，飞檐相扣。殿内壁画，人物描绘、景物布局，无不得体而妙趣横生。大雄宝殿肃穆庄严。院外，飞泉迸流，古木如龙。游人不绝，兴盛不衰。

大宋景德四年（1007 年）冬，知陇州军州颜仲卿途经千阳，游览龙泉寺。僧定昭率领众僧请求颜仲卿为寺院撰写了碑文：“观其峻宇高下，飞泉溅深，据千陇之东陲，面宝鸡之南极，古木传龙虬之状，秋霞张绮箫之辉，金警初闻似传声于碧落，朱楼半出，疑接影于清凉，非凡喜喻于王城……”僧人善隽仿照王羲之体丹书，于北宋大中祥符三年（1010 年）刻碑立石。其书法与刻工均有较高的艺术价值，更引后人注意。清代张岳龄咏诗赞道：“宋碣摹痕久，略有兰亭意。”明末清初，龙泉寺遭受兵燹，沦为废墟。清顺治七年（1650 年）知县王国维采纳县民意见，重修古寺，引水灌田。千阳八景之一的“龙泉润稼”由此而名。

龙泉万古流，古刹千年秀。近年每逢古会，自朝至暮远近游客蝶飞蜂往，依树而息的，扶杖而进的，攀曲径而采摘的，挥山花而追逐的，其间嬉笑声、感叹声、议论声、歌唱声伴随潺潺的流水声汇成一片，使往日平静的山林处于沸腾之中。

十六、弦蒲薮

在陇县西 20 千米的蒲峪川，为汧水流经之蒲。《水经注》载：“汧水出蒲谷乡弦中谷，决为弦蒲薮。”《九域志》载：“汧源县西有弦蒲薮。”《晋书·地理志》载：“州西有蒲谷乡，弦中谷即此。”说明弦蒲薮上古时是一个有名的湖泽。后由于水带泥沙沉淀，渐涸成陆地。清代的《陕西通志》载，州西四十里有弦蒲寨。清康熙《陇州志》陇州八景中有：“弦蒲名薮”一景，其“峰回势阻，入谷平衍，泉甘土肥，桑麻遍野，如太行山之盘谷，”记载了弦蒲薮干涸成陆地后的情景。

十七、隃麋薮

西汉高祖二年（前 205 年）置隃麋县， 因隃麋泽而得名。故地在今陕西千阳县东千川村。距县城 4 千米，其地近水宜粳稻，惜人力少耳。隃，美也，麋为土产，称麋为美，彼有取耳也。

第三章 龙门洞

龙门洞是陕西西陲名胜。景观以奇险著称，素享关中第二华山之誉，与“西镇”吴山（今属宝鸡市）东西相望，相互辉映。它是道教龙门派的发祥地，为道教徒顶礼膜拜的祖庭，因而驰誉遐迩。

龙门洞位于陇县县城西北新集川镇景福山主峰对面的西峰上，距县城35千米，海拔1800米，是六盘山系褶皱地带南端，地质构成有震旦系硅质灰岩、寒武系白云质灰岩、奥陶系蓝灰色块状岩、二叠系沙质岩夹煤层等成分，组成背斜结构。境内新老地层穿插交错，沟壑纵横切割。在岩溶地形中，悬崖峭壁对峙，大小溶洞形态各异，岩层流水淋漓，溪流洪水冲击，形成大小水潭，星罗棋布。36洞24潭为风景区的形成奠定了得天独厚的地理条件。

龙门洞，古名灵仙岩，是道教徒云游栖息之所。碑载，龙门洞“始于春秋，建于西汉”。据载周有大夫尹喜弃职归山，隐灵仙岩。汉代娄景先生隐居后更名景福山。唐代医学家孙思邈避诏隐居，施药济世。元代丘处机由宝鸡磻溪来此栖居，时称龙门山，后山脚下仅有奉祀大禹治水的一座禹王庙。后改为龙门洞，继增景观。丘处机亦为道教龙门派的创始人。

据元代的玉宸宫碑记载，龙门道派创始人丘处机殁后52年中，门下法孙贺志真等于元世祖至元三年（1266年）协议兴修丘的旧居，1279年建成，其规模无考。贺志真等遵照全真道道规，离家入林定居修炼，大修宫观，宏大山门，加上丘处机被金、元王朝封为国师，总领全国道教，受到道教内外的尊崇，龙门洞声誉随之大震。后人修宫建庙，添色补景，道观格局逐步充实完整，江山胜迹得以绵延永存。

龙门洞地处陕、甘两省的接壤地带。层峦叠嶂，山奇水秀，洞深潭邃，林木青茂，景致引人入胜。春秋佳日，群山裹翠，山花斗妍，晴日朗月，紫雾缭绕，风前雨后，白云出山，群鸦晚噪，溪水鸣琴，为关中山水奇观。人们到此畅游，心旷神怡。“文化大革命”中虽遭受严重破坏，但经近年对庙宇和道路进行整修，解决了供水供电问题，不仅旧观渐复，而且风采频添。1984年，陕西省人民政府批准龙门洞为全省第一批对外开放旅游景点，游人逐年增加，1989年达1万多人次，已成为关中西部重要旅游地之一。

第一节 名胜古迹

龙门洞山场因洞潭繁多而出名。36处大小洞窟及人工修建的殿宇群分布山腰间，24

潭点缀在溪流的狭长地带，潭深水碧，山奇木秀，幽泉怪石，萦素缭白，纷红骇绿。从元代丘处机起，历代道徒在此依山从水，借景取势，修宫建庙，矗碑立塔，铁索攀岩，栈道悬空，留下许多胜迹，使这里的自然景观与人造景物相结合，风景胜地，别开生面。

一、北极宫（无量祖师殿）

北极宫建在正院北台阶上，由后山根蹑云桥登 153 级石磴，进入龙门道院即至。为道院最大的 5 间大殿堂，富丽堂皇，雕梁画栋，气魄宏伟。殿中有北极玄穹真武无量祖师金身坐像，两边陪祀四大天王（元帅）站像，威武庄严。桌上供有清代铁铸昊天玉皇大帝坐像，高 1 米，重约 25 千克，头戴王冠，身着蟒袍玉带，面形丰满，另有檀木雕刻的无量祖师坐像，高约 1 米，雕刻精细。此殿为道场主殿，殿内幢、幡、宝盖、经籍、钟鼓、道家法器俱全，斋醮诵经均于此处举行。木架上悬有云板形片石一块，重约 15 千克，用物撞击，声如钟磬，远处可闻。殿台下深处，有作为龙门洞山名的幽深石洞，传说丘处机初到时曾在此居住过，今留有清康熙时刻有龙纹图案并有“秀水”二字的石板标志。

二、清和宫（丘祖楼）

清和宫位于北极宫大殿西上侧，与东山门摆成直线。旧时楼内塑有全真教七真人坐像，现改塑长春真人丘处机像。过去有关丘处机的遗留文物皆藏于此，今已佚失。楼 3 间，结构精巧，经过装修，飞阁流丹，典雅肃穆。

三、丘祖洞（长春洞）、丹阳洞、春花洞

三洞均在清和宫楼后石岩上，前二洞是丘处机与丹阳真人马钰修道处，洞均狭窄，仅能一人容身，须攀缘铁索而登。春花洞在两洞下侧，传说为丘处机的女弟子李春花住处。丘祖洞虽小，但为全真道龙门派祖师潜修处，全真道徒到此，有“高山仰止”之感，必发崇古之幽情，虔诚朝拜。洞内有石球，直径约 30 厘米，光泽滑圆，名“磨性石”，传说丘祖在此洞修道时，磨炼心志，每天将此石掀滚下去，再抱上来，年深月久，竟将不规则的石块磨成圆形。后传说此石具有灵气，游人若抱此石，可以增加气力，沾触福气，百事如意。

四、太清殿附近殿宇

从东山前方循山路迤逦而上，殿阁亭洞，随山势布置，计有：祀奉道教护法神的灵官殿，祀奉东王公的八卦亭，太乙救苦天尊的救苦殿，祀奉天（尧）地（舜）水（禹）三官的太白殿（因首先在太白山供奉而得名），南方火帝真君的火神殿，祀奉太上老君的太清殿，八仙楼及清代整修过龙门道观的道人田守存、黄本善、曾守荣、苗清扬“四公祠”等，各具特色。祀奉太上老君的太清殿内有清道光十三年（1833 年）根据《老子化胡经》所绘的《太上一气化三清》的道教故事壁画 81 幅。画面人物线条勾勒清晰生动，色调朴雅，为道教庙观中少见的艺术珍品，是民间艺术工匠的杰出之作。

五、王母宫及索梯

王母宫在龙门洞绝岩山腰西侧，祀奉西王母（又名金母）坐像，殿三楹，中高侧低，结构对称，藻绘工丽，全系凿壁架空，四无倚傍。殿台下有 10 多米长的铁索悬梯。在北极宫前仰视，梯上人如蚁蠕动，险峻玄妙，令人惊恐。

六、混元顶溶洞

此处是龙门洞最高处，距道院高约130米。凡来龙门洞者都以有勇气到此一游为乐。混元老祖龛洞全用斗拱临空架设，凿壁衬托，相当险峻，可谓神工鬼斧。由太清殿通往此处的栈道，长约50米，全在峭壁凿孔，打入铁桩，用木板架桥，游人攀铁索倚壁而登，往往毛骨悚然。登临此顶，凭栏远眺，关山林海，尽收眼底；四顾旷杳，白云在握，宛如置身云天，油然而生“登泰山而小天下”之感。

七、定心峰（香炉峰、望山峰）及铁塔

取安定心神意，峰在四公祠前西端，孤峰独立，如同削成，峰顶仅可倚坐数人。因此峰正对丘祖楼，如楼前香炉，故又名香炉峰，也称望山峰，登峰环顾，全洞诸景尽收眼底。峰腰有深洞3处，人迹罕至。峰下有5层空心铁塔，系清康熙三十三年（1694年）六月，在旧香火炉原迹上建成，全高2.60米，顶层高0.8米，小于塔身，出檐，中层高1.15米，直径0.88米。底座高0.65米，塔身周围有6个缠龙小柱，每棱铸一蹲狮，高约0.8米，空档上孔上分别铸有篆书“天精”“地阊”“山寿”“水炀”“民富”“物阜”字样。足部各铸大兽头，中部凹入，间隔空，当铸卧象、卧狮各一。塔顶、塔身、塔座均铸捐化铸塔者姓名。

八、早阳洞

早阳洞位于龙门洞沟西侧峭壁台阶上，高出沟底20余米，人行道与沟西台地连接，悬崖凿壁架设板桥10余米，宽仅盈尺，用铁索围栏，以通往来。因洞处西面东，能先见太阳故名。石洞内两窟相连，祀奉有药王孙思邈塑像，及有关药王故事画像，洞外仅有丈余台地可以回旋。过去曾在此养驴磨面，供应山场。又因洞处峭壁，下临深渊，杳不见底，加上冷风呼号，急湍轰鸣，临洞令人恐惧。

九、黑虎潭

黑虎潭为后山入口蹑云桥下深陷大石潭，直径约5米，水深1米，一汪黝碧。因潭边怪石嶙峋似虎，故名黑虎潭。山洪暴发时，滚石泥沙与潭内沉积物翻腾而出，奔腾澎湃，山鸣谷应，犹如猛虎吼跃，十分壮观。

十、景福山

景福山原为附近山场总名，主峰海拔1952米，与龙门洞混元顶山头隔沟南北相望。清康熙二年（1663年）河北宛平人田守存整修龙门洞后，在此山御屏风下兴建云溪宫殿宇，以后不断扩修，成为有名道院。山场开阔，环境幽雅。主要建筑有斗姆宫、地姆宫、玉祖殿、丘祖楼、文三司楼、武三司楼、雷神殿、子孙宫、药王洞、灵官楼、田祖殿、八仙岩洞殿、东西客房、云厨等。而玉皇大帝殿、灵官大楼之巍峨富丽，斗姆宫之新奇工巧，雷神峰之嶙峋独秀，八仙岩洞之诡奇幽险，各具风姿，令人流连忘返。现经整修，景色更加诱人。

十一、龙门洞洞潭

旧传龙门洞有36洞、24潭，虽均有名称，但说法不一，且岁月推移，风雨沧桑，今已难一一复见。除少数洞潭尚存外，其他仅遗痕迹，不易辨认。现列其名称于下。

（一）三十六洞

①混元洞，位于混元峰顶。②雷祖洞，位于三仙洞石壁上，旧供有雷祖木像。③湘子洞，位于后山口湘子湾。④三仙洞，位于旧黑虎殿北。⑤朝元洞，位于湘子湾旧后山门处。⑥禹王洞，位于蹑云桥东岩畔。⑦玉皇洞，位于玉皇阁后。⑧养心洞，位于湘子湾东下方。⑨晚阳洞，位于子孙宫白云洞下。⑩飞仙洞，位于太清殿左侧。⑪列仙洞，位于王母宫下。⑫洞中洞，位于湘子湾朝元洞石台下。⑬丘祖洞，位于丘祖楼后，为仅容二人踞坐浅洞。⑭丹霞洞，位于青霞洞左侧。⑮丹阳洞，位于丘祖楼后。⑯卧云洞，位于丹霞洞右侧。⑰蜜蜂洞，位于三清阁右侧石壁上。⑱青霞洞，位于黑虎殿去道院路旁。⑲莲花洞，位于定心峰左下石岩中。⑳青霓洞，位于早阳洞栈道下北岩壁。㉑心珠洞，位于定心峰顶侧。㉒娄景洞，位于山腰部王母宫下。㉓神虎洞，位于蹑云桥上石蹬北侧。㉔范阳洞，位于早阳洞南侧，有上下两洞。㉕太玄洞，位于混元阁所在地。㉖烟霞洞，位于厨房后面。㉗龙门洞，位于北极宫下。㉘水帘洞，位于蹑云桥上山台边。㉙黑虎洞，位于黑龙潭上面悬崖上。㉚早阳洞，位于龙门洞沟西峭壁上。㉛春花洞，位于丘祖洞下侧。㉜白云洞，位于子孙宫北侧壁上。㉝朱砂洞，位于核桃滩临河断壁下。㉞药王洞，位于早阳洞院内。㉟会真洞，位于子孙宫殿后。㊱八仙洞，位于药王殿后石崖中。

（二）二十四潭

①青石潭。②莲花潭。③飞仙潭。④八龙潭。⑤黑虎潭。⑥黄龙潭。⑦青龙潭。⑧三教潭。⑨双龙潭。⑩金龙潭。⑪泪水潭。⑫垂瀑潭。⑬沤月潭。⑭鼓玉潭。⑮蛰龙潭。⑯鸣鹿潭。⑰蛟龙潭。⑱漾月潭。⑲乌龙潭。⑳卧龙潭。㉑玉女潭。㉒漱玉潭。㉓桃花潭。㉔碧水潭。

十二、混元峰顶摩崖刻字

混元阁东侧陡壁上摩崖刻石，竖写有“定日月娄景先生洞”8字，刚劲有力，其左横刻“福洞天记，太子千秋”，字迹较小，原字迹被苔藓封闭，经风雨剥蚀显露。混元阁西侧峭壁另刻有“全真岩”3字。这3处均为峰顶凹入部分的悬崖峭壁，距地面约40米，距峰顶约30米，不论从上从下，于左于右，都无从攀援。镌刻此字，在过去条件下，很难想象。传为西汉方士娄景所留。崖下旧有娄景洞及炼丹炉遗迹，今圮毁难考。

十三、元代白玉碑

俗称连山碑，碑身为汉白玉，竖立于四公祠前卷殿内。元世祖至元十六年（1279年）清明节立石，为龙门洞最早的修建记事碑。碑首方形，刻有龙戏珠花纹，中有篆书“玉宸宫记”4字，碑文多残损。

十四、丘祖青天歌碑

碑原镶嵌于北山腰石崖上，清雍正三年（1725年）所刻，欧体楷书，极工整。全文阐述了道家如何修持、驱魔，达到澄清雾障、明心显性的思想境界等内容。

十五、龙门洞仙迹图

为展现龙门洞全景，清康熙四十五年（1706年）有木刻制龙门洞平面图，长115.5厘米，厚3厘米，图中有12行简介小字，概述了龙门洞的变革过程与现状，现存于县图博馆。

十六、象牙笏板

元代物，长 47 厘米，呈微弧形，上宽 4.5 厘米，下宽 8 厘米，厚度接近 1 厘米。笏色微现土黄，略有光泽。笏质硬实，捧之有沉感。

十七、景福山大钟

原置景福山混元顶峰上的三清殿南侧（此殿今尚未修复），为清康熙三十四年（1695 年）开山道士田守存等 38 人铸造。钟高 1.4 米，肩高 1.15 米，肩外径 0.81 米，钟口外径 1.2 米。钟顶为虎头（蒲牢）纹式，互靠成纽结状。钟肩端铸有 4 个圆形小孔。钟身分为 4 部分，肩部有“皇帝万岁，太子千秋，风调雨顺，国泰民安”篆体大字；腹上部有两道龙纹图案，中间为铸者姓名；腹下部铸有喜鹊闹梅、孔雀戏牡丹、双凤朝阳、天马行空、鱼龙变化、松竹梅鹿、云龙戏珠等纹饰；最下部为八卦爻文，图文清晰。

十八、丘祖如意钩

清代仿制，铜铸，作弯钩形，为道士诵经时的手持法器。现存于陇县图博馆。

十九、金冠、玉印

相传为元太祖赐给丘处机的金莲花冠和总领天下道教的玉印，原物不详，现收存于宝鸡市博物馆的为清代物。

二十、道教经文、典籍甚多

体现龙门道派三教（儒、佛、道）合一教旨的有《孝经》《心经》《道德经》，颂神恩德的有《玉皇经》《三官经》《清静经》《南华经》等。而《道藏辑要》《三乘集要》《悟真篇》《坐忘论》等则是汇集道宗、道规和修持炼丹秘旨的主要典籍。

第二节　龙门胜迹

在地理关系上，龙门洞所在山岭龙门山，属景福山。景福山，为六盘山支脉陇山（关山）山脉北支千山山脉的西部山地，山上有“凤爪”“朝元”“定心”三峰。海拔 1952 米，由陇县县城西北新集川镇东部入温水乡汤房梁。东南方向延至城关乡原子头，山脉长约 28 千米。景福山的最高山峰为龙门山，海拔 1921 米，龙门洞即在此山上。

景福山是六盘山系褶皱地带南端，地质构成有震旦系硅质灰岩、寒武系白云质灰岩、奥陶系蓝灰色块状岩、二叠系沙质岩夹煤层等成分，组成背斜结构。境内新老地层穿插交错，沟壑纵横切割。在岩溶地形中，悬崖峭壁对峙，大小溶洞形态各异，岩层流水淋漓，溪流洪水冲击，形成大小水潭，星罗棋布。36 洞、24 潭为风景区的形成奠定了得天独厚的地理条件。山场地带层峦叠嶂，山奇水秀，洞深潭邃，林木青茂。春秋佳日，群山裹翠，山花斗妍，晴日朗月，紫雾缭绕，风前雨后，白云出山，群鸦晚噪，溪水鸣琴，为关中山水奇观。

龙门洞正院除道士居室、香客宿舍、云厨等建筑外，有殿庙 20 多处，殿名如下：马灵官殿，位于东山口，内塑马灵官像。龙王殿，位于正院北山坡，内塑龙王像。火神殿，位于正院北山坡，内塑火帝真君。太上殿，位于正院北山坡，内塑太上老君。太白殿，位于正院北山坡，内塑天、地、水三官俗称太白神。东王宫殿，位于北山坡八卦亭，内塑东王公。太清殿，位于北山坡八卦亭，内塑三清像。王母宫，位于北山坡八卦亭，内塑王母娘娘。救苦殿，位于北山坡八卦亭，内塑救苦天尊。混元顶殿，位于混元峰顶，内塑混元祖师。八仙楼，位于北山坡东头，内塑八仙像。四公祠，位于北山坡东头，内塑田、黄、曾、苗四人像。二郎殿，位于山根蹑云桥上面，内塑二郎神。灵官楼，位于正院前门，内塑王灵官像。丘祖楼（清和宫），位于正院正西面，内塑丘祖像。北极宫，位于正院北后台，内塑无量祖师及帅神。子孙宫，位于西山脚下，内塑子孙娘娘。湘子湾殿，位于西山脚下，内塑钟离、吕洞宾。雷祖洞殿，位于西山脚下，内塑雷公像。药王洞殿，位于旱阳洞山上，内塑药王孙思邈。

第三节　艺文志（楹联、碑文、传说）

一、楹联

龙门洞楹联总数不详，现在见到的有40多副。多为历代道院主持邀请知名人士、文人墨客撰书。内容以反映劝善济世、修身养性的道家思想居多，也有个别赞美龙门洞山水风光的。均按庙宇、殿堂大小，木板刻制，悬挂其上。

（1）岳镇乾坤胜景 峰连霄汉名山

（2）青山不墨千年画 绿水无弦万古琴

（3）一亭静览山间趣 幽室能观世外天

（4）心境空明苍松皓月 烟云缥缈绿水清风

（5）万古长生不用餐霞求秘诀 一言止杀始知济世有奇功（丘祖洞联·康熙作）

（6）心怀邪鄙任尔烧香无点益 赤身正大见吾不拜有何妨（灵官楼联）

（7）何处寻洞天到此洗心是蓬岛 哪里觅胜境咫尺涤电即仙都（山门联）

（8）知事忍事不生事自然无事 存心养心莫欺心何等放心（寮房联）

（9）世间多假局任尔放开胆做 天理自昭彰看能饶过谁人

（10）凭栏欲笑望当时树拥云飞迥殊尘境 抱子何归趁此日水流花放早降人间（子孙宫联·郑板桥作）

（11）洞天标胜景混元有始日月无终自昔山林栖凤爪 福地溯仙踪娄景开先长春启后于今道派衍龙门（方玉润作）

（12）七朵金莲舞仙迹在蓬莱 十枝玉叶演道派于龙门（丘祖洞联）

（13）手执青龙巡察世界恶徒 身骑赤兔拯救中外善人（关帝殿联）

（14）大道无为清净身心即黄老 任天而动逍遥尘世亦神仙（客堂联）

（15）与天地并寿山奇水异 为幽人所居时和景明

（16）休嫌浆水淡须知淡中有味 莫道菜根苦要在苦内求甜

（17）自从娄景栖迟幽洞悬窟皆福地 况有长春憩舍落花流水尽仙踪

二、碑文

（一）长春真人本行碑

戊子之秋，八月丙午，余自山东抵京城，馆于长春宫者六旬。将徙居，清和子尹公谓余曰："我先师真人既葬矣，当有碑。知先师者君最深，愿得君之词刻之，以示来世。"

余再让于耆宿，且以晚涂思涸，不足以发明老仙为解，弗从也。乃命其法弟玄通大师、李君浩然状老仙之行，谒文于余曰：父师长春子姓丘氏，讳处机，字通密，登州栖霞人。幼聪敏，日记千余言能久而不忘。未冠学道，遇祖师重阳子于昆嵛山之烟霞洞。祖师知其非常人也，以金鳞颂赠之，遂执弟子礼。寻长生刘公、长真谭公、丹阳马公，皆造席下，相视莫逆，世谓之丘、刘、谭、马焉。大定九年，从祖师游梁。明年，祖师厌世。十有二年，师自丹阳公护仙骨归终南，葬于其故里。师乃入磻溪穴居，日乞一食，行则一蓑，虽箪瓢不置也，人谓之蓑衣先生。昼夜不寐者六年。既而隐陇州龙门山七年，如在磻溪时，其志道如此。道既成，远方学者成依之。京兆统军夹谷公奉疏请还祖师之旧隐，师既至，构祖堂，轮奂余悉称是，诸方谓之祖庵，玄风愈振。二十八年春，师以道德升闻，征赴京师，官建庵于万宁宫之西，以便咨访。夏五月，召见于长松岛。秋七月，复见，师剖析至理，进《瑶台第一层曲》，眷迁至渥。翌日，遣中使赐上林桃，师不食茶果十余年矣，至是取其一啖之，重上赐也。八月，得旨还终南，仍赐钱十万，表辞之。尔后，复居祖庵。明昌二年，东归栖霞，乃大建琳宫。敕赐其额，曰“太虚”。气象雄伟，为东方道林之冠。泰和间，元妃重道，遥礼师，禁中遗道经一藏。师既居海上，达官贵人敬奉者日益多。定海军节度使刘公师鲁，邹公应中，二老当代名臣，皆相与友。贞祐甲戌之秋，山东乱，驸马都尉仆散公将兵讨之。时登及宁海未服，公请师抚谕，所至皆投戈拜命，二州遂定。己卯之冬，成吉思汗皇帝命侍臣刘仲禄持诏迎师。明年春，启行。夏四月，道出居庸，夜遇群盗于其北，皆稽颡以退，且曰：“无惊父师。”是年十月，师在武川进表。使回复，有敕书促师西行，称之曰师，曰真人，其见重如此。又明年春，逾岭而北。壬午之四月，甫达印度，见皇帝于大雪山之阳。问以长生药，师但举卫生之经以对。他日，又数论仁孝，皇帝以其实嘉之。癸未之三月，车驾至赛蓝，诏许师东归，且赐以贶礼。师固辞曰：“臣归途万余里，得驿骑馆穀足矣”。制可其奏，因尽蠲其徒之赋役。师之驰传往返也，所过迎者动数千人，所居户外之屦满，所去至有拥马首以泣者，感人心如此。及入汉地，四方道流，不远千里而来，所历城郭皆挽留。八月，至宣德，元帅邀师居真州之朝元观。明年春，住燕京大天长观，行省请也。自尔使者赴行宫……

寂通居士陈时可撰

陇州龙门洞玉宸宫碑记陕之西陲，有山曰龙门。按《夏书》“导河积石至于龙门”，则在河东西界，梁山之北。今山之得名未可详究，岂不以“导岍及岐”？凡名山大川，莫非禹迹者欤？自今观之，方其刊凿之始，固亦有溃冒崩决可畏之患，惟能一志坚忍，不为栉风沐雨、手胼足砥少变，然后至于成功。况我长春国师，袭重阳仙派，橐钥玄风，梯航庶俗，东渐海，西逾秦，南极淮甸，北极沙漠，莫不均被全真之教，宁不苦其心志，劳其筋骨，动心忍性，以增益其所不能者耶！谨按仙史，金大定年间，师隐磻溪者六载，至庚子迁龙门，兀坐云龛，刻苦炼性，今长春洞存焉。尝有诗曰：“周流截断红尘路，宛转翻腾白玉膏。”其内境操修之要，从可知矣！不下山者七载，至丙午夏入终南。迨次年，应聘金主，进此岛前，道合于上，化行于下，最后奉诏大元，一言悟圣，天下黔黎咸拜更生之赐。究其原委，盖是山栖迹炼养，有以基之。呜呼！见河洛思禹，望龙门其不念有长春者乎？至元丙寅，门下法孙贺志真，广道子张志宽，协议兴修仙岩，榜曰“全真”。竖三阁，一曰“藏经”，一曰“朝元”。灵官祠倚其左，上下相望，皆以穴石架楹分岩竦阙为之，烟霞洞之前后，羽流居之，以祠国师之香火，祈国家之景福也，故山以景福名之。己卯春，广道之徒吕志征，访予于灵台，求为宫记，且曰：此山修建积□有年矣，然无一字以志，实所阙然，敢以为请。仆以未尝足履其境，不能详述为辞。吕出一图见示，请之益坚。乃披图询其所以。则曰：山之东南曰凤爪，西南曰朝元，俗传此禹王旧所辟也。日月洞之巅，汉娄景所居也。一水所至，三分其源也。八卦亭、棋子石，钟、吕游憩之踪也。定心峰、传道石，重阳示现之所也。青龙湫，元君灵应之泽也。甘露泉，丹阳饮漱之迹也。敕宫以玉宸之号者，掌教金坡王真人所命也。施地以充宫之别业者，平凉帅王公及陇帅马公也。其人盖如是。仆至戊戌居陇，经五载，不能一造龙门，每以为慊。今蒙以文见委，窃喜载名其上，得与师祖结缘，有荣耀者，不敢固辞。若夫蹑云桥，登霞梯，倘随素志，其天成地设之胜概，尚当援笔赋之。至元十六“祀”（此字右上角缺，疑当为祀，即祀与年通义），清明日记。

回中灵台逸士王道明撰

前平凉知府守京九路同知总管府事王赟书丹篆额

（二）龙门洞景福山重修云桥天门碑

尝考《山海经》云，世之洞天福地，蓬莱方丈，悉造化传灵之所，□□凝真之区。陇地龙门洞、景福山者，乃娄景先生与丘（处机）长春游栖之福地。先生当汉金之际，受祖师重阳心印，修炼于此，探天地日月阴阳之精，配坎离玄牝水火之用，苦修有百余□登仙，其胜迹至今存也。山之巅有乱木架、炼丹室、清风阁，通明止定日月娄景先生洞。前有定心峰、禹王洞、青霞洞、丹霞洞。至若斋净室、雷祖祠、圣母祠、八仙崖、传道山，其左右辉映者也。夫丹崖巍峨，高出重霄之表，碧潭邃远，微江海之波。奇花生而玉座芬芳，□云飞而星坛□静。蛟龙出殁，□鹤翔栖。更兼云桥百丈，攀缘绝顶，凡登临者身跻九天霄汉也。阁之上旧有木像颓损，寿宫魏一清，郡学生张秉乾，乡约黄□海、李思进、陈寄志、杨进举、赵应广，协同咸宜镇及乡军民慨捐金帛，易铜千斤，熔造太上、元始、灵宝道德三尊，尹喜、徐甲真人二尊，及易换云桥，并建三天门牌坊□□□□已就，百工成绪，庶几朝圣者蹑云桥，登霞梯，免坠跌之虞。呜呼！神依山栖，山以神灵，万世而下，焚香逾阁，□□接踵，瞻拜之倾，灵风飒然，行将寿国，咸康民物，不与兹山相悠久无疆也耶！落成之日神人悦爱，故□志其事，勒石以传。

大明万历卅八年岁次庚戌三月吉日

赐进士第云南道监察御史岐阴洛源杨绍程撰文

赐进士第怀庆府知府凤楼阎溥书丹

乡进士第陇州奉直大夫知州晋阳□应时篆额

（三）重修龙门洞碑记

碑树于四公祠东面墙外，镶大理石方座，为清康熙五十二年（1713 年）刻树。规格为 236 厘米 ×78 厘米 ×25 厘米。碑首高 76 厘米，周刻龙珠纹饰，中间行书为《娄景先生灵仙岩诗》一首，诗曰：

上乃灵仙岩下居，从今再不珮金鱼。

一枕羲皇清午梦，莫问人间驷马车。

碑身周围刻有花卉纹饰，方座，字形为楷书，碑阴为重修时捐募的人名，碑文为：

龙门洞即古灵仙岩也，有三十六洞，二十四潭。历春秋、汉、唐，多名人，寻幽探奇者难以枚举。前汉娄景先生脱迹于此，更名曰景福山。迨宋末元初，七真策杖渡河，各采烟霞，丘祖立鼎安炉，阐教于此，又名曰龙门洞，有传道石诸胜境存焉。后因兵火频仍，羽流星散，昔日之胜概以成芜秽矣。于顺治年间，羽士曾公讳守云，遨游名胜，息肩于此。有苗公讳清阳、黄公讳本善接踵而至，不符而合，叹胜境之无穷，睹往昔而索踪，刈草结庵，泠然独坐，霜雪不惊，虎狼不惧。有都阃彰显忠诚皈，建立殿宇，蓄广阐玄风，弘扬法嗣之愿，因为数所限，世缘已尽，辞众仙游。苗、黄二公，率徒申子讳合祥等继志不分，斩樛木之长萝，搏壁立之翠屏，广开基址，构木深林，与五原功德主蔡养伸、蔡发桂、邹起旺、蒲奉玉等，庀材鸠工，修葺补废，玉帝后阁、救苦、黑虎等殿工未告竣，而二公相继蝉脱。嗟嗟！岂名山之久厌尘嚣，抑将更有所待而始显欤？今故有薛子讳教玉，系黄公法嗣徒孙者，七岁归玄，时聆法音，生来异质不凡，天姿颖悟。及长，企慕旌阳谦之阐教之志，契合宝子讳教融，从事樊修，扩此山未成之工，以终乃祖未竟之志。岁时丁卯，募化各郡，与功德主蔡毓俊、蔡芝仲、赵义、贺英杰、贾崃诸君等共勷乃事。于是同赵子南涉金陵，造黄箓圣像八十余轴，诸品法宝三十六部，檀像二尊，归赴本山，建造黄箓殿、灵官亭、左右配楼、东西客厅、玉皇前阁、七真楼、王母宫以及道院群房，靡余周备，又冶铜为像玉帝一尊，并钟磬醮炉，请置常住鹤田四百余亩，设立下院二处，水磨二盘，水窖一眼。爰是山色重辉，仙风丕振。若薛子者，亦玄门翘楚，善继善述之士也耶。近因石飞碑损，重立石以记之。夫龙门为西秦之福地，陇邑之奇胜，始名于汉，兴于宋，而颓于明，今复兴于清，曾公之德诚不可泯，苗、黄二公，承缵承继，尤不可没，而龙门有赖于二公者亦多矣。薛子念师祖之焦劳，追前建之勋猷，秉志演清，薛子之成名亦若龙门之先，有赖于二公也。龙门非薛子不能显其奥，薛子非龙门不能展其才而扩其志。今功圆德满，勒诸珉，将见后之有善继善述者，亦不愧于薛子也，是为记。时皇清康熙五十二年岁次癸巳林钟月吉旦。

嗣西河正 折水山阴丹植沈贤灵撰并书丹

陇州正堂王鹤、罗彰彝陇州同知黄士景砠

吏目方捷（以下人名略）

（四）龙门洞常住碑记

龙门洞为天地奥区，藏壑於东陇之麓，窈而深，幽而邃，层峦绝巘，无径可通。丹梯石磴，层俯而下；群峰峭削，实鬼斧所劈。崖瀑淙淙，时作风雨，隐有鱼龙变化，疑骇莫测。异哉斯境，非有神术具巨灵手，辟草开山，则至今一虎豹穴蛟龙窟也。自汉娄景真人诛茅栖止，遂称洞天福地之一，山曰景福，因其人以福其地也，后有丘长春真人藏修于此者七年。仙侣云集，宗支繁庶，至今四海衍为龙门派，是则龙门洞号为祖庭，递代相传，学者宗之，杖履辐辏，每至鸣钟板而食，日不暇给。有道士薛教玉，修炼精严，而接引四方之志尤切，又不屑入城市为次第乞，而常住内仅有供膳粥地一区。考其卷案，原系前任诸君捐俸置买，喜舍常住。其地坐落附近本山左右，然不足耕种。薛教玉相其地势之所宜，山旁有古荒数段，坐落上阴坪狮子湾、交白。东至下阴坪，西至铁马河，南至栗峪沟，北至老马坡，押帖开垦。及余履勘，其地皆崔嵬砠碛，虽获石田，将安所用。若升科起，则后必为常住累，意犹难之。教玉曰：“人不可求，求之于地；地不可求，求之于天。俯仰尘寰，奔走形势，此我之所不能也。戴日荷锄，披星负锸，此我之所能也。即地硗山瘠，耕种难施，而满地松花，遍山橡栗，此天之所以予我，为辟谷计，莫善于此，奚累于后哉。”余嘉其言，高其志，遂为入粮三升，达之大部，以垂永久，后之学徒，得以一志修持，无庸外务，俾道成果满，变大地作黄金，搅长河为酥酪，直至灰落字现，神仙半万，正藉此石田作福田，而龙门祖庭之不坠也，有以夫！

康熙五十四年（1715 年）岁次乙未重九日诰授奉直大夫知陇州事加一级罗彰彝撰

三、传说

（一）龙门洞开山传说

龙门洞开山建庙的时代，缺乏可靠的文献记载。据传说，山场最早叫景福山，龙门洞是景福山的另一山头。南宋末期，龙门山上建有禹王庙，规模很小；当时在今新集川一带有玉皇寺、石拱寺、龙门寺等佛教寺院，范围较大。龙门洞旧有一个大钟，铸有龙门寺造字样，就是从龙门寺抬来的。龙门洞山深林密，山根黑虎潭上有禹王庙，出家人可在这里栖居静修。在丘处机来龙门洞之前，王重阳的大弟子马丹阳曾来这里的石拱寺和陇州城北药王洞住过，并在龙门洞成立重阳会，约请全真道徒前来集会，纪念全真祖师王重阳。丘处机离开龙门洞后到终南山祖庵，龙门洞托弟子赵九古主持。赵九古后附丘处机去雪山，死于西域。龙门洞由丘门下法师贺志真（是龙门派的华山系，石匠出身）接管，曾进行大规模扩修工程，添建了庙宇，修建了栈道，作摩崖刻石，并正式定名总山场叫景福，留存到现在的龙门洞布局，就是这时奠定的。四公祠下元代大理石碑详载兴建经过，是重要历史资料。

又有传说，丘处机来之前的龙门洞就是龙门寺佛寺的一部分，因有山区群众纪念夏禹凿山治水功绩建的这座庙，丘处机才能在这里落脚，以后创立以此山为名的龙门道派，建立丛林制度，收徒传戒。加上丘处机受金、元两代皇帝接见，优礼见重，命令总领全国道教，所到之处官民及其他教派都香花恭敬迎候，声誉遍及各地。把龙门洞扩建为大气魄的道家丛林，表示水源木本之恩对丘处机的纪念。传说丘处机曾把元太祖赐给的金道冠送龙门洞保存，以示对这里的系念，至今道教开醮念经，龙门派嫡系道徒可戴金莲花冠，其他派却不能戴。龙门派把王重阳尊称教祖，对丘处机则称教主，建殿塑像，丘居正殿，王则居后殿、偏殿。龙门洞保留到现在的道院始建于元初。

至于说西汉初的娄景在龙门洞穴居修炼并开山，混元顶旁的娄景亭、洞遗迹及“定日月娄景先生洞”刻石，或当时尹志常修庙时，故意留此玄迹，均无翔实资料，难以肯定。

（二）陈野仙化瓮

清嘉庆时甘肃靖远道士陈明耀，碧眼黄须，长相怪异，能诗文。来龙门洞住早阳洞修道，并常行医看病，乡人尊称为“陈野仙”。某日陈明耀到甘肃华亭市安口镇陶瓷铺化缘，店主故意为难他说：“店内没有现钱捐化，只有待卖的瓷大瓮，你是野仙，当能行法自己搬去。”陈明耀稽首称谢而去。深夜，狂风忽起，铺内两个大水瓮被风吹到龙门洞后山湘子湾岩半崖石台上架放，至今尚留瓷瓮残迹。

（三）王道变鳖

混元顶峰下第二层神龛后有一深洞，传说可通往甘肃平凉崆峒山。洞内常有神人栖居。但洞口有一深水潭，凡人不能通过。不知何时，有位修炼已有半仙之能的王道士，竟能越过深潭进入洞内。第一次进洞见一木匠在做木工活，他猜想这人一定是神仙变化，机不可失，就编谎说他要翻修龙门洞庙宇，财力不足，请神仙大施法力帮助。木匠表示赞同，指着地下木渣片让他尽力背去。当时他感到失望，但背出洞一看，木渣片都变成金块，真是喜出望外。但此人虽说已看破红尘，却异常贪财自私，只拿出小数目金子修庙，其余都拿到他家里去了。他贪心不足，第二次又进洞去背，并狠狠地装了一大背斗出来，可是高兴得忘乎所以，一个失足，竟掉到蹑云桥下黑虎潭里去了。乡人传说他是挨了守山的黑虎灵官一铁鞭，被打入潭里的。并说他死后变成一个大鳖，以后朝山进香的同乡人过潭边叫王道名字，这个鳖就凫出水面，向乡党点头致意。有人讨厌他的贪心，变成异类，给同乡丢了脸，就向它吐唾沫，从此它羞愧地钻到潭底去，再不出头露面了。

（四）元世祖问道石及拴马石

元世祖忽必烈，因国师丘处机曾在龙门洞住过，并听说这里风景很好，就带领亲贵大臣前来访问，在定心峰东面岩石上与当时龙门派弟子谈论全真教道法，在峰前留有问道石及《无上谈玄碑》。因他带的护卫人员多，这里都是石壁，无处拴马，就将御马拴在前山门悬壁鸦嘴形峭石上。此迹一直传留至今。

第四章　水文化建设

千河流域历史悠久，形成了以周秦文化、农耕文化、军事文化、陇山文学文化、民俗文化为核心的水文化体系。本章论述了千河河源科考、水文化遗产、水文化作品等内容。

第一节　河源科考

千河是宝鸡市境内渭河左岸较大的一级支流，是宝鸡市重要的地表水水源地。在20世纪70年代，宝鸡人民先后在其干流上建成了段家峡、冯家山和王家崖三座水库，年调水量4亿多立方米，为宝鸡的经济建设和社会发展作出了贡献。

古人对千河源头的认知也有渐进的过程。千河，古称汧水，是渭河左岸一级支流。《山海经》成书于战国时期至汉代初期，与《易经》《黄帝内经》并称为上古三大奇书 。书中把六盘山称为太古四岳，即女床山、高山、龙首山、吴山；六盘山海拔2942米（第一高峰），米缸山（小六盘山）海拔2928米（第二高峰），桃木山海拔2857米（第三高峰），吴山（五台山东麓）海拔2748米（第四高峰）。四峰并峙，四水并出。依次有泾水北源、泾水南源、汭水和汧水出焉。岍山在陇州西北，岍山即吴山，亦称吴岳。汧水之源在华亭市五台山东麓。该书将发源于五台山东麓的燕麦河视为千河源头。

成书于春秋和战国的我国的地理学著作《尚书 · 禹贡》记载，“导岍及岐”是我国最早的关于千河流域的记载。

《水经注 · 渭水》载：“汧水入焉，水出汧县之蒲谷乡弦中谷，决为弦蒲薮。”隋《陕西通志》载：“州西有蒲谷乡弦中谷即也。”古人郦道元就认为千河发源于陇州西的弦蒲薮。因流经千山（古作岍山，岍，音qian）脚下，故名千河（古作汧水）。《尚书 · 禹贡》中《导岍及岐》也有记载。东汉郑玄《毛诗 · 秦谱》云：“周孝王使其末孙非子，养马于汧渭之间。”

千河实际是多源头的河流，通过勘察可知，千河源头主要由2个河源区组成。一是发源于大关山的张家川回族自治县唐帽山南麓海拔2570.5米的石庙梁的四岔河，河源地理坐标为东经106° 24′，北纬35° 09′，由西向东流经玉皇庙梁北侧流至华亭市麻庵三角城村，与千河另一源头长沟河（由5条支流汇成，流经华亭市马峡镇、西华镇）、燕麦河汇合后称麻庵河，经陕西陇县唐家河流入陕境。甘肃境内长23千米，流域面积157.29平方千米。有长5千米以上的支沟7条，5千米以下的毛沟97条。河床比降1 : 28.6，年均流量每秒0.195立方米，年均径流量0.35亿立方米。

1995年8月25日至9月9日，冯家山水库管理局组建了由罗保权、杨建华和赵周平三人组成的“千河源头行调查小组”，历时16天，行程900多千米，从上到下溯源调查了千河流域的水系分布、水质污染、水资源开发利用、水土保持和流域植被情况。调查小组采取查询工程资料、走访询问群众、查看河流和工程现场、现场记录拍照等方法，徒步调查了千河干流全程；调查了千河较大支流；调查了流域内建成的11座水库和两处引水灌溉工程，绘制了详细的千河流域水系分布图，获取了千河流域大量的第一手资料。最后形成了近2万字的《千河中上游流域综合考察报告》。通过这次系统调查，进一步弄清了千河中上游流域自然地理概况；查清了千河流域中上游流域水文水资源现状；查清了流域水资源开发利用现状；查清了千河中上游流域环境污染现状；弄清了千河中上游流域植被分布、水土流失和流域治理情况；纠正了以往关于千河技术资料中的谬误之处；就千河水资源保护、水污染防治、水保生态建设提出了建设性意见。

2007年5月26—27日，宝鸡市水利局组织局属系统30名干部，在局长常崇信带领下驱车考察了千河源头。26日早，乘车从宝鸡出发，经千阳、陇县翻越关山进入甘肃境内，着重就甘肃境内干流和流域面积进行考察。千河源头位于甘肃省张家川回族自治县唐帽山南麓石庙梁，石庙梁海拔2570.5米，地处甘肃张家川、华亭、庄浪三县（市）交界之处。属六盘山地槽与陇西陆台两大地质构造单位的过渡段，为六盘山经向构造与秦岭纬向构造的接驳处，河源区基本上无人居住。石庙梁两侧是山地草场，绿草夹着鲜花铺满山体，这是海拔2500多米的亚高山草甸。由腐殖质堆积而成的草甸，地下渗水暗流，形成了大小不一的水泡（泉）支流，这就是千河最初的河源。千河之水源于石庙梁东麓的沟沟岔岔之中，石庙梁上仅有一座小小的石庙，从石庙梁东坡下行百余米，草地变成了林地，往东就是一望无际的天然次生林。源头之水从石庙梁半坡流向西南，先后接纳了梁东边的长沟河、大牛窑河、上关河、燕麦河、四岔河和麻庵河，形成了千河源头的水系。

2023年9月中旬，《千河志》编写组常崇信、于世宏、张怀欧等一行，与甘肃省张家川回族自治县水务局马建荣副局长和平凉市业务科同志一起对千河源头水系进行考察。2024年6月11日，常崇信、于世宏与陇县水利局鲜素林、黄文利，市地下水工作队李建奇等人再次经固关驿沿千河干流上溯到麻庵河源头考察。千河由石庙梁发源后，东流转东南流，经玉皇庙梁北侧出境流入华亭市境，再至莲花台与陇县交界的唐家河流入陇县。

第二节　水文化遗产

一、水文化

水文化遗产调查与发掘：自2013年开始，宝鸡市按陕西省开展水文化调查的要求，成立了水文化遗产专题调查小组。对千河流域水文化进行系统研究，在市域内开展水文化遗产普查工作，实施物质水文化、非物质水文化遗产的挖掘、修复、研究和保护。通过水文化遗产调查，全面掌握了千河流域现存的水文化遗产的数量和分布情况、遗产的特征、基本数据及其保存情况。初步建立了水文化遗产信息管理系统和保护名录，为构建科学有效的水文化遗产保护体系提供了基础条件和基本依据。

水文化遗产分类与介绍：千河流域列入《陕西省水文化遗产名录》的水文化遗产共计238处，其中古灌渠65处；古薮2处：弦蒲薮、隃麋薮；古潭26处；古莲池1处；古泉98处；堰塞湖2处；古桥9处：杜阳桥、流渠桥、东河桥、关山桥、八渡峡石桥、南河桥、南关桥、岔口桥、汧河木桥；古渡2处：王公渡和汧水渡；碑石22通：果亲王题利民渠诗碑和两通“利民渠”碑及其他碑；秦都邑2处：陇县汧城都邑、陈仓区千渭之会都邑；古漕运仓储码头遗址1处：孙家南头古仓储遗址；传说7则；千河漕运历史1篇。

古薮（湖、泽）2处，古潭25处，古莲池1处，古泉85处，堰塞湖2处已在第一篇第一章，第二篇第一章予以记述，在此不再赘述。现就其余89处水文化遗产记述如下。

（一）古灌渠65处

清雍正十三年（1735年），陕甘总督、吏部尚书刘於义，陕西督粮道沈青崖撰写的《陕西通志》记载，千河北岸有14条渠道贯通。屈家湾渠，在县西四十五里，千河至川口入县界，在北岸掘引渠道灌田，流经屈家湾村前，灌田50亩；草北镇渠（今草碧镇），在县西三十五里，流经草北（碧）镇，灌田300亩；罗家店渠，在县西二十五里，流经罗家店村，灌田100亩；葫芦铺渠，在县西二十三里，流经葫芦铺村，灌田150亩；寇家河渠，在县西二十里，流经寇家村（今寇家河村），灌田500亩；新兴铺渠，在县西十五里，流经新兴村，灌田400亩；段坊渠，在县西十里，流经段坊村，灌田150亩；毗卢寺渠，在县西五里，流经县西关外，灌田100余亩；玉清宫渠（在今千阳中学西），在县城东二里，流经玉清宫外，灌田50亩；小石门渠（千阳中学南，千河之北），在县东三里，流经小石门，灌田20余亩；五里铺渠（在今千川村一组），在县东五里，流经五里铺，灌田200余亩；龙泉里渠（在今安坡村），在县东十里，流经龙泉寺前，灌田50亩；高崖村渠，在县东二十里，流经高崖下临千寺前，灌田30亩；黄里镇渠，在县东二十五里，流经黄里镇，灌田20亩。

千河南岸有12条渠，相互连接。千河滩渠，在县西四十五里，自千河南岸开渠，流经益头村（今属陇县东风镇），灌田200亩；安化村渠（在今裕华村），在县西三十五里，流经安化村（今裕华村），灌田100亩；水磨沟渠（在今水沟村），在县西三十二里，流经水磨沟（在今水沟村），灌田200亩；马家村渠（在今夹咀村），在县西三十里，流经马家村前，灌田100亩；堎底村渠（在今丰头村），在县西二十五里，流经堎底村（今丰头村），灌溉300余亩；古迹沟渠（在今柿沟村），在县西二十里，流经古迹沟村，灌田20亩；朱坊堡渠（在今纸坊沟村），在县西十里，流经朱坊堡，灌田200亩；上下马家滩渠（在今冉家沟村），在县西五里，流经上下马家滩、元明寺等处，灌田400亩；小石门渠（今千阳中学对岸，千河南边），在县东三里，与北岸小石门渠相对；段家湾渠，在县东十里，流经段家湾前，灌田700亩；邹家庄渠，在县东二十里，流经邹家庄，灌田20亩；峰台山根渠（在今墩台山下），在县东二十五里，流经峰台山（墩台山）下，灌田10亩。

清乾隆三十一年（1766年）《陇州续志·卷二·河渠》载：陇州其泉渠、磨渠，散在州境已30余处，灌田40余顷（7293亩），远近如下：

“南门外小渠二，引汧水入，各长半里，共灌田五十亩。东门外渠一，引北河水入，长半里，灌田五十亩。龙眼寺北山根渠引汧水入，长半里余，灌田一顷六十五亩。龙眼寺南岸磨渠，引汧水入，长二里，灌田五顷。龙眼寺南岸东渠，引汧水入，长二里，灌田四顷五十亩。菜园子渠，引汧水入，长三里，灌田四十余亩，又支渠一，长一里，灌田四十余亩，又接开支渠一，长二里，灌田二顷余。景阳坪渠，引渠水入，长三里，灌田一顷六十五亩。陈家庄磨渠，引渠水入，长半里，灌田三十亩；又陈家庄泉渠，长半里，灌田二十五亩。高寺庵磨渠，引汧水入，长半里，灌田三十亩。边家庄泉渠，长半里，灌田二十五亩。马家河泉渠，长半里，灌田一十五亩。凉泉寺底泉渠，长半里，灌田二十亩。刘家嘴泉渠，长半里，灌田七亩。神泉泉渠，长半里，灌田四十亩。神泉嘴渠，引汧水入，长半里，灌田一十二亩。温水老龙潭泉渠，长二里，灌田一顷七十亩；又支渠一，长半里，灌田一顷余。咸宜关、三里营泉渠，长一里，灌田二十亩。申家嘴泉渠，长半里，灌田二十亩。蒲峪川泉渠，引蒲峪河水入，长三里，灌田一顷八十亩。又支渠一，发源蒲峪川寨子堡东，长二里，灌田四顷余。东拉峪磨渠，发源本域，长三里，灌田一顷八十亩。流渠桥渠，引汧水入，长半里，灌田四十亩。梨林河西边泉渠，长半里，灌田一十五亩。梨林河南村街泉渠，长三里，灌田一顷三十亩，老官窝涧峪沟泉渠，长半里，灌田四十亩。温家堡新开支渠，接老官窝泉渠，长五里，灌田一顷七十四亩。”

豆村渠，位于凤翔区原汉封乡豆村。直接引千河上游支流灌地100余亩，长2千米许。刘家河渠，引刘家河水灌地30余亩。长青渠，引千河水灌滩地40余亩。孙家南头渠，引汧河水灌地50余亩。

（二）古渡口2处

（1）汧水渡。宝鸡县东三十里，水势亚于渭，每岁冬为木桥，至夏水涨，以船济渡。清乾隆二十七年（1762年），邑令许起凤详请捐造桥梁。

（2）王公渡。清嘉庆八年（1803年），王廷璧任千阳县令，他了解到由于千河阻隔，当地人出行不便，就在大石门附近设官船，拉运群众过河。人们为了感恩王县令，在大石门石壁上凿了“王公渡”三个大字。

（三）古桥9座

旧时，千河沿岸固定性的桥梁极少，过河主要靠村庄民众每年秋末冬初，集资筹料在主要道路口搭修的临时便桥。夏季洪水暴发前拆除。有时夏汛早到，河水猛涨，所搭之桥顷刻付之东流。据清乾隆三十一年（1766年）《重修凤翔府志·卷二·关梁》载，清乾隆年间有桥8处：东河桥、南河桥、北河桥、杜阳桥、流渠桥、关山桥、八渡桥、岔口桥。其中，岔口桥，保留到1974年。其余各桥都系临时性木桥，现已荡然无存。

（1）杜阳桥。州东二十里，木桥，每岁入夏桥圮，冬初搭盖。

（2）流渠桥。流渠桥建于明成化年间（1465—1487年），清康熙时（1662—1722年）改为石墩木面桥，专为沟通咸宜关所修，清乾隆年间（1736—1795年）已坍塌。州西三十里，即千河上流关山以西溪涧诸水至此悉汇，架木为桥，山水涨发，屡圮。州牧吴炳开修故关旧路，由曹家湾北折至伍家岔口，过小桥翻山南行，即可抵咸宜关。约绕道十里许，可避流渠水发阻隔之苦。

（3）东河桥。州东门外。

（4）关山桥。旧四桥，今只头桥、二桥、三桥。

（5）八渡桥。凿石作浮桥，中有石碑，书“爰有黎首，臣伏戎羌”八字，年月磨灭无考。

（6）南河桥。州南关外，即汧河，为陕西省西北入甘孔道，冬初架木桥，入夏水涨辄圮。清乾隆二十九年（1764 年），州牧吴炳修青七堡路，由州东门外东山上原经桃原等处径达杜阳，可免南关、杜阳两处涉河之险。

（7）岔口桥。经多次修葺，保留到 1974 年。

（8）汧河桥。清乾隆三十一年（1766 年）《重修凤翔府志》载：“汧水渡，县东三十里（今底店附近），水势亚于渭，每岁冬为木桥，至夏水涨，以船济渡。”民国二十五年（1936 年）西汉公路在马道口附近千河建成公路木桥，船渡废。

（四）碑石 22 通

清雍正十三年（1735 年）春，果亲王允礼途经宝鸡时，曾察看过利民渠，并为之题诗立碑。诗碑镌刻：“太守开渠民利赖，停车使者为题诗。好将南亩勤耕作，更勉儿孙孝悌规。”1982 年 7 月，宝鸡县人民政府将诗碑列为保护文物，矗立原址千河乡魏家崖村西石灰窑边。1987 年，宝鸡县觅得清雍正十三年和乾隆五十年“利民渠”三字碑各 1 通，一并立于其侧。其他碑石详见本章第三节。

（五）古都邑 2 处

（1）汧城。在陇县东南镇郑家沟塬上，为汧县故城遗址。遗址北至郑家沟塬，南至东南乡拖拉机站，东至板桥沟村西，西至杨家庄村塬上。文化堆积厚 3 ~ 4 米，出土有绳纹筒瓦、石斧、陶盆、鬲足、铜鼎、“千秋万岁”瓦当、铜镞等。为省第二批文物保护遗址。汧城建于春秋。据《帝王世家》载：“秦襄公二年（前 776 年）徙都汧”。《陕西地理沿革》载：“秦襄公二年到文公四年（前 762 年）在此建都十四年”。历秦、汉、魏、晋、北魏各朝，一直是东秦州、陇东郡、汧县和汧阴县的治所。

（2）千渭之会。魏家崖遗址位于千河与渭河交汇处的东夹角。通过魏家崖遗址的考古发掘，基本可以证实这里是文献记载的秦人在关中的第一处都邑“汧渭之会”。汧渭之会，也作“千渭之会”“千渭之汇”，为秦人从甘肃天水向咸阳逐步东迁过程中所建的都邑，地点为今千河与渭河的交汇地带陈仓区千河镇魏家崖村。

（六）古漕运仓储码头遗址 1 处

2004 年，陕西省考古研究所和宝鸡市考古队在凤翔县长青镇孙家南头村发现了一个大仓库，经考证是西汉时期的大型漕运码头仓储建筑遗址。这个建筑群在千河东岸，离千河只有 300 米。由三组南北相连建筑构成，东西宽 33 米，南北长 216 米，总面积达到 7000 多平方米，有一个足球场那么大。在这个遗址里，出土了大量的大型陶制容器，其中已经炭化了的粮食装到了容器的一半，也就是说，当年这些陶罐里都是满的。整个建筑地基上布满了石质的柱子，撑起整个建筑的中空地板，从而达到隔潮的作用。这个遗址的发现，说明在汉代国内的水运还是比较发达的。由此可见，在汉代千河起着重要的交通和军事作用，汧河上的水上交通是很发达的。历史上的“泛舟之役”，开往山西的运粮船，是从孙家南头这个码头装船出发的。

2019 年 10 月 7 日，孙家南头仓储遗址被国务院公布为第八批全国重点文物保护单位。

（七）千河漕运 1 处

渭河支流千河，古代亦通航漕运。《晋书 · 食货志》载，三国魏青龙元年（233 年），卫臻重修成国渠，导引汧水入渠。“唐武德八年（625 年）十二月十八日，水部郎中姜行本请于陇州（今陇县）开五节堰，引水通运，许之。”《新唐书 · 地理志》载：“汧源（今陇县），有五节堰，引陇川水通漕，武德八年，水部郎中姜行本开，后废。”

唐时陇山森林尚茂，修五节堰主要为浮运木材至京城长安。

宋代建都开封，仍筏运陇山木材。《陇县新志》载，“宋初，市木秦陇，以春秋二时联巨筏，自（汧）河达渭，历砥柱以集京，设官监市，其利甚薄。陇河渠在唐、宋固有益于国，非只利济民田也。”

唐咸亨三年（672 年），开升原渠，引汧河水上凤翔原东流，经岐山、扶风县，在武功境内的六门堰与成国渠汇流。因渠道上升周原，故名。此渠主要是运岐陇之木材入京城（长安）。《新唐书 · 地理志》载：凤翔府虢县“西北有升原渠，引汧水至咸阳，垂拱（685—688 年）初，运岐陇木入京城”。

汧河漕运始于春秋时期。据《史记 · 秦本纪》载，秦穆公十二年（前 648 年）。晋国久旱成灾，向秦国借粮。秦穆公同大臣商议，同意给晋国借粮，晋国百姓得以救济。是年，秦国安排船只装上粮食，由秦国都雍城出发，沿汧河进入渭河，由渭河进入黄河，再从黄河河道逆水北上，沿着汾河河道直达晋都绛城。八百多里水路首尾相连，络绎不绝，这就是历史上有名的“泛舟之役”。

汧河漕运是汧渭黄金水道的一部分。五节堰位于陇县城以西，即在千河上游筑堰引水通运。“唐武德八年（625 年）十二月十八日，水部郎中姜行本，请于陇州（今陇县）开五节堰，引水通运，许之”（《唐会要》）。《新唐书 · 地理志》记载，“汧源县（今陇县）有五节堰，引陇川水通漕，武德八年水部郎中姜行本开，其在县西。”《陇县新志 · 建置志》中按：“陇川即千河也。岂唐时挑挖深通，乱石稀少，可舟行无碍耶。”唐代建都长安，当时陇山森林尚茂，朝廷派主管水利的要员赴陇州督修五节堰，其目的主要是将采伐的木材自陇浮运至京城长安，以供大兴土木之用。这一描述，对五节堰的作用做了明确论述。

（八）传说 7 则

（1）千阳禹迹鲧亭祠。千河流域中游南寨镇马家河村的古堡中村有个禹皇庵，当地人也叫吴山庙，是祭祀大禹父亲鲧的地方。

传说在尧帝时代，天下洪水泛滥，淹没了大片土地，人们乞求天神来拯救。鲧想起祖父有块神奇的息壤，只要把息壤扔在地上，那里就会无限地长出土地。鲧想用盗的方式把息壤弄到手，来拯救天下的百姓。天帝的息壤只有巴掌那么大小，可以自由生长，永不减损。鲧偷息壤用来堵塞洪水，息壤填平山川沟壑，使人们免受水害。当鲧用息壤来治水为百姓干了一件好事时，却惹怒了天帝。于是他命令祝融捉拿鲧，并将鲧杀死于羽山郊外。鲧死后三年不腐，身体长出一条黄龙，这就是大禹。

鲧和禹都是治水的英雄，只是方法不同。鲧用“堙障”的办法围追堵截，禹却采取疏导引河入海。鲧九年治水未果，禹采取“开九州、通九道、陂九泽、度九山”的方略，大获成功。古时的千河，“灌出不流”，“河水淤积或被堤坝塞”。开岍、荆山，使岍山和黄河道路畅通，有此能力和智慧者，非禹莫属。

子承父业治水，完成未竟之功，鲧禹父子功莫大焉。老百姓在千河马家河畔建鲧亭，十里八方的人们纪念治水英雄。大禹祭祀其父鲧，是报本追源，元至正八年（1348 年）建鲧亭祠，是禹迹文化的传承和治水精神的弘扬。

（2）老龙潭的传说。温溪在陇县西北的温水沟境内，亦名温水河，或简称温河，源出老龙潭，距县城 7.5 千米。溪水向东，流经温水沟，在温水店子村以东注入汭河，全长 4 千米。老龙潭下石峡内有一小水潭，人称老龙潭，深不知底，溪水自潭内石隙迸出，清波翻滚如涌沸，《州志》中所谓温泉溪流或成汤池，殆指此，由此可见，老龙潭因由此龙潭溪流而形成。

（3）晾经寺的传说。在冯家山水库北岸千阳、凤翔交界处的五里坡，有一座寺院叫晾经寺。相传古时千阳是一片内海，当地有传说，现在的冯家山水库库区就是小说《西游记》中所说的通天河。唐僧取经途经千阳，只见河水茫茫，无法通过。这时一只海龟游到岸边愿渡其过河。这海龟在通天河上为过往行人摆渡已经 1300 年了。它将唐僧一行驮入河中，对唐僧说：“你去西天取经在佛祖面前帮我淘个口风，看我啥时能够脱掉龟身，换上人形。”唐僧答应一定代劳，当下师徒过了通天河。

且说唐僧一行过了通天河，越过九妖十八洞，涉足四十里稀屎滩，进入陇县八渡梨林川，到了陇县高楼高老庄，八戒招亲在那里耽搁了不少时间，然后经香泉、赤沙，沿渭河畔西行……

历经三年六个月，唐僧一行取得真经，原路返回。忽一日又来到通天河上，海龟仍为他们摆渡，行至河心，海龟问起所托之事，唐僧这才慌了，自那日答应海龟托付的事情，西行途上不尽灾难痛苦，得到真经之后，又急着返回，将海龟托付的事情忘了个一干二净，事已至此，只得实言对海龟相告。海龟听了唐僧的话勃然大怒，倏地往下一沉，便将唐僧一行连人带马丢入水中。紧急关头，孙悟空一棒将海龟赶走，把唐僧救出水面，八戒举起九齿银耙将冯家山扒开了一条口子放掉积水，沙僧收拾经卷行李，四人一同来到北岸的一处干土台上晾经，经卷快干的时候，突然一阵妖风刮来，经卷全被妖风刮走。后世人为了纪念此事，在晾经的土台上建了寺院，起名叫“晾经寺”。

（4）九妖十八洞的传说。话说唐僧师徒西天取经，这一日来到千河边，刚要过河，忽见河水“哗啦”一下猛涨。晴天大白日，平白无故，河水猛涨，这就是怪事。孙悟空忙用手搭凉棚一瞧，嘿！方圆四五十里光秃秃的，既没人家，又不见牛羊。再往上瞅，只见高山大岭上，卷起一疙瘩黑云。一眨眼，黑云散开来，把天遮得严严的，还刮起了大风。风冷得出奇，当下冻得唐僧直打颤。一看河面，早结了冰。猪八戒用钉耙在冰上刨了几下纹丝不动。忙向师傅说："这瘩留不得，快走吧。"正要过冰桥，就听头顶"喳啦"一响。孙悟空灵透，赶紧拦住白马，说："师傅留心，有妖怪哩。"话没落点，就见北边山腰里露出十八个石洞。洞门一打开，从里头冲出九个豹头虎眼、青面獠牙的家伙。他们后头跟着一伙妖兵，个个缺鼻子少眼，要多丑有多丑。

这一伙妖怪吵嚷着，朝唐僧扑来，喊着叫着要吃他的肉哩。唐僧一听，早吓昏了。孙悟空忙叫沙和尚看住师父，猪八戒守好行李马匹。他自个儿冲上去，抡开金箍棒，挡住妖兵，杀了半天杀不退，眼看妖怪离师父近了。孙悟空急了，忙在屁股上拔下一撮毛，用口一吹，说声"变"，当下出来上千个小孙悟空，朝妖怪乱打一气。眨眼工夫把妖怪都收拾了。唐僧醒来，睁眼一看，满地死人，血流成河，忙把两手一合，眼睛一闭，说："罪过，罪过！"孙悟空气爆咧："师父，这都是妖怪！要不是我把他们打死，早把你吃了。"唐僧说："明明是人，怎么是妖？"孙悟空朝地下吹了一口，当下满地死妖怪变成了狼虫虎豹。唐僧还有点不信。孙悟空一个跟头翻到十八洞里，救出一伙被妖怪抢去糟蹋了的妇女，领到他面前，这才信了。

妖怪一除，河里的冰消了，水也退了。师徒几人忙过了河，一直朝西去了。只有十八个石洞，至今还在那里。人们把那地盘叫作妖崖，就在如今冯家山水库渔场北边。

（5）早种晚收田的传说。相传，秦穆公当年和东周交战大败后，带兵逃上黄梅山，人困马乏，当下又没一口吃的，眼看要饿死。咋办哩？文武大臣中有人提议，在这里开荒种粮，如能出来青苗，就可充饥。秦穆公觉得这是个长久的法儿，就命兵士一起开荒种地。秦穆公也开了一小片地，撒上种子，一眨眼，地里出了青苗，到晚上就长大成熟了。秦穆公和大臣们高兴极了，有了这块地，兵士才没饿着，穆公就封它为宝地。后来，人称早种晚收田。后人在此宝地上修了佛殿，据说就是如今冯家山北边的黄梅山青崖寺大殿。

（6）石羊庙的故事。公元前 221 年秦始皇统一六国后，"巡陇西、北地，出鸡头山，过回中"，此次西巡，陇县、千阳、陈仓是必经之地。《太平广记》载："始皇帝过陇州，汧源县有土羊庙，昔始皇开御道，见两白羊斗，遣使逐之，至此化为土堆，使者惊而回。秦始皇乃幸其所，见二人拜于路隅。始皇问之，答曰：臣非人，乃土羊之神也。以君至此，故来相谒。言方讫而灭，始皇遂令立庙，至今祭享不绝。"始皇经过的土羊庙是石羊庙的前身，这里有 2000 多年前秦始皇西巡的行迹。

陈仓区千河镇李家崖村的石羊庙，1140 多年前的北宋时期就有记载。传说中有一对羊，护佑百姓。有一天两只羊偶然间听到有恶神降灾难于人间，危害众生灵。得到此信息后，其他知情者纷纷逃避。而这两只羊把这个消息泄露给人间，帮助人们拯救生灵。天机被泄露，恶神震怒，一只羊被恶神打伤，另一只奔驰人间，传讯给人们。人们感恩于羊，建庙以供奉。原石羊庙乡政府驻地有石羊庙和一座六角单檐攒尖顶亭，亭下安放着一个约一米高的石雕卧羊，这就是传说中拯救人类的神羊，石羊披红挂彩，被人们敬若神明。

清乾隆四十六年（1781 年），信众《重建石羊庙碑记》与佛经里的玉帝和圣母及徒弟亲戚进入石羊庙，以壮声威。清光绪七年（1881 年），所立石碑《圣母官地泉水灌田规式碑》记载着胡家庄、李家堡村民争夺圣母泉水灌溉土地一事，经时任宝鸡县令调处后的用水规章制度，以地方民规民约形式刻于石碑上。20 世纪 30 年代，黄河在河南决口，逃难的百姓及河南大学的学子辗转到石羊庙一带，石羊神庙曾给颠沛流离的学子们精神上的慰藉。

（7）“麻庵”名字的由来。麻庵乡地处甘肃省华亭市西南部，位于关山腹地深处，西接张家川回族自治县和庄浪县，南邻陕西省陇县。由于历史上人们有在深山躲灾避险的习惯，所以这里居民的籍贯、民族成份较为繁多。麻庵乡山大沟深，林密草茂，珍禽串山，大鲵戏溪。境内南有名刹古观长阳寺，北有三角城的古老木栈道，其间有国家级风景名胜区、国家 AAAA 级旅游景区莲花台，有秦皇祖辈牧马屯军碾粮的磨沟，有唐朝名将尉迟敬德炼铜的铜场沟，河里还有稀世珍宝国家二级保护动物秦岭细鳞鲑。几乎每一个地名都有一段神奇的传说，“麻庵”这一地名的由来也不外乎与一段神话传说有关。

相传唐代时，天水境内有一位美如天仙的绝色姑娘，当地的官吏见了想把她送进皇宫，献给皇帝当妃子，以取悦皇帝。谁知这位姑娘超凡脱俗，宁可在家吃糠咽菜，也不肯进宫坐享荣华富贵。在官吏把她送往京城的途中，这个姑娘在轿内悄悄抓破了自己的脸面，扯烂了衣裙，显得面目全非，丑陋异常。进宫后，皇帝急于赏美，侍从拉开轿帘，只见轿内坐着一位披头散发形如山姬的怪物。皇帝大怒，撤了选美官吏的职，命人放回这位姑娘。这位姑娘就沿古道行乞，一路来到一处山清水秀、鸟语花香的地方，在搭起的茅草屋里安身度日。因抓破的脸上起了一层麻斑，当地人们就称她为“麻姑”。不觉光阴荏苒，麻姑在这里野食泉饮十余年，脸上麻斑褪尽，俨然“沉鱼落雁，羞花闭月”之貌。这消息又传到了皇帝那里。唐王惊奇之余，要亲自乘轿去探看一番。唐王人马行至麻庵峡谷，因河水湍急，峡壁只有一条栈道，就下轿乘马而行。后来人们就把这唐王下轿之处叫作唐家河（陕西境内，与甘肃接壤的一个村子）。寻得那姑娘立于峰端，身披彩裙，手捧仙桃，飘飘然驾云而去。唐王暗暗称奇，口中不住地说：“此非凡人，乃仙女下凡啊！”

后来，人们就把麻姑仙女捧桃而去的峰台叫作“捧桃庵”（现叫葡萄庵），把她住过的茅草庵就叫“麻姑庵”，这峡也就叫麻庵峡了，后来简称“麻庵”了，现在麻庵乡的地名也是由此而来的。

二、何尊

何尊——3000 多年前出现“中国”词组。

（1）最早记录中国这一词组是在一铭文上。周成王五年（公元前 1038 年），西周开始大规模营建东都洛邑，《逸周书》记载：“掘方千七百二丈，郛方七七里，以为天下之大凑。”成周营建完毕后，派吕公前来祭祀。一位何姓的贵族制作盛酒器——尊，以底部铭文的形式记录了营建东都洛邑这件大事。3000 多年后的 20 世纪 50 年代，宝鸡县（今陈仓区）贾村镇，一位何姓的村民何光明及其父何彦，在村子的土场上挖出了一个筒形三段式，器身椭方形，腹微鼓，高圈足，有四道句状扉棱，饕餮纹、蕉叶纹和蛇纹的尊，这是此种文物出土的一种说法。1963 年 8 月，贾村一村民陈堆，在租住的民宅中的崖背上，意外出土了一种西周青铜器，这一惊世发现，揭开了沉睡 3000 多年的西周营建东都洛邑的历史细节。

何尊122字铭文

何 尊

铭文中的中国

何尊的制作者，在铭文上有着详尽的记述，“其文追随周文王治理西周，周成王赏赐何（大臣）贝30朋，用于制作尊以作纪念”。12行，122字记录了营建东都和中国一词组出处的前世今生，使“尊”成为“镇国之宝”。

（2）何尊为中国一词定名。何尊是何姓大臣家藏的盛酒器，也是一个祭祀专用物件。何尊采用浮雕手段，兽面球状凸差角翅器面，给人们以庄重肃穆之感觉，铭文中“唯王初壅宅与成周，周人追忆周武王所说，余其宅中‘或’，自之乂民”。宅兹中“或”的或，经文化和文物专家认定为“国”的最初形式，虽然那时中国与后来的中国意义不完全一致，但它作为一个组词，第一次出现，即为中国定了名。当时的东都洛邑，在地域上属秦岭山脉，周在东秦岭洛水之畔，出土的何尊在中秦岭北麓渭水右岸千水之滨。洛邑与千水相差近千里之遥，西周是周文化发迹之地，周武王定都洛邑“毋远天空”与天帝之都不远。西周动议迁都，开始营造周代的两京时代。

（3）何尊出土在历史上的矢国封地，在岐邑不远的千河下游。从千河源头出发，行程152千米，与渭河交汇10千米左右的千河干流下游，贾村镇贾村村陈家后院，1963年的秋雨连绵中崖坍塌，与世隔绝3000多年的何尊露出了真容，它不是第一个出土地，它的出土地在何处，人们不得而知。1975年全国新出土文物汇报展，何尊重见天日。

“唯王初堙（迁）宅于成周，复禀武王礼福自天。在四月丙戌，王诰宗小子于京室曰：“昔在尔考公氏，克逑（仇）文王，肆文王受兹大命。唯武王既克大邑商，则廷告于天，曰：‘余其宅兹中或（国），自之乂民。’呜呼，尔有唯小子亡识，视于公氏，有庸于天，彻命敬享哉！助王恭德欲天，临我不敏。”王咸诰，何赐贝卅朋，用作□公宝尊彝。唯王五祀。

铭文大意是：成王五年四月，周王开始在成周营建都城，对武王进行丰福之祭。周成王于丙戌日在京宫大室中对宗族小子何进行训诰，讲到何的先父公氏追随文王，文王受上天大命统治天下。武王灭商后则告祭于天，以此地作为天下的中心，统治民众。周成王赏赐何贝三十朋，何因此作尊，以作纪念。

铭文中的周王是周成王，这是一篇他训诫勉励的文告。记载了周成王营建洛邑建造都的重要历史事件，极具史料价值。

（4）宅兹中国，被当作天下的中心，铭文中的中国那时还不是后世政治或者文化上的中国，天下之中的意思是一个地理方位的概念，周人营造的新都洛阳，在中国古代一直被当作天下的中心。

何尊以实物证实，由此中国衍生出政治上、文化上的含义，最终形成了以华夏族为主，多民族统一国家的专有名词，而它的出土地在千河下游，使千河蒙上了一个神秘的光环。

三、石鼓——中华第一古物中的千河文化

石鼓在唐代出土于今陕西省宝鸡市凤翔区，后迁入凤翔孔庙，五代战乱，石鼓散于民间。唐代后几经周折，宋代终于收齐，放置于凤翔学府，现藏于故宫博物院。

唐贞观初年，陕西省凤翔府天兴县南，发现了十面鼓形石，上刻石鼓文。诗人杜甫、韦应物、韩愈为鼓吟诗作词，人们称它“陈仓十碣”。石鼓文是我国最早的石刻文字，它是记述了春秋时期秦国军猎祭奠活动的四言诗，共十首，分别刻在十面鼓形石头上，意在“刻石表功”，托物传远。那些斑驳的文字记述了秦始皇统一秦国前一段鲜为人知的历史。

历史石鼓文中《车工》篇、《田车》篇、《銮车》篇、《汧殹》篇、《霝雨》篇、《作原》篇、《吾水》篇、《而师》篇、《马荐》篇，用史诗般语言记述了秦国一段鲜为人知的历史。秦人以石为文，是秦人物质文化的产物，更是秦人精神文化的产物。秦人秦文化以独特的风姿、崭新的面貌开创了中国历史的新纪元。

石鼓文中反映千河流域的有《汧殹》篇、《霝雨》篇、《吾水》篇、《吴人》篇、《车工》篇等，它是最早记录河流文化、水文化的作品，开创了以石记事、以石刻记录水的历史篇章。

《汧殹》篇述：公元前762年来到千河与渭河交汇之，留下2600多年的《汧殹》篇，直译是千河上游和全流域的湖泊，河水丰沛、漫溢奔腾。河中生长着各种鱼类，有鲤鱼、鲶鱼、鲇鱼、草鱼……捕鱼的人们欢快中忙得大汗淋漓，什么鱼最多呢？是鲤鱼和鲶鱼，小鱼在齐沟深的水中，顷刻向四处游散，帛布的渔网是鱼鳞闪烁，竹编

《汧殹》

《霝雨》

的鱼罶里鲜鱼交错其间，这么多鱼怎么收拾呢？只有用柳条儿编织的箩筐用杨柳来串联。整个时段记述了秦国君主以及公卿大夫和一次规模不小的捕鱼活动。

《汧殹》今译大意如下：

汧河啊水流荡荡，注入那湖泊的地方。这是鰋鲤的家园公卿们的捕鱼场。浅水湾中有小鱼，群群翩翩游得欢。那边白鱼光闪闪，它们抢食很新鲜。黄白色的是鲂鱼，有鲂鱼还有鲌鱼。它们影子多又多。饲之发出“史史”声，活蹦乱跳把食争。不知那是什么鱼，原来是那鲢和鲤。鱼用什么来盛装，用杨柳枝编的筐。

《霝雨》篇述：秦公及随从在渡千水时，遇上一场大雨，河水涨溢，水漫河堤。河水中充满了冲刷出的污物。人马渡河，有的涉水，有的乘船，舫船人从渭河自西向东行驶千河，人们感叹天气忽阴忽阳，变化无常。在雨中渡河，终于到对岸。《霝雨》篇记述了秦国军队远征后返回秦国，遇河水暴涨、泛溢，经过千辛万苦回故乡。歌颂了秦人坚韧不拔的意志和忠于国家的信念。

《霝雨》今译大意如下：

癸日，电闪雷鸣雨（滂沱）。洪流滚滚波涛涌，人马鼎沸待渡河。将官率先把河渡，人马奔流随其后。汧河啊汹涌澎湃，萋萋（水草任漂流），方舟匆匆驶彼岸，（我们）来自之鄜乡，随从人马多浩荡，乘船而行向前方。

舟行汧河两岸间，及至深处划双桨。勇士到达河对岸，没有（犹豫和）徜徉，（君王下令把）路修，路况高低平整齐。清理道路我负责，去除（杂草和乱泥）沿着山坡（和野地），清理道路三十里。（条条大路向）远方，纵横交错如渔网。

（道路两旁把）栗种，柞树棫树（皆挺拔）。棕树乌柏红彤彤，风吹阔叶声沙沙，树木成荫景色美，适合出行去游玩，两天道路皆修好，五日就把树（栽完）。

《吾水》篇述：“吾水既净，吾道既平，吾口即止，嘉树则里，天子永宁，”表现了秦国国势太平，安宁强盛，河水干净，道路平整，好树很多（表示自然环境优美），可使东周天子得以永久安宁。人们生活安宁，军队兵强将广，装备精良，国家强大，安宁信用。

《吴人》篇：讲述了掌管山泽林花禽兽官员，有怜爱之心，敬之。

从石鼓文中最早描述千河流域的诗，可以看出千河流域水量充沛，鱼类资源丰盈，见证了秦国发展过程中国富民强、生态良好、社会安宁的历史过程。

四、桥镇瓦

龙山文化遗址——把华夏用瓦的历史追溯到 4000 年前。

2009 年，第三次全国文物普查中，陕西省陈仓区桥镇遗址中发现新石器龙山时期的陶瓦，把用瓦历史提前了 1000 年。陶瓦的颜色为红色，上刻有线条状的蓝纹，被称为“红陶蓝纹筒瓦”，是我国迄今发现最早的建筑陶瓦，距今有四五千年。

我国最早发现砖瓦，是在 3000 年前西周早期的周原地区，在桥镇村遗址中发现的龙山文化时期的筒瓦、板瓦和槽型瓦，经专家判定，可追溯到 4000 多年前，把我国用瓦的历史整整提前了 1000 年，堪称“华夏第一瓦”。

2009 年 9 月 26 日（阴历八月初八），第三次文物普查时，李伸田、杨水田、李亚龙等普查人员在千河西岸的桥镇村一处断崖上发现了一块龙山时期的重要遗址。这一遗址位于桥镇村东北约 10 米处的台塬上，地势西高东低呈阶梯状，南北长 500 米，东西宽约 300 米，面积 150000 平方米。从遗址南部的断崖上观察，暴露的文化层十分明显，其长约 10 米，厚 0.7 米，深 0.7 米，土质较硬，呈紫红色，灰坑、陶窑、房址明显地悬挂在崖体的断面上。普查人员发现一片保存较好的泥质红陶蓝纹筒瓦，其残长 26 厘米，直径 12 厘米，壁厚 1.2 厘米。在两处半地穴式房址中还采集到板瓦、筒瓦、槽形瓦残片。陶瓦是新石器时代龙山时期的泥质红陶，夹砂红褐蓝纹斝、罐等文物共出。陕西省市文物专家判定，这些瓦片的历史可追溯到 4000 年前，是我国迄今发现最早的建筑陶瓦。

瓦是我国传统的覆盖屋顶的陶制建筑材料，从目前已有的考古资料看，多发现于春秋战国时期的遗址中。陕西宝鸡市陈仓区桥镇村发现的龙山文化时期的筒瓦，不仅是陕西文物普查的重大收获，也是全国一个重大考古发现，把我国用瓦的历史向前提升了 1000 年，为研究龙山文化和千河水文化提供了极为重要的实物资料。

桥镇遗址是我国第七批重点文物保护单位，国务院 2013 年 3 月 15 日公布。

桥镇遗址保护范围及建设控制地带，时期：新石器时代，西周。A 区：东至桥镇嘴头，西南距村五组 10 米，南至冲沟，北至桥镇沟，南北长约 500 米，东西宽约 300 米。B 区：A 区四面外延 100 米。

4000 年前的陶瓦的形状与现在的筒形陶瓦在外观上并无太大的差别，4000 年前宝鸡先民制作的精美的早期陶瓦并保护屋面，人们可以不再使用茅草铺的屋面。战国时期的遗址中，陶瓦形状多为半筒形，前端有凹凸的瓦舌，个别筒瓦有瓦钉孔，器表饰较常见的绳纹，器内除表面外，往往有麻点纹、斜格纹、菱形纹等纹饰，两侧有切割痕迹，舌部经陶轮旋转。筒瓦为阳瓦，覆盖屋顶时，舌端有时相互叠扣，它与板瓦、瓦当相配，用于宫殿及其他重要建筑物上。从早期茅草屋顶到后来屋顶铺设陶瓦，见证了我国历史文明和陶瓦制作工艺的发展过程及成就。陶瓦不只是用来遮风挡雨的建筑工具，更起到装饰作用和其他功能。

桥镇村“龙山筒瓦”的出现，证明了宝鸡就是中国瓦的发明地。现存在宝鸡市考古研究所的筒瓦，见证了宝鸡桥镇“瓦”的历史辉煌。

五、祭祀

（一）祭天的最高形式

祭祀作为华夏民族文化的载体之一，表达了人们对天地万物的感恩之情。《史记·封禅书》载：秦灵公作吴承上畤，祭炎帝，祭黄帝。吴即吴山，海拔 2748 米，即今甘肃省华亭市五台山，黄帝时称吴山，首建五畤以祭天神，唐尧时称岳山，为四岳部落所在地。殷代称虞山，为虞国所在地。其“虞”本字为吴，如甲骨文、金文，均将虞写作吴，周代称吴岳。

吴阳即五台山之阳的莲花台。莲花台四面高耸的山峦形成了凹地，潺潺溪水从悬崖流去。符合古代帝王四周山高、中间山低、大泽之中的建畤条件。公元前 220 年，秦始皇统一中国的第二年，秦始皇建五畤，即鄜畤、密畤、上畤、下畤、北畤，以告谢五帝神灵，保佑统一大业。

《史记 · 始皇本纪》记载：秦始皇于二十七年巡陇西、北地、出鸡头山，过回中。秦始皇这次西巡祭祀，是经北地西至陇山后，再沿陇山东麓下入朝那县（今宁夏隆德东南部及泾源全境，华亭市西南部），踏入历史上有名的“鸡头道”，进入古汧县境（今华亭市山寨乡红崖山），沿水到今华亭市马峡镇车场沟（古遗址），登陇山主峰“吴山”（今华亭五台山），翻山至西侧沿南麓下至莲花台“上、下畤”祭祀炎、黄二帝及其先祖的。

汉武帝把“畤”的祭祀活动推向高峰，改祭祀活动为一年一次。为了方便庞大的祭祀队伍的住行，于元封四年（前 107 年）在秦御道的基础上又扩修成了“回中道”，又在元封六年（前 105 年）修了“首山宫”，恢复了文帝十四年被匈奴烧掉的秦回中宫，以做行宫。

唐王朝建立后，李渊不仅恢复祭祀，而且恢复了封禅。到武则天时期，达到了登峰造极的程度。唐玄宗于天宝五年（746 年）又封西镇吴山为“得成公”，并派大理寺少卿李稹代他去祭祀。安史之乱平息后，唐肃宗李亨未等回到长安就在凤翔行宫加封吴山为“吴岳”。

（二）祭祀山水的最高形式

《史记 · 封禅书》载：“天子祭天下名山大川，五岳视三公，四渎视诸侯，诸侯祭其江内名山大川。”由政府组织祭祀活动，是山水崇拜的最高形式。

六盘山是陕甘宁区域的一座大山名川，第一峰是米岗山，第二峰是小六盘山，第三峰是桃木山，第四峰是五台山（吴山），四峰并峙。形成了泾水北源、泾水南源、汭水之源和千水之源，四水出焉。千水发源于今华亭五台山南麓，四水汇合成千水源。在华亭市上官乡石嘴梁入千河干流。当年秦始皇“巡陇西北地，出鸡头山，过回中”进入古汧县境内，沿汭河进入马峡乡。祭陇山主峰吴山，从华亭五台山翻山至西侧南麓至莲花台，祭炎、黄二帝的祖先。秦始皇祭上畤、下畤，吴山（莲花台）是必经之地。秦始皇是进入千河流域的第一位帝王，也是考察千河流域的第一人，更是祭祀名山大川的最高形式。本应由地方长管祭江河大事的是由最高行政长官来作，足见秦始皇对千河流域山川的高度重视。

（三）金石研究的重要资料

莲花台现存石碑 21 通，至今字迹清晰的是唐元和十二年（817 年）的石碑，其他多为清康熙、雍正、乾隆的石碑，这些丰富的金石资源为研究古畤和祭天的提供了丰富的素材。

六、祈雨

（一）官方组织的祈雨

祈雨作为一种历史现象，在中国存在了几千年。在当时这是一种国家行为，是一种水崇拜。近代官方祈雨已成为历史，但在一些地方，民间祈雨仍时有出现。当然，大多数人们已知道降雨不是神灵能掌控，这是一种最为普通的自然现象。祈雨作为一种历史文化，特别是水文化，其中所包含宗教、民俗、官吏制度等多个方面。

1. 陈文谟祈雨

陇县八渡镇桃园村青阳峡，一通刻有“建修青石崖万峰寺龙王庙祈雨碑记”的石碑竖立在万峰寺庙院里。这通古碑记述了陇州千阳县令陈文谟青石崖祈雨之事，碑文清乾隆四十四年（1779年）夏汧邑抗旱，陈县令请教长者，在千阳县城内二郎庙、城隍庙各处行香祈祷，查访四乡后得知均未下雨，遂设坛恭祷祈，祈祷20余日仍无雨，心更焦急。闻说陇州青石崖神湫灵应，于是陈县令斋戒沐浴更衣洁身，并于五月三十日在二郎、城隍二殿设坛，六月初一率一众地方官员前往青石崖祈祷，六月初二命士庶上洞持湫瓶取湫无水，众焚香跪祷祈，水自石中浸出，灌满湫瓶置佛殿后二神池边，汧去取湫士庶皆喜，奔走相告，说这是神赐灵秋。六月初三，陈县令率领取湫一众返回，四郊下雨三昼夜，旱象解除。至此，汧邑士康诚格感激湫神灵验，遂在此修建龙王庙一座，以呈报神庥。

2. 张利溥祈雨

陇县药王洞庙院门口矗立的一通《灵湫广济》石碑，碑记“道光元年孟冬月谷旦阖州客商士民人等公立”，记述了陇州地方官员吴山取灵湫祈雨之事。吴山距陇州不远，周边群众祈雨历来在此，在吴山的悬崖上刻有“西镇龙湫”“云根雨脉”，此山高耸易生云而致雨。灵应峰在镇西峰之右，峰下有池，据传有灵应官，每逢大旱之年，乡民在此祈雨非常灵验，因而得名。代民祈雨的张用翰咏吴山诗句：“吴山高接九重天，万顷烟霞锁翠巅。灵气出云常欲雨，秀峰凌汉每逢仙。鹤归松下笼寒玉，水过石边响夜弦。陪祀竭诚遵圣命，愿祈渥泽苏民田。”表达祈雨后的心情。

清道光元年（1821年），陇州数旬不雨，禾苗枯萎，土地干裂，粮价上涨。陇州州官张利溥心急如焚，派人去吴山求取灵湫。张州官率官员步行郊外迎取灵湫，供奉于城隍庙中，发僧道跪奉诵经并逐日更换果品、菜肴等供品，每天早中晚三时率衙署官员祈祷求雨，还要社火助兴。虽如此虔诚，但还是长久不下雨。碑文载：“我牧伯张公，求雨之诚感动上天。”雨终于来了。张州官率众祈雨，有官员，有民众，还有僧道，社会诸方参与。

（二）民间祈雨

1. 蛟龙堡祈雨

蛟龙堡，位于陇县县城东南20余里的东风镇麋家河村南。地处千河谷地的三级台塬地段，与西边的蚂蚱塬，东边的鳌塬、普乐塬在同一高程，属于关山山脉的延伸地带。这里三山聚首，二水环绕，林木葱郁。

蛟龙堡山奇水更秀，堡子下的溪流水量充沛，清澈见底，川道大田里的人们都在紧张地抗旱浇地，但在蛟龙堡下的河道里、水草地、林荫下，却凉意阵阵，十分舒适爽快。当地人说，蛟龙堡的泉水很神奇，不管天怎么旱，泉水始终水量不减。三伏天里，附近庄户人组成祈雨队，会首组织族人或村民求雨。求雨时，肩扛龙王轿，头戴柳条帽圈，个个赤足裸背，几个身强力壮的小伙子抬着关圣帝君偶像，在求雨队伍的簇拥下，赶到蛟龙堡下的龙王庙前求神祈雨。求雨的人呼啦在庙堂前跪一大片，大家作揖磕头，祈祷声此起彼伏，口号参差不齐。有的人喊：“老天爷啊！下雨吧！”有的说：“水龙王，下雨吧！”还有人喊：

“神佛保佑一方平安，下雨吧！”巧合的是，不知道是神佛灵验还是天气偶合，队伍求雨过后，还真出现过电闪雷鸣、大雨滂沱的现象，解除旱情。

2. 杨家滩祈雨

杨家滩村隶属八渡镇，是陇县最南的一个村庄。在八渡镇桃园村杨家滩北约 80 米的八渡河二级阶地上，坐落着玉皇宫和汧神庙，庙前清乾隆五十五年（1790 年）《玉皇宫碑记》和嘉庆十六年（1811 年）《建修汧袖庙宇碑记》，两通碑记记载了凤翔府南原里杨家滩，修建“玉皇宫”和“汧神庙”，大旱之年祈雨求神，感激神恩。

持续干旱之际，杨家滩的民众商议凑粮筹款求雨，决定由族长组织村民求雨，其仪式庄重而神秘。湫者身披蓑衣，肩扛龙王轿、葫芦一样的湫瓶，个个上身光膀赤裸，几个身强力壮的小伙子抬着关圣帝君偶像，在求雨队伍的簇拥下，赶到村北的汧神庙前求神祈雨，几位族人备了香烛、供品来到汧神庙跪拜。庙周遍插祈雨旗幡，唢呐高亢，鞭炮齐放，锣鼓喧天，香烟缭绕，场面庄严肃穆。会首还请来道士，铺设道场诵经，族人还要起了社火。求雨的人呼啦在汧神庙前跪下一大片，大家作揖磕头，祈祷声此起彼伏。“求老天垂怜，甘霖滴雨清凉舒心！”有的说：“衷心祈求老天降雨！”还有人喊：“玉皇保佑平安，下雨吧！”在众人的喧嚣声中，取湫者前往村北十几里许的青石崖石窟溶洞佛殿后二神池灌满湫瓶，并将湫瓶迎回，放置在汧神庙湫神神像前，以示敬神。祈雨仪式结束后，不知是神仙灵验还是天气偶合，出现了电闪雷鸣、大雨滂沱，解除旱情，人们感恩神灵，为此修建了玉皇宫。

3. 伐马角祈雨

千陇地区各地都有不同的神庙，也有各不相同的神。不论庙里供奉何方神灵，但凡举办庙会，都要请来戏班唱几天大戏，并敬神祈福消灾避难。

“祈雨”首先必须敬神，意在请神带领乡民与天沟通，表达凡间祈雨诉求。神像的神坛上摆放好高约五尺的“神亭子”，里面供着神的牌位，上面缠绕着小碗口粗、丈余长的麻鞭，并挂一个瓷瓶，旁边摆一个叫作“五雷碗”的大瓷碗。在盛满粮食的升子（盛装粮食的工具）里，插一根尺把长的银签，叫作“锥”。“锥”的一端系着红色绸布条，另一端则十分尖锐锋利。此外，诸如蜡台、香表、点心、鲜果、猪头等贡品。敬神时辰一到，由主持庙会事务的“会长”指挥，参与祈雨的男人在神坛下齐刷刷跪着，大家毕恭毕敬地上香烧纸，磕头礼拜。此时，唢呐高奏、鞭炮齐放，锣鼓震天，香烟缭绕，十分庄严肃穆。

敬神的下一个环节是“伐马脚”。所谓“马脚”，就是打头阵的“祈雨”神汉。“伐马角”就是让充当“马脚”的人进入“神”的角色的过程，成为活化的“神”。只见充当“马脚”的壮汉赤裸上身，赤足而立，双目微闭，身体抖动。忽然，他猛喝一声，仰面倒地。人们急忙将庙旗盖在“马脚”身上，然后不断击鼓，约几分钟后，“马脚”突然一跃而起如痴如醉，口中念念有词，接着就“带”起“锥”来，即把“锥”锋利的一端插入嘴角，然后一手擎起“神亭子”上缠绕的麻鞭一手端起“五雷碗”，意味着神已附体。

“马脚”在前开道，一路赤足小跑，挥舞着麻鞭不停地上下左右击打路面，据说是驱赶挡道的妖魔鬼怪，保障“祈雨”畅通无阻。紧随其后的仪仗队里，两人打着庙旗，两人抬着“神亭子”，数人端着蜡台贡品。参与“祈雨”的人群，头上都戴着柳条帽，神色庄重，神态虔诚，列队疾走，不可喧哗。吹鼓手吹着唢呐，敲着锣鼓，浩浩荡荡，颇有声势。

对“湫”三跪九拜，烧香焚纸，敬献贡品。“会长”代表乡民对天祷告，祈求老天爷以一方苍生生计为念，广开天恩，惠降甘霖。“马脚”则放下麻鞭，在旁默默念叨。之后，拿起麻鞭做出要走的样子，表示“天神爷”已经答应了凡间子民“祈雨”的要求。此时，“会长”连忙拿下“神亭子”上挂的瓷瓶，盛满“湫”水。这就意味着雨已取到，“祈雨”队伍随即原路而返。回到庙中，人们把象征取来雨水的瓷瓶置于神坛上供奉起来。到此，整个“祈雨”活动结束。

“祈雨”仪式以诚感天，求得风调雨顺，实现五谷丰登。这对靠天吃饭的千陇老百姓来说，无疑是一种希望，一个寄托，一种安慰，其意堪解，其诚堪嘉，其情堪感！

第三节　水文化作品

一、诗词歌赋

（一）诗词

1. 先秦至唐代

石鼓诗（汧殹篇）

汧殹沔沔，丞皮淖渊。
鰋鲤处之，君子渔之。
澫又小鱼，其斿散散。
帛鱼鱳鱳，其盗氏鲜。
黄帛其鳊，又鲂又鲌。
其朙孔庶，臠之㲋㲋。
汪汪搏搏，其鱼隹可。
隹鱮隹鲤，可以橐之。
隹杨及柳。

石鼓诗（霝雨篇）

□□□癸，霝雨□□。
流迄滂滂，盈湈济济。
君子既涉，涉马□流。
汧殹洎洎，萋萋□□。
舫舟囱逮，□□自□。
徒驭汤□，隹舟已衎。

或阴或阳，极深昌□。
□于水一方，勿□□止。
其奔其敌，□□其事。

胡笳十八拍

蔡文姬

冰霜凛凛兮身苦寒，饥对肉酪兮不能餐。
夜间陇水兮声呜咽，朝见长城兮路杳漫。

蔡文姬（生卒年不详），名琰，字文姬（一说字昭姬）。陈留郡圉县人，东汉末年女性文学家，文学家蔡邕之女。

西都赋

班固

汉之西都，在于雍州，实曰长安。左据函谷、二崤之阻，表以太华、终南之山。右界褒斜、陇首之险，带以洪河、泾、渭之川。众流之隈，汧涌其西。

班固（32—92 年），字孟坚，扶风安陵（今陕西省咸阳市东北）人。东汉大臣、史学家、文学家，与司马迁并称“班马”。

陇头水

萧绎

衔悲别陇头，关路漫悠悠。故乡迷远近，征人分去留。
沙飞晓成幕，海气旦如楼。欲识秦川处，陇水向东流。

梁元帝萧绎（508—555 年），字世诚，小字七符，号金楼子，南兰陵那兰陵县人。南朝梁第四位皇帝、文学家、画家，梁武帝萧衍第七子，母为阮令嬴。

陇头水

徐陵

别涂耸千仞，离川悬百丈。攒荆夏不通，积雪冬难上。
枝交陇底暗，石碍波前响。回首咸阳中，唯言梦时往。

徐陵（507—583 年），字孝穆，东海郡郯县（今山东省郯城县）人。南朝梁代诗人徐摛之子，南朝梁、陈期大臣、诗人。

关山篇

王褒

从军出陇坂，驱马度关山。关山恒掩蔼，高峰白云外。
遥望秦川水，千里长如带。好勇自秦中，意气多豪雄。
少年便习战，十四昂从戎。辽水深难渡，榆关断未通。

王褒（约 513—576 年），字子渊，琅琊临沂（今山东省临沂市）人，中国南北朝时期北周诗人、文学家。

陇头水

刘孝威

从军戍陇头，陇水带沙流。
时观胡骑饮，常为汉国羞。
衅妻成两剑，杀子祀双钩。
顿取楼兰颈，就解郅支裘。
勿令如李广，功遂不封侯。

刘孝威（？—548 年），南朝梁诗人、骈文家。名不详，字孝威。彭城（今江苏省徐州市）人，出生官宦之家，齐大司马从事中郎刘绘之子、刘孝绰第六弟。

陇头水

车鄵

陇头征人别，陇水流声咽。
只为识君恩，甘心从苦节。
云冻弓弦断，风鼓旗竿折。
独有孤雄剑，龙泉字不灭。

陇头水

陈叔宝

塞外飞蓬征，陇头流水鸣。
漠处扬沙暗，波中燥叶轻。
地风冰易厚，寒深溜转清。
登山一回顾，幽咽动边情。

陈叔宝（553—604 年），字元秀，小字黄奴，吴兴长城（今浙江省长兴县东）人，陈宣帝陈顼与皇后柳敬言之子，南北朝时期陈朝最后一位皇帝。

陇头送征客

周弘正

朝霜侵汉草，流沙渡龙飞。
一闻流水曲，行住两沾衣。

周弘正（496—574 年），字思行，汝南郡安成县（今河南省汝南县）人。南朝梁陈时期大臣，司徒祭酒周宝始之子。

陇头水

顾野王

陇坻望秦川，诏递隔风烟。
萧条落野树，幽咽响流泉。
瀚海波难息，交河冰未坚。
宁知盖山水，逐节赴危弦。

顾野王（519—581 年），原名顾体伦，字希冯，吴郡吴县（今江苏省苏州市）人。南朝梁陈间官员、著名地理学家、文字训诂学家、史学家。

陇头水

江总

陇头万里外，天崖四面绝。
人将蓬共转，水与啼俱咽。
惊湍自涌沸，古树多摧折。
传闻博望侯，苦辛提汉节。

江总（519—594 年），字总持，祖籍济阳郡考城县，南朝陈大臣、文学家、诗人。

陇头水

谢燮

陇阪望咸阳，征人惨思肠。
咽流喧断岸，游沫聚飞梁。
凫分敛冰彩，虹饮照旗光。
试听铙歌曲，唯吟君马黄。

谢燮（525—589 年），出生于建康（今南京市），南朝陈文学家，代表作品《早梅》。

陇头水二首

张正见

（其一）

陇头流水急，流急行难渡。远入隗嚣营，傍侵酒泉路。
心交赐宝刀，小妇成纨绔。欲知别家久，戎衣今已故。

（其二）

陇头鸣四注，征人逐贰师。羌笛含流咽，胡筛杂水悲。
湍高飞转驶，涧浅荡还迟。前旌去不见，上路杳无期。

张正见（？—582 年前），字见赜，清河东武城人。怀方太守张修礼之子，渤海长乐二那太守张益之之孙。中国南朝陈诗人、官员。

横吹曲辞·陇头水

卢照邻

陇坂高无极，征人一望乡。关河别去水，沙塞断归肠。

马系千年树，旌悬九月霜。从来共呜咽，皆是为勤王。

卢照邻（生卒年不详，具体可参看人物争议目录），字升之，自号幽忧子，幽州范阳（今河北省涿州市）人，唐代文学家、诗人。

横吹曲辞·陇头水

王建

陇水何年陇头别，不在山中亦呜咽。

征人塞耳马不行，未到陇头闻水声。

谓是西流入蒲海，还闻北海绕龙城。

陇东陇西多屈曲，野麋饮水长簇簇。

胡兵夜回水傍住，忆著来时磨剑处。

向前无井复无泉，放马回看陇头树。

王建（765—830年），字仲初，许州颍川（今河南省许昌市）人，唐代大臣、诗人。

横吹曲辞·陇头水

于濆

借问陇头水，终年恨何事。深疑呜咽声，中有征人泪。

昨日上山下，达曙不能寐。何处接长波，东流入清渭。

于濆（生卒年不详），字子漪，自号逸诗，京兆（今陕西省西安市）人，中国唐代诗人。

横吹曲辞·陇头水二首

皎然

陇头心欲绝，陇水不堪闻。

碎影摇枪垒，寒声咽帐军。

素从盐海积，绿带柳城分。

日落天边望，逶迤入塞云。

皎然（730—799年），字清昼，本姓谢，为南朝宋谢灵运十世孙，湖州（今浙江省湖州市）人。

横吹曲辞·陇头水

罗隐

借问陇头水，年年恨何事。全疑呜咽声，中有征人泪。

自古无长策，况我非深智。何计谢潺湲，一宵空不寐。

罗隐（833—909 年），本名横，字昭谏，自号江东生，杭州新城（今浙江省杭州市富阳区新登镇）人，唐代文学家、诗人、辞赋家。

陇山

骆宾王

陇坂高无极，征人一望乡。关河别去永，沙塞断归肠。

马系千年树，旌悬九月霜。从来共呜咽，皆是为勤王。

骆宾王（约 640—684 年），字观光，又称骆临海，婺州义乌人，中国唐代官员、文学家、诗人。

清明日登张女郎神庙

苏癿

汧水北，陇山东，汉家神女庙其中。

寒食尽，清明旦，远近香车来不断。

飞泉直注潆道间，大岫横遮隐天半。

花正新，草复绿，黄莺现见千木。

汧流括，古树攒，陇坂高布云族。

水清灵，竹蒙密，无匣仙潭难延碧。

谈楼阁，人画成，翠岭山花天绣出。

尘冥寞，马盘桓，争奔陌上声散散。

公子王孙一队队，管弦歌舞几般般。

酌醴酹，补锦筵，罗帏翠幕奄灵泉。

是日淹留不觉寐，归来明月满秦川。

苏癿，生平无考。一说约为玄宗前后人。敦煌遗书伯三六一九收录苏癿诗作 2 首，《全唐诗续拾》据之收入。

陇头水

沈佺期

陇山飞落叶，陇雁度寒天。愁见三秋水，分为两地泉。

西流入羌族，东下向秦川。征客重回首，肝肠空自怜。

沈佺期（约 656—715 年），字云卿，相州内黄（今安阳市内黄县）人，唐代诗人。

陇头水

杨师道

陇头秋月明，陇水带关城。

笳添离别曲，风送断肠声。

映雪峰犹暗，乘冰马屡惊。
雾中寒雁至，沙上转蓬轻。
天山传羽檄，汉地急征兵。
阵开都护道，剑聚伏波营。
于兹觉无渡，方共濯胡缨。

杨师道（？—647 年），字景猷，弘农华阴（今陕西省华阴市）人。唐朝时期宰相，隋朝观德王杨雄幼子、中书令杨恭仁之弟。

自君之出矣

雍裕之

自君之出矣，宝镜为谁明。
思君如陇水，长闻呜咽声。

雍裕之（约 813 年前后在世），字号、生平、生卒年均不详，蜀人。

悲善才

李绅

紫髯供奉前屈膝，尽弹妙曲当春日。
寒泉注射陇水开，胡雁翻飞向天没。

李绅（772—846 年），字公垂。祖籍亳州谯县（今安徽省亳州市），后徙家润州无锡，乌程令李晤之子。中国唐代诗人、宰相。

秋浦歌·秋浦猨夜愁

李白

秋浦猨夜愁，黄山堪白头。
清溪非陇水，翻作断肠流。
欲去不得去，薄游成久游。
何年是归日，雨泪下孤舟。

李白（701—762 年），字太白，号青莲居士，祖籍陇西成纪（今甘肃省秦安县），出生于蜀郡绵州昌隆县（一说出生于西域碎叶）。唐代伟大的浪漫主义诗人，凉武昭王李暠九世孙。

登垅

高适

垅头远行客，陇上分水流。流水无尽期，行人去无已。
浅才登一命，孤剑通万里。岂不思故乡，从未感知已。

高适（704—765 年），字达夫，渤海县（今河北省景县）人。安东都护高侃之孙，唐代中期名臣、边塞诗人。

经陇头分水

岑参

陇水何年有，潺湲遍路旁。

东西流不歇，曾断几人肠。

初过陇山途中呈宇文判官

岑参

一驿过一驿，驿骑如星流。平明发咸阳，暮及陇山头。

陇水不可听，鸣咽令人愁。沙尘扑马汗，雾露凝貂裘。

岑参（约 715—770 年），荆州江陵（今湖北省荆州市）人。与高适并称为“高岑”，世人也称“岑嘉州”。仙州、晋州刺史岑植之子。中国唐代诗人。

杂忆

杜甫

满目悲生事，因人作远游。迟回度陇怯，浩荡及关愁。

水落鱼龙夜，山空鸟鼠秋。西征问烽火，心折此淹留。

喜闻盗贼蕃寇总退口号五首

杜甫

萧关陇水入官军，青海黄河卷塞云。

北极转愁龙虎气，西戎休纵犬羊群。

杜甫（712—770 年），字子美，自号少陵野老，唐代伟大的现实主义诗人，祖籍襄阳（今属湖北省），自其曾祖时迁居巩县（今河南省巩义市西南）。

题汧阳阁

韦庄

汧水悠悠去似絣，远山如画翠眉横。

僧寻野渡归吴岳，雁带斜阳入渭城。

边静不收蕃帐马，地贫惟卖陇山鹦。

牧童何处吹羌笛，一曲梅花出塞声。

题汧阳马跑泉

韦庄

水满寒塘菊满篱，篱边无限彩禽飞。

西园夜雨红樱熟，南亩清风白稻肥。

草色自留闲客住，泉声如待主人归。

九霄岐路忙于火，背恋斜阳守钓矶。

韦庄（约 836—910 年），字端己，长安杜陵（今陕西省西安市东南）人，玄宗时宰相韦见素之后。中国唐末五代诗人、词人，五代时期前蜀宰相。

关山月

戴叔伦

月出照关山，秋风人未还。清光无远近，乡泪半书间。

一雁过连营，繁霜覆古城。胡笳在何处，半夜起边声。

戴叔伦（732—789 年），字幼公，一作次公，一说名融，字叔伦，润州金坛（今属江苏省常州市金坛区）人，唐代诗人。

观回军三韵

李益

行行上陇头，陇月暗悠悠。

万里将军没，回旌陇戍秋。

谁令呜咽水，重入故营流。

李益（746—829 年），字君虞，陇西狄道（今甘肃省临洮县）人，后迁河南洛阳，唐代诗人。

陇上行

张仲素

行到黄云陇，惟闻羌戎声。

不如山下水，犹得任东西。

张仲素（约 769—819 年），字绘之。河间（今属河北省）人。汝州刺史张贞曾孙，安南都护张应子，中国唐代诗人。

穷边词二首

姚合

将军作镇古汧洲，水腻山春节气柔。

清夜满城丝管散，行人不信是边头。

箭利弓调四镇兵，蕃人不敢近东行。

沿边千里浑无事，唯见平安火入城。

姚合（777—843 年），唐代著名诗人。陕州（今河南省三门峡市陕州区）人，宰相姚崇曾侄孙。

陇上独望

马戴

斜日挂边树，萧萧独望间。阴云藏汉垒，飞火照胡山。
陇首行人绝，河源夕鸟还。谁为立勋者，可惜宝刀闲。

马戴（约799—869年），字虞臣，海州东海（今江苏省连云港市）人，中国唐代诗人。

陇头吟

翁绶

陇水潺湲陇树黄，征人陇上尽思乡。
马嘶斜日朔风急，雁过寒云边思长。

翁绶（约877年前后在世），字里，生卒年均不详，约唐信宗乾符中前后在世。

过分水岭

许棠

陇山高共鸟行齐，瞰险盘空甚蹑梯。
山势奔腾时向背，水声呜咽若东西。
风兼雨气吹人面，石带冰凌碍马蹄。
此去秦川无别路，隔崖穷谷却难迷。

题汧湖

许棠

偶得湖中趣，都忘陇坻愁。边声风下偏，楚思浪移舟。
静极亭连寺，凉多岛近楼。吟游终不厌，还似曲江头。

许棠（822年—？），字文化，宣州泾县（今属安徽省泾县）人，中国唐代诗人。

2. 宋代至民国

陇东

王安石

陇东流水向东流，不肯相随过陇头。
祇有月明西海上，伴人征戍替人愁。

王安石（1021—1086年），字介甫，号半山，抚州临川人。中国北宋时期政治家、文学家、思想家、改革家。

双池

苏轼

汧流入城郭，亹亹渡千家。

不见双池水，长漂十里花。

书韩干《牧马图》

苏轼

南山之下，汧渭之间，想见开元天宝年。
八坊分屯隘秦川，四十万匹如云烟。

大老寺竹间阁子

苏轼

残花带叶暗，新笋出林香。但见竹阴绿，不知汧水黄。
树高倾陇鸟，池浚落河鲂。栽种良辛苦，孤僧瘦欲尪。

次韵子由除日见寄

苏轼

北池近所凿，中有汧水碧。
临池饮美酒，尚可消永日。

苏轼（1037—1101 年），字子瞻，又字和仲，号铁冠道人、东坡居士，世称苏东坡、苏仙、坡仙。眉州眉山人，祖籍河北栾城，北宋文学家，书法家、画家，历史治水名人。

子瞻喜雨亭北隋仁寿宫中怪石

苏辙

仁寿宫中穞谷生，太湖苍石草间横。
与衰换世身犹在，南北従人事已轻。
累石作台秋藓上，凿汧通水细渠清。
三年此亦非公有，空使他年记姓名。

苏辙（1039—1112 年），字子由，一字同叔，号东轩长老，晚号颍滨遗老。眉州眉山（今属四川省）人。北宋时期官员、文学家、思想家。

过汧河

张方平

岐南一舍过长汧，路近陈仓始入山。
三十三程桥栈外，平川始下鹿头关。

张方平（1007—1091 年），字安道，号乐全居士，谥“文定”，北宋大臣，应天府南京（今河南省商丘市）人。

神女祠

穆衍

祠下灵泉映碧空，源深谁识有神龙。

直须均作秦民泽，莫学朝云阁楚峰。

穆衍（1033—1096 年），宋怀州河内人，徙居河中府，字昌叔。第进士，调华池令，有政声。

鲁直复以诗送茶云愿君饮此勿饮酒次韵

晁补之

黄侯发轫日千里，天育收驹自汧渭。

车声出鼎细九盘，如此佳句谁能似。

晁补之（1053—1110 年），字无咎，号归来子，济州钜野人。北宋时期文学家，“苏门四学士”之一。

陇头水

陆游

陇头十月天雨霜，壮士夜枕绿沈枪。

卧闻陇水思故乡，三更起坐泪数行。

陆游（1125—1210 年），字务观，号放翁，越州山阴（今浙江省绍兴市）人。南宋时期文学家、史学家、爱国诗人。尚书右丞陆佃之孙。

陇头水

王称

陇底望秦关，萧萧陇水寒。照人犹带恨，饮马不成湍。

落日边尘合，秋风候骑残。谁磨三尺剑，直为斩楼兰。

王称，字季平，南宋眉州人。庆元年间（1195—1200 年），为吏部郎中，后任承政郎、龙州知州，最后官至直秘阁。

陇头水

周密

陇阪萦九折，一折一愁绝。

涓涓陇头水，征人眼中血。

水流有尽时，征人无还期。

周密（1232—1298 年或 1308 年），字公谨，号草窗，又号霄斋、蘋洲、萧斋，晚年号弁阳老人、四水潜夫、华不注山人。祖籍济南，吴兴人。宋末元初词人、文学家、书画鉴赏家。

予往来秦熙汧陇间不啻十数年时闻下里之歌远

李复

鸣凤山西五里坂，未渡汧河山渐浅。

东来行人渐长叹，已觉秦川不在眼。

李复（1052—？），字履中，长安（今陕西省西安市）人，宋朝诗人、官员。元丰二年（1079年）进士，历任夏阳令、潞州知州等职，官至直秘阁、熙河转运使，靖康之难时于秦州殉国。

陇头水

杨维桢

陇头水，交河津，东行九回坂，西通月氏东达秦。

贰师将，汉家杰，手摩龙泉七星灭，

此身未报主君仇，衅妻再铸千金钩，精诚岂识征夫侯。

杨维桢（1296—1370年），字廉夫，号铁崖、铁笛道人，又号铁心道人、铁冠道人、铁龙道人、梅花道人等，晚年自号老铁、抱遗老人、东维子。绍兴路诸暨州枫桥全堂人。元末明初诗人、文学家、书画家。

陇头水

危素

陇头之水向西流，莽莽寒云草树秋。

水中尚有秦时血，今古征人到此愁。

危素（1303—1372年），字太朴，号云林，抚州金溪（今江西省抚州市）人，唐朝抚州刺史危全讽的后代，元末明初历史学家、文学家、诗文家。

为朴散提刑寿

魏初

陪从评议得梗槩，磊磊落落青松枝。

相期不得长相与，汧陇秋烟汉城雨。

魏初（1232—1292年），字太初，号青崖，宏州顺圣（今河北省张家口市阳原县）人。

陇头水

刘基

陇头水，征夫泪，征夫之泪滴陇头，化为水入秦川流。

水流向秦川，鸣咽鸣不已。何因得天风，吹入君王耳。

刘基（1311—1375年），字伯温，世称“刘青田”“刘诚意”“刘文成”，青田县南田乡人。元末明初政治家、文学家、军事家，明朝开国元勋，“明初诗文三大家”之一。

余至汧阳辱彦博明府孟昭赞府相留连日有郊行之乐同赋近诗八韵为别

王祎

客路勤驱驰，郊游稍息机。正缘寻淡泊，岂是觅芳菲。
堤树迎行旆，檐花扑舞衣。曲声浑觉软，酒力尚嫌微。
岁月惊春尽，功名叹志违。写情汧水去，矫首陇云飞。
坐席醺仍促，回鞭晚不挥。人生多聚散，明日遂东归。

王祎（1322—1373年），字子充，号华川，义乌来山人，后依外祖父居青岩傅。幼从祖父王炎泽学，后师事柳贯、黄溍。历任明朝的中书省掾史、江西儒学提举司校理、侍礼郎掌起居注、南康府同知、漳州府通判。

陇头吟

蒋主孝

洮云飞飞渡陇水，白骨疆场泣新鬼。
闺中少妇闻笛声，旧怨新愁深骨髓。
陌头杨柳飞白花，去年此日才离家。
谁知渡陇不复返，儿孤母老天之涯。
陇头之水声咽咽，路上行人心似铁。
只听流水声，不看流水血。
黄沙白草秋茫茫，终年眼望胡天月。

蒋主孝，明代医家（1397—1472年），字宗伦，一字务本，江苏句容人。

陇头吟

张楷

玉门将军秦陇客，十载不归头半白。
夜闻陇水忆秦关，晓土城头听羌笛。
笛声呜咽送边愁，陇水滔滔日夜流。
壮士三千豪气尽，家人翘首望封侯。
年年虒处平边策，依旧黄沙陇水头。

张楷（1398—1460年），字式之，慈溪人，明代诗文作家。

陇头水

杨光溥

陇坂何崎岖，十里九回折。下有陇头水，日夜声呜咽。
行人到此闻水声，回首吞声多怆戚。唯有壮士心，刚似昆吾铁。

近水磨宝刀，拟拭匈奴血。肯为儿女态，行行惨离别。

所志图麒麟，一身甘陨国。此水本无情，何为使人恻。

杨光溥，山东沂水人。成化五年进士，授刑部主事。时魏国公兄弟仇讦累年，光溥理之即决。后累官山西按察司副使。有《剪灯琐话》《汧州文集》《素封亭稿》《梅花集咏》等。

陇头水

唐寅

陇水分四注，陇树杂云烟。磨刀共敛甲，饮马并投钱。

朔地风初合，交河冰复坚。寒噤不能语，乌孙掠酒泉。

唐寅（1470—1524 年），字伯虎，后改字子畏，号六如居士、桃花庵主、鲁国唐生、逃禅仙吏等，南直隶苏州府吴县人。明代著名画家、书法家、诗人。

题金章宗画马图

何乔新

龙鬐凤臆真无比，汗血犹沾渥洼水。

汧阳云锦非不多，如此权奇能有几。

忆昔武元起海东，从骑躞蹀皆游龙。

西驰木叶风沙静，南蹴大梁榛棘空。

何乔新（1427—1502 年），字廷秀，号椒丘，又号天苗。江西广昌盱江镇人，何文渊第三子，明代大臣。

石鼓残文歌

王维桢

萧萧悠悠天风吹，一声振山山为披。

汧水沔水鱼瀰瀰，天子之所网罗施。

王维桢（1507—1555 年），明陕西华州人，字允宁，号槐野，明嘉靖十四年（1535 年）进士。历修撰、谕德，官南京国子祭酒，以省母归。

和马天禄宪副陇州简阎光甫大参

朱诚泳

悠悠汧水带云流，白草黄沙接远洲。

风断归鸿迷别渚，霜寒落木动高秋。

番营人散城边马，野渡僧归月下舟。

独有高闲当此际，每将心迹寄菟裘。

陇头吟

朱诚泳

万里奔驰陇头水，日夜呜呜乱人耳。
黄沙白草两茫茫，怕听水声愁欲死。

朱诚泳（1458—1498年），号竹道人，陕西省西安府长安县人，明代第七代秦藩王，秦惠王朱公锡之庶长子，谥号“简”。

陇坂

李梦阳

我欲望长安，陇坂高随天。陇坂高可涉，陇水鸣溅溅。
盘盘上陇车，斑斑下坡马。我非虎与兕，使我行旷野。

李梦阳（1473—1530年），字天赐，又字献吉，号空同子，祖籍河南扶沟，庆阳府安化县，明代文学家。

陇头流水

徐祯卿

陇水呜咽流，各自东西下。生男不下堂，生女弃原野。
下陇磨剪刀，刀涩指爪柔。将刀割断水，那用东西流。
陇水鸣不止，似闻阿儿语。出门不见人，肝肠断绝汝。

徐祯卿（1479—1511年），字昌谷，一字昌国，汉族，吴县（今江苏省苏州市）人，祖籍常熟梅李镇，后迁居吴县。明代文学家，被人称为“吴中诗冠”，是吴中四才子（亦称江南四大才子）之一。因“文章江左家家玉，烟月扬州树树花”之绝句而为人称誉。

关山月

何景明

关山月，夜照青海头。
白骨征人怨，红颜少妇愁。
少妇含颦望月来，月明流影洞房开。
岁暮机中缣素出，夜寒灯下剪刀推。
年年捣衣明月秋，明月遂随陇水流。
闺里空教看破镜，沙场不见大刀头。

陇头流水歌

何景明

我欲望长安，陇坂高蔽天。陇坂高可陟，陇水鸣溅溅。
盘盘上陇车，班班下坂马。我岂虎与兕，使我行旷野。

长安有高楼，不见陇西州。可怜陇头水，日夜东西流。

何景明（1483—1521 年），字仲默，号白坡，又号大复山人，信阳（今属河南省）人。

陇头水歌

郝锦

飞骑出陇头，已临陇头水。
夜闻铙鼓声，知傍关山垒。

郝锦，明末学者，字絅卿，六安人，崇祯进士，历官福建监察御史。后因病辞归，隐居九公山。著有《九公山房集》《易问》《毛诗偶释》《尚书家训》，还有《九公山房帖》。

陇坂

李松

陇坂千寻鸟道回，秦关百二此奇哉。
人行绝巘云中过，水下平峦木杪来。
天色低临愁人望，风声易作惨生哀。
树头鹦鹉劳相问，欲报音书苦未裁。

李松（1525—1598 年），明朝大将。字子节，号小峰，大城县（今河北省廊坊市大城县）人。

关山月

李维正

一片关山月，秋声倍觉明。影含行色净，凉与客愁生。
虎负中林啸，虫依宿草鸣。无端陇头水，更作断肠声。

（作者李维正生平不详，资料未查到。）

陇上行

于玭

陇山不可上，道路阻且长。俯身百丈溪，仰涉千仞冈。
雨雪惨我饥，烈风吹我裳。群鸟鸣深枝，狐狸满路傍。
车轮蹶且摧，我马元以黄。洪河流寒冰，白日黯无光。
对此一长叹，客心多所伤。愿飞既无翼，欲济亦无梁。
中途正徘徊，环顾思旧乡。旧乡日以远，尺素久茫茫。
丈夫固多忧，所志在四方。何日王道平，骋驾步康庄。

于玭（1507—1562 年），字子珍，号册川。于慎行之父，明东阿人，清嘉靖七年（1528 年）戊子举人。

送艾太仆六十韵（太仆以乙科为郎，论江陵起）

汤显祖

汧渭秦非子，河源汉列侯。

羌胡形欲诡，将相语犹偷。

汤显祖（1550—1616 年），江西临川人，字义仍，号海若、若士、清远道人，明代戏曲家、文学家。祖籍临川县云山乡，后迁居汤家山（今抚州市）。被誉为“中国戏圣”和“东方莎士比亚”。

汧涛夜惊

罗彰彝

万籁无声锁寂寥，高斋短烛坐清宵。

乍闻天际龙雷吼，恍令城南地轴摇。

磅礴倒倾巫峡水，奔腾怒卷浙江潮。

揽衣出户中庭望，唯有松风帘外飘。

罗彰彝，字松山，浙江钱塘县人，贡监，康熙五十年（1711 年）任陇州知州，后罗彰彝调赴军前运粮，委托州同黄士璟署理州事。曾居陇 17 年，可以说是历来在陇州为官时间最长的知州。在陇期间，捐建州治，挑浚莲池，修复城墙，教化民风，编修州志，平反冤狱等，深得民心。

陇头水

张敏求

昔闻陇头水，今作陇头行。流水一声咽，行人万古情。

含悲兼汉月，余响入边城。莫问安西道，萧箭白发生。

张敏求，字燮臣，号助园，清乾隆六十年（1795 年）举人。选奉贤知县，改甘肃漳县知县。

陇头水

高瓛

陇坂崎岖陇水长，征人陇上望家乡。

停车驻马不能渡，呜咽声中欲断肠。

扯刀斩水水不绝，拔山塞川川更咽。

前军洗疮血尚在，后军滴泪水复浑。

丈夫有志沙场死，未到陇头愁塞耳。

陇头吟

于慎行

陇头流水别，凄响自堪惊。月散东西影，风传远近声。

傍侵疏勒道，斜入隗嚣营。呜咽归肠断，何时到渭城。

于慎行（1545—1608 年），字可远，又字无垢，号榖山，山东东阿人，中国明代诗人、文学家。

果亲王题利民渠诗碑

爱新觉罗·胤礼

太守开渠利民赖，停车使者为题诗。

好将南亩勤耕作，更勉儿孙孝悌规。

爱新觉罗·胤礼（1697—1738 年），又称允礼，清康熙帝第十七子，雍正帝异母弟，共母为纯裕勤妃。

赠何子元二首（其一）

边贡

饮马长城窟，西风陇水鸣。

旌旗连朔气，笳吹咽边声。

边贡（1476—1532 年），字廷实，因家居华泉附近，道号华泉子，历城人，明代著名诗人、文学家。

青阳峡

宋琬

峡岸长杨接翠微，乱流高下见柴扉。

空山十月无冰雪，红叶村中蛱蝶飞。

宋琬（1614—1673 年），清初著名诗人，清八大诗家之一，字玉叔，号荔裳，汉族，山东莱阳人。

陇头流水

沈德潜

辞家赴陇头，陇水东西逝。流作呜咽声，中有征人泪。

陇水鸣溅溅，陇坂高入天。驱马登陇坂，不敢望秦川。

朝过饮马窟，夜经古战场。天寒挽刀卧，惊魂不还乡。

沈德潜（1673—1769 年），字碻（que）士，号归愚，江苏苏州府长洲（今江苏省苏州市）人，清代大臣诗人、学者。

过咸宜关

方玉润

断堠残烽草半黄，何来匹马度砂冈。
人流战斗争天壤，鬼抱头颅哭故乡。
陇水自流花黯黯，关云长护雪苍苍。
天阴不信青磷出，照遍荒原树万行。

方玉润（1811—1883年），字友石，号鸿蒙子，清代文学家。清光绪九年（1883年）陕西巡抚冯誉骥荐其补任砖坪厅，未就任而卒，葬于陇州城北的开元寺后。另著有《鸿蒙室诗文二抄》《风雨怀人集》等。

土俗歌

佚名

庵头广积连玄石，西凉下国相临畔。
峪虚林秋有夜雨，古碑烈士段公贤。
土产石鱼岂有异，自古题名乱石滩。
邀崖梁武双天井，赖老白松万万年。
琵琶昭君投晖河，早照朝元晚暉川。
华绿三川近龙泉，庞公打鱼成圣贤。
乌蛇瓜牛出华湾，大小石门有海眼。
古城龙头出仕宦，沙沟紧接毗卢原。
玉清镇隔龟蛇岭，汧流入渭透长安。

陇头水

方式济

河水浊，江水清。
妾似陇头水，清浊自分明。
昔为田家女，择婿嫁边吏。
田夫入城不隔宿，边吏年年在边地。
闻道梁州新破虏，燉煌已入中朝土。
戍卒受赏官封侯，血亵冰霜凝绣斧。
主将笑拥双婵娟，筝琶夜醉穹庐眠。
横塘水接陇头去，送妾双泪流君前。

方式济（1678—1720年），字渥源，号沃园，登峄子，安徽桐城人。式济周岁即随母吴氏迁居金陵，7岁丧母。年渐长，因好学工诗，精于绘画，曾得到当时的大画家王原祁的赏识。

陇头水

周龙藻

陇坂遥遥九折长，驱车欲渡心苍茫，忽闻有水喧道傍。
人言此水声声别，尽是征夫眼中血，万古千秋共呜咽。
呜咽声，流未已，辘轳声，行不止。夜半吹寒笳，边风四面起。
悲莫悲，陇头水。

周龙藻，江苏吴江人，字汉荀，号恒斋。岁贡生，高才实学，有《恒斋集》等。

陇头水

张和

陇头流水流不已，陇头行人行不止，欲行不行空断肠，流水声入行人耳。
羽书昨夜到行营，胡骑已逼疏勒城。
城旁黄沙绝烟树，旧是耿恭拜井处。
从此更行几千里，回头却忆清淼淼，劝君莫悲陇头水。

张和（1412—？），号庵，字节之，今江苏省苏州市昆山县人，明正统四年（1439年）进士及第，廷试拟和第一人，以目（眼睛生）改甲第一名，因乞归授徒自给，益穷经史，文望弥崇，官至浙江提学副使。

为珍珠泉题赋

王国玮

层析溪流旁山岭，波穿石磬奏清琴。
碎玉丁丁清俗耳，松风漫漫涤尘襟。
洒落寒光星点点，倾园清影露斑斑。
朝来掬水频相异，暮握明水位可将。

王国玮（生卒年月不详），字素庵，清初江都人。清顺治六年（1649年）进士，三甲二百八十八名。清顺治初任千阳知县，撰修《石门遗事》，成了千阳县现存最原始的“县志”。珍珠泉在千阳柿沟乡冉家沟村。

王维业诗

清流滴石壁，喷薄古今悬。
泻月涵蟾影，乘风散绮烟。
还浦通峡水，殒泽映晖川。
涌沸增光彩，井芳颂白泉。

又携南中幼子游珍珠泉

石门探品泉，乘兴到三泉。

龙口舍俪小，羊鬣将更阔。

玄口自滴□，□□□□□。

顺借云□□，□甘满□田。

时月十五，又□祈雨，附楚阳诗两首：

谈笑名流聚，於腾尊滔前。

悬崖倾雪亮，峭壁拂荷线。

结绿□来细，瑶光落处圆。

为君歌合节，敬共酌清泉。

朱许周诗

石盘承露掌，霏玉近芳泉。

晶莹疑尘外，虚明识□□。

鲛人啼夜月，游女弄晴川。

遐城占星聚，山灵亦助妍。

袁淑安诗

清浥从何至，涓涓不计年。

喷来浑是掷，滴下却俱圆。

走来宛若泡，照乘亦虚搴。

英使川灵笑，探骊共此泉。

——以上四首诗摘自《石门遗事》

题朱排山秦汉瓦拓本

姚燮

纷陈棐几错青翠，椎毡不厌疲手模。

汧川渭川行艖艞，分藩西陕来尚书。

姚燮（1805—1864年），字梅伯，晚号复庄，又自署野桥、也桥、东海生、大梅山民、疏影词史、复道人、复翁等，浙江镇海人，中国清代文学家、画家。

游龙泉寺

张岳龄

龙泉何代寺，选胜问烟霞。

宋碣摹痕久，吴山入望斜。

禁樵余古柏，调水试新茶。

略有南亭意，沉吟减岁华。

张岳龄（1818—1885 年），字南瞻，一字子衡，自号铁瓶道人，湖南平江人，张瓒昭之子，清代大臣、经学家。

隃麋秋夜

无名氏

雨霁阶天洁，天清月露寒。
淅声风渐远，余梦到江南。
清凉山祀雨，夜归寝不成，
忽闻潇潇雨声，喜雨有作。

陇山道中

谭嗣同

大壑宵飞雨，征轮晓碾霜。云横渡水湿，草色上衣凉。
浅麦远逾碧，新林微带黄。金城重回首，归路忆他乡。

谭嗣同（1865—1898 年），字复生，号壮飞、华相众生、海骞冥氏、寥天一阁主等，湖南浏阳人。晚清官员谭继洵之子。清末维新派政治家、思想家、“戊戌六君子”之一。

晚度故关

李岳瑞

万折千盘一线萦，山行行尽又山行。
风驱沙草春无色，冰战河流夜有声。
此日归鸿栖废堠，当年铁骑走连营。
书生谬作谈岳想，卧听荒难报五更。

李岳瑞（1863—1927 年），字孟符，号小郢，又号菱滋、悔逸、亮犛，陕西咸阳人。清光绪九年（1883 年）进士，授工部主事。

登开元寺

罗昆

峥嵘塔势压神州，磴道盘空到上头。
俯瞰吴山浮渭水，青莲一朵漾水流。

莲池（三首）

任云书

（一）

莲沼新开一镜镕，清风明月雨溶溶。
分来玉井仙葩丽，移至沧州别艳浓。

环植柳枝滋翠影，闲栽桃李阴芳蓉。
鉴湖三百真无谓，只有诗宜访旧踪。

（二）

桥边散步起遐思，莲叶莲根百尺丝。
一架彩虹分泽国，半钩新月覆冰池。
凭栏遣兴酤清醑，倚槛开怀咏竹枝。
好景尘埋谁过问，重逢拂拭莫嫌迟。

（三）

欲倩沧浪衬濯江，筑成亭子羡无双。
潆洄一曲明如镜，丛峙中流巧似艘。
晓日玲珑排绣闼，晚风披拂响雕窗。
龙文百斛遥相拟，安得昌黎健笔扛。

3. 当代诗词

莲池（四首）

吴炳

（一）

方塘一亩碧琉璃，桥影横空日影移。
草长城闉烟漠漠，风飘堤絮柳丝丝。
簾栊叆叇茶香处，鸥鹭沉浮水涨时。
涤尽污泥通地肺，非关祓禊待题诗。

（二）

苍茫城市有烟罗，清簟疏帘携具过。
花蕊蝶翻池馆静，夕阳蛤吠稻田多。
娉婷翠盖擎仙露，淡施红妆妒绮罗。
着过轻舟系柳岸，依稀水国漾晴莎。

（三）

蘋末吹来面面凉，凭栏垂钓忆横塘。
新蒲露坠中宵白，杰阁（文昌阁）窗衔落照黄。
野鸭低飞皆贴水，残虹遥挂半成梁。
頖宫渠引泉归处，好溯文澜一瓣香。

（四）

孤亭西北切层城，缘壑因丘结构成。
甘醴沁心瓯乍酌，鲜鱼入馔盏频倾。
云山不碍真同画，荇藻初澄可濯缨。
为报乘槎汧水客，遥遥天汉待宵征。

莲池公园

马骏程

邀友泛觞日日游，绿杨深处放轻舟。
醉心还是莲池水，汧汭之间第一流。

陇州八景

孙维曾

千河晚渡

莫道咸阳古渡传，城南胜景赛当年。
渔舟晚唱彭蠡句，州曰陇兮水曰千。

弦蒲名薮

蒲谷弦中名早留，职方曾记入雍州。
由来泽薮无穷产，饱看千山千水流。

温溪不冻

不计愚溪与磻溪，水流州北出州西。
隆冬不冻温如汤，胜似山江流饮堤。

金泉涌派

金鞭流失是何年，派涌山中喷玉泉。
萦绕腾奔千水北，梨川佳景说秦川。

忆陇县西山铁马河

刘启哲

病老山城念难灰，归来十年梦依稀。
龙门寒松数青山，铁马冰河一布衣。
山山窖雪银腊列，户户爆火宾客怡。
褥床盈尺留多住，胡不安卧归去急。

刘启哲，1928年生，陕西扶风人。1948年参加工作，宝鸡市区委书记、宝鸡市县委办主任、宝鸡市副县长、宝鸡市县委副书记、宝鸡地委副秘书长、宝鸡市文联主席。

陇县行（二首）

权剑琴

（一）

立马登陇关，拱卫城长安。先秦国都址，汉唐西雄关。
丝绸通衢道，驼河逾陕甘。汧水绿田地，山河富陇川。

（二）

雄关巉岩缀群山，横亘陕甘岭为槛。

远分秦陇山川水，俯瞰二水戏陇县。
三川锦绣林果园，千河汭水润良田。
昔日游人断肠地，今朝关西小江南。

咏温溪

权剑琴

温溪春到早，龙潭不知冬。
千山俱憔悴，此地春已浓。

权剑琴（1928—2001 年），陕西白水人，曾任陕西省教育厅副厅长，著有《山水名胜诗选》《苍翁诗集》。

（注：摘自 1984 年《陇县政协文史资料》，作者：王克吾）

冯家山水库纪念碑

李迅

水利大军斗志昂，敢叫山河换新装。
截断千水水上塬，深藏大泽泽更长。
昔时旱塬禾难成，今朝灌区谷飘香。
多少英烈长已矣，故树一碑万古扬。

农田基建大会战工地诗歌

会战工地称铁人

日战太阳夜战星，没有月光提马灯。
天寒地冻全不怕，会战工地称铁人。
（注：该歌谣辑于 1969 年 11 月段家峡水库会战地）

社社千人大会战

革命加拼命，拼命干革命。
大干一冬春，修地四百顷。
宁叫骨肉掉三分，不让任务落了空。
社社千人大会战，誓把山河面貌变。
（注：该歌谣辑于园田化会战工地）

旱塬梯田变水乡

学习大寨赶昔阳，治山治水摆战场。
立下愚公移山志，修地建库会战忙。

穷山恶水要改变，旱塬梯田变水乡。
科学种田精细管，粮食亩产要过江。
（注：该歌谣辑于园田化会战工地）

建设大寨县社村

家家门上锁，户户无闲人。
男女齐上阵，会战称英雄。
大干苦干三年整，建设大寨县社村。
（注：该歌谣辑于甘峪山会战工地，作者：张津生）

纪念修冯家山水库牺牲民工

一川清水润万顷，半是英雄血凝成。
至今提起山崩啸，百里路上无笑声。
（注：此作选自《千湖献瑞》一书，作者：刘启哲）

非常溢洪道

卢愚

夕照荒堤悄无闻，秋草离离守晨昏。
粉身碎骨人方识，土石亦有高洁魂。

冯家山水库功无量（藏头诗）

（一）

冯家山下修库忙，家家户户送儿郎。
山间凿开引流洞，水中筑起拦洪墙。
库内山河重装点，功在苍生不怕亡。
无限水源流不尽，量而旱魔不再狂。

（二）

冯家山上水奔流，家家户户浇地忙。
山道弯弯连绿洲，水流淙淙变油粮。
库中甘泉总有意，功于西秦终不忘。
无垠原野常滋润，量定翻番早小康。
（注：此作刊登于1995年4月1日《宝鸡日报》，作者：陈家林）

冯家山水库通水25周年感怀

桥式倒虹“彩虹落”

昔日过千河，挽裤把鞋脱，
如遇下暴雨，绕到五里坡。

今日渡千河，不再绕山坡，
人过车过流水过，桥式倒虹“彩虹落”。

宣传队

工地宣传队，满共有五位，
年龄最大属牛娃，今年五月才十八。
年龄虽小志气大，能唱能舞又能拉，
拦河大坝做舞台，锣鼓一敲演起来。
先唱一段《工地赞》，再演英雄治水来，
快板儿说起展宏图，挥臂跳起打夯舞。
节目演完收了场，放下道具拿“真枪”。
今日大战冯家山，明日再演《水上塬》。

三过冯家山

旧社会路过冯家山，穷山恶水横眼前，
荒山坡上跑野鹿，山洼寂寞缺人烟。
夜宿大伯破窑洞，给我忆苦把话拉，
久旱不雨地裂缝，千河奔腾似野马，
地主逼租又逼债，官府税款天天加，
穷人饿死了好大半，大伯家留下他一人；
去年跑过冯家山，好似闹市灯一片，
山上山下插红旗，千军万马大会战，
荒山坡上冒炊烟，工棚窑洞满山间，
呼呼钻机奏凯歌，汽车嘟嘟跑山腰，
劳动号子震山川，隆隆炮声群山颤，
大伯成了精炮手，开山引水他承担；
今年路过冯家山，青山绿水更好看，
巍巍大坝腾空起，高下平湖映蓝天，
条条银渠飞浪花，金稻银棉起波澜，
大伯家用上自来水，门前蓄起一清泉，
鸭子水中游，屋后花果山，
我拉大伯笑开颜，山窝变成小江南。

喜赞炊事班

荒坡一囱烟，是咱炊事班。
住在小窑洞，革命意志坚。

青石作案板，埂边把锅盘。
用水下沟挑，烧柴靠肩担。
建库为革命，咱要把力添。
一日四个班，不做重样饭。
起早又摸黑，开饭不换班。
送水上工地，轮锤又挥钎。
水利大兵团，喜赞炊事班。

月照湖水映眼帘

月照高峡夜风寒，战歌嘹亮震群山。
一片灯火水中照，一片彩霞映蓝天。
惊动嫦娥宫门看，五彩缤纷在人间。
群英会战千河边，万马奔腾搬群山。
三九严寒练赤胆，排水管口像喷泉。
锤声落处火花赞，隆隆炮声震山间。
肩扛石头运送忙，一条银带连两山。
来晚嫦娥再来看，一座高山移河间。
群山环抱似天湖，月照湖水映眼帘。

先遣队之歌

木棒一搭就是梁，茅草一盖就是房，
树枝一夹就是墙，竹子一编就是床。
自力更生建营房，延安精神大发扬，
兴工战鼓震天响，迎接大军上战场。

导流

狂风想把恶流撕裂，恶浪推举着冰块，
冰河张牙舞爪喊不绝："谁敢下来！谁敢下来！"
水利兵，战冰河，面对冰河笑颜开：
"堵土堰筑堤断水流，给你已把出路另安排！"
一声炮声似战鼓，千军万马下水来，
铁脚踢起三尺浪，吓得冰块忙溜开。
沙包一袋又一袋，巨石一块又一块，
冰河急得团团转，围堰忽地堵起来。
虽然隆冬寒风烈，战士心中百花开，
冰河改口唱赞歌："水利兵呀，你最可爱！"

我为建库不松套

车子和我交情好，乖乖跟我坝上跑。
拉来星星和月亮，我为建库不松套。

我为革命抡镢头

冯家山上擂战鼓，鼓点伴着镢头舞。
想起当年老红军，南泥湾里抡镢头，
荒山变成米粮川，革命种子播全国。
我为革命抡镢头，战天斗地写春秋，
铁臂削平座座山，挖平一岭又一岭，
汗水挥雨不觉累，手结茧儿甜心头。
我为革命抡镢头，果实累累满山川，
稻禾绿绿饰锦绣，五谷堆山庆丰收，
喜看治水结硕果，我愿天天抡镢头。

斗北风

数九寒天高山顶，北风刺骨天地冻，
改山改水又斗风，千人万人排成阵。
你举锤来我掌钎，锤落钎钻冒火星，
北风再猛吹不灭，千颗万颗映眼明。
兴修水利一条心，斗地战天干劲增，
就有冰山化春水，莫说北风来逞凶。
使起劲来汗珠滚，胸前额上水汽蒸，
抬头看见红旗飘，风吹反觉爽精神。

赞勘测组

勘测组，人人夸，思想工作顶呱呱。
你看他，你看他，
四人拧成一股绳，越拧劲头更觉大。
荆棘窝里劈通路，悬崖峭壁把桩打。
地形复杂咱不怕，深入群众做调查。
山高没有脚板高，路远没有咱脚步大。
干粮怀中揣，水壶腰间挂。
手持标杆走，导线到哪他到哪。
为的啥？为的啥？
心装革命想人民，身负重担把线画。

凿洞

炮声隆隆震长空，开山凿洞打先锋。
革命不怕苦和累，战斗豪情贯长虹。
今朝愚公怀壮志，铁手能把泰山捅。
十二磅大锤起飞舞，一气打眼半米深。
锤声停，炮声隆，浓烟伴随山石滚，
上午掘进一大片，下午掘进显洞形。
昼夜干，锤不停，半山挖出大窟窿，
烟雾大，难进洞，嘴捂毛巾向内冲。
闷气大，头发昏，凉水浇头吸点风，
空气少，灯难明，手电照上要施工。
不怕困难千万重，战士越干越起劲，
烈火熔炉炼好钢，凿洞引水为人民。

电焊工

焊枪手中握，枪头喷焰火，
洒出万朵花，疑是繁星落。
壮志冲云霄，巧伴好山河，
流水灌万顷，稻花赛焰火。

振捣工

模板是围墙，钢筋密如网，
仓面摆战场，脚下踩灰浆，
手提振捣棒，英姿多飒爽，
施工为人民，壮志撼山岗。
灰浆溅胸膛，汗水湿衣裳，
不怕热与累，何惧苦和脏。
战斗在隧洞，展翅望远方，
喝令水上原，千里滚麦浪。

幸福水

水过张村人不眠，颂歌唱到三更天。
李村看到水上塬，错把黑夜当白天。
赵村有了一渠水，梦里喜庆丰收年。
水流大地春明媚，锦绣山河咱描绘。

（注：以上24首选自宝鸡市冯家山工程指挥部编印的《水利兵之歌》《水利民兵选》等，1972年）

段家峡水库建设工地诗歌

马执中

开挖溢洪道

明知山高多艰险，偏往悬崖绝顶攀，
一声巨响天地颤，残鳞败。

修建放水洞

一个拼字当了头，天大困难不发愁，
头顶青天兴大业，手牵龙王水洞游。

筑坝

红旗招展舞东风，人如潮水车如龙，
比学赶帮争先进，黄土大坝锁蛟龙。

欢迎新战友

紧锣密鼓声追声，载歌载舞颂英雄。

缺粮变余粮

挥汗抡镢头，要把坡挖平。
铲土如储粮，拉土如修仓。
一冬修百亩，来年禾谷长。
缺粮变余粮，人人喜洋洋。
（注：该歌谣辑于峰山会战工地）

来年种黍庆丰收

上至六十九，下至一十六。
都到河滩搬石头，筑起铁墙防洪流。
三冬修堤多填地，来年种黍庆丰收。
（注：该歌谣辑于治理千河会战工地）

多修梯田多打粮

挖土如刨粮，铲土如修仓。
突击队员干得欢，铁姑娘们又争先。
站在工地望北京，党的话儿记在心。
毛泽东思想育新人，农建工地练红心。
多修梯田多打粮，跨过黄河过长江。
（注：该歌谣辑于田化会战工地）

【注释：1960年4月10日，二届全国人大二次会议通过的《全国农业发展纲要（四十条）》提出：从1956年开始，在12年内粮食平均亩产量，在黄河、秦岭以北地区，由1955年的150多斤增加到400斤；黄河以南，淮河以北地区，由208斤增加到500斤；淮河、秦岭以南地区，由400斤增加到800斤，简称为上纲要、跨黄河、过长江】

修理地球最光荣

镢刃挖秃，铁锹磨明。双手老茧，思想练红。
修千亩梯田改变贫困，筑一座水库惠民全村。
种高粱谷子当年增产，播小麦油菜丰收喜人。
虽说农村太辛苦，修理地球最光荣。
（注：该歌谣辑于凤台山会战工地）

引水上山

大干苦干三年，山头坡地修完。
又建水库抽水站，水到渠成不靠天。
山头有人造平原，山腰呈层层梯田。
引水上山渠池满，五业并举大发展。
昔日贫困穷山村，今日粮油花果山。
（注：辑于1975年11月蚂蚱塬会战工地，作者：李瑞世）

灌区行

马执中

满渠清水泛酒香，园田成方树成行。
庄稼见水禾苗壮，电站见水吐金光。
牛羊见水眸眸叫，鲤鱼见水满池翔。
一年四季水不断，声声歌颂党中央。

赞段家峡水库

如镜湖水映穹苍，船头细眺鸟鱼翔。
凭栏东望山野碧，南北干渠泛粼光。
谁把珍珠镶龙背，欲与群星比明光。
人寿年丰精神旺，犹画江南鱼米乡。

堤坝颂

头顶一湾平湖水，腰缠南北两条龙。
每遇夏秋行洪水，士农工商文武慌。
筑就河堤百里长，铜墙铁壁锁龙王，
任凭龙孙常咆哮，民安物阜颂大康。

长堤晚景

王真

长堤落日麦风微，水影乡容人画帷。
白云紧跟夕阳走，青鸟追逐劳燕归。
殷殷村姑贪暮景，莘莘农夫惜晚晖。
手牵一渠酒样水，醉漫丰收情融心。

凿井

水是命脉裕农家，引提并举斗旱魃。
巧合天上两座星，实凿地井壹零八。
借得地府宝藏水，常浇人间向阳花。
神仙但言琼浆美，不比长腾结醉瓜。
（注释：旱魃（bá），古代传说中的旱神）

赞段家峡水库

李瑞世

巍巍人坝锁蛟龙，一湾碧水映烈空。
千年旱戴莫肆虐，行云布雨在人工。
灌溉发电双刃剑，养鱼游览利双赢。
高峡平湖陇头立，抗旱防洪建首功。

游千汭河堤

千汭河堤百里长，抗洪排涝岁岁忙。
护城卫田六十载，不图留铭与褒扬。
两岸绿化景中景，游人漫步望苏杭。
通水运行廿五年，功昭日月照中天。
旱塬禾浪千重势，经济繁荣万众欢。
滞洪削峰锁蛟龙，滋乡润市献甘泉。
蓝图添彩创新纪，大业辉煌永向前。
（注：此作选自《千湖献瑞》一书，作者：蒙卫军）

千河炮声

——冯家山水库工地见闻

蓝天晴如洗，
突然霹雳炸，

浓烟冲天起，
大雾满山洼；
河水咆哮群山抖，
岩崩地裂石开花。
猛抬头，但见“愚公移山”四个大字当空挂，
红光闪闪映朝霞。
原来是，今日新愚公——
英雄的炮手显身手，
响起一串雷，
急催山搬家。
（注：摘自1972年5月21日《陕西日报》，作者：毛锜）

十万大军修水库
不寻常的1970年，
冯家山水利工程开工了。
整个工地热气腾腾，
新打的宿营窑洞满山遍野。
新盖的油毛毡棚遍布村落，
运送物资的车辆络绎不绝。
白昼到处人山人海，夜晚灯火一片通明。

炮手
头顶青天，脚踏群山，
一把铁锤，一根钢钎，誓把山河改变。
月儿升上中天，叮叮当当，激战正欢。
挥一锤大地都颤，钎子下的火花和繁星相连。
若问我的姓名，请往上看：
云里穿行雾里钻，悬崖峭壁任飞攀，
硝烟起处大地震，我的名字就在轰隆隆的炮里边。

清碴
昨日搞会战，炸石三百三，
今日来清碴，石碴全不见。
营长正作难，身后笑语传，
齐说：“请检验”，原是“半边天”。

车轮飞转

夜半哨音响，车队要加班，
工程会战等水泥，任务不平凡，
打开指路灯，紧握方向盘，
按声喇叭就出发，直驶冯家山。
征途不平坦，塌方把路拦，
跃身下车排艰险，车轮永向前。
工地红旗展，激战正动员，
飞车雪中来送炭，跃进捷报传。
雷电交加雨更急，水利大军奔河堤。
白浪翻滚狂暴跳，好似猛兽要扑食。
水利战士一声吼，排山倒海压过来。
赤着脚板挖沙泥，光着膀子装得急。
草袋装了一长串，背扛拾运搬上堤。
一米两米三四米，堤高赛过水长急。
眼看战斗快胜利，哗啦一声右角溃。
风卷恶浪狂咆哮，一条白柱射几米。
浪推浪，吼如雷，霎时全堤要崩溃。
水利战士心向党，恶浪哪能由了你？
鱼鹰腾空水中跃，筑起一道人工墙。
顶住洪水战恶浪，围堰加宽又加长。
夜幕淋，雨不停，上游报信有洪峰。
举手向党来宣誓，胜利决心响太空。
夜战洪水凯歌震，迎来朝霞贯长虹。

打钻

哒哒如雷吼，巍巍群山抖。
昨日拿锄头，今日风钻手。
岩灰沾满面，汗水湿衣衫。
“泥腿子”抱风钻，心里格外甜。
千年冯家山，石洞凿下面，
拦腰斩千河，乖乖把洞穿。
水流虎头崖，要削半面山，
艰难无所惧，凌空去打钻。

砸掉龙头嘴，水塔建上边，
塔高刺青天，白云绕塔尖。
哒哒风钻吼，巍巍群山抖，
铁臂绘新图，双手织锦绣。
群策群力智慧大，画！咱有土专家。
数九寒风刮，河滩起飞沙，
地冻三尺有夸大，大地披兵甲，
坝咋打？水利战士齐回答：
沸腾热血能融化，干！肩挑车拉镢头挖。

工地来了解放军
山笑人唱迎亲人，工地来了解放军。
亲切的话儿说不尽，一股暖流涌心中。
解放军同志来咱营，给咱带来了好作风。
解放军同志进工棚，和咱促膝来谈心。
解放军同志和咱同劳动，你追我赶争上游。
赞亲人，学亲人，亲人个个像雷锋。

姑娘打夯队
坝头石夯大，足有二百八，
除了好小伙，谁能拿动他？
歌声震天响，挽袖提大夯，
夯起毛辫扬，确是铁姑娘。
修库开清泉，岂怕苦和难，
汗湿花衣衫，夯声照样传。
砸平一道岭，再砸一座山，
笑唤花木兰，“你来试试看。”

抢险
天空闷热乌云滚，炸雷响处雨倾盆。
滔滔千河起巨浪，风雨就是无声令。
拦河围堰去抢险，誓保大堤不受冲。
女娃娃人小志气大，噘着嘴巴答了话：
“我们不是泥娃娃，千斤重夯抬起它。”

朝霞迎彩虹，八姑娘唱着《红色娘子军》，
翻山越岭迈健步，好似一群展翅鹰。
战旗绣着“多奇志”，英姿焕发去出征。
战歌满山谷，八个姑娘夯歌震长空：
“锦绣河山咱描绘，山鹰不怕风浪紧。”
夯歌传大地，阵阵迎春风。
摆动银锨土层层，八姑娘打夯在当中。
金凤牵夯脚跟稳，小百灵叫夯声更灵。
夯夯飞舞眉梢上，筑起大坝入云端。
八姑娘在成长，毛主席话儿暖心上：
“水利是农业的命脉”，她们今日正战斗在工地上，
老连长教他们把夯打，伸出拇指人人都夸八姑娘。

水利战士齐回答

喜讯飞传千万家，冯家山水库动工了！
社社队队锣鼓鸣，千军万马奔山峡，
吃住咋办呀？水利战士齐回答：
有延安精神还怕啥，挖！排排窑洞满山挂。
黑黝黝，钻机放河滩，体重足有一千三，
它是“先行官”，位置在山巅。咋上呀？
水利战士齐回答：人民群众利无边，扛！我们有铁肩。
滚滚千河筑大坝，巍巍两山把洞打，
条条渠道绕山过，座座桥涵千百八，
设计咋办呀？水利战士齐回答。

引水惊禹王

东风起，云飞扬，战旗插到天边上。
逼令千河上高原，豪气暗千嶂。
来年不须防，山河换新装，
梯田倒影鱼水长，引水惊禹王！

父女同上工地

父亲年过花甲，女儿未满十八，
听说引水上塬，乐得心里开花。
两人同找队长，咱去能把车拉！

队长急忙回答：“不行！不行！
你的年纪过大，你的年龄还轻。”
父女两人一听，暗暗下定决心：
“出征！出征！亲手引水回村。”
号角划破长空，霎时队伍集中。
红旗迎风招展，准备连夜行军。
排长发出口令：“先把人数查清。”
怎么多了两位？但是没人吭声。
急得队长上前，一老一少在中，
忙劝他们回家，不言不语不动。
队长会意一阵，老少志坚能行。
忙向排长答话：“给你增加两人。”
父女同上工地，要为革命献身，
父给女儿忆苦，两人促膝谈心。
同拉车子一辆，每天脚手不停，
汗水洒遍工地，昂首阔步前进。

人人都夸八姑娘

峪谷一丛花，八位女娃娃，
个头不太高，年近十七八。
远道百里来干啥？水库工地把夯打。
有人说她风凉话：“干脆让回队摘棉花。”
十万水利大军，在几百里的原野上摆开了战场。
这支队伍里，有市县社党政军领导干部，
有来自四面八方的工程技术人员，
有从事水利建设的专业技术队伍，
有灌区的农民主力军。
“千水不上塬，誓不下火线！”
“宁叫骨肉瘦三分，不让工程迟半天！”
洪亮的口号响彻云霄。
他们顶住了“四人帮”批判的“唯生产力论”，
他们度过了十一个酷夏和寒冬，
移山、筑坝、凿洞、修渠、架桥……
成年累月哪有什么节假日，争分夺秒是他们的信条，
“为有牺牲多壮志，敢叫日月换新天”是他们的生活情操。

工地上百余人为工程献出了宝贵的生命，
有农民、有工人、有干部，
又有代总指挥和总工程师，
全市人民将永远铭记他们。
经过十余年的艰苦奋斗，
终于建成了冯家山水库。
源远流长的千河水上了黄土高原，
灌区 200 万人民笑逐颜开，
滋润百万亩农田禾苗茁壮。
省市首脑机关的主要决策者们，
冯家山水库的建设者们，
为改变宝鸡面貌立了大功，
为子孙后代造了大福。
伟大的业绩将世世代代朝阳昭彰颂扬……
（注：此诗选自《千河献瑞》一书，作者：王建章）

赞段家峡水库

李瑞世

巍巍大坝锁蛟龙，一湾碧水映烈空。
千年旱戴莫肆虐，行云布雨在人工。
灌溉发电双刃剑，养鱼游览利双赢。
高峡平湖陇头立，抗旱防洪建首功。

游千汭河堤

千汭河堤百里长，抗洪排涝岁岁忙。
护城卫田六十载，不图留铭与褒扬。
两岸绿化景中景，游人漫步望苏杭。
水利尖兵筑壁垒，堤固无患乐而康。

赞陇州新貌

人民公仆洒汗水，拆迁改造旧遗迹。
四通工程奠新基，幢幢大楼两旁立。
条条街道通商埠，行行绿树荫遮地。
十桥连接八方客，道观寺院添景色。
街道改造展新貌，创卫达标为腾飞。

接力传承强县域，动员干群齐奋力。

英风逼退千汭水，豪气长留广堤地。

休闲纳凉欢笑语，齐赞筹划大手笔。

（注释：广堤地，指县城内陇州广场、秦风苑广场、泰和广场、千河河堤、汭河河堤）

（二）题词

钱正英、李瑞山等题词成为鼓舞人们前进的精神食粮。

（1）中国工程院院士、全国政协原副主席钱正英题词：

发扬成绩，把冯家山水库建成现代水利的一个典范

钱正英　二〇〇四年六月

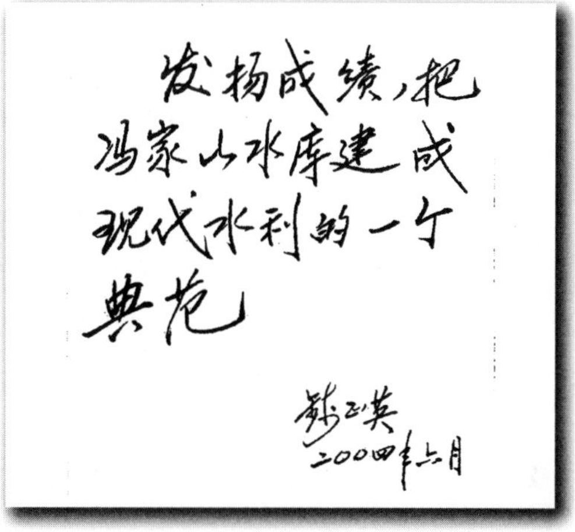

（2）中顾委委员、原陕西省委第一书记、省革委会主任李瑞山题词：

冯家山水库对宝鸡地区农业发展至关重要

李瑞山　一九九〇年九月廿八日

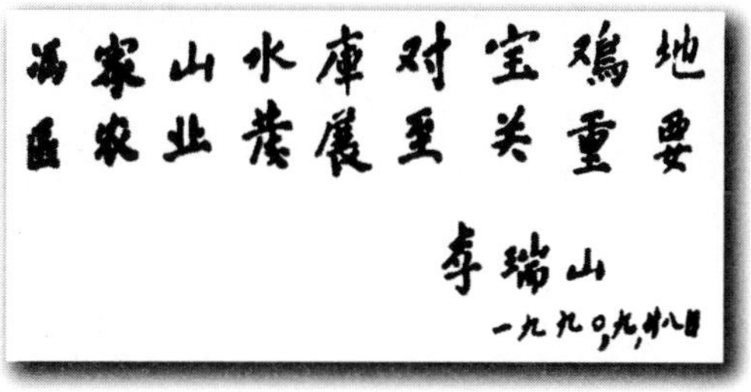

（3）原陕西省水利厅厅长刘枢机题词：

八惠润陇州，九龙吐明珠。

改革促发展，光明在前头。

刘枢机　1995.5.20

二、水利谚语

人黄有病，天黄有雨。

土雾烧山，越烧越干。

早看东南，晚看西北。

云往南，水上船；云往北，晒干麦；

云往东，刮黄风；云往西，水渍渍。

东虹日头西虹雨，南虹出来发白雨。

扫帚云，扫天晴。

一黑一亮，石头泡胀。

黑云红梢子，天上下刀子（指冰雹）。

水瓮湿半截，不日雨必来。

燕子低飞蛇过道，蚂蚁搬家雨就到。

夜晴没好天，等不到鸡叫唤。

前毛毛雨不下，后毛毛雨不晴。（指早饭前后）

月亮像火天必阴，月亮有圈雨临门。

早烧（指霞）不出门，晚烧千里行。

吴山“戴帽”（指云绕吴山顶），长工睡觉。

不怕猛雷像打鼓，最怕闷雷磨豆腐。

早晨雾一雾，晌午晒死兔。

日落西边红，明日必定晴。

挂云起北风，下雨一场空。

中秋不见月，冬天风大雪。

今晚瓦渣云，明日晒死人。

早晨立了秋，后晌凉飕飕。

惊蛰宁，百果成。

八月十五阴一阴，正月十五雪打灯。

下了小暑，灌死老鼠。

有钱难买五月旱，六月连阴吃饱饭。

重阳无雨看十三，十三无雨一冬干。

雨下重阳，冻死牛羊。

麦盖三重被（雪），头枕馒头睡。

春寒不算寒，惊蛰冷了冷半年。

惊蛰闻雷米似泥，春风有雨病人稀。

五月十三滴一点，耀州城里买大碗。

九月雷声发，大旱二百八。

要吃饭，九九都不旱；要吃米，一伏一场雨。

冬至无南风，夏至干得凶。

九九有雪，伏伏有雨；要吃饱饭，九九雪不断。

秋前西风晴，秋后西风雨。

头九暖，二九冻破脸；三九、四九，闭门抄手；五九半，冰消散；
六九、七九，沿河看柳；八九、九九，牛羊遍地走。

过了腊八，天长一个杈把；过了年，天长一根椽。

过了九月九，太阳跟山走。

清明有雨麦苗壮，小满有雨麦苗齐。

人往高处走，水往低处流。

水从上边来，治水要治头。

治水不改土，有水无用处。
改土不治水，天旱吃大亏。
水是一条龙，先从顶上行。
治上不治下，万事一场空。
雨涝水土流，天旱渴死牛。
有水一片绿，无水一片黄。
水土不出田，粮食吃不完。
水土不下坡，粮食打得多。
有收无收在于水，收多收少在于肥。
山上没有树，水土保不住。
漫水淤泥巴，急水冲庄稼。

三、碑文、散文

（一）碑文

重修神泉镇觉皇寺记
关中解元兰池间司讲撰
中宪大夫太仆卿郡人松山李守纯篆
四川夔州府云阳郡人清源张秉直书

汧陇居关中之西隅，名山大川不知几许，各有寺院与四方之俗同。西去二十里有神泉镇，在镇有觉皇寺焉，东连岐凤，西通临巩冲衢也，北倚乾山。山飞出泉环绕于寺之左右，伏云飞雨，隐隐有神气，祷之。辄应，镇人赖之，寺载于志。其来远矣，余少时客游金陵，见我大明圣主敕建觉皇寺于开创之初矣，一时号为知佛者皆留于名，囿于因果询其说，盖取其佛教齐天而觉悟群生也，缘名责实将所闻乎夫。寺院原无定式古刹，宜所当复业其教者□不遵尚之，而亦不敢越宪度也，寺历正德末年相沿既久，霜露之所，蒙翳狐虮之所，窜伏入风雨者四面如一。嘉靖改元先共其谋乡耆镇人张君諱经者，乃请岐阳大金佛寺德果僧也，果因旧址排蓬□而功修葺之功。殿宇佛像庶几恢复，惜乎规模尚狭隘也，适有郡人湖广汉阳府贰守鸠巢张公约诸乡耆复举事，将与天地而同其终始也，其必有神以主之者矣，继有主僧明江者幼服沙门浮屠，教御岁壬子遇今上敕礼部颁赐，天下僧尼度贴崇侈庙宇，今之佛氏甚为存遭际矣，江得与马恒以翳取资于人茹苦含辛铢积寸累甫十载，而不艰拎力乃开拓旧迹鸠材肇工而重修之，咸如其法太殿三楹中殿三楹，作释迦佛十六罗汉塑像皆备，前□山门三楹，后有石佛殿、伽蓝殿、傍营僧舍斋疱二院，各有次第佛像饰以金碧殿宇，涂以丹□而绘其像于壁者又多，汉明梁武故事也，□□□□希圣子施地施材，悬金牌于觉皇殿，庙制焕然一新矣，殿前凿池汲引泉水，有鱼有莲，而对吴峰俯临汧水云烟相滋，泉石幽宫往往达人游憩于斯者，莫不以金陵胜概目之也，镇之绅耆张廷臣张钦等十数辈来予言曰：江僧大有功于寺也，不欲泯泯，具名请予为文以纪成绩，会有进士芝川丁氏邑传清源张氏先为之状矣，予学韩子之道为圣人之徒者也，嘗于墨氏而距之兹复何云，盖自儒失其守教化坠于地当，其时虽弃家毁服坏毛发者之多，为愚夫未达者设也，故嗣迦业者师子达摩流，为东山牛头传龙树者，惠文惠思炽于天台灌顶其斋，戒持律讲诵其书而崇饬塔庙法门之教，皆不越此言之，使人悲酸愁苦则外道魔人亦甚矣，而其徒或者以为斋戒持律不如无心讲诵其书，不如无言崇饬塔庙，不如无为其中无心其□无言其身，无为是为大以欺佛也，明江号慧川得法门真脉有道僧也，工始于嘉靖辛正越己未秋九月而落成，先郡牧□峰陈公给贴住持院事，今邻牧渔村石公而泐铭予因志，其岁月云尔敢田不能抗章排挤亦叛道，而倡为是说也。

陇州知州石银 同知王秉廉 新悦 学正左龙 训导侯万 黄门判官田有 同立

嘉靖四十年岁次辛酉十二月吉旦 （此碑存陇县觉皇寺）

重修老龙殿碑记

州治之西北十五里有泉源出太乙山，清流喷涌，隆冬不冰功能，却疾旱岁御灾无不响应。是以上人立庙于其上，镇曰温水镇，泉曰温水泉，庙曰龙王庙。四时远近祭享不绝，三韩宜思讓于己酉之岁牧民于斯，迄今四年雨赐时，若物阜民安犬不夜惊桑麻乐利，虽未俗美化成乃能家给人足。戊子仲夏倏然雨泽愆期，赤日炳烈者，匝月讓率属员绅衿耆□书役处诚步祷于庙，雨泽应时而沛四境沾足矣，讓念民天有赖皆神力之通，而州牧阴受其福可以无报乎，遂鸠工庀材捐资重修庙貌，不期月而告成工竣之日，七月既望，爰为记。

康熙四十七年岁在戊守南吕月知陇州事三韩宜思讓上

（选自《民国陇县野史·卷三》）

汧水渡革除派累碑

宝鸡县为革除派累搭桥积弊，以苏民困，勒石以垂永久事：伏查，卑县城东三十里底店镇有汧河一道，岁值春夏之交，水涨汹涌，向有捐造渡船二只，以济行旅；迨秋末冬初，水涸河浅，则搭木桥以免病涉。其搭桥工料，历系该镇东西沿河十二堡居民均派五六十封不等，每封共计大木三十根，椽木一十二根，价值四五千文。造完之日，官只发钱一二千文不等，此历年旧规也。现际搭桥之会，卑职密查各堡，按封交木者，少惟每封出钱五百文，交首事众人买办搭建。核算桥料时，当水大需用木四十三四封，水小止用木二十五六封，其余钱文悉归乌有。但事已既往，概免查究外，卑职因思搭桥细事，何至贻累十二村堡之居民年年科派？当即出示晓谕乡练牌头居民人等周知：自今以后，官采木值，催工搭建，不许派累一人，永远禁革。查历任中间有捐备不派之年，但未详请奉禁，以致积弊相沿。卑职仰请宪台批饬，在于底店镇上勒石，永远革除。俾十二村堡之子民，永无派累之扰，则均沐宪德于靡涯矣等因，通详在案。嗣奉各宪批饬勒石。

按：碑为清乾隆二十七年（1762 年）邑令许起凤请立。今不存。

利民渠碑记

利民渠自汧河高嘴头起至虢镇，绵亘四十余里，灌地百十余顷，其有关于民瘼国课者，盖纂重矣。此渠创自明弘治年间郡守钱公，继起重修者又有郡尊沈公、邑令钱周。二君先后倡率规划俱宜，民沾其利，但地势沧桑变更不一，奉行不善，将前人之良法美意弃置不问，司牧者与有责焉。予以公余，履勘情形，查得高嘴头以上马道□为此渠之水源，筑渠引水，历年变迁不定。新开渠道经由民田，类多阻挠不行。至行水向例自上而下，离渠愈远，则待水愈难。所以，每春开修渠道，居下者不乐从事，日以废弛。坐此二弊，致捐民利。若非严立规条谆切晓谕，无以经久而行远。爰为酌定章程，刊石明示，俾该地居民知所遵守云。计开条约四则：

一、高嘴头以下均系宝境，同乡共堡，休戚相关。凡新开渠道，经过民田有所浸损，即将淤塞旧渠道为之补苴，该地主不得阻挠，如违禀究。

二、每春浚修渠堤，各保渠长按亩派工，划一办理，不得观望推诿，如有梗众不到者，许渠众禀究。

三、行水自下而上。浚渠引水，自高嘴头一直通行至虢镇地尽处，即令该渠长自下底引水，挨次递灌而上，毋得紊争，违者禀究。

四、行水设一粉面木牌，按日、按时上下接灌，逐日登记，明白交代，敢有恃强不遵者，渠长禀究。

按：碑为清乾隆二十九年（1764 年）邑令许起凤立。

建修青石崖万峰寺龙王庙祈雨碑记

乾隆岁次戊戌夏五月，汧邑亢旱余□□，属诣县城二郎城隍各襄行香祷祈于月之，□入日得雨之刻，查访四乡皆无雨泽，复于十三日立坛恭祷至廿日无雨，余心焦急，因遍□汧庶俱云陇州青石崖神湫灵应。余用是斋戒沐浴，洁心洁林，常恐一念弗□上干神。遣率寅属二殿于三十日设坛城隍庙中，六月初一日共诣青石崖处祷，初二日痕刻，始至即余命士庶持瓶上洞求水，洞中有小园池三俱无点滴水，众焚香跪祷，俄而中之有水自石中浸出，渍有寸许，士民持瓶底正置水上，上用黄纸盖覆，鸣金擎鼓，拜伏岩下，顷之上洞□，视池水干竭举摇之，而水已在瓶中矣。覆持二瓶于佛殿后二神池边□祷如前，甫历□时，而二瓶覆纸浸湿水各满瓶，汧之士庶皆喜相告，曰神赐灵湫，□□□湫民之言涉□不敢□信因，默然祝甘霖三日为验及。初三日复陇之八渡迎水回汧，南行十里而雨泽随至，水未□城而汧之四郊遍沐霖泽，历三昼夜乃止。此同汧邑士庶诚恪所感而□神之□□，汧民无疆也感神惠，因首□建庙之说以告众，而汧之士庶莫不欣徒爰，择于本年十二月初二日鸠工取材，于四十四年四月建立正殿三间，俾汧民承报神庥，常蒙福庇焉，是为记。

敕授文林郎凤翔府汧阳县正堂加三级随□军功纪录七次陈文谟

特授凤翔府汧阳县儒学教谕孔傅纶

特授凤翔府训道署汧阳县训道事张延庆生员张自新

敕授登仕郎前任云南新与□管汧阳县尉事军功纪录四次如皋李绍高生员强太伸

特授关山营□防汧阳经制把总陈洪德生员邢振邦

督□书谢 金沐三敬书 白河平会首 工建□中篤起□ 快头李满盈 魏□ 大匠周明庚 水泥匠唐成 住持高盛□ 土工王应魁 李益全 笔铁匠朱大□

乾隆四十四岁次 日吉时合邑士庶敬立

（此碑存陇县八渡万峰寺）

凤翔府陇州南原里杨家滩一会人建修汧神庙宇碑记

且天地间物各有主神者，人之所主也。旱干祷雨非神莫祈，逐瘟除和非神不能神，非人无所安息人，非神无所凭依，是神与人而神资而实相籍者也。今我杨家滩草塬初开祖修歆神於庄南，内有威灵感应，驱虎豹而远遁，黎庶清平逐邪魔而不侵百姓，谓非之阿护而来者乎。於是集众商议，又卜地于北甫建修，内设汧神位，於左右智者曰：此恐神位之不得其所也。故公议会首择地卜期建修汧神庙宇，不数月而功成告竣，岂非神人之均感也，哉不意前人所成之功业，不数十年而墙垣崩坏，神像蓬垢，众皆曰我等依此若不修补恐后废其大功也，故重议会首众皆复施，是则人有诚心神有感应，仍不数月而庙貌依然，也是日功成群萃同处。举目齐观四顾丰采金曰：我处之景此地可以遍览，□东望之而巍然者麦磊峻，路西来之而悠然者，金龙关山南窥之，而缠绵者戴山崎路北颌之，而峨然者牛心奇观，且左右地步寥廓前后，水色清涟山远情亲，愈赏愈佳其非盛地之所，居乎是神得盛地之居，而人所以享无疆之福也，倘不勒志金石表厥姓字恕其世远，年烟而莫知也，故敬立石碣以产志千古。

总领燕得玺 会首杨发泰 熊登 胡永贵 熊大兴 冯世泰 李承泗

府圣生员郭永泰题笔 熊步云书 石匠刘廷李 刘琥 王贯明

嘉庆十六年岁次辛未亨葵月毂旦

（此碑存陇县八渡杨家滩村汧神庙）

灵湫广济碑碑文

碑阳：右上首：道光元年孟冬谷旦

正中：灵湫广济

左下首：閤州客商士民等公立石

碑阴：辛巳之春数旬不雨天时亢旱，百姓处处祈祷无应，二麦歉收，秋禾已种者黄萎，未种者都不能翻犁，粮价日渐增长，民情□□。我牧伯张公遂斋戒沐浴，设坛祈祷命礼房老诚经书二人连夜驰赴州属之吴山求取灵湫，湫至步行迎至郊外，随进□□供于城隍庙。内设太白神、吴镇神、龙神各牌位，香烛钱马灯、水果品、鲜花、素蔬等供逐日更换，并选择僧道跪奉大云轮□□经二昼夜，僧道饭食茶水俱遣人竭诚管馈，所有一切用度俱系牧伯捐出。并于每日早午晚，率领合署书役步履庙内跪□□院中日光地上，将一炷香跪完放起，如是按日三次，果雨民情欢悦，既又经旬不雨，百姓见牧伯前日求雨之诚足以感神□□，谓我牧伯若再为祈求或可救济。牧伯闻之喟然曰：只要上天肯隆我，求之何□□□，取湫祗坛，令僧道念经三日，仍遂□□食诸庙跪香如初，未及满□天又降甘霖三昼夜，四野沾足，粮价日就平减，各色秋禾大收，民情安贴。嗣又因众人在新街□□□行宫庙内，见有牧伯斋献香□□，庶济国家□祇庶相馈，因之有感，随立此碣以□□事云。

（此碑存陇县药王洞，后面碑文及落款漫漶不清，难以辨认）

潘公好公渠碑

文千西晖川河，灌田者，村庄不一，要皆各以本村地亩筑堰修渠，渠无专名，亦绝无争端。吾村观音殿旧渠，不知修自何年。嘉庆十二、三年，河水倒西，堰□遂废，水道淤塞。道光年间，河水倒东，旧渠之地渐次淤高。咸丰六年七月大旱，即于此处兴工修复，颇费财力。时上游李家庄谓：“筑堰处系李姓旧田，应赔粮。”吾村以为“旧渠石滩实非地亩”。两家各执己词，始而鸣县，继而鸣府，府宪委县令同儒学察勘，缘县台萧公素稔，吾村入学者多，学师人品才识素服士心，故禀府宪委其会验，府宪即准，所请也。会勘时县台云：“此处河滩挨李姓地亩，不若价，买入官，可免后来滋讼。”吾学师潘、郝二公慨然捐俸，愿归入学中俾门生王姓，合庄永灌田，绝无葛藤。李姓怡然遵依。即时丈量，南北长八十七搓，东西阔三搓，价若干，以作日后纳赋之资。李姓立契，学署收存，从此风平浪静，立息鼠牙雀角之风。喜吾村蒙此恩惠，当何刻骨铭心耶夫？秦之渠堰之修，载在史册，更仆难数，而惟郑、白二渠最巨。吾村是渠不及郑、白渠万分之一。然郑、白渠统而论之，灌田有百千万顷之多，析而论之，一村只受一村之利。而吾村利虽小，而受益绵长，何不可与郑、白渠一例溯其所在乎？兹淤渠旁竖石大书曰：潘、郝公渠。以体仁明县台让善淤学之意。吾村老幼饮水思源，言志之淤心，则存之淤目：存之淤木则言志之淤心也。故凡后之士夫览斯碑而当喟然有感曰：古今德政碑，去思碑，利民渠碑所在多有，惟系以儒学寥寥，罕觏。休言志者采访及之，可为史册中增一创见之美足矣，恶得一小邑水渠而忽之。潘公印龙标，嘉庆丙子科副车，咸宁人，署训导。郝公印凤池。附贡生，绥德州人。至李姓与学署立契，言能之于左。

清咸丰六年（1856年），岁贡生王桢撰刻

（选自民国三十四年赵和甫编《新千阳县志》）

圣母官地泉水灌田规式碑

署理凤翔府特授汉中府正堂加五级记录十次龄批立

赏戴花翎特用直隶州署宝鸡县正堂加三级随带军功协加三级记录十次周为遵札刊石以垂永远，事照得南崖里旧有圣母泉水一眼，亘古以来系南崖里胡家庄李家堡为上下庄，每庄一日一夜，轮流灌田，六日一轮，周而复始。前于道光二十九年上下两庄因争水控府批饬凤翔县审讯，嗣经乡约王鹏等处和乃照旧规详销在案。迨至光绪五年七月天气亢旱，上庄南崖里张唤等以地亩较多水不敷用，借言十二日一轮，仍等浇水十日。下庄各处只有两日，以致胡存等控李前任，禀请本府饬抄原案到县仍照旧规核断。乃张唤等违抗不遵，赴府呈

控，批饬仍照前断，复讯张唤等仍复狡执。本县禀请本府宪龄亲提讯究，仍照道光二十九年原详断。令上庄南崖里下庄胡家庄等村照旧分上下两庄，每庄一日一夜，灌浇六日一轮，不得混争嗣后，上庄民人翻异生事，惟张唤是问下庄民人翻异生事，惟胡存是问。至于每年修堤筑堰所需费用两庄各半分摊，亦不得从中取巧又起事端，惟案经断结诚恐待远年湮复紊旧章，故将府断案情勒石石羊庙以资遵守，而垂远去尔。

宝鸡县印

上庄南崖里首事人，下庄胡宋庄李家堡首事人

张唤张仓李刚李有胡存胡仲荣辛凤士马维

主训底店镇义学生员辛培基书丹

光绪七年岁次辛已仲春月上浣穀旦

（此碑今存千河镇李家堡村）

孟氏捐立河防资助碑记

陇州城南沙岗街滨邻汧河与州城相望，每届秋霖河水暴涨，行人往来不无淹没之患，地方官绅士庶屡欲设法挽救，苦无久远之资余，亦日夜图维自觉束手无策。何幸富平县五品蓝翎尽先补用千总有姓孟名蓝，其人者好善乐施，情愿施舍街基以拯水患。余闻之嘉而不寐，因将沙岗下街孟氏自置坐东向西街房一院，共计门面楼房三间厦房五间，通前照后捐入本社龙王会经业。此街房现系王增锡细住，每年细价一十六千文，所有卖房文契当日交与会首，即认会首为房管理人。至于铺柜架板器具开列单目暂与孟氏存寄，日后水涨时由会首招募人水夫，倘有漂泊即为拯救护送。凡若此者原为救人救物立法，非为渡河渡水设策。无论官商士民平常因渡河雇人理应自给工资，与此项无干。若到水涨救急水伕工价会首即以此项佃钱开支，不许向渡河者勒索，若溺者有钱亦听其便，每年拯溺毕如有盈余可寄存下年使用，伏冀诸会首善体此意，尽心尽力以垂久远，则孟氏之志愿已遂余之志愿亦遂矣，但恐时异世殊湮没善举，故泐碑永为之记。

光绪十五年□月□日知陇州事闽中龚慎图叙，碑在沙岗子龙王庙内。李张氏城内西街李长清之妻也，寡居无子。光绪二年以所有西街坐南向北三间街房一院，通前照后暨南庄里地七十五垧，庄基一所，北山上地九十三垧，粮食若干，石会钱二十千墙根变价钱三百千，一并捐给五峰书院作为乡试卷资。知州周鸾州同方玉润题巾帼仗义匾额悬于所捐街房首，立碑于门外。公议除钱一百千给该氏修墓立碑，又以钱五十串发商生息，为该氏每年春秋拜扫之费。

（选自《民国陇县野史·卷八》）

重修流渠桥碑记

张万泽

陇州古之名区也，西通甘肃，东达神京，羽檄文驰，商贾辐辏。州西四十里许有流渠河，源出陇山流接渭水，每遇淫雨，千涧万壑皆汇于斯河，骤然泛涨，累日不消。其

奔腾澎湃之状，非银汉之泻，龙门之倾，不足以拟其似也。往往邮传阻滞，行人漂没，河之为害诚巨矣哉。乙未岁有羽士李和心暨州之善士托钵经营，修东西两埠，中列三墩，架木为梁，越三祀而成桥。人不病涉，数年来无斯河之害矣。已酉夏大雨弥月不止，河水之泛涨，冲其一埠二墩，行人不能渡，而河之害如故也。迄今三载往来者徒抱临渊之叹，终鲜修理之术。辛亥春本府太守任公赴咸宜关督运军粮，至河上与人涉水而渡。公询之里人得悉其故，遂然估其修理之费，而曰先经其始，吾将继其后也。州刺史程公续捐三千金，而缙绅父老商贾行人不约而同，各度其力之所能，欣然乐施，不崇朝而费足矣。爰复鸠工琢石经始于四月落成于秋八月，而河之害永除矣。夫以数年不易成之功，千万人不能举之力，而一旦欢欣踊跃不数月而告竣。何其心之同而成功之速耶。盖闻太守之为政也，凡事有关民生利害者，寝食不宁，心亟亟焉先为兴之除之，善政之入人也其深，故人之观感而兴也，甚速斯桥之成也，故太守任公倡之，亦由刺史程公成之，皆识为政之体也，于是乎书。

（选自《民国陇县新志》）

重新城隍庙并城工河堤记事碑

光绪丙午冬隍庙宏工告竣，亿此欢腾水旱瘟疫屡著灵应。阖州士庶永感神休珮翁唐牧伯，恭诣拈□□祈福，以记事之文嘱愚愚。□占复隍之爻城固成大众志，蜡余重水漉之祀功不废乎民防，□□皇帝始书井封疆肇域，原凭经界保□□区，即震关东。陇古初亦称雄州，灾患捍祀为社稷民众，而薦币奉牲原欲驱魅应席鸟可不饰，巍峨之庙須壮奇丽之观，瞻妥幽赞之神□普间阎之庇阴者哉，奈地当陕甘徭役应烦时际，大羊胜梁蹂躏沓至，溯重新於嘉庆之初，二禾苗□青海乱作复旧制于，咸丰之李事方赏而花门叛萌是已，数历百年策勘主修，经两次抚之焕新，夫难初平。将覆未成之篑予求欲效，旋罹□□之凶，虽灵光归然，而丹臒无色，宝塔初造，而布地需全，遂致雀啄鼠穿几佛，愿著龚纵极怆心□目。惟有螳臂当车此，千人所共见，而一息□难安者也。幸赖阿罗汉重见宰官□□兼蒙大菩提初出善信之士，而且营□牟均失齐心军士健儿几成佛亦无往不神□□普及，于邻境□远弗屈州俚讵遗夫编氓，登高一呼，万山靡不响应，同心协力有志自能竞相经营者，阅二纪原始要终縻款项者，逾数千者，废并举不第。新庙成而神欣祷祀。且看堤防□而河渡安澜园开，漏泽枯骨亦被馀恩会附寒游魂，不至为变此亦相时而动待人而行之明□也，不凭法力谁□善门不握，智珠安识道果□由勤执事，而毫无废事如大造全不言功置所，而绵为世其欲岁修永远，有赖工起于甲辰秋初落成于丙午冬。□特勒昭德懋功之，召用志□衷共□之休。

例授修职左郎候铨儒学训导岁贡主郡人丁全斌撰文

陇州儒学廪膳生员贾箴增广生员张鑑家额书丹

石工崔镇西　杨烈

光绪三十年岁次丁未二月壬辰朔赵六日谷旦

（此碑存陇县博物馆）

重修龙眼寺碑记

龙眼古刹也，以其有二泉，若龙眼然故名，其地在东吞之阳，高明爽朗，乔木森蓊，其土厚而腴，其泉甘而冽。世传乡人婴渴疾者往往饮之辄愈，遇岁旱谒而祷焉。时或相应，以故州东之人，无远近少长，皆不吝施予而乐趋赴焉，始予观场时尝到寺下避暑，于泉之间取水瀹茗，其味不让陆子第二泉。已而翘首南望几，吴岳天井金门诸名山，如仙掌芙蓉层见叠出，隐者恒栖息之三十余年，予投簪西归时，复肩舆一往。每爱林泉幽雅，既去而复留者至再，而寺僧德通行慎而朴，言寡而愿，似非惑于福田因果死生轮回之说，盖有山水烟霞之癖，而不能释然者也。徐复诱而咨之，朗然能道吾道君亲师之理，岂内有所见而托迹于浮屠氏之间舆。弘治丁已春，修葺寺宇告毕，德通匍匐求予记其事，予孔子徒也，且非香山居士之流，将复何言。虽然山川清淑之气因能钟乎人，而非吾人为之品题。虽有瀼溪盘古则，亦不能名天下而傅不朽也，吾陇山水清且秀者，洎之龙眼而已哉，而龙眼泉石之灵非惟能已人之疾，而济时之旱也，且以可使高人隐士坐销名利之心，是诚可书考之残碑，询之父老咸谓此寺创始于有唐名将鄂国公，以予度之。唐都长安距陇仅五百二十里，其说理或然也，第至今数百年不知寺之兴废凡几，今日脱非德通为之倡，徐氏觉清舆兄徐海偕诸父老吕仲仁赵思本等相舆赞成之，其颓垣败壁几何不流为荒凉蓁莽之墟哉。兹焉讲舍法堂后先相映庖湢方丈左右渐完，继自今主是寺者，慎母坐视隳废，借此相袭为渔利之计可也，是为记。

河南参政阎仲实郡人

（选自《民国陇县新志》）

青石崖重修碑记

余见夫天地之间奇迹胜境多，在崇山峻岭有其与之莫或废也，有其成之莫或泯也，而神祠古刹亦有自然之。陇南乡六十里徐有万峰寺，新额曰青石岸稽诸刱建。重修实繁有人惜世远年湮姓名失传于，亦突难为之患，举世观其形胜山峰水秀，地幽林茂森严，云鹤浮云一尘，不列万物，长春诚栖圣之地修真之所也。俨然蓬莱仙境宜乎神之所依故，历代相沿，民有水旱疾病必瑞一诚庄以祷。随威而应拽之，影响无知年湮代远庙貌形残，绘彩剥落。维时民国二年适有善士程泰捐钱六十贯与黄冠张明禄等，顿发仍旧之心，旋立鼎新之志，圮完隘关饰陋起作塑彩光毕，丹霞炫耀，遗举败整工程稍备。民国七年正月三十日祝融肆虐，可怜山寺尽成焦土。八□一方善士高得全、会首袁聪、樊生全、程林、樊生贵等日睹他伤不忍坐视论之，慨然起其接迹前修之志，鸠工渐造协心募缘底成盛事。孰意兵燹岁荒力不副心生为之不果，自民国十二年迄今七八载而功终告竣。今见其正殿水洞与夫，玉皇楼、三清殿、龙王庙、子孙宫、五圣庙以及湫水齐□之所道流栖息之室，靡不蔚然深秀可观，焕然而维新环境，诸山川之增辉者青崖之奇观也，令而后神功默佑物阜民康，纵不当陇县屏藩洵堪为一方之保障。庶几风雨节而寒暑时五谷熟，而民人育向莫非保爱黎庶抚养万民之心哉属，成为文之余亦欣然弗揣简陋故，按其节略而为之记。

陕西省立中学毕业前充陇县议会副议长南村弟子蒲兴沐手选文并书

中华民国十八年岁次已已二月榖旦敬之

经理会首高得全袁聪程林樊生贵敬立

段家峡水库功德碑碑文

千水汤汤，名载史章。大禹治水，导千及岐。
非子养马，千渭之畔。马大蕃息，开土拓疆。
武德八年，五节堰成。漂木漕运，直抵长安。
水渠水磨，榨油磨面。发展生产，造福家乡。
陇州大地，水利积弱。靠天吃饭，饿断饥肠。
缺衣少食，日子牺惶。天灾人祸，泪眼汪汪。
建国伊始，改天换地。治山治水，盛世新章。
修库建塘，群情高涨。文革中期，建库号响。
全县动员，力争上游。自力更生，艰苦业创。
感天动地，英雄举壮。除险加固，帷幕灌浆。
励精图治，苦战八载。高峡平湖，灌区扩张。
粮经作物，增产增收。兴利除害，防洪保安。
段家峡库，功德无量。首善在水，民富县强。
人民生活，幸福安康。段家峡库，功在当代。
农业大县，基础稳牢。水力发电，梯级开发。
水电明珠，星罗棋布。电气化县，全国闻名。
以电代燃，绿色环保。工业发展，用电有障。
段家峡库，利在千秋。一城三县，蓝图再展。
富裕小康，共同梦想。三级城市，五个陇州。
科学发展，统筹城乡。人水和谐，续写辉煌。

（陇县 支向儒）

冯家山水库纪念碑碑文

冯家山水库位于宝鸡、凤翔两县交界处的冯家山峡谷，土坝高七十三米，长二百八十二米，顶宽七米，拦腰截汧河，高峡出平湖，控制流域面积三千三百三十二平方千米，迴水十七点五千米，总库容三亿八千九百万立方米，有效库容二亿八千六百万立方米，以灌溉为主，兼作防洪、发电、养殖，灌区辖宝鸡、凤翔、岐山、扶风、眉县、永寿、乾县旱源农田一百三十六万余亩。一九六九季筹建，翌年七月动工，一九八二年元月竣工，历时十一年又四月。

全部工程分枢纽灌区两大部分。枢纽由拦河大坝、泄洪洞、溢洪洞、非常溢洪道、输水洞、坝后电站和古河道防渗等工程组成。灌区位于渭北高原，以汧河为界，分东西两部分。设总、南、北、西四条干渠，共长一百一十九点八千米，建筑物六百一十四座。总干渠二号隧洞长一万二千六百一十四米，犹如地下长龙。自流灌区设支渠二十九条，抽水灌区设五千亩以上泵站二十四处。在宝鸡市党政领导下，坚持自力更生，兴修水利。干部、民工、科技人员，奋勇争先，四方云集，枢纽和灌区工地日上劳最高达十万之众。他们盛夏挥汗，寒冬呵冻，大坝靠人力填筑；万米隧洞凭土法开通；高七十八米泄洪塔以民工为主筑成；长九百二十米溢洪洞取毛喷支护和通气减蚀新技术。全部工程用工五千五百余万工日，移动土石三千零六十六万立方米，浇筑混凝土四十二万立方米，总投资一亿四千七百四十四万元，堪称费省效宏。自一九七四季蓄水运行后，灌区面貌逐年变化，旱田得润，五谷丰登，六畜兴旺，经济振兴，水库调洪削峰，防水患于无形，灌区人民丰衣足食，数千村庄欣欣向荣。用水思源，当记水利电力部陕西省党政机关和各部门关怀与支持；市县党政军各级干部精心指导；各行各业鼎力协作；库区农户弃村迁家，慷慨奉献，功当与水库长存。尤为贵者，劳动大军有积劳成疾者，有负伤致残者，有流血捐躯者，其坚其勇，可歌可泣。时值冯家山水库运行十五年之际，灌区人民乐于始，勉其终，遂倡立碑石，以兹纪念艰辛劳动者业绩永存，缅怀流血牺牲者永垂不朽。

冯秉祥书

陕西省宝鸡市冯家山水库管理局立

公元一九八九年五月一日

千河堤防工程建设纪念碑记

千河由西而东横贯千阳，系造福百姓之水源，然偶有水患，毁农田、断交通、祸人命，危及县城安全。千阳县城位处千河中游河道两岸，城区三面临水，尤千河、冯坊河二水汇奔极猛。志载明世宗二十六年(1547)六月二十五日，千、冯二河水暴涨，城陷民漂死者无计。1954年8月26日，千水洪峰流量达3200立方米每秒，旧千桥被毁。70年代，全县动员修堤4万余米，造田8千余亩，受益匪浅。然因财力所限，堤防过简，经数载遭洪而废，时全县干群思防筑堤之意颇切。1995年主管部门依据千河治理总体规划，对县城防洪工程按抵御30年一遇洪水流量设计，上报喜获立项，未几拨资令下。1996年春，县城建部门组织施工，完成北岸五百米堤防。是年7月26日，洪水猛发，南岸水泥厂、动力厂浸淹，北岸屹然，工程效益初见。翌年由水利部门实施，继而延伸北堤六百余米。1998年易筑南堤，至1999年9月，顺而完成1600米防洪堤，又复建涵洞2座，丁坝4座，历时四载，千河城区段两岸防洪堤若巨龙雄踞，钳束洪水循导床而发，不再漫流。即移动土方22万立方米，砌石21500立方米，输资496万元。兴工间，承蒙省市领导、专家重视支持，县领导临场指导，主管部门精心组织，施工技术人员按规操作。今之防洪堤高竖，涵洞畅通，始造福一方，亦壮千域之观。兹值南堤竣工之时，撰文树碑，记其大要，刊石明示后来者，以制筑堤相沿，岁修日管不辍，惠政利民，功著千秋。

撰文 孙福仁 书丹 倪民乐 李恒丰 刻石 张文涛

千阳县人民政府

1999年9月27日

老龙殿碑记

老龙殿位于景福山山系脚下，县城西北处，是一座道教庙宇群和地理位环境奇特之地。

据景福山道院民国三十五年碑文载：老龙殿为景福山道场下院，授受管理老龙殿界址，明确东至闫家沟红土梁，西至麻子山山坡大盖竣，北至老龙殿上嘴，南至走老龙殿水泥路下界。据民间资料载：康熙王曾在景福山、老龙殿等地微服私访，传为佳话。此处泉水喷涌，溪流不断沸若温汤。自古就以温溪不冻美称，列为陇县八景之一。老龙殿泉水由老龙、珍珠二泉和簸箕潭、裹肚潭、棺子潭、黄龙潭、青龙潭、窑潭、明潭、玉潭组成，水流在殿西南走向的鸡峰亦叫麻子山和殿宇北的八宝山亦叫北梁山对峙形成的峡谷中流出，依次将八眼泉串在一起，潭深水碧，水透晶，水质优良。现为温水镇团结村、枣林村、坪头村、温河村、店子村和县城居民饮水水源地。老龙殿庙宇起始应在远古大禹治水的龙王时代，盛兴于唐宋，重修于明清。近 40 多年来，老龙殿庙人积极组织，多方争取资金，于 2001 年在老龙殿主殿之山坡上新修了太上殿、三姆宫殿等，座座庙宇形制古朴，斗拱飞檐，金碧辉煌，使老龙殿庙宇群更显宏伟壮观，神秘幽静，香火旺盛，游人不绝，是著名游览胜地。老龙殿庙会管辖十一村分会，有董家庄、石家庄、侯家庄、吉家庄、王家庄、柴家洼、闫家沟、北梁、麻子山、周家渠、南山、高坡、千金沟。

老龙殿道观 撰文张奇 鑫通石雕工艺部王会兰雕刻

千阳县南寨水厂碑记

南寨为秦陇内一大旱原，自古人畜饮水多以深井发泛黄□负责时□力甚为艰辛。近三十年来省市支援筹建人饮井站三十余处，但规模小而效益低□群众生活改善和生产发展下□理想。一九九零年报经省市批准南寨水厂列入国家以工代赈项目。县上成立以乔春芳副县长为组长的领导小组负责筹建，水利水保局工程师张发林主持设计，次年八月动工修建，以大沟水库蓄水为源，将一至九千米明渠加盖引水至水厂，经沉淀过滤消毒后进入蓄水池，以十吋钢筋混凝土主管通经一至八千米输水至分水闸，再接东西中布局压六寸铸铁管送水至各村组，供水以地势高差自压压力达十二公斤/平方厘米，为减轻静水压力在千原、涧头、闫家村三处同一高程修筑减压站各一座，其下将三支干管接通经西支干管供水至县城与东城区自来水管路联网，设计年供水量六十三万立方米，可满足三万余人饮水。水厂于一九九三年十二月竣工投用，历时二年零四月，投工八万七千个，投资二百余万元，工程告竣承蒙省市领导关怀，工程技术人员精心设计，严谨施工，南寨镇领导鼎力支持，乡民积极投工，促其顺利建成，群众笑逐颜开，颌手称庆，唯望依法加强工程管护，照章□约水资，立石作记永当铭志。

书丹 李新忠 刻石 张林让

民国十三年第二部政治视察员王珍视察千阳县报告书（摘录）

甲（略）

乙农林事项

水利：查千阳县境，地尽山坡，井水甚深，利用井及蓄水池灌田者无之。川原农田多借沟水灌溉，年来天每干旱，农民自行开凿渠道多处，均于本年六七月间竣事，享得水利不鲜。唯一遇大旱，则河水易涸，仍不克裨益农民。天潦则又坡水洪流，伤及禾苗，是防水造林在千最为重要。视察员到县后，当同该县翟知事商议，俟来春植树时期，赶速在山坡间大举造林，以养水源，而缓湍流。想一经举办，该邑水患自可逐渐减少也。

植树：查千阳县以四境山垣，易成树林之区。而近来木料缺乏，薪材苦于供给不支。地利坐失，可叹孰甚。视察员至日，业经饬知农会，赶由苗圃多育树苗，就河滩及山坡间举行大规模之造林，更劝导农民于屋角田隙间多多植树，以养木材云。

（二）散文

《春秋左传》·僖公十三年

救灾恤邻，泛舟之役

春秋战国　左丘明·著

原文：冬，晋荐饥，使乞籴于秦。秦伯谓子桑："与诸乎？"对曰："重施而报，君将何求？重施而不报，其民必携。携而讨焉，无众，必败。"谓百里："与诸乎？"对曰："天灾流行，国家代有。救灾恤邻，道也。行道有福。"邳郑之子豹在秦，请伐晋。秦伯曰："其君是恶，其民何罪？"秦于是乎输粟于晋，自雍及绛相继，命之曰："泛舟之役"。

译文：冬季（冬），晋国发生严重饥荒（晋荐饥，荐饥：连年失收。荐：重、厚。饥：谷不熟为饥）。晋国派人到秦国请求购买粮食（使乞籴于秦）。

秦穆公（秦伯）先征求大臣子桑的意见，他对大夫子桑说（谓子桑，子桑：公孙枝，为秦国大夫）："给他们提供吗（与诸乎）？"

子桑回答说（对曰）："再一次施给恩惠（重施），而得到晋国的报答（而报），那君王还有什么要求呢（君将何求）？再一次施给恩惠（重施），而得不到晋国的厚报（而不报），他们的百姓（其民），必然人心离散（必携）。人心离散了（携），再去讨伐他们（而讨焉），晋国没有了民众的支持（无众），就必然失败（必败）。"

秦穆公又征求百里奚的意见，他对大夫百里奚说（谓百里）："给他们提供粮食吗（与诸乎）？"百里奚回答说（对曰）："自然灾害的发生（天灾流行），总会在各国交替出现的（国家代有）。救援灾荒（救灾），周济、体恤邻国（恤邻），救灾恤邻这是合乎道义的，这是正道（道也）。按道义办事（行道），必然会得到福禄（有福）。"

邳郑的儿子邳豹这时正在秦国（邳郑之子豹在秦），邳豹则是请求秦国乘机攻打晋国（请伐晋）。

秦穆公说（秦伯曰）："憎恶晋国的君主是很自然的，晋惠公固然可恶（其君是恶），但晋国的百姓又有什么罪呢（其民何罪）？"

秦国于是运粮给晋国，把粮食运送到晋国（秦于是乎输粟于晋），运粮的船队从秦国的都城雍到晋国的都城绛（自雍及绛），一路上运粮的船队络绎不绝，连接不断（相继），人们把这次运粮称为"泛舟之役"（命之曰："泛舟之役"）。

《左传》，旧传为春秋时期左丘明著，今人认为是战国时人所编，是中国古代第一部叙事完备的编年体史书，更是先秦散文著作的代表。作品原名为《左氏春秋》，汉代改称《左氏春秋传》《春秋内传》《左氏》，汉朝以后多称《左传》。

邑令周开修利民渠记

张钟英

邑治东三十里许，越汧河东南广袤数十里地，燥刚田无中上，其逶迤五里居民连连，村落无流泉溪涧之利，盖三农缺而九谷其未全也。相传明初沈明府太尊权与开渠股引汧水，尝便民溉田云年远，渠堤坍塌，水利不行。再经钱明府而随修随废，亦越本朝雍正十二年邑令钱悦志勤民开渠，巡历弊孔胥除遂积年与行，而未几又废所以然者。良田由河水高于平地，自上治下如汉时穿冀溉田坚堤、漕渠悉易为力，惟地高水下激而行者脱措。置一未当断难经久不敞，去年夏恭逢我周邑侯莅任之初即留心民瘼，凡利民之所在佥与行巡知遵仪、善庆、武安、底碢、凉楼五里，有旧开渠利，以治法未良屡兴屡废，相度之下励精图治，溶源广流，谋可大而可久爰。凿渠深三尺，阔六尺，堤道逶迤三十余里，道经二十三村，村地灌溉三十余顷，截一渠作二十四分立之长。如遵仪里里长高金明等二十四人挨次鸠工修治，则人众力齐灌溉则同仁一视上流，痛戒壅泉远地均沾实惠，设造木牌胪清渠灌之地若里，该若干数各处各执一牌，各渠渠长率人轮流巡察，补残序次比岁一新，总使远近久暂彼此不得相奸，法成山立，其诸参酌权衡前事之利弊得失而区处之，尽善者即使贾让复出所为，渠成水开民利灌溉，相率治作虽劳不罢。富国安民，兴利除害，支数百岁之良策，无以易此依此铭镂以志，食德久而不忘，异日砚山石下当，更有读□臼而莫禁其唏嘘者。

（此文载于《宝鸡县志》1996 年版）

升原渠说

清·容万有

唐书宝鸡有升原渠，自渭河引水至长安故城。虢之升原渠在虢镇西北引水咸阳，垂拱初运岐陇水入京城。今宝治与虢东西相直渠，在宝曰治东，在虢曰西北，宝引渭水虢未注何水而曰，西北引则非渭水也，明矣人乃为虢渠亦引渭因承宝之上流，故不复注愚□惑焉按宝东距汧水三十里，汧东距虢二十里，渭在虢治西南地皆卑下，至虢突起大阜如龟卧形，北枕原南□渭水再南去山麓仅里许，再东迳漳水武水阻深壑，若渭将不能遽越虢而东注，又焉得引至长安咸阳哉，或曰唐都西京宝虢俱属次几。以朝廷之力堙山填堑讵不引一渠于京城乎，然此皆臆说耳惟，吴氏呈祥白渠辨兴平无白渠，所谓白渠者成国渠也。乃魏尚书左仆射魏臻所开，其读上承汧水于陈仓东迳郿及武功槐里县，北迳汉武帝茂陵南陵，故渠又北分为二渠，东至虎圈南而东入灞水合渭，至六朝时无水。唐去六朝未远升原渠下流，应从成国故渠引至咸阳历历可数，其上流应亦汧水非渭水也，及考雍大记水经注成国渠上引汧水，于陈仓入上林归蒙笼渠，东过郿及武功槐里至六门堰与升原渠合，又若成国升原上读各异，而下流始同岂升原从陈仓东北引汧水上周原，而东受岐水漳水武水，成国自虢通郿越三江口入六门堰乃合升原也，耶沧桑屡易不可复识，但以地望言汧河由隃麋入陈仓境并无深山大壑，若于出峡之东原脚湮刊浚渠不四五十里使能引入原上，唐书载运岐陇水者，陇即汧之上流也，在陇为陇水，在汧为汧，而人但据渭水以为言，是未深考之咎也。

（此文载于《宝鸡县志》1996年版）

惠民渠记

清·乔光烈

功莫便于因利，事莫患于畏难。不知其利而不能用，是谓其利，然知其利而不能用，则畏事之难而因以堕其功，非令长所以为民计也。予初宰宝鸡，至邑之李村，见其中民田数百顷，皆平壤，然旁无水泽，唯资雨于天，设岁旱干，即尽为赤土，种无获者。私计县北临汧阳，汧水自北而南，行六十余里，东流入渭，汧性甘而肥，农人引以溉田，利尤溥，思渠引以泽李村之人。顾滨千西岸，皆崇岗峭壁，土石杂袭，若障若扞，势不可得渠，予以为凿石穿土，沟而深焉，水当遂可引。因集掾父老计其事，咸曰："是成甚善，然明时凤翔守常议请为渠矣，终以费烦辄则止。今诚欲为之，恐从事甚艰而效且难必。"予告之曰："计者，事之本也。需者，事之贼也。故为者常成，行者长至。且吾所以不惮勤勤而规此者，诚见役虽烦而利实多。苟必以难为畏，是议阻于明时者，功复废于今，将听此数百顷者而长为槁壤，岂予所以为民计哉？"乃召工徒，期日勇穿之。日任工六十人，顾费无所出，则取俸钱给其佣值。李村人闻之，亦大喜曰："县大夫为我如是"，相率其供其饮食焉。始乾隆庚申仲春，迄壬戌之冬，凡三年而渠竟成。其所开石渠，高五尺，广三尺，石既尽属于土渠，计石渠为丈八百；土渠高五尺，广六尺，计土渠为丈一千三百余；合凡二千一百余丈。汧水之流大人焉，以达乎李村。所为数百顷者，既悉溉。且润其旁田，虽甚旱，无恐。先是，功且半，凿石将尽，有石如夏屋高出而状圆，号龙一头，盖土俗所名，李村旁居人谓其里风水所属，争前相扰。予不欲与强，假言："龙得水则活，与汝尤益，且凿之而汧流南迅，汝得置水磨其间，因以致利，不愈善乎？"其人皆喜诺曰："唯邑大夫命。"乃凿其左方，中空空然；更右凿之，试灌以水，水盈而溢，如瀑布下垂。声潺潺响山谷，观者以为奇。既而功大竣，以告于府，太守罗公赐名曰"惠民"。李村人与邑缙坤父老咸谓："不可以无记。"夫是渠之穿，议始前世。然以其难而足罢，而幸成于今，予岂敢因是自以为功，顾唯决于始而弗怠于终，不以劳自惜而忘其艰且烦，以致民利使岁不能灾，而耕者乐饱，则庶几予之所以为心。是役也，历时月凡三岁，任雇几数万人，而与所捐俸金积算亦甚巨。其受事而往来董役者，益门司巡检徐庭杰与有绩焉，因并书于石。

乔光烈，乾隆时宝鸡县令，多有建树，文记修李村惠民渠以汧河水灌溉农田事。

石门记

走三千里到汧，阅历山川奇胜，目眩心招，乃始望洋而惊，适适然叹天地之大也。顾山不孤放，水不遂往，凡名山大川，每相附丽：匡庐也，附乎彭蠡；姑胥也，附乎震泽；钟山、牛首也，附乎大江；罗浮、武夷也，附乎渤海。故凡言山必兼言水，以其为物不二也。秦饶于山啬于水，即水亦多漫延迅削，与山不相亲比。夫人一身肤骨营雪，相符不离，而后气韵生动，风采离披，发之清和润泽，望而知为灵秀焉。山，其骨也，土石相间，夷衍绵沓。水，其肤也，则其营卫血泽也。秦地百二，雄甲天下，如崆峒、太白、龙门、少华诸山，脍炙人口，余恨未尽寓目。其他峻峭盘曲，高并苍天，深极函谷，固多奇胜哉！然骨或棱露，肤或皴笨，呆重童枯，对之闷烦。每怀南中江山之秀，思得放舟湖上，弄水江边，观兢渡于天中，望涛气于八月，言念徒殷，祗劳梦寐耳！

公余偶暇，寻访禹迹。因纵视城头石门，其山石对立，肤色皆青莹，润泽不枯，且层叠起卧，蜿蜒垂下，俯临深潭，有金山半壁之势。汧、晖二水汇奔极猛，到峡口锁束，若扼吭逆流之，水不得快志往，遂乃怒激奔腾，两相射激，若兵挺击撞，回复哄斗，经数遭，乃去。去则鸟奔兽轶，冲石翻岸，若武夫悍卒醉怒决张，不可拘缚。益以淫雨暴涨，川水迸发，则汹涌怒号，惊闻数里，声光所激，则全乎江涛飞立之势矣。对岸群山耸翠，攒叠回翔，山腰一抹，空洞旋绕，各饶秀致。日暮，鸦归远树，鹭落沙汀，烟雾迷离，夕阳返照，颇有南中景况。此则山水相遇，有声有韵，有景有色，所谓骨与肤卫相符而呈采也！

夫山水岂必高深，取其足以寄适性情畅发天怀而已。予坐斗大城中，日苦奔走，必求华岳、太行、瞿塘、孟门，逞极大观而后快志。无论时不我假，会不适达，且抛却目前侈想。远大下令，一拳一勺，笑我诞妄哉？苏子云：“山水无常主，闲者便是主人。”予与石门若“米颠”袖中石，篏空玲珑，时相玩弄，仍恐传舍吏一朝攫去，此块然者将不复为我有。今既有之，又偷得余闲，云胡不爱？且赏也！因咏怀数首，聊以寄兴，且厚有所托于石门，以待后之莅兹土者。

（此文载于清顺治千阳县志《石门遗事》）

劝农七略条陈（节录）

清顺治知县　王国玮

一开浚水道，灌溉秋田。按千民受困，不止一端，亦有小民愚仆困陋，不知兴利趋事，一遇水旱，便束手待毙。且因荒治贫，因贫易更相习偷惰，如彼飞鸟自呼，得过便过而已。愚轸念其苦，痛惩其惰，躬自早作夜起，振乎士民醉梦，不忍以姑息益之鸩毒也。间时不惮勤瘁，巡行郊原，用视田亩，多进水泽，愚谓此荒芜者非石田乃高壤也。且川水自发高原，日夜不竭，来自上流，顺而易导。较之吾乡膏腴之地，为力既省，岂可坐听其抛荒哉。今岁时值大旱，其高原平地枯早难垦，有此水田，便当以人补天，何忧旱魃。亟命里民开浚水利，相其高下，画亩经浍。凿渠立圩，以时蓄泄，引漫延无用之水，导归襟带，浩浩渺渺者，俱属有用矣。中有惮劳者，谓此田从未开辟，恐费人力。愚谓千民受困，正做此病。会须拔此偷惰病根，打起精神干事，初谓以人补天，此更以勤补拙。士民亦遂欣然乐从，开垦水田，公私共食其福矣。

选自清顺治《石门遗事》

注：原作《劝农七略条陈》共涉及七个方面的内容，本志仅选有关水利方面一条。

石门后记

予识石门，盖自诸士庭谒始也。

先是予至汧，日进子衿於庭，商榷利病。或告曰："昔时新城未设，有石门对锁，玉清宫耸峙，当邑东隅，风气攸萃。今易置，遂在西，独小石门在今县东，势稍下而出吻悭喉，篏束水口。"闻故老言，昔当缔建之始，曾经佥议在此立堤闸，以时启闭水有所蓄，以渐进毋覆猛迅，便可设舟，使南北来往不至病涉，西接关陇，亦可疏通河运，傍岸汧阳关势将圮，当移镇小石门上岸，与玉清宫并峙左右，益足培补风气，其相率言大略类如此。予谓此老生迂谈，且时不易为，然舆论所陈，未尝不留置胸臆。会客从南中来，觞之石门，相与披襟盘薄，拍还徘徊睇望，始知前之所言不为无据也。

盖关中古邦畿千里之地，凭河山之形胜，宅田里之上腴，星置秀错，水陆兼通，北起五原，挟崆峒而南抵陇。汧水发源，北受之泾，南属之汧，达于岐渭。昔时定有堤闸、梁坝，层递关锁，长桥卧波，轴轳挽运，此地亦当舟楫迤逦。志称，昔人于此观竞渡，益有以信，其不诬也。今虽时异势殊，其遗风胜概犹有可想见者。

夫兴利除害，岂系异人？倘如前人所议，立闸小石门，遇旱亦可蓄水灌田，且一苇可航，涉川攸济，愚民无知，时或蹈溺者，亦庶几可免。如此，利将百可兴，害将百亦可革，君子将何取焉？若乃培养风气，事属渺茫，悬之以待后矣。或将有赖国更，举觞告诸石门，毋谓予盘游与逸，开罪斯民可也。

（此文载于清顺治千阳县志《石门遗事》）

新碧潭记

余瘁励劝农，其略已见前说。复辟水道，灌溉秋田，期与斯民共安饱暖耳。历冬及春，雨雪愆期，千里枯焦。余蒿目而忧，临食浩叹，晨夕率茕茕数百孑遗瞻望昊天祷祈莫应。或曰："冯原之北有潭，渟蓄川原诸水历十余载，其中洞黑莫测。里人疑有怪异不敢轻浚。浚则引灌近地，可济沃田数顷，且立可致雨。"余谓苟有利于斯民，亦复人迹，从高崖戻负垂下数十丈。行荆棘中数里，遥睇两山壁立，中有水道，开广可数十丈，直通灵台红崖诸地，水流汩汩，朝夕不竭。前有两崖崩坠，阻塞来水岁久，因更累积，居中一潭，较阔且深。南有小潭，容受不多。北有长涧相连，水循崖渐集，清泓澄澈，颇有波縠，有鱼数十尾，大者盈尺，跳跃波头。更有若金鲤者隐现其间，载沉载浮，望人影辙避去，想年久从未经人，故见之而深入耶！顾水色深碧，余疑蓄久渟污，即有鱼鳖，恐致伤人，因戒谕从者，传示里民。

旁有家役从南中来，习水嬉久矣，因笑而进曰："此水无他异，乃出山悬崖，绿草叠翠，相映波光，一潭全碧尔！”余与同行者，顿为抵掌，因思子瞻所称“观斗牛图知，耕当问奴，织当问婢。”此言良不虚也，且益笑里人洞黑不测诞妄不经，益命疏凿引导潭水直达晖河，其临近所开新地数顷稍获有济。推而广之，凡可疏导利民为救荒一助者，皆此潭为之发端也。因命吾曰：“新碧潭”云。

是日同观者，为吾乡许子新周、朱子德卿、袁子瑶碧及幼子维业。

（此文载于清顺治千阳县志《石门遗事》）

汧邑河水变异记

汧阳在汉曰隃麋，治在今废城之北一里许，风气攸锺，贤人辈出，亦胜地也。及元至治二年，南徙于下，西有汧河，东有晖水，其前开垦位广，阻塞尚多，二水俱为小溪，未闻有涉水之患。后关山道通，泉流亦疏，水势冲绕西城，识者思防之而未逮也。

嘉靖二十六年丁未，入夏淫雨不止，伤及禾稼。新尹洪洞张涵，冒雨至汧，钦上命也。方其始至，屏壁倾倒，众以为不详。时复有人见一白叟传云：六月二十五日大水冲城，人遭陷溺。不信者以为妖言。及是夜半，雷声震惊，雨势滂沱，电光灼耀中，见有红黄气绕聚晖河，象若相敌。少焉，北城一隅，为水所倾；自西而南，俱倾溺矣。维时县尹张公，中伤竟毙，儒学教谕张公相，一家八口俱没。其乡士大夫。若致仕李公嚣，生员蒲子嘉宾等，悉与其害，飘没无存。惟东南一角，水势缓弱，尚存孑遗。人有凭依大树全活者，有漂去桴水复来者，有居室未坏而幸存者，时皆寄居毗卢寺，身无完衣，痛哭载道。士民何辜，罹此苦耶！分守周公、郡守刘公、判府张公、推府何公，相继来视，多方抚恤，即已是达之巡抚代州谢公，公移檄西安二守闫公赈济。其绅衿有家产者，给谷四石，无家产者六石；吏胥居民，有家产者给谷二石，无家产者四石。即发陇、凤官仓粟，照数支给，犹解倒悬也。

夫！气运有常变，人事有得失。我千罹此大祸，果天道偶然乎？亦人事有失乎？当必有辨之者！愚固幸免，目击心伤，因为之记，以俟后之长民者稽核遗事，而思所以仁济之也。

（此文载于清顺治千阳县志《石门遗事》）

莲池赋

陇州同知任云

原夫陇首风高，汧源水活衙齐，西面池迹可寻雉堞南头莲香宛袭胜，非玉井亦可栽培。池远鉴湖曾闻种植，就江南之丰致翠盖田田，撷华岭之根荄仙英的药谁道士，须五沃始生绝世奇，姿漫云开俟千年，务获惊人殊质，廼者延陵世胄来守兹疆江右。名贤复兴厥业访前人之旧址，仍浚灵池捐清俸以新鸠别开莲窟，营成半亩，堪夸水镜长明口，作方亭应致风流毕集，启窗口于四顾旷奥，兼收插杨柳于周围雨旸均，适文星阁下频添无限讴思，吴岳峰前更着靡穷秀色，当春水之乍破，碧玉玲珑，植泉水之渐流绿波沁淅杏花红候，须倾学士之觞桃蕊绯时竞咏，伊人之什追夫南熏绕槛旋漾青钱畏景，腾空争摇翠□姤红妆于水面，标格丰腴呈宝相于波中，酡颜冶逸盈盈映日，水宫神仙之容灼灼迎风，洛浦佳人之格时则携琴而抚，真宜解愠移情揽笔而歌，应羡迴风舞雪奉碧筒，以劝酒溽暑潜消制芰荷，以为衣炎威自释名推君子实有，清香体属空王洵称静容若乃房多冷露，知星火之西流沼鲜繁阴映云绘之肆出茎，将枯而尚健绝不偏倚，叶虽败而尤擎，全无矫饰。中秋散步应留待月文人重九登临，不少携罇结纳泊乎，梅开南岭节屈阳春雪满西山人，争爱日亭边缭绕，尽天孙总素之葩。池面晶莹似云母玻璃之室，其为德也，出淤泥而不染。望重关中濯贪泉而弥鲜名驰陇侧，不雕不琢生成百宝。庄严如绮如霞高迈群芳雅洁，一茎韵冶公瞻之，讽咏传奇五字，香赊明远之篇章□绝，仆幸睹游鱼之戏与托新题得重申，持版之文榻邀特设赋传妖艳，梁简文鲜可规模说爱，清妍周茂叔诚难步习心渐，懵昧未悟花真性善追随□，怀赋癖望红莲之座，庶几征染馨香游宗匠之门，犹愿常施教泽云尔。

（选自《民国陇县新志》）

重修莲池记

清孝廉方正　朱家训

莲池为陇州之胜迹，前明中叶其间亭榭台砌，鱼鸟花木，足以纵游赏之乐，极视听之娱，祥载志中，班班可考。所异者曲水蜿蜒，注于泮宫。而科第联翩人文蔚起，池之有关於名教者尤多，国初以来叠经寇变故，址倾圮风景全非，虽罗钱塘开浚於前，吴南丰补葺於后，然不数十年环堵萧条，不蔽风雨，以致科名罕觏人物阒如迄今二百余岁士风颓靡，莫此为甚。州人憾焉客有业形家者临池而叹曰：莲池据城西北隅，清引温溪，秀接吴峰，陇东之盛地也，苟重为建修山川之淑气，毓秀钟灵，文运宏开，不难再见于今日，闻者非之然，推以昔盛今衰之故，地灵人杰之征理或然也。癸卯春前仕褚公经创办学堂后，筹捐莲池公款，未及举办而擢迁耀州，有志未逮。幸有州牧臧公继轨，於兹总理徐君襄赞其事，庀材鸠工增亭凿沼，虽粗具规模，非复前日之盛事而经营伊始，灵龟献瑞，喜鹊呈祥，他日甲第联捷，预兆端倪，则堪舆之言亦似有据，嗟乎昔三闾居楚，沅沚湘兰，皆附离骚以传馨香，况重修古迹池上之，草木鸟兽得毋沐再造之恩乎，物之幸陇之幸也。所望后之良牧踵事增华，培植学校，不仅以赏烟波，谈风月为遨游乐也，则又幸之幸矣，是为记。

（选自《民国陇县新志》）

莲池记

吴炳

治西北隅有地，负城十亩，而嬴突者凹者淤者，草翳如者。传为古莲池云，予己酉春祀文昌阁於北城，凭高周胝慨然与僚属师生谋修复之，删莽劀薉畚炼竞施未阅月，神瀵出滵汨汪洋潴为，池中央矗起坚实可二寻即旧亭，其中深广度旧址稍杀扁曰镜心，四面窗棂轩豁可凭可眺亭前隙地，植蔓桂垂杨五六株，南面地尽处为桥，桥铺木板，长五丈，两旁栏楯涂以朱墨。如长虹蜿蜒波中，周围短垣杂植松柳桃李榆杏之属百本，沿岸菖蒲慈菇菱苇纵横郁茂，池内荇藻澄彻，鱼鳖鳅鳝之类，游衍其中不可指数，当夏秋之交淩荷偃仰菡萏馥郁，日暮烟霭霞明，蛙声阁阁，水鸟群飞掠波上宛，如江以南蓴乡小景。门外地以亩计者九，壤沃宜稼穑，给文昌阁庙夫令耕种食其利，责以管钥之任，有觊觎者官以法治之，迤西为小池泉清而甘，烹茶异他处，其旁孔涌出不可遏。环池圃者，田者，皆借以灌溉北城外地去此仅十余步，掘土必数丈始及泉，兹地较城外高甚，锄二尺许，辄有灵泉混混不舍，昼夜亦奇观也，或曰古名胜，地大者百亩，次以数十亩，池馆亭榭，延袤参差。兹景虽胜抑亦征矣，予考柳子厚记石渠，谓广或咫尺或倍尺长可十步许，记钴鉧潭西小邱，谓邱之广不能一亩，以视兹地何如。然渠与邱之胜，自唐迄今特著，讵必侈宏丽高远，大者传而小者不必传欤，废关乎世运，此又非灌莽之所，翳牛羊之所践者耶，而残毁百年者与复于此日，盖时际承平，民殷物阜，州牧得以其暇治其胜景，与士大夫觞咏于其间，故记之以为兹地之幸，且以庆予之遭也。

（选自《民国陇县新志》）

呵护莲花台（节选）

朱平

莲花台位于渭水上游主要支流汧河的源头。由于地处陇山腹地的顶峰——青龙山侧，眼前，峻岭环绕，溢彩滴翠；脚下，长沟河水势曲回，水流急湍，切崖割壁。也就是这山和水、消和涨两种截然相反的性格的激荡冲撞，造就了上畤的神秘，下畤的险峻，留下了大自然的千古绝唱——享誉陇上的莲花台绝佳景观。我们对照片塑封是为了保留原始真色。莲花台犹如一位被茫茫陇山塑封了亿万年的妙龄佳人，她保留了古陇山几乎所有的自然信息，见证了几千年来人类的一切好奇、探索、贪婪、残暴、凄婉、幽怨和你死我活的抗争，无休无止的喋喋梦呓。上畤，那擎起莲花石的万丈深崖下面，深藏着一种珍稀植物，被隐士们称为“灵苗”，状如鼠耳，娇若蝉翼，百年一生，遇到高士方显真容。修行有道的隐士采之，以神泉之莲花甘露冲泡，甘爽怡人，延年益寿；星象盈合之夜，“灵苗”地煞之精气与斗牛墟位之华光互映，莲花石便毫光煜煜，远远望之，十分神秘。仔细研读古人对莲花台的这些神秘现象的描述，我们既感欣慰又不免生出许多忧虑。欣慰的是：尽管世事沧桑，生态恶化，但现在偶尔还能一见史料中描述的莲花仙境。在自己三十多年间对莲花台无数次的游历中，曾发现过可能是“灵苗”的植物。那是一个霁雨初晴的正午，弥漫的雾霭已逐渐成团，低低地游弋在沟壑间；清新的阳光穿过云朵和树冠，把长沟的枝枝杈杈照耀得清清楚楚。置身于莲花石峰旁的我们被眼前这恍然而至的美妙奇景惊呆了：峭峻怪奇的独峰莲台仿佛被朵朵絮云轻轻托起，峰在峡中，峡在峰底；人置台上，上不在天，下不在地，飘飘然如梦如幻，似仙又非仙。受到感染的我，在几位朋友的撺掇下，爬上东面的梁顶，鸟瞰下畤，体验另一番风韵。如果上畤是点，将人融入仙境，那么下畤就是画，置于眼前，任人品赏。这幅画其实是雨水和山风将一面峭壁冲刷剥蚀，从谷底到山顶依次形成的几处塔状的小峭峰，镶嵌在这林海如茵、峰峦环抱的世界里。加之历代好事之人在极玄妙处修建了几座亭榭庙宇，取名灵官台、八仙台、玉皇顶、三清宫、老君殿，一个个呈“金鸡独立”之势，吮吸着大自然的灵气。我们顺着崖壁间小路一个个观赏，不觉下到谷底，淙淙溪流，啾啾鸟鸣，一下子感到回到了人间，脚下踏实多了。在返回上畤的途中，在那面上百米高的莲花石“基座”下一处临水而阴暗的石崖根上，看见了一片笸篮大小的怪怪的东西：半透明的，布满了黑点的，拇指尖大小的“猫耳朵”整整齐齐地长在那里。小心翼翼地用手去摘，指尖碰到立刻化了，黏糊糊的，一股从来不曾嗅过的清香味弥漫开来；用竹签贴着石头撬下来仔细观察，有点像刚刚成型的石耳，无根，也无茎。我们顺着岩石和溪水找遍了其他大小岩面，再没找出第二处来，这应该就是那神奇的“灵苗”吧！是古人故弄玄虚，还是这种植物真的有神奇之处，我们不得而知。可是千万年来这里依然能生长出原始植物来，说明在这个小环境里，依然保持着远古气候的某种特质，这本身就是奇迹。那么究竟是这里的水土好，还是空气鲜，留下了灵根？我忽然想起了《水经·渭水注·汧河》篇关于五色鱼和鱼龙川的记述，“水出汧县之蒲谷乡弦中谷，决为弦蒲薮……水有二源，一水出县西山，世谓之小陇山，岩障高险，不通轨辙。故张衡《四愁诗》曰：我所思兮在汉阳，欲往从之陇坂长。其水东北流，历涧，注以成渊，漂涨不测。出五色鱼，俗以为灵，而莫敢采捕，因谓是水为鱼龙水，自下亦通谓之鱼龙川。”西山之水就是脚下这条长沟河水，它流经麻庵、故关峡，汇入汧河径流。现代学者对五色鱼有两种解释，一是秦岭细鳞鲑，二是娃娃鱼，我更倾向于秦岭细鳞鲑。20 世纪 80 年代初期，我们曾在麻庵水电站的蓄水池和泄水槽下的水潭里见过这种鱼：个大的尺把长，纺锤形，游动时折射太阳光，在清澈的潭水里发出五颜六色的光（这可能就是五色鱼名称的由来吧），特别引人注目。打捞上来清炖，肉嫩色白，味道鲜美。诗圣杜甫也曾关注过这神奇的物种和那特殊的环境——鱼龙川河水。他在 759 年吟诵的《秦州杂诗》抒发翻越陇山艰辛凄楚的感触时提到了鱼龙川，“满目悲生事，因人作远游。迟回度陇怯，浩荡及关愁。水落鱼龙夜，山空鸟鼠秋。西征问烽火，心折此淹留。”可见五色鱼在当时应该是因“俗以为灵，而莫敢采捕”而家丁兴旺，极度娇宠，备受保护的。不管是娃娃鱼还是秦岭细鳞鲑，它们在饱受人类几千年侵扰摧残后，今天依然香火未断。从莲花台顺流而下，在鬼门关、麻庵等河流冲刷成的深水潭里，还可见秦岭细鳞鲑的身影，只是娃娃鱼已经很少见了，但也没有灭种。这也就是我所说的欣慰之事，多么苦涩的欣慰啊！同样喝着陇山的水，而栖息在陇山丛林中的鹦鹉就没那么幸运了。它们祖先的绝顶聪明伶俐断送了后代和种群的前程。鹦鹉俗称鹦哥。《山海经》中就载有：“有鸟焉……人舌能言曰鹦鹉”。《雍胜略》载：“陇山山高而长，多产鹦鹉，亦名鹦鹉山。”鹦鹉作为人的玩物，有意识抓捕，是从几千年前开始的。唐宋时期，陇山鹦鹉常被列为珍禽贡献朝廷。武则天饲养过一只白鹦鹉，名叫雪衣。该鹦鹉神奇绝顶，竟会念佛教的《心经》，武则天非常宠爱它，命人特制一只金丝笼，让其住在里面。一天散朝回宫，对雪衣鸟开玩笑说：“雪衣呀，你若能作偈语求解说，我便放你出笼归山林。”雪衣鸟顿时高兴异常，不一会便朗吟道：“憔悴秋翎似秃衿，别来陇树岁时深。开笼若放雪衣女，常念南无观世音。”武则天听后大惊，只好当着众人面启笼放生了。宋真宗赵恒养鹦鹉数百只，一日见众鹦鹉烦躁不安，真宗知其思乡，遂遣还陇山。数年后，有使臣过陇山，鹦鹉问真宗安，使臣言真宗驾崩已好几年了，众鹦鹉悲鸣不已。唐代诗人朱庆余《宫中词》曰：“寂寂花时闭院门，美人相并立琼轩。含情欲说宫中事，鹦鹉前头不敢言。”宫女在鹦鹉面前不敢流露自己的真情实感，原因是害怕鹦鹉学舌，招惹是非。陇山鹦鹉被列为朝廷贡品，既给当地百姓带来了收益，也带来了灾难。州县官吏为博得朝廷的嘉奖，富商大贾们为追求高额的暴利，经常役使戍边兵士或当地百姓进行捕捉。唐代著名诗人皮日休所写的《哀陇民》曰：“陇山千万仞，鹦鹉巢其巅。穷危又极崄，其山犹不全。蚩蚩陇之民，悬度如登天。空中觇其巢，堕者争纷然。百禽不得一，十人九死焉。……今此陇民属，每岁啼涟涟。”十人九死，毕竟还有一个活下来，而陇山鹦鹉几百年前就已绝迹了。陇山缺少了这些精灵便与古陇山无缘了，犹如一位失忆的白发老人，没有了故事也就没有了吸引力，没有了儿孙的追逐嬉闹，没有了欢乐，只剩下老了。然而，人类对陇山的索取从来没有停止过。从秦帝国打点行装翻越陇山的那一刻开始，人们就在陇山做起了文章。有的为了做生意而冒险探路，有的为了夺取别人的领地而开山取道，有的为了逃避人间喧而归隐山林等等。《水经·渭水注》记载：“建武八年，中郎将来歙与祭遵所部护军王忠、右辅将军朱宠，将二千人，皆持卤刀斧自安民县之杨城……从番须回中，伐树木，开山道，至略阳。夜袭击嚣拒守将金梁等，皆杀之，因保其城。隗嚣闻略阳陷，悉众以攻歙，激水灌城。”这应该是载入史册的一次大规模破坏活动，又是砍树又是涨水，陇山之苦，由此而始。随后，各朝各代对陇山生态的破坏，变本加厉，愈演愈烈，直至20世纪七八十年代，毁林之风依然没有刹住，就连寺庙道观、悬崖峭壁点缀各风景点的“树精”均被砍伐殆尽。现在我们从繁华的关中平原沿丝绸古道一路走来，汧河、陇关沟、故关、麻庵栈道、铜场沟古铜矿遗址、莲花台寺院，翻过邓家崖古陇山隘口又是陇右的云崖寺、朱林寺、麦积山，这一处处古代建筑仍然在给人提供着方便。然而，在享受方便的同时，也深深地感到：出行方便，是因为河里的水小了，路边林稀了；安全方便，是因为途中猛禽猛兽绝迹了；走路方便，是因为天上的雨水少了。总之，邻居少了，物种少了，天旱了，温度上升了，什么都越来越稀少了。写到这里，我不由得想起莲花台那泓神水泉来。那是在上畤北面山崖上一片凸出来的扑崖下面，西边是唐宪宗李纯御批修建的千佛洞残迹，东边是僧房，中间一块五六十平方米大小的石板地，从里边半崖上的石缝里渗出一股清水来，流入石板地上二尺见方的窨池里，不减不溢，水质清凉干爽。寺僧把水池称神泉，将池水叫莲花甘露。只要到了这里，游客也好，主人也罢，都要津津乐道地赞颂一番神泉的神奇，品尝一下莲花甘露的甘甜。说什么某年某月闹匪患，方圆几十里路上的百姓几百人在这里躲土匪，神泉暴涨挽救人命啦；什么某某人患怪病百医不治，喝了莲花甘露病好如初，返老还童啦，等等，说得人们肃然起敬，听得游客心花怒放，欢笑声响彻山谷。面对一浪高过一浪的旅游开发高潮，看着一条条钢筋水泥路向陇山的角角落落延伸，我不禁暗暗自问：神泉啊神泉，你救得了避难者的性命，可抵挡得住森林的日益萎缩与退化？可留得住远你而去的陇山鹦鹉等山间精灵？甘露啊甘露，你治得好人们身体上的疾患，可医得了贪婪的顽根？可唤得醒他们超级智慧的理性？当陇山的绿色褪尽，当龙鱼川的峡谷干涸，世上还会有“泾渭分明”吗？

凤翔千陇古丝绸之路

陕西凤翔古称雍，是成周兴王之地，嬴秦创霸之区，历代州、郡、府、路之治所，关中西部重镇。上古时代就有“黄帝郊雍上帝，宿三月”（《史记·封禅书》）。春秋战国时期凤翔为秦都长达294年。唐代时玄宗、肃宗、德宗、僖宗、昭宗五位皇帝均西行驾幸凤翔，凤翔一度称“西京”“西都”。凤翔境内古道纵横交错，大多为秦汉时期重要的官道和唐宋时期的丝绸之路。特别在以长安为国都的时期，凤翔是都城的西大门，是南通汉中、四川，直至湖广的必经之路，西北通甘肃、宁夏的主要道口，古丝绸之路重要驿站。古人以“南控褒斜，西达伊凉；岐雍高峙，千渭争流”来形容凤翔当时交通的便捷以及地理位置的重要。据考证，历史上，凤翔境内丝绸之路共有五条，均在秦汉和唐宋时期承担了重要的交通运输作用。

一、千渭古道

千渭古道又称千河水道，即水道与河谷并行的通道，因陇山山地路径陡险，相比之下，千河河谷至渭河平原、渭北台塬的通道比较平坦和便利，应为古人开辟最早的西行通道之一。从交通角度讲，以河谷作为交通要道是我们祖先的发明，因为沿河要比翻山容易。而且可随时取水捕鱼，补充给养。古代先民们进行交流迁徙，没有水是不行的，逐水而行、择水而栖是人类活动的基本规律。

千河古道为水陆并用通道，具体路线走向是从长安溯渭河西行至千河河口，沿千河河谷向西北行进，经今陕西凤翔境内的长青镇孙家南头村一带至千阳境内，北行至陇县，再西行经陇关到今甘肃境内。

千河古道的开辟与秦人东迁的历史背景息息相关。商周之际，秦人就在陇山以西为周王朝“在西戎，保西陲”。西周孝王时，非子被封昭于千渭之间为周王室牧马，这是秦人第一次越过陇山东行的记载。虽然秦人为周人创建并管理畜牧业基地，但当时秦文化的重心仍在西垂旧地。周宣王时，“以秦仲为大夫，逐西戎，西戎杀秦仲”，文献的记载也印证了此时秦人活动的主要地区在千河上游及其以西的戎人聚居区。公元前820年左右的不其簋就记载了西周末年秦庄公昆地五人率兵七千同西戎作战的事实。周王朝西部受到犹侵扰，周王命伯氏不其抗击，追至于西。西，当指“西垂”一带。秦汉时为陇西郡西县，地当在今甘肃天水附近、礼县、西河等地。不其随伯氏对犹作战得胜，伯氏回朝献俘，命不其率兵车继续追击，搏战之中，多有斩获。李学勤先生认为，“不其簋所记是周宣王时秦庄公破西戎的战役”，“簋铭的不其很可能便是文献中的秦庄公”，“不其兄弟追戎于西，而本纪云秦庄公任西垂大夫，从地理上看也是符合的”。

秦庄公驾崩之后，子襄公代立。是时西戎、犬戎与申侯攻伐西周，杀周幽王于骊山下，秦襄公将兵救周，护送平王东迁，周王朝赠其“岐以西之地”，秦襄公在今陇县东南建立“汧邑”，公元前770年受封享国后的秦襄公，又“备其甲兵，以讨西戎，伐戎而至岐”。此后秦文公逾陇攘夷狄，“以兵七百人东猎。四年，至千渭之会，曰：‘昔周邑我先秦嬴于此。后卒获为诸侯。’乃卜居之，占，曰吉，即营邑之”，建立了“汧渭之会”，“汧邑”和“汧渭之会”两处都邑均在千河之畔。利用天然的千河河谷，不但平缓，而且沿途都是“周余民”和部分秦人先前曾经生活过的地方，地形地貌比较熟悉，经长期经营，生活给养有保障。选择这条道路行进，应是最明智和最便捷的。秦人自非子为周王畜，秦仲为大夫到襄公始国，直至文公东猎，这个逐步壮大的部族的往复活动于西垂与千渭之间，正是经由千河谷道完成了文明发展进程中的跃进。

著名的石鼓文《汧殹》和《霝雨》就描述了秦君在千河流域渔猎游乐之事。《汧殹》中写道“汧（也）沔沔，汧皮（彼）淖渊”。《霝雨》则直接写道“舫舟自廊”“隹（唯）舟以行”。郭沫若认为上述所记就是“追述秦君初由汧源出发攻救周之时事。”文献中记载的周穆王西巡也沿此道西行。千河西北岸有黄梅山，位于今凤翔与陈仓区交界处，又称马迹山、马脊山。山下有马脊泉，相传为周穆王西巡马死所葬之处。今陇县原子头、店子、千阳冉家沟等地的考古发掘也表明，自新石器时代早期的老官台文化开始，经仰韶文化及周秦，千河流域和渭河流域的古文化一脉相承。

千河古道另外一个重要的作用就是可以利用漕运作为辎重及后勤保障。秦文公初到“千渭之会”时，其后勤的给养补充当有一部分来自于西垂，而通过千河漕运是最好的方式。古时千河水量较大，大多季节可以行船，其上游今陇县境内蒲峪川古时称“弦蒲薮”，就是有名的大湖泊。《禹贡》载：“天下九薮，此其一也。”隋代《九域志》载：“汧源县有弦蒲薮，经长期淤积，决口变湖为川。”千河上游有大湖泊，可见当时千河水量不小。另据《陇县志》载，唐武德八年（625 年），水部郎中姜行本奏请于陇州汧源县修五节堰，许之。后遂引汧水通漕灌田，并始行水运。《新唐书・地理志》亦载：“汧源（今陇县）有五节堰，引陇川水通漕，武德八年，水部郎中姜行本开，后废。”唐代许棠《题汧湖》诗云：“偶得湖中趣，都忘陇坻愁。边声风下雁，楚思浪移舟。静极亭连寺，凉多岛近楼。吟游终不厌，还似曲江头。”可见，千河在唐时水量较丰，可以形成湖泊，且已有行船历史。宋代仍以千河筏运陇山木材。《陇县新志》载：“宋初，市木秦陇，以春秋二时连巨筏，自（汧）达渭，历砥柱以集京，设官监市，其利甚溥。陇河渠在唐、宋固有益于国，非只利民田也。”今千河河谷建有冯家山、王家崖和段家峡三座水库，其中冯家山水库库容达 4.2 亿立方米，至今水量已不小。

2004 年，陕西省考古研究所与宝鸡市考古队联合组队，在凤翔县长青镇孙家南头村发现了一处距今 2000 多年的西汉时期大型漕运码头仓储建筑基址，为研究凤翔境内古丝绸之路和汉代漕运仓储提供了非常重要的实物资料。该仓储建筑基址建于千河东岸 300 米处的台地上，由三组南北相连的仓储建筑组成，东西宽 33 米，南北长 216 米，建筑总面积 7000 多平方米。考古工作者在此发现了墙垣、柱础石、道路等遗迹。整个建筑不但规模宏大，而且构筑工艺复杂。其中发掘的一组仓库宽 60 多米，深 28 米，里面密集分布着柱基石式建筑，还发现了粮食。可看到，为防止粮食受潮，是把粮食架起来存放的。仓储建筑基址东约 600 米处就是历史上著名的蕲年宫遗址，此宫是秦国国君、天子祭祀五畤或先王的斋宿之宫，秦始皇的加冕典礼就在蕲年宫举行，汉代也有多位帝王来蕲年宫举行过祭祀等活动。此大型仓储设施可能为蕲年宫举行盛大国事活动时的重要物资储备库，也是东西水上运输的中转站。这一处大型遗址的发现，证明了千河当时的水运能力很大，也证明了孙家南头一带曾经是一处重要的交通要塞。当时的夏秋两季，从西部东去长安时，此道当为首选之路，过去曾有人在此处发现“百万石仓”的文字瓦当。由此推断，此处仓储设施极有可能就是该瓦当所指的“百万石仓”。

距蕲年宫遗址不足200米处有座罗钵古寺。古寺前有一通清道光十年的石碑，题有《重修罗钵古寺碑记》。碑文记载了东汉明帝时期佛教传入中国的过程中，印度高僧不远万里来到中原，在此歇脚，讲法论道。碑文还记载了在唐代，罗钵古寺是一座非常宏伟的寺院，分为前、中、后殿，当时不少外地香客前来礼佛烧香。

关于大型漕运最早的文献记载，当属秦穆公时期的“泛舟之役”。据《史记·秦本纪》记载：“十二年，齐管仲、隰朋死。晋旱，来请粟。丕豹说缪公勿与，因其饥而伐之。缪公问公孙之，之曰：‘饥穰更事耳，不可不与。’问百里傒，傒曰：‘夷吾得罪于君，其百姓何罪？’于是用百里、公孙支言，卒与之粟。以船漕车转，自雍相望至绛。”这一历史事件史称“泛舟之役”。当晋遭到粮荒时，秦向晋两次输粟以解饥荒，雍城附近只有利用凤翔孙家南头的千河码头作为渡口，再进入渭河东去经黄河入汾河直达山西新绛，才能体现“船漕东转，自雍相望至绛”的景象。

北宋时，苏轼任凤翔府签书判官，负责“编木伐竹，东下河渭；飞刍挽粟，西赴边陲”。苏轼到凤翔后了解当地百姓最沉重的差役之一，是负责押运官物的衙前之役。衙前之役根据户等高下轮流当差，为了降低户等，逃避此役，许多地区的农民不敢多织一株桑，多养一头牛，多织一匹绢。服役的老百姓职责是替官府押送纲运、保管财物，如果被盗或者损毁要赔偿损失。凤翔一带百姓每年都要在西山砍伐上好竹木，然后编成竹筏、木筏，从千河、渭河入黄河，给京城开封送去。官府考虑借大水之力放好筏，所以规定每年衙前运竹木的时间就在河水暴涨期间，谁如果不在规定的时间运到就要受罚。但是，正因为河水暴涨，经常发生竹木筏颠覆事故，衙前水工被淹死无数，而且造成的损失还要他们来赔偿。因此每年许多服役百姓家破人亡，倾家荡产。于是苏轼就组织重新修订了衙规，规定衙前之役可“自择水工，以时进止”。此项改革实施之后，取得了“衙前之害”减半的效果，受到凤翔官民称赞，他的改革也得到了朝廷的默许。苏轼改革衙前之役再次表明在凤翔境内有大型漕运码头，也真印证了秦穆公“泛舟之役”事件的真实性。可见至少在宋代以前，千河流域水流较大，漕运发达，千河古道也成为陇西至长安和乃至东方货物运输的首选要道。

此外，孙家南头村南邻的马道口村，村南亦有村名“官路沟”，也正好位于千河古道内，从村名来看，此道可能就是古时官道，孙家南头村和马道口村这一带极有可能为古代一个重要的交通道口。与此道关联的还有地处孙家南头村的法云寺，法云寺寺庙规模很大，香火旺盛，有寺僧五百余人。1998年，考古人员在村里堡子壕发现了“智普法云寺记”墓志砖，正面书“智普”二字，背面书“法云寺记”四字，均为墨笔楷书。其实，在1996年10月，雍城考古队对蕲年宫遗址试掘中，在村子中间发现了一处唐代墓塔地宫，从地宫先后出土两具约1米见长的汉白玉石棺等文物，其中一具石棺中有长约20厘米的鎏金小铜棺，里面是用丝绸包裹的佛骨和舍利子。2000年，村民在生产取土中又发现了上下大小的葫芦状铁塔刹一件，也就是塔的顶端，这些证据可以说明，这里曾是唐代法云寺的所在地。与此关联的凤翔区太昌村千河西岸的通天河与晾经寺，晾经寺侧有一片空地，相传是唐代高僧玄奘取经回京时晾晒经书之处，电视连续剧《西游记后传》就曾在此取景拍摄。千阳境内的千河北岸也有一处晾经台，传说亦为唐僧晾晒经书处，南岸还有九妖十八洞，为传说中的妖精住处，与《西游记》中的故事接近。凤翔区田家庄镇寺头村境内也有一处晾经寺。《丝绸之路漫记》中有这么一段记载："1300年前，唐玄奘西行取经，也真是在天水僧人孝达陪同下，离长安，翻陇山，抵达秦州的。"玄奘是不是真的从此经过，就无法考证了。但这些晾经台、寺的存在，与玄奘取经的路线必然有着某种联系。

二、雍城—陇州道

雍城—陇州道（陆路）为长安—陇州道的一部分，较千河古道之开通稍后。长安—陇州道由长安出发，经今咸阳、礼泉、乾县、扶风、岐山、凤翔、千阳、陇县，之后进入甘肃境内。该陆路道路在西周时称为西方干道、西方大道，东汉时称长安高平道。从周秦至明清，长安—陇州道是历代京都通往陇西、西域的主干道之一，在历代政治、军事、经济、文化等方面发挥了巨大的推动作用，为久负盛名的丝绸之路的溯渭道。秦穆公伐戎、秦始皇加冕和秦汉多位帝王至雍祭、唐代高僧玄奘西天取经和文成公主入藏联姻很可能就经行此道。这条道路为沟通世界东、西方两大文明的重要路段和加强西北边防的重要战略通道，对社会的安定与历史的进步发挥了积极的作用，对世界文明进程的影响具有深远意义。

《史记·秦本纪》记载，秦穆公三十七年，发动了一次较大规模的西征，"秦用由余谋伐戎王，益国十二，开地千里，遂霸西戎。天子使召公过贺穆公以金鼓"。秦在西方的霸权得到了周王室的承认。所谓"益国十二"，《史记·匈奴列传》作"八国服秦"，《李斯列传》作"并国二十"，《文选》卷三十九《李斯上秦始皇书》作"并国三十"。总之，通过这场战争，秦人取得了西北地区的实际控制权。《汉书·韩安国传》说："秦穆公都雍，地方三百里，知时宜之变，攻取西戎，辟地千里，并国十四，陇西、北地是也。"秦国这一战略的胜利，使西北地区成为秦后来向东方作战的大后方，秦穆公的成功显然是以陇山通道的畅通为基础。从此，关中至陇西的陆上通道得以打通畅行，为雍城陇州间的通行便利奠定了基础。也就是在此时，一部分戎人逃往西亚和欧洲，使"秦"这一称谓早在公元前四五世纪就被西方国家所闻知。古代印度、罗马等帝国的人，均尊称中国为cing、Thia、sinae，译成中文即为希尼、震旦、至那、脂那等，这些名称都是"秦"的外文对应发音。此外，考古工作者曾在秦都雍城宗庙遗址中内发掘出土的陶片上发现一些"H""X"等符号，据专家推测，这些外文符号可能为春秋战国时代中西文化交流的见证。在长安陇州道沿途的扶风县周原遗址，考古工作者还发现了古代西亚人形象的雕塑。这些史料和发现证明，早在张骞开通丝绸之路前，中西文化的交流就已经开始。

秦代时已有道的设置，与雍城—陇州道有关的地区，目前已知就有陇郡出道、狄道、氐道、羌道、予道、天水郡戎邑道、绵诸道、略阳道、貆道；安定郡月氏道，不能排除这些道为秦时设置的可能。即使对西汉时道的设置，似乎从某种程度上也可以看到秦人对这一地区交通特殊重视的历史遗痕。

唐宋时代长安—陇州道沿途建有多处驿站，具体走向为从长安出发，经临泉驿（今西安市莲湖区潘家村乡枣园村东南）、咸阳陶化驿、兴平槐里驿、武功县驿、美阳驿（今扶风法门镇）、岐山石猪驿、龙尾驿，再经横水至凤翔府治所雍县（今凤翔区），由雍县经千阳县西行至陇县，过大震关，逾陇坂至甘肃境内。1986 年出版的《公路交通编史研究》（第 4 期）对唐蕃古道的走向说："其主干道大致是：从长安出发西行，越陇山经今天水、陇西、临夏，在炳灵寺附近渡黄河入青海。"金城公主入藏，唐中宗亲率大臣送到距长安百里的兴平，其形色必壮，所经道路进一步开拓无疑。唐两公主进藏，使丝绸之路的使吏往来更加频繁。唐代诗人岑参《初过陇山途中呈宇文判官》中"一驿过一驿，驿骑如星流。平明发咸阳，暮及陇山头"记叙了唐代长安—陇州道的繁忙与兴盛。

雍城—陇州道在今凤翔区境内，具体走向为：由岐山县城西行入境凤翔，过横水镇尹家坞村、横水镇、田家庄镇寺头村、纸坊街、县城、柳林镇亭子头村、彭祖原村西入千阳境内。

唐仪凤年间，吏部侍郎裴行俭，沿丝绸之路送波斯王子回国，行至今凤翔境内柳林镇亭子头村附近时，忽见路旁蜂蜜和蝴蝶纷纷坠地，遂命郡守查访缘由，方知为附近村落一坛新开启窖藏陈酒的香味所致。凤翔郡守即将这坛美酒馈赠裴公，侍郎官饮后欣喜，即兴吟诗一首："送客亭子头，蜂醉蝶不舞；三羊开国泰，美哉柳林酒。"《旧唐书 · 列传第一百四十八》亦有："仪凤三年，令吏部侍郎裴行俭将兵册送比卑路斯为波斯王"的记载。亭子头村为古丝绸之路行经凤翔的实物例证。

雍城—陇州道在今千阳至陇县境内，又称千陇道。在千阳境内具体走向为：由崔家头入境，经南寨至千阳县城，再沿千河河谷经寇家河、草碧进入陇县境内。

1988 年，考古工作者在千阳县南寨乡走马棱岭村发现一处秦汉宫殿遗址。2008 年 11 月 4 日，考古工作者又在千阳南寨乡千河北岸附近的尚家岭发现了一处战国至西汉时代的大型宫殿遗址。从两处遗址所处的时代分析，此遗址可能是秦始皇所经回中道上的帝王行宫，这也是雍城—陇州道行经千阳境内的实物例证。

雍城—陇州道在今陇县境内因陇山天堑阻隔而成为陇坂道，又称陇关道、陇道、逾陇道、陇山道、秦汧道。陇山又称陇坂、陇坻，南北走向，是关中平原与陇西高原的分界线，在古代也曾是中原地区与周边少数民族地区的分界线。《通典 · 天水郡》载："郡有大坂，名曰陇坂，亦曰陇山。"《读史方舆纪要》卷五十二载：陇坂"山高而长，北连沙漠，南带千渭，关中四塞，此为西面之险"。陇山为六盘山南延至余脉，海拔高度两千米左右，自宁夏南部向南延伸经甘肃平凉地区，直至陕西宝鸡以西的渭河北岸，与秦岭西段群峰夹渭对峙，闭合了八百里秦川的平原旷野，成为中原通往西域的第一道天然屏障。东汉初，此段道路已明确成陇道，《后汉书 · 光武帝记》载："六月夏四日，遣虎牙大将军盖延等七将军从陇道伐公孙述。"陇坂道具体走向为：由今东风镇入境，经杜阳至县城，西经高堎、麻坊铺、神泉、曹家湾、固关，过关山，通往天水、陇西。

隋大业十三年（617 年），陇右薛举在金城（今甘肃省兰州市）起兵，遣子薛仁杲沿陇坂道东进，在汧源县（今陇县）袭击农民军唐弼部后，势力大增，遂沿陇坂道围攻扶风（今凤翔区）。李世民率兵沿陇坂道追杀至陇右（今陇县），将陇右诸地归唐所有。

唐大历年间（766—779 年），为防御吐蕃东进，朝廷令马燧在陇州西部的通道上立石植树，陇关道一度阻塞。元和二年（807 年）局势缓和，疏于防御，林木被伐，陇关道又开通。大中三年（849 年），秦州复归唐朝统治，陇官道重新畅通。宋元时期，陇官道仍为驿路，明代时因驿路改在萧关道上，陇关道通行渐少。

作者：陕西西安　杨曙明

（三）报告文学

在千河流域，出版了《高峡平湖》《千湖献瑞》《千湖朝阳》等小说、诗歌、散文作品。在西影出版电影作品和西府明珠画册等几十部作品中，《冯家山之歌》从开始建设就传遍了西府大地；李三虎先生《冯家山的激情岁月》报告文学，出版 5 万册，正在准备拍成电影。

冯家山之歌

（摘自冯家山工程指挥部宣传队资料）

第六篇　千河流域民俗文化

千河是关中西部的母亲河，是渭河和黄河的重要组成部分。俗话说：“千里不同风，十里不同俗”。横亘在陕、甘两省的千河孕育了灿烂的河流文化和民俗风情，这一域内的民俗风情，受自然环境、民族构成的诸多影响，具有黄土文化、长江文化、农耕文化、游牧草原文化、边塞文化的特征。民俗风情与水相关，与山相连，与流域有关，具有传承性、多样性、社交性和生态性。演绎出多样灿烂的风俗风情。

第一章　陇州社火

陇州社火起源于商周，发展于唐宋，成熟于明清，兴盛于当代。据陇州旧志载，秦汉时期陇州民间就有百戏游演活动；公元前209年，陇州人根据黄公伏白虎的故事编演了角抵戏《东海黄公》；汉昭帝始元六年（前81年），陇州有“每以正月望夜，充街塞陌，鸣鼓聒天，燎炬照地，人戴兽面，男为女服，诡状异形，以秽缦为欢乐，内外共观，兽不相避”的记载；明清时期，陇州各古庙会唱戏斗台，境内各家社火随场演出，昼夜不绝，赛社火的风气已经形成。新中国成立后，尤以十一届三中全会后，陇县158个行政村有社火会300余家，社火游演规模宏大，表演内容丰富、技艺精湛。每年正月十五元宵节，县委、县政府都要举办社火游演大赛，焕发了社火艺术的魅力。

一、社火源流和历程

社火是中国民间一种庆祝春节的传统庆典狂欢活动，在中国的陕西和山西地区最为流传和分布。“陇州社火”来历源远流长，史料称：“社火，在节日扮演的各种杂戏”，又称：“民间鼓乐谓之社火，不可悉记，大抵以滑稽取笑。”原始社会中，人类为战胜野兽而生存，常在猎兽之后庆贺，或聚会扮兽庆贺，教育后代，树立智、勇、谋各项本领。这是最早的扮兽戏和“村傩”活动。

农家以户族设“堂”，以村、堡设“社”；与“社”有关的事称“社事”，诸如“香火朝山会社”“社火会”“孝义会”“自乐班会”“曲子会”“吃割食”（有地方称“吃合食”，也有的县乡称“吃割四”，买卖土地写契约，让四邻同意，最后画押写契，四邻不找麻烦）等，把各种不同爱好的人组织起来，设会头，订会章，收会（社）员，交会费，有一定的感召力量和威望，遇有不轨行为，也有权力处理。

这种会社，每逢迎神报赛、庆贺集会，必然举行游艺活动，锣鼓火把助威，狮子龙灯游行，人群相随，显然是“人威”助长了“神威”，就形成了“社火”风俗，它与民间的“香火”还愿风俗（庙会风俗），如同孪生姊妹，正像民俗所述：社火娱神，香火娱人。

陇州社火于唐代正式有了较为成熟的组织形式和文献资料的记录，历经宋、元、明、清、民国一直延续至今。在1960年之前，陇州社火的传承一直得到了较好的发展。其表演形式、表演内容各方面都日渐成熟，但是在1960后它被列为“四旧”之一并遭到沉重打击，几千年来积累的底蕴和文献资料都受到了较为严重的破坏。

1970年之后，由于它的魅力和是陇州地区特色鲜明的民俗之一，又得以恢复生机，2006年陇州社火正式通过审批成为了省级非物质文化遗产，对于它的传承和保护也有政府和相关单位的支持。

在 2015 年，随着陇州社火的名气越来越大，它的表演形式也有了革新，由原来的各村镇为营变为全陇州社火集体表演，更是有了社火表演比赛的新形式，社火表演艺术也迎来了新的时代。

二、陇州社火表演的形式、种类及其表演内容

陇州社火表演由每个村镇的“社火头”作为组织者，以本村镇的“社火会”为根据地，由村民自发自愿参与。

陇州社火的种类有步社火、夜社火、马社火、车社火、高芯社火、背社火、抬社火、高跷、秋千、跷板、舞狮舞龙、耍大头、古参军、竹马、旱船、刀舞、棍舞、秧歌舞、腰鼓舞等二十多个种类。

（1）步社火。也叫地社火、地台社火，是化妆后步行表演的社火。步社火装扮简单，鼓乐也少。表演以哑剧、武打为主，演出时有伴唱队在旁合唱民歌小调，有的也演说快板、小戏。演出队伍后面必有竹（纸）马、旱船跟随。演出一般在每天午后进行，直到深夜。陇县温水镇、河北镇步社火较出名。

（2）夜社火。又称黑社火，是步社火夜间表演的称谓。夜晚以火把、灯笼、篝火照明，在夜色朦胧中耍闹。多以竹马、旱船、龙灯为道具，扮演者少则几人，多则十几人，组成社火队，边唱边舞，其吼唱叫社火词，常表演一个完整的故事。

（3）马社火是陇县规模最大、最普遍的社火。社火扮演者骑马坐骡，穿戴古时铠甲战袍，面脸挂须，手执作战兵器及有关道具，作战场厮杀和表现人物故事情节的动作造型。每个马社火队前都有雄壮的社火仪仗队、锣鼓队等。

马社火穿行在阡陌农舍之间，旗帜飘飘，锣鼓阵阵，振奋人心。所到之处，全村老少分列路旁争相观看，不时有热情的村民为社火队鸣炮披红，异常热闹。需要说明的是，由于这些年农业机械化逐步普及，有的村子骡马已经十分稀少，参与表演社火的骡马是从外地租来的，租金由当地政府专款支付。陇县马社火表演名气较大的是东南镇的黄花峪村。

（4）车社火就是用牛车、马车载着表演者表演。近年来由于农村经济飞速发展，牛车、马车已被汽车、拖拉机代替。车社火来去方便，雄伟壮观，现在流行广泛。陇县车社火表演各镇各村都有，竞争激烈。

（5）高芯社火也称芯子社火，是陇县传统的集体表演艺术。芯子是用钢筋做成的高达 5 ~ 7 米的或固定或转动的造型支架。铁芯上由数名儿童扮演古典戏剧角色，凌空表演，千姿百态，惊险刺激，引人仰头观赏。现芯子社火一般都屹立在由卡车改搭成的彩车上。陇县高芯社火较有名的是城关镇西关村和南街村、杨家庄等。

表演内容多取材于神话、历史演义、民间传说故事，也有求吉庆、颂政通人和、宣传社会发展等内容。

三、陇州社火表演的器具及主要内容

（1）社火表演的器具主要有锣、鼓、铙等。

（2）社火演员（当地人称“社火身子”）的服装、头饰等。

（3）社火表演者所持表演器具，主要有大刀、长枪，以及各种中国古代武器道具模型。

社火表演的大致流程为：社火头组织，号召村民参与表演→装社火（包含画脸谱→穿社火表演服装）→祭神，迎神→正式表演→再次祭神，卸妆，表演完毕。

传统的社火表演最早从每年的阴历大年初四开始，一直延续到阴历二月初二当地传统节日“龙抬头”。现在随着社火表演的改革及创新，表演时间段有所扩大，一年四季皆可表演（但在此期间的表演大多为商业表演）。

四、陇州社火表演的主要特点

（1）老少皆宜。

社火表演下至十一二岁的孩童，上至70岁的老人皆可参与其中，男女不限。每次举行社火都是当地人民迎新喜闻乐见的活动。

（2）场地不限。

社火一般没有固定的场地或舞台，所以大街小巷、学校、农家小院、剧院都可以进行一次生龙活虎的社火表演。

（3）喜闻乐见。

社火表演在陇州地区流传甚广，是陇州人民逢年过节必不可少的文化活动之一，深受群众的支持和喜爱。

陇州民间社火以悠久的历史，神秘、深厚的文化内涵，声势浩大的场面，受到了学术界、艺术界的广泛关注，成为春节期间传统民俗活动的亮点，陇州社火表演脸谱艺术更是在学术界享有不小的美誉。

五、陇州社火的现状

陇县当地政府和企事业单位都会按照每家社火规模给予相应的礼品，最早是陇州马蹄酥和陇州麻花，条件好的单位还会给予香烟。这些单位有县政府、县委、烟草公司、财政局等。在社火大赛最辉煌的时候，很多社火队伍还能赚钱。

进入2000年后，人们都外出务工，特别是年轻人都为了生活背井离乡，很多村子社火也不热了，再加上马和骡子没人养，马社火几乎没有了，大多变成步社火。好在后来关山草原开发后，可以出租马匹，每年元宵节马社火更加受欢迎。

社火游演需要很多人工，但是大量的年轻人离开，再加上后来的元宵社火大赛上大家收获越来越少，特别是很多单位没有提高接待标准，很多社火会都是亏损状态。再加上道具的折旧，社火规模也不如从前。

2006年，宝鸡民间社火被列入首批国家级非物质文化遗产代表性项目名录。其中，“陇州社火”因其色彩浓烈、笔触细腻的脸谱和原汁原味、丰富多样的表演等，被列为陕西省第一批非物质文化遗产。2013年，陇县被中国民间文艺家协会授予“中国社火文化之乡”的称号。国家和地方开始抢救性保护，下拨专项资金，陇州社火无论从道具和服饰都进一步提升，再加上各级政府的支持，陇州社火走出了国门。一年一度的陇州社火元宵大赛被誉为“中国的狂欢节”。届时不但陇县城乡群众广泛参与，而且省内外游客也常慕名前往观赏。1980年以来，先后有英、德、法、新加坡、澳大利亚等国家和地区的艺术家及游客来陇县观光采风。陇州社火还曾被邀请到美国、法国、日本、俄罗斯等国去表演。2010 年上海世博会期间，陇州社火也精彩亮相，在大街上巡游。所有这一切，都在客观上为陇州社火这一民俗文化遗产的传承、发扬起到了良好作用。

这几年越来越多的年轻人参与进来，特别是打鼓队伍里小孩子加入进来，让传统社火后继有人。

在国家好政策的扶持下，陇州社火规模越来越大，2023 年元宵节陇县社火活动为全国奉献了一场精彩绝伦的民间文化盛宴，央视网直播了 6 个小时，创造了陇州社火最大规模纪录。

陇州社火是传统文化之奇葩。陇州社火的发展是西北社火的缩影，它的发展离不开大家对传统文化民俗的热爱和支持。今后发展社火旅游产业也是不错的道路。

第二章 饮食文化

千水流域的陇县、千阳县、凤翔区、陈仓区居民主粮以小麦、玉米为主，蔬菜辅之；小麦筛选、研磨后加工的面粉俗称麦面。玉米筛选、磨碎后加工成玉米面、玉米糁子。吃法以面条最为普遍，其次是蒸馍、烙饼等。新中国成立后，随着生产的不断发展，人民生活逐渐改善，到20世纪80年代，温饱问题基本解决，在饮食方面仍保留其固有特点。自20世纪80年代起，域内种植杂粮增多，外地运进粮食增加，鸡蛋、牛奶等摆上餐桌，居民饮食品种逐渐多样化。境内饭食种类繁多，大体可分家常饭菜、节日饭菜和风味小吃。

一、家常饭菜

20世纪70年代末，千河流域居民日常饭有两餐、三餐之分，冬闲时节，多食两餐，以节约粮食、柴草。家常饭菜制法以煮为主，间有煎、烙、炒、炖、炸。早饭主要是馍和稀饭，以菜辅之，多为凉拌，有萝卜、青辣椒、黄瓜、蒜薹，或腌、压的菜等。馍分蒸、烙，蒸馍有馒头、油卷、花卷、包子、发糕等，烙馍有干粮、锅盔、油饼、煎饼等。稀饭有玉米糁子、糊汤、拌汤、米汤等。玉米脱皮研磨为颗粒状煮成的稀饭称糁子；面粉均匀撒入开水中煮成的稀饭称糊汤；面粉加水搅拌搓揉成颗粒状撒入开水锅中煮成的稀饭称为拌汤；大米或小米稀饭称为米汤。稀饭可加入少许豆类，也可加入红薯、洋芋块。生活较讲究的人做煎粉汤、小豆米汤、水饭（放调料的大米或小米稀饭）或豆浆、羊肉泡馍等。城镇居民为适应工作、劳动的快节奏，有的买早饭吃，有的以牛奶或冲奶粉泡馍吃。午饭主要以面条为主，面条品种繁多，有擀面、扯面、刀削面、麻食面之别，又有臊子面、浆水面、油泼面和米和面等花样。搅团为宝鸡面食一绝，其做法在锅中水开后，一边撒入玉米面，一边用擀杖、叉叉搅拌。稀稠合适后，还要再继续搅拌。搅拌均匀后，锅中无面疙瘩，添加部分热水，用小火稍煮片刻。煮熟后，再加搅拌，然后漏成鱼鱼，或摊在案板上冷却，或直接盛入早已调好汤汁的碗中，称为“水围城”。城镇机关、单位、学校于下午6时左右吃晚饭，多为馒头、烙饼、炒菜、凉拌菜和用米、面、玉米糁做的稀饭等。晚饭，俗称“喝汤”，较简单，有馍和稀饭，佐以小菜，农村多在农忙时才吃晚饭。

进入20世纪80年代以后，人们的膳食结构发生变化。日常主食以细粮为主，三餐增加奶、蛋、肉制品。饮食习惯由温饱型向营养型转变。餐桌上蔬菜量增加，尤以细菜增加最为明显。饮食由吃饱开始，讲究色味、营养搭配，肉食不再以猪肉为主。进入21世纪，城乡居民普遍讲究健康养生，一改过去大鱼大肉的饮食习惯，追求荤素结合的饮食结构。从居民食品消费内容看，膳食结构日趋合理，更加注重绿色、营养、方便；高蛋白、低脂肪、低热量食品成为首选。提倡食物多样化，粗细搭配合理，荤素适宜，居民饮食更加健康科学。随着生活水平的提高，农民食品结构逐步优化，注重营养、多样的倾向越来越明显。肉、禽、蛋、奶、鱼等副食品消费量逐年增加，主食在食品消费支出所占比重逐年下降。饮食观念向科学、营养均衡发展。吃饭不仅果腹，更讲究健康营养，低油少盐成为追求，过去不屑一顾的粗粮、野菜成为新宠。除在家吃饭外，人们还隔三差五到餐馆就餐。地处城镇的工薪族早餐多在街边摊点、小吃店解决。

二、节日饭菜

旧时每逢过节或招待客人，饭菜较丰盛，制作也精细。一般早饭以臊子面为主，午饭配以凉盘炒菜下酒，主食有饺子、米饭或蒸馍。臊子面各地制作各有差异，与日常面条不同之处是，汤中调料齐全，有臊子和配菜，味道鲜美。饺馅有荤有素，荤用大肉或羊肉，素以蔬菜、鸡蛋或核桃。有些地方称饺子为“煮角”。农村平时待客饭以荷包蛋、千层饼最为常见。随着人民群众生活水平的提高，节日饭菜日渐丰富。臊子面、炒菜必不可少。席上鸡鸭鱼肉齐备，山珍海味点缀其间，美酒饮料做餐，有时索性请客人到饭馆、酒店就餐。

三、风味小吃

陇县、千阳、凤翔、陈仓风味小吃主要有御京粉（面皮）、凉粉、豆腐脑（豆花）、锅盔、狗舌头（形似狗舌的烙饼）、油饼、油旋、糖酥馍、养面锅塌塌（煎饼）、醪糟、馇酥、甑糕、饸饹、麻腐包子、油茶、油条等。流行在关山一带的洋芋搅团，独具风味，其做法是将洋芋煮熟去皮，搅成黏糊状，用和好的以醋和蒜泥为主的调味汁拌菜吃，味道可口。

20 世纪 50 年代初，风味小吃比较有名的有李应才的狗舌头饼、柱顶石馍、杠子硬面干粮，老马家带面筋的面皮，牲口市老王家的碱水面锅盔，南道巷土地祠门口王家的扁豆凉粉，西城门老叶家的荞面饸饹，西关过街楼阎汉成的核桃油旋，西门口李顺和的鸡蛋馇酥，察院巷樊氏家的干挂面，西关马麟、高金堂的清汤羊肉及小笼羊肉包子，西街芝兰斋的马蹄酥等。80 年代，县食品厂在继承传统工艺的基础上生产的马蹄酥获得 1981 年宝鸡地区春季商品交易会特级糕点证书，该厂生产的宁果，色味俱佳。还有在城内开设的李家河羊肉馆等，城关粮站附营食堂加工的罐罐馍、豆浆、油条，更有千阳的大肉泡等食物，深受群众欢迎。

随着人民生活水平的不断提高，群众中喜庆婚嫁宴席增加，多由县招待所、新陇饭店承揽。同时川菜、牛肉拉面、凤翔豆花等外地名吃也先后进入县域内。

（一）陇县马蹄酥

陇县马蹄酥又名蜜馅儿，因形似马蹄而得名，原是陇县民间走亲访友时的名贵糕点，是用精粉、猪板油、蜂蜜和白糖等为原料制成的，色泽褐黄，纹层清晰，脆酥绵甜，且耐存放。现陇县食品加工厂生产。

（二）陇县羊肉泡馍

陇县人认为吃羊肉主要是为了喝羊肉汤，所以陇县羊肉泡馍的特点是汤多碗大肉嫩，油多而不腻。尤其是李家河的羊肉泡馍更是闻名陇县。陇县羊肉泡馍的特点是料重味重，肉烂汤浓，香气诱人，食后余味无穷，又有暖胃之功能。特别是冬季，食客多到常常排队。陇县羊肉泡馍和西府其他地区的羊肉泡馍不同，馍（白面烤饼）需要顾客自己用手掰好，放在碗中，热汤中一过，加点粉丝羊血丝，撒上葱花，就着糖蒜，是陇县人日常的早餐之一。陇县人一般喜欢大清早去吃羊肉泡馍，尤其是在冬天。大清早去饭店吃一碗热气腾腾的羊肉泡馍，同时加点辣椒，再来几个糖蒜或者大蒜，味道别提有多诱人。陇县羊肉泡馍的特点是馍是刚出锅的死面饼，根据个人爱好自己往碎里掰。自己在掰馍的同时一碗味道鲜美的羊肉汤已经开煮。馍掰好之后，汤已经就煮得差不多，然后把羊肉及汤往馍上面一浇，这还不够，聪明的陇县人民还会在上面放点香菜（陇县人叫芫荽），一碗味道鲜美的羊肉泡馍就做成了。在陇县能吃一大碗羊肉泡馍算是对生活的一种享受。

（三）陇县油旋

油旋是用发面在炭火锅内烤制而成，卷上核桃花生仁碎粒，香而不油，脆而可口。油旋饼也就一个烧饼大小，四周厚而中间薄，四周一圈一层都是烤干的，口味很独特。

（四）陇县狗舌头

狗舌头，是一种类似于油旋的饼，但是狗舌头很大，很酥脆，上面有核桃渣，口味很适合青少年和老年人吃，深得陇县人的喜爱。

（五）陇县凉盘

陇州凉盘是陇州人最爱吃的一道菜，又名“酒碟子”，也是陇州人日常生活离不开的美味，逢年过节更是少不了，它已成为陇州菜品中一道不可缺少的主菜。“有朋自远方来，不亦乐乎”，亲朋好友来陇州走亲访友，主人下馆子招待的第一个凉菜就点陇州凉盘。它不仅味道好，而且流传着一段美丽的传说。相传在清代末年，在西北的陇州部落来了一位私访的知府，虽说这里很穷，但知府每到陇州关山脚下农家都很淳朴热情。一日，他在一家吃饭，这家主妇为他端来一道凉菜，凉菜表面上看起来很简单，但吃起来香味浓浓，很是爽口，这道菜引起了知府的注意，他对随从说要将这道凉菜带回府中。随从就在关山脚下的农村雇请了一位巧妇，为知府专门做起了这道菜。陇州凉盘由此而得名，流传至今。陇州人几乎家家户户都会做这道菜，并具有世代相传的美称，据说在陇县会做陇州凉盘才称得上好媳妇。它的做法在用料上，有一定的讲究，上盘后具有色泽鲜亮、味道淳朴、酸味适中、醇香爽口、香意浓厚的特点，而且营养丰富，可舒筋活血、暖胃消食。对于身处异乡的陇州人而言，每逢过年都盼着能吃上陇州凉盘，其实这也是对家乡味道的眷恋和怀念。

（六）陇县老马家烧鸡

陇县老马家烧鸡是陇县富有影响的一个美食品种，历经四代传承已有二百多年历史。第一代：1806 年，陇县许明五老先生开始做烧鸡生意；第二代：1870 年，许心正先生在陇县潜心钻研，创新了许明五老先生的烧鸡制作技艺；第三代：1940 年，许香女士继承许心正先生的秘制配方与制作技艺，在陇县推出“老马家烧鸡”品牌；第四代：2004 年，马陇生先生继承母亲许香女士的祖传制作技艺，使“老马家烧鸡”在陇县得到了长足的发展。

老马家烧鸡带有鲜明的地域特色和文化传承，一方面继承和发扬了陕菜文化，另一方面融合了西北菜品地域文化特色，形成了自己独特的制作技艺，在众多同行中傲然挺立，卓尔不群，堪称一绝。

（七）陇县暖锅

陇县暖锅历史悠久，相传可追溯到清代。当时一位皇宫宠妃在冬季经过陇州，品尝过后大加赞赏，因膛中有火，故赐名“暖锅”。暖锅通常用紫铜或导热性最强的黄铜制成，锅的中间有一个上小下大的空心火筒，锅膛内炭火熠熠，因锅膛通风，炭火会越烧越旺，从而保证锅内菜肴热乎，可谓味从煮中来，香自火中生。好锅配好料，陇县暖锅用料全是家常菜，以煮至七八成熟的白萝卜片为主，配以豆芽、泡好的粉条、豆腐、红萝卜等打底，然后盖面子，上面铺一层肉食，排骨、鸡块、肥肠、丸子等。暖锅上桌后点燃放置在底部的木炭，红色的火苗从圆筒中间蹿出来，暖锅中发出滋滋的响声。随着暖锅渐渐沸腾，浓浓的汤汁、白白的蒸汽、金黄的油汁顺锅边慢慢溢出，立时香味扑鼻。揭开锅盖，上面一层层的排骨或肥肠、丸子等，吃上一口唇齿留香。吃的过程中，再来上几片烤至金黄的馍片，别提多美了。最后盛碗葱花汤喝下，顿时浑身舒坦。“围炉聚炊欢呼处，百味消融小釜中”，每年秋冬季，一家人围在一起吃个暖锅，红红火火，热热闹闹，家庭仪式感十足。陇县暖锅作为一道传统菜肴，在过去是每逢过年、家人团聚时陇县人必吃的美食。

（八）陇县糖酥馍

糖酥馍边厚心薄，圆形。主要原料为麦面粉、菜油、红糖，是酥面包油面加糖馅儿烤制而成的。吃起来酥松可口，热食，壳香脆；冷食，内酥软，清香回甜，余味满口。且经久不坏，适于旅途携带。

（九）陇县油糕

陇县油糕呈椭圆形状，馅一般是红糖或者白糖，近年来新增豆沙馅、枣泥馅、香芋馅等多种口味。油糕吃起来外酥内嫩，甜香爽口，色泽金黄，细腻柔软，经久而不变色、不变质，属纯天然绿色食品。

（十）陇县钱钱肉

陇县钱钱肉以公驴的生殖器（又称驴鞭）为原料，自古就是陇县一绝。早在唐代就作为贡品敬献给皇室，深受皇室的喜爱和称赞。钱钱肉约有一尺长、黑红色，吃时须切成小圆片，中间一个小孔，似旧时的铜钱，故称钱钱肉。色美味鲜、柔韧经嚼，吃后嘴里长时间留有香味，被誉为营养滋补品。

（十一）陇县核桃宴

陇县人不仅爱吃核桃，而且将核桃吃得丰富多彩，不同的做法呈现不同的味道和口感：外脆里酥且被核桃油一圈圈包裹的油旋、琥珀核桃仁、桃仁松子玉米、加州核桃鲜虾、翡翠核桃卷、飘香核桃饼……让人不禁垂涎三尺！

陇县核桃品质优良，富含多种蛋白质、不饱和脂肪酸、碳水化合物、维生素类、叶酸等 20 多种营养成分，是天然绿色无公害食品。早在清代就是朝廷贡品；20 世纪 50 年代起，陇县核桃大量出口创汇，成为国家出口免检产品；如今陇县是全国核桃外贸基地县，是国家核桃标准化示范区、省级核桃良种基地县，也是西北地区最大的核桃交易集散地。2012 年 12 月，陇县被中国经济协会命名为“中国核桃之乡”，“香玲”核桃品种在首届中国核桃节上荣获金奖。“陇州核桃油旋”名传省内外，是西府中国最美食品。

陇县厨师们潜心挖掘、精心研制的“陇州核桃宴”，成为陇州美食界的饕餮盛宴。集历史、地理、优质、品牌、文化于一体，精心选配食材，精心研究开发，打造了具有陇州饮食文化特色的核桃宴，共包括凉菜、热菜、小吃三个类型，20 多个品种。色香味俱全，食之，营养丰富，回味无穷，荡气回肠。

（十二）千阳贡米（桃花米）

千阳桃花米在千河两岸种植，有 2200 多年的种植历史，汉代已有种植，明嘉靖皇帝吃桃花米时大为赞叹，明清时期为宫廷贡品。千阳桃花米有粳、糯两种，粳供饭食，糯则酿酒制饴或甄糕及角黍。粳稻分红、白两种，产于清水者色清白，浇以混水者色微红，名桃花米。桃花米 1963 年参加全国农博会，被评为“中国名贵大米”，列入全国农作物优质品种目录，2009 年获 16 届中国杨凌农高会“后稷奖”，2010 年注册千阳桃花米商标，申报了知识产权，是千阳绿色食品品牌。

桃花米在千阳出穗期为 7 月 20 日左右，成熟期为 8 月 25 日左右，全生长期 124 天左右。桃花米属带粳性的籼型稻米，色泽白中显青，晶莹发亮，米粒形状细长，腹白小。碾出的米有一层红衣，面似桃花，做的米饭和稀饭呈红色，米粒为桃红色，蒸出的米饭两头长开，中间不断腰，好似一朵盛开的桃花，故而得名。桃花米富含人体所需的 17 种微量元素，吃起来胶黏，口感很好。具有健脾养胃、止烦止泻、补中益气、美容养颜等保健功效，是强身健体的佳品。

第三章　非物质文化遗产

千陇地区历史绵远，区位独特，文化积淀深厚，民间艺人辈出。“文化大革命”中，传统文化遗产遭到破坏。20 世纪 90 年代后，许多民间文化迅速流失，一些民间传统技艺后继无人，面临灭绝。2005 年后，非物质文化遗产保护工作在陇县启动。数年间，陇县、千阳县文化部门在普查筛选的基础上，遴选出一批非物质文化遗产逐级申报，已有 27 项进入陕西省和宝鸡市非物质文化遗产保护名录。

第一节　非遗普查

2005 年，陇县内非物质文化遗产包括民间文学（神话、传说、故事、歌谣、谚语等）、民间艺术（民歌、器乐、歌曲、戏剧、皮影、民间绘画、刺绣、剪纸、根雕、奇石、盆景、花卉等）、传统工艺（各项各类生产、生活用品的传统制作工艺）、民俗文化（传统文化婚庆、丧葬及宗教礼仪、庆典、祭祀活动、民间社火、游艺活动、日常生活习俗、民间饮食、特色菜肴、小吃制作等）、文化古迹（古建筑、古民居、古遗址、石窟、石造像、摩崖石刻及民间民俗文物等）。

2006 年 11 月，陕西省艺术馆牵头、宝鸡市群众艺术馆和陇县文化馆协助的全省非遗普查试点工作在陇县开展。普查运用文字、录音、录像、数字多媒体等方式，对 6 大类 30 项非物质文化遗产予以真实、系统和全面的记录，登记各类艺人 300 余人，拍摄影像、音像资料 23 盘，照片 3660 张。收集社火唱词 6 本 70 多首，绘制画谱 157 幅。

第二节　非遗保护

2007 年 10 月，陇县公布第一批非物质文化遗产保护名录，涉及 15 个“非遗”项目，经专家小组研究、比较、论证，申报社火、疙瘩社火脸谱 2 项非物质文化遗产入省、市保护名录。是年 11 月，陇州社火被列为省级首批“非遗”保护名录，权道生被列为该项目代表性传承人；12 月，疙瘩社火脸谱被列入市级首批“非遗”保护名录，杨秉权被列为该项目代表性传承人。2010 年，杨秉权的疙瘩社火脸谱获国家文化部优秀非物质文化遗产奖。

2008 年 6 月，千阳县灯盏头碗碗腔皮影戏、流传于寇家河乡龙槐塬村一带的八打棍一系列舞蹈被陕西省文化厅列为省级非物质文化遗产保护名录。2009 年，千阳县李爱姐、李贵杰、赵崇科等 3 名老艺人被列入省级非物质文化遗产传承人。同年，跑马庙会民俗与高芯社火被列为县级第一批非物质文化遗产代表作。

至 2010 年，陇州社火、陇州小调、陇州花灯制作技艺、陇州染色剪纸、龙门洞庙会、陇州刺绣、陇州社火疙瘩脸谱制作技艺、陇州剪纸、陇州泥塑、陇州皮影、陇州锣鼓、陇州编制技艺、抢山神庙会、送花糕、陇州漆画等 15 项民俗、民间音乐、民间美术传统技艺被列入陇县非物质文化遗产保护名录。其中，陇州社火、陇州社火疙瘩脸谱制作技艺、陇州小调、龙门洞庙会、陇县染色剪纸、陇县花灯制作工艺、陇县皮影雕刻工艺、陇县芦编技艺 8 项被列入宝鸡市“非遗”保护名录。陇州社火、陇州小调、龙门洞庙会、陇州染色剪纸绒、陇州花灯制作工艺等 5 项被列入陕西省“非遗”保护项目。

截至 2021 年 2 月，千阳县有非遗项目 14 项，涉及民间文学、民间戏曲、民间美术、民间舞蹈、民间手工技艺、民俗、传统体育和游艺 7 大类。目前，千阳县有省级项目 4 项，分别为文学类燕伋传说、传统舞蹈类千阳八打棍、传统戏剧类千阳灯盏头碗碗腔皮影戏、传统美术类千阳剪纸。市级项目 5 项，分别为传统美术类千阳刺绣、传统技艺类千阳柳编制作技艺、传统体育和游艺类千阳丁方、民间手工技艺类千阳大肉泡馍、西府康祥酥皮点心手工制作技艺。县级项目 5 项，分别为传统舞蹈类扑娥、传统民俗类千阳高芯社火、千阳跑马、立竿驱雹民俗、传统体育和游艺类千阳抓羊，千阳县有省级代表传承人 1 人、市级代表传承人 4 人、县级代表传承人 22 人。

截至 2022 年末，陇县现有非物质文化遗产代表性项目 40 项，其中省级 7 项、市级 4 项、县级 29 项。

第七篇　机构与人物

有水事活动，就有水政管理，就孕育出了水行政执法机构。水行政体系是历史上水行政执法的延续和扩大。我国现行的水行政执法从基层到中央，形成了一整套完整的体系和法规制度，分为横向的流域和行政上的体系两套机构和制度。

第一章 机 构

千河流域涉及宝鸡市4个县（区），因而本章论述了千河流域的机构、县（区）机构、市直单位和省属驻市单位。

第一节 机 构

一、古代机构

黄河流域建堤防，始于春秋战国时期，至此开始了水政管理。

秦集史《通典·职官九》载：“秦汉有都水长丞，主陂池灌溉，保守河渠，自太常、少府及三辅等，皆有其官”，并且有关于白起渠、饮马池的政绩记述。

唐初兴建的五节堰，主要是运送木材，对著名的泾、渭、白渠，规定以京兆少尹一人督视，成国渠的渠堰使由东渭桥纳给使徐班兼任，六门、升原等堰，令随近县官专职检校。

唐代制定了《水部式》，是由中央政府颁布的国家水利法规，它记载了“渠斗长”的职责。《唐六典》卷23中记载“凡京畿之内，将问责制落实到府、县”水利管理中。通过“渠斗长”对灌区实行水资源的管理，还将灌区管理好坏作为官吏考核晋升的依据，随近县官专职检校。《水部式》规定“以京少凡一人督视”“六门堰有丞，一人督视，升原渠等堰令”。

北宋沿袭唐代水利制度体系，王安石主导的《农田利害条约》，推动了农田水利建设和管理。赵匡胤（972年）设专管河事的官员。北宋（1103年以后），实施“河堤使制”，各县置河堤判员一员，以本州通判充。通判由皇帝直接委派，辅佐河政。

北宋崇宁、大观年间（1102—1110年），朝廷于各县设县丞一员负责兴山泽之利。

金代实行河长制。在水行政管理上，金承唐宋制，在黄河上设置巡河官制度，设巡河官六员。金代还动员兵役参与防汛和河工修守等。

明清朝廷规定，知府掌一府之政、河渠沟防、道路之事，虽有专官，皆总领而稽覆之（清史稿《职官志》）。清代凤翔府的主官是知府，其下设通判，主管粮运及农田水利等事务。

清代陇州水务由工房掌管。

清乾隆十五年（1750年），宝鸡县知县周天生重修利民渠后，为了使上下游均衡受益，随即设24个里长管理渠道，并制定了严格的管理制度，明令各处里长执行。

二、民国机构

民国时期，千阳县、宝鸡县皆无水利管理机构。民国二十四年（1935年），陇县政府设立建设科分管。民国二十七年（1938 年）10 月，于凤翔设陕西省第九行政督察专员公署；民国三十年（1941）2 月 4 日，公署治所迁宝鸡，公署设建设科，兼管农田水利。

民国二十七年（1938 年），直属南京国民政府全国经济委员会泾洛工程局的千河水文站设在凤翔县灵化村铧角堡，设助理员 1 人，测量工 2 人；民国三十一年（1942 年）迁至陇县神泉村窑嘴。新中国成立后，由人民政府接管，1962 年迁往千阳县。

民国三十二年（1943 年），设立陇县千惠渠测量工程队，为南京政府经济委员会的派出单位。驻址在陇县兵役科内，全队共有 8 人，队长广东人黄朝建，工程师天津人尹宪章、陕西合阳人鲁守贵，测量员余济仁、蔚振铎等人。测量工序是先测绘地形图，再根据地形图研究，确定堤线。全部测量工程完成后，即调去他处工作。民国三十三年（1944 年），测量任务完成后迁走。

民国二十四年（1935 年），陕西省水利局测量关中各渠时，将千惠渠列入其中，派员进行了初勘，号称十八惠渠，其工程量较大，把宝鸡、凤翔列为主要受益区。后来，其他各渠修建工程先后开始，至民国三十七年（1948 年）下半年相继竣工，唯千惠渠未曾动工，其间又进行了复勘。民国三十二年（1943 年），对千惠渠重新复勘一次，翌年结束。民国三十六年（1947 年），陕西省设立水利厅后，由水利厅提议成立“陇县千惠渠工程处”，陕西省政府主席董钊任命张殿卿为处长兼总工程师，李斌丰、李学白为副总工程师，处址设在陇县县城内西巷子秦维藩院内，筹办千惠渠建设事宜。拟修的千惠渠起始地点，基本与现今的千惠渠相似。工程处在神泉窑嘴备了一部分石料，但未动工。其间又发生了凤翔县参议会不同意千惠渠从陇县开始的方案风波，省政府否决了凤翔县参议会议案，此后因战乱等原因，该工程停工，千惠渠工程处也于民国三十八年（1949 年）被撤销。

三、当代机构

1949 年 7 月宝鸡解放，宝鸡分区置行政督察专员公署，水利水保归公署四科。1950 年 1 月，又归专员公署建设科。1956 年 3 月，专署建设科、交通科合并为第五办公室，农田水利又归之兼管。

1956 年 10 月 1 日撤销宝鸡专区，成立宝鸡市人民委员会，下设农林水牧局；1958 年 5 月撤销农林水牧局，成立宝鸡市郊区工作委员会，分管农田水利。次年 2 月 25 日，又撤销郊区工作委员会，成立农林水牧局。1960 年 4 月，分设水利局。

1961 年 9 月 1 日恢复宝鸡专区，遂成立宝鸡专员公署水利电力局（简称水电局）。12 日将农牧局与水电局合并为农林水牧局。1962 年 9 月 12 日，分设水电局。次年 8 月 22 日，改水电局为水利局。1965 年 4 月 8 日，又改名为水电局（包括专区水利队）。1966 年 8 月地、市分设，1968 年 2 月至 1969 年 9 月，地、市分别成立革委会生产指挥部，内设农业组，分管农田水利。1970 年 5 月、6 月，地、市分别设立水电局（包括地区水利建设工作队、水产站）。1971 年 11 月 1 日地、市合并，成立宝鸡市水电局。

1979 年 3 月 1 日地、市分设，成立宝鸡地区水电局。1980 年 8 月 1 日地、市合并，设宝鸡市水电局，1983 年 9 月改名为宝鸡市水利水保局。

（一）企事业机构

（1）宝鸡市水利水电勘测设计队。1953年，以省水利局分配给宝鸡的一批水利干部为基础，成立宝鸡专区小型水利工作队，次年改为宝鸡专区水利工作队，1956年被撤销，一部分人员调往宝鸡、凤翔、陇县、周至等县，一部分人员调入关中水利队。1958年重新设立宝鸡市水利队。1961年11月改为宝鸡专区水利工作队。1968年机构被撤销，人员下放。1970年7月新设宝鸡地区水利建设工作队，1972年改为宝鸡市水电工作队，1982年更名为宝鸡市水利水电勘测设计队。1990年有干部工人37人，固定资产34.18万元，主要负责全市小（1）型以上水利、水电、人饮、河道、堤防工程的勘测设计、施工检查、竣工验收及资料编审等工作。

（2）宝鸡市水土保持工作站。1955年成立宝鸡专区水保站，1957年交省管理，1958年迁至彬县，改为陕西省彬县水保试验站，负责关中西部各县水土保持工作。1959年在宝鸡重设陕西省宝鸡水保试验站，1964年改为陕西省宝鸡水土保持工作站，1968年交宝鸡专区领导，同年10月机构被撤销，人员下放。1972年恢复宝鸡市水保站。1990年有干部工人34人，固定资产4.08万元。主要任务是编制、审查水保区划，审定指导小流域治理规划和设计，组织实施水土保持科研试验项目，推广应用水保先进技术，以及农建技术指导工作。

（3）宝鸡市水产工作站。1962年1月，成立宝鸡专区鱼种繁殖场，属专署农林水牧局领导，同年7月被撤销，业务交专区畜牧兽医站，内设水产指导股，1963年改为宝鸡专区水产工作站。1965年水产业务交宝鸡专署水电局管理。1971年春，成立宝鸡地区水产工作站，次年改为宝鸡市水产工作站。1990年有干部工人27人，固定资产8.56万元。主要负责全市水产养殖规划、区划编制及养殖工程的设计、审批和施工指导，养殖、繁育、捕捞等先进技术的引进、推广和面上水产技术指导工作。

（4）宝鸡市地下水工作队。1964年成立，属事业性质，企业管理。1990年有职工231人，车床6部，冲床、铣床、磨床、钻床8台，点焊机、缝焊机、滚齿机、空压机8台，各种类型钻机4部，固定资产13.67万元，流动资金71.7万元，固定基金62.7万元。主要负责本市地下水资源开发、利用和技术指导，旧井改造，机井管理，地下水动态观测，配合有关单位搞好排水工作。

（5）宝鸡市水电物资供应站。1972年成立。1990年有干部工人18人，固定资产15.06万元。主要负责局下达的水利物资购销供应任务，并组织计划外物资，以满足水利建设的需要。

（6）宝鸡市水利管理工作站。1981年成立。1990年有干部工人27人，固定资产4.89万元。主要负责全市已建水利工程的工程管理、用水管理和经营管理的技术指导工作。

（7）宝鸡市水利水保局劳动服务公司。1984年3月开业，属集体服务业，旨在安置市水利水保局系统待业青年。1990年底有从业人员26人，其中安排待业青年13人。局拨固定资产价值17.6万元，流动资金4.6万元。

（二）灌溉管理机构

（1）宝鸡专区梅惠渠管理局。前身是梅惠渠工程处，始设于民国二十八年（1939年），民国三十年（1941 年）1 月移交陕西省水利局领导，改名为陕西省梅惠渠管理局，局址眉县齐家寨。于眉县斜峪关、齐家寨、王长官寨和岐山县安乐寨分设 4 个管理处，负责岐、眉两县 15.4 万多亩农田的灌溉任务。1962 年 1 月 1 日，省水利厅将梅惠渠交宝鸡专区领导，改名宝鸡专区梅惠渠管理局。1965 年春，专区又移交眉县人民委员会领导，改名眉县梅惠渠管理处。1984 年 4 月，移交石头河水库灌溉管理处，分设齐镇、安乐管理站。

（2）宝鸡专区横惠渠管理局。1965 年 1 月 11 日，将凤翔县横惠渠管理处收归宝鸡专区领导，改名宝鸡专区横惠渠管理局。同年，又移交凤翔县人民委员会领导，12 月凤翔县成立横惠渠灌溉管理处。

（3）宝鸡市冯家山水库灌溉管理局。前身为宝鸡市冯家山工程指挥部，1978 年 11 月 10 日成立，局址宝鸡县城关镇。1982 年 1 月 17 日正式接管冯家山水库灌溉工程。局内设政治处，办公室和工务、灌溉、机电、财供、保卫 5 科，以及配水站。局下设枢纽、陈村、张谢、岐山、法门 5 个管理处和瓦岗寨、强家、午井、孔头沟、祁家沟、黄甫、天度 7 个管理站，以及工程队、渔场、园林场、经济民警队。1985 年底有职工 458 人（包括集体职工 3 名），其中行政干部 94 人、技术干部 82 人、工人 282 人。

第二节　县（区）机构

千河流域各县（区）均设有相应的水利行政机沟，是县（区）人民政府水利行政主管部门，陕西境内千河流域各县（区）水利行政机构受宝鸡市水利局属业务指导。甘肃境内张家川回族自治县、华亭市水利行政机构分别受甘肃省天水市水务局、甘肃省平凉市水务局业务指导。

一、陈仓区水利局

1949 年 7 月 14 日，宝鸡解放，设陕甘宁边区宝鸡分区，分区置行政监察专员公署，同年 8 月，公署设四科，分管农田水利。1950 年 1 月 10 日宝鸡分区划归陕西省管辖，改为宝鸡地区专员公署，原四科更名建设科，仍兼管农田水利。1956 年，成立宝鸡县农林水牧局。1958 年 11 月，撤销宝鸡县，并归宝鸡市（小市），市政府设水利科。1960 年 4 月，宝鸡市设立水利局。1961 年 9 月，复设宝鸡县，12 月恢复农林水牧局。1963 年 9 月，成立宝鸡县水利局，与农业、林牧业分开办公。1964 年 5 月，更名为宝鸡县水电局。1965 年 10 月，农、林、水牧局合并，又称宝鸡县农林水牧局。1967 年成立宝鸡县生产办公室，统管农林水牧业务。同年 11 月，抓革命促生产办公室被撤销，成立农林水牧系统抓革命促生产小组。1968 年 1 月抓革命促生产小组被撤销，改称宝鸡县革命委员会农业部农业组。同年 11 月，农、林、水、牧等基层革命委员会领导小组合并，称宝鸡县农村社会主义建设服务站。1969 年 8 月，成立宝鸡县农田水利指挥部，统管水利水电水保业务。1970 年 1 月，农、林、水、牧机构分设，5 月 9 日撤销社会主义建设服务站和农田水利指挥部，8 月 3 日重新设立宝鸡县水电局。1983 年 12 月更名为宝鸡县水利水保局，1994 年 4 月又更名为宝鸡县水利局。2003 年 5 月，撤销宝鸡县，设立陈仓区，宝鸡县水利局更名为宝鸡市陈仓区水利局。办公地址在陈仓区集中安置中心 1 号楼 5 楼西。区水利局内设 5 个股室:

政秘股、水政水资源股、规划计划股、水旱灾害防御股、水利水保股。下属单位有水资源事务中心、水利管理工作站、水土保持工作站、水政监察大队、水电工作队、地下水管理监测站、河务工作站、渭河综合治理保护中心、冯家山水库东灌区管理站、冯家山水库西灌区管理站等10个事业单位，秦之水农村水务有限公司、顺通排水管有限公司等2家企业。2023年，全系统共有职工121人。

二、凤翔区水利局

新中国成立后，凤翔县水利业务归县政府建设科负责。1956年3月改建设科为农林水牧局。1959年5月，设立凤翔县水电局。1968年，县革命委员会将水电局、农林局合并成立农业学大寨工作站。1970年，撤销农业学大寨工作站，恢复水电局。1984年3月，水电局改为水利水保局。1994年8月改称水利局，办公地址在凤翔县城东湖路南段。

2021年2月凤翔县撤县建区，更名凤翔县为凤翔区。

凤翔区水利局内设4个股室：办公室、计划工程股、财务股、水利管理股。下辖9个基层单位：县（县改为区）冯家山水库灌区灌溉管理处、横水河灌溉管理处、东风水库灌溉管理处、水利建设工程工作队、水利工作站、宝鸡雍城自来水有限公司、水土保持工作站、水资源事务中心、村镇供水管理站。其中事业单位8个，企业单位1个；正科级事业单位7个，股组级事业单位1个。全系统共有行政事业编制253人，其中行政编制12人，事业编制241人。2010年，实有在职职工414人，其中局机关16人，事业单位378人，企业单位20人。至目前全系统有专业术人员153人，其中高级工程师32人，工程师61人。

三、千阳县水利局

1949年7月16日，千阳解放，县政府设建设科，管理水利。1957年2月，建设科改为农林水牧局。1959年1月，千阳县与陇县合并，仍设农林水牧局，千阳为公社，公社内设农林水牧部。1961年9月，千陇分县，恢复千阳县制，仍设农林水牧局。1968年2月，成立县革命委员会，设农林水牧革命领导小组，分管水利。1969年5月，成立农业学大寨工作站，分管水利。1970年5月，成立千阳县革命委员会水电局。1980年6月，县革命委员会水电局更名为千阳县水电局。1984年2月，水电局改名为水利水保局。1994年8月，与林业局合并，称千阳县林业水利局。1995年5月两局分设，恢复水利水保局。1997年3月，更名为水务局。2002年9月水务局改名为水利局，办公地址在千阳县城南关路中段。

2023年，千阳县水利局内设股室4个，有政秘股、规划计划股、水政水资源股、劳资股，共有工作人员14人。下属单位16个：水土保持工作站、水利工作队、地下水工作队（地下水工作队、人畜饮水管理站）、灌溉管理站、河务管理站、水政监察大队、南寨供水站、崔家头供水站、草碧供水站、张家塬供水站、水沟供水站、自来水公司、兴农盛业水利工程有限公司、寇家河水电站。全系统共有职工146人，管理岗29人，专业技术人员中高级工程师11人，工程师29人，助理工程师18人，技术员4人，技术工人55人。

四、陇县水利局

1949年7月，陇县人民政府成立，12月设建设科，分管水利。1956年8月，建设科改为农林水牧局，仍分管水利工作。1958年6月，农林水牧局分设为农林局、水利局。

1959 年 4 月，又合并为农林水牧局。到 1967 年 1 月间又有几次分合。1968 年 4 月，县革委会成立，设生产组，下设农业工作站，分管水电工作。1970 年 5 月，设立农林水电局。1973 年 3 月，分设县水电局。1984 年 1 月，改称水利水保局。1994 年 4 月，改称水利局。办公地点在城关镇东大街 75 号（县政府大院内）。2010 年底，水利局机关实有职工 19 名，内设政秘股、水资源股、工程计划股。2023 年底，水利局机关共有 8 个编制，实有职工 20 名，内设办公室、工程计划股、水政水资源股、河湖管理办公室。

陇县水利局下设 6 个事业单位、4 个企业单位，分别是：陇县水利水电工作队、陇县水利管理工作站、陇县水土保持工作站、陇县水政监察大队、陇县南峡沟水库管理站、陇县河务工作站、陇县自来水公司、宝鸡君安建筑安装有限责任公司第三分公司、陇县段家峡水电有限责任公司、陇县华磊石材有限责任公司。共有干部职工 386 人，其中干部 98 人，工人 288 人。全系统共有高级工程师 36 人，工程师 62 人，助理工程师 27 人。

五、张家川回族自治县水务局

张家川回族自治县水务局内设办公室、水旱灾害防御股、水资源管理办、规划计划股。下属单位有农村供水工程管理站、水利工程质量监督与安全管理站、水政监察大队（河长制办公室）。共有干部职工 110 人，其中专业技术人员 47 人，高级职称 9 人，中级职称 27 人。

六、华亭市水务局

华亭市水务局内设办公室、水资源水保科、工程管理和监督科、财务审计科、河长制综合科。下属单位有水土保持局、黄土高原水土保持世行贷款项目办公室、节水型社会建设办公室、水建水管站、水政监察大队、王峡水库管理处。共有干部职工 177 人。

第三节　市直单位

2023 年，宝鸡市水利局下属 12 个单位，其中正县级事业单位 3 个，副县级单位 4 个，科级事业单位 4 个，国有企业 1 个。

一、宝鸡市冯家山水库管理局

1973 年 4 月 9 日，经宝鸡市委同意，成立宝鸡市冯家山水库管理局筹备小组，地址设在宝鸡县虢镇剧院。同年 10 月 16 日，市革委会批准成立宝鸡市冯家山水库灌溉管理局，直属市革委会领导，属事业编制。1973 年 11 月 10 日，管理局由宝鸡县虢镇剧院迁至宝鸡县虢镇北门外。1979 年 5 月地、市分设，将宝鸡市冯家山水库灌溉管理局更名为宝鸡地区冯家山水库灌溉管理局，隶属宝鸡地区行政公署领导。1980 年 8 月，地、市合并，将宝鸡地区冯家山水库灌溉管理局又更名为宝鸡市冯家山水库灌溉管理局，隶属宝鸡市人民政府领导。1981 年 11 月，冯家山水库灌溉管理局归市水电局领导。1982 年 1 月 17 日，冯家山水库一期工程竣工验收后，管理局正式接管冯家山水库一期工程。1988 年 4 月 22 日，经宝鸡市编制委员会批复，将宝鸡市冯家山水库灌溉管理局更名为宝鸡市冯家山水库管理局。冯家山水库管理局是冯家山水库工程专业管理机构，属差额事业单位，级别为正县级。

冯家山水库管理局承担着为灌区 136 万亩农田灌溉和为宝鸡二电厂、宝鸡市区供水任务，同时负责水库防汛安全、水产养殖、水力发电、水利旅游、水土保持、生态治理等工作。

管理局机关设办公室、人保科教科、计划财务科、工程配套科、灌溉管理科、水情调度室、综合经营科、项目办、泵站办、科技办、总工办、监察室、审计科。党组织设有局党委、局纪委，局党委设党委办公室。群众组织有局工会、局共青团总支。管理局下属基层单位有枢纽管理处，陈村、张谢、瓦岗寨、凤鸣、孔头沟、新店、祁家沟、法门、天度强家、午井灌溉管理处，库区管理处、千湖风景名胜区管理处、水利水电工程公司、土木建筑勘察设计院、电站管理处、鱼场、经济民警队等。

冯家山水库管理局的职能是贯彻落实党和国家的水利方针政策，执行上级有关决议，组织拟订水库工程综合规划、灌区规划等；承担水库防洪保安、科学调度等具体工作；负责水库水资源保护、管理、综合开发和利用等工作；按照水利工程管理权限，负责水库枢纽、灌区工程设施的管理与保护及安全运行；负责水库灌区的抗旱和农业供水服务、节约用水工作；落实灌溉管理、组织管理等工作；按照管理权限，负责有关工程更新改造、水土保持等基本建设项目的实施管理工作；负责职权范围内水政、渔政执法工作；负责灌区用水水事纠纷的调处工作；承担宝鸡市区、宝鸡第二发电厂等生活、工业用水服务工作。

2020年5月29日，按照中共宝鸡市委机构编制委员会办公室（宝编办发〔2020〕49号）文件，核减市冯家山水库管理局事业编制10名。调整后，市冯家山水库管理局事业编制430名。2021年9月28日，按照中共宝鸡市委机构编制委员会办公室（宝编办发〔2021〕85号）文件，核减市冯家山水库管理局事业编制10名，调整后，市冯家山水库管理局事业编制420名。截至2021年12月底，现有在岗职工389人，局机关内设12科室，下设18个基层单位，主要负责水工程运行、抗旱灌溉、防汛保安、设计施工、水产养殖、水力发电、水源地保护、项目建设等工作。

二、宝鸡市城乡供水安全中心

宝鸡市城乡供水安全中心的职能是负责参与全市城乡供水规划、规程规范、技术标准、应急预案的编写并组织实施；承担供水节水新技术、新规范、新工艺、新材料推广及业务培训等工作；承担全市城乡供水项目建设的前期工作，指导城乡供水工程的运行管理和技术服务；承担全市城乡供水水质、净化消毒设备质量监（检）测业务指导工作；承担饮水型地方病防治改水工作；承担石头河水库引水工程技术服务及后续建设相关工作；完成市水利局交办的其他任务。设综合、规划管理、水质检测3个科室，编制16人。

三、宝鸡市渭河生态区保护中心（宝鸡市渭河流域治理保护中心）

宝鸡市渭河生态区保护中心的职能是贯彻执行渭河河道保护管理方面的方针政策、法律法规和省、市渭河生态区建设管理工作的指示要求，全面负责宝鸡市渭河生态区建设管理各项工作；负责编制渭河生态区（包括支流入渭口）及市区支流建设规划及实施方案，组织生态区建设项目规划设计，安排项目实施；负责渭河市区河道沿河两侧配套设施的景观设计、建设与管理；负责安排渭河生态区内（包括支流入渭口）及市区支流建设工程年度建设任务，组织审核工程建设方案和设计，编制年度资金计划，协调组织解决工程建设中的有关技术问题；执行渭河生态区管理委员会的各项决议，并受市级有关部门委托，负责渭河生态区红线划定、规划编制、开发审批、保护利用、水资源管理、采砂许可、岸线用途管理等工作；负责渭河生态区内湿地保护、生态建设、野生动物保护、渔业捕捞等服务工作；协助相关部门监督管理生态区内林木砍伐工作；负责渭河生态区内环境影响评价的归口管理，排污口许可，监督污染物排放，审定水域纳污能力，提出限制排污总量意见和污染防治方案；引导渭河生态区内农业产业结构调整和退耕绿化工作；开展生态区生态文化教育等工作；负责渭河生态区内工程设施管护和环境卫生整治、绿化等工作；完成市渭河生态区管理委员会、市水利局和有关部门交办的其他工作。设综合、管理、财务、工程建设、水资源与生态保护、河道管理、执法监督 7 个科室，编制 32 人。

四、宝鸡市地下水管理监测中心

宝鸡市地下水工作队，成立于 1964 年，原为正科级差额补贴事业单位，1991 年经市编委批准，晋升为副县级差额补贴事业单位。2000 年 7 月更名为宝鸡市地下水勘察规划管理处，2007 年 11 月更名为宝鸡市地下水管理监测处。编制 240 人，其中全额拨款编制 51 人，差额补贴编制 189 人。随着离退休自然减员，2010 年实有职工 96 人，其中全额拨款 51 人，差额补贴 46 人。2019 年更名为宝鸡市地下水管理监测中心办公地址在宝鸡市宝平路 8 号。

宝鸡市地下水管理监测中心的职能是负责为全市地下水资源合理开发利用和节约保护提供服务；负责全市地下水监测站网、监测设施和信息化系统的规划建设和管理，依法保护地下水监测设施；负责全市地下水水文监测和资料汇编；负责全市地下水资源调查评价、地下水开发利用规划编制和实施等；承担全市防汛应急抢险、河道疏浚、堤防维护任务；按城市抗旱预案负责城市应急供水设施抢修、市区抗旱任务；承担地下水工程勘察、资源调查评价等任务。

五、宝鸡市水资源事务中心

宝鸡市水资源管理处是由两个隶属关系不同的水资源管理单位合并而成的。1984 年 2 月成立宝鸡市市区水资源管理处，为正科级事业单位，只负责市区范围内的水资源管理，隶属宝鸡市公用事业局领导。1985 年 11 月更名为宝鸡市市区水资源管理处，1992 年 9 月更名为宝鸡市市区地下水开发利用管理处，隶属宝鸡市城建局领导。1990 年 12 月，经市编委批准成立宝鸡市水资源管理处，负责全市水资源统一管理和保护工作，为副县级事业单位，隶属市水利水保局领导。2000 年 12 月，市政府将市水利局所属的宝鸡市水资源管理处与市城建局所属的市区地下水开发利用管理处合并，称为宝鸡市水资源及市区地下水开发利用管理处，为副县级事业单位，隶属市水利局领导。2005 年 12 月更名为宝鸡市水资源管理处。2007 年 11 月，经批准成为参照公务员管理的事业单位。2010 年，单位内设办公室、监督管理科、计量征费科、水资源规划科、水政科 5 个科室。2019 年更名为宝鸡市水资源事务中心。单位办公地址在宝鸡市行政中心 6 号楼。

宝鸡市水资源事务中心的职能是：组织开展水资源调查评估，参与编制水资源规划、水中长期供求计划、水资源保护规划和有关水利专项规划组织拟订流域、区域水资源开发总量、取水总量控制指标体系和水量分配方案、水资源调度配置方案和应急管理预案；承担水资源保护和计划用水、节约用水管理相关辅助性、事务性工作；受理取水许可申请，提出取水许可建议；承担全市水资源水量、水质和水情的监测工作；承担水资源相关技术规范和标准体系的调研工作，开展水资源节约保护宣传教育工作；完成市水利局交办的其他事项。

截至2023年底，单位在职人员23人，有高级工程师3人。

六、宝鸡市水土保持工作站（宝鸡市水土保持监督管理总站）

宝鸡专区水土保持工作站成立于1955年，1957年交省水利厅管理。1958年迁至彬县，改名为陕西省彬县水保试验站，负责关中西部各县的水土保持工作。1959年，在宝鸡重新设立陕西省宝鸡水保试验站。1964年改名为陕西省宝鸡水土保持工作站。1968年交宝鸡专区领导。同年10月，机构被撤销，人员下放。1972年成立宝鸡市水土保持工作站革命委员会，归宝鸡市水电局领导，站址在宝鸡市姜谭路47号。1980年10月，迁至市区新建路西段12号。1990年，宝鸡市水土保持工作站由正科级事业单位升格为全额拨款副县级事业单位。1996年9月，经市编办批准设立宝鸡市水土保持监督管理总站，负责全市水保法规的贯彻执行，监督管理生产建设单位落实水保"三同时"制度。2003年，成立宝鸡市水土保持监测分站，负责全市水土保持监测工作。2007年11月，经批准成为参照公务员法管理的事业单位。至2010年，市水土保持工作站是1套人员，3块牌子。编制39人，其中干部28名，工人11名。设有办公室、流域治理科、农建科技科、工程管理科、预防监督科和监测科6个科室。

宝鸡市水土保持工作站的职能是负责防治水土流失，拟定水土保持有关政策，编制水土保持规划并监督实施；负责全市水土流失综合治理、预防监督和监测预报工作；按规定负责重大开发建设项目水土保持方案的审批、监督实施及水土保持设施的验收工作；负责全市城市水土保持监督管理工作；指导重点水土保持建设项目的实施等。

七、宝鸡市水文水资源勘测中心

宝鸡市水文水资源勘测局是在陕西省宝鸡水文水资源勘测局的基础上成立的，一个机构，两块牌子。宝鸡市水文水资源勘测局由省水利厅和宝鸡市人民政府双重管理。宝鸡市水文水资源勘测局担负着陕西省西安以西渭河嘉陵江及其支流的水文基础资料收集、洪水预报、水文站网的规划调整及其实施等工作，为防汛抗旱、水资源管理和突发水污染事件等提供准确的水文信息、科学的决策依据和强有力的技术支撑。陕西省宝鸡水文水资源勘测局的前身是"陕西省水文总站省西水文分站"，成立于1965年4月，站址在渭滨区神农镇。局内设办公室、财务科、勘测科、水情科、水环境与水资源评价科5个科室。下设11个水文观测站，站名为拓石、林家村、魏家堡、益门镇、安头、千阳、凤阁岭、漫湾村、鹦鸽、朱园和凤州水文站，管辖102个雨量站，共有职工81人。

八、宝鸡市水利水电规划勘测设计院

1953年，陕西省水利局给宝鸡调配了一批水利干部，成立宝鸡专区小型水利工作队，1954年改为宝鸡专区水利工作队，队址在宝鸡市三马路工人俱乐部。1956年撤销宝鸡专区水利工作队，一部分人员调至宝鸡、凤翔、陇县、周至等县，另一部分调至关中水利队。1958年，重新设立宝鸡市水利工作队。1961年恢复专署后，同年11月改为宝鸡专区水利工作队。1968 年 11 月，机构被撤销，人员被下放。1970 年 7 月，新设宝鸡地区水利建设工作队。1972 年，改为宝鸡市水利电力工作队。1982 年更名为宝鸡市水利水电勘测设计队，队址在宝鸡市新建路西段 12 号。1988 年更名为宝鸡市水利水电土木建筑勘测设计院。2000 年更名为宝鸡市水利水电规划勘测设计院，为正科级差额拨款事业单位。

宝鸡市水利水电规划勘测设计院的职能是负责全市重点水利水电工程、河道防洪综合治理工程、城镇安全饮水工程规划的设计；负责全市中小型水利水电工程勘测设计的前期工作；受市水利局委托，对全市水利水电行业设计进行管理，对水利工程规划设计、水利工程质量等方面因设计造成的纠纷进行技术鉴定。

2010 年单位编制 40 人，实有 40 人，其中干部 31 人，工人 9 人。有高级职称的 7 人，有中级职称的 11 人，有初级职称的 17 人，技师 2 人，高级工 2 人，初级工 1 人。单位内设总工办、办公室、水工一室、水工二室、水工三室、建筑室、地测室 7 个科室。

九、宝鸡市水利工程建设与管理处（宝鸡市水利工程质量安全监督站）

宝鸡市水利工程建设与管理处原名宝鸡市灌溉管理工作站，成立于 1981 年 2 月，1983 年 5 月更名为宝鸡市水利管理工作站。2004 年 3 月更名为宝鸡市水利工程建设与管理处。2006 年 5 月挂牌成立宝鸡市水利工程质量监督站，与水利工程建设与管理处为一套人员，两块牌子。

宝鸡市水利工程建设与管理处的职能是负责全市水利水电工程建设、管理及市重点水利工程，市属水利事业单位承担的水利工程的质量安全监督管理工作；指导水库大坝安全监测、库容淤积观测及工程鉴定工作；做好全市水利工程产权制度、管理制度等方面改革的具体工作；处理受监督水利工程的质量事故，参与监督重大水利工程建设安全事故的救援、调查处理等工作。

宝鸡市水利工程建设与管理处是全额拨款正科级事业单位。编制人数 28 人，单位内设办公室、建设管理科、监督监测科和综合科 4 个科室。2010 年，有职工 27 人，其中干部 15 人，工人 12 人。有专业技术人员 24 人，其中有高级工程师 3 人，工程师 9 人，助理工程师 12 人。办公地址在宝鸡市新建路西段 12 号。

十、宝鸡市河务工作站（宝鸡市水旱灾害防治监测中心）

宝鸡市河务管理处成立于 1985 年 11 月，为正科级事业单位。2010 年市河务管理处编制 16 人，其中专业技术人员 9 人，工勤人员 6 人。在专业技术人员中高级工程师 3 人，工程师 2 人，助理工程师 4 人。单位内设办公室、河道管理科 2 个科室。单位办公地址在宝鸡市姜谭路 47 号。

宝鸡市河务工作站的职能是承担全市跨河、穿河和临河在河道管理范围内建设项目的技术性审查；承担全市河道采砂许可初核和全市砂石资源费征收相关事务性工作；承担全市河湖管理信息系统建设和管理，建立河湖档案管理体系；承担河长制（湖长制）考核评估相关技术性工作；协调处置河湖管理突发事件，协调指导河湖水面率控制、河湖水岸线管理保护、水生态修复等工作；负责全市水利系统在职干部职工业务培训工作；承担全市水情、旱情监测预警及防御洪水应急抢险技术保障等事务性工作；承担汛期和紧急抗旱期间值班及汛情、旱情和相关灾情信息的收集、分析、上报等工作；承担水毁修复、山洪灾害防治工程和非工程措施，以及抗旱应急项目的前期事务性工作；承担水旱灾害防治科普宣传和防汛抗旱信息化系统建设管理工作；完成市水利局交办的其他事项。

十一、宝鸡市渭河拦河闸工程管理中心（宝鸡市金渭湖管理中心）

宝鸡市渭河拦河闸工程管理中心的职能是承担市区已建河道综合治理工程的日常运行管理和维护；负责承担已建成蓄水区防汛安全调度与运行、绿化管护、卫生保洁、治安巡查和堤防管理等工作。

十二、宝鸡市水利投资发展（集团）有限公司

宝鸡市水利投资发展（集团）有限公司是市政府批准成立的市属国有企业，由市水利局主管。作为市政府设立的宝鸡水利产业投融资主体和建设经营实体，主要依托水利行业政策优势，整合水利行业国有优良资产和优势资源，通过承接政府购买服务、参股等方式引导带动社会资本投资水利建设。公司经营范围主要包括水利投融资，城乡供水，砂石资源开采，渭河生态区开发、建设，水利水电工程，勘测设计、建设，资产经营管理，物业管理等。

第四节　省属驻市单位

一、陕西省渭惠渠管理局魏家堡管理站

民国二十七年（1938 年）设，站址位于眉县魏家堡，隶属陕西省渭惠渠管理局。1966 年局名改为陕西省人民引渭渠管理局，1975 年与宝鸡峡引渭灌溉管理局合并，魏家堡管理站隶属宝鸡峡引渭灌溉管理局。

二、陕西省宝鸡峡引渭灌溉管理局

1971 年宝鸡峡引渭工程竣工后设立，隶属陕西省革命委员会，局址位于扶风县城南。1975 年与陕西省人民引渭渠管理局合并，隶属省水利水保厅领导。

三、陕西省石头河水库灌溉管理处

1968 年，眉县革委会抽调水利干部组成石头河工程设计队，进行勘测设计。1969 年 10 月，宝鸡地区成立石头河水库工程指挥部，负责筹建。1971 年石头河水库工程转为省办，陕西省水电工程局陆续进入工地负责施工。1974 年 3 月，成立陕西省石头河水利工程指挥部，工程竣工后设水库灌溉管理处，地址位于眉县齐镇斜峪关。

四、陕西省水文总站宝鸡水文分站

前身为陕西省水文总站省西水文分站，1970 年成立，站址位于眉县马家镇。1985 年站址迁宝鸡市益门镇，遂改今名，属省水文总站派出单位。主要负责下属各水文站的业务指导、资料整编、干部调配等工作。

民国二十三年（1934 年）以来，市境内先后设水文站 21 个，除段家峡、神泉嘴、石嘴子、上河村、白荻沟、头道河、柴家嘴、洞坡村、张堡村、龙岩寺 10 个水文站于 1962 年前后被撤销外，保留的水文站有林家村、魏家堡、益门镇、斜峪关、千阳、凤阁岭、漫湾村（站名曾用西汤浴）7 站。1973 年后又增设鹦鸽、朱园、凤州 3 个水文站和渭河干流的凤阁岭报汛站。

第二章 治水人物

千河流域开发历史久远，我国地理名著《尚书·禹贡》就有“导岍及岐”的记载。秦汉时期千河流域的“五畤”、唐代的五节堰闪耀着先人们开发千河的智慧光芒。大规模的千河流域开发是在20世纪六七十年代，修建冯家山、段家峡等大中小型水库、百余条水利渠系，创造了千河流域惊天地泣鬼神的壮举。数万民工战斗在千河流域，创造了历史上辉煌的伟业，留下了千河流域治理和开发历史上浓墨重彩的一笔。

在千河流域水库建设和水库管理中，广大工人、农民、干部和水利科技工作者勤奋工作，无私奉献，发挥了鲜明的主力军作用，涌现出不少先进模范人物。他们的业绩受到广大人民群众的尊崇，也得到党和政府的褒奖。《千河志》记载了数万建设者功绩中的代表人物。

第一节 人物传略

一、古代人物传略

秦穆公（生卒年份不详）

秦穆公，名任好，在位39年（前659—前621年）。秦穆公十三年（前647年），晋大饥，乞秦粮，丕豹建议伐晋，穆公说：“其君是恶，其民何罪”，遂漕运粟米到晋。船队沿渭水到绛水络绎不绝，史称“泛舟之役”。

卫臻（生卒年份不详）

卫臻，字公振，陈留襄邑（今河南省睢县）人，三国魏时曾任尚书左仆射等要职。宝鸡位于关中西部，扼川控甘，是历代兵家必争之地，也是魏蜀国界的边缘地区，魏国为争取边界的主动权，便集中力量对此地进行开发建设。

卫臻被任命为魏国尚书左仆射，发现汉武帝时期（前140年）开，流经扶风、武功、兴平，流至咸阳的成国渠因年久失修而淤废，致1800余顷土地无水可浇，又加旱灾频发，使本来沃野千里的关中中部赤地千里，连年歉收，民不聊生。卫臻上报魏明帝，组织沿渠州县的两万多百姓，疏通重修了成国渠原有的渠道，还在原有的基础上向西伸展近百里，引汧水（千河）经凤翔、岐山、扶风、武功到达槐里（今兴平市东南11里处），又从今兴平市槐里处向东开挖，向东北延伸到达泾渭交汇处以西，注入渭水，仅干渠就长达400余里，是历史上对成国渠一次规模较大的扩建。据《晋书·食货志》对此次重修的记载，卫臻“青龙元年（233年）开成国渠，自陈仓至槐里，筑临晋陂，引汧、洛溉舄卤之地三千余顷，国以充实”。又据《晋书·宣帝纪》记载：“青龙元年，（卫臻）穿成国渠，筑临晋陂，溉田数千顷，国以充实焉。”其后在卫臻修建的基础之上，除原来所引的千河水和渭河水外，又汇集沛河、莫谷、香谷、武安四水，可灌溉沿途九县农田三万余顷，使魏国粮食连年丰收，国力强盛，为后来的灭蜀做好了物资准备。

因卫臻重修的成国渠的效益完全可以与泾河的白渠相媲美，故有“渭白因卫臻渭”与“卫”同音，其中也有纪念卫臻之意。

姜行本（595—645 年）

姜行本，甘肃清水县人（秦州上邽县），字行，唐代，岷州都督，姜谟之子。唐武德八年（625 年）授水部郎中，建陇州五节堰，拜左屯卫将军，分典飞骑将军。贞观十九年（645 年）随驾攻打高句丽，中箭而亡，赠卫大将军，谥号为襄，陪葬于昭陵。

江英（生卒年份不详）

江英，字顺中，四川江津县人，明洪武二十七年（1394 年）成都乡试中举人，明洪武三十年（1397 年）京城会试中乙榜，授予绥宁县教谕。他锐志勤民，禔躬励政，政绩卓著，洪武三十三年（即建文二年）（1400 年）升为宝鸡县丞，主管税赋、民政和农业生产。

元末明初之际，战争屡发，社会动乱，灾害频频，瘟疫流行，社会生产力遭到破坏，关中地区残壁断垣、一片焦土，十室九空、人口骤减。此时宝鸡县水利设施大部分都已淤塞停废，“致使遇大旱惆怅惶惶，不知所处。然民贫始无终岁，饥民流徙载道，哀鸿遍野”。江英到任之后，经过实地勘查和走访，认为要发展农业生产，解决民生，就要突破水利建设这个瓶颈。在知县的支持下，他争取了不少上级救灾款项，组织百姓修复了原来的水利设施，又从宝鸡县虢镇东北的高泉（今阳平镇西北的东、西高泉村）一带，修葺了一条长达 10 余里的水渠，并将沿途十几眼泉水引入虢镇城内，解决了居民生活用水，且灌溉沿途土地几十顷，使此地连年丰收，百姓生活稳定。

江英政绩卓著，明永乐元年（1403 年）被任命为沧州知州，后迁贵州省布政司左参议、浙江参政，成为当时著名的“才吏”。江英为宝鸡水利事业作出了贡献，清乾隆二十九年（1764 年）的《宝鸡县志》中为他专门立传，称他“廉平自守，终始如一，导民引水灌田，邑人德之”，在乡宦祠中为他立牌位，春秋四时祭祀，百姓尊称“江龙王”，一直流传至今。

苏轼（1037—1101 年）

苏轼，四川眉山人，字子瞻，号东坡居士，苏洵之子，性聪慧，七岁知书，十岁能文。北宋嘉祐二年（1057 年）进士及第。五年后，经主司欧阳修推荐于秘阁策试，入三等（宋初以来，制策人三等者唯吴育和苏轼）。从此，苏轼文章名扬天下。嘉祐六年（1061 年）十二月，任凤翔府签书判官，至治平元年（1064 年）十二月离任。初任，正值元昊叛乱之后，民贫役重，每年以南山木伐冰消入河，冒险运输，府衙差夫相继有破产者。苏轼访知详情，即整修衙规，使自择水工，放筏下运，并上书请减衙前役，百姓负担减轻大半，并疏浚饮凤池，引凤凰泉水注入，修成东湖。苏轼素喜赋诗作文，在凤翔成诗 130 多首，苏诗的“气格”成就于凤翔时期。议政论文中著名的有《喜雨亭记》《凌虚台记》《凤鸣驿记》《思治论》《上韩魏公论场务书》。又善书法、工绘画。书法为宋苏、黄、米、蔡四大家之首。

有苏公祠建于凤翔东湖。

沈权舆（生卒年份不详）

明弘治年间，凤翔知府沈权舆开“利民渠”，“利民渠”的创修揭开了宝鸡县水利史上的序幕，对当时农业生产的发展起了很大的作用。“利民渠”在宝鸡县虢镇以西，千河之东，是修于明弘治年间（1488—1505 年），历经明、清、民国三个时期的一条小型灌溉工程。清乾隆以来的三次《宝鸡县志》均有记载。水源来自千河，由凤翔县长青乡高嘴头引水。渠线沿千河左岸，经杨家沟、司家崖、魏家崖、冯家嘴，折东经惠家湾、湾沟堡南下入渭。清乾隆二十九年（1764 年），受益面积最大，“灌地百十余顷”（折合今制约 1 万余亩）。后兴衰无常。至民国二十六年（1937 年），有灌溉面积 2400 亩。据张钟英《邑令周开修利民渠记》中载：“邑治正东三十里许，越汧河，东南广袤数十里，地燥刚，田无中上。其迤逦五里，居民连连，村落无流泉溪涧之利，盖三农缺而九谷其未全也。相传明初沈明府太尊权舆开渠，故引汧水，尝便民灌田云。”

沈明缙（生卒年份不详）

沈明缙，字慧中，山西省永济县人。明崇祯二年（1629 年）中进士，崇祯四年（1631 年）任眉县知县，崇祯六年（1633 年）改任宝鸡知县。

当时天下“连旱大饥，斗米千钱，民多飘移，死者枕藉，粮禾尽枯，民食树皮和观音土充饥，父子、夫妇相剖啖，道馑相望，十亡八九”。沈明缙到任后，励精图治，宽猛相济，赈灾安抚百姓，严惩奸商囤粮牟暴利，社会秩序日渐安定。他得知宝鸡县水利工程淤塞停废，是连年受旱成灾的重因，立即上报朝廷，争取赈灾拨款，招募社会善捐。他组织一万多民工疏通重修利民渠等水利工程，发挥其灌溉功能，抑制旱灾。他还根据宝鸡县山川布局，从阳平镇西北收集沿途泉水，开凿成渠，浇灌沿途田地 50 余里，从而使粮食连年丰收，无饥馑之忧。民国十一年（1922 年）《宝鸡县志》记载，此渠“在县东阳平镇西北，明崇祯年间，郡守沈公明缙开睿，白寺崖头，众泉合流成渠，东至阳平居村，灌溉 50 余里，今湮”，人们为感念沈明缙的功绩，便称此渠为“沈公渠”，在《宝鸡县志》《凤翔府志》等地方志书上此渠都有较细的记载。

乔光烈（生卒年份不详）

乔光烈，字润齐，江苏省上海县人，清乾隆二年（1737 年）会试中进士，乾隆四年（1739 年）任宝鸡县知县。

他上任兴利修弊，劝农桑蚕，修筑道路，捐俸办学，清除匪患，还兴修水利，发展农业。当时宝鸡县的山塬约占总面积的 85% 以上，农业基础差，干旱制约农业发展。乔光烈根据实况，组织百姓重修境内的利民渠，还倡修惠民渠。据清乾隆二十九年（1764 年）编纂的《宝鸡县志》记载：“在西渠里龙头村，旧有渠，久废。乾隆六年，邑令乔光烈复开，缘崖凿石，为功颇艰，土人不习水利，旋就堵废。”又据清乾隆五十年（1785 年）编纂的《宝鸡县志》记载，惠民渠“在治东四十里西渠里龙尾头村，乾隆六年邑令乔光烈倡开，自有记。其渠引汧水上崖，缘崖穿石，穿石过水，下灌李村旱地数百顷，然渠高水下，拂其本性，施就是堵废”。现经勘查，发现惠民渠旧址在今陈仓区桥镇南湾、龙尾、留村一带，可灌溉百顷地之多，在南湾村千河岸石嘴处，至今留有当年引水口石渠一段，观其状，高出河床两米之高，石崖挺立。

乔光烈在宝鸡县任知县六年，认为让渭河沿岸的富国、凉泉、永丰三里承担渭河上渡口和搭桥巨额费用不合理，下令革除积弊，改县财政承担，并在渭河渡口上树立《渭水革除派累碑》，免除了百姓徭役，深得百姓的拥戴。

乔光烈因政绩卓著，口碑甚佳，先后又被授予乾州知州、同州知府、山西河东兵备道、直隶按察使、河南布政使、贵州省巡抚、湖南省巡抚等职，位居朝廷二品大员。清乾隆二十九年（1764 年），乔光烈因湖南一知府犯法自缢失察而被革职，次年正月又被授予甘肃布政使，当朝廷准备提拔他为甘肃巡抚时，他因积劳成疾，过度劳累死在任上。乔光烈死后，乾隆皇帝十分伤感，特地拨巨款令其子扶灵柩回原籍厚葬，还下令在《清史列传》之中为其专门立传，以示褒扬。

周天生（生卒年份不详）

周天生，字普惠，江苏省吴县人，清乾隆十二年（1747 年）进士。乾隆十四年（1749 年）任宝鸡县知县。他察验县境内最大的水利工程——利民渠，利民渠年久失修而堵淤，他据实情上报朝廷修复利民渠，获得乾隆皇帝的特批后，以“皇渠”的名义，组织百姓进行重修。因原来的利民渠水位较低，灌田有限，他从家乡请来水利行家，实地勘测计算，把渠首由原来的石鼻寨（今陈仓区千河镇魏家崖村）移到凤翔县长青乡的高嘴头，向前迁移了约三十里，抬高水位，扩大灌地。据民国十一年（1922 年）编纂的《宝鸡县志》记载，此段新凿的渠道深三尺，宽六尺，长达三十余里，增加灌地五千余亩，使“东南广袤数十里，地燥干，田无中上，其迤逦五里，居民连连，村落无流泉溪涧之利，盖三农缺而九谷其末全也”。他制定了行之有效的灌溉管理制度，设置 24 个里长管理渠道，明令“各处里长轮流巡查，补残序次，比岁一新，上流通成雍泉，远处均给实惠，法成山立，彼此不得相奸”。使利民渠正常灌溉，宝鸡县农业生产得以发展，深得百姓的拥戴。

吴宸梧（生卒年份不详）

知县吴宸梧，清雍正十年（1732 年）十二月，编纂《增补石门遗事》1 卷。

李弼臣（生卒年份不详）

李弼臣，字远之，江苏省宜兴县人，清光绪二十五年（1899 年）进士，任编修。光绪二十七年（1901 年）任宝鸡县知县。李弼臣是清代后期一个有名的知县。任期正值社会大变革，旱灾频发，民不聊生，全县的财政收入折合白银仅为 43894 两，入不敷出，社会动荡。

李弼臣才识明敏，褆躬励政，深知要想社会太平，首要稳定民生，发展农业生产，解决百姓生活的基本要求。他深入实地考察，发现宝鸡县境内水利设施绝大多数已残淤停废，难以发挥应有功用，境内最大的灌溉工程——利民渠已经淤塞多年，阻碍农业生产的发展。他上书朝廷，陈述利民渠实情，组织百姓重新修葺。据《宝鸡县文史资料选辑》第三辑（1985）记载，奉水利札“拨款派兵，兼用民办，椽柏桩、筑沙堤……”修复虽无法与清代中期相比，但毕竟解决了近 5000 亩田地的灌溉问题，缓解了当年的旱情。

许起凤（生卒年份不详）

许起凤，字云衢，浙江省昌化县人，清乾隆二十四年（1759 年）京城会试中进士，乾隆二十七年（1762 年）与当时宝鸡县知县对调，来到宝鸡县任知县。

当时正值岁旱，他实地走访勘查。据清乾隆五十年（1785 年）编纂的《宝鸡县志》记载，他发现“利民渠自钱界首疏后越十余年，而周天生疏之又越十余年而复堵”，组织百姓“履勘督修严立规条，疏渠自上而下，灌地自下而上，至今有所凭”。又据清乾隆二十九年（1764 年）的《利民渠碑记》记载，他修复利民渠后，为防止发生村民争水纠纷，规定四则条约（详见碑文选粹）。

在许起凤和百姓们的努力下，利民渠从凤翔县长青乡高嘴头的千河中引水，沿千河左岸，经杨家沟、司家崖、魏家崖、冯家嘴折向东部经虢镇惠家湾、湾沟堡（经虢镇西堡村九组）南下入渭。利民渠在许起凤任上的乾隆二十八年至三十年（1763—1765 年），灌溉面积最大。据清乾隆五十年（1785 年）编纂的《宝鸡县志》记载，此时“灌地百十余顷”。许起凤还关心民生，当他看到千河渡口上的船和木桥的费用自古由临河村民承担，百姓负担沉重，苦不堪言，而且乡绅从中借机得利。他革除千河派累搭桥的积弊，由县府负担，以利河边十二村堡百姓。许起凤为让村民周知，绝乡绅可乘之机，便在今千河桥处树立《汧水渡革除派累碑》（详见碑文选粹）。

传说，许起凤在调任甘肃兰州知州后，听说宝鸡县境内大旱时，心急如焚，又鞭长莫及，就在日头下赤足徒步到达五泉山的九龙泉焚香为宝鸡求雨。谁知凑巧第二天就下了一场透雨，解除了旱情，宝鸡县百姓得知十分感念，他辞世后，便在宝鸡宦祠为许起凤树立牌位，一年四时八节都要隆重祭祀。

二、现代人物传略

党仲昆（1920—1974 年）

党仲昆，陕西省绥德县人。1938 年毕业于绥德师范学校，1940 年 3 月参加工作，1947 年 2 月加入中国共产党，曾任小学教员、教导主任、校长。1947 年 8 月参军，曾任新兵团后勤部主任、政治部主任。1948 年 4 月后，历任绥德县委秘书，长安县委秘书、宣传部部长，陕西省委党校教育科长、秘书长，省委机关党委办公室主任、机关党委副书记，扶风、武功县委副书记，宝鸡地委副秘书长。1971 年调冯家山工程指挥部，先后任指挥部工程组组长、指挥部党委副书记、副总指挥、代总指挥、冯家山水库灌溉管理局局长等职。

在冯家山水库艰苦的施工条件下，党仲昆经常深入工地，了解情况，解决问题。他常和工人、民工一起劳动，并把参加劳动作为一项制度长年坚持。1972 年 10 月，输电线路架设力量不足，他就带领机关干部配合电工抬杆架线。1973 年，在清理坝坡时，他不顾身体有病，和民工一起爬越 73 米高的大坝，扛运木料。1974 年 6 月，灌区旱象严重，他不怕酷暑，头顶烈日，废寝忘食，和技术人员骑着自行车，沿虢镇镇至铧角堡段的总干渠往返 70 多千米，认真检查，处理了部分渠段的淤积问题，保证了冯家山水库抽水灌溉。10 月下旬的一天清早，阎家务退水渠的消力池出现问题，他顾不上吃早饭，揣了两个冷馍，便和技术人员骑自行车 25 千米，到现场察看，就地研究处理方案，使问题很快解决。1974 年 11 月 25 日，他患感冒未愈，早上仍坚持到溢洪洞工地检查工作，同设计组人员一块给斗车装渣。中午回机关，又抓紧处理了一些日常事务后，安排给石头河工程调运杉木杆。就在这时，他得知正在行水的总干渠瓦子沟渠底沉陷的消息后，便立即乘车奔赴沉陷地段察看险情，途中因公路填方涵管底部被水淘空，党仲昆一行三人下车察看时，随公路土桥沉陷掉入泥水中，营救未及，不幸以身殉职。11 月 30 日，宝鸡市委、市革委会在宝鸡市工人文化宫礼堂为其召开了追悼会。

陈杰远（1924—1988 年）

陈杰远，山东省淄博市人。1945 年 7 月参加中国人民解放军，同年 11 月加入中国共产党。1945 年 7 月至 1955 年 6 月，先后在部队任班长、排长、连长、连政治指导员、营教导员、营长、副团长兼参谋长等职。1955 年 7 月，进南京高级步兵学校学习。1958 年 12 月，调陕西省渭南县人民武装部任副部长。1961 年 9 月，调陕西省军区独立三团任副团长。1962 年 11 月调宝鸡军分区，先后任司令部作战训练科科长、参谋长、军分区副司令员。1970 年 6 月至 1976 年 12 月兼任冯家山工程指挥部党委副书记、政委。1977 年被选为陕西省第五届人民代表大会代表，1980 年被选为中共兰州军区代表大会代表，1980 年 11 月离职休养。

陈杰远曾参加过著名的莱芜、孟良崮、开封、淮海、渡口、湘南、成都、川西剿匪、西藏平叛等数十次战役战斗，转战南北，英勇杀敌。先后被评为三等模范 1 次，荣立一等功 1 次，二等功 3 次，三等功 6 次。

1970 年 6 月，时任宝鸡军分区副司令员的陈杰远兼任冯家山工程指挥部政委，参加水库建设。他不以功臣自恃，保持和发扬人民军队的优良传统，经常深入工地，坚持从实际出发，指导施工。水库工程点多面广，工作繁杂，加之“文化大革命”动乱，施工力量、物资供应、财源保障困难较大，他毅然承担重担，不分白天黑夜，上下奔忙，八方求援，在省、地、县和驻军部队的大力支持下，适时将工程需要的各种物资运到工地，保证了重点工程全面铺开。

在水库建设中，他尊重知识，尊重科学，支持知识分子大胆工作。1971 年，大坝回填进入紧张阶段，由于工程量大，加之雨水较多，回填碾压工作受到影响，一度出现“橡皮泥”。为了保证大坝质量，他坚守在工地上，同技术人员共同研究，采取合理可行方案，对不符合质量要求的地段采取果断措施，坚决返工，保证了施工质量。1974 年，在开挖溢洪洞工程中，由于地质条件差，工程进展受阻。当他了解到锚喷支护技术后，就派技术人员去外地参观学习，他还冒着严寒亲自赴长春考察，回来后立即组织技术人员翻阅资料，制订方案，并邀请 8 所大专院校及科研单位的技术专家和工程技术人员专题研究锚喷支护在溢洪洞工程的应用。方案确定后，又组织现场试验，论证可行性。终于使锚喷支护技术在溢洪洞工程成功地运用，既节约了大量的财力物力，又保证了施工的安全、质量和进度。他还支持技术人员结合实际，设计加工实用的钢模台车，保证了溢洪洞的衬砌质量。

陈杰远生活简朴，平易近人，在冯家山水库建设中勤勤恳恳，呕心沥血，认真负责。他积劳成疾，在病情恶化的情况下，仍然关心水利事业。1988 年 4 月 27 日，因突发心脏病，抢救无效不幸病逝，享年 64 岁。

郑鸿文（1913—1998 年）

郑鸿文，陕西省礼泉县人。1939 年毕业于西北农学院。1940—1944 年在眉县梅惠渠工程处、大荔泾洛工程局、周至黑惠渠工程处任工程员。1944 年 6 月至 1952 年 12 月，在户县涝惠渠工程处、眉县梅惠渠管理局、陕北绥榆工程处、兴平渭惠渠六渠工程处任副工程师、工程师。1953 年 1 月至 1961 年 12 月历任宝鸡专区水利工作队、省关中水利工作队队长，泾河工程局、洛河工程局工程师。1962 年 1 月至 1968 年 10 月任宝鸡专区水利工作队队长、工程师。1968 年 10 月至 1969 年 7 月在宝鸡专区东风干校、凤翔学习班学习。1969 年 8 月至 1980 年 12 月在冯家山工程指挥部、冯家山水库灌溉管理局工作，历任工程师、总工程师、副局长。1979 年 7 月至 1981 年 10 月任宝鸡市水电局副局长、总工程师。郑鸿文 1973 年 12 月加入中国共产党，1981 年 11 月离休。

郑鸿文参加冯家山工程建设时，已年近六旬，又有慢性胃病，但他老当益壮，和广大干部群众同甘共苦，上山下沟，战天斗地。因冯家山工程是土法上马，条件简陋，加之时值"文化大革命"时期，在批判所谓"专家治水"，在知识分子不被重视的情况下，他担任施工工程师，遇到不少困难和压力。但他迎难而上，任劳任怨，不管严冬酷暑，不论风雪雨霜，不分白天黑夜，不管山路多么崎岖，经常深入施工现场了解情况，发现和解决技术难题。

施工中，他严格按设计要求和施工规范办事，高度重视工程质量。1971 年，在筑坝 53 米拦洪断面期间，连下几天大雨，大坝施工出现了大面积的"橡皮泥"。他坚持原则，主张立即返工，得到领导的支持，保证了大坝质量。大坝左岸发现埋有湿陷性土壤，他立即组织力量突击进行处理。凡是技术上的重大问题，他便召集会议，集中大家的智慧，制定出切合实际的方案。溢洪洞工程原设计为全断面钢筋混凝土封闭衬砌。溢洪洞工程组同志提出采用先进的锚喷支护和钢模台车等新工艺，他大力支持，结果既保证了工期和质量，又较为安全，还节约了费用。实践证明，凡是他亲自把关的工程，在技术上从未出现过大的问题。1971 年 8 月，他正在扶风县开会，得知总干渠堤出现裂缝，连夜赶到现场察看，制定好处理措施，顾不上休息，又返回扶风继续参加会议。由于他以水利为业，以工地为家，一心扑在工程上，大家称赞他是"冯家山工程的老黄牛"。

1980 年 1 月，他出席了陕西省农业战线先进集体、先进生产者代表大会，被授予"先进生产者"。1981 年 11 月，他离休后，先后被推选为宝鸡市水利学会第一届理事长、第二届名誉理事长。1998 年病故，享年 85 岁。

何升（1920—2002 年）

何升，陕西省宝鸡县人，中共党员。1970 年 5 月，冯家山水库工程刚开工，他就身背铁匠工具，凭一技之长毅然报名上工地，在宝鸡县民兵一团当铁工，锻钎子、修车子，立誓"大战冯家山，死了也心甘，千水不上原，誓不下火线"。在导流洞施工中，白天挥汗打铁，晚上进洞清渣，一天当作两天使，一人干两人的活。在大坝回填中，他带领一支几十人的义务突击队，上坝加班，多做贡献。何升是贾村塬上的桥镇公社新华大队第十生产队队长，有时白天在枢纽工地劳动，晚上回生产队参加学习班，会后又连夜赶回工地，往返路程30余里，曾经七过家门而不入。1971年1月，家中失火，两个孩子遇难，他强忍悲痛，灾后第三天又返回工地，仍然坚持实干。1972年5月，泄洪洞进水塔浇筑中突然停电，他想到正在高空作业人员的安全，急忙用电石点火取光，不料电石爆炸，他的双目受到刺激失明，经治疗刚刚复明，便赶回工地劳动。1974年7月，他所在的宝鸡县民兵一团加工厂承担了泄洪洞出口8米深的钢管衬砌任务，由于洞身混凝土已凝固坚硬，凿毛用的新钢钎凿不了几下就成了秃的，需要回炉生尖。这样，铁工的工作量就加大了几倍。为随到随修、不误工时，他搬到炉旁住下，不畏三伏炎热，无视炉火烘烤，不论是深更半夜，还是黎明拂晓，废钢钎几时到他就几时锻，连续一个多月，没有睡过一夜安稳觉，保证了工程需要。他经常利用工余时间拣拾旧把具、扒钉、烧过的煤渣等，为国家节省了大量资材，仅钢材一项，就有上万斤。1975年春节，民兵团党委决定放四天假。他考虑到收假后工地需要大量把具和螺杆，便和几个铁工商量，决定春节不回家，赶制螺杆，从大年初一到初四，打成螺杆1020根，超额完成了任务。他在冯家山工地多次负伤，却一直坚持生产劳动。大家称赞他是“冯家山上老英雄”“铁打的骨头闲不住的人”，其事迹感人至深，多次被评为工程指挥部先进生产者，受到表彰。1981年回乡继续务农，仍关心冯家山工程。2002年10月病逝，享年82岁。

高士山（1938—1989年）

高士山，男，汉族，生于1938年3月3日，河南省偃师县人，共产党员，大学文化，高级工程师。1960年7月毕业于西安交通大学水利系农田水利专业，毕业后留校任助教，1962年到宝鸡地区水利工作队工作，1969年调入冯家山水库工程筹建处。他是最早参加冯家山水库建设的专业技术人员之一，曾任冯家山水库管理局工程科科长、机电科科长，1988年3月至1989年11月任总工程师、市人大代表等职务，1989年11月4日病辞世，终年51岁。

1963年8月至1964年8月，高士山参加了省水利厅组织的渭河规划治理工作，同时完成了宝鸡地区的规划。1964年8月至1965年12月参与渭河武功、扶风段规划和渭河、千河治理工作，提出了渭河顶冲段治理工程应按照因势利导，平面上呈曲线形，弯道半径上下游应有所不同的意见，并在省上做过介绍。1965年12月至1968年12月，负责小型渠库及治河设计审批和工程蹲点，主要项目有陇县温水河、千阳县五一电站、凤翔东风水库等。1969年1月至1970年5月，参加冯家山水库工程筹建工作，搜集资料，参与编写设计任务书及施工准备参与导流洞初期设计、施工。1970年6月至1971年10月参与干渠定线工程方案确定、灌区扩大初步设计等，在“万米隧洞”工地蹲点试验，抓灌区隧洞、渠库结合等11项重点工程施工。1971年10月至1974年8月，负责灌区全面施工，抓质量检查，研究建筑物的施工方案，处理施工中的问题。1974年8月至1978年12月，负责工程管理，同时兼管冯家山水库工程的结算工作，组织审批预算和结算。参与二期抽水工程施工，组织U形渠槽喷射混凝土试验，抽水站自动化试验，均获成功。1979年1月至1988年3月，任机电科科长，负责二期抽水工程规划方案确定。主持了闫家务、瓦岗寨、中张庄和北四抽水站的规划、设计施工，并组织各县施工，安排投资计划，处理施工中的问题，灌区抽水站基本建成后，他又参与了对抽水站的管理。1985年9月，参加了冯家山水库管理局支援建设的山东齐鲁乙烯自备热电厂灰坝工程设计施工，1988 年 8 月 20 日完成任务，11 月 30 日工程验收，被评为优良工程。

高土山在宝鸡地区水利工作队和冯家山水库管理局工作期间，多次被评为冯家山水库管理局和地区水利系统先进工作者和优秀共产党员。

高万祥（1926—1996 年）

高万祥，男，汉族，北京市西城区人（祖籍陕西省榆林市），1948 年北洋大学水利系毕业，1949 年 5 月参加革命工作，1984 年 4 月加入中国共产党。高级工程师，陕西省水利学会会员，陕西省水利学会宝鸡分会副理事长。

1949 年 5 月至 1958 年 2 月，高万祥先后在陕西省农业厅水电局、陕西省水利局设计院工作，历任技术员、助理工程师、规划队副队长。1958 年 2 月至 1964 年 5 月，在岐山县农林水牧局、水电局工作，任技术员。1964 年 5 月至 1970 年 6 月，在宝鸡专署水电局工务股任负责人。1970 年 6 月至 1982 年 5 月在冯家山水库工程指挥部管理局任技术员、工程师、工程组副组长、工务科副科长。1982 年 5 月至 1986 年 12 月在宝鸡市水电勘测设计队任副队长、队长兼主任工程师。1986 年 12 月在宝鸡市水利水保局任副总工程师，1987 年 11 月至 1989 年 9 月任宝鸡市水利局总工程师到离休。

1949 年参加了华阴县、华县洪涝区地形测量，完成河道测量及排水渠定线施工；1950 年先后测量第二渭惠渠渠线、黑牛河排水渠、泾河河道地形沿河 100 千米；1952 年勘测黄河托龙段河道地形 717.5 千米，查勘秦岭北麓山口近 100 处选择水库坝址；1953 年查勘渭河上游水土保持 3.6 万平方千米；1954 年设计泾惠渠改善的部分水工建筑物；1955 年设计户县 102 厂区防洪工程，负责水文分析及桥梁设计；1956 年参加泾河规划，负责陕西灌区部分；1957 年完成凤翔县横水河流域规划。1958 年 2 月调岐山，在岐山凤翔工作 6 年，参加多项水利工程施工，有水库、渠道、抽水站、水电站和防洪工程等。查勘、设计、施工从始至终，负责到底。参加两县水利规划计划等工作，技术补课、培训人员、组建队伍，其中技术性较强的是 1962 年岐山底寺水库抢险保坝工程，经过半年抢修，土坝转危为安，之后又加修了溢洪道。1964 年调宝鸡地区水利局后，主搞千河流域规划、千丰渠设计地区的“三五”规划、设计审批、施工指导及地区水利技术管理工作等。

1970 年 6 月到冯家山水库工地，先在灌区办事处任施工组长，参加灌区定线设计、灌区工程施工，从隧洞、渡槽、退水建筑物到各种断面土渠挖填衬砌，样样都参加，其中有长隧洞（12640 米）、大流量钢丝网渡槽等技术较复杂的工程。在溢洪洞 5 年的建设中，他主管施工技术，采用永久性锚喷支护、钢模台车、滑动模板等新技术，战胜了大溶洞不良地质条件，参与组织多工种、多单位协调施工，工程竣工后，各方评价良好。1979 年后，参加保坝加固工程，顺利完成公路改善、加排水洞和防渗加固等工程。1981 年 3 月，在冯家山水库主要负责工程管理、工程维修、水毁修复，对工程遗留问题进行处理，保证库渠正常蓄水行水，逐步建立完善管理规章制度。同时，开始准备竣工验收资料，为初验、复查编制竣工文件，为上级验收提供依据。

1982 年在宝鸡市水电勘测设计队负责全盘工作，任市水利局总工程师后，对全市的水利技术工作进行全面指导，关心市水利学会的工作。

1996 年 7 月 8 日，在北京辞世，享年 71 岁。

李瑞山（1920—1997 年）

李瑞山，男，汉族，陕西省延长县人，高中文化，共产党员。

李瑞山 1935 年参加革命，1936 年加入中国共产党，历任共青团延长县委书记，团中央儿童局书记，西北抗日救国会执委兼儿童部部长，陕甘宁边区陇东地委青委书记，中央青委巡视员，黑龙江省克东县、望奎县委副书记，湖南省宁乡县委书记等职。

新中国成立后，李瑞山先后担任湖南省益阳地委书记、常德地委书记，中共湖南省委农村部部长、组织部部长，湖南省委书记处书记。1966 年 8 月以后，李瑞山历任陕西省委第二书记，陕西省革委会主任，陕西省委第一书记并兼任兰州军区政委、党组副书记，国家经委副主任、国务院扶贫开发领导小组副组长。1988 年，李瑞山任第七届全国人大常委会委员、全国人大内务司法委员会副主任委员。1992 年任第八届全国人大内务司法委员会顾问。李瑞山是党的第九、十、十一届中央委员，第十二届中央候补委员，第四、五、七届全国人大代表。

从 1966 年到 1976 年粉碎“四人帮”，陕西省同全国一样，处在“文化大革命”的动乱时期。李瑞山提出从改变农业生产基本条件入手，坚持以蓄水为主的农田基本建设方针。对冯家山、褒河、石头河等三座水库，宝鸡峡引渭渠道和石泉水电站等大型水利项目，从工程设计、资金筹措到组织施工，他都亲自审定，督促检查，及时协调解决工程中的重大问题。冯家山水库原设计建一座混凝土大坝，李瑞山在现场察看后说：“咱陕西穷，水泥少，没钢材，连个龙门吊都没有，还修什么混凝土坝？”指着周围的土山土塬说：“多好的条件啊！我看就修一座土坝，用土建大坝。”一锤定音，土法上马，冯家山水库土坝开工后，他曾多次到水库工地检查指导。

在中央有关部门的大力支持下，由于他的重视和推动，全省以水利为中心的农田基本建设持续发展。延安的王瑶水库、铜川的桃曲坡水库、乾县的羊毛湾水库、澄城县的石堡川水库、渭南的东雷抽黄工程等大中型水利工程，列入国家基建计划的多达 30 多项，为陕西水利水电基础设施建设开创了新的局面，奠定了坚实的基础。李瑞山在陕西的 13 年，陕西新建水库 1000 多座，其中大、中型水库 67 座，增加蓄水能力 20 多亿立方米，新增有效灌溉面积 800 多万亩，使全省水浇地面积达到 2000 万亩，农村人均 0.6 亩，关中地区人均 1 亩以上。大大改善了农业生产基本条件，使陕西农业上了一个新台阶。全省粮食总产由“文化大革命”前的 50 多亿千克，增加到 90 多亿千克，稳定在 120 多亿千克。在十多年间，兴建小型水电站 1000 余处，新增水电装机 100 多万千瓦。

李瑞山通过中央和省上共筹集水利资金 13 亿元，占新中国成立后到 1995 年水利总投资的一半，其中 95% 以上是争取中央资金。他离陕到中央任职后，还经常关心陕西的经济建设。1997 年 7 月 16 日至 8 月 6 日，77 岁高龄的李瑞山在延安、宝鸡、榆林和西安等地对农业进行调查研究。8 月 25 日就西安黑河水库工程资金问题致信邹家华副总理，邹家华副总理批示国家计委、财政部予以解决。国家计委在投资计划中下达黑河水库工程 4 亿元。1997 年 10 月 22 日上午 7 时 35 分，因心脏病突发不幸辞世，享年 77 岁。

苟宝善（1944—2020 年）

苟宝善，男，汉族，生于 1944 年 8 月，陕西陇县城关镇人，1958 年 4 月参加工作，1973 年 3 月加入中国共产党，初中文化，经济师，历任陇县县政府通讯员，陇县千惠渠电站技术员、站长，陇县水利局副局长、局长、党支部书记。

在任局长期间，模范地执行党的路线、方针、政策，带领行业全体党员干部、工程技术人员锐意进取、艰苦创业、大搞农田水利建设，取得了优异成绩，先后多次受到省、市表彰奖励。1988 年陇县荣获宝鸡市水利建设先进县，1989 年夏季农田基本建设创全省第一，1990—1992 年农田基本建设列全市之冠，夺得宝鸡市“愚公杯”三连冠。

陇县是一个典型的山区农业县，耕地面积 69.3 万亩，几乎每年都有旱涝灾害发生。为了进一步提高防御自然灾害的能力，他抓住抗旱防洪这一关键，首先是对修建于 20 世纪 70 年代的段家峡水库进行除险加固。该水库在修建时由于多种原因，建成后一直渗漏，严重地影响着陇县县城安全及灌溉、发电。他亲自组织专家、工程技术人员对水库资料进行收集整理、校核论证，提出了除险加固一整套方案并组织实施，通过劈裂灌浆、补强加固，使水库投入正常运行。在此基础上，坚持抓灌区的渠系配套和方田建设，使段家峡灌区近 4 万亩耕地变成旱涝保收田。在山区、半山区坚持年年修地不间断，使昔日的“三跑田”变成了“三保田”。

1991 年，陇县被列为全国第二批农村水电初级电气化建设县。这是多年来陇县水利建设中规模最大的项目。在整个工程建设中，他精心组织，从勘测设计、报批立项、资金筹措到建设施工，抓住每一个环节，做到了 5 年任务 4 年完成，提前一年达标验收。各项指标均达到了国家规定的农村水电初级电气化县标准，被评为陕西省农村电气化建设管理先进县。1996 年 5 月，他又荣获水利部、国家计委“全国第二批农村水电初级电气化县建设先进工作者”荣誉称号，受到表彰奖励。

黄鸿强（1929—1992 年）

黄鸿强，男，汉族，广东省罗定县人。1949 年 9 月毕业于黄埔军校第二十二期，1955 年 7 月毕业于西北工学院土木系。1955 年 8 月被分配到陕西省水利水电勘察设计院工作。1958 年 2 月调到千阳县水利队工作。1959 年 5 月至 1984 年 8 月在陇县水利水电工作队工作 26 年，历任水利技术员、工程师、水利水电工作队队长、县革委会委员等职务，1984 年 8 月调回原籍工作。于 1992 年 5 月病逝，享年 63 岁。

1958—1969 年在千阳县、陇县从事水利工作期间，先后负责完成了千阳县大沟水库、陇县千惠渠首改建工程、咸惠渠、林惠渠、丰收渠、杜阳青年渠、蒲惠渠等 11 条灌溉渠道和对坡、枣林寨等 3 座跨沟倒虹，千惠渠土桥沟渡槽固殿渠拦河坝、蒲惠渠拦河坝、八渡二渠拦河坝、林惠渠拦河坝，以及陇县人畜饮水站规划等水利工程的勘测、设计及施工任务。

1969 年后，他主持设计了陇县段家峡水库工程，并负责施工技术指导任务。为保证工程质量，他日夜奋战在水库工地并定期给施工技术人员和管理人员讲授水利科技知识和施工技术规范要求，保证了各阶段施工任务的顺利完成。1972 年 12 月水库大坝下闸蓄水后，大坝背水坡右岸发生严重漏水，塌陷成坑，严重威胁水库安全。他日夜守候在大坝工地反复查看地质钻探资料，综合分析论证，断定漏水原因是右坝肩岩石有断层，裂隙发育、岩层破碎、山坡清基不彻底而引起。他提出了“提闸放水、前堵后排、堵排并重”的抢险加固处理方案，得到其他工程技术人员的支持和各级领导的同意。1973 年 3 月至 1974 年 6 月，他负责指导 3000 多名民兵对迎水坡和背水坡进行了开挖回填，水中倒土、裂缝锁口、设置过滤减渗等措施，完成了保坝抢险任务。

1975 年河南省驻马店“75 · 8”特大暴雨重大灾害发生后，水电部下发了全国大中型水库都要按可能最大降水校核重新设计水库的 PMF 防洪标准。他对段家峡水库进行了复核设计，完成了大坝加高加厚、溢洪道扩建加固、输水洞延长、水库帷幕灌浆等工程项目。1987 年他代表段家峡水库出席了全国水库灌浆会议，并介绍了经验。1988 年 12 月经省、市水利部门组织专家验收合格。

1969—1979 年，他坚持 10 年工作生活在水库工地，为陇县水库建设事业倾注了心血和汗水。在陇县工作 26 年期间，一直都在水利工作第一线，从事水利水电工程的勘测、设计和施工工作，为发展山区水利事业作出了一定的成绩和较大的贡献。受到领导和同志们的认可和赞扬，并先后被评为陇县三好干部、陇县第七届人大代表、宝鸡市第八届人大代表、陇县政协委员、宝鸡市先进工作者，受到表彰奖励。

1984 年 8 月回原籍后，在罗定县第五建筑工程公司工作，任副经理。1986 年在公司负责珠海对澳门供水公司兴建的二号、七号两条隧洞工程，经过两年多的艰苦奋战，圆满完成了任务，获得了甲方的一致好评。

1987 年 1 月被吸收为中共预备党员，1988 年 7 月转正成为一名正式的中国共产党党员。

黄鸿强同志一生坚守在水利工程事业的第一线，以坚韧不拔的毅力和无私奉献的精神，谱写了一曲关于坚守、担当、创新、克难的传奇。他在极端天气条件下，亲自到工程现场，不怕辛苦，不畏艰险，为完成各项水利工程勘测、设计、施工任务付出了巨大努力。无论是在工作岗位上或是在面临水库危机时，他始终保持冷静、坚毅，并提出富有创见的解决方案，展现出出色的工程技术和危机处理能力。

他在水利事业上的辛勤努力不仅保障了工程质量，还挽救了水库安全，使陇县段家峡水库得以顺利运行。不仅如此，他还在工程质量提升和加固方面提供了智慧，为整个行业树立了榜样。

通过一生的拼搏与奉献，黄鸿强同志以实际行动践行了为人民谋幸福、为祖国谋发展的初心，守正创新，砥砺前行，为水利工程事业注入了新的活力与希望，留下了珍贵的宝贵财富。他的一生都在传递着一种信念：只要拥有坚韧的意志，不怕艰难险阻，就一定能创造奇迹，为社会和国家的发展作出巨大的贡献。

屈魁（1935—1997 年）

屈魁，又名屈正喜，男，汉族，陇县新集川乡刘家河村人。初中文化程度，1953 年加入中国共产党，1954 年参加工作。历任乡长、乡党支部书记、管区党总支书记、温水公社社长等职。1964 年 1 月任陇县水电局副局长，1969 年 12 月后任陇县水电（农林）局局长、党总支书记，1975 年 1 月后兼任杜阳公社党委书记，1979 年 12 月后任陇县水利水保局局长、党组书记，1987 年 5 月后任陇县人大常委会副主任、陇县政协主席、党组书记，1992 年 12 月退休，1997 年 1 月病逝，享年 62 岁。

他一生工作 38 年，其中在水利系统工作 18 年，任水电、水利局局长 15 年。在任期间，1969—1973 年参与组织领导了段家峡水库、丰收水库的勘测设计及施工任务。动员和协调各乡镇兴修小（1）型水库 6 座，陂塘 36 座，控制流域面积 650.2 平方千米，共打成灌溉机井 642 眼，建成灌溉抽水站 56 处。使全县灌溉面积由 4.1 万亩扩大到 7.25 万亩。并利用千惠渠、咸惠渠、固殿渠、林惠渠、蒲惠渠等渠道跌水落差建成小水电站 34 座，解决了山区群众照明、磨面、碾米、榨油、弹棉花等生产生活困难。

1973 年冬至 1974 年春，按照县委、县政府的决策，组织协调千河沿岸 9 个公社 48 个生产大队 208 个生产队，对千河西起固关公社岔口，东至东风公社交界，全长 56.7 千米的防洪河堤进行了全面规划综合治理。日上劳工 2 万人，突击大干 100 天，移动土石方 342.8 万立方米；新修千河防洪堤 37 千米，丁字坝 57 座；新造河滩地 1.47 万亩，新造河堤防护林带 30.6 千米，保护耕地 2.3 万亩。同时，协调县上抽调县级机关企事业单位、学校等单位干部职工 2 千人，对北河县城段 3 千米的防洪河堤进行了治理。

他在职期间，共争取国家水利资金 2205 万元，为陇县各项水利工程建设和水土保持治理工程作出了积极贡献。先后治理了麻坊铺、高楞山系、甘峪山、二郎山、大杜阳沟、温河沟等水土流失区域。以先进典型引导群众新修“四田”，出现了演峪山、高楞、麻坊铺、荀家寨等 10 多个省、市水土保持治理先进典型。1975 年他在任县水电局长、杜阳公社党委书记期间，积极向省上争取资金 15 万元，新建成陇县千河杜阳大桥。寒冬腊月天他带头拉架子车到 20 千米外的山区拉运块石，被群众誉为“带头实干家”和“麻鞋书记，泥腿书记”。1976 年后他积极向省、市争取资金，对段家峡水库枢纽工程进行了补强加固。

王修功（1955—2010 年）

王修功，男，汉族，千阳县寇家河乡龙槐塬村人，大专文化，水利工程师。1980 年 2 月毕业于武汉水利电力学院，同年被分配到县水利部门工作。1984 年 6 月至 1993 年 2 月曾先后任县灌溉站副站长、站长。1993 年 3 月至 1996 年 6 月任县水利局副局长，1996 年 7 月至 2002 年 12 月调任县城乡建设局副局长，2003 年 1 月至 2007 年 10 月任县政协副主席，2007 年 11 月至 2010 年 7 月任县人大常委会副主任，2010 年 7 月因病去世。在水利系统工作期间，主持完成了千丰渠北干屈家湾段的扩大改造工程的勘测设计，参加了草碧水电站勘测设计，参与了千丰渠灌区配套、渭北旱塬农业综合开发灌区方田建设的规划和建设。

燕祥甫（1911—1970 年）

燕祥甫又名燕聚瑞，男，汉族。凤翔县糜杆桥公社七家门前大队人，初中文化程度。曾任小学教员、教务主任、校长、县参议会议员。1949 年 7 月至 1956 年任县人民政府四科科长，1956 年 5 月至 1966 年 5 月，先后任凤翔县农林水牧局局长，农林水牧部副部长，水电局、农林水牧局副局长。他热衷于地方建设事业，乐于为群众造福。曾为解放大西北、进军西南组织群众运送支前物资，乐于为人民办实事。1940 年，在塔寺河下游设计修建了一座半自动立式水磨，较旧式水磨提高功效一倍。1952 年，主持修复西宝北线八旗屯桥。

1954 年，主持修建了凤翔千惠渠，并利用渠道跌水在化园、罗钵寺、南湾等村修建了水力磨粉加工厂，在宝鸡地区首次引用“木质旋桨式水轮机”。1956 年 3 月，组织力量完成了西宝北线从豆腐村至南古城到雍水河桥南长 1250 米的两段公路改线工程。亲自设计修建了纸坊河过水路面桥。1957 年，负责兴建了杨家场水电站，为凤翔县城机关单位照明供电。20 世纪 50 年代，在他的支持下，凤翔县改良和推广了打井机具“人力弓”“冲抓锥”“大锅锥”，提高了工作效率。燕祥甫在县水电局工作期间，亲自参加勘测设计，调查研究，提出切合实际的施工方案，为凤翔的水利建设事业做了许多有益的工作。在“文化大革命”中遭受迫害，1969 年被开除公职，1970 年病故于家中，1976 年平反昭雪。

杨慧员（1956—2011 年）

杨慧员，男，凤翔县长青镇灵化村人，汉族，中共党员，高级工程师。1973 年毕业于宝鸡县贾村中学，毕业后在家务农。1974—1975 年在本村医疗站任赤脚医生，1976 年进入公社卫生院工作，1976 年 12 月加入中国共产党。1976 年就读于西北农学院水利工程建筑专业。1979 年 10 月至 1992 年 6 月，在县水电工作队工作，其间任党支部副书记、副队长；1992 年 7 月至 1999 年 10 月，在县横水河灌溉管理处任副主任；1999 年 11 月至 2004 年 12 月，在县水利工程建设工作队任党支部书记；2004 年 12 月至 2010 年 3 月，在县水利管理工作站任站长；2010 年 4 月至 2011 年 3 月，任县水利管理工作站协理员。先后参与蔡阳山、尹家务等 20 多个乡村的人畜饮水工程设计和施工，参与了唐村乡的机井普查工作。1990 年 5 月被省地方病防治领导小组办公室和省水利厅授予全省农村供水先进工作者称号。横水河、东风水库挖潜扩灌工程开工后，他吃住在工地，负责工程质量监控工作，一干就是几年。1992 年 7 月，调任县横水河灌溉管理处副主任，兼任县以工代赈领导小组办公室副主任，负责东风水库复合加固工程施工建设。至 2001 年他自始至终参与和完成了工程的设计、施工、扫尾和竣工验收准备等工作。1993 年 10 月晋升为工程师。1997 年被省水利厅评为“水利工程重点项目建设”先进个人。1999 年 10 月，任县水利工程建设工作队党支部书记，分管白荻沟水库除险加固工程，任工程项目办公室副主任兼技术负责人。2001 年 12 月晋升为高级工程师。

2002 年 8 月，白荻沟水库除险加固工程开工后，他立即投入到工程建设中，从报建资料到招标文件编制、实施方案编制、审查都一一过目。组织参与了工程施工招标，现场“四通一平”及开工典礼的筹备工作。他上与省、市设计、监理单位联系，下与乡、319 村、组协调，主持技术交底会和技术研讨会，使工程顺利进展，于 2002 年底完成了大坝高压喷射灌浆凿孔和帷幕灌浆凿孔 4236 米，灌浆进尺 2331 米，完成溢洪道及交通桥土石方 4375 立方米，浇筑混凝土 165 立方米。2003 年，主持了白荻沟水库除险加固工程Ⅲ、Ⅳ标段的施工招标、技术交底工作。深入工地，现场解决各标段施工存在的技术与质量问题，协调施工占地、用电、道路等具体事宜，为施工单位创造了良好的施工环境。2004 年 1 月，任县水利管理工作站站长，负责站上全盘工作，继续分管白荻沟水库除险加固工程。坚持单位工作和项目建设两不误，把单位的工作安排得井井有条，顺利完成了白荻沟水库除险加固项目大坝迎水坡砌护、坝坡植草皮、坝顶道路、溢洪道加固改建、大坝安全监测自动化设施等工程，使项目通过竣工验收。2006年，带领县水管站职工完成了唐村乡、陈村镇的村镇供水规划设计10处；建成了沈家沟、北小里村供水工程2处；完成了城关镇马村农业综合开发水利工程施工任务。在他的积极努力下，筹备成立了凤翔县河道管理站，使凤翔河道管理走上法治化轨道，河道“三乱”得到有效整治，河道砂石资源费征收上缴任务全面完成，并在千河建设宽幅林带1.1千米，对塔寺河水系进行了绿化。同年，主持完成了东风水库除险加固续建工程，铺砌块石6800立方米，新建防浪墙470米，铺设坝顶沥青路面936米，埋设电缆886米，安装路灯18盏，完成了大坝背水坡整修、植草及大坝观测设施，实现了东风水库大坝建库以来的首次大规模硬化、亮化和美化。工程通过市级竣工验收，评为优良工程。

2007年，全年出勤276天，他组织参与了乡村安全饮水工程设计16处，乡村安全饮水施工项目9处。审查了水沟、姚家沟、桃树沟3座水库大坝安全鉴定的“五大报告”。主持了姚家沟水库除险加固工程和沟南淤地坝的施工招标工作。协助县城供水项目办公室编制了施工招标文件。以市级防汛专家组成员资格，自始至终参与了白荻沟放水洞堵塞抢险工作。组织完成了塔寺河、千河、川口河水系绿化任务，收取砂石资源费3.4万元，处理河道非法开采案件5起。2008年，负责姚家沟水库除险加固工程建设，完成了水库的上坝道路、大坝整修、迎水坡砌护、溢洪道放水设施主体工程建设，完成投资436万元。组织完成了唐村、柳林镇区、八一村、雒家务村安全饮水项目施工5处。“5·12”抗震救灾中，冒着余震的危险，亲临工地，夜以继日地完成了雒家务水塔灾后重建设计、施工任务和桃树沟水库震损应急设计、施工任务，被市水利局评为抗震救灾先进个人。2009年，他除搞好局里安排的项目建设工作外，还注重抓好单位的本职工作。建成了糜杆桥、城关镇高效节水工程，新打和修复机井44眼。查处河道违法采砂案件7起，结案率达100%。征收砂石资源费7.87万元，创历史新高。抓好乡镇水务站的管理工作，召开站长例会10次，单位各项工作位居水利系统前列。

2010年，退居二线，仍坚守工作岗位，奔忙在单位和项目工地。负责的姚家沟水库除险加固工程刚通过省级验收，又投入到紧张的中小河流治理项目三里河河堤工程建设，并担任漳水河重点段防洪工程项目办公室技术负责人。在他病发当天，还在为堤防工程操劳奔忙，还在为供水事业精心谋划。2011年3月21日，杨慧员因病医治无效逝世，享年55岁。

秦靖军（1917—1970年）

秦靖军，又名秦登科，宝鸡县硖石乡赵家坡村人，幼年家贫，聪明好学，在叔父秦伯瀛的资助下完成学业。1943年毕业于国立西北农学院水利系，先后聘到渭惠渠管理局等处工作，因勤奋认真、工作卓著，1944年被晋升为助理工程师，1947年被聘任为副工程师。1950年随陕西支边工作组到达新疆，立即参与红雁池水库的修建工程和石河子地区大面积种植棉花的灌溉试验。1951年被任命为南疆行署水利勘察设计大队队长。他参与了喀什、和田、克孜勒苏、阿克苏等地水利工程的设计、规划、测绘和指导施工及喀什专区12个县、市的60多座大小水库的建设。南疆行署撤销后继任喀什专区水利局局长。1956年加入中国共产党。1958年，在喀什修建了新疆的第一座水电站，使该地区工农业生产和人们生活用上了电。

在 20 世纪 60 年代的“文化大革命”中，秦靖军被打成“反动学术权威”，下放劳动改造。1970 年 11 月，秦靖军心脏病突发而病逝，享年 53 岁。1978 年拨乱反正后，平反昭雪。1982 年 8 月，喀什地区水电局专门为秦靖军补开追悼大会，原新疆维吾尔自治区水利厅厅长陈实同志在《新疆日报》上撰文《全心全意为各族人民服务的水利专家》，缅怀秦靖军同志。1983 年 7 月，国家民族事务委员会、劳动人事部和中国科学协会联合向秦靖军授予了“荣誉证书”，证书的题词为：“秦靖军同志在少数民族地区长期从事科技工作，特授予荣誉证书，以资鼓励。”以表彰秦靖军在新疆和陕西水利事业上的卓越贡献。

厉维均（1933—1998 年）

厉维均，男，山东济南市人，1954 年 7 月毕业于西北农学院水利系，先后在河北省水利设计院、宝鸡市郊区水利队、宝鸡县水电局工作，历任宝鸡县水利水保局副局长、主任工程师、县政协常委等职。1987 年 5 月任县政协副主席，1993 年 12 月退休，1998 年 11 月病逝，享年 65 岁。在宝鸡县工作期间，他主持设计的“西干倒虹桥”工程及抽水站土木建筑工程等均系冯家山灌区工程建设的重点项目。在工程建设初期，他住窑洞，啃干馍，夜以继日地为工程建设操劳，确保了工程建设保质保量的顺利完工。时至今日，其倒虹工程和抽水站之独特设计仍光彩依旧。

马慕铎（1937—2009 年）

马慕铎，男，祖籍天津，1955 年毕业于北京水利学校，1955 —1969 年在西北水科所工作。1969—1971 年在宝鸡峡工作，1971—1984 年在宝鸡县水电工作队工作，历任副队长、工程师。1984 年调入黄河水利委员会上中游管理局工作，曾任该局设计院院长。1986 年加入中国共产党，2009 年 2 月因病去世，享年 72 岁。

在宝鸡县工作的十多年中，他曾参与了诸多水利工程的规划、设计及施工等。其中包括钓鱼台水库双曲拱坝项目，开创了关中西部地区之先河，至今仍是关中地区水利科研院校学生参观实习的亮点项目之一。

许侃（1932—1998 年）

许侃，男，宝鸡市凤翔县尹家务村人，高中文化程度，中共党员。1950 年 3 月参加工作，历任县广播站站长、县委组织员、公社社长、人防部主任等职务。1969 年调任宝鸡县水电局，任主任、副局长、局长、党组书记、县防汛指挥部副指挥等职。曾获陕西省水利系统先进个人等荣誉。

许侃在宝鸡县从事水利工作 24 年，其间以苦为乐，以苦为荣，风雨待业，宝鸡县原 492 个村凡有水利工程的地方都留有他的足迹。他带领水利人开展艰苦卓绝的农田水利建设，使全县川塬地区 60% 的农田达到了旱涝保收、稳产高产的标准，为 40% 以上的山区群众解决了人畜饮水困难问题；组织开展治河大会战，先后筑渭河、千河、金陵河等堤防近百千米，为安全度汛创造条件。他在任期间所兴建的水库、机井、渠道、堤防及人饮工程和小流域治理等工程时至今日仍在发挥着应有的作用，为全县农业发展奠定了坚实的基础。

他担任水利局局长的 20 多年中，先后修建各类水利工程达 4453 处，争取国家各项水利专款近亿元，但他不沾不贪，公私分明，一心扑在水利事业上。

在修编《陈仓区水利志》时，其女儿提供了一本他在职时亲笔记录的“宝鸡县 1954 年至 1993 年逐月降雨量表”，足以说明他对水利事业的钟情。

第二节　人物表录

一、省级及以上劳动模范人物

宝鸡市水利系统省级及以上劳动模范一览表

姓名	性别	工作单位	劳模级别	批准时间
杜新绪	男	岐山县水利局	全国劳动模范	1958 年
			陕西省劳动模范	1958 年
赵　勤	男	岐山县水利局	陕西省劳动模范	1958 年
马心德	男	宝鸡县天王镇	陕西省劳动模范	1963 年
巨文科	男	宝鸡市地下水工作队	陕西省劳动模范	1982 年
孙义龙	男	凤翔县东风水库管理处	陕西省劳动模范	1982 年
杨士哲	男	岐山县水利局	全国水利系统劳动模范	1984 年
冯忠贤	男	宝鸡市水利水保局	全国水利系统劳动模范	1989 年
王锁才	男	岐山县故郡水管站	全国水利系统劳动模范	1989 年
陈万有	男	凤翔县水利水保局	水利部综合经营先进个人	1991 年
郗满才	男	凤翔县水利工程建设工作队	陕西省农业战线先进生产者（省政府）	1991 年
范忠俊	男	宝鸡市水产工作站	陕西省劳动模范	1992 年
苏拴魁	男	凤翔县水利局	全国农村水利先进个人	1999 年
兰宗礼	男	扶风县地下水工作队	陕西省劳动模范	2002 年
张西璇	女	宝鸡市地下水管理监测处	陕西省劳动模范	2007 年
常崇信	男	宝鸡市水利局	全国水利系统劳动模范	2009 年
白清利	男	宝鸡市冯家山水库管理局	全国先进工作者	2020 年
			陕西省劳动模范	2012 年

二、副县级（副高级职称）以上人员

副县级以上领导、副高级职称以上人员表

工作单位	姓名	性别	出生日期（年－月）	职务	职称系列	职称资格	取得资格时间（年－月）
市水利局、市人大常委会 市老科协	冯忠贤	男	1935–06	局长 人大常委会副主任、高级顾问	工程	正高级	2015–12
市水利局 市老科协	常崇信	男	1954–11	局长 副会长	工程	副高级 研究员	1994–12 2013–12
市水利局	樊维翰	男	1943–06	原总工 水专委主任	工程	正高级	2012–12
市水利局	赵元庆	男	1951–11	副调研员	工程	副高级	2010–12
市水利局	康成祥	男	1952–06	副调研员	工程	副高级	2010–01
市水利局	吕　恭	男	1953–12	调研员	经济师	高级经济师	2012–12
市水利局	李进峰	男	1950–09	调研员	经济师	高级经济师	2012–12
市水利局	王万来	男	1953–10	原总工	工程	正高级	2011–03
市水利局	王林霞	女	1962–08	二级调研员	工程	副高级	1999–12
市水利局	王克亚	男	1963–09	主任	工程	副高级	2003–07
宝鸡市冯家山水库管理局	许文选	男	1945–07	副局长	工程	正高级	2003–03
宝鸡市冯家山水库管理局	邓文君	男	1957–10	副局长	工程	副高级	2002–03
宝鸡市冯家山水库管理局	陈文让	男	1960–10	党委书记 局长	工程	正高级	2012–03
宝鸡市城乡供水安全中心	张海燕	男	1960–09	副高级	水利工程	副高级	1997–11
宝鸡市渭河生态区 保护中心	段勤让	男	1956–09	副主任	水利工程	高级工程师	2014–09
宝鸡市渭河生态区 保护中心	刘兴建	男	1961–09	副调研员	水利工程	高级工程师	2001–09

三、副高级以上专业技术人员

高级职称情况统计表（市直单位）

工作单位	姓名	性别	出生日期（年–月）	参加工作时间（年－月）	职务	第一学历	毕业院校及专业	最高学历	毕业院校及专业	职称系列	职称资格	取得资格时间（年－月）
宝鸡市冯家山水库管理局	许文选	男	1945–07	1968–09	副局长	中专	陕西省武功水利学校 农田水利	本科	西北农业大学 农田水利工程	工程	正高级	2003–03
宝鸡市冯家山水库管理局	陈文让	男	1960–10	1983–07	党委副书记 纪检书记	本科	陕西机械学院 农田水利	本科	陕西机械学院 农田水利	工程	正高级	2012–03
宝鸡市冯家山水库管理局	史菊兰	女	1962–11	1987–07	副主任	本科	陕西机械学院 农田水利	本科	陕西机械学院 农田水利	工程	正高级	2014–10
宝鸡市冯家山水库管理局	姚德仓	男	1965–05	1985–07	副局长	中专	陕西省水利学校 工程管理	本科	中国农业大学 水利水电工程	工程	正高级	2020–08
宝鸡市冯家山水库管理局	张新弟	男	1968–12	1991–07	党委书记 局长	本科	西北大学 自然地理学	本科	西北大学 自然地理学	工程	正高级	2023–04
宝鸡市冯家山水库管理局	孙凤翥	女	1932–01	1949–08		大专	武汉大学 水利	大专	武汉大学 水利	工程	副高级	1988–10
宝鸡市冯家山水库管理局	蒙然僚	男	1939–06	1964–09	副总工程师	本科	陕西工业大学 农田水利工程	本科	陕西工业大学 农田水利工程	工程	副高级	1993–12
宝鸡市冯家山水库管理局	耿树俊	男	1941–04	1965–09	副总工程师	本科	西北农学院 农田水利	本科	西北农学院 农田水利	工程	副高级	1993–12
宝鸡市冯家山水库管理局	高安详	男	1946–02	1970–07	副总工程师	本科	陕西工业大学 发电厂电网	本科	陕西工业大学 发电厂电网	工程	副高级	1996–07
宝鸡市冯家山水库管理局	王朝晖	男	1942–10	1961–08	副总工程师	中专	陕西省武功水利学校 农田水利	中专	陕西省武功水利学校 农田水利	工程	副高级	1999–12
宝鸡市冯家山水库管理局	杨景林	男	1942–07	1963–09	副总工程师	中专	陕西省武功水利学校 农田水利	中专	陕西省武功水利学校 农田水利	工程	副高级	2001–12
宝鸡市冯家山水库管理局	王延林	男	1942–12	1962–09	副总工程师	中专	西安商业学校 财会	中专	西安商业学校 财会	工程	副高级	2001–12

续表

工作单位	姓名	性别	出生日期（年–月）	参加工作时间（年–月）	职务	第一学历	毕业院校及专业	最高学历	毕业院校及专业	职称系列	职称资格	取得资格时间（年–月）
宝鸡市冯家山水库管理局	邓文君	男	1957–10	1981–01	副局长	本科	陕西省水利学校	本科	陕西省水利学校	工程	副高级	2002–03
宝鸡市冯家山水库管理局	刘志诚	男	1964–01	1987–08	院长	本科	陕西机械学院 水利水电工程建筑	本科	陕西机械学院 水利水电工程建筑	工程	副高级	2002–08
宝鸡市冯家山水库管理局	王新华	男	1965–12	1989–07	科长	本科	华北水利水电学院 水利水电动力工程	本科	华北水利水电学院 水利水电动力工程	工程	副高级	2003–07
宝鸡市冯家山水库管理局	白林第	男	1958–07	1981–07	副总工程师	中专	陕西省水利学校 地质	大专	河海大学 水文	工程	副高级	2005–01
宝鸡市冯家山水库管理局	王皓瑜	男	1962–01	1982–07	主任	中专	陕西省水利学校 水工	大专	中国农业大学 水利水电工程	工程	副高级	2005–01
宝鸡市冯家山水库管理局	王文峰	男	1967–06	1991–07		本科	西北农业大学 农田水利工程	本科	西北农业大学 农田水利工程	工程	副高级	2005–01
宝鸡市冯家山水库管理局	罗晓平	女	1962–12	1978–12	副主任	中专	陕西省水利学校 水文	本科	中国农业大学 水利水电工程	工程	副高级	2005–12
宝鸡市冯家山水库管理局	任宏祥	男	1956–12	1981–07	主任	中专	陕西省水利学校 水工建筑	本科	长安大学 土木工程	工程	副高级	2006–12
宝鸡市冯家山水库管理局	杨　彬	男	1973–08	1996–12	科长	中专	陕西省水利学校 经济管理	本科	中央广播电视大学 华北水利水电学院 水利水电工程	工程	副高级	2007–09
宝鸡市冯家山水库管理局	何万科	男	1970–11	1994–09	主任工程师	本科	西北农林科技大学 水资源规划与利用	研究生	西北农林科技大学 水利工程	工程	副高级	2007–12
宝鸡市冯家山水库管理局	李高民	男	1967–01	1991–07	主任	本科	陕西机械学院 水利水电工程建筑	本科	陕西机械学院 水利水电工程建筑	工程	副高级	2008–05
宝鸡市冯家山水库管理局	薛长勤	男	1968–12	1989–07	科长	中专	陕西省水利学校 水工建筑	本科	中国农业大学 水利水电工程	工程	副高级	2008–06

续表

工作单位	姓名	性别	出生日期（年–月）	参加工作时间（年–月）	职务	第一学历	毕业院校及专业	最高学历	毕业院校及专业	职称系列	职称资格	取得资格时间（年–月）
宝鸡市冯家山水库管理局	李正英	男	1970–11	1993–12	主任、工程师	本科	内蒙古林学院沙漠治理	本科	内蒙古林学院沙漠治理	工程	副高级	2009–03
宝鸡市冯家山水库管理局	赵周平	男	1968–02	1988–07	主任	中专	陕西省水利学校机电抽水	本科	中国农业大学水利水电工程	工程	副高级	2009–09
宝鸡市冯家山水库管理局	张战勋	男	1968–03	1989–07	科长	中专	陕西省水利学校农田水利工程	本科	中国农业大学水利水电工程	工程	副高级	2009–09
宝鸡市冯家山水库管理局	赵宏亮	男	1970–02	1989–07	科长	中专	陕西省水利学校水工	本科	中国农业大学水利水电工程	工程	副高级	2009–09
宝鸡市冯家山水库管理局	张一鸿	男	1967–01	1989–07	主任	中专	陕西省水利学校农田水利	本科	中国农业大学水利水电工程	工程	副高级	2009–09
宝鸡市冯家山水库管理局	张永红	男	1967–01	1988–07	主任	中专	陕西省水利学校水工建筑	本科	西安科技大学土木工程	工程	副高级	2009–09
宝鸡市冯家山水库管理局	王忠利	男	1967–09	1988–07	主任	中专	陕西省水利学校机电抽水	本科	中国农业大学水利水电工程	工程	副高级	2009–09
宝鸡市冯家山水库管理局	高　博	男	1978–01	1999–04	经理	中专	陕西省水利学校工业与民用建筑	本科	北京工业大学水利水电工程	工程	副高级	2009–11
宝鸡市冯家山水库管理局	尹天祥	男	1955–01	1975–12	经理	大专	西北农林科技大学水利工程	大专	西北农林科技大学水利工程	工程	副高级	2010–01
宝鸡市冯家山水库管理局	张军儒	男	1961–05	1981–02	科长	中专	陕西省水利学校水文	大专	中央广播电视大学水利水电工程	工程	副高级	2010–10
宝鸡市冯家山水库管理局	袁　静	女	1968–12	1988–07		中专	陕西省水利学校农田水利	本科	中国农业大学水利水电工程	工程	副高级	2011–02
宝鸡市冯家山水库管理局	李晓红	女	1965–04	1985–07		中专	陕西省水利学校农田水利	本科	水电部成都勘测设计院职工大学水工建筑	工程	副高级	2011–02

续表

工作单位	姓名	性别	出生日期（年–月）	参加工作时间（年–月）	职务	第一学历	毕业院校及专业	最高学历	毕业院校及专业	职称系列	职称资格	取得资格时间（年–月）
宝鸡市冯家山水库管理局	康宗孝	男	1966–01	1985–07	副总工程师	中专	陕西省水利学校机电抽水	大专	北京水利电力学院水利水电工程建筑	工程	副高级	2011–02
宝鸡市冯家山水库管理局	牛　杰	男	1962–04	1982–01	主任	中专	陕西省水利学校农田水利	大专	中央广播电视大学水利水电工程	工程	副高级	2011–02
宝鸡市冯家山水库管理局	白清利	男	1969–11	1994–08	主任、工程师	本科	大连水产学院淡水养殖	本科	大连水产学院淡水养殖	工程	副高级	2011–12
宝鸡市冯家山水库管理局	刘军强	男	1966–01	1988–07	主任	中专	黄河水利学校陆地水文	本科	中国农业大学水利水电工程	工程	副高级	2012–03
宝鸡市冯家山水库管理局	任军海	男	1968–07	1992–07	主任	本科	陕西机械学院水工建筑	本科	陕西机械学院水工建筑	工程	副高级	2012–10
宝鸡市冯家山水库管理局	张安平	男	1965–08	1989–07		本科	武汉水利电力学院水工建筑	本科	武汉水利电力学院水工建筑	工程	副高级	2012–10
宝鸡市冯家山水库管理局	熊月英	女	1975–03	1996–07		中专	陕西省水利学校经济管理	本科	中国农业大学水利水电工程	工程	副高级	2013–12
宝鸡市冯家山水库管理局	樊宏孝	男	1968–11	1990–07		中专	陕西省水利学校农田水利	本科	中国农业大学水利水电工程	工程	副高级	2013–12
宝鸡市冯家山水库管理局	高晓婷	女	1968–09	1989–07		中专	陕西省水利学校农田水利	本科	中国农业大学水利水电工程	工程	副高级	2013–12
宝鸡市冯家山水库管理局	魏红侠	女	1974–11	1995–08		中专	陕西省水利学校水工建筑	本科	中国农业大学水利水电工程	工程	副高级	2013–12
宝鸡市冯家山水库管理局	李宏军	男	1959–04	1980–09	主任	中专	陕西省水利学校农田水利	大专	中央广播电视大学水利水电工程	工程	副高级	2014–12
宝鸡市冯家山水库管理局	梁超美	男	1963–06	1982–03		中专	陕西省水利学校农田水利	本科	中国农业大学水利水电工程	工程	副高级	2015–12

续表

工作单位	姓名	性别	出生日期（年–月）	参加工作时间（年－月）	职务	第一学历	毕业院校及专业	最高学历	毕业院校及专业	职称系列	职称资格	取得资格时间（年－月）
宝鸡市冯家山水库管理局	杨晓红	女	1977–04	1996–09		中专	陕西省水利学校 农田水利	本科	西北农林科技大学 水利水电工程	工程	副高级	2015–12
宝鸡市冯家山水库管理局	刘　瑞	女	1976–07	1996–12		中专	陕西省水利学校 水工建筑	本科	中央广播电视大学 华北水利水电学院 水利水电工程	工程	副高级	2015–12
宝鸡市冯家山水库管理局	刘　韦	男	1976–06	1997–01	副主任	中专	陕西省水利学校 机电抽水	本科	中央广播电视大学 宝鸡分校 水利水电工程	工程	副高级	2015–12
宝鸡市冯家山水库管理局	郭宏强	男	1975–05	1996–12		中专	陕西省水利学校 工民建	本科	中国农业大学 水利水电	工程	副高级	2016–12
宝鸡市冯家山水库管理局	杨宏强	男	1976–04	1995–08	副站长	中专	陕西省水利学校 水工建筑	本科	西安建筑科技大学 土木工程	工程	副高级	2018–01
宝鸡市冯家山水库管理局	杜亚玲	女	1975–02	1996–12		中专	陕西省水利学校 经济管理	本科	西南交通大学 土木工程	工程	副高级	2018–01
宝鸡市冯家山水库管理局	王　耀	男	1970–01	1993–08		中专	四川水产学校 渔业养殖	本科	西南交通大学 土木工程	工程	副高级	2018–01
宝鸡市冯家山水库管理局	麻录奇	男	1975–01	1996–12		中专	陕西省水利学校 经济管理	本科	中央广播电视大学 水利水电工程	会计	副高级	2018–12
宝鸡市冯家山水库管理局	张全利	男	1969–05	1989–07	纪检书记	中专	陕西省水利学校 水工	本科	中央广播电视大学 华北水利水电学院 水利水电工程	工程	副高级	2020–10
宝鸡市冯家山水库管理局	王宗水	男	1960–08	1982–08		本科	陕西机械学院 水工建筑	本科	陕西机械学院 水工	工程	副高级	2020–11
宝鸡市冯家山水库管理局	杨冬侠	女	1969–09	1989–07		中专	陕西省水利学校 水工建筑	大专	西安建筑科技大学 工程管理	工程	副高级	2022–05

续表

工作单位	姓名	性别	出生日期（年–月）	参加工作时间（年–月）	职务	第一学历	毕业院校及专业	最高学历	毕业院校及专业	职称系列	职称资格	取得资格时间（年–月）
宝鸡市冯家山水库管理局	赵亚中	男	1971–05	1992–07	主任	中专	四川省水产学校淡水养殖	大专	上海水产大学淡水养殖	农业	副高级	2022–06
宝鸡市冯家山水库管理局	王凤玲	女	1971–03	1992–07		中专	四川省水产学校淡水养殖	本科	中国农业大学水利水电工程	工程	副高级	2023–04
宝鸡市城乡供水安全中心	田伟哲	男	1970–04	1987–09	副主任	中专	陕西省中华会计学校财务会计	本科	西北工业大学网络教育学院会计学	会计	副高级	2017–12
宝鸡市城乡供水安全中心	李昭存	男	1964–03	1989–07		本科	陕西机械学院水利水电学院水利水电工程建筑	本科	陕西机械学院水利水电学院水利水电工程建筑	水利工程	副高级	2005–01
宝鸡市城乡供水安全中心	王虹妮	女	1977–09	1998–11	科长	中专	陕西省水利学校工业与民用建筑	本科	中国农业大学网络教育学院水利水电工程	水利工程	副高级	2023–04
宝鸡市水利水电规划勘测设计院	苏新军	男	1972–08	1996–07	副高级工程师	本科	沈阳农业大学水利	本科	沈阳农业大学水利工程	工程	副高级	2010–01
宝鸡市水利水电规划勘测设计院	郭芳侠	女	1965–06	1987–07	副高级工程师	本科	西安理工大学水利水电工程	本科	西安理工大学水利水电工程	工程	副高级	2003–07
宝鸡市水利水电规划勘测设计院	荀勃驹	男	1966–03	1989–07	副高级工程师	本科	沈阳建筑学院工民建	本科	沈阳建筑大学工民建	工程	副高级	2005–01
宝鸡市水利水电规划勘测设计院	张敏辉	女	1964–08	1984–07	副高级工程师	本科	北京水利水电学院水利水电	本科	北京水利水电学院水利水电	工程	副高级	2011–02

续表

工作单位	姓名	性别	出生日期（年–月）	参加工作时间（年–月）	职务	第一学历	毕业院校及专业	最高学历	毕业院校及专业	职称系列	职称资格	取得资格时间（年–月）
宝鸡市水利水电规划勘测设计院	祁　雷	男	1982–02	2004–07	副高级工程师	本科	西北农林科技大学 农业水利工程	本科	西北农林科技大学 农业水利工程	工程	副高级	2020–08
宝鸡市水利水电规划勘测设计院	谢繁荣	女	1971–03	1994–04	副高级工程师	专科	陕西省水利技校 土建	本科	西南交通大学 土木工程	工程	副高级	2015–12
宝鸡市水利水电规划勘测设计院	张靖梅	女	1981–01	2004–07	副高级工程师	本科	西北农林科技大学 农业水利	本科	西北农林科技大学 农业水利工程	工程	副高级	2023–04
宝鸡市地下水管理监测中心	张少平	男	1969–08	1996–10	中心主任	大学理学学士	宝鸡文理学院物理系 物理教育	大学	中国农业大学 水利水电工程	工程	副高级	2015–12
宝鸡市地下水管理监测中心	王宇翔	男	1976–10	1997–10	防汛抢险队队长	大专	西北农业大学 农田水利工程	大学	西北农林科技大学 农业水利工程	工程	副高级	2018–12
宝鸡市地下水管理监测中心	马晓璇	女	1975–08	1997–11		大专	陕西经贸学院 经贸公关	学士	西安理工大学 会计学 中国农业大学 水利水电工程	工程	副高级	2013–12
宝鸡市地下水管理监测中心	冉新发	男	1969–10	1990–07	抗旱服务队副队长	中专	陕西省水利学校 农田水利	大学	中共陕西省委党校 经济管理 中国农业大学网络教育学院 水利水电工程	工程	副高级	2016–12
宝鸡市地下水管理监测中心	梅　斌	男	1972–05	1994–09	机井管理站站长	中专	北京煤炭工业学校 测量	大专	西安理工大学 工业与民用建筑	工程	副高级	2022–05

续表

工作单位	姓名	性别	出生日期（年–月）	参加工作时间（年–月）	职务	第一学历	毕业院校及专业	最高学历	毕业院校及专业	职称系列	职称资格	取得资格时间（年–月）
宝鸡市河务工作站	任宏超	男	1982–08	2006–09	主任	本科	西安理工大学 水利水电工程	本科	西安理工大学 水利水电工程	水利工程	高级	2021–09
宝鸡市河务工作站	许丽子	女	1969–06	1993–07		本科	沈阳黄金学院 选矿工程	本科	沈阳黄金学院 选矿工程	水利工程	高级	2005–12
宝鸡市河务工作站	巨生祥	男	1965–11	1988–07		本科	陕西师范大学 数学系	本科	陕西师范大学 数学系	教师系列	高级	2004–12
宝鸡市河务工作站	吕敏毅	女	1966–07	1987–07		中专	陕西省水利学校 机电抽水	本科	华北水利水电学院 水利水电工程	水利水电工程	高级	2010–01
宝鸡市渭河拦河闸工程管理中心	陈焕荣	男	1971–03	1992–08	主任	中专	陕西省水利学校 农田水利	本科	中国农业大学	水利水电工程	高级	2022–05
宝鸡市渭河拦河闸工程管理中心	张钧锋	男	1971–01	1997–01	副高级工程师	本科	西北农业大学 水土保持	本科	西北农业大学 水土保持	水利工程	高级	2023–04
宝鸡市渭河拦河闸工程管理中心	闫建峰	男	1966–04	1986–07	副高级工程师	中专	陕西省水利学校 工程地质	大专	华北水利水电学院 水文地质与工程地质	水利工程	高级	2023–04
宝鸡市水利工程建设与管理处	高　巍	男	1966–03	1988–07	副主任	大专	宝鸡文理学院 电气自动化	大专	宝鸡文理学院 电气自动化	水利工程	高级	2023–04
宝鸡市水利工程建设与管理处	郭让平	男	1966–04	1986–07	原副主任	中专	陕西省水利学校 水利工程建筑	大专	中央广播电视大学 水利水电工程与管理	水利工程	高级	2016–12
宝鸡市水利工程建设与管理处	高惠文	女	1966–11	1991–01	高级工程师	本科	华北水利水电学院 水利水电工程建筑	本科	华北水利水电学院 水利水电工程建筑	水利工程	高级	2005–01

续表

工作单位	姓名	性别	出生日期（年–月）	参加工作时间（年–月）	职务	第一学历	毕业院校及专业	最高学历	毕业院校及专业	职称系列	职称资格	取得资格时间（年–月）
宝鸡市水利工程建设与管理处	杨延利	女	1975–01	1995–08	高级工程师	中专	陕西省水利学校 农田水利	大专	国家开放大学 水利水电管理	水利工程	高级	2023–04
宝鸡市水利工程建设与管理处	杨建华	男	1966–01	1989–07	高级工程师	本科	成都科技大学 水文	本科	成都科技大学 水文	建筑类	高级	2001–12
市水投集团	王永昌	男	1969–12	1989–07	董事长	中专	陕西省水利学校 水利工程建筑	本科	中国农业大学 水利水电工程	工程	副高级	40194
市水投集团	连宏涛	男	1978–07	2000–04	总经理	中专	陕西省水利学校 水利工程	本科	中央广播电视大学 水利水电工程	工程	副高级	42727
市水投集团	张　峰	男	1972–09	1995–08	副总经理	中专	四川省水产学校 淡水渔业	本科	西南大学 水产养殖	工程	副高级	40592
宝鸡市水资源事务中心	郑　磊	男	1968–04	1992–10	三级调研员	大专	沈阳黄金学院 地质	大学	中央电大华北水利水电学院 水利水电工程	水利工程	高级	2006–12
宝鸡市水资源事务中心	史宝利	男	1967–06	1991–07	三级调研员	本科	西北农业大学水利与建筑工程系 水资源规划与利用	本科	西北农业大学水利与建筑工程系 水资源规划与利用	水利水电工程	高级	2005–01
宝鸡市水资源事务中心	张力会	男	1969–09	1993–08	三级调研员	本科	西北农业大学水利与建筑工程系 水资源规划与利用	本科	西北农业大学水利与建筑工程系 水资源规划与利用	水利工程	高级	2007–01
宝鸡市水土保持工作站	齐清孝	男	1971–10	1994–08	站长	本科	西北农业大学水利与建筑工程学院 农田水利工程	本科	西北农业大学水利与建筑工程学院 农田水利工程	水利工程建设与管理	高级	2005–12

续表

工作单位	姓名	性别	出生日期（年–月）	参加工作时间（年–月）	职务	第一学历	毕业院校及专业	最高学历	毕业院校及专业	职称系列	职称资格	取得资格时间（年–月）
宝鸡市水土保持工作站	刘巧丽	女	1971–08	1994–08	科长	本科	西北农业大学水利与建筑工程学院水土保持	本科	西北农业大学水利与建筑工程学院水土保持	水土保持	高级	2007–12
宝鸡市水土保持工作站	张仓课	女	1964–03	1987–07	副高级工程师	大学	西北农业大学农田水利工程	本科	西北农业大学农田水利工程	工程	高级	2001–12
宝鸡市渭河生态区保护中心	魏靖明	男	1968–01	1989–07	副主任	中专	陕西省水利学校农田水利	本科	西安科技大学土木工程	工程	副高级	2007–12
宝鸡市渭河生态区保护中心	于俊丽	女	1966–02	1988–07	二级调研员	本科	陕西机械学院水利水电工程	本科	陕西机械学院水利水电工程	工程	副高级	2002–12
宝鸡市渭河生态区保护中心	吕　跃	男	1967–08	1991–08	科长	大专	西安交通大学土木工程	本科	四川农大水利水电工程	工程	副高级	2020–08
宝鸡市渭河生态区保护中心	刘　曦	女	1971–01	1995–08	支部委员	中专	陕西省水利学校水土建筑	本科	西北农林科技大学水利水电工程	工程	副高级	2021–05
宝鸡市渭河生态区保护中心	许　娟	女	1972–07	1993–12		中技	陕西省水利技工学校水利工程	本科	中国农业大学水利水电	工程	副高级	2023–04

高级职称情况统计表（县区）

工作单位	姓名	性别	出生日期（年–月）	参加工作时间（年–月）	职务	第一学历	毕业院校及专业	最高学历	毕业院校及专业	职称系列	职称资格	取得资格时间（年–月）
岐山县水电工作队	徐广林	男	1969–11	1993–09	副队长	本科	西北农业大学水资源规划与利用	本科	西北农业大学水资源规划与利用	水利工程	副高级	2012–11
岐山县水电工作队	马小龙	男	1969–05	1988–07	支部书记	中专	陕西省水利学校陆地水文	本科	西北农林科技大学农业水利工程	水利工程	正高级	2021–05

续表

工作单位	姓名	性别	出生日期（年－月）	参加工作时间（年－月）	职务	第一学历	毕业院校及专业	最高学历	毕业院校及专业	职称系列	职称资格	取得资格时间（年–月）
岐山县水电工作队	薛博文	男	1969–08	1992–08	副队长	本科	西北农业大学农业建筑与环境工程	本科	西北农业大学农业建筑与环境工程	水利工程	副高级	2007–12
岐山县水电工作队	蔡小娣	女	1978–10	1998–11	支部副书记	中专	陕西省水利学校工民建	本科	中央广播电视大学水利水电工程	水利工程	副高级	2020–08
岐山县水电工作队	罗小兰	女	1976–10	1998–03		中专	陕西省水利学校水工建筑	本科	中央广播电视大学水利水电工程	水利工程	副高级	2020–08
岐山县地下水管理监测站	冯龙波	男	1976–02	1998–03	支部书记	中专	陕西省水利学校经济管理	本科	中央广播电视大学水利水电工程	水利工程	副高级	2020–10
岐山县地下水管理监测站	张淑娟	女	1978–02	1998–03		中专	陕西省水利学校机电抽水	本科	中央广播电视大学水利水电工程	水利工程	正高级	2023–06
岐山县水利工作站	申建军	男	1973–03	1994–08	副高级工程师	中专	陕西省水利学校农田水利	大专	西北农林科技大学农田水利工程	水利工程	副高级	2021–05
岐山县水利工作站	马春林	男	1976–01	1999–01	副站长	大专	西北农业大学农业建筑与环境工程	本科	西安理工大学水利水电工程	水利工程	副高级	2020–08
岐山县水利工作站	何　杰	男	1979–03	2002–09		中专	杨凌职业技术学院水利水电工程建筑	本科	四川农业大学水利水电工程	水利工程	副高级	2021–05
岐山县水利工作站	邱宝丽	女	1979–02	2001–02		中专	杨凌职业技术学院水电站电力设备	本科	东北农业大学水利水电工程	水利工程	副高级	2023–04
岐山县水利工作站	王素英	女	1979–05	2001–02		中专	杨凌职业技术学院水利水电工程建筑	本科	东北农业大学水利水电工程	水利工程	副高级	2023–04

续表

工作单位	姓名	性别	出生日期（年－月）	参加工作时间（年－月）	职务	第一学历	毕业院校及专业	最高学历	毕业院校及专业	职称系列	职称资格	取得资格时间（年–月）
岐山县水利工作站	赵晓峰	男	1978–08	2000–03		中专	陕西省林业学校 经济林	本科	国家开放大学 水利水电工程	水利工程	副高级	2021–05
岐山县渭河综合治理保护中心	彭　胜	男	1966–12	1990–02	副主任	大专	陕西省广播电视大学 机械与制造	本科	大连理工大学 水利水电工程	水利工程	副高级	2016–12
岐山县水土保持工作站	王保社	男	1968–11	1991–07	副书记	中专	西北农林科技大学 水土保持	本科	西北农林科技大学 水土保持	水利工程	副高级	2011–02
岐山县水土保持工作站	贾宏波	男	1975–08	1999–12		大专	西北工业大学 计算机应用	本科	中央广播电视大学 水利水电工程	水利工程	副高级	2016–12
岐山县水土保持工作站	蔡　伟	男	1978–01	1999–01		中专	陕西省 宝鸡农业学校	本科	中央广播电视大学	水利工程	副高级	2020–08
岐山县城北抽水管理站	王洪哲	男	1975–08	1996–01	支部书记	中专	陕西省水利学校 水工建筑	本科	北京水利水电学院 水利电力工程	水利工程	副高级	2022–05
岐山县城北抽水管理站	王伊雯	女	1971–09	1992–08		中专	陕西省水利学校 农田水利	中专	陕西省水利学校 农田水利	水利工程	副高级	2021–05
岐山县城北抽水管理站	任少锋	男	1976–01	1998–11		中专	陕西省水利学校 水利水电工程	本科	中央广播电视大学 水利水电工程	水利工程	副高级	2022–05
岐山县城北抽水管理站	仝珍萍	女	1975–10	1998–03		中专	陕西省水利学校 水工建筑	本科	陕西省水利学校 水利工程	水利工程	副高级	2023–04
岐山县城北抽水管理站	张小华	女	1981–11	2003–04		中专	陕西省咸阳纺校 纺织工艺	本科	陕西省水利学校 水利工程	水利工程	副高级	2023–04
岐山县北三抽水管理站	张　伟	男	1979–03	2002–06		中专	杨凌职业技术学院 水利水电工程建筑	本科	中央广播电视大学 水利水电工程	水利工程	副高级	2022–05

续表

工作单位	姓名	性别	出生日期（年－月）	参加工作时间（年－月）	职务	第一学历	毕业院校及专业	最高学历	毕业院校及专业	职称系列	职称资格	取得资格时间（年–月）
岐山县北三抽水管理站	郑永波	男	1981–11	2003–04		中专	甘肃工业职业技术学院 机电一体化	本科	东北农业大学 水利水电工程	水利工程	副高级	2022–05
岐山县北三抽水管理站	樊　辉	男	1978–01	2004–01		本科	陕西科技大学 无机非金属材料	本科	中央广播电视大学 水利水电工程	水利工程	副高级	2021–05
岐山县北三抽水管理站	马晓光	男	1980–10	2002–04	县水利局水防股股长	中专	杨凌职业技术学院 水利水电工程建筑	本科	长安大学 土木工程	水利工程	高级	2023–06
岐山县北三抽水管理站	吴军建	男	1979–10	2005–04		专科	西安石油大学	本科	中央广播电视大学	专业技术	专技七级	2022–05
岐山县河务工作站	巨亚娟	女	1974–07	2005–04		中专	宝鸡市财经学校	大专	西安交通大学	会计	副高级	2020–09
岐山县河务工作站	李小明	男	1969–09	1990–07		中专	陕西省水利学校 农田水利	本科	中央广播电视大学 华北水利水电学院 水利水电工程	水利工程	副高级	2016–12
岐山县河务工作站	李　锋	男	1974–10	1995–09		中专	陕西省水利学校	大专	中央广播电视大学	水利工程	副高级	2021–05
岐山县水资源事务中心	令　苗	女	1977–11	2000–11		大专	西安电子科技大学	本科	中央广播电视大学	水利工程	副高级	2002–05
岐山县凤鸣镇水务管理站	何利辉	男	1979–11	2002–05		中专	杨凌职业技术学院 计算机应用	大本	大连理工大学 水利水电工程	水利工程	副高级	2023–04
岐山县枣林镇水务管理站	杨权功	男	1974–11	1998–11	站长	中专	安康农业学校 文秘	本科	四川农业大学 水利水电工程	水利工程	副高级	2018–12

续表

工作单位	姓名	性别	出生日期（年－月）	参加工作时间（年－月）	职务	第一学历	毕业院校及专业	最高学历	毕业院校及专业	职称系列	职称资格	取得资格时间（年–月）
岐山县凤鸣镇水务管理站	闫连伟	男	1974–08	1996–12	主任	大专	西北农业大学农田水利	本科	西北农林科技大学农业水利工程	水利工程	副高级	2014–12
扶风县地下水管理监测站	王宏禄	男	1964–03	1982–07	高级工程师	中专	陕西省水利学校机电抽水			工程	副高级	2015–12
扶风县地下水管理监测站	侯秀娟	女	1976–06	1997–07	高级工程师	中专	陕西省水利学校水工建筑	本科	西北农林科技大学水利水电工程	工程	副高级	2022–05
扶风县地下水管理监测站	李炳富	男	1963–11	1984–07	副科	中专	陕西省水利学校机电抽水	大专	宝鸡市委党校经济管理	工程	副高级	2013–12
扶风县河务工作站	李效强	男	1968–09	1986–12	副高级工程师	中专	水利电力部第三工程局职工中等专业学校电气	本科	西北农林科技大学水利水电工程	工程	副高级	2020–08
扶风县河务工作站	冯东兴	男	1970–02	1986–12	副高级工程师	中专	水利电力部第三工程局职工中等专业学校工程机械	大专	西北农林科技大学农业水利技术	工程	副高级	2023–04
扶风县水土保持工作站	刘雪侠	女	1974–11	1995–07	站长	中专	陕西省水利学校水工建筑	大专	西安理工大学水利水电工程	工程	副高级	2020–03
扶风县水土保持工作站	王宏博	男	1973–08	1994–07	支部书记	中专	陕西省水利学校水土保持	本科	四川农业大学水利水电工程	工程	副高级	2019–02
扶风县水土保持工作站	马小艳	女	1980–03	2000–07	项目技术负责人	中专	杨凌职业技术学院水工建筑	本科	四川农业大学水利水电工程专业	工程	副高级	2021–05
扶风县水土保持工作站	周少敏	女	1981–01	2000–07	项目技术负责人	中专	杨凌职业技术学院	本科	北京工业大学	工程	副高级	2023–04

续表

工作单位	姓名	性别	出生日期（年－月）	参加工作时间（年－月）	职务	第一学历	毕业院校及专业	最高学历	毕业院校及专业	职称系列	职称资格	取得资格时间（年－月）
扶风县水利电力工作队	余鲁江	男	1969–11	1988–10		大专	成都勘测设计院职工大学 水工建筑			工程	副高级	2018–12
扶风县水利电力工作队	王建柱	男	1971–09	1990–12		大专	成都勘测设计院职工大学 水工建筑			工程	副高级	2022–05
扶风县水利电力工作队	强安良	男	1962–06	1982–07		中专	陕西省水利学校 农田水利			工程	副高级	2011–12
扶风县水利电力工作队	谷乃平	男	1957–11	1981–07		中专	陕西省水利学校农田水利			工程	副高级	2009–03
扶风县水利工作站	袁新录	男	1960–12	1982–07		中专	陕西省水利学校	大专	西北林学院	工程	副高级	2000–05
扶风县水利工作站	庞　鸣	男	1962–09	1984–07		中专	陕西省水利学校	本科	陕西省党校	工程	副高级	2012–11
扶风县水利工作站	陈小妮	女	1978–06	1997–07		中专	陕西省水利学校	本科	国家开放大学 水利水电工程	工程	副高级	2023–01
扶风县水利工作站	伏晓娟	女	1980–09	2000–07		中专	杨凌职业技术学院	本科	国家开放大学 水利水电工程	工程	副高级	2023–04
扶风县水资源事务中心	贺高良	男	1968–06	1998–07	高级工程师	大专	武汉测绘科技大学 城镇建设	本科	西北政法大学 法律	工程	副高级	2016–12
扶风县水资源事务中心	罗安静	男	1979–12	2000–07	高级工程师	中专	杨凌职业技术学院 水利水电工程建筑	本科	国家开放大学 水利水电工程	工程	副高级	2022–05

续表

工作单位	姓名	性别	出生日期（年－月）	参加工作时间（年－月）	职务	第一学历	毕业院校及专业	最高学历	毕业院校及专业	职称系列	职称资格	取得资格时间（年–月）
千阳县水利工作队	衡小军	男	1972–11	1993–10	队长	中技	陕西省水利技工学校土木建筑	大本	中央广播电视大学水利水电工程	水利工程	副高级	2014–12
千阳县水利工作队	张耀锋	男	1975–06	1995–06		中专	陕西省水利学校水工建筑	本科	中央电大水利水电工程	水利工程	副高级	2020–08
千阳县水利工作队	赵保利	女	1975–06	1997–10		大专	西北建筑工程学院工业与民用建筑	本科	四川农业大学水利水电工程	水利工程	副高级	2016–12
千阳县水利工作队	时莹娟	女	1973–11	1994–08		中专	陕西省水利学校农田水利	本科	中央广播电视大学水利水电工程	水利工程	副高级	2018–12
千阳县地下水工作队	叶　茂	男	1968–11	1987–01		高中	千阳县中学	大专	中央党校宝鸡函授学院	水利工程	副高级	2012–12
千阳县地下水工作队	米晓英	女	1965–01	1986–11		中技	宝鸡技工学校	大专	成都勘察设计院职工大学	水利 工程	副高级	2018–01
千阳县地下水工作队	李润莲	女	1976–07	1994–01		高中	千阳县中学	本科	四川农业大学水利水电工程	水利 工程	副高级	2018–12
千阳县地下水工作队	蒲宏江	男	1980–01	2001–05		中专	杨凌职业技术学院	本科	西南交通大学	水利工程	副高级	2023–04
千阳县灌溉管理站	谢海峰	男	1973–12	1995–07		中专	陕西省水利学校	大专	西安理工大学	工程	副高级	2020–03
千阳县崔家头供水管理	张　华	男	1975–07	1995–10		中技	宝鸡技校烟草种植	大专	西北农林科技大学农田水利	水利工程	副高级	2022–05
千阳县水土保持工作站	王新功	男	1964–05	1985–05		高中	千阳县新兴铺中学	本科	中央党校经济管理	工程	副高级	2018–01

续表

工作单位	姓名	性别	出生日期（年－月）	参加工作时间（年－月）	职务	第一学历	毕业院校及专业	最高学历	毕业院校及专业	职称系列	职称资格	取得资格时间（年–月）
千阳县水土保持工作站	宋文军	男	1965–05	1990–03		高中	千阳中学	本科	西南交通大学 土木建筑	工程	副高级	2018–01
千阳县水土保持工作站	姚淑娟	女	1981–01	2001–05		中专	宝鸡市财经学校 投资财务与信息	本科	西北工业大学 会计学	会计	副高级	2018–12
陇县南峡水库管理站	张　彬	男	1973–04	1990–03		高中	陇县中学	大专	中央广播电视大学 水利水电工程	工程	高级	2019–04
陇县南峡水库管理站	杨爱国	男	1976–11	1996–09	站长	中专	陕西水利学校	本科	国家开放大学 水利水电工程	工程	高级	2020–07
陇县南峡水库管理站	闫　萍	女	1971–01	1990–03	副站长	初中	陇县 天成中学	大专	西安财经学院 会计	档案	高级 馆员	2020–08
陇县南峡水库管理站	李双全	男	1971–02	1992–07		中专	陕西水利学校	中专	陕西水利学校 农田水利	工程	高级	2020–08
陇县南峡水库管理站	王志刚	男	1978–12	1998–01		中专	陕西水利学校	本科	国家开放大学 水利水电工程	工程	高级	2021–05
陇县南峡水库管理站	马智平	男	1974–12	1995–08	副站长	中专	陕西水利学校	大专	西安理工大学 工民建	工程	高级	2020–07
陇县水利水电工作队	闫海洲	男	1969–04	1988–07		中专	陕西省水利学校 农田水利	中专	陕西省水利学校 农田水利	水利工程	副高级	2018–12
陇县水利水电工作队	杜学芳	女	1974–04	1995–08		中专	陕西省水利学校 水工建筑	大专	西北农林科技大学 农田水利工程	水利工程	副高级	2021–05
陇县水利水电工作队	李建林	男	1971–04	1991–07	陇县水利局 党组成员	中专	陕西省水利学校 水工建筑	中专	陕西省水利学校 水工建筑	水利工程	副高级	2020–11

续表

工作单位	姓名	性别	出生日期（年－月）	参加工作时间（年－月）	职务	第一学历	毕业院校及专业	最高学历	毕业院校及专业	职称系列	职称资格	取得资格时间（年－月）
陇县水利水电工作队	高存利	男	1967-01	1991-07		本科	陕西机械学院 水利水电工程建筑	本科	陕西机械学院 水利水电工程建筑	水利工程	副高级	2011-12
陇县水政监察大队	张苏会	女	1975-02	1996-12		大专	西北农业大学 农田水利工程	大专	西北农业大学 农田水利工程	专业技术	高级	2018-12
陇县水土保持工作站	马秋海	男	1965-11	1986-07		中专	陕西省水利学校 机电抽水	大专	宝鸡市委党校 经济管理	水利工程	副高级	2013-12
陇县水土保持工作站	李小艳	女	1977-06	1998-11	副站长	中专	陕西省水利学校 水土保持	本科	西北工业大学 土木工程	水土保持	副高级	2014-12
陇县水土保持工作站	杨永利	男	1971-04	1989-01		中专	陕西省水利学校 农田水利	中专	陕西省水利学校 农田水利	水利工程	副高级	2020-08
陇县河务工作站	祁明利	男	1978-02	1998-11	站长	中专	陕西省水利学校 水工建筑	大学本科	北京工业大学 水利工程	水利工程	高级	2021-05
陇县水利管理工作站	魏忠厚	男	1917-06	1993-04	陇县水利局党组成员	高中	陇县高级中学	专科	宝鸡市委党校 经济管理 中央广播电视大学 水利水电	水利工程	高级	2020-08
陇县水利管理工作站	刘晓莉	女	1973-01	1994-08	副站长	中专	陕西省水利学校 农田水利	本科	西北工业大学 土木工程	水利工程	高级	2018-12
陇县水利管理工作站	张海江	男	1967-05	1987-09		中专	陕西省胜利技校	中专	陕西省水利学校 农田水利	水利工程	高级	2020-10
陇县水利管理工作站	何忠仁	男	1965-09	1989-07		大专	华北水利水电学院 水工建筑	大专	华北水利水电学院 水工建筑	水利工程	高级	2013-07
陇县水利管理工作站	张耳提	男	1965-04	1986-09		中专	陕西省胜利技校	大专	华北水利水电学院 农田水利工程	水利工程	高级	2015-12

续表

工作单位	姓名	性别	出生日期（年－月）	参加工作时间（年－月）	职务	第一学历	毕业院校及专业	最高学历	毕业院校及专业	职称系列	职称资格	取得资格时间（年–月）
陈仓区冯家山水库东灌区管理站	张红卫	男	1975–09	1996–01	副站长	中专	陕西省水利学校水工建筑	本科	国家开放大学	水利水电工程	副高级	2022–05
陈仓区水土保持工作站	苏凌云	男	1967–10	1991–07	副站长	本科	陕西机械学院水工建筑	本科	陕西机械学院水工建筑	工程	副高级	2021–05
陈仓区水土保持工作站	范蔼武	女	1968–03	1991–07		本科	西北林学院	本科	西北林学院	工程	副高级	2005–01
陈仓区水土保持工作站	张晓红	女	1975–01	1995–08		中专	陕西省水利学校水工建筑	本科	国家开发大学	工程	副高级	2021–05
陈仓区河务工作站	李广林	男	1974–02	1995–08		中专	四川水产学校	大专	中央广播电视大学	工程	副高级	2020–05
陈仓区水电工作队	王　军	男	1969–11	1991–07	队长	本科	西北农林科技大学水利系	本科	西北农林科技大学水利系	专技	副高级	2018–01
陈仓区水电工作队	闫春霞	女	1974–03	1997–11		专科	华北水利水电学院机电排灌工程	本科	中央广播电视大学水利水电工程	专技	副高级	2020–08
陈仓区水电工作队	王极超	男	1963–01	1989–07		本科	西北农林科技大学水利系	本科	西北农林科技大学水利系	专技	副高级	2007–12
陈仓区水利管理工作站	张　慧	女	1973–08	1995–07		中专	陕西省水利学校	本科	中国农业大学	水利工程	副高级	2018–01
陈仓区水利管理工作站	岳录堂	男	1951–01	1975–08		大专	西北农林科技大学	本科	西北农林科技大学	水利工程	副高级	2010–01

续表

工作单位	姓名	性别	出生日期（年－月）	参加工作时间（年－月）	职务	第一学历	毕业院校及专业	最高学历	毕业院校及专业	职称系列	职称资格	取得资格时间（年–月）
凤翔区冯家山灌区灌溉管理处	赵雁冰	男	1969–12	1993–07	副主任	本科	西北农业大学 水资源规划与利用	本科	西北农业大学 水资源规划与利用	水利工程	副高级	2009–03
凤翔区冯家山灌区灌溉管理处	赵亚芳	女	1975–10	1996–07		中专	陕西省水利学校 机电抽水	本科	中国农业大学 水利水电工程	水利工程	副高级	2018–01
凤翔区冯家山灌区灌溉管理处	马引妮	女	1977–10	1996–08		中专	陕西省水利学校 农田水利	本科	中国农业大学 水利水电工程	水利工程	副高级	2018–01
凤翔区冯家山灌区灌溉管理处	宋效凤	女	1977–12	2000–05		大专	西北农业大学 水电站动力设备	大专	西北农业大学 水电站动力设备	水利工程	副高级	2021–05
凤翔区冯家山灌区灌溉管理处	翟建平	男	1983–02	2009–09		本科	山西农业大学 水土保持	本科	山西农业大学 水土保持	水利工程	副高级	2022–05
凤翔区水工队	王拉明	男	1966–11	1991–07		本科	西北农林科技大学			专业技术	高级	2011–02
凤翔区水工队	李海林	男	1964–09	1988–07		中专	湖北省水产学校 淡水养殖	本科	中共陕西省委党校 经济管理	专业技术	高级	2016–12
凤翔区水工队	王建利	男	1964–12	1985–07		中专	陕西省水利学校 农田水利			专业技术	高级	2020–08
凤翔区水工队	李红英	女	1976–10	1998–07		中专	陕西省水利学校 工业与民用建筑概预算	本科	大连理工大学 水利水电工程建设	专业技术	高级	2020–08
凤翔区水工队	张　琼	女	1969–09	1990–07		中专	陕西省水利学校 工业与民用建筑			专业技术	高级	2021–05

续表

工作单位	姓名	性别	出生日期（年－月）	参加工作时间（年－月）	职务	第一学历	毕业院校及专业	最高学历	毕业院校及专业	职称系列	职称资格	取得资格时间（年–月）
凤翔区水工队	罗　定	男	1971–10	1993–08		中专	农田水利	专科	中央广播电视大学 水利工程	专业技术	高级	2022–05
凤翔区水工队	石梅梅	女	1986–08	2009–10		本科	西北农林科技大学 水土保持			专业技术	高级	2021–05
凤翔区水工队	张会侠	女	1979–07	2001–02		中专	陕西省水利学校 给排水	本科	国家开放大学 水利水电工程管理	专业技术	高级	2023–04
凤翔区水利工作站	王武怀	男	1966–01	1989–07	副高级工程师	中专	陕西省水利学校 机电抽水	中专	陕西省水利学校 机电抽水	水利工程	副高级	2020–08
凤翔区水利工作站	付振兴	男	1987–03	2009–10	水防股副股长	本科	西北农林科技大学 农业水利工程	本科	西北农林科技大学 农业水利工程	水利工程	副高级	2021–05
凤翔区水利工作站	范　斌	男	1967–12	1988–12	副高级工程师	中专	陕西省水利学校 农田水利	大专	宝鸡市委党校 经济管理	水利工程	副高级	2022–05
凤翔区东风水库灌溉管理处	冯恩儒	男	1967–03	1988–07	副高级工程师	中专	陕西省煤炭工业学校 煤田地质勘探	大专	国家开放大学 水利水电工程	水利工程	副高级	2016–12
凤翔区东风水库灌溉管理处	张拴来	男	1970–06	1990–07	副高级工程师	中专	陕西省水利学校 农田水利	本科	中央广播电视大学 水利水电工程	水利工程	副高级	2013–12
凤翔区东风水库灌溉管理处	王　林	男	1968–05	1989–07	副高级工程师	中专	陕西省水利学校			水利工程	副高级	2020–01
凤翔区东风水库灌溉管理处	齐永凡	男	1972–09	1997–07	副高级工程师	本科	西安理工大学 水利水电动力工程			水利工程	高级	2020–10

续表

工作单位	姓名	性别	出生日期（年－月）	参加工作时间（年－月）	职务	第一学历	毕业院校及专业	最高学历	毕业院校及专业	职称系列	职称资格	取得资格时间（年－月）
凤翔区东风水库灌溉管理处	王伟莉	女	1978–05	1998–07	副高级工程师	中专	陕西经贸学院 市场营销	本科	中国农业大学函授学院 水利水电工程	水利工程	高级	2014–12
凤翔区横水河灌溉管理处	石勤卷	男	1966–03	1985–07		中专	陕西省水利学校 机电抽水	本科	中央党校 法律专业	水利水电工程	高级	2011–02
凤翔区横水河灌溉管理处	蔺红军	男	1965–01	1986–07		中专	陕西省水利学校 机电抽水	大专	国家开放大学 水利水电工程	水利水电工程	高级	2014–12
凤翔区横水河灌溉管理处	田金平	男	1975–01	1997–08	副主任	中专	陕西省水利学校 经济管理	本科	国家开放大学 水利水电工程	水利水电工程	高级	2023–04
凤翔区横水河灌溉管理处	刘　勃	男	1985–02	2010–09	副主任	本科	甘肃农业大学 农业水利工程	本科	甘肃农业大学 农业水利工程	水利水电工程	高级	2021–05
凤翔区横水河灌溉管理处	罗志勇	男	1971–04	1994–07		本科	新疆八一农学院 农田水利	本科	新疆八一农学院 农田水利	水利水电工程	高级	2011–12
凤翔区水土保持工作站	王小利	男	1968–05	1990–07	站长	本科	西北农业大学 水资源规划与利用	本科	西北农业大学 水资源规划与利用	水利工程	高级	2006–12
凤翔区水土保持工作站	杨成永	男	1972–05	1993–07		中专	陕西省水利学校 水土保持	大专	杨凌职业技术学院 水利工程	水利工程	高级	2022–05
凤翔区水资源事务中心	何维兵	男	1974–07	1996–09	副高级工程师	中专	陕西省水利学校	大专	杨凌职业技术学院	工程技术人员	高级	2022–07
凤翔区水资源事务中心	王学军	男	1974–05	1991–09	副高级工程师	中专	陕西省水利学校	中专	陕西省水利学校	工程技术人员	高级	2023–04

大事记

商

商小乙（前13世纪初），古公亶父（周太王）率领部族从豳地（今旬邑、彬州一带）迁居岐下，开垦荒地，修池灌田，发展农业。

周

公元前647年，秦援晋大批粮食，输粟于晋，自雍（秦都，今凤翔）及绛（晋都，今山西新绛），船只络绎不绝，号称“泛舟之役”。

秦

秦昭襄王（前306—前251年）的大将白起，在凤翔屯兵期间，督修白起渠。

汉

西汉武帝时（前140—前87年）开成国渠，从眉县引渭水东北流，灌溉今眉县、扶风、武功、兴平和咸阳一带农田。

三国

魏明帝青龙元年（233年），重修成国渠。

晋

西魏大统十三年（547年），在成国渠筑堰，建六斗门，以节水。

隋

开皇二年（582年）三月，尚书李询和太仆元晖督领民工开渠，引杜阳水溉田。

唐

武德八年（625年）十二月十八日，水部郎中姜行本，于陇州筑五节堰，以通航运。

咸通十三年（872年）四月，整修成国渠，并扩充水源，至此，灌溉农田达二万余顷。

明

宣德六年（1431年）五月，千河暴涨，洪水冲淹陇县庐舍学宫。

弘治年间（1488—1505年），宝鸡县修利民渠，引千水灌田。

嘉靖七年（1528年）五月，宝、凤、岐、扶、眉、千等县大旱，人相食。

嘉靖二十六年（1547年）七月十一日，千河、冯坊河暴涨，千阳旧县城被毁，知县张涵及城内居民大多溺死。

崇祯元年至六年（1628—1633年），六年连旱，凤、扶、岐、宝、眉、麟、千、陇等县，禾苗尽枯，民食树皮。

清

光绪三年（1877年），秦、晋历冬经春及夏不雨，赤地千里，泾、渭几涸。宝、扶、岐、麟、千、陇、凤县夏秋无收，死人无算。

光绪二十五年至二十七年（1899—1901年），三年连旱，宝、凤、扶、岐、眉、武、千、陇、麟等县久旱，赤地千里，死者甚重。

中华人民共和国

1949年

8—9月全市降雨约四十天，渭河、千河、金陵河皆涨水。宝、扶、眉三县受灾面积达12万亩，全市秋粮减产三分之二，伤12人，淹死12人。

1951年

8月，黄委会西北工程局查勘千河流域概况、水文和水库坝址。

1952年

黄委会提出在冯家山河段附近筑坝建库的设想。

1953年

9月，千、麟、凤翔等县阴雨四十余天，间有暴雨，山洪暴发，死亡56人，冲断千河桥。

是年，黄委会普查千河，提出在石嘴子、桂家峡、冯家山和二门峡四处建库的比较方案。黄委会将拟建的水库列入黄河流域水土保持支流水库之一。

1957年

12月17日，陇县千惠渠开工，1958年5月建成。

1958年

11月至1959年春，陕西省渭河工程局开始冯家山水库局部施工，开挖导流洞109米，此后工程停工。

1959年

5月，水利部副部长张含英同考尔涅夫、布热津斯基·赫等苏联专家学者到陕西审查宝鸡峡工程及冯家山水库工程设计。同时考察了宝鸡峡总干渠漳水倒虹和信邑沟水库大坝。

1960年

4月至7月中旬，宝鸡、岐山、扶风、千阳等县连旱110多天，夏粮减产，秋粮绝收。

是年，中共陕西省委书记赵伯平、省长赵寿山在千、陇检查工作时，视察了千阳县大沟水库。

1961年

3—7月，水电部西北勘测设计院总工程师李奎顺带领工作组，勘察千河河道、水土资源、坝址和灌区情况，进行千河流域规划。

1964 年

8 月 29 日，黄河中游水土流失重点区第三次水土保持会议决定，将陇县、千阳、麟游、宝鸡、凤翔、岐山、扶风列入黄河中游水土流失重点县。

是年，全省水利工作会议在临潼召开，厅长刘国声提议继续兴建冯家山水库工程。

1965 年

2 月，千阳县千丰渠南北干渠动工，干渠总长 27 千米。1968 年 5 月竣工，设施灌溉面积 2 万亩。

1966 年

7 月，宝鸡市千河抽水站建成。

1968 年

12 月 29 日，冯家山水库工程筹备会议召开，会议传达了宝鸡专区革委会关于建设冯家山水库工程的决定，成立了冯家山水库工程领导小组和冯家山水库工程指挥部。领导小组成员 15 名，张振山任组长，刘庸、折敬盈、叶长林任副组长。

1969 年

4 月，千阳县红卫水电站动工，10 月建成。

7 月，冯家山水库一期工程动工，1982 年 1 月 17 日正式验收，交付使用。

10 月，段家峡水库开工，至 1972 年 10 月，主体工程基本完成。

1970 年

6 月 9 日，省委第一书记、省革委会主任李瑞山主持会议，研究冯家山水库工程方案，确定拦河大坝采用土坝坝型。

7 月，冯家山水库一期工程正式开工。地区革委会常委、宝鸡专署副专员刘庸任工程指挥部总指挥，宝鸡军分区副司令员陈杰远任指挥部政委。宝鸡、凤翔、岐山和扶风 4 县组成 7 个民兵团，承担水库工程施工任务

8 月 29 日，陇县降暴雨 116.4 毫米，山洪暴发，千河猛涨，堤坝决口；宝平公路被冲毁，毁地 840 亩，毁河堤 4745 米。

10 月，段家峡水库开工，至 1972 年 10 月，主体工程基本完成。

1971 年

8 月，水电部副部长杜星垣视察冯家山水库工地。

10 月，兰州军区司令员皮定均、二十一军副军长刘建德、703 部队政委阎子庆由陇县县委书记刘增才陪同，视察段家峡水库工程。

12 月 18 日，水电部水电工程局局长朱国华、总工程师冯寅一行 7 人，到冯家山水库工地现场审批工程计划。

1972 年

3 月 28 日 6 时 50 分，冯家山水库总干渠铧角堡 1 号隧洞进口处高边坡滑塌，塌方体厚 25 米，宽 70 米，土方约 5 万立方米。正在施工的凤翔县民兵团尹家务营王堡村连二排

16 人全部遇难。

1973 年

4 月，水电部部长钱正英在省水电局局长胡棣陪同下，先后视察了宝鸡峡、冯家山水库；5 月 3 日，由省委第一书记李瑞山陪同，视察石头河水库工程；5 日，视察冯家山水库工地。5 月，由市革委会副主任韩民栋陪同，视察陇县演峪山水土流失治理情况。

6—8 月，宝鸡、凤翔、扶风、千阳、岐山和陇县等县大旱，气温高达 42 摄氏度。全年农作物受旱面积达 365 万多亩，粮食减产 3.4 亿多斤。

是年，《冯家山在建设中》电影拷贝西安电影制片厂。

10 月，冯家山总干渠万米隧洞开工。10 月，冯家山北干渠孔头沟渠库结合工程开工，1974 年 6 月建成。

1974 年

3 月 21 日，冯家山水库下闸蓄水，同年 8 月试渠灌溉。

8 月 9 日，陇县老观沟小型水库垮坝。

11 月 25 日，冯家山水库总干渠瓦子沟填方决口，工程指挥部代总指挥党仲昆等赴现场检查时，不幸牺牲。

是年，冯家山水库万米隧洞出口抽水站开工，1978 年 5 月竣工。

1975 年

3 月，冯家山水库北干渠第四抽水站开工，1979 年 12 月建成主体工程。是年，冯家山水库西干渠抽水站始建。

6 月，以冯家山水库工程建设为基本素材，由工程建设指挥部组织集体创作的短篇小说集《高峡平湖》由陕西人民出版社出版，全书 20 余万字。

9 月 10 日，宝鸡市水保站和岐山县水保站，在蒲村乡杨家沟进行定向爆破、水枪冲土造田试验。

1976 年

7 月 16 日，岐山、扶风、武功、千阳、陇县和麟游等县的 32 个公社、137 个大队遭大风、暴雨、冰雹袭击，受灾面积 18.4 万亩，秋田减产。

1978 年

3 月，宝鸡市冯家山水库工程指挥部的水工隧洞及大跨度地下洞室光爆锚喷支护和衬砌技术科研成果受到全国科学大会嘉奖。

7 月，宝鸡县冯家沟，千阳县洞子沟、冉家沟、刘家沟四座小型水库相继垮坝。

10 月，陇县千河人饮站建成。

1980 年

9 月 25 日至 10 月 16 日，水电部水电科学院等 8 个单位分三次进行冯家山水库溢洪洞高速水流通气减蚀原型观测试验，最大放水流量 553 立方米每秒。

1982 年

1 月 14—17 日，冯家山水库一期工程竣工验收会议召开。陕西省计划委员会、建委、财政局、建设银行、水电局等省、市20多个单位组成验收组，对冯家山一期工程进行正式验收。验收鉴定认为，工程符合验收标准，自1982年1月17日移交冯家山水库灌溉管理局使用。

1984年

10月，在全省户包小流域治理经验交流大会上，太白县嘴头镇彭尚义、陇县城关镇叶伯成和千阳县沙家坳乡巨兴无被评为户包治理小流域先进户，各荣获奖状一面、奖金200元。

1985年

11月3日，千阳县崔家头乡段家塬村阎家阴坡发生滑坡，滑坡体长580米、宽360米、高差100米，约420万立方米，造成3人死亡、1人受伤，损坏农田320多亩。

1986年

5月9—10日，第七次灌区管委会会议在冯家山水库管理局召开，确定管理局负责干渠、支渠和枢纽工程管理，县、乡负责抽水站和抽水灌区渠系工程，以及自流灌区支渠以下的田间渠系工程管理，会议决定取消固定水费，采用以实灌面积按亩计收水费的办法。5月20日，市政府颁发《冯家山水库灌区供水收费办法》，批转各县执行。

1989年

12月初，省长侯宗宾在宝鸡市市长李均、市水利水保局局长冯忠贤陪同下视察冯家山水库。12月12日，省政府在宝鸡市召开第44次省长办公会议，决定从1990年起，用5年时间实施冯家山水库灌区挖潜配套项目。

1990年

9月28日，中央顾问委员会委员、原省委第一书记、省革委会主任李瑞山，省人大常委会副主任韦明海在宝鸡市委书记纪鸿尚、宝鸡市人大常委会主任刘锦儒等陪同下视察冯家山水库。

1991年

4月9日，全国政协副主席钱正英在副省长王双锡和省水利厅厅长刘枢机的陪同下，听取了宝鸡市水利建设汇报，并视察了冯家山水库管理局。

1992年

3月，千阳县南寨集中供水工程开工，工程总投资220万元，以大沟水库为水源，解决千阳县南寨旱塬2.5万人的生活用水问题，自来水入户率90%。翌年10月工程建成运行。

5月12日，能源部部长黄毅忱在省政府特邀顾问张斌和宝鸡市委书记纪鸿尚等陪同下，考察冯家山水库。

1993年

6月23日，千阳、陇县、麟游、凤翔、凤县、太白和宝鸡县西部山区发生历史罕见的冰雹、大风、暴雨。降雹20 ~ 30分钟，冰雹大如鸡蛋，小如玉米粒，降雹过程伴有8级左右的大风和暴雨。

1995年

4月19日，加拿大政府丁·萨卜汉等一行7人在国家经贸部、水利部、省水利厅等人员陪同下，到冯家山水库考察评估大坝安全监测项目。

10 月 15 日，“引冯济羊”工程开工建设。

10 月至 12 月中旬，省长程安东先后视察了冯家山水库和宝鸡峡渠首等水利工程。

1996 年

1 月 3—5 日，陕西省人大代表宝鸡视察组一行到陇县、千阳县、凤翔县农村视察。先后视察了陇县段家峡水库加坝工程、千阳县冯坊河引水工程和凤翔县董家河乡水利建设工程等。

6 月 26 日，冯家山水库向宝鸡市区供水工程奠基仪式在凤翔县长青镇举行。

1997 年

3 月，冯家山水库向宝鸡二电厂供水工程动工。1998 年 5 月 20 日，工程试通水，9 月 1 日正式供水。

9 月，冯家山水库银鱼养殖获得成功，在全省属首例。

1998 年

6 月 16 日，冯家山水库向宝鸡市区供水工程试运行。2000 年 6 月 19 日，工程正式建成供水。

7 月 17—19 日，水利部副部长朱登铨一行在省水利厅领导和副市长王宏的陪同下，到千阳、陇县、凤县等县（区）和冯家山水库进行为期 3 天的检查。

9 月 17 日，省长程安东、副省长贾治邦等一行，在宝鸡市委领导陪同下，视察了冯家山水库取水工程。

11 月 19—20 日，副省长王寿森一行在副市长王宏陪同下先后检查了眉县、宝鸡、千阳、陇县、凤翔县的农田水利基本建设工程。

1999 年

3 月 26 日，千阳县冯坊河引水工程开工，2003 年 5 月 26 日竣工。

5 月 17 日，省政府审定公布陕西省千湖风景名胜区为第四批省级风景名胜区。

12 月 3 日，由冯家山水库管理局参与完成的“陕西省大中型水域银鱼移植增殖技术推广”项目获陕西省农业科技成果推广一等奖。

2000 年

5 月 15—17 日，经水利部授权，以黄委会副总工程师成健为主任委员的 17 位专家，审查了冯家山水库除险加固工程可行性研究报告。

2001 年

6 月 4 日，冯家山水库灌区第一个农民用水者协会——北干十一文下段农民用水者协会成立。

6—8 月，冯家山水库鱼场引进史氏鲟鱼养殖成场。

2002 年

12 月，冯家山水库大坝加高培厚及坝区道路改造工程开工，2003 年 6 月 18 日，坝体加高培厚达到 716 米设计高程。

2003年

冯家山北干渠凤鸣沟渡槽防渗加固和专用防汛道路改建等15项工程相继开工。

2004年

3月29日，省政府批准成立陕西陇县秦岭细鳞鲑省级自然保护区。2006年9月8日，"陇县秦岭细鳞鲑省级自然保护区管理处"挂牌成立。

2005年

7月，市水利学会水土保持专业委员会邀请澳大利亚昆士兰大学水土保持专家罗斯教授、澳籍华人孙西铭博士，到宝鸡进行水土保持技术指导和学术交流，考察了凤翔、陇县、千阳等地小流域水土保持生态建设工作，在市水保站苗圃就苗木花木的生产进行了现场指导。

2006年

12月，冯家山关中灌区改造工程世界银行贷款项目受到省政府嘉奖，被世界银行评为"非常满意"项目。

2007年

6月18日，选编全市水利系统公开发表和受省市奖励的科技论文和文稿的系列文集之一——《宝鸡水利论策》（卷一）由陕西人民出版社出版发行，共选编文稿82篇，49万字。截至2011年10月，选编出版《宝鸡水利论策》共5卷，选编文稿458篇，共249万字。

9月29日，由市政府主办、市水利局承办，以"水与宝鸡实现三个率先"为主题的首届"宝鸡水论坛"开讲。中国工程院院士李佩成等专家为宝鸡水利建设建言献策，论坛共收到学术论文56篇。

12月5日，地处冯家山水库上游的千阳县、陇县污水处理厂竣工投入试运行。

2008年

5月12日14时28分，四川省汶川县发生8级特大地震。宝鸡市市区和各县（区）震感较强。灾情发生后，市委、市政府立即成立应急指挥中心，启动三级应急预案，召开紧急会议，对全市抗震救灾工作作出全面部署。

6月4日，水利部副部长周英到渭滨区、岐山县检查灾后人畜饮水和防洪工程安全度汛情况。

7月3日，水利部下发《关于表彰全国水利抗震救灾先进集体和先进个人的决定》（第二批），授予市水利局局长常崇信"全国水利抗震救灾先进个人"荣誉称号。

12月4日，陇县秦岭细鳞鲑保护区申报国家级自然保护区工作在北京通过专家评审。

是年，宝鸡水利职工编写的首部优秀散文作品集——《在水一方》由陕西人民出版社编辑出版，全书107篇，40万字，水利部部长陈雷作序。截至2011年7月，共选编出版其姊妹篇《在水之湄》《在水之涘》和《在水之央》共四集，共选编散文424篇，计160万字。

2009 年

记述宝鸡市 62 条江河和 76 座水库的《宝鸡江河水库大典》由陕西人民出版社出版，6 月 16 日举行首发式，全书设 109 个条目，共 35 万字。

《冯家山的激情岁月》一书由陕西出版集团和太白文艺出版社出版发行，作家李三虎同志用 36 万字，历史照片 140 余幅，反映了千河流域治山治水、可歌可泣的动人伟业。

8 月 6 日，市水利局局长常崇信、市防汛抗旱指挥部办公室主任刘昌炳乘坐“运五”飞机，拍摄宝鸡江河和水利工程，共获 2000 多张照片。

2010 年

5 月中旬，由陇县秦岭细鳞鲑自然保护区和长江水产研究所合作研究的秦岭细鳞鲑人工孵化取得成功。这项研究成果填补了全国秦岭细鳞鲑人工孵化的空白。

6 月 28 日，市政府第十一次常务会议审议通过了《宝鸡市水权转换管理暂行办法》，并以 66 号市长令颁布。

7 月 23 日，受强降雨影响，千河来水量猛增，中午 12 时 30 分，千河流量达到 1240 立方米每秒，为冯家山水库建库 36 年来的最大值。市防汛抗旱指挥部紧急启动千河防汛抢险预案。当日下午，宝鸡市委书记唐俊昌带领水利等部门负责人到千渭之汇堤防及王家崖水库检查指导防汛工作。

8 月 26 日，市水利局举行《汶川特大地震陕西宝鸡水利抗震救灾志》首发式。该志书共 11 章 51 节，总计 31 万字，由西北农林科技大学出版社编辑出版。

8 月 28 日，市水利局局长常崇信等带领市水利系统慰问团，带着救灾用品，赶赴甘肃省舟曲县，慰问受灾干部群众。在舟曲向正在现场指挥抢险救灾的国家防总副总指挥、水利部部长陈雷汇报了宝鸡水利抗震救灾工作。9 月 1 日，甘肃省水利厅向宝鸡市水利局发来感谢信，对宝鸡市水利局给予舟曲灾区的帮助和支援表示感谢。

9 月 13 日，市政府常务会议审定陕西省首部农村供水管理办法——《宝鸡市农村供水管理办法》，9 月 15 日《宝鸡日报》全文刊登，在全社会征求意见，10 月 1 日颁布实施，这是陕西省首部地市级农村供水管理办法。

2011 年

2 月 1 日，市委、市政府在渭河北岸虢镇大桥举行渭河宝鸡段综合治理开工动员大会，市委书记唐俊昌宣布开工，市长戴征社动员讲话。

2 月，原中共中央政治局委员、国务院副总理邹家华题写抗洪纪念碑碑文，宝鸡 1954.8.17 纪念碑在宝鸡福林堡渭河北岸儿童公园南落成，国家防办副主任张旭及宝鸡党政军领导出席落成典礼。

3 月，《千湖情韵》散文集出版，作者为常崇信、陈文让，由陕西人民出版社出版。

3 月，《水润宝鸡》画册出版，主编为常崇信，由西北农林科技大学出版社出版。

4 月 14—19 日，宝鸡市政府发出《关于进一步加快水利改革发展若干政策的建议》[宝发〔2011〕（7）号]。

5 月 16 日，市农村饮水工程保险集中签约，中华联合财保公司宝鸡分公司与部分县水利局签约。

2012 年

2 月 7 日，《宝鸡河流考略》首发仪式。

5 月 31 日，68210 部队援建治渭工程交接暨千渭之会授牌仪式。

8 月 16 日，省委书记赵乐际视察宝鸡水利工作。

11 月 14 日，渭河百万尾鱼苗增殖放流仪式举行。

2013 年

7 月 2 日，全市 83 个乡镇降水量大于 50 毫米，其中 10 个乡镇大于 100 毫米，渭河甘肃上游降水量大于 108.5 毫米，千河、石头河、清姜河等多条河流出现洪峰，渭河宝鸡峡林家村入库流量 2660 米每秒，为近 30 年最大洪水。暴雨洪水导致约 72 万人受灾，86 座桥梁受损，1743 间房屋受损，2.69 万亩秋田作物倒伏受淹。

10 月 31 日，水利部对宝鸡市第三批全国节水型社会建设试点进行终期验收。

12 月 2 日，宝鸡市政府印发《宝鸡市人民政府关于实施最严格水资源管理制度的实施意见》。

2014 年

5 月 4 日，“石头河引水工程”正式通水。

7 月 28 日，宝鸡市防洪抗旱Ⅱ级应急响应，8 月 4 日，全市累计灌溉面积 109.1 万亩，解决 4.3 万人引水困难问题，灌溉树木 2000 多万株。

2015 年

6 月 4 日，陕西省省长娄勤俭冒雨检查渭河流域综合治理的百里画廊——千渭之会湿地公园。

10 月 20 日，全国人大常委会委员环资委副主任黄献中，带领调研组就贯彻《中华人民共和国水土保持法》进行调研。

11 月 30 日，国家防汛抗旱督查专员祖雷鸣调研渭河水域岸线等水生态空间确权试点工作。

2016 年

12 月 1 日，水利部水保司巡视员张学俭带领水利部专家组对代家湾水保科技示范园进行了评定验收。

2017 年

6 月 5 日 8 时，石头河出现 2017 年首次洪峰，全市 4 条河流水位上涨。

6 月 3 日，宝鸡市出现入汛以来第一次大范围降水，截至 5 日 8 时，渭河川道地区累计降水 51 ~ 120 毫米，石头河超警戒流量。

9 月 21 日，黄委水资源保护局郝伏勤总工带领调研组一行 13 人，对宝鸡市渭河干流水资源保护工作进行调研。

2018 年

7 月 4 日，黄委水政局调查检查河湖水政执法情况。

12 月 6 日，水利部水利院水资源所副总工唐克旺和水利部水科院高工崔亚峰，对宝鸡市地下水超采治理进行检查督导。

2019 年

1 月 21 日，北京召开第五届生态年会，陇县荣获“中国生态旅游县”荣誉称号。

6 月 7 日，在固关镇举行“陇县细鳞鲑增殖放流暨细鳞鲑保护者”聘任仪式。

6 月 12 日，陕西省委书记胡和平在千阳县、陇县调研。

2020 年

10 月 16 日，农业农村部彭开亮组长对宝鸡市全国渔业窗口单位创建工作进行评审。

11 月 16—17 日，全国节水型社会建设项目科研成果——《宝鸡市冯家山水库水量分配方案》通过水利部专家评审。

12 月 2 日，宝鸡市渔政管理站被农业农村部授予 2020 年全国渔业文明窗口单位。

中共中央、国务院，在兰州举行全国防汛抗旱暨舟曲抢险救灾总结表彰大会，宝鸡市抗旱防汛指挥部办公室被授予“全国抗旱防汛先进单位”荣誉称号。

《宝鸡水利论策卷四》出版发行。

2021 年

《叩问宝鸡山水》2021 年 5 月由中国文化出版社出版发行，作者常崇信、常春。

附　录

一、地方性法规

宝鸡市水权转换管理暂行办法

（市政府66号令发布）

第一章　总　则

第一条　为优化配置、高效利用水资源，规范我市水权转换行为，保障我市经济社会可持续发展，根据《中华人民共和国水法》、国务院《取水许可和水资源费征收管理条例》、水利部《关于水权转让的若干意见》和水利部黄河水利委员会《黄河水权转换管理实施办法（试行）》，结合我市水资源开发利用、管理与调度实际，制定本办法。

第二条　本办法所称水权是指在水资源属国家所有的前提下，用水单位或个人获得的水使用权。

第三条　国家对水资源实行取水许可制度和有偿使用制度。直接取用宝鸡市域内地表水和地下水的用水单位或个人，依法向具有管辖权的市、县（区）水行政主管部门申请取水许可证，并交纳水资源费，获得水使用权。

农村集体经济组织修建、管理的水库、水塘中，该农村集体经济组织拥有初始水权。

第四条　任何单位和个人依法取得的水使用权受法律保护，并可依法进行转换。

水权转换是指拥有初始水权的单位或个人向其他用水人让渡水使用权的一种行为。

水权转换一般应当在本市行政区划范围内进行。

第五条　水权转换应遵循以下原则：

（一）以人为本，坚持人与自然的协调与和谐，共同发展的原则。

（二）保障社会稳定和粮食安全的原则。

（三）水权转换应在初始水权明晰的基础上进行的原则。

（四）公平与效率兼顾，公平优先的原则。

（五）坚持政府预留水量的原则。

第六条　有下列情形之一的，不得进行水权转换：

（一）人的基本生活需求水量不得转换。

（二）地下水限采区的地下水用水人不得进行水权转换。

（三）对生态环境分配的水权不得进行转换。

（四）对公共利益、生态环境或第三者利益可能造成重大影响的水权不得转换。

（五）不得向国家限制发展产业的用水人进行水权转换。

第七条 水权转换出让方必须是拥有初始水权并在一定期限内有节余水量，或者通过工程节水措施取得节余水量的用水单位或个人。

水权转换应按有关规定，在水权转换一级市场进行，即初始水权所有者和用水户之间的初次水权交易。

第八条 市、县（区）水行政主管部门是水权转换的监督管理部门。

水权转换审批权限按照《陕西省取水许可制度实施细则》的规定，由市、县（区）水行政主管部门分级限额审批。

第二章 初始水权的确定

第九条 初始水权是指单位或个人在自然状况下已经拥有的水使用权，或经人工建设、改造的水利工程，根据建成时人口、土地、投入等当时获得的水使用权。初始水权具有原生态性和最初拥有性。

第十条 初始水权的分配应坚持以下原则：

（一）首先考虑生活用水，其次是发展用水，再次是生态用水。按确保用水、基本情景用水、高情景用水的位序界定的原则。

（二）尊重现状用水，同时考虑历史用水习惯和社会经济未来发展的原则。

（三）经批准的水利工程受益区、供水工程供水区内的所有受益户、自然河流流域内的居民用水优先的原则。

（四）当缺水时，所有同类型用水单位和个人，以同比例削减用水量的原则。

第十一条 确定初始水权应由用水单位或个人依法向水行政主管部门提出取水许可申请，提交取水许可申请书和有关部门出具的用水证明及其他材料。

市、县（区）水行政主管部门对符合规定的申请，按各自权限批准初始水权。

第三章 水权转换的程序

第十二条 水权转换双方应当编制水权转换可行性研究报告。水权转换可行性研究报告应包括以下内容：

（一）水权转换的必要性和可行性。

（二）受让方用水需求（含用水量、用水定额、水质要求和用水过程）及合理性分析。

（三）出让方现状用水量、用水定额、用水合理性及节水潜力分析。

（四）出让方为农业用水的，应提出灌区节水工程规划，分析节水量及可转换水量；

出让方为工业用水的，应分析水平衡测试和工业用水重复利用率，提出节水减污技术改造措施和工艺，分析节水量及可转换水量。

（五）转换期限及转换费用。

（六）水权转换对第三方及周边水环境的影响与补偿措施。

（七）用水管理与用水监测。

（八）节水改造工程的建设与运行管理。

（九）有关协议及承诺文件。

水权转换可行性研究报告应由持有工程设计（水利行业）和水文水资源调查评价乙级以上资质证书的单位编制。

第十三条 水权转换双方必须签署水权转换协议。

水权转换协议应包括出让方和受让方名称、转换水量、期限、费用及支付方式、双方的权利与义务、违约责任、双方法人代表或主要负责人签名、双方签章及其他需要说明的事项。

第十四条 水权转换双方需共同向具有管辖权的水行政主管部门提出水权转换申请，并附具以下材料：

（一）取水许可证原件及复印件。

（二）水权转换双方签订的水权转换协议。

（三）经批准的建设项目水资源论证报告书。

（四）经批准的水权转换可行性研究报告。

（五）其他与水权转换有关的文件或资料。

建设项目水资源论证报告书按水利部、原国家计委《建设项目水资源论证管理办法》和水利部《水文水资源调查评价资质和建设项目水资源论证资质管理办法（试行）》的要求进行编制。

第十五条 具有管辖权的水行政主管部门审查是否批准水权转换。

水行政主管部门自接到水权转换双方提交的水权转换申请和有关材料之日起十五个工作日内完成审查，出具书面审查意见，符合条件的予以批复。

报告书修改和现场勘查所需时间不计算在审查批复时限之内。

第十六条 水行政主管部门应对水权转换的材料进行全面审核，出现下列情形之一的，不予受理：

（一）受让水权建设项目不符合国家产业政策的。

（二）提交材料存在虚假情况的。

（三）申请材料不齐全，并在二十个工作日内未补正的。

（四）其他不应受理的情形。

第十七条 水权转换申请由具有管辖权的水行政主管部门审批后，报上级水行政主管部门备案。

第十八条 水权转换申请经审查批准后，转换双方须制定水权转换实施方案，报水行政主管部门备案。

第四章 水权转换费用

第十九条 水权转换费用包括治水成本和合理收益。通过工程节水措施转让水权的，转换费用包括：

（一）节水工程建设费用，包括节水主体工程、配套工程、量水设施等新增费用。

（二）节水工程和量水设施的运行维护费用（岁修及日常维护费用）。

（三）节水工程的更新改造费用（当节水工程的设计使用期限短于水权转让期限时所增加的费用）。

（四）因提高供水保证率而增加耗水量的补偿。

（五）必要的经济利益补偿和生态补偿等。

第二十条 水权转换费首先保证节水工程建设使用，合理收益部分归初始水权的所有人所有，由水行政主管部门代收代管。

水权转换费管理使用办法由水行政主管部门另行制定。

第二十一条 水权转换期限要兼顾水权转换双方的利益，综合考虑节水主体工程使用年限和受让方主体工程更新改造的年限，以及本区域内水资源配置的变化，水权转换期限最长可为 25 年，但不得超过出让方取水权许可年限。

水权转换期满，受让方需继续取水的，应重新办理水权转让手续。受让方不再取水的，水权返还出让方，水行政主管部门可依据实际情况重新调整出让方取水许可水量。

第五章 水权转换的组织实施和监督管理

第二十二条 水行政主管部门应会同有关部门负责水权转换节水工程的设计审查，监督节水工程的招投标和建设、验收。

第二十三条 水工程管理单位应依法组建水权转换工程建设项目法人，实施节水工程建设。鼓励对通过工程节水措施或其他节水措施节余的水量依法进行水权转换。

第二十四条 水权转换双方应在节水工程验收合格后方可申请办理取水许可证或调整取水许可水量指标的手续，出让方变更取水许可水量，受让方领取取水许可证，水权转换方可生效。

在水权转换有效期内，受让方不得擅自改变取水用途。

第二十五条 水权转换正式生效后，水权转换双方的用水管理按照国务院《取水许可和水资源费征收管理条例》和水利部《取水许可管理办法》的有关规定执行。

第二十六条 实施水权转换的水权受让方，必须严格执行流域水量调度指令，确保流域水量调度要求。

第二十七条 各级水行政主管部门应建立和规范水权转换秩序，加强政府监管，鼓励社会广泛参与和监督，防止造成市场垄断，切实保障当事人及第三方合法权益。

第二十八条 水行政主管部门和相关单位应当适时建立水资源实时监控、资源优化配置、节水信息管理系统，完善取、用水信息统计和报告制度。

第六章 法律责任

第二十九条 水权转换申请经批准后两年内水权转换节水工程未开工建设的，或不需修建节水工程而两年内未实现水权转换的，水行政主管部门可暂停或取消该水权转换项目。

第三十条 对于已经生效的水权转换行为，水权转换双方违反取水许可管理规定的，按照《中华人民共和国水法》和国务院《取水许可和水资源费征收管理条例》的有关规定进行处罚。

第三十一条 任何单位或个人未经批准擅自进行水权转换的，该水权转换项目无效，并在当年用水计划中不予分配用水指标。

第七章 附 则

第三十二条 本办法自 2010 年 8 月 1 日起施行。

宝鸡市冯家山水库水权转换暂行办法

（2010 年 8 月 10 日宝鸡市水利局宝市水办发〔2010〕458 号文印发）

第一章 总 则

第一条 为了进一步优化配置、高效利用水资源，提高冯家山水库水资源的利用效率，根据《宝鸡市水权转换管理暂行办法》（宝鸡市人民政府令第 66 号），结合冯家山水库供水实际，制定本办法。

第二条 本办法所称水权是指各用水单位所拥有的对冯家山水库水资源的使用权。冯家山水库管理局拥有冯家山水库初始水权，属一级水权单位。冯家山水库现有各用水单位拥有一定量的使用权，是冯家山水库的二级水权单位。

第三条 本办法所称水权转换是指冯家山水库管理局和用水户之间的初次水权交易。

第四条 新建用水项目、用水扩容项目必须通过水权转换取得水资源的使用权。新建项目、扩容项目建设单位为水权受让单位。冯家山水库管理局为水权出让单位。

第五条 冯家山水库水权转换和二级水权分配充分考虑宝鸡市经济社会持续发展对冯家山水库水资源的需要制定，立足当前，着眼长远，使冯家山水库水资源得到持续保护、开发和有效利用。

第二章　二级水权分配

第六条　冯家山水库的初始水权总量，按平水年有效调蓄量确定，其总量为 22000 万立方米。

第七条　冯家山水库二级水权按城市生活、农业灌溉、工业用水、生态用水、水库调度五部分进行分配。

第八条　冯家山水库现有二级水权区：扶风县、岐山县、凤翔县、陈仓区西省宝鸡第二发电有限责任公司。

第九条　冯家山水库二级水权分配办法如下：金台区、眉县、乾县、永寿县，陕西。

（一）农业灌溉水权量根据各县（区）设施面积、近 10 年实际灌溉用水量等因素确定。具体为自流灌区水权占农业总水权的 80%，抽水灌区占 40%，分配到各县（区）时自流灌区按设施面积占 70%、实际灌溉用水量占 30% 进行分配，抽水灌区全部按设施面积进行分配。

（二）宝鸡市自来水公司、陕西省宝鸡第二发电有限责任公司水权量按近 3 年实际年平均用水量确定。

（三）生态用水和水库调度用水包括流域生态平衡需求用水、水库泄洪排沙、库区水量蒸发和应急机动用水，其水权分配根据水库运行、下游河道生态保护需要和有关规定综合确定。

（四）各二级水权单位拥有的水权量当年有效，不结转使用。

（五）非农业供水项目年度内实际用水量低于所占用的水权量时，其未使用的水权量应向冯家山水库管理局支付占用费，标准为水费的 30%。

第十条　各二级水权单位水权量按平水年和近十年水库来水量进行分配，分配结果见附表。如遇枯水年份，各二级水权单位分配水权量根据当年实际来水量调整。

第三章　水权转换程序

第十一条　冯家山水库水权转换原则遵循宝鸡市人民政府令第 66 号第五条规定，同时应满足水库正常排沙用水的原则。

第十二条　冯家山水库水权转换按照以下程序进行：

（一）水权受让单位向冯家山水库管理局提出用水申请。

（二）冯家山水库管理局委托有资质的设计单位编制水权转换可行性研究报告并上报市水行政主管部门。

（三）冯家山水库管理局与水权受让单位须共同向市水行政主管部门提出水权转换申请，并附具以下材料。

（1）冯家山水库管理局取水许可证原件及复印件。

（2）经批准的建设项目水资源论证报告书。

（3）经批准的水权转换可行性研究报告。

（4）其他与水权转换有关的文件或资料。

（四）水权受让单位向冯家山水库管理局支付水权转换前期工作费用。

（五）特殊情况需转换机动用水的，应按用水类型缴纳转换费用，取得水使用权。

（六）由市水行政主管部门主持水权受让单位与冯家山水库管理局签订水权转换协议书，明确转换水量、期限、金额及支付方式、双方权利与义务、违约责任等。

（七）由冯家山水库管理局依法组建水权转换工程建设项目法人。

（八）由冯家山水库管理局委托有资质的设计单位进行水权转换工程设计，编制概算报告。

（九）水权受让单位向市水行政主管部门支付全部水权转换工程资金。

（十）水权转换工程组织实施。

（十一）工程完工后，水权转换完成。

第十三条　水权转换可行性研究报告应包括以下内容：

（一）水权转换的必要性和可行性。

（二）受让单位用水需求（含用水量、用水定额、水质要求和用水过程）及合理性分析。

（三）冯家山水库现状用水量、用水定额、用水合理性及节水潜力分析。

（四）农灌区节水工程规划、节水量及可转换水量。

（五）转换期限及转换费用。

（六）水权转换对第三方及周边水环境的影响与补偿措施。

（七）用水管理与用水监测。

（八）节水改造工程的建设与运行管理。

（九）有关协议及承诺文件。

第四章　水权转换费用

第十四条　水权转换费用包括治水成本和合理收益。通过工程节水措施转让水权的，转换费用包括：

（一）节水工程建设费用，包括节水主体工程、配套工程、量水设施等新增费用。

（二）节水工程和量水设施的运行维护费用（岁修及日常维护费用）。

（三）节水工程的更新改造费用（当节水工程的设计使用期限短于水权转让期限时所增加的费用）。

（四）因提高供水保证率而增加耗水量的补偿。

（五）必要的经济利益补偿和生态补偿等。

第十五条　节水工程和量水设施的运行维护费用在水权转换有效期内，每年按建设资金的 2% 计提。

第十六条　水权转换费用由水权受让单位上缴市水行政主管部门专账。

第十七条　水权转换期限要综合考虑节水主体工程使用年限和受让单位主体工程更新改造年限，以及冯家山水库灌区水资源配置变化，水权转换期限最长为 25 年。

水权转换期满，受让单位需继续取水的，应重新办理水权转换手续。

第十八条 非农业用水单位不再用水时，冯家山水库管理局收回水权。

第五章 水权转换工程的组织实施与监督管理

第十九条 水权转换工程由冯家山水库管理局组织实施。工程实施应严格按照国家基本建设程序进行，实行项目法人制、招标投标制、建设监理制和合同管理制。

第二十条 水权转换工程完成后，按转换水量重新核准水权转换工程项目区所属二级水权单位水权量。

第二十一条 水权转换双方的用水管理按照国务院《取水许可和水资源费征收管理条例》和水利部《取水许可管理办法》的有关规定执行。

第二十二条 水权受让单位必须严格执行冯家山水库管理局水量调度指令。

第二十三条 水权转换由市水行政主管部门监督管理。

第二十四条 在水权转换有效期内，水权受让单位不得擅自改变取水用途，否则不予办理取水许可年检，直至吊销取水许可证。

第二十五条 水权转换协议生效后，不按时缴纳水权转换工程相关费用的，可暂停或取消该水权转换申请项目。

第六章 附 则

第二十六条 本办法自二〇一〇年八月十日起施行。

宝鸡市水权转换实施细则

（终稿）

第一章 总 则

第一条 为了规范全市水权转换行为，提高水资源使用效率和效益，保障水资源可持续利用，根据《中华人民共和国水法》、国务院《取水许可和水资源费征收管理条例》、水利部《关于水权转让的若干意见》和水利部黄河水利委员会《黄河水权转换管理实施办法（试行）》，以及《宝鸡市水权转换管理暂行办法》，制定本实施细则。

第二条 在本市辖区内实施水权转换的单位和个人，必须遵守本细则。

第三条 市、县（区）水行政主管部门负责对水权转换工作进行审查、审批和监督管理。

第二章 申请程序

第四条 新建、改建、扩建的建设项目需通过水权转换获得取水量的，必须按照本细则的规定，由水权转换双方共同向具有管辖权的水行政主管部门提出水权转换申请。

第五条 水权转换申请应附具以下材料：

（一）受让方的建设项目立项批准文件。

（二）出让方的取水许可证原件及复印件。

（三）水权转换双方签订的水权转换意向协议。

（四）受让方经批准的建设项目水资源论证报告书。

（五）出让方经批准的水权转换可行性研究报告。

（六）水权转换行为涉及第三方利益时，第三方的同意材料或补偿协议书。

第六条 建设项目水资源论证报告书按水利部、原国家计委《建设项目水资源论证管理办法》和水利部《水文水资源调查评价资质和建设项目水资源论证资质管理办法（试行）》的要求进行编制，并按照水利部《建设项目水资源论证报告书审查工作管理规定（试行）》进行审查。

第七条 水权转换可行性研究报告应包括以下内容：

（一）水权转换的必要性和可行性。

（二）受让方用水需求（含用水量、用水定额、水质要求和用水过程）及合理性分析。

（三）出让方现状用水量、用水定额、用水合理性及节水潜力分析。

（四）出让方应提出灌区节水工程规划，分析节水量及可转换水量。

（五）转换期限及转换费用。

（六）水权转换对第三方及周边水环境的影响与补偿措施。

（七）用水管理与用水监测。

（八）节水改造工程的建设与运行管理。

（九）有关协议及承诺文件。

第八条 水行政主管部门收到水权转换申请后，经审查有下列情形之一的，应在15日内通知申请人补正：

（一）申请书内容填注不明的。

（二）提交的文件不完备或不符合要求的。

申请人接到补正通知后，应于接到补正通知之日起20个工作日内补正，逾期不补正的，其水权转换申请无效。

第九条 水行政主管部门收到水权转换双方提出的申请后，应当通过资料审核，回复是否受理。

第三章 审查与批准

第十条 水行政主管部门对水权转换申请从以下方面进行审查：

（一）受让方的建设项目是否符合国家产业政策。

（二）提交材料是否存在虚假情况。

（三）出让方初始水权是否合法。

（四）水权转换是否符合应遵循的原则。

（五）是否有不得进行水权转换的情形。

（六）转换水量是否有保证。

第十一条 水权转换项目涉及第三方利益的，水行政主管部门应当在收到水权转换申请之日起 7 日内向社会公告。第三方对水权转换申请有异议的，应当在公告后 10 日内向公告机关提出。

水权转换项目涉及社会公共利益的，水行政主管部门应当向社会公告，并举行听证。

公告的地点和方式应当便于利害关系人知晓。

第十二条 水行政主管部门应在自收到水权转换申请或者补正水权转换申请之日起 15 个工作日内决定批准或者不批准。

对水权转换申请批准或不予批准的，水行政主管部门都应将审批决定书面通知申请人。

第十三条 水权转换申请批准后，由水行政主管部门负责组织水权受让方与水权出让方签订水权转换用水协议书，明确转换水量、期限、转换费用及支付方式、双方权利与义务、违约责任等。

第十四条 水权转换申请由具有管辖权的水行政主管部门审批后，报上级水行政主管部门备案。

第十五条 水权转换申请经审查批准后，转换双方须制定水权转换实施方案，报水行政主管部门备案。

第十六条 水权转换申请经批准后 2 年内水权转换双方未签订转换协议、未缴纳有关费用、节水工程未开工建设的，或不需修建节水工程而 2 年内未实现水权转换的，水行政主管部门可暂停或取消该水权转换项目。

第四章 费用管理与使用

第十七条 水权转换费用包括治水成本和合理收益。通过工程节水措施转让水权的，转换费用包括：

（一）节水工程建设费用，包括节水主体工程、配套工程、量水设施等新增费用。

（二）节水工程和量水设施的运行维护费用（岁修及日常维护费用）。

（三）节水工程的更新改造费用（当节水工程的设计使用期限短于水权转让期限时所增加的费用）。

（四）因提高供水保证率而增加耗水量的补偿。

（五）必要的经济利益补偿和生态补偿等。

第十八条 水权转换双方签订水权转换用水协议书后，受让方应当在 10 日内一次性支付除运行维护费外的水权转换费。

第十九条 水权转换工程竣工后，受让方一次性支付 5 年的运行维护费，5 年后再一次性支付第二个 5 年的运行维护费，按此办法以此类推。

第二十条　水权受让方应在规定期限内交清相关费用，未交清的，视为自动放弃水权。

第二十一条　水行政主管部门设立水权转换资金专户，实行专户储存、专账核算，专款专用。

水权转换费由受让方上缴水行政主管部门水权转换资金专用账户，由水行政主管部门代收代管，监督使用。

第二十二条　水权转换费主要用于节水工程建设、更新改造和运行维护管理，以及与水权转换有关的经济利益补偿和生态补偿等。

第二十三条　水权转换费的使用由水权转换工程建设单位提出申请，由水行政主管部门按照工程合同、施工进度拨付。

第五章　工程建设与管理

第二十四条　水权转换申请经批准后方可建设水权转换节水工程和取水工程。

第二十五条　水权转换节水工程要严格按照国家基本建设程序，实行项目法人制、招标投标制、建设监理制和合同管理制。

第二十六条　水权转换节水工程竣工后，由建设单位申请水行政主管部门组织验收。水行政主管部门参照水利部《水利水电建设工程验收规程》进行验收。

第二十七条　取水工程竣工验收合格后，受让方在取得水行政主管部门发放的取水许可证后方可取水。

第二十八条　受让方取得取水权后，出让方应当按照水行政主管部门的水权转换批准意见和水权转换协议书的规定向受让方供水，并保证水量和水质。

第二十九条　水权转换有效期满后，水权转换批准文件和转换协议书自行失效。需要延长取水期限的，应当在水权转换期满前 90 日内到原审批机关重新办理水权转换手续。

第三十条　水权转换受让方如需变更取水用途、水量和方式，应经原审批机关批准。

第三十一条　水权转换受让方应当装置取水计量设施，接受水行政主管部门的取水检查，按照规定填报取水报表，如实提供取水量测定数据等有关资料。

第三十二条　水权转换受让方应当按规定向政府有关部门缴纳水资源费和污水处理费等相关费用，向出让方缴纳水费。

第六章　法律责任

第三十三条　水权转换受让方未经水行政主管部门批准，擅自改变取水用途、水量和方式的，由水行政主管部门依照《中华人民共和国水法》第六十九条规定处罚。

第三十四条　水权转换受让方未按规定装置取水计量设施的，由水行政主管部门依照国务院《取水许可和水资源费征收管理条例》第五十三条规定处罚。

第三十五条　水权转换受让方拒绝接受水行政主管部门的取水检查，未按规定填报取水报表，未如实提供取水量测定数据的，由水行政主管部门依照国务院《取水许可和水资源费征收管理条例》第五十二条规定处罚。

第三十六条 水权转换受让方未按规定缴纳水资源费的，依照《中华人民共和国水法》第七十条规定处罚。

第三十七条 违反本细则其他规定的，按照《国务院取水许可和水资源费征收管理条例》和有关法律、法规的规定处理。

第三十八条 当事人对水权转换申请不予批准的决定或行政处罚决定不服的，可以依照《中华人民共和国行政复议法》和《中华人民共和国行政诉讼法》的规定，申请复议或者提起诉讼。当事人逾期不申请复议或者不向人民法院起诉，又不履行处罚决定的，作出处罚决定的机关可申请人民法院强制执行，或者依法强制执行。

第三十九条 水行政主管部门或有关部门的工作人员徇私舞弊、滥用职权、玩忽职守的，由其所在的单位或上级主管部门给予行政处分；构成犯罪的，依法追究刑事责任。

第七章 附 则

第四十条 本细则自2010年9月1日起施行。

宝鸡市水平衡测试管理办法

（2006年12月18日宝鸡市发改委、水利局、城建局
宝市发改工发〔2006〕745号文印发）

第一条 为加强计划用水和节约用水管理，合理用水，提高水资源的使用效率，根据《陕西省节约用水办法》和《宝鸡市节约用水办法》的规定，结合我市实际，制定本办法。

第二条 本市范围内的各工业用水企业及部队、医院、学校等用水单位，都应按照本办法规定开展水平衡测试工作，并通过审查验收。

第三条 市发展和改革委员会负责水平衡测试的管理工作。

市水利局、城建局在各自职责范围内对用水单位水平衡测试工作进行技术指导和监督检查。

第四条 各用水户应接受市发改委和水利、城建部门对其用水情况的监督检查，如实反映情况，提供必要的资料。

第五条 凡月均取水量15000立方米以上的用水单位应每3年开展一次水平衡测试；月均取水量15000立方米以下的用水单位应根据单位实际，至少每5年开展一次水平衡测试。

用水单位产品结构、生产工艺发生变化或改变用水性质时，应当及时开展水平衡测试。

第六条 用水单位应按照国家标准《企业水平衡与测试通则》《评价企业合理用水技术通则》的要求开展水平衡测试；部队、医院、学校等生活用水单位参照以上通则进行水

平衡测试。

第七条 用水单位根据本单位用水情况及技术力量状况，可以委托专业测试机构进行测试，或在专业测试机构指导下自行组织测试。

第八条 参加水平衡测试的人员应掌握水平衡测试相关知识，并积极参加有关部门或社会专业机构举办的水平衡测试技术培训。

第九条 各有关行政主管部门应对用水单位的水平衡测试工作提供技术服务与指导。对用水大户，市发改委等部门可组织专家对其水平衡测试工作进行指导和帮助。

第十条 用水单位水平衡测试完成后，应根据测试结果，对本单位用水进行合理性分析，提出改进措施，并制订合理用水规划，编制水平衡测试报告书。

第十一条 市发改委会同市水利局、市城建局等部门根据国家标准对用水单位水平衡测试工作组织验收，验收合格的由市发改委等部门颁发水平衡测试合格证书。

第十二条 用水单位不按规定开展水平衡测试，或水平衡测试报告书经验收不符合标准以及伪造数据、弄虚作假的，市发改委等部门应书面通知其按规定开展水平衡测试，或限期整改，整改后重新组织测试。用水单位逾期不改的，由水行政主管部门核减其用水计划指标。

第十三条 本办法自发布之日起施行。

二、歌赋

张家川赋

张志荣（吐哈油田石油报社）

关山横亘东北，丝路贯通东西。东控关中，北拱萧关，南望巴蜀，西连金城。陇右门户，关西要隘；地处阿水，谓之阿阳，张家川历史悠久。回汉民族聚落，自治政策耀采，乃有张家川回族自治县。六山七水半分田，回汉人民大团结。

遥想当年，非子牧马，名扬天下，周封附庸，邑之于秦。秦霸西戎，奠定大秦一统六合；初设邽县，开创中国郡县先河。昭襄设郡拓土，始皇巡游故地，汉武置县封疆，太宗赋诗歌咏。秦汉隋唐，煌煌牧苑；万马奔腾，九州幸福。白起筑寨抗羌，立马称雄关山；马援平定陇西，演绎沙盘地形。霍去病挥师，凯歌连连；司马迁考据，史典凿凿。隗嚣割据，来歙开道；窦融驰援，刘秀亲征。街亭先锋马谡，酿成千古悲剧；陇上健儿陈安，谱写壮士之歌。魏晋北朝，匈奴氐羌，群雄并起，生灵涂炭。李氏成都称帝，史称成汉；苻健入据关中，建立前秦。吕光经略西域，后凉称帝；氐族首领杨腾，迁徙仇池。隋唐而后，唐蕃分立，宋夏对峙，设关筑寨，烽烟百年。吴氏屯兵，金人绝望；一代天骄，遗恨涅槃。明清以降，胡商贩客，茶马互市，商贸繁荣。民众反清，气壮山河；髯翁挥毫，遗墨启疆。遐熙火种，照亮陇原；彭帅西征，苍龙在手。

秀哉美哉，绿色关山，中华名山，天下胜景。其势巍巍，盖过五岳，赫赫千仞，峻极于天。其古兮，华夏民族发祥地；其盛兮，炎帝黄帝发源地。帝师云游，壶天仙境；广成采芝，陇坂仙风。山花烂漫，碧水淙淙；泾渭分水，泽育万灵。张棉驿、长宁驿、老爷岭，关隘屹立；陇关道、番须道、咸宜道，古道沧桑。老龙潭、斩蛇崖、五指山，堪称人间仙境；情侣峰、佛爷崖、仙人湖，汇成气象万千。怀抱青山绿水，天然氧吧护健康；坐看蓝天白云，森林涛声送清凉。更有春来迷人千峰翠，夏时风爽水澹澹，秋色绮丽林尽染，冬天雪扬白银妆，一年四季好风光。

忆昔当年，驿站连绵，驿马倥偬，商旅使节，熙攘往返。麻山烽燧，狼烟茫茫；断山硐堡，铁马铮铮。两山峰对，略阳川水复流；一水横贯，牛头之河清澈。皮毛集散地，西北旱码头；神州药材库，物种基因库。车水马龙，张龙二镇兴焉；摩肩接踵，行店货栈生焉。皮日休好鹦鹉，体恤黎民艰辛；孙思邈采药材，解除百姓疾苦。沙参、党参、天麻，中药奇材美名扬；油松、云杉、侧柏，嘉木奇株数不尽；林麝、獐子、水獭，珍禽异兽栖息地；鹿茸、麝香、牛黄，名贵药材博物馆。

人文蔚起，流芳后世。《无衣》《蒹葭》，秦风嘹亮：所谓伊人，在水一方。《陇头歌辞》，经典永传：寒不能语，舌卷入喉。恭门摩崖，汉隶精美绝妙；司徒墓志，魏碑舒畅流丽。太白别陇首，身怀抱负多悲声；子美过关山，心忧天下一浩叹。清真寺、正觉寺、老庵寺，展多元之文化，弓门寨、双庙梁、双城门，知胜景之多少？马家塬古墓，浓墨重彩，见证战国历史；宣化冈拱北，教众敬仰，诉说峥嵘岁月。寺院郁起，北魏千佛安详神秘；造像迭生，北周令猥丰满端穆。秦腔和花儿并茂，民歌与民俗比翼。《关山月》“大漠乐”，荡气回肠；“村村通”“户户通”，欢天喜地。回乡风情园，观光文化；民族博物馆，定格历史。龙泉自乐班，承秦风之遗韵；互联在线网，传当世之讯息。《关山文艺》，郁郁文风；特色文化，洋洋大观。剪纸刺绣精美别致，口弦小曲绽放奇葩。锅盔盖碗茶十三花沁人心脾，炒面出汤面浆水面陇上佳肴。

一九五三，自治区立，三载改县。民族自治，谱写华章，创业图强。举特色旗，打民族牌，走富民路，建和谐县。依托天水，联接平凉，融入关中，乘势发展。退耕还林，绿染山野；人与自然，和谐共存。旅游产业，发展壮大；村容翻新，致富脱贫。医保覆盖，惠及万民；教育优先，厚积人文。给力冲刺，建设园区；加速跨越，培育产业。今日之张家川，民族团结，宗教和睦，百业鼎盛，政通人和。旧貌新颜，今非昔比。

华亭赋

史征波（华亭市民政局）

陶之摇篮，瓷之故乡。时华亭兮古仪州，盛誉陇原美名扬。纵横千余千米，交汇陕甘宁，朗映丝绸古道之辉；上下五千春秋，昭彰精气魂，炫曜华夏史诗之光。灼灼然，名遐而声赫；漫漫乎，源远而流长。大禹开峡治汭水，仙女聚海胜群芳。秦皇祭天莲花台，感不尽帝恩昊昊；汉室牧马呼池苑，望不断野草茫茫。救死扶伤，皇甫行医传大道；修寺筑观，敬德炼铜驱年荒。节之烈兮，村女举义以救民；情之眷兮，思邈种药而祈康。王琼捐俸修庙学，徐达安民造福祥。时春定居砚峡，传新法首倡采煤；宗棠进奏清廷，博移民再增脉象。从抗日，万民齐起保圣土；庆解放，百姓共舞诉衷肠。巍巍关山，屏立西陲，标五岳之尊，摩天且穿云；悠悠汭水，亘流中腹，抒三江之韵，越谷而绕岗。天女作仙姑，仙姑山上翩翩以长舞；梅兰化双凤，双凤山间切切而和唱。孰可洗心？野狐峡内，就流且濯足；何以解忧？皇甫山巅，临风堪举觞。登玄峰山，当看长天云聚云散；谒石拱寺，宜听大地潮落潮涨。迤逦麻庵水，鱼影飞翔，携崇山之秀以南下；缠绵策底河，燕翼掠抚，越大川之美而东往。焉将抒怀？上关河边，俯地宜叩胸；安能达志？河西川畔，仰天可引吭。巍峨巉嶒兮，山之绵绵；逶迤缥缈兮，水之泱泱。壮哉，关山之林海！美哉，关山之林海！松林泻绿，遮天蔽日，汤汤兮蒙蒙；桦木流翠，掩岳覆峦，浩浩兮沧沧。薄远兮，牦牛之呼吼；渐近兮，野马之嘶吭。山兔奔而锦鸡翔，猪踪隐而狼迹藏。豹影追猎，顿生箭镞之风；鹿姿守望，瞬发玉雕之光。鼠戏枝头，呈天伦之俊舞；鸟歌桠间，响天籁之绝唱。残阳喷红，点燃百里火焰；圆月溢白，洒落万点银光。秋来有痕，层林尽染，红旗而黄旆；雪落无声，万木皆镀，银冠而素妆。呼呼然，飓风骤起，汪洋恣肆，翻波且滚潮；簌簌焉，暴雨遽落，汹涌澎湃，奔河亦驰江。民源五湖四海，家居十乡百庄。勤劳亦善良，憨朴更德靓。依颖慧兮造家园，洒血汗兮建梓桑。梯田缠山壑，麦禾卷金浪；绿树盖岗谷，槐英啸雪洋。剪影峦巅，白云朱霞，乃羊群牛阵；淀色川中，碧潋翠漪，当独活大黄。烟囱星罗，熊熊炉火，日夜赤铁流；矿井棋布，灿灿巷道，昏晓乌金淌。村寨漫山，沐日之粲兮，犬轻吠而鸡浅唱；楼群拔地，浴月之明兮，车川流而霓幻恍。万类竞发，欣欣然，若朝日之升；百业俱兴，蔚蔚焉，犹新筠之苍。

陇州赋

周建顺（陇县文化馆）

陇上东阪，省陲西疆，秦都关陇，千邑发祥。襟南北二河滔滔际会，总系千水一川；挟东西两山巍巍相峙，分领六盘而障；丝绸之路有古道，三省通衢皆来往。先秦遗风显厚重，古道热肠，万古悠悠；今人承继懿范，侠肝义胆，千载茫茫。

风云漫漫兮，形胜泱泱；江山雄立兮，气宇轩昂。

八景修列，古今燔扬；如锦似绣，虎踞四方。东园霁雨春来赏，温溪不冻冬日藏；梁亭积雪伴古道，关山夜月照寒窗；梨林川金泉涌湃，蒲峪川弦薮更张；南河晚渡夕烟起，吴峰挺秀流云长。时尚盛景，来客四面八方；流连忘返，唱响涅槃凤凰。龙门洞，洞洞有仙；东观川，川川送爽。药王洞里，钟磬齐响；石尧河畔，秋菊山庄。大草原奔马，马蹄入云；段家峡观鱼；鱼翔涌浪。

三千年云烟俱往，看小城今日翱翔。边陲关钥，披上新妆。万里征程，重新启航。古矢雄风再震，时代战鼓擂响；工农并举，纲举目张；商贸科技，步步跟上。舞丽日皎月为银梭，织龙飞凤舞布花廊；电力网线横空飞过，火车汽车大地奔忙；陇州广场，展露时代新容；儒林老槐，依旧百年沧桑。土产山货，宇内传响；特色小吃，名震八方。大理石誉满九州，乳制品香溢山乡。

秀兮陇州，美兮陇州！希望的田野上，科技兴农；翠绿的果园里，心花怒放；遍地大棚，迎来丰收；科学饲养，六畜兴旺；一村一品带动千军万马，产业集群做足大块文章；农家乐乐坏千家万家，新农村村村扬帆起航。

雄哉陇州，壮哉陇州！领改革之春风，任工业之兴旺。辖食品、能源、建材、化工、医药以为支柱；树和氏、关山、亚特、石材、果酒名牌更亮。

飞翔陇州，纵情理想；指日可待，玫瑰天堂。噫吁兮！

千阳赋

杨青峰（宝鸡市社科联）

泱泱华夏，神州锦绣；赫赫千阳，山川形胜。千水中流长，群山环境立。山环水贯，一川如图画；山清水秀，满城皆翡翠。西接陇州，北通灵台，东临凤翔，南连宝鸡。古丝绸之路要冲，今宝平通衢大道。噫吁乎！美哉千阳，关陇明珠，西府碧玉。

美哉千阳，山川秀丽。千山是父，千河如母，上苍青睐，皇天后土。壮哉！“七山二塬一分川”。山是富山，植被良好资源丰富，饱藏石灰石，盛产“三宝土”；塬是厚土，沃壤万顷物产丰盈，气候温而和，出产粮桑菜；川是宝盆，流域宽阔适宜耕作，自然条件好，天赐米粮库；更有千湖湿地，景色别致环境美，风情浓郁令人醉，湖光山色相映生辉，鸟语花香艳日丽。山川灵气，惠泽勤劳儿女，天地祥瑞，孕育物华天宝。世世代代耕薪传火，祖祖辈辈自强不息。伟哉！千古千阳，魅力无比，日月经天，江河行地。

美哉千阳，人文荟萃。历史悠久，积淀深厚。秦人东迁第一地，非子牧马待时机。汉初置县，北周改称千阳，取意千山之阳，迄今2200年矣！地灵人杰，人才辈出，誉称“三贤故里”：孔子高徒燕伋，负笈从师不远千里，铁肩道义；筚路蓝缕设教授徒，广传儒学；擦土堆台望鲁谢师，千古佳话。西汉丞相司直郭钦，无私无畏远离奸佞，出于污泥而不染身，辞官归里入祀乡贤。唐忠烈将军段秀实，正气凛然急公好义，大智大勇胆识过人，柳公铭文留记青史。境内旅游资源丰富，景点处处迷人，可上莲花山狩猎，可去毗卢寺拜佛。誉称“中国民间艺术刺绣之乡”，刺绣工艺千年传承，针法活泼惟妙惟肖，构思奇巧意高境远，制作精细赏心悦目，栩栩如生堪称一绝。

美哉千阳，风物殊异。地方特产种类繁多，环保生态品质优良。核桃色泽佳，萝卜透心红，面粉纯而洁，苹果甜而脆。千阳奶畜兴旺发达，千阳蚕桑闻名遐迩，千阳蔬菜生态绿色，千阳陶瓷形精体美。面对新形势，制定新目标，提升产业化，引进高科技，改造传统农业，打造千阳模式。着力建设标准化奶牛养殖小区，扩大蔬菜果杂种植面积，推广示范矮砧苹果，力成全国最大苹果基地，增加城乡居民收入，提高幸福生活指数。

美哉千阳，强势崛起。紧扣富民强县核心，加速建材业、新农村和城镇建设；奋力打造环保新材料基地，三秦最美乡村，生态宜居新区，文化旅游名县。努力建设经济实力强，生态环境优，文化韵味足，社会保障好，社会管理佳的宝鸡后花园，营造和谐幸福新天地。

美哉千阳，阳光明媚。全县人民沐浴十八大春风，抢抓改革开放机遇，凝聚正能量，复兴中国梦。同心协力奋发图强，众志成城开拓创新，热爱千阳，建设千阳，捧起一轮新太阳，照亮前进康庄道。千阳的明天，一定会更美！

啊！美哉千阳，祝愿您，光芒四射魅力无比，托起梦想高歌腾飞。

凤翔赋

唐炳科（宝鸡市国税局）

西府胜地，嬴秦故都。北依乔山，枕莽莽而虎踞；南眺秦岭，向巍巍而龙盘；西锁关陇，扼甘凉之咽喉；东屏长安，藩中原之通衢。汧渭绕足，山川拱卫，尽得地理形胜；钟灵毓秀，地灵人杰，聚揽千秋紫气。禹划九州而置雍于此，州名存焉；凤鸣于岐而翔集于斯，嘉名得焉。噫吁巇，斯地也，九州之佳壤，秦西之锁钥。

山河如此多娇，引无数豪杰竞折腰。昔非子牧马，营邑汧渭之会；襄公得封，厥有西岐之地；德公卜居，筮占都雍是吉；梁芮来朝，开立上国雄威；文公猎雉，谶兆霸业可期；穆公任贤，何惜五张羊皮。于戎西取由余，于宛东得百里奚；迎蹇叔于宋，来丕豹公孙支于晋。招贤纳士，遂霸西戎。始皇加冠，于斯礼成。伟哉秦人，壮哉雍城！岂曰无衣，慷慨见于诗经；与子同袍，友爱濡染秦风。蒹葭苍苍，白露为霜；所谓伊人，在水一方。赳赳也刚，惇惇也柔。秦晋之好，传为千古美谈；萧史弄玉，响彻琴瑟和弦。杨炎改税，致力富国强兵；肃宗驻跸，终得安史叛平；杜甫拾遗，献赤诚于阙门；茂贞建藩，扶大厦于将倾；子瞻仕雍，湖色泽被后人；应泰御敌，节义光照古今。纵观雍城都秦三百载，凤翔设府千余年，可谓精英塞道，俊才辈出；风带王气，雨沾豪情；礼乐辐辏，人文灿然，演绎了无尽传奇！

嗟乎，汧渭之水汤汤，南山之松苍苍。若夫有暇来游，风物可览。秦公大墓，蔚为壮观；黄肠题凑，世所罕见。凌虚之台，遗迹可瞻。喜雨之亭，镂镌遗篇。更有凤池东湖，水清且涟；曲径通幽，画阁流丹。波光映照左公柳，翠木环拥苏公祠。举目放远，灵山巍巍；千载香火，名播遐迩。宣风化育，物阜民丰。巧手遍于野，巧物布于市。佳酿西凤酒一滴，草木十里有香气。泥塑妙肖，远近闻名；剪纸生辉，享誉邦邻；刺绣精美，巧夺天工。西府曲子，奠基秦声。盛矣哉，风物渊薮，鲜出其右者也。

然不期近世，与国同瘼。幸共和再造，黎庶翻身解放；乾坤旋转，人民当家做主。从此耕有其田，居有其屋，道无饥色饿殍；地长嘉禾，人长精神，喜悦现于眉梢。几十年艰苦奋斗，铸就百业基础；数十载奋发图强，改变山河面貌。更喜改革开放，拨乱反正。聚焦发展，生产蒸蒸日上；勠力民生，经济欣欣向荣。重三农，田产丰而仓廪实；兴工贸，税收增而财政足。化工冶炼，扛鼎工业支柱；白酒酿造，打造陕西名片；水泥建材，冲浪行业龙头；现代电力，攀登能源之巅；文化教育，培植当代新人；传统礼仪，濡化乡风民俗。高楼拔地，林荫蔽日；园林城市实至名归；道路阔平，洁净爽目；卫生城市当仁不让。城乡共建，面貌焕然一新。忽忽几十载，跻身十强，脱贫致富；悠悠数千年，煌煌烨烨，无可媲今。时惟辛丑，撤县设区。区委区政府胸怀宏略，干部群众意气勃发。引八方俊彦，聚四海英才。“一个主题”，引领发展；“两大机遇”，弯道超车；“五大战略”，擘画未来。看沧海横渡，云帆正起；凤凰涅槃，辉煌再铸！

幸甚至哉！笔拙难赋勉为赋，口讷难言勉为言。雍城历史，源远流长，不可尽述；凤翔发展，前途无量，未来可期。幸得歌之赋之，不亦快哉！

陈仓赋

权晓春（陈仓区地方志办公室）

巍巍秦岭，绵延广袤；滔滔渭水，源远流长。炎帝故里，青铜之乡。商封西虢，周设虢县，秦设陈仓县，唐改宝鸡县，今曰陈仓区。关中西端，东连岐山，西临甘肃，南依秦岭，北靠陇山。西部山丘，东部平畴。川陕襟喉，关陇锁钥。秦山叠嶂飞轻纱，千渭交汇映云霞。

天地悠悠，青史煌煌，风流人物，继踵流芳。看锦绣陈仓，上下八千年。姜水之岸，炎帝所生，教民稼穑；磻溪河中，太公钓鱼，文王访贤；故城虢镇，虢仲封地，武公置县；千渭之会，秦人牧马，文公建邑；渭水河畔，泛舟之役，穆公救晋；凤女楼上，萧史弄玉，琴瑟和鸣；磻溪宫中，雪山洞里，丘处机成道著书；陈仓故道，韩信用兵，明修栈道，暗度陈仓，兴大业而定三秦；三国诸葛亮率军出散关，屯兵石鼻寨；唐代宰相杨炎创立两税法，利国利民八百年；宋代吴玠吴璘两兄弟，金戈铁马大散关，十年抗金意志坚；清朝重臣党崇雅，忍辱负重，主持纂修《大清律》。千古英贤说不尽，现代豪杰更风流。地下党员焦世雄，三进三出宝鸡县，秘密组建游击队；共和国上将史玉孝，香港回归有功劳；全国劳模李俊山，百姓致富领路人；知识青年有戈卫，扎根坪头践诺言。高山有厚土，人杰地也灵。

青青翠柏，彩虹飞瀑，孕璜遗璞，水中倒立，一部封神榜，千古钓鱼台；西镇吴山，峡谷幽深，瑰丽神奇，康熙御笔“五峰挺秀”。南昌宫，小蓬壶，殿阁崇隆，清泉古柏；高山草甸大水川，天高云淡，绿草如茵；AAAA级景区九龙山，如莲花盛开，似九龙腾飞，玻璃栈道，漫步云端；丹霞地貌灵宝峡，鬼斧神雕一线天；千河流域多水库，碧波荡漾似镜明，鸟翔鱼跃，景明水秀。美丽陈仓，山欢水笑。

陈仓文艺，隽永清丽。西府秦腔，源远流长，说笑逗唱，慷慨激昂；姜马察回，西府遗韵；西山酒歌，粗犷豪放；马勺脸谱，色彩浓烈；陈仓皮影，栩栩如生；陈仓刁鼓，诙谐洒脱。

绿色陈仓，生态西虢。北坡公园，北枕周原，南望城郭，佳木葱茏，影弄青山。西虢文化广场，中央立雕像，虢仲威坐，凝视远方，忆当年虢公辅政，义薄云天。登高而望，胸阔无限。华灯初上，满眼尽是升平象。忽如苏轼高歌“晓入陈仓县，犹余卖酒楼”，又歌：“蒹葭苍苍，白露为霜，所谓伊人，在水一方。”周风秦韵，卓尔不群。阳春三月，莺飞草长，看云蒸霞蔚；流火七月，遍地翠绿，品瓜果飘香；金秋十月，秋高气爽，览遍地金黄；寒冬腊月，雪花飞舞，观周原霁雪。云藏岁月，水激雷霆，波澜壮阔一长卷，和谐美丽大陈仓。

如今陈仓人民满怀豪情，续写新篇。区委区政府务实高效，凝心聚力比拼赶超，闻鸡起舞发奋图强，陈仓大地再创辉煌！

索　引

山川河湖（63 条）

水资源节约集约利用（65条）

防汛抗旱与河道整治（19 条）

水保生态环境建设（25条）

流域综合管理（13条）

千河文化（102 条）

机构与人物（53 条）

参考文献

（1）郦道元 . 水经注 [M]. 李岫岩编译 . 西安：陕西师范大学，2008.

（2）徐客 . 图解山海经 [M]. 海口：南海出版公司，2007.

（3）符浩 . 中国治水史鉴 [M]. 北京：中国水利水电出版社，2005.

（4）陕西省水利厅 . 陕西江河史话・宝鸡段 [M]. 郑州：黄河水利出版社，2019.

（5）常崇信 . 宝鸡市水利志 [M]. 西安：陕西人民出版社，2012.

（6）常崇信 . 宝鸡江河考略 [M]. 西安：西北农林科技大学出版社，2012.

（7）王荣彬 . 陇县志 [M]. 西安：陕西人民出版社，1993.

（8）赵强 . 陇县志 [M]. 西安：陕西人民出版社，2015.

（9）张廉玺 . 千阳县志 [M]. 西安：陕西人民教育出版社，1991.

（10）李满城 . 千阳县志 [M]. 西安：陕西人民出版社，2019.

（11）千阳县地名志编纂委员会 . 千阳地名志，准印证号：(宝鸡)2019—DZ13，2019 年 8 月第 1 版 .

（12）千阳县地名志编纂委员会 . 千阳地名录 [M].2019.

（13）宋江平 . 陇县地名志 [M]. 西安：陕西人民出版社，2020.

（14）王存科，等 . 凤翔地名志 [M]. 西安：凤翔县地方志编纂委员会，准印证号：BJ2019—DZ 02.

（15）王存祥 . 陇县水利志 [M]. 西安：陇县水利志编纂委员会，2014 年 2 月第 1 版 .

（16）王建章 . 宝鸡地方史志资料类编（上），宝鸡市地方志办公室编印，1987 年 10 月 10 日 .

（17）安耀民 . 张家川回族自治县志 [M]. 西安：甘肃人民出版社，1999.

（18）张存国 . 张家川回族自治县志 [M]. 西安：中华书局，2020.

（19）张树英 . 华亭市志（1988—2009 年）[M]. 西安：方志出版社，2018.

（20）杨慧强 . 千阳民俗 [M]. 西安：三秦出版社，2016.

（21）常崇信 . 水润宝鸡 [M]. 西安：西北农林科技大学出版社，2019.

（22）陕西水利厅 . 陕西水文化遗产名录 [M]. 西安：陕西科学技术出版社，2017.

（23）常崇信 . 宝鸡治水方略 [M]. 西安：西北农林科技大学出版社，2011.

（24）陕西千渭之会国家湿地公园管理处 . 千渭之会国家湿地公园湿地植物与鸟类 [M].

西安：西安地图出版社，2022.

（25）陕西省江河水库管理局 . 渭河神话传说和民间故事 · 秦穆公泛舟之役 [M]. 郑州：黄河水利出版社，2017.

（26）强振志 . 民国十一年宝鸡县志 [M]. 西安：金台区地方志办公室印，2020.

（27）陕西省动物研究所 . 陕西陇县秦岭细鳞鲑国家级自然保护区 2022 年资源调查报告 [R]，2023.

（28）史话陇州（陇县文史资料汇编）[M]. 西安：三秦出版社，2016.

（29）田里 . 宝鸡县地名志 [M]. 西安：陕西省出版总社，1989.

参加编写及提供资料人员名单

一、上古地理著作和陕西千河资料

《水经注》郦道元原著，李岫岩编译，2008年10月由陕西师范大学出版。《图解山海经》徐客编著，2007年10月由南海出版公司出版。《中国治水史鉴》符浩编著，2005年5月由中国水利水电出版社出版。《陕西江河史话·宝鸡段》，2019年5月由黄河水利出版社出版。

二、市县区地理方志

《千阳水利志》千阳县地方丛书（1949—2010年），《陇县水利志》陇县地方志丛书（1980—2010年），《凤翔水利志》凤翔第二轮修志2010年，《陈仓区水利志》宝鸡市陈仓区地方志丛书，由西北农林科技大学出版社出版。《宝鸡市水利志上下册》宝鸡市第二轮修志，市级部门志，陕西出版集团，由陕西人民出版社于2012年2月出版。《宝鸡江河水库大典》由陕西人民出版社于2009年5月出版。《宝鸡河流考略》由西北农林科技大学出版社于2012年1月出版。《档说宝鸡》由宝鸡市档案局（馆）编。

三、凤翔府志及千阳、陇县水利志书

《重修凤翔府志》（校注本）由西安地图出版社于2002年10月出版。《陇县志》《千阳县志》《宝鸡市农业志》由县级部门、市级部志出版。《历代名人与千阳县》由陕西人民出版社于2021年9月出版。《千阳民俗》由陕西三秦传媒集团、三秦出版社于2016年9月出版。

四、参与调研和田野考察人员

常崇信、于世宏、张怀欧参与调查，陇县水利局、千阳水利局、宝鸡市渭河生态区保护中心、宝鸡市环保检测中心站、凤翔区水利局、陈仓区水利局、冯家山管理局，开展河流调查并提供大量资料。甘肃省张家川回族自治县水利局、平凉市华亭市水利局提供了河源地区的调研服务和资料分享。宝鸡市水资源勘测中心，市环保局环境监测站提供了资料分析。宝鸡市渭保中心、宝鸡市河务站、宝鸡市水利水电规划勘测设计院提供了文字、图表等多方面的资料技术和后勤服务工作。宝鸡市水利局提供了资料收集和后勤保障、交通等工作。

编后记

2023 年 3 月 1 日，陕西省水利厅精神文明建设指导委员会办公室召开水文化建设座谈会，启动《陕西名水志文化工程》——编写河流志实施工作。

6 月 20 日，陕西省水利发展调查与引汉济渭工程协调中心组织成立陕西名水志工作专班，负责编撰无定河、延河、渭河、千河、泾河、北洛河、汉江、漆水河、丹江、褒河十条河流名水志编写工作，陕西省水利厅发文，宝鸡市水利局原局长常崇信担当了《千河志》主编。陕西省水利厅厅长、党组书记为陕西名水志编委会主任，副厅长为副主任，各涉河市水利局局长为编委会成员。

7 月 10 日，宝鸡市水利局研究《千河志》的编撰工作，涉及千河流域的宝鸡市凤翔区、陈仓区、高新区和千阳县、陇县及甘肃省天水市张家川回族自治县、甘肃省平凉市华亭市，开始了千河流域自然资源、社会资源、流域生态、流域开发治理、流域山水文化等调研。经过夏秋冬春的努力，编辑者足迹遍及千河流域的河流、山川、水域、历史文化诸多领域，最终形成序、概述、大事记等七篇二十六章七十五节的《千河志》。该志包括第一篇：自然环境；第二篇：水利工程；第三篇：防汛抗旱防雹与河道建设；第四篇：水保生态与水环境建设；第五篇：千河流域水文化建设；第六篇：千河流域民俗文化；第七篇：机构与人物。

书中第一篇由常崇信、于世宏编著；第二篇至第四篇由常崇信编著；第五篇、第六篇由于世宏、常崇信编著；第七篇由宝鸡市水利局、冯家山水库管理局和凤翔、千阳、陇县、陈仓区有关机构组织人员编著。

《千河志》用文字和图表，记录河道文化和河流两岸人文活动，是了解、认识千河及展示千河成就，总结过去、展示现在、启迪未来、服务当今的地理学著作。“不废江河万古流”是我们编著《千河志》的初衷。

2024 年 1 月 25 日，陕西省水利厅组织有关专家、厅设有关单位负责同志对《千河志》初稿进行了初审，并提出了补充完善意见。会后，编者及时组织宝鸡有关区（县）编写人员逐条进行了修改完善。4 月 8—20 日，《陕西省河流志丛书》编纂委员会将《千河志（征求意见稿）》下发宝鸡有关区（县）和省级有关单位征求意见，同时征求了陕西省地方志办公室的意见。宝鸡有关区（县）、单位补充完善了有关内容，并提出了 50 多条修改意见，特别是陕西省地方志办公室李军副处长、陕西省住房和城乡建设厅倪坪同志、陕西省水利厅原二级巡视员杨耕读同志对志书编纂工作给予了充分肯定，并对志书定位、审定、图表、记述重点、人物入志等提出了明确要求。根据陕西省地方志办公室编志最新要求，编者及时修改完善，统一设置了英文目录和索引，取消了人物篇中人物事录节。2024 年 6 月 8 日，陕西省地方志办公室在西安市蓝田县召开了《千河志》复审会，陕西省地方志办公室李军副处长出席并主持了复审会议，与会专家充分肯定了《千河志》的编纂成果，认为《千河志》政治观点正确，体例规范，结构合理，资料丰富翔实，文风朴实，语言精炼，特色明显，会议一致同意将《陕西省河流志丛书》纳入《陕西省地情丛书》范畴，并同意《千河志》通过复审。

2025 年 2 月 22 日，中国名水志文化工程·陕西省河流志丛书终审会在北京召开。水利部办公厅、中国地方志工作办公室、中国水利水电科学研究院、中国社会科学院当代中国研究所、中国水利学会水利史与水利遗产专业委员会、黄河水利出版社、陕西省水利厅、陕西省地方志办公室的有关领导、专家、学者共计 17 人参加了会议。专家组一致同意将《陕西省河流志丛书》列入《中国名水志文化工程丛书》。

2023 年初春开始至 2025 年夏至，历时三年，经过编辑人员斟酌定稿，经《陕西省河流志丛书》编纂委员会、陕西省地方志编纂委员会、陕西省水利厅终审，《千河志》终稿终于交付出版社。

《千河志》由常崇信主编并统稿，副主编于世宏协从之。

编 者

2025 年 4 月

中国名水志文化工程丛书
陕 西 省 地 情 丛 书
陕 西 省 河 流 志 丛 书

延河志

《陕西省河流志丛书》编纂委员会 编

黄 河 水 利 出 版 社
· 郑 州 ·

图书在版编目（CIP）数据

延河志 / 《陕西省河流志丛书》编纂委员会编. 郑州 : 黄河水利出版社, 2025. 6. -- (陕西省河流志丛书). -- ISBN 978-7-5509-4119-9

Ⅰ. TV882.841

中国国家版本馆CIP数据核字第2025CR3073号

延河志　YANHE ZHI

《陕西省河流志丛书》编纂委员会　编

责任编辑	文云霞	责任校对	苏聪慧
封面设计	张心怡　孟周利	责任监制	常红昕
出版发行	黄河水利出版社		
	地址:河南省郑州市顺河路49号　邮政编码:450003		
	网址:www.yrcp.com　E-mail:hhslcbs@126.com		
	发行部电话：0371-66020550		
承印单位	陕西省水利印刷厂		
开　　本	787mm×1092mm　1/16		
插　　页	22		
印　　张	25.25		
字　　数	646千字		
版次印次	2025年6月第1版	2025年6月第1次印刷	
定　　价	3680.00元（全十卷）		

《延河志》编纂委员会

审定单位

初　审　陕西省水利厅

复　审　陕西省地方志办公室

终　审　水利部水文化研究工作指导委员会办公室

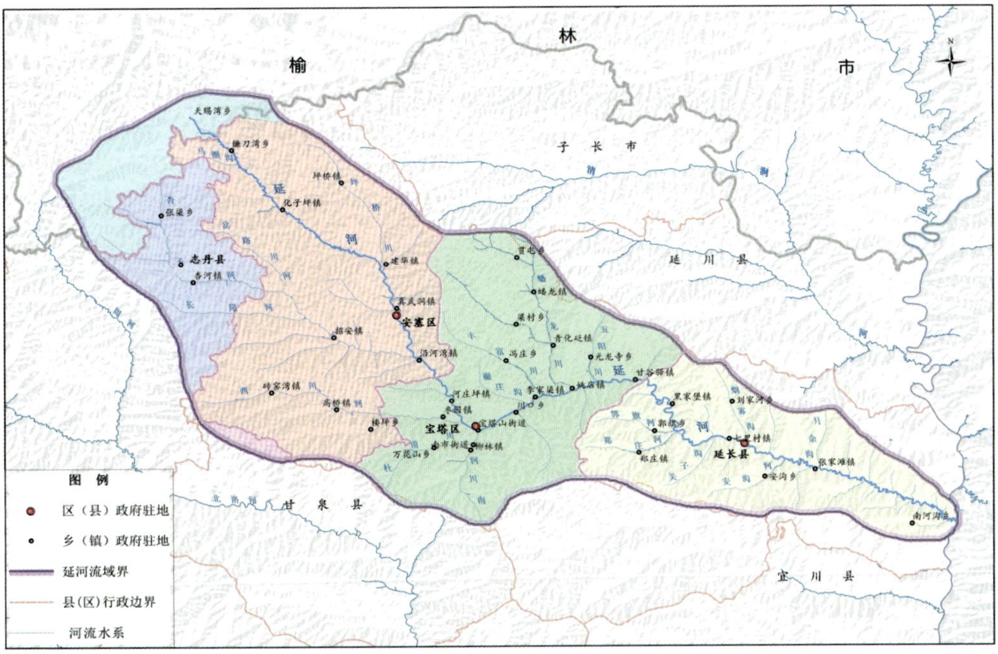

延河流域行政区划图

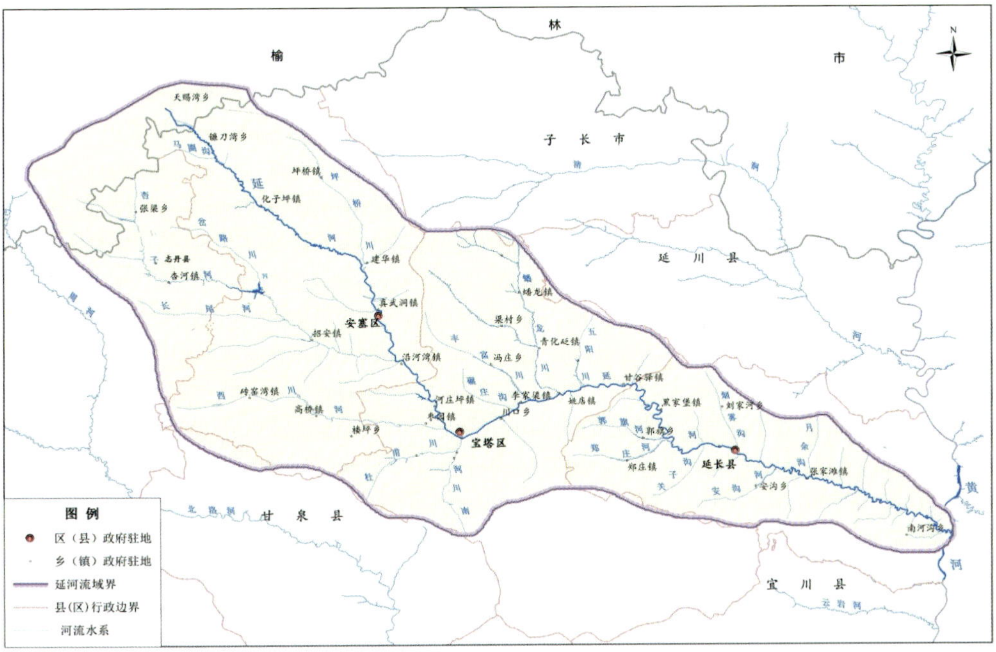

延河流域水系图

20世纪40年代延安老城及延河

20世纪70年代延河

陕西省靖边县天赐湾延河源头（2017年11月摄）

陕西省靖边县延河源头区航拍图（2023年10月，曹东东摄）

延河上游靖边县境内河段（当地称前城河，2023年10月，高启艳摄）

延河上游延安市安塞区镰刀湾乡河段（2017年摄）

延安市安塞区延河城区段水景观工程（2020年摄，高峰供图）

2023年11月，延安市水保生态治理和灾害防御中心在靖边县延河一级支流杏子河源头区调研（许统群摄）

延河一级支流志丹县杏子河上游拦污闸（2023年11月，高启艳摄）

宝塔山，延河水（2024年6月，高启艳摄）

延安清凉山下的延河（2024年7月，赵西安摄）

延河一级支流延安市宝塔区西川河（2023年10月，赵西安、高启艳摄）

延长县城西门外延河水景观工程（2024年4月，赵西安摄）

延河下游延长县张家滩镇延河大桥（2024年6月，赵西安摄）

延河下游延长县古州寺深槽河段（2023年11月，张发治摄）

延长县罗子山镇天尽头村延河入黄河马蹄形转弯航拍图（2023年10月，李小杰、刘雪英摄）

延长县延河入黄河口航拍图（2023年10月，李小杰、刘雪英摄）

延安市宝塔区芦山峁遗址，距今4500～4000年（2017年11月，马明志摄）

延安清凉山万佛洞（2023年8月，高启艳摄）

延安清凉山下明代定痂泉（2016年摄）

清凉山诗湾“水照延安”奇景（2016年摄）

宋代范公井（段双印供图）

延安嘉岭山摩崖石刻（2023年11月，赵西安摄）

延长县罗子山镇石佛村井沟（延河下游左岸一级支沟）明代雷音寺（2020年，白李东摄）

延安市安塞区延河左岸云台山宗教圣地（2023年10月，曹东东摄）

延安市安塞区延河上游芦子关（2023年10月，高启艳、曹东东摄）

延长县“延一井”——中国陆上第一口油井

安塞腰鼓

安塞剪纸（王福丽作品）

延安特色小吃——洋芋擦擦

延安特色小吃——荞面搅团

延安革命纪念馆（2025年1月，高启艳摄）

延安凤凰山麓毛泽东旧居（2024年8月，赵西安摄）

延安杨家岭毛泽东旧居（2023年10月，高启艳摄）

延安枣园毛泽东旧居（2023年10月，高启艳摄）

中共七大会址——延安杨家岭中央大礼堂（2023年10月，高启艳摄）

延安王家坪中央军委礼堂（2024年8月，赵西安摄）

延安大礼堂，原为陕甘宁边区参议会礼堂（2024年6月，赵西安摄）

延安中国抗日军政大学旧址（2024年8月，赵西安摄）

延安中共中央党校旧址（2023年10月，高启艳摄）

延长县红军东征会议毛泽东旧居

延安陕甘宁边区政府建设厅旧址（2024年6月，赵西安摄）

到延安去——延安枣园一九三八广场群雕（2023 年 10 月，高启艳摄）

延安枣园裴庄渠（幸福渠），1939年9月动工修建，1940年4月通水

延安枣园革命旧址内幸福渠（裴庄渠）遗址

1958年动工修建的延安第一条万亩灌溉渠道——延惠渠

1972年建成的延安第一座大型水库——王瑶水库（2017年摄，王瑶水库管理处供图）

王瑶水库扩容工程清淤科研试验（2024 年 6 月摄，王瑶水库管理处供图）

延安市安塞区马家沟水库（2017年摄）

延安市红庄水库（2024年摄，高阳供图）

延安市宝塔区孙台水库（2017年，刘霞摄）

黄河引水工程延安姚店镇康家沟应急保障水库（杜宇辉供图）

延长县安沟水库（2013年，刘小龙摄）

延安黄河引水工程延水关取水枢纽（2019年摄，延安市黄河引水工程有限责任公司供图）

延安黄河引水工程爬坡管道施工（2016年摄，延安市黄河引水工程有限责任公司供图）

黄河引水工程延安东川水厂超滤膜车间（2020年摄，延安市黄河引水工程有限责任公司供图）

延安市“世界水日”节水宣传

延安市地下水工作队在宝塔区碾庄沟地下水取样（2019年摄）

延安市安塞区延河川道节水蔬菜大棚（2018年摄）

安塞杏子川石油钻采二氧化碳驱油节水装置（安塞区水务局供图）

志丹县张渠乡王崾崄村集雨水窖供水工程（延安市农村饮水工作指导站供图）

延长县城供水工程白家川水厂（延长县水务局供图）

黄河引水工程用水户——延河下游陕西延长石油企业（2020年摄）

延安市宝塔区西川河堤防工程（2018 年摄，延安市水电工程处供图）

延河甘谷驿水文站（2023年8月，赵西安摄）

延长县李家湾水电站延河连续拱坝（2023年8月，赵西安摄）

延长县阎家滩水电站拦河大坝（2017年，刘霞摄）

延安市市区河道管理处志愿者巡查延河河道（2018 年摄，延安市市区河道管理处供图）

延安城区延河岸滩市民休闲公园（2017年摄，延安市水电工程处供图）

延河延安王家坪大桥河段花草（2018年摄，延安市市区河道管理处供图）

延安市安塞区南沟水土保持示范园（2021年摄，延安市水土保持工作队供图）

延安市宝塔区薛张小流域综合治理区（2020 年 3 月摄，延安市水土保持工作队供图）

延安市宝塔区小流域综合治理（2010年摄，延安市水土保持工作队供图）

延长县郑庄镇王良寺淤地坝（2016年摄，延安市水土保持工作队供图）

延安市宝塔区山地苹果（2018年摄）

延河上游靖边县境内淤地坝（2023 年 10 月，曹东东摄）

延安新区桥沟山体道路绿化工程（2018年摄，延安市水土保持监督管理站供图）

延安新区水土保持示范园一角（2021年摄，延安市水土保持监督管理站供图）

延安水务环保集团水环境治理有限公司污水处理 MBA 膜工艺车间（2024 年 8 月，王义和摄）

《陕西省河流志丛书》编纂团队合影
（前排左起赵西安、常崇信、许灏、蒋建军、雷保寿、耿涛，
后排左起田晓强、杨永平、权医平、王辛石、黄卫涛、于世宏、龚裕凌）

延河流域水利事业发展数据（2020年）

流域概况	涉及陕西省延安、榆林2市5县（区）37个镇（乡、街道办事处），总人口83.15万人。流域总面积7725平方千米，其中，延安市7321平方千米，占94.8%；榆林市404平方千米，占5.2%。干流总长286.9千米，总落差860米，平均比降3.3‰。流域面积100平方千米以上的支流21条（其中入延河一级支流15条）。
水资源量	延河多年平均径流量2.74亿立方米。水资源总量2.74亿立方米，其中地表水资源量为2.74亿立方米，地下水资源量为0.67亿立方米，重复水资源量为0.67亿立方米。可利用量1.13亿立方米，可利用率41.2%。
节约用水	2014年建成全国节水型社会建设示范区。2020年延安市各类供水工程总供水量31154万立方米，总用水量31154万立方米，比上年增加2880万立方米。人均用水量136.5立方米，农田灌溉亩均用水量148.4立方米，全市平均万元GDP用水量19.5立方米，万元工业增加值用水量13.0立方米。
水源工程	延河流域建成各类水库9座，其中大型1座、中型1座、小型7座，总库容2.44亿立方米。2018年建成黄河引水工程（黄延线），工程年设计取水量8977万立方米。各类水利工程总供水能力1.21亿立方米。
灌溉工程	流域无中型以上灌区，共有小型灌区305个，有效灌溉面积7.5万亩。
城乡供水	延安市区供水主管网363千米，供水生产能力8.5万吨每日，年供水量3000万吨，水源保证率100%。出厂水水质合格率100%，管网水水质合格率99.95%，管网抢修及时率100%。建成乡村饮水工程1624处，供水人口40.67万人。
水电水产	延河干流保存小水电站4处，装机容量2575千瓦。流域共有养殖水面415公顷，2020年水产品产量943吨。
江河堤防	延河干流建成堤防工程92.99千米，其中安塞段36.52千米、宝塔段30.08千米、延长段26.39千米。
水土保持	累计治理水土流失面积4175.95平方千米，建设基本农田76.39万亩，建成各类淤地坝6662座，其中大型288座、中型805座。淤地面积12万亩。
流域管理	延安市核查各类取水口2145个，审批年取水量8948.19万立方米。划定水源地保护区7个。延河干流建成污水处理厂16处，日处理污水能力14.55万吨。设各级河长866名，其中市级河长1名、县级河长43名、乡（镇）级河长231名、村级河长591名。
河流文化	创建省级水土保持示范园1个；省级水利风景区1个；重点历史文化名胜30处、重点红色革命旧址29处；水文化遗产9处；拥有安塞腰鼓、陕北民歌、陕北剪纸、大秧歌等著名非物质文化遗产传统文化艺术。

序

陕西省位于中国中部，以地理分界，分陕南、陕北、关中三区，今人称其为三秦。三秦大地被两个山系——北山和秦岭分界。北山山系的黄龙山、子午岭、陇山诸山划出了陕西北部沟壑纵横的黄土高原和中部一马平川的关中平原。大地理的秦岭，西起昆仑，中经陇南、陕西中部，东至鄂、豫、皖，分出长江、黄河两大流域，以及中国南北方的地理、气候。而横贯秦地中部的秦岭，在此自西向东也成为渭水与汉水的分界，形成了黄河和长江两大流域最大的支流。山是水之依，水是山之魂。北山、秦岭和巴山造就了三秦河流，孕育了悠久的中华文明，见证了夏、商、周三代以后朝代的更替兴衰。

三秦河流自然环境差异极大，河流所经高原、山地、丘陵、盆地、平原交错其间，多年平均降水量从陕北的 340 毫米过渡到陕南的 1240 毫米。华夏先民进入三秦，水利便是他们生存和发展的必然选择。不算很优越的水资源条件，因他们卓越的水利创造，滋养出了灿烂的河流文化。

《陕西省河流志丛书》是所涉三秦河流的百科全书。丛书分为《渭河志》《汉江志》《无定河志》《泾河志》《丹江志》《北洛河志》《千河志》《延河志》《漆水河志》《褒河志》各卷。河流志各卷以河为轴，以水为主干，涵盖了河流的自然地理、发展利用、人文历史等。以水利凿通上下 5000 年及至当代，由此可见这部丛书作者们的担当。

陕西的河流保留了自上古时期至现代文明演替的历史印迹，其文化类型之丰富，在中国乃至世界江河中少有与之比肩者。中国水利史大致可以分为四个阶段，比照三秦尤其具有代表性。

第一阶段（距今约 10000 年—前 221 年），这是从部落氏族走向中国的文明生发期。近年考古发现证实了从农业的发端到秦帝国成立，没有中断的中华文明演变轨迹。距今 5000 年上下，黄河流域处于炎帝、黄帝、伏羲、女娲、尧、舜、禹的传说时代，华夏文化已经初具农耕社会形态，是为华夏文明的源头。约公元前 11 世纪，擅长农业的姬姓部族进入漆水河流域的周原，在岐山下经营出旱作、稻作农业，灌溉工程因此诞生。传说时代以禹治水而发生文明大转折。兴起于豳、岐的周人，经牧野之战，灭商建立了中国唯一的贵族王国——周，史称西周。西周先后建都丰、镐，建立了国家川衡、虞泽制度，为其后春秋战国各诸侯国水利兴起的先声。战国时期后起的秦国，经孝公时（前 381—前 338 年）商鞅变法迅速强大，兼并六国，建立起第一个王朝集权国家。强大的秦国在泾河上兴建了郑国渠，关中水利区由此历经汉唐至明清，支撑了区域农业 2000 余年。郑国渠亦开创了中央王朝经营水利工程的先河。

第二阶段（前 221—1279 年），经历了汉、唐、宋水利发展的高潮，水利支撑了古代中国最重要朝代的繁盛。自汉迄唐，渭河横贯的八百里秦川，从京畿的咸阳、长安，到华州、陕州两岸密集分布着具有灌溉、水运、水能（水磨、水碾）等功能的水利工程。在渭河的支流北洛河上兴建了中国最早的隧洞引水工程——龙首渠。汉兴之地的汉江及其支流褒河、丹江，由军事屯垦带来了区域性水利工程兴建，历经东汉、三国、两宋发展，形成了陕南汉中水利区。这一阶段可称道的还有唐代第一部国家水利法规《水部式》的颁布，强化了中央政府对关中灌溉工程、河西和西域屯田水利、运河工程和用水管理，从而确立了国家、地方不同的水利管理体制。

第三阶段（1279—1930 年），这一时期水利以陕北边镇水利为代表。陕北地处干旱和半干旱区，是农耕与游牧不同文化的分界线。北宋、西夏、明代在无定河与黄河支流清水河（今延河）流域先后涌现出大大小小的引水工程，营造出延安、榆林一带塞北稻作农业区。20 世纪三四十年代抗日战争期间，旱区水利继续发扬光大。陕北的古代水利工程中，以无定河支流榆溪河红石峡灌渠最为著名。引水渠或明或暗穿行于榆溪河两岸的山崖中，灌渠、榆溪河、对峙的山崖和摩崖石刻，营造出著名的“榆林八景”，这一于 15 世纪兴建的工程今天仍在发挥作用，并继续九边重镇的无限风光。

第四阶段（1931 年至今），这是传统水利步入现代工业文明的时期。水利技术逐渐取代传统工程技术，水资源开发利用超过了任何历史阶段。先是以泾惠渠、渭惠渠为代表的“关中八惠”等现代水利工程的兴建，带来了水权制度在灌区管理中的实践。在抗日战争期间，渭河边现代水利科学、教育发展起来；陕甘宁边区水利事业蓬勃发展。1949 年以后，现代水利在三秦大地得到全面发展，水利在城市供水、防洪减灾等方面发挥的作用日渐突出。近年来，引汉济渭工程、东庄水利枢纽工程的实施，为咸阳、西安及秦地的渭北地区开辟了新水源，城市供水安全、经济可持续发展得到了保障。但是，工业革命理念下的水利建设也留下了违反河流规律的后果，如 20 世纪 50 年代三门峡水利工程规划失误，造成河流自然环境不可逆转的蜕变，此后数十年，渭河平原洪水灾害频发，直到实施三门峡枢纽工程重大改造才得以控制。近 40 年来，水利可持续发展理念日益深入人心，陕西省数十年持之以恒的水土保持工程，改善了河流自然环境，使青山绿水重返陕北。

《陕西省河流志丛书》所志十河，每河皆为名水，以“水”而见三秦山川之美，而见治水与治世、治水与文化的交织。《诗经 · 鲁颂 · 閟宫》曰：“赫赫姜嫄，其德不回。上帝是依，无灾无害。弥月不迟，是生后稷。降之百福。黍稷重穋，稙稚菽麦。奄有下国，俾民稼穑。有稷有黍，有稻有秬。奄有下土，缵禹之绪，后稷之孙，实维大王。居岐之阳，实始翦商。”十河的历史与文化属于三秦，亦属于中国。

是以为序。

谭徐明

二〇二五年，乙巳岁旦之日

（谭徐明，中国水利水电科学研究院原副总工程师，教授级高级工程师、博士生导师，中国水利学会水利史与水利遗产专业委员会主任委员，水利遗产保护与研究国家文物局重点科研基地学术委员会主任）

凡　例

一、《延河志》（简称本志）编写以马克思列宁主义、毛泽东思想、邓小平理论、“三个代表”重要思想、科学发展观、习近平新时代中国特色社会主义思想为指导，坚持山水林田湖草沙生命共同体理念，以河流为轴线，以水为核心，以流域生态保护为基准线，以延河文化为特色，坚持辩证唯物主义和历史唯物主义的立场、观点、方法，全面、系统、客观记述延河自然环境、开发保护、经济社会、人文风情、历史变迁等，明古详今、突出重点，力求体现专业和流域特色，达到思想性、科学性、资料性相统一。

二、本志为《陕西省河流志丛书》之一，编排体例遵循丛书编纂统一规范。全书设序、凡例、概述、大事记、志、传、表、录、图、编后记、索引等，横排门类、纵述始末，依类叙事，以事系人。结构按篇、章、节、目层次设置，以文字记叙为主，配以必要的表格、图片。表格随章节，照片集中置于卷首，具有存史价值的资料附录于后。

三、本志各类记事追溯至事物发端，下限止于 2020 年，重大事件延至封笔。

四、本志采用语体文、记述体编纂，坚持公允、客观，述而不评，寓观点于记事之中。行文力求朴实、简练、流畅。引录原文放在引号内，一般注明出处，古文酌予诠释。历史朝代年号、政权机构、社会团体、官职及地名的称谓等均从原称，必要的加以括注；人名一般不冠褒贬和职务职称，注释采用脚注。文字使用以 2000 年 10 月 31 日发布的《中华人民共和国国家通用语言文字法》为准；标点符号使用以 2011 年 12 月 30 日发布的《标点符号用法》（GB/T 15834—2011）为准。

五、计量单位采用国家规定的通用计量单位。重量单位用克、千克、吨；长度单位用毫米、厘米、米、千米；面积单位用平方米、平方千米，考虑社会使用习惯和部分数据原貌，有关章节面积单位保留亩、万亩。数字书写按照 2011 年 7 月 29 日发布的《出版物上数字用法》（GB/T 15835—2011）执行。公式、符号、专业术语按照专业规范书写。

六、本志纪年，1937 年陕甘宁边区政府成立之前，一律按朝代年号，括注公元纪年；1937 年之后，一律用公元纪年。

七、本志水利水保建设数据为 2020 年底年报统计数据，并按所属流域对治理水土流失面积、基本农田面积、农田灌溉面积、淤地坝数量及淤地面积、乡村供水工程及解决饮水安全人口等，进行分割统计，力求数据准确，符合实际。

八、入志人物以对延河流域治水、治山、治污和生态环境建设等作出突出贡献和有较大影响为标准。遵循“生不立传”的惯例。获省部级及以上奖励的先进模范人物收录。高级职称人员列表记述。

九、本志编写资料来源于各级档案资料、志书资料和有关部门、个人提供的资料以及调研考察、采访等。参加编写及提供资料单位和人员名单于附录记载。

目　录

第一篇　流域环境

第二篇　水资源开发利用与节约用水

第三篇　防汛抗旱与河道整治

第四篇　水土保持与生态环境建设

第五篇　河流综合管理

第六篇　延河文化

第七篇　机构人物

Content

Part I Basin Environment

Part II Water Resources Development,Utilization and Conservation

Part III Flood Control, Drought Relief, and River Channel Management

Part IV Ecological Conservation and Soil Erosion Control

Part V Comprehensive River Management

Part VI Yan River Culture

Part VII Institutions and Figures

概　述

延河是一条享誉全国的著名河流，“巍巍宝塔山、滚滚延河水”，从革命战争年代至现在，一直为全国人民所向往，被称作中国革命的母亲河。

延河的孕育与形成，可追溯到5亿年前。地质考古学证明，5亿年前，延安及整个陕北地区是一片汪洋水域。4亿年前，陕北地区开始隆起为陆地。2亿年前，陆台再次下沉，陕北高原处于海岸线边缘。1亿年前，延安属内陆湖盆地，为亚热带森林草原地带。第三纪中新世晚期，鄂尔多斯地块急剧抬升为高原，白于山、子午岭、黄龙山等山脉相对隆起，地势由原东南向西北倾斜，变为西北翘起，向东南倾俯。第四纪时期，鄂尔多斯地块继续隆起，并堆积大量风成黄土，构成后世黄土高原景观。白于山平均海拔1600 ~ 1800米，是陕北黄土高原北部最高地段，被誉为“陕北水塔”，其主脉成为无定河、北洛河、延河等陕北主要河流的发源地。

延河发源于陕西省靖边县白于山南麓天赐湾村羊羔畔峡谷，由西北向东南流经靖边、安塞、志丹、宝塔、延长等县（区），于延长县罗子山镇天尽头村与雷赤镇凉水岸村之间汇入黄河，全长286.9千米，流域面积7725平方千米，平均比降3.3‰，入黄河口处海拔488米，多年平均径流量2.74亿立方米。流域主要涉及陕西省榆林市靖边县，延安市安塞区、志丹县、宝塔区、延长县等5个县（区）、27个镇、1个乡、9个街道办事处，总人口83.15万人。

延河历史上曾用名区水、清水、洧水、筋水、濯筋水、延水等，近代才称名延河。延河为黄河一级支流，延安市第二大河流，在漫长的历史岁月里滋润着延安大地。考古发现，延河流域新石器时代已有人类繁衍生息，先民们在这里刀耕火种，开创华夏文明，为边塞的繁荣昌盛做出不懈的努力。延安市宝塔区碾庄沟流域出土的芦山峁遗址，属新石器时代龙山文化遗址，总面积超过200万平方米，为超大型史前聚落遗址，距今4500—4000年。从秦汉到明清，延安历属边陲重镇，流域城镇大多依河而建，有“塞北咽喉”“秦地要区”之称。秦汉时即在今延安市设高奴县，隋唐至明清1300多年间，一直都是郡、州、道、府治的所在地，成为陕北政治、经济、军事、文化中心，留下了极为丰富的名胜古迹。延安清凉山早有“佛祖尸毗为救生灵舍身割肉施喂饿鹰”的传说；嘉岭山（又称宝塔山）上宝塔雄踞千年，俯视延河东流而去；宋代范仲淹率兵镇守延安，保卫中原安全，为战事之需，在宝塔山下的延河边上凿石造井、修瞭望台、建镇西楼，留下千年不朽的范公井。延河上游的安塞，自古就是延安的军事前哨，素有“上郡咽喉”“北门锁钥”之称，著名的安塞腰鼓就发源于金戈铁马的年代，成为驻边将士与刀枪弓箭一样重要的装备，用来遇敌传讯报警、对阵击鼓助威，千百年来，逐渐发展成为民俗性舞蹈而扬名中外，经国务院批准列入第一批国家级非物质文化遗产名录。

在延河两岸的地层里，有造物主留给人们的巨大财富，它就是驰名中外的延长石油。北宋著名科学家沈括在任知延州兼鄜延路经略使期间，对陕北延长一带的石油作了深入考察研究，在《梦溪笔谈》中写道："鄜、延境内有石油，旧说'高奴出脂水'，即此也。"第一次提出"石油"这个科学命名。清光绪三十年（1904年）十一月，创办"延长石油官厂"，光绪三十三年（1907年）在延长县城西门处勘定"延一井"，获得工业油流，是中国大陆第一口油井，结束了中国大陆不产石油的历史。1935年，延长县解放，油厂收归革命政权，1936年，毛泽东主席率部东征时曾视察石油厂，题词"埋头苦干"，延长石油为陕甘宁边区经济发展作出了突出贡献。新中国成立后，延长石油规模不断扩大，为陕西省第一大企业，世界500强企业。

20世纪20—30年代，在中国共产党的指引下，刘志丹、谢子长、习仲勋等带领人民群众开创了陕甘和陕北革命根据地。1935年10月，毛泽东率领中央红军长征到达陕北。1937年1月，党中央、毛主席进驻延安，从此，延河两岸成为中国革命的大本营和总后方，毛泽东等老一辈革命家先后在凤凰山、杨家岭、枣园战斗、生活。《毛泽东选集（1–4卷）》共收录159篇文章，其中在延安写作112篇。宝塔山、延河水成为中国革命的象征和标志，无数革命志士和爱国青年从全国各地奔向延安，寻求救国真理，这是历史做出的重大选择。中国革命的千军万马，在延河水的哺育下成长壮大，肩负着时代重任，走向解放全中国的战场。延河水、小米饭，养育了一代共产党人，培育了光照千秋的延安精神，为中国革命力量的发展壮大直至夺取全国革命胜利，发挥了难以估量的作用。2005年，中共中央在延安枣园建成中国延安干部学院，是对党政干部、企业经营管理者、专业技术人员和军队干部等进行理论教育和党性教育的国家级干部培训院校。

延河流域地处陕北黄土高原，自然灾害频繁。从宋代（960年）以来一千多年间，延河发生过13次特大洪水灾害，宋太平兴国六年（981年）七月，延州水丈余入城，坏仓库庐舍，清顺治十六年（1659年）六月，延安大雨3日，洪水发三关尽没，死者百余人。1977年7月6日，延河发生特大洪水，淹没延安城，给人民生命财产造成严重损失；与洪涝灾害相对应的是干旱，出现频率为90%，往往发生区域广，造成严重社会灾难，志书记载"明穆宗隆庆六年（1572年），延安大旱，人相食"，"明思宗崇祯三年（1630年），又旱，饥，人相食，各县掘万人坑"，"清光绪三年（1877年）肤施、宜川历冬经春及夏不雨，赤地千里，人相食，为数百年来未有"。

兴利除害是人类生存发展的必然，受时代局限，古代开发治理延河虽有记载但建树甚少，唐贞观七年（633年），延州（今延安）开凿"延化渠"。宋代（1041—1043年），延州城南修"延利渠""柳湖"。清代在延安东川修"利民渠"，延长县从清乾隆五十二年（1787年）到民国八年（1919年）修小渠堰30余条，可灌农田500多亩。安塞县在民国二年（1913年）修小渠3条，可灌农田110亩。

延安时期，中共中央和陕甘宁边区政府十分重视水利建设，边区政府每年拨出专款支持水利工程建设，并制定奖励政策鼓励群众兴修水利。边区劳动模范大会评选“水利英雄”并给予隆重表彰，边区报刊经常刊登有关水利建设的新闻报道和工作研究。1939 年 8 月，由边区政府资助，受益区群众集资、边区建设厅设计，在延安西川河动工修建陕甘宁边区第一条长渠——裴庄渠，1940 年 4 月 29 日建成放水，可灌溉 1400 余亩农田，从此两岸庄稼年年丰收，被群众称作“幸福渠”。边区的水利工作者坚持理论联系实际，在农田灌溉、水土保持、水利工程管理、节约用水等方面积极开展调查研究，提出切实可行方案，科学指导边区水利建设，留下珍贵的红色水利财富。

新中国成立后，延安人民在党和政府的领导下，继续发扬自力更生、艰苦奋斗的延安精神，治理延河，兴修水利，改变当地贫穷落后面貌。1955 年，在延安大砭沟、碾庄沟开展水土保持试点工作，探索黄土高原丘陵沟壑区治理水土流失的科学途径。1958 年，从延河引水，动工修建延安第一条万亩灌溉渠道——延惠渠，实现了大面积川台地水利化，促进了农业生产和群众致富。1970 年，动员受益区上万名劳力，在延河一级支流杏子河流域中部，建成延安第一座大型水利枢纽工程——延安王瑶水库，总库容 2.03 亿立方米，具有防洪、灌溉、发电、养殖等综合效益，后又成为延安城市供水的主要水源。20 世纪 60—70 年代掀起大规模群众性治山治水运动，修田平地，打坝拦泥，改善了农业生产基本条件，为解决群众温饱问题，促进延安经济社会发展奠定了坚实基础。

改革开放以来，延河治理进程不断加快。1989—1993 年，实施世界粮食计划署援助的杏子河流域治理项目。1993—2004 年，实施世界银行贷款延河流域综合治理项目。1996 年，水利部、陕西省政府和延安市政府合作共建延安王瑶水库供水工程，从王瑶水库修建自流引水管线 50 多千米到延安，延安城区居民从此告别“水荒”历史。1997 年，中共中央总书记江泽民在国务院副总理姜春云《关于陕北地区治理水土流失，建设生态农业的调查报告》上，批示“再造一个山川秀美的西北地区”，同年，国务院在延安、榆林召开全国治理水土流失建设生态农业现场会，推广延安治理经验。1999 年，国务院总理朱镕基来延安考察，在宝塔区燕沟流域提出“退耕还林（草）、封山绿化、个体承包、以粮代赈”的“十六字”措施，为全国退耕还林工作确定了基本工作思路。

党的十八大以来，延河流域大力推进生态文明建设，2016 年启动延河综合治理工程，2017 年以来全面实施河长制，整体提升流域综合管理水平，延河水生态环境明显改善，干流生态流量基本得到保障，各类水利工程总供水能力达到 1.21 亿立方米。2018 年 6 月，延安黄河引水工程建成正式向延安城区供水，市区及沿线城镇、工业园区供水有了可靠保障。各县（区）结合农村脱贫攻坚，逐村逐户解决群众饮水安全问题，截至 2020 年底，累计建成乡村供水工程 1624 处，供水人口 40.67 万人，需解决饮水困难的人口基本全覆盖。延河干流已建成防洪堤防工程 92.99 千米，有效保护了沿河城镇、工业园区和农田。连续多年实施大面积造林种草、封育保护、退耕还林还草等植被建设工程，促进了流域经济社会绿色发展，延河向黄河输沙量明显下降。延安主城区及安塞、延长城区河道绿化实现了“三季有花，四季见绿”，依托河道建成一批休闲广场、公园，城市形象显著提升。全流域建成一批水土保持科技示范园、水利风景区和美丽乡村，有力助推新时代乡村振兴。

延河是中国人民心中永远的圣河，延安人民将深入贯彻党的二十大精神，以习近平生态文明思想为指导，牢固树立“绿水青山就是金山银山”的理念，世世代代当好“守河人”，不断推动延河治理保护高质量发展，谱写新时代延河的光辉篇章。

第一篇　流域环境

延安地区大地构造属鄂尔多斯台坳之陕甘宁盆地的一部分，经过5亿多年的构造运动，形成陕北高原现代地貌大势。更新世末期，高原上先后堆积了午城黄土、离石黄土、马兰黄土，经长期侵蚀，逐渐演变成黄土塬、梁、峁与沟壑纵横的地貌景观。延河从白于山南麓发源，由西北流向东南，汇入黄河，系黄河右岸一级支流，为延安市第二大水系。延河流域涉及延安市宝塔区、安塞区、延长县、志丹县及榆林市靖边县，是延安市的政治、经济、文化、交通中心，流域内石油、天然气能源富集，是国家重要能源工业基地。延河流经陕北黄土高原丘陵沟壑区，受自然和人为活动影响，长期以来水资源匮乏，水土流失严重，山高沟深，地形破碎，植被稀疏，生态环境十分脆弱。本篇主要记述延河水系分布、流域自然及社会环境等基本情况。

第一章　河流水系

水系是由河流的干流、支流以及流域内的湖泊、沼泽或地下暗河形成的彼此相连的集合体，又称河系。延河发源于陕西省靖边县天赐湾，干流由西北向东南流经靖边、安塞、志丹、宝塔，于延长县罗子山镇天尽头村与雷赤镇凉水岸村之间汇入黄河，全长 286.9 千米，流域面积 7725 平方千米，其中延安市境内河长 248.5 千米，流域面积 7321 平方千米。延河水系位于陕北黄土高原丘陵沟壑区，地形破碎，侵蚀强烈，支、毛、冲沟极为发育，具有干流深切，支流密布，河道弯度大，大部分沟道具有季节性沟道的典型特征。本章主要记述延河干流、支流及河源、河口等基本情况。

第一节　干　流

延河历史上多次易名，战国时叫区水，西汉时叫洧水，南北朝西魏改名清水，以后简短叫筋水、濯筋水、延水等，到近代才称延河。延河源头区靖边县境内河段群众称“前城河”，下游罗子山镇一带河段群众称“小河”。

延河发源于陕西省榆林市靖边县天赐湾村羊羔畔，其地理位置为东经 108.89°、北纬 37.32°，海拔 1572.28 米，人口、农田稀少，植被稀疏，河源出露处位于白于山南麓大峡谷内岩石断层，水从约 50 米高的红砂岩断层岩面渗出，到谷底汇集成细流，靖边县境内称前城河，于延安市安塞区杨石寺村进入延安市境内称延河。

延河河源至安塞区化子坪为上游段，长 61.7 千米，河谷狭窄多呈 V 形，河床最窄处宽度 10 米左右，最宽处不过 80 米，河道弯曲度大；化子坪至宝塔区甘谷驿为中游段，长 114.8 千米，为延河的主要河段，河谷明显展宽，平均宽度达 1000 米，延河几条主要支流坪桥川、杏子河、西川河、南川河、蟠龙川汇于其间，集水面积 4490 平方千米，占全流域面积的 58.12%。安塞城区、延安城区，以及安塞区建华镇、沿河湾镇，宝塔区河庄坪镇、李渠镇、姚店镇、甘谷驿镇等重点城镇，都建于延河左右岸。部分能源化工企业及安塞、宝塔现代农业示范园都沿延河川道布设。延河中游区域为延安市政治、经济、交通、文化的核心区域；甘谷驿至河口为延河下游段，长 110.4 千米，流域面积 1520 平方千米，分布有延长县城、黑家堡、七里村、张家滩等重要城镇和石油能化园区。下游段河谷逐渐变狭窄，尤以延长县阎家滩以下至河口段，河流深切基岩，岸陡、滩多、水急，河谷宽度仅 30 ~ 100 米，形成典型的陡壁峡谷河段，阎家滩稍下的古州寺河段，形成最窄处宽度仅 2 米多、深达十几米的深槽（胆大者可以一跃而过），古时常有人求神许愿行善事在此搭桥供行人过河。延河在延长县罗子山镇天尽头村与雷赤镇凉水岸村之间汇入黄河，入黄河口河段呈 S 形大转弯，弯道处悬崖高度约 100 米，类似延川县黄河乾坤湾，河面宽度约50米，河内有巨石分布，靠河口有少量农田，种植花椒树、红薯、南瓜等。河口两岸均为土石山，自然植被以酸枣刺、荆条、荒草为主，入黄河口处海拔488米。

据《陕西省延河岸线保护与利用规划》，延河自20世纪60年代以来，主槽着流点及河流平面河势没有发生过较大变化，河道河势基本稳定。延河1956年1∶5万航测图和2019年卫星图对比分析，经过60多年演变，河段河宽变化很小，河宽在400～500米，同时在两面堤防的控制下，河势基本稳定，平面摆动不大，河流平面摆动在10米左右。纵向分析结果，河床高程基本稳定，冲淤基本平衡。

第二节　主要支流

延河水系在延安市境内大于2千米的河流沟道共有1282条，其中一级支流196条，二级支流557条，三级支流421条，四级支流100条，五级支流8条。主要支流如下：

（1）马圈沟，又名马沟，为延河右岸一级支流，发源于靖边县天赐湾镇，于安塞区镰刀湾镇马圈子汇入延河。河长23.2千米，河道平均比降7.0‰，流域面积128.1平方千米，多年平均径流量400万立方米，是唯一一条跨市境的100平方千米以上的大沟。

（2）周家河，又名周家湾沟，为延河右岸一级支流，发源于志丹县张渠便民服务中心，于安塞区化子坪镇汇入延河。河长24.5千米，河道平均比降5.2‰，流域面积123.5平方千米，多年平均径流量400万立方米。

（3）坪桥川，又名小川，位于安塞区北部，因在小川而得名，发源于王家湾乡郝家圪台，由北向南流经坪桥、郝家坪至建华寺沟岔汇入延河，全长44.3千米，河道平均比降6.2‰，为延河一级支流。流域面积329.85平方千米，年平均径流量1700万立方米，常流量0.5～0.6立方米每秒，流速0.4米每秒，河床宽18～22米。石油储量丰富，20世纪90年代后，成为延安著名的石油产区。

（4）杏子河，俗名西川水，又名浑洲川水，为延河右岸一级支流，也是延河最大支流，发源于白于山南麓靖边县大路沟便民服务中心关圣塌，自西北向东南流经榆林市靖边县大路沟和五里湾便民中心，在延安市志丹县张渠便民中心庙和渠村的塌崖畔入县境，流经志丹县杏河镇、安塞区招安镇及沿河湾镇，至沿河湾镇黄崖根汇入延河，全长104.1千米，河道平均比降3.8‰，流域面积1486.1平方千米，年平均径流量6696万立方米，河床宽度25～35米，流速0.7米每秒。杏子河有1千米以上的沟道62条，河槽多狭窄且深切，多有倒岸，岩石出露高。洪枯量相差很大，洪水暴涨暴落，年均侵蚀模数1.48万吨每平方千米。王瑶水库位于流域中游。

（5）岔路川，又名石道沟，属安塞区招安镇，位于延安王瑶水库库区内，流域面积136.4平方千米，为杏子河一级支流，延河二级支流。河道长30.1千米，河道平均比降5.8‰，流域面积137.6平方千米，多年平均径流量500万立方米。

（6）长尾河，又名高家沟。发源于志丹县侯市便民服务中心井沟岔和杨台原两村之间，属杏子河一级支流，延河二级支流。河道长32.1千米，河道平均比降6.8‰，流域面积247.4平方千米，1千米长沟道32条，流经志丹侯市便民服务中心、安塞区招安镇，多年平均径流量1100万立方米。

（7）西川河，为延河右岸一级支流，发源于志丹县双河镇曹封庄，因位于延河西部而得名，流经安塞区砖窑湾镇、高桥镇，宝塔区枣园街道，于延安城区兰家坪汇入延河。主沟长65.8千米，河道平均比降5.7‰，流域面积809平方千米，年平均径流量2900万立方米，常流量0.5～0.6立方米每秒，流速0.4米每秒，河床宽18～22米。枣园革命旧址、中国延安干部学院位于西川河下游左岸。

（8）山王沟河，又名山王河，发源于志丹县双河镇南家河，河长21.8千米，河道平均比降10.9‰，流域面积118.9平方千米，流经志丹县双河镇、安塞区砖窑湾镇西河口，汇入西川河，为延河二级支流。1千米长沟道28条。多年平均径流量400万立方米。

（9）楼坪川，为西川河一级支流，延河二级支流，河长26.9千米，河道平均比降10.2‰，流域面积171.7平方千米，1千米以上长沟道29条。流经安塞区高桥镇楼坪川，多年平均径流量400万立方米。

（10）南川河，为延河右岸一级支流，发源于宝塔区万花山镇，流经宝塔区柳林镇，于延安城区宝塔山下汇入延河，河长29.2千米，河道平均比降9.6‰，流域面积430.0平方千米，1千米以上沟道13条。多年平均径流量1500万立方米。西延铁路延安火车站位于南川河右岸柳林镇。延安新机场位于南川河右岸。

（11）杜甫川，以唐代诗人杜甫的名字命名，为延河二级支流，河流长26.1千米，河道平均比降9.3‰，流域面积156.4平方千米。流经宝塔区万花乡，注入南川河。1千米以上沟道12条。多年平均径流量400万立方米。其源头有山叫万花山，得其名于牡丹，洛阳牡丹兴盛之前，天下牡丹以延安为宗。宋《图经本草》："今丹延山中皆有，但花有黄紫红白数种"。其源头是脍炙人口的《木兰诗》的主人公花木兰的故乡，现是著名的旅游胜地。

（12）马驷沟，又名马驷川，为延河一级支流，流经宝塔区川口镇，河流长22.7千米，河道平均比降11.5‰，流域面积170.4平方千米。1千米以上沟道20条，多年平均径流量400万立方米。

（13）丰富川，为延河一级支流，流经宝塔区丁庄、冯庄，河流长36.9千米，河道平均比降6.9‰，流域面积201.4平方千米，1千米以上沟道28条，多年平均径流量700万立方米。

（14）蟠龙川，为延河一级支流，河流长54.6千米，河道平均比降6.2‰，流域面积572.9平方千米，流经宝塔区蟠龙镇、青化砭镇、姚店镇汇入延河。有1千米以上沟道40条，多年平均径流量2100万立方米。解放战争初期，著名的青化砭战役、蟠龙战役发生于此。

（15）牡丹川，为延河二级支流，蟠龙川一级支流，发源于宝塔区青化砭镇，河流长39.8千米，河道平均比降7.8‰，流域面积193.1平方千米，1千米长沟道26条，多年平均径流量400万立方米。

（16）武阳川，又名王杨川，发源于宝塔区姚店镇，延河一级支流，河流长24.2千米，河道平均比降9.3‰，流域面积131.8平方千米，1千米长沟道17条，多年平均径流量400万立方米。

（17）唐家坪沟，延河一级支流，发源于宝塔区甘谷驿镇芦草梁，于甘谷驿镇汇入延河，河流长17.1千米，河道平均比降11.2‰，流域面积106.4平方千米。210国道贯通其中。

（18）郭旗沟，发源于延长县郑庄镇郭旗沟樊家圪台，延河一级支流，全长22.3千米，河道平均比降10.4‰，流域面积104.3平方千米，河床宽10 ~ 50米，多年平均径流量400万立方米，汇入1千米以上的小河33条，于丁旗村汇入延河。

（19）石公河，发源于延长县郑庄镇后董台，延河一级支流，全长25.9千米，河道平均比降12.1‰，流域面积173.4平方千米，河床宽15 ~ 60米，流量0.19立方米每秒，多年平均径流量600万立方米，汇入1千米以上支流27条，于杨家沟汇入延河。流域内石油、煤炭资源富集，为县域重要工业区域。

（20）烟雾沟，发源于延长县交口镇孙家塌，延河左岸一级支流，全长23.3千米，于七里村街道办事处呼家川村汇入延河。河道平均比降11.0‰，流域面积123.8平方千米，河床平均宽43米，多年平均径流量400万立方米，有22条1千米以上的河沟汇入。封家河坝系及王家河水厂建于河道中游，为县城供水的重要水源地。

（21）安沟河，为延河下游右岸一级支流，发源于延长县安沟镇杨道原北沟，全长21.7千米，河道平均比降19.5‰，流域面积137.4平方千米。多年平均径流量400万立方米。渭（南）清（涧）公路贯通其中，安沟水库建于沟道中游，为延长县城主要供水水源。

延河主要支流特征值见表1–1–1。

表1–1–1　延河主要支流特征值

序号	河流名称			河道长度 / km	河道平均比降 / ‰	流域面积 / km^2	说明
	级别	一级支流	二级支流				
1	延河干流			286.9	3.3	7725	
2		马圈沟		23.2	7.0	128.1	又名马沟
3		周家河		24.5	5.2	123.5	又名周家湾沟
4		坪桥川		44.3	6.2	329.85	又名小川
5		杏子河		104.1	3.8	1486.1	
6			岔路川	30.1	5.8	137.6	
7			长尾河	32.1	6.8	247.4	又名高家沟

续表1-1-1

序号	河流名称			河道长度 / km	河道平均比降 / ‰	流域面积 / km²	说明
	级别	一级支流	二级支流				
8		西川河		65.8	5.7	809.0	
9			山王沟河	21.8	10.9	118.9	又名山王河
10			楼坪川	26.9	10.2	171.7	
11		南川河		29.2	9.6	430.0	
12			杜甫川	26.1	9.3	156.4	
13		马驷沟		22.7	11.5	170.4	
14		丰富川		36.9	6.9	201.4	
15		蟠龙川		54.6	6.2	572.9	
16			牡丹川	39.8	7.8	193.1	
17		武阳川		24.2	9.3	131.8	
18		唐家坪沟		17.1	11.2	106.4	
19		郭旗沟		22.3	10.4	104.3	
20		石公河		25.9	12.1	173.4	又名郑庄沟
21		烟雾沟		23.3	11.0	123.8	又名花定河
22		安沟河		21.7	19.5	137.4	

第三节　河源　河口

一、河源

2017年11月9日，延安市水务局组织对延河源头进行首次考察，局党委副书记古晓成、市纪委派驻纪工委书记谢瑞霞、原副局长赵西安，市水务局下属单位、安塞区水务局、延安水文水资源勘测中心共20余人参加，榆林市靖边县水资源局协助。当地群众和业务部门认为延河源头位于靖边县天赐湾镇天赐湾村羊羔畔峡谷，地理位置东经108.89°、北纬37.32°，海拔1572.28米。从山顶到沟底灌木荆棘遍布，考察人员徒步下到峡谷底部，看到河源出露处为几十米高的红砂岩，水从巨大岩面渗出，到谷底汇集成溪流。考察组用随身携带的工具围堵溪流，用水桶和秒表大致测定流量，提取水样，考察人员取源头水喝感觉无异味。在羊羔畔向西，还有一条较长支沟——椿树湾，因沟底为淤泥滩面，未能近前查看。

2023年10月9日，延安市水务局为编写《延河志》，组织对延河源头区补充考察，由《延河志》主编赵西安带队，市水利工作队工作人员曹东东、高启艳、曹亚妮，安塞区水务局干部韩杰、镰刀湾镇杨石寺村党支部书记白玉清等参加。考察组从镰刀湾沿延河干流上溯而行，过杨石寺村进入靖边县境内，顺次考察芦子关、前城河、后城河等河段（靖边县水利局提供资料称本县境内延河为前城河）。在后城河村附近山坡高处，用无人机进行拍摄。考察发现，延河源头区河流水面宽度1～3米，因前期降水，河水较浑浊，河床宽度一般5～15米，受水流冲刷，形成一些典型河流地貌，河两岸为红砂岩层，不少地段出现数十米高的壁立悬崖，芦子关附近河段的悬崖颇为壮观。据县志记载，自秦汉以来，芦子关为抵御外敌之要塞，有关部门在悬崖上镌刻了“塞北第一关 芦子关”大字和唐代诗人杜甫的诗词《塞芦子》。许多河段悬崖上分布有崖居洞穴，年代不清。杨石寺村附近的云岩寺石窟建于北魏时期，有村民自筹经费修复。延河干流源头区村庄农田稀少、植被稀疏，大部分山坡为荒草地，分布有油气井。

2023年11月7日，《延河志》主编赵西安，延安市水保生态治理和灾害防御中心主任沈建伟、副主任张甫和部分党员干部，在志丹县张渠便民服务中心党总支书记李纯真、主任张彩平及乡村干部协助下，对延河一级支流杏子河源头区靖边县大路沟、五里湾便民服务中心自然概况和水土流失治理情况进行实地考察，两个中心共辖11个行政村，户籍人口1.41万人，总面积357平方千米，大部分处于杏子河源头区。20世纪90年代实施杏子河流域治理项目，林草保存较好，植被覆盖率60%左右，山上有部分机修梯田，种植玉米、谷子等农作物，沟道有少量淤地坝，群众安全饮水问题基本得到解决。山峁有多处长庆油田开采的石油井场。

二、河口

2017年5月25日，延安市水务局原副局长赵西安参加《江河》杂志“追寻延河”考察组，到延长县南河沟乡凉水岸村，对延河入黄河口实地查看，了解自然环境、汇流状况及黄河古渡禹王坪渡口情况（黄河东岸为山西省大宁县平头关）。

2023年9月3日，赵西安在赵慧军协助下，首次前往延长县罗子山镇天尽头村，徒步查看延河入黄河口情况，并选择了航拍地点。10月10日，经延安市水务局安排，赵西安带领市水土保持工作队刘雪英、李小杰，市水利工作队高启艳，延长县水土保持工作队队长冯赟栋等人员，用无人机在延长县罗子山镇天尽头村对延河入黄河口拍照，在河谷风大的情况下，反复操作，获得了较满意照片，并对地形地貌、河流形态、自然植被等进行实地考察。延河入黄河口河段呈S形大转弯，弯道处悬崖高度约100米，类似延川县黄河乾坤湾，十分壮观。考察组从河口沿延河上行约1千米，目估该段河面宽度约50米，河内有数处巨石分布，似从河岸悬崖落下滚入河中，其中一块巨石上有人工穿凿的石孔，可能用于拴挂缆绳。靠河口右岸有少量农田，种植花椒树、红薯、南瓜等。河口两岸均为土石山，自然植被以酸枣刺、荆条、荒草为主，人工林为垒石填土栽植的柏树，成活率约70%，高度1米左右。

第二章 自然环境

延河流域整体地形西北高、东南低，地面高程一般为600 ~ 1600米，由黄土梁峁、黄土残塬、河谷阶地、黄河沿岸土石山区等地貌形态组成，呈现梁峁起伏，沟壑密布的自然景观。流域土层深厚，光照充足，生物及矿产资源丰富，同时存在水资源短缺、水土流失严重、生态环境脆弱、自然灾害频繁等突出问题。本章主要记述流域地形地貌、土壤植被、气象水文、自然资源、自然灾害等情况。

第一节 地形地貌

一、地质

延河地处鄂尔多斯台地，岩层倾斜度小，呈水平产状，主要地层为中生代及其以后沉积物。下游分布着三叠系青灰色砂岩与页岩互层，上游分布着白垩系的红色砂岩、紫红色砂岩与页岩互层。在中生代地层之上覆盖有红土、黄土、黄土状土及现代沉积物等。上覆地层亦呈现上游新、下游老的规律，覆盖厚度大致是上、下游的厚度比中游大。

二、地形地貌

（一）黄土梁峁状丘陵

黄土梁峁状丘陵主要分布在安塞区、志丹县、宝塔区。其形态为梁峁起伏，峁多于梁，梁峁顶高，从北向南逐渐降低，梁峁下为冲沟、河沟，相对切割深度120 ~ 220米，最大可达320余米。

（二）黄土宽梁残塬

黄土宽梁残塬主要位于延长县七里村、张家滩、安沟、罗子山等镇，塬面土地平缓，一般海拔在756 ~ 1364米。在河谷范围内，是一些短梁、低峁地形，而在河谷梁峁上部是宽梁残塬，梁呈微弯形，宽500 ~ 600米，或1 ~ 2千米。梁顶高1° ~ 2°，邻近谷缘线时梁坡度增大至10° ~ 30°。

（三）薄层黄土覆盖的石质丘陵

薄层黄土覆盖的石质丘陵分布在延长县的黄河沿岸罗子山、雷赤等镇，是延河流域的独特地形，海拔470 ~ 1290米，由三叠纪砂、页岩组成，覆盖薄层的连续黄土，黄河深切形成峡谷，谷底高程在450 ~ 590米，石质丘陵高出谷地达400 ~ 500米。

（四）河谷阶地

河谷阶地主要分布在安塞区的化子坪川、王窑川和宝塔区的蟠龙川以及延河主要支流，为基座阶地，河床较为稳定，一般有三级阶地，其中一、二级阶地为良好的川台地。

第二节　土壤植被

一、土壤

延河流域的土壤类型分为7个土类，主要土类为黄绵土、新积土、红土和黑垆土。黄绵土占总面积最多，广泛分布于梁峁、山坡、沟谷和湾塌地上，抗蚀性差，湿陷性大，是主要耕作土壤。黑垆土为地带性土，由于土壤侵蚀作用，仅零星分布于梁峁顶部、分水岭及较大的沟谷台地上。此外，红土和新积土是近代侵蚀和淤积形成的幼年土壤。

二、植被

据考证，历史上延河流域曾经森林茂密，水草丰盛，随着人口的增加，战乱频仍，屯田垦荒，森林草原植被损失殆尽，现天然林残存不多，形成以干旱草本植物占优势的植被状况。新中国成立以来，经过长期坚持造林种草，特别是1999年全面实施退耕还林以来，流域植被得到较快恢复，2020年，林草覆盖率达到81.3%。现有植被主要类型包括林地、灌木林地、果园、天然牧草地、人工牧草地等，延长县南部分布有带状天然次生林。

第三节　气象水文

一、气象要素

延河流域属暖温带与中温带过渡区的大陆性季风气候，四季分明，春季干旱多风，夏季气候温热，秋季凉爽多雨，冬季寒冷干燥。

（一）气温

平均气温安塞区8.8摄氏度、宝塔区9.4摄氏度、延长县10.1摄氏度。

（二）总辐射量

由于复杂的地形，不同的下垫面和太阳辐射，大气环流的共同作用和冬季季风，夏秋季风在本地交替时间的早晚、为期长短、强弱变化不同，形成了延河流域光能资源丰富，利用水平低下，热量资源对农作物一年一熟有余，两熟不足。年总辐射量125～134千卡每平方厘米，年有效辐射量67.8千卡每平方厘米，年日照时数平均为 2397.3 ~ 2523.3 小时。一年中作物光合条件最佳时段为 7 月，其次是 8 月，5 月、6 月是一年中辐射高峰。

（三）风向、风力

延河流域全年以西南风居多，冬季盛行西北风、夏季多为东南风。7 级以上大风四季均可出现，夏季大风通常与雷雨相伴，范围不大，时间较短，风力强劲。冬、春季主要是寒潮大风，常伴有降温出现，持续时间较长。全年平均风速在 1.3 ~ 3 米每秒。

（四）冰、霜、冻

初霜日期一般为 10 月初至 10 月中旬，终霜日期在 3 月下旬至 4 月下旬。无霜期平均 173 天，由西北向东南逐步递增。从 11 月上中旬由北向南逐渐结冻，11 月底至 12 月上旬封冻，实测最大冰厚大约 0.85 米。次年 2 月底至 3 月由东南向西北逐步解冻，平均封冻天数 79 天。历年最大冻土深度平均为 83 厘米。

（五）蒸发

多年平均水面蒸发量为 897.7 ~ 1067.8 毫米。一年内只有 7 ~ 9 月湿润度大于 1.0，即降水量大于蒸发量，其余各月降水量都小于蒸发量。由多年平均水面蒸发量与多年降水量之比求得干旱指数为 1.57 ~ 1.92。

二、水文特征值

（一）降水

延河流域降水的时空分布与季风的变化密切相关，多年平均降水量为 504.6 毫米（《延安市水资源综合规划》）。年降水量由上游至下游递增，7—9 月是雨季，降水量占全年的 60% 以上。日降水量≥ 0.1 毫米的降水日数在 80 ~ 100 天；日降水量≥ 10 毫米的降水日数在 14 ~ 19 天；日降水量≥ 50 毫米的降水日数在 0.5 ~ 1.2 天；日降水量≥ 100 毫米的大暴雨出现极少，约 10 余年一遇。

延河流域主要雨量站实测多年平均降水量见表 1-2-1。

表1-2-1　延河流域主要雨量站实测多年平均降水量

单位：mm

站名	降水量	年限
安塞	510.6	1956—2008 年
杏河	499.0	1956—2008 年
招安	505.6	1956—2008 年

续表1-2-1

站名	降水量	年限
镰刀湾	422.6	1977—2008 年
砖窑湾	535.7	1956—2008 年
延安	536.2	1956—2008 年
枣园	540.2	1956—2008 年
三十里铺	522.9	1956—2008 年
蟠龙	472.7	1956—2008 年
甘谷驿	515.9	1956—2008 年
延长	493.3	1970—2008 年
白家川	497.9	1977—2008 年
罗子山	495.3	1982—2008 年

（二）径流

安塞水文站实测多年平均年径流量 0.51 亿立方米，最大年径流量 0.95 亿立方米，最小年径流量 0.25 亿立方米，最大值为最小值的 3.8 倍，径流在年内主要集中在 6—9 月，占全年径流量的 60% 以上，10 月至翌年 5 月仅占约 40%。实测最大流量为 2710 立方米每秒（1977 年 7 月 6 日），最小流量为 0.02 立方米每秒（1992 年 5 月 11 日）。延安水文站实测多年平均年径流量 1.22 亿立方米，最大年径流量 3.07 亿立方米 （1964 年），最小年径流量 0.48 亿立方米（1997 年），最大值为最小值的 6.39 倍。主汛期（7—8 月）径流量占全年径流量的 49.3%。实测最大流量为 7200 立方米每秒（1977 年 7 月 6 日），最小流量为 0 立方米每秒（1967 年 12 月 14 日）。甘谷驿水文站实测多年平均年径流量为 2.14 亿立方米，最大年径流量为 5.09 亿立方米 （1964 年），最小年径流量为 1.24 亿立方米（1974 年）。延河多年平均年径流量为 2.74 亿立方米（《延安市水资源综合规划》）。

（三）洪水

延河洪水均系暴雨所致，流域内山高坡陡，历史上耕垦指数高，植被稀疏，洪水一般具有来势猛、历时短、暴涨暴落的特点。安塞水文站实测最大洪峰流量 1520 立方米每秒（1994 年）；延安水文站实测最大洪峰流量 7200 立方米每秒（1977 年）；甘谷驿水文站实测最大洪峰流量 9050 立方米每秒（1977 年）。

（四）泥沙

延河流经黄土高塬丘陵沟壑区，水土流失极为严重，据 1956—2008 年水文系列资料分析，年平均输沙量 5611 万吨，年平均侵蚀模数 7263 吨每平方千米年。

第四节 自然资源

一、水资源

（一）水资源总量

《延安市水资源综合规划》（2008 年 5 月编制）分析成果：延河水资源总量 2.74 亿立方米，其中地表水资源量 2.74 亿立方米，地下水资源量 0.67 亿立方米，重复水资源量 0.67 亿立方米。延河水资源可利用量 1.13 亿立方米，可利用率 41.2%。

据《延安市 2020 年水资源公报》（计算面积 7687 平方千米），2020 年，延河年径流量 2.63 亿立方米，多年平均径流量 2.42 亿立方米。

（二）水质评价

随着延河流域城镇化、工业化发展以及农村面源污染，延河水质受到严重影响，2018 年前，延河干流，全年没有Ⅲ类和Ⅳ类水质河段，全部是Ⅴ类和劣Ⅴ类水质河段。2017 年开展“河长制”工作以来，全面加强河流治污，主要河流断面水质状况得到改善。2020 年监测结果显示，延河流域 10 个水功能区中，有 5 个不达标（均为Ⅳ类水质），超标污染物主要为氨氮、总磷、化学需氧量（COD）等，分布在安塞城区至宝塔区甘谷驿河段。

二、矿产资源

（一）石油

主要含油层为三叠系延长组。安塞区探明和圈定的油区有坪桥、王窑 2 处大型采区，2003 年探明原油储量 1.67 亿吨，另楼坪、招安、高桥、化子坪也有大面积油气资源。宝塔区青化砭油田（含姚店油田）储量 5540 万吨，甘谷驿油田储量 4943 万吨，川口油田储量 2913 万吨，合计 1.34 亿吨。延长县境内储油面积 506.531 平方千米，地质储量 2.24 亿吨。志丹县、靖边县杏子河流域也有较丰富的石油储量。

（二）天然气

延河流域天然气储量分布较大，尚未完全探明。安塞区分布在各个井区，多属油气伴生气田；宝塔区主要分布在梁村、冯庄、蟠龙、甘谷驿、元龙寺等区域，探明储量 1000 亿立方米以上（含临镇、麻洞川区域）；延长县自黑家堡至张家滩至罗子山均有分布，2010 年底已打天然气井 111 口，储量仍在勘探中；志丹县、靖边县杏子河流域亦有分布。

（三）煤炭

安塞区 1973 年探明在沿河湾镇李家湾一带有三叠系煤田，储量 809.3 万吨，开采难度较大；宝塔区含煤层面积 1956 平方千米，储量 10.83 亿吨，主要分布在北部贯屯、蟠龙，中部青化砭、川口以及南部姚家坡、麻洞川一带，部分矿已开采多年；延长县境内煤层分布 16 平方千米，储量 252 万吨，石马科、张台等煤矿开采多年。

（四）其他

安塞区有铁矿石、锰矿、泥灰岩、陶粒黏土、石灰石、油页岩；宝塔区有紫砂陶土、油页岩、肥料煤、高岭土、钙质结核、铁矿；延长县有瓷土、石灰石、石英砂。

三、生物资源

（一）植物

乔木类主要有杨树、柳树、杜梨、榆树、苹果、梨、核桃、桃、杏、山桃、山杏、中槐、龙爪槐、刺槐、枣、椴树、柽柳、白蜡、臭椿、桑树、山楂、侧柏、油松、刺柏、云杉、桧柏、银杏、白皮松、月牙、山榆等；灌木类主要有柠条、紫丁香、连翘、虎榛子、黄蔷薇、樱桃、狼牙刺、沙棘、胡枝子、酸枣、沙柳、六道木、忍冬、枸杞、荆条、花椒、葡萄、白杞、龙柏、黑刺、大马茹、红柳等；草本植物主要有大披针苔、白羊草、甘草、苦参、野棉花、黄菅草、蛇木子、牛耳朵、羊耳朵、野西米、野金针、马莲草、山丹丹、旱艾蒿、水艾蒿、冰草、沙蒿、冬青、旱芦草、水稗子、黄蒿、臭蒿、野糜子及菊科植物等；药用植物主要有何首乌、芍药、牡丹、淫羊藿、木兰、山楂、五倍子、杜仲、葛根、苦参、连翘、柴胡、远志、血见愁、独活、防风、黄芩、枸杞、地骨皮、荆芥、党参、牛蒡子、艾蒿、五味子、芦根、茵陈、山药、丹参、板蓝根、车前子、甘草、生地、大黄、贝母、小茴香等；观赏植物主要有美人蕉、射干、吊兰、夹竹桃、夜来香、菊花、鸡冠花、牡丹、香水花、月季花、仙人掌、绣线菊、玫瑰、海棠、凤仙花等；栽培作物主要有玉米、谷子、高粱、小麦、糜子、春大麦、黑麦、荞麦、豆类、小麻（绒麻）、老麻（蓖麻）、花生、芝麻、向日葵、黄芥、红薯、洋芋（马铃薯）、棉花、烟叶、西瓜、小瓜、白菜、莲花白、菜花、黄瓜、南瓜、萝卜、葱、番茄、菠菜、茄子、芹菜、韭菜、芥菜、黄花菜、西葫芦、洋姜、大蒜、洋葱、辣椒、滴溜、芋莲等；野菜类主要有苦苣、小蒜、灰条、木耳、蘑菇、地软、睁眼菜、胖娃娃草等。

（二）动物

饲养动物主要有牛、马、驴、骡、猪、羊、兔、猫、鸡等；昆虫类人工饲养的有中国蜂、意大利蜂、蚕、蝎子、土元虫等；鱼类有甲鱼、鲤鱼、草鱼、鲫鱼、鲢鱼等；野生兽类有狼、狐狸、黄鼠狼、狗獾、野猪、狍、斑豹、野羊、山狸子、兔、鼠类等；鸟类有喜鹊、山鸡、野鸡、老鹰、猫头鹰、乌鸦、麻雀、燕子、啄木鸟、布谷鸟、百灵鸟、黄鹂、麻野雀、大雁斑鸠、野鸭、鸳鸯、鹞等；还有蛇类、蛙类等。

第三章 自然灾害

延河流域主要自然灾害为气象灾害（干旱、洪涝、冰雹、冻害等），其次为地质灾害（滑坡、崩塌、泥石流等），历来对人类和农业生产、国民经济建设造成极大的威胁和损害。旱灾多发生在冬春，受灾面积大、出现次数多、持续时间长，历史上颗粒无收年景多有记载；降水时空分布不均，夏季暴雨集中，极易造成山洪暴发，给沿河人民生命财产造成严重损失。由于黄土土质疏松，在强降水情况下容易发生滑塌、泥石流，往往会造成次生灾害。本章记述历史上有文字记载以来延河流域发生的重大自然灾害。

第一节 水 灾

《延安地区水利水保志》记载，延河流域从 981 年至 2020 年，共 1040 年中，发生较大洪水灾害 49 次，平均每 21.2 年一次。

宋太平兴国六年（981 年）七月，延州水丈余，入城坏仓库庐舍。太平兴国九年（984 年）八月，延州南、北两河水溢入城，坏官寺民舍。

元泰定三年（1326 年）七月，延安路肤施县水漂居民 90 余户。

明万历二十六年（1598 年）秋大水，漂没人畜甚多。万历二十七年（1599 年），安塞大水，由西川发，冲荡村落，淹没人民，抵县南门。万历四十四年（1616 年）大雨如注五六日，延长翠屏山崩二十二日。

清顺治十六年（1659 年）六月，洪水滔流至安塞县，冲其城门，庐舍坏者甚多；延安府城三关尽没，死者百余人；延长县城垣、庐舍遭覆没。延水至夜漂没延长城郭。乾隆十四年（1749 年）七月二十三日，延河水涨，汹涌异常，延安府城旧筑城根石冲塌十五六丈。嘉庆五年（1800 年）七月，延河涨发，冲塌城身城堤数十丈，水流入北门至北关十字并北仓外。同治五年（1866 年），安塞大水入城，人畜多溺死。

民国六年（1917 年）9 月 2 日，延水涨至肤施东门城墙前。民国二十二年（1933 年）8 月 7 日，延河水至肤施城北关街。民国二十九年（1940 年）7 月，延河大水。

1953 年 8 月 3 日，延安枣园川出现大洪水，受灾面积 5579 亩。

1956 年 7 月 22 日，延河水涨，水毁延长—白家河 30 千米路面。8 月 6 日，延安蟠龙川大水。

1958 年 6 月 28 日至 8 月 20 日，阴雨连绵，间有大雨，山洪暴发，河水泛滥，延长县 6900 亩农田遭水灾，死亡 3 人，倒塌房窑 702 孔（间）。1959 年 8 月 23 日，延安蟠龙川洪水受灾面积 3 万余亩；24 日，延安桥沟一里铺沟洪水冲走 4 人。1966 年 7 月，连降暴雨，延河、黄河猛涨，延长县淹死4人，8441亩农田遭受水灾，冲毁淤地坝201座、苗圃43亩。羊圈山二队女社员姜立英在暴雨中抢救羊11只，年家河12名社员抢救羊60多只。

1975年7月21日，延长县关子口沟突降暴雨，山洪暴发，舍里庄1人被山洪淹死。1977年7月6日，延河发生特大洪水，延安城洪峰流量8800立方米每秒，4000余人受灾，死亡134人，直接经济损失1.26亿元；延长县洪水进城，近河居民、机关住房夷为平地。冲毁大量农田、水毁道路、桥梁、河堤、库坝、电信广播线路，交通、通信中断。

1981年8月15日，延长县降特大暴雨，倒塌窑洞63孔，塌死6人、伤10人。洪水冲走6人。1983年7月，延长县连降暴雨，洪水成灾，死亡2人。1987年7月9—15日连降暴雨，延长县郑庄、郭旗、七里村、刘家河、安沟、张家滩、安河7乡（镇）45村受灾，农作物、大坝、牲畜受损失。受灾面积29121亩，冲毁大小坝175座，房窑倒塌12孔（间）。

1993年8月3日，延安市（今宝塔区）遭受特大暴雨袭击，延河姚店段洪峰流量2700立方米每秒，甘谷驿段洪峰流量2900立方米每秒，市区主要街道积水一尺多深，川道冲毁农田34825亩。大量交通、通信、电力、水利等设施被毁，10.95万人受灾，死亡11人，直接经济损失1.3亿元。

2002年7月4日，延河一级支流蟠龙川发生洪水，青化砭洪峰流量2000立方米每秒；7月5日，延河干流沿河湾洪峰流量2700立方米每秒，杨家湾1900立方米每秒，甘谷驿2000立方米每秒，对沿河区域工农业生产和交通通信设施等造成损失。

2013年7月，延安市包括延河流域遭受持续强降雨袭击，引发大面积洪涝、滑塌、泥石流灾害。2016年8月15日，延河支流西川河上游安塞区砖窑湾镇突发短历时强降水，引发山洪，造成S303省道过往车辆被冲走5辆，8人死亡。

2020年8月5日，延河延安城区段发生约1000立方米每秒洪水，造成河道大量花草和游览设施受损及泥沙淤积。

2024年8月9日，延安上游延河一级支流西川河发生较大洪水，枣园水文站洪峰流量1200立方米每秒（超警戒），延河干流安塞水文站洪峰流量380立方米每秒，延河延安城区段出现2002年以来最大洪水，河滩公园种植花草及游览步道被淹没，造成大量泥沙淤积。

第二节　旱　灾

延河流域干旱频繁，受灾面积大，为自然灾害之首。《延安地区水利水保志》记载，从五代后汉乾祐二年（949年）至2020年共1072年中，发生较大旱灾94次，平均每11.4年发生一次。

五代后汉乾祐二年（949年）六月旱。

宋建隆三年（962年）春夏不雨。

太平兴国三年（978 年）四月旱，饥。

金大定元年（1161 年）延路旱，大饥。

元至治三年（1323 年）三月，旱，延安、延长、宜川县饥。泰定元年（1324 年），旱，延安属县饥。泰定二年（1325 年）至天历元年（1328 年），不雨，大饥，人相食。

明洪武四年（1371 年）三月，延安府肤施县旱。洪武六年（1373 年）七月，延安府旱，人民饥。宣德二年（1427 年）全年亢旱，秋田无收。十二月旱。宣德三年（1428 年），春夏亢旱，秋霜，旱田皆无收。正统七年（1442 年），春无雨，田苗枯槁，人民乏食。正统九年（1444 年）五月天旱，七月、八月旱，麦禾俱伤，人民生活艰窘。天顺五年（1461 年）延安诸府卫夏亢旱，二麦不收。成化十七年（1481 年）连年亢旱。成化二十年（1484 年）秋大旱，饥，人相食。弘治二年（1489 年）连岁荒旱。隆庆六年（1572 年）延安大旱，饥，人相食。万历十年（1582 年），西、延大旱，饥，人相食。万历十九年（1591 年）大旱，民饥死者千人。崇祯元年至崇祯五年（1628—1632 年），肤施 5 年春夏大旱，民食草根树皮，继捣石啖之，腹坠而亡。崇祯六年（1633 年）旱饥。饿殍遍野。崇祯八年（1635 年）一年无雨，岁饥，斗米八钱，民食蓬草树皮青叶石。钦差乞赈济蠲免。崇祯十二年（1639 年）大饥，市无民。崇祯十三年（1640 年）全陕大旱饥，十月粜价腾涌，日贵一日，斗米三钱。次年十倍其值，绝粜罢市，树皮石面皆食尽，父子夫妇相剖啖，道相照，十之八九。崇祯十四年（1641 年）大旱，人相食，草木食尽。

清顺治八年（1651 年）四月至九月不雨。康熙十八年（1679 年）夏旱，禾不登。康熙五十九年（1720 年）秋至次年五月不雨，岁大饥，疾疫继起，民死无数。乾隆十五年（1750 年）夏大旱，民饥。乾隆二十三年（1758 年）春夏之交，雨泽稀少，夏禾旱。乾隆二十四年（1759 年）三四月内，雨泽缺少，麦苗被旱受伤，收成均在五成以下。乾隆三十八年（1773 年）春旱。乾隆三十九年（1774 年）春旱。乾隆四十三年（1778 年）夏旱。乾隆五十年（1785 年）三月十七日（4 月 25 日）以后，经月缺雨。乾隆五十三年（1788 年）大旱。乾隆五十七年（1792 年）大旱。乾隆五十九年（1794 年）夏大旱。嘉庆十年（1805 年）夏间缺雨，田禾均有未收者。道光十六年（1836 年）秋禾因雨泽愆期，播期推迟，收获仅五六成。道光三十年（1850 年）春大旱。同治六年（1867 年）夏旱。光绪三年（1877 年）大旱，大饥，民食草木俱尽，人相食。光绪十八年（1892 年）四月上旬得雨，后两月持续无雨，亢阳烈日，旱象将成，麦苗多枯萎，秋禾播种未出土，禾种难补，乡民乏食。光绪二十五年（1899 年）五六月后，天气亢旱。光绪二十六年（1900 年）春雨期，入夏抗旱尤甚。入秋仍鲜雨泽，秋禾多未播种。光绪二十七年（1901 年）去冬今春雨泽仍缺，二麦多未播种，近水种栽，率皆干旱枯萎。

民国四年（1915 年）夏收全无，秋田颗粒未登，全省皆然，流亡载道，卖妻鬻子，层见叠出。民国五年（1916 年）春亢旱。民国九年（1920 年）春旱，麦薄收，入夏数月不雨，谷豆棉尽枯槁。民国十年（1921 年）大旱。民国十四年（1925 年）自春至秋，亢旱不止，至秋完全无望。民国十八年（1929 年）春夏连旱，夏秋颗粒无收，举村逃亡，赤野千里，寸草不生。民国十九年（1930 年）连年不雨，六料未收，十室九空，饿殍遍野，祸惨空前未有。

1937年，肤施以北大旱。1939年春夏数月无雨，陕甘宁边区政府组织运输、拾柴等开展自救，拨救灾粮款。1940年入春天雨愆期久旱不雨，秋禾难以下种。县政府拨粮款，群众互济度荒。1941年，由于3年连续大旱（1939—1941年），野草食尽。1945年春夏连旱。

1951年春旱，夏田减产50%以上。1952年夏旱，夏秋歉收。1954年，延安县春夏大旱。1959年百日大旱。1960年继遭百日大旱，灾害严重。

1962年，为1928年以来最严重干旱，延安县粮食产量为新中国成立以来最低。1963年，延长县入夏后干旱持续70多天。1965年，全流域春、夏、秋旱。1966年春至7月中旬，未降透雨，干旱持续，旱情严重。

1972年春夏连旱。1977年冬至1978年春，雨雪奇少，旱情严重。

1980年大旱，秋、冬、春连旱160天，伏旱20多天。1981年冬春连旱，春夏连旱，河水流量小，人畜用水困难。夏秋普遍受灾减产。1982年4—7月上旬持续干旱。1987年春旱，东部大部分地区小麦减产。1989年4—5月，持续干旱60天。

1995年1月起，延长县发生长达176天特大干旱，为延长县有气象记录62年来最严重干旱，受灾人口10.5万人，小麦受灾面积15.21万亩，减产488万千克。1998年12月至1999年3月，延长县发生连续141天无降水记录，全县干旱。1999年春，连续干旱140天。

2005年，延长县持续干旱少雨，1—6月降水量仅为15～60毫米，较往年同期减少二至三成；6月全县范围几乎无有效降水，延河接近断流。2010年，延长县冬季严重干旱，造成6万人以及1.50万头大牲畜饮水困难。2015年夏季降水偏少，延河流域特别是黄河沿岸农作物及苹果幼园干旱严重。

第三节　其　他

一、冰雹

元延祐元年（1314年）五月，肤施大风雹，损禾并伤人畜。

明万历四十二年（1614年）八月，雨雹，肤施大如鸡卵。

清嘉庆五年（1800年），大雨雹，屋瓦皆碎，秋禾无存。

1942年9月6日、7日下午，陕甘宁边区延长县二区、四区、五区、六区30多个村庄遭雹灾，大者如拳头，小者如杏，降雨雹两小时，堆积二尺余深，农业损失严重。

1967年，延安县全年6次冰雹。1980年延长降雹2次，8月26日遭冰雹袭击，9211.5亩农田受灾，减产40多万千克。雹粒最大的直径4.9厘米、重13克，最小的如豆粒。1982年7月3日，延长雹雨，七里村钢丝吊桥上行走的两妇女遭袭击，跌入延河，1人淹死，1人重伤。

1999—2003年，安塞县降雹总数49次，年均10次。2003年7月6日，高桥、砖窑湾、楼坪、招安等4个乡（镇）遭受特大冰雹袭击，冰雹直径最大35毫米，最小22毫米，持续 20 多分钟，局地堆积厚度达 20 ~ 30 厘米，农作物绝收 1.58 万亩。

2005 年 5 月 30 日，宝塔区枣园镇冰雹最大直径 30 毫米，持续 10 多分钟，受灾苹果 5000 余亩。2006 年 9 月 20 日，安塞县王家湾、镰刀湾、化子坪、沿河湾、王窑等 9 个乡（镇）遭受冰雹，颗粒大，密度高，2.68 万亩粮食作物绝收，9589 亩经济作物大部分绝收，苹果园 80% 的果实落地，部分树枝折断，大棚膜全部打烂，棚内作物绝收。

二、滑坡、塌方

1998 年，安塞县镰刀湾村山体滑坡，5 人死亡。1999 年 7 月 8 日，延长县郑庄镇刘塔村西窑沟，雨后滑坡，造成 1 名孕妇及 2 名儿童死亡。

2002 年 7 月 9 日，安塞县真武洞镇雷坪塔村一采石场山崖滑塌，2 人死亡，1 人重伤。7 月 19 日，化子坪镇建筑综合砖厂山体滑坡，2 人死亡。2002 年 10 月 19 日晚，宝塔区万花乡尚和年村发生崩塌，掩埋一孔窑洞，被困 4 人，经 9 个小时抢救，得以脱险。2004 年 3 月 25 日 0 时 10 分左右，宝塔区市场沟村居民屈院琴听到住房背后有土体摩擦声，立即叫醒左右邻居，共 5 户 38 人全部撤离，半个小时后，山体崩塌，房屋全部被毁，未造成伤亡。2005 年 7 月 5 日，延长县七里村镇南窑沟村发生滑坡，塌毁窑洞 2 孔，平房 1 间，2 人死亡，1 人受伤。2005 年 8 月 8 日，安塞县坪桥村一孔窑洞塌方，死亡 1 人。2007 年 10 月 2 日，安塞县建华小学背山滑坡，经济损失 30 万元。

2013 年 7 月，延安市大范围持续强降水，造成多地发生滑坡、滑塌，因房窑坍塌宝塔区死亡 18 人，其中安塞县 7 人，延长县 7 人。

第四章 社会经济

延河流域自古以来是边陲重镇和州府所在地。陕甘宁边区时期是中共中央和边区政府所在地。新中国成立以来是延安市(延安地区)政治、经济、文化的中心区域,依托丰富资源,已形成以石油、天然气、煤炭开采和加工为主的能源化工体系,以山地苹果、小杂粮、大棚蔬菜为主的特色农业,以黄土风情和革命圣地为主的特色旅游业,第二、第三产业发展迅速。2020年,延河流域国内生产总值(数据来自《陕西省延河健康评价》)434.99亿元,其中榆林市28.85亿元、延安市406.14亿元(第一产业43.28亿元、第二产业195.50亿元、第三产业167.36亿元,产业比重为10.6∶48.1∶41.3)。本章主要记述延河流域行政区划、沿河城镇、基础设施、石油工业等特色经济。

第一节 行政区划

2020年,延河流域内有延安市、榆林市2市,安塞区、志丹县、宝塔区、延长县、靖边县5县(区),37个镇(街道、乡)。总人口83.15万人,其中榆林市(靖边县)2.89万人,延安市(志丹县、安塞区、宝塔区、延长县)80.26万人,城镇人口49.10万人,城镇化率61.18%。

安塞区:真武洞街道、金明街道、白坪街道、砖窑湾镇、招安镇、沿河湾镇、建华镇、坪桥镇、高桥镇、镰刀湾镇;

志丹县:杏河镇;

宝塔区:南市街道、凤凰山街道、宝塔山街道、枣园街道、桥沟街道、柳林镇、河庄坪镇、李渠镇、姚店镇、青化砭镇、甘谷驿镇、蟠龙镇、川口镇、冯庄乡、万花山镇;

延长县:七里村街道、黑家堡镇、郑庄镇、交口镇、张家滩镇、罗子山镇、安沟镇、雷赤镇;

靖边县:天赐湾镇、杨米涧镇、周河镇。

第二节 交通设施

一、公路

截至2020年,延河流域内高等级公路有包(头)茂(明)高速、西(安)延(安)高速、榆(林)蓝(田)高速、延(安)志(丹)吴(起)高速、延(安)延(川)高速、延(安)子(长)高速,流域内县(区)全部通高速。干线公路有国道210线,省道205线、303线。

全部实现乡（镇）和建制村通柏油路。

沿着延河两岸主要有 G65 包茂高速（靖安段、延塞段）、S206 省道（靖延线）、S303 省道（定宜线）、G210 国道、G341 国道、S205 省道（清延线）、胶海线、青兰高速延安联络线 G2211（长延高速）、G520 临延线、S201 省道（清渭线）、S221（沿黄公路）等主要道路，另外有其他县乡级公路连通两岸村庄。

二、铁路

西（安）延（安）铁路于 1973 年开工，1991 年 12 月铺轨到延安。2001 年神木至延安铁路建成。2008 年 6 月，西延铁路扩能改造工程完成。2010 年，包（头）西（安）铁路（含延安段）扩能改造工程完成。延安火车站属二级客运站，2007 年完成重建。西延铁路在延安市宝塔区与延河相伴而行至延安北李渠镇后继续向北而行，西延铁路在延安市姚店镇杨家砭横跨延河而过。G65、G210、S205、G520 等国道、省道接连分布在延河两岸。

西延高铁于 2019 年开工建设，预计 2025 年通车，届时，延安至西安火车运行最短时间将从现在的 2.5 小时缩短至 1 小时左右。

三、民航

延安民航站原在延安市宝塔区东二十里铺，为军民合用国家二级机场。2009 年，新机场迁建工程开工，位于宝塔区柳林镇尚家沟山上，占地面积 4681 亩，仍为军民合用，按军用二级、民航 C4 级设计，可起降 B737–300、A320–300 及空军第三代战机。2018 年 11 月 8 日建成正式通航，已开通北京、上海、西安、广州、深圳等 20 余条航线，年旅客吞吐量 100 万人次，货邮吞吐量 800 吨。

四、跨河桥梁、管道等

延河干流共修建公路、铁路桥梁、漫水桥等共计 274 座，其中包茂高速 G65 跨河 76 处，延延高速 G2211 跨河 10 处，西延高速 G6522 跨河 1 处，国道 G210 跨河 2 处，省道 S206 跨河 5 处。跨河管道 12 处，其中安塞区 5 处，分别位于郝家洼、河西沟、化子坪；宝塔区 1 处，位于姚店，为姚店石油大桥热力管道；延长县 6 处，位于杨家沟、七里村镇，分别为佛古塬集输站输油管线、延长县压缩天然气城市气化工程、延长县气源本地化工程与延长县天然气气化工程及朱家洼穿越延河中压管道工程、延长县场站至新城区中压燃气管道工程延河穿越、延长县职中至雷家滩五小区天然气管道工程、延长县雷家滩五小区至物流配送中心中压燃气管道工程。跨河线缆 3 处，分别为宝塔区姚店污水专线 10 千伏、南寨砭路下游热电厂跨河输电线、延长县延黄高速线路改迁线缆。

第三节　延长石油

延长发现利用石油始于汉代。首见于《汉书 · 地理志》：“高奴有洧水，可燃。”宋代沈括所著《梦溪笔谈》中载：“鄜、延境内有石油，旧说‘高奴县出脂水’，即此也。”首命“石油”。石油开发的最早记录见《元一统志》：“延长县南迎河有凿开石油一井，其油可燃，兼治六畜疥癣，岁纳壹百壹拾斤。”明清以后，关于石油的记载更多，并附有井位图。清末海岸开放后，外国人以游历传教为名，足迹所至，多为探矿。清光绪二十九年（1903 年），德国人汉纳根与德国领事及德商世昌洋行串通大荔县于颜彪，伙同延长县贡生刘德馨、郑明德、宋金声和廪生郑肯堂等，私订合同，企图开采延长油矿，旋被地方政府察知，力拒汉纳根等人计划，将开采权收归国有。

光绪三十年（1904 年）十一月获准，拨地方官银 81000 两为资（屯垦经费）开办延长油厂，命候补知县洪寅为总办，于光绪三十一年（1905 年）创建延长石油官矿局。洪寅聘日本人佐藤弥市郎任技师，派人赴日本购买钻井炼油机器，雇日本钻井技佐 6 人。陕西省政府并派出由云飞等 4 人，赴日本学习石油工程。拨银 2 万两，修筑耀县至延长的驿道。光绪三十二年（1906 年）底，修通驿道。光绪三十三年（1907 年），佐藤弥市郎在延长县西门外延河北岸勘定井位，2 月由日方购买的钻井机器运到，4 月安装橹台机器，6 月 5 日（农历四月二十五日）开钻，9 月 6 日钻深至 68.89 米处见油，日产原油 150 ~ 200 千克。后又钻至 81 米处完井，是为延一井。初，日产量 1 ~ 1.5 吨，10 年后仍保持 1250 千克每日，后渐减少。至 1934 年枯竭停产，总产原油 2550 吨。一井出油后，以小铜釜提炼，每日可得灯油 12.5 千克，送西安检验，烟微光白，不逊外国石油，一时内外播扬，载誉社会，开创中国石油工业的历史。

1935 年延长解放，延长石油官厂收归公有，归属陕甘宁边区政府。1936 年 1 月，毛泽东主席东征时路经延长，在县城留住 4 天，曾找油厂负责人了解情况，并视察油厂。

陕甘宁边区时期，油矿为边区政府提供各种石油产品及副产品、汽油、灯油、印刷油墨等。至 1949 年，累计打井 40 口，产油 6855 吨。

新中国成立后，石油工业迅速发展，设备不断更新，技术力量得到加强，企业规模不断扩大，产量日趋上升。至 1989 年，原油年产量达 93092 吨，约为 1950 年的 206 倍。

延长油矿设压井、采油、机修、电器、炼油等生产机构。产品主要有汽油、煤油、柴油，副产品有液化气，还曾生产白蜡、油墨、机油、凡士林、沥青，试制成功 5 号高速机油、10 号机械油、变压器油、24 号气缸油、软麻油、缝纫机油、钠基润滑脂等。提炼加工后剩余部分为油渣，用于制造化肥、涂抹房顶、铺路、引燃，当地农民曾用油渣拌麦种防虫。

1997 年 1 月，延安地区石油化学工业集团（延长油矿管理局）改称延安市石油化学工业集团（延长油矿管理局）。1998 年 12 月，延长油矿管理局、延安炼油厂实业集团公司、榆林石油化工有限责任公司合并组建成立陕西省延长石油工业集团公司（简称延长石油工业集团公司），系陕西省政府直属国有企业，基地设于延安市。次年 2 月，在延安举行挂牌仪式。2005 年 9 月，陕北地方石油企业进行重组，延长石油工业集团公司及其所属的延长油矿管理局、延炼实业集团公司、榆林炼油厂等 6 家企业，与延安、榆林两市 14 个县（区）石油钻采公司通过整合，重组为陕西延长石油（集团）有限责任公司（简称延长石油集团），与延长油矿管理局“两块牌子，一套机构”，下设延长油田股份公司（简称油田公司）、炼化公司、管道运输公司、销售公司和财务中心，生产计划部、发展规划部、资源管理部等管理部门。2010 年，排名中国企业 500 强第 72 位，成为中国西部地区首家销售收入过千亿元和财政贡献最大的省属国有企业。

第四节 沿河城镇

一、城市

（一）延安

延安古城（高奴县城）始建于秦，其后 2000 余年间有改建发展，其中延安府城（位于今市区中心，延河右岸）始建于北宋庆历五年（1045 年），至民国二年（1913 年），一直是延安府所在地和肤施县城。陕甘宁边区为边区政府所在地。新中国成立后，延安城市建设不断加快，城市规划范围东至姚店，南至三十里铺，西南至万花山，西至裴庄，北至河庄坪。城市性质定位为中国革命圣地、国家历史文化名城、黄土风情文化特色鲜明的红色旅游城市、陕北能源化工服务基地。2020 年宝塔区常住人口 64.1 万人，城市人口接近 50 万人，城市基础设施、社会事业、生态建设包括水环境建设得到全面发展。初步形成以果菜牧为主的第一产业，油煤气为主的第二产业，商贸物流餐饮为主的第三产业。先后被评为国家首批历史文化名城、全国优秀旅游城市、国家森林城市、国家卫生城市、全国双拥模范城、国家生态建设示范区、全国科技进步先进区、全国绿化模范区、中国绿色苹果基地县（区）。

由于延安属于典型的山区线形城市，宝塔山、清凉山、凤凰山三面合围，延安老城区分布在一个“Y”字形的三条主川道中，最为宽阔的东川最宽处也不足 1 千米，长度却超过了 20 千米，而南川最宽处只有 200 米，只有两三条马路的宽度。36 平方千米的城区容纳近了 50 万人口，人口密度接近北京、上海，达到每平方千米 1.47 万人，人均建设用地仅为 72 平方米，远低于国家标准，城市半径每增加 1 千米，增加建设用地不足 700 亩，市区 168 处革命旧址周边环境不断受到侵占和蚕食，保护革命旧址和历史文化名城的难度和压力不断增大，城市发展受到严重制约。

2011 年 11 月，中共延安市第四次代表大会提出实施“中疏外扩、上山建城”的城市发展新战略。延安新区规划分为三大片区，依托老城，沿川展开，整流域治理，总控制面积 78.5 平方千米，承载人口 40 万人以上，其中新区北区位于延安清凉山南北中轴线北部，背依主脉，东西护山环绕，面向延河，眺望宝塔；新区东区位于宝塔山东南，延河南岸，与北区新城隔川相望；新区西区位于凤凰山西侧，毗邻老城。

在建设时序上，确定先行实施北区一期工程，用地规模 10.5 平方千米，建设期为 4 年，工程土方总量 3.63 亿立方米，其中挖方 2.0 亿立方米，填方 1.63 亿立方米。北区规划为市级行政中心，以发展现代商贸、金融服务、教育培训等功能为主，体现现代生态新城风貌。

规划控制面积 38 平方千米，承载人口 15 万 ~ 20 万人。空间结构为“一心、二轴、五区、六廊”：一心即以市级行政办公区为核心；二轴即南北景观轴和东西商业轴；五区即行政区、商务区、三大教育区和东西两片居住区；六廊即六条生态绿廊。形成绿廊贯通、干道串接、多级支撑的组团生长总体布局。

2012 年 4 月，新区（北区）一期项目开工，截至 2023 年，岩土工程基本完工，按照自然水系建设盲沟 96 千米，布设监测点 9048 处，监测检测变形、应力、地下水等 18 项指标，经权威专家评估认定，场地安全，边坡稳定，地下水平稳，盲沟排水顺畅，黄土湿陷性问题已基本得到解决，岩土工程安全可靠，可满足各类项目建设需要。已实施绿化 1.54 万亩，建成 5 个大型公园、5 条生态廊道、35 个街头绿地，以及 89 千米的城市绿网，生态修复区林地占比达到 68% 以上，较新区建设前提高 38%。污水处理厂投入运营，一期处理能力达到 1.5 万吨。建成污水收集管网 81.7 千米、中水利用管网 76 千米，稳步达到“水不下山”目标。建成 6 条新老城连接线，45 条 89 千米市政道路，路网密度达到 5 千米每平方千米。市政管网全域覆盖，水电气暖讯等管网系统全面建成投用，实现“双电源、双水源、双热源”。建成 18 所中学、小学和幼儿园，可提供学位 3 万个。延安市中医医院建成投用，17 个社区卫生服务中心开诊运营。规划六大居住片区，各类型住宅共 6.4 万套，已建成住房 3.4 万套，在建住房 1.8 万套。延安市行政中心、政务服务大厅、延安大剧院、全民健身运动中心、市民公园及一批酒店、商城建成投用。延安博物馆于 2024 年建成开放。

延安新区拓展城区发展空间，为革命旧址保护提供了条件，为 20 万山体居住群众搬迁安置和旧城改造腾出空间。形成从东到西、从东到北的重要交通枢纽，促进新老城融合发展。新区已成为延安政治、经济、文化中心。

（二）安塞

安塞位于延河上游。蒙古宪宗二年（1252 年）设安塞县治，县城在今安塞区沿河湾镇碟子沟，至民国九年（1920 年），其间 660 余年。碟子沟地处延河与杏子河交汇处附近，依山傍水，延河从北向南绕城而过，历史上延河洪水多次入城，淹没民居官舍，1919 年大水再次入城，县署被迫搬迁至新乐寨。1937 年 10 月，中共安塞县委、县政府迁住徐家沟，1942 年 2 月迁至真武洞至今。截至 2020 年底，常住人口 16.3 万人，安塞区为延安市区的卫星城市，规划县城性质定位为县域政治、经济、文化中心，最适宜人居，最具陕北黄土风情的园林化、现代化小城区，老城区改造和新城区建设较快，城市框架拉大。县域工业以石油为龙头，发展迅猛，农业以棚栽业、林果业、草畜业为主导产业，各项社会事业、文化事业全面进步。先后被授予“腰鼓之乡”“剪纸之乡”“民间绘画之乡”“民歌之乡”和“曲艺之乡”。

（三）延长

延长县位于延河下游，西距宝塔区 72 千米，延长古城始建于金大定二十二年（1182 年），明、清代有增建或重修。新中国成立后，县城建设加快。截至 2020 年底，全县常住人口 11.8 万人。延长县与宝塔区毗邻，城市性质定位为延安市域东部重要城镇，以石油工业和农副产品加工业为支柱的商贸发达的现代化小城镇。旧城改造和雷家滩商住小区、张家园子文苑小区、石油广场、槐里坪新城建成，提升了城市品位。县域工业以石油开采为主，农业着力发展梨果业、草畜业、棚栽业三大主导产业，棉花、红葱、石佛村斤梨、火焰山红薯是本县久负盛名的优良品种。2010 年，延长县被授予陕西省卫生城县称号与陕西省高水平、高质量普及九年义务教育县。

二、沿河乡（镇）

（一）镰刀湾镇

镰刀湾镇位于延安市安塞区北部，延河上游左岸，东与坪桥镇相邻，南与化子坪镇接壤，西与志丹县杏河镇交界，北与榆林市靖边县杨米涧镇毗连，因乡人民政府驻镰刀湾村而得名。辖区东西最大距离 23.1 千米，南北最大距离 20.8 千米，区域总面积 239.56 平方千米。镰刀湾镇辖 8 个行政村，常住人口为 4197 人。该镇土地资源广阔，地下石油储蓄量丰富。近年来，发展农村经济，形成了财政收入靠石油、农民增收靠棚栽业、草畜业、林果业三大产业主导格局。辖区位于两市（延安、榆林）三县区（志丹、安塞、靖边）交界处，包茂高速公路、206 省道穿境而过。境内有秦直道、芦子关、云岩寺石窟等遗址，有革命旧址陕甘宁边区难民纺织厂。

（二）建华镇

建华镇位于延安市安塞区中东部，延河上游左岸，东与宝塔区梁村乡毗连，南与真武洞街道为邻，西与招安镇相连，北与坪桥镇接壤，因镇人民政府驻建华寺村而得名。辖区东西最大距离 24.5 千米，南北最大距离 18 千米 ，区域总面积 320.09 平方千米。建华镇辖 14 个行政村。2020 年，建华镇常住人口 9826 人。206 省道、安（塞）子（长）公路纵横穿境而过。全镇石油资源丰富，井位遍布。境内有建华石窟、“龙剑之匣”石刻、宋代石像、明代石佛。出土有龙虎瓦、尖底瓶、画像砖、恐龙蛋化石、松柏树化石。另有水文化遗产、安塞最早的石拱桥——太平桥。民间艺人有高如兰、陈立秀（剪纸）、南联平、曹玉宝（民歌）、高存秀（陕北说书）、曹应战（唢呐）等。

（三）真武洞街道

真武洞街道位于安塞区中部，延河上游左岸，东与宝塔区冯庄乡接壤，南与沿河湾镇相邻，西与招安镇相连，北与建华镇毗邻，因县城一道街后街侧石壁上有石洞，洞口有真武祖师石庙而得名。辖区东西最大距离 21.5 千米，南北最大距离 16.5 千米，总面积 222.8 平方千米。真武洞街道辖 3 个社区、4 个行政村。2020 年，真武洞街道常住人口为 19271 人。包茂高速、206 省道贯通南北。真武洞剪纸、农民画、腰鼓，兼容全县各地特点，独具特色。冯家营腰鼓队在陕甘宁边区时就声名大振，新中国成立后曾去北京中南海给毛泽东主席拜年，2009 年参加国庆 60 周年进京表演。老腰鼓手高向成被确定为中国非物质文化传承大师、中国民间文化杰出传承人。境内有陕甘宁边区医院、延安保小、高等法院、祝捷大会等革命旧址和北魏石窟大佛一处。

（四）沿河湾镇

沿河湾镇位于延安市安塞区东南，延河上游右岸，东与宝塔区冯庄乡接壤，南与宝塔区河庄坪镇相邻，西接招安镇，北邻真武洞街道，因镇人民政府驻沿河湾村得名。辖区东西最大距离 21.6 千米，南北最大距离 18.1 千米，总面积 210.92 平方千米。沿河湾镇辖 15 个行政村。2020 年，沿河湾镇常住人口为 13225 人。境内有省级工业园区 1 个，方家河仰韶文化遗址 1 处，近代堡寨、魏唐宋石刻多处。碟子沟村自元代起为县治，民国八年（1919 年）因水毁而废。黄崖根有窑洞四合院古建筑两处。边墙村有佛道合一的云台山道观。陕甘宁边区时期，境内有八路军印刷厂、茶坊兵工厂、茶坊沟化工厂、中央军委二局等机关驻扎。沿河湾镇文人荟萃，清代、民国年间，黄崖根村人郭指南、郭永清、郭超群三次编修安塞县志，民歌大王贺玉堂在中央音乐学院举办过个人演唱会，剪纸大师李秀芳多次出国交流献艺。2009 年 1 月，沿河湾镇上榜第二届全国文明村镇名单。2012 年 11 月，农业部认定沿河湾镇为第一批全国一村一品示范村镇（沿河湾大棚瓜菜）。2014 年 7 月，沿河湾镇被中华人民共和国住房和城乡建设部等七部委确定为全国重点镇。2020 年 7 月，全国爱卫会命名沿河湾镇为“2017—2019 周期国家卫生乡镇”。

（五）招安镇

招安镇位于陕西省延安市安塞区西南，延河上游右岸一级支流杏子河上，东与真武洞街道、沿河湾镇毗连，南与高桥镇接壤，西与志丹县杏河镇为邻，北与真武洞街道、化子坪镇相邻，因北宋大将狄青在此地筑招安寨得村名，镇以村名。辖区东西最大距离 24.5 千米，南北最大距离 30 千米，总面积 492.34 平方千米。招安镇辖 21 个行政村。2020 年，常住人口为 18278 人。境内有招安古城遗址，后招安、寨子峁宋代石窟，以及李塔村中国共产党第七次全国代表大会首选会址遗迹。2021 年 8 月，招安镇入围 2021 年度中国苹果产业百强镇。

（六）杏河镇

杏河镇位于志丹县东部，延河上游右岸支流一级支流杏子河中上游，东和安塞区招安镇、化子坪镇接壤，南连保安街道、双河镇，西接保安街道、顺宁镇和榆林市靖边县周河镇，北靠安塞区镰刀湾镇，以境内杏子河得名，总面积 494.10 平方千米。杏河镇下辖 18 个行政村。户籍人口 20849 人。境内石油资源丰富，杏、羊、草、果特色产业已具规模，成为农民发家致富的主导产业。2013 年 5 月 3 日，秦直道遗址延安段（志丹段）被国务院列为第七批全国重点文物保护单位。2014 年 7 月，杏河镇被中华人民共和国住房和城乡建设部等七部委确定为全国重点镇。

（七）河庄坪镇

河庄坪镇位于宝塔区西北部，延河上中游左岸，因村紧靠延河岸川坪之地得名河庄坪，镇以村名。上游与安塞区沿河湾镇相接，下游与枣园接壤。辖 2 个社区、15 个行政村、27 个自然村，总面积 137.97 平方千米，总人口 3.5 万人，城镇人口 0.9 万人。石油储存量 100 万吨，天然沙石 10 万立方米。农产品有玉米、谷子、大豆、花生、红薯、马铃薯、苹果等。辖区内有“四八”烈士陵园、原中央医院旧址、陕甘宁边区保育院旧址等红色旅游资源和农业农村部国家旅游总局命名的全国农业旅游示范点井家湾农业旅游示范区。包茂高速和206省道穿境而过。2019年12月，被认定为陕西省2019年度省级科技示范镇。2021年11月，入选陕西省乡村振兴示范镇。

（八）柳林镇

柳林镇位于宝塔区延河一级支流南川河流域，为延安“南大门”，总面积251平方千米，辖5个社区、22个行政村，总人口5万人。农业耕地面积2.8万亩，果园面积5万亩，山地苹果为特色产业。西延铁路、西延高速、210国道过境。境内石油储量302.6万吨，年产量11万吨。延安汽车南站、延安火车站、延安南泥湾机场、著名革命纪念地“南区供销合作社旧址”位于柳林镇。

（九）李渠镇

李渠镇位于延安城东12千米延河干流左岸。清嘉庆至咸丰年间，因住户为李姓人曾名李家砭，后因在水渠边打土窑洞居住，取名李家渠，简称李渠。李渠镇辖2个社区、24个行政村，总面积136平方千米，总人口3.2万人。农业耕地面积4.07万亩，林地面积5.9万亩。粮食作物以玉米、豆类为主，经济作物以水果、蔬菜、油料为主。包西铁路、210国道过境，延安火车北站位于本镇。主要矿产资源有石油、煤炭。境内有国家级文物保护单位芦山峁遗址、丰林县城遗址。

（十）姚店镇

姚店镇位于宝塔区东北部，延河与蟠龙河交汇处，上游与宝塔区李渠镇相连，下游与宝塔区甘谷驿镇接壤。因姚姓人在此地开设小店得名姚店村，镇以村名。辖2个社区、38个行政村、71个村民小组，总面积250.7平方千米，总人口5.2万人，城镇人口1.9万人。辖区内有石油、煤炭等矿藏资源。已探明石油储量600万吨，煤炭储量140万吨。有工业企业26个。种植苹果3万亩。畜牧业以饲养牛、生猪、家禽为主。子姚高速、210国道、205省道穿境而过。

（十一）青化砭镇

青化砭镇位于宝塔区北部，延河一级支流蟠龙川河中游，东与宝塔区甘谷驿镇相连，南邻姚店镇，西接蟠龙镇，北与延川县关庄镇毗邻。宋代筑城，曾建青化寺在石砭上而得名青化砭，镇以村名。《陕西省通志》记：青化砭因清化水得名。辖1个社区、1个便民服务中心、34个行政村，总面积264.04平方千米，总人口2.92万人，城镇人口0.31万人。苹果面积2.65万亩，日光温室大棚152座。青张路、205省道、包西铁路、延延高速、子姚高速穿境而过。1947年，中国人民解放军在此地进行了著名的青化砭伏击战。

（十二）蟠龙镇

蟠龙镇位于宝塔区北部，延河一级支流蟠龙川河上游，东与延川县永坪镇相邻，南与宝塔区青化砭镇接壤。宋代该地有蟠龙庙，又名蟠龙寺，镇以寺名。辖1个社区、1个便民服务中心、36个行政村、105个自然村，总面积263.58平方千米，总人口2.45万人，城镇人口 0.15 万人。种植苹果面积 2.69 万亩。煤炭、石油资源丰富，探明石油储量 1760.22 万吨，煤炭储量 4386 万吨，有蟠龙采油厂、贯屯煤矿、四咀煤矿。205 省道、神延铁路穿境而过。境内有蟠龙战役烈士陵园等爱国主义教育基地 2 个，省级文物保护单位贾家河遗址 1 处。

（十三）甘谷驿镇

甘谷驿镇位于宝塔区东北部，延河中游左岸，上游与宝塔区姚店镇相接，下游与延长县黑家堡镇接壤。西魏末年为长安至榆林的官道驿站，因地处河谷得名干谷驿，后谐名甘谷驿，自古以来为交通要道和商业、货物交易集散地。辖 1 个社区、16 个行政村，总面积 172.44 平方千米，总人口 1.6 万人，城镇人口 0.6 万人。主要经济作物有玉米、谷物、红薯、蔬菜、西瓜等。石油储量 8846 万吨，延长油田甘谷驿采油厂位于此地，年产原油约 30 万吨。延（安）延（川）高速、210 国道过境。2019 年获陕西省历史文化名镇称号。

（十四）黑家堡镇

黑家堡镇位于延长县西北部延河下游左岸，清乾隆二年（1737 年），以黑姓居驿铺处得名黑家铺，后谐音成黑家堡。东接七里村镇和交口镇，南与郭旗乡相接，西邻宝塔区甘谷驿镇，北连延川县文安驿镇。辖区东西最大距离 16.2 千米，南北最大距离 19.8 千米，总面积 172.20 平方千米。下辖 12 个行政村，户籍人口 13983 人。境内石油、天然气资源丰富。已经开发的有七里村采油厂、甘谷驿采油厂，油区面积 120 平方千米。黑家堡镇是重要的石油开采工业生产基地，重点规划了天然气液化及化工产业园区。榆（林）蓝（田）高速、210 省道过境。主要经济作物有花生、红薯、西瓜、香瓜、草莓、蔬菜等。2020 年 7 月 29 日，黑家堡镇被全国爱国卫生运动委员会命名为“2017—2019 周期国家卫生乡镇”。

（十五）张家滩镇

张家滩镇位于延长县东部延河下游左岸，明洪武六年（1373 年），以张姓人居此地河滩得名，是延河干流下游最后一个大集镇。东与罗子山镇和雷赤镇相接，南与安沟镇接壤，西与七里村街道相邻，北与交口镇相连。辖区东西最大距离 25.6 千米，南北最大距离 28.9 千米，总面积 371.2 平方千米。下辖 1 个社区、24 个行政村。截至 2018 年，户籍人口 16918 人。交通便利，延长至马头关公路过境，双向 2 车道，境内长 59 千米。境内天然气资源丰富，已有天然气生产井 10 口。粮食作物以玉米、谷类为主。种植苹果面积 3.2 万亩，酥梨面积 4.1 万亩。主要经济作物有油料作物、蔬菜等。2020 年 7 月 29 日，张家滩镇被全国爱国卫生运动委员会命名为“2017—2019 周期国家卫生乡镇”。

（十六）罗子山镇

罗子山镇位于延长县东部、延河流域下游左岸，东以黄河为界与山西省大宁县相望，延（长）马（马头关）公路、沿黄公路过境，有马头关黄河大桥与山西省相通。全镇总面积 412.3 平方千米，辖 28 个行政村，户籍人口 17382 人。农业耕地面积 10.5 万亩，种植苹果面积 4.36 万亩，酥梨面积 0.78 万亩。粮食作物以谷物、玉米、豆类为主，名优特农产品为苹果、梨、红薯、红葱、花生、红枣、花椒、棉花等，其中石佛村斤梨、火焰山红薯久负盛名。延河入黄河口位于罗子山镇天尽头村。境内天然气储量丰富，已开始开采。

第二篇　水资源开发利用与节约用水

延河流域农田耕地多为山地，水资源少且开发利用困难，古代水利建设甚少，唐、宋、明各代只有零星记载，清代至民国时期农田水利有所发展，在延河及其支流川道建成少量小渠、小堰和小片水浇地。陕甘宁边区时期，在党中央、毛泽东主席亲切关怀下，建成边区第一条灌溉千亩以上渠道——延安枣园裴庄渠，开创延安新式水利工程建设之先河，被群众称作“幸福渠”。中华人民共和国成立70多年来，延安人民继续发扬自力更生、艰苦奋斗的延安精神，科学规划，因地制宜，积极开展延河水资源开发利用和保护，建成一大批各种类型的水利工程，形成以延河、黄河、地下水供水为主的大中小微并举、蓄引提调相结合的供水格局，总供水能力达到1.21亿立方米，提高了城乡居民生活水平，基本保证了流域内经济社会发展的用水需求。在对延河进行开发利用的同时，不断加强水资源的节约与保护，以保障水资源的可持续利用。

第一章 蓄水调水工程

限于自然条件和历史原因，延河流域古代蓄水工程只有涝池、水窖或少量的小堰、小渠、小井，用于零星灌溉或人畜饮水。陕甘宁边区时期，毛泽东主席曾批 20 石小米支持修建康家沟水库（位于今宝塔区与安塞区接壤处），建设期间因遭遇特大洪水被冲毁停工未再建。新中国成立后，各地水利建设加快，建成一批小型库坝，可用于灌溉。1970 年，延安人民贯彻毛泽东主席“复电”精神，安塞、延安、延长等县一万多名民工奔赴延河一级支流杏子河中游王窑村，参加红旗水库（今王瑶水库）大会战，建成延安第一座大型水库。截至 2020 年，共建成大中小型水库 9 座，总库容 2.44 亿立方米。“十三五”至“十四五”期间，又实施了延安黄河引水工程，年引水能力 8977 万立方米，实现了“引黄济延”。2018 年开始与甘肃省达成意向，延伸白龙江引水工程受水范围，为延安市吴起、志丹、安塞、宝塔等县（区）增加每年约 0.9 亿立方米的引水量。

第一节 水 库

一、大型水库

延安王瑶水库是延河流域唯一的大型水库。

（一）基本情况

王瑶水库位于延河中游右岸延河一级支流的杏子河上，介于东经 108° 40′ ~ 109° 20′，北纬 36° 45′ ~ 37° 10′，流域面积 1486.1 平方千米，主沟道长 104 千米。自西北流向东南，流经靖边、志丹、安塞三县（区），在安塞区沿河湾镇的黄崖根村前汇入延河。

史书记载，唐宋时期杏子河流域还是一派水碧山青的宜人景色，森林茂密、水草丰盛、牛马衔尾、群羊塞道。随着人口的增加，历代垦荒烧山毁坏植被和对自然资源的掠夺性开发，使森林草原植被损失殆尽，沃野变成了荒山秃岭，人少粮，畜缺草，家家户户没柴烧，水、旱、雹等自然灾害频繁发生。据考察资料，全流域有水资源 8661 万立方米，其中多年平均地表径流量 6696 立方米。1970—1980 年的资料显示，干旱年份占 81.8%；5 月出现干旱的概率达 70%。暴雨又致水土流失，全流域有 93% 的水土流失面积，年平均每平方千米土壤流失量 1.48 万吨，年平均输沙量 2042 万吨，占延河输沙量的 1/4。水土流失又造成洪灾，据安塞县志载：“民国六年（1917 年）大水冲毁了旧安塞县城治所（今碟子沟），县治所迁新乐寨。”其洪水主要来自杏子河。据 1957—1980 年统计资料，有 19 年出现暴雨，年平均 0.8 次。一次降水量，50 ~ 70 毫米的有 58%，70 ~ 80 毫米的有 26%，80 ~ 100 毫米的有 11%，大于 100 毫米的有 5%。暴雨常携冰雹毁稼伤畜，流域雹灾年平均出现两次，粮食减产约 3 年一遇，严重歉收呈 5 ~ 7 年一遇。

新中国成立后，人民政府领导流域群众积极兴建水利工程。1957 年，安塞县政府在地区水利局的协助下，修筑云坪村拦河坝，建起杏子川第一个自流灌区。20 世纪 50 年代后期至 60 年代，川道生产队修水平梯田平整土地，沟道生产队打淤地坝和建小型水库，沿杏子河川道建起小抽水站和水力发电站。由于工程规模小，尚不能抵御严重水旱灾害的袭击。

1970 年，北方地区农业工作会议后，全国掀起“农业学大寨”高潮，为解决枯水期杏子川和延河中游农田灌溉及沿河城镇人畜饮水困难，延安地区革命委员会决定修建王瑶水库（1972 年 6 月前叫红旗水库）。5 月 7 日，首都北京支援延安小组负责人王宪、白香谷，陕西省革命委员会鱼得江、杨戈（陕西省计划委员会）、高浪山（陕西省工业局）、李永林（陕西省物资局）和延安地区革命委员会主任许效民，副主任高兴海、马金龙等组成规划小组视察坝址。5 月 24 日，延安地区革命委员会召开会议研究决定：延河水系的三大重点工程，红旗水库先上，由延安县、延长县、安塞县和延安市（原县级市）承担工程施工任务。坝址选在安塞县王窑公社陈则沟村前。

水库控制流域面积 820 平方千米，占杏子河全流域面积的 55.2%，流域气候东部温和半湿润，西部温凉半干旱，上游半干旱。多年平均气温 8 摄氏度左右，绝对最低气温 -25.5 摄氏度（1 月），最高气温 29.7 摄氏度（7 月）。全年无霜期 157 天左右。多年平均降水量 534.8 毫米，水面蒸发量 1087 毫米，陆面蒸发量 450 毫米。流域中、上游为黄土梁状丘陵沟谷，下游为黄土峁状丘陵沟谷。河、沟谷底部岸边基岩裸露，上伏第四纪黄土，土层厚百余米。库区多年平均径流量 4050 万立方米（1963—1968 年实测），输沙量 785 万立方米，年最大输沙量 2384 万立方米，最小输沙量 108 万立方米。浑水径流含沙量 282 千克每立方米。降水集中在 7—9 月，且多阵性暴雨。7、8 月两月，降水量占全年的 49%，来沙量占全年的 82.6%。1977 年 7 月 6 日，王瑶水库一次洪水总量 2525 万立方米，最大洪峰流量达 2620 立方米每秒。

（二）勘测设计

1953 年，黄河水利委员会规划拟定在延河水系建 3 座治黄骨干工程，其中有杏子河上的龙眼寺水库（位于今王瑶水库库区）。1958 年，北京地质学院陕甘大队陕北中队水库工程地质调查队编制出《龙眼寺水库工程地质调查报告》，是年至 1959 年勘测设计龙眼寺水库工程。1960 年动工兴建，1961 年因国民经济调整停建。

1970 年夏，水利电力部、黄河水利委员会、陕西省水电局、陕西省水电勘测设计院和省、地、县领导到龙眼寺视察，并前往北洛河上游永宁山察看，对比分析建库条件及效益，选定建红旗水库。延安地区水电局遂组织工程技术人员设标石于陈则沟村下台地，假定基准高程 200 米，并测绘了坝址地形图。延安地区水电局工程师张永顺、王迪慎等技术人员设计枢纽工程。1970 年 10 月 1 日，首批百余名民工进入工地。

经地区领导、技术人员共同讨论分析“37”方案（龙眼寺坝址，坝高 37 米）和“55”方案（今坝址，坝高 55 米）。12 月 8 日，报出《延安地区红旗水库初步设计说明书》，主要建筑物拦河大坝坝高55米，坝顶长325米，坝顶宽7米，迎水坝坡比自下而上为1:4、1:3.5、1:2.75、1:2，依次在坝高25米、40米、50米处，设3米、9米、5米宽戗台各一道。背水坝坡比自下而上为1:4、1:3.5、1:2.5、1:2，依次在坝高15米、30米、45米处，设5米、5米、6米宽戗台各一道。背坡脚堆砌长57米、高8米、顶宽6米的反滤体（褥垫长32米、厚2米，坡比自下而上为1:1.5和1:1）。输水洞位于土坝左岸，洞长392.3米，直径1.4米。开挖明槽洞身，现浇钢筋混凝土管结构。输水流量3.32立方米每秒，竖井控制放水。竖井内径3米，壁厚0.6米（下部0.8米），外呈八角棱柱体，每间隔1米对称留直径0.35米的放水孔4个，最低孔距坝基26米。

1971年1月18日，延安地区水电局局长兼王瑶水库工程副指挥郭济和全体技术干部现场察看库区与坝址，选用“55”方案。5月，出版《延安红旗水库工程结构设计》。王瑶水库设计坝高55米，总库容2.03亿立方米，为大（2）型水库，具有防洪、灌溉、供水、发电、养殖等综合功能。枢纽工程为Ⅰ级建筑物，百年一遇洪水设计，2000年一遇洪水校核，洪量（3日）6690万立方米。因库区径流量较小，洪水挟沙量大，故采用高坝大库泥水全拦的方案，水库不设泄洪设施。初步拟议待水库淤积40米坝高后，再行加高土坝至100米，库容13亿立方米。

1972年8月27日，水利电力部派总工程师沈衍基等来水库检查，提出在大坝左岸的园子沟至烂桥沟修泄洪洞。1973年，陕西省水电设计院派工程师张景琛来延安同地区水电局工程技术人员共同设计泄洪洞工程。

1973年4月14—16日，水利电力部副部长钱正英和陕西省革命委员会主任李瑞山，参加在延安召开的黄河中游水土保持工作会议期间，来水库工地视察。钱正英说：“在革命圣地延安的上游搞了一座大型水库，不设溢洪设施，延安的安全没有保证。”1974年5月，延安地区水电局技术人员刘志全和张景琛等编制出《王瑶水库泄洪洞工程初步设计说明书》，泄洪洞距园子沟400米，进口高程227米，相应坝高35米，称“227”方案。7月，省水电局派工作组来延安审定“227”方案。总工程师于澄世（工作组负责人）等指出，泄洪洞平面位置与空间高程应是排沙量的最佳情况，遂进行“202”方案（相应坝高10米）的设计。

1975年1月，延安地区水电局报出《延安地区王瑶水库泄洪洞增建工程扩大修正初步设计说明书》，黄河水利委员会黄勘三队对洞基进行地质勘探。陕西省水利科学研究所和延安地区水电局设计人员做出《王瑶水库泄洪排沙洞的技术论证》。

（三）水库大坝施工

1970年9月14日，延安地区革命委员会成立延河红旗水库工程指挥部，延安地区革命委员会副主任高兴海任总指挥，地区水电局长及安塞、延长县和延安市等革命委员会各任命一名副指挥。指挥部设政办组、工程组、后勤组、迁移组。3县1市抽调民工按军事编制组成3个团、1个直属营（延安市）；团（营）以下编至班。地区水利机械施工队承担大坝碾压等施工任务。地、县（市）抽调行政、技术人员73人参加施工。水库工程民工每日补助，受益区0.3元，非受益区0.6元。

1970年10月1日至1971年3月10日，平均日上劳500人。招安到白家坪近20千米长的地段，挖成民工宿营土窑1300余孔，搭建工棚80多间。1970年12月下旬，副指挥杨士伟主持召开政治思想、工程建设、民工生活先进经验现场会，总结经验学习先进。会后，延安市枣园连贴出挑战倡议书，安塞王家湾连应战。工地出现比、学、赶、帮、超的劳动竞赛场面。涌现了打窑阵地三英雄张万富、美国年、张俊业，红色宣传员高立成，工地好后勤常增成。延安县青化砭63岁的老红军申仲来，在工地连续做工7个月；1971年冬，水库工程大会战，他请假回家动员儿子、儿媳来建水库，一家4口有3人上工地。延安市梁村连带队干部杨民江、延安县川口营副营长王永占、延长县北京下乡知识青年刘伟等人，跳进冰冷河水中结成人墙截流。

1971年3月至1972年3月，日均上劳5000人清理土场，开挖接合槽，清理土坝基础。3月22日，开挖输水洞基础。9月26日，现浇输水洞钢筋混凝土，12月12日竣工。

1971年9月25日，土坝右岸开200米长临时导流渠，并开始筑土坝围堰（坝体小断面）。11月2日导流渠过水。1972年3月10日，迎水坡围堰筑高至8米，截流入输水洞。1971年11月28日，铺设坝脚反滤层褥垫，1972年4月2日完工，4月5日，清理反滤体坝基，5月20日堆成反滤体。

1972年3月开始，工程实行大包干，实行“六包”：一包政治思想教育，纠正懒汉懦夫世界观，纠正只图数量轻质量、只想快干不注意安全的倾向；二包工程任务到各团，分解到营、连、排、班。安塞、延安、延长县包填土，延安市包浇混凝土和砌石，地区水电工程处包照明、碾压、修理、铁木加工；三包工期；四包质量，指挥部、化验室会同各团、营、连领导和技术人员验收数量、质量，测定土料和填土质量指标；五包投资，根据定额定人工，补给钱、粮，5天一验收，1月结算兑现；六包生活，粮、煤由指挥部统一安排，蔬菜各团自理。社会主义劳动竞赛，实行5天一小评，10天一大评。用循环优胜红旗鼓励优胜者。共评比30余次，评出先进营1个（延安市），先进连15个，先进排42个，先进班608个，先进人物465名。其中，安塞郝家坪连次次超额完成任务，被誉为模范连。比、学、赶、帮、超的劳动竞赛，调动了干部、民工的积极性，使水库工程提前一年完成。

1972年6月22日，完成坝高40米拦洪小断面（库容1亿立方米）。9月21日，参加水库建设的全体干部、民工和附近社员群众一万余人，身着盛装，敲锣打鼓参加水库建成典礼；延安地区革命委员会主任许效民，副主任刘舒昌、刘承国、高兴海等领导参加典礼仪式，许效民剪彩。1972年10月，水库蓄水运用。

王瑶水库从填土到竣工共计390天。填土212.5万立方米，平均日填土5449立方米。平均每工日填土1.85立方米。坝体平均日升高0.14米，最高日上碾压机械与抽水设备37台，机械出勤率60%。铺土厚0.35米，拖拉机带6吨羊角碾压实8遍。后又改为爆破、装、运的自装自卸组合，运土架子车厢由小箱改大箱装运拍实“戴帽”。因划片包干施工各施工单位进度不一，故覆土厚减至0.25米，用履带式拖拉机空载碾压12遍。水库工地先后办起发电厂，粮食加工厂，铁、木加工厂，架子车修配厂和工地医疗服务室、供销点。

大坝、输水洞及渠首工程，国家投资 540 万元，比预算少投资 45 万元。投入劳动工日 305 万个。完成土方 311 万立方米，石方 6.25 万立方米，混凝土 1935 立方米。

库区搬迁集镇一个，国家单位 13 个，生产队 44 个，农户 915 户 4565 人，市民 10 户 41 人。其中，就地上山安置农户 495 户 2356 人，其余的在外县、外社安置，移民费 90 万元。1972 年 7—8 月，水库工程指挥部慰问移民，并解决个别户的实际困难。

（四）泄洪洞施工

1974 年，根据中央、省、地有关领导及专家意见，省、地业务部门做出泄洪洞工程设计。泄洪洞位于土坝左岸，距坝肩 90 米，洞身穿越侏罗系安定组岩层（砂岩、泥岩、页岩）。泄洪洞包括前池、压力洞、放水塔、明流洞及出口挑流段五部分。洞总长 739.8 米。压力洞呈圆形，直径 2.6 米；无压洞呈城门洞形，长 628.5 米、宽 3.2 米、高 3.75 米。放水塔呈矩形，高 60.5 米，断面 8 米 ×11.2 米。塔内装有 2 米 ×2 米弧形工作闸，配备 2.21 米 ×2.21 米平板钢结构检修闸。地区成立王瑶水库泄洪洞工程续建工程指挥部，延安地区水电局副局长杨士伟任指挥，谷茂成、呼延禄任副指挥，刘志全、常俊伍负责施工技术。指挥部下设政工组、工程组和后勤组。地区调集安塞、延安、延长、甘泉、志丹、吴旗 6 县民工。工程按省颁有关定额管理。民工每工日补助非受益区 0.97 元（伙食费 0.4 元、工资 0.4 元、间接费 0.17 元），受益区给伙食费 0.3 元。9 月，泄洪洞开工。用水中倒土法将水挤出至泄洪洞进口处的园子沟。其沟口筑长 250 米、高 14 米的土围堰。洞桩号 0+383 处开 54 米长支洞，以增加施工作业面。

1975 年 12 月 25 日，泄洪隧洞贯通后，做钢筋混凝土衬砌。为加快进度和节省投资，洞桩号 0+146 ~ 0+568 段洞顶采用喷锚施工，节省投资 54%、节省水泥 56%、节省钢材 90%、节省木材 95%、节省劳动工日 65%，工期缩短近一半。

1980 年 5 月，泄洪洞竣工。延安地区水电局、地区建设委员会、地区计划委员会和地区水电工程处组成验收小组，进行阶段性验收后，于 6 月 16 日放水试运行。泄洪洞投资 601.8 万元。投入工日 101 万个。完成土方 27.4 万立方米、石方 3.07 万立方米、钢筋混凝土 1.42 万立方米、消耗水泥 7114 吨、木材 1376 立方米、钢材 811.7 吨。

泄洪洞施工，指挥部领导、技术人员跟班劳动。召开现场会 50 余次，专题讨论会 20 多次，解决施工中遇到的技术问题。指挥部派出工程技术人员到官厅、密云、三门峡、刘家峡、石门、石头河、冯家山、新安江、岳城、南岗等水库学习。聘请陕西省水电设计院 1 名工程师，水利电力部第三工程局 4 名木工，陕西省水电工程局 2 名钢筋架子工和 3 名木工、3 名喷锚工，传授施工技术，帮助培养施工人员。5 年中，先后举办 13 期技术培训班，培养各种技工（水、电、铁、焊、振捣、修理、喷锚、风枪、司机）300 多人。施工中开展技术革新，改放水塔地基大开挖为竖井掘进，节约资金 5 万元；改进支撑方式节约支架杉木 70 余立方米；改 4 人一斗人力推运为手扶拖拉机带 4 斗运输，工效提高 5 倍。

1974 年，为解决用电，坝后建成装机容量 75 千瓦水电站。电站用水在输水洞尾水右侧设管道引入。1984 年，电站改为 2 台 320 千瓦水轮机。1986 年并入西北电网。

（五）除险加固工程

1. 第一次除险加固

1973 年 6 月 6 日，检查中发现输水洞竖井西南侧底脚悬空（竖井一半坐落在原通往杏河公路所铺的炭渣上）。7 月 17 日，高兴海和郭文章来水库检查，返回延安将竖井事故情况汇报中共陕西省委，并电报水利电力部。是月，水利电力部派黄河水利委员会工程师陶育林等会同陕西省水电局工程师姚正稳和中国人民解放军 359（总队）部队工程师钱得贵来水库查看，因缺少设备，未能取得事故的数据。7 月 31 日，邀请陕西省交通局潜水员量得：竖井悬空长 3.46 米、宽 2.43 米、高 1.86 米。8 月 26 日，将竖井拆掉，在其右侧的基岩上重建高 45 米的放水塔。是年，输水洞有 12 处漏水，总漏水量 15 升每秒；有裂缝及游离钙析出点共 52 处；有麻面、漏筋 20 处。地区研究决定采取加固措施。

1974 年，用水泥、水玻璃处理，但无效果，随后地区提出用钢板衬护。1977 年，水利电力部组织黄河水利委员会会同有关方面“会诊”输水洞的病害。1978 年，水利电力部批复加固方案。1981 年 7 月，地区水电局组织测绘坝址地形图，并规定统一使用高程。1982 年，地区地下水工作队对土坝进行压力灌浆。

1983 年 6 月，输水洞加固开工。陕西省水利机械厂用 12 毫米厚钢材加工焊接直径 1.2 米的钢筒，陕西省水电工程局在钢筒与洞壁 0.2 米的间隙中压力灌入水泥砂浆。1984 年，加固工程竣工。耗用钢材 164 吨、水泥 162.5 吨、木材 6 立方米。投资 56.5 万元，投劳 1.2 万个。

1986 年，淤积库容 8199.7 万立方米，土坝裂缝一直存在且有发展。5 月，水利电力部根据水库的病害及观测设备简陋等情况，将王瑶水库列为全国 43 座重点病险水库之一。要求陕西省延安地区着手除险加固准备工作；并指示陕西省防汛抗旱指挥部和王瑶水库在除险加固前，要从最坏处着想。要求绘制延安市及水库下游川道乡（镇）淹没范围图。6 月 6 日，水利电力部水管司水库处处长张锡鹏，南京水利科学研究院土工室主任李君纯以及黄河水利委员会、陕西省水利厅、陕西省防汛抗旱指挥部办公室、陕西省水利水电勘测设计院、西北水利科学研究所等单位的领导、专家 30 多人，在地区水利水土保持局副局长刘志全、总工程师肖子敬的陪同下到水库察看，在延安召开王瑶水库病害问题座谈会。按照会议精神，南京水利科学研究院、西北水利科学研究所、陕西省水利水电勘测设计院、地区水利水土保持局等单位进行分工协作，论证、设计除险加固方案。西北水利科学研究所探测得土坝有 60 余条裂缝，其中缝宽大于 2 厘米、缝深 1.5 米以上者 20 条。陕西省水电设计院地质总队布浸润线观测孔 19 个 24 套，绕渗观测孔 32 个 35 套。陕西省水电设计院测量队布设土坝变形观测点 50 个，工作基点 12 个，校核基点 11 个，分别于是年和 1987 年交付使用。1986 年，陕西省水利水电勘测设计院完成王瑶水库除险加固初步设计，黄河水利委员会批复初步设计列入陕西省基建计划。

1987 年 7 月 6 日，因库水位骤降，高浓度泥流及原淤积体滑塌涌入前池，至 18 时 40 分，压力管全部堵死，三分之一的无压力洞淤塞，前池泥深 9 米。7 月 9 日 3 时 07 分至 14 时，库区降水 154 毫米，上游杏子河水文站测报洪峰流量 460 立方米每秒，库内蓄水 1125 万立方米，前池淤泥深 22.5 米。9 日上午，延安地区水利水土保持局派总工程师肖子敬会同水库管理处书记、水库防汛领导小组组长曹志俭冒雨到水库排险。采用注水反压法排洞内泥沙，并向省、地汇报情况，陕西省向中央防汛总指挥部汇报王瑶水库险情，国务院副总理李鹏得知，亲自电话询问排险情况，指示尽快排除险情。10 日，刘志全同陕西省水利厅农水处副处长程永华到水库。11 日，地委委员、常务副专员迪靠山同行署秘书长张耀忠、地区水利局副局长吴怀礼到水库，召开会议，成立抢险指挥部，迪靠山任指挥，刘志全、肖子敬任副指挥。设通讯、机电抽水、水库观测、物资供应 4 个组。是日，延安地委副书记乔尚发，陕西省水利厅顾问、陕西省防汛办公室副主任刘璞，陕西省防汛办公室主任工程师邱忠芬，延安地区水利水土保持局局长崔振和到水库。13 日，延安地区行署专员王巨才到水库。15 日，受水利电力部部长钱正英委托，水利电力部水电建设总局副局长朱云祥一行 8 人，由陕西省水利厅副厅长毛光启陪同到水库。朱云祥讲：水利电力部对王瑶水库特别重视，钱正英部长极为关切。16 日 1 时 30 分，疏通泄洪洞，解除险情。

1987 年 10 月，成立延安地区王瑶水库除险加固工程指挥部。刘志全任指挥，肖子敬负责技术。指挥部设工程组、政工组、后勤组。调集地区水利系统 40 人（含技术人员 18 人）参与施工。王瑶水库除险加固工程施工采取按工程项目施行招标承包的办法。包投资、包材料、包质量、包工期。10 月 10 日，消除与清理前池处的山体及障碍物，1988 年 11 月 15 日完工，指挥部直接组织施工。

1988 年 4 月，黄河水利委员会批准"王瑶水库设计洪水及长期库容复核计算报告"。11 月，召开王瑶水库大坝安全论证会，各协作单位提交"王瑶水库设计概述""王瑶水库施工概述""王瑶水库原型观测资料汇编""王瑶水库工程概况和出现的问题""王瑶水库裂缝的调查与勘测""王瑶水库工程地质勘测报告""王瑶水库大坝安全论证报告""王瑶水库除险加固工程设计报告""王瑶水库大坝加固措施设计报告""大坝渗透变形试验报告""王瑶水库土料试验和大坝探井检查报告""王瑶水库土坝渗流稳定分析""王瑶水库大坝稳定分析""王瑶水库大坝沉降及裂缝分析""王瑶水库坝料土梁挠曲试验报告""王瑶水库大坝坝料非饱和和压缩试验报告""陕西省王瑶水库除险加固工程设计洪水及长期库容复核计算报告""王瑶水库水沙调度方式的初步探讨和实施情况"等论文 18 篇。12 月，陕西省水电设计院根据黄河水利委员会批复意见和王瑶水库大坝安全论证会意见，完成了王瑶水库除险加固工程初步设计补充报告。

1988 年 6 月 15 日，山东省水科所承建坝体裂缝劈裂灌浆，由延安地区地下水工作队实施，11 月 5 日完工；8 月 1 日，渠首倒虹开工，1990 年 7 月完工，由地区水利工作队承建；9 月 4 日，帷幕封渗输水洞，铺输水洞末端顶部 0.7 米厚土工织物反滤体，1989 年 11 月 10 日完工，延安地区地下水工作队承建；9 月，清除前池石坎，1990 年 5 月完工，由延安地区地下水工作队承建。

1989 年 3 月，黄河水利委员会以第 2 号文批复补充设计。11 月，陕西省水电设计院完成了王瑶水库除险加固工程施工图设计。4 月 22 日，砌筑前池左侧墙，11 月 6 日完工，由延安地区水利工作队承建；5 月 20 日，干石砌护迎水坝面、80 号水泥砂浆砌（高 0.9 米）坝顶防浪墙、铺坝顶碎石路面，1990 年 9 月 21 日完工，由延安地区水利工作队承建；6 月，灌浆充填坝肩，1990年8月完工，总计打孔900个，总进尺28225.9米，灌浆量14848.5立方米由地下水工作队承建。1990年5月1日，整修背水坝陂，由延安地区水利水保施工队承建。

王瑶水库除险加固期间，指挥部投资60万元，同安塞县和长庆油田合作改造杏子河至大坝间的30余千米公路，完成土方31万立方米、石方6万立方米，改建桥梁16座、涵洞55处。

王瑶水库除险加固工程投资762.64万元，投入16.83万个劳动工日。挖土31.24万立方米，填土5.13万立方米；开石18.74万立方米，砌石1.5万立方米。浇筑混凝土946.2立方米，安装金属结构设备20.2吨。耗用钢材62.02吨、木材146立方米、水泥921.4吨。

1990年4—7月，由延安地区水利水土保持局主持，会同陕西省水电设计院、王瑶水库管理处和施工单位，分别对土坝、输水洞、渠首倒虹和泄洪洞等除险加固工程逐一进行单项验收。1991年9月，陕西省水利厅主持，组织有关单位初步验收除险加固工程。验收结果：同意摘掉王瑶水库病险库帽子，交付管理单位使用；防汛通信预警系统待试运行一年后验收。

1991年12月6—8日，受水利部委托，陕西省水利厅主持，邀请部、院所和有关省厅、所工程技术专家会同省、地有关单位共52人，组成陕西省王瑶水库除险加固工程竣工验收委员会，陕西省水利厅副厅长焦居仁任主任委员。验收委员会做出验收鉴定：除险加固工程前期论证充分，加固任务明确，设计合理，采取措施得当，竣工资料齐全，初期运行正常，工程质量优良，在施工管理和财务管理上取得了较好的成绩，为国家节约了投资。存在的问题已有了处理意见。同意摘除王瑶水库病险库帽子，交付管理单位使用。并建议把王瑶水库除险加固工程评为优良工程。是月，《中国水利报》以“王瑶水库除险加固工程投资省质量优”为题作了报道。是年，《陕西水利》第6期刊载了王瑶水库除险加固竣工验收情况。

1992年，陕西省水利厅向水利部呈报了《王瑶水库除险加固工程鉴定书》。是年，水利部授予王瑶水库除险加固优良工程称号，并予以奖励。

2. 第二次除险加固

1994年8月31日，库区普降暴雨，洪峰流量达2750立方米每秒，中午11时30分，库水位上涨至1179.858米，超汛限水位2.16米，泄洪洞全开闸排洪，下午尾水渠侧墙和渠底冲垮，泄洪洞出口处公路冲垮，为减少损失，关小闸门继续排洪，直至9月1日8时，库水位降至汛限水位。汛后检查，泄洪洞底板冲刷严重，右坝肩至放水塔岸坡塌方加剧、裂缝延伸到公路边缘。1996年6月12日，王瑶水库泄洪洞压力洞发生堵塞事故，经过38小时奋力抢修，泄洪洞疏通。在抢险过程中，受到国务院、国家防汛抗旱总指挥部、陕西省政府、陕西省防汛抗旱总指挥部的高度关注和指导支持。

2002年8月，由陕西省水利水电勘察设计研究院完成王瑶水库第二次除险加固初步设计，9月，由陕西省水利厅批复，并上报国家发展和改革委员会和水利部，对除险加固工程申请立项。2003年9月，国家发展和改革委员会、水利部对除险加固项目批复立项。最后核定总投资3945.8万元。

第二次除险加固工程主要建设内容为：

（1）新建泄洪排沙洞。全长709.14米，其中进口明渠段长16米，钢筋混凝土结构，进口底板高程1150米，压力洞长39.84米，圆形断面，内径3米，壁厚0.6米，钢筋混凝土结构，进口高程1150米；放水塔长13.20米、宽6.40米，内设2.6米 ×2.7米平板检修闸门一扇、2.6米 ×2.3米弧形工作闸门一扇，放水塔通过工作桥与原放水塔相连，工作桥长18.3米、宽2.5米；无压洞长609.1米，断面为城口洞形，3.6米 ×4.4米，钢筋混凝土结构。新建泄洪洞由陕西省水电工程局承建，2004年3月开工，2006年8月31日完工。

（2）大坝加固和原泄洪洞改造。对左坝肩长36米、宽约25米的坝体进行充填灌浆，灌浆孔孔距、排距均为2米，梅花形布置，处理深度40米，总进尺16385.5米；原泄洪洞改造包括洞顶拱混凝土衬砌422米，更换平板检修闸门和启闭机、弧形工作闸门和启闭机，由延安市水电工程处承建，2005年12月开工，2006年8月10日完工。

（3）大坝安全监测自动化系统，包括大坝变形监测，坝体、坝基及绕坝渗流监测，水文气象监测，闸门自动化监控和监视系统。由西安交大博通资讯股份有限公司承建，2005年9月开工，2006年11月15日完工。

（4）环保工程。主要是清理渣场，回填土方覆盖，美化环境，由延安市水电工程处承建，2006年4月开工，6月完工。

（5）房屋建筑。主要是危房改造和办公生活设施。

王瑶水库第二次除险加固工程从2004年3月开工，2006年8月31日主体完工，2007年7月投入试运行。完成主要工程量为土方及淤泥开挖10.56万立方米，石方开挖3.02万立方米，土方回填3.50万立方米，浆砌石0.27万立方米，混凝土浇筑1.7万立方米，钢筋制安1040.56吨，金属结构安装67.10吨，回填灌浆0.56万立方米，充填灌浆1.64万立方米，完成投资4039.86万元。2011年通过竣工验收。

（六）运行管理

1972年10月，延安地区革命委员会组建王瑶水库管理处，县级建制。首任处长呼延禄，副处长赵富贵。12月，招收宜君县插队知识青年60名，安置在库区白家坪水库农场，经营土地100余亩。1976年11月，招收亦工亦农工人90名。1983年，水库管理处建制降为科级，人员缩编，5月，清退亦工亦农工人88名。1990年，水库管理处有管理人员72人，其中临时工10人。2018年划归延安水务环保集团有限公司管理，2020年有职工36人。

2022年9月21日，延安水务环保集团有限公司为王瑶水库建成50周年暨王瑶供水工程通水25周年举办纪念座谈会，集团董事长杨志旗、市水务局调研员赵治斌出席会议讲话，集团总经理古晓成主持，延安市水务局原局长毛华健等老同志出席会议并发言。

王瑶水库日常管理工作主要有以下几个方面。

水库观测：1972—1975年，王瑶水库的观测工作由工程指挥部兼管。1976年8—9月，观测项目增加，库区增设2个报汛站，观测工作移交给管理处。观测项目有降水、进出库水位、流量、含沙量、蒸发、地震等。

调度运用：1972年10月至1980年6月15日，蓄水滞洪运用。1980年6月16日至1985年6月30日，滞洪排沙运用。1985年7月1日至9月27日，间歇性敞库拉沙与异重流排沙相结合，即蓄清排浑运用。1985 年 9 月 28 日至 1988 年 8 月，滞洪排沙。1988 年 9 月至 1990 年，敞库运用。

多种经营：1973—1976 年，水库管理处修水平梯田栽苹果树 200 亩。白家农场 4 年生产粮食 6 万千克，油料 0.41 万千克，蔬菜 14 万千克。办起养猪场和酱油、醋、酒酿造厂。1977 年，水库管理处采取林粮间作种地 231 亩，生产粮食 1.32 万千克。养猪场存栏生猪 992 头，1980 年，因养猪成本太高致养猪场停办，酿造厂亦停办。1974—1979 年，水库电站年发电 40 万千瓦时。1984 年，电站改建，1986 年 7 月投入运用，并入西北电网。1997 年水库向延安供水后，逐步停止发电。水库利用水面养鱼，1997 年后因城市供水逐步停止。

（七）扩容改造工程

王瑶水库位于多泥沙河流，运行 50 多年，水库总淤积量达 1.42 亿立方米，占总库容 2.03 亿立方米的 70%，库容衰减迅速，严重影响到水库大坝自身防洪安全。每年汛期，由于水库淤积厚度达 30 余米，泄洪排沙洞进口进流形成漏斗状，淤泥失稳堵塞洞口，多次发生堵洞事故，造成严重泄洪安全隐患，对水库工程和下游城镇特别是革命圣地延安造成严重威胁。同时，由于有效库容减少，供水效益急剧衰减，王瑶水库供水工程面临无水可供。在各级部门重视支持下，王瑶水库扩容改造工程列入国家《“十四五”水安全保障规划》和陕西省“十四五”规划，是国务院确定抓紧推进的全国 150 项重大水利工程之一。2023 年 11 月 9 日，陕西省发展和改革委员会批复《延安市王瑶水库扩容工程可行性研究报告》，王瑶水库扩容工程包括库区清淤 1650 万立方米、增设溢洪道，改造加固原 1、2 号泄洪洞，重建输水洞，完善工程安全监测系统等，工程总投资 19.67 亿元，总工期 54 个月，由延安水务环保集团有限公司组建项目法人。2023 年 11 月 29 日，王瑶水库扩容工程开工动员会在延安市安塞区招安镇陈则沟村举行，陕西省水利厅厅长郑维国出席会议并讲话，延安市市长严汉平宣布开工。2024 年 5 月，工程初步设计获批。

库区清淤范围为大坝以上杏子河库区 10.6 千米，清淤深度 2 ~ 20 米，底部宽度为 60 米，开挖边坡为 1:5，清淤量 1280 万立方米，岔路川库区清淤范围为岔路川支流交汇口以上 6.0 千米，清淤深度 2 ~ 20 米，底部宽度为 33 米，开挖边坡为 1:5，清淤量 350 万立方米。清淤总量 1636 万立方米，其中水下清淤 1036 万立方米，水上清淤 600 万立方米。水上清淤施工主要采用两栖挖掘机配自卸汽车运至堆泥场，水下清淤施工采用绞吸式挖泥船通过泥浆泵及排泥管道（PE 管、钢管），将淤泥排送至堆泥库。

溢洪道布置在大坝右岸，经溢洪洞及无闸门多方案比较，采用正槽开敞式，进口控制段高程 1181.00 米，2000 年一遇校核洪水时最大下泄流量 439.48 立方米每秒，整个溢洪道由引渠段、控制段、泄槽段、底流消能段、出水渠段及海漫段等部分组成，全长 506.28 米。地基地层岩性上部为黄土状壤土，下部为页岩及泥岩。

水库原输水洞放水塔为圆形菠萝塔，结构老化，运行管理不便，予以拆除。新建输水洞放水塔位于 2# 泄洪洞右侧，放水塔顶高程 1203.70 米，塔基高程 1145.50 米，塔身高 58.20 米，塔顶闸房高 12.4 米。放水塔为矩形结构，长 15.0 米、宽 9.2 米，放水塔共布置五层 DN1200 钢管取水口，中心高程分别为 1159.00 米、1164.00 米、1169.00 米、1174.00 米、1179.00 米。取水口上游设置拦污栅和事故检修闸门，五层水平取水钢管与 DN1200 竖向钢管相连，输水钢管在放水塔外与原输水涵洞连接。塔顶采用工作桥与岸边道路相接，工作桥宽 3 米、长 105 米。扩容工程建设征地涉及 2 个区（县）4 个乡（镇）8 个村。

建设征地总面积 3769.38 亩，其中永久征地 730.09 亩，临时用地 3039.29 亩；涉及人口 91 户 319 人。

王瑶水库清淤扩容规模大，技术复杂，在国内尚属首次。为取得科学数据，保证工程顺利进行，2024 年 3 月，由陕西省水电勘测设计研究院下属陕西金泰公司承担，开展清淤试验，采用一台 4035 型绞吸式挖泥船，总吨位 209 吨，由输泥管线输送至库区右岸陈家湾堆泥库。4 月 27 日开始水下清淤试验，试验清淤量 15 万立方米。

二、中型水库

宝塔区孙台水库是延河流域唯一一座中型水库，位于延河中游左岸蟠龙川上游的雷鼓川，坝址在孙台村前，距蟠龙镇 5 千米，主要功能是蓄拦洪水、调节水源，保证蟠龙、青化砭、姚店三镇 6600 亩川台地灌溉和沿川工矿企业和群众用水的中型水库，可控制下坪乡 76.4 平方千米水土流失。主沟长 17 千米。属黄土丘陵沟壑区，植被差，水土流失严重，多年平均侵蚀模数为 1.5 万吨每平方千米每年，多年平均年降水量 500 毫米。河床比降 1/100，基岩外露，河床稳定。

1972 年 10 月 20 日动工，1980 年 10 月竣工。1973 年拦蓄洪水，1974 年底完成土坝卧管工程，开始投入运用，起到了供水灌溉作用。泄洪洞于 1976 年全部打通，1977 年正式浇筑。总计完成土方工程 167.86 万立方米，用工 176.4 万个，国家投资 445.3 万元，补助粮 51.65 万千克。枢纽工程有土坝、泄洪洞、卧管和泄水涵洞。

土坝：原设计坝高 46 米，为了多蓄水和全面覆盖石端石砭而加高 2 米（包括防浪墙 1.5 米），库容 1475 万立方米，防洪库容 1360 万立方米，有效库容 1390 万立方米，死库容 85 万立方米，并建成泄洪洞底孔，能拉沙，形成永久库容 373 万立方米。坝顶长 300 米，顶宽 637 米，坝底宽 279.97 米，设有深 3 米、梯形结合槽主道，迎水坡在 20 米以上，至坝顶全部做成干砌石反滤护坡。背水设有棱柱体反滤坝，顶长 56 米，高 65 米，顶宽 19 米，接内坡脚按河床宽度向上游做长 35 米铺垫，背水坡 12 道砌石排洪渠。

泄洪洞：泄洪洞比原河床高 1876 米，净长 236 米，放水塔上游为有压矩形洞，长 20 米；下游 35 米，紧接无压矩形洞，长 50 米；出口全为城门洞形，长 211 米。洞顶系一层厚 2 米的坚硬石，由上游至下游渐升斜度为 1/156，沿底坡为 1/500，接洞出口明流渠，全洞采用钢筋混凝土筑成，最大泄洪量为 80 立方米每秒。附建的有塔式放水结构，高 29.28 米，直径 35 米，基插入坚岩下 1.7 米，闸室净长 1.92 米、宽 2 米、高 37 米，塔筒全为钢筋混凝土浇筑成。安装有工作和检修平板闸门各一套。坝顶装有两台各起重 50 吨人工、电动两用启闭机。坝顶至闸台建成两跨钢筋混凝土工作桥一座，高 11.3 米、长 26 米。工作桥下游设有直径 0.3 米的通气孔，专供泄洪时供气用。

卧管和泄水涵洞：卧管设在坝左端山腰，比原河床高 133 米，为台阶式，以地形分为 1:3 和 1:7 坡降，长 159.4 米。涵洞设在坝左岸下部和卧管跌塘相接，洞身系 1 米的钢筋混凝土管，用石砌护，每隔 10 米做成水环一道，管坡 1/100。洞长 220 米，高水头可泄 7.2 立方米每秒。出口用石砌梯形明渠 60 米，渠尾接钢筋混凝土排流一座。为确保水库不出问题，在溢洪洞上部又开挖一条长 236 米顶渠，作为非常溢洪道。

2008 年 3 月，对孙台水库进行除险加固，包括加高大坝 3.48 米（现坝高 53.98 米）、泄洪设施更新维护、放水塔设施改造、坝体灌浆处理等，2009 年 6 月竣工。2011 年 8 月至 2012 年 5 月，再次进行大坝左肩充填灌浆。工程批复投资 820.83 万元，完成投资 924 万元。除险加固后，恢复和新增防洪库容 595 万立方米，年供水量 105 万立方米。2008 年，在坝址下游建成蟠龙水厂和孙台水库、青化砭供水工程，向沿线蟠龙、青化砭石油企业和村镇供水。

三、小型水库

（一）马家沟水库

马家沟水库位于延安市安塞区真武洞延河一级支流马家沟口。2008 年 11 月，水利部总工程师刘宁受部长陈雷委托，为落实胡锦涛总书记在安塞县进行科学发展观调研时的重要指示精神，来安塞专题调研，对支持安塞县水利全面发展提出具体方案，其中包括新建徐家沟应急供水工程和马家沟水库，以解决安塞县城近中期供水问题。徐家沟应急供水工程于 2009 年 3 月开工，当年建成，年供水量 30 万立方米；马家沟水库大坝高 29 米，总库容 203.3 万立方米，年供水量 155 万立方米，并在上游配套建设若干骨干淤地坝拦蓄泥沙，以延长水库寿命。马家沟水库 2010 年 4 月 25 日动工建设，2012 年 12 月完成主体工程投入使用。

（二）方家河水库

方家河水库位于安塞区沿河湾镇方家河，坝高 32 米，总库容 221 万立方米，兴利库容 99 万立方米，属小（1）型水库。

（三）红庄水库

红庄水库为延安王瑶水库供水工程配套项目，位于宝塔区河庄坪镇延河一级支流万庄沟口，距延安城约 10 千米，工程坝址以上控制流域面积 31.4 平方千米，由水库枢纽、输水管道、延河取水三部分组成，大坝高 50 米，总库容 952.8 万立方米，兴利库容 402 万立方米，滞洪库容 152.8 万立方米，淤积库容 398 万立方米，属小（1）型水库。红庄水库水源补给由王瑶水库、延河和万庄沟径流三部分组成，可满足 6—7 月王瑶水库空库泄洪排沙期间向延安供水，同时延长王瑶水库使用寿命，保证城区防洪安全，工程总投资 6421.82 万元。2003 年 7 月，延安红庄调蓄水库开工建设，2004 年 10 月，主体完工投入使用。2009 年 10 月，红庄水库至延安市区输水复线工程建设，可直接向城区供水。红庄水库水源主要由王瑶水库补水、杏子河引水和万庄沟径流三部分组成。主体工程包括水库枢纽工程、输供水工程、延河取水工程。

水库枢纽工程由坝体、右岸开敞式溢洪道和左岸泄洪排沙洞组成。防洪标准为 50 年一遇洪水设计，千年一遇洪水校核。

大坝坝址位于万庄沟沟口附近，坝体为均质土坝，坝高 50 米，坝顶高程 1036 米，坝顶长 268 米，宽 6 米，坝基铺宽 265.5 米；上、下游坝坡各分三级，上游坡由下至上依次为：1∶3.0、1∶2.75、1∶2.5，下游坡由下至上依次为：1∶2.75、1∶2.5、1∶2.0；且分别在下游坡 1021 米和 1006 米高程各设 2 米宽戗台一道，坝脚处设有棱式排水体。正常蓄水位 1031.6 米，设计洪水位 1033.11 米，校核洪水位 1034.55 米。

溢洪道位于大坝右岸，由进口段、宽顶堰、陡槽段和消能段及坝后护堤组成，全长 139.3 米，宽顶堰为矩形断面，底宽 15 米，堰顶高程 1031.6 米；陡坡段为矩形断面，底宽 12 米，纵坡 1/10；消能段为挑流式消能，挑射角为 20° ，反弧半径 6.5 米，挑坎高 0.39 米，平均射程 25.18 米，设计泄水量 40.1 立方米每秒，校核泄水量 108.8 立方米每秒。

泄洪排沙洞位于大坝左岸，由水流控制建筑物（放水塔）、洞身和出口消能段组成，排沙泄洪洞全长 347.37 米，设计泄洪量 43.7 立方米每秒，校核泄洪量 44.7 立方米每秒。放水塔为进口水流控制建筑物，塔高 37 米，箱型钢筋混凝土结构，基础尺寸为 11.9 米 ×5.8 米，塔身尺寸为 3.4 米 ×8.9 米，塔底部内设 2.2 米 ×2.5 米平面事故检修闸门和 1.8 米 ×1.2 米弧形工作闸门各 1 座，塔底进口底板高程 999.0 米；根据供水要求，放水塔在不同高程设四层取水孔，孔口尺寸为 0.8 米 ×1.0 米；洞身段位于基岩石槽内，为钢筋混凝土城门洞形，断面尺寸 1.8 米 ×3.2 米，全长 231.24 米；洞身左侧埋设王瑶输供水钢管和延河取水钢管各一条，直径均为 800 毫米；出口段包括水流调整段、梯形陡坡泄槽、消力池和明渠段，全长 128.33 米。

输供水工程由输供水管道和穿山隧洞组成。

输供水管道采用单管，从王瑶供水管道石窑倒虹进口闸阀 Y308 接出，经穿山隧洞、穿坝体，从排沙泄洪洞左侧进入放水塔。管道选用 DN800 毫米钢管和玻璃钢管埋设，总长 1124 米（其中，坝下钢管长 241 米，穿隧洞钢管 139 米，剩余 744 米采用玻璃钢管埋设）。

工程由取水枢纽、抽水泵站和输水管线三部分组成，从杏子河新建取水枢纽引水至抽水泵站前池，然后通过泵站提水至右岸山坡的高位出水池，最后经管道重力输水至红庄水库。引水线路总长 19.95 千米，管径为 DN800 毫米，管材为预应力钢筒混凝土管道和钢管；云坪抽水泵站选用 2 台 KQSN200–M13–20（功率 45 千瓦，流量 280 立方米每小时，扬程 43 米）和 2 台 KQSN250–M9–367（功率 75 千瓦，流量 485 立方米每小时，扬程 43 米）型卧式离心泵，设计引水流量为 0.4 立方米每秒，年引水量 601 万立方米。

（四）方塔水库

方塔水库位于宝塔区城区延河一级支流黄蒿洼沟，1970 年建成，坝高 47.3 米，总库容 250 万立方米，属小（1）型水库。延安王瑶水库供水工程建成前，主要为延安城区补充供水，现已停用，改为旅游休闲水景观。

（五）康家沟水库

康家沟水库为延安黄河引水工程配套工程，位于延安市宝塔区姚店镇康家沟村，由大坝和输水建筑物两部分组成，大坝为均质土坝，坝顶高程 978 米，最大坝高 38 米，坝顶长 209 米，总库容 239.40 万立方米，调节库容 165 万立方米，死库容 60 万立方米。水库的主要作用是当引水工程发生事故不能正常运行时，向延安城区应急供水。

（六）瓦村水库

瓦村水库位于延长县黑家堡镇延河一级支流糜草洼沟下游瓦村，控制流域面积10平方千米，总库容90万立方米，坝高24米，属小（2）型水库。水库以防洪、灌溉为主。

（七）安沟水库

安沟水库位于延长县在延河一级支流安沟河，2012年12月建成，坝高31.6米，总库容660.3万立方米，属小（1）型水库，设计年供水能力129万立方米，为延长县城和张家滩镇供水。

第二节　调水工程

一、延安黄河引水工程

（一）建设缘由

延安地处陕北黄土高原，水资源极度匮乏，全市人均水资源量只有463立方米，仅为陕西省人均水资源量的35%、全国人均水资源量的21%。改革开放以来，延安城区以及周边的延长、延川、子长、清涧（榆林市）等县（区）的各项建设事业快速发展，水资源供需矛盾日益突出，缺水问题严重制约着经济社会的可持续发展，乃至威胁到人民日常生活。

延安是中国革命圣地、历史文化名城，是全市政治、经济、文化、交通的中心。1997年，延安建成王瑶水库供水工程，结束了城区供水直接从延河干流抽水的历史，提高了供水保证率和供水水质。然而随着城市人口急剧增加，仅仅10年时间，延安城区年供水量就从400多万吨增加到1500多万吨，日供水量已达到工程设计供水能力，王瑶水库为保证城市供水，多年没有执行泄洪拉沙计划，水库急速淤积，有效库容减少，防汛安全隐患加大。面对严峻形势，延安市委、市政府立足长远，把保障人民群众生活作为重中之重，经过深入调查论证，于2006年做出采用“引黄济延”方案，开辟延安第二水源的重大决策。陕西省委、省政府将黄河引水工程列为全省十大水利项目予以全方位支持，协调解决重大问题。水利部、黄河水利委员会、陕西省发展和改革委员会、陕西省水利厅等上级部门在业务技术、取水指标、工程立项、建设资金等方面给予了全力支持。

（二）工程规模

延安黄河引水工程位于延安市东北部，跨越延河、清涧河两大流域，概算总投资47.24亿元，工程等别为Ⅲ等，属中型工程，引水管线总长度145.78千米，设计年取水量8977万立方米，供水保证率95%。取水口位于延川县延水关镇王家渠村附近黄河右岸，可解决延安城区及延川、子长、延长、清涧等县城及延安北部工业园区和沿线100万群众生产生活用水。总体工程由取水枢纽、泵站、隧洞、管线、调蓄水库、水厂等组成，泵站装机总容量48144千瓦。黄延线黄河取水枢纽一级泵站吸水池内设计水位537.06米，禹居六级泵站芦草梁隧洞进口泵站出水池设计水位1035.50米，地形高差498.44米。工程永久占地3294.9亩，主体工程土石方开挖量765.4万立方米。

黄河引水工程包括4条输水管线：

（1）黄延线。黄河取水口至延安东川水厂的输水线路，全长83.35千米。从延川县延水关镇黄河右岸斗槽取水，经过延水关一级泵站、泥沙处理站和二级泵站后，出水管道沿张家河右岸滩地向西北方向布置经柏树坬三级泵站至杨家山隧洞（长11.34千米），通过明流隧洞输水至高家湾水厂，然后从高家湾四级泵站后向西布置双管，经姚家山隧洞后一条管线向南河水库输水，另一条继续向北，跨过南河进入新舍古明流隧洞，经隧洞输水至新舍古五级泵站，在此线路分为2条，一条向延安方向沿210国道向西布置，沿途经过文安驿镇、禹居镇、禹居六级泵站，穿芦草梁明流隧洞进入延河支流西沟，再经宝塔区甘谷驿镇、姚店镇沿延河两岸滩地布置至延安市东川水厂。线路在甘谷驿镇设分水口至延长工业园，在康家沟沟口设分水口至康家沟水库。主要建筑物包括管线68.673千米、泵站6座、隧洞6座（主洞长19.59千米，其中明流洞15.41千米）、调蓄水库2座、泥沙处理站1座、水厂2座。

（2）子长线。从新舍古五级泵站向西北至永坪镇再至子长市工业园，全长52.49千米（暂未实施）。

（3）延长线。从黄延线甘谷驿分水口沿延河两岸滩地向东南方向布置，经延长县黑家堡镇盖头坪村至延长工业园，全长2.59千米，于2018年6月建成，并开始试供水。

（4）清涧线。从延川高家湾水厂至清涧县城的输水线路，全长25.2千米，由清涧县筹资建设，于2019年5月建成，7月12日开始向清涧县城供水。

（三）工程建设

2008年12月17日，黄河引水工程举行开工典礼。2011年11月，杨家山输水隧洞开工。2014年12月，工程全线开工建设。2017年10月1日，主管线（黄延线）试通水成功。2018年1月24日，向延安姚店水厂供水，6月30日，正式向延安城区供水。累计完成土石方开挖765.4万立方米、土石方回填861.1万立方米、钢筋制安3.47万吨、混凝土浇筑60.7万立方米、浆砌石20.871万立方米，水泵机组安装71台（套）。

2020年9月，黄河引水工程南河调蓄水库下闸试蓄水，年底前，20多项尾留工程全部清零，实现“双库（康家沟应急水库、南河调蓄水库）、双厂（高家湾水厂、延安东川水厂）、双运行”的阶段目标。

（四）主要建筑物

1. 黄河取水口

黄河取水口位于延安市延川县延水关镇东南方向，黄河右岸王家渠村东南约150米黄河大弯道凹岸段，作用是把黄河水引入一级泵站吸水池。主要建筑物有取水斗槽、上下游引渠段、厂区景观绿化、金属结构、安全监测、临时围堰等，划分为1个单位工程7个分部工程。其中，取水斗槽和金属结构安装分部工程为主要分部工程。主要安装设备有拦污栅、闸门、启闭机、螺杆启闭机、导冰排。

工程为Ⅲ等中型工程，主要建筑物等级为3级，防护工程等级为3级，防洪设计标准为30年一遇洪水设计、100年一遇洪水校核，工程地震设防烈度为Ⅵ度。工程设计水位

537.06 米，最低运行水位 536.91 米，最高运行水位 543.46 米。设计流量 4.2 立方米每秒，取水能力 8977 万立方米每年。

取水斗槽工程设计级别为三级，其建筑物级别为 3 级，斗槽长 160.456 米、底宽 11 米、顶宽 9.0 米、净宽 7.0 米、高 19.5 米，顶板高程 553.0 米；“U”字形横截面。进口底板高程 536.0 米，出口底板高程 535.84 米。底板及槽壁混凝土强度等级 C30，抗冻级别 F200，抗渗等级 W4，垫层混凝土强度等级 C15，顶板及上、下支撑梁强度等级 C30，钢筋为Ⅰ、Ⅲ级，钢筋搭接为单面焊，顶板钢筋保护层厚度为 30 毫米，其余保护层厚度均为 50 毫米；止水为 654 型橡胶止水和铜止水带。基础持力层为三叠系中统弱风化砂岩夹泥（页）岩层，开挖坡比 1∶0.5，地基承载力特征值 f_{ak}=800 千帕。

2. 泥沙处理站

黄河引水工程泥沙处理站位于延川县延水关镇东南王家渠村黄河右岸台地上，主要由 HPS 澄清池、加药间、配电室、车间厂房、采暖通风系统等部分组成。作用是把一级泵站抽来的含泥沙黄河原水处理为符合工业用水标准的水。建筑抗震设防烈度为 6 度，结构安全等级为 2 级，屋面防水等级为 2 级。设计最大取水量 36.30 万立方米每日。设计使用年限为 50 年。

HPS 澄清池为甘肃金桥水科技（集团）股份有限公司专利技术，是集混合、反应、絮凝、旋流沉淀、悬浮泥渣吸附和澄清分离于一体的立体结构物，位于一级泵站与二级泵站之间，作用是将黄河原水通过净水处理达到工业用水标准（水质浊度≤ 10 毫克每升）。HPS 澄清池共 4 组、28 格，池体为外方内圆钢筋混凝土结构，主要由池壁、柱、墙和各种支撑组成。HPS 澄清池总平面尺寸：128.35 米 ×92.8 米，单池平面尺寸：17.20 米 ×17.20 米；池高 14 米，地上部分 8 米，地下部分 6 米，混凝土室锥形坡度为 45°，导流室壁坡度为 55°。

3. 输水隧洞

黄河引水工程共布设 9 条隧洞承担输水任务，其中已实施黄延线布设 6 条隧洞，均位于延川县境内。各输水隧洞基本情况见表 2–1–1。

表2–1–1　黄河引水工程黄延线输水隧洞基本情况

序号	名称	长度 /km	隧洞形式	断面尺寸 /m	说明
1	杨家山隧洞	11.34	城门洞形	2.5 × 3.05	明流洞
2	姚家山隧洞	2.07	城门洞形	6 × 5.2	洞中管
3	新舍古隧洞	3.393	城门洞形	2.5 × 3.05	明流洞
4	薛家沟隧洞	1.242	城门洞形	3.8 × 3.4	洞中管
5	文安驿隧洞	0.866	城门洞形	3.8 × 3.4	洞中管
6	芦草梁隧洞	0.682	城门洞形	2.5 × 3.05	明流洞

杨家山隧洞是黄河引水工程控制性工程，进口为三级泵站出水池，出口在高家湾村清涧河左岸，连接四级泵站全长 11.34 千米，进口高程 766.67 米，出口高程 761 米，纵比降

i=1/2000，输水为洞中明流，设计流速 0.72 米每秒，洞内水深 0.46 米，设计引水流量 0.83 立方米每秒。于 2011 年 11 月 2 日开工，2016 年 4 月 30 日完工。

4. 输水管线

输水管线是黄河引水工程主要组成部分，黄延线输水管线共分为 7 个单位工程，各段管线主要技术指标见表 2–1–2。

表2–1–2　黄河引水工程黄延线各段管线主要技术指标

序号	单位工程	位置	长度 /m	流量 /（m^3/s）
1	黄河取水口—高家湾四级泵站	延川县	7713	4.2
2	高家湾四级泵站—新舍古五级泵站	延川县		2.98
3	新舍古五级泵站—文安驿隧洞出口	延川县	12322	1.38
4	文安驿隧洞出口—芦草梁隧洞进口	延川县	14520	1.38
5	芦草梁隧洞进口—甘谷驿分水口	宝塔区	12255	1.38
6	甘谷驿分水口—康家沟水库	宝塔区	12474	0.77
7	康家沟水库—延安东川水厂	宝塔区	11707	0.77

注：黄河取水口—高家湾四级泵站管线不包括杨家山隧洞。

主要管材采用钢筒混凝土管（管径 1800 毫米、1200 毫米）、球墨铸铁管（管径 1600 毫米、1200 毫米、1000 毫米）、钢管（管径 1000 毫米）等。清涧河管桥管径 2000 毫米。土及砂砾石地基采用挖掘机自上而下分层开挖，岩石地段开挖采用机械破碎配合人工撬挖，对靠近公路村庄的高强度岩石段，采用了锯石机结合机械破碎锤的特别开挖措施，在完成施工任务的同时，避免了对交通和居民的安全影响。黄河引水工程管线部分地段与“西气东输”天然气管道交叉、并行，按照专家评审和有关规定，在输气管线工作人员监护下，采取相应保护措施，人工开挖和用人力手推车将开挖料运至堆放场。

5. 泵站

黄河引水工程已实施黄延线共设置六级泵站，柏树坬三级泵站为 2 级建筑物，其他为 3 级建筑物。泵站通过“接力”方式将黄河水扬至输水管线最高点（芦草梁隧洞进水池），再自流至东川水厂。各泵站主要技术指标见表 2–1–3。

表2–1–3　黄河引水工程黄延线泵站主要技术指标

序号	站名	设计流量 /（m^3/s）	设计扬程 /m	装机容量 /kW	机组台数
1	延水关一级站	4.2	44.16	4340	8
2	延水关二级站	3.9	66.8	4970	7
3	柏树坬三级站	3.9	150.1	12600	7

续表2-1-3

序号	站名	设计流量 /（m^3/s）	设计扬程 /m	装机容量 /kW	机组台数
4	高家湾四级站	2.98/1.3/0.07/0.12	46.1/91.6	7658	13
5	新舍古五级站	1.38/1.60	131.7/106.8	8080	8
6	禹居六级站	1.38	145.33	4480	4

注：1. 高家湾四级站设计流量分别为主线 / 充库 / 延川 / 清涧，设计扬程分别为干管 / 充库；
2. 新舍古五级站设计流量分别为延安 / 子长，设计扬程分别为延安 / 子长；
3. 延水关一级泵站为延安引黄工程梯级抽水的第一级，即将一级泵站进水池的水抽送至一级站高位水池。

延水关一级泵站：主要建设内容包括厂房、宿办楼、机电安装、金属结构、中央控制室、道路、景观绿化等。厂房及宿办楼建筑面积 4735.82 平方米，压力钢管安装 234.49 吨，水泵、电动机 8 台（套），变压器 2 台，开关柜 41 面，电缆 30.77 千米，闸门 2 孔，桥式起重机 2 台，高位水池起重机 2 台。

延水关二级泵站：主要建设内容包括厂房、机电安装、金属结构、控制系统等。钢管及管件 316 吨，安装水泵、电动机 7 台套，变压器 2 台，开关柜 41 面。主副厂房建筑面积 2137.37 平方米。

柏树坬三级泵站：主要建设内容包括厂房、宿办楼及附属用房、机电安装、金属结构、控制系统、景观绿化等。钢管安装 297.84 吨。安装水泵、电动机 7 台（套），变压器 4 台，开关柜 80 面。主副厂房、宿办楼、附属用房等建筑面积 3943.47 平方米。

高家湾四级泵站：主要建设内容包括进水池、厂房、宿办楼、机电安装、金属结构、控制系统、道路、景观绿化等。进出水等钢管安装 463.22 吨。安装水泵、电动机 16 台（套），变压器 2 台，风机 25 台，桥式起重机 2 台，开关柜、盘柜 94 面，电缆 12.63 千米。主副厂房等建筑面积 3845.68 平方米。篮球场 960.18 平方米。

新舍古五级泵站：主要建设内容包括进水池、主厂房、副厂房、宿办楼及附属用房、污水处理房、消防水泵房、防洪堤、管网镇墩、厂区各类阀井、景观绿化、主机及辅助设备安装、金属结构安装、安全监测等。安装水泵、电动机 8 台（套），变压器 2 台，高压盘柜 41 面，宿办楼 1289.74 平方米，附属用房 321.32 平方米，污水处理房 6.8 平方米，钢管、轨道 192.27 吨，桥式起重机 1 台。

禹居六级泵站：主要建设内容包括进水池、调蓄池、主厂房、副厂房、宿办楼及附属用房、污水处理房、消防水泵房、景观绿化、主机及辅助设备安装、金属结构安装、工作桥、门房等。安装水泵、电动机 4 台套。

6. 调蓄水库

1）南河水库

南河水库由大坝、导流泄洪洞、输水洞三部分组成。南河水库为调节水库，利用黄河水充库，在黄河不能抽水和设备检修期间供水。大坝由 3 级建筑物提高到 2 级建筑物设计，防洪标准不变，其他为 3 级建筑物。大坝顶高程 852.00 米，最大坝高 74.00 米，坝顶长 370 米。

总库容 2930 万立方米，滞洪库容 318 万立方米，淤积库容 1375 万立方米，调节库容 1225 万立方米，死库容 12 万立方米。南河水库坝址以上控制面积 53.4 平方千米，多年平均径流量 214.0 万立方米，50 年一遇洪水流量 600 立方米每秒，1000 年一遇洪水流量 1350 万立方米每秒。泄洪洞泄流能力 250.00 立方米每秒（校核流量）。输水洞为城门洞形，洞中置管。

南河水库导流泄洪洞主要作用为泄洪，施工期间用作导流。导流泄洪洞总长度为 497.62 米，洞身全长 448 米，洞身断面为城门洞形，断面尺寸为 4.0 米 ×5.2 米。

大坝为均质土坝，坝顶高程 852 米，坝高 74 米，坝顶长 370 米，坝顶宽 10 米。防浪墙总长 350 米，大坝上游坝坡坡比为 1∶3，高程 812 米处设马道，宽 2 米。下游坝坡坡比 1∶2.75，在高程 835 米、818 米、801 米、786 米处设马道，786 米处马道宽 3 米，其余宽 2 米。大坝设置沉降、变形、渗流观测仪器。

南河水库输水洞总长度 448 米，断面尺寸 2.8 米 ×3.2 米，施工主要任务为石方洞挖、洞身支护、全断面洞身衬砌、回填灌浆、固结灌浆、监测仪器安装等。

放水塔位于大坝右岸，进水塔与导流泄洪洞放水塔合二为一，整个塔体分左、右两个井筒，顺水流方向右侧布置压力管道及其工作闸阀，左侧布置泄洪检修闸门和工作闸门。塔身外观形式为矩形，塔顶高程 852 米，放水塔塔体总高度为 61 米。

金属结构包括压力钢管，直径 1200 毫米；闸门和拦污栅分别为导流泄洪洞事故检修门 1 扇，输水洞检修门 1 扇，拦污栅 2 扇，导流洞弧形工作闸门 1 扇。

2）康家沟水库

康家沟水库位于延安市宝塔区姚店镇康家沟村，由大坝和输水建筑物两部分组成，大坝为均质土坝，坝顶高程 978 米，最大坝高 38 米，坝顶长 209 米，总库容 239.40 万立方米，调节库容 165 万立方米，死库容 60 万立方米。水库的主要作用是当引水工程发生事故不能正常运行时，向延安城区应急供水。

主要建筑物包括大坝、放水塔。大坝坝址位于姚店镇街东端康家沟沟口上游 1.36 千米处，大坝为均质土坝，坝顶高程 978.00 米，最大坝高 38 米，总填筑量 43 万立方米，迎水坡坡比 1∶3，背水坡坡比 1∶2.75。放水塔分为进口段和塔身段，设计流量 1.31 立方米每秒，总高度 31.26 米，4 级建筑物。输水洞总长 179.4 米，标准断面为圆拱直墙形，设计流量 1.31 立方米每秒。

7. 水厂

1）高家湾水厂

高家湾水厂位于延川县延川镇东南约 4 千米处的高家湾村，厂址西侧为省道渭清公路，东侧为清涧河，清水池与高家湾四级泵站联合布置在清涧河左岸的台地上。水处理采用絮凝、斜板沉淀工艺。设计规模 27.7 万立方米每天，出水水质达到工业用水水质要求。总占地面积 72.88 亩。生产区占地 56.95 亩，建（构）筑物包括配水井、絮凝沉淀池、浓缩池、排泥水调节池、加药间及污泥脱水间、配电室和机修间、2000 立方米清水池 2 座以及宿办楼。

2）东川水厂

东川水厂位于延安市宝塔区李渠镇崖里坪村，主要建（构）筑物包括管理调度中心、超滤膜处理车间、高效澄清叠合池、清水池、二级泵房及吸水井、综合加药间、配电室、机修仓库、污泥处理车间及平衡池等。设计规模6.0万立方米每天，工艺采用絮凝、沉淀（平流+斜板）、过滤、消毒工艺，出厂水质达到居民生活饮用水标准。厂区总占地面积87.03亩，其中生产区面积40.22亩。

超滤膜车间污水处理核心设备结构为地下一层，地上二层，结构尺寸长42.39米、宽23.1米，建筑高度16.10米，钢筋混凝土结构。超滤膜处理系统设计规模6万立方米每天，膜池设10格，单格面积36平方米，双排布置，每格膜池设6组膜堆，共60组。

8. 信息化工程

延安黄河引水工程信息化工程主要作用为监控、调度3个管理分中心、6座泵站、2座水库、3座水厂的供水运行，保证延水关一级泵站、延水关二级泵站、柏树坬三级泵站、高家湾四级泵站、新舍古五级泵站、禹居六级泵站、南河水库、康家沟水库、延水关泥沙处理站、高家湾水厂、东川水厂、管理中心、分中心及沿线的工程视频监控图像信息、会议视频、水情监测（水位、流量、水质等）数据信息、泵站监测、调度管理话务通信工程安全监测信息等的准确采集、精确处理、科学分析，为工程水资源调度管理提供重要的技术支撑。建设目标为无人值守、有人巡查、优化调度、实时监控。

9. 供电工程

黄河引水工程黄延线共有35千伏变电站7座，35千伏输电线路95.5千米。

柏树坬泵站—延水关泵站35千伏输电线路：起点为柏树坬三级泵站副厂房35千伏出线开关柜，终点为延水关二级泵站副厂房35千伏进线开关柜；线路为双回路，全长6.835千米。承担着向延水关一、二级泵站供电的任务。

南河—柏树坬变电站35千伏输电线路：起点为延川县110千伏南河变电站，终点为延安黄河引水工程柏树坬三级泵站副厂房35千伏进线开关柜；线路为双回路，全长14.532千米，承担着向延水关一、二级泵站和柏树坬三级泵站供电的任务。

南河变电站—高家湾泵站35千伏输电线路：为双回路，全长0.29千米电缆，承担高家湾泵站、水厂供电任务。

新舍古泵站—南河变电站35千伏输电线路：起点为延川县110千伏南河变电站，终点为延安黄河引水工程新舍古五级泵站副厂房35千伏进线开关柜，线路为单回路，全长6.6042千米，承担着向新舍古五级泵站供电的任务。

文安驿变电站—新舍古泵站35千伏输电线路：起点为延川县110千伏文安驿变电站35千伏高压室4#出线柜，终点为延安黄河引水工程新舍古五级泵站副厂房35千伏进线开关柜；线路为单回路，全长14.464千米，承担着向新舍古五级泵站供电的任务。

禹居泵站—文安驿变电站35千伏输电线路：起点为延川县110千伏文安驿变电站35千伏高压室2#开关柜，终点为延安黄河引水工程禹居六级泵站副厂房35千伏进线开关柜；线路为单回路，全长1.398千米，承担着向禹居六级泵站供电的任务。

禹居变电站—禹居泵站35千伏输电线路：起点为延川县35千伏禹居变电站35千伏出线门形架，终点为延安黄河引水工程禹居六级泵站副厂房35千伏进线开关柜；线路为单回路，全长 0.687 千米，承担着向禹居六级泵站供电的任务。

（五）供水运行

2018 年 6 月 30 日，黄河引水工程开始向延安城区供水，受城区原供水管网承压限制，先覆盖双拥大道（百米大道）联通公司以东区域。2019 年，黄河引水工程向延安城区供水范围扩大到尹家沟以东区域，7 月开始向延川县城和清涧县城供水，全年供水量 536.66 万立方米。2020 年，供水总量 1419.32 万立方米。2021 年 6 月开始，黄河引水工程东川水厂承担起延安城区供水主要任务，供水覆盖人口 30 余万人，年供水量 2077.39 万立方米。2018—2022 年，累计供水量 6168.92 万立方米，其中延安城区 4440 万立方米。随着黄河引水工程供水量加大，延河、清涧河取水量明显减少，生态径流得到有效补充，有利于改善河道水质和水生态环境质量。

二、引洛济延工程

（一）勘测规划

进入 21 世纪，随着延安社会经济的迅速发展，延河流域水质污染较为严重，水资源短缺、水环境恶化、供水安全受到潜在威胁等问题更加凸显，成为制约延河流域经济社会持续发展的关键因素。北洛河是延安境内第一大河流，水量较为充沛，其上游段距离延安较近，具有跨流域调水的有利条件。引洛济延工程是给延河生态补水，实现水资源统一配置、水环境综合治理，缓解延河水环境恶化，支撑延河流域经济发展的重要保障。

2004 年，延安市水利水土保持局着手调水线路勘察规划。引水枢纽位于甘泉县石门乡洛河干流上，设计由拦河坝和一级泵站两部分组成，坝型为橡胶坝，一级泵站位于洛河左岸一级阶地上，地面高程 1022.20 米，二级泵站站址位于沟谷斜坡中部平缓地段，泵站基底设计高程 1153.00 米。通过两级泵站将洛河水沿北沟送经崂山隧洞流入延河流域杜甫川上游调蓄水库，后以自流输水方式将水沿杜甫川送至延安市南桥南川河。杜甫川调蓄水库设计坝型为均质土坝，扬水管道设计管径 1.0 米，重力输水管道设计管径 0.6 ~ 0.7 米。后期因水质等原因项目暂停启动。

2016 年，经延安市政府研究决定，将引洛济延工程纳入全市江河湖库水系连通项目实施，通过引干入支、提水充库、丰枯调蓄，实现水系连通，改善延安城区延河水生态环境。2016 年 8 月开始勘测设计。2016 年 10 月，延安市发展和改革委员会批复《延安市江河湖库水系连通项目引洛济延工程可行性研究报告》。

洛河引水工程为Ⅲ等中型工程，取水低坝、供水泵站、输水隧洞及输水线路等主要建筑物级别为 3 级，次要建筑物级别为 4 级，临时建筑物为 5 级；拦蓄调节工程为Ⅴ等小（2）型工程，主要建筑物为 5 级，临时建筑物为 5 级；水生态保护修复工程主要建筑物级别为 3 级，次要建筑物级别为 4 级，临时建筑物为 5 级。

洛河引水工程主要建筑物防洪标准按 30 年一遇设计、100 年一遇校核；次要建筑物防洪标准按 20 年一遇设计、50 年一遇校核；临时性建筑物防洪标准按 5 年一遇设计，10 年一遇校核；拦蓄调节工程防洪标准按 30 年一遇设计、300 年一遇校核；水生态保护修复工程防洪标准城市规划区内按30年一遇设计，城市规划区外城镇段按20年一遇设计，乡村段按10年一遇设计。

引洛济延工程由引水工程、拦蓄调节工程、水生态保护修复工程三部分组成，引水工程从洛河干流甘泉县石门乡提水，经二级泵站加压后，穿过南拐沟隧洞至南山峁沟骨干坝，经三级泵站加压穿过楼坪川至南同沟、老袁沟、桥沟骨干坝，向杜甫川、西川河进行生态补水，引水线路全长34.29千米，主要建筑物有取水枢纽、泵站、管线（28.43千米）、输水隧洞（5.86千米），设计引水流量1.35立方米每秒，年供水量2930万立方米；拦蓄调节工程包括南山峁沟、南同沟、老袁沟、桥沟4座骨干坝及引干入支配套工程；水生态保护修复工程包括南川河、西川河河道清淤疏浚和水生态保护修复。

项目建设分三期实施：

一期工程建设内容为：拦蓄调节工程和水生态保护修复工程，拦蓄调节工程包括南山峁沟、南同沟、老袁沟、桥沟4座骨干坝及引干入支配套工程；水生态保护修复工程包括南川河、西川河河道清淤疏浚和水生态保护修复。

二期工程由洛河引水工程首先通过一级泵站从石门低坝提水，提水高度约110米至二级加压站（位于前许寨许寨沟南侧，站址高程约1120米），经许寨沟至南拐沟掌与洞衔接，经输水隧洞自流至南山峁沟支沟酒坛子沟出水口。建设内容为低坝取水枢纽，一、二级提水泵站，南拐沟隧洞2.21千米。

三期工程由石门低坝提水至二级加压站后经三级泵站加压穿过楼坪川至南同沟、老袁沟、桥沟骨干坝，建设内容为引水管线28.43千米、三级泵站、置管隧洞3.65千米。

工程估算总投资66760万元，其中一期工程估算总投资为13550万元，二期工程估算总投资为17600万元，三期工程估算总投资为35610万元。总工期36个月。

（二）工程建设

2016年11月，引洛济延工程开工。依据2016年度江河湖库水系连通项目申报表及中央对地方专项转移支付项目绩效目标，工程建设内容为压力引水管线长12.49千米，隧洞长度3.94千米，线路总长度16.43千米，设调蓄水库一座，可研阶段估算工程总投资为1.8亿元。经质询、论证，在项目建设规模不变化、下达资金不突破的前提下，考虑项目建设工程资金筹措到位情况、项目运行成本、现阶段工程建设效益等因素，一期工程实施拦蓄调节和水生态保护修复工程，包括西川河南同沟、老袁沟、桥沟和杜甫川南山峁沟4座拦蓄调节骨干坝，西川河和南川河河道清淤疏浚和水生态修复保护。

截至2020年，完成4座拦蓄调节骨干坝（南同沟、老袁沟、桥沟和南山峁骨干坝）和水生态保护修复工程（南川河、西川河水生态保护修复工程）等部分建设内容。4座骨干坝增加库容348.06万立方米，控制流域面积15.93平方千米，丰枯调节冲库建筑物提水能力1.5万立方米，枯水期可作为延河河道生态用水，缓解延安城区生态用水紧张的局面，同时改善河道生态环境；完成西川河水生态保护修复工程治理总长度40千米，新建护坡、护岸4.1千米，清淤疏浚12.60万千米，绿化修复5.28万千米，种植防护林23.15千米；完成南川河治理总长度12.96千米，新建护坡、护岸2560立方米，格宾网笼护坡1790立方米，清淤疏浚 3.91 万立方米，绿化修复 1.23 万平方米。完成总投资 0.86 亿元。

因运行成本等原因，一期工程完成后，项目停止实施。

三、白龙江引水工程（延安段）

（一）建设缘由

延安地处陕北黄土高原腹地，生态环境整体脆弱，水资源天然禀赋不足，资源型、水质型、工程型缺水问题交织，受地表水含沙量大的影响，水资源开发利用难度极大，缺水一直是延安社会经济发展的主要"瓶颈"。特别是地处西北部的吴起、志丹、安塞、宝塔（两区两县）缺水问题更为突出。吴起、志丹现状供水水源为深层承压水，不但不符合国家关于深层地下水严格限制开采要求，而且水中六价铬超标，矿化度较高，现依靠反渗透膜处理，水处理成本较高（单方水运行成本 18 元）。加之西北部年降水量少，浅层地下水储量小，水源不稳定，地表水受水质和泥沙影响，蓄存条件差，建库单方库容投资大；安塞区地下水储量小，集中开采难度大，水源单一，主水源马家沟水库供水能力 155 万立方米，供水保障率仅 52.4%，即使常态化启动延河应急抽水，仍有部分供水缺口；延安市区现状供水由黄河引水和王瑶水库联合调度，黄河引水规划向市区供水量 1731 万立方米，扬程 581 米六级提水，全成本单方水价 15.2 元左右。目前，"两县两区"现状供水缺口已达 1.01 亿立方米，缺水率 56%，到 2040 年"两县两区"缺水达到 1.55 亿立方米，缺水率扩大至 62.4%，若无外调水补给，缺水将严重制约当地经济社会发展。甘肃省 2011 年启动的白龙江引水工程，规划依据充分，前期进展快，管线末端距离延安市吴起县只有 66 千米，且水源水质优良，水量充沛，全程自流，处理工艺简单，运行成本低，群众容易接受（工程调水量 7.74 亿立方米，优先保障城乡生活用水，白龙江长年水质Ⅱ类，水质优良，不用净化处理，只需原水消毒便可直接饮用）。白龙江引水对解决延安市"两区两县"供水问题相对优越，将延安纳入受水区得到水利部、水利水电规划设计总院有关领导和专家认可，国务院、国家发展和改革委员会、水利部都表示支持白龙江引水向延安延伸。

（二）工程概况

白龙江引水工程是陕西、甘肃两省共同谋划推进的跨流域重大战略性引调水工程，对优化两省水资源配置格局，提高区域水安全保障能力具有重要意义。该项目已列入国家发展和改革委员会、水利部 150 项重大水利项目清单，工程拟从甘肃省迭部县嘉陵江支流白龙江上游新建代古寺水库引水（总库容 4.08 亿立方米），向甘肃省天水、平凉、庆阳，陕西省延安 4 市 24 个县（区）供水，规划期至 2040 年，总受益人口 955 万人，其中延安 130 万人。工程总引水量 7.42 亿立方米（设计流量 32 立方米每秒），其中延安分水量 0.9 亿立方米。工程输水管线总长 1329 千米，其中总干线 492 千米（全部在甘肃境内），干线和分干线总长 837 千米，延安分干线长 228 千米。工程总投资 593 亿元，工期 98 个月。延安段总投资 108 亿元，其中共用部分分摊 58 亿元（分摊比例 13%），专用工程 50 亿元，工期 55 个月。项目实施后，将有效缓解区域资源性、水质性和工程性缺水问题，对改善陕甘革命老区居民生活生产供水条件、巩固拓展脱贫攻坚成果、助推乡村振兴、促进区域经济社会高质量发展等具有重要作用。

（三）项目进展

2018 年，延安市就白龙江引水工程受水范围向水利部汇报，并与甘肃省水利厅对接沟通，进入省级层面协调。

2019 年 3 月，陕西省政府向甘肃省政府发出《关于商请将延安市部分县（区）纳入白龙江供水工程受水范围的函》。6 月，陕西省常委、延安市委书记徐新荣一行赴兰州考察对接白龙江引水工程，与甘肃省委常委、省政府副省长周学文等进行座谈。甘肃省原则同意将延安市吴起、志丹、安塞、宝塔 4 县（区）纳入受水范围，并就工程前期等工作达成共识。陕西省委书记胡和平批示同意建立白龙江引水省级协调领导小组。陕西省水利厅副厅长丁纪民、延安市水务局负责人等，赴武汉向长江水利委员会汇报，长江水利委员会表示大力支持，给延安 4 县（区）解决不超过 1 亿立方米的用水指标，并帮助协调甘肃、四川等相关省（区）工作。11 月延安市副市长张强，陕西、甘肃两省水利厅负责人等，赴四川省对接协调白龙江引水工程取水事宜。

2020 年 1 月，延安市水务局局长张栓林一行赴长江水利委员会，对接白龙江引水工程取水指标事宜。7 月中旬，水利部委托水利水电规划设计总院在北京召开白龙江引水工程可行性研究报告技术审查会。

2022 年 8 月 8 日，水利部出具白龙江引水可行性调研报告技术审查意见，并报国家发展和改革委员会待批复。8 月 26 日，陕西、甘肃两省政府签订白龙江引水工程合作共建框架协议。截至 2024 年 7 月，同期推进的 19 项专题报告完成审批 18 项，其中水资源论证报告已报长江水利委员会审查。

第二章　农田灌溉

延河干流及支流虽有较多川台地，但因地形条件复杂、蓄水引水工程量大，新中国成立以前，仅有延安幸福渠一条超过千亩的灌溉渠道，其他小型引水工程灌溉面积一般几亩到几十亩，全流域农田灌溉面积不到 2000 亩。新中国成立以来，当地大力发展水利，兴修了一批引水、抽水灌溉工程，最大的延安延惠渠灌区，有效灌溉面积 1 万余亩。截至 2020 年，延河流域有效灌溉面积 7.5 万亩，其中：安塞区 2.14 万亩、宝塔区 2.5 万亩、延长县 2.73 万亩、志丹县 0.13 万亩。

第一节　古代及近代灌溉工程

唐贞观七年（633 年），延州开凿延化渠，开当地水利灌溉之始。宋庆历年间（约 1041 年），延州知府庞籍在城南三里修延利渠并柳湖。清雍正七年（1729 年），徐洹瀛任延州知府，修复延利渠，新开利民渠（东南郊马嘶川），可灌田数百亩，并引进稻种，倡导种棉。

乾隆年间《延长县志》民国补抄本载，乾隆五十二年（1787 年）至民国八年（1919 年），延长县多地开渠引水或用“秤杆”取水浇地，延河流域计 30 余处，最大灌溉面积 69 亩，最小面积 2 亩，西南部沟川还有少量稻田。清光绪二十九年（1903 年）至三十年（1904 年），延长县尹马兆森、佘元章先后主持修建槐里坪渠，长 2610 米，可灌田 10 余亩。

民国二年（1913 年），安塞县知事（县长）安庆丰倡导修渠 3 条，灌地 110 亩。民国六年（1917 年）至八年（1919 年），延长知事白介丞主持与地方绅民协商，投票公买县城西郊公产 69 亩水地，收入用于本县学生外出求学旅费，得地者投入 1100 余元筑坝修渠，渠长 1000 余米，并将水地平均分为 22 份，建立轮流灌溉制度。

第二节　现代灌溉工程

一、幸福渠

1939 年 8 月，陕甘宁边区政府建设厅勘定在延安地区西川河（枣园川）修建裴庄渠，由建设厅工程师丁仲文设计并施工。丁仲文毕业于北洋大学（现天津大学前身）土木工程系，1936 年加入中国共产党，1937 年来延安参加革命工作，是当时建设厅唯一的水利工程师，他接受任务后，立即到现场勘查水源地形，利用所学知识开展工程设计，并帮助地方干部学习测量技术，加快勘测进度。边区条件困难，在无钢材、水泥等现代建筑材料的情况下，拦河大坝采用碎石坝，坝长 70 米，厚 14.2 米，坝身两边为石墙，中间放置碎石，以省料省工。放水闸门暂时用木板代替。渠长 6 千米，渠道比降 1/1000，渠底宽 0.6 米，设计水深 0.6 米。渠系建筑物包括退水闸 1 座、跌水 5 座、斗门 9 座、渡槽 3 座、暗洞 1 处。工程建成后，可灌溉裴庄、庙嘴、莫家湾、枣园、侯家沟、杨家崖等 6 个村 1400 余亩川地，并利用水流跌差设置水磨 3 座，具有可观的综合效益。

1939 年，枣园是中央社会部的驻地，裴庄渠在设计时，为了省工和引水通畅，径直从枣园院内穿过而未绕行，党中央机关进驻后，也未更改渠道走向。

1939 年 8 月，裴庄渠正式动工。建设厅拨款 4000 元，同时积极发动受益区群众集资投工，每亩地 2 元，全部工程投资 6400 余元。从当年开工到封冻，3 个月时间完成了坝、闸、渡槽等主要工程。1940 年 3 月，大地解冻继续开工建设，完成了跌水、斗门等附属工程，4 月底全部完工。根据全渠的灌溉区域共计 6 个村庄 60 多户人家，按人数及地区的方便，划分为 6 个小组，以这些小组为基础，建立水利合作社来管理与推动全面工作。成立水利合作社在边区是第一次，由社员大会民主推选出 5 个委员，分工担任主任、会计、宣传、组织、工程等工作，并设有指导员一人，此外还设有监事会。

1940 年 4 月 29 日，是裴庄渠开闸放水的第一天，当地群众隆重举行庆典大会。1940 年 5 月 28 日《新中华报》报道：动员了附近的群众都参加，并且他们异常喜悦地准备了丰盛的酒席来招待各机构团体学校的代表，晚上他们更请烽火剧团演戏。会上还奖励了修渠有功人员。裴庄渠时为边区第一条长渠和第一处应用现代水利专业技术建造的新式水利工程，为边区兴修水利起到空前的示范带头作用。

1940 年 6 月 30 日，裴庄渠刚建成使用两个月，延河流域发生五十年来未曾有过的暴雨洪水，报刊报道称：6 月 30 日，山洪爆发，水头高约二丈，冲动了数万斤大石、二尺直径的大树，被拔起滚流下来，冲击力更大。排庄和新乐寨的坝，完全被冲毁，莫家湾的石砭，冲坍四十公尺。丁仲文在报纸发表文章，认为水利工程受灾，绝不能因此气馁，失掉信心而停止兴修水利。相反的，更要加倍地努力去进行发展水利的工作。发展水利的方针，正如边区党二次代表大会所指出的，是完全正确的，只要继续努力去做，一定能得到预期的成功。同时，实事求是检讨裴庄渠等水利工程在设计与施工管理方面所存在的缺点，提出改进措施。边区建设厅迅速制订方案，拨出资金，对裴庄渠水毁工程恢复改造，保证了不误农时。

1942 年，边区建设厅派出技术工作人员，组成裴庄渠水利管理所，由丁景才担任所长。由水利管理所经营农场（面积 30 亩），除了粮食作物，还引进当地稀缺蔬菜如菠菜、黄瓜、西红柿、包心橄榄菜等，加强技术管理，获得丰收，取得盈利，示范带动了周边群众纷纷前来参观学习，农场同志经常开座谈会，指导农民改良菜作物法等，帮助大家经营增收，受到群众欢迎拥护。

1943 年，裴庄渠水利管理所进一步完善放水办法，将裴庄到枣园两岸机关民众菜地 1000 余亩划为九段，每段设组长一人，负责管理各该段放水事宜。征收水利费规定，凡该渠两岸，需要灌溉的土地，均应按规定缴纳水利费。每亩每年 3 个工。靠近水渠之低地，经水利管理所检查批准后，水费可缓到放水后缴纳。半亩以下，并用桶担水灌溉者，可免交水利费。保护水渠规定，凡某段冲开口子，该段一切人员须立即进行抢修，工资按时间照市价发给，如系别段人员则工资加倍；凡未经管理所批准者，不得乱开口子自行放水。违反以上规章者，管理所按照具体情形分别予以惩处。

裴庄渠建成后，枣园川道 6 个村庄 1400 多亩土地年年丰收，增加了百姓收入，同时解决了中央机关及部分单位、学校、居民的吃菜问题，平抑了市场菜价。群众衷心感谢毛泽东主席、党中央和边区政府为百姓谋利益办实事，把裴庄渠称为“幸福渠”。

新中国成立后，地方政府对幸福渠多次维修，1953 年，将原木桩排拦河坝改造为水泥石砌滚水坝，引水流量达到 0.8 立方米每秒，并加宽渠道，灌溉面积达到 1695 亩。1962 年，加高滚水坝，把全部土渠改为水泥预制板渠道，并向下游延伸 300 米。1987 年 8 月 28 日，西川河发生大洪水，冲毁滚水坝，地、市（原县级延安市）政府和枣园群众三方集资 15.5 万元，重新设计修建拦河坝，坝址向上游移动 1 米，拦河坝主体为驼峰堰，堰体长 70 米、宽 11.25 米，主体宽 5.6 米、厚 0.8 米，末端增设胸墙，底宽 1.4 米，动土 7152 立方米，浆砌石 1891 立方米，总投工 2.2 万个。再后因城市建设扩大用地，幸福渠停止使用。

枣园幸福渠灌溉面积情况见表 2–2–1。

表2–2–1　枣园幸福渠灌区面积情况

单位：亩

渠道名称	受益村名	灌溉面积
幸福渠	裴庄	160
	磨家湾	313
	枣园	462
	侯家沟	273
	杨崖	207
	邓家沟	120
	马场	20
	苗圃	53
	职中	40
	鱼池	42
小计		1690

注：表内数字为1989年统计数字。

二、杏子渠

杏子渠位于延河一级支流杏子河下游河谷阶地，1953 年勘测设计，1956 年 4 月开工，1958 年完工。渠首位于安塞区沿河湾镇茶坊村杏子河，以拦河坝引水，干渠长 10 千米，渠系建筑物 108 座，引水流量 0.36 立方米每秒，设施灌溉面积和有效灌溉面积均为 2200 亩。完成土石方 11.2 万立方米，国家投入 48.02 万元，投工 6.78 万个工日，1980 年后，渠道淤积严重，行水利用不正常。

三、真武渠

真武渠 1953 年勘测设计，1957 年开工，1958 年完工。渠首位于安塞区城区北西营村下延河上，以拦河坝引水，干渠长 20 千米，渠系建筑物 203 座，引水流量 0.5 立方米每秒，有效灌溉面积 4327 亩。国家投入 130.8 万元，投工 45.4 万个工日。因水源不足，枯水和干旱季节，河水几乎断流，又因渠首处地形复杂，常被洪水冲毁，灌溉无保障。

四、沐浴渠

沐浴渠又名谭惠渠，位于安塞区建华镇境内，渠首设在孟新庄村，取水于延河。1955 年 8 月兴建，1961 年 10 月竣工。干渠全长 7 公里，流经孟新庄、沐浴、乔家窑、龙安等 4 个村委会、6 个自然村。设计灌溉面积 450 亩。共有大小建筑物 35 座，包括滚水石坝 1 座、大小渡槽 5 座、倒虹 2 处、排灌设施 15 座、跌水 12 处。该渠共投资 29.1 万元，完成土石方 30 万立方米。因设计不周等原因，效益不佳。1965 年、1971 年进行过 2 次维修。

五、延惠渠

延惠渠是延河流域内第一个万亩灌区。1957 年由延安专区水利局工程师黄朝建设计，设计灌溉面积 2.14 万亩，干渠从河庄坪狄青牢至甘谷驿总长 50 千米，设计取水流量 2.5 立方米每秒。1958 年 2 月动工，1960 年 10 月竣工并投入运用。在施工中，缺乏机械动力，主要靠群众一副肩膀两只手。工地缺少物资，自力更生生产白灰 9051 吨、水泥 260 吨、火药炸药 172 吨，培训技工 760 名，为国家节约资金 70 多万元，占总投资的 5.8%（国家投资 660 万元、群众投资 540 万元），受到上级表扬。《人民日报》1959 年 12 月社论中指出：“陕西延安修建延惠渠工程时，发扬了延安精神。提出八自给，解决了技术、材料缺乏，加快了工程进度，节约了资金，是一个高工效工程。”

延惠渠是以滚水坝抬高水位自流取延河水，浇灌延河两岸川地。灌区两岸以黄土丘陵构成天然界线，地势顺延河从上向下倾斜。干渠贯穿石砭与川地交替之延河凸岸的冲积滩地，形成带状的灌区。土壤多系冲积性砂质土壤，土层厚度 0.8 ~ 1.5 米，孔隙率为 49.9%。气候干旱多变，年平均降水量 380 毫米，降水分布不均匀，多集中在 7—9 月三个月。最大暴雨强度 62.1 毫米每小时、29.5 毫米每 10 分钟。灌区最高气温 39.7 摄氏度，最低气温 –25.4 摄氏度，平均气温 9.4 摄氏度。无霜期 162 天以上（5—10 月），结冻期 100

天（10 月中旬至翌年 3 月），冰冻线深度 80 ~ 100 厘米。

渠首拦河坝建在河庄坪镇狄青牢村的延河中，设计洪水流量 3000 立方米每秒。大坝为石砌重力滚水坝，坝底高程为 857.878 米，坝顶高程为 862.878 米，坝身高度 5 米，坝身长 86 米。坝址地段河床两岸距离不大，平均约 90 米。河床顺直，水流很缓，坝左紧接高石山，右岸接川地。河床结构分着三层，临水为 0.8 米厚的细砂泥，下部为 2.5 米厚的粒径大小不同的石砾，再深处为灰岩软石层，同时被覆有厚约 1 米的灰色胶泥。虽系软石结构，但非常坚实，为不透水层，坝基就坐落在该层深处。紧接大坝为 175 米的钢筋混凝土引水明渠，渠宽 2.7 米，高 1 米。外坡由块石砌护，明渠接泄水闸和进水闸。泄水闸宽 2.76 米，高 2.03 米，启门高度 3.83 米；进水闸宽 3 米，高 11.78 米，启门高度为 2.78 米，最大进水量 2.5 立方米每秒。进、泄水闸由手拉启闭机控制。

原设计干渠从狄青牢至甘谷驿，全长 50 千米，1960 年 10 月竣工通水。1970 年，因姚店阎王砭以上退水冲垮 120 米渠道未予修复，以后渠水只到姚店镇四十里铺，渠道总长 33157 米，其中石渠 20486 米，渠上有大小建筑物 252 座；较大的隧洞 3 处，长 452 米；倒虹 3 处，长 105 米；渡槽 29 座（其中钢筋混凝土渡槽 1 座），长 781 米；退水 31 座；排洪桥 107 座；涵洞 19 座；跌水 6 座；过石砭 4 处。干渠上有狄青牢、杨家湾、杨家岭 3 个自然村，农田面积 400 亩，因渠低地块高，故设抽水站 4 处，装机容量 66 千瓦。干渠石渠比降为 1/1000，土渠比降为 1/1500，设计流量从渠首至黄家跌水为 2.5 立方米每秒，黄家至马圈沟为 2.0 立方米每秒，马圈沟至青化寺为 1.5 立方米每秒，青化寺以下为 1.0 立方米每秒。干渠工程大部分沿山根走向，年正常引水 200 天左右，年总引水量为 1200 万 ~ 1500 万立方米，用于农田的水量约 600 万立方米，渠道有效利用系数为 0.50。

灌区有支渠 2 条（罗家坪、柳树店），长 940 米；引渠 53 条，长 26000 米（其中石渠 12000 米）。引渠建成，节约用水，增加土地，便于耕种。同时，把灌区零散不平的土地进行平整，建成 90 多块田、林、路三配套园田化的灌区。

流经河庄坪、枣园、桥沟、川口、李渠、姚店 6 个乡（镇）29 个行政村，可灌农田 12500 亩，其中有效灌溉面积 9257 亩，未配套 959 亩，河滩造地 2128.4 亩。农作物种植以玉米、谷子、小麦、蔬菜为主。建渠前平均亩产 150 ~ 200 千克，建渠后粮食亩产 400 千克、蔬菜 5000 千克。

1990 年，延惠渠设施灌溉面积 1.25 万亩，有效灌溉面积 1.0 万亩，实灌 0.6 万亩。1995 年，投资 46 万元（国家补助 13.21 万元，群众自筹 32.79 万元），新建刘万家沟支渠 400 米，维修尹家沟、丁家沟、李渠段渠道 280 米。1997 年，投资 30 万元，改造渠道 1.5 千米，恢复灌溉面积 3000 亩。1998 年，投资 27.6 万元，修复丁家沟干渠 50 米，对丁泉砭等 10 处干渠渗漏进行处理。2000 年，抢修病危干渠 1000 米，改善灌溉面积 6000 亩，投资 50 万元。

随着延安城市建设扩大和工业园区建设加快，延惠渠灌溉面积逐年减少，1990—1995 年灌溉面积为 1 万亩次，2003—2004 年下降到 3000 亩次。2005 年起停止供水，市内渠道成为城市内涝排洪渠道。

六、王窑渠

王窑渠位于安塞区杏子河中游，于1972年动工修建，由王瑶水库引水，干渠长27千米，设计流量1.05立方米每秒，有支渠5条，总长13千米。全渠有大小建筑物278座，其中倒虹4处、渡槽50处、分水闸5处、涵洞15座、人行桥16座。总投资12.64万元，投工94.2万工日。渠道流经王窑、招安、沿河湾3个乡（镇），设计灌溉面积0.85万亩，有效灌溉面积0.62万亩，保灌面积0.5万亩。1979年引水流量0.2立方米每秒，实灌面积500亩（《延安地区水利水保志》）。1997年王瑶水库供水工程建成后，水库主要向延安城区供水。

七、黑家堡渠

黑家堡渠位于延长县黑家堡镇延河干流阶地，1985年，延长县委、县政府决定把黑家堡抽水灌区改为自流灌区，渠首从李家湾水电站引水，干渠长12.1千米，主要建筑物包括渠首、干渠、倒虹、退水闸、退水渠等，总投资70万元。倒虹8次穿越延河，控制灌溉面积7100亩。1986年4月动工，至1989年完成倒虹5处，开挖配套干渠3.5千米及部分田间配套工程，有效灌溉面积达到3000余亩。

第三章　城乡供水

延河干流共有安塞、延安、延长3个城市。历史上，延安城区群众吃水用水主要取自延河，1966年，延安建成自来水厂，直至1997年前，都从延河干流直接抽水作为水源，供水量无保证且水质差。改革开放以来，延安城市建设不断加快，人口急剧增长，城市缺水问题日益严峻，严重影响群众生活，制约经济社会发展。1997年12月，王瑶供水工程建成通水，2018年6月黄河引水工程通水，延安市区供水实现双水源保供水服务，延安市区各类用户154852户，出厂水水质合格率100%，管网水水质合格率99.95%，水质综合合格率99.98%，管网末梢压力合格率98%以上，管网抢修及时率100%。安塞、延长等城区供水经过几十年建设改造，基本能保障居民生活和城镇各业用水；农村群众饮水依地形而异，居住川道、沟道一般取用泉水或长流水，居住山塬饮用窖水或下沟挑水、用牲畜驮水，费时费力，苦不堪言。20世纪70年代以来，特别是改革开放以来，国家不断加快山区人畜饮水工程建设，采取各种形式解决群众饮水安全问题，截至2020年，延河流域累计建成乡村供水工程1624处，供水人口40.67万人，需解决饮水困难人口基本全覆盖。

第一节　延安城区供水

一、延安王瑶水库供水工程

1996年4月，陕西省省长程安东陪同水利部部长钮茂生来延安视察工作，听取有关汇报后，作出水利部、陕西省共同兴建王瑶水库延安供水工程的重大决策，并要求工程在1997年1月13日前形成一定规模，向党中央、毛泽东主席进驻延安60周年献礼。7月，水利部水利水电规划设计总院在延安召开《陕西省延安市王瑶水库供水工程可行性研究报告》审查会议，认为总体方案合理可行，并提出具体审查意见。

延安供水工程供水线路北起王瑶水库，南至宝塔区北关自来水厂，全长52千米。供水管道采用600～800毫米玻璃钢管、钢筒混凝土管、混凝土管，沿杏子河和延河河谷布设，自压单管输水，日供水能力5万立方米。沿途修建穿越杏子河、延河倒虹12座，支沟倒虹21座，管桥18座，公路桥涵34座，以及计量站调压池等各类建筑物243处。工程批复概算投资15614万元，由水利部、陕西省政府、延安地区共同出资建设。

延安地委、行署成立工程建设指挥部，由行署专员张志清任指挥、副专员孙志明任副指挥，并批准成立延安王瑶水库供水工程处。8月15日，工程处挂牌开展工作，行署副专员梁凤民、蒋旭光（水利部挂职干部）出席挂牌仪式。地区水利系统抽调17名业务骨干进入供水工程处工作。

9月3日，陕西省省长程安东主持召开第二次延安王瑶水库供水工程建设会议，决定延安王瑶水库供水工程于1996年10月3日开工，1997年12月26日主体建成通水；决定延安王瑶水库供水工程由陕西省水电工程局概算总承包，在内部招标，便于管理和质量控制。

10月3日，延安供水工程破土动工。陕西省水电工程局在52千米管线上投入1500多人，100多台机械；延安市区党政机关、企事业单位、驻延部队、在校学生近万人参加群众会战义务劳动，共完成管沟开挖1500米，开挖土方3.6万立方米。

10月17日，举行延安王瑶水库供水工程开工典礼，水利部副部长朱登铨，陕西省省长程安东、副省长王寿森，陕西省水利厅厅长刘枢机以及陕西省建设厅、陕西省交通厅、工商银行、延安地委、行署的领导出席开工典礼，参加奠基仪式。延安各界3000多人参加典礼，安塞腰鼓队助兴。1996年12月底，先期开工的5.6千米管道工程基本完工。

1997年1月6日，供水工程处组织参建各单位召开关于加强冬季施工管理会议，详细研究冬季施工保温、安全、质量措施，组织冬季施工会战，到3月底基本完成主河道施工任务。

3月20日至6月30日，组织陕西省水电工程局和其他施工单位开展"百日会战"劳动竞赛，比进度、比质量、比安全、比文明施工。5月底前全面完成所有跨河建筑物施工，为工程汛期安全施工和整个工程建设争取主动。

11月15日，供水工程全线贯通，陕西省政府通令嘉奖。12月4日，水到延安城，提前实现12月26日工程建设目标，共计完成投工42万个工日、机械台班3.51万个，完成土石方开挖59.7万立方米、砾石挖填69.5万立方米、素土回填31.5万立方米、混凝土浇筑1.21万立方米，建成倒虹、管桥、涵洞等各类建筑物243处，安装管道48.5千米，实际完成投资14500万元，其中实物工程投资11500万元、材料订货500万元、征迁费1300万元、勘测设计费700万元，其他500万元。经陕西省水利厅质检站联合验收，921个单元工程合格率100%，优良率89.5%。

1997年12月26日，延安王瑶水库供水工程举行竣工通水典礼。国务院总理李鹏为"延安供水工程纪念碑"题写了碑名。水利部部长钮茂生，陕西省省长程安东、副省长王寿森及省水利厅、延安市委市政府等领导出席。是日，陕西省水电工程局施工指挥部召开工程竣工总结表彰大会。

1998年4月22日，供水工程开始正式向延安市区供水。截至2022年（王瑶供水工程建成25周年），累计向延安城区供水4.11亿立方米。

二、"引黄济延"工程（即延安黄河引水工程）

2018年6月30日，延安黄河引水工程"黄延线（黄河取水口—延安东川水厂）"建成，正式向延安城区供水。2019年累计供水536.65万立方米，其中延安城区供水448.91万立方米，清涧县城区供水13.55万立方米，延川县城区供水9.72万立方米，延长油田气化工科技公司供水64.47万立方米；2020年累计供水1419.31万立方米，其中延安城区供水1105.44万立方米，清涧县城区供水27.49万立方米，延川县城区供水70.03万立方米，延长油田气化工科技公司供水216.35万立方米。

第二节 县城供水

一、延长县城

延长县城区有岩层裂隙泉水 11 眼，地表长流水 2 处，分布在北洞渠、官井渠、杏家沟、小斗沟、西河子沟等处。明清时，县城用水取于井泉，以瓷罐或木桶盛水，靠手提肩挑。新中国成立后，政府对县城附近的山泉进行改造，扩建蓄水池，上箍小石窑，以蔽灰尘防污染。开凿 4 处新水井（小斗沟 1 处、寺家河口 1 处、西河子沟 2 处），运水工具改用铁皮桶。1970 年建成延长县自来水厂，水源取西河子沟地表水。主要建筑物有截流坝、引水渠、蓄水池、高位水池，主要设备有加压泵站、管道，最高日供水量为 800 立方米。1977 年延长县自来水厂被洪水冲毁，1978 年重新改造恢复。1985 年，县城年供水总量 17.45 万立方米，平均日供水量 478 立方米。因石油开采造成水源污染，2001 年 5 月 1 日，延长县动工修建王家河供水工程，水源位于县城东北烟雾沟，2002 年 9 月工程竣工，设计供水能力 3500 立方米每日，向县城 3 万余人供水，总投资 1600 万元。2011 年，延长县建成安沟水库供水工程，新增供水能力 6000 立方米每日。2012—2017 年，安排陕西省级财政专项资金 3300 万元，实施了县城供水管网改造工程，主要包括配水管网 15.8 千米，新建 2000 立方米高位水池 1 个、拦河坝 1 处，维修王家河水厂 3 万立方米调节水池，改造净水工艺，安装智能水表等。2017 年 12 月 20 日，延长县与陕西省水务集团签订县城供水合作协议。

二、安塞城区

安塞城区供水水源原为马家沟河流地表水，供水能力 500 立方米每日。1996 年对水厂进行改造，1999 年完成供水能力 5000 立方米每日的净化水扩建工程，日供水 2400 立方米。2001 年又打 7 眼大口井。为应对城市发展、供水紧缺状况，2009 年修建徐家沟应急供水工程，年供水量 30 万立方米（后报废停用），同时动工兴建马家沟水库，于 2012 年建成投入使用，年供水能力 208 万立方米。2017 年 3 月，安塞区与陕西省水务集团签订供水合作协议。

第三节 农村供水

古代人口稀少时期，人们逐水而居。随着人口增加和为生产方便，不断向山塬转移，饮水困难增加。居住川、沟的距水源较近，可从河流、山泉人力挑水，居住山上、塬上的群众，往往距沟下水源数里之远，要靠畜力驮水，山高坡陡，每头家畜（驴、骡）一次只能驮 100 斤左右的水，往返需要几个小时，若遇雨雪天气，常常发生滑倒牲口、摔坏桶（一般都用木桶）的情况，人们用水十分拮据。新中国成立初期，受财力、技术所限，农村人畜用水依然困难。

1969年10月，延长县安沟公社学赶(罗家岭头村)大队，建成延安地区第一处三联泵站，扬程180米，管道长1080米，实现引水上塬，解决人畜饮水，看到沟下泉水抽至几百米旱塬，群众齐声欢呼，奔走相告，工程由国家投资8000元，村集体自筹1140元。随后又有七里村公社管村和安河公社佛光大队抽水上塬。到1986年，延长县建成324处水上塬工程，解决6.1万人和1.6万头大家畜饮水问题。

1982年，延安市（今宝塔区）水利部门组织力量普查农村饮水情况，本着"因地制宜、先易后难、先简后细"的原则，进行农村饮、改水工程建设，到1989年，建成55处工程（其中饮水48处、改水7处；自流19处、抽水36处），解决55个村3.36万人和3097头大家畜饮水困难。

改革开放以来，国家对农村饮水工程投资力度逐年加大。

1991—1995年，实施以工代赈资金农村供水工程；1996年，启动实施"甘露工程"；2000年，延长、安塞两县农村群众饮水列入国家"西部人饮解困工程"项目；2005—2009年，实施"农村安全饮水项目"，实现"板块推进"的目标。

2008年8月，成立延安市农村饮水工程建设指导站，主要职责是指导全市农村饮水工程建设，专门负责全市农村饮水安全发展规划、计划、实施方案制订，承担饮水安全工程的技术指导，以及运行管理的指导。

2011—2015年，实施"十二五"农村饮水安全工程规划。2014—2015年，开展农村饮水水质检测中心建设工作，宝塔区、延长县完成仪器设备安装调试，进入试运行。

2017年，为"饮水安全攻坚年"，农村安全饮水工作的重点是贫困村和贫困人口的饮水安全。市、县两级成立脱贫攻坚领导小组及饮水安全保障办公室，抽调干部包抓工程项目。对发现问题以"一县一单"形式函告县（区）政府，明确整改目标。

2018年，继续实施脱贫攻坚农村安全饮水工程，同时兼顾面上非贫困村安全饮水工程巩固提升工作。延长县国定贫困县完成投资12105.5万元，建成饮水工程204处，受益人口63213人，其中贫困人口5813人。

2020年，延河流域安塞区、志丹县、宝塔区、延长县累计建成乡村供水工程1624处，供水人口40.67万人。

乡村供水典型案例：

1. 宝塔区蟠龙供水工程

该工程以孙台水库为水源，采用自流引水方式供水，供水管线总长18.27千米，供水涉及宝塔区蟠龙镇、青化砭镇、下游沿线两镇居民饮水及周边企业生产用水，日供水能力3000立方米，年供水能力90万立方米，实际日供水量为1000 ~ 2000立方米，解决3万余人的饮水困难。蟠龙供水工程主要设施为：调蓄池、净化生产车间、化验室。化验室检测能力为68项，主要承担宝塔区农村饮水水质检测及宝塔区蟠龙供水有限公司的水源水、出厂水及管网末梢水的检测。每日对出厂水进行常规检测10项，每月对管网末梢水和出厂水水质进行检测，水质达标率100%，供水保证率达到99%。

2018 年，对生产车间进行改造建设，将生产车间老化损坏的手动设施更换为远程中央控制设施，对生产车间的生产控制实行远程操作。

2020 年 7 月，为 422 户村民安装物联网水表，物联网水表使用锂电池供电，寿命可达 6 年。物联网水表可以每天自动上报用户用水数据信息（每天用水量、每小时用水量），避免了人工抄表存在的漏抄、错抄的情况，也不存在上门抄表扰民的情况。物联网水表即装即用，无须额外的联网设备，后期拆卸、维修、维护方便，降低后期维修成本，远程费控，不同于 IC 卡表。当水表被破坏、发生故障、电池拆卸、用户尝试使用强磁铁干扰水表计量时，自动报警通知管理平台并关闭阀门，避免水表损坏造成用户长期免费用水，影响水费计收。用户可以通过手机 APP 查询自己每天、每小时用水量，每次扣费、充值都有相关记录。方便用户买水，避免去营业厅，在管理部门得知用户水表损坏而又无法及时维修时，可通过强制开阀临时允许用户用水。冬天水表温度低时自动报警，然后打电话通知用户，做好保温，避免给用户带来经济损失。

2020 年 10 月，实施孙台水库至青化砭镇供水复线工程，提高供水水量，扩大了供水范围。

2021 年，宝塔区蟠龙供水有限公司被水利部评选为全国农村供水规范化水厂。2022 年，完成省级规范化水厂的维修改造：暖气的维修及改造、房屋的修缮、更换器材、办公楼背侧坡面处理、蓄水池的维修、坝下游蓄水池溢水管跌水景观美化、绿化、更换滤池滤料、喷漆。完成蟠龙供水应急取水项目，提高水质，保障供水安全。

2. 安塞区大西洼村脱贫饮水工程

安塞区白坪街道办事处大西洼村为贫困村，辖印子沟、大西洼、前佛殿沟、后佛殿沟、白家沟、肖咀、阳畔、沙塔沟、罗老庄 9 个自然村。户籍人口 346 户 1095 人，脱贫户 23 户 49 人。该村 9 处饮水工程为 2000 年以来建成，由于早年建设标准低、多年运行失修，不断出现了季节性缺水、供水设施老化、冬季管网冻损等饮水安全问题。精准扶贫工作开展以来，2017 年对印则沟、白家沟、罗老庄三个村组供水设施进行了维修养护，2019 年对大西洼组水源、蓄水池及供水管网进行了提升改造，新打 8 眼小机井，解决偏远户和贫困户的饮水安全问题。在 2022 年敲门入户饮水安全排查中，了解到该村有 11 户村民逐年返乡，其中 6 户无供水设施，5 户存在水量不足、设施老旧问题。经勘测研判，将 11 户村民饮水问题列入 2022 年乡村振兴农村饮水安全项目中，新打 11 眼小机井，解决了饮水保障水平不高的问题。通过对大西洼村供水设施的维修养护和巩固提升，及时补齐饮水安全短板弱项，牢牢守住了饮水安全底线，确保稳定脱贫退出。

3. 志丹县王嵝崄水窖供水工程

王嵝崄水窖供水工程位于志丹县张渠便民服务中心王嵝崄行政村，辖王嵝崄、胶泥洼、闫家洼、王石峁、沟槽渠等 5 个山岭村组，共有 68 户 328 人，居住分散，饮水非常困难，要到三四里外的沟底人担畜驮。

2009 年，志丹县水利部门利用创建国家农村饮水安全示范县机遇，确定为 5 个村组 68 户村民每户修建 1 眼集雨水窖。按照政府投资、群众投劳，自建、自用、自管的原则，集雨水窖于2009年7月开工建设，当年10月底竣工投用，完成新建25立方米水窖窖体68眼，铺设80平方米水泥瓦集水场68个，安装入户管道7200米，入户水栓68套，完成投资95.2万元，其中县财政投资78.2万元，群众投劳折资17万元。

集雨水窖由窖体、集雨场和入户配套三部分组成，由集雨场把雨水收集、沉淀、过滤至水窖内，再由水窖经配水管道自压到用户。按照户均4人，水量20升每人每日标准，设计水窖容积为25立方米。为防止污染，降低造价，并保证结构稳定，全部建成地埋式全封闭砖砌式窖体，针对过去水窖建设中集雨场易受冻破损的问题，组织技术人员多方考察、积极探索、认真总结，对集雨场施工材料进行改进，将集雨场由原来的混凝土浇筑改为水泥瓦铺设，从而解决冻融交替、热胀冷缩的问题，达到经久耐用、维修方便、整洁美观的目的，受到了广大农村群众热烈欢迎，在山岭村得以普遍推广，也受到兄弟县及省、市水利部门的高度评价，在陕北缺水地区广泛推行。

4. 延长县城供水管网延伸张家滩镇供水工程

张家滩镇位于延长县城以东25千米，延河穿镇而过，镇区居民原来依靠周围的水井人担车拉吃水，供水困难长期困扰群众生活，制约着镇区建设和发展。1990年，延长县水利局投资30万元为镇区修建供水工程，包括水源、泵站、蓄水池各一处，输配水管网5千米。水源为月余沟地下泉水，水量十分有限，提抽至高位水池后，只能供应政府机关等单位的用水，遇到干旱年份，断水现象时有发生。为彻底解决张家滩镇政府驻地供水问题，2015年，延长县水务局投资920万元从安沟水库白家川净化水厂引水铺设管道10千米，自流输水至张家滩镇，工程建成后彻底解决了张家滩镇和周围村1200余人的永久吃水问题，实现同县城供水同水源、同水质、同水价、同服务的供水标准，提高了水资源利用率，为下一步延河两岸村供水并网，实现城乡一体化供水起到示范作用。

第四节　工业供水

20世纪70年代初，北京支援延安发展“五小（小钢铁、小电力、小农机、小化肥、小水泥）工业”，在延安姚店相继建起延安发电厂、钢铁厂等工业企业，延安姚店水厂，作为电厂的配套工程，于1969年动工，1970年12月试车投产。1971年6月29日，经延安地区革命委员会生产组批准，成立姚店水厂革命委员会。姚店水厂占地面积2.05万平方米，设计年供水能力216万吨，日供水量0.6万吨，编制人员53人，主要为延安电厂、钢厂、氮肥厂、造纸厂生产供水。1972年工业水价0.15元每吨，销售收入13.2万元。1977年7月6日，遭受延河特大洪灾，经过65小时抢修，恢复生产，当年完成供水138万吨。1979年销售收入20万元。1988年工业水价上调至0.17元每吨。1991年，由于原延河泵站、蟠龙引水量已不能满足生产需要，新建青化泵站，全年供水量达到204万吨，水价上调至0.4元每吨。1994年、1996年，水价两次上调至0.75元每吨，但随着经济发展和市场转型，延安钢厂、氮肥厂等用水大户相继停产，2000年供水量只有79.5万吨。1997年9月，延安发电厂对姚店水厂业务进行托管，期限5年，托管期内，积极拓展业务，水价上调至 1.0 元每吨，2002 年收入达到 60.2 万元。托管到期后，2003 年又开始独立经营，加大与延长石油青化砭采油厂和王皮湾输油站合作，年销售收入达到 82.4 万元。2004 年对原生产设施进行技改工作，水价上调至 1.25 元每吨，年供水量达到 104.4 万吨，销售收入 128.6 万元。2008 年，延安发电厂停产，姚店水厂随之停产。2018 年，姚店水厂划归延安水务环保集团有限公司管理。

截至 2020 年，延安卷烟厂、大唐发电厂、常泰制药厂、延长石油杨家湾能化项目等较大工业用水户，由延安水务环保集团有限公司黄河引水工程供水，2020 年供水量 216.35 万立方米，2022 年供水量 401.63 万立方米。

第四章　水力开发与水产养殖

延河理论蕴藏水能 5.46 万千瓦，可开发建设水电站 51 处，装机容量 2.35 万千瓦，从 20 世纪 60 年代开始开发利用，已建成水电站在相当长的时间里发挥了很大作用；延河干流及较大支流比降大、水流急、洪水期泥沙含量大，一般不适宜养殖，但流域内已建成的库坝塘池以及河流改道等工程，为发展水产养殖提供了水面资源，最早从 20 世纪 50 年代就开始规模养殖，供应市场，增加了群众收入。

第一节　小水电

1958 年，安塞县在真武洞渠上（真武洞镇后街头上）建成第一座小型水电站，可供照明和小型加工。因受气温影响，仅在水解冻时才能正常发电。到 20 世纪 70 年代，因县城改由延安电厂供电，该水电站停用。1965—1975 年，在杏子河、延河上先后建成沿河湾镇茶坊、候沟门，王窑乡杨桥，谭家营乡孟新庄、大佛寺，坪桥乡井沟坪，招安乡枣湾等 7 处小水电站，装机容量最大 55 千瓦，最小 3 千瓦，总装机容量 466 千瓦。后因设备老化、管理不善及大电网的使用，小水电站逐一废弃。

1959 年 1 月，延安县（今宝塔区）动工建设二十里铺小水电站，由国家投资，二十里铺、川口、刘万家沟、柳树店 4 个大队投劳，1960 年竣工投入运用。装机容量 75 千瓦，利用延惠渠的水能来发电，年发电 2000 千瓦时。专供 4 个队 300 多户和周围群众米面、饲料加工，运用正常，极大地方便了群众，使更多的人畜力投入农业生产。1963 年底，由于延安火力发电厂的扩建，发电机组增加，供电范围覆盖整个东川农村和姚店镇等地，二十里铺水力发电站停止发电。

1964 年，延长县动工建设县城西门外水电站，1965 年底竣工投产，水电站装备 55 千瓦水轮发电机组 2 台，容量 110 千瓦，供县城工业、机关单位、居民及槐里坪灌溉用电。

1968 年冬，“农业学大寨”形成热潮，延长县动员 2000 多名民工，抽调脱产干部 50 多名，组成施工队伍，在张家滩公社闫家滩村仓促上马开工修建闫家滩水电站。原计划修建 55 米高砌石重力坝，引用自然水头 50 米落差，发电能力 3000 千瓦，需耗资 250 万元。水电站建成可解决安河公社佛光和觅太两道旱塬的抽水浇地问题，使 11000 亩旱地变成水浇田，并供给周围 1000 户农民的照明和农副产品加工用电。动工 4 个月，由于县财政无力承负，加之水利电力部拟在宜川县龙儿潭修建大型水力发电站，大坝高达百米，回水可致延河水位抬高到闫家滩村坝平齐，即抵消阎家滩水电站可利用水头，闫家滩水电站遂下马，共耗资 32 万余元，耗工日 20 多万个。

1970 年，延长县黑家堡公社李家湾大队、七里村公社杨家沟大队动工修建 2 座水电站，由县投资，公社主办。抽调农村社员义务投工，工地不付报酬，回队记工，参加分配。民工干部以玉米、高粱面窝窝为主食，3 顿饭吃在工地，完不成任务就加班夜战，李家湾水电站两次上马，6 年苦战，投工 6 万多，国家投资 70 万元，1976 年竣工发电。安装 3 台 125 千瓦的水轮发电机组，引用水头 12 米、流量 5 立方米每秒，总装机容量 375 千瓦。1976 年下半年与 35 千伏线路并网。1974 年杨家沟水电站竣工发电，投工 20 多万个，投资 48 万元，安装 200 千瓦水轮发电机 2 台，引用水头 10 米、流量 5 立方米每秒，总装机容量 400 千瓦。1971 年，七里村公社呼家川水轮泵站改为发电、抽水两用水轮泵站。西门水电站和呼家川水轮泵站在 35 千伏高压电网未输入延长前，是县城工业、农产品加工和照明的主要能源。1977 年 7 月 7 日延河发生特大洪水，4 座水电站的水坝、水渠和机房被冲毁。灾后县政府积极组织生产自救，修复 4 座水电站，并采取防洪加固措施。1978 年，李家湾水电站恢复发电；1977 年 11 月 22 日，杨家沟水电站恢复发电施工中因发生重大施工质量事故被迫停顿，1979 年二次施工，1980 年恢复发电；1984 年，西门水电站恢复发电；呼家川水轮泵站未恢复。3 座水电站恢复发电后全部并入 35 千伏线路电网。

1972 年 9 月，志丹县在杏河镇槐树渠村建成杏河水电站，安装发电机组 1 台，总容量 75 千瓦，架设 6 ~ 10 千伏高压线路 20.5 千米，低压线路 14 千米，年均发电 150 天，发电量 4 万千瓦时。1975 年 1 月，建成张渠水电站，位于张渠乡张渠村，引杏子河常流量，利用低坝自然落差水力发电。总投资 11.7 万元，引水渠长 50 米，设计引水量 0.2 立方米每秒，水头 19 米，安装发电机组 1 台，总容量 75 千瓦，变压器 4 台、140 千伏安。架设 6 ~ 10 千伏高压线路 9.1 千米，低压线路 22 千米。年发电平均 180 天，发电量 3.5 万千瓦时。

1974 年，王瑶水库水电站建成投产，安装 2 台水轮发电机组，容量 2 × 320 千瓦，1984 年电站改建，1986 年投入运用。1997 年王瑶水库供水工程建成，为保护饮用水源，停产。

1995 年，延长县闫家滩水电站开工建设，1999 年建成。电站位于延长县延河下游闫家滩村，为引流式电站，装机容量 2 × 400 千瓦。2002 年转让给延长县延河水利水电有限责任公司，法定代表人张法治。现运行正常，并网发电。

2009 年，延长县延河水利水电有限责任公司自筹资金开工建设鲁滩水电站，电站位于延河下游张家滩镇谭家河村，为自流引水式电站，装机容量 2 × 500 千瓦，总投资 1300 万元，2011 年底建成，2012 年 1 月 8 日上网发电，运行正常。

第二节　水产养殖

延河流域是延安市水产养殖主要区域之一。

1953 年，延安县（今宝塔区）水利部门同罗家坪村商定，占地 2 亩，4 月施工，利用常流小溪，建成 1 亩蓄水灌溉兼养鱼陂塘，当年竣工，投放 2 寸长的鲢、鳙、草、鲤混合鱼苗 2000 尾，曾获鲜成鱼 400 千克，填补了本地的渔业空白。1972 年开始筹建鱼种场，1973 年动工，1975 年竣工。占地 263 亩（其中：60 亩农耕地，其余为旧河道），设计水面 165 亩：鱼种池 20 个水面 60 亩，成鱼池 10 个水面 93.6 亩，蓄水池 1 个水面 11.4 亩。1976 年投产，当年购水花 100 万尾，生产鱼种 20 万尾，产值 3000 元。供农村鱼种 17 万尾，留场 3 万尾。1977 年 7 月 6 日延安发生特大洪水，鱼种场被淹没。经过两年抢修，1979 年二次投产。至 1990 年，共生产鱼种 677.5 万尾。2000 年生产鱼种 35 万尾。2002 年因整体移交延长石油延安炼油厂工贸公司而停产。

1975 年以前，所需鱼种都是从武汉、河南、华县等地调运，年调混合鱼种 7.8 万尾。从 1976 年鱼种场开始生产鱼种，由调种改为调苗；在陕西省内和湖南、广州、河南等地调运夏花，年调 100 万尾。20 世纪 70 年代后期至 80 年代初，全省鱼苗繁殖有了相当规模，便开始从关中调运水花，年调运 350 万尾，品种有鲢、鳊、草、鲤、鲂、高背鲫鱼等。1984 年，鲤鱼大批人工控制繁殖在场获得成功，从此结束了由外地调鲤苗的历史，年繁殖 18 万 ~20 万尾，除自给外还向其他县供应 10 万尾。鱼种场建场后，先后在陕西省水产总站、湖北、广州培训了 6 名技术员，随着技术力量不断壮大，对鱼种、成鱼的饲养管理，鱼病防治，以及乡村养鱼管理技术、捕捞等制订了一系列的有效措施，使养鱼生产由传统式的经验养鱼法逐渐向科学养鱼迈进。从 1982 年起，每年办一期乡、村、塘、湫、库养鱼学习班，先后为各乡培养技术员 63 名。

1982 年在场内进行高产养鱼试验，获产 230 千克每亩。1983 年与延安地区水产站协作，获 2652 千克每亩。1985 年获 2935 千克每亩。1986 年，将商品鱼的养殖对象逐步向吃食性鱼类转化，并制成使用增氧机、水质改良机、配合饲料机，来增加放养密度，降低饲料系数，以提高成鱼产量。养殖品种有鲢、鳙、草、鲤（杂交鲤、黄河鲤、高背鲤、野鲤、镜鲤）、鲫（白鲫、银鲫、高背鲫）、团头鲂（武昌鱼）。鱼种产量：1976 年 20 万尾，1980 年 25 万尾，1981 年 30 万尾，1982 年 35 万尾，1983 年 50 万尾，1984 年 70 万尾，1987 年 525 万尾，1988 年 50 万尾，1989 年 65 万尾。鱼种场成鱼生产。水面 93.6 亩（10 个池子），从 1981 年起捕捞成鱼 1800 千克，1982 年捕捞成鱼 2000 千克，1983 年捕捞成鱼 9000 千克，1984 年捕捞成鱼 12000 千克，1985 年捕捞成鱼 12200 千克，1986 年捕捞成鱼 24000 千克，1987 年捕捞成鱼 25700 千克，1988 年捕捞成鱼 40000 千克，1989 年捕捞成鱼 45500 千克。

延安市（今宝塔区）乡村养鱼发展较快，有养鱼水面 2295 亩。其中，池塘养鱼水面 343 亩，大、中、小水库 35 座，水面 1952 亩（国营水库 900 亩，乡村 1052 亩）。随着水利事业的发展，除大、中型水库养鱼外，乡村的 54 座小水库亦迅速兴起养鱼热，有条件的村还利用常流小溪蓄水养鱼。池塘养鱼规模较大的有枣园乡鱼场，1984 年山东淄博市柳航村与枣园结为姊妹村，由柳航村投资 3 万元，延安市水利水保局派技术员设计，由枣园出劳，建塘 6 个，水面 60 亩。1985 年投产，产鱼种 20 万尾，1986 年又获鲜成鱼 150 公斤每亩。其他大的鱼塘有赵庄等，年亩产成鱼在 50 公斤以上。刘万家沟李金喜，自己投资 2 万多元，利用改河后的旧河建造鱼池 4 个，水面 40 亩，当年放水花 100 万尾，获得了较好的经济效益。

延安水产捕捞业从 1963 年开始，起初网具少，只是在一些小塘、小水库捕捞，个别地方采用放水捕捞。1979 年，市水利部门为孙台、金盆湾两水库购置木船 3 只，鱼种场成立了捕捞队，配备了网具，专为乡村捕捞。捕捞方式有挂、拉、粘等，还有插拦刺拉联合捕鱼法。捕捞季节是每年 4 月下旬至 5 月上旬、9 月下旬至 10 月上旬。

延河下游延长县水产养殖始于 1960 年。1959 年张家滩公社二里半水库竣工，1960 年 7 月首次从湖北省汉口购买白鲢鱼苗 80 万尾，投放二里半水库试养，未见成效。20 世纪 70 年代，全县建库坝 3000 多座。其中有黑家堡公社瓦村、郭旗公社王良寺、郑庄公社刘天河、七里村公社管村、安沟公社王良沟、张家滩公社郝才等小（1）、小（2）型水库 6 座，有 17 座小坝及池塘，共控制水量 642.24 万立方米，有效水面达 1600 多亩，可养殖水面 1390 余亩。除郝才水库外，其余库坝位于延河南岸天然次生林区，植被条件好，水土流失轻，荒山荒坡面积大，饲草来源广。次生林区中落叶朽木，腐殖质多，随降雨冲入库坝内，成为天然的鱼饲料，均可养殖水产。1971 年从西安兴庆公园调回鱼苗 2 万尾，投放王良沟水库试养，县委书记李仲发亲自到放鱼现场。后刘天河水库、王良寺水库人工投放鱼苗 10 万尾。至 1985 年，全县 6 座小（1）、小（2）型水库共投放鱼苗 73 万尾。各水库人员都没有学习淡水养鱼技术，从未施行人工投放饲料喂养。水库养鱼无专人负责管理，单凭天然肥水供给，自然生长。王良寺水库 1974 年投放鱼苗，1979 年捕捞成鱼，平均单尾重 7.5 千克，最重尾达 14 千克。每年每尾增重 1.5 千克以上，达南方水域高产纪录水平。1982 年前，投放鱼苗属公社集体所有。1982 年后，个人承包水库，县水利局提供投放鱼苗，个人管理，收益分成。水库养鱼承包后，有的承包户开始人工喂养，有的承包户不注重养护库坝，坝毁鱼光。1988 年 9 月，王良沟水库坝毁失去水面 50 亩，损失鱼 1.5 吨，达 8 万元。1988 年利用水面 779 亩，产鱼 10.5 吨。1989 年利用水面 387 亩，产鱼 11.5 吨。1982 年以前，捕鱼时将库内蓄水排尽进行人工捕捞。1979 年延长县水电局购置网具、船只捕捞，1982 年第一次使用船网捕鱼。1984 年后全县船网捕捞鲜鱼累计 30 多吨。1987 年有渔船两艘，网具 39 片长 1950 米。黄河沿岸村民，逢夏遇洪亦在黄河内捕鱼，网具简陋，唯能于浅水捕捉。

1984 年 8 月，延安地区（1997 年地改市）水产工作站成立，事业编制，科级建制，共有职工 18 名。延安市（今宝塔区）、延长县单设生产工作站，安塞县挂靠其他水利机构。

1991—1997 年，延安市水产工作站引进大银鱼卵，在王瑶水库、周湾水库、边墙水库试养成功。1998 年，王瑶水库生产大银鱼 20 吨，产值 50 万元，1999 年产鱼 140 吨，获得省政府颁发的“陕西省大中型水域银鱼种植技术推广一等奖”“陕西省科技进步三等奖”。2000 年因水库除险加固，此后因城市供水而停止养殖。

1998 年，宝塔区徐安在柳林燕沟建温棚池塘 600 平方米，从事甲鱼养殖成功。

2003 年，延安市枣园乡贺建斌在城郊开展垂钓业务，节假日人流如织，旅游旺季日收入 5000 余元。

2010 年 4 月，首次在延长县罗子山镇马头关成功举办黄河水生物增殖放流仪式，共放流鱼种 70 万尾，其中鲤鱼 30 万尾，草鱼 40 万尾。

2014 年 1 月，安塞龙裕农民养殖专业合作社成立，位于砖窑湾镇段庄村，投资 200

多万元，占地 150 亩，养殖水面面积 100 余亩，养羊圈舍 3000 平方米。在自建大型鱼塘和附近淤地坝，养殖鲤鱼、草鱼、鲢鱼等淡水鱼品种，年产 10 吨，改良白绒山羊存栏 500 只。合作社年产值 35 万元，带动了 15 名农民就业。

2016 年，宝塔区李渠镇庙圪台村井水平渔业养殖合作社和所在村被延安市政府授予专业村称号。

2020 年，延河流域共有养殖水面 415 公顷，水产品产量 943 吨。

第五章　节约用水

节约用水是指在不降低人民生活质量和经济社会发展能力的前提下，采取综合措施，减少取用水过程中的损失、消耗和污染，杜绝浪费，提高水的利用效率，科学合理和高效利用水资源。节约用水是缓解延河流域水资源短缺和供需矛盾、减少污染的根本与长效措施。2008 年，延安市创建全国节水型社会建设示范点，全面制定节约用水规划，在工业、农业、城市建设中推行节约用水。2014 年，水利部、全国节水办公室授予延安市“全国节水型社会建设示范区”称号。党的十八大以来，延安市以“节水优先、空间均衡、系统治理、两手发力”的治水思路为指导，推进节水型社会建设。2020 年，全市总用水量 3.12 亿立方米，平均万元 GDP 用水量 19.5 立方米，农田灌溉亩均用水量 148.4 立方米，人均用水量 136.5 立方米。

第一节　节水型社会建设

2008 年 8 月，水利部在延安召开会议，《延安市节水型社会建设规划工作大纲》通过专家审查。11 月，水利部正式确定延安市为第三批全国节水型社会建设试点。

2009 年 4 月，延安市市政府副市长高春义带领相关部门负责人专赴第一批全国节水型社会建设试点甘肃省张掖市考察学习。9 月 25 日，延安市委、市政府召开全市节水型社会建设工作会议，陕西省省委常委、延安市市委书记李希，延安市市长陈强出席会议并讲话。是年，成立延安市节水型社会建设领导小组，由延安市市长陈强任组长、副市长高春义任副组长，市级 23 个部门主要负责人为成员。成立“延安市节约用水管理办公室”，与延安市水务局两块牌子、一套机构，配备专职副主任 1 名，给市水务局增设节水科，负责指导全市节约用水管理工作。延安市政府印发《延安市节水型社会建设实施方案》《延安市节约用水管理办法》《延安市水资源管理办法》等规范性文件，与各县区签订《节水型社会建设目标责任书》，纳入年度工作目标责任考核。

2010 年 3 月，陕西省政府印发《延安市节水型社会建设规划的批复》。延安市节水型社会建设领导小组印发《延安市节水型社会建设目标责任考核办法》。考核结果处于倒数 3 名以内且未完成目标任务的，取消年度工作综合考核评优资格。出台《延安市关于加强建设项目节水设施“三同时”工作的通知》，要求节水设施必须同主体工程同时设计、同时施工、同时投入使用。

2013 年 9 月 12—15 日，水利部组织对延安市节水型社会建设试点进行专家评估，延安市节水型社会建设试点建设圆满完成，评估得分 95.8 分。

2015 年，与工业和信息化委员会联合在石油炼制、酿造等行业开展节水型企业建设工作。

2017 年，延安市成功创建省级节水型城市，并申请开展国家节水型城市创建工作。宝塔区被陕西省水利厅公布为省级县域节水型社会达标建设县区。

2018 年 12 月，延安市安塞区被陕西省水利厅公布为省级县域节水型社会达标建设县区。延安新区为民服务中心（172 家市直机关和直属事业单位）被公布为省级公共机构节水型单位。

第二节　农业节水

1990 年以后，延安农业产业结构调整不断加快，农业提效、农民增收成为农业生产主导方向，以苹果、大棚蔬菜为主的主导产业逐年增长，各级政府要求水利为产业服务，促进节水农业灌溉迅速发展。同时，城市用水和工业用水增加，河流水量减少，河流水质污染也在客观上限制传统的大田作物漫灌。

1999 年，延安市 13 个县区被列入国家集雨窖灌项目县，延河流域各县区建成一批山地水窖可用于果园打药、点浇。2009—2018 年，中央财政小型农田水利建设重点县项目连续 10 年，安排全市 13 个县区小型水利建设资金 13.74 亿元，延河流域节水灌溉面积有较快增加。

延河流域节水灌溉主要分为果园灌溉和大棚蔬菜灌溉。果树集中在塬区和残塬山地，大棚蔬菜分布在川道和低山缓坡。安塞区方塔山地果园示范雨水集蓄利用节水灌溉，砖窑湾镇利用大口井、集雨水窖进行山地大棚蔬菜节水示范。宝塔区、延长县等东部残塬区，塬面较小，村庄分散，果园节水灌溉基本采用“一村一工程”，或“一山一工程”安装小高抽提水上塬，通过管道龙头入园。由于水源相对缺乏，果园用水主要是喷药施肥，在特别干旱时少量浇水，以稳定产量，延长县部分地方采用“饮灌结合”方式，一处引水工程既解决人饮，同时用于果园灌溉，采用小高抽深机井和集雨窖灌两种方式，用于果树日常管理和抗旱应急供水。

安塞区大棚蔬菜、瓜果等作物规模较大，对水量、水质和灌溉技术要求较高，主要以井水、泉水等洁净水为水源，采用滴灌、渗灌、小管出流等节水灌溉方式，设备投入较高。一些示范项目实现智能化管理，保证蔬菜生长合适的湿度、温度。示范项目除常规蔬菜瓜果外，还培育名贵花卉植物，供应市场。

第三节　工业节水

延安制药股份公司、长庆采油厂物业公司、延安隆华酒店、延安金泽酒店、延安龙飞盛世酒店、延安维也纳酒店、延安黄土情酒店等企业，进行节水技术改造，开展水平衡测试，2018 年 1 月 29 日被陕西省住房和城乡建设厅、陕西省发展和改革委员会评为省级节水型企业。

延安卷烟厂运用蒸汽凝水回用技术，每箱烟耗水量为 0.33 立方米，比行业标准每箱烟耗水量 0.45 立方米，节约 0.12 立方米，2018 年 12 月 27 日被陕西省水利厅、陕西省工业和信息化厅、陕西省节约用水办公室评为省级节水型企业。

大唐延安热电厂通过工业节水技术和工艺改进，单位发电量取水量为 0.26 立方米每兆瓦时，低于定额指标 0.63 立方米每兆瓦时，全厂重复用水率为 97.5%，2020 年 1 月 16 日被陕西省水利厅、陕西省工业和信息化厅评为省级节水型企业。

第四节　城市节水

实施县城以上供水管网改造项目，降低供水管网漏损率，有效解决管网跑冒滴漏，结合创建节水型小区和节水公共机构创建，完善计量设施，普及节水器具，加大收集雨水和推广中水回用力度。

2018 年 1 月 29 日，延安中学、延安实验小学、延安惠泽小学、延安新区高级中学、延安实验中学、北京实验小学延安分校、延安新区第一中学、安塞区第一小学被陕西省住房和城乡建设厅、陕西省发展和改革委员会评为省级节水型单位，延长石油小区、长庆油田小区、延安土地局小区、延安华宝小区、延安林凯唐缘小区、延安紫玉东方、延安城管大厦、延安供电局小区、延安卷烟厂小区被陕西省住房和城乡建设厅、陕西省发展和改革委员会评为省级节水型小区。

2018 年 12 月 24 日，延安市新区为民服务中心（172 个市直机关和直属单位）被公布为省级公共机构节水型单位。

2020 年 12 月 7 日，延安大学被陕西省水利厅、陕西省机关事务服务中心公布为省级节水型高校。

2020 年全市城镇公共管网漏损率降低到 13.4%，其中延安城区管网漏损率降低到 10% 以内，达到《延安市实施国家节水行动 2020 年工作任务》确定的公共供水管网漏损率控制在 10% 以内的要求；城镇节水器具普及率达到 100%，高于全省平均水平 80%。

2021 年 1 月 7 日，安塞区初级中学、延安希望小学被陕西省水利厅、陕西省机关事务服务中心公布为省级节水示范单元。

2022 年 2 月 9 日，延安市质量技术监测研究院、延长县水务局被公布为省级公共机构节水型单位，延安职业技术学院被公布为省级节水型高校，紫玉明珠、上城贰号、上城叁号、上城肆号、能源小区、盛世花园、锦绣东方、锦绣家园（安塞）、新洲汇城（延长）被公布为省级节水型小区。

2023 年 2 月 3 日，安塞区砖窑湾镇初级中学、中心小学，延安市宝塔区第一小学被陕西省水利厅、陕西省机关事务服务中心公布为省级节水示范单元。

第三篇　防汛抗旱与河道整治

水旱灾害是延河流域最主要的自然灾害。受自然环境影响，延河及其支流每遇汛期，极易爆发山洪灾害，严重威胁人民的生命财产安全。历史上古代官府均未组织有效的灾害防御。新中国成立后，党和政府高度重视防汛工作，以河流、水库、城镇、厂矿为重点，不断加强防汛工程措施与非工程措施建设，始终坚持人民生命至上，最大限度减少洪涝灾害损失。随着国力增强和技术进步，延河干流和重要支流逐步纳入国家重点治理计划，主要河段的设防标准得到提高，生态环境不断得到改善，结合城镇建设，昔日荒凉河道变为市民和游人的休闲乐园，“安澜延河、生态延河、富裕延河、魅力延河”的奋斗目标正在逐步实现；延河流域位于黄土高原腹地，十年九旱，往往造成农业严重减产，群众生活困难。新中国成立以来，建设的各类水利工程增强了农业抗旱能力，遇到特殊干旱年份，各级党委、政府积极组织干部群众开展抗旱救灾，保证了社会稳定和人民安居乐业。

第一章　防　汛

古时沿河群众择高而住，以避免洪水侵害，州县城镇以修建城墙防范外敌及抵御洪水。1959 年 6 月，成立延安专区防汛指挥部，办公室设专署水利局，为最早的专门防汛机构。1977 年延河特大洪水后，各级政府深刻总结经验教训，采取各种措施加强延河防汛工作，40 多年来，延河基本实现了安全度汛。本章主要记述延河防汛的测报预警、指挥调度、防洪工程建设等内容。

第一节　测报设施

一、水文站

延河干流设有安塞水文站、延安水文站和甘谷驿水文站，支流西川河设有枣园水文站，杏子河设有杏河水文站。

安塞水文站位于安塞区真武洞镇，1959 年 4 月由陕西省水文总站设立，原为水位站，于 1981 年 1 月改为水文站，控制流域面积 1334 平方千米。观测项目有流量、水位、泥沙等，具有 1981 年至今的实测水文观测资料。

延安水文站设立于 1958 年 7 月，由黄河水利委员会延安水文水资源勘测局管理，位于延安市河庄坪镇李家坬村，控制流域面积 3208 平方千米，为国家基本水文站，有 1958 年 7 月至今的实测水文观测资料。

甘谷驿水文站设立于 1952 年 1 月，由黄河水利委员会延安水文水资源勘测局管理，位于延安市甘谷驿镇，控制流域面积 5891 平方千米，有 1952 年至今的实测水文观测资料。

延河干流各水文站基本情况见表 3–1–1。

表3–1–1　延河干流水文站基本情况

单位：km^2

河流	水文站	控制面积	设站时间	资料系列	观测内容		
					水位	流量	泥沙
延河	安塞	1334	1981 年 1 月	1981 年 1 月至今	√	√	√
	延安	3208	1958 年 7 月	1958 年 7 月至今	√	√	√
	甘谷驿	5891	1952 年 1 月	1952 年 1 月至今	√	√	√

二、预警系统建设

1999年，由防汛、水文、气象部门共同制定《重大雨情水情会商方案》；完成延河遥测预警系统，更新改建7个雨量站、5个水位站、2个中继站和1个中心站，使市区上游雨水测报由原来50多分钟缩短为3分钟。

2000年，完善检修延河遥测预警系统，维修改建清凉山中继站铁塔，购置100瓦大功率短波电台6部。对61处危重滑坡崩塌地段落实监测人员284人。

2001年，王瑶水库安装洪水预警系统。

2003年，投资32万元，在延河上游建立完善9个自动雨量报汛站，使延河流域形成24个自动雨量测报站、4个中继站和2个中心站的自动化雨量测报系统；城区投资8万元，建成6处警报报汛站，安塞县城建成警报报汛站；建成延河流域水文自动测报系统，雨水情传递由原来30分钟缩短为3秒钟。

2004—2005年，延安市建成全市雨情自动测报和防汛指挥信息系统，共111个自动雨量站、16个分中心站［县（区）、油矿、水库数据采集、传输处理、可视指挥］，建成12个县城和1个工矿区电子防洪预案，市、县（区）实现可视会商。在陕西省防汛办公室支持下，完成异地可视电话安装，对可视电话会议室进行装修改造。组建雨情信息系统，保障应急抢险队。

2007年，对延河流域超短波雨量站进行改造，新建GSM雨量站5个，更新11个。

2010—2015年，完成县级监测预警平台软件安装调试试运行；完成小流域洪水预警分析系统软件安装调试；购置安装短信网关、应急值守系统、网络管理系统、上网行为管理、磁盘阵列、交换机、移动巡查设备接收转发平台。当雨量、流量达到预警指示时，系统自动告警，以短信、传真或无线广播方式向相关部门或责任人发送预警信息，实现实时预警。在延河流域县（区）建设视频监控站32处；在延安市延河干流、西川河、南川河设置视频监控站90个。实现实时查看河道、水库水势情况。建成1个市级视频会商系统和县级视频会商系统以及乡（镇、街道办、社区）级视频会商系统，可及时组织会商，处理各种突发情况。

2018年5—8月，完成延安市中心城区河道管理预警系统工程，项目总投资1924.3万元。

2020年，延河流域设自动雨量监测站104个（宝塔区33个、安塞区59个、延长县12个），山洪灾害自动监测站54个（宝塔区22个、安塞区15个、延长县17个）。延安城区延河干流、西川河、南川河设置视频监控制站90个、音频广播180个。

第二节　防洪工程

历史上延安城区及安塞、延长县城多次洪水入城造成重大损失，官府亦采用垒墙筑堤方法防御洪水。新中国成立以来，国家加强防汛工程建设，特别是改革开放以来，城镇防汛工程不断加快。

北宋天圣（1023—1032年）年间，“延州有东西两城夹河，秋、夏水猛，岸辄圮，役费不可胜记。若谷制石板为岸，押以巨木，后虽暴水，不复坏。”（《北宋史·李若谷传》）。

明景泰三年（1452年），“筑延安、（绥德）决河堤岸。”（《明史·河渠志》）。

1942年，延安南川洪水致河改道至南关街道，陕甘宁边区延属分区专员曹力如就南关街遭洪水浸淹之事，呈报告边区政府主席林伯渠。延安市政府先后召开三次政务会议，专题研究修筑延安城河堤问题，并成立了河堤委员会。边区政府、延安分区和市政府等领导人会同技术人员及群众代表亲临延安城区河道进行踏勘。后，筑防洪土堤三道，石坝两座。

1948年，延安市政府决定，每个劳动力投6个义务工，雇百余名灾民，按每工日完成1立方米土方计，重修被水冲毁的河堤。5月30日开工，7月20日竣工。动用土方4689立方米，建起土堤3段、“石鸡头”1座，补修石坝1座、“石马头”1个，用边币1.17亿元。

1955—1958年，建成王家坪至东关汽车站和东关大桥至南桥两段河堤。

1960—1972年，延安专（行）署组织专（地）区水电、城建部门及延安县政府等单位，编制延安城区堤防改、扩建方案，拟定延长原有堤防，城东延至桥儿沟，城南延至七里铺，西至兰家坪大桥。河堤设计方案由陕西省水电厅审批。

1972年，延安城区组织群众修成城区南川段3千多米长的河堤。未经验收。

1974年，建成延安郊区罗家坪段河堤。其设计经兰州军区司令部批准，延安县水电局施工，堤长2千米。

1977年7月6日，延河遭遇历史特大洪水，王家坪、延安城区河堤均被水毁。中共延安地委发出“积极开展抢险工作的紧急通知”，并组织领导市内单位，居民投入河堤抢修，各单位分段包干，限期完成。历时两个多月，修复了水毁河堤，并普遍加高2～3米不等。10月，市政府动员800余人，修复四十里铺被水毁700米长的河堤。

1979年，修成延安城郊柳树店段河堤，长5千米。经兰州军区空军司令部批准设计并进行竣工验收。中国人民解放军8711工区施工。

1990年底，全区累计修成防洪河堤共60千米，其中延安市（宝塔区）58千米，安塞县2千米，保护耕地4.12万亩，人口18.6万人，沿堤绿化长度40千米。在全部堤防工程中，主要堤防19千米，位于延安市康家沟至姚店一线。

1998年，依托延安王瑶水库工程，建设延河干流延安大学至杨家岭段、师范路段以及罗家坪至桥沟段堤防工程。同年，王家坪彩虹桥建成，加大河道排洪能力。

2000年，宝塔区堤防达到58千米、安塞县4千米。

2002年，安塞县投资1000万元，建公路河堤1600米。

2003年10月至2004年4月底，实施延安城防一期工程，对城区5922米堤防进行堤基加固，完成投资1900万元。

2006年，延安城区城防二期工程实施，新建杜甫川堤防工程1761米。

2007年，建设西川河中国延安干部学院堤防1366米。

2009—2013年，建成延安东关大桥至嘉岭大桥左岸堤防工程、延安石佛沟右岸堤防工程、延河宝塔山橡胶坝及右岸堤防工程、延河右岸宝塔山大桥至嘉岭大桥堤防工程、延安南寨砭堤防工程、延河裕丰大桥至罗家坪大桥堤防工程、延河延安川口段左岸堤防工程，基本构成延安主城区堤防工程体系。

2012—2018年，实施国家中小河流治理项目，延河流域建成延安西川河、志丹县杏子河、延长县石公河、宝塔区蟠龙川等堤防工程。

2013—2015年，延安城区、延长县城、安塞县实施重要支流治理项目防洪工程。

2020年底，延河干流有防洪工程92.99千米，其中安塞段36.52千米、宝塔段30.08千米、延长段26.39千米。

延河干流截至2020年防洪工程基本情况见表3-1-2。

表3-1-2 2020年延河干流防洪工程统计

单位：m

县级行政区	岸别	项目名称	类型	形式	防洪标准	长度	合计
安塞区	左	窖子湾	防洪工程	堤防	20	470	36520
	右	张梁阳台	防洪工程	堤防	10	390	
	左	东营	防洪工程	堤防	30	1000	
	右	高级中学	防洪工程	堤防	30	1210	
	左	滨河公园	防洪工程	堤防	30	1390	
	右	延源小区	防洪工程	堤防	30	840	
	左	安塞南收费站	防洪工程	堤防	30	1240	
	右	安塞区林业	防洪工程	堤防	30	2720	
	左	小草沟门以上	防洪工程	堤防	30	1290	
	右	下李家沟防洪工程	防洪工程	护岸	—	2093	
	左	安塞实验小学	防洪工程	堤防	10	1547	
	右	郭家峁防洪工程	防洪工程	护岸	—	467	
	右	三老庙湾防洪工程	防洪工程	堤防	10	727	
	右	三老庙湾防洪工程	防洪工程	护岸	—	827	
	右	贾家坬段防洪工程	防洪工程	护岸	—	1058	
	左	崖窑沟	防洪工程	堤防	10	547	
	左	沙渠湾	防洪工程	堤防	10	2208	
	右	范家沟段防洪工程	防洪工程	护岸	—	782	
	左	云台山	防洪工程	堤防	10	792	

续表3-1-2

县级行政区	岸别	项目名称	类型	形式	防洪标准	长度	合计
安塞区	左	云台山至边墙段	防洪工程	堤防	10	1496	36520
	右	窑台至安塞工业园区段	防洪工程	堤防	10	503	
	左	安塞工业园区段	防洪工程	护岸	—	587	
	左	安塞工业园区段	防洪工程	堤防	10	544	
	左	杏子河口至沿河湾镇段	防洪工程	堤防	10	2398	
	左	声威水泥厂段防洪工程	防洪工程	堤防	10	802	
	右	安塞污水处理厂段	防洪工程	护岸	—	482	
	左	沿河湾镇至上李家湾	防洪工程	护岸	—	598	
	左	沿河湾镇至上李家湾	防洪工程	堤防	10	1510	
	左	上李家湾段防洪工程	防洪工程	护岸	—	825	
	左	上李家湾至白家沟段	防洪工程	堤防	10	1974	
	左	白家沟段	防洪工程	堤防	10	396	
	右	前马家沟段	防洪工程	堤防	10	469	
	左	杨家沟段	防洪工程	堤防	30	2338	
宝塔区	左	李家湾村段	防洪工程	堤防	10	907	30079
	右	康家沟村段	防洪工程	堤防	10	1113	
	左	红庄水库段	防洪工程	堤防	10	295	
	右	河庄坪镇段	防洪工程	堤防	20	1421	
	左	井家湾村段	防洪工程	堤防	30	657	
	左	杜家沟村段	防洪工程	堤防	30	1319	
	右	李家洼村段	防洪工程	堤防	30	924	
	右	兰家坪村段	防洪工程	堤防	30	1053	
	左	杨家岭村段	防洪工程	堤防	30	1098	
	右	文化沟一村段	防洪工程	堤防	30	2082	
	右	凤凰山革命旧址段	防洪工程	堤防	30	859	
	左	王家坪村至南寨砭村段	防洪工程	堤防	30	4766	

续表3-1-2

县级行政区	岸别	项目名称	类型	形式	防洪标准	长度	合计
宝塔区	右	南川河口至则子沟村段	防洪工程	堤防	30	1946	30079
	右	罗家坪村段	防洪工程	堤防	30	557	
	左	南寨砭村至延安机场段	防洪工程	堤防	30	4015	
	右	罗家坪村段	防洪工程	堤防	30	544	
	右	朱家沟村段	防洪工程	堤防	30	856	
	右	阳山村段Ⅰ	防洪工程	堤防	30	384	
	右	阳山村段Ⅱ	防洪工程	堤防	30	481	
	左	后四十里铺村段	防洪工程	堤防	30	2502	
	右	上童沟村段	防洪工程	堤防	30	917	
	左	姚店镇段	防洪工程	堤防	30	761	
	左	康家沟村段	防洪工程	堤防	30	407	
	右	牛圈沟村段	防洪工程	堤防	30	215	
延长县	左	杨家湾村	防洪工程	堤防	30	320	26390
	右	周家湾	防洪工程	堤防	30	2520	
	左	寨则川	防洪工程	堤防	30	350	
	左	黑家堡村	防洪工程	堤防	30	1680	
	左	杨家沟段	防洪工程	堤防	30	1040	
	右	延长县城	防洪工程	堤防	30	8850	
	左	延长县城	防洪工程	堤防	30	3150	
	左	白道沟木村	防洪工程	堤防	30	640	
	左	中心街	防洪工程	堤防	30	4090	
	左	焦家岭	防洪工程	堤防	30	1130	
	左	白家川村	防洪工程	堤防	30	1200	
	左	朱家湾	防洪工程	堤防	10	470	
	左	张家滩镇	防洪工程	堤防	30	950	

第三节　指挥调度

一、规章制度

延河流域防汛工作依据的法律法规有《中华人民共和国水法》《中华人民共和国防洪法》《中华人民共和国防汛条例》等；地方性法规有《陕西省实施〈中华人民共和国防汛条例〉细则》等。延安市人民政府2004年制定出台《延安市河道管理暂行办法》，2005年印发《延安市重大防汛安全事故行政责任追究办法》，2006年颁布《延安市防汛安全工作管理暂行办法》。

防汛工作实行行政首长负责制和“属地管理，分级负责”的原则，市、县两级每年度都落实党政领导包片［县、乡（镇）］负责防汛工作。每年汛前安排4次防汛安全检查，及时发现和处理有碍河道行洪和防汛安全的各种违法行为。第一次由市防汛办公室组织到各县区、水库、城镇、工矿、主要河段进行防汛安全检查；第二次由市水务局（水利水保局）领导带队分县（区）检查；第三次由市防汛指挥部成员单位领导带队分片检查；第四次由市委、市政府领导带队重点检查。大型水库由市政府（行署）分管领导包库；中型水库由县（区）长包库；重点小型水库和大型、骨干淤地坝由分管副县（区）长包库坝；一般小型水库和淤地坝由所在乡（镇）领导包库坝，各级水利部门负责人为技术责任人。城镇防汛坚持“以人为本，生命至上”，最大限度地减少人员伤亡和财产损失。基本方针是“安全第一，常备不懈，以防为主，全力抢险”，实行各级领导划片包干责任制。

延安市（地区）防汛抗旱指挥部办公室根据防汛工作需要，制定实行《防汛值班制度》《防汛值班科长工作制度》《洪涝灾害统计报告制度》《防汛电台值班制度》《水情通讯工作管理制度》《防汛监室工作制度》等6项制度。

二、抢险队伍与物资储备

（一）防汛抢险队伍

各级防汛抢险队由部队、公安、武警、基干民兵、预备役、企业、单位、社区等组成，明确人员、负责人，组织汛前演练。2020年底，延河流域各县（区）共有防汛抢险队283支、4684人。

（二）防汛物资储备

防汛物资主要包括袋类、铅丝、铁丝、钢材、木材、水泥、油料、工具、照明、发电、运输设备等，要求每年储备一定数量，并适时更新替换，随着国家支持力度加大和地方财力增强，防汛物资设备不断发展进步。市级防汛抗旱物资库位于延安市宝塔区河庄坪镇红庄水库下游，于2016年底建成，2017年投入使用。2020年储存防汛抗旱物资价值566.7万元，其中抢险类大型机械3台（吊车1台、挖掘机1台、装载机1台）、大型救生类设备 10 艘（水陆两栖车 1 辆，快艇、橡皮艇各 2 艘，橡皮舟 5 艘）、草编袋 1.22 万条、化纤袋 33.9 万条、抛投器 5 个、堵水墙（板）50 套、发电机 6 台、大型机械充电器 2 台、打桩机 5 台、救生衣 1037 件、救生圈 473 件、帐篷 103 套以及架子车、铁镐、铁锹、镢头等抢险工具。抗旱类物资主要包括排污泵、泥浆泵等各类水泵 38 台，塑料水箱、水囊及各种配件等。制定落实《防汛抗旱物资应急调动预案》《防汛物资储备管理规范》《防汛物资库房管理制度》《延安市防汛物资（出 / 入）库审批表》等工作制度和管理制度，确保物资在抢险关键时刻能及时调运。

2020 年，各县（区）储备防汛物资价值 500 万元。

三、防汛指挥调度

延安市市级防汛抗旱指挥部由市委、市政府分管领导分别任政委、指挥，市级相关部门为成员单位，办公室主任一般由市水务局（水利水保局）局长兼任，县（区）相同。2000 年 5 月，宝塔区城市防汛工作移交市水行政主管部门，成立副县级延安市城区防汛指挥部办公室，负责延安城区防汛工作，是年，组织专家测绘和修改延安不同流量洪水淹没范围图和延安市区防汛重点分布图。2003—2005 年，建成延安市和全市雨情自动测报和防汛指挥信息系统，2010 年建成全市视频工勤系统，及时指导市民生活和防险避灾。

防汛指挥调度具体依据各级、各类防汛应急预案（简称“防、抢、撤”方案），分为总体防汛应急预案、城区（县城）防洪预案、主要河流防洪预案、水库防汛应急预案等。

延河防汛指挥调度权限为：当延河安塞水文站达到起报流量 100 立方米每秒、延安水文站达到起报流量 50 立方米每秒、西川河枣园水文站达到起报流量 50 立方米每秒时，由延安市防汛抗旱指挥部办公室负责通知市河道管理处做好延河河道人员疏散等工作；当预报延河干流出现警戒流量以下时，即安塞水文站流量为 1200 立方米每秒以下、延安水文站流量为 1000 立方米每秒以下、甘谷驿水文站流量为 1650 立方米每秒以下时，由沿线安塞区、宝塔区和延长县防汛抗旱指挥部负责指挥，并组织实施。当遇超警戒流量洪水时，即安塞水文站流量为 1200 立方米每秒以上、延安水文站流量为 1000 立方米每秒以上、甘谷驿水文站流量为 1650 立方米每秒以上时，由市防汛抗旱指挥部指挥，沿线安塞区、宝塔区、延长县防汛抗旱指挥部组织实施防抢撤各项工作。沿河各县（区）要做好上下游汛情传递工作。在上游县（区）、乡发生汛情时，必须迅速向下游县（区）、乡通报汛情，并同时上报当地防汛部门和市水防中心。

延河不同级别洪水量级划分：

预警流量　当延河安塞水文站、延安水文站流量达 200 立方米每秒，甘谷驿水文站流量达 200 立方米每秒。

一般洪水（5 ~ 10 年一遇）　即安塞水文站流量 575 ~ 1240 立方米每秒、延安水文站流量 1460 ~ 2239 立方米每秒、甘谷驿水文站 1650 ~ 3010 立方米每秒。

较大洪水（10 ~ 20 年一遇）　即安塞水文站流量 1240 ~ 1810 立方米每秒、延安水文站流量 2239 ~ 3129 立方米每秒、甘谷驿水文站流量 3010 ~ 4590 立方米每秒。

大洪水（20 ~ 50年一遇） 即安塞水文站流量1810 ~ 2640立方米每秒、延安水文站流量3129 ~ 4429立方米每秒、甘谷驿水文站流量4590 ~ 6880立方米每秒。

特大洪水（＞50年一遇） 即安塞水文站流量超2640立方米每秒、延安水文站流量超4429立方米每秒、甘谷驿水文站流量超6880立方米每秒以上。

第四节 防汛抢险典型案例

有文字记载的延河洪水酿成大灾，从宋代（960年）以来的一千多年中，有13次。民国六年（1917年）八月中旬，安塞、延安一带连降暴雨，9月2日，水推安塞旧城（今安塞县碟子沟），延河水涨到延安东大门城楼前马路平；民国八年（1919年），安塞水入城丈许。民国二十九年（1940年）七月十六日延河水升四、五丈；民国三十一年（1942年）八月二十四日南川山洪暴发，两次洪水浸淹延安城，陕甘宁边区政府组织军民奋力抗洪抢险，在南关群众迅速撤离险区，将损失和伤亡降低到最低程度。新中国成立以来，延河主要发生以下典型洪水和洪涝灾害。

一、1977年7月6日延安特大洪水

1977年7月4—6日，暴雨范围波及四川、甘肃、宁夏、陕西等省（区）。陕西境内降水量大于100毫米的范围达到9577平方千米，其中延安以上延河流域面积1300平方千米。暴雨中心位于安塞县招安公社王庄大队，即东经109° 10'、北纬35° 48'，海拔高度1200米。7月5日5时至7月6日5时的最大24小时雨量分布：400毫米笼罩面积5平方千米，300毫米笼罩面积85平方千米，200毫米笼罩面积825平方千米。雨量集中，引起山洪暴发，加之部分库坝溃决，河水暴涨，区内延河、洛河、清涧河、葫芦河、周河等均发生洪水。延河安塞县真武洞段6日3时25分出现最大洪峰流量3550立方米每秒，杨家湾水文站6日3时24分测得流量320立方米每秒，4时03分为1920立方米每秒，4时25分为4500立方米每秒，5时24分出现最大洪峰流量7780立方米每秒。洪后，陕西省水电局和延安地区水电局组成调查组，依据洪水痕迹测得北关断面洪峰流量8800立方米每秒，延安东关大桥断面最大洪峰流量8960立方米每秒，甘谷驿水文站实测最大洪峰流量9050立方米每秒。延河特大洪水袭击延安市，兰家坪公路水深6米，北关街道水深5 ~ 6米，南关街道水深4米。洪水给沿河两岸人民生命财产带来很大损失，农业生产遭到严重破坏。延安市12个公社84个大队受灾，面积达5.6万亩，粮食减产1400多万千克；安塞县14个公社中有12个受灾，受灾面积4.6万亩（其中川水地3.2万亩、坝地1.4万亩），减产1150多万千克；延安、安塞、延长三县（市）11万人受灾，其中延安市8500人，死亡、失踪134人，倒塌窑（房）4300多孔（间），损失粮食近25万千克，冲走大家畜136头，生猪474头，羊2235只。

灾情发生后，中共陕西省委、省军委会慰问团团长章泽率领张毅忱、王季尤等于7月7日到达延安，7月8日和9日省慰问团在李浩、土金章、刘静、程新文、冯怀亮等的陪同下，

到受灾严重的王家坪纪念馆，地区建筑公司家属院，木材公司，凤凰公社北关居委，南市公社南门坡居委，延安大学，延安“五七”师范大学，李渠中学，延安中学，延安军分区，84829部队，724部队，8711工区，李渠、姚店等公社，察看灾情，慰问群众。

“77·7”洪水的抗洪抢险首先是由解放军和公安人员、民兵开始的，官兵们抢先对受灾区域实行戒严，以军队为主力，组织医护人员参加，组成抢救队，延安市成立抗洪救灾指挥部，清理现场，抢救受灾群众，对受灾群众的生活进行了安排，市内设立四个接待站，解决灾民的食住问题。解放军84829部队，6日凌晨四点钟一发现洪情，团党委立即召开紧急会议，用无线电向各连队发出抢险救灾的命令。仅20分钟，团部驻地的两个连，在杨副团长、邱政委的率领下，翻山越沟赶到北关受灾区，一面组织群众撤离险区，一面不顾洪水汹涌咆哮，子弟兵纷纷跳入滔滔洪流，抢救落水群众和打捞物资。洪水稍有退落，又赶赴东关8711工区和王家坪，连续几天未休息。8711工区的解放军自身遭受严重水灾，但不顾自己的安危，毅然决然地抢救落水群众，解放军舍己救人的英雄事迹，深深印刻在延安人民心中，又是中国军人用鲜血和生命谱写了一页军民团结抗洪抢险的史章。

洪水来临时，宝塔公社（今宝塔办事处）书记高成珠和地区建筑工程公司党委副书记孙兆耀，立即组织群众撤出危险区。李渠公社党委书记杨兆瑞在高峁湾下乡，发现洪情，立即返回公社，组织干部群众撤退到安全地带。革命纪念馆出纳员李玉芬，在洪水进馆临危时刻，眼看着自己私人的东西被冲走，却死死地保护着馆里的现金（公款）和账簿。7月6日凌晨3时，724部队后勤处排长李忠学，被洪水的吼声警醒，便赶紧跑到河边一看水情，拔腿跑到家属院，挨门挨户叫起来，帮众家属离开险区，又经过几十分钟的水中奔忙，将全部家属转移脱险，可李忠学此时已力不支身，凶猛的浪头将他卷入洪流，一直在浪峰上漂流到二十里铺才脱险。724部队一中队四排副排长王新国，7月6日凌晨接到抗洪命令后，组织全排战士将17户40多口家属安全转移，王新国只身一人就救出13名群众。地区林业局干部曹振明，在洪水进院时，奋不顾身，用汽车轮胎抢救出副局长淡飞和一名干部，正当曹振明脱离防险区时又听到楼上有小孩哭喊声，曹振明和另外三个人又一次下水救出13岁的王小峰。延安中学教师王生文，在洪水淹没学生宿舍时，发现屋内有人，窗户已经无法进入，他爬上屋顶，挖开一个洞，救出一位来校探望学生的家长。玻璃厂党支部在洪水淹没北关之时，组织抢险小分队，黄庆安、孙兴权等8人，半小时从水中救出9名落水群众和保护了一部分国家财产。6日凌晨3时半，聋哑学校党支部书记刘战尉和教师张福民、杨席民在王家坪大桥观察水情，4时5分发现洪水猛涨，三人立即分头通知附近机关、市民和学校师生。全校师生安全转移山上后，刘战尉和张福民又一个一个宿舍检查，发现无儿寡女年过六旬的张丹亭老两口还未脱险，二人背上老人冲出齐腰深的洪水。洪水冲进地区水电局院，停在院内的十辆汽车险被冲走，延安中学高一学生王建民和地区鸡场工人窦奇林二人用大绳将汽车串在一块，随后王建民又游到前院，同余双才二人把打渔船堵在大门口，保住了院内物资。

7月12日，中共中央给延安发来慰问电。6—11日，延安地委、延安市委收到各地慰问电（信）有：中共西安市委和西安市革命委员会；中共榆林地委和榆林地区革命委员会；

中共宝鸡市委和宝鸡市革命委员会；中共渭南地委和渭南地区革命委员会；中共汉中地委和汉中地区革命委员会；中共吴堡县委、吴堡县革命委员会；中共蒲城县委、蒲城县革命委员会；中共洛川县委、洛川县革命委员会；中共黄陵县委、黄陵县革命委员会；中共宜川县委、宜川县革命委员会；西安市南泥湾"五·七"干校革命委员会。

来延安的慰问团有：陕西省委暨陕西省革命委员会慰问团；84805部队慰问团；中共榆林地委和榆林地区革命委员会慰问团；中共吴堡县委和吴堡县革命委员会慰问团。

洪水灾害发生后，延安地委和地区革命委员会发出紧急指示，要求全区人民发扬延安精神，依靠群众，自力更生，恢复生产，重建家园。农村开展"五抢"（抢收、抢种、抢扶苗、抢管、抢修病险库坝）。做到重灾少减产，轻灾不减产，无灾多超产，争取好收成。

驻延8711工区陕西省机械施工公司二处五队和中国农林科学院延安服务队寄来请战书、决心书，要求参加支援延安水毁工程建设。陕西省公路局派来施工队、陕西省邮电局派来线路抢修队，抢修延河大桥和电话线路；榆林地区，兰宜公路施工单位、洛川、宜川派出1000多名民工来延安支援抢修大桥和河堤。

延安大桥等桥梁的修复工程是陕西省公路一队承担设计、施工。在兰宜公路任总指挥的陕西省公路局副局长程振江和陕西省公路一队党委书记乔树南带领150名支延突击队员，带着水泵、搅拌机冒雨来延安，7月11日开工。榆林地委了解到延安地区缺石匠，从绥德、米脂、子洲、佳县四个县选出年轻力壮，技艺精湛的石工300名，由榆林地区计委副主任黄南明带领，7月15日来延安。在抗洪抢险中作出贡献的84829部队接到抢修河堤的命令后，81分队营长凌发银立即带领战士投入工作。洛川县委在接到通知后四个小时，组成一支由47个大队、210名民工组成的支延突击队；宜川县支延抢修队是由县委书记牟灵生亲自在云岩公社挑选的优秀男女青年。

安塞县7月2日至6日，降水量达208毫米，其中5日5时至6日5时，24小时降水171.4毫米。7月6日凌晨1时延河开始涨水，3时半洪峰流量达4486立方米每秒。特大洪水导致全县受灾面积8.9万亩，2.1万亩基本农田被毁，冲毁库坝1227座，大量水利、工业、交通、通信、电力、农机等设施受损，死亡2人，经济损失3100多万元。

延长县7月6日5时40分得到洪水消息，上午9时左右洪水进城。延河川道4个公社30个大队淹没庄稼0.9万亩，到场的麦子冲走10万多斤。县城外沿河畔居民住房全部冲光，90户387人无家可归，城镇受灾单位52个，基本冲光的17个，223名职工无办公地方。水利、交通、电力、通信严重受损，与外界一切联系中断。

特大洪灾面前，各级党委、政府领导干部群众奋力抢险，尽力减轻人民生命财产损失。灾情过后，全力生产自救，保障人民群众基本生活条件，在上级部门大力支持下，尽快恢复各类设施，恢复人民群众正常生活秩序。

鉴于延安"77·7"洪水的巨大损失和沉痛教训，洪灾后地委、省委、中纪委多次进行调查，追究责任。1982年2月4日，中纪委批复同意陕西省委关于延安特大洪灾事件的处理报告：

1. 同意陕西省委对张史杰同志撤销延安地委常委职务的处分和对刘静同志党内严重警告处分的意见；2. 慕锡章已丧失共产党员的品质，应开除党籍；3. 延安特大洪灾事件是由于干部官僚主义造成的重大灾害，应将此事的处理登报，挽回影响。

注：“77·7”洪水时，慕锡章任中共延安地委副书记；刘静任中共延安地委常委、地区革命委员会副主任；张史杰任中共延安市委（原县级延安市）副书记。

二、1993 年 8 月 3 日延河洪水

1993 年 8 月 3 日 17 时 25 分，延安气象台预报 24 至 48 小时内全区有暴雨，地区防汛办立即报告地委、行署领导，同时分别用电话、电台通知各县（市）防汛指挥部和大中型水库。18 时收省防汛办传真天气预报，与延安气象台预报相吻合，副主任刘宏勤与值班员当即拟稿，送电视台和广播电台播发暴雨消息，要求各级防汛部门和广大群众做好防大汛、抗大洪的准备。

地委、行署领导高度重视汛情预报，副书记张志清、副专员肖长华在行署办公室坐镇指挥，副书记、地区防汛指挥部政委姚代明，副指挥、地区水利水保局局长朱根武，副局长刘志全在地区防汛办具体指挥调度，副专员刘孝文带领副秘书长薛悦彦、地区公安处处长张浩在市场沟、东关、桥儿沟等地现场指挥抢险。延安市委书记马福雄、市长周万龙分别带队到市区北关、大砭沟、刘万家沟等地现场指挥群众抗洪救灾。

傍晚 7 时，延安上空乌云密布似深夜一般，10 时左右，雷电交加，暴雨倾盆而下。晚 11 时至次日凌晨 2 时，延安周围几个县相继骤降暴雨。4 个小时内延安市区降水量为 100.2 毫米，枣园为 118 毫米，杨家湾为 107 毫米，甘谷驿为 87 毫米，安塞真武洞为 85 毫米，王瑶为 63 毫米。暴雨短时间内形成径流，山洪暴发，河水泛滥，延河各支流为 30 年一遇，最大为 50 ~ 60 年一遇。延河洪水流量在市区段 1740 立方米每秒，甘谷驿 2900 立方米每秒，延长县城 3000 立方米每秒，甘谷驿下游一片汪洋。

汛情传递及时为防汛抢险赢得了宝贵时间。延安电视台接到地区防汛办暴雨消息稿件，在 19 点新闻联播前连续播放 3 遍，广播电台反复播报，干部群众听到广播，纷纷行动起来，按照原定“防抢搬”方案组织抢险队伍，通知险区居民做好撤离准备，桥儿沟村民看到电视，马上组织民兵准备抢险；柳树店村支书迅速部署村民撤离险区；北关、南关居委会立即行动，通知住户准备撤离。8 月 4 日凌晨 2 时，当延河甘谷驿出现 2900 立方米每秒洪峰时，地区防汛办通过邮电局挂发延长县防汛指挥部，恰在此时，线路中断，值班的 15 号话务员先通过西安—延长线路未接通，随即又通过宜川—云岩—延长线路又未接通，最后通过延川—稍道河乡—拓家川乡—延长交口镇—延长报房—延长防汛办 6 站接力，终于接通电话，把汛情传递到位，在延长县组织淹没区群众刚刚撤离，就出现了 3000 立方米每秒的洪峰流量，避免了一次大的人员伤亡和经济损失。

延安“8·3”抗洪受到陕西省防汛指挥部通报表彰，陕西省政府副秘书长带队来延安灾区慰问时，充分肯定延安的经验，即“一保证（领导重视是保证）、二宣传、三落实、四完善（测报网络和应急预案）、五包干（各级领导包水库、包河道、包城镇、包厂矿学校、包滑坡地段）、六检查”。这次暴雨洪水造成延安县、安塞县、延长县严重受灾。特别是暴雨中心延安 10.3 万人受灾，农田和大量基础设施受损，延安市北关街和南关街淤

泥厚达40多厘米。部分民房夷为平地，8人死亡。直接经济损失1.4亿元。

三、2013年7月延安市持续强降雨

受天气系统及超强台风“苏力”影响，2013年7月，延安市遭遇了自1945年有气象记录以来历时最长、暴雨日最多的持续强降水袭击。从7月1—26日，共发生4轮强降水，以北部为中心，覆盖全市13个县（区），暴雨日多达9个，其中延川县降水量607.7毫米，是历年同期8倍，延长县551.4毫米，宝塔区539.5毫米，安塞县436.3毫米，宜川县454.2毫米，富县422毫米，志丹县393.6毫米，除黄龙县外其他12个县降水量均在300毫米以上，超历史同期极值。延川、宝塔、延长、宜川、富县、黄陵6个县（区）24小时降水量100毫米以上，达到大暴雨量级。气象分析表明，此次强降水已超过百年一遇。

延安市地处黄土高原丘陵沟壑区，持续强降水使土壤水分高度饱和，引发了大面积的滑塌、泥石流等地质灾害和城市内涝，后期局部洪水频繁发生。全市13个县（区）、158个乡（镇、社区）154.5万人受灾，共发生山体滑塌8135处，房窑倒塌4.54万间（孔），严重损坏10.88万间（孔），因山体滑塌、房窑垮塌造成人员严重伤亡，共计150人受伤，42人死亡（宝塔区18人、安塞县7人、延川县5人、延长县7人、富县4人、吴起县1人）；基础设施严重损坏，境内高速公路、铁路、11条国省道、134条县乡公路、317条通村公路不同程度受损，140余趟旅客列车停运、77趟迂回、37趟折返。延安飞往各地航班一度被迫取消。5个乡（镇）、192个村因交通通信中断成为“孤岛”。电力方面709条供电线路633处断线，3872根电杆倒杆，3456台变电器损坏，16.57万户供电中断，延长、延川、宜川县出现大面积停电。部分区域移动、电信、广电网络信号中断。13处天然气管道断裂。延安市区、延川、富县、延长、黄陵等许多城镇发生严重内涝，城内积水面积达到1米多深，10个县城和1439处农村供水工程损毁严重，22.61万城市人口和47万农村人口无法正常供水，延川县城连续4天停水，富县、延长连续3天停水；全市受损水库28座、淤地坝1688座（溃坝13座）、堤防74.7千米、渠道63.83千米、灌溉输水管道92.2千米、基本农田24.78万亩；农作物受灾面积71.7万亩，绝收26.3万亩，倒塌大棚弓棚8526座，损毁养殖场1180个、圈舍5188间，死亡牲畜11889头、家禽12115万只；7月12日，长庆采油一厂志丹县杏河镇牛寨村输油管线断裂，造成王瑶水库污染，长庆采油一厂志丹县吴堡中心社区单井管线破裂，延长石油管道运输公司安永线余家坪至永坪段两次断裂，造成河流污染，全市直接经济损失达115亿元。

7月3日上午10时50分，延安市气象台发布暴雨蓝色预警，延安中北部将发生50～100毫米的强降水。省委常委、市委书记姚引良，市长梁宏贤第一时间作出批示，安排部署抢险救灾工作，全市各级单位取消双休日，暂停休假，外出干部全部返回，迅速到达岗位，全面进入临战状态。市长梁宏贤当日带领相关领导、部门检查延安城区备汛情况，并要求对全市防汛工作全面排查，划片包干，加强重点部位监测，完善预案，着眼于防，确保发生险情及时撤得出。7月3日晚至4日凌晨，延安降水较大的县（区）为安塞县85.1毫米，子长县71.2毫米，宜川县53.3毫米，宝塔区51.9毫米，延川县51.4毫米，

第一轮暴雨已造成局部灾情，拉开了抗击持续强降水的序幕。

7 月 7 日 16 时，市气象台发布 48 小时暴雨预报，预计 7 日晚至 10 日有一次明显暴雨过程，强降水时段出现在 8 日晚至 9 日白天，局地降水量可达 100 ~ 150 毫米，8 日 11 时 10 分，市气象台发布暴雨蓝色预警。

8 日 10 时 30 分，市政府召开全市防汛工作紧急电视电话会议，副市长、市防汛抗旱指挥部指挥杨霄讲话，分析天气情况，要求切实加强领导，确保万无一失。20 时整，市政府召开市区防汛紧急会议，市长梁宏贤主持，常务副市长薛占海、副市长杨霄及市政府办、水务局、城管局、交通局、规划局、国土局、气象局、新区管委会、防汛办、内涝办、宝塔区政府等部门负责人参加。会议决定将城区划为 4 大片，分别由 1 名副市长牵头负责，宝塔区和市直部门参加，建立防汛指挥应急体系，务实各级职责，组建好抢险队伍，确定撤离群众临时安置点，各片包户，连夜把低洼地带、灾害隐患点等危险区群众转移出来。8 日晚，梁宏贤亲自主持撤离桥沟低洼区群众 6000 余人。

7 月 9 日 9 时 24 分，市气象台发布短时强降水警报，11 时发布暴雨黄色预警信号。8 日 0 时至 9 日 08 时，延川县已降水 85.9 毫米，宝塔区 84 毫米，延长县 68 毫米，洛川县 50.5 毫米，9 时暴雨持续。市委书记姚引良、市长梁宏贤冒雨检查城区防汛情况，杨鑫、薛占海、姚靖江、杨霄、薛海涛等市领导陪同检查。

7 月 10 日 08 时至 11 日 08 时，各地降水较少，多数县降水在 10 毫米以下，最大为吴起县 20.8 毫米，而从 11 日开始，雨势再次加大，从 11 日 08 时到 12 日 08 时，延川降水 131.1 毫米、宝塔区 62.2 毫米、安塞县 74.9 毫米、志丹县 88.5 毫米、吴起县 58.8 毫米、子县长 47.4 毫米、延长县 34.3 毫米，12 日，暴雨继续。连日强降水土壤水分已极度饱和，山体失去稳定，滑塌、泥石流、房窑垮塌到处发生，出现人员伤亡。7 月 12 日，宝塔区枣园圣地大剧院后山滑塌，6 间平房被埋，造成一次 5 人死亡，市防汛办当天报告：7 月 7—12 日，已造成宝塔区、延川县、安塞县 3 县 20 人死亡，15 人受伤，2 人失踪。

7 月 12 日 02 时，市气象局发布重要天气报告“暴雨消息”，预计未来 12 小时内北部各县降水可能达到暴雨。12 时，延安气象台发布暴雨红色预警，预计 7 月 12 日 20 时至 17 日 20 时，其间有 4 个暴雨日，降水量可达 80 ~ 300 毫米。陕西省政府办公厅、陕西省防汛抗旱总指挥部，也在当天连续发出紧急预警信息和进一步做好汛期灾害防范应对工作的紧急通知。姚引良、杨鑫立即作出重要批示，要求主要领导现场指挥，所有领导分片包干，采取最有力措施，确保人民群众的生命财产安全。凌晨 5 时，杨霄带领民政、国土、林业部门赶往延川县城新建沟、体育场安置点、县医院查看灾情和受灾群众安置情况，慰问受伤人员，要求做好遇难人员善后工作。上午 11 时 40 分，梁宏贤从西安开会乘动车返回延安，在市政府主持召开全市防汛紧急电视电话会，市防汛抗旱指挥部政委及副指挥、全体成员单位参加。传达姚引良指示，对当时防汛救灾工作再安排再部署，要求市级领导带队深入受灾地区靠前指挥，水利、国土、交通、民政等部门深入县（区）协助防汛救灾工作。18 时，副市长杨霄召开市防汛抗旱指挥部成员单位会议，对指挥部工作再细化，并建立五项工作制度：1. 情况通报会制度，每天上午 8 时 30 分，由市长梁宏贤主持，在市政府二楼会议室召开情况通报会；2. 天气会商制度，每天 18 时 30 分，在市防汛办会商室召开会议，市水务局、气象局负责人专家参加，分析研判次日和下一阶段天气情况；3. 市、县会商制度，每晚 19 时，由副市长杨霄主持，听取各县（区）当日防汛救灾情况，分析研究存在问题，及时安排部署防汛抢险救灾工作；4. 情况报送制度，由市政府副秘书长高应虎牵头，市防办汇总，每天上午 10 时，下午 5 时向市委办、市政府办和陕西省防汛抗旱总指挥部各报送一次最新情况；5. 指挥部成员 24 小时值班制度，当日成立夜间值班工作组，分三组轮流值班，确保 24 小时汛情信息畅通。12 日 21 时，梁宏贤又赶到市防汛办，主持应对气象红色预警会议，决定启动地质灾害橙色预警和洪水蓝色预警。23 时，又带队查看延中沟群众撤离情况。当天发布延安市防汛抗旱指挥部一号通告。12 日 08 时至 13 日 08 时，安塞县降水 29 毫米、延川县 56.8 毫米、宝塔区 64.5 毫米、延长县 91.9 毫米、宜川县 38.2 毫米、富县 90.2 毫米。

市委、市政府要求各地坚持生命至上，撤离为先，各级干部，公安武警官兵，驻延部队等共组织 5 万多人的抢险队伍，采取包片、包村、包户、包人的办法，挨家挨户对危险区域群众果断组织撤离，充分利用学校、体育场、社区、机关办公用房对受灾群众集中安置，保证群众有水喝，有饭吃，不受冷，全力提供棉被、食品、药品供应，确保社会稳定。在抢险救灾第一线，许多党员、干部舍生忘死，抢救群众，延川县城关派出所副所长李小林、街道办事处干部贾维军 7 月 12 日凌晨在抢救县城新建沟因山体滑塌所困居民时，不幸被二次塌方掩埋牺牲。市委决定在全市开展向李小林、贾维军同志学习的活动，以忘我精神和高昂斗志夺取防汛救灾的全面胜利。

7 月 14 日，陕西省委有关领导带领省直有关部门赴延安查看灾情，传达陕西省委、省政府领导批示，指导防汛救灾工作。国家防汛抗旱总指挥部、国家防灾减灾救灾委员会、国土资源部、陕西省防汛抗旱总指挥部、省农业厅、省民政厅都派出工作组来延安督查指导防汛救灾工作。

7 月 15 日，市委、市政府召开应对新一轮强降雨防汛抢险救灾工作视频会议，姚引良在讲话中全面总结前一阶段防汛抢险救灾工作，要求全市各级各部门必须坚决克服松动厌战情绪，始终树立长期作战和防大汛、抗大洪思想，把严防滑塌、房屋倒塌造成人员伤亡放在首位，妥善做好撤离群众安置工作，确保库坝安全和河道行洪安全，保证城市正常运转、保证县城、乡（镇）、居民点道路畅通，千方百计保证群众生活物资供应，进一步加强汛情会商和预警预报，积极开展生产自救和灾后重建工作。会议强调指出，这次防汛抢险救灾是对我们执政能力和党性的重大考验，必须服从命令，听从指挥，团结一心，共渡难关，确保人民生命财产安全。对工作不力，玩忽职守的，严肃追究党纪政纪和法律责任。当日，市委办、市政府发出《关于实行市级领导包抓县区防汛抢险救灾工作的通知》，市委、市人大、市政府、市政协 14 名领导于 7 月 15 日 15 时后分赴各县（区），在防汛禁令解除前蹲守在县（区），督查指导当地防汛抢险救灾工作。市防汛抗旱指挥部发布第一号令，要把群众生命安全放在首位，对安全隐患拉网排查，不间断排查，对危险区群众坚决组织撤离，撤离区要有干部值守。加大对重要河段、堤防、库坝的巡查力度，确保防汛安全。

为加强县（区）库坝，水利工程防汛工作，延安市水务局由县级领导带队，分 13 路奔赴各县（区）协助防汛抢险救灾工作，要求禁令不解除，人员不撤离。库坝工程分散偏远，道路冲毁，工作人员克服千难万险，步行冒险查看库坝情况，及时采取措施排除隐患，对临近汛限水位水库立即泄洪，对蓄水淤地坝及时放水和人工挖排、水泵抽排加快放水进度，共投入抢险队 1800 人，各类机械车辆 810 台（辆），管道 3.8 万米，彩条布 17.5 万平方米，对危害库坝，迅速通知下游做好撤离工作。

7 月 16 日，气象预报 7 月 17—18 日，又将出现一轮强降水，延安市防汛抗旱指挥部发出第三号通知，继续实施避灾撤离，已撤离群众不得返回，防止新的人员伤亡，采取集中安置和分散安置相结合的办法，保证撤离群众有临时住所、有热水喝、有饭吃、有基本医疗条件，公安部门要保护好撤离群众财产。17 日晚，梁宏贤在市防汛办再次主持召开视频会议，要求各县（区）县（区）长、防汛指挥部领导立即到位，做好紧急撤离群众和安置工作。7 月 17 日、18 日两天，宝塔区降水 40.9 毫米，延长县 46.8 毫米，宜川县 120.3 毫米，富县 73.8 毫米，洛川县 84.5 毫米，黄陵县 56.7 毫米，黄龙县 66.1 毫米，降水南压，南部县多地发生险情，撤离安置工作难度不断增大。7 月 18 日晚，姚引良、梁宏贤、杨鑫在市防汛办召开紧急视频会议，安排部署防汛抢险工作。

7 月 21—25 日，第四轮强降水袭击延安，宝塔区降水 157.8 毫米，延长县 191.3 毫米，甘泉县 149.6 毫米，宜川县 148.7 毫米，富县 158.1 毫米，洛川县 109.2 毫米，黄陵县 84.4 毫米，黄龙县 89.0 毫米。

富县大申号水库 7 月 21 日 20 时至 22 日 10 时，降水 151.7 毫米，水位猛涨，22 日 22 时 18 分水位达到最高 962.572 米，超汛限水位 5.075 米，超蓄水量 132 万立方米（汛期限制蓄水量 58 万立方米），放水塔压力洞堵塞，闸门无法工作，水库险情十万火急，延安市水务局专家组负责人、南沟门水库管理处副主任王润生等于当晚 23 时赶赴水库，指导除险，延安市市长梁宏贤、市水务局局长惠振和等也赶赴现场检查指导抢险工作，县委、县政府全力组织水库抢险工作，由直罗采油厂 50 人组成专业抢险队投入抢险，县公安、武警 100 余人上坝布防待命，对下游单位、群众 1892 户，4982 人紧急撤离。经过采用高压水枪冲泥和泥浆泵抽泥的疏通措施，同时用大功率水泵抽排库水，减轻压力，于 7 月 26 日中午 12 时 18 分成功疏通。

宝塔区胜利水库受 7 月 22 日、25 日两次强降水袭击，库水位急剧上涨，25 日库水位距坝顶仅 2.6 米，溢洪道流量 150 立方米每秒，溢洪道超限水位 2.5 米泄洪，造成溢洪道消力池严重损坏，严重危及大坝安全，延安市水务局局长惠振和、副局长古晓成、专家组负责人、市水利队队长白正红等赶赴现场，会同宝塔区领导和业务部门紧急制订抢险方案，迅速组织实施，投入 300 多人的抢险队伍和 50 多辆抢运石料车辆，采用抛石抢修溢洪道保护大坝安全，因电力通信中断，市防汛办协调电力通信应急设备紧急运往现场。抢险至 7 月 29 日，胜利水库累计运回抢险石料 2800 立方米，投入 2200 立方米，并计划放置钢筋石笼。库水位开始下降，溢洪道已不排水，卧管正常排水，抢险接近完成。位于宝塔区临镇镇的姚家坡劳改农场六连、七连淤地坝也出现严重险情，共投入抢险人员和武警 80 人，挖掘机、装载机各 2 台，基本控制了险情。

7 月 25 日，云岩河在连续暴雨下，发生百年一遇洪水，新市河水文站洪峰流量 178 立方米每秒，宜川县云岩镇、新市河乡遭受特大洪涝灾害，市防汛办准确研判及时通报汛情，县乡（镇）领导紧急组织群众撤离，共撤离沿河群众 1875 户 8688 人，无一伤亡，但群众和机关房屋、商铺、农田、大棚、道路、供电、通信等设备受损惨重，直接经济损失 3.39 亿元。

7 月 27 日，持续强降水停止。据统计，全市共紧急转移撤离群众 78 万人，设立集中安置点 852 个，搭建临时帐篷 4.96 万个，集中安置群众 23.88 万人，配备了足够的食品、饮用水、棉被等物资，对孕妇、残疾人尽量安置在宾馆酒店，对被困的过往列车，全力做好旅客转移疏散工作，及时为旅客送去食品和饮用水，增开往榆林客车 149 班次，运送旅客 4854 人，使受灾群众人人感受到了党的温暖。重灾期间，市委、市政府要求交通、供电、供气、供水、通信等部门，组织人力迅速对水毁道路、供电线路、供气、供水管道、通信设施抢修，保障群众基本生活不受影响。

2013 年 9 月 25 日上午，延安市防汛抢险救灾工作总结表彰大会在延安文化艺术中心礼堂举行，68 个先进单位和 200 名先进个人受到市委表彰，其中，市水务局、市防汛办被评为“全市防汛抢险救灾工作先进集体”，市防汛办赵学军、市王瑶水库张世杰、市水务局同晓正被评为“全市防汛抢险救灾工作先进个人”，市水务局局长惠振和在大会上代表市级先进集体作交流发言。

第二章　抗　旱

延安流域旱灾时有发生，对农业生产和人民群众生活造成严重影响，封建社会基本没有有效的抗旱措施，只能求神祈雨，听天由命。陕甘宁边区时期，党中央和边区政府积极组织军民兴修水利以备荒年，遭遇旱灾全力帮助群众度过灾荒。新中国成立后，在党和政府领导下，兴修水库、灌渠、抽水站、水窖等各类水利工程，不断增强抗御旱灾能力。改革开放以来，水利投入增加，依靠先进技术，提高抗灾效果。遇到严重旱灾，采用一切办法抗旱救灾，保证人民生活和社会稳定。

第一节　抗旱措施

《延长县志》记载：1937 年旱灾，民食树皮榆叶，县人民政府组织生产自救。1939 年春夏，数月无雨，政府组织运输、拾柴等开展自救，并拨救灾粮款。1940 年春天久旱不雨，秋禾难以下种。县政府拨粮款，群众互济度荒。1939—1941 年连续三年大旱，野草食尽。政府组织救灾，固临县发救济粮 13 石（群众互济 3 石、互济会 5 石、公田粮 5 石）。1945 年春夏连旱，直至 6 月 20 日方降普雨，墒情不足；又遇伏旱，赤日当空，7 月 6 日、7 日局部地区降大雨，7 月 9 日上午降普雨。边区政府组织抢种晚秋作物，从甘泉县、延安市各调荞麦籽 50 石，以晚秋补救。

新中国成立后，20 世纪 50—70 年代，延河流域出现多次干旱年份，有灌溉设施的农田，开动一切设备扩大灌溉面积保丰收，无灌溉设施农田，各地组织人力抗旱，人担畜驮，点浇抢种保苗。大量坡耕地，主要通过建设水平梯田、水平埝地、坝地，提高农田保墒抗旱能力。2004 年，市防汛抗旱指挥部增设抗旱科，负责指导全市抗旱工作。2008 年底，全市包括延河流域各县均有抗旱服务组织。配备机动车辆、水泵、管道、维修设备等。2011 年，国家给每县（区）抗旱服务队补助 200 万元。

第二节　抗旱救灾

1960 年，延长县遭百日大旱，受灾面积 12.17 万亩，占夏田总面积的 64%，减产 336.5 万千克。全县抽调 630 名干部深入 8 个重点灾区调查和组织生产自救，动员男女劳力 9182 名，锄耘麦田 16.4 万亩，在受灾麦田里种小日月作物 3.97 万亩，种蔬菜 3.8 万亩；组织 1296 名劳力、牲畜 312 头从事副业生产，1—6 月副业收入 31561 元；社队群众互助口粮 48942.5 千克；县拨 143 万千克供应粮，救济口粮 69.8 万千克，代食品 5.18 万千克，菜 18.35 万千克，解决群众生活困难，拨救灾款 3.2 万元。

1982 年 4—7 月，延长县持续干旱。玉米叶片干枯，晚秋出苗困难和不能下种。东部 6 社旱灾严重，减产 949.5 万千克，减产幅度 13.5%。全县 378 个生产队 9622 户 46538 人受灾，受灾面积 9.07 万亩。县委、县政府成立抗灾自救指挥部，县长冯良印任总指挥，县委副书记周玉庭，副县长刘扶义、王惠生任副总指挥，有关单位负责人为指挥部成员。各公社建立相应的抗灾自救领导机构。县委、县政府 4 次组织工作组，由 3 套班子领导成员带领，深入灾区调查灾情，研究制定抗灾措施。县水电局抽调 12 名技术人员，下社队检查抢修水利设施，5 月底修复抽水站 72 处、渠道 7 条。6 月底灌溉面积增加 9000 亩，达到 12480 亩，占可灌溉面积的 51.6%。从外地调回荞麦籽 10 万千克，7 月全县增种晚秋作物 4.4 万亩，种植蔬菜 5850 亩。夏季锄耘秋田 8 万亩，追施化肥 5 万亩。群众坚持勤俭持家，节约用粮，度过灾年。县政府发放救灾款 21.5 万元、返销粮 6 万千克、冬令救济布 2.7 万米、棉花 4000 千克。

1987 年 7 月，安塞县北部乡（镇）连续干旱，夏田无收成，早秋作物下种迟，苗情差，县委、县政府及时制定“以川补山，以水补旱、以晚补早”方针，增种小日月糜子、荞麦 6 万亩，发放救灾化肥 420 吨，解决籽种 10 万千克。投资 4 万元，恢复电灌站 21 处，水浇地 4080 亩。动员群众发扬愚公精神，采取担、抬、端水浇地的办法下种。

1993 年，延安市（今宝塔区）在市水利队内设抗旱服务队，开展流动灌溉、机泵维修、打井、电灌站等业务，在甘谷驿、蟠龙设抗旱服务站，有固定资产 38 万元。1996 年春旱期间，抗旱服务队自带 84 台抽水设备，昼夜不停运转，提水灌溉 5 万多亩。

1995 年，安塞县春旱，全县总动员，400 余名干部深入田间地头指导抗旱，组织 1.2 万劳力，开动水利设施 200 余处，修复水利工程 16 处，新建水利工程 12 处，投入抗旱机具 20 台，提绞水设备 118 台，机动运水车 50 辆，完成灌溉面积 3 万余亩，解决 0.45 万人和 0.28 万头（匹）大牲畜饮水困难。

1997 年，安塞县全年降水量仅 275 毫米，创有气象记录以来历史最低，组建抗旱服务队，配备 4 套抽水设备，沿西川、杏子川、化子坪川、坪桥川流动作业，浇灌农田，每天投入干部千余名，劳力 5 万余个，开动抽水设施和机械 300 余处（台、件），昼夜作业，累计灌溉农作物 15 万余亩。

1997 年入夏后，延长县出现十分严重的干旱，降水量严重减少，气温持续偏高。全县 22.10 万亩秋作物普遍受灾（重灾 13 万亩），延河及小河、小溪断流干涸，全县 4.50 万人、3.50 万头大牲畜饮水发生严重困难。面对严重的旱情，县委、县政府多次召开抗旱工作会，从县级各单位抽调 87 名科级干部和 125 名骨干力量组成 13 支抗旱服务队，深入各乡（镇）组织 5 万余人开展抗旱保秋。抗旱中动用水库 1 座、抽水站 360 处，衬砌渠道 3000 米，开渠或清理渠道 9700 米，采取人担、车拉、畜驮等办法昼夜抢灌点浇，单灌 3.20 万亩，复灌 1.20 万亩，使秋作物旱情得以缓解。

1998 年 4—7 月，延长县总降水量仅 52.10 毫米，降水极少，造成延河断流，小河、小溪干涸，70% 的库坝严重缺水，全县农作物受旱面积高达 21.85 万亩，其中重度受灾农作物达 16 万亩，同时造成 4 万余人、3.50 万头大牲畜饮水困难，6 万亩秋田无法下种。

县委、县政府主要领导深入抗旱一线指导抗旱保秋工作，全县投入抗旱一线的干部职工500余人，水利系统组织抗旱服务队13个，投入抗旱水利设施560台（套），恢复水利设施158处，衬砌渠道300米，清理渠道9700米，投入抗旱资金192万元，完成灌溉面积4.40万亩。

1998年起，安塞县开始采用人工增雨技术进行抗旱。1999年春，连续干旱140天，600余名干部深入乡村，组织劳力2.4万个，开动水利设施384处，投入资金100余万元，灌溉农作物，城区及周边居民分段定时供水。

1995—2000年，宝塔区抗旱上劳15.6万人次，动用中小型拖拉机1200台次，拉水86240吨，灌溉农作物面积24200亩；打机电井7眼，打大口井21眼，新建和维修各种水利设施85处，灌溉农作物面积7.5万亩（延惠渠、汾川渠灌溉面积2.7万亩），购置机械17套、水泵17套、小型水泵50套。2000年，制定印发《宝塔区抗旱应急预案》，抗旱应急响应分为Ⅳ级响应、Ⅲ级响应、Ⅱ级响应、Ⅰ级响应。抗旱工作实行各级政府行政首长负责制，统一指挥，分级负责。

2000年起，安塞县采用大型水泵、打机井、建小高抽和集雨窖的措施进行抗旱，坚持“先生活、后生产，先节水、后调水，先地表、后地下”的原则，采取引、堵、拦、截、抽的措施增加供水量，开动所有水利设施，加大节水灌溉和乡村供水工程建设，推广旱作农业，减少损失。

2001—2005年，宝塔区累计完成抗旱浇地2.87万亩，购置各种抗旱灌溉机械设备180台（套），抗旱灌溉总动力1553千瓦，维修机械设备240套，挽回经济损失861万元。

2005年，延长县持续干旱少雨，1—6月降水量仅为15 ~ 60毫米，较往年同期减少二至三成；6月全县范围几乎没有有效降雨，延河几乎断流，中小河流相继干涸。面对严重的旱情，县委、县政府号召全县干部群众立即行动起来，积极抗旱保苗。全县投入机动抗旱设备1000台（套）、车辆1000辆、资金30万元，动员人力3万余人次，使旱情得到一定的缓解。

2010年，延长县冬季严重干旱，各乡（镇、社区）均不同程度地受到旱灾的影响，因旱灾造成6万人以及1.50万头大牲畜饮水困难，受旱作物8.25万亩，其中成灾面积6万亩，造成经济损失120万元。县城供水量严重短缺。灾害发生后，县委、县政府及时组织工作组赶赴各受灾点，调查了解受灾情况，迅速启动抗旱应急预案，在号召居民节水的前提下，调用甘谷驿、七里村和王家川3家采油厂27辆拉水车，全天为县城供水水源地调水，缓解县城近5万居民供水紧张的局面。

2015年夏季降水偏少，延河流域特别是黄河沿岸农作物及苹果幼园干旱严重。市、县两级加大抗旱投入，合理调度水源，组织相关部门深入第一线指导抗旱。

随着农业产业结构调整，苹果、蔬菜面积增加，小麦等作物面积减少，以及城镇化快速发展，抗旱工作的重点逐步转向农村主导产业和城乡人口保障供水。

第三章　河道综合整治

延河河道综合治理始于新中国成立后。20 世纪 60—70 年代农田水利基本建设中，在部分河段实施了改河造田工程。1977 年，延安地区成立延河改道工程指挥部，自筹资金、材料、粮食，抽调农村人民公社社员，动员机关单位职工、学校师生员工、城镇居民，开展延河改河大会战。从延安县河庄坪公社的李家湾到姚店，近 50 千米长的延河上，共开建 11 处改河工程，计有李家湾、柳林川、罗家坪、柳树店、川口、庙沟、阳山、王庄、上童岭、房子沟、枣园等河段。1982 年，延河改河工程竣工，共计改河总长度 3.48 万米，动土方 4944 万立方米，投入 286 万个劳动工日，投资 498.6 万元；改河造田 6840 亩，保护农田 13600 亩，堤岸植树 22.63 千米。1978 年，安塞县沿河湾将延河河道从川道右岸改道到左岸，县革命委员会调集 11 个公社 600 名民工参加会战，改河长 1.54 千米，堤高 5.5 米，保护农田 3000 亩。1996 年 11 月，延安市（原县级市）在延安东关延河大桥下游 300 米处修建一处橡胶坝，供人休闲，后因碍洪、污水处理等原因拆除。改革开放以来，以提高河道防洪能力、改善水生态环境、建设美丽城市为目标，加快延河综合整治，取得显著成效。

第一节　治理规划

2015 年 11 月，延安市委托陕西省水电勘测设计院编制《延河综合治理可行性研究报告》，遵循创新、协调、绿色、开放、共享的新发展理念和“节水优先、空间均衡、系统治理、两手发力”的治水思路，计划总投资 90 亿元以上，在“十三五”期间，实施延河全河综合治理，达到“堤固、洪畅、水清、岸绿、景美”，实现“安澜延河、生态延河、富裕延河、魅力延河”。重点工程包括：①防洪保安工程。新建干支流堤防 228 千米、河道清淤 115 千米，延安城区、安塞和延长县城及沿线工业园区防洪标准达到 30 年一遇，重点镇达到 20 年一遇。②水土保持工程。实施 112 条清洁小流域综合治理，新建加固淤地坝 1000 座，人工造林 73 万亩，新增治理水土流失面积 1740 平方千米，治理程度达到 75%。③水资源配置工程。加快黄河引水工程建设，实施王瑶水库加坝、引洛济延及 9 座小型水库工程，市区和县城实施多水源供水，年供水能力从 8500 万立方米提高到 1.35 亿立方米。④水环境治理工程：实施流域内城镇和农村污水垃圾处理、石油废水处理、水资源保护工程，以及王瑶水库、红庄水库水生态修复工程，污水处理率达到 80% 以上，废水排放达标率 100%，供水水源地水质达标率 100%，延河水质达到Ⅲ类以上。⑤水生态修复工程。城镇、园区等人口聚集区域河段实施人工水面、滨河生态长廊、河滩湿地、河道修复、两岸及山体绿化、山体公园、城市夜间景观提升等工程，新增水域面积 4.93 万亩，城市绿化面积 2747 亩，其他河段以保护为主，自然修复生态。

第二节　项目实施

一、市级

2010—2014 年，延安市水务投资建设有限公司在延河干流延安城区段，实施新建宝塔山橡胶坝、南川河堤防、延河右岸宝塔桥至橡胶坝堤防、宝塔山橡胶坝至裕丰大桥堤防、石疙瘩拦沙坝、延安大学橡胶坝改造、延河右岸柳树店堤防、裕丰大桥至川口大桥堤防及宝塔山橡胶坝清淤等河道综合整治工程，完成投资 3.62 亿元。

2016 年 2 月 22 日，陕西省委、省政府在延安市宝塔区河庄坪镇谢家沟村召开延河综合治理工程建设动员大会。

2016 年，延安市本级（水务部门）在延安城区段完成南川河生态补水工程，主要建设内容：

（1）新建黄蒿湾加压泵站及延安污水处理厂加压泵站各 1 处，铺设加压泵站至南川河三狼岔村输水管道 12259.69 米，以在枯水期利用橡胶坝蓄水和污水处理厂处理后中水，补充南川河生态用水，概算投资 3116.71 万元。

（2）岸坡及河滩绿化工程，主要建设内容为宝塔山、王家坪、罗家坪 3 个主题河滩公园，项目东至罗家坪桥、西至杨家岭桥、南至体育场平台，全长 7.1 千米，总面积 58.2 万平方米，利用现状滩涂，注入连贯绿色步行道，以植物花滩为主题，构筑自然生态空间，形成乔灌结合，四季色彩交替，层次分明的生态景观。其余河段，在保证河道行洪安全前提下，维持河流自然形态，选择耐水湿、耐瘠薄、抗冲刷、高成活、自修复、低费用的草、树种进行滩面绿化和堤岸垂直绿化，形成大面积绿茵河滩，概算投资 2905.36 万元，当年完工，并开放供游人休闲。

（3）解家沟段生态堤防，新建防洪生态土堤 2.29 千米，坡面种植草皮，堤顶为泥结石路面，概算投资 848.73 万元。

（4）河道堤面维护，主要对沿河杨家湾大桥至罗家坪大桥、南川河体育场至宝塔桥部分河段堤防实施堤面维修、整理、美化措施，维修长度 24.3 千米，概算投资 1089.43 万元。

（5）河道清淤疏浚，清淤范围包括城区延河干流、南川河、西川河、杜甫川 4 处河道，全长 23.42 千米，共清淤土方 142.4 万立方米，并新建新窑沟、陈团沟拦渣坝各 1 座，概算投资 6513.77 万元。

2017—2018 年，建设 16 项工程：

（1）南川河合页坝，共 2 座，概算投资 1265.90 万元。

（2）南川河防洪工程，加固堤防 2693.8 米，拓宽人行道 1821.73 米，概算投资 3076.6 万元。

（3）河庄坪拦沙坝工程，位于宝塔区河庄坪镇陈团沟沟口过水桥上游 50 米，合页坝形式，拦砂库容 24 万立方米，水面面积 10 万平方米，概算投资 840.94 万元。

（4）西川河下游段湿地生态修复工程，位于延安“八一”敬老院至石佛沟大桥，治理河道长度6.5千米，建设挡水气盾坝3座、跌水4处、慢行步道2.67千米、亲水平台3座、游船码头1座、交通桥1座，加固堤防801米，概算投资7960万元。

（5）甘谷驿河道生态修复工程，综合治理河长10.5千米，包括堤防堤岸整治，新建固床潜坝、慢行步道、河滩绿化等，概算投资6190万元。

（6）延安新机场周边应急排洪工程，概算投资1774.04万元。

（7）延塞段一期工程，建设范围上至安塞区郝家窑村，下至宝塔区河庄坪206省道桥，全长26千米，新建低碳道路14.8千米、防洪工程11.2千米、县南沟文沟桥1座、白坪街段液压钢坝3处、跌水6处、池塘湖泊7处、休闲驿站9处，工程概算投资7.14亿元。

（8）西北川应急供水工程，新建水源井11口、输水管网24.25千米、配水管网41.3千米、水厂2座，设计最高日供水量3450立方米，完成投资4500万元。

（9）杏子河云坪村至红庄水库连通工程，引水线路总长19.95千米，设计引水流量0.4立方米每秒，年引水量601万立方米，以改善延安供水条件，概算总投资8350万元。

（10）延安市中心城区河道管理预警系统，包括信息监控、通信网络、监控中心三部分，总投资1804万元。

（11）王瑶水库坝址周边水土保持生态建设工程，概算总投资1590万元。

（12）红庄水库水土保持生态修复工程，概算投资690万元。

（13）李渠镇高家沟生态鱼塘工程，概算投资836.3万元。

（14）杜甫川河道治理工程，包括河道清淤疏浚21.2千米、生态堤防7.3千米，概算投资4200万元。

（15）河道生态修复工程，为2016年开工的续建工程，2017年完成修整驳岸10.2千米、新建改建荷花池3座、固床潜坝2座、滩面排水及修复慢行步道等，2018年岸坡、河滩绿化补栽66.5万平方米，新建慢行、涉水步道1.49千米，驳岸修整4.5千米，累计完成投资8100万元。

（16）杜甫川、西川河、南川河绿色长廊工程，利用陕西省水土保持补偿费使用项目等，进行河道绿化、封育治理、疏林补植、网栏围护等，总投资1000万元。

2016—2018年，延安市城管部门完成城区段雨污分流污水管网工程建设约36千米，投资8414.9万元；城区段城市夜间灯光景观工程投资36980万元，完成“三山、两河、五桥、两节点”基础景观和以宝塔山为背景的时长20分钟的“延安颂”灯光景观；延安市林业局实施南寨砭、虎头峁、马家湾、杜公祠、王家坪、特立等6处山体公园，完成投资2440万元。

二、县（区）项目

（一）安塞区

实施主要项目有延河支流杏子河招安段、侯沟门段堤防工程；国家重点水土保持工程、淤地坝工程；节水灌溉工程；安塞区第一污水处理厂提升改造工程、第二污水处理厂尾水提标工程；水生态修复工程安塞城区段河道湿地生态修复工程，沿河湾湿地生态修复工程，安塞区杨家沟 1#、2# 调蓄池塘工程，城区绿化景观提升工程等。

（二）宝塔区

实施主要项目有延河支流青化砭段、玉皇庙段，延河干流姚店段、甘谷驿段、崖里坪至周家湾段堤防工程；水土保持综合治理项目、淤地坝工程；水资源配置工程蟠龙供水复线工程；宝塔段水污染治理一期工程、34 个乡（镇）村小型污水处理设施；延河湿地生态修复工程、川口河道生态治理工程、李渠镇美源湖水景观工程、颐生田园小镇景观湖等。

（三）延长县

实施主要项目有延河综合治理城区段河道疏浚、防洪墙、护岸、水景观湖 3 处、河滩生态公园 1 处，新建左岸截污箱涵 8600 米，右岸 7085 米；延河干流堤防 183.46 米；延河干流杨家沟至焦家岭生态保护修复项目、焦家岭至入黄河口生态保护修复项目；10 处乡（镇）污水处理站；焦家岭堤防工程；沿黄公路两侧水土保持工程；国家重点水土保持工程、淤地坝工程；延长城区雨污分流改造工程等。

（四）志丹县

实施主要项目有杏子河流域张渠、王南沟支流防洪工程；水土保持重点工程、淤地坝工程；杏河镇污水处理厂工程；石油井场绿化工程等。

截至 2020 年，延河干流结合河道综合治理，共建成 26 处拦河建筑物，基本情况统计见表 3–3–1

表3–3–1　延河干流拦河闸坝工程情况统计

县级行政区	序号	项目名称	形式
安塞区	1	西庙沟拦油坝	混凝土坝
	2	吴家堵拦河坝	混凝土坝
	3	西营拦河坝	混凝土坝
	4	大南沟拦河坝	混凝土坝
	5	石茆子拦河坝	混凝土坝
	6	延河文化广场拦河坝 1	混凝土坝
	7	延河文化广场拦河坝 2	混凝土坝
	8	郝家窑气盾坝	气盾坝
	9	沿河湾拦河闸	气盾坝
	10	李家湾拦河坝 1	混凝土坝
	11	李家湾拦河坝 2	混凝土坝
	12	罗家沟拦河坝	混凝土坝

续表3-3-1

县级行政区	序号	项目名称	形式
宝塔区	13	下李家湾拦河坝 1	混凝土坝
	14	下李家湾拦河坝 2	混凝土坝
	15	红庄水库取水泵站拦河坝	混凝土坝
	16	河庄坪镇拦河坝 1	混凝土坝
	17	河庄坪镇拦河坝 2	混凝土坝
	18	延安大学橡胶坝	橡胶坝
	19	文一村拦河坝	混凝土坝
	20	嘉岭大桥拦河坝	混凝土坝
延长县	21	桃李坪拦河坝	混凝土连拱坝
	22	杨家沟电站拦河坝	混凝土坝
	23	延河综合整治项目 1 号液压坝	液压坝
	24	延河综合整治项目 2 号液压坝	液压坝
	25	延河综合整治项目 3 号液压坝	液压坝
	26	闫家滩电站拦河坝	混凝土拱坝

第三节　河道管护

一、延安城区

1981 年 3 月，延安市（现宝塔区）政府批准成立延安市市区河道管理处，隶属城建部门管理，主管大砭沟至宝塔桥及东关大桥至泽子沟两段河道。罗家坪村委会管理泽子沟至桥儿沟段河道。中国人民解放军 86460 部队管理十里铺（桥儿沟）至川口段河道。李家渠镇与姚店镇分别管理其所辖区界内的延河河道。

1982 年，延安市（现宝塔区）人民代表大会颁布的《延安市建设管理规定（试行）》中，规定了河道管理办法。

1986 年，延安市（现宝塔区）人民代表大会颁布《延安市河道堤防工程管理规定》。

1991 年 11 月，成立延安市（现宝塔区）宝塔区河道稽查大队，与宝塔区河道管理处两块牌子、一套机构。

2000 年 6 月 7 日，中共延安市委常委会研究决定，将宝塔区河道管理处整体上划归延安市水利水保局管理。上划后更名为延安市市区河道管理处，事业性质，科级建制，主要职责为市区河道、河堤公用设施的管护，河道监察和河道保洁，河道砂石资源采挖管理。

2004年3月8日，延安市政府常务会议讨论通过《延安市市区河道管理暂行办法》，规定市区河道管理范围为：南川至三十里铺，西川至裴庄村，北川至河庄坪乡政府，杜甫川至张坪村。

2005年5月26日，延安市水利水保局有关会议纪要明确延安市中心市区河道管理范围为：东至罗家坪大桥，北至兰家坪大桥，西至石佛沟大桥，南至燕沟沟口，杜甫川至延安财经学校。管辖河岸线38千米，面积214.2万平方米。

按延安市管理分工，河道内（从河堤顶以下）卫生保洁属河道管理部门负责。延安是革命圣地，延河是延安精神的象征，河道面貌直接关系到延安的圣地形象，河道保洁成为市区河道管理的一项常态化重要任务。

延安市区人口密集，部门单位集中，产生垃圾量巨大，在河道内丢弃或倾倒生活垃圾、弃土弃渣时有发生，在流水搬运下经常聚集在城市中心区域，严重影响市容市貌和水体水质，造成不良社会影响。为了做好河道保洁，市区河道管理处按区域分段分片包干，成立管理所，加强对涉河建设项目的监管，全处100名职工，人人都是河道保洁员，长年累月巡回在市区河道内，全力维护延安城区河道干净卫生。

2001—2004年，延安市区河道管理处平均每年清理外运垃圾6000余立方米，组织稽查队昼夜巡查，坚决查处河道乱采砂行为，处理违规向河道乱倒现象。

2005年，用一个多月时间对南河入口处以上至火车站及杜甫川河段集中整治，人机结合，清理河道堆积物，外运土方1500立方米。10月完成延河两岸景观墙改造工程。查处了马家湾村堤防工程、南市办违章修公厕及姚店村民郝胜林在河道内违章作业等案件。

2006年，延安市水利水保局将每年9月28日确定为“河道保洁日”，组织市直水利系统1000多名职工到城区河道捡垃圾，在社会上产生较大反响，促使市民增强河道保洁意识。按照《中华人民共和国防洪法》，配合防汛部门向河道人为设障单位和个人发出清障通知书8份，共计清障10处。

2008年4—7月，实施“两河”绿化工程，东至嘉岭桥下游、南至互通桥、北至延大橡胶坝，绿化面积37.1万平方米，5月1日及10月1日在河道内（东关大桥至宝塔山河段）摆设五环和飘带标志，两次摆放盆花48万盆。每遇重大接待任务和大型活动，管理处全体出动清理河道垃圾，全年清理外运垃圾800余吨，清理倒入河道积雪1万余立方米。

2009年3—4月，实施延河右岸王家坪大桥至小东门堤顶绿化工程，绿化长度1265米，种植“爬墙虎”5060株，成活率100%，绿化效果良好。完成重大接待任务河道保洁18次。

2010年，河道管理处开展大型河道环境整治活动10余次，完成重要接待任务河道保洁15次。

2011 年 4 月 17—27 日，对倾倒建筑垃圾非常严重的延河罗家坪段进行了集中整治，管理处租用装载机 4 台、挖掘机 4 台、双桥自卸汽车 20 辆、面包车 1 辆，昼夜清运建筑垃圾 6.6 万立方米；雇用专业人工 120 个工日，腰系安全带对开挖面进行人工削坡和人工捡拾垃圾，并设置高度 2 米的钢丝防护网 260 米，布置警示牌 8 个。同时，雇用装载机 1 台、挖掘机 1 台、自卸汽车 2 辆，对南河、杜甫川进行全线平整，清运垃圾 600 余立方米。在设障严重的韩家窑则、新民村、师范路、王家坪四处下河路口安装铁大门，在重要堤段增设警示牌 10 块。是年，宝塔山橡胶坝投入运行，在蓄水期间，克服一切困难对水景观工程进行水面保洁，并做好安全巡查和应急抢险管理。平均日打捞水上垃圾 20 余大袋，共实施应急抢险 6 次，抢救落水人员 5 人，协助公安、交警打捞出租车一辆。2011 年 2 月，市区河道管理处升格为副县级建制。

2012 年，延安市配备市级水政监察执法人员 11 名，加强河道执法管理。完善了橡胶坝管理制度，分区域重点打捞水面漂浮物，白天 12 小时船不离水，人不离船，及时清理外运垃圾。6 月河道大面积暴发水藻，严重影响河道水体，组织职工昼夜打捞。冬季结冰，为保护橡胶坝坝袋，工作人员冒严寒每天坝前人工破冰。增添了 2 艘机动打捞船和 2 艘人力打捞船。协助公安人员救援落水人员 6 次。受延安市水务局委托，管理处负责数字化城管工作。11 月省级卫生城市复审中，河道环境卫生状况受专家好评。

2013 年，向沿河两岸单位、商铺住户发放宣传资料 1000 余份，开展 30 余次保洁整治活动。10 月底，宝塔山橡胶坝由延安市水务投资建设有限公司正式移交河道管理处管理。

2014 年 4 月、9 月，延安市水务局主要领导亲临现场指挥橡胶坝坝袋清淤，确保了按时立坝蓄水。共成功施救 5 起落水事件，其中一名男子家属送来“舍己救人，恩重如山”锦旗 1 面。

2015 年 3 月 30 日，承办“保护母亲河、共建美好家园”为主题的河道集中保洁志愿者服务活动。全年完成重要接待任务河道保洁 20 余次。全年实现水景观工程安全运行 160 天。经多方协调，依托公安部门高清视频监控项目建设，在市区河道主要部位安装 24 个监控探头，对重要部位实施高清画面监控。

2016 年，开展河道集中保洁 40 余次，清运垃圾 10 吨多。5 月，延河石疙瘩橡胶坝和延大橡胶坝交由河道管理处管理。

2017 年 8 月，延安市市区河道管理处被市委、市政府授予“延安市创建国家卫生城市工作先进单位”称号。

2018 年，开展市区河道集中整治 90 余次，完成重大接待任务河道保洁 20 次，清运垃圾 4 万余袋。及时报案将丢弃在河道的 500 发子弹移交公安部门，化解了一次重大风险。配合水污染防治攻坚，排查市区河道排污口 124 处，与各办事处和污水处理厂对接协调 30 多次，督促整治到位。

2019 年，开展河道集中整治 90 余次，清理垃圾 5 万袋。3 座橡胶坝正常运行 6 个月。配合完成“城市双修”项目延河核心段综合治理工程，包括整治河道 7.5 千米，改造固床潜坝、排水渠，新建透水砖步道等。完成重要接待任务 20 次。

2020 年 8 月 5 日延河洪水后，水利系统组织干部职工清理淤泥杂物，补种花草。

二、县（区）

县（区）河道管理部门，负责辖区内河道管理范围法律法规宣传贯彻执行、建设项目审查、采砂取石管理、项目建设和工程管理、河道保洁、河道绿化、河道安全检查等工作，确保工程完整安全、河道正常运行、河道环境整洁美观。

（一）安塞区

安塞区（县）2009 年 10 月成立河道管理处，副科级建制，编制 8 人。2020 年 1 月，与区河长办（河湖管理事务中心）合署办公，科级建制，编制增加到 20 人，给每镇（街道办）派驻 1 名专职河道管理员，保证河湖管理常态化。2018—2021 年，完成全区 19 条河流、2 座水库划界定标。2020—2024 年，巡河发现和整治河道“四乱”问题 581 处，河道执法 56 次。2023—2024 年，组织排查及清理整顿遥感图斑 819 个。与志丹县、宝塔区建立跨界河流水污染联防机制，有效防范河流重大生态风险发生。

（二）宝塔区

宝塔区 2006 年成立河道管理处，与延惠渠管理处两块牌子，一套机构，科级建制，编制 20 人，负责延安市市区河道管理处管理范围以外宝塔区辖区河流管理工作。2018 年 11 月，万花流域的一处加油站洗车点，将洗车污水直接排入河道，管理处主任李进立即带领巡查人员现场检查，下发违法行为和限期清障通知书，对存在问题的污水排放池及排污管道立即进行拆除整改。2019 年 5 月，制定《延安市宝塔区河道管理工作手册》。2020 年 4 月，限期拆除延河朱家沟段河道管理范围内华俊商用混凝土站；5 月，按照陕西省、延安市、宝塔区安排的“碧水、青山、净土”保卫战工作，半个月时间完成了宝塔区河湖岸线利用项目专项整治排查工作，排查河道建筑物共 388 处，上报违建 2 处，已整改；8 月，完成延河右岸宏远小区段堤防水毁修复项目，拆除塌方段 46 米，新建维修浆砌石挡墙 46 米，完成投资 81.5 万元。2021 年 4 月，为迎接第十四届全运会的召开，实施延河杨家湾大桥至兰家坪大桥河道整治工程，完成河道清淤疏浚，种植百日草、波斯菊、小冠花等花卉，绿化河道 2.7 千米，投资 168 万元；10 月，完成宝塔区 2021 年陕西省省级水利救灾资金罗家坪堤防水毁加固维修工程，维修堤防 23 米、排洪渠、护栏，完成投资 40.5 万元。2022 年 9 月，开展黄河流域水土保持专项整治行动，清理河道建筑生活垃圾 300 多立方米，清理李渠镇、桥沟镇、川口镇、河庄坪镇等河段乱挖、乱种面积 2 万多平米。2024 年 9 月，延河流域发生较大暴雨洪水，督促、组织各镇上劳 590 余人，动用挖掘机 70 台次、铲车 100 台次，对河道杂树、杂物、垃圾进行了全面彻底的清理。2024 年 8 月，督促西延高铁项目部对南川河杨家湾段、太春沟段河道进行了全面整治清理，10 月，完成了延河重要支流整治项目前期工作，项目投资 3600 多万元。

（三）延长县

延长县 2005 年成立河道管理站，副科级建制，2010 年 10 月，人员及业务划归县水旱灾害防御中心管理。2017—2018 年建成县城水景观工程 1、2、3 号液压活动坝和亲水走廊，形成水域面积 240 亩，提升了城市品位，设备运行操作简单，排泄速度快，后期维护成本低。持续开展河道“三清一净”环境整治，2024 年发放宣传彩页 35000 余份，组织上劳力 3500 人次，动用铲车、挖掘机、运输车辆 435 台次，清理河道垃圾杂物 201.9 吨、弃土弃渣 2379 立方米、整治河湖岸线 139 千米，拆除违规商业混凝土搅拌站 1 处。清理河道内“小菜园”127 块，32.9 亩。

第四篇　水土保持与生态环境建设

延河流域属黄土丘陵沟壑区，地形破碎，植被稀疏。历史上的乱垦滥伐，广种薄收，加剧水土流失，输沙模数高达 8000 ~ 16000 吨每平方千米每年。新中国成立以来，各级党委、政府把治理水土流失作为长期坚持的战略措施，改善农业生产基本条件，提高群众生活水平。党的十八大以来，全力推进生态文明建设，建设绿水青山新延安。截至 2020 年，累计治理水土流失面积 4175.95 平方千米，建设基本农田 76.39 万亩，建成大中小型淤地坝 6662 座，流域内林草覆盖率达到 81.3%。延河流域内所有石油井场、输油站按规定编制实施水土保持方案，饮用水源一级保护区井场实施关闭。各水库和供水水源地，都划定了保护区范围，按规划实施治理保护。

第一章 水土流失概况

陕北黄土高原水土流失由来已久，按1985年编制的《延安地区水土保持区划》，延河流域属中部强度侵蚀区，多年平均年侵蚀模数为9000吨每平方千米，侵蚀的形态可分为水力侵蚀、重力侵蚀、风力侵蚀，以水力侵蚀为主。本章主要记述区域生态环境变迁、影响水土流失因素、水土流失危害及治理措施分类。

第一节 水土流失

远在太古洪荒之世，黄土高原的高山、河流与广阔原野即已形成。到旧石器时代，黄土高原已有人类活动。其后，历经夏、商、西周直至春秋时期，延安的大部分地区还都是草原与森林，水土流失很轻微。

延安地区森林与草原的破坏，始发于战国后期至西汉初期，大破坏于明代中叶，毁灭于清代。明代时，黄河流域人口普遍稀少，虽一再徙民，但仍无大变化。至明代中叶，延绥（含今延安大部分地区）、榆林还是地旷人稀。明代在北陲设边防九镇，派兵防守，每镇兵甲四万。从明初起，就在边地推行军屯，以就地解决军需。陕西布政使司的屯田制在太祖洪武三年（1370年）前就已开始。到洪武八年（1375年），有延安侯唐胜宗、长安侯耿炳文，都先后奉命到陕西屯田。还特别规定陕西诸卫军留三分之一守御城池，余皆屯田给食。陕西屯田，每军皆一百亩。明代尚未开垦的草原，到清代终被垦殖殆尽。到清代，北部边防卫所已失去作用，农业定居大势已就，因而清政府撤卫所设府县，以加强对农业的管理。由于人口有较大的增加，自然植被继续遭到破坏。

民国时期战争连绵不断，人民负担沉重，也无力顾及保护森林草原，加速侵蚀持续进行。陕甘宁边区时期，为打破敌人封锁，解决军民吃饭穿衣问题，开展大生产运动扩大农田开垦，客观上造成一定程度的水土流失。中华人民共和国成立后，党和政府高度重视水土保持工作，但建国初期，因国民经济困难、人口增加太快、农业生产力水平低下等原因，也发生有毁林拓荒情况，据延安专署水保试验站调查：1961—1962年，两年全区开荒90万亩（其中，省、地、县各级机关办农场266个，开荒57725亩），为全区600万亩耕地的15%，为两年治理水土流失面积的2.58倍。这一时期至改革开放前，延河流域水土流失状况未能得到较好控制。

第二节　水土流失成因及危害

一、水土流失成因

（一）自然因素

地形：地面坡度越陡，地表径流的流速越快，对土壤的冲刷侵蚀力就越强。坡面越长，汇集地表径流量越多，冲刷力也越强。

降雨：降雨强度超过土壤入渗强度会产生地表径流，造成对地表的冲刷侵蚀，降雨强度越大，侵蚀力越强。

土壤：土壤类型及地表物质组成，影响着水土流失程度，黄土结构疏松，更易受侵蚀。

植被：达到一定郁闭度的林草植被有保护土壤不被侵蚀的作用。植被稀疏或无植被覆盖，土层更易受侵蚀。

（二）人为因素

人为因素主要指造成地表土壤加速破坏和移动的不合理的生产建设活动，如陡坡开荒、不合理的林木采伐、草原过度放牧、开矿、修路、采石等。

二、水土流失危害

（一）毁坏土地资源

水土流失加剧土层剥蚀和侵蚀沟发育，导致土层变薄、石漠化加剧、养分流失、土地破碎化。

（二）恶化生态环境

水土流失和生态环境恶化互为因果，不合理的土地利用毁坏林地草地，导致水土流失，植被生境恶化，反过来又加剧水土流失。

（三）造成泥沙淤积

降水打击地面造成土壤板结，降低土壤入渗，增加地表产流，不仅造成土壤的冲刷，而且挟带大量的泥沙进入河道，抬高河床，影响行洪；淤积塘库，缩短水利工程使用寿命。

（四）加剧水质污染

水土流失是水体环境污染的一个关键原因，径流和泥沙是面源污染的载体，随着农药、化肥的大量施用，造成水利枢纽、湖水等水质的水体富营养化，对饮用水水源地水质安全构成了严重威胁，也毁坏了水体的生物多样性。

第二章　水土流失治理

从古代到民国期间，地方农民在生产实践中创造了修梯田、撩埝埂、挖涝池、打坝淤地、植树种草、草田轮作等水土保持措施，但受历史条件限制，治理面积很少且零星分散，保持水土能力极其微弱。新中国成立以来，延河流域水土保持从试验试点到推广，不断总结经验，开展科学治理，针对不同地形地貌，采取相应的治理措施，最大限度地减少水土流失，改善农业生产基本条件，促进生态环境良性循环。治理水土流失的主要措施包括林草措施（造林种草、自然封育等）、工程措施（兴修水平梯田、打淤地坝等）、耕作措施（水平沟种植、草田轮作等）。

第一节　林草措施

林草措施是水土保持的关键措施，主要作用是调节降水和地表径流，削弱降水和径流对地表的侵蚀。陕北黄土高原水土保持林以抗旱耐瘠薄的乔木林、灌木林为主，种草以当地紫花苜蓿、沙打旺等为主，在峁、梁、坡、沟、塬因地制宜布设，同时兼顾经济效益，美化景观。在立地条件极差的地方实施封育保护和自然修复。林和草，作为水土保持措施在延安地区早已存在，初始于直接与人们的生活和生产相关方面，自觉地或不自觉地搞些少量而简单的栽树种草类事，如在居地崖畔上栽些果树以防洪水又收果利，在沟头、沟底栽杨插柳以护沟防冲，在村边坡地上种苜蓿以为饲料，实则亦保持水土。但这些简单的水土保持意识长期未能扩大到生产领域，真正把造林种草纳入水土保持措施是在新中国成立以后。

一、造林

（一）林种

水土保持林种，在延安地区的水土保持业务技术应用上，其分类方法大有分野，20世纪50年代的水土保持技术资料，大都将水土保持林的种类划分为分水岭防护林、梁峁坡防护林、沟边（梁峁边、塬边）防护林、沟头防护林、沟坡防护林、沟底防护林、护渠林、固岸林等。林业部门的分类体系将水土保持林种划分为用材林、防护林、薪炭林、经济林。从80年代中期开始，水土保持部门多采用乔木林、灌木林、经济林的分类。

（二）树种

刺槐　落叶乔木，高可达25米，喜温怕冻，宜深厚湿润壤土，不耐下湿与盐碱。刺槐树冠大，郁闭早，成林快，水土保持作用大。刺槐于20世纪50年代引进，初试的直播造林成活率低，遂改为育苗造林，刺槐用材林每亩250株。安塞城区附近，生长在阳坡下部的14令刺槐，高12米，胸径15厘米；生长在峁顶部的高4米，胸径5厘米。刺槐在延安地区各地均有较大面积分布；在20世纪80年代以前是占有统治地位的水土保持乔木树种。据延长县林业部门调查，至1983年全县有刺槐林25122.93亩，占累计造林的72%。

钻天杨 又名箭杆杨、美杨、笔杨。落叶乔木，高达30米，适生于湿润的沙性土。可建农田防护林、沟边护岸林，沟底固滩林、水分调节林、渠道与河岸防护林等。扦插育苗。1955年，延长县引进钻天杨苗条3000株，在城关苗圃插育苗，成活1000株；1956年始植于七里村乡张义夫子公路两旁；1978年成材更新。

河北杨 又名串杨、印杨。高约30米。耐寒、耐干旱、耐瘠薄，适应性强。延安地区北部丘陵区的沟谷斜坡，沟沿及梁峁坡上均见有零星分布。

青杨 延安地区的乡土树种。落叶乔木。青杨适应性强，生长快，在干旱缺水的黄土地上，13令青杨高14米，青杨枝叶茂密，对雨水截留量大，宜于营造护坡林、防冲林。

小叶杨 又名水桐、北大杨、大白杨、南京白杨，落叶乔木，高20余米。小叶杨是延安地区的乡土树种。根系发达，适宜于干旱、低温、风沙环境。小叶杨对环境适应能力强，是很好的水土保持先锋树种。小叶杨可植苗或插造林，密度每亩200～333株。

大关杨 又名白皮杨，落叶乔木。大关杨根发达，生长快，12令树高12.5米，胸径35厘米，分枝力强。延安地区二年生大关杨平茬苗高5.8米，渠道两边5年的幼树平均高9米，胸径13厘米。大关杨多用于四旁绿化及防风。

侧柏 又名扁柏、扁松、黄柏、柏树，常绿乔木。在延安地区各地均有零星分布，只在林区可见成片柏林。人工栽植的侧柏在本地生长缓慢。

山杏 乡土树种。落叶乔木。耐旱、耐寒、耐瘠。梁峁、沟谷等坡地均可生长。喜阳、速生、结实早。寿命长达40～50年，是北部丘陵区营造水土保持经济林的良好树种。

旱柳 俗称柳树，乡土树种。区内各地有广泛分布，是沟底防冲林和护岸林的良好树种。

柠条 又名锦鸡儿，落叶灌木，高达2.5米。幼枝具刺老时刺落。柠条根系发达，一年生根深70厘米，三年可达230厘米，六年达300厘米。生长高度，一年生28厘米，三年40厘米，六年140厘米。柠条喜光、耐旱、耐寒。根系固土力强，是水土保持的重要树种。北部各县有大面积种植。其根瘤菌可培肥土壤；枝叶可用作饲料，区内许多地方在冬春青饲不济之时都以柠条为放牧林；志丹、安塞等地的不少村组多年来都以柠条做烧柴，每3～4年平茬一次。

沙棘 又名酸刺、醋柳、黑刺、酸不溜、圪针等，落叶灌木或称小乔木。沙棘耐旱、耐寒、耐碱、耐瘠薄，抗逆性极强。荒山、陡坡、沟底、河滩皆能生长。沙棘根系繁殖力强，生长迅速，是防冲、固坡、护岸的水土保持先锋树种。沙棘在延安地区分布广泛，不少地方多年来靠沙棘解决了烧柴问题。生长较好的沙棘每亩产量可达1000千克。沙棘果实营养丰富，20世纪80年代中期沙棘果实酿制的饮料上市销售，红极一时。

紫穗槐 属丛生落叶阳性灌木。枝叶可沤肥，枝条可编织各类生产、生活小型用具，亦是造纸的优质原料。

沙柳 丛生落叶灌木，又称小乔木。沙柳喜温耐旱，耐盐碱，防风蚀固沙力强，是风蚀区的优良树种。

苹果 延河流域各县大面积种植，成为农村主导产业，在农民增收同时，改变了传统种植结构和大地植被，减少水土流失。

（三）造林技术标准

1983年，由延安地区标准局主持，地区水利水保局工程师尹传逊、张松令、孟庆增主笔，编写出《延安地区小流域综合治理标准》（单项治理措施部分）（简称《单项标准》），经延安地区行署批准于1984年10月发布与实施。《单项标准》中，对人工造林规定了技术标准和要求：人工造林必须坚持先整地后造林，采取鱼鳞坑、水平沟、反坡梯田等，并规定了各类整地的规格尺寸；规定了不同立地条件下适生的树种、造林密度、成活率与保存率、郁闭度、抚育管护、水保效益等技术指标。流域治理中，整地造林已普遍施行。20世纪80年代以来，水土保持部门总结多年来营造水土保持林的经验，强调秋季整地以接纳雨雪提高墒情，与第二年春季造林，以提高造林存活率。

二、种草

延河流域天然草原的开发历史悠久，自然荒坡天然草灌的次生力很强，加之人口稀少，荒坡草木的生长量已足够畜牧乃至农户烧柴之需，所以，在较长时期人工种草尚未必须。随着人口的增长，耕地的扩大，畜牧业的发展，天然草场的数量大减，草地产草量和牧草质量不断减少和退化，人们才开始种草，也仅是补给大家畜的青饲。延安地区的农家素有种紫花苜蓿等牧草，据经验知，一亩地苜蓿可供一头大牲口饲用。人工种草作为水土保持措施，在延安地区历经了20世纪50年代的试验，60年代的示范和推广，70年代的周折，80年代的发展的漫长历史过程，主要有以下草种：

紫花苜蓿 豆科，多年生牧草。苜蓿原产伊朗，在延安地区已有较长时间的栽培历史。全区各地均有栽培，是农家最喜欢的优良牧草之一。高30 ~ 150厘米，主根长2 ~ 5米，最长可达15米，侧根多分枝并着生根瘤，固氮力强。苜蓿生长年限多为5 ~ 7年。据资料，3 ~ 4年的中等苜蓿翻后，每亩可增加氮素14.3千克、磷2.25千克、钾6千克；肥效可持续2 ~ 4年。苜蓿作为饲料，营养丰富，适口性好，产草量高，平均亩产1000 ~ 4000千克，有“豆科牧草之王”之称。苜蓿根系发达，固土力强，枝叶繁茂盖度大，能蓄水保土，固沟护坡。据测定，苜蓿地比一般荒地可减少径流量34%，减少冲刷50%。苜蓿又能培肥地力，是草田轮作的良好草种。

白花草木栖 豆科，二年生草本植物。草木栖生长迅速，春季播种当年生长高1米，严霜后须根越冬，第二年春返青，生长高1.5 ~ 2米。草木栖抗旱、耐寒、耐盐碱，荒山、荒坡、河滩等地均可生长，是治理盐碱的优良草种。草木栖根深2米多，枝叶茂密，蓄水固土好。据大砭沟1959—1966年对二年生草木栖试验观测，多年平均拦截径流量

21.7%，拦沙 51.2%。草木栖第一年每亩产草 500 ~ 1000 千克，第二年 1500 ~ 2000 千克。产籽种 30 ~ 65 千克。草木栖的枝叶可作青饲料，种子作精饲料，草秆作燃料，花是良好的蜜源，青嫩枝叶又可沤肥。草木栖在本地于 20 世纪 50 年代始行试验，60 年代初、中期示范，后期推广。

沙打旺　又名直立黄芪。豆科，多年生草本植物。株高 1 ~ 2 米，生长年限多为 8 ~ 10 年。沙打旺耐寒、耐瘠薄、耐盐碱、抗旱、抗风蚀力强。根系深而发达。沙打旺于 20 世纪 50 年代初引进种植。

红豆草　多年生草本植物。主根粗壮，侧根发达，枝叶繁茂，根瘤多且大。红豆草喜干燥、耐旱、耐寒、耐瘠壤。红豆草蓄水固土力强，是改良土壤和水土保持的优良草种。每年亩产草 1000 千 ~ 1500 千克。其花是良好蜜源。

小冠花　1982 年，延安地区引进 1 市斤小冠花种子，移栽 22 亩。经试验认为，小冠花试验生长良好，适应本地自然条件。1983 年，中共延安地委、延安地区行署在“关于大力开展人工种草的决定”中，把小冠花作为重要草种加以强调。是年，延安地区将小冠花列为重点发展的优质牧草之一。

除上述草种外，区内还有沙蒿、芦苇、金针等少量面积的水土保持草。

三、退耕还林

（一）历史背景

延河流域长期以来广种薄收，随着人口增加，坡耕地面积不断扩大，植被每况愈下。新中国成立后，历届政府都组织开展植树造林，绿化荒山，但受任意放牧和传统种植习惯影响，植树造林成果很难保持，以至于“年年造林不见林”，坡耕地产量低而不稳，群众生活水平难以提高，也难以巩固造林种草成果。从 20 世纪 90 年代开始，延河流域各县（区）抓住国家实施退耕还林的政策机遇，实施全面退耕还林和舍饲养畜，掀起退耕封禁造林的“绿色革命”，在较短时期内，实现了大地基调由黄变绿的根本性转变。

1997 年 6 月，国务院副总理姜春云来延安调研，向党中央、国务院呈报《关于陕北地区治理水土流失　建设生态农业的调查报告》。8 月 5 日，中共中央总书记、国家主席江泽民在报告上批示“再造一个山川秀美的西北地区”。8 月 29 日至 9 月 1 日，国务院在延安、榆林召开全国治理水土流失建设生态农业现场会议。

1998 年，延安市吴起县做出“封山禁牧，舍饲养畜”的决定，当年淘汰散养山羊 23.8 万只。1999 年秋冬，除人均留下 3 亩口粮田外，一次性将 155.5 万亩坡耕地全部退耕还林还草，占全县耕地面积的 84%，成为全国退耕还林（草）第一县，对全市封山禁牧、退耕还林起到极大示范推动作用。

1999 年 8 月 5 日至 9 日，国务院总理朱镕基来延安考察治理水土流失和生态环境建设情况，在宝塔区燕沟流域治理区，提出“退耕还林（草）、封山绿化、个体承包、以粮代赈”的“十六字”措施。

1999 年 10 月 14 日，延安市委、市政府向陕西省委、省政府呈报《关于今秋冬山川秀美工程建设安排意见的报告》。10 月 16 日，市委、市政府作出《关于实行封山绿化、舍饲养畜的决定》和《关于实施天然林保护工程的决定》，决定在全市全面禁止天然林采伐作业。10 月 24 日，全市秋冬山川秀美工程建设现场会在吴起县召开，全面启动退耕还林工程建设。11 月 16 日，延安市委、市政府印发《延安山川秀美工程规划纲要》，提出从 2000 年至 2010 年，用 11 年时间实施封山绿化、经济林果、天然林保护、舍饲养畜、农田水利五大工程，实现林草覆盖率达到 70% 以上，其中退耕还林 1000 万亩。

2001 年，国家在退耕还林计划指标分配上给予延安大力倾斜，全市 13 个县（区）全部纳入试点范围。从 2001 年至 2005 年，国家对延安实行退耕还林计划单列下达，1999 年至 2010 年，国家累计下达延安退耕还林计划任务 896.76 万亩，其中退耕地还林 502.38 万亩，荒山造林 378.78 万亩，封山育林 15.6 万亩，占全国总计划的 2.5%。

（二）组织实施

退耕还林工作在延安市委、市政府统一领导下进行。1999—2002 年，延安市退耕还林工作由延安市林业局负责。2002 年 12 月 31 日，市委常委会研究决定成立延安市退耕还林工程管理办公室，县级建制，专门负责退耕还林工作的组织实施和管理工作，各县（区）也相应成立了专门机构。1999—2010 年，市委、市政府就退耕还林工作的组织实施、监督管理、检查验收、政策兑现、考核奖惩等方面，制定下发了 20 多个专门文件，有效保障国家退耕还林政策的落实和工程规范实施。

退耕还林作业设计实行一个行政村一次设计，一年完成，整体推进，要求把任务落实到山头地块和农户，现场审批。由各乡（镇）政府按照审批的作业设计组织农户按照“谁退耕、谁造林、谁经营、谁受益”的原则实施。

从 2003 年起，延安市委、市政府每年对县（区）退耕还林工作进行一次综合考核，进行排名，在“全市退耕还林工作会议”上通报结果，对考核在前 3 名的县（区）颁发奖牌，并给予县（区）委书记、县（区）长分别奖励 10000 元、8000 元、6000 元；对考核在最后一名且得分在 70 分以下的县（区）通报批评。采取“一支队伍，一个标准，不听汇报，随机抽样，食宿自理，直接进村入户检查”的办法，考核人员现场填写考核结果，签字后统一封存，在每年年初的全市退耕还林工作会前进行打分。

1999—2010 年，延河流域完成退耕还林面积 289.72 万亩。2020 年，延河流域林草覆盖率达到 81.3%。

第二节　工程措施

工程措施是应用工程学原理防治水土流失的一种措施，主要通过改变有限尺度的小地形，拦蓄地表径流和泥沙，减少水土流失，改变农业生产基本条件，合理开发利用水土资源。延河流域的水土保持工程主要有坡面治理工程（水平梯田、水平埝地、造林整地工程等）；沟道治理工程（谷坊、淤地坝、沟边埂等）；小型蓄水工程（涝池、水窖等）。大搞农田水利基本建设，是延安地区长期坚持的战略措施。

一、水平梯田

延河流域大部分耕地为坡耕地，水平梯田是改造坡耕地的重要工程措施。新中国成立以前，流域内修梯田很少。坡耕地未治理前粮食亩产量一般只有 25 ~ 50 千克，遭遇大旱严重减产甚至颗粒无收，遭受暴雨则冲毁农田，辛苦劳作一年往往不够口粮，温饱问题长期困扰着百姓，进而造成广种薄收和大面积水土流失。

1954 年 11 月，延安地区水土保持工作推广站成立。1955 年起，在延安市（今宝塔区）大砭沟、碾庄沟等小流域开设试验点。1956 年，延安地区开始在 25 度以下坡耕地修坡式梯田（也叫地埂），国家给予补助款，延安市碾庄乡羊圈沟村修坡式梯田 490 亩、延长县郭旗乡五一农业社修坡式梯田 69.3 亩。生产实践证明，坡式梯田虽有短时增产作用，但不能抵御暴雨洪水冲击，造成浪费，1958 年后，停止修建。

1958 年，延安地区提出大面积发展水平梯田，并提出设计标准，其中梯田宽度 5 ~ 10 度坡面为 9.8 米、11 ~ 15 度坡面为 5.8 米、16 ~ 20 度坡面为 4.0 米、21 ~ 25 度坡面为 3.0 米，田边埂高度 0.3 米。1958—1960 年，农田基建群众运动兴起。1958 年 4 月，延安地委在安塞县召开北六县治理延河流域动员大会，与会代表 400 人参观陈家洼农业社水土保持工程，会后，各县均召开治山治水千人进军誓师大会。专区分别在洛川、安塞、志丹召开塬区治理与延河、北洛河流域治理誓师大会。各县纷纷组织农田基建兵团，建立党团组织，以加强政治工作，要求组织军事化，行动战斗化，思想共产主义化。秋后，农田建设队伍扩大到 40 万人，为总劳动力的 80%。在农田治理中，延安专区贯彻中央提出的“全面规划，综合治理，集中治理，沟坡兼治”的方针，专区提出：丘陵区以治坡为主，沟坡兼治；高原区治塬固沟；梢林区以封育预防为主。要求实现山沟川台化，川地水利化。安塞县陈家洼土地面积 5.5 平方千米，37 户 187 人，70 个劳动力，群众对陈家洼的自然面貌形容为：“一条大沟八里山，十八个阳峁面向南，十二道拐沟七里湾，山上光秃沟里干，下起大雨山洪流，壮土（肥土）冲走一大半。”1958 年由 10 多名劳力组成长年基建队，坚持短期突击和长年治理相结合。到 1959 年 7 月，共修梯田 735 亩，其中水平梯田 120 亩，修建小水库 3 座，引水灌溉塌地 45 亩。粮食亩产由 25 ~ 30 千克提高到 1958 年的 75 千克，每人平均产粮达 500 千克，除公、购粮外售余粮 1.2 万千克。粮食自给有余，又每户收入 80 元，家家都有了暖水瓶，每人一床被褥，男女青年穿上了胶鞋、雨鞋，捏的有手电，前村后庄时为乐道。群众高兴地编出顺口溜一段：“山坡是梯田，层层紧相连，修成小水库，水地上了山，沟沟栽上柳，护沟防冲坍，育苗种类多，造林不困难，拐沟打土坝，淤地变良田，综合来治理，措施都摆全，粮食增了产，生活大改观。”1959 年，延安大砭沟流域修水平梯田 75 亩，亩产量达到 150 千克以上，是同类坡耕地的 3 倍左右，大大激发了群众治理坡耕地的积极性。1965 年，大砭沟流域水平梯田达到 1160 亩。

1958 年，延安县城关镇动员干部、学生、居民支援城区清凉山的治理，一年春秋两季治理。8 月，全国第三次水土保持工作会议参观团参观了清凉山水土保持现场。1959 年 3 月，延安专署提出“以兴修水平梯田为纲，大搞水土保持”，延安市（今宝塔区）提出“全市大动员，大闹清凉山”的号召。薛占才副专员亲自上山7次指导治理工作。全市各界人士15天投劳9千余工日，修水平梯田319亩，打坝7座。到1960年，清凉山的面貌焕然一新——山坡全部变成层层梯田（植树382亩，种草95亩，封山封沟育草73.4亩，栽苹果树120亩，营造一条长2.5公里的林带，挖鱼鳞坑6500个，水平阶240亩，打水窑40个，修涝池5个，沟头防护67处），修建土谷坊38道，打水土坝9座。24小时降水50毫米，径流清清，泥不下山，水不出沟。是年有90亩水平梯田粮食亩产达140.5千克，1960年，14亩黑豆亩产161.5千克。1958—1960年，延安县涌现出以水平梯田建设为主的姚店公社白牙山、柳林公社卧虎湾、蟠龙公社的枣园山等农田基建典型。三年间，全县修成水平梯田3万亩，坡式梯田12万亩，隔坡梯田500亩，修土谷坊12300道。1959—1960年，蟠龙公社调动全社75%的劳动力组成农田基建兵团。由公社党委书记挂帅，组织食堂、托儿所、医疗、铁匠、木匠、整风等“十进”工地。用两个月时间，治理山头20多个，堵沟84条，7天治完1131亩地的枣园山。有人顺口溜出：

政治挂帅走在前，全党全民总动员；
不叫苦，不喊难，雄心壮志战自然；
山削平，沟堵完，高标准来要实现；
天天红，满堂红，定叫红旗插蟠龙。

1970年，北方地区农业会议后，延安地区贯彻毛泽东主席《复电》精神，延河流域各县掀起群众性农田水利基本建设高潮，冬春季集中劳力组织大会战。集中连片，大平大整，梁峁坡水平梯田田面宽度达到5.5～7.0米，川台地达到20～30米。1971年10月18日，延安市（今宝塔区）开工修筑河庄坪至李家湾段河堤工程。奋战108天，石砌河堤4.5公里，造地1500亩，保护川地1500亩，投入29万工日，动土、石方26万立方米。1978年8月1日，延安市平调23个公社3700名劳动力，修建西川枣园至上砭沟3.5千米的河堤，并修三条道路。共开、砌石2万立方米，挖填土方13万立方米，新增川地200亩，恢复基本农田300亩，保护耕地500亩。

1973年，国务院总理周恩来陪同外宾访问延安，听取了延安工作汇报，指示延安地委、行署“三年基本改变农业生产条件，五年粮食翻一番”（时称“三变五翻”），改变贫穷面貌，改善群众生活。为贯彻总理的重要指示精神，实现“三变五翻”的目标，全区掀起更大规模的农田基本建设运动。延安地委、行署提出，北部丘陵沟壑区各县农田基本建设的主攻方向是：川地园田化，沟壑川台化，即一川二沟三坡面，一水一坝三梯田。地区农田基建办公室每3天收一次汇报。

延长县抽调20%劳力，成立农田基建专业队进行常年治理。要求一座山、一道川、一条原集中连片治理，大平大整，一次到位。会战工地红旗招展，场面宏大，20世纪70年代累计兴修“四田”12万亩，农业人均1亩，地靠黄河沿岸的罗子山公社，从1975年到1980年苦战5年修田平地，由吃国家返销粮、救济粮变为交公购粮。

1971年冬季，志丹县全县掀起农田水利基本建设高潮，组织县、社、大队、生产队四级干部，分期分批到大寨参观学习，并从县级机关抽出60名干部，组成30个蹲点工作组，到 30 个大队蹲点。1973—1977 年，是本县农田基本建设投劳最多、干劲最大、速度最快、质量最高的 5 年。此期间，县委提出，要坚持“以改土治水为中心，实行山、水、田、林、路综合治理”的方针，农、林、牧三集中的原则，一水二坝三梯田、一川二沟三山坡的治理次序，主攻人均 1 亩水坝地。大搞群众运动，冬春季以公社或生产大队组织大会战，夏秋插空以生产队组织小会战；县上成立 500 人的农田基建团，公社成立 300 人的基建连，专搞县、社骨干工程；大队抽 15% 的劳力组成常年基建队，坚持为各生产队轮流修造“三田”。川台地进行大平大整，发展水地，搞园田化；沟渠修台阶坝造田；缓坡修宽幅梯田，山顶搞人造小平原，每年平均新增“三田”15590 亩，每个农业劳力平均每年修地 0.59 亩。1975 年成为全国农田基本建设先进县。志丹各战区农田基建组织按民兵建制，实行“拉练”和演习。杏河公社两千名会战民工，编制为生产大队设连，生产队为排，10 人一班，三人一组，要求做到“官兵”相识，明确“阵地”。1976 年 9 月 30 日半夜，杏河公社会战指挥部广播通知：参加会战全体人员全副武装，于 10 月 1 日上午 10 点集合到公社报到。居地僻远者连夜出发。公社开完誓师大会，留 315 名骨干队伍进入三个会战阵地，5 天时间修反坡梯田果园 265 亩。

1978 年十一届三中全会后，延安地区总结历史经验教训，加强对农田水利建设的技术指导和质量效益管理。1984 年，延安地区行署颁布《延安地区小流域综合治理标准》，规定水平梯田修在 25 度以下坡耕地，田面宽度不小于 8.0 米，地边埂高度 0.3 米，顶宽 0.4 米以上。可抵御 20 年一遇 24 小时暴雨，达到水不出田，坎不冲垮。当年亩产超过 50 千克，2 年后超过 100 千克。

1986 年，延安地区行署制定农田水利基本建设劳动积累工制度，规定每劳（男、女）每年投入 30 个左右劳动积累工，用于修田平地、小型水利和水保工程建设。随着国家经济实力增强，大量机械使用，农田基本建设由过去单靠人力变为“人机结合、机械为主、人工筑埂、机械平地”。

志丹县在水土保持重点治理区提高水平梯田标准，规定水平梯田规划在 25 度以下坡耕地上，田面宽度最低不小于 10 米，配套生产道路，达到机械化耕作要求，机械平地，人工打埂，做到“规划一次搞好，措施一次到位，质量一次达标”，杏子河流域的王砭沟、九元峁、杨条等农田治理点，规模达到数百亩至上千亩，条幅宽度多数达到 20 米以上，最宽 80 多米，被联合国粮食计划署官员称为“雕刻在黄土地上的金字塔”，杨条村 1000 亩高标准梯田配套深翻、施肥等耕作技术，玉米亩产达到 500 千克以上。2009 年 7 月，志丹县通过水利部组织的“全国梯田建设模范县”验收。

2000 年后，国家实施减轻农民负担政策，农田水利基本建设劳动积累工制度逐步停止执行，农田基本建设用工实行“一事一议”，由村民讨论决定。宝塔区枣园镇酸枣刺沟村，2005 年有 13 户村民自筹配套资金新修基本农田 141 亩，其中村支书李长久修地 8 亩，当年种谷子亩产达到 300 千克，群众看到效益后，2006 年有 50 户村民自筹资金修地 240 亩；青化砭镇石绵羊沟村共有 730 口人，2006 年前人均仅有 0.2 亩基本农田，经村民大会讨论，决定一次新修农田 1500 亩，人均达到 2 亩，当地每亩新修农田需投入 1100 多元，除市县补助 700 元外，村民一致同意将后 3 年退耕还林补助款 35 万元用于新修农田，并选出 10 名代表监督实施，当年完成计划 。

2005 年 3 月，延安市委、市政府做出《关于加快基本农田建设的决定》，解决退耕还林后群众口粮田问题，规定市县财政对新修基本农田给予补助，补助标准每亩 500 ~ 800 元，其中市财政对延长县每亩补助 500 元、宝塔区每亩补助 200 元、安塞县每亩补助 100 元，项目实施期 5 年。

2000—2020 年，涉及农田整治的项目较多，包括省级小型农田水利基本建设项目、扶贫项目、农业综合开发项目、国土整治项目、巩固退耕还林成果口粮田项目等，各个渠道管理不同，补助标准不一，延安市为充分发挥项目投资效益，在县级层面上，对各个渠道项目实行整合，按“渠道不变、项目捆绑、各记其功”的形式集中使用。

截至 2020 年，延河流域志丹、安塞、宝塔、延长四县（区）累计建成高标准基本农田（水平梯田、水平埝地等）76.39 万亩。

二、淤地坝

延河流域沟道密集，有建设淤地坝的资源条件。明清时期，延长县黄河沿岸的安河、罗子山一带，有民众在小沟打坝（当地称“堰”）淤地，增产显著，群众把坝地当成“粮囤子”“命根子”，至新中国成立前保留有 200 余处，现在仍使用。

1950—1954 年互助合作时期，延长县有群众个体或几户联合打小坝计 30 余处。

1955—1969 年，延安县碾庄沟开展水土保持综合治理试点，到 1970 年建成淤地坝 120 座，淤地 1300 多亩，1990 年达到 198 座，淤成利用坝地 2006 亩，共拦泥沙 648 万吨，全流域实现人均 1 亩坝地，成为全国水土保持样板。延长县郑庄公社兰家窑科大队复员军人、党支部书记王建柯，从 1958 年起带领群众打坝治沟不停步，到 1978 年在 34 条沟道建成淤地坝 101 座淤地 611 亩，平均年产粮食 246 吨，不仅实现自给有余，并年年向国家交售公购粮。安塞县马家沟流域从 1956 年开始打坝，到 1990 年建成淤地坝 47 座，可淤地 1938 亩，已淤地 1509 亩，平均亩产粮食 365 千克。

1986—1998 年，国家投资安排黄河中游治沟骨干工程，主要目的是解决沟道淤地坝“小、多、分散、无骨干”的问题，通过建设标准较高的骨干坝，提高淤地坝防御洪水能力。

2008 年，延安市根据大面积退耕还林后的实际情况，提出基本农田建设的重点由坡面转向沟道，以水毁淤地坝修复或多年未淤成的淤地坝利用为基础，通过工程措施加快坝地形成，增加高产稳定基本农田的新模式，受到群众欢迎，在北部县（区）扩大试点。2010 年 11 月，陕西省冬春农田水利基本建设现场会在安塞县召开，副省长姚引良肯定延安的做法。会后，陕西省政府把宝塔区、子长县、延川县确定为陕北治沟造地试点县（区）。2012 年，国土资源部、财政部同意将延安治沟造地列入国家土地整治重大项目支持。延安市成立治沟造地办公室，隶属市国土资源局。治沟造地采取“以坝控制，节节设防，留足水道，畅通行洪，适度开挖，分级削坡，造林种草，恢复植被”等针对性措施，解决防洪安全、沟坡稳定，植被恢复 3 个关键技术问题。2013 年持续强降雨后调查，凡有控制性工程、布设砌石排洪渠、开挖面分级削坡种植林草的沟道，坝地及排洪渠基本完好，两侧边坡只有细小冲沟，无大面积滑坡。宝塔区甘谷驿镇石家河流域，石砌排洪渠行洪顺畅，上游骨干坝有效拦蓄洪水，上千亩坝地内积水很少，玉米长势良好，护坡林草已形成较好植被，几乎看不到暴雨袭击的痕迹。

2016 年开始，国家安排中型以上病险淤地坝除险加固计划，重点安排下游有居民点、学校、工矿、交通等重要设施的中型以上病险淤地坝，2016—2018 年 3 年共安排宝塔、安塞、延长、志丹等县（区）除险加固工程 109 座，总投资 10170 万元，其中中央投资 7495 万元。

截至 2020 年底，延河流域（延安市）共有各类淤地坝 6641 座，其中大型淤地坝 287 座、中型淤地坝 785 座、小型淤地坝 5569 座，淤地面积 11.98 万亩。靖边县延河流域内有大型淤地坝 1 座，中型淤地坝 20 座。

延河流域延安市中型以上淤地坝汇总见表 4-2-1。

表4-2-1　延河流域延安市中型以上淤地坝汇总

序号	县（区）	类型、数量			控制面积 / km^2	总库容 / 万 m^3	拦泥库容 / 万 m^3	淤地面积 / 亩
		小计	大型 / 座	中型 / 座				
1	志丹县	27	15	12	80.76	2378.95	1492.69	2603.80
2	安塞区	434	151	283	1501.23	27107.10	20271.29	29897.36
3	宝塔区	385	80	305	761.09	1172.92	7737.25	9572.63
4	延长县	226	41	185	763.25	7960.81	5575.98	11606.36
合计		1072	287	785	3106.33	49176.78	35077.21	53680.15

三、坝系工程

2003 年，水利部把黄土高原淤地坝系建设列为“亮点工程”，重点安排部署，延安市水利水保局与中国水利水电科学研究院合作，率先编制完成全国第一个市级黄土高原淤地坝建设规划。同时，配合上级业务部门开展调研勘测，储备建设项目。坝系工程的指导思想，是在现有淤地坝工程基础上，科学规划，建设小流域坝系，做到骨干坝、中小型坝合理布局，全面提高淤地坝防御能力，充分发挥淤地坝防洪、拦泥、增产效益。要求小流域坝系可行性研究报告立足于现场调查，经过方案优选达到经济效益、生态效益和社会效益显著，技术、经济上可行，坝系可研均由黄河水利委员会组织审查，对一些重点坝系，审查组专家赴流域现场复核。小流域坝系工程严格按单坝工程设计，与可研报告相吻合，杜绝施工中变更。坝系工程由水利部和国家计划委员会联合下达计划。2003—2011 年，延河流域小流域坝系建设涉及安塞区、宝塔区、延长县 2 区 1 县，建设小流域坝系 9 条，其中安塞区 4 条、宝塔区 4 条、延长县 1 条。共建设淤地坝 262 座，其中骨干坝 65 座、中小型坝 197 座，批复投资 1.25 亿元。

（一）宝塔区麻庄坝系

宝塔区麻庄坝系位于延安市区以东，流域面积 58.63 平方千米，于 2005 年秋季开工建设，共 29 座（处）工程，其中骨干坝 3 座、中型坝 12 座、小型坝 10 座、排洪渠 3 条，2006 年底全部完工。已拦泥 122.72 万立方米。概算总投资 851.73 万元，其中中央投资 358.00 万元。

（二）宝塔区碾庄坝系

宝塔区碾庄坝系位于延安市区以东，流域面积 54.2 平方千米，于 2004 年秋季开工建设，共 54 座工程，其中骨干坝 10 座、中型坝 8 座、小型坝 36 座，2006 年底全部完工。已拦泥 184.56 万立方米。项目计划总投资 1042.02 万元，其中中央投资 467.0 万元。

（三）宝塔区高庄坝系

高庄坝系位于延安市区以东，流域面积 33.62 平方千米，于 2004 年秋季开工建设，共 34 座工程，其中骨干坝 4 座、中型坝 10 座、小型坝 20 座，2006 年底全部完工。已拦泥 162.27 万立方米。项目计划总投资 827.6 万元，其中中央投资 386.0 万元。

（四）宝塔区雷鼓川坝系

雷鼓川小流域是延河流域一级支流蟠龙川的一级支沟，位于宝塔区北部，距延安市 60 千米。小流域总面积 102.81 平方千米，批复坝系总规模为 21 座，其中新建骨干坝 10 座、新建中型淤地坝 11 座。工程总投资 2392 万元，其中中央投资 1477 万元，于 2009 年开始建设，到 2013 年共建设淤地坝 5 座，其中骨干坝 3 座、中型坝 2 座。坝系工程为流域下游的孙台水库提供水源保护。

（五）安塞区马家沟坝系

马家沟小流域位于安塞区真武洞镇，距县城西约 1 千米处，为延河一级支流，是县城供水水源保护区。项目区总面积为 77.5 平方千米，2005 年 9 月正式动工，2008 年全部竣工。共建成淤地坝 64 座，其中骨干坝 11 座、中型坝 33 座、小型坝 20 座。计划投资 2189.75 万元。

（六）安塞区康李坝系

康李流域（片）位于安塞县城西北部约 60 千米，涉及安塞区镰刀湾 1 个乡，流域总面积 99.81 平方千米。总投资 2407 万元，共建设淤地坝 29 座，其中新建骨干坝 14 座、加固维修 1 座，中型坝新建 6 座、加固维修 4 座，小型坝新建 4 座。2009 年完成建设任务 17 座，其中骨干坝 12 座、中型坝 5 座。2010 年完成建设任务 8 座，其中骨干坝 3 座、中型坝 5 座。

（七）安塞区康岔坝系

康岔小流域位于安塞区西南部，距县城约 8 千米，为延河的二级、杏子河的一级支流。康岔小流域坝系工程涉及安塞区招安 1 个镇 5 个行政村，总面积 76.86 平方千米。共规划新建骨干工程 7 座，在骨干工程控制不到的流域，布设了 3 座中型淤地坝用来提高流域内的拦泥淤地能力。骨干工程坝址主要布设在各较大支沟，并考虑方便为周围村庄和塬面耕地提供生活用水和灌溉用水的地点。工程总投资 1526.37 万元，其中中央投资 961.26 万元，

2008 年建设骨干工程 3 座，2009 年建设骨干工程 2 座、中型淤地坝 2 座，2010 年建设骨干工程 2 座、中型淤地坝 1 座。

（八）安塞区马圈子坝系

马圈子沟小流域位于安塞区城西北部约 60 千米，为延河一级支流。涉及安塞县镰刀湾镇 1 个镇，小流域总面积 129.80 平方千米，共布设 13 座骨干坝，5 座新建中型坝和 4 座新建小型坝。工程建设总投资 3157.78 万元，其中中央投资 1989.12 万元。2009 年建设骨干坝 4 座、中型坝 3 座、小型坝 4 座。2010 年建设骨干坝 6 座、中型坝 1 座。2011 年建设骨干坝 3 座、中型坝 1 座。

（九）延长县封家河坝系

封家河流域位于延长县城以西 15 千米处，2004 年 3 月开始实施，到 2009 年 8 月完成各项计划建设任务。共新建骨干坝 6 座、中型淤地坝 16 座、小型淤地坝 8 座，累计完成 30 座坝。在建设中由于地形限制，加建了一座小型坝。配套经费补建了东苏家河 3 号骨干坝溢洪道砌筑工程及过境跨渠桥。完成投资 1066.73 万元。

第三节　小流域综合治理

延安地区小流域综合治理始于新中国成立后。小流域综合治理是以小流域为单元，整体规划，针对不同地形，科学布设治理措施（工程措施、林草措施等），形成有效的水土流失防治体系。1954—1980 年，延河流域经历国家试点、总结推广和群众性的流域综合治理阶段。改革开放以来，国家投入不断增加，实行重点项目带动和面上治理相结合的方法，治理成效显著。

一、黄河中游试点小流域

1980 年开始，由水利部主办，列入国家计划，给予补助性投资，主要目的是摸索不同水土流失类型区加快综合治理的经验，研究各项治理措施的适宜性，探讨治理措施的标准效益等。项目由黄河水利委员会黄河上中游管理局主管。

延安地区试点小流域从 1980 年开始至 1990 年共安排了三期，延河流域第一期有延安市（原县级延安市，下同）赵家沟小流域、中庄沟小流域；第二期有延安市上砭沟小流域、安塞县县南沟小流域；第三期为延安市韩家沟小流域。

试点小流域治理期一般为 5 年，主要治理措施为新修基本农田、造林种草、经济园林等，平均每平方千米治理投入 2.726 万元。项目实施显著改变项目区土地利用结构，粮食产量提高，群众收入增加，生态环境改善，治理速度加快，获得不同类型区域开展水土保持综合治理经验，达到试点预期目的。

二、陕西省重点小流域

1980年开始,陕西省安排重点小流域治理项目,由省财政补助资金,省水保局主管项目。

1980—1990 年，延河流域延安市（原县级延安市，下同）碾庄沟、麻庄沟小流域；延长县岳口、孙家河小流域；安塞县马家沟、云台山小流域 6 条小流域列入计划治理，计划治理期一般 5 年，治理措施包括新修基本农田、造林（含经济林）、种草等，每平方千米平均造价 0.99 万元。治理期末，基本农田亩产最低 110 千克，最高 400 千克，平均 179.5 千克，人均产粮普遍达到 400 千克以上，部分达到 500 千克至 600 千克以上。人均收入 265 元，最高 800 元。

三、世界粮食计划署援助杏子河流域治理项目

杏子河流域为延河一级支流，干流长 106 千米，自西北向东南流经榆林地区靖边县和延安地区志丹县、安塞区，流域面积 1486.1 平方千米，其中延安地区 1258.99 平方千米，水土流失面积占流域总面积的 93%，侵蚀模数 1.48 万吨每平方千米每年。流域涉及志丹、安塞两县（区）14 个乡（镇），农业人口 4.97 万人。

项目前期工作从 1982 年开始，1987 年 3 月世界粮食计划署将杏子河编号为 WFP3225 项目，1987 年 9 月通过评估，批准项目于 1989 年 1 月 1 日正式开工。世界粮食计划署援助小麦 53025 吨，包括粮食折价、运输管理、监测评价等，折合总费用 9923052 美元，时值人民币 3641.76 万元。

1986 年 1 月，延安地区行署决定成立杏子河流域治理指挥部，行署副专员姚代明任指挥，下设杏子河治理办公室，设在地区水利水保局，县级建制，受地区农委领导，负责项目实施管理，志丹、安塞两县也成立相应机构。

项目执行期为 5 年（1989—1993 年）。规划指标为治理水土流失面积 226.6 平方千米，其中建设水平梯田 3500 公顷，新建加固淤地坝 113 座，果园 1550 公顷，人工种草 4000 公顷，沙棘 5000 公顷，荒山造村 2800 公顷，路旁沟道 3400 公顷，苗圃 75.5 公顷，修路 50 公里。经验收核实，共治理水土流失面积 268.52 平方千米，完成计划任务 100%。项目严格按照指定技术标准实施，并按程序进行监测评价。在各方共同努力下，WFP3225 项目取得了显著的生态效益、经济效益和社会效益，为延安开展大规模、高标准水土流失治理树立了样板，也受到世界粮食计划署官员高度评价。1994 年，国家计划委员会、国家科学技术委员会、财政部、水利部、林业部、农业部联合验收通过。

四、世界银行贷款延河流域治理项目

（一）一期治理

延河流域世界银行贷款项目区位于延河中、下游，总面积 3034 平方千米，其中水土流失面积 2900 平方千米，辖安塞、宝塔、延长 3 县（区）30 个乡（镇），485 个村，19.34 万人口。

1990 年 11 月，世界银行确立延河流域贷款项目，由中华人民共和国水利部筹划，国家计划委员会立项，向世界银行申请贷款。12 月，延安地区成立延河流域治理规划领导小组，并组织项目前期工作。1991—1993 年，世界银行专家与官员 8 次考察论证延河项目，

1993 年 8—11 月，世界银行相继通过项目预评估和评估。

1994 年 4 月，中国代表团与世界银行代表项目的《信贷协议》《项目协定》《项目评估报告》和《项目纪要》进行谈判并达成协议。5 月 27 日，世界银行执行董事会审议通过项目，6 月 28 日签约，10 月 3 日生效。议定延河项目 8 年治理水土流失面积 1317.67 平方千米，世界银行提供贷款 2800 万美元（时值人民币 24360 万元），贷款期 30 年，宽限期 8 年，国内配套人民币 16100 万元，总投资 40460 万元（1997 年，对计划作了中期调整，8 年治理面积调整为 1117.23 平方千米，减少 15.2%，计划资金调整为 39220.88 万元）。

1993 年 9 月，延河项目开始超前实施，地区项目办和项目区 3 县 100 多名干部下到基层，动员劳力，选点规划。9 月 20 日，安塞县沿河湾、真武洞等乡（镇）率先上劳，共动用推土机 50 台，架子车 6701 辆，延安市（现宝塔区）、延长县也相继上劳掀起治理高潮。超前治理共涉及第一批 48 条重点小流域和 38 个治理片，共 30 个乡（镇），新修基本农田 2274.8 公顷，造林 13625.2 公顷，果园 2969.6 公顷，人工种草 7503.1 公顷，建苗圃 4 处，完成治理面积 263.73 平方千米，占下达计划任务的 158.2%，拉开延河项目治理的序幕，树立一批治理典型。1997 年 6 月，国务院副总理姜春云在延安考察的治理点就是延河项目区枣花流域，1999 年 8 月，国务院总理朱镕基来延安的考察点是延河项目区的燕沟流域。延河项目实施为党和国家领导人作出建设秀美山川、实施退耕还林的重大决策，提供充分依据。

一期治理通过 8 年实施，共完成治理水土流失面积 1118.56 平方千米，占规划指标的 100%，其中累计完成水平梯田 16981.91 公顷，坝地 439.2 公顷（淤地坝 366 座），水地 305 公顷，（灌溉工程 25 处），乔木林 25320 公顷，灌木林 31582.2 公顷，果园 11123.8 公顷，人工种草 26103.9 公顷，建中心苗圃 4 处 40 公顷，建骨干工程 38 座，果库 1 处。实际完成投资 39222.16 万元。其中，世界银行贷款 23241 万元。

一期治理后，项目区土地利用结构农、林、果、牧及其他用地（含未利用地）比例由 28.7%、13.7%、2.3%、0.3% 和 55% 调整为 18.5%、32.4%、6%、8.9% 和 34.2%，农村社会总产值由 1993 年的 26058.97 万元上升到 2001 年的 53696.87 万元，增加了 106%，其中 52.7% 是由于项目建设活动而增加的，农民人均纯收入由 1993 年的 348 元增加到 2001 年的 1643 元，人均占有粮食由 381 千克提高到 512 千克，贫困人口由 15.5 万人下降到 0.48 万人，仅占农村人口的 2.3%，恩格尔系数由 0.81 变为 0.29，返贫率控制在 3% 以下。农业生产条件得到改善，人均基本农田增加 1.2 亩，人均占有耕地由 6.25 亩下降到 4.05 亩，共退耕陡坡耕地 31642 公顷，机械化程度提高，农民劳动强度降低。生态效益显著，新增治理措施年均减少输沙 913 万吨，年均蓄水量 2140 万立方米，较项目实施初期分别提高了 30.28% 和 20.16%，植被覆盖度由 16.3% 提高到 47.3%。

（二）二期治理

二期治理项目涉及安塞、宝塔、延长 3 个县（区）16 个乡（镇），296 个行政村，

12.10万人。项目区面积2390平方千米，均为水土流失面积。项目由世界银行贷款1538万美元，折合人民币12765万元，国内配套9396万元。项目原计划完成治理水土流失面积446.78平方千米，2002年中期评估后调整为497.59平方千米。

经过6年治理，共完成治理水土流失面积502.74平方千米，占计划任务的101%，其中梯田5403.82公顷，坝地204公顷，水地150公顷，乔木林18174.3公顷，灌木林4600.50公顷，果园2748公顷，经济林3813.80公顷，种草9430公顷，天然草场封育5750公顷，苗圃4处40公顷，骨干工程24座，淤地坝102座，旧坝加固4座，水窖634个，畜棚143147平方米，塑料大棚1162棚，农户果库20处。二期项目共完成投资21306.46万元，其中世界银行贷款12765万元。2005年9月5日，在西安香格里拉饭店召开竣工验收会，以世界银行驻中国代表恩斯伯格为团长的世界银行验收团通过实地调查，给予与一期治理相同的“非常满意”的评价。

二期治理后，项目区粮食总产由39205吨增加至2004年的63422.8吨，经济林果产量由25300吨增加至71700吨，经济作物产量由11173.2吨增加至64883.5吨，农村社会总产值由12156.2万元提高到30775.59万元，增长1.53倍，农民人均纯收入由435.49元提高到1683.31元，人均粮食由353.2千克提高到548.64千克，林草覆盖度由17.3%提高到35.9%，治理程度由20.45%提高到41.48%，各项措施减沙能力达到894.64万吨，比项目评估时增加了558.47万吨。

世界银行原行长沃尔芬森说：“你们创造了不可思议的奇迹。”延河流域项目被世界银行誉为“全球农业项目的旗帜工程”，中国黄土高原水土保持世界银行贷款项目获得“2003年度世界银行杰出贡献奖”。2009年6月，世界银行专家、哈佛大学教授Nigel. Asquith一行五人在延河项目区安塞沿河湾镇的百草沟流域、侯家沟流域、宝塔区枣园镇庙咀沟流域、柳林镇孔家沟流域进行两天考察，并与项目区群众和市、县项目办进行广泛座谈交流，此行目的，是将中国世界银行贷款项目的成功案例，在世界银行的非洲及南美相关项目中推广。

五、黄河流域生态保护与修复（山水林田湖草沙）项目

黄河流域生态保护与修复（山水林田湖草沙）项目一、二、三期延长县延河流域总投资8897.41万元，工程建设期2021—2023年，延安市生态环境局为建设单位，延安市水务工程有限公司承担施工任务。建设内容包括农村污水处理、雨污分流和生态修复，2024年底基本完成各单项工程，其中农村污水收集及处理回用工程涉及黑家堡、七里村、安沟和张家滩4个镇（街道办）9个自然村，铺设管道1.4万米，完成投资1836.45万元；农村雨污分流工程涉及黑家堡镇杨家湾村和七里村街道办14条沟道，铺设管道3.9万米，完成投资4332.32万元；新建延河呼家川生态护岸3.1千米，完成投资1860.02万元；罗子山镇寨石村延河入黄河口土石山坡生态修复工程，营造人工林1885.75亩，栽植侧柏、油松、刺槐、旱榆、山杏、荆条等29.8万株，完成投资868.60万元。

第四节　水土保持示范典型

一、宝塔区碾庄沟流域综合治理典型

宝塔区碾庄沟流域位于延安城东北方向，系延河左岸一级支流，沟口距延安城14千米。流域总面积54.2平方千米，全部为水土流失面积。共有大小支主沟203条，主沟道长14.6千米，比降约20‰。流域内沟壑纵横，切割严重，地形破碎，土地贫瘠，自然灾害频繁。1955年冬季，黄河水利委员会协助延安地区水利部门，在碾庄沟主沟规划了王家沟、双田、庙圪台等3座骨干淤地坝，从1956年开工到1958年全部建成，并在周边支毛沟和坡面修谷坊、地边埂、水簸箕、沟头防护等工程。1963年在王家沟坝地种植黑麦30亩，亩产160千克，复种糜子，亩产60千克，一亩坝地相当于6～8亩坡耕地产量。从1964年开始，流域各村开始打坝。1965年，陕西省政府将碾庄沟列为《陕西省延安县碾庄沟流域水土保持农林牧副综合发展样板》，陕西省水土保持研究所派出石真、张洁、钱衡、郭遇鹏为工作组，驻碾庄沟王家坪村，研究坝地农业增产、牧草改良和优良草种试验课题；西北水土保持研究所研究员朱显谟带20余人住羊圈沟搞碾庄沟流域水土保持规划；延安专署组织农口部门10多名技术人员从1964年至1965年到碾庄沟蹲点开展流域治理，其中延安专署水电局派刘志全负责淤地坝工程。到1970年，共打坝120座，可淤地1300亩，已种坝地800多亩，修水平梯田851亩。

1970—1973年，延安地区贯彻“全国北方地区农业工作会议”精神，掀起第二次打坝高潮，两个冬春打淤地坝168座，累计建成淤地坝288座。由于工程不配套，地面治理不够，当年一次暴雨洪水冲毁小土坝144座。随后对部分坝修复加固，到1975年累计保存淤地坝167座，从主沟到支沟初步形成较完整坝系，同时修水平梯田2039亩，造林2562亩，其中苹果园1200亩。共淤成坝地1300亩，粮食总产达到131万千克，人均产量404.5千克，基本解决了百姓吃饭问题。1976年后，流域内干部群众和区、县业务部门总结经验教训，开展统一规划，沟坡梁峁综合治理。在主沟阴坡以用材林为主，阳坡以经济林为主，形成两条主林带为骨架的沟沟相连的全流域封闭型林网，长期坚持封山育林，制定公约，专人看护。到1982年，累计造林27091亩，其中经济林5869亩（人均1.6亩），“四旁”植树21万株，种植苜蓿、沙打旺、柠条等草灌7264亩。

1981年，碾庄沟流域被列入陕西省重点小流域，治理期5年，地市水保部门负责指导实施。5年重点治理，完成总投资29.56万元，其中省财政资金23.97万元，地方自筹5.59万元，新增治理水土流失面积21.53平方千米，新修基本农田2779亩，造林2458亩，种草4927亩，退耕25度以上陡坡耕地16403亩。

据1990年调查核实，经过30多年治理，碾庄沟流域综合治理面积22.69平方千米，治理程度41.56%。建成基本农田5209亩；水保林28679亩，人均6.8亩，其中经济林7091亩，人工种草保存153亩。共建成大小淤地坝198座，总库容740万立方米，可淤地

2120 亩，已种坝地 2006 亩。1983 年，延安地区水保工作队副队长、工程师孟庆增等，对 7 座大型淤地坝 445 亩盐碱化坝地，采用埋设暗管排水降低地下水位，亩产由治理前的 50 千克左右提高到 215 千克。淤地坝拦蓄泥沙 648 万吨。1990 年，全流域粮食总产 212 万千克，人均生产粮食 504.3 千克，实现了“人均千斤粮”；建成果园 7091 亩，三分之二挂果；有大家畜 980 头，户均 1 头，养羊 5244 只，户均 5.6 只。1990 年后，治沟骨干工程安排了部分项目；2004 年列入第一批小流域坝系工程，新建 3 座骨干淤地坝，加固 6 座骨干淤地坝，新建中型淤地坝 10 座，小型淤地坝 33 座。碾庄沟流域形成了沟坡峁梁兼治，工程、生物措施并举的全方位水土流失防治体系，成为全国水土流失治理典型样板。

二、安塞区南沟水土保持示范园

党的十八大以来，延安人民以习近平生态文明思想为指导，统筹山水林田湖草沙系统治理，开启建设美丽延安的新征程。为更好地推进新时代水土保持高质量发展，积极创建不同类型区的水土保持示范园，取得初步成效。南沟水土保持示范园位于延河一级支流西川河流域安塞区高桥镇，规划总面积 23.73 平方千米，其中南沟流域面积 6.6 平方千米，上砭沟流域面积 17.13 平方千米。南沟水保示范园按照“沟道打坝、梁峁整地、山坡绿化”的综合治理思路，治理程度达 82%，实现了地平、山绿、水清、村美、人富的目标，为黄土高原丘陵沟壑区水土保持生态文明建设，起到了示范引领作用，2016 年通过省级验收。

项目区整合水土保持、农业、林业、扶贫、国土、交通等部门项目资金，吸纳民营企业投资和群众筹资等，总投资 5.8 亿元，完成治理面积 19 平方千米，治理程度达 82%。按照“治理 +”模式，建成基本农田 1390 亩、节水灌溉面积 400 亩、田间道路 15 千米、浆砌石排水沟 6.5 千米、淤地坝 4 座、水保林 8082 亩、经济林 1006 亩，新建矮化密植苹果园 1060 亩、黑枸杞 100 亩、樱桃园 60 亩、草莓园 20 亩，配套涝池、拱坝、凉亭、人工湖等景观，建成休闲垂钓园、沙地摩托车、生态木屋酒店、南国风情园、儿童乐园、VR 体验馆和花样迷宫等乡村旅游项目，带动了现代农业发展，促进了生态旅游融合，2021 年南沟景区接待游客 55 万人次，实现旅游综合收入 2750 万元。

中国科学院地球环境研究所、西北农林科技大学、西安理工大学、四川理工大学等科研机构在示范园开展了水土流失防治、土壤改良、节水灌溉、湿陷性黄土高边坡治理等课题研究。

2021 年 3 月，示范园被国家农村教育发展中心确定为全国大中小学劳动教育综合实践基地，国内 2 万余名大中小学生先后在示范园区进行了劳动教育实践活动。

南沟水土保持示范园不仅为黄土高原丘陵沟壑区水土保持综合治理提供了示范样板，同时助力了乡村振兴和区域经济社会高质量发展。当地农民的人均纯收入从 2014 年的 4653 元提高到 2022 年的 15856 元，就业率达到了 90% 以上。

2022 年 10 月 26 日，习近平总书记在党的二十大闭幕后来到南沟村看望乡亲们，考察苹果园，详细询问果园用水、种植技术、农村生态建设和百姓生活，勉励乡亲们再接再历，全面推进乡村振兴，过上更好的日子。

三、延长县冯家塬美丽乡村

延长县张家滩镇冯家塬村水土保持综合治理工程，位于延河下游南岸黄土丘陵沟壑区，以国家水土保持重点工程和陕西省水土保持补偿费使用项目为依托，以基础设施建设、生态环境综合治理为重点，突出自然、协调、生态主题，点面结合，统筹规划，整体推进，使全村生产生活条件有了明显改善，村容村貌得到显著提升。

冯家塬村水土保持综合治理工程于 2018 年 1 月启动实施，总投资 571 万元，工期 8 个月。该工程完成水土流失治理面积 14.6 平方千米（其中梯田 6 公顷、水保林 219 公顷、封禁 1233 公顷），硬化道路 7 千米（其中混凝土路 0.76 千米、砂石路 6.24 千米），新修混凝土排水渠 3.38 千米，新建广场 1 处，砌石护坡 146 米，砖墙 848 米，太阳能路灯 28 盏，公厕 2 座，果园水窖 101 眼，亭子 1 座，新修涝池 1 座，人行踏步 2 处，风景树 260 棵、花草 0.5 公顷等措施。

四、宝塔区薛张矿区水土保持综合治理示范工程

薛张矿区水土保持综合治理示范工程，位于延安城东约 30 千米延河左岸冯庄乡，涉及武庄沟、张渠、薛家湾、李庄 4 个行政村，总面积 26 平方千米，其中水土流失面积 12.26 平方千米，流域内有煤炭、石油、天然气开发生产。多年来营造水保林、经果林 450 公顷，修水平梯田 66 公顷、修复加固淤地坝 5 座，治理石油、天然气井场 4 处，水土流失综合治理程度达到 75%，植被覆盖率达到 65% 以上。2024 年 9 月，薛张小流域水土保持项目碳汇交易签约，转让碳汇量 15.1 万吨，金额 543.6 万元，为陕西省水土保持项目碳汇交易第一单，是目前全国水土保持项目碳汇交易量最大、金额和单价最高、“买碳”企业最多的一单。

五、延安新区城市水土保持示范工程和延安水土保持科普体验馆

延安新区城市水土保持示范工程位于延安新区东部，占地面积 85.8 亩，总投资 6266.6 万元，由水土保持主题公园和水土保持科普体验馆两大部分组成，2020 年 5 月开工建设，2024 年基本建成。延安水土保持科普体验馆为陕北第一所水土保持综合性展馆，上、下两层结构，展厅面积 1538.19 平方米，主要功能是面向社会大众普及水土保持科学知识，展示延安治理水土流失的奋斗历程和光辉业绩。

第三章　水土保持监督管理

延河流域位于延安市政治、经济、文化中心区域，矿产资源密集，城镇分布较多，改革开放以来，在经济社会发展不断加快的同时，造成了新的人为水土流失。流域各级政府和水行政主管部门，认真贯彻水土保持法律法规，大力开展宣传，增强全社会水土保持意识，以能源开发、城市建设、交通电力等建设项目为重点，加大水土保持监督管理力度，遏制人为水土流失蔓延，保护生态文明建设成果。

第一节　人为水土流失

人为水土流失是指由人为因素造成的水土流失。历史上的毁林开荒和长期广种薄收是最常见的人为水土流失。新中国成立初期，随着人口增加，不少地方为了解决粮食问题，扩大开垦荒地 。改革开放以后，农村开荒现象基本停止，但随着工业、城市建设加快，新的人为水土流失现象不断蔓延。

1989 年 9 月，延安市根据陕西省水土保持局《关于认真做好大型工矿、交通等建设项目和乡镇企业、群众性开发资源情况的普查工作的通知》要求，全区开展对人为造成水土流失情况的普查工作。据统计，全区在建厂、采矿、筑路、发展乡镇企业和群众性开发资源中共排放废弃物或直接造成土壤流失 4236.86 万吨，破坏植被面积 25.51 平方千米。其中，大型厂矿造成土壤流失 3875.6 万吨，破坏地貌植被 3.25 平方千米；修筑公路人为造成水土流失 295.48 万吨，破坏植被 12.71 平方千米；开办乡镇企业人为造成水土流失 23.59 万吨，破坏植被 0.799 平方千米；群众性开发资源造成水土流失 42.21 万吨，破坏植被 8.76 平方千米。其中，大型厂矿造成的土壤流失占人为流失量的 91.47%；筑路占 6.79%；乡镇企业和群众性开发资源两项占 1.55%，其中延河流域内石油开发、城市建设、公路交通造成的新的人为水土流失十分严重。

第二节　建设项目监督管理事项

一、水土保持方案

生产建设项目水土保持方案审批分为审批制和承诺制，未编制水土保持方案或者水土保持方案未经水行政主管部门批准的，生产建设项目不得开工建设。其中，征占地面积在 5 公顷以上或者挖填土石方总量在 5 万立方米以上的项目应当编制水土保持方案报告书；征占地面积在 0.5 公顷以上 5 公顷以下或者挖填土石方总量在 1 千立方米以上 5 万立方米以下的项目应当编制水土保持方案报告表；征占地面积不足 0.5 公顷且挖填土石方总量不足 1 千立方米的项目，不办理水土保持方案审批手续，生产建设单位和个人依法做好水土流失防治工作。

二、水土保持“三同时”制度

生产建设项目应与该项目水土保持方案同时设计、同时实施、同时投入运行使用。依法在施工过程中采取水土保持临时防护措施，并全面落实水土保持方案确定的各项防护措施，严格执行水土保持“三同时”制度。若生产建设项目地点、位置、规模以及水土保持措施发生重大变化，应补充、修改水土保持方案，编制水土保持方案变更报告，报原审批部门批准。

三、水土保持监测

生产建设单位依法于每季度第一个月向水土保持方案批复机构和项目所在地水行政主管部门报送上一季度的水土保持监测季报，监测季报中应明确“绿黄红”三色评价结论；每年 3 月底前应报告上年度水土保持方案实施情况。依法配合水行政主管部门、流域管理机构水土保持监督检查，如实报告水土保持工作开展情况，提供有关文件、证照、资料，并就预防和治理水土流失的有关情况作出情况说明。

四、水土保持方案设施验收

生产建设单位是生产建设项目水土保持设施验收的责任主体，应当在生产建设项目投产使用或者竣工验收前，自主开展水土保持设施验收，完成报备并取得报备回执。未依法开展水土保持设施验收或者验收结论为不合格的，不得投产使用；工程运行中，要落实水土保持设施管护责任，确保水土保持设施安全运行。各级水行政主管部门将对上级下放和本级批复的生产建设项目水土保持设施自主验收情况进行抽查核查。

五、水土保持补偿费缴纳

在生产建设项目开工前，建设单位根据水土保持方案行政许可与水利部门联系出具《水土保持补偿费缴纳通知单》，向指定税务部门进行缴费。

第三节　监督执法

1990 年 9 月，成立延安地区水土保持监督管理站，与地区水保工作队一套人员、两个机构。是年底，全区十三县（市）均成立水保监督管理站，有专职监督员 32 名，兼职监督员 29 名，乡级兼职监督员 154 人。依据《陕西省水土保持监督人员任命、管理试行办法》，地区水保监督管理站统一印制《水保监督检查证》并与地区财政局印制《执行罚没公务证》。各级有关部门给水保监督人员配发《水保监督检查证》《执行罚没公务证》

等有关证件。

1993 年 3 月 20 日，延安地区水土保持监督管理站接到王瑶水库管理处举报，长庆石油勘探局在库区内开发石油造成大量水土流失，地区水保监督站于 3 月 28 日正式受理，立案查处。经查，长庆石油勘探局安塞前线指挥部从 1991 年 6 月至 1993 年 4 月，在王瑶水库库区内候市区块推挖井场 27 个，加上修建驻地、开修道路等，累计倾倒土方 226.7 万立方米，损坏地貌植被 140.4 万平方米，既未按规定编报水保方案，也不采取有效水土保持措施。地区水利水保局责令其停止破坏行为，并下发《停止违法行为通知书》，但长庆方面置若罔闻，仍进行大量开发造成水土流失。

1994 年 7 月 4 日，延安地区行署印发《关于进一步加强延安地区水保执法工作的通知》，明确指出长庆油田安塞指挥部在王瑶水库流域内造成水土流失问题，同意由延安地区水行政监管部门处理。依据《中华人民共和国水土保持法》和陕西省实施办法有关规定，地区水土保持监督站于 8 月 10 日，向长庆安指送达"处理处罚决定书"，8 月 10 日，地区水行政主管部门向延安地区中级法院申请强制执行，于 9 月 5 日正式立案。此后，经过四次座谈，双方达成"解决处理王瑶水库水土流失问题协议书"，长庆石油勘探局于 11 月 15 日前编报水土保持治理方案，向延安地区水土保持监督管理站缴纳水土流失补偿费 55 万元，取得延安地区首次查处重点人为水土流失案件的突破。

1996 年，延安地区行署印发《延安地区开发性建设项目水土保持方案审批管理规定》，地区水利水保局、财政局、物价局、石油开发钻前办联合下发《关于石油开发建设中缴纳水土流失补偿费、防治费有关规定的通知》。重点开展对延长石油、长庆油田开采原油造成的水土流失进行监督管理。

2000 年后，延安水土保持监督管理逐步扩大到电力、交通、城市建设等领域。

2007 年，延安市水行政主管部门集中力量对长期以来造成严重水土流失、不履行水保义务的公路、城建、房地产建设部门实施监督管理，促其转变观念，提高认识，承担责任义务。是年，延安市区西环路、杨家岭、红化经济适用房、延安大学翠园校区、姚店工业园（部分）编报水土保持方案，缴纳水土流失补偿费。按照"三同时"（水保治理措施与建设项目主体工程同时设计、同时施工、同时交付使用）制度，加强建设单位恢复治理工作。

2008—2009 年，延安市配合陕西省水土保持局对延黄高速公路、靖安高速公路、延志吴输变线路水保设施进行验收，对包西铁路、303 省道延安至吴起二级公路改建工程进行督查，以扭转以往"重审批、轻监督、不验收"的状况，加快水土保持工程的实施进度。2009 年 6 月，接到全国政协人口资源环境委员会来延安视察能源开发水土保持补偿机制实施情况的通知后，延安市水土保持监督站针对长庆油田采油一厂个别作业区修井场随意向沟道倾倒弃土等人为水土流失行为，分别将治理差的安塞招安 05 井区和治理好的王瑶 130 样板井区选定为视察点，全国政协、省政协和部省水土保持部门的领导和专家视察后，将两类典型进行公开宣传和曝光，引起社会强烈关注和长庆油田的高度重视，在秋冬两季采取措施进行治理。通过积极工作，一些新兴企业和附属中小项目也开始履行水土保持义务，延长石油气勘探公司、延安职业技术学院、延安万花二级公路等委托编制水土保持方案。

2008 年 11 月 4 日，陕西省人民政府印发《陕西省煤炭石油天然气资源开采水土流失补偿费征收使用管理办法》（陕政发〔2008〕54 号），规定凡在本省行政区域内从事煤炭、石油、天然气资源开采的企业，按原煤陕北每吨 5 元、关中每吨 3 元、陕南每吨 1 元，原油每吨 30 元，天然气每立方米 0.008 元征收水土流失补偿费，实行按月征收，由资源开采地地税部门根据企业实际产量在征收税费时一并代为征收。水土流失补偿费按照征收总额省 40%、市县两级 60% 比例化解使用，省财政直管县 50% 留本级使用。水土流失补偿费纳入各级财政预算管理，专项用于水保项目支出。

2009 年 6 月 29 日，全省煤炭石油天然气资源开采水土流失补偿费开征动员会召开。会后，市水行政主管部门和水土保持监督机构采取各种形式向长庆油田、延长油田股份公司等宣传省政府征收管理办法和省上 5 部门联合下发的实施细则，财政部门拿出市县留成比例意见报市政府审定，全面开展煤油气开采产量和分布情况调查，及时联系财政、物价、地税、人民银行等部门同市水利部门转发省上实施细则，特别是多次与地税部门沟通，协调延安市开征工作。

2010 年，延安全市统一从第一季度开始全面征收煤炭、石油企业资源开采水土流失补偿费，至 7 月底，已征收 25249.28 万元。陕西省水利厅、财政厅年内正式下达延安市 2009—2010 年煤油气资源开采水土流失补偿费使用项目前期工作计划，涉及 10 个县 25 个项目，估算总投资 30450 万元，项目包括矿区水土保持工程、水源保护工程、水环境治理工程、水土保持生态长廊工程、病险淤地坝除险加固工程、支持服务体系建设 6 大部分。

2017 年，经多次协调，理顺与延长石油油气勘探公司工作关系，基本解决 2012—2014 年井场及道路水保设施遗留问题。2018 年，经过 1 年的磋商、测算、文书交换，与长庆油田分公司达成一致意见。长庆油田分公司于 2018 年 12 月 26 日缴纳多年来欠缴的水土流失补偿费 3.2 亿元。

2018 年 4 月起，水土保持方案审批业务交由延安市行政审批局，水土保持监督管理部门主要对监督管理对象实行事中事后监督管理。

第四章　水生态环境治理

受自然条件和人为因素影响，20 世纪 80 年代以来，延河长期处于亚健康状态，河道流量减少，干旱年份甚至出现断流，污染情况不断加剧，部分河段出现黑水臭水，河道生物种类减少，水生态环境恶化，严重影响人民群众身心健康和城市形象。2004 年，陕西省印发全省河流水功能区划，延河划定一级水功能区 3 个，二级水功能区 8 个。2008 年，《延安市水资源规划》对延河各功能区纳污进行核定，明确了限制入河排污总量。2009 年以来，采取各种方式，加大对延河水生态环境的综合治理，实施生态补水工程，确保延河生态流量，严格限制工业排污和城市排污，推进河流生态廊道建设，初步改善了延河水生态环境。

第一节　水源地保护

一、水源地保护区划定

（一）王瑶水库水源地

1992 年 9 月，延安地区行政公署印发《延安市饮用水源保护区—王瑶水库环境保护管理办法》，划定一、二级保护区范围，即王瑶水库坝址以上至杏子河源头共 820 平方千米的流域及坝址以下 500 米范围为保护区。其中，库区的水域及库区沿岸（以设计库容确定岸界）纵深 2 千米以内的陆域范围、杏子河干流及其一级支流和沿岸纵深 1 千米范围属一级保护区，保护区内其他地域均为二级保护区。

2002 年 1 月，延安市政府第 21 号令发布《延安市城区饮用水源王瑶水库保护区水库环境保护管理办法》规定：保护区范围为王瑶水库坝址以上至杏子河源头共 820 平方千米的流域面积及水库泄洪洞以下河道 100 米范围。保护区划分为一级保护区、二级保护区和污染控制区。一级保护区水域为水库设计水位以下区域及河道向上游延伸 100 米，陆域以水库设计水位线为基准，向外水平延伸 100 米，下游至坝顶防浪墙脚。二级保护区以一级保护区外缘为基准，向外水平延伸 1400 米，最大不超过分水岭。污染控制区为一、二级保护区以外的流域面积和王瑶水库泄洪洞出口以下河道 100 米。

2018 年 10 月，王瑶水库水源保护区进行重新划分调整，经陕西省政府批准，一级保护区水域范围为：水库多年平均水位（1176.08 米）对应的高程线以下的全部水域，面积 3.27 平方千米；陆域范围为：一级保护区向外延伸 200 米，东至南窑湾，南至陈家湾，西至 2 号码头西 200 米，北至河家沟村的陆域范围，面积 5.874 平方千米；二级保护区水域范围为：一级保护区以上 4000 米的水域，杏子河至吕川村下游 500 米，岔路川河至曹咀村下游 1000 米，宽度均为多年平均水位对应的高程线以下的水域，面积 0.926 平方千米；陆域范围为：一级保护区向外延伸 4000 米，但不超过分水岭范围内的全部陆域，东至庄科村西 700 米，南为长庆采油一厂王十四增——侯八转公路，西至吕川村东 500 米，北至曹咀村下游 1000 米的陆域，面积 53.548 平方千米。

（二）红庄水库水源地

2019 年 3 月 29 日，陕西省生态环境厅批复延安市红庄水库饮用水源保护区划分方案。

1. 万庄沟保护区

一级保护区水域范围：红庄水库正常水位线的全部水域，即坝轴线至万庄沟回水末端；陆域范围：红庄水库正常水位线为基准，库区外延 100 米范围。

二级保护区水域范围：万庄沟从红庄水库回水末端上游 2000 米的水域；陆域范围：红庄水库正常水位线外延 300 米的陆域，以及河岸两侧外延 200 米的陆域。

准保护区水域范围：红庄水库为二级保护区上界上溯至流域分水岭水域；陆域范围：红庄水库二级保护区两侧再外延至流域分水岭的陆域。

2. 延河抽水保护区

一级保护区水域范围：延河抽水处水域长度为取水口上游 1000 米，下游 100 米范围内河道水域；陆域范围：延河抽水处为取水口上游 1000 米至下游 100 米两侧河岸外延 100 米的陆域。

二级保护区水域范围：从一级保护区上界上溯 2000 米的水域；陆域范围：从一级保护区上界上溯 2000 米两侧河岸外延 200 米的陆域。

准保护区水域范围：从二级保护区上界上溯 3000 米的水域；陆域范围：从二级保护区上界上溯 3000 米两侧河岸外延 300 米的陆域。

3. 杏子河引水保护区

一级保护区水域范围：延杏子河引水处水域长度为取水口上游 1000 米，下游 100 米范围内河道水域； 陆域范围：延杏子河引水处为取水口上游 1000 米至下 100 米两侧河岸外延 100 米的陆域。

二级保护区水域范围：从一级保护区上界上溯 2000 米的水域；陆域范围：从一级保护区上界上溯 2000 米两侧河岸外延 200 米的陆域。

准保护区水域范围：从二级保护区上界上溯 3000 米的水域；陆域范围：从二级保护区上界上溯 3000 米两侧河岸外延 300 米的陆域。

（三）康家沟水库水源地

暂未划定保护区，康家沟事故应急水库在日常管理中实行封闭式管理，在上坝路口设置了门禁道闸，严禁外来人员进入水库区域，在水库周围醒目处设置警示牌；盲区易接近水库路口设置了 200 余米安全围网；并在库区设置 11 个监控点，水库工作人员加密巡查频次，监控巡查每小时一次，库区巡查在非汛期每天巡查 3 次，主汛期每天巡查 4 次，保证水库安全平稳运行。

（四）安塞区马家沟水库水源地

2013 年 3 月 11 日，陕西省环境保护厅批复安塞县马家沟饮用水源保护区划分方案，划定一级保护区面积 0.64 平方千米。水域：以正常设计水位线对应的水库水面范围，上游至 1.4 千米（黄草湾拦泥坝坝址下方）处，左岸至任塌拦泥坝坝址以下的全部水域。陆域：以一级保护区水域为基准对应的向水坡范围。二级保护区面积 0.61 平方千米，水域：以黄草湾拦泥坝坝址为基准，上游分别至张峁拦泥坝和柳沟坪拦泥坝以及任塌拦泥坝以上 1000 米处整个水域。陆域：以二级保护区水域为基准，沿河道两侧各 50 米的陆域。

（五）宝塔区孙台水库水源地

2022 年 8 月 31 日，陕西省生态环境保护厅批复延安市宝塔区孙台水库饮用水源保护区调整方案，划分如下。

1. 一级保护区范围

水域：正常水位线高程 1125 米以下的全部水域，即坝轴线至水库回水末端，面积 0.5088 平方千米。

陆域：一级保护区水域向两岸延伸，左岸以公路向水侧为边界，右岸延伸至山坡脚的范围以及水库坝体、溢洪道取水口范围，面积 0.4710 平方千米。

总面积 0.9798 平方千米。

2. 二级保护区范围

水域：一级保护区水域上边界上溯 2000 米的水域，宽度为河流多年平均水域宽度，面积 0.0597 平方千米。

陆域：一级、二级保护区水域两侧延伸 2000 米但不超过分水岭的陆域以及坝下水库管理处、宝塔区蟠龙供水处的陆域，面积 18.2355 平方千米。

总面积 18.2952 平方千米。

3. 准保护区范围

水域：二级保护区水域边界上溯 2000 米的水域，宽度为河流多年平均水域宽度，面积 0.046 平方千米。

陆域：准保护区水域及二级保护区两侧延伸至分水岭的陆域，面积 10.7362 平方千米。

总面积 10.7822 平方千米。

（六）延长县安沟水库水源地

2011 年 8 月，陕西省环境保护厅批复延长县安沟水库饮用水源地保护方案，同意延长县安沟水库一级保护区水域为正常蓄水位以下水域，陆域为水域两侧河岸外延 50 米的陆域；二级保护区水域为一级保护区沿主河道上溯 2000 米的水域，陆域为一级保护区外围线外延 50 米的陆域及入库主河道左右两岸垂直方向各延伸 50 米为限的陆域。

（七）延长县烟雾沟水源地

2002 年 12 月 23 日，陕西省人民政府发布《关于我省第三批地表饮用水水源保护区的批复》（陕政函〔2002〕292 号），同意延长县烟雾沟保护区水域为从取水点起计算，上游到滑里河沟，到封家河沟 1000 米至下游 100 米的水域；陆域为从取水点至上游 1000 米，以及下游 100 米河岸两侧外延 100 米陆域。

二、水源地保护典型案例

各水源地保护区采用警示标志、拉网围栏、林草绿化、防治污染源、巡回监管、安装自动监控设施等方式涵养水源，保护水质安全。

延安市王瑶水库建成几十年来，组织职工年年上山植树，累计造林 4 万余亩，改善了库区生态环境。2002 年春夏，由市水利局组织，王瑶水库管理处作为建设单位，实施王瑶水库饮用水水源地保护区划界定标工程，共埋设混凝土标志桩 8018 根；在水源保护区设置警示牌 12 个，包括施工便道，共完成投资 420 万元。2004 年，一级保护区内 102 口油井关闭停产。2007 年 8 月 29 日，长庆油田采油厂输油管道断裂，大量原油泄入杏子河。事发后，市委、市政府召开紧急会议，组织长庆油田，志丹、安塞两县，市水利、环保等部门清理污染，在志丹境内打捞原油约 20 吨，王瑶水库停止向延安供水两个多月。2007 年，延安市水利水保局组织专家深入调查，提出在库区上游设置闸、坝结合的拦污工程方案，经陕西省水利厅咨询中心咨询可行，经与长庆油田多次协调，由长庆油田承担工程费用。2015—2017 年，由志丹县政府组织实施，在库区杏子河干支流建成“6 闸（拦污闸）6 坝（拦污坝）”拦污工程，共投资 8600 万元。2012—2014 年，王瑶水库实施 3 期陕西省“煤油气水土保持项目”，共投资 1550 万元，在库区造林 326.7 公顷，治理水土流失面积 25 平方千米。2012 年以来，水库组建专业打捞队，随时打捞水上漂浮物和水草，开展库水保洁工作。

第二节　污水处理

在较长时间里，延河流域城镇和企业污水直排河道，是造成河流污染的主要原因。

1998 年，延安市在延安城区东十里铺筹建污水处理厂，于 2000 年动工，2002 年建成，2003 年开始运营，2012、2015 年先后实施提标改造和扩容工程，日处理污水能力达到 7.9 万吨。2019 年实施尾水提标改造工程，2020 年 4 月，出水水质达到《陕西省黄河流域污水综合排放标准》A 标准（地表水类）。2020 年底，延安城区已建成污水收集管网 236.75 千米，收集覆盖面积 36 平方千米。

延安各县（区）污水处理设施在 2010 年后加快建设。截至 2020 年，延河干流共建成污水处理厂（站）16 处，其中安塞区 6 处、宝塔区 6 处、延长县 4 处，日处理污水能力 14.55 万吨。

延河干流污水处理站（厂）基本情况见表 4–4–1。

表4-4-1 延河干流污水处理站（厂）基本情况

单位：t/d

区县	序号	污水处理站（厂）	设计处理量	实际处理量	说明
安塞区	1	化子坪镇第一污水处理站	400	329	
	2	化子坪镇第二污水处理站	50	23	
	3	建华镇污水处理站	400	200	
	4	镰刀湾镇污水处理站	50	44	
	5	安塞区第一污水处理厂	7000	6900	2019 年 11 月验收
	6	安塞区第二污水处理厂	10000	4400	2019 年 11 月验收
宝塔区	7	赵家岸村污水处理站	50	30	2021 年提标改造
	8	康家沟村污水处理站	50	30	2021 年提标改造
	9	延安市污水处理厂	70000	60000	2019 年提标改造
	10	延安市姚店污水处理厂	50000	32000	2018 年 9 月一期工程完成建设并开始试运行
	11	延安市甘谷驿污水处理厂	2500	1500	已运行
	12	甘谷驿镇代家沟污水处理站	30	20	2021 年提标改造
延长县	13	黑家堡镇污水处理站	400		2018 年建成
	14	延长县污水处理厂	4000		2010 年建设，2019 年提标改造
	15	延长县工业园区污水处理厂	300		
	16	张家滩镇污水处理站	300		2018 年建成

第三节 河流健康评价

一、总体评价

延河干流有一级水功能区 3 个、二级水功能区 8 个，经过多年治理，主要河流断面水环境质量得到明显改善，生态流量初步得到保障，2010—2019 年观测，每日实测流量均大于生态流量目标值 0.72 立方米每秒，通过实施河口湿地、滩地公园、蓄水水面等治理保护措施，流域内水禽、水生植物种类有所增加。为进一步改善延河水生态环境，延安市

2022年编制的《陕西省延河健康评价》，评价范围为延河源头至延河入黄口，评价现状年为2020年。评价指标17个，其中岸线自然状况、违规开发利用岸线程度、生态流量满足程度、水质优劣程度、水体自净能力、鱼类保有指数、公众满意度等7个指标为必选指标。共布设9个监测断面。经过监测、调研、分析，延河健康评价综合得分70.38分，为三类河流，属于亚健康状态。

二、存在问题

（一）生态流量保障程度低，部分河段易出现断流

流域降雨量偏少，时空分布不均，河道闸坝数量较多，河道流量较历史平均有逐渐下降趋势。

（二）河流连通性较低，生境质量整体较差

河道景观闸坝影响水文连通性，对下游水文、生境质量和生态状况有影响。

（三）河道内水生生物多样性不丰富

延河底栖动物丰度偏低，资源量一般，水生昆虫类清洁种少，鱼类多样性不高。水生生物调查未见挺水植物、沉水植物和漂浮植物。水鸟有出现，但种类不多。

（四）防洪体系不健全

部分已建堤坝防洪标准偏低，部分河道淤积严重，延河干流没有控制性骨干调蓄工程。

三、保护对策

（一）保证河流生态需水

进一步复核河流重要断面生态需水量，河流上下游采取闸坝联合，加强生态用水调度。最大限度利用再生水，加强水资源集约节约高效利用。加强河流源头区、流域水源涵养区的植被建设，增加河道径流量。

（二）实施水系连通生态补水工程

通过河道连通、河流生态清淤、生态护坡、滨岸带治理、湿地修复、引排水闸（泵站）等连通建筑物的建设，形成多源互补、丰枯调剂、水流通畅、环境优美的水系连通格局。干流上的主要拦水坝应错峰间隔运行。

（三）加强水生生物多样性保护

开展增殖放流活动，主动恢复衰退的水生生物资源，改善鱼类群落结构，提高人工及自然增殖效果。

（四）完善防洪体系

构建“上拦、中分、下排”防洪工程体系。针对防洪不达标的河段，加强干流、重要支流和中小河流排洪能力建设，加强干流控制性调蓄工程建设。远期适时采取分洪设施，提高中心城区防洪标准。

（五）开展延河保护与生态廊道建设

合理划定湿地保育区、适度开发区，推进湿地自然保护区建设。充分利用河滩地资源，分河段打造具有浓郁地方特色的水景观。形成林水一体、山花烂漫、绿水绕城的水系环境。

第五篇　河流综合管理

历代各朝官府均无对延河的有效管理。新中国成立后，各级政府逐步加强对延河的科学化、规范化管理，以兴利除害，造福百姓。改革开放以来，市、县（区）各级人大、政府认真宣传贯彻《中华人民共和国水法》《中华人民共和国水土保持法》《中华人民共和国防洪法》《中华人民共和国水污染防治法》《中华人民共和国环境保护法》，依法开展对延河的综合管理和生态保护，以维护河流健康生机，造福人民群众。2017 年以来，延河流域全面实行河长制，各级河长到岗履职，加强组织领导，加大资金投入，强化项目实施，坚决依法惩治各种涉河违法行为，在较短时间内，扭转了河流水质污染严重的局面，2020 年延河干流 2 个国控断面水质全部达到国家标准。2021 年 11 月，《延安市延河流域水污染防治条例》正式实施，为延河水污染防治和综合管理工作提供了法律依据。

第一章　水利法治建设

1988 年 1 月《中华人民共和国水法》（简称《水法》）颁布实施以来，延安地区（延安市）依据《水法》，结合区域实际，积极开展法规制度建设，面向社会大力开展水利普法工作，深入调查研究，以石油、煤炭、交通、城市建设等为重点，加大执法力度，查处曝光重点违法案件，维护水利法规尊严和水事管理秩序。

第一节　法规制度建设

1988 年 1 月《中华人民共和国水法》（以下简称《水法》）颁布实施，延安地区依据《水法》，结合区域实际，积极开展立法工作，先后制定一批地方性法规文件，确保《水法》有效贯彻实施。

1992 年 12 月 25 日，延安地区行署印发《延安地区水资源管理实施办法》《延安地区取水许可制度实施办法》《延安地区水资源费征收、管理和使用实施办法》等 3 个规章。延安市（今宝塔区）、安塞县（今安塞区）、延长县政府也制定相应的实施细则。

1993 年 5 月 20 日，延安地区行署办公室印发《延安地区水行政监察工作守则》《延安地区违反水法规行政处罚暂行规定》《延安地区违反水法规行政处罚程序暂行规定》等 3 份文件。

1996 年 12 月 19 日，延安地区行署印发《延安地区开发性建设项目水土保持方案审批管理规定》。

2004 年 3 月 8 日，延安市政府印发《延安市市区河道管理暂行办法》。

2016 年 11 月 29 日，延安市政府印发《延安市城市节约用水管理办法》。

2017 年 11 月 16 日，延安市政府印发《延河流域水污染补偿实施办法（试行）》。

2017 年 12 月 26 日，延安市政府办公室印发《延河流域水污染防治暂行办法》。

2018 年 5 月 22 日，延安市政府印发《延河流域水污染防治暂行办法（试行）》。2017 年 12 月 26 日市政府办公室印发的《延河流域水污染防治暂行办法》同时废止。

2018 年 7 月 17 日，延安市政府印发《延安市水污染补偿实施办法（试行）》。2017 年 11 月 16 日市政府印发的《延河流域水污染补偿实施办法（试行）》同时废止。

2018 年 8 月 20 日，延安市政府印发《延安市水污染防治工作奖补办法（试行）》。

2020 年 7 月 30 日，延安市第五届人民代表大会常务委员会第二十七次会议通过《延安市延河流域水污染防治条例》。2020 年 9 月 29 日，陕西省第十三届人民代表大会常务委员会第二十二次会议批准。

2020 年 12 月 11 日，延安市政府印发《延安市水污染补偿实施办法》，2021 年 1 月 1 日起实施。2018 年 7 月 17 日，市政府印发的《延安市水污染补偿实施办法（试行）》同时废止。

第二节　水利法规宣传

水利法治宣传是提高社会认识，开展水行政执法的重要前提，在宣传中坚持面向社会、面向用水户，采取各种有效形式，使水法规深入人心，做到科学用水、人人爱护水。

1991 年 6 月，由地区水利部门主持，地县联合开展水法规宣传活动，出动 10 辆宣传车和 40 多人宣传队，巡回各县（市）和重点厂矿宣传水法规。

1994 年 3 月 22 日，延安地区水利水保局组织开展纪念“世界水日”和“中国水周”活动。

1996 年在纪念“世界水日”和“中国水周”期间，地县组织 5000 余人开展集中宣传水法规活动，宣传主题是“依法治水、促进节水、强化保护”，并在《延安日报》《中国水利报》专版登载文章。

1996 年 6 月 29 日，延安地区水利水保局联合延安市（原县级延安市）水利水保局，组织 1000 余人上街宣传，纪念《中华人民共和国水土保持法》颁布实施 5 周年。

2003 年，“世界水日”和“中国水周”期间，市政府分管市长在《延安日报》发表题为“依法治水管水，保障经济发展”的署名文章。

2004 年 3 月，在延安电视台开辟专栏，播放由水利部录制的 8 集水法规情景教育片《人 · 水 · 法》；副市长李文浩在《延安日报》发表“认清水情 依法治水 确保经济社会持续发展”的署名文章。

2009 年 3 月 22 日晚，在延安电视台一号演播厅举办纪念第十七届“世界水日”和第二十二届“中国水日”专题文艺晚会《生命的呼唤》。

2011 年，延安市水行政主管部门通过移动、联通两大公司，向市区手机用户发送“珍惜水、保护水、节约水”的短信，受众人数达 20 万人。租用市区出租车电子屏幕播放“世界水日、中国水周”宣传标语口号。制作发放《确立三条“红线”，实行最严格水资源管理》宣传资料 20000 份、节水宣传纸杯 5000 个。

2016 年，延安市、县两级在延河干流设立水功能区标志牌。在 G65W 高速公路万花服务区附近设立大型单立柱永久宣传牌一块。

2017 年“中国水周”期间，在延安电视台新闻片头对全市落实最严格水资源管理制度进行宣传，3 月 22 日当天在市区凤凰广场向市民宣讲解答水知识、水问题。

2018 年，延安市水务局邀请新华社、《中国环境报》、《工人日报》、《陕西日报》等媒体来延安采访，对河长制暨水污染防治进行动态跟踪宣传。通过主动宣讲、现场互动、答疑解惑等方式增强宣传效果。

2019 年，“世界水日”“中国水周”发放宣传单 2000 余份，发放纸杯、手提袋、围裙等宣传品 500 余份，面向基层普法宣传 40 余次。

2020年，通过微信、公众号、微博等宣传水法规，推进法律“六进”活动，“七五”普法工作通过省、市验收，在全省位居前列。

第三节　水行政执法

1992年，“延安地区水资源开发利用分析”经陕西省水利厅审查通过，地、县水行政执法体系建设通过验收。

1993年3月，延安地区水利水保局会同地区环保局联合查处长庆油田采油一厂污染王瑶水库一案，依法作出处理决定。

1995年7月7日，延安地区中级人民法院对延安自来水公司拒缴水资源费一案作出裁决，强制扣划自来水公司银行存款17万元，其主动缴纳17.93万元。

1996年，在全区12条河流及大中型水库布设断面80多处，分析水样200多个，首次对全市各类水体水质进行普查评价。

1999年，延安市政府印发《延安水环境监测规定》。延安市水资源管理局组织完成全市水污染调查、统计工作。

2001年，宝塔区水政监察大队在延惠渠灌区进行专项执法行动。延安市水资源管理局从7月开始，对王瑶水库饮用水水源实行旬测旬报。

2002年，延安市水资源管理局委托延安水环境中心对王瑶水库水质进行两次常规监测。王瑶水库完成水源保护区划界定标工程。

2003年，延安市水行政主管部门对在王瑶水库河道未经许可擅自取水的长庆钻前工程公司依法查处，责令该公司补缴水资源费7.8万元，并限期补办取水许可证，使库区无证取水现象得到遏制。

2005年3月，在延安城市规划区内查处、调解市房产局未经许可擅自取水以及个人未经审批擅自打井等违法行为。延长县划定水源保护区，制定保护办法。

2007年，对延安城区自备水源井、临时取用水未经审批等违法行为加大执法力度，先后对嘉岭宾馆、窑洞宾馆、延长石油工贸公司住宅小区、泽鑫房地产、延安第二中学、延安山利公司等未经审批取水案件进行查处。

2010年，对在王瑶水库上游长庆油田采油一厂志丹县境内钻前临时取水未经审批进行查处，责令其暂停取水，进行水资源论证，经论证符合取水条件后补办。

2011年，延安市水务局、教育局主办，在延安惠泽小学举行延安市“节水进校园活动”启动仪式。市本级对嘉丰地产、白坪山居民违规打井进行查处，对黄蒿洼居民水事纠纷进行调解。

2012年，延安市水务局对长庆采油一厂在安塞县西河口乡未经论证审批擅自建成6口水源井，依法立案查处。

2013年3月28日，延安市人大召开水法规行政执法座谈会。延安市水务局、市发展和改革委员会、市环境保护局、市交通局、延长石油油田公司、延长石油炼化公司、长庆采油一厂、陕西煤业化工集团黄陵矿业集团有限公司等单位发言。

2014年，贯彻中央、陕西省、延安市关于实行最严格水资源管理制度的实施意见和考核办法，分解下达各县（区）水资源管理“三条红线”。延安市水资源局分三组对各县（区）和省、市取用水户开展最严格水资源管理制度落实情况专项检查，配合陕西省水利厅、陕西省水文局对延河水功能区水质达标情况进行检查。

2015年，对非法打井取水，影响高速公路安全的碧源纯净水厂在宝塔区万花乡肖林村未经批准擅自取水进行了查处，填埋封井。对清凉山下定痂泉、延安大修厂后山墨池泉、皮圪崂后沟春霖泉和“四八”烈士陵园的幸福泉进行修复保护。

2017年，延安市水务局与延安市发展和改革委员会、延安市环境保护局、延安市工业和信息化委员会、延安市财政局等10个部门联合印发《延安市“十三五”实行最严格水资源管理制度考核工作实施方案》(延市水发〔2017〕46号)，分4个考核组，对各县(区)政府2016年最严格水资源管理工作进行考核，通报考核结果，督促落实整改。编制完成《延河、清涧河、仕望河、北洛河流域水体达标方案》和《延安市入河排污口专项整治工作方案》印发执行。

2018年，组织开展全市整治非法取水专项活动，叫停延安新区、大唐姚店电厂延安取水口。是年，取水许可审批工作交由市行政审批服务局办理，水行政部门和水资源管理机构主要是搞好行政审批事中事后监管。

2019年，联合生态环境部门查处涉河涉污违法案件66起，行政司法拘留30人，罚款667.62万元。

2020年，加快执法信息化建设，“互联网+监管”系统注册新用户51名，公布82项行政处罚事项，完成水行政执法直报系统填报。

第二章　水资源管理

延河流域对水资源依法管理始于20世纪80年代，1989年5月，延安地区成立水资源管理机构，延河流域各县（区）相应成立水资源管理机构，工作逐步纳入正轨。本章主要记述水资源配置、取用水管理、水资源管理责任考核等。

第一节　水资源配置

水资源配置的目标是水资源支持下的区域经济生态系统可持续发展。2008年5月，延安市水保局与中国水利水电科学研究院合作编制《延安市水资源综合规划》，对全市包括延河流域水资源作出优化布局和合理配置。配置的主要内容有五大方面：①确定需水量和可供水量；②规划水资源分配方案；③进行相应缺水分析；④对区域多沙河流的水沙进行合理调配；⑤提出相关工程布局和引水方案。

本次规划现状水平年为2000年，规划水平年分别为2010年、2020年、2030年。根据供需平衡计算，延河流域现状水平年总需水量4494万立方米，总供水量4093万立方米，缺水量401万立方米；规划水平年2010年（中等发展情景下）总需水量6541万立方米，总供水量5650万立方米，缺水量891万立方米；规划水平年2020年（中等发展情景下）总需水量8231万立方米，总供水量8114万立方米，缺水量117万立方米；规划水平年2030年（中等发展情景下）总需水量10505万立方米，总供水量10412万立方米，缺水量93万立方米。

基于延河流域水资源配置方案，提出延河流域规划现状年、水平年的多年平均用水量水权分配结果，基本情况见表5-2-1。

表5-2-1　延河流域规划现状年、水平年多年平均用水量水权分配

单位：万m^3

年份	总需水量	总供水量	社会经济					生态
			农业	农生	城生	工业	小计	
2000	4494	4093	973	500	618	1950	4051	41.3
2010	6541	5650	877	470	1184	3052	5583	67.4
2020	8231	8114	966	452	2067	4519	8004	110.1
2030	10505	10412	1074	436	2796	5977	10283	129.5

第二节　取用水管理

一、取水许可审批

1993 年 8 月，国务院颁布《取水许可制度实施办法》。1994 年，延安地区开始办理取水许可，由地区水行政主管部门负责审批。2018 年，延安市取用水管理交由市行政审批服务局负责审批，市水行政主管部门负责事后监督管理。2020 年 6 月，陕西省启动取用水管理专项整治行动，全面开展取水口核查登记，2021 年 12 月结束。延河流域核查登记宝塔、安塞、延长 3 个县（区）各类取水口 2145 个（包括农村集体经济组织和农民个人修建的取用水工程），其中较大取用水户 16 个，审批年取水量 8948.19 万立方米。

延河流域较大取用水户基本情况统计见表 5-2-2。

表5-2-2　延河流域较大取用水户基本情况统计

单位：万m^3

序号	取水权人	水源类型	取水用途	取水量
1	延安水务环保集团自来水有限公司	地表水	制水供水	3900
2	延安水务（集团）延河供水有限责任公司	地表水	原水供水	685
3	延安市王瑶水库管理处	地表水	原水供水	1800
4	大唐陕西发电有限公司延安热电厂	地表水	工业用水	152.63
5	延长油田股份有限公司宝塔采油厂	地表水；地下水	工业用水	225.84
6	延安市宝塔区蟠龙供水有限公司	地表水	制水供水	121.8
7	延安市宝塔区孙台水库管理处	地表水	原水供水	360
8	长庆油田分公司第四采油厂	地下水	工业用水；生活用水	93.16
9	延安市安塞区城乡水务建设有限公司	地表水	生活用水	208
10	延安市安塞区沿河湾自来水公司	地表水	生活用水；工业用水；畜牧业用水；生态和环境用水	109.68
11	延安市安塞区自来水公司	地表水	生活用水	298
12	延安市安塞区马家沟水库管理处	地表水	原水供水	164.4
13	延安市安塞区马家沟水库管理处	地表水	原水供水	109.68
14	延长油田股份有限公司七里村采油厂	地表水；地下水	工业用水；生活用水	240
15	陕西省水务集团延长县供水有限公司	地表水	原水供水	240
16	陕西省水务集团延长县供水有限公司	地表水	制水供水	240

注：序号“13”为安塞区方家河水库取水，由马家沟水库管理处代管。

二、水资源费征缴

延安市从 1993 年开始征收水资源费，水资源费征收由财政部门与水务部门下达年度征收任务，缴费单位上缴银行入库。2017 年 11 月 20 日，按照《财政部、国税总局、水利部关于印发〈水资源税改革试点暂行办法〉的通知》（财税〔2016〕55 号）和《陕西省水资源税改革试点实施办法》的精神，向延安地方税务局移交取用水户信息。从 12 月 1 日起，按照“水利核准、纳税申报、税务征收、联合监管、信息共享”的征管模式征收水资源税。

第三节　水资源管理责任考核

各级政府将水资源开发利用、节约和保护的主要指标纳入地方经济社会发展综合评价体系，县级以上人民政府主要负责人对水资源管理和保护负总责。2011 年以来按“三条红线（水资源开发利用控制红线、用水效率控制红线、水功能区限制纳污红线）”实行最严格水资源管理制度考核，做到“取水必许可、用水必计量、退水排放必达标、违法必受罚”。考核由水行政主管部门组织实施，考核结果予以通报并纳入县（区）年度工作考核内容。

2019—2022 年，延河流域延安市安塞、志丹、宝塔、延长 4 县（区）水资源管理考核结果全部合格，考核情况见表 5-2-3。

表5-2-3　2019—2022年延河流域县（区）水资源管理考核情况

县（区）	2019 年	2020 年	2021 年	2022 年
安塞区	良好	良好	良好	良好
志丹县	合格	合格	合格	良好
宝塔区	合格	合格	合格	合格
延长县	合格	合格	合格	合格

第三章　河长制

古代地方官府管理河流少有有效的管理措施。新中国成立初期，延河流域以河流开发利用为主要任务，随着经济社会发展，逐步加强对河流的管理保护。1981年，原延安市（今宝塔区）成立市区河道管理处，2001年，宝塔区河道管理处上划延安市水利水保局管理，2004年，划定延安市区河道管理保护范围，主要任务是延河河道的公用设施管护、河道卫生保洁、砂石资源管理等。2016年12月，中共中央办公厅、国务院办公厅印发《关于全面推行河长制的意见》。2017年2月，陕西省委办公厅、省政府办公厅印发《关于全面推行河长制的实施方案》。2017年3月，延安市委办公室、市政府办公室印发《延安市全面推行河长制实施方案》（简称《方案》），主要目标是到2020年底，全市水资源得到有效保护，水污染得到全面遏制，水环境得到明显改善，水生态得到显著修复，主要河流水域水质达到Ⅳ类水质，延河河长制工作全面实施。本章主要记述延河流域河长制建立、各级河长履职情况、河长制实施效果。

第一节　河长制建立

延安市总河长由陕西省委常委、延安市委书记担任，副总河长由延安市委副书记、延安市市长担任，各主要河流河长由县上四套班子领导担任。成立延安市河长制领导小组（简称领导小组），市委书记任组长，市长任副组长，各主要河流市级河长和相关部门主要负责同志为成员。领导小组下设办公室（简称河长办），办公室设在市水务局，由市水务局局长任办公室主任，副主任由市水务局和环保局分管负责同志担任。

各县（区）按照市级体制，成立以县（区）委书记为总河长、县（区）长为副总河长的河长制工作领导小组，县级四套班子领导担任境内主要河流县级河长，河流经过地乡（镇、街道办）党委、政府主要领导担任镇级河长，村干部为巡视员，形成县（区）、镇、村三级管理体系。

各地结合实际情况，有效建立联席会议机制、信息共享机制、资金保障机制、垃圾清运机制、督查巡查机制、评比考核机制等，确保河长制工作扎实开展。

2020年，延河流域有各级河长866名，其中市级河长1名（陕西省委常委、延安市委书记），县级河长43名，镇级河长231名，村级河长591名。

各级、各县（区）河长统计见表5-3-1。

表5-3-1 延河流域各级河长统计

单位：名

市县（区）	市级	县级	镇级	村级	小计
延安市	1				1
安塞区		11	109	127	247
志丹县		5	6	76	87
宝塔区		13	101	267	381
延长县		13	14	117	144
榆林靖边县		1	1	4	6
合计	1	43	231	591	866

第二节 河长履职

2017年4月25日，延安市委、市政府召开全市河长制工作暨延河流域综合治理现场推进会。3—5月对全市河流基础资料进行整编，从5月初开始，开展为期40天全市河道整治，重点查处入河排污口设置、涉河项目建设、河道行洪障碍及河道“五乱”行为。6月，延安市河长办联合市环保督查办深入延河流域安塞、宝塔、延长和志丹四个县（区），实地调查延河流域水质污染现状。7月，延安市政府制定印发《延安市铁腕治水工作方案》。8月完成全市139个（包括30个规模以上）入河排污口调查统计，9月委托专业机构编制完成延河（以及全市其他主要河流）水质达标方案。是年，延长县在县城延河两岸新建污水收集箱涵15.68千米，对城区所有排污口进行整治。安塞区在各乡（镇）建设简易污水收集池，落实运输车将污水转运至两个污水处理厂处理。宝塔区在碾庄流域实施“一户一个污水桶、一村一个污水池、一村一个污水车、一村一个管理员”的“四个一”试点。11月，市委、市政府召开延河省级河长调研暨全市河长制工作现场推进会，陕西省委常委、市委书记徐新荣出席会议并讲话。12月，市政府制定印发《延安市河道划界确权工作实施方案》。

2018年2月，延安市水务局印发《“千人治污大行动”活动实施方案》，实施主体为市水务局和各县（区）水务局，共抽调全市水务系统1000余人，其中市直水务系统后备干部、业务骨干、争创党员示范岗、入党积极分子100余人。工作重点是实施水体达标项目、封堵入河排污口、河道确权划界、河道执法监管和日常保洁，同月，市河长办印发《延安市河道划界工作技术标准》。3月12日，市委、市政府召开全市河长制暨水污染防治工作视频会议，陕西省委常委、市委书记徐新荣出席会议并讲话。3月15日，延安市政府在宝塔区召开河长制暨水污染防治工作现场推进会。4月16日，召开全市突出环境问题整治会。5月18日，召开全市水污染防治攻坚会。延安市河长制领导小组与各县（区）

签订《2018 年河长制暨水污染防治工作目标责任书》，市河长办制定《2018 年河长制暨水污染防治工作目标责任考核办法》，对各县（区）政府进行“一月一考核、一月一通报、一月一排名”。7 月 9 日，延安市委办、市政府办印发《延安市全面推行河长制湖长制实施方案》，严肃查处涉河案件，坚决封堵关闭较大规模的排污口，改建拆除直排厕所，整治搬迁畜禽养殖场，集中清除较大垃圾堆放点。在河道整顿同时，加快实施系统治本工程，完成投资 28.87 亿元。河流监测断面水质稳定变好。

2019 年 3 月 1 日，延安市河长办印发《延安市“携手清四乱保护母亲河”专项行动实施方案》，联合市检察院集中排查整治河湖管理范围内乱占、乱采、乱堆、乱建等“四乱”问题，依法查处河道违法违规取用水行为。3 月 7 日，市委、市政府召开全市污染防治攻坚暨系统治水动员视频会，省委常委、市委书记、市总河长徐新荣出席会议并讲话，市政协主席薛海涛等市级河长及领导出席会议；市河长办印发《2019 年水资源、水环境、水污染、水灾害问题整改清单》《2019 年“四水同治”工作任务》。4 月 10 日上午，全市河长制暨系统治水工作推进视频会召开，省委常委、市委书记、市总河长徐新荣出席会议并讲话，市委副书记、市长、市副总河长薛占海主持会议，市委常委、副市长孙矿玲通报全市河长制暨系统治水工作进展，安排部署下一阶段工作。4 月，市公安局制定印发《延安市公安局全面落实河流警长制湖泊警长制实施方案》。5 月，延安市河长制湖长制工作通过国家第三方总结评估。7 月 8 日，延安市河长制领导小组印发《延河流域河长制暨水污染防治工作方案》，提出“刚性治标，系统治本，对标施策，综合治理”，扭转河流水质持续严重超标的局面。9 月 5 日，延安市河长办、中国农业发展银行延安市分行联合印发《关于支持革命老区水污染防治项目的函》，解决延安市水体达标工程等项目建设资金短缺问题。10 月 25 日，延安市委、市政府召开“全市今冬明春污染防治攻坚视频会”，市委副书记、市长、市副总河长薛占海出席并讲话。12 月 10—11 日，市河长办举办全市河长制业务培训班。

2020 年 1 月，延安市委、市政府向陕西省委、省政府上报《延安市 2019 年实施河长制湖长制工作情况的报告》。2 月，延安市河长办制定印发《关于切实加强疫情防控期间水污染防治和河道水环境监管工作的通知》（延市河长办发〔2020〕）6 号）。3 月，市河长办组织陕西日报社、陕西广播电视台、延安市融媒体中心等 13 家省、市各界媒体，到安塞、延长、黄陵等县（区）进行河长制专题采访宣传。4 月 13 日，陕西省副省长、北洛河省级河长赵刚来延安市调研水污染防治工作，主持召开流域水污染防治视频会。6 月 11—12 日，延安市水务局、市河长办举办 2020 年全市河长制重点工作培训会。有序推进河湖划界，延安市延河、北洛河等 11 条规模以上河流划界全部完成，划定岸线 1516 千米，延河流域划定岸线 240.1 千米。市委、市政府颁布《延安市延河流域水污染防治条例》，继续坚持党政齐抓共管，依法强力治污。邀请国家生态环境发展研究中心专家团队驻点开展督查评估，系统实施“一河一策”“一段一策”。延河主要监测断面全部消灭劣水质，总体情况持续向好。

2019—2020 年延河主要监测断面水质状况见表 5-3-2。

表5-3-2　2019—2020年延河主要监测断面水质状况

年份	月份	上李家湾	杨家湾	阎家滩（寺滩）
2019	1	Ⅴ	劣Ⅴ	劣Ⅴ
	2	劣Ⅴ	劣Ⅴ	劣Ⅴ
	3	Ⅳ	劣Ⅴ	劣Ⅴ
	4	Ⅲ	劣Ⅴ	Ⅲ
	5	Ⅲ	Ⅲ	Ⅴ
	6	Ⅲ	Ⅴ	Ⅳ
	7	Ⅳ	Ⅴ	Ⅳ
	8	Ⅲ	Ⅳ	Ⅳ
	9	Ⅲ	劣Ⅴ	Ⅳ
	10	Ⅲ	劣Ⅴ	Ⅳ
	11	Ⅲ	Ⅳ	Ⅴ
	12	Ⅲ	Ⅲ	Ⅲ
2020	1	Ⅳ	Ⅲ	Ⅲ
	2	Ⅲ	Ⅲ	Ⅲ
	3	Ⅲ	Ⅲ	Ⅲ
	4	Ⅲ	Ⅲ	Ⅲ
	5	Ⅲ	Ⅲ	Ⅲ
	6	Ⅲ	Ⅳ	Ⅳ
	7	Ⅴ	Ⅲ	Ⅲ
	8	Ⅲ	Ⅲ	Ⅳ
	9	Ⅱ	Ⅱ	Ⅲ
	10	Ⅲ	Ⅱ	Ⅲ
	11	Ⅲ	Ⅲ	Ⅱ
	12	Ⅲ	Ⅴ	Ⅲ
2021	1	Ⅲ	Ⅳ	Ⅳ
	2	劣Ⅴ	Ⅳ	Ⅴ
	3	Ⅳ	劣Ⅴ	Ⅴ

续表5-3-2

年份	月份	上李家湾	杨家湾	阎家滩（寺滩）
2021	4	Ⅲ	Ⅳ	Ⅳ
	5	Ⅲ	Ⅲ	Ⅲ
	6	Ⅲ	Ⅳ	Ⅳ
	7	Ⅲ	Ⅳ	Ⅳ
	8	Ⅱ	Ⅲ	Ⅳ
	9	劣Ⅴ	Ⅲ	Ⅳ
	10	Ⅲ	Ⅴ	Ⅳ
	11	Ⅱ	Ⅲ	Ⅲ

注：上李家湾为安塞区入宝塔区延河断面；杨家湾为宝塔区入延长县延河断面；阎家滩为延长县延河下游断面。

第三节　河长制工作典型案例

一、宝塔区南川河国胜花园段涉河乱建问题

2020 年 8 月，水利部在陕西省开展进驻式督查暗访时发现，宝塔区南川河河道（延河一级支流）内紧靠右岸顺水流方向建有长约 400 米、宽约 15 米混凝土平台，下部采用桩柱支撑，上下游建有 2 座跨河钢架支撑平台，作为停车场、市场等使用，侵占河道面积约 7000 平方米，存在防洪、水质污染等风险隐患。经核查，为房产开发企业自行实施，未见涉河审批文件。

2020 年 11 月 9 日，陕西省河长制办公室《转发水利部办公厅关于抓紧对陕西省“清四乱”进驻式暗访发现问题进行整改的通知》（陕河湖长发〔2020〕9 号）将该问题交延安市办理。接到中央、陕西省问题交办文件及省政府主要领导批示后，延安市委、市政府高度重视，立即批示要求落实责任，依法依规，全面整改。11 月 10 日，延安市水务局（市河长办）、市防汛办等单位与宝塔区相关部门深入南川河进行了现场调研，并按照属地管理原则责成宝塔区负责进行问题调查。12 月 4 日，宝塔区政府就涉河违建项目审批建设调查情况向市政府上报《关于南川河国胜花园段涉河问题有关情况的报告》。鉴于该问题为历史遗留问题，整改工作涉及两岸群众生产生活和社会稳定，整改难度较大，12 月 8 日，市政府向省政府上报《关于申请对水利部进驻式督查暗访发现河湖“四乱”问题进行延期销号的请示》（延政字〔2020〕70 号）。

2021 年 2 月 25 日，经陕西省政府同意，陕西省河长制办公室向延安市政府复函，同意该问题延期至 2022 年 12 月 31 日前完成整改销号。

2022 年 4 月 2 日，延安市政府组织市水务局、河长办、延安市城市改造指挥部办公室、发展和改革委员会、自然资源局、宝塔区政府等就国胜花园段涉河乱建问题进行了现场调研，并召开整改工作专题会议，明确整改措施和责任分工。4 月 6 日，市水务局按照市委、市政府要求，成立“延安市南川河国胜花园段河道‘四乱’问题整改技术方案编制工作领导小组”，并委托省级水利设计单位承担该问题整改技术方案编制工作。5 月 30 日，陕西省水利厅印发《关于延安市宝塔区南川河国胜花园段乱建问题整改方案审核意见的通知》（陕水河湖发〔2022〕4 号），同意整改方案提出的整改措施，即：拆除Ⅰ号、Ⅱ号桥及Ⅲ号纵向平台下游段约 100 米；鉴于Ⅲ号纵向平台上段约 240 米为国胜花园居民楼的进出通道兼作消防通道，暂时保留，远期应结合城市发展规划，优先搬迁国胜花园，拆除剩余Ⅲ号纵向平台。

6 月 16 日，延安市政府组织召开宝塔区南川河国胜花园段涉河乱建问题整改专题会议，成立整改工作专班，启动整改方案措施落实工作。6 月 30 日，延安市水务局向延安国胜房地产开发有限公司发出《责令限期拆除通知书》，要求该公司于 2022 年 7 月 31 日前自行拆除，恢复河道原状，并从 7 月 1 日进入主汛期起，Ⅰ号、Ⅱ号桥梁要停止一切生产经营活动，以确保防汛安全。7 月 1 日，延安市城中村改造办公室、延安市水务局、延安市公安局、延安市城管执法局、宝塔区政府等，协助延安国胜房地产开发有限公司正式启动整改拆除工作。8 月 5 日，按照整改方案要求，Ⅰ号、Ⅱ号桥梁及Ⅲ号纵向平台便民市场段已全部拆除到位，拆除后的弃土弃渣全部清运出河道，左右岸堤顶防浪墙、桥梁（平台）护栏全部修补完毕。经广泛宣传、现场解答等深入细致的群众思想工作，整改拆除过程未发生社会不稳定情况。

8 月 8 日，经市政府专班初验，南川河国胜花园段涉河乱建问题整改已达到整改方案要求。8 月 24 日，延安市河长办向陕西省河长办、陕西省水利厅上报核验销号申请报告及相关资料。11 月 10 日，陕西省河长办、陕西省水利厅组织召开“延安市宝塔区南川河国胜花园段乱建问题整改情况核验视频会”，经听取汇报、视频查验、质询讨论，会议一致同意通过验收销号，并于 11 月 30 日印发《关于宝塔区南川河国胜花园段乱建问题落实河道建设项目整改措施核验意见的通知》。延安市按照专家组要求，及时制定《南川河国胜花园段河道安全管理办法》，安装防汛安全监测设施，责成建设单位作出关于平台用途与后续管理承诺书等应急管理与安全运行措施，确保该河段防洪安全。

二、延长县白家川停车场侵占河道问题

2020 年 11 月 13 日，延长县河长办收到延安市河长办《关于对水利部进驻式暗访督查发现问题进行整改的督办函》（延市河长办函〔2020〕34 号）：

该县白家川村西（地理坐标经纬度为：110.07511683, 36.547656351），延河河道有一个约 8000 平方米的大型停车场，位置较高，沿原公路边河道岸线在左岸填土宽度 20 米左右，束窄并侵占了部分河道，对大洪水行洪可能有影响，要求认真督查整改。

县河长办立即汇报县级总河长、副总河长，县委、县政府主要领导高度重视，迅速召

开整改协调会，要求由县水务局负责，以河湖划界为基础，以推行河（湖）长制为总抓手，坚持将本次整治工作与河湖划界和岸线利用规划相结合、与水污染防治攻坚相结合、与河湖清“四乱”专项行动相结合，将侵占河道土方全部清理出河道，按期完成整改任务。

11 月 23 日，县政府常务副县长再次组织召开“水利部暗访白家川问题整改清理推进会议”，进一步明确县水务局、公安局、环保局、水务集团延长分公司、七里村街道办事处、交警队各部门职责，现场协调解决相关事宜，按时完成清理任务。

11 月 24 日，清理工队正式进入现场开展清理工作，共投入 4 台大型挖掘机、3 台铲车、40 多台拉土车，共清理拉运土方约 7 万立方米。截至 2020 年 12 月 4 日，将侵占河道土方全部清理完毕，恢复了河道原貌。

三、宝塔区崖里坪华俊拌和站侵占河道问题及整改

2020 年，水利部黄河水利委员会“清河行动”督查暗访中，发现宝塔区崖里坪华俊拌和站侵占延河河道问题。接到反馈，延安市河长办先后向宝塔区总河长及区政府下达督办函和督办预警函，宝塔区总河长及政府主要领导高度重视，第一时间作出批示，责成宝塔区河长办成立由环保、公安、国土、供电、水务、城管、市场监督管理、纪委监委、李渠镇政府等部门单位为成员清理整治专班，制定清理整治专题方案，倒排整治时间，现场跟踪督促整改进度。经过一个月的连续奋战，于 2020 年 4 月 16 日彻底完成华俊拌和站侵占河道拆除清运，累计动用劳力 270 人次、重型机械 12 台，搬离店装房 11 间，拆除彩钢房 8 间、水泥罐 5 个，清理水泥 200 余吨，清运河岸砂石 500 余立方米。

第四章　基础工作

河流管理基础工作主要包括科学试验研究、流域治理规划、水土保持动态监测等。基础工作的成果，有效促进了河流的科学管理。

第一节　科学试验

一、试验概况

20 世纪 50 年代后期，延安开始水利水保试验研究工作，主要地点在延河流域。

1957 年，延安专区设立枣园灌溉试验站，开展玉米、冬小麦灌溉试验。

1957 年，延安专区水土保持推广站在延安大砭沟（又称文化沟，因陕甘宁边区时期设中央党校、民族学院、八路军医院、八路军大礼堂而得名）建立水土保持试验点。

1959—1967 年，进行水平梯田、林种栽培、径流观测、农业耕作措施、果树上山、草田轮作、坝地利用等试验研究，取得系列研究成果，用于面上水土保持工作。小区径流试验有 13 项成果编入 1962 年《陕西省水土保持径流测验成果汇编》。

1960—1966 年，延安专区灌溉试验站在延安桥儿沟开展马铃薯、冬小麦、玉米、春大麦、糜子灌溉试验，获得成果。

1973 年，延安市农机厂试制成功冲土水枪。

1974 年，延安地区水电局、延安县水电局与西北水保所技术人员在延安县李渠公社刘家沟村筑坝试验，显著提高功效，水坠法筑坝技术得到迅速推广。

1981—1991 年，延安地区水保所在延安市区西北枣园乡上砭沟试验基地进行水土保持农、林、牧、草单项措施和综合措施试验研究工作。尹传逊主持的“隔坡梯田规划布设和综合利用研究”“草田轮作试验初步”“水土保持耕作措施经济效益分析”，梁乾初主持的“不同整地造林方法和效益研究”等课题论文在国家级刊物发表。

1973 年开始，中国科学院、水利部西北水土保持研究所建立安塞茶坊试验基地，在安塞县县南沟流域、茶坊村、纸坊沟等地，进行水土保持综合治理规划和试验研究，开展“黄土丘陵沟壑区植被减沙效益的研究”“黄土丘陵区水土保持生物和耕作措施研究”“黄绵土在连续施肥下肥料效益研究”“陕北黄土丘陵区水土保持农林牧综合治理中间试验”“黄土高原刺槐生长动态研究”等课题试验研究，为发展生态农业探索途径。

二、试验基地及成效

（一）枣园灌溉试验站

1957 年，延安专区设立枣园灌溉试验点（用裴庄渠水），位于延河支流西川河左岸，距延安市 7 千米。试验地为轻砂壤土，田间最大持水量 24%。1957 年，由 2 名技术干部和 1 名工人开展玉米、冬小麦灌溉制度试验。1958 年有 2 项试验开展，玉米试验地 2 亩，设 7 个处理，重复 2 次（14 个小区）；冬小麦 11 处理（生长期），增设糜子试验地 1.23 亩。因发生山洪，渠道无法输水，只测定天然降水下的生长量和土壤水分。

1959 年秋，布置小麦试验地 2 亩，设冬灌、返青灌和对照区，重复 2 次。初试结果为冬灌 11 月上旬、返青灌 3 月上旬为宜，亩产量最高达 337.6 千克。冬灌可使土壤温度变幅度缓和，小麦抗冻、抗病虫害能力增强，植株死亡率减少 30%，产量及根系随着冬灌时间的推迟而呈递减趋势。小麦灌溉试验，使长期在农民中流传的“小麦是火内生，地够用不可浇水，如浇水就会发生青秆不结籽粒”的错误认识得到解决，方崛起本区小麦灌溉种植先河。

（二）桥儿沟灌溉试验点

1959 年，延惠渠竣工。1960 年专区将灌溉点移至桥儿沟，有 5 名工作人员，在枣园试验点的基础上增设马铃薯、春大麦等农作物耗水量及其规律的研究。桥儿沟村为鲁迅艺术学院、中央党校和中共六届六中全会的旧址。试验地为桥儿沟生产队的 4 亩川地，土质为砂壤土，酸碱度呈中性。

1. 夏马铃薯灌溉试验

1960 年春，针对本区马铃薯不能灌水的传统，布设 0.5 亩试验田，设 3 个灌水处理，每亩灌水 160 立方米，产量 1110 千克。当年结果，马铃薯苗期土壤含水量 11.0% 以上，花期、块茎期 14.2% 左右。1961 年，设 5 个处理，因是丰水年灌溉，增产效果不明显。1962 年，试验站停办。

1963 年，灌溉试验站恢复，继续开展试验，布设 5 个处理重复 3 次，小区面积 40 平方米，验证马铃薯灌水比不灌水产量提高一倍以上。几年结果表明：在枯水年马铃薯适宜灌溉为形蕾、开花、块茎期三次，平水年为形蕾、花期两次。每亩灌水 90~120 立方米，畦子面积 20 米 ×3 米，以 0.15 米深的沟灌较好，土壤水分苗期控制在 11% 左右，花期、块茎期控制在 14%。苗期不宜灌水。

2. 冬小麦灌溉试验

1960 年秋，冬小麦试验地移至桥儿沟，进行耗水量耗水规律的试验研究。布设不同耕深（0.25 米、0.2 米）、施肥量和种植密度下灌水试验，设 24 个处理，每亩播种量 20 万 ~ 40 万粒。试得深耕比浅耕每亩少耗水 2 ~ 10 立方米，浅耕情况的灌水效果不显著。冬灌结合施肥可减少冻害，能增产 20% ~ 40%，返青灌增产 2%，拔节灌可增产 10%。

1961 年秋，设小麦试验地 3.2 亩，每亩穴播量 8 千克，设 8 个处理，小区面积 27 平方米，设保护区重复 3 次。1962 年得出初步试验结果为：返青、拔节、抽穗、灌浆 4 次，每亩每次灌水 30 ~ 55 立方米。

1963 年，将试验设在桥儿沟生产队的大田中。试验地 4 亩，每亩穴播 8 千克，每亩留苗 256000 株，设 8 个处理，小区面积为 22 米 ×3 米，重复 3 次，设保护区。试验结果为：冬灌能提高地温提早返青。

1964 年，设试验地 2.44 亩，每亩播种量 10 千克，共 8 个处理，重复 3 次。试验结果为：进行冬季、拔节、抽穗、灌浆 4 次灌溉效果最好，冬灌最佳。

1965 年，布设试验地 1.7 亩，亩播量 8 千克，设 5 个处理，重复 3 次，小区面积为 15 米 ×3 米。经多年试验得出冬小麦灌溉土壤适宜含水量，前期为 11% ~ 13%，中期为 14% ~ 15%，后期为 10% ~ 11%，空间相对湿度应控制在 70% 左右。冬灌应在 11 月 10 日前，每亩灌水 40 ~ 50 立方米，可使植株死亡率由 14% 降低到 3%。返青灌水量 25 立方米，其他各次灌水均以 30 立方米为宜。经示范推广，桥儿沟沙质地小麦每亩产 250 千克。群众信服了“小麦还是能下山，灌水就是能高产”的科学道理。

3. 玉米灌溉试验

1960 年春，在生产队的土地上进行玉米灌水条件下，施行药物拌种、追施化肥、合理密植等试验。试验前，村民以传统定苗法要求“玉米地里卧老牛，还嫌玉米稠”。认为“稠庄稼好看，稀庄稼吃饭”，追施化肥是“花了票子，烧坏了庄稼”。是年秋，出苗期每亩灌水 28 立方米，拔节期灌水 36.3 立方米。每亩投资 20 余元，亩产玉米 360 千克，比相近条件下的生产队玉米增产 1.4 倍。1961 年试出玉米的需水规律是“两头小中间大”，即苗期的成熟期需水量较小，抽穗开花期需水量大。

1963 年，灌溉站面对农民“你们的产量高是拿钱买的，我们办不到”的看法，投少量化肥在生产队的 10 亩川地上进行示范。秋季玉米获得亩产 415 千克，增产 170%。

1964 年为丰水年，试验效果不明显。

1965 年，玉米试验地年亩施基肥 1000 ~ 1500 千克，定苗 1700 ~ 2300 株，平均亩产 372.5 千克，比生产队大田玉米增产 23.3%。

1966 年，玉米灌溉由试验走向推广，安塞县真武渠白坪生产队，玉米试验田平均亩产过“长江”（《全国农业发展纲要四十条》规定为 400 千克）。全区经 9 年的灌溉推广，各灌区群众体会：收不收在于水，收多收少在于肥。特别是 1965 年，群众感到，看天年像民国十七年（1928 年，大旱年），看收成超过大丰收的 1958 年，真是时代变了。经数年试验得到：玉米每亩定苗 2000 株，灌四水为宜。播前灌水 50 ~ 60 立方米，苗期灌水 30 立方米，开花前 10 天灌水 40 立方米，灌浆乳熟期灌水 30 ~ 40 立方米。玉米全生育期适宜的土壤水分：苗期 14% ~ 15%，拔节期 16% ~ 17%，抽穗开花期 17% ~ 18%，灌浆期 15% ~ 17%，成熟期 12% 左右。当土壤水分低于此值时就应及时灌水，群众多乐于畦灌，很少采用沟灌，但试验结果沟灌比畦灌省水且产量高；沟灌耕作技术要求高，推广困难。

4. 春大麦灌溉试验

春大麦三月播种，六月收获，并可得种糜谷和蔬菜，与其他农事无大矛盾，能补夏秋之交青黄不接的粮食缺口。1953 年，高峁湾群众播春大麦 1.8 亩。因无灌溉设施只收获 36 千克。1955 年，李渠建起抽水站试灌春大麦 26 亩，平均亩产 71.5 千克。

1956 年，崖里坪利用种菜引水设施播春大麦 70 亩，平均每亩产 80 千克。1963 年，灌溉站在桥儿沟川地进行春大麦复种糜子的灌溉试验，设 5 个处理，重复 3 次，小区面积 0.1 亩，并有对照小区和保护区。试验结果，播前 5~7 天每亩灌水 35 立方米，使土壤含水量达到 17% 上下，生育期灌两次水（分蘖、灌浆期），每亩产 186.14 千克。收后复种糜子，设 4 个处理、试灌三水（播前、抽穗、灌浆期），每亩产 180 千克，是对照区 37.25 千克的近 5 倍；试验分析认为，每次灌水以 30 ~ 35 立方米每亩为宜。春大麦复种糜子是对照区产量的 2.2 倍，比群众播一年熟的玉米平均亩产多 219 千克。从 1963 年在延惠渠灌区的调查资料中看到，春大麦灌溉每亩产 150 千克。

1964 年，试验设 5 种处理，重复 3 次，小区面积为 20 米 ×3 米，总面积为 2.4 亩。因丰水年，试验结果不明显。

1965 年，春大麦复种糜子试验面积 2.3 亩，灌水处理增至 7 个，每亩产 400 千克，其中糜子每亩产 227.5 千克。春大麦灌四水（分蘖、拔节、抽穗、灌浆期）产量最高。

5. *水稻灌溉试验*

本区中部和南部川道地区早有零星种植水稻之农业，历来产量较高收成稳定。1959 年，在真武渠、延惠渠试种水稻；因砂壤土漏水严重，故于 1960 年，灌溉试验站采用压青肥、麦糠、放淤及综合措施 4 个处理，进行水稻增产防渗试验。全生育期灌水 64 次，每亩灌水 2200 立方米。天晴第一天灌水两次，其后每日一次，阴天不灌。试验结果为各处理平均每亩产 481.4 千克，综合处理每亩产 550 千克为最高，放淤次之，麦糠最差，压青和放淤结合增产显著。1961 年又进一步试验。两年试验资料分析认为：水稻灌溉防渗增产规律为“大、短、多”，即每次灌水量要大，灌水期要短，灌水次数要多。水稻在 100 ~ 120 天的生育期内，需灌水百余次，每亩灌水定额在 2200 ~ 2400 立方米。返青分蘖期水深 0.035 米，无效分蘖期灌溉水深 0.1 米，随后晒田一次，开花期灌水深 0.07 米，乳熟期灌水深 0.035 米以下。群众多采用串灌。浑水期多水口放水效果好。

1967 年专区灌溉试验站撤销。1978 年成立延安地区水利科学研究所，设在洛川县槐柏乡，开展塬区灌溉试验。

（三）大砭沟水土保持试验站

大砭沟又名文化沟，因陕甘宁边区时期本沟内设立中央党校、民族学院、八路军医院和八路军大礼堂而得名。大砭沟位于延安市城北 1.5 千米的延河右岸，属延河一级小支流；为黄土丘陵沟壑区第二副区，属延安市（原县级市）桥儿沟乡管辖，流域形似长椭圆状，集水面积 4.02 平方千米，主沟长 3.26 千米，有 22 条支毛沟，沟壑密度每平方千米 2.6 千米，主沟平均宽度 849 米，海拔 900 ~ 1000 米。梁峁顶面积占 29.1%，梁峁坡 58.8%，沟壑 12.1%。水流切入基岸数米，两岸岩石裸露。坡面覆盖 1 ~ 10 米厚黄土，下伏黏土、卵石。柳树、杏树、杜梨、狼牙刺、木瓜、黄蒿、白蒿等乔灌草是流域内主要野生和人工植物。1957 年前，水土流失严重，年土壤侵蚀量逾万吨，农业作物以糜子、谷子、玉米、小麦、马铃薯及豆类为主，亩产不足 50 千克；果类以乡土品种为主，产量低、味道差。20 世纪 50 年代治理初期，流域内有大砭沟、肖家窑两个生产队，总人口 420 人，88 户，男女全半劳力 199 人；沟口驻有机关、市民，人口密度每平方千米 120 人。人为垦殖严重，土壤流失加剧，粮食低产，社员生活困难。

1957 年，延安水土保持推广站在大砭沟建点。是年秋至 1958 年春，延安专署动员各机关、学校、市民进行义务治理共修坡式梯田1125亩，鱼鳞坑整地造林480亩，果园80亩，种草木栖150亩，建水库2座，淤地坝4座，土谷坊15道，石谷坊2道，柳谷坊10道，旱井6个。

1959年，延安水土保持试验站成立，在流域布设径流场、对比沟开展试验研究。主要试验研究内容是测试降水、径流、泥沙、农作物产量和单项措施效益。试验研究工作设立三个专业组：农业组为尹传逊、陈兴业，林业组为梁乾初、曹常喜，径流组为赵菁、刘绳武。是年春，在原坡式梯田上修水平梯田148亩，种草木栖120亩，栽苹果树70亩，在距沟口800米处阳坡设气象园一处，观测雨量、气温、湿度、气压、地温、日照、蒸发等项目，采用自记雨量计记录降水过程，在坡面上建径流场，测验不同坡度、坡长、植被在暴雨下水土流失量和水土保持措施的拦蓄作用，在流域内老虎沟、神仙沟（治理沟）设置对比测验断面，大砭沟卡口站用巴歇尔量水槽测流。试验站技术员尹传逊和西北土壤生物研究所技术人员，集各地修筑水窖之法，用当地6种材料经20天试水运行，二合土、四合土材料筑窖效果好。农业组技术员选用神仙沟阳坡1.2亩坡耕地（15°、20°、25°），试修水平梯田，用铁锨修筑每亩用工分别为14工日、16工日、20工日，用山地犁配合刮土板可提高工效45%；保留表土比不保表土亩产高28%。区田、川田保持水土，比坡耕地增产50%；套犁沟、垅作增产13%，减少径流41%，减沙90.9%，群众欢迎，易推广。

1960年，林业组在大砭沟和杜甫川艾家沟进行不同整地方法、部位及不同林种栽培技术水土保持效益研究。是年主要有农业耕作措施、林业措施和坝地利用等研究课题。

1961年，根据实际情况减少一些不必要的观测断面，重点布设治理与非治理沟测验断面，并在延安二十里铺太村沟、管家沟设有群众（委托）观测点。春季，神仙沟被村民开垦，原有措施大部失效，将与大砭沟相邻的小砭沟作为非治理沟。试验站技术员梁乾初试验研究得出：荒地垦殖林、粮间作，幼树成活率可提高15%，高生长增加1.5 ~ 3.1倍；果树地种植豆、瓜类，有利于树木生长，玉米、糜子、谷子等高秆作物与果树争夺养分、水分，使果树结果年限延长。技术员曹常喜从新疆引进5种早熟丰产核桃品种，在大砭沟和清凉山试验，比当地核桃提前5年结果；引进兰州柿子嫁接成功，移植沙枣、板栗、花椒也较理想。径流组测试（1959—1961年），84%的泥沙来自坡面，其余全来自沟壑；农地最大，牧地次之，林地最小。

1962年，延安水土保持试验站根据陕西省水利厅、延安专区水利水保中心站安排，同西北土壤生物研究所专题协作，观测黄绵土土壤水分动态，全年观测分析结果：0 ~ 0.3米是水分扩散运动层，0.31 ~ 2.5米是水分依毛管上移层，2.5米以上是田间温度稳定层（17%）。4月至7月上旬为蒸发阶段，7月中旬至10月上旬为水分恢复阶段，10月中旬至11月上旬为毛管上升蒸发阶段。土壤水分西坡最大，东南坡次之，峁顶最差。大砭沟、小砭沟逐次洪水测验，小区径流测验等13项成果被编入1962年《陕西省水土保持径流测验成果汇编》。水土试验站将封山育林草效益、快速绿化、暴雨调查等项目撰写出成果报告。

1963年，试验站组织技术干部对子长、安塞、延安、甘泉等县的15个生产队进行调查研究，以安塞县陈家洼生产队土地合理利用（农地 30%、林地 15%、牧地 35%）的经验为方向，提出延安北部丘陵沟壑区土地利用的意见。

1964 年，根据数年试验提出梯田是山区建设基本农田的基础。

1965 年，在定位试验的基础上，4 名技术干部在延安县碾庄公社和大砭沟生产队蹲点。推广农田施用化肥、药物拌种、点播（穴条播）改条播等作物高产种植法，经大砭沟 11 亩水平埝地试验，玉米亩产 420 千克，有肖家窑子 3 亩水平梯田试验糜子亩产 212.5 千克。试验结果，使群众对科学种田由怀疑变为欢迎。是年，水土保持试验站招收 17 名知识青年，成立水土保持专业队，建立坝地、梯田、果树上山等治理示范点 5 处。

1966 年，水保试验站对大砭沟二队和安塞县高桥公社刘塌水平梯田修筑、种植试验结果进行分析：坡地修成水平梯田，粮食亩产稳定在 100 千克以上，比坡地提高产量 276.6%，削减径流 93.1%，减沙 95.9%。25° 以下坡耕地梯田埂高 2.5 米左右，田面宽度 3 ~ 10 米为宜。从上而下层层修筑，留好田间道路。是年，尹传逊技术员和西北水土保持研究所技术人员从山西临县引进坑田种植法，在水平梯田内挖长 1.0 米、宽 0.5 米、深 0.4 米的坑，将一、二层土置一旁，深翻第三层，将第二层土拌入厩肥回填，用表土覆盖。试验结果表明：坑田比梯田增产 24%，土壤水分含量高，容重小，但用工多，农民难以接受。淤地坝种植试验表明，玉米等高秆作物在洪水期，引淤水深小于 0.8 米，淤厚 0.15 米以下，亩产是坡耕地的 3 ~ 5 倍。林草组试验，三分之一耕地面积种草，粮食产量增加，可解决部分燃料、饲料；减少径流 17.2%，减沙 36.9%。陡坡挖穴、鱼鳞坑整地造林成活率为 60% ~ 70%，减少径流 74.1%，减沙 93.4%，五年后工程整地失去拦蓄能力。水平沟、水平阶造林成活率均为 90% ~ 95%，拦蓄效益优于鱼鳞坑。营造柳树、白榆、水桐沙柳、柠条试验林，乔灌混交林最好，乔木混交林次之，纯乔林最差。秋季造林较春季成活率高。径流组测验分析，暴雨是黄土丘陵沟壑区水土流失的主要因素；土壤流失量和雨量、降雨强度及前期降水成正比，和坡面覆盖度成反比。八年径流测验，提供出 10 平方千米以下小流域洪水设计推理公式中的有关系数参考值。是年，试验内容有：水平梯田土壤熟化增产，坝地利用，基本农田建设，水土保持措施效益，水土保持林配置，木本粮油、果树上山，草田轮作，黄土丘陵区荒山陡圳造林研究，小流域水土保持治理措施效益观测。

大砭沟治理试验，布设顶、坡、沟三道防线，25 度以下坡耕地修水平梯田，25 度以上耕地林粮间作、草田带状间作过渡到林牧地，阳坡湾塌地及村庄附近发展果树，沟壑筑坝淤地，沟岸种植柳树、杨树。治理程度由 14.8% 增长到 1966 年的 39.2%；径流模数由每平方千米 27170 立方米，减少到每平方千米 12400 立方米；冲刷量由每平方千米 11250 吨减少到每平方千米 2775 吨，粮食亩产由 46.3 千克增加到 140.5 千克。大砭沟变成了青山绿水、林荫草茂果满山，五谷丰登，牛羊肥壮的富庶的山乡。

1967 年，因“文化大革命”，试验工作停止。改革开放以来，随着延安城市建设发展，大砭沟试验站已为机关单位、居民小区及交通公路所占用。

（四）上砭沟水土保持试验站

上砭沟水土保持试验站位于延安市城西北，延定公路 15 千米处，为延河支流西川河右岸的支沟。流域形似柳叶状，集水面积 18.365 平方千米，主沟长 7.30 千米，0.5 千米以上支毛沟 32 条，沟壑密度每平方千米 4.82 千米。海拔在 1023 ~ 1342 米。主沟和较大支沟水流切入基岩 10 余米，中下游部分基岩裸露出河床 40 余米。流域南高北低，梁峁、坡覆盖数十米厚黄土。主、支沟上游有少量以山杨为主，伴有杜梨、山杏的天然次生林，沙棘、文冠果、甘草、黄蒿等为地带性植物群落。本地水果产品有桃、杏、梨，20 世纪 60 年代从外地引进国光、红黄元帅等优质品种。治理初（1982 年）统计，流域内上砭沟、南沟大队有农户 157 家 585 人，劳动力 234 人，人口密度 32 人每平方千米。传统农业，以糜谷豆为主要农作物。垦殖指数 42.3%；开荒、倒山轮种是索取粮食和经济收入的主要手段。历代流传有“不种百垧不打百石”“种不种在人，收不收在天”之古训。生态失调，土壤侵蚀模数每平方千米每年为 6728 吨。

1980 年秋，延安地区水土保持科学研究所参加延安市科学试验基地规划测量，测算出上砭沟土地利用现状和土地资源。

1981 年 4 月，在黄河中游局召开的水土保持科研协作会和陕西省水土保持科研会上，确定上砭沟为延安地区水土保持科学研究所试验基地。是年，延安地区水土保持科学研究所组织技术人员，在上砭沟布设坡面径流场、沟道水文测验断面和气象观测园。进行农、林、牧、草单项治理措施和综合治理措施效益试验。在上砭沟支流杨家沟设置“小流域综合治理措施和方法的研究”专题试验基地，实施试验措施种草 585 亩，造林整地 140 亩，水土保持耕作法种植 360 亩。“小流域综合治理及其效益的观测研究”专题，设沟道观测断面两处，坡面径流小区 10 个。“水土保持优良树种草种引种选育与效益的研究”专题，有鱼鳞坑、水平沟、反坡梯田整地等项测试，春、夏、秋三季刺槐等 10 余种乔灌草成活率、生长量及水土保持效益的试验分析。“由单一农业生产逐步向林牧业基地过渡试验”专题，试验项目有基本农田的科学种田，坡耕地的水土保持耕作法。“隔坡梯田规划布设和保持水土增产效益试验”专题，在杨家山 175 亩坡耕地上按上、中、下（30°、25°、20°）三段，布设田面宽（2、3、6）米，田坡比（1∶3、1∶2、1∶1）的水保林、经济林和基本农田三个试验区。

1982 年，从外地引进沙打旺、小冠花、聚合草、旱生油瓜、长穗冰草。梁乾初工程师主持的“不同整地造林方法与效益试验”课题，获延安地区科技成果三等奖，论文汇入《陕西省水土保持科技成果汇编》。

1983 年 3 月，陕西省水土保持科学研究计划座谈会确定延安地区水土保持科学研究所研究专题 5 个。增设自记雨量两处，不同被覆试验小区 3 个。野雀渠 10 种乔木与 10 种灌木试验示范。引育牧草 56 种（国内 30 种，国外 26 种），选育出沙打旺、肥羊草、黑麦草、西禾油等 13 种适应性强的牧草。春季，延安市枣园公社在上砭沟召开山地水平沟，川、台地垄沟种植水土保持耕作法现场会。经产量调查核实结果，水土保持耕作法增产粮食每人平均达 77 千克。尹传逊工程师主持的“隔坡梯田规划布设和综合利用的研究”课题，获延安地区科技成果二等奖，汇入《陕西省水土保持科技成果汇编》。是年 8 月 21—29 日，由中国农学会土壤肥料研究会、陕西省水利水土保持厅在延安联合召开全国水土保持耕作学术讨论会，尹传逊工程师交流“水土保持耕作措施经济效益分析”一文。

1984年，在隔坡梯田农作区采用覆盖塑料薄膜试种花生，获亩产350.5千克。延安地区科学技术委员会组织有关专业人员对隔坡梯田和水土保持耕作法技术成果进行评议、转让，并向全区推广。是年，在西北水土保持科学研究所工程师张方的指导下，延安地区水土保持科学研究所将从黑龙江省引进的方侧式降雨机图纸做了改绘后，在延安机械厂（今电机厂）试制两台人工降雨机，经试喷又于1985年进一步改绘设计，在西安试制出“以塑代钢”两套4台轻型降雨机，进行降雨性能的测定，并在上砭沟建立场地试验。“干旱半干旱地区造林方法与效益的试验成果分析”专题，在1985年全国水土保持林体系协作会上进行了交流。是年5月4—8日，在四川江油县由中国农学会土壤肥料研究会和四川省水利电力厅联合召开全国梯田学术讨论会，尹传逊工程师简介“隔坡梯田规划布设及其综合效益”。

1986年，小流域综合效益观测成果列入陕西省水土保持径流测验成果项目。是年秋，陕西省水土保持局组织延安地区水土保持科学研究所和西北林学院的有关人员，在黄龙县6个乡调查沙棘种质资源，测试沙棘70余标准株（丛）16种。发现果实横径大于10毫米的罕见沙棘林，研究建立了沙棘果实百粒重与种子千粒重的回归方程，提出“黄龙县沙棘种质资源初探”的论文报告。是年，有荷兰、美国及国际泥沙培训中心的学者、专家来上砭沟试验场考察访问。

1987年9月26日，由陕西省水土保持局主持，邀请黄河水利委员会水土保持处、黄河中游治理局、陕西省水土保持研究所、延安地区农业委员会科学技术委员会、科学技术委员会、林业局、标准局、水利水保局等单位的专家，对“隔坡梯田规划布设及其效益的研究”“陕北丘陵沟壑区造林技术与水保效益的研究”等项成果进行鉴定。通过现场检查听取汇报，翻阅资料，认为：隔坡梯田不仅加快了坡面治理，节约了劳力，而且提高了蓄水保土效益和经济效益。隔坡梯田虽然从20世纪50年代就已经出现，但本项研究根据不同的地形、土质条件，不同的土地利用情况，采取不同的设计断面，促进了土地合理利用，对隔坡梯田的应用是一个新的发展。该课题的试验设计比较合理，研究项目齐全，观测数据翔实。研究成果在延安地区和黄土高原同类地区具有推广价值，建议在推广工作中开展中间试验。对“陕北丘陵沟壑区造林技术与水保效益研究”专题鉴定意见为：本课题目的明确，方法得当，措施合理，数据比较翔实。其成果对丘陵沟壑区的科学造林有很大的指导意义，为进一步分析研究水保林效益，提供了科学依据。建议此成果推广应用，尽快变为生产力。人工模拟降雨、沙棘良种选育和栽培技术研究、灌木带布设效益研究、牧草优良品种中间试验、水土保持标准化研究等课题需继续进行试验。是年，延安地区水土保持科学研究所和西北林学院水土保持科学研究所协作，共同开展国家“七五”科技攻关课题：黄土高原以抗旱造林为中心的造林技术研究——陕北丘陵沟壑区以抗旱造林为中心的造林技术的研究。试验基地设在延安市枣园乡王皮湾村。在试验区修径流池20个，布设定位观测区4个，造林整地800亩。

1988年，新上沙棘人工丰产栽培技术专题，选定安塞县楼平乡范塌湾为试验基地。

秋季修水平梯田 53 亩，反坡梯田 370 亩，栽植沙棘 120 亩，引种 9 个沙辣品种。灌木带专题，布设各类灌木带 2000 米，从测试结果看出，拦蓄能力以沙棘带最好，柠条带次之，紫穗槐带最差。牧草引育试验专题提出论文报告，由延安地区科学技术委员会主持，组织畜牧、农业、水土保持等专业专家鉴定，鉴定会对禾本科牧草的引育成功给予了较高评价，并通过鉴定。由尹传逊工程师主笔编制出《水土保持耕作措施——草田轮作带状间作水平沟垄沟种植标准》。

1989 年，陕西省水土保持局确定吴旗县周湾乡杨家湾小流域为灌木带试验基地，由延安地区水形式及其蓄水保土与经济效益，为推广灌木带提供依据。是年，在试验基地上布设径流小区 15 个。又对靖边县小河峁灌木带营造方法和效益进行了调查，借鉴经验指导开展此项研究，以提高试验研究水平。

1990 年，灌木带布设与效益研究专题。试验工作，以乌柳、柠条为主，并从黄龙县、延安市引进连翘、山楂、山桃 2000 余株，营造灌木带示范林 2800 亩，成活率均在 80% 以上。7 月和 11 月，先后两次在吴旗县长城乡、靖边县中山涧、横山等 7 县 10 余个点调查土壤理化性质、灌木带的生态效益、水土保持效益和经济价值，并提出阶段研究报告。在沙棘丰产园及其栽培技术试验中，从延安市上砭沟、米脂县等地引进优质沙棘苗木，进行试验观测。不同土地类型及土壤侵蚀量试验专题，整理出 10 年（1981—1990 年）观测资料，其中沟道水文测验 611 次，取单沙样 1551 个，径流场取沙样 2000 余个，土壤水分测定 3000 余次，经分析研究提出测验成果分析报告。旱作农业蓄水保土培肥耕作体系及其增产效益专题，实施中采取坡耕地水平沟种植，川、台地垄沟种植，陡坡耕地粮、草带状间作，免耕少耕留茬等措施，各项措施推广面积共 400 余亩。

黄土高原抗旱选林技术研究，经 5 年正交试验，营造油松、侧柏、河北杨、刺槐和紫穗槐行状混交林 826.4 亩，主要测定项目有：定位定期测试栽植穴土壤水分、不同覆盖材料、林木幼树蒸腾强度、幼树凋萎湿度、径流集存技术、林木生长量。6 月，通过林业部验收，造林成活率、幼林保存率和年平均生长量均超过合同规定指标，并高于同类地区的先进水平。年底整理出观测资料 102 本，提出研究报告 5 个，经延安地区科学技术委员会组织西北植物研究所、西北林学院、西北水土保持研究所、陕西省林业学校、陕西省林业科学研究所和延安区有关单位专家教授鉴定，认为：试验研究立题紧密结合实际，设计严密，研究方法正确，档案资料齐全，数据翔实可靠，结论分析正确，在技术上有新的发展，科学性强，理论上有指导意义，为陕北半干旱丘陵沟壑区营造水保林提供了理论依据和新的技术措施，研究成果达到国内半干旱地区同类研究的领先水平，可在同类地区推广应用，并建议作为重大成果上报。到 1990 年，集流抗旱造林最佳优化组合的技术措施，已在延安市推广 16141 亩，覆膜技术推广 74700 亩。1991 年，陕北半干旱黄土丘陵沟壑区集流抗旱造林技术的研究获延安地区科技进步二等奖，并收录在本年度《中国技术成果大全》中。

1982 年，上砭沟被列入陕西省重点小流域治理沟。秋季营造乔灌林 500 亩，种草 74 亩，育树苗 11 亩，修筑基本农田 80 亩，水土保持耕作法科技推广 43 户，扶持林业重点户 4 户。

1983 年，由黄河中游治理局、陕西省水土保持局和延安地区水利水保局协商，上砭沟被列入黄河中游试点小流域。是年，修筑水平梯田 75 亩，隔坡梯田 56 亩，造林 717 亩，封山 2280 亩，种草 393 亩，治理水土流失面积 3.99 平方千米。1986 年，按流域综合治理规划，新修水平梯田 230.5 亩，人工整地造林 745 亩，种草 509 亩，育树苗 27.4 亩，封山育林 4500 亩。湫滩村民办教师选定自家承包的 10 亩阳坡耕地，修筑隔坡梯田栽植苹果发展家庭果园。

1987 年，提出《上砭沟水土保持综合治理经济效益分析》《上砭沟流域治理拦蓄效益》《上砭沟流域土地利用调查评价》等报告。6 年（1982—1987 年）治理，上砭沟流域农、林、牧用地比例由 5∶2∶3 调整到 2∶5∶3，副业收入由每人平均 80 元增加到 150 元。1980—1987 年实测，削减径流 29.3%，减沙 57.9%。9 月 20 日，黄河上中游治理局、陕西省水保局和延安地区水利水保局，联合组织水土保持、林业等部门专家对上砭沟试点流域治理进行验收。评价是“上砭沟流域治理试点，土地利用趋向合理，初步形成了以林草措施为基础的水土保持综合体系。农业经济结构得到了初步调整。获得了明显的水土保持效益和经济效益。群众温饱问题基本解决。”经黄河中游局水土保持小流域治理试点上砭沟验收会评议，各项效益指标基本达到了部颁标准，各项措施技术指标符合《陕西省水土保持小流域综合治理技术标准》的要求，各项技术成果对黄土丘陵沟壑区第二副区的水土保持综合治理具有示范作用和推广价值。经验收发给合格证书。

20 世纪 90 年代后期，上砭沟试验站停止工作。

（五）安塞水土保持综合试验站

安塞水土保持综合试验站（原茶坊试验区）地处陕北黄土丘陵沟壑区中部，位于延安市城北 20 千米处安塞县沿河湾镇。试验区由杏子河断面和县南沟流域两个自然单元组成。区内海拔在 1013.3 ~ 1431.4 米，为典型的黄土丘陵地貌。杏子河断面，有杏子河支流纸坊沟和茶坊行政村，人口密度为 50.2 人每平方千米，平均耕地 29.9 亩每人。县南沟流域有砖窑沟、方家河、畔坡山、崖窑、寨子湾等村，平均 41 人每平方公里，平均耕地 36.6 亩每人。试验区梁、峁覆盖黄土厚 50 ~ 100 米，主、支沟侵蚀基点已切入基岩。黄绵土土壤占总面积的 77.1%。旱柳、杜梨、沙棘、狼牙刺、酸枣、黄蒿和芒草群等为主要本土植物，属森林草原地带植被。花红、山桃、山杏、梨为本地特有果类，产量低，自食为主。据 1980 年调查统计，试验区 8 个行政村，78.4 平方千米，32 个自然村共有人口 3469 人，人口密度为 44.2 人每平方千米，每人平均土地 33.9 亩（其中耕地 14.4 亩、林地 2.9 亩、牧地 11.5 亩）。人少地多，土质优良，水热资源配合好，生产潜力大。长期掠夺性开垦，造成严重水土流失。据调查，每年每平方千米流失泥沙 14000 吨，其中 50% ~ 70% 来自农耕地，每年冲走耕层约 1.0 厘米。土地生产率和劳动生产率很低，群众生活困难。

1973 年，中国科学院、西北水土保持研究所科技人员在安塞县蹲点期间，开始建立茶坊试验基地。对纸坊沟流域和茶坊大队做了水土保持规划，同时开展有关项目的试验研究。

1975 年，在西北水土保持研究所技术人员指导下，茶坊大队科研站用钴 60 γ 射线照射长龙 10 号谷种两万伦，选育出辐谷一号、二号新品种。经 6 年 20 多点对比试验结果，比长龙 10 号株矮穗长，增产 10% ~ 20%；辐谷一号、二号新品种对水、旱、川、山地均适应。

1976年，西北水土保持研究所在茶坊阳坡，利用昼夜出2立方米的泉水，建成本区第一个滴灌果园，滴灌面积30亩。后因冰雹破坏失去作用。

1978年，西北水土保持研究所刘万铨工程师和有关技术人员会同安塞县水电局对县南沟流域进行水土保持和农林牧综合发展规划，并设置径流小区。1979年始，设对比沟观测，测试水土流失和综合治理效益。

1980年，小区测试分析证明，当降水量相近时，降雨强度大，水流失严重。7月，在沿河湾公社建立安塞县水土保持试验区，成立以安塞县县委书记、县长为正、副组长的试验区领导小组。组建由一名副县长担任站长的试验区工作站；同时组成由西北水土保持研究所安塞试验组技术牵头，安塞县科学技术委员会、农工部、农业局、林业局、畜牧局、水电局、商业局、文化馆、县银行营业所，延安地区水电局、气象局40余人参加的安塞县水土保持试验区农业自然资源综合考察规划队。是年8—9月，考察杏子河断面茶坊政村和纸坊沟。纸坊沟为杏子河一级支流，集水面积8.27平方千米。两个行政村，有纸坊沟、寺崾崄、瓦树塌自然村。人口密度为56.5人每平方千米，人均土地26.6亩（1990年数据）。土地支离破碎，水土流失严重，沟壑密度8.06千米每平方千米。

1981年5—7月，考察县南沟流域五个大队。调查弄清试验区内土地利用结构为耕地面积42.4%，荒地为30.7%，林地与人工草地为11.9%，非生产用地为15%；并对土壤理化性质进行定量分析。考察提出试验区《农业自然资源综合考察报告》和《水土保持与农林牧综合发展规划报告》。分别撰写出土地、土壤、气候等17份专题报告。该成果获延安地区1981年度科技成果一等奖。10月，水利电力部在山西省离石举办黄河中游水土流失重点县领导干部水土保持技术训练班，刘万铨工程师在学习班讲授综合考察知识和经验。11月，延安地区水电局在县南沟召开重点小流域会议。是年，试验区开展5户“生态户”试验。三年试验结果：平均退耕3.6亩每人，平均产粮415.9公斤每人；退耕陡坡耕地52%，每人平均增加粮食41.8%，亩产增长160%，纯收入增长2倍多。此后转入“生态村”试验。

1983年，西北水土保持研究所在县南沟布设林草植被类型小区和对比沟，进行“黄土丘陵沟壑区植被减沙效益的研究”，观测径流泥沙，测定土壤水分及凋物量。在茶坊村32°的山坡和川、台地布设小区，开展“黄土丘陵区水土保持生物和耕作措施的研究”，布设小区有：山坡地草灌带状间作，坡耕地粮、草带状间作轮作试验，小麦不同耕作法效益观测。在寺崾崄村19°坡地和茶坊村川地进行“黄绵土在连续施肥下肥料效益试验”。20世纪80年代中期，西北水土保持研究所在纸坊沟布设陕西省科学技术委员会下达攻关试验项目：“陕北黄土丘陵区水土保持农林牧综合治理中间试验”课题。1986年，提出“黄土丘陵区水土保持型生态农业研究”课题，国家列入“七五”攻关项目。主要项目有：水土保持措施优化配置体系及生态、经济效益的定量分析，果林、能源林、水土保持林体系研究，农牧结合的旱地农业体系研究。

是年，“黄土丘陵区水土保持生物和耕作措施”课题试验分析结果：种草地比裸地减少径流为50%～67%，减沙50%～75%，2米土层土壤贮水量减少10%～28%，沙打旺+柠条混交林拦蓄径流最优，沙打旺次之。沙打旺消耗土壤水分大于沙打旺+柠条混交林。

农业耕作措施产量高于传统耕作法。小麦一生所需水分主要来源于前一年雨季降水，加盖麦草土壤水分和产量无明显差异。

1987 年，安塞县政府组织试验区科技人员和西安交通大学、西北农业大学有关教学研究人员，对全县进行综合考察，制定《安塞县 1988—2000 年经济社会发展战略规划》（简称《规划》）。经专家评审认为符合实际，是一个比较成功的先例。《规划》贯穿了试验区的基本经验。安塞县人民代表大会作出决定，以法定的形式在全县实施《规划》。

1988 年，卢宗凡撰写出“水土保持型生态农业研究的目标特点与设想”论文报告。

1989 年，郑剑英将研究 9 年的“黄绵土在连续施肥下的肥料效益”课题提出，黄绵土应重施有机肥，切忌单施化肥。实行氮、磷肥配合利用，磷肥效果高于氮肥。得出在可能的情况，肥料优先提供给玉米，其次提供给谷子的结论。

1990 年，马玉玺的《黄土高原刺槐生长动态研究》提出“黄土高原栽植刺槐，在降水大于 500 毫米，营林密度不大于每亩 150 株，能成材；降水在 400~500 毫米地区，营林密度还应降低，但难成大径级材”。植被减沙效益经 10 年测验，综合治理沟减少土壤侵蚀量 69.3%。

《安塞黄土丘陵区水土保持型生态农业试验研究》（7—04–03–04），经 5 年研究，各项指标均达到合同的规定。农、林、牧用地比例由 1∶0.5∶0.9 调整到 1∶1∶1.2。林、草覆盖率达 60% 以上，减少泥沙 50%。推广粮食增产措施 20000 亩，草、粮带状间轮作 1000 亩。草、灌带状间作 1000 亩，栽植果树 20000 亩，综合治理水土流失面积 70 平方千米。在人口增加 50 人的情况下，退耕 1134 亩，增产 33165 千克，人均纯收入增加 194 元。建成纸坊沟水土保持型生态农业实体模型。提出“强化降水就地拦蓄入渗防治水土流失为中心，以土地合理利用为前提，以恢复植被和建设基本农田，发展经济林和养殖业为四大主导措施，建立水土保持型生态农业体系，实现农、林、综合发展，生态、经济良性循环”的理论及分三个阶段进行实施的观点。攻关 5 年，在各种刊物上发表论文近 60 篇，55 篇已汇编成册。主要专题成果有：水土保持措施优化配置体系及生态经济效益分析，提出水土保持措施在全流域平面上以村庄为同心圆的圈状结构配置模式和立体上的梯层结构配置模式。内圈以基本农田和经济林为主体的粮果开发区，中圈以推广水土保持耕作法为主体的粮食开发区，外圈以种植草灌为主体的林草生态保护区。测试出坡面土壤水分在旱季中部最大，雨季末由山顶至坡脚土壤湿度逐渐增大。土壤贮水量北坡高出西坡 13.8%，西坡比南坡高出 18.7%。建立起试验区土壤侵蚀数学模型。果林、能源林、水土保持林研究专题结果：刺槐 + 杨树、刺槐 + 紫穗槐、刺槐 + 连翘、杨树 + 沙棘、油松 + 沙棘等混交林能提高林地覆盖度和生态效益。刺槐、柠条成林地比农地，减少径流量 88%，减沙 98.8% ~ 99.8%。天然牧荒地径流比农地增加 35%，减沙 56%。人工草地蓄水减沙居二者之间。多年测试，黄土丘陵区林地土地壤水分经常处于亏缺状态，水分是本区林木生长的主要限制因子。年降水量大于 700 毫米时，林地土壤水分仅能恢复到 2.4 米深度，4 ~ 5 米深度土壤含水量始终维持在 4% ~ 5% 的干层，降水未能补偿。营林应建立以乔、灌、草结合，解决薪炭与防止水土流失的防护林体系。造林密度每亩以 100 株为宜，以工程整地提高土壤储水量。

旱作农业：川地实行垄沟种植，15° ~ 25° 坡耕地水平沟种植，25° ~ 30° 坡耕地草、粮带状间轮作，30° 以上坡地实行草、灌间作。农业产业结构优化体系研究结果：本区的基本问题是人口与土地(纸坊沟1938年为11.4人每平方千米，1958年为26.7人每平方千米，1975年为46.3人每平方千米，1978年为55人每平方千米)，主要矛盾是自然经济和商品经济，症结是贫穷与落后。针对落后是流域水土保持最大制约因子的问题，提出建立股份制，推行产业承包，完善统分机制，搞“生态村”。农、林、牧结合体系研究结果：草地分布在陡坡，主要草型13个；阳坡、半阳坡优质牧草较多，利用价值高；阴坡、半阴坡草场退化严重，需补种柠条和长芒草型草场；实行封沟轮牧，引进秦川牛、白绒山羊调整畜群结构。兔、鼠生态调查及防治研究：在安塞县北四乡和宁夏回族自治区固原推广治盼鼠10万亩，效果显著。

1990年，纸坊沟进入生态农业的第二阶段，即生态系统稳定发展阶段。每人平均已达到林草地10亩，农耕地8亩，其中基本农田2亩。经济林1.1亩。每人平均产粮450公斤，纯收入600元。

第二节 水保监测

一、监测场站

（一）延安向阳沟水沙监测站

1995年8月，根据世界银行贷款延河流域治理项目监测任务，建立延河流域向阳沟水沙监测站，站址位于宝塔区万花乡向阳沟村，主要监测设施布设坡面径流场1个，包括人工林、人工草、经济林、荒坡地、坡耕地、梯田地及裸露地7个监测小区；一个沟道量水堰监测径流量、输沙量；一个气象园，监测降水、蒸发、气温等。该站成立至今一直运行，主要承担了世界银行贷款延河一期、二期治理水沙监测、蓄水保土效益监测项目；水利部水土保持监测中心全国水土流失动态监测与公告项目典型小流域监测项目。其监测项目和工作受到世界银行专家和部省高度评价。

（二）延安王皮湾径流站

王皮湾小流域径流观测场位于延安市区西北20千米处的宝塔区枣园街道办王皮湾村，是全国水土流失动态监测与公告项目（二期）建设工程中在黄土高塬丘陵沟壑区建立的重点观测站点，站点于2012开工建设，2013年5月开始观测，2021年列入国家水土保持监测站点优化布局工程国家级水土保持监测水利侵蚀观测一般站。

观测场属黄土丘陵沟壑Ⅱ副区，所在的老袁沟系延河二级支流，流域总面积5.13平方千米，地处东经109° 18′5″、北纬36° 38′17″。现有监测设施为沟道控制站1处(控制流域面积5.13平方千米)、径流小区12个、林草样地调查点3处、气象园1处。监测内容主要有四项：控制站沟道径流、泥沙观测；坡面小区径流、泥沙观测；降水量及降水过程观测；林草样地的覆盖度调查。

（三）安塞南沟径流场

南沟径流场位于安塞县楼坪乡南沟水保示范园，2018 年始建，已设气象园一个，坡面观测场 7 个。

二、监测成果

1991—1992 年，完成“黄土丘陵沟壑区水土保持灌溉带规划布设及效益研究”。

1996—2001 年，完成世界银行贷款项目“延河流域一期治理水沙监测”课题，并提交成果报告。

1996—2000 年，完成世界银行贷款项目“延河流域、佳芦河流域土壤水分监测”课题，提交成果报告。

2002—2004 年，完成世界银行贷款“延河流域二期治理向阳沟和安塞县谭家营乡部郭塌土壤理化性质和植被度监测”课题，提交成果报告。

2002—2005 年，承担世界银行贷款项目“延河流域二期治理蓄水保土效益监测”课题，提交成果报告。

2003—2005 年，承担“黄河水土保持生态修复监测”项目，提交成果报告。

2005 年，承担两部大通道——北海线陕西境内黄陵至延安高速公路水土保持监测工作。

2006—2010 年，完成“黄土高原小流域坝系示范工程宝塔区麻庄小流域坝系工程建设水保监测”课题，提交成果报告。

2005—2008 年，完成靖边至安塞高速公路水保监测任务，提交报告书。

2012 年起，继续承担宝塔区麻庄小流域坝系水土保持监测工作，季度监测报告上报黄河上中游管理局。

2013 年起，以向阳沟、王皮湾两个站为基地，承担全国水土流失动态监测与公告项目典型小流域数据采集任务，每年 12 月底完成监测数据汇总整编，上报水利部水土保持监测中心和陕西省水土保持生态环境监测中心。

2016 年 6 月，在黄河流域水土流失动态监测与公告项目典型小流域和监测点技术研讨暨工作启动会上，延安市水土保持监测分站作为陕西省唯一的典型站点交流发言，受到上级部门充分肯定。

延安王皮湾径流站历年观测情况分别见表 5–4–1 、表 5–4–2。

表5–4–1　王皮湾径流站历年降水情况汇总

年份	年降水量 /mm	汛期（5—10 月）降水量 /mm	降水日数 / d	日最大降水量 / mm	月最大降水量 / mm	最大次降水量 / mm	历时 / min	I_{30}（最大 30min 雨强）/（mm/h）	降雨侵蚀力［MJ · mm/（hm^2 · h）］
2013	733.4	683.7	108	77.7	404.4	99.9	2564	66.4	1368.3
2014	677.6	569.3	88	74.6	144	95.4	1705	42.8	382
2015	426.7	287.6	90	30.9	80.5	47.1	2806	25.3	90.8

续表5-4-1

年份	年降水量 /mm	汛期（5—10月）降水量 /mm	降水日数 / d	日最大降水量 / mm	月最大降水量 / mm	最大次降水量 / mm	历时 / min	I_{30}（最大 30min 雨强）/（mm/h）	降雨侵蚀力［MJ · mm/（hm^2 · h）］
2016	482.3	440.5	91	97.2	160.9	97.2	979	57.1	526.7
2017	614.5	548.3	97	44.4	158.5	80.8	3498	44.4	373.3
2018	574.5	516.3	99	52.9	158.5	59.9	3025	51.6	451.5
2019	570.8	515.2	83	70.8	150.2	70.8	910	28.2	387.5
2020	592.8	518.4	109	114.4	286.2	129.8	2205	59.2	924.7
2021	712.8	625.7	61	92.4	202.8	142.8	3870	28.6	523.4
2022	600.2	538	66	74.4	234.6	74.4	1305	91.2	1372.3

注：年平均降水量598.6 mm，汛期平均降水量524.3 mm。

表5-4-2　王皮湾径流站历年径流及产沙汇总

年份	降水量 /mm	降雨侵蚀力	径流深 /mm	径流系数	年产沙模数 /（t/hm^2）
2013	733.4	2957.8	72.1	0.10	366.12
2014	677.6				
2015	426.7	367.2	3.8	0.20	11.212
2016	482.3	1760.8	0.9	0.001	1.119
2017	614.5	1072.1			
2018	574.5	1176.0			
2019	570.8	1302.1	10.5	0.02	1.649
2020	592.8	1872.3	27.5	0.05	3.62
2021	712.8	1391.0	1.0	0.001	0.194
2022	600.2	3776.5	0.4	0.001	0.209

第三节　流域规划

一、历年规划

1987年，由延安地区水利水土保持局组织，地区水土保持工作队承担，流域内各县参加，编制完成《延河流域规划》（包括县级规划和13条典型小流域规划），经陕西省水利厅、陕西省水土保持局、黄河上中游治理局审定通过。

1991年12月，延安地区水利水土保持局牵头，地区农业局、林业局、畜牧局、农机局、土地局以及各县（市）水利水保局、农口各单位参加，编制完成《延安地区黄土高原水土保持综合治理规划》，规划时段为1991—2005年。经地区行署审定通过。

1999年11月，延安市委、市政府印发《延安山川秀美工程规划纲要》，提出从2000年至2010年，用11年时间实施封山绿化、经济林果、天然林保护、舍饲养畜、农田水利五大工程，实现林草覆盖率达到70%以上，其中退耕还林1000万亩。

2003年3月，延安市水利水土保持局与中国水利水电科学研究院合作，编制完成《延安市黄土高原地区水土保持淤地坝建设总体规划》。

2007年，延安市水利水保局与中国水利水电科学研究院合作编制了《延安市水资源综合规划》，规划形成总报告一册，专题规划报告上、中、下三册。2007年12月通过陕西省水利厅组织专家评审，由长安大学李佩成院士担任组长，水利部副总工程师庞进武、陕西省水利厅副总工程师吴建民担任副组长，陈志凯院士参加。

2010年，延安市水务局与长安大学合作，编制完成《延安市节水型社会建设规划》。

2013年，完成《延河流域综合整治规划》。

2015年，延安市水务局委托陕西省水电设计院完成《延河综合治理可行性研究报告》。

2017年，延安市水务局委托水利部水电规划设计总院完成《延安市水生态文明建设规划》。

2021年，延安市水务局委托陕西省水电设计院完成《延河综合治理提升规划》。

2022年，延安市水务局委托陕西省水电设计院完成《陕西省延河健康评价》。委托陕西省水环境设计集团有限公司完成《延安市延河“一河一策”方案》《延安市王瑶水库“一湖一策”方案》。

2023年，延安市水务局委托陕西省水电设计院完成《陕西省延河岸线保护与利用规划》；延安市政府编制《延河流域系统治理方案》。

二、延河流域综合治理提升规划重点项目

（一）水资源高效利用与优化配置

规划总投资8.43亿元，包括水源及供水工程建设，农业、工业、城镇节水增效，城乡污水处理及再生水利用，完善供水工程布局等。

（二）防洪工程

规划总投资3.68亿元，包括新建和加固堤防工程、河道整治疏浚、山洪沟治理、病险水库除险加固等。

（三）水土保持与水源涵养

规划总投资3.75亿元，包括坡耕地治理、小流域综合治理、淤地坝工程、水土保持科技示范园、水源涵养区预防保护工程等。

（四）水生态修复与保护

规划总投资2.64亿元，包括生态补水工程、饮用水源地保护工程、延河生态走廊、

生态治污、河道水面工程、滩面绿化美化工程等。

（五）水文化建设

规划总投资 1.8 亿元，包括打造沿河黄土风情文化区、红色文化核心区、自然遗产保护区。深入挖掘历史治水文化和延安时期红色水文化资源，推进延河特色文化建设。

（六）流域智慧化管理

规划总投资 1.36 亿元，整合完善现有河流信息化资源，构建覆盖全流域水生态修复保护和河流管理的空天地立体感知体系，全面提升流域水管理能力和水平。

（七）重大项目

规划在安塞区境内延河上游新建龙安水库和仙人桥水库，距离延安约 40 千米，水库总库容 2525 万立方米，按 50 年一遇洪水标准设计，1000 年一遇洪水标准校核，可使延安城市防洪标准提高到 50 年一遇；规划建设延河分洪道工程，洞口位于宝塔区河庄坪镇井家湾村上游 1.5 千米延河大转弯左岸处，洞口位于碾庄沟口排入延河，可将延安中心城区防洪标准提高到 100 年一遇。

第六篇　延河文化

延河流域是中华民族的重要发祥地之一，距今一万年前的新石器时代，此流域已有人类活动。一万至五千年间，古人类繁衍发展，从安塞区方家河村、宝塔区芦山峁村和贾家河村出土的大量石器、陶器具，证实延安当时为母系氏族社会，先民生活由采集、渔猎向着种植业转变。从周秦到明清，延河流域一直是中原王朝的边陲重镇，有“塞北咽喉”“秦地要区”之称，英雄的延河儿女，为国家长治久安和边塞繁荣昌盛作出巨大贡献，创造了众多文化遗产和物质财富，历代的能臣名将、文人墨客在此建立了不朽业绩、留下了千古佳话。延河流域处于游牧民族与汉民族的交融之地，数千年里，造就了游牧文明与农耕文明相融合的独特文化，培养了质朴的民风，形成了多彩的民俗和不屈不挠、勤劳勇敢的奋斗精神。延安时期，延河流域是中共中央和陕甘宁边区政府所在地，宝塔山、延河水是中国革命的旗帜和象征，红色流域哺育了传颂万代的红色文化。

第一章　古迹名胜

延安历史悠久，物质文化遗产资源丰富，延河流域作为历代政治经济文化中心，古迹名胜分布密集，延河左岸的芦山峁新石器时代遗址，把延安筑城史向前推进约2300年。始建于唐代的岭山寺塔（延安宝塔），雄踞于延河与南川河交汇处的嘉岭山（宝塔山）上，成为中国革命圣地的标志。本章主要记述延河流域古迹遗址与风景名胜。

第一节　古迹遗址

一、芦山峁遗址

芦山峁遗址位于宝塔区碾庄乡北五里处的芦山峁村，分布在脑畔山和与之相连的小峁、马家孤三座山的山峁平面及缓坡上，总面积超过200万平方米。遗址内发现有灰坑和居住面（即白灰面），出土有石刀、石斧、石犁等石器和玉璧、玉铲、玉琮等玉器。遗址表面如耕地，陶片遍布，俯拾可得，主要有灰陶和黑陶两种，红陶少见。从出土陶片看，其纹饰有布纹、绳纹、篮纹等多种，另有磨光素面陶。从所见陶片中可以辨认的器形有罐、盆、瓮、鬲等，遗址内还有汉代建筑上所用的板瓦残片。芦山峁遗址的年代，从出土物可以推知，上限自新石器时代晚期龙山文化时期，下限一直可延续至汉代。

二、贾家河遗址

贾家河遗址位于宝塔区贯屯乡贾家河村，分布在村庄四周各山上，以贾家河西北的贺家台为中心，西起圆峁山，东至脑畔山，北临关路坡村，南靠白家零塔，总面积约35万平方米。遗址表面现多为耕地，陶片遍布，所见陶片以灰陶为主，红陶少见，其表面多系素面无纹饰，仅见少量绳纹、篮纹。从出土陶片中可以辨认的器形有陶罐、陶盆等。

在遗址内还发现有居住面（白灰面）及石棺葬。所见石棺形制较为特殊，是用三块素面无纹、稍有加工的长方形天然石板拼合而成，棺的剖面是三角形，二档一底，石棺两头又分别用两块三角形石板封住。遗址年代，根据出土物可初步确定，其上限自新石器时代晚期龙山文化时期，下限可延至汉代。

三、圪驮村遗址

圪驮村遗址位于宝塔区蟠龙镇圪驮村东北的公路边上，遗址背靠柏树山，面临雷鼓川河，东西宽约150米，南北长约200米，总面积约3万平方米。遗址表面为耕地，中部有一短而深的峡谷，将其分割成两部分。地表陶器残片分布较多，所见陶片，就其质地来论，有泥质红陶、灰陶和彩陶；有类细砂质灰陶、红陶；有类粗砂质灰陶、红陶。陶片上的纹饰以篮纹居多，并有绳纹，附加堆纹、刻划纹和锥刺纹等。从出土陶片中可以辨认的器形有罐、盆、钵等。在遗址的台地上还发现有灰坑和灰层等遗迹。遗址年代，根据所见陶器残片特征，可初步确定为新石器时代仰韶文化遗址。

四、延安府城遗址

（一）延安府城遗址

延安府城遗址又名西城，位于今延安市区中心，延河与南川河汇合处，也即东、南、北三条大川交叉的古驿要道上。城墙西依凤凰山绵延上下，东临延河水顺岸伸展。山上城段，堑土为壑，陡峭险阻，目前保留在凤凰山上的略呈梯形的土质城墙部分仍较完好，清楚得见。城内平地部分呈船形，占地面积约为516万平方米，城墙则全部为巨块面石垒砌而成，内部填土夯实，城墙截面呈梯形，目前仅在靠延河边保存一段长1000余米的东城墙残段。延安府城的结构形状及其规模，有关文献记载为："周九里，高三丈，池深二丈。门三，东曰东胜（门）、南曰顺阳（门）、北曰安定（门），上建重楼，又有小东门曰津阳（门）。西面依山，上建镇西楼。"延安城由于受其所处地形位置所限，无法修筑西门，只在北城门角向西处留一宽约2米的券式拱洞，称其为"小西门"，与西沟相通，可供人们步行出入。延安府城始建于北宋庆历五年（1045年），从始延安府城至民国二年（1913年），一直是延安府的所在地，亦是肤施县县城，金、元两代曾是陕北政治、军事、经济、文化中心。民国初年后，逐渐拆毁，今仅存遗迹。

（二）丰林县城遗址

丰林县城遗址坐落在延安城东17.5千米的周家湾村之西北，这里川道比较开阔，地势险要。现仍可看到有高高低低的城墙绵延沿山势而上达山顶，后转向西下至河边，形为靠立三角形。丰林城依山环水，易守难攻，城垣规模浩大，今存残墙最宽达6米，高至9米以上，土夯痕迹明显，层层水平，厚度3～30厘米不等，夯打坚实。宋代沈括在他的《梦溪笔谈》中曾有一段描写："延州故丰林县城，赫连勃勃所筑，至今谓之赫连城。紧密如石，劚之皆火出。其城不甚厚，但马面极长且密。余亲使人步，马面皆长四丈，相去六七丈。以其马面密，则城不须太厚，人力亦难攻也。"据《梦溪笔谈》载，丰林县城原系大夏赫连勃勃所筑，距今已有1500多年。赫连勃勃原为后秦将领，叛秦自立建大夏，在此筑城防守。北周建德六年（577年）在此设丰林县，亦作为延州州城。北宋熙宁五年（1072年）废丰林县，始降为镇，前后近500年，曾鼎盛一时，宋代名将狄青曾重修，今成农田。

（三）肤施县城遗址

肤施县城位于延安府城东（今延安东关一带），与府城隔河对峙，故又称东城。延河绕其城下折向东，城北依清凉山绵延上下。始建于隋，大业三年（607年）在此置肤施县，且迁延州（后改为延安郡）州治于此。北宋庆历五年（1045年），延州、肤施治所迁于府城。该城为土筑城垣，设有东西二门，东门外另筑瓮城，今清凉山上仍可见城墙残痕。

（四）高奴县城遗址

在延安府城东 5 里，即今尹家沟一带，城墙北从尹家沟口山脚起，以南至旧飞机场跑道附近西折，转向绵羊沟，形成西、南、东三面平地，北依山的城形。始建于秦，秦在此设高奴县。楚汉之际，项羽三分关中，封秦降将董翳为翟王，高奴城为翟国国都，时有半年余，翟国被刘邦灭。东汉中平六年（189 年），高奴城陷于奴，县遂废。该城为土筑城，结构不清，山上城墙现存部分残段，平地部分无存。

（五）北关围城遗址

在延安府城北门外，该城范围东至公路边，南及西沟北，达今延安中学操场，西沿云梯山东坡逶迤上下。该城为土夯城，其规模较小，约为府城的三分之一，山上城墙保存较完好，平地部分已毁。该城为府城的护卫城，始筑年代不详。

（六）南关围城遗址

建在嘉岭山（今宝塔山）上、下。该城为土夯城，辟有东、南二门，规模较小，现存东、南城墙部分残段，以及“范公井”“烽火台”“望寇台”等遗迹。因其处府城之南，故称南关围城，有人也称其为“寨子”。始建年代不详。

五、嘉岭山摩崖题刻

嘉岭山摩崖题刻被誉为“嘉岭第一胜境”，位于宝塔山西麓石崖间。面积 2864 平方米，高 6 ~ 7 米，长 260 米的平整的石湾，布满历代政要墨客石壁题刻，宋代以来名人石壁题刻甚多，其中“嘉岭山”三字隶体阴刻（每字高 3.68 米，宽 3.37 米）是范仲淹所题，三大字遒劲有力，气势磅礴。有“一韩一范”“出将入相”“胸中有数万甲兵”“泰山北斗”“高山仰止”“嘉岭胜景称第一”“重岗叠翠”等题刻。“发扬革命传统，争取更大光荣”是毛泽东手书。“全民导师”是蒋介石为纪念孙中山题写，署名为蒋中正。

六、烽火台

烽火台位于延安宝塔山东面，距塔约 400 米处。北宋庆历元年（1041 年）范仲淹修建时台高 15 米，底边周长 11 米。据记载，当年被覆有城墙砖，上有城垛，乃焚狼烟、燃柴火的场所。1993 年，修复成倒斗形砖砌烽火台，有台阶直通顶端，上修堞垛，中置焚火台，高 10.65 米，台底面积 243.82 平方米。该台地处要冲，视野开阔，东、北、南三道河川一览无余。

七、嘉岭书院

嘉岭书院亦称范公书院，位于宝塔山宝塔东面 200 米处坐东南向西北的山坡上，宋代范仲淹修建。后被毁，明清两代在其遗址上多次重建，有正堂三间，内塑范公像，五经会讲堂三间，供诸子讲经教学之用；另有宿舍、厨舍若干间。后又被毁。遗址旁现仅存清乾隆十六年（1751 年）重修时记碑，风化雨蚀，字迹模糊，书院荡然无存。1979 年延安市政府拨款在其旧址复修嘉岭书院。新建的书院，依坡就势有上下两个层次，畔下有两个书厅，两个工作间，畔上又建一书厅，两厅之间有穿廊相连，共计 462 平方米；其建筑采用今古结合，底部用块石砌墙，采用椭圆形窗户，上部用现代材料筑成，整个建筑物掩映在绿树丛中，显得格外古朴典雅。

八、摘星楼

摘星楼位于延安宝塔山最高峰。宋代范仲淹镇守延州时，为观察敌情指挥御敌而修建，故名望寇台（又名瞭望台）。又因此楼筑于山巅，势若高悬，星辰逼临，故又名摘星楼。原建筑已毁。1988 年在原址上重建，为两层周廊十字歇山顶重檐仿古楼阁，高 15 米，其中一层高 8 米，呈正方形，边长 12 米；二层高 7 米，边长 8 米。金顶朱栏，雕梁画栋。2009 年，改建为四层朱红色宋式楼阁，钢筋混凝土仿木结构，栏杆、台阶、地面采用福建泉州花岗岩石材火烧面制作，总面积 427 平方米，高 23.26 米。内置直径 2.1 米、高 1.1 米平安鼓一个。临此绝顶，极目八方，一览众山小，是俯瞰延安全景的最佳之地。

九、东岳庙

东岳庙位于延安宝塔山东侧山岭稍下一平台上，占地 400 多平方米，宋筑，明延安知府王彦奇大加修葺，庙宇焕然一新。民国初年，东岳庙颇负盛名，方圆数十里乃至数百里的虔诚信徒都纷纷来此焚香许愿，尤其是每年农历四月初八庙会之时，香烟弥漫，人山人海，盛况空前。1938 年被日本飞机炸毁，至今只见原大殿石基和成堆的瓦砾，但仍有人到此烧香许愿。

十、金明故城

金明故城位于今沿河湾镇碟子沟村，距县城 6 千米，元末至民国为安塞县治。清乾隆《安塞县志》记载："邑城本秦汉故地，周围四里，高二丈四尺"。民国十四年（1925 年）《安塞县志》记载："邑城本秦汉高奴旧址，金之旧堡也，元初改建，明景泰中重修。周三里七分，高一丈七尺，池深一丈，有南西北三门。弘治、嘉靖间，城北屡被水患，邑令韩震、韩弼相继移北就南，规模悉仿旧制，民获安堵。南门西向，万历壬子（1612 年），署篆范有志改建正南。崇祯壬申（1632 年）谭寇陷城据守。总督洪承畴率总兵官王承思等屯攻月余，用火炮冲击，掘开南门一面。崇祯丁丑（1637 年），知县彭尧升督工修补，谯楼在县治前。嗣后兵荒洊至，城北又屡被水患，石坝数十丈渐经崩塌。清顺治十六年（1659 年）大水从北门冲入，淹没民舍，城北荡为水区。乾隆十年（1745 年）知县倪加谦筑堤壅水，经数年功未成，遂移公署、仓廒于南关，即今新城也。乾隆三十五年（1770 年），知县狄启东依旧城外南关筑新城，周一里六分高二丈。同治六年（1867 年）兵燹后，居民逃亡，北面城身石堤被水冲塌。光绪十九年（1893 年）知县余绍侨以工代赈补修完竣，光绪三十一年（1905 年）及光绪三十四年（1908 年）两年，河水大涨，北面城身、石坝、城门、城楼均被水冲塌，嗣任崔连生等虽加修葺，未收实效，迄今破坏残缺如故。民国八年（1919 年），大水入城，民房庙宇淹没殆尽"。

十一、芦子关

芦子关位于延河上游，距今安塞区城北 75 千米。此地山高坡陡，狭谷状如葫芦。古代各封建王朝都派兵把守，视为锁钥咽喉。商周属翟地，秦汉属上郡高奴县，唐代属延州金明县，宋代属绥德军安塞堡，明清属安塞县。唐长庆四年（824 年），李彝为朔方节度使，在芦关建造城防，以护寨外。后唐长兴四年（933 年）药彦稠诸将讨伐盘踞夏州的李彝超时，首先屯兵芦关，以壮军威。宋淳化五年（994 年），金明镇使李继周看到芦关周围崖高势险，便选择扼要地形修筑寨城，以固边防。唐代杜甫游览后，写下了《塞芦子》一诗流传至今。宋代司马光游览后题留了“延水犹传檄，芦关未撤烽”的诗句。民间流传道“芦子关、芦子关，风萧萧兮延水寒，安得壮士控北番”的感叹。这里的山岭之巅，防御密布，别名铁门寨。至宋元丰四年（1081 年）复为成守之所。又有杜甫注：“芦关扼两冠，有土门两崖峙立如门，入门地形宽阔，状如葫芦”，故名。至今芦子关雄姿犹存。

十二、塞门城

塞门城（寨）位于延河上游、今安塞区城北 60 千米之镰刀湾镇政府驻地对面。据民国三年《安塞县志》载：“塞门寨本在夏州宁朔县界，唐开元二年（714 年）移就芦关南金明镇。宋淳化五年（994 年），金明镇派李继周，命开治塞门、鸦儿两路，择要修筑寨城。宋熙宁二年（1069 年）夏人请纳寨门、安远二寨以乞绥州，诏许之。”又“塞门本属北番旧寨，至道以后与芦关、安远、石堡俱废。元丰四年（1081 年）恢复，东至平羌寨 50 里，西至平戌寨 60 里，南至安塞堡 160 里，北至乌延口 90 里。宋为寨，明设驿”。塞门地当要冲，敌对双方皆谋夺而据之。出可长驱大沙漠捣其巢穴，进可夺延州以图中原，系双方兴亡之要地。无论史书或遗迹都印证古代这里据势之重要，用兵之频繁。1982 年在塞门城中掘出藏战亡遗弃汉番尸体墓碑。其碑文：

延安府符坐准，朝旨收藏汉番遗骸，本寨管下地，分收到二十六副埋磨。宋元符三年七月六日立石。

十三、秦直道

秦直道由志丹县杏河镇曹老庄村进入安塞区化子坪镇境内，即下山，沿着鹰嘴子沟南侧二级台地，经圆峁、背台、草圈台，过杏子河支流岔路川，又经后陵湾，在枣树阳湾上山，经堡子山、阳山湾、桃嘴唾哈、卧虎湾、圣人条等地，进入化子坪镇红花园。这一段直道由于水土流失严重，路面多被冲成沟壑，但路迹依稀可辨。保存较好的是堡子山南侧一段，路面残宽 10 ~ 25 米不等。化子坪镇境内现存秦直道约 6 千米。出王窑乡圣人条后，经红花园、白家畔、扣崾崄、杀人崾崄、七墒地崾崄、同沟等地，过延河支流新庄沟水。在新庄沟北岸的河西沟以西，直道路线分为东、西两条。东边一条经哈巴崾崄到达冯岔村。路线较直，但坡度较大。西边一条经阳山梁村，路线呈弧形，但坡度较平缓。两条路线在冯岔村交会。到冯岔后，直道即沿着延河西岸二级台地向北延伸，经徐家坪进入镰刀湾境内。化子坪镇境内秦直道长约 30 千米。河西沟以南一段直道路面保存较好。杀人崾崄一段修凿的垭口宽达 55 米，一般路面宽 18 ~ 30 米。由徐家坪北上进入镰刀湾镇境内后，仍沿着延河西岸二级台地延伸。在罗居村南过延河，沿着张家沟西侧台地北上，经石窑滩、康家河等地，在前火石洄上山，沿着山梁北上，经麻地渠，到达鸦行山。此段直道长约 20 千米，在鸦行山凿有一深 70 多米、宽 16 ~ 20 米、长 70 米的巨大垭口。镰刀湾镇一段秦直道路面因水土流失，破坏严重，但走向基本清晰可辨。穿过鸦行山后，在王家湾镇黄草塌村西北拐了一个弯，复入镰刀湾镇境内。经宋家洼，在宋家洼东北和王家湾镇丁嘴梁西北处复入王家湾镇境内，继续向北延伸，进入靖边县小河乡郑石湾村境内。此段秦直道长约 9 千米。直道路面最宽处 36 米，最窄处 18 米。秦直道在安塞区境内总计长 65 千米。

十四、方家河遗址

方家河遗址属仰韶文化，位于安塞区沿河湾镇方家河村云盘山，南北长 1000 米，东西宽 300 米。遗址内可见泥质红陶、泥质灰陶、夹砂红陶、夹砂灰陶等，可辨器有盆、钵、缸、瓮。

十五、寨子湾遗址

寨子湾遗址属龙山文化，位于高桥镇寨子湾村东北 200 米处寨子山腰至山顶处。该遗址分布范围整体呈不规则条带状分布，东西长 100 米，南北宽 100 米，占地面积约为 10000 平方米；遗址北接黄金沟，南临寨子沟，西距走马川 20 米，东临沟；地表遗物以夹砂灰陶为主，夹砂红陶、泥质灰陶较少，纹饰主要有堆塑、篮纹、绳纹、素面等；可辨器形主要有斝、鬲、缸、罐等；可见文化层一处，呈条带状，长约 6 米，厚约 0.3 米，距地表高约 2 米，未见灰坑、白灰居住面等。

十六、民国粮仓

民国粮仓位于安塞区高桥镇高桥村寨子山南侧山腰，民国时期建，为石砌窑洞两孔，坐北朝南，进深 5 米，门上遗留有石雕匾额，记载时间、防荒等文字。

十七、云岩寺石窟遗址

云岩寺石窟遗址位于延安市安塞区镰刀湾镇杨石寺村附近延河干流左岸，有大小石窟多座，石窟内残存岩石雕刻佛像，为北魏时所建，距今 1600 余年。2023 年 10 月，延安市水务局组织延河考察时，有村民自筹资金修复，并建戏台一座，计划恢复每年农历三月十八庙会。

十八、贺家圪台遗址

贺家圪台遗址属新石器时代（仰韶时代）。位于延长县张家滩镇贺家圪台村梁上，总面积约 30000 平方米，地表陶片丰富，有泥质红陶、夹砂红陶等，可辨器形有瓶、罐、盆、钵。

十九、皇庆寺

皇庆寺位于延长县张家滩镇郝家窑科村，金代建，清光绪十四年（1888 年）重修，坐北向南，有正殿三间，长 10 米，宽 10 米，高 7.5 米，对面戏台一座。

二十、雷音寺

雷音寺位于延长县罗子山镇石佛村井沟（西沟）和尚梁山坡，建立年代不详，坐北朝南，正殿三间，长 10 米，宽 8 米，墙面有壁画，东西两侧及殿后均有建筑，寺院内有古柏树，大门（南天门）有石台阶直通山下，山下建有戏台一座。寺院东侧隔小溪山坡依次有龙王庙、关帝庙、马王爷庙。现寺院神像已无，山下庙宇已拆，戏台修复后尚在。

二十一、延长古城遗址

延长古城于金大定二十二年（1182 年）动工修建土城，二十六年（1186 年）竣工。明弘治元年（1488 年）重修，城墙周长 4 里 244 步，城墙高 7.3 米，宽 3 米许。明嘉靖二年（1523 年）增建石城，城墙高 6 米，宽 3 米许。清顺治十六年（1659 年）六月六日夜，洪水穿城，雉堞城楼荡然无存。清乾隆三十二年（1767 年）重修，乾隆三十四年（1769 年）十月落成，城墙周长 347 米，建有城楼、炮台、垛堞、水沟、水关、东西围城外护堤等。清光绪十八年（1892 年）补修，民国二年（1913 年）修葺。新中国成立后，县城不断发展，原旧城墙及建筑陆续拆除。

二十二、延一井旧址

延一井旧址位于延长县城西门外现石油广场，清光绪三十三年（1907 年），官府在此开凿油井，同年 9 月 30 日出油，为中国大陆第一口油井。1985 年 9 月，延长油矿管理局在延长镇西桥小学所在地的“延一井”抽油机旁，竖碑纪念，庆祝延长油矿建矿 80 周年。同年 10 月，国务院原副总理、石油部原部长康世恩为“延一井”题词“中国陆上第一口油井”。1992 年，“延一井”被列为陕西省重点文物保护单位。1996 年 11 月 20 日，国务院公布“延一井”旧址为第四批全国重点文物保护单位。1997 年，“延一井”被列为“中华之最”。2005 年 5 月，延长县政府投资 120 万元，根据“延一井”历史风貌，实施恢复原貌的项目修复工程。台面部分由陕西省文物保护中心承建，仿古机械部分和锅炉工程由延安石油机械厂承建。台面四周增加绿化带，当年竣工并通过验收，恢复了清代时小铜釜式抽油提炼工艺流程，成为人们形象了解中国石油发展史的一个窗口。2005 年 5 月 1 日，适逢延长油矿建矿 100 周年纪念日，七里村油矿、甘谷驿油矿、王家川钻采公司的数百名石油工人在此举办爱国主义和革命传统教育活动。同年 6 月 1 日，延长县政府在此举行爱国主义和革命传统教育基地揭牌仪式。

二十三、侯市村崖居

侯市村崖居位于志丹县杏子河流域杏河镇侯市村，崖居群由 2 部分组成，均分布在断崖之上，地势险要，人不可至，易守难攻。室内大小各异，有甬道、暗道、竖井、斜井互相串联，室外有栈道、台阶也能使人在各洞室互相走动，个别室外有椽眼。1 号崖居在断崖上分布着十六个人工开凿的洞室，立面分布面积约 334 平方米。其中一个洞室外的浮雕上雕有腾云龙及凤戏牡丹的图案，从雕刻的风格分析，似为金元时期的崖居群；2 号在断崖上分布着五十六个人工开凿的洞室，立面分布面积约 4110 平方米，洞室门均高 1.7 米，宽 1 米，窗高 0.4 ~ 1 米，宽 0.5 ~ 1.4 米不等。该崖居群在《中国文物地图集》未曾著录公布，该崖居群的发现对研究志丹东部、杏子河流域的军事防御、战事、匪患等研究提供了重要历史资料。

二十四、狗头山

狗头山又名石阁山，又称高山。位于延河下游，今延长县雷赤镇境内，东临黄河，距县城 62 千米，南北走向，长约 3 千米，宽约 2 千米，海拔 1220.6 米，狗头山为石质山，远眺形似狗头，雄伟高大，以陡峭、奇险著称。山的北边平缓，柏树成林，四季苍翠；南边悬崖绝壁，深渊万丈；东西地势陡峭，昔有城墙围之。山顶有天井一口，数丈深，常年有水，为狗头山唯一水源，另有一古寨，建筑被毁，仅存一塔。相传很久以前，石阁山天天在升高，年年在变样，人们感到奇怪，就称它为活山。到了秦末汉初之时，一南国人途经石阁山，由于天热疲惫就到石崖下歇息，顺手脱下草帽，放在头顶的石头上，就酣然入睡了。觉醒之后，他去拿帽子，却够不着了。惊呆之余，他想山能升高，必定有宝。于是下山请来石匠取宝。可是，白天凿，夜晚平，一点没有进展。因此，他便要求石匠昼夜不停地开凿，终于在三丈深的地下发现了一颗狗头，金光闪闪，便取走了。从此，这座每天上长的石山不再长高。山顶上只留下一眼石井。当时南国人贪心不足，仍在寻宝，结果在山腰处，发现了蜜蜡洞，他认为此山是风水宝地，便把从别处取来的聚宝盆埋在了山腰下的沟里，并在旁边栽了棵柏树作为记号。几年后，他再来取宝时，但见柏树郁郁葱葱，根本找不到埋盆的地方了，后人便把这条沟叫作柏树渠，这一传说，更增加了石阁山的神秘。千百年来，狗头山曾庙宇辉煌，盛名在外，秦晋香客络绎不绝，后因战乱和自然灾害，山上建筑都遭毁坏，仅存石塔和天井，当地政府已将其纳入旅游开发保护规划。

二十五、王庄战国代墓群

王庄墓群位于宝塔区青化砭镇王庄村，时代为战国至宋代。20 世纪 80 年代暴露，战国竖穴土坑墓，出土陶茧形壶。发现宋代砖窑墓多座，墓室内嵌腰鼓秧歌舞、牡丹花卉等内容画像砖，砖长 27.5 厘米，宽 24.8 厘米。另出土黑釉瓷灯、碗及褐釉瓷碗。

二十六、虎头峁元代墓葬

1987 年 6 月 2 日，在延安南川柳林镇虎头峁村卧虎梁南坡，当地村民修窑挖地基时发现 2 座小型穹隆顶单室石砌墓葬，形制、大小基本相同，且东西向并排排列，相距仅 5 米余；依发现先后顺序，分别编为一号墓、二号墓。

一号墓：位于二号墓之右，所处位置极低，墓顶在现存地平面以下 4 米处。墓为单室，平面呈抹角八边形，每边长 1.1 米，墓壁全部用刻凿规整的高 21 ~ 32 厘米，长 38 ~ 45 厘米，宽 20 ~ 29 厘米不等的长方块石错缝平砌而成，黄土泥抹缝，平砌至高约 3 米处时，则从八边开始逐层用长条形块石叠砌成穹隆顶（圆帐篷形）。顶之正中有一直径约 62 厘米的圆孔，孔上加盖直径 70 厘米、厚 27 厘米的圆形盖石，盖石上雕刻有 4 只飞翔的朱雀图案，墓正南开一方形石门，门高 1.2 米，安 2 块石质门扇。该墓通高约 35 米。由于封闭不严，泥水大量浸入，发现时墓内淤泥厚达 1.6 米以上，未见棺木和尸骨痕迹，只清理出纯一色的深灰色陶质男俑 6 件、女俑 1 件，陶马、陶牛、陶猪各 1 件，陶制鸽形灯盏 1 件，陶制轿形车 1 辆，另有陶尊、陶壶、陶碗、陶杯、陶罐、陶盆、陶盘等器物 10 余件。

墓内还出土边长 35 厘米的方形墓砖一块，砖上原来写满竖行排列的楷书朱砂字，可惜出土后仅能隐约看到“大元”二字，其余字迹均已残或模糊不清，无法辨认。

二号墓：与一号墓同一天发现，位处左，与一号墓并排排列，相距仅 5 米余，其形制、大小、规格与一号墓相同，只是墓顶圆形盖石上无朱雀图案，墓内淤泥较一号墓为多，2 米多厚。经清理，在淤泥中发现少量人体残骨和数枚生锈甚重的铁质棺钉，未见棺木痕迹。墓内随葬器物甚少，仅清理出浅灰色陶质男俑 3 件、女俑 1 件，且质地疏松，极易破碎，墓内未发现有带文字的墓砖。

一号墓、二号墓的墓主因出土墓砖上的字迹模糊不清已无法查考。从两墓形制、大小规格、距离等方面推知，为同一时期营造，两墓的墓主应是夫妻，即夫妻同墓异穴合葬。再从出土的随葬器物种类数量等情况分析，一号墓墓主可能为男性，而且生前是具有一定官职的中层（或上层）人物。两墓同为元代墓葬。

二十七、杨家陵明代墓葬

杨家陵是明代兵部尚书杨兆家族墓地，位于延安市区北郊 2.5 千米许的杨家岭村，葬伏龙山上。据记载，陵内葬有明兵部尚书杨兆及其父亲御史杨本深，以及杨兆兄参政杨吉等人。该陵北靠重峦叠嶂，面向延河。内设神道、牌坊、祭坛等，形成一庞大的建筑群，占地面积约 1 万平方米以上，雄伟壮观，为当时延安著名陵园之首。据年长者追忆，杨家陵原来规模十分宏大，建筑物一应俱全：陵园大门是一座重檐三过洞的石质牌楼，两边各树神道碑，下以巨大石质质为座，上有歇山式亭顶，通高约 35 米，其上刻陵园简介。紧挨石碑两侧，还立有用砖砌成的陵坊，分别镌刻着“一品名山”“三朝柱石”。进入陵门，便是宽敞笔直的“神道”，先是两个 4 米多高的石望柱分南北而立，通身浮雕有“福之”花纹，敦实庄重，作为陵墓的标志和神道的开端。尔后依序分两行对称排列着石雕雄狮、麒麟、绵羊、骏马各 1 对，石兽形体高大，气魄雄伟。再向前又对称排列着两对石质守陵文臣武士，以示威严。过了神道继续往前便是供后人祭奠、凭吊用的祠堂——三孔石券窑洞。苍松遮日，翠柏蔽天，直向山顶伸延，其间上下参差，分布着许多地面封土堆大小不等的墓葬。这座宏大、壮观的陵园，虽历经数百年自然和人为的破坏，到新中国成立初期，规模犹存，仍不失其宏伟的气魄。后在“文化大革命”中，被彻底毁坏。目前，在陵园内的山梁平缓处仅能见到一座墓葬封土堆，高约 25 米，底围约 20 米，堆前有长方形石碑一通，长 1.8 米、宽 0.8 米，已被推倒，其上字迹风化十分严重，加之后人有意凿刻，已无法辨认。另在墓堆前左、右两侧还分别倒卧一高 2.7 米的断头石人。

第二节　名胜景区

一、宝塔山景区

宝塔山古名丰林山，宋代起称嘉岭山，位于延安城延河与南川河交汇处东南方向。与清凉山、凤凰山鼎立相望。临河险要，是城东屏障，古代军事要塞。海拔 1135.5 米，山上有宋代宝塔、城寨遗址，明代巨型铁制洪钟一口，有修复的摘星楼、烽火台，原有魁星阁、嘉岭书院、范公井、东岳庙等建筑，日本工农学校仅存遗址，山麓有嘉岭山摩崖石刻等景点景物。

延安宝塔又称岭山寺塔。始建于唐代，宋代重建，以后多有修葺。“古刹名山”，闻名于世。塔高 44 米，底层围长 36.8 米，塔尖呈八角覆钵攒尖状，为八角九级中空阁楼式砖塔。古塔各层间用青砖叠涩出檐，上面有砖雕枋木结构椽。南北各辟拱形门，额书“高超碧落”和“俯视红尘”八字。2~9 层辟拱形窗，登梯可眺望延安市容。有名句云：“宝塔钟声三川闻，肤施鸡鸣五城应。”与太和山庙宇遥相呼应，盛极一时。历代咏宝塔的诗赋很多，明弘治年间（1488—1505 年）延安知府李延寿作咏嘉岭山：“嘉山叠叠倚晴空，景色都归夕照中。塔影倒分深树绿，花枝低映碧流红。幽僧栖迹烟霞均，野鸟飞归锦统从。翘首峰头故营垒，令人追忆范文公。”杨鼎瑞诗赞嘉岭古塔：“巍巍一柱壮延州，天险由来籍宋贤。夹岸长涛青草没，侍空孤剑白云连。钟声夜度三山月，岗气朝收万井烟。登眺年年人自乐，何须范老更忧先。”1937 年后，始名延安宝塔，成为革命圣地的标志和象征。古塔历尽近千年沧桑和枪林弹雨，巍然屹立。1959 年和 1984 年，人民政府两次大规模维修，塔身安装彩色电灯，塔尖安装避雷针，4 层以上用钢筋水泥箍塞。塔南侧、西北侧各建一个八角凉亭。1984 年 6 月，成立宝塔山文物管理所。延安旅游集团公司成立后，在山下修仿古式山门、上山踏步道、烽火台。夜间，泛光和霓虹灯把宝塔映照得雄伟壮丽、金碧辉煌。1956 年 8 月和 1961 年 3 月，分别被陕西省人民政府和国务院归入全国第一批重点文物保护单位。当代诗人贺敬之“几回梦里回延安，双手搂定宝塔山”的诗句，凝聚着人们对延安的无限深情和向往，是中外游客到延安旅游向往的景点。

二、清凉山景区

清凉山景区位于延安城东，隔延河与凤凰山、宝塔山形成“三山鼎立，二水环绕”的景观。北宋范仲淹诗云：“金明阻西岭，清凉寺其东。延水正中出，一郡两城雄。”自古以来为游览胜地。景区名胜主要有万佛寺、延安新闻纪念馆、山顶太和殿等处。1956 年 8 月 6 日被公布为第一批省级重点文物保护单位；1981 年 5 月，成立清凉山文物管理处，专门负责该寺的保护管理及维修工作。2006 年 5 月 25 日被公布为全国重点文物保护单位。

清凉山石窟是陕北四大石窟之一。开凿于隋代以前，以后历代皆有造像或维修。主要有四个石窟，规模宏大，是珍贵的历史文化遗产。由北向南依次编号。一号窟即万佛洞窟，为主窟。门联题：名山名水名诗千首天下少，石岩石洞石佛万尊世上奇。洞窟宽约 17 米，深 12.9 米，高 6.7 米。窟中央凿石成基坛，上有三世佛和迦叶、阿难二弟子塑像，已毁无存。现有泥塑像，系 1985 年重塑。基坛左右两侧各有一石屏壁连接窟顶，屏壁有佛涅槃图、十五级浮屠，有浮雕小千佛、佛、菩萨、罗汉、弟子像。窟四壁浮雕小千佛、释迦、弥勒、多宝净瓶观音、文殊菩萨、普贤菩萨和千手观音像等。据题记知宋神宗元丰元年至三年（1078—1080 年）完成开凿造像。造像高者 1 米有余，低者仅仅 0.13 米。全窟神态各异的大小佛像 10014 尊，婀娜多姿、形态各异。范仲淹《清凉漫兴》赞其为“凿山成石宇，禅佛一万尊。人世亦稀有，神功岂无存”。洞窟内有金、元明代造像或彩绘题记。窟口两侧洞壁有金、元代修葺万佛洞纪事摩崖碑碣。二号窟窟深 4.6 米，宽 5.3 米，高 4.6 米。窟内正壁释迦牟尼三世佛结跏趺坐于圆形莲座上，姿态优美，神态静雅，阿难、迦叶两旁侍立，左壁雕文殊菩萨骑青狮，右壁普贤乘六牙白象，形象生动。三号窟窟深 9 米，宽 6.7 米，高 4.8 米。前半部分及左右两座观音坐像凿造于宋，雕技更完美、逼真、成熟。后半部分是明代开凿雕造的弥勒洞，门联趣题“大肚能容容天下难容之事，开口便笑笑世上可笑之人”，额题“皆大欢喜”。洞中 2 米高的莲花台上，仰坐着 1.8 米的弥勒佛，袒胸开怀，大腹便便，阔鼻薄唇，两耳垂肩，满脸笑容。四号窟俗称释迦洞。位于鹫峰岩下。洞口联题“事能知足人常乐，人到无求品自高”。窟平面略呈梯形，窟前部宽 4 米，后部宽 5.9 米，深 5 米，高 3 米。窟口两侧为浮雕护法大天王像，气宇轩昂，赳赳而立。窟口壁用高浮雕手法雕成山崖、岩石、行云流水，亭台楼阁及童子拜观音、太子游西门等佛传故事图像，布局精妙，错落有致。窟顶中央为一覆斗式莲花藻井。藻井周围为平棋格天井，内雕有宝相花、如意云纹、飞天、朱雀、花卉、几何纹等图案。尤其是其中一组 4 个飞天造像，雕刻极其精美。飞天绕中心花卉急速旋转、衣带飘扬、富有动感。窟四周雕有南海观音、九华地藏王、文殊菩萨、普贤菩萨。窟内浮雕造像，构成一个佛像理想境界，具有强烈的艺术感染力。

清凉山摩崖石刻有 40 多处，有诗词、题词等石刻，历代文人墨客游览胜景后，在附近石壁上镌刻题诗（字）甚多，仰首可观，是书法诗歌艺术的苑地。有“环翠”“苍生一望”“柳湖胜景”“云轩”“仙石灵宕”等题刻。

清凉山牌坊位于西南登山路口，原砖牌坊，1984 年，重建仿古牌坊。三开门楼式，青灰色石料雕砌而成。正面有书法家舒同题写的“万佛寺”牌额，两边立柱镌联一副：二水绕座晨望嘉岭塔边烟，八景环山夜对凤凰楼上月。背面额书“清凉第一”。牌坊上方雕有八仙庆寿、二龙戏珠图案。两边是麒麟玉书，牌坊下面八块石鼓雕“犀牛望月”“海马朝阳”“鹿鹤同春”“凤戏牡丹”等图案，做工精细，具有古代传统建筑艺术风格。

诗湾摩崖题刻在万佛洞南侧上方石崖上，有历代名人学者摩崖题刻 50 多处，题咏石碣众多，内容丰富，真草篆隶，参差错落，布满全湾。摩崖石刻，琳琅满目，令人流连忘返。“诗中画”位于清凉山万佛寺弥勒洞左上方，每字高 0.8 米，宽 0.5 米，行草书、阴刻。为明正德十五年（1520 年）延安知府吴存礼手书。字体潇洒圆润，刀功有力，堪称明代书法之精品，清代吴瑞诗赞“新蝉鸣高柳，攀跻坐清明”。以吟诗亭、石崖中心是新诗湾，题有毛泽东等老一辈革命家题刻的 15 首新诗。

清凉碑林位于清凉山西北方，建于1997年。内集毛泽东、陈毅、叶剑英、谢觉哉、林伯渠、陈慕华、钟毅、肖华、贺敬之、王定国、李木然以及学者名士书法精品一百余幅，内容多与延安相关，已成清凉山新景观。刘广经颂道：“万佛洞府接苍穹，琵琶桥边闻晓钟。奇观楼前三滴翠，鹫峰涌月一笑逢。桃花洞口飞红霞，仙人石上枕青松。东洲泉水清波绿，文冈诗湾又几重。”

范公祠和庞公祠位于清凉山西南侧印月亭左上方。1984 年，延安四山委员会在清凉山重建。为歇山四出水九脊十兽的古典殿宇，殿门匾额上刻有“天下奇观”4 个字。范公祠祠堂为三开间大殿，长 14 米，宽 9.8 米，面积 133 平方米。门匾额书“宋朝人物第一人”。柱联为“先天下之忧而忧，后天下之乐而乐”。祠堂右旁碑刻记载宋仁宗康定年间驻守延州抗击西夏时陕西经略副使、延州知事范仲淹的生平业绩，祠堂正中有范仲淹在延州抗御西夏时的彩塑戎装按剑像。身着铠甲，手握宝剑，头戴盔帽，目视远方，貌甚威严。西侧侍立着战功赫赫、威震边疆的名将狄青，东侧立的是文武双全的种世衡。祠内有范仲淹手书《梅花庵》《清凉漫兴》等 4 首，毛泽东手书范公祠《苏幕遮》。庞公祠在范公祠的下方，长 10 米，宽 5.5 米，左右矗立两个“望延亭”。祠堂右旁碑刻记载龙图阁学士，足智多谋的功臣名相庞籍，于宋仁宗庆历元年至五年（1041—1045 年）知延州兼延路都总管，在延守边五载，抗御西夏、战功赫赫，建设延州、修柳湖胜景，厚泽边民，功勋卓著，人民感恩戴德，遂建祠敬奉。

蓬莱仙境为全国稀有的道教石窟，位于万佛洞右侧百步上方处，经睡佛洞、藏经洞，过仙灵堂、华佗庙遗址；从药王庙越白云幽处，经延寿洞（古称落星岩）过朝观音洞曲径通幽来到蓬莱仙境。此处素有“福地洞天”之称。额名“蓬莱阁”是全国书协主席叶元超题刻，左右浮雕石刻“福地洞天神仙府，钟灵毓秀道士家”，联刻苍劲有力。穿拱形石门入四合院落，古槐成荫，幽雅静谧，景致集萃，有十洞八景。十洞是桃花洞、仙人洞、十八罗汉朝观音洞、老君洞、鲁班洞、活龙洞、雷公洞等。八景是仙人石、仙人亭、蓬莱阁、仙人桥、撒珠坡、烂柯泉、定痂泉、俊峰泉景观。

琉璃塔位于清凉山仙人洞右上方，是所知陕西唯一的一座琉璃塔，弥足珍贵。明崇祯二年（1629 年）八月，山西汾州府侯大阳建造。1985 年 7 月，由延安市甘谷驿镇唐家坪村半山坡迁至清凉山上。八角七级阁楼式实心塔，据唐家坪村村民传说塔端原为半球状铜质顶，现已损毁无存。残塔高 6.25 米，底层周长 6.04 米。每层内由土坯、泥浆填实，外表用 56 块长方形琉璃构件围拱而成。琉璃构建造像丰富，且各层有异：饰有 214 尊大小不等的佛和菩萨，另有天王、飞天、小千佛、力士、龙、凤、朱雀、麒麟、鹿、马等象征吉祥如意的灵异动物。塔体构件色彩绚丽、造型精美，造像逼真、栩栩如生。每层间屋檐装饰，檐下有额材杉、柱头、斗拱，檐基上饰有牡丹、忍冬、如意云纹、鸱吻、蛟。造型美观，工艺精湛，具有极高的艺术价值。可惜，塔2层部分琉璃构件残缺不全，毁损严重，难见昔日之华美。1992年，琉璃塔被陕西省政府列为第三批重点保护文物。

三、太和庙景区

太和庙景区是以真武殿为主的道教圣地，位于延安城东北清凉山之巅“莲花峰”（又名天山）上。太和山素有“三山鼎峙，太和第一”之美誉，海拔1137米。山顶建有清凉山公园，方圆约4千米。园内松柏蓊郁，庙宇殿堂林立，星罗棋布，蔚为壮观。园内有清凉寺、老子塑像及其《道德经》碑刻廊榭、崇正书院、扫叶楼、驻马坡、翠薇园、魁星楼等景点。寺庙历史悠久，始建时间无证可考。史载：隋炀帝大业三年（607年），在山顶修建莲花城，建有奉国寺。北宋知延州沈括在《梦溪笔谈》中记述：“延州天山之巅有奉国佛寺，寺庭中有一墓，世传尸毗王（释迦牟尼第三代弟子）之墓。庆历中，施昌言镇鄜延，坏奉国寺为仓，掘藏得金银玉器甚丰。宋代元丰初年（1078年）道士郁道虚遂改兴紫极宫。”是陕北颇具影响的道教圣地。吸引山西、甘肃、内蒙古的善男信女，远道而来焚香许愿，顶礼膜拜，香火极盛，延年不辍至新中国成立初年。1938年，日本飞机轰毁大部分殿堂，仅存祖师大殿一座、三天门山门等。1956年和1960年，两次修葺太和庙。1985年，集资复建道观等64处。2005年又修建两条上山步道、两条上山公路。2009年，修建道教文化交流中心楼宇6层。循旧规，每年农历正月十五、三月三、四月八、七月七、九月九有多次庙会，其中四月八为正会。届时，虔诚的信徒焚香许愿，赶庙会、看戏、交流物资，人山人海，摩肩接踵，热闹非凡。

四、万花山水利风景区

万花山又名牡丹山，位于延安城西南16千米杜甫川花园头村，总面积约800亩，其中水域面积20余亩。万花山下，为牡丹川，因唐代诗圣杜甫曾到此避难观览，故名曰杜甫川。清溪潺湍，逶迤东北，日夜不息。主要景点有牡丹园、万花湖、崔府君庙、毛主席观花台、木兰故里、花木兰陵园、群芳谱、从军亭、望仙亭、吟诗亭等。万花山三峰耸立，钟灵毓秀，古柏蓊郁，四季常青，环境清幽。主峰上有一道山梁，传说是巾帼英雄花木兰跑马习武、弯弓射箭的跑马梁。梁上塑有高大的石雕马。有一棵古柏5株并生，虬枝缠绕，如同五龙腾空，因名“五龙柏”。每年立夏时节，漫山遍谷翠绿，林木繁茂，奇花异草丛生，十万多株牡丹竞相盛开，花蕾硕大、五彩缤纷，浓香四溢、沁人肺腑。明弘治《延安府志》有“花源头产牡丹极多，樵者以之为薪”的记载。其中，地理志记载“中国牡丹产源于延州（延安）、丹州（宜川）、青州、越州”。延安牡丹有延州红、丹州黄白、紫褐色等。

1939年、1940年，毛泽东、周恩来、朱德等曾到此观赏牡丹。1979年起，在人工湖西岸修建牡丹花圃——群芳谱。人工种植和移栽洛阳、甘肃等地的野生优良牡丹70余种，9000平方米。同年，该地开辟为风景游览区。延州牡丹历史最久，且优良品种在唐朝已引进洛阳，延续已千年以上。景区内还有数道石刻长壁，镌刻着历代名人即景诗和题词。

花木兰陵园位于万花山隔湖对面的果园山上，原名花家陵。陵园门额“木兰陵园”四字由原延安地区行署副专员王廷璧手书。传说园内墓穴为花木兰的坟墓。墓碑上雕刻着舒同、廖沫沙撰写的“花将军之墓”“木兰祠”。墓碑前矗立一尊4米多高、头戴毡笠、肩披战袍、英姿飒爽的花木兰跨马征战的戎装雕像。园内石碑刻写着《木兰诗》全文。

2012年1月，陕西省水利厅批准延安万花山水利风景区为省级水利风景区。

五、凤凰山景区

凤凰山山势险要，雄踞延安市区中心，环（屏）拱府城，是延安府的军事要地。海拔1167.4米，为四周群山之冠。灌乔茂密，森林覆盖率为89.8%。延安城依山而建，形如凤凰展翅，故清代陈天植曰“凤翼连城势，乌延古郡名”。亦有因“叶生吹箫引来凤凰仙子”的传说而得名之说。山上山下，名胜古迹甚多：有秦朝古城墙、唐代西佛寺石窟、千佛洞遗迹；有1995年复建的招凤亭、留佳亭、吹箫引凤亭、百花亭，原有杨六郎（杨延昭）寨和调兵遣将而挖筑的转兵洞、狄青寨、小木屋、狩猎场；有毛泽东会见美国记者史沫特莱等20多处革命历史旧址；有2008—2009年，延安文化和旅游局重修的文昌阁、邀月台、四条登山游步道；另有私语林、怡馨园及凤凰山公园等人文景观。据考证，秦始皇统一中原后，命名将蒙恬北征匈奴，于公元前215年在高奴（今延安）凤凰山沿山势堑山堙谷筑城垣为池，雄浑苍凉，是延安城防建设最早、规模最大、保留最完整的一座城池，距今有2200多年的历史。大唐名将尉迟恭，北宋名将韩琦、范仲淹、庞籍、杨文广、狄青、钟世衡，科学家沈括镇守期间督修扩城。蔚为壮观的文昌阁，踞延安城中心的凤凰山山巅。宋仁宗庆历元年（1041年），扩建整修改名，内塑文昌神像。范仲淹重修此楼，为抗击西夏侵扰，以求国泰民安，改名为镇西楼。清《延安府志》载：“城跨其上，雉堞巍然，为郡山首，上有镇西楼，宋范仲淹建，残碑犹存。”1937年，毛泽东登临写诗：“登山到顶我为峰，凤凰山上定乾坤。”周恩来咏诗：“庆寿步步登仙山，凤凰拜神祷苍生。”

六、杜公祠

杜公祠坐落在延安城南七里铺中段南杏子河与杜甫川河汇流处，东侧山脚下，为纪念唐代诗圣杜甫在延安之行而修建的。杜公祠右侧摩崖石刻“少陵川”，每字高0.85米，宽0.63米，楷书、阴刻，是清道光二十三年（1843年）肤施县事西粤陈炳琳书。现存杜公祠，正殿深2.35米，宽4.48米，高3.20米，平面呈长方形。敞口有砖木结构的接檐。窟内有高0.94米、宽4.48米的石台基，杜甫卧像，不知何时被凿去。唐朝天宝十五年（756年），杜甫避安史之乱，经鄜州羌村、万花山到此石崖下露宿一夜。《延绥览胜》载：“川口有杜拾遗祠，祀象石室，登望杜亭，得地高爽，俯瞰河南流。祠有石刊，墨人骚客多有赋凭吊。”宋范仲淹手书“杜甫川”三大字，鸠工勒石于石壁上，后绝迹。清道光二十七年（1847年），建“唐左拾遗杜公甫祠”。殿窟前建石拱形洞门一座，门面上方镶嵌有一面匾，上刻“唐左拾遗杜公祠”七个大字，门左右两侧的石柱上雕刻有陈炳琳所书“清辉近接鄜州月，壮策长雄芦子关”的楹联。清光绪五年（1879年）、1940年、1959年多次复建和维修，

“文化大革命”期间复遭破坏，1984 年 5 月 2 日，地、市两级政府再复建。该建筑被市政府列为市级文物保护单位。

七、云台山景区

安塞县志载：“云台观，在城北五里，一峰孤峙，二水远流，势如削成，上祀真武暨吕纯阳像。明洪武至正德年间修，清康熙四十四年重修，嘉庆、道光及光绪年间历加修缮。”云台山位于今安塞区延河左岸，奇峰俊秀，庙宇众多，宗教活动始于汉代，是陕北唯一一处佛道合一的宗教圣地。2008 年，以云台山为核心的“延安老醮会”，被陕西省政府列为陕西省非物质文化遗产重点保护项目。2014 年被审批为宗教活动场所，农历每年正月初八、四月初八为庙会。

八、金延安

金延安文化产业旅游园区位于宝塔区河庄坪镇井家湾村附近延河左岸，依山傍水，一期建筑 18 万平方米，包括一个历史街区、一个文化艺术核心区、一个现代商业区。设有两条主题商业街、四条特色街区、六大主题酒店、十大博物馆、钟楼广场、教堂、院落式住宅等项目，以及大型停车场、陕北特色展示中心等。2010 年开放使用。

九、延安红街

延安红街位于延安城区宝塔山东侧黄蒿洼后沟，是一个大型红色主题文化旅游项目。红街总建筑面积 7.49 万平方米，街区长 1.5 千米，由红色主题街区、窑洞主题酒店群和人工湖面（原方塔水库）组成。2020 年投入使用，被授予“延安非物质文化遗产传承基地”，纳入延安红色精品旅游线路。

十、翠屏山景区

翠屏山景区位于延长县城延河右岸南山，面积 1.57 平方千米，是集园林、宗教、人文旅游为一体的陕北风情园林景区。翠屏山形似卧牛，又称卧牛山。其山势雄伟陡峭，花木苍翠多姿，望之如屏，山底部临河绝壁上有原延长县知事王庆土题写“中山林”三字，明清时期，就被列为延长八景之一，取名“翠屏南峙”。2002—2010 年，延长县重修翠屏山景区，已成为市民游人游览休闲胜地。

十一、安塞黄土风情游景点

安塞黄土风情游景点位于县城延河之滨，由环山公园、河滨公园、腰鼓楼、北魏石窟、真武洞祝捷大会旧址、文化文物馆及民俗馆组成。

十二、延安西北川公园

延安西北川公园距枣园革命旧址约 0.5 千米，占地面积 29.6 公顷，集生态绿化、儿童游乐、休闲健身、民俗风情、文化娱乐为一体，同时改善了枣园革命旧址和中国干部学院周边环境。2008 年动工建设，2010 年 10 月建成投用。

十三、延河水利风景区

景区依托延河而建，属于城市河湖型水利风景区。延河流经延安城，与支流南川河两河整体呈“Y”字形穿城而过。宝塔山位于延河之滨，登上塔顶，全城风貌可尽收眼底，巍巍宝塔山、滚滚延河水是中国革命圣地延安的重要标志和象征。风景区总面积 208.12 公顷，其中水域面积 185.3 公顷。延河水利风景区以干流、西川河、南川河三条滨水景观带与周边绿地为核心，以水资源、水工程及水生态保护为基础，以旅游产业集群为导向，以经济、社会、文化、环境协调和可持续发展为目标，突出河道绿化和综合整治，形成集康体、运动、休闲、文化、生态等功能为一体，具有社会公益、开放性质的水利风景区。

2017 年 11 月，陕西省水利厅批准延河水利风景区为省级水利风景区。

十四、延安翠泉山庄水利风景区

翠泉山庄水利风景区位于延安南三十里铺前仁台村，距市区 15 千米，占地达千亩，自然资源丰富，动物种类繁多，森林覆盖率高达 94%。景区内山清水秀，谷幽雀欢，林海松涛，泉涌瀑飞；飞来石上，山崩奇观彰显自然伟丽；人造海水深可达 1.8 米，人造海浪高可达 1.2 米，让人们感觉身处海边，感受海边嬉浪的乐趣。儿童戏水天地可同时容纳 200 人玩耍，是家庭亲子互动的最佳场所。现为市级水利风景区。

第二章　民俗风情

延河流域民风朴实，开放包容，先民祖辈在漫长的生产生活实践中，创造了优秀的文化流传后世，经久不衰。本章主要记述民间艺术、群众生活风俗等民俗风情。

第一节　民间艺术

一、安塞腰鼓

安塞腰鼓又称花鼓，是民间舞蹈秧歌的一个重要组成部分。安塞腰鼓最先作为驱邪的打击乐在社会上流行，以后又作为助阵的声乐用于战争。随着时代的变迁，逐渐演变为欢度佳节、庆祝胜利和丰收的民间艺术活动。在内容上也由原先单纯的打击乐演变为融舞蹈、武术、体操、器乐于一体的独特民间艺术。

安塞地处黄土高原腹地，县民以淳朴、诚实著称，由于交通的阻塞，古老文化艺术能够跨历史时期地保留下来，成为黄土文化中极其珍贵的部分。随着技艺的不断更新，腰鼓越来越受到中外人士的青睐，堪称“中国一绝”。安塞腰鼓从农家小院打到天安门前，从农运会打到亚运会，从黄土高原走进电影电视屏幕，开拓出广阔的路子。

《山海经》记载，鼓是黄帝与蚩尤大战的产物，以后发展为鼓舞士气、威慑敌人不可缺少的装备。为了携带方便，人们就仿其鼓的形状，制作成系在腰间的小鼓，腰鼓诞生了。秦代以后，安塞一直为历代驻军要地和兵家争战之地。战争在这里经常发生，出土的兵器和兵将的装备特别多，成为历史的佐证。腰鼓同刀矛、弓箭一样作为作战部队的装备，一遭突袭，以鼓报警，传递信息；两军交锋，以鼓助威；战事失利，以鼓告急，请求援助；克敌制胜，以鼓为乐，以示庆贺。随着历史的发展，腰鼓的军事用途渐渐消失，仅为舞蹈、演唱的伴奏乐器。

20 世纪 40 年代前，安塞腰鼓主要是农民自演自乐的传统民艺活动。40 年代，延安文艺工作者和民间艺人一道对安塞腰鼓进行了改造，使其内容、形式、艺术性等都发生了深刻的变化。1949 年后，文艺工作者把安塞腰鼓带出陕北，传播到大江南北、长城内外，登上世界艺术舞台，受到中外观众的高度赞扬。

1951 年，安塞腰鼓在天安门前表演，毛泽东、周恩来、朱德等欣喜地观看了首场演出。不久，在布达佩斯世界青年和学生联欢节上，由中国青年文工团表演的安塞腰鼓荣获金质奖章。1979 年，安塞腰鼓在陕西省群众业余文艺汇演中获创作甲等奖。1982 年春节，中央、省级有关单位来县摄录有关腰鼓的场面。1983 年春节，中央歌舞团在延安慰问演出时，曾到西河口的山王河村观看腰鼓演出。同年正月十五，再次到西河口公社与当地腰鼓队举行联欢。1983 年、1984 年春节延安地区民歌调演时，安塞以不同风格参加调演的两支腰鼓队轰动延安城，两次分获演出第一名、第二名。1984 年，安塞少儿腰鼓队参加全国少儿歌舞电视调演赛，曾到西安表演并与日本儿童联欢，分获国家、陕西省二等奖。1984 年 5 月，以农民为主体的腰鼓队参加了电影故事片《黄土地》的拍摄。1986 年 2 月，800 余人的腰鼓队参加了中日合拍的大型电视系列片《黄河》的摄制。同年 12 月，安塞腰鼓荣获文化部和中央电视台举办的《全国民间音乐歌舞电视大奖赛》的大奖。1987 年，应中央电视台邀请，参加了由中央电视台主办的“春节文艺联欢晚会”。1988 年秋，安塞腰鼓参加了首届全国农民运动会开幕式和中国旅游节，在西安进行了大型场地表演。此后，安塞腰鼓手们的雄姿时常出现在银幕、屏幕上，为 20 多部电影、电视剧拍摄了镜头。1990 年 9 月 22 日，安塞腰鼓参加了第十一届亚运会开幕式的大型舞蹈表演。1991 年 8 月 21 日，安塞 200 多名腰鼓手参加了陕西省第九届运动会的开幕式。省内外的文艺团体、部队、学校、机关每逢年节纷纷来人来函，邀请安塞腰鼓手给予教练。到 1991 年 9 月，县上共派出腰鼓教练 60 多人次。在群众性的腰鼓活动中，出现了不少击鼓好手。20 世纪 50 年代的蔡维述赴京表演。80 年代的青年鼓手刘延河、张三成、谭海则等人先后参加了国内外的一些重大表演和比赛。2004 年 10 月 29 日，安塞县腰鼓表演艺术家协会成立，有会员 1600 余人。2005 年起，各中小学开展“腰鼓进体育课”活动。2006—2008 年，《安塞腰鼓》校本教材陆续出版使用。2010 年，全县有腰鼓手 17000 余名。

二、陕北民歌

陕北民歌多为劳动者自编自唱的歌曲，极具口语化。唱者即兴编出，传唱者不断加工，带有浓郁的乡土气息，且题材广泛、形式多样、内容丰富、旋律优美。民歌来源于山野茅舍，在劳动的山峁、沟洼中放开思绪的骏马，一任感情之驰骋，海阔天空地自编自唱。当牲灵脖下的铃铛有节奏地响在蜿蜒的山间小路上，赶路人思念家乡翘首以待妻子儿女时，便唱出：“西北风刮得冷森森，什么人留下个出门人？”多少哀怨，多少凄凉。山峁上拦羊的小伙子，看见心爱的姑娘，便唱：“我在山峁你在沟，探不上拉话招一招手！”“我在垴畔你在院，顾不上亲口笑一面。”山梁之巅，扶犁汉子即景生情，唱道：“拦羊的嗓子回牛的声，我唱的信天游不好听”“信天游不断头，断了头，穷人就无法解忧愁。”

陕北民歌大多是用来抒发内心感情，寄托美好愿望，表达对幸福生活的向往，对爱情的追求，对不合理婚姻的反抗。其中，情歌（俗称酸曲）是最主要的部分，一直传唱不息。如“蛤蟆口灶火烧干柴，越烧越热离不开”“鸡蛋壳点灯半炕炕明，烧酒盅盅量米不嫌哥哥穷”“墙头上跑马还嫌低，面对面睡觉还想你”“抱住亲人亲了个嘴，肚子里的疙瘩化成水”等。民歌多为演唱者即兴创作，题材广泛，通俗易懂，富有情趣。不受时间、地点、男女老幼的限制，所以世代相传，久唱不衰。安塞民歌手贺玉堂被中宣部授予“中国民歌大王”称号，安塞被文化部命名为“中国民间文化艺术之乡”，安塞民歌被评为第一批市级非物质文化遗产项目。

三、陕北剪纸

延河流域处于以仰韶文化为代表的中原民族文化和以阴山岩画文化为代表的北方民族文化融合地带，其中剪纸艺术不但保留了丰富的古代历史文化和民俗，而且日益发展形成当代的民间艺术风格和完整的艺术造型体系，被誉为“活化石”和“群芳之母”。安塞、宝塔、延长都形成了自己的艺术体系。安塞剪纸被国务院公布为第一批国家级非物质文化遗产项目。

四、陕北秧歌

陕北秧歌系民间传统的歌舞，历史悠久，形式多样。延安在陕甘宁边区开展的新文艺运动中，形式和内容都有新的改进和提高。延安秧歌以群体性歌舞为主，并和水船、腰鼓、龙灯、狮舞、跑毛驴等结合起来。在秧歌队伍中，领头人叫“伞头”，“伞头”常常即兴创作，见景生情，唱吉利秧歌词，最后一句众人合唱。秧歌队乐器一般为唢呐、锣鼓等。

五、陕北说书

陕北说书传统表演形式是由艺人采用陕北方言，手持三弦自弹自唱、说唱相间地叙述故事，曲调优美动听，富于变化，通俗易懂，生活气息浓厚，群众喜闻乐见。

第二节 居住 服饰

一、居住

延安自古为边陲要地，为了避免战乱，当地人民多喜穴居，久而成习。新中国成立后，城乡居民依然多住窑洞，少有居住房屋者。20世纪70年代末，城镇居住条件开始发生明显变化，新建的各式房屋、薄壳以至四五层的楼房逐年增多。但在广大农村，人们仍以住窑洞为主。延安的窑洞有土窑洞、石窑洞和砖窑洞之分，土窑洞最早，多系依山就势，利用地形，选择土质较好之处，削平崖面，然后开挖而成。这种窑洞省工省料，自己动手开挖，因而早年多数人家都住土窑洞。少数有钱人家，为了使窑面更加坚实和整洁美观，有用砖、石砌面的，人们称之为“接口窑洞”。随着社会的发展与进步，人们为了生产与生活的方便，渐由高山向缓坡移居，在比较平坦的地方修筑起大量的石窑或砖窑洞，于是形成了今日一层层、一排排的窑洞群。

窑洞较普通平房，不仅坚固耐久，而且有冬暖夏凉的最大特点。窑洞的空间，通常为1丈2尺宽，2丈余至3丈深，除少数土窑洞有小门顶窗者外，绝大多数皆为大门大窗，宽敞明亮。窑洞门窗做工精细，窗格多做成各种图案，丰富多彩。窑洞内部布置更有特色，许多家户掌炕后边有一平台，可放箱子和被褥。炕上铺着用高粱秸编织的满炕席，据说这种席比苇席柔软。用石板砌成的案板与锅台相连，专为擀杂面用。蛤蟆口灶火与炕相通，冬天可烧炕取暖。改革开放以来，特别是随着脱贫攻坚和乡村振兴事业开展，新农村建设日益加快，农村住宅、交通、水电、文化、医疗等设施一体规划，同步实施，人民居住条件发生根本变化。

二、服饰

延河流域群众世代以土纺粗布为衣着原料，只简单染为蓝、黑、红、绿等颜色裁缝衣裤。民国初年，除极少数商人富户、地方乡绅有以“洋布”为料，身穿长袍短褂者外，大多数平民百姓衣着皆以当地自产土布为主。男子夏季着白衫，春秋夹袄套坎肩，冬天紧身棉袄棉裤，天气特冷时再加一件不上面料的白板老羊皮袄。一年四季，头上经常勒着一条白毛巾（俗称“羊肚子手巾”），把结挽在前额，热天可以擦汗，冷天用来防寒，腰间还喜欢系一条宽布腰带，贴身穿件红布绣花裹肚。赤脚穿布底遍纳鞋。妇女们则多穿中式带襟衣衫和中式裤，系腰裙、扎腿带、绣花鞋。男女有别，各具特色，乡土打扮，朴素大方。公务人员穿制服，有地位的乡绅戴礼帽，拄“文明棍”，一些太太小姐穿旗袍。

陕北工农红军在延安建立苏维埃政权后，打土豪、分田地，地主不敢再在人前夸耀。加之抗日战争爆发，各类物资缺乏，国民党对陕甘宁边区的经济封锁更加剧了人们生活的困难。在中华人民共和国成立前的一段较长时间内，延安人的衣着几乎全部成了土布料衫裤，只是干部职工多穿中山服式样，群众仍穿中式便服。

新中国成立后，衣着布料有了较大变化。20 世纪 50 年代即由普通平布变为斜纹布、线叽、贡呢、卡呢、花达呢等，衣服式样也增加了“列宁式”和“军服式”。60 年代，又有了灯芯绒、东方呢、凡立丁之类。70 年代，衣料种类日益增多，各色的确良、涤卡、涤纶、锦纶、中长纤维之类纷纷上市，式样也不断翻新。80 年以后各种高级衣料更是琳琅满目、繁花似锦，各式各样的西服、夹克、牛仔裤、健美衣、蝙蝠衫、连衣裙以至于丝光袜、高跟鞋等，备受青年男女的喜爱，讲究穿戴之人越来越多。不仅城市如此，即使乡（镇）农村，同样穿着入时。

在衣着服饰不断改进更新的同时，男女发式多年来也在演变。男人从清末的辫子到民国年间的光头、平头，发展到分头、背头、圆头。妇女则从单辫、发髻逐步趋向剪发、双辫、烫发、披肩长发等多种式样。变化最大的是过去人们均不甚注重修饰打扮，而今日不仅要求衣着华丽、色彩鲜艳，不少青年女性还戴上了耳环、项链，并且涂口红，着意化妆，引人注目。

第三节　特色饮食

饮食延安素称“小米之乡”，小米含蛋白质、脂肪、钙、维生素等营养成分在谷类中为最多。延安所产之米，大致可分为谷米（小米）、黄米（糜子米）、软米（有黏性的糜米）、酒谷米（黏性谷米）等数种。谷米可蒸干饭、熬米汤；黄米可捞捞饭、蒸黄馍；软米和酒谷米都可蒸糕、做稠酒。

过去延安人对饭食要求不高，平素除吃米饭外，也经常吃玉米馍、洋芋擦擦之类。家境贫寒的，甚至熬瓜煮菜也算一顿饭，只有逢年过节或招待亲友，才吃好一点荞面饸、油糕、白馍、饺子一类饭食。至于菜肴，平日极其简单，多是洋芋、白菜、豆角、粉条等熬上半锅，每人一碗。吃肉虽说不多，可是一旦吃起来就得割上几斤，饱餐一顿。冬春季节，家家户户腌几缸酸白菜，以备冬春缺菜时食用。

新中国成立后，随着工农业生产的发展和人民生活水平的提高，延安群众的饮食也在逐步改善。中共十一届三中全会以后，这种变化尤为显著。现在人们吃饭，细粮（白面、大米）比例已较前大大提高，城市人口早将熬菜改为炒菜，一般每餐二菜，讲究点的是四菜一汤。农村也不再以熬瓜煮菜胡乱充饥，而是顿顿有主食了。逢年过节或是喜庆宴会，从前讲究吃“八碗”，一定要有烧肉、酥肉和炖肉、丸子之类的菜肴。如今却是肥肉很少有人吃，设宴至少16道菜（8个下酒、8个就饭）和1个汤。不仅有猪、牛、羊肉，还有鸡、鱼，甚至海味。宴席上喝酒，以前只要有散装白酒就行，到20世纪70年代讲究瓶装白酒和葡萄酒，80年代后啤酒、橘汁一类的清凉饮料也为常见。延河流域人民除了家常饭食，也在漫长岁月中粗粮细作，形成许多地方风味小吃深受大众喜爱，主要有以下品种：

炖羊肉 安塞、延安风味名吃，羊肉切块，清水洗净血水，入凉水锅煮，水沸后，撇去浮沫，加花椒、地椒、姜片、辣椒、葱、盐等，温火炖烂（3 ~ 4小时），不加酱，食用时佐以香菜、葱花，肉嫩汤鲜，食之浑身舒坦。

荞面饸饹 陕北盛产荞麦、养殖山羊。荞麦有减脂、降压、防治糖尿病的功效。羊肉有滋补暖胃、降血脂的作用。荞面饸饹是精制荞麦制作成粉条状，与羊肉腥味汤相配食用，味道鲜美可口。从家庭食用到上街设摊馆，千百年来已成为名食。凡到延安参观旅游的国内外客人，都想享此口福。延安人食用饸饹历史悠久，据元代农学家王祯著《农书·荞麦》载：“北方山后，诸郡多种……谓子河漏”，这里所说的河漏，即指当今饸饹。当地群众多在小孩满月、过岁时待客食用，意在长命百岁，儿女对象进门食用图个吉祥如意。

羊杂烩 延安自古以放牧山羊为主业，食用羊肉历史悠久、吃法多样，而羊杂烩以其独特的做工和美味成为地方名食。羊杂烩由羊头肉，羊的耳、蹄、血、心、肝、肺、肠、肚等切碎混合烩制成的一种肉食，故称“羊杂碎”。羊杂碎烩集各部分内脏于一锅，行色繁多，肉质各异，汤鲜、无膻、不腻，香辣适口、色形俱佳，也是滋补身体的美食。

碗饦 荞麦仁为料的小吃。碗饦，坚、软、滑，富有弹性，形状别致。碗饦一般在放凉后食用，食时切片，愈薄愈佳，加麻辣蘸汤（用盐、醋、油辣椒、花椒粉、姜粉、蒜泥、芥末、葱花、干芫荽、熟芝麻加凉开水调成），清爽利口，为夏秋美食；若加上麻辣猪肝，则更为香醇，又叫“麻辣肝碗饦”。

油糕 是延安最具代表性的地方风味小吃之一。“糕”与“高”同音，寓意高升、高兴、吉祥。以黍科糜子、大枣为原料，汽蒸油炸而成。色泽红黄、油光发亮，外脆里软，细腻柔软，趁热食用味道鲜美，米味油香诱人食欲，卷有枣泥的油糕更惹人馋。群众多在逢年过节、祝寿、贺满月、宴请宾客和婚丧事食用。因此，也有“年糕”“喜糕”或“寿糕”之称。酒宴食用以示隆重丰盛。

米酒 以软黄米为料，经过发酵、封存等加工制作而成的民间酒类总称。根据配料及制作过程的不同，分为黄酒、糖酒、清酒、稠酒等品种，其中尤以黄酒最为著名。黄酒不仅色泽金黄、气味芳香、口味微甜醇厚，还具有补充营养、暖胃、增进食欲之功效，且可作为药和料酒，为人们逢年过节必备饮品。

油馍馍　以糜子为原料，是中间有孔的环状小圆饼，油炸熟后呈金黄泛红色。在逢年过节的筵席中食用，在延安民俗中是富裕吉祥的象征。

洋芋擦擦　洋芋即土豆，把洋芋用擦子擦成寸长的薄片，拌入花椒、葱丝、姜粉、盐末等，同面粉搅匀，上锅蒸熟。食用时调入蒜泥、辣子面、酱、醋和葱炝清油等，或者入锅爆炒。味道酥绵可口。

凉粉　由绿豆、扁豆、洋芋或荞麦加工而成，清爽可口，酸辣香味俱全，具有清热解毒、消暑止渴之效。用绿豆粉面制作而成的叫“绿豆凉粉”，用扁豆粉面制作而成的叫“扁豆凉粉”，由洋芋淀粉制作而成的叫“洋芋凉粉”，由荞麦糁子制作而成的叫“荞面凉粉”。凉粉中以绿豆凉粉为上乘，其色泽嫩绿鲜亮，一年四季皆可食用，盛夏时节最佳。有冷、热两种吃法，老少皆宜。

杂面　以豌豆、红豆或豇豆作原料的风味面食。将五六升圆豆粒儿在石磨上磨成豆瓣，与麦子按比例搅拌起来，磨成精细的面粉，而后就可以擀成杂面。

搅团　意为“用面搅成的糊”。根据用料不同，分为荞面搅团、玉米搅团和洋芋搅团，其中用荞面做搅团，更筋道味美。民间有一种说法：谁家娶的媳妇儿贤不贤惠，是要看看她做的搅团光不光，或筋道不筋道。搅团的做法有很多种，有水围城、漂鱼儿。有烩搅团、炒搅团和凉拌搅团等多种吃法。

洋芋磨磨　也叫洋芋馍馍或黑愣愣好或歪歪等，是巧媳妇用薯类代粮的杰作。把洋芋放在抿节床的背面磨成糊状，去掉多余水分，然后拌面，加进调料，捏成丸子状蒸熟食用。

煎饼　由精制荞麦糁加工而成，薄如蝉翼、凉爽味鲜，一年四季均可食用。种类有豆腐干煎饼、热豆腐煎饼、菜卷煎饼、酥肉煎饼等。

剁荞面　用30摄氏度温水和面，用擀杖缠绕捶打和面，直至成为面团，用擀杖擀开，用专用面刀剁成细条。以羊肉或其他菜料做汤。

八大碗　即红烧肉、白条肉、丸子、肘子、酥肉、鸡肉、豆腐、素菜等，多为庆典筵席上菜。

大烩菜　主要原料为肉、粉条、豆腐、洋芋、白菜、萝卜、豆芽，营养丰富，经济实惠，是受人喜爱的大众化饮食。

麻汤饭　安塞等地独特的饭食，用榨小麻油后的油渣为原料，兑水加入小米、玉米仁、土豆块、红豆、芸豆、酸白菜等煮熟后成麻汤饭，吃时再加小蒜下饭，味道更香。

第四节　传统节日

除夕　民间称“月尽”，从腊月开始，人们忙于做年茶饭、置办年货，年三十前一两天扫窑拆洗被褥衣服。大年早饭毕贴对联，吊灯笼，在大门、住房、窑内各神位贴对联。

上午，上坟意在给亡者送年饭。黄昏，打满水缸（初一不挑水），儿童们穿新衣，将河中冰块打来，放在大门墩左右，象征来年招财进宝，老人将破铧放在火中烧红，浇上米醋，到各房中去熏，意即驱除晦气，求取吉利，名曰“打醋坛”。上灯时分，在灶君、门神前点香烧裱，点灯摆献贡，油灯一夜长明，不能灭，象征家中人丁兴旺，财源茂盛。如“月尽”夜灯光昏暗，或不长时间熄灭，意即不祥之兆。21 时许，全家人吃“年饭”喝“辞岁酒”才是过年。20 世纪 90 年代，过年的午夜饭，全家酸菜猪肉熬一锅，白馍（两面的）黄馍（两面的），油馍馍，黄米饭。到 2000 年，家家炒七八个菜，非常丰盛。2000—2010 年，不少人在城里订酒店吃年夜饭。全家人一起吃年饭，不能分开，食品以当晚吃不完为好，意“年晚锅不空，来年更丰收”。饭后，大人、小孩尽兴玩耍，通宵不眠，谓之熬夜。讲究“鸡不叫，狗不咬”，平静吉，不能说不吉利的话，忌说“死呀活呀”之语。“月尽”夜不能扫地，怕将福扫掉不能串门，据说“月尽”夜孤魂恶鬼无人管到处游荡。90 年代后期，有些习俗逐渐消失，不复存在，有些依旧如故。

正月初一　也叫元日，这一天讲究吃饺子，在饺子中包着硬币，谁吃到包钱的饺子谁在新的一年内有钱花，发大财。同时，晚辈向长辈拜年，长辈要给晚辈红包。但只是家人，因为宝塔区人讲究“初一不出门，初二、初三拜家亲（指叔叔舅舅辈）”。

正月初五　民间俗称“破五”，黎明倒垃圾，名曰“送穷神”，是曰饱食，谓之“填五穷”。这天，妇女不能出门走亲戚，也不能做针线活，不准用生米下锅。过了这天就不再忌讳，故称作“破五”。

正月初六　俗称“过小年”，仅次于大年三十，据说除夕是给鬼过年，正月初六才是人的年，晚上挂灯笼，点长明灯。

正月十五　又称“元宵节”，“元宵”作为食品，起源于宋代，最早叫“游元子”，后称“元宵”，生意人美其名曰“元宝”。宝塔区的“元宵”不像古人一样包着，而是在糯米粉中“滚”成的，或煮或油炸，热热火火，团团圆圆。这一天城乡多有闹秧歌、社火等活动，晚上“转九曲”、放烟花等。

正月十六　俗称“燎百病”。这天晚上等天黑时，人们在院子里放些干柴点燃，民间叫这天是“人火”，大人抱着小孩跳来跳去，如果家里有人出门不在，要把衣物、被子、枕头抱出来跳一跳、燎一燎。意为把应有的病都在火上燎得一干二净，在新的一年里没有任何灾难、病害，平平安安。还有把白馍在火上烧一下，人吃了后不害病生疮，次日有经验的老人拨拉，看有什么五谷粒，有什么预兆则今年什么丰收。

正月二十三　俗称老君爷诞辰祭日，这天晚上人们在院中燃起火堆（不能跳）向老君要粮食，求大囤子圪堆小囤子满。事后夹几根烧红的火柴梗送至殓畔。

二月二　俗称“龙抬头”，“龙抬头”传说不一，实则是，二月二是惊蛰前后，天气一天天暖和，冬眠的虫类开始苏醒，这些毒虫（小蛇叫小龙）出来对人体、庄稼都不利，所以宝塔区有些乡（镇）是夜用柠条捣成火把，举行火把游行，是为熏毒虫。二月二男子剃头，妇女拔面部黄毛，以示全年无灾。

寒食节　清明前一天为“寒食节”。民间传说，寒食这天是春秋战国时期晋文公纪念忠贞之士介子推被焚死绵山之日，人们不忍生火，吃冷食，因名“寒食节”。20 世纪 90 年代，宝塔区还有此习俗，2000—2010 年，此习俗逐步转衰，只重视清明节。

清明节　清明节是中国民间的一个传统节日，早在唐代，清明节就已成为法定节日，《梦粱录》记载：在古代每到清明节这天，无论达官贵人还是平民百姓，都会去上坟，扫墓祭祖。现在，清明节也是法定节日。宝塔区人更把这一天上坟扫墓看得尤其重要，上坟人来人往，家家皆于此日上坟扫墓。即使在遥远的千里之外，也要朝老人的坟墓方向，跪地画圈烧纸。

四月八　农历四月八，俗称“子孙圣母娘娘诞辰”。宝塔区的清凉山，“太和山道观”每年有大庙会，相传至今。

五月五　农历五月五，俗称“端午节”，是春秋战国时期楚国大夫、诗人屈原投江自尽的纪念日。宝塔区风俗，这天有吃粽子习惯，也有“吃端午粽，一夏不生病”之说。民间传说这天一大早不见太阳的艾蒿，阴干后，可熏蚊子，胜蚊香十倍。小孩子手足系五色线，名曰“长命丝”，能驱灾避邪，但雷声一响，必须剪掉，否则雷公发怒，降祸于人。

六月六　农历六月初六晒龙袍的习俗，由宋代沿袭至今，俗称“晒衣节”。这一天人们常把贵重的衣物、书箱拿出来晾晒，据说这天晒过的东西整个秋天都不生虫。区内有“六月六，新麦子馍馍炖羊肉”之谚。

七月七　俗称“乞巧节”，也叫“七夕”。传说这一天喜鹊搭桥为牛郎织女相会之日，故称“情人节”。宝塔区人把这天叫雨行日子，说牛郎、织女每年都相会一次，抱头痛哭，因此要下雨。

中秋节　农历八月十五。秋季正中，故称“中秋”，是传统的大节日，现已规定为法定假日，外出的家人这天都赶回家中欢聚，所以又称“团圆节”。旧有中秋节之夜拜月、赏月之俗。1990—2010 年，宝塔区人家家购买月饼、梨、果之类，意为这一天一定要吃圆的东西，有“团团圆圆”之说。

九月九　九月九为重阳节，又称“老人节”，俗称“九月九”，宝塔区人对此节虽没有其他节那么重视，但尚在流行过此节，农家有“九月九家家有”之说，是说，九月九秋收季节已到，农民又有了粮食。

十月初一　农历十月初一，俗称“鬼节”，是为纪念孟姜女千里为夫送寒衣的习俗。宝塔区人把“清明节”“十月初一送寒衣”这两个上坟扫墓的节日看得非常重要，每到这一天人们用彩纸剪做衣帽、纸箱、纸牛马一齐焚烧于墓前。1990—2010 年，市场购买各种成品纸衣物等，人们都有上坟给死者送寒衣，即使出门在外的人，也要朝坟墓方向焚烧纸衣，表示送给死者。

腊月初八　农历十二月初八，俗称“腊八节”。此俗源于佛教，传说佛祖释迦牟尼在这一天成道，因此寺院每逢这天煮粥供佛，佛门弟子举行庄严的诵经法会，以各种干果杂粮成粥供佛和施舍给善男信女，称“佛粥”或“腊八粥”。后这一习俗流传到民间。此节在宝塔区盛行。这天人们用各种米豆等熬粥，称作“腊八饭”。民间流传着“吃了腊八饭，赶紧把年货办”之说。

腊月二十三　此俗称“送灶神”。宝塔区人现仍过此节，傍晚献糖饼于灶君前，并写上一副对联：“上天言好事，回宫降吉祥”。在院内放炮、打火欢送旧灶君回天。

第三章　水文化

水文化是指以水和水事活动为载体的一切与水有关的文化现象的总称。2015年以来，延安市水务局在陕西省水利厅的支持指导下，以延河流域为重点，加快开展水文化工作，积极组织开展水文化遗产调查、红色水文化资源挖掘、水文化作品创作、水文化知识宣传等。本章主要记述延河流域水文化遗产、历代水事文艺、陕甘宁边区时期报刊水利报道纪实等。

第一节　水文化遗产

一、实物遗迹

（一）范公井

范公井位于宝塔山脚延河与南川河交汇处的石畔上。井深24米，井口呈长轴1.4米、短轴0.75米的椭圆形，井口四周以块石围砌。井直通河水，可在悬崖上汲取河中之水。据弘治本《延安府志》载：“范公井在嘉岭山之畔，当二水合流之冲，范公镇延时，于山上为寨备寇，凿之取水，便守。”故名范公井。

（二）月儿井

传说是吕洞宾点化而成。清知府吴瑞题写“涌月”二字。井中光线有明有暗，泉水不停地流动，皓月当空时，水波往上推涌月影，形成“涌月”奇观。石壁上“鹫峰泉”三字是清代大理寺左少卿曹琏所题。四周垂柳依依，假山、花坛、水池、石雕鱼龙喷泉，环境幽雅，曲径通幽。有万佛洞、弥勒洞、释迦洞、定痂泉、卢毗崖等景点。

（三）定痂泉

定痂泉位于延安市清凉山西山脚定家砭，一股指径粗细的泉水从两米高岩石缝中涌出，落入一长2米，深、宽各1米的石水池中。据传，印度释迦牟尼的第三世尸毗王佛祖曾修行于清凉山上，一天，见一饿鹰因追抓小鸽坠落身边。尸毗王为救小鸽，割体肉一块喂鹰，而血流不止，下得山来用此泉水洗伤口，很快结痂愈好，故名“定痂泉”，泉之西岩石上刻有“定痂泉”三个大字至今清晰安在。定痂泉水清而洁，甘而温，毛泽东住延安时曾吃过此水。今周围居民仍争饮定痂泉水。

（四）水照延安

“水照延安”位于延安市清凉山万佛洞之上诗湾，是清凉山特有奇景。在弓形石湾之下的石台上，有古人所凿月牙形石钵，直线长1.3米，最宽处0.3米，深0.13米。钵内有水时，从右角斜视水面，可见凤凰山上古城墙，故名“水照延安”。旁立一块二龙戏珠小石碑上倒刻“水照延安”旧字，站在钵前，可见水钵内映出“水照延安”旧字之正像。俯视水体，摩崖石刻可倒映于水中。清代延安郡守吴存礼题“诗中画”颂景。石钵原有泉水，后因地质变化泉水断流，今用人工注水代之。

（五）木兰泉

宝塔区万花山镇花园头村传说是花木兰的故乡，村里的一口泉水因此得名木兰泉。《木兰泉的来历》碑记：“木兰泉，又名桃花泉，相传北魏年间，征战频繁，旱魃暴虐，河干井枯。民女花木兰，席地而眠。梦见雪□□□，挥镬掐土。一觉醒来，见岩隙有水渗出，木兰惊喜，用玉珮□之，水流飞湍。遂伏地□饮，清爽甘甜。邨人闻讯，跪呼神泉。泉水长流，昼夜不舍。泉旁桃花，谢了又开。渴饮浇田，浣衣洗面。人丁兴旺，稼苗壮。生儿育女，俊逸丽靓。木兰神泉，名扬四方。木兰从军，由此出征。木兰解甲，至此饮马。木兰还秀，于此润发。神泉传说，世代不衰。乙卯之春，捐资开发，清淤疏浚，引流筑池，□史钩沉，镌碑为记。”

（六）漱玉泉

漱玉泉为延长八景之一，清乾隆《延长县志》载：“灵岩漱玉，距东门数百步，石开穴可容百人，隙中吐水，如练澄清，可以签发，味清美，易烹茶。”该泉在东门砭辛家沟，泉水清澈，味道甘美，王家川酒厂用泉水蒸酒，芳香浓溢，名扬一时。

（七）酒泉

酒泉为延长八景之一，取名酒泉天酿，清乾隆《延长县志》载：“城内北山崖下，有古泉味甘，取以酿酒，醇浓易醉。”酒泉在北洞渠寨山东侧的井沟。井沟有一桥，名叫文渊桥。桥连学宫，下有门洞。文渊桥已于 1957 年拆除。井沟尚有 2 个大井、1 个小井。

（八）凉水岸渡口

凉水岸渡口位于延长县雷赤镇延河入黄河处的凉水岸村。县志记载，早在清代以前，乡民就借助黄河水道，沟通秦晋两地物质和文化交流。到新中国成立时，群众仍用小木船和筏子摆渡人畜和农产品。1957 年，凉水岸有渡船一只，可载 50 人，船工 6 人。20 世纪 80 年代以后陆路交通发达，渡口利用较少，但仍有船只摆渡。凉水岸渡口还是抗战时期八路军主要河防阵地之一。1937 年 10 月，八路军后方留守兵团警备五团二营驻凉水岸，12 月 31 日晚，日军 300 多人强渡黄河，当敌渡至河心，遭到我军猛烈射击，打死多人，余敌调船东逃，二营营长高启甫率部乘胜追击至大宁县，缴获武器甚多。

二、民俗谚语

（一）气象谚语

鱼鳞天，不雨也风颠。

钩钩云，雨淋淋。

黑猪拱天河，不久雨滂沱。

云向南，水成潭。

云向西，淋死鸡。

天有悬球云，雷雨不停歇。夜晴没好天，等不到鸡叫唤。

云推磨，水成河。
星星眨眼，离雨不远。
燕子低飞，细雨微微。
鸡群上架晚，阴雨离不远。
水缸穿裙，阴雨降临。
盐罐返潮，大雨难逃。
青蛙嚎叫，大雨必到。
南闪火门开，北闪有雨来。
东虹日头西虹雨，南虹出来发白雨。
蚂蚁搬家、蛇过道，三天之内大雨到。
早晚烟扑地，苍天有雨意。
黄云黑边子，必定有雹子。
黑云黄云头，雹子打死羊和牛。
推磨雷，雹堆堆。
黑云带红色，雹子紧跟来。黑云红梢子，必定有雹子。
云打架，雹要下。
乌云风头乱，一定结蛋蛋。恶云拌狂风，雹子来的凶。
山上蝼蛄叫，当天冰雹到。
早晨凉风飕飕，午后打破头。早晨露水大，午后冰雹下。
横闪雹，竖闪雨。打红闪，有冰蛋。
六月十五天气寒，冰雹能打几道川。
日出日落胭脂红，不雨也生风。
天上鱼鳞斑，晒谷不用翻。
天上有了勾勾云，三天不过雨淋淋。
早烧（红霞）不出门，晚烧晒死人。
牛舔前蹄蛇过道，三天不过雨来到。
缸穿裙，山戴帽，蚂蚁搬家蛇过道，三天之内雨来到。
东虹吼雷，西虹雨，南边有虹发白雨。
云往东，一场空；云往南，雨飘船；
云往西，淋死鸡；云往北，晒干麦。
天上瓦块云，地上晒死人。
燕子低飞蚁搬窝，倾盆大雨水成河。
狗洗澡，雷雨到。
狗吃草，天不好。
鸡群上架早，明日天气好。
蜜蜂迟归，雨来风吹。

盐罐泛潮，下雨难逃。

久雨夜晴没好天。

久晴东风雨，久雨东风晴。

黑云红梢子，必定下雹子。

天旱看艾生白根，有雨不远水淋淋。

青蛙齐叫，大雨即到。

天上磨子雷，地下冷子淋。

烟铺地，天下雨。

夜晴没好天，来日雨绵绵。

东明西暗，等不得吃饭（雨速）。

日晕三更雨，月晕午时风。

冬天雪水多，春天雨水少。

清明西北风，未来旱不轻。

没有九里雪，难得伏里雨。

立夏不下，犁耙高挂。

重阳没雨看十三，十三无雨一冬干。

九月雷公发，大旱一百八。

四月连阴，五月旱。

五月南风水连天。

初三初四不见月，连阴带下半个月。

九九有雪，伏伏有雨。

腊月上旬落大雪，来年雨水不会缺。

春寒多雨水。

九里有大风，伏里有大雨。

二月多东风，四月大水冲。

瓦块云，晒死人。

馍馍云在天脚边，晴天无雨日又煎。

云往东，一场空；云往北，晒干麦。

星星稀，晒死鸡。

（二）民间祈雨

祈雨（或祈天晴等），久旱无雨，乡民即以各种形式祈雨。

许口愿　每户 1 人，约集到龙王庙烧香叩头，许口愿祈雨。多以献猪 1 头或唱戏 3 天为夙愿。

抬神楼子　4 人头戴柳圈，赤脚抬龙王爷或老爷神楼子，1 人跪拜打卦祈雨。

偷晒龙王　村人商定人选，到庙上偷回龙王，放于场上曝晒，意喻龙王知旱情。烧喜鹊窝。众荐 1 人上树将喜鹊窝点燃。喻示地上着火冒烟，旱情严重。

掏涝池 全村人众合力掏挖涝池见底，意指池内水干，出现旱情。

涝池底点火 旨在喻示涝池干枯起火。

围捉石鸡 相邻几村的乡民，各占1山头，吆喊追赶围捉石鸡。意为天旱，人们无活可干。

点艾巴 点1个艾巴放入1水碗中，艾巴烧点翻个过，即为有雨。

祈天晴 久雨不晴，由寡妇老婆糊纸人，吊（插）在墙上，手中拿笤帚棍，来回扫动，称“扫天媳妇”。意为扫除阴云，驱散雨雾。

治雹子 雨中有雹，即着人隔门撇刀子、笊篱，敲马勺。

谢土 乡民信神鬼，遇事不顺，断为带土不干净，则请风水先生点破念咒符祭文，户主烧香表、叩头、遂祭煞，四处贴黄表贴，上画咒符。约1个小时。

安置村子、羊圈 断村子、羊圈犯土，如谢土举事，只咒符、祭文有异。

第二节 延河名桥

一、延安延河大桥

延安延河大桥又称东关大桥。明弘治年间，知府王彦奇曾在府城与肤施城（现在东关）之间延河上建“永济桥”，后被大水冲毁。崇祯年间建桥将成，被水没。此后地方政府每到枯水季节，组织人力、财力搭设便桥，供行人、牲畜通行，夏秋汛期，只能靠木船渡河。1947年，国民党军队侵犯延安，用机械挖掘桥基，在延河建起过水桥。

新中国成立后，中央拨出专款建设延安大桥。大桥由陕西省公路勘察设计院提出3个比较设计方案，报交通部公路设计院51分院总工程师周楫审定，为空腹式连续石拱桥，3个大孔，每孔跨径30米，每孔两侧，各有3个跨径2.5米的小腹孔；桥全长120.25米，岩层到桥顶高17.64米；车道宽7米，两边人行道各1.5米。1958年4月9日，延安大桥动工，由陕西省公路局第二工程队承建，1959年5月1日举行通车典礼。1977年7月6日洪水曾冲坏栏杆，洪水后对桥面重修，桥宽增加到12.6米。2012年，进行加宽改造，除对旧桥桥面加固、提升改造外，紧挨旧桥下游新建一座与旧桥一模一样的钢筋混凝土空腹拱桥，延安大桥路面宽度增加到27.2米，实现双向4车道通车。大桥改造工程由中铁十八局承建，2013年9月25日竣工通车。延河大桥与宝塔山构成延安革命圣地标志性景点，是游人来客游览留影必选之地。

二、延安王家坪大桥

1976年始建，1977年被特大洪水冲毁，1978年建成。1997年4月，动工重建王家坪大桥（又名彩虹桥）。新桥全长343.26米，其中桥梁长204.76米，两岸引线不含岔线长138.47米，宽25.5米，跨径192米，为中承式钢管混凝土拱跨桥；全桥纵向共设42根吊杆与桥面系联结。下部采用重力式桥台，扩大基础。设计洪水频率为50年一遇。桥的施工难度和新技术、新材料以及新工艺运用在延安桥梁建设史上都是首次。1998 年 9 月竣工，总投资 3700 万元。王家坪大桥与延安革命纪念馆大门位于同一轴线，亦为旅游观光胜景。

三、延安宝塔桥

延安宝塔桥位于延河支流南川河汇入延河处，此处原无桥梁。1973 年，周恩来总理回延安去往宝塔山时，所乘车辆陷入河水，周边欢迎总理的群众一起动手把汽车抬上河岸。1974 年，建成宝塔桥，桥长 89 米，高 8 米，宽 7 米。

2006 年 11 月，对宝塔桥进行改建，原改建后全长 85 米，宽 24 米，其中车行道 16 米，人行道 2 米 ×4 米，于 2007 年 6 月竣工。总投资 1256 万元。

四、延安嘉岭大桥

延安嘉岭大桥位于延安宝塔山下。1993 年 3 月动工修建，同年 12 月主桥竣工。2004 年 5 月，加宽加长改造，同年 11 月竣工。嘉岭桥原桥长 203 米，宽 16 米，改造后总长为 230.61 米，其中主桥长 181.41 米，引桥长 49.2 米，总宽 33 米，总投资 2070.57 万元。嘉岭大桥是延安市内通往宝塔山的主要桥梁。

五、真武洞大桥

真武洞大桥位于真武洞西面，跨越延河。1983 年 7 月动工，1984 年 8 月 10 日建成通车。大桥为 1 ~ 50 米双曲拱桥，全长 79.3 米，高 13.8 米。载重标准采用汽 -20，挂 -100；人群载重 350 千克每平方米。桥面净宽 9 米，引道长 274 米两侧栏杆长 25 米，大桥共用水泥 629.4 吨，钢材 192.56 吨，木材 91.9 立方米，砂 1906.31 立方米，砾石 832.12 立方米。造价 437588.99 元，平均造价 5518.15 元每米。

六、碟子沟大桥

碟子沟大桥位于安塞区沿河湾镇碟子沟，跨越延河。于 1981 年动工，1982 年 7 月 21 日竣工。大桥为 2 ~ 30 米的石拱桥，全长 97.49 米，矢跨比为 1/5，孔径（东）30.20 米，孔面（西）3.10 米。设计载重标准采用汽 -20，挂 -100。桥面净宽 9.10 米，桥面两侧设 1.2 米高的钢筋混凝土栏杆。全部工程用水泥 458 吨，钢材 3 吨，木材 65 立方米，白灰 10 吨，砂 2459.3 立方米，沥青 4 吨，粗石料 2263.53 立方米，块石 3274.56 立方米。造价 399667.44 元，平均每米造价 1121.38 元。1982 年 10 月正式通车。

七、延长大桥

延安大桥坐落于延长县城西门外延延公路 300 米处，横跨延河。由地、县交通局勘测设计，绥德建筑联营公司石家湾工程队施工。1984 年 9 月初，延长大桥工程指挥部组成，20 日破土动工，1986 年 9 月 14 日竣工。全长 132.44 米，桥孔 6 眼。桥面净宽 9 米，两边筑有钢筋水泥栏杆，栏杆内侧各为 1 米宽的人行道，中间为 7 米宽的行车道。造型上部为钢筋混凝土工型梁微弯板组合筒支梁，下部为石砌重力式墩台。载重：汽车单车 20 吨，后挂拖车 100 吨。总投资 102 万元，其中陕西省交通厅 30 万元，陕北建设委员会 25 万元，延长油矿 30 万元，地区石油公司 6.3 万元，延长县财政局 10.7 万元，大桥成本每平方米 7701.60 元。因质量优良，地区交通局奖给施工指挥部 3000 元。1986 年 8 月 15 日交付使用，由延长县城乡建设局负责管护。

八、延长县通赤（张家滩）大桥

延长县通赤（张家滩）大桥位于延河下游延长县张家滩镇东侧张（张家滩）雷（雷赤）公路与延（延长）马（马头关）公路交叉处，跨越延河。1983 年 5 月开工，1984 年 5 月竣工，工程质量优良。大桥全长 122.92 米，桥孔 4 眼，桥面净宽 8.5 米，造型为等截面悬连线 3 孔 30 米空腹式石拱桥及 1 孔 7 米立体交叉桥，载重为汽车单车 15 吨，后挂车 30 吨。总投资 60 万元，其中陕西省计划委员会、陕西省财经委员会、陕西省交通厅 20 万元，陕北建设委员会办公室 30 万元，县财政 10 万元。1984 年 6 月 1 日交付使用，从此结束了千百年来延长县东部延河两岸无公路桥交通的历史。

第三节　水事艺文

一、诗词

（一）古代

塞芦子

[唐] 杜甫

五城何迢迢，迢迢隔河水。
边兵尽东征，城内空荆杞。
思明割怀卫，秀岩西未已。
回略大荒来，崤涵盖虚尔。
延州秦北户，关防犹可倚。
焉得一万人，疾驱塞芦子。
岐有薛大夫，旁制山贼起。
近闻昆戎徒，为退三百里。
芦关扼两寇，深意实在此。
谁能叫帝阍，胡行速如鬼。

渔家傲 · 秋思

[宋] 范仲淹

塞下秋来风景异，
衡阳雁去无留意。
四面边声连角起。

千嶂里，
长烟落日孤城闭。
浊酒一杯家万里，
燕然未勒归无计。
羌管悠悠霜满地。
人不寐，
将军白发征夫泪。

清凉漫兴

[宋] 范仲淹

金明阻西岭，清凉峙其东。
延水正中出，一郡两城雄。
上上清凉山，委蛇复奇怪。
阁楼倚云岑，万井如天外。
凿山成石宇，镵佛一万尊。
人世亦稀有，神功岂无存。
洞以仙人名，仙去洞还在。
曲径白云深，幽栖自可爱。

和延州经略庞龙图八咏（选）

[宋] 宋祁

延利渠

遵蒙本山下，渠激流且迅。
无嫌万折劳，思廻九里润。

柳湖

波平柳苒苒，湖与柳共色。
攀条弄潺湲，坐送春晖昃。

奉和经略庞龙图延州南城八咏（选）

[宋] 司马光

柳湖

依依烟未歇，漠漠风初静。
浮花满波面，不见参差影。

延利渠

枝分清浅流，纵横贯城市。
还如恩在人，润泽无终既。

万寿寺

[明] 周赐

琢就云根半壁开，
四围风景类蓬莱。
延河逝水黄河合，
南寺钟声北寺回。
洞户有天悬日月，
禅关无地着尘埃。
遥遥边塞闻山祝，
欲跨飞凫谒上台。

注：万寿寺在今安塞区沿河湾镇。

安塞县

[清] 李嘉绩

万叠青山下土门，
萧萧野色起黄昏。
石随区水流边转，
云向芦关塞外屯。
范老甲兵无敌垒，
高奴城郭有荒村。
东皇绿遍风中柳，
莫遣长条绊客魂。

注：区水即延河。

延水广济桥成志喜

[清] 栾为栋

架木为桥翟水通，往来波上踏灵虹。
影摇急湍斜飞电，形动回流细卷风。
玉尺平铺利远近，金绳直锁界西东。
无边彼岸回头是，普度人离苦海中。

注：清乾隆《延长县志》记广济桥在甘谷驿当街中。

延长观石油井

[清] 栾为栋

万山碛里行，广安城之北。
土人说奇产，石油井中得。
我闻偕往观，油浮水莫测。

其味即如油，其色漆如黑。
可以充药饵，可以作传墨。
草木复菁葱，掩映石井侧。
至理果难求，格物诚难极。
石髓仙始餐？石液人曾食。
此物流石中，偏令人难识。
天地钟灵异，造物生奇特。

定痴泉

[清]赵廷飏

欲其传定痴，故以此名泉。
一派清波绿，尸昆不计年。

延州喜雨

[清]周元浚

涧窄山湾稀水田，
旱粮直种到山巅。
一番时雨土膏润，
豆麦青青碧树前。

延长道中

[明]孙逢吉

崎岖山下路，水出古岩前。
银汉落平地，玉龙飞上天。
雨霁云横岭，风高雪满巅。
暂停观此景，何处觅神仙。

注：漱玉岩，在延长县城东，清泉从岩中吐出，烹茶味佳。

酒井

[清]刘允焕

天开酒井傍桥门，
应有泉星发此源。
醉卧不须传赐铺，
酡颜何必待开樽。
孟尝好客难投辖，
韦陟留宾只治飧。
知近当年张掖地，
分封拜爵望承恩。

（二）现代

翟泉夏冰

郭朝伦

安塞安塞，形势冠绥延。
西汉留胜迹，北斗挂城边。
北门锁钥，上郡咽喉。
古来英雄，用武此间。
剑匣寺芦子关，风萧兮延水寒。
安得貔貅士，控制塞北边。
近据龙安镇，远跨卧牛巅。
榆溪铁岭做屏藩，山河四塞虎踞龙盘。

注：作者安塞人，清末拔贡，民国二年（1913）任安塞县第二科科员。

和董必武同志《三台即景》

朱德

秋初日暖看飞鸿，
绿水青山在眼中。
赤足渡河防骤雨，
科头失帽遇狂风。
学生少有顽固派，
教授多为中外通。
城郭成墟人杰在，
同趋新厦话离衷。
——（1940 年）

注：“三台胜景”碑在延安城杨家岭上。

延安新竹枝词（选）

李木庵

延河

延水清浅水淙淙，曲似琅环直似杠。
为爱临流沙细软，多阴影里踱双双。

杨家岭

边地风光迥不同，延山西至水流东。
杨家岭上云深护，气象葱茏有卧龙。
——（1942 年）

注：作者曾任陕甘宁边区高等法院院长。

骤雨延河陡涨水势奔放

李木庵

漫天雷雨势倾盆，倒汇山洪万马奔。
延水陡添两岸阔，古城斜峙一肱横。
堤新长护龙鳞活，境谧喜无虎眼惊。
欲挽怒流千尺浪，涤除禹甸血膻腥。

——（1943 年 8 月）

咏延河

罗青

两度秋风两度春，延河四望景环生。
漫山灯焰疑香岛，浴塔朝光认赤城。
夹水弦歌风送爽，依山营幕角连声。
堤边纵少千行柳，也胜秦淮蜷白门。

注：作者曾任晋冀鲁豫边区政府教育厅厅长。

自注：延河两岸，风景最佳。自 1938 年延城遭敌机轰炸后，各级领导机关均于城北沿河两侧山坡上凿窑建厦以居。晚间，灯火漫山，颇似香港，外人有称延安为赤都者。城东南有古塔一座，每当朝阳上升时，穿越山沟，光照塔顶，红梁城垣，蔚为奇观。中央党校、总司令部、联防司令部驻扎于河之两岸。雄越之歌声与号声，抑扬水上，每值夕阳西下，临流散步者，三五结伴，其风光较之南京秦淮河，未遑多让。

延水送别

萧三

黯然销魂唯别离，好事多磨我自知。
秃山浅水游戏日，戴月披星渡河时。
恨我迟迟执戈斧，羡君佼佼逞驱驰。
战斗乃得人生乐，后会有期何凄凄？

——（1943 年）

注：萧三（1896—1983），湖南湘乡人。曾任陕甘宁边区文协常务委员、文化俱乐部主任，中国作家协会书记处书记。出版有《萧三诗选》等。

延安大桥成题句

董必武

秋水盈川没涨痕，步头无渡阻行人。
一桥架合东西岸，宝塔山前不问津。

——（1959 年 6 月 25 日）

回延安

贺敬之

一

心口呀跳莫要这么厉害地跳，
灰尘呀莫把我眼睛挡住了……
手抓黄土我不放，
紧紧儿贴在心窝上。
几回回梦里回延安，
双手搂定宝塔山。
千声万声呼唤你
——母亲延安就在这里！
杜甫川唱来柳林铺笑，
红旗飘飘把手招。
白羊肚手巾红腰带，
亲人们迎过延河来。
内心话登时说不过来，
一头扑在亲人怀中……

二

二十里铺送过柳林铺迎，
分别十年又回家中。
树梢树枝树根根，
亲山亲水有亲人。
羊羔羔吃奶望着妈，
小米饭养活我长大。
东山的糜子西山的谷，
肩膀上的红旗手中的书。
手把手儿教会了我，
母亲打发我们过黄河。
革命的道路千万里，
天南海北想着你……

三

米酒油馍木炭火，
团团围定炕上坐。
满窑里围得不透风，
脑畔上还响着脚步声。
老爷爷进门气喘得紧：
“我梦见鸡毛信来——可真见亲人……”

亲人见了亲人面，
欢喜的眼泪眼眶里转。
“保卫延安你们费了心，
白头发添了几根根。”
团支书又领进社主任，
当年的放羊娃如今长成人。
白生生的窗纸红窗花，
娃娃们争抢来把手拉。
一口口的米酒千万句话，
长江大河起浪花。
十年来革命大发展，
说不尽这三千六百天……

四

千万条腿来千万只眼，
也不够我走来也不够我看！
头顶着蓝天大明镜，
延安城照在我心中：
一条条街道宽又平，
一座座楼房披彩虹；
一盏盏电灯亮又明，
一排排绿树迎春风……
对照过去我认不出了你，
母亲延安换新衣。

五

杨家岭的红旗啊高高地飘，
革命万里起高潮！
宝塔山下留脚印，
毛主席登上了天安门！
枣园的灯光照人心，
延河滚滚喊“前进”！
赤卫队，青年团，红领巾，
走着咱英雄几辈辈人……
社会主义路上大踏步走，
光荣的延河还要在前头！
身长翅膀吧脚生云，
再回延安看母亲！
——（1956 年 3 月 9 日 延安）

颂延安

郭沫若

二十余年心向往，
光天之下我飞来。
崇山遍布英雄窟，
革命长垂司令台。
延惠渠开功在眼，
秧歌舞罢笑盈腮。
欣闻煤铁同丰产，
工业新城已结胎。

重上清凉山

丁玲

重上清凉山，酸甜苦辣咸。
思来又想去，还是延水甜。
——（1985 年 4 月）

延安行

徐非光

君不闻，陇道曾比蜀道难，高原曾比华岳险。

路难终可通，
山险终可攀。
烽烟十三载，
万目瞩延安。
延安今何处，
轻车越高原。
俯捧延河水，
仰望宝塔山。
月印清凉亭，
塔映杜甫川。
昔闻“北风吹”，
曾歌“南泥湾”。
今作延安游，
了却平生愿。
何以疗尔疾，
且饮定痂泉。

何以醒尔心，
清凉风扑面。
若问中兴策，
请君回首看延安。
——（1983 年 1 月）

为张家滩大桥放歌

黑振东

走过天下多少桥，
今日在家乡的桥上走一遭。
珍珠玛瑙灵芝草，
天下最数故乡好。
四十年思乡之情知多少，
游子今日回来了。
心脏啊莫要这么厉害地跳，
桥头上拱手酬父老。
张家滩低来高家原高，
没有桥的岁月实难熬。
过河的人儿像根草，
山洪一发不得了，
抱娃娃的婆姨哭号咷，
挑担子的后生累断腰。
四七年我从河里过，
胡宗南的机枪疯狂地扫。
父老兄弟拼命跑，
没想到山水又下来了。
不是咱游击队打得好，
多少儿女把殃殃。
说来说去社会主义好，
延河上架起多少座桥！
南山的核桃北山的枣，
来来往往是阳关道。
阳关道、幸福桥，
全是人民双手造。
山也笑水也笑，
张家滩大桥通车了。
秧歌只管扭，锣鼓使劲敲，

桥头上红红绿绿彩旗飘。
天上的白云树上的鸟，
老黑我心潮逐浪高。

（作者系延长县黑家堡人，1945 年在《边区群众报》发表处女作《马莲草》。曾任中共延安地委顾问。本诗写于 1984 年 6 月 1 日，延长县张家滩延河大桥通车典礼）

农田水利建设组诗

赵江波

罗子山基建营之歌

一唱基建营，红旗举得高，
学习马列和毛著，指战员思想好。
四唱基建营，“窝头”加镢头，
延安精神大发扬，艰苦奋斗干革命。
六唱基建营，深山扎老营，
旧窑洞里干革命，改变面貌打先锋。
十唱基建营，党的威力大，
大治天下人心向，革命加拼命。

夜战歌

日落西山满天星，晚饭过后响钟声，
步伐快，紧行动，男女老少上战场。
肩扛铁锹手提灯，人人行动赛流星。
夜战收工十二点，北风呼呼来消汗。
为了幸福来创业，再苦再累心里甜。

治水颂歌

九曲黄河水连天，岸西边旁有井滩。
自古前人多兴叹，河水哗哗不浇田。
大风飞起沙遮天，烈日炎炎禾苗干。
人民响应党号召，当代愚公战井滩。
烈日严寒无所惧，汗水争来水浇田。
远望渠系一条线，疑是银河落九天。
河水欢笑随人意，人定胜天凯歌还！

（作者系延长县罗子山镇石佛村人，1975—1980 年任延长县罗子山公社党委书记）

争英雄

赵帮彦

日落西山星星明，户户点起夜明灯，
铁锹斧子拿得齐，突击队打井出了村。

小伙子身带劲，媳妇姑娘后面跟。
老婆婆抱着娃娃睡，白胡子老汉去搭灯。
你也抢，他也争，跃进跃进争英雄。

音乐快板——水之廉

贾联盟

导演：孙岩　编舞：曹剑

演出单位：延安市水务局

（音乐起）
合：云淡天高爽秋风，盛世和谐花正红。
秀美山川披锦绣，信天游声声不断头。
八水悠悠绕长安，延河映衬宝塔山。
金生水，水生廉，水利人廉政走在前。
清正廉洁八禁止，规范行为常自省，
不准“五十二”装在心，科学发展观指引我们永向前。
（音乐）
男 1：哎，你们看。
廉政准则记心间，执法为民不能贪。
廉政工作报告制，创新考核办法，
领导任前考试制，廉政法规要纪实，
廉政教育长效制，预警自律强素质，
领导挂牌接访制，方便群众办案，
及时化解矛盾事，缠访闹访全截止。
男 2：哎——，你们听。
廉政警钟长鸣，莫要伸手头脑清。
问责问廉和问效，两个务必要做到，
述责述廉和述效，群众满意是第一条。
对！对！对！
群众满意是第一条
女 1: 水之清，水之廉，水利人必须走在前。
党委举措定方案，纪检落实严把关。
女合：通过教育，通过教育，使腐败的念头不闪现，
通过制度，通过制度，通过制度，
使腐败的问题不能有，
通过监督，通过监督，通过监督，
使腐败的事情不能干，

男 1：惩防并举最关键，
合：最关键！最关键！
男 1：腐败案，前车鉴，为人民，当好官，
合：当好官，当好官。
（音乐）
男 1：廉洁教育见成效，党员干部醒头脑。
制度建设筑防线，铸就堡垒保清廉。
要让那腐败分子吓破胆，要让那腐败老鼠无处钻。
对！吓破胆无处钻。
男 2：水利工作任务重，量又大来面又宽。
兴利除害保安全，反腐倡廉第一件。
一心一意为群众，拒腐防变永不沾。
水利工程成就大，精心布局巧规划，
严格实行招投标，
女合：对！谁也别想把好处捞。
女 2：反腐倡廉要搞好，水利工程要三保。
一靠廉政保项目，二靠廉政保资金，
三靠廉政保干部，不要见钱犯错误，
勤政廉洁永拒腐，立志为民来造福。（音乐）
男合：二位美女嘴嘴巧，说的一套又一套，
咱反腐倡廉工作搞得好。两帅哥再给大家表一表。
女合：好
男 1：我先说说咱老刘，今年五十刚出头，
干纪检已有二十年，人家叫他“刘铁面”，
纪检监察归他管，手中握着监督权，
开工完工一项一项严审验。
对党和人民负责是不变的信念。
有个经理王老三，为工程招标来到了老刘家里边，
老刘让他坐下很坦然，王老三笑笑嘻嘻开了言：
老刘呀，听说你儿子考上了重点大学，我特来表示祝贺，（从身上掏出一沓钱），给！
给娃娃添补些学费，买个笔记本、手机、MP4 和 MP3，
男 2：老刘一听翻了脸，啪的一下把钱甩给了王老三，
我的事情我自己管，快快滚到门外边。
女合：王老三连滚带爬傻了眼，
男 1：我这苍蝇确实盯上了无缝的蛋，看来要踏实做事莫要歪手段，
男合：真是名不虚传刘铁面。

女合：这才是咱百姓的官，
合：人们信任的刘纪检，水利纪检人，
牢牢地筑起反腐大堤磐石坚。
对！牢牢地筑起反腐大堤磐石坚。（音乐）
延安这块金土地，水资源保护数第一。
延安这块金土地，天天都在出奇迹。
为了延安大发展。南沟门工程干得欢，
农村饮水保安全，提前解决已实现。
工业经济产业园。黄河引水很关键，
“两河”治理水景观，水利要为秀美延安作贡献。
水利人愿作一滴水，勤政廉洁清如水。
从政就像纯净水，便民就像自来水，
为人就像江河水，工作就像承压水。（音乐）
金生水，水生廉，廉政建设把力添。
水利人任重而道远。富裕生态和谐延安早实现。
金生水，水生廉，廉政建设把力添。
水利人任重而道远。富裕生态和谐延安早实现，早实现。

情景朗诵：又见滚滚延河水

（一）天赐之水
当我们看着延河日夜不息滚滚东去
却不知她从何时开始讲述岁月的故事

当祖辈傍着延河耕织牧养绵延生息
却不知她从何时开始忍受满身的伤痕

当孱弱的她涓涓细流
却不知她从何时开始润物无声
当坚强的她激流澎湃
却不知她从何时开始果敢勇毅

延河啊，我们的母亲河
母亲啊，您从哪里来

饮水当思源

水务人怀着虔诚的心
用脚步去探寻她的源头

这是对母亲河神圣地礼拜
这是对母亲河尊崇地朝觐

天赐湾的立壁上涌出汩汩的泉水
顺着泛红的粉砂丹霞静静地滴落

一切都
无垠 无痕 无声

像似上天在黄土崖畔上撒落的珍珠
怜悯着这片干涸贫瘠的土地
像似上天在荒草白蒿里挤出的乳汁
滋养着这群不屈不挠的人民

天赐湾 天赐水
天赐之水东南流
东南流向天尽头

天尽头的延河水是那样的甘洌清澈
天尽头的延河水是如此的缓慢平静

她没有大海湖泊的波澜壮阔
她没有大江大河的气势磅礴

她就这样悄无声息的
把 286.9 公里的希望、期盼、梦想、硕果……
汇入了黄河

一切都
无垠 无形 无息

从天赐湾来，取之于天

到天尽头去，还之于天

这，就是我们的母亲河
苍天赐予我们的母亲河
静谧、徜徉、慈爱，毫无索取

这，就是我们的母亲河
坚强守护我们的母亲河
博大、顽强、勇敢，无私奉献

（二）胜利之河
延水南北至
合流向东驰

延河自北而来朝向宝塔
在遇见之时却又一个神奇的拐弯，逝向东方

这似乎在昭示着
昭示着这里将是一个历史的转折

枣园的灯光照人心
延河滚滚喊“前进”
在新民主主义的炮火声里
她哺育了十三载春秋峥嵘

在抵抗日寇的民族大义中
她见证了八年的百折不挠

延河水像蜿蜒长龙腾空远去
从长征走向解放

延河水像红色血脉源源不断
从胜利走向胜利

她是中流砥柱

指引坚定正确的政治方向

她是冲锋号角
奏响自力更生艰苦奋斗的乐章

她是精神标识
擘画解放思想、实事求是的航线

她是民族基石
镌刻全心全意为人民服务的宗旨

宝塔无墨千秋画
延河有弦万古琴

唯愿延河水奔腾不息
革命精神源远流长

（三）幸福之渠
初冬的枣园
被金黄的银杏叶覆盖着

寒风乍起
金黄叶片吹进了一条横亘枣园的沟渠

像似铺满了黄金，给这片土地带来了幸福
像似丰收的谷仓，给枣园人民带来了富足

她叫幸福渠，八十四年来一直诉说着幸福
也把此刻的时间线拉回到八十四年前的那个春天
枣园千余亩的川地
供给着红色中国的心脏
供给着抗日救国的力量源泉

那年春天大旱
干旱、皲裂、贫瘠、青黄不接

像极了当时老百姓的光景

筑沟渠引延水
浇灌、希望、丰收、光明在前
像极了当时革命者的信仰

在延河水、幸福渠的滋养下
火种得到保存
革命得到复苏
胜利得到延续

八十四年来
延河还是那样无声无息的
在人民需要的时候
总能甘愿奉献，带来幸福
幸福渠、延惠渠、王窑渠、真武渠、杏子渠……
水到渠成、硕果累累

水土保持、河道治理、湿地修复、蓄水景观……
五水同治、深得民心

7725 平方公里流域里欢庆喜悦
223 万人载歌载舞同欢共庆

为人民服务、以人民为中心
人民的美好生活始终是我们的奋斗目标
……
延河美，延河长
延河滚滚向前方
前方流过我家乡
回首又见幸福长

又见滚滚向前的延河水
又见滚滚向前的复兴伟业
（延安水务环保集团有限公司供稿）

二、散文 纪实

（一）古代

祭河神文

[清] 赵廷锡

顺治十七年六月朔，延之绅士、居民某等，敢昭告于河伯之神曰：

闻之带砺有盟，河山为重。幽明一理，祸福无私。载稽成德之朝，百灵效顺。试观有道之世，海不扬波。罗浮山下，朱鳖墨蚪之不惊；西海岸头，白衣赤冠之自若。虽因人事克修，多承河伯默佑。

吾延处万山峡谷之中，水势分南拱北冲之要。三山鼎峙，二水带围。观风者占为胜概，爰处者世享安澜。夫何气运之偶乖，以致泛滥之时闻？岂浲洞之灾，不忘帝世；抑降割之祸，莫奠殷邦。客岁滔天之罪，几殒城隍，而随波之惊魂未息；今年淫霖之虐，复洒井灶，而伤弓之疑畏弗宁。玉女披衣，莫睹五湖晴浪；巨灵驰马，似洩四渎洪涛。或天运之适值，恐劫数之未苏。孑遗，兵荒鼎革之余，城社几成鞠草；赫赫明神，日月照临之下，洪波何忍渔民？

伏愿，悯新造之残疆，顺安澜而宁社稷。登余黎于彼岸，由故道以奠农桑。在当事不劳疏瀹，无烦智伯之行水，我居民永祀烝尝。惟效载封之祈天，恩赐造物。世纪神功，伏惟慈鉴，曷胜虔瞻。谨告。

（赵廷锡，陕西肤施人，清顺治十八年进士，下同）

修黑龙祠序

[清] 赵廷锡

粤稽遂皇十纪之始，传五龙氏乘云治天下。而吾上郡肤施，为出治所。汉宣帝曾立五龙仙人祠，以祀焉。今荒史具载，土人莫得其详，余尝参稽以考之，或云城东之两山相峡处，俗称“黑龙沟”，是乎？

是峪也，幽处于城市中，苍苍而冥窅，蹑足而人，所谓山深似太古者。近之，摸断碣，披虫刻，有“云根雨脉”四字，何取乎？山之阿，有幽泉，泉之前，有庙祠，皆以黑龙主之，像北方也。而神之变化与昭应，非止一时一事之可更仆。数功之著者，每与云汉兴歌，有祷辄应。此一方守土者，及土著者所尸祝不衰，将以惠我南亩，唯此耳！

兵燹后，城社几墟，苍（仓）鼠瓦宁，独玉华堪悲。凡春秋禋祀瞻拜，故宫之下者，莫不怆然。

丁酉春不雨，夏五月，不雨。时，署郡篆贰守刘公惄焉忧之，咨故实而步谒云门，睹苔藓斑棘，祝曰：“神其有灵，赐以甘霖，当聿新庙貌焉。”不移日而应。公倡僚属，劝士民，积黍鸠工，殿宇列像，亦稍有起色。未几，而公荣移矣，事得半而止矣。金碧庄严，不无有待而毕。

今年自春徂夏，濛雨不时，陇头草枯。及夏之仲，而亢阳殊甚。无麦无禾之惧，实为汹汹。适值新守牛公，以司空尚书郎奉简命而来。目击残疆孑遗，不啻痌瘝及身，思所以轸恤而苏生者。初政黎然，咸歌来暮。任事未旬日，即盥沐摅虔，以祷桑林。阅两日，夜，诚与神通，密云起处，甘霖如注，千里滂沱，远近欢呼。咸曰："此随车雨，一如郑公戬之出守处州时也。"士民德公。公曰："偶然"。不自居功，而归于神。致牲以酬，辄慨然曰："刘公之心，非我心哉？曷可不聿，观厥成焉。"赞礼诸子，踊跃以应，欲传公之德，以妥神之灵，以终前守之事。备述其由，问序于余，自愧不文，聊详颠末以记。

我公精诚之感，仁惠之施，此其一端耳。他日歌《甘棠》者，当于北山之侧，韩、范并祠焉。

而是祠之聿新，凡有涓滴，以助木屑，皆得附公，以志不朽耳。是为序。

（二）现代

延河寻古

张发民

提起革命圣地延安，无人不知，无人不晓，延河也因之被誉为"中国革命母亲河"。但谈到延河的历史，多数人可能就知之较少了。

延河，"源自榆林市靖边县境天赐湾乡渠树湾村白于山东面之高峁山东南麓，西北向东南流，河流绕安塞县城西南，在延安宝塔山下会南川（河），折向东北，过甘谷驿再折向东南，从延长县南河沟凉水岸附近汇入黄河"。（《陕西省志·水利志》1997年）其干流全长286.9千米，流域面积7725平方千米，是延安市第二大河流，黄河的一级支流。

黄沙漫漫闻驼铃　流水悠悠诉衷情

延河是什么时候形成的？我们无从考究。可以肯定的是，延河见证了黄土高原的形成。

从六千余万年前的汪洋湖泊到二三百万年前的戈壁黄沙，这里经受了板块漂移带来的碰撞与挤压，风尘堆积，雨水冲刷，一条条冲沟愈渐深长，塬、峁等支离破碎的地貌成为它的象征。延河是黄土高原上"千沟万壑"中较长的一条，在呼啸的风沙中穿梭，在起伏的地表上流淌，穿过时间，淌入陕北人民的心田。

陕北干旱少雨，年降雨量不足500毫米，且降雨多集中在7、8、9月三个月，虽然沟壑纵横，但大多数长年都是干沟，只有少数沟道有流量很小的水，且有些还是时有时无。延河从发源地一路蜿蜒东南行，途中广纳平桥川（小川河）、杏子河、西川河、南川河、蟠龙川等，涓涓细流终成"滚滚延河水"。

水是生命之源，是农业的命脉。先民们逐水而居，延河就是生活于两岸人民的"母亲河"。古时，延河有多个称谓。《山海经·西次四经》中称"区水"，《水经注》里说"世谓之清水"，《地理志》则唤"消水"，明弘治《延安府志》载"延水在城东门外，源出安塞县西北芦关岭，东南流入肤施县境，又经延长县流入黄河，俗称濯筋水"。细数这些称谓，我们能从中发掘出人们对延河的期冀。比如，"区"字繁写为"區"，其内有三口意为"众口"，引申为"食物"，"区水"即是可带来食物的水。再如"洧"字，兼水与

“以手持肉”之形，表示“多鱼肉之水”。

据《说文解字》，“延”亦作“蜒”字，有长行、绵延之意，也有蜿蜒、曲回之意。延水，既形象地表达延河一路弯弯曲曲的河道走势，又切合人们希望延河水长流不消、永久为人们带来利益的美好期盼。

金戈铁马战鼓鸣　延河守国天下平

春秋时期，这里是北狄部落的居住区，属翟国。晋公子重耳就曾在此流亡 12 年之久。经多年战争后，易属魏国，魏文侯设延安一带为上郡。秦惠文王十年（前 328 年），秦使张仪、公子华伐魏，得魏地蒲阳。雄才大略的秦惠文王嬴驷从长远考虑，采纳了纵横家张仪的建议，主动归还蒲阳于魏，并送公子繇入魏作人质。张仪巧舌如簧，借此游说魏王“秦之遇魏甚厚，魏不可以无礼于秦”，而魏“因尽入上郡十五县以谢焉”（出自《资治通鉴·周纪》）。是故，上郡改“魏”属“秦”，张仪也因之“归而相秦”。

待秦始皇灭六国后，为了北击匈奴、巩固疆域，嬴政遂派大将蒙恬率 30 万兵士监修了中国古代第一条“高速公路”——秦直道。秦直道穿过延河一级支流杏子河，再沿着延河西岸二级阶地继续向北直达内蒙古包头西南部，全长近 800 公里。自此以后，这条古道与延河古河道奠定了延安成为屏障中原、抵御外犯的边防要塞和军事重镇的地位。

又话说北宋年间，西夏与北宋战事频繁。宋康定元年（1040 年）三月，野心勃勃的西夏皇帝李元昊亲率 10 万大军从统万城（今靖边县红墩界乡白城子村）出发，直攻延州，这是他称帝后发动的第一次宋夏战争。西夏军要克占延州，首先得攻克金明寨（今安塞城南）。金明寨守将李士彬虽与李元昊同为党项族，但二人却有不共戴天的世仇。大敌当前分外眼红，李士彬作战异常勇猛，西夏军久攻不克。为了拿下金明寨，李元昊可谓绞尽脑汁。他先是使用反间计未果，后来转用骄兵计以破寨。李士彬每与西夏军交战一次，都能“俘虏”不少西夏兵，少则三五百，多则上千人，甚至双方刚交战，就有不少西夏兵主动缴械投降。多次交战后，“俘虏”西夏兵早已过万。这让李士彬得意非凡，他竟然发放武器给“俘虏”将其全部扩充进宋军，结果西夏军里应外合，致使宋军全军覆没。

西夏军马不停蹄，继续南下至三川口（延安枣园一带，西川河与延河交汇处），得知宋将刘平与石元孙率五万增援部队将至。于是，李元昊便派遣一名细作假扮延州城统师范雍的传令官南行去迎宋军，告知说：“延州城小，令将军分兵成小队依次前行进城。”刘平信以为真，便依“令”而行，待醒悟后急令人追赶前军时，近 4 万大军早已被西夏伏兵聚歼。好在，刘平、石元孙及其先锋郭遵都是宋代有名的大将，立即重整剩余的 1 万多兵士赶至三川口，与西夏军在延河东西两岸对峙、激战。这就是历史上著名的三川口战役。在三川口战役中，宋军将士作战英勇顽强，但终因敌众我寡而败，全部牺牲。然而三川口之战不但重创了西夏军，也为保住延安奠定了基础。据说，西夏军合围延安城 7 天后无功北返，原因之一是天降大雪，粮草不济；其二便是听说宋军增援部队又要到了，攻城无望，遂才放弃。其实，此时的延州城不过是仅有守兵数百人的一座空城。

割肉救鸽佛光临　大爱无疆足下行

延安城古名肤施。

关于“肤施”的来历有个感人的传说。相传佛祖释迦牟尼的曾孙尸毗，选中在延安清凉山上修炼。有一天，尸毗见一只凶狠的老鹰正在追捕一只雪白的鸽子。鸽子飞到尸毗前求救，尸毗忙把白鸽护在自己怀里。饿鹰怎肯答应？它对尸毗说：“你不是要普度众生吗？你不让我食鸽，我就得饿死啊。”尸毗回答：“那给你换别的肉吧。”老鹰道：“我只吃刚杀的带血的新鲜肉。”尸毗就用刀割下自己腿上、胳膊上的肉喂食老鹰。直到割下的肉与白鸽重量相同，奇迹出现了，老鹰和白鸽都不见了，天上洒下无数花雨，尸毗身体也复原如初。原来这是两位神仙化作老鹰与白鸽，在考验尸毗普度众生的意志和诚心。不久，尸毗便在山中坐化成佛。人们为了纪念尸毗的舍身精神，便把清凉山下的这座城命名为“肤施城”。

与延安城载满的佛意和奉献相通的延河，其情亦真切、壮烈。无数仁人志士离开家乡，驻守边关，魂归延河，正如延河水义无反顾地汇入黄河，奔向大海，铸就了英勇无畏的爱国气概。延河之爱博大，大及国家社稷，大及天下苍生。

唐玄宗天宝十四年（755 年）七月，“安史之乱”爆发。时任右卫率府胄曹参军的杜甫只得挈妇将雏，北逃到富县。次年，他听说唐肃宗在灵武（一说现位于甘肃，另一说现位于宁夏）即位，便收拾行李北上，欲投奔肃宗参加平叛。年底，杜甫艰辛跋涉终于抵达了延安七里铺，在延河边“枕鞋夜息”。当诗人行至安塞与靖边交界处的芦子关要塞时，写下了著名的《塞芦子》：“延州秦北户，关防犹可倚。焉得一万人，疾驱塞芦子……芦关扼两寇，深意实在此。谁能叫帝阍，胡行速如鬼。”不幸的是，诗人在此被叛军俘虏、押解回了长安。虽投奔肃宗没能成功，但诗人忧国忧民、杀敌平叛之情却在诗中宣泄得淋漓尽致。他挥毫泼墨道：“安得广厦千万间，大庇天下寒士俱欢颜！风雨不动安如山。”一间茅屋，一杆如椽巨笔，纵使秋风万般呼啸，也吹不去诗人的博大胸襟和崇高理想。延安人民为了纪念诗人，把他在延安经过的川道取名为“杜甫川”，并在他睡过的地方建起“杜公祠”。

同样，以“先天下之忧而忧，后天下之乐而乐”的思想启迪后世的北宋著名政治家、思想家、军事家和文学家范仲淹，在宋夏第一次战争三川口战役后，便被委以陕西经略安抚副使兼知延州而驻守延安。他增设城堡，选将练卒，“量敌众寡，使更出御”，深为西夏兵畏惮，称“小范老子腹中有数万甲兵”。在驻守延安期间，范仲淹感怀诗人杜甫，曾亲笔题书“杜甫川”三字刻于石崖，还写下了有名的《渔家傲·秋思》。“塞下秋来风景异，衡阳雁去无留意。四面边声连角起。千嶂里，长烟落日孤城闭。浊酒一杯家万里，燕然未勒归无计。羌管悠悠霜满地。人不寐，将军白发征夫泪。”去国怀乡，坐守孤城，满目萧然，秋愁难散，不如迎着残阳和号角，将杯中的浊酒一饮入喉。是延安，是延河，将两个不同时代，却有着报效家国志平万里的共同追寻的两个人紧密相连。

延河与地球上诸多河流一样，容纳百川，昼夜奔流，滋润着千里青山、万般生灵，哺育着两岸黎民世代繁衍生息。

（作者系陕西省水土保持监测中心原主任）

延安宝塔山，一座承载历史与文化的地标

加路

宝塔山，一座文化之山，一座信仰之山，一座精神之山。

宝塔山脚下3000平方米的长幅摩崖石刻，概括了宝塔山的历史高度，人文深度，价值密度。

“重峦叠翠”“云生幽处”，极写昔日宝塔山的绮丽风光，层层叠叠的树木郁郁葱葱，苍翠欲滴；袅袅娜娜的云烟在山间树梢，悠悠然飘来飘去，俨然是一个值得交付灵魂的地方。“泰山北斗，一韩一范” 写尽韩范的功业千秋，情怀千秋，友情千古，谁知是韩琦以身家性命作抵押，力荐贬谪中的范仲淹镇守陕北，在血和泪、爱与痛、悲与欢交织演绎中，立下不世之功。范仲淹不计皇帝贬谪之怨，独怜苍生荼毒之苦，以陕北实情制定战争方略，凭陕北山河形势擘画攻守之计，运筹帷幄，统筹施策，西夏人叫绝于范仲淹：“胸中自有数万甲兵”。“先忧后乐”，千古精神，千古情怀，千古绝唱。有此情怀者足以让苍生膜拜，来者景仰。

一

这里的每一组石刻，或像一首高度凝练的景观诗，或是一段意味悠长的历史故事，或是一束启人深思的思想光芒。

“嘉岭山”（宝塔山旧称）三个隶体阴刻大字，是范仲淹庆历四年（1044年）秋所题，每个字高3.68米，宽3.37米。笔力刚健，气象恢宏，刻进了范仲淹对这块土地深诚的大爱，铭刻了范仲淹力挽中原王朝荣光的决心，折射出范仲淹海纳百川的大气、睥睨敌军的豪气和霸气。

石刻长廊浓厚的文化气韵，如宝塔山的序言，吸引人们迫不及待地登山细读每一个章节的内容。

宝塔山上最引人注目的景观，当然是那座千年屹立的宝塔。看到它就会让人想起小时候课本上的宝塔山图片和“几回回梦里回延安，双手搂定宝塔山。”的诗句。延安宝塔（岭山寺塔）始建于唐代宗大历年间（766—779年），宋仁宗庆历年间（1041—1048年）重建，金世宗大定九年（1169年）和明神宗万历三十六年（1608年）曾予以修葺。宝塔高44米，为八角九级楼阁式砖塔，塔基周长36.8米，辟有南北二门，南门额书“高超碧落”，北门额书“俯视红尘”，北门内有阶梯，可登临塔顶，俯瞰全城。

此塔相传为锁骨菩萨而建，佛光加持了此山的灵气。佛云：发善愿、结善缘、做善事，诸恶莫作、众善奉行、自净其意。佛恩浩荡，佛心慈悲。也许正是一颗正直善良的心地、一腔悲悯众生的情愫，才能从精神和节操上“高超碧落”“俯视红尘”。到底是此塔装饰了此山，还是此山成就了此塔？似乎“山不在高，有仙则名。”可作回答。窃以为更重要的是，历来发生在这片土地上的英雄事迹，赋予了这里独特的魅力，山与塔相依相存，相辅相成，让它遐迩闻名。

二

宋仁宗时，西夏屡屡侵犯延安（时称延州），老百姓生活动荡不安，大宋受到了不容

忽视的威胁。历史选择了范仲淹，朝廷急调他到西北边陲抵御西夏。他慧眼识珠，看中了宝塔山（时称嘉岭山）这块风水宝地，统帅三军在此安营扎寨。修建了烽火台、瞭望台、水井等防御工事。瞭望台当时叫望寇台，现在叫摘星楼。登上楼台，周围群山一览无余，是观察敌情和指挥作战的绝佳方位。

为防敌人切断山下的延河水源，范仲淹指挥士兵在嘉岭山畔一向前突出的石崖上凿洞，直通至潺潺流淌的延河，巧妙地解决了重中之重的吃水问题。这样，敌军纵有千里眼也难以发现宋军的吃水来源。此井迄今已近千年，井筒保存仍较完好。井筒呈土圆形状，上面用块石围砌成圈，筒深总长约 24 米。石头上凿洞，难度之高，可以想见。这口井凝结了范仲淹的心血和智慧，浸透了将士们的汗水与毅力，滋养了军民的斗志与家国情怀。

饮水思源，睹物思人，故后人称之为“范公井”，来纪念范仲淹为国之赤心，为民之热忱。烽火狼烟滚滚，鼓角争鸣阵阵，范仲淹登高瞭望指挥若定，将士们勇往直前、拼死杀伐，到处氤氲着不畏强敌的锐气，遍地升腾着壮志凌云的豪情，一个民族强大意志力的自豪在这里葳蕤。

文化是一个民族的灵魂，文化是民族凝聚力的源泉。

范仲淹抵挡西夏铁骑大刀的同时，仍不忘文化教育事业的发展，在嘉岭山创办了一所书院。后人称之为嘉岭书院，可惜现在书院已毁，仅有一通石碑立于书院旧址，讲述着从前的故事。站在石碑前，迷蒙中走进了树林间陈设简陋的书院，与千年前英武睿智的范公目光对接，颔首问好后，悄悄坐于众学子中，聆听范公讲经论道。黄钟大吕的讲课声，全神贯注的读书声，琅琅于苍松翠柏间，让这山上的一草一木，一砖一瓦都浸润了墨香和志气。范公忠君爱民的思想光芒穿过树梢，在崇山峻岭间荡漾……

嘉岭书院，广招学子，习文研武，文武之道在这里弘扬。范公拿起刀剑奋勇杀敌，走进书院执经讲贯。将士们在他的带领和影响下，戎马倥偬之余，纷纷来书院听课学习，渐渐通习了用兵之道，打起仗来所向披靡，屡立战功。书院为大宋培养了一大批栋梁之材，典型的有狄青、种世衡、杨文广、郭逵等。

不战而屈人之兵，是兵法的最高境界。范公深谙其道，组织士兵分组轮流打仗、种地，来减轻老百姓的军事赋税。农闲时，还组织当地农民与士兵一块训练刀剑，且耕且战，极大增强了宋军的战斗力。怀柔政策的使用，分化瓦解了西夏同盟军，对羌族等少数民族诚心以待，允许他们用特产和宋人交换所需的生活物品，使得他们纷纷前来归顺，逐步消减了西夏的势力，最终使西夏王元昊罢兵求和，确保了大宋人民的生活安宁。这才是真正的神，真正的仙。

有范仲淹这样的思想家、文学家、教育家、政治家在此办学，宝塔山具有了更加丰富的灵魂，人们对此山的认知从一座佛山变为了一座书卷熏染的文化之山；有范仲淹在此克服一切困难，英勇抗敌，确保了大宋疆土完整，确保了大宋江山稳固，此山更是一座民族精神之山。

三

文明与信念一直与宝塔山同在，它像一位勇敢的母亲全力以赴守护着延安人民。站在塔底的观景台，三川风物尽收眼底。特殊的地理位置，发挥了特殊的作用。宝塔旁那口明代崇祯元年铸造的铁钟，1938 年，日本飞机轰炸延安时，曾多次被敲响，为保卫延安人民的生命安全作出了特殊的贡献。

这口钟，高 150 公分，直径 106 公分，钟的上部是佛教莲花纹饰，下部是道教八卦纹饰，声音清纯，余音绕空，可传方圆五公里，故有“宝塔钟声三川闻”之句。这口钟原在太和山道观中，边区保安处把它移置于此，作为防空报警之用。

中共中央进驻延安以后，延安穷苦人民看到了新的曙光，看到了生活的希望。

党中央发动群众，军民互助，积极开展大生产运动，垦荒屯田，纺线织布。毛泽东主席都在杨家岭开垦了一块荒地，亲自除草、施肥、浇水。周恩来、任弼时都是纺线能手。军民齐心协力，一边抗战，一边生产，不仅减轻了老百姓的负担，还增加了财政收入，军民丰衣足食，部队兵强马壮，粉碎了国民党反动派和日本侵略者妄图置共产党和边区人民于死地的迷梦。

“历史总是惊人的相似，但不是简单的重复。”中国共产党，身体力行着全心全意为人民服务的根本宗旨，与几千年来封建王权利益至上的陈腐观念形成了截然不同的对比。

为了抗战的胜利，为了穷苦人民的利益，中国共产党团结一切可以团结的力量，不仅视老百姓如亲人，就是对日本战俘也是宽大政策，施以仁德。宝塔山上那座延安日本工农学校，可以佐证。1940 年开始筹备，1941 年 5 月正式开学，先后接收了 900 多名日军战俘学员，直到 1945 年 8 月日本投降后停办，大多数人返回日本。这些学员在中国共产党统一战线政策和优待俘虏政策的感召下，和中国抗日军民一起，为反对日本帝国主义侵华战争和世界反法西斯战争，谱写了不平凡的一页。中国共产党以胸怀天下、人民至上的信仰，化敌为友，最终取得了新中国的伟大胜利，人民当家做了主人。中国共产党高尚的信仰深含在了宝塔山的禀赋中。

中国共产党在抗战期间，也是边打仗，边学习。著名的延安桥儿沟鲁艺培养了一大批文学艺术人才。杰出人才有贺敬之、冯牧、王昆、庄言等。宝塔山成了画家和文人笔下延安精神的象征。陈毅曾写道：“延安有宝塔，巍巍高山上。高耸入云端，塔尖指方向。红日照白雪，万众齐仰望。”

宝塔山，中国革命的航标；宝塔山，中国革命的路灯。

宝塔山目睹了中国共产党在延安十三年自力更生、艰苦奋斗的历程；宝塔山见证了中国革命由挫折走向胜利的艰辛；宝塔山亲历了中国由贫穷落后到繁荣富强的沧桑巨变。

宝塔山，这座精神高地，时时激励延安人民拾光筑梦、砥砺前行。因而，延安人民有了今天像延安苹果一样，红红火火，甜甜蜜蜜的幸福生活。

（作者系延安市宝塔区作协主席）

延安古城最大的安全威胁——洪水灾害

曹树蓬

延安古城为战国设高奴县时初建，距今已 2400 多年。西魏建延州城，隋建肤施县城，五代增建南、东、北三卫城，宋朝五城完备。多经战乱，几度兴衰。到 1978 年前，城市整体上尚未突破宋朝形成的城区范围。

延安古城地处黄土高原丘陵沟壑区，延河穿城而过，上游流域面积 4640 多平方千米，分布呈扇形，集水面积广。年均降雨量 530 毫米左右，近 80% 集中在 7—9 月，不时出现强降水。上游植被差，黄土疏松，遇雨易发洪水。自古以来，史籍中记载延安城发生的洪水灾害频繁，且频率加快趋势明显。我对其原因和对策进行了一些探讨，或谬或误，皆是心得。附于书中，或可借鉴。

一、延安城洪水灾害及特点

本文所称延安城洪水灾害是指：进入延安城郭，给官府居民造成生命、财产包括公用设施损失的较大洪水。

有史料记载的延安城最早的洪灾，是北宋太平兴国六年（981 年）夏。《宋史》记：“延州河水涨溢入州城，坏仓库、军民庐舍一千六百区。”宋代最后一次洪水是庆历五年（1045 年）七月，“延州发大水，肤施县城被冲毁，县衙遂由东关迁于西岸州城”。金代无洪灾记载，元代 1 次，明代 7 次，清代 9 次，民国 5 次，1949 年到 1977 年共 4 次。其中顺治十六年（1659 年）的洪水，致“死六百余人”；1977 年的洪水致人口死亡失踪 134 人，财产损失达 1.26 亿元（各次洪灾情况，见本书所载拙文《历史上延安城区的水灾》）。至 1977 年，延安城有记载的洪水灾害总计发生了 30 次。洪水在宋代曾冲毁县衙、仓库、军营，明代几次冲毁了府学，民国和共和国时期冲毁了机关、工厂、公私商店、戏楼、民房。历史上，包括战争在内的其他灾害都没有洪水给延安城造成的危害严重，可见洪水灾害是延安城最大的安全威胁。

若从公元前 328 年延安建城时计算，至今共 2402 年，平均 80 年发生 1 次洪灾，但是前 1309 年没有洪灾记载。从 981 年遭洪水灾害记载开始，到 1977 年最后一次发生，平均每 33.2 年一次。其中北宋前期的 64 年里发生了 4 次，明代集中在景泰三年到崇祯十四年（1452—1641 年）的 189 年里，平均 27 年 1 次。清代 267 年 9 次，其中顺治十六年到嘉庆五年（1659—1800 年），141 年中发生 8 次，平均 17.6 年 1 次。1917 年到 1977 年，60 年发生 9 次，平均 6.7 年一次。

自延安城首次遭受洪水灾害以来，发生洪灾的间隔年限长短不等：宋庆历五年到元泰定二年，280 年未发生；元泰定四年到明景泰二年，126 年未发生；清嘉庆六年到同治六年，67 年未发生；同治八年到民国五年，49 年未发生，1977 年至 2014 年，37 年未发生。

由以上分析看出：延安城的洪灾不是平均或大概平均发生，而是有时频繁，有时又长期未发生。总趋势是越来越频繁，损失程度越来越严重。特别是明代中期到清代中期有一个洪灾较长的发生周期。最频繁的时段是上世纪。

二、延安城洪水灾害的原因

现在的延河以前不叫延河。《水经注》称“‘区水’，谓之‘清水’”。《元和郡县志》记“肤施县清水，俗名去斤水，北自金明县界流入。鲜卑谓‘清水’为‘去斤’”。《太平寰宇记》曰延河“谓之濯斤川水。”诸多典籍记载的意思是：延河以前在不同的时期分别叫过“清水”“濯筋水”“去斤水”，无论哪个名称，都是说河水清澈，即便遇强降水，河水仍清澈不浊。强降水河水仍清澈，说明土沙流失量微不足道，上游植被好。西魏元钦三年（554 年）将东夏州改为延州，延水或因延州而得名。“清水”改为“延水”，就失去原名的含义，河水开始不清澈了。总之，自建城始，前 1300 年未见延安城有洪水灾害的记载。

唐代，陕北是党项羌族的聚居之地。党项族在唐代地位较高，唐赐其首领皇姓李氏，并授予地方自治实权。

宋代建立后，朝廷派节度使驻守延州，设保安军，调整地方管辖权，削弱他们的权力。党项族首领则设法维护权利，鼓励垦种，发展经济，积极备战。从 982 年开始抗宋自立，双方发生战争，延安以北延河流域都是最重要的战场。战争期间，双方在延安城以北区域大量驻兵，兴土木，建城堡寨。为保证军队后勤供应，驻兵、商人、民间屯田，大量移民垦荒。延安城在此期间始遭水灾，并相继 4 次发生。1046 年以后，宋与西夏和谈停战。待二三十年后战事再起时，陕北战场的重点转移到洛河流域和清涧河、无定河流域。延安城在此之后直至北宋结束，没有洪灾的记载。

北宋与金在陕北发生残酷的战争，“延安府、坊州皆惨破，人民存者无几”（《金史》卷 72）。金占延安后，与西夏虽也多次战争，但驻军规模、战斗方式都与宋夏战争有很大不同，这种不同对自然环境的破坏程度远没有宋夏战争时剧烈。金代，延安没有发生洪灾记录。

金元之际，延安境内人口下降之剧烈历史罕见，1252 年，“延安路人口仅才 6539 户 94641 口”（《元史·地理志》）。元代，延安城只在泰定三年（1326 年）发生 1 次洪水灾害。

明代从洪武年间开始，朝廷在陕北大量屯兵。明《延绥镇志》载，延绥镇“编制官兵 55379 名、马骡骆驼 33105 匹。”为保证巨大的军需支出，明代把兵力按三七比例，分为战兵和屯兵，每个屯兵分土地百亩，配件牛犊、犁铧、种子，令其屯田。后来，每个兵还准带 1 名、3 名军官甚至可带 30 名“军余”（所谓“军余”就是“在营生理，佐助正军，供给军装”的非军事编制人员），亦可垦种。明《延绥镇志》记载：延绥镇每年粮食供应总量为 154313 石。隆庆时（1567—1572 年）户部尚书刘体乾回顾历史时说：“一军之田足赡一军之用”。军屯在宣德年（1426—1435 年）以后逐渐遭破坏。遭破坏不仅仅是屯地减少，而是军屯地相当部分被军官和豪强私占。正统、景泰、天顺三朝（1436—1464 年），陕北军屯年生产 56000 多石，短缺的 97000 多石由民间提供，民间不得不加大垦荒规模。垦荒规模空前，对植被破坏空前严重。成化以后，又在陕北修了两道长城，部分从安塞、保安（包括今吴起）境内通过，民工最多时达 5 万余人。还创建维修了大量的城、堡、寨、客，环境日益恶化。这就是明代中后期延安城多次发生洪灾的背景。

清代时期，延安城遭遇 9 次洪水灾害，清顺治至嘉庆五年就发生了 8 次。这一阶段延安城上游人口稀少，密集发生洪灾是因明代中后期对植被破坏得太过严重。清代实行“滋生人丁，永不加赋”政策以后，本地人口增长快，水灾反而减少，这是因明末清初人口下降后，延安城上游流域植被得到了恢复。加上同治年间回民起义致人口再次骤减，所以从1801年到1916年，也只发生过2次洪灾。

延安城发生洪灾最频繁的时期是20世纪。从1917年到1977年，60年间遭受8次洪灾。回民起义引发的战乱平定后，延安人口稀少，随后的旱灾、水灾、兵灾和红军长征进入延安，使大量人口涌入。1904年，安塞、保安、肤施三个县的人口分别是7162人、6975人和19364人，1935年分别增加到23976人、14593人和29054人，到1941年，则分别是38828人（安塞县）、34260人（志丹县）、33393人（肤施县分为延安市和延安县，其中延安市人口总数5092人，似不包括中央机关和边区政府机关及所属单位人口）。安塞县境在延安城上游流域面积最大，37年间人口增长了5.2倍，主要是移民；杏子河流域志丹境内流域面积800多平方公里，杏子河流域在志丹境内属于安置移民最多的区域。移民到来，必定要开荒。1940年以后，边区开展大生产运动，还是大开荒。连续不断增加的开荒面积，破坏了植被，故延安城连续遭受洪水成灾。

洪水灾害的成因也有偶然，超强降水导致的洪水灾害也时有发生。如清乾隆五十二年、嘉庆五年的洪水，或降雨强度高，或降雨范围广，或二者同时发生。1942年的洪灾，降雨范围主要发生在柳林川和杜甫川，两个流域面积总共才432平方公里，但南河发生了罕见大水，七里铺、南关、东关沿河岸都受了灾。新市沟（今市场沟）流域面积仅数平方公里，沟口水势就高达丈余。水灾中损失严重，还因人们在修建住房、商店时没有充分考虑防洪因素而使灾害加重。

强降水的降水面积大小、降水的先后次序对于能否成灾和成灾后的危害程度关系很大。从近百年洪灾形成的情况看，同一场雨的降水强度和降雨面大小，决定洪水的大小。局部出现超强降水，虽可以成灾，但受灾范围和程度有限，如1942年洪灾虽严重，但地势较低的北关和人口密集的主城区没有受灾。

从降水的先后次序上看，若是从南向北推进或全流域内同时普降，只要强度不特别高、持续时间不特别长，那么南河、西河的洪峰就会先行通过城区，不会出现洪灾，如2013年大范围降大雨或局部暴雨，城区未发生洪灾。

若从流域北部逐渐向南降大雨暴雨，延河及主要支流杏子河、西河、南河的洪峰在延河汇集的可能性就大大增加，一旦形成洪峰叠加，造成灾害，一定是大灾，如清顺治十六年、1977年的洪灾便属于此类。

总之，延安城发生洪水灾害，是因城市上游的强降雨导致山洪暴发，洪水过大，溢出河道，进入城市，造成损失。表面看来，洪灾是上游来水量超出河道泄洪能力造成，实质上是人对自然植被破坏严重所致；也有少数是因罕见的强降水造成。延安城区的水灾与上游植被的关系非常密切，植被好，强降水也多被含蓄，不能成灾或成了灾程度也轻；反之，洪灾就多且灾害程度重。植被情况与流域内人口密度关系密切，人口稀少则植被好，人口稠密则植被差。人口密度变化与国家政治尤其是战争关系密切，历史上，延安在维护国家利益时付出了巨大的环境牺牲。朱镕基视察延安时说：当年大生产时是兄妹开荒，今天要提倡夫妻植树。国家给延安退耕还林草政策是为延安人民还生态账。他说得对。历史上国家欠延安的生态账太多太多。恢复延安的生态，固然是延安人民的责任，更是国家的责任。

三、延安城市防洪设施与目前的成灾临界

延安城洪灾如此频繁，主政者怎样防洪的呢？主要是沿河筑堤、疏通河道。史籍载，宋代天圣间延州知州李若谷为防延安三河“暴水溢，致辄坍”，“制石版岸，押以巨木”，护城保仓。清代和民国时期延安城的防洪，还是筑河堤，筑城墙。河堤也仅是围城而筑，避免洪水冲塌城墙，进入城区。现存延安城早期的照片，能够看出河堤、城墙的轮廓。另外，普通百姓建造房屋远离河岸和低凹之地，亦算避险之法。至于疏通河道，史料没有记载。金、元、明、清，朝廷与地方在财政上分灶吃饭，地方在保证上缴中央定额银两后，自收自支，剩余无几，防洪工程花费巨大，无财力投入。若遇水灾冲塌河堤城墙，修复时还要申请上级拨款。这都是有记载可查的事实。古代地方政权无力组织更大力量投入防洪，这是制度的缺陷和本地经济水平的无奈。

共产党人治理和预防延安城洪灾，从陕甘宁边区政府时期就已经开始。1942 年南河洪灾后，时任延属分区专员的曹力如，组织修筑延安城河堤。1955 年以后的各个时期，历届政府在城区不断组织实施防洪工程。到目前，城区规划范围内的西川河、杜甫川、柳林川的河堤多数筑成，延河河堤也大大延伸，城内的排洪明暗渠也得到完善。经过治理，南河河段行洪能力由 200 立方米每秒提高到 740 立方米每秒，杜甫川行洪能力由 120 立方米每秒提高到 500 立方米每秒。这些都增强了防洪能力，功不可没。1977 年后，至今未发生洪水入城灾害，这既是没有发生超常强降水的幸运，也是治理的结果。

目前，延安城区的防洪设施标准仍然很低。陕西省延安水文水资源勘测局 2012 年所做的《延安市主城区河道行洪能力分析计算报告》（简称《分析报告》）对此进行了分析：1977 年洪水以后，虽引起历届政府的重视，但防洪设施一般还是按照 30 年一遇的防洪标准建设的。在改河、堤防工程中，原有的河貌发生了变化，河道行洪能力在相当部分河段不能满足 30 年一遇洪水的要求，最薄弱的河段在洪水超过 2000 个流量时就可能出现溢出河堤的情况。2002 年以后，才按照国家规定，将防洪标准提高到 50 年一遇洪水。

从主城区现有河道上看：由于历史原因，老城区河道部分河道狭窄，如丁泉砭卡口段比上、下游断面窄 40 米左右，发生大洪水，卡口以上壅水水位抬高将会明显。1977 年开始的罗家坪段改河工程进口段河床比先前提高 1 米多，河床较原先缩窄 70 ~ 80 米，主城区内河岸最低的王家坪至自来水厂段河床因之在 3 年里淤高 1 米左右。加上近年来分别在石佛沟、嘉岭桥附近的河道上，修起两座橡胶坝，它使主城区河道最低处的丁泉砭至自来水厂河床又淤积 1 ~ 1.5 米，同时阻止了河床的自然冲刷。

在涉河工程建设上，有一些单位和个人挤占河道、河岸，如杜甫川部分河段突破河道 30 米规划红线，在延河主河道、南河也有不符合防洪安全要求的建筑物出现的情况。

城市规划区涉及桥梁，1996 年有 6 座，现在增加到 26 座。据对过洪能力计算范围内涉及的 18 座桥梁（西川河 2 座、延河 6 座、南川河 10 座）测算，除石佛沟大桥、西沟大

桥、嘉岭大桥箱梁在堤顶以上或与堤顶齐平外，其余桥梁的箱梁均在河堤顶以下。桥梁占用河道行洪面积较大，30 年一遇洪水位下，“东关大桥、南桥、柳林桥，阻水面积占河道面积分别达到 13.0% 和 18.0%，壅水高度分别是 0.56 ~ 0.70 米，其余桥梁在 10.0% 以下。南川河干流右岸互通桥上边沿低于 30 年一遇洪水位 0.42 米。当发生漫过桥梁的洪水时，桥的阻水作用较大，王家坪大桥尤为突出。”形象地说，发生越过桥梁的洪水时，桥梁就成为阻水坝。

从河堤建设情况看：按 30 年一遇洪水（4210 立方米秒）计算，卷烟厂附近右岸堤顶低于水位；丁泉砭卡口以上左岸堤顶（养护处到自来水公司）均低于计算水位 0.31 ~ 1.8 米，右岸部分堤顶低于水位 0.92 ~ 1.6 米。这些河段最易受灾。

柳林川与杜甫川交汇处到南市街道办之间，堤顶最高处与 30 年一遇洪水位齐平，也是易受灾的地段。

杜甫川原戒毒所以下部分和西川河的河堤，能够通过 30 年一遇设计洪水。

南川河与延河汇合以后河段，发生 30 年一遇洪水（4520 立方米秒），主要问题是双拥大道的内涝。据专家介绍，汇流后，主河道超过 1000 立方米秒，街区排洪口就会为洪水堵塞，流量再增加就会出现内涝。河流内涝虽已设计封闭闸可以预防，但若同时遇城区大雨，城区排水就成问题，很多居住区比河堤堤顶低 3 米多，问题非常严峻。

总体看来，主城区的延河河堤，只有少数地段能够达到 50 年一遇洪水的行洪要求，个别堤段甚至达不到 20 年一遇洪水的行洪要求。南川河多数虽能达到 30 年一遇洪水的行洪要求，但河堤堤顶超高达不到要求的占比很高。

未来，延河若发生 30 年一遇洪水，北关主河道两岸和南川河两岸又将会有部分被淹；发生 50 年一遇洪水（西川河汇合后 5030 个流量，南川河汇合后 5400 个流量），河堤冒顶和双拥大道内涝灾情就非常严重，损失就将巨大；至于发生百年一遇的洪水，损失就不可想象了。

四、防治延安城洪水灾害的措施

做好延安城区防洪，必须跳出城区看城区防洪，只有抓住延安城延河上游流域治理这个主要矛盾，才能从根本上消弭城区洪灾问题；同时，抓好河道疏通拓宽、提高防洪建设标准。

首先，思想上要高度重视。延安城已 37 年未发生洪灾，官民思想普遍麻痹，许多人盲目乐观，认为延安城不会再发生洪水灾害了。这既是对历史的不了解，也是对破坏性降水所能造成的危害不了解；很多居城者不知发生多大的洪水时哪些地方有危险和危险到什么程度。无知则易于犯错。所以一定要明白延安城防洪形势其实非常严峻，这样就会警惕，警惕了就会预备对策。凡事预则立，不预则废。

延安城延河上游流域生态建设，对于预防延安城区和下游洪水灾害意义重大。自然植被建设好了，大幅度减少强降水条件下延河径流量，城区的防洪压力才会减轻。大力推行退耕还林还草，增加森林覆盖率是最有效的办法。在这方面，我市积累了经验，其中封山禁牧是主要经验之一。禁牧则事半功倍，不禁则事倍功半。但禁牧会影响部分群众的收入，政府要维护其增加收入的权利，给予他们必要的扶持和补偿。通过移民和禁牧，充分发挥生态自然修复的功能，使人类活动对植被的破坏低于自然修复植被的速度。这样会使城区上游的生态状况越来越好。

加强城区上游水利建设。大规模人为的流域治理在古代基本不可能；现代，治理必需的技术、资金、工具、效率等，是古代不可比拟的。多修建水库、淤地坝，把沟道造地与流域治理、防汛紧密结合起来。大中型骨干水利工程对拦洪拦沙作用显著，如王瑶水库上游流域面积 820 多平方公里，在 1977 年洪水中，拦截了 2620 立方米每秒的流量，拦洪总量达 2525 万立方米，占总流量的 40%，大大减轻了延安城的灾害程度。小流域治理也很重要，治理众多小流域，要生物工程、机械工程综合应用，使进入延河的泥沙大量减少。所有水利工程，一定要做到设计标准高，施工要求严，工程质量优，把这些要求当作百年大计去重视，不求快，但求质量高，否则会事与愿违，如安塞县 1977 年有库坝 1924 个，在当年的暴雨中垮塌了 1227 个，占总数的 63%；其中：云台山流域的 69 座坝垮塌 65 座，大规模的垮坝加剧了延安城的水灾程度。延安城上游延河干、支流都得到有效治理，延安城的安全系数才会提高。

实现上述目标，要把封山、禁牧、退耕、治沟、造地、移民、产业开发规划及实施等综合起来考虑。每项工作的完成都非常艰难，靠一届、两届政府的努力是完不成的，必须做长期打算。即便是部分或全部实现了预定目标，成果的巩固也非常艰难。历史上，延安城延河上游流域多次实现了自然修复，多次形成了最合理的预防水土流失的生态体系，但这个体系却一次又一次地被人为破坏，并引发一次更甚于一次的灾害。治理成果的巩固，任何时候不得松懈。实践证明，提高或降低森林覆盖率以致影响径流量，都有数十年的滞后期，所以治理水土流失，防止洪水灾害，注定是长期的任务。

水利是国民经济的基础产业。水利工程的防洪作用应当超前，这是统观防洪历史证明了的结论。河道要疏通，河岸要束缚缩，挤占了的要逐步退还，杜绝新建有碍于泄洪的建筑，已经建了的要逐步拆除，河堤该加高的要加高，排水明暗渠、管网该扩建的扩建，该更换的更换。

另外，在建设城市过程中，一定要科学规划，充分考虑防洪需要。东关双拥大道是 20 世纪末拓展的城市新区，在规划时没有充分考虑防洪因素，建成后便形成内涝地势，这个问题将长期困扰政府和居民。随着城市区域的延伸，街道高度、河道宽度、防洪堤和跨河桥梁建设都要执行较高标准，留足水路。人若不给水留足出路，水就不给人以活路。

做好防洪准备。自 1917 年以来，发生超过 4100 个流量的洪水有 4 次。目前，尤其不能因建设新城而对古城防洪掉以轻心，任何麻痹和大意都可能造成不可挽回的损失。水文监测点要完善，讯息系统要畅通，报警系统要灵敏，抢险救灾队伍要完善并每年夏季演习，模拟发生了洪水时如何应对，避免发生后的恐慌和混乱，进而造成不必要的损失和浪费。总之，防洪和治理没有完成时，只有进行时。

预防水患，不仅关系延安城的安全，也是陕北所有居住在河谷地带人们共同的安全问题。延安的许多河流如洛河、秀延河、周河、葫芦河、仕望河、沮河的情况与延河的情况类似，在这些河岸两旁，是众多县、乡（镇）政府驻地、众多村庄乃至一家一户的居住点。延安城的洪水防治，对全市防洪有普遍意义。

人类历史上的每一次巨大进步都是以巨大灾难为代价的。自古至今，延安城区发生了这么多的洪水灾害，造成很多惨剧，古城南门楼上的石刻“安澜”匾额就是对人们的警示。现在南门被拆除，“安澜”匾额虽然不见了，但我们不应当忘记：洪水始终是延安城最大的安全威胁。我们应从灾难中学会应对灾难的方法，在困难和危境中作出创造性的思考和对策。杜牧在《阿房宫赋》中，就秦亡六国、秦亡的历史总结说：“秦人不暇自哀，而后人哀之；后人哀之而不鉴之，亦使后人而复哀后人也。”我们应该警钟长鸣，从洪灾中汲取教训，“哀之而鉴之”，主动作为，避免“使后人而复哀”。

（作者系延安市政协文史委原主任）

黄河流过凉水岸

白李东

凉水岸很静，静到手机都没有信号。

这是延长县距离黄河最近的一个村落，延河在这里静静汇入了黄河。十来户人家随意散落在河西岸的土坡上。在陆路运输大行其道之前，黄河水运曾一度热闹，后来，随着黄河水运的衰落，凉水岸也和其他古渡口边的村庄一样日渐凋敝，可那往日面河而居的优渥和排场还依稀可见。家户大都是土窑、土院、土围墙，龙门却都高高盖起，门当户对、画栋雕梁、五脊六兽毫不含糊，于端庄、肃穆中隐隐透出黄河人家深厚的文化底蕴。

厚重的原木门板并不紧闭，看到有人，院中就走出来拄杖的老者，精神矍铄，满脸祥和，笑盈盈地问候：几时落（当地方言，下来的意思）来的？回窑里喝水吧？

村周围的高坡上，有柏树自然地簇在一起，形成黑幽幽的几处柏林，那是凉水岸已故先人们的坟茔所在。

村中央有方正高大的古戏台，几经风雨剥离，颇显老态。死寂的戏台上靠后隔一堵土墙，分出台前幕后，可以想象当年台上曾有过的出将入相和提袍甩袖的生动。几只麻雀倏地飞来落在戏台顶的瓦楞上，小脑袋左探右探，稍作停留又倏地飞走。

古庙旁，一棵老态龙钟的古槐根部裸露出地面，枝干粗疏，碎叶繁茂，有风吹过，叶子沙沙作响。古槐下，坐几个村民，带着古往今来的散淡和从容，手中捏着的播放器里有秦腔婉转，便愈发衬出村庄的安静。

黄河，就从凉水岸人家的硷畔地下静静流过。上游是久负盛名的乾坤湾，下游是有声有势的壶口瀑布，处于中游的这段黄河便平缓、沉郁，静水深流，波澜不惊。是成就了乾坤大湾后的平静暂憩还是在为下游壶口即将上演的华彩乐章做着铺垫？造物主的安排太过奥妙，我们愚笨的头脑不好揣摩。

凉水岸，亦称两水岸，因为延河在这里汇入了黄河。两条文化的大河，两条精神的大河，两条人类文明史上声名显赫的大河选择在这里交汇，这是上苍对这个小小村落的恩赐和眷顾。

天地有大美而不言。

身处延河与黄河交汇地的河滩上，身处豁然的秦晋大峡谷，一种莫可名状的敬畏感油然而生。一摊碎石大如斗，不，岂止是大如斗，好多硕大无朋的巨石像房窑般大的没道理，让人无法猜测它的由来。这是来自远古洪荒时代的未解之谜。

隔着黄河，凉水岸的对面是山西省的平渡关。

当地传说，平渡关原称温水泉。那一年，揭竿而起的米脂人李自成被官兵追杀至凉水岸的黄河畔，时值初冬，黄河水尚未结冰。前有天堑，后有追兵，一筹莫展的李闯王不禁仰天长叹，不料，方才还波涛汹涌的黄河水就在闯王的啸天长叹中咔嚓嚓瞬间冰封。待闯王率众弟兄平安渡河后，黄河复又解冻，从此温水泉便改称了平渡关。不难看出，这是黄河畔历代的百姓对起义军“民心所向”的美好演绎。虽然，那个跨过黄河，杀到北京且夺了江山的“大顺帝”其昙花一现的所谓胜利并不尽如人意。

古老的黄河裹挟着历史的洪流进入了新的时代。

凉水岸作为黄河边的重要渡口，曾有过樯帆林立、商贾云集的景象，也曾有过枪林弹雨、硝烟弥漫的悲壮。侵华日军的铁蹄踏入中国时，国共两党放下芥蒂第二次合作，兄弟“阋于墙而外御其侮”形成抗日统一战线，双方依靠母亲河的水上运输互有交集，陕北的食盐、石油运往山西，山西的布匹、面粉和小米运回陕北，形成了陕北与山西的互贸关系，从而大大缓解了陕北红军物资供给短缺的紧张状况。

抗战时期，对岸的日军隔河炮击，使凉水岸百姓备受其害。河岸边的半山腰上至今尚存战争时期开挖的工事，几个相互串联的山洞，人可躬身通过，间隔数米开一个帽子大的小方口，可供瞭望与架枪扫射。工事居高临下，易守难攻，身处其中颇有“一夫当关万夫莫开”的豪迈。

翻开发黄的史料，当年的战绩历历在目：1937 年 12 月 31 日晚，300 多日寇欲在凉水岸强渡黄河。八路军警备第 5 团第 2 营在高启甫带领下，发起猛烈射击，毙敌 200 多人，并乘胜追击，缴获大量武器。

凭着黄河天堑的阻隔，凭着“军民团结如一人”的铜墙壁垒，大河上下、秦晋两岸，抗日军民同仇敌忾，众志成城，谱写了一曲河防保卫的壮丽凯歌。凉水岸防线所参与的河防保卫战有力的攻防为抗日战争赢得了一个安定的西北大后方。

让人扼腕叹息的是，鬼子赶跑了，阎锡山的部队却开始隔河放冷枪，枪伤人畜的事情时有发生。舌头解决不了的问题，只好动用牙齿。同胞反目，兵戎相见，母亲河上又几度上演枪林弹雨、遍布血雨腥风。

追忆历史的跌宕起伏，王震、萧劲光、彭雪枫、萧军、丁玲这些优秀的黄河儿女，其英姿勃发的形象亦曾在凉水岸投射出高大、伟岸的身影……

抗战胜利了！

全国解放了！

新中国成立了！

大炼钢铁了！

“水推”延安了！

土地分开了！

……

守着母亲河，凉水岸的百姓经见了太多的风云变幻，经见了太多的世事无常。

俱往矣。

站在村头四望，凉水岸周边的坡洼上遍植着郁郁葱葱的花椒树，花椒树喜光、耐旱，是黄河畔的适生树种。虽然没有石油可卖，没有土地能征，但靠着花椒产业的规模化发展，靠着汗珠子里滚太阳的苦累，凉水岸百姓的腰包也一天天鼓了起来。

20 世纪末村中通了电，21 世纪初柏油路通到了凉水岸。开始有城里人呼朋引伴地纷至沓来，看黄河、拣奇石、坐木船、住窑洞；有大胡子、长头发的艺术家在黄河滩支起帐篷，十天半月地住下来摄影、画画；有古玩贩子惦记着村里的石头狮子和雕花门窗，三一回五一回地讨价还价。这一切撩拨得凉水岸人反复琢磨着“靠山吃山靠水吃水”的老话，心思就活泛起来。

于是，满山可洼的花椒收了以后不再随便给人贱卖，而是设计了精美的盒子包装出售。土窑、土院也整修一番，拾掇干净随时准备迎宾待客。家里有传下来的砚台、铜锁也不再因为“不好意思”就送了人，口里说是老先人留下来的念想不能卖，心里却盘算着收藏好，说不定哪天就升值了呢。

新当选的村民委员会主任王继明，是凉水岸公认的能人。他一手笔走龙蛇的“空心连笔字”曾上过央视，挑战过吉尼斯世界纪录，是“全国乡村青年文化名人”。这个鲁迅艺术学院毕业的能人，能写会画，能言善辩，简直就是天才的演说家。他撂下自个优越的城市生活，撂下娇妻幼儿，撵领导、跑项目、找投资，煽腾着保护古村落，开发黄河旅游，打造影视基地。

王继明去找领导商讨旅游开发的事情，领导质疑凉水岸离城太远，交通不便是否合适发展旅游。王继明急了，噌地站起身振振有词：“领导你说，海南远不远，西藏远不远？人都一窝蜂地往那跑呢吗，路远不是问题，关键是咱凉水岸有看头啊！”这话一出口，领导乐了。不几日，文化口、旅游口、党史办的专家调研组就进驻了凉水岸，一番调研论证得出结论：此地蕴藉黄土民俗文化、黄河风情文化、红色革命文化，旅游开发大有文章可做！

县文艺创作基地在凉水岸挂牌成立，“黄河儿女过大年”民俗文化活动在凉水岸成功举办，《想起我的男人背地里哭》微电影在凉水岸拍摄杀青，星光大道的演出阵容要来凉水岸搞“接地气”演出。

就在我啪啪敲打键盘的当儿，王继明闯了进来，西装革履，神采奕奕的凉水岸村民委员会主任刚从省上跑项目回来。

“嗨！告诉你一个好消息，我准备在凉水岸黄河滩搞实景演出！”

“好啊！咋搞啊？”

“弄几十匹战马在河滩里跑啊，弄十几条木船在黄河上摆啊，两岸山上修几个炮楼，男女老少全动员，游客、村民齐参战打“鬼子”啊！你说，这事情能弄成不？”

“能弄成，肯定能弄成！“

“为什么？”

“一是因为你有这本事，二是凉水岸具备这条件，三是你这是为母亲河尽孝啊！”

“哈呀，这话我爱听！”

啪！王主任一巴掌拍在了我的桌子上。

（作者系延长县地方志编纂委员会办公室主任）

王瑶水库五十春

凌然

曲曲弯弯的杏子河从安塞王窑村前流过，再往下几十里汇入延河。这条小小的河流记载了无数代人的沧桑，有落后贫穷的悲叹，也有感天动地的事件发生。

1936 年的 7 月 1 日，一队红军人马在崎岖的山路上徐徐西行，晚上就住在了王窑村王伯富家的四孔窑洞里。第二天，这队人马又沿着杏子河往西北方向行进。过后，人们才知道这是毛泽东和共产党中央机关从瓦窑堡向保安镇转移途中路过此地。

时隔 34 年，1970 年的 10 月，一场贯彻毛主席《复电》精神，改变贫穷落后面貌的人民战争在这里打响，仅仅两年时间，一座库容 2 亿多立方米的大型水库在杏子河上拔地而起。从此，这条再普通不过的小河和这个很不起眼的小山村，就成为延安几乎无人不知、无人不晓的耳熟之地，以至传名中外。

万人会战筑大坝

延河流域地处陕北黄土高原，十年九旱，广种薄收，群众生活十分困难。陕甘宁边区时期，党中央、毛主席和边区政府带领广大军民自力更生开展大生产运动，修建了幸福渠等水利工程造福群众，为中国革命胜利作出了重要贡献。中华人民共和国成立后，党和政府组织有关部门积极开展延河流域水利规划，以从根本上解决靠天吃饭问题。杏子河是延河的一级支流，位于延安上游 50 多千米处，1953 年，黄河水利委员会就规划了杏子河龙眼寺水库（坝址在现今王瑶水库库区内）。1958 年，北京地质学院编制了龙眼寺水库地质调查报告。1960 年，水库曾动工修建，后因国民经济计划调整停建。1970 年 5 月，首都支援延安工作小组负责人、陕西省革命委员会有关部门、延安地区革命委员会负责人及有关部门，再次考察建库坝址，选定在现今坝址建设王瑶水库（当时名叫“红旗水库”），地区水利部门组织技术人员迅速开展测绘设计，由工程师张永顺、王迪慎等牵头，加班加点完成了枢纽工程设计方案，水库控制流域面积 820 平方千米，坝高 55 米，库容 2.03 亿立方米，属大（2）型水库，具有灌溉、防洪、供水、发电、养殖等综合功能。

1970 年 10 月，红旗水库正式动工兴建。在一缺资金、二缺机械设备的困难条件下，主要依靠群众力量自力更生完成工程建设任务，先后动员受益区安塞、延安、延长三县一市（当时延安划分为延安县和延安市）10000 余名民工开赴工地，开始了史无前例的水库建设大会战。水库大坝坝底宽 387 米，坝顶长 325 米，工程量包括土方量 311 万立方米、石方量 6 万多立方米、混凝土 1900 多立方米。水库工程施工只有少量的机械，主要工具是架子车、铁锨、镢头、十字镐，300 多万立方米土方只能靠人力拉车送上坝顶，困难犹如登天。

为了加强工程建设领导，由地区革委会副主任高兴海担任工程党委书记和总指挥。工程党委分批组织干部民工参观王窑村毛主席旧居，忆传统，鼓干劲，激发干部群众参加水库建设会战的积极性。干部民工按民兵组织编制，共组建 3 个施工团 1 个直属营，编制至班，抽调各级干部 100 多人参加施工，跟班劳动，现场指挥。技术人员昼夜三班倒，负责施工指导和质量检测。工地无住宿条件，动员民工在 40 华里长的沟道挖土窑洞 1600 多孔，搭建临时工棚 200 间。民工生活每天补助 3 毛钱，干部和民工一样吃粗粮，睡土炕，夜以继日奋战在工地。

1970 年 9 月 27 日，第一批干部民工报到，10 月 1 日就开始打窑修路，延安民工团的白成富、高仲伏创造了打窑日进度 4.5 米的纪录。1971 年 1 月 18 日，工程副指挥、地区水电局局长郭济带领全体技术干部冒雪上山勘察坝址。3 月 16 日，土场清理开始，4 月 2 日，大坝清基开始。4 月 23 日，延安军分区送来高质量炸药支援水库。6 月 8 日，大坝右岸结合槽大会战开始日夜施工，工地灯照如昼，工程指挥部副指挥杨士伟等与民工一起夜战，极大鼓舞了士气。11 月 21 日，北风卷着雪花，水库临时导流渠截流战斗打响，在堵口抢险的关键时刻，延安团的共产党员杨明江、延长团的北京知青刘伟等 37 名英雄奋不顾身，跳进 2 米深冰冷的河水中，顽强拼搏一个多小时，胜利完成了堵口截流，11 月 29 日，工地隆重召开庆功会，奖励截流英雄。

1972 年 2 月 26 日，春节后工程正式复工。3 月 9 日，地区水利机械施工队北京知青刘铁良等 5 人五次破冰下水，将掉入河中的拖拉机打捞上岸，保证了泄水洞截流堵口成功。4 月 2 日，工程指挥部提出“日上万方土”口号，总指挥高兴海带头参加劳动，上工一张锨，回来一身土，哪里有问题，就出现在哪里。工地实行“大包干”办法，开展社会主义劳动竞赛，工效不断提高，4 月 12 日，大坝填土达到 10060 立方米，会战高峰期每日上坝土方达到 13000 多立方米，平均 11000 多立方米。1972 年 6 月 20 日的《红旗水库战报》刊登了这样一首《夜战之歌》：

战地灯火满山头，
疑是步入银河游。
当代愚公谱新章，
横手截断万古流。
繁星怯阵月光收，
灯光引路战坝头。
龙门一座聚水道，
高腔几曲引歌喉。

字里行间充满了水库建设者们战天斗地的豪情壮志和革命乐观主义精神。

为了保证大坝质量，指挥部工程组制定了“打边”“填土”“碾压”要点；组建了专门打边队，确保土石接茬处符合质量要求；自制混凝土铸铁羊足碾，用于大坝碾压。技术人员不分昼夜分工把关，保证各个部位按设计施工，他们中现在能查到姓名的有：焦清太、张居敬、王济来、苗耀林、呼茂兴、姬怀德、王存祥、李彩苓、温世万、忽聚田、王迪慎、田思聪、白英善。

1972年6月23日，大坝如期达到40米拦洪高度，工程指挥部召开大会，纪念毛主席来王窑村36周年，总结经验，表彰先进，号召全体指战员向最终坝高55米冲刺，同时将“红旗水库”改名为“王瑶水库”，进一步激发干部群众大干社会主义的热情，提前一个月完成了大坝填筑任务。

据统计，工程共耗损架子车3154辆、铁锨7288张、镢头十字镐5709把、石工工具2118件、水桶450付。水库建设中涌现出先进民兵连15个，先进排42个，先进班608个，先进个人465名。延长团将拉土架子车车厢改大，采取“一人一车一锨”自装自运，效率提高一倍。延安县青化砭村63岁的老红军申仲来，连续出工7个月，大会战中又动员儿子儿媳来建水库，一家4口人3个上工地。还有一些同志为水库建设献出了宝贵生命，1970年11月26日，延安县武装部副政委、水库工程副指挥赵福祥乘车来水库途中，因汽车失事牺牲；1972年5月23日，安塞团4名民工因修挖道路塌方不幸遇难，他们的英灵永远留在了水库的青山绿水之中。

1972年8月30日，陕西省革命委员会主任李瑞山、陕西省军区政委袁克复来水库检查，9月20日，水库大坝完成填筑任务，地区文工团来工地慰问演出。9月21日下午1时，王瑶水库主体工程竣工典礼大会隆重举行，一万余名干部群众张灯结彩、敲锣打鼓庆祝大坝胜利建成，延安地区革命委员会主任许效民剪彩放水。

王瑶水库主体工程建设，共投入305万个工日，支付工程费549万元，比计划节约投资45万元，国家补助粮食281万斤。除了自己打窑解决住宿，还修梯田700多亩、造林500亩、修鱼池3个，种菜种粮，解决了部分自给，也为后期管理打下了基础。水库建设搬迁集镇1个、国家单位13个、生产队13个、农户915户4565人，移民安置费用90万元。

水库灌区工程由安塞县负责建设，干渠长26千米，支渠3条长7.44千米，建筑物169座，使水库下游8200亩旱川地变为水浇地。水库建成5年后，1977年7月6日延河流域发生特大洪水，王瑶水库拦截了杏子河2620立方米每秒洪峰流量和2500多万立方米的洪水总量，为避免下游村镇和延安城市遭受更大损失立下了大功。

除险加固祛病患

王瑶水库位于多泥沙河流，汛期径流大泥沙也大，蓄水必须拦洪，拦洪就要拦泥，而拦泥势必影响水库寿命。受各种因素影响，当时的设计思路是库容要大，泥沙基本全拦，水库设计寿命为40年，以后再加坝增加库容，延长使用寿命，水库枢纽工程分别为大坝、泄水洞、电站和灌溉渠首四个部分，没有泄洪设施。

在水库建设过程中，有关部门和领导已经意识到一座大型水库没有泄洪设施是不安全的，而且下游就是革命圣地延安。1971 年 9 月，陕西省革命委员会生产组组长鱼得江等来水库工地检查，提出要考虑增设溢洪道或泄洪洞。1972 年 8 月，黄河水利委员会总工程师沈衍基受水电部委派来水库检查，提出在大坝左岸的园子沟至烂桥沟修建泄洪洞，陕西省革命委员会主任李瑞山来工地检查时要求增设泄洪洞。1973 年 4 月，水利电力部副部长钱正英来延安参加黄河中游水土保持会议时视察王瑶水库，指出革命圣地延安上游搞了一座大型水库，不设溢洪设施，延安的安全没有保证。

按照工程需要和上级领导指示，1973 年 6 月，延安地区水电局在呈报陕西省水电局的《延安地区延河王瑶水库工程总结》中，明确编制上报王瑶水库泄洪洞工程设计任务书。1974 年 5 月，地区水电局技术人员刘志全和陕西省水电设计院张景琛等编制了《王瑶水库泄洪洞工程初步设计说明书》，7 月，陕西省水电局总工程师于澄世带工作组来延安审定泄洪洞设计。1975 年 1 月，《延安地区王瑶水库泄洪洞增建工程扩大修正初步设计说明书》正式上报。同年，黄河水利委员会黄勘三队进行泄洪洞地质勘察，陕西省水利科学研究所和延安地区水电局设计人员做出《王瑶水库泄洪排沙洞技术论证》。泄洪洞位于大坝左岸，总长 738.9 米，包括前池、压力洞、放水塔、明流洞及出口挑流段 5 部分，设计泄洪流量 79.0 立方米每秒。

1974 年 9 月，王瑶水库泄洪洞开工，大型水库泄洪洞施工在延安是第一次，且地质情况复杂，技术难度大。地区水电局副局长杨士伟任工程指挥部指挥，谷茂成、呼延录任副指挥，刘志全、常俊武负责施工技术。地区革命委员会调集安塞、延安、延长、甘泉、志丹、吴旗 6 个县民工参加施工。指挥部派出技术人员到官厅、密云、三门峡、刘家峡、石门、石头河、冯家山、新安江、岳城、南岗等水库考察学习。从陕西省水电设计院聘请 1 名工程师，从水利电力部工程三局、陕西省水电工程局聘请了木工、钢筋架子工、喷锚工 10 多人传授施工技术，先后举办学习班 13 次，培养各类技工 300 多人，满足了施工需要。指挥部领导、技术人员跟班劳动，召开现场会 50 多次、专题讨论会 20 多次，解决施工中技术问题，保证了施工顺利进行。泄洪洞于 1975 年 12 月 25 日贯通，1980 年 5 月竣工，6 月 16 日放水试运行。共完成投资 601.8 万元，投工 101 万个，完成土石方 30.5 万立方米，钢筋混凝土 1.42 万立方米。泄洪洞竣工完善了王瑶水库的“三大条件”，水库防洪安全有了依托，5 年多的工程建设还为延安培养了一批宝贵的专业技术人才。

黄土高原严重的水土流失，始终是水库运行的大敌。王瑶水库建成使用 10 多年后，到 1986 年库内已淤积泥沙 8000 多万立方米，占到总库容的 40%，更严重的是淤积面升高容易造成泄洪洞进口的堵塞，同时根据各种观测，还发现大坝存在 60 多条裂缝，影响水库安全，1986 年 5 月，水利电力部将王瑶水库列为全国 43 座重点病险水库之一，要求省、地着手除险加固。1987 年 7 月 6 日，因水库水位骤降，淤泥涌入前池，压力洞全部堵死，7 月 9 日库区降雨 154 毫米，杏子河洪水流量 460 立方米每秒，情况十分危急，地区水利水保局派总工程师肖子敬到水库除险，并立即上报各级部门，时任国务院副总理李鹏亲自打电话询问，指示尽快排除险情。地委、行署领导带领有关部门赶赴水库组织抢险，水电部、陕西省水利厅都派人协助，经采用注水反压法排除洞内泥沙获得成功，7 月 16 日 1 时 30 分，泄洪洞疏通，险情解除。当年10月，成立延安地区王瑶水库除险加固工程指挥部，地区水利水保局副局长刘志全任指挥，总工程师肖子敬技术负责，地区水利系统40余人参与施工。除险加固主要内容包括坝体灌浆、坝坡处理、输水洞、泄洪洞加固以及新建渠道倒灌。由于长期在水下作业，刘志全患上了严重的坐骨神经痛，不得已住院治疗，刚能下地就回到工地，当时还无法行走就让人把他背到隧洞内，六七月天穿着棉裤指挥施工，直到1990年工程完工。除险加固工程总投资762.64万元，投入工日16.83万个，完成土方开挖31.24万立方米、土方回填5.13万立方米、石方开挖6.0万立方米、浆砌石1.5万立方米、混凝土浇筑946.2万立方米，安装金属结构20.2吨。1992年，水利部授予王瑶水库除险加固工程优良工程称号。

几乎所有水利工程在发挥效益的同时，都要经受自然灾害的考验，王瑶水库亦是如此。除险加固工程完成仅5年，1994年8月31日，库区普降暴雨，洪峰流量达2750立方米每秒，泄洪洞开闸排洪造成尾水渠侧墙和渠底冲垮，泄洪洞出口处公路冲垮，汛后检查，泄洪洞底板冲刷严重，右坝肩至放水塔岸坡塌方加剧、裂缝延伸到公路边缘。1996年6月12日，王瑶水库泄洪洞压力洞第二次发生堵塞事故，经过38小时奋力抢修，泄洪洞疏通，在抢险过程中，国务院、国家防汛抗旱总指挥部，陕西省政府、陕西省防汛抗旱总指挥部高度关注，作出重要指示。针对水库新的险情，2002年8月，由陕西省水利水电勘察设计研究院完成王瑶水库第二次除险加固初步设计，2003年9月，国家发展和改革委员会、水利部对除险加固项目批复立项。本次除险加固工程主要建设内容为新建一条泄洪排沙洞（总长709.14米，设计流量116.2立方米每秒）、大坝加固和原泄洪洞改造、大坝安全监测自动化系统、环保工程、危房改造和办公生活设施，从2004年3月开工，2006年8月31日主体完工，2007年7月投入试运行。完成主要工程量为土方及淤泥开挖10.56万立方米，石方开挖3.02万立方米，土方回填3.5万立方米，浆砌石0.27万立方米，混凝土浇筑1.7万立方米，钢筋制安1040.56吨，金属结构安装67.10吨，回填灌浆0.56万立方米，充填灌浆1.64万立方米，完成投资4039.86万元。2011年通过竣工验收。

水润圣地负重任

历史注定王瑶水库要承担更大使命。

在很长的时间里，吃水问题一直困扰着延安居民。1997年前，延安市区供水一直从延河干流直接抽水作为水源，水质差且水量无保证。1996年4月，时任陕西省省长程安东陪同水利部部长钮茂生来延安调研，听取有关部门汇报后，做出了部、省共建延安供水工程的重大决策，并要求工程尽快上马形成一定规模，向党中央、毛主席进驻延安60周年献礼。

延安供水工程以王瑶水库为供水水源，管线全长52千米，沿杏子河和延河河谷布设，修建跨河倒虹12座、支沟倒虹21座、管桥18座、公路桥涵34座以及计量站、调压站等各类建筑物243处，设计日供水量5万立方米，年供水量1510万立方米。工程前期工作由陕西省水电勘测设计院和延安地区水利水保局共同完成，水利部水利水电规划设计总院审查通过工程可行性研究报告。工程概算投资1.56亿元，由水利部、陕西省政府各支持

6000 万元，延安地区自筹 3614 万元。由陕西省水电工程局施工总承包。

延安地委、行署成立工程建设指挥部，由行署专员担任指挥，并批准成立供水工程处，由地区水利水保局局长兼任处长，具体负责工程建设与建成后运行管理。延安地区行署与陕西省水利厅共同成立供水工程建设协调领导小组，负责协调工程建设有关事项。

1996 年 10 月 3 日，延安供水工程破土动工，施工企业摆上最强阵容，投入 1500 多人、100 多台机械，延安地区党政机关、企事业单位、部队、学校近万人参加了义务劳动。施工期间，各参建单位开展“百日会战”劳动竞赛，比进度、比质量、比安全、比文明，为工程汛期安全施工和整个工程建设争取主动。主体工程于 1997 年 11 月 15 日全线贯通，共计投工 42 万个工日、机械台班 3.51 万个，提前 22 天实现工程建设目标，受到省政府通令嘉奖。为适应改革开放的新形势，部、省、市三方按出资比例共同组建股份制公司，负责供水工程建成后的管理运营，开创了全国供水企业改革的先例，确保了工程长期健康运行和发挥效益。

1997 年 12 月 26 日，延安供水工程举行竣工通水典礼，水利部部长钮茂生、陕西省省长程安东为延安江河供水有限责任公司授牌，国务院总理李鹏亲笔题写了“延安供水工程纪念碑”。至此，延安市区告别了没有可靠水源的艰难岁月，延安人民喝上了水量足、水质优的王瑶水。2004 年 10 月，延安供水工程配套项目红庄调蓄水库建成投入使用，总库容 952.8 万立方米，兴利库容 402 万立方米，可在非汛期将王瑶水库多余水量输入红庄调蓄水库，进一步提高了供水保证率。

延安供水工程建成 25 年来，总计安全供水 4.11 亿立方米，为改善人民群众生活质量、促进经济社会发展、提高革命圣地形象，作出了重大贡献。

坚守清苦抒情怀

创业难，守业更难。

轰轰烈烈的工程建设结束，便进入了日复一日、年复一年的管护工作，防汛调度、水库观测、工程维修、水源保护、库区绿化、发电养殖等，这一切，都要由水库工作人员完成。水库管理处 1972 年成立，原为县级建制，首任处长呼延录。1983 年机构改革，水库降格为科级建制，人员由 100 多人减少到 70 余人，2004 年机构改革定编 56 人。

防汛安全是水库头等大事。汛前编制预案、安全检查、召开联防会、储备物资、组织防汛演练，汛期 24 小时值守监视雨情水情，随时准备抢险，汛后总结得失，以备来年再战。水库防汛往往是生与死的考验，1977 年 7 月 5 日夜，库区雷鸣电闪，大雨倾盆，入库流量 5 分钟内就从 1000 立方米每秒增加到 1500 立方米每秒，水位不断上涨，水库大坝和正在施工的泄洪洞围堰面临严峻考验，在水库领导带领下，全体工作人员和民工背着草袋迎着风雨奔向大坝，当围堰穿洞的万分危急时刻，共产党员刘兴旺、贺海旺、拓树业带头跳入洪水中，终于堵住了漏洞，还有不少同志冒着洪水危险，义无反顾地冲到 20 多米深的泄洪洞口抢运设备，保护国家财产。

水库观测犹如给人把脉。观测项目包括气象、水位、大坝位移、沉陷、渗流、测压、进出库水量、泥沙淤积等，日积月累，整编分析，及时发现隐患问题，及时采取措施处理。早期的观测都是人工，观测点遍布库区大坝，风里来雨里去，一次也不能少，一个数字都不能错，几十年来观测数据累计上百万个，保证了水库正常运行。

20 世纪末，杏子河流域发现石油资源，长庆油田等石油部门大量开采原油，在发展经济同时造成了水资源污染。水库管理处积极配合上级部门，划定水源保护区，依法查处违法案件。截至 2004 年，水库一级保护区的 102 口油井全部关闭停产。2012 年以来，水库因淤积导致水体富营养化，发生大面积水草污染水体，水库组建专业打捞队，及时打捞清理水草和漂浮物，保证出库水质。几十年来，水库坚持组织职工植树造林，每到造林季节，领导和职工们上山栽树，渴了喝一口凉水，饿了咬一口烧饼，披星戴月早出晚归，累计栽植水土保持林 4 万多亩以及大量风景树种，美化了库区环境，减少了水土流失。

水库建设初期就制定了综合经营、全面发展的计划，自力更生依托水库资源发电、养鱼、建果园、办农场、观光旅游，增加单位收入，改善职工生活。据统计，水库建成以来共发电约 1000 万千瓦时，捕捞成鱼约 400 吨，1997 年水库向延安供水后，为保证饮用水质，停止了水产养殖、发电和其他一些经营。

水库地处偏远条件艰苦，单位办公至今还是窑洞，工作环境就是大坝和水面，文化生活更无法与城市相比，白开水里泥里，夜晚青灯一盏，一般人都不愿去水库工作，干部职工很难流动，于是出现了为数不少的“库二代”甚至“库三代”，许多子女就生在水库，长在水库，对水库有着深厚的感情，他们就这样一代接一代沿袭着父辈们的守库任务，有人算过从建库到现在“库二代”之家就有 27 家之多。尽管如此，但他们还是克服各种困难，坚守了 50 年，这对他们来说是一个常人难以想象的考验磨炼。

水养人，库为家，这就是王瑶水库职工的真实写照。多年来，水库职工以库为家已经成为他们的一个习惯和情结，现在仍然可以看到，每天晚饭后，许多职工都要习惯性地爬上坝顶，看看那碧绿的水面，看看那凝聚着上万名民工血汗和生命的坝梁，他们说：“修坝难，守坝更难，一定要把大坝守护好。虽然每天都来，就是看不够。”这就是王瑶管理处职工的坝上情怀。

今年 9 月 21 日，是王瑶水库建成 50 周年纪念日。50 载风雨，50 载心血，铸造了 50 年的辉煌和成就。

这 50 周年来，王瑶水库就像一个沉疴在身的母亲，强撑病体滋养着圣地儿女，我们在看到它为延安作出贡献的同时，也为它的安全运转在担着心，按原设计寿命，已超期服役 10 年。这 10 多年，延安城市迅猛发展，用水量与日俱增，在黄河引水工程未通水情况下，为了保证给延安城供水，本该按规定要进行的泄洪拉沙却迟迟不能进行，这就造成了库容泥沙淤积更加严重，给大坝的安全运行埋下了隐患。好在随着 2018 年 6 月黄河引水工程正式向延安供水，王瑶水库终于有了喘息检修的机会，在各级领导的关怀下，王瑶水库扩容改造工程已列入了国家重点项目，主要内容包括清淤扩容、增设溢洪道、整体维修改造等，将使水库的安全性进一步提高，使用寿命大大延长。新一届水库管理处领导班子不忘初心，继往开来，在上级部门大力支持下，以担当守护为己任，以安全度汛和水源保护为工作重点，不断深化、细化水库管理工作，取得了可喜成绩。我们相信，王瑶水库将会再次焕发青春，继续为革命圣地延安的繁荣发展作出更大贡献。

（作者系陕西省作家协会会员）

我在延安黄河引水工程的岁月

张引平

2021年12月下旬，一场新冠病毒袭击全国，我所居住的城市也没能幸免，小区有6例确诊。按照疫情防控规定必须封闭管理。不料这一封，足足23天。

习惯了忙碌奔波，突然的安逸反而让人心里发慌。每当夜深人静，黄河引水工程战天斗地的场景、那些一起披荆斩棘共同经历艰难困苦的奋斗者，像过电影似的在眼前、在梦里一幕一幕出现；不把黄河水引到圣地延安决不罢休的誓言每每在耳旁响起……

初相遇

2010年3月，刚刚从胡锦涛总书记科学发展观联系点安塞县挂职锻炼归来的我，接到组织通知，让到延安黄河引水工程建设管理处报到。自2004年7月从西安理工大学水利水电学院毕业后，我已先后在延安市水保队、延安市水利水土保持局水利科、农村饮水工程建设指导站、安塞县水务局从事水利工程建设管理、农村饮水安全、节水灌溉项目等工作接近6年。“天旱了，着火了，地上的青苗晒干了，龙王哟救万民……”千百年来，延安的父老乡亲无数次发出震撼人心的嘶吼，祈求传说中的龙王降下甘霖，这些小时候农村普通老百姓祈雨场景震撼了我幼小的心灵。长大后，我决心要成为一个能解决父老乡亲吃水问题的水利人，于是，我报考了水利院校。6年间，在解决黄土高原父老饮水、灌溉的工作实践中，我更是深刻认识到，黄土高原水资源匮乏，靠天吃饭行不通，唯有引得源头活水来才是最有效的解决途径。当得知延安黄河引水工程项目立项后，我兴奋了很久，当得知我要到这一伟大工程上去，更是激动不已，没有任何犹豫，第一时间去报到。

没有一项伟大工程不是始于细微与艰苦。2011年4月，我开始参与杨家山隧洞项目第2标段、第4标段、第5标段的施工招标工作，这条全长11.34千米隧洞是黄河引水工程的控制性工程，共划分为5个标段。我并不是第一个到项目部报到的人，我的同事姜涛已经到项目部一月有余。没有开灶的条件，姜涛就靠着方便面和自己家里带的馒头挂面熬了过来。再后来，同事们陆续到来，年长我10多岁的老大哥冯建鸿，年龄略小我的张海林、张伟，都是在陕北黄土高原上最为普通的水利人；退伍军人杨亮是我们的驾驶员，每天驾驶着国产帕杰罗越野车陕JC5516，穿梭于项目部和工地之间。

11月的陕北，正值隆冬，经过了7个多月的前期准备工作，终于迎来了那激动人心的时刻——2011年11月2日！杨家山隧洞第4标段陈家河斜井段彩旗飘扬、锣鼓喧天，在噼里啪啦的鞭炮声和机器的轰鸣声中延安黄河引水工程开工剪彩！圣地延安要正式向恶劣的自然环境发起挑战。时任延安市委副书记、市长梁宏贤亲自为工程剪彩，财政、发改委等相关部门主要领导都参加了工程开工仪式。延安市水务局局长吴世宏，黄河引水工程办主任张进以及施工单位代表等先后在开工仪式上致辞发言。鞭炮声中，挖掘机缓缓伸开长臂，杨家山隧洞正式开工，标志着延安黄河引水工程也正式进入施工阶段。

在随后的2011年12月，时任陕西省水利厅厅长王锋，也带领陕西省水利厅相关专家来现场进行指导工作，后续在榆林市召开了陕北黄河引水工程推进工作座谈会，明确提出："我们一定要下决心，下大决心从过境黄河引水，解决群众饮水困难问题。陕西省将通过水量置换来进一步增加黄河流域取水指标，省水利厅已经下达2000万元前期工作经费，全面推进黄河引水工程。"在上级主管部门的关心支持下，延安黄河引水工程顺利推进。

2012年3月底4月初，延川项目部又陆续增加了新成员，赵院平（延安市水利工程质量安全监督站原站长，后任命为延安黄河引水工程建设管理处总工）、高浪（原安塞县水务局马家沟水库项目技术员）、杨鹏程（原延安市地下水工作队技术员负责工地质量控制等工作）、乔延平（原延安市地下水工作队技术员负责工地安全环保等工作）、冯四保、杨甫、胡凯先后来报到，我们的工程科技术团队基本组建完成。冯四保是从市水利队借调来的，在后续的几年内主要负责对外联络和省水利厅、设计院等单位对接施工图纸，对外联络事务是一项非常务实的工作，跑的次数多了，省水利厅、省水电设计院大部分的同志都认识了四保。冯建鸿在移民征迁科具体负责施工用地，土地征迁，外围环境协调保障等工作。我所在工程科，具体负责工程施工进度，对接设计院监理公司，在确保安全质量的前提下，全力推进工程按图施工。

克万难

冰冻三尺非一日之寒，黄河引水工程推进的过程中也经历了不少惊心动魄的险情。

陕北的冬天天寒地冻，不适合冬季施工。2012年3月初，我们顺利开始施工，刚刚开工的工地细小琐碎事情较多，一大早，我和总工赵院平、安全员乔延平一行三人迎着倒春寒，到陈家沟工地例行检查，检查工作结束后，赵总工和延平上了车，我也准备开门上车时，项目经理淮登贤（山西省运城人）过来拉着我的胳膊，说场地排水的图纸不清楚设计意图，需要再解释一下，我就停了下来，和淮经理详细谈了图纸的设计情况，就在说话间，突然轰隆一声，地动山摇，陈家沟上坝路右坡大约200多方黄土边坡瞬间倾泻而下，车里的赵总工和延平脸色煞白，许久才反应过来。庆幸的是因为淮经理拉住了我，耽搁的那一点时间使我们幸运地躲过了这场塌方事故。多年后，我和延平聊起来此事，都还心有余悸。这场事故也提醒了我们，黄土高原地质结构松软，边坡极易滑坡，必须采取措施防范，否则后果不堪设想。随后我电话请示了张进主任，经现场和赵院平总工沟通后，决定采取挖掘机施工措施，从上而下卸载边坡荷载退台处理方案，彻底解决了以后进入工地边坡安全隐患问题。

杨家山隧洞共划分为5个施工标段，第1标段是土质隧洞，其余标段均为岩石隧洞。土质隧洞挑战最大，位于延川县延水关镇达连沟村赵家河半山坡上的第1施工标段，全长1.3公里，刚刚开挖进洞不足5米，就出现冒顶塌方事故，时任第1标段项目经理刘清斌急得团团转。我和总工赵院平、工地技术员高浪及时赶到现场，集思广益，最后决定从第3标段借 3 榀钢格栅做成拱架，起到支护作用，拱架与拱架直接用钢筋连接，再喷射混凝土，待初凝后继续循环施工。经过一周左右各个标段的实践与摸索，大家一直认为这个办法安全可靠。随后在监理例会上经过专题讨论，形成意见和建议发文报送到省水环境设计院，得到了专家的高度认可，此办法在后续施工中推广使用，开创了小断面长距离输水隧洞的零伤亡零事故的先例，对黄延线上其他类似隧洞支护施工也起到借鉴作用。

2013 年 7 月，延安遭遇百年不遇的强降雨，工程所在地延川一样被强降雨袭击，杨家山隧洞施工段也在强降雨过程中损失严重：第 1 标的进场道路淤地坝右坝肩冲毁，第 2 标段隧洞进水，整个场区变成了稀泥滩，被迫停工 1 月有余。其他 3 个标段也遭受不同程度损失。暴雨还没有停止，副主任张明辉从延安来检查工地受灾情况，延川全县的大小宾馆全部都住满了群众，不得已晚上夜宿清涧县城。第二天，张明辉副主任带着我和高浪一行三个人，从达连沟沿着羊肠小道徒步下去，深一脚浅一脚途中不知摔了多少次。连走带爬到了条件最艰苦，损失最大的第 2 标段。此时，项目经理李卫保、总工胡兵团等人困在沟里已经 20 多天，见到我们一行，就像见到救星一样激动地拉住我们的手半天不愿松开。我们一起查看了工程现场，好在人员、设备情况还算良好。临走时，副主任张明辉再三叮嘱，眼下大家最关键的是要注意人身安全，保护好设备财产，等强降雨结束再重新施工。

市水务局局长惠振和多次指出黄河引水是全局一号工程，亲自带人赴西安、郑州争取取水指标，协调工程设计，在他倾心全力支持下，2014 年 8 月黄延线（从黄河延水关至延安东川水厂），姚家山隧洞、新舍古隧洞、薛家沟隧洞、文安驿隧洞、芦草梁隧洞等 5 条隧洞相继开工建设。惠局长作为延川人，千方百计、亲力亲为处理了许多棘手问题，有力地推动了工程建设。

2014 年 12 月中旬，延水关围堰开始填筑。随后，延安黄河引水工程掀起建设高潮。中国水电十五工程局中标延安黄河引水全部施工建设。工程施工前期先由三公司副总经理靖谋负责，后期黄延线全线开工，由施工总承包部黄炎兴负责，他是从中国南水北调下来的，具有多年施工经验，担当起这个被称为“百科全书”式的复杂水利工程施工任务名副其实。

2014 年 12 月 26 日，寒风凛冽，萧萧北风带来噩耗，管理处主任张进心脏血管突发病变，经在西京医院抢救无效，永远离开了黄河引水工程，离开了他一生挚爱的水利水保事业。这一切发生得太突然，没有人能接受这个事实。我清楚地记得几天前最后一次在办公室见他。那天，我去单位急匆匆找些图纸和资料要送到评审中心，看到他在办公室读报，彼此寒暄了几句。他还是那样大气爽朗，只是脸色有点乌青。他和我说话的时候，还用手揉了揉双脸。谁能想到，这竟然成了我们相处 4 年多的最后一面。追悼会上，过去他工作过的宝塔区、市水务局直属单位各界亲朋好友 300 多人肃然而立，时任市委副书记薛占海作为领导和过去的同事和好友亲自主持追悼会，大家怀着悲痛的心情，在揪心的哀乐声中送走了我们可亲可敬的战友。他被安葬在枣园仙鹤陵公墓延福园内，永远长眠在这块黄土地。

终有成

经历了2013年、2014年极不平凡的磨炼。2014年国庆节前夕，先期开工建设的杨家山隧洞第2标段全线贯通，部分标段也陆续开始混凝土衬砌工序，让人揪心的小断面长距离隧洞顺利完成建设目标，控制性工程全面建成，不仅为黄延线后续工程顺利实施提供了技术支撑依据，也锻炼了管理队伍，提升了管理水平。随后的2015年、2016年，市水务局局长张强部署全局之力攻坚作战，深入工地协调解决困难问题，推进工程实现全线贯通。董事长张慧明带领全体黄河引水工程的干部职工放弃节假日休息，各负其责、各司其职，有序规范地管理推进工程进度。黄延线上5条隧洞顺利贯通，6座泵站基本建成封顶，管线开挖也陆续开工和安装。

2017年黄延线掀起最后冲刺的建设高潮，管线基本开挖结束，黄河引水工程吹响最后的冲锋号。面对新舍古至禹居段完整的三类以上强度非常大的岩石，机械破碎费力，大岩石的轰鸣声震耳欲聋，从210国道经过的车辆都可以听得清清楚楚。

不同岗位上的战友都在继续克服着难以想象的困难，确保按期完工。在三工区延水关淤地坝段，面对软基段，项目经理田明录（西北农林科技大学毕业，优秀项目经理），技术总工胡宝玉（河海大学水动专业）采取抛石挤淤的办法处理管床基础，累计抛石达数万方。三级站杨家山爬坡段也具有下坡长、坡度陡、内压高、自锚口径大的特点，开创了极端地形条件下使用球墨铸铁管的先例。

工程施工终于结束，黄延线进入试压阶段。我们按照逐级试压，层层提升的方案开始试压工作。我和技术员胡凯专职负责新舍古至芦草梁段，此段距离近30公里，基本上全是岩石开挖段，管道与210国道、天然气管道并行，坡道陡、扬程高、接口多。我也记不清楚和胡凯走过多少处阀井，每一段管线徒步测量了多少次，只记得试水的当天，深夜2～3点钟，人最乏困，最疲惫，我们迎着水头逐级走，到了六级泵站的时候，董事长张慧明、赵院平总工都在，天确实太冷了，好多人都穿着军用棉大衣，放着篝火。项目经理魏永华，技术总工王清峰招呼大家吃点荷包蛋，以便暖暖身子。早晨9点左右，黄河水经过逐级加压，层层提升至分水岭芦草梁隧洞。水终于到了，大家悬着的心终于放下了，这个时候明辉总经理，办公室主任马占斌也从延安赶到芦草梁进水前池。黄延线上的芦草梁隧洞是整个工程的分水岭，黄河水进入芦草梁隧洞后水压由有压流变为无压流，完全靠重力自流至延安东川和康家沟水库。

随着汩汩水流入前池，芦草梁的山谷间烟花四起，大家激动的心情无以言表。总承包部黄炎兴高兴地大口大口吸着香烟，杜立宏技术总工竖起大拇指，用浓厚的大荔话说着“美着咧！美着咧！”我们互相拥抱，击掌庆祝。此段管线实现了滴水不漏的目标。

2018年的春天来了，桃红柳绿、杏梨争白。黄河引水工程的承建方主要技术人员早早聚在一起，召开任务清单对接会。黄河水虽然来了，但要进入千家万户的水龙头，东川水厂就成为重要节点工程。时任延安市水务局党委书记、局长张拴林每周一雷打不动来东川水厂，协调解决各种疑难问题，创造性地提出“事不过夜”工作目标。大伙儿心往一处想，劲往一处拧，在最后的关头，展现出了九牛爬坡人人出力的劲头。面临施工期短，回填量大，我们打破常规推进，错开工序，昼夜施工不歇停。

2018 年 6 月 20 日，在延安水利史上是值得铭记的重要日子，这一天，首次实现了延水关到东川水厂全线通水试运行，母亲河的乳汁顺利进入延安城区家家户户，我们提前 10 天完成了任务。

6 月 26—27 日，全省重点水利工程建设管理现场推进会在延安市召开，陕西省水利厅副厅长席跟战出席并讲话，副市长张宏出席并致辞。来自全省 50 多名代表现场观摩了延水关取水枢纽、取水斗槽、柏树堿三级站和东川水厂建设管理工作。我们单位也获得 2017 年度全省重点水利工程“仪祉杯”劳动竞赛光荣称号，并向大会做经验介绍。

至此，黄河引水工程圆满完成，同时康家沟水库、南河水库相继建成实现大坝封顶。黄河引水工程也成为延安城区的主水源。

一起工作和战斗过的战友们，又被调到全国各地的建设工地继续奋战。我们仍将以坚韧不拔的奉献精神，以解决群众供水问题为奋斗目标，为伟大祖国的水利事业不断贡献力量。

泱泱大河，见证荣光；点点星辰，照亮前程。全心全意为延安群众供好水，是我们一代代水利人的初心和使命，我将和我的同事们为此奋斗终身。

（作者时任延安黄河引水工程处工程科科长）

青山绿水作证

——写给当年参加延安水利建设的铁道兵战士和北京知青

赵景莲

2015 年 5 月 22 日，从祖国四面八方奔向革命圣地延安的一群特殊客人，满怀对圣地的深情和眷恋，踏归他们的第二故乡——延安。

高高的宝塔，微笑致意，欢唱的延河，扬波高歌，圣地人民张开双臂热情迎接亲人从远方归来。

回来了，回来了，一群昔日逢山凿路，遇水架桥的铁道老兵；一群从农村走来投入老区水利建设的北京知青；一群昔日敢叫高山低头、河水让路的水利铁军；一群把青春年华奉献在延安这块热土上的年轻壮士，今天又一次相聚在革命圣地的延河之滨，宝塔山下。一滴滴滚烫的热泪，一声声亲切的呼唤，一双双紧握的大手，道不尽他们对圣地的思念和眷恋。道不尽四十多年战友之间浓浓的离别情。啊，亲爱的战友，亲爱的兄弟姐妹，你们辛苦了！

四十年来的风云岁月，对这一群人来说，是一道永远抹不去的记忆。1973 年，在王震将军的一声令下，他们背起行囊，带着机械奔赴延安，支援老区革命建设，一待就是四十多年。四十多年的风风雨雨，充满了诸多的艰辛和困难，但他们却无怨无悔，甘愿奉献，为延安的水利建设作出了巨大的贡献。20 世纪 70 年代的延安，生活条件依然非常艰苦，住的是油毡草棚，吃的粗细粮参半三十斤供应粮，他们毫无怨言，没有任何要求，一心扑在老区的水利建设上。他们来到延安后，正是延安人民落实周总理指示，现实“三变、五翻”的非常时期，为了改变农业生产基本条件，延安地区以王瑶水库为主，相继先后开工了多处水利建设工程，正需要一支有过硬施工技术的建设大军。在这种形势下，铁道兵战友发扬“铁道兵面前无险阻”的干劲和精神，放下行囊，立即奔赴各个水利建设工地，与当时已经在队的三十多名北京知青拧成一股绳，头顶蓝天，脚踏大地，风餐露宿，栉风沐雨，将自己的汗水挥洒在支援老区水利建设的工地上，为改变延安的落后面貌，默默地奋斗在大山深处。忘不了昔日那机器轰鸣，人山人海的战斗场面；忘不了那为实现“三变、五翻”没明没黑，汗流浃背的奋战；忘不了那鞋磨破、手磨烂轻伤不下火线的感人精神；更忘不了那些为了圣地的水利建设，把生命都留在了这里的水利勇士。我们向他们致敬，我们为他们感到光荣。

岁月在穿梭中沉浮，水利施工大军在风雨中前行。从他们来到延安的那一天起，这里的山，这里的水，就有了新的变化。一群志在四方的铁道兵战士，一群在广阔天地磨炼红心的北京知青。面对黄土高原的呼唤，把心、身、情都留在了这里，以工地为家，以苦乐为荣，把梦想寄托在黄土地，把青春蕴存在黄土地，用自己的汗水和精神建起了一座座水库，筑起了一座座大坝，修建了一条条水渠，造就了一片片农田，为延安的水利建设立下了座座丰碑。正因有了你们的辛勤付出，才使延安的山，延安的水彻底变了样。惠及民生的水库、水坝、梯田、道路、灌区都无不渗透着他们的心血和汗水。前后历时 6 年建成的王瑶水库，现如今成了为延安城区 50 万人供水的主要水源，为延安经济发展和人民群众的生活用水发挥了不可估量的作用。宝塔区的孙台水库在灌溉农田的同时，已经成为下游工矿、村镇供水的主要水源。洛川县的拓家河水库，在灌溉 6 万多亩农田和果园的同时，多年来还一直为延安炼油厂提供生产用水供应，有力地支援了工业生产。子长县的中山川水库，保证城镇沿线供水，灌溉万亩良田，保证了农业生产年年取得丰收。其他的水利工程也都发挥了相应的作用，在农田灌溉，提供人畜饮水、保护环境、防止水土流失等方面都起到了很好的调节和保护作用。

今日，远眺延安的山川大地，一片葱茏翠绿，到处是绿水青山。一座座水库，波光粼粼，映照着延安的碧水蓝天。蓝格盈盈的水库，在惠及民生的同时，也向人们诉说着他们的故事。这里有他们的酸甜苦辣，也有他们的成就和收获。当他们回来，再次站在自己当年挥汗修建的大坝上的时候，一个个心潮澎湃，感慨万千，幸福和自豪挂满笑脸。他们骄傲地向世人宣布：“我们付出了，我们奉献了，我们不后悔！”

相聚时难，别也难。战友归来，激情满怀，抓一把脚下的黄土，摸一摸当年住过的窑洞，喝一口甜格滋滋的王瑶水，心里充满了无限的感慨。不少人泪流满面，诉说着当年的场景：满院子的机械，满院子的人流，人欢马叫，气势恢宏。水利铁军曾在这里发展、壮大，为延安人民建功立业。只要是人民需要他们的地方，就有他们的身影出现。一个工程竣工了，他们又开赴另一个新的工地，就这样一年四季，在风雨中摸爬滚打，创造着一个又一个辉煌的战绩。尽管昔日的辉煌已经远去，他们也都两鬓斑白，青春不再，但他们依然深深地眷恋着这里，因为延安是他们的第二故乡，有他们的情，有他们的爱，有他们的根，他们和延安人民早已融为了一体。

日月如梭，青山不老。是啊！转眼四十多年过去了，昔日意气风发的帅哥、帅小伙，今日都变成了满头银丝的老者；当年如花似玉的姑娘，今日变成了两鬓霜白的华太；但他们依然深深地牵挂着这里，眷恋着这块热土。因为在那战天斗地的年月，他们用青春书写了美好的人生，用汗水换回了今日的幸福，美化了延安的山河，该出的力都出了，该流的汗都流了，该奉献的都奉献了，青山绿水为他们作证，他们是时代的功臣，是人民的骄傲，延安人民永远不会忘记他们。

奉献几多血和汗，留得英名照后人。尽管社会在不断发展，时代在不断前进，我们当年的“水利铁军”，大多到了花甲之年，也许他们会随着岁月老去，但他们的精神却永远不老，他们会激励我们的子孙后代和未来的水利人，在治山治水的道路上，发扬一不怕苦，二不怕死的“铁军”精神，完成好时代赋予的使命，让明天的延安山河更美好。

（写于 2018 年，作者系延安市作协会员）

第四章 延河与中国革命圣地

从 1937 年 1 月到 1947 年 3 月，延安是中共中央所在地，是中国抗日战争的政治指导中心，是中国人民解放战争的总后方，毛泽东等老一辈无产阶级革命家，在这里战斗生活了 13 个春秋，在延安留下了许多值得永远怀念的革命遗址和文物。在抗日战争和解放战争的艰苦岁月，成千上万的革命知识分子和热血青年，为了寻求解救民族危难的真理，历尽千辛万苦，冒着生命危险，冲过敌人重重封锁，从全国各地乃至海外汇集延安，来到这里接受马克思列宁主义和毛泽东思想的教育。中共中央机关、中央直属机关、学校等基本沿河而居，除了交通方便，更主要的是用水方便。据资料统计，1936 年前，延安城区居住人口 2000 多人，党中央进驻延安后，机关、学校、部队人口急剧增加，1941 年达到 70000 余人，生活用水主要来自延河。延河两岸，近水之滨也成为领袖和干部战士休闲散步、谈论工作、锻炼集训的主要场所，当年在全国各个战场叱咤风云的红军将领和新中国成立后各条战线的高级干部，大多数都吃过小米饭，喝过延河水。延河是中国革命中枢的生命之源，养育了一代中国共产党人，见证了中国革命从"星火"走向"燎原"的伟大历程，培育了光照千秋的延安精神，延河被誉为中国革命母亲河。

第一节 中共中央旧址

一、凤凰山麓革命旧址

凤凰山麓革命旧址位于延河右岸延安老城凤凰山下，从北门到南门以至南关，原为吴宏恩、李修文的宅院，他们为抗战主动出借，是中共中央机关到延安后的第一个驻地。毛泽东在这里居住期间，起草完成"实践论""矛盾论""论持久战"等 16 篇重要文章。1937 年 1 月至 1938 年 11 月，中共中央召开了 1937 年 3 月的政治局扩大会议、中国共产党全国代表会议、洛川召开政治局扩大会议、中共中央六届六中全会等多次重要会议。明确从土地革命战争向抗日战争的战略转移重大决策。制定坚持持久抗战的一整套人民战争的战略战术和独立自主原则，为争取抗日战争的胜利奠定基础。1938 年 11 月 20 日，日本十多架飞机突然轰炸延安城。为避免造成更大的损失，中共中央指示陕甘宁边区政府立即组织机关、群众向城外疏散。20 日，中央机关由此迁往城北杨家岭。

新中国成立后，国家对凤凰山革命旧址进行修复，1959 年正式对外开放。1961 年，被国务院公布为第一批全国重点文物保护单位。1997 年被公布为第一批全国爱国主义教育示范基地。2005 年被公布为第一批全国红色旅游经典景区。这里供参观的有毛泽东旧居、周恩来旧居、朱德旧居，红军总参谋部旧址、防空洞等。

二、杨家岭革命旧址

杨家岭革命旧址位于延安城西北五华里延河左岸杨家岭沟，四处环山，相对比较安全。党中央于1937年1月13日进驻延安城，在城内居住近两年时间，1938年11月20日，日本飞机大规模轰炸延安城后，中共中央各机关连夜由城内迁往这里。

当时先后在这里的机关部门有中央办公厅、组织部、宣传部、统战部、农村工作部、职工运动委员会、青年工作委员会、妇女工作委员会、财经委员会等。毛泽东、周恩来、朱德、刘少奇等领导同志都先后在这里居住过。

中共中央在杨家岭期间，正值抗日战争处在最艰苦的岁月，毛泽东在这里从事巨大的理论研究工作，广泛接见中外人士，充分阐述中国共产党的政策主张，中共中央先后在这里召开中共六届七中全会、中国共产党第七次全国代表大会及著名的延安文艺座谈会。开展全党的整风运动；实行精兵简政；发动大生产运动；挫败国民党顽固派的三次反共高潮，取得抗日战争的最后胜利。

1947年胡宗南侵占延安时，这里的许多建筑物被破坏。全国解放后，按原样陆续修复，并在旧址的四周栽植常青树木。现在这里开放参观的有中央大礼堂，中央办公厅及毛泽东、周恩来、朱德、刘少奇等同志的旧居，有毛泽东和安娜·路易斯·斯特朗谈话的地方，有毛泽东种过的地。

三、枣园革命旧址

枣园革命旧址位于延安城西北延河一级支流西川河左岸，占地面积80亩，是中共中央书记处1943年10月至1947年3月所在地。

1943年10月，中央书记处成员由杨家岭先后居住这里，继续领导全党的整风运动和解放区的大生产运动，筹备中国共产党第七次全国代表大会，实现抗日民族战争向全国解放战争的历史转折，为粉碎国民党发动的“全面内战”作了充分准备。

枣园又名延园，院内树木葱郁，绿草如茵，“幸福渠”横穿园林而过。园林中央坐落着中央书记处礼堂，依山分布着5座独立的院落，分别是毛泽东、朱德、周恩来、刘少奇、任弼时、张闻天、彭德怀等中央领导的旧居。后沟西山下是毛泽东发表《为人民服务》的讲话台和中央社会部旧址。往西3千米处是中央军委三局旧址、展览馆及中央军委三局烈士陵园。

1953年，枣园革命旧址开始修复，1959年正式对外开放。1961年3月4日，被国务院公布为第一批全国重点文物保护单位。1996年，被中央宣传部命名为全国百个爱国主义教育示范基地之一。

四、王家坪革命旧址

王家坪革命旧址位于延安城西北方向，隔延河与城相望。村子处于两座大山的脚下，左边叫脑畔山，右边叫花豹山，一条小沟从村中穿过，这里依山傍水，环境优美。据说最初叫牡丹坪，因这里的老乡多种植牡丹花而得名。后来一位王姓人家将多数地方买去，改名为王家坪。

王家坪革命旧址是中共中央军委和八路军总部1937年1月至1947年3月的所在地。党中央进驻延安后，中共中央军委和八路军总部机关在这里领导根据地军民坚持抗战。日寇投降后，又粉碎国民党反动派的全面进攻。1947年3月，由此撤离，转战陕北。

旧址以沟为界分为南、北两个院，左为总参谋部院，右为总政治部院。这里原有一部分窑洞。1939年动工修建，以后逐年扩充，先后建成石窑9孔，土窑137孔，房子210间。现在恢复保护开放的是其中一部分。

第二节　中央直属机关、学校旧址

一、中央直属机关旧址

（一）陕甘宁边区政府旧址

陕甘宁边区政府旧址，位于延安南关南洼村，是陕甘宁边区政府1937年9月至1949年6月的办公驻地。

1935年10月，中共中央长征到达陕北，11月中央在陕甘晋设立了“中华苏维埃人民共和国临时中央政府西北办事处”（简称西北办事处）。1937年9月6日，西北办事处更名为陕甘宁边区政府。9月20日，陕甘宁边区政府正式成立。

陕甘宁边区政府是边区政权的最高行政机关。陕甘宁边区政府主席为林伯渠，副主席为张国焘、高自立、李鼎铭、刘景范、杨明轩。

陕甘宁边区政府组织机构在不同时期设置不同。1937年9月边区政府成立时，设有秘书处、民政厅、教育厅、财政厅、建设厅、审计处、保安处、高等法院等。1938年2月，审计处改为财政厅审计科。1940年组织机构调整为秘书处、民政厅、财政厅、教育厅、建设厅、巡视团、少数民族事务委员会、贸易局及高等法院。

1941年边区第二届政府机构设置有秘书处、民政厅、财政厅、教育厅、建设厅、保安处、少数民族事务委员会、法制室。1942年增设文化工作委员会，恢复审计处（当年并入财政厅）。1943年4月成立办公厅，保留民政厅、财政厅、教育厅、建设厅、保安处、少数民族事务委员会及高等法院等。文化工作委员会并入西北文化和旅游发展委员会。后增设升格的机构有审计处、边区银行、总务处、卫生署、督察局、粮食局、边区文协。

1946年，边区第三届政府机构设置有办公厅、民政厅、教育厅、财政厅、建设厅、审计处、保安处。

1947年，边区政府转战陕北期间机构为秘书处、民政厅、财政厅、教育厅、建设厅、粮食局、保安处及高等法院。撤销审计处。新设临时机构为总动员委员会、后方委员会、后方办事处、生产救灾委员会、农业生产委员会、合作指导委员会等。

1948年4月22日延安收复，5月11日边区政府迁回延安，机构设有秘书处、民政厅、财政厅、教育厅、建设厅、保安处、少数民族事务委员会及高等法院。

1949年4月9日，边区政府下设秘书处、民政厅、教育厅、财政厅、工商厅、农业厅（由建设厅改制）、公营企业厅、交通厅、公安厅（保安处）、中国人民银行（西北区行）、西北财经委员会、人民监察委员会、少数民族事务委员会及高等法院。5月20日，边区政府迁驻西安，在西安新城办公。1950年1月19日，西北军政委员会成立，陕甘宁边区政府撤销。

陕甘宁边区政府成立后，领导边区人民进行政权、经济和文化建设，把陕甘宁边区建设成模范的抗日根据地，成为新中国的雏形。边区政府旧址共有窑洞87孔，新中国成立前边区政府修建窑洞52孔，现保存完好，其余建筑为中华人民共和国成立后修建。现开放供参观的有陕甘宁边区政府简史陈列（窑洞5孔）、林伯渠旧居、李鼎铭旧居。

（二）陕甘宁边区高等法院旧址

陕甘宁边区高等法院旧址位于安塞区真武洞镇李家营村，1938—1942年，陕甘宁边区高等法院设于此处。

（三）中央军委二局旧址

中央军委二局旧址位于沿河湾镇碟子沟、黄崖根两村，1938年11月至1947年3月，中央军委二局在此驻扎。2008年7月，中国人民解放军总参谋部三部投资近400万元对旧址修复，并建纪念馆，2010年5月落成。现为省级文物保护单位、省级爱国主义教育基地、全军技术侦察部队爱国主义教育基地。

二、中央直属学校旧址

（一）中央党校

中央党校初设于东桥儿沟，1939年迁到城北的小沟坪。这所学校是对党的高中级干部进行马克思列宁主义理论教育的学校，1935年12月在瓦窑堡恢复成立，先后任校长、副校长的有董必武、李维汉、康生、陈云、邓发、毛泽东、谢觉哉、彭真等。1943年经改组，学员共分为六个部，校部与一部设于小沟坪，二部以女子大学为基础设于王家坪，三部以“中央研究院”为基础设于兰家坪，四部以军事学院为基础设于大砭沟（又称文化沟），五、六部以西北局党校为基础设于马家湾。

（二）鲁迅艺术学院

鲁迅艺术学院1938年4月成立，校址初设北门外，1939年8月迁至桥儿沟，是培养文学艺术干部的学校，沙可夫、吴玉章、周扬、赵毅敏先后任院长、副院长。在延安开办的七年半中，共办文学系四届，戏剧、音乐、美术系五届，共培养各类专业生685人，其中文学系197人、戏剧系179人、音乐系162人、美术系147人。1945年11月迁往东北。

（三）中国女子大学

中国女子大学是培养妇女干部的学校，1939年7月成立于王家坪山下，校长王明，副校长柯庆施，1941年8月并入延安大学。

（四）陕北公学

陕北公学1937年8月成立，校址初设延安清凉山下，后移至城北5千米处的杨家湾，校长成仿吾，副校长李维汉。该校在陕西关中、晋东南、晋察冀设有分校。1939年7月，一部分师生并入华北联合大学，一部分仍留延安。1941 年 9 月并入延安大学。

（五）毛泽东青年干部学校

毛泽东青年干部学校是 1940 年 5 月在安吴青训班的基础上创办的，校址设在文化沟。1941 年 8 月并入延安大学。

（六）行政学院

行政学院校址在南桥西山，是培养行政领导干部的学院。

（七）民族学院

民族学院是培养少数民族干部的学校，1941 年 9 月在延安大砭沟（又称文化沟）成立，院长高岗，副院长高克林。该校有蒙、回、藏、彝、苗、满、汉等民族的学员共 300 多名。1944 年 5 月迁往定边，1948 年与三边干校合并。

（八）自然科学院

自然科学院是培养科学技术人才的理工科大学，1939 年 5 月成立于南城郊马家湾，先后任校长和副校长的有李富春、徐特立、李强、陈康白、子强等。1943 年 4 月并入延安大学。

（九）新文字干部学校

新文字干部学校 1941 年 4 月成立于延安丁泉砭。1943 年 4 月并入延安大学。

（十）延安大学

延安大学是直属中央文委的一所综合性学校。1941 年 9 月，由陕北公学、中国女子大学、毛泽东青年干部学校合并成立。1943 年 4 月又将鲁迅艺术学院、自然科学院、民族学院、新文字干部学校并入。校址设于女子大学原址（王家坪北山），1944 年 5 月，将行政学院并入延安大学后，校址迁到城郊凤凰山南麓。

（十一）日本工农学校

日本工农学校于 1940 年 10 月，由八路军总政治部集中日军俘虏创办。校址设于延安宝塔山南麓，校长野坂参三。1945 年日本投降后学校停办。近 300 名学员离开延安，先后返回日本。

（十二）马克思列宁主义学院

马克思列宁主义学院是培养党的理论干部学校。1938 年 5 月成立，院长张闻天，副院长王学文，校址设在延安北郊兰家坪。1942 年改为中央研究院。1943 年并入中央党校。

（十三）延安外国语学院

1942 年 5 月，成立军委俄文学校，归军委编译局领导，校址初设于东关黑龙沟，1943 年 10 月迁到丁泉砭，1944 年 4 月，改名为延安外国语学校。

（十四）中国医科大学

中国医科大学是培养医药卫生干部的学校。原在江西苏区成立，1936 年 2 月在瓦窑堡恢复，称红军卫生学校。后迁富县张村驿，1940 年 3 月由富县张村驿迁到延安柳树店。同年改名为中国医科大学，校长王斌，副校长史书翰。

（十五）延安中学

延安中学创办于 1938 年，毛泽东曾为学校题词“光明在前”，周恩来题词“艰苦奋斗，努力学习”。

第三节　其他革命旧址

一、延安桥儿沟革命旧址

延安桥儿沟革命旧址位于延安城东桥儿沟村，是中国共产党扩大的六届六中全会和鲁迅艺术文学院（简称鲁艺）旧址，1996 年 10 月，被国务院公布为第四批全国重点文物保护单位，2005 年列入全国爱国主义教育示范基地“一号工程”项目。

中国共产党扩大的六届六中全会于 1938 年 9 月 29 日至 11 月 6 日在延安桥儿沟召开，全会批准以毛泽东为代表的中央政治局的路线，基本上克服了抗战初期王明右倾错误，统一了全党的思想，推动了党的各项工作迅速发展。

鲁迅艺术文学院是中国共产党在延安创办的第一所培养抗日文艺工作者和革命文艺人才的高等学府。从 1938 年 4 月 10 日至 1945 年 11 月，鲁艺培养学生 2000 余人（包括短期培训 1000 余人），创作了《黄河大合唱》《兄妹开荒》《白毛女》等一大批经典文学艺术作品，发挥文学艺术在动员群众、组织群众、团结人民、打击敌人中的巨大作用，为新中国文艺发展写下浓墨重彩的一页。

2013 年，省、市依托鲁迅艺术文学院旧址启动中国革命文艺家博物院项目，该项目是陕西省 30 个重大文化项目之一，也是延安市首批启动实施的十大革命旧址保护提升项目之一，共分为核心遗址保护、延安革命文艺纪念馆、东山革命文艺家馆群、西山艺术实践体验基地、文化创意产业园五个区块，展示过去艰苦卓绝的岁月里革命文艺家战斗生活的历程和他们用文艺这个武器为中国革命做出的贡献，为延安红色文化旅游增添新的亮点。

二、延安“四八”烈士陵园

延安“四八”烈士陵园位于延安城北 6 千米处的延河右岸河庄坪镇李家洼村。1945 年 4 月，初建于延安东关飞机场西北角。1969 年初，迁到现址人民公墓。1970 年，恢复现名，占地面积 3.6 万平方米。1990 年，陵园中央矗立起一座纪念碑，高 19.46 米，碑身后部呈四层平台，分八个阶梯，寓意 1946 年 4 月 8 日空难（飞机从重庆飞返延安误撞山西兴县黑茶山）。塔尖上为锤头图案。碑顶四面分别镶嵌着一颗镀金五角星。碑身正面镌刻着毛泽东手迹“为人民而死　虽死犹荣”的镏金大字。正面碑座上镶嵌着汉白玉花环。陵园安葬着秦邦宪、王若飞、叶挺、张浩、邓发等烈士遗骨，也有关向应、张浩、张思德的迁葬。陵园为全国第一批重点革命烈士纪念建筑物保护单位。

三、延长县红军东征会议旧址

1936 年 2 月 20—27 日，红军东征时路过延长县境。毛泽东在刘家河乡后段家河村和延长城内居住 8 天，有 2 处革命旧址。1936 年 2 月 20 日夜，毛泽东在后段家河村段成章家居住，住坐西向东中间的石窑。2 月 21—27 日，毛泽东在延长县城寨山西南麓何江家居住，在此召开团以上干部会议，部署东征作战计划。在毛泽东住过的坐北向南中间土窑里，陈列有当时用过的长条桌、长条凳、小方凳、白色粗瓷杯、铁锅、风箱、菜坛、墨盒，墙上挂有毛泽东在瓦窑堡拍的照片和东征路线图，还有白铁皮文件箱及被子、褥子、枕头、脸盆等办公和生活用品。陈列文物均为复制品。

四、安塞区毛泽东旧居

1935 年 12 月 9 日、10 日、11 日，毛泽东由富县前往瓦窑堡途中，先后在安塞县高桥乡高桥村、沿河湾镇边墙村、真武洞镇住宿。1936 年 7 月 1 日，由瓦窑堡前往保安途中，在王窑乡王窑村住宿。1937 年 1 月 11 日、12 日，由保安前往延安途中，先后在王窑乡高沟口村、沿河湾镇碟子沟村住宿。以上 6 处旧居已颁布保护。

五、陕北省苏维埃政府旧址

陕北省苏维埃政府旧址位于安塞区建华镇梁坪村，1936 年 6 月由子长瓦窑堡迁至安塞县谭家营梁坪村，政府主席马明方。1937 年底迁往龙安村。

六、张思德牺牲纪念地

张思德牺牲纪念地位于安塞区楼坪乡洛平川，1944 年 9 月 5 日，张思德在洛平川村南庙梁山烧木炭，炭窑崩塌，不幸牺牲，时年 29 岁。1967 年 2 月，中共安塞县委在此立碑纪念。现为延安市为人民服务精神和爱国主义教育基地。

七、毛岸英拜师学农旧址

毛岸英拜师学农旧址位于距延安市中心 15 千米的柳林乡吴家枣园村。毛泽东长子毛岸英参加苏联卫国战争后回国。1946年春，拜陕甘宁边区特等劳模吴满有为师，学习农耕业。旧址有毛岸英生平事迹陈列馆、6 孔土窑洞、3 个大棚（牛棚、羊棚、草料棚）、1 个 200 平方米的院落、劳作区试验地、纪念地打谷广场、生活体验区等 7 大板块，占地 7.2 平方千米。毛岸英是中国上山下乡第一代知青，是兼学别样、参加社会实践的典范。旧址是革命传统、延安精神、社会实践、人生体验和当代军人核心价值观的教育基地。

第四节　革命纪念馆

为集中展示中共中央在延安和陕北领导中国革命的丰功伟绩，新中国成立后，延安陆续建成延安革命纪念馆、中共中央西北局纪念馆、中国人民抗日军政大学纪念馆、延安新闻纪念馆等一批重点革命纪念馆，成为享誉全国的爱国主义教育基地。

一、延安革命纪念馆

1950 年 7 月 1 日，延安革命纪念馆建成开放，是新中国成立后建成的最早的革命纪念馆之一。历经几次变迁，现在的延安革命纪念馆主体建筑位于延安城延河左岸的王家坪。延安革命纪念馆现有馆藏文物 3.5 万多件，历史照片 1 万余张，图书 1.3 万余册，调查访问资料百余卷，成为融收藏、研究、宣传于一体的革命纪念馆。

1997 年，延安革命纪念馆被中央宣传部、民政部、人事部和文化部列入百个全国爱国主义教育示范基地。2008 年 3 月，被国家文物局评定为国家一级博物馆。

2005 年，延安革命纪念馆被中央宣传部确定为全国爱国主义教育示范基地“一号工程”重点建设的三个教育基地之一。2006 年 10 月，延安革命纪念馆原主体建筑拆除重建，并对沿袭了半个多世纪的基本陈列体系作了比较大的调整和修改。2009 年 8 月 28 日，延安革命纪念馆新馆落成并全面对外开放。2009 年，延安革命纪念馆新馆主体建筑入选“新中国成立 60 年全国百项经典暨精品工程”。2011 年，《延安革命史》基本陈列入选“全国十大基本陈列特别奖”。

新建的延安革命纪念馆，坐北面南，主体建筑与延河上有视觉冲击力的彩虹桥为轴线呈对称布局，为东西长 222 米，南北深 119 米的“ ⊓ ”形建筑。主体建筑功能，分为公共活动设施区、陈列展览区、文物库区、办公区、设备用房区。

新馆入口门廊和东西翼入口大门均采用拱形，和“窑洞墙”一起体现延安地区建筑文化的传承。整栋建筑除休息厅、楼梯间处设有较大的玻璃窗外，其他均为竖向带状和点状的窄窗。实用性空间运用高侧洞窗，以自然采光供展厅“环境照明”，休息厅、楼梯间为敞开的大玻璃窗。建筑轮廓的高低变化与平面相结合，增加建筑的纪念性。除此之外，延安革命纪念馆建筑没有多余的装饰，外墙浅驼色的石料形成浑然一体简朴、庄重的风格。

入馆台阶分为三台，隐喻共产党在延安经历土地革命、抗日战争、解放战争三个阶段。纪念馆正门上方有郭沫若题写的“延安革命纪念馆”金黄色馆名，苍劲有力，庄重醒目。3.8 万平方米开阔而富有深刻内涵的纪念馆广场，在“ ⊓ ”形建筑东西拐角的 45° 法线和中轴线相交处敬塑有 16 米高的毛主席纪念铜像，表达对伟大领袖毛泽东及毛泽东思想的深切怀念。正厅门前两侧分别有“红军长征的落脚点”和“夺取全国胜利的出发点”大型群雕，展现延安在中国革命的历史地位；主体建筑正面两侧有反映地域特色的 18 孔窑洞造型，每孔窑洞前均有一尊表现不同内容的人物雕塑，神态各异，栩栩如生，充分展示了延安时期中国共产党的凝聚力；大门两侧为“延安是中国民主革命的圣地”“陕甘宁边区人民对中国革命的伟大贡献”的浮雕长卷；围绕纪念馆主体建筑有纪念性园林绿色通道，其中布置着具有革命浪漫主义的纪念性小雕塑。

新馆基本陈列的主题是在毛泽东的旗帜下胜利前进。陈列体系是按照历史编年体与专题相辅相成的方式，将党中央和老一辈无产阶级革命家在延安时期的重大实践和理论设计为六个单元展示：一是红军长征的落脚点；二是抗日战争的政治指导中心；三是新民主主义的模范事区；四是延安精神的发祥地；五是毛泽东思想指导地位的确立；六是夺取全国胜利的出发点。以上六个单元在新馆 10000 多平方米面积集中展现，展出各类文物 2100 多件，历史照片 1000 余幅。在陈列手法上，根据展出内容的需要，采用了声、光、电等高科技手段，增设了必要的模拟景观、场景复原、半景画。这些陈列形式和内容真实地再现延安时期的革命斗争史实。置身其中，仿佛把人们又引入延安时代那令人难忘的火红岁月，接受洗礼，得到启示。

二、中共中央西北局纪念馆

中共中央西北局（简称西北局）是党中央在西北地区的代表机构，是西北地区党、政、军、群的最高领导机关。1937 年春，中共陕甘宁特区党委成立。1940 年 9 月，中共中央政治局决定将边区党委改为中共陕甘宁边区中央局。1941 年 5 月，边区中央局与中央西北工作委员会合并，成立中共中央西北局，机关驻延安。延安时期，西北局设有组织部、宣传部、统战部、城市工作部、财经委员会、青年工作委员会、妇女工作委员会等部门。高岗、习仲勋先后任书记，马明方任副书记。

西北局成立后，在中共中央的直接领导下，负责管理陕甘宁边区（包括伊克昭盟地区）及西北各省的工作。领导西北地区党的组织和边区军民，贯彻执行党的路线、方针、政策，为夺取抗日战争和解放战争的胜利作出巨大贡献。西北局是执行党中央各项方针政策的模范，是实现党的一元化领导的典范，它对边区的政治、经济、文化建设作出了重大贡献，使陕甘宁边区成为新民主主义的模范试验区，成为新中国的雏形。1947 年 3 月，国民党军队进犯延安。西北局机关于 3 月 14 日随党中央撤离延安，转战陕北。1948 年 5 月返回延安。1949 年 5 月，迁驻西安。

中共中央西北局旧址位于延安城南延河支流南川河花石砭半山腰，现存土石窑洞 150 余孔、大小会议室各 1 座、小灶 1 座。2006 年 5 月 25 日，被国务院公布为全国重点文物保护单位。

中共中央西北局纪念馆建筑面积 8035 平方米，陈展面积 4000 平方米，由序厅、三个展览厅和一个临时展览厅组成，展线总长度 1000 多米。《西北革命根据地暨中共中央西北局历史陈列》分为三部分，第一部分为西北革命根据地的创建，第二部分为建设模范抗日民主根据地，第三部分为转战陕北和解放大西北。陈列分 7 个单元，共展出实物 400 余件、照片 460 张、图表 74 幅、场景 13 个、文字版面 76 块、雕塑 16 组、油画（国画）11 幅、硅胶像 6 组，展出人物 200 余人和西北局工作人员 1000 多人的名单。真实反映了中共中央西北局领导西北地区党、政、军、群开展的各项工作，再现中共中央西北局为陕甘宁边区政治、经济、军事、文化建设作出的重大贡献，以及为新民主主义模范试验区和新中国雏形建设取得的丰功伟绩。

中共中央西北局纪念馆的建成，为延安红色旅游增加了新的内涵，也为进一步开展爱国主义教育、革命传统教育和延安精神教育发挥更加重要的作用。

三、中国人民抗日军政大学纪念馆

中国人民抗日军政大学于 1936 年 6 月 1 日正式成立（始称中国人民抗日红军大学，1937 年 1 月 19 日改名为中国人民抗日军政大学），毛泽东任中国人民抗日军政大学教育委员会主席。至 1945 年抗战胜利，总校先后办学八期，并在全国创建 12 所抗大分校、

5 所陆军中学和 1 所附属中学。培养了十多万名德才兼备的抗日军政干部，为夺取抗日战争的胜利，奠定坚实的军政人才基础，为中国革命作出不可磨灭的贡献。为了纪念中国人民抗日军政大学的光辉历史业绩，弘扬抗大精神，1964 年，延安市人民政府在原址上修建中国人民抗日军政大学校史陈列室。2003 年在原址上修复中国人民抗日军政大学校门，建成中国人民抗日军政大学纪念馆，2004 年 10 月 1 日正式对外开放。纪念馆展厅面积 1200 平方米，共分为 6 个单元，陈列展出 100 多件文物和 400 多幅历史照片，运用半景画、场景复原等艺术手法和声、光、电等现代陈列手段，全面展示中国人民抗日军政大学的历史风貌。中国人民抗日军政大学纪念馆于 2004 年被中国人民解放军国防大学列为延安教学基地，被中国延安干部学院列为延安精神现场体验教学点。2013 年被共青团陕西省委授予陕西省青少年教育基地。2015 年 8 月，被国务院公布为第二批国家级抗战纪念设施、遗址。

四、延安新闻纪念馆

20 世纪三四十年代党中央在延安时期，清凉山曾是党报委员会、新华通讯社、《解放日报》社、延安新华广播电台、中央印刷厂、新华书店等众多新闻出版单位的所在地。当年，在党中央的直接领导下，党的新闻机构传播马克思列宁主义、毛泽东思想，宣传党的路线、方针、政策，与人民群众呼吸相通，反映人民群众的呼声，为中国革命的胜利作出不可磨灭的贡献。陈毅将军曾赋诗称颂："百年积弱叹华夏，八载干戈仗延安。试问九州谁做主？万众瞩目清凉山。"

延安新闻纪念馆位于延安城区延河左岸清凉山南麓，是由中共中央宣传部、国家广播电视总局、广电总局、新华社、人民日报社、新闻出版总署等部门共同筹建而成，是全国唯一的新闻事业专题纪念馆。展馆总建筑面积 3000 平方米，其中陈列面积 1580 平方米。纪念馆的外形呈窑洞形，寓意着党的新闻事业是从延安的土窑洞里创建和发展起来的。陈列共分为三层六个单元，分别在四个展厅进行展出。共展出文物 180 余件，珍贵历史照片、文献和各类图表资料 400 条幅。利用场景复原、影像合成，配合以声、光、电等现代化高科技展示手段，生动地再现了延安时期新中国新闻出版事业的发展历程和辉煌业绩，成为进行爱国主义、革命传统和延安精神三大教育的生动课堂。

五、陕甘宁边区银行纪念馆

陕甘宁边区银行纪念馆位于宝塔区市场沟原陕甘宁边区银行旧址，是中国第一个银行纪念馆，1991 年开馆，陈云题写馆名。展馆面积约 800 平方米，馆藏文物 400 多件，陈列实物照片 600 件。2006 年，被国务院列为全国第六批重点文物保护单位。

六、延安南区合作社纪念馆

延安南区合作社纪念馆位于宝塔区柳林镇，于 1992 年对外开放，是全国第一个供销合作社专题类纪念馆。展室陈列实物 126 件，照片 116 张。馆藏文物 242 件，其中三级文物 13 件。展馆陈列再现了南区合作社的创建发展和为边区经济繁荣所作出的杰出贡献。

七、延安北京知青博物馆

延安北京知青博物馆位于宝塔区枣园路，于 2016 年 9 月开馆，展厅面积 6500 平方米，现有藏品 5783 件，展示了 20 世纪六七十年代 28000 多名北京知青在延安插队生活、劳动、工作、成长的平凡而难忘的历史。

第七篇　机构人物

延河流域古代无专职水利管理机构，由地方官自行执事。民国时期由各县政府管理。1937年9月，陕甘宁边区政府成立，由建设厅分管水利（包括延属分区水利）。新中国成立后，市（专区、地区）县（区）政府均设立水利管理机构，职能不断健全完善。在数千年历史上，特别是新中国成立后，涌现出许多治理保护延河的先进人物，本篇如实予以记载，以褒扬其突出贡献，激励后人献身治理延河伟大事业。

第一章　管理机构

延河管理机构包括流域内市、县（区）各级水行政主管部门、水事业单位、水务企业等。

第一节　水行政部门

一、市级水行政部门

1950 年 2 月，延安专区行政区公署建设科负责水利工作。

1957 年 1 月，成立延安专区水利局，县级建制。

1958 年 2 月，延安专区水土保持推广工作站并入专区水利局，编制 64 人，设办公室、工务科、水保科、灌溉科。

1959 年 4 月，延安专区水利局更名为延安专员公署水利局，1961 年撤销，与专署农业局、林业局、畜牧局合并成立专署农林水牧局，后又将水利业务分出成立专署水土保持工作站，1963 年 7 月，恢复原专署水利局。12 月，改称为陕西省延安专署水土保持局。1964 年 4 月，改称为陕西省延安专署水保水利局。

1969 年 12 月，撤销专署农、林、水、牧等部门，成立延安地区革命委员会农业服务站。

1970 年 7 月，成立延安地区革命委员会水电局，内设局机关、水电队、水保队、物资站。1979 年，在编职工 135 人。

1980 年 1 月，延安地区革命委员会水电局改称为延安地区水电局。

1982 年 1 月，延安地区水电局更名为延安地区水利水土保持局。1990 年，局内设置有政秘科、计财科、水保科、水利科、科技科、延安地区防汛办公室、监察室，编制 38 人。

1997 年 1 月 17 日，延安撤地设市，延安地区水利水土保持局更名为延安市水利水土保持局。

2002 年机构改革，延安市水利水土保持局内设 4 个科，即政秘科（政策法规科）、规划与资金管理科、水利科和水保科，机关行政编制 18 名。

2009 年 10 月 10 日，延安市委常委会会议研究，给延安市水利水土保持局加挂延安市节约用水管理办公室牌子，为一套机构、两块牌子，主任由局长兼任，设专职副主任 1 名，同时增设节水科。

2010 年 5 月，延安市水利水土保持局更名为延安市水务局，内设 5 个科，即政秘科、规划与资金管理科、水利科、水保科和节水科，机关行政编制 19 名。

2019年3月，延安市水务局机关行政编制19名，设办公室、规划财务科、建设监管科、水土保持科、节约用水科、水旱灾害防御科。延安市水务局的主要职责是：①负责保障全市水资源的合理开发利用。贯彻中央、省、市水利方面的法律法规和政策规定，组织起草地方性法规规章草案，拟定全市水利战略规划、中长期发展规划和年度计划，并组织实施；组织编制全市重要河湖流域综合治理规划、防洪规划等重大水利规划。②负责生活、生产经营和生态环境用水的统筹和保障。组织实施最严格水资源管理制度，统一监督管理全市水资源，拟定全市中长期供求规划、水量分配方案并监督实施。负责重要流域、区域以及调水工程的水资源调度。组织实施取水许可、水资源论证和防洪论证制度，指导开展水资源有偿使用工作。指导水利行业供水和城乡供水工作。③按规定制定水利工程建设有关制度并组织实施。负责提出全市水利固定资产投资规模、方向、具体安排建议并组织指导实施，提出全市水利财政专项资金安排建议并负责项目实施的监督管理。④指导水资源保护工作。组织编制并实施全市水资源保护规划。指导全市饮用水水源保护有关工作，指导地下水开发利用和地下水水资源管理保护。组织指导地下水超采区综合治理。负责水资源监测，发布水资源信息、情报预报和全市水资源公报，按规定组织开展水资源、水能资源调查评价和水资源承载能力监测预警工作。⑤负责节约用水工作。拟定节约用水政策，组织编制全市节约用水规划并监督实施，组织制定有关标准和实施办法。组织实施用水总量控制等管理制度，指导和推进节水型社会建设工作。⑥指导水利设施、水域及其岸线的管理、保护与综合利用。负责河长制湖长制日常工作。组织指导水利基础设施网络建设。指导全市重要河湖、水库、滩涂、河口的治理、开发和保护。指导河湖、水库水生态保护与修复、生态流量水量管理以及河湖水库水系连通工作。⑦指导监督全市水利工程建设与运营管理。制定水利工程建设有关政策、制度并监督实施。负责全市重大水利工程建设与运行管理，督促指导相关配套工程建设。组织实施水利工程质量和安全监督。指导水利建设市场的监督管理。⑧负责水土保持工作。拟订全市水土保持规划并监督实施，组织实施水土流失综合防治、监测预报并定期公告。负责建设项目水土保持监督管理工作。组织实施重点水土保持建设项目。⑨负责农村水利工作。负责大中型灌排工程建设与改造。指导农村饮水安全工程建设管理工作，指导节水灌溉有关工作。指导农村水利改革创新和社会化服务体系建设。指导农村水能资源开发、小水电改造和水电农村电气化工作。⑩负责水利工程移民管理工作。拟定水利工程移民有关政策并监督实施，组织实施水利工程移民安置前期工作、移民安置验收、监督评估等工作。指导监督水库移民后期扶持政策的实施。⑪负责水行政执法工作。负责水利政策法规的贯彻落实，查处重大涉水违法事件，协调解决跨流域、跨县（区）水事纠纷，指导全市水政监察和水行政执法工作。负责水利行业安全生产工作。⑫负责水利科技工作。开展水利科学研究、技术引进、交流合作和科技推广有关工作。⑬负责落实综合防灾减灾规划相关要求。组织编制洪水干旱灾害防治规划并指导实施。承担水情旱情监测预报工作。组织编制重要河流和重要水工程的防御洪水抗御旱灾调度及应急水量调度方案，按程序报批并组织实施。承担防御洪水应急抢险的技术支撑工作。⑭完成市委、市政府交办的其他任务。

二、县（区）水行政部门

（一）宝塔区水务局

局机关共有行政编制 11 个，下属单位有孙台水库管理处、蟠龙供水工程管理处、水保监督管理站、水利工作队、水土保持工作队、水产工作站、防汛抗旱指挥部办公室、水政水资源管理办公室、河道管理处、南泥湾灌区管理处、南泥湾水库管理处。全区水务系统共有在职职工 286 人，其中高级职称 18 人、中级职称 28 人。

（二）安塞区水务局

局机关行政编制数为 6 人，下属单位有水利工作队、水土保持工作队、水资源管理办公室、防汛办公室、水土保持监督管理站、河道管理站、马家沟水库管理处。全区水务系统编制 118 人，实有职工 2144 人，其中高级职称 16 人、中级职称 61 人。

（三）延长县水务局

局机关行政编制 7 人，下属事业单位有防汛抗旱指挥部办公室、水土保持工作队、水利工作队、水资源管理服务中心、农村供水管理服务站。全县水务系统现有职工 82 人，其中高级职称有 8 人、中级职称有 38 人。

（四）志丹县水务局

局机关共有行政编制 8 名，下属单位有水利工作队、水土保持工作队、防汛抗旱指挥部办公室、水政水资源管理办公室、水土保持监督监测站、乡村供水管理总站、渔政监督管理站、地下水监督监测管理站、河长办。全县水务系统共有在职干部职工 241 名，其中高级职称 12 人、中级职称 68 人。

（五）靖边县水利局

靖边县水利局下设河道库坝养护站、水资源调度中心、水土保持工作站、城乡供水安全服务中心、水利监察大队、水旱灾害防治中心等单位。

第二节　水利事业单位

一、延安市水利工作队

延安市水利工作队始设于 1953 年 2 月，时称延安专区水利工作队，为科级事业单位，编制 16 人。1958 年 1 月撤销专区水利工作队。1974 年成立延安地区水电工作队，为科级事业单位，编制 15 人。1980 年将地区水电局直属的水管组、水产组并入水电工作队，编制增至 49 人。1982 年延安地区水电工作队改称延安地区水利工作队。1990 年有职工 67 人，其中行政干部 3 人，科技干部 38 人，工人 26 人。1997 年 1 月，延安地区水利工作队随着地改市，更名为延安市水利工作队，仍为科级事业单位，是延安市水利水土保持局直属单位。2002 年 3 月新设延安市抗旱服务队，事业性质，科级建制，与市水利工作队一套机构，两块牌子。2004 年 11 月，事业编制 46 名。2010 年有职工 66 人，其中高级科技人员 12 人，退休职工 24 人。2018 年底，核定编制 45 名，在编 40 名，其中高级职称 24 人。领导职数设队长 1 名，副队长 2 名。

延安市水利工作队的职责任务是：负责全市水利工程建设管理和技术指导工作；参与编制全市水利发展规划，承担水利工程建设前期工作，搞好项目储备；负责全市重点水利工程建设项目的勘测、规划、设计工作，编制水利工程抢险应急技术方案，开展水利工程建设前期管理和施工业务技术培训教育；承担全市抗旱预案和应急技术方案的编制工作，组织实施重点抗旱应急工程；负责全市抗旱服务组织和旱情测报网络建设，开展抗旱技术指导和技术服务工作。

二、延安市水土保持工作队

1954 年 11 月 1 日，始设延安专区水土保持推广工作站，为县级事业单位，受黄河水利委员会西北工程局和延安专区双重领导。1957 年更名为陕西省延安专区水土保持工作站，1958 年 2 月 16 日撤销该站，其人员并入延安专区水利局。1964 年 12 月，重新成立延安专区水保专业队。1969 年 12 月，撤销延安专区水保专业队，人员被精减。1974 年，重新成立延安地区水保工作队，为科级事业单位。1982 年，延安地区水保工作队改称延安地区水土保持工作队。1997 年 1 月，延安地区水土保持工作队随地改市更名为延安市水土保持工作队。2004 年机构改革，核定编制 41 人。2010 年实有在职职工 44 人，其中高级工程师 10 人、工程师 27 人、助理工程师 3 人、技术工人 4 人。截至 2018 年底，核定编制 40 名，在编 39 名，其中高级职称 17 人。

单位职责和任务：负责全市淤地坝、水土保持治沟骨干工程和坝系工程的实施管理工作；负责全市水土保持生态工程北洛河流域项目、黄河上中游重点小流域治理项目、生态修复项目等重点水保项目的计划编制和实施管理工作；承担全市重点水土保持项目的可行性研究、初步设计等前期工作的技术审查工作；承担全市城市水土保持的规划和治理工作；负责全市“五荒”资源治理开发与管理工作；负责全市水土保持科学技术推广和技术培训工作；承担开发建设项目水土保持方案的编制工作。

三、延安市地下水工作队

延安市地下水工作队始建于 1970 年 8 月，事业性质，县级建制，隶属延安市水利水保局。1997 年 1 月，延安地区地下水工作队更名为延安市地下水工作队。2004 年，内设办公室、业务科、规划科、安全保卫科、机井管理站、地下水动态监测站等 6 个科（室、站）。核定事业编制 130 名。2010 年编制为 128 人，有专业技术人员 65 人，其中高级职称 6 人、中级职称 13 人，技术工人 63 人。2018 年底，核定编制 127 名，在编 114 名，其中高级职称 14 人，党员 24 人。内设办公室、机井管理站、地下水动态监测站、业务科、规划科、安全保卫科。

延安市地下水工作队的职责任务是：负责全市地下水动态监测网络建设，开展水文水资源调查评价，发布地下水水情预报；参与编制全市地下水资源开发利用规划；承担全市水利钻井市场管理工作；开展凿井、地质勘测和地下水资源评价论证等技术服务工作。

四、延安市王瑶水库管理处

1972 年 10 月设立延安市王瑶水库管理处，初为县级建制的事业单位，职工 77 人。1982 年 3 月改为科级建制，有职工 90 人。1990 年有职工 65 人，其中行政管理人员 5 人、技术人员 14 人、工人 46 人。2004 年机构改革，编制为 56 名。2008 年核定 56 个岗位，其中行政管理 5 个、专业技术 49 个、工勤技能 2 个。2018 年 10 月按机构改革方案划归延安水务集团管理。

王瑶水库管理处主要承担水库工程管理、防汛、供水及水源地保护等工作。至 2010 年有职工 50 人，其中管理人员 2 人、专业技术人员 38 人、工勤技能人员 10 人。

五、延安市水土保持监测分站

2003 年 4 月设延安市水土保持监测分站，事业性质，科级建制，与延安市水土保持科学研究所为一套机构、两块牌子。2004 年核定事业编制 34 名，核定行政管理人员 5 名、专业技术人员 28 名、工勤人员 1 名。2010 年 11 月撤销延安市水利科学研究所，将其业务及人员并入延安市水土保持监测分站。截至 2018 年底，核定编制 33 名，在编 28 名，其中高级职称 11 人。

延安市水土保持监测分站的职责任务是：负责全市水土流失状况和水土保持成效的监测预报工作；及时、准确向上级政府提供全市水土保持监测资料；负责全市水土保持监测科研工作，为全市各类开发建设项目实施和经济社会发展提供有关信息服务；负责全市范围内国家重点水土保持工程项目的运行监测；承担全市开发性建设项目的水土保持方案编制和水土保持工程前期勘测、设计和规划工作；指导全市水土保持监测网络和信息系统建设。

六、延安市水利工程质量安全监督站

2004 年 8 月，延安市水电物资中转站在机构改革中更名为延安市水利工程质量监督站，事业性质、科级建制，同年 11 月，核定事业编制 15 名。2007 年 7 月，更名为延安市水利工程质量安全监督站。截至 2018 年 12 月，核定编制 12 名，其中高级职称 2 人。

延安市水利工程质量监督站主要职责任务是：制定全市水利工程质量监督工作实施细则，并组织实施；参与编制全市水利工程年度质量监督计划，管理全市水利水保工程质量管理工作，对水利水保工程进行质量监督；对建设监理单位的质量检查体系和施工单位的质量保证体系以及设计单位现场服务等实施监督检查；参与水利工程质量事故调查处理；参与受监工程主要项目的阶段验收和竣工验收，签署对工程质量的评价意见，组织评定优良工程和申报推荐优质工程。

七、延安市水产工作站

延安市水产工作站始建于 1984 年 8 月，事业单位，科级建制。1995 年 9 月成立延安地区渔政监督管理工作站，与地区水产工作站两块牌子、一套机构，单位性质、建制和人员编制未变。2004 年 11 月，核定事业编制 11 人，其中行政管理人员 2 人、专业技术人员 8 人、后勤服务人员 1 人。2005 年 7 月，增挂“延安市水生动物防疫检疫站”牌子，增加人员编制 3 名。增编后，延安市水产站共核定事业编制 14 名。延安市水产工作站与市渔政监督管理工作站和市水生动物防疫检疫站为三站合一的事业单位，三块牌子、一套机构。

其职责和业务范围是：对全市水产行政事务进行日常管理，为水生动植物生产提供服务，承担水产品技术引进、推广；渔政监督；渔业资源费征收；水生动物疫病监测；水生动物、水产品检疫；水产品产地质量安全监测。

2018 年，按机构改革方案，延安市水产工作站划归延安市农业农村局管理。

八、延安市水土保持监督管理站

1990 年 8 月成立延安地区水土保持监督管理站，与地区水土保持工作队为一套机构、两块牌子。1997 年 1 月，延安地区水土保持监督管理站随地改市，更名为延安市水土保持监督管理站。

2004 年 8 月，将延安市杏子河流域治理办公室更名为延安市水土保持监督管理站，县级建制，并将延安市水土保持工作队承担的全市水土保持监督管理职能移交给该站。同年 11 月，内设综合科、预防保护科、监督管理科 3 个科室，人员编制 18 名。2010 年 8 月，增设修复治理科。截至 2018 年底，核定编制 17 名。

主要职责任务是：负责全市水土流失预防监督工作；承办全市开发建设项目水土保持方案的审核工作，并负责监督实施；负责对全市开发建设项目进行水土保持方面的监督检查，对违反水土保持法律法规的行为依法作出处罚或提出采取其他措施的建议；负责全市水土流失防治费、补偿费的收缴和使用管理；承担全市城市水土保持工作。

九、延安市水资源管理局

1989 年 5 月，成立延安地区水政水资源管理办公室，为科级事业单位。1996 年 12 月，延安地区水政水资源管理办公室更名为延安地区水资源管理局，挂延安地区水政监察支队的牌子，一套机构，由科级建制升格为副县级建制。内设水政监察科、资源管理科、规费稽征科、办公室 4 个科室。编制由 10 人增至 22 人。1997 年 1 月，延安地区水资源管理局更名为延安市水资源管理局。2004 年机构改革核定事业编制 19 名。截至 2018 年底，编制 22 名，其中高级职称 10 人。内设办公室、资源管理科、资源配置科、规费稽征科。

延安市水资源管理局的职责任务是：负责全市水资源的开发、利用、保护并进行统一管理，参与编制水资源规划及有关预案，组织、指导全市节约用水工作；承办全市水资源费征收管理工作；负责全市计划用水，对全市年度用水实行总量控制和定额管理；负责全市水资源保护工作，监测水库、河流的水质，审定水域纳污能力，提出限制排污总量的意见，制订水资源保护措施、保护办法，并负责组织实施。

十、延安市防汛抗旱指挥部办公室

1959年6月,成立延安专区防汛指挥部,办公室设在专署水利局,局长兼任办公室主任。20世纪70年代,改称延安地区防汛抗旱指挥部,办公室名称随之更改。1989年,成立延安地区城镇防汛办公室,设在延安地区城镇建设委员会,受延安地区防汛抗旱指挥部办公室和延安地区城镇建设委员会双重领导。1990年7月,延安地区防汛抗旱指挥部办公室由科级升格为县级建制。

1997年1月,延安地区防汛抗旱指挥部办公室更名为延安市防汛抗旱指挥部办公室。同年8月,“三定”方案明确规定延安市防汛抗旱指挥部办公室是市政府的直属事业机构,由延安市水利水保局代管,内设4个科,即政秘科、水情科、河库科、滑坡科,人员编制20名。

主要职能是:负责编制全市防汛、抗旱、河道、水库、雨情、水情、城市防洪规划、防汛通信等工作发展规划、年度计划,并负责组织、协调、指导和实施;负责全市河道、水库及城市管理范围内建设项目有关防汛方面的审查、审核、审批等工作;负责全市水库、河道、城镇度汛防洪预案、防汛抢险应急预案、防洪规划的审查、审批和上报工作,以及延安城区防洪预案编制修订工作;负责全市河道采砂管理及清除河道行洪障碍物等管理工作,依照《中华人民共和国水法》《中华人民共和国防洪法》《中华人民共和国河道管理条例》《中华人民共和国水库管理条例》对全市违法违规案件的查处工作;负责全市防汛无线电通信的管理和联络工作,负责工作人员业务培训、设备检修、调试及防汛预警系统和雨水情自动测报系统、抗旱测报系统的建设管理工作;负责组织有关部门对全市防汛抗旱工作进行安全检查,协调搞好病险水库除险加固工程的建设管理和验收工作,指导全市防汛物资储备和抢险队伍组建等工作;负责省、市有关防汛、抗旱工作指令和汛情的上传下达,搞好雨情、水情、灾情、旱情的统计分析和汇总上报工作;指导全市抗旱工作,制定抗旱预案和应急方案,负责抗旱工程项目的申报立项和建设管理,指导抗旱新技术、新产品的推广运用。

2002年3月,延安市政府将市防汛抗旱指挥部办公室确定为具有行政职能的事业单位。同时,将延安市防汛抗旱指挥部办公室防滑减灾工作移交给延安市国土资源局,并撤销滑坡科。2004年11月29日,增设抗旱科。

2010年6月11日,撤销延安市城区防汛指挥部办公室,其职能并入延安市防汛抗旱指挥部办公室。内设6个科,即政秘科、水情通讯科、水库科、河道科、城防科、抗旱科,核定人员编制27名。2018年底,核定编制27名,在编24名,其中党员13名。内设政秘科、河道科、水情科、水库科、抗旱科、城防科。领导职数设主任1名,副主任2名。

2019年,按机构改革方案,划归延安市应急管理局管理。

十一、延安市水保生态治理办公室

延安市水保生态治理办公室前身是延安市延河流域世界银行贷款项目办公室。1993

年 3 月，始设延安地区延河流域世界银行贷款项目办公室，县级建制，事业单位，主要从事世界银行贷款延河流域项目区的生态综合治理工作。

1999 年 9 月，设立延安市山川秀美工程办公室，与延安市延河流域世界银行贷款项目办公室合署办公，一套机构、两块牌子，县级建制，是全市第一批参照公务员管理的事业单位，负责全市山川秀美工程建设工作。

2010 年 5 月，延安市延河流域世界银行贷款项目办公室改建为延安市水保生态治理办公室，县级建制，仍为延安市水务局直属的具有行政职能的事业单位。内设政秘科、工程科、规划科、监测科、产业科、科技科和计财科等 7 个科室。单位编制 45 人，领导职数 16 名，其中主任 1 名、副主任 2 名、总工程师 1 名、总经济师 1 名、科长 7 名、副科长 5 名。

十二、延安市市区河道管理处

2000 年 6 月，宝塔区河道管理处上划改归延安市水利水土保持局管理，上划后更名为延安市市区河道管理处，为事业性质，科级建制。共收回事业编制 145 名，实有在职人员 177 名，离退休人员 28 名。

其主要职责是：延安市区河道、河堤公用设施的管护；砂石场资源的管理；河道的清障；汛期汛情的传递；河道监察以及河道的保洁工作。其管理范围为延安市中心城区的河道，即东至罗家坪大桥，南至燕沟沟口、杜甫川至二水厂；西川至石佛沟桥。2004 年 3 月，市政府颁发《延安市市区河道管理暂行办法》规定的管理范围是：南川至三十里铺，西川至裴庄村，北川至河庄坪乡政府，杜甫川至张坪村。

2011 年 2 月，延安市市区河道管理处升格为副县级建制。同年 3 月，“八定”方案规定：经费预算管理形式为财政全额拨款，核定事业编制 134 名。截至 2018 年底，核定编制 131 名，在编 114 名。内设办公室、财务科、河道保洁科、安全防汛科、工程建设科、水景观工程管理科。

十三、延安市红庄水库管理处

2006 年 3 月成立红庄水库管理处，事业性质，科级建制，编制 15 人，隶属于延安市水务局管辖。主要职能是：负责红庄水库防汛工作，制定实施度汛方案，确保水库安全度汛；承担水库安全运行工作；负责水库水源保护工作，防止水源污染；合理调度水资源，保证王瑶水库供水工程的调节用水。

2018 年 10 月，划归延安水务环保集团公司管理。

十四、延安市农村饮水工程建设指导站

延安市农村饮水工程建设指导站成立于 2008 年 8 月，科级建制，隶属延安市水利水土保持局管理，编制 14 名。

主要职责任务是：指导全市农村饮水工程建设；负责全市农村饮水安全发展规划、分年实施计划、年度实施方案的调研、拟定工作；参与农村饮水工程项目的立项审查、设计

审批、组织实施和工程竣工验收等项工作；承担全市饮水安全工程的技术指导工作；指导全市农村（包括镇、乡、村）饮水工程的运行管理，全面推进农村饮水小型水利工程产权改制；负责村镇饮水工程建设的质量监督及新技术、新工艺、新材料的推广应用，组织和指导农村饮水行业的技术培训。

十五、延安市水行政执法支队

2015 年 9 月成立延安市水行政执法支队，副县级建制，内设综合科、水行政执法科、水保执法科和渔政执法科 4 个科室。核定事业编制 19 名。主要职能是：贯彻和宣传《中华人民共和国水法》《中华人民共和国防洪法》《中华人民共和国水土保持法》《中华人民共和国渔业法》及《陕西省河道管理条例》《陕西省水资源管理条例》等相关法律法规和规章；负责依法查处管辖范围内的各类水事违法案件，组织实施管辖范围内的重大专项执法行动，督促指导县（区）水事违法案件查办；负责依法保护水资源、水域、河道和水利、水保、防汛抗旱等相关工程设施；负责水事违法行为的检举、控告、来信、来访；制止水事违法行为，调解水事纠纷；负责对水事活动进行监督检查，维护水事秩序；对公民、法人或其他组织违反水事秩序的行为实施行政处罚及采取其他行政措施；配合公安和司法部门查处水事治安和刑事案件。

十六、延安市水保生态治理和灾害防御中心

2020年10月，原延安市防汛抗旱指挥部办公室承担的水旱灾害预防、治理和预报预警、技术支撑及河道采砂管理、障碍清除职能与延安市水保生态治理中心职能整合，组建延安市水旱灾害防治监测中心，加挂延安市水保生态治理中心牌子。正县级建制，隶属延安市水务局管理，核定事业编制 34 名。

2023 年 3 月，延安市水旱灾害防治监测中心（延安市水保生态治理中心）更名为延安市水保生态治理和灾害防御中心，核定事业编制 20 名。

延安市水保生态治理和灾害防御中心主要职责：编制水旱灾害防治预案（含城市）和防护标准及重要河流、重要水工程防御灾害调度方案并按程序报批和组织指导实施；负责水旱灾害日常监测、防御、预报和信息报送等预防性、基础性工作；参与水旱灾害防御工程建设、涉河工程项目监管、山洪灾害防御；指导河道采砂规划编制、申报和障碍清除工作及其日常监管等工作。

第三节　市级水务企业

一、延安水务环保（集团）有限责任公司

延安水务环保（集团）有限责任公司成立于 2018 年 10 月，属国有独资公司，注册资本金 1.015 亿元人民币，实际注入资本金 2150 万元。延安水务环保（集团）有限责任公

司设党委、董事会、监事会、经营管理层、纪委和工会等组织。内设办公室、党群工作部、人力资源部、发展计划部（董秘办）、资产财务部、建设管理部、经营管理部、安全环保部、融资部、法务内审部、监察室等 11 个职能部室。共有干部职工 1210 人。主责主业：水源地管理和原水供应、自来水制备和供应、污水处理和中水回用、水务投资和工程建设、水生态治理和环保产业为主营业务。

二、延安市水务工程有限公司

延安市水务工程有限公司前身为 1971 年成立的延安地区水利机械化施工队，由铁道兵整体转业和北京知青、当地青年组成，原为县级建制，事业编制，隶属延安地区水电区。1982 年降为科级。1995 年更名延安地区水电工程处。2004 年转制为企业。2019 年划归延安水务环保（集团）有限责任公司管理，成立延安市水电工程有限公司，注册资金 1.0 亿元。2024 年 7 月更名为延安市水务工程有限公司。

企业拥有水利水电工程施工总承包二级、市政公用工程总承包二级、房屋建筑工程总承包二级、室内装饰工程施工乙级、室内装饰工程设计丙级等资质，是集水利水电、工业与民用建筑、市政公用、装饰装潢工程为一体的国有企业。公司现有在职职工 145 人，其中专业技术人员 69 人。

三、延河供水公司

1996 年 8 月成立延安地区王瑶水库供水工程处，县级建制，企业性质，隶属延安市水利水保局。内设办公室、工程基建科、计划财务科、保卫科等 4 个科室，编制 24 人。1997 年 1 月，随着撤地改市更名为延安市王瑶水库供水工程处。2005 年，延安市王瑶水库供水工程处整体转制并更名为延安市供水公司，内设 1 室 2 部 2 公司，即办公室，工程部、供水部，延安江河监理公司、宜川江河供水公司。在编员工 80 人。

公司主要职责：负责王瑶水库在 8 月空库排沙期间红庄水库向延安城区调蓄供水，保障城区供水安全；代表延安市政府及延安市水务局作为延安江河公司的一方股东，行使股东权利和履行股东义务，维护股东利益；积极发展相关产业，不断拓展延安江河监理公司（子公司）业务渠道，增强自身经济实力；指导、监督宜川江河供水公司（子公司）强化管理，确保宜川县城供水安全，提高公司经营效益。

2018 年划归延安水务环保（集团）有限责任公司管理。

四、延安水务投资建设有限责任公司

延安水务投资建设有限责任公司成立于 2009 年 4 月，国有企业，县级建制，隶属延安市水利水保局。内设工程部、项目部、经营管理部、融资部、财务部、办公室等 6 个部室。注册资金为 1 亿元。

公司代表市政府行使业主职能和项目管理职能，负责由政府投资建设工程的实施。公司主要职能是水资源的综合利用开发，经营范围为水资源综合利用开发、融资、投资、开发建设和经营管理。

2018 年 10 月，划归延安水务环保集团有限责任公司管理。

五、延安市黄河引水工程有限责任公司

2013 年 10 月，由延安市水务投资建设有限责任公司（代表市政府）、陕西延长石油（集团）有限责任公司共同出资，注册成立“延安市黄河引水工程有限责任公司”，出资比例为 65% ：35%。公司设股东会、董事会、监事会、经营管理层。主要负责延安黄河引水工程的建设和后期运行管理。公司编制 50 人，2018 年有员工 86 人。

2018 年 10 月划归延安水务环保（集团）有限责任公司管理。

六、延安自来水有限公司

起始于 1966 年成立的延安市（原县级延安市）自来水厂。1997 年 3 月，延安撤地设市后，更名为延安市宝塔区自来水公司，隶属于宝塔区城建局，1999 年 5 月，上划延安市管辖，更名为延安市自来水公司，隶属于延安市公用事业管理局。2009 年 11 月，延安市自来水公司由小型企业升格为中型企业。2019 年 7 月，完成公司制改制，注册成立延安水务环保集团自来水有限公司，隶属于延安水务环保（集团）有限责任公司，现有职工 315 人。

公司先后建成北关水厂Ⅰ、Ⅱ、Ⅲ型 3 条供水生产线，蓄水调节水库 2 座，供水生产能力 8.5 万立方米每日。形成城市供水主管网 363 千米，中途加压泵站 20 座，消防栓 543 个，现有二次供水泵房 504 座（含居民 314 处、非居民 190 处，其中老城区 415 处、新城区 89 处），服务延安市区各类用户 154852 户，出厂水水质合格率 100%，管网水水质合格率 99.95%，水质综合合格率 99.98%，管网末梢压力合格率 98% 以上，管网抢修及时率 100%。

七、延安水环境治理有限公司

延安水环境治理有限公司（原名延安市污水处理厂）于 1998 年筹建，2000 年动工建设，2002 年建成，2003 年开始运营。2019 年 9 月，更名为延安水务环保集团水环境治理有限公司。厂区位于延安城区桥沟东十里铺，占地 115 亩，生产区主要建有氧化沟、二级沉淀池、曝气生物滤池、A2/O、MBR 膜池等设施，处理工艺采用改良氧化沟 +MBR 和 A2/O 两种工艺。2012 年和 2015 年先后实施提标改造工程和厂区 2 万吨扩容工程，厂区日处理能力达到 7 万吨。2019 年实施尾水提标改造工程，出水水质达到《陕西省黄河流域污水综合排放标准》（DB 61/224—2018）A 标准（地表水准Ⅳ类）。公司主要负责延安城区污水的收集和处理、污泥的处理处置及再生水供应等方面工作。

延安城区目前已建成污水收集管网 262 千米，中途提升泵站 2 座、截流闸 91 处（截流闸因雨污分流和污水接入逐步减少）。收集范围东到姚店污水处理厂，南至沟门村桥头，西南至万花政府，西北至裴庄（枣园西延高速公路收费站），北至河庄坪大桥（红庄水库沟口），收集覆盖面积为 36 平方千米。

八、延安南沟门水利枢纽工程有限责任公司

2010 年 2 月，由延安市水务投资建设有限责任公司（作为延安市政府出资代表）、陕西延长石油投资有限公司、华能国际电力开发公司共同出资，注册成立延安南沟门水利枢纽工程有限责任公司，注册资本金 8.652 亿元，出资比例为 4:3:3。公司由股东会、董事会、监事会、经营管理层组成。公司主要负责南沟门水利枢纽工程及配套供水工程的建设和运行管理，经营范围包括供水、发电、水产养殖、水利水电工程管理、水资源开发、农业经济开发、水利水电设备器材配套、五金建材销售、旅游项目、农业观光等。

第四节　中央、省驻延水利单位

一、黄河水利委员会延安水文水资源勘测局

1951 年 9 月，在陕西省吴堡县城关镇柏树坪村重设吴堡水文（二）站（总站）。1964 年 6 月，成立延安水文中心站，中心站为总站派出机构。1984 年 4 月，成立黄河水利委员会延安水文勘测队。1988 年 5 月，延安水文勘测队更名为延安水文水资源勘测大队。1997 年 7 月，延安水文水资源勘测大队更名为延安水文水资源勘测局。2009 年 2 月，延安水文水资源勘测局升格为副处级单位。

黄河水利委员会延安水文水资源勘测局位于陕西省延安市宝塔区南市街道杜甫川社区木兰路 024 号，隶属于黄河水利委员会中游水文水资源局，负责测区内干、支流水雨情信息的采集工作，担负国家防汛抗旱总指挥部、黄河防汛抗旱总指挥部、陕西防汛抗旱总指挥部等多家单位的实时水雨情报汛任务。所属 8 个水文站、1 个水位站，分布在测区 6 条河流上，其中延安水文站、甘谷驿水文站、临镇水文站在延安市宝塔区境内；大村水文站、新市河水文站在延安市宜川县境内；延川水文站、延水关水文站在延安市延川县境内；子长水文站在延安市子长市境内；白家川水文站在榆林市清涧县境内。白家川水文站、延川水文站、甘谷驿水文站、新市河水文站、大村水文站分别为无定河、清涧河、延河、汾川河、仕望河把口站，子长水文站、延安水文站、临镇水文站为清涧河、延河、汾川河重要控制站。

二、延安水文水资源勘测中心

延安水文水资源勘测中心位于延安市宝塔区，隶属陕西省水文水资源勘测中心，1964 年 1 月组建成立。截至 2024 年 7 月，有在编人员 56 名，离退休职工 40 名；在职人员中，专业技术干部 41 人，其中副教授级 5 人，管理干部 5 人，技术工人 10 人。承担着延河、北洛河、清涧河、仕望河等 10 余条河流上的水文防汛测报、水文分析计算研究、水质监测和水资源分析评价等工作，管辖区域面积 37037 平方千米。机关设综合科、勘测技术科、水情信息科、水质科、计划财务科 5 个职能科室，下辖安塞、枣园、志丹、杏河、刘家河、吴起、交口河、黄陵、张村驿 9 处基本水文站，14 处防汛专用水文站，9 处水位站，130

处雨量站，4 处墒情站。担负着向国家防汛抗旱总指挥部，黄河水利委员会，黄河中游局，山东黄河河务局以及陕西省、市、县（区）防汛抗旱总指挥部办公室等 16 个单位的雨水情报汛任务。

三、安塞水土保持综合试验站

安塞水土保持综合试验站始建于 1973 年，位于陕西省延安市安塞区境内，属典型的黄土丘陵沟壑区。现为中国科学院中国生态系统研究网络（CERN）重点站、科技部国家野外科学观测研究站、国家水土保持科技示范园、全国中小学生水土保持教育社会实践基地、西北农林科技大学野外科研教学基地。现有 7600 平方米生活、试验楼房，建成山地水土气生等生态要素综合观测场 75 万平方米，拥有作物长期轮作试验（川地、梯田和坡地）、水保措施、农林草地生产力和水肥平衡试验以及各种径流观测小区 160 个，建有 8.27 平方千米的纸坊沟生态恢复示范小流域和 46 平方千米的县南沟示范流域，设有子午岭林区森林水文长期试验观测点。

研究内容及目标：退化生态系统结构、功能恢复机制与途径侵蚀环境演变过程与调控植被恢复关键技术与优化管理模式、水土保持型生态农业结构、功能与调控原理、流域生态经济系统质量评价和健康诊断。

长期致力于黄土高原土壤侵蚀环境演变过程与调控、水土保持型生态农业结构与功能改善、生态修复及其环境效应等长期监测、试验研究与模式示范工作。为黄土高原水土保持与生态环境建设，退化生态系统恢复重建以及建立稳定、高效、可持续发展的农业生态系统提供科学依据、途径和模式，为国家生态环境建设决策提供必需的理论与措施依据。已成为国家水土保持与生态建设研究、示范、人才培养与合作交流的重要平台。

1990 年以来，在国内外发表论文 1884 余篇，SCI 收录 680 余篇，出版专著 31 部。近 5 年来，出版著作 15 部；发表论文 700 余篇，其中 SCI 284 篇，EI 28 篇。获国家及省部级奖励 35 项。独立获国家科技进步奖二等奖 1 项，参与获国家科技进步奖一等奖 2 项、二等奖 2 项。2012—2015 年获奖国家奖 2 项，省部级奖 5 项，包括示范推广奖 3 项。获奖情况：国家科技进步奖一等奖（参与）；中国生态系统研究网络创建及其观测研究和试验示范（2012 年）国家自然科学二等奖（参与）；黄土区土壤 – 植物系统水动力学与调控机制（2013 年）省科学技术一等奖（主持 1 参与 1）；黄土丘陵区红枣生态经济林建设关键技术研究与示范（2011 年）黄土高原水土流失治理与持续发展关键问题研究（2015 年）省科学技术二等奖（主持）；陕西省耕地生产能力与粮食安全实证研究（2015 年）。

现有固定研究人员 21 人，客座研究人员 12 人。近 5 年，引进“百人计划”人员 1 名，东芬兰大学博士 1 名，国内博士 6 名；获各类人才奖 12 项：1 人获重点基金项目，1 人获全国生态建设突出贡献先进个人，1 人入选陕西省重点领域顶尖人才计划，1 人获 CERN 科技贡献奖，1 人入选院“百人计划”，1 人入选院西部青年学者。安塞站固定人员培养研究生 216 名，其中博士生 54 名，硕士生 162 名；毕业博士研究生 28 名，毕业硕士研究生 120 名。

第二章　治水人物

本章通过人物传、表录形式，记载从古代截至2020年在延河治理建设中作出突出贡献的人物，包括政府官员、工程技术人员、省部级先进模范、获得高级职称人员。

第一节　人物传略

一、古代

范仲淹（989—1052年），字希文，苏州吴县人，北宋康定元年（1040年），范仲淹任龙图阁直学士、陕西经略抚招讨副使、户部郎中兼知延州，命士兵在嘉陵山畔岩石突出处凿井直通延河底，以防敌寇围困时截断水源，被后人称“范公井”。

庞籍（988—1063年），北宋庆历元年（1041年），庞籍任龙图阁直学士、知延州，其间在城南建“柳湖”。清康熙《延安府志》载：柳湖，在城南5里，延利渠从城北入城，复穿城南出，溢而为湖，以多种柳树于堤上，名柳湖，在嘉陵山下。

徐洹瀛（生卒时间不详），清雍正七年（1729年）任延安知府，清嘉庆本《延安府志》载：任上修复延利渠，新开利民渠、桥沟渠，引进稻种，灌溉农田。

二、现代

丁仲文（1909—1988年） 原名张多疆，男，汉族，山东单县人。1909年9月15日出生，1924年上小学，1928年在菏泽省立六中上学，1931年考入北洋大学土木系。在校学习期间，积极参加抗日救亡运动，成为天津学生运动骨干，1936年9月加入中国共产党，1937年7月毕业后，由党组织介绍到延安参加革命工作。他携带书籍资料和丁字尺，与6名进步青年同行，经太原、西安、三原、云阳，在黄克诚同志安排下，于1937年8月到达延安，向中央组织部报到。从1937年到1942年，先后任延安摩托学校教员，陕甘宁边区建设厅工程师、农牧科代科长、技正、工程科科长。1942年5月，被边区政府批准为一级技术人员。1942年至1948年任建设厅交通运输局局长、工程处处长。1947年随同边区政府转战陕北，坚持游击战争。1949年2月至1950年4月任边区政府农业厅副厅长。1950年4月任西北军政委员会水利部副部长，1950年11月兼任黄河水利委员会委员，1953年5月任西北行政委员会水利局副局长。1955年11月任中华人民共和国水利部灌溉管理局局长，1956年10月任水利部部长助理兼科学研究教育司司长。1957年10月任天津大学副校长、副书记，1958年11月兼任中国科学院河北

分院副院长。1977 年 11 月，当选天津市第五届政协委员。1980 年 6 月，当选天津市第六届政协委员、常委。1982 年离休，1985 年 1 月，教育部党组文件批准享受副部长级待遇。1988 年 2 月 3 日因病逝世，享年 79 岁。

1939 年 8 月，丁仲文受边区建设厅委派，负责延安枣园川裴庄渠设计和施工，他利用现代科学技术，和地方同志克服各种困难，因陋就简，就地取材，建成边区第一条千亩灌溉长渠，1940 年 4 月 29 日通水，《新中华报》予以报道，称之为边区第一座新式水利工程。1940 年 6 月、7 月间，裴庄渠遭受暴雨洪水袭击，部分渠道受损，丁仲文在建设厅领导下，认真查找原因，及时制定方案抢修，并在报纸发表文章，坚定干部群众信心，保证了按计划修复不误农时。裴庄渠建成后，枣园川 1400 多亩旱地变为水浇地，庄稼连年丰收，百姓丰衣足食，还为边区机关单位、部队、学校、居民提供了大量的蔬菜，经济效益显著，且平抑了市场物价，群众称作“幸福渠”，对全边区水利建设起到极大的示范带动作用。丁仲文还负责了子长渠、杨家园子渠等重点水利工程的设计建造，参与了边区参议会大礼堂、志丹陵等重点工程的修建，受到中央首长和广大群众的好评。担任建设厅交通运输局局长期间，为边区公路建设作出了贡献。1942 年 5 月，经边区政府批准，定为边区建设厅一级技术人员。1944 年 7 月，丁仲文被陕甘宁边区政府评为优秀干部，受到嘉奖，成为中国共产党在革命战争年代著名的水利和土木工程技术专家。中华人民共和国成立后，丁仲文深入陕西、甘肃、青海等地调查研究，指导工作，为西北地区农业灌溉和全国水利建设工作作出了新的贡献。在教育战线工作期间，为天津大学和国家教育事业发展作出了重要贡献。晚年在左眼失明的情况下，仍然坚持学习、工作，关心国家大事和学校建设发展。

天津大学党委、天津大学在丁仲文的悼词中写道：在整个抗日战争和解放战争时期，丁仲文同志一直战斗在陕甘宁边区，为边区的革命和建设事业作出了重大贡献。由他负责设计和施工的延安枣园排庄大水渠被广大群众誉为“幸福渠”，这一历史功绩至今为陕北人民所称道。丁仲文同志是我党在革命战争年代里从事经济建设的老前辈，是我党早期的著名工程技术专家。丁仲文同志对党一贯忠诚，任何艰难困苦和挫折都不能动摇他对党、对共产主义的坚定信念。丁仲文同志为人正直，憎恨邪恶。他光明磊落，作风正派，胸怀坦荡，顾全大局，严于律己，宽厚待人。他艰苦朴素，平易近人，密切联系群众，深受天津大学广大师生员工的尊敬和爱戴。丁仲文同志对家属子女严格要求、谆谆教诲，他的朴实的革命家风，为广大群众所钦佩。

黄朝建（1910—1976 年） 男，汉族，广东新会县人，高中毕业，民盟盟员。民国十七年（1928 年）先后在广东南海县、上海工务局任测绘员、技佐。民国二十五年（1936 年）起在陕西大荔县泾洛工程局从事水利工作。1949—1956 年在陕西省水利局工作。1957 年 3 月任延安专区水利局主任工程师，1958 年主持延安第一个万亩灌区延惠渠的勘测、设计、施工工作，50 千米干渠于 1960 年 10 月竣工通水，受到省、地领导称赞，《陕西日报》《人民日报》都予以报道。1960 年，带领技术人员开展延河支流

杏子河龙眼寺水库勘测设计，在十分困难的生活条件下，按期完成工作任务，为以后王瑶水库建设打下了基础。1963 年，当选陕西省人民代表大会代表和延安县第四届政协委员。黄朝建还负责了秀延河、葫芦河水利工程规划和洛川拓家河水库引水上塬工程的工程技术工作。黄朝建为人正派，生活规律，衣着整洁，仪态文雅，言语少。对同事严而和气。审设计图纸、预算不妥之处，用红笔画出，让设计者斟酌改正。讨论设计方案，善听众人意见，从不主观臆断。工作认真负责、细心，经黄朝建审过的工程设计，领导者放心；年轻人很是尊崇敬佩。黄朝建经常向青年技术人员传授技术。晚上给技术人员讲解观测大、小熊星座和北斗星进行测量定向。1963 年，当选为陕西省人民代表大会代表和延安县第四届政协委员。1970 年 7 月，60 岁出头的黄朝建，被派到洛川县仙姑河引水上塬工程负责工程技术。1970 年 8 月 7—8 日两天，选定总干渠（22.21 千米）路线，与县上领导、指挥部成员一起，徒步爬山下洼，进行现场勘测规划。主持了大坝工程设计。因年老体衰，同事们扶着黄朝建攀登高坡陡洼，确定溢洪道的位置和四个高抽站的站址。受到领导和施工人员的好评。

1975 年 6 月，因患高血压、糖尿病，而不得不离开水利工地。治病期间，还念念不忘拓家河水库工程，说“这是我从事 47 年水利工作的最后一项工程，一定要搞好。”经长期医治无效，于 1976 年 9 月 15 日在延安医院逝世，终年 67 岁。延安地区水电局 15 日成立治丧委员会，并发布讣告。19 日下午召开追悼会。地直有关单位和其生前好友参加了追悼会，并送了花圈。墓葬大砭沟地区水电局果园，立有墓碑。

张永顺（1915—1985 年） 男，汉族，山西临猗人，初中毕业，民国二十三年（1934 年）参加水利工作。1953 年奉派组建延安专区水利工作队，任队长，后在延安地区水电局负责技术工作。先后负责延安枣园渠、安塞杏子渠、延安延惠渠、延安王瑶水库以及全区其他重点水利工程的勘测设计与施工工作，认真负责，吃苦耐劳。20 世纪 50 年代中期，各县小型水利项目很多，无公路，骑骡马又慢，张永顺常骑自行车带铺盖下乡。从安塞化子坪到志丹槐树坪 100 多里，皆崎岖小路，牲口走都有困难，张永顺冒险连推带骑走过去。1958 年，先后进行了安塞化子坪、坪桥水利规划和负责延惠渠王家坪倒虹工程施工。1960 年和 1969 年，因经济困难，动员家属返乡，张永顺带头响应号召，两次让家属返回农村。1961 年，在安塞县石马科水库施工，6 月 11 日，路过溢洪道，见其崖上有一大块石头，半悬空在外，对施工安全有威胁，便决心排除隐患，想将石头向内翻过放平了事，但因体力不足而使身体滑下落进溢洪道，石头也顺势落下，砸伤右臂，后经医治痊愈。1970 年 5 月至 1972 年 10 月，负责主持王瑶水库的工程技术。1972 年 3 月 10 日大坝填土合龙，5 月底完成坝高 40 米的填土任务，6 月底前大坝填土工程全部落成。7 月 1 日上游发洪水，库水位达 30 米，经受了考验。7 月 2 日，因其女结婚，57 岁的张永顺只身骑自行车返回延安，途经 65 公里的公路，傍晚到达延安河庄坪，正值延河发洪水，无奈只好肩扛轮胎无气的自行车，涉水过河，几次跌爬水中，挣扎渡过河，已身困无力，天黑推车行走 10 多里，到杨家湾水文站，半夜才回到家中。1978 年 12 月，当选为陕西省第

五届人大代表。1980 年冬，被选为延安市第九届人大代表、第五届政协委员。1981 年 6 月加入中国共产党。9 月，患病住医院，做了胃切除手术。冬，被选为陕西省第六届工会代表。1985 年 9 月，在生命临终之际，身卧病榻，把自己几十年间积累的宝贵经验和一些设想、看法写成《延安地区各次大的水利运动》等书稿，为延安地区水利事业沥尽了最后一滴心血。

1985 年 10 月 11 日，在延安病逝，终年 71 岁。张永顺患病住院期间，中共延安地委委员、副专员姚代明多次看望。1985 年 10 月 15 日，地区水利水保局召开追悼会。墓葬大砭沟地区水利局果园。延安地区水利水保局于 1985 年 10 月 14 日立有墓碑。

王建柯（1915—1993 年） 男，汉族，山东蒙阴人，中共党员，1938 年参加八路军，

1949 年因伤残复原，1955 年起，任延长县兰家窑科村党支部书记。1958 年，王建柯领着一大群山民，拐着残废的左腿，上了老畔山，迈出具有历史意义的第一步，当年修梯田 12 亩。秋冬，用一斗五升米换回十五棵苹果苗，栽在老畔山上，打坝两座。1960 年起，坝地连获三年丰收，亩产均在 300 千克以上。1962 年，正当他率全村劳力在后刘家抓打坝，到紧张阶段，其 3 岁的独子发高烧，王建柯因工作繁忙一拖再拖而未带儿子及早治疗，独子因病情恶化转急性肺炎而夭折。是年建坝 9 座。1963 年建坝 14 座。1964 年，抽全村三分之一劳力，加强长年基建队，当年建坝 21 座，在老畔山修梯田 51 亩，成为社、县、地、省治山治水的一面红旗，多次获得各级政府部门的奖励，被国务院评为治山治水先进大队。1965 年至 1966 年 8 月，建坝 20 座，修梯田 250 亩。

1966 年 8 月至 1969 年秋，在“农村社会主义教育”运动中，被免去党支部书记。1969 年秋，在群众的拥戴下，由上级党组织批准，又当上了大队书记。立誓：“不把兰家窑科建设好，就不是党里人”。20 世纪 70 年代，王建柯率全队村民先后向主沟、4 条支沟、34 条毛沟和全村所有山坡梁峁，展开全面治理。1970 年盛夏一个下午，雷鸣电闪，王建柯拐着跛腿，冒着暴雨查看大坝，他奋不顾身、跳进水里，背顶激流，挖通排洪道，保住了大坝。是年，特向队安两户石匠，又培训 4 名石工，连续五年给队建石窑 40 孔。对骨干坝溢洪道砌石 15 处，保证了坝系的安全。从 1972 年起，连续三年为各生产队及大队，栽集体苹果园五大片共 300 亩。1977 年 7 月下旬一天，王建柯在前刘家抓现场指挥水坠筑坝，被崖塌土把腰部往下全部埋住，使那条负过伤的腿又骨折。医生要锯腿，王建柯死活不依。他从不向党、政府、集体伸手要钱要物。在医院买两瓶消肿药回到家里，第二天用架子车拉到工地，半年不离开现场，亲眼看着大家把坝打成。是年底，全大队历年累计，筑坝 156 座，淤地 611 亩，利用 560 亩，修梯田 900 亩。基本上改变了生产条件，使粮食连年增产，自 1978 年起，人均产粮每年都在 500 公斤以上，温饱得到了根本性解决。20 世纪 60 年代初，在粮食紧缺的情况下，兰家窑科拿出 12 万公斤粮，救济附近饥民。70 年代，连续五年，向国家贡献粮食 58 万公斤，名列县、地、省前茅。地区奖 55 拖拉机一台，县奖手扶拖拉机一辆。王建柯被中共陕西省委评为“模范党员”。1977 年春，王建柯率全队劳力，在牡丹台种药材 600 亩，养梅花鹿 4 只，挖石灰窑 6 个，当年收入 4.0

万多元。1979—1980 年，王建柯领一班人，对全队的山、水、田、林、路进行了统一规划，集中连片治理，造林 2000 亩。取得县电力局支持，为全队架设高压线 6.0 千米，队又投资 2.0 万元，架设低压线 7 千米，解决了四队的生活照明和加工动力问题。

1984 年，为落实联产承包责任制，将村积蓄 2 万多元借给 10 多户困难户购买牲畜。1986—1989 年，以户包形式，王建柯率全村村民发展经济林 1143 亩，其中苹果 1079 亩，栽洋槐、杨树 1000 亩。中共延安地委于 1989 年 1 月授予兰家窑科行政村“延安地区一九八八年先进党支部”光荣称号。

1989 年 4 月，74 岁的老支书因体力不支而辞去党支书职务，但仍任支部委员。王建柯用 500 元买回两孔本村出售的石窑居住，室内仅陈放两件小旧立柜，加之原来 4 孔旧窑（土石结构，折价千元左右），这就是他的全部家产（后留给两个女儿）。

中共延长县委 1989 年授予该支部“兰家窑科先进党支部”。延安地区流域治理现场会于 1990 年 7 月奖给“兰家窑科行政村，在流域综合治理工作中做出了优异成绩”大奖状。1991 年 8 月，中共延长县委和县人民政府向他送了“光荣匾”，题词为保持老八路的本色治穷致富的领头人——王建柯。1991 年 9 月，76 岁高龄的王建柯，为解决适龄儿童入学问题，向校捐两棵价值百元的洋槐树，扩建校舍。是月，中共延长县委授予王建柯“优秀共产党员”称号。

1992 年，全村 146 户 647 人。在坝地淤积过程中，因下坝淤上坝，坝的座数减少，保留坝 101 座，在已淤地 660 亩中，耕种 600 亩；修梯田 1045 亩。人均基本农田 2.54 亩。其中坝地近 1.0 亩。人均产粮 561 千克，人均苹果地 2.1 亩，人均造林 6.0 亩多，人均羊 1.6 只。全村农业总产值 61.5 万元（其中苹果产值近 26.0 万元），人均纯收入 950 元（富户人均达 1500~3000 元），实现了王建柯三十多年来所追求“沟里变粮仓，山上变银行”的愿望。正当村民们富起来，家有余粮，户有存款，向小康之路迈进之际，王建柯于 1993 年 2 月 6 日病逝，终年 78 岁。

为了纪念这位治山治水模范，学习怀念他自力更生、艰苦奋斗、清正廉洁的一生，战斗的一生，全心全意为人民服务和奉献的一生，中共延长县委副书记巩剑若代表县委、人大、政府于 2 月 7 日前往兰家窑科吊唁；8 日，中共郑庄镇党委、镇政府为其召开追悼会，副书记杨林致悼词，对王建柯一生予以高度评价。参加追悼会的有县委组织部、劳动人事局、民政局、水利水保局、延长卷烟厂等领导。县委、人大、政府、水利水保局、烟厂、镇、村均送了花圈。墓葬村后老畔山果园，立有墓碑。

尹传逊（1928—2007 年） 男，汉族，山东省肥城县人，高级工程师。1951 年 7 月毕业于山东农学院农学专业，分配到山东省泰安地区农技所工作。1954 年 9 月至 1990 年，先后在延安专区水土保持工作站、地区水土保持工作队、水土保持科学研究所工作。尹传逊科研态度严谨，工作艰苦朴素，坚持第一线开展水土保持试验研究。1959 年在延安大砭沟试验站负责农业组研究工作，和西北土壤生物研究所技术人员，用当

地6种材料试验修筑水窖成功，选用神仙沟阳坡1.2亩坡耕地试修水平梯田，提高了作物产量，受到群众欢迎。1966年引进坑田种植法，比一般梯田增产24%。1981年开始，又长期住延安上砭沟试验站开展试验研究工作。1983年主持的“隔坡梯田规划布设和综合利用的研究”获延安地区科技二等奖，当年8月，全国水土保持耕作学术讨论会在延安召开，尹传逊工程师交流“水土保持耕作措施经济效益分析”论文。1984年，在四川江油召开的全国梯田学术讨论会上，交流了“隔坡梯田规划布设及其综合效益”。工作期间共主持十二项科研课题，“草田轮作试验初步”“延安地区黄土高原丘陵沟壑区治理途径探讨”“实施水土保持耕作法经济效益初步分析”等研究成果分别获省（两项）、地（十项）科技成果奖。1984年10月，由尹传逊等编写的《延安地区小流域综合治理标准》，经延安地区行署批准颁布实施。

1958年3月3日，陕西省人民委员会（省长赵寿山）授予尹传逊“先进科技工作者”称号。1989年5月13日，水利部授予尹传逊“全国水利系统劳动模范”称号。

2007年4月12日因病去世，享年80岁。

孙文胜（1936—1989年） 男，汉族，陕西三原县人，中专学历，高级工程师。1955年参加水利工作，先后在延安专区水利工作队、水利局机关从事业务技术工作，1983年任延安地区水利局业务科副科长，1984年任局水利科科长，1987年7月任延安地区杏子河流域治理办公室副主任，主持日常工作。孙文胜于1955年9月，设计建成延安专区第一座以锅驼机为动力的延安李家渠抽水站。1956年12月，设计并参与建成全区第一处电力（延长七里村槐里坪）抽水站。1959—1960年，设计安装建成延安二十里铺水电站（150千瓦）。20世纪70年代，主持完成了延安姚店至延长黑家堡条35千伏安农电线路的勘测设计和计划任务书的编制。1980年，地委农村工作部授予孙文胜先进科技工作者光荣称号。1980年5月，主持编制《延安地区水利、水电、水保工程施工及预算定额》。1981年设计和施工本局家属住宅楼被评为局系统1984年科技成果奖，楼建工程评为地区优良工程，受到了表彰。1986年，主持杏子河流域治理办公室工作后，亲自带领工作人员，深入现场，勘测调查，精心规划，按照联合国世界粮食计划署，对外援建项目的规定程序和严格的技术要求，出色地完成了杏子河流域综合治理项目意向书、申请书、治理规划、项目概要和可行性论证等工作，受到省内外和联合国专家组的肯定和赞扬。经农牧渔业部推荐，先后有福建、贵州、山西等省来考察学习。在实施过程中，世界粮食计划署委托荷兰《今日中国》杂志社主编斯丹进行了考察，给予了很高评价，为国家和延安赢得了荣誉。1988年6月，晋升为高级工程师。孙文胜深钻业务，善于用脑，勤于实践，勤于动手，工作认真，办事效率高，为全区水利、水电等事业竭力尽职，终生操劳，把毕生精力献给了延安人民。

1989年12月9日14时，孙文胜赴陕西省汇报工作，在铜川金锁关，不幸遇车祸以身殉职，终年53岁。陕西省农牧牧业厅、西北水土保持科学研究所等9个单位和个人发来唁电致哀。1989 年 12 月 15 日，在地区水利水保局召开追悼大会，中共延安地委委员、地区农委主任李伟致悼词，为其一生作了高度评价，参加追悼会的有前任局长郭济、郑世荣等领导及局系统职工共 300 余人，农业部国际合作二处、陕西省农牧厅、延安地区水利水保局、供电局等单位和个人，送了 70 多个花圈。墓葬大砭沟地区水利水保局果园，立有墓碑。

刘志全（1939—2013 年） 男，汉族，出生于 1939 年 10 月，陕西榆林市人。中共党员，大学学历。1964 年毕业于陕西工业大学河川枢纽及水电站建筑专业（五年制本科），同年 8 月分配到延安地区水利水保局工作。1974—1979 年，负责王瑶水库泄洪洞的勘测设计与施工。1977 年 7 月 6 日凌晨，延安北部地区发生特大暴雨，暴雨中心在安塞县招安公社，王瑶水库处于紧急的防汛之中，他不顾个人安危，站在围堰上顶着狂风暴雨指挥抗洪抢险，经过全体职工团结一致努力奋战，水库安全脱险，并拦截杏子河上游洪峰流量 2620 立方米每秒，拦洪量 2525 万立方米，避免了延河干流最大洪峰流量的遭遇，减少了延安水灾损失。延安特大洪水，他家同样受灾，水漫屋顶，家具、衣物、粮食被毁，他撇下 70 多岁的老岳父、妻子和 3 个孩子全然不顾，坚守在工地，保证了水库安全度汛。1982 年，负责全区已建工程的“三查三定”（查安全，定标准；查效益，定措施；查多种经营，定发展规划）工作，出成果 23 本，获陕西省科技成果优秀奖。1983 年 8 月至 2000 年 7 月，任延安市水利水保局副局长，主管全区水利、防汛、水资源、水产、办公室等项工作，做到了当好参谋、干好本职工作，曾多次受到省、市的好评和表彰。1988—1991 年，任王瑶水库除险加固工程总指挥，工程总造价 600 多万元，放水塔高 22 米，洞长 700 米，因长期水下作业，患上了严重的坐骨神经痛病，住院治疗时，为了赶工期，刚能下地就出院了。同志们背他到工地，六七月天，身穿棉裤指挥施工。他革新 10 余项施工技术，保质保量完成除险加固任务，并为国家节约投资 100 多万元。王瑶水库除险加固工程经水利部验收被评为部级优良工程。1994 年，负责 72 户局家属楼的建设工作，他带领基建团队，精心施工，严于律己，圆满完成任务。

1996 年因患肾癌住院治疗，出院后坚持搞好组织交给他的工作，直到 2000 年退休，把毕生精力献给了延安水利事业。2013 年 1 月病逝，享年 75 岁。

第二节 先进模范

刘宏勤，男，1994 年全国抗洪模范，1998 年被评为陕西省优秀国家公务员。

李富强，男，1999 年被评为陕西省农业技术推广贡献一等奖。

衣建民，男，1996 年被评为陕西省延安地区杏子河流域综合发展项目先进工作者。

张 翼，男，2001 年被评为全国水土保持先进个人。

朱德胜，男，2003 年获得陕西省科学技术三等奖。

贾延民，男，2005 年获得陕西省农业技术推广成果二等奖；2015 年获得陕西省农业技术推广成果三等奖。

祁秀荣，女，2009 年被评为全国三八红旗手。

张　飞，男，2009 年被评为陕西省大中型水库移民后期扶持政策实施工作先进个人。

卫　玲，女，2011 年被评为全国五一巾帼建功标兵。

李宏平，男，2011 年获得陕西省科学技术二等奖。

张　强，男，2011 年获得陕西省科学技术一等奖。

张永峰，男，2011 年获得陕西省科学技术一等奖。

魏国治，男，2011 年被评为陕西省“十一五”地方病防治先进个人。

鲁国延，男，2013 年获得陕西省池塘健康养殖技术示范推广三等奖。

张　甫，男，2015 年获得“万名科学使者进社区”尽职尽责贡献突出奖。

张明辉，男，2017 年被评为陕西省劳动模范。

张拴林，男，2019 年被评为全国水利系统先进工作者。

第三节　高级职称名录

延河流域延安市直水利（水务）系统及各县（区）水利系统高级职称名录分别见表 7-2-1、表 7-2-2。

表7-2-1　延河流域延安市直水利（水务）系统高级职称名录

姓名	性别	籍贯	出生年月	学历	工作单位	行政职务	技术职务	晋升高级技术职称时间
杨庆晋	男	陕西子长	1965.08	本科	市水务局	副局长	高级工程师	2002.11
张　强	男	陕西宝塔区	1966.05	本科	市水务局	副局长	高级工程师	2003.12
古晓成	男	陕西延长	1970.03	本科	市水务局	副主任	高级工程师	2006.11
李富强	男	陕西延长	1957.09	中专	市防汛办	总工	高级工程师	2001.11
袁金升	男	陕西宜川	1962.01	本科	市防汛办	科长	高级工程师	2003.12
刘宗儒	男	陕西长安	1967.08	本科	市水土保持监督管理站	副科长	高级工程师	2010.12
张麦芹	女	陕西洛川	1974.02	本科	市水土保持监督管理站	—	高级工程师	2012.12
王宗煜	男	宁夏隆德	1977.11	本科	市水土保持监督管理站	科长	高级工程师	2011.12
姜　黎	女	陕西子长	1970.05	本科	市水土保持监督管理站	副科长	高级工程师	2012.03
和宝生	男	陕西宜君	1957.01	大学	市水土保持监督管理站	—	高级工程师	1997.08
常振富	男	陕西米脂	1954.01	中专	市水土保持监督管理站	—	高级工程师	2001.11
张延君	男	陕西宜君	1964.01	本科	市水土保持监督管理站	科长	高级工程师	2008.11
岳延平	男	河南修武	1964.09	大学	市水土保持监督管理站	站长	高级工程师	2004.06
任碧琴	女	陕西子长	1964.11	大专	市水土保持监督管理站	—	高级工程师	2004.11
宁军科	男	陕西宜川	1960.02	本科	市地下水工作队	队 长	高级工程师	2003.12
杨玉宏	男	陕西富县	1967.05	研究生	市地下水工作队	副队长	高级工程师	2003.12

续表7-2-1

姓名	性别	籍贯	出生年月	学历	工作单位	行政职务	技术职务	晋升高级技术职称时间
王富寅	男	陕西富县	1955.03	大专	市地下水工作队	正科级协理员	高级工程师	2003.12
赵建路	男	陕西扶风	1972.08	本科	市地下水工作队	站长	高级工程师	2007.11
王孝民	男	陕西黄龙	1954.07	中专	市地下水工作队	正科级协理员	高级工程师	2000.11
樊晓明	男	陕西富县	1969.08	本科	市地下水工作队	总工、科长	高级工程师	2009.11
贺建军	男	陕西佳县	1972.07	本科	市地下水工作队	科长	高级工程师	2009.11
任世英	男	陕西延安	1967.04	本科	市地下水工作队	副队长	高级工程师	2003.12
冯　峰	男	陕西富县	1974.08	本科	市地下水工作队	—	高级工程师	2012.12
刘亚明	男	陕西富县	1975.05	本科	市地下水工作队	—	高级工程师	2012.12
李　林	男	陕西延安	1978.05	本科	市地下水工作队	科长	高级工程师	2015.11
贾建伟	男	陕西富县	1977.08	本科	市地下水工作队	—	高级工程师	2017.12
冯海霞	女	陕西富县	1978.05	本科	市地下水工作队	—	高级工程师	2017.12
贾莉莉	女	陕西延安	1978.05	本科	市地下水工作队	—	高级工程师	2017.12
王彩云	女	陕西富县	1977.01	本科	市地下水工作队	—	高级工程师	2017.12
杨　慧	女	陕西富县	1979.01	本科	市地下水工作队	—	高级工程师	2017.12
白榜琴	女	陕西富县	1970.08	本科	市地下水工作队	—	高级工程师	2017.12
强安平	男	陕西宜川	1965.11	本科	延安水投公司	总经理	高级工程师	1999.09

续表7-2-1

姓名	性别	籍贯	出生年月	学历	工作单位	行政职务	技术职务	晋升高级技术职称时间
崔　华	男	陕西榆林	1968.05	本科	延安水投公司	副总经理	高级工程师	2006.11
白忠伟	男	陕西清涧	1971.08	本科	延安水投公司	—	高级工程师	2015.11
李龙龙	男	陕西延安	1980.12	本科	延安水投公司	—	高级工程师	2017.12
张海东	男	陕西宜川	1979.01	本科	延安水投公司	科长	高级工程师	2017.12
衣建民	男	陕西山西	1958.07	本科	江河供水公司	总经理	高级工程师	1998.11
曹延平	男	陕西清涧	1964.12	本科	江河供水公司	副总经理	高级工程师	2005.04
张宝林	男	陕西安塞	1952.11	本科	江河供水公司	协理员	高级工程师	1995.03
刘　静	女	四川德阳	1971.12	本科	江河供水公司	—	高级工程师	2016.12
袁属芳	女	陕西富县	1968.09	本科	江河供水公司	—	高级工程师	2016.12
祝西武	男	河南滑县	1957.01	本科	市供水公司	书记	高级工程师	1999.08
高东峰	男	陕西延川	1957.01	本科	市供水公司	—	高级工程师	2013.12
高　翔	男	陕西米脂	1973.02	本科	市供水公司	—	高级工程师	2011.12
程进民	男	陕西甘泉	1970.06	本科	市供水公司	—	高级工程师	2017.12
王雪峰	男	陕西安塞	1968.09	本科	市供水公司	监理公司经理	高级工程师	1990.07
李宏平	男	陕西子长	1958.01	大专	水保生态办	副主任	高级工程师	1999.12
阎兴慧	男	陕西安塞	1960.01	大专	水保生态办	副县级调研员	高级工程师	1994.07

续表7-2-1

姓名	性别	籍贯	出生年月	学历	工作单位	行政职务	技术职务	晋升高级技术职称时间
贺晓明	男	陕西宜君	1964.01	本科	市水保生态办	科长	高级工程师	1999.04
边志斌	男	陕西安塞	1965.02	本科	市水保生态办	副主任科员	高级工程师	2000.11
房锡杰	男	陕西安塞	1957.01	本科	市水保生态办	—	高级工程师	1997.04
冯生元	男	陕西米脂	1941.11	中专	市水土保持工作队	—	高级工程师	1995.03
李秉权	男	陕西陇县	1937.04	中专	市水土保持工作队	—	高级工程师	1995.03
曹晓峰	女	陕西清涧	1965.05	本科	市水土保持工作队	—	高级工程师	2006.11
冯爱社	女	陕西洛川	1963.12	本科	市水土保持工作队	—	高级工程师	2003.12
朱德胜	男	陕西延长	1956.07	本科	市水土保持工作队	书记	高级工程师	2001.11
刘宇梁	男	陕西榆林	1971.06	本科	市水土保持工作队	队长	高级工程师	2009.04
郭学斌	男	陕西子长	1956.12	中专	市水土保持工作队	—	高级工程师	2004.12
李云章	男	陕西子长	1953.01	中专	市水土保持工作队	副队长	高级工程师	2001.11
王　伟	男	陕西延安	1971.01	本科	市水土保持工作队	—	高级工程师	2007.12
刘雪英	女	陕西延安	1971.09	本科	市水土保持工作队	副总工	高级工程师	2008.12
刘　华	女	陕西延安	1970.12	本科	市水土保持工作队	工会主席	高级工程师	2011.03
王明华	男	陕西佳县	1976.11	本科	市水土保持工作队	总工程师	高级工程师	2011.03
高永芳	女	陕西子洲	1975.11	本科	市水土保持工作队	副队长	高级工程师	2011.12

续表7-2-1

姓名	性别	籍贯	出生年月	学历	工作单位	行政职务	技术职务	晋升高级技术职称时间
李延梅	女	陕西延安	1966.11	本科	市水土保持工作队	—	高级工程师	2011.12
韩宗军	男	河南信阳	1977.11	本科	市水土保持工作队	队长	高级工程师	2012.12
魏国治	男	陕西安塞	1972.06	本科	市水土保持工作队	队长	高级工程师	2012.12
刘靖坤	男	陕西延安	1979.04	本科	市水土保持工作队	—	高级工程师	2012.12
段铁华	女	陕西永寿	1971.01	本科	市水土保持工作队	—	高级工程师	2013.12
常笑梅	女	陕西延安	1971.05	本科	市水土保持工作队	—	高级工程师	2013.12
李玉芳	女	青海乐都	1981.01	本科	市水土保持工作队	副队长	高级工程师	2014.12
常　兴	男	河北行唐	1980.12	本科	市水土保持工作队	—	高级工程师	2014.12
刘琳娜	女	陕西长安	1971.06	本科	市水土保持工作队	—	高级工程师	2014.12
仇建棋	女	陕西富平	1982.04	本科	市水土保持工作队	—	高级工程师	2014.12
贾延明	男	陕西子长	1966.03	本科	市水产工作站	站长	高级工程师	2007.12
彭金玉	男	陕西宁强	1941.06	中专	市水产工作站	退休	高级工程师	1995.03
李逢异	男	陕西洛川	1958.07	大专	市水产工作站	—	高级工程师	2011.12
窦小燕	女	陕西米脂	1963.03	大专	市水产工作站	—	高级工程师	2013.12
鲁国延	男	陕西延长	1964.09	大专	市水产工作站	—	高级工程师	2014.12
刘宏智	男	陕西子长	1955.01	大专	市水保监测分站	协理员	高级工程师	1997.01

续表7-2-1

姓名	性别	籍贯	出生年月	学历	工作单位	行政职务	技术职务	晋升高级技术职称时间
蔺琦琳	男	陕西洛川	1957.08	大专	市水保监测分站	—	高级工程师	2003.12
郭喜莲	女	陕西宜川	1962.01	大专	市水保监测分站	—	高级工程师	2001.11
孙立英	女	陕西延长	1956.12	大专	市水保监测分站	—	高级工程师	2003.12
杨明发	男	陕西黄陵	1956.12	中专	市水保监测分站	工会主席	高级工程师	2002.12
高文秀	男	陕西安塞	1957.07	中专	市水保监测分站	—	高级工程师	1999.09
程元萍	女	陕西宝塔区	1965.12	本科	市水保监测分站	站长	高级工程师	2003.12
白凤荣	男	陕西子长	1949.11	大专	市水保监测分站	—	高级工程师	1999.09
杨旭东	男	陕西甘泉	1954.11	中专	市水保监测分站	—	高级工程师	1999.09
呼世东	男	陕西延长	1960.09	大专	市水保监测分站	—	高级工程师	2007.12
陈　丽	女	陕西米脂	1970.03	本科	市水保监测分站	—	高级工程师	2007.12
段　炜	男	陕西洛川	1954.08	中专	市水保监测分站	—	高级工程师	2005.12
雷亚中	男	陕西洛川	1959.01	中专	市水保监测分站	—	高级工程师	2016.12
李　锋	男	陕西勉县	1982.01	本科	市水保监测分站	副站长	高级工程师	2016.12
石雪银	女	陕西黄龙	1971.02	大专	市水保监测分站	—	高级工程师	2010.12
张会茹	女	陕西白水	1976.02	研究生	市水保监测分站	—	高级工程师	2011.12
卜如成	男	陕西绥德	1937.11	中专	市水利工作队	—	高级工程师	1995.03

续表7-2-1

姓名	性别	籍贯	出生年月	学历	工作单位	行政职务	技术职务	晋升高级技术职称时间
王　峰	男	陕西延川	1956.07	中专	市水利工作队	书记	高级工程师	2001.11
马明表	男	陕西子长	1957.06	大专	市水利工作队	工会主席	高级工程师	2001.11
刘生荣	男	陕西户县	1963.09	本科	市水利工作队	—	高级工程师	2001.11
惠振莲	女	陕西米脂	1956.01	中专	市水利工作队	—	高级工程师	2002.12
白正红	男	陕西安塞	1965.09	本科	市水利工作队	队长	高级工程师	2010.12
魏夏平	女	陕西佳县	1966.04	大专	市水利工作队	—	高级工程师	2004.11
杨建平	男	山东莘县	1960.04	大专	市水利工作队	—	高级工程师	2003.12
杨宏晓	男	陕西延川	1967.11	本科	市水利工作队	—	高级工程师	2006.12
孟东英	女	河北香河	1970.03	本科	市水利工作队	—	高级工程师	2006.12
张晓芹	女	陕西延川	1968.02	本科	市水利工作队	—	高级工程师	2010.12
高振瑜	男	陕西米脂	1941.11	本科	市水利工作队	—	高级工程师	1995.03
韩树伸	男	陕西洛川	1945.07	中专	市水利工作队	—	高级工程师	1997.01
胡灵云	女	陕西延长	1952.03	大学	市水利工作队	—	高级工程师	1997.01
高志科	男	陕西米脂	1954.11	中专	市水利工作队	—	高级工程师	2001.12
刘玉炜	女	陕西清涧	1955.07	中专	市水利工作队	—	高级工程师	2002.12
吴艳荣	女	陕西米脂	1956.06	大专	市水利工作队	—	高级工程师	2002.12

续表7-2-1

姓名	性别	籍贯	出生年月	学历	工作单位	行政职务	技术职务	晋升高级技术职称时间
周文户	男	陕西洛南	1936.12	中专	市水利工作队	—	高级工程师	1990.03
殷　辉	男	湖北汉川	1969.04	本科	市水利工作队	—	高级工程师	2009.11
黄治江	男	陕西临潼	1963.04	本科	市水利工作队	—	正高级工程师	2011.03
张晓冬	男	陕西宜川	1977.01	本科	市水利工作队	总工	高级工程师	2011.12
高　佳	女	陕西米脂	1975.01	本科	市水利工作队	—	高级工程师	2011.12
杨春育	男	陕西临潼	1979.02	本科	市水利工作队	—	高级工程师	2011.12
安延岗	男	陕西延安	1975.01	本科	市水利工作队	—	高级工程师	2011.12
彭晓军	男	陕西汉中	1968.07	本科	市水利工作队	—	高级工程师	2012.12
高　凡	女	陕西米脂	1970.09	本科	市水利工作队	—	高级工程师	2012.12
周　波	男	陕西长安	1975.04	本科	市水利工作队	副队长	高级工程师	2011.12
周长春	男	河南南阳	1963.02	本科	市水利工作队	—	高级工程师	2013.12
张金宏	男	陕西富平	1963.09	本科	市水利工作队	—	高级工程师	2013.12
刘延红	男	陕西洛川	1973.08	本科	市水利工作队	—	高级工程师	2013.12
陈丽丽	女	陕西富县	1981.01	本科	市水利工作队	—	高级工程师	2014.12
张丽丽	女	陕西延安	1976.03	本科	市水利工作队	—	高级工程师	2016.12
徐芯瑞	女	陕西子长	1981.07	本科	市水利工作队	—	高级工程师	2016.12

续表7-2-1

姓名	性别	籍贯	出生年月	学历	工作单位	行政职务	技术职务	晋升高级技术职称时间
王军阳	男	陕西子长	1971.06	本科	市水利工作队	—	高级工程师	2016.12
古雪梅	女	陕西延长	1975.09	本科	市水利工作队	—	高级工程师	2017.12
郝维亮	男	陕西延川	1962.01	本科	市水资源管理局	退休	高级工程师	2002.12
薛振军	男	陕西宝塔	1976.03	本科	市水资源管理局	科长	高级工程师	2007.12
吴　芳	男	陕西子长	1969.06	本科	市水资源管理局	—	高级工程师	2005.12
王　超	男	陕西洛川	1974.12	本科	市水资源管理局	副局长	高级工程师	2010.12
郭红卫	男	陕西安塞	1967.01	本科	市水资源管理局	—	高级工程师	2011.12
刘宏玲	女	陕西绥德	1974.04	本科	市水资源管理局	—	高级工程师	2014.12
王菊梅	女	陕西延川	1968.08	本科	市水资源管理局	—	高级工程师	2011.12
赵群芳	女	陕西延安	1972.01	本科	市水资源管理局	—	高级工程师	2015.11
徐　辉	男	陕西子长	1975.04	本科	市水资源管理局	科长	高级工程师	2014.12
段玉东	男	陕西志丹	1959.12	大专	市水利工程质监站	—	高级工程师	1999.09
范江涛	男	陕西宜川	1981.06	本科	市水利工程质监站	总工	高级工程师	2016.12
卫　玲	女	陕西延长	1968.05	大学	市区河道管理处	主任	高级工程师	2006.11
许永江	男	陕西丹凤	1975.04	大学	市区河道管理处	副主任	高级工程师	2011.12
卢景信	男	陕西志丹	1975.04	中专	市水电工程处	—	高级工程师	1999.09

续表7-2-1

姓名	性别	籍贯	出生年月	学历	工作单位	行政职务	技术职务	晋升高级技术职称时间
王济来	男	陕西华县	1943.06	本科	市水电工程处	—	高级工程师	1985
李志斌	男	陕西长安	1947.03	本科	市水电工程处	—	高级工程师	1995.03
杨天水	男	甘肃天水	1947.01	本科	市水电工程处	—	高级工程师	1995.03
申继龙	男	江苏常州	1940.12	中专	市水电工程处	—	高级工程师	1995.03
张建荣	男	陕西富县	1965.09	中专	市水电工程处	总工	高级工程师	2000.11
张明辉	男	陕西宝鸡	1968.01	本科	市黄河引水工程建管处	副主任	高级工程师	2008.12
张彦平	男	陕西宜川	1966.03	本科	市黄河引水工程建管处	科长	高级工程师	2000.12
冯建鸿	男	陕西延安	1967.09	本科	市黄河引水工程建管处	科长	高级工程师	
张引平	男	陕西延安	1983.11	本科	市黄河引水工程建管处	科长	高级工程师	2014.12
赵　静	男	陕西延长	1988.03	本科	市黄河引水工程建管处	科长	高级工程师	2018.06
徐光亮	男	陕西延安	1987.01	本科	市黄河引水工程建管处	—	高级工程师	2016.09
康建兵	男	陕西子长	1977.08	本科	市红庄水库	副主任	高级工程师	2010.12
李永海	男	陕西富县	1972.01	本科	市农村饮水指导站	站长	高级工程师	2011.12
惠建设	男	陕西子长	1966.09	本科	市农村饮水指导站	—	高级工程师	2010.12
韩　会	男	陕西府谷	1982.08	本科	市农村饮水指导站	副站长	高级工程师	2016.12
王韵雁	男	陕西黄龙	1967.12	本科	市农村饮水指导站	—	高级工程师	2010.12

续表7-2-1

姓名	性别	籍贯	出生年月	学历	工作单位	行政职务	技术职务	晋升高级技术职称时间
雷　佳	男	陕西延长	1975.03	本科	市农村饮水指导站	—	高级工程师	2016.12
南振奋	男	陕西安塞	1963.09	专科	市王瑶水库管理处	副主任	高级工程师	2012.12
李国安	男	陕西大荔	1974.02	本科	市王瑶水库管理处	—	高级工程师	2012.12
叶小刚	男	陕西勉县	1976.11	本科	市王瑶水库管理处	—	高级工程师	2012.12
曹玉华	男	陕西安塞	1975.03	本科	市王瑶水库管理处	—	高级工程师	2012.12
张世杰	男	陕西延安	1968.01	本科	市王瑶水库管理处	主任	高级工程师	2013.12
靳玲玲	女	陕西安塞	1970.02	本科	市王瑶水库管理处	—	高级工程师	2013.12
贺　焱	男	陕西清涧	1970.07	本科	市王瑶水库管理处	副主任	高级工程师	2013.12
刘　杰	男	陕西延安	1967.06	本科	市王瑶水库管理处	—	高级工程师	2013.12
吕　林	女	陕西米脂	1968.07	本科	市王瑶水库管理处	—	高级工程师	2013.12
郭小兵	男	陕西志丹	1976.04	本科	市王瑶水库管理处	—	高级工程师	2014.12
刘艳峰	男	吉林亿通	1975.09	本科	市王瑶水库管理处	—	高级工程师	2014.12
高春艳	女	陕西安塞	1970.08	本科	市王瑶水库管理处	—	高级工程师	2015.11
昝格宁	男	陕西宝鸡	1978.04	本科	市王瑶水库管理处	—	高级工程师	2015.11
汪海军	男	陕西安塞	1973.01	本科	市水电工程处	处长	高级工程师	2013.12
高　菁	女	陕西榆林	1964.11	本科	市水电工程处	书记	高级政工师	2003.12

续表7-2-1

姓名	性别	籍贯	出生年月	学历	工作单位	行政职务	技术职务	晋升高级技术职称时间
高志贵	男	陕西洛川	1978.09	本科	市水电工程处	总工	高级工程师	2013.12
王利华	女	陕西华县	1966.03	大专	市水电工程处	—	高级工程师	2014.12
孙彩梅	女	陕西洛川	1976.12	本科	市水电工程处	—	高级工程师	2017.12
张志远	男	陕西延安	1962.11	大专	市南沟门水库管理处	主任	高级工程师	2013.12
王润生	男	陕西洛川	1966.09	大专	市南沟门水库管理处	主任	高级工程师	2012.12
万胜利	男	陕西佳县	1963.01	大专	市南沟门水库管理处	副主任	高级工程师	2017.12
梁满洋	男	陕西志丹	1965.01	大专	市南沟门水库管理处	协理员	高级工程师	2015.11
朱文新	男	陕西延长	1965.06	大专	市南沟门水库管理处	协理员	高级工程师	2011.12
陈　辉	男	陕西眉县	1981.01	本科	市南沟门水库管理处	科长	高级工程师	2014.12
尹贻光	男	山东泰安	1964.02	大专	市南沟门水库管理处	科长	高级工程师	2017.12
卢艳红	女	陕西志丹	1970.07	大专	市南沟门水库管理处	副科长	高级工程师	2013.12
李家强	男	山东郓城	1975.09	本科	市南沟门水库管理处	科长	高级工程师	2010.12
王　健	男	陕西华县	1970.01	大专	市南沟门水库管理处	副科长	高级工程师	2016.12
曹　煜	男	陕西安塞	1976.04	本科	市南沟门水库管理处	科长	高级工程师	2013.12
何　明	男	陕西子长	1963.11	中专	市南沟门水库管理处	—	高级工程师	2011.12
王怀琦	男	陕西富县	1970.03	本科	市南沟门水库管理处	科长	高级工程师	2013.12

续表7-2-1

姓名	性别	籍贯	出生年月	学历	工作单位	行政职务	技术职务	晋升高级技术职称时间
张 帆	男	陕西甘泉	1981.09	本科	市防汛办	科长	高级工程师	2018.06
黄延奇	男	陕西甘泉	1974.01	本科	市红庄水库管理处	—	高级工程师	2012.01
杨 萍	女	陕西西安	1981.05	本科	市红庄水库管理处	—	高级工程师	2018.01
曹文平	男	陕西清涧	1976.06	本科	延安市水行政执法支队	副支队长	高级工程师	2013.12
安 娜	女	陕西富县	1979.04	本科	延安市水行政执法支队	—	高级工程师	2014.12
樊 霞	女	陕西延长	1970.07	专科	市水资源管理局	—	高级工程师	2015.11
张 甫	男	陕西清涧	1972.02	本科	市水务局	总规划师	高级工程师	2012.12

表7-2-2　延河流域各县（区）水利系统高级职称名录

姓名	性别	籍贯	出生年月	学历	工作单位	行政职务	技术职务	晋升高级技术职称时间
刘军琦	男	陕西靖边	1972.07	本科	靖边县水土保持工作站	副站长	高级工程师	2017.01
袁媛媛	女	陕西靖边	1983.09	本科	靖边县水土保持工作站	—	高级工程师	2020.01
杨树梅	女	陕西靖边	1976.09	本科	靖边县水土保持工作站	—	高级工程师	2017.01
袁媛媛	女	陕西靖边	1983.09	本科	靖边县水土保持工作站	—	高级工程师	2020.01
贺治利	女	陕西靖边	1976.02	本科	靖边县水土保持工作站	—	高级工程师	2022.05
刘晓燕	女	陕西靖边	1981.08	本科	靖边县水土保持工作站	—	高级工程师	2018.11
张　宇	男	陕西靖边	1968.02	本科	靖边县城乡供水安全服务中心	书记	高级工程师	2018.11
谷灵霄	女	陕西靖边	1965.06	大专	靖边县城乡供水安全服务中心	—	高级工程师	2012.12
杨俊琴	女	陕西靖边	1974.11	本科	靖边县城乡供水安全服务中心	—	高级工程师	2014.12
赵喜梅	女	陕西靖边	1982.10	本科	靖边县城乡供水安全服务中心	—	高级工程师	2023.03
王晓艳	女	陕西靖边	1983.12	本科	靖边县城乡供水安全服务中心	—	高级工程师	2023.03
陈　敏	女	陕西靖边	1973.08	本科	靖边县水旱灾害防治中心	—	高级工程师	2019.08
陈　静	女	陕西靖边	1968.03	大专	靖边县水旱灾害防治中心	—	高级工程师	2014.12
俞彩梅	女	陕西靖边	1978.11	中专	靖边县水旱灾害防治中心	—	高级工程师	2023.03

续表7-2-2

姓名	性别	籍贯	出生年月	学历	工作单位	行政职务	技术职务	晋升高级技术职称时间
陆宇烨	女	陕西靖边	1967.05	专科	靖边县水利监察大队	—	高级工程师	2015.12
马旭华	女	陕西靖边	1985.12	专科	靖边县水利监察大队	—	高级工程师	2015.12
哈　梅	女	陕西靖边	1969.11	中专	靖边县水资源调度中心	—	高级工程师	2019.08
邢美华	女	陕西靖边	1976.11	本科	靖边县水资源调度中心	—	高级工程师	2015.12
刘　英	女	陕西靖边	1980.06	本科	靖边县水资源调度中心	—	高级工程师	2020.10
苗绿平	男	陕西靖边	1981.03	本科	靖边县无定河流域治理服务中心	主任	高级工程师	2019.08
卢菊梅	女	陕西靖边	1980.12	本科	靖边县无定河流域治理服务中心	—	高级工程师	2019.08
贾维军	男	陕西靖边	1975.03	本科	靖边县河道库坝养护站	副站长	高级工程师	2023.03
白宇峰	男	陕西靖边	1978.04	本科	靖边县河道库坝养护站	局党组成员、总工	高级工程师	2018.11
张彦杰	男	陕西靖边	1986.03	本科	靖边县河道库坝养护站	局河湖股股长	高级工程师	2022.05
刘宗艳	女	陕西靖边	1968.10	大专	靖边县河道库坝养护站	—	高级工程师	2017.01
徐红梅	女	陕西靖边	1970.12	大专	靖边县河道库坝养护站	—	高级工程师	2018.11
白咏梅	女	陕西靖边	1982.01	本科	靖边县河道库坝养护站	—	高级工程师	2022.05
王　茹	女	陕西靖边	1979.08	本科	靖边县河道库坝养护站	—	高级工程师	2022.05

续表7-2-2

姓名	性别	籍贯	出生年月	学历	工作单位	行政职务	技术职务	晋升高级技术职称时间
李太平	男	陕西安塞	1979.03	本科	延安市安塞区水资源管理办公室	副主任	高级工程师	2018.12
霍小梅	女	陕西安塞	1975.12	本科	延安市安塞区水资源管理办公室	—	高级工程师	2016.12
苏　瑜	女	陕西安塞	1982.12	本科	延安市安塞区水资源管理办公室	—	高级工程师	2016.12
张艳琴	女	陕西安塞	1981.09	本科	延安市安塞区水资源管理办公室	—	高级工程师	2017.12
雷晓霞	女	陕西安塞	1978.02	本科	延安市安塞区水土保持工作队	—	高级工程师	2019.12
谢　梅	女	陕西安塞	1979.03	本科	延安市安塞区水土保持工作队	—	高级工程师	2019.12
周晓飞	男	陕西安塞	1979.01	本科	延安市安塞区水土保持工作队	—	高级工程师	2017.12
张　慧	女	陕西安塞	1977.01	本科	延安市安塞区水土保持工作队	—	高级工程师	2014.12
王塞红	男	陕西安塞	1969.08	大专	延安市安塞区水土保持工作队	—	高级工程师	2015.11
梁译文	女	陕西安塞	1975.02	本科	延安市安塞区水土保持工作队	—	高级工程师	2016.12
惠起萍	女	陕西安塞	1976.06	本科	延安市安塞区水土保持工作队	—	高级工程师	2014.12

续表7-2-2

姓名	性别	籍贯	出生年月	学历	工作单位	行政职务	技术职务	晋升高级技术职称时间
张加喜	男	陕西安塞	1953.07	专科	延安市安塞区水土保持工作队	—	高级工程师	2007.12
郭成亮	男	陕西安塞	1949.08	专科	延安市安塞区水土保持工作队	—	高级工程师	2007.12
李振义	男	陕西安塞	1981.04	本科	延安市安塞区水利工作队	副队长	高级工程师	2020.12
延塞军	男	陕西安塞	1972.12	大专	延安市安塞区水利工作队	—	高级工程师	2020.12
白　艳	女	陕西安塞	1975.09	本科	延安市安塞区水利工作队	—	高级工程师	2016.12
何红莉	女	陕西安塞	1968.03	大专	延安市安塞区水利工作队	—	高级工程师	2013.12
鱼小梅	女	陕西安塞	1979.09	本科	延安市安塞区水利工作队	—	高级工程师	2015.11
赵世宝	男	陕西安塞	1979.01	本科	安塞区城乡水务建设有限公司	总经理	高级工程师	2018.12
韩　杰	男	陕西安塞	1986.09	本科	安塞区水务投资有限公司	—	高级工程师	2017.12
惠　涛	男	陕西安塞	1970.01	本科	安塞区延河办	—	高级工程师	2017.12
任小平	男	陕西子长	1964.01	大专	安塞区延河办	—	高级工程师	2011.12
韩莉莉	女	陕西安塞	1980.02	本科	安塞区延河办	—	高级工程师	2009.11
刘光理	男	陕西志丹	1966.01	大专	志丹县水政水资源管理办公室	—	高级工程师	2017.12
刘宗艳	女	陕西志丹	1978.03	本科	志丹县水政水资源管理办公室	—	高级工程师	2020.12

续表7-2-2

姓名	性别	籍贯	出生年月	学历	工作单位	行政职务	技术职务	晋升高级技术职称时间
曹　娜	女	陕西志丹	1981.08	本科	志丹县水政水资源管理办公室	—	高级工程师	2022.02
张晓凌	女	陕西志丹	1973.07	本科	志丹县地下水监督监测管理站	—	高级工程师	2022.02
刘晓慧	女	陕西志丹	1978.11	本科	志丹县地下水监督监测管理站	—	高级工程师	2022.02
马世壮	男	陕西志丹	1975.06	本科	志丹县水土保持工作队	队长	高级工程师	2014.08
白　银	女	陕西志丹	1981.09	本科	志丹县水土保持工作队	—	副高级工程师	2017.07
刘小翠	女	陕西志丹	1984.05	本科	志丹县水土保持工作队	—	高级工程师	2021.08
白旭峰	男	陕西志丹	1984.02	本科	志丹县水土保持工作队	—	高级工程师	2021.08
刘红梅	女	陕西志丹	1974.12	本科	志丹县水土保持工作队	—	高级工程师	2021.08
安志成	男	陕西志丹	1978.12	本科	志丹县水旱灾害防治监测中心	主任	高级工程师	2015.11
冯志胜	男	陕西志丹	1975.09	本科	志丹县水旱灾害防治监测中心	副主任	高级工程师	2018.12
赵田文	男	陕西志丹	1985.12	本科	志丹县水旱灾害防治监测中心	副主任	高级工程师	2023.04
徐同海	男	陕西志丹	1980.03	本科	志丹县水旱灾害防治监测中心	—	高级工程师	2019.12
闫光玉	男	陕西志丹	1981.11	本科	志丹县水旱灾害防治监测中心	—	高级工程师	2019.12

续表7-2-2

姓名	性别	籍贯	出生年月	学历	工作单位	行政职务	技术职务	晋升高级技术职称时间
王兆武	男	陕西志丹	1977.10	本科	志丹县水土保持监督监测站	站长	高级工程师	2014.12
王　云	男	陕西志丹	1971.02	本科	志丹县水土保持监督监测站	—	高级工程师	2014.12
刘　杨	男	陕西志丹	1983.12	本科	志丹县水土保持监督监测站	—	高级工程师	2021.08
赵　霞	女	陕西志丹	1977.01	本科	志丹县水土保持监督监测站	—	高级工程师	2019.12
石云霞	女	陕西志丹	1980.11	本科	志丹县水土保持监督监测站	—	高级工程师	2017.12
赵延红	女	陕西志丹	1982.12	本科	志丹县水土保持监督监测站	—	高级工程师	2021.08
白　江	男	陕西志丹	1980.11	本科	志丹县乡村供水管理总站	站长	高级工程师	2019.12
刘艳梅	女	陕西志丹	1978.06	本科	志丹县乡村供水管理总站	—	高级工程师	2015.11
同丽红	女	陕西志丹	1971.10	大专	志丹县乡村供水管理总站	—	高级工程师	2018.12
米海燕	女	陕西志丹	1970.04	大专	志丹县乡村供水管理总站	—	高级工程师	2018.12
高倍斌	男	陕西志丹	1966.06	本科	志丹县水利工作队	—	高级工程师	2016.12
贺　靖	女	陕西志丹	1969.09	中专	志丹县水利工作队	—	高级工程师	2018.12
牛　强	男	陕西安塞	1905.06	本科	宝塔区水利工作队	队长	高级工程师	2022.02

续表7-2-2

姓名	性别	籍贯	出生年月	学历	工作单位	行政职务	技术职务	晋升高级技术职称时间
封亚娜	女	陕西宝塔	1983.12	本科	宝塔区水利工作队	副队长	高级工程师	2020.12
刘建军	男	陕西宝塔	1975.11	本科	宝塔区水利工作队	七级职员	高级工程师	2015.11
艾　峰	男	陕西宝塔	1987.09	本科	宝塔区水利工作队	—	高级工程师	2023.04
王　琳	男	陕西子洲	1972.11	大专	宝塔区水利工作队	—	高级工程师	2012.12
李瑞君	女	陕西子洲	1971.11	中专	宝塔区水利工作队	—	高级工程师	2019.12
刘　丽	女	陕西延川	1973.08	本科	宝塔区水利工作队	—	高级工程师	2017.12
刘亚萍	女	陕西榆林	1981.10	本科	宝塔区水利工作队	—	高级工程师	2020.12
李　进	男	陕西宝塔	1973.01	本科	延安市宝塔区延惠渠管理处	主任	正高级工程师	2016.12
王　洁	男	陕西绥德	1971.07	本科	延安市宝塔区延惠渠管理处	副主任	高级工程师	2023.04
李广东	男	陕西宝塔	1966.10	本科	宝塔区水资源与节约用水服务中心	主任	高级工程师	2007.12
薛俊爱	女	山西	1976.12	本科	宝塔区水资源与节约用水服务中心	—	高级工程师	2019.12
高慧琳	女	陕西延长	1974.08	本科	宝塔区水土保持工作队	副主任	高级工程师	2012.12
任　娜	女	陕西宜川	1973.12	本科	宝塔区水土保持工作队	—	高级工程师	2018.12
李瑞娥	女	陕西富平	1972.12	本科	宝塔区水土保持工作队	—	高级工程师	2010.12

续表7-2-2

姓名	性别	籍贯	出生年月	学历	工作单位	行政职务	技术职务	晋升高级技术职称时间
石小娜	女	陕西延安	1981.11	本科	宝塔区水土保持工作队	—	高级工程师	2016.12
梁清华	女	陕西横山	1968.04	中专	宝塔区水土保持工作队	—	高级工程师	2015.11
刘　艳	女	陕西子洲	1965.09	中专	宝塔区水土保持工作队	—	高级工程师	2014.12
高亚莉	女	陕西横山	1976.01	本科	宝塔区水土保持工作队	—	高级工程师	2020.12
王　晶	女	陕西延安	1982.10	本科	宝塔区水土保持工作队	—	高级工程师	2019.12
高增清	男	陕西延安	1970.11	大专	宝塔区水土保持工作队	—	高级工程师	2019.12
刘克飞	男	陕西横山	1975.09	大专	宝塔区水土保持工作队	—	高级工程师	2020.12
曹耀军	男	陕西志丹	1973.01	本科	宝塔区水土保持工作队	—	高级工程师	2014.12
薛　静	女	陕西延安	1979.06	本科	宝塔区水土保持监督管理站	副站长	高级工程师	2022.02
王姝灵	女	陕西延安	1978.06	本科	宝塔区水土保持监督管理站	—	高级工程师	2022.02
胡淑艳	女	河南长葛	1977.10	本科	宝塔区水土保持监督管理站	—	高级工程师	2020.12
石　磊	女	陕西延安	1975.09	大专	宝塔区水土保持监督管理站	—	高级工程师	2022.02
陈翠红	女	河南洛阳	1966.01	大专	宝塔区水土保持监督管理站	—	高级工程师	2011.12
景瑞平	男	陕西延安	1905.06	大学	宝塔区孙台水库管理处	主任	高级工程师	2017.12

续表7-2-2

姓名	性别	籍贯	出生年月	学历	工作单位	行政职务	技术职务	晋升高级技术职称时间
张　妮	女	陕西延长	1975.09	大专	延长县水利工作队	—	高级工程师	2019.12
刘　康	男	陕西延长	1988.10	本科	延长县水旱灾害防治监测中心	副主任	高级工程师	2022.02
秦延玲	女	陕西延长	1979.12	本科	延长县水旱灾害防治监测中心	—	高级工程师	2017.12
黑成刚	男	陕西延长	1968.10	中专	延长县水旱灾害防治监测中心	—	高级工程师	2019.12
张天茹	女	陕西延长	1972.08	本科	延长县水利工作队	—	高级工程师	2016.12
郭延梅	女	陕西延长	1974.03	本科	延长县水土保持工作队	—	高级工程师	2017.12
李　伟	男	陕西宜川	1964.04	大专	延长县水资源管理服务中心	—	高级工程师	2014.12
马　丽	女	陕西延长	1975.05	本科	延长县水土保持工作队	副队长	高级工程师	2020.01
袁刚堂	男	陕西延长	1972.09	大专	延长县水资源保护服务中心	主任	高级工程师	2017.12
李秀芳	女	陕西延长	1969.09	大专	延长县水务局	总工程师	高级工程师	2017.07
白占涛	男	陕西延长	1957.01	中专	延长县水土保持工作队	—	高级工程师	2004.11
王天明	男	陕西延长	1952.09	中专	延长县水土保持工作队	—	高级工程师	2005.07
冯赟栋	男	陕西延长	1972.01	大专	延长县水土保持工作队	队长	高级工程师	2019.12
刘清斌	男	陕西延长	1964.03	中专	延长县水利工作队	—	高级工程师	2013.12

续表7-2-2

姓名	性别	籍贯	出生年月	学历	工作单位	行政职务	技术职务	晋升高级技术职称时间
房学文	男	陕西延长	1957.10	中专	延长县水利工作队	—	高级工程师	2009.11
李延强	男	陕西延长	1971.03	本科	延长县水利工作队	—	高级工程师	2019.11
常　靖	男	陕西延长	1972.12	大专	延长县水务局	副局长	高级工程师	2019.12

大事记

远古

考古发现，延河流域新石器时代已有人类繁衍生息。

夏商

夏属雍州，商属鬼方。

西周

被猃狁、戎狄占据。

春秋、战国

早期为白狄族占据。晋襄公元年（前627年）纳入晋国版图。晋静公二年（前376年）属魏国。秦惠文王十年（前328年），成为秦国属地。

秦

本境属上郡高奴县。

西汉

西汉仍属上郡高奴县，建始元年（前32年）改高奴县为平利县。东汉复名高奴县。

东晋、十六国

大夏赫连勃勃夺取本境区域并筑丰林故城（在今宝塔区以东周家湾村）。

南北朝

北魏延昌二年（513年），设东夏州，治地在今宝塔区甘谷驿村，流域内辖金明郡（451年设）、遍城郡（477年设）。西魏恭帝元年（554年）改东夏州名为延州。北周仍设延州。

北魏正光二年（521年），夏州（含今安塞县）大水。

隋

大业三年（607年），置肤施县，废延州，设延安郡，治地肤施县。

唐

武德元年（618年），设延州（曾改名延安郡），治地今延安东关古城，流域内辖肤施、延安、丰林、金明、罢交等县。

贞观七年（633年），延州开凿延化渠。

五代

后梁时设保塞军，后唐改彰武军，治地今延安东关城。

宋

北宋建隆三年（962年），设延州（延安府），治地今延安东关城。流域内辖肤施、延长、丰林、金明、万安等县。南宋建炎二年（1128年），金军攻克延安府，仍置延安府。

太平兴国六年（981年）七月，延州水丈余，入城坏仓库庐舍。

雍熙元年（984年）八月，延州南北两河水溢入城，坏官寺民舍。

康定元年（1040年），范仲淹任龙图阁直学士、陕西经略抚招讨副使、户部郎中兼知延州，命士兵在嘉陵山畔岩石突出处凿井直通延河底，以防敌寇围困时截断水源，被后人称“范公井”。

庆历元年（1041年），庞籍任龙图阁直学士、知延州，在任期间在城南建“柳湖”。

元

至元八年（1271年）置延安路，治地肤施县城。

明

洪武二年（1369年），改延安路为延安府，治地肤施县城，流域内设肤施、安塞、延长等县。

世宗嘉靖八年（1529年），蝗飞蔽日，大饥，人相食。

穆宗隆庆六年（1572年），延安大旱，人相食。

神宗万历二十六年（1598年）秋，延安府大水，漂人、畜。

神宗万历二十七年（1599年），安塞大水，由西川发，冲荡村落，淹没人民，抵县南门。

思宗崇祯三年（1630年），又旱，饥，人相食。各县掘万人坑。

思宗崇祯四年（1631年），延长连雪两月，树尽枯。

清

设延安府，治地肤施县城，流域内设肤施、安塞、延长等县。

顺治十六年（1659年），延安大雨三日。洪水发，见二青龙横浮水上，从城东过，三关尽没，死者百余人。洪水滔流至安塞县，冲其城门，庐舍坏者甚多。洪水入延长，城垣、庐舍，亦遭覆没。

康熙四十年（1701年）六月初四，肤施大水入城，冲漂北门。

雍正七年（1729年），延安知府徐洹瀛修复延利渠，新开利民渠、桥沟渠，引进稻种，灌溉农田。

乾隆十四年（1749年）七月二十三日，延河水陡发，汹涌异常，旧筑城根石湃冲塌十五六丈。

嘉庆五年（1800年）七月，河水涨发，冲塌城身、城堤数十丈。水流入北门，至北十字，并北仓外。

同治五年（1866年），安塞大水入城，人畜多溺死。

光绪二十九年（1903年），延长县尹马兆森修槐里坪渠灌田，因当年卸任搁置。次年，县尹余元章续修渠成，渠长2160米，可灌田10余亩。

光绪三十四年（1908年）七月五日，河水大涨，奔涌入城，深约五六尺，居民损失甚巨。

民国

民国二年（1913年），废延安府，流域内肤施、安塞、延长县隶属陕西省榆林道。安塞县知事（县长）安庆丰倡导修渠3条，灌地110亩。

民国六年（1917年）七月，安塞大水入城，城隍庙及民舍冲没殆尽。

民国八年（1919年）七月，安塞大水入城丈许，西北半壁尽成水区。

民国十七年（1928年），撤销道制，省直辖县。

陕甘宁边区

1937年1月13日，中共中央进驻延安。9月，陕甘宁边区政府成立，由建设厅管水利。

1939年4月4日，《陕甘宁边区抗战时期施政纲领》发布，其中第十九条决定：开垦荒地，兴修水利，改良耕种，增加农业生产，组织春耕秋收运动。4月，边区政府公布《陕甘宁边区生产奖励条例》和《督导民众生产运动奖励条例》。规定“开辟水地十亩以上者”农户即可受“生产奖”；规定“发展水利百亩至五百亩者”乡村即可受“督导民众生产运动奖”。

1940年4月29日，由边区政府资助、受益区群众集资、边区建设厅工程师丁仲文设计施工的延安裴庄渠（后称幸福渠）竣工通水，可浇灌枣园川1400多亩耕地，《新中华报》称其为边区“第一座新式水利工程”和“第一长渠”。

1941年1月，边区政府颁布《陕甘宁边区森林保护条例》和《陕甘宁边区植树造林条例》，指出“本条例为发展植树造林、调节气候、保持水土，并改善各项生产因素而制定”。12月，延安生物学会在《解放日报》发表“注意边区的水土保持工作”。

1942年8月24日，延安南川大雨，山洪暴发冲走89人。

1944年5月24日，《解放日报》报道“边区医校学生帮助居民修井”，在发生急性传染病的延安县克来沟为群众诊治并调查水源，进行卫生教育，修理水井，打扫全村院落，控制了流行疾病。

1945年6月21日，《解放日报》报道“延安中学修成高峁湾小型水渠，可灌溉400亩地”。

1948年，延长县政府拨粮拨款，修复1947年国民党胡宗南部进犯破坏的县城附近西滩园子水渠，可灌百亩菜地。

中华人民共和国

1949年

10月1日，中华人民共和国成立。

10月26日，毛泽东主席复电延安和陕甘宁边区人民，指出延安和陕甘宁边区，从1936年到1948年，曾经是中共中央的所在地，曾经是中国人民解放斗争的总后方。延安和陕甘宁边区的人民对于全国人民是有伟大贡献的。庆祝延安和陕甘宁边区的人民继续团结一致，迅速恢复战争的创伤，发展经济建设和文化建设，并希望全国一切革命工作人员永远保持过去十余年间在延安和陕甘宁边区的工作人员中所具有的艰苦奋斗的作风。

1950年

5月，延安专区行政公署成立，由建设科管水利。

1951年

春，延长旱，夏粮减产一半。

1952年

3月，陕西省水利局下派12名技术人员协助延安专区组建水利工作队，12名技术人员为张永顺、田林、忽聚田、王焕文、李松林、王增华、韩天佑、吕尚学、王廷生、张四维、杨建民、王智有。

12月19日，中央人民政府政务院《关于发动群众继续开展防旱、抗旱运动并大力推行水土保持工作的指示》："决定在1953年应以延河、洛河等七条流域为全国治理重点。"

1953年

2月，延安专区水利工作队成立，科级事业单位，队长张永顺，编制16人（含省派12名技术人员）。

3月，林业部部长梁希陪苏联专家聂纳洛阔莫夫考察延河、北洛河，提出水源林和水土保持林营造方案。

5月12日，水利部、黄河水利委员会邀请中国科学院、农业部、林业部及有关科研单位，勘察延河、北洛河、清涧河流域的地质、地形、植被、水文、社会经济、水土流失和群众治理经验，写出勘察报告。

8月3日，延安西川洪水溢，淹农田5579亩。

1954年

3—5月，延安、延长旱，夏粮减产6 ~ 8成。

11月，延安专区水土保持工作推广站成立，县级事业单位，站长郭文章，工作受西北黄河工程局和延安专区行署双重领导。

12月，延安专区组织培训各县重点渠堰管理人员共22人。

1955年

4月，延安专区决定把延安县大砭沟、碾庄沟，洛川县黑木沟作为首批流域治理试点。

8月，延安专区建成第一座抽水站——延安县李家渠抽水站，以锅驼机为动力。

是年春夏，延安专区北部七县大旱，不少地方颗粒无收，相当于民国十八年灾情，党和政府组织抗灾救助，没有饿死人，社会秩序安定。

1956年

3月1—11日，陕西、甘肃、山西、内蒙古、河南五省（区）青年造林大会在延安召开，中共中央向大会发来贺电。团中央第一书记胡耀邦作报告，大会通过《关于绿化黄土高原和全面开展水土保持工作的决议》，并向中共中央和毛泽东主席发致敬电。

11月12日至12月30日，黄河水利委员会查勘延河、北洛河，提出流域开发任务。

12月，延长县建成七里村乡槐里坪电力抽水站，为全专区第一处，可浇灌农田940亩。

1957年

1月15日，延安专区水利局成立。

8月，安塞县陈家坬村获国务院"治山治水典型"称号。

是年，延安伏旱、秋旱持续120天，降水量较常年偏少七成。专区水利局工程师黄朝建负责勘测设计延安延惠渠工程，设计引水流量2.5立方米每秒，设计灌溉面积21398亩。

1958年

4月9日，延安东关延河大桥动工。

4月15日，延安延惠渠渠首工程开工，6月30日竣工；7月15日干渠工程开工。

7月26日中午，延长县突降暴雨，刘家河乡林合山土坝遭洪水袭击，90余名基建队员跳入水中堵起人墙护坝，坚持一个半小时保全大坝。

8月23日，延安1万余人在南关体育场集会，庆祝延惠渠水流过东关。延安县委书记刘丰功、县长刘永亭到会讲话。

11月，延长、延川两县合并，称延长县，县政府驻延长县城。

12月，甘泉县全境及安塞县砖窑湾区、招安区、沿河湾乡、徐家沟乡、黄草湾等并入延安县。

是年，安塞县利用真武渠水资源建立起第一座水轮泵站。

1959年

2月，北京地质学院、陕西省水文总站、专区行署水利局联合考察延河一级支流杏子河安塞县龙眼寺水库。

3月2日，延安专区行署批准设立延安专署水土保持试验站（站址延安大砭沟）。3月延安各界治理清凉山，15天投工9000多个，修水平梯田319亩、造林271亩、打淤地坝7座。

5月1日，延安东关延河大桥举行通车典礼。

10月，延长县呼家公社赵家庄大队组织农田基建会战，并在全县首次采用了爆破技术以提高功效，地区组织现场会参观。

12月11日，延安地委召开延河流域治山治水现场会。

1960年

3月10—19日，陕西、甘肃、山西、宁夏、内蒙古五省（区）青年绿化黄土高原会议在延安召开。团中央书记罗毅、林业部部长助理张昭出席会议，各省（区）代表633人参加会议。20日，中央水利水保检查团到延长县黑家堡、城关、张家滩公社检查水土保持工作。

4月，延安水利学校成立（1962年并入陕西省武功水利学校）。

7月6日，延长县从汉口买回白鲢鱼苗80万尾，投放张家滩二里半鱼池喂养。

9月25日，延惠渠竣工大会在延安县甘谷驿举行。

是年，延安县二十里铺水电站建成投用，装机75千瓦，利用延惠渠水能发电。

1961年

6月15日，1958年划入延安和子长县的原安塞县区域重新划归安塞县。

6月，延川县按原合并时地域从延长县分出。

是年，受国民经济困难影响，水利水保工作基本处于停顿状态。为解决口粮问题，许多地方出现开荒现象。

1962 年

5 月，延安专区林牧局、水利局、农业局合并为延安专区农林水牧局。8 月，改称延安专区水土保持工作中心站。编制由 183 人精简为 33 人。

11 月，安塞县在闫家湾设立杏子渠管理站，在小草沟门设立真武渠管理站。

是年，延安以北地区春夏大旱，秋作物歉收，为新中国成立以来最低产量。

1963 年

3 月 13 日，延安专区专员公署决定恢复专区水利局。同日，延安县成立水土保持委员会。

7 月 23 日，延安县发生 4 次冰雹灾害。

9 月 5—11 日，延长郭旗、关子口等地遭暴雨袭击，受灾面积 1.2 万亩，倒塌房窑 479 间（孔），死亡 8 人。

11 月 6 日，延安专区专员公署决定开展“北学陈家坬，南学上花园”治山治水运动。

1964 年

3 月，延安专区及延安、延长、延川、子长、安塞、志丹、吴旗等县，成立 8 个水保专业队。中旬，专区组织延安县郊区社员、干部、学生、驻军等数千人，治理市场沟、清凉山、大砭沟。

7 月 5—6 日，延安、安塞连降暴雨，延河洪峰流量 2200 立方米每秒，杏子河 625 立方米每秒，造成灾情。

是年，延长县第一座水力发电站在县城西门外延河干流上动工，次年底竣工，安装 55 千瓦水力发电机 2 台，装机容量 110 千瓦。

1965 年

1 月 9—18 日，延安专区召开水土保持工作会议，将延安县碾庄沟流域列为水土保持综合治理大样板。24 日，专署发出《建立和培养水土保持典型样板的通知》。

6 月，延长县在郑庄公社吴旗大队建成全县第一处水轮泵站。

是年，陕西省水文地质一队在延安七里铺打成全区第一眼机井，井深 110 米，涌水量 25 ~ 30 立方米每小时。

1966 年

9月4—21日，延安专区水利水保工作会议召开，参观延安、子长、延川和榆林地区米脂、清涧 5 个县 17 个综合治理典型。

1967 年

是年，延安县降冰雹 6 次。

1968 年

延安地区及各县成立革命委员会，实行军管，制止武斗，恢复秩序。12 月，首批北京知识青年来延安插队锻炼。

1969 年

8—10 月，延长县安沟公社学赶大队建成延安地区第一处三联泵站，扬程 180 米，管道长 1080 米，实现引水上塬，解决人畜饮水。

12 月，延安地区革命委员会决定撤销原专署林业局、水利局、畜牧局、陕西省水土保持研究所、延安市园林处、水保试验站、水保专业队等 7 个单位，合并成立延安地区革命委员会农业服务站，对原各单位 310 名职工办学习班培训后，留 80 余人工作，其余下放各县劳动锻炼。

1970 年

5 月 15 日，延安地区决定成立延安城区革命委员会，县级建制，辖 3 个公社、3 个街道办事处。

7 月 15 日，延安地区革命委员水电局成立。

10 月，延安红旗水库（后改名王瑶水库）正式动工，总库容 2.03 亿立方米，集水面积 820 平方千米，坝址位于延河一级支流杏子河流域安塞县王窑公社陈子沟村。地区动员受益区安塞、延安、延长等县 1 万余名民工参加大会战，地区革命委员会副主任高兴海任工程总指挥和工程党委书记，地区水电局局长郭济任副指挥。

是年，延长县杨家沟、李家湾水电站（均在延河干流）动工修建。延长县农机修造厂试制成功 3BA-9 型三联泵。延安地区贯彻国务院北方农业工作会议精神，掀起群众性农田水利建设高潮。

1971 年

2 月 5 日，《人民日报》报道延安县小寺沟村为黄河中游治山治水典型。

10 月，成立延安地区水利机械施工队。

1972 年

3 月 13 日，国务院批准延安城区改为延安市，10000 余人集会庆祝。

6 月 23 日，王瑶水库大坝达到 40 米拦洪高度，工程指挥部召开大会，纪念毛泽东主席来王窑村 36 周年，号召全体指战员向最终坝高 55 米冲刺，同时，将“红旗水库”改名为“王瑶水库”。

9 月 20 日，王瑶水库大坝主体工程完工。21 日，参建干部民工和周边群众 10000 余人隆重举行主体工程竣工典礼，延安地区革命委员会主任许效民剪彩通水。

10 月，中央工作组王震视察陕北，指出榆林、延安为尽快改变农业生产面貌，首先必须改变农业生产基本条件，就是要大搞农田水利基本建设。

10 月，延安县孙台水库动工，位于延河支流蟠龙川上游，设计库容 1475 万立方米。

是年，延长县决定筑建县城北洞渠涵洞，用于防汛和防空。位于延河下游的延长县阎家滩水电站工程下马，2000 多名民工，耗时 200 余天，投入工日 35 万个、资金 32 万元。

1973 年

3 月，陕西省水土保持局、西北水土保持研究所与地区水电局合作，在延安县农机厂帮助下，研制成第一台冲土水枪，用于水库、淤地坝施工。

4月14—26日，黄河治理领导小组、水电部、农林部在延安召开黄河中游水土保持工作会议，甘、宁、蒙、晋、陕5省（区）水土流失严重的22个地（盟、州、市）、116个县和部分水土保持先进单位代表参加。

6月9日，国务院总理周恩来陪同越南领导人黎笋、范文同来延安访问，延安3万多人夹道欢迎。周恩来总理去往宝塔山时，座车陷入河水，周边欢迎总理的群众一起动手把汽车抬上河岸。周恩来向延安地区领导作了“三年变面貌，五年粮食翻一番”的指示。1974年，在南川河入汇延河处建成宝塔桥，桥长89米，高8米，宽7米。

7月16日至8月16日，延安地区农业办公室在安塞县茶坊大队召开北八县关于落实周总理指示“三年变面貌，五年粮食翻一番”的规划会议，决定在安塞县茶坊、方塌两个生产队规划试点。

1974年

2月，延安地区水电工作队和延安地区水土保持工作队成立，均为科级事业单位。

6月1日，延安南河宝塔山公路桥建成通车。

9月，王瑶水库泄洪洞工程开工，位于大坝左岸，总长738.9米，泄洪流量79.0立方米每秒。

是年，延长县水电局在七里村公社张义夫子村打大口井2眼，开发利用浅层地下水，效果好；李家湾水电站、杨家沟水电站竣工，后呼家川原水轮泵站改建为40千瓦水力发电站，至此，在延河干流建成4处水电站，总装机925千瓦。

1975年

6月，延长县西河子沟水库垮坝，冲毁西门外大桥、水电站、粮站和13户居民住宅，直接经济损失70万元。

8月10日，撤销延安县，并入延安市。

10月15日，延安地区革命委员会批转延河流域指挥部《关于搞好延河流域规划的几点意见》。

11月10日，延安地区革命委员会发出《关于立即行动起来，迅速掀起以改土治水为中心的冬季农田基本建设新高潮的紧急通知》。

是年，国务院授予志丹县“农业学大寨”先进县。

1976年

1月1日，延安王家坪延河大桥建成通车。

3月29日至4月4日，延安地区水电工程基建会议召开，地委书记李浩到会讲话。会议议定《关于办好水电基建工程试行意见》。

6月8日，延安地区开展机井与排灌机械普查。

12月10日，志丹县杏河公社米老庄沟进行定向爆破筑坝试验，用27吨炸药，炸开土石方7.8万立方米，筑成27米高土坝。

1977年

5月6—19日，黄河中游水土保持工作第二次会议在延安召开，由水电部、农林部、治理黄河领导小组主持，晋、陕、青、宁、蒙、甘6省（区）500多名代表参加会议。

7月5—6日凌晨，延安北部地区发生特大暴雨，暴雨中心在安塞县招安公社王庄村，24小时降水量达400毫米。6日凌晨，延河杨家湾水文站实测洪峰流量7200立方米每秒，甘谷驿水文站实测洪峰流量9050立方米每秒，调查洪水延安东关大桥洪峰流量8800立方米每秒，延安市区北关、东关、南关被淹，王家坪大桥冲垮两孔，机关单位、居民大量房屋毁坏，死亡134人，延河川道17.8万亩农田水毁，交通、通信、水利、电力设施损失惨重，直接经济损失约1.26亿元，原陕甘宁边区特等劳动英雄杨步浩遇难。灾情发生后，中共中央、陕西省委发来慰问电，陕西省委第一书记李瑞山等来灾区慰问群众，研究制定救灾措施，发动干部群众重建家园。王瑶水库在此次特大洪水中拦截杏子河上游洪峰流量2620立方米每秒，避免下游更大洪水灾难。

8月14日，延安地区革命委员会批转地区防汛指挥部《关于认真贯彻省防汛工作会议精神，进一步做好防汛工作的意见》，提出建立健全防汛指挥机构，贯彻以防为主、防重于抢、有备无患的方针。建议水文部门增设沿河湾、柳河川、杜甫川永久报汛站。

11月22日，延长县在修复杨家湾水电站厂房时，突然发生梁断顶塌事故，死4人，重伤6人。

1978年

1月22—26日，地、县（市）水电局长座谈会在延安召开，研究制定高速度、高质量大搞农田基本建设的措施，落实1978年目标任务。2月12日，延安地区革命委员会转发《延安地、县（市）水电局长座谈会纪要》。

3月，延安地区水利系统组织430人开展水利工程大检查，对1970年以来建设的70项重点水利工程“会诊”，提出整改意见，以充分发挥工程效益。检查工作用时半年。

6月，延安地区革命委员会撤销，恢复延安地区行政公署。

11月，在延安城区附近增设沿河湾、高桥、杜甫川、沟门4处防汛报汛站。

1979年

3月24日，中共延安地委发出《关于加强农田基本建设的决定》。

6月23日，延安市延河水泥厂动工，市级123个单位和农田基建专业队1500人参加修建，大干40天建成投产，年产水泥3000吨，主要用于农田水利工程。

7月5日，王瑶水库库区进行生产性飞播造林，试播面积25138亩。

8月18—25日，中共延安地委、行署召开全区重点流域治理现场会。

1980年

1月21—26日，召开全区水电局长座谈会，确定水利建设工作转入“以加强经营管理，讲究经济效益为中心，挖潜配套发挥现有水利设施作用”的轨道。

4月，黄土高原水土流失综合治理科学讨论会在西安召开，延安市被列为黄土高原14个科研基地之一。

5月，王瑶水库泄洪洞建成。

11月3—7日，延安地区水电局召开全区水库工程管理座谈会，参观了王瑶水库、幸福水库。

1981 年

5 月 12—16 日，延安地区水利水保工作座谈会召开，制定水利水保建设管理办法。

9 月 15—21 日，安塞县连续 5 天 5 次降冰雹，8 个公社受灾面积 2.9 万亩。

10 月 7—16 日，中共延安地委、地区行署召开北七县流域治理流动现场会，地委书记李森桂到会讲话，与会代表参观了安塞县坪桥公社尧沟大队林场和延安市李渠公社中庄流域等治理典型。

是年，延长县刘家河公社书记张明庭，带领干部群众种植山地水平沟小麦获得丰收，西苏家河村 300 亩山地水平沟小麦，平均亩产 106 公斤，比原地平中小麦亩产 54 公斤增产近 1 倍。

1982 年

1 月 14 日，中共陕西省纪律检查临时委员会发出《关于中央纪委对延安市 1977 年洪水灾害中反侧干部处分批复的通知》，撤销张士杰地委常委职务，给予地委常委刘静严重警告处分、地委副书记慕锡章开除党籍处分。

3 月 26 日，地委常委会研究决定，王瑶水库管理处由县级降为科级建制。

7 月，中国科学院陕西分院、西北水土保持研究所对杏子河流域的气象、土壤、植被、林业、畜牧等进行综合考察。

是年，延安地区水利水保局组织对全区 64 项重点水利工程“三查三定”（查安全，定标准；查效益，定措施；查多种经营，定发展计划）。

1983 年

4 月 12—16 日，延安地区行署召开全区重点小流域治理工作座谈会。

8 月 3—11 日，中央在延安召开北方干旱地区农业生产工作会议，中共中央总书记胡耀邦来延安视察并到会讲话。21—29 日，全国水土保持工作学术讨论会在延安召开。

10 月 5—7 日，埃塞俄比亚水保考察组一行二人来延安上砭沟、碾庄沟、孙台水库考察。

11 月 5 日，陕西省水土保持责任制经验交流会在延安召开，参观延川县丰柏胜和延安碾庄户包治理小流域，在全省推广以户承包治理小流域。

11 月 30 日，中共延安地委、延安地区行署发出《关于大力推行户包开发治理小流域的决定》（延地发〔1983〕83 号）。

1984 年

5 月，陕西省政府向农业部报送《陕西省延安杏子河流域综合治理工程向世界粮食计划署提出援助正常开发项目的申请书》。

7 月，安塞县城马家沟大桥落成，桥长 79.9 米，宽 9 米，是延河上游跨度最大的水泥石拱桥。

9 月 8—12 日，加拿大多伦多大学地理系教授陆兆熊来延安考察小寺沟、冯庄沟、上砭沟、南泥湾等水保治理典型。

10 月 12—17 日，陕西省户包治理小流域现场会在延长县召开，参观延安市柳林乡王家沟、麻庄沟和延长县安沟乡多海村等15个户包治理小流域典型。行署副专员呼三作大会交流发言。

1985年

5月11日至6月15日，安塞县镰刀湾、王家湾等11个乡（镇）遭受暴雨袭击，死亡5人，倒塌房窑47间（孔），水毁小型库坝74座、公路73千米。

8月2日，安塞县遭受特大冰雹袭击，雹大如拳，持续20分钟，鸟兽被打死，树木腰折，受灾7个乡（镇），2.1万人。

11月，陕西省水保局主持对延安市碾庄沟流域验收，碾庄沟流域从1981年被列为陕西省重点治理小流域，治理期5年，新增治理面积21.53平方千米，各项治理指标达到验收标准。

1986年

1月28日，延安地区行署决定成立延安杏子河流域治理指挥部，副专员姚代明任指挥，办公室设在地区水利水保局，县级建制，负责日常治理工作。

4月3日，黄河中游治沟骨干工程会议在延安召开，工程投资列入国家基建项目，延安地区首批列入6座治沟骨干工程（含延安市柳林乡克来沟、安塞县沿河湾乡寺崾险）。

4月，延长县黑家堡自流引水灌溉工程开工，计划总投资70万元，干渠长12.9千米，8次穿越延河，控制灌溉面积7100亩。

5—6月，延安地区中北部县受旱面积达180万亩，地、县发动抗旱。

9月3日，延安地区行署印发《关于建立农田水利基本建设劳动积累工制度的决定》（延署发〔1986〕119号），规定每劳每年投入30个劳动积累工，用于新修基本农田、清淤渠道、修复水利设施和水保工程。

1987年

3月，世界粮食计划署将杏子河项目编号为WFP3225项目，9月通过评估。

7月5日，王瑶水库排沙，发生淤泥堵塞压力洞险情。7月9日，库内突降暴雨，堵洞更加严重，11日10时，国务院总理李鹏通过陕西省防汛办公室两次电话询问，指示要加快处理速度。10—16日，水利电力部、黄河水利陕西委员会、黄河中游管理局、陕西省防汛指挥部派员赶赴现场指导排险，延安地委、行署主要领导和地区水利水保局负责人蹲守县城指挥抢险，7月16日凌晨2时20分，全洞疏通，险情排除。

是年，延长县电力灌溉面积达到1.36万亩，电力抽水上塬工程49处。

1988年

1月，延安市（今宝塔区）麻庄流域克来沟坝，在黄河中游四省（区）水坠坝工程验收总结评比会上获优良工程，延安市水利水保局工程师韩振云被评为先进个人。

6月3日，世界粮食计划署在罗马召开的第二十五届会议，将中华人民共和国申请的杏子河流域综合治理项目列入援治项目。

12月5—6日，世界粮食计划署官员对杏子河流域综合治理项目准备工作检查后，批准1989年1月1日动工，执行期5年。

10 月 9—11 日，延安地区行署在延长县召开全区冬春农田水利暨流域治理现场会，参观延长县农田基建、水利修复、户包治理小流域典型。

1989 年

3 月 23 日，延安市延河流域河道青年绿化工程完工，万名青年 3 年植树 53 万株。

7 月 16 日，延河出现较大洪水，延安王家坪桥河段洪峰流量 2600 立方米每秒，延长县城河段洪峰流量 3100 立方米每秒。

9 月 12 日，中共中央总书记、国家主席、中央军委主席江泽民视察延安，强调自力更生、艰苦奋斗的延安精神没有过时，并题词“延安精神永放光芒”。

11 月 29 日，延长县人大常委会审查通过《西河子沟流域水资源保护办法》。

是年，志丹县被陕西省政府授予“农田水利建设先进县”称号。

1990 年

4—7 月，延安地区水利水保局主持，分别对王瑶水库除险加固工程进行逐单项（土坝、输水洞、渠首倒虹、泄洪洞）验收。

9 月 22 日，安塞县腰鼓队在北京举行的第十一届亚洲运动会开幕式上表演。

11 月 20—21 日，中共中央政治局常委、国务院总理李鹏来延安视察，给延安革命纪念馆题词“发扬延安精神”。在延安期间，视察延安市柳林乡三十里铺村果园和万花乡肖渠农田治理工地。

11 月，世界银行立项延河流域综合治理项目，由水利部筹划，国家计划委员会立项，向世界银行申请贷款。

12 月，延安地区成立延河流域治理规划领导小组，开展项目前期工作。

1991 年

5 月，世界银行考察团首次考察延河流域治理项目。考察团成员有世界银行亚洲技术局农业处处长哥瑞姆肖、世界银行驻中国代表处副代表万德东、中方职员邹幼兰和世界粮食计划署驻北京办事处执行主任乔布尔。水利部、黄河水利委员会及省、地有关负责人陪同，对延河流域进行为期 3 天实地考察。

6 月 11 日，国务委员、国家科委主任宋健在陕西省副省长姜信真陪同下，视察杏子河流域治理。

10 月，世界银行水利专家威廉·史密斯来延安考察碾庄沟和兰家窑科流域等淤地坝建设情况。

11 月初，世界银行专家考察团团长格瑞姆肖一行来延安审查延河流域治理项目准备工作，先后考察延长县兰家窑科流域和地区水保工作队苗木基地。

11 月 8—13 日，世界银行考察团与延河流域项目规划工作人员座谈，评价规划准备充分，资料齐全，规划合理。

1992 年

3 月 22—28 日，世界粮食计划署官员乌达亚，在驻华代表处助理官员高静红、李芳红陪同下，考察安塞县、志丹县 3225 项目区的 9 个治理点。乌达亚评价道：看到了你们的治理情况，感到非常好，我非常高兴，希望你们继续努力。他对项目工作人员努力工作表示感谢。

4 月 29 日，世界粮食计划署监测评价官员赵地花会同中国科学院杜晓山、朱刚来延安，对 3225 项目区农民生产、生活水平进行抽选调查。选择项目区内安塞、志丹、靖边县共 40 户农民。调查内容包括农户的家庭成员组成、文化层次、生活基本条件、固定资产、经营土地面积与利用方式、生产投入、粮食产量、经济收入、生活消费、参加项目活动的收益状况等。对调查结果表示满意。

5 月 22 日，全国水资源与水土保持领导小组、水利部、中国水利电力工会全国委员会授予延安地区水土保持工作队“全国水土保持先进单位”称号，白如胜（志丹县水利水保局局长）“全国水土保持先进个人”称号。

10 月，安塞县被水利部列为水土保持行政执法试点县，试点期 1 年。行署在志丹县召开全区冬春农田水利基本建设现场会。

是年，世界粮食计划署、捐赠国与世界劳工组织等七批 30 人次的专家和官员，来延安考察评估 3225 项目，称赞“3225 项目是中国政府和 WFP 合作的最杰出的典范”。

1993 年

3 月 26 日，延安地区水利水保局会同地区环境保护局，联合成立查处长庆油田采油一厂污染王瑶水库专案组。6 月 22 日，依据有关法规作出处理决定：立即停用王瑶水库的水，水库、河道与桥涵堆积物限期清理完毕，并按规定罚款，对因石油开采所造成的水土流失，按有关水土保持法规进行处罚，并进行补治、补偿渔业损失费。

8 月 3 日，延河流域安塞、延安、延长突降暴雨，4 小时降水量延安市 100.2 毫米、安塞县 88.2 毫米，延安延河流量 1720 立方米每秒。造成 10 多万人受灾，因洪水死亡 13 人，受灾农作物 30 多万亩，农田、淤地坝、渠道、公路、电力、学校设施多处受损，减产粮食约 3000 万千克，直接经济损失 1.57 亿元。灾情发生后，陕西省委、省政府即刻发来慰问电，省政府副秘书长黄广文带队来延安指导抗洪救灾。农业部派来救灾工作组。地区各级抽调 1500 多名干部职工及武警抗洪救灾，民政部门安排 50 万元救灾款，粮食部门济粮 10 万千克，各界人士捐款 5.7 万元，衣物 3287 件。

8 月至 11 月，世界银行通过延河流域治理项目的预评估和评估。

1994 年

1 月 14 日，中共延安地区地委、延安地区行署表彰 1993 年度农田水利工作先进单位，志丹、洛川、安塞县人民政府获特等奖。

4 月，中国代表团与世界银行代表就延河治理项目的《信贷协议》《项目协议》《项目评估报告》和《项目纪要》进行谈判并达成协议。

5 月 27 日，世界银行执行董事会审议通过延河项目，6 月 28 日签约，10 月 3 日生效。议定项目 8 年治理水土流失面积 1317.7 平方千米，世界银行提供贷款 2800 万美元。国内匹配 1.61 亿元人民币，贷款期 30 年，宽限期 8 年。

8 月 18 日，延安城区延河嘉岭大桥建成通车。

8 月 30—31 日，吴旗、志丹、安塞、子长、延长等 5 县（市）突降暴雨，造成洪灾。延河延安站最大洪峰流量 2760 立方米每秒。

10 月 1 日，安塞腰鼓队在北京参加中华人民共和国成立 45 周年庆祝活动。

1995 年

1 月，延安地区行署发文表彰 1994 年度水利建设先进单位，志丹、安塞县人民政府获特等奖，各颁奖牌一块，奖金 10000 元。

5 月 21 日，陕西省政府副省长王双锡带领全省绿化灭荒会议代表，参观延长县七里村、罗子山治理点绿化灭荒成果。

7 月 7 日，延安地区中级人民法院对延安市自来水公司拒缴水资源费一案作出裁决：认为地区水行政部门的处罚决定，认定事实清楚，适用法律准确，程序合法，应予执行。即日遂强制划扣该公司银行存款 17 万元，其主动缴纳 17.9 万元。案终。

是年，志丹县、延安市（今宝塔区）政府被评为 1995 年度陕西省“水利振兴杯”考评竞赛先进县市。

1996 年

2 月，农业部、林业部、水利部联合授予陕西省（WFP3225）延安地区杏子河流域综合开发项目为联合国粮食计划署援华项目优秀项目称号；授予延安 3225 项目办公室先进单位称号；授予刘贵祥（延安 3225 项目办公室主任）先进工作者称号。

2 月，延安地区行署设“水利延河杯”奖。安塞、吴旗、延长、甘泉、宜川县人民政府为 1995 年度夺杯先进县，分别奖“水利延河杯”一尊，奖金 10000 元。

4 月，水利部部长钮茂生在陕西省省长程安东陪同下，来延安调研水利工作，共同作出建设延安王瑶水库供水工程的决策。

5 月 17 日，延安地区行署成立地区“甘露”工程指挥部，行署专员张志清任总指挥，副专员孙志明任副总指挥，办公室设地区水利水保局，毛华健任主任。一期工程计划 3 年（1996—1998 年）解决 23.24 万人农村人口饮水困难。

6 月 29 日，水利部部长钮茂生再次来延安调研工作，并派送水利部 7 名干部来延安挂职锻炼，其中蒋旭光任延安地区行署副专员。

6 月 12 日 17 时 22 分，延安王瑶水库泄洪洞压力洞发生堵塞事故，地区水利水保局局长兼防汛指挥部办公室主任毛华健带领人员，现场组织除险，经过 38 小时奋力抢险，终于使泄洪洞疏通。国务院、国家防汛抗旱指挥部、陕西省政府、陕西省防汛抗旱指挥部办公室多次来电询问指导。

7 月 3—13 日，水利部水利水电规划设计总院在延安召开《陕西省延安王瑶水库供水工程可行性研究报告》审查会议。工程总概算 15614 万元，由水利部、陕西省政府、延安地区共同出资建设。

9 月 1 日，陕西省水利厅、财政厅、物价局联合印发《关于石油开采用水量定额标准请示报告的答复意见》，同意延安地区提出的石油用水量的确定应执行国家经贸委 1984 年颁布的《工业各行业用水量定额标准》的意见。

9月3日，延安地区水利水保局、财政局、物价局在安塞县召开“贯彻两厅一局批复加强石油开采用水征费工作现场会”。要求安塞县依法尽快对长庆油田采油一厂采油用水征费。

10月1日，延安市（今宝塔区）政府在延安延河大桥下游300米处修建橡胶坝开工，坝高3米，占用河道面积151亩，可形成10万平方米水面，供人休闲。是年11月底完工，总投资150万元。后因碍洪、污水处理等原因拆除。

10月3日，延安王瑶水库供水工程破土动工，由陕西省水电工程局总承包施工。17日，陕西省省长程安东、副省长王寿森、水利部副部长朱登铨及陕西省水利厅、延安地区有关领导出席开工典礼。

11月6日，毛泽东铜像从大连运抵延安，安放在王家坪延安革命纪念馆，地市领导与延安各界群众一起迎接。

1997年

1月17日，延安地区撤地设市，延安地区行政公署改作延安市人民政府；原延安市改名为延安市宝塔区。

1月至6月，水利部为庆祝党中央、毛主席进驻延安60周年，祝贺延安撤地设市，支援老区水利建设，分两批赠给延安市、县（区）两级水利水保局越野车14辆，赠延安革命纪念馆金杯面包车1辆。

4月，人事部、水利部授予延安市水利水土保持局“全国水土保持先进集体”称号。

5月，水利部颁发给延安市水利水保局“服务社会造福人民文明服务示范单位”奖牌。

6月16—21日，国务院副总理姜春云来延安、榆林，对陕北地区治理水土流失和建设生态农业情况进行调查，随后将“关于陕北地区治理水土流失，建设生态农业的调查报告”呈报中央并国务院，建议1997年全国农田水利基本建设会议在陕北召开，学习推广榆林、延安的经验。

8月5日，中共中央总书记江泽民在国务院副总理姜春云《关于陕北地区治理水土流失，建设生态农业调查报告》上批示，号召“再造一个山川秀美的西北地区”。12日，国务院总理李鹏在调查报告上批示，建议根据江泽民总书记指示精神，组织有关部门，提出一个治理黄土高原水土流失的工程规划，争取15年初见成效，30年大见成效。

8月29日至9月1日，国务院在延安、榆林召开全国治理水土流失建设生态农业现场经验交流会。姜春云副总理作大会报告。陕西省省委书记李建国、省长程安东，全国各省、自治区、直辖市政府分管农业领导和国务院有关部门领导，部分专家学者参加了会议。与会代表在延安参观了延河流域项目区枣花、罗沟、贺沟口流域治理现场。延安市市长刘孝文进行大会交流发言。

11月15日，延安王瑶水库供水工程全部完工。

12月4日，水到延安城，试通水一次成功。

12月26日，延安供水工程举行竣工通水典礼。水利部部长钮茂生，陕西省省长程安东、副省长王寿森及陕西省水利厅、延安市领导出席。

1998 年

4 月 22 日，延安市王瑶水库供水工程处与宝塔区自来水公司签订供水协议，正式向延安城区供水。

6 月，延安市体制改革委员会组织本市城建、水利部门及延安江河供水有限责任公司和宝塔区自来水公司，共同制定出《延安市城区供水一体化管理改革方案》，延安市政府行文上报水利部。

9 月 5—23 日，以伏格乐为团长的世界银行预评估团分北线、南线、综合三组，对中国黄土高原水土保持世界银行二期项目进行预评估。延河流域治理二期项目顺利通过。

9 月 15—18 日，世界银行专家史密斯和李娅分两组对延河一期项目执行情况和二期准备情况进行实地考察，包括农户范围、林草措施、工程措施，走访监测农户、二期项目超前示范治理点，进行座谈讨论。

9 月 19—23 日，世界银行中央项目办主持召开二期项目预评估总结会。世界银行预评估团认为，一期项目实施是成功的，取得了明显效益，并创造了一些新的治理模式，积累了新的治理经验。二期项目资料翔实，规划合理，准备充分，当地政府和农民积极性很高，前景很好，并决定 1999 年 1 月对二期项目正式评估。

1999 年

3 月，陕西省政府召开专项会议，议定世界银行贷款延河流域二期项目。

4 月 9 日，由财政部、国家计划委员会、水利部、黄土高原世界银行贷款项目中央项目办，以及陕、甘、晋、蒙四省（区）财政、计划委员会、水利世界银行项目办共 18 人组成的谈判代表团，在华盛顿世界银行总部就“黄土高原水土保持二期世行贷款项目” 进行为期 5 天谈判，对建设内容、贷款额度、项目管理等形成共识。5 月，世界银行执行董事会批准“黄土高原水土保持世行贷款二期项目”。

5 月，黄河上中游管理局在延安召开黄河流域治沟骨干工程暨淤地坝产权制度改革工作会议。

6 月 17 日，中共中央总书记、国家主席、中央军委主席江泽民考察黄河首站到壶口。考察期间指出，21 世纪即将到来，我们必须抓紧思考一个问题，即如何从战略高度，进一步把黄河的事情办好。把黄河水害治理好，把黄河水资源利用好，把黄河生态环境建设好，对实现我国现代化建设跨世纪发展的宏伟蓝图具有十分重大的战略意义。

8 月 5—9 日，中共中央政治局常委、国务院总理朱镕基在陕西省委书记李建国、省长程安东和国家林业局局长王志宝等陪同下，来延安考察治理水土流失和生态环境建设情况，在宝塔区燕沟流域，朱镕基对陪同的同志说：“黄河上中游各省、区应采取退耕还林（草），封山绿化，个体承包，以粮代赈等措施，动员广大人民群众，大搞植树种草，改善生态环境，为根治黄河奠基，造福子孙后代。”朱镕基总理在延安提出的“十六字措施”，为全国退耕还林制定了基本的工作思路。

9 月，延安市山川秀美工程办公室成立，与市延河流域治理办公室（世行办）合署办公，一套机构、两块牌子，负责全市山川秀美工程建设工作。

10月14日，中共延安市委、市政府向陕西省委、省政府呈报《关于今秋冬山川秀美工程建设安排意见的报告》（延市发〔1999〕）15号）；16日，市委、市政府作出《关于实行封山绿化，舍饲养畜的决定》。

11月1—4日，世界银行和中央项目办在西安举办“黄土高原水土保持二期世行贷款项目启动班”。结束后，以世界银行项目经理伏格乐为团长的世界银行检查团到延安项目区实地检查。

11月7—8日，全国人大常委会副委员长何鲁丽带领在京的84名第九届全国人大代表来延安视察山川秀美工程及减轻农民负担等工作。

11月9—19日，世界银行检查团检查黄土高原完成的工程，并于21—22日在西安召开“黄土高原水土保持世行贷款项目检查总结会”。

是年，延安市王瑶水库获陕西省政府陕西省大中型水域银鱼移植增值技术推广一等奖。

2000年

4月19—23日，中共中央政治局委员、书记处书记、国务院副总理温家宝来延安考察工作，先后到子长、延川、宝塔区考察春耕生产、防沙治沙、生态建设工作。

5月27—28日，全国政协主席李贵鲜率领全国政协常委视察团来延安，在水利部、林业部等部门领导、陕西省政协副主席朱振义、延安市政协主席姚代明等陪同下，视察水利基础设施、农田基本建设、流域治理、建设秀美山川和确保农民增收等工作。

6月7日，延安市宝塔区河道管理处整体上划延安市水利水保局管理。上划后更名为延安市区河道管理处，为事业性质，科级建制。宝塔区城区防洪指挥部办公室整体上划延安市水利水保局管理。上划后更名为延安市城区防汛指挥部办公室，为事业性质，副县级建制。

6月，长庆油田采油一厂坪（桥）沿（河湾）段输油管道发生特大原油泄漏事故，造成部分河道污染。

9月6—22日，世界银行检查团对延河流域一、二期项目实地检查。

10月17日，中央金融工委绿色环保行动——枣园、河庄坪“会员林”工程启动，由中央金融工作委员会女职工捐款100万元，计划造林5000亩。

2001年

5月，陕西省水利厅在延安主持召开延安市王瑶水库供水工程竣工验收会议。经对94个分部工程验收，全部合格，其中90个评为优良。供水工程整体评为优良工程。

7月，安塞县侯家沟、任台、马家沟，宝塔区梁家沟、燕沟、罗沟、庙沟，延长县高新台、糜草坬、沙家沟等10条流域被命名为全国水土保持生态环境建设“十百千”示范工程。

8月29日，中共延安市委、延安市政府在延安召开全市“山川秀美”工程建设工作会议，市委书记王侠发表讲话，市长张社年主持会议，总结交流四年工作，安排部署下一阶段治理。

10月1日起，延长县实行全县封山禁牧。

12月31日，延长县王家河水厂一期工程竣工，开始向县城供水，解决县城3万人生活用水问题。

2002 年

3 月 29 日，中共中央总书记、国家主席、中央军委主席江泽民视察陕西工作期间，来延河治理项目区黄蒿湾流域视察治理工作。

7 月 4—5 日，延河流域发生较大洪水。7 月 4 日，延河一级支流蟠龙川青化砭洪峰流量 2000 立方米每秒；7 月 5 日，延河干流沿河湾洪峰流量 2700 立方米每秒，杨家湾 1900 立方米每秒，甘谷驿 2000 立方米每秒，对沿河区域工农业生产和交通通信等造成损失。

7 月 16 日，时隔三年，国务院总理朱镕基再次来到延安，与同来的国务院副总理温家宝，视察宝塔区川口镇党庄流域和柳林镇燕沟流域，听取宝塔区退耕还林工作汇报，对延安市退耕还林工作予以充分肯定。

8 月 14 日，水利部副部长敬正书、陕西省副省长王寿森在陕西省水利厅厅长彭谦陪同下，考察宝塔区碾庄沟、新庄科流域治理。

9 月 8—14 日，受世界银行委托，联合国粮农组织（FAO）组成项目验收团，对延安黄土高原水土保持世界银行一期贷款项目进行全面检查验收。

9 月 20 日，以项目经理伏格乐为团长的世界银行检查团，对延安黄土高原水土保持二期世界银行贷款项目进行年度检查。

9 月 22—24 日，全国人大农业委员会、环境与资源保护委员会、陕西省政府、水利部、农业部、国家林业局、中国科学院，在延安召开“加强生态建设再造秀美山川座谈会”。中共中央政治局委员、全国人大常委会副委员长姜春云应邀出席并讲话，全国人大农委主任委员高德占、环境与资源保护委员会主任委员曲格平、陕西省委书记李建国、代省长贾治邦、陕西省委常委、延安市委书记王侠、省人大常委会副主任刘枢机、副省长王寿森等领导参加。9 月 23 日下午，在延安举行“陕北水土保持生态建设示范区启动仪式”，姜春云、李建国、贾治邦为启动仪式剪彩。

10 月 27—30 日，陕西省水利厅在延安召开陕北暨渭北地区冬春农田水利基本建设现场会。陕西省水利厅厅长彭谦、副厅长李润锁，延安市副市长李瑞支等出席会议。延安市市长张社年看望与会人员。

11 月 12 日，长庆油田采油一厂谭家营集输站孟新庄处发生重大原油泄漏事故，约 50 吨原油流入延河，10 千米河段严重污染。

2003 年

3 月，延安市水利水保局与中国水利水电科学研究院合作，编制完成《延安市黄土高原地区水土保持淤地坝建设总体规划（2003—2020）》。

6 月 17 日，中国干部学院在延安举行开工典礼。学院地址位于宝塔区枣园镇延河支流西川河滨。

7 月 21—22 日，陕西省淤地坝建设管理暨防汛工作现场会在延安召开。陕西省水利厅厅长谭策吾主持会议并讲话。延安市副市长李文浩代表市委、市政府致辞，副市长刘广全陪同参观考察。黄河水利委员会水资源保护局副局长熊维新、黄河上中游管理局副局长陈伯让、水利部发展研究中心处长王新义等在会上发言。

10月25日，延安城区防洪工程开工。

是年，安塞县实现“万棚蔬菜基地县”目标。

2004年

3月8日，《延安市市区河道管理暂行办法》经延安市政府常务会议讨论通过。《延安市市区河道管理暂行办法》规定，延安市区河道管理处管理范围为：南川至三十里铺，西川至裴庄村，北川至河庄坪乡政府，杜甫川至张家坪。

5月20日，延安黄土高原水土保持世界银行贷款项目荣获世界银行行长优秀项目执行奖。

5月26日，兰州军区副司令员邹庚壬、副政委张秋祥、副参谋长刘登云、政治部副主任刘喜廷以及陕西省委副书记董雷、国务院有关部局领导来宝塔区枣园镇庙咀沟观摩流域综合治理成果。

7月5日，中央电视台《对话》栏目采访世界银行行长沃尔芬森，他高度评价黄土高原水土保持世界银行贷款项目，特别是延安项目区，他说：这是我在中国看到的很多项目中，最让我感动的一个。

9月，延安城区防洪工程一期工程4个标段全部竣工，完成投资1900万元，新建和加固堤防5.9千米。

10月，延安供水工程红庄调蓄水库主体工程完工投入运行，总库容952.80万立方米，兴利库容402万立方米，总投资6421.82万元。

2005年

3月25日，中共延安市委、市政府印发《关于加强基本农田建设的决定》，提出2005—2010年全市计划新修基本农田80万亩，延安市财政给予适当补助。

4月11日，延安市政府印发《延安市基本农田建设管理暂行办法》，规定市财政对宜川、延长、延川县新修基本农田每亩补助500元；宝塔区、子长县每亩补助200元；吴旗、志丹县每亩补助100元。

5月30日，安塞县沿河湾、高桥、真武洞、招安、王窑等7个乡（镇）遭受暴雨、冰雹、大风袭击，直接经济损失约6200万元。

5月，延安城区“两河（延河、南川河）”疏浚绿化工程开始施工，绿化总面积37.1万平方米，河道疏浚土方27.48万立方米，外运土方11.62万立方米，河道护栏、灯光、堤顶绿化1.78万米（含西川河），总投资1326.68万元，并规划在延安城区延河干流及支流修建梯级橡胶坝9座。

9月5日，黄土高原水土保持二期世界银行贷款项目竣工验收会在西安香格里拉饭店召开。以世界银行驻中国代表恩斯伯格为团长的验收团，通过实地调查一致认为，二期项目工程建设质量高，效益明显，再次给予与一期项目相同的“非常满意”的最高等级评价。

11月，王瑶水库除险加固工程新建泄洪洞完工。

2006年

4月，延河水景观工程延大橡胶坝建成，坝长111.2米，坝高2米，回水长度1374米，可蓄水 19 万立方米，水域面积约 8 万平方米。

6 月 12 日，由延长县张家滩镇居民、“土记者”郝文奎出资修建的王家河延河爱心桥建成通车。

9 月 12 日，延安城区防洪工程第二期工程开工建设。

10 月 12 日，延安市政府第 71 次常务会议研究了延安城区第二水源问题，决定采用“引黄济延”方案，由延川县延水关镇取黄河水，经延川县城、永坪镇，输送至延安市区。由延安市市长陈强担任领导小组组长，副市长李文浩、师合林任副组长，领导小组办公室设在延安市水利水保局，具体负责项目前期工作和工程建设、运行管理。

2007 年

1 月，延安市水利水保局委托中国水利水电科学研究院来延安实地踏勘，编制《延安市城市防洪与河道景观规划方案》及《两河绿化治理工程可研报告》。

9 月 10 日，延安干部学院堤防工程（延安西川河）开工，同年 11 月 15 日竣工。

9 月 28 日，延长县与山西大宁县合建的马头关黄河大桥建成通车。

是年，安塞县进入“陕西省县域经济发展十强县”。

2008 年

4 月，延安城区两河绿化工程（延河兰家坪大桥——嘉岭桥、南川河互通桥——延河交会口）开工实施，完成河道绿化面积 32.10 万平方米，植绿种类为冰草、小冠花、蜀葵、马蔺、黑麦草、爬墙虎等，摆设花盆 48 万盆，总投资 442.82 万元。

8 月，水利部在延安召开全国节水型社会建设试点规划大纲审查会。与会专家审查通过《延安市全国节水型社会建设试点工作大纲》，并报送水利部批准。延安市成为第三批全国节水型社会建设试点市。

10 月 3 日，中共中央政治局委员、中央书记处书记、中央组织部部长李源潮来安塞县指导开展深入学习实践科学发展观活动。

10 月 29—30 日，中共中央总书记、国家主席、中央军委主席胡锦涛在安塞县调研和指导深入学习实践科学发展观活动。

12 月 17 日，延安黄河引水工程开工奠基仪式在延川县延水关镇王家渠村举行。

2009 年

2 月，延安供水工程复线工程开工，8 月主体工程完成，安装管道 8.57 千米，完成投资 4678.5 万元，王瑶水库开始向红庄水库调水。

3 月 16 日，延安市政府召开“三山两河”治理与城区绿化工程专题会议，研究加快工程建设。市长陈强主持并讲话，副市长高春义、师合林参加会议。

7 月 30—31 日，水利部水土保持司在志丹县召开志丹县“全国梯田建设模范县”验收会议。验收组认为达到了“全国梯田建设模范县”的验收标准，同意通过验收。志丹县截至 2008 年建成基本农田 36.2 万亩，农民人均 3.32 亩，其中梯田面积 35.2 万亩，坡耕地梯田化率达到 85.9%。梯田建设质量达到国标要求，经济效益、社会效益和生态效益显著。其中，杏子河流域梯田规模大、标准高，受到各级领导和上级业务部门的充分肯定。

10月9日，延安市市长陈强主持召开延河水景观、南川河堤防整治工程设计方案讨论会。副市长高春义、师合林出席会议，市政府办公室、市发展和改革委员会、财政局、水利水保局、规划局、林业局、文化和旅游局、文物局、纠正行业不正之风办公室等单位负责人参加会议。

10月23—24日，水利部部长陈雷一行来延安，考察安塞、洛川两县的农村饮水、水土流失综合治理、县城供水、雨水集蓄利用、病险水库除险加固、节水灌溉以及水利部对口帮扶的具体项目。陕西省委常委、延安市委书记李希，陕西副省长姚引良，陕西省水利厅厅长谭策吾，延安市市长陈强，副市长高春义等陪同。

2010年

4月20日，延安市水利水保局、延安市水产站在延长县罗子山乡马头关举行黄河水生生物增殖放流仪式。

4月25日，安塞县马家沟水库开工，总库容203万立方米，主要功能为县城供水。

5月18日，中共延安市委、延安市政府印发《关于延安市人民政府机构改革实施方案》，规定延安市水利水土保持局改为延安市水务局。

11月16—17日，陕西省政府在安塞县召开全省冬春农田水利基本建设会议，副省长姚引良出席并讲话，与会人员参观安塞县农田治理现场。

12月，延河水环境治理工程宝塔山橡胶坝建成，位于延河干流嘉陵大桥下游150米处，坝长128米，坝高4米，库容46万立方米，回水长度2527米，水域面积22.68万平方米。

是年，安塞县自来水厂5万立方米蓄水池建成投用。

2011年

1月5日，延安市治沟造地工程建设座谈会在延安召开。

2月28日，延安市市区河道管理处主任卫玲被中华全国总工会授予"全国五一巾帼标兵"称号。

4月17—27日，市区河道管理处对延安城区倾倒垃圾严重的延河罗家坪段进行集中整治。昼夜清理外运建筑垃圾6.6万立方米。

11月2日，延安市政府在延川县马家河乡陈家河村举行"引黄济延"——延安黄河引水工程杨家山隧洞开工仪式。

2012年

5月29日，延安市水利工作会议召开，市上四套班子主要领导，各县（区）委书记、县（区）长，市级有关部门主要负责人参加会议，是延安市有史以来最高规格的水利工作会议。延安市市委、市政府出台《关于加快延安市水利改革发展的实施意见》。

6月，延长县安沟水库完工，安塞县马家沟水库建成投用。

9月3—4日，黄河中游水土保持委员会第十一次会议在延安枣园宾馆召开。水利部副部长刘宁、陕西省政府副省长祝列克、国家有关部委负责人和黄河中游七省（区）代表出席会议。与会代表参观宝塔区、延川县小流域综合治理和治沟造地现场。

11月21日，志丹县通过国家水土保持生态县建设评审。

2013 年

5 月 29 日，水利部淤地坝安全运行专项检查组到富县、宝塔、安塞检查淤地坝安全运行工作，给予肯定。

7 月，延安遭遇持续强降雨袭击，造成洪涝、滑塌、泥石流特大自然灾害。从 7 月 3 日到 26 日的 24 天内，出现了四轮强降雨，覆盖全市 13 个县（区）。其中，延河流域延长县 560.8 毫米、宝塔区 550.2 毫米、安塞县 462.5 毫米。

9 月 12—13 日，延安市全国节水型社会建设试点工作通过水利部组织的专家评审。

9 月 25 日，延安东关延河大桥加宽改造工程竣工。

11 月 23 日，延安市直水务系统 300 多名干部职工到延安新区植树，支援新区生态建设。

2014 年

1 月 24 日，水利部、全国节约用水办公室授予延安市第三批“全国节水型社会建设示范区”称号。

9 月 30 日，延安黄河引水控制性工程杨家山隧洞贯通，副市长杨霄等出席贯通仪式。

12 月 15 日，延安黄河引水工程取水口围堰填筑，工程全面开工。

是年，安塞县龙裕农民养殖合作社成立，位于安塞县砖窑湾镇段庄村，占地 150 亩，养殖水面 100 余亩，养殖鲤鱼、草鱼、鲢鱼等品种，年产约 10 吨。兼养殖白绒山羊等，合作社年产值 35 万元，带动 15 名农民就业。

2015 年

2 月 13 日春节前夕，中共中央总书记、国家主席、中央军委主席习近平回延川县梁家河看望乡亲们，在当年知青和群众打的淤地坝上跟大家说，淤地坝是流域综合治理的一种有效形式，既可增加耕地面积，提高农业生产能力，又能防治水土流失，要因地制宜推行。

4 月 15 日，黄河水利委员会副主任李春安一行在陕西省水资源保护局局长张秦岭陪同下，检查延安淤地坝安全运行工作。延安副市长杨霄、市水务局局长张强陪同检查。

10 月 27—28 日，陕西省水利厅厅长王锋检查延安黄河引水等工作，在延安召开现场办公会。陕西省委常委、延安市委书记徐新荣出席讲话。会议同意延安市“十三五”期间开工建设延河综合整治、引洛济延、王瑶水库加坝扩容、龙安水库等四大水利工程。并从省级水利前期费中一次性安排 1000 万元，用于支持延安四大水利工程前期工作。

12 月 2 日，延安市水务局与新加坡水专家讨论延河综合整治。

2016 年

1 月 24 日，水利部水利电力规划总院在北京组织召开“延安水生态文明建设规划大纲审查会”。院总工程师朱党生主持会议。延安市副市长张鸿，延安市水务局张强、杨庆晋等参加。

2 月 21 日，延安市政府与中国工程院院士王浩举行院士工作站签约仪式。陕西省委常委、延安市委书记徐新荣，省水利厅厅长王栓虎，市长梁宏贤等出席签约仪式。

2 月 22 日上午，延河综合治理工程建设动员大会在延安市宝塔区河庄坪镇解家沟举行。陕西省省长娄勤俭作动员讲话，省政协主席韩勇，省委副书记胡和平，省委常委、延安市委书记徐新荣，省人大常委会副主任安东，省政协副主席张社年，中国工程院院士王浩等出席，省委常委、常务副省长姚引良主持大会。大会提出使延河三年内面貌大变，五年内成为革命圣地美丽风景线。

5 月 7—9 日，全国水土保持重点工程督导和示范工程推进集中办公会在延安召开。水利部副部长刘宁、陕西省政府及各省水利厅、流域机构负责人 120 多人参加会议。参观了宝塔区薛张流域治理和延川县梁家河水保示范园。

8 月 15 日，延安西川河上游安塞县砖窑湾镇杨圪崂村突发局地点状短历时强降雨，20 分钟降水量达 54 毫米，引发山洪，导致 S303 省道过往车辆被冲走 5 辆，8 人死亡。

8 月 24 日，延安市委副书记、黄河引水工程协调领导小组组长薛占海检查宝塔段、延川段施工现场，现场研究解决问题。

2017 年

1 月 4 日，延安市委、市政府听取延河综合治理延安至安塞段治理方案以及 2017 年计划安排汇报。陕西省委常委、延安市委书记徐新荣，市长薛占海等领导出席。

3 月 19—20 日，水利部副部长田学斌来延安检查黄河流域防汛抗旱工作，先后去延川县梁家河村、王瑶水库、延安城区实地检查，并主持召开国家防汛抗旱总指挥部黄河流域防汛抗旱工作汇报会。

3 月 24 日，《延安市全面推行河长制方案》印发，由陕西省委常委、延安市市委书记徐新荣任总河长，市委副书记、市长薛占海任副总河长。

4 月 25 日，延安市委、市政府召开全市推行河长制暨延河综合治理推进会。

5 月 23—25 日，《中国水利报》《江河》杂志组织水文化专家考察延河流域。

7 月 21—22 日，延安市举办河长制专题培训班。水利部河长办处长刘小勇和省内相关专家授课。延安市副市长张鸿出席开班仪式，陕西省水利厅建管处处长刘春茂致辞。全省 11 个地市河长办负责人、延安市河长制成员单位负责人、13 个县（区）分管领导、水务局长、部分乡（镇）河长共 170 多人参加培训。

10 月 1 日，黄河引水工程黄延线（黄河取水口—延安）试通水成功。

11 月 9 日，延安市水务局组织首次对延河源头考察，对延河发源地地理位置、植被生态、河源出露形式、水量、水质、地质情况进行具体查勘，填补延河源头资料空白。

2018 年

2 月 28 日，延安市水务局党委印发《“千人治污大行动”活动实施方案》。全年集中督查督导水污染防治 400 余次，按月公开通报情况。

4 月 25—27 日，水利部老领导张春园、李昌凡、索丽生、綦连安、周保志一行赴延安考察水利建设情况。

5 月 18 日，陕西省水利厅厅长王拴虎一行到志丹县、宝塔区检查淤地坝防汛工作。

6 月 30 日，黄河引水工程正式向延安城区供水。

10 月，根据《延安市水务一体化改革方案》，延安供水公司、延安江河供水有限责任公司、延安市王瑶水库管理处、延安市红庄水库管理处、延安水务投资建设有限责任公司、延安黄河引水工程有限责任公司、延安市黄河引水工程建设管理处、延安南沟门水利枢纽工程有限责任公司、延安市南沟门水利枢纽工程管理处划转延安水务（集团）有限责任公司管理。延安市水务局对水务集团进行业务指导。

12月底，长庆油田缴纳延安境内自2009年1月至2015年4月拖欠的水土保持补偿费3.2亿元。

2019年

4月22日，《延河防洪保安与水生态治理重点项目规划》在郑州通过技术审查。

6月23—24日，陕西省委常委、延安市委书记徐新荣一行赴兰州考察对接白龙江引水工程，甘肃省原则同意将延安市吴起、志丹、安塞、宝塔4县（区）纳入受水范围。

7月4日，陕西省委常委、延安市委书记徐新荣调研延河流域河长制暨水污染防治工作。

10月23日，陕西省委书记胡和平调研延河流域综合治理甘谷驿段河道生态修复。

12月26日，延安市水务局局长张拴林被人力资源和社会保障部、水利部授予“全国水利系统先进工作者”称号。

2020年

5月，延安红庄水库—王瑶水库连通工程正式通水。

8月5日，延河发生2004年以来最大洪水，延安城区段洪峰流量约1000立方米每秒，延河滩面种植的部分花草受损。洪水过后，延安市水务局、水务集团组织人力清淤，恢复步道和绿化种植。

12月，安塞、宝塔、延长3县（区）取得县级水质检测资质认证书。

是年，延安市实施城市水保示范工程，完成节水型城市创建。河长制、湖长制工作被推荐为“全国河长制、湖长制工作先进集体”。延安新区绿化面积达到1066.67公顷，5条新老城连接生态廊道完工，生态修复区林地占比达到68%。

附　录

一、旧籍辑存

《水经注》节选

域谷水东启荒原，西历长溪，西南入于河。河水又南，合孔溪口，水出孔山南，历溪西流注于河。孔山之上有穴，如车轮三所，东西相当，相去各二丈许，南北直通，故谓之孔山也。山在蒲城西南三十余里。河水又右会区水。《山海经·西次四经》之首曰：阴山，西北百七十里曰申山，其上多谷、柞，其下多杻、橿，其阳多金、玉，区水出焉，而东流注于河。世谓之清水，东流入上郡长城。迳老人山下，又东北流。至老人谷。傍水北出，极溪便得水源。清水又东得龙尾水口，水出北地神泉障北山龙尾溪，东北流注清水。

清水又东会三湖水，水出南山三湖谷，东北流入清水。清水又东，迳高奴县，合丰林水，《地理志》谓之洧水也。故言高奴县有洧水，肥可爇，水上有肥，可接取用之。《博物志》称酒泉延寿县南山出泉水，大如筥，注地为沟，水有肥如肉汁，取著器中，始黄后黑，如凝膏，然之极明，与膏无异，膏车及水碓缸甚佳，彼方人谓之石漆。水肥亦所在有之，非止高奴县洧水也。项羽以封董翳为翟王，居之三秦，此其一也。汉高祖破以县之，王莽之利平矣。民俗语讹，谓之高楼城也。丰林川长津泻注，北流会清水。清水又南，奚谷水注之，水西出奚川，东南流入清水。清水又东注于河。

（注：文中“河”即“黄河”，“区水”“清水”即延河）

《延安府志（清康熙本）》

延安水利记[①]

（原志缺页）……抚民善政，未易更仆，数其大者。甫下车，适奉文开垦，羽檄频催，舆议沸然。时，绥、鄜、葭三州已有报垦成议。公拊膺叹曰：“延民得保家室者，非以除荒政耶！倘此令遂行，民必不免播迁，司牧者尚忍默默哉？”乃力阻三州，躬谒诸当事，具道延地难垦状，至再至三，且云：“宁失吾官，不敢累吾民。”当事者鉴其诚，遂罢开垦令。延民得免流离，三州亦赖以安堵。是我公之湛恩深泽，已沦浃十九城童叟肌髓中矣。乃犹谓，开垦之苦虽除，而灌溉之利未兴。遂遍历川谷，度其高下远迩，汲汲以水利为务。其在南郊，则于花石崖前后，凿石渠七十八丈，为土渠一里，引杏子河水，为水田百余亩，嘉其旧名，仍为“延利渠”。其在郊东，则于五里铺桥儿沟口，得小水，为土渠，治水田数十余亩；又二十里，见有水自南谷出者。南谷者，马嘶川也。其水距原壤不甚悬绝，因溯流而上可一里，高度形势，成竹在胸，指挥工匠，循山麓穿石渠二十丈，土渠二里，引水而北达于田亩，自川口折而东至蓬头村，凡五里，灌田可数百余亩。工作悉躬自督之，经费悉捐俸赉之，远购稻种散之，民俾以时，播而种之。比年来，行过其地者，见夫苗芃芃而获济济，竟易稷而稻，易旱而水矣。公顾而色喜。因闻之上宪，署抚军韪其事，锡嘉名为“利民渠”，公复手书，以勒诸石。

吁！延郡水利，亘古未闻。何忽见之今日耶？岂土脉与水势今忽异于昔所云耶？实唯我公怀利民之心，而复以明哲之识，坚其有为之力，故能排众论而破常格，创前此之未有，垂后世而无穷耳。则以今此开渠之心，洽诸此前罢垦之心，我公之为民谋者，其真无遗憾矣。夫是之谓能除大害，是之谓能兴大利，是之谓仁智勇之兼备。我延民之得遇我公也，其真有厚幸矣。

夫珑不敏，不能揄扬我公盛德，窃幸见所未见。因三沐三薰，记其始末，且以告我民之食其利者，物力祛惰拙之习，勤疏浚蓄泄之劳，世守而永赖之，以无负我公创始之深心云。

①原志书卷十《艺文志》缺第34页，本篇无题目，无作者，无开头。据嘉庆本《延安府志》吏略，清雍正七年（1729年），徐洹瀛任延安知府（继吴瑞），复延利渠，新开利民渠，引进稻种，倡导植棉。据本文所述内容，“公”应为徐洹瀛。作者待考。标题为校点所加，以便阅览。

乾隆《延长县志》（民国补抄本水利）

干谷驿在县城西七十里，有水地三地，引井沟河水南流入地。乾隆五十二年四月，驿人自修渠，长三十余步，今尚在。

塘子沟在县城西三十里，有水田二亩。嘉庆七年二月村人自修，引山根地边水南流入地，渠长二十余步，完全土工，今尚存。

张家园子村县城附近里许延河南岸，有水地二十五亩，系嘉庆二十四年该村民人自修，至今尚存。引用村东南湫台及城南翠屏麓间水，水流细微，每年四五月间天气亢旱，时有干涸。不足之虞。渠长约里许，土石参半，水经山麓下，绕西北张家山根入村灌田，由村户挨日轮干。

胡家村在县城西三十里，有水田四亩。道光六年九月村人修，引村边山根泉水南流入地，渠长二十步，今尚存。

王家仓村县城西六十里，有水地十一亩。咸丰十年二月村人自修，渠长半里，完全土工，引沟涧水南流入地。

安沟镇在县城南三十里，有水田二十亩。同治元年四月村人自修，引南沟水北流入地。渠长一里许，今存。

谈家湾在县城西八十五里，有水田十五亩。同治元年十月村人自修，引山谷水泉北流入地。渠长二里许，完全土工，今尚存。

蒲儿河村在县东北，距城五十里，有水田十五亩。同治二年九月该村人自修，今尚存。水源寺塬沟，经过大道河、蒲儿河、南河村马家河至交口镇入河渠，即顺水由西至东引入村地，计长里许，系土沟，颇灌溉。

北董家河村在县东北，距城五十里，有水地十二亩。同治八年四月该村民人自修，河水发源枣坪村，距村三里。东流郝家川关义殿、董家圪塄刘坪店、树槐坪入交口河。水流经过之地，石多土少，每年二三月间冰水融消，可引灌溉一两次，但收获稍差也。惟值天年亢旱，该水全涸，时兴时废，迄无定准。

老虎沟在县城东九十里，有水田九亩。同治十年五月村人修成，引北村沟水南流入地，渠长三里许，今存。

乔家石磕村在县城西南十五里，有水地十一亩。同治十年五月村人自修，渠长二十步，引泉水入地，今仍存。

苏家园子村在县城南半里延水南岸翠屏山东麓下，有水地十亩。同治十一年由苏姓自修，今仍在。引用村东苏家沟水灌溉，渠长百十丈，土多石少，水出苏家牙源山坡下，由东南入村。惟水嫌过少，每年夏间恒不足，该村居民又于地畔近河设置秤杆，以人力汲河水浇之。

张罗沟在县城西北六十里，水地八亩。光绪三年四月村人自修，引山根水南流入地，渠长里许，完全土工，今尚存。

马家河村在南河村东五里，有水地九亩。光绪五年村人自修，渠即南河水下游引入村地，今尚存。

南河村在蒲儿河村东南十里，有水地十三亩，系光绪八年民人李姓自修。渠水即蒲儿河河水，下流经过村边，由西南引入地内，计长一里，全系土工，今尚存。

史家沟在县城西北九十里，有水田九亩。引谷山泉水南流入地，光绪八年九月村人自修。渠长里许，完全土工，今尚存。

交口镇在县东北七十里南门外里，有水地十四亩。光绪十年镇民自修。引交口河水至地畔下，上筑一井案，置辘轳两架，以人力汲之，每日可灌二亩。光绪二十九年辘井废，至宣统末年尚未修复。民国二年春井重掏，又用辘汲水灌，今仍存。

瓦石头村在县城南四十里，有水田十六亩。光绪十六年二月村人修成。引岔口河水东入地，渠长二里许。

孙家河在县城南十里，有水田七亩，光绪十八年八月村人修成。引李家沟水东流入地，渠长二里许，今存。

谭家河村在县城东四十里，地临延水西北岸，有水地三十亩，光绪十八年八月村人自修。渠长百十步，村西北罗皮沟水南流入地，今存。

封家村在县城西十里，有水田五亩，光绪十九年三月村人自修，引塘子沟水东流入地。民国十年六月延水暴发，冲没殆半，今渠废未复。

关子口村在县城西南二十五里，有稻田二十五亩，光绪二十九年村人修成。

寺河村在县城偏西北四十里地，有地十亩。地在村北附近，光绪二十五年修成四亩，至宣统三年又修六亩，计共十亩。引沟水由北而南入地，渠长里许，沟水甚旺，灌溉尚足，今仍存。

大村在县城西南四十里，有稻地十二亩。光绪二十五年十月修成，就河道两旁滩地引水灌之。宣统末稻地仍存。民国初年临镇匪起，村人远逃，地即荒废，今仍未复。

史家背河村在县城西北九十五里，有水田十九亩，光绪二十六年三月村人自修。引村后山下泉水东流入地，渠长二里许，土工八成，石工二成，今尚存。

野狐子沟在县城西八十里，有水田七亩，光绪二十七年六月村人修成。引村北沟水流入地，渠长二里许，今存。

风伯神村在县城西北一百八十里，有水田三十二亩，光绪二十八年二月村人自修。引山谷泉水南流入地，渠长里许，完全土工，今尚存。

碾子河村在县城东北四十五里，有水地四亩，光绪二十八年三月村人自修。渠长八十三丈，完全土工，引村后沟水东流入地，今尚存。

槐林坪村在县城西五里，地临延水南岸，光绪二十九年县尹马兆森呈请由公署存仔种项下银九十五两，凿修水渠灌田，不久交卸。光绪三十年县尹余元章氏禀请延安府守特拨公款银三百两，开始凿修。是年正月下旬至五月初渠成，计可灌田数十亩，当时竟灌十三亩，渠长七百八十三丈，土工二成，石工八成。渠身累石高二丈至三丈不等，上宽三尺，下宽二尺，深二尺至三尺，系引村西北大村沟水，流长四十余里，源出吴家沟，经大村、乔家石磕等村，槐林坪即该水下流入延水，惟渠身不固，沟水暴发，即行冲毁水田，遂废。今所兴修者，祗村西沟水西北岸地十七亩，此系民国十年三月成。渠长里许，土石各半，仍引大村沟水西流入地。

槐树疙瘩台在县城西北八十五里，有水田二亩，光绪三十二年二月村人自修。引村沟涧水北流入地，渠长四十余步，完全土工，今尚存。

朱家湾村在县城东五里，有水地四亩，宣统二年三月，村人自修。引村南沟水入地，渠长半里。民国七年渠废，今未复。

泽草沟在县城西北一百五十里，有水田三亩，宣统二年三月，村人自修。引安河村沟水南流入地，渠长半里许，完全土工，今尚存。

刘家圪捞在县城西北一百八十里，有水田十四亩，宣统二年二月，引王家崖河水东流入地。渠长里许，完全土工，今尚存。

董家角村在县城北五十里，有水地二亩，宣统二年春，村人自修。渠长十步，引村北沟水入地，今尚存。

安河村在县城西北一百八十五里，界连安定，有水田十二亩，宣统二年八月，村人自修。引山根涧水南流入地，渠长二里许，完全土工，今尚在。

冯家庄在县城西北一百七十里，有水田十一亩，宣统二年九月，村人自修。引村沟水至地下，旁筑石台，上建木架，安置撑杆，以人力汲水入地，今尚存。

土地庙（河）在县城西北一百五十里，有水地六亩，系宣统二年，村人刘姓自修。渠长二十余步，完全土工，引村后沟涧水东流入地，今尚存。

荒刘塬沟在县东偏北二十五里村坡下，有水田三十三亩，民国五年二月，刘姓自修。渠长里余，引老人仓河水下游入地，河水甚旺，每日可灌田五亩，由地主三家分轮灌溉。

王家川村在县城东川二里，有田二十亩，民国五年村人自修。渠长二里许，引村西北溪河水由南流东入地，惟溪水过细，每年五六月即有水缺之虞，今尚存。

高家川在县南三十五里，有水田二十亩，民国五年朱姓修成，嗣因匪乱废弛。十三年二月，始修成，引胡家河沟水由北流入地，渠长四里许。

张坪村在县城西北三十五里，有水田六亩，系民国六年春，村人自修。渠长半里，引西河村沟水由东入地，今尚存。

寺河村在县城偏西北三十里，有水地十二亩，民国六年春，村人自修。渠长里许，系村北西河村沟水入地，今尚存。

郭家河村在县城西北十里，有水地二十亩，民国七年十月，村人自修。渠长二里许，土多石少，引村后龙眼子河溪水下流迤西南流入地，今尚存。又增四亩，于民国十一年正月修成，仍用原渠引东入地。

风伯村在县城西北一百八十里，有水田二十八亩，民国十一年九月，村人自修。引刘家圪捞在风伯村西半里沟水下流经地下，村人以杠杆汲水入地，今尚存。

董家河[村]在县城东三十里地，临延水南岸，有水地二十一亩，民国十一年八月修成。渠[长]四里，土石各半，引安沟镇河水由南流入地，今存。

刘家河村在县城偏西北二十五里，有水地十一亩，民国十年二月修成。渠长里许，全系土沟，水下流入地。

呼家川村在县城东十里，有水田十四亩，民国十一年二月修成。渠长二里许，引村东北阎王河水由南流入地。

西郊在县城西门外百步，有水田六十九亩，原系公产，民国六年县知事白介丞商地方绅民投票公卖，共卖银八百余两，发商生息，作为学生出外求学旅费。民国七年三月动工，至八年二月告成。邑人自修，渠长二里半，土工三成，石工七成。引城西西河子沟水下游，至距城二里桥儿村西山下筑坝，南流入地，共经费一千一百数十元，计地分二十二份，每份三亩二分。灌水时由东第一份起，挨此西浇，每日夜可浇二份，十一日约轮一次。每年夏，沟水暴涨，渠身被冲时，按二十二份摊工修理。如渠费工巨，地担任工小，由租户自任（注：此句不通，疑有别字漏字）。刻下厘定办法，建立石碑，以作永久遵行。

附志：

查：西郊水渠六年夏曾被水冲没一次，冬又鸠工凿修，次年二月始成，计第一次耗费工银五百余元，第二次续修正费银五百四十余元。

（编者注：文中部分村镇不属延河流域）

《延安府志（清嘉庆本）》水道考

区水（出安塞县，历肤施、保安、延长、宜川四县，一名清水，一名去斤水，一名濯斤水，俗又名延水）。

浑州川水（俗名杏子河，又名园林川，又名西川水）。

龙尾水（俗名小平川水）。

柳湖。

牡丹川水。

丰林川水（又名洧水）。

乌邪谷水。

青化水。

嘉泉（俗名潘陵川）。

南塔水。

关子口川。

漱玉泉。

安沟河水。

以上水，皆入区水，皆在延安府境内。

区水，出延安府安塞县北芦关岭。《西山经》：罢父山，百七十里，曰申山，区水出焉。而东流注于河。《水经注》：区水，世谓之清水。东流，入上郡长城，迳老人山下。又东北流，至老人谷旁，水北出极谷，便得水源。《隋书·地理志》：金明县，有清水（故城在县治北）。《元和郡县图志》：肤施县清水，俗名去斤水。北自金明县界流入。鲜卑，谓清水为去筋。《太平寰宇记》，谓之濯斤川水。云，昔日，尸毗王于此谷中濯其筋骨，故名。今水出声关岭，岭北属靖边县，南去县百五十里，即《山海经》所谓申山，区水出。

而南流，迳县治西，又南入肤施界。浑州川水自安塞县来，东注之。《太平寰宇记》：金明县浑州川水在县西二十里，自阁门府来，至县西。今水出靖边县南牛头坡，南流杏子城，入保安县界，俗称杏子河，又称园林川。东南流，迳县治东，又东南入安塞县界，俗称西川水。东南流，右与龙尾水会。《水经注》：龙尾水，出北地神泉障北山龙尾溪。《太平寰宇记》：肤施县龙尾水，出郡北龙尾溪，俗亦称小平川水。东南注于浑州川水。浑州川水又东南，至肤施县北，入于区水。

又南，迳县治东，右则柳湖合南河水，北注焉。《水经注》：清水，又南迳县治东，石则柳湖合南河水，北注焉。《水经注》：清水又东，会三湖水，水出南山湖谷，当即此也。柳湖东北合南河水，水出县南亚支山，北流，左合牡丹川水，水自县西南牡丹山东北流，注之。合流，又北会柳湖，入于区水。按：《地理志》，高粱有洧水，肥可燃。《水经注》谓之丰林水云。

清水又东经高奴县，合丰林水。丰林川长津泻注，北流会清水。汉高奴，今安塞县，肤施亦其东境。洧水，疑即南河及牡丹川也。《元和郡县图志》则云：清水，即《地理志》

之洧水。非所详矣。

区水屈东，乌邪谷水南注之。水出乌邪谷。按：《水经注》，奚水西出奚川，东南流入清水。邪，奚，声相近，疑即奚谷水也。

区水又东，青化水自安定县来，南注之。《太平寰宇记》：丰林县青化水，在县东北四十三里，自嘉泉东流，入濯斤河。嘉泉者，耆老云：水涌出，飞流一丈，试图碾可嘉，因以名之。今水出安定县南鸦鸽岭，俗名潘陵川，南流，一水自东来合之，俗名南塔水。东经幡龙镇，东入青化水。青化水又西南入肤施县界，又西南入于区水。

区水又东，入延长县界。关子口川东北注之。水出县西南，甘泉县界也。区水又东，迳县治南，漱玉泉水南注之。

区水又东南，安沟河水东注之。水出县南岔口，东流迳安沟镇南，又东入于区水。

区水又东，入宜川县界，迳重复山北。又东南，入于河。

二、重要文件选录

（一）陕甘宁边区时期

陕甘宁边区政府训令

——严禁部队滥伐树林事

（一九四O年四月三十日）

令保安司令高岗、王世泰

顷据本府巡视员王宝贤报称："我到延安四乡四行政村，北瑶则村有保安司令部的两个同志往下砍柴，现将全村群众的树砍了二十余棵。我到北瑶则时群众向我说，你们宣传叫我们植树，但是司令部砍树，结果我一面给群众解释，一面向砍树的曹得胜同志谈，他说管理科的命令叫我们砍，不是我们要砍，所以我给你建议叫司令部很快的禁止或群众出钱，不然使得群众不满"等语。查十年树木，成之非易，本府业将保护森林条例公布施行在案，凡我部队，对于树株应当保护之不暇，岂忍任意随地滥伐，据报前情，合行令仰该司令员通令所属严行禁止为要。

此令

主席林伯渠

副主席高自立

陕甘宁边区森林保护条例

（一九四一年一月二十九日公布）

（一）本条例为了培养、改善及巩固生产工作的基本条件，特制定本条例公布施行之。

（二）凡属本边区境内之森林或树株，无论其为公、私所有均得享受本条例之保护。

（三）凡属下列保安林性质之森林或树株，任何人不得砍伐或危害之：

1. 为预防风、沙、雹、霜、急雨等危害之森林或树株。

2. 为防止雨水冲刷、农地崩陷、山洪冲淤、河岸塌塞等之森林或树株。

3. 为保护交通路线、桥梁以及灌溉系统水渠等之森林或树株。

4. 为直、间接保护牧畜、农垦及其他副业之森林。

5. 为保持水土，调节气候，及有益公共卫生之森林。

（四）凡下列生产林性质之森林或树株，非经政府之许可不得砍伐或危害之：

1. 凡生产军事工业材料者；

2. 凡生产普通工业材料者；

3. 凡生产特殊建筑材料者；

4. 凡生产化学工业原料者；

5. 凡能影响其他生产事业者。

（五）凡一般的砍伐木料，锯板、烧炭、采薪等，无论公（有）私有林，均须依照砍伐树木规则手续进行，方能取得砍伐权。其规则另定之。

（六）凡私有林木，非经该私有主允许并价买，任何人不得砍伐或危害之，但以领有森林登记证者为限，并须依照砍伐树木规则进行之。

（七）无论在公私有林内，绝对禁止引火之行为。如必须引火时，须先得该地森林保护负责机关之同意并须事先准备有防止超越之防火线，否则不准引火。又如延烧他人山场时，引火人须负责赔偿其损失。

（八）本条例除林务机关直接依据进行外，得于各级政府组织森林保护委员会负责执行之。森林保护委员会规则另定之。

（九）凡保护森林树株有卓著之成绩者，分别奖励之。凡有违背三、四、五、六、七各条者，分别处罚之，或停止其砍伐权若干时日。此项奖励规则另定之。

（十）本条例自修正公布之日施行。其二十九年四月二十四日本府公布之森林保护条例即作废。

陕甘宁边区植树造林条例

（一九四一年一月二十九日公布）

（一）本条例为发展植树造林，调节气候，保持水土，并改善各项生产因素而制定之。

（二）本条例的中心任务，为迅速完成各地各个气候据点上的植树造林工作。

（三）各地造林计划，先由各地区乡政府或林务机关勘察制定（订），交县政府或边区林务局审核，认为完满后方得执行。

（四）凡公地上的植树造林归公有，私地上的植树造林归私有，但植后均须遵守保护条例。

（五）如私人土地，政府认为有植树造林之必要时，得作价征用或换用之。

（六）凡私人土地如急斜、过碱、砾瘦等不能农耕者，政府亦得动员植树造林。

（七）每年植树造林时期，分为春秋两季举行，其造林计划须于春前一次决定之。

（八）为发展适宜的优良树木，解决树苗需要，得由县政府筹划土地，采集树种，建立苗圃，培育树苗为公共之用，或无价发给群众使用。此项苗圃工作由林务机关协助指导之。

（九）凡住宅附近，道路两旁，沿河近岸，不在造林计划内者，均由当地居民担任植树任务，由当地政府监督施行。

（十）凡在边区之部队、学校、社团热心造林而获有成绩者，分别奖赏之，此项造林计划及地区，得与当地政府或林务机关商定之。

（十一）凡人民努力植树造林获有成绩者，或当地政府对公共造林与督导人民植树造林有优良成绩者，得呈请边区建设厅奖励之。

（十二）本条例自修正公布之日施行，其二十九年四月二十四日本府公布之植树造林办法即作废。

陕甘宁边区砍伐树木暂行规则

（一九四一年一月二十九日公布）

（一）本暂行规则依据《陕甘宁边区森林保护条例》二、三、四、五条制定之。

（二）凡公私有林砍伐树木均照此规则行之。

（三）凡各机关、部队、学校、群众需要砍伐树木时，未入山以前的十天前，先将砍伐树木的数量（分板材、圆材、薪炭等）、砍伐地点、人数、时间详细开列，通知建设厅或附近县区政府。

（四）如有军事上之急需，当不在此规则限制之内，但须视其需用之性质而决定其砍伐法。

（五）由建设厅及附近县区政府派出森林保护员与砍伐树木的各部分的负责人商定砍伐办法（地点、树类、期限、人数等）并先共同入山号定应砍树木，通知当地乡政府与周围群众，方得令砍伐人员入山砍树。

（六）凡未经过以上二条的手续，自由入山乱砍树木的，各级政府各个群众得劝止其砍伐，并速即报告建设厅处理。

（七）下列各项性质树木禁止砍伐：

1. 离交通线及市镇八里以内，及村庄三里以内的树木；

2. 有防风、防水、护岸、防塌及水源有关树木；

3. 林产上有利益及保护垦牧有利益的树木；

4. 不可成块成片的砍伐（限于疏伐及间伐）；

5. 不合于砍伐树木需要的目的。

（八）下列各项性质树木可以砍伐：

1. 太密的相互压迫的；

2. 生态不良的，有病的；

3. 老的、死的、有碍树木发育的；

4. 不妨害林产收益的；

5. 经过保护负责方面同意确定的。

（九）此暂行规则由建设厅核定呈边区政府备案施行，如有未尽善处，得由各方提出修改之。

陕甘宁边区政府公布《陕甘宁边区林务局组织规程》令

（一九四一年七月九日）

兹制定《陕甘宁边区林务局组织规程》公布之，望即遵照执行！此令。

主席林伯渠

副主席高自立

陕甘宁边区林务局组织规程（草案）

第一条　为使边区林务之发展和巩固，特设立陕甘宁边区林务局。

第二条　本局隶属于建设厅，为统一管理边区林务机关。

第三条　本局的职责如下：

（一）关于公私有林之保护、管理、监督事宜；

（二）关于全边区护林、造林及其开发利用之设计、实施、指导、奖励等事项；

（三）关于保安林、经济林的编置调节事项；

（四）关于林业、林政、森林教育的调查研究推行事项；

（五）关于林垦、气候、水工及树木之研究、培养事项；

（六）关于森林技术及林务工作人员的训练、编制事项；

（七）其他关于林务行政事项。

第四条　本局对于各县市之林务有指导监督之权。

第五条　本局设正副局长各一人，综理本局及领导所属林务部门工作。

第六条　本局设秘书一人，办理全局机要及来往文件，下设收发、会计、文牍各一人。

第七条　本局设技术、事务两科，各设科长一人，科员若干人。

第八条　本局设技士校正若干人，办理技术工作。

第九条　本局为推行林务及实应事实的需要，得设立林正管理处、林场、林产制造厂、苗圃等附属机关，并得添设森林警察。

第十条　本局各部门办事细则及其执掌规程另定之。

第十一条　本规程自边区政府公布之日施行，如有未尽事宜得随时呈准修改之。

陕甘宁边区政府关于防洪救灾的命令

（一九四二年八月二十五日）

各专员、市县长：

昨日延安倾盆大雨，山洪暴发，南川人畜房屋被水冲殁（没）损失颇巨，灾情之大，为近数十年所未有。业经本府令饬市府亟谋救济，其具体办法，随令颁发。各分区及各县，如有水灾情事，应即遵照办理，并将经过情形，速呈本府勿误为要。此令。

主席林伯渠

副主席李鼎铭

陕甘宁边区政府规定紧急救济办法的通知

（一九四二年八月二十五日）

本市昨晚大雨，酿成巨大水灾，居民及机关的生命财产损失至巨，道路房屋冲毁甚多，本府除已令饬延安市政府迅速调查居民损失妥筹救济外，兹特规定紧急救济办法数项于后，仰各机关暨市乡政府切实遵照为要。

（一）各机关、各乡村应即将此次水灾所受各种损失的确实数目，详细报告市政府登记。

（二）各机关人员或居民所拾得的牲口或其他财物，无论多寡，均应报告市政府，并妥为保存，以便失主认领。并除由失主予以酬劳外，本府亦当酌予奖励。

（三）各机关或居民对于附近受灾之居民，应酌量让出房屋居住，并尽可能借给以粮食或衣服。

（四）开放公共场所，资以暂时收容灾民居住。

（五）号召各机关及居民自动捐助粮食、衣服等送交市政府，并着市政府组织募捐队，募集粮食衣物，以为救济难民之用。

（六）着公安局及本市自卫军帮助挖掘压毙之尸体，并报告市政府妥为掩埋。

（七）着各医院暨门诊部无报酬的诊疗灾民，并着防疫机关迅筹防疫。

（八）着市公安局切实检查本市房屋、窑洞及其他建筑，如与安全不合者，应即取缔居住，以免倒塌损伤人命。

主席林伯渠

副主席李鼎铭

边区第一道长渠排庄渠修筑成功
用事实教育了人民了解修水利的重要[①]

去年秋天，当排庄枣园一带枣子正是红滴滴成熟的时候，这时忽然来了一位穿着不大整齐的人物，他每日出入于这密密的枣林间，像是有什么事似的，盘旋在这个地方。当地的老百姓就猜疑着：这是哪里的一位掉队的战士？难道他每天都到这里来偷枣子吃吗？却不晓得，这位人物就是边区政府为了兴修水利，而派来到排庄勘查测量计划开渠的一位水利工程师呢！——他就是丁仲文同志。

关于在陕北这个地方兴修水利，已有过三次的历史，这三次历史所告诉给人们的是失败了，因此群众马上追溯着他们往事的记忆，用了怀疑不相信的眼睛来望着这位工程师的活动，“过去没有种过水地，不是也吃上穿上的吗？”“修水地太难了，不成功白花费银钱。”还有的说：“整理一垧水地，倒不如开三四垧荒地打的颗子多哩！”

深入的宣传解释工作是顺利完成任务的一个先决条件，而只有在实际工作中来教育群众，以具体事实的表现，也才能获得群众真正的信任与拥护。排庄渠的兴修，首先，政府就解释着久为那些群众固执着的过去的成见，告诉了他们，为什么要兴修水利，这些水利的好处，都是人民的切身利益。同时向他们灌输着科学理论技术知识，这样排庄渠，这个水利工程，就在政府领导与群众拥护协助下获得了基本上的完成。

该渠工程的开始是在一九三九年八月间，做到十月间，三个月的时间完成了坝、闸、渡槽等主要工程，其他附属工程如跌水、斗门等则因那时天已入冻，不能继续，直至今年三月间方进行开工，而于四月底完成。这条渠，自排庄起，经过了庙嘴、磨家湾、枣园、侯家沟，直达杨家崖，全长共六公里，灌溉面积达一千四百亩。全部工程有碎石坝1座（长约70米），退水闸1座，跌水5座，斗门9座，渡槽，暗洞等，并利用水力设置了水磨3座，以供给将来纺织及磨粉等用。

该渠平时水深为二分米到四分米，全部开放，则可达六分米深，渠宽亦为六分米，流水量每秒0.65立方米。为了修筑这条渠，建设厅曾直接拨款4000元，此外发动群众参加水利合作社，每亩地收洋二元，全部工程共计用去6400余元，平均每亩水地费洋四元多一点，这样，使老百姓们看到修水地并不是多花钱的，而且将来的利益要比这四元钱大得多。水利合作社，是管理排庄渠的一个群众组织。这条渠政府修筑好了就交给当地群众。现在的情形是不同了，他们爱护着这条渠，用着兴奋的眼睛在这一条蜿蜒的渠身上望来望去，看着渠水潺潺地流去，青年人荷着镐在渠堤上巡梭着，他们现在使用而且管理着，因之他们就根据全渠的灌溉区域共计六个村庄六十多家人家，按人数及地区的方便，共划分作六个小组，以这些小组为基础，建立了水利合作社来管理与推动全面工作。水利合作社在边区还是一个新的东西。这个排庄渠水利合作社的组织是由社员大会民主推选出五个委员来，他们分工担任主任、会计、宣传、组织、工程等工作，并设有指导员1人，此外还设有监事会。

四月廿九日，这一天，是排庄渠开闸放水的第一天，当地群众为着庆祝这次水利兴修的成功，特隆重地举行了典礼大会，动员了附近的群众都来参加，并且他们异常喜悦地准备了丰盛的酒席来招待各机关、学校团体的代表，晚上他们更请烽火剧团演戏。

这次修水利是宣告成功了，群众从他们自己中间推选出了对修渠有功的人，同时和在领导工程进行上有功的干部，在大会上一起被宣布了名字，前者由水利合作社拨款奖励，后者则由边区政府奖励。

本来关于提倡兴修边区水利一事，早已是边区经济建设计划中发展农业生产的一个重要部分，边府建设厅执行着这个任务，不遗余力。除了开始在延安附近修了这样一条渠道外，现在在安塞也正进行着一条更大的渠的修筑就将快要完成，而且更派员到绥德一带去了，要在那里也兴修起水利，这样，使边区的水利在各县都逐渐大量开展起来，以更进一步地改善人民生活，而使边区经济建设日益走向繁荣之路。

（叶澜）（1940 年 5 月 28 日《新中华报》第 3 版）

注意边区的水土保持工作①

延安生物学会

第一阶段　森林茂草

第二阶段　开发与繁荣

第三阶段　无度的开荒、刈伐和放牧与水土损失

第四阶段　各种天灾与农业崩溃

第五阶段　大的天灾、人祸与逃亡

逃亡后，经长期的蓄养，又恢复为第一阶段的森林茂草，这周期历史告诉我们，陕北的农业发展的周期性是这样的：

第一阶段　森林茂草

性与资本主义的经济危机的周期性正相似，在加速着扩大着其发展。

同时目前的现实也指出了：我们的垦荒，为了一时的方便，不择地位，就乱在陡坡上开垦。结果地里的土和养分都被水冲到河里流掉（据估计，黄河水的泥沙 60% 是由陕北流出的）。结果庄稼便一年比一年坏，只好种三五年就丢荒，而找更陡的坡来开荒。这样开荒愈多，丢荒也愈多愈快，丢荒的地，草木一时长不起来，水土的损失便一天一天地扩大与加速。再在我们的刈伐森林和放牧牛羊方面，也为了一时的方便，不用合理的方法利用森林与培植森林，不找适宜的地方放牧，导致森林和草原都一天一天地被扩大破坏着。结果水蓄不住，土也保不住，因此发生辛苦与歉收，缺乏林产，牧畜困难，并增加水旱霜雹灾害。

如果我们不愿坐着等各种灾害的行将到来，那我们必须及早开始这发展农业的基本工作——水土保持工作，来争取前途的好转，来征服自然。水土保持工作的进行须注意下面几点：

（一）在耕垦方面：要选适合耕垦的土地（边区是无限多的）来耕垦，最好是在倾斜度十五度以下的地方。在倾斜的耕地还要注意采用下面的耕作法：在上方开缓冲沟，在下方构建滞水定沙沟，在地中间做些矮矮的拦水堤，还提倡多种苜蓿与限止丢荒。

（二）在畜牧方面：选择适合放牧的地方放牧，最好是在倾斜度十五度以下的地方准放牧，同时要有轮流计划的放牧制度，并多提倡培植牧草（苜蓿）。

（三）在森林方面：凡在倾斜度四十五度以上的坡地都划作林地，不准放牧和耕垦。

在原有的森林要合理地开发与保护，在河沟两岸及冲刷厉害的地区要培植防冲与防风林。

（四）为了进行以上的工作，必须在农林机构体系中设立专司推动这些工作的职务，不然空言提倡必然没有成就。

以上是我们的一点意见。我们的农业前途是要安全的发展呢？还是要冒险地让它毁灭呢？我们是要征服自然呢？还是让自然来征服我们呢？仅提向经建部门做参考推广。

（1941 年 12 月 13 日《解放日报》第 4 版）

注：①《新中华报》《解放日报》资料由延安革命纪念馆提供。

（二）新中国成立后

延安地区行政公署关于建立农田水利基本建设劳动积累工制度的决定

（1986 年 9 月 3 日）

各县、市人民政府，地区农委、农业局、林业局、畜牧局、农机局、乡镇局、财政局、计委：

中华人民共和国成立以来，我区农田水利基本建设取得了很大成绩，在防御水、旱灾害，保证农业增产方面发挥了重要作用。但是，必须清醒地看到，近几年来，人们对发展农田水利基本建设认识模糊，重视不够，致使我区水利设施破坏严重，农田基本建设进展缓慢，质量不高，“四田”面积减少，抗灾能力减弱，不能适应农业生产持续稳定发展的需要。为此，我们必须发挥广大农民的积极因素，进行劳动积累，增加土地投入，加快农田水利基本建设速度，不断改善生产条件，现按照中共中央八六年一号文件规定“建立必要的劳动积累制度，完善互助互利，协作兴办农田建设”的精神，特作如下决定：

一、建立劳动积累工制度的基本指导思想

1. 农田水利建设劳动积累是改广种薄收为少种高产多收，从根本上解决我区粮食问题的重要环节。

2. 农田水利基本建设是改善农业生产基本条件，促进农、林、牧、副、渔综合发展和调整农村产业结构的根本措施。

3. 农田水利基本建设劳动积累是广大农民为自己和社会创造物质财富的一种合理的自觉的行动。

4. 农田水利基本建设劳动积累是坚持自力更生为主，国家补助为辅原则的具体体现。

5. 农田水利基本建设劳动积累必须坚持不懈，讲求实效。

二、劳动积累工的标准和使用范围

1. 一般每劳（男、女）每年必须投三十个左右的劳动积累工用于新修基本农田、清淤渠道、修复水利设施和水保工程。

2. 积累工不能用于已承包了的水利设施和水保工程的修复，凡是承包了的水利设施和水保工程修复时，按合同规定进行修复。

3. 凡是水利设施集中，灌溉面积大的乡、镇或村组，劳动积累工主用于修复水利设施，清淤渠道，但每年也适当新修一些基本农田。

三、劳动积累工的管理办法

1. 劳动积累工的使用，一般情况下，以村或乡、镇统一使用，统一管理。

2. 凡采取“推磨转圈、轮流治理”形式的乡、镇、村必须提前作出各村、组轮流治理次序的安排，记好工日账，做到用工和还工大体平衡。

3. 乡、镇和村都要确定专人管理劳动积累工，年终决算，上报县水利水保局并向群众张榜公布。

4. 对完不成劳动积累工者，要以钱顶工，对于既不出工，又不出钱者，要视其情况，给以适当处罚。

5. 对不重视劳动积累而完不成全年农田基本建设任务或对水利设施没有修复而影响灌溉的有关领导，要进行批评教育，直至组织处理。

6. 对没有计划或由于设计失误，组织不善而造成浪费的业务技术人员，要追究责任。

7. 劳动积累工使用情况，乡、镇一级受县水利水保局监督，村一级受乡、镇水利水保员监督。

在姜春云《关于陕北地区治理水土流失，建设生态农业的调查报告》上的批示

看了这个调查报告感到很高兴，陕北地区治理水土流失改善生态环境的措施和经验是好的。

我国是一个有几千年历史的文明古国。包括甘肃、陕西在内的黄河流域，是我们中华民族的主要发祥地。陕西曾经是周、秦、汉、唐等十三个王朝的建都之地，在古代历史上相当长的时期内，陕西、甘肃等西北地区，曾经是植被良好的繁荣富庶之地，所谓“山林川谷美，天材之利多”就是古来描绘陕西一带的自然风物的。司马光的《资治通鉴》中描述盛唐时期陕、甘的发展情景是“闾阎相望，桑麻翳野，天下富庶者无如陇右”。后来由于历经战乱的破坏，加上自然灾害和滥砍滥伐造成的损失，导致了陕、甘等西北地区的严重沙化、荒漠化，经济文化的发展也因此受到极大制约。

历史遗留下来的这种恶劣的生态环境，要靠我们发挥社会主义制度的优越性，发扬艰苦创业的精神，齐心协力地大抓植树造林，绿化荒漠，建设生态农业，去加以根本的改观。经过一代一代人，长期地持续地奋斗，再造一个山川秀美的西北地区，应该是可以实现的。

江泽民

1997 年 8 月 5 日

在姜春云《关于陕北地区治理水土流失，建设生态农业的调查报告》上的批示

春云同志：

调查报告已看过，陕北水土保持经验值得重视。

抗日战争年代，延安的山是光秃秃一片，一发大水，延河泥浆就滚滚而来。今日延安已变了模样，漫山遍野种植了苹果树，宝塔山周围松柏常青，乔儿沟进行了小流域治理，谷子亩产有的达到1000斤。

榆林本是不毛之地，沙漠化十分严重。日本农业专家原正市告诉我，榆林已种上了水稻，这得益于防护林的营造和地下水源的开发。陕北蕴藏着丰富的煤炭和天然气资源，随着铁路建设和能源开发，昔日荒凉的陕北可能成为全国富饶繁荣地区之一。

“黄河之水天上来，奔流到海不复回”。然而黄河经过黄土高原，挟带着大量泥沙，淤积下游河床，迫使黄河决口改道，成为中华民族心腹之患。建国以来黄河经过综合治理，已做到五十年岁岁安澜，成绩巨大。然而黄河并未根治，对下游人民造成重大灾难的危险依然存在。

小浪底有较大的死库容，它的建成为我们开展黄土高原水土保持提供了良好的机遇。我建议，根据江泽民总书记关于“大抓植树造林，绿化荒漠，建立生态农业”，“再造一个山川秀美的西北地区”的指示精神，请您组织有关部门，提出一个治理黄土高原水土流失的工程规划，争取十五年初见成效，三十年大见成效。为根治黄河作出应有的贡献。

上次谈到的小浪底水库建成后，下游河道整治和堤防加固工程也一并考虑进去。《规划》制定出来后，报党中央、国务院审批。

李　鹏

1997年8月12日

中共延安市委　延安市人民政府
关于今秋冬山川秀美工程建设安排意见的报告

省委、省政府：

为了认真落实朱镕基总理视察延安重要指示精神，切实搞好延安山川秀美工程启动实施工作，现就今秋冬我市的工作安排报告如下：

一、转变指导思想，把发展思路统一到朱镕基总理的指示精神上来

生态环境是人类赖以生存和发展的基本条件，也是经济社会可持续发展的基础。对于延安这样一个水土流失严重，贫困落后的地区来讲根本出路就在于努力加快生态环境建设的步子。当前，我们的首要任务就是，把广大干部群众的思想统一到朱镕基总理指示精神上来，冲破过去在指导思想上的旧观念、旧框框，努力实现四个转变，走生态环境建设的新路子。

一是转变在生态和发展上以牺牲生态为代价换取经济一时高速增长的思想。过去，造成生态环境恶化的一个重要原因，就是片面追求短期效益，不重视生态环境保护，进行掠夺式开发经营。在粮食生产上，沿袭倒山种地、广种薄收的旧耕作方式，片面追求粮食产量；在林业生产上对天然次生林进行过量采伐，有的地方甚至毁林毁草开荒；在工业生产特别是石油、煤炭等矿产资源开发上，不注重水土保持，造成植被破坏。改变这种状况，我们必须在思想观念和工作指导上来一个根本性的转变，坚持经济建设与环境建设同步发展的方针、经济效益、社会效益和生态效益并重，走可持续发展的路子。

二是转变在生态建设上重工程措施轻生物措施的思想。以往在生态环境的建设中，我们往往只重工程措施，轻生物措施，重修田造地，轻植树造林和绿化荒山。这样，不仅影响生态环境建设的速度和效果。工程措施的作用也难以得到有效发挥。只有把林草建设摆到各项措施的首要位置，大搞封山绿化，综合效益才能得到充分发挥。

三是转变在生态建设上重造林轻管护的思想。长期以来，我们每年都广泛发动群众搞植树种草活动，可是收效不大，“年年造林不见林”，边治理边破坏的问题十分突出。所以，必须坚持治理和保护并重的方针，认真贯彻执行《水土保持法》和《森林法》，落实管护责任制，使治理成果得到巩固。

四是转变轻视生态环境自然恢复的思想。在我们这样一个土地辽阔，人口比较稀少的地区，发动群众种树种草，虽然取得了一些成效，但单单依靠人工植树种草是十分有限的，对大量的荒山荒坡，必须实行禁垦禁牧，使生态环境自然得到恢复。如果不能在这方面转变认识，加大力度，建设秀美山川就难以实现。

二、明确指导原则，全面搞好规划

符合实际的科学规划，是实施山川秀美工程的基础。制定规划总的指导思想是，以江泽民总书记和朱镕基总理的重要指示精神为指导，以退耕还林（草）、封山绿化为重点，以个体承包、以粮代赈为主要措施，转变工作思路，调整产业结构，实现经济社会的持续协调发 展和人们生活水平的稳步提高。

规划工作坚持以下五条原则：

一是坚持实事求是，因地制宜，分类指导的原则。根据不同区域的不同情况制定规划。

二是坚持生态、经济、社会效益相结合的原则。按照既要实现荒山绿化、又要实现群众致富的总体目标进行规划。

三是坚持生物措施、工程措施、管理措施并重的原则。实行统一规划，各项措施合理搭配，山水田林路综合治理。

四是坚持分阶段分步骤实施的原则。既要有总体的规划，也要有分阶段、分年度的实施计划。

五是坚持以国家投资为先导，以广大群众投工投劳为主体，以社会各方投资为补充的原则，建立多元化、多渠道治理投资的机制。

规划的目标任务、主体内容和实施步骤：经过调查研究和讨论，初步设想，用11年时间，治理水土流失面积2.1万平方公里，实施步骤分为前3年打基础，中6年大发展，后2年巩固成果三个阶段进行。主体内容上，以五项重点工程支撑整体山川秀美工程建设。即在北部7县区实施封山绿化工程，在南部6县实施天然林保护工程，在全市分南北不同区域实施经济林果工程、舍饲养畜工程和农田水利工程。

五项主体工程在11年规划期内要实现的主要目标任务是（1）封山绿化工程。11年内，全市退耕1000万亩左右，采取人工造林种草、飞播和封育相结合的办法，主要以封山绿化的方式，恢复植被。（2）天然林保护工程。对现有的1625万亩天然次生林停止采伐，封育管理，提高天然次生林的郁闭程度和林分质量。（3）经济林果工程南部以建设百万亩优质苹果基地为重点，人均经济林果达到2亩，北部以建设百万亩优质仁用杏基地为重点，发展山桃、山杏和仁用杏经济林果400万亩，人均5亩，其中仁用杏园林面积2亩。黄河沿岸几县和黄龙县，以建设百万亩红枣、核桃、板栗、花椒、酥梨基地为重点，人均干鲜果面积达到2亩。（4）舍饲养畜工程。实行封山禁牧后，必须大力推行舍饲养畜。到2010年，全市草场面积累计达到1000万亩，羊子存栏500万只。（5）农田水利工程。实行大面积退田还林后，全市基本农田人均保留在2.5亩以上，在川塬坝地区，要大力发展节水灌溉设施和农田水利工程，发展高产高效农业。在北部丘陵沟壑区，要依照统一规划，搞好工程治理，加快实现人均2.5亩基本农田建设，为封山绿化奠定牢靠基础。

三、搞好试验示范区建设，为山川秀美工程建设树立样板

建立试验示范区，是整个山川秀美工程建设的一项十分重要工作。我们计划从今秋开始，在原来延河世行贷款项目试验示范区的 基础上，选择50平方公里左右、两个以上村的范围，集中人力、财力、物力、建设山川秀美工程的典型和样板。要求各县区也都要按这个思路，选择一个流域或几个村进行试验示范，为整个工程建设培养典型，积累经验，发挥指导引路作用。搞好试验示范区建设，着重抓好以下三方面的工作。

一是按照朱镕基总理提出的四句话要求，用新的思路指导试验示范区工作。通过试验示范，重点研究退田还林和封山绿化中要解决的重大问题和重大关系。比如，既要使荒山绿化，又要使群众致富的问题；农林牧、田林草的合理结构和合理布局问题；既要把封山禁牧转变为舍饲养畜，又要促进畜牧业稳定发展问题；农田水利建设和高产高效农业的发展问题；土地延包、以粮代赈及有关财税政策的贯彻和调整问题等等，都要通过一定范围试验示范进行研究和解决。

二是要求相关部门都必须义不容辞和全身心的投入试验示范区建设。试验示范区是综合性的工作，单靠某一个部门是不行的。我们要求市、县区计划、水利、林业、农业、畜牧、扶贫、农机等相关部门都必须参与进来，按照统一的规划要求，开展绿化、治理、试验示范和有关问题的研究。同时，与省内外的大专院校、科研单位进行广泛合作，确定重点研究项目，联合开发技术成果，提高试验示范区建设的质量和水平。

三是加强对试验示范区建设工作的领导。试验示范区的工作在市、县区山川秀美工程领导小组的统一领导下实施，具体工作由领导小组工作办公室负责，在这个大的原则下，要求各县区落实一名党委或政府分管领导负责这一项工作。

四、开好头起好步，迅速掀起今秋冬生态环境建设热潮

贯彻落实朱镕基总理指示精神，夺取今秋冬首战告捷尤为重要。今秋冬总的目标任务是，完成水土流失治理面积1000平方公里。具体是，退耕330万亩（包括明年春季退耕300万亩）；造林种草120万亩，其中人工植树50万亩（经济林20万亩，风景林、防护林各15万亩），直播山杏、山桃20万亩；种草50万亩；建育苗和草籽基地各10万亩；完成水保治沟骨干工程165座；新增灌溉面积1万亩；完成节水灌溉面积2万亩；新修“四田”9.2万亩；新修和加固堤防20公里。

（一）以“两线三点”重点，全面抓好秋冬造林绿化和树木种苗基地建设。按照朱镕基总理指示和我市山川秀美工程建设的总体思路，今秋冬，重点在“两线三点”开始起步实施，即交通道路沿线、河流两岸、城镇周围、村庄周围和机关农户院落。我们将抓住10月下旬至11月下旬这一段有利时机，展开声势浩大的植树造林活动，全面启动山川秀美工程。

一是搞好种子采收和种苗基地建设。我们将发动群众，采集树种、多渠道筹措收购资金，确保明年育苗种草及飞播用种的需要。外购种子实行严格的检验和病虫的检疫，以保证调购种子的质量。10万亩草籽基地，重点在黄河沿岸的延长、延川、宜川三县建立沙打旺种子基地；白于山区志丹、吴旗、安塞建立紫花苜蓿种子基地；宝塔区、甘泉、子长建立柠条、羊草种地基地。10万亩育草基地，主要是抓好各级苗圃建设。其中县区中心苗圃育苗1600亩，乡镇骨干苗圃9800亩，行政村基础苗圃育苗34300亩，国有苗圃育苗2000亩，国有林场育苗6300亩，单位与重点户育苗46000亩。

二是搞好山杏、山桃的冬闷育苗。对一些需要催芽处理的种子今冬进行沙藏。育苗的地块主要选择在有灌溉条件的川、台、坝地上，今秋逐级、逐地块落实，逐块造册登记，填写卡片，夯实育苗责任。

三是搞好退耕封育工作。今秋明春，全市退耕330万亩。今秋的30万亩秋播作物首先退下来，其余的300万亩，从今年秋冬开始，把任务逐级落实到县区、到乡镇、到村户、到地块，明确四址，建立卡片，设立责任牌，明确管护责任。退下来的坡耕地全部实现封山绿化。

（二）坚持不懈的搞好秋冬农田水利建设。在南部塬区，坚持“水土兼治、以水为主”的治理方针，集中精力搞好边远贫困乡镇的塬面平整，路旁打水窖，发展节灌、滴灌、渗灌、喷灌相结合的节水工程，培育集中连片的高效农业示范典型。在北部丘陵沟壑区，选择近村、近水、低山地形，围绕村庄修建基本农田，在人均未达到2.5亩基本农田的乡村，实行科学规划，统筹安排，按照时间、机具、资金、劳力、技术、领导落实的要求，加快实现人均2.5亩高标准农田。坚持做到“三不修”，即远地不修、陡坡地不修、退耕还林地不修。我们在加大基本农田建设的同时，大面积退耕坡地，植树种草、封山绿化，实现生态、经济、社会效益同步提高，协调发展。

（三）切实搞好延安城区绿化工作。今秋冬我们将本着“集中地块，由近及远，分步实施”的原则，按照年初制定的城区绿化总体部署，坚持规划不变，组织系统不变，加强工作措施，进一步明确各级各单位责任，细化、量化验收考核目标，彻底扭转重栽植轻管护的现象，切实达到造一块成一块，栽一块绿一块的目的。为全面完成今年的造 林绿化任务，我们将抓住10月下旬至11月下旬的有利时机，集中用20天时间完成城区造林绿化任务。

五、加强组织领导，确保完成今秋冬山川秀美工程建设的各项任务

一是成立领导机构。市上已经成立了山川秀美工程领导小组及办公室。市委、市政府主要领导和主管领导分别担任组长和副组长，要求各县区也尽快成立相应的工作机构，调配工作人员，明确工作任务，落实工作职责，尽快开展各项工作。

二是搞好山川秀美工程建设及其他相关重点项目建设的衔接和关系处理。目前，我市涉及生态环境建设的各类重点项目和工程，都是通过有关上级部门立项、审批、下达投资和任务，并且要接受指导，监督和检查验收。市委、市政府决定成立山川秀美工程领导小组办公室，在开始阶段，为防止出现职责不明确而延误工作的现象。我们决定在各级没有明确改变原来项目管理渠道和投资的情况下，原来部门仍是该工程项目的主管部门和第一责任人，特别是今秋冬，仍要按照各上级部门提出的计划和要求，圆满完成任务。

三是加强督促检查。我们将要组成秋冬工作督查队，巡回检查，严格验收，保证每项工作都做到有安排、有检查、有奖惩。

以上报告妥否，请指示。

中共延安市委　延安市人民政府

1999年10月14日

中共延安市委　延安市人民政府关于加快基本农田建设的决定

各县、区委，县、区人民政府，市委和市级国家机关各部门，各人民团体：

为了全面加快我市基本农田建设，提高农业综合生产能力，巩固退耕还林成果，特作如下决定。

一、充分认识加快基本农田建设的重要性和紧迫性

建国以来，我市坚持大搞农田水利基本建设，极大地改善了农民生产生活条件，为解决群众温饱问题，改善生态环境，加快农民脱贫致富奔小康作出了贡献。但从确保粮食安全，巩固退耕还林成果，全面建成小康社会的需要来看，还存在较大差距。当前我市农业、农村经济和退耕还林工程建设，都处在一个关键的发展阶段，如果没有足够的基本农田做保证，就会出现新的问题。因此各级党委、政府要有高度的责任感和紧迫感，从实践“三个代表”，加快解决“三农”问题的高度出发，落实措施，精心组织，在今后几年内全面加快我市基本农田建设，从根本上解决群众的生活生计问题，实现农村经济可持续发展。

二、加快基本农田建设的目标任务

根据全市不同区域的自然条件、基本农田现状和今后农村经济发展需要，按现有农业人口，到2010年，南部塬区和川道地区人均达到2亩高标准基本农田，北部山区、东部残塬区人人达到2亩，有条件发展水坝地的人均1亩，远期全市实现人均2.5亩高标准基本农田。其中从2005—2010年全市计划新修基本农田80万亩，有条件的县可安排提前完成。富县、洛川、黄陵、黄龙、甘泉五县人均基本农田已达2亩以上，今后主要任务是实现现有基本农田的水利化和节灌化，个别乡村不足部分由各县根据实际情况合理安排，搞好填平补齐。

三、加大基本农田建设资金投入

加快基本农田建设的关键是增加投入，要实行项目带动、财政扶持、群众投工投劳的多元化投入机制。一是积极争取和实施好水利、农发、扶贫、土地整理等国投项目，搞好重点治理；二是加大地方财政投入力度，县区财政应按规划将基本农田建设补助资金纳入年度预算，市财政根据县区财力予以适当补助（具体补助标准见《延安市基本农田建设暂行办法》）；三是动员受益区群众以投工投劳形式参与基本农田建设，采取“一事一议”形式由村民大会决定；四是注意争取、吸收社会力量和境外投入，全面加快基本农田建设。由财政补助资金修建的基本农田，由市县水利部门牵头，组织财政、审计、纪检监察等相关部门进行验收，核实数量，农户签字后，财政部门拨付补助费，审计部门进行审计，监察部门监督，确保专款专用发挥效益。

四、加强基本农田建设技术指导和质量管理

加快基本农田建设要坚持以人为本、人与自然和谐相处的科学发展观，坚持从实际出发搞好规划设计，做到方便群众，保护生态，切实发挥效益。北部山区基本农田建设要以沟台地平整、水平梯田、淤地坝建设和水、坝地修复利用为主攻方向，因地制宜，因村制宜，近村、近路、近水布设农田，最大限度方便群众生产生活，同时要坚决做到 25 度以上陡坡地不修、植被好的地块不修、退耕还林地不修，确保生态环境不受破坏；东部残塬区要合理规划，着重搞好残塬农田整治，沟坡封育恢复植被，实现保塬固沟。基本农田建设一定坚持质量标准，水平梯田幅宽不小于 10 米，必须打好地埂。淤地坝和其他水利水保工程要严格按照国家有关技术标准执行。各级水利部门要负责技术指导和质量管理，加强技术把关，严格验收程序，不符合标准的基本农田和水利水保工程不予验收，不拨付补助资金，限期返工纠正。

认真搞好基本农田后期管护

基本农田后期管护是实现工程永续利用和长期发挥效益的保证，要实行“谁使用谁管护维修”的原则，对基本农田承包者和使用者，要落实承包使用责任，认真搞好经常性的管护维修，确保基本农田完好运行。各级政府、水利部门、国土资源部门和农村基层组织要加强对基本农田管护的检查监督，坚决制止各种破坏基本农田的行为，占用基本农田必须履行报批手续，实现占补平衡，使基本农田后期管护制度化、规范化、法治化。

切实加强对基本农田建设的组织领导

为了切实加快我市基本农田建设，按期完成目标任务，市、县、乡各级政府要成立基本农田建设领导机构，建立基本农田建设目标责任制，列入各级政府年度工作考核的重要内容。各县区要按照年度计划任务和基本农田普查情况，将任务一次分解到村到户，力争一次达到人均标准，不搞重复建设。要层层落实责任，加强检查督导，实行乡动员、村组织、户修为主，保质保量完成任务。市水利部门每年按目标任务完成、工程质量标准、配套资金落实、工程后期管护等几方面对县区实行量化考核，向市政府提出考评意见。

中共延安市委

延安市人民政府

2005 年 2 月 3 日

延安市市区河道管理暂行办法

（延安市人民政府2004年3月8日印发）

第一章 总则

第一条 为了加强河道管理，确保河道行洪畅通和堤防工程的安全完整，根据《中华人民共和国水法》《中华人民共和国河道管理条例》《中华人民共和国防洪法》《陕西省河道管理条例》，结合市区实际制定本办法。

第二条 本办法适用于延安市市区区域内河道的整治利用保护及其相关的管理活动。

第三条 本办法管理范围：南川至三十里铺，西川至裴庄村，北川至河庄坪乡政府，东川至姚店镇政府，杜甫川至张坪村有堤防的河道为两岸堤防之间的水域、沙洲、滩地（包括可耕地）、行洪区两岸堤防及护堤地，无堤防的河道根据主城区30年一遇的洪水标准来确定。

第四条 延安市水利水土保持局是河道管理的行政主管部门，市区河道管理处具体负责市区河道管理工作。

第五条 任何单位和个人都有保护堤防工程安全、保护水环境和参加防汛抢险的义务，并有权制止和检举违反河道管理办法的行为。

第二章 河道建设与整治

第六条 河道建设与整治应当服从本市区的总体规划和防洪规划，符合本市规定的防洪标准要求，维护堤防工程安全，保证河势稳定和行洪畅通。

第七条 城镇建设和其他项目发展用地不得占用河道管理范围的滩地。

第八条 河道管理范围内修建水工程和跨河、穿河、临河、穿堤的建设项目及设施，建设单位必须在开工前将工程建设方案申报河道管理单位。中型以上工程经水行政主管部门审查同意后，由河道管理单位监督实施；小型以下工程由河道管理单位审批及监督实施后，方可按照基本建设程序履行审批手续，在施工过程中建设项目必须符合国家规定的防洪标准和其他技术要求，维护河堤安全。

第九条 经批准的河道建设项目，建设单位必须将批准文件和施工安排送河道管理单位审核后，方可办理开工手续，签订清障协议，并缴纳一定的清障保证金，建设项目竣工后，建设单位应当在60日内向河道管理部门报送竣工资料，经验收合格，建设项目方可启用。

第十条 鼓励和扶持单位、个人多方筹措资金修建堤防工程。

第三章 河道保护

第十一条 河道堤防护堤地、护岸地由河道主管单位统一管理，主要用于抗洪抢险取土、加固堤防、堆放防洪抢险物料，任何单位和个人不得擅自侵占。

第十二条 结合本市实际，市区护堤地宽度为临河10米，背河3米，在护堤地范围内不得占用、采挖。

第十三条　严禁在河道内修建违章丁坝、顺坝、生产堤、房屋；严禁堆放物料、倾倒垃圾、矿渣、煤灰、废弃土、石料和其他废弃物；严禁围河造田、种植阻水林木和高秆作物。

第十四条　在河道范围内进行以下活动，必须按照河道管理权限报水行政主管部门审批：

1. 临时占用河道管理范围内的滩地、水面；

2. 修建越堤路、过河便桥等；

3. 在河道进行地下开采、挖井、钻探、穿堤、埋设管线等；

4. 在河道管理范围内进行其他生产建设活动的。

第十五条　在河道管理范围内采运砂、石土料必须到河道管理单位办理采挖许可证，在保证堤防工程安全而又不影响行洪的原则下，按指定地点有计划地组织开挖。

第十六条　河道防汛必须在重要地段设立固定观测点，对河道断面、水位、冲淤、河势变化及堤防护岸等险段进行观测、记载。

第十七条　水行政主管部门负责堤防工程规划、建设，河道管理单位负责维修及管理，在汛期要对堤防设施、抢险措施、通信照明、报警设施等进行全面检查，汛后及时修复水毁工程。

第十八条　河道维修及管护费列入年度财政预算，由河道管理单位统一管理，专款专用。

第四章　河道清障

第十九条　任何单位和个人，凡对堤防设施护岸和其他防汛设施造成损坏或者造成河道淤积的，按“谁设障，谁清除”的原则，由设障人负责清除，并承担一切费用。

第二十条　在发生洪水险情时，河道管理单位有权组织动员现场人员参加抗洪抢险；有权使用附近土培、木石等物资材料用于抗洪抢险；有权对碍洪建筑物及其他碍洪物进行紧急处理，水行政主管部门负责监督检查。

第二十一条　严禁在河道护堤地内设置市场，已修建并使用的市场要坚决取缔，工商部门要积极配合。

第五章　法律责任

第二十二条　擅自占用河道管理范围内滩地、护堤地、护岸地的，由水行政主管部门责令限期退还，没收违法所得，可以并处一万元以下罚款。

第二十三条　建设项目未经水行政主管部门审查同意，或者建设项目竣工未经原审查同意的水行政主管部门检验投入使用的，由水行政主管部门责令停止违法行为，补办审查或者检验手续；对于不符合审查意见的建设项目，由水行政主管部门责令建设单位限期改建或者拆除，可以处一万元以上十万元以下罚款。

第二十四条　在河道管理范围内修建违章建筑、存放物料、堆积废弃物、围河造田等影响河道行洪安全的，由水行政主管部门责令限期清除，逾期不清除的，由水行政主管部门组织强行清除，所需费用由设障者承担，并可以处三万元以下罚款；情节严重的处三万元以上十万元以下罚款，破坏堤防和在护堤地内从事危害堤防安全活动的，由水行政主管部门责令停止违法行为，限期修复堤防和护堤地，逾期不修复的，由水行政主管部门组织修复，所需费用由违法行为人承担，可以处两万元以下罚款；情节严重的，处两万元以上五万元以下罚款。

第二十五条　未经批准擅自在河道管理范围内采运砂、石、土料的，由水行政主管部门责令停止违法行为，没收违法所得；对防洪工程造成损毁的责令限期采取补救措施，可以并处二万元以下罚款。

第二十六条　破坏河道管理设施设备，擅自侵占或者拆毁旧堤、旧坝等工程，损毁河道堤防的，由水行政主管部门责令其停止违法行为，承担修复责任，可以处一万元以下罚款。

第二十七条　在河道管理范围内有下列行为之一的，由水行政主管部门责令停止违法行为，限期修复堤防和护堤地，逾期不修复的，由水行政主管部门组织修复，所需费用由违法行为人承担，可以处二万元以下罚款，情节严重的处两万元以上五万元以下罚款：

修建违章丁坝、顺坝、围堤、生产堤、高路、高渠、高屋；

存放物料，倾倒垃圾、矿渣、煤灰、废弃土石料和其他废弃物；

围河造田、种植阻水林木和高秆作物，禁止垦种堤防或者在堤防和护堤地内挖坑、开口、爆破、打井、挖砂、取土、挖池、挖塘、放牧、葬坟。

第二十八条　在河道管理范围内进行生产建设活动，违反本办法第十四条规定的，由水行政主管部门责令改正，补办有关手续；对于不符合防洪规划要求和其他技术要求的，责令限期拆除或者改建，可以处警告、五万元以下罚款或者没收违法所得。

第二十九条　市区河道管理执法人员执行公务时应当按照有关规定，佩戴标志，持证上岗，否则被处罚人有权拒绝处罚。

第三十条　市区河道管理执法人员必须具备下列条件：

必须是国家正式职工，经过法律基础知识和业务知识培训，并经考核合格；

思想素质好，作风正派，遵纪守法，廉洁奉公。

第三十一条　对处罚错的案件，行政处罚机关负经济赔偿责任或法律责任，行政执法机关及其人员，有下列行为之一的应承担相应的行政或法律责任：

擅自改变处罚相关幅度的；

处罚没有法律依据的；

违反处罚程序和罚收分离规定的；

执法人员索收他人财物行为的；

执法人员玩忽职守的。

第三十二条　当事人对行政处罚不服的，可在60日内向上级行政主管部门或市人民政府申请复议，也可依法向当地人民法院提起行政诉讼。

在法定期限内不申请复议、不提起诉讼，也不履行的，由作出行政处罚的机关申请人民法院强制执行。

第三十三条　对拒绝、阻碍河道管理人员执行公务的，由公安机关依照《中华人民共和国治安管理处罚条例》进行处罚，构成犯罪的由司法机关依法追究刑事责任。

第三十四条　本办法由延安市水利水土保持局负责解释。

第三十五条　各县、区根据具体实际可参照执行。

第三十六条　本办法自 2004 年 4 月 1 日起执行。

中共延安市委延安市人民政府关于加快水利改革发展的实施意见

（2012 年 5 月 26 日）

为了加快我市水利发展改革，确保供水安全、防洪安全、粮食安全和生态安全，根据《中共中央　国务院关于加快水利改革发展的决定》（中发〔2011〕1 号）和省委、省政府《关于贯彻中共中央　国务院关于加快水利改革发展的实施意见》（陕发〔2011〕1 号）精神，结合我市实际，提出如下实施意见。

一、充分认识新形势下水利改革发展的战略地位和重要作用

（一）全市水利面临的新形势

延安是一个水资源贫乏、水土流失严重的地区。多年来，我市坚持大规模水利建设，取得了巨大成就，农田水利建设长足发展，水保防护体系基本形成，防洪减灾体系逐步完善，水利保障能力大幅提升，群众受益程度明显提高，为促进延安经济社会发展作出了重要贡献。应当清醒地看到，我市水利事业发展还难以适应经济社会发展需求，仍然存在一些突出问题。一是水资源总量少。调蓄能力差，现有水库淤积严重，主要河流均受到污染，水生态环境恶化，水资源供需矛盾突出，对经济社会发展的“瓶颈”日益凸显；二是水土流失严重。生态环境依然脆弱，局部人为水土流失有加剧趋势，治理任务仍然艰巨；三是水利投入不足。水利基础设施建设严重滞后，农田水利欠账多，农业“靠天吃饭”的局面还没有根本改变，城乡饮水安全问题还未彻底解决；四是节水型社会建设缓慢。涉水事务尚未实现一体化管理，全社会水忧患意识不强，节水配套规章不健全，浪费水现象普遍。

（二）新形势下水利的战略地位和重要作用

水是生命之源、生产之要、生态之基。水利是现代农业建设不可或缺的首要条件，是经济社会发展不可替代的基础支撑，是生态环境改善不可分割的保障系统，具有很强的公益性、基础性、战略性。加快水利改革发展，事关全市经济社会发展全局，是消除发展“瓶颈”，改善发展条件，促进延安经济结构调整和产业转型的迫切需要。各级党委、政府要抢抓中省加快水利改革发展的重大政策机遇，立足市情，从全局和战略高度出发，科学定位、统筹谋划、全面部署水利工作，凝聚全社会力量，加快推进水利改革发展。

二、明确水利改革发展的总体思路和目标任务

（三）总体思路

围绕“引水兴工、产业转型”战略，紧紧抓住中央、省加快水利改革发展的有利机遇，以蓄水、保水、节水，用好地表水，涵养地下水为基本方略，以保障供水安全为主攻方向，以构建水网工程为龙头，以骨干水源建设、节水灌溉、饮水安全、河流整治、治沟造地为重点，注重民生水利，大兴农田水利建设，全面落实最严格水资源管理制度，不断深化水利改革，实现水资源开发利用由“水瓶颈”向“水支撑”转变，为建设圣地延安、生态延安、幸福延安提供有力保障。

（四）目标任务

力争通过 5 年努力，建设控制性水源工程 15 座（处），新增供水能力 3.5 亿立方米，治理水土流失面积 5500 平方公里，建设基本农田 90 万亩（其中治沟造地 50 万亩），中小河流综合治理 190 公里，实现 46 万农村人口饮水安全，发展节水灌溉面积 35 万亩，恢复灌溉面积 15 万亩；新建、加固淤地坝 1000 座。基本建成水利改革发展“五大体系”，即水资源合理配置和高效利用体系、综合防洪抗旱减灾体系、农业高效灌溉体系、水土保持和水生态环境保护体系和有利于水利科学发展的制度体系，从根本上扭转我市水利建设明显滞后的局面。

三、加快水源工程建设，优化水资源配置

（五）围绕“引水兴工”战略，加快水源工程建设

紧紧围绕“两大能源化工集群”和“三区九园”，加快推进一批基础性、全局性、战略性重大水源工程。加快南沟门、安沟、马家沟、红石渠等水源工程建设。全力推进南沟门水库大坝、引水发电洞、溢洪道、引洛入葫、马家河低坝引水工程建设，力争 2014 年底工程全面竣工并投入使用，确保“延南能源化工集群“水资源需求。规划新建“两引十库”工程。“两引”即延安黄河引水和引洛济延永宁水利枢纽工程。黄河引水工程要按照年取水量 9180 万立方米标准，尽快完成取水指标和相关前期设计报批，推进建设管理公司股份制运作，实行工程项目总承包，确保三年内建成通水，有效满足延安城区及周边县城镇居民和延北能源化工集群发展用水需求；“十库”即安塞龙安、子长国家沟、延长康家沟、黄陵柳芽川、富县督河、洛川黄连河、延川南河、黄龙官寨沟、志丹黄地台、吴起科科川水库等。通过 5 ~ 10 年的努力，全市地表水年供水量由 1.5 亿立方米增加到 5 亿立方米，水资源制约有效缓解。

（六）优化水资源配置，推进河库水系连通

按照河库连通，科学调度的水资源配置思路，以纵贯延安南北的黄河干流和洛河两条天然河道为主线（两纵），以覆盖全市三大不同地貌区域和主要能源化工中心区的五大骨干供水体系（五横）为骨架，通过连通工程建设，构建“两纵五横、河库连通、多源互补、丰枯调剂、保障应急、促进发展”的水网工程，形成覆盖全市的骨干供水体系，为全市持续发展提供更加有力的供水保障。

四、加强防汛薄弱环节建设，提升防洪能力

（七）加快黄河重要支流、中小河流和山洪沟治理

“十二五”期间，对延河、北洛河、清涧河、葫芦河等4条重要支流（25个项目）进行治理，综合治理长度47.64公里，先行实施延河治理工程。对西川河、永坪川等25条中小河流（42个项目）进行治理，综合治理长度190公里；完成宝塔区杜甫川等8条山洪沟治理，新修护岸（堤）19公里，沟道疏浚22公里。

（八）加快病险水库除险加固

巩固大中型病险水库加固成果，加快小型水库除险加固步伐。2013年底前，完成瓦村、长石头、方家河、璇水湾四座小（二）型水库的除险加固工作，争取将红庄、两水河、李家源等3座小型水库列入国家除险加固项目。

（九）加快防汛应急指挥信息系统建设

更新、改造和完善市级和13个县区防汛应急指挥系统建设。“十二五”期间，新建自动雨量站149个，简易站2267个，河道水位站22个，自动监测水位站115个，视频监测站75个，初步建成技术先进、质量可靠、性能稳定、使用灵活、管理方便的防汛应急指挥信息系统。

五、加强民生水利建设，夯实农业发展基础

（十）突出抓好治沟造地

治沟造地是充分利用我市沟地资源，拦泥保土、增加耕地、促进生态修复的新举措。要科学规划，全力推进，5年完成造地50万亩。严格按技术标准设计施工，做到算清水账，留足水道，确保行洪安全。以坝控制，层层设防，先渗后溢，最大限度地把泥土和有机质拦截在沟内。严控开挖高度和开挖面，最大限度保护植被，保持边坡稳定，对形成的开挖面、取土场要及时补植林草。工程建成后要及时落实管护责任，搞好综合利用和产业开发，促进农民长远受益。

（十一）大兴农田水利建设

紧紧抓住农业农村部批准我市建设“国家现代农业示范区”的机遇，以50个现代农业示范园为重点，坚持改造挖潜与新建扩能“两手抓”，为发展现代农业提供水利保证。加快拓家河、南泥湾等7个中小型灌区节水改造和田间工程配套，恢复有效灌溉面积15万亩。对规模以下灌溉工程进行改造恢复配套，下大力气改善水利条件，扩大有效灌溉面积。积极争取中央财政小型农田水利重点建设项目，通过2～3年努力实现13县（区）全覆盖，基本形成较为完善的灌排工程体系，实现“旱能灌、涝能排”。以南部苹果主产区和北部川道地区为重点，大力推广管道输水、喷灌、微灌等高效节水灌溉。“十二五”期间新增高效节水灌溉面积35万亩。

（十二）统筹推进城乡供水建设

加快延安市区和12个县城供水工程建设，有效解决水源不足，设施老化失修，超负荷运行，净化工艺落后，管网覆盖面小，跑冒滴漏严重等问题。围绕统筹城乡发展，加快33个重点镇、100个新型农村社区供水工程建设，改善城镇居民用水条件。以白于山区、

黄河沿岸土石山区、洛河峡谷地带村镇供水工作为重点，加大安全饮水工程建设力度，确保2015年前全面解决剩余46万农村人口饮水不安全问题。“十二五”期间，新建市区楼坪、西川河应急供水工程，与王瑶、红庄水库实行联合调度，有效提高延安市区应急供水保障能力，缓解目前市区供水水源不足问题。新建各县城应急备用水源，多方筹集资金改扩建净化厂和供水管网，全面提高突发水安全事件的能力。制定出台乡村饮水安全工程建设运行管理指导意见，确保土地供应，对建设、运行给予税收优惠。乡村供水水价原则上不高于所属县城供水水价，市县两级财政要将乡村饮水安全工程维修养护经费列入预算，确保工程长期发挥效益。建成全市抗旱自动监测系统和市县乡三级应急抗旱服务机构，保证投入、储备物资，抓好抗旱应急水源工程建设，形成健全完备的抗旱应急调度系统，全面提升抗御干旱灾害能力。

（十三）积极发展小水电、渔业和移民开发

推进小水电建设，扩大小水电代燃料工程规模。“十二五”期间，完成王瑶电站等10座电站改造加固、扩容增效，新建洛川堡崖、甘泉石门等小水电项目。加快推进现代渔业建设，切实抓好水产良种繁育基地、渔业基础设施建设，加强水产品质量监督，确保水产品质量安全。认真落实水库移民后期扶持政策，做好市内新建水库和古贤水库移民开发安置工作。

六、推进水土保持和水生态保护修复

（十四）加快水土保持治理，强化水土流失预防监督监测

“十二五”期间，重点抓好革命老区水保治理、煤油气资源开采水土流失补偿费使用、退耕还林口粮田、病险淤地坝维修加固、小流域坝系、粗泥沙区拦沙坝、易灾地区水土流失综合治理等工程项目建设。充分发挥生态自我修复功能，加快植被恢复。积极创建国家水土保持生态文明城市，建设“山水和谐，生态宜居”新延安。建立完善水土保持方案审批、监督检查验收和补偿费征收使用制度，严格水土保持“三同时”制度，加强生产建设项目水土流失预防监督管理，有效遏制人为水土流失。落实水土保持监测设施建设资金和运行经费，加快水土保持监测网络建设，逐步形成覆盖全市的水土保持监测网络和信息系统。

（十五）开展水生态系统保护与修复

大面积植树造林，巩固退耕还林成果，保护和涵养水源，让群众喝上干净水、放心水。积极争取中省对我市水生态系统保护与修复的支持。力争启动洛河、延河、清涧河、云岩河、仕望河五大河流为主的水生态系统保护与修复工程。加大河流源头和重要水源涵养区以及河库湿地的保护与修复，保证河流生态基流。以改善水环境、提升城市品位为重点，加大资金投入，建设市区河道监控系统，搞好延河水景观工程建设管理。

七、加大政策扶持力度，建立水利投入稳定增长机制

（十六）积极争取中央、省项目，全力抓好前期工作

做好与中央、省重点投资方向、建设项目的对接，积极争取各类水利工程项目列入中省投资计划。市县财政要足额落实水利工程项目地方配套资金。水务部门要统筹安排应上、

能上、必上项目，分层次、分梯队建立项目储备库，全面加快“两引十库”、重要支流、中小河流治理等重点水利工程前期工作。财政部门要落实水利前期工作经费，确保水利工程项目建设持续推进。

（十七）加大公共财政投入力度，充分发挥政府主导作用

将水利作为公共财政投入的重点领域，建立水利投资稳定增长机制。市、县区财政对水利投入的总量和增幅要有明显提高。新增财力投入农业部分，主要用于农田水利基础设施建设。耕地占用税税率提高后，新增收入要重点向水利设施建设倾斜。市县每年从土地出让收益中提取10%用于农田水利建设。有重点防洪任务和水资源严重短缺的县区，从城市维护税中拿出15%用于城市防洪排涝和水源工程建设。水利建设基金、水资源费、油煤气开采水土流失补偿费等要全额用于水利建设和水生态建设，重点要投向城乡统筹的水利和基本农田建设。积极争取中央、省水利投资，多渠道筹集资金，力争今后十年全社会水利年均投入比2010年高出一倍。

（十八）积极争取金融支持，广泛吸引社会资金投入水利建设

发挥财政杠杆作用，引导金融机构扩大水利信贷规模。各级涉农银行要加大对水利的金融支持，积极稳妥地推进水利项目市场融资。整合水利资产资源，做大做强市水务投资建设有限责任公司，使之成为重点水利工程建设的融资平台。市政府在资本金、土地储备、税收减免、财政贴息等方面给予政策支持。今后5年，市财政根据需求每年注入市水务投资建设有限责任公司重大水利建设设资本金。积极开展水利项目收益权质押贷款等多种形式融资，用水利建设基金、水资源费、油煤气开采水土流失补偿费等收费权为质押贷款，用于水利建设。加大财政奖补力度，充分调动农民兴修农田水利的积极性。

八、实行最严格的水资源管理制度

（十九）严格水资源管理

一是建立用水总量控制制度，确立水资源开发利用红线。加快制定各主要河流、各县区水量分配方案，实施流域和区域取用水总量控制。严格执行建设项目水资源论证制度，规范取水许可审批管理，重新划定取水许可权限，对地表水日取水量在500立方米以上，地下水日取水量在50立方米以上的取用水由市级水行政主管部门审批。严格地下水资源管理和保护，加快地下水监测站网建设，强化地下水禁采和限采措施。二是建立用水效率控制制度，确立用水效率控制红线。建立健全各县区节约用水管理机构，完善地方节水规章，出台各行业用水定额标准，全面实行建设项目节水“三同时”制度，凡新建、改建和扩建项目，必须编制建设项目节水方案，经水行政主管部门审批许可后方可立项建设。大力发展喷灌、微灌等高效农业节水灌溉。加大工业节水技术改造，鼓励并积极发展污水处理回用、雨水收集等非常规水源开发利用。大力推广使用生活节水器具，着力降低供水管网漏损率。抓好节水工业、节水农业、节水校园、节水社区等节水示范工程建设。三是建立水功能区限制纳污制度，确立水功能限制纳污红线。制定完善全市各水功能区和主要河流县区界断面水质水量控制指标，严格控制入河排污总量，加强水污染防控，提高城市污水处理率，改善重点流域水环境质量。凡新建、改建和扩大入河排污口的项目，必须编制

排污口设置论证报告，经水行政主管部门审批许可后方可建设。对排污量已经超过水功能区限排总量的县区和河流，限制审批新增取水和入河排污口。各级政府要依法划定饮用水水源保护区，开展重要饮用水水源地安全保障达标建设。强化饮用水水源应急管理，建立备用水源，妥善处理饮用水源地突发事件。

（二十）建立水资源统一管理体制和考核制度

强化城乡水资源统一管理，深化水务一体化改革，对城乡供水、水资源综合利用、水环境治理和防洪排涝等实行统筹规划、协调实施，加快建立符合我市实际的水资源管理体制。坚持流域与区域管理相结合，逐步建立事权清晰、分工明确的水资源管理和水污染防治工作协调机制。建立水资源管理考核制度并纳入全市目标责任考核体系，水行政主管部门会同有关部门对水资源开发利用、节约保护主要指标落实情况进行考核，考核结果交由组织部门，作为各级领导干部综合考核评价的重要依据。

九、深化水利改革，不断创新水利发展体制机制

（二十一）加快水利工程建设和管理体制改革

加强水利建设归口管理，严格市场准入，加快建立水利建设市场信用体系。深化国有水利工程管理体制改革，建立和完善水利工程运行管理机制，落实公益性和准公益性水管单位基本支出、维修养护费和管理经费，妥善解决水管单位分流人员社会保障问题。推进小型水利工程产权制度改革，明晰所有权，放开经营使用权，落实管护主体和责任。用足用活国家对抗旱、节水器具、渔具补贴、财政贴息政策，加强对基层抗旱服务组织的补助和扶持。

（二十二）积极推进水价改革

制定出台延安市水价改革方案，工业和服务业用水要逐步实行超定额累进加价制度，拉开高耗水行业与其他行业的水价差价。合理调整城市居民生活用水价格，稳步推行阶梯式水价制度。由市财政主管部门会同市水务、物价主管部门制定高扬程抽水、农业灌排工程运行管理费用和农村饮水抽水电价财政补贴方案。

十、切实加强对水利改革发展工作的领导，形成强大的兴水治水合力

（二十三）落实各级党委、政府责任，严格目标责任考核

各级党委、政府要切实加强对水利工作的组织领导，及时研究解决水利改革发展中的突出问题。全面推行防汛抗旱、供水保障、水资源管理、水库安全、河道管理行政首长负责制。各级领导干部要带头改进作风，深入调查研究，积极培养典型，全力抓好落实。坚持把水利工作作为年度目标责任考核的重要内容，实行水利发展目标与投资项目安排相挂钩，强化考核督促，健全完善水利改革发展激励和惩戒机制。深入开展水利建设管理先进集体和先进个人评选活动，旗帜鲜明的予以表彰，充分激发全市水利工作者的热情。

（二十四）推进依法治水

建立健全水法规体系，强化水行政许可审批，严格水资源论证、取水许可、节水方案、排污口设置、水工程建设规划、洪水影响评价、水土保持方案等制度。健全市县两级水政监察执法机构，全面推进水利综合执法改革，水行政执法单位参照公务员管理，强化水政

基础设施建设，不断提高水行政执法监察能力，依法查处各类水事违法行为，维护良好水事秩序。

（二十五）明确部门职责

各级有关部门要各负其责、密切配合，着力解决水利改革发展中的困难和问题。水利部门要搞好规划设计、组织协调和技术服务，切实抓好水利工程项目建设管理；发改部门要合理安排水利建设项目，及时下达计划；财政部门要不断加大财政投入力度，及时调度资金，保证水利前期工作和项目建设管理资金需求；国土资源部门要优先保证重点水利工程的新增建设用地计划指标，做好水利工程土地征用和补偿工作；机构编制、人社保障部门要落实水利单位编制、社保经费，解决好专业技术人才短缺问题；农业、林业、建设、卫生、环保、扶贫、物价等部门要切实履行职责，认真落实有关政策，全力支持水利改革发展；新闻宣传部门要加强基本市情水情宣传，增强全民水患意识、节水意识、水资源保护意识，形成全社会关心支持水利的良好局面。

延安市全面推行河长制湖长制实施方案

（2019 年 6 月 24 日）

根据中共中央办公厅、国务院办公厅《关于全面推行河长制的意见》（厅字〔2016〕42 号），省委办公厅、省政府办公厅《关于全面推行河长制的实施方案》（陕办字〔2017〕8 号）和《关于实施湖长制的意见》（陕办字〔 2018 〕14 号）文件精神，结合我市实际，特制定本方案。

一、总体目标

通过全面推行河长制湖长制，推动市、县、乡及村级组织全面履行河湖水域保护管理责任，建立水陆共治、部门联动、全民群治的河湖水域保护管理长效机制，坚持问题导向，实行一河一策、一湖一策，切实解决河湖水域存在的垃圾、污水等突出问题，维护河湖水域健康生命，实现河湖水域功能永续利用。到 2018 年 6 月底，建立市、县、乡、村四级河长制湖长制组织体系；到 2018 年底，全面建立责任明确、制度健全、运转高效的河湖库坝渠管理体系；2020 年底，全市水资源得到有效保护，水污染得到全面遏制，重要水功能区水质达标率达到 62.5% 以上，饮用水水质 100% 达标，重点区域（延安城区）地下水水位控制达标率达到 80% 以上。

二、组织体系

按照区域与流域相结合原则，分级分段设立河湖长，建立市、县（区）、乡镇（街道）、村四级河湖长体系，将水库、淤地坝、涝池、人工湖、鱼塘纳入湖长制管理，实现全市范围内的河流、水库、淤地坝、涝池、人工湖、鱼塘、灌溉渠道等所有水体河湖长全覆盖。

市级设立“总河湖长”“副总河湖长”；延河、北洛河、云岩河、仕望河、清涧河、周河、湉水河、葫芦河、沮河、黄河延安段、杏子河等主要河流设立市级河湖长；各河流所在县、乡分级分段相应设立河湖长。村级设河道保洁员或巡查员。

延安市“总河湖长”由省委常委、市委书记徐新荣同志担任，并兼任延河市级“河湖长”；“副总河湖长”由市委副书记、市长薛占海同志担任，并兼任北洛河市级“河湖长”；云岩河市级“河湖长”由姚靖江同志担任；仕望河市级“河湖长”由薛海涛同志担任；沮河市级“河湖长”由严汉平同志担任；周河市级“河湖长”由马宏玉同志担任；葫芦河市级“河湖长”由曹远勃同志担任；淐水河市级“河湖长”由孙矿玲同志担任；清涧河市级“河湖长”由柯昌万同志担任；黄河延安段市级“河湖长”由张宏同志担任；杏子河市级“河湖长”由刘晓军同志担任。

成立延安市河湖长制领导小组（简称领导小组），负责安排部署全市河湖长制全局工作，研究制定重要政策措施，协调解决重点难点问题，审议决定河湖长制重大事项、监督考核、表彰奖励、责任追究和其他事项。市委书记任组长，市长任副组长，各主要河流市级河湖长和相关部门主要负责同志为成员。领导小组下设办公室，办公室设在市水务局，办公室主任由市水务局主要负责同志担任，副主任由市水务局、市环保局分管负责同志担任。

各县（区）要按照区域与流域相结合的原则，设立县级、乡镇（街道）级河湖长，并成立相应的河湖长制领导小组和办公室，负责组织推进本辖区内的河湖长制实施工作。

三、工作职责

（一）“河湖长”职责

“总河湖长”“副总河湖长”负责领导本行政区域内河湖长制工作，承担总督导、总调度职责。各级“河湖长”是所辖河湖水域保护管理的直接责任人。市级主要河流“河湖长”负责指导、协调市内河湖水域的保护管理工作，督导下级河湖长和市级有关责任单位履行职责。县（区）、乡镇（街道）“河湖长”负责牵头推进河湖库坝渠水域突出问题整治、水污染综合防治、河湖库坝渠巡查保洁、河湖水域生态修复和保护管理，协调解决实际问题，检查督导下级“河湖长”和相关部门单位履行职责。

（二）责任主体职责

各县（区）政府是所辖行政区域内河湖库坝渠水环境治理的责任主体，根据“一河一策”“一湖（库）一策”管理保护方案明确年度目标任务，组织开展区域内河湖库坝渠水环境治理各项具体工作。

（三）河湖长制办公室职责

河湖长制办公室具体负责组织实施河湖长制，贯彻领导小组的决定和部署，明确工作任务，拟订巡查、处理、反馈、督察、考核等各项管理制度，监督各项任务的落实，组织实施考核等工作，负责全市河湖长制实施的日常组织协调工作，对全市河湖及河湖长名单进行备案；构建市级河湖长制信息管理系统，及时发现、落实和处置相关问题。

（四）责任部门职责

责任部门负责协助河湖长履行指导、协调和监督全面推行河长制实施湖长制工作；开展日常巡查，发现问题及时报告河湖长；配合河湖长制办公室完成“一河一档”“一湖（库）一档”、工作调查和“一河一策”“一湖（库）一策”方案制定。

（五）河湖长制成员单位职责

市水务局负责开展水资源管理保护、水功能区和跨界河流断面水量监测，推进节水型社会和水生态文明建设，组织水域岸线登记及管理、河湖水域划界确权、河道采砂管理、水土流失治理、堤防及附属工程管理与养护、水库养殖污染防治、水工程建设等工作，依法查处水事违法违规行为。市环保局负责水污染防治的监督指导，组织实施跨县（区）的水污染防治规划，制定更严格的河湖水域排污标准，开展入河污染源的调查执法和达标排放监管，实施全市水质监测。市发改委负责协调推进河湖水域保护有关重点项目，研究制定河湖水域保护产业布局和重大政策。市财政局负责落实市级河湖长制工作经费，协调河湖水域保护管理所需资金，监督资金使用。市公安局负责依法打击破坏河湖水域环境、影响社会公共安全的违法犯罪行为。市审计局负责水域、岸线、滩涂等自然资源资产离任审计。市统计局负责配合河湖长制相关任务指标的考核。市工信委负责推进工业企业污染控制和工业节水，协调新型工业化与河湖水域保护管理有关问题。市国土资源局负责开展矿产资源开发整治过程中环境保护工作，协调配合河湖水域治理项目用地保障、河湖水域及水利工程管理范围和保护范围划界确权。市交通运输局负责推进涉河陆路交通污染防治，开展临河、跨河道路桥梁改造整治。市规划局负责水域、临河、跨河和基础设施的监管。市城管局负责城市建成区范围内的环境治理工作，推进城镇污水、垃圾处理等。市农业局负责监管农业面源、畜禽养殖污染防治工作，推进农业废弃物综合利用，督导农村生活污水、生活垃圾处理、农村河流水域保洁。市林业局负责推进生态公益林和水源涵养林建设，推进河湖水域沿岸绿化和湿地修复工作。市文化和旅游局负责指导和监督景区内河湖水域保护管理。市教育局负责指导和组织开展大中小学生河湖水域保护管理教育活动。市科技局负责组织开展节约用水、水资源保护、河湖水域环境治理、水生态修复等科学研究和技术示范。市委法制办负责组织河湖水域保护管理有关法规规章编制和修订。市委宣传部负责组织开展对推行河湖长制的宣传教育和舆论引导。市考核办负责对县（区）和责任部门单位实施河湖长制的目标责任考核，相关部门要各司其职，各负其责，协同配合，保障河湖长制实施。

四、主要任务

（一）科学编制河湖库坝渠管理保护规划

1. 科学编制规划。以绿色发展理念为指导，遵循河湖自然规律和经济社会发展规律，坚持严格保护与合理利用相结合，将生态理念融入城乡建设、河湖整治、旅游休闲、环境治理、产业发展等项目的规划、设计、建设、管理全过程，科学编制经济社会发展规划和各领域、各部门、各行业专项规划。统筹考虑区域水资源条件，探索建立河湖库坝渠联通联控联调制度，提高河湖库坝渠环境承载力。注重生态环境保护和可持续发展，逐步推进土地、城乡、水利、农业、林业等专项规划与河湖环境有关规划“多规合一”。（牵头部门：市水务局，配合部门：市发改委、市规划局、市财政局、市环保局、市农业局、市林业局、市住建局、市城管局）

（二）落实最严格水资源管理制度

2. 严格水资源管理。进一步落实“用水总量控制、用水效率控制、水功能区限制纳污和水资源管理责任与考核”四项制度，严守“水资源开发利用、用水效率和水功能区限制纳污” 三条红线，构建水资源合理配置和高效利用体系。健全水资源论证、取水许可和水资源有偿使用制度，强化河湖水资源保护，严格河湖取水、用水和排水全过程监管，加快水资源管理和监测系统建设，探索建立区域水资源承载能力监测评价体系。到 2020 年，全市年用水总量控制在 4.77 亿立方米以内，万元国内生产总值用水量、万元工业增加值用水量较 2015 年均下降 10% 以上。（牵头部门：市水务局，配合部门：市发改委、市农业局、市林业局、市住建局、市工信委、市环保局、市城管局）

3. 强化地下水保护。落实《陕西省地下水条例》有关规定，严格控制地下水开采。深化“双源”（城市地下水饮用水水源和污染源）及补给径流区内重点监管污染源调查评估，完成集中式地下水饮用水水源补给区环境状况调查年度目标任务。加强石化企业、工业园区、矿山开采区、垃圾填埋场等区域防渗处理，防止地下水污染。（牵头部门：市环保局，配合部门： 市国土局、市水务局、市城管局）

4. 强化节水管理。实施全民节水行动，全面推进节水型社会建设，加强工业、城镇、农业节水，开展节水型公共机构、企业、社区等节水示范单元创建工作，树立节水标杆，逐步形成政府调控、市场引导、公众参与的节水型社会管理体系。大力提高农业节水灌溉面积和用水效率。鼓励企业使用节水新工艺、新产品，推进高耗水行业节水技术改造，大力推广生活节水器具等。鼓励使用再生水、雨洪水向河湖补水，保证河湖生态用水和合理水位。到 2020 年，全市公共供水管网漏损率控制在 12% 以内，农田灌溉水有效利用系数达到 0.57 以上，城市再生水利用率达到 20% 以上。（牵头部门：市水务局，配合部门：市住建局、城市管理局、市农业局、市林业局、市工信委）

（三）开展河湖库源头和饮用水源地保护

5. 开展水源地保护。加强主要河湖库源头、重要水源涵养地的水环境保护，划定禁止开发范围，实现河湖库源头保护区污水“零排放”。依法划定和保护饮用水水源保护区，强化饮用水水源应急管理，建立完善饮用水水源地突发事件应急预案。开展饮用水水源地水质安全保障达标和规范化建设，确保饮用水安全。加快水源涵养林建设，全面保护天然林，提高森林蓄积量。（牵头部门：市环保局，配合部门：市水务局、市林业局、市农业局、市国土局）

（四）加强水体污染综合防治

6. 严格入河排污口监管。严格入河湖库排污口监督管理，核定水功能区的纳污能力，明确水功能区的允许纳污总量。开展入河湖库排污口调查，加快入河湖库排污口截污治理，按照轻重缓急制定治理方案和实施计划，有效控制河湖库水体污染，确保污水无直排。严格落实排污许可制度，将治理任务落实到河湖库范围内各排污单位。（牵头单位：市水务局，配合部门：市环保局、市城管局）

7. 淘汰环保不达标的工业企业落后产能。向社会公开已淘汰关停企业清单，加强联合执法监督，依法查处不符合产业政策的工业企业并予以关闭，杜绝已关停的工业企业死灰复燃。（牵头单位：市工信委，配合单位：市环保局、市发改委、市质监局、市安监局）

8. 强化城镇污水治理。加快推进城镇污水处理设施及配套管网建设，实施雨污分流，整治污水直排。加强城镇污水处理设施建设及运行维护管理，确保正常运行。规范污泥处理处置，健全污泥转运管理机制，提高城市污泥无害化处理处置率。建立河湖生态补水长效机制，鼓励使用再生水、雨洪水向河湖补水，提高城镇再生水综合利用率，开展再生水用于农灌试点研究，推进公共建筑安装中水利用水设施的示范推广。到 2020 年，城市、县城污水处理率分别达到 95%、85%。城市污泥无害化处置率达到 90% 以上。（牵头部门：市城管局，配合部门：市环保局、市水务局、市发改委）

9. 加快农村生活污水、垃圾集中处理设施建设。推动城镇污水、垃圾处理设施和服务向农村延伸，开展农村小型河流河道清淤疏浚、生活垃圾集中处置和改水改厕等，完成农村环境综合整治任务。（牵头部门：市环保局，配合部门：市住建局、市农业局、市水务局、市卫计局、市城管局）

10. 控制农业面源污染。实施农业面源污染综合防治，实行测土配方施肥，推广精准施肥技术和机具，对水源地、农产品种植区及水产品集中养殖区开展风险监控评估，对环境激素类化学品实施淘汰、限制、替代等措施。到 2020 年，测土配方施肥技术推广覆盖率达到 90% 以上，化肥利用率提高到 40% 以上，农作物病虫害统防统治覆盖率达到 40% 以上。（牵头部门：市农业局，配合部门：市发改委、市国土局、市环保局、市水务局）

11. 防治畜禽养殖污染。加快畜禽禁养区划定工作，依法关闭或搬迁畜禽禁养区内养殖场（小区）和养殖专业户。新（改、扩）建规模化畜禽养殖场（小区）要实施雨污分流、粪便污水贮存、处理和资源化利用。（牵头部门：市环保局，配合部门：市国土局、市农业局、市林业局、市水务局）

12. 防治水产养殖污染。坚持生态优先，加快现代生态渔业建设，按照不同养殖区域的生态环境状况、水体功能和水体承载能力，科学划定禁养区、养殖区，确定合理的养殖种类、容量和方式，在重点水域开展水产养殖水环境监测，大力推广无公害水产养殖。（牵头部门：市水务局，配合部门：市环保局、市农业局）

（五）强化跨界断面和重点水域监测

13. 强化水质水量监测。加强河流跨界断面、主要交汇处、水库上游等重点水域的水质水量监测，强化突发水污染事件应急监测。建立健全风险评估排查、预警预报机制。建立体系统一、布局合理、功能完善的监管网络，按照统一标准开展水质水量监测和评价，定期发布监测成果。建立水质恶化倒查机制，追溯污染来源，严格落实整治责任和限期整改措施。（牵头部门：市环保局，配合部门：市水务局、市住建局、市工信委、市农业局）

（六）推动河湖生态环境治理保护与修复

14. 深入推进流域综合整治。推进山水林田湖草沙、河道综合整治、中小河流治理等项目建设，加大流域综合治理力度，使全市河流重点段防洪标准达到设防标准。加大河道、水库水系连通及水生态保护与修复力度，开展河道治理及生态示范工程建设，构建良好的

水生态系统。（牵头部门：市水务局，配合部门：市发改委、市财政局、市林业局）

15. 加快水土流失治理。积极实施退耕还林还草，深入开展水土流失治理，开展河湖库坝渠沿岸绿化造林。强化城市水土保持监管，严格生产建设项目水土保持方案审批，落实生产建设项目水土流失防治责任。（牵头部门：市水务局，配合部门：市发改委、市林业局、市住建局）

16. 推进水生态修复。加强河湖库坝渠、湿地生态保护，科学划定生态保护红线，禁止侵占河湖、湿地等水源涵养空间，已侵占的要限期予以恢复。加快城乡水环境整治，实施农村清洁环境工程，大力推进生态乡村和美丽宜居示范村庄创建活动。加强河湖水生物保护，科学开展增殖放流，提高水生物多样性和水体自身净化调节能力。积极探索建立水生态保护补偿机制，完善河湖库坝渠水量调度方案，保障河湖生态流量和生态水位。县(区)应当定期组织开展河湖资源现状调查，进行河湖健康评估并定期公告。（牵头部门：市水务局，配合部门：市林业局、市环保局、市国土局、市农业局）

（七）加强水域岸线及采砂管理

17. 加强水域岸线管理。按照“轻重缓急、先易后难、因地制宜”的原则，对境内主要河湖库坝渠开展水域岸线登记、管理范围划定及水利工程确权划界工作，依法划定河湖及其水利工程管理范围和保护范围。科学编制岸线利用规划，严格划定岸线保护区、保留区、限制开发区、开发利用区，明确分区管理保护要求。强化岸线用途管制和节约集约利用，严格控制开发利用强度，最大程度保护河湖岸线的自然形态。沿河湖土地开发利用和产业布局应与岸线分区要求相衔接，为经济社会可持续发展预留空间。强化监管，坚决杜绝非法河道采砂。（牵头部门：市水务局，配合部门：市国土局、市规划局、市农业局、市林业局、市公安局）

（八）严格行政监管与执法

18. 强化联合执法力度。建立水行政主管部门牵头，公安、环保、城市管理执法等部门共同参与、信息共享、定期会商的河湖库坝渠保护管理联合执法机制，完善行政执法与刑事司法衔接机制。以属地为主，联合行动，严厉打击涉河湖违法行为，坚决清理整治非法排污、设障、养殖、采砂、围垦、侵占水域岸线等活动，集中整治河湖岸线乱占滥用、多占少用、占而不用等突出问题，对重大水事违法案件实行挂牌督办。建立日常巡查制度，实行河湖动态监管。推进全市河湖监管信息系统建设，加强河湖水域变化、侵占河湖水域等情况跟踪，逐步实现河湖监管信息化。（牵头部门：市水务局，配合部门：市环保局、市住建局、市公安局、市城管局）

19. 严格水环境准入制度。按照空间、总量、项目“三位一体”环境准入制度，进一步细化环境准入要求，严格环境准入标准。严格控制高耗能、高耗水、重污染、高风险产业的发展，凡不符合生态环境功能区准入要求的建设项目，一律不得审批。建设项目不符合排污总量削减、替代比例或准入条件的，一律不予批准建设。对饮用水水源保护区、自然保护区和水源涵养区依法实施强制性保护。（牵头部门：市发改委，配合部门：市环保局、市住建局、市水务局、市工信委）

（九）完善河湖保护管理制度及法规

20. 完善河湖管理保护制度。落实《党政领导干部生态环境损害责任追究办法（试行）》，强化党政领导干部河湖生态环境保护职责。建立违法行为报告制度，强化日常监督和考核问责。对跨河湖、穿河湖、临河湖等涉河建设项目，要严格落实涉河湖建设项目审批制度，履行相关审批手续。（牵头部门：市水务局，配合部门：市考核办、市审计局、市国土局、市环保局）

21. 推动水管理创新。建立网格化、全方位河湖水域岸线日常监管巡查制度，明确监管责任主体，实现河湖水域动态监管。落实村级河湖巡查员、保洁员制度，将城镇河湖水系管理纳入城镇环境保护建设。积极推行管养分离和政府购买服务方式，实现河湖库坝渠养护专业化、社会化，逐步实现全市河湖库坝渠管理保护全覆盖。（牵头部门：市水务局，配合部门：市住建局、市环保局、市城管局）

五、保障措施

一是加强组织领导。各级党委和政府要以推行河湖长制为抓手，把保护河流水域健康作为推进生态文明建设的重要举措，加强领导，明确责任，狠抓落实，抓紧细化完善本县（区）、本部门实施河湖长制的工作方案、实施细则和配套规章制度。各级河湖长、各有关部门要履行好组织领导职责，协调解决河流管理保护重大问题。要充分发挥人大监督和政协参政议政的重要作用，形成河湖水域保护管理的合力。

二是完善工作机制。建立联席会议制度、信息共享制度、工作督察制度、工作验收制度、考核问责和激励制度、信息报送制度。各级“河湖长”要定期不定期召集相关县（区）和责任单位，协调解决河湖水域保护管理重点难点问题，定期通报河湖水域管理保护情况，督查督办实施情况、责任部门及责任人履职情况。各责任部门要加强日常工作沟通与协调，定期报送工作信息，通报典型事例。各级河湖长制办公室加强组织协调，督促相关部门和单位按照职责分工，落实责任，密切配合，协调联动，共同推进河湖水域管理保护工作。

三是严格考核问责。要把落实河湖长制纳入全市目标责任考核，以水质水量监测、水域岸线管理、河湖库渠生态环境保护等为主要考核指标，根据不同河湖库坝水域存在的主要问题，实行差异化绩效评价考核。要分年度制定工作任务清单，明确责任单位、责任人和时间节点任务指标，严格考核验收。对成绩突出的要给予表彰奖励，对失职失责的要严肃问责。考核结果作为党政领导干部综合考核评价的重要依据。

四是保障资金投入。发改、财政、水利、环保、国土、林业等部门加大争取中央、省相关资金、项目的力度，市县财政要把落实河湖库坝水域管理保护治理资金作为公共财政支出的重点，将水质水量监测、监测信息系统平台建设、河库划界确权、专项整治等项目资金，河道水域巡查、堤防维修、保洁等经费纳入各级财政预算。要建立多元化投资机制，多渠道筹措建设资金，引导社会资金参与河湖库坝水域环境治理与保护，进一步创新融资机制，用好用活金融政策，全力做好资金保障。

五是加强宣传引导。建立信息发布平台，在市级主要新闻媒体上公布各级河湖长名单，在显要位置设立河湖长公示牌，广泛接受群众监督。加大新闻宣传和舆论引导力度，有效发挥媒体舆论的引导和监督作用，广泛持久地开展河湖库坝水域保护宣传教育，进一步增强广大市民责任意识和参与意识。积极营造社会各界和人民群众共同关心、支持、参与和监督河湖库坝水域保护管理的良好氛围。

延安市延河流域水污染防治条例

（《延安市延河流域水污染防治条例》于2020年7月30日延安市第五届人民代表大会常务委员会第二十七次会议通过，2020年9月29日陕西省第十三届人民代表大会常务委员会第二十二次会议批准）

第一章　总则

第一条　为了防治延河流域水污染，促进经济社会可持续发展，根据《中华人民共和国水污染防治法》及有关法律法规，结合本市实际，制定本条例。

第二条　本条例适用于本市行政区域延河流域的河流、渠道、水库等地表水体以及地下水体的污染防治。

第三条　延河流域水污染防治遵循预防为主、防治结合、保护优先、科学利用、综合治理、损害担责原则，实行统一管理与分级负责相结合的管理体制。

第四条　市、县（区）人民政府应当将延河流域水污染防治工作纳入国民经济和社会发展规划及年度计划，合理规划工业和城乡建设布局，调整优化产业结构，严格禁止新建高耗水、高污染项目，限制、淘汰污染水环境的落后产能，防治水环境污染，统筹推进流域水生态治理。

市、县（区）、乡（镇）人民政府对本行政区域延河流域水环境质量负责。

街道办事处在其派出的人民政府领导下开展延河流域水污染防治工作。

第五条　市、县（区）生态环境主管部门对延河流域水污染防治实施统一监督管理；负责流域水质监测预警、水污染突发事件应急处置、查处水污染违法行为等工作。

市、县（区）水行政主管部门负责水资源配置、河道管理（河道汽车清洗）、水土保持等工作。

市、县（区）农业农村主管部门负责畜禽粪污资源化利用、病死畜禽无害化处理、农村改厕等工作。

市、县（区）城市管理执法部门负责生活污水收集处理、重点乡村生活污水集中处理设施及配套管网规划、建设和运行的行业监督管理工作。

市、县（区）发展改革、国资、卫生健康、行政审批、工业和信息化、公安、民政、财政、自然资源、住房和城乡建设、交通运输、商务、应急管理、市场监管、林业等部门，按照各自职责做好延河流域水污染防治工作。

第六条　市、县（区）、乡（镇）实行河长制。河长定期巡河，分级分段组织领导本行政区域延河流域水污染防治工作。街道办事处在其派出的人民政府领导下履行河长制有关职责。

第七条 村民委员会、居民委员会在乡（镇）人民政府、街道办事处指导下开展延河流域水污染防治工作。

村民委员会、居民委员会应当将延河流域水污染防治工作纳入村规民约、居民公约，加强河道日常巡查，及时向乡（镇）人民政府、街道办事处报告水污染隐患和行为。

第八条 公民、法人和其他组织都有防治延河流域水污染的义务，有权对污染水环境和不依法履行监督管理职责的行为进行举报。受理机关和部门应当按照有关规定及时予以处理。

第九条 市、县（区）人民代表大会常务委员会可以采取听取审议工作报告、调查研究、代表视察、执法检查、专题询问、质询和特定问题调查等形式，对延河流域水污染防治工作进行监督。

市、县（区）人民政府每年向本级人民代表大会及其常务委员会报告工作时，应当报告延河流域水污染防治情况。

市、县（区）生态环境主管部门每年至少开展一次延河流域水污染防治执法检查，及时查处水污染违法行为，并公开结果。

第十条 市、县（区）、乡（镇）人民政府和街道办事处应当将延河流域水污染防治工作纳入年度目标责任考核，对做出突出贡献的单位和个人应当给予表彰奖励，对因工作失误造成重大污染事故的单位和个人应当追究责任。

第十一条 市、县（区）人民政府及其有关部门应当加强延河流域水污染防治法律法规宣传教育。普法依法治理机构应当将延河流域水污染防治法律法规的宣传教育纳入普法规划和年度普法计划，并督促落实。

新闻媒体应当开展延河流域水污染防治法律法规宣传，对污染水环境、破坏水生态等行为进行舆论监督。

第十二条 市、县（区）人民政府应当将延河流域水污染防治工作所需经费纳入财政预算，专款专用。鼓励和支持企业事业单位、社会团体、基层群众性自治组织、志愿者等社会力量参与延河流域水污染防治工作。

第二章 监督管理

第十三条 市、县（区）人民政府应当根据依法批准的水污染防治规划，组织制定本行政区域延河流域水污染防治规划。

第十四条 市人民政府应当将延河流域水污染物排放总量、断面控制指标分解到有关县（区），统一规划设置水质监测点位，每月监测并及时公开监测数据。

第十五条 市、县（区）人民政府应当统一规划建设延河流域河岸生态环境和生态系统工程。

禁止在延河流域岸线保护利用规划区内建设旱厕、堆放和填埋垃圾。

第十六条 市、县（区）人民政府应当根据生态环境功能需要，因地制宜建设人工湿地、水源涵养林、护岸林、沿河植被缓冲带和隔离带等生态环境治理与保护工程，整治黑臭水体，提高延河流域水环境资源承载能力。

第十七条　市、县（区）人民政府应当定期开展延河流域地下水污染状况调查，建立地下水污染防治区划体系，划定地下水污染治理区、防控区和一般保护区。在地下水污染严重的区域，组织开展地下水污染治理和修复。

第十八条　市、县（区）生态环境主管部门应当建立延河流域环境资源承载能力预警制度。

新建、改建、扩建直接或者间接向水体排放污染物的建设项目和其他水上设施，应当依法进行环境影响评价，按程序批准后方可开工建设。

第十九条　在河道设置入河排污口，应当符合水污染防治规划要求，依法报批并接受监督检查。

市、县（区）生态环境主管部门会同水行政主管部门对延河流域排污口登记造册，设置公示牌，标明排放水污染物的种类、浓度、监管单位、监督电话等信息。

第二十条　重点排污单位应当安装水污染物排放自动监测设备，与生态环境主管部门的监控设备联网，并保证监测设备正常运行。

第二十一条　市、县（区）生态环境主管部门有权对排污单位进行现场检查，调查了解水污染物处理及设施运转情况；对造成或者可能造成严重污染的设施设备，应当及时依法查封、暂扣。

被检查单位应当积极配合，如实反映情况，并提供必要的资料。

第二十二条　市、县（区）人民政府及其有关部门应当公布以下延河流域水污染防治信息：

（一）延河流域水污染防治规划；

（二）延河水质和水污染分段监测数据；

（三）重点排污单位的水污染物排放监测数据；

（四）县（区）水污染物排放总量控制指标完成情况；

（五）问询情况；

（六）其他应当依法公开的信息。

第二十三条　市人民政府应当对延河流域超过重点水污染物排放总量控制指标或者未完成水环境质量改善目标的县（区）人民政府主要负责人进行问询。问询情况应当占年度目标责任考核一定比例减分值。

第二十四条　任何单位和个人不得破坏延河流域水质监测监控、标识标牌、水污染物处理、排污管道等设施设备。

任何单位和个人不得以聚众、暴力、威胁等方式妨碍生态环境主管部门或者其他有关部门工作人员执行公务。

第二十五条　市、县（区）生态环境主管部门负责编制延河流域水污染突发事件应急预案，报本级人民政府批准后执行。

第三章 污染防治

第二十六条 市、县（区）人民政府应当加强污水收集管网建设和改造，实施雨污分流。

城镇和各类开发区、工业园区、企业，应当配套建设污水处理设施和管网，集中收集处理污水，达标排放。污水处理设施运营单位不得擅自停运污水处理设施。

第二十七条 向水体排放水污染物的企业、事业单位或者其他生产经营者，应当按照规定取得排污许可证或者进行排污登记。排污许可证应当注明排放水污染物的种类、浓度、总量、排放去向等内容。

第二十八条 向水体排放水污染物不得超过国家和地方规定的标准，排放总量不得超过许可的排放量。

第二十九条 延河流域禁止下列行为：

（一）向水体或者河道抛洒遗弃生活垃圾、建筑垃圾、动物尸体等废弃物；

（二）向水体或者河道直接排放粪便、生活污水、洗车污水、洗涤废水、畜禽养殖和屠宰污水；

（三）在河道清洗车辆、违法取水或者乱建、乱堆、乱占、乱采、乱种；

（四）法律、法规规定的其他行为。

第三十条 城镇污水管网覆盖范围以外排放污水的单位，应当建设污水处理设施，并达标排放。

第三十一条 城镇污水集中处理设施运营单位或者污泥处理处置单位应当安全处理处置污泥，保证处理后的污泥符合国家标准，并将污泥处置及其去向、用途、用量等情况向生态环境等部门报告。

石油天然气开采单位应当对其产生污油泥的收集、运输、贮存、利用处置全过程污染防治负责。污油泥处置企业对其收集、运输、贮存、利用处置污油泥过程中的污染防治负责。

任何单位和个人不得擅自倾倒、堆放、丢弃、遗撒污泥以及污油泥。

第三十二条 县（区）人民政府应当统一规划农村生活污水集中处理设施和污水管网，将城镇周边村庄纳入城镇污水集中处理体系。未纳入集中处理体系的区域，由县（区）人民政府规划建设污水处理站或者采取其他处理措施，实现农村生活污水收集处理，达标排放。

县（区）人民政府应当将城乡结合部或者人口密集的农村生活垃圾纳入城市垃圾分类收运处理系统。未纳入处理系统的区域，应当在充分回收、资源化利用的基础上，建立村收集、乡（镇）转运、县（区）处理体系，定期外运处理。

乡（镇）人民政府、街道办事处负责农村生活污水、生活垃圾处理日常管理，会同有关部门对生活污水、垃圾设施的维护、运营情况等进行监管。

第三十三条 市、县（区）农业农村等有关部门应当指导农业生产者科学合理施用化肥和农药，控制化肥和农药过量使用。县（区）农业农村主管部门应当会同财政、生态环境主管部门制定农业废弃物回收奖励办法，指导乡（镇）人民政府、街道办事处建立农用残膜、果袋、农药和化肥包装物等农业废弃物回收奖励制度。

第三十四条　市、县（区）人民政府及其农业农村、生态环境主管部门应当对农村畜禽养殖废弃物处理设施建设、改造和资源化利用给予支持指导，整治污染严重的畜禽养殖密集区域。

乡（镇）人民政府、街道办事处、村民委员会、居民委员会应当配合有关部门划定畜禽养殖区域，改造建设畜禽养殖废弃物处理设施，推行畜禽养殖废弃物收集、无害化处理和资源化利用等工作。

畜禽养殖企业、动物屠宰加工场所、动物产品无害化处理场所，应当进行畜禽粪便处理、雨污分流、贮存设施标准化建设和改造。

第三十五条　农田灌溉用水应当符合相应的水质标准，防止土壤、地下水和农产品污染。

禁止向农田灌溉区水渠排放工业废水、医疗污水和未经无害化处理的生活污水、畜禽养殖废水、农产品加工废水。

第四章　法律责任

第三十六条　违反本条例第二十六条第三款规定，未按照规定事先报告或者采取应急处理措施的，由城镇排水主管部门责令改正，给予警告；逾期不改正或者造成严重后果的，处十万元以上五十万元以下罚款；造成损失的，依法承担赔偿责任。

第三十七条　违反本条例规定的行为，其他法律、法规有处罚规定的，从其规定。

第三十八条　拟对法人、其他组织处五万元以上罚款、对公民处五千元以上罚款，拟处暂扣、吊销许可证或者其他具有许可性质的证件，拟处责令停产、停业、关闭处罚的，有关部门应当告知当事人有要求举行听证的权利。

第三十九条　因排放水污染物受到损害的当事人，有权要求排污方排除危害和赔偿损失。由于不可抗力造成水污染损害的，排污方不承担赔偿责任，但法律另有规定的除外。

第四十条　检察机关可以督促负有监督管理职责的行政机关依法履行职责。对污染水环境、破坏水生态等损害社会公共利益的行为，检察机关、法律规定的机关和有关组织可以依法向人民法院提起公益诉讼。

第四十一条　负有监督管理职责的公职人员滥用职权、玩忽职守、徇私舞弊的，由监察机关依法给予处分；构成犯罪的，依法追究刑事责任。

第五章　附则

第四十二条　本市行政区域其他河流流域水污染防治参照本条例规定执行。

第四十三条　本条例自 2020 年 11 月 1 日起施行。

索　引

山川河湖（19条）

水资源开发利用与节约用水（23条）

防汛抗旱与河道整治（10条）

水土保持与生态环境建设（21条）

河流综合管理（14条）

延河文化（42条）

机构 人物（42条）

参加编写及提供资料单位和人员名单

一、提供资料单位

天津大学
政协天津市委员会
政协延安市委员会
延安革命纪念馆
延安博物馆
延安市水务局及下属单位
延安水务环保集团有限公司及下属公司
黄河水利委员会延安水文水资源勘测局
延安水文水资源勘测中心
安塞水土保持综合试验站
延长县水务局
宝塔区水务局
安塞区水务局
志丹县水务局
靖边县水利局

二、提供资料个人

白李东　张彦杰　周晓斌　郭亚峰　赵小会　韩　杰　高　峰　苏　涛　常　靖
袁刚堂　冯赟栋　张永峰　张　帆　沈建伟　刘宏胜　刘玉杰　赵晓阳　折东祥
王　超　高宝华　李永海　冯　峰　韩宗军　韩　会　刘　婷　王　蕾　刘雪英
高启艳　曹东东　李小杰　李　锋　徐　娟　郑　腾　刘　霞　刘小龙　路光民
段铁华　白忠伟　高永芳　蔡延利　樊旺旺　曹树蓬　魏国治　杨鹏程　冯　超
刘亚明　杜宇辉　赵　硕　赵慧军　张利利　张发治　郭　鹏　张海东　屈百平
牛玺翔　呼文战　许统群　郭平平　陈芳芳　白　雪　张文礼　高　阳　徐　林
张引平　杨　甫　赵岗祥　贾延民　李国安　汪海军　张发民　加　路　凌　然
李　进　李增强　杨　杰

三、参与编写人员

刘雪英　折东祥　高启艳　赵　硕

编后记

2023 年 4 月 23 日，陕西省水利厅在西安尚德大厦召开全省河流志编纂工作部署会议，陕西省水利厅二级巡视员许灏讲话，机关党委副书记、纪委书记耿涛部署工作，决定对全省 10 条河流（渭河、汉江、褒河、丹江、泾河、北洛河、无定河、延河、千河、漆水河）编志，实行主编负责制，由 10 名水文化专家分别担任 10 条河流的主编，其中，赵西安担任《延河志》主编。会后，编者向延安市水务局作了汇报，着手编纂工作，5 月初制订《延河志》编写大纲，收集资料。

2023 年 6 月 25 日，陕西省水利厅召开水文化工作暨《陕西河流志丛书》编纂推进视频会议，延安市水务局副局长张永峰及各单位负责人在延安分会场参加会议，陕西省水利厅副厅长左怀理讲话，二级巡视员许灏主持会议。7 月，进入全面编写。

2023 年 7 月 13 日，陕西省水利厅机关党委副书记、纪委书记、《陕西河流志丛书》编纂委员会办公室副主任耿涛，在延安金泽酒店主持召开《延河志》编纂大纲审查暨资料收集部署会，延安市水务局副局长张永峰、延安市水务局办公室主任刘玉杰、志丹县水务局赵小会、安塞区水务局韩杰、宝塔区水务局刘艳、延长县水务局冯赟栋、延长县地方志编纂委员会办公室主任白李东以及榆林市水利局负责同志参加会议。会议讨论了《延河志》初步大纲，布置了资料收集任务，会后成立《延河志》编纂资料群，提出动员一切关系、采取一切办法收集资料，保证编写工作顺利进行。延安市水务局及下属各单位，延安水务环保集团，志丹、安塞、宝塔、延长、靖边县（区）水务（水利）局等提供了相关资料。延长县地方志编纂委员会办公室提供了《延长县志》、红军东征会议等资料和部分照片。按照河流志编写主编负责制的要求，组建《延河志》编辑部，由赵西安（延安市水务局原副局长）为主编、刘雪英（延安市水土保持工作队副总工程师）、折东祥（延安市水保生态治理和灾害防御中心办公室主任）、高启艳（延安市水利工作队干部）、赵硕（延安水务集团延河供水公司职工）为编辑。

2023 年 8 月 11 日，延安市水务局成立延河河流志编纂委员会，由局党组书记、局长李宜然担任主任，党组成员、副局长张永峰、同晓正任副主任，下设办公室，刘玉杰任主任，张林任副主任，赵西安任主编，要求局各科室、直属各单位、相关县（区）水务局积极配合，完成志书编纂任务。

2023 年 8 月 15 日，陕西省水利厅在西安召开《陕西河流志丛书》编写大纲研讨会，水利厅二级巡视员、陕西河流志编纂办公室主任许灏主持会议并讲话，会议统一了河流志编写大纲基本结构，一律按篇、章、节、目结构进行编写。会后，编者对《延河志》编写大纲作了调整。

2023年9—11月，赵西安带领编辑人员，在延安市水务局、市水利工作队、市水保工作队、市水保生态治理和灾害防御中心，安塞区水务局、镰刀湾镇，延长县水务局、县水保工作队，志丹县张渠便民服务中心以及靖边县大路沟、五里湾便民服务中心等单位和当地干部协助支持下，对延河源头区、延河入黄河口、杏子河源头区进行实地考察，采用无人机拍摄照片和视频。延河流域靖边县境内资料来源于《延河志》联络员提供和编纂人员实地调查。

2023年11月2日，陕西省水利厅在西安召开《陕西河流志丛书》编纂工作协调推进会，许灏主持会议，听取了各志书编纂进展情况汇报，交流经验，研究讨论有关问题，对下一阶段编撰工作进行安排，要求2023年12月底前完成初稿编写。

根据本志书编纂的时间、任务、质量要求等实际情况，全书各篇章由主编执笔编写，其他编辑分工负责资料整理、补充完善和参与调研，其中刘雪英负责水土保持综合治理、淤地坝工程资料整理及部分图片编辑；折东祥负责防汛抗旱、河流综合管理、社会经济等部分内容的整理和修改完善，并整理提供延河流域行政图、水系图；高启艳负责文化建设及社会经济等部分内容的整理，以及部分图片拍摄编辑；赵硕负责自然概况资料整理以及各类资料电子版转换。由南沟门水利枢纽工程公司刘鹏承担书稿文字和图表编排。各编辑和有关人员认真负责，不辞劳苦，齐心协力保证了编写和校对工作如期完成。

2023年11月20日，《延河志》编辑部对志书初稿进行讨论，提出修改意见并继续修改。12月4—6日，赵西安赴天津大学、天津市政协查阅收集有关人物资料。12月下旬，初稿编写完成，报《陕西省河流志丛书》编纂委员会办公室。

2024年1月25日，陕西省水利厅组织有关专家、厅设有关单位负责同志对《延河志（初稿）》进行了初审，并提出了补充完善意见。会后，编者及时组织榆林、延安有关市（县）编写人员逐条进行了修改完善。4月8—20日，《陕西省河流志丛书》编纂委员会将《延河志（征求意见稿）》下发延安、榆林有关单位、县（区）和省级有关单位征求意见，同时征求了陕西省地方志办公室的意见。延安、榆林有关市（县）、单位补充完善了有关内容，并提出了50多条修改意见，特别是陕西省地方志办公室李军副处长、陕西省住房和城乡建设厅倪坪同志、陕西省水利厅原二级巡视员杨耕读同志对志书编纂工作给予了充分肯定，并对志书定位、审定、图表、记述重点、人物入志等提出了明确要求。根据陕西省地方志办公室编志最新要求，编者及时修改完善，统一设置了英文目录和索引，取消了人物篇中人物事录节。2024年6月8日，陕西省地方志办公室在西安市蓝田县召开了《延河志》复审会，陕西省地方志办公室李军副处长出席并主持了复审会议，与会专家充分肯定了《延河志》的编纂成果，认为《延河志》政治观点正确，体例规范，结构合理，资料丰富翔实，文风朴实，语言精炼，特色明显，会议一致同意将《陕西省河流志丛书》纳入《陕西省地情丛书》范畴，并同意《延河志》通过复审。

2025 年 2 月 22 日，中国名水志文化工程 · 陕西省河流志丛书终审会在北京召开。水利部办公厅、中国地方志工作办公室、中国水利水电科学研究院、中国社会科学院当代中国研究所、中国水利学会水利史与水利遗产专业委员会、黄河水利出版社、陕西省水利厅、陕西省地方志办公室的有关领导、专家、学者共计 17 人参加了会议。专家组一致同意将《陕西省河流志丛书》列入《中国名水志文化工程丛书》。

编写河流志，无论对河流所在地水利部门还是对编者，都属首次，缺少经验和借鉴，时间紧、任务重，资料收集整理困难极大。编者在陕西省水利厅和延安市水务局的大力支持与指导下，凭着对伟大延河的崇敬热爱、凭着对修志工作的执着追求、凭着 40 余年水利生涯的积累沉淀，深入调研，攻关克难，反复打磨，在一年多时间里完成了编写任务并通过终审，收获了人生最丰厚的回报。在这里，要感谢所有支持帮助《延河志》编写的各级领导、专家学者、同事朋友；感谢所有提供资料的单位和个人；感谢河流志主编团队所有成员：许灏、蒋建军、耿涛、王辛石、常崇信、雷保寿、权医平、黄卫涛、杨永平等领导和专家，大家团结一心，及时交流，互相帮助，共同努力，完成了本次河流志编写工作；感谢《延河志》编辑团队每位成员、县（区）及单位每位联络员及参与实地调研的同志们，一起走过编写工作艰辛而光荣的历程。

由于收集资料的局限和编者水平所限，志书难免存在缺陷甚至讹误，敬请读者批评指正。

编　者

2025 年 4 月

中国名水志文化工程丛书
陕 西 省 地 情 丛 书
陕 西 省 河 流 志 丛 书

汉江志

《陕西省河流志丛书》编纂委员会 编

黄 河 水 利 出 版 社
· 郑 州 ·

图书在版编目（CIP）数据
汉江志 / 《陕西省河流志丛书》编纂委员会编.
郑州 : 黄河水利出版社, 2025. 6. -- (陕西省河流志丛书). -- ISBN 978-7-5509-4119-9
Ⅰ. TV882.841
中国国家版本馆CIP数据核字第20254TF738号

汉江志　HANJIANG ZHI
《陕西省河流志丛书》编纂委员会　编

责任编辑	周　倩	责任校对	兰文峡
封面设计	张心怡　孟周利	责任监制	常红昕
出版发行	黄河水利出版社		
	地址:河南省郑州市顺河路49号　邮政编码:450003		
	网址: www.yrcp.com　E-mail:hhslcbs@126.com		
	发行部电话：0371-66020550		
承印单位	陕西省水利印刷厂		
开　　本	787mm × 1092mm　1/16		
插　　页	18		
印　　张	37.75		
字　　数	924千字		
版次印次	2025年6月第1版	2025年6月第1次印刷	
定　　价	3680.00元（全十卷）		

《汉江志》编纂委员会

主　任　左怀理

副主任　王学忠　刘昌兰　傅　强

委　员　李功元　卢峙兵　曾新文　汪学政　袁礼海　罗建平
王利夫　袁琳隆　马克富　王　超　王　华　吕志群
余清林　白　冰　李　军　张箫健　黎桂丞　杨虎善
赵发祥　侯勇邦　郑小平　郭朝平　杨小勇　张少明
杨　军　邹远利　王明柱　蒋孝军　王溪泉　张志清
胡润宝　杨孝军　石山宝　黄绪汉　徐天武　郭传宏
中国华

主　编　王辛石

《汉江志》参加编写人员

主　编　王辛石　（陕西省水利信息宣传教育中心）

成　员　景长春　张亚楠　李春红　（陕西水利博物馆）
李　凯　（陕西省水利信息宣传教育中心）
刘艳芹　（中国水利报社陕西记者站）

审定单位

初　审　陕西省水利厅

复　审　陕西省地方志办公室

终　审　水利部水文化研究工作指导委员会办公室

汉江流域水系分布图

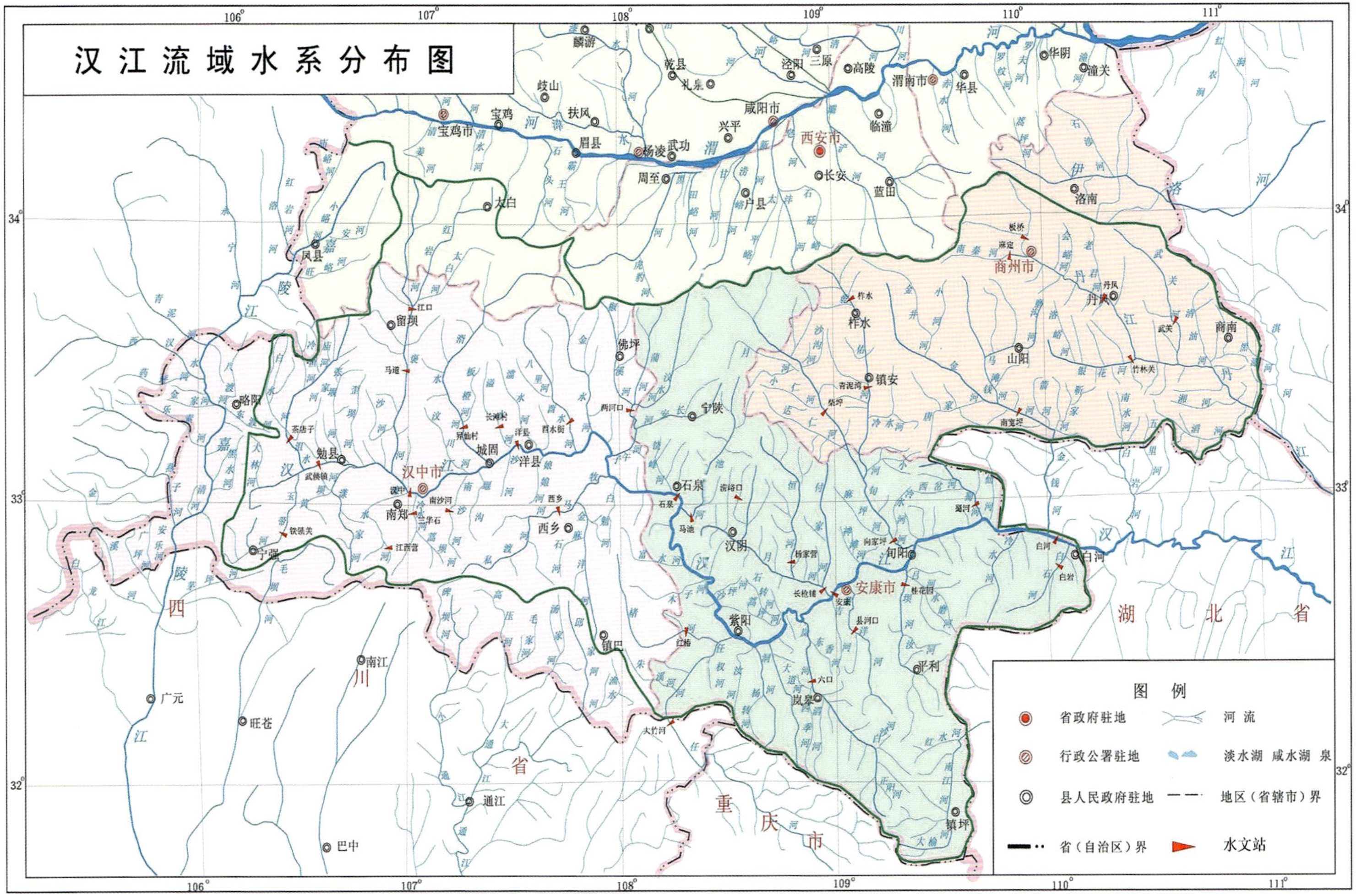

图例
省政府驻地
行政公署驻地
县人民政府驻地
省（自治区）界
河流
淡水湖 咸水湖 泉
地区（省辖市）界
水文站
西安市
汉中市
安康市
商州市
宝鸡市
咸阳市
渭南市
四
川
省
湖
北
省
重
庆
市
汉
江

宁强县汉江源头（2013年摄）

汉江汉中城区段（2017年摄）

安康汉江三桥夜景（2020年摄）

汉江石泉县城段（2018年摄）

汉江旬阳县城段（2016年摄）

汉江白河县城段（2015年摄）

汉江支流岚河（2015年摄）

汉中石门水库（2009年摄）

安康瀛湖（2011年摄）

汉中市南郑区红寺湖（2017年摄）

平利县古仙湖（2013年摄）

汉中市汉台区水塘（2019年摄）

小流域治理后的洋县华阳古镇（2017年摄）

汉江汉中湿地公园（2020年摄）

城固县古路坝水土保持生态示范园（2019年摄）

白河县天宝水土保持示范园（2020年摄）

2012年9月28日，陕西省水利厅与安康市在瀛湖库区联合开展
中国汉江安康百万鱼苗增殖放流活动

汉江洋县朱鹮保护区（2023年摄）

引汉济渭工程黄金峡大坝建成（2023年摄）

安康水电站（2014年摄）

汉中市汉江翻板闸（2014年摄）

汉惠渠渠首（2015年摄）

紫阳县污水处理厂（2014年摄）

原安康县八一水库建设工地（1959年摄）

1988年1月，洋县群众开展农田水利建设现场

2020年11月12日，引汉济渭黄金峡枢纽汉江截流合龙

2020年12月20日，引红济石调水工程建成通水

引汉济渭佛坪县石墩河移民新村（2018年摄）

1981年8月，汉江南郑段抗洪抢险

1983年8月1日，安康老城区被洪水淹没

1991年8月7日，安康水电站泄洪

1991年11月，洋县汉江河堤（南坝段）建设大会战

2011年11月28日，汉江白河县城堤防工程开工

2012年2月6日，陕西省委、省政府在汉江汉中城区段召开汉江综合整治动员大会

2012年10月30日，安康中心城市东坝防洪保安工程全线开工

2010年7月2日，陕西省人民政府在安康举行防汛演练

汉江综合整治白河县城段施工（2012年摄）

汉江综合整治施工（2013年摄）

2020年8月16日，汉中石门水库泄洪

汉江干流勉县水文站自动化测流（2017年摄）

建成后的安康东坝防洪工程（2015年摄）

1977年，宁强县青木川镇开展群众性农田水利建设

1994年12月，安康市汉滨区五里镇群众修建水塘

1999年12月8日，安康恒惠渠加闸工程竣工

2001年，白河县新修石坎梯地

2020年，汉中市汉台区修建农村饮水工程

2018年，石泉县县镇两级河长、警长联合巡查汉江

汉阴县集中供水工程涧池水厂（2020年摄）

2019年，脱贫攻坚工程使汉中市汉台区毛寨村用上了自来水

汉中市南郑区红寺湖灌区（2020年摄）

勉县板凳堰灌区（2021年摄）

治理后的白河县小流域（2019年摄）

清晚期，城固县五门堰维修场景

20世纪70年代，旬阳码头搬运场景

2017年10月10日，“汉中三堰”入选世界灌溉文化遗产名录

1960年的汉江城市段木桥

2024年9月，安康凤堰古梯田入选世界灌溉工程遗产名录

汉江上古老的渡船（2018年摄）

汉江流域古老的傩戏（2015年摄）

汉中市南郑区协税社火（2014年摄）

宁强县羌族民俗表演（2015年摄）

安康市汉滨区汉剧演出（2013年摄）

汉中市天汉湿地公园里的汉水女神雕塑（2021年摄）

汉江流域古老的竹排（2011年摄）

汉中市滨江文化公园（2015年摄）

人水和谐新汉江（2021年摄）

《陕西省河流志丛书》编纂团队合影
（前排左起赵西安、常崇信、许灏、蒋建军、雷保寿、耿涛，
后排左起田晓强、杨永平、权医平、王辛石、黄卫涛、于世宏、龚裕凌）

汉江流域水利事业发展数据

流域概况	汉江涉及陕西、湖北、四川、重庆、甘肃5省（市）的20个地（市）区、78个县（市），全长1577千米，总落差1964米，流域总面积约15.9万平方千米，其中陕西省内流域面积5.47万平方千米（不包含丹江流域0.75万平方千米），占比34.4%。
水资源量	流域多年平均径流量544亿立方米，水资源总量254.68亿立方米，其中地表水资源量为253.70亿立方米，地下水资源量为55.40亿立方米，两者之间的重复计算量54.42亿立方米。
节约用水	截至2023年底，水利部公布5批节水型社会建设达标县（区）名单，流域内共10个县（区）入选。截至2016年，汉中市耕地灌溉面积达到163.98万亩，节水灌溉面积达到100.65万亩。截至2014年，安康市共发展高效节水灌溉面积5.74万亩，占全市总灌溉面积的10%。
水源工程	流域建成各类水库506座，其中大型6座，总库容33.95万亿立方米；中型20座，总库容5.95万亿立方米；小型480座，总库容3.8万亿立方米。
灌溉工程	安康现有中型灌区5个，有效灌溉面积11.44万亩。截至2018年，安康市耕地面积68.01万亩，设施面积78.2万亩，实际灌溉面积55.5万亩，旱涝保收面积52.94万亩。
城乡供水	截至2018年，流域合计供水量25.6亿立方米，其中地表水源供水量22.48亿立方米，地下水源供水量3.1亿立方米，非常规水源供水量246万立方米。
水电水产	流域现有小水电站16座。水产养殖面积33.5万亩，水产品产量11.36万吨。
江河堤防	截至目前，汉江干流防洪工程共计172项，堤防长度272.94千米，其中汉中段现有防洪工程227.117千米，安康段防洪工程长度45.82千米。
水土保持	累计治理水土流失面积30153.6平方千米，小流域综合治理面积13029.95平方千米，实施小流域综合治理条数195条。
流域管理	流域现有市（区）级河湖长23人，县（区）级河湖长266人。
河流文化	汉水文化在我国流域文化中具有典型意义，在华夏文明的形成过程中扮演了重要角色。近年来汉水文化研究范围逐渐扩大，研究成果颇丰，涵盖了汉水流域历史文化、文学艺术、区域经济、宗教等，梳理出了汉水流域不同时期的文化风貌。

序

陕西省位于中国中部，以地理分界，分陕南、陕北、关中三区，今人称其为三秦。三秦大地被两个山系——北山和秦岭分界。北山山系的黄龙山、子午岭、陇山诸山划出了陕西北部沟壑纵横的黄土高原和中部一马平川的关中平原。大地理的秦岭，西起昆仑，中经陇南、陕西中部，东至鄂、豫、皖，分出长江、黄河两大流域，以及中国南北方的地理、气候。而横贯秦地中部的秦岭，在此自西向东也成为渭水与汉水的分界，形成了黄河和长江两大流域最大的支流。山是水之依，水是山之魂。北山、秦岭和巴山造就了三秦河流，孕育了悠久的中华文明，见证了夏、商、周三代以后朝代的更替兴衰。

三秦河流自然环境差异极大，河流所经高原、山地、丘陵、盆地、平原交错其间，多年平均降水量从陕北的 340 毫米过渡到陕南的 1240 毫米。华夏先民进入三秦，水利便是他们生存和发展的必然选择。不算很优越的水资源条件，因他们卓越的水利创造，滋养出了灿烂的河流文化。

《陕西省河流志丛书》是所涉三秦河流的百科全书。丛书分为《渭河志》《汉江志》《无定河志》《泾河志》《丹江志》《北洛河志》《千河志》《延河志》《漆水河志》《褒河志》各卷。河流志各卷以河为轴，以水为主干，涵盖了河流的自然地理、发展利用、人文历史等。以水利凿通上下 5000 年及至当代，由此可见这部丛书作者们的担当。

陕西的河流保留了自上古时期至现代文明演替的历史印迹，其文化类型之丰富，在中国乃至世界江河中少有与之比肩者。中国水利史大致可以分为四个阶段，比照三秦尤其具有代表性。

第一阶段（距今约 10000 年—前 221 年），这是从部落氏族走向中国的文明生发期。近年考古发现证实了从农业的发端到秦帝国成立，没有中断的中华文明演变轨迹。距今 5000 年上下，黄河流域处于炎帝、黄帝、伏羲、女娲、尧、舜、禹的传说时代，华夏文化已经初具农耕社会形态，是为华夏文明的源头。约公元前 11 世纪，擅长农业的姬姓部族进入漆水河流域的周原，在岐山下经营出旱作、稻作农业，灌溉工程因此诞生。传说时代以禹治水而发生文明大转折。兴起于豳、岐的周人，经牧野之战，灭商建立了中国唯一的贵族王国——周，史称西周。西周先后建都丰、镐，建立了国家川衡、虞泽制度，为其后春秋战国各诸侯国水利兴起的先声。战国时期后起的秦国，经孝公时（前 381—前 338 年）商鞅变法迅速强大，兼并六国，建立起第一个王朝集权国家。强大的秦国在泾河上兴建了郑国渠，关中水利区由此历经汉唐至明清，支撑了区域农业 2000 余年。郑国渠亦开创了中央王朝经营水利工程的先河。

第二阶段（前221—1279年），经历了汉、唐、宋水利发展的高潮，水利支撑了古代中国最重要朝代的繁盛。自汉迄唐，渭河横贯的八百里秦川，从京畿的咸阳、长安，到华州、陕州两岸密集分布着具有灌溉、水运、水能（水磨、水碾）等功能的水利工程。在渭河的支流北洛河上兴建了中国最早的隧洞引水工程——龙首渠。汉兴之地的汉江及其支流褒河、丹江，由军事屯垦带来了区域性水利工程兴建，历经东汉、三国、两宋发展，形成了陕南汉中水利区。这一阶段可称道的还有唐代第一部国家水利法规《水部式》的颁布，强化了中央政府对关中灌溉工程、河西和西域屯田水利、运河工程和用水管理，从而确立了国家、地方不同的水利管理体制。

第三阶段（1279—1930年），这一时期水利以陕北边镇水利为代表。陕北地处干旱和半干旱区，是农耕与游牧不同文化的分界线。北宋、西夏、明代在无定河与黄河支流清水河（今延河）流域先后涌现出大大小小的引水工程，营造出延安、榆林一带塞北稻作农业区。20世纪三四十年代抗日战争期间，旱区水利继续发扬光大。陕北的古代水利工程中，以无定河支流榆溪河红石峡灌渠最为著名。引水渠或明或暗穿行于榆溪河两岸的山崖中，灌渠、榆溪河、对峙的山崖和摩崖石刻，营造出著名的“榆林八景”，这一于15世纪兴建的工程今天仍在发挥作用，并继续九边重镇的无限风光。

第四阶段（1931年至今），这是传统水利步入现代工业文明的时期。水利技术逐渐取代传统工程技术，水资源开发利用超过了任何历史阶段。先是以泾惠渠、渭惠渠为代表的“关中八惠”等现代水利工程的兴建，带来了水权制度在灌区管理中的实践。在抗日战争期间，渭河边现代水利科学、教育发展起来；陕甘宁边区水利事业蓬勃发展。1949年以后，现代水利在三秦大地得到全面发展，水利在城市供水、防洪减灾等方面发挥的作用日渐突出。近年来，引汉济渭工程、东庄水利枢纽工程的实施，为咸阳、西安及秦地的渭北地区开辟了新水源，城市供水安全、经济可持续发展得到了保障。但是，工业革命理念下的水利建设也留下了违反河流规律的后果，如20世纪50年代三门峡水利工程规划失误，造成河流自然环境不可逆转的蜕变，此后数十年，渭河平原洪水灾害频发，直到实施三门峡枢纽工程重大改造才得以控制。近40年来，水利可持续发展理念日益深入人心，陕西省数十年持之以恒的水土保持工程，改善了河流自然环境，使青山绿水重返陕北。

《陕西省河流志丛书》所志十河，每河皆为名水，以“水”而见三秦山川之美，而见治水与治世、治水与文化的交织。《诗经·鲁颂·閟宫》曰：“赫赫姜嫄，其德不回。上帝是依，无灾无害。弥月不迟，是生后稷。降之百福。黍稷重穋，稙稚菽麦。奄有下国，俾民稼穑。有稷有黍，有稻有秬。奄有下土，缵禹之绪，后稷之孙，实维大王。居岐之阳，实始剪商。”十河的历史与文化属于三秦，亦属于中国。

是以为序。

譚徐明

二〇二五年，乙巳岁旦之日

（谭徐明，中国水利水电科学研究院原副总工程师，教授级高级工程师、博士生导师，中国水利学会水利史与水利遗产专业委员会主任委员，水利遗产保护与研究国家文物局重点科研基地学术委员会主任）

凡　例

一、本志以马克思列宁主义、毛泽东思想、邓小平理论、“三个代表”重要思想、科学发展观、习近平新时代中国特色社会主义思想为指导，坚持辩证唯物主义和历史唯物主义的观点、方法，客观记述陕西境内汉江流域历史发展与现状，按照略古详今、略远详近，突出重点，力求体现专业特征和流域特色，达到思想性、科学性、资料性的有机统一。

二、本志为《陕西省河流志丛书》之一，编排体例遵循丛书编纂统一规范。全志设序、凡例、概述、大事记及志、传、表、录、图等，采取横排门类、纵述始末，依类叙事，以事系人。结构按篇、章、节层次设置，节以下用一、（一）、1、（1）分层。以文字记叙为主，配以必要的表格、图片；照片置于卷首，具有存史价值的资料附录于后。表以篇、章为单位编号。

三、本志记事上限追溯至事物发端，下限截至2020年底，重要事项延至封笔。

四、本志采用语体文、记述体编纂，坚持公允、客观原则，述而不评，寓观点于记事之中。行文力求语言朴实、简练、流畅。引录原文放在引号内，一般注明出处，古文酌予诠释。历史朝代年号、政权机构、社会团体、官职及地名的称谓等均从原称，必要的加以括注；人名一般不冠褒贬和职称，注释采用脚注。文字使用以2000年10月31日发布的《中华人民共和国国家通用语言文字法》为准；标点符号使用以2011年12月30日发布的《标点符号用法》（GB/T 15834—2011）为准。

五、本志计量单位采用国家规定的通用单位。重量单位用克、千克、吨；长度单位用毫米、厘米、米、千米；面积单位用平方米、平方千米、公顷、千公顷，考虑到社会使用习惯，全志中“亩”“亩产”“亩耗水量”保留，未作统一换算；体积单位用升、立方米；流量单位用立方米每秒；电力单位用千瓦、兆瓦、千瓦时、千伏安等。数字使用按照2011年7月29日发布的《出版物上数字用法》（GB/T 15835—2011）执行。

六、汉江属跨省河流，流域涉及陕西、湖北、四川、重庆、甘肃、河南6省（市）的20个地（市）区、78个县（市）。本志按照“概述全流域、简述外省区、重点记述本省”的原则，除在概述、流域概况、自然环境状况和主要章节中概括记述流域整体情况外，坚持山水林田湖草沙生命共同体理念，以河流为轴线，以水为核心，以流域生态保护为基准线，以河流文化为特色，重点记述陕西省汉江流域内河流自然环境状况、水资源集约节约利用、防汛抗旱与河道整治、水保生态环境建设、文化保护传承弘扬、流域综合管理、机构与人物等。

七、为了便于精准统计和记述汉江流域情况，本志所称汉江流域及其支流是指汉江干流以及集水区域所涉及的陕西汉中市、安康市，商洛市等相关行政区域，涉丹江流域除特别说明外，均请详见《陕西省河流志丛书·丹江志》。

八、本志遵循“生不立传”的惯例，不为生人立传。入志人物以对汉江流域治水、治山、治污和生态环境建设等作出突出贡献和有较大影响为标准。立传记述人物以卒年为序，省级及以上劳模、先进个人和高级工程师以上职称人员列表记述。

九、本志流域自然环境概述数据以2018年国家发展和改革委员会印发的《汉江生态经济带发展规划》为准，下沿至2020年的数据和其他资料数据，一般采用统计年报数据，过程性数据采用流域内市、县有关部门提供的数据。

十、本志采用资料以各级档案、志书资料和流域内有关部门提供资料为主，亦有经过考证和鉴别的口碑资料。对有关部门提供资料和照片的人在志书附录中予以记载。

目　录

第一篇　流域环境状况

第二篇　水资源集约节约利用

第三篇　防汛抗旱

第四篇　水保生态环境建设

第五篇　流域综合管理

第六篇　汉江文化

第七篇　机构与人物

Contents

Part II Water Resources Conservation and Efficient Utilization

Part III Flood Control and Drought Relief

Part IV Ecological Conservation and Soil Erosion Control

Part V Comprehensive Basin Management

Part VI Hanjiang River Culture

Part VII Institutions and Figures

概　述

汉江，又名汉水，是长江最长的支流，在历史上与长江、淮河、黄河并列，合称“江淮河汉”。

汉江干流流经陕西、湖北两省，于武汉市汇入长江，支流延展至甘肃、四川、重庆、河南4省（市）。流域北以秦岭、外方山与黄河流域分界，东北以伏牛山、桐柏山与淮河流域分隔，东与府澴河相邻，西南以大巴山、荆山与嘉陵江、沮漳河为界，东南为江汉平原，与长江无明显界线。干流全长1577千米，总落差1964米，流域面积15.9万平方千米。流域内集水面积大于1000平方千米的一级支流有21条，其中面积超过1万平方千米的有堵河、丹江和唐白河。丹江口以上为汉江上游，呈峡谷、盆地交替特点，除汉中和安康盆地外，其余均为山地；干流长925千米，流域面积9.52万平方千米，落差占整个干流的95%，水能资源较丰富，主要支流左岸有褒河、旬河、夹河、丹江，右岸有任河、堵河等。丹江口至湖北省钟祥市为中游，流经丘陵及河谷盆地，河谷开阔，河床冲淤多变；干流长270千米，流域面积4.68万平方千米，主要支流左岸有小清河、唐白河，右岸有北河、南河、蛮河。钟祥以下为下游，流经江汉平原，河道弯曲，洲滩较多，两岸筑有堤防，河道往下游逐渐缩窄；干流长382千米，流域面积1.70万平方千米，主要支流为左岸的汉北河，潜江附近有东荆河分流入长江。

一

汉江是一条流淌在秦岭巴山之间的大江，是我国中部地区水质最好的大河，是“中华祖脉”和我国“中央水塔”的重要组成部分。汉江干流在陕西境内自西向东流经汉中市、安康市，于安康市白河县出境流入湖北省，全长657千米。河流以秦岭为界与关中盆地相接，南依大巴山与四川省和重庆市为邻，西邻嘉陵江流域，东与湖北、河南两省接壤，东西长400千米，南北宽250千米，流域总面积54711平方千米（不包含丹江流域7552平方千米），流域面积占陕西省长江流域面积的75.7%，流域内96%以上的面积为山地。流域水系大致呈羽状分布，干流自西向东横贯其中，支流呈羽状分布于干流两侧，地理分布具有不对称性。由于秦岭、巴山地质构造和发育的不同以及自然地理的差异，汉江北岸支流流程较长，流域面积相对较大，较大支流自上而下有沮水、褒河、湑水河、酉水河、子午河、池河、月河、甸河、金钱河等；南岸支流源短流急，流域面积相对较小，自西向东主要支流有玉带河、漾水河、濂水、冷水、牧马河、任河、岚河、堵河（南江河）等。流域面积大于 1000 平方千米的一级支流共有 13 条，流域面积大于 10 平方千米以上的河流多达 1516 条。

汉江及其支流丹江在陕西境内流域面积为 6.27 万平方千米，涵盖汉中、安康、商洛和宝鸡 4 市 30 个县（市、区），占整个国家南水北调中线工程水源地面积 9.52 万平方千米的 66%，年均入库水量 284.7 亿立方米，占丹江口水库年均入库水量 408.5 亿立方米的 70%，是国家南水北调工程主要水源地。

汉江上游地区北依“中华祖脉”大秦岭，南屏风景秀丽大巴山，属北亚热带气候，被公认为是地球同纬度生态环境最好的区域之一。流域内雨量充沛，多年平均降雨量 898 毫米，多年平均径流量 544 亿立方米，气候湿润，河溪密布，四季分明。优越的自然条件孕育了良好的生态环境和丰富的生物资源以及矿产资源，这里也因此被称为“中华聚宝盆”，流域内生物资源种类达 3300 多种，其中列入国家和省重点保护的野生动物就达 127 种，其中闻名于世的“秦岭四宝”大熊猫、金丝猴、羚牛和朱鹮在这里都有分布。安康因为土壤中硒元素丰富被誉为“中国硒谷”，盛产中国独有的“富硒茶”。

汉江上游地处秦巴山区，山高坡陡，河流纵横，风景殊异，正如古人所赞“峰峦奇秀，百里如画”“嵯峨奇险，气势磅礴”。历朝诗人对汉江多有咏叹，李绅的“悠悠汉水浮青光”，王维的“江流天地外，山色有无中”，杜牧的“溶溶漾漾白鸥飞，绿净春深好染衣”，都描述了汉江的美轮美奂，是历朝历代文人诗画创作的源泉。

二

汉江上游地区战略位置重要，在华夏民族融合发展历史进程中作用重大、影响深远。汉江连接黄河、长江两大流域，紧紧勾连着中国的北方和南方，战略位置显赫，历来就是“兵家必争之地”，汉中被称为“秦之咽喉”，安康被称为“荆楚之门户”。

“维天有汉，鉴亦有光”（《诗经 · 小雅》）的意思是汉江对应的是天，是天上那条神秘的银河。“汉水连天河”的民间传说至今流传在汉江流域，诉说着“盈盈一水间，脉脉不得语”的汉家天地之幽情。以汉中盆地为中心，北有陈仓道、褒斜道、傥骆道、子午道直抵关中平原，南有金牛道、米仓道、荔枝道通达巴蜀。粮、铁、茶、马、丝绸流通天下。南北的陆路通道与东西贯通的汉江水道交织在汉中盆地，深刻影响着中华大地的政治、军事、经济格局。千百年时光荏苒，汉水、汉中风云际会，这里上演了三国争雄的刀光剑影，这里曾维系着唐帝国的安危，这里曾书写了宋人抗金的壮丽诗篇。

汉江上游的汉中，本意是汉江中上游之意，战国时的汉中郡西起安康东半部，东至丹江口附近。秦惠文王十二年（前 326 年）“攻楚汉中，取地六百里，置汉中郡”，郡府即设在今天的安康市，东汉末始迁至南郑即今日的汉中市，郡名沿袭楚汉中之称，绵延数千年而未变。公元前256年至公元前195年，刘邦与项羽同为反秦主力。公元前206年，刘邦攻占咸阳，推翻秦朝统治，同年项羽入关，自立西楚霸王，封刘邦为汉中王，辖巴、蜀和汉中等地。刘邦以汉中为基地与项羽展开抗争，历经四年，统一天下建立汉王朝。汉中、安康因“地临汉水，境枕秦川”和“高祖受命，兴于汉中。道由子午，出散入秦。建定帝位，以汉氏焉”（《汉司隶校尉楗为杨君颂》），被认为是国家“肇基之地”。两汉时期406年，疆域四方辐射，奠定了中华民族的基本版图，万国来朝，“汉”这个概念在世界上成为中国人、中华民族、中华文化的代名词。尤其是在东汉末年，天下三分，以汉中为主的汉江上游地区演绎了许多惊天动地的英雄故事。《三国演义》中，有半部的篇幅讲述的都与汉水、汉中有关。老将黄忠定军山下刀劈夏侯渊，骁将赵云汉水之滨大败曹军，曹操褒谷口激情挥毫书“衮雪”、杀杨修，马岱虎头桥斩魏延等。一代名将诸葛亮在汉中八年，屯兵秣马，六出祁山，北伐曹魏，呕心沥血，鞠躬尽瘁，最后长眠在汉水之滨、定军山下。“出师一表真名世”，他用忠君爱国的浩然正气感动后人数千年，汉水之滨的武侯祠被称为“天下第一武侯祠”。如今，武侯墓、武侯祠、定军山、天荡山、古阳平关、马超墓祠、刘备立汉中王设坛处、诸葛亮读书台、张鲁城、诸葛亮制木牛流马处等遗迹遍布汉江两岸，成为《三国演义》的现实注释和佐证。

在之后的岁月里，每当中原发生战事，运河、陆道被阻之时，东南地区的粮食和物资，转辗多次，溯汉江而上，经安康、汉中然后转陆路运往关中。姚合在《金州书事寄山中旧友》中写道：“井邑神州接，帆樯海路通。”马戴在《寄金州姚使君员外》中写道：“山缺通巴峡，江流带楚樯。”宋元时期，汉江“前接六路之师，后据两川之粟，左通荆襄之财，右出秦陇之马”，成为军用物资运输的重要通道。魏晋南北朝时期和宋金时期，汉中、安康为南北政权的分界线，保家卫国、杀身成仁之士比比皆是。特别是南宋之时，汉中成了抗金前线，南宋抗金名将吴阶、王彦与金陕西经略史完颜杲鏖战饶峰关，爱国诗人陆游在这里留下“当年万里觅封侯。匹马戍梁州”和“铁马秋风大散关”的千古名句。到明清时期，随着汉口成为全国最具影响力的商业城市，汉江成为沟通中西部的重要交通要道和军事后勤保障线。明末农民起义军领袖李自成活跃于汉水上游一带并发展壮大，趋汉中而北行，推翻明王朝。

由此可见，汉江，尤其是汉江上游的陕西段，这块“栈阁北来连陇蜀，汉川东去控荆吴”的战略要地，历来就是兵家必争之地，是中华民族进程中的辉煌之地。清乾隆年间的《兴安府志》记载：“自东周以迄元明，治乱兴亡之迹，会盟征伐之事，视他郡为多”。史学家司马迁在《史记·六国年表》中得出了“夫作事者必于东南，收功实者常于西北。故禹兴于西羌，汤起于亳，周之王也以丰、镐伐殷，秦之帝用雍州兴，汉之兴自蜀汉”的结论。

三

汉江上游历史悠久，文化厚重，名人辈出，是汉江文化的重要组成部分，是中华文明的基因宝库。三千里汉江、四百年大汉，汉水流域是汉朝的龙兴之地，汉族、汉人、汉字、汉语、汉隶等称谓随着汉朝的强盛而声名远播，源远流长，传承至今。三秦、荆楚、巴蜀等文化在此交融，构成了内容丰富、底蕴深厚的汉江文化，成为了华夏文明的重要组成部分。汉中、安康境内已经发现多处旧石器遗址和新石器遗址，丰富的史前文化揭示了汉江上游先民战胜自然、创造早期文明的历史进程。其中，汉江与褒河交汇处的龙岗寺遗址是迄今为止陕西发现最早的旧石器文化遗址，距今已有120万年历史，早于“蓝田人”“北京人”“山顶洞人”，规模上是亚洲三大旧石器遗址之一，出土的打制石器类型众多，有砍砸器、尖状器、刮削器、石球等，制作粗犷，器形原始。经过科学研究分析，确认龙岗寺一带曾经是古人类栖息和繁衍的地方。龙岗寺遗址是中国目前发现的为数不多的超过100万年的旧石器时代遗存，再次证明汉水流域也是中国古代文明的重要发祥地之一。龙岗寺遗址对研究人类起源、人类技术性行为、人类石器使用和发展具有非常重要的意义。它是连接中国南北旧石器的一个过渡地带，它的文化面貌兼具南北性质特点，对研究中国旧石器文化发展演化、南北旧石器文化交流以及东西方旧石器文化关系都具有十分重要的价值和意义。

在上古三皇五帝传说中，女娲、伏羲、舜在汉水流域都有活动。《山海经》《华阳国志》《水经注》《路史》等著名史籍都有女娲“抟土作人”、伏羲“推演八卦”、妫墟“虞舜陶渔河滨处”的记载。另外，“窃帝之息壤以堙洪水”的鲧、“治水三过家门而不入”的禹，“众人皆醉我独醒”的屈原先祖高阳、纵横家鼻祖鬼谷子等，在汉江上游地区都有踪可寻，并留下了诸多美丽传说。汉江源头宁强县嶓冢山，镌刻在石牛背上的“八字天书”被称为《禹碑》，这8个字被解读为“嶓冢导漾，东流为汉”或“嶓冢导漾，朝宗于海”，有力证明了“大禹治水”的传说。他们均为中华人文始祖，既是氏族、部落、部落联盟及早期国家的奠基者，又是原始文明的开创者。

在汉江支流褒河两岸，夏商时期曾有一个被称为古褒国的诸侯国。西周末年，周幽王出兵讨伐褒国，褒国君主为平息战争，将美女褒姒献给了周幽王。但褒姒孤冷寡笑，周幽王为博美人一笑，便在骊山上点燃烽火向诸侯报警，也就有了“烽火戏诸侯”的传说，最终导致西周灭亡和东周的肇始，也为秦国崛起创造了条件，从而改变了历史的走向。同样因褒水、斜水得名的褒斜道，为古代穿越秦岭的七条蜀道之一，有“蜀道之始”的美誉，也是中国历史上发现最早、使用时间最长、影响和规模最大的栈道。其中，石门栈道是世界交通史上最早人工开凿的通车栈道，在石门洞壁内和附近山石上有历代文人骚客和达官显贵留下的颂扬开凿石门盛事、记载褒斜道和山河堰兴衰等内容的摩崖石刻177方。修建石门水库时，因石门栈道将被淹没，将其中东汉至宋代的13方摩崖石刻凿下，搬迁至汉中市博物馆保藏。这些石刻书法作品统称“汉魏石门十三品”，被誉为“国之瑰宝”。

早在西汉初期，汉中、安康已出现早期道教，诞生了西城王君等得道仙人，以及道教第三洞天——西城洞天。王莽时期，城固人唐公房遇仙人赐神药，后得道羽化成仙，成为较早有文字记载的“一人得道，鸡犬升天”。张鲁是天师道（亦称五斗米道）的第三代天师。东汉末年，张鲁割据汉中，并在此传播五斗米道，建立了强大的政教合一的政权，雄踞汉中近 30 年。张鲁创立的五斗米道，是中国历史上最早的原始社会主义社会，也是世界上第一个乌托邦。东晋时期，著名道教理论家葛洪在今丹凤商山与旬阳仙河一带修炼。唐宋时期，道教与禅宗渐至合流，紫阳真人张伯端等创立了金丹大道之说。明清时期，武当山成为全国最大的皇家道场，一批武当山云游道士来安康汉中传道，在巴山山脉西岱顶、天池山、鲤鱼山、凤凰山等修建宫观庵堂，发展龙门、华山、茅山等教派，盛极一时，影响广泛。与此同时，佛教至迟晋代已传入汉江上游并广为传播。唐仪凤二年（677 年），佛教禅宗高僧怀让在金州安康出生，先后驻锡万春寺、新罗寺。怀让自幼聪慧，雅好读书，名闻遐迩，被誉为“国之法器”，开创南岳一系。光绪年间，净土宗第十三代祖师印光受戒于双溪寺，后在金堂寺书写戒律。印光法师终生致力于佛教振兴，厥功至伟，弘一大师拜其为师。后人将印光、弘一与虚云、太虚并列，合称为“民国四大高僧”。

汉江支流濂水河，古称廉泉。南北朝时期，在汉中任职的州官范伯年，被州将派到京师向皇帝请示政务。当时盛传，晋朝时，广州一些地方贪腐成风，一些人给自己找借口，说当地有一个泉叫“贪泉”，人喝了贪泉的水，就自然贪腐起来。宋明帝刘彧朝上问范伯年：“我听说广南（广州）有贪泉，凡饮此水者，无官不贪。不知道你所在的梁州（汉中）可有此泉否？”范伯年答道：“梁州并无此泉，只有廉泉、让水、文川、武乡。”宋明帝再问：“卿宅居何处？”范伯年应声答道：“臣所居廉、让之间。”宋明帝对范伯年十分欣赏，后范伯年被任命为梁州刺史。“廉泉让水”成语即来源于此。

城固为西汉杰出外交家、旅行家、探险家，丝绸之路开拓者张骞的故里。建元二年（前 139 年），张骞奉汉武帝之命，率领 100 多人出使西域，打通了汉朝通往西域的通道，被称为“凿空之旅”，这条通道也被称为“丝绸之路”。汉武帝以军功封其为博望侯。张骞被称为“第一个睁开眼睛看世界的中国人”，他将中华文明传播至西域，又从西域诸国引进了汗血马、葡萄、苜蓿、石榴、胡麻等物种到中原，促进了东西方文明的交流。

洋县是蔡伦的封地。蔡伦在汉江边的龙亭用树皮、麻头以及破布、渔网造纸。东汉元兴元年（105 年）上奏皇帝，得到皇帝夸赞，封其为“龙亭侯”，所造之纸亦称“蔡侯纸”，是中国古代四大发明之一。因为造纸术的发明促进了人类文明进步，蔡伦被联合国教科文组织评为世界作出重大贡献的百人之一。

东汉时期的汉中人李固有“北斗喉舌”的美誉，史学家范文澜称之为“中国鲠直派的首领”。这位汉江边走出的先祖为维护社会的安定和正义，坚持说真话，为奸臣所害，但是他不惧强权和坚持正义的精神，与世长存，他留下的“峣峣者易缺，皎皎者易污”“阳春白雪，和者盖寡，盛名之下，其实难副”等至理名言，常被用来告诫人们要谦虚谨慎，正确对待自己，正确认识自己。

江汉汤汤，江汉浮浮。汉水润泽着人类，同时浇灌着中国文化这棵参天大树永远长青。

走进汉江，不仅是走进汉文化的发源地、陕南人民的“母亲河”，更是走进了中华文明的历史纵深处，走进了东方古国绵亘千年丝绸之路的新征程。

四

汉江上游水运发达，沟通南北，历史上不仅是经济命脉，也是民族融合的大通道，是文化融合发展的促进剂。史料记载，早在3000多年以前，汉江上游已经有了航运，和秦蜀古栈道一样，曾经对沟通川、陕、甘与外界的往来发挥着极其重要的作用，尤其对安康、汉中与荆楚经贸文化交流影响深远。清代文人墨客曾用“栈阁北来连陇蜀，汉川东去控荆吴”“万垒云峰趋广汉，千帆秋水下襄樊”的诗句来形容汉江航运情况。大规模的汉江航运始于秦汉，延续到隋唐两宋，元中后期及明前期陷于停滞，明中期稍有复苏，清中后期趋于兴盛，一直持续到民国年间。安康也成为西北地区重要的商品贸易区。据记载，清朝嘉庆、道光之时，安康“商贾云集，即各厅、县，各乡、镇船载马驮至郡贸易者，无日不有”，是名副其实的“秦头楚尾第一大都会”。如今，石泉、紫阳、旬阳、城固等汉江沿线保留的大量明清古镇、码头、会馆等，印证了当时汉江航运之繁忙。抗日战争时期，国民政府为解决军事物资运输，曾借助汉江航运的便利，把西部大后方的军用物资源源不断地送往东部前线。新中国成立初期，汉江航运再次兴盛。1960年，汉江的货运量达到历史上最高水平，占到汉中水陆总运量的一半以上。其后，由于公路迅猛发展，汉江航运逐步衰落。1973年，石泉水库建成蓄水后，大坝无过船设施，使汉中、安康间不能直航。1978年，阳安铁路建成后，运输格局发生变化，大部分货物弃水就陆，汉江水运从此衰落，直至断航。

汉中、安康盛产茶叶，明洪武年间产量已经达到200万斤左右。汉江航运便捷，促成了陕甘茶马古道的繁荣。明洪武三年（1370年），陕西率先实行茶马交易政策，在河州、洮州、秦州设立茶马司，正式开通了这条官办的茶马古道。陕甘茶马古道以紫阳为起点，经石泉、西乡等到汉中，经汉中“批验所”检验后分两路向青藏，成为古代西部主要的交通大动脉，对经济社会的开发和民族融合发挥了巨大作用，是与丝绸之路并驾齐驱的著名商道。

从一定意义上来说，中国史就是一部移民史。移民对一个国家或地区的发展活力和文化生态有重要影响。公元前316年，“秦惠文王遣张仪、司马错救苴、巴，遂伐蜀，灭之。仪贪巴、苴之富，因取巴，执王以归，置巴、蜀及汉中郡”（《华阳国志·巴志》），将今安康部分地区纳入秦国版图，但由于“戎伯尚强。乃移秦民万家，实之”《（华阳国志·蜀志）》。如今，安康地区仍保留语言、风俗杂“秦味”便是此结果。

东汉末年，社会矛盾激化，军阀豪强混战，张鲁割据汉中，大量移民涌入。《三国志·魏书》记载：“汉川之民，户出十万，财富土沃，四面险固……关西民从子午谷奔之者数万家。”魏晋南北朝时期，今汉中安康地区成为北方流民南下汉川和荆襄的重要通道，除接纳汉水上流方向甘陇、三辅地区流民外，还接纳北部上洛地区流民。一时间，安康地区人口与郡县骤增，经济与文化快速发展，出现了历史上少有的“动荡之花”。元代，“因兵燹之后，地旷人稀，降金州为散州，废西城县，并废汉阴、平利、洵阳、石泉，各设巡检司，省入金州，自此西城之名遂废”，形成了“人口低压区”。自明初，又有数以万计的湘、鄂、川、晋、苏、浙、闽等籍移民涌入今安康，尤其是清乾隆、嘉庆、道光时期移民最甚。乾隆四十七年（1782年），陕西巡抚毕沅向清政府上奏：兴安直隶州“管辖平利、洵阳、白河、紫阳、石泉、汉阴六县，通计地方四千余里，从前俱系荒山僻壤，土著无多，自乾隆三十七年（1772年）后，因川楚间有歉收处所，穷民就食前来，旋即栖谷依岩，开垦度日，而河南、江西、安徽等处贫民，亦多携带家室来此认地开荒，络绎不绝，是以近年户口骤增至数十余万，五方杂处，良莠错居”。《重续兴安府志·艺文》称赞道：“盖自南宋至乾隆年间，然以五百余年未辟之林荒，至有清而成衡宇相望、鸡犬相闻之乐土。”由于外来移民大量涌入，清政府于乾隆四十八年（1783年）将兴安州升格为府，各关隘要塞均派员驻守，并陆续增设了一些厅、县，汉水流域秦巴山区也得到了前所未有的开发，同时加速了多元文化的交融。如汉阴凤堰、岚皋花里古梯田，旬阳竹筒沟、白河卡子徽派民宅群，紫阳天宝、河滨矿石岭古寨堡，平利兴隆张胡氏、岚皋石门储光成墓碑楼，以及汉调二簧、小场子、花鼓戏等便是其鲜活的见证。

移民的不断加入，使汉江上游地区融入了巴蜀文化、荆楚文化和三秦文化，形成了“乐山亲水、野率质朴、自由浪漫、穷身永乐”的尚乐好逸特点。在歌舞方面，创造了羊角舞、羊皮舞、巴讴、雩舞、跳端公等多种歌舞形式，部分后来甚至演变成宫廷音乐。这些表演形式除带有古老“傩”“巫”等神秘性外，还有象征吉祥、禳福等原始图腾崇拜。另外，劳动人民在日常生产生活中，创造了“民歌小调”“劳动山歌”“牛马社火”“汉江号子”“曲艺杂技”“民间小戏”等民间文艺。流传于汉中、安康一带的汉调桄桄，是明代末年关中秦腔传入汉中地区与当地方言和民间音乐结合而形成的梆子声腔剧种，既有秦腔的高亢激越之美，又有陕南地方音乐优雅柔和之美，2006年被列入第一批国家级非物质文化遗产名录。在饮食方面，“汉中之人性嗜口腹，多事田渔，虽蓬室柴门，食必兼肉”（《隋书·地理志》），意思是说人们喜欢肉食，而且以腊肉为主。汉中凉皮、菜豆腐、安康蒸面、紫阳蒸盆子为当地特色美食。

如今，丰沛的汉江依然滋养着两岸沃土，成就了汉中“西北小江南”的美誉，也成就了安康“古道明珠”的桂冠。

五

汉江上游水资源开发利用历史悠久，成效显著，是“善治秦者先治水”的历史见证。“嶓冢导漾，东流为汉”，《尚书·禹贡》第一次用文字界定了汉江的源头，记录了大禹治水的传说，也记录了先民治理汉江、开发汉江的历史。

早在秦汉时期，由于褒斜道、陈仓道和子午道等道路的开通，关中地区先进的农业生产技术和工具得以推广，汉水流域农业生产水平大幅提升。汉中地区的引水灌溉，安康地区的蚕桑养殖，包括整个秦巴山区的茶叶种植，都实现了突破性进展，出现了“黄壤沃衍，而桑麻列植，佳饶水田”（郦道元：《水经注 · 沔水》）的景象。在安康谭家湾遗址出土的鎏金蚕、月河川道出土的虎钮錞于，以及旬阳古汞矿洞遗址、镇坪古盐道的发现等，对研究汉水流域蚕桑发展、盐业制度、秦陵水银来源等都具有重要的价值。

汉中在2200多年前的秦汉时期就开始兴建灌溉工程，先后在汉江支流上修建了山河堰、五门堰、杨填堰以及金洋堰、班公堰等。据清嘉庆十八年（1813年）《汉中府志》记载，汉中辖区内共有渠堰138条、古池12处，灌田19.8万亩。

山河堰是汉王刘邦驻军汉中时，萧何、曹参率领军民在褒谷口建成的汉中最大水利工程。通过筑堰引流，开渠灌田，保障了粮食生产，使汉中成为刘邦夺取天下的大后方。三国时，诸葛亮屯兵汉中，又对山河堰“踵迹增筑”，使其发挥更大效益。南宋时期，汉中是西线抗金的前沿阵地，农业生产直接影响着军食民用。抗金名将吴玠、吴璘、吴拱、杨政等驻守汉中期间，多次整修山河堰，使灌溉面积达到23万余亩，是山河堰灌溉鼎盛时期。其后，山河堰历朝历代，山河堰屡毁屡修，确保灌溉之利，使汉中有了鱼米之乡的美誉。五门堰位于城固县城北湑水河西岸，因渠首横列五洞进水而得名。五门堰始建于王莽新朝，是陕西省目前年代最久远、保存最完整、至今仍发挥灌溉作用的一座古代水利工程，素有“陕南都江堰”之称。五门堰旧时称唐公堰，是当地郡吏唐公房带领百姓修筑的，因其治水公德感动上天，因而得道升天成仙，“一人得道、鸡犬升天”的典故便源于此。堰首西侧有一座龙门寺，曾为历代五门堰堰局驻所，修建五门堰有功的4位县令塑像被供奉在大殿内，像神一样享受香火供奉。龙门寺收藏有水利碑刻53通之多，记录着五门堰堰渠修建、管理制度、水利纠纷等历史，有“水利小碑林”之称。杨填堰位于城固县湑水河左岸，相传亦为西汉初年所修。宋代以前称张良渠。南宋隆兴元年（1163年）至乾道元年（1165年），抗金名将杨从仪“知洋州时，葺筑杨填堰，大兴水利，溉洋州、城固农田五千顷”，百姓改称杨填堰。明万历二十三年（1595年），城固知县高登明、洋县知县张书绅共同议决，仿五门堰做法进行了一次大改建，灌城固田7000亩，洋县田18000亩。清康熙年间，为解决灌溉纠纷，汉中知府滕天绶主持制定了“分工约”和“分水约”，规定用水和筹工按城三洋七的比例分配。杨从仪致仕后，因老家凤翔被金国占领无法还乡，便选择留在了杨填堰灌区安家，死后被葬在城固县丁家村渠堰旁，两县百姓为他在堰渠旁立祠，被陕南百姓尊为水神。2017年10月9日，在墨西哥召开的第23届国际灌排大会暨国际灌溉排水委员会68届国际执行理事会上，山河堰、五门堰、杨填堰（“汉中三堰”）成功申报为世界灌溉工程遗产。

明清时期，随着人口的增加，流域内拦水引渠、挖凿塘井蔚然成风。这些陂塘大都分布在丘陵浅山地区，多数陂塘为塘堰（渠）串联、蓄引结合，成为农闲蓄忙时用的灌溉形式。1965 年在汉中市区北郊石马坡、1978 年在勉县老道寺发掘的东汉墓葬中，均有陶陂塘与陶稻田模型出土。这说明至迟在东汉早期，汉水上游地区已有了人工修建的小型水库，方便鱼禽养殖和农田灌溉。《水经注》卷二十七《沔水》也有记载："（湑）水北有七女池，池东有明月池，状如偃月，皆相通注，谓之张良渠，盖良所开也。"清末，汉中城区附近古塘池共有 12 口。其中，王道池、下王道池、草池、月池、顺池及南江池，史称"六大名池"，碑刻记载，上述古池均"始于汉代，创于邺侯"。王道池源自刘邦行王道、兴水利造福百姓，池边的村子就叫"王道池村"，村民感念皇恩浩荡，王道池便改称为"皇塘"，至今仍发挥着蓄水灌溉的作用。在安康市汉阴县、汉滨区仍保留有大河堰、蒲溪堰、千工堰、大济堰等遗址，其开凿年代均在明清甚至更早年代。

民国时期，汉江上游汉中、安康水利事业有所发展。1924 年，时任陕西省水利局局长李仪祉委派工程师胡步川对汉江勉县段进行测量，规划了汉中第一个近代灌溉工程——汉惠渠。1932 年、1934 年，李仪祉先后两次来汉江考察水利，规划了汉惠渠、褒惠渠、湑惠渠（时称"汉中三惠"）建设方案，并于 1939 年至 1941 年开工建设。在广大人民群众和工程技术人员的艰苦努力下，汉惠、褒惠两渠先后于 1941 年、1942 年建成，1948 年湑惠渠建成。汉惠渠是第一个在汉江干流上筑坝引水的水利工程，开创了汉中现代水利的先河，终结了"汉江不灌田"的历史。据记载，新中国成立前，汉中市共有大小渠堰 7410 条，陂塘 10192 口，灌溉农田 95.53 万亩。

新中国成立以来，汉江流域水利建设步入了全面发展的新阶段。流域内各级党委、政府广泛组织动员人民群众，大力开展群众性水利建设，经历了不断探索、不断前进、高潮迭起的发展过程。70 多年来，大体经历了四个发展阶段。第一阶段是 20 世纪五六十年代"大跃进"时期，实行"蓄水为主、小型为主、群众自办为主"的"三主"政策，实行库、塘、井、渠配套，大、中、小、微并举，因地制宜兴修一大批小型蓄水引水工程。安康市建成了恒惠渠和八一、许家河、观音河、安良、西沙河、平定河等水库，汉中市建成了南郑县红寺坝水库、褒河水库渠道、武乡四级抽水站，城固县南沙河水库、毕家河渠道、跃进渠，洋县龙王滩水库，勉县幸福渠、板凳堰、无坝堰，西乡马鞍堰等。1953 年，南郑县建成陕西省第一座小型水库——白兔岭水库，库容 20 万立方米。1955 年，南郑县建成陕西省示范性水库——强家湾水库，库容 210 万立方米。与此同时，各地还兴修了许多小型渠堰、抽水站、小型水力发电站以及重点江河堤防工程等。这些水库和灌区极大地改善了流域农业生产条件，奠定了水利发展基础。第二阶段为 20 世纪 70 年代到 80 年代中期"农业学大寨"时期。为迅速改变农业生产基本条件，汉江上游地区学习山西省昔阳县大寨治山治水经验，提出了"兴修大寨田，产量翻一番""叫高山低头，叫河水让路"和"千塘百库万亩田"等口号，掀起了以抬田造地、挖塘建库为主的农田水利建设高潮，同时还开展了水轮泵、小高抽、喷滴灌建设及灌区挖潜配套建设，水利事业得到了空前发展。第三阶段为20世纪80年代中期至90年代末。伴随着改革开放大潮，汉江流域水利事业以“兴水治旱”为中心，以“小工程大群体”为模式，持续掀起了群众性农田水利基本建设高潮，其声势和规模史无前例。1999年，安康地区基本农田总数达到270万亩，基本实现农业人均一亩基本农田。与此同时，开展了以“甘露工程”为主的城乡供水工程建设，以国家第二批农村初级电气化县为主的小水电建设，以“丹治”“长治”为主的水土保持工作，使水利建设呈现出社会化、多元化发展特点。与此同时，适应改革开放大形势，各地贯彻中央“巩固改造、适当发展、加强管理、注重效益”水利工作方针，突出灌区挖潜配套和水毁工程修复，积极开展多种经营，推行经营承包和目标管理责任制，开展“五小”水利工程产权改革，使水利综合效益得到全面发展。第四阶段为21世纪初至今。随着改革开放全面推进，特别是2011年中央一号文件出台和党的十八大胜利召开，汉江流域各级党委、政府深入贯彻习近平总书记“节水优先、空间均衡、系统治理、两手发力”新时代治水思路，全面加快水利建设。在此期间，水利投入大幅度增加，重点水利工程建设如火如荼，民生水利遍地开花，水利进入快速发展和高质量发展新阶段，取得了显著成效，为流域经济社会发展提供了有力的支撑保障。重大水源工程建设取得重大突破。以国家重大水资源配置项目引汉济渭调水工程为标志，一批关系国计民生的重大水源工程陆续建成，构筑了陕西水网基本框架，实现了水源工程均衡布局，从战略高度促进了陕西水资源可持续利用，支撑了经济社会可持续发展。水旱灾害防御能力全面提升。以汉江综合整治为标志，切实加强汉江干流堤防工程建设、流域内中小河流治理和抗旱应急水源工程建设，全面提升了防洪保障能力和抗旱应急能力。民生水利蓬勃发展。以粮食安全为目标，持续推进灌区更新改造，加快推进农村饮水安全工程建设，使农业生产条件有效改善，城乡居民自来水普及率大幅提升，农村居民饮水实现了从“无水喝”到“有水喝”再到“喝好水”的巨变。生态水利建设全面提速。以国家南水北调水源区保护为标志，以“丹治”二期水保项目为重点，以坡耕地水土流失综合治理、煤炭石油天然气资源开采水土流失补偿费使用项目为补充，全面推进水保生态文明建设，使汉江流域生态环境发生了巨大变化，有力践行了“绿水青山就是金山银山”的理念。河湖管理步入法治化轨道。以全面推行河湖长制工作为标志，五级河长体系实现全覆盖，开展“河道无垃圾、河道无违章、河床无淤塞、河中无障碍、污水无直排、生态无破坏”“六无”目标示范河湖和示范县乡创建活动，使河湖水生态环境明显改善，健康生命得到全面恢复。

六

2023年7月16日，随着引汉济渭一期工程的全面建成，汉江之水通过98千米秦岭输水隧洞流进渭河流域的西安供水管道实现先期供水，标志着陕西水网建设迈出了关键性步伐。这不仅为关中地区的生活、工业用水提供了保障，还能归还被大量挤占的农业用水，对国家水资源优化配置具有重要意义，是国家水网建设中跨流域调水的重要实践。更重要的是，以汉江为基础，通过引调水工程等方式，可以将陕南地区的水资源与陕北、关中地区的水网相连接，实现全省水资源的统筹调配和优化配置，对构建陕西水网骨架、促进全省水资源空间均衡和提升水安全保障能力意义重大。

基于国家和陕西水网建设这样一个大背景，以汉江为纽带的陕南地区将迎来新的发展机遇和挑战。按照陕西省委、省政府确定的陕南循环经济战略，汉中、安康、商洛三市将围绕汉江大保护目标，以绿色、低碳、可持续为发展理念，通过资源高效利用和循环利用，实现经济发展与生态保护相协调，从而实现绿色高质量发展之路。汉江也将被打造成为一条安澜之河、生态之河、发展之河，最终成为造福人民的幸福河，汉江流域也将展现出生态优美、经济繁荣、文化璀璨、民生幸福的美好画卷。

“大江流日夜，慷慨歌未央。”古老的汉江孕育了灿烂瑰丽的中华文明，富庶了陕西秦巴米粮之川并润泽京津重地与关中平原，成为国家和陕西水网战略的大动脉。回首历史，汉江曲折蜿蜒，砥砺前行；展望未来，汉江更加灿烂，走向辉煌。

第一篇　流域环境状况

汉江是长江最长的一级支流，发源于陕西省秦岭南麓的宁强县嶓冢山，又名汉水，发源地名漾水，流经沔县（1964年9月，改沔县为勉县）称沔水，东流至汉中，始称汉水，自安康至丹江口段古称沧浪水，襄阳以下别名襄江、襄水。流域涉及陕西、湖北、四川、重庆、甘肃5省（市）的20个地（市）区、78个县（市），干流流经宁强、勉县、南郑、汉中、城固、洋县、西乡、石泉、汉阴、紫阳、安康、旬阳、白河共13个县（市），进入湖北郧西，经十堰、襄樊、钟祥、仙桃等市（县），至武汉市汇入长江。干流全长1577千米，流域面积15.9万平方千米。

其中，陕西境内干流长657千米，占全流域的41.66%，流域面积5.47万平方千米（不包含丹江流域0.75万平方千米），占全流域的34.4%。其是陕西省径流量最大的一条河流。流域主要涉及汉中、安康两市全境各县（区）及商洛市柞水、镇安、山阳三县（不包括丹江流域），均属汉江上游，部分涉及西安市和宝鸡市。

汉江干流与褒河等众多支流共同构成了陕西汉江水系。流域内奇峡林立，湖泊、泉、陂塘散布，景观奇特。

陕西汉江流域地形以山地、盆地为主，地貌自西向东依次为山地、河谷盆地、丘陵低地、平原，整体地势呈现西北高、东南低的特点。流域拥有秦巴山、伏牛山、桐柏山、大洪山等重要生态屏障，是我国南北植物区系的过渡带和东西植物区系的交会区域。

陕西汉江流域土壤类型丰富，主要有黄棕壤、棕壤、暗棕壤、水稻土等，适合多种林木、粮食作物以及经济作物的种植。该区域属亚热带季风气候，温暖湿润，四季分明，降水丰富，光照充足，植被覆盖度较高，特别是山区的森林覆盖率较高，植被主要有亚热带常绿阔叶林、温带落叶阔叶林、针叶林、灌丛和草甸等。

陕西汉江流域内西部汉中盆地人口明显大于东部。该区域汉中盆地为著名农业区，是中国重要的商品粮、棉、油基地。工业方面，一些城市发展了制造业、能源产业等，服务业包括旅游、物流、金融等领域。旅游业利用了汉江的自然风光和历史文化资源，吸引了众多游客。

第一章　河流水系

汉江水系在陕西的流域面积广泛，涵盖了多个地区，干流自西向东流经陕西南部多个县（区）。其河道蜿蜒曲折，长度较长，是陕西汉江水系的主要脉络。同时支流众多，褒河、沮水、湑水、玉带河、漾家河、濂水河、冷水河等支流从不同方向汇入汉江干流，共同构成了陕西汉江水系。其中，一些支流具有独特的地理特征和生态环境。

陕西南部地处秦巴山区，降水较为充沛，加上山区的冰雪融水补给，使得汉江水系水量较为丰富。受降水季节分配不均的影响，汉江水系的水量在不同季节有较大差异。夏季降水多，水量大，河流可能出现洪水；冬季降水少，水量相对较小，部分支流甚至出现断流现象。这为区域内的生产生活和生态环境提供了重要的水资源保障。

汉江水系及其周边地区拥有丰富的生物多样性。河流中生存着多种鱼类、贝类等水生生物，沿岸的森林、湿地等生态系统为众多陆生生物提供了栖息地，其在调节气候、保持水土、净化水质等方面发挥着重要的生态功能。汉江水系不仅为周边地区提供了生态服务，还对整个长江流域的生态平衡起着积极的作用。

第一节　流域概况

汉江在陕西境内干流长达657千米，流域面积占陕西省面积的26.7%。流域包括汉江干流和丹江支流两个流域，涉及5个市25个县（区），即汉中市的汉台区、南郑区、洋县、勉县、留坝县、宁强县、镇巴县、佛坪县、城固县、西乡县10个县（区）；安康市的汉滨区、汉阴县、平利县、旬阳市、石泉县、岚皋县、紫阳县、宁陕县、白河县、镇坪县10个县（区）；商洛市的山阳县、柞水县、镇安县3个县（区）；宝鸡市的凤县1个县及西安市的周至县1个县。流域总土地面积62731平方千米。25个县（区）中除商洛市的山阳部分属丹江支流外，其余均属汉江干流。

一、源头

一般认为，汉江发源于嶓冢山。关于此观点的记载主要见于《尚书 · 禹贡》《山海经 · 西山经》《汉中府志》等典籍。嶓冢山地处秦巴山区，今陕西省汉中市宁强县大安镇汉王山，从嶓冢山流出的水流汇聚成溪，成为汉江的源头之水。但还有其他三种说法。一是发源于玉带河。玉带河又名南河，源于东经106° 07′、北纬32° 49′的箭竹岭（蔡山岭），东南转东北流，环绕宁强县城，经铁锁关转北偏东流入勉县，至炭场市注入汉江，河长99.3千米，面积810平方千米，年径流量3.6亿立方米。20世纪40年代黎琴南教授、80年代杨连康，以及90年代的宁强县政协、区划办、方志办认为，宁强县城西南箭竹岭（蔡山岭）的玉带河为汉源。1979年版的《辞海》和1995年版的《宁强县志》确认，玉带河源头箭竹岭是汉江源头。二是汉江正源为沮水上游张家黑河源头。其于留坝县西与凤县交界处的紫柏山南麓黄花坪沟，西南流入勉县张家河区，再入略阳两河口区，转东南复入勉县境，至沮水铺注入汉江，沮水河长130千米，流域面积为1576平方千米，年径流量8.33亿立方米。此说法主要见于北魏郦道元所著的《水经注》。沮水，又叫黑河，是一条从北面进入汉江的大河，发源于留坝县紫柏山。三是发源于褒河。褒河，古称褒水，发源于秦岭南麓的太白县。其干流地跨宝鸡、汉中两市，在汉台区的孤山汇入汉江，全长198千米。2013年，宝鸡市组织水利专家考察后认定：褒河为汉江上游之干流，其源头为秦岭主脊的宝鸡市太白县塘口村一片手掌状山地中的一眼泉水，此处为汉江源头。

在汉江源诸说尚无科学定论之前，仍沿袭《汉中府志》所载的传统说法，嶓冢山石牛洞为源头，位于东经106° 14′、北纬33° 03′。从烈金坝到武侯镇长约60千米为江源峡谷段，大部分为山地，干流两岸谷坡较缓，源头汉王沟以及青泥河、五丁关河（宽川）均为泉流小溪，于烈金坝附近汇合后至大安小盆地北纳大林河，河流又进入曲折峡谷，至炭场市江南源玉带河，继至沮水铺江北源沮水河，至勉县武侯镇出峡，比降为1.25‰。

二、流向

汉江自源头过勉县即进入盆地，自西向东穿越南郑、汉中、城固、西乡，到洋县大龙河口复入峡谷。该河段长105千米，比降为0.5‰～1.0‰，平均0.85‰；河面宽平时三四百米，洪水期宽一二千米；流域面积万余平方千米，平均宽116千米，中间形成一东西长100千米、南北宽5～25千米、地面坡度1～10度的汉中盆地。盆地内良田广布，灌溉事业发达，人口密集，为陕西开发较早的农业区之一，盛产稻谷，号称“鱼米之乡”。北有褒河、湑水河、酉水河，南有漾家河、濂水河、冷水河、南沙河等支流穿过盆地进入汉江。

大龙河口至渭门长50余千米，为汉江上游最险峻的峡谷地段，上段23千米称小峡，北纳酉水河，下段称大峡，即著名的黄金峡，河道向北呈一大轭形，陆程9千米，水程却达30千米，先北折再转东北纳金水河，折向东南经洋县、西乡县交界处汇子午河，在三花石纳牧马河，折东偏南入石泉。峡谷由前寒武系花岗岩、花岗闪长岩、辉长岩及角闪岩构成；两岸山坡高出河床300～400米，坡度50～70度，河面宽200米左右，最窄处仅40～50米，洪枯水位差25米；河床基岩裸露，险滩密布，仅黄金峡内较大险滩即有20余处之多。

渭门至茶镇段河谷宽500米，茶镇至石泉段进入下元古界及寒武奥陶系峡谷，水急滩险。石泉以下进入峡谷盆地交错段，较有名的有石泉盆地、安康盆地，及由下古生界变质杂岩构成的紫阳、旬阳、白河峡谷等，砂卵石河床，多险滩。石泉以下主要支流，左岸有池河、月河、旬河、金钱河等，右岸有任河、岚河、黄洋河、坝河等。

流域水系发育呈不对称的树枝状，支流一般短小，北岸支流长于南岸，干流河槽偏向右岸，阶地多分布在左岸。沿江发育的多级阶地成为山区较集中的农耕地。

汉江干流在陕西境内自西向东流经汉中市宁强县、勉县、汉台区、南郑区、城固县、洋县和西乡县境，横贯汉中盆地，于安康市石泉县左溪沟口上 3 千米处进入安康市境内，于安康市白河县木瓜沟附近出境，境内除汉中盆地、安康盆地段河谷较宽阔外，其余河段均为深切曲流，多峡谷，是陕南水系网络的骨架之一。

汉江勉县山区段（2022年摄）

汉江紫阳县城段（2015年摄）

汉江在历史上占据重要地位，常与长江、淮河、黄河并列，合称“江淮河汉”，自古就是沟通陕南与华中地区的水路，素有“千里汉水黄金道”之称，民国时期也曾有“千帆秋水下襄樊”的航运盛况。

第二节　干　流

陕西境内汉江干流呈东西走向，河道穿行于秦巴山地之间，干流内峡谷与盆地相间，除汉中、安康盆地外，河道多深切于基岩之中，山高坡陡，谷窄水急，河道比降大。汉江左岸为秦岭南坡，坡耕地多，天然植被差，基岩风化强烈，水土流失严重；汉江右岸为大巴山北麓，山势较为缓和，多浑圆状与梁状山丘，坡陡石多，土层瘠薄，植被覆盖率不高，水土流失亦较严重，唯中高山地区植被较好，水土流失较轻。

陕西汉江流域自三叠纪末造山运动后脱离海侵，侏罗纪至白垩纪的内陆湖泊沉积与喜马拉雅运动塑造了盆地、地堑等现代地貌基础，构造了秦巴山地和一些盆地、谷地，对汉江河道的走向起着决定性作用，自源头至白河县出陕入鄂，沿途高山峡谷众多，河道在两山夹峙间穿行，落差较大，水流湍急，这样的自然条件使得河道相对稳定，基本不存在大规模改道的现象，以一种最纯粹的自然形态存在于华夏大地。

汉朝以前，嘉陵江的源头只有发源于甘南地区的白龙江，西汉水（现为嘉陵江一级支流）及其支流自西向东汇入汉江，因此这一时期汉江源头可追溯至西汉水的源头，即甘肃省天水市秦州区南部西秦岭齐寿山（古名嶓冢山）。西汉高后二年（公元前 186 年），武都（今甘肃省陇南市南部）地区发生强烈地震，这次地震影响范围广、破坏力巨大，引发大规模山体滑坡，堵塞了西汉水东流通道，西汉水被拦腰截断，在下游蓄积形成巨大堰塞湖，湖水不断积聚后，向南寻找泄洪通道，对周边的地形地貌产生了强烈的侵蚀和塑造作用，逐渐与嘉陵江连通，对汉江上游河道变迁产生了深远影响。从南北朝时期开始，受武都大地震引发的一系列地质变化影响，西汉水与嘉陵江之间的连通趋势逐渐显现。原本各自独立的水系，在漫长的地质作用和水流冲刷下，开始有了交集。这种连通趋势不断发展，经过数百年的演变，到唐朝中期，西汉水与嘉陵江的连通彻底完成，这一重大地理事件被后世称为“嘉陵夺汉” 。“嘉陵夺汉”使得汉江在陕西段的源头发生了根本性变化，西汉水不再是汉江的源头，汉江的河道形态也在这一过程中逐渐稳定下来，逐步形成了与现代汉江上游大致相同的格局，对这一区域的水系分布、生态环境以及人类活动都产生了深远而持久的影响。

宋代以后，河道演变多受洪灾和人类活动影响，洪水冲刷河道，改变局部地形，形成滩险峡谷，如明万历十一年（1583 年）夏天，汉江安康段先是下冰雹，后连续几天大暴雨，汉江涨水形成洪峰，漫延至沿江千余公里城镇。安康城被洪水冲毁，溺死者五千余人，据推算这场大洪水为“九百年一遇”，类似这样的大洪水必定对河道形态产生影响。同时，干流筑堤、栽树、植草等工程措施和生物措施，会对河道产生影响，2011 年后，汉中市、安康市先后实施汉江综合整治工程和防洪工程，内容包括干流堤防、护岸建设，支流汇入口防洪工程，以及护滩工程、河道疏浚、清障、整治建筑物和穿堤建筑物建设等，截至 2016 年底，建设堤防（护坡）313.8 千米，汉江重点段防洪工程基本完成，在提升了抵御洪灾能力的同时，也通过堤岸建设，框定了河道走向。汉江干流上的其他水利设施，如汉惠渠，“汉江干流梯级开发”各级水电站、水库等，使原有的天然河道变成了河道与水库、堰坝相间出现的格局，改变了天然河道水流特性，对汉江河道形态演变产生一定影响。

按照河道形态特征，可将陕西境内汉江干流分为以下6个河段。

一、河源—武侯镇段

河谷狭窄，北岸谷坡陡，南岸缓和。从烈金坝到魏家坝，沿江形成一个小盆地——大安盆地，盆地宽2～3千米，现代河槽宽约1千米，河槽由砂卵石组成，冲淤变化显著。

二、武侯镇—龙亭铺段

河流进入汉中盆地，河面与滩面宽阔，比降小，水流缓，河槽左右摆动不定，冲淤变化显著。河床由砂卵石组成，河道淤浅，多沙洲汊流，汉中西南的中村滩就建在河心沙洲上。盆地东西长约100千米，南北宽5～10千米。褒河口以西，低水时河面宽仅30余米，洪水时宽达400～700米。褒河口以东，低水时河面宽300米，洪水时河面宽1～2千米。盆地中有4段阶地，地面平坦，土壤肥沃，水资源丰富，水利条件优越，农业发达，有“小江南”之称。

三、龙亭铺—渭门段

本段长53千米，为由寒武系花岗岩、花岗闪长岩、辉长岩及角闪岩所构成的汉江上游峡谷段，其中以小峡及黄金峡最著名。小峡从小峡口至环珠庙，长23千米；黄金峡也称大峡，从环珠庙至渭门，长30千米。峡谷两岸山地高出河床300～400米，谷坡坡度50～70度，河面宽一般不及200米，最窄处仅30米，河中基岩外露，险滩很多，以龟滩、笼滩及金溜子等处最险。

四、渭门—石泉段

本段长51千米，河道弯曲，左岸陡，右岸缓，河面宽多在200米左右，河谷宽达500米以上。三花石至茶镇间的七里坝一带，河谷比较开敞，谷宽350～500米。茶镇以下又进入由上元古界西乡群及寒武奥陶系洞河群所构成的峡谷区，水急滩多，但险峻程度次于黄金峡，河谷宽约200米，河面宽100余米，险滩11处。

五、石泉—安康段

本段为峡谷、盆地交错段，两岸山峰高出河面300米，谷宽200～500米，河面宽200～300米。月河安康盆地，河谷宽敞，是农业发达区。河床由砂卵石组成，险滩31处。

六、安康—白河段

本段为下古生界变质岩及石灰岩峡谷，其中以旬阳白河峡谷较狭窄。山峰高出河面200米，谷宽200～500米，河面宽250～350米，河床由卵石组成，险滩24处。

第三节　主要支流

汉江支流众多，陕西境内10平方千米以上的支流1320条，流经陕西且流域面积大于1000平方千米的一级支流共有13条，其中集水面积在1万平方千米以上的有堵河、丹江；集水面积在0.5万～1万平方千米的有旬河、夹河；集水面积在0.1万～0.5万平方千米的有褒河、湑水河、子午河、池河、天河、月河、闾河、玉带河、任河、岚河、牧马河等11条。全部支流分左右两岸，左岸支流主要发源于秦岭南坡，右岸支流则主要发源于大巴山北坡。汉江主要支流具体情况见表1-1-1。

表1-1-1　汉江主要支流统计

序号	岸别	河流名称	河流长度/km	平均比降/‰	流域面积/km^2	多年平均径流量/亿m^3	河网密度/（km/m^2）
1	右岸支流	玉带河	99.3	2.91	810	3.6	1.809
2	左岸支流	沮水	130	7.21	1576	8.33	1.02
3	右岸支流	漾家河	72.2	5.58	576	2.56	1.39
4	左岸支流	褒河	198	5.17	3940	15.8	1.03
5	右岸支流	濂水河	72.2	37.5	695	3.08	1.5
6	左岸支流	湑水河	165.5	5.59	2307	12.55	1.7
7	左岸支流	酉水河	114	7.63	972	4.31	1.98
8	左岸支流	子午河	160.7	5.44	3012	14.15	—
9	右岸支流	牧马河	127.6	2.94	2782	4.3	1.7
10	左岸支流	池河	113.9	7.22	1033	4.12	—
11	右岸支流	任河	211.4	8.6	4871.07	31.79	—
12	右岸支流	岚河	153	6.03	2126	10.8	—
13	左岸支流	月河	95.2	2.79	2827	12.7	—
14	右岸支流	黄洋河	126	3.93	964	5.76	—
15	右岸支流	坝河	128.2	2.86	1296	5.82	—
16	左岸支流	旬河	218.1	2.9	6308	23.06	—
17	左岸支流	金钱河	245.7	3.14	5650	17.52	—
18	左岸支流	丹江	249.9	4.75	7519	18.9	—

一、左岸支流

（一）沮水

沮水，发源于秦岭山脉南麓陕西省留坝县与凤县交界处的紫柏山南麓黄花坪，西南流入勉县张家河，纳入庙河和冷峪河后入略阳县两河口，继续南流至黑河坝流入留白河。白河汇入后转东南复入勉县境，至沮水新铺坝注入汉水。沮水全长 130 千米，为汉江上游流量最大、源头最远之支流。因沮水在漾水北，历史上称其为汉水古北源。流域面积 1576 平方千米，多年平均径流量 8.33 亿立方米。

（二）褒河

褒河，古称褒水，又有山河、乌龙江、黑龙江之称，元代一度称紫金河，明代称褒谷水，为汉江上游左岸较大支流。褒河有东西两个源头，均发源于秦岭南麓，两源在江西营汇合后，过马道后叫褒河，最后于汉中市汉台区龙江镇（原梧凤乡）孤山村注入汉江，流经宝鸡、汉中两地市的太白县、凤县、留坝县、勉县、汉台区 5 个县（区）。河长 198 千米，集水面积 3940 平方千米。河系上宽下窄，流域多山，河道流向较顺直。上游支流发育，下游支流短小，纳大小支流 36 条，主要有沙子河、武官河、太白河、杨家河等。其河谷也是古代蜀道褒斜道的一部分。褒河水利事业开发较早，下游有汉代修建的山河堰、民国时期的褒惠渠灌溉工程与石门遗迹，新中国成立后在谷口建有石门水库等水利工程。

（三）湑水河

湑水河，古名左谷水、婿水、壻水。源于周至县西南光秃山北财神岭下菜子滩沟，西北转西入太白县黄柏原，转西南，于洋县平堵乡入城固县境，过小江口转东南流，于升仙村出谷，穿橘园，沿途纳大小支流 19 条，至县城东庙坡村注入汉江。

湑水河干流全长 165.5 千米，集水面积 2307 平方千米。谷口升仙村以上为上中游，穿行于秦岭山区，地形陡峭，河面宽 15 ~ 50 米，基岩多为花岗岩、千枚岩，峡谷间夹有阶地坝子，地下水丰富。橘园以下为下游，进入丘陵盆地，水流平缓，河床为砂卵石所覆盖，冲淤不定，河心滩发育，河面宽度平水期 200 ~ 300 米，洪水期可达 800 ~ 1000 米，多年平均径流量 12.55 亿立方米，多年平均流量 38 立方米每秒，最大流量 3130 立方米每秒（升仙村，1980 年 2 月），最小流量 3 立方米每秒（1973 年）。

（四）酉水河

酉水河发源于汉中市洋县与宝鸡市太白县交界的秦岭昏人坪梁，流经华阳镇、茅坪镇、龙亭镇、槐树关镇、金水镇、黄金峡镇，沿途接纳核桃坝河、吊坝河、干沟河、石塔河、九池河、八里关河、阳庄河、火地沟河的河水，下游河口处为汉水黄金峡尾端，至洋县黄家河坝入汉水。干流全长 114 千米，流域面积 972 平方千米，自然落差 2070 米，多年平均流量 13.7 立方米每秒，多年平均径流量 4.31 亿立方米。酉水河是汉中平原的灌溉水源之一，河流中游建有引酉灌溉一期工程，灌溉洋县西南部耕地 3.86 万亩。

（五）子午河

子午河位于汉中、安康两地区之间。源于宁陕、周至、鄠邑区交界处的大秦岭梁南坡，分水岭海拔 2965 米，河水西南流，初名正河，过两河乡名两河，左纳东峪河后名金鸡河，右纳西河后名汶水河，到佛坪界三河口，再与北来的蒲河和由西北来的椒溪河相汇，再蜿蜒于宁陕、佛坪两县边界南流入石泉县境内的两河，左纳过宁陕县东来的堰平河（长安河），再曲折西南行于西乡、洋县界上，到白沙渡汇入汉江。水系直接汇入大小支流 20 条，集水面积 3012 平方千米，跨 2 地区 5 县；干流长 160.7 千米，上游段流经秦岭高中山区，流向受地形及断裂影响，山高谷深，河谷较窄，河道弯曲，多石滩急流，比降皆在 20‰以上。到佛坪界三河汇流以后，逐渐进入低山区，河谷渐宽，漫滩阶地亦较发育，形成小片宽谷坝子；两河以下进入浅山区，两岸丘陵起伏，坝子呈连续分布，全河比降 6.6‰。多年平均径流量 14.15 亿立方米，两河口站多年平均径流量为 11.4 亿立方米，最大年径流量 24.2 亿立方米，最小年径流量 5.41 亿立方米；年际年内分布不均较为突出。民国十四年（1925 年）和 1967 年曾出现 4800 立方米每秒和 2800 立方米每秒洪峰流量。

（六）池河

池河，古称直水，长江支流汉江的支流，发源于宁陕县腰竹岭。经镇安县入石泉县迎丰沟，为上池河；又南流至大坝为中池河；又东南流至池河镇为前池河，最后从东往西流至莲花石注入汉江。池河为石泉境内汉江的最大支流。流长 113.90 千米，流域面积 1033 平方千米。主要支流有东河、北沟、妯娌沟、龙王沟、曾溪沟等河沟。池河河谷是旧子午道南段的重要线路，在历史上发挥过重要的作用。

（七）月河

月河发源于汉阴县凤凰山主峰铁瓦殿北麓，全长 95.2 千米，流域面积 2827 平方千米，河道比降 2.79‰，水力蕴藏量 2479 万千瓦。在汉阴县境内，横贯县境东西，流经平梁镇、城关镇、涧溪镇、双乳镇、蒲溪镇，南收 9 条河（沟），北纳 14 条河（沟），由双乳镇黄龙洞流入安康汉滨区境。境内干流纵坡大，短而直，水流湍急，河床多巨石。在安康汉滨区境，称越河，由汉阴县双乳镇黄龙洞入安康汉滨区境，流经恒口镇、五里镇两区，于建民镇（原青峰乡）许家台注入汉江。

（八）旬河

旬河，一作洵河，古称旬水，位于陕西省商洛市西南部和安康市东北部，源出西安市长安区西南角麦秸磊光头山东南侧的甘沟脑，上源称沙沟河。西南流经宁陕县、镇安县、旬阳市，在县城东南面注入汉江，旬阳市名得名于此河。

旬河是汉江上游长度仅次于任河的一条大支流，全长 218.1 千米，流域面积 6308 平方千米，河流全程高差 2125 米，平均比降 2.9‰，多年平均径流量 27.52 亿立方米，上游宁陕县境内，地势北高南低，西高东低。流向由西北向东南，上游陡急，下游平缓，多形成河谷地带。最大流量出现于 1972 年向家坪，曾达到 4100 立方米每秒。共有支流 42 条，以乾佑河最大。旬河水力资源丰富，实现了梯级开发。

（九）金钱河

金钱河，下游称甲河，主要流经商洛地区西部柞水、山阳两县。源头在柞水县北与长安区南交界处秦岭光秃山（海拔 2212 米）东南侧，东南流名金井河，在小河口北面接纳小河后转西南流，至杏坪西汇社川河急转东南流，在田家庄附近进入山阳县境，过户家垣，在合河西南纳唐家河，到安家门北纳马滩河，到猛柱山纳七里峡（箭河），又有漫川（靳家河）从东北过漫川关来汇，然后南下在李家凹跨入鄂西北的郧西县境，再向南即到达安康市的白河县与郧西县交界处的夹河汇入汉江。金钱河在陕西境内流长 185 千米，占总流程（245.7 千米）的 75%，集水面积 4666 平方千米，占总面积的 82.58%。多年平均径流量 17.52 亿立方米，陕西省内有 14.78 亿立方米，多年平均流量 55.6 立方米每秒，1954 年最大流量在南宽坪，为 4500 立方米每秒。该河弯度特大，在杏坪和漫川关两处均有呈直角的拐弯，南宽坪以下形成众多“龙脖子”“薄岭子”河谷地形。河流平均比降 8‰，户家垣以上，山高坡陡，河谷狭窄，比降在 14‰以上；户家垣以下，形成比较开阔平坦的谷地，有户家垣、南宽坪、漫川关等，为农业发达、人烟稠密之地。

全河共有支流 35 条，以马滩河为最大，从商州区至柞水交界的柴龙山东南流入山阳县境，小河口以上称砚池河，色河铺以上称小河子，在色河铺有从山阳县城关来汇的色河，以下称马滩河，全长 84 千米，集水面积 1428 平方千米，10 余条支流大多为南北走向的山溪性河流，下段呈东西走向时河谷较宽，农田较为集中。

（十）丹江

汉江最长支流，俗称丹河，又称均水，亦称丹渊，流经陕西、河南、湖北 3 省。其上源有二，北源在商州区与蓝田县交界处的秦岭凤凰山（海拔 1965 米）东侧东峡；南源七盘河为正源，源出凤凰山南侧沙家台，东南流经祁家店、秦岭铺，至黑龙口与北源汇合。黑龙口以下大致呈东南流向，经商州、丹凤、商南，于汪家店月亮湾出陕西省境，经过荆紫关进入河南省淅川县，在湖北省丹江口市三官殿附近（现已没入丹江口水库之中）之丹江口注入汉江。干流东南经陕西商州区、丹凤、山阳、商南 4 县，河南淅川、内乡 2 县，湖北丹江口市，全长 390 千米，在陕西境内长 249.9 千米，流域面积 7519 平方千米，各占总流程和总面积的一半左右，为汉江最长的支流。多年平均流量 174 立方米每秒，自然落差 1401 米。

《水经注》记载，“丹水出京兆上洛（即今商州）县西北冢岭山”。认为丹江与南洛河同源，都属于秦岭。沿河岩性复杂，又因区域地貌影响，两岸支流密布，纵横交错，构成典型的网状水系，直接汇入丹江的支流有 56 条。

二、右岸支流

（一）玉带河

玉带河，发源于宁强县西北嶓冢山脉箭竹岭水池垭，干流长 99.3 千米，流域面积 810 平方千米。在宁强县境内，自源头北南向，流经槐树坝、双河口、黎家坝，在宁强县城汉源镇接纳西继的回水河，转向西南—东北向，流经河湾、高寨子镇、李家寺、刘家坝、后河坝转向北流，经铁锁关镇、关峡、关门寺、毛坝子、杨家河坝、胡家坝镇，出县境入勉县。在勉县境内，自新铺镇（原熊家坪乡）七姊妹山东流入县境，称南河，在铜钱坝村(原铜钱坝乡)与大安河汇合，在疙瘩寺汇入汉江。最大流量3100立方米每秒，最小流量2.2立方米每秒。两岸有小堰，灌溉农田约1.33平方千米。1985年，引嘉入汉水电工程完工，自此时起，嘉陵江的最大支流“西流河”的水合流入玉带河，水量变为原来的4倍。

（二）漾家河

漾家河也名容裘水（《水经注》、洛水《九域志》）。民赖河养家，故名养家河（后人误“养”为“漾”）。发源于汉中市南郑区魏家桥乡崖柏树村，全长72.2千米，流域面积576平方千米，流经汉中市南郑区、勉县，在勉县温泉镇光明村汇入汉江。上游河槽稳定，河谷狭窄，水能资源丰富，下游河势平缓，沿河多滩，形成小盆地，资水作堰，灌溉农田。

汉江支流勉县漾家河（2015年摄）

（三）濂水河

濂水河，古名廉泉、廉水。发源于汉中市南郑区红庙镇南部的石人山下，向北流经红庙镇、濂水镇、两河镇、新集镇、高台镇、阳春镇、梁山镇，在南郑城区石嘴子汇入汉江。河长72.2千米，流域面积695平方千米。濂水河多年平均流量15.18立方米每秒，最大流量达1210立方米每秒（1930年7月，水井乡双喜村水文站记录）。多年平均径流量3.08亿立方米。河道比降37.5‰。10平方千米以上流域面积的支流有16条，最大的是白崖河。

溓水河上的木板桥（2013年摄）

（四）牧马河

牧马河又名西乡河、木马河，相传源头因曾有木马城而得名，据《舆地记胜》《明一统志》等书记载，唐宋时期，牧马河被称为马源水，流域水草丰茂，古代多于此放牧军马，沿河有马房营、马营坝等地名，故今衍称牧马河。发源于城固、南郑、西乡3县交界处米仓山北麓的白熊山老鹰崖，东流经城固五里坝乡进入西乡县境，转东北流经骆家坝、钟家沟、文贯等乡，于贯子山右纳峡河，转北流经苦竹坝左纳沙河，转东流过马鬃滩，经西乡城南转东北流，右纳泾洋河，东行正对三花石汇入汉江。

全河干流长127.6千米，流域面积2782平方千米，峡口（贯子山）以上50千米为上游；峡口至泾洋河口39千米为中游，平均比降2.2‰；泾洋河口以下约34千米为下游，平均比降1‰。上游山高谷深，山势陡峻，河道弯曲，水行于峡谷之中，骆家坝以下河谷渐宽，多属花岗岩浅山丘陵，河谷宽窄相间，宽谷坝子有骆家坝、贯子山、马营坝、苦竹坝、东坝等，县城附近形成西乡小盆地，面积28平方千米，仅次于汉中盆地。下游为砂砾河床，河岸冲淤，变化多端，河滩较多，白龙塘以下又出峡谷，现已大部被石泉水库淹没。

牧马河纳大小支流50余条，多年平均径流量4.3亿立方米，最大流量白龙塘达4560立方米每秒，西乡站2230立方米每秒（1974年9月），最小流量仅0.8立方米每秒（1982年元月）。

西乡县汉江，牧马河、子午河交汇处

（五）任河

任河发源于重庆市城口、巫溪和陕西省镇坪三县交界的大燕山（古名万顷山）的“三棵树”。全长211.4千米，年均径流量31.79亿立方米。流经重庆城口、四川万源、陕西紫阳三地，在巴山北麓紫阳县城汇入汉江。任河流域是秦巴文化的发祥地之一、中国革命的早期根据地，也是秦巴山区的一条重要水路，是长江上游和国家南水北调中线工程丹江口水库重要水源涵养地，环境优美，有“任河仙境”的美称。

（六）岚河

岚河，《水经注》称岚谷。《大清一统志》记载：“岚河两岸山多岚气，故名岚河。”《续兴安府志》记载：“岚河之源出自平利南之界岭（平利县八仙乡），水自岭北发源，初名岚溪，先后有正阳河、让河注入（让河口以上现称岚河），汇白沙河，岚河之名始著。”今岚河源于陕西省平利县八仙乡马家垭口北麓，由龙洞河、南溪河、正阳河、让河、龙门河、鸦河和百好河等支流汇集而成，经岚皋县至安康市注入汉江。全长153千米，流域面积2126平方千米，河床比降6.03‰。

（七）黄洋河

黄洋河发源于大巴山南麓的平利县洛河镇光头山，全长126千米，流域面积964平方千米，多年平均流量20立方米每秒左右，多年平均径流量5.76亿立方米。汇集清水河、凡溪河、洛河、丰河、南坪河、线河、淑河、菜溪河、湖河、县河、许家河和沙沟河等12条支流，自南向北流经平利县、汉滨区6镇。

（八）坝河

坝河，又称灞河，古称冲河，亦称界溪河。发源于陕西省平利县光头山，经平利县、安康市汉滨区（原安康县）境，于菠萝滩（一作波罗滩）入旬阳县桂花乡，在吕河镇吕河口西汇入汉江。全长128.2千米，流域面积1296平方千米，平均比降2.86‰，多年平均径流量5.82亿立方米。

第四节 峡、湖泊、泉、池

汉江上游穿行于秦岭、大巴山之间，除汉中、安康盆地外，一般都深切于基岩之中，多呈峡谷形态，山高、坡陡、谷窄、水急、河道比降大。比较著名的峡谷有“汉中第一峡”之称的黄金峡、汉江三峡（凤凰峡、柳溪峡和香柏峡），洞邃天高，空谷幽深，涧道之峡，车不方轨，马不并辔，号曰天险。

流域内湖泊相对较少，主要是一些天然湖泊和筑坝拦水形成的人工水库。其中，瀛湖是陕西省最大的河道型湖泊、西北地区最大的淡水湖，也是南水北调中线工程的重要水源地，入水量占丹江口水库总入水量的60%以上。

该段泉眼众多，泉水类型多样。秦巴山区山高林密，降水丰富，地下水资源较为丰富，有众多泉眼分布。比如宁强县的泛珠泉、略阳县的天溶古泉等。

陂塘灌溉的发展历史十分悠久。陂塘就是池塘，也称作堰塘。流域内水源充沛，陂塘众多，大多分布在丘陵浅山地区，多数陂塘为塘堰（渠）串联、蓄引结合、农闲蓄忙时用的灌溉形式，独立灌溉的较少，部分陂塘还结合发展水产养殖、开展农（渔）家乐经营，给古陂塘利用赋予了新内容。

这些湖泊、泉、塘的分布，在形成独特自然景观的同时，也是当地群众生产生活的重要水源。同时，人工湖在调蓄洪水、灌溉、发电、航运、旅游等方面发挥着重要作用。

一、峡

汉江流经秦巴山地，峡谷众多，素以风景奇秀、气势恢宏而著称。

（一）黄金峡

汉江由龙亭铺大龙河口至渭门河段为峡谷段，以水流急险滩多、气势磅礴著称，西起洋县城以东的青石港，东流至渭门注入西乡县境，全长53千米。其间，由大龙河口至环珠庙，长23千米，称为小峡，其中约有5千米属于汉江平原段，其余属于峡谷段。环珠庙至渭门长30千米，称为大峡或黄金峡，是汉江最著名的峡谷，两岸为花岗岩和辉长岩崖壁，江中多险滩、急流。

黄金峡呈一大轭形，水程30千米，陆程仅9千米。汉江进入大峡后，两岸山岭高出河床300～400米，谷坡倾角达50～60度，河身最窄处仅50米，最高与最低水位相差达24～25米，河中险滩甚多，著名者30余处，其中龟滩、笼滩、金溜子等为最险。黄金峡是陕西省“引汉济渭”输水线路的起点，黄金峡水电站担负着为八百里秦川输水的任务。

（二）天书峡

天书峡位于平利县东南八仙镇与正阳乡之间，大巴山主峰化龙山西北坡谷地。世传该峡谷曾是八仙修道处，八位仙人曾在此地汇集天上奇书万卷，阅尽人间世俗万象，修成正果而云游四海后，让这些天书化为奇石，堆放在山谷中。岩石呈垂直节理，千层叠合，似偌大书架上一层层、一摞摞的无字天书，隐藏着无法破译的天机，故名“天书峡”。峡谷长12.8千米，开发面积25平方千米，森林覆盖率达97%，集原始森林、湿地、草甸、奇石等多类型自然景观资源于一体，被誉为“中国西北地区最大的生物基因库主体”，这里生长着200多种国家一、二类珍稀动植物，100多种名贵药材。

（三）汉江三峡

汉江三峡位于安康市石泉县境内，是汉江燕翔洞景区的重要组成部分，起点为莲花古渡，自上游到下游依次为第一峡、第二峡、第三峡。第一峡因毗邻凤凰山而得名“凤凰峡”，第二峡因后柳古镇一带绿柳成荫而得名“柳溪峡”，第三峡因著名景点香柏岩而得名“香柏峡”，终点是喜河桂苑风景区，全长33.9千米，观览面积43平方千米。

（四）铜钱峡

铜钱峡，鬼谷岭十景之一，位于鬼谷岭西南脚下大坝河畔，长约100米，峡口宽10余米。据传，铜钱峡原名铜镜峡，因为峡口绝壁上自然生成了一块光洁如镜的石头而得名。民国年间，石峡中两面陡峭的绝壁上，一面自然生成一块状如大铜锣的石头，被称为“石锣”；另一面在与石锣遥遥相对的地方又自然生成一块状如大鼓的石头，被称为“石鼓”。民间谣传：“石锣对石鼓，黄金二万五；谁人识得破，买起汉中府”。人们认为，这石峡藏有大量金钱，只苦于找不到开金库的密码，所以有钱取不出来，故改称铜钱峡。

（五）中坝大峡谷

中坝大峡谷位于石泉县境内的汉江南侧，距石泉县城20千米，距安康市100千米。峡谷景观由大峡谷、小峡谷、牛心峡、龙洞和黄村坝田园五大景区和100多个景点组成，峡谷总长10余千米，分为大峡谷、小峡谷。大峡谷长7千米，整个峡谷为一线天构造，最宽处仅有10米。小峡谷宽不盈米，峡内地势高峻，水流湍急，在1000米内河流几次暴跌。峡谷具有窄、长、秀、奇、清、灵、野、神、险、幽的特点，集峰、石、洞、林、禽、兽、泉、潭、瀑等自然景观于一体，景象万千。

二、湖泊

今陕西境内汉江流域的湖泊多为筑坝拦水形成的人工湖，多为风景名胜区、水源地保护区等，无大型自然湖泊。

（一）红寺湖

红寺湖位于汉中市南郑县西南部，距汉中市区25千米，水域面积240多万平方米，林地面积300多万平方米。有鸳鸯、白鹭、锦鸡、鱼、虾等20余种野生动物，松、杉、枫、楠竹、茶树、油茶等20余种植物。红寺湖以其山水交融、植被丰茂、珍禽栖息、乡情浓郁的自然风光形成了水域、自然、人文三类景观。

（二）瀛湖

瀛湖，位于安康市城区西南16千米处，总面积102.8平方千米，水域面积77.8平方千米，周长540千米，库容量25.8亿立方米，平均水深100余米。该湖是安康水电站建成后形成的西北五省最大的淡水湖，承担着南水北调中线工程水源涵养的重要使命。瀛湖岛屿众多，素有“陕西千岛湖”之称。电站大坝坝顶总长541.5米，坝高128米，有“陕西第一坝”的美称。

瀛湖水质优良，物种丰富，湖中生存着113种具有较大开发价值的鱼类，如晶莹透明的银鱼等，年产数十万斤；湖畔产茶，“安康银峰”毛尖茶茶品高洁，茶香味真；湖岸还盛产柑橘，年产量在百万吨以上。

（三）南湖

南湖位于汉中市西南17千米的汉山南麓，面积6.56平方千米，水域面积1109亩。始建于1954年，1981年被命名为南湖公园，1995年更名为南湖风景区。

（四）兴元湖

兴元湖，原名八里桥水库，位于汉中市汉台区，地处市区北4千米的宝汉公路东侧，后因汉、唐时属兴元府而改名兴元湖。其为众多动植物提供了栖息地，湖中建有几座鸟岛，有白鹭等鸟类栖息，生态景观独特。现已开辟为集灌溉、养鱼、旅游于一体的综合性公园，面积42万平方米，水域面积22万平方米，园内有人工栽培的花卉树木46科126个品种。

（五）金沙湖

洋县金沙湖位于汉江南岸磨子桥镇西南部，原名沙河水库，距洋县县城8千米，是1958年建成的人工水库，正常库容为800万立方米，集水面积为105平方千米。现已发展为以沙河库区水域面积和湿地资源为核心，沿沙河流域上下游延伸的综合类景区，形成集生态观光、休闲度假、特色餐饮和康体运动于一体的全时段区域生态度假区，同时也是当地重要的灌溉水源，对周边农业生产有着重要的保障作用。

（六）七星湖

七星湖位于汉中市西乡县茶镇境内，是石泉水库的一部分，因被湖水淹没的7个小山包呈北斗七星的形状而得名，距西乡县城39千米，临316国道。水道长70余千米，水域面积25平方千米，直通石泉，是汉中最大的人工湖，素有“黄金小三峡”之称。现已成为集游览、观光、垂钓、休闲、宗教、生态旅游于一体的综合型旅游度假区。

三、泉

汉江流域地下水资源丰富，名泉众多，水质较好，是周边居民的重要水源，为流域内居民生产生活作出了不可磨灭的贡献。同时，该地围绕名泉发起了众多文化活动，在水文化史上留下了重要一笔。

（一）牛头泉、牛尾泉

位于汉中勉县老道寺镇北约15千米的段家营村的牛头山下牛头寺附近。牛头寺原名崇庆寺，是唐宋时期陕南地区的三大寺院（乾明寺、崇庆寺、云雾寺）之一，曾在唐宋时期香火最为旺盛，有“房舍千间，庙产百顷，僧侣数百，每年内外斋僧不下十余万人”。在牛头寺东北约300米的山峡中，有一巨石，状如牛头，口中流水，常年不息，足可灌溉，人们称其为“牛头泉”。在牛头泉东约40千米的汉台区武乡镇牛尾村，有大石状如牛尾，其中有水流出，浇灌农田。传说此水与牛头泉相通流淌而来，故曰“牛尾泉”。现今，牛尾泉被村民们保护性地开发利用，砌石砖覆盖，安装4个水管，日夜流淌，供村民们饮用，浇灌农田。此水历经沧桑，无论天干久旱，常年流淌，日夜不息，从无干涸。

（二）呼吸泉

呼吸泉位于汉中市天台森林公园主大门东侧龙王庙内，水质清澈、冰凉透骨，且一涌一停，如人呼吸一般，故名“呼吸泉”。此泉在北宋嘉祐年间被发现，有碑文记载。

（三）五龙泉

五龙泉位于汉中市南郑县圣水镇圣水寺，寺内有青龙泉、白龙泉、黄龙泉、赤龙泉、黑龙泉5眼龙泉环绕佛殿，取“五龙捧圣”之意。5个龙泉都有龙螭，泉水天旱不枯，水位恒定，涌流不息，自萧何在汉起水利，人们就开始引泉水润泽田禾，发展农桑，与附近百姓生存繁衍息息相关，民间演绎了许多神奇的传说，塑造了“众恒”等神话人物。这些传说带有很多的神秘色彩，从侧面反映了人们扬善惩恶、扶正祛邪的传统美德，渴望风调雨顺和对美好生活的向往。经鉴定分析，五龙泉含有多种人体需要的微量元素，其中白龙泉和青龙泉水质最佳，为天然优质泉水，具有较大的开发利用价值。

（四）菩萨泉

位于安康市汉阴县城以北的龙岗中段，因有一眼奇特的山泉，蒙上了神秘的面纱，成了千年难解之谜。又因登临龙岗寺中段较高处，全城风光、月河田园景色能尽收眼底，成了人们休闲赏景的好去处。原庙门两侧有石刻对联曰：“三百里河山知是何年图画，数千家烟火尽归此处楼台。”

（五）勉县温泉

勉县温泉位于汉中市勉县城东南7.5千米处马鞍山脚下的郭家湾村，被誉为“陕南第一汤”。

《水经注·沔水》载：“汉水又东，右会温泉水口。水发北山平地，方数十步，泉源沸涌，冬夏汤汤，望之则白气浩然，言能痊百病。云：洗浴者，皆有硫磺气；赶集者，常有百数，池水同往汉水。”该温泉现有2眼温泉井，自喷高度2.55米，水温达到58.2摄氏度，日流量5000多吨，温泉地热水富含重碳酸根、钙、镁、钾、硫离子等20多种对人体有益的矿物质和微量元素，有防病祛疾、强身健体的功效。

四、池

（一）汉中“六大名池”

清末，汉中市汉台区境内老君镇的王道池（现称皇塘水库）、下王道池、顺池、草池、月池、南江池等古塘，被统称为汉中“六大名池”，至今仍发挥着蓄水灌溉效益。王道池（皇塘）：在汉中城区正北10千米处，传说是刘邦派丞相萧何创修山河堰时所建，因刘邦行王道、兴水利滋养百姓，所以该池叫“王道池”，后来周边村民将其改称为“皇塘”。新中国成立后，皇塘被扩建为小（2）型水库，水域面积250亩，库容13.6万立方米，灌溉水田600亩。如今，它是一个集农田灌溉、水产养殖、观光餐饮于一体的水库。下王道池（下池）：库容19.8万立方米，可灌溉农田660亩。顺池：库容16.4万立方米，可灌溉农田600亩。草池：在老君镇王道池村西，塘面30亩，起初以养鱼为主。月池：位于老君镇徐家营和牛家湾，塘面20亩，可灌溉农田110亩。南江池：库容10.6万立方米，可灌溉农田600亩。

（二）饮马池

饮马池又名东湖，位于汉中市城东南角。秦末楚汉相争，刘邦被项羽封为汉王，建都汉中，相传刘邦在此饮马，故名“饮马池”。新中国成立后，饮马池先后经过两次大规模的整修，面貌一新。1986年12月15日，饮马池被列为汉中市文物保护单位。

（三）大池

大池位于汉中市洋县谢村镇大池村，位于城西十里旱塬，北依大爷山至纸坊山南坡，雨季溪流丰富，先祖利用这一自然资源大挖池塘，蓄水灌田抗旱。《光绪志》记载，较大的坡塘有百余顷。民国时期，十里旱塬有大池、小池、刘家塘等数十口，其中，以大池面积最大，于明永乐年间（1403年）挖掘，该地也取名“大池村”。至今，大池尚存。

安康山地水塘

第二章　自然环境

陕西汉江流域北部以秦岭、外方山及伏牛山与黄河流域分界，东北以伏牛山及桐柏山与淮河流域为界，西南以大巴山及荆山与嘉陵江、沮漳河为界。东南为江汉平原，无明显的天然分水界限。

陕西汉江流域地形地貌复杂多样，山地、丘陵、盆地和平原相互交错，形成了独特的自然景观和丰富的生态资源。秦巴山区在陕西汉江流域占据重要部分，其中，秦岭的存在对汉江流域的气候和水系形成产生了重大影响，它阻挡了北方的寒冷气流，使得汉江流域气候较为温和湿润。同时，秦岭众多山涧溪流为汉江提供了丰富的水源补给。大巴山是汉江重要的水源涵养地之一，众多河流发源于此。在山地与平原之间，分布着大片丘陵地带，地貌形态较为多样，有浑圆的山丘、狭长的岗地等。丘陵地带常常被开垦为农田，种植着水稻、小麦、油菜等农作物。同时，丘陵上也生长着各种经济林木，如柑橘、茶叶等。汉中盆地、安康盆地具有重要的经济地位，汉江及其支流沿岸分布着宽窄不一的河谷平原，是人口密集、经济发达的地区。河谷平原上的城市如汉中、安康等，依托汉江的水运优势和丰富的自然资源，发展成为重要的经济中心和交通枢纽。

陕西汉江流域的土壤类型丰富多样，主要有黄棕壤、水稻土、潮土等，适宜多种林木、喜酸性土壤的农作物、水稻以及蔬菜、瓜果等经济作物的生长。植被主要有亚热带常绿阔叶林、暖温带落叶阔叶林、针叶林、灌丛和草地等几种类型。

陕西汉江流域属亚热带季风气候，夏热冬温，四季分明，雨热同期，季风发达。受自然条件影响，流域内水量丰沛，但年内分布不均。

第一节　地质地貌

陕西汉江流域地势整体呈西高东低、南高北低的态势。地质构造大致以淅川—丹江口—南漳为界，以西为褶皱隆起中低山区，以东以平原、丘陵为主。

一、地质

（一）地质构造单元

汉江流域地质构造单元主要为秦岭褶皱带和杨子准地台两个一级大地构造单元。

1. 秦岭褶皱带

秦岭褶皱带是由多期构造旋回形成的一组褶皱带组成，陕西秦岭占据着秦岭褶皱带的西部东段。秦岭褶皱带分为 3 个次一级构造单元：北秦岭加里东褶皱带、中秦岭海西褶皱带和南秦岭印支褶皱带，陕西汉江流域主要涉及中秦岭海西褶皱带和南秦岭印支褶皱带。

中秦岭海西褶皱带，以太白山南—八里坪断裂为界，与北秦岭加里东褶皱带为邻，岩浆活动与构造变动颇为强烈，海西构造期回返，褶皱较宽缓并有断层发育。

南秦岭印支褶皱带，位于秦岭地槽褶皱带的中心部位，是秦岭褶皱带中地槽活动延续时间最长、回返结束最晚的构造单元，具有多期和横向迁移显著的特点，岩浆活动与变质作用都具有多期性。

2. 杨子准地台

杨子准地台主体位于川、渝、鄂 3 省（市），陕西汉江流域属于该地台的一部分，是它的次一级构造单位——大巴山过渡带，略呈向北凸出的弧形，西、北、东三面与秦岭褶皱带相邻。大巴山过渡带可分出宁强褶断带、汉南台隆和镇巴褶断带 3 个三级构造单元。

宁强褶断带，位于陕西省西南部，由一系列紧密排列走向北东东—南西西的褶皱群组成，断层发育。东部为汉南台隆，台凸和断凹并存，台凸属复背斜构造，断凹为新生代断陷盆地。再向东为镇巴褶断带，镇巴以西发育有南北醒目的梳状褶皱群，由大小 15 个平行的褶皱组成；镇巴以南，为梳状背斜与屉状向斜组成的隔槽式褶皱；镇巴以东为一系列南北向线状褶皱。

（二）地层组成

1. 秦岭褶皱带

中秦岭海西褶皱带，最古老的岩层是早古生界的变质岩系，上覆晚古生界的沉积岩系，岩浆活动微弱，花岗岩出现得极少。南秦岭印支褶皱带，最古老的岩层是震旦系和寒武系的变质岩层，上覆志留系的沉积岩，有花岗岩分布。侏罗系：以山间断陷盆地堆积为主，由陆相含煤碎屑岩组成。白垩系、第三系：岩性与侏罗系相似，但红层增多。第四系：主要为山间盆地的黏土、砂、砾石堆积。

2. 大巴山过渡带

在凸起地区，基岩外露，主要是前震旦系的变质岩和古生界的岩系，在凹陷地区基岩已被覆盖。中生界：以碳酸盐岩夹少量石膏沉积和碎屑岩沉积为主，夹薄煤层及菱铁矿。第三系：仅零星出露，为小型坳陷盆地型陆相碎屑堆积。第四系：在山间盆地及河谷两岸发育，为冲洪积层，冲积层多构成一级阶地及河漫滩，洪积层主要分布于河谷阶地后缘。

（三）地史演化

秦岭为地槽的加里东褶皱带，经印支运动全面回返，燕山运动发生是经断裂活动为主的差别上升。纬向展布北高南低、西高东低的山地格局及其内侧的断陷盆地基本形成。经早第三纪构造相对稳定和漫长的剥蚀准平原化阶段，在喜马拉雅运动 A 幕发生强烈的掀升，上新世以来至第四纪时期，山地承袭前期断裂继续上升，平均上升总幅度 1500 ~ 3000 米，根据夷平面与渭河沉积厚度推算，目前年上升速度达 3 ~ 7 毫米。秦岭平均海拔 2000 米，最高峰太白山高达 3767 米，高出渭河平原 3100 余米，保存着早期的剥夷面，由主脊向南、北两侧分布着 3000 米、2600 ~ 2800 米、1500 ~ 1800 米和 900 ~ 1100 米的山地剥蚀面。山地总体结构北高南低，逐级降至汉江谷地转化为低山丘陵，北陡南缓组成不对称山地，反映出新生代构造具有断块掀升特点。在构造活动不均衡作用的控制下，山地内侧形成许多第三纪红色盆地，填充了数百米至一两千米厚的砾岩和红色黏土沉积。除洛南盆地第四纪继续沉陷外，多数盆地转化为河谷盆地，红层出露，遭受侵蚀切割形成盆地四周的红岩丘陵台地。表明红色断陷盆地发展到第四纪阶段具有随山体总体上抬升的性质。

大巴山过渡地带，是新生代中度上升的褶皱断块山地，燕山运动时隆起，喜马拉雅运动时继续上升。但上升幅度中等，上新世以来上升总幅度在 1000 ~ 1500 米，大部山地高度小于 1500 米，大巴山最高峰化龙山高 2917 米，保存着早期的残存夷平面，高山相邻谷地 1000 ~ 1200 米。其特征：一是受西北—东南和北东—南西向构造断裂制约，形成指状延布的山地；二是在褶皱的基础上，沿断裂带发生间歇性断块抬升，形成具有数级剥蚀面的、以中山为主体的地貌。

自从经过三叠纪末期造山运动以后，本流域不再受到海侵。侏罗纪时期，本流域低洼地区成为内陆湖泊，有砂岩和页岩的沉积。侏罗纪末期造山运动在本流域非常剧烈，完成了本流域地貌的大轮廓。白垩纪时期本流域只有汉中盆地略有沉积，其余各地可能都是侵蚀区。

二、地貌

（一）地貌分区

1. 流域地貌主要属于汉中—安康低山丘陵盆地区

本区西起宁强的广坪，东至旬阳的蜀河镇，包括汉江谷地两侧海拔 1000 ~ 1200 米以下的地区，东西长约 360 千米，南北宽 10 ~ 50 千米。

（1）本区地貌特点

地势由南、北向汉江谷地倾斜，由西向东倾斜。西部汉中地区南北两侧低山顶面 1000 ~ 1200 米，至盆地海拔降至 500 ~ 600 米；东部安康、旬阳一带，低山顶面海拔 800 ~ 1000 米，至盆地海拔降至 300 ~ 400 米。山顶面由西部的 1200 米到东部降至 1000 米左右，盆地海拔由汉中附近的 500 米，到安康降至 300 米左右。汉江河床高程由汉中的 400 米至旬阳降为 200 米。低山丘陵山势和缓，顶部浑圆，山坡坡度多在 25 度以下。本区包括的地貌类型主要有侵蚀剥蚀的低山、侵蚀剥蚀的丘陵、宽谷盆地。其中，宽谷盆地占有较大的比重。除较大的汉中、安康盆地外，在低山丘陵区，许多河流往往形成许多开阔的谷地和小坝子。层状地貌结构明显。沿汉江向南北两侧依次出现盆地（河谷）、丘陵、低山。相对高差丘陵为 50 ~ 200 米，低山为 200 ~ 500 米。例如在汉中盆地，北为海拔 700 ~ 800 米的红色亚黏土、砂砾层组成的波状丘陵和 1000 ~ 1100 米的变质岩低山；南部为 600 ~ 800 米的花岗岩丘陵及 1000 米左右的石灰岩低山。安康盆地南北两侧为海拔 350 ~ 500 米的第三系红色岩系组成的缓坡长梁和单面山状丘陵或海拔 800 ~ 1000 米的变质岩低山。盆地与峡谷相间出现。自西而东，主要有大安驿—新铺宽谷、土关铺—上七星砭峡谷、汉中盆地、洋县—石泉峡谷、石泉—安康盆地、旬阳以东的峡谷段。其间还有不少小的宽谷和坝子。本区地貌形成发展中虽受到内外营力的影响，特别是地质构造、构造运动控制了本区地貌结构的基本轮廓，但目前外营力的侵蚀剥蚀与堆积强盛。低山丘陵区因人为影响深刻，植被多被破坏，坡耕地分布广泛，水土流失严重，年侵蚀模数多达2000 ~ 5000吨每平方千米，是陕南水土流失较严重的地区。另外，在大量侵蚀的物质中多为较粗的碎屑，被搬运至河谷，形成堆积，淤积河床、水库，形成灾害。

（2）亚区组成

依据地貌差异，本区可以分为以下4个亚区：

勉县以西低山丘陵宽谷亚区。分布在武侯镇以西，属嘉陵江流域及汉江上源段，为变质岩、花岗岩及灰岩组成的土石低山丘陵，山地海拔1100 ~ 1200米，相对切割深度300 ~ 500米。地面较破碎，多宽谷小坝子，受构造控制多沿断裂带分布，例如金山寺、广坪、中坝、井田坝、代家坝、烈金坝、大安驿—新铺宽谷坝子、铜钱坝、田坝、马家坝等。低山丘陵坡面水土流失严重，年侵蚀模数2000吨每平方千米。

汉江两岸低山丘陵亚区。分布在汉江谷地及汉中、安康盆地两侧，其中丘陵主要分布在汉中—洋县、石泉—安康盆地两侧，其组成物质除汉中盆地南侧多为花岗岩外，其他地区以红色岩系为主，另有部分变质岩、灰岩等。一般相对高度50 ~ 200米，呈梁状或丘状缓坡丘陵，顶面波状起伏，坡度一般小于15度，现代侵蚀沟发育。低山分布于丘陵或汉江河谷两侧，多由变质片岩、花岗岩组成，汉江以南部分地区有石灰岩连片分布，相对高度200 ~ 500米。低山顶面较和缓，风化层较厚，以土石为主，水土流失较严重，年侵蚀模数达2000 ~ 4000吨每平方千米，雨季有一定泥石流、滑坡发生。流经本亚区的河流一般谷地开阔，多宽谷、河谷坝子，例如南郑县的殷家坝、红寺坝、牟家坝，城固县的元坝、上元坝，洋县的秧田坝、刘家坝、晏家坝，勉县的栗子坝、秧田坝、方家坝、漆树坝，西乡县盆地，安康的陀家坝、刘家坝（八里）、新坝、杜坝、松坝，紫阳的田河坝、蒿坪坝，石泉的黄金坝、大坝、汉阴的八庙、田禾等。

汉中盆地。西起勉县武侯镇，东至洋县龙亭铺，长约110千米，宽5 ~ 20千米，汉中附近最宽达25 ~ 30千米，为汉江及支流冲积而成的平原，也是陕南山地中最大的盆地。平原海拔450 ~ 550米，发育有四级阶地，一级阶地高3 ~ 5米，沿汉江呈条带状分布；二级阶地高10 ~ 15米，分布广泛，地面平坦，在汉中宽5千米以上，是平原的主要组成部分；三、四级阶地由红黏土、亚黏土组成，分别高40 ~ 45米、60 ~ 75米，呈台地形式残存于盆地南北。

安康盆地亚区。安康盆地也称月河盆地，它由石泉、马池、汉阴、恒口、安康5个小盆地组成，东西长约100千米，南北宽度不一。其中，石泉盆地长12千米，宽1 ~ 3千米；马池盆地长4.6千米，宽1 ~ 3千米；汉阴盆地长35千米，宽3 ~ 5千米；恒口盆地长30千米，宽4 ~ 6千米，安康盆地长15千米，宽6 ~ 8千米。各盆地在第三系红色砂页岩构造盆地的基础上，堆积了厚层棕黄色黏土、粉沙、沙砾等，底部为一、二级冲积阶地，地面平坦，三、四级阶地已呈台地形式。

2. 大巴山中山地区

本区处于汉中、安康低山丘陵宽谷盆地区以南，包括了陕西省境内的大巴山地区。山地一般海拔 1200（东部 1000）~ 2500 米，相对高度 500 ~ 1500 米，东西长约 300 千米，属大巴山北坡石质中山。

（1）地貌特点

构成本区的物质主要为坚硬的石灰岩、硅质灰岩、石英岩等，加之本区地质构造复杂，褶皱断裂较多，抬升强烈，在流水强烈侵蚀下，不少地方峡谷深切，谷坡陡峻，峰脊挺拔，山势峥嵘，形成许多高峰。例如龙头山（2291 米）、红山（2367 米）、铁船山（2468 米）、五个包（2522 米）、十三湾大梁（2641 米）、化龙山（2917 米）等。在一些松软的变质岩、易风化的花岗岩分布区，因风化强烈，峰顶多呈浑圆状。大巴山保存有较好的山地夷平面。西段有海拔 1900 ~ 2000 米、1600 ~ 1700 米、1300 ~ 1500 米三级夷平面；东段有海拔 2200 ~ 2400 米、1800 ~ 2000 米、1400 ~ 1600 米三级夷平面。在夷平面残留地段，山顶面比较和缓。本区石灰岩较多，加之地处亚热带，气温高，降水多，因此溶蚀作用强烈，形成许多喀斯特地貌。例如溶沟、溶槽、碟形洼地、落水洞、溶洞、地下暗河、盲谷、干沟等。这里是陕西省喀斯特地貌最发育、分布最集中的地区。受喀斯特地貌的影响，使一些地方地表水贫乏，但地下水丰富。由于断裂及溶蚀作用，在石灰岩分布区的某些河段常形成宽谷坝子。例如宁强的关口坝、毛河坝、大竹坝、二郎坝，南郑县的殷家坝（黎坪）、五郎坝（五星）、元坝、牟家坝、回军坝，西乡的大河坝、龙池坝，镇巴的三元坝、简池、大池、草坝，紫阳的毛坝，岚皋县的柏杨坝、花里坝，平利的杨柳坝（乌金）、狮坪坝，镇坪县的前坝（双河）、大河坝等，均系构造溶蚀而成。

（2）亚区类性

米仓山中山亚区。分布在紫阳县任河以西，主脊海拔 1800 ~ 2400 米，相对高度 700 ~ 1200 米。主要高峰有：宁强的苍耳山（1867 米），南郑县的熊头岩（2168 米）、龙头山（2291 米）、大坪梁（2224 米）、红山（2367 米）、铁船山（2468 米）、光头山（2389 米），西乡的上黑山（2182 米），镇巴的巴山（2534 米）、光头山（2455 米）。石灰岩分布广泛，在宁强南部、南郑南部、西乡南部及镇巴西部，喀斯特地貌特别发育。例如宁强巴山、禅家岩一带的石芽、溶洞、落水洞、暗河，南郑县冷水河上游小南海一带的暗河、溶蚀洼地、漏斗、溶洞、石芽、竖井、落水洞、盲谷等，都比较典型。受构造影响及流水侵蚀，在石灰岩分布区常形成一些峡谷，谷坡陡峭。例如宁强玉带河上游、毛坝河上游，南郑县冷水河上游，西乡县牧马河上游，镇巴县西北部各支流等均有较多的峡谷段。

大巴山中高山地区。分布在任河以东，包括紫阳、岚皋、平利三县的南部，镇巴、镇坪全部，海拔比大巴山西段（米仓山）增高，主分水岭海拔 2000 ~ 2500 米，相对高度 700 ~ 1400 米，属石质中高山地貌。较高的山峰有：紫阳县的界岭（2260 米）、五个包（2522 米），岚皋县的神田梁（2521 米）、十三湾大梁（2641 米）、燕子崖（笔架山 2267 米），平利县的化龙山（2917 米），镇坪县的光顶山（2512 米）、杉树坪（2495 米）等。在大巴山主分水岭及岚皋与镇坪之间，喀斯特地貌发育，有集中连片的峰丛、竖井、干谷、漏斗、石芽、落水洞、溶蚀小盆地、喀斯特丘陵等地貌形态。流经本亚区的河流多深切峡谷，谷坡陡峻，多在 35 度以上。在化龙山、九龙山等较高山地，第四纪曾受到古冰川作用，留下了古冰斗、槽谷及侧碛堤等遗迹。

平利、白河中低山亚区。包括白河全县、平利及旬阳部分地区，一般山地海拔 800 ~ 1300 米，相对高度 500 ~ 800 米，为土石低中山地貌，部分山地海拔超过 1500 米，例如白河的平顶山（1692 米）、圣母山（1818 米），平利县光脑壳（1857 米）、野人山（1805 米）。本亚区主要由变质的片岩、板岩、千枚岩、石英岩及蕨岩、砂岩、页岩组成，现代流水侵蚀强烈，地面破碎，多峡谷峭壁及河谷坝子。近些年来由于人为破坏植被，陡坡开垦，滑坡、泥石流日益加剧。

（二）主要地貌类型

根据形态成因相结合的原则、组成物质分异原则、生产性原则以及分级分类相结合的原则，按照地貌基本形态划分依据和指标，陕西汉江流域地貌可划分为平原、台地、丘陵、低山、中山、河谷等六大类。这六大类地貌一般形态鲜明，轮廓清晰，特征明显。

1. 平原

陕西汉江流域的平原可分为冲积平原、河谷平原、冲积洪积平原。

（1）冲积平原

冲积平原是指因河流游荡迁徙和洪水泛滥冲积物沉积而形成的平原。流域内的冲积平原主要有：

汉中平原。西起勉县武侯镇，东至洋县龙亭铺，东西长 106 千米，南北宽一般 5 ~ 18 千米，最宽在汉中市附近达 25 千米。汉中平原是在汉中断陷盆地基础上，经汉江及其主要支流长期共同冲积淤积而成，其主体包括河漫滩平原和阶地平原两部分。河漫滩平原呈断续带状展布于汉江两岸，最宽可达 2 千米。按相对高程可分为高河漫滩和低河漫滩两类。高河漫滩一般高出河床 1.2 ~ 1.5 米，在勉县境内宽 0.2 ~ 0.5 千米，褒河河口至汉中大桥段宽 1.0 千米左右，青龙滩一带宽 1.5 ~ 1.8 千米，城固至洋县地段宽 0.2 ~ 1.0 千米。高河漫滩地表组成物质以亚砂土夹薄层亚黏土为主，现多被开垦利用。低河漫滩，呈块状或狭长带状分布，高出河床 0.5 ~ 0.8 米。地表组成物质为沙砾及亚沙土。汉中盆地内汉江地段汊河众多，在分汊河道之间有江心滩发育。据统计，较大的江心滩有 20 余块，一般面积 0.2 ~ 1.0 平方千米，最大达 1.5 平方千米以上，如林家滩、贺家滩等。江心滩高出河床 0.5 ~ 1.5 米，顶面呈波状微起伏，表层组成的物质为沙、亚沙土夹薄层亚黏土，其中较大的江心滩已垦为耕地。近年来，由于汉江上游地区生态环境的变化，河流含沙量增高，致使江心滩不断地加高扩大，对河道排洪造成很大影响，应引起有关部门重视。

汉中低阶地平原是指相对高度小于 30 米的一、二级阶地。一级阶地高出河床 3 ~ 5 米，分布广泛，尤以汉江左岸特别发育，其宽度在左岸勉县境内宽 1.0 ~ 3.0 千米，褒河口至滑水河口段宽 2 ~ 3.5 千米，洋县一带宽 0.5 ~ 2 千米；右岸主要分布在濂水河下游和冷水河下游，宽 10 余千米，其余均呈狭长带状分布，宽 0.3 ~ 1.5 千米。一级阶地属堆积阶地，组成物质为全新统下部河流冲积物，具有明显的二元结构，下部以粗沙、细沙为主，上覆薄层亚沙土、亚黏土。阶地地面平坦，地下水位高，土肥水丰。二级阶地是汉中盆地内平原的主体，以汉江北岸最发育，高出河床 10 ~ 15 米，与一级阶地以陡坎相接，坎高

3 ~ 5米。阶地地面宽广，在汉台区宗营及望江、城固县五郎庙、洋县前湾一带，一般宽5 ~ 9千米，最宽达12千米；南岸二级阶地不发育，呈块状或狭长带状，一般宽0.2 ~ 0.5千米。组成物质下部为砾石，上部为厚层黏土，时代为上更新统，属堆积阶地。由于阶地地面宽坦，土地肥沃，便于灌溉，历来是陕西省粮食重要产地之一。

（2）河谷平原

河谷平原由河流冲积洪积而成，并沿河流呈狭长条带状分布的平原，一般宽1千米以上，长数千米，两侧谷坡形态明显。流域内较大的河谷平原有牧马河河谷平原和丹江河谷平原（详见《丹江志》）。

牧马河河谷平原。牧马河全长127.6千米，上游为峡谷与宽谷坝子相间的串珠状结构，峡谷段谷地狭窄深邃，谷底宽仅20 ~ 40米，坝子宽谷段地势开阔平坦，宽500 ~ 700米，最宽达1千米以上，长数千米，如五里坝、骆家坝、钟家沟坝等。中游以宽谷坝子为主，西乡盆地最为典型，由河漫滩和低阶地组成的宽广平坦的河谷平原，宽度一般为2 ~ 3千米，最宽达45千米，长约25千米，渠堰成网，农业发达，西乡县城居中，是陕西省重要的鱼米之乡。下游河谷仍以峡谷与宽谷相间为其特征，其主要宽谷段有白龙塘、狮子坝、肖家湾、张家坝等。由于石泉水库的建成，自白龙塘以下谷地，已成水库淹没区。

（3）冲积洪积平原

由河流冲积和洪积作用而成。主要分布在秦岭山间盆地如太白、汉中、西乡、月河、山阳等盆地周围。其他河流出山口处亦有分布。

月河冲积平原。位于汉阴县和安康市凤凰山北侧的月河盆地内，呈北西西—南东东方向延伸，其宽度在汉阴县城附近为2千米，恒口一带为3千米，付家河与月河交汇处为4.5千米，长约55千米，面积178平方千米。月河冲积平原是在月河断陷盆地基础上，堆积了第三系红色岩系之后，经构造再次变动以及月河与其主要支流青泥河、恒河、付家河等河流侵蚀、堆积共同塑造而形成的。按形态可分为河漫滩与低阶地两类。

河漫滩呈断续带状分布于月河两岸，滩面高出河床0.5 ~ 4米，其宽度在二郎庙一带为50 ~ 100米，凤亭附近为100 ~ 200米，铁岭关处为30 ~ 50米，魏家台处为300 ~ 350米，尹家营地段为1000 ~ 1300米。河漫滩由全新统砂卵石与亚沙土组成，由于近年来群众淘金挖坑，滩面起伏较大。

低阶地，由一、二级阶地组成。一级阶地高出河床5 ~ 10米，沿月河两岸呈带状分布，以左岸较发育，宽300 ~ 2500米，最宽达3500米，阶面平坦，微向月河倾斜。地表组成物质为全新统下部砂砾石、亚沙土、亚黏土。二级阶地高出河床20 ~ 25米，前后缘界线清晰，由于流水切割，大部分呈块状分布，局部地段为狭长带状，宽度一般为100 ~ 1000米，组成物质主要为上更新统砂砾、粉砂及黏土，局部地带覆盖有全新统洪积物和泥石流堆积物。

2. 台地

流域内台地分布较广，主要为流水侵蚀剥蚀台地，分布于秦巴山区，包括河流高阶地和冲积—洪积台地等两个基本类型，后者主要见于商丹和洛南盆地周围，本志不作详述。

河流高阶地呈块状或狭长带状残留于大河两侧。如汉江上游两侧及其河流较大支流沿岸。一般相对高程 30 ~ 85 米，阶面微向主河沟倾斜，多被河沟切割，呈微波状起伏，局部地段已丘陵化，多属侵蚀阶地和基座阶地。以汉江汉中段北侧河流高阶地分布最广，长约 35 千米，宽 0.5 ~ 2.5 千米，属侵蚀阶地，组成物质主要为片麻岩片岩、页岩风化物，台面微向汉江倾斜，坡度 3 ~ 5 度，河沟发育，台地破裂度达 48.5%，水土流失较严重。

3. 丘陵

流域内丘陵多属于流水侵蚀的丘陵，是指地壳缓慢上升，流水侵蚀剥蚀、分割地表而形成的梁状、梁峁状或分散孤立的峁状地形，往往地表破碎，沟壑纵横。常呈带状、环状、块状、零星斑状分布于山地周围、断陷盆地周围以及大河沿岸。本类包括土石丘陵和石质丘陵两个亚类。

土石丘陵。是指各种土状堆积物质覆盖面积占 30% ~ 70% 的丘陵，主要分布在商丹盆地、汉中盆地周围。秦巴山区汉中、石泉、月河、商丹等断陷盆地和大河沿岸呈零星斑点状分布，组成物质为红色黏土、黄土状物质及碎屑，其地形多呈平缓垄冈状，谷坡和缓，谷底开阔。

石质丘陵。是指地表基岩大量出露，土状堆积物覆盖面积小于 30% 的丘陵。主要分布在秦巴山区构造盆地的周围，汉江及其支流丹江沿岸。此类丘陵，地表基岩裸露或被粗糙风化碎屑覆盖，土状堆积物甚少，一般沟谷坡较陡，多峡谷。

汉中盆地南部，冷水河、南沙河、堰沟河、沙河和寨河等中、下游地区，石质丘陵呈宽带状分布，海拔 550 ~ 700 米，相对高差 100 ~ 200 米。丘陵由古老花岗岩组成，历经多次构造运动塑造和长期流水侵蚀、分割，多呈平缓垄冈状，部分为孤立的浑圆状，风化残积层较厚。

石泉—安康盆地周围有第三系红色砾岩、砂岩、页岩组成的红色石质丘陵，因地质构造、岩层产状、岩性硬度不同，丘体常表现为单斜状、猪背脊状、桌状、浑圆状、冈梁状等多种形态。

4. 低山

流域内低山分布广泛，沿秦巴山地大河谷地两侧呈带状或断续带状、块状分布。低山一般海拔小于 1200 米，相对高差大于 200 米。低山可分为流水侵蚀剥蚀的低山和喀斯特作用的低山等亚类。

（1）流水侵蚀剥蚀的低山

在汉江谷地两侧，低山断续分布。汉江南源玉带河上游的宁强附近，多为砂岩、页岩组成的单斜山，海拔 1000 ~ 1200 米，相对高差 200 ~ 400 米。汉江上源代家坝、大安驿、铜钱坝一带和汉江北源沮水河下游的低山，多由云母片岩、石英片岩、板岩、千枚岩等变质岩组成，海拔 1200 米左右；由于构造复杂，岩性松软，流水切割强烈，地面破碎，山势脉络走向不大明显，负地形多宽谷、坝子。汉江干流龙亭铺至石泉县城关段河谷两侧及其支流濂水河中游、牧马河中下游、溢水河中下游和酉水河下游的低山，海拔 800 ~ 1200 米，由花岗岩组成，风化强烈，节理裂隙、断裂众多，流水侵蚀剥蚀盛行，河谷密度较大，谷形多呈串珠状或葫芦状。汉江干流安康至白河区段河谷两侧的低山，是由早古生界泥质板岩、灰质页岩、千枚岩夹薄层砂岩组成的，海拔 800 ~ 1200 米，切割深度 200 ~ 400 米，深切河曲发育，天然裁弯取直或袭夺形成的古河道和离堆山较多。

（2）岩溶作用的低山

分布范围小，主要发育于海拔 1200 米以下，相对高差不超过 200 米，以碳酸盐岩为主组成的山地地区。

秦岭东南部金钱河及其支流唐家河沿岸的低山，由泥盆系、石炭系和二叠系灰岩构成，质地纯，岩层厚，且节理发育，溶蚀作用极其强烈，岩溶地貌十分发育。山峰尖峭奇特，石芽、石槽、洼地、落水洞、干沟遍布，地面石骨嶙峋、崎岖难行；地下溶孔、溶洞、暗河、溶泉众多。新开岭南侧与东南侧的东照川、西照川、湘河下游梳洗楼一带，分布有时代不同的灰岩夹片岩、碎屑岩所组成的低山，岩溶地形呈条带状或块状分布，地表岩溶化程度较弱，有小洼地、石芽、石槽，而地下岩溶发育，洞穴呈层状分布，多达 3 层，分别高出现代河床 1 ~ 3 米、20 ~ 30 米、70 ~ 80 米，较大的洞穴有大佛爷洞、妖魔洞、白龙洞，其多沿北西西向断裂线发育，洞穴高而狭窄，长数百米至上千米。

汉中梁山是米仓山北侧的一条山脉，由西向东嵌入汉中盆地，在龙岗寺渐没于汉江与其支流濂水河汇合处。山体由震旦、寒武、奥陶、志留、二叠、三叠和第三系沉积地层组成，在石灰岩分布地段，发育有石芽、溶沟、溶坑等岩溶形态。

5. 中山

依据主导外营力的差异，中山可分为以下 4 个基本类型。

（1）流水侵蚀剥蚀的中山。在汉江支流泾洋河以东、石泉—白河汉江谷地段以南、镇巴城关—岚皋城关—凤凰尖联线以北地区，以及宁强西部串家岭、南郑碑坝地区和月河南侧凤凰山等地分布有由片岩、板岩、砂岩、花岗岩等组成的流水侵蚀剥蚀中山，它们实际上是大巴山北侧的支脉，海拔 1200 ~ 1800 米，相对高度 500 ~ 1000 米。

（2）岩溶作用的中山。大巴山主脊及北侧，西起宁强，经南郑、西乡、镇巴、紫阳、岚皋，东至镇坪，岩溶地貌发育，石芽、溶沟、溶斗、落水洞、竖井、洼地、溶洞、地下暗河比比皆是。汉中以南约 15 千米处的小南海地区，岩溶地貌发育典型。溶沟随节理组合方式、岩层产状和灰岩地层厚薄而有差异，一般呈方格状、轨道状、曲折状，形式多样；溶斗、落水洞、竖井多为群集，且受断裂和节理控制，规模也较大。

（3）秦岭岩溶中山。主要分布于白马塘、北羊山、羊山和南羊山地区，柞水石坪地区，旬阳坝、云镇一带以及紫柏山。

（4）古冰川作用的中山。主要分布于大巴山主脊地带。大巴山主脊及其附近的山峰断头岩（2367 米）、走马岭（2027 米）、野猪尖（1856 米）、五个包（2522 米）、得胜寨（2417 米）、笔架山（2267 米）、化龙山（2917 米）等。

6. 河谷

峡谷地貌：在大巴山等山区有许多深切的峡谷。这些峡谷两侧山峰陡峭，河谷狭窄，河水奔腾汹涌。汉江峡谷段深度可达数百米，两岸悬崖峭壁，景色壮观。峡谷的形成主要是受河流的长期侵蚀作用，以及地质构造运动的影响。

宽谷地貌：在一些河流的中下游地区，河谷较为宽阔。例如渭河的关中平原段，河谷宽度可达数千米甚至更宽。宽谷地带地势平坦，土壤肥沃，是陕西重要的农业生产区。宽谷的形成通常与河流的侧蚀作用、堆积作用以及地质构造的相对稳定有关。

第二节　土壤植被

汉江流域位于陕西南部，俗称“陕南”，属温暖湿润的亚热带气候，水资源丰富，土壤肥沃，但受制于地形，大面积平原较小，土地开发程度不高，植被覆盖率高。

一、土壤

陕西境内汉江流域的土壤主要有黄棕壤、棕壤、水稻土、紫色土、暗棕壤等。

（一）黄棕壤

分布范围：主要分布在秦岭南坡、大巴山山地等海拔 800 ~ 1300 米的区域，汉中、安康地区分布广泛。西起凤县的野洋河、略阳的西淮坝、青泥河、白水江、九股树、金池院和仙台坝，留坝、汉中、城固、洋县、佛坪、宁陕、汉阴、石泉和旬阳等县的秦岭南坡和巴山北坡的低山丘陵及汉江高阶地区等海拔 800 ~ 1300 米的区域都有分布。

剖面层次：黄棕壤剖面中，以黄棕色心土层最醒目。这一层的颜色因母质不同而色泽不一。被耕种的表层为耕作层，未耕种的表层为枯枝落叶层或腐殖质层。其剖面构型为：枯枝落叶层（O）—腐殖质层（A）—黏化层（B）—母质层（C）。枯枝落叶层一般厚 2 ~ 5 厘米；腐殖质层厚 15 ~ 20 厘米，有机质含量 2% ~ 6%，疏松、容重小，质地轻—中壤，粒状或团块状结构，群众称黄泡土；黏化层，具有鲜明的黄棕色、棱块状结构，有铁锰胶膜沉淀，黏化明显，物理黏粒含量 30% ~ 50%，最高达 70%，淋溶强烈，全剖面无石灰反应，pH5.5 ~ 6.5；母质层浅棕或浅黄棕色，有潜育网纹。耕层有机质 0.11% ~ 2.34%，平均 1.84%；全氮 0.011% ~ 0.279%，平均 0.124%；全磷平均 0.193%，全钾 1.75%，速效磷 9 毫克每千克，速效钾 134 毫克每千克，阳离子代换量 11 ~ 28.7 毫克当量每 100 克土。

土壤特征：土壤呈弱酸性至中性反应，pH 值在 5.5 ~ 7.0 。具有明显的黏化过程，黏粒在土壤剖面中发生了一定的迁移和积累。表层土壤的有机质含量相对较高，一般在 3% ~ 8% ，这使得土壤颜色多呈暗棕色或黄棕色。其质地通常为壤土至黏壤土，保水保肥能力较好。

（二）棕壤

棕壤是秦巴山地等山地土壤垂直带谱中重要的建谱土壤。

分布范围：主要分布在海拔较高的山地，如秦岭、大巴山的中高山地带，一般在海拔 1300 ~ 2200 米。多为陡坡地，土层薄，砾石多，沟深谷狭，岩性复杂，水土流失比较严重。

剖面层次：发育完整的棕壤剖面具有下列层次。枯枝落叶层，厚 3 ~ 8 厘米，半腐解有机质层，呈暗棕色；腐殖质层，通常厚 15 ~ 30 厘米，呈暗棕色，有机质含量 2% ~ 9%，粒状结构，轻—中壤；黏化层，厚 30 ~ 40 厘米，呈鲜棕色，中壤—重壤，黏粒含量高，一般在 30% 以上，棱块状结构，其表面覆被铁锰胶膜，黏粒富集明显，呈酸性，pH 值在 6.2 左右。黏化层之下为母质层。

土壤特征：土壤呈酸性至中性，pH 值在 5.0 ~ 7.0。棕壤的形成过程中，淋溶作用较为明显，导致土壤中盐基物质有一定程度的淋失。土壤的有机质含量比较丰富，多在 5% ~ 10%，颜色以棕色为主。土壤质地多为壤土，通气透水性能良好，适合多种林木生长。

（三）黄褐土

分布范围：分布于秦岭以南海拔 800 米以下的河流高阶地和丘陵低山区，主要在汉中、安康地区的汉江及其支流两岸的高阶地和低山丘陵区。此外，在商洛地区的商南、丹凤、山阳、镇安、柞水等县的东部和南部，以及宝鸡市的太白、凤县秦岭南麓，也有小面积零星分布。

土壤特征：黄褐土具有强烈的黏化过程和一定程度的钙化过程，因而具有深厚黏重的黏盘层，物理性黏粒含量高达 60% ~ 70%。棱块或棱柱状结构，紧实、板结，可塑性和胀缩性很强，“天旱大口开张，下雨稀泥糊汤”，耕性差，适耕期短。结构体表面附着红棕色或间有紫黑色斑纹的铁锰胶膜，甚至形成小型铁锰结核，旱季更为明显。盐基饱和，呈微酸性到弱碱性反应，上层无石灰反应，pH 值在 6.5 ~ 7.8。下部有钙积层，有各种形状的石灰结核，体形大小不一，强侵蚀地段，石灰结核裸露地表。有机质含量在 1% 左右，碳 / 氮比小，含氮多，质量高，腐殖层薄。

（四）水稻土

分布范围：主要分布在汉江及其支流的河谷平原、山间盆地等平坦地形区域，这些地区是重要的水稻种植区域。

土壤剖面：水稻土在人类淹水耕种的条件下，由于物质的还原氧化、淋溶淀积等作用的影响，形成了特有的土壤剖面层段。这种层段通常划分为耕作层（淹育层）（A）、犁底层（缓渗层）（Ap）、渗育层（P）、潴育层（W）、潜育层（G）、漂洗层（灰漂层）（E）、母质层（C）等基本层次。这些层次在发育程度和组合状况上的不同，形成了由特定发生层构成的不同剖面，致使多种水稻土在性状上产生明显的差异。据此，将水稻土划分为淹育型水稻土（A–Ap–C 型或 A–（Ap）–C 型），这是在缺乏地下水影响，地面灌水不足的条件下形成的；灌排条件好，而同时受地下水和地面灌水的影响，则发育为潴育型水稻土（A–Ap–P–W–C 型或 A–Ap–P–W–G 型）；低洼积水地，排水不畅，则发育为潜育性水稻土（A–Ap–P–G–C 型或 A–G 型）、脱潜型水稻土（A–Ap–Gw–C 型）、漂洗水稻土（A–Ap–E–G 或（W）–C 型）。

土壤特征：水稻土是在长期种植水稻的条件下，经过人工耕作、施肥、灌溉等农业措施的影响而形成的特殊土壤类型。其剖面具有明显的耕作层、犁底层和潴育层等层次结构。耕作层土壤质地较为疏松，有利于水稻根系的生长和养分吸收；犁底层比较紧实，起到保水、保肥的作用。土壤的酸碱度因施肥等管理措施的不同而有所变化，一般 pH 值在 6.0 ~ 7.0。水稻土的肥力水平相对较高，能够为水稻的生长提供充足的养分。

（五）暗棕壤

分布范围：汉中的留坝、城固、佛坪等秦岭高寒山区。

剖面层次：暗棕壤剖面可分为枯枝落叶层（O），厚4 ~ 10厘米，多有白色菌丝体，有弹性；腐殖质层（Ah），厚20 ~ 40厘米，呈暗棕色或棕灰色，腐殖质含量高达6% ~ 15%，砾质中壤，具团块结构，潮湿，多根系，有较多的白色菌丝体，pH值在6.0左右；腐殖质层之下为灰棕色黏化层（Bt），结构紧实，重壤，有不明显的铁锰胶膜定积；黏化层之下为母质层（C）。暗棕壤整个剖面层次呈逐渐过渡状态，无明显铁锰积层，呈中性—微酸性反应。

土壤特征：暗棕壤分布区山高风大，气候寒冷，年平均气温在5° C以下，降水较丰富而蒸发量小，地表长期处于阴冷高湿的环境中，生物积累与成土过程十分活跃，腐殖质累积较多，自然肥力较高。表层有机质含量2.9% ~ 7.2%，全氮0.102% ~ 0.23%，全磷0.089% ~ 0.131%，全钾1.78% ~ 2.2%，阳离子代换量16 ~ 23毫克当量每100克土，是较好的林业土壤类型。

（六）紫色土

分布范围：主要分布在秦岭以南的山间盆地外围的低山丘陵及安康月河两岸的丘陵区。

土壤特征：紫色土因受强烈侵蚀而有效土层浅薄，一般为30 ~ 40厘米，陡坡处仅10多厘米，其下即为基岩风化物。坡麓或坡度平缓地段的土层厚度可达70厘米。有机质含量为1.759%（平均值，自然植被下的有机质含量高），全氮0.0967%，全磷平均0.1312%，全钾平均2.224%，速效磷4.1毫克每千克，速效钾125.0毫克每千克，阳离子代换量7.9 ~ 18毫克当量每100克土。土体中沙、石比重大，质地粗糙，保肥能力差，属低产劣质土壤。中性紫色土pH值为7.0 ~ 7.5，石灰性紫色土pH值为8.0 ~ 8.5。

紫色土中的泥质岩性紫色土，因质地较适中，其农业生产性状优于砂砾质紫色土。种植有小麦、玉米、薯类，常见树木有女贞、侧柏、榆、椿，灌木多酸枣。

（七）新积土

分布范围：主要分布在汉江和月河等河流两岸的河漫滩和一、二级阶地区以及山麓地带的洪积扇、坡积群和黄土丘陵的沟坝地。

土壤特征：新积土中，壤质且土层较深厚者多被人类利用，处于人工耕种熟化的过程中，耕层有机质含量一般为1.2%，全氮0.083% ~ 0.157%，全磷0.14% ~ 0.184%，速效磷7 ~ 10毫克每千克，阳离子代换量14 ~ 20毫克当量每100克土。特别是壤质新积土，土层深厚，熟化程度高，无障碍层次，疏松易耕，集约化程度高，是主要的农业土壤。沙砾质新积土局部得到利用，多栽培树木，一部分仍继续承受着洪水泛滥的沉积。主要利用改良办法有：增施有机肥料，引洪漫淤，种花生、薯类、瓜类，栽植防洪林。

（八）潮土

分布范围：主要分布在安康、旬阳、宁陕、石泉、平利的汉江两岸。

剖面层次：潮土剖面可划分为耕层、犁底层、锈纹锈斑层和母质层。由于地下水直接参与和影响成土过程，在地下水位升降的同时，土壤氧化还原交替进行，在土体中形成了一个由地下水作用的具有潴育特征的锈纹锈斑层。这也是与其他旱作土相鉴别的特征性土层。

土壤特征：潮土母质未经地质岩化作用过程，保持着原沉积物的明显特点，即水平分布上有分选性，垂直剖面上有层理性。一般近河床处沉积物颗粒较粗，远者较细；在河流决口处沉积物粗些，远者细些；近泛滥主流或股流处粗，漫流处细；在缓斜平原面上，沉积物以粉粒为主，浅平凹地中心则以静水沉积物黏土为主。在垂直剖面上，一般分为 3 种类型：均质型，即土体上下质地一致（它又可分为沙质、壤质和黏质 3 种）。异质夹层型，即土体中夹有一层与上下部质地完全相异的土层。如壤质土壤剖面中夹有一层沙层、砾石层或黏土层，沙质土壤剖面中夹有砾石层、壤土层或黏土层等。异质底层型，如上壤下沙、上沙下黏、上黏下砾等。这种层次排列方面的复杂性，是由沉积母质的复杂性所形成的，这也是潮土的一个重大特点。

（九）山地草甸土

分布范围：海拔 1500 ~ 2700 米的秦巴山地等局部平缓地形部位。

剖面层次：山地草甸土的剖面特点是：表层有厚 2 ~ 5 厘米的草根盘结层；表层以下为深厚的腐殖质层（厚 15 ~ 40 厘米），腐殖质层有机质含量在 4.0% 以上，全氮 0.277%，全磷 0.165%，全钾 2.0% ~ 3.0%，阳离子代换量 19 ~ 24 毫克当量每 100 克土；腐殖质层之下为心土层，具有明显的锈纹锈斑；心土层之下可见有灰蓝色斑块的潜育化特征的过渡层；过渡层向下为母质层，多为花岗岩和花岗片麻岩的半风化体。全剖面无石灰反应，pH 值 7.0 左右。

土壤特征：茂密的草本植物，为土壤提供了丰富的有机物质，加之山地高寒的气候和较长的土壤冻结期，使土壤有机质矿化速度慢而累积量高，因而在上层形成草根盘结层和暗色深厚的腐殖质层。同时，土壤储水的季节性变化，引起土体的干湿交替和氧化还原交替，产生潴育化过程，形成具有锈纹锈斑的潴育层。所以，山地草甸土既具备一般草甸土所共有的腐殖质化过程和潴育化过程，也具有山地土壤腐殖质含量高而表聚的发育特点。

二、植被

陕西境内汉江流域地跨亚热带和暖温带，山体庞大，地形复杂，气候多样，又是华北、蒙新、华西、华中植物区系的交会地带，植物种类复杂，资源丰富，成了中国种质资源宝库之一。流域地带性植被属于北亚热带常绿、落叶阔叶混交林。虽然位于我国亚热带北部，但水热条件，尤其是热量条件比同纬度的淮河下游及邻近地区优越，因而一些代表我国亚热带标准植物的山毛榉科、樟科、茶科、冬青科、杜鹃科等常绿阔叶树，马尾松、柏木、杉木等针叶树以及油茶、柑橘、棕榈、油桐、乌桕、毛竹和枇杷等在本区均有分布，呈现出种类多、类型丰富的特点。

（一）常绿阔叶林

根据群落种类组成、结构及其生态地理分布等特征，流域内有如下几种常绿阔叶林类型。

1. 包石栎林

包石栎林分布于米仓山主脊南侧南郑县碑坝区海拔 1400 ~ 1700 米的沟谷地带。建群种包石栎，群落外貌呈深绿色，林相比较整齐，林冠呈微波状，植株通直高大，枝叶茂密，郁闭度 0.6 ~ 0.8。乔木层可分为 3 个亚层：第一亚层包石栎占绝对优势，常伴生有青冈；第二、三亚层主要以短柱柃、青冈、猫儿刺为主，伴有米心水青冈、映山红等。灌木层覆盖度为 70% ~ 90%，以箬叶竹和箭竹最为常见，高度一般 2 ~ 2.5 米。草本覆盖度一般 5% ~ 10%，仅局部地段可达 20%。林内阴湿，苔藓发育，常见于树干和裸岩上，地被层较厚，一般 10 ~ 15 厘米，厚者达 25 厘米。

2. 青冈林

青冈林是安康地区常绿林阔叶林中适应性最强、分布最广的一个类型。以青冈栎占优势。有曼青冈、匙叶栎、巴东栎、尖叶栎、北樟、猴樟、乌药、香叶子、香叶树、川桂、香樟、桢楠、橿檀子栎、岩栎、苦槠、丝栎、柞木等。落叶乔木有麻栎、栓皮栎、枫香、化香树、青檀、黄檀等。灌木植物常见马桑、美丽胡枝子、黄栌、火棘、盐肤木等落叶灌木和崖花海桐、阔叶十大功劳、乌饭树、黄栀子、南天竺等常绿灌木。草本层有白茅、龙须草、芒、白羊草等。藤本植物有葛藤、薯蓣、悬钩子、光叶高粱泡、宜昌悬钩子等。汉中市仅南郑县碑坝一带海拔 1500 ~ 1700 米处有小片曼青冈成林分布。曼青冈高度 20 ~ 25 米，位居乔木层第一亚层，占显著优势地位。在第二、三亚层，以曼青冈、青冈、猫儿刺等为主；在阴湿地段，灌木层以箭竹为优势种，覆盖度可达 75%；在相对开阔的林窗下，则以蝴蝶莛、南方六道木较为常见。草本层覆盖度 10% ~ 15%。有针叶苔草等。

3. 粉白杜鹃林

分布于南郑县碑坝区海拔 1500 ~ 1820 米的沟谷地带，在天坪河一带五月塘等地有成片分布。群落外貌呈灰绿色。乔木层除优势种粉白杜鹃外，常有短柱柃与其伴生，有时可构成群落的共优种，林木生长稍密，林冠郁闭；在粉白杜鹃林之上，有少数落叶树种如锐齿栎、米心青冈等高居于群落上层，其覆盖度仅为 15%。灌木层以箬叶竹为主，还有映山红、荚蒾等，覆盖度 40% ~ 60%；草本植物很少见，覆盖度小于 5%。林内阴湿，苔藓比较发育。

4. 刺叶栎林

分布于米仓山海拔 1700 ~ 1900 米的山坡中部、山脊或陡坡峭壁上，如南郑县碑坝区天坪河一带。较喜光，要求湿润空气，耐干燥、瘠薄，生长较缓慢。林冠较整齐，郁闭度 0.9，群落外貌呈暗绿色。乔木层除刺叶栎外，常有青冈、钓樟、铁杉、华山松等混生其中。灌木层以箬叶竹和箭竹为主，覆盖度可达 90% ~ 95%。还有猫儿刺、荚蒾等。草本植物比较稀少，覆盖度小于 5%，层外植物有猕猴桃、紫花牛姆瓜、青藤、小叶菝葜等。

5. 橿子栎林

橿子栎林为半常绿或常绿阔叶林，较耐寒。株高 5 ~ 7 米，胸径 10 ~ 15 厘米，称矮林。深山区的林相比较整齐；在村庄附近的因常砍伐呈灌丛状，林相参差不齐。其他常绿乔木有岩栎、匙叶栎、尖叶栎等。灌木有马桑、火棘、胡枝子、黄栌及一些常绿灌木，如猫儿刺、红茴香、乌饭树等。草本植物有白茅、芒、龙须草等。藤本植物有南蛇藤、葛藤、威灵仙、穿龙薯蓣等。

（二）常绿、落叶阔叶混交林

常绿、落叶阔叶混交林是落叶阔叶林与常绿阔叶林之间的过渡类型，是典型的地带性植被类型之一。群落外貌有明显的季相变化。陕西汉江流域位于我国气候分界线秦岭—淮河线南侧，在植被上呈现亚热带向暖温带的过渡性色彩，常见混交林类型有以下几种。

1. 麻栎、尖叶栎林

分布于秦岭南坡及米仓山海拔 600 ~ 1000 米的丘陵、低山区，略阳、城固一带多见，土壤为山地黄褐土，pH 值在 5.4。群落外貌为以麻栎占优势的栎类落叶、常绿阔叶混交林。与麻栎混交的落叶树种主要有栓皮栎、槲栎、短柄枹、白栎及茅栗、山合欢、黄连木及臭椿等。常绿阔叶林以尖叶栎、巴东栎、匙叶栎为主，常见有女贞、黑壳楠、白楠等，多星散分布，且在本群落分布的下缘比上缘多。本群落以下为灌木层（常见有马桑、胡枝子、荆条等）；草本层以白茅、苔草为主。

2. 栓皮栎、岩栎林

分布在海拔 750 ~ 1800 米的丘陵和低、中山地，见于秦岭南坡的略阳、城固、汉中市以及米仓山北坡的南郑、西乡一带，土壤以黄棕壤、黄褐土为主。群落外貌为栓皮栎显占优势的栎类落叶常绿阔叶混交林。优势种栓皮栎一般高 9 ~ 15 米，与其伴生的落叶乔木树种为槲栎、锐齿栎、化香、黄连木等。常绿乔木树种有岩栎、榧子栎（半常绿）及女贞等，偶见少量油松。灌木层种类很丰富，主要有胡枝子、马桑等；常绿灌木有假蚝猪刺、阔叶十大功劳、冬青等。草本植物种类较少，常见苔草、白茅、野青茅等。枯枝落叶层覆盖度达 85%。

（三）落叶阔叶林

落叶阔叶林分布广泛，从海拔 200 ~ 500 米的汉水河谷盆地到海拔 2000 米的亚高山都有分布。

1. 栓皮栎林

栓皮栎林是秦岭南坡中山区分布较广的植被类型之一，流域内各县（区）均有分布，海拔 1000 ~ 1200 米，在米仓山区分布较低，大多在海拔 800 ~ 1300 米，多为次生林。略阳县的寒逢山、山岔岭，城固县的北溪河、核桃坪，洋县酉水河，勉县沮水河，南郑县的黎坪、茅坪沟，宁强县黄坝驿、广坪、滴水铺等地，均有大面积的栓皮栎林。其中以北溪河、黎坪、寒逢山为主要林区，当地称老林。群落黄绿色，林冠参差不齐，郁闭度 0.7，林内结构比较简单。乔木层以栓皮栎为优势种，伴生树种有黄连木、臭椿、锐齿栎、漆树、华山松、板栗等。林下灌木种类较丰富，主要有马桑、猫儿刺、杭子梢、多花胡枝子、胡颓子、鼠李、盐肤木等。草本植物常见有白茅、湖北野青茅、大油芒、唐松草及蕨类植物。

2. 锐齿栎林

广泛分布于秦岭和米仓山海拔 1300 ~ 2000 米处，其他阔叶树种和针叶树种散生其中。锐齿栎林生长茂盛，林相比较整齐，郁闭度 0.6 ~ 0.85。林木的组成比较单纯，通常有米心水青冈、山杨、漆树、灯台树、椴树、花楸、刺楸、板栗等。林下灌木主要有栒子、卫茅、小檗、三颗针、绣线菊、悬钩子等，木竹十分繁衍。草本植物主要有苔草、鬼灯檠、蕨类和白茅等。层外植物有菝葜、穿龙薯蓣、葛藤等种类。

3. 麻栎林

麻栎林主要分布于海拔1000米以下的低山丘陵，麻栎林结构简单，乔木层除建群种的麻栎外，有栓皮栎、短柄枹树、化香树、板栗、茅栗、漆树、枫香等落叶阔叶树，以及巴东栎、尖叶栎、乌冈栎、匙叶栎、橿子栎、曼青冈、北樟、香叶子、乌药、柞木、桢楠、苦槠、女贞等常绿阔叶树。灌木稀疏，主要有马桑、火棘、荆条、胡枝子、杭子梢、美丽胡枝子、盐肤木等。常绿阔叶灌木有菱叶海桐、小叶女贞、小叶小檗、罩壁木、竹叶椒、米饭花、光叶高粱泡、阔叶十大功劳、红茴香、猫儿刺、黄栀子、石楠等，草本植物有白茅、白羊草、龙须草、野菊、湖北野青茅、白穗苔草、芒等。藤本植物有葛藤、南蛇藤、猕猴桃、铁线莲、薯蓣、光叶菝葜、粉菝葜、鹰爪枫、崖爬藤等。

4. 漆树林

野生漆树分布于海拔1000米（秦岭）和1500米（米仓山）以上的自然植被中，其垂直分布的上限可达桦木林带，以松栎林带为普遍，多呈镶嵌式或鸡窝式存在，常见于山坡中、下部或沟谷。在海拔1600 ~ 1900米常为以野生漆树为建群种的落叶阔叶林。通常有灯台树、锐齿栎、米心水青冈、椴树等阔叶林和铁杉、华山松等针叶树伴生或组成混交林。由于群落生态环境较阴湿，林下灌木和草本植物以较耐阴的种类较多。

5. 短柄枹林

短柄枹林主要分布于秦岭南坡1000 ~ 1600米的山坡或山脊，多为纯林，也有萌生林。群落外貌整齐，树干通直高大。群落组成中除短柄枹外，伴生植物有栓皮栎、锐齿槲栎、山杨、板栗、鹅耳枥等。林下灌木有胡枝子、美丽胡枝子、榛等，在较高海拔地区，灌木层以箭竹为优势种。草本植物分布不均，以野古草、羊胡草为主。

6. 枫香林

枫香林是亚热带低山丘陵的一个落叶林类型。主要分布在安康地区大巴山海拔1400米以下的低山丘陵。群落外貌有明显的季相变化，夏季为浅绿色，秋季为橙红色。有乔木、灌木、草本三层。乔木层枫香树高多在14米以下。林中或林缘其他乔木有马尾松、杉木、麻栎、栓皮栎、白栎、漆树、油柿子树、黄连木等。灌木层种类较多，有马桑、火棘、盐肤木、青麸杨、荆条、麻叶绣线菊等。草本植物有白羊草、白茅、湖北野青茅、黄背草等，藤本植物常见威灵仙、葛藤、海金沙、华中五味子、薯蓣、粉菝葜等。

7. 桦木林

流域桦木林植物有亮叶桦、大翅桦、坚桦、红桦、牛皮桦等。红桦与牛皮桦常共为建群种形成相对稳定的植物群落。桦林夏季外貌呈浅绿色，林冠整齐，可分乔木层、灌木层、草木层三层。乔木层以红桦和牛皮桦为共建种，常伴有千金榆、鹅耳枥、山杨、桦椴、冬瓜杨、锐齿栎、三丫乌药、米心水青冈、连香树、领春木等。桦木林上界有少数巴山冷杉入侵。灌木层发育良好，有近60种，优势种有箭竹、松花竹、苦竹、拐棍竹等竹类，在林下或林窗形成密集的群落。除竹类外，还有六道木、桦叶荚蒾、陕甘花楸、杭子梢、水旬子、美丽蔷薇、珍珠梅、中华绣线菊、四川忍冬、榛、黄花柳、球核荚蒾、阔叶十大功劳、小叶黄杨、猫儿刺等。草本层的植物有60余种，常见有大披苔草、宁陕苔草、野青茅、落新妇、沿阶草、鸡头参、城口黄精、玉竹等。藤本植物有北五味子、华中五味子、党参、葛枣猕猴桃、马兜铃等。

（四）针叶林

流域内针叶林以松属、杉木属、冷杉属、云杉属植物为主，其中尤以松属面积最大，分布最广，是本区森林植被的重要组成部分。

1. 油松林

分布高度为1200 ~ 2100米，其中以1200 ~ 1700米分布较多。一般分布在山地中下部，以及沿山脊的悬崖峭壁上，大多为小块纯林。因其距居民点较近，林相不同程度遭受破坏。与其混交的树种，1500米以下有栓皮栎、槲栎、千金榆等；1500米以上则为华山松、铁杉、山杨、栎类等，但混交林甚少，且在混交林中油松仍为优势树种。土壤为原始粗骨棕壤，土层薄较干燥。天然油松林群落外貌绿色，林冠不整齐，林内较稀，林冠下幼林多为华山松。常见灌木有鹅耳枥、满山红、蔷薇、杜鹃、胡枝子、松花竹、箭竹等。草本植物有铁杆蒿、野棉花、白茅、野菊、唐松草等。在米仓山北坡分布有人工油松林，如宁强县五丁关飞播林区，同时飞播有栓皮栎、漆树等，已基本形成针阔叶混交林，覆盖度75%以上。

2. 马尾松林

在海拔1000米以下的低山丘陵区均有分布，以500 ~ 900米最多，林相整齐。大部分为纯林，林内通风透光度较好，灌木草本稀疏，以马尾松—马桑—白茅群丛较典型。马尾松常形成纯林，林冠疏散，翠绿色。在生境优越的地方，常与多种阔叶树种形成混交林。乔木层常见栓皮栎、枹栎、短柄枹、漆树、化香树等，低处也有散生杉木。林下灌木主要有马桑、胡枝子、荆条及灌木状的黄檀和藤本的藤黄檀等。草本层主要有白茅、磨子草等。

3. 华山松林

流域内分布广泛，在汉中主要分布于海拔1200 ~ 2500米的山坡中上部至山顶山脊，安康地区华山松林大多分布在海拔1600 ~ 1800米处。略阳县北部，勉县张家河、外坝河的上游，留坝县紫柏山、火烧店，宁强县青木川、玉泉坝、毛坝河上游，南郑县大分水岭、八道河、燕子岩、火神坝，城固县滥坝以北，洋县茅坪以北以及佛坪县龙草坪以北，宁陕火地塘、沙沟、菜子坪、两河、四亩地、新矿等地均有较大面积的华山松纯林。如有时乔木层混生有栎类等阔叶树种，形成针阔叶混交林。华山松林群落外貌呈绿色，树冠呈塔形或圆锥形。乔木层伴生树种有山杨、油松、铁杉、栓皮栎、漆树、槭树等。林下灌木主要有马桑、火棘、盐肤木、栓翅卫矛、山合欢、短柄枹、六道木、黄栌以及花松竹、箭竹等。草本植物有白茅、苔草、唐松草、毛茛、野棉花、糙苏、升麻和蕨类植物等。在阴湿生境中，尚有藓类构成的地被层。

4. 巴山松林

巴山松林仅分布于镇巴、南郑、紫阳、岚皋、平利、镇坪等县（区）海拔

1300 ~ 1800米处的山坡，多为小块残林。巴山松林群落外貌呈浓绿色，结构简单。乔木层除建群种巴山松外，还有枫香、栓皮栎、茅栗、化香树、锐齿栎、曼青冈等，林下灌木有胡枝子、映山红、盐肤木、青肤杨、美丽胡枝子等。草本层较稀疏，主要有白茅、芒、蕨及几种苔草。藤本植物有猕猴桃等。巴山区特有的一种重要植被类型，在较低海拔地带多呈散生分布，零星混生于落叶阔叶林或其他次生林中。巴山松树干高大挺直，独占乔木层第一亚层，郁闭度为0.50 ~ 0.95，高度20 ~ 30米，占明显优势地位。第二亚层常见有华山松、短柄枹、米心水青冈、灯台树、四照花、锐齿栎等，在较阴湿地段还出现细叶青冈、刺叶栎等常绿树种。灌木层高度一般在3米以下，覆盖度60% ~ 90%，主要种类有映山红、无梗越橘、通针刺杭子梢、榛子、南方六道木、箬叶竹等。巴山松幼林在局部地段分布密集，形成优势；箬叶竹在个别地段生长茂密，形成背景化。草本层发育较差，群落郁闭度大。

5. 杉木林

主要分布于海拔1000米以下的低山丘陵区，尤以海拔400 ~ 700米的低山丘陵最多，大部分为栽培的人工杉木林。天然、半天然的杉木林，常混生有枫香、化香树、麻栎、短柄枹树、枹树、马尾松、毛竹、桢楠、香樟、北樟、湘楠、女贞、柞木、苦槠、丝栎、青冈栎、巴东栎、尖叶栎等。灌木层有马桑、盐肤木、荆条、湖北海棠、山胡椒、毛黄栌、胡枝子、蔷薇、悬钩子、米饭花、秦岭海桐、菱叶海桐、铺地子、柃木、沙齿小檗、假蚝猪刺、竹叶椒、光叶高粱泡、冬青、构骨、石楠、火棘、阔叶十大功劳等。草本层植物有白茅、白羊草、湖北野青茅、龙须草、野棉花、芒、蕨、狗脊、莨草等。藤本植物有南蛇藤、菝葜、铁线莲、葛藤、木防己、海金沙、金银花、猕猴桃、粉菝葜、络石、大花牛姆瓜、多枝常春藤、小木通、小血藤等。

6. 巴山冷杉林

分布在秦岭南坡和米仓山北坡海拔2200米以上地区，成林范围在海拔2500 ~ 3000米。巴山冷杉系阴性、耐寒、抗风、喜冷湿树种。群落外貌呈暗绿色，郁闭度0.60 ~ 0.75，树冠稍密，林相整齐。巴山冷杉一般高20米。林内有大果青杆、红桦、牛皮桦、山杨、槭树等，数量不多。林下灌木常见有箭竹、柏氏杜鹃、荚蒾、高山绣线菊、小檗、忍冬等。草本层为箭竹丛或杜鹃灌丛，常见有黎芦、苔草、酢浆草、鬼灯檠等。由于环境阴湿，苔藓层发育。

7. 白皮松林

流域内集中分布于西乡县堰口乡午子山，海拔450 ~ 850米，形成单优种群落。群落郁闭度0.60 ~ 0.90，林冠郁闭，林冠浑圆，树皮斑驳，呈灰白色。林下比较阴湿，在林缘处多见柏木丛生。常见灌木种类有黄檀、马桑、荚蒾、悬钩子、忍冬、榛子、绣线菊、荆条子等。草本层不甚发育，以白茅、披针苔、芒、苔草等为主，还见有蕨类植物。层间植物有拔葜、穿龙薯蓣、葛藤等。

（五）竹林

竹类植物是特殊的植被类型，常以纯林出现。流域内有刚竹属、慈竹属、箭竹属、箬竹属、方竹属、华桔竹属、木竹属27种（包括变种）。其中，刚竹适应性较强，所占比例最大。

箭竹林、华桔竹林、箬竹林等属温性竹林；刚竹林、慈竹林、方竹林等属于暖性竹林。竹林一般分为栽培竹林和天然竹林两大类。前者主要分布在流域内海拔1000米以下的低山河谷地带，分布广，但零星分散，竹园面积小，也有少数竹种沿河流两岸呈带状分布。天然竹林多分布于秦岭、米仓山的中高山地区，竹林面积较大，山谷、缓坡地带分布多，山顶、陡坡分布少。

（六）灌丛

在米仓山区，尤其在低山丘陵区，灌丛为一种常见的植被类型。分布广，类型复杂，不同地区分布着不同的灌丛群落。在高山区，常有匍匐茎植物形成垫状植被，主要由杜鹃属、柳属、金露梅属、绣线菊属等植物组成，适应高山区风大、气温低、辐射强的生态环境。在低山丘陵区，分布有次生性灌丛类型，常见优势种有胡枝子、杭子梢、毛黄栌、马桑、火棘、悬钩子、醉鱼草、盐肤木等。常形成不同的灌丛群落，如马桑群落、尖棘群落等。灌丛植物郁闭度0.5～0.85，有涵养水源、保持水土等效益。

（七）灌草丛

灌草丛指以中生或旱中生多年生草本植物为主要建群种，其中散生灌木的植物群落。广泛分布于秦岭南坡及巴山北坡海拔500～2000米，主要由禾本科（40余种）、豆科（19种）、莎草科（19种）、菊科（20余种）、蔷薇科（20余种）等组成。常见优势种有白茅、狗牙根、黄背草、白羊草、拟金茅、隐子草、五芦芒、画眉草、大油芒、苔草、荩草、蒿类。伴生灌木有火牙、狼牙刺、杜荆等。

第三节　气候水文

流域属北亚热带季风气候区，山地区随海拔高度的变化，气候有垂直地带性分异。北有秦岭，南有大巴山脉两大屏障，冷空气难以南下，潮湿气流不易北上，气候总体温和湿润，多云雨天气，日照在全陕西省属于低值区。年平均气温14～16摄氏度，冬季温暖，最冷月平均气温在0摄氏度以上，夏季较为炎热，气温较高时可达35摄氏度甚至更高。日均温≥10摄氏度稳定持续期180天，无霜期240天以上。降水较为丰富，年降水量在700～1200毫米。降水主要集中在夏季，夏季降水量占全年降水量的50%～60%。降水形式多为降雨，偶尔也会有暴雨出现。春秋两季降水相对较少，但较为均匀。冬季降水以小雨或雪为主。陕西境内汉江的多年平均径流量较大，水位季节变化明显。夏季降水集中，河流径流量增大，水位上涨；冬季降水减少，径流量减小，水位下降。总体水质较好。汉江流域生态环境较好，河流中含沙量相对较小，水质清澈。总之，陕西汉江流域的气候水文条件独特，为该地区的生态环境和经济发展提供了重要支撑。

一、光照

（一）日照时数

汉江流域多云雨天气，日照在全陕西省属于低值区，汉水、月河川道和秦岭山区年平均日照时数为1660 ~ 1840小时，大巴山区为1500 ~ 1750小时，汉中平坝中部为1638 ~ 1768小时；秦岭南坡日照较多，海拔1000米的山地年平均日照时数在1800小时以上。年平均日照时数最长为白河县，高达1836.2小时，最短为镇巴县，最少仅1301.3小时。

日照时数季节分布为夏季最多，春季多于冬季，秋季最少。每年日照时间最多月流域内均为6—8月，汉江、平坝和米仓山地8月日照最多，2月最少；秦岭山地日照6月最多，2月最少。春夏两季日照时数约占全年的60%，冬秋两季占40%，日照时数从冬季的最低值全年70 ~ 110小时以后，逐月上升，8月达到最高值，全年180 ~ 230小时，秋季急剧下降，逐月降到低值。

（二）日照百分率

在地理分布上，汉中地区年日照百分率为30% ~ 41%，其年、季节分布呈由南而北增高之势。南部年日照百分率较低，镇巴县最低为30%；往北日照百分率增加，汉江平坝和嘉陵江河谷在40%左右，秦岭南坡日照百分率均达到40%以上。安康地区南部年日照百分率平均值为34% ~ 40%，北部日照百分率在41% ~ 42%，其中白河县为42%，为全流域最高。

（三）太阳总辐射

流域年太阳辐射总量101 ~ 110千卡每平方厘米。汉水、月河川道区在107 ~ 110千卡每平方厘米，是流域辐射量最大的地带。其中：白河县109.3千卡每平方厘米，为流域最大，镇巴县最小，全年仅为87.2千卡每平方厘米。每年的月最大值除宁陕县在5月外，其他县均在夏季，最小值均在12月。汉中地区太阳总辐射的分布，由南向北增大。秦岭南坡较丰富，留坝、佛坪县可达106.7千卡每平方厘米；洋县可达106.5千卡每平方厘米；米仓山东部和嘉陵江河谷的太阳总辐射较少，都在100千卡每平方厘米，春季太阳总辐射逐月增加，夏季达到最高值，进入秋雨期，总辐射很快减少，随后冬季低落到一年最低值。

二、气温

汉江上游汉中地区气温受制于地形，西部低于东部，南北山区低于平坝和丘陵。海拔600米以下的平坝区年均气温在14.2 ~ 14.6摄氏度；一般海拔1000米以上的地方年均气温低于12摄氏度；西部嘉陵江河谷年均气温高于13摄氏度。据20世纪80年代初期农业资源调查：位于巴山主脊山顶的镇巴县梨溪坪，海拔1664米，年平均气温7.9摄氏度；南郑县黎坪位于巴山北坡，海拔1531米，年平均气温为7.6摄氏度；洋县的活人坪位于秦岭主脊，海拔3071米，年平均气温低于5摄氏度，是全地区最冷的地方。1983年7月至1984年6月，南郑县在不同海拔高度设气象哨观测，地处北部平坝的周家坪（县气象站海拔536.5米），与中山北坡的陈家坪（海拔1210米）比较高差673.5米，年平均气温相差3.5摄氏度；与米仓山的山脊处的大坪梁（海拔2229米）比较高差1692.5米，年平均气温相差9.7摄氏度。秦岭与米仓山山地在同一高度上的年平均气温，米仓山比秦岭偏高0.3 ~ 0.6摄氏度。

安康地区气温的地理分布差异很大。年平均气温等值线与地形等高线大体一致。川道丘陵区为 14.5 ~ 15.7 摄氏度，海拔 1000 米左右接近 12 摄氏度，其中秦巴山主脊年平均气温 2 ~ 4 摄氏度，使全区平均气温相差 21.6 ~ 24.1 摄氏度。全区年平均气温递减率为每百米 0.6 摄氏度，冬季和夏季分别为每 100 米 0.48 摄氏度和 0.72 摄氏度，但在秦巴山区海拔 600 米以下基本相同，以上随海拔升高不尽相同，上半年巴山大于秦岭，下半年则秦岭大于巴山，但年变幅均值是秦岭山区大于巴山山区；在同一高度上，春初至夏初平均气温秦岭高于巴山，盛夏到初冬平均气温巴山高于秦岭。这些差异均与坡向不同而接受太阳能辐射量多少直接相关。

安康地区大于或等于 0 摄氏度的年积温，在海拔 500 米以下大于 5300 摄氏度。其中河谷川道大于 5400 摄氏度，单从热量条件可满足农作物一年三熟；海拔 1000 米处接近 4400 摄氏度，900 米以下可满足一年两熟。大于或等于 10 摄氏度的年积温，在海拔 500 米以下大于 4400 摄氏度，海拔 1000 米处 3600 摄氏度。其中大于或等于 10 摄氏度的初日，海拔 500 米以下在 3 月底以前，终日在 11 月 6 日前后，初日至终日间的天数为 222 ~ 235 天。海拔 1000 米处，初日在 4 月 15 日前后，终日在 10 月 28 日前后。安康地区虽比我国东部同纬度地区偏暖，但仅限于初春，夏秋则相反，尤其是初秋的平均气温比东部同纬度地区低 1 ~ 2 摄氏度，故本区作物只能一年两熟。

三、降水

（一）年降水量

陕西汉江流域处于亚热带大陆性季风气候，气候湿润温和、四季分明、雨量充沛、无霜期长。汉江流域多年平均降水量 882.5 毫米（1956—2000 年），2020 年陕西省汉江流域降水量为 890.4 毫米，较多年平均降水量偏多 0.9%，同年，陕西省最大降水量发生在流域内南郑区庙垭子雨量站，为 1645.7 毫米。降水分布为由东南向西北递增，大巴山沿线降水量达 1100 毫米，紫阳褚河米仓山最大降水量达 1400 毫米，而旬阳白河一带，降水量均小于 800 毫米，降水量年内分布极不均匀，主要集中在 5—10 月。

汉中地区地处北半球中纬度，形成全年降水的暖湿空气，主要来自印度洋的孟加拉湾，其次是西太平洋。夏季，在副热带高压的影响下，孟加拉湾水汽沿西南低涡下部的西南季风北上，经西藏、云南及四川西、北部到达本区上空；西太平洋水汽随副热带高压边缘的东南气流输入本区上空。冬季，受极地大陆冷气团（主要是蒙古高压）控制，多西北季风，形成寒冷干燥少雨雪的天气。春、秋两季为过渡季节，春暖少雨，秋凉多雨，气候湿润。地面植物、水库、河流、田园等所蒸发于空间的水汽参与降水甚微。来自西南、东南海洋的暖湿气流层受米仓山、秦岭阻滞，使本区雨量充沛，但米仓山、秦岭位于西南气流的路径上，由于中低层云系的水汽系统辐合，以及地形抬升和山地垂直分异的影响，本区南北承接水汽不等，降水量分布悬殊，多年平均年降水量为 968.7 毫米（1956—2000 年）。其中，米仓山最为丰富，成为陕西省降水量之冠。年降水量的空间分布：山区多于平坝，米仓山多于秦岭，东部多于西部。米仓山东部达 1400 毫米以上，中部在 1000 ~ 1700 毫米以上，西部 900 ~ 1000 毫米。其中，有两个少雨区：一是略阳县西北部，年均降水量在

650 ~ 750 毫米；二是在留坝县的北部，年均降水量 700 ~ 900 毫米。这种分布特点，主要是本区年降水量大部分集中在夏季，当暖湿气流从南而北先经米仓山阻滞抬升时，降水量较多；越过米仓山后，气流下沉使降水量减少，再迎秦岭南坡逼迫上升时，降水量又有增加，但水汽沿途有所消耗，降水量随之明显少于米仓山区。

汉中地区年降水量最多处在南郑县冷水河上游，小坝雨量站年均降水量 1701 毫米，最多年降水量 2300.5 毫米（1975 年），最少年降水量 1201.2 毫米（1978 年）。年降水量最少处在略阳县北部，白水江雨量站年均降水量 638.8 毫米，最多年降水量 1029.9 毫米（1958 年），最少年降水量 463 毫米（1972 年）。全区年降水量年际变化较大，实测最多与最少年比值一般在 1.6 ~ 3。

安康地区自然降水由东北向西南逐步增多，南部多于北部，中山区以上地域多于川道丘陵区。全区年平均降水量 938 毫米。年降水量在地区北部（除山区外）为 700 ~ 1000 毫米，其中旬阳小河和白河为少雨中心；南部和西部年降水量为 900 ~ 1280 毫米，其中任河西部是多雨区。降水集中在 7 月和 9 月。汉水北部占年降水量的 51% ~ 56%，汉水南部占 45% ~ 48%。年降水日数，川道丘陵区为 110 ~ 120 天，山区为 133 ~ 150 天。其中大于或等于 10 毫米降水日为 25 ~ 33 天，且南部多于北部，西部多于东部，川道东部最少，东部和北部为 24 ~ 33 天，西部和南部为 31 ~ 35 天，其中紫阳高达 45 天。大于或等于 25 毫米的降水日全区平均为 8 ~ 13 天，但在 1979 年、1983 年、1984 年，安康市、旬阳县、白河县年均有 12 ~ 14 天，其余县有 16 ~ 19 天。大于或等于 50 毫米的降水日，全区平均在 1.6 ~ 4.5 天，但南部多于东部。大于或等于 100 毫米的特大暴雨以紫阳县最多。平利、白河、旬阳三县的雨季始于 4 月下旬，其余县（市）始于 5 月中旬。雨季天数为 140 ~ 170 天，最多达 250 天，最短 40 天。降水量在 200 毫米左右，其中紫阳高达 900 毫米。降水量占全年的 75% ~ 84%。1983 年降水量最多，高达 1431 毫米。全区蒸发量年均为 1287 毫米，其中汉水谷地为 1260 ~ 1500 毫米，其余地带为 1050 ~ 1240 毫米。

（二）季节分配

流域季节降水量分配特点是：冬春少，夏秋多，其中夏季降水为冬季的 17 ~ 20 倍，表现出明显的季风气候特征。降水量随海拔高度的增加而增大，由西南向东北、由山区向河谷盆地递减。大巴山和秦岭中高山区的宁陕、石泉、汉阴、平利、岚皋、镇坪县、安康市的南部及紫阳县年降水量 200 毫米以上，最高达 1683.2 毫米，为全区降水高值区。

冬季（12 月至翌年 2 月）：由于冬季风最强盛，水汽少，降水量最少。米仓山山地 25 ~ 40 毫米，秦岭山地 17 ~ 20 毫米、汉江平坝 17 ~ 24 毫米，冬季降水占年降水量的 2% ~ 3%。

春季（3—5 月）：气温上升，水汽增多，全区雨量普遍增加，东西部差异小，南北部差异大。米仓山山地 210 ~ 270 毫米，汉江平坝和秦岭山地 170 ~ 200 毫米，占年降水量的 19% ~ 22%。

夏季（6—8 月）：由于夏季风盛行，降水量急剧增加，且多以暴雨形式出现，是全区一年中雨量最多的季节，占年降水量的 43% ~ 51%。米仓山山地 540 ~ 600 毫米，占年降水量的 43% ~ 47%；秦岭山地 430 ~ 470 毫米，占年降水量的 48% ~ 51%；汉江平坝 360 ~ 400 毫米，占年降水量的 43% ~ 45%。

秋季（9—11 月）：降水量一般多于春季，仅次于夏季，且呈由南而北递减趋势。秋季多连阴雨天气，易形成秋汛。东部多于西部，米仓山多于秦岭；季降水量占全年降水量的 30%左右。

另外，由于河谷、坝子地形影响，太阳辐射不均，谷坝昼夜生风，使其上空云层内部层结不稳定，白天风由谷地吹向山坡，夜间风自山坡吹向谷地，抬升谷坝上空湿热空气，对流加强、水汽聚积降温凝结而酿成暴雨，往往形成“巴山夜雨涨秋池”的局面。

灌溉季节（5—8 月）：降水量约占全年降水量的 50%以上。其中，水稻生长期（6—8 月）降水量能被田间利用部分，为有效降水量：丰水年为 67%，平水年为 76%，枯水年为 82%。但通常有两个少雨时段，造成河源供水不足：6 月上旬、中旬易出现夏旱，插秧用水紧张；7 月下旬常出现伏旱，影响晒田后及时复水。同时，7—9 月的降水多是在几场暴雨或连阴雨天气中降落，使作物遭受洪涝灾害，影响水稻、玉米等产量，影响小麦播种和油菜育苗。降水过分集中或偏少，是本地区旱涝灾害发生的直接原因。

四、蒸发

汉江流域蒸发量普遍在 1300 毫米每年左右，较低值在汉江谷地南侧山地，一般低于 1200 毫米每年，汉中市区最小，为 1076.7 毫米每年，水面蒸发量一般为 800 ~ 900 毫米每年，陆面一般为 200 ~ 500 毫米每年。汉水、月河等河谷盆地为蒸发高值区，年蒸发量在 1000 毫米以上；秦岭、巴山山区为蒸发低值区，年蒸发量小于 800 毫米。蒸发量总态势是北部大于南部，东部大于西部。全区年蒸发量为 110.09 亿立方米，约占年降水量的一半；干旱指数除安康、旬阳、白河等东部部分地区大于 1，属半湿润区外，其余均小于 1，属湿润区。

五、径流

汉中地区汉江多年平均自产径流总量 99.8×10^8 立方米，径流深等值线分布形势与年降水等值线分布趋势极其相似，地表径流的多年变化不稳定。江河水量常年补给量以降水产流为主，地下水补给为次，均属降水补给类型。秦岭和米仓山的大部地区，河流总径流的 80%是由降水产流直接补给的，汉中盆地及冷水河、濂水河流域的河川径流总量约有 70%是由降水产流补给的，秦岭与米仓山山前洪积扇区和河流下游低阶地区域，却是河水补给地下水。年径流变差系数（C_v）值西部大于东部，秦岭大于米仓山，盆地大于中、高山区，变化在 0.36 ~ 0.50。年径流总量的最大年份与最小年份亦如此，其比值在 3 ~ 6。汉江武侯镇水文站 1935—1947 年丰、平与枯水年交替出现，1948—1968 年以丰水年为主，间有 5 年枯水年；1970—1979 年连续出现枯水年，其中 1974 年、1975 年偏丰；1980—1990 年丰水年较多，1986 年为枯水年，1988 年为平水年；1991—1997 年多为枯水年。1937—1941 年、1953—1980 年，年径流量最大 24.87 亿立方米（1964 年），最小 5.69 亿立方米（1977 年）；在 1980—1998 年中，最大年径流量 34.7 亿立方米（1982 年），而最小年径流量为 4.18 亿立方米（1991 年）。地区江河年径流总量的 70% 以上发生在汛期 5—10 月，50% 以上集中在 7—9 月间，由一场或几场暴雨洪水形成，多出现在 7—9 月。枯水多发生在地表产流终了之后，河水变为主要由地下水补给的时期。按照月径流量不足年径流总量的 5% 计，区内河流的枯水期都有 4 ~ 5 个月，即 12 月至翌年 3 月或 11 月至翌年 3 月，以冬季月份为主，称冬枯期；初夏少雨，尤其是稻田用水高峰 6 月，干旱缺雨，河流频繁出现枯水，称夏枯期，仅占年径流总量的 3.7% 左右。最枯月份多出现在 1 月或 2 月，每当冬、夏枯水期，许多集雨面积小的河沟往往断流干涸。

安康境内径流主要由降水补给，全市多年地表径流量为 104.89×10^8 立方米，径流深 448.2 毫米。受降水地区分布和地形、地貌及其下垫面因素的综合影响，年径流深和年降水量分布大致相似，呈现明显的地带性差异，径流深由北向南递增，汉江沿线由东向西递增。内河网密度居陕西省之冠。在秦岭南坡的河流，深切山地，峡谷多，落差大。在大巴山北坡的河流，上游多峡谷深渊，下游蜿蜒曲折于群山之中，形成许多串珠式的坝子。地区地表径流水量大小和分布与降水规律基本一致，垂直变化明显，大巴山区大于秦岭山区，秦巴山区大于丘陵河谷区。全区年降水量近一半形成地表水径流，再加上由地下水补给和入境客水 145.72 亿立方米，总径流量约占陕西省年径流量的 48.6%。多年平均径流深，南部从月河、汉水河谷至大巴山为 400 ~ 800 毫米，北部从恒口、蜀河至秦岭山区为 300 ~ 400 毫米，最低为白石河流域，小于 300 毫米。汉水多年平均径流模数，石泉至安康区间 62.2 万立方米每平方千米，安康至白河区间 33.5 万立方米每平方千米，石泉至白河区间 45.56 万立方米每平方千米。石泉至白河区间每平方千米年产径流量是国内辽河、黄河、渭河的 5 倍以上，是淮河的 2 倍多，高于嘉陵江，低于岷江。境内径流量年内月际变化大。汛期多由降水和山洪形成，河水浑浊，沙石俱下；枯水期多由地下水补给，冬无封冻。每年一般从 4 月开始水量增大，11 月以后减小；月径流量最大的是 9 月，占年径流量的 19.58%；最小为 2 月，占年径流量的 1.77%；5—10 月占年径流量的 77.88%，夏季（6—8 月）占 32.63%，秋季（9—11 月）占 37.81%，冬季（12 月至翌年 2 月）占 6.14%，春季（3—5 月）占 23.42%。地区径流水质优良。每年除夏、秋季因暴雨、山洪造成河水浑浊，含泥沙量较大外，其余季节全赖地下水或高山雪水补给，河水清澈见底，含泥沙量为零。

第三章　经济社会

陕西汉江流域人口分布呈现出一定的特点：西部的汉中盆地人口密度相对较高，而东部人口密度相对较低，主要分布在汉中、安康等城市及周边地区。近年来，随着经济的发展和汉中、安康城镇化进程的推进，人口逐渐向城市集中，城市基础设施不断完善，公共服务水平逐步提高。同时，区域内的交通改善、产业发展等因素也吸引了一定的人口流入。

流域内生态环境较好，拥有大量生态资源，发展潜力巨大。农业方面，依托汉江谷地温和湿润的气候，肥沃的土壤、山地和丘陵以及汉江丰富的水资源，为种植业、林果业、养殖业等产业的发展创造了优越的条件。工业方面，利用汉江丰富的水资源，发展了水电、供水等产业。在汉中、安康等地，有机械制造、食品加工、生物医药等产业。例如，汉中的航空装备制造、安康的富硒食品加工等具有一定的规模和竞争力。流域内有一定的矿产资源，如锰、铁、金等。合理开发利用这些矿产资源，为当地经济发展作出了贡献。交通和基础设施方面，流域交通便利，有铁路、公路、水路等多种交通方式。阳安铁路、西成高铁等铁路线路贯穿其中，国道、省道和高速公路网络发达。此外，汉江还可通航，为货物运输和旅游发展提供了便利。水利、电力、通信等基础设施的建设，提高了当地居民的生活质量和经济发展的保障能力。

第一节　人　口

汉江流域的人口分布与经济发展密切相关，该地区的主要城市包括汉中、安康等，是人口较为集中的地区。此外，汉江流域还有一些县城和乡镇，也有一定数量的人口分布。

一、历代人口

（一）汉中历代人口

据考古工作者在汉中地区已发掘出的旧石器时代文化遗址及其遗存证实，100 万年前的史前时期，汉中地区就有古人类在生活、繁衍。

西周末年，姬姓郑人自今陕西凤翔县和华县先后南迁至汉中。

战国至秦，成都平原和关中平原的部分居民融入汉中土著居民中。秦二世三年（前 207 年），刘邦军队大规模地进入汉中。

汉元始二年（2 年），汉中人口约 18 万；东汉初年，汉中人口降至 4 万以下。因遭受劫掠，东汉末汉中地区人口为 16 万人，比西汉末要少 2 万人。

建安二十四年（219 年），曹操“空汉中之地”，是汉中人口史上最多的迁出。三国两晋南北朝时期，汉中战乱频发，人口急剧减少，西晋时，汉中（不含略阳、宁强）98550 人，其人口数字比西汉末年少 8 万人，比东汉末年少 6 万人，但比三国初年增加了约 8 万人。

隋大业五年(609 年),汉川郡辖区与今汉中地区略同(不含今略阳、宁强,含四川南江),有人口 63128 人。唐玄宗天宝元年（742 年），汉中人口增至 253090 人。“安史之乱”后，汉中地区人口为 10 万余人。

宋初至道三年（997 年），汉中的人口 50536 人，经百年发展，至崇宁元年（1102 年），汉中人口 252680 人。

南宋绍兴三十二年（1162 年），汉中地区人口 215558 人。

元朝初年至元二十七年（1290 年），汉中人口在 4 万人上下。熙宁十年（1077 年），汉中共有人口 160197 人。

明洪武三年（1370 年），汉中府有 4 万人左右。洪武二十六年（1393 年）时，汉中人口达 326974 人。明成祖永乐元年（1403 年），汉中人口 359131 人，是该朝最多的。

明末清初，汉中多数土著因战乱或死或逃，周边及外省居民不断移入，形成“十家九户客，百年土著无”的人口局面。清初的湖广移民中，入汉中的移民多为两湖、四川人，次则两广、安徽人，再则河南、贵州人，福建、江苏、江西等省亦有移入者。

清顺治十八年（1661 年），汉中人口为 96016 人。康熙五十年（1711 年）汉中人口为 123106 人，雍正十二年（1734 年）为 132089 人，乾隆二十九年（1764 年）为 1027955 人，乾隆六十年(1795 年)为 1484802 人，道光二十九年(1849 年)为 2064933 人，光绪元年(1875 年）为 1613278 人，宣统三年（1911 年）为 1716053 人。

民国十二年（1923 年），汉中人口为 123.5 万人。1937 年，汉中人口下降到 145.4 万人。1949 年 12 月，汉中解放时，汉中人口为 188.12 万人。

汉中解放初，社会安定，生产发展，人民生活条件逐步改善，人口数量急剧增加。1953 年，汉中专区有 2111804 人。

1959—1961 年，全区人口减少 2.2 万人。

1964 年全区有 2446154 人，20 世纪 60 年代中后期“三线”建设开始后，内迁工厂较多，迁入职工及家属达 40 余万人。

20 世纪 90 年代以后，一些“三线”内建厂陆续外迁，近 10 万职工家属离开汉中。到 1995 年底，全地区总人口为 3622649 人

2020 年，汉中市 3211462 人。

（二）安康历代人口

早在六七千年前的母系氏族时期，就有人类在汉水流域打猎捕鱼、刀耕火种、繁衍生息，创造了人类文明。数千年来人口数量变动的特点是，盛世渐增，乱世骤减，详情难考。据史料记载，汉元始二年（2 年），汉中郡领属人口 25460 人。

晋代魏兴郡领属有 1 万余户，约 5 万人。

隋大业五年（609 年），西城郡有 1.4341 万户，7.1705 万人。

唐天宝元年（742 年），金州有 1.4091 万户，5.7929 万人。

宋崇宁年间，金州有 3.9636 万户，6.5674 万人。

明隆庆年间，兴安州有 3190 户，34133 人。

清乾隆五十二年（1787 年），兴安府有 38.0125 万人，嘉庆十七年（1812 年）有 55.0854 万人。

1923 年，陕西邮局调查统计，今安康地区辖区有 108.54 万人。

据 1937 年《陕西各县保甲户口统计》，今安康地区辖区有 23.35 万户，125.39 万人。

到 1949 年，安康地区计有 32.13 万户，146.75 万人。

新中国成立后，社会稳定，经济持续发展，人民安居乐业，安康地区人口增长较快。到 1960 年，全区人口增长到 186.66 万人，净增人口 39.91 万人；到 1970 年，全区人口增长到 225.73 万人，10 年间净增人口 39.07 万人；到 1980 年，全区人口增长到 259.93 万人，10 年净增人口 34.2 万人；到 1990 年底，全区人口增长到 284.34 万人，10 年净增人口 24.41 万人。

2020 年，安康市人口 2493436 人。

二、人口发展特点和趋势

（一）历史人口增长

从历史数据看，明代汉江流域上游人口峰值约为 250 万人；到清嘉庆年间，总人口达 1400 余万人；19 世纪后半期，已达 2200 余万人。根据第七次全国人口普查公报数据，以 2020 年 11 月 1 日零时为标准时点，陕西省汉江流域（未包括丹江流域）人口共计 6490372 人，其中汉中市 3211462 人，安康市 2493436 人，商洛市镇安县、柞水县、山阳县合计 751462 人，宝鸡市凤县、太白合计 34012 人，西安周至厚畛子镇 1570 人。

历史上不同时期的人口增长与多种因素相关。例如，在秦汉时期，国家的统一和相对稳定的政治环境，促进了人口的增长。汉朝实行的休养生息政策，鼓励农业生产和人口繁衍，使得汉江上游地区的人口逐渐增加。

（二）人口分布特点

受自然地理条件影响，汉江上游人口分布不均。在地形较为平坦、土壤肥沃、水源充足的地区，如河谷地带和盆地，人口相对密集。例如，汉中盆地地势平坦，土地肥沃，是汉江上游的重要农业产区，吸引了大量人口聚居。

交通便利的地区人口较多。沿江地区由于水运发达，交通便利，有利于物资的运输和人员的流动，往往形成人口密集的城镇和聚居区。

（三）人口迁移影响

历史上，汉江上游地区是重要的人口迁移通道和目的地。战争、自然灾害等因素导致人口大规模迁移，部分人口流入汉江上游地区。人口迁移带来了不同地区的文化、技术和经济交流，促进了汉江上游地区的经济发展和文化繁荣。不同地区的移民带来了各自的生产方式、生活习惯和文化传统，丰富了当地的文化内涵。

（四）人口结构变化

近现代以来，随着经济的发展和城市化进程的加快，汉江上游地区的人口结构发生了变化。城市人口逐渐增加，农村人口相对减少。

人口素质不断提高。教育事业的发展使得汉江上游地区的居民受教育程度普遍提高，培养了大量的专业人才和高素质劳动力，为地区的经济发展和社会进步提供了有力的人才支持。

第二节　土　地

陕西汉江流域的土地类型多样，主要分为耕地、林地、园地、草地、湿地、建设用地、水域等，多种多样的土地类型为多种产业的发展提供了一定的条件。合理利用和保护这些土地资源，对于促进当地经济社会的可持续发展具有重要意义。

一、土地类型

陕西汉江流域的土地类型主要有以下几种。

（一）耕地

水田：主要分布在汉江及其支流两岸的河谷平原地带，如汉中盆地、安康盆地等。这些地区水源充足，灌溉便利，适合水稻种植。水田土壤肥沃，多为水稻土，保水保肥能力较强。

旱地：分布较为广泛，包括山地丘陵的缓坡地带和河谷平原的边缘地区。旱地主要种植小麦、玉米、油菜等旱作作物。土壤类型以黄棕壤、棕壤为主，部分地区为褐土。

（二）林地

天然林：主要分布在山区，如秦岭、大巴山等山脉。天然林以阔叶林和针叶林为主，树种丰富，包括松树、柏树、桦树、栎树等。这些森林具有重要的生态功能，如涵养水源、保持水土、调节气候等。

人工林：为了满足经济建设和生态保护的需要，流域也有大量的人工林。主要树种有杨树、柳树、桉树等速生树种，以及核桃、板栗、油茶等经济林木。人工林的种植不仅提高了森林覆盖率，还为当地带来了一定的经济收益。

（三）园地

园地主要分布在汉江及其支流两岸的河谷平原地带，如汉中盆地、安康盆地等地区。这些区域气候温和湿润，土壤肥沃，灌溉便利，为园地发展提供了良好的自然条件。园地里通常种植着各种果树、蔬菜、花卉等经济作物，以及茶叶、油茶、桑蚕、生漆等亚热带农林产品，是陕西重要的农业生产基地之一。

（四）草地

天然草地：主要分布在山区的高山草甸和丘陵地带。天然草地植被以草本植物为主，如茅草、蒿草、野豌豆等。这些草地是畜牧业的重要资源，适合放牧牛羊等家畜。

人工草地：为了提高畜牧业的生产效益，汉江流域也有一些人工种植的草地。主要种植的牧草有紫花苜蓿、黑麦草、三叶草等。人工草地的建设可以提高草地的产量和质量，为畜牧业的发展提供更好的保障。

（五）湿地

湿地分布在陕西省南部的汉中市和安康市境内，主要包括以下几个区域：陕西汉江湿地省级自然保护区、汉中市汉江湿地公园等。

（六）城镇村及工矿用地

城市建设用地：主要分布在汉中、安康等城市及其周边地区。城市建设用地包括居住用地、商业用地、工业用地、公共设施用地等。随着城市化进程的加快，城市建设用地不断扩大。

农村建设用地：包括农村居民点用地、农村道路用地、农村公共设施用地等。农村建设用地相对分散，主要为农民的居住和生产生活服务。

工矿用地：主要分布在汉中市和安康市等地，其他地区也有一些工矿企业分布，但规模相对较小。

其中，汉中市的工矿用地主要集中在勉县、略阳等地。勉县的工矿企业较多，涉及钢铁、化工、建材等行业；略阳则以矿业开发为主，有金、铁、铜、铅、锌等矿产资源的开采和加工企业。安康市的工矿用地分布相对较为分散，主要集中在旬阳、白河、紫阳等地。旬阳的矿产资源丰富，有汞、锑、铅、锌、金、铜等，矿业开发是当地的重要产业之一；白河的工业以建材、化工、矿产开发为主；紫阳则以茶叶加工、矿产开发等为主要产业。

（七）交通运输用地

公路用地：沿着汉江两岸分布有众多的公路，如国道、省道以及县乡道路等。这些公路连接了汉江流域的各个城市、乡镇和村庄，是区域内最主要的交通运输方式之一。

铁路用地：汉江流域有铁路干线经过，铁路沿线设有火车站、铁路货场等相关设施，为货物运输和人员出行提供了便利。

港口码头用地：在汉江的一些重要节点城市，如安康、汉中，建设有港口和码头，用于货物的装卸和转运，促进了水上运输的发展。

机场用地：汉中城固机场、安康富强机场等用地。

（八）水域及水利设施用地

河流：汉江及其支流是陕西汉江流域的主要水域。河流不仅为当地提供了丰富的水资源，还具有重要的航运、灌溉、发电等功能。

湖泊：汉江流域有一些湖泊，如汉中的南湖、红寺湖，安康的瀛湖等。这些湖泊是重要的旅游资源和生态景观。

水库：为了防洪、灌溉、发电等，汉江流域建有多个水库，如石门水库、石泉水库等。水库的建设改变了局部地区的土地利用类型，形成了新的水域和湿地生态系统。

二、土地利用结构

根据《陕西省第三次全国国土调查主要数据公报》数据，以 2019 年 12 月 31 日为标准时点，汉江流域涉及的地市区土地利用结构如下：

耕地面积共计 716.46 万亩，其中汉中市 393.31 万亩，南郑区、洋县、宁强县、勉县、西乡县、城固县 6 个县（区）耕地面积较大，占全市耕地面积的 76.66%。安康市 280.01 万亩，其中，水田 26.22 万亩，占 9.36%；水浇地 1.19 万亩，占 0.42%；旱地 252.60 万亩，占 90.22%，主要分布在旬阳市和汉滨区，占全市耕地的 49.13%。商洛市柞水、镇安两县 42.14 万亩，其中镇安县 31.22 万亩，旱地占 99.31%，柞水县 10.92 万亩，旱地占 96.69%。

园地 91.49 万亩，其中汉中市 54.47 万亩，主要分布在城固县、西乡县、南郑区，占全市园地的 54.98%。安康市 33.36 万亩，主要分布在紫阳县、汉滨区、平利县、汉阴县，占全市园地的 78.47%。商洛市镇安、柞水两县 3.66 万亩，其中镇安县 2.06 万亩，柞水县 1.60 万亩。

林地 6348.31 万亩，其中汉中市 3333.43 万亩，镇巴县、宁强县、西乡县、洋县、略阳县 5 个县林地面积较大，占全市林地面积的 60.21%。安康市 3014.88 万亩，其中乔木林地 2593.45 万亩，占 86.02%；竹林地 2.44 万亩，占 0.08%；灌木林地 384.68 万亩，占 12.76%；其他林地 34.31 万亩，占 1.14%，林地主要分布在宁陕县、汉滨区、旬阳市、平利县，占全市林地面积的 57.22%。商洛市镇安、柞水两县 766.98 万亩，其中镇安县 466.28 万亩，柞水县 300.70 万亩。

草地 22.20 万亩，其中汉中市 10.98 万亩，主要分布在镇巴县、洋县、勉县和南郑区 4 个县（区），占全市草地面积的 59.18%。安康市 11.22 万亩，其中，天然牧草地 2.65 万亩，占 23.62%；其他草地 8.57 万亩，占 76.38%。草地主要分布在汉滨区、平利县，占全市草地面积的 51.73%；其中，其他草地占全市土地面积不足 1%。商洛市镇安、柞水两县 1.19 万亩，其中镇安县 0.66 万亩，柞水县 0.53 万亩。

湿地 7.15 万亩，其中汉中市 2.80 万亩，主要分布在洋县、城固县和南郑区，占全市湿地面积的 71.90%。安康市 4.17 万亩，均为内陆滩涂，主要分布在旬阳市、宁陕县、汉滨区、平利县，占全市湿地面积的 71.18%。商洛市镇安、柞水两县 0.18 万亩，其中镇安县 0.14 万亩，柞水县 0.04 万亩。

城镇村及工矿用地 205.66 万亩，其中汉中市 117.05 万亩，城市用地 8.73 万亩，占 7.46%；建制镇用地 18.66 万亩，占 15.94%；村庄用地 84.01 万亩，占 71.77%；采矿用地 4.45 万亩，占 3.80%；风景名胜及特殊用地 1.20 万亩，占 1.03%。安康市 74.35 万亩，其中，城市用地 5.03 万亩，占 6.77%；建制镇用地 8.36 万亩，占 11.24%；村庄用地 57.75 万亩，占 77.68%；采矿用地 2.56 万亩，占 3.44%；风景名胜及特殊用地 0.65 万亩，占 0.87%。商洛市镇安、柞水两县 14.26 万亩，其中镇安县 9.17 万亩，柞水县 5.09 万亩。

交通运输用地 77.87 万亩，其中汉中市 40.18 万亩，铁路用地 2.17 万亩，占 5.40%；公路用地 14.89 万亩，占 37.06%；农村道路 22.86 万亩，占 56.90%；机场用地 0.24 万亩，占 0.60%；港口码头用地 0.01 万亩，占 0.02%；管道运输用地 0.01 万亩，占 0.02%。安康市 31.05 万亩，其中，铁路用地 1.34 万亩，占 4.32%；公路用地 10.83 万亩，占 34.88%；农村道路用地 18.49 万亩，占 59.55%；机场用地 0.37 万亩，占 1.19%；港口码头用地 0.01 万亩，占 0.03%；管道运输用地 0.01 万亩，占 0.03%。商洛市镇安、柞水两县 6.64 万亩，其中镇安县 4.44 万亩，柞水县 2.20 万亩。

水域及水利设施用地 132.58 万亩，其中汉中市 75.77 万亩，南郑区、洋县、城固县、西乡县 4 个县（区）水域及水利设施面积较大，占全市水域及水利设施用地面积的 52.14%。安康市 48.76 万亩，其中河流水面 36.12 万亩，占 74.07%；水库水面 10.53 万亩，占 21.60%；坑塘水面 1.13 万亩，占 2.32%；沟渠 0.22 万亩，占 0.45%；水工建筑用地 0.76 万亩，占 1.56%。水域及水利设施用地主要分布在汉滨区、旬阳市、紫阳县，占全市水域及水利设施用地面积的 54.61%。商洛市镇安、柞水两县 8.05 万亩，其中镇安县 5.17 万亩，柞水县 2.88 万亩。

第三节　经济发展

陕西汉江流域内有着肥沃的土地和适宜的气候，为农业生产提供了良好条件。例如，汉中盆地是陕西重要的农业产区，盛产水稻、小麦、油菜等农作物。工业发展也取得了一定成效，涵盖了制造业、能源开发等领域，例如安康市近年来在新型材料、清洁能源等产业方面有所突破。汉江流域拥有丰富的自然景观和历史文化遗迹，如汉中的武侯祠、安康的瀛湖等，吸引了众多游客前来观光旅游。

一、农业

（一）种植业

流域农业垂直分带明显。汉中和安康两地市海拔 800 ~ 900 米和商洛地区秦岭南麓海拔 700 ~ 800 米以下的地带，为流域内主要农耕区，流域人口的 90% 集中于此带。汉中盆地（耕地 100 万亩以上）、石泉—安康盆地（耕地在 10 万亩以上）以及一些小坝子，耕地面积不到陕南耕地的 10%，作物一年两熟，而居住的人口约占陕南全区总人口的 35%，是流域的主要粮食基地。流域内山地面积较广，海拔 800 ~ 1100 米地带，作物可间套两熟或两年三熟；海拔 1100 米以上只能一熟。秦岭海拔 1300 ~ 1600 米和巴山海拔 1300 ~ 1700 米地带零星分布的农耕地，仅可种植耐寒的马铃薯和黑麦等粮食作物。

粮食作物以秋粮为主，夏、秋季粮产之比为 3 ： 7，秋粮举足轻重。

流域内玉米种植主要分布在低山、丘陵区及中山区的河谷地带。小麦种植主要分布在汉中、安康盆地平坝区和低海拔河谷地带。水稻种植主要分布在汉中、安康盆地平坝区。夏马铃薯种植主要分布在中山及低山河谷地区。另外，还种植大豆、红薯。单产水平除水稻、红薯、大豆等三项作物高于陕西省水平外，玉米、小麦、马铃薯等低于陕西省相应作物的平均单产水平。

汉中市南郑区黄官镇稻田育秧

（二）林特生产

流域宜林面积大，林特资源丰富。森林覆盖率为40%左右，是陕西省最大的林业基地。森林资源丰富，树种繁多，主要包括松树、柏树、杨树、柳树等常见树种，以及一些珍稀树种。这些林木资源不仅具有重要的生态价值，还为木材加工等产业提供了原材料。

林业部规划的长江中上游防护林建设工程实施后，1960年6月，西乡、镇巴、石泉、紫阳、安康、旬阳、白河等县列入陕西重点建设县。上述县通过成立领导小组、制定规划、落实责任、实行行政和技术双向承包、建立 “两书一图” 制度、加强宣传动员等措施，有效推进了工程的实施。截至2019年，陕西长江防护林工程建设共完成人工造林29.44万公顷，工程区森林覆盖率由工程实施前的39.3%提高到2018年的65.2%，水土流失得到有效遏制，自然灾害明显减弱，生态环境显著改善。

流域内是陕西省主要经济林特产如生漆、油桐、核桃、板栗、柑橘、龙须草等的集中分布区。它又是我国的重要中药材产区，有“天然药库”之称。现已成为陕西省林特产品的集中产区和出口的重要基地。

流域内蚕茧生产主要分布在安康、紫阳、石泉、旬阳、汉阴、汉中、勉县、镇安等县（市）。其中安康、紫阳、石泉已跨入全国年产蚕茧百万斤县（市）的行列。

茶园主要分布在紫阳、岚皋、安康、平利、西乡、南郑、商南 7 县。紫阳富硒茶已列入世界名茶，西乡县的子午仙毫和南郑县的南湖炒青、汉水银梭为省级名茶。1985 年，陕西省农业区划委员会等提出了为开发巴山低山丘陵微酸性土壤资源，建设 50 万亩茶园、年产茶 1 万吨的规划。

柑橘适宜产地有城固、汉中、洋县、南郑、勉县、紫阳、岚皋、安康、汉阴等 9 县（市）。为开发利用秦岭南麓丘陵地的土壤和小气候资源，近年来进一步扩大柑橘种植面积。

在陕西汉江地区，种植了多种优质核桃品种，如香玲、辽核、中林等，这些品种具有果实饱满、壳薄仁厚、口感香脆、含油量高等特点。

秦岭低山丘陵地带，土壤微碱富钾，种树生长不良，但适于龙须草生长。龙须草是制造高级草纸的原料，又有良好的保持水土功能，使丘陵坡地、瘠薄地得到了充分的利用。

汉江流域的山林中生长着大量的中药材，如杜仲、黄柏、厚朴、天麻等。这些中药材具有很高的药用价值，是中医药产业的重要原料。中药材的种植和采集成为当地农民的一项重要收入来源，同时也推动了中医药产业的发展。

陕西汉江流域有发展林特生产的优势，已被列入国家重点发展地区之一。

（三）畜牧业

陕西汉江流域的畜牧业呈现出独特的发展态势。

1. 自然条件与资源优势

陕西汉江流域气候温润，草坡植物丰富，牧草种类多，分布广，为畜牧业提供了充足的天然牧草。优质牧草如黑麦草、紫花苜蓿等，营养丰富，适口性好，是牛羊等家畜的优质饲料。丰富的牧草资源降低了养殖成本，同时也为发展生态养殖提供了有利条件。同时，气候温和，四季分明，既没有严寒的冬季，也没有酷热的夏季，非常适合家畜的生长和繁殖。温和的气候减少了家畜患病的风险，提高了养殖效益。汉江及其支流为畜牧业提供了丰富的水源。清洁的水源对于家畜的健康至关重要，充足的水源保障了家畜的饮水需求，同时也有利于养殖场的清洁和卫生。

2. 主要养殖品种与特色

牛羊养殖。汉江流域的牛羊养殖历史悠久，品种优良。当地的黄牛、陕南白山羊、西镇牛、岭南牛、巴山牛具有适应性强、肉质鲜美等特点，深受市场欢迎。牛羊养殖以放牧和舍饲相结合的方式为主，充分利用天然牧草资源，同时辅以适量的精饲料，保证家畜的营养需求。

生猪养殖。生猪养殖也是汉江流域的重要产业之一。当地的生猪品种经过多年的选育和改良，里河猪、太白猪为代表品种，生长速度快、瘦肉率高、肉质好。随着养殖技术的不断提高，生猪养殖逐渐向规模化、标准化方向发展。现代化的养殖场配备了先进的养殖设备和管理系统，提高了养殖效率和质量。

特色养殖。除传统的牛羊猪养殖外，汉江流域还发展了一些特色养殖项目，如蜜蜂养殖、土鸡养殖、兔养殖等，略阳鸡、太白鸡等是当地品种。这些特色养殖产品具有绿色、生态、健康的特点，市场前景广阔。

（四）农业生态区

流域山区山多空间大，山高环境杂，多样的生境和巨大的空间是开发利用植物资源、从事多种经营、进行扶贫致富工作的优越条件。

1. 汉中、月河盆地平坝粮、畜、禽优化生态区

本区包括汉江、月河、丹江等河流的一、二级阶地和宽谷盆地，面积约3000平方千米，为流域内经济中心和人口稠密区。这里大部海拔在800米以下，地势平坦，土壤肥沃，气候温暖，灌溉条件优越，耕地以水田为主，一年稻麦（或油菜）两熟，基本上实现了水利化和“四旁”（宅旁、林旁、路旁、水旁）绿化，农业生态开始走向良性循环。城镇、工业、厂矿集中的地方，生态环境受到一定程度的污染，加之江河上游水土流失严重，每遇暴雨，山区洪水灾害危及本区，江河洪水泛滥，淹没农田、村庄，破坏公路，造成河床、水库淤积，输沙模数为200 ~ 300吨每平方千米（不包括推移质）。

发展方向：根据防治并重、治管结合的原则，科学布局厂矿和乡镇企业，注意防治污染。加固堤防工程，疏浚河道、保护农田，开展科学种田和畜、禽养殖等多种经营，建成粮油和畜禽生产基地。川滩实行园田林网化，营造经济林和绿化荒山、荒坡，营造固岸护滩林，搞好“四旁”绿化等。

2. 秦岭巴山低山丘陵粮、牧、果综合治理生态区

本区包括除汉中、月河盆地外的陕南的低山丘陵区，海拔800 ~ 1500米。此线在秦岭南坡相当于略阳白水江、勉县茅坝、留坝县小留坝、洋县华阳、佛坪县袁家庄、宁陕县江口、镇安县云盖寺、丹凤县武关，直至商南曹营的连线。洛河流域的低山丘陵线比南坡的海拔低一些，比巴山北坡稍高一点。在这三条线以下，形成了三条低山丘陵带，包括洛南、商南、丹凤、山阳、商州、白河、石泉、紫阳、岚皋、汉阴、旬阳、安康、平利、西乡、洋县、汉中、城固、镇巴、南郑、勉县、宁强、略阳的全部或部分地区，面积约为3.9万平方千米。本区水热条件优越，土壤为黄褐土、黄棕壤、水稻土。因无计划地开荒、不合理地滥伐林木，森林覆盖率仅为15.25%，水土流失日益加剧。但本区天然林木种类繁多，适宜开展多种经营。农作物以玉米为主，次为小麦、豆类、水稻、薯类、油料等。

发展方向：全面规划、合理利用土地，在粮食自给有余的基础上开展多种经营，禁采禁伐，坚持封山育林与造林相结合，提高植被覆盖率，同时发展经济林、薪炭林和水土保持林。在扩大基本农田、提高单产的基础上，退耕“挂牌”地，发展柑橘、油桐、油茶、茶、桑、果等经济林。本区适于竹类、落叶型白栎类、板栗、核桃、柿树栽种，既是木本粮食，又是发展天麻、栽培木耳、放养柞蚕、制作软木、栲胶等不可缺少的原料，也是最受欢迎的薪炭用材。青冈适应性强，耐火力强，深根性、易繁殖，群植或混植均可，宁陕设有青冈压制高级地板条工厂。核桃、柿子、板栗是重要的木本油料和外贸物资，竹子经济价值高，保土固坡作用强，发展潜力大。利用好牧草资源优势，避免污染源集中。

3. 秦岭中高山林、特水源涵养生态区

本区位于陕南秦巴山区的北部，包括凤县、留坝、太白、佛坪、镇安、柞水全部及商州、山阳、旬阳、洋县、城固、勉县、略阳等部分地区。海拔在1500米以上，相对高差

多在 500 ~ 1000 米，水力资源丰富，森林面积大，约占 40%，次生林、灌木丛林比重大，用材林以栎类为主，是陕西省重点采伐区，也是陕南林特产品的主要基地。本区土层薄，以粒状石渣为主，水土流失严重，并伴有泥石流和滑坡发生，侵蚀模数为 100 ~ 1000 吨每平方千米。由于本地区地广人稀，厂矿很少，农业生态环境受人为影响相对较小。

发展方向：加强林业资源管理，发展林业和林特生产，建成水源涵养林区。海拔 2000 米地带以发展漆树、栎类、核桃、猕猴桃、华山松、油松等针阔叶林为主。积极种植果、药等经济林，发展多种经营，提高群众收入水平。在有条件的地方，建设基本农田，发展旱作农业，争取粮食自给。海拔 2000 米以上，直到山脊，多属峰峦叠嶂的陡坡，积极维护和发展现有冷杉、云杉、太白红杉、桦木和高山竹类等水源涵养林，为珍贵动植物创造生存条件。该区居民人数少、居住分散，应以多种经营为主，所需粮油由低山丘陵区调余补缺或由国家予以补助。

4. 巴山中高山林牧水土保持生态区

本区位于陕南山区最南部，包括镇坪全部和宁强、南郑、城固、镇巴、西乡、紫阳、岚皋、平利部分地区，面积约 8800 平方千米。气候湿润，雨量充沛，土壤主要有黄褐土和棕壤，农业活动多集中在海拔 1400 米以下地带。河流形成的山间谷坝，如口坝、大沙坝、毛坝等，为本区粮油生产基地。毁林开荒比较严重，特别是修路、采矿弃土不当，水土流失加剧。

发展方向：保护现有天然次生林，营造水土保持林。大力发展茶、桑、漆、药材等经济林和土特产，加速建成陕西省多种经营和用材林基地。同时适当兴建基本农田，有条件的地方力争做到粮食自给，大力发展林、牧、特、副生产。

二、工业

陕西汉江流域是陕西省工业起步较晚的地区之一。新中国成立前，除汉中有一个国营小发电厂和由个人经营的民生煤矿，裕华、高河和新华铁厂、保惠火柴厂和三秦、利群面粉厂等 7 个小型企业及石泉栲胶厂、汉阴棉织厂、丹凤葡萄酒厂外，只有一些个体手工业和小作坊。1949 年，工业总产值仅 2800 多万元（按 1980 年不变价计算）。新中国成立后，建成了襄渝、阳安铁路，修建了石泉等一批水电站，中央、省、地、县、乡纷纷建厂，使工业生产有了迅速发展。

陕西汉江沿岸地区是“三线”建设时期国家重点建设地区之一，是陕西航空工业基地的重要组成部分。国家在这里建成了一批设备精良、技术先进的大中型骨干企业，初步形成了以汉中盆地为中心，以机械、化工、建材、食品工业为支柱，冶金、电力、森工、轻纺、造纸等多门类的工业生产体系。

工业企业主要分布在汉中、城固、西乡、石泉、安康及略阳等地，其中汉中、安康最重要。

汉中是交通枢纽，加之地势平坦，农业比较发达，有发展工业的得天独厚的条件。工业结构以装备制造、高品质食药、现代材料、高新技术等产业为主。

2020 年，汉中市规模以上工业完成总产值 1610.82 亿元，其中装备制造工业完成产值 429.50 亿元，占总产值的 26.67%；高品质食药工业完成产值 433.88 亿元，占总产值的 26.94%；现代材料工业完成产值 557.92 亿元，占总产值的 34.64%；高新技术工业完成产值 391.46 亿元，占总产值的 24.31%。从产品产量看，锌、发酵酒精、棉纱、硫酸、热轧窄钢带、粗钢、卷烟、钢材等均有不同程度的增长。此外，汉中市还积极发展其他工业领域，如能源化工、纺织服装、电子信息等，以推动工业结构的多元化和优化升级。同时，汉中市也注重工业的绿色发展和可持续发展，加强节能减排和资源循环利用，提高工业发展的质量和效益。

安康地区有丰富的林特产品和农副产品，加之 20 世纪 70 年代以后，交通和能源条件有所改善，工业获得较快发展。2013 年底，安康市装备制造业规模以上工业实现产值 40 亿元，占工业比重的 6%，成为全市第三大支柱产业。到 2020 年，装备制造业产值达到 200 亿元，占全市工业总产值比重的 12% 以上，成为该市新兴支柱产业。高品质食药工业完成产值 433.88 亿元，占总产值的 26.94%。其中，旬阳烟厂、尧柏水泥、宝通汽车等为市内行业龙头企业。现代材料工业完成产值 557.92 亿元，占总产值的 34.64%。全市新材料产业企业生产范围较广，涵盖铜、钢、涂料的生产，也生产纳米氧化锌、吸附树脂、航空配件等。高新技术工业完成产值 391.46 亿元，占总产值的 24.31%。

三、交通运输业

新中国成立前，流域交通运输十分落后，没有铁路，公路只有川陕、汉白两条，加上简易公路，总长不足 1000 千米。安康地区水运占一定地位，但航道滩多流急，水上运输每况愈下。民间运输，除平常公路沿线城镇有极少量胶轮大车外，广大乡村和山区出入货物，全靠人背肩挑。新中国成立后，为了适应山区经济建设和人民生活的需要，交通运输业得到迅速发展，以汉中、安康、商洛为中心，连接各所属县、区、乡的公路运输网已经形成。西成高铁、阳安铁路、宝成铁路、襄渝铁路数条铁路穿过全境。汉巴南铁路、兰汉十高铁、汉九高铁正在规划建设中。国道（G316、G211、G541）、省道（S320）以及乡镇公路四通八达。1964 年，西安—安康航班通航，1974 年，汉中至西安航线开通。

（一）铁路建设

宝成线：宝鸡至成都的铁路，于 1958 年正式通车。它通过凤县、略阳、宁强，境内全长 150 千米，是连接中国西北地区和西南地区的重要铁路干线。1975 年，全线实现电气化。宝成铁路的通车使蜀道天险变通途。

阳安线：阳平关至安康的铁路，于 1972 年 10 月全线通车，1976 年全线电气化，全长 356.7 千米。该铁路在汉中市境内设有汉中站、西乡站、洋县站、城固站、勉县站等站点。阳安线西接宝成线，东连襄渝线，是沟通西北、西南和东南的交通大动脉，战略地位重要，它又穿过陕南最富庶的川道地带，也是汉中、安康两地区货物的主要交通运输线。

襄渝线：1973 年建成通车，全长 857 千米，境内长 281 千米。线路依山傍水，穿山过河，桥隧相连，其长度占境内线路全长的 80%。该铁路东接襄樊，西连重庆，沟通鄂、陕、渝，具有重要的战略地位。

西成高速铁路：是中国首条穿越秦岭的高速铁路，自西安北站引出，经鄠邑进入秦岭山区，沿涝峪而上穿越秦岭，经佛坪、洋县、城固至汉中，后经广元至江油与绵成乐客运专线相接抵成都。它的开通，加速了沿线城市的人流、物流和信息流，带动了区域经济全面发展。

（二）公路建设

汉中不仅改造了川陕、汉白两条公路，而且新建了西安经西乡、镇巴至重庆的公路，周至至城固、南郑至南江、略阳至康县等国有道路和县、乡地方公路，基本上形成了以汉中为中心，通往各县的22条干线为骨架，连接秦巴山区的交通运输网络。近年来，已建成公路有西镇高速公路、108国道汉中至勉县段一级公路、汉台区周寨至孤山公路改建工程、西乡县牧马河北岸（廊桥至高速引道段）防洪抢险道路、汉台区惠府路。在建公路有：镇巴县碾子镇至碾子老街段公路改建工程、汉中市汉台区汉王至铺镇公路改建工程（汉明至五郎段）。规划中公路：S315省道勉县段，国家高速公路丹宁线（G4015）镇安至宁陕段工程、大河坝至西乡十二岭公路兴隆至平安段改建工程、洛南县石坡镇独鹿桥至石门镇庵沟口公路改建工程等，智慧公路试点工程等。

安康地区除改造了汉白路，修建了西安经宁陕、石泉、镇巴至重庆的公路外，还修建了一系列县、区、乡干交线公路，形成了以安康为中心的公路交通网络。近年来，已建成公路有：包茂高速安康至毛坝至陕川界段，平镇、安岚、宁石3条高速公路等。

（三）机场建设

目前建有汉中城固机场、安康富强机场。

四、旅游业

汉江流域拥有丰富多样的自然资源以及完整独特的生态系统。据统计，汉中、安康共有79个重要的资源单体，涵盖地文景观、水域风光、生物景观、遗址遗迹、建筑设施等多种类型。按照国家标准，分别拥有7个主景类、16个亚类和47个基本类型，覆盖率分别为87.50%、51.61%、30.32%，属旅游资源较丰富之列。此外，汉江是中国最古老的大河，比长江黄河还要早7亿多年，堪称中国的“祖母河”，是汉民族文化的演化地，孕育了深厚的秦、汉、巴、楚文化，并形成了独特的码头文化、航运文化、农耕文化、道教文化等，这些文化资源为旅游业的发展奠定了坚实的基础。

近年来，汉江流域各地积极开发旅游产品，满足不同游客的需求。例如，安康市全域旅游发展有限公司实施了首个涉水文旅项目——“夜游汉江”游船观光项目，并在此基础上不断创新，推出了“研学+游船”“非遗+游船”“游船+美食”“游船+水上运动”“游船+毛玩”“游船+娱乐”等多种旅游业态。此外，紫阳的富硒茶产业与旅游业相结合，游客可以体验采茶、制茶，品尝以紫阳富硒茶为原料的奶茶果茶等新式茶饮，还可以认领茶园。石泉县后柳镇依托汉江水资源，发展民宿产业和水上娱乐项目，游客可以乘坐画舫游览汉江小三峡，体验水上飞人、摩托艇等刺激的水上项目。

随着交通基础设施的不断改善，汉江流域的交通更加便捷。例如，西成高铁的开通，加强了汉中与西安、成都等城市的联系。此外，各地还增加了对旅游景区的基础设施建设投入，改善了景区的交通、住宿、餐饮等条件，提高了游客的旅游体验。

第四章　水沙资源

水资源指逐年可以更新和利用的地表水和地下水。陕西汉江流域水资源量年际间变化较大，一般用多年平均值说明区域水资源量的多寡及其时间和空间分布状况。

陕西汉江流域水沙资源分布主要表现在以下几个特点：

一是流域水资源总量较大，为沿岸地区的生活、生产和生态用水提供了重要保障。

地表水资源量为253.70亿立方米，地下水资源量为55.40亿立方米，两者之间的重复计算量54.42亿立方米，水资源总量为254.68亿立方米，产水模数平均40.90万立方米每平方千米。干流多年平均地表水资源可利用量67.9亿立方米，地下水资源可开采量6.27亿立方米，二者重复量2.89亿立方米，水资源可利用总量71.28亿立方米。陕西省丹江流域地表水资源可利用量4.17亿立方米，地下水资源可开采量1.30亿立方米，二者重复量1.30亿立方米，水资源可利用总量4.17亿立方米。综上，陕西省汉江流域水资源可利用总量75.45亿立方米，其中地表水资源可利用量为72.07亿立方米。

根据《陕西省水资源及其开发利用调查评价》（陕西省水利厅，2008年），陕西省汉江流域水资源主要来源于降水，降水总量为549.44亿立方米，多年平均降水量882.46毫米。降水季节性变化明显：受降水季节分配不均的影响，汉江水量在不同季节有较大差异。夏季降水多，水量大；冬季降水少，水量相对较小。

根据《陕西省水资源及其开发利用调查评价》（陕西省水利厅，2008年），采用1956—2000年水文系列对陕西省汉江流域5个市的水资源量评价成果见表1-4-1。

表1-4-1　陕西省汉江流域各地市水资源总量

市级行政区	计算面积/km^2	地表水资源量/万m^3	地下水资源量/万m^3	地表水与地下水重复计算量/万m^3	水资源总量/万m^3	产水模数/（万m^3/km^2）
宝鸡市	2689	69877	13016	13016	69877	25.99
汉中市	19622	1040716	249996	240178	1050535	53.54
安康市	23391	1000954	192089	192089	1000954	42.79
商洛市	16404	417573	97296	97296	417573	25.46
西安市	157	7898	1594	1594	7898	50.31
合计	62263	2537018	553991	544173	2546837	40.90

二是含沙量相对较低。与一些含沙量大的河流相比，汉江的含沙量处于中等偏下水平。其泥沙主要来自流域内的水土流失和河道冲刷。暴雨等极端天气条件下，可能会导致泥沙含量增加。

第一节　地表水

根据2020年陕西省水资源公报，汉江流域（含丹江）地表水资源总量291.09亿立方米，涉及汉中、安康、商洛、宝鸡、西安5市32个县（区）。境内地表水水质属碳酸盐类弱矿化水，矿化度随流域面积及水量加大而递减，枯水期高于丰水期。砷、六价铬、汞及挥发性酚等有毒物污染极轻，适宜于工农业生产和生活用水。

一、汉江是陕西径流量最丰富的河流

地表水资源量通常用河川径流量表示。汉江水系陕西境内多年平均径流量245亿立方米，占陕西省多年平均径流量（437亿立方米）的55.6%，而流域面积只占陕西的26.7%，因此汉江是陕西径流量最丰富的河流。汉江上游径流特征具体见表1-4-2。

表1-4-2　汉江上游径流特征

分区	河流	测站	流域面积/km^2	多年平均值				变差系数	统计年限
				流量/（m^3/s）	年径流量/亿m^3	径流深/mm	径流模数/[L/（s·km^2）]		
汉江干流	汉江	武侯站	3384	42.86	42.86	405.5	12.7	0.407	1936—1976
	汉江	洋县	14524	207.1	65.34	444.9	14.3	0.365	1953—1976
	汉江	洋县	24629	342.6	108.0	440.9	13.9	0.338	1954—1976
	汉江	白河	59115	833.0	263.0	444.9	14.1	0.314	1935—1976
左岸支流	沮水	茶店子	1690	16.22	5.116	302.9	9.6	0.401	1966—1976
	褒河	河东店	3861	42.75	13.47	348.8	11.1	0.393	1954—1970
	湑水河	升仙村	2248	35.00	10.98	492.3	15.5	0.397	1950—1976
	酉水河	酉水街	913	13.77	4.342	475.7	15.1	0.382	1958—1976
	子午河	两河口	2818	38.5	12.14	434.2	13.7	0.419	1964—1976
	月河	长枪铺	2810	29.96	9.449	336.0	10.7	0.456	1960—1976
	旬河	向家坪	6448	69.25	21.84	338.7	10.7	0.378	1956—1976
	金钱河	南宽坪	4003	37.23	11.74	303.7	9.3	0.415	1959—1976

续表1-4-2

分区	河流	测站	流域面积 / km^2	多年平均值				变差系数	统计年限
				流量 / (m^3/s)	年径流量 / 亿 m^3	径流深 / mm	径流模数 / [L / (s · km^2)]		
右岸支流	玉带河	铁锁关	435	8.66	2.73	628	19.9	0.309	1961—1976
	漾家河	元墩	447	11.84	3.733	834.1	26.5	0.311	1958—1976
	濂水河	喜神坝	85.8	3.057	0.964	1124	35.6	0.290	1963—1976
	冷水河	三华石	609	20.17	6.36	1053.9	33.1	0.280	1948—1976
	南沙河	南沙河	243	5.35	1.688	694.8	22.0	0.296	1964—1976
	牧马河	白龙塘	2332	51.34	16.19	746.6	22.0	0.335	1959—1976
	任河	瓦房店	6704	95.54	30.13	449.5	14.2	0.293	1957—1967
	岚河	佐龙沟	1522	45.38	14.31	903.2	29.8	0.249	1959—1976
	黄洋河	县河口	711	12.32	3.886	503.6	17.3	0.298	1963—1976
	坝河	桃花园	1363	19.80	6.245	463.2	14.5	0.314	1964—1976

径流量的地区分布不均匀，从径流深来看，总的趋势是右岸多于左岸，即大巴山多，秦岭少。汉江右岸的径流模数为 14 ~ 36 升每秒平方千米，而左岸只有 9 ~ 16 升每秒平方千米。这与降水的分布是一致的。流域的最大降水中心在喜神坝河、冷水河上游，多年平均降水量可达 1400 毫米，因而形成径流高区，径流深大于 1000 毫米，喜神坝达 1124 毫米。此外，由于地形的影响，山地径流高于河谷盆地，如汉中、安康盆地，多年平均径流深低于 400 毫米，而两侧山地的径流，随海拔增加而增加，但径流随海拔增加的梯度是不同的。秦岭南坡增加的梯度小，大巴山北坡增加的梯度较大，特别是冷水河、喜神坝河的梯度最大。

二、径流变化受季风气候的影响，降水及径流年际与年内变化明显

年径流的变差系数，反映径流的多年变化特点，汉江北岸支流径流的变差系数较大，为 0.38 ~ 0.46；南岸支流径流的变差系数较小，为 0.25 ~ 0.34，即秦岭南坡径流的变化大于大巴山北坡，这种变化与降水的变化相适应。通常在降水量多而地面径流丰富的地区，径流的年际变化相对较小。大巴山北坡的降水量及径流量大于秦岭南坡，所以径流的多年变化小于秦岭南坡。喜神坝河、冷水河是流域降水最多、地表径流最丰富的地区，年径流的变差系数小于 0.30，径流的年际变化也最小。汉江上游地区径流的年内分配情况见表 1–4–3。

表1-4-3　汉江上游地区径流的年内分配

河流	测站	多年平均流量/（m^3/s）	季径流占径流的百分数				最大月径流		最小月径流	
			春（3—5月）	夏（6—8月）	秋（9—11月）	冬（12月至翌年2月）	占年径流的百分比	月份	占年径流的百分比	月份
汉江	武侯镇	42.86	17.15	39.65	38.07	5.13	21.29	9	1.49	1
汉江	洋县	207.1	16.99	38.6	37.7	6.7	19.74	9	1.80	2
汉江	石泉	342.6	17.5	38.4	37.7	6.4	18.83	9	1.67	2
汉江	安康	637.3	17.5	37.4	38.7	6.4	21.12	9	1.67	2
汉江	白河	833.0	16.6	37.8	39.1	6.5	20.9	9	1.67	2
沮水	茶店子	16.22	23.5	28.7	41.4	6.4	26.4	9		2
褒河	河东店	42.71	19.6	40.5	33.7	6.2	17.9	9	1.63	2
湑水河	升仙村	35.00	21.7	35.0	37.6	5.7	20.9	9	1.45	2
子午河	两河口	38.50	23.0	31.8	40.2	5.0	23.7	9	1.24	2
月河	长枪铺	29.96	19.9	27.0	47.3	5.8	25.8	9	1.25	2
旬河	向家坪	69.25	20.4	36.7	35.4	7.5	18.3	7	1.93	2
甲河	长沙坝	53.43	20.7	35.9	35.7	7.7	18.3	7	2.02	2
冷水河	三华石	20.17	23.4	31.3	40.3	5.0	21.3	9	1.26	1
牧马河	白龙塘	51.34	22.9	31.8	39.4	5.9	20.0	9	1.53	2
任河	瓦房店	95.54	27.6	32.2	34.3	5.9	16.9	9	1.56	1
岚河	佐龙沟	45.38	31.0	28.5	34.5	6.0	17.7	9	1.61	1
坝河	桃花园	19.80	26.9	27.9	39.7	5.5	21.3	9	1.52	1

汉江年径流的变差系数，还具有从上游向下游，随着集水面积的增加、水量增大而减小的规律，如干流武侯镇年径流的变差系数为0.41，洋县为0.37，石泉为0.34，到白河减少到0.31。在支流上，其变差系数也有这种变化规律。

从最大年径流量与最小年径流量的比值来看，汉江北岸支流的比值一般在4以上，其中月河最大，可达6.8。南岸支流的比值均在4以下，其中岚河、漾家河低于3，这也说明秦岭南坡径流的年际变化大于大巴山北坡。

汉江径流的年内分配不均，夏季、秋季干流的径流量相近，各占37%～40%，春季径流量占 16.6% ~ 17.5%，冬季只占 5% ~ 6.7%。支流一般以秋季径流量最大，通常占年径流量的 34% ~ 40%，最高可达 47%；夏季径流略低于秋季，春季径流量占 20% 左右，冬季径流量最小，只占 5% ~ 7.7%，最大月径流量一般出现在 9 月，月径流量约占年径流量的 20%，最大占 26.4%，最小也有 16.9%，即最大一个月的径流量相当于春季 3 个月的径流总量。7 月径流量一般低于 9 月而大于 8 月，因此，汉江汛期径流具有双峰型的特点。最小月径流量一般出现在 2 月，各河最小月径流量均低于年径流量的 2%。

从汉江干支流的径流过程来看，汉江流域春汛不明显，而干流除安康站 6 月径流量略低于 5 月外，其余各站 6 月均未发生低水。但各支流 6 月径流量均较低。

第二节　地下水

地下水资源是指储存于地下饱和含水层且可以逐年更新的浅层动态地下淡水资源量。一般依据各地地下水含水层埋藏深度和实际开采现状确定其地下水计算深度，流域汉中盆地为 60 ~ 150 米。

流域受地质构造运动的影响，在全区内形成类型繁多的储水构造，地下水主要由降水和地表水的入渗补给，水资源丰富，常有泉水涌出。流域内蒸降大，地下水补充条件优越。

一、形成条件

（一）地下水补给

流域多年平均降水量 882.5 毫米（1956—2000 年），为地下水的补给提供了充沛的水源。由于地形的影响，山区降水量大而蒸发量小，平原谷地降水量小而蒸发量大，所以山区降水对地下水的补给量大于平原谷地区。

（二）地表水补给

主要指河流、渠道、湖泊、水库中的水体对地下水的补给。

山区河流进入平原以后，河流水体大量下渗补给地下水，从基岩峡谷中伸展出来的溪流，有的进入洪积扇后，河水几乎干涸，全部补给了地下水。河流阶地发育的冲积平原地段，河流侧向补给地下水，汛期尤为明显。水库渗漏是水库附近地下水的经常而稳定的补给源，但水库蓄水也使下游河段对地下水的补给减少。灌溉渠道和灌区的水体渗漏也是地下水的补给来源。

地表水补给地下水的流向也是由高处向低处，由河谷上游向下游运动，因此低处和下游地区可以得到高处和上游地区地下水的补给。汉中等盆地边缘，可以得到基岩裂隙水及岩溶水的侧向补给。

（三）地下水的储存条件

流域山地受地形坡度、构造、岩性及风化程度的影响，在宁强、镇巴一带岩溶裂隙发育的地区，入渗系数可达 0.28；汉南块状岩类受断裂切割，岩石风化强烈，入渗系数可达 0.12；平利、宁陕、旬阳等地层状岩类为主的地区，入渗系数为 0.032。

二、地下水分布及水文特征

（一）汉中盆地

汉江自西向东流过，北侧有褒河、滑水等大支流汇入，南有源于米仓山的濂水河、冷水河、南沙河等支流流入，米仓山是陕西省最大降水中心区，地表径流最多，因此汉中盆地的地下水补给相当丰富，地下水径流模数为 76.10 万立方米每年平方千米，地下水径流模数为陕西省最高区。安康盆地的补给条件比汉中盆地差，地下水径流模数为 51.26 万立方米每年平方千米。

（二）秦巴山地

本区山高坡陡，土层薄，地表水系发育好，地表汇流迅速。在岩溶发育地区，如宁强、镇巴、镇坪等地，地下水径流模数为 17.33 万立方米每年平方千米，是山区地下水最丰富的地区。在岩溶不发育的地区，如米粮川、漫川关一带，地下水径流模数只有 5.95 万立方米每年平方千米。在层状岩分布的地区，如宁陕、紫阳、岚皋、白河等地，地下水径流模数为 3.45 万立方米每年平方千米。在块状岩分布的大部分地区，地下水径流模数为 4.27 万 ~ 5.27 万立方米每年平方千米。在汉南块状山地，地下水较为丰富，地下水径流模数为 11.74 万立方米每年平方千米。

三、地下水的水文特征

流域秦巴山地地下水分布很不均匀，在盆地内，堆积了厚数米至 400 余米不等的第四系松散沉积物，蕴藏着丰富的地下水资源。

通常在高河漫滩及一级阶地为极强富水带，水位埋深 5 ~ 15 米，单井出水量 400 ~ 800 吨每日。一、二级阶地为强富水带，水位埋深 5 ~ 30 米，单井出水量 300 ~ 600 吨每日。二级阶地以上的高级阶地为中等富水带，水位埋深 20 ~ 50 米，单井出水量为 100 ~ 400 吨每日。在冲积层以下有承压水的分布，高河漫滩及一级阶地的下部，承压水头为 5 ~ 20 米，局部地方可溢出地表，单井出水量 400 ~ 800 吨每日；在高阶地的下部，承压水头埋深数米至数十米，单井出水量为 100 ~ 600 吨每日。所以，山区河谷盆地是地下水最丰富的地区。

秦巴山地岩溶发育的石灰岩地区，地下水较多，泉水流量多大于 50 吨每小时，少数断裂带附近或岩溶发育地段，泉水流量可达 1000 吨每小时以上。

山区地下水的排泄条件较好，水循环交替作用积极，水化学类型简单，主要为重碳酸盐型、矿化度小于 1 克每升的淡水，宜于饮用和农田灌溉。

四、四大含水岩类

由于水文地质条件不同，地下水的分布很不均衡。按地下水位在介质的赋存状态，可分为以下四大含水岩类。

（一）散岩类孔隙水含水岩类

主要分布于汉中、西乡盆地等山间盆地及河流宽谷段，以浅水为主，水量较丰。含水岩层由砂、砂砾、卵石层组成。此处地形平坦、岩性疏松，有利于大气降水、河流、渠道灌溉水的渗入，补给条件优越，地下水丰富，开发利用方便。依其水力性质又可分为浅水和承压水，两者之间无稳定隔水层，且有密切的水力联系。

1. 清水

分布于汉中、西乡盆地及各河流的宽谷坝子地段。含水层为全新统、中更新统冲积层砂、砂砾石、卵石层。地下水综合补给模数，汉中盆地为 24.8 万 ~ 56 万立方米每年平方千米，西乡盆地为 18 万 ~ 27 万立方米每年平方千米。

2. 承压水

分布于汉中、西乡、安康等盆地。含水层汉中盆地埋深在 70 米以下，含水层厚度 13 ~ 57 米，水位埋深 0.42 ~ 25 米，局部高出地面 2.4 米；西乡盆地承压含水层埋深在 7.5 米以下，厚度 28 ~ 70 米。富水性汉中盆地最佳，西乡盆地次之，且分布范围小。马池 – 安康盆地在上新统砂砾层中水量较多，河漫滩及一级阶地水量丰富，水位埋深多在 15 米以内，含水层厚度小于 15 米，单井出水量 400 ~ 800 吨每日。1 ~ 2 级阶地水位埋深 15 ~ 30 米，含水层厚度 8 ~ 30 米，单井出水量 300 ~ 600 吨每日。3 级及以上的高阶地，含水层厚度变薄。马池—安康盆地的恒口至傅家河段，浅水层下有较好的承压水。

（二）碎屑盐类裂隙孔隙水含水岩类

主要分布于镇巴—简池以南和马池 – 安康盆地，以层间承压水为主，含水岩组为上三叠统和侏罗系砂岩、砂砾岩等，多属泥质、粉砂质胶结，岩石微密，裂隙发育差，且常被泥、沙质充填，通水性能弱，旱季枯竭。主要补给源为大气降水，局部河谷地段有地表水的补给，富水性较好，具有承压性，局部自流，水头高出地表达 7.81 米。

（三）碳酸盐岩岩溶裂隙水含水岩类

碳酸盐岩岩溶裂隙水分布面积不大，水量丰富，主要分布于米仓山区的宁强、镇巴、旬阳坝以东、羊山、宁陕西部和镇坪县钟宝断裂以南地区，含水层岩性为各种灰岩、矽质灰岩、白云岩、灰岩夹页岩等。主要补给源为大气降水，其次为地表水。在岩溶发育区，富水性随碳酸盐岩比例的增大而变好，差异很大。在岩性构造有利部位，形成局部强富水地段，常见大泉和流量大于 100 升每秒的地下河。南郑小南海地下河流量高达 10000 升每秒，地下径流模数 12.91 升每秒平方千米。

（四）基岩裂隙水含水岩类

分布面积较大，集中于秦岭中部和南部的变质泥质碎屑岩层中，含水岩性复杂，有片岩、千枚岩、泥页岩和各类岩浆岩。主要靠大气降水补给，但岩石裂隙不发育，加之地势陡峻，降水多形成地表径流，补给不力，富水性较差。水量丰富的零散分布于宁陕、紫阳、平利县一带，泉水流量 2 ~ 5 升每秒。宁陕县侵入岩体边缘水量较丰，泉水流量 1 ~ 3 升每秒。水量中等的在汉阴县一带，单井水量 30 ~ 70 吨每日；红椿坝断裂以南的粉砂岩含水量较高，加之褶皱紧密，裂隙较发育，常见泉水流量 0.1 ~ 0.2 升每秒。水量贫乏的则集中在汉水南北和宁陕北部及镇坪等地，岩石以塑性为主，裂隙发育差，常构成区内相对的隔水层，泉水流量一般为 0.03 ~ 0.05 升每秒。可分为层状、块状岩类裂隙水两个亚类。

第三节 河流泥沙

泥沙主要受气候、流域表面和人类活动等因素影响。汉江两岸的低山丘陵区，植被较差，农事活动频繁，水土流失严重，特别是花岗岩区，地表风化壳深厚，剥蚀强烈，以及红黏土（黄泥巴）区，都极易被冲蚀，是汉江泥沙的主要来源地。

2020 年，流域输沙量 838 万吨，占陕西省河流输沙总量的 8.88%，多年平均输沙量 3678 万吨，占陕西省河流多年平均输沙量的 5.91%，属轻度侵蚀流域。

河流泥沙主要来源于暴雨洪水，具有年内分布不均、年际变化大、随年代呈递减趋势等特点。根据多年资料分析，每年以汛期（6—9 月）含沙量最大，沙石俱下，河水含泥沙、卵石甚多。而平、枯水期很小，河水清澈见底。据统计，每年输送到下游（湖北省）的泥沙，平均为 5970 万吨（白河站），最大年输沙量 14800 万吨（1958 年）；多年平均输沙模数为 1010 吨每年平方千米，最大年输沙模数为 2500 吨每年平方千米（1958 年）。

河流泥沙自上游向下游增加，如汉江干流年输沙量，武侯镇为 286 万吨，洋县为 631 万吨，安康为 2680 万吨，白河为 5970 万吨。河流流经汉中盆地时，由于河床比降减小，流速降低，泥沙大量沉积，所以含沙量、输沙模数均成倍减少，如武侯镇多年平均含沙量为 2.09 千克每立方米，而洋县只有 0.94 千克每立方米；武侯镇多年平均输沙模数为 844 吨每年平方千米，而洋县只有 423 吨每年平方千米。洋县以下，河流的含沙量、输沙量及输沙模数都是逐渐增加的。

黄河流域“81·8”特大暴雨洪水，造成极严重的滑坡塌方、泥石流，水土大量流失，汉江干支流泥沙均出现了有记录以来的特大值。汉江武侯镇“81·8”一次洪水过程的输沙量（1644.4 万吨）为多年平均输沙量（286 万吨）的 5.7 倍，为最大年输沙量（866 万吨）的 1.9 倍，而“81·8”洪水的输沙模数（5818.2 吨每年平方千米），为多年平均输沙模数的 6.9 倍，为最大年输沙模数的 2.8 倍。洋县站“81·8”洪水输沙量（3196.9 万吨）为多年平均输沙量（631 万吨）的 5.1 倍，为最大年输沙量的 1.9 倍，而“81·8”洪水输沙模数为多年平均值的 5.3 倍，为最大年平均值的 1.6 倍。由此可见，“81·8”洪水泥沙是有实测资料以来最大的。

河流泥沙的颗粒分布：一般是支流大于干流，上游大于中、下游。山区河流含沙量以推移质为主。下游和进入汉江平川河段，悬移质的比重逐渐加大，泥沙颗粒逐渐细小。

河流悬移质含沙量：汉江武侯镇水文站多年平均径流中含沙量 1.97 千克每立方米，其他支流年平均含沙量大多小于 1 千克每立方米。

悬移质输沙总量：汉江洋县水文站年平均输沙 516.3 万吨，每平方千米年输沙 364 吨。年输沙量在年内分布多集中在汛期（5—10 月），占全年总输沙量的 84% ~ 98%。

第五章　自然灾害

自然灾害，向来是人民生活及生命财产安全之大难。流域自有文字记载起，即有水、旱等灾害记录。陕西汉江干流段为亚热带湿润气候，年降水量在800毫米以上，巴山地区高达1200 ~ 1800毫米，由于全年降水多集中在7月、8月、9月三个月，故流域内水灾多发生在夏、秋两季，旱灾则多季发生。

这些灾害，或以天灾，或因人害而成。人民群众在几千年历史中与自然抗争，为生存而战胜灾害，但因生产力水平不高，抗灾能力甚弱，造成了不可计数的生命财产损失。新中国成立以后，党和政府注重发展生产，发展科学，努力提高抗御自然灾害能力，把灾害损失减低到最低程度。同时，通过国家调剂、组织救灾、各方支援，使灾而不荒，人民安居，彻底改变了几千年来遇到灾害则流离失所、饿殍遍野的悲惨局面。

第一节　干　旱

干旱是最常见的一种自然灾害，不仅会造成粮食等农作物减产，还会造成人畜饮水困难、江河来水减少、地下水位下降、湖泊水面缩小甚至干涸、河道断流、湿地萎缩、生物种群减少以致灭绝等。陕西省素有“十年九旱”之称，汉江流域由于地理条件特殊，降水时空分布不均，干旱灾害频繁发生，给沿江人民生产生活和工农业生产造成不同程度的影响，严重制约区域经济社会的正常运行。

一、陕西汉江流域干旱灾害特点

汉江流域干旱主要有春旱、夏旱、秋旱、春夏旱、夏秋旱（伏旱）、春夏秋连旱等类型，而以伏旱为主。

春旱，多发生在3月、4月，正值小麦返青、拔节、孕穗阶段，对夏季作物危害较重；夏旱，多出现在5月、6月，是小麦灌浆、水稻插秧期，影响小麦收成，延误插秧和秧苗生长。夏秋旱（伏旱），一般发生在7月下旬至8月上旬，一般干旱每2年1遇，较大干旱每4年1遇。群众流传农谚：“伏旱年年有，就看久不久。”伏旱频繁发生，正值水稻、玉米扬花、孕穗的关键时期，群众称为“卡脖旱”，对农业生产影响很大。

资料记载，汉中境内从汉惠帝五年（前190年）到1995年的2185年中，共发生旱灾117年（次）；安康境内从1367年至1980年的613年间，发生旱灾127次。新中国成立后的36年中，汉中地区共发生一县以上的旱灾年份14年。其中夏灌中发生二三十天到60天干旱的有9年，严重干旱的有1960年、1969年、1979年。20世纪90年代以来，安康地区干旱灾害表现出频次增高、范围扩大、持续时间延长和灾害损失加重等特点。

改革开放后，我国中西部工业发展迅速，汉江流域旱灾影响范围逐渐由农业扩展到工业，由农村波及城镇，触及社会的各个领域，工农业争水、城乡争水和国民经济挤占生态用水现象越来越突出。1991 年以来，安康市发生了 4 次严重干旱，分别是 1994 年、1995 年、1996 年、2006 年，其中 1994—1996 年连续三年特大干旱；发生了 3 次中度干旱，分别是 2008 年、2009 年、2010 年连续三年冬春连旱。1994 年 12 月至 1995 年 3 月，冬春干旱，除镇坪、宁陕县降小雨雪外，其余 8 县（区）降雨 8 ~ 16 毫米，较往年平均水平偏少二成至四成，4 月至 8 月，中间降雨 87 ~ 157 毫米，减少七成左右，6 月至 8 月气温出现 40 ~ 42 摄氏度高温。全市河沟断流 650 条，水库、堰塘几近干涸，八一、许家河水库两次放空，秋季作物受旱 320 万亩，成灾 270 万亩，绝收 59 万亩，城乡饮水困难居民约 80 万人。1999 年，安康发生的春、夏、秋三季连旱，10 个县（区）无一不受旱灾侵袭，干旱造成作物受旱 312 万亩，其中绝收 109 万亩，因干旱造成 83 万人和 46 万头牲畜饮水困难，粮食减产近 4 亿千克，直接经济损失达 6 亿多元。2009 年 6 月至 7 月，石泉县出现旱情，造成全县受灾人口共计 3.25 万人，农作物受灾面积 2200 亩，直接经济损失 580 万元；2022 年 6 月下旬至 8 月底，石泉县出现两轮旱情，全县 11 个镇受旱，受灾人口 54218 人，其中 2075 人、2746 头大牲畜出现饮水困难，农作物受旱面积达 58687 亩、成灾 45361.6 亩、绝收 20359.3 亩，因旱造成直接经济损失 6947.39 万元。

从史料记载分析，汉江流域干旱特征主要有以下几个方面：

（1）大范围旱灾年份较多。在汉中 117 年的旱灾中，大范围（4 个县以上）或全区性旱灾 78 次，占 63.4%；局部性（1 ~ 3 个县）干旱 45 年，占 36.6%。大旱灾 57 年，占 51.2%。

（2）夏旱为主，伏旱突出。117 年旱灾中，注明季节或具体月份者 78 年，其中春旱 4 年，夏旱 28 年，秋旱 11 年，春夏旱 13 年，夏秋旱 14 年，春夏秋旱 8 年。夏旱加春旱、夏秋、春秋旱，发生夏旱 67 年，占 79.8%。事实上，伏旱在汉中地区几乎年年发生（古代记录少）。新中国成立后，1951—1985 年 35 年中，发生伏旱 32 年，其中 10 ~ 15 天者 15 年，16 ~ 30 天者 11 年，30 天以上者 6 年，最长伏旱 35 天。

（3）连季旱、连年旱。在注明干旱季节和月份的 84 年中，春夏、夏秋、春夏秋连旱者 33 次，占 39.3%。从明景泰元年（1450 年）到 1995 年的 546 年中，出现连年旱 21 次，连续时间一般为二三年，最长七八年。明崇祯七年（1634 年）至十三年（1640 年）连续 7 年发生旱灾；民国二十三年（1934 年）至民国三十年（1941 年），连续 8 年发生干旱。

（4）地域分布差异明显。一般是平坝干旱多于山区，略阳、勉县、汉中、洋县一带属多旱带，盆地南部米仓山地干旱最少，北坡中部基本无旱。

（5）先旱后涝，久旱久涝。清同治七年（1868 年）到 1985 年的 118 年中，既有水灾又有旱灾者 23 年，基本是 5 年一次，多数是春夏旱秋涝。新中国成立后，1960 年 5 月、6 月、7 月连续干旱 3 个月，但 7—9 月，西乡、佛坪、镇巴先后大雨、霖雨成灾；1981 年，南郑、勉县、洋县、镇巴春末夏初旱，但 7—8 月因霖雨、暴雨，发生“81 · 8”特大洪水灾害。

（6）危害大，后果严重。旱灾造成的损失和后果不仅严重影响城乡人民生活、工农业生产及生态环境建设，而且极大阻碍经济社会的发展。

第二节 洪 涝

汉江流域属亚热带季风气候区，暴雨洪水主要与季风活动有关。5—6月，受西南季风的影响，可形成洪水；7月，西南季风盛行，加上秦岭山地的作用，汉江上游往往形成较大暴雨洪水；8月，东南季风活动最盛，控制了汉江上游地区，可形成大洪水；9月，北方强大的冷空气南下，也可形成大洪水，如历史特大洪水，1967年9月16日、1832年9月12日的大洪水以及1974年9月14日实测大洪水等。

流域水灾主要有暴雨、洪水、渍涝等类型，多发生在夏秋两季。

一、暴雨

12小时内雨量达30毫米以上，或24小时内雨量达50毫米以上的为暴雨。陕西省汉江流域大巴山区为暴雨多发地区，具有明显的季节性，出现的时序有一定的规律性，主要集中于7月、8月、9月，最早在4月，最迟在11月，但量级及强度较大的暴雨一般在7—9月。汉江暴雨主要分为雷暴雨和锋面雨两种类型。

雷暴雨的特点是雨量集中、历时短、强度大、笼罩面积小，这类暴雨往往造成局部地区洪水，不会形成汉江干流大洪水。例如，1970年7月28日暴雨，南郑区新集最大24小时降雨量达到287毫米，汉中为50毫米，到洋县只有30毫米。该场暴雨形成汉江武侯镇站洪峰流量1090立方米每秒，洋县站洪峰2930立方米每秒，石泉站洪峰4120立方米每秒，安康站洪峰3470立方米每秒，白河站洪峰4230立方米每秒。锋面雨特点是历时长、强度均匀、笼罩面积大，这类暴雨往往造成汉江发生较大洪水。例如，1974年9月12—14日暴雨，安康以上汉江流域3日降雨量达到115.1毫米，南郑区碑坝最大24小时降雨量达206.8毫米。该场暴雨形成汉江汉中站洪峰流量1830立方米每秒，洋县站洪峰3990立方米每秒，石泉站洪峰9940立方米每秒，安康站洪峰23400立方米每秒，白河站洪峰22500立方米每秒。

二、内涝

内涝灾害多由连阴雨和排水不畅等所致。陕南多发生在9月。连阴雨使地面积水过深或历时过长，超过农作物耐淹水深及耐涝时限，往往造成减产或绝收。地面低洼和灌溉用水过量而排水不畅也会造成渍涝灾害。陕南渍涝区主要分布在汉中盆地、丹江平坝区、月河盆地川道和巴山低山丘陵溪间等地，共有渍涝面积107.9万亩，其中汉中地区最多，计96万亩，占灌区耕地面积的23.7%；安康、商洛地区均是渍涝低产田，计12.9万亩。

三、河流洪水

河流洪水主要由暴雨形成，危害极大。河流洪水通常分为一般洪水（10 ~ 20年一遇）、大洪水（20 ~ 50年一遇）、特大洪水（50 ~ 100年一遇）、极大洪水（大于200年一遇）四级。

由于陕西汉江流域山高坡陡，河谷狭窄、河道槽蓄作用小，洪水汇流速度快，因而洪水具有涨落较快、峰型偏瘦、洪量集中的特点，一次洪水过程为3 ~ 5天。较大洪水的洪量比较集中，最大24小时洪量约占72小时洪量的一半。

从洪水的地区组成上看，汉江洪水可分为三种类型：第一种为上游型，洪水主要来自汉中市境内洋县以上。如“81·8”洪水，洋县站洪峰流量为11700立方米每秒，石泉站为13600立方米每秒，安康站为14400立方米每秒，白河站为16700立方米每秒，洋县站控制面积占安康站控制面积的34.5%，而洪峰流量却占81.3%。第二种为下游型，洪水主要来自安康市境内石泉—安康区间。如“65·7”洪水，石泉站洪峰流量为7880立方米每秒，安康站为20400立方米每秒，白河站为20400立方米每秒，而上游贯溪铺站洪峰流量仅为3190立方米每秒。第三种为上、下游型，上、下游同时遭遇洪水。如1983年7月30日至8月2日洪水，汉中站洪峰流量为5260立方米每秒，洋县站为9860立方米每秒，石泉站为16070立方米每秒，安康站为31000立方米每秒，白河站为31000立方米每秒。该场洪水，汉中、安康地区普降暴雨，而且雨区自上游向下游移动。经过历年成灾洪水分析，下游型和上、下游型两种类型的洪水，均能形成汉江干流安康至白河河段灾害性洪水。

四、历史洪灾

陕西汉江段自夏商周时期已有水涝记载，由于科技水平低，仅有直观的如“降雨雹”“汉水泛滥”“大水成灾”“汉水溢”“褒河暴涨，水毁栈阁”及“平地水涌，淹山徙河”“淹没人畜无数”“城垣房舍坍塌殆尽”等之类的现象记述，极少有量的具体内容，汉唐以后，记述较为详细，近代更为科学。

汉江流域暴雨洪水较频繁，洪水来势凶猛，历史上多次大洪水、特大洪水给沿江地区造成严重灾害，据汉中史料记载，汉高后八年（前180年）夏，汉江河水暴涨，漂六千余家。成化六年（1470年）八月，汉水涨溢，高数十丈，城郭居民俱淹没。光绪二十九年（1903年），大水发，汉水暴涨，波浪滔天，冲淹田地、房屋、人口和牲畜，大水淹至镇江楼，为数十年罕见。民国二十二年（1933年），张寨、周寨、范寨等处山洪暴发冲毁田禾。7月17日，大雨如注，河水陡发，北门外李家桥堤被冲毁崩，洪水横流，当其冲者，均被淹没，损坏田禾房屋，漂去衣物、粮食、牲畜甚多，水势泛滥延及东北护城河桥，桥之左右以及瓮城内水深数尺。民国三十八年（1949）七八月，阴雨连绵40多天，江洪大发，房屋、田禾、牲畜大量被冲。灾情数十年少见，汉江最高洪水位508.8米，最大洪水流量10624立方米每秒，受灾群众10万余人，其中死亡100余人，受伤1000余人，淹没房屋15000余间，冲毁倒塌房屋800余间，淹没农田45000亩，其中冲毁39600余亩。

根据《陕西省洪水调查资料》等资料介绍，汉江上游汉中、洋县段历史上曾于1903年、1949年发生过2场大洪水，洋县段1903年、1949年洪水洪峰流量分别为13800立方米每秒、13500立方米每秒。另外，实测洪水系列中，1981年、1962年洋县站洪峰流量分别为13800立方米每秒和13200立方米每秒。

汉中、洋县水文站历史洪水排位为1903年、1981年、1949年、1962年，1903年洪水重现期确定为117年，1981年洪水重现期确定为59年。

汉江上游安康河段历史上曾于1583年、1852年、1867年、1903年、1910年、1921年、1949年发生过8次大洪水，1583年7月28日，安康城附近水位为257.54米，洪峰流量为34300立方米每秒。1867年、1921年洪水最大洪峰流量分别为30000立方米每秒、26000立方米每秒。

从公元前185年至1985年，资料记载共发生较大洪、涝灾害132年，其中大灾63年。洪水灾害主要发生在5—10月。一次历时，秋季长者5日左右，夏季短者一二日即逝。水灾的出现，带有一定区域性，大部为沿江河两岸农田、村镇受灾。特别是一些县城和集镇临江而建，人口集中，房屋密集，洪水泛滥，首当其冲。每次洪水入城，人民生命财产遭受严重损失。山区滑坡、泥石流危害亦为严重，虽为局部发生，但多为毁灭性灾害，对人民生命财产威胁极大。

近年发生的如2005年“10·2”大洪水、2010年“7·18”大洪水，以及支流任河“7·13”洪水、子午河流域2002年“6·9”特大洪水等。

1983年7月31日，汉江洪水暴涨，造成旬阳县城被淹

第三节　其他灾害

一、风灾

风灾不是流域的主要灾害，风力达到 8 级或 8 级以上的史料记载更少，记述甚简略，很难与现代风级对应。

汉中地区大风以秦岭南坡为多，佛坪、留坝、略阳、宁强年大风日数分别为22天、6.9天、14.9 天和 6 天；镇巴为 6 天。盆地的勉县、汉中、南郑、城固、洋县、西乡 6 县（市）均在 2 天以下。安康地区大风多发生在旬阳、平利县，年均 16 次；次为石泉县，年均 11.5 次；岚皋县最少，年均 1.1 次，其他各县 3 ~ 9 次。一年中有两个大风时段，一是春季冷空气影响的偏东大风，东部最多；二是夏季热力对流产生雷雨伴有大风，风力强，破坏性大，危害性亦大。

二、霜冻雪冻

汉中地区低温为害，一是春季低温，也叫“倒春寒”；一是早秋低温，亦称“秋封”。春季低温一般发生在 3 月下旬到 4 月，日平均气温低于 10 摄氏度且持续 3 天以上，或日平均气温连续两大低于 7 摄氏度。本区春季低温不论次数或强度，山区均重于平坝。平坝低温集中在 4 月 10 日前，山区低温出现分散，最早在 3 月中旬 4 月上旬。春季低温影响小麦孕穗，油菜抽薹、水稻育秧等。早秋低温一般发生在 8 月中、下旬，日平均气温低于 20 摄氏度且持续 3 天以上。出现越早，对秋作物水稻、玉米齐穗、结实危害越大，一般 8 月中旬出现低温过程为严重，8 月 21—25 日出现为重，8 月 26—31 日出现为较重，农事上称之为“秋封”。本区早秋低温危害垂直差异明显，山区重于平川，秦岭山区重于巴山山区。海拔每高 100 米，低温早 3 ~ 4 天。

汉中地区的冻害主要是霜冻，极少数年份也因雪冻成灾。

安康地区无霜期较长。初霜：宁陕县在 11 月初，紫阳县在 11 月底，其余各县在 11 月中旬。晚霜：除宁陕县结束于 3 月下旬外，其余各县在 3 月中旬，无霜期最长的为紫阳县，有 270 天；宁陕县最短，仅 216 天；在同一高度上，大巴山区无霜期比秦岭山区长。

三、地震

流域位于大陆断裂地震带边缘，地震活动较弱，强度较低。邻区地震对本区影响较大，主要来自宁夏、甘肃东南部和四川北部，属于南北地震带中段的地震活动。陕西汉江流域地质构造复杂，主要涉及鄂尔多斯地台、渭河断陷盆地和秦岭褶皱带等地质单元，其地震活动具有一定的特点。

地震活动水平和强度：汉江流域地震活动的强度、频度低于关中平原而高于陕北黄土高原。根据历史地震资料记载，流域发生过多次中等强度以上的地震。

地震带分布：流域属于地震活动水平和强度较弱的华南地震区的汉水地震带（或长江中游地震带），西部部分地区属地震活动强度和频度高的青藏高原地震区的龙门山地震带的一部分。这些地震带的存在增加了该地区发生地震的可能性。

地震灾害影响：地震会导致房屋倒塌、道路损坏、山体滑坡等地质灾害，还可能会对当地的经济和社会发展产生一定的影响。不过，由于汉中、安康地区的地震多以中小震为主，且当地的建筑和基础设施在抗震方面也有一定的措施和准备，因此地震造成的灾害相对较小。

其中比较显著的有 788 年在现安康市发生的 6.5 级地震。

1624 年和 1635 年洋县发生的两次 5½ 级地震。

1868 年在白河、旬阳间发生的 5½ 级地震等。

1967 年 2 月 21 日，略阳地震（北纬 33.29°，东经 105.59°），2.9 级；8 月 20 日，南郑钢厂地震（北纬 32.42°，东经 106.48°），5 级，震中烈度 6 级。房屋落瓦，几间房屋震倒，河水摇晃，山石震落很多。至 23 日，共记余震 23 次，大多为 0.5 级以下。

1968 年 12 月 30 日，略阳地震（北纬 33.14°，东经 109.19°），2 级。

1970 年 5 月 14 日，勉县地震（北纬 33.0°，东经 106.4°），2 级。12 月 30 日，略阳地震（北纬 33.21°，东经 106.24°），2.1 级。

1975 年 1 月 6 日 18 时许，宁强、略阳交界处地震（北纬 33.05°，东经 106.01°），2.3 级。

1976 年 7 月 18 日，略阳地震（北纬 33.31°，东经 106.05°），3 级。

1979 年 12 月 5 日，略阳地震（北纬 33.12°，东经 106.02°），2.2 级。

1981 年 2 月 28 日，镇巴地震（北纬 32.1°，东经 108.0°），2.2 级。9 月 19 日，勉县地震（北纬 33.01°，东经 106.32°），2 级；12 月 11 日，勉县地震（北纬 33.01°，东经 106.32°），2 级。

1988 年 3 月 19 日，洋县秧田乡与磨沟之间地震（北纬 33.25°，东经 107.05°），3.1 级，震中烈度 6，震中区 80 平方千米震感强烈。

2001 年 9 月 16 日，宁陕县发生 2.7 级地震。

2002 年 1 月 4 日，佛坪发生 2.1 级地震；1 月 17 日，安康发生 2.5 级地震；5 月 18 日，留坝马道镇发生 3.4 级地震；10 月 17 日，旬阳县发生 2.5 级地震。

2003 年 4 月 27 日，汉阴县发生 3.0 级地震；8 月 9 日，略阳县发生 3.2 级地震。

2006 年 7 月 26 日，镇安发生 2.3 级和 3.0 级两次地震。

2008 年 3 月 24 日至 25 日，白河与湖北竹山交界发生多次小震级地震，3 月 24 日，发生 2.8 级地震，3 月 25 日发生 1.3 级、1.6 级、2.0 级、2.6 级、3.3 级等不同震级的地震。5 月 12 日，四川汶川发生 8.0 级地震，陕南的汉中市宁强县、略阳县等受波及严重，汉中震级达到 5.7 级。

2009 年 9 月 19 日，汉中市宁强县与甘肃陇南市武都区、四川省广元市青川县交界发生 5.1 级地震。

2020 年 5 月 18 日，宁陕发生 2.5 级地震，7 月 23 日，宁陕发生 2.5 级地震。

四、冰雹

汉中境内从公元前 426 年（周考王五十五年）到 1995 年的 2421 年中，史料中共记载雹灾 90 年，其中清顺治四年（1647）至 1995 年记载 78 年。一般发生在 3—9 月，最早在 2 月（农历正月末），最晚 10 月（农历九月），最多发生在 4—6 月。区内各地年平均雹日 0.1 ~ 1.3 天，其中 0.5 天以上的分布南北山区，佛坪、镇巴较多，中部盆地雹日很少，一般年均在 0.5 天以下。每次降雹时间，一般 20 ~ 30 分钟，最长 1 小时。雹最大如拳头、鹅蛋，小如米粒。

新中国成立以来，安康地区出现过百次左右的冰雹，主要集中在中低山区。一般是秦岭山区多于大巴山山区，中低山区多于川道丘陵地区。

在季节分布上，4—6 月较多，7—8 月次之，秋季较少。每年平均次数，宁陕县 0.6 次，平利县 0.4 次，其他各县 0.2 ~ 0.3 次。冰雹常伴有大风或雷雨，其损失较大。1987 年 8 月 9 日，石泉县熨斗、汉阴县漩涡、紫阳县蒿坪、岚皋县佐龙和城关镇一带发生冰雹伴有大风，造成人畜伤亡，农田被毁，房屋倒塌。1988 年 5 月 3 日，石泉、汉阴、安康、平利、岚皋等县遭受冰雹和大风袭击，人畜伤亡，农作物损失严重。

五、泥石流

泥石流是地质不良、地形陡峻、降水量大和人类不合理经济活动综合作用的结果，也是一种灾害性的地貌形成过程。新中国成立前，汉中无泥石流灾害记载；新中国成立后，从 20 世纪 70 年代开始有所记载。略阳、留坝、宁强、南郑等县属泥石流中度活动区；佛坪、洋县等，属泥石流弱度活动区。泥石流主要分布在秦岭主脊地区。安康地区泥石流有暴雨型和雨水 - 滑坡型两种，以暴雨型居多。山地和丘陵区都有发生，在低山和中山低谷区较为常见，多发区在旬阳蜀河流域的水泉沟等 15 条沟溪，大量泥沙石被推入蜀河，直至彼岸，河道被阻。新中国成立以来，安康地区共发生面积较大、危害严重的泥石流 4 次。

六、滑坡

陕西省按滑坡、崩塌的特征分为 4 个大区 9 个二级区，流域属秦巴山地堆积层与基岩滑坡崩塌区、汉江河谷滑坡区；巴山山区为二级区。流域地质构造复杂，岩质多变，易于剥蚀；区内雨量充沛，且 50%降水量集中在 7—9 月，大雨、暴雨多，加之城乡建设、矿山开采、毁林开荒、公路和水利工程建设放炮振动等人为活动影响，造成斜坡失稳，从而激发致使滑坡。山区多把滑坡称为“走蛟”“垮蛟”，因滑坡多发生在暴雨之后，故古代山区人多认为是蛟龙出世或经过所致。汉中、西乡、紫阳、安康、镇坪、平利、旬阳、白河等县（市）的丘陵区和低山区滑坡较多，高、中山区较少。盆地边缘以缓慢蠕滑为主，低山区以快速剧滑为主，高、中山区以陡坡崩塌和泥石流为主。黏土滑坡多在低山宽谷盆地的黄泥巴分布区；碎屑堆积层滑坡分布广，多在中山和低山陡坡，亚高山也有发生，尤以泥质为主的岩石分布地域和断裂破碎带上更多。

2004年9月2日，宁陕县城关镇山洪暴发摧毁民房

第二篇　水资源集约节约利用

陕西境内的汉江流域水资源丰富，开发历史悠久，早在西汉早期，就有张良渠、萧曹堰、五门堰等作用于农业的渠道灌溉工程，后历朝历代都有引水灌溉工程修筑，其中以“汉中三堰”最为著名，水资源开发利用较早。民国时期，水利大师李仪祉先生在汉江流域规划了修建汉惠渠、褒惠渠、湑惠渠、冷惠渠四条渠的工程计划，并在先生身后以西方先进科学技术得以实施，形成了陕西境内汉江流域水资源科学开发利用的雏形。新中国成立以来，流域水利事业快速发展，到今天，流域内已经建成了以梯级开发为主干的水资源集约节约利用设施，配套建成了以蓄、引、提、调、拦、排等各类水利工程设施为主的水资源开发利用网络，极大提升了水资源开发利用效率。同时流域水文化得到了极大发扬。2017年，“汉中三堰”成功申报世界灌溉工程遗产并授牌，成了流域水文化建设里程碑的事件。

第一章　引水工程

2200 多年前的秦汉时期，汉中就开始兴建引水工程，先后修建了山河堰、五门堰、杨填堰以及金洋堰、班公堰等。据清嘉庆十八年（1813 年）《汉中府志》载：辖区内共有渠堰 138 条，古池 12 处，灌田 19.8 万亩。

民国时，在近代著名水利专家李仪祉先生的规划下，又先后修建了汉惠渠、褒惠渠、湑惠渠（时称汉中“三惠”）。特别是民国三十年（1941 年）建成的汉惠渠，是第一个在汉江干流上筑坝引水的水利工程，开创了汉中现代水利的先河，终结了“汉江不灌田”的历史。至 1949 年，汉中全区共有大小渠堰 7410 条，陂塘 10192 口，灌溉农田 95.53 万亩。

安康早在周朝就有引水灌田的记载，历经秦、汉至唐、宋，修渠工程散见于州县志书。明嘉靖十年（1531 年）至清康熙、乾隆年间近 300 年间，为兴修渠堰的鼎盛期。先后修建了汉滨区的千工堰、高沟垱、乾隆堰；汉阴县的济屯堰、关寺堰；旬阳县的蜀河堰、吕河堰、金河堰；石泉县的古堰、池河堰；岚皋县的砖坪堰等。到 1949 年，区内共有大小渠堰 216 条，灌溉水田 10 多万亩，其中灌田 500 亩以上的堰渠 30 多条。

新中国成立后，汉江流域大兴水利，引水灌溉得到空前发展，汉中市先后修建了冷惠渠、马鞍堰、引酉工程等一批灌溉工程，灌溉面积 50 亩以上的渠道 5675 条，建设了石门、南沙河、红寺坝等大小水库 337 座，陂塘 18835 口，全市灌溉面积达到 163.98 万亩。安康市修建了恒惠渠、月惠渠、蒲溪大堰等一批重点引水工程，建设了八一、许家河、观音河等水库和陂塘。

第一节　古代渠堰

流域内古堰渠众多，从汉代一直到清代未曾断绝，部分堰渠已被废弃，更多的堰渠在经过民国、新中国修缮、扩建和改建后，仍然发挥着灌溉作用。

一、山河堰

山河堰，又称萧何堰，渠首位于汉中市汉台区河东店褒河谷口，是汉中最早的灌溉工程。相传楚汉相争之时，刘邦驻军汉中，为储备粮草，增强实力，命萧何和曹参在褒谷口（今石门水库大坝处）主持修建，萧何修筑，曹参落成，引褒河水灌溉农田。因褒水又名山河水，取名“山河堰”，亦称“萧曹堰”。后山河堰因洪水冲袭，经历了多次修整和扩建。

宋代山河堰有 6 堰，已被考证的有 4 堰。第一堰铁桩堰，于鸡头关下筑堰截水，东西分流。第二堰官堰，堰长 320 米，灌田 5.4 万亩。第三堰在第二堰下游约 1 千米处，左岸引水，灌田 1.5 万亩。第四堰在第三堰下游 1.5 千米处，民国二十一年（1932 年）修建，聚石作堰，右岸引水，灌田 3100 亩。

《陕西通志》记载：山河堰以“巨石为主，锁石为辅，横以大木，植以长桩”。民国三十一年（1942 年），褒惠渠建成通水，山河诸堰纳入褒惠渠灌区。

二、五门堰

五门堰，低坝拦河灌溉工程，位于汉中城固县城北桔园镇东隅，因渠首并列五洞进水，故称五门堰。五门堰始创于西汉居摄二年（7 年），至今已有 2000 多年的历史。宋代整修改建，后经元、明、清等朝多次扩建，形成灌溉渠道百余里，分水洞湃 36 处，浇田 5 万余亩。

工程由堰坝、引水门洞、退水龙门、灌溉渠系等四大系统组成，工程遗存保存完好。堰首在今城固县北许家庙镇街东南，引湑水灌田，渠首五洞，东二西三，形似五门，可以启闭。

宋之前，该堰自渠首引水至斗山归河，灌斗山以上竹园、后湾一带农田数百亩。南宋绍兴年间（1131—1162 年），县令鲁宗道、薛可光，“相斗山形势”“搭木槽渡引”，将水引至斗山以南，灌田三千亩。明弘治五年（1492 年），灌田五万亩。清代，经多次整修，光绪年间，灌田三万亩。

民国三十七年（1948 年），湑惠渠建成，纳入湑惠渠灌区。1984 年，成立五门堰文物管理所，1992 年，被陕西省人民政府公布为陕西省文物保护单位，2006 年 5 月，被国务院公布为全国重点文物保护单位。

三、杨填堰

杨填堰，位于汉中市城固县湑水河中游段左岸，始建于西汉初年，称张良渠。南宋隆兴元年（1163 年），洋州知州杨从义大加整修旧堰，堰筑湑水河，渠长 10 千米，灌溉城固、洋县两地农田万亩，民赖其利，故名杨填堰。元、明、清各代常常疏塞堵漏，后因缺乏资金，效益日减。

清嘉庆十七年（1812 年）《杨填堰重修五洞渠堤工程记略》载：“新渠灌溉面积两万三千余亩，其中城固为六千八百余亩，洋县为一万七千余亩”，约定整修费按“城（固）三洋（县）七”分摊，此法延至民国时期。

杨填堰引水灌溉工程由引水堰坝、控制堰头、灌溉渠道、退水堰洞等设施组成。现存古渠堤位于引水堰坝 500 米处，堰坝为南宋所筑，原为土石修筑，后经历代修缮全部改成石头垒成。

民国三十七年（1948 年），湑惠渠建成，该堰全部纳入湑惠渠灌区，后因供水不足，1952 年，经城洋两县协商并征得湑惠渠管理局同意，将洋县马畅以西 3183 亩水田划归杨填堰管理，自此“城三洋七”用水及用工负担比例，调整为“城七洋三”。新中国成立后，经多次维修加固，改造渠道，增建塘库、井站等，设施面积 1.15 万亩，有效灌溉面积 1.03 万亩。

四、金洋堰

金洋堰位于汉中市西乡县县城东南，泾洋河下游午子山西麓。自堰口引泾洋水，由南向北而转西，全长 17 千米，于文峰塔下注入牧马河。

金洋堰作堰之始无从考证，但明清两代多有修浚。成化年间，知县李春修整，金洋堰灌田 4600 亩，有大渠 1 支，分小渠二十五道，上、中、下三坝。康熙五十三年（1714 年），知县王穆重筑。古堰植木垒石截流溉田，堰工简陋，遇洪即毁，年年复修，溉田 6000 余亩。

1968 年，兴修红崖堰，亦纳入金洋堰灌区。“包心坝”当年未成，被洪水冲毁。1969 年，改为浆砌石滚水坝。至 1995 年，金洋堰有效灌溉面积 1.04 万亩。

五、班公堰

班公堰位于今南郑县胡家营乡冷水河右岸，因清代嘉庆年间南郑知县班逢扬倡修，故名。嘉庆七年（1802 年），南郑知县班逢扬引冷水河开渠作堰，改旱地为水田，至嘉庆十六年（1811 年），全部竣工，历时 10 年。

班公堰，从麻柳湾至娘娘山，上、中、下三坝共灌溉农田七八千亩。1951 年冷惠渠建成，班公堰原有灌渠纳入冷惠渠东干渠内，沿用至今。

六、马湖堰

马湖堰位于汉中市南郑区西南 40 千米的濂水镇团堆村。始建于明代，自褒城梁家营引濂水为堰，南流入邑境。又流一里，经褒之七里坝灌褒田 230 亩，复入邑境，流灌刘家营田 180 余亩。1966 年 9 月，灌区改造，马湖堰被改为“三八堰”，从李家桥引水入渠，长 4.25 千米，灌溉面积 177 公顷。

七、青龙堰

青龙堰渠首位于汉中市南郑县新集镇钓鱼台。据清道光《褒城县志》载，青龙堰灌溉铁浴坝 64 公顷农田。1959 年扩修干渠至邱家庙，长 11.21 千米。1971 年 3 月，与野炉堰同在堰首筑混凝土包壳拦河坝，东西设闸引水。

青龙堰经多次修整扩建，灌溉农田面积不尽相同。1952 年灌溉农田 145 公顷，1974 年灌溉农田 120 余公顷，2003 年灌溉农田 276 公顷。

八、流珠堰

流珠堰，在褒城西山坝殷家营筑堰，灌邑新集田 1240 亩，又灌褒之水南、高台、小沙三坝田 2430 亩。《府志》载：“流珠堰，势若流珠，亦汉相萧何所筑”。嘉庆年间，流珠堰分水均按午时接水，周而复始，轮流灌溉。

九、板凳堰

板凳堰渠首位于汉中市勉县新街子镇杨家湾村板凳北鹰嘴崖下，引褒河支流沙沟河水灌田。相传古人开凿板凳垭隧洞时坐着板凳打凿施工，故而得“板凳堰”。

清嘉庆二十年（1815年）4月至二十四年（1819年）10月曾在此兴工，手工开凿板凳垭隧洞，欲修建引水灌溉工程，历时4年6个月，凿成狭小隧洞183.3米，因工程艰巨，中途停工，未能遂愿。1958年3月复建，1959年4月完成渠首拦河坝、进水闸、渠首引水渠、板凳隧洞452米，东、西干渠各1千米，至1966年6月完成东干渠15.1千米，西干渠9.65千米，斗渠54条全长75千米，灌溉农田1356公顷。

该堰渠首以上控制流域面积122平方千米。拦河坝为溢流坝，设计引水流量2.5立方米每秒。1995年，灌区有效灌溉面积1.68万亩，勉县官沟、团庄、杜寨、红庙4乡27个村受益。

十、千工堰

明代嘉靖十年（1531年）创建千工堰。堰首距今滚水坝上游约400米，为引水口位置，河心巨石凿有固定挡木坑，引水时用10.2米挡木拦河，以梢捆沙石拦水入渠。垱渠蜿蜒50余里，灌溉面积7000多亩。灌区历为“赋税所出之地，甲民养命之源，农民视水如神。”渠首垱王庙为管理机构所在地，乡规民约勘碑文昭示遵行。渠首至筒车河定线较低，常遭洪水冲没，经历多次改建。最大规模的改建分别在清乾隆二十一年（1756年）和清嘉庆十年（1805年），耗资投工不计其数，然始终未能制服洪水，堰渠破烂依旧。1957年改建为恒惠渠灌区，千工堰更名为东干渠。

其堰首距今滚水坝上游约400米，为引水口位置，河心巨石凿有固定挡木坑，引水时用10.2米挡木拦河，以梢捆沙石拦水入渠。垱渠蜿蜒25千米，灌溉安康市恒河、月河两岸稻田467公顷左右。

十一、万工堰

万工堰初建于明崇祯年间，清乾隆四年（1739年）曾遭山洪毁弃，荒芜9年，无法灌田。乾隆十三年（1748年）后始得修缮恢复输水，引恒河水西流入堰，引水堰口较千工堰低，渠线沿杨家营、草庵庙、陈家营，蜿蜒向西，于恒口镇之街头西曾家湾注入月河，全长10千米，灌溉安康市汉滨区133公顷稻田。

渠水分配效仿千工堰规章，仍分上、中、下三湃，轮灌时按各湃田亩多寡、放水难易，议定“二日二夜”一轮至“五日五夜”一轮，并定有受水田亩，整修投工、投款以及赏罚的数额等条文，未置公共田亩。其工程维修、管护经费开支等，概归受益田户分摊。1957年改建为恒惠渠灌区，万工堰更名为西干渠。

十二、刘公堰

刘公堰位于汉中市汉台区武乡镇西北秦岭南麓，其引水源头出自哑姑山后的袁家溜、老龙泉，由北向南流经龙观殿、猪腰石湾，沟长11千米，流域面积10.5平方千米。据汉中县志载，明嘉靖年间，因刘公在此勘定水权而得名，堰筑于彭家河，“平方东西二渠，灌田 69 公顷”。20 世纪 70 年代初，当地政府在其下修建了寺沟水库，刘公堰随之被取代，并入寺沟水库灌区。

十三、麻麻堰

麻麻堰，位于汉中市汉台区武乡镇东村桑园坝东约 500 米处。清嘉庆年间称李家堰，引天台山水，鳞次设闸，灌田数十亩。分东西二沟，分注王道池、顺池、南江池。清道光七年（1827 年），易名麻堰，民间习惯称为麻麻堰，灌田 40 公顷。

1962 年，政府拨专款整修麻麻堰分水口及跌水工程，重建砖石拱桥一座，巩固了灌溉效益，方便了群众生活。该堰至今仍发挥着灌溉功能。

十四、石崖堰

石崖堰，位于汉中市汉台区武侯镇西沟，在天台山西沟口垒石筑堰，渠道缘坡南行，至三道坪以条石砌筑分水口，灌溉该镇宋家沟、王庄村农田 70 余公顷。为便于管理，妥善解决水事纠纷，清道光年间立石碑一通，制定“平分三流，六岔分水”等规约，该制度沿用至今。

十五、鹿头堰

鹿头堰，渠首位于汉中市南郑县新集镇许营村，《汉中府志》和古碑文均记载为汉代所建，历代修整，至今沿用。《汉中府志》记载：“在褒城望江寺建堰，灌南郑孟家店田一千零一十四亩，灌褒城肖停坝田八百亩。”原古堰有旧沟 96 条，弯多岔多，水低水小，灌田 530 公顷。1957 年后，该堰坝和渠首经多次改造，在红寺坝水库建成后，并入红寺坝水库灌区，现灌溉协税、城关 2 镇 14 村农田 683 公顷。

十六、石梯堰

石梯堰，又名柳堰子、柳编堰，渠首位于汉中市南郑区高台镇红旗村。据《汉中府志》记载：“在褒城东南小沙坝筑堤，流五里灌上水渡田三千八百六十亩。”新中国成立后，石梯堰经过多次改建整修，干渠长 13 千米；斗渠 33 条，长 20.9 千米；坝高 0.9 米，长 110 米；两孔进水闸各宽 2 米，引水流量 3 立方米每秒。目前，灌溉郭滩、梁山两乡（镇）农田 561.3 公顷。

十七、杨村堰

杨村堰，今名阳春堰，渠首位于汉中市南郑区阳春镇柳园村，始建年代不详。据《汉中府志》记载：“在褒城肖停坝筑堰，下流三里灌南郑螺蛳坝田三千八百二十一亩。”20 世纪 70 年代初，全堰进行改善整修，1976 年濂河治理后，在杨村公路桥下建浆砌石低坝，设单孔闸引水，干渠全长 5.3 千米，灌溉面积 111 公顷，为红寺坝水库灌区从濂河引水的最后一条支渠，因多次遭受暴雨洪灾袭击，现已损毁，丧失灌溉功能，但老渠道尚存。

十八、复润堰

复润堰，渠首位于汉中市南郑区胡家营镇群星村，截湘水寺河、灌沟河水入渠，至水南村上坝，清乾隆年间始建。据《汉中府志》记载："徵实录，引老溪水作堰。清乾隆三十九年，庠生韦文焯创始，耆民韦天吉废产助工，逾二载堰成，灌田二千余亩。"1955年后多次整修，新改建渠道建筑物81座，干渠长16千米。冷惠渠建成后，复润堰部分灌区并入冷惠渠灌区，现灌溉胡家营镇8个村44个村民组225公顷土地。

十九、双泉堰

双泉堰，堰首位于汉中市南郑区新集镇双泉村，唐代修筑。据《汉中府志》记载："在中梁西南山峡中，二泉并涌，下溉农田。泉水至双泉寺之山坡分东西二渠，溉姚家河、白马庙等处田十九余公顷。"泉水枯水流量为0.07立方米每秒，正常流量为0.18立方米每秒左右，现为红寺坝水库灌区配套支渠。

二十、天生堰

天生堰，位于汉中市南郑区高台镇石科村，唐代修筑。据《褒城县志》记载："鹤腾泉发源于中梁山，泉由二穴涌出，南注溪中。有天成石梁平分二堰，名天生堰。余水还峡，下流鹤腾岩为瀑布。"1957年鹤腾崖水库修建后，天生堰并入该水库灌区，灌溉592公顷农田，现为红寺坝水库西干渠支渠。

二十一、玉泉堰

玉泉堰，位于汉中市南郑区阳春镇王合村。泉水常年流量0.04 ~ 0.196立方米每秒，1953年加高泉坎1.4米，灌溉农田155公顷。后又加高泉坎，开东、西干渠，延长渠线，共灌溉农田216.6公顷，现并入红寺坝水库灌区。

二十二、龙潭堰

龙潭堰，位于汉中市南郑区黄官镇长岭村，今名长岭堰。《褒城县志》《汉中府志》均记载，龙潭堰为引泉水堰，建于汉代，灌溉后所坝农田57公顷。

1961年，从龙潭堰堰首柴家村上延渠道到红寺坝水库涵洞出口处的长岭，渠长2.6千米，从此更名为长岭堰，为红寺坝水库第1支渠。1963年，新建跨濂河钢筋混凝土渡槽1座。1971年9月，改造中下段渠道，干渠总长7.2千米，引水流量0.7立方米每秒，浇灌黄官、濂水、青树3镇15村317.3公顷农田。

二十三、荒溪沟堰

荒溪沟堰，位于汉中市南郑区新集镇龙王村，始建于清顺治年间。清乾隆《南郑县志》载：引山泉水灌田，堰坝建于荒溪沟，故名荒溪堰。堰创建于清顺治十一年（1654年），灌田 120 余公顷。清康熙四年（1665 年）冬月立一碑，志放水规约。现与荒溪沟水库同灌田 79 公顷，属红寺坝水库西干渠灌区。

二十四、金华堰

金华堰，位于汉中市南郑区新集镇金华村，创建于清嘉庆元年（1796 年）。嘉庆九年（1804 年）立碑，碑文记载："金华寺门东西山泉各一眼，水涌出，庶人早引泉灌田，自嘉庆始，清理泉眼，开凿渠堰，曰金华堰。"新中国成立后，将泉水引到新华村一带，又修建金华寺水库。1976 年 8 月，地震后，泉水突然断流。1980 年秋，泉水复涌。现灌溉农田 131 公顷，属红寺坝水库西干渠灌区。

二十五、枣儿堰

枣儿堰，位于汉中市城固县文川镇文东村北文川河西岸，为无坝引水堰坝，始建于清乾隆年间。清嘉庆六年至七年（1801—1802 年），整修加固该堰，修成引水堰坝，嘉庆十八年（1813 年）时可灌田 20 公顷。1973 年，枣儿堰灌区纳入石门水库东干渠统一供水，后经原文川区决定自成灌溉系统。

现干渠以下有斗渠 6 条，共长 3.5 千米。沿渠设退水闸 3 座，分水闸 6 座，跌水 6 处，斗门、升门 12 处，田间分引渠道 66 条，灌文川镇、柳林镇 5 个村水田 83 公顷。

二十六、上官堰

上官堰，位于汉中市城固县老庄镇杨家营村北，截文川河水堆石成堰。该堰始建于清嘉庆年间，渠口乱石错列，堰工简单，每夏用砾石筑堰引水。干渠在杨家营村跨冲沟，设干砌石侧堰挡水，名为"腰堰"，年年山洪冲毁，岁岁复修，劳民伤财，逢旱水量奇缺，与西肖堰常起用水争讼，几次酿成巨案。1953—1954 年，灌区群众自筹工料改建腰堰，增修建筑物 10 座，灌溉面积达 290 余公顷。1970 年，千山水库建成后，灌区归千山水库灌溉，堰废。

二十七、上盘堰

上盘堰，位于汉中市城固县南沙河下游左岸五郎关谷口，古称"盘蛇堰"，相传始建于元代。明洪武十八年（1385 年）扩建为 16 条支渠，灌溉农田 156 公顷。清嘉庆至道光年间，堰洞淤塞，几度重修。民国十六年（1927 年），扩大干渠，宽达 3.3 米，长 7.5 千米，灌溉农田 194 公顷。新中国成立后，灌区虽几经改造，但因引水设施简陋，灌水保证率低，易涝易旱。1964 年，南沙河水库西干渠通水后，堰渠遂废。

二十八、二盘堰

二盘堰，位于汉中市城固县上元观镇王家堡村南沙河下游左岸，为无坝引水。该堰渠首分设两洞，上洞称老洞，下洞叫斜叉新洞，二洞相距百余米。上洞引水不足，则开下洞补足水量。二盘堰始创于明洪武二年（1369 年），后代时有兴废。干渠长 2.5 千米，清代灌田100公顷，民国时期扩大到326公顷。民国二十五年（1936年），修复上洞耗资6000余元（华币），2年后下洞又被水毁。1964年，南沙河水库西干渠通水后，堰渠遂废。

二十九、导流堰

导流堰，位于汉中市城固县董家营镇七里店村的南沙河下游右岸，河堤设洞，无坝引水，该堰始建于明洪武六年（1373年）。清嘉庆年间（1796—1820年）与陈小堰合并，清道光二十五年（1845年），因纠纷迁移堰头，又与陈小堰分开，灌田120余公顷。导流堰干渠长15千米，分上、中、下三湃（三段轮灌）。民国时期，灌溉面积扩大到320公顷。20世纪50年代，灌区改善配套，灌溉面积又有增加，但易洪易涝，收获不稳。1962年，南沙河水库东干渠通水后改建为一条灌溉斗渠。

三十、二郎堰

二郎堰，位于汉中市洋县县城以西7.5千米处的溢水河红崖坡下，垒石为堰。该堰引水经上范坝、下范坝、马洪铺至六陵渡，渠道长约4.5千米，共设12洞，灌田50余公顷。现为渭惠渠灌区下游一补充水源，堰首经多次修补，渠道由群众清挖，效益不减，是目前洋县保留较为完好的一座古堰渠。

三十一、牛拦堰

牛拦堰，堰首位于汉中市勉县同沟寺镇红化寺北，为黄沙河第一堰。相传该堰创建于明代以前，因河中有一巨石如牛，就其势拦河作堰，从旁开渠引水，故名“牛拦堰”。渠道沿河道右岸依山而下，设两层木质排架的简易木渡槽（涧槽）跨过汪家沟，止于邓槽沟，渠道长3千米，灌溉五塘、金家坡、汪家沟、邓槽沟农田100公顷。旱时用水分9湃，9日一水。1958年，军民渠建成后，灌区并入军民渠，堰渠遂废。

三十二、天分堰

天分堰，堰首位于汉中市勉县同沟寺镇红花寺南、石堰子（石碾子）北，河床有平板岩石，天然分水，东西二流，故名天分东、西堰。天分东堰，依山沿黄沙河左岸坡根开渠引水，至三道河流经陈家坪、中田坝、下官沟、刘官沟、蒋家坝、陈寨、魏寨、桥东营、栗子园，渠长10千米，灌溉农田267公顷。天分西堰，由石堰子村东南下，经五郎庙，过同沟寺，依黄泥岗东坎下走沙沟、王家营，直抵黄沙镇，尾水于镇东注入黄沙河，渠长10千米，灌岭南坝、五郎庙、同沟寺、祝家湾、邱家坎、黄沙农田100公顷。汉惠渠和军民渠建成后，天分堰灌区分别并入汉惠渠和军民渠，沿用至今。

三十三、狗皮堰

狗皮堰，渠首位于汉中市勉县同沟寺镇五郎庙对岸黄沙河左岸、三道河村略北，堰名来源及始建年代不详。该堰渠主要拦截渗水，渠道依黄沙河东岸陈家坪西坡根由北南下，至上官沟村西南，水退黄沙河，渠道长 2.5 千米，灌田 6.7 公顷。汉惠渠和军民渠建成后，狗皮堰灌区分别并入汉惠渠、军民渠，沿用至今。

三十四、琵琶堰

琵琶堰，又名朱家堰，位于汉中市勉县元墩镇朱家湾，渠居漾家河右岸，始建于明代洪武年间（1368—1398 年），原渠首位于道子河坝（元墩水文站北），引漾家河水源。清嘉庆十五年（1810 年），漾家河河水暴涨，堰坝被毁，河床降低，引水不能入渠，遂将渠首上延至黄坝河口上游的现址。渠经喇家寨，绕过庙儿嘴至孙家湾，渠长 4 千米，灌喇家寨、孙家湾田 53.3 公顷。1960 年，幸福渠建成后，将原渠系并入幸福渠统一管理，后经多次整修改善，新修渠首拦河坝、进水闸等，并对渠道进行裁弯取直、渠路结合，增修桥涵、斗门等配套工程，同时于庙儿嘴北作倒虹过夹河，渠道延至柏林寺，现渠道长 5 千米，设计流量 0.5 立方米每秒，灌溉面积增至 86.7 公顷。

三十五、马家堰

马家堰，渠首位于汉中市勉县定军山镇黄家营村东，是漾家河古堰之一。相传始建于明代。由马姓倡导修建而得名，浇灌罗家营、李家营、胡家湾、杨家山等村农田 153 公顷。

1955 年春，汉中专署水利局协助勘测延长渠道，由杨家山村北接原渠尾，经堰砭、兰家砭、唐家湾、石坝子，穿过沈寨，绕过盖巴山至元山，全长 12.97 千米，引水流量 1.23 立方米每秒，扩灌郭寨、沈寨、杨坎、魏寨、元山等地农田 67 公顷。1967 年，在渠首新建干砌石溢流坝，坝长 142 米。1987 年，又改建为长 142 米、高 2.2 米、宽 16.3 米的浆砌石硬壳堆石坝。1989 年，对进水闸、冲沙闸进行了翻修，改善了引水条件，现在实际灌溉面积 261 公顷。

三十六、麻柳堰

麻柳堰，渠首位于汉中市勉县定军山镇郭寨村，与白马堰共坝，属漾家河古堰之一。始建于清乾隆年间（1736—1795 年），由沈寨乡绅沈继美倡导修建，因渠首有一棵麻柳树，故名“麻柳堰”。麻柳堰渠道位于漾家河左岸，渠长 5.16 千米，灌溉面积 85 公顷，1955 年进行整修配套，沿用至今。

三十七、白马堰

白马堰，渠首位于汉中市勉县温泉镇虎头山下。相传始建于明洪武年间（1368—1398 年），因渠首有一白色巨石，形似白马，故名“白马堰”。与麻柳堰共坝，引漾家河水，原浇灌面积 133 公顷。

1954 年，重修干渠 1 条，全长 7.24 千米，修建斗渠 32 条。1962 年，渠首增建干砌堆石拦河坝，坝高 1.34 米、坝长 100 米、坝顶宽 6.8 米，新建进水闸门，同时灌区新建蒙家槽水库、青石滩抽水站及机井 18 眼，用以补充河源供水不足。目前灌溉温泉镇的刘家山、张家湾、苏坪、新民、金星、天新、晏家湾、幸福 8 个村农田 322 公顷。

三十八、金公堰

金公堰，渠首位于汉中市勉县温泉镇元山村东，属漾家河古堰之一。相传建于明洪武年间（1368—1398 年），因一金姓人倡建，故名“金公堰”。

该堰渠道居漾家河左岸，原渠道只到板桥村东。1949 年前，浇灌牟营、板桥农田 67 公顷。1954 年，改造延长，北支渠长 3.9 千米，南支渠长 4 千米，干支渠总长 10.26 千米，目前灌溉牟营、板桥下曹家营、岳家营村农田共 146 公顷。

三十九、尽水堰

尽水堰，渠首位于汉中市勉县温泉镇郭家湾村西北的草寺湾，属漾家河古堰之一。相传该堰始建于清乾隆年间（1736—1795 年），该堰是漾家河最后一道堰，所引水量多属上游诸堰剩余水量或渗水，又称“涎（鼻）水堰”。渠道居漾家河北岸，由引水口起与金公堰南支渠并行，过药树槽至宁家营村西，分中沟、槽沟、南沟三条支沟，故又称“三岔堰”。

1949 年前，浇灌农田约 83 公顷。1954 年，对全渠系进行整修改造，废槽沟，保留中、南两支沟。1966 年，经勘测将渠首建成硬壳堆石坝，坝高 1 米，坝长 216 米，坝身与河道成约 45 度夹角，同时设进水闸、冲沙闸各 1 孔，灌溉温泉镇曹家营（下）、中坝村农田 127 公顷至今。

四十、顺天堰

顺天堰，渠首位于汉中市勉县温泉镇郭家湾村，为古堰之一，原规模较小，以截取老地沟河、陈家河尾水及天生堰渗水为水源。渠长不足 0.5 千米，灌溉温泉镇下李家湾农田 3.3 公顷。

1952 年废原堰，将渠首向上移至骡子崖下，引陈家河水，新修浆砌石拦河滚水坝，坝长 40 米、高 1.4 米、宽 5.5 米，并设简易进水闸门、冲沙槽。进水口设于陈家河右岸，渠道沿漾家河右岸勉温公路过马鞍山嘴，到药树槽对岸退入漾家河，全长 2.7 千米，现浇灌郭家湾村 43 公顷农田。

四十一、龙台堰

龙台堰，渠首位于汉中市勉县温泉镇晏家湾村后，引镇川河水，因渠道位居龙台山下，故名“龙台堰”，始建年代不详。

原渠道规模极小，设施简陋。1970 年整修扩建，建成浆砌石溢流坝，坝长 23.4 米、高 2 米，渠道延长至晏姓祠堂北与白马堰渠汇通，渠长 1.5 千米，灌田 3.3 公顷。塘池沟水库建成后，输水入龙台堰渠道，灌溉白马堰下游晏家湾村 33.3 公顷水田。

四十二、永丰堰

永丰堰，位于安康市，建于清末，引水口在杜家河坎下，拦截恒河渗水，灌溉恒河与月河交汇之东坝、永丰、庆丰、草街等河边沙田，受益田 67 公顷。后因河床刷深，渠高水低无法引水，遂在 1965 年增设抽水机站补水。后又因河床变迁，且有恒惠渠灌溉，1972 年抽水机站废弃。1957 年改建为恒惠渠灌区，永丰堰更名为东干渠。

四十三、大湾古堰遗址

大湾古堰遗址，位于安康市旬阳市小河镇龙王滩村东南部孙家凹大湾，小河南岸页岩山崖崖壁下，东西向分布约 60 米，崖壁上有方形、圆形堰孔 20 个，孔距 1 ~ 1.5 米，堰孔距河面高约 2.5 米，其中方形堰孔 8 个，每孔边长 18 厘米、深 16 ~ 18 厘米；圆形堰孔 12 个，每孔直径 16 厘米、深 16 ~ 20 厘米。堰坎高 2.5 米，南北长 60 米，东西宽 5 米。堰渠宽 1 米，深 1 米，南北长约 60 米。

遗址南北向分布于页岩崖壁上，堰孔、堰坎、堰渠保存较好。该遗址建设年代有待进一步考证。

四十四、李家台子魏氏堰渠

李家台子魏氏堰渠，位于安康市旬阳市双河镇马家沟口村西约 500 米李家台子，长约 2500 米，宽 1.2 米，深 0.5 ~ 0.7 米，占地面积约 3000 平方米，依页岩质山壁修建而成，呈东西走向。

据记载，魏氏家族于清乾隆年间迁居此地，随后修建此渠用以农田灌溉，并沿用至今。该堰渠是陕南地区少见的保存较好的清代堰渠。

四十五、沙河东堰

沙河东堰，又名刺塔堰、石门堰、山河堰，始建时间不详。该堰渠首位于汉中市勉县周家山镇留旗营村北，在鱼湾拦河作堰，堰坝长 27 米，在堰河东岸依山开渠，经黑山湾、刀棱沟口，从留旗营村南折东，首开一支渠，经徐家台开二支渠，过娘娘庙南除另开一高沟外，干沟又分南北二大沟。主干沟居北过王家湾直抵柳树营水退汉江，渠长 10 千米，灌溉留旗营、徐家台、娘娘庙、周家山、赵家庄、汤许寨、弥陀寺、柳树营等村农田 267 公顷。

民国三十年（1941 年）汉惠渠北干渠建成后，娘娘庙以东渠段废，以西渠段于 1980 年并入堰惠渠，现灌溉 118 公顷农田。

四十六、沙河西堰

沙河西堰，堰首位于汉中市勉县勉阳街道办事处贾旗寨村北 2 千米处，始建年代不详。该堰在嘤呱呱石拦河筑堰，坝长 55 米。在堰河西岸依山开渠，沿堰河右岸南下，主渠道长 10 余千米，全渠系灌田约 267 公顷。民国三十年（1941 年）汉惠渠北干渠建成后，其下游段并入汉惠渠北干渠。1956年堰惠渠建成后,其上段并入堰惠渠,至今仍发挥灌溉效益。

第二节　民国时期渠堰

民国时期流域内新修建的灌渠不多，主要是对古代旧有堰渠进行修缮，新建渠堰如下。

一、褒惠渠

褒惠渠，渠首在汉中市河东店北 1 千米处，引褒河水灌溉。1934 年，李仪祉来汉中时初定，由陕西省水利局测量队测量设计。1939 年 9 月，成立褒惠渠工程处，开始动工，刘钟瑞任总工程师，设计灌溉面积 14 万亩。1942 年 6 月 15 日，建成通水，当年灌溉面积 8.4 万亩，后随着工程逐渐完善，至 1949 年，灌溉面积扩大到 12.74 万亩。

渠首建有拦河坝、进水闸、冲刷闸、沉沙槽、排沙闸、渠闸等。拦河坝为重力浆砌石溢流坝，长 135.5 米，高 6 米。左岸设冲刷闸 3 孔，进水闸 5 孔，孔宽均为 2 米。干渠沿褒河左岸，与山河堰第二堰引水口相交，经周寨折向东，越宝汉公路至武家沟，渠尾入城固县段家沟，全长 32.3 千米。渠首设计引水流量 15 立方米每秒，分 5 段递减为 2 立方米每秒。工程总投资 409 万元。

新中国成立后，人民政府对褒惠渠进行全面整修，共整修大小建筑物 66 座，滚水坝设计洪水流量提高到 3800 立方米每秒，干渠引水流量增至 21.38 立方米每秒。1955 年至 1956 年间，先后修建焦山庙电力抽水站，陈家巷、白龙寺、王家嘴、农试站、宗营、武乡四级抽水站等，至 20 世纪 70 年代初，沿干渠共建抽水站 25 处，装机容量 2000 千瓦，灌溉农田 3 万亩。1971 年后，褒惠渠划归石门水库灌区，更名为石门水库南干渠。

二、冷惠渠

冷惠渠，渠首在汉中市南郑区冷水河三华石。1943 年由陕西省水利局第二测量队勘测设计，1948 年 6 月 1 日成立冷惠渠工程处，郝季厚兼总工程师。设计在三华石筑坝，东西开渠，纳冷水河隆兴、芝枝、班公三堰入冷惠渠，设计灌溉面积 4 万亩。灌渠引南郑县（今南郑区）冷水河河水，灌溉南郑县汉山、冷水区和城固县南乐区 9 个乡、47 个村。

汉中解放后，工程开始动工。第一期工程于 1951 年 3 月底完成。主要有引水枢纽工程和东西干渠上段工程。渠首引水枢纽，位于南郑县以南 4 千米处的冷水河中段，属低坝引水灌区。其中，滚水坝 1 座，长 52.4 米，高 4.5 米；东、西进水闸各一座，东进水闸 2 孔，西进水闸 1 孔，均宽 2.5 米；东、西冲刷闸各 2 孔，均宽 2 米。东干渠由进水闸引水至赖家山跌水下泄班公堰，长 6.3 千米，设计流量 8.0 立方米每秒；西干渠由进水闸引水到苏家山跌水退入杨村堰，设计流量 3.0 立方米每秒。渠系主要建筑物共 63 座（处）。第二期增建工程主要项目有整修班公堰 13 千米，延长东干渠 2.4 千米，增建排洪桥、河底隧洞等建筑物 39 座，1951 年建成，当年受益 2.38 万亩。

此后，灌区工程设施不断改善，先后延长 9 斗、10 斗；修建莲花石水库 1 座，有效库容110万立方米；东西干渠修建麻柳湾、银沟桥抽水站；兴修水塘8口，蓄水2万立方米；水力发电站1处，装机容量150千瓦，加上社、队自建抽水站共12处，装机容量437千瓦；机井260眼。干渠总长27.6千米。斗渠总长76.4千米，设施面积4.50万亩，有效灌溉面积4.43万亩。

三、湑惠渠

湑惠渠，渠首位于城固县北升仙村。1932年，李仪祉考察湑水河古堰后，提出修建设想。1939年由国民政府经济部泾洛工程局所属西北水利设计队勘测，1941年9月，成立湑惠渠工程处，动工建设，刘钟瑞任总工程师，1948年5月建成通水。设计灌溉面积14万亩，1949年灌田7.64万亩。

渠首大坝为浆砌石溢流坝，全长113.6米。大坝两端各设进水闸3孔，冲刷闸2孔，每孔闸宽2.5米。进水闸底较坝顶低2.5米。东干渠长21.42千米，西干渠长18.5千米，渠首设计引水流量为12立方米每秒；东西支渠分别长5千米和1.8千米，各类建筑物165座。

新中国成立后，先后多次维修改建湑惠渠。同时，加速渠系配套，修库、建抽水站、打机井等多项工程，仅1990—1995年，改善灌溉面积8.46万亩，改建加固配套建筑物6座，衬砌渠道23.17千米。灌区干渠总长49千米，支渠22千米，斗渠230千米；水库9座，蓄水能力342万立方米；水电站5座，装机容量645千瓦；抽水站43处，装机容量1611千瓦，机井861眼，形成以引为主、引蓄提结合、灌溉发电结合的灌区。现灌溉城固、洋县两县农田14.25万亩。

四、汉惠渠

1932年，李仪祉考察汉江流域时提出修建汉惠渠的设想，1937—1938年，由陕西省水利局测量队与泾洛工程局设计测量队测量及勘定渠线，1938年12月成立汉惠渠工程处，12月动工。1942年建成一期工程，当年灌田14000亩，结束了“汉江不田”的局面。1945年6月二期工程建成，至1949年灌溉面积为6.27万亩。

灌区工程主要有引水枢纽、渠道、小水库、井站等。引水枢纽由拦河坝、进水闸和冲刷闸等组成。拦河坝位于勉县武侯镇西高家泉汉江出山口，坝身用片石砌心，料石砌面，白灰砂浆砌石，水泥砂浆勾缝。运用后，曾于1949年、1956年两次被洪水严重冲毁，1957年拆除旧坝，重建新坝，坝高5.91米，坝长195.62米，海漫降低1.84米，增建消力池一道。进水闸分设于大坝左右两岸，左岸进水闸3孔，右岸1孔，闸宽2.5米，高1.8米，进水流量12.2立方米每秒。左右两岸各设冲刷闸2孔，闸宽1米，高3.15米，设闸房及启闭机。

渠道工程有干渠2条，北干渠接左岸进水闸堰河倒虹，自高家泉至老道寺，共长32千米，输水流量11立方米每秒；南干渠接右岸进水闸，自高家泉至毛家堡，共长10.76千米，输水流量1.2立方米每秒。干渠以下设斗渠69条，共长116.2千米。与渠道相配套的还有小水库3座，库容234立方米，陂塘59口，蓄水量51万立方米，抽水站29处，装机容量1056千瓦，机井356眼。

1949年以后，经对渠首枢纽多次水毁修复改造和不断挖潜配套，以及在大坝右岸增加冲刷闸，西干渠增加渠首闸等，至1995年，除1975年划归石门灌区2万亩面积外，共灌溉勉县16个乡（镇）农田7.54万亩。隶属勉县领导。

五、野炉（罗）堰

野炉（罗）堰，渠首位于汉中市南郑区新集镇五郎村，灌溉农田180亩。据民国《续修南郑县志》记载："在濂水野罗坝筑堰，灌水南坝田六十亩，灌南郑一百二十亩。"1959年，延长渠道9千米，自钓鱼台大坝右岸引水，引水流量0.7立方米每秒，现为红寺坝水库灌区从主河引水的一条支渠。

六、马岭堰

马岭堰，渠首位于汉中市南郑区新集镇焦山村，灌溉农田4400亩。民国二十六年（1937年），《陕西概况》记载："（马岭）堰长300余公尺，高不及半公尺，渠口较低，进水极易。灌水南、高台二坝田4400亩。"1959年，渠首抬高扩大，渠道延长9.2千米。1989年12月，与流珠堰合建一固定砌石混凝土拦河坝，东西设闸引水，坝长95米，高1.6米。现为红寺坝水库灌区从主河引水的一条支渠。

七、辅唐堰

辅唐堰，位于汉中市宁强县青木川古镇，始建于民国十七年（1928年），为民国时期的绅士魏辅唐出钱倡导，组织农户投工700多个所修建，故名"辅唐堰"。

辅唐堰筑堤7处，架筒槽4处，堰宽0.5～0.6米等，深0.6米左右，堰坎宽0.3米左右为便道，当地习惯叫作"新渠"或"大渠"。1933年又增修6条支渠，形成"树丫"形水道，满足了魏家坝人畜饮用和农田灌溉用水。渠修成后，当地乡民抬田甚多，数年间灌水田增至17.3公顷，因年年维修整治，主渠道沿用至今。

第三节　新中国成立后灌渠

一、幸福渠

幸福渠原名漾惠渠。渠首在勉县阜川乡房家湾南关峡，引漾家河灌溉，上游控制流域面积243.7平方千米。1958年汉中专署水利工作队勘测设计，1959年11月动工，次年3月15日竣工通水。当时设计面积2.10万亩，实灌2162亩。勉县阜川、元墩、镇川、天堰、胡家渡、杨家山6乡（镇）27个村受益。

渠首工程，拦河坝原为堆石坝，高1.6米，顶宽2米，属临时引水设施。1963年，由专区水利勘测设计队设计，改为奥氏非真空浆砌石溢流坝，坝高增至3.5米，进水闸、冲刷闸各1座，各宽1.9米，为钢板闸门，配手摇启闭机。渠首引水流量设计3.5立方米每秒，实际最大引水流量为3立方米每秒。

1964年10月至1966年5月续建，主要有大坝工程、孙家沟倒虹、隧洞和渠道疏通扩修等；1970—1971年，修复水毁填方工程。经多年维修配套，至1990年，国家共投资340万元。漾家河自古有关峡东堰、毛家堰、唐家堰、琵琶堰，灌田1500亩，幸福渠建成后，只保留琵琶堰，其余改堰为斗。1995年，灌区共有小（2）型水库2座，蓄水能力12万立方米；水塘515口，蓄水能力53万立方米；抽水站9处，装机容量364千瓦；干渠长35千米，斗渠长64千米，设施面积2.5万亩，有效灌溉面积1.96万亩。

二、引酉工程

引酉工程，渠首工程在洋县茅坪乡长坝，引酉水河灌溉，控制流域面积345平方千米。1944年9月，陕西省水利局第二测量队曾进行过测量设计。1958年，在“水利化”高潮中开工兴建，不久停工。1970年，再次组织技术人员勘测设计。1975年11月，成立引酉工程指挥部，县委书记汪清泉任总指挥，动员全县民工5000人，义务值勤，边勘测、边设计、边施工。1981年施工建制改为专业队承包。

全部工程分两期进行。第一期工程原设计包括长坝、罗坝低坝引水枢纽，总干渠及东、西干渠，灌区配套等。核定投资2196万元，扩灌5万亩，保灌2万亩。至1984年10月竣工通水，溢流坝长109.1米，高5米；总干渠长20.99千米，引水流量设计8立方米每秒，加大10立方米每秒；各类建筑物149座，其中隧洞16座，总干渠咽喉工程（麻柳梁隧洞），长3279.7米，为汉中地区输水隧道洞长之最。东干渠修通4.09千米，设计流量4立方米每秒，加大流量5立方米每秒。1985年，投入使用。

1995年，灌区有小型水库3座，蓄力能力380万立方米；电站1座，装机容量320千瓦；干渠36.5千米，全部衬砌；支渠72.11千米，衬砌52.91千米；斗渠226千米，衬砌17.5千米。设施面积7万亩，有效灌溉面积4.86万亩。

三、无坝堰

无坝堰，渠首位于勉县金泉乡龙家湾村西，引汉江水灌溉勉县金泉、南郑区梁山镇农田。1957年由汉中专区水利局协同褒城县水利工作队勘测设计。1958年3月10日动工，5月24日竣工通水。初建时为无坝引水，故名。

渠首设计进水闸1孔，宽2米，设计引水流量2.5立方米每秒，未设冲刷闸，每年夏灌前需抛石拦河引水，1962年改为堆砌石坝。20世纪70年代，用水泥砂浆在坝面加0.6米硬壳，并增建冲刷闸2孔，宽2.2米，高2米，顶宽4米，坝长与河道宽一致。灌区经多年配套，至1995年，有小（2）型水库2座，库容85万立方米；水塘2口，蓄水能力5万立方米；抽水站4处，装机容量398千瓦；机井68眼；干渠长21千米，斗渠长55千米，设施面积、有效灌溉面积均为1.26万亩。

四、军民堰

军民堰，渠首设于勉县黄沙河（外坝河）与董家河交汇处，引黄沙河水灌田，原名“黄惠渠”，修建中，兰州军区 7299 部队工兵连支援，故改名“军民渠”。1957 年 11 月动工，次年 5 月建成，勉县周家湾、祝家湾、弥陀寺、官沟、黄沙 5 乡（镇）23 个村受益。

渠首枢纽工程及东西干渠，由汉中专区水利勘测设计队勘测设计，西安交通大学师生协助。拦河坝长 40 米，高 3.3 米。东进水闸宽 1 米，高 1.8 米，西进水闸宽 1.4 米，出口设冲刷闸。各闸均为单孔，木质闸板，各设手摇启闭机 1 台。东干渠长 5.7 千米，设计引水流量 1 立方米每秒；西干渠长 8 千米，设计引水流量 2 立方米每秒。1966 年在渠首建红花寺（红卫）水库 1 座，总库容 366 万立方米，有效库容 212 万立方米。

南干渠原名“黄龙渠”，1942 年建成，1958 年纳入军民堰灌区，经扩修改善，现长 7.3 千米，引水流量 1.4 立方米每秒。

1995 年灌区内有水库 5 座，总库容 459 万立方米；水塘 8 口，蓄水能力 3 万立方米；水电站 3 处，装机容量 550 千瓦；机井 12 眼。设施面积 1.40 万亩，有效灌溉面积 1.13 万亩。

五、天堰

天堰，为多堰头引水灌区，由马家堰、白马堰、麻柳堰、天生堰、金公堰、浞水堰、常青堰、龙台堰、顺天堰等 9 堰组成，因管理单位设在勉县天堰乡，故名天堰。除常青堰、顺天堰外，均系古堰。

1995 年，灌区有干支渠 11 条，总长 50.87 千米；斗渠 117 条，总长 55 千米，分别衬砌为 20.7 千米和 7 千米。水库 8 座，蓄水能力 321 万立方米；水塘 150 口，蓄水能力 30 万立方米；抽水站 33 处，装机容量 1250 千瓦；机井 54 眼。设施面积 1.90 万亩，有效灌溉面积 1.90 万亩。勉县杨家山、天堰、温泉乡受益。

第二章　水库工程

陕西汉江流域在古代有一些重要的水利工程，如陂塘、堰渠等，虽然不能完全等同于现代意义上的水库，但起到了蓄水、灌溉、防洪等类似作用。陂塘就是池塘，也作堰塘。境内有汉江、嘉陵江及众多的支流，优越的地理优势和水利条件，加之少战乱、少动荡，社会基本保持着稳定，因而保证了陂塘水利得以较好地发展。《水经注·沔水》记载："（湑）水北有七女池，池东有明月池，状如偃月，皆相通注，谓之张良渠，盖良所开也。"说明西汉初期在城固县湑水河边建有蓄水灌溉的池塘。考古发现，东汉早期汉水上游地区已有人工修建的小型水库，方便鱼禽养殖和农田灌溉。而具有水库功能的堰渠有山河堰、五门堰、杨填堰等，近代有褒惠渠、汉惠渠、湑惠渠等。

新中国成立后，陕西汉江流域水库的发展历史主要经历了以下几个阶段：

早期规划与设想阶段：20世纪50年代，对汉江流域的水资源状况进行初步勘察和研究，为后续的水库建设打下基础，但这一时期受限于技术、资金等条件，尚未有大型水库工程的建设。

初步建设阶段：从20世纪60年代开始，随着国家对水利工程建设的重视和投入增加，一些小型水库开始在汉江流域陆续建设，石泉水电站上游的汉江水库于1973年随水电站大坝的建成而形成。20世纪70年代，建成了最早的大型水库——石门水库（1975年建成），其前身即为山河堰。这一时期的水库建设主要是为了满足当地的电力需求以及一定的灌溉和防洪需求，为当地的经济发展和人民生活提供了基础保障。

后续发展与完善阶段：20世纪末至21世纪初，随着经济的发展和技术的不断进步，陕西在汉江流域又陆续建设了一些新的水库工程或对原有水库进行升级改造，如安康水库等，这些水库在防洪、灌溉、发电、供水等方面发挥着重要作用，并且在调度运行和管理方面不断得到优化和完善。

联合调度与综合利用阶段：近年来，陕西对汉江流域的水库群进行联合调度，以提高水资源的利用效率和防洪能力。例如大唐陕西发电有限公司旗下的石泉水电厂、汉江喜河水电厂、旬阳水电厂、汉江蜀河水电厂等四座水电厂，与上游的黄金峡、三河口水利枢纽以及国网安康水电厂等建立水情会商机制，共同制定水库调度方案。同时，水库的综合利用也越来越受到重视，除传统的功能外，还在生态环境保护、旅游开发等方面发挥着积极作用。

截至2023年，流域共有各类水库516座，其中大型水库6座，中型水库20座，小型水库490座。汉中市现有各类水库354座，占陕西省总量的近三分之一，其中，大型水库1座，中型水库10座，小型水库343座，其中小（1）型水库55座，小（2）型水库288座，总库容71974.95万立方米。安康市现有各类水库152座，其中大型水库5座，中型水库10座，小型水库137座，其中小（1）型水库26座，小（2）型水库111座，总库容412272万立方米。商洛市镇安、柞水、山阳三县现有各类水库10座，均为小（2）型水库。宝鸡凤县、太白两县流域内无水库工程。

第一节　大型水库

截至2020年，流域内仅有6座大型水库，分别是石门水库、安康水电站水库、石泉水电站水库、喜河水电站水库、蔺河口水电站水库、蜀河水电站水库。

一、石门水库

石门水库位于汉江支流褒河峡谷口段的七盘山麓，距汉中市区25千米，坝址以上控制流域面积3861平方千米。1958年开始筹划设计，1969年10月全面动工，1972年3月蓄水，5月开始按低水位运行投入灌溉。1973年3月，坝体混凝土浇筑到设计高程，1975年开始按正常高水位运行。1978年8月，发电机组交付使用，9月水库工程全部建成。

枢纽工程由混凝土双曲拱坝、河床电站、东西干渠渠首和反调节池组成。拦河坝为变圆心变半径混凝土双曲拱坝，坝基最低高程532米，坝顶高程620米，坝高88米，最大坝宽27.26米，总库容1.098亿立方米。坝体596米高程处设6个7米 ×8米的泄洪孔，各孔出口设7米 ×8米平板工作闸门，由6部2×80吨的固定式启闭机操作。坝后建有50米长护坦。坝下设两道交通桥。

东干渠渠首工程由进水塔、灌溉发电引水洞、电站厂房和灌溉输水建筑物组成。进水塔位于坝上游左岸，塔高31.3米，进口底槛高程588.7米。灌溉发电引水洞的主洞长101.65米，洞径3米。发电支洞长26.96米，洞径1.75米。电站厂房长24.4米，宽10.7米，内装1250千瓦机组2台。灌溉输水建筑物由灌溉管、闸室、消力池和明渠4部分组成，与东干渠相接，最大引水流量32立方米每秒。西干渠渠首引水量6立方米每秒，电站装机为1台500千瓦机组。

反调节池位于拱坝以下2千米处，利用原褒惠渠渠首改建而成，解决电站运行集中放水与灌溉均匀放水矛盾。主要由溢流坝、渠首、导墙和橡胶坝袋等建筑物组成。溢流坝高9.3米，长132米，护坦长20米。正常高水位541.3米时，库容58万立方米，其中有效库容38万立方米。由3孔进水闸和2孔冲沙闸控制蓄水量。

水库具有灌溉、发电、养殖、防洪等多种功能，工程建成以后，年出库水量约17亿立方米，灌溉供水约3亿立方米，设计灌溉面积51.5万亩，每年实际灌溉面积41万亩左右。发电供水约7.6亿立方米，年发电约6200万千瓦时，年捕捞成鱼1.5万千克。2021年，石门水库作为城市水源地向汉中市高新技术开发区和汉中城区供应自来水，现已实现日供水5万立方米。

二、安康水电站水库

安康水电站位于汉江干流安康县城上游18千米处，上距石泉水电站约170千米，下距丹江口水电站约260千米，控制流域面积35700平方千米，年均流量608立方米每秒，年总径流量192亿立方米。水电站以发电为主，兼有防洪、航运、养殖等综合功能。工程于1974年开始筹建，1978年4月正式开工，1983年12月25日顺利截流，1989年11月

25 日下闸蓄水，1990 年 12 月第一台机组发电，1992 年 11 月 4 台机组安装完毕并投产。

枢纽工程由拦河坝、坝后式厂房、变电站、航运过坝设施、拦鱼泄水设施等建筑物组成。拦河坝为折线型混凝土整体重力坝，坝顶高程 338 米，最大坝高 128 米，坝顶长 541.5 米。泄水建筑物设有 5 个表孔（孔口高 15 米，宽 17 米），5 个中孔（孔口高 11 米，宽 12 米），4 个底孔（孔口高 5 米，宽 8 米）和 1 个右岸冲沙孔。各泄水建筑物均设弧形闸门及固定卷扬机启闭。厂房布置在右岸坝后，为封闭式框架结构，长 132.55 米、宽 22.9 米、高 52.9 米。厂房内装 4 台 20 万千瓦水轮发电机组；引水钢管直径 7.5 米，每条长 86.8 米，最大引水流量 350 立方米每秒。厂坝间设开关站。

水库正常蓄水位高程 330 米，库容 25.85 亿立方米，调节库容 16.8 亿立方米。防洪控制水位高程 325 米，防洪库容 3.5 亿立方米，可调节提高安康、旬阳、白河等城镇抗洪标准。库区回水长度 128 千米，枯水经过调节，下游最小流量可由 44 立方米每秒增加到 250 立方米每秒，使上游 128 千米和下游 220 千米航运条件得到改善，年过境运力可达 25 万 ~ 30 万吨。

电站发电总装机 80 万千瓦，保证出力 17.5 万千瓦，年均利用 3500 小时，发电量 28 亿千瓦时，每年可节约标准煤 170 万吨。并网后主要担负电力系统的调峰任务，向关中和汉中地区供电。除保证襄渝、阳安两条电气化铁路电源外，还可使下游规划中的旬阳、蜀河和夹河 3 个梯级水电站的保证出力提高 3 倍左右。

三、石泉水电站水库

石泉水电站，位于汉江上游干流石泉县 1 千米处。1958 年 10 月，水利部、黄河西北工程局和陕西省抽调人员组成石泉水电工程局。1958 年 11 月 13 日，中共陕西省委、省人民委员会决定修建，工程由北京水电勘测设计院设计。1962 年，因经济困难，工程停建。1970 年，经国务院批准，重新开工。1973 年 12 月，水库蓄水。1974 年 7 月，机组开始投入运营。1998 年，作为陕西省“九五”重点建设项目和“二十项兴陕项目”工程，石泉二期扩建工程开工建设，2000 年竣工，投产发电。2003 年，国家施行电力体制改革，石泉水电站被划入大唐集团有限公司。

电站坝高 65 米，坝宽 16 米，坝长 353 米，水库正常高水位 410 米，设计库容 3.98 亿立方米。坝型为混凝土空腹重力坝，控制流域面积 23400 平方千米，多年平均流量 341 立方米每秒。电站为坝后式，装机组 4 台，总装机容量 13.5 万千瓦，年发电量 6.30 亿千瓦时。电站以发电为主，兼有防洪、灌溉、航运等任务。

四、喜河水电站水库

喜河水电站，位于汉江上游干流石泉县喜河镇下游 10 千米处，是汉江上游干流河段规划中的第三个梯级电站，坝址上、下游分别为已建成的石泉水电站和安康水电站。2003 年 6 月开工，2006 年 6 月首台机组并网发电，12 月全部机组发电。

水利枢纽采用右岸河床式厂房、左岸泄流建筑物及左岸升船机坝段的布置形式，通航设施采用垂直升船机，最大过船吨位为 50 吨。拦河坝为碾压混凝土重力坝，坝顶高程 367.8 米，最大坝高 62.8 米，坝顶长 346 米，自左向右分别由左岸非溢流坝段、泄洪中孔与垂直升船机相结合的坝段、表孔坝段、左导墙坝段、泄洪排沙中孔坝段、右导墙坝段、厂房坝段、安装间坝段、右岸非溢流坝段组成。泄洪建筑物由5个溢流表孔和4个中孔组成。

喜河水电站是一座以发电为主，兼有防洪、航运、养殖、旅游等综合效益的水利枢纽。电站正常蓄水位362米，总库容2.29亿立方米，总装机容量为18万千瓦，多年平均发电量4.92亿千瓦时。

五、蔺河口水电站水库

蔺河口水电站，位于岚皋县境内的岚河干流上，是岚河梯级规划中的第三座水电站，也是岚河流域唯一的控制性工程。工程以发电为主，兼顾养殖、旅游等综合利用效益。工程于2000年5月正式开工，2003年10月下闸蓄水，2004年5月3台机组全部并网发电，2005年5月工程竣工验收。

电站枢纽由拦河坝、泄洪隧洞、引水隧洞、发电厂房和开关站等组成。拦河坝为碾压混凝土双曲拱坝，坝顶高程515米，最大坝高96.5米，坝顶宽6米。5孔泄洪表孔布置在坝顶中部。泄洪隧洞岸塔式进水口位于大坝左岸上游约650米的岚河弯道处。泄洪隧洞由进口段、洞身段和出口消能段组成，全长351.85米。泄洪隧洞最大泄量419立方米每秒。

坝址以上控制流域面积1450平方千米，多年平均流量34.9立方米每秒，多年平均年径流量11亿立方米，水库总库容14700万立方米，正常蓄水位512米，死水位485米，调节库容0.875亿立方米，为不完全年调节水库。装机容量72000千瓦，年发电量21890.80万千瓦时。

岚皋县蔺河口水电站（2005年摄）

六、蜀河水电站水库

蜀河水电站，位于旬阳县境内的汉江干流上游，是汉江干流上游河段梯级开发规划中的第六座水电站，距上游的旬阳县城 51 千米，距上游安康水电站约 120 千米，距下游丹江口水利枢纽约 200 千米。工程于 2005 年 12 月开工，2009 年 12 月下闸蓄水，2009 年 12 月 29 日首台机组并网发电，2010 年 10 月 6 台机组全部并网发电。

枢纽由左岸重力坝、安装间（溢流表孔）、河床式厂房（溢流表孔）、纵向导墙、泄洪闸、垂直升船机兼泄洪闸、右岸溢流表孔等组成。大坝为混凝土闸坝，最大坝高 72 米，坝顶高程 230 米，坝顶长 290 米。泄水建筑物包括右岸表孔 1 孔、升船机坝段兼泄洪闸 1 孔、泄洪闸 4 孔、厂房溢流表孔 6 孔、安装间段溢流表孔 2 孔，机组下方排沙孔 2 孔，联合最大泄量 38559 立方米每秒。

工程以发电为主，电站装机容量 270 兆瓦，年发电量 104440 万千瓦时。坝址以上流域面积 49400 平方千米，总库容 32350 万立方米，为日调节水库，正常蓄水位 217.30 米，死水位 215 米，设计洪水位 222.05 米，校核洪水位 227.15 米。

第二节　中型水库

流域中型水库共计 20 座，其中汉中市境内中型水库共计 10 座，分别是红寺坝水库、南沙河水库、马家沟水库、傥河水库、沙河水库、卡房水库、天生桥水库、巨亭电站水库、乔山水电站水库和葫芦头水电站水库；安康市境内中型水库共计 10 座，分别是黄石滩水库、观音河水库、毛坝关水电站水库、深阳水电站水库、古仙洞水电站水库、三大峡水电站水库、白土岭水电站水库、大岭水电站水库、桂花水电站水库和季家坪水库。

一、红寺坝水库

红寺坝水库，位于南郑区，汉江南岸以及支流濂水河上游，坝址以上控制流域面积 121.3 平方千米，库容 3381 万立方米，是一座以灌溉为主，兼防洪、发电、养殖、旅游等综合利用的中型水库。1959 年，汉中市人民委员会组织中所、新集、黄官、红庙等 4 区农民投劳兴建，于 1960 年建成蓄水，保灌原有水田 10 万余亩。1964 年向强家湾水库送水，至 1982 年修成总长 55 千米的东西干渠，形成可串联濂水河系 22 条堰渠、21 座小型水库、1588 口陂塘和 36 处抽水站的灌溉系统。

水库枢纽由主坝、副坝、输水洞和溢洪道组成。主坝为黏土心墙坝，高 27 米（包括 1 米高防浪墙）。副坝 4 座。输水洞两处，均为钢筋混凝土结构。一处为原建的输水洞，长 80.72 米，内径 1.7 米，最大输水流量 10 立方米每秒。一处为 1976 年新建的输水洞，长 76 米，内径 2 米，最大输水流量 12 立方米每秒。溢洪道两处。正常溢洪道位于三号、四号副坝之间，堰顶宽 30 米，顶部设橡胶坝，充水高 3 米，平正常蓄水位，堰总长 50 米，最大泄洪量 1100 立方米每秒。非常溢洪道位于原溢洪道北，堰顶宽 52 米，平时加土堰高 2 米，非常运用时破土堰泄洪，泄洪量 700 立方米每秒。

水库投入运行以后，不断进行加固、配套和改善提高。1961 年对主坝右侧山坡作灌浆、砌石防渗处理。1970 年在溢洪道宽顶堰安装 15 扇高 2 米的立柱旋转搭叠式活动闸门，使有效库容增加到 2180 万立方米。1973 年，进行主坝帷幕灌浆，使右坝肩渗漏基本得到控制。1976 年，把原斜拉式闸门启闭困难的放水洞作为备用，另新建了放水塔、洞。1980—1981 年，按可能最大暴雨洪水复核的 3100 立方米每秒入库流量和溢洪道下泄 1800 立方米每秒的流量，对枢纽工程进行了全面加固。

设施灌溉面积 18.22 万亩，有效灌溉面积 15.43 万亩，占南郑县总灌溉面积的 41%。坝后电站 1 座，装机容量 650 千瓦，年发电量 136 万千瓦时。年产成鱼 2 万多千克。库区 4500 亩荒坡地已全部绿化，种植经济林木 200 万株。

二、南沙河水库

南沙河水库，是汉中市城固县的唯一一座中型水库，距城固县城约 15 千米，距汉中市中心 17 千米。因水库修建于南沙河上，故名南沙河水库。1958 年开始动工兴建南沙河水库，1961 年南沙河水库建成蓄水，水库建成至今，已经运行 60 余年。

水库南北长约 6 千米，东西宽 3 千米，库容 4500 万立方米，水面面积 2400 亩。东西干渠两条，支渠一条，总长 25.3 千米，建筑物 265 座，东西干渠引水流量 7 立方米每秒，斗渠 9 条 35.1 千米，干渠沿线建抽水站 19 座，提灌面积 476 亩，建成小（2）型水库 9 座，蓄水量 201.35 万立方米，机井 53 眼，其中配套 29 眼。

1962 年至 1976 年，对工程进行续修和改建，库渠工程全部完成，增建防浪墙、第二溢洪道。溢洪道改用 100 年一遇洪水设计，500 年一遇洪水校核。决定大坝、副坝一并加高 2 米，坝高 31.5 米；单薄山梁作推幕灌浆处理；已成溢洪道进口降低 2 米。1976 年，决定沿大坝、副坝顶增建 1.5 米高的浆砌防浪墙（实高 1 米），并在溢洪道左侧增修 32 米宽的第二隘洪道。

南沙河水库总库容 4330 万立方米，兴利库容 2008 万立方米，坝后电站装机容量 2200 千瓦，水库灌区 5 万亩，成为以灌溉、防洪为主，结合发电、养殖和旅游综合兴利的中型水库。

三、马家沟水库

马家沟水库，位于城固县石槽乡汉江一级支流湑水河下游，属于湑水河梯级开发规划的第一级水电站，坝址以上流域面积 1331 平方千米，多年平均径流量 6.43 亿立方米。

水库坝型为混凝土重力坝，水库正常蓄水位 794 米，正常蓄水位以下库容 2706 万立方米。引水隧洞全长 3.07 千米。电站装机容量 2.5 万千瓦，年均发电量 7138 万千瓦时。马家沟水电站为中型Ⅲ等工程，拦河坝、发电引水建筑物、发电厂房均为 3 级建筑物，其他建筑物为 4 级。

四、傥河水库

傥河水库，位于洋县纸坊乡寨山脚下。1966 年，陕西省水利电力勘测设计研究院测量设计，10月成立工程指挥部，动工修建，1970年3月竣工。水库控制流域面积237平方千米，库容4190万立方米。设计灌溉面积4.1万亩。

土坝高50米，底宽329.9米，坝顶长297米，溢洪道底宽44米。1976年10月，开挖第二溢洪道，于1978年建成。泄洪量由原30年一遇洪水流量1230立方米每秒，增大为3050立方米每秒。1987年至1989年，完成抛石护坡防渗加固、闸门改造等除险加固工程。

五、沙河水库

沙河水库，位于洋县汉江以南的巴山脚下，距洋县县城8千米。水库建于1958年，库容为800万立方米，集雨面积为105平方千米。

现为金沙湖景区核心，景区以沙河库区水域面积和湿地资源为核心，沿沙河流域上下游延伸，形成集生态观光、休闲度假、特色餐饮和康体运动于一体的全时段区域生态度假区，同时也是当地重要的灌溉水源。

六、卡房水库

卡房水库，位于汉江一级支流酉水河茅坪镇境内，距县城约60千米，是陕西省“九五”重点水利建设项目，由水库和坝后电站组成，是一座以灌溉为主，发电、养殖、人畜饮水综合利用的中型水利工程。

洋县卡房水库（2018年摄）

坝址以上控制流域面积 310 平方千米，水库总库容 2992 万立方米，调节库容 2169 万立方米。大坝为浆砌石重力拱坝，高 78 米，长 310.63 米，内设观测和排水廊道两层，1998 年 5 月水库主体开工，2007 年 12 月建成蓄水。电站设计装机容量 12000 千瓦，年发电量 5194 万千瓦时，2003 年 9 月开工，2010 年 5 月建成运行。

水库可灌溉农田 15.8 万亩，解决了洋县东北部丘陵区 9.44 万人、7 万头大家畜的饮水困难，改变了灌区十年九旱、靠天吃饭的状况，为汉中电网提供优质电能，经济效益、社会效益显著。

七、天生桥水库

天生桥水库，位于汉中宁强县二郎坝镇水田坪村，是引西流河入汉江支流玉带河的跨流域调水梯级水电项目，距宁强县城约 38 千米，是通过封堵盐井河天生桥处的暗河，以山体挡水形成的水库。水库总库容 7760 万立方米，其中兴利库容 5030 万立方米，调洪库容 1930 万立方米，正常蓄水位 1180 米，死水位 1140 米，为年调节水库。坝址以上流域面积 397 平方千米。工程以发电为主，天生桥、二郎坝、卧龙台三个梯级电站总装机容量 53.05 兆瓦。

水库枢纽由混凝土拱型堵头、副坝及古河道截渗墙、山体防渗帷幕、右岸溢洪洞、左岸泄洪洞、左岸压力输水隧洞和一级天生桥电站等 7 项工程组成。天生桥水库除满足灌溉用水外，还保证汉江钢铁厂工业用水。

八、巨亭电站水库

巨亭电站水库，位于宁强县巨亭镇上游约 5 千米处，工程分为枢纽工程、110 千伏送出工程和库区宝成铁路防护工程。电站正常蓄水位 599 米，最大坝高 40 米，总库容 3265 万立方米，为径流式电站，总装机容量 40000 千瓦，年平均发电量 13200 万千瓦时。电站于 2009 年开工建设，2016 年 12 月 1 号机组首次并网发电，2017 年 3 月全部投产发电。

九、乔山水电站水库

乔山水电站，位于牧马河与其支流泾洋河汇合处下游 5 千米的乔山村，隶属西乡县城关镇，距西乡县城约 7.5 千米。乔山水电站总装机容量为 12000 千瓦，是以发电为主的日调节河床式电站，不承担下游的防洪任务。2011 年 12 月开工建设，2014 年建成完工。

工程主要建筑物由主体工程重力式连接坝、河床泄洪闸坝、进水口等，辅助工程，储运工程，公用工程和环保工程等 5 部分组成。电站坝高 22 米，库容 1664 万立方米，调节库容 290 万立方米，正常蓄水位 428 米，2 台水轮机组和 2 台发电机组，年发电量 3628 万千瓦时。

水库以发电为主，满足西乡县及周边地区的用电需求，同时兼具防洪、休闲旅游、水产养殖等功能。

十、葫芦头水电站水库

葫芦头水电站，位于汉中市略阳县西淮坝镇贤村，于 2002 年 10 月建成发电，站址及库区均在西淮坝镇境内，是一座具有水量调节能力的闸坝式水电站，水库坝高 43 米，坝长 196.5 米，库区全长 11 千米，总库容 1874 万立方米，年平均发电量 5003 万千瓦时。2020 年 1 月 7 日，被评为“2019 年度绿色小水电示范电站”。

十一、黄石滩水库

黄石滩水库，位于安康市谭坝乡境内汉江二级支流付家河中游，是陕西省政府确定的“十五”重点水源工程建设项目，也是新中国成立以来安康市投资最大的水利枢纽工程。工程于 2000 年 12 月开工，2006 年 8 月下闸蓄水。坝址以上河道长 43.5 千米，控制流域面积 348 平方千米，多年平均径流量为 1.1 亿立方米。水库设计洪水标准为 100 年一遇，相应洪峰流量为 1150 立方米每秒，校核洪水标准为 200 年一遇，相应洪峰流量为 1910 立方米每秒。

水库总库容 4177 万立方米，其中有效库容 2034 万立方米，死库容 1398 万立方米，滞洪库容 745 万立方米。水库灌溉农田 7.39 万亩，以灌溉为主，兼顾防洪、养殖及江北供水。

十二、观音河水库

观音河水库，位于汉阴县县城西北 3 千米，由上段观音河库区和下段观音峡两部分组成。水库控制流域面积 80 平方千米，总库容 1552 万立方米，装机容量 1280 千瓦，年发电量 200 万千瓦时。水库工程于 1958 年 9 月动工兴建，1960 年 4 月大坝基本竣工，1962 年枢纽工程建成，是一座以灌溉为主，兼顾防洪、发电、养殖等综合利用的水利枢纽。

十三、毛坝关水电站水库

毛坝关水电站，位于紫阳县境内的任河干流上，是任河全流域规划开发的第六个梯级电站，毛坝关镇上游 1.8 千米，距紫阳县城 58 千米，距安康市 160 千米。2005 年完成工程建设。

枢纽工程主要建筑物由碾压混凝土拱坝、坝身泄流表孔、泄洪洞及引水发电建筑物等组成。坝基建基面高程 363 米，坝顶高程 427 米，最大坝高 64 米，正常蓄水位 412 米，总库容 2230 万立方米，调节库容 264 万立方米，为日调节水库。引水洞及压力管道总长 800 米，设计引用流量 104 立方米每秒，安装 3 台 8000 千瓦水轮发电机组，总装机容量 2.4 万千瓦，保证发电 3967 千瓦，年平均发电量 9851.2 万千瓦时。

总库容 4676 万立方米，其中兴利库容 264 万立方米，防洪库容 2446 万立方米，装机总量 8000 千瓦，年发电量 9050 万千瓦时。

十四、深阳水电站水库

深阳水电站，位于紫阳县境内，总库容 1360 万立方米，其中兴利库容 90 万立方米，防洪库容 520 万立方米，装机容量 11400 千瓦，年发电量 2125 万千瓦时。

十五、古仙洞水电站水库

古仙洞水电站，位于平利县城关镇。库、坝区范围涵盖城关镇沙河村、龙头村、八里关村，划定管理范围周长 17.71 千米，面积 1745.40 亩，划定保护范围 12316.74 亩。水库库容 2638 万立方米，曾是平利县居民唯一的饮用水水源地，后平利县将长安镇石牛河水源地调整为县城主要供水水源，但古仙洞水库仍然是重要的水源地之一。2023 年 12 月，其被陕西省水利厅命名为“省级标准化水库”。

十六、三大峡水电站水库

三大峡水电站，位于镇坪县曙坪乡境内大曙河中游，建成后总库容达 2260 万立方米。三大峡水库枢纽为三等三级建筑物，水库枢纽按 50 年一遇洪水设计，500 年一遇洪水校核。电站厂房按 20 年一遇洪水设计，100 年一遇洪水校核。

水电站最大坝高 60 米，坝顶长度 150 米，总库容 2027 万立方米。机组装机容量为 3750 千瓦，年发电量为 1340 万千瓦时，作为承担峰荷和腰荷的三大峡水电站，改善镇坪县的用电条件。

十七、白土岭水电站水库

白土岭水电站，位于安康市镇坪县境内的南江河干流上，大坝为双曲混凝土拱坝，坝高 69 米，总库容 2285 万立方米。控制流域面积 962 平方千米，设计水头 139 米，电站自 2009 年 4 月正式动工建设，2013 年 5 月首台机组并网发电，总装机容量 49000 千瓦，年平均发电量为 16848 万千瓦时。

十八、大岭水电站水库

大岭水电站，位于汉江一级支流旬河下游，坝址在旬阳县甘溪镇大岭台村别驾沟口下，距旬阳县城 30 千米，旬镇公路从旬河右岸通过，交通便利。大坝为碾压混凝土重力坝，最大坝高 37.9 米，大坝全长 170.5 米。水库控制流域面积 6157 平方千米，总库容 1278 万立方米，属于具有日调节功能的水库。工程自 2006 年 12 月动工，2010 年 1 月蓄水发电，2013 年 3 月通过竣工验收。装机容量 1.89 万千瓦，设计水头 19.3 米，设计年发电量 5595 万千瓦时，年利用小时为 2961 小时。曾获得水利部“2018 年度绿色小水电站”称号。

十九、桂花水电站水库

桂花水电站，位于安康市旬阳县，桂花乡政府上游 400 米处，为不完全年调节水库。

总库容 3252 万立方米，正常蓄水位 294 米，相应水库总面积约 1.8 平方千米，电站总装机容量 2×6000 千瓦，年平均发电量 4499 万千瓦时，年利用小时数 3749 小时。

二十、季家坪水库

季家坪水库，位于安康市旬阳县汉江一级支流旬河下游，距离旬阳县城 25 千米，距上游大岭电站约 9 千米。水库等级属于Ⅲ等中型工程，电站为Ⅳ等小（1）型工程，采用坝后式开发，总库容 1081 万立方米，电站总装机容量 1.32 万千瓦，年平均发电量 4074 万千瓦时。

第三节　小型水库

截至 2023 年，流域共有小型水库 490 座，其中小（1）型水库 81 座，小（2）型水库 409 座，总库容 37971.35 万立方米。按地域分，汉中市已建成小型水库 343 座，其中小（1）型水库 55 座，库容总量 17160.17 万立方米，小（2）型水库 288 座，库容总量 9842.18 万立方米；安康市已建成小型水库 137 座，其中小（1）型水库 26 座，库容总量 7914 万立方米，小（2）型水库 111 座，库容总量 3055 万立方米；商洛市建成小型水库 10 座，均为小（2）型水库。流域小型水库见表 2–2–1。

表2–2–1　流域小型水库一览表

汉中市			
序号	水库名称	管理单位	库容 / 万 m^3
小（1）型 55 座			17160.17
1	段家沟水库	石门水库管理局	152.00
2	狮子沟水库	石门水库管理局	302.00
3	雷草沟第二库	汉中市湑惠渠管理局	140.00
4	莲花石水库	汉中市冷惠渠管理局	172.80
5	八里桥水库	焦山庙村村民委员会	217.80
6	邢家坝水库	宗营镇政府	126.80
7	渔塘沟水库	河东店镇政府	137.50
8	凤家沟水库	武乡水利工作站	105.50
9	许家岭水库	老君镇政府	202.00
10	强家湾水库	红寺坝管理局	877.30
11	华山沟水库	红寺坝管理局	374.96
12	铁炉沟水库	红寺坝管理局	325.62

续表2-2-1

汉中市			
序号	水库名称	管理单位	库容 / 万 m^3
13	凤凰山水库	南郑区凤凰山水库管理站	278.92
14	陈家村水库	红寺坝管理局	182.77
15	白沙寨水库	南郑区大河坎镇水利管理站	150.60
16	钟宝寨水库	青树镇人民政府	298.66
17	灌沟水库	胡家营镇人民政府	152.37
18	小岩水库	湘水镇人民政府	187.00
19	千山水库	千山水库管理处	624.00
20	堰沟河水库	三合镇水利管理站	515.00
21	狮坝电站水库	国电陕西水电有限公司	978.00
22	白果树电站水库	国电陕西水电有限公司	360.00
23	李家湾水库	龙头镇水管站	215.00
24	大湾沟水库	龙头镇水管站	710.00
25	蚂蝗滩水库	龙头镇水管站	266.00
26	双岭水库	老庄镇水管站	129.00
27	三岔沟水库	崔家山镇水管站	245.00
28	新桥水库	桔园镇水利管理站	116.00
29	倒浆沟水库	龙头镇水管站	149.20
30	苎溪河水库	洋县傥河水库管理处	380.00
31	两河口水库	纸坊街道办事处	224.70
32	双龙寺水库	洋县引西工程灌溉理管局	325.80
33	大井沟水库	黄安镇人民政府	124.50
34	都家沟水库	洋县傥河水库管理处	270.00
35	龙王滩水库	洋县引西工程灌溉理管局	452.00
36	梁河水库	洋县引西工程灌溉理管局	346.56
37	麻底水库	洋县引西工程灌溉理管局	248.61
38	荞麦山水电站水库	洋县荞麦山水电有限公司	550.00
39	八仙园一级水电站水库	洋县隆盛水电公司	210.00

续表2-2-1

汉中市			
序号	水库名称	管理单位	库容 / 万 m^3
40	八仙园二级水电站水库	洋县隆盛水电公司	100.00
41	左溪电站水库	西乡县明阳水电有限公司	538.00
42	白勉峡电站	西乡中晖水电有限公司	308.00
43	王子岭电站	王子岭水电有限公司	154.00
44	陈沟水库	城北街道办事处青龙村委	112.70
45	古城水库	西乡县马鞍堰灌溉管理局	137.40
46	红花寺水库	勉县水利局军民渠管理站	375.19
47	东风水库	勉县水利局汉惠渠管理局	144.50
48	团结水库	团结水库管理站	168.50
49	隆台沟水库	勉县水利局天堰管理站	171.00
50	张家坝水库	略阳县兴龙黄金有限责任公司	940.00
51	西花水库	陕西省西力水电开发有限公司	758.10
52	秒家庄水库	佛坪县达盛水电开发有限公司	648.00
53	白龙洞水库	镇巴县白龙洞水电开发有限公司	114.00
54	赤南水库	赤南镇人民政府	129.31
55	娘娘滩水库	勉县水利局	537.50
小（2）型 288 座			9842.18
1	曹家沟水库	石门水库管理局	36.93
2	后头沟水库	石门水库管理局	57.70
3	丘山湾水库	石门水库管理局	21.00
4	雷草沟第一库	湑惠渠管理局	49.23
5	老牛沟水库	湑惠渠管理局	66.00
6	鸳鸯沟水库	湑惠渠管理局	18.28
7	宋家桥水库	舒家营村村民委员会	75.00
8	西沟水库	马王庙村村民委员会	37.93
9	渔塘沟下库	张寨村村民委员会	51.00
10	范寨水库	范寨村村民委员会	44.00

续表2-2-1

汉中市			
序号	水库名称	管理单位	库容 / 万 m^3
11	黄坝堰水库	沙沿村村民委员会	98.00
12	陈家山水库	小店村村民委员会	20.00
13	寺沟水库	共力村村民委员会	38.72
14	庙沟水库	邢坝村村民委员会	31.00
15	马堰沟水库	武乡水利工作站	77.40
16	狮子头水库	崔营村村民委员会	20.00
17	背坡水库	武乡水利工作站	55.50
18	黎明水库	武乡水利工作站	47.33
19	东方红水库	王庄村村民委员会	9.99
20	崔家沟一库	同心村村民委员会	30.90
21	崔家沟二库	同心村村民委员会	9.50
22	郭家沟水库	武乡水利工作站	84.25
23	周家沟水库	郑庄村村民委员会	29.00
24	猫头嘴水库	毛寨村村民委员会	30.00
25	黄塘水库	皇塘村村民委员会	23.00
26	顺池水库	王家沟村村民委员会	15.90
27	珍珠庙水库	王岭村村民委员会	95.00
28	柏树岭水库	汉王镇政府	10.40
29	李家沟水库	武乡水利工作站	70.00
30	深沟水库	黑庙村村民委员会	31.34
31	马家崖水库	永久村村民委员会	38.40
32	留马山水库	铺镇水利工作站	10.00
33	李家湾水库	朱营村村民委员会	24.00
34	冲沟水库	铺镇水利工作站	10.80
35	瓦窑一库	铺镇水利工作站	11.00
36	瓦窑二库	铺镇水利工作站	23.80
37	窑湾水库	铺镇水利工作站	12.00

续表2-2-1

汉中市			
序号	水库名称	管理单位	库容 / 万 m^3
38	肋巴沟水库	铺镇水利工作站	85.00
39	南江池水库	铺镇水利工作站	16.40
40	状元水库	铺镇水利工作站	37.90
41	稻香水库	铺镇水利工作站	14.60
42	堰沟湾水库	铺镇水利工作站	22.00
43	赵寨水库	赵寨村村民委员会	62.00
44	大坝水库	大坝村村民委员会	25.50
45	宋家沟水库	湘水镇人民政府	38.80
46	高家河水库	法镇人民政府	12.20
47	长沟水库	湘水镇人民政府	18.60
48	响水岩水库	牟家坝镇人民政府	15.06
49	凉水井水库	法镇人民政府	74.11
50	黑龙泉水库	湘水镇人民政府	14.50
51	杨家湾水库	牟家坝镇人民政府	12.77
52	河湾水库	牟家坝镇人民政府	64.90
53	卧龙岗水库	牟家坝镇人民政府	82.24
54	石峡子水库	法镇人民政府	49.88
55	塔沟水库	青树镇人民政府	11.50
56	黄龙水库	青树镇人民政府	32.09
57	元坝水库	红庙镇人民政府	65.14
58	七里沟水库	圣水镇人民政府	80.70
59	东沟水库	圣水镇人民政府	33.87
60	熳坡水库	胡家营镇人民政府	87.25
61	南垭口水库	黄官镇人民政府	18.32
62	熊庙水库	濂水镇人民政府	15.00
63	倒岩沟水库	两河镇人民政府	42.40
64	长沟水库	濂水镇水利管理站	26.70

续表2-2-1

汉中市			
序号	水库名称	管理单位	库容 / 万 m^3
65	武家沟水库	黄官镇水利管理站	97.00
66	华林水库	新集镇人民政府	15.86
67	荒溪沟水库	新集镇水利管理站	18.85
68	金华寺水库	新集镇水利管理站	19.06
69	碗厂沟水库	新集镇水利管理站	36.20
70	石马湾水库	新集镇水利管理站	57.98
71	小汉山水库	汉山街道办事处	23.50
72	石梯坡水库	汉山镇水利管理站	14.96
73	塘井沟水库	大河坎镇人民政府	53.16
74	白兔岭水库	红寺坝水库灌溉管理局	50.30
75	合同岩水库	高台镇水利管理站	99.00
76	马家槽水库	梁山镇人民政府	20.67
77	张雅河水库	高台镇水利管理站	34.19
78	农丰水库	阳春镇水利管理站	16.60
79	吴家坪水库	阳春镇人民政府	18.50
80	老虎沟水库	梁山镇人民政府	32.53
81	中梁寺水库	梁山镇人民政府	42.50
82	凉水泉水库	阳春镇人民政府	14.00
83	王湾子水库	阳春镇人民政府	14.00
84	雅河岭水库	高台镇人民政府	21.20
85	燕儿窝水库	阳春镇人民政府	39.00
86	柿子沟水库	阳春镇水利管理站	18.70
87	六亩堰水库	高台镇水利管理站	15.50
88	雪花岭水库	高台镇水利管理站	27.20
89	石关沟水库	阳春镇水利管理站	87.63
90	刘家沟水库	协税镇人民政府	18.60
91	夏家庵水库	汉山镇水利管理站	17.79

续表2-2-1

汉中市			
序号	水库名称	管理单位	库容 / 万 m^3
92	深北沟水库	桔园镇深北村村民委员会	39.00
93	木槽口水库	桔园镇郭家山村村民委员会	22.00
94	安沟水库	桔园镇杨西营村村民委员会	13.00
95	冯家沟水库	桔园镇郭家山村村民委员会	17.00
96	沈家槽水库	原公镇水利管理站	33.24
97	舒家沟水库	原公镇三官村村民委员会	14.00
98	青龙寺水库	原公镇水利管理站	72.00
99	南沟水库	原公镇垣山村委会	12.00
100	老虎沟水库	原公镇宝山水管站	47.94
101	军民水库	桔园镇水利管理站	96.27
102	大干沟水库	原公镇宝山水管站	65.00
103	常家沟水库	原公镇宝山水管站	78.00
104	张家沟水库	原公镇宝山水管站	24.20
105	小老虎沟水库	原公镇西庙村村民委员会	18.00
106	小干沟水库	原公镇陈家村村委会	17.00
107	胡家沟水库	原公镇丁家村村委会	28.00
108	长岭河水库	原公镇东窑村村民委员会	26.50
109	三岔沟水库	原公镇夭庄村村委会	15.00
110	法龙寺水库	三合镇秦家坝村村民委员会	30.36
111	桔林水库	龙头镇龙头社区	23.00
112	黎家沟水库	老庄镇水利管理站	43.00
113	上井沟水库	老庄镇水利管理站	37.80
114	下井沟水库	老庄镇水利管理站	15.00
115	韩家塘水库	文川镇水利管理站	36.60
116	药树岭水库	老庄镇水利管理站	29.50
117	五马坟水库	联合村村民委员会	12.00
118	景家山水库	老庄镇水利管理站	39.00

续表2-2-1

汉中市			
序号	水库名称	管理单位	库容 / 万 m^3
119	郑家坝水库	五堵镇人民政府	19.90
120	干坝水库	黄沙村村民委员会	13.10
121	三官塘水库	金牛村村委会	10.00
122	杨家湾水库	二里山村村民委员会	12.60
123	七里沟水库	刘草坝村村民委员会	13.40
124	陈家沟水库	湖广营村委会	11.90
125	大关沟水库	合丰村村民委员会	28.80
126	大垭桥水库	七里店村村民委员会	13.00
127	刘家沟水库	徐李社区居民委员会	28.08
128	龙王山水库	湖广营村村民委员会	11.50
129	茅坪沟水库	古路坝村民委员会	11.30
130	彭家沟水库	湖广营村村委会	10.35
131	乔西沟水库	叶齐村村民委员会	28.50
132	寺沟河水库	嵩山寺村村民委员会	34.20
133	周万沟水库	唐家营村村委会	21.90
134	夭沟水库	合丰村村委会	10.00
135	堡子沟水库	南沙河水库管理处	52.70
136	寨沟水库	大路坪村村民委员会	24.00
137	尖山寺水库	中台村村民委员会	11.90
138	雷家沟水库	大路坪村村民委员会	15.00
139	罗儿湾水库	盐井村村民委员会	10.30
140	松树沟水库	松树村村民委员会	13.00
141	钻天坡水库	明珠村村民委员会	14.70
142	堵山水库	堵山村村民委员会	54.20
143	双石桥水库	大同村村委会	11.10
144	苏家庄水库	明珠村村委会	18.30
145	邬家堰水库	荀家湾村村委会	28.00

续表2-2-1

汉中市			
序号	水库名称	管理单位	库容 / 万 m^3
146	艾河垭水库	磨子桥镇人民政府	24.43
147	白家沟水库	沙河水库管理站	77.89
148	白石河水库	金水镇人民政府	12.60
149	北坟沟水库	谢村镇人民政府	18.00
150	蔡家沟水库	马畅镇人民政府	38.79
151	曹家沟水库	黄安镇人民政府	20.67
152	陈家沟水库	谢村镇人民政府	11.00
153	程家河水库	黄安镇人民政府	97.50
154	大坝沟水库	马畅镇人民政府	15.00
155	大池水库	谢村镇人民政府	11.00
156	大沟水库	谢村镇人民政府	17.00
157	邓家沟水库	引西工程灌溉管理局	14.22
158	邓家庙水库	戚氏街道办事处	39.12
159	东岭水库	溢水镇人民政府	44.00
160	二郎殿水库	龙亭镇人民政府	62.60
161	杆柏水库	关帝镇人民政府	41.08
162	高家河水库	傥河水库管理处	75.50
163	关上水库	槐树关镇人民政府	38.90
164	桂峰水库	溢水镇人民政府	17.47
165	何家沟水库	戚氏街道办事处	14.33
166	红光水库	谢村镇人民政府	33.20
167	胡家沟水库	纸坊街道办事处	15.00
168	胡家湾水库	纸坊街道办事处	36.60
169	回龙水库	谢村镇人民政府	18.60
170	靳家河	纸坊街道办事处	37.16
171	雷家沟水库	大路坪村村民委员会	10.00
172	刘家沟水库	引西工程灌溉管理局	45.00

续表2-2-1

汉中市			
序号	水库名称	管理单位	库容 / 万 m^3
173	龙王沟水库	戚氏街道办事处	16.00
174	李家沟水库（罗曲）	槐树关镇人民政府	25.60
175	马道水库	纸坊街道办事处	12.00
176	庙郎沟水库	磨子桥镇人民政府	13.00
177	南沟水库	谢村镇人民政府	18.00
178	闹斗沟水库	戚氏街道办事处	15.00
179	戚家沟水库	磨子桥镇人民政府	13.00
180	清凉水库	纸坊街道办事处	91.79
181	任家湾水库	引西工程灌溉管理局	72.30
182	三道岭水库	黄安镇人民政府	24.53
183	山后水库	戚氏街道办事处	26.00
184	上沟水库	戚氏街道办事处	20.09
185	石板沟水库	黄安镇人民政府	35.77
186	石卡河水库	槐树关镇人民政府	20.77
187	石林沟水库	黄安镇人民政府	17.00
188	石榴河水库	槐树关镇人民政府	28.45
189	石嘴水库	戚氏街道办事处	18.00
190	宋家堰电站水库	汉中市清洋水电公司	45.70
191	谭家沟水库	黄家营镇人民政府	15.50
192	唐家沟水库	磨子桥镇人民政府	18.00
193	桃溪河水库	黄家营镇人民政府	65.70
194	陶岭水库	戚氏街道办事处	32.00
195	桐马沟水库	茅坪镇人民政府	21.00
196	土地庙沟水库	黄安镇人民政府	33.42
197	西沟水库	戚氏街道办事处	29.05
198	夏家沟水库	谢村镇人民政府	24.80
199	小沟水库	黄安镇人民政府	10.10

续表2-2-1

汉中市			
序号	水库名称	管理单位	库容 / 万 m^3
200	小刘家沟水库	黄安镇人民政府	25.00
201	酉水街电站水库	汉中市清洋水电公司	90.00
202	许家沟水库	马畅镇人民政府	35.10
203	李家沟水库（湑水）	谢村镇人民政府	75.62
204	垭地湾水库	溢水镇人民政府	29.00
205	闫河沟水库	黄安镇人民政府	63.00
206	颜家河水库	沙河水库管理站	45.44
207	杨溪河水库	沙河水库管理站	65.18
208	夭庄水库	纸坊街道办事处	27.49
209	野猪沟水库	马畅镇人民政府	32.39
210	寨坡水库	引西工程灌溉管理局	76.52
211	张家沟水库	戚氏街道办事处	56.75
212	张家嘴水库	洋州街道办事处	99.63
213	长河水库	引西工程灌溉管理局	70.24
214	赵家渠水库	纸坊街道办事处	10.40
215	砖庙沟水库	沙河水库管理站	48.22
216	板桥二级水库	洋县昊辰水电发展有限责任公司	26.50
217	白杨沟水库	子午镇人民政府	42.60
218	大石沟（白龙）水库	白龙塘镇人民政府	28.00
219	大石沟（堰口）水库	大坪村村民委员会	64.00
220	大堰沟水库	朱家垭村村民委员会	60.00
221	附溪水库	附溪村村民委员会	13.60
222	韩家沟水库	回龙村村民委员会	68.10
223	何家沟水库	桑园镇七一村委会	14.00
224	后沟水库	毛垭村委会	16.31
225	火地沟水库	火地沟村委会	22.28
226	蒋家沟水库	二里社区	39.54

续表2-2-1

汉中市			
序号	水库名称	管理单位	库容 / 万 m^3
227	金牛滩水库	白龙塘镇人民政府	97.14
228	李家沟水库	堰口镇人民政府	97.51
229	莲花水库	莲花村村民委员会	42.62
230	两档河水库	龙王沟村村民委员会	14.85
231	刘家沟水库	白龙塘镇白龙社区	37.70
232	龙洞河水库	马鞍堰灌溉管理局	19.12
233	龙山沟水库	沙河镇苦竹坝村委会	15.80
234	七里沟水库	午镇段家营村	10.13
235	石梯水库	堰口镇石梯村	11.08
236	石峡水库	沙河镇青龙嘴村委会	32.23
237	树林沟水库	白龙塘镇人民政府	15.77
238	土地梁水库	桑园镇胜利村委会	39.00
239	王家山水库	堰口镇古城社区	34.00
240	堰沟河水库	子午镇三花石社区	22.20
241	堰口河水库	城北街道办事处	49.00
242	杨沟水库	堰口镇二郎村	21.27
243	岳岭水库	堰口镇岳岭村	23.47
244	庄房沟水库	白龙塘镇人民政府	40.00
245	中坝水库	天堰管理站	66.30
246	黄沙窑水库	新街子镇小寨村	31.00
247	李家沟水库	堰惠渠管理站	37.80
248	小西沟水库	新街子镇五丰村	22.70
249	欧家沟水库	军民渠管理站	99.00
250	三岔沟水库	幸福渠管理处	14.50
251	塘池沟水库	幸福渠管理处	11.20
252	墓底泉水库	金泉镇墓上村	51.60
253	张家院水库	幸福渠管理处	19.40

续表2-2-1

汉中市			
序号	水库名称	管理单位	库容 / 万 m^3
254	小河垭水库	同沟寺镇金光村	31.20
255	金泉寺水库	无坝堰管理站	39.90
256	猫儿沟水库	堰惠渠管理站	30.00
257	寨子沟水库	天堰管理站	19.00
258	上西沟水库	军民渠管理站	98.90
259	大沟水库	堰惠渠管理站	39.50
260	蒙家槽水库	幸福渠管理处	20.00
261	康沟水库	天堰管理站	21.50
262	深沟水库	天堰管理站	19.70
263	筒车沟水库	天堰管理站	16.50
264	定军水库	定军山镇团结水库管理站	65.20
265	金洞崖水库	新街子镇王家坪村	37.60
266	庆家寨水库	老道寺镇张家湾村	45.00
267	秧田沟水库	同沟寺镇金光村	23.00
268	张家湾水库	板凳堰管理站	91.50
269	鹁鸽堰水库	老道寺镇楼子沟村	32.00
270	南大沟水库	汉惠局管理局	52.00
271	白家槽水库	军民渠管理站	94.30
272	柳沟水库	军民渠管理站	61.40
273	李子沟水库	军民渠管理站	12.70
274	小堰沟水库	汉源街道办事处	16.61
275	刘家沟水库	高寨子街道办事处	17.74
276	灯草沟水库	高寨子街道办事处	32.00
277	大沟水库	高寨子街道办事处	22.50
278	李家沟水库	高寨子街道办事处	23.50
279	高家沟水库	高寨子街道办事处	15.30
280	石关门水库	高寨子街道办事处	31.20

续表2-2-1

汉中市			
序号	水库名称	管理单位	库容 / 万 m^3
281	青西水库	青木川镇人民政府	18.10
282	青东水库	青木川镇人民政府	12.50
283	老林沟水库	郭镇人民政府	22.38
284	三川水库	五龙洞镇人民政府	22.00
285	尼古坪水库	岳坝镇草林村民委员会	15.00
286	瓦寨水库	西岔河镇故峪沟村委会	13.25
287	阴家坪水库	陈家坝镇郭家坝村委会	14.00
288	沙梁电站水库	陕西省西力水电开发有限公司	10.32

安康市			
序号	水库名称	管理单位	库容 / 万 m^3
小（1）型 26 座			7914
1	许家河水库	张滩镇政府	380
2	新民水库	汉滨区月河灌区管理处	227
3	手掌河水库	洪山镇政府	109.6
4	福滩河水库	吉河镇政府	128.36
5	鹅项颈水电站水库	石泉水电开发有限责任公司	116
6	席家坝水电站水库	石泉县席家坝水力发电有限公司	750
7	青石水电站水库	石泉县青石水电开发有限公司	200
8	万家宝水电站水库	石泉县万家宝水电有限公司	260
9	筷子铺水电站水库	石泉水电开发有限责任公司	170
10	西沙河水库	石泉县西沙河水库管理站	134
11	迎丰水电站水库	石泉县明丰水电有限责任公司	180
12	庙梁水电站水库	石泉县庙梁水电站	190
13	太山水电站水库	宁陕县浙乐水电开发有限公司	835
14	班桃水电站水库	紫阳斑桃水电分公司	285
15	红椿水电站水库	紫阳县闽泉水电开发有限责任公司	350

续表2-2-1

安康市			
序号	水库名称	管理单位	库容 / 万 m^3
16	尚坝水电站水库	紫阳县闽泉水电开发有限责任公司	378
17	华兴水电站水库	紫阳县华兴水电站开发有限责任公司	582.9
18	相子坝水电站水库	岚皋县蓝江水电建设开发有限公司	173
19	花坝水电站水库	岚皋花坝水力发电有限责任公司	200
20	投洞子水电站水库	平利县投洞子水电分公司	558
21	西坝水电站水库	平利县阳光水电有限公司西坝电站	125.3
22	钟家坪水电站水库	陕西省水务集团旬阳水电开发有限公司	980
23	平定河水库	旬阳县水务集团有限责任公司	214
24	西沟河水库	旬阳县水务集团有限责任公司	100.5
25	安子沟水库	恒口示范区社管局	107.40
26	白鱼河水库	恒口示范区社管局	180.00
小（2）型 111 座			3055
1	东风水库	新城街道办	26.75
2	九里水库	新城街道办	11.5
3	仙女潭水库	大河镇政府	33.5
4	后岭水库	流水镇政府	10.26
5	唐下湾水库	关庙镇政府	15.19
6	大沟口水库	流水镇政府	14.75
7	大西沟水库	谭坝镇政府	10.2
8	姚沟河水库	五里镇政府	14
9	安一水库	关庙镇政府	24.1
10	建设水库	五里镇政府	94.01
11	张华子沟水库	大河镇政府	10
12	朱家沟水库	建民街道办	21.4
13	民主水库	流水镇政府	47
14	干沟水库	谭坝镇政府	14.5
15	李家沟水库	五里镇政府	22.4

续表2-2-1

安康市			
序号	水库名称	管理单位	库容 / 万 m^3
16	滚子沟水库	茨沟镇政府	19.4
17	漆树湾水库	洪山镇政府	53
18	田沟水库	县河镇政府	22.1
19	白家沟水库	吉河镇政府	15.4
20	百田沟水库	江北街道办	12.25
21	石门水库	瀛湖镇政府	22.21
22	石（四）岭沟水库	关庙镇政府	25
23	竹（朱）扒沟水库	茨沟镇政府	10.08
24	良田水库	流水镇政府	20.4
25	蔡家河水库	晏坝镇政府	15
26	西河沟水库	江北街道办	20
27	谢家沟水库	建民街道办	25
28	赵家沟水库	关家镇政府	12.43
29	长征水库	大河镇政府	58
30	香溪水库	瀛湖生态旅游区香溪洞管理局	19.28
31	黄溏水库	关庙镇政府	10
32	王河沟水库	石梯镇政府	27.16
33	铺沟水库	新城街道办	20.2
34	山庙垭水库	瀛湖镇政府	11
35	太丰水库	汉阴县平梁镇农综站	13
36	马家河水库	汉阴县平梁镇农综站	55.3
37	沐浴河水库	汉阴县平梁镇农综站	66.95
38	黄蟮沟水库	汉阴县平梁镇农综站	11.4
39	小槽水库	汉阴县平梁镇农综站	10.8
40	酒房沟水库	汉阴县平梁镇农综站	13
41	姚家河水库	汉阴县平梁镇农综站	19.4
42	后沟槽水库	汉阴县平梁镇农综站	12

续表2-2-1

安康市			
序号	水库名称	管理单位	库容 / 万 m^3
43	东方红水库	汉阴县城关镇农综站	20.31
44	清水沟水库	汉阴县城关镇农综站	83
45	沙沟水库	汉阴县城关镇农综站	24.9
46	红武水库	汉阴县城关镇农综站	15
47	梧桐沟水库	汉阴县城关镇农综站	48.8
48	李家沟水库	汉阴县城关镇农综站	13.8
49	茨沟水库（城关镇）	汉阴县城关镇农综站	13
50	草桥水库	汉阴县城关镇农综站	11.8
51	赵家河水库	汉阴县城关镇农综站	39.71
52	丰都殿水库	汉阴县城关镇农综站	11.2
53	阴浸沟水库	汉阴县城关镇农综站	11.4
54	八一水库	汉阴县蒲溪镇农综站	26.08
55	芹菜沟水库	汉阴县蒲溪镇农综站	51
56	贾沟水库	汉阴县蒲溪镇农综站	13.7
57	干沟水库	汉阴县蒲溪镇农综站	20
58	姚家槽水库	汉阴县双乳镇农综站	28.88
59	安良水库	汉阴县双乳镇农综站	76
60	玉河水库	汉阴县双乳镇农综站	21
61	龙王庙水库	汉阴县涧池镇农综站	14.25
62	瑶沟水库	汉阴县涧池镇农综站	18.1
63	谭家沟水库	汉阴县涧池镇农综站	45
64	龙垭水库	汉阴县涧池镇农综站	43.65
65	庙沟水库	汉阴县涧池镇农综站	24.16
66	安坝水库	汉阴县涧池镇农综站	13
67	茶园沟水库	汉阴县汉阳镇农综站	11.8
68	管子沟水库	汉阴县双河口镇农综站	13.7
69	石板沟水库	汉阴县双河口镇农综站	10

续表2-2-1

安康市			
序号	水库名称	管理单位	库容 / 万 m^3
70	柳树沟水库	汉阴县观音河镇农综站	12
71	龙谭沟水库	汉阴县观音河镇农综站	11
72	茨沟水库（漩涡镇）	汉阴县漩涡镇农综站	89.9
73	孙家湾水库	汉阴县漩涡镇农综站	15.2
74	先锋水库	汉阴县漩涡镇农综站	10.8
75	胡家湾水电站水库	石泉水电开发有限责任公司	67
76	金盆水库	石泉县两河镇政府	25
77	堡子水库	石泉县城关镇政府	13
78	红花沟水库	石泉县县城防洪工程运行管理站	82
79	银杏湖水库	石泉县热点旅游公司	16
80	渔洞河水库	宁陕县自来水公司	34
81	滴水岩水库	蒿坪镇政府	64.09
82	紫安水库	汉王镇政府	15.2
83	蛇嘴梁水电站水库	鸿源水电开发有限责任公司	56.28
84	八庙梁水电站水库	紫阳县中汇水电开发有限责任公司	82
85	岚河湾水电站水库	岚皋县岚河湾电站	60
86	松鸦水电站水库	平利县兴隆水电有限公司松鸦水电站	50.2
87	磨石沟水库	平利县城关镇人民政府	41
88	渡船口水电站水库	平利县江河水电开发有限公司	26.8
89	安宁渡水电站水库	陕西镇坪县桂花水能有限公司	49.4
90	樟树潭水电站水库	镇坪县浙西水电开发有限责任公司	12.5
91	胜利水库	旬阳白柳镇白桑园村委会	44.23
92	西坡水库	旬阳县关口镇西坡村委会	30.24
93	龚家槽水库	旬阳县城关镇人民政府	11
94	红旗水库	高新区社管局	65.7
95	龙潭水库	高新区社管局	31.73
96	井沟水库	高新区社管局	21.06
97	张沟水库	高新区社管局	11

续表2-2-1

安康市			
序号	水库名称	管理单位	库容 / 万 m^3
98	长沟水库	高新区社管局	22.6
99	姚沟水库	恒口示范区社管局	16.70
100	涧沟水库	恒口示范区社管局	15.27
101	黎家沟水库	恒口示范区社管局	46.45
102	富强水库	恒口示范区社管局	21.13
103	兴无水库	恒口示范区社管局	14.49
104	奎星水库	恒口示范区社管局	11.96
105	运溪水库	恒口示范区社管局	33.50
106	大姚沟水库	恒口示范区社管局	12.00
107	金马沟水库	恒口示范区社管局	18.35
108	红星水库	恒口示范区社管局	22.16
109	光明水库	恒口示范区社管局	11.00
110	香山水库	恒口示范区社管局	34.10
111	兴塘水库	恒口示范区社管局	14.00

第三章　调水工程

陕西汉江古代的水利建设主要集中在农业灌溉方面，通过修建堰坝、渠系等工程，对汉江及其支流的水资源进行了合理的利用和分配，为当地的农业生产和经济发展提供了重要支持，但其与现代意义上的跨流域调水工程有很大的区别。新中国成立以来，为了充分利用汉江流域丰富的水资源，建设了引汉济渭、引湑济黑、引红济石等一系列重要跨流域调水工程，为关中地区输送了源源不断的水资源。同时，由于汉江流域不断向外调水，又开启了引嘉济汉调水工程前期工作，规划嘉陵江的水资源调配至汉江流域，补充汉江流域水资源。

总体来说，汉江拥有较为优质的调水条件，从而使之成为多条大型调水工程的水源选择。一是水资源丰富。汉江多年平均径流量约为566亿立方米，拥有较为丰富的水资源储量，能够为调水提供稳定可靠的水源，流域降水较为丰富，且降水分布相对较为均匀，这为汉江持续不断地提供了水源补给。二是水质良好。汉江上游水质常年保持在较高水平，符合生活用水、工业用水和农业用水等多种用水需求的水质标准，为调水后的利用提供了保障。同时，流域内自然生态系统较为完整，植被覆盖度较高，工业污染相对较轻，对水源起到了良好的净化作用。三是地理位置优势。汉江所处的地理位置使其成为连接多个地区的重要水系。引汉济渭工程中，汉江与缺水的关中地区距离相对较近，通过合理的工程布局，可以以较低的成本和较高的效率实现跨区域调水，满足受水区的用水需求。对于南水北调中线工程来说，汉江支流丹江的丹江口水库作为水源地，其地理位置处于中国中部地区，能够较为方便地向北方缺水地区输水，实现水资源的优化配置。四是工程可行性高。汉江流域地形条件适宜进行调水工程建设。有合适的地形高差可以利用，便于实现自流引水，降低调水成本和运行能耗。引汉济渭工程中的秦岭隧洞，就是利用了汉江与渭河流域之间的地形高差，实现了水资源的自流输送。另外，随着现代工程技术的不断发展，在汉江进行调水工程建设的技术难度逐渐降低。先进的隧道挖掘技术、大型水利枢纽建设技术等为调水工程的实施提供了有力的技术支持。五是能够满足经济社会发展需求。受水区水资源短缺，严重制约经济社会发展。以关中地区为例，随着城市化进程的加快、工业的发展和人口的增长，水资源供需矛盾日益突出。从汉江调水可以有效缓解这些地区的缺水状况，为经济社会的可持续发展提供保障。调水可以促进区域协调发展。通过跨区域调水，可以实现水资源在不同地区之间的合理分配，缩小地区间的发展差距，促进区域经济社会的协调发展。南水北调中线工程，不仅为北方地区提供了水资源保障，也为加强南北地区的经济交流与合作创造了条件。

第一节　引湑济黑工程

引湑济黑工程，是为解决西安市水资源短缺，补充城市供水和生态用水的跨流域调水工程，属陕西南水北调总体规划路线之一。2007 年 1 月开工，2009 年 11 月基本完工，2009 年 12 月正式调水。引水口位于周至境内湑水河上游吊沟口下游 200 米处，引水线路全长 6252 米，年向西安调水 4248 万立方米，将长江流域湑水河水量引至周至县黑河金盆水库。引湑济黑工程自 2010 年 12 月正式投入使用至今，累计向黑河调水 1 亿多立方米。

引湑济黑工程由引水枢纽、输水隧洞和水电站三大部分组成。引水枢纽工程包括低坝、进水闸和冲沙闸。低坝为重力式浆砌石溢流坝，坝高 11.75 米，坝长 33 米；进水闸为单孔平板铸铁闸门，设计过闸最大流量 10 立方米每秒；冲沙闸为单孔平板铸铁闸门，设计过闸最大流量 82 立方米每秒。输水隧洞成洞断面 2.9 米 ×3.1 米，隧洞长 6252 米。水电站装机容量 2×320 千瓦，年发电量 560.6 万千瓦时。

引湑济黑工程，设计年调水量4248万立方米，自2010年12月正式投入使用，灌溉周至、户县 36 万亩农田，解决了西安市 130 万人的吃水问题，缓解了西安市水资源短缺问题，改善了生态环境，保障了城市建设和经济社会可持续发展。

第二节　引汉济渭工程

引汉济渭工程，是连通汉江、渭河两大水系，破解陕西省全局性水资源瓶颈制约、实现省内水资源配置空间均衡、促进全省经济社会可持续发展和人民生活水平提高的战略性民生性重大水利基础设施建设项目，被列入国家“十三五”期间加快推进的 172 项重大节水供水工程名录。

引汉济渭工程，由调水工程和输配水工程两部分构成，2015 年 4 月全面开工建设。调水工程包括 98.3 千米秦岭输水隧洞、黄金峡水利枢纽和三河口水利枢纽三大部分，主要任务是将汉江水引入关中的渭河流域，年平均调水量 15 亿立方米。输配水工程包括黄池沟配水枢纽、输水南干线、输水北干线及 23 条支线和配套设施，主要任务是将调来的水输送到各受水对象。截至 2023 年，三河口水利枢纽建成，秦岭输水隧洞贯通，黄金峡水利枢纽正式下闸蓄水，一期调水工程完工，于 2023 年 7 月 16 日实现向西安先期供水。二期输水工程正在加快推进。

一、调水工程（一期工程）

黄金峡水利枢纽是引汉济渭工程的主要水源地，其坝址位于汉江干流上游峡谷段。以供水为主，兼顾发电。2015 年 9 月，黄金峡水利枢纽开工建设，2023 年 7 月，黄金峡水利枢纽正式下闸蓄水。枢纽拦河坝为混凝土重力坝，最大坝高 63 米，水库正常蓄水位 450 米，总库容 2.21 亿立方米。坝后泵站 7 台抽水机组，总装机容量 12.6 万千瓦，年供水能力 10 亿立方米。坝后电站装机容量 13.5 万千瓦，多年平均发电量 3.87 亿千瓦时。还建设了亚洲最高标准的鱼类增殖站、鱼道等生态设施。

三河口水利枢纽，位于汉江支流子午河上游，是引汉济渭工程的重要调蓄水源工程。主要任务是调蓄支流子午河来水及一部分抽水入库的汉江干流来水，向关中地区供水，兼

2011年12月8日，陕西省引汉济渭工程建设动员大会在西安召开

黄金峡水利枢纽工程

顾发电。2014 年 2 月全面开工，2019 年 12 月导流洞下闸蓄水，2021 年正式投产发电。拦河坝为碾压混凝土双曲拱坝，最大坝高 141.5 米，总库容 7.1 亿立方米。坝后泵站总装机容量 2.4 万千瓦，设计出水流量 18 立方米每秒，设计净扬程 91.08 米。坝后电站总装机容量 6 万千瓦，多年平均发电 1.22 亿千瓦时。每年可实现自流供水 5 亿立方米。

秦岭输水隧洞是引汉济渭工程的关键控制性工程，2007 年 6 月开工，2022 年 2 月 22 日实现全面贯通。隧洞全长 98.3 千米，设计流量 70 立方米每秒，最大埋深 2012 米，纵坡比为 1 ： 2500。

二、输配水工程（二、三期工程）

黄池沟配水枢纽，位于西安市周至县楼观镇，是调水工程和输配水工程衔接节点。整个配水枢纽由分水池、池周进出水闸、泄洪设施、黑河连接洞、黑河供水连通洞等 5 部分组成。采用“一池、两进、三出”的布置形式。从三河口水利枢纽取水，经过秦岭输水隧洞，自流 12 个小时进入黄池沟配水枢纽，枢纽容积 2.2 万立方米。通过黑河供水连通洞进入黑河金盆水库西安供水管线，实现引汉济渭工程向西安先期供水。黄池沟配水枢纽黑河连接洞设计流量 35 立方米每秒，黑河供水连通洞设计流量 15 立方米每秒。

南干线工程，南干线西起西安市周至县、东到渭南市华州区，全长 100.41 千米，进水闸设计流量 47 立方米每秒，惠及西安、渭南 2 个重点城市和周至、鄠邑、长安、临潼、华州 5 个区（县）。

北干线工程，西起杨凌示范区、东到西安阎良区，全长 89.54 千米，进水闸设计流量 30 立方米每秒，惠及咸阳、杨凌两个重点城市和武功、兴平、泾阳、三原、阎良、富平 6 个区（县）以及渭北工业园区。

三期输配水工程剩余干线部分总长 153.62 千米，由南干线灞河分水口—华州分水口段（76.14 千米）、北干线泾河新城分水口—富平分水口（46.21 千米）、渭北西干线（31.27 千米）组成。计划总工期约 54 个月。

截至 2024 年 9 月，引汉济渭工程已经向西安供水超过 1 亿立方米，单日向西安供水超过 110 万立方米，约占西安市主城区用水的一半。工程建成后，可满足西安、咸阳、渭南、杨凌 4 个重点城市及沿渭河两岸的 11 个中小城市、西咸新区 5 座新城和渭北工业园区（高陵、临潼、阎良 3 个组团）等 21 个受水对象的生活及工业用水，归还被挤占的农业用水，可以有效改变关中地区超采地下水、挤占生态水的状况，实现地下水采补平衡，防止城市环境地质灾害；满足渭河沿岸 1411 万居民的生活和生产用水，支撑陕西省 1.1 万亿元 GDP。

第三节　引红济石工程

引红济石工程，位于太白县嘴头镇关山村红岩河上游，是一项将褒河支流红岩河河水通过穿越秦岭的隧洞自流调入石头河的跨流域调水工程，是陕西省“十二五”十大重点水利工程之一。工程受益区为咸阳、杨凌、西安、宝鸡等地。2017 年 4 月，引红济石工程隧洞全线贯通，2018 年实现通水。

工程由关山低坝引水枢纽和秦岭五里坡长隧道两大部分组成。关山低坝引水枢纽，由溢流坝、进水闸、冲沙闸和引水暗渠组成。溢流坝长 95 米，最大坝高 7 米，坝顶高程 1471.5 米，进水闸、冲沙闸并列布置在溢流坝左端。进水闸后接引水暗渠，长 560 米，沿河道左岸引水至输水隧洞进口。秦岭输水隧洞全长 19.76 千米，纵坡比为 1 ∶ 890，其中进口段 8.7 千米，出口段 11.06 千米。设计最大引水流量 13.5 立方米每秒，设计年调水量 9240 万立方米，经石头河水库调蓄后，水库年供水能力达到 2.66 亿立方米，每年可向关中地区的西安、宝鸡、咸阳、杨凌等地提供 9200 万立方米的水源，其中每年向城市供水 4514 万立方米，并向渭河干流补充生态水量 4696 万立方米。

第四节　引乾济石工程

引乾济石调水工程是陕西省第一个南水北调工程，同时也是陕西省政府确定的 2003 年重点项目之一，工程于 2003 年 11 月开工建设，2007 年 11 月正式投入运营，是建设工期最短、投资最省、效益最好的水利工程之一。工程将乾佑河上游 3 条支流老林河、太峪河、龙潭河的水，经秦岭输水隧洞，调入石砭峪水库，经过石砭峪水库统一调度调节后向西安市城区供水，以增加城市生活和工业供水水量，并补充城区和下游河道生态环境用水。

工程主要包括引水枢纽、引水明渠、沉沙池、引水隧洞、压力管道、倒虹、汇流池及秦岭输水隧洞等。工程引水线路全长 21.85 千米，其中 18.04 千米为穿山隧洞，采用自流输水方式，引水洞最大输水流量为 8 立方米每秒。工程在老林河、太峪河、龙潭河上分别修筑低坝引水，由引水渠道引至隧洞前汇流池，经调节后入隧洞。隧洞洞底低于公路路面 1.6 ~ 17.89 米，断面为城门洞型，底宽 2.5 米，高 3.05 米，最大输水流量 8 立方米每秒，汇流池设计水位高程为 1025 米，岭北石砭峪河出口高程为 896.767 米，全程为无压自流输水。

引乾济石工程年均向西安调水 4943 万立方米。为了保持下游河段的生活、生产和生态环境用水，流量小于 0.2 立方米每秒时不引水，在汛期尽可能多引。工程缓解了西安市用水紧张状况、优化了水资源配置、改善了生态环境，是一项重要的水利基础设施工程，推动了西安、商洛两市融合发展。

第五节　二郎坝引水工程

二郎坝引嘉（陵江）入汉（江）水电站，位于汉中宁强县境内，是一项中型跨流域调水工程，具有灌溉、发电、工业供水等综合利用效益，多年平均调水量 2.14 亿立方米。

1984 年 10 月 12 日，曾将嘉陵江的二级支流西流河水调入玉带河建成了卧龙台一期电站，装机 8000 千瓦，年发电量 5000 万千瓦时，保证出力 0.35 万千瓦（p=80%），年利用小时数 3689 小时。1988 年 11 月，宁强县正式委托对二郎坝引嘉（陵江）入汉（江）水电站进行全面勘测设计，1989 年 10 月完成《陕西省宁强县二郎坝引嘉（陵江）入汉（江）水利工程设计任务书》，经审查，原则同意总体布置和梯级开发方案。

电站规模灌溉面积 12.2 万亩，其中扩灌 4 万亩，电站分三级开发，总装机容量 5 万千瓦，保证出力 1.36 万千瓦（p=80%），多年平均发电量 2 亿千瓦时，年利用小时数 4000 小时。

包括三个梯级电站。一是在宁强县水田坪乡西流河上封堵天然暗河，形成以山体挡水的天生桥水库。坝址以上流域面积 401 平方千米，西流河多年平均径流量 2.5 亿立方米，水库总库容 7800 万立方米，其中兴利库容 5030 万立方米，调洪库容 1930 万立方米。水库枢纽由混凝土拱型堵头、副坝及古河道截渗墙、山体防渗帷幕、右岸溢洪洞、左岸泄洪洞、左岸压力输水隧洞和一级天生桥电站等 7 项工程组成。二是天生桥电站，设计水头 80 米，设计流量 17.19 立方米每秒，装机容量 1.2 万千瓦，年发电量 4350 万千瓦时。三是二郎坝二级电站，一级电站尾水穿过长 5.63 千米隧洞至二郎坝乡黄家湾，设计水头 60.9 米，设计流量 14.5 立方米每秒，装机容量 0.75 万千瓦，年发电量 2971 万千瓦时。二级电站尾水穿过分水岭隧洞，经 4.77 千米隧洞引水至卧龙台，建三级卧龙台电站，设计水头 240 米，设计流量 15.5 立方米每秒，装机容量 3.05 万千瓦（包括已建的 8000 千瓦装机），年发电量 12679 万千瓦时，电站尾水退入玉带河，汇入汉江，沿途除满足灌溉用水外，保证汉江钢铁厂工业用水。

1999 年 8 月 28 日，二郎坝引水工程主体工程建设完成，卧龙台Ⅱ期电站首台机组发电。2000 年 6 月 15 日，三级电站 10 台机组全部投产运行。至 2005 年 12 月 31 日，累计发电 96825.9 万千瓦时，实现售电收入 19698.63 万元。

第四章　提水工程

在古代，汉江流域周边的居民已开始利用简单的工具和设施进行提水，以满足灌溉和生活用水需求。流域内最早的提水，始见于春秋时期的“抱瓮汲水”和桔槔提水，主要是人力取水，到唐宋时期，开始出现水力提水的设施，在靠近汉江的一些地区，人们使用水车等简易提水装置从江中取水灌溉农田。这种原始的提水方式虽然效率不高，但在一定程度上满足了当地农业生产和生活的基本用水需求。

到了近现代，随着科技的不断进步，一些小型的抽水机站和水轮泵站开始在汉江流域出现。例如安康黄洋河流域，新中国成立后，陆续兴建了一些抽水机站和水轮泵站，其中较大的两处是县河镇红霞水轮泵站、新城办东风水轮泵站，灌溉面积分别为770亩和400亩。这些小型提水设施为当地的农业发展提供了一定的水利支持。随着电力的普及，机井取水逐渐普及，2018年，全国性小水电整治开始普及，流域内提水机井出现逐年下降趋势。

第一节　提水机井

一、传统提水工具

传统提水工具主要有戽斗、桔槔（本地称握杆）、龙骨车（又名翻车）、筒车、辘轳、抽水竹筒（亦称渴乌）、畜力水车（又名翻斗水车）等。《中国农史稿》（唐启宇著，1958年版）载：“战国时，桔槔在汉江流域已有使用。”《后汉书·张让传》载：“张让令毕岚……又作翻车、渴乌。”清嘉庆十年（1805年）城固《五门堰碑记》载：“五洞之下，筒车九轮，昉自周世。”20世纪50年代，全区有龙骨车7600余部，筒车852部。这些传统提水工具，20世纪70年代后逐渐被新的提水机具代替，但少数地区抗旱中仍有使用。

在安康市的刘家营、江家店、许家台、黄洋铺，石泉县的喜河街、谭家湾，紫阳县的曹家坝、白马石，旬阳县的小河北、鲁家坝等战国秦汉遗址中，皆有水井遗址或水桶模型，说明当时安康地区的凿井技术已很成熟。安康市五里乡江家店遗址中的一口筑有方台的水井，现在仍可使用。1977年，汉中市中山街周公巷南口出土的陶管，每节高43厘米，壁厚2.5厘米，管径83厘米，经专家考证为秦汉时陶井管。城固县出土的绿釉陶井模型，“下部似圆桶，上部井台有井字形架，井架上立两柱，上有横梁，梁两端是龙首，上有楼房，房内安滑轮，有绳系桶提水”（实物存城固县博物馆），专家认定为汉代水井结构。《城固县地名志》载：“东汉建安十一年（206年），博望乡建丁湖井。明清时，以井或以凿井者命名者不少，如城固的盐井、谢家井、王公井、张家井等。”旧井，多为饮水用井。

1949 年底，汉中地区灌溉用井（一般为砖砌井筒）133 眼，灌溉面积约 2000 亩。

汉代以后，流域提水工具又出现戽斗、吸筒、龙骨车（又名翻车）、筒车等，有的沿用至今。

戽斗，亦称吊桶，是用粗绳缚于木桶或芭斗两边，两人对立，双手各执一绳，以协调一致的动作将塘水或河水舀倒入田间。唐宋时已普及。据《文献通考》记载，南宋庆元年间（1195—1200 年），徐筠知金州，时大旱，州民“戽斗溉田”，赖以生存。其后，戽斗作为安康地区的主要提水工具而被广泛使用。

吸筒，取直径 10 厘米、长 3 米左右的竹筒，通其竹节，在一端竹壁开一圆孔，在直径 2 ~ 3 厘米木杆的一端用废布包扎捆紧成球状，塞入无孔的一端，并浸入水中，有孔的一端固定在田坎上，一人上下拉动木杆，利用活塞虹吸原理将水吸至筒孔而入田。一般每筒每日可灌田 2 亩左右。

龙骨车，又称翻水车，是由连串的活节木板装入水槽中，上面附以横轴，利用人力或畜力踏转横轴而使活节木板连环旋转，低处的沟溪河水随板而导入田中，每架车每日可灌田二三十亩。其提水迅速搬运方便，随地可用。安康地区使用不晚于唐宋，清代已普及。1952 年仍有 982 架，其中安康县 250 架，汉阴县 525 架，石泉县 77 架，平利县 30 架。

筒车，是利用水流冲力转动水轮，将低处水源提到高处灌田，或带动水碓、水磨碾米、磨面、轧棉花。最迟于明代已广泛使用筒车。明成化年间（1465—1487 年），刑部郎中陈裴途经汉阴第一次见到运转的筒车，惊叹之余提笔记下筒车之状：“筒车之制，用竹二丈四尺者二十四根。中横木轴，以竹为辐，分辐两肩穿入而交，其末为轮状。每二竹末缚一竹筒，每筒后加一竹笆。乃竖木安此车于引水急流渠上，下插入水面，水激竹笆则车自转，车上边筒旁高架木槽接水入内。每一车灌田一顷，不烦人力，可夺天巧。此制不见于他处，而见于汉阴，其子贡之遗智耶？”清代，各县普遍使用。乾隆十八年（1753 年），平利县令黄宽捐造戽水轮车（筒车）8 辆分发四乡，令仿其式以灌田。石泉县在池河“以筒车引水，资灌溉焉”。宁陕汶水河畔的筒车湾、安康恒河千工堰龙口下的筒车河、平利坝河的筒车垭、紫阳的筒车沟等，都是因使用筒车而得名。在今安康市黄洋河、石泉县池河河畔，抗旱时仍可见到筒车提水灌田。

二、机井

新中国成立后，人民政府曾拨专款，组织群众修旧井，打新井，推广使用“解放式”水车 241 部，提灌 908 亩。1965 年，原汉中县城关镇太白生产大队用电动水车提取井（泉）水灌溉蔬菜等。同年，汉中县林水局以新沟桥公社新校大队为试点，采用大锅锥钻井，安装电动配带离心式水泵抽水，每井可灌 50 余亩。

1973 年 7 月，中央召开北方 17 省市（区）抗旱会议后，中共汉中地委、地区革命委员会，通过抓典型、树样板，召开打井现场会，推动全区打井工作。1970—1974 年，全区投资机井建设和配套事业费 473.5 万元，打机井 2373 眼，配套 1845 眼，井灌面积 15.35 万亩。1975 年以后，全区打井逐步转入以机械施工为主。1990 年，全区有机井 3507 眼，配套 3061 眼。1994 年大旱，中共汉中地委、汉中地区行政公署决定每井由地区补助 1000 元，县里补助 1000 元，当年新增机井 320 眼，1995 年新增机井 1993 眼。至 1995 年底，全区共有机井 4801 眼（除了报废的），配套 4356 眼，灌溉面积 19.05 万亩，其中纯井灌 1.61 万亩。

伴随流域经济社会发展，流域内机井数量在 20 世纪 90 年代达到顶峰。进入 21 世纪后，随着各类水利工程的不断开工建设，机井这一取水方式逐步被替代，机井数量逐年下降。据不完全统计，截至 2020 年，汉中、安康两市规模以上机井共计 5849 眼，其中汉中市 4748 眼，安康市 1101 眼，规模以下机井共计 36558 眼，其中汉中市 23187 眼，安康市 13371 眼。

第二节　抽水站

1955 年 4 月，汉中地区第一座电力抽水站由汉中专区国营渠道管理局勘测设计，褒冷管理局施工，在汉中县石马乡焦山庙村试建，从褒惠渠干渠抽水，扬程 3.4 米，安装 14 千瓦电动机 1 台，配带 8K–25 型水泵，灌田 900 亩。

1956 年起，汉中、沔县、西乡等县相继建抽水站 38 处，灌田 2.2 万亩。1968 年，全区建抽水站 158 处，灌田 4 万亩。1969—1978 年，建抽水站 1245 处，灌田 10 万亩。1980 年 8 月以后，改柴油机抽水站为电力站，控制发展扬程过高的抽水站。至 1995 年，汉中全区抽水站累计为 1801 处（5000 亩以上抽水站 8 处），其中，电力抽水站 1629 处，柴油机抽水站 172 处，灌溉 20.31 万亩。

伴随着流域经济社会的发展，进入 21 世纪后，随着各类水利工程的不断开工建设，抽水站这一取水方式逐步替代，抽水泵站数量逐年下降。据不完全统计，截至 2020 年，流域内共有泵站工程 488 座，其中汉中市 160 座，按规模分，小（1）型 40 座，小（2）型 120 座；按功能位置分，河湖取水泵站 154 座，水库取水泵站 6 座。安康市 320 座，按规模分，小（1）型 8 座，小（2）型 312 座；按功能位置分，河湖取水泵站 243 座，水库取水泵站 76 座。商洛市山阳、镇安、柞水三县 8 座，其中山阳县 2 座，均为小（2）型河湖取水泵站，柞水县 6 座，分别为 1 座小（1）型和 5 座小（2）型河湖取水泵站。

截至 2020 年，流域内建成抽水工程近 8000 处，供水能力 1.82 亿立方米。

2023 年，按照《陕西省抽水蓄能中长期发展实施方案》，陕西省发展和改革委员会确定汉中市 4 个“十四五”期间重点实施的抽水蓄能项目，开发时序依次为佛坪抽水蓄能电站、勉县抽水蓄能电站、佛坪金水河抽水蓄能电站和勉县沙河抽水蓄能电站。截至 2024 年 8 月，这 4 个抽水蓄能项目均已完成预可研评审，并成立项目公司，累计完成投资 1.23 亿元。汉中市抽水蓄能项目数量、装机规模、前期进度等指标均居陕西省第一。

第五章　城乡供水

陕西省汉江流域水资源量相对丰沛，但由于地处秦巴山区，地形地貌以高山和浅山丘陵为主，加之降雨季节分布不均，工程性、季节性缺水问题比较突出，严重制约了县域经济发展，影响了群众生活质量。新中国成立以前，平川区以取用河水、井水、堰塘为主，山区以取用溪水、泉水、窖水为主，取水方式比较原始，基本为人力畜力，效率低下。一些地方因为长期饮用高氟水和不卫生水，造成地方病普遍发生。新中国成立后，各级政府坚持不懈地解决城乡饮水安全问题，在优先发展中心城区和县城供水的同时，对农村饮水问题进行了普查，依托水利项目建设，通过民办公助等多种形式，逐步解决了农村吃水难问题，经历了由低标准向较高标准、由分散向相对集中、由偏远山区向城镇发展的过程。尤其是“九五”期间，随着“甘露工程”的实施，城乡供水事业步入了快速发展新阶段，城镇居民生活用水达到了12344万立方米，农村生活用水达到了13981万立方米，实现了“有水吃”到“吃好水”的历史性转变，全面提升了流域内群众幸福指数。

第一节　农村供水

新中国成立后，汉江流域农村供水发展大体经历了以下四个阶段：

第一阶段为20世纪50年代至80年代。这一阶段早期主要是组织群众新修水井、塘窖，扩大水源，解决严重缺水村镇群众吃水困难问题。70年代初，随着“农业学大寨”运动开展，地方政府开始把解决农村饮水工作正式纳入农田水利基本建设主要内容，各地结合修建农田灌溉工程，部分社队自筹修建人畜饮水工程，解决了一些地区饮水困难问题，受到了群众普遍欢迎。随后在1979年，陕西省政府将人畜饮水和防氟改水工程建设正式纳入地、县水利建设计划，每年由国家拨出专项资金，采取国家、地县、群众“三三制”集资办法，重点解决一些极度缺水村镇的人畜饮水困难问题，取得了一定成效。

第二阶段为20世纪80年代初至1996年。1982年，陕西省水利水土保持厅在黄陵县召开全省人饮工作会议，全面安排农村人畜饮水工作。在此基础上，于1983年9月出台了《陕西省解决人畜饮水、防氟改水的若干规定》，明确规定重点解决全年缺水在3个月以上、水平运距在1千米以上、垂直运距高差在100米以上，人口比较集中的社队和防氟改水问题。之后，农村人畜饮水工程建设全面开展，并把解决群众缺水困难与防治地方病、改善水质相结合，使农村供水条件有了较大变化。

第三阶段为1996年至2015年。1996年4月，陕西省政府作出重大决策，决定用3年时间，由国家补助3亿元，全面解决农村人畜饮水困难问题。流域各县区迅速行动，把彻底改善农村人畜饮用水环境和建设社会主义新农村、建设小康社会相结合，掀起了新一轮人饮工程建设高潮。2002—2005 年，在“甘露工程”基础上，继续实施国家重点项目“人饮解困”工程，从根本上解决了大部分农村饮水困难问题。2006—2010 年，实施了饮水安全项目和以工代赈供水工程项目，建成了一大批人畜饮水工程。在建设过程中，同步建立了一批农村饮用水安全检测中心，对水质进行定期检测，确保了水质安全。

第四阶段为 2016 年至 2020 年。这一时期，流域内全面开展打响脱贫攻坚战。脱贫攻坚饮水安全评价指标主要有 3 项，一是贫困户脱贫，水质符合国家《生活饮用水卫生标准》，居民生活用水量达到每人每天 20 升以上，供水到户或人力取水往返时间不超过 20 分钟，供水保证率不低于 95%；二是贫困村退出，行政村内全部农户生活用水达到饮水安全标准；三是贫困县摘帽，全县农村饮用自来水人口占农村总人口的比例不低于 90%。各级水利部门严格按照脱贫攻坚精准识别、精准退出方案要求，对贫困村、贫困户和贫困人口饮水安全情况进行了全覆盖、地毯式逐村逐户调查核实，精准识别存在饮水安全问题的贫困村和人口数量，建立“一村一册”饮水安全台账，做到不漏一村一户一人。并认真编制供水规划，多方筹措建设资金，逐村逐户解决农村饮水困难。截至 2020 年底，流域内各县（区）全面完成脱贫攻坚饮水安全任务，各村基本实现了自来水通组到户，群众全部吃上了安全卫生水。同时，流域内各个县（区）积极探索农村小型供水工程的管理模式，设立工程专管机构，出台运行管理办法，落实维修养护资金，明确了政府、行业和供水单位“三个责任”，建立了机构、办法和维护“三项制度”长效管理机制。

一、甘露工程

1996 年 4 月 18 日，陕西省政府作出《关于实施“甘露工程”的决定》。随后，流域内各地区水利局编制了“甘露工程”规划，地、县两级政府成立“甘露工程”建设指挥部，在 673 个行政村开展“甘露工程”建设。到 2002 年，汉中市建水窖 15.88 万个，打井 2.64 万眼，建成管网供水工程 82 处，泵站 62 处，机井工程 93 处，蓄水工程 212 处，引水工程 163 处，总投资 8773 万元，使农村 55.87 万人口、87.4 万头家畜的饮水困难得到解决。安康地区和 10 县（市）分别制定了甘露工程实施管理办法和实施细则，全区共实施甘露项目 482 处，完成投资 3959.1 万元，解决了 51.86 万人的饮水困难问题。

二、农村人饮解困工程

2000—2005 年，国家把农村人畜饮水列入农村基础设施建设的“六小工程”，由中央财政出资对西部地区饮水困难群众修建供水工程给予项目扶持，逐年加大专项资金投入力度。流域各级政府抢抓机遇，不断加快农村饮水解困工程建设步伐，使人饮解困工作取得突破性进展。至 2005 年，流域内累计完成投资 15316 万元，建成各类饮水工程 1355 处，使农村群众 51.73 万人基本摆脱了饮水困扰。之后，农村饮水解困工程纳入农村饮水安全总体工程建设。

三、农村饮水安全工程

2005年以来，随着经济社会的发展和生活水平的提高，保障农村饮水安全普遍引起各级党委、政府及社会各界的广泛关注，流域内地市级水利局先后编制《农村饮水安全工程规划》，争取中央、省级资金扶持，扎实抓好农村饮水安全工程项目建设管理工作。"十一五"期间，汉中市共完成农村饮水安全项目总投资5.21亿元，其中中央国债资金2.53亿元，省级专项资金1.54亿元，市县配套及群众自筹1.14亿元，新建改造农村供水工程1889处，解决了112.83万农村人口饮水安全问题。

安康市"十一五"重点解决饮用高氟水、苦咸水、污染水及其他水质不合格水体人群，兼顾其他饮水不达标群体，解决了52.1万人的饮水不安全问题。"十二五"期间，安康市累计完成投资近10亿元，其中争取中央、省级资金7.75亿元，解决了172余万人饮水安全问题。安康市政府印发了《安康市城乡供水建设运行管理暂行办法》，全市十个县（区）全部成立专管机构，汉滨、汉阴、石泉、宁陕、岚皋、平利、旬阳、白河县政府出台农村供水管理办法，汉滨、汉阴率先落实了维修养护基金，总结出了各具特色的农村供水建后管理"四种模式"，包括全额拨款的"汉滨模式"、民企租赁经营的"汉阴模式"、自收自支的"紫阳模式"和差额拨款的"旬阳模式"。不但解决了农村饮水安全项目有人管、有钱管、管得好的问题，而且增加了社会就业机会，维护了社会稳定，实现了经济效益、社会效益双丰收。

四、农村饮水安全巩固提升工程

实施脱贫攻坚工作以来，流域内累计完成投资7.15亿元，建成改造各类工程2148处，解决了198.1万农村群众的饮水安全问题，农村群众饮水条件得到显著改善和提高。到"十三五"末，汉中市所有常住农户实现了饮水安全100%达标的目标。到2023年底，安康市共有农村供水工程12394处，覆盖农村人口249.52万人。其中，集中式供水工程（供水人口100人以上）4631处，供水人口233.47万人，农村自来水普及率达到93.57%。

同时，农村饮水工程运营管理服务体系得到进一步健全，各县（区）均落实了农村饮水工程县级专管机构、运行管理办法、维修养护基金，建立了县级农村饮水水质监测中心，普遍提高了水质检测能力，构筑了水厂自检、行业内控和卫生部门监督相结合的水质检测网络，南郑区、勉县先后落实了农村饮水专管机构职能、编制、人员、经费，为推进农村饮水工作长效发展，探索创新工程建后运行管理体制机制起到了模范带头作用。

五、农村集中供水典型案例

（一）略阳县徐家坪集镇供水工程

略阳县徐家坪集镇供水工程始建于1990年，1992年2月投入使用，2012年5月实施管网延伸工程，同年6月竣工通水。经过多年运行，该工程管道及净水设备、供水设施老化损毁严重，加之供水人口数量大幅增加，无法满足供水需求。2021年3月进行改造提升，同年 5 月竣工通水。工程涉及徐家坪社区、上坪、镇政府及驻镇企事业单位、学校及周围商铺等，供水人口 2200 余人，日供水能力 350 立方米，年供水能力 8.5 万立方米。

（二）汉台区黄花河供水工程

黄花河供水工程位于汉台区河东店镇花果村。2006 年投资 700 多万元新建黄花河渠首低坝两座，新打隧洞 800 米，埋设输水管道 10.6 千米，新修水厂 1 座，埋设配水主管道 17.8 千米及入户管网设施。该供水工程建成后有效解决了河东店花果、河东店、张寨、范家坪、杨家山、马王庙及邢家坝，共 8 个行政村 1.52 万人的安全饮水问题，设计日供水规模为 1595 立方米。2019 年投资 300 万元对黄花河饮水工程进行改造提升，主要更换老管网，增设净水设施，安装智能磁卡水表等。2020 年，汉台区水利局引进供水工程先进管理技术，在河东店镇黄花河水厂引入物联网智慧管理平台，全面监测水厂日常运行巡查工作，实现饮水安全预警系统全覆盖和 24 小时视频监控、水质动态监测。辖区内用水户可以通过微信公众号进行水费缴纳，查看水费余额以及相关用水信息。

（三）南郑区两河集镇供水工程

两河集镇供水工程位于南郑区两河集镇三门村，供水范围主要为两河集镇及附近的三门村，受益人口 5000 人。该集镇原有一处供水工程，受益人口仅 200 余人，不能满足要求。2017 年 9 月实施改造提升工程，主要建设内容为：新打水源井 2 眼，新修管理房 2 间，新建泉室 3 座、集水池 1 座、100 立方米蓄水池 1 座、10 立方米蓄水池 2 座，安装抽水设备 2 套、二氧化氯消毒器 2 套、加压泵 2 套，铺设输配水管道 6856 米及附属工程。新建工程采用动力提水、二次加压供水方式，供水规模 390 立方米每天，完成投资 138.24 万元，新建工程与原有的一处供水工程联合调度运用。该工程在保证三门村饮水安全的同时，也作为两河集镇饮水工程补充水源，工程效果显著。

（四）城固县沙河营镇张家嘴村供水工程

张家嘴村集中供水工程位于城固县沙河营镇张家嘴村，于 2019 年 10 月建成使用。工程总投资 113.2 万元，全面解决了该村 5 个村民小组 676 户 2015 人的安全饮水问题。工程由张家嘴村村委会负责运行管理，实行村集体供水管理模式。该工程主要有三个特点：一是采用集中连片和管网延伸相结合的方式，将原有的 4 个供水片纳入一个供水系统，方便统一运行管理，缩减管水人员，降低管护成本；二是安装 508 套 IC 卡预付费智能水表，彻底解决了上门抄表难、水费收缴难等问题，方便了个人用户随时掌握自家用水情况，让群众明明白白付费，清清楚楚用水；三是运行管护单位规章制度健全，建立了生产运行、水质检验、维护保养、水费收缴、安全生产等制度。

（五）汉阴县涧池联村水厂

汉阴县涧池联村水厂位于汉阴县涧池集镇，月河北岸，始建成于 1992 年。因年久失修，设备老化，加之管理不善，原水源状况恶化，水厂管道破损严重，群众用水水质和水量均难以稳定保障。2012 年，全县开展农村供水工程市场化管理体制改革，该水厂的经营管理权按 30 年期限租赁给汉阴县龙源供水有限公司负责运行管理。2014 年，由政府投资对该水厂进行了扩建，将水厂整体迁建于原水厂上方，完成总投资 708.1 万元，建成标准化水厂1座，现日供水规模1200立方米，年供水量可达29.2万立方米，共铺设输水管道5.5千米，配水管道39.8千米，管网覆盖率达96%，解决3000余户1.7万余人的饮水问题。

该水厂主要有三个特点：一是公建民营，政府监管。水厂建成后，由企业负责运行管理、管护维修等供水服务工作，由政府负责监督考核管理。二是信息化程度较高。引入全自动制水水质水量控制系统、全自动加药系统、全自动水质消毒系统，制水操作时只需定期备足药剂即可，实现无人操作。为每个水厂安装智能监控系统，关键位置做到监控全覆盖，设置人脸识别，并统一并网。安装智能卡式水表，上线智慧水务云平台，用户可以通过手机实时查看用水情况、障碍报修、在线缴费等。三是区域内管网实现联通。与月河以南的永涧水厂管网联通，在水源不足时可用永涧水厂进行补水。开通24小时抢修热线，群众用水更有保障。

（六）安康市汉滨区建民联村水厂

安康市汉滨区建民联村水厂位于高新区水田沟村，由建民联村供水工程和五里片区饮水安全巩固提升工程组成。建民联村供水工程于2015年12月建成，供水管网覆盖24个行政村及14所学校，解决共计32366人的饮水安全问题，工程批复总投资1815万元，日供水能力3050立方米。五里片区饮水安全巩固提升工程于2020年6月建成，概算总投资3945.27万元，设计日供水能力1.2万立方米，供水管网覆盖五里镇、建民办及高新区付家河以西片区，主要解决建民办、高新区、五里镇25个行政村及企事业单位共计7.14万人的饮水问题。该水厂从红土岭电站前池取水，采用自流引水方案。水厂采用自动化控制系统和视频监控系统，通过主机即可显示所有设备运行参数和状态，按照水质安全标准，根据用水量自动调节加药设备药剂投放量，同时下发控制命令，控制各水泵、辅机启停。视频监控系统将现场图像实时采集并传输至监控中心，使整个水厂各个环节运行情况都处在动态化管理中。该工程属汉滨区“十三五”供水规划的巩固提升工程，将建民、五里两个镇（办）3个水厂管网联通，实现水量互补、相互调剂，有效保障了受益区群众的用水安全。

第二节 县城供水

汉江流域共有25个县（区），其中23个县城供水水源为汉江流域。1996年以前，县城供水由城建部门负责，1996年以后，推行城乡供水一体化改革，流域内县城供水业务逐渐移交水利部门。2015年以后，汉中市的洋县、勉县、南郑、宁强、略阳、佛坪，安康市的汉阴、镇坪，商洛市的柞水、山阳县城供水业务先后移交到陕西省水务集团，由陕西省水务集团进行经营管理。

新中国成立前后，流域内县城一般靠近河流，地下水丰富，居民用水主要依赖自然水源，打井取水或直接从河流中取水，水质和水量受季节、气候等因素影响较大。从20世纪五六十年代至80年代，随着经济发展，城市规模扩大，一些县城开始建设简单的供水设施，通过修建小型自来水厂进行供水，但供水范围和供水量都比较有限，覆盖范围也主要集中在县城的中心区域。到七八十年代，大部分县城开始扩大自来水厂规模，增加供水管道铺设长度和范围，自来水基本覆盖了县城区域，但由于技术和资金限制，供水的稳定性和水质仍然存在一些问题，停水现象时有发生。从 20 世纪 90 年代后期县城供水业务移交水利部门后，流域内各县按照“科学规划、超前建设、政府主导、多方筹资、强化管理、完善服务、理顺水价、良性运行”的指导思想，解放思想，锐意创新，加大建设力度，提高管理水平。一方面引进先进水处理设备和技术，对原有自来水厂进行升级改造，另一方面加快供水管道更新和扩建，扩大供水覆盖范围，提高供水普及率，推动县城供水事业走上了快速发展的轨道，新建了一批大型供水工程和水源地，同时加强了对供水企业的管理和监督，提高了供水服务质量。2010 年以来，陕西省积极推进城乡供水一体化建设，将城市供水理念和技术向县城和农村延伸，通过建设跨区域供水工程、整合供水资源等方式，建成了安康市观音河水库向汉阴县县城供水、汉中市傥河水库向洋县县城供水等水源可靠、工艺先进的县城供水工程，从根本上打破了县城供水水源单一、水量不足、调节能力差的瓶颈。特别是一部分县城供水企业被陕西省水务集团收购后，运用市场化手段融资，大幅增加了县城供水投入，通过安装智能水表、建立供水信息管理平台等方式，实现了对供水的实时监测和管理，提高了供水的效率和安全性。

截至 2023 年底，安康市 9 县（市）县城设计供水规模总计为 16.03 万立方米每天，平均日供水总量为 7.98 万立方米，年供水总量为 2627.76 万立方米，总供水人口 52.6 万人，共有取水水源 20 处，水厂 20 座，输配水管网 1145.34 千米。汉中市 10 县（区）设计供水规模为 19.9 万立方米每天，平均日供水量 15.41 万立方米，总供水 95.25 万人。商洛市柞水、镇安、山阳三县供水规模 4.1 万立方米每天，平均日供水量为 2.9 万立方米，年供水总量为 915 万立方米，总供水人口 19.4 万人，共有取水水源 10 处，水厂 6 座，输配水管网 310.7 千米。宝鸡市太白县供水规模为 5785 立方米每天，平均日供水总量为 4300 立方米，年供水总量为 129.44 万立方米，总供水人口 1 万人。凤县、周至等县境内有部分河流属于汉江流域支流，但县城供水水源地不在汉江流域，故不作记述。

具体县城供水情况分述如下。

一、南郑区城区供水

南郑县于 2017 年撤县并区，设立汉中市南郑区，南郑区城区供水由陕西省水务集团南郑公司负责，目前主要供水范围包括汉山街道办、大河坎镇和梁山镇龙岗新区，供水人口 15 万人，区域面积约为 25 平方千米。县城供水以地下水为主，配套水厂 1 座，设计供水能力为 6 万立方米每天，实际供水能力为 3 万立方米每天，供水服务人口 15 万人，供水管网覆盖面积 25 平方千米。

二、城固县城区供水

城固县城区供水由城固县自来水公司承担，担负县城及周边村镇的生产、生活用水供给任务，现有用水户 3 万余户，供水人口 14.6 万人，年供水量约 580 万吨。公司现有水厂 2 座，水源地 1 处，百米以上深井 12 眼。

三、洋县城区供水

洋县供水有限公司于 1978 年成立，2016 年 5 月上划陕西省水务集团。公司现有水厂 3 座，设计日供水能力 20000 立方米，日供水量 16000 立方米，承担着县城城区 10 万人的生活、生产用水任务，是目前县城主要的供水水厂。水厂采用地表水处理工艺，重力自流方式送水，供水管道长度 66.94 千米。水厂全程采用高低压配电系统、泵组控制系统、水质在线监测系统，保证供水安全稳定。

四、西乡县城区供水

西乡县自来水有限公司成立于 1984 年，县城供水陆续建设水源井 5 眼，2012 年新建 5 号井水净化处理工艺系统，并在泾洋河流域建设应急水源井 1 眼。2017 年，根据水源地环保要求，在县城城南史家湾建设了 7 号、8 号深水井。城区供水管网 76 千米，供水能力 2.4 万立方米每天。

五、勉县城区供水

勉县供水公司始建于 20 世纪 70 年代，下辖 3 个水厂，共有水源井 14 眼，原水最高供应能力只能达到 1.8 万吨每天。水厂运行模式为两用一备（枯水期启用江南小水厂）。水厂供水服务人口约 16 万人，供水管网覆盖面积约 10 平方千米。水厂原水为地下水（浅水），水厂出厂水水质符合现行标准。

六、宁强县城区供水

宁强县城区水厂实际供水能力为 1.5 万立方米每天，实际日最大供水量为 1.5 万立方米，运行模式为满负荷单一供水，供水服务人口为 7 万人，供水管网覆盖面积 12 平方千米。

七、略阳县城区供水

略阳县城区供水由陕西省水务集团略阳县水务有限公司运营管理，该公司于 2017 年 12 月 28 日正式揭牌运营。公司为集管理、生产、计量、销售、安装服务于一体的独资供水企业。城区水厂总投资 2117 万元，日产水及水处理能力 20000 立方米，年供水量约 475 万吨，供水人口 6 万人。水厂采用絮凝、沉淀、过滤、消毒等制水工艺。水质检测具有 CMA 资质认证，检验检测能力达 79 项，出厂水质综合合格率达 100%，厂区绿地覆盖率达 80% 以上。

八、镇巴县城区供水

镇巴县于 1985 年建成自来水工程（一水厂）。一水厂建泵站 1 处，总扬程 56.6 米，日供水能力 2000 立方米。二水厂项目于 2001 年建成 2 号水源井，日供水能力 3300 立方米。

三水厂 2010 年 6 月建成并投入运行，主体水源为飚水洞天然溶洞水。三个水厂供水规模为 2 万立方米每天。

九、留坝县城区供水

留坝县城市供水由留坝县自来水公司承担，公司创建于 1976 年。目前，日供水量 3000 立方米，年供水量约 109.5 万吨，供水人口 1 万人。

十、佛坪县城区供水

佛坪县城市供水由佛坪县自来水公司承担。县城城区主管网及分支管网总长度为 85 千米，年供水量约 66 万吨，供水人口 0.86 万人。

十一、汉阴县城区供水

汉阴县供水有限公司是陕西省水务供水集团有限公司下属国有供水企业，注册资金 2000 万元。有重力式给水水厂 4 座，日供水能力 23500 立方米，供水人口 10 万余人。供水管网覆盖面积达 15.3 平方千米，铺设管网 81.7 千米，发展各类用水户 16721 余户，城区用水普及率达 100%。

十二、石泉县城区供水

石泉县自来水有限公司目前日供水能力为 1.1 万立方米，年供水 373.1 万立方米，供水人口 6.8 万人，有水源 2 处，水厂 2 座，铺设管网 62.5 千米。

十三、宁陕县城区供水

宁陕县自来水公司成立于 1990 年 8 月，注册资金 99.8 万元，设有渔洞河水厂和老城水厂。渔洞河水厂以渔洞河水库为水源，设计日供水能力 4000 立方米，为县城供水主水厂；老城水厂设计日供水能力 4000 立方米，以双叉河河水为水源，为县城第二水厂（补充备用）。城区范围内用水普及率 100%。

十四、紫阳县城区供水

紫阳县城区供水由紫阳县水务集团有限公司负责，公司注册资金 941 万元，供水能力 0.8 万立方米每天，年供水量 220 万立方米，供水人口 5.5 万人，有水源 3 处、水厂 3 座，铺设管网 28 千米。

十五、岚皋县城区供水

岚皋县自来水有限公司由城关镇供水站演变而来，始建于 1965 年，1982 年更名为岚皋县水厂，1992 年更名为岚皋县自来水公司，2021 年注册变更为具有公司法人治理结构的国有独资有限责任公司。现有 2 处水源地，3 处水厂，年供水能力 280 万立方米。有口径 100 毫米以上供水管网约 75 千米，供水面积 5.6 平方千米。服务人口约 4.5 万人。

十六、平利县城区供水

平利县城区供水业务经营单位为平利县水务有限责任公司，成立于 1990 年，注册资本 4654 万元，公司主要负责平利县城及老县、长安、八仙、洛河、广佛、大贵、兴隆、三阳、西河共 9 个集镇及 5 个村级水厂的供水保障工作。目前，平利县城设计供水能力为 2.3 万立方米每天，年供水量 262 万立方米，现有用水户约 1.8 万户，供水人口 6 万余人。平利县城水源共 2 处，水厂 1 座，铺设管网 130 余千米。

十七、镇坪县城区供水

镇坪县城区供水由陕西水务集团镇坪县有限公司负责，县城供水能力 0.186 万立方米每天，年供水量 68 万立方米，供水人口 1.2 万人，有水源 1 处、水厂 1 座，铺设管网 26 千米。

十八、旬阳市城区供水

旬阳市城区供水由旬阳市供水有限责任公司负责，现有水源 2 处、净水厂 1 座，设计日供水能力 1.25 万吨，年供水量 370 万立方米，供水面积 20 余平方千米，铺设管网 120 千米，供水普及率达 99%，水质合格率达 100%。

十九、白河县城区供水

白河县自来水公司成立于 1974 年，主要承担城区自来水的生产销售，总资产 6353 万元。现有红石河（地表水）、汉江（地下水）两处水源，设计日供水能力 1.3 万立方米，年供水量约 220 万立方米，管网总长度 54.8 千米，供水人口 6.3 万余人。

二十、太白县城区供水

太白县城区供水业务归陕西省水务集团太白县供水有限公司管理，城区供水能力 5785 立方米每天，年供水量 129.44 万立方米，供水人口 1 万人，有水源 2 处、水厂 2 座，铺设主配水管网 57 千米。

二十一、山阳县城区供水

山阳县城区供水由山阳县自来水公司承担，该公司成立于 1990 年。2015 年，移交陕西省水务集团，成立陕西省水务集团山阳县供水有限公司，全面负责城区供水业务。2017 年，陕西省水务集团投资 2063 万元建成工业路水厂，日供水能力为 8000 立方米，保障山阳县城近 10 万人用水需求。

二十二、镇安县城区供水

镇安县城区供水由镇安县自来水公司承担。该公司创建于 1980 年，是一家集管理、生产、计量、销售、安装服务于一体的现代化供水企业。主要供水工程有午峪供水工程、镇云新区工程和云镇水库供水工程。净水厂设计供水规模 1.1 万吨，实际供水 1.3 万吨，源水经 10.22 千米的输水管网送至水厂，在水厂通过一体化处理构筑物对原水沉淀、过滤、净化、消毒后，再经 9.87 千米的净水管道送至城区配水管网供至各用水户。城区主管网及分支管网总长度为 106.523 千米，供水人口近 10 万人。

二十三、柞水县城区供水

柞水县城区供水由柞水县城乡供水有限公司承担。该公司成立于 2015 年，负责全县城乡供水业务。县城供水水源地位于营盘镇朱家湾村，供水规模为 1 万立方米每天，保障人口 5 万余人，供水管网 52 千米。

第三节　城市与工业供水

流域涉及地级市供水的城市有汉中市和安康市市区。

一、汉中市城市与工业供水

汉中市城市与工业供水工程主要由以下三部分组成。

（一）汉中市长林水源地及净水厂工程

1997 年，汉中市新建水源井取水泵站 90 座，转输泵站 2 座，净水厂 1 处；净水厂包括综合办公楼、净水池、加氯加药间、加压供水泵房及配电室等。输配水管网及其他附属工程包括水源井输水管道、转输泵房及净水厂；供水规模 20 万立方米每天，供水范围为汉中市兴汉新区及河东店镇、宗营镇、龙江街道办事处、褒河物流园区、创智产业园区。

（二）汉中市国中自来水有限公司

该公司有 3 个供水水源地，其中两个为地下水，一个为石门水库。一水厂水源地位于汉中城区西郊，1998 年经扩建改造后形成 5 万吨日供水能力，但由于该水厂水源地部分水源井关闭，2015 年的极限日供水量仅为 3 万吨。二水厂水源地位于汉中城区东郊，建有生产井 22 眼，日开采量 5.8 万吨。

（三）大河坎水厂

2001 年，汉中市在汉中经济开发区南区（南郑区康家营）建成大河坎水厂。水厂有水源井及泵站 10 座，日供水能力 3 万吨，供水区域为南郑区汉山片区、大河坎片区和汉中龙岗新区，惠及辖区内 15 万人的生产生活用水。

二、安康市城市与工业供水

1997 年以前，安康市城区供水水源为马坡岭水厂，年供水量 500 万吨。1997 年以后，随着城市扩大和居民增加，生产生活用水矛盾日渐突出，安康市先后建设了马坡岭净化水厂和江北水厂及其扩能工程，基本解决了安康城区生产生活用水问题。

（一）马坡岭净化水厂工程

马坡岭净化水厂工程是向安康城区供水的主要工程。1998 年 10 月开工建设，2001 年 12 月竣工投运，水源取自马坡岭西头汉江与月河交汇处的南岸汉江水域。建设内容包括水源系统、净化系统和管网系统。工程完成总投资 3900 万元。设计日供水量 4 万吨，年供水量 1460 万吨。2013—2015 年，安康市又对马坡岭水厂实施了提质扩能改造工程，设计扩建日供水 4 万吨，使工程日供水总规模达到 8 万吨，年供水 2920 万吨。

（二）江北水厂工程

2002—2006 年，安康市在高新区创业西路新建了江北水厂。水源取自黄石滩水库，供水范围为江北汉江沿线，2015 年受益人口 12 万人。工程总投资 2900 万元，输水管道总长 4.5 千米，设计日供水能力 3 万吨，年供水 1095 万吨。2007—2010 年，又修建了江北区供水过江管网工程，把江水从江北黄沟口引到江南西关原抽水站小码头，使江南、江北供水管网连成一体，安康城区形成双水源、南北互补的供水格局，基本满足城区的用水需求。工程总投资 600 多万元，输水管道 1063 米，设计日供水能力 9 万吨，年供水 3285 万吨。2015—2020 年，安康市对江北水厂再次实施了提质扩能改造，工程从原江北水厂取水口取水，沿西南山脊线铺设管道，穿越柳林子沟后延 370 ~ 360 米等高线铺设，沿途穿越马子沟、棉花沟、刘家梁、创业西路后至江北净水厂。工程总投资 3000 万元，建设内容包括总长 5146 米的输水管道工程和净水厂工程，扩建后日供水 5 万吨，供水总规模达到 8 万吨，年供水 2920 万吨，可满足安康市中心区 60 万人生产生活用水需求。

第四节　供水管理

1996 年以前，陕西农村供水由水利部门负责，县城及大中城市供水由城建部门负责，城乡分割管理不利于水资源统一配置。城镇供水主要依靠开采地下水，造成地下水位下降，甚至带来严重的环境地质问题。随着改革开放的深入，经济建设与社会发展步伐加快，大中城市和县城缺水问题日益突出。

一、体制改革

1994 年 4 月，洛川县贯彻陕西省政府《关于推进水利产业化的若干政策问题的通知》精神，成立了全国第一个县级水务局，实行城乡供水一体化。水务局成立后抓了三件事：一是在接管县自来水公司后，设立了城乡供水公司，投资改造了城区供水管网，从水源管到水龙头，日供水量由过去的 800 吨增加到 4000 吨，使县城供水状况得到很大改善，同时供水公司也扭亏为盈。二是组织开展“一乡一工程”建设，建成了 18 处农村集中供水工程，日供水量 5000 吨，解决了广大农村饮水困难。三是多渠道筹集资金，建成了拓家河水库向延安炼油厂供水工程，使炼油厂和水库双方受益，既满足了冶炼用水需求，水库每年也可增加收入近 300 万元。

洛川县的经验为全省树立了典范。1996 年，经陕西省政府常务会议研究，决定在全省推广洛川经验，实行城乡供水一体化建设与管理。在供水管理体制上，汉中、安康、商洛中心城市水源工程交由当地水利部门建设管理，自来水公司仍由城建部门建设管理，县城以下供水工程由水利部门负责建设管理。1997 年 4 月，陕西省水利厅在洛川县召开全省城镇供水工作会议，明确提出“搞好规划，明确水源，地市审查、报省审批、贷款建设、国家贴息、水价到位，经营还贷，滚动发展”的工作方针。到当年年底，全省 86 个县全部完成了移交，这标志着陕西省在全国率先实现了城乡供水一体化。

汉江流域所有县（区）全部完成了城乡供水一体化建设管理，县城以及农村供水全部交由水利部门。水利部门认真总结运行管理经验和存在问题，不断探索进行体制机制创新，逐步建立了一整套工作体系和制度体系。各县（区）均组建了县级农村饮水工程管理机构，建立了农村供水技术服务体系，做到了机构、编制、人员、经费、职能“五落实”。汉中、安康、商洛市人民政府分别制定印发各市有关《农村供水工程运行管理的办法》，对工程管理和职责分工、运行管理与设施维护、水源保护与水质安全、供水保障与用水管理、水费计收与经费保障、法律责任等方面工作进行明确，各县（区）政府均出台农村供水管理办法，明确管理内容和要求，做到工程管理有法可依。各县（区）还制定了农村饮水工程维修基金提取和使用制度，由财政列支和水费计提两个渠道筹集，逐年积累，专户储存，专账管理，专款专用，做到了工程运行良性循环。

流域内县城供水经过不断改革，管理水平也得到了改善提高，逐步实现了管理规范化、决策科学化、运行自动化目标。供水单位人员配置更趋合理，县城供水服务质量和水平进一步提高。同时，积极引进供水新技术、新工艺，通过实施“互联网 +”实现供水自动化和信息化。所有供水单位面向社会公开水价和水质，设立了便民服务热线，随时提供群众咨询和维修服务，服务质量全面提升。

二、运行管理

2008 年 7 月 30 日，陕西省人民代表大会常务委员会制定发布了《陕西省城乡供水用水条例》，并于当年 10 月 1 日正式实施，为加强供水安全管理提供了法律依据。该条例对加快城乡供水建设、保证供水单位和用水户合法权益具有十分重要的意义。《陕西省城乡供水用水条例》颁布施行后，汉江流域各市（县、区）普遍加强了供水安全管理，划定了供水水源保护区，设立了在线监测安保系统，建立了定期巡查巡防制度，供水安全得到全面加强。

2009 年 12 月，陕西省水利厅印发了《陕西省城市水源和县城供水应急预案》，流域内各市、县也都结合实际制定了供水应急预案，建立了洪水、旱灾、地震等自然灾害应急机制。2008 年“5 · 12”汶川大地震中，宁强、勉县、略阳等重灾县及时启动应急预案，3 小时内基本恢复了城区和集镇供水。

2018 年，中央安康市委深化改革委员会办公室、市水利局联合下发了《安康市农村供水工程“量化赋权”改革试点方案》，积极探索以专业化和社会化相结合的多种农村供水工程管理模式，各县（区）均根据实际，出台“量化赋权”改革方案，推动工作落实。

至2020年，安康市各县（区）均已完成农村集中供水工程的产权量化和移交。各地立足县情实际和农村供水工程特点，按照工程规模和建设投资构成，厘清国家、集体、社会法人及个人投资比例，按照国有资产管理相关规定明确产权归属，做到“精准确权”，明确管理主体，落实管护责任；依据工程建设成本和各方投入比例，在做好工程竣工验收审计的基础上，对工程进行清产核资、资产评估和产权量化分析，做到“合理量权”；在确保工程产权和公益属性不变的前提下，搞活经营权、盘活农村供水资产，因地制宜推行承包、租赁、托管和组建农村用水协会等多种管理方式，做到“有效赋权”；在明确监督管护主体、建立健全管护制度、落实管护责任的基础上，通过全面健全完善工程长效运行机制，达到搞活经营权、盘活农村供水资产的目的，做到“充分活权”。产权界定方面，安康市集镇供水工程及规模较大的联村供水工程产权归属为各县（市、区）人民政府，多数由水利部门下属单位（企业）或陕西省水务集团进行管理，其余联村、单村集中供水工程产权归属为镇人民政府，由村委会、村镇供水协会等进行管理。单户或联户供水工程不予确权，坚持“谁投资、谁使用、谁管理”的基本原则，实行农户自行管理。

汉中市结合小型水利工程产权改革，通过清产核资、产权移交、签订协议等形式，明确供水工程所有权和管理权，促进责任主体履职尽责。同时强化日常监管，通过督查、暗访、约谈、通报等形式，督促行业部门、供水单位、从业人员规范日常运行管理，特别是对消毒净化、水质检测等工作进行重点监管，工程运行管理日趋规范。与此同时，按照装表计量收费、“基准水价＋计量收费”的两部制水价和定额缴费等三种形式，积极推动水费收缴工作，群众用水缴费、节约用水的意识有所增强。

“十三五”期间，安康市在推广“量化赋权”改革的同时因地制宜、积极探索，将农村供水建后管理工作实践中总结形成的“4+1”模式（全额拨款“汉滨模式”、差额补贴“旬阳模式”、自收自支“紫阳模式”、租赁经营“汉阴模式”，以及“供水协会＋”管理形式）进一步完善推广，以明晰产权和赋权释能为核心，落实工程管护主体、管护责任和管护经费，逐步建立起科学合理的管理体制和良性运行机制。至2023年，全市涌现了汉滨区“总站统管、分站专管”、汉阴县“国有民营齐抓共管”、白河县“政府＋协会＋公司＋农户”、平利县“直管到镇、服务到村、智慧管理、保障到户”的农村供水模式，并相继得到省、市级推广。至2023年底，全市共有8个县（区）成立县域农村供水管理公司，由多方管理向公司化统一管理转变，有效确保了农村供水工程实现良性运转、稳定发挥效益。

三、安全管理

（1）水源保护。各地水利部门密切配合生态环境部门全面做好千吨万人和千人以上集中供水工程水源地保护区划定和保护工作，对千吨万人以上供水工程以及重点集镇供水按照陕西省政府批复的水源保护范围，开展插标亮界，设置格栏围挡，完善水源保护措施；对供水人口1000人以上工程的水源地保护范围划定，适时开展隔离围网、警示标牌设置；对供水人口1000人以下工程的水源地因地制宜采取安全防护措施。

（2）制水管理。各县（市、区）通过新建、改造、提升等形式完善水质净化工程设施，淘汰、更新老旧、落后的水质消毒设备。在新建工程时，充分评估水源安全状况，根据水源水质情况，选择切合实际的水处理工艺，配备技术先进、安全可靠、经济适用、操作简单、群众易于接受的水质净化和消毒设备。同时，加强对供水单位技术人员、管理运行人员的岗位技能培训，保证消毒设备能够正常运行并发挥有效作用。

（3）水质检测。截至 2023 年，流域内所有县（市、区）的农村饮水安全水质检测中心均已取得 CMA 认证资质，各县级水质检测中心根据自身特点建立了相应检测制度，具备常规水质指标自检能力。同时落实辖区安全供水水质巡查机制，定期对辖区安全饮水水源地保护、水厂及单村供水工程运行管理工作进行巡检，确保辖区内供水安全。

第六章　节约用水

流域内降水较为丰沛，水资源丰富。新中国成立前，基本不存在节约用水意识。新中国成立后一段时间，仅在农业生产方面试行农业节水技术。20 世纪末至 21 世纪初，随着经济发展和人口增长，对水资源的需求不断增加，人们开始逐渐意识到水资源并非取之不尽、用之不竭，节约用水的重要性日益凸显，地方政府开始出台一些简单的节水政策和措施，如对部分高耗水行业进行用水限制，鼓励企业进行节水技术改造等，但这一时期的政策还不够完善，执行力度也相对较弱。

2007 年至 2015 年，流域内地区作为南水北调中线工程重要的水源地，承担着向北方输送优质水源的重任。为了确保一江清水永续北上，政府加大了对水污染防治和水资源管理的力度，开始积极探索产业结构调整，淘汰一些高污染、高耗能、高耗水的企业和项目，发展绿色产业和生态农业。城市供水管网改造、污水处理设施建设等节水相关的基础设施建设开始起步。部分城市逐步对老旧供水管网进行更新改造，降低管网漏损率，提高供水效率；同时，建设污水处理厂，提高污水的处理和回用能力，实现水资源的循环利用。

2016 年至今，一系列更加严格的水资源管理政策和法规出台实施，水资源管理“三条红线”控制指标体系落地，对用水总量、用水效率和水功能区限制纳污等进行严格考核，进一步规范了水资源的开发利用。全面推广高效节水灌溉技术，如滴灌、喷灌、微灌等，建设了一批高效节水灌溉示范项目。持续开展工业节水减排工作，加大对高耗水行业的节水改造力度，推动企业进行废水处理和回用，提高工业用水的重复利用率。积极开展节水型单位、企业、小区等创建活动，提高公众的节水意识和参与度。通过多种形式的宣传教育活动，如“世界水日”“中国水周”宣传活动等，普及节水知识，营造全社会共同参与节水的良好氛围。流域内节约用水工作取得长足发展，节水意识逐渐深入人心。

第一节　节水型社会建设

节水型社会建设主要是通过制度建设，注重对生产关系的变革，形成以经济手段为主的节水机制，是缓解用水供需矛盾的有效途径。通过生产关系的变革进一步推动经济增长方式的转变，推动整个社会走上资源节约和环境友好的道路。

一、建设历程

2002 年，水利部下发《关于开展节水型社会建设试点工作的意见》（水资源〔2002〕558 号），在全国范围内开展节水型社会建设试点。

2007年12月14日，陕西省人民政府印发《陕西省人民政府关于加快节水型社会建设的意见》（陕政发〔2007〕70号）。提出要进一步加强水资源的统一管理、优化配置和节约保护，统筹协调生活、生产、生态用水需求，建立健全节水制度，创新节水机制，完善农业、工业、城市节水体系，强化社会公众的节水意识，建立政府调控、市场引导、公众参与的节水管理机制，不断提高水资源承载能力，为全省经济社会的可持续发展提供可靠的水资源支撑。同年，流域内汉中市略阳县被列为省级节水型社会建设试点县。

2008年8月，省级节水型社会建设领导小组成立。时任陕西省副省长姚引良担任组长，陕西省水利厅厅长谭策吾、省政府办公厅副巡视员徐春华任副组长。领导小组办公室设在陕西省水利厅，办公室主任由洪小康同志兼任，领导全省节水型社会创建工作。

陕西汉江流域节约用水工作涉及多个部门，其中主要负责部门是汉中市水利局和安康市水利局，职责包括贯彻落实有关水利工作的法律法规和方针政策；负责生活、生产经营和生态环境用水的统筹和保障；组织编制水利规划；负责水资源保护、节约用水工作；监督水利工程建设与运行管理；负责水土保持工作；实施农村安全饮水和自来水普及工作等。市级水利行政部门下设有节约用水办公室，负责节约用水管理工作，主要包括贯彻执行国家、省、市城市节约用水方面的法律、法规和制度；负责起草城市节约用水规章制度、改革措施及有关办法，组织编制城市节水规划；负责指导监督城市规划区内建设工程项目，落实节水“三同时”（同时设计、同时开工、同时投入使用）制度；指导开展节水型企业、单位、居民小区创建工作；组织对计划用水单位年度用水计划落实情况进行监督和考核；负责节约用水宣传教育、业务培训，组织和指导节约用水新技术、新工艺、新材料应用推广工作。

节水型社会建设以来，汉江流域内汉中市、安康市根据《陕西省人民政府关于加快节水型社会建设的意见》精神，加快推进节水型社会建设，相继成立工作领导小组，负责节水工作的部署、统筹协调、监督检查等，制定《汉中市城市节约用水管理办法》《汉中市计划用水管理办法》《汉中市节水奖惩管理办法》《安康市节约用水办法》等一系列规章制度，对节水部门职责分工、节水管理体制、完善节水措施以及加强节水监督等方面作出了规定，明确了实行水权统一管理、实行累进加价收费制度和阶梯水价等政策，对农业、工业、公共机构等用水方面提出了具体要求。同时，相继开展了节水型城市建设、县域节水型社会达标建设、节水载体建设等创建活动。

二、县域节水型社会达标建设

2017年，水利部印发《关于开展县域节水型社会达标建设工作的通知》，明确县域节水型社会达标建设考核程序为县级自评、省市节水部门技术评估、省级水行政主管部门验收、水利部备案命名，并发布了节水型社会评价标准。

2017年开始，陕西在全省范围开展县域节水型社会达标建设工作，流域内县（区）相继印发县域节水型社会达标建设工作实施方案，在制度建设、管理能力建设、节水型社会载体及主要项目建设、水生态与环境保护、宣传教育等方面布局施策，明确农业灌溉、工业节水、农村饮水改造、城市供水管网改造、污水处理及中水回用、节水载体建设、水价改革、节水器具推广等方面的具体举措。

如流域内石泉县累计投资近 7000 万元，建成节水灌溉面积 3.85 万亩，改造城区供水管网 12 余千米；城镇非居民用水单位计划用水管理率达 100%，农业灌溉用水计量率达 81%，工业企业用水计量率达 100%，公共机构节水型单位建成率达 70%，节水型居民小区建成率达 64%，再生水利用率达 16% 以上，高效节水灌溉率达 41% 以上，公共供水管网漏损率控制在 10% 以内；建成国家级杨柳水土保持生态清洁示范园以及多个节水企业、公共机构节水型单位和节水型居民小区，群众节水、护水意识日益增强。

截至 2023 年，流域内共计 6 批 11 个县（区）完成节水型社会达标建设获水利部命名，建成率为 70.1%，超额完成国家节水行动目标任务，见表 2–6–1。

表2–6–1　水利部公布汉江流域县域节水型社会达标建设情况统计（截至2023年）

市	县（区）	创建批次	达标时间
汉中市	略阳县	第一批	2019 年 3 月
安康市	汉滨区		
汉中市	南郑区	第二批	2019 年 11 月
汉中市	汉台区	第三批	2020 年 11 月
安康市	旬阳市		
汉中市	西乡县	第四批	2021 年 7 月
安康市	汉阴县		
	石泉县		
汉中市	勉县	第五批	2022 年 12 月
安康市	平利县		
汉中市	城固县	第六批	2023 年 9 月

三、节水型城市建设

（一）汉中市

2018 年，汉中市启动节水型城市创建工作，成立以市委常委、常务副市长任组长，市政府分管副秘书长、市创建办主任、市城管局局长任副组长，25 个市级相关部门主要负责同志为成员的创建工作领导小组，在市创建办设立节水创建组，将节水创建工作纳入市综合创建工作一并进行考核。制定印发《汉中市创建省级暨国家节水型城市实施方案》《国家节水型城市创建技术调研反馈问题整改方案》，通过市政府常务会议、政府专题会议、全市业务技能培训等进一步部署节水创建工作。

2019 年，汉中市进一步加大了节水型社会建设的力度，编制出台了《汉中市海绵城市规划》《汉中市节水专项规划》等，为节水型社会建设提供了规划引领。

2020 年，汉中市在省级节水型城市创建的基础上，推进国家节水型城市创建工作。通过加大投入、完善法规、强化管理等措施提升城市节水水平。

2018 年至 2020 年，汉中市历年在节水方面的财政投入占当年财政支出均在 0.5‰以上，城市节水资金投入占本级财政支出的比例≥ 1‰。先后完成江南污水处理厂日产 1.8 万吨中水厂建设、城区污水处理厂尾水利用项目、雨水收集利用等重点节水工程建设。改造城区老旧供水管网 13.89 千米，建成海绵道路 44 条，海绵小区 29 个，海绵停车场 17 个，改造、新建综合性广场公园 18 个，雨水收集利用项目 3 处，雨水收集利用水箱 90 个。城市节水基础设施建设进一步完善，市区污水管网收集系统进一步健全，大大减少了直排河道的污水量，切实改善了城市水环境。2021 年，汉中市通过国家节水型城市达标考核。

（二）安康市

2016 年至 2020 年，安康市认真落实用水总量和效率双控行动，全市共核查取水工程 894 个，整改突出问题 121 个，登记地下水工程 7367 个，实时在线监测 21 个重点户取用水情况，建立重点灌区、公共供水、自备水源工业和自备水源服务业名录 365 个，并对取水许可用水户和其他用水大户下达用水计划。

2020 年 1 月 13 日，安康市被正式命名为陕西省节水型城市。同年 11 月，国家节水型城市现场考核专家组对安康市创建国家节水型城市进行现场考核。专家组认为，安康市国家节水型城市创建基本条件、考核指标总体达到了国家节水型城市考核标准的要求。

四、节水型载体建设

流域内各地市深入开展公共领域节水工作，挖掘党政机关、企事业单位、学校、医院、居民小区等社会单元的节水潜力，协同推进节水型公共机构、节水型居民小区建设，大力推广节水器具、节水设备和节水工艺，提高用水效率，推进节水型社会建设向纵深发展。

2018—2020 年，汉中市成功创建省级节水型企业 3 家、省级节水型单位 14 家、紫薇公馆等省级节水型居民小区 18 家，节水型企业覆盖率达 25.12%、节水型单位覆盖率达 10.12%、节水型居民小区覆盖率达 11.89%。截至 2023 年，流域内汉中市建成各级各类节水型载体 148 个，市内 3 所高校全部创建为节水型高校。安康市成功创建省级节水型示范单元 133 个。宝鸡市凤县四方金矿有限责任公司 2022 年被确定为省级节水型企业，安沟门保障房小区和凤天小区被确定为 2023 年省级节水型居民小区。2022 年，太白县总工会被命名为市级节水型公共机构，宝鸡市水投生态有限公司被命名为市级节水型企业。山阳县丰阳之星小区、丰东新区社区、滨河佳居小区被确认为 2021 年省级节水型小区。见表 2–6–2。

表2-6-2 省级节水型企业、高校创建情况统计（截至2023年）

行政区	名称	载体类型	评定时间
汉中市	汉中勉县尧柏水泥有限公司	企业	2021 年
	陕西汉中钢铁集团有限公司		
	汉中天然谷生物科技股份有限公司		2022 年
	陕西省城固酒业股份有限公司		
	陕西伟志服饰产业发展有限公司		
	陕西金远实业有限公司		
	汉中职业技术学院	高校	2021 年
	陕西航空职业技术学院		2022 年
安康市	安康市尧柏水泥有限公司	企业	2021 年
	陕西金龙水泥有限公司		2023 年
	安康学院	高校	2021 年
	安康职业技术学院	高校	2021 年

第二节 农业节水

汉江流域水资源充沛，农业生产历史悠久。新中国成立前，当地基本不存在农业节水意识。新中国成立后一段时间，农业大规模发展，用水需求剧增，用水供需矛盾逐渐显现，加之农业增产的需要，流域内各地在兴建水源工程、引水工程的同时，逐步注重农业节水增效，尝试革新灌溉制度，实施引水工程防渗防漏，推广使用滴灌、喷灌等节水灌溉技术。进入 21 世纪后，流域内广泛开展灌区节水改造工作，茶园、猕猴桃园等大规模使用水肥一体化等先进节水技术，取得了显著成果。

一、渠道防渗

（一）防渗工作开展

新中国成立到 1991 年，流域内汉中市共修建各类水利工程 1764 处，全市有干、支、斗、农渠各级灌溉渠道 789 条，总长 1212 千米，有效灌溉面积达 25.8 万亩。这些灌溉渠道大部分于 20 世纪 70 年代初修建，工程标准较低，配套设施不全。到 80 年代末期，老化失修，渗漏严重，供水量也随之下降，每年夏季插秧用水矛盾十分突出。从 1987 年开始，汉中市把渠道衬砌、除险加固作为农田水利工作的主攻方向，广泛发动群众，自力更生，集资投劳。至 1990 年冬，全市累计衬砌渠道 457 条，总长 310 千米。

1971 年，流域内安康市恒惠渠渠道衬砌防渗全面展开。1973 年至 1974 年，东、西干渠衬砌铺开，1976 年又向支、斗渠推进。经过 3 年，主干渠衬砌 25.5 千米，支渠衬砌 10.5 千米，斗渠衬砌 13.9 千米。1975 年测定，干渠渠道利用系数由 0.33 提高到 0.79，渗漏大大减少。到 1987 年，安康地区（现安康市）渠道工程为 3293 条，渠道总长约 3300 千米，已衬砌渠长 510 千米。

20 世纪 90 年代以后，汉中市主要通过现代化灌区建设，组织实施高标准农田建设项目。截至 2023 年，全市累计衬砌农田排灌渠道 1162 千米，配套渠系建筑物 1.96 万座。

（二）渠道防渗技术

混凝土预制板防渗衬砌：断面为梯形。根据过水流量大小，选用不同尺寸的混凝土预制板。预制板安装施工简便，不受季节的限制，可缩短施工时间，防渗效果好。

混凝土现场浇筑防渗衬砌：断面有梯形、U 形。U 形衬砌断面主要用于过水流量小于 0.1 立方米每秒的田间渠道，采取立模浇筑，人工振捣。厚度为 5 ~ 8 厘米，每间隔 5 ~ 10 米预留一道横向伸缩缝，缝宽 1.5 ~ 2 厘米，防渗效果好。

浆砌石衬砌：主要在流域内富产片石材料的丘陵区采用。衬砌断面有梯形、矩形、U 形三种。采用水泥砂浆砌石，水泥砂浆勾缝或抹面，浆砌石衬砌比混凝土衬砌造价较高，但坚固、经久耐用，防渗效果较好。

二、喷灌、微灌

汉江流域降雨量和水资源总量都较高，长久以来农业灌溉采用大水漫灌形式，群众普遍存在“滴灌、微喷等新型灌水方式‘不解渴’”的思想，对水资源的浪费和引起的土壤板结及山丘区水土流失的警觉意识不强。

流域内汉中地区最早使用喷灌是在褒惠渠灌区。1958 年冬，汉中市农业机械厂仿制双人杠压式人工降雨机（当时称喷灌为人工降雨），通过苎麻水龙带衔接，安装可移动钢管或铁皮管，使用折射式喷头，或在水龙带末端安装洒壶式喷头，移动作业。

1959 年春，褒惠渠利用渠道跌水水头，试建 3 处人工降雨站，又在周寨水轮泵站、陈家巷抽水站等试建人工降雨站。主管道为钢管，支管为内径 8 ~ 10 厘米的白铁皮管，支撑在地面上 1.2 ~ 1.4 米，管道上焊接折射式喷头若干个，因设备简陋，技术不过关和管理不善等，试喷一二年后，便全部拆除。1975 年春，陕西省水电局召开喷灌技术座谈会。会后，汉中地区灌溉工作站从西安市水利机械厂引进喷灌机两台。通过在南郑县中所公社农业机械化现场会表演，先后在汉中市宗营、新沟桥、张寨等社、队的蔬菜、洋芋、小麦地定点试喷，取得初步经验。是年 1 月，地区灌溉站从广州市水科所引进喷灌机具技术资料，与石门水库管理局修配厂试制喷灌机。翌年秋，石门水库管理局修配厂提供喷灌样机 15 台，摇臂式喷头 25 个。1977 年 3 月，陕西省水电局分配汉中地区喷灌机 150 台，喷头 300 个，各县从外地也购回一批喷灌机具。当年秋天开始，在城固县梁家庵、勉县武侯墓公社开展喷灌工程试点工作。此后，各地依据土洋结合、因地制宜、就地取材原则发展喷灌，到 1979 年达到高潮。

1975—1980 年，汉中地区共投入喷灌工程费 155.7 万元，至 1980 年底，共建成各类喷灌工程125处，配套喷灌设备387套，喷灌有效面积达10584亩，受益4234亩。

1981年8月水灾后，汉中各地喷灌工程部分水毁，加之管理不善、设备不配套、质量不过关、机具价格高等诸多因素，到1985年底，全区喷灌仅存34处，其中自压9处，机压25处。

20世纪90年代末到21世纪初，汉中市继续探索喷灌、微灌等节水技术，实施了一批节水灌溉示范工程，主要采用小型手推式喷灌机、半固定式喷灌、滴灌、微喷灌、小管出流、管道输水灌溉等模式。在汉台区、城固县等盆地的丘陵区因地制宜地建成多个节水示范工程。2001年，汉台区水利局在武乡镇曹党、东村等地推行小型手推式喷灌机，主要灌溉烟叶、桑树等经济作物；在武乡镇焦牛村建立了节水灌溉示范区，采用半固定式喷灌、滴灌和微喷灌等灌水形式，主要灌溉柑橘、梨树等经济果林，水源借用人畜饮水的水塔。

三、节水灌溉示范建设

流域内汉中市围绕粮食安全，服务农业及农业产业园区建设，以中央小型农田水利重点县、灌区节水配套设施等农田水利项目为平台，先后打造了城固万亩桃园农业示范园、宁强县肖家坝科技示范园、勉县华阳河茶叶综合示范园等具有县域特色的精品农业灌溉示范工程。

2007年，陕西省发展和改革委员会批复了汉中市西乡县、南郑县节水灌溉示范项目可行性研究报告，同意在西乡县、南郑县建设节水灌溉示范项目，建设节水灌溉面积12898亩（其中西乡县6958亩，南郑县5940亩），主要建设内容为渠道衬砌、渠系建筑物改造等，项目估算总投资395万元（其中西乡县209万元，南郑县186万元），其建设资金主要由申请国家补助和地方自筹解决，建设期1年。

2009年，汉中市西乡县马鞍堰实施了节水灌溉增效示范工程，该项目主要是对马鞍堰五支渠衬砌4.472千米以及斗渠衬砌2.4千米。

2010年，汉中市在“十二五”规划重大建设项目表中提到，要实施汉中市1万～5万亩中型灌区节水改造及农业综合开发节水配套改造工程。主要内容包括：灌区渠首枢纽改造加固3处，干、支渠衬砌改造323.47千米，斗渠衬砌改造280.07千米，农渠衬砌改造341.89千米，衬砌改造支渠及水库渠道10千米，改造各类渠系建筑物4494座等。

截至2016年，汉中市耕地灌溉面积达到163.98万亩，节水灌溉面积达到100.65万亩。

2017年，汉中市汉台区新增的高效节水灌溉项目惠及北部山区6个镇19个行政村，灌溉面积7000亩，包括滴灌4253亩、低压管灌2424亩、喷灌224亩、微喷灌99亩。截至当年，完成水源建设14处，调节构筑物2处，铺设管线81.50千米、购置安装水肥一体化设施28套。

2022年，汉中全市用水总量为16.25亿立方米，万元GDP用水量较2020年下降9.55%，农田灌溉水有效利用系数达到0.541，较好地完成了阶段性节水目标。

流域内安康市从2009年中央小型农田水利重点县项目建设开始，每年项目中都有发展高效节水灌溉工程，尤其是在2012年第四批小型农田水利重点县项目中，把汉阴县列为高效节水灌溉示范县，采取有效措施强力推进。

2012 年至今，发展高效节水灌溉面积 7.89 万亩（其中管灌 3.22 万亩，喷灌 2.98 万亩，微灌 1.69 万亩），石泉县累计投资近 7000 万元，建成节水灌溉面积 3.85 万亩，农业灌溉用水计量率达 81%，高效节水灌溉率达 41% 以上。平利县“十三五”以来累计节水灌溉面积 66110 亩，其中喷灌微灌面积 26500 亩，占新增高效节水面积的 40%。白河县 2011 年有灌溉面积 1.35 万亩，用水量 5.28 万立方米，2020 年，白河县推进农村水价改革，制定了《农业用水精准补贴和节水奖励办法》，对各镇村生活供水设施及配套管网进行建设与改造，同时成立 113 个供水协会，实行定价管理，采取计量收费，促进了农业生产节约用水、农业用水减量增效。截至 2023 年，镇坪县建设产业园区高效节水灌溉工程 4 处，落实农业综合水价改革 7450 亩。

2019 年，石泉县共完成投资 1037.34 万元，新增高效节水灌溉面积 7500 亩，涉及多个生态农业园区，主要建设了蓄水池、过滤池、取水首部、大口井、配电房、堰塘、排洪沟、施工道路等设施，并铺设了管网。该项目实施后，各项目区的引水能力得到有效提高，节约了人力、物力，改善了灌溉条件，节水效益凸显，为园区的高产、稳产提供了有力保障。汉滨区大力实施月河灌区续建配套与节水改造工程，该工程总投资 5900.33 万元，于 2023 年 4 月初通过陕西省水利厅技术审查并批复实施，纳入全市 2023—2025 年灌区续建配套与节水改造建设计划，分 2 年组织实施，项目实施后可恢复灌溉面积 1.4 万亩、改善灌溉面积 1.65 万亩，将进一步巩固提升当地农业水价综合改革成效。

安康市人民政府于 2020 年 11 月印发了《安康市节约用水办法》。该办法提出农业用水应当发展节水灌溉系统，因地制宜发展滴灌、喷灌等技术措施，大力发展节水型灌溉农业。

第三节　工业节水

企业是城市用水的大户，流域内相关部门机构通过节水型企业创建活动带动工业节水发展，鼓励高耗水企业安装节水设备、改进生产工艺，实施工业废水处理回用、冷凝水回收、中水回用等措施。在管理上对企业开展水平衡测试，制定用水定额，安装用水计量装置，对企业的各个用水环节进行监测，掌握用水动态。同时，对员工进行宣传培训，提高节水意识。这些措施有效促进了工业节水发展。

流域内汉中市实施《汉中市城市节约用水管理办法》《汉中市计划用水管理办法》《汉中市节水奖惩管理办法》、节水“三同时”（同时设计、同时施工、同时投入使用节水设施）等管理制度，推进中心城区节水信息平台建设，提升节水管理工作水平。开展节水法规、政策、技术、标准、管理体系、节水知识和典型案例的宣传，树立“生产重细节，节约在点滴”的理念。鼓励高耗水行业企业对标达标创建节水型企业。围绕钢铁、石化化工、纺织、造纸等企业开展节水诊断服务，推动企业实施节水改造，提升水效。例如，城固县在工业节水上，坚持水资源优化配置与工业结构调整同步实施，加大生物医药、新材料等低耗水行业发展力度，修正集团、未来科技、东旭光电等一批高新技术和高附加值产业落户发展。同时，全面落实水资源用水总量控制、用水效率控制、水功能区限制纳污“三条红线”管理措施，推行区域用水总量控制与取水户取水计划控制相结合制度，全面规范取水许可审批和监管，科学下达年度用水总量，严格计划用水和定额管理，建立水资源承载力监测预警机制，严控高耗水高污染项目取水，促进产业升级。指导城区工业企业节水设施项目改造，确保中心城区工业用水重复利用率达到标准要求。城固县目前已累计创建省级公共机构节水型单位1家、省级节水型企业2家、市级节水型单位5家、县级节水型单位34家。

流域内安康市人民政府印发的《安康市节约用水办法》明确要求，工业企业应当对生产用水进行全过程控制，采用分质供水、再生水利用、废污水处理回用等措施，降低用水消耗，提高用水重复利用率。对本市行政区内纳入取水许可管理的取用水户和其他用水大户实行计划用水管理。县级以上人民政府水行政主管部门督促用水单位按照国家规定定期开展水平衡测试，将水平衡测试结果作为核定用水计划的依据。公共供水企业配合水行政主管部门做好计划用水工作，向其提供供水范围内用水单位基本信息及其变更情况，定期报送计划用水单位的实际用水量。计划用水单位建立节约用水制度，设立用水台账，开展用水统计分析，落实用水计划和节水措施，加强用水设施的日常维护管理。鼓励、培育和发展节水型产业，限制建设耗水量大的工业项目。通过合理调整产业结构、布局和规模，推进水资源节约集约利用。如安康市尧柏水泥有限公司通过采取先进节水工艺技术和设备、节水技术改造、节水管理等措施，有效提高水资源利用率。通过建立中水回用系统，将生产过程中排放的污水全部回用作补充余热发电循环水，该企业的污水排放量为28吨每小时，经中水回用系统处理后回用水量为20吨每小时，污水回收率约75%，不仅减少了污水排放量，同时提高了水资源回用率。

第四节 社会节水

一、节水宣传

汉江流域各地创新形式、广泛开展各类节水宣传活动，各级水利部门利用“世界水日”“中国水周”等宣传节点，在中心城区广场、县城中心广场等人口集聚区开展节约用水集中宣传活动，组织开展“节水中国，你我同行”等主题宣传活动。通过报刊、广播、电视、网络、新媒体等宣传媒体，积极开展节水宣传教育，群众节水意识显著增强，形成了良好的节水氛围。

安康市创新开展节水宣传“八进”（进机关、进学校、进企业、进社区、进乡村、进家庭、进景区、进公共场所）活动，普及推广节水知识进机关、进校园、进社区等用水单位，在城区交通路口、汉江河边等公共场所制作大型固定宣传栏50多块，多种形式宣传水法律法规和节约用水知识。部分县区还开展了现场宣传、节水知识下乡和捡拾河道垃圾等活动。全国节水办网站《县委书记谈节水》专栏刊登了汉滨区委书记、旬阳市委书记、平利县委书记署名文章。市水利局联合安康人民广播电台开设了《节水知识天天讲》专栏，在安康人民广播电台3个黄金时段播出，已播20余期。同时，在宾馆、商场等公共场所LED显示屏滚动播放节水标语。通过形式多样、内容丰富的宣传教育活动，有效提高了干部群众节水护水意识，引导大家合理用水、科学节水，养成健康文明的生活习惯。安康市汉滨区建立两座具有科普意义的节水教育展馆，即汉滨小学节水教育馆及汉滨区节水教育基地，让更多的人了解科学的节水知识和方法，节水教育基地展厅作为科普教育基地的重要组成部分，不仅可以让参观者更加直观地了解我国的节水和供水情况，还能让他们了解到更多关于节水和供水的相关知识。

汉中市专门印发《关于加强节水宣传工作的通知》，要求把节水知识宣传教育融入绿色学校创建中，以环境教育课程为载体，将节水节能等与学校日常教学有机结合，引导广大师生树立节水观念。组织开展“世界水日”“中国水周”线上线下宣传活动，市政府分管领导作电视倡议讲话，举办水利摄影展和节水知识问答活动，不断扩大节水宣传教育覆盖面。

二、城市供水管网改造

1999年，汉中市实施中心城区城市供水管网改造工程。截至2004年，完成23条、20多千米供水管网改造。

2004年，《陕西省人民政府办公厅转发省建设厅等四部门关于加快城市供水管网改造实施意见的通知》，要求各地市进一步加强对城市节水工作的领导，理顺管理体制，健全管理机制，把加快城市供水管网改造、强化城市供水管网漏损控制作为现阶段城市节水工作的重点来抓，切实提高城市供水效率，降低供水成本，为城市建设和经济发展提供安全可靠保障。流域内汉中、安康等城市力争在2004年底前基本完成改造任务，县级城市供水管网改造应根据当地实际，统筹规划，在解决水源建设的基础上，尽快完善城市供水管网。

截至2023年10月底，汉中市部分县（区）在供水管道老化更新改造方面取得了一定进展。其中，西乡县、留坝县已完成2023年度供水管道老化更新改造任务，宁强县完成了90.9%，镇巴县完成了45%，而南郑区、城固县、略阳县、佛坪县的进度相对滞后。

安康市通过实施中心城市水环境PPP（公共私营合作制）项目，建设及完善中心城市城区配水管网输水管道2条15.6千米，配水管道28.5千米。石泉县改造城区供水管网12余千米，全年管网漏损率控制在10%以内。旬阳市改造党家坝DN 200配水管道1600米、改造小河北片区DN150配水管道1200米，配合市政道路建设改造火车站进站路、新华书店至外贸路口段、高家沟段、政府至扶贫局门口段管网共计4200米。

宝鸡市凤县2019年底城区供水管网漏损率降至9.7%。太白县2015年实施县城供水改造，项目总投资2.5亿元，包括石沟水库、县城二水厂、县城自来水管网改造、县城供水信息化系统及东峡水电站5个建设项目。商洛市柞水县2013年完成投资1000万元，改造老城区管网13.7千米。

三、非常规水利用

2020 年，流域内汉中市印发《汉中市城市非常规水利用管理办法》，先后完成城区污水处理厂提标改造、江南污水处理厂日产 1.8 万吨中水厂等重点节水工程建设，通过设置下沉式绿地、透水面层等设备设施，强化“渗、滞、蓄、净、用、排”工程措施，提高雨水利用率。累计建成海绵道路 44 条、海绵小区 29 个、海绵停车场 17 个，改造、新建综合性广场公园 18 个、节水型公厕 1 座，改造城区老旧供水管网 6.4 千米；完成汉宁路地下综合管廊、天汉大道慢行步道改造、东西排洪渠改造等节水工程项目，使市区污水管网收集系统进一步完善，大大减少了直排河道的污水量，切实改善了城市水环境。

安康市实施《安康市节约用水办法》，明确将非常规水源纳入水资源统一配置，要求有条件使用非常规水源的企业优先使用，并对地表水和地下水实行统一调度，优先利用地表水，限制开采地下水，鼓励使用非常规水源。依托优质水源，发展相关产业，如安康富硒茶、白河木瓜酒、旬阳拐枣醋等，提高了水资源的综合利用效益。在工业生产中，部分企业将处理后的再生水用于生产过程中的冷却、洗涤等环节；城市绿化、道路清扫等市政用水也加大了再生水的使用比例。在一些新建的居民小区和公共建筑建设雨水收集设施，将收集的雨水用于小区内的绿化灌溉、景观补水等非饮用用途。

第七章　水电 水产 航运

汉江流域地势起伏较大，河流落差明显，径流量大，水能资源丰富，具有良好的开发利用条件，同时也具有丰富的水产资源，具有较大的开发潜力和保护价值。新中国成立以前，由于受生产力水平所限，开发利用技术落后，规模较小，效益低下。新中国成立以后，流域内各级党委、政府以民生改善为目标，不断加大投资，改进技术，在汉江干流进行梯级开发，建成了一批骨干水电站，在秦巴山区中小河流上因地制宜发展小水电，使水能资源开发取得了突破性进展。同时，通过引进新产品、推广新技术，大力发展水产养殖事业，建成了一批水产养殖基地，水产种类、数量、产值连年翻番，开创了生产与保护共同提高的新局面。与此同时，汉江作为联系西北、沟通华中的“黄金水道”，具有悠久的航运历史和航运文化，虽然航运经济已经衰落，但其在陕南开发进程中发挥的重要作用依然值得记述。

第一节　小水电

流域基本位于秦巴山区，一方面，山高坡陡，一般海拔在 1200 ~ 2800 米，盆地在 200 ~ 1000 米，山区与河谷落差较大；另一方面，流域地处亚热带湿润气候带，降雨丰富，年平均降水量 925 毫米，其中大巴山区可达 1200 ~ 1800 毫米。由于山大沟深，植被良好，整个流域水系发达，水量丰富稳定，河流落差大，含沙量低，无冰封，不仅水力资源丰富，而且开发条件优越，为水电事业发展奠定了坚实基础。

截至 2020 年底，陕西汉江流域已建、在建小水电站 513 座 151.07 万千瓦（见表 2-7-1）。2021 年秦岭区域小水电清理整治中，共拆除、退出小水电站 229 座 47.27 万千瓦。2022 年，黄河流域和巴山区域小水电清理整改工作启动。截至 2023 年底，汉江流域共有小水电站 266 座 102.24 万千瓦，见表 2-7-1、表 2-7-2。

表2-7-1　2020年底汉江流域小水电站情况

市县	已建座数	装机容量 /kW	在建座数	装机容量 /kW
宝鸡市	21	55280		
汉中市	179	499162	17	64970
安康市	213	667565	12	79300
商洛市	62	85241	9	59200
合计	475	1307248	38	203470

表2-7-2　2023年底汉江流域小水电站情况

市县	已建座数	装机容量 /kW	在建座数	装机容量 /kW
宝鸡市	1	26000		
汉中市	106	373865	3	8290
安康市	142	529330	5	38600
商洛市	9	46310		
合计	258	975505	8	46890

一、水能资源普查

新中国成立后，陕西省对全省水能资源进行过3次普查。第一次是在1956年，由陕西省水利勘测设计院完成陕西省主要河流理论蕴藏量计算；第二次是在1977年10月至1979年10月，由陕西省革委会水电局和西北电管局组织，于1979年9月汇编出《中华人民共和国水力资源普查成果》（分省第22卷·陕西省）。该成果对陕西省流域面积100平方千米以上的560条河流进行理论蕴藏量计算，得出全省总水力蕴藏量为1275万千瓦，其中理论蕴藏量在10000千瓦以上的河流190条，理论蕴藏量为1226万千瓦。经对已有资料分析研究和继续完成未作普查的河流，按照选出的可开发枢纽坝址，估算出主要参数和技术经济指标，最后汇总出陕西省可开发水力资源为550.70万千瓦。第三次普查是在1985年4月至1988年8月，由陕西省水利水土保持厅组织各地（市）、县水利部门，通过收集资料、实地勘测、分析整理，最后汇总完成《陕西省小水电资源区划》，确定汉江流域水电可开发量356.21万千瓦，其中小水电可开发量101.48万千瓦。

21世纪初，水利部和陕西省水利厅先后印发《中华人民共和国（分省）水力资源复查成果（2003）陕西省》《陕西省小水电开发利用规划》和《陕西省农村水能资源调查评价》等，成果为：汉江流域100平方千米以上河流182条，水能资源理论蕴藏量6682.3万千瓦，其中理论蕴藏量在10万千瓦以上河流113条，以汉江干流为最大，为1555.5万千瓦。

2010年12月，陕西省人民政府印发《陕西省小水电开发利用规划》，汉江水系涉及河流97条，规划电站267座，装机容量1090.46万千瓦，年发电量40.83亿千瓦时。

2012年8月，水利部印发《关于开展中小河流水能资源开发规划工作的意见》，要求开展中小河流水能资源开发规划工作。陕西省随即开展了《陕西省小水电开发利用规划》修编工作。《陕西省小水电开发利用规划（修编）》主要确定了全省单站1000千瓦以上农村水电站开发选点、开发总体布局和近期（2015—2020年）开发强度。突出水生态文明建设，在法律、法规、条例和政府规章中划定的自然保护区、风景名胜区及确定的禁止开发区域，以及濒危、珍稀、特有保护动植物重要生境的生态敏感区域，一律不予开发建设电站，依此取消了一批影响水生态文明建设的电站。坚持适度开发、综合利用，原则上单站1000千瓦以下农村水电站暂不开发，优先规划梯级龙头电站和综合利用、兼备旅游、生态功能电站。2016 年印发《陕西省小水电开发利用规划（修编）》，汉江水系规划电站 141 座，总装机容量 691.37 万千瓦，年发电量 22.4888 亿千瓦时，见表 2-7-3。

表2-7-3　汉江水系各河流2016年规划修编电站成果

序号	所在水系	电站数量 / 座	装机容量 / MW	年发电量 /（万 kW·h）	匡算投资 / 亿元	备注
1	汉江干流	2	6.630	1284	0.53	汉惠渠、无坝堰渠首
2	沮水	11	29.53	9015	3.24	
3	漾家河	1	2.40	690	0.15	
4	玉带河	2	6.69	2614	0.70	
5	褒河	8	94.78	34228	12.05	
6	濂水河	4	4.15	1390	0.32	
7	冷水河	2	6.00	2790	0.45	
8	湑水河	1	25.20	8661	2.21	
9	酉水河	1	1.00	353	0.07	
10	金水河	2	6.70	2895	0.86	
11	子午河	6	15.60	4802	1.55	
12	牧马河	9	90.19	25235	8.32	
13	池河	1	1.60	710	0.16	
14	任河	10	21.30	7387	1.99	
15	洞河	1	2.50	875	1.95	
16	大道河	2	7.75	3173	0.72	
17	岚河	10	59.40	19782	4.26	
18	月河	2	11.00	3840	0.94	
19	坝河	1	3.00	1397	0.21	
20	旬河	33	217.02	67922	21.88	
21	夹河（金钱河）	15	38.54	13404	3.97	
22	堵河（南江河）	5	16.20	6031	0.68	
23	其他河流	12	24.19	8699	1.88	
合计		141	691.37	224888	67.36	

汉江干流陕西境内规划建设有黄金峡、石泉、喜河、安康、旬阳、蜀河、白河等大中型水电站，不具备建设小水电站条件。但在勉县境内建有汉惠渠渠首水电站和无坝堰渠首水电站，2 座水电站均为小型水电站，属于灌区综合利用工程。

二、早期开发利用

流域内水能资源丰富，劳动人民在长期的生产生活实践中，发明了水磨、水碓、水碾、轧花车、筒车等水力机具，用于提水灌溉、打米、磨面、榨油以及造纸、轧花等。《五门堰碑记》（元代贾中立）有“动磨七十”的记载。明代嘉靖《略阳县志》载：“沟涧水磨无数。”清嘉庆十年（1805 年）城固《五门堰水利碑》载：“五洞之下筒车九轮。”直到新中国成立后，流域内广大山区和农村，传统水力机具使用依然十分普遍。据 1960 年不完全统计，汉中地区共有传统水力机具 4478 处，利用水力 1.8 万马力。民国时期，开始使用新式水轮机。原南郑县在褒惠渠周寨兴建的三泰面粉公司、王仁桥修建的南郑水力示范厂，均使用木制旋桨式水轮机。新中国成立后，水利部门提出“先水力，后电力”工作方针，首先推广建设木制旋桨式水轮机水力站。至 1960 年，汉中地区建成新式水力站 20 处，共计 552 马力。20 世纪 60 年代后期，这些水力站部分配带发电机改为小型水电站。

汉江流域第一座水电站建于 1946 年 6 月，为汉中城北的武家沟水电站，由国民政府经济部资源委员会投资，所属水力发电勘测总队派员设计，利用褒惠渠二支渠跌水兴建。这座水电站有 1 台机组，容量 160 千瓦。1949 年 12 月 4 日，汉中警备司令部为阻止解放军解放汉中，派工兵连将其炸毁。新中国成立后，1950 年 8 月重建恢复发电，安装机组 1 台，容量 210 千瓦。1978 年 3 月报废。1956 年，汉惠渠管理局利用南干渠跌水，自制木质旋桨式水轮机，建成定军山水电站，为新中国成立后第 1 座小型水电站，安装 30 千瓦发电机 1 台。随后，城固、南郑、沔县、留坝、镇巴等县建水电站 8 座。至 1959 年，汉中地区共有水电站 9 座，装机容量 598 千瓦。安康地区于 1958 年 5 月建成了第一座水电站——平利县龙漂电站，结束了本地区无水电历史。随后建成了岚皋县方家垭电站。由于受当时技术、物资条件限制，水轮机多为木质自造，压力水管也多为木板拼箍而成，装机容量 10 余千瓦。

20 世纪 60 年代，流域内各级政府认真贯彻“以小型为主，社办为主和水力、电力并举”工作方针，大力开展农村小水电建设。安康地区建成了镇坪石岩、紫阳葫芦颈等一批小型水电站，汉阴、宁陕、紫阳、岚皋、平利、镇坪等县城均由小水电站供电。汉中地区至 1969 年建成小水电站 104 座，装机容量 5621 千瓦。

20 世纪 70 年代，国家提出“依靠群众，自力更生，大中小并举，多搞中小”工作方针，汉江流域全面掀起了水电建设高潮。国家在汉江干流上建成石泉水库电站，继而开工建设安康水库电站。安康地区开工建设了宁陕红星、紫阳牛颈项、平利东方红及镇坪文彩等电站。汉中地区新建石门水库及东、西干渠电站和茶坊寺、傥河、马营坝、东方红、板凳堰（二期）、红寺坝、关峡、水河沟等一批骨干电站，至 1979 年，全区有水电站 279 座，装机容量 60511 千瓦。

党的十一届三中全会以后，各地贯彻“谁建、谁管、谁受益、归谁所有”工作方针，国家、集体、个人多元投资，水电事业呈现蓬勃发展新局面。到 1995 年，汉中地区建成小水电站 898 座，装机容量 90900 千瓦，年发电 17958 万千瓦时。安康地区建成小水电站 724 座。装机容量 45334 千瓦，年发电量 10172 万千瓦时。

在此期间，随着农村改革逐步深入，极大地调动了农民发家致富的积极性。1981 年 8 月，镇坪县洪石乡胜利村二组农民郭正国带领全家 6 口人投工 300 余个，投资 500 多元，率先建起安康地区第一座户办小电站，装机容量 1 千瓦，解决周围 4 户村民生活用电。这一举措受到高度肯定，被誉为“深山夜明珠”。安康地区水电局于 1982 年在镇坪县召开“小水电建设现场会”，推动户办电站全面开花。1984 年，陕西省水电厅在石泉县召开户办小水电建设经验交流会，进一步助推户办小水电站工作。

从 20 世纪 90 年代开始，特别是进入新世纪以来，国家不断加大小水电建设投入，先后实施了电气化县建设项目、小水电代燃料项目、农村水电增效扩容改造项目和小水电扶贫项目，使汉江流域小水电建设实现了新的突破，取得了显著成效。

三、小水电站建设

水电站分为大型、中型和小型 3 类，装机容量 25 万千瓦以上的为大型，装机容量 2.5 万 ~ 25 万千瓦的为中型，装机容量 2.5 万千瓦以下的为小型。陕西省小水电水力资源按照《农村能源综合区划大纲》有关规定，结合陕西三大区域各地小水电资源分布状况，以可开发资源量为基础，以县为单元，按可开发装机容量划分为小于 1000 千瓦、1000 ~ 3000 千瓦、3000 ~ 5000 千瓦、5000 ~ 10000 千瓦、10000 ~ 25000 千瓦、25000 千瓦以上 6 个等级。

1995 年以来，陕西汉江流域水电建设相继实施了农村电气化县建设、户办电站、代燃料小水电建设与骨干电站建设。至 2020 年底，汉江流域汉中、安康、商洛、宝鸡共有总装机容量小于 5 万千瓦以下的已成小型水电站 475 座，总装机容量 13.07 万千瓦。

（一）电气化县建设

1. 第一批试点县

1983 年，国务院批转水电部《关于积极发展小水电建设中国农村电气化试点县的报告》，决定在全国范围内选择 100 个县作为开展农村初级电气化县建设试点，陕西镇安县被列入。

镇安县地处秦岭中段南麓，境内水力资源丰富。全县集雨面积在 10 平方千米以上河流有 87 条，多年平均径流量 20 亿立方米，水力资源总理论蕴藏量为 22.5 万千瓦，可开发装机容量为 7.3 万千瓦。试点规划拟在 1985—1990 年建电站 62 处，总装机容量 10248 千瓦。项目于 1994 年 11 月通过达标验收。

2. 第二批试点县

1991 年，陇县、宁陕、淳化、彬县等 4 县被列入第二批全国 200 个农村水电初级电气化试点县。其中宁陕县属于汉江流域。

宁陕县水能理论蕴藏量42.7万千瓦，可开发量6.7万千瓦，至1990年已开发3500千瓦，仅占可开发量的5.2%。规划拟新建装机容量4345千瓦，新增变压器容量0.91万千伏安，总投资3222万元。项目于1995年8月通过达标验收。

宁陕、镇安2县农村水电初级电气化县建成后，户通电率分别由27.78%、24.3%提高到90.8%、91%，实现发电装机容量由7700千瓦增加到1.7545万千瓦，年发电量由974万千瓦时大幅增加到6013.7万千瓦时，人均年用电量分别由建设前的62千瓦时、13.9千瓦时大幅提高到210千瓦时、201.5千瓦时。农民人均纯收入分别从建设前的310元、135元，增加到670元、550元，有力促进了项目县农村经济社会全面发展。

3.“九五”期间

1996年，国务院办公厅下发了《关于建设第三批农村水电初级电气化县有关问题的通知》，启动第三批农村水电初级电气化县建设项目，陕西省有25县被列入全国计划，涉及汉江流域13个县，分别是西乡、宁强、洋县、佛坪、镇巴、南郑、镇坪、平利、石泉、紫阳、岚皋、柞水和山阳，这些县大多数属于水能资源较为丰富的“老、少、边、穷”地区，其中10个县为国家级或省级贫困县，小水电可开发量145.9万千瓦。至2001年底，完成投资24.75亿元，新增装机容量9.48万千瓦，新增变压器容量53.84万千伏安，全部通过验收。

4.“十五”期间

国务院批准在400个县开展农村水电电气化县建设，陕西汉江流域有西乡、洋县、勉县、镇巴、宁陕、平利、旬阳、岚皋、石泉和镇安10个县列入计划。项目县大部分集中在水力资源丰富的秦岭南部，对保护和改善长江流域生态环境、促进资源优势转化、建设“陕南工业走廊”、加快区域工业化和城镇化起到了积极的作用。在建设过程中，各项目县继续深化改革，多方筹集资金，加快了农村电气化县建设步伐。截至2005年9月底，加上后来增补的紫阳县，全部通过验收，达到国家水电农村电气化县标准，率先并超额1县完成了“十五”水电农村电气化县建设任务。全部14个项目县新增装机容量22.45万千瓦，实现乡（镇）通电率100%，户通电率99%，共完成投资34.2亿元，其中电源投资20.8亿元，在汉江流域建成旬阳钟家坪、岚皋金淌等一批骨干电源工程。14个项目县的国民生产总值由113.5亿元增加到139.1亿元，增长了22.6%。农民人均纯收入由不足1200元提高到1452元，增长了21%。35.28万户群众实现“以电代燃”，丰水期代燃料户率达到30.9%，项目县的森林覆盖率平均提高了8.5个百分点。

5.“十一五”期间

2007年，国家发展和改革委员会和水利部下发了《关于“十一五”水电农村电气化县建设范围的通知》，确定全国“十一五”期间实施农村水电电气化县460个，陕西省有勉县、南郑、西乡、城固、镇巴、洋县、宁强、紫阳、平利、岚皋、石泉、宁陕、旬阳、商南、镇安和山阳16个县列入该计划，上述各县均位于汉江流域（商南县地处丹江流域，由《丹江志》予以记述）。地处陕南秦巴山区，大多是国家级贫困县，其区位也与退耕还林区、天然林保护区和水土流失重点治理区分布基本一致。2009年，电气化项目全面开工建设。截至 2010 年底，各电气化县全部完成建设任务，各项指标均达到或超过了《水电农村电气化标准》且全部通过了验收。“十一五”期间，汉江流域 15 个水电农村电气化县建设共新建电站 61 座，新增装机容量 26.98 万千瓦，共完成投资 40.84 亿元（其中电源投资 30.82 亿元）。项目区实现了村村通电，户通率达到 99.61%，人均年用电量和户均年生活用电量分别为 679 千瓦时和 724 千瓦时，较基准年增长了 48% 和 53%。丰水期小水电代燃料户率超过 39%。

6.“十二五”期间

2011 年，水利部印发《关于“十二五”全国水电新农村电气化规划的通知》，批准全国“十二五”期间实施水电新农村电气化县 300 个，陕西省汉江流域有留坝、勉县、南郑、西乡、宁陕、旬阳、岚皋、镇坪、紫阳、平利和镇安等 11 个县。2013 年 5 月，陕西省水利厅对 14 个水电新农村电气化县建设项目进行了实地检查，在检查中发现眉县难以完成任务，及时申请水利部将眉县调整替换成佛坪县。至此，陕西省“十二五”期间汉江流域共有 12 个县列入全国水电新农村电气化实施规划。同年 11 月，14 个水电新农村电气化县建设项目全部通过验收。其中，汉江流域 12 个县共新建电站 59 座，技改 1 座，新增装机容量 32.1 万千瓦，完成投资 36.24 亿元，其中电源投资 31.45 亿元。项目区实现了村村通电，户通电率达到 100%，各项目县规划期人均年用电量和户均年生活用电量均超过了 25%，农村水电发电量与农村用电量的比值均超过 80%。

（二）户办电站

20 世纪 80 年代，随着农村联产承包责任制的普遍推行，在水力资源丰富、地广人稀、大电网不能覆盖的山区，一些农户为了自家照明和进行农副业加工，由一户或几户联合兴建的小水电站逐渐增多。1984 年 8 月，陕西省人民政府办公厅转发省水利水土保持厅《关于加快发展陕西省户办小水电的意见》。到 1992 年底，全省户办电站达 2410 处，装机容量 54657 千瓦。尤其是汉江流域，户办电站全面开花。据 1995 年统计，安康地区的安康、石泉、岚容、平利、宁陕 5 县兴建微型电站 1200 多处，装机容量达 650 千瓦，有效解决了山区用电难问题，受到了农民群众普遍欢迎。

（三）小水电代燃料项目

2002 年，水利部将小水电代燃料生态保护工程列入 2003 年度亮点工程。陕西省结合实际，确定 33 个县为水电代燃料项目县。至 2015 年，汉江流域共有 5 处项目列入实施范围，分别是石泉县梧桐寺水电站（520 千瓦，2021 年已拆除）、平利县八仙水电站（1890 千瓦）、镇安县张家乡水电项目（800 千瓦，2021 年已拆除）、旬阳县仁河水电项目（8000 千瓦）、宁强县梨树垭水电项目（5600 千瓦，2021 年已拆除）。5 处项目总装机容量 16810 千瓦，总投资 13760 万元，其中中央预算内专项资金 6156 万元，地方配套及企业自筹资金 7604 万元，共覆盖代燃料户 11298 户。

（四）农村水电增效扩容改造项目

为发展可再生能源、保障公共安全、改善生态环境，国家于 2011 年 10 月启动农村水电增效扩容改造试点，涉及陕西等 6 个省（区、市）。此后，又扩大项目实施范围，在全国连续实施两批项目建设。陕西省自 2011 年试点项目启动以来至“十三五”末，先后实施了三批农村水电增效扩容改造项目，共计完成 129 座水电站改造任务，其中汉江流域 70 座。

试点项目（2011 年实施）共涉及电站 35 座，其中汉江流域 18 座，累计完成投资 1.22 亿元。改造前装机容量 3.32 万千瓦，年平均发电量 1.11 亿千瓦时，改造后装机容量 4.06 万千瓦，年发电量 1.56 亿千瓦时，分别增加 22.3% 和 40.5%。

第二批项目（2013 年至 2014 年实施）共 50 处，其中汉江流域 28 处，累计完成投资 2.79 亿元。改造前装机容量 6.61 万千瓦，年平均发电量 1.64 亿千瓦时，改造后装机容量 8.99 万千瓦，年发电量 2.66 亿千瓦时，分别增加 36% 和 62.2%。

第三批项目（“十三五”期间实施）共涉及水电站 44 座，其中汉江流域 24 座。累计完成投资 1.92 亿元。改造前总装机容量 3.17 万千瓦，年平均发电量 1.1 亿千瓦时，改造完成后装机容量 5.62 万千瓦，年发电量 2.03 亿千瓦时，分别增加 77.3%、84.5%，修复因电站运行造成的减脱水河段 56.66 千米，新增生态机组装机容量 750 千瓦。

增效扩容改造项目完成后，各电站机组运行稳定性、监控系统准确性、灵敏度及电气设备安全可靠性明显增强，发电能力和综合效率显著提升，面貌焕然一新。特别是在“十三五”项目实施过程中，陕西省通过设置无控制生态放水设施或增设生态机组，安装视频监控系统，新建改建垃圾台、化粪池等措施，保证了生态流量的泄放，减少了水质污染，河流生态修复初具成效。

（五）小水电扶贫项目

2016 年，国务院印发《“十三五”脱贫攻坚规划》，决定实施农村小水电扶贫工程。国家发展改革委、水利部联合印发《农村小水电扶贫工程试点实施方案》，国家安排中央预算内资金 3 亿元在陕西等 6 省（市）选取部分水能资源丰富的国家级贫困县开展农村小水电扶贫试点。旨在通过国家扶持小水电站建设，以电站收益反哺补贴农民、农村基础设施建设的方式助力脱贫攻坚。项目启动以来至“十三五”末，陕西省共实施完成农村小水电扶贫工程 16 处，其中涉汉江流域 14 处，2016 年 3 处（试点项目），2017 年 5 处，2018 年 3 处，2019 年 2 处，2020 年 1 处，项目涉及汉中、安康、商洛 3 市的 8 个国家扶贫开发工作重点县，累计改善新增装机容量 13.1 万千瓦，完成项目总投资 17.03 亿元，其中中央预算内投资 3.06 亿元。按照各项目与所在县签订的中央投资缴存合同或协议，全部项目建成后每年共计可向项目所在县缴存中央投资收益 1830 余万元，用于当地建档立卡贫困户脱贫解困和贫困村基础设施建设。据统计，截至 2023 年底，各项目已累计向项目所在县缴存 6400 多万元，项目扶贫规模效益明显。上述 14 处项目在 2021 年全省秦岭区域小水电整治过程中，拆除或退出 2 处，现存 12 处。

四、小水电站管理

20 世纪 50 年代，随着水电事业发展，汉中、安康大部分县都成立国营电厂，管理县城供电的小水电站（包括火电厂）。60 年代以后，随着各县水利电力局成立，小水电事业逐步纳入水电部门管理。之后，随着国家电网进入，小水电网并入大电网或以大电网供电为主，一些县（市）先后成立由电业部门领导的电业局或供电所，管理国家电网（包括并入电网）的建设、管护、运行。在经营管理上，1960 年，汉中专署水电局制订了《汉中专署水电站管理运行制度》。1977 年，国家水利电力部颁发《电业安全工作规程》，陕西省水电局颁发《陕西省小型水电站管理工作暂行规定》，各县、站结合本县、本站实际情况完善管理制度。党的十一届三中全会后，随着改革开放不断深入，农村小水电建设管理逐步向企业化方向转变。根据水电部统一部署，水电站实行年发电量、设备年均利用小时、厂用电率和线损率、全员劳动生产率、单位电能成本、企业总收入、利润、设备完好率 8 项技术经济指标，重点电站均制订了企业管理细则。

（一）秦岭区域小水电整治

2017 年 6 月，按照环保部《关于联合开展“绿盾 2017”国家级自然保护区监督检查专项行动的通知》要求，陕西省组织召开了农村水电建设管理会，针对保护区农村水电开发、生态流下泄等问题提出自查要求，历时两个多月对全省自然保护区内水电站进行排查，并将排查结果上报国家“绿盾 2017”专项行动巡查组。

2018 年 12 月 14 日，陕西省水利厅印发了《关于全面加强农村水电建设及管理工作的意见》。2019 年 4 月 10 日，陕西省水利厅印发了《关于秦岭区域水电站核查及全省农村水电站生态整治有关问题的通知》，要求按照《陕西省秦岭区域和全省自然保护区小水电站问题整治及生态治理工作指导意见》，确保在 2019 年 6 月底前完成包括秦岭区域在内的全省 600 余座水电站生态改造，保障生态流量下泄，在 2020 年 12 月底前按期完成应退电站的退出工作。2019 年 7 月，陕西省水利厅组织省级发改、环保、林业部门对全省小水电站生态流量泄放进行了抽查验收，全省小水电站需泄放生态流量的已全部完成。

2021 年 7 月，陕西省秦岭生态环境保护委员会下发通知要求当年 9 月底前全面完成 375 座小水电站整治任务（不含 2019—2020 年已拆除的 63 座）。其中，汉江流域拆除 170 座 28.82 万千瓦，退出 46 座 15.63 万千瓦，依法撤回 4 座 2.13 万千瓦，保留 44 座 30.09 万千瓦。通过整治工作，有效解决秦岭区域小水电破坏生态环境突出问题，切实保护好“中华祖脉”“中央水塔”。

截至 2021 年 8 月底，秦岭区域 438 座 114.7 万千瓦小水电站有 382 座 65.9 万千瓦已全部拆除或退出。其中汉江流域共 272 座 80.07 万千瓦，拆除退出 224 座 44.85 万千瓦，依法撤回 4 座 2.13 万千瓦，保留 44 座 33.09 万千瓦，具体见表 2-7-4。

表2-7-4　秦岭区域汉江流域拆除退出小水电站名单

市县	拆除座数	退出座数	装机容量 /kW
合计	183	47	476240
宝鸡	19	1	29280

续表2-7-4

市县	拆除座数	退出座数	装机容量 /kW
太白县	9	1	18440
凤县	10		10840
汉中	56	24	177632
汉台区		2	4130
城固县	6	3	12260
洋县	11	10	63336
勉县	18	8	57270
宁强县	1		165
略阳县	4		19550
留坝县	8		7185
佛坪县	8	1	13736
安康	47	20	170545
汉滨区	1	2	1725
汉阴县	1	3	1530
石泉县	3		4000
宁陕县	30	9	60145
旬阳市	12	6	103145
商洛	61	2	98783
山阳县	11	1	32685
镇安县	46	1	64338
柞水县	4		1760

（二）小水电运行管理

1. 农村水电站安全生产标准化建设

为全面加强农村水电站安全管理工作，2010 年，陕西省水利厅制定印发了《陕西省农村水电站安全管理分类及年检办法》《关于开展农村水电站标准化管理工作的通知》等文件，对农村水电站标准化管理工作进行了具体规定，各级水利部门全面加强水电站日常管理工作。2014 年 7 月，陕西省水利厅印发《陕西省农村水电站安全生产标准化技术指南》。2014 年 10 月，陕西省水利厅办公室印发了《关于开展农村水电站安全生产标准化达标评级有关问题的通知》，对评审范围及条件、评级方法及管理、外部评价机构等进行了明确。2018 年 11 月 6 日，陕西省水利厅印发了《关于 1000 千瓦以下农村水电站安全生产标准化评审有关问题的通知》，制定了 1000 千瓦以下农村水电站安全生产标准化评审评分细则。

相关文件印发后，陕西省水利厅陆续组织开展了农村水电站安全生产标准化宣传和评审工作。截至 2023 年末，汉江流域（不含丹江流域）共有 105 座水电站达到农村水电站安全生产标准化标准，其中一级 5 座，二级 99 座，三级 1 座。在 2021 年秦岭区域小水电清理整治中，有 15 座标准化二级单位被拆除，有 1 座标准化二级单位和 1 座标准化三级单位因大坝安全鉴定为三类坝被撤销。汉江流域实际有安全生产标准化达标单位 91 座，其中一级 5 座，二级 86 座，三级 0 座，见表 2-7-5。

表2-7-5　汉江流域农村水电站安全生产标准化达标统计

地市	合计	一级单位	二级单位	三级单位	备注
合计	91	5	86	0	
宝鸡	1		1		
汉中	21	4	17		不含已撤销二级 1 座，已拆除二级 8 座
安康	67	1	66		不含已拆除二级 4 座
商洛	2		2	0	不含已撤销三级 1 座

注：表中数据统计截至 2023 年 12 月底。

2. 绿色小水电示范电站建设

2012 年水利部提出“民生水电、平安水电、绿色水电、和谐水电”等“四个水电”建设。2017 年 6 月，水利部印发了《关于开展绿色小水电站创建工作的通知》，决定在全国开展绿色小水电站创建工作，力争到 2020 年单站装机容量 10 兆瓦以上、国家重点生态功能区范围内 1 兆瓦以上、中央财政资金支持过的电站创建为绿色小水电站。

2014 年 7 月 16 日，陕西省水利厅印发了《陕西省绿色水电建设指导意见》，从基本原则、主要目标、资源管理、绿色水电技术措施、建设管理等方面提出了要求。此指导意见为国内首次提出绿色水电概念。2018 年 1 月 18 日，陕西省水利厅印发了《关于做好国家重点生态功能区内农村水电站生态流量下泄及绿色水电创建工作的通知》。

自《陕西省绿色水电建设指导意见》印发后，陕西省水利厅开始开展绿色水电建设宣贯和辅导，陆续组织开展了农村水电站绿色小水电示范电站省级初审工作。截至 2023 年末，汉江流域（不含丹江流域）共有 82 座水电站达到绿色小水电示范电站标准，通过水利部审查公布（不含因大坝除险加固被撤销 1 座，在 2021 年秦岭区域小水电清理整治中，有 8 座绿色小水电示范电站被拆除），如表 2-7-6 所示。

表2-7-6 汉江流域绿色小水电示范电站统计

合计	2017	2018	2019	2020	2021	2022	2023	备注
82	6	6	24	11	9	10	16	
1						1		
19			9	2		4	4	不含已撤销 1 座，已拆除 4 座
60	6	6	15	9	9	4	11	不含已拆除 4 座
2						1	1	

注：表中数据统计截至 2023 年 12 月底。

第二节 水 产

汉江流域河流纵横，池塘水库星罗棋布，渔业养殖历史悠久，有深厚的“渔猎为业”传统，素有“鱼米之乡”的美誉，水产养殖规模位居全省前列。

近年来，汉江流域坚持以“常规水产品稳产量提品质、名优水产品扩规模增效益、稻渔综合种养稳粮食增收益”的发展思路，延伸做强渔业产业链，转变渔业增长方式，推动渔业产业快速发展，稻渔综合种养、冷流水养殖、工厂化设施养殖等新兴渔业产业已经成为陕西渔业绿色高质量发展的重要名片之一。

一、发展历史

汉江流域渔业的发展，从人类考古方面可追溯到新石器时代。汉江流域夏商周时期多个遗址发现大量鱼骨和捕鱼工具，其中汉中境内西乡李家村遗址和城固莲花池遗址，同时发现鲤鱼、草鱼、鲢鱼、鳙鱼鱼骨和捕鱼工具，说明鱼类资源在距今 7000 ~ 9000 年的新石器时代早期已成为当地居民的重要食物来源。春秋战国时期，汉江上游属于巴国和蜀国，在巴国和蜀国的文献中多次提到渔业生产和捕鱼技术，同时发现与鱼类生产加工有关的设施和遗物，如鱼塘、晒鱼架、渔网坠等。两汉时期，汉江上游的鱼类资源不仅为当地居民提供了重要的食物来源，还用于医药和祭祀活动，一些尊贵的鱼被视为贡品或者礼品用于皇室或官员之间的馈赠。《汉书 · 地理志》载：“汉中楚分也，火细水耨，民食鱼稻，以渔猎为业。”1965 年、1978 年，先后在汉中市汉台区石马坡、勉县老道寺镇沙家庄出土的东汉墓葬品陂塘、水田陶模中，就塑有鲤鱼、鲫鱼、鳖、螺、菱角、茭白、莲藕等水生动植物模型。唐代，汉江上游人们已掌握了鱼类养殖技巧，利用河流、湖泊等自然环境修建鱼塘进行鱼类养殖，发明了一些捕鱼的工具和技术。北宋时期，汉江上游已经形成了比较完整的渔业产业链，从鱼苗的培育、养殖、捕捞到鱼产品的加工和销售，都有一定的规模和组织。元明时期，一些新的鱼类品种也逐渐被引入到当地进行养殖，并开始使用科学的养殖方法和管理技术。清代及民国时期，在秦岭、巴山地区，当地农民开始在房前屋后掘塘蓄水，浇灌稻田兼作养鱼。但早期的渔业生产基本处于园圃生产形式，受水面、渔具和技术等条件限制，水产品产量很低。除部分塘池养殖鲤鱼、鲫鱼外，商品鱼主要来源多为江河天然自生自长的野生鱼类，数量不稳定。

新中国成立后，随着水利事业发展，国家从政策、技术、财力、物力方面不断引导和扶持，渔业生产迅速发展，由个体农民从事简易的捕捞生产发展为以养为主、养捕结合的渔业生产形式；从采集野生卵到人工培育现鱼产卵和人工孵化鱼苗；从普通养殖发展到科学养殖以及特种养殖，数量和质量都逐步上升，经济效益逐年提高。

其发展过程大体可分为以下五个阶段：

第一阶段：20 世纪 50 年代。流域内水库不多，虽有一些陂塘养鱼，但养殖技术落后，不讲究品种搭配，野鱼家鱼一起养，处于“白水养鱼靠天收”状态，缺乏科学养鱼技术，产量较低，上市鱼货靠捕捞江河野生鱼类。1958 年初，汉中建立了第一座水产养殖场，开始进行家鱼人工孵化鱼苗。

第二阶段：20 世纪 60 年代。其间，汉中、安康地区分别成立鱼种养殖场，大力推广家鱼人工繁殖，鱼种逐步自给自足，养殖规模逐渐扩大。

第三阶段：20 世纪 70 年代。各级政府从加强技术力量，提高和推广养鱼技术入手，在“国营、集体、个人一起上”的方针指导下，在池塘养鱼中推广水、种、饵、密、混、轮、防、管“八字精养法”，对水库推行“赶、刺、拦”捕捞技术。渔业生产得到较快发展，1979 年，汉中地区成鱼产量达到 1958 年的 10 倍以上。同一时期，汉阴、安康、石泉 3 县共办起 8 个鱼种养殖场，池面 245 亩，年产鱼苗达 1500 多万尾。

第四阶段：20 世纪 80 年代至 2000 年。1982 年，汉中地区委员会、行政公署出台了《关于加速渔业生产的决定》，把渔业列为全区多种经营 10 个重要项目之一。流域内各级政府全面推行以家庭承包为主的渔业生产责任制，流域内兴起修建鱼池高潮。在提高苗种产量和发展养鱼水面的同时，水产部门推广混放、密养、精养技术，拓宽养殖鱼类品种，引进鱼池增氧机械，试办网箱养鱼，发展高密度集约化养殖，推广稻田养鱼技术，使成鱼产量逐年提高。

第五阶段：2000 年至 2023 年。水产事业进入结构调整和特种养殖时代。水产养殖由常规品种向多元化品种发展，养殖模式向优质、高效、生态、安全发展，养殖结构优化，休闲渔业、生态渔业规模扩大，档次逐步提升。黄鳝、甲鱼等地方特色水产品养殖量增加，成为渔业发展新经济增长点。2000 年，大鲵人工繁育在流域初步取得成功，2002 年大鲵原生态繁育模式和仿生态繁育模式在流域被推广，解决了制约大鲵繁育水平的技术难题。

二、水产养殖产业

汉江上游渔业养殖品种主要有鲤鱼、草鱼、鲢鱼、鳙鱼、鲫鱼、鲈鱼、鳜鱼、黄颡鱼、斑点叉尾鮰、泥鳅、鲟鱼、虹鳟、金鳟、多鳞白甲鱼、齐口裂腹鱼、大鲵、小龙虾、南美白对虾、甲鱼等 30 余种。主要养殖技术为池塘养殖、冷流水养殖、陆基圆桶养殖及稻渔综合种养殖。

佛坪县秦地南农林科技发展有限责任公司鲟鱼养殖基地

截至2023年，陕西省内汉江流域水产养殖面积28.9万亩，水产品产量11.4万吨。其中，汉中市养殖面积8.6万亩，水产品产量6.2万吨；安康市水产养殖面积19万亩，水产品产量4.8万吨；商洛市柞水、镇安、山阳3县养殖面积1.3万亩，水产品产量0.4万吨。

（一）塘库养殖

新中国成立前，汉中池塘养鱼主要在平坝地区，大多在池塘投放一些鲤鱼卵，自生自长。20世纪50年代后期，平坝各县及宁强县开始在池塘放养鱼苗。

1958年，汉中市水产养殖场在铺镇公社南江池养鱼，专人管护，以投草为主，辅以饲料喂养，产成鱼2.49万千克，亩产62.3千克。1965年，陕西省水产畜牧兽医总站与林水局组成工作组在汉中县新铺公社陈岭三队、四队搞池塘养鱼试点，创造了亩产176.3千克的纪录。1980年，汉中地区池塘养鱼水面达1.31万亩，产成鱼181.96吨，亩产13.89千克。到1985年，汉中地区池塘养鱼面积增至2.39万亩，全年产成鱼1158.1吨，平均亩产48.5千克。1986年，汉中地区确定渔业专用塘1.26万亩，有水源保证的灌养结合塘1.05万亩。

（二）水库养鱼

新中国成立后，随着一批中小型水库建成，水库养鱼逐步发展。到1970年，汉中地区200多座水库的3.38万亩水面均开展养鱼。城固县南沙河水库养殖水面2602亩，1966年投放鱼种，1973年捕成鱼5.6万千克，亩产21.52千克，成为西北地区高产水库，同年参加中国进出口商品广州交易会展览，1974年、1975年两次参加全国农业展览会，先后被评为全国、省渔业生产先进单位。至 1979 年，汉中地区水库养鱼面积增至 5.49 万亩，产成鱼 315.41 吨，亩产 5.75 千克。1983 年，汉中地区水电局同南郑县水电局、城固县水电局，分别在南郑县凤凰山、城固县段家山水库开展磷、氮化肥养鱼试验，效果显著，化肥养鱼迅速推开。1990—1995 年，确定 2.23 万亩作为化肥养鱼综合技术推广库，全面开展综合养殖。

安康市水库面积 20 余万亩，其中安康电站、蜀河电站、喜河电站、蔺河电站、石泉电站、白河电站及即将蓄水的旬阳电站等大型水库 7 个，水域面积 500 亩以上、5000 亩以下的中型水库 16 个，均用于发展大水面生态渔业。

（三）稻渔综合种养殖产业

汉中是历史上最早开展稻渔综合种养的地区之一，具有 3000 多年稻田养鱼历史和传统。20 世纪七八十年代在汉江流域曾进行过广泛推广应用。

20 世纪 50—60 年代，西乡、镇巴、南郑等县和地区灌溉试验站，先后在稻田试办养鱼。1982 年，南郑县在稻田养鱼 167 亩，收获鱼 1620 千克。当年 10 月，陕西省水利厅在南郑县召开现场会，推广经验。1985 年，陕西省、汉中地区、勉县组织稻田养鱼技术推广组，以勉县褒联区为重点，推广稻田养鱼。

1987 年，陕西省渔业局在汉阴县召开全省稻田养鱼现场会，在汉江流域大面积推广稻田养鱼技术。近年来，安康市探索山区稻渔综合种养发展路径，聚焦“亩产百斤鱼、千斤粮、万元钱”目标，推行“龙头企业 + 园区 + 合作社 + 农户”发展模式，初步实现了“一水两用、一田双收，稳粮扩渔、粮渔双赢”目标。截至 2022 年，共发展稻渔综合种养面积 3.23 万亩，开发了 5 种共生模式（稻鱼、稻虾、稻鳖、稻鳅、稻蟹），稻渔综合种养水产品产量突破 2300 吨。

截至 2023 年，汉中、安康、商洛三县（区）稻田养鱼面积为 15.9 万亩，其中，汉中市 10.6 万亩，安康市 5.2 万亩，商洛市 0.1 万亩，共计生产粮食 6.6 万吨、蔬菜 2.1 万吨、水产品（含水禽）3.2 万吨。

（四）冷流水养殖

佛坪县秦地南农林科技发展有限责任公司首家获得陕西省活体出境水生动物资质，养殖的鲟鱼出口老挝、越南等国。冷流水养殖的鱼类产量高、品质好、经济价值高，养殖效益突出，已成为山区渔业发展亮点。安康利用秦巴山区高山冷流水积极发展冷流水养殖，岚皋县绿水生态农业有限责任公司凭借得天独厚的资源优势，年产鲟鱼近 100 万千克，成为业界龙头。

（五）设施、有机渔业

在池塘面积有限的情况下，流域内充分挖掘宜渔潜力，因地制宜利用设施用地、闲置田坎、庭院空地等，通过升级传统养殖基地设施设备，推动“鱼上岸”“虾进院”，大力推进陆基圆池“稻渔 + 设施种养”等设施渔业推广应用，重点推进集中连片、设施配套、集约高效的健康养殖基地建设，设施渔业发展迅速。主要养殖鲈鱼、鲟鱼、南美白对虾等名优水产品，经济效益显著。安康市坚持“稳河湖、扩稻渔、改池塘、增设施、强冷水”

思路，推动生态渔业全产业链融合发展，成功创建稻渔综合种养示范区等各类国家级示范区（场）16个，全国农业创业创新园区3个。同时，通过开展产品追溯示范、“两品一标”、品牌推广等一系列工作，把“安康汉水鱼”打造成为陕西省第一个水产类区域公用品牌和第二批陕西省特色农产品优势区，建成安康汉水鱼配送中心4家、安康汉水鱼品鉴店27家。汉中市“文杰祥大闸蟹”“宇畅源鲈鱼”“龙头山大鲵”“南湖花白鲢”等品牌被国家认定为有机水产品。

三、珍稀水生生物保护利用

汉江流域内珍稀水生动物主要有大鲵、水獭、秦岭细鳞鲑、川陕哲罗鲑、齐口裂腹鱼、多鳞白甲鱼、鳡鱼、大眼鳜、多鳞铲颌鱼和秦巴巴鲵等。其中，川陕哲罗鲑为国家一级水生野生保护动物，大鲵、水獭、秦岭细鳞鲑、多鳞白甲鱼为国家二级水生野生保护动物，鳡鱼、大眼鳜等为省级重点水生保护动物。安康市有4家单位被认定为部级珍稀濒危苗种供应单位。

（一）大鲵

汉江流域是大鲵最佳适生区和优生区，各地坚持“在保护中发展，在发展中保护”理念，充分利用大鲵原生地和优生区资源优势，积极开展驯养繁育，大力发展大鲵人工养殖。

汉中市是全国最大的大鲵种苗驯养繁殖基地和商品大鲵集散地，2010年被农业部授予“中国大鲵之乡”。2014年，“汉中大鲵”成功注册为国家地理标志集体商标。近年来，汉中市大力发展大鲵加工企业，注册了“鲵之韵”“鲵颜堂”等商标，主要产品为大鲵分割肉制品、大鲵护肤品、大鲵肽粉、大鲵肽酒等。安康市建立了宁陕青龙大鲵原种基地，被科技部和财政部确定为“国家淡水水产种质资源库大鲵保存中心”。基地种群为基因纯净的秦岭南坡土著大鲵原种，是全国野生大鲵原种存量最大、标准最高的繁殖场，同时也是全国唯一的大鲵原种基地。

（二）秦岭细鳞鲑

秦岭细鳞鲑为我国特有物种，属濒危物种。流域以保种繁育为主，主要在佛坪开展驯养繁殖工作，目前已经基本掌握亲本驯化、人工催产、规模化人工繁殖和育苗技术，鱼苗孵化率达到80%以上，人工养殖驯化率达到80%以上。

（三）齐口裂腹鱼

汉中市齐口裂腹鱼产业发展主要在南郑区，目前人工繁育技术已经成熟。经营主体主要是南郑区群福齐口裂腹鱼养殖专业合作社，该合作社也是陕西省唯一一家齐口裂腹鱼省级水产良种场。

（四）多鳞白甲鱼

多鳞白甲鱼保护利用主要在安康市紫阳、岚皋、镇坪和汉中市南郑区等县（区）。紫阳县任河被农业部命名为紫阳任河国家级多鳞白甲鱼种质资源保护区。保护区制定了多鳞白甲鱼养殖技术标准，培育了多鳞白甲鱼新品种（绿水1号）选育，“育、繁、推”一体化建设初见成效，2021年，“安康钱鱼（多鳞白甲鱼）”成功注册为国家地理标志集体商标，全市共有多鳞白甲鱼养殖企业 11 家。

四、汉江流域增殖放流

流域内各级政府高度重视渔业资源保护与管理工作，严格落实长江十年禁渔计划，加强渔业资源养护，实施生态修复工程，积极开展鱼类增殖放流活动，切实保护生物多样性。

截至 2023 年，汉中、安康、商洛 3 市共建立放流平台 33 个，每年分别举办水生生物增殖放流活动 20 余次，向汉江及其支流、国家级水生生物种质资源保护区等长江流域重点水域增殖放流鲢鳙等经济鱼类、土著鱼种 300 余万尾，大鲵、秦岭细鳞鲑、多鳞白甲鱼等珍稀濒危水生野生动物等 3 万余尾，放流物种 10 余种。其中，蜀河水电厂被陕西省农业农村厅授予“渔业增殖放流示范单位”，全省首家市级水生野生动物保护救助中心建成运行，2 家原良种场纳入国家淡水水产种质资源库黄河流域种质资源分库。

2017年6月6日，汉中市组织开展鱼类增殖放流活动

五、渔政管理

（一）渔业保护

新中国成立后，流域内各级政府全面加强渔政管理，发布了《关于禁止炸鱼、毒鱼确保水产资源的通知》，划出汉江鱼类产卵地段，设立标志牌严加保护。1980 年，陕西省人民政府颁发《水产资源繁殖保护实施细则》后，汉中、安康、商洛各级政府相继印发了

水产保护通告、布告。1991—1995 年，流域内各市、县（区）分别成立渔政监督站，负责行业执法工作。2019 年机构改革中，水产行业由水利部门划转农业部门管理，由市、县（区）农业综合执法支（大）队负责渔业执法工作。

（二）鱼类种质资源保护

为保护汉江上游水生生物资源、维护水生生物多样性，汉中、安康、商洛三市在汉江及其支流分别设立了湑水河国家级水产种质资源保护区、褒河特有鱼类国家级水产种质资源保护区、汉江西乡段国家级水产种质资源保护区等保护区。根据《水产种质资源保护区管理暂行办法》（农业部 2011 年 1 号令）、《陕西省秦岭生态环境保护条例》相关规定，未经审批，禁止在保护区内开展捕捞、水利工程修建、建闸筑坝、勘探和开采矿产资源等一切破坏保护区水生生物资源及生态环境的活动。

（三）十年禁渔

为加强长江流域水生生物保护、防止渔业资源被过度捕捞，有效保护野生渔业资源，恢复长江流域水域生态环境，农业农村部从 2020 年 1 月 1 日起，在长江干流和重要支流除水生生物自然保护区和水产种植资源保护区外的天然水域实施长江十年禁渔计划。汉江作为长江最长的一级支流，汉中、安康、商洛三县（区）强力推进长江流域十年禁捕工作，成立了以市长为组长的长江流域禁捕工作领导小组，同时成立了以分管农业农村工作的副市长为组长的长江禁捕工作专班。安康市印发了《安康市长江流域重点水域禁捕通告》《安康市重点水域禁捕和退捕工作方案》等一系列文件，将禁捕工作纳入河湖长制工作考核和市对县年度目标责任考核负面清单事项，逐步构建全链条、全过程、全流域考核体系，形成了“发现—上报—核实—交办—整改—反馈—考核”的闭环工作机制。

开展联合执法行动，严厉打击非法捕捞行为，使禁捕工作取得良好效果，群众禁捕和保护渔业资源的意识不断增强，流域水生生物资源量呈恢复态势，水生生物多样性水平有所提升。

六、渔业执法典型案例

（一）安康市渔业安全生产专项整治案例

2018 年 8 月 16 日，针对瀛湖库区非法抬网捕鱼猖獗情况，安康市渔业局组织瀛湖渔业局、岚皋县水利局开展了非法抬网整治清理专项行动，处理违法当事人 1 人，清理收缴抬网设备 5 套，没收非法渔获物 385 千克，1 名销售非法渔获物人员被处罚金 2000 元。紫阳县蒿坪镇查获一起电鱼案，处理违法当事人 2 人，共处罚金 1 万元。旬阳县查处一起毒鱼案，处理违法当事人 2 人，徐某被处行政拘留 7 日。

（二）镇巴县君某餐饮服务有限公司等 10 家餐饮单位生产经营其他不符合法律、法规的食品案

2022 年 5 月 29 日，镇巴县市场监督管理局接镇巴县公安局违法线索移送函，在侦查谭某文非法捕捞水产品、危害珍贵、濒危野生动物案中，发现谭某文捕捞渔获物销售给镇巴县君某餐饮服务有限公司等 10 家餐饮单位。

2022 年 6 月 10 日，镇巴县市场监督管理局依法立案调查。经调查，镇巴县君某餐饮服务有限公司为农家乐性质，为了吸引顾客，2020 年开始在谭某文处购买野生鱼制作特色菜品销售。2020 年至 2021 年禁渔期间，谭某文使用电鱼器、地笼网等禁用的捕鱼工具在镇巴县兴隆镇楮河流域非法捕捞野生白条鱼 100 千克，出售给镇巴县君某餐饮服务有限公司经理马某，销售价格 60 元每千克，总价 6000 元。镇巴县君某餐饮服务有限公司利用购买的野生白条鱼制作干炸小鱼和鲜鱼汤销售，共计使用野生白条鱼 99 千克，按照当事人供述和销售票据计算，违法所得共计 11088 元。当事人使用野生白条鱼加工制作食品销售的行为违反了《全国人民代表大会常务委员会关于全面禁止非法野生动物交易、革除滥食野生动物陋习、切实保障人民群众生命健康安全的决定》《中华人民共和国食品安全法》第三十四条第十三项和《中华人民共和国野生动物保护法》第三十条第一款的规定。镇巴县市场监督管理局依据《中华人民共和国食品安全法》第一百二十四条第二款和《中华人民共和国野生动物保护法》第四十九条的规定，对镇巴县君某餐饮服务有限公司处以没收违法所得 11088 元、罚款 18000 元的行政处罚。

（三）城固县熊某林非法电鱼案

2022 年 7 月 2 日凌晨 3 时许，当事人熊某林在城固县文川河老庄镇熊家营村段河道内用电鱼机非法电鱼，被城固县农业综合执法大队当场查获。现场查获电鱼机 1 套、电鱼竿 2 根、渔获物 6.6 千克，当事人现场对非法电鱼行为供认不讳。当事人熊某林在城固县确定的禁捕区使用电捕捞，破坏渔业资源，电鱼数量较多，情节严重，城固县农业农村局依法于 2022 年 7 月 8 日将此案移交城固县公安局追究其刑事责任。城固县检察院 2022 年 8 月 16 日对此案作出不起诉处理，建议由农业农村部门对不起诉人熊某林作出行政处罚。当事人熊某林非法电鱼的行为违反了《中华人民共和国渔业法》第三十条第一款的规定。经城固县农业农村局批评教育，当事人在文川河放流 37.5 千克鱼苗，进行了渔业资源生态补偿。9 月 16 日，城固县农业农村局依据《中华人民共和国渔业法》第三十八条第一款之规定作出对熊某林没收非法捕捞工具、渔获物 6.6 千克，罚款 3000 元的行政处罚。

第三节　航　运

汉江作为长江最大支流，水量充沛，被誉为沟通西北、连接华中的“黄金水道”。在中国历史进程中，汉江航运发挥了十分重要的军事作用和经济功能，也形成了丰富的航运文化。汉江作为陕西省境内为数不多的具备通航条件的河道，也是水运经济的重要支撑，特别是新中国成立以来，沿江各市县依托航运优势，大力发展沿江产业带，有力推动了区域经济发展，为陕南经济社会可持续发展作出了积极贡献。

一、古代航运

据《史记·夏本纪》记载，大禹治水时“陆行乘车，水行乘船”，先后疏浚江、河、淮、汉四条大河，至今沿江依然分布着众多禹王庙、禹王宫等遗址，在一定程度上反映了汉江航运的悠久历史。战国时期，汉江及其一些较大支流已成为重要的水上通道。《史记·苏秦列传》记载，已占有汉中的秦国曾警告楚国说：“汉中之甲，乘船出于巴，乘夏水而下汉，四日而至五渚”，可见当时汉江的航运已经具备一定的规模。秦汉时期，汉水流域是都城长安重要的屏障和后方基地，南下北上的军事活动、经济贸易等大多经汉水流域伸延展开。《史记·河渠书》和《汉书·沟洫志》记载，汉武帝时曾经对支流褒河进行开挖，意欲使汉江漕船沿汉水入褒河穿越秦岭进渭河，把巴蜀的粮食和物资运往长安，但因为工程量浩大和技术原因而半途而废。由此也可以看出，这一时期汉江航运对于国家的统一、军事战略的实施以及经济交流都起到了重要作用。隋唐时期，汉江水运为非官方主要航运路线，以为朝廷在特殊时期提供短期物资供给为主，其余时间民间航运路线占据重要地位。唐肃宗时期，江淮地区的物资溯长江入汉水，水运至洋州郡，再改陆运翻越秦岭至扶风郡，后转运至甘肃灵武。宋代，汉江航运仍然畅通，以漕运为主。北宋时，欧阳修在《通进司上书》提到，汉水沿流的梁州（今汉中市）、洋州、金州、均州等地的财物，“皆可漕而顿之南阳（今河南省南阳市）”，然后利用武关道或丹水运往长安。元代，汉江成为练习水军的主场所，造船业兴盛。《元史·世祖本纪》记载，元世祖忽必烈至元十年（1273 年）三月辛未，“刘整请教练水军五六万，及于兴元、金、洋州、汴梁等处造船二千艘。从之”。明清之际，汉江航运进入快速发展时期。秦巴山区出产的皮张、生漆、木耳、药材、桐油、竹子、木材、稻麦、杂粮等大量土产山货由汉江水运输出。同时，汉口的棉布、砂糖、烟草、染料及日用杂货等也通过汉江运往汉中，再转运川北、陇南、关中等地。《天下路程图引》

汉江上的渡口

卷二记载：由江汉一带“往四川货物，秋冬由荆州雇船装货（到）各府去卖，春夏防川河（长江）水大难行，由樊城雇小船，至沔县起旱，雇骡脚，一百二十里驮至阳平关下船，转装往各府去卖”。可见当时樊城至沔县（勉县）一段商船畅通无阻。这一时期，汉江航运与其他交通路线相连接，形成了广泛的贸易网络。比如与茶马古道相配合，茶叶等商品通过汉江运往北方，再通过陆路运输到其他地区，加强了不同区域之间的经济联系。

汉江航运发展，极大地促进了流域物资交流、人员往来和商业繁荣，带动了地方经济发展，形成了众多依托航运码头的商业中心。据清光绪十七年（1891 年）武汉海关数据记载，每年行驶在汉江的舟楫有 2 万 ~ 3 万艘之多，其中有相当部分上行到上游安康、汉中等地，大量的物资通过汉江进行运输，包括粮食、木材、药材、布匹、茶叶等各种货物，满足了不同地区需求，也体现了当时经济的活跃程度。沿岸兴起了多个商业中心，其中安康在明清时期就成了重要的商贸区。据有关记载，在清朝咸丰年间，当时贩运米谷的粮商众多，河道“帆樯蔽江”，一片繁荣景象。汉中作为连接关中和荆襄地区的重要枢纽，随着航运的发展，与航运相关的服务业也逐渐兴起，如客栈、饭馆、货栈等纷纷出现，为船工、商人等提供住宿、餐饮、货物存储等服务。这些服务业的发展进一步促进了当地经济的繁荣，形成了码头舟船云集、城内商号林立的繁荣景象。白河县城因汉江水运而发达，“上通川汉、下接郧襄”，被称为“小汉口”，成为汉江航运重要的物流集散地。同时，航运的繁荣还带动造船业的发展，流域内出现了许多造船作坊和船厂，专门从事船只的建造和维修，成了一个重要产业。

汉江汉中城市段渡口遗址

二、近现代航运发展

民国时期，汉江航运依然十分发达，是陕南地区最重要的物流通道。据记载，抗日战争前，汉江汉中段旺水季节每日航行舟楫达2000余艘，沿汉江有诸多码头，如沔县、南郑、上水渡、下水渡、桃园子、十八里铺、城固、新庄子、洋县等，其中比较繁忙的是下水渡、十八里铺、城固、新庄子等码头。这些码头在聚集、分流、装卸货物和接待舟楫、客商等方面发挥着重要作用。例如，城固港在陇海铁路未通宝鸡前，是水运陆转的重要港口，新庄码头经常停靠的木船多达250～300艘，呈现出帆樯林立、船舶密集的繁荣景象。民国二十九年（1940年），日寇侵占湖北老河口后，下游航道基本中断，一段时期，汉江航行舟楫大幅减少。民国后期，随着公路交通业迅速发展，汉江航运迅速走向衰落。

新中国成立后，汉江航运迅速恢复并不断发展。在20世纪50年代初期，汉江干流和一些小支流的主要运输工具是大大小小的木帆船，共有大小木帆船1079艘，载重吨位7553吨，共有船民1412人。1953年民主改革时，共组织互助组56个，有木帆船224艘。1954年8月，陕南内河航运管理局添置木帆船8艘，载重248吨，以此为基础，成立了安康地区国营船队。与此同时，在民主改革、社会主义改造的基础上，安康、汉中地区境内共组织木船运输合作社19个（安康地区15个，汉中地区4个），有社员2991人（专业船工及家属1965人，船民1026人），木帆船792艘（安康地区656艘，汉中地区136艘）。

1953—1960年，汉江航运年运量以12.5%的速度递增，1960年运量达60.86万吨，成为汉江航运史上的最高水平。20世纪60年代初期和中期以后，由于经历了经济调整和“文化大革命”动乱，汉江航运量出现了大起大落，1968年，运量下降到9.97万吨。之后运量出现回升，1972年达到30.24万吨。1973年石泉水电站闸坝断航后，运量又大幅下降，且一直徘徊在21.5万～30万吨。1978年，阳安（阳平关—安康）、襄渝铁路建成通车，运输格局发生变化，一部分货物弃水就陆，水运量再次下降至13.67万吨。接着安康火石岩水电站开始施工，施工期碍航，汉江运量长期维持在20万吨左右。1985年，汉江完成运量20.21万吨，1990年，完成22.6万吨。

安康地区是汉江上游乃至陕西省各条航道航运力量最为雄厚的地区，在1956年合作化运动高潮时期，沿江的石泉、紫阳、岚皋、安康、旬阳、白河等6县共组建航运生产合作社16家，从业人员3600余名，有大小木船1084艘、8364吨位。1954年建立安康地区第一个国营船队。1956年拥有了第一艘机动船。1960年，机动船和木帆船共达1094艘，计10214吨位，235.35千瓦。年运输量由1952年的2.9万吨提高到1960年的47.34万吨，为安康航运史上的最高水平。

20世纪60—70年代，为安康地区航运业的巩固发展时期，特别是机动船有了较大的发展，人力木船日渐减少，大多数船工从摇橹、划桨、撑篙、拉纤的笨重体力劳动中解放出来。20世纪70年代后期至80年代，由于在汉江上先后修建了丹江口、石泉、火石岩三座水电枢纽工程，出现严重的闸坝碍航、大坝断航现象，长途航运受阻，传统货源断绝，航运企业生产趋于衰退，有的甚至倒闭（如石泉县船队）。20世纪50年代与80年代比较，安康地区的航运企业由 16 个减为 8 个，从业人员由 3000 余名减为 1270 名；各类运输船舶也由千余艘减少到 72 艘、3573 吨位、749 客位、3355 马力（个体运输船户增加到 439 艘、1845 吨位、495.8 马力，从业人员 800 余名）。

汉中地区汉江航运在 20 世纪 60 年代前后，组建集体性质的航运生产合作社 5 个，从业人员 368 名。拥有各类船舶 128 艘、1627 吨位（全地区共有木船 700 余艘）。20 世纪 70 年代，集体性质的航运企业船舶减少到 33 艘、348 吨位（全地区减少到 500 余艘）。20 世纪 80 年代初，集体性质的航运企业船舶减少到 11 艘，123 吨位（全地区减少到 300 余艘）。1983 年以后，汉中地区的集体性质的航运企业全部解体，部分从业人员转为个体船户。1986 年，经船检部门统计，有个体船舶 323 艘、2032 吨位，其中机动船 37 艘。

20 世纪 50 年代，航运是汉中地区的主要运输力量，1958 年，水路运量占公路运量的 54%。然而到了 1985 年，水路运量仅占公路运量的 0.13%，处于无足轻重的地位。

20 世纪 90 年代以后，尤其是进入新世纪以来，随着汉江水电梯级开发完成，汉江航道基本失去跨区域运输条件，加之公路、铁路等基础设施建设全面提速，陕西汉江段航运逐步退出历史舞台，只有个别水域还存在少量短途运输船只，但在地方经济中的占比已经非常小。

三、航道概况

汉江在宁强县大安镇以上为源头区，沙多水微，不能行舟。沮水口以下，间有民船。至勉县后河道宽阔，勉县、汉中市间水程 75 千米，可行小木船。而汉中城市段河幅宽浅，难以行船。

汉中市东行 9 千米十八里铺为汉江码头。十八里铺至安康市为汉江上游航段，经城固至洋县，水程 74 千米，此段航道宽浅多沙，平水期水深不及 1 米。

洋县东行约 50 千米纳酉水而入黄金峡。黄金峡长约 50 千米，险滩甚多，其中著名大滩有 24 个，尤以囚滩、龟滩、戴阳滩为最险。民国时期，每年黄金峡船、货损失不下二三百万元（法币）。大水时下水船三四个小时可过峡，小水时则需二三日。上水船无论水大水小，非二三日不能过峡。但洪水时水流甚急，随时有触礁危险，船不能放行，故称黄金峡为汉江上游第一险峡。

黄金峡以下为茶镇，是汉江上、下行船只重要停泊地之一。由茶镇向东行 40 千米至石泉县，河道仍处于峡谷中，河幅宽 200 ~ 300 米，水流比较静缓。石泉位于汉江北岸，附近河幅宽仅百米左右，但流不甚急，为良好泊船码头。由石泉顺流而下 60 千米至汉阳坪，入汉阴县境，为泊船良港。又向南 46.5 千米至紫阳县城。石泉、紫阳间滩险更多，以莲花石滩为最险。汉江由紫阳东去 140 千米至安康市，河道宽阔，为天然良港。安康至旬阳 60 千米。旬阳向东约 140 千米至白河县。此段河幅狭窄，水急滩多，以蓝滩为最险。此滩在白河下游 35 千米处，河幅宽约 100 米，左岸为陡壁，右岸岩石倒落，横于河边，仅余小水道一条，可以行舟。船夫穿岩下而过，引绳拽船。过此险即入湖北省境内，唯其南岸仍属白河县。再东行 10 千米，两岸皆入湖北省郧阳地区境内。

四、重要港口

汉江航运发展也带动了港口码头的发展，港口码头成了重要的货物聚集、分流中心，带动了地方经济发展。至今，其已经丧失了港口码头功能，但依然是流域内重要的集镇或城市。

（一）汉中港

明、清、民国时期，汉中府城附近码头、渡口甚多，较大的有十八里铺、过街楼、下水渡、桃园子4个固定码头。主要渡口有上水渡（城西南5里）、下水渡（城南3里）、龙岗渡（城西南10里）、黑龙江渡（今河东店）。十八里铺（铺镇）是汉江上行船舶终点港口。过街楼码头在府城东南5里的过街楼南端，由于过街楼经常有船只装卸物资，商贩运夫不断，旅店、饭铺、茶馆、酒肆林立，因而取名“兴隆街”。船帮人员又集资在兴隆街修建一座“平浪宫”，祭祀南宋抗金将领、热心水利事业的杨从仪。

汉中港目前已发展为汉中褒河物流园区，该园区已经列入陕西省物流业发展规划，为全省七大物流园区之一，正在成为汉中市及陕南地区现代物流产业核心区，最终将建成集工农业生产资料、城乡居民日用消费品仓储、加工、交易、会展、信息、配送、多式联运等多功能的现代化、生态化、低碳化的省级大型综合物流园。

（二）城固港

清代和民国时期，汉江水量减少，大型货船不能驶入汉中港，便在城固港停泊，装卸货物，使城固港成为水运陆转的重要港口。城固港有新庄、兴隆庵2个码头。仅新庄码头经常停靠木船就多达250 ~ 300艘；最多时由新庄码头一直延伸到兴隆庵（今城固县大东关），帆樯林立，船舶密集，一片繁荣兴旺景象。一直到1966年以前，城固港仍有船舶停靠。自丹江口、石泉水电站蓄水大坝建成后，汉江航运受阻，上下行船只因而很少。

（三）石泉港

石泉港位于石泉县城南侧，石泉水电站下游1千米处，汉江左岸。顺流而下108千米抵紫阳港。西万公路（西安—四川万源）、汉白公路（汉中—白河）与该港相通。阳安铁路（阳平关—安康）的石泉火车站与该港有公路连接。石泉港进口物资主要有农副土产品、粮食、蚕茧、龙须草、木材、栲胶原料等，由紫阳县汉城，汉阴县汉阳、漩涡，汉中地区西乡、洋县等地运进，经本港转陆路输出。出港物资主要有石油、桐油、水泥、化肥、农药、食盐、日用工业品等，由陆路运来，经水路分运至沿江一些不通公路的地方。

1973年前，石泉港一直是利用自然岸坡作为码头。1973年在距县城下游1千米的二里桥处建造简易码头1座，但无装卸设备，码头装卸全靠人力搬运。港区内有码头3处，即二里桥码头、东门河坝码头、红石包码头。共有泊位5个，码头岸线长270米。1985年，该港口货物吞吐量为5799吨，进港590吨，出港5209吨。

（四）紫阳港

紫阳港位于紫阳县城南侧，汉江左岸，汉江与任河交汇处的对岸。逆江而上108千米至石泉港，顺流而下87千米至安康港。襄渝铁路的紫阳火车站与本港有公路相通。紫阳港虽然是一个古老的重要港口，但直到 1973 年仍处于自然状态。1973 年 9 月建成了一个缆车码头。紫阳港出港物资主要有茶叶、蚕茧、桐油、生漆、中草药，流向安康、湖北各地。进港物资主要为建筑材料、农药、化肥、粮食及日用工业品。1985 年，本港货物吞吐量为 12992 吨，进港 65000 吨，出港 6492 吨。

（五）岚河港

岚河港位于安康市汉江上游左岸，地处岚河与汉江交汇处对岸。逆水而上 59 千米至紫阳，顺流而下 9 千米抵安康火石岩水电站，过大坝后 19 千米至安康。

该港开埠于清朝前期。港区上起岚河渡船口，下至岚河街下沙洲，岸线长 2200 米，水域面积 22 万平方米，陆域面积 11 万平方米，有码头 2 座，50 吨级泊位 6 个。1958 年至 1982 年，该港货物吞吐量曾达到 2 万吨以上，但自 1983 年安康火石岩水电站截流后，港口吞吐量开始下降。1985 年，货物吞吐量为 2021 吨，进港 1582 吨，出港 439 吨。岚河港属于火石岩水电站水库淹没区，新港迁至岚河新镇。

（六）安康港

安康港是汉江上游的枢纽港，历史悠久。唐肃宗在灵武即位时，江淮物资即经由安康港转输关中。安康港的兴旺发达始于明、清时期。清乾隆年间，汉江民间航运业兴盛，到嘉庆、道光年间，安康港逐渐成为汉江上游最大的物资集散地。同治、光绪年间，外省商人纷纷到安康定居，其中以两湖、江西、四川、河南、福建的商户为多。清末民初，兴安、汉口间货船往来繁忙，商号、船户兴起，安康港趋于繁荣。

民国九年至民国十四年（1920—1925 年）及抗日战争前后，是安康港最为兴盛的时期。当时安康、老河口、襄樊、汉口之间的汉江中，经常有 1000 余艘大小木帆船航行其间，帆樯林立。抗日战争爆发后，国民政府军事委员会第五战区长官司令部设于老河口，其后方勤务部在安康成立两个木船运输中队，造木船 100 艘，有船工 1000 余人，常年向老河口输送粮饷和军需品。民国二十八年（1939 年）4 月，驻老河口的第五战区长官司令部在安康港设船舶管理所，对汉江航运实行军事管制，船只优先为军需运输服务。

新中国成立后，曾在 1958 年、1961 年、1973 年三次建设码头。1983 年，安康遭特大洪水灾害，码头水毁淤塞，此后再未恢复。随着石泉水电站、安康水电站建成和襄渝铁路（襄樊—重庆）通车，汉江货运量大幅减少，安康港的水位枢纽地位趋于衰落，逐渐被公路、铁路取代。

（七）旬阳港

旬阳港位于安康旬阳县城南侧，地处汉江左岸。逆江而上 47 千米至安康港，顺江而下 98 千米至白河港。镇旬公路（镇安—旬阳）、白安公路（白河—安康）与该港相通。有简易公路通襄渝铁路的旬阳火车站。旬河在此汇入汉江，水陆交通方便。

（八）白河港

白河县位于陕西汉江航段的最东端，也是门户港，位处金钱河与汉江交汇处附近。白河港西北有甲水（今名金钱河）南来，注入汉江；西南有白石河东北流经城南汇入汉江。在行政区划上，江南为白河县，江北为湖北省郧西县。

唐代中期利用汉江、甲水（金钱河）向长安漕挽陆转江南一带财赋时，即有船户在白河港居住。明代成化年间设白河时，此地作为临江县城，港口已经初具规模。清初开放陕南山区，大量客民垦殖，地方手工工场及农副业产品得到发展，航运恢复生机。到清光绪年间，由汉江经白河厘局验放出境的货物有 23 类之多，入境货物有 22 类之多。出入境货物皆经由白河厘局查验，增强了白河港在汉江航运中的地位。

第八章　水库移民

汉江流域地形复杂，汉江干流在陕西境内自西向东横贯汉中盆地，境内除汉中盆地、安康盆地段河谷较宽阔外，其余河段均为深切曲流，多峡谷，降水较为丰沛，但季节分布不均，水能资源充足。新中国成立后，随着经济社会发展和国家规划的实施，流域内水库、水电站等水利水电工程纷纷建设，水库移民工作不断发展，移民安置、后期扶持、管理任务也较为艰巨。

新中国成立后，随着水库、水电站建设，水库移民工作逐步开始实施，流域各地区采取“谁修建、谁受益、谁负责移民”的原则，所修水库、水电站多属本地群众受益，移民规模较小，移民安置、生产生活恢复等问题较易解决。

20 世纪 70 年代初期，流域内安康地区在汉江干流石泉县兴建石泉水电站，是我国在这一时期开发汉江水力资源的水电工程重点项目之一。

1974 年，国家“七五”期间重点能源工程——安康水电站上马筹建。

20 世纪 80 年代后期，流域内各地开始建立移民管理机构，调查规划，开展移民遗留问题处理和新建水电站水库移民工作。

20 世纪 90 年代，流域内汉中地区较大规模的水库移民工程有二郎坝水电工程天生桥水库移民、宝珠寺水电站宁强库区移民等。二郎坝水电工程位于汉中市宁强县境内，是一项中型跨流域的调水工程，将嘉陵江二级支流西流河水调入汉江一级支流玉带河，具有农业灌溉、水力发电、旅游开发兼顾工业供水的综合利用效益。工程从 1991 年开始筹建，1995 年 4 月至 7 月完成库区淹没实物调查，10 月后进行专项调查工作，天生桥水库淹没区涉及宁强县和南郑区的 3 个镇 8 个村 20 个村民小组，规划移民安置人口 462 人，至 1999 年完成移民安置和专项设施建设任务。

20 世纪 90 年代后，汉江流域移民管理机构逐步得到加强，移民安置与后期扶持政策、法规和制度进一步完善，通过后期扶持政策持续实施，移民生产生活条件得到了较大改善，库区和移民安置区基础设施进一步完善，移民自我发展能力不断提升，移民收入水平逐年提高，与当地农村居民收入差距逐年呈缩小趋势。截至 2023 年底，纳入水库移民后期扶持范围的大中型水库共有 26 座，中央累计核定汉江流域水库移民后期扶持人口指标 175579 人，分布在安康和汉中两市的 22 个区（县）、179 个乡（镇、办）。

第一节　移民安置

一、移民情况

流域内水库移民主要涉及汉中、安康两市，截至2020年底，共有各类水库移民184785人。

汉中市境内河网水系密布，全市共有水库354座，数量居全省第一。截至2023年，共有大中型水库移民65066人、小型水库移民13964人，在建大型水库规划移民搬迁安置人口8342人。水库移民后期扶持政策实施以来，通过直补资金发放以及在库区和移民安置区实施基础设施和生产配套设施建设，改善移民生产生活条件，水库移民收入从2006年的1476元增长到2022年的12707元，年增长率47.56%，移民收入在农村居民人均收入以上人数从2006年的0人增加到2022年的5897人。

安康市是汉江上游干流水电开发重要区段。水利部《汉江上游干流综合利用规划报告》确定了汉江上游黄金峡、石泉、喜河、安康、旬阳、蜀河、白河7个梯级开发方案，除黄金峡外其余6级均在安康市境内，已有6级水电站建成。安康市水库移民工作起始于1972年石泉水电站移民搬迁，截至2022年底，6座水电站共搬迁安置水库移民76648人。自2006年以来，全市先后有农村水库移民105755人被纳入后期扶持范围，通过持续有效的帮扶，库区道路交通、农田水利、供水供电等基础设施薄弱问题得到基本解决，农业基础设施条件明显改善，库区茶叶、林果等特色产业不断壮大，移民的“造血”功能进一步增强，生活水平持续改善，居住环境有效提升。截至2022年底，安康市水库移民人均占有耕地0.95亩，人均住房面积37平方米，移民人均纯收入达到12837元，较2005年增长了878%。移民后期扶持情况见表2-8-1、表2-8-2。

表2-8-1 陕南汉江流域纳入后期扶持范围大中型水库统计

地市	水库名称	水库功能	水库名称	水库功能
安康市	安康水电站	发电、航运、养殖、防洪	观音河水库	灌溉、防洪、养殖、发电、供水
	石泉水电站	电网调峰、防洪	大岭水电站	发电
	喜河水电站	电网调峰	钟家坪水电站	发电
	桂花水电站	发电	蔺河口水库	养殖、旅游
	黄石滩水库	灌溉、防洪	双河口水库	发电
	蜀河水电站	发电、航运	洞河水库	发电、灌溉
	古仙洞水库	发电、防洪、供水	白土岭水电站	发电、养殖、旅游、航运
	毛坝关水电站	发电	赵湾水电站	发电
	三大峡水库	发电、养殖、防洪		
汉中市	石门水库	发电、防洪、养殖	傥河水库	灌溉、养殖、防洪、发电
	红寺坝水库	灌溉、防汛、发电、养鱼、旅游等	卡房水库	灌溉、发电、养殖、饮水
	南沙河水库	灌溉	天生桥水库	发电、调洪、灌溉、养殖、旅游
	马家沟水电站	发电灌溉	葫芦头水库	发电
	沙河水库	灌溉、防洪、养殖		

表2-8-2　中央累计核定汉江流域水库移民后期扶持人口统计

	区、县	移民人口 / 人	区、县	移民人口 / 人
安康市	汉滨区	40935	紫阳县	23202
	汉阴县	10776	岚皋县	13046
	石泉县	5929	宁陕县	1547
	旬阳市	7416	白河县	2235
	镇坪县	1173	高新区	2306
	平利县	622	恒口示范区	1326
小计		110513		
汉中市	汉台区	3006	勉　县	621
	南郑区	6226	宁强县	5500
	城固县	7000	略阳县	1150
	洋　县	15077	留坝县	1654
	西乡县	22000	佛坪县	2832
小计		65066		

二、移民安置规划

流域内各地方政府和有关单位编制移民安置规划时，要求在规划中必须贯彻落实中央和省政府及其有关部门文件精神，认真执行“先移民、后建设”的工作方针，充分进行规划方案选比论证，进行社会稳定风险评估分析，落实失地农民养老保险政策等，并要求各地按照规划确定的相关程序开展移民安置工作。

针对流域内不同区域土地资源、经济发展水平不平衡的实际，不同工程的情况、不同人群的个性需求等因素，各地在坚持有土安置为主的前提下，把移民安置与加快城市化进程、城镇化建设、新农村建设、脱贫攻坚、乡村振兴相结合，积极开展长期补偿安置、二三产业安置、社会保障安置等多渠道多形式的探索和实践，比如：在引汉济渭工程中，因地制宜确定“以林补地”的生产安置方式，确保规划方案既符合工程建设区实际，又解决了移民“故土难离”的安置问题。其他水利工程也根据各地的不同情况，尝试多种形式安置移民。

三、大中型水库移民安置管理

在移民安置中，坚持属地管理的原则，理顺各级政府和移民机构的关系，落实工作职责。市级移民管理机构履行协调、指导、服务、监督的管理职能；项目业主参与移民安置实施，并按照批准的移民安置规划与地方政府签订包干协议，采取责任包干、工作任务包干、投资包干的工作方式，发挥地方政府责任主体、工作主体、实施主体的作用。如安康旬阳市在蜀河水电站移民安置实施中，加强政府组织领导，建立领导包片、党员包户、干部与移民对口帮扶等措施机制，夯实移民工作基础；引汉济渭水库在移民安置实施中加大政策宣传力度，通过广播、电视、宣传册等途径广泛宣传移民安置方案、补偿补助标准、搬迁总体安排等，使移民广泛知晓移民政策，增加政策透明度，稳步推进了移民搬迁安置工作，保障了工程建设的顺利实施。

四、小型水库移民安置管理

2010 年前，流域内小型水库移民安置工作参照大中型水库移民安置工作进行，导致小型水库移民安置工作责权不清、管理不规范，不同程度地损害了移民的利益，也不利于水利工程建设。2010 年后，陕西省移民办率先对小型水库移民安置进行调研考察，形成了一套适合陕西小型水库移民安置工作的办法，并起草了《小型水库移民安置管理办法》（以下简称《办法》），后由陕西省水利厅印发。《办法》对小型水库移民安置的审批权限、报送程序、规划深度、安置标准等做了详细规定。流域内各级水库移民管理机构严格按照《办法》要求，在移民工作中贯彻实施，效果明显，既保障了移民的合法权益，又促进了工程的建设，也为主管部门对项目的核准提供了可靠依据，有力地促进了全省小型水库移民工作的开展。

第二节　大中型水库移民

流域内大中型水库移民项目涉及 7 个，其中大型项目 2 个，中型项目 5 个。

一、安康水库移民

安康水库（安康水电站）属国家“七五”重点建设项目之一，1974 年 8 月 1 日，成立工程筹建指挥部，下设安康水电站征地移民办公室。该办公室当时既隶属于工程筹建指挥部，同时也作为安康地区革命委员会的一个职能部门开展工作。1974 年 12 月，安康水电站征地移民办公室正式成立，1975 年 6 月撤销。1979 年 10 月 19 日，安康地区革命委会员发文件，将安康水电站征地移民办公室改为安康地区征地移民办公室，作为安康地区行署的一个职能部门，属行政单位，事业编制，同时兼作安康地区安康水电站库区移民工作领导小组的日常工作机构。这一时期，安康水电站移民工作是汉江流域移民工作的主要部分，安康地区行署和移民管理机构在陕西省委、省政府，国家部委等部门的支持指导下，顺利完成了移民普查规划、搬迁安置、城镇迁建、移民后扶等工作，探索出了一条移民安置的成功之路，有效保证了国家重点建设工程如期开展。

安康水库总库容 25.8 亿立方米，坝顶高程 338 米（吴淞高度），坝高 128 米，坝顶长 541.5 米，设计装机容量 85.25 万千瓦，年发电量 29.2 亿千瓦时，回水长度 128 千米，水域面积 77.8 平方千米。库区两岸岔沟纵横，形成弯弯曲曲长达 540 千米的水库岸线。

水库淹没涉及汉滨、紫阳、岚皋、汉阴、石泉 5 县（区），27 个乡镇，159 个村，701 个村民小组，搬迁安置移民 10857 户，58111 人。

安康水库泄洪调度洪水（摄于2011年）

移民搬迁安置工作自 1980 年开始，1992 年底基本结束，至 2006 年底，按照国发〔2006〕17 号文要求核定后期扶持移民人数 80234 人，其中直补人数 29935 人，项目人数 50299 人，现在移民主要分布于安康市 6 县（区）（含安康高新区）39 个镇（街道办），320 个村，1104 个村民小组。

安康水库库区处于秦巴山区海拔 600 米以下的峡谷地带，人们依赖汉江繁衍生息，这一区域人稠地狭，为了支持国家建设，移民告别了祖辈赖以生存的好田好地，就地后靠或外迁安置到环境容量有限的接收安置村，移民人均占有耕地仅有 0.8 亩，大多为旱坡地，布点零散，土质瘠薄。移民所在库区山高坡陡，河沟纵横，洪涝、滑坡等灾害易发，移民村基础设施受灾概率高，灾损程度大，移民户极易因灾致贫和返贫。库区经济以农业为主，工业匮乏，商业服务业薄弱。因受地貌、土地资源等自然条件制约，农业产业结构单一，收入低而不稳。水库蓄水后，移民村的基础条件遭到破坏，行路难、用水难、就学难等问题长期制约着移民所在库区经济的发展。

按照国务院出台的《关于完善大中型水库移民后期扶持政策的意见》（国发〔2006〕17 号）的要求，安康水电站水库移民于 2006 年 7 月 1 日全面进入移民后期扶持阶段。库区和移民安置区各级党委、政府和移民部门在省移民办的适时指导和大力支持下，及时调整工作思路，以安康水电站水库移民后期扶持工作为重点，先后制定出了大中型水库移民后期扶持三个五年规划，为安康水库移民经济发展注入了新的活力，使移民经济跃上了一个新的台阶。

移民后期扶持分为直补到人扶持和项目扶持两种类型。直补扶持按核定的人数，每年人均补助600元，每年经移民部门审核名单后，由当地财政部门直接打卡兑现到移民户；项目扶持以村为单元，扶持资金重点用于人畜饮水、生产道路等基础设施建设和移民产业建设、科技培训、扶贫帮困等。通过10余年的后期扶持，移民村基础设施条件和生态环境明显改善，主导产业发展稳健，经营模式更加科学合理，带动多业持续兴旺发展。广大移民的收入水平稳步提升，由稳定温饱向小康过渡。广大移民生产安定，生活平定，社会稳定，成为维护安康市经济发展、社会安定的重要力量之一。

截至2015年底，安康水电站库区移民人均纯收入达到10491元，较2005年移民人均纯收入1656元增长了6.34倍，同比超过安康市农村居民人均纯收入水平增幅的106%。移民贫困人口由2005年的28.2%降至6%。达到并超过当地平均水平的移民比例由10%增至58%。水库移民相对贫困问题已基本解决。

库区和移民安置区各级移民部门扶持移民村新建便民桥，新修、硬化村组道路，兴修人畜饮水工程及一批堤防、引水灌溉等设施，保护和新增灌溉农田，有效地缓解了22645人移民饮水困难及7万余移民出行困难问题，移民生活环境明显改善，交通条件显著提升，库区和移民安置区农业抵御自然灾害的能力明显增强。

扶持移民户因地制宜发展以茶叶、林果业为主的移民特色产业，新建丰产茶园，改造低产茶园，新建拐枣、核桃等林果园。移民产业的发展，既增加了移民的收入，又改善了库区和移民安置区的生态环境，安康水电站库区移民经济正步入可持续发展轨道。

二、引汉济渭工程移民

引汉济渭工程是陕西有史以来规模最大、影响最为深远、实现水资源配置的重大水利工程。工程地跨黄河、长江两大流域，分为调水工程、输配水工程。调水工程由蓄水水库及秦岭隧洞组成，即由汉中境内汉江上的黄金峡水库、汉江支流子午河三河口水库蓄水，通过秦岭隧洞输水至关中地区，设计年调水量15亿立方米（其中汉江支流子午河自流调水5亿立方米，汉江干流黄金峡水库提引水10亿立方米），供水对象为西安、咸阳等21个市（县），工程建成惠及总计2348万人的生活及工业用水，同时将归还原被大量挤占的300万～500万亩耕地的农用水。此外，可有效改变关中超采地下水、挤占生态水的状况，实现地下水采补平衡，防止城市环境地质灾害。

引汉济渭调水工程涉及西安市周至县、汉中市洋县、佛坪县和安康市宁陕县，规划搬迁安置移民10375人，其中水库淹没影响移民9779人（黄金峡水库5254人，三河口水库4525人），工程占地移民596人（秦岭输水隧洞占地移民446人，大黄路工程占地移民150人）。涉及西安市周至县69人，汉中市洋县5342人、佛坪县2998人，安康市宁陕县1966人。工程建设征地总面积78297亩，其中耕地16131亩，林地25205亩，草地6亩，住宅用地1231亩，道路用地1824亩，仓储用地43亩，其他土地7722亩，水域26056亩，公共用地79亩；淹没影响集镇4个，涉及各类房屋694579平方米；淹没影响等级公路6条98.04千米，10千伏等级以上输电线路115.32千米，通信线路546.37千米，工业企业6个，文物古迹11处，中小型电站8座等。移民安置规划建设集中安置点20个（集镇安置点4个、农村安置点16个），补偿处理工矿企业13个，复（改）建等级公路6条69.44千米，恢复库周村道20余条，渡口码头26处，复建电力线路、通信线路若干，规划建设防护工程2处。建设征地移民安置总投资431189.12万元。

截至2023年，引汉济渭工程三河口水库后期扶持人数已通过中央核定，黄金峡水库下闸蓄水，后扶人数已经上报水利部核定。

引汉济渭工程涉及移民的4个县均为国家级贫困县，在工程建设中将工程建设与助力地方经济发展及脱贫攻坚相结合，改善移民区基础设施水平，修建西汉高速公路佛坪连线、三陈路、筒大路、磨黄路等迁建公路的建设，大幅改善库区群众出行交通条件，移民集中安置点建设改变了原先分散居住的现状，有效避免了山区地质灾害易发多发的危险，规划整齐、居住安全、交通医疗教育文化设施更加完善的移民区不断刷新移民群众幸福指数。

各地党委政府以有土安置为基础，积极引导帮扶发展特色产业，带动库区经济发展，一是利用开发淹没线上剩余土地资源，以村为单位对各户剩余土地资源进行统计、确权、办证，通过“园区＋合作社＋移民户”模式发展林下经济增加移民收入。例如，宁陕县梅子镇安坪村利用土地补偿资金，以户为单位自行流转土地、林地或造地，发展魔芋园170亩、香椿园210亩，既降低了移民安置成本，又确保了“有土安置”有效落实，使移民在重新获得了生产资料的同时，又最大限度地分配到了土地补偿款，实现了水库移民利益的最大化。二是对有一定经营能力和经济基础进集镇、县城安置的移民，鼓励发展二、三产业，动员进社区工厂，引导他们走上城镇化发展之路。

三、汉江白河（夹河）水电站移民

汉江白河（夹河）水电站是汉江干流上游梯级开发规划陕西境内的第七级水电站，属陕西、湖北两省共同开发的水资源综合利用项目，坝址位于安康市白河县麻虎镇和湖北省十堰市郧西县夹河镇之间的界河上。

从2009年2月开始到2021年12月，白河水电站累计搬迁移民523户2673人。2022年核定汉江白河（夹河）水电站实施阶段农村移民总人口3064人（白河县2776人、旬阳市288人），其中农村搬迁安置人口2379人（白河县2207人、旬阳市172人）、不搬迁仅生产安置人口685人（白河县569人、旬阳市116人）。

四、汉江蜀河水电站移民

汉江蜀河水电站是汉江上游梯级开发规划中的第六个梯级电站，也是南水北调水源重要蓄水库的组成部分。工程位于陕西省安康市旬阳市境内的汉江干流上。2014年1月17日，通过了陕西省库区移民办关于汉江蜀河水电站工程建设征地移民安置竣工终验。蜀河水电站移民搬迁涉及旬阳市的 5 个镇、39 个村、90 个村民小组，搬迁户 481 户 2081 人，房屋面积 128100 平方米，企事业单位 28 家，房屋面积 21134 平方米，征收耕园地 2105.37 亩，林地 1462.6 亩。

五、汉江旬阳水电站移民

汉江旬阳水电站是汉江上游干流梯级开发规划中的第五梯级电站，正常蓄水位 241 米，总库容 3.25 亿立方米。旬阳水电站实施阶段农村移民总人口 7935 人（汉滨区 3679 人、旬阳市 4256 人），其中农村搬迁安置人口 3058 人（汉滨区 515 人、旬阳市 2543 人）、不搬迁仅生产安置人口 4877 人（汉滨区 3164 人、旬阳市 1713 人）。

六、汉江喜河水电站移民

汉江喜河水电站是汉江上游干流河段规划的第三梯级电站，坝址位于石泉县喜河镇下游 10 千米处。水利部核定石泉县后期扶持移民人口 5379 人。其中：石泉水电站后期扶持人口 816 人，喜河水电站后期扶持移民 4147 人，安康水电站后期扶持移民人口 360 人，外省、市、县迁入石泉县移民 56 人。

七、汉江石泉水电站移民

工程于 1970 年 11 月 25 日开工，1975 年 7 月建成发电，建站共用了 5 年时间，工程总投资 1.93 亿元。电站水库面积 50 平方千米，库容 4.7 亿立方米。石泉水库淹没涉及石泉、西乡、洋县的原 17 个乡镇、42 个村、91 个村民小组，54 个机关单位，水库移民 1187 户 6621 人（其中：机关、企业事业单位及居民 360 人，石泉县水库移民 816 人）。1972 年 5 月开始，石泉水电站涉及的县、区、乡政府采取各种宣传形式动员搬迁，水库蓄水以后，库区良田沃地被淹，耕地锐减，因国家补偿标准低，移民长期存在温饱问题，生产生活条件得不到改善，生活水平低，遗留问题较多。1987 年开始，中央及省、市、县各级启动石泉水电站水库淹没区移民搬迁遗留问题解决工作。21 世纪初，移民生活情况有了极大提升。

第三节　水库移民后期扶持

一、后期扶持资金管理

为保障直补资金足额安全发放，陕西省先后制定了《陕西省大中型水库移民后期扶持资金使用管理暂行办法》（陕财办企发〔2007〕54 号）和《关于加强水库移民资金管理的意见》（陕移发〔2012〕96 号）等办法意见。依据相关资金管理办法，安康市、汉中市直补资金发放一般按照“省→市→县”的流程，通过财政部门拨付，市级财政在直补资金到账后将直补资金拨付到下一级财政部门；县级财政部门在资金到账后，根据核定的移民人口，指定金融机构通过惠农惠民“一卡通”直接兑付到移民个人账户。直补资金发放的范围是经批复的实行直补到人的后期扶持人口，发放标准为每人每年 600 元，发放频次为按季度发放。发放期限自 2006 年 7 月 1 日起，共 20 年；对 2006 年 7 月 1 日以后搬迁纳入扶持范围的移民，从其完成搬迁之日起扶持 20 年。2021 年，陕西省纪委监委在全省范围内开展了惠农惠民“一卡通”专项治理活动，安康市和汉中市水库移民直补资金纳入整治范围。根据《关于进一步加强水库移民后期扶持直补资金发放管理工作的通知》（陕水移民函〔2022〕4 号），2022 年起，直补资金发放时间为每年 3 月底前，一次性发放全年，直补资金全部通过惠农惠民“一卡通”系统发放，在提高资金效益的同时，也让移民群众早领取、早使用、早受益，得到了移民广泛好评。

二、后期扶持保障措施

（一）组织保障

1986 年，陕西省库区移民工作领导小组办公室成立，2006 年将陕西省所有大中型水库移民后期扶持管理工作纳入职能范围。2015 年 9 月，陕西省库区移民工作领导小组办公室更名为陕西省库区移民工作办公室。2019 年，陕西省水利厅组建工程移民处，原陕西省库区移民工作办公室与陕西省水土保持局整合成立陕西省水土保持和移民工作中心，设置后期扶持处，主要职责是负责全省水库移民管理业务支持服务工作。

与此同时，安康市、汉中市相继成立了处级移民管理机构。随着国家机构改革不断深化，各级移民管理机构也随之进行相应调整和优化。目前，移民管理部门隶属单位以在水利局 / 水务局等水利系统为主，少部分为移民中心等其他部门，省、市、县三级移民管理机构进一步完善。部分涉及移民的乡镇人民政府成立了移民工作领导小组，乡镇政府一般设有 1 ~ 2 名移民干部兼职负责移民后期扶持工作的组织和实施，协调解决后扶实施过程中的具体问题。

（二）政策保障

2006 年，《国务院关于完善大中型水库移民后期扶持政策的意见》（国发〔2006〕17 号）文件及配套文件发布后，陕西省印发了《陕西省大中型水库移民后期扶持政策实施方案》（陕政办发〔2006〕55 号）。此后，陕西省结合本省实际特点，围绕后期扶持人口核定登记和动态管理、项目管理、资金管理、监督管理、绩效管理等方面先后制定了一系列配套政策文件。一系列政策制度文件的出台、制定、完善，为汉江流域大中型水库移民后期扶持政策实施工作的不断深入推进提供了政策支持和制度保障，真正做到事事有规可依、有章可循，科学管理、规范管理，巩固了工作成效，从而确保各类后期扶持资金使用安全、项目实施有成效。

同时，安康市、汉中市也结合各自实际，针对省里下发的文件进行了细化和落实，在新形势、新任务、新要求下完善各项规章制度，并在移民避险解困、脱贫攻坚、美丽乡村建设、科技培训、贷款贴息、产业扶持等方面制定了新的政策文件，为移民后期扶持工作的顺利开展提供了政策保障。

（三）监督管理

汉江流域各地市始终把监督检查作为推动工作、规范管理的重要方法，采取内部挖潜与购买服务相结合的方式，利用稽查、内部审计、监测评估和绩效评价“四位一体”联动手段，有深度、有重点、有步骤、有成效地推进监督检查工作，形成了全方位、全要素、全视角、全覆盖的监督检查体系，同时积极引入群众监督，在促进移民后期扶持政策落实、维护移民合法权益等方面成效显著，确保了移民后期扶持政策的顺利、安全、高效实施，助推了库区和移民安置区经济社会全面可持续发展。

2010 年，陕西省全面开展大中型水库移民后期扶持政策实施情况监测评估工作，安康市、汉中市也积极开展此项工作。

2019 年，陕西省委托中国电建集团西北勘测设计研究院有限公司和陕西省水利水电工程咨询中心对安康市、汉中市开展后期扶持政策实施情况监督检查。截至 2023 年，已经持续开展了 14 年，在此过程中，建立并不断探索完善监测评估工作机制。2021 年，陕西省水土保持和移民工作中心建立了监督检查与本年度监测评估联动机制，进一步强化了监测评估工作的力度。同时，重视监测评估成果应用，省级移民管理机构对监测评估中发现的问题以书面形式向安康市和汉中市相关区（县）下发整改通知，相关区（县）积极限期进行整改。安康市、汉中市主动配合上级开展各项监督检查、审计、督导等工作，积极整改落实。

2020 年 10 月至 11 月，省级组织相关市对安康市紫阳县大中型水库移民后期扶持政策实施情况进行了交叉监督检查。2020 年 9 月，陕西省水土保持和移民工作中心委托长江工程监理咨询有限公司承担陕西省 2019 年移民后期扶持资金绩效评价工作。各级部门全方面、多渠道的监管，有效地促进了后期扶持资金的安全使用及后期扶持项目的规范实施。

在后期扶持政策落实过程中，安康市、汉中市不断强化移民群众监督，对人口核定及动态管理、扶持方式确定等充分征求移民意愿并对结果进行公示公开；专门制定项目遴选管理办法，深入移民村组，广泛、充分征求移民群众和原住村民意见建议；项目实施、验收及移交环节均有移民群众参与，广泛接受移民监督；开展“四自”试点工作，项目实施依靠移民群众，充分保障移民群众权益，实现了后期扶持项目放权于民、阳光操作、公开透明。

三、后期扶持成效

近期目标实现程度按照国发〔2006〕17 号文件精神，后期扶持政策的近期目标是解决水库移民的温饱问题以及库区和移民安置区基础设施薄弱的突出问题。

安康市、汉中市在规划项目布局上，突出解决制约移民经济发展的农村道路、农田水利和农村饮水等重点项目，坚持按照“先急后缓”的原则制订年度实施项目计划，严格执行国发〔2006〕17 号文件等相关政策，扎实有效地开展了大中型水库移民后期扶持工作，有效解决了水库移民温饱问题，基本解决了库区和移民安置区行路难、用电难、饮水难等基础设施薄弱的突出问题。国发〔2006〕17 号文件以及陕西省“十一五”“十二五”规划提出的近期目标基本实现。

（一）移民生产生活水平和发展能力

2020 年，陕西省移民人均可支配收入为 12723 元，较 2015 年的 7732 元增加 4991 元，顺利实现“十三五”规划中“至规划期末达到 12500 元”的规划目标；移民人均可支配收入占省农村居民人均可支配收入比重由 2015 年的 89% 提升到 2020 年的 97%，提高了 8 个百分点。随着后期扶持政策的实施，移民群众收入水平不断提高，与农村居民人均可支配收入差距逐步缩小。

1. 移民人均收入水平

2015 年，陕西省大中型水库移民人均可支配收入为 7732 元，比 2005 年的 1567 元增加 6165 元；移民人均收入占当地农村居民人均收入的比例由 2005 年的 76% 提升到 2015 年的 89%，差距缩小了 13 个百分点。

2. 移民生产条件

“十一五”“十二五”规划期间，安康市、汉中市在农田水利、生产道路、电网配套改造建设等方面安排实施后期扶持项目，项目的实施，综合改善了移民生产条件。截至 2015 年底，移民人均耕地面积 1.4 亩，比 2005 年的 1.3 亩增加了 0.1 亩。通过项目扶持，农田水利设施不断发展，库区和移民安置区的生产条件得到了较大改善。

3. 移民产业发展

“十三五”期间，安康市、汉中市加大移民生产扶持力度，多渠道推动移民产业发展，助力移民增收致富。按照先基础、后发展的思路，面对新形势下的后期扶持工作，引导并帮助移民依托区位优势和资源优势发展种植业、养殖业和农产品加工业，鼓励移民发展移民专业合作社和家庭农场，引导移民通过劳务输出、土地流转等方式增加收入，发展壮大移民村社集体经济和特色产业。加强移民职业技能培训，规划好本地区移民培训工作，使有需求的移民劳动力都得到相应的培训，掌握一至二项创业就业实用技能，促进移民就业、增加收入。

（二）库区和移民安置区基础设施和生态环境

（1）“行路难”问题得到改善。安康市、汉中市在移民后期扶持规划中，通过对移民村实施乡村道路改造工程及交通道路（巷道硬化）项目，全面改善了移民村的出行条件。移民村通公路为通公交车创造了条件，方便了移民群众出行，改变了多雨时节移民村道路泥泞、难以通行的状况。通机耕道则为移民村组创造了良好的生产条件，进一步促进了移民生产发展，增收致富。

（2）“用电难”问题得到解决。通过对移民村实施电网配套改造建设及供电（线路改造）项目，有效解决了移民村组及移民群众的“用电难”问题。

（3）“饮水难”问题得到缓解。针对移民存在的饮水难问题，安康市、汉中市在移民后期扶持规划中，谋划了多处人畜饮水工程来改善移民群众的饮水条件。随着国家农村安全供水项目的启动，有效缓解了移民群众“饮水难”问题。

（4）“就医难”问题得到改善。后期扶持政策实施之前，不少移民村无卫生室，移民群众患病不能就近及时救治。针对该问题，安康市、汉中市在“十一五”和“十二五”规划期内，实施了多个医疗卫生项目，主要是通过新建或改建改造移民村卫生室，提升移民村的医疗卫生条件。

（5）通信条件得到改善。针对库区和移民安置区移民村通信方面存在的困难问题，安康市、汉中市在“十一五”和“十二五”规划期间通过新建通信线路等相关措施，改善了移民村通信条件。

（6）生态环境持续向好。“十一五”和“十二五”规划中，安康市、汉中市通过山、水、田、林、路综合治理，对移民村实施一系列绿化工程，同时为移民群众发放节能灶、修建厕圈及沼气池，综合改善移民村组生态条件和居住环境。通过实施生态建设及环境保护项目，移民村组生态环境得到一定改善，移民开始逐步使用清洁能源，生活污水、生活垃圾基本得到及时清理，卫生厕所普及率越来越高，有效解决了部分移民群众厨厕相连、环境卫生状况极差的问题。

（三）贫困移民脱贫解困

贫困移民脱贫攻坚是“十三五”期间后期扶持工作的重中之重。国家发展和改革委员会、财政部、水利部、国务院扶贫办印发了《关于切实做好水库移民脱贫攻坚工作的指导意见》（发改农经〔2016〕770号），指出“把水库移民脱贫攻坚放在当前后期扶持工作的首要位置”，安康市、汉中市认真落实发改农经〔2016〕770号文件精神。陕西省先后印发了《关于加快推进全省水库移民脱贫攻坚工作的通知》（陕移发〔2016〕66号）、《陕西省库区移民工作办公室关于建档立卡贫困水库移民精准扶持八项措施的通知》（陕移发〔2017〕26号）等通知和管理办法，建立完善责任落实机制，强调分类精准施策，加大了水库移民精准扶贫、精准脱贫的工作力度。“十三五”期间，安康市、汉中市各行业部门把产业扶持作为帮助贫困移民稳定增收的关键举措，积极部署，强化落实，带动贫困户增收脱贫。

（四）库区和移民安置区社会稳定

针对水库回水影响人口，安康市、汉中市一方面广泛开展政策宣传，正确引导群众利益诉求；另一方面，鉴于群众因动迁导致该地区基础设施薄弱、生产生活条件落后，为化解矛盾，对这部分人口所在区域实施了道路硬化、农田水利等基础设施建设工程，促进了该地区基础设施建设和经济发展，稳定了群众情绪。

2006年大中型水库移民后期扶持工作开始以来，安康市、汉中市把妥善处置热点问题和及时化解移民矛盾纠纷作为维护库区及移民安置区稳定的重中之重，建立了移民信访稳定工作机制，编印水库移民阳光手册，制作信访工作流程图，规范接待程序，按照“属地管理，分级负责”的原则，落实市、县各级政府的稳定工作责任。按照信访维稳规定，认真积极对待群众来信来访等问题，为群众开通解决问题的渠道和窗口，将各类纠纷和矛盾化解在萌芽状态，对维护库区和移民安置区的社会稳定起到了积极作用。

此外，在安排后期扶持项目时，考虑移民的切身利益和需求，征求移民群众意愿，不仅改善了移民生产生活条件，促进了移民增收，更有效地维护了库区和移民安置区的社会稳定。

从移民群众信访数量看，2006—2023 年，移民信访数量总体呈下降趋势，信访主要集中在后期扶持政策刚出台的前几年，主要原因是新政策出台后，广大移民群众对政策不理解，同时不符合政策扶持条件的移民要求享受政策。移民信访反映的问题也主要集中于后期扶持政策落实中的直补资金发放、移民身份确定、补办银行卡、移民直补银行卡变更、移民政策咨询、请求增加后期扶持项目、出嫁女移民核减、非农业户口移民核减等问题。针对移民的诉求和反映问题，各级移民管理机构积极回应，能解决的及时解决，不能解决的对政策进行详细说明解释，安抚移民情绪，维护了库区和移民安置区的社会稳定。

（五）水库移民美丽家园建设

2017 年 4 月，陕西省印发了《加强水库移民美丽乡村建设工作的指导意见》（陕移发〔2017〕19 号），安康市、汉中市也相继制定了《水库移民美丽乡村建设工作实施细则》，推进移民美丽乡村建设步伐。在完善基础设施建设基础上，加大环境整治力度，改善移民生活环境。以“省级移民示范村”建设带动库区移民村建设美丽家园，以建设“宜居、宜业、宜游”美丽乡村为目标、以移民示范村建设为引领，并结合新农村建设，开展村容村貌和环境整治，表彰命名了 30 个移民村为首批省级水库移民美丽乡村。同时，把移民美丽家园建设纳入后期扶持工作的重要议事日程，同移民增收、移民脱贫攻坚同部署、同考核，从完善基础设施建设和公共服务设施、进行人居环境整治等方面着手，改善移民居住条件，提升移民村村容村貌。

截至 2023 年底，安康市、汉中市无饮水不安全的移民村和移民户；移民村组用电均有保障。此外，两市持续开展“美好移民村”建设，目前，部分移民村已取得明显成效。其中，安康市汉滨区流水镇被人民网主办的“寻找中国最美小镇”活动评为“十大中国最美小镇”，汉中市宁强县青木川村被农业部评为“中国最美乡村”。

第三篇　防汛抗旱

陕西汉江流域位于秦岭和大巴山脉之间，降水量丰富但时空分布不均，且以秦巴浅山丘陵区和西部山区较多，主要集中在汛期。特殊的地理环境和气候条件导致水旱灾害频发，损失惨重。流域内人民坚持与洪涝干旱灾害斗争，因地制宜修建堤防，整治河道，修渠打井。但因缺乏有效组织、系统规划，这些水利工程建设标准不高，抗灾能力较弱。新中国成立后，各级党委和政府坚持人民至上、生命至上理念，科学制定规划，全面开展河道综合整治和水源工程建设，加强非工程措施和信息化建设，使流域抗御水旱灾害能力全面提升，有力地保护了人民群众生命财产安全，也为地方经济社会发展起到了巨大的支撑和保障作用。

第一章 工程建设

陕西汉江流域防汛抗旱工程建设历史悠久，史书上多有治理河道、修筑堤防的记载。近代以来，陕西汉江防洪工程建设历程是一个长期且不断推进的过程。在民国时期，近代著名水利科学家李仪祉任陕西省水利局局长时，就曾派工程师对汉江水利进行勘测，开始提出相关水利工程建设计划，但受当时技术、资金等条件限制，仅处于初步探索阶段。例如，在勉县老城以西筑起了“汉江第一堰”，并开渠引水，建成了横贯沔、褒两县的“汉江第一渠”，这虽然主要是灌溉工程，但也为后来的防洪工程建设提供了一定的经验和基础。

新中国成立后，汉江流域各级党委、政府持续加强防洪工程建设，不断探索汉江治理保护的有效途径。主要经历了以下几个阶段。

一、基础建设阶段（20 世纪 50—70 年代）

这一时期开始大规模修建汉江干支流堤防。政府组织大量人力、物力投入堤防建设中，初步形成了汉江的堤防体系，提高了部分区域的防洪能力。不过，由于当时的建设标准相对较低，防洪工程体系还不够完善。

二、重大洪灾推动建设阶段（20 世纪 80 年代）

1983 年 7 月 31 日，陕西安康发生特大水灾事件，东堤、北堤坍塌溃决 39 处 4000 多米，造成了巨大的人员伤亡和财产损失。这次灾难引起了政府和社会对汉江防洪的高度重视，推动了后续一系列防洪工程的加快建设和改造。例如，在灾后对一些薄弱的堤防段进行了加固和修复，同时加强了对防洪工程的规划和设计，提高了工程建设的标准和质量。此后连续多年，各市、县持续加强防洪设施建设，初步形成了以防洪堤为主的汉江干流及主要支流防洪体系，对减轻洪水灾害发挥了重要作用，但仍有许多河段没有设防，难以保证经济社会发展需要。

三、综合整治与提升阶段（21 世纪以来）

随着经济的发展和技术的进步，陕西省水利厅相继编制完成《汉江上游汉中平川段干流防洪规划》《陕西省汉江干流安康重点段防洪规划》《陕西省汉江流域综合整治规划》《陕西省汉江防洪治理工程可行性研究报告》等。2001 年，启动病险水库除险加固工程建设。2010 年，启动山洪灾害防治项目建设。尤其是 2012 年以来，陕西启动汉江综合整治工程建设，对汉江防洪工程进行了全面的综合整治。一方面，加大了对堤防建设的投入，不断提高堤防的高度、厚度和坚固程度，使其能够抵御更大规模的洪水。另一方面，建设了一系列配套的防洪设施，如排洪明渠、排涝涵闸等，增强了区域的排洪和泄洪能力。同时，加强了对防洪工程的科学管理和维护，建立了完善的监测预警系统，能够及时掌握洪水动态，为防洪决策提供科学依据。并且注重生态环境保护与防洪工程建设的结合，在提高防洪能力的同时，改善了汉江流域的生态环境。

通过规模化、持续性、综合性项目实施，逐步提高了汉江的防洪能力，生态效益、经济效益、社会效益逐步凸显，为保障人民生命财产安全和地区经济发展发挥了重要作用。

第一节　堤防工程

堤防工程作为抵御洪水灾害的主要支撑，在河网密布、水资源丰富、洪水灾害频发的陕西境内汉江流域有着很早的建设历史。据史载，从清嘉庆年间就开始修筑堤防抵御洪水。新中国成立前，流域各地修筑堤防工程大都以城市、干流为主；新中国成立后，修筑范围扩展延伸至城郊、支流。20 世纪 80 年代后期，堤防工程纳入系统的防洪规划，汉江防洪屏障逐渐形成规模。2012 年，汉江综合整治工程建设启动，汉江干流陆续建设防洪工程 272.532 千米，其中汉中段防洪工程长度为 227.117 千米，安康段长度为 45.415 千米，主要为浆砌石护坡、格宾护坡、混凝土挡墙结构。其中，汉中平川段防洪体系基本建成，防洪标准为 20 ~ 100 年一遇；安康城区、石泉县城、旬阳、白河县城段等汉江重点段防洪工程基本完成，防洪标准为 20 ~ 100 年一遇。

一、干流堤防

陕西省汉江干流堤防工程功能日渐完善，现有干流堤防具体情况见表 3-1-1。

表3-1-1　陕西省汉江干流现状堤防工程统计汇总

市级行政区	县级行政区	防洪工程长度 /km			防洪标准
		左岸	右岸	合计	
汉中市	宁强县	2.000	1.000	3.000	乡镇段 20 年一遇
	勉县	31.934	30.760	62.694	农防段 20 年一遇，乡镇段 20 ~ 30 年一遇，县城段 50 年一遇
	汉台区	32.670		32.670	农防段 20 年一遇，中心城区 100 年一遇
	南郑区		34.589	34.589	农防段 20 年一遇，县城段 50 年一遇
	城固县	23.060	22.310	45.370	农防段 20 年一遇，县城段 30 年一遇
	洋县	27.590	20.200	47.790	农防段 20 年一遇，乡镇段 20 ~ 30 年一遇，县城段 50 年一遇
	西乡县	1.004		1.004	乡镇段 30 年一遇

续表3-1-1

市级行政区	县级行政区	防洪工程长度 /km			防洪标准
		左岸	右岸	合计	
安康市	石泉县	3.016	3.927	6.943	乡镇段 20 年一遇，县城段 20 年一遇
	汉阴县	3.386	1.000	4.386	乡镇段 20 年一遇
	紫阳县	6.755	2.791	9.546	农防段 10 年一遇，乡镇段 20 年一遇，县城段 20 年一遇
	汉滨区	4.148	9.706	13.854	中心城区 20 ~ 100 年一遇（东、西坝段 20 ~ 30 年一遇，江北 50 年一遇）
	旬阳县	6.475	2.618	9.093	乡镇段 20 年一遇，县城段 30 年一遇
	白河县		2.000	2.000	县城段 30 年一遇
合计				272.94	20 ~ 100 年一遇

（一）汉中干流堤防

汉江在汉中境内流域范围北起秦岭，南达米仓山，西接嘉陵江流域，东至子午河、茶镇与楮河一带，自西向东流经宁强、勉县、汉台、南郑、城固、洋县和西乡，横贯汉中盆地 7 个县（区）43 个镇（办），境内全长 270 千米，平均比降 0.89‰。

汉江干流勉县武侯镇以上为源头段，武侯镇至洋县小峡口入峡谷为汉中平川段。平川段的汉中、勉县、城固、南郑、洋县等 5 县（市），是洪灾频发之地，也是汉江堤防工程最为集中之地。特殊的地理位置导致汉中洪灾频繁，人民群众与洪涝灾害的搏斗坚持不懈。据《汉中府志 · 城池》载，清嘉庆十四年至十六年（1809—1811 年），勉县知县周赓于城西南筑堤，栽柳千余株。据《清史稿 · 卢坤传》载：“道光二年（1822 年），坤调陕西勘修南山各属城工，汉江堤岸，筑坝浚淤。”又据勉县《重修诸葛忠武祠记》碑载：清光绪六年（1880 年），“汉水自祠西南隅建翎而下，直冲祠左肋喷薄之，余绕祠后基南转东骛，非于此为石堤四十余丈，以三合土筑其内，不能固祠基，而沙底松浮，堤脚先难自固，采取坚木逾丈者千余株，排钉岸下以先固堤脚……于石堤外为护堤三十余丈，法剖大竹编为笼，盛巨石，即以水涯叠砌之，其首属石堤，斜曲而屹南以东，其尾则北去石堤可五丈余，填以粗沙大石……又命于祠西依岸为水箭二，次第迎水，顺推其势，使渐南流……以护堤固堤，因以保祠后之基”。

1949 年，汉中段发生 8740 立方米每秒洪水，汉江平川段一片汪洋，沿岸村舍、稻田、林木付之东流。20 世纪 50 年代，国家投资在勉县南关、新街子、纪寨和汉中市至城固县柳铺、江湾以及洋县湑水铺等沿江低洼河岸筑土石堤岸，可防御 3 ~ 5 年一遇洪水。1956 年投资 14.3 万元，组织人员 1000 人，筑堤 7.9 千米，并修建么二拐入江排洪渠 1 条，砖砌拱桥1座，防洪闸门5座，护基坝5座，干砌片石护岸330米，竹笼装石护基打木桩1771根，河光石浆砌护坡485米。建成的城市防洪河堤可抗御5000立方米每秒以下洪水。此次修建堤防虽在一定程度上减轻了洪水对汉中市郊的威胁，但由于布局上缺乏总体规划，河堤多系沙土筑成，结构松散，基础不牢，御洪标准过低，且濂河入汉江后，主流顶冲中渡北岸和建国村堤脚，形成城市防洪三大顶冲险段。

1960年，汉中地区在《汉江上游水利规划提要》中明确，汉江平川段的治理以生物措施为主，即沿规划堤线种植芭茅，固岸护滩，重点修建和加固险段工程。1961—1963年，中渡120米堤段曾3次被毁。1962年秋，出现最大洪峰9430立方米每秒时，建国村河堤被洪水冲毁600多米。1964年，在西北勘察设计院的协助下，政府组织力量对汉江防洪工程进行了总体规划，从“稳定河槽，塞支强干，调整流势，固堤保滩”着手，抓住河道变迁时机，布置一定数量的长短有别、走向不一、结构不同的坝组，“分期分段，逐洪归槽”。根据这一总体规划，对汉中城市防洪河堤进行了除险加固，并对汉江农村防洪河堤逐年筑堤设防。1964年至1972年，国家拨防洪工程补助款69.7万元，重点修筑了梧风、金华、文庙、马家坝、普陀、金坝、大梁、大寨、小寨等9处河堤工程，长20千米，占总规划河堤的64%，共移动土石方400多万立方米。

1974年，专业技术人员对汉江农防河堤“按10年一遇洪水设计，20年一遇洪水校核”的治江标准，确定河道宽度为600 ~ 620米，相应可增加河滩地8800亩。方案送审时，上级部门作了“提高防洪标准，可以再缩窄河道，扩大耕地面积”的批示，将汉中与南郑段的河道束窄为500 ~ 520米。在施工过程中，两岸人民各自扩大河滩利用，向河道进占筑堤，挤占了行洪断面。由于片面强调束窄汉江河槽，向汉江要地，违背自然规律，为1981年8月的洪水灾害埋下隐患。

1975年1月，汉中地区成立治理汉江指挥部，由勉县、汉中、南郑等县（市）分段负责实施。至1979年，累计完成投资656万元，完成土方580万立方米，新建堤防83.8千米。1981年7月至8月间，汉江上游的留坝、宁强等地连续大雨40天，冲毁平川段河堤234处，长达63.8千米，其中包括1975年以来新修堤防决口199处长43.8千米。“81·8”洪水灾害后，汉中地区治江领导小组提出“因地制宜，因害设防，因势利导，量力而行，保证重点”的治江原则，要求将缩窄的堤防退至老堤老岸，旧堤防加高到“81·8”洪水位1米以上。

1982年，重新对汉江堤防工程进行规划，河宽为500 ~ 700米，按1981年最高洪水位超高1米退后筑堤，工程措施与生物措施相结合，修复加固了水毁河堤。梧风、光辉、文庙的6.54千米退回老堤，段家营、杨庵、大梁的2.8千米退修了新堤，其他被毁堤段也进行了加固培修。修复后的河堤顶宽5米，迎水坡坡比、背水坡坡比均为1 ： 1.5。截至1988年，全市汉江防洪堤（岸）长31.075千米，迎水坡砌护22.9千米，占总长的73.6%。栽植各种护堤树木37.9万株，加上堤滩芭茅，占应绿化河堤的69%。

1990年7月，汉江又一次发生大洪水，使已建成的护基坝、丁坝、护岸堤防工程等遭到严重毁坏。为此，陕西省计划委员会于同年10月根据国家科学技术委员会、水利部对汉江平川段防洪规划和设计任务书的批复精神，审定了《汉江上游汉中地区平川段干流防洪工程（近期工程）初步设计》，11 月开始一期工程建设，至 1993 年共投资 3060 万元，加高加固堤防 113.1 千米，新建堤防 28.1 千米，坝垛 93 座。初步形成以堤防为主，可防御 15 年一遇的工程体系。同时继续完成续建工程和二期工程的初步设计和施工准备。截至 1995 年底，共建成堤防 204.6 千米，护堤坝垛 133 座，新修涵闸 73 座，但汉江平川段尚有 40 多千米无堤段。已建成的堤防大多没有砌护。

1991年11月，洋县汉江河堤（南坝段）建设大会战现场

1998—2005 年，汉江汉中平川段干流农防段防洪工程续建 35 个单项工程，总投资 7348.01 万元。单项工程分别位于勉县武侯镇到洋县小峡口区间汉江两岸的勉县、汉台、南郑、城固、洋县等 5 县（区）境内，由国家、省、市、县（区）四级投资和群众投劳兴建。新修堤防 20.03 千米，加高培厚堤 17.26 千米，新修砌石护堤、岸 37.39 千米，新修加固护基坝、丁坝 127 座，新修加固涵闸 26 座、堤背压脚排水 9.42 千米、防浪墙 0.93 千米、越堤路 17 条。农防工程于 1998 年 10 月开工建设，2005 年 10 月通过竣工验收。

截至 2022 年，汉中市汉江综合整治工程累计完成汉江干流、支流堤防主体 322 千米，完成投资 41 亿元，汉江平川段防洪体系基本建成，沿江防洪能力得到大幅提升，设防标准由原来平均不足 20 年一遇，提高到中心城区段 50 ~ 100 年一遇，县城段 30 ~ 50 年一遇，农防段 20 年一遇。

（二）安康干流堤防

安康地区县（市）城市坐落于“一水五河”之滨。“一水”即汉水，石泉、紫阳、安康、旬阳、白河县城均位于汉水沿岸。“五河”即长安河、月河、岚河、坝河、南江河，其沿岸分别是宁陕、汉阴、岚皋、平利、镇坪县城。安康地区位居汉江中游，其上游几乎接纳了秦岭南麓、巴山北麓的全部降水；水系呈扇形分布，导致洪流汇集，洪涝灾害频繁。境内汉江段多峡谷，河床比降大，水位变幅在 20 米以上，洪水陡涨陡落，冲刷力强，自古以来洪水漫城、频频受灾。

安康干流堤防建设经历了较长的发展历程：据安康州府县志记载，从明洪武元年（1368 年）至 1983 年的 615 年间，仅安康城汉江决堤淹城 17 次，平均 36 年 1 次，其中毁灭性的 11 次，近 56 年 1 次；1949—1983 年的 35 年中，发生区域性大洪灾 5 次，平均 7 年 1 次，洪灾间隔年限越来越短。为抵御洪水侵袭，减少人民生命财产损失，历代执政者大多重视堤防建设。

安康汉江干流早期的堤防多为简易的土堤或石堤，建设技术相对简单，主要是依靠人力和简单的工具进行修筑，在一定程度上保护了沿岸居民的生命财产安全，但由于建设标准不高、技术有限，在较大洪水面前仍显得较为脆弱。到了近现代，随着人口的增长和经济的发展，安康对汉江堤防的需求更加迫切。20 世纪初至新中国成立前，虽然也有一些堤防建设的尝试，但由于战乱等原因，建设进展缓慢，且缺乏系统性的规划和建设。

新中国成立后，党和政府高度重视安康的水利建设，将汉江堤防建设作为重要的民生工程和基础设施建设项目来抓。在这一时期，对原有堤防进行了加固和改造，同时开始规划和建设新的堤防工程。技术方面，逐渐引入了现代的工程技术和材料，如水泥、钢筋等，提高了堤防的建设质量和抗洪能力。“文化大革命”期间，城堤被毁 8000 余立方米。20 世纪 70 年代初，部分返城居民在城堤挖建洞舍居住，城砖被拆，堤身裂缝，基础悬空，丧失抗洪能力。改革开放以来，安康的经济快速发展，对汉江堤防的建设提出了更高的要求。沿江各级党委、政府带领广大群众进一步加强防洪设施建设，在建设过程中，不断借鉴国内外先进的堤防建设技术和经验，采用了更加科学合理的设计方案和施工工艺，初步形成了以防洪堤为主的汉江干流及主要支流防洪体系，对减轻洪水灾害发挥了重要作用。但由于已建堤防标准仍偏低，依旧有很长未设防河段，加之预警预报系统不健全，难以保证经济社会发展需要。2005 年、2010 年、2011 年，汉江流域接连发生较大洪灾，致使安康东坝等防洪薄弱地带遇水即淹，反复受灾。

2012 年，陕西省启动汉江综合整治工程，安康市编制了《陕西省汉江安康段综合整治规划》和《安康市中小河流治理规划》，于 2012 年 10 月 30 日启动安康东坝防洪保安工程。“十二五”期间，安康共修建重点防洪工程 57 处，新建、加固堤防和护岸 210 余千米，将汉江干支流沿岸重点城镇的防洪能力从不足 5 年一遇或不设防，提高到 10 年一遇至 20 年一遇或以上，使 7.1 万亩耕地、53.5 万名群众得到保护。

近年来，随着生态文明建设的推进，安康在干流堤防建设中更加注重生态环保和可持续发展。在堤防的设计和建设中，充分考虑了对生态环境的影响，采用了生态护坡、植被防护等技术，既提高了堤防的稳定性，又保护了生态环境。此外，加强了对堤防的信息化管理，利用现代信息技术对堤防的运行状况进行实时监测和预警，提高了堤防的管理水平和应急响应能力。

汉江安康市城区段东坝堤防工程

二、支流堤防

（一）岚河堤防

岚河为汉江右岸一级支流，发源于平利县化龙山鸡心岭，自东南向西北先后流经平利、岚皋、汉滨三县（区），流长 153 千米，流域面积 2126 平方千米，主要由龙洞河、南溪河、正阳河、滔河、四季河等汇集而成。

岚皋县修建岚河堤防历史最久，力度最大。从清道光二十一年（1841 年）至今，陆续修筑防洪河堤、重点防洪工程，全面综合治理，工程由简陋简易发展为全面规范，防洪标准逐步提高。

（二）湑水河堤防

湑水河，古称左谷水、智水，汉江上游一级支流。湑水河河道全长 165.5 千米，流域面积 2307 平方千米，发源于秦岭太白山间，经二郎坝穿洋县西北角，纳平堵河，入城固北部山区。长期以来，湑水河两岸基本无堤防护岸。新中国成立后，各级政府持续推进湑水河堤防工程建设，不断提高湑水河的防洪能力。

1950年起，洋县在湑水至阎坎段，新修河堤护岸20多处，长32千米。

2019年，太白县建设湑水河黄柏塬镇黄柏塬村河堤300米，设计防洪标准为10年一遇。

2010年，城固县建设湑水河重点段防洪工程，新建堤防1095米，加固加高堤防1567米，新建护岸2418米，治理河段5080米。总投资2506.4万元，其中：国家、省级投资2429.68万元，市、县自筹76.72万元。2023年，实施湑水河堤防建设及杨填堰修复工程项目。新建湑水河右岸杨家滩村至桔园村段、新马院至杨填堰段、吕家村段及湑水村段等4段堤防及沿线堤坝硬化、绿化工程，总计20千米，并实施杨填堰修复工程。项目建成后有效降低了保护区的洪水威胁。2024年，实施湑水河左岸顺鑫鹏程养殖场至阳安铁路湑水河大桥段防洪工程，加固堤防345千米，新建堤防1932米，新建穿堤涵闸1处、穿堤涵管1处、堤顶道路2477米、越堤路2条、踏步1处及其他附属工程建设等。该工程按湑水河20年一遇洪水标准设防，工程等级为4级。

（三）牧马河堤防

牧马河，汉江上游右岸一级支流，又名西乡河、木马河，因源头曾有木马城而得名。发源于城固、南郑、西乡3县交界处米仓山北麓的白熊山老鹰崖，大致东向流经城固县、西乡县，在西乡城南三花石乡回龙湾汇入汉江。全河干流长127.6千米，纳大小支流50余条，集水面积2782平方千米。

牧马河在西乡县穿城而过，昔日年年水患为灾。清道光十四年（1834年），知县胡廷瑞带头捐款，组织百姓筑堤修岸，以树桩夯底石块填基，建长290丈、高2丈河堤一道。堤下围以柳，柳外又密植芦苇，以杀水势。2010年3月，西乡县建设牧马河流域集镇防洪工程，新建护岸4332.4米，加固护岸676米，治理河段长5010米。总投资2157.97万元。

（四）任河堤防

任河为汉江右岸一级支流，自东南流向西北，经重庆城口县、四川万源市大竹镇入陕西省，在紫阳县城西南汇入汉江，全长211千米，流域面积4871平方千米，年平均径流量31.79亿立方米。

2010年6月，紫阳县动工实施任河流域重点集镇防洪工程，涉及紫阳毛坝、高滩、麻柳3镇，共计新修堤防2.6千米，完成投资2468万元。堤防整体建设形式为M7.5浆砌石衡重式挡墙结构，设计防洪标准为20年一遇。2011年12月，工程建成交付运行，防护区面积6公顷，可保护企事业单位15个，1.77万人。

（五）金钱河堤防

金钱河为汉江左岸一级支流。古称甲水，又称夹河。发源于柞水县金井河，流经柞水县、山阳县，入湖北省郧西县夹河镇，在夹河镇与汉江交汇。金钱河水量充沛，陕境内多年平均径流量为8.269亿立方米。

商洛市金钱河干流已建堤防工程9.192千米，主要集中在柞水县曹坪镇、瓦房口镇、杏坪镇及山阳县户家塬镇，其中柞水县6.217千米，山阳县2.975千米，瓦房口村段、康家岭村段堤防防洪标准为10年一遇，其余段防洪标准为20年一遇。金钱河干流已成堤防工程见表3–1–2。

表3-1-2　金钱河干流已成堤防工程统计

序号	县名	镇名	村名	岸别	治理河长 /m	堤防工程 /m	防洪标准
1	柞水县	曹坪镇	曹丰村	左岸	2710	2710	20 年
2		瓦房口镇	瓦房口村	右岸	821	821	10 年
3		杏坪镇	严坪村	左岸	978	977.2	20 年
4			柴庄村桃子沟口	右岸	687	686.9	20 年
5			柴庄社区	右岸	1100	1021.8	20 年
小计						6217	
1	山阳县	户家塬镇	镇区	右岸	2247	2247	20 年
2			康家岭村	右岸	728	728	10 年
小计						2975	
总计						9192	

（六）旬河堤防

旬河是汉江上游左岸的一级支流，古称旬水，全长218.1千米，集水面积6308平方千米，年均径流量23.06亿立方米。旬河源出西安市长安区，流经陕西境内宁陕县、镇安县、旬阳县。历年来，旬河流域暴雨洪水灾害多，水毁严重。

宁陕县于2010年修建旬河新庄段堤防工程，工程总投资2840万元，修建堤防3932米，堤高8 ~ 9米，为护坡式断面，按50年一遇防洪标准设防。

镇安县在柴坪镇、月河镇、庙沟镇、青铜关镇等地修建旬河段堤防10.2千米。

旬阳县于2011年修建旬河南岸堤防加固工程，全长1456米。旬河镇安段干流堤防情况见表3-1-3。

表3-1-3　旬河镇安段干流堤防统计

序号	县（市）	镇	村	堤防等级	长度 /km
1	镇安县	柴坪镇	建国村	5	1.7
				4	0.4
			柴坪村	4	2
			东瓜村	5	1.1

续表3-1-3

序号	县（市）	镇	村	堤防等级	长度 /km
2	镇安县	月河镇	先锋村	5	0.8
			罗家营村	4	1.4
			益兴村	5	0.9
3		庙沟镇	双喜村	5	0.8
			中坪村	5	0.7
4		青铜关镇	旬河村	5	0.4
合计					10.2

（七）洞河堤防

洞河为汉江南岸一级支流，发源于陕西省紫阳县、岚皋县和重庆市城口县三县交界的大巴山主脉五个包一带，主要由白河、杨转河汇集而成，于紫阳县洞河镇汇入汉江。洞河水资源丰富，主河道长 61.9 千米，流域面积 532 平方千米。

新中国成立初期，岚皋县修筑洞河护岸河堤 3.79 千米。2019 年 5 月，完成洞河重点段防洪工程，新建 4 级堤防 2.42 千米，治理后防洪标准达到 20 年一遇，综合治理河长 2.42 千米。

2014 年 5 月，紫阳县动工建设洞河斑桃镇、洄水镇重点段防洪工程，涉及紫阳洄水、斑桃、双桥 3 镇，共计新修堤防 3.3 千米，完成投资 1900 万元。堤防建设形式为 M7.5 浆砌石衡重式挡墙和 C15 埋石混凝土挡墙结构，设计防洪标准为 20 年一遇。防护区面积 5 公顷，可保护企事业单位 12 个，0.5 万人。

（八）濂水河堤防

濂水河，古称廉泉、廉水，是南郑县（今汉中市南郑区）境内较大的一条汉江支流，全长 72.2 千米，流域面积 695 千米，沿河 73 个村庄，1 万余亩农田常受洪水侵袭。

新中国成立后，从 20 世纪 50—60 年代，南郑县在河湾、新集、彭家河坎、郭滩等地，采用竹笼装石、打桩护基、砌石护岸和修建丁坝等措施，治理 4 处，防护河岸 350 米，筑土堤6650米。1970年至1976年，南郑县动员4个区的19个公社2万多名民工组成民兵建制，对濂河平川段（殷家坝石嘴子至入汉江口）作了裁弯取直，渠化治理，将原河道 23.8 千米缩短为 20.3 千米。上段（石嘴子至协税乡王庄）8.35 千米按 20 年一遇洪水设计，50 年一遇洪水校核，河床开挖复式梯形断面，河底宽 40 米，渐变到 50 米；下段（王庄至入汉江处）按 10 年一遇洪水设计，20 年一遇洪水校核，河床开挖单一梯形断面，河底宽 50 米渐变到 130 米。上下段河堤高均为 5 米，顶宽 3 米。上段从 1970—1974 年，以工程治理为主，砌筑片石护岸，栽植芭茅、河卵石护堤，共 8.35 千米。下段从 1974 年冬到 1976

年春，以生物治理为主，顶冲凹岸一侧片石砌护，坡面栽芭茅，堤岸植树。全部工程共完成土方 4872 万立方米，砌石 92586 立方米，用工 410 万个，总投资 43 万元。治理后，沿河的 27 个村庄、1 万余亩农田得到保障。

此后，南郑区又于 2022 年相继实施了濂水河东风段防洪工程，共新建加固堤防 2280 米；濂水河王庄段防洪工程，治理堤防 4306 米，建设踏步 4 座、涵洞 1 座；濂水河右岸大沙河口至京昆高速路桥段防洪项目，治理河道长 3.679 千米，治理堤防长 3679 米；2023 年实施了濂水河许营段防洪工程，综合治理河长 2500 米，建设堤防工程总长 2271 米，新建堤顶防汛道路 2271 米，踏步 2 座，涵洞 2 座。

（九）大道河堤防

大道河，是汉江的一级支流，为岚皋县境内重要河流。岚皋县于 2013 年 11 月完成建设岚皋县大道河石门镇重点段防洪工程，新建 4 级堤防 2.11 千米，治理后防洪标准达到 20 年一遇；2014 年 1 月完成建设岚皋县大道河民主镇重点段防洪工程，新建 4 级堤防 2.86 千米，治理后防洪标准达到 20 年一遇；2021 年 4 月完成建设岚皋县大道河重点段防洪工程，新建 4 级堤防 2.44 千米，治理后防洪标准达到 20 年一遇。

（十）玉带河堤防

玉带河是汉江的源头，发源于宁强县西北箭竹岭水池垭，干流长 99.3 千米，流域面积 810 平方千米。从 1953 年起，宁强县在玉带河沿岸修筑河堤，进入 21 世纪，宁强县实施了重点河段、重点镇段防洪工程，实施玉带河综合治理项目，在修建堤防的同时，对河岸生态环境进行了整治，玉带河防洪能力得到有效提升，生态环境逐步改善。

（十一）汉江二级支流堤防

1. 乾佑河堤防

乾佑河为旬河支流。乾佑河沿岸是商洛市柞水、镇安两县经济发展的重要区域。自 1966 年以来，镇安、柞水两县连年围河造地，先后新建河堤 96 千米，其中防洪标准为 20 年一遇的 4 级堤防 35.6 千米，10 年一遇洪水标准的 5 级堤防 52.9 千米。干流累计建河堤 37260 米。

2. 小仁河堤防

小仁河是旬河一级支流，干流长 44.8 千米，流域面积 199 平方千米。商洛市流域内的文家庙堤防修于清光绪年间，新中国成立后多次维修。1997—2006 年新修余师、桃园段堤防 3700 米，米粮寺段堤防 1616 米，文家庙段堤防 3020 米，有效保障了当地群众生命财产安全。

3. 庙沟河堤防

庙沟河是旬河三级支流，干流长 24.7 千米，流域面积 144.5 平方千米。2005—2016 年，商洛市新建庙沟河堤 5500 米，其中达到 20 年一遇洪水标准的河堤 1000 米，其余 10 年一遇洪水标准。

4. 东川河堤防

东川河是旬河一级支流，干流长 43 千米，流域面积 396 平方千米。东川地处旬河上游，易受山洪灾害袭击。1990—2016 年，相继遭受 16 次洪水灾害，由于原建干砌石河堤设防标准低，水毁较多。特别是 2002 年“6·9”洪灾，冲毁东川镇街道和东川、西川河堤。灾后，商洛市相关县（区）政府整合资金，按 20 年一遇防洪标准，新建东川街道河堤 1400 米，西川河河堤 4100 米，东川河八盘村、蔡家庄村新建河堤 5000 米，保护耕地 1500 亩。

5. 达仁河堤防

达仁河是旬河一级支流，干流长 60.8 千米，流域面积 391 平方千米，属汉江二级支流，发源于镇安县木王镇，流经 2 镇 19 个村汇入旬阳县两河关，流域内山大沟深，河道险工险段多。2003—2010 年，镇安县新建达仁河堤 4500 米，木王镇河堤 10000 米，防洪标准为 20 年一遇，堤防级别为 4 级。

6. 马滩河堤防

马滩河属金钱河一级支流，发源于商洛市商州区杨峪河镇曹湾村，干流流经商州区杨峪河镇、闫村镇，山阳县城关街道办、色河铺镇、板岩镇，干流河长 89.4 千米。商洛市马滩河乡镇防洪工程治理河长 7151 米，其中板岩镇 460 米，色河铺镇 1729 米，城关镇三里店村 1568 米，伍竹园 1107 米，小河口镇 804 米，元子街镇 1483 米，共建堤防全长 9880 米。伍竹园、城关镇、色河铺镇按 20 年一遇洪水标准设防，堤防等级为 4 级。元子街镇、小河口镇按 10 年一遇洪水标准设防，堤防等级为 5 级。在设防标准范围内保护沿岸 5 个镇的 9 个村民委员会，25 个自然村，1.8 万人，0.6 万亩农田，10 个厂矿企业。

7. 山阳县河堤防

山阳县河为金钱河二级支流，发源于山阳县城东部的鹘岭，在山阳县城汇入马滩河，干流长 34 千米，流域面积 245 平方千米。山阳县河城关镇段防洪工程治理范围为城关镇西河和甘沟段，治理河长 4500 米。共建设堤防 2667 米，其中西河段按 30 年一遇洪水标准设防，堤防等级为 3 级。甘沟段按 20 年一遇洪水标准设防，堤防等级为 4 级。保护沿岸 6 个行政村 1.2 万人、0.6 万亩农田。县河十里铺城关镇段防洪工程治理范围为城关镇三里店庙沟口至权家塬段，治理河长 4000 米，共建堤防 4761 米，按 20 年一遇洪水标准设防，堤防等级为 4 级。保护沿岸 6 个村庄 1.2 万人、0.64 万亩农田。

8. 社川河堤防

社川河为金钱河一级支流，发源于柞水县小岭镇小东沟村，于杏坪镇汇入金钱河，干流长 45 千米，流域面积 432 平方千米。柞水县社川河凤凰镇防洪工程治理河长 4800 米，共建设堤防 3562 米，按 20 年一遇洪水标准设防，堤防等级为 4 级。在设防标准范围内保护沿岸 1.5 万人、1300 亩耕地及学校、企事业单位。社川河蔡玉窑镇、小岭镇段防洪工程治理河长 5000 米。建设堤防 3294 米，按 10 年一遇洪水标准设防，堤防等级为 5 级。保护沿岸 6460 人、1356 亩耕地。

9. 金井河堤防

金井河为金钱河源头，发源于柞水县丰北河镇四方山，于杏坪镇与社川河汇流后称为金钱河，干流长 84 千米，流域面积 837 平方千米。柞水县金井河杏坪镇段防洪工程治理河长 5200 米，建设堤防 3489 米，按 20 年一遇洪水标准设防，堤防等级为 4 级。保护沿岸 5611 人、1773 亩耕地。金井河曹丰段防洪工程治理河长 5600 米，建设堤防 3531 米，曹坪镇段按 20 年一遇洪水标准设防，堤防等级为 4 级。瓦房口段按 10 年一遇洪水标准设防，堤防等级为 5 级。保护沿岸 6075 人、5600 亩耕地。

10. 唐家河堤防

唐家河为金钱河一级支流，干流长 55 千米，流域面积 615 平方千米，流经镇安县大坪镇、米粮镇、山阳杨地镇。镇安县先后建成茅坪镇堤防 2200 米，米粮镇堤防 5600 米，米粮河段河堤 4400 米，岩屋河段河堤 10000 米，大坪河段河堤 9000 米。堤防等级为 4 级，防洪标准为 10 年一遇。

11. 渚河堤防

渚河也称楮河，为汉江支流任河的最大支流，干流总长 125.1 千米，发源于镇巴县平安乡，自北向南流经镇巴县，东西向流经紫阳县，注入任河。紫阳县于 2013 年 6 月动工实施渚河红椿镇、东木乡、燎原乡重点段防洪工程，次年 3 月建成交付运行，涉及紫阳红椿、东木二镇，共计新修堤防 3.1 千米，完成投资 2300 万元。堤防底宽 2.4 ~ 5 米，堤高 3 ~ 7 米，整个建设形式为 M7.5 浆砌石衡重式挡墙和护坡相结合结构，设计防洪标准为 20 年一遇。防护区面积 3.75 公顷，可使沿线 500 余安置点住户，0.3 万人得到有效保障。

三、城市堤防

（一）汉中市区堤防

汉中市区位于汉江北岸高漫滩和一级阶地上，汉江自市区南部穿过，自古多水患，素有“一江秋水半江泪”的民谚。据不完全统计，从西汉至民国时期，发生水灾 154 次（其中特大洪水 3 次），平均每百年 7 次。新中国成立后发生大水 3 次，1981 年 8 月 22 日 8 时，汉江汉中站最大流量达 9520 立方米每秒，损失惨重。

汉中城市堤防建设最早见之于宋代，《宋史 · 杨政传》记载：绍兴十年（1140 年）至二十七年（1157 年）“政守汉中十八年……汉江水决为害，政筑长堤捍之”。《宋史 · 吴挺传》载：“绍熙二年（1191 年），水暴发入城。挺既赈被水者，复增筑长堤，民赖以安。”

新中国成立后，汉中城区规模迅速扩大，防洪工程成为汉江平川段综合治理的主要组成部分。1953 年 1 月，陕西省政府拨款 1.8 亿元修建褒河新街子河堤。1956 年 4—9 月，由陕西省水利局投资 14.3 万元，汉中市组织施工，完成汉江叶家营至桃园子河堤 7.9 千米，堤顶宽为 3 米、内外边坡比为 1 ∶ 2 的护基坝 5 座，可防御 5000 立方米每秒洪水。截至 1963 年，汉中市区基本形成完整的堤防。

1964 年，汉中县人民委员会制定汉江防洪工程总体规划。提出“稳定河槽，塞支强干，调整流势，保滩固堤”，以加固旧堤为主，按 50 年一遇洪水设计，100 年一遇洪水校核等原则，对城市防洪河堤除险加固。1974 年，汉中地区水电局对汉江平川段河道治理进行规划。1980 年，汉中市城建部门投资 79 万元，新建堤防 2.1 千米，城区堤防总长 10 千米。1981 年洪灾后至 1987 年，先后投资 711.2 万元，完成土方 57.8 万立方米，石方 2.57 万立方米，修复和加固堤防 10.2 千米，其中汉江大桥以上 5.2 千米堤防可防御 20 年一遇洪水。

1985年，陕西省水电设计院完成了《陕西省汉中地区汉江平川段河道整治规划》，1988年9月，西安市水利建筑勘测设计院和汉中地区水电勘察设计院完成了《汉中市汉江城市段防洪工程扩大初步设计报告》，汉中市防洪标准按50年一遇洪水设防，其相应流量约为9780立方米每秒。工程主要包括加高培厚堤防3.5千米，浆砌石护坡6.2千米，新建堤防0.5千米，丁坝23座，圆盘坝5座，新砌防浪墙800米。堤顶宽度由3米增至5米，河宽控制在700米左右。1990年7月汉江洪水灾害后，汉中地区连年组织汉中、南郑、城固等县市进行汉江平川段治理会战，1995年已基本完成一期治理工程。

近年来，汉江经过综合整治，截至2023年，汉中城区已形成一条防御100年一遇洪水的防洪体系。汉江北岸堤防线长31.1千米，自孤山汇入口起，至铺镇许寨村止；汉江南岸堤防线长36.28千米，自梁西村起，途经梁山工业园区、圣水工业园区，至青史村止。

（二）安康市区堤防

汉江从安康市区流过，将市区分为江南城区和江北新区两大部分。江南城区又分为老城区（大部分在城墙范围内）和新城区（在老城区南）。老城区西、北、东三面临水，"枕流而城"，屡遭洪水洗劫。自北周迁城至汉江南岸（今东关一带），临江筑城兼有防洪功能，故名"城堤"。宋元以前皆为土城。明洪武四年（1371年）建今老城，"始甃以砖"高1丈7尺。明成化年间（1465—1487年），重修城高增为2丈。明万历十一年（1583年），洪水漫城，翌年建新城。明崇祯年间（1628—1644年）又复修旧城，清顺治四年（1647年）续建，城墙缩小至肖家巷口，城高增至2丈2尺。经康熙三十二年（1693年）和四十五年（1706年）洪水后，州治复迁回新城。清嘉庆二年（1797年）巡抚修北城，恢复老城东段，重建已弃西段，恢复了明代城堤规模，并将东关白龙堤、长春堤和惠壑堤连为一体，称东城。清嘉庆七年（1802年）洪水导致城墙多处毁坏，清嘉庆十三年至十六年（1808—1811年）重修，城高增至2丈6尺。清同治八年至光绪十七年（1869—1891年），又加固修复城堤。

安康市市区北临汉水，东倚黄洋河，城堤是防洪的主要屏障。自北宋熙宁年间（1068—1077年）到清朝晚期的近800年间，先后修起万春堤（西堤）、长春堤（东堤）、白龙堤（东堤北端）、惠壑堤（北堤东段）、北堤（北堤中段）、龙窝堤（北堤西段）、登春堤（改建为今天的金州路）、万柳堤（改建为今天的解放路）、东救生堤、西救生堤等10道防洪堤段，然防洪能力很低。民国时期曾设有城工局负责河堤事宜，但保护维修甚少。抗日战争期间，在城堤遍挖防空洞。解放战争时期，国民党驻军又在城堤挖建掩体工事，使堤身千疮百孔，破烂不堪。

新中国成立后，安康城堤建设进入新的阶段，除对原城堤不断进行整修加固和改造外，还兴建改建了一些关键性的堤防工程。1954年春，由陕南水利队安康水利分队负责设计、监修东关磨盘坝河堤护坡工程。1958年，部分堤段被挖成"平炉"炼钢铁。1960年以来，安康县人民委员会先后对万春堤、西关北堤、龙宫堤、北堤、惠壑堤、长春堤和东、西救生堤进行扩修加固，有计划地拆除了白龙堤、万柳堤、登春堤、西城墙、老西门城墙。1962年改建东磨盘坝为丁坝。1963年对城区汉江南岸用毛石护坡，加固北城堤基与中水箭。至1966年，共加固护岸及新建堤防3.11千米。据不完全统计，累计投资约100万元。

1974 年汉江洪水冲毁东堤 140 多米，汛后至 1978 年，投资 110 余万元，对西堤、北堤、东堤和救生堤、陈公台、朝阳门等处工程进行整修加固。1978 年，陕西省计委批准安康城区防洪规划和设计任务书，计划投资 600 万元，按防御 100 年一遇洪水和抗震烈度 7 级的标准，对城堤工程进行改造。主要项目有：城堤内外浆砌石护面，堤顶增设护栏，在朝阳门、金川门设闸，改造喇叭洞等。至 1983 年 8 月，完成投资 227.23 万元，基本完成西堤加固工程，北堤局部动工。

1983 年 7 月 27—31 日，安康遭受 100 年一遇特大洪水灾害，毁坏城堤 1516 米，决口 508.7 米，堤身塌毁 6053 米，裂缝 302 米。灾后，国家拨专款 1 亿元，由国家计委和财政部分 5 年（1984—1988 年）各拨款 5000 万元，从根本上解决安康城的重建和防洪安全问题。同年 10 月，在国家建设部城市规划局的协助下，由陕西省城乡规划设计院与安康地、县共同制定了安康城市重建规划方案。11 月，陕西省政府批复重建规划的总原则为"合理利用老城，适当发展新城，逐步建设江北新区"。防洪工程总概算投资为 2712 万元。1984 年 9 月，陕西省水电设计院完成安康城区汉江护岸和城堤加固工程初步设计任务，1985 年 1 月动工，于 1987 年 11 月 26 日竣工验收，共完成了以下工程：

1. 城堤工程

东、西、北堤工程由陕西省水电工程局承包，总投资 1986 万元；金川街护岸工程由安康县安乐乡基建队承包，总投资 181.3 万元，1985 年 1 月开工，1987 年 11 月全部竣工验收。新建城堤堤顶高程 256.8 米，加防浪墙高 1 米，堤顶宽 5 ～ 7 米，总长 4244 米，其中西堤长 708.5 米，北堤长 2287 米，东堤长 1248 米。全部城堤由主堤和内外副堤组成梯形断面，堤身内部用砂卵石分层碾压，堤顶为 3 ∶ 7 灰土路面，内外坡用浆砌石护面，内外副堤高程为 251 ～ 252.2 米，顶宽为 6 ～ 10 米，兼作环堤路。与城堤相配套的建筑物有喇叭洞排水涵闸，设在东堤中段，涵洞为直径 3 米的钢筋混凝土管，长 35.5 米，出口高程 243.2 米，设计流量 11.66 立方米每秒，进口装有 3 米 ×3 米平板闸门。西堤金川门、汉江大桥门、北堤水西门、东堤朝阳门 4 处设有穿堤交通闸，兼作防洪闸。其中，汉江大桥门为"人"字形手推双孔 2.8 米 ×10 米的钢闸门，其余 3 处安装有 4.5 米 ×6 米的手推钢闸门。大、小北门及水西门封堵后，在东、西堤与北堤的接头处向北延长 5 米，向东西延长 20 米，构成城垛，垛上建有高 9.4 米的防洪指挥亭，大、小北门堤顶建有钢筋混凝土长廊，可供群众游憩。水西门旧址堤顶建有历史洪水标志塔和城堤管理办公指挥楼。标志塔高 17 米，周饰安康历史、自然条件、汉江水文特征及日月全蚀浮雕和汉江洪水位，正面刻有"83 · 8"洪水后《安康城堤修复记》。

2. 护岸工程

汉江护岸工程全长 3448 米，修复加固总长 3379 米，其中上段金川街护岸长 989 米，北堤护岸长 2390 米。岸顶缘至副堤脚间段，内侧铺有厚 10 厘米、宽 1.5 米的混凝土护面，岸坡中部设 2 米宽戗台，坡脚下设 0.5 米齿墙，墙前铺护 1 米厚干砌石。在陈公台台顶前缘高程 245 米，于 240 米处设宽 2.5 米的戗台，台周坡面以浆砌石护面，坡前设高 3.5 米重齿墙，墙前以块石铅丝笼防护。下游丁坝长 25 米，基底高程 231 米，以浆砌石保护坝顶坡面，外围用双层卵石铅丝笼护脚。

整个城堤工程实际完成投资 2813.1 万元，用工 89.36 万个工日，机械台班 3 万个。开挖土石方 27.96 万立方米，回填土石方 48.83 万立方米，砌石 16.24 万立方米，浇筑混凝土 1.08 万立方米，金属结构制作安装 105 吨，耗用水泥 17063 吨，钢材 435 吨，铅丝 100 吨，木材 1761 立方米。

2013 年修建傅家河建民办事处堤防，位于月河支流傅家河茨沟集镇和建民镇，新修护坡 908.8 米，改建护坡 4574.1 米，堤顶宽 5 ～ 6 米，堤高 10 米，堤顶高程 283.83 米，设计标准为茨沟 20 年一遇，建民段 30 年一遇，防护区面积 60 公顷，保护两个镇办、74 个村民委员会、1.2 万人。

此后，修建汉滨区恒口镇堤防，位于月河干流恒口镇曾家湾大桥至大同镇高楼村，全长 5577 米。堤顶宽 6 ～ 8 米，堤高 10 ～ 12 米，堤顶高程 280.5 米，堤身为无砂生态护坡，设计防洪标准 20 年一遇，防护区面积 153.5 公顷，可保护 7 个行政村，保护人口 8500 人。修建汉滨区恒口镇一期堤防，全长 8453.9 米。堤顶宽 6 ～ 8 米，堤高 10 ～ 12 米，堤顶高程 285.2 米，堤身为无砂生态护坡，设计防洪标准 20 年一遇，防护区面积 15 平方千米，可保护 14 个行政村，91 个村民小组。

2013 年修建双龙镇、晏坝集镇两处堤防工程，双龙镇堤防全长 2808.1 米。堤顶宽 4 米，堤高 5 ～ 7 米，堤顶高程 450.87 米，堤身为 M7.5 浆砌石衡重式挡墙结构，设计防洪标准 20 年一遇；晏坝集镇的左岸、右岸及董家院子河段的上段、下段全长 2808.1 米。平均宽 3 米，堤高 5 ～ 7 米，堤顶高程 420.63 米，堤身为 M7.5 浆砌石衡重式挡墙结构，设计防洪标准 5 年一遇，两处防护区面积 35.27 公顷，4800 人。

2014 年修建汉滨区月河大同镇—五里镇段堤防，全长 4985 米，堤顶宽 6 ～ 8 米，堤高 12 米，堤顶高程 268 米，设计防洪标准 30 年一遇，防护区面积 288.9 公顷，保护人口 0.8 万。同时修建黄洋河张滩镇堤防，全长 2809.34 米，设计防洪标准为 20 年一遇，防护区面积 33.4 公顷，保护人口为 10000 余人。

现今，安康城区的防洪工程中，堤防总长 13854.2 米，其中江北堤防 4148 米，防洪能力为 50 年一遇洪水，西坝堤防 1829.2 米，防洪能力为 30 年一遇，老城区堤防 4244 米，防洪能力为 100 年一遇，东坝堤防 3633 米；护岸全长 12800 米，其中老城堤护岸 2390 米，东坝护岸 4282 米，江北护岸 6128 米。另外，还建有朝阳门、水西门、大桥门、金川门等交通闸、钢制闸门。

（三）宁强县堤防

1953 年，宁强修建城关上关街与西门外河堤 500 米。1954 年，陕西省人民政府水利局拨款 4000 万元，修复宁强县玉带河河堤。1962 年，宁强县在新市区半边街筑堤 400 米。1964 年新建西门至河街段浆砌石堤 700 米。1964 年冬至 1965 年春，又在宁强县城铁索桥与交易市场间修筑河堤 380 米。1984 年至 1988 年，城建局新建和改建城防河堤 1623 米，水电局新建校场坝农防河堤 900 米，确保了县城及城关镇居民、农田的安全。2015 年，宁强县实施了玉带河筒车河段、大林河庙坝镇段防洪工程。2021 年，实施了玉带河综合治理项目，在修建堤防的同时，对河岸生态环境进行了整治。

（四）勉县堤防

勉县城区防洪堤修筑前，每遇洪期，两岸都受到严重威胁。北岸有时危及县城沿江居民住房。南岸虽是芦苇、砂石滩，但洪期水流常漫于夹河子，长600米左右的沿江部分农田常被淹没。1953年4月，陕西省人民政府拨款3亿元，修建勉县汉江城防358米，丁坝3座，长90米。1964年9月3日，勉县城内十字路口水深1米，损失较大。1975年动工修建勉县城区堤防，1977年建成，南、北二堤总长5.2千米，投资484.3万元，投劳力72.78万工日。整治河道后，北岸约2平方千米居民及农田有了安全保障。南岸西起阳安铁路2号桥，东至定军乡金寨村，东西长约2千米，南北宽约470米（计0.94平方千米）之滩地得到利用。

1981年汉江洪水灾害后，南北二堤又不同程度地采用填石保基等加固措施，在部分堤基冲刷险段，由临水坡底向外延伸3米，干砌或浆砌片石0.5 ~ 3米，以护基。南堤由临水坡伸出3米，下2.8米加固的基础上，采用钢轨打下深度在堤基以下4.5米，灌以带芯混凝土预制块。北堤除上述加固措施外，还修复了李大拐沟以东水毁堤段400余米，并在马营以东续建干砌片石堤300余米。1983—1985年，省、地、县给勉县汉江河堤防洪拨款145.98万元（其中县财政拨款97.5万元），共修工程119处，移土98.93万立方米，干砌石23.64万立方米，浆砌石1.3万立方米，加高培厚47千米，砌护坡18千米。在工程治河的同时，结合进行了清除河道障碍物和生物治理，堤段70%以上种上了芦苇，增强了防洪抗洪的能力。

（五）石泉县堤防

石泉县县城位于汉水北岸，西有饶峰、珍珠二河注入汉水，三面临水，洪灾肆虐，筑堤防洪是历代县政府的要事。西魏废帝元钦元年（552年）为御洪，于城周遍植杨柳，谓之“柳城”。从明洪武二年（1369年）筑城堤周长1650米始，至清光绪二十九年（1903年）的535年间，曾9次筑城修堤。所筑城墙河堤皆以石为基，以砖为垣，上设炮台枪眼战壕等工事，以御“匪”防洪，或建楼亭凉阁，雕梁画栋，以供游玩观赏。民国十八年至十九年（1929—1930年），两次补修城墙河堤，皆因经费不足而中止。1954年，石泉县人民政府筹资调工补修河堤，仍难御巨洪。1963年9月涝灾中，西关河堤坍塌60余米，路断房毁，县人民政府筹款2.7万元补修，因回填劣土，次年又坍。20世纪70年代又数次补修。1973年底，石泉水电站建成，大坝以下汉水水位落差增大，冲击力增强。1976年，经国家水利电力部批准，投资264万元，分四段四期新建起西关河堤955米、江南河堤743米、城南河堤516米、东关河堤1161米，1987年全部竣工。新建的汉水两岸河堤总长3375米，皆在旧堤外凿基浇砌，按堤、路、街、景的布局而建，首尾相接，浑然一体。

石泉县城与上游1973年建成的现总装机容量22.5万千瓦的汉江石泉电站仅距800米，与下游2006年建成的装机容量18万千瓦的汉江喜河电站坝址距离约40千米，位于喜河水库尾端，是全国城区与电站坝体距离最近的县城。

1983年7月31日，汉江发生大水，石泉水库下泄20年一遇的洪水时，石泉县城堤防基本经受住了考验。1998年，汉江再次发生洪水，洪峰流量略大于1983年，堤防安然无恙。1983 年汉江特大洪水后，石泉县委、县政府再次对汉江河堤进行修建，累计建成堤防 2632 米，结构为浆砌石重力式挡土墙，底宽 4.5 米，顶宽 0.7 米；其中的 1840 米设防标准为 20 年一遇洪水，792 米设防标准低于 20 年一遇的洪水。

自 1991 年至今，石泉县县城堤防又经历了两次建设：2006 年，随着喜河电站的建设，受水库回水的影响，石泉县城列入喜河电站库区移民安置补偿配套项目，对县城汉江北岸老城区 2305 米堤防按 20 年一遇的设计标准进行了加高培厚。2009 年，根据县城严峻的防洪形势和县城东延西扩拉大城市骨架的需要，石泉县在汉江北岸县城东段延伸段按 20 年一遇的设计标准新建堤防 131 米，工程于 2009 年动工，2010 年完工，累计投资 519.05 万元，其中国家专项资金 100 万元，自筹资金 419.05 万元。

（六）汉阴县堤防

汉阴县于 1994 年修建杨家坝村堤防，其位于汉阴县城关镇杨家坝村，月河左岸，全长 472.5 米，采用仰斜重力式堤型，堤高 5.2 米，设防标准为 30 年一遇。总投资 17.51 万元，其中国家拨款 11.5 万元，地方自筹 6.11 万元，可保护行政、企事业单位 7 个，农田 879 亩，1726 人。同年修建花栗扒堤防，位于汉阴县城关镇花栗扒村，月河左岸，全长 480.4 米。采用仰斜重力式堤型，堤高 5.2 米，设防标准为 10 年一遇，总投资 16.8 万元，其中国家拨款 11.3 万元，地方自筹 5.5 万元，可保护行政企事业单位 17 个，农田 827 亩，人口 1543 人。

2003 年修建双星堤防，其位于汉阴县城关镇双星村月河右岸，全长 1060 米。堤防断面型式为仰斜式，堤高 5.0 ~ 6.5 米，设计防洪标准为 30 年一遇。总投资 110.7 万元。可保护行政企事业单位 35 个，农田 327 亩，人口 2132 人。此后修建中堰堤防，位于汉阴县城关中堰村，月河右岸，全长 651 米，采用仰斜式堤型，堤高 4.5 米，设防标准为 30 年一遇，可保护行政企事业单位 5 个，农田 427 亩，人口 2437 人。

（七）紫阳县堤防

紫阳县原县城址于汉水北，老城已淹没于安康电站水库 330 米水位下，现县城建在 330 米水位以上。1985 年春修筑汉水河堤，总长 1400 余米，宽 10 ~ 12 米，构成一条临江街道，并建有码头。

2013 年，紫阳县实施江南新区防洪工程，该工程是县城防洪工程的重要组成部分，位于汉江右岸高速路引线桥—襄渝铁路桥，按 20 年一遇洪水设防，全长 1931 米。该工程开陕西库区整治之先河，坚持“原坡修整，顺坡防护，改善景观，沟通交通”的原则，通过斜坡式护坡和亲水平台叠加，达到“景美、岸固、行畅、洪通”的目的。

（八）旬阳县堤防

旬阳县老县城位于汉水与旬河交汇处，是旬阳县的经济、文化、政治中心。河街与河床仅距几米，常遭水患，明代以来有记载的达 400 多次。清乾隆三十七年（1772 年）二月，知县卢甲午倡建东关河堤，历时 3 年，耗银 5000 余两，筑堤 165 米。民国二十年（1931 年）后又补修多次，但仍难御洪。20 世纪五六十年代，对老河堤 3 次加固维修。1975 年 3 月，按城建规划，拆除临河房舍，用浆砌石加固堤外护坡，河街街面拓宽到 4 ~ 6 米。1984 年，国家拨专款，全面加固河堤 1.3 千米，并修筑码头、扶梯、防渗及排污设施，街道加宽至 10 ~ 13 米，形成新的防洪工程体系，达到 100 年一遇洪水设防标准。

1992—2001 年，旬阳县修建下菜湾河堤总长 1740 米。2001 年下半年修建祝尔慷大道，将菜湾河堤加高 1.2 米，使堤顶高程达到 231.8 米，设防能力为旬河 30 年一遇。堤防工程总造价 1100 万元，工程可保护片区人口 6000 余人。

2004 年，旬阳县修建康华园堤防工程，堤防全长 809 米，设防能力为旬河 30 年一遇，工程总造价 780 万元。该工程为 4 等小（1）型工程。堤顶高程 231.8 米，堤防采用衡重式挡墙，工程设防能力为旬河 30 年一遇。工程建成后新增城市建设用地 120 亩，保护片区人口 4000 余人，对火车站小区开发建设起到了极大的促进作用。

2007 年，旬阳县在县城以北党家坝片区修建党家坝堤防工程，距离旬河口 4.2 千米。堤防全长 1.3 千米，工程总造价 1062.1 万元，设防能力为汉江 20 年一遇。该工程为 4 等小（1）型工程。堤防采用二级复式断面，下部为浆砌石结构，上部为加筋土结构，墙背采用砂砾石回填，堤顶与公路结合形成小区内滨江大道。工程建成后，新增城市建设用地 152.5 亩，保护小区面积 0.21 平方千米，保护片区人口 1500 余人。

2007 年，旬阳县在鲁家坝片区修建鲁家坝堤防工程，堤防全长 952 米，工程总造价 1123.1 万元。该工程为 4 等小（1）型工程。堤顶高程 234.79 ~ 235.24 米，堤防采用直立加筋土防洪墙结构，墙后采取砂砾石碾压回填，墙趾处开挖区域采用抛石回填护脚防冲。穿堤建筑物 3 座，全部为管涵结构，涵洞总长度 256 米。工程设防能力为汉江 20 年一遇。工程建成后，新增城市建设用地 101.6 亩，保护片区人口 1700 余人。

（九）白河县堤防

白河县县城街道分城里和河街两部分，河街是其主要商埠。河街依汉水南岸沿泰山北麓而建，为汉水航运重要码头，常遭汉水水患。民国及以前防洪工程建设情况无考。1956 年，在拆除河街街道石板、铺筑碎石路面的同时，加固河街堤防。在 1983 年 7 月 31 日汉水洪灾中坍塌多处，防洪能力更差。1984 年始，白河县历时 3 年修起河街临汉水长 1100 米、高 8 米、顶面宽 7 米的防护河堤，兼作沿水公路。1989 年 3 月至 1990 年 4 月又续修起河街防洪堤近千米，兼作河街街道。

1990 年，白河县修建河街堤防，全长 950 米。平均宽 10 米，堤高 8 ~ 11 米，堤顶高程 185 米，堤身为 M7.5 浆砌石衡重式挡墙结构，设计防洪标准不足 5 年一遇。

2012 年 12 月，白河县启动白河县城河街防洪保安工程，同河街“三项工程”同步建设，项目总投资 4.69 亿元，2019 年 1 月全面竣工，新修防洪堤 4.4 千米。防洪大堤建成后，使河街 2 万余居民彻底告别汉江洪水侵扰。

（十）支流县城堤防

1. 宁陕县堤防

宁陕县县城所在地的长安河堤始建于 20 世纪 50 年代，六七十年代局部补修 4 次，1984 年至 1986 年，按城建规划建成长 8 千米的标准化、规范化河堤，成为城区繁华的商贸大街。

1992—1993 年，宁陕县在旬河左岸修建开发小区河堤总长 350 米，按防御 20 年一遇洪水设计，保护人口约 300 人，分别由广货街镇、林业局、水利局、保险公司、石油公司等单位投资建设，估算工程总投资 70 万元。

2003 年，宁陕县在旬河右岸小学、汽车站，江河右岸盐店街等处，新修河堤总长 0.5 千米，按 20 年一遇洪水设防，保护人口 3000 人，工程决算总投资 90 万元。

2003 年宁陕县城遭受“8·29”洪水泥石流灾害，防洪河堤损毁严重。灾后，宁陕县水利局委托陕西水环境工程勘测设计院编制完成《宁陕县城防洪工程初步设计报告》，对宁陕县城防洪工程按 30 年一遇防洪标准进行规划设计，规划新修河堤 12.7 千米，河堤退建 0.47 千米，基础加固 2.33 千米，修建排洪沟 3 处，概算工程总投资 5241.43 万元。

2003 年，宁陕县在金川集镇新修河堤 0.42 千米，工程决算投资 85 万元，河堤按 20 年一遇洪水设防，可保护金川集镇 500 余人安全。

2004 年 4 月，陕西省防总批准实施宁陕县城防洪工程首期应急工程，当年 12 月完成工程建设任务，新修河堤 0.8 千米，加固 2.7 千米，挖成河堤退建 2 处，修建排洪沟 3 条 0.99 千米，决算完成工程投资 657.21 万元。

2002 年 10 月至 2003 年 5 月，宁陕县修建四亩地大桥至镇政府门口段，堤防长度 2192 米，总投资 678 万元，2005 年 7—11 月修建镇政府至佛坪县陈家坝连接线，总投资 90 万元。两次实施合计决算工程总投资 768 万元，修建河堤总长度 2458 米。

2007 年 7 月至 2008 年 5 月，宁陕县在皇冠集镇正光坪两河右岸修建河堤总长 800 米，按 20 年一遇洪水设防，总投资约 800 万元，建设业主为海荣集团，主要保护新区防洪安全，保护人口约 1000 人，保护面积 70 亩。

2008 年 10 月，宁陕县在长安河右岸计划建设朱家嘴工业园河堤，全长 1358.40 米，总投资 571.11 万元。工程实施后保护建设用地 100 余亩，主要用于秦岭旅游产品工业园建设。由于缺少建设资金，仅修建上段 600 米河堤，下段 600 余米尚未建设。

2. *岚皋县堤防*

岚皋县县城位于岚河中游南岸，城区沿河道两岸展布，S207 省道从岚河左岸经过。

清嘉庆十九年（1814 年），岚皋始建城池，于嘉庆二十一年（1816 年）竣工，城垣周长 439.4 丈，高 1.8 丈，顶宽 1 丈，筑水关 4 座，浚水沟 16 条，以御水患。清道光二十一年（1841 年），厅通判富明阿令民在岚河流域的溢河、蔺河、四坪渡口、万家坝等处修筑防洪河堤。民国年间，岚皋县政府与岚河、大道河流域部分受益大户共筑防洪河堤多处，然而工程简陋，难御洪水。

20 世纪 60 年代初，岚皋县政府组织群众投工 70.76 万个。对岚河流域岚皋段、大道河流域各支流全面治理，筑防洪护堤工程 106 处，全长 27.4 千米，保护农田 0.28 万亩、居民 3056 人；治理河道 25 处，保护农田 0.25 万亩、居民 1789 人。1963 年，岚皋县动工修筑萧家坝河堤 0.75 千米，筑丁字坝 4 座。1964 年 3 月续筑丁字坝 2 座，浆砌护岸 71 米，沙堤 313 米，引洪漫地涵洞 1 座，改造河道 2 条，完成浆砌石 1281 立方米，干砌石 1638 立方米，填砂卵石 7481 立方米，采用浆砌片石与竹笼装石结合排水，渡口以下采用丁字坝排流。工程投资5.41万元，投工2.68万个，是年6月20日竣工。保护农田210亩，淤地20亩，保护居民324人。

1994—1995年，岚皋县修建号房湾开发区防洪堤工程（莲花吊桥至三岔路口），位于岚河左岸，河堤总长790米，设计防洪标准为20年一遇，主要建设内容包括堤防基础砂卵石开挖、浆砌石护坡式挡墙、堤身砂卵石回填。工程总投资475万元，保护面积350亩，保护人口8500人。

2001—2002年，岚皋县在岚河左岸修建麻柳坝防洪堤工程（肉联厂至莲花吊桥段），河堤总长550米，设计防洪标准为20年一遇，主要建设内容包括堤防基础砂卵石开挖、浆砌石衡重式挡墙、砂卵石回填，工程总投资385万元，保护面积150亩，保护人口3000余人。

2000年开始修建肖家坝防洪堤工程，当年修建820米，2004年修建410米，2007年修建120米，河堤设计防洪标准为20年一遇，主要建设内容包括堤防基础砂卵石开挖、浆砌石护坡式挡墙、堤身砂卵石回填。工程由政府投资修建，建设总投资为600万元，保护面积250亩，保护人口12000人。

2000—2007年，共修建碗场坝防洪堤工程720米，河堤设计防洪标准为20年一遇，主要建设内容包括堤防基础砂卵石开挖、浆砌石重力式挡墙、堤身砂卵石回填。工程总投资500万元，保护面积120亩，保护人口2500人。

2001—2002年，修建麻柳坝防洪堤工程，河堤总长550米，设计防洪标准为20年一遇，主要建设内容包括堤防基础砂卵石开挖、浆砌石衡重式挡墙、砂卵石回填。

2011年，修建岚河重点段堤防工程，包括黄家河坝、四坪和甘竹坝三个区域，堤防总长3119米，设计防洪标准为20年一遇。工程总投资2461.77万元，保护总面积550亩，保护人口7000余人。

2012年4月，岚皋县完成建设境内岚河重点段防洪工程，新建4级堤防2.84千米，治理后防洪标准达到20年一遇，综合治理河长2.84千米。

2014年11月，完成岚河联坪、六口、黄泥坝段防洪工程，新建4级堤防3.13千米，治理后防洪标准达到20年一遇。

2015年5月，完成岚河孟石岭乡、花里镇段防洪工程，新建4级堤防2.01千米，治理后防洪标准达到20年一遇。同年还建成城关水围城、金淌集镇移民安置点防洪工程，新建4级堤防0.8千米，防洪标准达到20年一遇。

3. 平利县堤防

平利县县城位置较高，水患较少，仅西部受坝河及五峰山山洪威胁。民国及以前，基本无防洪工程。20世纪五六十年代，结合城市建设，对五峰山山洪分流，并规划建设西部坝河两岸防洪河堤。1970年冬组成基建民兵营，历时3年建成浆砌石河堤1610米，其中南岸860米，北岸750米。但设防标准低，防洪能力差。1984年起，逐年组织受益单位加固加高，基本达到30年一遇洪水设防标准。至80年代后期，共修起县城东、南面坝河两岸河堤5段近5000米，各段首尾相接，与西部河堤浑然一体，基本使县城免遭水患。

2005年，平利县在城关镇东关村坝河右岸实施东区堤防工程，上起县城东大桥，下至古仙洞二级电站上游100米处，全长560米。该堤防断面型式为仰斜式，堤高5～6.5米，设计防洪标准为30年一遇，建成于2005年，总投资350万元，可保护行政、企事业单位35个，保护农田800亩，保护人口2300人。

2005年10月，平利县在坝河左、右岸实施城南堤防，全长2006米，该堤防采用重力式堤型，堤高4～5.5米，设计防洪标准为30年一遇。该工程总投资1500万元，主要靠政府开发投资，可保护行政、企事业单位5个，保护城南居民500户1600人。

2007年12月，平利县在城关镇坝河左、右岸修建马龙潭堤防，该堤防采用重力式堤型，堤高4.5～5.5米，设计防洪标准为30年一遇，总投资350万元，投资来源主要依靠政府投资，可保护行政、企事业单位3个，保护农田800亩，保护人口2500人。

2010年12月，平利县在城关镇陈家坝村坝河左岸修建迎宾大道堤防工程，上起西大桥，下至穿洞子全长2600米，工程采用重力式堤型，堤高5.5～6.5米，设防标准为30年一遇，建设工期10个月，总投资2800万元，其中国家投资1800万元，不足部分当地由政府投资，可保护工业园区企事业单位15个，保护农田650亩，保护人口8650人。

4. 镇坪县堤防

镇坪县县城滨临南江河，曾受1896年、1935年、1958年3次大洪灾。防洪工程建设始于清光绪十八年（1892年）修建的御乾州河水的钟宝街河堤。20世纪70年代始筑县城河堤4段近500米。1980年动工建钟宝等3处河堤，总长240米。1982年续修县城河堤381米，1984年又续修46米。3次续修县城河堤耗资26万元，累计长达900米。

2001年11月至2002年5月，镇坪县新修南江河县城职中段浆砌石防洪堤246.7米，设计防洪标准为30年一遇，总投资为259.35万元。建设资金来自中省资金和市县配套资金。其中，中省资金120万元，其余部分市县配套。工程建成后，有效地保护了一所初级中学1500余师生、6个机关事业单位及500余居民生命财产安全。

5. 西乡县堤防

西乡县城临牧马河，常遭洪水侵袭，牧马河洪水经常危及城区安全，清道光十四年（1834年），知县胡廷瑞捐薪募款征工，筑防洪堤于城南，工程质量较高。翌年竣工时于堤西端铸铁牛一座，名为“金牛镇水”，并有警戒水位和危险水位标记作用。为纪念胡知县倡修南河堤工程，群众称此堤为“胡公堤”。清光绪二十九年（1903年），牧马河于牛头山下决口北流，威胁县城，知县阎佐尧倡筑西沙堤，河身复归旧道。至今，西乡县仍在牧马河流域集镇修筑防洪工程，并不断加固。

第二节　中小河流治理

汉江流域中小河流纵横交错，洪水灾害频发，对沿岸人民的生命财产安全造成严重威胁。

汉江流域是南水北调中线工程的重要水源地，承担着向京津冀豫地区供水的重任，其生态环境质量直接关系到南水北调工程的供水安全，加强汉江流域河道治理对于保护生态环境、保障供水安全具有极其重要的意义。汉江水系流域面积 200 ~ 3000 平方千米的中小河流共 82 条，有防洪任务河流 79 条，有防洪任务河长 1745.09 千米。长期以来，部分中小河流缺乏有效的规划和管理，河道淤积严重，行洪能力不足。雨季，洪水常常泛滥成灾，威胁着沿岸人民的生命财产安全；旱季，水资源又难以得到合理利用，影响农业灌溉和人民群众正常生活用水。新中国成立以来，各级党委、政府在兴修水利的同时，对汉江流域江河治理投入了大量人力、物力。2009 年，财政部、水利部利用财政专项资金，在全国范围内开始对洪涝灾害易发、保护区人口密集、保护对象重要的中小河流重点段进行集中治理，从整体上提升流域保障水平。在“预防为主，综合治理”的方针指引下，汉江流域各市（县、区）对汉江、嘉陵江及其主要支流，多次进行综合规划，实施了一系列河道治理工程，特别对汉江主河道两岸堤防，进行多次整治，在河道清淤、堤岸加固、保证防洪安全的前提下，采用生态护坡、种植水生植物等方式，恢复河流生态功能，提高水体自净能力。截至 2022 年底，陕西汉江水系已治理河长约为 882.42 千米，已建成堤防（护岸）约 1126.32 千米，已建水库工程 27 座，水文站共计 23 个。已治理段防洪标准，城区段为 20 ~ 30 年一遇，农防段为 10 ~ 20 年一遇，已治理段均达标，保护耕地 40.71 万亩，其中保护基本农田 12.25 万亩，保护人口 106.58 万人。

一、治理过程

汉江中小河流治理是一个长期的过程，不同地区、不同项目的具体时间进程会有所差异。以下是大致的时间阶段。

（一）早期探索阶段（20 世纪以前）

在古代，人们就已经开始对汉江及其支流进行一些初步的治理尝试，比如简单的河道疏浚、堤岸加固等，但这些治理措施大多是局部的、小规模的，缺乏系统性的规划和科学的方法。这一阶段的治理主要是基于人们对水患的直观认识和应对水患的迫切需求，治理手段相对简单粗糙。

（二）初步规划与治理阶段（20 世纪初至 20 世纪中叶）

随着现代水利科学的发展，对汉江中小河流的治理开始有了一些初步的规划和设计。汉中、安康地方政府和水利部门开始组织对河流的水文情况进行观测和研究，制定了一些简单的治理方案。例如，在一些洪涝灾害频发的地区，开始修建一些简易的堤防和排水设施，以减轻洪涝灾害对周边地区的影响。这一阶段的治理工作虽然有了一定的规划和组织，但由于技术和资金的限制，治理效果仍然有限。

（三）系统治理阶段（20 世纪中叶至 21 世纪初）

新中国成立后，国家对水利建设高度重视，汉江中小河流的治理工作得到了大力推进。政府投入大量的资金和人力，对汉江及其支流进行了系统的治理。这一时期，主要的治理措施包括大规模的河道疏浚、堤防加固、水库建设等。同时，也加强了对中小河流的治理规划，制定了一系列的治理标准和规范，使治理工作更加科学、规范。

（四）综合整治与生态修复阶段（21 世纪初至今）

进入 21 世纪，随着人们对生态环境的重视程度不断提高，汉江中小河流的治理理念也发生了转变，从单纯的防洪、灌溉等功能向综合整治和生态修复方向发展。在治理过程中，更加注重生态环境的保护和修复，采取了生态护坡、湿地建设、水生生物保护等一系列生态治理措施。2009 年，财政部、水利部利用财政专项资金，在全国范围内开始对洪涝灾害易发、保护区人口密集、保护对象重要的中小河流重点段进行集中治理，从整体上提升流域保障水平。汉江流域中小河流治理是陕西省水利规划的重要部分，被纳入《全国中小河流治理和病险水库除险加固、山洪地质灾害防御和综合治理总体规划》，项目涉及汉中、安康等多个市、县的众多乡镇和行政村。具体布局上，针对不同地区的河流特点和防洪需求，制定了相应的治理任务，包括新建、改建和加高培厚堤防等工程措施，及河道清淤、草木种植、水质净化等生态环境保护措施。

中小河流治理工程成效显著：一是防洪能力提升。通过新建和加固堤防、河道清淤等工程措施，有效提高了汉江流域中小河流的防洪标准，减少了洪涝灾害对沿岸居民生命财产的威胁。二是生态环境改善。在治理过程中，注重生态修复，采用生态护坡、护岸等技术，种植水生植物，改善了河流的生态环境，提高了水体自净能力。三是促进了区域经济发展。良好的水利条件为农业灌溉、工业用水提供了保障，同时改善了城乡居民的生活环境，为区域经济社会的可持续发展奠定了基础。

二、典型实例

（一）汉中市南郑区

1. 濂水河治理

濂水河作为南郑区境内流域面积最大的河流，流域面积达 695 平方千米，全长 72.2 千米，有防洪任务的河长 41 千米。濂水河未治理堤防是 20 世纪七八十年代组织群众修建的，堤防断面单薄，坡面杂草丛生，抗冲刷能力差，局部堤岸坍塌，防洪标准低，无防汛抢险通道，对沿岸居民生命和财产安全威胁较大。按照省、市整条河流治理推进工作要求，南郑区水利局将濂水河列入整河推进销号项目中。2019 年至 2023 年，共实施中小河流防洪工程项目 9 个，分别是濂水河大沙河口至京昆高速路桥段、秦家河至京昆高速路桥段、东风段、王庄段、许营段、流珠堰至杨成河口段、两河镇段、濂水镇段和黄官镇段防洪工程，完成项目总投资 2.5 亿元，治理河长 36.4 千米。目前，南郑区已完成境内第一大河流濂水河的防洪体系建设，修建了堤防 42.8 千米，把防御洪水的标准由原来不到 5 年一遇提高到 20 ~ 50 年一遇的标准，保护着沿岸 10 个集镇的 7.8 万人、8.5 万亩农田、2.7 万间房屋的安全。

2. 冷水河治理

2022 年，南郑区利用中央水污染防治专项资金 2217 万元，实施冷水河流域生态综合治理项目，对冷水河入汉江河口上游段 1.5 千米区段采用宾格石笼网、仿生木桩、六角砖等工程措施修复生态面积 49770 平方米，建设污水管网 4771 米、入户支管网 4200 米，有效解决了项目区域沿岸雨污分流问题，改善了水质和流域生态环境。

（二）石泉县

依托汉江综合整治和中小河流治理项目，建成了长安坝及春潮广场段、喜河王家庄、后柳中坝河右岸、县城物流园区防洪工程等，还实施了池河、饶峰河、堰坪河、汶水河、富水河等 5 条中小河流治理工程及饶峰镇胜利村生态护岸、后柳中坝旅游村堤防工程，建成了高标准堤防 26.8 千米、综合治理河道 39.3 千米、景观水库 4 座，大大提升了防洪能力。

（三）留坝县

2009 年开始，实施 4 条河流 8 个中小河流治理项目，共治理河长 25.1 千米，建设堤防长度 14.4 千米，采用“三清一护”工程（清淤、清障、清违和护岸），让河道流态更加自然、通畅，防洪标准不低于 10 年一遇。

（四）安康市月河治理

月河为汉江北岸（左岸）一级支流，发源于安康市汉阴县平梁镇梨树河村，流经安康市汉阴县、汉滨区（含恒口示范区、高新区），在安康汉滨区建民镇红连村汇入汉江，全长 95.2 千米，流域面积 2827 平方千米，河道比降 2.79‰，主要支流有观音河、恒河、傅家河等。

根据统计，月河有防洪任务河长 58.5 千米，主要分布于汉阴县涧池、蒲溪、双乳、汉滨区恒口（恒口示范区）、五里、大同、建民（高新区）等镇段，涉及区域人口 11.15 万、耕地 1.98 万亩（其中基本农田 1.54 万亩）。由于地处秦巴山区，属北亚热带湿润半湿润气候，多年平均降雨量为 1050 毫米，水资源丰富。月河域内各支流河沟经多年冲刷，大多上陡下缓、河槽狭窄。遇到时间集中、地点集中、雨量集中的暴雨时，山涧洪水来势迅猛，而进入其下游及月河后，由于河流变缓、排泄不畅，极易形成强度大、历时短、洪流急的暴雨山洪灾害，直接威胁着沿岸人民群众、厂矿企业和农田的安全。2010 年“7·18”、2021 年 7—9 月连续几次大洪水，最高标准达到 50 年一遇，汉阴县平梁和双乳镇、恒口示范区、汉滨区五里镇、高新区月河任家坝村等 10 万余人、5 万亩耕地不同程度受灾，损失达 3 亿余元。历年不同程度的洪水，严重影响了月河流域人与自然安全和谐相处的进程，严重影响了月河流域高质量发展目标的实现，严重影响了安康市西北生态经济强市近期理想的达成，必须进行强有力的河流治理工作，确保安全基础。

自 2009 年国家实施中小河流治理项目以来，安康市编制了《月河综合治理规划》，加力开展了全面治理。10 余年来，经安康市的积极争取，陕西省水利厅的大力支持，实施干流项目 11 个，初设批复综合治理河长 49.83 千米，初设批复工程投资 26253.08 万元，截至 2022 年底，实际到位投资 24418.95 万元（其中中央财政投资 20944.17 万元，省级财政投资 3162.49 万元，地县财政 453.79 万元），实际综合治理河长 24.54 千米（其中汉阴 8.0 千米，汉滨区 8.25 千米，恒口示范区 7.89 千米），新建堤防 40.64 千米（其中左岸堤防长度为 25.00 千米，右岸堤防长度为 13.36 千米），清淤疏浚长度 8 千米，清淤量 23.4 万立方米，已建堤防工程区，防洪标准达到 20 年一遇，堤防达标率 68.5%。

项目建设中，安康市严格要求落实相关法律法规、标准规范：一是细化领导班子责任，加强项目管理，做好压力传导，有效督促指导县（市、区）加强中小河流治理项目管理，确保项目整体推进；二是加强水利工程责任单位和项目法人责任落实，确保一个项目一套管理班子，强化规范、标准执行、要素保障，确保工程进度；三是做好水利工程质量日常监督，以监督为依托，开展相关活动，确保工程质量安全；四是强化督导、通报、约谈等活动，开展建设质量考核、专项监督检查和项目稽查等工作，推进投资进度执行。

通过一系列工程的建设，工程质量标准普遍提高，各防护区防洪标准由无防护及少量10年以下一遇标准普遍提高到10～20年一遇标准；保护重点城镇、社区（安置点）、自然村落等重点地段效果明显，所在防护区人口、土地均得到安全保护；河道疏浚、环境美化、水环境文化氛围提升成果显著，取得了重大社会效益、经济效益和生态效益。

（五）汉阴县

投资7亿元实施了包括汉江综合治理、中小河流治理、小流域综合治理等项目，全面治理县域内主要江河、沟道、病险水库，形成了汉江、月河流域美丽水域岸线。

（六）白河县

从20世纪90年代开始，逐步对白石河、红石河、厚子河、冷水河和麻虎沟等重点流域及其支流进行治理。利用中小河流治理项目，总投资1690万元，建成城关白石河第一座中小河流防洪工程，工程长度1253米，防洪标准为20年一遇，有效保障了沿岸150户5100多居民群众及数十亩耕地。截至2015年，白河县先后建成茅坪镇、宋家镇、仓上镇、双丰镇等2个中小河流防洪工程项目12个保护区。仅2014年至2015年就累计投资1亿元，建设总长度8000米，可防洪人口4.5万人，保护耕地266.67公顷。从1990年到2020年的30年间，县境内镇政府所在地均建设起了较为完善的防洪工程，有效保护了所在机关、居民的生命财产安全。

（七）太白县

太白县实施2022年中小河流治理项目，总投资1618.37万元，治理河段总长度1.1千米，设置穿堤涵管1处，上、下河踏步2处；新建固床潜坝3座，排洪渠1处。该工程有效改善了石沟河河道泄洪能力，保障了沿线群众汛期生命财产安全，同时改善了当地河湖生态环境。2018年至2022年，太白县共实施中小河流治理5处，累计投资5359.3万元，综合治理河长13千米，完成新建堤防长12.15千米。

2022年3月，太白县向水利部备案的陕西省2023—2025年拟实施中小河流治理项目中，太白县石头河有4个项目，分别是太白县石头河桃川镇防洪工程（路平沟至后河段）、太白县石头河鹦鸽镇防洪工程（寺院至三岔河段）、太白县石头河沙沟峡段河道治理工程、太白县石头河鹦鸽镇防洪工程（六家村段），预算投资1.05亿元，综合治理河长14.98千米。这些项目将有效提升太白县石头河重点段的防洪抗灾能力。

此外，太白县还积极推进其他河流的治理工作，如牛家沟河的综合治理工程也在进行中。这些中小河流治理项目对于提高太白县的防洪能力、改善水生态环境、保障人民群众生命财产安全具有重要意义。

第三节 山洪灾害防治

山洪灾害是陕西自然灾害之一，且往往会造成人员的群体性伤亡。山洪灾害防治是防洪救灾的重要任务。汉江谷地贯穿于秦岭、大巴山之间，该区降雨量大，山势陡峻，是陕西省山洪灾害及泥石流的主要发育区和重发区，具有分布广泛、发生频繁、季节性强、易于突发、难以预测、成灾很快、危害极大的特点。

一、治理过程

汉江流域山洪灾害治理大致经历了以下几个阶段。

（一）早期摸索阶段（20 世纪以前）

在古代，人们对汉江流域山洪灾害的认识较为有限，主要凭借经验进行一些简单的防范，比如选择地势较高的地方居住、避开容易被洪水侵袭的区域等。但由于缺乏科学的理论和技术支持，治理效果并不显著。一些地方会自发地组织修建简易的堤岸、水坝等工程，试图抵御山洪的冲击，但这些工程规模小、标准低，难以应对较大规模的山洪灾害。

（二）初步规划与治理阶段（20 世纪初至 20 世纪中叶）

随着现代水利科学的初步发展，开始对汉江流域的水文情况进行系统的观测和研究，为山洪灾害治理提供了一定的数据基础。政府和相关部门也逐渐意识到山洪灾害治理的重要性，开始制定一些简单的规划和治理方案。

这一时期，陆续开展了一些小规模的河道整治、堤防加固等工程，比如在一些山洪频发的小流域，修建了一些简易的石砌堤岸，以减少山洪对周边农田和村庄的破坏。

（三）系统治理阶段（20 世纪中叶至 21 世纪初）

新中国成立后，国家对水利建设高度重视，汉江流域的山洪灾害治理工作得到了大力推进。政府投入大量的资金和人力，开展了大规模的水利工程建设，包括水库、大坝、堤防等。例如，修建了一些具有防洪、灌溉等综合功能的水库，如安康的瀛湖水库等，这些水库在调节河流水量、减轻山洪灾害方面发挥了重要作用。同时，对汉江及其支流的河道进行了系统的疏浚和整治，提高了河道的行洪能力。

这一阶段还加强了对山洪灾害的监测和预警工作，建立了一些简单的水文监测站点，能够及时掌握河流水位、降雨量等信息，为山洪灾害的预警和防范提供了一定的支持。

（四）综合整治与生态修复阶段（21 世纪初至今）

进入 21 世纪，随着人们对生态环境的重视程度不断提高，汉江流域山洪灾害治理理念也发生了转变，从单纯的工程治理向综合整治和生态修复方向发展。在治理过程中，更加注重生态环境的保护和修复，采取了生态护坡、湿地建设、植树造林等一系列生态治理措施，以增强流域的生态功能，减少山洪灾害的发生。同时，加强了山洪灾害预警系统的建设，利用现代信息技术，建立了更加完善的监测、预警和信息发布平台，能够及时、准确地向公众发布山洪灾害预警信息，提高了群众的防灾意识和自救能力。并且，进一步完善了山洪灾害应急预案，加强了应急演练和救援队伍建设，提高了应对山洪灾害的应急处置能力。

2010年11月，水利部、财政部、国土资源部和中国气象局全面启动了全国山洪灾害防治县级非工程措施项目建设工作。陕西省水利厅组织编制了《陕西省山洪灾害防治县级非工程措施建设2010年、2011年、2012年度实施方案》，根据方案安排，2011—2012年，汉江流域相关市、县实施了山洪灾害防治县级非工程措施建设。2013年，陕西省水利厅又编制了《陕西省山洪灾害防治项目实施方案（2013—2015年）》，根据方案安排，2013—2015年，流域各市（县）按照中央和省委、省政府安排，开展山洪灾害调查评价，全面准确地查清山洪灾害区域分布与区域人口分布情况，掌握山洪灾害防治区内的水文气象、地形地貌、社会经济、历史山洪灾害类型、涉水工程、山洪沟基本情况以及山洪灾害防治等基础信息，建立了山洪灾害调查成果数据库，分析了小流域暴雨洪水特征，提供了山洪灾害重点防治内沿河村落、集镇、城镇等防灾对象的现状防洪能力、危险区等级划分、预警指标等成果，为山洪灾害预警、预案编制、人员转移、临时安置、防灾意识普及、群测群防等工作进一步提供了科学、全面、详细的信息支撑。

经过2011—2015年项目实施，汉中市明确山洪灾害防治区面积2.5余万平方千米，涵盖170个镇办、1394个行政村、3109个自然村、164.9万人。实施山洪沟治理9条，其中南郑1条、西乡1条、宁强2条、略阳1条、镇巴2条和佛坪2条。建成108处CDMA自动雨量站、27处卫星自动雨量站、88处CDMA自动雨量水位站、11处卫星自动雨量水位站、2840处简易报警雨量站、31处视频监控站、869处简易水位站。与水文、气象部门建设的自动雨量站相互补充，实现了所有乡镇、重点防御地点基本覆盖，自动站点覆盖率达到75%，有效解决了掌握雨水情信息的问题。在11县（区）防汛办建设短信发布平台，乡镇、行政村建设1300处GSM预警广播，受威胁的自然村配备大量手摇报警器、手持扩音器、铜锣、口哨等传统报警器材，采用现代手段和传统方法相结合，对受山洪灾害威胁的镇、村发布传送预警信息，解决预警信息“最后一公里”的问题，确保预警信息及时快速发布传送到基层。通过建设完善县级山洪灾害监测预警平台，实现雨水情信息实时入库、自动分析、动态监测、在线查询、在线监视、在线预警发布。开发小流域洪水预警、短时临近天气预报等系统软件，预测预警雨水情发展趋势。

安康市明确山洪灾害防治区面积1.27万平方千米，占国土总面积的54%，受威胁人口215.75万人，占总人口的72%。积极争取中省投资1.92亿元，完成安康中心城区陈家沟、岚皋堰溪沟、平利北河等重点山洪沟治理工程；完成了10县（区）山洪灾害防治区范围对象、基础数据、危险区划、预警指标的调查评价和分析计算；基本建成覆盖全市的265个雨、水情自动监测站及39个视频监控站数据实时采集传输和资源整合共享系统；实现了中省市县镇五级计算机网络和视频会议互联互通，市、县两级防汛预警中心、监控中心、指挥中心“三个中心”初步建成；在受山洪灾害威胁的镇村合理布设简易雨量站9522个、简易水位站1886个、无线预警广播4018套，并配发手摇报警器、手持扩音器、铜锣、口哨、应急照明手电筒等简易预警设施，落实基层防汛预警信息员5760名，使2222个行政村 121.1 万人受益。全面建成监测、预警、指挥、群测群防和应急保障五大体系，初步形成了“覆盖流域、视频到镇、监测到村、音频到院、预警到户、群测群防、迅速避险”的山洪灾害防御格局，实现山洪灾害防御从被动到主动、从专业部门到全社会参与的转变。

2021—2024 年，陕西省水利厅下达汉江流域汉中、安康两市 9 县（区）中央水利发展资金共 1700 万元，用于南郑区、紫阳县、白河县 3 条重点山洪沟治理工程。其中：2021 年下达汉江流域紫阳县、白河县中央水利发展资金共 1000 万元用于 2 条重点山洪沟治理工程；2023 年下达汉江流域南郑区中央水利发展资金共 700 万元用于 1 条重点山洪沟治理工程。2023 年，还通过积极对接水利部、省发展和改革委员会，落实国债资金共 8368 万元用于南郑区、西乡县、紫阳县、旬阳市、白河县共 10 条重点山洪沟治理工程。

同时，下达汉江流域汉中、安康两市 9 县（区）中央水利发展资金共 1347 万元，其中 2021 年下达 210 万元，2022 年下达 219 万元，2023 年下达 347 万元，2024 年下达 571 万元，主要用于县（区）内的自动监测系统运行维护、监测预警平台运行维护、预警设施设备维护和保障水旱灾害防御视频监控系统重点点位视频监控信号省、市、县三级贯通以及县（区）群测群防“十个一”标准化建设，动态更新山洪灾害危险区清单，修订防御预案，开展宣传、培训、演练等；根据实战需要，安排补充入户简易雨量报警站、小型物联网水位监测报警站、无线预警广播、铜锣、手摇报警器等末端预警设施设备等。

山洪灾害防治项目建设，让汉江流域防汛信息化水平全面提高，监测预警、指挥决策更加精准，发挥出显著的防洪减灾效益。2017 年，白河县境内突降暴雨，导致冷水河流域暴发山洪，部分村镇房屋倒塌，21588 人受灾，道路、河堤、饮水、桥梁、电力、通信等基础设施严重受损，农作物受灾面积 1815 公顷，直接经济损失达 5662 万元。由于预警及时，紧急组织 2506 名群众转移避险，洪灾虽然造成严重经济损失，但无一人伤亡。

二、典型实例

（一）城固县

城固县山溪河流众多，山高坡陡，土体松散，保水固土能力弱，加之降雨集中，因此发生山洪灾害较为频繁。新中国成立以来，累计发生山洪灾害 134 次，造成经济损失 3.7 亿元。城固县属山洪灾害易发多发区，主要集中在文川河、汉江、湑水河、大沙河等流域。历史上先后发生了 1976 年、1981 年、1988 年、1990 年、1998 年、2019 年 6 次特大暴雨山洪灾害，造成了较为严重的生命财产损失。

2012—2018 年，城固县先后实施了第一批、第二批山洪灾害防治非工程措施项目，累计投入中央和地方资金 1445.19 万元。建设县级山洪灾害预警平台，以及简易报警雨量站 200 处、简易报警水位站 60 处、自动雨量站 15 处、自动雨量水位站 11 处、视频站 4 处、无线预警广播 196 套。群测群防体系建设。完善县级预案 1 个、镇（办）预案 11 个、村级预案 37 个。采购配发手摇报警器、手持扩音器、铜锣、口哨、应急照明等物资。

2015 年 7 月，城固县编制完成《城固县山洪灾害调查工作报告》，印发《城固县山洪灾害防御预案》，明确城固县山洪灾害危险区涉及小河、双溪、原公、桔园、老庄、上元观、董家营、三合、五堵、天明、二里等 11 个镇 37 个村 1381 户 5276 人；防治区涉及小河、双溪、原公、桔园、老庄、上元观、董家营、三合、五堵、天明、二里等 11 个镇 99 个村 29691 户 97791 人。

2020—2023 年，城固县累计发布山洪灾害防御预警信息 47 期、重要水情信息 35 期，发送预警短信 2.4 万余条，先后 30 余次提请县防汛抗旱指挥部转移山洪灾害受威胁群众。

（二）佛坪县

佛坪县地处秦岭山脉中段南坡山峦腹地，秦岭山脉主脊横亘县境北部，椒溪河由北向南流淌，过境县城主城区，把县城一分为二，河道东西两岸沟壑纵横，分布大小山沟 10 余条。佛坪县属亚热带温润季风气候，年平均气温 11.6 摄氏度，年平均降水量 938 毫米。特殊的气候条件和地理条件，造成该县境域夏季暴雨集中、山洪多发，季节性强，频率高。

佛坪县利用山洪灾害防治非工程措施项目，2012 年建成县级山洪灾害监测预警平台。2015 年建成县镇两级防汛视频会商系统，完善 6 镇 1 办群测群防体系，建成自动监测站 23 处（雨量站 10 处、水位站 13 处）、河道水位视频监控站 12 处、防汛预警广播 142 台、简易水位报警站 83 处，形成了“视频到镇、音频到村、预警到户、责任到人 ”的山洪灾害防御体系。

2023 年 10 月，按照陕西省水利厅《陕西省 2023 年度小流域山洪灾害“四预”能力建设实施方案》要求，新增自动雨量水位站 22 处，小型物联网水位站 23 处。补充建设自动雨水情监测站点补充建设 22 处、北斗三号卫星通信信道建设 20 处、北斗卫星短报文手持终端 27 套、预警广播发射机 27 套、无线手持接收终端机 150 套、入户简易雨量站 30 处、入户报警器 60 套、简易水位站 23 处、室外报警器 23 处、室内报警器 44 处。在大河坝镇水田坪布设高分辨率 X 波段测雨雷达 1 部，有效提升了全县水旱灾害能力。

佛坪县利用山洪灾害防治山洪沟治理项目，建立县域支流河道上下游联防机制，对全县 10 条主要河道河沟建设监测点，及时有效传递山洪泥石流信息；增添 7 套河道监测预警设备，对河道水情进行实时监控；对县城周边 4 条主要山洪沟进行工程治理，对县域 10 条主要河道河沟进行清淤疏浚，保障河道、山洪沟行洪畅通；对全县堤防、护岸、排洪渠、水库等水利设施进行检查、修复、巩固，保障其基础设施发挥应有效益；对全县 9 处山洪沟进行了治理。落实山洪灾害危险区 153 户 302 人的责任包抓，明确了防抢撤措施。

落实了河道、堤防、水库、水电站、水塘、山洪灾害防御体系“三个责任人”252 名，组建了水旱灾害防御专家库，县镇村水旱灾害应急抢险队伍 52 支。

（三）白河县

白河县地势南高北低，山脉峻岭与沟壑相间，山区和河谷切割较深，地形复杂。受特殊地理环境、气候特征和人类活动影响，县境内曾多次发生暴雨洪水引起的山洪灾害，直接影响人民群众生命财产安全。

2012 年 1 月，白河县启动山洪灾害防治非工程措施建设，总预算投资 674 万元，当年建成雨水情监测系统（自动雨量站 7 处、简易雨量站 200 处、自动水位站 7 处、简易水位站 74 处）、县级预警系统（完成硬件和软件及会商室建设三部分）、镇村预警系统（主要包括计算机 12 台、传真机 12 台、无线广播 148 处、手摇报警器 305 个、铜锣 305 个、口哨 1226 个、手持扩音器和应急照明灯各 305 个等预警设备；视频监测站 2 处，报警器 4 处，卫星电话 8 部，对讲机 17 部）、群防群测体系（制作制度牌 550 块、宣传栏 136 个、撤离明白卡牌 200 个，发放宣传手册 9800 份、宣传挂图 9800 张、撤离明白卡册 28000 本，宣传标语 550 条，举行宣传培训 15 场次，编制县、镇、村三级山洪灾害防御预案 137 本）。至此，白河县山洪灾害防治非工程措施建设体系建设基本建成。截至 2020 年，全县防汛信息化建设非工程措施项目中央累计投资 1169.4 万元，地方投资 354 万元，信息化建设覆盖全县 11 个镇 122 个行政村（社区）。

第四节　病险水库治理

水库是农业灌溉、生活供水与水能开发利用的基本依托，也是洪水调蓄削峰的重大举措，水库安全事关人民群众生命财产安全。汉江流域水库建设开创全省先河，南郑县 1953 年修建的白兔岭水库是陕西省第一座水库，此后掀起水库建设高潮。1994 年至 1995 年，连续两年的罕见干旱灾害引起全省震惊。1996 年，陕西省委、省政府提出，必须把大搞水利建设作为长期的战略任务，下决心在水利办成几件大事，特别要加强水源工程和重点防洪工程建设，以缓解缺水危机和保障防洪安全。在此后的 20 年间，汉江流域又新建了一批水库，截至 2020 年，累计建成水库 1050 座。水库的建成应用，提高了水资源开发利用水平，促进了灌溉事业和水产养殖，增强了江河洪水的调蓄与削峰能力，但由于大多修建于 20 世纪 50 年代初至 70 年代末，受当时资金、技术等因素制约，属于“三边”工程，部分水库建起后就带病运行，加上年久失修，安全隐患多，不能正常发挥效益，又成为防洪保安的重大隐患，虽然在运行过程中，针对部分水库存在问题进行过小的修复治理，但没有进行过比较全面的系统的修复维护。为此，从 1996 年开始，汉江流域各市县水利部门按照陕西省水利厅部署，对所有水库进行普查与安全鉴定，准确评估水库的病险情况，通过专业的检测和分析，确定病险水库存在的安全隐患和严重程度。从 2000 年开始，在陕西省水利厅的指导下，汉江流域各市、县开展了坚持不懈的病险水库除险加固，取得明显成效，水库安全状况不断改善，逐步恢复了水库原有的灌溉和供水等效益。

一、治理过程

陕西汉江流域病险水库治理主要经历了以下几个阶段。

（一）早期重视阶段（20 世纪 50—70 年代）

这一时期是陕西汉江流域水库建设的一个高峰期，修建了不少水库以满足灌溉、发电、供水等需求。但由于当时技术、资金等条件有限，部分水库在建设过程中存在一些质量隐患。相关部门已经开始关注到一些水库出现的问题，但受限于当时的技术和经济条件，治理工作进展较为缓慢，主要进行一些简单的维护和修补。

（二）初步治理阶段（20世纪80年代至2000年左右）

随着时间推移，水库的病险问题逐渐凸显，对周边地区的安全和经济发展构成威胁，政府开始加大对病险水库治理的投入。例如对一些渗漏、裂缝等问题进行了初步的处理，部分水库的安全状况得到了一定改善。1998年“三江大水”后，中央加大了对防洪工程的建设投资力度，陕西省水利厅迅速完成了《全国病险水库除险加固专项规划——陕西部分》规划，汉江流域石门水库、观音河水库列入这次规划。这一时期开始对病险水库进行系统的排查和评估，为后续的大规模治理奠定了基础。

（三）全面治理阶段（2000—2010年）

2000年，陕西省政府决定全面启动病险水库治理工作，同年8月，陕西省人民政府以陕政发〔2000〕36号文下发了《关于加快病险水库治理及水库排沙减淤工作的通知》，要求在“十五”期间全面完成病险水库治理任务，并建立了省级病险水库治理专项基金，主要用于病险水库治理及县管病险水库治理补助。汉江流域各市县积极编制规划，争取资金，迅速启动病险水库治理工作。

2000—2010年，汉中市通过积极争取项目支持、加大资金投入、加强监督管理等措施，不断加强病险水库除险加固工程建设，提升水库的安全性和运行效率，完成石门、红寺坝、南沙河、沙河、千山、段家沟、龙王滩、红花寺、狮子沟、堰沟河、八里桥、两河口、大井沟、麻底沟、梁河、莲花、雷草沟二库、莲花石、许家岭、钟宝寨、凤家沟、邢家坝、东风、赤南等25座大中型及小型病险水库除险加固工程，完成投资2.52亿元，落实资金2.5551亿元。其中，国家资金1.87亿元，省补资金4995万元，市、县配套资金1856万元。25座水库除险加固后，可解决水库病险安全隐患，保障水库下游地区重要工矿企业、基础设施及人民生命财产安全。可保护80.31万人、耕地3.78万公顷的安全，恢复和新增防洪库容4500万立方米，新增防洪效益9.94亿元，恢复和新增兴利库容5200万立方米，恢复新增灌溉面积1.84万公顷，新增灌溉效益1.75亿元。

2000年，安康市防汛办组织有关技术人员编制完成了《安康市病险水库治理规划》，市、县（区）政府和水行政主管部门把病险水库工程治理列入重要议事日程，设立机构，工程款单列账户，分期分批开展除险加固工程建设。2000年至2012年，安康市相继对汉阴县观音河水库、茨沟水库，汉滨区白鱼河水库、许家河水库、安子沟水库、手掌河水库，石泉县西沙河水库和旬阳县平定河水库、西沟河水库等9座重点病险水库开展了除险加固工作，总投资5515.63万元，其中中央投资4544万元，省级配套940万元，自筹161.63万元。至2012年底，工程全部竣工，保护人口2.6万人，恢复和新增灌溉面积5.78万亩，恢复和新增灌溉效益370万元，供水人口4.43万人，养殖效益23万元。

同时，2008年“5·12”地震，形成了诸多震损水库，汉江流域进行了震损水库除险加固。汉中市92座水库出现不同程度的受损，其中大型水库1座、中型1座、小（1）型22座、小（2）型68座；按险情类别分，被确定为高危险情水库16座，次高危55座，一般险情21座。92座受损水库总库容2.36亿立方米，水库震损直接影响62万人、3.67万公顷耕地的防洪安全，并威胁阳安铁路及西汉高速公路、108国道、316国道的安全通行。地震灾情发生后，汉中市编制《汶川“5·12”地震汉中水库设施灾后重建规划》，概算总投资2.04亿元。按照轻重缓急，于2008年底全面完成79座震损水库应急修复，完成投资1044万元。2010年底，完成45座震损水库除险加固工程，完成投资5700多万元，落实资金5732万元。

2008年，陕西省发展和改革委员会下达省预算内基建投资，其中安康市获得100万元专项资金用于震损水库设施应急除险加固，该资金从陕发改投资〔2008〕526号文“民生工程和国债配套”中列支。该年，安康市抢抓机遇，先后完成了汉阴县观音河水库、汉滨区白鱼河水库的除险加固；平利县磨石沟、汉阴县安良等水库的抢险应急工程以及汉滨区铺沟、安子沟等6座震损水库的应急处理工程，使部分水库的病险问题得到了彻底根治或初步缓解。

在这一阶段，大量的病险水库得到了除险加固，包括大坝的加固、溢洪道的改造、放水设施的修复等，水库的防洪能力和兴利功能得到了显著提升。

（四）深化治理与提升阶段（2010年左右至今）

随着技术的不断进步和对水库安全要求的不断提高，病险水库治理工作更加注重科学性和系统性。除对水库的硬件设施进行改造升级外，还加强了对水库的安全监测、管理和维护。

汉中市2016年完成小型水库除险加固22座。2021年，陕西省水利厅下达汉中市22座小型水库除险加固工程建设任务，其中防汛抗旱提升工程12座，规划外项目10座。洋县共有水库85座，病险水库较多。在“十二五”和“十三五”期间已完成除险加固60余座。2022年，洋县20座病险水库全面开工建设，部分主体工程已完成，为农田灌溉及抗旱应急调水提供了保障。汉台区实施了凤家沟、赵寨、肋巴沟等3座病险水库除险加固工程，同时生态治理塘堰30座，有效解决了北部浅山丘陵地区季节性缺水的问题。

安康市2013年开始对全市小（2）型病险水库实施除险加固，使水库病险问题得到了有效治理，水库的安全运行和管理条件获得了极大改善，逐步恢复了水库原有的灌溉和供水等效益。汉滨区于2012年成立汉滨区病险水库除险加固工程建设管理处，专项负责病险水库除险加固工程建设。至2020年底，陆续完成42座（其中汉滨区21座，高新区、恒口示范区21座）小型病险水库的除险加固工作任务，全部通过验收，工程质量均达到了合格等次。工程设计批复核定总投资9954.65万元，在实施过程中通过优化设计、控制成本，实际完成总投资8348.77万元。

小型水库除险加固实施后，彻底解决了各水库的病患问题，保证了大坝自身安全，提高了水库的防洪能力，消除了因水库失事对下游村镇人民群众的生命及财产安全带来的威胁，可确保9000余亩农田的灌溉，增加产值600余万元以上，同时为村镇供水提供了重要水源。此外，水库的涵养蓄水功能得到了最大程度的发挥，给库区周围的小流域环境带来了积极良好的生态效应，为建设美丽汉滨，打造生态乡村作出了重要贡献。

二、典型实例

（一）汉中市红寺坝水库

红寺坝水库位于汉中市南郑区红庙镇境内的濂水河上。1959年冬由汉中市人民委员会组织修建，1960 年 5 月完成全部枢纽和总干渠工程，是一座具有灌溉、发电、养殖、防洪等多重功能的中型水库，设计总库容 3381 万立方米，调洪库容 1091 万立方米，兴利库容 2065 万立方米。水库建成投入运行后，由于河道自然来沙和道路建设等因素，水库泥沙淤积严重，平均年泥沙淤积量约 24 万吨，淤积量高达 1000 多万立方米，占总库容的 40%，淤积深度达 10 ~ 15 米。为此，多次进行加固、配套和改善提高。

1961 年，对红寺坝水库主坝右侧山坡作灌浆、砌石防渗处理。1970 年，在溢洪道宽顶堰安装 15 扇高 2 米的立柱旋转搭叠式活动闸门，使有效库容增加到 2180 万立方米。1973 年，进行主坝帷幕灌浆，使右坝肩渗漏基本得到控制。1976 年，把原斜拉式闸门启闭困难的放水洞作为备用，另新建了放水塔、洞。1980—1981 年，按可能最大暴雨洪水复核的 3100 立方米每秒入库水量和溢洪道下泄 1800 立方米每秒的水量，对枢纽工程进行了全面加固。工程完工后，水库的安全性能得到极大提升，防洪能力增强，有效保障了下游地区人民群众的生命财产安全，为农业灌溉和群众生活用水提供了更稳定的保障。

（二）洋县傥河水库

傥河水库位于汉江一级支流傥水河上，属河谷型水库。坝址位于洋县洋州镇周家坎村，距洋县 7 千米。坝址以上流域面积 237 平方千米，河长 47.8 千米。傥河水库原设计库容 4190 万立方米，是一座以农田灌溉为主，兼顾发电、防洪、水产养殖、旅游等综合利用的中型水库。

傥河水库经过多年运行，出现了诸如坝体渗漏、坝坡稳定性不足、放水设施老化损坏等一系列问题。这些问题严重影响了水库的防洪、灌溉、供水等综合效益的发挥，并且对下游地区人民群众生命财产安全构成了潜在威胁。2008 年 11 月，洋县完成傥河水库除险加固初步设计，2009 年 10 月 10 日开工实施傥河水库除险加固工程，主要建设内容包括正常溢洪道加固改造、封堵非常溢洪道、新建溢洪道交通桥 1 座、大坝右岸滑坡处理、上坝防汛道路改造、管理房及设施改造等。2011 年 4 月 9 日完工。施工过程中，在坝体防渗处理方面，采用了复合土工膜垂直防渗技术。通过在坝体迎水面铺设复合土工膜，有效阻止了库水的渗漏。在施工过程中，严格控制土工膜的拼接质量，确保其连续性和密封性。例如，采用热焊接的方式进行拼接，并对焊接部位进行了严格的检测，保证焊缝的强度和密封性符合设计要求。在坝坡加固方面，对上下游坝坡进行了削坡处理，重新铺设了护坡材料。上游坝坡采用了混凝土预制块护坡，预制块之间采用水泥砂浆勾缝，增强了坝坡的抗冲刷能力。下游坝坡则种植了草皮，起到了水土保持的作用。在铺设护坡材料前，对坝坡进行了平整和夯实处理，确保护坡基础的稳定性。在放水洞修复与加固方面，针对原放水洞存在的裂缝和渗漏问题，进行了内衬钢管的处理。钢管与原洞壁之间采用灌浆填充，提高了放水洞的结构强度和密封性。同时，对放水洞的闸门和启闭设备进行了更新换代，采用了先进的液压启闭系统，提高了闸门的操作精度和可靠性。在溢洪道改造方面，针对溢洪道过流能力不足问题，进行了拓宽和加深处理。在溢洪道的底部和两侧采用了混凝土衬砌，增强了溢洪道的抗冲刷能力。同时，对溢洪道的消能设施进行了优化设计，采用了挑流消能的方式，减少了水流对下游河道的冲刷。在监测系统建设方面，建立了一套完善的大坝安全监测系统，包括坝体变形监测、渗流监测、水位监测等。在坝体内部和表面安装了各种传感器，如位移传感器、渗压计、水位计等，实时采集大坝运行数据。通过数据传输系统将监测数据传输到监控中心，监控人员可以及时掌握大坝的运行状态。例如，当坝体位移超过预警值时，监测系统会自动发出警报，提醒相关人员采取措施。

经过除险加固后，傥河水库的防洪标准得到了显著提高。在遭遇洪水时，水库能够安全有效地拦蓄洪水，减轻了下游河道的防洪压力，有效地保护了下游地区的安全。水库的蓄水能力得到了增强，为下游的农业灌溉和城镇供水提供了更加可靠的水源保障。除险加固后，水库的年供水量增加了 20% 左右，灌溉面积扩大了近 1000 亩，有力促进了当地农业的发展和农民增收，同时还改善和恢复了河道的生态环境，吸引了更多的鸟类和野生动物栖息。

（三）安康市观音河水库

观音河水库位于月河支流观音河中游观音河乡八庙村龟湾，距汉阴县城 10 千米。观音河水库是一座以灌溉、城区供水为主，兼有防洪、发电、养鱼等综合利用的中型蓄水工程。水库控制流域面积 80 万平方千米，总库容 1552 万立方米，其中调节库容 996 万立方米，死库容 6 万立方米。始建于 1958 年 9 月，1962 年 5 月竣工。大坝坝型为黏土心墙坝，最大坝高 34.2 米，坝顶长 256 米，坝顶宽 4.5 米；溢洪道为侧槽开敞式折线实用堰，在右岸布置，全长 440.07 米。多年运行中，观音河水库的病险隐患逐渐暴露，大坝 460 米高程以上无心墙填筑质量差，下游坝体排水不畅，坝背坡渗水严重，1998 年 8 月、2000 年 7 月，坝背坡两次严重渗水，2000 年 7 月 13 日，当库水位达 463.44 米水位时，背水坡渗水面积达 2518 平方米；溢洪道侧墙偏低，泄洪能力不足，且不满足防洪要求，校核洪水标准达不到现行国标要求；放水涵洞进口滚筒闸门设备老化失修，多次发生钢丝绳断裂事故，严重影响放水；西山滑坡对溢洪道泄洪安全存在威胁；无放空排沙设备，淤积严重；大坝安全监测设施不健全，影响对大坝的安全监测。

2001 年 4 月 11 日，陕西省发展计划委员会批复了《观音河水库加固工程可行性研究报告》。2001 年 12 月 10 日，陕西省水利厅发文批复，同意观音河水库除险加固工程项目及设计方案，概算总投资为 1480.7 万元。工程于 2001 年 12 月 20 日动工，2004 年 4 月 25 日竣工。2003 年 10 月主体工程完工验收。完成主要工程项目有大坝心墙防渗处理、大坝背坡排水棱体翻修、放水涵洞改成放水塔、增建排沙泄空洞、溢洪道加固、西山滑坡处理、大坝地表观测设施、管理站房、进库道路改造、库区绿化、亭景建设等。工程实际完成投资 1348 万元。

观音河水库除险加固实施后，提高了水库防洪标准，达到防御 50 年一遇洪水标准。提高了蓄水能力，加固前水库不能正常蓄水，长年半库运行，加固后水库可按正常蓄水标准运行。提高了水库经济效益，加固后可满足灌区 750 公顷农田正常用水，年增加水库电站发电量 200 万千瓦时。

（四）旬阳县平定河水库

旬阳县平定河水库是一座以灌溉为主，兼顾防洪、供水等功能的小（1）型水库，位于坝河支流平定河中游的周家阳坡村，主河道长 13 千米，总库容 214 万立方米。1958 年开始修建，1960 年竣工并投入使用。运行中，为保证水库安全运行，多次进行除险加固。

1962 年，放水涵洞吊球式闸门因启闭不灵、止水不严等原因而影响使用，改为多级卧管放水的型式。1978 年 9 月，根据水库在“75·8”洪水所暴露出的问题，旬阳县水电局对平定河水库进行了防洪安全复核，在此基础上增加坝高 3.7 米，坝顶高程由 124.7 米升高到 128.4 米。同时，溢洪道侧堰顶由 121.7 米增加到 123.7 米，泄槽底板下挖 0.6 米，外坎加高 1 米。1982 年，在“三查三定”之后，侧堰再次加高，堰顶变为 125.43 米，堰长由 67.7 米加长为 78 米，堰型由折线堰改建为“WES”堰。1983 年，坝顶增加防浪墙，墙高 1 米。

1985 年，因侧堰前段底板发生管涌破坏，故对其进行改造，长度由 78 米缩短为 50 米，同时增设冲沙洞，冲沙洞进口高程为 117.8 米，出口高程为 116.8 米，洞直径为 1.5 米。

2002 年 7 月，经安康市水利局组织专家审查，平定河水库被认定为三类病险库，存在主要问题是溢洪道泄洪能力不足，库内淤积严重，没有必要的安全监测设施，放水涵洞出现纵面裂缝，结构不安全。

2004 年 2 月，经水利部大坝安全管理中心核查，平定河水库存在溢洪道边墙高度不够，布置不合理，左岸山体不稳定，滑坡堵塞溢洪道，溢洪道不能安全泄洪，放水洞多处出现裂缝漏水等问题，危及大坝安全。还存在泄洪冲沙洞闸门设备老化，无必要的大坝安全监测设施，管理设施不完善等问题。根据《水岸大坝安全鉴定办法》，平定河水库大坝属三类坝，需进行除险加固。

2009 年 2 月至 2010 年 2 月，由安康市水利水电土木建筑勘测设计院完成平定河水库除险加固工程设计，主要包括溢洪道改建、新建放水塔和增设安全监测设施。除险加固工程设计于 2010 年 12 月通过验收。

2021 年，旬阳市水利局委托陕西新思源工程设计有限公司对平定河水库大坝进行安全鉴定，经评定，平定河水库大坝属三类坝，须进行除险加固。

2022 年 7 月 22 日，陕西省水利厅对旬阳市平定河水库除险加固工程初步设计予以批复。2022 年 11 月，平定河水库除险加固工程开工，工程建设内容包括防渗体加高、恢复坝顶路面、新建防浪墙、重修管理房等，投资总额 778 万元。2023 年 5 月，工程主体完工。2023 年 8 月底，工程通过验收。

第五节　涝渍治理

汉中、安康、商洛 3 个地区的低山丘陵平坝区均有程度不等的渍涝面积，其中汉中地区最为严重，全区有渍涝面积 95 万亩，占全区耕地面积的 23.7%。主要分布在汉江平坝灌区和秦岭、巴山低山丘陵小盆地间。其中汉江平坝区 60 万亩，主要为雨涝型和沼泽型。秦巴中低山丘陵区的山田主要为暗渍型，有 35 万亩长期受潜水浸害，为冷浸田和烂泥田。安康地区和商洛地区同处秦巴山区。安康地区渍涝低产田近 10 万亩，主要分布在汉江月河盆地、汉阴、石泉、安康等县北部浅山丘陵区。商洛地区有渍涝田近 4 万亩，呈零星分布状。

20 世纪 50 年代中期，由于洪水期河道水位高于低洼地农田，地下排泄不畅，古城、梁家庵、江湾、胡家湾、龙王庙、二里、黄岗、盐井、孙坪等地有涝渍之患，流域相关市县陆续规划修建排水工程，将排水工程与防洪工程结合，采用修堤护田、修渠排水，控制地下水位上升，降低土壤耕作区盐分，使低产田变为高产田。

1952—1954 年，汉江沿岸的龙头、南乐、五堵、城关等区、乡治理江河时，将原有的退水沟渠裁弯取直，挖深扩宽，并增开排洪沟，降低地下水位，使部分一季田变为两季田。1960 年后，汉江两岸消灭串灌，同时治理孙坪、土门、江湾、柳林、太平、龚家堡等大片涝渍。1964 年，各涝区新修排水干支渠 35 条，长 18 千米，整修旧渠 224 条。柳林公社在农林水综合规划完成后，于 1962 年成立治涝委员会，历时 2 个多月，扩修 11 千米排涝干渠，新修 12 条分引渠，长 13.6 千米，修建筑物 21 座，投资 2.1 万元，排水能力由 3 立方米每秒提高到 10 立方米每秒，使 6026 亩一熟田变为两熟田。1964 年冬，南沙河水库灌区修排涝渠 22 条，排除涝渍田 6220 亩。平坝区初步建立起排涝系统。1970 年后，平坝区结合土壤改良，疏浚加修排涝系统，山区修堤护田，排泄山洪。1985 年，初步治理涝渍面积 4.77 万亩，占全县易涝面积的 85.3%，排涝标准达到 5 年一遇的有 19600 亩。1989 年，汉中市新民乡修汉江堤防时，结合开挖排涝渠，治理沿江 1200 亩渍水田。1990 年，在二里各乡采取增设排水暗管，治理涝渍 2000 亩。

1990 年，根据水利部关于编制《治理渍涝盐碱中低产田初步规划》的要求，陕西省编制了《陕西省治理渍涝盐碱中低产田初步规划》，根据中省安排，“八五”（1991—1995 年）期间，汉中市“大米工程”将 20 万亩渍涝冷浸田治理列入计划。

第二章　防汛非工程措施

汉江流域水资源丰富，每到汛期，暴雨洪水灾害频繁发生。面对洪水灾害，以及时有发生的干旱灾害，陕西汉江沿线城市不仅加强江河堤防与调蓄水库等工程建设，还加强指挥机构、防汛抗旱预案（含物资储备）、抢险救灾、社会管理、通信预警等强有力的非工程措施的健全完善。

第一节　指挥机构

在防汛抗旱工作中，指挥机构承担着统揽大局的关键角色。不仅能协调整合各个相关部门的资源和力量，形成防汛抗旱合力，而且承担及时制定科学合理的防汛抗旱决策，指挥抢险救灾队伍、物资调配和工程调度等工作。民国以前，汉江流域未设水利行政机构和防汛指挥机构，由知州、知县委派同知处理水利事宜。新中国成立初期，每逢较大水灾，由各级党委和政府组织水利、民政等有关部门负责人成立临时指挥机构。1980 年 3 月，汉中地区抗旱防汛指挥部办公室为常设机构，办公地址设地区水电局。1998 年 9 月，安康市防汛抗旱指挥部改为常设机构。2019 年机构改革，流域各地将防汛抗旱指挥职能交由应急管理部门。

一、汉中市防汛抗旱指挥机构

民国以前，汉中境内无常设防汛机构，每至汛期，政府根据汛情发布防汛命令，由保甲人员督领沿江群众携工具、材料进行防汛。新中国成立之初，汉中全区防汛工作由汉南水利管理局负责，各县由建设科分管。沿汉江的 12 个区、36 个乡大多成立了防洪委员会（或防洪队），村成立防洪小组。1951 年汉中确定每年 7—10 月为汛期。1954 年 7 月 14 日，成立汉中专区抗旱防汛指挥部，下设办公室，各县（区）也相应成立防汛指挥部。1958 年 11 月，成立汉中专区水利运动办公室，防汛工作亦由办公室统辖。1973 年，成立地区农田基建办公室，担负全区抗旱、防汛、农田基建三项任务。这期间，地、县（市）指挥部及办公室为临时机构，5—10 月汛期临时抽调人员。从 1978 年起，根据中央、省有关规定，汛期为每年 5 月 1 日至 11 月 15 日。汛期内，专管机构办公室人员上岗值班，全面投入防汛工作。地区抗旱防汛指挥部成员由中共汉中地委、行署、军分区领导和水利、气象、民宗、城建、邮电、物资、商业、供销、交通等有关部门负责人组成。政委、指挥、副指挥分别由地委、行署、军分区、水电局、城建局领导担任，其他各部门领导为委员，指挥部成员随各部门人事变更，每年均有调整。1980 年 3 月，汉中地区抗旱防汛指挥部办公室为常设机构，办公地址设地区水电局，承担全地区抗旱、防汛、农田基建指挥、调度、经办日常业务工作。

1996 年 2 月，汉中地区撤地设市，市长任汉中市防汛抗旱指挥部指挥。之后，每年汛前由市政府办公室发文调整市防汛抗旱指挥部组成人员，由市政府主管防汛工作的副市长任总指挥，市政府一名副秘书长、水务局局长任副总指挥，主要成员为市政府办公室、军分区、市水务局、住建局、民政局、国土资源局、交通局、安监局等 30 多个部门的负责人。2019 年机构改革中，汉中市按照中省要求，于 2019 年 2 月 13 日，将防汛抗旱指挥职级交由应急管理部门。2020 年，汉中市成立水旱灾害防御中心，负责水情监测预警工作，组织编制重要河流和重要水工程的防御洪水调度方案并组织实施，承担河湖水库防汛抢险、水旱灾害防御技术支撑工作。

二、安康市防汛抗旱指挥机构

民国以前，安康县隶属汉中道，境内未设水利行政机构和防汛指挥机构，由知州、知县委派同知处理水利事宜。新中国成立初期，安康境内防汛工作由汉中地区专员公署建设科负责。每逢较大水灾，则由各级党委和政府组织水利、民政等有关部门负责人成立临时领导机构，下设救灾办公室处理日常事务。1964 年 4 月 11 日，成立安康县水利局。1998 年 9 月，撤县设县级安康市，安康市防汛抗旱指挥部改为常设机构。2000 年 12 月，安康地区改市，2001 年，启用“安康市防汛抗旱指挥部”印章，市长任安康市防汛抗旱指挥部指挥。之后，每年汛前由市政府办公室发文调整市防汛抗旱指挥部组成人员，由市政府主管防汛工作的副市长任总指挥，市政府一名副秘书长、水务局局长任副总指挥，主要成员为市政府办公室、军分区、市水务局、住房和城乡建设局、民政局、国土资源局、交通运输局、安全生产监督管理局等 30 多个部门的负责人。2017 年 5 月 4 日，安康市为扎实推进河湖长制工作，设立河长责任制办公室，与市防汛抗旱指挥部办公室实行“一套机构，两块牌子”管理体制。2019 年机构改革，安康市按照中省要求，将防汛抗旱指挥职级交由应急管理部门。2020 年，安康市成立水旱灾害防治监测中心，负责水情监测预警工作，组织编制重要河流和重要水工程的防御洪水调度方案并组织实施，承担河湖水库防汛抢险、水旱灾害防御技术支撑工作。

三、城区防汛指挥机构

新中国成立以来，汉中市和安康市城区防汛工作一直由城市建设部门负责。城区防汛指挥部设在城建局，由主管防汛工作的一名副市长任总指挥，由市政府一名副秘书长、住建局局长任副总指挥。市安监局、发展和改革委员会、财政局、水务局、国土资源局、公安局、气象局等单位负责人为指挥部成员。下设信息处理中心，雨水情会商组、疏散撤离组、应急抢险组、医疗救护卫生防疫组、巡堤查险组、后勤保障组、抢险救援组、治安巡逻组、交通管理组、灾民安置组、新闻宣传组、资料收集组、紧急供水组等，并成立城区抗洪抢险突击队，由各部门、各单位的青壮年和半专业化消防人员组成。2018 年，汉江各级防汛指挥部的指挥权限见表 3–2–1。

表3-2-1　2018年汉江各级防汛指挥部的指挥权限

江河	站名	洪峰流量 / (m^3/s)	指挥单位	组织实施单位
汉江	汉中水文站	小于 5000	沿江各县（区）防汛指挥部	沿江各县（区）防汛指挥部
	洋县水文站	小于 7000		
	安康水文站	小于 27000		
汉江	汉中水文站	5000 ~ 8000	市防汛指挥部	沿江各县（区）防汛指挥部
	洋县水文站	7000 ~ 12000		
	安康水文站	27000 ~ 29000		
汉江	汉中水文站	大于 8000	陕西省防汛总指挥部	市防汛指挥部和沿江各县（区）防汛指挥部
	洋县水文站	大于 12000		
	安康水文站	大于 29000		

第二节　防汛责任

汉江流域防汛工作实行“安全第一，常备不懈，全力抢险”的方针，遵循团结协作和局部利益服从全局利益的原则。根据《中华人民共和国防洪法》和《陕西省实施〈中华人民共和国防汛条例〉细则》等法律法规规定，各级人民政府实行行政首长负责制，实行统一指挥，分级分部门负责，各有关部门实行防汛岗位责任制。任何单位和个人都有参加防汛抗洪的义务，中国人民解放军和武装警察部队是防汛抗洪的重要力量。

一、防汛责任制

历史上，汉江流域几乎每年都有大小不等的洪涝灾害发生，人们与洪水斗争多系自防或灾后因害而防，缺乏合理的综合治理和统一规章，所以也就从未有过责任制划分和落实。民国以前，汉中和安康没有防汛常设机构，都是政府根据汛情发布防汛命令，临时组织群众进行防汛。

1981 年、1983 年汉中、安康大水之后，防汛工作引起重视。陕西省开始按河系、水库、堤防所处的行政区域、工程等级和重要程度以及防洪标准等，确定了省、地（市）、县各级管理运用、指挥调度的权限与责任，在统一领导下，实行分级管理、分级调度、分级负责的分级责任制度，并开始实行各级行政领导和防汛指挥部成员的防汛安全责任制，由各级领导负责河道包段、各类水库及沿河城镇的安全度汛。汉江各河段及地（市）成立安全度汛工作领导小组，落实领导和技术负责人名单。1984 年，按照分级管理的原则，以城镇、江河、水库为单位，实行防汛安全岗位责任制，工程管理单位的管理人员、防汛抢险队等都要定岗定责，落实到人，明确任务。1985 年，各级政府行政负责人和防汛指挥部领导成员，实行分包工程责任制，包城镇、包水库、包河道堤段、包地区，做到任务、单位、负责人三落实。1990 年，又把同一河段的岁修、清障、防汛三项任务统一纳入分包工程责任范围。

1995 年以来，汉江流域防汛工作实行岗位责任制，严格执行以各级行政首长负责制为主的各项防汛工作责任制。防汛工作由市政府主要领导负总责，县（区）、乡（镇）防汛工作，由各县（区）各乡（镇）主要领导负总责，层层落实责任，实行包区域、包河道、包水库、包险病工程、包滑坡的防汛岗位责任制。汛前深入包干地区调查研究，掌握情况，发现问题及时解决，制定度汛防、抢、撤方案；汛期出现汛情、险情后，迅速上岗，组织指挥防洪抢险救灾。大汛期（7—9 月），每天至少有一名领导在防汛办公室值班。因故不能上班时，要委托同级领导代班，不能空班。各水库、水电站、河道堤坝、渠、闸等工程管理单位的主要领导也是本工程的防汛负责人，要组织所有职工坚守岗位，及时掌握水情。工程出现汛情、险情后，要立即抢险，并逐级向上级防汛指挥部速报险情，确保工程安全。

从 1996 年开始，陕西省政府坚持每年与设区市签订防汛目标责任书，并在《陕西日报》公示江河和重点水库防汛责任人，汉江流域各市、县采取相应措施促进各项责任制的逐级落实。1996 年 5 月，汉中地区防汛办公室制定了《汉中地区防汛值班工作制度》《防汛办工作职责》《防汛办考勤制度》等工作制度；由地区防汛办、地区气象局等有关部门组成汉江洪水会商预报小组，承担汛期雨情、水情、工情会商研究判断预报事项，为地区防汛指挥部及时准确预报传递汛情、制定抢险方案、提供科学决策依据。

随着流域各市县防汛责任制的不断健全完善，每个县、每个镇都设立了防汛指挥部办公室，每个行政村成立了防汛指挥所，并建立了以组或以庄院为单元的防御救助组织，建立健全了县（区）、镇（办）、村、组、户五级山洪灾害防御组织和责任体系，全面落实了各级防汛责任人抓点包片责任制。明确了以村民委员会主任（村支书）为责任人，以基层干部民兵为主体的应急抢险队，以中心户长为首的监测预警员、报警铜锣员（或口哨员）、现场指挥员，实现了群测群防。2020 年，安康市共落实防汛责任人和监测预警员 6319 名，组建防汛抢险队伍 115 支、落实抢险人员 5684 人，储备各类防汛抢险物资价值 3567 万元。

二、防汛责任追究

2004 年，陕西省人民政府发布了《陕西省重大防汛安全事故行政责任追究办法》，使各级防汛责任人履行防汛职责的意识和自觉性显著增强。流域各市、县按照《陕西省重大防汛安全事故行政责任追究办法》要求，明确市、县、区、乡、镇人民政府主要负责人是本行政区域内防汛工作第一责任人，各级人民政府防汛抗旱指挥机构及有关部门、防洪设施建设管理单位的负责人和工作人员，对防汛安全负有直接责任。明确防汛安全事故的级别定义，不同级别人员、不同情形状况的处罚办法，严肃防汛抗旱纪律，严格责任追究，对因玩忽职守、工作不力等造成严重损失的，依照法规制度，依法依纪追究责任。并将市县、区落实的汉江、嘉陵江、大中型水库（水电站）、县（区）城市防洪排涝安全和抗旱责任人名单通过媒体予以公告，接受社会监督。督促各级防汛抗旱行政、技术责任人严格按照防汛职责要求，及时上岗到位，落实各项防汛措施，切实履行防汛抗旱工作职责，及时有效处置突发洪涝险情，防止重大灾害事故发生。

2006 年 5 月，汉中市防汛指挥部根据陕西省政府颁发规定，结合实际制定了《汉中市防汛责任追究办法》。明确规定有下列行为者，视其情节予以处罚，造成严重后果者，由司法机关追究其刑事责任：①玩忽职守，造成防洪安全事故、人身伤亡、经济重大损失者；②出现汛情、险情后不到岗位或防洪抢险指挥不力造成后果者；③迟报、错报、贻误汛情造成后果者；④对防汛工程管理不善、违反经批准的防汛调度方案，造成工程失事者；⑤消极怠工，不服从防汛指挥部的命令造成损失者；⑥其他违反本规定，其情节恶劣、损失重大、后果严重者。该办法的颁布实施，为防汛责任追究提供了依据。

第三节　防汛应急预案

汉江是陕西省防汛工作的重点之一。为保证防汛抢险高效、有序、规范实施，根据《中华人民共和国防洪法》和《陕西省实施〈中华人民共和国防汛条例〉细则》等法律法规，每年汛期前，汉江流域各级水行政主管部门都要制定完善的防、抢、撤防汛抗旱应急预案，并经陕西省防总审查报同级人民政府批准后实施。防汛应急预案主要包括《防汛抗旱应急预案》《城区防洪应急预案》《山洪灾害防御应急预案》《水库防汛应急预案》等内容，分年度修编，实行 4 级防汛预案体系，每个市、县、镇、村都要编修《防汛应急预案》和《山洪灾害防御应急预案》，每座水库都要修编水库防汛应急预案和水库运行调度计划。预案中明确责任落实、物资储备、抢险队伍建设等内容。

一、预案编制

以安康市汉滨区为例说明。汉滨区建立了 3 级防汛预案体系。区级防汛预案主要有《汉滨区防汛应急预案》《安康城区防汛抗洪预案》，分别由汉滨区防汛抗旱指挥部办公室、安康城区防汛指挥部办公室负责修编，其中《汉滨区防汛应急预案》每 3 ~ 5 年修编一次，《安康城区防汛抗洪预案》每年汛前修编一次。27 个镇、街道根据辖区工作实际分别负责修编《镇级防汛应急预案》《镇级山洪灾害防御预案》《水库防汛应急预案》《水库运行调度计划》，其中《镇级防汛应急预案》27 份、《镇级山洪灾害防御预案》26 份、《水库防汛应急预案》37 份、《水库运行调度计划》37 份。各村、社区在镇、街道办事处指导下负责修编《村级防汛应急预案》《村级山洪灾害防御预案》。

二、汛前检查

自 20 世纪 80 年代开始，每年汛前，陕西省政府、防汛抗旱指挥部和省水利厅都要通过召开各种会议，全面部署防汛工作任务。汉江流域各级政府也会逐级召开防汛工作会议、水库防汛工作会议、淤地坝防汛工作会议等，分类部署防汛工作，落实防汛责任，对堤防、河道、水库、山体滑坡地段、蓄滞洪区等进行全面检查，对可能受到暴雨洪水及滑坡、泥石流等威胁的工厂、学校、机关、村镇、仓库等落实防汛预案和防汛物资、抗洪抢险队伍。

每年汛前，除陕西省组织的汛前大检查外，流域各级政府都要动员辖区机关、学校、事业单位和街道、村组开展一次防汛安全大检查。水利、应急管理、自然资源等部门也要派出检查组，深入重点水库、城镇、河道险工、防汛物资仓库及碍洪清障现场等，逐个检查，发现问题，责令限期整改。各级防汛指挥机构、水文机构还要对值班值守、通信联络设备、水文测验设施等进行检查，组织重点区域、重点防御对象开展模拟实战演习，发现问题，堵塞漏洞。2015 年，汉中市组织防汛安全检查组 300 多个，参加人员 1162 人次，其中县级 116 人次。检查水库、堤防、河道清障、监测滑坡点等现场 836 处，检查山洪灾害易发区 435 处，河道易出险部位 65 处，发现并处理隐患 67 处。

三、物资储备

民国时期，汉江流域用于汉江、褒河及境内堰渠的防汛器材均由民间筹集，主要有石块、土牛、树梢、秸秆、木桩、竹子、石灰等。新中国成立后，每年汛前，由国家拿出部分资金，按计划储备草袋、麻袋、塑料编织袋、片石、木料、石灰、水泥、青砖、铁丝、绳缆、梢柴、油毡、煤油、汽油、照明设备等主要器材。群众自筹器材有木桩、木板、锹、锄、土箕、麦草等，如遇特大洪水，出现重大险情，市防汛指挥部即从有关部门调用木船、机动船、机动车辆、发电机、无线电步话机、橡皮船和汽车内胎等设备器材。防汛抗洪抢险物资，除就地取用的土石、梢料外，其他备用的石料、草袋、麻袋、铅丝、钢材、水泥、木材、燃料、救生器械等物资，由商业部门购置，防汛部门掌握、调配。

2004 年，陕西省防总制定了《陕西省防汛物资储备与管理办法》，汉江流域市县按要求设有专门的防汛应急物资储备库，根据实际需求和物资的消耗、老化等情况，定期进行防汛物资采购和更新，严格落实物资存放制度，加强保卫和消防管理，确保所备防汛物资质量过关、数量充裕、状况完好。物资储备有三种方式：第一种是与当地个体工商户签订物资代储协议，保证汛期调配使用，满足抢险救灾需要。第二种是实行多部门协同合作制，住建、交通运输、电力等多个部门均参与防汛物资储备。住建局会储备一些与城市排水防涝相关的物资，如雨鞋、雨衣、应急手电、铁锹等。交通运输部门会准备一些保障道路交通安全的防汛物资，如在交通沿线地质灾害风险点储备相关的警示标识、防护设施等。电力部门则储备电力抢险所需的物资，确保在汛期电力供应的稳定。第三种是企业和社会组织参与防汛物资的储备和捐赠，为防汛工作提供支持。

新中国成立前，汉江流域各县均设置社仓，推行“积仓赈贫”救灾措施。社仓分常平仓和义仓两种。常平仓由官府出资，丰年将粮食购入存储，灾年加息一成或二成借出。义仓由当地好义者捐献粮米或于赋外向富户别征，灾年散舍给灾民，谓之“放粮”。新中国成立后，国家、陕西省和汉中市、安康市几乎每年都要给汉江流域投入抗旱资金，主要作为抗旱油料、电费补贴和临时性抽水站等水利设施建设费用，以及人畜饮用水特困区远距离拉水运费。2016 年 3 月至 2017 年 1 月，安康市建成防汛抗旱应急物资库，建筑总面积 1711.77 平方米。建设内容含物资库房（含恒温恒湿库房）、生产用房及附属用房、恒温恒湿设施、消防喷淋设施、专用变压器等。物资库面积居陕南 3 市第一，具备承担陕南区域防汛抗旱物资中心库的能力。

四、抢险队伍

新中国成立初期，每当出现汛情时，流域各级党委、政府便临时组建抢险队伍，组织群众撤离或抢险。20 世纪 60 年代至 80 年代，各县抗洪抢险队伍由基干民兵和驻军及武警部队组成。一旦出现洪灾，即调动这些抢险队伍投入抗洪抢险斗争中。20 世纪 80 年代以后，成立汉江护堤队，属于专业性队伍，除做好经常性的工程修缮和管护外，还承担抗洪抢险的重任。2001 年，陕西省防总批复成立汉中市防汛机动抢险队伍，队伍按照“事业建制、企业管理、设备精良、机动灵活、抢建并举、自我维持、滚动发展”的原则运行。

2021年8月28日，旬阳市组织山洪灾害危险区群众撤离

2011 年实施山洪灾害防治项目后，流域各市、县、镇（办）均成立应急抢险队伍，每个村都成立以村民委员会主任（村支书）为责任人，以基层干部民兵为主体的应急抢险队。

陕西省汉江防汛重点及防洪应急响应启动与解除条件见表 3–2–2、表 3–2–3。

表3–2–2 陕西省汉江防汛重点一览

响应等级	市级行政区	防汛重点
Ⅳ级响应	汉中市	对沿江滩区进行清理，组织河道内所有人员和危险区域人员撤离
	安康市	对沿江滩区进行清理，组织河道内所有人员和危险区域人员，以及汉滨区东坝低洼地区等可能受淹没影响的群众撤离
Ⅲ级响应	汉中市	撤离沿江河道内所有人员，重点防守临水堤防工程，根据洪水演进情况和工程险情，组织沿江低洼村庄、入江支流及排洪渠发生倒灌区域等可能受淹没影响的群众撤离
	安康市	撤离沿江河道内所有人员，组织汉滨区东、西二坝，老城区、石泉县、旬阳县、白河县沿江低洼区域等可能受淹没影响的群众撤离
Ⅱ级响应	汉中市	调集抢险队伍坚守汉江干流城镇堤防和人口密集区堤防，及时巡堤查险、抢险排险，力保城镇和人口密集区堤防不决口，立即组织勉县倒灌区域，汉台区河东店镇、宗营镇、龙江镇、北关街办、七里镇、铺镇，南郑区梁山镇、大河坎镇、胡家营镇、圣水镇，城固县沙河营镇、博望镇、上元观镇、董家营镇、三合镇，洋县谢村镇、洋州镇、贯溪镇、龙亭镇、磨子桥镇等可能受洪水淹没影响的群众撤离
	安康市	立即组织汉滨区东、西二坝，石泉县、旬阳县、白河县临江镇街等可能受淹没影响的群众撤离
Ⅰ级响应	汉中市	全面开展迁安救护防疫，调集抢险队伍和抢险物料，重点防守勉县武侯、勉阳街道办、温泉、褒城镇、新街子、周家山镇，南郑梁山镇、大河坎镇、胡家营镇、圣水镇，汉台龙江、北关、汉中路、七里办事处和铺镇，城固博望、三合、沙河营、董家营、柳林镇、上元观镇，洋县谢村、戚氏办事处、洋州镇、磨子桥、龙亭、黄安镇等堤段，做好汉江洪水倒灌和干支流洪水遭遇时的各项防守措施，立即组织勉县、汉台、南郑、城固、洋县沿江两岸可能受洪水淹没影响的群众全面撤离
	安康市	全面开展迁安救护防疫，立即组织汉滨区和老城区、石泉县、汉阴县、紫阳县、岚皋县、旬阳县、白河县沿江两岸可能受洪水淹没影响的群众全面撤离

表3–2–3 陕西省汉江防洪应急响应启动与解除条件

序号	响应分级	汉江洪水应急响应启动与解除条件	
1	Ⅳ级	启动	预报汉江武侯镇站发生大于或等于 2500m^3/s、小于 3000m^3/s 流量的洪水；汉中站发生大于或等于 5000m^3/s、小于 6500m^3/s 流量的洪水；洋县站发生大于或等于 7000m^3/s、小于 8000m^3/s 流量的洪水；安康站发生大于或等于 9600m^3/s、小于 17200m^3/s 流量的洪水； 汉江堤防发生重大险情； 其他需要启动Ⅳ级响应的情况。 市防指启动，市防指负责指挥，沿江各县（区）防指负责组织实施
		解除	视汛情、险情和灾情变化，由市防指宣布结束Ⅳ级响应

续表3-2-3

序号	响应分级	汉江洪水应急响应启动与解除条件	
2	Ⅲ级	启动	预报汉江武侯镇站发生大于或等于3000m^3/s、小于4480m^3/s流量的洪水；汉中站发生大于或等于6500m^3/s、小于8000m^3/s流量的洪水；洋县站发生大于或等于8000m^3/s、小于12000m^3/s流量的洪水；安康站发生大于或等于17200m^3/s、小于等于21700m^3/s流量的洪水； 汉江干流重要河段堤防出现重大险情； 其他需要启动Ⅲ级响应的情况。 市防指启动，市防指负责指挥，沿江各县（区）防指负责组织实施
		解除	视汛情、险情和灾情变化，由市防指宣布结束Ⅲ级响应
3	Ⅱ级	启动	预报汉江武侯镇站发生大于或等于4480m^3/s、小于5580m^3/s流量的洪水；汉中站发生大于或等于8000m^3/s、小于10800m^3/s流量的洪水；洋县站发生大于或等于12000m^3/s、小于15100m^3/s流量的洪水；安康站发生大于或等于21700m^3/s、小于27000m^3/s流量的洪水； 汉江干流一般河段堤防发生决口； 大型水库发生严重险情； 其他需要启动Ⅱ级响应的情况。 省防总启动，省防总负责指挥，市防指及沿江各县（区）防指组织实施
		解除	视汛情、险情和灾情变化，由省防总宣布结束Ⅱ级响应
4	Ⅰ级	启动	预报汉江武侯镇站发生大于或等于5580m^3/s流量的洪水；汉中站发生大于或等于10800m^3/s流量；洋县站发生大于或等于15100m^3/s流量的洪水；安康站发生大于或等于27000m^3/s流量的洪水； 汉江干流重要城市河段堤防发生决口； 大型水库发生重大险情； 其他需要启动Ⅰ级响应的情况。 省防总启动，省防总负责指挥，市防指及沿江各县（区）防指组织实施
		解除	视汛情、险情和灾情变化，由省防总宣布结束Ⅰ级响应

第四节 监测预警

一、水文站网建设

（一）发展历史

陕西省汉江流域水文站网建设起步较早，武侯水文站设立于1935年，是汉江干流上游第一个水文站。建站之初，主要依靠人工观测，技术手段相对简单，观测条件也比较艰苦。工作人员使用传统的测量工具和方法，对水位、流量等基本水文要素进行监测和记录。新中国成立后，国家加大汉江流域水文站网建设投资力度，水文站的数量逐渐增加，观测项目不断丰富，除水位、流量外，还增加了降水、蒸发、泥沙等观测内容，但观测设备和技术仍然比较落后，数据的采集和处理主要依靠人工操作，工作效率相对较低。改革开放后至21世纪，水文站网建设迎来快速发展时期，不仅新建了一批现代化的水文站房，配备了超声波自动化水位计、雨量计、电波流速仪等先进的观测设备和仪器，同时，水文监测技术也不断提高，计算机技术和通信技术的应用使得水文数据的采集、传输和处理更加及时、准确和高效。进入 21 世纪后，水文站的现代化进程进一步加快，不断引进和应用远程控制全自动水文缆道、ADCP（声学多普勒流速剖面仪）等新的水文监测技术和设备，提高水文测验的精度和效率，减少人工操作的风险和劳动强度。水文服务领域也从暴雨洪水监测、旱情墒情监测、水情预警预报，拓展到水功能区监测、水质分析、水资源评价、中小河流洪水易发区水情预警预报和主要河流流量过程预报等领域，为地方经济社会发展规划、城镇工程建设、水资源开发管理、防汛抗旱决策、水资源管理、水生态环境等作出积极突出贡献。

至 2020 年底，汉江流域共计布设有水文测站 58 个，其中基本站 35 个，专用站 23 个。35 个基本站中，国家重要站 13 个，分别为武侯镇站、汉中站、洋县站、马道站、石泉站、安康站、白河站、向家坪站、两河口站、高滩站、六口站、柴坪站及南宽坪站，其中白河水文站是长江水利委员会（简称长江委）首批“118”自动报汛站之一。省级重要站 15 个，一般站 7 个，主要监测水位、流量、泥沙、泥颗、降水、蒸发、墒情等不同项目。陕西省汉江干支流主要水文站基本情况见表 3-2-4。

表3-2-4 陕西省汉江干支流主要水文站基本情况一览

河流名称	水文站	控制面积 / km^2	建站时间（年 – 月）	观测项目	资料年限
汉江	武侯镇	3092	1935-09	水位、流量、泥沙、降水、蒸发	1935 年至今
	汉中	9329	1971-01	水位、流量、降水、蒸发	1971 年至今
	洋县	14484	1953-06	水位、流量、泥沙、降水、蒸发	1954 年至今
漾家河	元墩	449	1958-08	水位、流量、降水	1958 年至今
褒河	江口	2501	1971-01	水位、流量、降水、蒸发	1971 年至今
	马道	3410	1979-08	水位、流量、泥沙、降水	1980 年至今
濂水河	江西营	84.3	1963-01	水位、流量、泥沙、降水、蒸发	1963 年至今
冷水河	三华石	578	1948-04	水位、流量	1948 年至今
湑水河	升仙村	2143	1940-01	水位、流量、泥沙、降水	1940 年至今
溢水河	长滩	237	1958-06	水位、流量	1958 年至今
汉江	石泉	23805	1953-12	水位、流量、泥沙、降水	1954 年至今
	安康	38625	1934-12	水位、流量、泥沙、降水	1935 年至今
	白河	59115	1934-12	水位、流量、泥沙、降水、水化学	1935 年至今

续表3-2-4

河流名称	水文站	控制面积 / km^2	建站时间（年 – 月）	观测项目	资料年限
池河	马池	984	1971–04	水位、流量、泥沙、降水	1971 年至今
月河	长枪铺	2814	1959–12	水位、流量、泥沙、降水	1960 年至今
黄洋河	县河口	772	1962–05	水位、流量、泥沙、降水	1962 年至今
坝河	桂花园	1283	1963–03	水位、流量、泥沙、降水、蒸发	1963 年至今
旬河	向家坪	6073	1955–11	水位、流量、泥沙、降水	1956 年至今
白石河	白岩	690	1959–08	水位、流量、泥沙、降水	1959 年至今

（二）站网概况

汉江汉中段干支流目前共设有水文（水位）站 33 处，干流设有武侯镇站、汉中、洋县、黄金峡水文站，主要一级支流玉带河设有铁锁关站、沮水茶店站、漾家河元墩站、褒河江口及马道站、冷水河三华石站、南沙河南沙河站、湑水河升仙村站、溢水河长滩村站、西水河酉水街站、牧马河西乡站等 18 个水文站，中小河流水文监测项目新建 15 个水位站。

汉江安康段目前有 288 个报汛站，其中常年水情站 82 个。干支流共设有水文（水位）站 27 处，干流站有石泉、安康、白河 3 个水文站，主要支流设有子午河两河口、池河马池、月河长枪铺、任河高滩、渚河红椿站、岚河六口、黄洋河县河口、坝河桂花园、旬河向家坪、蜀河、白石河白岩站等 11 个水文站，洞河、大道河上分别有洄水、民主水位站控制，中小河流水文监测新建 11 个水位站。

（三）典型站网

1. 武侯镇水文站

武侯镇水文站位于汉中市勉县县城以西约 5 千米处，建于民国二十四年（1935 年）9 月，是汉中设立最早的水文站之一，1990 年被确定为国家一级站。集水面积 3092 平方千米，距河口 1426 千米。目前监测项目有水位、流量、泥沙、泥颗、水质、降水、蒸发、土壤墒情等。由于地处汉江上游，武侯镇水文站基本断面上游 1000 米处有汉惠渠引水大坝一座。

武侯镇水文站是汉江上游第一个干流控制站，同时也是汉江干流洪水作业预报的重点站，防汛地位十分重要。建站之初，武侯镇水文站主要依靠人工操作，危险性高且费时费力。如今，武侯镇水文站水位检测采用无人值守自动检测方式，实现了雨量、水位信息的自动采集和传输，极大地提高了监测效率和数据的准确性，并且水位数据每 5 分钟更新一次，能够更及时地反映水情变化。除本身的基本水文站外，武侯镇水文站还管辖着周边的一些防汛专用水文站和雨量站，形成了较为完善的监测站网体系，对区域内的水情、雨情能够进行更全面、细致的监测。

武侯镇水文站（2018年摄）

2. 白河水文站

白河水文站位于白河县城关镇，设立于 1934 年 12 月，是汉江上最早设立的水文观测站之一。该站断面以上集水面积 59115 平方千米，距河口 842 千米。1978 年，全国第一次水文缆道技术经验交流现场会在白河水文站召开，该站的缆道测深偏角改正方法和可控硅调速等经验得到推广，为全国水文测验技术的发展作出了贡献。1983 年，白河站被列为全国 15 个水文测验实验站和流量国标实验站之一，为流量国标的编制收集了第一手资料，进一步提升了该站在水文领域的重要地位。2017 年，因白河县城防洪工程和白郧大桥的修建，白河水文站进行了迁建。2000 年后，白河水文站引进了 ADCP 等一批先进仪器，由驻测改为了巡测。如今，白河水文站是南水北调中线工程水源地——丹江口水库入库控制站、国家重要水文站，也是长江委首批“118”自动报汛站之一，承担着向国家防总、长江防总、陕西防指等报汛的任务。

3. 安康水文站

安康站位于安康市汉滨区吉河乡观新村，设立于 1954 年 5 月，集水面积 38625 平方千米，距河口 1018 千米。1988 年 12 月以前在安康市汉滨区金川街。1983 年，安康发生“83 · 8”特大洪水，原断面被冲毁且处于洪水淹没区。1989 年 1 月 1 日，迁至安康市汉滨区吉河乡观新村，改为安康（二）站至今。安康水文站建站后，不断进行设备更新、技术改进和人员队伍建设，早期是人工监测，后来逐步引入先进的监测仪器和自动化系统，监测能力和水平不断提升，先后在 1983 年、2005 年、2010 年、2021 年等多次暴雨洪水过程中，发挥关键作用。

水文监测

汉中水文工作掠影

二、信息化建设

防汛信息系统可以帮助水利部门更加及时、准确地掌握洪涝灾害的发展趋势和演变规律，为防汛工作提供科学依据，提高防汛工作的效率和质量，减少洪涝灾害的损失。从20世纪80年代起，陕西开始进行防汛信息化建设。在中省指导下，1989年后，流域各地市逐步组建超短波通信网，通过车载台、对讲机等移动通信设施，为防汛部门、大中型水库、重点水文站提供无线通信条件。2000年后，依托国家山洪灾害防治非工程措施项目，信息化建设在市县得到迅速发展。流域各地在重要水域设置水位、雨量、流量等监测设备，实时采集水文数据，安装气象监测设备，山体位移、裂缝等地质监测设备，及时发现灾害隐患。整合固定电话、移动电话、互联网等，建立多渠道的信息传递平台，采用卫星通信、无线集群通信等技术，进行信息传输。建立指挥平台，配备大屏幕显示系统、计算机网络系统、视频会议系统等设备，实现对灾情的实时监控、分析和指挥调度。建立多种预警发布渠道，如短信、广播、电视、网络等，确保预警信息能够及时覆盖到全县各个角落。制定预警发布标准和流程，根据不同的灾害级别和影响范围，及时准确地发布预警信息。至2020年，已基本形成了集雨情水情采集传输、防汛预警与抢险救灾指挥于一体的信息化系统，显著增强了防汛抗旱抢险救灾的效率和效益。

（一）建设过程

1. 汉中市信息化建设

民国时期，汉中市汛期的水情传递由各防汛段段长负责，主要方法是鸣锣传呼报警。新中国成立后，逐步增设报汛机构，加强水情雨情的测报传递。20世纪50年代，汛情主要通过地方邮电网传递，如出现重大险情，仍沿用鸣锣报警旧例。20世纪60年代初，汛期按流域设防，八里桥水库流域分上、中、下三段，上段负责传报八里桥水库上游水情，中段负责监视八里桥水库入库洪量及泄洪流量，下段从溢洪道以下至沙包梁，负责传报排洪渠水情，全流域的汛情由八里桥水库联防委员会向市防汛指挥部汇报。1960年，八里桥水库架设了防汛专用电话，加快了水库汛情传递。1978年，武乡寺沟水库安装了防汛专用电话，通过武乡邮电所中转，直接向市、区、乡报汛。梧凤乡孤山村地处汉江、褒河汇流处，是历年防汛重点地段，1977年，市水电局投资埋设一条长2.88千米地下专用电缆，安装磁式摇把电话机1部，经龙江邮电所中转，向市防汛指挥部报汛。1983年改用梧凤乡政府自动电话。1981年汛期临时增设长短线对讲机14部。全市划分北、西北、东南三级，对讲机分设于褒河、武乡、铺镇三个区公所，崔家沟水管站、龙江和金华乡政府。段家营、汉江大桥及寺沟水库设短线对讲机，新民乡设中转机，负责东南线水情雨情的传递联络。

2001年，石门洪水调度系统通过陕西省水利厅初验，汉中水情分析中心基本建成，形成短波、卫星、有线等多种方式共用的汛情测报网络系统。

2002年“6·9”洪灾后，陕西省政府决定建设陕南雨量监测速报系统，以解决秦巴山区暴雨监测预警问题。2003年至2008年，开展汉中防汛雨量监测速报系统一、二、三期工程和加密工程建设，完成投资706万元，在全市建成利用北斗一号卫星为主要传输手段的卫星雨量监测站点 68 处、超短波雨量监测站 4 处、11 处县级工作站、2 处市级分中心；对全市主要暴雨高频高值区降雨进行实时监测，发送给省、市、县防汛部门，实现雨量速报系统和水库洪水调度系统资源共享，通过短信、传真、语音电话向基层发布预警信息，提高了基层防汛应急能力。

2004 年，汉江平川段干流汛情自动测报系统建成。该系统投资 120 万元，包括 2 处自动雨量水位站、2 处自动水位站、1 处中继站、6 处县级工作站、1 处中心站，对汉江洪水动态实时监测。2010 年，全市有雨水情测报站点 107 个。

2018 年，依托已建成山洪灾害防治非工程措施项目，汉中以镇村和小流域为单元，建立了覆盖全市暴雨山洪易发区的监测预警和群测群防体系。

至 2020 年，汉中市县完成省、市防汛异地视频会商，实现面对面分析会商汛情，异地指挥调度。

2022 年，为了初步建成汉江洪水预报及江河联调智慧系统，汉中市整合全市 665 处雨量站、水位站和大中型水库实时监测信息，集成全市 133 座水库（水电站）实时生态流量信息，建立了列金坝等 8 个水质监控断面污染物浓度与水量关系，结合未来降雨，通过水文数据分析，建立预报模型，能够提前 72 小时预测武侯站、马道站、汉中站来水过程，着力为防汛调度、水生态保护等工作提供全方位的信息技术支持，初步实现石门水库对汉江干流的错峰调度，最大限度地减少一江两岸湿地公园淹没损失。

2024 年，汉中市完成智慧水利一期项目建设，该项目整合全市水利基础数据，建成汉中市水利云和水利大数据平台，打造汉中市“水利一张图”、集成生态流量监管、水旱灾害防御、水资源管理、安全告警等专题模块，初步实现汉中水利信息可视化呈现，水利工程智能监测管理的功能。

2. 安康市信息化建设

1994 年以前，安康市县防办共配备了 9 部 100 ～ 150 瓦的短波电台用于防汛报讯，1994 年以后，陆续为 10 个县和市防办共配备了 12 台超短波电台和传真机，在安康大东山建设了中转站，基本形成了以市防汛办为中心的防汛通信网络雏形。防汛报讯和洪水预报主要通过超短波电台进行语言报讯。主要由收发信机、天线和电源等部分组成。采用调幅、调频、单边带等调制制度，通常以调频制为主，用于与各县防办和省防总通信联络。其传播特性是靠电离层反射传播的，传播距离远，但一遇恶劣天气影响，易受干扰，杂音大，语音传输效果比较差。

从 2003 年开始，安康市水利局投资 760 万元在全市范围内先后建设了 72 处雨量自动测报点和 10 个县级工作站和两个中心站。省、市、县防汛办及水文局和毗邻的汉中、商洛都能接收到每一个点的降雨信息。同时开发了洪水预报软件，实现安康水文局与市防汛办的自动报讯，将水文局收集到的水文系统 40 个雨量站的雨量信息、各大水库的水情信息均通过 2M 光纤内网传递到市防汛办，极大地提高了雨水情的传输速度和质量。

2004 年，安康市防汛办将气象、水文、安康电厂进行联网，结合网络技术、GIS（地理信息系统）技术，建设起一套以防汛会商水情部分为核心的水情信息管理的综合性水利水情应用系统。

2005 年安康“10 · 2”大洪水以后，安康市水利局在上级的支持下，与市防空办协商，对城区防汛防空报警系统进行了统一规划建设，在受洪水威胁的城区 10 平方千米所辖的 6 个镇办范围内布设了 31 处报警喇叭群，市政府决定于每年的 4 月 20 日进行防汛防空报警试鸣。至 2005 年底，建成了石泉、喜河、蔺河、安康、蜀河 5 座大型水库坝上固定水位视频监控，及紫阳县城、岚皋县城、汉阴县城、安康汉江一桥、旬阳县城、白河县城 6 处城镇固定水位视频监控，为指挥决策提供可视化的、实时的现场工情实像信息。同时在市防汛办配置 1 台车载移动视频监控，利用电信 3G 技术传输，一旦发生洪灾，可到现场采集视频信息，把灾情现场情况实时传输到市、县防汛指挥中心。

从 2008 年开始，安康市建设防汛雨量监测速报系统站点加密工程。工程建设以县为单位，整合其境内气象、水文、防汛部门现有水雨情数据为基础。全市共计整合 503 个站的水雨情信息，其中气象站 170 个、水文站 110 个、防汛自动测报站 75 个、安康水电厂 148 个，建设完成市防汛办至各县（区）防汛办 20M 数字光纤信道 10 条；建成 10 个县（区）实时雨水工情数据库；建设 B/S 模式的 10 县（区）防汛预警平台；完成 10 个县（区）防汛办至安康市防汛办的防汛异地视频会议系统，将雨水情信息在第一时间内根据降雨量不同级别按照乡镇行政区域同时给相关乡镇、村组甚至中心户长等基层不同范围的防汛责任人通过手机短信和固定电话自动或人工发送预警信息。同时，开通汉江沿线三个重点县的市县防汛视频会商系统，后期延伸至 140 个乡镇，极大地提高了县级及其以下政府和防汛指挥机构应对暴雨洪水的快速反应与预警能力，建立健全“镇自为战，村组自救，院户联防，预警到户，责任到人，提前转移”的防汛减灾机制。

2013 年起，安康市开始建设市级山洪灾害监测预警信息发布及管理系统，实现省级、地市级和县级监测预警平台之间监测预警信息管理和共享，同时建立省级、市级防汛部门与同级水文、气象、自然资源部门之间的互联互通和信息共享，实现上下游相邻县监测预警信息共享。预警信息流程按照逐级上报、逐级下达的方式传输。实时水雨情数据主要上报途径为自动监测站→水情分中心→省水文局→省市防汛部门，当该通道故障时可采用县、市、省逐级上报方式；实时预警数据、基础数据采用分级上报方式；水文、气象数据采用分级共享方式，其中市级平台整合自有站点 286 个，气象站点 235 个，水文站点 196 个，共计 717 个自动雨量（水位）站。系统建成以来，主要用于市防汛办防汛值班监测值守，为防汛值班主要软件系统，对全市防汛监测、预警、指挥起到重要支撑作用。

2017 年，市、县镇防汛视频会议系统正式投入使用，视频系统上连中、省，下连各县（区）及 140 个镇办，并与市气象局、安康水文水资源勘测中心及安康、石泉、喜河、蔺河、旬阳、蜀河、白河等 7 座大型水库相连，视频系统运行以来，保障与中、省、县、镇视频会商及日常视频会议数千次，运行过程高效稳定，极大地增强了我市各级防汛决策指挥能力。全市防汛视频会议系统建设按照“统一标准、统一技术、统一网络、统一施工”的要求，在市级设立 MCU1 台，同时组建水利专网，由电信和联通共同建设，省到市 10M 带宽，市到县 20M 带宽，县到镇 4M 带宽，采用高清 IP 组网方式，延伸至全市每个镇（办）。

采用超高清图像、全速适配、高倍变焦、智能识别和主叫呼集等最新视频会议技术，不仅实现智能全高清视频会议，而且能在任何一个单位召开全市会议，具有较强的会议召集和控制能力。同年建成视频监控系统，在市政府地下机房设服务器2台、磁盘阵列2台，整合各县（区）视频监控近50处，24小时实时监控各大水库、重要支流和重点河道区域。依托运营商建立的短信预警平台，每年汛前更新各级防汛预警信息员队伍，按照预警信息发布机制，及时准确点对点发布山洪灾害预警信息，有力地提高了科学防范水平。

2018年，安康市河湖长制信息管理平台开始规划建设，该平台是将“互联网+”的服务理念融入河湖网格化管理体系，同时基于一张图整合河湖资源，融合受理、管理、监督、考核四大机制，构建的一套对河湖科学监督、监管和保护的信息化综合管理平台。2019年3月安康市发展和改革委员会正式批复利用世界银行贷款陕西特色小镇发展项目（汉滨区）子项目——安康市河湖长制信息化项目可研报告，初步设计于2020年10月16日通过市发展和改革委员会审查并批复。项目主要建设内容为：河湖长制云平台、河湖长制作战指挥中心（市级河湖长制指挥中心改造升级和13个县（区）河湖长制作战指挥中心设备配备）、河湖长制数据资源池、智慧河湖应用和426处智能视频监控站、150处智能预警广播、视频智能分析系统、市县区配备无人机及执法记录仪等设备安装，同时整合原有市级山洪灾害监测预警系统数据和市数据局已共享的涉河视频监控。

3. 商洛市信息化建设

2003—2007年，商洛市建设了防汛雨量监测速报系统，系统采用现代信息采集技术、通信技术、计算机网络技术、信息处理技术建成覆盖山区暴雨高频高值区域所在乡镇的雨量监测速报系统，达到信息源布局合理，信息采集、传输、处理手段先进、实用、高效可靠，在省、市、县实现动态监测和实时报警，在30分钟内完成所有雨量自动监测站信息的收集处理，为防洪调度、决策指挥提供科学依据。系统共设各类雨量站56处，其中市级分中心站2处、县级工作站8处、水库水位站2处、雨量监测站44处。

2008年，商洛市建设防汛抗旱指挥系统。可实现与省防汛办的异地可视会商。建成商洛市防汛办至七县（区）防汛办的光纤信道7条，建成商洛市防汛办至市气象局、水文局、国土局、安监局的光纤信道4条，搭建七县（区）防汛办至县区气象局、水文局、国土局、安监局的光纤信道21条。完善建设实时雨、水、工情数据库，实现预报随时公告、降雨等值线图实时勾绘、单站或区域雨情信息实时更新、历史雨洪资料随需随查、灾情资料及时反馈，有效提升防汛决策能力。建成市、县（区）防汛抗旱预警平台；实现防汛抗旱预警信息全球移动通信系统（GSM）群发和选发。联网整合市、县（区）两级水利、气象、水文、国土、安监等部门的防汛数据信息，实现各级各部门防汛信息相互共享；扩展整合防汛雨水情监测站点信息280处，新增防汛雨水情人工监测站点240处。建成旱情监测系统，全面实时监测墒情信息，结合旱情信息，以实时掌握旱情的发生及发展趋势，及时分析评估及预测预报，建成集各类防旱抗旱信息为一体的旱情信息管理和抗旱指挥的综合性系统工程。包括固定监测站14处、移动式监测仪8套，完成商洛市行政区域内旱情信息的采集、处理、存储、转发，提供旱情信息查询服务；提供墒情信息的监测预测和图表化展示，实现旱情信息的统计、分析、预测、发布现代化。

2010—2012 年，商洛市开始山洪灾害防治项目建设。项目完善县级计算机网络系统，建成县级山洪灾害防治监测预警系统，其中县级山洪灾害监测预警平台 7 套、自动雨量（水位）监测站 130 处、预警广播 1195 套、简易雨量（报警）站 1544 处、简易水位（报警）站 995 处、手摇报警器 2081 套、手持扩音器 1984 套、应急照明设备 1598 台、铜锣 1474 面、口哨 7094 个。

2013—2015 年度，商洛市建设完成市县级山洪灾害监测预警信息管理及共享系统，七县（区）山洪灾害调查及分析评价工作，建立基层山洪灾害防治责任体系，完成县、镇、村（组）三级山洪灾害防御预案编制。全市共建无线预警广播 1078 套、简易雨量报警站 1995 处、简易水位站 1203 处；采购配发铜锣口哨 3591 套、手摇报警器 2279 套、手持扩音器 2838 台、应急照明 6211 台；编制 1 个市级预案、7 个县级预案、98 个镇级预案、1329 个村级预案；完成警示牌 4762 块，宣传栏 1282 块，宣传手册 64500 册，宣传挂图 64500 幅，宣传标语 1337 处，光盘 U 盘 3069 个，文件柜 1295 个，培训 7960 人次，演练 16 场次，参与人员 12000 余人。

2016 年，商洛市升级网络视频会商系统。完善七县（区）计算机网络及视频会商，视频会商系统延伸镇办网络；规划建设 98 个镇（办）防汛视频会商室，开展市、县（区）MCU 安装到位，市级、县（区）级和全市 98 个镇办视频会议终端已全部安装到位，并进行了联调联试，全部正常。

2017 年，商洛市水务局组织对商洛市防汛抗旱指挥中心运行环境改造涉及的预警监视显示、视频会商设备（部分）、应急电源、机房改造、会商室装修改造、音响、会议桌椅等 7 个单元进行了升级改造，完成项目分部验收。

山洪灾害防治项目的实施使商洛市基本建成了布局合理的自动监测系统，建设了覆盖所有行政村及自然村的简易雨量（水位）站及预警广播、铜锣口哨等简易预警设备，通过开展大规模的山洪灾害防御宣传、培训、演练等活动，极大地提高了山洪灾害防抗能力，在防汛减灾中发挥了巨大作用。主要表现在以下几个方面：一是增强了广大干部群众山洪灾害防御意识。广泛开展的宣传、教育和培训工作，镇村干部群众积极主动参与，科学有效应对，切实增强了防灾避险意识和自救能力。二是提高了山洪灾害监测预警水平。建设雨情监测设施和预警设备，建立群测群防体系，掌握防汛工作主动权。三是山洪灾害防御效果明显。长期开展的山洪灾害防御工作极大提高了基层防御山洪灾害水平，显著提升了防御效果。尤其在夜间遭遇强降雨时，基层镇村组能实时监控降雨变化过程，发现险情及时预警。四是提高了社会防灾减灾能力。通过对山洪灾害普查摸底，划定了危险区，安全区，修编县、镇、村三级防御预案，并组织演练，群众自觉防灾避险能力空前提高。

2023 年，商洛市水利局对视频会商系统进行了升级改造。升级了华为视频会议系统，新增小鱼易连视频会议系统，同步改造控制系统、音响系统和大屏显示系统。系统由会议摄像跟踪系统、中央控制系统、视频矩阵切换系统、视频会议系统、大屏显示系统组成，其包含的硬件设备有全数字会议主机、主席话筒单元、发言席话筒单元、反馈抑制器、可编程中央控制器、可编程电源管理器、高清混插矩阵、HDMI无缝输入卡、华为视频会议主机、华为视频会议 MCU、小鱼易连视频会议主机、海康威视 LED 拼接大屏显示器等。

（二）典型实例

2002 年“6・9”洪灾后，宁陕县防汛信息传递除电话、手机外，宁陕县防办还配备了 3 台电脑设备，通过网络传递信息，在城区安装了防汛预警专用警报器；县防办为新场、丰富、四亩地、皇冠、金川、龙王等 6 个乡镇陆续配备了卫星电话；以自然村为单位，配备了 160 余面防汛专用铜锣，在江口、广货街、柴家关等地建立了 9 个卫星雨量速报系统；在全县主要河流上游设立了水位标识，明确了雨水情况报送制度，建立了 11 处人工雨量观测点，实时监测降雨和河道涨水情况；为城区每个疏散撤离队配备了对讲机、喊话器、手灯等应急抢险物资。2004 年，县城又增设了迎宾酒店、渔洞河水库两台防空警报，使县城警报器增加为 3 台；县防指为四亩地、筒车湾、汤坪、江口、广货街、铁炉坝、皇冠 7 个集镇配备安装了防空警报；县防汛办还建立了城区防洪电子预案图。2005 年“7・18”丰富乡遭受特大山洪灾害后，针对边远乡镇防汛信息传递途径得不到有效保障的问题，电信部门为丰富乡安装了大灵通基站；2007 年，在县城区内的宁中、广电局、迎宾酒店、县汽车站、水利局楼顶安装 5 处无线网络远程视频监控系统，主要观测城区河道、排洪沟及城区重点防汛区域撤离等情况，建立了防汛短信预警信息发布平台，同时在县防汛指挥部指挥中心安装了防汛预警广播，移动通信覆盖全县 14 个乡镇。此后，防汛信息主要通过固定电话、传真、手机、网络等多种方式进行传递。

2010 年，岚皋县开始使用海康威视视频监控平台实时监控全县重点河道及水库水位信息；2016 年开始使用山洪灾害监测预警平台，用于实时监测雨水情、雷达回波、卫星云图、土壤湿度等信息，发布山洪灾害预警信息；2016 年开始使用无线预警广播系统，用于即时发布灾害预警广播信息，基本解决了山洪灾害防治区监测手段缺乏的问题。至 2020 年，岚皋县逐步建成由监测系统、预警系统、监测预警平台等组成的山洪灾害监测预警系统，全县基本实现了山洪灾害防御监测实时、预警提前、转移迅速、避灾有效的目标。

2012 年，白河县利用山洪灾害防治非工程措施项目建成雨水情监测系统（建设自动雨量站 7 处，简易雨量站 200 处，自动水位站 7 处，简易水位站 74 处）、县级预警系统（完成硬件和软件及会商室建设三部分）、镇村预警系统（主要包括计算机 12 台、传真机 12 台、无线广播 148 处、手摇报警器 305 个、铜锣 305 个、口哨 1226 个、手持扩音器和应急照明灯各 305 个等预警设备；视频监测站 2 处，报警器 4 处，卫星电话 8 部，对讲机 17 部）、群防群测体系（制作制度牌 550 块、宣传栏 136 个、撤离明白卡牌 200 个，发放宣传手册 9800 份、宣传挂图 9800 张、撤离明白卡册 28000 本，宣传标语 550 条，举行宣传培训 15 场次，编制县镇村三级山洪灾害防御预案 137 本）。至 2020 年，白河县山洪灾害防治非工程措施建设体系建设基本建成，实现县、镇、村、组、户五级预警网络全覆盖。

2012 年，镇坪县充分利用山洪灾害防治非工程措施项目，建设了自动雨量水位监测站 17 个（自动雨量站 9 个、自动雨量水位一体站 8 个）、河道水位视频监测站 7 个、无线预警广播站 66 个、简易无线水位报警器 5 套，建成了县级山洪灾害监测预警平台。

2015年，镇坪县建成县镇两级防汛视频会商系统，完善了7个镇群测群防体系，“视频到镇、音频到村、预警到户、责任到人”的山洪灾害防御体系全面形成。

2016年7月11日，洛南县巡检镇普降中到大雨，局地暴雨，接到气象预警后，县防汛办及时将预警信息以短信形式通知县、镇办、村防汛责任人和指挥部成员单位负责人，要求立即到岗到位，提前做好暴雨防范应对工作。7月12日凌晨，洛南县气象局先后3次发布暴雨黄色预警信号，县防汛办及时把信息传到镇村，镇村两级启动预警广播21部次、手摇警报器报警25部次，并利用铜锣、哨子等简易预警设备进行警示提醒，同时迅速组织沿河低洼地带、危险区群众253户1010人撤离至安全地带，确保群众生命安全，减免人员财产损失约900万元。

2016年7月30日23时至7月31日2时，镇安县发生暴雨，特别是米粮镇小时降雨达71.6毫米，强降雨导致米粮镇各村不同程度受灾，直接经济损失7200多万元。面对严重汛情，镇安县、镇、村组各级充分利用防汛预警监测平台，提前预警、及时会商、科学决策、有效抢撤，最大限度减少了灾害损失，未造成一人伤亡。一是提前预警。7月30日15时45分，县防汛办将县气象局发布的暴雨黄色预警和市防办发布的暴雨橙色预警通过预警短信和电话、传真传递到各镇，尤其要求东部各镇高度重视、严密防范。二是及时会商。县防汛抗旱指挥部立即组织各成员单位召开防汛会商会议，研究部署防汛抢险工作，并通过防汛视频会商系统与米粮镇政府联系，指导防汛救灾工作。要求米粮镇立即启动防汛应急预案，各级各类责任人必须在岗在位，立即转移撤离受威胁群众，同时县防汛抗旱指挥部及时派出工作组赶赴米粮镇指导抢险救灾工作。三是有效预警。接到通知后，米粮镇及时将预警信息通过短信和电话的方式传递到各村，各村村干部利用手持扩音器、手摇报警器、铜锣口哨等迅速预警，米粮镇派出所也出动警车，拉响警报，沿滑水河沿线和七里峡警示群众，要求河边低洼地带、危房户群众向安全地带撤离，避免造成人员伤亡。四是科学抢撤。坚持以人为本，及时有效组织群众有序撤离，并对撤离群众进行妥善安置。从2016年7月30日23时30分到31日6时，全镇共有序转移撤离2178人，确保了大灾面前无人员伤亡。

2017年7月6日5时许，山阳县县城广场东北角堤防发生决口，县水利局局长黄祥来同志接到堤防决口险情以后，一方面向县委、县政府主要领导汇报，另一方面组织第四防区抢险队员30名，大型机械12台，开展决口堤防抢护。主要采取铅丝笼抛石护堤，共抛石1320多立方米，经过两个多小时的抢护，控制住险情。

2021年7月22日22时，洛南县石坡镇周湾河流域突遭暴雨袭击，降雨量最大为石坡镇黑山村188.6毫米（7月23日凌晨1时通信信号中断后无数据），暴雨致使山洪暴发，河道水位暴涨。由于预警发布及时，提前组织4个村2200余名群众进行了撤离，无一人伤亡。2021年7月22日21时14分，洛南县气象局发布暴雨黄色预警，21时52分升级为暴雨橙色预警。7月22日22时左右，石坡镇黑山2小时累计降雨量达45毫米，县水利局通向县、镇、村各级责任人发布预警信息，按照防汛“人盯人防抢撤”机制，全力做好危险区群众撤离工作。7月23日零时，累计降雨量达105毫米，县水利局依据雨量监测实时数据信息，通过县山洪灾害监测预警平台第一时间向县、镇、村各级责任人发布预警信息，并报县防汛指挥部和石坡镇政府，石坡镇政府和各村委会按照防汛“人盯人防抢撤”机制，提前组织转移了周湾河流域黑山、王村、香山、周湾等4个村2200余名群众。最强降雨2小时133.8毫米，山洪致使群众房屋倒塌，道路、堤防、农田等基础设施水毁严重，由于预警及时，提前组织群众撤离，无一人伤亡。

第三章 抗旱措施

汉江流域位于秦岭和大巴山脉之间，水资源丰富但时空分布不均，降雨以秦巴浅山丘陵区和西部山区较多，主要集中在汛期，其他月份偏少。自有文字记载起，汉江流域即有干旱灾害记录，几千年历史中，流域人民为了生存与自然抗争，与干旱灾害斗争，但因生产水平不高，抗灾能力甚弱，造成了不可计数的生命财产损失。新中国成立以来，流域各级党委、政府坚持把抗旱救灾作为保稳定、促发展的重要战略任务，列入重要议事日程常抓不懈，发动干部群众加大水利基础设施建设，努力提高抵御干旱灾害能力，利用一切抗旱水源，加大抗旱灌溉保苗、应急供水保人饮，最大限度地减轻干旱灾害损失。

一、古代抗旱措施

陕西汉江流域古代水利设施薄弱，无灌溉条件的旱作区，面对十年九遇的旱灾，无力抵御，全部“靠天吃饭”。每逢天旱，各地民众聚众求雨。各县官府都设有“风云雷雨山川坛”，祭天祭地，“为民禳灾”。各县均设置社仓，推行“积仓赈贫”救灾措施。社仓分常平仓和义仓两种。常平仓由官府出资，丰年将粮食购入存储，灾年加息一成或二成借出。义仓由当地好义者捐献粮米或于赋外向富户别征，灾年散舍给灾民，谓之“放粮”。

人民群众在生产实践中逐渐摸索出一些较为有效的抗旱办法。

（1）干锄保墒。俗话说锄头上有三分水，干旱严重时，农民总是多次锄地，松土保墒。

（2）灌尿窝子保苗。群众说“泥里不死秧”，插秧换衣后遇到干旱断水，田里只要地皮不干，须立即用淡尿水逐窝浇灌，可保苗，遇雨仍可获丰收。

（3）夜灌。天旱严重，采取夜间浇灌田地，既可减少蒸发，又可使禾苗充分吸收水分；灌大块田水不够用时，要将田划成小块，由近及远逐块灌，群众称为“冲截截子”，可收省水灌透之效。

（4）田头打土井，利用渗水灌田。干旱时期，地表水水量减少，在一些地下水资源较为丰富的地区，发展井灌，缓解干旱对农业生产的影响。

（5）在河滩挖沙坑，截渗水或拦挡小流水浇地。干旱时节，流域各地的群众千方百计寻找水源，使用各种提水工具，日夜劳作，抗旱保苗。土法抗旱，在战胜一般旱灾中可起到一定作用，但对大旱却无能为力。

（6）推广抗旱作物和种植技术，前者如玉米、高粱、红薯等，其相对需水量较少，能够在一定程度上抵御干旱，后者如深耕、保墒、覆盖等，提高土壤的蓄水能力和水分利用效率。

在此基础上，人们通过修建灌溉渠道和水库水利工程来抵御旱灾，如修建山河堰、五门堰、杨填堰、金河堰等，这些水利工程对于当地的农业生产和抗旱起到了重要的作用。

二、近代抗旱措施

在近代，汉江流域的抗旱工作主要是通过加强水资源管理和提高灌溉效率来实现的。一是修建水利工程，如汉惠渠、湑惠渠、冷惠渠、褒惠渠等，并成立专门的水利管理机构各堰渠工程管理局负责水资源的调配和管理。二是通过制定合理的用水制度和规则，确保水资源的公平分配和有效利用。例如，按照农田的面积、作物的需水量等因素来分配灌溉用水，避免水资源的浪费和滥用。

三、现代抗旱措施

新中国成立后，根据汉江流域旱情特征和现状，流域各级党委、政府按照“先生活、后生产，先节水、后调水，先地表、后地下”的用水原则，加强部署、科学调度。陕西汉江流域进行了大规模的水利建设，如修建了丹江口水库、安康水电站等，这些水利工程不仅提高了汉江流域的水资源调配能力，还为当地的农业生产和经济发展提供了重要的支撑。进入 21 世纪以来，汉江流域的抗旱工作面临着新的挑战和机遇。为了应对这些挑战，汉江流域的各级政府和相关部门采取了一系列措施，如加强水资源管理、推广节水技术、提高灌溉效率、加强生态环境保护等。此外，汉江流域还积极开展了抗旱应急演练和抗旱物资储备等工作，提高了应对旱灾的能力和水平。

（一）组建抗旱服务队

当前，陕西汉江流域已形成了多支制度完善、管理规范、服务优良的抗旱服务组织队伍。

从 1996 年开始，汉江流域各市、县（区）按照陕西省统一部署和要求，加大投入力度，组建抗旱服务队。1996 年，汉中城固县、佛坪县、留坝县、西乡县、镇巴县经县政府批准建立抗旱服务队。2001 年，汉中市级抗旱服务队、宁强县抗旱服务队批准成立，连同“八五”时期成立的 5 个县级队，11 县（区）全部建立抗旱服务队。至 2020 年，安康市共建成各级抗旱服务组织 39 个，其中县（区）级抗旱服务队 10 个、乡镇和灌区抗旱服务队 29 个，基本形成了以县（区）抗旱服务队为主，延伸到乡镇及重点灌区的抗旱服务网络体系。10 县（区）抗旱服务队中，汉滨区、石泉县、平利县、旬阳县 4 县（区）为国家级抗旱服务队。宁陕县、紫阳县、镇坪县抗旱服务队为全额拨款单位，石泉县、旬阳县为差额拨款单位，汉阴县、岚皋县、平利县、白河县 4 县抗旱服务队为自收自支单位。

各级抗旱服务组织以“服务农业、服务农村、服务农民”作为工作重点，解决群众面临的抗旱难题，成为抗旱减灾的突击队和服务农民的排头兵。抗旱服务队通常由水利局组织和管理。在旱情发生时，水利局统一调度和指挥抗旱服务队工作，确保抗旱工作高效、有序进行。服务队成员包括专业的水利技术人员、设备操作人员等，他们具备相关的专业知识和技能，能够熟练操作各种抗旱设备，为抗旱工作提供技术支持和保障。主要工作内容包括：送水服务。在旱情严重导致部分地区人畜饮水困难时，抗旱服务队会安排送水车，往返于受旱地区送水，保障居民的基本生活用水需求。他们不仅将水送到居民家中，还会帮助居民将水存储到水箱、水窖等容器中，以便居民日常使用。设备支持与维修。为应对干旱，汉中抗旱服务队会组织开展抗旱抽水设备租赁和机具维修流动服务。他们为农民提供抽水机等设备的租赁，帮助解决一些地区因缺乏设备而无法及时取水灌溉的问题。同时，还提供设备维修服务，确保现有的抗旱设备能够正常运行，提高设备的使用效率。人工增雨作业协助。在具备一定气象条件时，积极配合气象部门开展人工增雨作业。通过发射增雨火箭弹等方式，促使云层中的水汽凝结成雨滴，增加降雨量，缓解旱情。

1998 年 3 月至 2000 年 3 月，城固县、汉台区、勉县先后通过全省第一、二、三批“国家级抗旱服务组织示范县”达标验收。城固、洋县等服务队开展抗旱节水和向柑橘、茶园、大棚菜供水服务项目，为农业增产作出贡献。汉台区、城固县、勉县、南郑县抗旱服务队获得全省抗旱服务组织建设先进集体、“质量、服务、效益年”活动先进集体、“文明抗旱服务队”称号，洋县引西抗旱服务队受到省防汛抗旱总指挥部表彰奖励。

2011 年，安康市发生冬春连旱，月河川道和东部山区出现了中度干旱，农作物受旱面积近 90 万亩。为支持各地抗旱减灾，国家对县级抗旱服务队进行了扶持，下拨 2000 万元抗旱设备购置资金，每个县各 200 万元，购置了应急送水车、移动灌溉设备、喷灌设备、简易净水设备等 6 大类设备，极大提高了县区抗旱服务能力。目前，安康市拥有抗旱设备固定资产 2311 万元，具有每天浇地 855 亩、一次送水 260 吨的抗旱能力。

2013 年，汉中地区遭受严重旱情，农作物受旱面积达 21 万亩，4 万人出现饮水困难。汉中市抗旱服务队开启抗旱机电井、泵站，动用送水车等，临时解决了部分群众的饮水困难。2014 年，汉中再次出现旱情，全市作物受旱面积 43.6 万亩，有 2.23 万人、1500 头大家畜饮水受到影响。各级抗旱服务队组织开展抗旱抽水设备租赁和机具维修流动服务，抽引零星水源，努力解决“水中旱”“水边旱”问题。

（二）抗旱应急预案编制

为了应对旱灾，汉江流域各市、县（区）每年修订编制抗旱应急预案，分析现有水资源现状和用水需求，制定抗旱应急水量调度工作方案，科学合理调配水源，最大限度地发挥现有水工程作用。采取截流、闸、挡，开启机井和抽水泵站提水以及人工担水等多种方式，千方百计缓解旱情。

1. 组织指挥体系及职责

落实以行政首长负责制为核心的防汛抗旱责任制，强化党委、政府防汛抗旱属地管理责任，实行党政同责、一岗双责。各级政府设立防汛抗旱指挥部，负责本行政区域的抗旱工作。例如，汉台区防汛抗旱指挥部由区委书记任政委，区长任指挥长。制定成员单位职责。各成员单位在抗旱工作中承担相应职责，如水利局负责水利工程抗旱运行与水源调度、农业农村局负责收集上报农业干旱灾情信息、气象局负责气象监测预报和人工增雨作业、电力局负责保障电力供应、公安局负责维护用水治安等。

2. 干旱灾害等级划分及预防预警机制

（1）干旱灾害等级划分：根据干旱灾害发生的范围、程度、受旱面积占比等因素，将干旱灾害分为不同等级，如轻度干旱、中度干旱、重度干旱等，以便针对不同等级启动相应的应急响应。

（2）预防预警信息：流域各地市建立了多渠道的旱情监测和信息收集系统，包括气象、水文、农业等方面的信息，以便掌握旱情发展趋势。预防预警行动：根据旱情预警信息，提前采取预防措施，包括加强水资源管理、储备抗旱物资、检修抗旱设备等。预警支持系统：建立和完善预警信息发布平台、通信网络等，确保预警信息能够及时、准确地传达给相关部门和群众。预警信息发布：利用气象、水文、农业等多部门的监测站点和设备，构建覆盖全市的旱情监测网络，实时掌握土壤墒情、河流水位、水库蓄水量等关键信息，对干旱灾害进行监测和评估，发布旱情预警信息。建立健全信息共享机制，气象、水利、农业等部门之间及时互通旱情信息，为抗旱决策提供准确的数据支持。同时，通过多种渠道向社会公众发布旱情信息，提高公众的知晓度和应对意识。

3. 应急响应

应急响应级别：根据干旱灾害等级，确定相应的应急响应级别，分为Ⅳ级、Ⅲ级、Ⅱ级、Ⅰ级等。响应行动措施：针对不同级别的应急响应，制定具体的行动措施，包括组织抗旱队伍、调配抗旱物资、实施节水措施、开展人工增雨作业、保障城乡供水等。信息报送：建立健全旱情信息报送制度，规定各部门、各单位在旱情发生时的信息报送内容、报送渠道和报送时限，确保信息的及时、准确和完整。指挥调度：明确抗旱工作的指挥调度机制，确保各部门、各单位在抗旱工作中能够协调配合，高效开展工作。社会力量参与：鼓励和引导社会力量参与抗旱工作，如社会组织、志愿者、企业等，形成全社会共同参与抗旱的良好局面。信息发布：及时向社会发布旱情信息和抗旱工作进展情况，回应社会关切，增强公众的抗旱意识和信心。

4. 保障措施

信息监测保障：加强旱情监测设施的建设和维护，确保监测数据的准确性和可靠性。应急支援保障：储备足够的抗旱物资和设备，如水泵、输水管道、运水车等，并建立物资调配机制，确保在抗旱工作中能够及时调用。技术服务保障：组织相关专家和技术人员，为抗旱工作提供技术支持和指导，提高抗旱工作的科学性和有效性。依法抗旱保障：加强对抗旱工作的执法监督，严厉打击破坏抗旱设施、盗水、霸水等违法行为，维护抗旱工作的正常秩序。

（三）抗旱工程建设

1. 工程建设

（1）水库建设与除险加固

新中国成立以来，陕西汉江流域根据需求规划新建了一系列水库来增加水源储备，如汉中石门水库、红寺坝水库，安康黄石滩水库、洞河水库等。同时定期对现有的水库进行除险加固，提高水库的安全性和蓄水能力，如石门水库除险加固工程，解决了大坝安全鉴定中指出的“病险”问题，对保障各地市中心城区生活用水、农业稳产增产和经济社会发展发挥了重要作用。

水库工程的建设，有力提高了供水服务和抗旱能力。1979 年，汉中地区发生春夏旱达 3 月之久，伏旱 1 月左右，60 万亩水稻断水受旱。但由于水利设施发挥作用，全区粮食作物总产量仍达到123.65万吨，与上年123.79万吨基本持平。从1978年以来，汉中地区插秧结束期，由原来以夏至（6月21日或22日）为限，提前到6月15日以前（高产插秧期）。1982年以来，又提前到6月10日左右。这些都显示了水利设施灌溉效能的不断提高。至1995年，汉中全区旱涝保收面积134.39万亩，占有效灌溉面积的68.6%。1994年、1995年大旱，据群众反映，干旱程度不次于民国十七年、民国十八年，由于水利设施、现代抗旱机具发挥作用，粮食仍获得较好收成。

（2）塘库建设与改造

在旱情较为严重的乡镇地区，通过建设和改造塘库，抢打机井等，提高其蓄水、供水能力。例如汉台区投资实施引调水工程，加固改造塘库86座，增加了塘库的蓄水量，改善了周边的灌溉和养殖条件。同时将渠道水和池塘水相互调配，充分利用池塘等小型蓄水设施的蓄水，在干旱时期为周边农田提供灌溉用水，提高水资源的利用效率。

（3）应急备用水源建设

为了应对突发的干旱情况，流域各地市建设应急备用水源。

汉中市有多个应急备用水源工程。略阳县城区应急备用饮用水水源保护区规范化建设项目，2024年1月12日发布招标公告，项目投资总额为477万元，通过新建隔离围网、界桩、界标、警示牌等设施，保障应急备用饮用水水源的安全。

汉中市石门供水工程是2017年7月启动的城区应急备用供水工程。包括石门水厂及其输水干管的技术改造工程，以及与石门水厂技改工程配套的石门供水加压服务站工程。设计供水量10万吨每天，建成后可向中心城区实施应急供水，与长林水源地互为备用水源，多渠道保证中心城区用水需求和安全。

勉县长林供水工程是汉中市中心城区继石门供水工程后的又一重大供水民生工程，也是中心城区备用水源。设计规模15万吨每天，总投资11.6亿元，于2018年6月立项，2019年10月开工建设。项目建设内容包括90座水源井、26.36千米取水管线、13.19千米输水管线，以及净水厂和其他附属工程。截至2021年底，一期46口水源井及取水管道、输水管道、净水厂已全部建成，可日供水11.3万吨，满足中心城区及未来5年供水需求。后续还将根据人口及用水需求，进一步建设备用的44口水源井，投用后将覆盖南郑、勉县部分城乡区域供水。

勉县应急备用水源井：2023年，勉县根据实际情况确定县城现有的2号、6号、7号、8号、10号水源井作为应急备用水源。这5口水源井全天可满足取水量为8000立方米，且均实行单井保护，多年来水质一直符合生活饮用水标准。

岚皋县城应急备用水源项目：2010年5月16日，该项目可研报告顺利通过评审。取水点选在蔺河口电站厂区用水压力管道，输水管道全程长度520米，蓄水池容积1000立方米。项目建成后可解决城镇居民4万人应急吃水问题，对于缓解供水压力、维护社会稳定、保障人民群众的生活健康、改善县城的投资环境等起到积极作用。

安康市2014年度抗旱应急水源工程：2014年10月22日下午，陕西省水利厅、省财政厅共同主持审查了《安康市2014年度抗旱应急水源工程实施方案》。安康市水利局、财政局分两批下达吕河镇、赤岩镇抗旱应急水源工程建设资金 937 万元（吕河项目 490 万元、赤岩项目 447 万元），其中中央资金 600 万元（吕河 282 万元、赤岩 318 万元），地方配套 337 万元。实际到位资金 600 万元。2017 年 7 月 11 日，旬阳县 2014 年度抗旱应急水源工程通过竣工验收。吕河镇应急水源工程和赤岩镇应急水源工程运行以来，未出现安全事故，年供水量达 34.56 万立方米，解决饮水人口 1.87 万人，灌溉农田约 3000 亩，尤其是有效缓解了 2016 年出现的严重夏伏旱期间的人畜饮水困难，较好地发挥了抗旱应急水源项目功能，社会效益明显。

旬阳县 2015 年、2016 年度抗旱应急水源工程：工程共核定总投资 1465.38 万元，其中中央专项资金 1170 万元，县级配套资金 295.38 万元，主要任务是在各集镇现供水系统受到自然灾害影响时，为集镇提供应急水源，确保饮水安全。2018 年 6 月 6 日，旬阳县 2015 年、2016 年度抗旱应急水源工程通过竣工验收。小河、赵湾、段家河、蜀河镇项目年供水量约达 71 万立方米，解决人口 5.71 万人，农田受益面积约 500 亩，解决了枯水期集镇供水量不足难题，有效缓解了 2017 年严重夏伏旱期间的人畜饮水困难，充分发挥了抗旱应急水源工程的减灾效益。旬阳县是国家级贫困县，5 个抗旱应急水源项目区内贫困人口约 5600 人，项目的实施有效解决农田、果树等作物受旱歉收问题，贫困群众受益较大，扶贫减灾效益显著。

紫阳县汉江渗井抽水工程：紫阳首个备用水源工程，于 2012 年 9 月 28 日正式投入运行。工程总投资 360 万元，铺设直径 200 毫米管道 520 米，开挖输水隧洞 480 米，渗井取水塔深 32 米。共放置 4 台高压水泵，日提水能力 3200 立方米，可满足县城近 2 万人的生产和生活用水。

山阳县还设立了多个抗旱应急水源项目，包括城关街办、银花镇、杨地镇的抗旱应急水源工程建设项目，户家塬镇桃园村抗旱应急水源工程以及漫川水厂等。

2. 应急设施建设

抗旱机井建设：当遇到干旱天气，地表水供应不足时，通过抽取地下水来满足农业灌溉和居民生活用水的需求。汉中市在抗旱过程中会启动备用水源井，保障用水。临时抽水设施建设：在河流、湖泊等水源地附近，建设临时抽水设施，如临时抽水泵站等。在干旱期间，可以快速抽取水源，为周边地区提供应急用水。输水管道建设：铺设输水管道，将水源地的水输送到用水区域。输水管道可以减少水在输送过程中的蒸发和渗漏，提高水的输送效率。

（四）物资储备与调配

新中国成立以来，各级政府每年都有抗旱资金投入，主要作为抗旱油料、电费补贴和临时性抽水站等水利设施建设费用，以及人畜饮用水特困区远距离拉水运费。流域各县（区）出台相关的应急物资储备管理办法，建立市、县、镇三级应急救援物资储备库，对水泵、输水管、运水车、抗旱剂等抗旱物资进行储备和管理，并实施信息化动态管理，确保物资储备充足、质量可靠。根据旱情的发展和需求，建立科学合理的物资调配机制，确保抗旱物资能够及时、准确地调配到受旱地区和群众手中，提高物资的使用效率。

山阳县抗旱应急水源项目——漫川水厂（2016年摄）

2016 年 3 月至 2017 年 1 月，安康市建成防汛抗旱应急物资库。建筑总面积 1711.77 平方米。建设内容含物资库房（含恒温恒湿库房）、生产用房及附属用房、恒温恒湿设施、消防喷淋设施、专用变压器等。物资库面积居陕南 3 市第一，具备承担陕南区域防汛抗旱物资中心库的能力。2012 年，镇坪县争取抗旱资金 150 万元，统一购置一批抗旱物资和设备，配备抗旱运水车 2 辆、净水设施 2 台（套）、各类水泵 30 余台等。2023 年，佛坪县补充储备发电机 2 台、编织袋 1 万余条、各种类型水泵 200 余台、高压软管 1000 卷、铁铲 50 余把、救生衣 100 余件等各种抗旱应急抢险物资 10 余种。

1978 年 6 月，国家下拨汉中市抗旱经费 38 万元，实现大旱之年农业生产仍获丰收。1988 年夏旱，汉中市下拨抗旱资金 13.3 万元，群众自筹 26 万元，维修配套抽水设施 185 处，尽量截水、抽水，开源节流，减轻灾害损失，保住秋粮丰收，取得了显著的经济效益和社会效益。2011 年，汉中市争取中省资金 1600 万元，完成 8 个县（区）抗旱服务队抗旱设备采购。2012 年，汉中市争取中省防汛抗旱资金 685 万元，用于抗旱设备设施购置和防汛抗旱应急工程修复。

（五）用水管理与调度

在用水管理方面，旱情发生时，流域各地市制订严格的用水计划，根据不同区域的旱情程度、用水需求以及水源状况，合理分配水资源。优先保障城乡居民生活用水，然后是重点工业企业和农业生产用水。实行用水定额管理，对不同行业和用户制定用水定额标准，超过定额部分实行累进加价收费，以促进节约用水。加强用水计量管理，安装完善的计量设施，确保用水数据的准确性和可靠性。同时，对用水大户进行重点监控，防止浪费水资源。

20世纪60年代，群众挑水抗旱

在用水调度方面，一是建立统一的用水调度机制，各地市成立了抗旱用水调度指挥中心，负责本区域的抗旱用水调度工作。统一协调水利、农业、气象等部门，形成工作合力。制订科学合理的用水调度方案，根据旱情发展变化及时调整调度方案。确保水资源在不同区域、不同行业之间的合理分配和高效利用。二是加强水源工程调度。充分发挥各类水源工程的作用，合理调度水库、塘坝、河流等水源。在旱情严重时，优先利用地表水，合理开采地下水，确保水源的稳定供应。对水库进行科学调度，根据用水需求和来水情况，合理调整水库蓄水位，确保水库在抗旱期间能够发挥最大效益。同时，加强对水库的安全管理，防止因干旱导致水库出险。三是实行跨区域调水。在局部地区出现严重旱情而本地水资源无法满足需求时开展跨区域调水。与周边地区建立协调机制，共同协商调水方案，确保调水工作的顺利进行。同时，合理确定调水价格，保障调水工作的可持续发展。四是强化应急用水调度。制定抗旱应急用水调度预案，明确在紧急情况下的用水调度措施和保障机制。当旱情发展到严重程度时，启动应急用水调度预案，采取紧急措施保障生活用水。

建立应急水源储备制度，提前储备一定数量的应急水源，如地下水井、应急蓄水池等。在紧急情况下，能够迅速启用应急水源，缓解用水紧张局面。

（六）推广抗旱产品和抗旱技术

面对“十年九旱”的基本水情，汉江流域各市、县（区）始终把发展旱作农业作为抗旱的一项基础性工作来抓，定期开展抗旱技术培训和宣传教育活动，提高干部群众的抗旱意识和技术水平，组织农业、水利等方面的专家和技术人员深入受旱地区，推广抗旱品种，为群众提供抗旱技术指导和服务，如地膜覆盖技术，秸秆还田、黄腐酸旱地龙非工程生化抗旱技术等农业新技术，减少旱灾损失，增强全社会的抗旱能力。

1997 年，汉中市、县（区）水利部门成立推广示范领导小组，建立旱地龙销售网，通过典型示范、现场推广，销售产品 18 吨，农作物施用面积 4000 万公顷。1998 年，各地抗旱服务队实施小麦拌种面积 693.33 公顷、喷施面积 1553.33 公顷，喷施油菜面积 1080 公顷、经济林果面积 166.67 公顷，施用旱地龙固体肥近 5 吨。

1998 年，洋县引西抗旱服务队把旱地龙固体肥推广应用于大棚菜、果树等农作物，抗旱效果显著。销售旱地龙固体肥 60 吨，受到陕西省水利厅表彰奖励。2000 年，组织群众抗旱施用黄腐酸旱地龙，施用粮食面积 1866.67 公顷、蔬菜 2153.33 公顷。2002 年下拨旱地龙固体肥 10 吨，旱地龙固体肥推广项目获市政府“科学技术进步二等奖”。

1999 年，安康地区出现百年不遇的特大旱灾，给夏、秋两季粮油作物造成严重威胁。灾情一出现，全区迅速抽调 2000 余名农业技术干部，深入农村第一线，全力以赴抗旱救灾，并及时提出改种扩种洋芋、增种秋菜和加强田间管理等救灾措施，有效减轻了灾害损失。

第四章　防汛抗旱典型实例

新中国成立以来，汉江流域各级党委、政府始终把防汛抗旱工作作为保障社会稳定、促进经济发展的重大措施来抓，每当发生大的洪灾、旱灾时，各级防汛、水利、民政、交通等部门和驻地部队、武警官兵密切配合，协同作战，夺取了一次次抗洪抗旱抢险的胜利。

一、抵御“81·8”汉江上游暴雨洪水

1981年7月6—15日，陕南29个县、市普降大雨、大暴雨，各河均出现较大洪水。8月8日至9月13日，陕南西部及宝鸡秦岭山地阴雨日均在30天以上，尤以8月13—24日降水量和暴雨始终集中在凤县、留坝、南郑、宁强、略阳等县范围，暴雨中心位于宁强及略阳一线，庙坝、冷雨、茶店等站总降雨量超过600毫米，暴雨中心庙坝为651.1毫米，600毫米以上笼罩面积480平方千米。8月21日，宝鸡市区和凤县6小时降雨105毫米，暴雨中心小五岭最大降雨213毫米，覆盖面积9300平方千米。长历时、高强度暴雨，使汉江、嘉陵江、渭河上游暴涨。8月21日，凤县双石铺最大洪峰3450立方米每秒，8月19日、21日、22日，洪水三进略阳县城。略阳站8月19日至9月7日出现5次洪峰，22日4时7分洪峰流量8630立方米每秒，相当于250年一遇。略阳县城十字路口中心水深达8.59米，除高台新城制高点外，几乎全城淹没。汉江汉中水文站大于5000立方米每秒的洪峰出现6次，其中8月22日3时48分洪峰流量达9520立方米每秒，洋县站洪峰流量达13800立方米每秒。这次陕南与宝鸡西部大雨，汉江、嘉陵江和渭河等暴涨泛滥，酿成大灾，并有洪涝、滑坡、泥石流等灾害。安康和商洛地区以涝灾为主，兼有山灾和部分洪灾。据凤县、略阳、宁强、勉县、留坝、南郑、太白等县不完全统计，共发生滑坡、溜塌、泥石流3万余处。宝成铁路红花铺车站北端庙沟流出来的泥石流埋没了一列运煤货车6节车厢，煤面堆积泥石最高达3.5米。宝成铁路凤州段沿线滑塌92处，毁坏路基44处、大中桥梁10座，压埋车站3处，致使宝成、陇海铁路运输分别中断61天、28天。宝汉公路冲毁路基约130段计39.46千米。工厂、矿山、公路、邮电、财贸等损失在陕南均很严重。据统计，陕南29个县（市）共有38万户181.4万人受灾，重灾达27.28万人，死亡369人，伤6055人，倒塌房屋186961间，冲走、霉坏粮食6311万千克，受灾农田达305万亩，冲毁农田12.2万亩；冲毁河堤4600处，总长956千米，冲毁渠道长1903千米。此次洪涝灾害给陕西省造成直接经济损失总计约为20.83亿元，其中汉中地区最大，仅农村损失就达8亿元，宝鸡地区凤县、千阳、陇县等地农村损失115亿元，安康地区以洪涝为主，受灾和成灾面积分别为前11年总和的2.1倍和2.3倍。

党和政府对这次涝灾害非常重视，8月23日和9月10日，中共陕西省委、省政府和中共中央、国务院先后致电慰问汉中、宝鸡受灾地区。10月2日，时任国务院副总理杨

静仁率中央慰问团抵陕慰问受灾群众，检查指导救灾工作。10月15日，陕西省委、省政府组织救灾委员会，发动机关干部为灾区捐粮163.5万千克，衣物39.5万件，人民币9.6万元。中央专拨救灾款3015万元，救灾粮6000多万千克。

二、抵御“83·8”汉江安康暴雨洪水

1983年7月27日起，以汉中地区南郑红寺坝为中心，普降大雨和暴雨，27日、28日两天降雨量达344毫米。7月30日，雨区东移，安康西部地区出现暴雨、大暴雨，暴雨中心在紫阳的瓦房店、红椿一带，总雨量达235毫米，安康以上各河流暴涨。7月31日上午8时，汉江安康站洪水流量为13500立方米每秒。9时30分，李庆伟省长主持召开陕西省政府紧急防汛会议，11时30分，徐山林副省长电话下达撤退命令。20时30分，安康城堤6处决口，汉江洪水从西、北、东三面漫过安康城墙，淹没老城，低洼处水深13米以上，水位超过北城墙3米，县招待所楼房3层水涌，许多楼房顶挤满了逃水居民，全城一片汪洋。8月1日凌晨1时30分，洪峰流量达31000立方米每秒，水位高达257.25米（黄海），使安康城遭灭顶之灾，共计死亡870人，倒房3万余间，直接经济损失达4亿元。洪水位高出安康汉江大桥桥面数米，大桥安然无恙。同时，紫阳、旬阳、白河等县城也先后进水遭灾。据统计，此次洪灾共给安康全地区造成公、私财产损失达7.22亿元。

党和政府对安康洪灾极为重视，各方大力支持。8月1日，陕西省政府派省水利水保厅副厅长刘璞乘飞机负责空投救灾物资，安康军分区和安康武警部队全力投入抢险救灾。驻安康的基建部队出动1200人、170多辆汽车到抢险救灾第一线。总后勤部西安基地两个舟桥连部队109人日夜兼程赶赴灾区。兰州军区调拨了橡皮舟、救生衣、救生圈等支援救灾。武汉军区出动空军空投救生设备和食品。党中央、国务院致电慰问并派来慰问团，副总理万里、李鹏及中央各部委10多位负责人抵达安康慰问受灾群众，检查指导抗洪救灾。陕西省政府也派出救灾工作组奔赴安康。安康洪水灾害损失惨重，教训深刻。灾后，由中央纪律检查委员会、中央组织部和中共陕西省委组成工作组，专门对灾害发生情况进行调查，一致认为此次严重灾害，既有不可抗御的重要因素，也有工作上的失误。为此，中纪委决定：对负有抗洪领导不力责任的中共安康地委书记强怀远，地委副书记黄克礼，地委副书记、行署专员张如乾给予撤销职务处分。

三、抵御“00·7”镇巴、紫阳暴雨洪水

2000年7月11日至14日，在陕西镇巴县东南部及紫阳县西南部区域发生特大暴雨，致使山洪暴发，任河高滩站出现建站以来最大洪峰，支流麻溪河、盘湘河、朱溪河等出现超100年一遇洪水。暴雨引起山洪泥石流，滑坡等灾害，损失惨重。

据统计，本次暴雨洪灾，造成紫阳县29个乡镇21.8万人受灾，重灾区主要为联合、瓦庙、毛坝、高桥等乡镇，因灾死亡226人，伤365人。襄渝线毛坝麻柳段一座桥梁被泥石流冲毁，铁路中断运行75小时，冲毁公路393.29千米，桥涵11处，输电线路312.9千米，通信线路147.5千米，倒塌房屋15948间，4196户共计18043人无家可归；冲毁耕地6.73万亩，

水田 0.6 万亩；3 个乡政府、3 个卫生院、47 所学校、15 个厂矿企业的房屋、厂房及设备不同程度地遭到破坏，直接经济损失 1.3 亿元。

面对暴雨洪水灾害，陕西省和国家有关部门高度重视，迅速调拨价值 74 万元的衣物、帐篷、粮食等救灾物资运抵灾区，并迅速派 19 个医疗队 77 名医护人员深入灾区开展救护及防疫工作。

灾情出现后，安康、汉中市委、市政府及紫阳、镇巴县委、县政府高度重视，认真贯彻省市指示精神，有关领导组成工作组，冒雨赶赴灾区指挥抢险救灾工作，及时将救灾款和救灾物资发至灾民手中，积极开展生产自救，组织抢修电线、恢复交通，妥善安置灾民，千方百计保证受灾群众有衣穿、有饭吃、有临时居住所，有病能及时医治。各乡镇主要领导坚守工作岗位，及时组织群众全力以赴抢险救灾，县乡两级干部深入村组、农户，具体组织生产自救工作。

四、“02·6”汉江漂浮物打捞

2002 年 6 月 8—9 日，汉江上游普降暴雨，汉中市一些地方和安康市宁陕县、石泉县遭受特大暴雨袭击，山洪暴发，河水泛滥，给当地经济社会发展、基础设施建设和人民生命财产造成巨大损失。灾害链条迅速延伸，在很短时间内，暴雨和山洪将大量树木杂物、人畜尸体冲入汉江，在安康市紫阳县洞河镇至汉滨区流水镇 23 千米的江面上聚集了百万立方米漂浮物，汉江航道中断，安康电站大坝安全受到严重威胁，并潜藏着污染汉江水质和引发疫病的极大隐患。据国内资料记载，此灾在全国江河尚属首例。国务院总理温家宝得知此情后提出了：“确保安康电站大坝安全，确保汉江、丹江、长江水质不受污染，确保灾后不发生大的疫病”的三大目标。陕西省委、省政府与安康市、县政府迅速行动，在防洪抗灾同时，按照“三个确保”的要求，组织开展了一场波澜壮阔、史无前例的打捞防疫的人民战争。历时一个多月的打捞工作分为三个阶段：第一阶段（6 月 10—17 日），主要由市、县（区）组织沿江群众和专业打捞队进行打捞防疫；第二阶段（6 月 18 日至 7 月 3 日），由副省长王寿森及所率领的省委、省政府协调督查组坐镇指挥，以部队、武警和民兵为主，实施打捞防疫会战；第三阶段（7 月 4—20 日），主要由汉滨区负责打捞扫尾和继续搞好防疫工作。截至 7 月 6 日，整个打捞防疫工作累计投入打捞防疫和后勤保障力量 10 万人次，其中部队和武警官兵 1882 人（四十七军工兵团防化连 383 人，济南军区舟桥团 328 人，武警陕西总队 1171 人）；组建 3 个民兵团动员民兵预备役人员 1605 人；征调各类船只 550 余艘，累计出动 7500 余艘次。累计打捞遇难者尸体 152 具、牲畜腐体 910 头、木材浪渣 92.75 万立方米；防疫工作取得良好效果，同期疫情报告显示两岸人群中传染病和感染腹泻发病率低于灾前水平。“三个确保”目标胜利完成。

五、抵御“07·7”陕南多中心暴雨洪水

2007 年 7 月 1 日至 8 月 9 日，汉江流域陕南汉中、商洛、安康三市先后出现了 5 次较大范围暴雨过程，其中 7 月 4—6 日、27—29 日，8 月 7—8 日发生了 3 次高强度的大暴

雨过程，局地出现特大暴雨。受暴雨影响，汉江、丹江干支流普遍出现洪水过程，局地特大暴雨导致汉中市洋县一座小（2）型水库溃坝，陕南三市多地发生山洪、滑坡、泥石流及暴雨内涝灾害。安康、商洛市灾情最为严重。

陕南汉中、商洛、安康三市13县（区）222个乡镇130.84万人不同程度受灾。倒塌、损坏房屋15.24万间；因山洪泥石流死亡48人（其中商洛23人，汉中2人、安康23人）、失踪63人（其中商洛26人、安康37人）。农作物受灾面积256.17万亩，毁坏耕地7.93万亩，水毁公路1869.7千米、桥涵554处，造成安康晓道、新坝等10个乡镇及商洛主要县道和36个乡镇、500个村交通中断；供电线路倒杆1110根，损坏供电线路195千米、通信线路616.4千米，造成洋县6个乡（镇）及商南、丹凤县部分乡（镇）通信中断；水毁供水管道344.2千米、江河堤防446千米、堰渠410条、人畜饮水工程78处，汉中市洋县四个小（2）型水库漫溢垮坝。洪灾造成直接经济损失13.14亿元。

面对严重暴雨洪灾，在陕西省委、省政府的坚强领导下，全省各级防汛指挥机构精心组织，果断指挥，科学防控。各地各部门紧急动员、协同作战、奋力抢险，防汛抗洪工作扎实有效开展.最大限度地减少了人员伤亡和灾害损失。

六、抵御“10·7”汉江、丹江暴雨洪水

2010年7月13—25日，汉江、丹江流域出现一次大范围、高强度降雨过程，汉江、丹江流域陕西境内面平均降雨量为212毫米、233毫米，丹凤县武关站、铁峪铺站最大24小时降雨量为245毫米、247.1毫米，均超过100年一遇暴雨，其中武关站洪峰超历史记录（1987年6月4日181.5毫米）；紫阳县茅坝关站最大24小时降雨量为200毫米，接近100年一遇。紫阳县高滩站最大1日、3日降雨量分别达125毫米、299毫米，均超过历史纪录，茅坝关站3日降雨量323毫米，洪峰接近历史纪录，岚皋县岚皋站3日降雨量218毫米，洪峰超历史纪录。

汉江安康段出现继“83·8”特大洪水以来最大洪水，部分支流出现超100年一遇特大洪水或建站以来最大洪水。安康水库最大入库流量25500立方米每秒，为安康水库建成以来最大洪水，重现期相当于50年一遇洪水。经水库调节，安康水文站洪峰流量21700立方米每秒，为安康水文站1934年建站以来第三大洪水，重现期为20年。

暴雨洪水诱发安康、商洛部分县区泥石流、滑坡次生灾害数百处，部分村民来不及撤离，造成人员群体伤亡。暴雨洪灾还导致安康城东坝片区和白河、旬阳、镇巴等3座县城进水，汉台区东方红水库发生坝坡滑塌险情，旬阳县3座尾矿坝发生漫溢过流，25座水库发生超汛限蓄洪。安康城东坝片区8平方千米受淹，最大水深6米，白河县城1.5平方千米受淹，最大水深10米左右；旬阳县城1.5平方千米受淹，最大水深2米左右。洪水造成倒塌房屋8272间，紧急转移人口114944人，因暴雨山洪泥石流滑坡死亡19人，失踪93人。重灾区电力、通信、交通等基础设施大量毁坏。安康市1/3县乡道路中断毁坏，重灾区群众耕地和房屋荡然无存。暴雨洪水期间，陕西省委、省政府领导和防汛工作部门领导亲临抗洪抢险一线指挥，组织出动抢险队伍，调拨抢险物资。安康市人民政府及时转

移群众 71200 人，避免了洪水灾害造成人员伤亡。

七、抵御“11·9”安康秋淋

秋淋在陕南多有发生。2011 年 9 月，安康市出现严重秋淋，先后经历了 3 次长时间、大范围秋季连阴雨和区域性暴雨天气过程，降雨量偏多 1 ~ 3.8 倍。强降雨造成 6 条江河 12 次出现超警戒流量以上洪水，汉江干流沿岸安康城区、旬阳县、白河县出现超警戒流量洪水，安康水库于 18 日 21 时迎来最大洪峰 19000 立方米每秒。秋淋洪水发生后，安康城区、白河县、旬阳县防汛指挥部分别发布了一号、二号命令，组织群众防汛救灾。秋淋导致 10 县（区）131 个镇（办）受灾，倒房 2499 间，直接经济损失 3.66 亿元，但由于安康市各级党委、政府高度重视，超前部署，快速反应，汛情发生后，各级领导干部深入一线全力投入抗洪抢险，全市紧急转移群众 3.5 万人，没有发生人员伤亡。

八、抵御 1979 年干旱

1979 年，汉中春夏连旱达 3 个月之久，8 月又出现 1 个月左右伏旱，雨量比正常年少四成至八成。略阳、留坝、佛坪等山区先后发生旱灾。各主要水稻灌区，插秧用水十分紧张，江河流量急剧下降，塘库干涸，致使插秧推迟到 7 月 3 日结束。浅山丘陵塘库灌区，从育秧开始水量奇缺，天落堰灌区采取借田育秧。石门水库水位 7 月 3 日低于设计死水位 5.08 米，西干渠从 6 月 15 日至 7 月 5 日，有 20 天吊空，东干渠有 10 天引不上水。冷惠渠从 6 月 10 日至 7 月 3 日，渠道平均流量仅 2.34 立方米每秒，最小时 6 月 17 日下降到 1 立方米每秒。红寺坝、南沙河、说河等三座中型水库，均接近死库容。全区 341 座水库，放干者 271 座；20300 口水塘，放干者占 80.9%。151.7 万亩水稻，有 60 万亩断水；183 万亩玉米和秋杂粮，有半数以上严重受旱。据 9 个县统计，有 715 个生产队、9.52 万人吃水发生困难。汉中地区抽调各部门领导和干部组成抗旱工作组，分赴各县发动群众指导抗旱。各县动员各方面力量，从人力、技术、物资上积极支援所在县的抗旱。中、省、地、县厂矿、单位，共组织支农小分队 160 余个，690 多名技工、技干深入抗旱现场，帮助社队安装检修各类提水机械 2350 台，支援柴油机、电动机、发电机、水泵、变压器等 286 台，各种配件 1120 多件和一批水管、电缆线等，有力解决了基层抗旱中的实际困难。石门水库管理局、汉中县、水电部第三工程局等组织了灌区抗旱抽水会战，在石门水库采用浮船抽水，装机 5 台，向东干渠抽引水；在水库坝外安装 5 台机泵，扬程 60 米，从褒河抽水，调节东干渠；并恢复原武乡四级抽水站的一、二级，提抽南干渠的水，以解决老君、武乡、赵庄等公社近 2 万亩水稻用水。旱期中，驻汉空军积极配合抗旱，进行飞机人工降雨作业 10 多架次。经过 2 个多月的抗旱，全区当年实际灌溉面积为 170.6 万亩，比 1978 年减少 6.7 万亩，粮食总产量为 123.65 万吨，与 1978 年 123.79 万吨基本持平。

九、抵御 1988 年干旱

1988 年，汉中发生夏旱，5 月 6 日至 7 月 2 日持续干旱 57 天，1—6 月降雨量比历年同期平均值减少三成至四成，全市 47 座水库有 17 座干涸，555 口池塘有 427 口无水，47 处河沟断流，125 眼机井干枯。石门水库马道来水流量锐减至 4.43 立方米每秒，全市受旱面积达 12.5 万亩，其中严重死苗的水稻、秋杂粮共 16862 亩，10988 人、248 头牲畜饮水困难。市委、市政府组织干部和群众，千方百计抗旱保苗，并拨抗旱资金 13.3 万元，群众自筹 26 万元，维修配套抽水设施 185 处，尽量截水、抽水，开源节流，减轻了灾害损失，保住了秋粮丰收。

十、抗御 2006 年干旱

2006 年 6 月、7 月、8 月，安康连续出现罕见的少雨干旱、持续性高温天气，最高气温达到 42 摄氏度。37 摄氏度以上气温有 20 多天，比历年同期偏高 2 ~ 4 摄氏度，而降雨量却比历年同期减少四成到九成，遭受了 50 年不遇的特大旱灾。汉江出现自 1935 年有水文记录以来的最低水位。全市 112 座水库、1.5 万个堰塘和 43 万口水窖的蓄水基本耗完。35 万人出现饮水困难，全市 304 万亩秋粮作物全部受旱，农作物成灾面积 189 万亩，49 万亩干枯绝收，全市秋粮总体减产 30%，因灾经济损失 5 亿多元。安康市委、市政府号召全市迅速开展抗旱保秋工作。各级政府及有关部门组织机关干部深入基层、农村，首先解决群众人畜饮水问题，制定针对性的抗旱措施，将干旱带来的损失降到最低限度。按照发电服从灌溉的原则，科学合理调配水源，最大限度地发挥水利工程设施的抗旱功能。

十一、抵御 2011 年干旱

2011 年，由于冬春连旱，汉中市近 100 万亩农田受旱，2 万人、1 万余头牲畜饮水临时发生困难。汉中市政府发动群众采取蓄、引、提、灌相结合的措施，完成冬春灌 88.5 万亩。争取中省资金 1600 万元，完成 8 个县（区）抗旱服务队抗旱设备采购，夏插夏灌期间，各灌区科学调配水量，保障 145 万亩水稻灌溉用水。

2011 年，安康市发生冬春连旱，月河川道和东部山区出现了中度干旱，农作物受旱面积近 90 万亩。为支持各地抗旱减灾，国家对县级抗旱服务队进行了扶持，下拨 2000 万元抗旱设备购置资金，每个县各 200 万元，购置了应急送水车、移动灌溉设备、喷灌设备、简易净水设备等 6 大类设备，极大地提高了县（区）抗旱服务能力。

十二、抵御 2014 年冬春连旱和夏伏旱情

2013 年 11 月至 2014 年 3 月，安康市大部分地区未出现有效降雨（雪）过程，汉江、任河、月河等主要江河径流量较多年偏枯二成至四成，大中型水库水位较低，小型水库及堰塘蓄水普遍不足。加之开春后气温略偏高，田间水分蒸发量加剧，土壤墒情下降，给春播生产和人饮造成了一定影响，全市受旱面积 7 万亩，宁陕县城一度出现停供限供、分区分时供水问题，农村 1.21 万人口饮水受到影响。月河川道个别地方一度出现无水育秧、等水栽秧现象；进入 6 月，汉滨区五里镇月河灌区内近 200 亩稻田还出现无水灌溉的情况。进入 7 月后，持续高温少雨，降雨量比多年平均值偏少一成至六成，汉江及主要支流径流偏枯

四成至八成，中小型水库、堰塘蓄水较往年偏少二成至五成。土壤墒情下降至60%以下，夏伏旱显现并加剧发展，其中，旬阳、汉滨、宁陕、石泉、紫阳5县（区）达到中旱等级。截至9月5日旱情统计，全市有33.63万亩农作物受旱，其中重旱面积4.81万亩，绝收4.3万亩；全市有5.16万人出现临时饮水困难，中心城区江北片区供水中断长达7天，宁陕、旬阳、白河、平利等县城出现短时供水中断问题。面对旱情，全市共投入抗旱人数2.3万人，抗旱设备1530余台（套），出动拉水车810辆次，抗旱灌溉16.8万亩次，解决饮水困难群众4.98万人。9月9日至16日，强秋淋过程后，旱情得以解除。

十三、抗御2016年干旱

2016年7月下旬至9月8日，安康市出现自1961年以来最长持续高温晴热天气，持续时间长、范围广、强度大，8月12日至25日全市除宁陕、镇坪县外连续14天出现≥35摄氏度高温天气，特别是旬阳县连续5天日最高气温突破40摄氏度，其中8月18日、19日最高气温分别达到42.3摄氏度、43.7摄氏度，突破安康日最高气温历史极值；9月8日旬阳、白河、紫阳、岚皋、汉滨5县（区）最高气温≥37摄氏度。8月全市平均降水量仅40毫米，同比偏少七成；主要江河径流偏枯，其中汉江安康段、子午河、岚河、蜀河偏枯四成至六成，汉江石泉段、任河、池河、月河、恒河、黄洋河、坝河偏枯七成至八成，白石河偏枯九成以上，有106条河流沟溪断流；全市116座中小水库蓄水偏少五成至七成。受持续晴热高温少雨影响，土壤表层严重缺墒，白河、旬阳、汉滨、紫阳、平利等县（区）出现中度以上干旱，局地出现重旱。截至9月12日旱情统计，全市受旱面积达77.14万亩，占在田作物面积265.54万亩的29.1%，其中重旱22.52万亩，绝收11.44万亩，7.286万人、5270头大牲畜出现临时饮水困难。白河、旬阳、紫阳县城及一些集镇、村组出现临时性饮水困难。8月19日，全市启动抗旱Ⅳ级应急响应；9月1日，白河县抗旱应急响应提升为Ⅲ级。9月8日，市委办、市政府办发出《关于切实做好当前抗旱工作的紧急通知》，当日下午召开视频工作会议，要求各县（区）按照抗旱应急预案进一步采取有效措施，全力做好抗旱减灾工作。市防指紧急调拨抗旱应急储水袋40条，分发白河、旬阳、汉滨、紫阳等重旱县（区）。全市投入抗旱人数10.86万人次，抗旱资金4110万元，机井318眼，动用抗旱设备305台（套），拉水送水车54辆，抗旱浇地19.5万亩，组织实施人工增雨作业6批次，共解决临时饮水困难人数10.34万人。

十四、抗御2017年干旱

2017年6月29日至8月28日，安康市持续高温晴热少雨天气，≥35摄氏度的高温日55个，气温极端性强，7月10日镇坪县气温达34.7摄氏度，突破该县历史纪录；7月19—28日，旬阳县连续8天最高气温≥40摄氏度，7月24日达42.6摄氏度，为当日陕西省最高气温，7月27日达44.7摄氏度，突破陕西省、安康市日最高气温纪录，为当日全国最高气温，汉滨区、白河县当日气温列全国第八、九位；8月3日旬阳达43.6摄氏度，再次列当日全国最高气温；8月10日白河县达40.8摄氏度，列当日全市最高气温。均为

1961年以来同期高温站次最多，高温持续时间、发布预警均突破历史纪录。全市出现中旱，汉滨大部、旬阳西部出现重旱，江河水库偏枯五成至八成，7.1万余人饮水受到影响，农作物受旱面积45.48万亩。7月26日，全市重大气象灾害（高温）应急响应提升为Ⅲ级。旱情出现后，市防指于7月14日发出《关于做好防抗夏伏旱工作的通知》，紧接着7月26日紧急发电，部署抗旱工作。全市投入抗旱人力12.74万人次，启动182处泵站，抗旱机械设备1374台套，共开展3轮19次人工增雨作业，解决了7.06万人临时饮水困难，累计抗旱浇灌面积12.43万亩。

十五、抗御2020年干旱

2020年7月上旬、8月中旬，紫阳共出现两次普遍干旱。截至8月25日，全县在田作物总受灾面积66663.5亩，其中轻旱27790.8亩、中旱23132.5亩、重旱11798.5亩、干枯3941.7亩。全县经济作物受灾面积32918亩，其中轻旱11246亩、中旱15564亩、重旱6108亩、干枯2934亩，因旱累计造成8604人、3175头牲畜临时饮水困难。紫阳县针对饮水问题，采取分时段、分区域协调供水原则，确保正常生活用水。先后投入抗旱资金100余万元，紧急采购抗旱水泵30台，动用机动抗旱设备189台、机动运水车辆1240辆次，通过泵站、洒水车、水袋等给农作物灌溉，抗旱浇灌面积223704亩次，有效缓解了旱情。

第五章　汉江综合整治工程

汉江综合整治工程是继渭河整治工程实施后，陕西又一大江大河综合整治工程。2010年以前，经过多年多次整治，汉江流域的防洪、供水、水电建设、水土保持治理与水资源水生态环境保护工作取得了重大进展。但面对经济社会快速发展与生态环境建设的新要求，汉江依然存在着防洪体系不健全、水资源开发利用率不高、水污染问题突出、暴雨洪灾频发等问题。汉中、安康等城市河段水景观建设规模小、标准低，对于以汉江为主体的水系景观以及滩涂湿地景观资源利用不够，缺乏整体规划及系统开发，未形成完整的城市景观格局，不能体现沿江城市特色，与广大群众向往优美环境与幸福生活的需求相差尚远，汉江综合整治势在必行。

2011 年 11 月 29 日，陕西省水利厅在汉中市召开汉江综合整治前期工作座谈会，会后迅速组成工作班子，开展规划编制工作，在广泛征求市、县意见、多次咨询和反复修改完善后，于同年 12 月底形成《陕西省汉江综合整治规划》。2012 年 2 月 6 日，陕西省委、省政府在汉中市汉江南岸中林滩防洪工程施工现场举行汉江综合整治动员大会。省委书记、省人大常委会主任赵乐际宣布开工，省委常委、常务副省长娄勤俭主持大会，副省长祝列克部署整治工作。整治规划静态总投资 188 亿元，工期 5 年，主要涉及汉江干流的汉中、安康两市城区和勉县、城固、南郑、洋县、石泉、紫阳、旬阳以及白河 8 个县城。通过防洪保安、水资源配置、生态环境治理、沿江绿化、水景观建设等，打造堤固洪畅、水清岸绿、滩平航通、人水和谐的新汉江。

第一节　综合整治规划

汉江综合整治规划范围为汉江干流勉县武侯祠到白河出陕口，长 470 千米；37 条重要支流汇入汉江河口段，长约 100 千米。规划水平年现状年为 2010 年，规划水平年为 2020 年。

一、指导思想

以科学发展观为指导，以促进和保障汉江循环经济建设、社会和谐发展及改善水环境为目标；以尽快提升防洪能力、水污染防治、水生态修复为重点；全面实施防洪保安、水资源配置、生态环境治理、沿江绿化、水景观建设；努力实现汉江堤固洪畅、水清岸绿、滩平航通、人水和谐。

二、整治目标

遵循“安澜惠民、生态宜居、持续发展”的健康河流新理念，基本建成防洪保安体系，安康、汉中两市及沿江县城、重要乡镇和工业园区等重要保护对象的防洪能力明显提高，达到国家设防标准；基本建成水资源综合利用体系，实现水资源严格管理、有效保护、合理开发、科学配置和高效利用，保障流域经济社会发展供水安全；基本建成水土保持与水生态保护体系，水源地水质全面达标，确保一江清水供北京济渭河；结合综合整治加快水景观建设，构建集防洪、河流、航运、水电及旅游开发于一体，风景秀丽的滨江水景观走廊。

三、总体布局

综合整治的重点是沿汉江干流的汉中、安康两市城区和勉县、城固、南郑、洋县、石泉、紫阳、旬阳和白河 8 座县城。黄金峡以上干流河段河道宽浅、水流平缓，人口稠密、耕地集中、经济社会发达，且黄金峡水库是引汉济渭调水的水源工程，因此该河段综合整治任务以防洪、调水为主，兼顾水环境保护、水力发电、航运、水景观及水文化等。黄金峡以下至省界河段，水量多、落差大、水力资源丰富，除安康盆地外，均为深山峡谷区，两岸地势较高，但沿江城镇地势较低，防洪标准不高，洪灾频繁，该河段综合整治任务以防洪、水能开发为主，兼顾航运、水环境保护与水景观建设等。

四、防洪设施

汉中平川段以护滩和保护堤基为主，建设以沿江干流堤防和中水河槽整治相结合的防洪工程体系；安康河谷段规划以干流堤防、护岸工程建设为主。规划确定的汉中市城区防洪标准为 100 年一遇，勉县、城固、洋县县城为 50 年一遇，工业园区及重要集镇为 30 年一遇，平川段干流农防段为 20 年一遇。处于汉江河谷段的安康市，石泉、旬阳、白河县城及重要集镇，相同洪水量级淹没范围小，规划确定的安康市老城区防洪标准为 100 年一遇，市区江北 50 年一遇，东坝、西坝 20 年一遇，石泉、紫阳、旬阳、白河县城、工业园区及重要集镇为 20 ~ 30 年一遇，干流农防段为 10 年一遇。汉江干流两岸应修建干流、支流河口堤线总长度 587.3 千米，其中干流堤线 358 千米，支流河口堤线 29.3 千米；现状已修建干支流堤防和护岸长度 303.2 千米，仅占应修长度的 51.6%，其中达标堤防 35.5 千米，仅占已修堤防的 11.7%；无堤段 284.1 千米。本次规划改建、加固和新建汉江干流两岸堤防长度 249.3 千米，干流护岸长 73.2 千米，支流汇入口堤防长 192.4 千米，支流汇入口护岸长 36.9 千米，总计 551.8 千米。汉中平川段规划干流堤防工程长度 202.7 千米，其中新建 24.6 千米，加固改建 178.1 千米；干流护岸工程长 25.1 千米，其中新建 13 千米，加固 6 千米；规划支流汇入口堤防长 143.6 千米，其中新建 39.4 千米，加固改建 104.2 千米。汉中平川段规划干支流堤防及护岸总长度 371.4 千米。其中城防段 264.4 千米，新建 54.1 千米，加固 210.3 千米；农防段 107 千米，新建堤防 23 千米，加固改建 83.6 千米。安康河谷段规划干流堤防长度 46.6 千米，其中新建 39.9 千米，加固改建 6.7 千米；规划支流河口堤防长 48.8 千米，其中新建 44.9 千米，加固改建 4 千米；新建护岸工程长度 85 千米，其中干流 48.1 千米，支流河口 36.9 千米。安康河谷段规划干支流堤防及护岸总长度 180.4 千米，其中干支流堤防工程长度 95.4 千米，含城防段 81.9 千米，农防长度仅 13 千米，其中新建堤防 84.8 千米，加固改建堤防 10.6 千米；护岸长度 85 千米，全部为新建。

五、河道整治

汉中平川段属平原次稳定河道，规划以沿江干流堤防和中水河槽整治相结合，按“85规划”中水治导线修建控导工程整治河道，稳定河势，实行轻型整治。河道整治工程按各河段的造床流量控制，勉县段2200立方米每秒，汉台段3600立方米每秒，洋县段5300立方米每秒。安康河谷段规划以堤防、护岸工程建设为主；同时对沿江支流河口进行堤防和交通桥梁建设，保障沿江堤防畅通；对严重碍洪河段进行清障及疏浚治理，确保泄洪安全。河道整治同时还规划有河道清障、河道疏浚等工程。

六、道路桥梁

汉江干流两岸堤防规划为堤路结合形式。农防段堤顶交通道路以满足防汛抢险和日常管理为主；城市段既考虑防汛抢险和日常管理要求，又考虑城市交通及观景通道的要求，建成横贯汉江的沿江滨河大道，实现除峡谷段外的汉江干流堤防全线畅通。支流河口交通桥涉及支流河口37个，规划新建支流河口桥梁16座，其中汉中新建9座，安康新建7座。桥梁宽度标准同汉江干流堤防，城市段桥宽10米，农防段桥宽6米。规划交通桥梁汽车荷载等级为公路二级。

七、非工程措施

汉江综合整治的非工程措施遵循“统筹兼顾、公专结合”的原则，实施六大系统建设：一是计算机网络系统；二是洪水跟踪系统；三是防汛抗旱指挥系统；四是洪水预报与防洪调度系统；五是山洪灾害防治系统；六是洪水风险管理系统。

八、水生态环境

水生态环境保护与确保“一江清水济供京济渭”是汉江综合整治的重要任务之一。规划整治期主要实现以下目标：水土流失治理面积和程度明显提高，治理程度达到100%，林草覆盖度达到50%以上，造林种草面积占宜林宜草面积的95%以上，各项措施减少土壤侵蚀量70%以上，保水保土与涵养水土资源能力明显增强；最严格的水资源保护制度得到健全和执行，河道生态基流得以保证，汉江干流所有水功能区水质达标率达到100%，水质长期保持良好达标状态；节水治污型社会建设加速推进，汉江沿岸万元GDP用水量下降30%，设市城市污水处理率达到85%，县城城市污水处理率达到80%，污水处理厂排水水质达到一级A标准，水资源利用效率和效益大幅提高，水污染得以有效控制；湿地得以切实保护和恢复发展，珍稀水生动植物生存环境得以有效保护和改善；产业结构优化调整，循环经济长足发展，实现经济社会与生态环境建设同步发展与和谐相处。

九、水景观走廊

通过汉江综合整治，汉江652千米干流河道内将形成以沿江七级电站库区445千米回水长度与 30 千米城市河道蓄水景观，共同构成汉江干流 475 千米、支流河口 9 千米的水景观长廊，重现汉江碧波荡漾的美丽风光；在沿江城市河段形成总长度 200 千米的滨江生态公园，沿江 18 处滩涂和 10 条支流河口形成 1600 公顷生态湿地，构建出汉江健康优美的水生态环境。

汉中段以打造“生态汉江、古韵汉江、魅力汉江”为蓝图，规划在勉县、汉中、城固、洋县城区段建设蓄水景观工程 4 处，共计形成水面景观长度 30 千米，蓄水景观面积 2333.3 公顷，形成风光秀丽的水上公园；水边滩涂改造为滨河生态公园，并将演艺广场、休闲运动广场融入其间，形成旅游观光长廊。规划在勉县汉江城区河段、汉中市中心城区河段、南郑县濂水河大桥和胡家营大桥支流河段、城固县城区河段、洋县城区河段分别修建蓄水景观闸坝工程，分别形成蓄水景观水面长 6.5 千米、12 千米、6 千米、6 千米、6.2 千米。

安康段重在体现“山水之城”“灵秀之江”特色，打造“园林安康，龙腾汉江”的城市特色风光。安康段汉江为河谷段，滩涂资源较少，水景观建设以两岸堤防风景建设、沿江景观轴线建设为主，重点打造安康东坝、白河县城关河段，形成“一江两岸，一心多点，两轴并进，组团发展，山水环绕，廊道贯穿”的总体空间结构和汉江景观发展格局。

第二节　综合整治实施

一、工程建设规模

（一）防洪减灾

本次规划干流堤防长度 249.3 千米，护岸 73.2 千米；支流汇入口堤防 192.4 千米，护岸 36.9 千米，总计 551.8 千米。其中，城防段 346.3 千米，农防段 205.6 千米；规划交通桥梁 16 座，堤顶道路 551.8 千米；新修护基坝 42 座，加固水毁护基坝 402 座；新建（改建）穿堤建筑物 124 座。

（二）水土保持

治理小流域 257 条，治理水土流失面积 5925 平方千米，其中坡改梯 296 平方千米，植物篱 297 平方千米，水土保持林草 1221 平方千米，经果林 597 平方千米，自然修复 3514 平方千米。

（三）水生态与水资源保护

新建污水处理厂 64 座、垃圾填埋场 50 座、治理工业污染源 100 处；新建饮用水源保护区 2 处，新增 54 个地表水监控断面；新建河口生态湿地 18 处，水生态监测断面 38 处。

（四）水景观

在汉江干流河道形成 445 千米回水与 30 千米城市河道水面景观，构筑汉江水景观长廊；在沿江城市河段形成 200 千米滨江生态公园、18 处滩涂和 10 条支流河口 1600 公顷生态湿地公园。

实施上述综合整治项目，需要投资 260.6 亿元，其中防洪 132.3 亿元、水土保持 36.7

亿元、水生态与水资源保护 18.6 亿元（不含污水处理厂、垃圾处理站及工业污染源治理）、河道水景观 73 亿元。

二、工程实施计划

汉江干流综合整治近期目标以满足防洪安全、生态安全等综合利用为主要目标，立即实施前期工作基础好、社会效益较显著、地方积极要求兴建的项目。

（1）防洪建设：堤防护岸工程、河道整治工程、堤顶道路工程、河道清障及疏浚工程、支流河口交通桥梁工程、穿堤建筑物工程、护堤林带工程、洪水调度及预警系统措施。

（2）水土保持建设：防护林带生态缓冲措施、坡面整治、沟道防护、水土保持林草、疏溪固堤、治塘筑堰等综合治理措施。

（3）水生态及水资源保护主要建设：生态湿地建设，水生生物多样性保护建设，生态监测断面、饮用水源保护区建设，生活污水、垃圾处理设施建设，农村与工业污染控制措施，水质监测措施等。

（4）水景观建设：汉江干流城市河道 30 千米蓄水景观，支流河口 9 千米蓄水景观，200 千米主题滨河生态公园，沿江 18 处滩涂，10 条支流河口形成 1600 公顷生态湿地。

三、综合整治成效

2012 年 1 月 30 日，陕西省政府第 2 次常务会议并通过了《陕西省汉江综合整治规划》。2 月 6 日，陕西省委、省政府在汉中市南郑县汉江中林滩防洪工程施工现场隆重举行了汉江综合整治动员大会，全面实施汉江综合整治规划。启动实施以来，按照汉江综合整治动员会的总体部署，陕西省切实加强组织领导，加大前期工作和资金筹措拨付力度，强化监督检查，全力推进汉江综合整治工作，取得明显成效。截至 2018 年底，审查项目可研 14 个，单项初步设计 72 个，总概算投资 58.6 亿元。累计下达中省投资 37.2 亿元，其中中央补助资金 16.8 亿元，省级资金 20.4 亿元。累计完成投资 52.66 亿元，建设堤防（护坡）391.7 千米。

汉中市汉江综合整治涉及宁强、勉县、汉台、南郑、城固、洋县、西乡等 7 县（区）37 镇（街道办）95 万人，规划新修加固干支流堤防护岸 380.9 千米，静态投资 107.5 亿元，其中防洪工程 67.12 亿元。工程采取“政府统领，县为主体，分部门实施”的模式开展，各县（区）政府负责实施所管辖河道的综合整治，具体负责所辖河道项目前期工作、县级配套资金筹措、项目建设管理、施工用地征用和建设环境保障等工作。项目建设实行行政首长负责制，各县、区政府主要领导对工程建设工作负总责。汉中市委书记、市长亲自抓，分管副市长亲力亲为，各部门全力配合，形成了强有力的组织机构齐抓共管。实施过程中实行月督查通报、季度汇报评比、跟踪督查、年度考核等措施推进工程建设。截至 2018 年底，汉中市累计完成堤防主体 246.52 千米，完成投资 28.7 亿元。汉中城区汉江中林滩段全面竣工，城固县江湾滩段、汉台区桥闸至曹营段、杨庵至普陀段等重点段主体已完成，确保了汉江安全度汛和沿江经济社会持续发展。

汉中城区“一江两岸”和勉县城区段在防洪工程基础上，相继建成滨江湿地公园、沿江景观绿化带等项目，已逐渐成为代表汉中形象的城市会客厅、旅游新亮点和广大市民休闲度假的乐园。

汉江滨水生态公园是汉江综合整治的示范项目。实施过程中，保留了原有生态风貌，并利用原采砂弃料形成的沙岛、湿地，结合河道滩地特色及原生植物资源，建设了城市亲水平台，在岛屿和滩地采取生态环保治理措施给水生作物和鸟类提供了良好的栖息地，形成6平方千米自然水域，132万平方米滩地、自然湿地。相继建成的中林滩生态防洪工程、滨水公园岛屿和水系岸线、滨水栈道、观景平台、透水混凝土道路、雨水花园、滩地绿化、天汉楼广场、高架栈道等工程项目，于2017年10月向广大市民和游客全面开放。

天汉湿地公园东起汉江桥闸，西至沙沿沟口，全长约10千米，面积约750万平方米。2004—2008年，汉中市城建部门和汉台、南郑相继建成了汉江桥闸和两岸部分堤防、绿化景观工程。2008年5月，汉中市政府组建一江两岸管委会办公室专职负责一江两岸范围建设、管理等工作，确立了先东后西、分片打造的思路。在参建各方共同努力下，天汉大桥下游的东片区先后建成堤防24千米，形成湖面6平方千米、滩地110万平方米、景观绿地55.5万平方米、景观园路18千米、大型音乐喷泉1处、船坞1处、码头3处、各类景观广场28处。2011年6月底，汉江桥闸至天汉大桥的汉江景观带建成开放。

宁强县被誉为“三千里汉江第一城”，是南水北调中线工程核心水源涵养区。为保护汉江源头水质，采取了禁伐、禁牧、禁污染企业落户，改造饮水设施、农村厕所，禁止污水直排，栽种水生植物等一系列措施。自2013年起，还通过实施汉江源头生态保育、

汉江综合整治城固县江湾段建设现场

丹江口库区及上游水土保持、玉带河生态护岸治理等项目，累计治理河道 18 千米，新建堤防 21.4 千米，改造污水管网 2.6 千米、排污渠 7.4 千米，绿化河岸 4.2 万平方米，栽植水生植物 700 余亩，水生态系统形成良性循环，河流面貌得到显著提升，林草覆盖率由 55.8% 提升到 84.7%。2023 年，汉中优良水体占比保持在 100%，水质改善幅度居全国第五、陕西省第一，国宝朱鹮低空飞翔，黑鹳、大天鹅、小天鹅、白琵鹭等珍稀鸟类频频现身。

安康市汉江综合整治涉及“五县一区”。综合整治规划的工程主要有：新修堤防和护岸 180.4 千米；整治护滩 162.5 千米；河道清障长 20 千米；疏浚河道 45.1 万平方米，清除淤积 90.2 万立方米；新建、改建穿堤建筑物 101 座；新修堤顶道路 95.4 千米。包括防汛预警、水文测报、山洪灾害等非工程措施建设，规划总投资 108 亿元，其中防洪减灾体系 44.79 亿元，水生态保护和水资源保护 35.35 亿元，水景观和滨河公园 28 亿元。陕西省委、省政府动员大会后，安康市政府成立了汉江综合整治指挥部及办公室，总指挥由市政府主要领导担任，副总指挥由主管水利工作副市长、副秘书长及水利局局长担任，市发改、财政、水利、国土、环保、住建、规划、交通、农业、林业、旅游和沿江县（区）政府为成员单位。指挥部办公室设在市水利局，专职负责整治专业规划编制、设计报批、计划申报、资金筹措、组织协调、技术指导、考核验收等工作。沿江各县（区）政府是汉江综合整治的责任主体，对照市上设立相应指挥机构。综合整治投资按照“中省补助、地方配套、分级治水、分类融资”原则筹措，地方配套资金采取土地置换、信贷、引入市场机制多渠道筹资的办法解决。截至 2018 年底，安康市累计完成堤防主体 145.19 千米，完成投资 23.96 亿元。安康东坝、

治理后的汉江紫阳城区段

白河县城、石泉县城春潮、后柳镇防洪工程等重点段主体已完成，旬阳县城防洪工程建设进展顺利。

东坝防洪工程的修建，是从根本上解决安康市区东坝片区洪涝灾害迫在眉睫的项目。2010 年“7 · 18”洪灾后，陕西省委书记赵乐际在安康检查指导救灾时指示，要下大气力解决东坝水患问题。此后，安康市委、市政府抓紧开展了前期工作，并于 2012 年 6 月 5 日获得陕西省发展和改革委员会立项批复。这项工程建设需占地 68.7 公顷，拆迁房屋 7.88 万平方米，迁移安置 386 户 1366 人。2012 年 9 月 10 日，汉滨区召开东坝防洪工程征迁安置工作动员会，此后用 50 多天时间，基本完成了拆迁安置工作，经过一年的紧张施工，东坝堤防主体工程基本完成。2015 年 8 月实现工程全线贯通。东坝防洪工程设计体现了生态优先、人水和谐理念。堤型选用复式断面斜坡式土堤，堤线和护岸走向因地制宜，保持河床自然风貌，护岸和主堤之间有距离不等的河滩地，给绿化和景观建设预留了空间。在施工过程中，大量使用生态混凝土、草皮护坡、彩色透水混凝土铺装、人工真石漆等用新材料新工艺，设置休闲座椅、移动花箱、固定花池等，新堤防与河流更自然和谐，不仅减轻了洪水威胁，而且延伸了城市主轴景观，带动了片区改造。

西坝防洪工程位于安康城区西南部，辖 2 个社区 6700 人，规划远期人口 12000 人，由于有城无堤，2000 年以来 6 次被淹，直接经济损失达 3 亿多元。2008 年，陕西省发展和改革委员会下达了西坝防洪工程立项批复。安康市委、市政府决定分两期实施，一期工程按 20 年一遇洪水标准建设，Ⅰ标段总投资 6623 万元，2010 年 3 月基本竣工；Ⅱ标段加固工程对原堤防进行培汉江旬阳县城厚，东至金川门西接Ⅰ标段新修堤防，总长 955 米，投资 839 万元，于 2012 年 2 月 5 日开工建设。

第四篇　水保生态环境建设

陕西境内汉江流域主要流经秦巴山区，山高林密，自然生态情况较好，水土流失情况较陕北、关中地区并不严重。历史上，汉江流域水土流失主要是受水文气象对土壤侵蚀的影响，包括降雨及其产生的径流、大风及温度变化等，易形成山体滑坡、泥石流等自然灾害，水保生态环境建设问题亟待解决。南水北调中线工程实施后，陕西境内汉江流域生态建设任务更加迫切，经济发展与生态环境保护的矛盾更加突出。为此，陕西积极推进流域内水土流失治理，坚持开展水源地保护工作，加大水环境整治力度，以供给侧结构性改革为主线，主动融入“一带一路”建设、京津冀协同发展、长江经济带发展等国家重大战略，坚决打好防范化解重大风险、精准脱贫、污染防治三大攻坚战。围绕改善提升汉江流域生态环境，共抓大保护、不搞大开发，加快生态文明体制改革，推进绿色发展，着力解决突出环境问题，加大生态系统保护力度；围绕推动质量变革、效率变革、动力变革，推进创新驱动发展，加快产业结构优化升级，进一步提升新型城镇化水平，打造美丽、畅通、创新、幸福、开放、活力的生态经济带。

第一章　水土流失

陕西境内汉江流域水土流失问题虽较陕北、关中地区并不严重，但受水文气象、人为活动对土壤的影响，依然易出现小范围水土流失情况，滑坡、泥石流等自然灾害频发。

第一节　流失类型

陕西汉江流域的水土流失类型主要有以下几种。

一、水力侵蚀

（一）面蚀

面蚀在坡耕地上较为常见。是降水形成的坡面径流对地表土壤进行较为均匀的剥蚀。该地区降雨较为充沛，尤其是在夏季暴雨时，雨滴打击地表，一方面造成溅蚀，将土粒溅起打散土壤结构；另一方面，坡面径流汇聚后形成片蚀，像薄层水流带走表层土壤。随着面蚀的发展，坡面径流进一步集中，还可能发展为细沟侵蚀，出现一些深度较浅（10 ~ 30 厘米）、宽度较窄的小沟道。

（二）沟蚀

沟蚀是陕西汉江流域水土流失较为严重的一种形式。当坡面径流不断汇集时，水流能量增大，就会切入地表以下形成沟壑。在一些山区，由于地形坡度较大，土壤抗蚀性相对较弱，沟蚀现象比较突出。大型的沟蚀会形成冲沟，深度可达数米甚至数十米，宽度也有较大差异，这些冲沟切割土地，破坏农田和坡面的完整性，还会导致大量的土壤和泥沙被冲入汉江。

二、重力侵蚀

（一）滑坡

陕西汉江流域部分山区地质构造复杂，岩土体稳定性差。在降雨、地震等因素影响下，山体斜坡上的岩土体在重力作用下整体向下滑动。例如，在一些松散堆积物较多的山坡，长时间降雨使岩土体含水量增加，重度增大，抗剪强度降低，容易发生滑坡。滑坡会导致大量的土体和岩石在短时间内滑落到山下，不仅造成严重的水土流失，还会掩埋农田、道路和房屋等基础设施。

（二）崩塌

崩塌主要发生在陡峭的山坡或者悬崖地带。汉江流域的一些山区，岩石在风化、裂隙发育等情况下，在重力作用下，岩石碎块突然从母体上崩落。这种现象在基岩裸露、风化严重的山体比较常见，崩塌产生的大量土石堆积在坡脚，一旦遇到强降雨，就会被坡面径流带走，加剧水土流失。

三、人为侵蚀

（一）陡坡开垦

历史上，为了增加耕地面积，部分农民在汉江流域的陡坡上进行开垦耕种。这种陡坡开垦破坏了原有的植被，使土壤失去植被保护，在降水和径流作用下，土壤侵蚀加剧。

（二）工程建设活动

在公路、铁路、水利工程等基础设施建设过程中，如果不采取有效的水土保持措施，也会造成水土流失。在工程建设中的土方开挖、填方等作业环节，破坏了地表植被和土壤结构，使得土壤在雨水冲刷下容易流失。而且，施工过程中产生的弃土，在降雨时，这些松散的土石会被冲入河道或者农田，造成水土流失。

第二节　流失成因

陕西境内汉江流域水土流失的成因是多方面的，主要包括自然因素和人为因素。

一、自然因素

（一）地形地貌

陕西境内汉江流域多山地和丘陵地形，地势起伏较大。坡度较陡的地区，土壤自身稳定性差，在重力作用下容易发生位移。秦岭、巴山山脉区域的山坡，其坡面径流的流速较快，对地表土壤的冲刷能力强，容易带走大量的土壤颗粒，导致水土流失。

（二）土壤特性

陕西境内汉江流域部分地区为沙质土壤和粉质土壤，土壤质地疏松，其颗粒之间的黏聚力较小，土壤孔隙度大，透水性强。这种土壤结构在遇到降雨时，容易被水流渗透和冲刷，导致土壤流失。而且，土壤的抗蚀性差，缺乏足够的植被根系保护时，更容易被侵蚀。

（三）植被覆盖

由于历史上的森林砍伐和不合理的土地开发等原因，部分区域植被覆盖率较低。植被具有截留降雨、减缓径流速度、固定土壤等多种水土保持功能。当植被覆盖不足时，土壤直接暴露在降水和径流之下，无法得到有效的保护，从而加速了水土流失的进程。

（四）气候条件

降水集中：流域降水分布不均，降水集中在夏季，且多暴雨，流域的坡地和山区常常出现严重的土壤冲刷现象。高强度的降雨直接打击地面，破坏土壤结构，产生溅蚀，使土粒分散，随后坡面径流汇聚，将分散的土粒带走，形成面蚀和沟蚀等不同形式的水土流失。在每年的7—8月暴雨期间，汉江干湿季分明：干湿季分明的气候特点使得土壤在干季时变得松散，抗蚀性降低。而在湿季到来时，降水容易将松散的土壤冲走。

二、人为因素

（一）农业活动

（1）陡坡开垦：为了获取更多的耕地，过去在汉江流域存在陡坡开垦的现象。在山坡上开垦农田，破坏了原有的植被和土壤结构，使得土壤失去了植被的保护和固持。在降雨和径流的作用下，这些陡坡上的土壤极易被冲刷，造成严重的水土流失。

（2）过度放牧：在一些草地资源丰富的区域，过度放牧导致植被遭到破坏。牲畜的践踏和啃食使得草地植被难以恢复，土壤裸露，进而导致水土流失。

（3）不合理的灌溉和排水：部分地区的灌溉和排水系统不合理，如大水漫灌会使土壤中的盐分积累，导致土壤板结，降低土壤的透水性和抗蚀性；而排水不畅则会使土壤处于积水状态，影响植被生长，间接促进水土流失。

（二）森林砍伐

历史上，由于建筑、燃料等需求，汉江流域部分地区存在大量森林砍伐现象。森林被砍伐后，其涵养水源、保持水土的功能丧失。树木的根系能够固着土壤，树冠可以截留降雨，森林植被的减少使得土壤侵蚀加剧。

（三）工程建设

在汉江流域进行的道路建设、水利工程建设、建筑工程建设等活动，如果没有采取有效的水土保持措施，会对地表土壤造成破坏。工程建设中的土方开挖、填方等作业会改变原有的地形地貌，破坏土壤结构，使土壤在降雨时容易被冲刷流失。同时，工程建设产生的弃土、弃渣如果随意堆放，也会成为新的水土流失源。

第三节　流失危害

水土流失危害主要体现在对农业、经济环境的破坏和加剧自然灾害三个方面。

一、对农业的危害

（一）蚕食土地

秦巴山区的耕地受地形影响，存在大量坡耕地，且耕地较平原地区更加碎片化。由于水土流失的蚕食，田块越来越小，耕地面积越来越少，直接影响了地区粮食产量。

（二）降低肥力

流域坡耕地较多，且大部分土层在30厘米以下。由于土薄坡陡，一遇暴雨，则表土流失，肥力减退，重则甚至土壤被“一洗而光”，岩石裸露，失去使用价值。秦巴山区的陡坡地，平均每年流失表土更为严重，如安康地区500多万亩耕地中每年平均流失土壤2000多万吨，大量肥土流失，地力下降，全区45%的耕地缺氮，76%的耕地缺磷，耕种时需要额外补充化学肥料。

（三）毁坏耕地

20 世纪下半叶，安康地区每年成万亩耕地因此而弃耕，截至 21 世纪初还有 38.6 万亩因土层太薄而濒临废弃。汉中地区有 80 万亩坡耕地已被冲蚀成只能镢刨、不能犁耕的“石缝崖疤”地。镇巴县已弃耕土地 29.1 万亩。宁强县黄泥坪三组，1964 年有耕地 750 亩，当时土层厚 30 厘米以上，经过 30 年的流失，已有 380 亩土尽石出无法耕种，余下的 370 亩，土层只剩下 5 厘米左右。秦巴山区由于山高坡陡石头多，在强烈的水蚀情况下，砂砾化的土地面积越来越大。

二、对经济环境的破坏

（一）淤积塘库

流域降水丰富且集中，加上地形起伏较大，水土流失对水库塘堰的淤积尤为严重，大量的泥沙随着地表径流进入塘库，长年累月的淤积使得塘库的有效库容不断减小，使其缩短了使用寿命，丧失或减少了灌溉、调洪、发电等功能。一些小型水库和山塘，经过多年的水土流失影响，淤积的泥沙可能占据了原本库容的 10% ~ 20%，严重影响了塘库的蓄水能力和调蓄功能。同时，在水土流失过程中，除泥沙外，还会挟带树枝、树叶、杂草等杂物进入塘库。这些杂物在塘库中堆积，不仅占用空间，还可能堵塞泄洪通道、影响闸门的正常启闭，影响塘库的正常运行。

（二）冲毁水利工程设施

流域流经秦巴山区，高差较大导致水力势能大，每遇暴雨洪水，水利设施都容易被冲毁。2021 年 8 月 22 日，陕西安康石泉县遭暴雨，珍珠河畔小区路段河堤出现垮塌。浑浊的河水奔腾而下，数秒钟内，大块路面及路基落入河中被洪水冲走，长度达数十米。事发后，当地调集工程车辆和抢险作业人员进行紧急填石护堤作业，险情才基本排除。此次事件主要是由于强降雨引发洪水，而陕南地区的水土流失使得河流泥沙含量增加、水流冲击力加大，对河堤的冲刷侵蚀作用增强，在暴雨洪水的作用下，部分不牢固的河堤及道路就容易发生垮塌。

（三）破坏交通

滑坡、泥石流等自然灾害会极大破坏流域内铁路、公路，且由于地形条件限制，常导致救援、修复工作进展缓慢。河床淤积也会影响水运，20 世纪 50 年代，汉江勉县至石泉段可通 5 ~ 15 吨的木帆船，牧马河、泾洋河上也可通 3 ~ 5 吨木帆船，到 1963 年，汉江干流和 16 条支流通航里程还有 1876 千米。由于河床抬高，水面宽浅，除石泉到白河之间尚可通木船外，其余已失去水运能力。

（四）危及城镇及人民生命财产安全

据记载，安康地区平利县老县城于唐高祖武德元年（618 年）建成，当时“群山耸峙、万木高林、城胜地也”，是一个风景秀丽、商贸繁荣的好地方，历时千余年，后因水土流失加剧，洪水泥石流不时袭击，清乾隆三十六年（1771 年），重建城池，以抵御灾害，但效果不大，清嘉庆七年（1802 年）被迫将县城迁至新址。1949 年新中国成立时，旧县城有一条东西大街，除居民外，还有公社、邮电、银行、供销等单位，仍为一个集市中心。1954 年 9 月 4 日，一场特大洪水挟带大量泥沙涌入城内，淹没 425 间房屋，城池被埋了一半多，又经 1958 年及 1979 年的两次泥沙淤埋，淤积泥沙 3 ～ 5 米，城池已全部夷为农作耕地。

三、加剧自然灾害

（一）洪涝灾害

（1）河道行洪能力降低：水土流失使得大量泥沙随地表径流进入河流，导致河床抬高、河道淤积，行洪断面缩小，河水无法及时顺畅下泄，行洪能力下降，在同等降雨条件下，河水更容易溢出河道，引发洪涝灾害。

（2）洪峰流量增加：水土流失会减少土壤的蓄水能力，降雨后大量雨水迅速转化为地表径流，短时间内汇入河流，使河流的洪峰流量增大、洪峰出现时间提前。流域夏季降雨集中，在水土流失的影响下，强降雨引发的洪涝灾害更为频繁且危害严重。

（二）滑坡、泥石流等地质灾害

（1）岩土体稳定性降低：水土流失带走了大量的土壤和表层岩土体，使得山体、坡地的岩土体变得松散，稳定性降低。在强降雨、地震等外部因素的触发下，容易发生滑坡、泥石流等地质灾害。流域地形复杂，山地、丘陵众多，这种影响尤为显著。

（2）形成物源条件：流失的土壤和岩石碎屑等为滑坡、泥石流的发生提供了丰富的物质来源。这些物质在山谷、沟道等地形中堆积，一旦遇到强降雨等条件，就会形成强大的冲击力，引发滑坡、泥石流灾害，对山区的居民生命财产安全和基础设施造成严重威胁。

（三）旱灾

（1）土壤蓄水能力下降：良好的土壤结构具有较强的蓄水能力，能够在降雨时储存水分，供植物生长和干旱时期使用。然而，水土流失破坏了土壤结构，使土壤孔隙度减小、质地变差，降低了土壤的蓄水能力。在降水较少的时期，土壤中储存的水分不足，导致农作物缺水、河流干涸，加剧了旱灾的发生。

（2）地表植被破坏：水土流失往往伴随着地表植被的破坏，植被的减少使得植被对水分的蒸腾和涵养作用减弱。一方面，植被蒸腾减少会影响局部的水汽循环，降低降水的可能性；另一方面，植被涵养水源的能力下降，无法有效保持土壤中的水分，进一步加重了干旱程度。

（四）水生态恶化

（1）河流生态系统破坏：水土流失带来的大量泥沙和污染物进入河流，改变了河流的水质和水生态环境。泥沙的淤积会影响水生生物的栖息空间，破坏鱼类的产卵场和育肥场，导致水生生物多样性减少。同时，泥沙还会磨损水利设施，影响其正常运行。

（2）湖泊、水库淤积：流入湖泊、水库的泥沙不断淤积，使湖泊、水库的有效库容减小，调蓄能力降低，不仅影响水利工程的灌溉、发电、供水等功能，还会缩短水利工程的使用寿命。

第二章　水土保持

新中国成立前，流域内人们对水土流失的危害缺乏认识，农业生产方式较为粗放，毁林开荒、伐木、开垦等人类活动不断加剧水土流失，《陕西水土保持志》记载：（陕西）南部的秦巴山区，早在西周末年（前711年）已开始毁林开荒。秦汉和三国时期（前220—280年），这里人烟稀少，山林破坏不大，水土流失轻微。明嘉靖年间（1629年），外地庶民大量流入陕南，特别到了太平天国时期，战争把群众逼迫入山，便引起了毁林开荒及陡坡开荒。清代中叶，从周至县的秦岭山中到洋县境内约300公里的山路上，经常有数万伐木人流动（《三省边防备览·文艺志》），林草植被遭受严重破坏，扩大了水土流失面积。民国时期，毁林开荒亦很严重。

新中国成立后，20世纪50年代开始，流域内逐步开展了一些小规模的水土保持试点工作，在部分山区进行了简单的梯田建设和植树造林活动，初步探索了水土保持的方法和技术，开展了水土保持群众性运动。到了20世纪六七十年代，开展大规模的农田水利建设和山坡地改造，为后来的水土保持工作奠定了一定的基础。20世纪80年代，汉江流域水土保持治理方略、治理措施、治理办法发生转变，重视程度提高，各地、县的水保机构、人员和经费都有明显增加。作为我国南水北调中线工程水源区和陕西省丹江库区水土流失重点治理区，也是陕南秦巴山系中低土石山区水土流失重点预防区。20世纪90年代后，各级政府进一步加大了对水土保持工作的投入，通过实施“长治”“丹治”等系统性工程，对流域内的山水田林路进行统一规划和治理，有效地减少了水土流失，改善了生态环境。同时，一些先进的水土保持技术和方法被推广使用。

根据陕西省第三次遥感调查数据，汉江流域有水土流失面积33962.6平方千米，占流域总土地面积的54.1%。水土流失类型主要以水力侵蚀为主，局部地区有滑坡、崩塌等重力侵蚀及泥石流。水力侵蚀尤以面蚀最为普遍，流失地类主要发生在低山、丘陵的坡耕地及荒山荒坡和疏、幼林地上。截至2023年底，汉江流域累计完成水土流失治理面积30153.6平方千米，其中小流域综合治理面积13029.95平方千米，实施小流域综合治理条数195条。

第一节　水土保持重点工程建设

一、长江上中游水土保持重点防治工程

1988年，为加快长江上游水土流失治理，确保三峡水库安全运行和促进区域经济社会的快速发展，国务院批准将长江上游列为全国水土保持重点防治区，并从1989年起，

在金沙江下游及毕节地区、嘉陵江中下游、陇南陕南地区和三峡库区“四大片”实施了长江上游水土保持重点防治工程（简称“长治”工程）。

自1989年国家开展“长治”工程以来，流域内先后有13个县被列入长江上中游水土保持重点防治区，1989—2008年共实施了一至七期水土保持重点防治工程，累计治理小流域335条，治理水土流失面积5584.96平方千米，其中三至四期“长治”工程主要在汉江流域实施。

（一）治理目标

1. 水土流失治理

通过工程措施（如修建梯田等）和生物措施（如植树造林、种草等），对坡耕地、荒山荒坡等易发生水土流失的区域进行综合整治，减少水土流失的发生，保护土地资源和生态环境。提高土壤保水保肥能力：增强土壤的抗侵蚀能力，减少土壤中养分的流失，提高土壤的肥力和水分保持能力，为农业生产提供良好的土壤条件。

2. 生态环境改善

开展植树造林、封山育林等活动，增加流域内的植被覆盖面积，改善生态环境，调节气候，提高生态系统的稳定性和抗逆性。改善水系生态：通过修建水系配套工程（如排灌沟渠、蓄水池等），改善流域内的水资源状况，提高水资源的利用效率，同时保护河流、湖泊等水体的生态环境，促进水生生物的生长和繁殖。

3. 农村经济发展

提高农业生产能力：通过坡改梯等土地整治工程，改善农田的灌溉和排水条件，增加耕地面积，提高耕地质量，从而提高农业生产的产量和质量，保障粮食安全，增加农民的收入。推动产业结构调整：结合“长治”工程的实施，引导农民发展特色农业、生态农业等产业，如种植经济林果、发展林下经济等，促进农村产业结构的调整和升级，拓宽农民的增收渠道。

4. 民生改善

解决农村饮水困难：建设人畜饮水工程，解决农村地区的饮水安全问题，提高农民的生活质量。改善农村基础设施：修建农村道路、桥梁等基础设施，方便农民的生产生活，促进农村地区的经济发展。

（二）治理过程

1.“长治”三期工程

1994年，“长治”三期工程启动实施，涉及陕西省嘉陵江流域的略阳、宁强、镇巴、凤县、西乡、南郑6个县和丹江口库区的商南、白河2个县。开展治理小流域96条，完成水利基建投资1131.25万元，农发资金1379.5万元。实施期为1994—1998年，1999年通过国家验收。

2.“长治”四期工程

1998年，“长治”四期工程启动实施，涉及汉江流域的太白、留坝、佛坪3个县。开展治理小流域8条，完成水利基建投资565.7万元，农发资金360万元。实施期为1998—

2000 年，2001 年通过国家验收。

3.“长治”五期工程

1999 年，“长治”五期工程启动实施，涉及汉江流域的南郑、西乡、镇巴和丹江口库区的商南、白河等 8 个县。开展治理小流域 72 条，完成水利基建投资 4366.18 万元，农发资金 2295.62 万元。规划实施期 5 年（1999—2003 年），2004 年通过国家验收。

4.“长治”六期工程

2001 年，“长治”六期工程启动实施，涉及流域内太白、留坝、佛坪、山阳、丹凤 5 个县，开展治理小流域 25 条，完成水利基建投资 441 万元，农发资金 1248 万元。规划实施期 5 年（2001—2005 年），2004 年进行了阶段验收。

5.“长治”七期工程

2004 年，“长治”七期工程启动实施，包括重点防治工程和生态修复工程两部分。涉及流域内的凤县、太白、略阳、宁强、镇巴、留坝、南郑、西乡、白河、商南、山阳、丹凤等 12 个县，其中太白、留坝、南郑、西乡 4 个县先是生态修复县后转为重点治理县。开展治理小流域 89 条，完成国家基建投资和中央财政预算内资金共 7476.93 万元。生态修复工程规划实施期 3 年（2004—2006 年），2007 年通过国家竣工验收；重点防治工程规划实施期 5 年（2004—2008 年）。

6. 预防保护工程

2003 年，南水北调中线工程水源区水土保持预防保护工程启动，涉及陕西省的城固、洋县、宁陕、镇坪、柞水、镇安 6 个县，中央财政预算内资金 456 万元。项目规划实施期 5 年（2003—2007 年），实际于 2006 年结束。

（三）成效

“长治”重点治理工程和生态修复工程共完成治理水土流失面积 5697.15 平方千米，水土流失面积由治理前的 7374.4 平方千米，减少到治理后的 4172.13 平方千米，治理程度提高 43.4%。新增林草措施面积 2859.02 平方千米，植被覆盖率提高 37.9%。土壤侵蚀模数由 2644.47 吨每平方千米年下降到 1187.42 吨每平方千米年，年减少土壤侵蚀量 722.8 万吨，减沙效益 55.10%，整个治理区由中度侵蚀下降为轻度侵蚀。尤其是大面积的荒地造林和对坡耕地的集中整治，有效地治理了水土流失劣地，降低了水土流失等级；加上推行生态修复和退耕还林工程，使流域内的自然面貌发生了巨大的变化。农业生产条件得到改善，抗御自然灾害的能力显著提高。土地利用结构大幅调整，农村产业结构趋于合理。农村基础设施得到改善，人民生活水平提高，为建设社会主义新农村奠定了基础。

（四）治理示范

（1）镇巴县：镇巴县自 1989 年实施“长治”工程以来，围绕坡耕地整治，坚持山水林草、田园路村综合治理。截至 2008 年，陆续完成了“长治”一、二、三、五、七期治理任务，累计治理 45 条小流域，完成水土流失治理面积 1031.5 平方千米。建成示范小流域 8 条、样板点 222 多个，大示范区面积达 907 平方千米，治理程度达 65% 以上，其中大地沟、渔渡坝等 4 条小流域被命名为“全国水土保持生态建设示范小流域”。

（2）宁强县：自 1989 年被列入长江中上游水土保持重点防治区以来，共治理小流域 57 条，累计治理水土流失面积 1212.6 平方千米，实施坡改梯 8312.8 平方千米。林草覆盖率提升，形成了众多生态产业基地，生态环境显著改善，经济效益日趋明显。

（3）白河县：是长江水利委员会确定的第七期小流域治理工程县。工程上马后，该县统筹安排坡改梯、水系配套、植树造林、封禁管护、节能建设五大措施，集中治理大西沟、花蛇沟、互反沟三条流域。建设了大示范区，实现流域治理与地方经济建设的有机结合。

（4）岚皋县：2008 年的蔺河项目区茶园沟小流域治理工程成效显著，治理水土流失面积 19.43 平方千米。通过综合治理，水土流失面积减少，年蓄水能力提高，农业生产基本条件得到改善。

二、丹江口库区及上游水土保持工程

陕西省汉丹江流域面积仅占长江流域面积的 4%，但输沙量却占到长江流域的 12%，是长江流域水土流失最严重的地区。

2006 年，国务院下发《关于丹江口库区及上游水污染防治和水土保持规划的批复》（国函〔2006〕10 号），涉及陕西、湖北、河南 3 省 7 个地（市）的 40 个县（市、区），土地总面积 8.8 万平方千米，水土流失面积为 4.7 万平方千米，工程建设分近期（2006—2010 年）和远期（2011—2020 年）两个阶段，主要目标是减少水土流失，保护丹江口水库的水质，改善库区及上游地区的生态环境，促进区域经济社会可持续发展。

2007 年 10 月，丹江口库区及上游水土保持工程（简称“丹治”工程）一期项目正式启动实施。2007—2010 年，流域内汉中、安康、商洛 3 市的 24 个项目县列入治理范围，累计治理小流域 348 条，完成治理水土流失任务 7681 平方千米，完成总投资 19.16 亿元，其中中央投资 10.36 亿元，落实省级配套资金 0.5264 亿元，群众投劳折资 8.27 亿元。2011 年 10 月，陕西省发展和改革委员会、水利厅主持，原陕西省水土保持局组织对一期工程中水土保持 24 个项目县进行了竣工验收。2012 年 4 月至 5 月，国家审计署西安特派办对“丹治”工程一期进行了审计，出具了《陕西省实施丹江口库区及上游水污染防治和水土保持项目审计结果》。

2012 年 9 月，“丹治”工程二期项目正式启动实施。2012—2015 年，国家下达治理水土流失任务 4893.1 平方千米，总投资 19.76 亿元，其中中央预算内资金 15.81 亿元。截至 2016 年 3 月底，“丹治”二期工程累计治理小流域 214 条，完成治理水土流失面积 4893.1 平方千米，完成总投资 19.76 亿元，其中中央投资 15.81 亿元，省级地方配套 0.2917 亿元，群众投劳折资 3.66 亿元。

2016 年以后，国家未安排专项中央资金开展“丹治”工程。

“十三五”期间编制有《陕西省丹江口库区及上游水污染防治和水土保持“十三五”规划实施方案》，但因缺乏专项资金支撑等客观原因未能实施。陕西省水利厅利用国家水土保持重点工程、坡耕地水土流失综合治理等在陕南 3 市开展水土流失综合治理，共下达中央投资 6.3 亿元，完成治理任务 1147 平方千米，另从省级水土保持补偿费留成资金中争取 5.13 亿，治理水土流失面积 867 平方千米，“十三五”期间总体投资完成达 11.38 亿元，治理水土流失面积 2014 平方千米，占总规划的 77.62%。

“十四五”期间，截至 2023 年，根据《丹江口水库区及上游水污染及水土保持“十四五”规划》，中央水利发展资金小流域项目下达 3.91 亿元，治理水土流失面积 995.1 平方千米，通过省级水利发展资金（水土保持补偿费省级留成）下达小流域治理 4.76 亿元，完成水土流失治理 1200 平方千米。总体投资达 8.68 亿元，完成水土流失治理 2195 平方千米，占总规划治理面积的 97%。

（一）治理措施

（1）工程措施：包括修建梯田、蓄水池、灌排沟渠、谷坊、沉沙池、护地堤等。例如丹江口市在工程建设中完成了大量的塘堰、蓄水池、灌排沟渠、谷坊等水利水保设施建设，使农业抵御自然灾害的能力大为提高。

（2）生物措施：大力植树造林，种植水保林、经济林等，增加植被覆盖度，提高水源涵养能力。

（3）农业措施：调整农业种植结构，推广保土耕作等农业技术，减少农业面源污染。

（4）封禁治理：对一些生态脆弱、水土流失较为严重的区域实行封禁管护，促进植被自然恢复，同时设置封禁标牌等设施。

（二）成效

“丹治”工程的实施，在控制水土流失、改善生态环境、减少面源污染、促进当地经济社会发展等方面取得了显著成效。“丹治”工程及后续工程累计治理水土流失面积 1.42 万平方千米，水土保持率由 2011 年的 73.87% 上升到 2022 年的 79.35%。

（1）水土流失得到有效控制，生态环境明显改善。

陕西省“丹治”一、二期工程累计治理水土流失面积 12574.1 平方千米，占陕西省水源区水土流失面积的 37.09%。栽植生态林 2677.66 平方千米、经果林 739.97 平方千米、种草 35.15 平方千米、等高植物篱 276.15 平方千米，项目区的林草覆盖率提高了 19.25%。实施生态修复 6138.65 平方千米。通过修堤、修地、修渠、配套坡面和沟道防护工程，层层设卡，节节拦蓄，有效拦截了泥沙，控制了土壤流失。据监测资料分析，各项治理措施建成后，年均减少土壤侵蚀 4593.87 万吨，年均蓄水效益 29171.3 万立方米。整个项目区的水土流失由中度侵蚀下降为轻度侵蚀。

（2）工程防御体系健全，增强了防灾减灾能力。

陕西省“丹治”一、二期工程累计建设谷坊 5008 座、拦沙坝 174 座、疏溪固堤 501.97 千米、治塘筑堰 556 座。以小流域为单元的综合治理，构筑了上拦下保，立体防御的工程体系，增强了防灾减灾的能力。坡面整治工程有效拦截了地表径流，延长了汇流时间，起到了缓洪滞洪和阻挡泥沙的作用；沟道整治工程构筑了稳固的上拦下保防线，既防止了沟底下切，沟岸扩张，又有效地保护了农田、村庄；林草工程建设有效地固结土壤，减少坡面冲刷、泥沙下泻和泥石流发生，维护了工程的安全。

（3）农业生产条件得到改善，促进了地方经济发展。

陕西省“丹治”一、二期工程项目区新修梯田2478.65平方千米，人均基本农田达到1亩，人均产量达到400千克。建设蓄水池（窖）11786口，排灌沟渠2102.38千米，沉沙池13863个，田间道路1447.96千米。项目区的农业生产条件得到极大改善。

（4）工程紧贴民生，为社会主义新农村建设和陕南移民搬迁奠定了基础。

陕西省“丹治”工程坚持小流域综合治理，田、林、路、电、塘、渠综合配套建设，改变了山区薄弱的农业生产基础，加强了基础设施配套建设，为项目区农村经济发展创造了良好的生态环境和条件。项目区内交通、通信、文化、教育、医疗、卫生等条件都有了明显改善，农村脱贫致富奔小康的步伐大大加快。许多小流域的综合治理点围绕陕南移民搬迁点，为促进陕南移民搬迁奠定了基础。

（5）减少了面源污染，促进了水源区水质保护。

目前，在丹江口水库水源区与水土流失相伴而生的面源污染十分严重，直接威胁南水北调中线工程的水质安全。水保工程中的林草措施，可有效地改善当地生态系统，增强涵养水源的能力，减少暴雨对地表的打击、溅蚀和冲刷，控制农田的径流；工程措施可有效地拦截地表径流和流失的表层土壤，变“三跑（跑水、跑土、跑肥）田”为“三保（保肥、保土、保水）田”。水土保持已彰显出在控制农业面源污染方面的主体地位。近年来，陕西省依托“丹治”工程，积极开展以面源污染防治为核心的生态清洁小流域试点建设。在水源区24个县（区）建设了29条生态清洁小流域，减少了面源污染对水源区水质的危害。

三、坡耕地综合治理工程

陕西坡耕地综合治理工程在改善坡耕地水土流失状况、提高农业生产能力和促进生态环境改善等方面具有重要意义。

（一）治理措施

1. 工程措施

（1）梯田建设。修建梯田是坡耕地综合治理的核心工程措施之一。根据地形条件修建石坎梯田或土坎梯田。石坎梯田利用石块砌筑田坎，稳定性好，适用于石料丰富的地区；土坎梯田则在土质条件较好的区域修建，通过加固和植被护坡等方式保证田坎的稳固。通过将坡耕地改造为梯田，改变坡面地形，减缓坡度，从而减小坡面径流的流速和冲刷力。梯田的修建还配套完善了田间道路系统和灌溉排水系统，方便了农业机械的通行和农产品的运输，有效调节了梯田内的水分状况，避免积水或干旱对农作物的影响。

（2）坡面水系工程。建设截水沟、排水沟、沉沙池等坡面水系工程。截水沟布置在坡顶和坡面上方，用于拦截坡面径流，防止雨水直接冲刷坡耕地。排水沟则沿着梯田内侧或坡面径流汇集方向设置，将径流有序地引导至沉沙池。沉沙池能够沉淀径流中的泥沙，减少泥沙对下游河道和农田的淤积。

2. 生物措施

（1）植树造林。在坡耕地的边缘、田坎以及不适宜耕种的坡地上植树造林。选择适宜当地生长的水杉、马尾松等树种用以固着土壤，截留降雨，减少雨滴对地面的打击能量，从而起到保持水土的作用。

（2）种草护坡。在坡耕地的坡面和梯田埂坎上种草，以快速覆盖地表，增加地表植被覆盖率，减缓坡面径流速度，同时其根系也能增强土壤的抗侵蚀能力。

（二）工程实施与成效

流域内工程实施，秦巴山区则侧重于保护水源地，在坡耕地治理中注重生态效益与经济效益的结合。

项目资金来源包括中央财政资金、地方配套资金以及部分社会资金。农业企业或合作社也参与到坡耕地综合治理工程中，投入资金发展特色农业产业。

治理工程取得了丰硕成效，有效减少了坡耕地的水土流失量，土壤侵蚀模数显著降低，减少了土壤养分流失，保护了土地资源。同时，植被覆盖率的提高改善了局部生态环境，增加了生物多样性，为野生动物提供了更多的栖息地。梯田建设改善了农业生产条件，提高了土地的利用率和产出率，原本贫瘠的坡耕地经过治理后，适合种植更多种类的农作物，产量也有明显提高。通过发展特色农业产业，梯田上种植苹果、茶叶、核桃等经济作物，增加了农民的收入。提高了当地农民的水土保持意识和生态保护意识。坡耕地综合治理工程的实施过程中，通过宣传和培训等方式，让农民更加深入地了解水土流失的危害和治理的必要性。此外，改善后的坡耕地有利于推动农业农村现代化进程，促进农村经济发展和社会稳定。水土保持重点工程完成情况见表 4-2-1。

表4-2-1　陕西省汉江流域水土保持重点工程完成情况

项目名称	实施年度	实施阶段	治理小流域数量 / 条	治理水土流失面积 /km^2
长江上中游水土保持重点防治工程	1989—2008 年	一期、二期、三期、四期、五期、六期、七期	335	5584.96
丹江口库区及上游水土保持工程	2007—2015 年	一期、二期	562	12574.1

第二节　水土保持示范园

按照全省统一部署，针对流域内水土保持工作现状，“十二五”后流域内各地市明确把水土保持示范园建设作为今后一个时期水土保持工作的主要抓手和工作的重中之重，按照“山青、水秀、产优、民富、文强”的建设目标，依托国家、省级重点水土保持项目和省级水利发展资金水土保持补偿费使用项目，以小流域为单元，山水林田湖草沙统筹治理，水土保持示范园建设从无到有、从有到强。

一、水土保持示范园建设

2012年初，陕西省水保主管部门专门成立了水土保持示范园区建设领导小组及其办公室，陕西省水保主管部门领导分工负责，流域内各市、县（区）党委、政府也成立了相应领导机构和工作班子，在统筹下达各类项目计划时，优先保证示范园区建设。

（一）规划建设

按照水保科技、特色产业、清洁生态、休闲（红色）旅游等类型建设水土保持示范园的工作思路。省级层面编制了《全省水土保持示范园区建设总体规划》《陕西省创建国家级水土保持示范园规划》等，示范园建设规划由政府主导，水利部门在征求自然资源、林业、农业农村、扶贫等部门的意见后，由县（区）级政府常务会议审批通过。规划确定后，强调示范园区规划的权威性、严肃性和连续性，要求“一届接着一届干、一张蓝图绘到底”。

结合国家重点项目布局，汉江流域确定了“陕南合理布局”的布局要求和“山青、水秀、产优、民富、文强”的建设目标，同时突出南水北调水源区生态清洁小流域和面源污染防治，确保“一江清水供京津”。

建设前，根据流域内各个区域的不同特点，因地制宜提出防治目标、治理措施和治理模式。具体到每个水保示范园区建设，尽可能按照“一园一特色”编制实施规划，要求从选点开始就要结合多年的水土保持治理基础，结合当地经济社会发展大局，结合当地群众主导产业、新农村建设和精准扶贫工作，并与地方政府关注的发展热点、产业布局相衔接。同时，结合区位优势和旅游发展布局，在城镇周边、重点旅游景区附近，大力创建旅游观光休闲示范园，开展以农家乐为特色的生态观光型示范流域建设。

在水土保持示范园建设中，流域内积极争取省级层面投资，达到省级示范园标准、积极创建国家级示范园的还将获得后续资金扶持，结合中央、省关于对民间资本参与水土保持工程建设的支持政策，动员民营企业等社会资金投入示范园区建设，拓展了水土保持投资来源，扩大了治理面积，提高了治理程度，提升了水土保持工作的活力。通过土地流转建园区，农民就地当工人，解决了困扰水土保持行业多年的后续资金投入和水保设施建后管护问题。同时，在建设中突出科技和科普宣传，推广应用水土保持新技术、新材料、新工艺；增强水土保持示范园的科技含量，融科普性、知识性、趣味性、互动性于一体，向公众全方位、多元化普及水土保持知识。发展优势特色产业，实现一二三产业融合发展。横向联动，搭建水土保持示范园工程建设、科学研究、技术推广、产品研发平台，实现跨行业、多学科、多产业的深度融合。

（二）评定命名

水土保持示范园建设实行分级管理，先开展省级水土保持示范园建设评定，达标后再择优申报水利部国家级示范园评定。2019年12月17日，陕西省水利厅修订印发《陕西省水土保持示范园区评定办法》（陕水保发〔2019〕36号）内容包括基础条件、基本功能、特色功能、园区条件、加分条件、评定分值、评定程序等，并列出了计分细则，对省级水土保持示范园评定作了详细规范。截至2023年，汉江流域共计命名省级水土保持示范园

16 个，其中 5 个被命名为国家级水土保持示范园。白河县被水利部评为国家水土保持生态文明示范县。流域内水土保持示范园命名情况见表 4–2–2。

表4–2–2　陕西省汉江流域水土保持示范园命名情况

市（区）	示范园名称	省级命名时间	国家级命名时间
汉中市	西乡县樱桃沟水土保持示范园	2012 年	2014 年
	洋县牛头坡水土保持示范园	2014 年	
	勉县新云水土保持示范园	2014 年	
	宁强县肖家坝水土保持示范园	2014 年	
	城固县古路坝水土保持示范园	2016 年	
安康市	汉滨区三条岭水土保持示范园	2012 年	
	汉滨区牛蹄水土保持示范园	2021 年	
	汉滨区龙须沟水土保持示范园	2016 年	2019 年
	石泉县杨柳水土保持示范园	2014 年	2017 年
	宁陕县悠然山水土保持示范园	2021 年	
	旬阳县太极城水土保持示范园	2021 年	
	岚皋县杨家院子水土保持示范园	2021 年	
	白河县天宝水土保持示范园	2014 年	2019 年
	白河县蔓营水土保持示范园	2014 年	
	平利县长安河水土保持示范园	2014 年	2017 年
商洛市	山阳县漫川关水土保持示范园	2016 年	

二、国家级水土保持示范园

（一）西乡县樱桃沟水土保持科技示范园

樱桃沟水土保持科技示范园地处秦岭南麓，汉江沿岸，紧邻汉中市西乡县城周边，区内低山绵延、丘陵起伏，土地肥沃，人口密集，是汉江沿岸秦岭中低山区地貌的缩影。

西乡县抓住实施南水北调中线水土保持工程建设的历史机遇，大力实施山水田林湖草路村综合治理，把水土保持生态建设和农业特色产业、乡村旅游产业开发相结合，集中力量发展大樱桃产业和乡村生态旅游产业，实现了水土保持与经济社会发展的双赢。2012 年被评为省级水土保持示范园，2015 年被评为国家水土保持科技示范园，同时被农业部授予乡村旅游示范区、一村一品示范村。

目前，园区内已经建成生态景区 15 平方千米，建成水土流失监测点一个，建径流场一处，开展水土流失监测与水土保持科普宣传，成为流域内水土流失综合治理的样板和科普教育基地；园区修建了樱花湖景区、四季园景观平台，硬化了景区车行道、人行道和步道，实施了乔灌草、经济林、水保林、道路美化相结合的植物防护措施，推广了水土保持新技术，实施了边坡防护、排水工程、坡改梯、沟道谷坊治理、塘库生态治理为代表的工程措施，形成了工程措施、植物措施、景观措施配套的水土流失治理体系；园区已建成樱桃产业园 800 公顷，全年樱桃产量达 6000 多吨，增加农民经济收入 3600 万元，同时发展蓝莓、石榴等产业，实现了产业规模化发展。依托樱桃产业发展乡村旅游，带动建成农家乐 48 家。吸纳当地 260 人就业，安置公益性岗位 32 个，年接待游客 100 余万人次，旅游年收入达到 3000 万元以上。

（二）平利县长安河水土保持科技示范园

平利县长安河水土保持科技示范园地处省级边贸集镇长安镇，是陕鄂渝的交通要道，位于平利县城以东 8 千米，总面积 8.23 平方千米，核心区面积 2.01 平方千米。园区围绕国家南水北调工程，着眼于水源涵养、产业开发与乡村振兴，统筹规划，综合治理，建设自然保护与生态修复示范区、沟坡兼治工程示范区、茶文化生态观光经济示范区、水土保持科普教育示范区、河道治理景观示范区等五个功能区，共兴修坡改果梯 266 公顷，栽植以茶为主的经济林 2 000 万株，铺设灌溉管道 7.6 千米，实施封禁治理 379.9 公顷，配套建设了主要道路景观绿化工程和以池、塘、渠、窖、路为主的坡面水系收集系统和沟道治理措施。园区引进民营资本，采取“政府 + 公司 + 农户”的建设管理方式，实现了水土保持科技示范和以茶叶为主的产业开发的融合。2015 年，园区被评为全国最美乡村，2017 年，被评为国家水土保持科技示范园。

（三）石泉县杨柳水土保持科技示范园

杨柳水土保持科技示范园位于安康市石泉县城西北 5 千米处的杨柳社区，由后沟和鲁家沟两条支沟组成，总面积 6.27 平方千米。园区地处南水北调中线水源区，是石泉县政府确定的城乡统筹试点区。园区建设依托“丹治”工程和陕西省水土保持补偿费使用项目，按照生态清洁型示范小流域建设标准，统筹规划，逐年实施，成为全省第一个开展生态清洁小流域建设的试点工程，也是南水北调中线水源区生态清洁小流域治理的典范。2014 年，被评为省级水土保持科技示范园，2017 年，被评为国家水土保持科技示范园。

园区建设坚持以“治理农村面源污染、保护水源地水质、发展生态清洁产业、建设美丽乡村”为核心，分为水保科技试验与科普区、生态清洁治理示范区、坡面治理示范区、生态清洁产品种植示范区、自然保护与生态修复区等五个功能区，分区施策，综合整治，创建样板。坡面治理示范区集中展示了梯田筑坎、固埂、坡面水系、节水灌溉、坡面防护等示范工程；生态清洁产品种植示范区展示了经果林园化肥、农药减量化治理措施；生态清洁治理示范区以水源保护为中心，以生活污水和垃圾治理为抓手，溯源治污和过程防控并重，全面系统布设生态清洁各项治理措施；水保科技试验与科普区以布设径流小区和科普长廊为主，将水土流失治理、面源污染防治技术向游客展示；自然保护与生态修复区主要展示生态本底在水源涵养和蓄水保土中的重要功能。

（四）汉滨区龙须沟水土保持科技示范园

龙须沟水土保持科技示范园位于安康市汉滨区关庙镇小李村，距安康市区 5 千米，总面积 146.67 公顷。该园区 2014 年被陕西省人民政府认定为省级现代休闲农业园区，2016 年被命名为省级水土保持科技示范园，2019 年被水利部评为国家水土保持科技示范园。

2013 年以来，园区按照“政府引导、企业介入、综合治理、产业推动”的建设思路，依托省级水土保持补偿费使用项目、坡耕地治理等项目资金，开展小流域综合治理和科技示范，依托企业投资开展特色产业开发和生态旅游开发，已经建成集“生态观光、科普宣传、工程示范”为一体的水土保持科技示范园。

共投入资金 7500 多万元，建成了水保科教、沟道治理景观工程、坡面治理景观工程、特色产业开发、生态休闲观光五大功能区，可开展水土保持科普教育活动，销售特色农业产品，发展休闲垂钓、瓜果采摘等生态旅游项目。园区打造了桃园、枇杷园、小杂果园、健康水产养殖观赏区、无公害蔬菜园和名贵花木观赏园，以生态、绿色、健康理念培育出大雁养殖、粉条加工、无公害蔬果等特色产业，带动 60 余户贫困家庭进园务工。通过示范带动效应，实现了贫困户脱贫致富、企业提质增效、园区产业升级。园区年可接待游客 2 万余人次，特色产品销售额达到 600 余万元。

第三节　清洁小流域建设

传统的水土保持工作主要侧重于减少水土流失量，但随着对生态环境质量要求的提高，需要在控制水土流失的基础上，进一步改善流域的水质、保护生态环境，提升整个流域的生态服务功能。清洁小流域建设正是适应这一需求而开展的。清洁小流域建设具有三个方面目标：生态目标是要有效控制水土流失，提高植被覆盖率，特别是在坡耕地、荒山荒坡等易发生水土流失的区域，通过植树造林、种草等措施，减少土壤侵蚀，保护和改善流域内的水源涵养能力，确保汉江水质达到相应的标准，维护河流生态系统的健康，保护生物多样性。环境目标是要减少农村面源污染，对流域内的农业生产过程进行规范，如控制农药、化肥的使用量，推广生态农业技术，治理农村生活污水和垃圾，改善农村人居环境。社会经济目标是要促进流域内农村经济的可持续发展，通过发展生态旅游、特色农业等绿色产业，增加农民收入，同时提高流域内居民的生活质量和生态环保意识。

陕西省汉江流域于2010年开始了生态清洁小流域试点建设。通过抓点示范、典型引路，产生了以安康市石泉县杨柳小流域、商洛市的丹凤县桃花谷、汉中市西乡县樱桃沟小流域等为代表的一大批生态清洁示范小流域。“十四五”以来，陕西省汉江流域共安排省级水利发展资金 1.38 亿元用于生态清洁小流域建设项目 34 个，为南水北调中线水源保护、促进陕西面源污染灾害防治、推动陕西生态文明建设发展发挥了重要作用。

案例：石泉县杨柳小流域

杨柳小流域位于石泉县城西北 3 千米（部分资料显示为 5 千米）处的杨柳社区，属于石泉县的重要小流域区域。流域总面积约 6.27 平方千米，主要由后沟和鲁家沟两条小流域组成，汇入饶峰河流长 1.5 千米后进入汉江，地貌类型为浅山丘陵，高低错落。

流域主要的水土流失类型为水力侵蚀，由于地形起伏较大，坡面径流容易造成土壤冲刷，特别是在降雨较为集中的季节，水土流失现象较为明显。

一、水土流失成因

（1）地形因素：丘陵地形导致坡面较长且坡度较大，增加了坡面径流的冲刷力，土壤在水流作用下容易流失。

（2）降雨因素：石泉县降雨集中在某些时段，降雨强度较大时，雨水对地表的冲击力大，容易破坏土壤结构，引发水土流失。

（3）农业生产活动：传统的坡耕地耕种方式，如顺坡耕种，缺乏有效的水土保持措施，容易导致土壤随坡面径流流失。

二、治理措施

（1）梯田建设：在坡耕地上修建梯田，将坡地改造成层层叠叠的梯田，改变了坡面的地形，有效减缓了坡面径流速度，减少了土壤冲刷。梯田的田坎采用合适的材料加固，如土坎梯田对土坎进行夯实并采用植被护坡，提高梯田的稳定性。

（2）坡面水系工程：修建截水沟、排水沟和沉沙池等。截水沟位于坡顶和坡面上方，能够拦截坡面径流，防止坡面上方的雨水直接冲刷坡耕地；排水沟顺着坡面径流方向设置，引导坡面径流有序排出；沉沙池设置在排水沟的适当位置，用于沉淀径流中的泥沙，防止泥沙直接流入下游河道或农田。

（3）谷坊建设：在小支沟内按一定间距修筑谷坊。谷坊可以减缓沟道水流速度，拦截泥沙，稳定沟床，防止沟道下切和扩张，从而减少沟道水土流失。

（4）淤地坝修筑：在较大的沟道中建设淤地坝。淤地坝不仅可以拦泥淤地，增加耕地面积，还能够削减洪峰流量，保护下游村庄和农田的安全。

（5）植树造林：根据当地的气候和土壤条件，选择适宜的树种进行植树造林。例如种植马尾松、侧柏等树木，造林区域包括荒山、荒坡、沟道两侧以及梯田埂坎等。树木的根系可以固着土壤，树冠能够截留降雨，减少雨滴对地面的打击能量，从而起到保持水土的作用。

（6）种草护坡：在坡面和不适宜种树的地方种草，如种植苜蓿、狗牙根等草类。草类植被生长迅速，能够快速覆盖地表，增加地表植被覆盖率，减缓坡面径流速度，其根系也能增强土壤的抗侵蚀能力。

（7）调整农业种植结构：推广种植具有水土保持功能的农作物，减少传统高耗地作物的种植。例如发展茶叶、果林等经济作物种植，这些作物的根系相对发达，对土壤有一定的固持作用，且种植管理过程中可以采用一些有利于水土保持的农艺措施。

（8）采用生态农业技术：推广测土配方施肥技术，减少化肥的使用量，降低因化肥流失造成的土壤和水体污染。同时，采用病虫害综合防治技术，减少农药的使用，避免农药残留对环境的污染。

第四节　水土保持监测与管理

陕南汉江流域、秦巴山区水土保持监督管理工作起步于20世纪90年代初，先后经历了三个发展阶段。

第一阶段(1989—1995年)为建立机构组建人员队伍、制定配套法规阶段。1988年10月，经国务院批准，国家计划委员会、水利部联合颁布了《开发建设晋陕蒙接壤地区水土保持规定》；1989年10月经陕西省政府同意，在原陕西省水土保持局内设监督管理处；1990年5月4日至6日，陕西省计划委员会、省水利厅和省法制局联合在西安组织召开了全省第一次水土保持预防监督工作会议；1994年1月10日，陕西省第八届人民代表大会常务委员会审议通过《陕西省实施〈中华人民共和国水土保持法〉办法》；到1995年底，陕西省长江流域5市31个县区的专兼职水土保持监督执法机构和队伍全面建立，预示着陕南的水土保持监督管理工作正式迈入了一个专司专责的快速发展阶段。

第二阶段（1996—2000年）为机构队伍正规化、规范化建设阶段。1995年12月27日至29日，陕西省第二次水土保持预防监督会议在三原召开。这次会议全面总结分析了“八五”，详细安排部署了“九五”工作，为推动陕西省水土保持预防监督工作在“九五”期间大发展大跨越奠定了坚实的基础。陕南先后两批有18个县（区）通过省上组织的正规化和规范化建设验收。截至2000年底，陕南水土保持监督管理机构正规化、规范化达标率达80%以上。

第三阶段（2001—2018年）为巩固提高、发展创新阶段。在努力完善地方配套法规的同时，着力在政策机制上取得创新和突破；在狠抓方案申报率、水保方案实施率以及水保设施竣工验收率的同时，严把方案审查关，重点加大了监督检查的工作力度；从1994年1月10日《陕西省实施〈中华人民共和国水土保持法〉办法》颁布实施以来，先后经过了2004年、2007年、2013年、2018年4次修正，从而为水土保持监管工作在政策和制度上的创新奠定了坚实的法理依据。2009年6月26日，陕西省水利厅、省地税局联合召开了全省煤炭石油天然气资源开采水土流失补偿费征收工作动员会，在全国率先建立起了省级资源开采补偿使用机制。此后，陕西省级财政每年也能拿出4亿～5亿元的资金用于中央项目投资配套和省级返还治理项目的资金安排；从2016年起，省财政连续3年安排专项资金，用于市、县两级的水土保持监督管理能力建设工作，从而极大地促进了市、县两级监管能力和执法水平的提高。至此，陕南水土保持工作步入到了一个良性滚动发展的新阶段。

涉及陕西省汉江流域的水土保持监测机构有陕西省水利厅水土保持治理处、省水土保持和移民工作中心、省水土保持生态环境监测中心，汉中、安康、商洛三市水土保持工作站和县级水土保持部门负责区域内的水土保持监测工作。由陕西省水利厅和地方水利部门负责监督管理。

流域内现有省级、市级、县级所属水土保持监测站点10个，其中省级1个、市级1个、县级8个。其中，石泉杨柳沟、城固安家沟、商南鹦鹉沟等3处监测点多年来作为全国水土流失动态监测与公告项目监测点为全国水土流失公报发布积累了基础数据。

2023年，陕西省制定了《陕西省水土保持监测站点建设及运行管理办法》；印发了《关于做好水土保持监测设备计量管理工作的通知》；依据水利部、流域机构及陕西省相关数据整理规范与要求，对监测成果进行成果审核及质量认证，并对成果予以汇总。陕西省汉江流域水土保持监测站点分布情况见表4-2-3。

表4-2-3　陕西省汉江流域水土保持监测站点分布情况

市	县（区）	监测站点名称	所属单位
汉中市	城固县	安家沟小流域综合观测站	城固县水土保持工作站
	西乡县	樱桃沟监测点	西乡县水土保持局
	镇巴县	柳林沟监测点	镇巴县水土保持工作站
安康市	石泉县	杨柳综合观测场	石泉县水土保持工作站
	汉滨区	小档沟监测点	汉滨区水土保持管理站
商洛市	柞水县	大沙砾沟水土保持监测试验站	陕西省水土保持生态环境监测中心
	镇安县	磨石沟小流域综合观测站	镇安县水土保持工作站

第三章　群众性农田水利建设

汉江流域地形多样，山川纵横，河网密布，水资源充沛。盆地内良田广布，农田水利历史悠久，尤以汉中盆地最多，为陕西开发较早的农业区之一，盛产稻谷，号称“鱼米之乡”。早在先秦时期，汉江流域内就建有不少农田灌溉工程，汉代兴建了山河堰、五门堰、杨填堰，宋明清历代相继扩修。据《安康县志》记载，“明嘉靖十年（1531年）创建千工堰。”万工堰建于明末，灌田3000余亩。民国时期，现代水利先驱李仪祉规划了汉惠渠、褒惠渠、湑惠渠（汉中“三惠”），相继于新中国成立前基本建成。广大山区林草茂密，土地利用难度较大，耕地稀缺，以坡耕地种植为主。汉江流域农田水利真正大发展始于新中国成立以后，党和政府高度重视农田水利，充分发挥体制优势，坚持改土与兴水并重，改造与新建并举，实行全民参与、政府补助、考核评比等措施，组织开展了农业学大寨、重点水土流失区域治理、实现人均一亩基本农田等几次大规模集中建设活动，有效地改善了农业生产条件，对解决群众温饱问题、推动流域内经济发展及社会进步起到了很大的促进作用。

2006年10月30日，陕西省冬春农田水利基本建设现场会在安康白河县召开

第一节 季节性农建大会战

季节性农田水利基本建设大会战是我国社会主义体制下行之有效的经验和做法。汉江流域根据区域特点，每年利用冬春农闲时间，集中开展群众性农田基本建设大会战，重点进行灌区整修、抬田修地、兴修小型农田水利设施、江河堤防整治等建设。农村实行联产承包责任制后，农田水利建设难组织，工程老化失修严重。1989 年，国务院下发《关于大力开展农田水利基本建设的通知》后，陕西各级党委、政府高度重视农田水利基本建设工作，自上而下各级都成立了农田水利基本建设指挥部，出台了农田水利基本建设劳动积累工制度，陕西省政府在全省、市、县政府间组织开展“水利振兴杯”竞赛活动，陕西省水利厅也相应开展了优秀水利局局长评选活动，每年进行考核表彰，极大激发了各级大力开展农田水利基本建设积极性，掀起了新一轮建设高潮。每年冬春时节，汉中、安康、商洛三市将农田水利基本建设作为农村中心工作，各级主要领导亲自抓，分管水利领导具体抓，包片抓点，示范带动，严格落实劳动积累工，全员参战，开展联组联村大会战，加强多部门协作，强化考核奖惩，规模治理，通过召开现场会、巡回检查，形成你追我赶、大干实干、声势浩大的建设热潮，促进建设水平不断迈上新台阶。汉台、宁强、略阳、白河、旬阳成效突出，多次夺杯。汉江流域陕西省“水利振兴杯”竞赛夺杯单位见表 4-3-1。

表4-3-1 汉江流域陕西省“水利振兴杯”竞赛夺杯单位

年份	市级夺杯单位	县级夺杯单位
1990		南郑县、白河县、柞水县
1991		南郑县、略阳县、白河县、旬阳县
1992		洋县、镇巴县、白河县、旬阳县
1993		洋县、镇巴县、旬阳县、镇坪县
1994		洋县、镇巴县、安康县（现汉滨区）、镇坪县
1995		洋县、南郑县、旬阳县、镇坪县
1996		洋县、镇巴县、旬阳县、岚皋县
1997		洋县、镇巴县、汉阴县、旬阳县
1998	汉中市	城固县、镇巴县、汉阴县、旬阳县
1999		镇巴县、西乡县、汉阴县、旬阳县
2000		略阳县、镇巴县、汉阴县、白河县
2001	汉中市	略阳县、宁强县、汉滨区、汉阴县
2002	汉中市	略阳县、宁强县、汉滨区、旬阳县
2003	汉中市	宁强县、城固县、汉滨区、旬阳县
2004		汉台区、城固县、旬阳县、岚皋县

续表4-3-1

年份	市级夺杯单位	县级夺杯单位
2005		汉台区、城固县、旬阳县、岚皋县
2006		汉台区、宁强县、旬阳县、白河县、山阳县
2007		汉台区、宁强县、白河县、汉阴县、山阳县
2008		汉台区、宁强县、略阳县、旬阳县、白河县、山阳县
2009	安康市	镇巴县、宁强县、旬阳县、白河县、山阳县

2001 年，国家推行税费改革，取消了统一规定的劳动积累工与义务工，村内进行农田水利建设采取一事一议由村民大会民主讨论决定的方式进行，加之农村劳动力逐步向城镇转移，冬春大规模的农田水利基本建设大会战逐步取消。陕西省政府办公厅下发了《关于建立农田水利建设新机制，促进陕西省农田水利建设健康发展的意见》，实施了《陕西省小型农田水利设施建设规划》，建立了小型农田水利基本建设补助资金，对群众抬田修地、兴修小型农田水利设施加大补助。后相继实施了中央小型农田水利设施、巩固退耕还林成果基本口粮田等项目建设，各市、县实施项目带动，加强有关农田水利建设项目投资捆绑使用，统筹使用省级小型水利建设补助资金、农发水保资金、巩固退耕还林成果资金，推进农田水利基本建设持续发展。

第二节　抬田修地

汉江流域素有“八山一水一分田”之称，丘陵和高深山地区多以旱作农业为主。新中国成立前，山区多为坡式耕地，广种薄收，水土流失严重，土地石漠化问题突出。新中国成立后，特别是农业学大寨以来，山区兴修“大寨田”，变“三跑”（跑水、跑土、跑肥）地为“三保”（保水、保土、保肥）地，利用冬春农闲，县、公社集中劳力，组织“会战”，抬田修地，大规模开展水平梯田建设。1969—1978 年，洋县抬田 2.88 万亩，修梯地 6.11 万亩。1971—1978 年，略阳县修梯地 9.46 万亩。1976—1978 年，勉县高潮、褒联、温泉 3 区修地 8 万亩。勉县漆树坝大队乱石窖生产队，在乱石窖里修地造田，成效突出。1969 年，勉县革命委员会曾号召“远学大寨，近学乱石窖”，获《人民日报》表扬，陕西省内及邻省不少地方组织干部社员前来参观。1985 年后，随着秦巴山区水土流失引起重视，水土保持工作加强，抬田修地建设力度加大。1990 年，陕西省政府提出陕南人均建成一亩基本农田的目标，出台规定农村劳动力每人每年投入农田水利建设积累工 20 ~ 30 个等政策，各地逐级落实责任，明确建设任务，依靠劳动积累工制度，加大奖惩力度，极大促进了农田水利建设高潮兴起，改变了一些地方长期以来无水不抬田的习惯，修地造田数量剧增，抬田修地连片规模不断扩大，工程质量也不断提高，涌现出白河、旬阳、宁强、汉台、镇安等一批全国典型。

石坎水平梯田是汉江流域治理坡耕地的主要措施，农民称为“石坎坎，金碗碗”（“石坎坎”即指石坎水平梯田）。石坎梯田是广大山区群众在生产实践中的创造，由于坡耕地里，一般石头较多，群众在耕作过程中，习惯地把地里的石头拣出来堆成一条条的石坎，既便利了生产，又起到拦截土壤流失的作用。时间长了，群众由不自觉到自觉地把石坎沿等高线安砌牢固，形成一台台的坡式石坎梯田。1956 年，佛坪县金星大队开展治山治水活动，总结过去“三年不开荒，只有喝米汤”和修坡式土坎梯田效益差的教训，修石坎水平梯田 499 亩。1955—1957 年，镇安县铁厂区和平乡升坪农业生产合作社，把 1060 亩“乱石窖，大刺架，种地不够老鼠扒”的坨坨地修成石坎水平梯田，粮食产量由 1955 年的 96.7 吨增加到 1957 年的 174 吨，两年向国家交余粮 25.5 吨，成为全国水土保持先进单位。20 世纪 60 年代后，陕南各地兴修石坎水平梯田的典型逐年增多。20 世纪 70 年代，一些县开始大抓石坎梯田的兴修，20 世纪 80 年代进入了大发展阶段。镇安县修石坎梯田起步早，1966 年开展“农业学大寨”以来，全县组织农田基建常年基建队大修石坎水平梯田，1964 年全县建成专业队 3317 个，炸石山，捡石头，垒石链，常年兴修石坎水平梯田不间断。

地处巴山深处的白河县，山大、沟深、地薄，新中国成立 40 年来群众温饱一直得不到解决，年年吃返销粮。20 世纪 70 年代开始，全县上下坚持以修石坎梯田为主的农田水利基本建设，苦干实干，22 年不动摇，年年抬田修地上万亩，新修石坎梯田 19 万亩，石坎长近 3 万千米，农业人均基本农田由 1972 年的 0.06 亩增加到 1.12 亩，粮食产量增加了 1 倍多，1992 年率先在陕南贫困山区实现了农业人均 1 亩基本农田建设任务，受到陕西省

1996年3月，洋县八龙乡潘湾村抬田修地现场

政府嘉奖。1991 年，全国扶贫经验交流会在白河召开，学习推广了他们的经验，成为全省乃至全国的抬田修地、脱贫致富的榜样和旗帜。

第三节　集雨水窖建设

集雨水窖是解决中高山地区农田灌溉和产业发展的有效途径，汉江流域自古就有群众自建水窖，以解决生活生产用水困难，因降雨充沛，利用效果较好。雨水集蓄利用工程根据《陕西省雨水集蓄利用工程“十五”规划》，在总结“九五”雨水集蓄利用工程建设管理经验的基础上，进一步完善有关雨水利用技术，有效地利用降水资源，使雨水利用成为水资源综合管理中一个不可缺少的组成部分。从“九五”末开始，通过采取工程措施，有计划地在干旱缺水和工程性缺水地区规划发展水窖，设置集流面，提高集流效率，对工程采取防渗措施，对雨水资源进行深度开发， 产生了显著的社会效益、经济效益和生态环境效益。

集雨水窖建设以安康市最为典型。“九五”末期，安康市农业人均 1 亩基本农田目标实现后，以集雨水窖建设为主体的农田水利建设有突破性进展。仅 2001 年新修集雨水窖就达 8.3 万余口，总蓄水能力达到 268 万立方米，发展旱地集雨窖灌面积 13.85 千公顷，全市水窖建设已由 2000 年的速度数量型向质量效益型转变，在抗旱节灌和农村人饮中发挥了很大作用，受到全市缺水易旱山区广大干部群众广泛赞扬。2001 年 6 月下旬，陕西省政府在旬阳县召开水窖建设现场会，推广安康市水窖建设经验。10 月下旬，水利部农水司领导又听取安康市水窖建设的专题汇报，并明确表示重点扶持。2002 年，以集雨节灌为重点的小工程、大群体工程建设取得突破性进展，当年完成新修水窖 9.02 万眼，新增蓄水量 368 万立方米，发展节水灌溉面积 12 千公顷，新修水库 2 座，塘坝 300 口，新增有效灌溉面积 3.35 千公顷。小工程、大群体工程体现出来的经济效益、社会效益和生态效益，得到了中央、省、市三级的充分肯定。2002 年 8 月，在宝鸡召开的陕西省农田水利基本建设现场会上，安康市介绍了水窖建设经验。随着紫阳县农业人均 1 亩基本农田的验收，全市 10 县（区）全面实现了农业人均 1 亩基本农田的目标，标志安康市水利设“一次创业”顺利完成。从 1998 年开始实施万塘工程到 2003 年底，全市修窖 37.9 万眼，在促进农民增收、保障经济可持续发展方面发挥着越来越大的作用。从 2004 年到 2015 年，安康市一直按照“小工程、大群体”的水利发展思路，以兴水治旱为中心，坚持大、中、小并重，蓄、引、提结合，渠、塘、窖配套的模式开展农田水利建设。

第四节　小型农田水利重点县建设

新中国成立以来，为了解决基本农田总量不足、质量标准偏低、水利化程度不高等突出问题，不断提高基本农田质量，进一步增强农业综合生产能力，汉江流域内各级党委、政府带领和组织广大群众，围绕兴水治旱，持续不懈地开展了小型农田水利重点县建设这一强基础、惠民众、管长远的民生工程，取得了显著成效。

2009 年，按照集中资金、连续投入、连片建设、整体推进的要求，水利部、财政部全面启动了“小型农田水利重点县建设”项目，积极打造连片集中、效益突出、群众欢迎的县域小型农田水利核心区。2013 年又在西北五省（区）转型实施西北地区节水增效行动。陕西省围绕项目建设，以 4 批次 66 个小型农田水利重点县年度工程建设为主体，扎实推动全省小型农田水利设施建设项目高标准建设。

陕西省汉江流域各县（区）政府、水利及财政部门抢抓机遇，围绕小型农田水利项目建设，加强领导，精心组织，完善措施，强化管理，大范围整合支农涉水资金，不断拓宽和完善小型农田水利设施建设“民办公助”机制，以小型农田水利重点县项目为主体的小型农田水利设施及高效节水灌溉工程建设，突出抓好以集雨窖灌为重点的“小工程、大群体”和石坎梯田建设，加快中低产田改造步伐，为流域广大农民群众的生产创造了最直接、最明显的支持效益。2009—2018 年，汉江流域先后有汉中市勉县、城固、洋县、西乡、略阳、南郑、汉台、宁强，安康市旬阳、汉滨、石泉、白河、汉阴、平利、紫阳、岚皋，商洛市镇安、柞水等 18 个县分别被列入第一批至第七批小型农田水利重点县（项目县）建设计划，10 年累计安排重点县（项目县）年度项目（一定三年连续实施）107 个、面上专项工程年度项目（一年一定）81 个，累计完成投资 21.9536 亿元，其中省财政补助资金 16.286 亿元，累计衬砌硬化各类小型渠道 2123 千米，建设小塘坝、小堰闸、小泵站、小水池（窖）、小机井等“五小”水利工程 8450 处，建成高效节水灌溉面积 40.95 万亩，累计新增、恢复灌溉面积 32.3 万亩，改善灌溉面积 65.4 万亩，新增节水灌溉面积 82.5 万亩，受益农民达到了 134 万人。

在项目的建设管理上，汉江流域各市、重点县均成立了项目建设领导小组和办公室，从各县（区）的实际出发，一是科学规划布局，增强示范效应。汉江流域主要建设“五小”水利工程、小型灌区改造和经济作物高效节水灌溉工程试点等，增强各县（区）项目建设的实用和示范效益。二是建立健全质量管理体系，确保工程质量。充分发挥政府质量监督的职能，由各市水利工程质量监督站负责项目年度工程的质量监督工作。全面推行了工程质量第三方检测制度，并严格设备材料的质量监管。三是推行“四项”制度，提升管理水平。探索和完善群众支持小农水建设的积极性和具体的操作细则。接受省上委托第三方对重点县的年度工程进行工程实地实物量的专项核查，确保工程建设任务足额保量完成。四是实行县乡村三级公示，接受群众监督。按照陕西省小型农田水利设施建设项目推行公示制度的意见，建立了县级政府、财政、水利部门与农民群众交流沟通的桥梁，逐步建立起了吸纳群众监督小农水建设管理的新机制。

汉中、安康两市结合自身农业发展需求和地形地貌复杂、水资源分布不均的地理特点，精心制定小型农田水利重点县建设规划，确定以改善农田水利设施、提高水资源利用效率、保障粮食安全和促进特色产业发展为主要目标。规划涵盖了灌溉工程、排水工程、水源工程等多个方面，同时注重与农村产业发展、生态环境保护相协调，明确了建设任务和时间表。

（1）灌溉工程建设。修建渠道：根据地形和农田分布情况，对原有老旧渠道进行改造和修复，新建高标准防渗渠道，将水源工程与农田连接起来。渠道建设注重采用防渗技术，减少水资源的渗漏和浪费。例如，在洋县、城固、石泉、紫阳等县，新建了大量的混凝土衬砌渠道，提高了渠道的输水能力和延长了使用寿命。发展高效节水灌溉：结合当地特色产业发展需求，推广喷灌、滴灌、微灌等先进的节水灌溉技术，提高水资源利用效率。在一些特色农业种植区，如汉中的猕猴桃、茶叶种植基地以及安康的茶叶、魔芋、核桃等特色产业种植区，采用高效节水灌溉技术，既满足了作物的需水要求，又节约了水资源。建设泵站：在水源不足或地形复杂的地区，修建泵站提水灌溉。通过优化泵站设计、选用高效节能设备，提高泵站的运行效率和可靠性。

（2）排水工程建设。治理中小河流：对影响农田排水的中小河流进行治理，疏浚河道、加固堤防，提高河道的排水能力，防止洪涝灾害，同时，注重河流生态修复，保护水生生物栖息地。例如，在勉县、西乡等县，对一些重要河流的支流进行了治理，改善了农田的排水条件。修建排水沟：在易涝地区和低洼农田修建纵横交错的排水沟，将多余的雨水和灌溉水及时排出，避免田间积水。排水沟的建设采用合理的断面设计和护坡措施，注重与灌溉渠道相结合，形成完善的灌排体系，确保排水畅通和工程的稳定性。

（3）水源工程建设。整治塘坝：对现有的塘坝进行清淤扩容、加固坝体，增加蓄水能力。同时，完善塘坝的配套设施，如溢洪道、放水设施等，提高塘坝的安全性和运行效率。在南郑区、宁强县等地，许多塘坝经过整治后，成了重要的农田灌溉水源。新建和加固小型水库：在有条件的地区，规划建设小型水库，为农田灌溉提供稳定的水源保障。小型水库的建设严格按照水利工程建设标准进行，确保工程质量和安全。对一些年久失修的小型水库进行除险加固，提高水库的蓄水能力和安全性。例如，在旬阳县、汉阴县等地，对多座小型水库进行了坝体加固、溢洪道改造等工程，使其更好地发挥灌溉、防洪等综合效益。开发利用地表水：在有条件的地区，修建引水渠、拦水坝等设施，开发利用地表水，为农田灌溉提供水源。

随着重点县各年度工程陆续建成并投入运行，在项目区发挥了显著的效益，已建成的各类小农水工程设施成为农村百姓期盼度最高、受益最直接、效益最显著的惠民工程，有效缓解了农田灌溉“最后一公里”问题。与非重点县相比，各重点县的农业生产条件明显得到改善，农业综合生产能力明显得到提高，农业抗御自然灾害能力明显得到增强，为确保区域粮食生产安全、助推现代农业发展奠定了坚实的基础。

一是农业生产条件显著改善。通过建设完善的灌溉工程体系，有效解决了农田灌溉“最后一公里” 问题，灌溉保证率大幅提高。许多原本靠天吃饭的农田变成了旱涝保收的高产田，为农业稳产高产奠定了坚实基础。排水工程的建设和水源工程的整治，改善了农田的水土条件，降低了土壤盐碱化和渍害程度，提高了耕地质量。二是农民增收效益明显。良好的农田水利条件为发展特色农业、高效农业提供了保障，农民可以根据市场需求调整种植结构，增加经济作物的种植面积，提高农业收入。例如，在汉台区、留坝县等地，农民利用改善后的农田水利设施，发展蔬菜、花卉、食用菌等特色产业，取得了显著的经济效益。节水灌溉技术的推广和灌溉设施的完善，减少了农民的灌溉用水成本和劳动力投入。

同时，良好的排水条件也降低了农作物病虫害的发生概率，减少了农药和化肥的使用量，降低了农业生产成本。三是生态环境得到保护。渠道衬砌和排水沟建设等工程措施，减少了水流对土壤的冲刷，降低了水土流失的风险。同时，通过水源工程的整治，增加了植被覆盖，改善了生态环境。小型农田水利重点县建设注重水资源的合理开发和利用，通过推广节水灌溉技术、建设高效节水工程等措施，提高了水资源利用效率，实现了水资源的可持续利用。

镇安县小型农田重点县建设

第四章　水环境治理

汉江是长江水系的最大支流。在陕西境内，汉江流域水资源总量占到陕西省水资源量的 71%。汉江流域不仅是国家南水北调工程主要水源涵养地，也是省内引汉济渭、引红济石、引湑济黑、引乾济石等重大水资源配置工程的水源区，水环境治理与保护具有重要的生态意义、经济意义和社会意义。多年来，流域内各级各部门高度重视水环境治理，齐心协力，不断加强水源地保护，深入推进汉江、丹江综合治理，使汉江、丹江出陕断面水质稳定保持在Ⅱ类水平，总体实现了河湖水质和生态环境安全，确保了一泓清水永续北上，也促进了流域经济社会可持续发展。

汉江流域水环境治理与水污染防治大体经历了三个阶段。第一阶段是 20 世纪 50 年代至改革开放前。这一时期，以水资源开发利用为主，主要进行了一些基础的水利设施建设，包括水电站、水库和农业灌溉工程等，但由于经济和技术条件限制，对水环境治理和保护的认识不够，重视程度相对较低，很少考虑水环境治理保护工作。第二阶段是改革开放后至 20 世纪末。这一时期伴随县域经济快速推进，第二产业发展迅猛，尤其是乡镇企业遍地开花，加之城镇化水平不断提高，环境问题日益严重。各级政府逐步意识到水资源保护和水污染防治的重要性。一些地区加强了对工业废水排放的监管，采取了一定的污染治理措施，也针对性地对一些水利工程进行了改造，提升了水资源的利用效率，避免了水环境进一步恶化。第三阶段是 21 世纪初至今。随着科学发展观的提出和应用，尤其是党的十八大以来，随着习近平生态文明思想的贯彻落实，汉江流域水环境治理与保护得到了空前的重视，成了流域内各级党委、政府的政治自觉和行动自觉。

第一节　水污染治理

汉中、安康和商洛市政府坚持生态保护、生态建设与水资源治理同步抓，大力实施水污染防治、小流域治理、防护林建设以及退耕还林（草）、农村能源改造等工程，全面推进入河排污口排查整治、工业园区专项整治、城镇污水处理提质增效、面源污染治理等工作，着力提升环境执法、环境监测、环保督察三大监管效能，使水环境治理保护工作步入了法治化轨道并取得了显著成效，实现了汉江水资源的可持续利用和生态环境的良性发展。自 1986 年有监测数据以来，汉江干流水质均达到优良，汉江出省断面水质保持Ⅲ类以上。

一、健全政策法规体系

为全面加强汉江流域水污染防治工作，2005 年 12 月 3 日，陕西省第十届人民代表大会常务委员会第二十二次会议通过《陕西省汉江丹江流域水污染防治条例》(简称《条例》)，并于2006年3月1日正式施行。之后于2020年、2023年两次进行修订。该《条例》全面夯实了汉江丹江流域水污染防治工作的法律基础，旨在防治汉江、丹江流域水污染，保护和改善水生态、水环境，保障供水水质安全，促进区域经济可持续发展。该《条例》规定，汉江、丹江流域水污染防治坚持预防为主、防治结合、综合治理、公众参与、损害担责的原则，实行统一规划、分级负责、分段管理，实施重点污染物排放总量控制制度。陕西省政府统筹协调相关保护工作，落实分级分部门管理责任，实行河长制。在污染防治方面，要求省生态环境行政主管部门会同水利等部门编制汉江、丹江流域水污染防治总体规划，市、县（区）政府据此制定本行政区域规划及计划、方案。总体规划应包括流域水体环境功能要求、水质目标及达标时限、具体防治措施和设施建设规划等内容。市、县（区）政府应结合规划和区划，合理规划产业和城乡建设布局，调整产业结构，推行清洁生产。新建、改建、扩建相关建设项目和水上设施须依法环评并获批。建设项目中的水污染处理设施应与项目同时配套建设或同时设计、施工、投入使用，并保持正常运行，不得擅自拆除、停运或闲置。明确禁止向水体排放油类、酸液、碱液、剧毒废液、放射性固体废物或含高、中放射性物质的废水等，向水体排放含低放射性物质的废水应符合规定标准；禁止将某些可溶性剧毒废渣向水体排放、倾倒或直接埋入地下；禁止在水体清洗特定车辆和容器，以及向水体排放、倾倒工业废渣、城镇垃圾等废弃物；输送、运输、贮存有毒、有害废水或其他污染物的相关设施应采取防渗漏等安全措施。要求市、县（区）政府应加强生态环境综合治理，巩固退耕还林（草）成果，保护天然林和湿地等，鼓励发展绿色生态环保的水产养殖等活动。同时明确水行政主管部门应监测流域内水量、水质，核定水域纳污能力，向同级环境保护行政主管部门提出限制排污总量意见。

2013年，陕西省政府出台了《关于印发〈汉江丹江流域水质保护行动方案（2014—2017年）〉的通知》。2017年，原陕西省环保厅、省财政厅印发了《陕西省渭河、汉丹江流域水污染补偿实施方案（试行）》，开展汉江流域水污染补偿工作。2021年，进一步修订印发了《陕西省重点流域水生态环境保护“十四五”补偿实施方案》，充分发挥经济手段倒逼水质改善的推动作用。

2014年，陕西省政府出台了《汉丹江流域（陕西段）重点行业水污染物排放限值》，重点加强了汉丹江流域城镇污水处理厂、规模化畜禽养殖场和重金属重点防控区铅、锌、汞、锑等重点行业企业的水污染物排放限值。

2023年，经陕西省政府同意，陕西省生态环境厅联合省水利厅等相关厅局印发《陕西省水生态环境巩固提升行动方案（2023—2025年）》《陕西省长江流域总磷污染控制方案》，进一步加强“十四五”水质目标。5部门联合印发《陕西省水生态环境保护规划》，对汉江专门提出治理要点，制定实施汉江流域30个国控断面“一断一策”达标方案。

2023年，汉中市、安康市协同出台《汉江水质保护条例》，为陕西省第一部流域协同立法。协同立法坚持生态优先等原则，对水质保护、水污染防治等方面作出严格规定。两市协商建立了六大协作机制，包括跨行政区域协调联动、水质保护信息共享、重大事件协同应对、跨市域漂浮物联动打捞、汉江流域生态保护补偿、跨区域污染水质违法案件联合执法等机制，从源头上破解了汉江水质保护两地协同不足等问题，保证了流域内依法治理的一致性。同时在合作条款基础上保留个性化差异，各自在附则中作出解释规定。

二、成立汉江中心城区环境保护专门机构

两市成立了汉江中心城区环境保护相关工作办公室，例如安康汉滨区在老城街道挂牌成立汉江中心城区环境保护工作办公室，统筹治理水资源、水生态、水环境，组织巡逻队伍对江边不文明行为进行制止，成立督查小组开展水环境保护整治督导行动，联合多部门综合执法，推进汉江河域治理专项攻坚行动落实落地。

三、实施“四长治河”“河湖长制＋志愿者”机制

“河湖长制”颁行以来，汉中和安康针对两地水质特点积极探索特色分明的汉江河湖长制施行办法，效果显著。

其中，安康探索实施“河长湖长＋警长＋检察长＋法院院长”的“四长治河”机制，压紧压实河湖长、部门和县（区）“三个责任”，充分发挥各级党委、政府和总河长的牵头抓总作用，加强公安、检察、法院等部门联动，严厉打击非法侵占水域岸线、擅自取水排污、乱采乱占等破坏河湖生态环境违法行为。

同时，不断深化“河湖长制＋志愿者”机制，全民参与合力守护汉江水质。例如，设立护河员公益岗位，定期维护河湖环境；与团委、妇联联合建立“河小青”“女子志愿护河队”等公益组织；通过各种方式发动企业人士、干部群众参与护河治水，招募“民间河长”。同时丰富志愿护河形式，开展“八进”宣传活动及各类主题活动，广泛宣传引导营造浓厚氛围，并强化典型示范带动，打造安澜美丽幸福河湖。

四、建立环境监测体系

汉江流域先后设置国控监测断面 30 个、省控监测断面 44 个、自动监测站 18 个，覆盖汉江主要河段和主要支流。布设 1 个重金属监测断面，监测锑等 20 个重金属指标，开展汛期监测预警。2019 年，为加强水质应急监测，为汉江流域地市配备了应急监测移动设备。加快开展水生态健康调查和监测，建成西部地区首个环境 DNA 生物监测实验室。2022 年，成功完成 3 次基于国省控断面的环境 DNA 水生生物多样性监测工作，累计测试样本 450 余个。初步发现并建立了鱼类和真核浮游植物的物种基因库，获得基因数据 2000 余万条。

与此同时，围绕最严格水资源管理考核要求及水利部、陕西省水利厅工作部署，陕西省水环境监测中心对流域各类水质进行监测，汉江流域共设置水质水生态监测站点 64 处，其中地表水国家重点水质站 20 处、省级重点水质站 38 处、重要饮用水水源地 3 处、水生态监测站 3 处。流域共有 17 条河流参与水质测评，包括汉江干流、褒河、子午河、池河、任河、岚河、月河、坝河、旬河、乾佑河、金钱河、南水河、南江河、丹江、银花河、滔河。

水生态监测指标包括浮游植物、叶绿素、藻类等 3 项。同时开展相应的水文因子及水体理化指标监测，包括流速、流量、水温、电导率、溶解氧、pH、总氮、氨氮、总磷、

磷酸盐、高锰酸盐指数等 11 项。监测数据显示，2022 年汉江陕西段全年平均为Ⅰ～Ⅲ类水质，出省断面白河常年维持在Ⅱ类水质。

五、加强水生态系统保护

加强汉江水系源头区的保护和管理，采取增殖放流、监测监管外来水生生物等措施保护水生生物多样性；加强湿地保护和公益林建设，将重要生态区内的林地优先划入生态公益林保护范围；编制水土保持规划，加大水土保持力度，防止水土流失影响水质安全；合理规划产业发展和城乡建设布局，严控生态保护红线、环境质量底线、资源利用上线，依法淘汰落后产能，推行清洁生产。

同时，加强对涉水工程建设及运行的管理，要求涉水工程采取措施防止水质污染和水域生态破坏，保证生态下泄流量，修建过鱼设施或采取增殖放流等补救措施；明确禁采区、禁采期，严格控制采砂区域、采砂总量和采砂船舶数量，规范河道采砂活动；建立汉江流域漂浮物打捞责任机制，做好河流湖库岸线及周边区域垃圾、废弃物的收集、清理和处置，减少湖库漂浮物的产生。

2016年3月26日，汉江宁强段紧急处置河道污染事件

六、加强饮用水水源保护

2021 年 1 月 21 日，陕西省第十三届人民代表大会常务委员会第二十四次会议修订通过《陕西省饮用水水源保护条例》，自 2021 年 5 月 1 日施行。陕西省生态环境厅同时印

发了《关于推进集中式饮用水水源地生态环境保护工作的指导意见》，完成了汉江流域34个县级及以上水源保护区划定并推进规范化建设，“千吨万人”及以上水源地划定率100%，定期开展水源地常规监测和全分析监测，水质达标率100%。围绕汉丹江流域内重点行业、重点区域环境风险点，常态化开展环境隐患排查整治，推动108国道、316国道、312国道应急防护设施建设，强化应急物资储备，建成2个省级、3个市级、若干县级和企业应急物资储备库，2020年以来，累计整改环境安全隐患2045个，环境应急预案备案率100%。

七、开展入河排污口排查整治

2018年机构改革，入河排污口工作由水利部门划转生态环境部门，两部门联合印发了《关于做好过渡期入河排污口设置管理工作的通知》，在全国率先开展了排污口职责整合。此后出台了《陕西省生态环境厅关于加强入河排污口设置审批工作的通知》，明确排污口审批权限和排污口审批流程。同时印发了《关于进一步加强陕西省入河排污口监督管理工作的通知》，制定任务清单及分工方案，做好组织调度，将监督管理情况纳入相关工作考核，压实各方责任。建成了汉江入河排污口矢量化信息图库，搭建入河排污口监督管理平台，并进行入河排污口动态更新。在此基础上全面开展排污口排查溯源，按照“有口皆查、有水皆测、有源必溯、有污必治”的要求，完成了汉江干流陕西段入河排污口“排查、监测、溯源、整治”四项任务，建立健全入河排污口管理长效机制。

汉中、安康集中对工业污染、镇村生活污染、农业生产污染、河湖排口整治、河湖生态治理等进行全域排查整治。

安康市制定印发《汉江流域安康段入河排污口排查整治工作实施方案》及《安康市入河排污口监督管理工作实施方案》，开展入河排污口的排查、监测、溯源和整治工作，包括对中心城区一江两岸排水口的全面排查及治理，并设置标志牌。

汉丹江流域（陕西段）入河排污口排查从2022年12月12日起，为期2个月，涉及陕南三市17个县（区），岸线行程约1677千米，流域面积约1923平方千米，排查面积约6700平方千米。共排查入河排污口3797个，新增入河排污口608个，累计审核排污口信息4000余条。

八、开展涉水专项执法检查

以大力提升陕西省城镇（含省级及以上工业集聚区）污水处理厂运行管理水平为着力点，持续加大污水处理厂环境执法监管力度，科学规范污水处理厂运行管理，不断提高污水处理厂管理水平和运行效率，确保污染物稳定达标排放。生态环境部门开展了多轮污水处理厂专项检查，采取执法监测联动、协同测管的模式，对汉江流域县级及以上城镇污水处理厂和省级及以上工业集聚区污水处理厂进行了全面检查。按照“查问题，补短板”要求，开展重点领域水污染防治专项督导帮扶，持续巩固区域水生态环境质量，确保生态环境质量持续改善、不断提升。以汉江干流和支流沿线为重点区域，围绕医药、涉重金属采选、有色冶炼、电力、煤化工等行业企业开展专项执法检查，严厉打击不正常使用污染防治设施和偷排、漏排及超标排放等环境违法行为，解决相关企业主体责任不落实、偷排等违法行为屡禁不止的问题，从源头上有效杜绝了水污染事件的发生。同时印发并实施《陕西省汉江丹江流域涉金属矿产开发生态环境综合整治规划（2021—2030年）》，积极推进重点区域治理项目，加强陕南硫铁矿专项整治。出台《汉中市河道采砂违法行为责任追究办法（试行）》，深入开展"渔政执法亮剑系列专项行动""四清四无"回头看等专项行动。此外，还建立了联防联控机制，如汉中市与安康市签订《跨界流域突发水污染事件联防联控协议》，与广元、陇南开展跨界河流联防联控联治合作，建立跨省河流联合河长制等。

截至2023年底，陕南12处矿点已完成3处矿点治理，累计封堵矿硐76个，清运废渣27万立方米，生态修复3万平方米，废石贮存场安全贮渣25万立方米。

第二节 湿地建设与保护

湿地是陆地、流水、静水、河口和海洋系统中各种沼生、湿生区域的总称，包括各种咸水、淡水沼泽地、湿草甸、湖泊、河流以及泛洪平原、河口、三角洲等。湿地不仅为人类提供了大量食物、原料和水资源，而且在维持生态平衡、保持生物多样性和珍稀物种资源以及涵养水源、蓄洪防旱、降解污染、调节气候、补充地下水、控制土壤侵蚀等方面都起到了重要的作用。

陕西汉江流域湿地主要涉及汉中市（宁强县、勉县、汉台区、南郑区、城固县、洋县和西乡县）、安康市（石泉县、汉阴县、紫阳县、岚皋县、汉滨区、旬阳县、白河县）、商洛市（柞水县、镇安县和山阳县）3市17县（区）。

一、湿地资源

根据2011年陕西省第二次湿地调查报告数据，陕西汉江流域湿地面积7.78万公顷。其中汉中市湿地总面积3.92万公顷（河流湿地面积3.57万公顷，沼泽湿地面积0.03万公顷，人工湿地面积0.32万公顷）；安康市湿地总面积2.89万公顷（河流湿地面积2.45万公顷，人工湿地面积0.44万公顷）；商洛市（柞水县、镇安县和山阳县）湿地面积0.97万公顷。

根据2021年第三次全国国土调查土地利用现状统计数据，陕西汉江流域湿地面积9.43万公顷，其中汉中市湿地总面积5.07万公顷（内陆滩涂0.19万公顷、河流水面3.53万公顷、水库水面0.61万公顷、坑塘水面0.38万公顷、沟渠0.33万公顷）；安康市湿地总面积3.4万公顷（内陆滩涂0.28万公顷、河流水面2.41万公顷、水库水面0.70万公顷、坑塘水面0.08公顷、沟渠0.01万公顷）；商洛市（柞水县、镇安县和山阳县）湿地面积0.96万公顷（内陆滩涂0.032万公顷、河流水面0.89万公顷、坑塘水面0.007公顷、沟渠0.003万公顷、沼泽地0.0001万公顷、水库水面0.04万公顷）。

二、保护管理

（一）管理机构

汉中市：湿地保护管理由汉中市野生动植物保护管理站兼职开展，11 县（区）由各县（区）秦巴生态保护中心承担本地湿地保护管理工作。

安康市：2019 年，安康市林业局设立自然保护地科，承担全市湿地保护管理工作职能职责；全市 10 个县（市、区）林业局均明确了由林政资源管理股室或自然保护地股室承担辖内湿地保护管理工作职能职责。

商洛市：2020 年，商洛市林业局成立自然保护地服务中心，承担全市自然保护地管理工作职能职责；全市 7 个县（区）自然保护地服务中心，具体承担辖区内湿地保护管理工作。

（二）保护概况

1. 自然保护地建设

陕西汉江流域建有湿地类型自然保护地 11 处，其中国家湿地公园 9 处，分别是陕西西乡牧马河国家湿地公园、陕西宁强汉水源国家湿地公园、陕西汉中葱滩国家湿地公园、陕西汉阴观音河国家湿地公园、陕西石泉汉江莲花古渡国家湿地公园、陕西岚皋千层河国家湿地公园、陕西平利古仙湖国家湿地公园、陕西镇坪曙河源国家湿地公园、陕西旬河源国家湿地公园；以保护湿地资源或湿地野生动植物类型自然保护区 3 处，分别是陕西朱鹮国家级自然保护区、陕西汉江湿地省级自然保护区、陕西瀛湖湿地省级自然保护区。

2. 重要湿地

陕西汉江流域划定省级重要湿地 14 处，分别是陕西汉江湿地、汉中漾家河湿地、汉中褒河湿地、汉中石门水库湿地、汉中湑水河湿地、西乡子午河湿地、汉中牧马河湿地、镇巴任河湿地、安康岚河湿地、安康旬河湿地、安康坝河湿地、商洛金钱河湿地、镇坪南江河湿地、镇坪大暑河湿地。

三、典型湿地

（一）陕西汉江湿地

陕西汉江湿地为省级重要湿地，西起勉县土关铺乡田坝村，东至白河县城关镇，东西横跨汉中、安康两市，包括汉江河道、河滩、洪泛区及河道两岸的人工湿地。面积约 1.86 万公顷，主要湿地类型为河流湿地和人工湿地，其中河流湿地面积 1.45 万公顷，人工湿地面积 0.41 万公顷。

陕西汉江湿地地处秦岭和巴山两大山系的交会地带，地形呈“V”形构造，北部属秦岭山系，山体高大，陡崖断层，深谷纵横，沟谷较陡，坡面中部稍缓，顶部出现海相沉积地貌。海拔一般为 940 ~ 2300 米，相对高差 1800 米，坡度多为 15 ~ 45 度；南部属巴山山系，多为中低山，沟谷较为开阔，坡面稍为平缓，一般海拔 900 ~ 1800 米。土壤以水稻土、潮土为主。土壤类型主要有水稻土、潮土、新积土、沼泽土等。湿地是朱鹮、黑鹳、东方白鹳、鸳鸯、灰鹤、大天鹅等重点保护鸟类的重要栖息地。区内已建立陕西朱鹮国家级自然保护区、陕西汉江湿地自然保护区和安康瀛湖湿地省级自然保护区。各保护区基础设施完善，管理机构健全，科研监测、栖息地保护与恢复重建等湿地建设项目顺利开展。

湿地生态系统服务功能包括供给服务、调节服务、文化服务和支持服务。其中，供给服务提供淡水、食物和原材料，保护遗传资源和水运，提供食物主要有鲢鱼、草鱼、鲫鱼等；调节服务主要具有调蓄洪水、净化水体、调节气候等重要功能；文化服务主要为休闲和生态旅游；支持服务主要为生产生物量、提供栖息地。

（二）陕西朱鹮国家级自然保护区

陕西朱鹮国家级自然保护区位于汉中市洋县，总面积 3.76 万公顷，湿地面积 1.41 万公顷。主要湿地类型为人工湿地和河流湿地。陕西朱鹮国家级自然保护区地处秦岭南坡中下部，其北部山高坡陡，地形崎岖，南部地势平坦，由北向南依次为中山、低山、丘陵、河谷平原。主要范围在秦岭南坡的低山及谷地，海拔 400 ～ 860 米。区内山峰的相对高度多在 300 米左右，坡度多在 30 度以上，沟谷深切。土壤类型主要有水稻土、淤土、黄棕壤等。1983 年，由洋县人民政府批准成立洋县朱鹮保护观察站；1986 年，陕西省人民政府批准成立陕西朱鹮保护观察站；为了进一步加强对野生朱鹮及其栖息环境的保护工作力度，2002 年，陕西省人民政府又批准了省级朱鹮自然保护区；2005 年 7 月 23 日，国务院正式批准设立朱鹮国家级自然保护区。

湿地生态系统服务功能包括供给服务、调节服务、文化服务和支持服务。其中，供给服务主要为保护遗传资源、提供淡水、提供食物等，调节服务为净化水体、调节气候、减轻侵蚀；文化服务为休闲和生态旅游、教育价值、审美价值；支持服务为提供栖息地、生产生物量、水循环。

（三）陕西汉江湿地省级自然保护区

陕西汉江湿地省级自然保护区属汉中市，西起汉中市勉县武侯镇，东至西乡县茶镇，总面积 3.36 万公顷，湿地面积 0.58 万公顷。湿地类为河流湿地。陕西汉江湿地省级自然保护区地处秦岭和巴山两大山系的交会地带，属低山及谷地地貌，河道因山就势，河道两侧或奇峰林立，或水田阡陌交织，或农舍自然分布，地形相对平坦。海拔 380 ～ 620 米。土壤类型主要有水稻土、潮土、沼泽土等。

陕西汉江湿地省级自然保护区于 2009 年 12 月由陕西省人民政府批准建设，主管部门为汉中市人民政府，经营管理机构汉中市林业局。湿地生态系统服务功能包括供给服务、调节服务、文化服务和支持服务。其中，供给服务提供淡水、食物和原材料、保护遗传资源和水运，提供食物主要有鲢鱼、草鱼、鲫鱼等；调节服务具有调蓄洪水、净化水体、调节气候等重要功能；文化服务主要为休闲和生态旅游；支持服务主要为生产生物量、提供栖息地。

（四）安康瀛湖湿地省级自然保护区

安康瀛湖湿地省级自然保护区位于安康市汉滨区，总面积约 1.98 万公顷，湿地面积 0.31

万公顷，湿地类型为库塘湿地。是安康水电站建成后形成的人工湖，主要水体为安康水库。2002 年批准建设，主管部门为安康市人民政府，具体管理机构为汉滨区林业局。主要功能有供给服务、调节服务、文化服务和支持服务。其中，供给服务为供给食物，主要有鲢鱼、草鱼、鲫鱼等；调节服务为调蓄洪水、净化水体、调节气候等；文化服务为休闲和生态旅游、审美价值；支持服务为生产生物量、水循环、提供栖息地。

第五篇　流域综合管理

汉江流域的水资源不仅对本地的生产生活至关重要，也是南水北调中线工程的重要水源地，对保障华北地区的用水安全有着不可替代的作用。流域内生态环境多样，拥有丰富的动植物资源。然而，由于人口增长、经济发展等因素，面临着诸多生态问题。汉江流域综合治理的目标可分为生态保护目标、水资源保护目标、经济社会发展目标三部分。生态保护目标是要保护和修复汉江流域的生态系统，提高植被覆盖率，减少水土流失面积。水资源保护目标是要确保汉江流域的水质达到相应的标准，满足本地用水需求的同时，保障南水北调中线工程的水源质量。经济社会发展目标是要促进汉江流域的经济发展，特别是发展绿色、可持续的产业。

第一章 规划管理

据不完全统计，截至2023年，中、省、市三级就汉江流域规划有9部左右，从最早的南水北调引出的《汉江流域规划要点报告》，到《丹江口库区及上游地区经济社会发展规划》，从着眼于高质量发展的《汉江生态经济带发展规划》，到汉中、安康两市发布的《汉中市汉江干流清淤疏浚规划（2022—2026）》《安康市汉江航运发展规划（2023—2035）》，关于汉江流域的流域规划逐渐完善，而后又逐步细化，为汉江流域生态保护和高质量发展提供了规划依据。

一、《汉江流域规划要点报告》

1953年，毛主席提出了南水北调的宏伟设想，重点对丹江口一带的引水线路进行查勘，而后，南水北调中线工程开始论证规划。1956年，长江水利委员会提出了《汉江流域规划要点报告》，为后续汉江流域的综合开发奠定了基础，这是最早的关于汉江流域的规划。在这份报告中，汉江流域的开发主要侧重于水利工程建设和水资源利用，比如长江水利委员会提出的6级梯级开发方案，旨在通过合理规划水利设施，实现防洪、发电、灌溉等多种功能。此外，还包括对汉江流域的航道治理、港口建设等方面的规划，以提升汉江的航运能力。通过流域的开发，促进当地农业、工业的发展，提升经济水平。

二、《汉江上游干流梯级开发规划报告》

《汉江上游干流梯级开发规划报告》是1988年底由水电部北京勘测设计研究院提出的，并于1990年3月由陕西省人民政府及水利部水利水电规划设计总院组织了审查。该规划是陕西省对汉江干流进行的一系列水利水电工程建设规划，该报告推荐梯级开发方案为黄金峡（450米，正常蓄水位，吴淞高程，下同）— 石泉（410米）— 喜河（364米）— 安康（330米）— 旬阳（240米）— 蜀河（218米）— 夹河（196米）七级开发方案，旨在充分利用汉江的水资源，实现防洪、发电、航运、灌溉、供水等综合效益。通过梯级开发，在汉江干流上建设多个水利水电工程：黄金峡水利枢纽、三河口水利枢纽、喜河水电站、旬阳水电站、蜀河水电站、白河水电站。汉江梯级开发规划的实施取得了显著的效果，通过建设水库，提高了汉江中下游地区的防洪能力，减轻了洪水灾害对人民生命财产的威胁；利用汉江的水能资源，建设水电站，为陕西省提供了清洁、可再生的能源，缓解了陕西省的能源短缺问题；改善了汉江的通航条件，提高了航道等级，促进了水上运输业的发展；为汉江流域的农田提供了灌溉水源，保障了农业生产的稳定发展；满足了汉江流域城市和工业用水的需求，促进了经济社会的可持续发展。

三、《汉江流域综合规划报告》

《汉江流域综合规划报告》是长江水利委员会于2009年8月编制完成的。报告中结合汉江流域治理开发任务、干流各河段的实际情况及国民经济发展的需求，综合过去梯级开发方案的研究成果，推荐石泉（410米）、兴隆（38米）等十五级开发方案。规划以2010年为基期，规划期限为2011—2020年。规划的主要内容包括防洪减灾、水资源开发利用、水生态环境保护、航运发展、产业发展、社会发展6个方面。

四、《丹江口库区及上游地区经济社会发展规划》

2012年10月，国家发展和改革委员会印发《丹江口库区及上游地区经济社会发展规划》，规划范围包括河南、湖北、陕西3省的43个县（区、市），规划面积11.13万平方千米，核心区2.26万平方千米，规划期截至2020年，重点涉及流域发展背景、发展、流域规划总体要求、空间布局、流域生态安全、产业发展、基础设施和社会事业发展，是当前和今后一个时期指导丹江口库区及上游地区经济社会发展的行动纲领和编制相关规划的重要依据。

五、《汉江生态经济带发展规划》

2018年11月，国家发展和改革委员会专门针对汉江流域印发了《汉江生态经济带发展规划》，指出要加快推进生态文明建设，打造“美丽汉江”，加强综合交通网络建设，构建“畅通汉江”，创新引领产业升级，培育“创新汉江”，统筹城乡协调发展，创建“幸福汉江”，推进全方位开放，发展“开放汉江”，创新体制机制，建设“活力汉江”。规划涉及湖北省武汉市的部分地区，陕西省汉中市、安康市、商洛市全境。规划面积19.16万平方千米，2017年底常住人口4444万人，地区生产总值2.24万亿元。该规划是指导上述区域发展的纲领性文件和编制相关专项规划、布局重大项目的重要依据，规划期为2018—2035年。主要内容包括生态环境、基础设施建设、经济发展与产业布局、社会民生四个方面。

六、《丹江口库区及上游水污染防治和水土保持“十四五”规划》

2021年12月1日，国家发展和改革委员会、生态环境部、住房城乡建设部、水利部、国家林草局联合印发《丹江口库区及上游水污染防治和水土保持“十四五”规划》，其中陕西省人民政府为规划实施主体之一。规划目标为到2025年，丹江口水库水质稳定达到供水要求，水源区富营养化演变进程得到控制，水环境质量稳中向好，水生态系统功能基本恢复，水源涵养能力进一步提升，生物多样性进一步提高，水环境风险得到有效管控，监测预警与应急能力满足调水长期安全运行要求，区域绿色高质量发展格局初步形成。

七、《汉中市汉江干流清淤疏浚规划（2022—2026）》

2022 年 2 月 16 日，汉中市水利局委托陕西卓成天弘工程咨询有限公司承担“汉中市汉江干流清淤疏浚规划（2022—2026）环境影响评价报告书”的编制工作。该规划目标为：基于汉江干流已实施的防洪工程基本满足区域防洪安保需求的基础上，以汉江干流及主要支流河口为核心，开展河床微地形整治、清淤疏浚、河岸植被缓冲带建设等工作，辅助进行河岸垃圾及淤积物清理、土地沙化治理与土地利用调整，保护和修复汉江干流（汉中段）河流地貌形态。最终目标是使汉江干流（汉中段）实现“岸清、景绿、河畅、人水和谐”。包括四个方面。清淤区域：勉县堰河口清淤疏浚区；勉县、南郑区褒河入汉江口上游清淤疏浚区；汉台区、南郑区冷水河口下游清淤疏浚区；汉台区、南郑区、城固县桃花店清淤疏浚区；城固南沙河口清淤疏浚区；城固县、洋县湑水河口清淤疏浚区；洋县黄安段清淤疏浚区；洋县黄金峡清淤疏浚区；西乡县牧马河口上游清淤疏浚区。工程规模：清淤疏浚河段长度约 62.0 千米，面积约 7.02 平方千米。投资预算：总投资约 8.5 亿元。规划期限为 2022 年至 2026 年，考虑到河道的动态变化特征与规划的时效性要求，规划期内视情况变化可适时补充或修订规划。

八、《陕西省汉江岸线保护与利用规划报告》

《陕西省汉江岸线保护与利用规划》于 2023 年由陕西省水利厅批准印发，主要内容包括保护生态环境、合理利用岸线资源、加强岸线管理三个方面，该规划是对陕西省汉江岸线保护和开发利用的指导性文件，为加强河湖岸线保护与利用管理、严格水生态空间管控提供了重要依据和支撑。

九、《安康市汉江航运发展规划（2023—2035）》

2023 年 10 月 10 日，安康市人民政府印发了《安康市汉江航运发展规划（2023—2035）》。规划目标为：到 2025 年，安康—白河段力争实现四级航道通航；初步形成“一通道、两中心、六枢纽、多节点”的航运总体布局；建成一批设施完善的货运码头、客运码头，满足日益增长的水路运输需求；水运与其他运输方式初步实现融合发展，提升综合运输效率。到 2035 年，市域内汉江高等级航道全线贯通，为安康市及陕西省的经济发展提供更优质的水路运输通道；汉江航运提效能、扩功能、增动能效果显著，全面提升汉江航运的综合实力和竞争力；推动安康及陕西全面融入长江经济带，加强与长江流域各地区的经济联系和交流，促进区域经济协同发展。主要内容包括：加快畅通汉江主航道：包括对航道进行提升工程，解决碍航等问题，提升航道的通航能力和等级。完善港口功能布局：对安康、旬阳、白河等货运码头进行改扩建，配套港口装卸机械，提升港口现代化水平；加快建设客运和旅游码头等。提升航运服务水平：优化航运的服务质量，提高运输效率，满足不同客户的需求。促进绿色航运发展：推动航运的绿色发展，减少对环境的影响，如采用新能源船舶等。推进智慧航运水平：利用信息技术提升航运的智能化水平，如航道的信息化管理、船舶的智能调度等。提高行业管理效能：加强对航运行业的管理，规范市场秩序，提高行业的整体水平。

第二章　水资源管理

水资源是经济社会发展的基础性自然资源和战略性经济资源，水资源管理是水利管理重要的基础工作。水资源与土地、森林、矿产等资源不同，它是一种动态的、可再生的资源。流域是一个以降水为补给、河流为主线、分水岭为边界的特殊区域。水资源按照流域这种水文地质单元构成一个统一体，地表水与地下水相互转换，上下游、干支流、左右岸、水量水质之间相互关联，相互影响。以流域为单元，对水资源进行系统开发、综合利用和科学管理，才能妥善处理上下游、左右岸等区域间、部门间的水事关系。水资源具有多功能性，可以用来供水、灌溉、航运、发电、养殖等，并具有洪涝、干旱、污染等利害双重性。因此，水资源开发、利用和保护等各项措施需要在流域内实行统一规划、统筹兼顾、综合利用，才能兴利除害，发挥水资源的最大经济效益、社会效益和环境效益。《中华人民共和国水法》第十二条规定：国家对水资源实行流域管理与区域管理相结合的管理体制。流域管理离不开区域管理，区域管理服从流域管理。

2012 年 12 月 21 日，水利部正式批复《汉江流域加快实施最严格水资源管理制度试点方案》，这是全国唯一一个以流域为单元的试点。近年来，陕西省水利厅以习近平生态文明思想为统领，深入贯彻习近平总书记在推动长江经济带发展座谈会和黄河流域生态保护和高质量发展座谈会上的重要讲话精神，贯彻落实水利部在山东省东营市召开的江河流域水资源管理现场会上的重要讲话精神，立足全省江河水情，认真落实陕西省委、省政府“五新战略”任务，不断追赶超越，坚决实施汉江流域最严格水资源管理制度，做好汉江生态流量确定、水量分配工作、确定可用水量、落实以水定需、加强取水口监督管理、健全水资源监测体系等流域水资源管理工作。把加强汉江水资源管理和调度摆在重要位置，精心部署，逐级落实责任。多措并举，加大投入，各级水利、发改、财政、自然资源、住建、农业等部门积极沟通协调，综合采取切实可行的措施，加快汉江综合治理和生态保护进度，确保汉江水资源、水生态、水环境安全，不断推进流域高质量发展。

第一节　水资源开发利用状况

一、水利工程

陕西省汉江流域内初步形成了以大中小型水库（含池塘和塘坝）调蓄和引提水工程为主体的流域水资源配置体系。截至2020年底，陕西省汉江流域共建成水库528座(不含安康、石泉、喜河、蜀河、蔺河口 5 座水电站），总库容 48.8 亿立方米。其中，大型水库有石门水库，总库容为 1.089 亿立方米。中型水库有红寺坝、南沙河、傥河、沙河、八一、鱼岭、观音河等 19 座，总库容 6.32 亿立方米。小型水库 503 座，总库容 3.82 亿立方米。另外，流域内还有池塘和塘坝 3.43 万座，总容积 1.11 亿立方米。陕西省汉江流域现有主要蓄水工程情况见表 5–2–1。

表5–2–1　陕西省汉江流域现有主要蓄水工程情况

水库名称	总库容 / 万 m^3	兴利库容 / 万 m^3	供水能力 / 万 m^3	供水范围
石门	10980	6070	45157	农业灌溉：汉台区、勉县、城固县
红寺坝	3381	2065	6135	农业灌溉：南郑县
南沙河	4330	2008	4656	农业灌溉：城固县
傥河	4190	2600	3200	农业灌溉：洋县
沙河	1543	760	1020	农业灌溉：洋县
鱼岭	1038	769	1520	农业灌溉：丹凤县
观音河	1552	1011	2940	农业灌溉：汉阴县

陕西省汉江流域内共有引提水工程 1658 处，现状供水能力 14.59 亿立方米，其中中型引水工程 3 处，为汉惠渠、恒惠渠、冷惠渠，现状供水能力 1.88 亿立方米；流域内建成抽水工程近 8000 处，现状供水能力为 1.82 亿立方米。陕西省汉江流域现状主要引水工程情况见表 5–2–2。

表5–2–2　陕西省汉江流域现状主要引水工程情况

工程名称	设计流量 /（m^3/s）	供水面积 / 万亩	供水能力 / 万 m^3	供水范围
湑惠渠	24	14	8562	洋县、城固县的 11 个乡（镇）农灌
汉惠渠	12.2	7.6	6811	勉县汉江两岸的 8 个乡（镇）农灌
冷惠渠	11	4.5	3422	南郑、城固县的 6 个乡（镇）农灌
引西灌区	10		2200	洋县农灌

陕西省汉江流域向外流域调水已建成引乾济石、引红济石、引湑济黑等跨流域调水工程，从外流域引水已建成二郎坝引水工程。2020 年，陕西省汉江流域已建成主要跨流域调水（引水）工程情况见表 5–2–3。

表5-2-3　2020年陕西省汉江流域已建成主要跨流域调水（引水）工程情况

工程名称	调出区			供水范围	规划建设年限	引水规模 / （m^3/s）	调出区年均调出水量 / 亿 m^3	现状供水量 / 亿 m^3
	一级区	水系	引水口位置					
引乾济石	长江	汉江	乾佑河上游三条支流	西安市城区		8	0.49	0.30
引红济石	长江	汉江	红岩河关山坝址引水	咸阳（含兴平、武功）、杨陵区	2010	13.5	0.94	0.49
引湑济黑	长江	汉江	周至县老县城湑水河吊沟口下游 100 m	西安城市供水	2010	15	0.42	0.08
二郎坝引水工程	长江	嘉陵江	嘉陵江二级支流西流河	宁强县灌溉用水、汉江钢厂工业用水	2000	14.5	2.14	2.02

二、供用水量

陕西省汉江流域 2020 年总供用水量 258373 万立方米，其中地表水供水量 232511 万立方米，地下水供水量为 31148 万立方米，非常规水源供水量为 477 万立方米。生活用水量 36625 万立方米，其中城镇居民生活用水量 12344 万立方米，农村生活用水量 13981 万立方米，建筑业用水量 3242 万立方米，服务业用水量 7058 万立方米；农业用水量 203944 万立方米，其中耕地灌溉 174206 万立方米，林地灌溉 6407 万立方米，园地灌溉 2881 万立方米，牧草地灌溉 44 万立方米，鱼塘补水 9246 万立方米，畜禽用水 11161 万立方米；工业用水量 22261 万立方米；生态环境用水量 2989 万立方米。陕西省汉江流域 2020 年供用水情况见表 5-2-4。

表5-2-4　汉江流域2020年供水情况统计

单位：万m^3

区县	农业用水量								工业用水量				生活用水量						人工生态环境补水量		五、总用水量			
	耕地灌溉	林地灌溉	园地灌溉	牧草地灌溉	鱼塘补水	畜禽用水	小计	其中：取用地下水	火（核）电工业	非火（核）电工业	小计	其中：取用地下水	城镇居民生活	农村居民生活	建筑业	服务业	小计	其中：取用地下水	小计	其中：取用地下水	小计	（一）地表水源	（二）地下水源	（三）其他水源
汉台区	14769	800	0	0	890	187	16646	0	0	593	593	573	2125	412	156	2216	4908	4824	350	266	22497	16750	5663	84
南郑区	17483	77	337	0	1632	314	19843	871	0	240	240	213	807	741	142	367	2057	1915	123	83	22263	19181	3082	0
城固县	27289	168	584	0	524	337	28902	405	0	217	217	210	580	750	47	99	1476	940	62	62	30657	29040	1617	0
洋县	16033	50	350	0	350	549	17332	750	0	320	320	300	245	810	30	210	1295	853	60	0	19007	17104	1903	0
西乡县	16444	0	322	0	125	197	17088	462	0	26	26	26	656	720	50	508	1933	1358	110	30	19157	17281	1876	0
勉县	19307	20	3	0	447	787	20564	0	0	1116	1116	437	378	682	37	240	1337	1276	204	204	23221	21304	1917	0
宁强县	4287	395	0	0	871	249	5802	307	0	21	21	5	274	937	107	39	1357	231	142	18	7321	6760	561	0
略阳县	1414	10	123	0	2	165	1714	22	279	278	557	260	241	369	8	108	727	76	80	0	3078	2690	358	30
镇巴县	8197	245	0	0	60	265	8767	0	0	19	19	10	309	374	106	129	918	0	142	0	9846	9580	10	256
留坝县	665	66	15	0	28	77	851	0	0	2	2	0	71	134	5	8	217	15	101	10	1171	1146	25	0
佛坪县	876	14	0	0	31	14	935	4	0	2	2	1	40	36	6	10	92	8	46	7	1076	1056	20	0

续表5-2-4

区县	农业用水量								工业用水量				生活用水量						人工生态环境补水量		五、总用水量			
	耕地灌溉	林地灌溉	园地灌溉	牧草地灌溉	鱼塘补水	畜禽用水	小计	其中：取用地下水	火（核）电工业	非火（核）电工业	小计	其中：取用地下水	城镇居民生活	农村居民生活	建筑业	服务业	小计	其中：取用地下水	小计	其中：取用地下水	小计	（一）地表水源	（二）地下水源	（三）其他水源
汉滨区	9022	568	0	0	370	2433	12393	429	30	2435	2465	1016	954	1426	1000	1053	4433	759	635	0	19926	17625	2204	97
汉阴县	8583	79	0	0	901	377	9940	368	0	1039	1039	302	313	518	260	217	1307	152	106	17	12392	11553	839	0
石泉县	3852	191	0	0	60	585	4688	0	0	1039	1039	80	317	350	100	255	1022	0	100	0	6849	6769	80	0
宁陕县	1702	495	0	0	780	229	3206	0	0	224	224	0	38	80	65	65	248	0	82	0	3760	3760	0	0
紫阳县	4067	570	0	0	98	706	5441	0	0	544	544	0	316	430	200	141	1087	0	37	0	7109	7109	0	0
岚皋县	3451	404	0	0	80	200	4135	2	0	425	425	0	172	316	120	133	741	0	98	0	5399	5397	2	0
平利县	3679	109	0	0	116	393	4297	2	0	617	617	0	263	395	150	110	918	0	95	0	5927	5925	2	0
镇坪县	650	0	0	0	109	298	1056	0	0	92	92	0	135	120	50	60	365	0	43	0	1556	1556	0	0
旬阳县	2600	1193	0	0	574	903	5270	249	0	1480	1480	156	426	1240	200	160	2026	212	56	0	8832	8215	617	0
白河县	3684	271	0	0	107	508	4570	0	8	474	482	0	145	480	110	100	835	0	59	0	5946	5946	0	0
商州区	1589	122	168	0	36	206	2121	0	2	700	702	681	1324	638	104	284	2349	1026	245	0	5417	3711	1706	0
丹凤县	1539	244	19	0	105	254	2160	697	0	198	198	6	311	532	85	162	1090	322	238	63	3686	2598	1706	0

续表5-2-4

区县	农业用水量								工业用水量				生活用水量						人工生态环境补水量		五、总用水量			
	耕地灌溉	林地灌溉	园地灌溉	牧草地灌溉	鱼塘补水	畜禽用水	小计	其中：取用地下水	火（核）电工业	非火（核）电工业	小计	其中：取用地下水	城镇居民生活	农村居民生活	建筑业	服务业	小计	其中：取用地下水	小计	其中：取用地下水	小计	（一）地表水源	（二）地下水源	（三）其他水源
商南县	768	0	538	0	108	136	1550	350	0	157	157	90	548	203	34	62	847	178	238	15	2792	2159	1706	0
山阳县	476	110	29	0	66	223	903	26	0	315	315	198	540	519	30	172	1261	415	225	51	2704	2014	1706	0
镇安县	1120	206	367	44	203	134	2074	63	0	347	347	17	568	283	18	33	902	39	100	1	3423	3287	1706	0
柞水县	71	0	11	0	561	385	1028	91	0	209	209	29	175	424	11	73	682	100	350	0	2268	2048	1706	0
周至县	7	0	0	0	0	0	7	0	0	0	0	0	0	1	0	0	1	0	0	0	8	8	0	0
长安区	4	0	0	0	0	0	4	0	0	0	0	0	0	0	0	0	0	0	0	0	4	4	0	0
凤县	31	0	9	0	6	43	89	27	0	90	90	82	0	21	1	3	25	17	0	0	204	68	126	10
太白县	547	0	7	0	6	8	568	8	0	49.1116	49.1116	0	74.6553	40	10	43.7522	168.4075	0	90	0	876	868	8	0
合计	174206	6407	2881	44	9246	11161	203944	5133	320	13266	13586	4691	12344	13981	3242	7058	36625	14717	4217	827	258373	232511	31148	477

第二节　水量分配

江河水量分配工作是水资源管理工作的重要基础，是水利行业强监管的重要抓手，是实行最严格水资源管理制度的重要内容，是贯彻落实“把水资源作为最大刚性约束”的关键举措。水利部要求，相关地方人民政府要将水量分配方案纳入地方经济社会发展规划和国土空间规划，应按照明确的水量分配份额，统筹本地水、外调水和非常规水，合理配置水资源，实行水资源消耗总量和强度双控，加强水资源保护，保障流域基本生态用水需求。

一、汉江水量分配工作历程

2019 年 10 月，陕西省水利厅组织启动渭河、汉江、嘉陵江等 16 条跨省（市）河流水量分配方案编制工作，委派陕西省江河水库工作中心及其下属的陕西省河流工程技术研究中心承担具体技术工作。技术单位按照水利部《水量分配暂行办法》（水利部 2007 年第 32 号令）和《水量分配方案制订技术大纲》（试行稿）（水资源〔2011〕368 号文）等有关规定，考虑汉江特点和水资源管理需要，以水资源综合规划成果、用水总量控制指标和相关省（直辖市）分解的用水总量控制指标综合确定的陕西省汉江水资源配置方案，主要提出了汉江流域各市、县级行政区水量分配份额、主要控制断面下泄水量控制等指标成果。

2020 年 6 月 8—9 日，陕西省水利厅在西安组织召开陕西省汉江、嘉陵江流域水量分配方案审查会。会议听取了技术单位关于汉江、嘉陵江流域水量分配方案主要内容的汇报，与会专家和代表对方案编制的原则、依据、水资源开发利用现状、可分配水量、断面控制指标、水量分配方案及保障措施进行了认真的讨论和审议，提出了具体的修改意见和建议。

2021 年 2 月 27 日，报请陕西省政府审定同意，陕西省水利厅印发汉江、嘉陵江流域水量分配方案。

二、水量分配原则

（1）实施最严格水资源管理，施行用水总量控制原则。在汉江流域坚持实施最严格水资源管理制度，协调行政区在不同流域间的用水指标调整，确保水量分配成果不突破国家及地方已制定的用水总量控制指标分解方案。

（2）公平和公正原则。不同地区、不同人群享有生存和发展的平等用水权。根据不同地区、不同社会团体实际所处的不同自然条件、社会环境、生活方式和生产方式进行水量分配。

（3）保障国家水资源配置重要战略规划的有效实施，统筹考虑跨流域调水与流域内用水的原则。在优先保障流域内城乡居民生活、生产、生态用水安全的前提下，合理配置跨流域调水；水源区与受水区和谐发展，互利双赢。

（4）兼顾上下游地区利益，统筹考虑现状和发展需要用水的原则。水量分配应考虑不同区域历史背景、自然条件、人口分布、经济结构、发展水平、战略地位以及现状用水情况等，统筹城乡共同发展，保障上下游地区和谐发展。充分考虑流域和区域水资源的承载能力，统筹考虑流域和区域用水要求，统筹代际公平，使水资源的开发利用与经济社会发展相互协调。统筹协调好防洪减灾，水资源利用和生态环境保护的关系，统筹协调好生活、生产和生态用水，在保障水资源可持续利用的前提下，着力提高水资源对经济社会的保障能力，促进经济社会与水资源及生态环境的协调发展。

（5）水资源节约保护与可持续利用的原则。充分考虑全面建设节水型社会的要求，以节水促减排，以限排促节水。转变生产、生活用水模式，促进经济结构调整和企业优化升级；严格控制用水总量，合理确定用水定额，在水资源不足地区，适当对城市规模和建设耗水量大的工业、农业和服务业项目加以限制。提高工业和城市用水的重复利用率和循环利用水平，全面加强汉江流域农业高效节水，抑制用水过快增长，提高水资源的利用效率和效益，统筹水资源利用的经济效益、社会效益和生态效益，发挥水资源的多种功能。

（6）优先保证生活和基本生态用水原则。按照人与自然和谐，建设生态文明的要求，在开发中促保护，在保护中谋发展。维护河湖及地下水生态系统良性循环，合理安排河道内与河道外用水，避免对汉江流域生态环境的破坏，改善生态环境，保障水资源的可持续利用和生态环境的良性循环。

三、水量分配方案

基本原则：水利部批复的《汉江流域水量分配方案》确定了公平公正、科学合理，统筹流域内用水与跨流域调水，兼顾上下游及现状、未来用水需求，水资源节约保护与可持续利用，优先保证生活和基本生态用水等原则。这是陕西汉江水量分配的宏观指导原则，确保了水量分配的科学性和合理性，在满足各地区基本用水需求的同时，注重水资源的可持续利用和生态环境保护。

具体分配水量：2020 水平年，陕西省汉江流域河道外地表水多年平均分配水量为 25.24 亿立方米。

2030 水平年，陕西省汉江流域年地表水用水口径可分配水量为 26.26 亿立方米，各市水量分配结果分别为：宝鸡市 2133 万立方米、汉中市 148336 万立方米、安康市 80449 万立方米、商洛市 31662 万立方米、西安市 20 万立方米。陕西省汉江流域各市 2030 年水量分配方案见表 5-2-5。

表5-2-5　陕西省汉江流域各市2030年水量分配方案

单位：万m^3

市级行政区	地表水	地下水	非常规水源	合计
宝鸡市	2133	200	6	2339
汉中市	148336	21353	161	169850
安康市	80449	3498	153	84100
商洛市	31662	6867	101	38630
西安市	20	0	0	20
合计	262600	31918	421	294939

四、主要断面控制指标

水利部批复的《汉江流域水量分配方案》确定白河、荆紫关等断面为水量分配控制断面，并且规定了这些断面的最小下泄流量控制指标和下泄水量控制指标。

（一）最小下泄流量控制指标

陕西省汉江流域国控入境控制断面选取茅坝关断面，国控出境控制断面为荆紫关、白河、上津、白岩、梅家铺、鄂坪断面，国控境内控制断面选取汉中、安康断面，市界控制断面选取石泉、柴坪、白河断面，水利工程控制断面选取子午河口、二龙山水库出库断面。近 20 年资料分析表明，除汉中、安康断面外，汉江白河、石泉、柴坪、上津最小下泄流量指标满足保证率 90% 要求。陕西省汉江流域主要断面最小下泄流量控制指标见表 5–2–6。

表5–2–6　陕西省汉江流域主要断面最小下泄流量控制指标

断面名称	最小下泄流量 /（m^3/s）	
汉中	22.4	
安康	80（120）	
子午河口	通航前	27.71
	通航后	40.71
白河	120	
石泉	29.7	
柴坪	2.5	
茅坝关	7.12	
上津	4.32	
白岩	0.46	
鄂坪	3.46	
荆紫关	5.1	
二龙山水库出库断面	2.0	
梅家铺	0.25	

注： 安康断面近期最小下泄流量为 $80m^3/s$，至航道等级提高至Ⅳ级后，按需要提高到 $120m^3/s$。

（二）下泄水量控制指标

白河、上津等 8 个断面为汉江流域水量分配控制断面，主要断面下泄水量控制指标见表 5–2–7。陕西省出境水量以白河、荆紫关断面实测径流量核定。

表5-2-7　陕西省汉江流域主要断面下泄水量控制指标

断面名称	2030 水平年下泄水量 / 亿 m^3		
	多年平均	75%	95%
白河	221.69	—	—
石泉	112.26	79.47	52.96
茅坝关	28.95	19.61	11.11
上津	12.32	8.68	3.36
白岩	1.06	0.74	0.4
鄂坪	11.92	8.96	5.35
荆紫关	14.01	8.57	2.26
梅家铺	0.9	0.52	0.39

第三节　水量调度管理

一、水量调度工作历程

2006 年，陕西省水利厅组织开展渭河、泾河、北洛河干支流水量调度工作，2015 年起实施红碱淖跨省区补水，2017 年启动实施了汉江、嘉陵江水量调度。

2018 年底，为落实党中央、国务院领导同志关于长江经济带小水电生态环境突出问题清理整改的指示，水利部、国家发展和改革委员会、生态环境部、国家能源局组织对长江经济带小水电站全面开展清理整改，要求 2020 年底前完成清理整改任务，其中保障小水电站落实生态流量是一项重要内容。

2019 年 10 月，《水利部 生态环境部关于加强长江经济带小水电站生态流量监管的通知》正式印发，要求加强生态流量监督管理，健全生态流量保障机制，力争 2020 年底前长江经济带省市全面落实小水电站生态流量，保障河湖生态用水，推进小水电绿色发展，维护长江健康生命。

2019 年 12 月 30 日，陕西省水利厅在宝鸡组织召开 2019 年渭河、汉江、嘉陵江水量调度工作会议，部署 2020 年江河水量调度工作。

2020 年 1 月，为合理开发与优化配置水资源，加强汉江流域河湖生态环境保护，推进生态文明建设，按照《水利部关于做好河湖生态流量确定和保障工作的指导意见》（水资管〔2020〕67 号）、《水利部关于公布开展水资源调度的跨省江河流域及重大调水工程名录（第一批）的通知》、《水利部办公厅关于做好 2022 年度重点河湖生态流量管理工作的通知》（办资管〔2022〕210 号）及有关技术要求，结合水利部批复的《汉江流域水量分配方案》（水资源〔2016〕262 号），陕西省水利厅组织制定了《陕西省汉江生态流量（水量）保障实施方案（试行）》。

2021 年 9 月 24 日，为加强跨省河流及重要湖泊生态流量监督管理，长江水利委员会印发了《水利部长江水利委员会河湖生态流量监督管理办法（试行）》。陕西省水利厅、陕西省生态环境厅联合下发了《陕西省小水电站生态流量监督管理意见》（陕水发〔2019〕20 号）。

2021 年 10 月 20 日，经 2021 年第 15 次部务会审议通过，水利部印发《水资源调度管理办法》，自 2021 年 11 月 1 日起施行。该《水资源调度管理办法》规定，开展水资源调度，应当优先满足生活用水，保障基本生态用水，统筹农业、工业用水以及水力发电、航运等需要。区域水资源调度应当服从流域水资源统一调度，水力发电、航运等调度应当服从流域水资源统一调度。水利部负责组织、指导、协调、监督全国水资源调度工作。

2023 年 11 月，长江委组织召开汉江流域 2023—2024 年度水量调度计划协商会议。陕西、湖北、河南、四川、重庆、甘肃等省（直辖市）水利、航运、电力主管部门，流域内相关工程运行管理单位，长江委水资源局、节约保护局、防御局，水文局、长江设计集团等部门和单位参加会议。与会省（直辖市）水行政主管部门和工程运行管理单位介绍了 2022—2023 年度水量调度执行情况和 2023—2024 年度用水计划建议，会议审议通过了汉江流域 2023—2024 年度水量调度计划。会议要求，各部门和单位要加强沟通协调，协同推进流域水资源管理工作。要强化水资源刚性约束，精打细算用好水资源，从严从细管好水资源；要根据汉江流域年度计划等要求开展调度工作；要加强跨区域水资源丰枯调剂，做好南水北调中线一期工程水量调度管理；要抓紧推进数字孪生汉江流域和数字孪生水利工程建设。

经过多年河流水量调度实践，陕西省水量调度更加科学，协调协商更加紧密，支持保障更加有力，监管能力进一步提升。一是管控有力，实现了断面流量与下泄水量“双达标”。渭河、汉江、嘉陵江用水指标去年共节余 6.76 亿立方米；汉江、嘉陵江断面最小流量和下泄水量超额完成任务。二是层级负责，落实了各方责任。公布水量调度行政责任人和主管部门负责人，并将水量调度工作纳入最严格水资源管理制度考核内容，促进江河流域水资源节约和保护，汉丹江水质持续优良。三是监测预报精准及时，技术支撑保障得力。北斗卫星监测信息接入陕西省江河水库工作中心调度大楼，全面服务流域水量监测工作。水文部门发挥技术优势，从预报、测报、发布等全过程为流域抗旱防汛和水量调度提供数据支撑。开展省内江河水量分配、河流生态流量分析、健康评估等基础工作，为推进江河水资源管理提供技术支撑。

二、水量调度原则与要求

（一）调度原则

1. 生态优先、绿色发展

坚持生态保护优先理念，尊重自然、顺应自然、保护自然，保证汉江基本生态用水需求，兼顾敏感生态用水要求，维护汉江健康生命，打造幸福河湖。严格控制河湖水资源开发利用上限，将生态流量保障作为水资源开发利用的底线要求和刚性约束，把提升河湖生态系统稳定性和生态服务功能摆在优先位置。

2. 统筹兼顾、合理可行

综合考虑汉江天然水文节律、生态功能定位与保护修复要求，统筹生活、生产和生态用水，优先保证生活用水，确保生态基本需水，保障粮食生产合理需水，优化配置生产经营用水。以明确主要控制断面生态流量的保障途径为重点，以生态基流作为主要考核指标，合理制定调度、监测预警与监管方案。

3. 落实责任、强化监管

按照“一河一策”“一点一方案”的要求，综合运用工程调度、用水管控、监测预警等手段保障生态流量目标。明确生态流量保障责任主体、监管主体、考核要求以及方案实施的管理机制，确保措施落地、监管有力。

（二）调度要求

《陕西省汉江生态流量（水量）保障实施方案（试行）》提出，汉江流域各相关市人民政府及有关职能部门应明确管控责任和管理措施，加强流域水量统一调度，合理配置水资源，建立河湖生态流量监测预警机制，不断提升河湖生态流量监管能力和水平。陕西省水利厅将把河湖生态流量保障工作纳入全面推行河长制（湖长制）、实行最严格水资源管理制度的重要内容，进一步加强监督检查，强化跨市江河流域市界断面、重要控制断面和生态流量控制断面下泄流量水量考核，定期通报河湖生态流量保障目标落实情况，并将监督检查结果纳入最严格水资源管理制度年度考核。汉江干支流主要控制断面生态流量见表 5-2-8。

表5-2-8　汉江流域干支流主要控制断面生态流量

流域	河流	控制断面	最小下泄流量 /（m^3/s）	最小生态流量 /（m^3/s）	多年平均下泄水量 / 亿 m^3	月均最小生态流量要求保证率 /%	断面属性
汉江	干流	汉中	22.40			90	国控境内控制断面
		子午河口	27.71/40.71			90	水利工程控制断面
		石泉	29.70		112.26	90	市界控制断面
		安康	80/120			90	国控断面、国家确定
		白河	120.00		221.69	90	国控出省断面、国家确定
		茅坝关	7.12		28.95	90	国控入省断面、国家确定
		柴坪	2.50			90	市界控制断面
		二龙山水库出库断面	2.00			90	水利工程控制断面
		荆紫关	5.10		14.01	90	国控出省断面、国家确定
		鄂坪	3.46		11.92	90	国控出省断面、国家确定

续表5-2-8

流域	河流	控制断面	最小下泄流量 /（m^3/s）	最小生态流量 /（m^3/s）	多年平均下泄水量 / 亿 m^3	月均最小生态流量要求保证率 /%	断面属性
汉江	（夹河）	上津	4.32		12.32	90	国控断面、国家确定
	（天河）	白岩	0.46		1.06	90	国控出省断面、国家确定
	（滔河）	梅家铺	0.25		0.90	90	国控出省断面、国家确定
	褒河	江口水文站		1.50	8.16	90	省控考核断面、市界控制断面
		石门水库出库断面		3.87	9.83	90	重要水工程、省控管理断面
	旬河	向家坪		3.80	20.76	90	河口控制断面
		朱家湾		2.19	8.20	90	河口控制断面
		柴坪		1.40	7.45		市界控制断面
	乾佑河	朱家湾		2.19	8.20	90	河口控制断面

（三）主要断面生态流量目标

1. 控制断面生态流量目标

综合考虑汉江水生态保护需求、流域 / 区域水资源管理要求以及主要支流生态流量保障紧迫性、监测情况和管理基础等，以保障河流的纵向和垂向连续性、维持河流基本功能为目标，确定陕西省汉江生态流量控制断面共 6 个，包括汉江干流的汉中（二）、安康 2 个断面，汉江支流褒河的石门（褒城）断面，汉江支流湑水河的升仙村断面，汉江支流月河的长枪铺断面，汉江支流旬河的向家坪断面。陕西省汉江控制断面生态流量目标见表 5-2-9。

表5-2-9 陕西省汉江控制断面生态流量目标

序号	河流	断面名称	断面性质	生态基流 /（m^3/s）
1	汉江干流	汉中（二）	水系节点	9.48
2		安康	水利工程	66.0
3	褒河	石门（褒城）	水系节点	3.87
4	湑水河	升仙村	水系节点	3.27
5	月河	长枪铺	水系节点	2.82
6	旬河	向家坪	水系节点	6.27

注：焦岩水库建成后，升仙村断面生态流量目标按焦岩水库批复文件确定。

2. 管理断面生态流量目标

考虑陕西省汉江控制断面生态流量相关的控制性工程及其他代表性断面，结合汉江流域水量分配和调度等相关管理手段，确定汉江干流的8个断面以及汉江支流褒河、子午河、夹河、丹江、旬河、天河的9个断面为陕西省汉江生态流量管理断面，详见表5-2-10。

表5-2-10　陕西省汉江管理断面生态流量目标

河流	序号	断面名称	断面性质	最小下泄流量/(m^3/s)	数据来源
汉江干流	1	黄金峡水库	控制性工程	25（38）	《汉江流域水量调度方案（试行）》（长水资管〔2020〕588号）
	2	石泉水电站	控制性工程	40	
	3	石泉	市界断面	29.7	《陕西省汉江流域水量分配方案》（陕水资函〔2021〕28号）
	4	喜河水电站	控制性工程	40	《汉江流域水量调度方案（试行）》（长水资管〔2020〕588号）
	5	安康水电站	控制性工程	80（120）	
	6	旬阳水电站	控制性工程	120	《水资源论证报告书审查意见》（长许可〔2014〕296号）
	7	蜀河水电站	控制性工程	120	《汉江流域水量调度方案（试行）》（长水资管〔2020〕588号）
	8	白河水电站	控制性工程	120	
褒河	9	关山引水枢纽	控制性工程（引红济石）	0.38	《工程可研报告及批复》（陕发改农经〔2006〕717号）
	10	江口	市界断面	2.19	《陕西省褒河生态流量（水量）保障实施方案》（陕水资函〔2021〕5号）
	11	马道	水文站	3.16	
	12	石门水库	控制性工程	3.87	石门水库除险加固环评报告书及批复
子午河	13	三河口水库	控制性工程	2.71	工程可研报告及批复
夹河	14	猛柱山水电站	控制性工程	3.34	《长江流域第一批重点河湖生态流量保障实施方案》（长节保函〔2021〕44号）
丹江	15	二龙山水库	控制性工程	2	《陕西省汉江流域水量分配方案》（陕水资函〔2021〕28号）
	16	莲花台水电站	控制性工程	8.96	工程环评报告及批复（陕环批复〔2007〕214号）
旬河	17	朱家湾（乾佑河）	河口断面	2.19	《陕西省乾佑河流域水量分配方案》（陕水函〔2021〕64号）
天河	18	白岩	出省界断面	0.46	《长江流域第二批重点河湖生态流量保障实施方案》（长节保函〔2022〕20号）

注：黄金峡水库最小下泄流量在通航之前按照25 m^3/s控制，通航之后按照38 m^3/s控制。安康水电站近期最小下泄流量为80 m^3/s，至航道等级提高至Ⅳ级后，按需要提高到120 m^3/s。

3. 关联断面生态流量目标

考虑与陕西省汉江生态流量有直接关系且管理权限不属于陕西省的情况，确定夹河、堵河、丹江、任河的 8 个断面为陕西省汉江生态流量关联断面，详见表 5–2–11。

表5–2–11　陕西省汉江关联断面生态流量目标

河流	序号	断面名称	断面性质	流量管理目标 / （m^3/s）	数据来源
夹河	1	玉皇滩水电站（湖北省）	控制性工程	最小下泄流量（瞬时 3.18）/（日均 4.32）	《汉江流域水量调度方案（试行）》（长水资管〔2020〕588 号）；《长江流域第一批重点河湖生态流量保障实施方案》（长节保函〔2021〕44 号）；《陕西省汉江流域水量分配方案》（陕水资函〔2021〕28 号）
	2	上津（湖北省）	出省界断面	生态基流 3.182；最小下泄流量 4.32	
堵河	3	鄂坪水电站（湖北省）	控制性工程	最小下泄流量 3.46	
	4	鄂坪（湖北省）	出省界断面	最小下泄流量 3.46	
丹江	5	武当山水电站（河南省）	控制性工程	最小下泄流量 5.1	
	6	荆紫关（河南省）	出省界断面	生态基流 4.58；最小下泄流量 5.1	
	7	梅家铺（滔河）（河南省）	出省界断面	最小下泄流量 0.25	
任河	8	茅坝关（四川省）	入省界断面	最小下泄流量 7.12	

三、生态流量调度方案

将汉中（二）、安康等控制断面生态流量保障纳入汉江流域水量调度，在年度水量调度计划实施过程中，满足生态流量管控要求。当发生来水偏枯及区域干旱、突发水污染等应急突发事件或防汛调度期间，按有关规定执行。

在符合流域水资源总体配置、流域水量分配方案及保证工程安全运行的基础上，通过控制断面上游河道内涉水工程调度、河道外经济社会用水管控以及应急调度，保障汉中（二）、安康等控制断面的生态基流目标要求，维护河流健康和良好生态环境。

陕西省汉江控制断面生态流量保障调度方案见表 5–2–12。

表5-2-12　陕西省汉江控制断面生态流量保障调度方案

控制断面	生态基流/（m^3/s）	调度类型	调度保障措施			
			主要调度对象	调度要求	工程运行管理单位	水工程监管单位
汉中（二）	9.48	常规调度	河道外取水工程	严格执行《汉江水量调度方案》，按照取水许可审批规定取用水	—	汉中市人民政府、宝鸡市人民政府
			石门水库	通过发电或泄流设施满足最小下泄流量要求	汉中市石门水库管理局	汉中市水利局
		应急调度	河道外取水工程	严格控制断面以上河道外社会经济用水，优先保障生活用水，确保生态基本需水，保障粮食生产合理需水，优化配置生产经营用水；先限制或暂停灌区用水，再控制河道外其他生产用水，同一供水次序级别用水户按同等比例缩减用水量	—	汉中市人民政府、宝鸡市人民政府
安康	66	常规调度	安康水电站	通过发电或泄流设施满足最小下泄流量要求	安康水力发电厂	国网陕西省电力公司、陕西省水利厅
			河道外取水工程	严格执行《汉江水量调度方案》，按照取水许可审批规定取用水	—	安康市人民政府、汉中市人民政府
		应急调度	石泉水电站	相继启动上游石泉水电站、喜河水电站等调节性能好的水库进行水量补偿，适当控制引汉济渭黄金峡水库、三河口水库的调水，加大安康水电站下泄流量，各水库至安康断面区间其余水利水电工程不得拦蓄	石泉水力发电厂	大唐陕西发电有限公司、陕西省水利厅
			喜河水电站		喜河水力发电厂	
			黄金峡水库		陕西省引汉济渭公司黄金峡分公司	陕西省引汉济渭工程建设有限公司、陕西省水利厅
			三河口水库	相继启动上游石泉水电站、喜河水电站等调节性能好的水库进行水量补偿，适当控制引汉济渭黄金峡水库、三河口水库的调水，加大安康水电站下泄流量，各水库至安康断面区间其余水利水电工程不得拦蓄	陕西省引汉济渭公司大河坝分公司	陕西省引汉济渭工程建设有限公司、陕西省水利厅
			安康水电站		安康水力发电厂	国网陕西省电力公司、陕西省水利厅
			河道外取水工程	严格控制断面以上河道外社会经济用水，优先保障生活用水，确保生态基本需水，保障粮食生产合理需水，优化配置生产		安康市人民政府、汉中市人民政府
石门（褒城）	3.87	常规调度	石门水库	营水先限制或暂停灌水，其次控制河外其他生态泄流设施满足最小下泄流量要求	汉中市石门水库管理局	宝鸡市人民政府、汉中市水利局

续表5-2-12

控制断面	生态基流/（m^3/s）	调度类型	调度保障措施			
			主要调度对象	调度要求	工程运行管理单位	水工程监管单位
石门（褒城）	3.87	常规调度	河道外取水工程	严格执行《汉江水量调度方案》，按照取水许可审批规定取用水	—	汉中市人民政府、宝鸡市人民政府
		应急调度	石门水库	按照《陕西省褒河生态流量（水量）保障实施方案（试行）》石门断面生态流量（水量）应急调度方案要求执行	汉中市石门水库管理局	汉中市水利局
			河道外取水工程			汉中市人民政府、宝鸡市人民政府
升仙村	3.27	常规调度	河道外取水工程	严格执行《汉江水量调度方案》，按照取水许可审批规定取用水。焦岩水库建成后，升仙村断面按相关批复文件确定	—	汉中市人民政府、宝鸡市人民政府
		应急调度	河道外取水工程	严格控制断面以上河道外社会经济用水，优先保障生活用水，确保生态基本需水，保障粮食生产合理需水，优化配置生产		汉中市人民政府、宝鸡市人民政府
			引湑济黑工程	适当控制引湑济黑调水，引水口至升仙村断面区间其余水利水电工程不得拦蓄	西安水务集团有限责任公司	西安市人民政府、西安市水务局
长枪铺	2.82	常规调度	河道外取水工程	严格执行《汉江水量调度方案》，按照取水许可审批规定取用水	—	安康市人民政府
			月河支流水库及水电站	通过发电或泄流设施满足最小下泄流量要求		安康市水利局
		应急调度	河道外取水工程	严格控制断面以上河道外社会经济用水，优先保障生活用水，确保生态基本需水，保障粮食生产合理需水，优化配置生产		安康市人民政府
			月河支流水库及水电站	加大下泄流量，各水库至长枪铺断面区间其余水利水电工程不得拦蓄	—	安康市水利局
向家坪	6.27	常规调度	河道外取水工程	严格执行《汉江水量调度方案》，按照取水许可审批规定取用水		安康市人民政府、商洛市人民政府
			钟家坪水电站	通过发电或泄流设施满足最小下泄流量要求	陕西省水务集团旬阳水电开发有限公司	陕西省水务集团、陕西省水利厅

续表5-2-12

控制断面	生态基流/(m^3/s)	调度类型	调度保障措施			
			主要调度对象	调度要求	工程运行管理单位	水工程监管单位
向家坪	6.27	应急调度	河道外取水工程	严格控制断面以上河道外社会经济用水，优先保障生活用水，确保生态基本需水，保障粮食生产合理需水，优化配置生产经营用水；先限制或暂停灌区用水，其次控制河道外其他生产用水，同一供水次序级别用水户按同等比例缩减用水量	陕西省水务集团旬阳水电开发有限公司	安康市人民政府、商洛市人民政府
			赵湾水电站	相继启动上游赵湾水电站、大岭水电站等进行水量补偿，加大钟家坪水电站下泄流量，各水电站至向家坪断面区间其余水利水电工程不得拦蓄	陕西省水务集团旬阳水电有限公司	陕西省水务集团、陕西省水利厅
			大岭水电站			
			钟家坪水电站		陕西省水务集团旬阳水电开发有限公司	

四、调度成效

（一）2010年以来汉江生态流量调度状况

根据汉中（二）、安康（二）、石门水库、升仙村、长枪铺及向家坪水文径流量数据，陕西省汉江控制断面生态流量得到保障，超过国家规定的90%标准，具体情况见表5-2-13。

表5-2-13　陕西省汉江控制断面生态流量满足程度评价

序号	断面名称	日保证率/%											
		平均	2010	2011	2012	2013	2014	2015	2016	2017	2018	2019	2020
1	汉中（二）	99.5	100.0	100.0	99.7	100.0	100.0	100.0	97.3	98.6	100.0	98.9	100.0
2	安康	93.1	100.0	93.7	91.3	81.6	92.9	97.3	95.6	96.2	86.3	92.6	96.4
3	石门（褒城）	99.9	—	—	—	—	—	99.7	100.0	100.0	100.0	100.0	—
4	升仙村	90.9	90.7	90.1	95.9	87.1	86.6	96.7	85.5	87.7	92.6	88.8	98.6
5	长枪铺	98.6	99.7	99.7	100.0	97.8	92.9	99.7	100.0	99.7	99.2	95.9	100.0
6	向家坪	94.7	97.3	99.7	99.7	98.4	77.5	98.6	83.9	93.7	99.2	94.8	99.5

2021 年，安康市协助长江水利委员会、陕西省水利厅积极做好汉江安康段生态流量管控工作，据陕西省江河水库工作中心每日通报，安康汉江站、白河站最小下泄生态流量保证率均为 100%，超过国家规定的 90% 标准。汉中市制定《汉江流域应急调水预案》，建立沿江水库、电站生态流域调度机制。扎实开展小水电整治，成立工作专班，完成 118 座小水电整治任务，其中拆除 70 座、退出类 26 座、整改类 22 座。建立石门水库水资源联席会议制度，切实保证褒河生态流量。汉江汉中断面最小下泄流量实际保证率达到 90%。除 2021 年上半年二郎坝引水工程超计划引水外，水资源调度严格按照计划执行，其余未出现超年度计划情况。

（二）陕西省生态流量管理

汉江流域生态流量监管措施逐步完善。汉江流域各小水电站，一是生态流量标准明确，均经过水利、环保部门审定或核定。二是严格落实下泄措施。因地制宜，分别采用生态机组、无节制放水设施、鱼道等切实可行的下泄方式。三是推动视频监控及流量监测设施建设。陕西省已有 400 余座电站安装了生态流量监测、监控设施，部分实现了信号传输至县水利局、生态环境局，省级平台正在加紧建设。四是建立监管的长效机制，陕西省水利厅、省生态环境厅联合下发了《陕西省小水电站生态流量监督管理意见》（陕水发〔2019〕20 号）。

全面完成汉江水量调度目标。用水总量不超标，2019 年度，陕西省下达汉江流域用水指标 26.97 亿立方米，实际用水 23.48 亿立方米，占指标的 87%，节余用水指标 3.49 亿立方米。主要控制断面最小流量和下泄水量实现双达标，汉江国控出境断面白河站月均流量最小 149.2 立方米每秒，未超过最小控制流量 120 立方米每秒，下泄水量 279.81 亿立方米，超出控制指标 161.59 亿立方米的 73%，省控子午河口断面最小流量保证率达到控制指标。汉江的石泉、喜河、蜀河电站等下泄最小流量保证率均达到控制指标要求。

生态流量基本泄放到位。截至 2019 年底，陕西省已建成小水电站 685 座（含停运 74 处，已退出 30 座，实际 655 座），总装机容量 162.8 万千瓦。2019 年 6 月底，陕西省需进行生态流量泄放整治的 640 座电站已全部实现了下泄，秦岭区域需进行生态流量泄放电站全部实现了下泄，90% 为无节制下泄。陕西省水利厅、发展和改革委员会、生态环境厅、林业局于 2019 年 7 月组成 4 个检查组进行了专项检查，11 月由陕西省秦岭办组织 6 个厅局开展了为期 20 余天的小水电生态流量泄放专项督察，全省小水电生态流量整治工作基本完成。

（三）持续推动生态流量保障工作

明确标准，使有据可依。2007 年以来，陕西省水利厅先后下发了《关于农村水电站最小下泄流量有关问题的通知》《关于加强水能资源开发管理 维护生态安全的通知》《绿色水电建设指导意见》等，明确生态水下泄标准、工程措施、运行方式等要求。明确不低于坝址断面多年平均流量 10% 的最低泄放标准，不允许以区间支流充数，并将规定充分体现在初步设计、水资源论证和环评批复中。生态流量设施应按照最低水位时保障生态流量来确定，高水位时的下泄量大于批复的生态流量标准。

新建水电工程从源头保障生态流量。新建项目严格落实放水设施。新建水电工程未考虑生态流量、未设计放水设施、未优化运行方式的设计报告一律不予审查通过和核准。未按设计审批建设放水设施、未严格执行放水设施“三同时”、环评及水保未通过专项验收，一律不予竣工验收。在工程开发方式、工程任务、水能计算、机组选型、工程布置、泄放措施、运行方式、经济评价等各环节，装机方案及机组选型充分考虑枯水期和生态流量问题。

老站改造，还生态流量历史旧账。安康市老电站全部开展环境影响后评价或现状评价，开展水质监测，核定老电站生态流量。由水利局牵头，联合环保、电力、安全等部门，按照不低于坝址断面多年平均流量 10% 的生态流量泄放标准，电站逐一落实了泄放措施。全省增效扩容改造项目 150 余处都提出了生态流量要求。

因地制宜，落实泄放工程措施。生态流量泄放工程设施形式、规模均经过有资质的单位核算，陕西省生态流量泄放主要采取了四种方式，以无节制放水设施为主：一是在坝体、闸门开洞，老电站采取的居多。二是冲沙闸底设卡垫、限位器，老电站采取居多。三是采用生态机组，镇坪白土岭水电站建设时设计了生态机组，石门、卡房等水电站增设生态机组。赵湾等坝式电站设置容量较小的转桨机组，保障灵活运行。四是鱼道、渠道退水等下泄方式。以上方式，均要求在最低水位条件下，下泄流量满足标准。重视和防止泥沙淤积、冲刷岸坡和雾化问题，确保放水设施能长期使用。

优化运行方式，通过生态调度来确保生态流量下泄。在水资源论证、初步设计报告批复中明确实行有利于环境保护的运行方式。河流来水小于生态流量时，来多少泄多少；来水流量扣除生态流量后，不满足半台机发流量时，仍然不发电。对引支入干或引干入支多枢纽引水的水电站，如镇巴田坝、宁陕鹿子坪等水电站，明确在枯水期（11 月至次年 3 月）引水枢纽不能引水，全部下泄。

加强协调，实现流域水资源统一管理。建立流域梯级水电站协调制度及协作机制。陕西省以横跨三市的滑水河（10 座电站，其中小型水库 7 座，中型 1 座）为典型，在滑水河流域水电形成了《运行调度协作宣言》《工程特性及运行管理框架》，强化梯级电站在生态流量保障、安全生产、防汛抗旱积极协调梯级电站发电与生态、灌溉、供水等关系。

加强监控技术能力建设。400 余座电站安装了生态流量监控、监测设施，已就近接入县级水利、环保或河长制平台，陕西省水利厅正在建设统一的生态流量监管平台，将来由省、市、县分级使用，水利、环保信息实现数据对接共享。安康市对每个电站生态流量进行了挂牌公示，接受社会监督。

制定行业标准，规范生态流量。《陕西省小水电站运行管理规范》地方标准立项申请已经省市场监督管理局批复，通过地方标准来规范小水电生态流量下泄、运行管理，推动小水电绿色升级。今后还将加快小水电立法，加大对不按规定泄放生态流量的整治，目前对不按标准下泄生态流量的，还没有明确的法律法规可以进行处罚。

推动水利风景区建设，消除或抵消河道减水影响。要求电站在设计中优化水工建筑物布置和造型，尽量不破坏河流及自然美学价值。鼓励白土岭等电站依托水库建设水利风景区、风景名胜区。泾阳县文泾水电站利用水库及减水河段，建成了 AAAA 级郑国渠旅游风景区。西乡县马营水电站库区成为朱鹮的栖息地。

加强调查研究，形成绿色水电建设及评价体系。《陕西省绿色水电建设技术及体系研究》

列入了全省水利科技项目，获得科技资金支持，目前课题研究进展顺利，形成适合陕西省情的生态流量标准、保障措施，形成“绿色水电”建设技术体系、评价标准体系、政策制度体系。

加强绿色小水电创建工作，发挥示范作用。陕西省已创建绿色小水电 54 座，数量居全国第二，占全国的 16%。绿色小水电的生态流量都能得到保障。

第四节　取用水管理

随着《中华人民共和国水法》的公布实施，20 世纪 90 年代以来，陕西汉江流域各市、县（区）认真贯彻落实陕西省依法实施取水许可和水资源有偿使用相关制度，逐步改革调整了农业、县城和城市用水价格，建设了水资源管理系统，开展了水资源监控能力建设，各项管理和改革措施得到全面落实，取用水管理效果十分显著。

一、取水许可管理

1988 年 1 月，《中华人民共和国水法》颁布以后，陕西省取水许可制度在全省全面推行。1989 年，陕西省水利水保厅制定了《陕西省取水许可登记暂行办法》。1991 年 1 月 29 日，陕西省人大常委会颁发了《陕西省水资源管理条例》，明确规定了水行政主管部门负责当地水资源的统一管理，对直接从地下或者江河、湖泊取水，实行取水许可制度。1996 年 5 月，陕西省人民政府根据国务院颁布的《取水许可制度实施办法》，制定颁发了《陕西省取水许可制度实施细则》，各县（区）全面推进取水许可制度的实施。

限额审批取水许可。2020 年 12 月 24 日，长江水利委员会发布《实施取水许可制度细则》（长水资管〔2020〕650 号），规定汉江干流河源—丹江口（不含丹江口水库），地表水日取水量 3 万立方米以上的工业与城镇生活取水或设计流量 10 立方米每秒以上的农业取水，由长江水利委员会实行全额审批；限额以下由汉江流域省、市、县（区）水行政主管部门按规定审批。取水许可权限属于长江水利委员会的，申请人应当直接向长江水利委员会提出取水许可申请；否则按规定向省、市、县（区）水行政主管部门提出申请。

开展新建项目水资源论证。按照《中华人民共和国水法》规定，新建取水工程要进行水资源论证及取水许可申请，要保证有稳定的水源可取，不伤及第三者的用水权益，不得影响水环境，这也是水利工程立项必需的前置程序。从 20 世纪 80 年代以来，各级水资源管理机构共组织开展水资源评价项目数百项，保障了经济建设项目的顺利进行。

申请取水应当提交的材料。取水许可申请书；建设项目水资源论证报告书（表）；取水单位或者个人的法定身份证明文件；和取水行为有利害关系第三者的承诺书或者其他文件；属于备案项目的，提供有关备案材料；通过水权转让方式获得取水指标的建设项目，应当提交经审查同意的水权转让可行性研究报告及审查意见；联合兴办取水工程取水的，应附具由联合兴办人出具的取水申请人委托书。

按期换发取水许可证。对已成的取水工程，由汉江流域管理机构及流域内省、市、县各级水资源管理机构，对取水相对人按规定填写的取水许可申请资料进行审查，合格的统一颁发《中华人民共和国取水许可证》，并加盖市、县（区）水行政主管部门印章。对已颁发的取水许可证，按规定每两年审验一次，对变化的取水情况及时进行调整。

持续加强水质监测工作。2019 年完成了安康境内 12 个省重要江河湖泊水功能区、1 个城市水源地，10 个县（区）主要河流监测断面（月河的汉阴、长安河的汤坪、黄洋河的枧沟、岚河的六口、月河的月河口、池河的马池、冷水河的冷水河口、洞河的洞河口、红石河的双河口、坝河的坝河口）及重要饮用水水源地（汉滨区的瀛湖坝前、石泉的石泉水库、紫阳的西门河、旬阳的冷水河、白河的红石河、镇坪的小石砦河、宁陕的渔洞河水库、汉阴的观音河水库、岚皋的四季河、平利的石牛河）和 1 个汉江出省断面（白河）水质监测任务；完成并通过了长江水利委员会下达的（汞、氨氮）两个项目的质控考核；参加了水利部铅、亚硝酸盐氮能力验证考核工作。

有效落实水资源最严格管理制度。汉江出陕断面白河水体质量符合Ⅱ类标准。安康全市用水总量控制在 7.55 亿立方米以内。石泉、紫阳、岚皋、平利、旬阳 5 个县的污水处理厂污水处理率达 90% 以上。完成马坡岭水资源地安全保障达标建设评估。持续深入推进河长制工作，全市明确各级河长 3244 名、警长 965 名，开发护河员公益专岗 3000 名。积极开展涉河违法专项整治、示范河流创建工作、河长制“八进”等活动，在全社会营造关心、支持、参与、监督河湖管理保护浓厚氛围。水利部简报（第 87 期）以《安康河长制工作有力有序有效》推广安康河长制做法经验。岚皋县建立“河长 + 警长 + 督察长”治河机制成功入选水利部评选的基层治水十大经验。

二、水资源费征收管理

1992 年 10 月 10 日，经陕西省人民政府同意，陕西省物价局、陕西省财政厅、陕西省水利水保厅联合制定颁发《陕西省水资源费征收、管理和使用暂行办法》，规定“凡在陕西省内直接从地下或江河、湖泊取水的单位和个人，均应向水行政主管部门提出取水申请，依法获得取水的使用权，并按规定交纳水资源费”。流域内各市、县（区）水资源费征收始于 1993 年，由各级水资源管理办公室负责征收。2017 年，陕西省作为全国开展水资源税费改革工作的试点，自备水源取水户的取水量由水利部门负责核定，取用水户根据核定水量主动向税务部门报税，由税务部门负责征收水资源税。

2004 年 2 月 25 日，陕西省政府第 94 号、第 95 号省长令颁布实施《陕西省取水许可实施细则》和《陕西省水资源费征收办法》，对取水许可管理权限划分和征费方式进行了重大调整和改革。按照陕西省政府常务会议纪要分工，陕西省水利厅配合协调财政、物价等有关部门制定水资源费征收管理有关配套办法，拟定了《陕西省水资源费征收标准》，起草了《陕西省水资源费征收管理实施细则》和《陕西省水资源费使用管理办法》。其中《陕西省水资源费征收管理实施细则》由省水利厅牵头起草，联合省财政厅、地税局、人民银行西安分行于 9 月 22 日印发实施，开始了以“分级管理、地税代收、票款分离、直缴国库”为原则的水资源费征管体制改革工作。全省水资源费征收管理工作取得较大的突破。各级水利部门，特别是水资源管理单位不辞辛苦，任劳任怨，积极开展抄表计量、下达通知、协调缴费和行政催缴等工作，全省水资源费征收管理工作取得较大的突破。

2006 年国务院第 460 号令颁布实施，水资源费地税代收与《取水许可和水资源费征收管理条例》不符，并且非纳税户和零散小户的征费问题一直未得到很好的解决，影响征费工作的正常开展。水资源费征管体制需要进一步深化改革。

2008 年 9 月 16 日，陕西省政府第二十六次常务会议研究决定水资源费取消地税代收，由水利部门负责直接征收，从 2008 年 11 月 1 日起执行。陕西省政府第 136 号令修订颁布了《陕西省水资源费征收办法》，省水利厅、财政厅、物价局、人民银行西安分行等部门根据省政府第 26 次常务会议纪要修订出台了《陕西省水资源费征收管理实施细则》等有关配套政策文件。新的水资源费征管体制改革的特点是"分级管理、票款分离、就地入库"，改革的主要内容是原有征收范围和征收标准不变；简化缴费程序，由水利部门核量并出具水资源费缴费通知书和缴款书，由取水户直接到当地银行（包括农村信用社）缴费。水资源费按照取水许可权限，分级征收和管理。地表水取水口设计日取水量合计 2 万立方米以上的工业和城镇生活取水，地下水设计日取水量合计 1 万立方米以上取水，陕西省政府批准的大中型建设项目取水，国家流域管理机构在本省行政区域内发放取水许可证的取水，由省水行政主管部门负责征收管理和监督；地表水取水口设计日取水量合计 1 万 ~ 2 万立方米的工业与城镇生活取水，地下水设计日取水量合计 0.5 万 ~ 1 万立方米的取水，设区市政府所在地城市规划区内的取水，由取水户所在地设区市水行政主管部门负责征收管理和监督；设区市水行政主管部门管理权限以下的取用水，其水资源费由取水户所在地县级水行政主管部门负责征收管理和监督。

2016 年 5 月 10 日，财政部、国家税务总局颁布的《关于全面推进资源税改革的通知》，自 7 月 1 日起在河北开展水资源税改革试点，标志新一轮资源税改革全面启动。2017 年 11 月 24 日，国家财政、地税、水利三部局印发了《扩大水资源税改革试点实施办法》，从 12 月 1 日起，在北京、天津、山西、内蒙古、山东、河南、四川、陕西、宁夏等 9 省（市、自治区）扩大水资源税改革。水资源税改革试点中，财政、地税、水利等部门密切配合，建立健全了联席会议、信息交换、联合检查、协同监管等多项工作机制，共同构建了"水利核准、纳税申报、地税征收、联合监管、信息共享"的管理模式，形成治税合力。陕西省水资源费征管体制改革以来，在各级水资源管理机构和水资源费征管人员的共同努力下，成效显著：日常征管不断规范，年度征收额不断增加，应收尽收率不断提高，从 2006 年的 2.34 亿元增加至 2016 年的 7.73 亿元，11 年翻了三番，全省累计征收 48.7 亿元。

2017 年 12 月 1 日起，水资源税正式实施，按照清费立税的原则，水资源税开征之日起，水资源费标准降为零。陕西省作为全国开展水资源税费改革工作的试点，自备水源取水户的取水量由水利部门负责核定，取用水户根据核定水量主动向税务部门报税，由税务部门负责征收水资源税。通过设置差别税额，抑制地下水超采和不合理用水需求，调整优化用水结构；在统一政策基础上，规定陕西省地表水最低平均税额标准为 0.3 元每立方米，地下水为 0.7 元每立方米。对地下水超采地区按非超采区 2 ~ 3 倍征收，对超计划或超定额用水加征 1 ~ 3 倍。

三、水价管理

（一）城市供水水价

1984年前，汉中中心城区水费实行“包费制”，即按人按月交纳水费。1984年，改革为以表计量，按量收费，按月交纳。每吨水费0.12元。从1990年开始，汉中市物价局对水价进行了多次调整。1990年调整为工业经营性用水每吨0.3元，居民生活用水每吨0.2元。1992年1月1日起，生活用水每吨0.25元，生产经营用水每吨0.35元。1993年1月1日起，生活用水每吨0.324元，生产经营用水每吨0.432元。1994年3月1日起，居民生活用水每吨0.48元，生产经营用水每吨0.65元。1996年3月1日起，生活用水每吨调整为0.70元，生产经营用水每吨调整为0.90元。1998年3月1日起，实行居民生活用水、工业团体用水与服务、餐饮、基建用水3种价格，居民生活用水每吨0.88元，工业团体用水每吨1.00元，服务、餐饮、基建用水每吨1.21元。2000年8月1日起，实行居民生活用水、工业用水、行政事业单位用水、经营服务用水、特种行业用水5种价格，居民生活用水每吨0.97元，工业用水每吨1.17元，行政事业单位用水每吨1.12元，经营服务用水每吨1.41元，特种行业用水每吨1.96元。2004年7月1日起，居民生活用水每吨1.07元，工业用水每吨1.31元，行政事业单位用水每吨1.31元，经营服务用水每吨1.74元，特种行业用水每吨3.09元。2006年11月1日起，居民生活用水每吨1.20元，工业用水每吨2.05元，行政事业单位用水每吨2.15元，经营服务用水每吨2.80元，特种行业用水每吨4.30元。2020年末，居民生活用水每吨1.90元，工业用水每吨3.10元，行政事业单位用水每吨3.20元，经营服务用水每吨4.00元，特种行业用水每吨5.50元。

（二）县城供水水价

县城供水是重要的民生事项。1996年前，供水业务由城市建设行政主管部门管理。其价格属政府定价范围，实行一县一价。市、县物价部门根据各县供水成本，居民承受能力等因素，通过法定程序确定供水价格并发布实施。2003年，陕西省政府批转《陕西省计委等七部门关于加快推进陕西省城市供水价格改革的指导意见的通知》（陕政发〔2003〕35号），决定自2003年起实施城市水价改革“三步走”，即用3年时间将城市水价提高到合理水平，2005年全省供水价格平均每立方米提高到1.50元（其中：基本水价0.80元，污水处理费0.40元，水资源费0.30元）。水价改革“三步走”对减少供水企业亏损、促进企业良性运行起到了非常积极的作用。

（三）农村供水水价

流域内农村供水通过甘露工程、人饮解困工程、农村饮水安全工程和脱贫攻坚人饮工程的实施，村村通上了自来水。供水水价没有相关文件规定，市水利、物价部门给予指导，由各县（区）结合实际自行确定。

四、用水管理

对用水总量和用水效率实施最严格水资源管理制度考核。根据《陕西省人民政府关于实行最严格水资源管理制度的实施意见》（陕政发〔2013〕23 号）和《陕西省人民政府办公厅关于印发实行最严格水资源管理制度考核办法的通知》（陕政办发〔2013〕77 号），汉江流域各市区人民政府制定了关于实行最严格水资源管理制度的实施意见、实行最严格水资源管理制度考核办法等，由市政府对县（区）政府进行考核。考核内容为最严格水资源管理制度目标完成、制度建设和措施落实情况，即用水总量（见表 5–2–14、表 5–2–15）、用水效率、重要水功能区水质达标率、饮用水水源地水质达标、重点区域地下水水位控制目标完成情况，水资源管理责任和考核制度建设及相应措施落实情况。

表5–2–14　安康市各县（区）用水总量控制目标

单位：万m^3

行政区	2015 年	2025 年
汉滨区	19397	24900
汉阴县	11595	8350
石泉县	5878	6900
宁陕县	3725	1900
紫阳县	6746	8100
岚皋县	5226	4550
平利县	5407	6600
镇坪县	1297	1700
旬阳县	8046	10000
白河县	5682	5900
全市	73000	78900

表5–2–15　汉中市各县（区）用水总量控制目标

单位：万m^3

行政区	2015 年	2025 年
汉台区	22300	24000
南郑县	25300	23500
城固县	34500	32500
洋县	20500	21000
西乡县	19100	19900
勉县	25200	24490
宁强县	7000	7800
略阳县	3100	3600

续表5-2-15

行政区	2015 年	2025 年
镇巴县	9700	9900
留坝县	1000	1370
佛坪县	1400	1340
全市	169100	169400

最严格水资源管理制度考核结果。根据《陕西省实行最严格水资源管理制度考核办法》，陕西省水利厅会同省发展和改革委员会、工信厅、财政厅、自然资源厅、生态环境厅、住建厅、农业农村厅、统计局，对各设区市、杨凌示范区、韩城市实行最严格水资源管理制度情况进行了考核，综合评估形成考核结果，并经省政府审定后公布。2014—2020 年考核结果见表 5-2-16，2018 年未开展考核。

表5-2-16　最严格水资源管理制度考核结果

考核年度	优秀等级	良好等级	合格等级
2014	西安市、宝鸡市	汉中市、安康市、商洛市	
2015	西安市	宝鸡市、汉中市、安康市、商洛市	
2016		汉中市、西安市、安康市	商洛市
2017	宝鸡市	西安市、汉中市、安康市	商洛市
2019		宝鸡市、汉中市、西安市	安康市、商洛市
2020		宝鸡市、汉中市、安康市、西安市、商洛市	

第五节　水资源保护

汉江流域水资源虽然相对较为丰富，但时空分布不均，年际间和年内丰枯变化大，作为国家南水北调中型工程及陕西省内南水北调工程水源地，汉江流域水资源保护任务任重道远。汉江流域实施最严格水资源管理制度，通过水功能区达标管理和入河污染物纳污限排管理，加强了饮用水水源地保护和地下水保护，开展了水生态系统保护与修复和水生态文明建设，使汉江流域水资源保护工作取得很大成绩，汉江水质稳定达标，确保了“一江清水供北京”。

一、水功能区管理

2000 年，水利部以水资源〔2000〕58 号文，部署在全国开展水资源保护规划编制工作，要求依据“全国水功能区划技术大纲”编制水功能区划。2004 年 9 月 22 日，《陕西省水功能区划》由陕西省政府办公厅印发实施，为水资源开发、利用、配置、管理和保护提供了依据。

（一）一级水功能区划

汉江干流。汉江干流一级功能区划共有 15 个，其中保护区 1 个，河长 34 千米，占干流区划总河长 652 千米的 5.2%；保留区 7 个，河长 473 千米，占总河长的 72.5%；开发利用区 6 个，河长 103 千米，占总河长的 15.8%；缓冲区 1 个，河长 42 千米，占总河长的 6.4%。汉江水系水功能一级区划见表 5-2-17。

表5-2-17　汉江水系水功能一级区划登记

河流	功能区名称	范围			水质目标
		起始断面	终止断面	长度 /km	
汉江	宁强源头水保护区	河源	金牛驿	34	Ⅱ
	勉县保留区	金牛驿	武候镇	43	Ⅱ
	勉县开发利用区	武候镇	高潮区	15.5	Ⅲ
	勉汉保留区	高潮区	叶家营	48	Ⅱ
	汉中开发利用区	叶家营	冷水河口	25.5	Ⅲ
	汉中保留区	圣水镇	汶川河口	27.5	Ⅱ
	城固开发利用区	汶川河口	三合	15	Ⅲ
	洋县保留区	三合	傥水河口	27	Ⅱ
	洋县开发利用区	傥水河口	东村	16	Ⅲ
	石泉、紫阳保留区	东村	安康水库大坝	226.5	Ⅱ
	安康开发利用区	安康水库大坝	关庙	19	Ⅲ
	旬阳、安康保留区	关庙	菜湾	48	Ⅱ
	旬阳开发利用区	菜湾	庙岭	10	Ⅲ
	旬阳保留区	庙岭	兰滩	53	Ⅱ
	白河缓冲区	兰滩	白河省界	42	Ⅱ
玉带河	宁强源头水保护区	河源	宁强	22	Ⅱ
	宁强保留区	宁强	入汉口	79	Ⅱ
沮河	略阳源头水保护区	河源	茶店子	107	Ⅱ
	勉县保留区	茶店子	入汉口	17	Ⅱ
堰河	勉县源头水保护区	河源	汪家河	43	Ⅱ
	勉县保留区	汪家河	入汉口	23	Ⅱ

续表5-2-17

河流	功能区名称	范围			水质目标
		起始断面	终止断面	长度 /km	
漾家河	勉县保留区	河源	云河水库	21	Ⅱ
	勉县开发利用区	云河水库	团结水库	20	Ⅲ
	勉县保留区	团结水库	入汉口	33	Ⅱ
外坝河	勉县保留区	河源	入汉口	51	Ⅱ
褒河	留坝自然保护区	河源	马道	111	Ⅱ
	汉中开发利用区	马道	石门水库大坝	27	Ⅲ
	汉中保留区	石门水库大坝	入汉口	37.5	Ⅱ
濂水河	南郑保留区	河源	高台	42	Ⅱ
	南郑开发利用区	高台	入汉口	28	Ⅲ
冷水河	南郑保留区	河源	胡家营	45.5	Ⅱ
	南郑开发利用区	胡家营	入汉口	8	Ⅲ
南沙河	城固保留区	河源	南沙河水库大坝	39.5	Ⅱ
	城固开发利用区	南沙河水库大坝	入汉口	13	Ⅲ
汶川河	城固保留区	河源	入汉口	48.3	Ⅱ
湑水河	城固自然保护区	河源	焦岩	142.5	Ⅱ
	城固开发利用区	焦岩	入汉口	25	Ⅲ
堰沟	城固保留区	河源	入汉口	61	Ⅱ
沙河	洋县保留区	河源	入汉口	29.6	Ⅱ
溢水	洋县保留区	河源	入汉口	56	Ⅱ
傥水河	洋县保留区	河源	傥水河水库大坝	43.6	Ⅱ
	洋县开发利用区	傥水河水库大坝	入汉口	11	Ⅲ
酉水河	洋县自然保护区	河源	酉水引水坝	89	Ⅱ
	洋县开发利用区	酉水引水坝	入汉口	18	Ⅲ
金水	佛坪自然保护区	河源	入汉口	70.7	Ⅱ
子午河	佛坪、宁陕自然保护区	河源	两河口	131.8	Ⅱ
	石泉、西乡保留区	两河口	入汉口	22	Ⅱ

续表5-2-17

河流	功能区名称	范围			水质目标
		起始断面	终止断面	长度 /km	
牧马河	西乡源头水保护区	河源	骆家坝	28	Ⅱ
	西乡保留区	骆家坝	葛石	66.7	Ⅱ
	西乡开发利用区	葛石	入汉口	28	Ⅲ
泾洋河	镇巴、西乡源头水保护区	河源	罗镇	64.6	Ⅱ
	西乡开发利用区	罗镇	入牧马河口	20	Ⅲ
池河	宁陕源头水保护区	河源	铁炉	62.7	Ⅱ
	石泉保留区	铁炉	入汉口	49	Ⅱ
任河	紫阳保留区	省界（川）	入汉口	53.7	Ⅱ
洞河	紫阳源头水保护区	河源	入汉口	65.7	Ⅱ
大道河	岚皋源头水保护区	河源	入汉口	76	Ⅱ
岚河	岚皋源头水保护区	河源	花里	99.6	Ⅱ
	岚皋保留区	花里	入汉口	49	Ⅱ
月河	汉阴源头水保护区	河源	黎园沟口	20.5	Ⅱ
	汉阴开发利用区	黎园沟口	麒麟沟口	13.5	Ⅲ
	汉阴保留区	麒麟沟口	五里	57	Ⅱ
	安康开发利用区	五里	入汉口	22	Ⅲ
恒河	安康源头水保护区	河源	石船	99	Ⅱ
	安康开发利用区	石船	入月口	10	Ⅲ
黄洋河	安康源头水保护区	河源	县河口	97	Ⅱ
	安康开发利用区	县河口	入汉口	20	Ⅱ
坝河	平利源头水保护区	河源	观音堂	129	Ⅱ
	旬阳开发利用区	观音堂	入汉口	6	Ⅲ
旬河	旬、镇、柞源头水保护区	河源	柴坪水文站	104	Ⅱ
	镇安、旬阳保留区	柴坪水文站	白柳	100.6	Ⅱ
	旬阳开发利用区	白柳	入汉口	13.5	Ⅲ
乾佑河	柞水、镇安保留区	河源	入旬河口	140	Ⅱ
蜀河	旬阳源头水保护区	省界（湖北）	入汉口	50	Ⅱ
仙河	旬阳源头水保护区	省界（湖北）	入汉口	25	Ⅱ

续表5-2-17

河流	功能区名称	范围			水质目标
		起始断面	终止断面	长度 /km	
冷水河	白河保留区	河源	入汉口	65.7	Ⅱ
金钱河	山阳保留区	河源	省界（湖北）	185	Ⅱ
马滩	山阳源头水保护区	河源	入金钱河口	84	Ⅱ
白石	白石河源头水保护区	河源	入汉口	58.5	Ⅱ
南江	镇坪源头水保护区	河源	镇坪	59	Ⅱ
南江	镇坪保留区	镇坪	省界（湖北）	36	Ⅱ
南水	山阳源头水保护区	河源	省界（湖北）	30	Ⅱ

干流水质目标。保护区、保留区水质目标均为Ⅱ类。开发利用区水质目标均为Ⅲ类，干流开发利用区，是陕西省规划的汉中工业走廊区，也是工业、农业、生活用水的集中取水区。缓冲区，由兰滩至白河省界 42 千米，水质同目标水质均属Ⅱ类。

汉江支流。汉江支流区划河流 39 条，总河长 3582.3 千米。划分功能区 67 个。其中，保护区 25 个，河长 1869.6 千米，占总河长的 52.2%；保留区 26 个，河长 1429.7 千米，占总河长的 39.9%；开发利用区 16 个，河长 283 千米，占总河长的 7.9%。

（二）二级水功能区划

汉江干流二级功能区划共 6 个河段，功能区 19 处。支流二级区划涉及 15 条河流，共计 17 个河段，功能 34 处，见表 5-2-18。

表5-2-18　汉江水系水功能二级区划登记

河流	功能区名称	范围			水质目标
		起始断面	终止断面	长度 /km	
汉江	勉县工业、农业用水区	武候镇	高潮区	15.5	Ⅲ
	汉中市汉台区工业、景观用水区	叶家营	冷水河口	25.5	Ⅲ
	城固工业、农业用水区	汶川河口	三合	15.0	Ⅲ
	洋县城关工业、农业用水区	傥水河口	王家台	6.0	Ⅲ
	洋县渔业用水区	王家台	东村	10.0	Ⅲ
	安康城关工业、农业用水区	安康水库	关庙	19.0	Ⅲ
	旬阳城关工业、农业用水区	菜湾	庙岭	10.0	Ⅲ
漾家河	勉县农业用水区	云河水库	团结水库	20.0	Ⅲ

续表5-2-18

河流	功能区名称	范围			水质目标
		起始断面	终止断面	长度/km	
褒河	汉中汉台饮用、农业用水区	马道	石门水库大坝	27.0	Ⅲ
濂水河	南郑工业、农业用水区	高台	入汉口	28.0	Ⅲ
冷水河	南郑工业、农业用水区	胡家营	入汉口	8.0	Ⅲ
南沙河	城固农业、渔业、景观用水区	南沙河水库大坝	入汉口	13.0	Ⅲ
湑水河	城固工业、农业用水区	焦岩	入汉口	25.0	Ⅲ
傥水河	洋县饮用、农业用水区	傥水河水库大坝	入汉口	11.0	Ⅲ
酉水河	洋县农业用水区	酉水引水坝	入汉口	18.0	Ⅲ
牧马河	西乡饮用水源区	葛石	西乡	5.0	Ⅱ
	西乡工业、农业用水区	西乡	入汉口	23.0	Ⅲ
泾洋河	西乡农业用水区	罗镇	入牧马河口	20.0	Ⅲ
月河	汉阴饮用、农业用水区	黎园沟口	麒麟沟口	13.5	Ⅲ
	安康城关工业、农业用水区	五里	入汉口	22.0	Ⅲ
恒河	安康城关农业用水区	石船	入月口	10.0	Ⅲ
黄洋河	安康饮用水源区	县河口	入汉口	20.0	Ⅱ
坝河	旬阳工业、农业用水区	观音堂	入汉口	6.0	Ⅲ
旬河	旬阳工业、农业用水区	白柳	入汉口	13.5	Ⅲ

汉江勉县开发利用区。勉县工业、农业用水区勉县武侯镇至高潮区，河长 15.5 千米。

江汉汉中开发利用区。汉中市汉台区工业、景观用水区汉中市叶家营至冷水河口，全长 25.5 千米，该段是汉中市政治、经济、文化中心，人口集中，工农业及交通发达，该段水域又是陕西省陕南最早开发的旅游景点区，山清水秀，分布有绿色天然公园等。

汉江城固开发利用区。城固县工业、农业用水区汶川河口至城固县三合乡，河长 15 千米，城固县是汉中市工业及城镇生活用水量最大的县城。汉江洋县开发利用区。洋县城关工业、农业用水区傥水河口至王家台 6 千米，水质目标Ⅲ类。洋县渔业用水区王家台至东村 10 千米，是汉江干流鱼类洄游产卵区域。

汉江安康开发利用区。安康市城关工业、农业用水区安康水库至安康市关庙镇，长 19.0 千米，该区域是安康市政治、经济、文化中心，人口密集，工业发达。

汉江旬阳开发利用区。旬阳县城关工业、农业用水区旬阳菜湾至旬阳庙岭，长 10 千米。

漾家河勉县开发利用区。漾家河勉县农业用水区漾家河云河水库至团结水库，河长 20 千米，水质目标Ⅲ类。

褒河汉中开发利用区。褒河汉中市汉台区饮用、农业用水区褒河马道至石门水库大坝，长 27 千米。

濂水河南郑开发利用区。濂水南郑县工业、农业用水区高台至河口段，长 28 千米。

冷水河南郑开发利用区。冷水南郑县工业、农业用水区胡家营至河口段，长 8 千米。

南沙河城固开发利用区。南沙河城固县农业、渔业用水区南沙河水库大坝至入汉口，长 13 千米。

湑水河城固开发利用区。湑水河城固县工业、农业用水区湑水河焦岩至入汉口，河长 25 千米。

傥水河洋县开发利用区。傥水河洋县饮用、农业用水区傥水河水库大坝至河口段，河长 11.0 千米。

酉水洋县开发利用区。酉水河洋县农业用水区酉水引水大坝至河口段，长 18 千米。

牧马河西乡开发利用区。牧马河西乡县饮用水源区葛石至西乡县，河长 5 千米；牧马河西乡县工业、农业用水区。西乡县至河口，长 23 千米。

泾洋河西乡开发利用区。泾洋河西乡县农业用水区罗镇至入河口，长 20 千米。

月河汉阴开发利用区。月河汉阴县饮用、农业用水区月河黎园沟口至麒麟沟口，河长 13.5 千米。月河安康开发利用区。月河安康市城关工业、农业用水区月河五里至入河口，全长 22 千米。

恒河安康开发利用区。恒河安康市城关农业用水区石船至入月口段，河长 10 千米。

黄洋河安康开发利用区。黄洋河安康市饮用水源区县河口至入汉口段，长 20 千米。

坝河旬阳开发利用区。坝河旬阳县工业、农业用水区观音堂至入汉口，长 6 千米。

旬河旬阳开发利用区。旬河旬阳县工业、农业用水区白柳至入汉口段 13.5 千米。以上开发利用区水质管理目标均为Ⅲ类。

水功能区监测。2019 年前，汉中、安康水利部门完成了陕西省国家重点水功能区监测任务中汉江水系水功能区监测任务，完成了各县（区）主要水功能区、主要支流、县城饮用水水源地以及地下水的水质监测及评价工作。安康开展了石泉、老君关、鄠坪等 12 个省级重要江河湖泊水功能区、5 个典型入河排污口及马坡岭水源地的监测任务。

重要水功能区水质监测。依据《地表水环境质量标准》（GB3838—2002），汉江干流、任河、旬河、南江河等水功能区代表断面水质为Ⅱ～Ⅲ类；重要水源地水质监测中，马坡岭集中式饮用水供水水源地水质为Ⅱ类，硫酸盐、氯化物、硝酸盐氮、铁、锰 5 项检测结果符合集中式生活饮用水地表水源地补充项目标准限值；重点入河排污口监督性监测中，黄沟、关庙集镇排污口 pH 值、氨氮符合一级排放标准，化学需氧量符合二级排放标准，恒口集镇排污口化学需氧量超过综合排放二级标准（2017 年 6 月）；喇叭洞（江南污水处理厂）排污口符合一级 A 排放标准，江北污水处理厂排污口氨氮、总磷、总氮超过一级 A 排放标准（2017 年 6 月）。

水环境监测。2019 年，按照国家机构改革职能划转和中央编办《关于水质监测职责的意见》有关要求，水环境水质监测数据由生态环境部门统一提供。2019 年后，在国家水功能区和水环境控制单元整合工作完成之前，将原考核水功能区监测断面暂时整合调整为水环境监测断面，水环境监测断面水质情况由生态环境部门负责监测提供。

二、入河排污口管理

2005 年，陕西省水利厅部署了长江流域入河排污口普查登记工作。2009 年 5 月，陕西省水利厅印发《关于加强全省河流入河排污口监督管理的通知》，严格控制入河污染物排放。要求结合建设项目水资源论证开展入河排污口设置论证工作，对水功能区尚未达标的河流，严格控制入河排污口设置，建设项目新增的废污水需进入城市或工业园区污水系统处理后达标排放；对新建的化工类项目，积极推行“零”排放，减少废污水排放对水体的污染。2014 年 9 月，陕西省水利厅办公室印发《关于进一步加强入河排污口监督管理工作的通知》（陕水资发〔2014〕30 号），对加强全省入河排污口监督管理工作提出了具体要求。根据文件要求，流域内各县（区）水利部门及时做好了入河排污口扩大和设置审批职能的承接工作，对辖区内的入河排污口进行认真清查，对符合登记条件的及时办理登记手续，对需要办理设置审批手续的，及时要求设置单位补办审批手续。同时，开展了入河排污口监测、定标、立碑、亮界工作，为入河排污口监督管理奠定了基础。

入河排污口监督管理。2016 年，安康市严格入河排污口监督管理，对全市入河排污口按规定进行核查登记，对安康江北污水处理厂、旬阳县污水处理厂、白河县污水处理厂等相继开展了排污口设置论证报告审查，严格入河排污口审批。对排污口加强日常监测和监督检查，对违规排污口进行整治。加强安康中心城市及各县城污水处理厂运营监管，提高城市污水处理率。中心城市和县城污水处理率分别达到 91.76% 和 83.67%，全面完成了陕西省委、省政府下达的年度污水处理率考核指标。汉中市水利局印发了《进一步加强入河排污口监督管理工作的通知》，开展了入河排污口清查登记，并严格新建或扩大排污口的设置审批。2016 年，全市保有入河排污口 76 处，全部办理了入河排污口设置审批和登记手续，城市污水处理量 3165 万立方米，污水处理率 94.61%，较上年提高 2.17%，污水处理达标率 100%。

入河排污口普查摸底。2018 年第二次全国污染源普查工作中，各县（区）水利部门又对辖区内入河排污口进行了逐一调查摸底，现场采集地理位置坐标、调查排污口设置管理主体、拍摄排污口照片、填写清查信息表，建立了入河排污口名录清单。在完成排污口清查的基础上，进一步明确每个排污口的排污主体、管理主体、监督主体。建立翔实完整的动态管理档案资料和信息卡，实行排污口“一口一卡”“一口一档”管理，并设立排污口标志牌。

三、地下水监测管理

（一）地下水监测

截至 2021 年底，汉中市保有国家地下水监测井 30 眼、省级地下水监测井 38 眼，安排专人负责国控井和省控井日常维护监测工作，持续开展水位监测工作。汉中市地下水用水量未出现超年度控制目标情况，37 眼省级考核地下水监测井水位考核连年达标。汉中按年度整编地下水水位监测数据，定期开展国家地下水监测井和省级地下水监测井水质采样、送样和水质检测以及国家地下水监测井水位人工比测。分县（区）下达“十三五”期间地下水用水量控制指标，开展地下水监测站优化调整方案以及地下水取水工程登记，进行国家地下水监测二期工程前期规划选定及现场踏勘。

（二）地下水管理

安康市政府印发了《安康市地下水管理办法》，安康市水利局印发了《关于限期关闭中心城区自备水源工程的通知》，为依法依规开展地下水保护管理工作提供了有力支撑。突出抓好地下水监测井维护、水质取样送样、水位观测比对和水质简分析等运维监测工作，水位、水质均符合考核要求。

四、水源地保护

开展重要饮用水水源地安全评估。安康市建立了市级重要饮用水水源地名录，对中心城区马坡岭及许家台、红土岭水源地和县城主要水源地定期开展环境质量调查评估，并报送陕西省生态环境厅。马坡岭水源地被列入国家重要饮用水水源地，安康市从水质、水量、监测和管理四个方面进行年度安全保障评估，水源地水质均达到《地表水环境质量标准》（GB 3838—2002）Ⅱ类水质标准，饮用水水源地水质达标率为 100%，水源地较为安全。安康城区水源由于汉江的天然分割，形成江南、江北两个供水区域。江南片区由安康水务集团马坡岭水厂供水，水源取自汉江；江北片区由安康水务集团江北水厂供水，水源取自黄石滩水库。江南马坡岭水厂和江北水厂由过江管道连接，形成双水源、南北互补的供水格局，符合备用水源要求。汉中市印发了《城市集中式饮用水水源地环境综合整治方案》，建立了包含中心城区、10 个县城和重点单位自备水源在内的 15 个市级重要饮用水水源地名录，制定了重要饮用水水源地突发事件应急预案，并纳入应急管理平台。

饮用水水源地保护。安康市已完成全市 17 处饮用水水源地保护区划定，并经陕西省政府批复。开展了农村饮用水水源地划定工作，全市 10 县（区）126 个镇饮用水水源地划分方案已经省政府审批。同时加强监管，完善水源地保护、巡查、报告制度，并切实加大水源地巡查频次，保护区内无违法排污行为。启动建设县城备用水源，县城备用水源已全部建成并投入使用，特别是 2015 年干旱期间发挥了极大作用。汉中市 15 个城市集中式饮用水水源地全部划定了保护区，其中 7 个地表水水源地经省政府批准，8 个地下水水源地经市政府审批。

饮用水水源地名录。2022 年 11 月 11 日，为切实提高对饮用水水源地保护重要性的认识，依法做好陕西省长江流域饮用水水源地保护等有关工作，陕西省水利厅印发《陕西省长江流域饮用水水源地名录》，包含 42 个集中式饮用水水源，其中 41 个位于汉江流域，见表 5–2–19。要求流域内各县（区）合理规划水源布局，推进城市备用或应急水源建设，不断促进水资源合理配置和优水优用；要配置确定饮用水水源，拟定饮用水供水方案，依法做好饮用水取水管理和水源涵养区的水土保持工作；要继续做好年度重要饮用水水源地安全评估，充分利用现代化手段强化监督检查，及时发现问题并推动整改提升；要加强对饮用水水源的实时监测，不断强化风险防范，发现异常情况的，应当采取有效措施保护饮用水水源。

表5-2-19　陕西省汉江流域饮用水水源地名录

序号	水源地名称	所在市县	供水城市	水源地类型
1	太白县石沟河水源地	宝鸡市太白县	太白县	河道
2	凤县白石铺饮用水水源地	宝鸡市凤县	凤县	地下水
3	西乡县牧马河水源地	汉中市西乡县	西乡县	河道
4	西乡县泾阳河城市集中式饮用水水源地	汉中市西乡县	西乡县	河道
5	佛坪县沙窝河饮用水水源地	汉中市佛坪县	佛坪县	河道
6	佛坪县椒溪河饮用水水源地	汉中市佛坪县	佛坪县	河道
7	金池院城市饮用水源地	汉中市略阳县	略阳县	河道
8	镇巴县捞旗河饮用水水源地	汉中市镇巴县	镇巴县	河道
9	镇巴县飚水洞饮用水水源地	汉中市镇巴县	镇巴县	河道
10	留坝县石峡子沟水源地	汉中市留坝县	留坝县	河道
11	洋县傥河水库饮用水水源地	汉中市洋县	洋县	水库
12	石门水库水源地	汉中市汉台区	汉台区	水库
13	汉台区西郊地下水水源地	汉中市汉台区	汉台区	地下水
14	石拱饮用水水源地	汉中市南郑区	南郑区	地下水
15	城固县城区水源地	汉中市城固县	城固县	地下水
16	勉县城市水源地	汉中市勉县	勉县	地下水
17	白河县汉江干流城区和白石河口水源地	安康市白河县	白河县	河道
18	白河县红石河水源地	安康市白河县	白河县	河道
19	宁陕县渔洞河水源地	安康市宁陕县	宁陕县	河道
20	双河沟饮用水水源地	安康市宁陕县	宁陕县	河道
21	旬阳市冷水河水源地	安康市旬阳市	旬阳市	河道
22	镇坪县小石砦河水源地	安康市镇坪县	镇坪县	河道
23	小曙河饮用水水源地	安康市镇坪县	镇坪县	河道
24	文彩沟饮用水水源地	安康市镇坪县	镇坪县	河道
25	紫阳县长滩沟水源地	安康市紫阳县	紫阳县	河道
26	紫阳县汉江水源地	安康市紫阳县	紫阳县	河道

续表5-2-19

序号	水源地名称	所在市县	供水城市	水源地类型
27	紫阳县西门河水源地	安康市紫阳县	紫阳县	河道
28	岚皋县四季河苍水水源地	安康市岚皋县	岚皋县	河道
29	岚皋县蔺河水库饮用水水源地	安康市岚皋县	岚皋县	水库
30	平利县石牛河水源地	安康市平利县	平利县	河道
31	平利县古仙洞水库饮用水水源地	安康市平利县	平利县	水库
32	汉阴县大木坝绿源水源地	安康市汉阴县	汉阴县	河道
33	观音河水库饮用水水源地	安康市汉阴县	汉阴县	水库
34	洞河水库水源地	安康市汉阴县	汉阴县	水库
35	黄石滩水库水源地	安康市汉滨区	汉滨区	水库
36	石泉县水电站库区水源地	安康市石泉县	石泉县	水库
37	镇安县城区水源地	商洛市镇安县	镇安县	河道
38	柞水县城市集中饮用水水源地	商洛市柞水县	柞水县	河道
39	商南县县河水库	商洛市商南县	商南县	水库
40	丹凤县龙潭水库水源地	商洛市丹凤县	丹凤县	水库
41	山阳县薛家沟水库水源地	商洛市山阳县	山阳县	水库

第三章　河湖长制

2016年11月28日，中共中央办公厅、国务院办公厅印发《关于全面推行河长制的意见》的通知，2017年12月26日，中共中央办公厅、国务院办公厅印发《关于在湖泊实施湖长制的指导意见》，开启了在全国范围内全面推行河长制和湖长制的序幕。2017年2月7日，陕西省委办公厅、省政府办公厅印发《陕西省关于全面推行河湖长制的实施方案》，2018年2月24日，陕西省委办公厅、省政府办公厅印发《关于实施湖长制的意见》，在全省范围内全面实行河湖长制。

2018年6月底和12月底，汉中、安康两地全面建成河长制和湖长制，各县（市、区）各部门凝心聚力、攻坚克难、持续发力、久久为功，加快推动河长制、湖长制从“有名”的责任向“有实”的成效转变，促进汉江流域河湖治理体系和治理能力现代化，持续改善汉江流域河湖面貌和水生态环境，不断增强人民群众的获得感、幸福感和安全感。

第一节　河湖长制推行

全面推行河长制、湖长制，是以习近平同志为核心的党中央从加快推进生态文明建设、实现中华民族永续发展的战略高度作出的重大决策部署，是促进河湖治理体系和治理能力现代化的重大制度创新，是维护河湖健康生命、保障国家水安全的重要制度保障，是根据党的号召、依据现行法规、强化江河湖库属地党政组织和领导干部保护管理主体责任的制度安排，也是党中央、国务院赋予各级河长、湖长的光荣使命。

一、河湖长制建立

2013年，安康就曾在全省率先探索推行河长制。2014年4月8日，安康市白河县人民政府印发《白河县关于实施境内河流（沟）“河长制”管理的工作方案》，建立对县境内河道“属地管理、分级负责”的工作考核机制，从源头上抓好生态环保防治工作。

2017年，岚皋县作为安康市“三长治河”制度的诞生地，在河湖管理方面进行了创新实践。“三长治河”，即由县、镇、村党政“一把手”分级担任辖区河长，公安局局长、派出所所长分级担任总警长和责任警长，县人大常委会副主任、水利局局长、环保局局长、社会人士分级担任总督察长、责任督察长、督察长，“三长”协力管护河道。随后，“三长治河”管理、考核、责任追究和镇级督察长聘用办法相继出台，推行网格化管理，层层签订责任状，并采取向社会购买服务方式，选聘社会人士担任督察长。安康市在岚皋县“三长治河”经验的基础上，不断完善河湖长制体系，在全市范围内推行河湖长制，并取得了显著成效。此后，河湖长制在陕西全省逐步推广开来。

2017年4月6日，中共安康市委、安康市人民政府印发《安康市全面深化河长制实施方案》，要求在全市江河湖泊全面深化河长制，2017年6月底前，根据流域面积和区域分布，全面建立以党委、政府主要领导负责制为核心的市、县（区）、镇办、村（社区）四级河长制，构建责任明确、协调有序、监管严格、保护有力的河湖管理保护责任机制。

2017年5月9日，汉中市人民政府办公室印发《汉中市全面推行河长制工作实施细则》，要求2017年底前全面建立市、县、镇三级河长体系，为建设"水清岸绿、生态健康、自然优美、人水和谐"的真美汉中提供制度保障。随后，全市11个县（区）涉及河长制工作的173个镇（办）全部由党委、政府出台了实施方案，出台率100%，各级方案均明确了河长制工作目标、实施范围、全面建立河长制时间、市县镇三级河长体系及村级巡河员体系，夯实了河长制办公室职责，细化了河长制"六大任务"，制定了详细的保障措施。

2018年3月27日，安康市委办公室、市政府办公室印发《安康市推行湖长制实施意见》，明确提出安康市实施湖长制的时间表和路线图，要求各级党委、政府将实施湖长制纳入全面深化河长制工作，在2018年6月底前建立健全湖长体系，并抓好湖长制主要任务和保障措施落实工作。

2018年5月23日，汉中市委办公室、市政府办公室印发《汉中市全面推行湖长制实施方案》，将实施湖长制工作纳入全面推行河长制工作，根据汉中实际对全市所有湖泊、水库实施湖长制，并将塘堰纳入湖长制管理，落实湖库塘堰属地管理责任，构建起责任明确、协调有序、监管严格、保护有力的河湖管理保护机制。

至此，汉江流域全面建立起河湖长制体系。

二、河湖长制组织形式

（一）河湖长设置及职责任务

1. 河湖长设置

汉江省级河长由陕西省委副书记、省长担任。

汉中市市级总河长由汉中市委书记担任，副总河长由市委、市政府分管农村农业工作的负责同志担任，汉江重要支流设置市级河长，同时市级河长配备河道警长，市级河道警长由市公安局提出人选，报河长确定。

安康市市级总河长由市委书记和市委副书记、市长分别担任。副总河湖长由市委和市政府分管领导担任，全市设河道总警长，由市公安局局长兼任。总河长、副总河长负责领导全市河长制工作。市委、市政府领导分别兼任汉江安康段和11条主要支流（月河、任河、黄洋河、岚河、旬河、坝河、子午河、池河、南江河、白石河、恒河）共12条河流市级河长。

按照属地管理原则，各县（区）负责具体落实县（区）、镇（街）两级河长，由同级党委或政府负责同志担任，流域各行政村设置村级河湖长。各级河长是所辖河流管理保护的直接责任人，负责牵头推进河流水域突出问题整治、水污染综合防治、巡查保洁安全防护、河流水域生态修复和保护管理，协调解决实际问题，检查督导下级河长和相关部门单位履行职责。

截至 2023 年，汉江已构建了省、市、县、乡、村五级河长制体系，设置各级河湖长 5573 名，并实行动态调整，详见表 5-3-1。

表5-3-1　汉江流域河湖长统计表（截至2023年，不含丹江流域）

单位：人

<table>
<tr><th>级别</th><th>汉中</th><th>安康</th><th>商洛</th><th>小计</th></tr>
<tr><td>省级总河长</td><td colspan="2">1</td><td>0</td><td>1</td></tr>
<tr><td>省级河湖长</td><td colspan="2">1</td><td>0</td><td>1</td></tr>
<tr><td>市（区）级河湖长</td><td>5</td><td>15</td><td>3</td><td>23</td></tr>
<tr><td>县（区）级河湖长</td><td>118</td><td>139</td><td>9</td><td>266</td></tr>
<tr><td>乡级河湖长</td><td>609</td><td>620</td><td>57</td><td>1286</td></tr>
<tr><td>村级河湖长</td><td>1841</td><td>1837</td><td>318</td><td>3996</td></tr>
<tr><td colspan="4">总计</td><td>5573</td></tr>
</table>

2. 河湖长职责任务

总河湖长负责组织领导本行政区域内河湖管理和保护工作，是本行政区域全面推行河湖长制工作的第一责任人，对本行政区域内的河湖管理和保护负总责。

县级以上总河湖长、副总河湖长负责统筹部署、协调、督促、考核本行政区域河湖管理保护工作，协调解决河湖管理、保护和治理的重大问题，督促河湖长、政府有关部门履行河湖管理、保护和治理职责。

乡级总河湖长、副总河湖长履行本行政区域内河湖长制工作的督导、调度职责，督促实施河湖管理工作任务，协调解决河湖管理、保护和治理的相关问题。市、县、乡级总河湖长、副总河湖长兼任责任水域河湖长的，还应当履行河湖长的相关职责。

各级河湖长负责组织领导相应河湖的管理和保护工作，包括水资源保护、水域岸线管理、水污染防治、水环境治理等，牵头组织对侵占河道、围垦湖泊、超标排污、违法养殖、非法采砂、破坏航道、电毒炸鱼等突出问题依法进行清理整治，协调解决重大问题；统筹协调湖泊与入湖河流的管理保护工作，对跨行政区域的河湖明晰管理责任，协调上下游、左右岸实行联防联控；对相关部门（单位）和下一级河湖长履职情况进行督导，对目标任务完成情况进行考核，强化激励问责。

（二）河长制机构

汉江流域市、县两级设立河长制办公室，设在水行政主管部门，具体负责组织实施河长制。主要职责为组织协调、调度督导、检查考核。市级河长制办公室主任由市级水行政主管部门主要负责同志担任，副主任由水利局、环保局、公安局及有关部门的分管负责同志担任。流域各县（区）相应设立河长制办公室，明确机构职责，负责此项工作。

河长制办公室内设责任单位，主要成员各地市略不同，主要有发改、教育、科技、公安、财政、国土资源、住建、交通运输、农业、林业、水利、环保、文旅等方面的行政主管部门。

流域内汉中市经市委机构编制委员会办公室批复，市级河长办成立河长办综合科，落实5名行政编制，并配设12名兼职人员，同时，汉中市委机构编制委员会办公室下发专文就县（区）河长制办公室机构编制进行明确，要求各县（区）编办从县（区）行政编制总量内为县（区）河长办调剂补充编制，保证河长制工作需要。

三、河湖长制主要工作任务

（一）编制河湖保护管理规划

遵循汉江流域河湖自然规律和经济社会发展规律，坚持严格保护与合理利用，将生态理念融入城乡建设、河湖整治、旅游休闲、环境治理、产业发展等项目的规划、设计、建设、管理全过程，科学编制汉江流域经济社会发展规划和各领域、各部门、各行业专项规划。推进土地、城乡、水利、农业、林业等专项规划与河湖环境有关规划“多规合一”。

（二）落实最严格水资源管理制度

落实汉江流域“用水总量控制、用水效率控制、水功能区限制纳污和水资源管理责任与考核”四项制度和严守“水资源开发利用、用水效率和水功能区限制纳污”三条红线，健全控制指标体系，加强监督考核。进一步落实取水许可和水资源有偿使用制度。加快水资源管理系统和监测系统建设，湖排污口监督管理，核定水功能区的纳污能力，明确功能区的允许纳污总量。全面推进节水型社会建设，加强工业、城镇、农业节水。

（三）江河源头和饮用水水源地保护

加强汉江及其主要支流源头、重要水源涵养地水环境保护，划定禁止开发范围，实现河流源头保护区污水“零排放”。建设水源涵养林，全面保护天然林，提高森林蓄积量。依法划定和保护饮用水水源保护区，强化饮用水水源应急管理，建立完善饮用水水源地突发事件应急预案。

（四）水体污染综合防治

贯彻国务院《水污染防治行动计划》和陕西省《水污染防治工作方案》，加强汉江流域工矿企业污染、城镇生活污染、畜禽养殖污染、农业面源污染及船舶港口污染防治，在环境敏感区、生态脆弱区，从严执行国家水污染排放标准。

（五）跨界断面和重点水域监测

加强汉江流域江河库渠跨界断面、主要交汇处、重点水域的水量水质监测，强化突发水污染处置应急监测。统一技术要求和标准，建立体系统一、布局合理、功能完善的监管网络，完善市级水资源监测中心建设，按照统一的标准开展水质水量监测和评价，按规定发布有关监测成果。建立水质恶化倒查机制，追溯污染来源，严格落实整治责任和限期整改措施。

（六）河湖生态环境保护与修复

加快汉江流域城乡水环境整治，实施农村清洁工程，开展生态乡镇、生态村和绿色小康村创建。构建自然生态河湖，维护健康自然弯曲河湖岸线和天然浅滩深潭泛洪漫滩。进行水土流失综合治理和生态修复，推进坡耕地、生态清洁型小流域和涝池水生态治理。推进水环境自然修复保护，开展水生生物增殖放流。进行河湖湿地修复与保护，维护湿地生态系统。开展江河库渠沿岸绿化造林。制定水库、水电站调度方案，保证基本生态流量。

（七）水域岸线及采砂管理

开展汉江流域河湖水域岸线登记，依法划定河湖及其水利工程管理范围和保护范围；编制岸线利用规划，划定岸线保护区、保留区、限制开发区、开发利用区。进行涉河建设项目管理；制定河道采砂规划，推进汉江平川段河道禁采工作。完善采砂日常执法巡查制度。

（八）行政监管与执法

严格汉江流域水环境监管制度，强化行政监管与执法。建立水行政部门牵头、相关部门共同负责的河湖保护管理联合执法机制，有条件的县（市、区）探索综合执法试点。开展河湖“乱占乱建、乱围乱堵、乱采乱挖、乱倒乱排”突出问题专项整治，健全行政执法与刑事司法衔接配合机制，严厉打击非法侵占水域岸线、擅自取水排污、非法采砂、非法采矿洗矿、倾倒废弃物以及电、毒、炸鱼等破坏河湖生态环境的违法犯罪行为。

（九）河湖保护管理制度

建立河湖自然资源资产产权制度，对水域、滩涂、岸线等自然生态空间确权登记。探索建立与生态文明建设相适应的河湖健康评价体系，适时定期发布河湖健康公报。健全生态补偿制度，生态补偿资金重点用于河湖保护管理工作。依法建立水域岸线占用补偿制度，按照消除对水域功能的不利影响、等效替代的原则进行占用补偿。建立河湖水域岸线巡查检查制度和违法行为报告制度，强化日常监督和考核问责。完善河湖及堤防管理养护制度，明确河湖管理责任和管理主体，积极推行管养分离和政府购买服务方式，实现河湖养护专业化、社会化。

第二节　河湖长履职

一、制度机制

（一）河湖长联席会议机制

流域各市、县（区）建立河湖长会议制度，主要职责是贯彻落实党中央、国务院关于强化河湖长制的重大决策部署和陕西省委、省政府、省河长办关于河湖长制的部署要求，统筹协调推动和督促指导县（区）、市县级各成员单位落实工作任务，研究部署重要制度、工作要点、督查方案、考核方案等重大事项，专题研究突出问题、协商解决重大问题、协调解决相关工作，落实其他事项。成员单位为市、县（区）河长制办公室成员单位。

联席会议根据工作需要定期或不定期召开会议，出席人员为联席会议成员，根据工作需要，可邀请其他部门或单位负责同志参加会议。

（二）“河湖长 +”协作机制

“河湖长 +”协作制度指在设置河湖长的基础上设置检察长、警长、法院院长等“长”，促进水行政执法和检察监督有效衔接，健全巡河管河队伍，发挥各自职能优势，提升河湖保护精细化、法治化、现代化水平。

石泉县县镇两级河长、警长集体巡查汉江（2017年摄）

汉中市于 2018 年建立河道警长制度。2020 年，汉中市河长制办公室联合市检察院印发《关于建立“河长湖长 + 检察长”工作协作机制的意见》，建立“河湖长 + 检察长”水行政执法与检察监督协作机制。同年，汉中市河长制办公室同市纪委研究制定了《汉中市河道采砂违法行为责任追究办法》，市水利局、市中级人民法院、市人民检察院、市公安局、市司法局共同印发了《汉中市河湖安全保护专项执法行动工作方案》。

2022 年，安康市在陕西省率先探索建立了“河长湖长 + 警长 + 检察长 + 法院院长”的“四长治河”机制。汉中市河长制办公室联合市中级人民法院印发《关于建立“河湖长 + 法院院长”工作协作机制的意见》，全面建立起了“河湖长 + 河湖警长 + 检察长 + 法院院长”工作协作机制。

截至 2023 年，汉江流域共配备河道警长 1141 名，聘任护河员 4927 名，组建护河志愿者队伍 500 余支，护河志愿者 12000 余名。

（三）跨界河流联防联控联治机制

河流生态环境治理涉及上下游、左右岸，是一项系统工程。河湖跨界地区可建立联合会商、信息共享、协同治理、联合执法等联防联控机制，协同推进落实河湖管理和保护任务。汉江流域各行政区河湖长按照“河流下游主动对接上游，左岸主动对接右岸，湖泊占有水域面积大的主动对接水域面积小的”原则，组织与相关地方河湖长及有关部门（单位）沟通协调，协调统一河湖管理和保护目标任务，签订联合共治协议，实现区域间联防联治。

2018年，汉中市宁强县与四川旺苍县、陕西镇巴县与四川通江县分别建立了川陕跨省河流预防联控协作协调机制，西乡县、汉台区陆续实施镇（办）辖区主要河流跨界断面水质考核工作。2019年，汉中市建立陕西省首家跨省界河流联防联治合作机制，2022年印发《关于全面推行跨界河湖联合河湖长制的指导意见》，全面建立市域内24条河流联防联控联治机制。

2020年，陕西商南县、湖北十堰郧阳区、河南淅川共同签署丹江流域联巡联防联控联治工作方案。

2022年，陕西安康市紫阳县与重庆市城口县、四川省万源市联合出台《任河跨省河流联防联控机制工作方案》。

2023年，安康市、汉中市、商洛市及湖北省十堰市、四川省达州市、重庆市城口县河长办联合印发《汉江流域上游地区跨界河流联防联治工作方案》；安康市岚皋县河长办与汉滨区、平利县河长制办公室签订《岚河流域毗邻区域联防联控联治合作协议》，与紫阳县河长制办公室签订《洞河流域毗邻区域联防联控联治合作协议》；汉中市生态环境局与安康市生态环境局共同签订了《汉中市生态环境局 安康市生态环境局跨界流域突发水污染事件联防联控协议》。

2023年9月7日，陕西、甘肃、四川三省河长制办公室在汉中市宁强县召开川陕甘三省河湖长制工作联席会议，发布《汉中宣言》。

（四）其他条例制度

2023年3月1日，《汉中市汉江水质保护条例》《安康市汉江水质保护条例》正式施行。2023年启动了《安康市河道管理条例》立法，为市级层面河湖长制推行提供法律保障。

汉中市河长制办公室先后出台《汉中市河道采砂违法行为责任追究办法（试行）》《汉中市县镇级河长巡河“六步法”》《汉中市河道保洁长效管理制度》《侵占河湖库塘沟渠溪岸线建筑物构筑物分类处置指导意见》等多项河湖长制工作制度，有力保障了河湖长制各项重点工作落实落地。

流域各市、县（区）建立了工作会议、督查考核、信息共享、信息报送、问题清单、验收制度、主要河流水质定期监测通报等制度以及工作考核办法等制度，为河湖长制工作的开展提供了基础制度保障。

二、河湖管护

（一）编制实施“一河一策”

2017年，水利部部署开展“一河一策”编制工作，流域内各级河长办随即启动编制工作，自汉江干流开始，逐步覆盖到重要支流，通过委托专业机构或院校，制定“一河一策”方案编制技术要点，在梳理现有相关涉水规划成果的基础上，先行开展河湖水资源保护、水域岸线管理保护，水污染、水环境、水生态等基本情况调查，开展河湖健康评估，摸清河湖管理保护存在的主要问题及原因，以此作为确定河湖管理保护目标任务和措施的基础，建立河道档案，形成“一河一档”，并以此形成“一河一策”施策体系。

截至2018年，流域内汉江干流和主要支流的“一河一策”编制全部完成，市、县、镇三级“一河一策”全部出台，并实行“滚动更新”。市、县两级根据河湖管理保护现状，及时动态调整“一河一档”，坚持每年组织开展动态更新，确保河湖基础数据全面准确，工作落实更加有效。

（二）河湖日常管理

规范设置河长公示牌，将河长姓名、职责、管辖河段范围、管护目标及监督电话向社会公开，接受社会群众监督，并在相关会议文件和工作安排中，对人员信息变更的，及时做好维护工作，确保内容的真实完整。

流域内各级河长制办公室指导做好河湖日常管理工作，采购漂浮物打捞船、拖网船、油污收集趸船等设备，定期打捞河道、湖泊、水库等水域漂浮物、污染物，建设湖库垃圾收集点、污水处理收集点、公共厕所等，通过集中攻坚、常态化保洁等措施，流域内河湖面貌大有改观，群众生活习惯不断改变，汉江水质更加稳定向好。例如，2018年，仅安康市就新建湖库垃圾收集点130个、污水处理收集点57个、公共厕所36个；采购漂浮物打捞船15艘、拖网船6艘、油污收集趸船48艘。清理取缔瀛湖网箱3.15万口，打捞汉江等河流垃圾漂浮物1200余吨。流域内汉中市因地制宜开展汉江生态环境保护“清澈”行动、河道乱象整治百日会战，集中整治涉河涉水突出问题。

（三）河湖生态恢复

2019年，汉中市推进汉江生态廊道建设，实施汉水源湿地生态保育。全市累计完成造林绿化面积22.65万亩，建设汉江生态防护林8千米，治理水土流失面积280平方千米，保护恢复湿地10.11万亩，“一江两岸”天汉湿地公园成为汉中城市名片，全市森林覆盖率达59.1%。

（四）常态化清“四乱”

自河长制施行以来，汉江流域各市、县（区）在原有工作基础上，利用“河湖长+”机制，协同各级公安部门、检察部门、法院等单位，开展各类集中整治、专项整治等工作，常态化开展河湖清“四乱”行动，加强问题整治整改和河湖执法监管，为打造“河畅、水清、岸绿、景美”的汉江提供了保障。

据统计，2018年至2023年，流域内各级河长制成员单位开展巡河执法巡查40余万次，共排查整改河湖“四乱”及其他问题4000余个，查处涉水案件800余起，取缔非法采砂点600余处。

（五）管理平台

2017年，汉中市勉县建成河长制信息管理平台，市河长制办公室与中国移动汉中分公司联合发文对“河长制信息平台互联终端河长制 App”建设进行部署。2018 年，全市 11 县（区）河长制信息平台全部建成投运。2019 年，安康市全面启动河长制信息化平台建设工作，同时利用举报电话、微信、手机 App 监管等方式接受社会和群众监督，投入 1200 万元建成南水北调应急指挥中心，旬阳、白河两县被选为水利部及陕西省第一批河长制信息化建设试点县，同时岚皋、石泉、紫阳等县（区）投资数百万元安装视频监控设施，加强动态监管。

汉江流域河湖长制信息化的建设，为河湖长制工作开展提供了信息技术保障，提升河长、巡河员等人员履职尽责能力，提高河湖日常监管能效，极大提升了河湖管理水平。

（六）宣传引导

河湖长制的实施需要全社会的参与努力，宣传引导工作具有重要意义和作用。自河湖长制施行以来，汉江流域各级河湖长制机构树立示范典型，开展示范河湖、示范县创建工作，建立宣传阵地，通过河长制简报、新闻网站和微信等新媒体，广泛开展宣传教育，在电视新闻媒体上发布相关作品，召开新闻发布会，编印河湖长制知识手册，开办河湖长制专栏，在城区、河湖两岸、村镇路口竖立大型宣传牌，在“世界水日”“中国水周”等时间策划宣传活动，举办媒体行等活动，拍摄微电影、微视频、微小说、专题片开展宣传，发动职工干部、护河员、志愿者等群体深入社区、学校、工厂等地普及水知识，宣传保护河湖理念，结合新民风建设，引导群众改变一些传统生活陋习，增强河湖保护意识，积极参与河湖保护。大量新闻稿件、媒体视频等宣传作品被各级媒体采用，为汉江流域河湖长制实施营造了良好的舆论氛围。

三、成效

2021 年，陕西省河长制办公室对汉江流域河湖长制实施情况进行了全面评估，认为“水资源保护、水域岸线管理、水污染防治、水环境治理、水生态修复、涉河执法监管”等六大目标任务基本落实到位，评定为优秀等级。

用水总量控制情况。汉江流域基本建立覆盖省、市、县三级的水资源管理“三条红线”控制指标体系，水资源管理责任考核纳入省对市、市对县（区）考核评价体系，市、县（区）两级行政区的用水总量得到严格控制。2020 年，陕西省汉江流域全年用水总量为 23.7 亿立方米，其中汉中市全年用水总量为 15.93 亿立方米，安康市全年用水总量为 7.77 亿立方米。

节约用水情况。汉中、安康两市大力实施国家节水行动方案，坚持“节水优先”方针，大力推行节约用水，并建立联席会议制度，将节水目标任务完成情况纳入地方政府政绩考核，农田灌溉水有效利用系数分别达到 0.539 和 0.598。

水域岸线管理情况。各级水利部门完成了河道管理范围划定，经市、县人民政府向全社会发布公告并实地栽桩亮界，明确了汉江干流水域岸线管控范围，管控面积约 24388.91 公顷。管控范围内已建防洪工程 272.53 千米。

水污染防治情况。汉中、安康两市生态环境局深入开展了入河排污口调查摸底和规范整治专项行动，建立入河排污口清单，取缔、封堵不达标排污口，严格入河排污口管理。

截至 2020 年，规模以上（县级污水处理厂、工业企业）排污口全部安装在线监测监控设施，出水水质均达到城镇污水处理排放一级 A 标准，达标率 100%。干流 14 个水质监控断面水质均达到或好于Ⅱ类水标准，汉江干流水质持续向好。

污染源管控情况。①入河排污口情况。汉江干流共有规模以上排污口 36 个，其中汉中市 17 个，安康市 19 个，排污口监测设施覆盖率 100%。②污水处理设施建设情况。汉江干流沿江共有污水处理厂 36 座，其中汉中 19 座，安康 17 座，主要排放生活污水，截至 2020 年，沿江县城污水处理厂出水水质均达到一级 A 标准。未建污水处理厂的镇（办）生活污水一般是直排或通过化粪池简单处理后排入汉江，随着人口增多、排污量增大，将对汉江水质造成较大影响。③面源污染情况。汉江干流面源污染主要来自农药化肥流失、畜禽养殖污水、农村固体废弃物等方面。2020 年汉中、安康两市测土配方技术推广覆盖率分别达到 91% 和 93%；畜禽禁养区已全部划定，规模化畜禽养殖场全部实施雨污分流，粪污处理设施装备配套率分别达到 98% 和 100%，面源污染治理取得初步成效。④航运污染情况。汉江航道总长 518 千米，其中汉中段航道总长 178 千米， 安康段航道总长 340 千米。所有船舶均安装了油水分离器和简易厕所，生活污水和固体垃圾都能按要求回收上岸。但港口、码头防污基础设施滞后，除安康部分中心港口外，客货码头均为公益性质，无经营主体，导致港口船舶污染物收集转移处置工作流程不畅，将对汉江水质造成一定影响。

河流水功能区及水质情况。汉江干流共划分一级水功能区 17 个，二级水功能区 8 个。2020 年，汉江干流 17 个一级水功能区和 8 个二级水功能区水质类别均达到Ⅰ～Ⅱ类水质，达标率 100%。为汉江湿地及河流水生态系统改善提供了适宜的水环境条件。

集中式饮用水水源地情况。汉江干流沿线共有饮用水水源地 8 处。其中，地下水水源地 5 处，全部满足《地下水质量标准》（GB/T 14848—2017）Ⅲ类水水质标准。地表水水源地 3 处，全部满足《地表水环境质量标准》（GB 3838—2002）Ⅱ类水水质标准。各傍河饮用水水源地在水源保护区设置隔离防护带、防护网，设立标识、警示牌等水源地保护措施，覆盖率 100%。

河道水环境情况。汉江干流城镇结合段河道综合治理修建了滨水景观及亲水设施，提升了城市品位，改善了人居环境。汉江沿江分布有汉中和安康两市共 48 个镇（办），各镇（办）均配备有村庄垃圾收集房和镇区垃圾集中填埋场，并及时转运处理，河道内基本无明显垃圾，水环境整体较好。

生态基流情况。近 20 年（截至 2022 年）资料分析表明，除汉中、安康断面外，汉江白河、石泉、最小下泄流量指标满足保证率 90% 要求。

水土保持情况。近年来，汉中、安康两市水行政管理部门依托“长治”“丹治”等生态建设工程，加强了水土流失综合治理，使得区域小流域防洪、抗洪能力有了进一步提高，极大地提高了汉江两岸坡耕地的保水固土能力和涵养水源能力，减少了地表径流冲刷和水土流失量，有效地保护了水源地水质。

执法监管情况。随着河长制的实施，汉江目前已建立省、市、县（区）、镇（办）、村五级体系，并分级明确了目标、任务、责任和保障措施，并纳入年度目标责任考核体系。

落实了属地监管责任，各市、县水利局结合机构改革加强执法队伍建设，初步搭建了河长制信息管理平台，配备了 GPS、记录仪等执法设备，定期开展执法人员培训，不断提升执法能力。建立了水利、自然资源、生态环境、公检法机关等部门的联合执法机制，不断加大执法力度。

第三节 典型案例

一、汉中市推进幸福河湖工作实践

汉中市是南水北调中线工程重要水源涵养地，既肩负着“一泓清水永续北上”的重大政治责任，也肩负着陕西省委、省政府赋予的“建设现代化区域中心城市”的使命任务。

河长制全面推行以来，汉中市治水兴水工作取得了一定成效，同时也存在一些突出问题。如沿江重点镇办污水处理设施配套管网不足，城市雨污分流改造、农村生活污水治理任务艰巨；尾矿库、危化品运输等风险依然较大；全市水资源环境承载力与建设区域中心城市目标之间的矛盾仍较为突出。面对经济社会高质量发展中暴露的涉水问题，汉中市以河湖长制统揽水生态文明建设，推行最美河湖“清澈、修复、秀美”和“5+1”治水建设幸福河湖三年行动，倾力理水、连水，积极活水、治水，实现赏水、玩水，走出一条生态文明和经济发展相辅相成、相得益彰的路子。主要做法有：

（1）突出河长先行，推行“八员共治”。

夯实各级河湖长以及各部门责任。市、县、镇、村 2573 名河湖长上岗履职，定期召开总河湖长会议，按年度签发总河湖长令，统一部署河湖治理保护任务。围绕打通治水“最后一千米”，形成了“河湖长统筹、责任单位落实、河湖警长执法、检察长协作、水政执法人员巡查、河长办督办、专职人员保洁、监督员监督”的“八员共治”工作体系，率先落实河湖协管员公益性岗位，建立了覆盖 11 县（区）的河长制智慧管理平台。在陕西省率先出台河长巡河指导意见，制定了完备的河湖长制考核办法，推行县镇级河湖长述职。实施“排查、交办、述职、点评、考核”五项机制，与广元市、陇南市签订联防联控协议，市域内跨县（区）24 条河流同步落实联防联控，促进河湖长制落地见效。凝聚广泛合力。

（2）以治乱为核心，实施最美河湖“清澈、修复、秀美”三年行动，通过“一年一个主题，一年一个台阶”，推进河湖由“净”到“清”再到“美”的提升路线，全市水环境质量显著提高，出境水质稳定在Ⅱ类。

把河道乱象整治作为推行河湖长制和建设幸福河湖的首要任务，推进河湖“清四乱”常态化规范化、岸线利用项目专项整治、妨碍河道行洪突出问题排查整治等行动。推行问题整改定点、定性、定量、定时、定措施、定责任人、定责任单位“七项制度”。规范化治河道。在全市 37 条河流（段）共设置 93 个可采区，加强河湖水域岸线空间管控，完善 171 条河道管理范围划定成果，编制完成 105 个“一河（湖）一策”和 23 条重要河流岸线保护利用规划，完成褒河、湑水河、泾洋河等河流岸线保护与利用规划审批。定期对全市 171 条主要河流“四乱”问题进行“拉网式”、全覆盖排查整治，落实交办整改。定期优化“一河（湖）一策”。成立青年志愿者服务队，组织“保护母亲河 · 争当河小青”和“守护碧水”等活动，提升全社会爱河护河意识。

（3）启动了治污水、防洪水、排涝水、保供水、抓节水 + 智慧治水“5+1”治水建设幸福河湖三年行动。

从水生态环境、水灾害防御、城乡供水保障三个方面，分析全市水资源环境承载力与建设区域中心城市目标之间的矛盾，分三年实施涉水项目 345 个，计划投资 465 亿元。建立了上下联动、齐抓共管的项目推进机制，制定了涉水重点项目和重大前期项目抓竣工“七抓”举措有效推进，建立一类项目、一套方案、一个专班、一抓到底的“四个一”机制集中攻坚，年内开工项目 143 个，完成投资 56.5 亿元。截至 2021 年，汉江综合整治建成堤防干支流 322 千米，新增沿江重点镇污水处理设施配套支管网 216. 37 千米，创建市级节水示范单元 29 个，治理中小河流 21. 58 千米，完成除险加固水库 25 座，汉江流域水环境热点网格监管平台上线运行，完成农村黑臭水体排查整治 29 处，畜禽规模养殖场粪污处理设施配套率达 99. 17%，畜禽粪污综合利用率达 91. 33%，水环境质量持续保持优良。

（4）实施“六水齐治”，挖掘中心城区独有的江、河、沟、渠等城区水系自然要素，以高标准治理确保人居安全，建设生态文明城区，打造幸福河湖的中心城区样板。

在城区排洪渠系综合治理和雨污分流治理的基础上，结合研学、医养、旅居、兴业的城市定位，勾画“城水相依、人水相亲”的愿景。坚持依河成景、依水美景、依水活景，拓展城区水景观，营造城区生态水网，沿河发展经济，挖掘涉水文化，重塑城区格局，提升城区形象，推动汉中绿色循环经济发展，达到以水兴城。在对中心城区 1 江 3 河 6 渠 13 沟调研的基础上，编制了汉中市城区水环境治理方案，计划投资 20 亿元，治理面积 150 平方千米，通过导洪水、疏涝水、蓄雨水、截污水、连活水、赏清水，实施治理、新建水系网格、恢复水景遗址等一系列举措，实现“城中流活水”“亲水有去处”。

主要经验有：

（1）河长履职。

幸福河湖建设能否真正落地生根见实效，河长湖长履职担当是关键。汉中市通过政策解读、任务分解、要点剖析，制定河湖长制“一令两函四单两报告”（河长令、履职提示函、任务提示函、任务交办单、问题督办单、问题销号单、工作通报单、工作述职报告、年度工作报告）工作制度，将河湖长制和幸福河湖建设重点工作完成情况纳入县（区）年度综合考核评价负面清单指标，强化督查、定期通报，切实发挥考核指挥棒的作用，将考核结果作为县（区）、部门目标责任考核的重要依据和领导干部自然资源离任审计的重要参考，促进幸福河湖建设和河湖长制落地见效。

（2）工程治水。

治水就是抓民生，治水就是抓转型，治水就是抓生态。在具体实践中，通过实施“清澈、修复、秀美”三年行动，实现河湖由“净”到“美”的转变；通过直面水资源环境承载力与区域中心城市目标建设之间的矛盾，统筹“治污水、排涝水、保供水、防洪水、抓节水、智慧治水”六个方面，实施“5+1”治水建设幸福河湖三年行动，系统解决新老水问题；以“理水、连水、活水、治水、赏水、玩水”为理念改善中心城区水环境，以水活城、以水靓城、以水兴城。

（3）多元融合。

深入实施“生态 +”“旅游 +”“文化 +”战略，坚持生态为经济赋能，推进生态产业化、产业生态化、生活品质化，打通绿水青山向金山银山转换的通道，全面提升流域内的生态效益、经济效益、社会效益。推动河湖生态保护治理与沿河基础设施、公共服务、产业发展的对接融合，将河湖周边打造成富有吸引力、体现新发展理念的高质量发展滨水经济带，大力发展“亲水”经济，使“幸福河湖”延伸到城乡各个角落，切实增强群众的幸福感和获得感。

二、安康旬阳市义务护河队

安康旬阳市通过支持引导民间义务护河队伍开展制度化、常态化志愿行动，逐渐摸索形成一套“政府主导、全民参与”共治共管的治理体系，提高群众参与改善身边的水环境的幸福感、获得感、满足感。主要做法有以下几个。

（一）群众自发开展清洁家园行动

安康旬阳市双河镇的一位普通农村妇女朱先萍，因为她的爱心志愿护河队护河先进事迹闻名全省。她经常利用闲余时间清捡河道垃圾杂物，努力保持河道整洁。在她的带动下，2017 年的“三八”妇女节，旬阳市双河镇成立了第一支“女子义务护河队”。朱先萍带着周边妇女群众坚持在社区和河道开展清扫活动。之后，群众对她们的队伍越来越理解支持，志愿队伍不断壮大，村容村貌和水岸环境不断向好。

（二）党委政府倡导发展壮大

高坪社区女子护河队的优良做法得到了当地镇党委、政府的高度重视，并在全镇广泛宣传和倡导。高坪社区周边的金盆、望月等村迅速响应，成立了由党员、人大代表、社区群众组成的义务清扫队，开始不定期在村组道路、河道河畔开展捡拾垃圾、清除杂草、清扫路面等行动。全镇 19 个村（社区）陆续组建此类义务志愿者队伍，从党员、人大代表带头转化为群众自发参与，队伍逐步发展壮大。

爱心志愿护河队发展至今（2021 年）共有队员 3000 余人，成为全镇乃至全市河长制工作中的典型。镇河长办牵头，经队员探讨商议形成了成文的规章制度，包括队员职责义务、队员管理办法、活动开展方式等，并逐人签订自愿承诺书，将爱心清扫护河固化为义务行动，为常态化开展环境综合整治提供制度支撑。同时，镇党委、政府通过企业捐资、爱心捐赠、政府出资等方式为所有队员统一购买各类装备，每年为队员购买人身意外保险，队员基本固定并登记在册，确立了一套基本成熟的运行办法。

（三）兴水护河蔚然成风

2021 年，双河镇党委对镇内 19 支义务清扫队举行了授旗仪式，正式命名为“爱心清洁志愿服务队”（后改名“爱心志愿护河队”），对优秀分队和个人予以表彰奖励，将爱心义务护河队的先进事迹纳入宣传教育内容，营造了浓厚的学先进、当标兵的氛围，引领、感召更多群众投身到爱河、护河的美丽家园建设行动中来。

（四）激发群众内生动力

爱心志愿护河队的事迹得到了老百姓的称赞。经过旬阳市委、市政府的进一步发掘和倡导，全市范围内陆续成立了38支志愿护河队，民间护河、志愿护河在全市范围蔚然成风。陕西省河长办以双河镇“女子义务护河队”真人真事为原型拍摄的纪实性河长制微电影《护河女使者》，在全省展播。新华社、中央广电总台、《中国水利报》、《陕西日报》、陕西新闻联播等媒体先后采访报道，发起人朱先萍被全国总工会、全国妇联、水利部联合评选表彰为“巾帼河湖卫士”。

截至2023年，爱心志愿护河队护河已成常态，队伍不断壮大，年龄最小的十几岁，最大的80多岁，涉及各行各业。这支保洁队伍在“倡导新民风、深化河长制”活动中，已从原来的单一义务清扫，发展成法规政策宣传、基层民事调解、帮扶贫困户春种秋收、助推镇村脱贫攻坚和乡村振兴的中坚力量。

（五）以“制”促“治”长效发力

旬阳市不断深化“河长+X”工作机制，经市委、市政府大力推广引导，各单位和民间协会又陆续组建以“旬阳市绿水义务护河队”“吕河汉江环境保护工作站”为代表的38支义务护河队伍，组织社区矫正人员积极参加河道环境卫生整治、安全劝导等公益活动，这些民间义务护河组织在新型冠状病毒感染疫情防控、居家环境改善、矛盾纠纷调解、引领新民风建设、激发内生动力等方面，不断发挥作用。

第四章　法治建设

水利法治建设为水利发展与管理提供了法治保障。历史上，汉江流域陕西段出现了众多古渠管理章法或乡规民约，以山河堰、杨填堰、五门堰为代表，已解决用水纠纷问题以及水资源管理问题。近代颁布了汉惠渠、褒惠渠等用水秩序布告等。新中国成立后，在《中华人民共和国水法》《中华人民共和国水土保持法》《中华人民共和国渔业法》等法律的指导下，结合本地区实际，制定了相应的地方性规定和实施办法，逐步走向依法治水的轨道。近年来，法治建设从普法宣传开始，逐步走上制定配套文件、组建执法机构、建立健全执法队伍、加强执法人员培训、开展执法监督检查，到依法查处水事违法案件、依法调处水事矛盾纠纷的依法治水管水道路。特别是陕西省发布了《陕西省汉江流域水污染防治条例》、汉中和安康联合制定了《汉江水质保护条例》，从更加科学、专业的角度提升汉江治理效率，有效地助力了汉江生态经济带高质量发展。

第一节　法规制度建设

一、古代法规

汉中地区古代堰渠，多由民间各举堰首，制定管理章法或乡规民约，刻石铭碑，以利管理。较大堰渠，官府为杜绝用水纷争，制有具体规定。山河堰宋代即有“两浇四渠平，流疏入田畴，制桐板以限其多少，量地给之，而民绝争矣”（窦充《汉相曹懿庙记》）。明万历年间，汉中知府崔应科《山河堰四六分水记略》（载清道光《褒城县志》）、清康熙汉中知府滕天绶订《杨填堰分水约》（载清嘉庆《汉南续修郡志》）等，均属古堰渠的地方章规。

安康地区历代较大引水堰渠，均由地方官府乡绅及村民三方共同议定管理章程，依章法进行管理。清嘉庆十七年（1812 年），兴安知州刘士夫重修万工堰后，参与制定万工堰管理章程，碑石刻记沿用 100 多年。

二、民国法规

民国四年（1915 年），千工堰水利总局，斟酌前人碑志，制定改良水利条例。

民国三十二年（1943 年），县政府转发的《兴办水利事业奖励条例》是安康县执行较早的水利法规。

民国三十一年（1942 年），国民党鄂陕甘边区警备司令部颁布“维护汉惠渠、褒惠渠灌区用水秩序、维护工程安全”的布告等，在当时对维护汉惠渠、褒惠渠灌溉用水秩序、保护水工程安全起了一定的作用。

民国三十二年至三十五年（1943—1946 年），国民政府行政院先后核准颁布了《陕西省“六惠”渠灌溉管理规则》，“六惠”渠指泾惠渠、渭惠渠、梅惠渠、黑惠渠、汉惠渠和褒惠渠。6 个规则的条文最多的 70 条，最少的 62 条，设总则、协助行水人员（即段、斗干部）、水量、引水、灌溉、防汛、养护及修理、罚则、附则等，内容比较细致、具体、实用，可操作性强。民国时期，1943 年制定了《陕西省褒惠渠灌溉管理暂行规程》。

三、当代法规

新中国成立以后，在 20 世纪 50 年代至 80 年代初期的较长时间内，汉江流域水利建设与管理活动多以党和国家的方针政策为指导，以各级政府和主管部门的规范性文件为依据，收到了良好的效果。为了具体实施国家的法律法规，陕西省人大常委会和陕西省人民政府又结合陕西的实际，制定颁布了一些适合陕西的地方性法规和规章，陕西省水利厅制定了 30 余个具体规定和办法，作为水政执法的依据。为了贯彻执行国家和陕西省的涉水法规和规章，汉中市人民政府、安康市人民政府又分别结合各自的实际，相继制定了一系列涉水规范性文件，用以具体规范两市的水事活动，成为流域各县水政执法的依据，详见表 5-4-1。

表5-4-1　2005—2023年陕西汉江流域市级制定有关规范性文件统计

地区	地方规范性文件名称	发布机关	发布时间
汉中	《汉江水质保护条例》	汉中市人民代表大会常务委员会 安康市人民代表大会常务委员会	2023 年
	《陕西省汉江流域水污染防治条例》	陕西省人民代表大会常务委员会	2005 年
	《汉中市水行政规范性文件监督管理办法》（汉水发〔2020〕77 号）	汉中市人民政府	2020 年
	《汉中市城市节约用水奖惩办法》（汉政发〔2020〕24 号）	汉中市人民政府	2020 年
	《汉中市城市污水排入排水管网许可管理暂行办法》（汉政发〔2020〕20 号）	汉中市人民政府	2020 年
	《汉中市城市非常规水利用管理办法》（汉政发〔2020〕19 号）	汉中市人民政府	2020 年
	《汉中市实施陕西省河道采砂管理办法细则》（汉政发〔2011〕41 号）	汉中市人民政府	2011 年
安康	《安康市人民政府关于印发〈陕西省安康市养殖水域滩涂规划（2017—2030）〉的通知》（安政发〔2019〕3 号）	安康市人民政府	2019 年
	《安康市人民政府关于印发〈安康市江河湖泊采砂管理办法〉的通知》（安政发〔2016〕20 号）	安康市人民政府	2016 年
	《安康市人民政府关于印发〈安康市江河湖泊采砂采矿管理暂行办法〉的通知》（安政发〔2014〕14 号）	安康市人民政府	2014 年

续表5-4-1

地区	地方规范性文件名称	发布机关	发布时间
安康	《安康市人民政府关于进一步加强汉江水质保护工作的意见》（安政发〔2013〕32号）	安康市人民政府	2013年
	《安康市人民政府关于实行最严格水资源管理制度的实施意见》（安政发〔2013〕29号）	安康市人民政府	2013年
	《安康市人民政府办公室关于印发〈安康市城镇生活污水生活垃圾处理设施建设运行管理考核办法（试行）〉》（安政办发〔2015〕66号）	安康市人民政府办公室	2015年
	《安康市人民政府办公室关于印发〈安康市城镇污水处理厂运营管理办法〉的通知》（安政办发〔2013〕122号）	安康市人民政府办公室	2013年
	《安康市人民政府办公室关于印发〈安康市农村水电建设与管理暂行办法〉的通知》（安政办发〔2005〕16号）	安康市人民政府办公室	2005年

第二节　执法机构队伍

汉江流域各设市区、县（市、区）均有水利（水务）局，负责本行政区域范围内的水行政执法。其内设的规划计划管理、水资源管理、建设管理、农村水利管理、城乡供水管理、防汛抗旱管理等机构，分别负责各自职责范围内的水行政执法；另外，各设市区、县（市、区）的水土保持机构、渔政机构以及市管灌区灌溉管理单位也分别由法规授权或受水行政机关委托，负责相应业务及地域范围的水行政执法。

1996—2015年，全国开展水政监察规范化建设，汉中、安康各区、县水利（水务）局陆续成立了水政监察支（大）队，负责水行政执法的统一管理和综合协调工作。

一、汉中市水利执法机构

1987年前，汉中水资源缺乏统一管理。1982—1987年，汉中市啤酒厂开采地下水，使地下水静水位降低4.75米；该市区雷家巷平木桥一带，由于厂区深井抽水，居民饮水发生困难。据观测分析，汉中市区内西郊水源地，北郊自备水源区地下水位已形成连片的9平方千米降落漏斗区。此外，由于城镇工业排放污水，影响人民身体健康、农作物生长，家畜家禽、鱼类中毒者亦不鲜见。

1987年10月底，汉中地区成立水资源管理委员会，下设办公室，地址设地区水电局。1988年，南郑、城固、洋县、西乡、勉县、略阳县相继成立相应委员会及其办公室。镇巴县设水资源管理办公室；1993年，地区行政公署发布《汉中地区水资源管理办法》，明确地、县水电局为地、县水资源行政主管部门，负责组织辖区内水资源的统一管理和保护工作。1991—1993年，地区和各县先后设立水政水资源办公室，统一管理水政、水资源，

1988 年，各县政府制发《取水许可证》，1991 年改由陕西省政府制发，1994 年由中华人民共和国水利部统一制发，8 年先后发证 3243 本。

1988 年，《中华人民共和国水法》颁布，使水政执法有了法律依据。1990 年 8 月 15 日，水利部一号部长令发布《水政监察暨工作章程（试行）》以后，汉江流域县级以上水行政主管部门的执法机构应运而生，逐步健全完善。

汉江流域水政执法机构主要有县（区）水政监察（支）大队、河道（务）管理处（站）、水保监督站、渔政监督站，分别承担水资源管理、水利工程、河道管理、水保监督、渔政监督等方面的执法工作。

1991 年经汉中市政府批准，汉中市水电局设立水政水产科，负责全市水政执法工作。流域内各县（区）从 1984 年至 1988 年，先后成立了江河管理站、水资源管理委员会办公室、水土保持工作站和水产工作站，负责行业管理工作。

1991—1995 年，又先后成立水政办公室、水土保持监督站和渔政监督站，负责行业执法工作，分别与水资源管理委员会办公室、水土保持工作站和水产工作站合署办公。1998 年至 1999 年，汉中成立水政监察支队，与市水资源管理办公室一套机构、两块牌子；流域各县（区）成立水政监察大队，与县（区）水资源管理办公室一套机构、两块牌子。

汉中 2018 年组建水利综合执法支队，整合了河道执法、水资源执法、水土保持执法、水工程执法、库区灌区执法和河长制督查等工作职责和人员，配齐配强执法装备，定期对执法人员进行培训，2019 年制定了《汉中市水利综合执法巡查制度》，常态化开展河道昼巡夜查工作，实现了主要河流全时段全范围覆盖。“十三五”期间全市累计查办河道违法违规案件约 500 起，充分运用“非法采砂‘两高’司法解释”累计移交公安机关立案查办非法采砂案 12 起，刑罚 19 人，刑期最长达 5 年。

2019 年机构改革中，对水利执法工作队伍整合，市级整合为水利综合执法支队，与河道（务）管理处、水旱灾害防御中心三块牌子、一套人马；县（区）整合为水利综合执法大队，与河道（务）管理站、水旱灾害防御中心三块牌子、一套人马。石门水库管理局专门成立了水政科，组建了执法队伍，负责水库和灌区的执法工作。

水利局主要肩负着辖区内水法规宣传、水行政许可（核准）以及水资源管理、水保监督管理、河道管理、水利工程管理、渔政监督等方面的违法案件查处。其主要职责为：履行法律、法规、规章赋予水行政主管部门的执法权和行政处罚权；宣传贯彻《中华人民共和国水法》《中华人民共和国水土保持法》《中华人民共和国防洪法》《中华人民共和国渔业法》《中华人民共和国水资源管理条例》《中华人民共和国河道管理条例》等水利法规政策；保护水资源、河道、水域、水工程、水土保持、生态环境、防汛抗旱和渔业工程等有关设施。负责对辖区内的水事活动进行监督检查，对公民、法人或其他组织违反水法规和渔业法规的行为实施行政处罚或者采取其他行政措施。配合协助公安、司法部门查处水事、渔政治安和刑事案件；协助处理跨区域水事、渔事违法案件；负责全县水政、渔政违法大案、要案的查处；负责举办水行政执法案件听证会。

二、安康市水利执法机构

1991 年，安康市水利局成立水政水资源科，负责组织全市水资源取用水许可、水资源有偿使用、水资源论证等制度的实施和监督。拟订、编制全市水资源的总体规划，包括水资源的开发、利用、水源地保护等。组织水功能区划分，水域纳污能力的核定，以及地表水、地下水的监测和调查评价。拟订全市水资源总量的控制和调配方案并组织实施，发布全市水资源公报。负责全市水资源的节约、保护工作，承担节水型社会建设的规划编制及实施。负责全市水资源费的核定和征收工作［县（区）自来水公司、安康市中心城市范围内的取用水户及其他法律法规规定管辖权的取用水户由水资科负责直接征收］。负责全市入河排污口的设置管理工作，以及全市水利系统应对突发水污染事件的核实判定、纠纷处理及日常工作。负责全市水政监察工作，包括水政监察队伍建设、业务指导、人员培训和目标考核。负责水行政综合执法工作，涵盖水资源管理、河道管理、水保监督、水利工程保护和渔政管理等水行政执法，组织查处重大水事违法案件，协调并仲裁水事纠纷，承办行政复议。负责组织全市水法律法规的宣传、贯彻和实施工作。

2019 年，安康市水利执法支队成立，此外，安康市下辖的各县（区）也成立了相关的水政执法大队，包括汉滨区水政执法大队、汉阴县水利执法大队、石泉县水利执法大队、紫阳县水政执法监察大队、岚皋县水利执法大队、平利县水利执法大队、镇坪县水利执法大队。其职责包括：宣传贯彻涉水法律法规，组织实施全市水行政执法工作；查处重大涉水违法事件和水利建设项目重大违规违纪事件；参与水资源管理、河道管理、水土保持等水行政许可工作和监督管理；受理涉水违法行为的投诉、举报、督办、监管与复核。对生产建设项目水土保持工作落实情况开展市级复核，查验相关项目的水土保持方案审批、补偿费缴纳、措施落实、设施验收情况等，督促项目业主做好整改。培训与素质提升。组织执法业务专题培训，规范执法行为，不断提高执法队伍管理水平和执法人员的综合素质。

第三节　普法宣传

汉中、安康地处汉江上游，水资源丰富。然而，随着经济社会的发展，水资源保护面临着诸多挑战，如水污染、水资源浪费等问题。为了加强水资源管理、保护水生态环境，两市积极开展水行政普法活动，以提高公众对水法律法规的认识，增强水资源保护意识，促进水资源的合理利用和保护。

一、全面落实“谁执法谁普法”普法责任制

近年来，汉中市水利局与安康市水利局不断强化法治宣传教育，推进法治社会建设。

深入学习习近平法治思想，建立“三单两书”（普法工作责任清单、普法重要节点提示单、普法重点任务督办单、履行普法责任报告书、履行普法责任评价书）普法工作制度，发放《习近平法治思想学习纲要》，组织领导干部参加学法用法考试，组织执法人员参加行政执法换证培训，确保执法人员持证上岗。

二、组织水行政执法人员培训

对水行政执法人员进行法律法规知识和执法技能培训，提高执法人员的业务水平和执法能力。培训内容包括水法律法规的适用、执法程序、调查取证、行政处罚等方面，以及《中华人民共和国行政处罚法》《中华人民共和国行政许可法》《中华人民共和国行政复议法》《中华人民共和国河道管理条例》等，举办行业学法用法知识考试，通过案例分析和模拟执法等方式，持续提高行政机关工作人员依法行政意识和依法办事能力。

三、举办水资源保护主题宣传活动

（一）举办水法律法规知识讲座

1988 年 1 月 21 日《中华人民共和国水法》颁布后，水利部决定从 1988 年开始，每年 7 月 1 日至 7 日为全国水法宣传周，集中开展水法宣传。汉中、安康两市不定期邀请专家学者为政府部门工作人员、企业代表和社会公众讲解水法律法规的主要内容和重要意义。重点讲解《中华人民共和国水法》《中华人民共和国防洪法》《中华人民共和国水土保持法》（简称《水土保持法》）等法律法规，提高大家对水法律法规的认识和理解。

（二）开展水法律法规宣传咨询活动

在“世界水日”“中国水周”期间，在广场、社区、学校等场所设置宣传咨询点，发放水法律法规宣传资料，解答群众关心的水资源保护、水生态修复、水行政执法等问题。通过展板、海报、宣传册等形式，展示汉中市水资源保护的成果和水行政执法的案例，增强公众对水资源保护的信心和决心。

（三）水法律法规进校园、企业、社区、景区活动

汉中市和安康市利用“世界水日”“中国水周”，组织水法律法规宣传志愿者开展法治宣传进机关、进景区、进校园等活动，通过发放水利法律法规宣传册、举办主题班会、知识竞赛、征文比赛等形式，普及水法律法规知识，培养社会大众，特别是大中小学生的水资源保护意识。鼓励学生将水法律法规知识带回家，向家长和亲友宣传，通过“小手拉大手”的方式，扩大水法律法规的宣传范围。2011 年 3 月，新《水土保持法》颁布以来，安康市水利局成立了安康市学习宣传贯彻新《水土保持法》领导小组，筹集 30 万元经费专项用于宣传。统一印制新《水土保持法》宣传册、宣传板，下发县（区）水利局，张贴到乡镇、集镇、交通要道、社区、重点建设单位，在安康中心广场悬挂大型宣传标语，组织宣讲团，巡回乡镇、部门、执法对象宣讲新《水土保持法》。

（四）线上线下联合开展普法宣传

近年来，汉中市和安康市借助报刊、电台、电视台、官方网站、微信公众号、抖音、微博，使用LED屏，在《汉中日报》、汉台融媒体平台上宣传水法规和流域市、县（区）的水情，在“汉中发布”上发起节水倡议，同时印发宣传资料，举办宣传咨询，出动宣传车，开展声势浩大的宣传活动，并进一步拓宽宣传渠道，丰富宣传内容，不断提升普法宣传效力，传播法律知识，进一步增强广大市民的法律法规意识和使用法律维护合法权益的信心，全面提升群众节水、护水意识，培养科学节水、合理用水的文明习惯，切实提高水法治工作影响力，加快建设节水型社会。

第四节　水行政执法活动

汉中市、安康市紧紧把握习近平法治思想精髓，牢牢抓住“水利行业强监管”总基调，各市水利系统各级水行政主管部门认真履职，强化自身法治能力建设，加强对河湖、库区、水工程、水土保持等领域的监管力度，严厉打击各类涉水违法行为，维护良好的水事秩序，取得了很好的成效。

一、水事案件查处

流域内市、县（区）两级水政执法机构成立以来，按照水法规的规定认真查处了多起水事违法案件，维护了水市秩序，保护了水利工程。

（一）汉中水行政执法

汉中市水利局与市委编办协商，在市水利综合执法支队下设3支执法队伍，并设立案件审理科，不断完善执法机构，强化执法力量。并公布了行政处罚“四张清单”（不予处罚事项清单、减轻处罚事项清单、从轻处罚事项清单和从重处罚事项清单），按照“谁主管谁负责、谁办案谁负责”的原则，压实行政执法责任，规范执法程序。针对河道采砂规范化管理等重点难点工作，《汉中市河道采砂违法行为责任追究办法（试行）》，与公检法司建立跨区域、跨部门联动机制，推动河湖监管执法与纪检、司法等多部门协调联动。

2021年，汉中市以政府办名义出台了《关于切实加强河道采砂管理工作的通知》，汉中市水利局印发了《关于进一步加强和规范年度河道采砂管理工作的通知》，部署年度砂石开采的计划安排、许可实施、日常监管等重点工作。与市公安局联合印发《关于开展全市河道非法采砂专项打击整治行动的通知》，开展为期一年的专项行动。严格落实河道巡查监察机制，对春节、汛期等关键时间节点，在易发生偷采偷挖的重点河段，坚持昼巡夜查，确保及时发现、快速查处非法采砂行为。

汉中市还常态化开展河湖库“清四乱”（清理乱占、乱采、乱堆、乱建），组织开展多轮明察暗访，积极开展河湖安全保护专项执法行动和非法采砂专项整治，严格查处违法案件，有力震慑了涉水违法行为。

汉中市水政执法人员整治非法采砂行为

（二）安康水行政执法

新中国成立后，贯彻执行国务院 1962 年《关于奖励人民公社兴修水土保持工程的决定》，1965 年，国务院批转水利电力部《水利工程水费征收使用和管理试行办法》。从 1979 年起，随着各县水利工程的增多和全国水利工作重点转向工程管理，贯彻执行国务院《关于保护水库安全和水产资源的通令》、陕西省政府颁发的《水利管理试行条例》《关于严禁破坏水利水保设施的通令》《河道堤防工程管理的规定》等一系列水利法规。1985 年，安康县政府组织水利和司法部门，对全县重点水利设施进行一次安全检查，查处一批破坏水利设施及水产资源的案件。1986 年 1 月 20 日，安康县政府发布《关于查处破坏水利水电工程设施案件的通知》。1986 年 2 月，经安康县人大常委会审议通过，安康县政府发布《安康县水利工程管理实施办法》，是本县的地方水利法规。1987 年，结合完善水利工程管理责任制，组织有关部门对水利工程进行第二次安全检查，查处一批破坏水利工程设施的案件，总结管理经验，表彰依法管水用水的 5 个先进单位。

2018 年，安康市印发了《安康市整治河湖倒垃圾排污水采砂石专项行动实施方案》，围绕群众反映集中的非法采砂、乱倒垃圾、乱排污水、乱占乱建、非法捕捞等问题，市、县水利部门联合发力开展涉河违法行为专项整治行动。涉水涉河等违法行为得到明显遏制。

2018 年，机构改革市局机关设置了建设监督管理科，组建了市水利执法支队，为深化行业监管提供了机构保障。开展“保护汉江 · 利剑行动”专项执法行动，提高水利行政审批效率，优化提升营商环境，加快信用体系建设。

安康市水利执法支队贯彻实施水法律法规，按照“属地为主、市县联动、专项整治、长效管理”的原则，严格规范公正文明执法，维护了良好的水事秩序。坚持聚焦重点，强化对河道、水库、水资源、采砂管理、水土保持等方面的执法监管力度，深入推进执法检查常态化，有效防范和依法查处涉水违法行为。按照全市非法采砂专项整治行动安排部署，结合扫黑除恶斗争常态化工作要求，与市检察院、市生态环境局等多部门联合开展整治行动，打击整治河道非法采砂行为，加快推进重点行业领域整治，进一步规范采砂秩序。对平利、镇坪、岚皋县煤矿生产建设项目水土保持工作落实情况开展市级复核，现场查验相关煤矿的水土保持方案审批、补偿费缴纳、措施落实、设施验收情况等，发现问题及时督促项目业主做好整改。通报表扬水利执法成效显著单位和水利执法案卷制作规范单位，树立典型，引领执法导向。组织开展全市水利执法工作培训，规范执法行为，不断提高执法队伍的管理水平和执法人员的综合素质。

在执法过程中，市、县（区）两级水政执法人员开展法律法规和执法程序培训，实现了执法“六化”，即执法权限法定化、执法主体合法化、执法管理程序化、执法监督经常化、执法行为规范化、文书档案标准化，强力推进执法，严厉打击水事违法行为，保证了水行政执法工作的准确、高效、及时。

随着水法规的深入宣传，公民及法人的法治观念逐步提高，流域内水事案件发生较少，而且不少水事违章行为在萌发阶段就得到纠正，没有酿成违法案件。1996 年以来，流域内各级执法队伍主要查处了河道违规采砂和开矿修路造成的水土流失对河道的影响，重点查处了石门水库保护区内因公路改线、开采矿山人为向河道和石门水库弃渣，淤积水库河道，影响行洪而造成的水土流失案件。

二、水事纠纷查调处

《中华人民共和国水法》第 56 条至第 58 条明确规定了调解水事纠纷问题，这是水政执法的又一重要职责。从流域发生的水事纠纷看，水事纠纷往往发生在地区与地区之间、单位与单位之间或个人与个人之间，当事双方的权利是平等的，前两种纠纷容易形成群体性，矛盾容易激化，而且是多种利益和矛盾叠加在一起。

陕西汉江水事纠纷查调处是一项重要的工作，旨在维护汉江流域的水事秩序，保护水资源，保障相关各方的合法权益，主要包括以下类型：水资源分配纠纷、水污染纠纷、水工程建设纠纷、河道管理纠纷等。为了解决汉江水事纠纷，通常会建立相应的调处机制，分为政府部门之间的协调机制、流域管理机构的参与、法律程序的运用等。

20 世纪 70 年代，发生在汉中市梧凤乡孤山村和南郑县梁山村的治河纠纷案具有一定的代表性。孤山村和梁山村位于褒河口两岸，50 年代到 60 年代两村各自修建堤防，种植林木、芭茅，与河争地。引起滩地纠纷。后两村虽签订了治河与开发利用滩地协议，但未得到很好执行，其后双方又在河内修建丁坝，并沿河两岸继续向河心种植林木、芭茅，导致部分河段宽度只剩下 200 米左右，影响行洪。纠纷引起地、县领导高度重视。经现场察看，确定双方立即停止修建不利对方和整体规划的水利设施。汉中地区革命委员会水电局《关于孤山和梁山两个大队在治理汉江中发生纠纷的处理意见》下达之后，孤山大队和梁山大队均拆除了规划外的违章工程和阻水林草。

2017 年 12 月 7 日，白河县人民检察院发现多个工程施工单位于 2012 年 10 月至 12 月期间，将弃渣倾倒于汉江沿线，绵延 1.55 千米。检察院向白河县水利局发出《检察建议书》后，水利局整改不力，直到 2018 年 7 月 9 日才向涉案施工单位发出《行政处罚决定书》，8 月 1 日才将渣土清理完毕。最终，安康铁路运输检察院起诉白河县水利局，法院当庭宣判确认水利局未在法定期限内履行河道监管法定职责的行为违法。

2021 年 10 月 30 日深夜，王某与谢某在佛坪县椒溪河西岔河镇银厂沟铁索桥西侧、秦岭一般保护区及禁捕区内，非法电捕野生鲜河鱼 24 条，其中 11 条为国家二级保护野生动物多鳞白甲鱼。佛坪县检察院就此民事公益诉讼线索立案并发布公告，成立生态环境检察专门化办案团队，同步审查刑事、民事和行政责任。最终，王某和谢某自愿签署认罪认罚具结书，承担全部民事责任，检察机关对刑事部分提出轻缓刑意见。此外，检察院还推动农业农村部门与王某、谢某达成《水生物资源修复工作协议》，由二人购买鱼苗增殖放流，修复涉案水域水生物资源。

三、水政执法典型案例

（一）汉丹江流域“打非治违”专项执法检查

2014 年，根据水利部统一部署，陕西省水利厅集中开展了汉丹江流域“打非治违”专项执法检查活动，加大了对违法违规行为的重点督查和挂牌督办，全年排查出 117 件违法违规项目和行为，110 件已整改到位，占 94%。主要围绕水资源管理、涉河建设项目管理、河道采砂管理、水土流失治理、入河排污口设置等方面，对汉中市汉江上游段进行了全面排查。5 月，在安康市召开了汉丹江流域打非治违工作会议，对汉中、安康、商洛三市开展专项执法行动进行了再部署再动员。6 月底 7 月初，陕西省水利厅与长江水利委员会联合对汉中、安康、商洛三市打非治违专项执法情况进行了拉网式排查，检查了 3 市 14 县（区）28 个项目。8 月，水利部政法司李鹰司长带队对陕西打非治违专项执法活动开展情况进行了检查，充分肯定了陕西取得的巨大成绩。12 月 11 日，水利部召开汉丹江打非治违专项执法总结大会，陕西省问题整改到位率名列三省第一，受到水利部领导的高度评价和充分肯定。

2015 年，陕西省水利厅组织开展了汉丹江“打非治违”专项执法行动“回头看”活动。组织汉中、安康、商洛三市对 2014 年“打非治违”专项执法行动中存在的问题进行了集中整改。6 月 8—12 日，陕西省水利厅与长江水利委员会组成联合检查组对汉中、安康两市有关县（区）打非治违专项执法“回头看”行动进行了现场检查，对以往水利部、长江水利委员会和陕西省水利厅执法检查中发现问题的整改落实情况进行了督查。通过联合检查，长江委对陕西省“回头看”活动开展情况给予了肯定。

（二）安康、石泉水电厂拒交水资源费行政诉讼案

1992 年 10 月 10 日颁发的《陕西省水资源费征收、管理和使用暂行办法》，明确规定了大中型水力发电站用水的水资源费征收标准。但安康、石泉两个电站因恃中央企业而拒缴水资源费。1993 年 5 月 22 日，安康地区水电局依法责令两电厂分别限期缴纳拖欠水

资源费共 486 万元（其中：安康电厂 365 万元，石泉电厂 121 万元），罚款 14 万元。两电厂不予接受，分别向陕西省水利厅申请复议，复议仍未改变。之后，两电厂又分别向安康地区中级法院提起行政诉讼，两电厂败诉后又上诉至陕西省高级人民法院。1995 年 7 月 28 日，陕西省高级人民法院书面审理了两电厂行政上诉案，认为安康地区水电局认定两电厂拒缴水资源费事实清楚，征收水资源费有法律、地方性法规及政府规章依据，行政处罚决定合法正确。但根据 1995 年 4 月 25 日国务院关于对中央直属电厂的发电用水暂不征收水资源费的规定，撤销了安康地区中级法院判决和安康地区水电局的处罚决定。

（三）安康市 2010 年整治违法排污企业保障群众健康环保专项行动

为切实解决当前（2010 年）的突出环境问题，保障人民群众的切身环境权益，根据《陕西省政府办公厅转发省环保厅等部门关于陕西省 2010 年整治违法排污企业保障群众健康环保专项行动工作方案的通知》（陕政办发〔2010〕42 号）等有关文件要求，市政府决定从 2010 年 5 月至 11 月，继续在全市开展整治违法排污企业保障群众健康环保专项行动。专项行动期间，共查处环境违法案件 100 余起，罚款 500 余万元，有力打击了违法排污行为。对群众反映强烈的水污染、大气污染、噪声污染等问题进行了集中整治，有效改善了环境质量。对全市重点污染源进行了全面排查和整治，确保了污染物达标排放。通过专项行动，淘汰了一批高污染、高耗能企业，促进了经济发展方式转变。加强了环境监管能力建设，完善了环境执法监督体系。建立健全了环境信息公开制度，加强了社会监督。建立健全了部门联动机制，形成了工作合力。

（四）安康市人民政府对瀛湖库区水产养殖进行专项整治

为规范渔业生产秩序、保护汉江水质，市政府决定对瀛湖库区水产养殖进行专项整治。整治时间为 2013 年 11 月 20 日至 12 月 20 日，整治范围为汉滨区、岚皋县、紫阳县、汉阴县内所有瀛湖水面。整治重点包括清理瀛湖水域内所有抬网捕捞设施；严厉查处炸鱼、毒鱼、电鱼、无证捕捞等违法行为；规范瀛湖水域的网箱养殖和拦网养鱼设施。由汉滨区、岚皋县、紫阳县、汉阴县政府和瀛湖生态旅游区管委会负责，组织相关部门集中开展整治活动。市直各相关部门各司其职，通力配合。

此次专项整治取得了一定的成效。通过清理取缔网箱养殖和规范池塘养殖，瀛湖库区的水质得到了明显改善，水体透明度提高，富营养化程度降低。网箱养殖的清理取缔，为水生生物提供了更加广阔的生存空间，促进了水域生态系统的恢复和稳定。通过推广生态养殖模式，养殖户的养殖观念得到了转变，养殖结构不断优化，养殖效益逐步提高。通过建立健全监管机制，加强了对水产养殖的监管力度，确保了整治成果得到巩固和提升。

第五章　科技创新

科学技术是第一生产力，水利科技研发具有重大而深远的意义，在保障水资源安全、促进水利工程建设与管理、推动水生态保护与修复、加快构建节水型社会、助推粮食安全生产等方面具有重要作用。汉江流域陕西段在农业灌溉、水土保持、水产养殖、水利工程技术等方面科技成果丰硕。

第一节　科学研究

一、灌溉试验

1954 年 11 月成立汉中灌溉试验站，开展以稻、麦、油菜为主的农作物灌溉用水试验。通过试验、示范，为各国营灌区按不同土壤、气候和作物品种，编制水稻、小麦、油菜灌溉制度，并随着科学种田水平的提高而不断改进，为指导全区灌溉用水提供了科学依据。根据各阶段灌溉需要，还进行以下试验。

（一）秧母田灌水方法

汉中地区秧母田面积约占稻田的十分之一。育秧方法有水秧、湿润秧、旱秧三种。水秧是水耕、水播、水育，主要分布在西乡丘陵和其他县有水源的山区。湿润秧是水耕、湿播，出苗阶段保持土壤 70% ~ 80% 的湿润度，主要分布在汉中、勉县的平川灌区。旱秧是旱耕、干播，一般不灌水，仅插秧前几天灌水提苗，多见于城固、洋县和水源不足的塘库灌区。20 世纪 60 年代，随着水利建设的发展，旱秧逐渐为水秧和湿润秧所代替，湿润秧迅速推广。杂交稻推广后，又普遍推行了两段育秧技术，即温室育苗二至三叶期移植到秧田炼苗。

秧田均背风向阳、靠近水源、灌排方便。田间为一田多畦，四周开沟，每隔 1.2 ~ 1.5 米提沟作畦。谷种播种至三叶期是防止烂秧的关键阶段，畦面保持湿润，灌水经验是：晴天满沟水，阴天半沟水，小雨排干水，大风暴雨畦面水，秧板裂纹穿一水。三叶后灌水上秧板，干旱缺水不能适时插秧时，排出明水，控制生长，防止秧苗老化。

（二）节水泡田法

20 世纪 50 年代，汉中各地有炕田（即泡田前干犁暴晒）习惯。炕田后泡田，用水量增加 13%，加大水量供需矛盾，插秧时间推迟，不利增产。1954 年学习四川绵阳地区危才弟互助组的“三到（水到、牛到、人到）、“两好”（耕好田边、糊好田坎）、“一平”（趟平田面）泡田经验。经试验后，新法泡田节省泡田水 39.7%，水稻全生育期灌水少 4 次，灌溉定额减少 21.6%。新法泡田，田面平整，受水均匀，浅水灌溉，水温高，秧苗返青早 2 ~ 3 天，每亩稻谷增产 2% 左右。

（三）水稻本田期灌水技术

新中国成立后，先是推广“勤浇浅灌”。通过试验、示范，1962年起，在灌区全面推广“浅—深—浅”灌水技术。按水稻生育阶段分：

（1）浅水返青。插秧时为便于浅插，防止漂秧，加快返青，水层宜浅。插秧后为防止高温烧伤和低温危害，又要适当加深水层，一般淹灌 3 ～ 5 厘米。

（2）薄水分蘖。水稻的分蘖数以干白、深灌、浅灌、湿润的次序递增。湿润灌耐旱时间短，有效分蘖率低，通常采用 1 ～ 4 厘米的薄水灌溉。低湿和苗旺的田，采用湿润灌。分蘖末期晒田，可控制无效分蘖，改善田间小气候，减免水稻白叶枯、稻瘟病的发生和蔓延，水稻增产 10% 左右，且有利秋季耕种。晒至田面现裂纹，行人脚不陷。群众有“黏土晒裂口，壤土人能走，沙壤不粘手”的经验。

（3）深水“养胎”。稻苗进入圆秆拔节，生长迅速，对水分反应敏感。缺水受旱，颖花退化，空秕率增加，稻谷减产。农谚“谷怕胎里旱”，主张深水“养胎”。一般灌水 2 ～ 7 厘米。雨多时，实行浅、湿交替灌，有利于土壤通气，保根壮秆，促进穗粒发育。

（4）明水抽穗。水稻边抽穗边开花，此期要求光照充足，气温高而稳定，空气湿度适宜，水分供应正常，防旱排涝。水分不足，影响养分向籽粒运转，空秕率增加 3% 左右，千粒重降低 0.7 克。保持明水，杜绝干旱，增粒增重。

（5）花花水灌浆。稻株抽穗开花结束后，养分向籽粒运转集中，逐渐结实成熟，需水减少，且自然降雨日益增多，保持田面花花水即可。稻穗勾头散籽，停止灌溉或排水落干，以利稻谷收打和秋耕秋种。停水后，久旱少雨，灌跑马水印墒，防止强制成熟。常规稻灌水技术，可概括为：泡田插秧脚面水，护苗返青寸[①]半水，分蘖期间瓜皮水，快到圆杆落干水，包胎出穗二寸水，灌浆乳熟花花水，勾头散籽不要水，遇到干旱穿一水。

（四）小麦冬春灌试验

试验结果表明，小麦冬灌增产稳定，幅度较大，是冬季田间管理不可缺少的措施。六年试验平均冬灌增产 23%，最高增产 46.9%。

灌区小麦于水稻收获后一月左右播种，土壤底墒好。一般年份，小麦生长期可利用播前土壤储水量约 71 立方米每亩，平均降水量 130 立方米每亩，田间总耗水量 292 立方米每亩，以供补需尚差 91 立方米每亩。这是汉中灌区小麦需要灌溉的主要原因。从降水分布看，冬季少雨，春雨多集中在小麦生长后期，与麦苗需水不相适应，除幼苗期和乳熟后略有富余外，分蘖至拔节期降水仅为需水量的四分之一左右。从土壤墒情变化看，冬季底墒饱，幼苗难利用；地表土块大，浮墒消耗快，影响麦苗盘根分蘖。入春后，气温回升，小麦开始拔节，土壤水分消耗快，如遇春旱，影响包胎出穗。冬灌可疏松土壤，促进麦苗盘根分蘖，蓄水保墒，调节地温，减轻麦苗冻害。春灌可巩固冬前分蘖，提高有效分蘖率。冬、春灌时间，据试验资料证明，冬灌应按气候变化，在有利于土块冻消时令进行最佳。群众有“不冻不消，冬灌嫌早；夜冻昼消，冬灌正好”的经验，一般是元月中旬至 2 月初。20 世纪 80 年代后冬灌期有所提前，在 12 月底进行。因汉中平川 12 月底日平均气温多在

注：①水深为市尺制，一市寸等于 3.3 厘米。

3 摄氏度左右，夜间降至零摄氏度以下，中午可回升到 7 ～ 8 摄氏度，田间出现夜冻昼消，为开始冬灌最佳时机。春灌有可能出现灌水与降雨量重叠，土壤过湿，有致使麦苗青干“气死”的危险。因此，要根据冬灌基础、麦苗长势、天气预报和墒情来确定。当 60 厘米土层平均含水率降至 18.5%，且后 10 天无大雨时，应及时进行小定额灌水。经冬灌的麦田，春灌适宜期多在 3 月中旬前后。灌水方法主要推广沟浸灌。秋耕整田后开沟，按土质和田块形状，每隔 1.5 ～ 2.5 米为一小畦，四周开沟，平畦播种。灌水时，引水入沟，向两侧浸灌。一般单沟流量 2.5 ～ 3.0 立方米每秒，水深为沟深的四分之三，灌至沟长的八成至九成。冬灌为浸透地表，促使土块冻消，单沟流量可适当加大。这种灌水方法比漫灌的好处是：防止土壤板结，节约用水；雨涝时能及时排水，防止麦苗浸泡；能改善田间小气候，有利于通风透光，壮株抗倒；便于田管、防虫、施肥从沟中通行，不致踩伤麦苗；有利于改善土中水、气、热条件，提高小麦单产。汉中灌溉试验站试验，沟浸灌较格田漫灌增产 4.7% ～ 5%。

（五）油菜灌溉试验

灌区油菜是育苗移栽。移栽后窝浇保苗，与小麦同期冬灌。冬灌后，可疏松土壤，平抑地温，减轻越冬冻害，有利春季提沟培土，抵抗植株倒伏。春灌可增枝、增角、增粒。适时冬春灌增产 6.1% ～ 32.1%。

（六）柑橘喷灌试验

1984 年，汉中地区灌溉试验站在城固县柑橘育苗场开展柑橘喷灌试验。试验品种为温州蜜柑和朱红橘，树龄 11 年，温州蜜柑喷灌 4 次：冬眠期（1 月 6 日）、春梢期（3 月 8 日）和果实生长期（8 月 12 日、8 月 24 日）；朱红橘除上述日期外，还在花蕾期（4 月 27 日）和落花落果期（6 月 3 日）加喷两次，其灌水量分别为 109.7 毫米、126.5 毫米，每次平均为 27.4 毫米、21.1 毫米，喷水强度分别为 5.5 毫米每小时、4.2 毫米每小时。喷灌效果，一是节水保肥。据测定，喷灌为畦灌总灌水量的三分之一，可防止土壤养分流失。二是挂果多，产量高。在粗细一致的枝条上测定存果数，秋梢枝条喷灌比畦灌和不灌的存果多 4 ～ 9 枚，春梢枝条多 2 ～ 5 枚。喷灌单株产果 90.3 千克，畦灌 83.0 千克，不灌的 68.0 千克，喷灌增产率分别为 8.8% 和 32.8%。三是单果比不灌的重 14.81 ～ 21.68 克，比畦灌的重 10.09 克。含糖量高 0.1% ～ 0.63%。果实光滑油泡小，色泽鲜艳，市场竞争力强。四是经济效益显著。

二、水土保持试验

汉中专区水保试验站，从 1959 年起，先后在沔县段家坝乡熊家坪村、汉中市张寨乡花果村建点，观测水土流失规律，调查研究治理措施，主要试验和调查项目如下。

（一）山地坡度对水土流失的影响

据汉江二级支流砖溪河调查，流域面积 51.75 平方千米，土地平均坡度 32°　22′，属秦岭南坡中切割地带，具有中山区自然特点。其侵蚀量随坡度的增加而增大，25 度以下缓坡，侵蚀量与坡长基本成正相关；25 度至 30 度，随坡度的增加，侵蚀量增长速度加快，侵蚀量的变率超过坡度变率；30 度以上的陡坡，坡度增加很小时，而侵蚀量却成倍增加。

（二）暴雨与土壤侵蚀的关系

据汉中市夏家沟 1960—1964 年的 48 次降雨产流观测，暴雨次数占 25%，暴雨侵蚀量占 70.4%。其中 1961 年暴雨侵蚀量占 90%，年侵蚀模数高达 3303 吨每平方千米。汉中地区“81 · 8”暴雨洪水侵蚀量，汉江武侯镇断面总输沙量 1644 万吨，为 25 年中最大年输沙量 866 万吨（1956 年）的 1.9 倍，为多年平均值的 6.02 倍。洋县站实测总输沙量 3197 万吨，为 23 年中最大年输沙量 2070 万吨（1958 年）的 1.54 倍，为多年平均值的 6.01 倍。

（三）坡地植被状况与水土流失的关系

据勉县华阳河流域观测，地面坡度近似，土壤侵蚀量随植被度减少而增加；坡度与植被度近似，浅山侵蚀量大于丘陵。农用地植被度与种植作物有关，茎叶铺覆的作物，覆盖严密，阻水拦沙作用强，轮歇地侵蚀量大。

（四）石坎梯地调查

据镇巴县水电局对全县 47 个乡的 307 个村调查，16637 亩石坎梯地（占坡耕地的 41.6%），平均每亩净增产粮食 81 千克，石坎梯地比坡耕地增产 1.1 倍。

（五）鱼鳞坑与荒坡径流量、冲刷量对比观测

鱼鳞坑为半月形坑穴，有大小两种规格。大坑长径 0.8 ~ 1.5 米，短径 0.6 ~ 1.0 米；小坑长径 0.7 米，短径 0.5 米。坑的间距是上下 4 米，左右 2 米。坑面水平稍向内倾斜，有的坑内侧设蓄水沟与坑两角引水沟相通。外缘有土埂，呈半环形，高 0.2 ~ 0.25 米。1959 年在汉中市张寨乡欧家梁修鱼鳞坑小区 100 平方米，观测结果汛期 5 次产流降雨，总雨量 86.7 毫米，每亩水量 57.8 立方米，鱼鳞坑区径流量为 1.94 立方米每亩，拦落水量为 55.86 立方米每亩，占降雨量的 96.64%，土壤冲刷量为 0.25 立方米每亩；未作鱼鳞坑荒坡径流量为 8.52 立方米每亩，拦蓄水量 49.28 立方米每亩，占降雨量的 85.26%，土壤冲刷量为 0.61 立方米每亩。荒坡径流量为鱼鳞坑区的 4.39 倍，土壤冲刷量为鱼鳞坑区的 2.44 倍。

（六）农业技术改良措施观测试验

据华阳河流域熊家坪沟东营村观测，在地面坡度相近的红薯地，两次产流降雨 39 毫米，横坡耕作法较顺坡耕作法产流和土壤冲刷均明显减少，产量增高。而横坡耕作中，等高垄作、带状间作和普通耕作，又以间作套种减冲固土效果好，垄作次之，普通法最差。

第二节　科技成果推广与应用

水利科技推广是促进水利科技与经济发展相结合的重要环节，是水利科技成果转化为现实生产力的关键。20 世纪 80 年代以来，汉江流域各级水利部门及相关单位一直十分重视水利科技推广，组织实施了数十个水利科技推广项目，促进了水利新技术、新材料、新

工艺、新设备等科技成果的转化应用。

一、灌溉技术推广

（一）主要水稻灌区计划用水技术成果

从 1954 年起，汉中地区在重点灌区试办计划用水。通过抓点带面、逐步扩大，计划用水面积由 20 世纪 50 年代 4 个灌区 30 万亩，发展到现在的 10 个灌区 93 万亩。

灌溉计划用水是以农业高产稳产为目标，根据作物的需水要求，结合水源、渠系、气候、耕作等条件，有计划地引水、配水、蓄水和有组织地进行田间灌水，取得了显著效果。提高了灌溉水有效利用系数。结合渠道衬砌和改善，灌溉水有效利用系数由 20 世纪 50 年代的 0.42 提高到 0.52。扩大了灌溉面积。据汉惠渠、褒惠渠、湑惠渠、冷惠渠、傥河水库和红寺坝水库 6 个灌区统计，灌溉面积由 52.8 万亩，增加到 69.5 万亩，增长 31.6%。促进了灌区农业增产。在计划用水的实施中，各灌区紧密结合农业技术措施，全面推广了水稻“浅—深—浅”灌、计划晒田、适时退水三大灌溉技术和小麦、油菜的冬存灌增产经验。据汉惠渠、褒惠渠、湑惠渠、冷惠渠、傥河水库、红寺坝水库等 6 个灌区统计，20 世纪 50 年代平均亩产水稻 290 千克，小麦 115 千克；70 年代水稻提高到 386 千克，小麦提高到 195 千克；70 年代末，随着杂交水稻的推广和小麦、油菜品种的不断更新，科学用水、科学种田水平的提高，灌区水稻亩产平均达到 450 千克，小麦亩产 200 千克，油菜由 75 千克提高到 125 千克。半数以上万亩灌区水稻亩产一季超过 500 千克。积累了系统的科技资料。通过多年的实践，各灌区加强技术测验和资料积累。全区 4 次资料整编和分析总结，掌握了基本规律，能切合实际地编制用水计划，科学管理水平不断提高。

本项技术成果于 1982 年 10 月 21 日至 23 日，由汉中地区科委邀请陕西省水电局、省水科所、泾惠渠管理局、宝鸡峡管理局、洛惠渠管理局、西北农学院、陕西机械学院、省水利学校及有关单位的专家、教授、同行科技人员 32 人，对技术资料和成果进行认真审查和鉴定，一致认为：“本成果资料比较完整齐全，测验数据比较可靠，又经过 27 年的反复实践和不断改进，使用水计划编拟和执行逐步完善，先进灌水技术得到了广泛推广应用，取得了显著效果，为汉中地区水稻灌区推行计划用水和灌排工程规划设计提供了科学依据，具有本省水稻灌区先进水平”。获得 1982 年度汉中地区科技成果一等奖、陕西省科技成果三等奖。

（二）喷灌工程建设

1958 年冬，地区灌溉试验站指导喷灌，采用人工抬高水头办法进行过短期喷灌试验，采用汉中市农械厂引进仿制的双人杠压式人工降雨机，因设备简陋，技术不过关，试喷一二年后拆除。从 1975 年起，地区灌溉试验站先后由广州、陕西省水利科学研究所引进喷灌机具、技术资料，进行定点试喷。1976 年地区灌溉试验站与石门水库管理局修配厂合作，试制喷灌机 15 台，仿造摇臂式、蜗轮式和反冲式三种类型喷头 65 个。地区灌溉试验站与勉县水电局合作，在武侯墓公社丘陵区进行自压喷灌研究，1979年抗旱喷灌增产三成以上。1978—1980年，地区灌溉站与省水科所、城固县水电局合作在梁家庵大队建立喷、滴灌示范点，修筑U形渠道，打塑料管井，安装管道，完成1300亩移动喷灌、55亩固定喷灌和23亩果园滴灌工程。1982年，城固县还建成升仙村60亩柑橘园喷灌工程。到1980年底，全区共建成各类喷灌工程125处，配套喷灌设备287套，有效喷灌面积10584亩。1981年，部分喷灌工程水毁，到1985年底，仅存34处。

（三）灌溉与排水

民国三十二年（1943年），汉惠渠管理局提出《水稻需水量之研讨》，将水稻用水分为播种、平田插秧、描秧、扬花4个时期，全生育期需水104公分（折合每亩毛用水量693.7立方米）。从1953年起，汉中地区灌溉试验站在褒惠渠灌区结合作物（水稻、小麦）栽培进行灌溉技术试验研究和示范推广工作。

汉中地区灌溉试验站于1953—1965年进行了常规稻和双季稻灌溉试验；1978—1980年进行了常规稻磁化水试验；1978—1986年进行了杂交水稻灌溉试验。经过28年的试验研究，解决了水稻灌溉水层、晒田时间、晒田程度、退水迟早、需水量等许多技术问题，为制定灌溉定额、计划用水提供了科学依据。

1981年，汉中地区灌溉试验站完成了水稻灌区计划用水研究课题，为本区推行农田灌溉管理和排灌工程规划设计提供了科学依据，获省科技成果三等奖。1985年，地区灌溉试验站完成杂交水稻晒田技术试验，提出杂交水稻采用“一旱二重”的晒田技术，能协调杂交稻营养生长与生殖生长。推广后面积增产11.6%，大面积增产5% ~ 9%，节水5% ~ 10%。1988年，地区灌溉试验站与西北农业大学水利系、省水利厅农水处完成汉中地区水稻需水量研究，制订出计算水稻生长发育的前、中、后期及全生育期需水量经验公式，居国内先进水平。地区灌溉试验站于1953—1965年、1982—1984年进行了小麦灌溉试验研究；1978—1980年进行了小麦磁化水灌溉试验，解决了小麦冬、春灌时间、水量、灌溉次数和方法问题，明确了小麦需水规律呈马鞍形，由抽穗到齐穗是小麦需水最多阶段。地区灌溉试验站试验结果证明油菜冬灌有利于提沟培土，春灌可增枝、增角、增粒，适时冬春灌，可增产6.1% ~ 32.1%。

二、水土保持科技研究与推广

从1959年起，汉中专区水土保持试验站先后在沔（勉）县段家坝乡熊家坪村、汉中市张寨乡花果村等处建点观测，调查研究项目有：山地坡度对水土流失的影响；暴雨强度与土壤侵蚀关系；坡地植被状况与水土流失关系；鱼鳞坑与荒坡径流量、冲刷量对比观测；镇巴石坎梯地调查；水土保持耕作试验观测。

1991年，汉中专区水土保持站及洋县、西乡、勉县水土保持站结合水土保持工作，进行龙须草丰产栽培技术研究与推广，获首届中国杨凌农业科技博览会后稷金像奖、省水利科技进步二等奖、省农业技术推广二等奖。

1991—1994年，汉中地区水土保持站叶德鹏、张炳彦等完成嘉陵江流域重点防治区“坡地改梯地”规划设计及效益调查研究。

1989—1993年，省、地水土保持局、站等单位完成的“陕南水土保持林草基地建设”，5年内，在南郑、城固、勉县、西乡、洋县、留坝、佛坪等县发展林果茶草，减少水土流失面积211平方千米，获省农业技术推广二等奖。

安康在水土保持科技方面不断创新和探索，通过技术创新、监测与评估、科技支撑与合作等措施，为水土保持工作提供了有力的技术支持，有效促进了当地生态环境的改善和经济社会的可持续发展。

推进生态护坡技术、雨水集蓄利用技术、土壤改良技术推广，与高校、科研机构合作，开展水土保持科技研究和技术推广。例如，与西北农林科技大学、西安理工大学等高校合作，开展水土流失治理技术、生态修复技术等方面的研究；与陕西省水土保持研究所等科研机构合作，开展水土保持监测与评估技术等方面的研究。采用先进的监测设备和方法，对水土流失状况进行实时监测。例如，利用遥感技术、地理信息系统等，获取大面积的水土流失信息；安装坡面径流监测仪、泥沙含量监测仪等设备，对小流域的水土流失过程进行动态监测。建立科学的水土保持效益评估指标体系，对水土保持工程的生态效益、经济效益和社会效益进行综合评估。例如，通过对植被覆盖度、土壤侵蚀模数、径流量等指标的监测和分析，评估水土保持工程的生态效益；通过对农业增产、农民增收等指标的调查和统计，评估水土保持工程的经济效益。

三、水产养殖技术研究与推广

（一）鱼类资源调查

1984年，陕西省水产科学研究所、陕西师范大学生物系许涛清教授等联合调查，汉中、安康地区自然鱼类有109种，隶属6目15科。汉江水系有95种，嘉陵江水系有54种，两江同类鱼有40种。

（二）鱼种繁殖

20世纪50年代末，陕西省农业厅从浙江菱湖聘请技工到南郑县水产养殖场指导鱼种培育，当年生产鱼苗18万尾。到1972年，全区实现了鱼苗自给，结束了租用飞机从武汉购运鱼苗的历史。渔业科技人员在每年3月底至4月初，当汉江发“桃花水”时，在汉江内放置人工鱼巢，采集鲤鱼卵，1985年在汉江采集鲤鱼卵近亿粒。勉县水电局屈正明、方树森等利用温泉地热资源，采用温流水养殖技术，外源供水与循环供水双配套，建立罗非鱼种场。1982年，安康地区水电局对石泉水库家鱼产卵场进行了调查，基本摸清了石泉水库草鱼、鲢鱼、鳙鱼产卵的时间、地点，为汉江渔业开发利用提供了科学依据。1976年开始，南郑县水产养殖场余永成、杨从义在北京大学技术物理系、陕西省水科所、汉中地区水产站的指导配合下，用镭－铍中子辐照家鱼受精卵试验研究，经几年观察结果，辐照鱼卵，可促进苗种生长，增产16%～24%。1979年获省科技成果二等奖，1983年参加全国核技术应用展览会，1984年又参加农牧渔业部科技成果展。南郑县水产养殖场杨从义、余永成改进鱼池排水防逃设施，增产鱼种7.5%～15%。

（三）引进良种

汉中地区水产站、西乡县鱼种场杨文杰等，1990年从湖北引进细鳞斜颌鲴良种，经培育繁殖和混养试验，池塘亩增产20～40千克。能自繁后代，增殖快，短期内形成优势鱼群。该项目技术在省内领先。

（四）池塘、水库、稻田、网箱养鱼试验

20世纪80年代，汉中地、县水电局为推广建鲤、彭泽鲫、长江原种鲢、鳙等优良品种，选用大规格鱼苗，增加投放密度，人工配合颗粒饲料，安装增氧机械，加强鱼病防治，增施磷、氮化肥，底层鱼定置网箱诱捕，实行轮捕轮放等技术，达到高产高效。汉中市水电局、水产站1989年推广2020亩，平均亩产鲜鱼371.2千克。南郑县水电局、水产站推广1526.33亩，亩均产鲜鱼368.8千克。该项试验，1988年获省农村科技进步二等奖。地区水产站参与完成的省中低产池塘养鱼高产综合技术推广，1990年获农业部农牧渔业"丰收计划"二等奖。1993年后，本区先后完成低产池塘养鱼综合精养技术推广、吨鱼池技术开发研究与推广应用、鱼病调查及草鱼、鲤鱼多发病的防治技术研究、万亩池塘主养鲤鱼投放颗粒饲料丰产技术研究、池塘养鱼高产综合技术推广等研究推广项目。

1983年，汉中地区水电局在段家山、凤凰山水库745亩水面投施磷、氮肥养鱼试验；1984年在290座小型水库推广加施化肥精养技术，增产49.6%。陕西省水利厅水产处、汉中地区水电局及水产站推广小水库化肥养鱼，使水体氮、磷素增加，促使浮游生物大量繁殖，为鲢、鳙提供优质饵料，平均亩产鲜鱼60千克，是未施化肥产量的3倍。该项技术在国内领先，1994年分别获省农业厅农牧渔业丰收一等奖和农业部农牧渔业丰收计划二等奖。

1958年，镇巴、西乡进行试养。1959年，南郑县周家坪公社保卫大队165亩冬水田投放家鱼苗1006尾，经4个月放养，9月初鱼体长达3寸。1963年6月2日，地区灌溉试验站放鲤鱼苗300尾，中南鱼种150尾（均长3厘米），亩均投放300尾，获鱼6.3千克。1983年，全区稻田养鱼面积200余亩，最高亩产达43千克。当年10月，陕西省水利厅在南郑县召开稻田养鱼现场会，推广稻田养鱼经验。1988年，勉县水电局屈正明等进行垄稻沟养鱼试验研究，在10.2亩稻田中采取开沟起垄，沟中蓄水养鱼，收鱼545.5千克，稻谷5082.4千克，实现了千斤稻百斤鱼。

1977年，陕西省、汉中地区在城固县南沙河水库首次进行网箱养鱼试验。1979年，西乡县石泉水库管理处在库中放置1.56亩网箱，培育10厘米以上鱼种35.32万尾。1985年石泉水库放置7米×4米×2米的封闭式网箱102个，共3332平方米，进箱鱼种1237.5千克，年底出鱼1.1万千克。1989年汉中市水利局、鱼种场进行水库网箱养鲤高产试验，摸索出选址、布局、鱼种进箱、引食训练饲养、管理、鱼病防治、生产配套等增产技术措施。175平方米网箱，产鱼5464.5千克。

四、水利工程新材料应用

（一）新型水泥毯

这是一种新型的复合材料，主要由特种水泥和纤维骨架构成。它在未浇水之前质地柔软、可卷曲，便于运输和施工。在施工现场，只需在其表面浇上水，水泥毯就会迅速固化，形成坚固的水泥结构。这种材料适用于山地沟渠等水利工程，施工方便快捷，能够缩短工程周期，且具有较好的强度和耐久性，可用于护坡、防渗等工程部位。

（二）高性能土工合成材料

新型土工膜：相比传统的土工膜，新型土工膜在防渗性能、抗老化性能、耐化学腐蚀性等方面有了显著提高。例如，一些高分子聚合物材质的土工膜，具有更好的柔韧性和焊接性能，能够更好地适应复杂的地形和工程环境，在水库、渠道等水利工程的防渗处理中应用广泛。

高强度土工格栅：其抗拉强度更高，能够更好地增强土体的稳定性，防止土体滑坡、坍塌等问题。在堤坝加固、边坡防护等工程中，高强度土工格栅可以与土体紧密结合，形成一个稳定的结构体，提高工程的安全性和可靠性。

（三）新型复合材料管道

玻璃纤维增强塑料管道（FRP 管）：具有重量轻、耐腐蚀、内壁光滑、水力性能好等优点。在水利工程中，可用于输水、排水等管道系统，能够减少管道的水头损失，提高输水效率，并且使用寿命长，维护成本低。

钢塑复合管道：结合了钢材的高强度和塑料的耐腐蚀性能，既具有较高的承压能力，又能有效防止管道内部的腐蚀。这种管道适用于长距离输水、城市供水等对管道性能要求较高的水利工程。

玻璃钢管道：是一种轻质、高强、耐腐蚀的非金属管道。管壁结构合理，能充分发挥材料的作用，在满足使用强度的前提下，提高了刚度，保证了产品的稳定性和可靠性。与普通钢管相比，具有重量轻、运输装卸方便、易于安装、使用寿命长、综合造价低等优点，并且不需要阴极防腐保护及其他防腐措施，不会对水和其他介质产生二次污染。可应用于水利工程中的输水、排水等管道系统。

（四）新型防水密封材料

聚脲防水涂料：具有固化速度快、防水性能好、耐磨损、耐老化等优点。在水利工程的建筑物表面、裂缝处理等部位使用聚脲防水涂料，能够形成一层致密的防水涂层，有效防止水的渗漏。

硅酮密封胶：具有良好的弹性、耐候性和密封性，可用于水利工程中混凝土结构的接缝密封、门窗密封等部位，能够适应温度变化和结构变形，保证工程的密封性能。

（五）生态护坡材料

生态混凝土：是一种具有孔隙结构的混凝土材料，孔隙中可以填充土壤和种子，为植物的生长提供条件。在河道护坡、水库边坡等工程中使用生态混凝土，不仅能够起到护坡的作用，还能实现生态修复，增加植被覆盖率，改善生态环境。

植物纤维毯：由天然植物纤维如稻草、麦秸等经过特殊处理制成，具有良好的保水、保土性能，能够促进植物的生长。植物纤维毯施工简单，成本较低，是一种绿色环保的护坡材料。

GCL 防水毯：是一种新型土工合成材料，由天然钠基膨润土填充在复合土工布和无纺布之间制成。具有优异的防水防渗性能，抗渗静水压可达 1.0 兆帕以上，渗透性低；遇水时，膨润土会在垫内形成均匀高密度的胶状防水层，可有效防止水的渗漏。同时，它还具有土工布材料的全部特性，如分离、加固、防护、过滤等，且施工不受温度限制，零摄氏度以下也可施工，容易修补。可用于人工湖、水库、渠道、河流等水利工程的防渗，以及垃圾填埋场、地下室等的防水防渗工程。

五、水利工程技术

（一）隧洞施工技术

钻爆法：在一些地质条件相对复杂但不适合大型机械掘进的区域采用钻爆法。施工时需精确设计爆破参数，确保隧洞成形质量和施工安全，之后对爆破后的岩石及时进行支护和加固，防止围岩坍塌，可根据不同的地质条件，选择合适的炸药类型、爆破参数和支护方式，确保隧洞的稳定开挖。例如，在引汉济渭工程的秦岭隧洞的部分洞段采用钻爆法施工。施工过程中需要精确的爆破设计，以确保隧洞的成型质量和施工安全。同时，要对爆破后的岩石进行及时的支护和加固，防止围岩坍塌。

TBM 法（全断面硬岩隧道掘进机法）：秦岭输水隧洞穿越秦岭主脊段 39.08 千米采用 TBM 法施工。TBM 是一种大型的隧道掘进设备，具有掘进速度快、施工质量高、对围岩扰动小等优点。但在秦岭复杂的地质条件下，TBM 施工面临着巨大的挑战，如高耐磨性硬岩、岩爆、突涌水（泥）等地质灾害。为了解决这些问题，工程团队研发了一系列的技术措施，如改进 TBM 的刀具结构和材料，提高刀具的耐磨性和抗冲击性，以及采用超前地质预报技术，提前预测地质灾害，以便采取相应的防治措施。

（二）高扬程大流量泵站提水技术

引汉济渭工程中的黄金峡泵站是亚洲最大的泵站之一。其主要任务是将黄金峡水库的水扬高送至黄三隧洞。泵站设计抽水流量 75 立方米每秒，总扬程 113.5 米，安装 15 台水泵电动机组，单机设计流量 6.25 立方米每秒，配套电机功率 11 兆瓦，泵站总装机功率约 165 兆瓦。为了实现高扬程大流量的提水，工程采用了先进的水泵设计和制造技术，以及高效的电机驱动系统，确保泵站的稳定运行和高效提水。

（三）大体积混凝土温控防裂技术

在水利工程的大坝、泵站等建筑物的建设中，大体积混凝土的使用较为广泛。混凝土水化热的产生，容易导致混凝土内部温度升高，产生温度应力，使混凝土出现裂缝。为此，采用了优化配合比设计、合理分缝分块、通水冷却、覆盖保温等技术措施，有效地防止了混凝土裂缝的产生。例如，在黄金峡水利枢纽工程的大坝施工中，应用了大体积混凝土温控防裂技术，该技术通过优化配合比设计，降低混凝土的水化热；合理分缝分块，减少混凝土内部的约束；采用先进的温度监测和控制设备，实时监测混凝土内部的温度变化，并采取相应的降温措施，如通水冷却、覆盖保温等，有效地防止了混凝土裂缝的产生。

（四）无人驾驶碾压智能筑坝技术

在黄金峡水利枢纽工程中，采用了无人驾驶碾压智能筑坝技术。该技术通过高精度 GPS 进行定位与导航，依托微波通信建立起施工控制网络，车载控制模块根据指令进行探测、实施，从而实现碾压机的无人驾驶施工作业。这项技术可以有效做到提前预设参数程序，同步收集分析数据，保证了碾压混凝土的质量和筑坝效率，也减少了人工操作的风险和劳动强度。

（五）大坝建设技术

三河口水利枢纽的拦河坝为碾压混凝土双曲拱坝，最大坝高 141.5 米。建设过程中，采用了先进的碾压混凝土施工技术，确保了大坝的强度和稳定性。这种技术具有施工速度快、成本低、质量可靠等优点。

（六）调度与供水技术

作为“引汉济渭”工程的调蓄中心，三河口水利枢纽需要具备高效的调度和供水能力。通过先进的自动化控制系统和监测设备，能够实时监测水位、流量等参数，根据用水需求进行合理的调度和供水，保证了水资源的高效利用。

2014年5月14日，引汉济渭工程秦岭输水隧洞TBM掘进设备进场施工

（七）生态保护技术

生态鱼道建设：为了满足鱼类洄游产卵的需求，在水利枢纽工程中建设生态鱼道。例如在黄金峡水利枢纽，专门建设了生态鱼道，生态鱼道布置于左岸边坡上，垂直坝轴线穿过左非坝段，鱼道设有 5 个出鱼口，内部建有“栅格板”和 41 个“休息室”，以便汉江干流中的鱼类可通过这条鱼道洄游产卵。

边坡生态恢复技术：针对水利工程建设过程中对周边边坡造成的破坏，采用生态恢复技术进行修复。如采用 CBS 植被混凝土生态恢复技术，对边坡进行植被种植和生态修复，既保护了边坡的稳定性，又恢复了生态环境。

污水处理技术：为了保证水质安全，在引汉济渭生活营区采用了 MBR 膜生物反应技术生活污水处理工艺对废水进行处理，并将处理后干净清澈的中水全部回用于道路喷洒降尘和绿化，实现了废水零排放、水循环利用。

（八）水利工程管理技术

地质超前预报技术：将激发极化、三维地震、瞬变电磁等地质超前预报技术应用于隧洞施工中，提前预测地质灾害，为施工提供了重要的参考依据，提高了施工的安全性和效率。

智能巡检技术：利用水下机器人等智能设备进行隧洞安全运行和检修工作，在正常通水的情况下，实现了水下机器人隧洞内智能安全巡查、故障清理和信息采集，有效替代人工隧洞巡检，提高了巡检的效率和准确性。

信息管理系统：基于区块链技术的混凝土生产信息管理系统，实现了混凝土从原材料采购至浇筑仓面的全过程管理；利用无线 + 有线接力的传输方式，解决了大埋深、长距离隧洞高温、高湿环境下的视频和音频传导问题，确保工程运行管理期通信稳定。

（九）U 形渠道试验与推广

U 形渠道试验始于 20 世纪 70 年代初期。U 形渠道具有水力条件好、流速快、输水（沙）能力强、防渗效果好、占地少等优点，得到推广应用。

混凝土 U 形渠道试验。1978 年 3 月，石门水库管理局在南干一支渠作了 292 米混凝土 U 形渠道试验段。最大过水流量 4 立方米每秒，比降 1/2000，110 号素混凝土现浇，2 米长加二肋或三肋，采用简易木模人工浇捣，槽底圆弧人工拍抹成形。槽底 50 厘米以上采用内架支撑，活动板条造型浇筑。U 形渠试验段，为石门水库灌区改线工程，渠床为新填土方，工程运行后，在一次暴雨中，因渠槽停止引水，两侧稻田水面较高，有的槽壳向渠内位移，渠口缩窄，渠底圆弧部产生纵向裂缝。1979 年冬，在灌区推广中，将渠壁厚减为 7 厘米，渗水较大的渠段在三分之二槽壁高度上设排水孔，伸缩缝间距改为 10 米，改进后运行状况有明显改善，特别是半挖半填渠段运行正常。

浆砌石 U 形渠道的推广。浆砌石 U 形渠道，施工工艺简单，质量好控制，同时还具有槽壁厚度大、抵抗土体局部滑塌能力强的特点。石门水库灌区从 1980 年在支渠上推广应用后，已有 7 条支渠和东干渠部分渠段修建了浆砌石 U 形渠道，至今运行良好。最大设计过水流量 4 立方米每秒，最小过水流量 1 立方米每秒，均为 50 号水泥砂浆砌片石，100 号水泥砂浆抹面。

已成U形渠道运行情况。从混凝土U形渠道试验开始，到浆砌石U形渠道推广应用，历时9年。现已建U形渠道总长21.1千米，其中浆砌石U形渠道3.24千米，占总长的15%。最大过流量4立方米每秒，最小过流量0.15立方米每秒。最长的南干一支渠和西干一支渠混凝土U形衬砌分别为3.29千米和2.52千米，占渠道总长的47%和29%。大部分完好无损，运行正常。在汉中其他灌区的支、斗渠衬砌中也得到推广应用。

（十）悬索渡水管

安康旬阳县平定河水库王泥沟采用“悬索渡水管”技术方案，解决了宽河道、大跨度的输水供水问题（由黄中因、郭光强、杜子平等设计，旬阳县水电局施工）。

（十一）“抛石护脚”工艺

汉阴县水电局观音河水库，在安全度汛、高水位情况下，运用“抛石护脚”工艺，止住水库土坝内坝坡大体积滑坡（由杨志鑫设计，地县水电局派员参加）。

（十二）“钢丝网U形渡槽”工艺

安康、汉阴县分别采用“钢丝网U形渡槽”工艺，解决了汉阴观音河水库总干渠，安康县月河渠跨沟建筑物施工问题（由杜子平、杨志鑫、曹怀德、辛希光等设计）。

（十三）“拱坝”工程

石泉县筷子铺水库，安康奎星水库“拱坝”工程，为库坝建设费节省之典范（由沈文杰设计）。

（十四）“化学试剂除锈防锈”工艺

汉阴县水电局运用“化学试剂除锈防锈”工艺，使钢管倒虹防锈问题得以解决。此法已被安康、旬阳及本省各地采用（由杨志鑫研制、设计）。

（十五）留马山水电站机组革新改造

汉中市汉台区留马山水电站二号机组传动装置配套不合理，出力只能达到额定值的85%，水轮机的效率特征不适应电站供水条件，年平均效率在0.5以下。1978年，以站长张平玺为主，工程师李羽峰、杨永靖指导，对二号机组采取改造传动装置、调整速比等技术措施，使机组的正常出力达到额定值，水轮机效率平均提高23.2%，设备完好率由86%提高到98%，年可增加发电量8.2万千瓦时。这一技术革新改造成果，获汉中市1979年科技成果三等奖。

（十六）地下水动态观测

1979年选定10眼观测井，观测网点控制面积10平方千米，代表面积366平方千米，按统一规定的项目和观测程序，固定专人进行地下水动态观测。持续9年，实测数据5000多个，经整理分析，汉中阶地及新、老洪积扇地区的潜水位呈相对稳定趋势，上升或下降变幅基本在0.5米以下。市区及供水较集中的集镇（铺镇），由于机井密度逐年增加，地下水开采量越来越大，导致地下水位明显下降，下降幅度达1米以上。地下水动态观测成果，为全市合理开发利用地下水资源，补充农田灌溉及解决工业用水、人畜饮水困难，提供了科学依据。1986年，汉中市地下水观测站被陕西省水利厅评为先进集体。

（十七）水资源调查和水利区划报告

1980年至1982年，汉中水利局抽调科技干部20余人，完成了全市水资源调查和水利区划工作，经汉中市农业区划办公室审定，水利区划综合报告及其专题报告汇入《汉中市农业区划报告集》。水利区划工作的开展，基本查清了全市水利资源，对30年水利建设的经验、教训及今后发展方向进行了科学总结。区划报告从汉中市经济发展规律、自然规律及现有水利设施能力等实际情况出发，将全市划分成3个大区：渠库双灌多水平坝区、渠库双灌少水丘陵区、简易设施水土保持山地区。由于地形和水利条件的差异，又将三大区划分为滩地、平坝、丘陵少水、丘陵缺水、浅山、深山6个亚区，根据不同区域的特点，科技人员在总结论证的基础上，确立了全市水利建设的主攻方向，提出了具体区划意见。王家河小流域水土保持综合治理，郭家沟水库续建配套，东干五支渠王家坪渡槽，灌区渠道衬砌、江河堤防建设、病险水库加固处理等，都是在水利区划的基础上逐步实施的，取得了较好效益。1985年，陕西省水利厅授予汉中市水利局“水利区划”科技成果二等奖。安康市采用定性与定量相结合的方法，通过对相关数据的收集、整理和分析，结合实地调研和专家咨询，形成了《安康水利区划报告》。

第三节　科技活动

一、科技交流活动

（一）科技下乡活动

汉中市和安康市水利局积极参与文化科技卫生“三下乡”集中示范活动：组织工作人员现场发放宣传资料，解答群众疑问，普及水利知识，包括节水灌溉、水土保持等方面内容；发放节约用水知识读本、宣传手册、历史治水名人宣传海报等，提高群众水资源保护意识；发放印有历史治水英雄故事的笔记本等小礼品以提高群众兴趣；印发《汉中市汉江水质保护条例》《中华人民共和国长江保护法》《中华人民共和国水污染防治法》等，增强群众生态意识。举行“水情、水利、水资源”全国科普日系列宣传活动：展出水利科普知识展板，发放水利科普宣传册，现场解答水利政策法规及防灾减灾科普知识；举行保护母亲河——大型鱼苗放生公益活动。

（二）积极举办“科技之春”宣传月活动

汉中、安康两市及其下辖县（区）举办“科技之春”宣传月活动。2014年3月20日，安康市第22届“科技之春”宣传月活动启动仪式在金州广场举行，市水利局总工带领相关科站工作人员现场开展水利科技知识宣传活动，发放节水知识、避灾自救常识、水质保护知识宣传彩页及水保、渔业等水利法规宣传册。2014年3月3日上午，石泉县举办第二十二届“科技之春”宣传月活动，县水利局组织水产养殖管理服务中心技术工作人员，开展了渔业科普知识、涉水产业法律法规、水产品质量安全等宣传活动，发放相关资料 500 余份，现场答疑 20 人次。同时组织和邀请渔业专家和技术人员对汉江沿线主要乡镇进行渔业技术培训和学习。2019 年 3 月 12 日，汉中市举行“科技之春”宣传月暨“三下乡”集中示范活动：组织科技人员到基层一线开展科普活动，为群众开展农林水科普咨询、惠民政策宣传等活动，并进行文艺演出，来自市、区两级科技、宣传、文旅、卫生健康、农业、水利等 80 多个部门单位的科技工作者参与其中。

（三）开展水利科技研究

2000 年以来，流域内大力推广水泥预制件筑坎技术、PP 编织袋筑坎技术、山塘水质与浮游植物多样性的关系课题研究等，开展坡面近自然水土保持措施应用研究、预制件筑坎技术研究等，涌现出一批批具有实用价值的科技成果。

2012 年，原陕西省水土保持局与西北农林科技大学陕西绿为生态科技有限公司合作开展了“PP 织物袋在陕南地区坡耕地治理中的应用与推广”项目，该项目被列为 2013—2014 年水利部科技推广计划项目（编号 TG1308），总投资 700 万元，先后在汉滨区、汉阴县、西乡县、洋县、勉县、凤县进行 PP 织物袋技术示范和推广，累计完成 PP 织物袋建立坡面水系工程示范 2400 米，建立边坡防护示范 2.3 万平方米，发表论文 11 篇，申请专利 3 项。2016 年，原陕西省水土保持局在分析梯田边坡的破坏形式和传统梯田边坡稳定机理的基础上，提出一种“以土挡土”的设计概念，利用“L”形混凝土构件将梯田边坡表层土体保护和组织起来，形成一种“土质挡墙”代替石质挡墙。2017 年，利用实施国家水土保持重点工程——坡耕地水土流失综合治理项目的机会，在陕西省汉中市略阳县开始进行 1.5 公顷低边坡（1.5 米以下）“土质挡墙”实验性施工，取得了节约成本、缩短工期、减少因修筑石坎对生态环境的破坏的良好效果，受到群众欢迎。截至 2024 年，略阳县已累计实施 1335.51 亩，正在实施 178.15 亩，计划实施 463.2 亩。

西北农林科技大学安康水产试验示范站加挂水产科学研究所牌子，进行相关探索；开展小流域建设试点和水保示范园建设，探索总结面源污染控制技术；与省级技术协作单位共同开展相关项目研究课题。

2011 年，原陕西省水土保持局和西安理工大学“南水北调中线工程陕西水源区水土保持生态补偿研究”项目，被陕西省政府授予省科学技术奖二等奖。

陕西省水利厅和西北农林科技大学科研项目“陕南水土保持经济林（果）营造技术规范”研究，制定了地方标准《水土保持经济林营造技术规范》（DB61/T 948—2014），由陕西省质量技术监督局颁布。

陕西省水利厅和西安理工大学科研项目“水土保持在南水北调中线陕西水源区的社会效应研究”（2012-25），2017 年该研究成果荣获陕西高等学校科学技术二等奖。

陕西省水土保持局和西安理工大学合作陕西省教育厅重点实验室项目“丹汉江水源区水土流失非点源污染过程与调控”（09JS094）。

2017—2019 年，原陕西省水土保持局与西北农林科技大学合作“秦巴山区青藤护坡（坎）

栽培技术研究与示范推广”项目。

2019年，原陕西省水土保持局和西北农林科技大学开展了“陕南山塘水质与浮游植物多样性的关系”课题研究，项目列为陕西水利科技计划项目（编号：2019sllj–1），资金52万元，该项目通过调查分析了陕南山塘地区41个山塘不同季节水质与浮游植物群落的关系，查明了该地区山塘水质、浮游植物群落的时空分布格局，揭示了影响浮游植物群落变化的水质因素。项目研究提出了陕南山塘富营养化及浮游植物多样性指数及适用于陕南山塘水质及富营养化水平评价指标体系，初步提出了适用于陕南山塘水质提升的生态修复措施。申请发明专利3项，授权发明专利1项，发表SCI论文5篇。

（四）组织水利技术培训

两市水利局设立专门负责水利科技等工作的职能科室，引进专业技术人才；组织编写相关技术手册并开展培训；旬阳、平利等县水利局与西北农林科技大学联办函授学习班；部分县（区）针对小型水利水保工程施工队进行施工技术和行业规范培训；市、县水利部门多次组织面向渔业养殖户的技术培训。

（五）开展学术交流活动

2008年4月10日，“南水北调中线工程水源区水土保持生态补偿机制研讨会”在陕西汉中召开，包括原陕西省水土保持局、全球水伙伴等国际NGO组织以及相关专家对此进行探讨，呼吁建立长效的补偿机制。

2018年4月，原陕西省水土保持局与美国大自然保护协会（TNC）合作开展“陕西省‘健康小流域’评价标准、指标体系和监测体系研究”，于4月11—12日在西安召开该科研项目启动会和国际学术研讨会。会后，4月13—14日，组织中外专家一行15人赴汉中、安康市考察。

2012年12月6日，汉中市水利学会七届七次水利科技学术论文交流暨中国科协“会员日”水利科技工作者座谈会在汉中市水利局隆重召开，为水利科技工作者提供了学习交流和座谈联谊的平台。

二、科技活动成效

通过一系列科技活动的举办，汉中市和安康市水利科技发展取得了一定的成效：一体化净水器等水质处理技术、PE管等新型管材、渗灌等节水灌溉技术、水泥预制块和PP生物编织袋筑坎以及格栅护坡等施工技术得到应用；网箱养殖、工程化稻田养鱼等渔业科技推广取得显著成效；远程视频监控等现代科技手段广泛运用于防汛预警等工作实践。建成安康市水产品质量检测和鱼病监测防治中心，与西北农林科技大学联建安康水产试验示范站和水生动物实验室；10个县（区）的农村供水水质监测中心和重点工程的水质化验室全面建成，新建多个水保监测点；建成多处水量自动监测点、雨量自动监测站、无线防汛报警广播和远程视频监控点，重要防汛单位之间的视频会商系统基本形成，形成了一大批学术成果，见表5–5–1。

表5-5-1　1949—2020年汉江流域科技交流一览表

序号	类型	题目	作者	备注
1	科技论文	《汉江汉中——南郑段河道治理探讨》	李祥武	载《汉中科技》1982 年第一期
2	科技论文	《池塘主养鲤成鱼高产试验》	刘清媛	《陕西水产》1988 年第二期
3	学术论文	《径流电站水能的计算新方法》	雷玉峰	提出小电站水能计算的最新理论，在小水电建设上发挥了作用
4	科技论文	《安康“83・8”洪灾及防汛工作简析》	来天成、郝宗刚	
5	科技论文	《安康水库洪水预报》	陈文军、何长春	
6	科技论文	《汉江洪水与城区防洪措施》	崔振甫	
7	科技论文	《运用洪水、降雨的中长期水情预报》	雷玉峰	
8	科技论文	《元潭子“82・8”暴雨调查》	来天成、黄也鲁、刘安强、李荫发、沈明朝等调查，刘庆汉组织编写	
9	科技论文	《安康地区特大干旱与抗旱对策》	地区抗旱办组织，海子久撰写	为地方防灾减灾提供了决策依据
10	科技论文	《安康地区水土流失及其防治战略》	程云铎	
11	科技论文	《怎样修好水平梯田》	程云铎	
12	科技论文	《安康地区喷灌建设》	潘俊清、吴明华等	
13	科技论文	《安康地区农作物灌溉制度与需水量研究成果》	海子久	
14	科技论文	《视距测量讨论两则》	马功录、黄乐华	
15	国家发明专利	《简易测距仪》	雷玉峰	专利号：862100626
16	区划成果	《汉中市农业区划报告集》	汉中市水利局	
17	区划成果	《安康地区水利、水保、渔业区划》	地区农业区划办主持，沈文杰、李登魁、杨乾刚等编写，刘庆汉、陈复华校审	
18	实用手册	《安康地区实用水文手册》	地区水电局主持，刘庆汉、刘安强、赵哲先等编写	

二、获奖成果

汉江流域各地区、县水产站、渔种场主持的科技项目有：《陕西省中小水库化肥养鱼技术推广》获中央农牧渔业部“丰收奖”、陕西省水利厅“科技进步奖”（参加人员李长安等）；《建鲤保种选育及推广》（由李长安撰写），《池塘养鱼增产技术》《秦巴山区流水养鱼》等（由李长安、杨乾刚、朱鹏华、何兴华等参加）获得省、地科技进步奖，其经验已在本区广泛应用，同时得到中国水产学会、陕西省水产学会的肯定。还有部分科技成果、优秀论文被《中国自然科技成果文集》《中国社会科学文库》《农业适用技术百科全书》《水利经济情报开发文集》《陕西省水利管理文汇》等书刊收录。在科技研究中，涌现了一批科技先进单位和先进工作者。整理、撰写的成果、文稿获得各级领导机关的表彰和奖励，创出效益，受到好评，见表 5–5–2。

表5–5–2　汉江流域获得部省级科技成果统计

序号	成果名称	完成单位	获奖等级	获奖时间
1	汉中水稻灌区计划用水技术	汉中地区水电局	陕西省科技成果三等奖	1982 年
2	白河县集雨水窖建设研究与推广	白河县水利局	陕西省科学技术三等奖	2003 年
3	陕西省 10 万亩银杏丰产示范园建设	陕西省水土保持局、西北农林科技大学、汉中市水保站	陕西省农业技术推广成果三等奖	2005 年
4	陕西省水产名优品种繁育及养殖技术推广	陕西省水产研究所、西安市水产工作站、汉中市水产工作站等	2006—2007 年度陕西省农业技术推广成果二等奖	2007 年
5	大鲵规模化繁育技术应用与推广	陕西省动物研究所、陕西师范大学、陕西省水产研究所、陕西省渔业局、安康市大鲵产业技术研究中心	第十四届陕西省农业技术推广成果奖二等奖	2012 年
6	陕西省大中型水库渔业综合开发技术推广	陕西省水产工作总站、汉中市水产工作站等	第十六届陕西省农业技术推广成果奖三等奖	2014 年

第六篇　汉江文化

汉江文化历史悠久，地域特色鲜明，陕南作为连接南北、沟通东西的过渡交流区，文化杂陈并列，秦风与羌楚文化融于一体，自然人文遗产丰富，特色民俗突出。自然景观，独具特色；人文景观底蕴深厚，传承千年；流域民俗多彩灿烂，寄托希望；水文化建设多元发展，构建可持续发展体系。这些与水相关的精神财富和物质财富演绎出了更深层次的治水文化、管水文化和用水文化。

第一章　自然与人文景观

汉江流域地势西北高、东南低，上游地形起伏较大，南北分别为大巴山和秦岭山地，峡谷居多，流域水资源丰富，亚热带季风气候，森林覆盖率高，自然景观丰富，有喀斯特地貌溶洞群、原始森林、湖泊等，景色优美，独具特色。

一、汉江源景区

汉江发源于汉中市宁强县境内，有古汉源和新汉源之说。据史志记载，古汉源位于县北嶓冢山石牛洞，北依嶓冢山，东南为漾水和五丁北峡水交汇处。新汉源即玉带河源头，发源于宁强县汉源村箭竹岭水池垭，地处川陕交界处，山峻谷狭，溪流顺山下泄，形成“三瀑”“三潭”的奇观景观，瀑布下注深潭，百尺见方，清湛碧绿，人称“汉源潭”，也即汉水之源。

近几十年来，经专家多次探源踏勘，对汉江源头进行学术研讨和论证，以流程长、流量大为据，认为玉带河为汉江源。《辞海》（1989 年版）中也确定汉江源流为玉带河。

二、葱滩国家湿地公园

葱滩国家湿地公园位于汉中市勉县长沟河镇庙坪村，总面积 710.8 公顷，湿地面积 243.9 公顷，湿地率 34.3%，森林覆盖率达 97%。湿地公园所在区域属秦岭南坡中高山地貌，南秦岭褶皱带，最高海拔 2621 米，囊括了河流和沼泽湿地类型。据调查，公园及周边区域共有种子植物 85 科 328 属 579 种，其中包括国家一级保护植物秦岭红豆杉，国家二级保护植物秦岭冷杉、太白红杉、连香树、水青树、香果树、水曲柳等 6 种。有野生脊椎动物 242 种，隶属 23 目 67 科，其中包括国家一级保护动物羚牛、林麝、金钱豹、金雕等 4 种，国家二级保护动物金猫、红腹锦鸡、血雉、大鲵等 25 种。

三、黎坪国家森林公园

黎坪国家森林公园位于汉中市南郑区黎坪镇，大巴山西段米仓山腹地，被誉为“巴山深处的绿色明珠”。该公园距南郑区 60 千米，距汉中市 65 千米，距西安市 298 千米，总面积 9400 公顷。

陕西黎坪国家森林公园东西长 18 千米，南北宽 13 千米，公园范围西达南郑区界，与宁强县相邻，东至黄杨河东沟，北起白杨坪，南至冷坝南部脊梁。

陕西黎坪国家森林公园属扬子准地台北部边缘，地势南高北低，呈阶梯分布，海拔 1400 ~ 2312 米，平均海拔 1500 米。龙门—大巴山隆起褶断带地貌，地质基岩多为灰岩、页岩和板岩，岩溶地貌发育，属典型的喀斯特地貌。

2002 年 12 月，陕西黎坪国家森林公园经国家林业局批准为国家森林公园。

四、西乡七星湖

七星湖风景区位于汉中市西乡县城东，距县城 39 千米，临 316 国道。水道长 70 余千米，水面面积 25 平方千米，直通石泉，是汉中最大的人工湖，素有“黄金小三峡”之称。七星湖景区有汉王古镇、荔枝古道、太白幽境、参天古楠、水帘洞、钟乳奇石。

五、燕翔洞

燕翔洞位于安康市石泉县城南部，北依秦岭，南接巴山，是秦巴腹地的自然景区，是西北地区最大的喀斯特地貌溶洞群。燕翔洞是一个寒武纪古生石灰岩溶洞，距今已有数亿年的历史。据考证，其实际长度 10 千米左右，是西北乃至国内保护最完好、洞内景观最丰富、体量最大的溶洞群落，被誉为“西北第一洞”。洞中石笋遍布，石花、石瀑、石珊瑚千姿百态，景象万千。

六、鬼谷岭

鬼谷岭位于安康市石泉县城关镇境内，距石泉县城 30 千米。鬼谷岭是石泉境内山峰，也是陕西著名的道教名山。鬼谷岭又名云雾山，由鬼谷岭、龙洞沟景区、大溪沟景区 3 个景区组成，雄奇险峻，主峰被五条苍劲山脉拱托，喻称“五龙捧圣”。山上原始森林保存完好。

鬼谷岭是战国时期思想家、谋略家、纵横学派鼻祖鬼谷子出生、授徒和讲学的地方。史载，秦汉时期，这里就建有鬼谷子庙，供有鬼谷子神像。迄今，鬼谷岭古建筑遗址面积达 8000 多平方米，境内有大小庙宇 20 余座，悬崖上有鬼谷子石棺，沟谷中有鬼谷子授徒洞及其母亲居住过的圣母洞。

七、龙岗生态旅游区

龙岗生态旅游区位于安康市汉阴县城之北，是一个集游览观光、休闲、娱乐、运动、游憩于一体的以体育运动为主的城市郊野生态运动公园，集中体现汉阴自然景观、人文景观的重要地段。整个园区占地 4.7 平方千米，规划区面积约为 390 公顷，北至赵家河水库、皮家沟，南至 316 国道，东至李家沟和陈家沟山梁，西至树扒梁，分为特色旅游区、森林观光区、休闲娱乐区、体育运动区、人文景观区、宗教文化活动区。目前，主要景点有龙岗阁、千步梯牌楼、状元林、抱翁丈人雕塑、凤凰亭、尚德亭、芳林亭、朝阳门、革命烈士纪念碑、林荫广场、菩萨泉、祖师殿、戏楼等 40 余个。龙岗公园山雄树奇、桃红柳绿，整个汉阴县城尽收眼底，凤凰秀山和月河川道的美景一览无余，是人们旅游休闲的理想宝地。

八、香溪洞

香溪洞，位于安康市城南 3 千米新城办事处境内，是国家 AAA 级旅游景区。景区东起陈家沟西环山梁，西至西坡根山溪，南到任家沟北环山半坡茶园，北至头天门牌坊北环沟中，总面积6.6万平方米。据园内碑文记载，始建唐代，明万历二十八年（1600年）、清雍正九年（1731年）两度重修，昔称“古洞仙踪”，为“安康八景”之最。1990年4月6日，香溪洞被陕西省人民政府认定为第一批省级风景名胜区。

九、绣屏山

绣屏山，因山形如屏、植被丰茂得名。其又称凤岭、天池岭，因“形如凤翥”，故名凤岭，又因峰顶有古天池得名天池岭，是安康市白河县城南西走向龙岗山脉的主峰。2007年6月，白河开始建设绣屏山森林公园，总面积100公顷。

天池在绣屏山顶，池内四时有水。清乾隆十年（1745年），当地知县罗文思题“天池”二字，勒碑于池上。明清时，山泉汇集绣屏山顶平地而成一池，约660平方米，名天池。天池四周野花丛生、池水澄碧如镜。清乾隆四十八年（1783年）秋，当地知县李宗信在魁星山顶建书院并以“天池”命名。清嘉庆元年（1796年）至嘉庆四年（1799年），当地知县严一青主持筑县城外城，设北门在桥儿沟中段，命名“天池关键”，意为防守白河县城的关键。至清同治年间，古天池夏有水而冬干涸。清光绪四年（1878年）十二月，经白河知县王鸿儒兴工修浚后，天池冬季复有水。

如今，清“天池关键”北城门、“镇远”南城门已列入县级文物保护单位，罗文思所题“天池”石碑保存于白河县博物馆。

陕南位于长江的最长支流汉江的上游，是长江早期文明的重要传播区域和交流通道。在历史发展过程中，在中华文明多元一体化进程中，汉中、安康至关重要。两地地处交通要塞，自古以来为兵家必争之地，因关口、要塞居多，数千年来兵戎频起，争斗不断，因此衍生了相关遗址、古城镇、纪念及军事设施类遗址，保存至今。

第一节　历史文化名胜

汉江流域地理位置特殊，水路交通得天独厚，历史时期常年受政权纷争影响，人群流动性较强，东北与关中沟通，西南与巴蜀交流，历史文化底蕴深厚，流域古人类遗址、军事设施遗址、古城镇、古建筑等遗存丰富。据不完全统计，陕西汉江流域约4500处文物点，其中汉中、安康两地水文化遗产约50处。

一、重要遗址

（一）南郑龙岗寺遗址

龙岗寺遗址，又称龙岗寺古人类遗址，位于汉中市南郑区梁山镇汉江南岸，距汉中市中心城区3.5千米，是大巴山余脉梁山向汉中盆地过渡的低山丘陵地带。这里纬度适中，低山丘陵，一脉相连，濂汉二水，南北交汇，形成美丽富饶的汉中盆地。遗址由旧石器时代文化、新石器时代文化、汉代墓葬群、龙岗寺宗教文化、红色革命文化5部分组成，内涵丰富，具有极高的历史价值、科学艺术价值和社会经济价值。

龙岗寺遗址于20世纪80年代初被发现，是我国秦岭以南地区为数不多的早期旧石器遗址群之一。2013年，考古发掘中出土了旧石器时代的砍砸器、手斧、手镐、薄刃斧、刮削器和尖状器等制品达4万多件。龙岗寺遗址出土的打制石器，器型小而轻薄的刮削器、尖状器是本土“简单石核－石片技术”的产物，器型宽大、厚重的手斧、手镐、薄刃斧和石球是“阿舍利技术”的产物，这里是我国目前发现的为数不多的超过100万年的旧石器时代遗址群。

龙岗寺遗址位于连接我国南北旧石器的一个过渡地带，出土的石器也体现了南北方旧石器文化交会的特点，这对于研究人类石器技术发展，乃至人类起源有着重要的意义。

（二）疥疙洞遗址

疥疙洞遗址，位于汉中市南郑区梁山镇南寨村附近，是一处旧石器时代晚期的遗迹。疥疙洞地处龙岗寺旧石器遗址所在地的梁山余脉、汉江右岸第三级阶地上，洞穴朝向西北，调查中发现了丰富的石制品和动物化石。

遗址地层堆积厚约1.6米，可划分为13层，其中第3～10层为旧石器时代文化层。人类活动面位于第4层以下，具有明显的踩踏面。疥疙洞遗址出土有距今3万年左右的现代人化石，还发现有丰富的、共生关系清晰的小石片工业系统的石器。

疥疙洞遗址是中国旧石器时代遗址中罕见地保留了距今10万～1.5万年间人类化石和丰富文化遗存的洞穴遗址。出土的数量众多、种类丰富的动物化石，极大地丰富了秦岭地区晚更新世的动物化石材料。

（三）关庙旧石器遗址

关庙旧石器遗址发现于1989年，位于安康市东北汉江北岸，是安康首次发现的有确切出土层位的旧石器文化遗存。该遗址使安康成为连接黄河流域与长江流域旧石器文化的重要环节，即过渡带。

关庙旧石器遗址中出土石制品较多，以石核、石片比重较大，另外还有刮削器、尖状器等。通过出土石制品说明旧石器时代已有原始先民们在汉江上游劳作繁衍生息，他们的拓荒为新石器汉水上游的经济文化发展奠定了基础，成为后世及当今汉水文化的开拓者。

（四）柳家河遗址

柳家河遗址是迄今安康境内发现的文化内涵最为丰富的新石器时代遗址，位于安康市汉滨区五里镇龙头村，该遗址是一处仰韶文化的新石器遗址，比较典型，为研究汉水中上游新石器文化内涵提供了重要资料。

1981年3月，文物调查发现大量石器、陶片和红烧土等物。典型器物有瓮、钵、尖底瓶、罐、碗、铿等。出土石器有斧、耜、刀、镞等。

1987年，当地村民在文化层中挖出陶塑人头像一件，造型古朴生动，具有较高的研究价值。1986年，安康县政府确定该遗址为县级重点文物保护单位；1992年4月20日，被陕西省人民政府公布为第三批省级重点文物保护单位；2013年3月，被国务院公布为第七批全国重点文物保护单位。

（五）宝山遗址

宝山遗址位于汉中市湑水河畔的城固县宝山镇，占地5万平方米，1990年被发现，因发掘出大量烧烤坑和形制特异的陶窑群而享誉海内外。经过连续15年的发掘，出土了3600年至3000年前宝山商时期遗存中的大量陶器、骨器、石器以及铜、铁制文物，其中出土的四棱体铜针，是迄今我国出土古代文物中最早的青铜针实例。其仰韶时期烤烧坑和汉代烤烧坑，数量多、种类齐，另有商代的填埋垃圾和烧烤食物并用的“烧烤坑”，揭示出汉水上游地区从仰韶、龙山、商代，直到汉代延续着烤烧坑这样独特的生活习俗，这在全国考古发现中尚属首次。这对于汉水上游青铜时代文化内涵及其文化性质的全面认识有重要意义。宝山商时期丰富的遗迹遗物反映出它是具有独特面貌的文化遗存，因而被命名为宝山文化。1986年，宝山遗址就被评定为县级文物保护单位。2013年，宝山遗址被国务院核定为第七批全国重点文物保护单位。

（六）阮家坝遗址

阮家坝遗址位于汉阳镇交通村一组汉江北岸阮家坝一级台地上，隔江与汉阳镇相望。遗址东临龙王沟，西接响洞沟，南与汉江相连，北临阮家坝新村。

1980年和1986年，陕西省考古研究所两次对阮家坝进行了大面积的考古发掘，发现了大量细绳纹夹砂白陶、细绳纹里黑外红陶片、细绳纹蛋壳陶片和经磨制的石斧、石铲等生产工具，所出土的陶片，陶质松脆，火候不高，器壁较薄，形器简单，明显带有“李家村文化”特点。当时人已定居，不再以游牧和打猎为生，而从事种植和家养牲畜农事活动。与汉阴不远的西乡县李家村，考古中还发现遗址的红烧土块中有稻谷印痕，说明已开始栽种水稻。阮家坝、李家村遗址的先民生活在距今7900年前，农耕活动早于新石器时代中期的南方河姆渡文化、北方仰韶文化遗址的先民，意义非同一般。

（七）何家湾遗址

何家湾遗址位于汉中市西乡县板桥乡何家湾村西，西距西乡县城约5千米，北距阳平关—安康铁路2千米，南距板桥乡2千米。遗址分布在泾洋河北岸二级台地之上，高出现河床10米左右。遗址南北长300米， 东西宽150米，总面积约45000平方米。

该遗址是1959年首次发现的，1980—1982年，陕西省考古研究所汉水考古队对该遗址进行了正式发掘，发掘面积共计1475平方米。 由发掘资料获知，该遗址的文化内涵主要有老官台文化李家村类型、仰韶文化半坡类型与庙底沟类型以及龙山文化，其中以半坡类型遗存最为丰富。该遗址的考古发掘资料，对于进一步研究汉江上游地区史前文化的发展序列，以及半坡类型的分期等学术问题具有重要价值。

何家湾遗址于1985年4月25日被西乡县人民政府公布为第一批县级重点文物保护单位， 2003年9月24日被陕西省人民政府公布为第四批省级重点文物保护单位，同时公布了保护范围。其保护范围为：遗址东西长600米，南北宽500米。东至村小学以东600米，西至村小学，南至泾洋河北岸第一台地边沿，北至山脚下。建设控制地带为保护范围的东西外延100米，南北外延10米。

（八）手扒岩纤道遗址

手扒岩纤道遗址位于安康市旬阳县棕溪镇狮子岩村东北约 2.5 千米的汉江边。北临汉江，南靠山崖。南北宽 4 米，面积约 120 平方米，开凿于距江面约 6 米高的山崖上。

手扒岩纤道遗址是古时在江上拉纤的纤夫留在岩壁上的印迹，立于遗迹前，仿佛看到一队队纤夫躬身弯背，手扒岩石，拉紧纤绳，在湍急的河流中奋力向前的场景。手扒岩纤道上纤绳的磨损印迹和纤夫们留在岩石上的抓痕，现在还基本保持原貌，对研究古代当地的依水交通史及人文活动有一定的参考价值。

（九）石泉县禹王宫

禹王宫，即湖广会馆，位于石泉老县城东门内北侧，坐北向南，始建于唐代开元年间。明弘治年间再次修建万寿宫，宫内立禹王塑像，现存的禹王宫是清乾隆年间所建，是“会馆式”庙宇，已不同于原来的禹庙。清道光二十九年（1849 年）的《石泉县志》记载：“湖广馆，即禹王宫，在城隍庙左，供禹王及周子。乾隆年建。”

禹王宫是由早期移民中的湖南、湖北富商、乡绅捐资兴建的，既是祭拜禹王的殿宇，也是湖南、湖北两省商旅为联络乡谊而创建的同乡会馆。建筑面积 2 万平方米，墙体青砖砌筑，砖体上有“禹王宫”铭文，拜殿墙上有禹王像、大禹治水壁画、浮雕；正殿大门楹柱书“八年于外江淮河汉思明德，三过家门春夏秋冬见真情”楷书对联。墙壁上有祥云、神龙和大禹治水场景等巨幅彩绘壁画，正面供奉大禹塑像，两边楹柱上有一副对联“治水引流流芳百世，勤心为政政顺千秋”。上悬匾额，书“敷土功高”四字。

每年六月六举办禹王会，自宋以来广泛流传。表演的木偶、皮影“闹龙宫、捉水怪”等剧目都与大禹治水有关系，以祈求来年风调雨顺、国泰民安。2003 年 9 月 24 日，禹王宫被列为第四批省级文物保护单位。

二、古城镇

（一）午城遗址

午城遗址位于汉中市南郊的午子山，被誉为“西北第一古城”。午城遗址距今有 4000 多年的历史，遗址位于午子山的山顶，占地约 7 平方千米，是一座古代城市遗址。遗址内保留了大量的城墙、城门、宫殿、祭祀场所等建筑遗迹。城墙为夯土夯筑而成，周长约 3.5 千米，上有垛口和箭楼。午城遗址内发现了大量青铜器、陶器、玉器等文物，及大量的墓葬，出土了丰富的随葬品。

（二）华阳古镇

华阳古镇，位于汉中市洋县华阳镇，秦汉成集镇，唐宋设县治，至今 2000 余年。华阳古镇始于汉代、兴于唐宋的傥骆古道，与褒斜道、子午道、陈仓道并称为穿越秦岭的四大古道。华阳古镇是傥骆古道上有名的古道驿站、军事要冲、经济政治重镇，革命战争年代更有红二十五军曾在此战斗过、生活过，是省级爱国主义教育基地、全国百家红色旅游经典景区——“川陕革命纪念馆”的组成部分。现有省级重点保护文物单位 1 处，县级重点保护文物单位 10 余处。

（三）石泉古城

石泉古城位于汉江北岸，修建于北魏时期。发源于秦岭南麓的汉江流经石泉，水流渐趋平缓，水面变宽足以行船，大山深处的小城便成了汉江上游一处重要的码头。几百年来，秦岭山货从这里登船顺流而下，直达武汉，长江中下游的日用百货通过船运抵达石泉。

汉高祖九年（前 198 年），石泉建县，古称安阳。明成化十七年（1481 年）因城南石系多泉，经流不息而得名石泉。随着水码头的兴盛、商贸的发展，秦岭一带的人们聚居于此，清康熙、乾隆年间朝廷鼓励移民，于是江西、湖南、湖北一带大量民众、商户来到石泉落地生根，为了相互接济抱团经营，他们在石泉城里建起了各自的会馆，鼎盛时期石泉一共建有 8 所会馆。

（四）蜀河古镇

蜀河古镇地处汉水之滨，与 316 国道相邻，距旬阳县城 56 千米，有“小汉口”之称。蜀河口地处水陆交通要道，水路船只上通安康、汉中，下达老河口、汉口，旱路骡马大道通往西安，是汉江上游最大的商品集散地之一。

古镇保持了不同时期、不同地域的建筑风格和行业特征，是汉江文化的一个缩影。《三省边防备览》中称蜀河“商贾云集，为汉江小都会”。各地客商依原籍建馆结社，建起了众多会馆寺庙，包括山陕会馆（三义庙）、黄州馆（黄州帝王宫）、回帮的清真寺、武昌帮的武昌馆、江西帮的万寿宫、船帮的杨泗庙及本地帮的火神庙等。

解放初期，老一辈革命家曾在此建立红色政权——上关县人民政府。1956 年 5 月，正式设为蜀河镇，是当时全省县以下四个建制镇之一。

（五）双河口古镇

双河口镇位于安康市汉阴县城北部秦岭南麓 28 千米处，因地处楼房河、梨树河两河交汇处而得名。双河口镇始建于明初，距今已有 600 余年历史。据清初史料记载，在过去陆路交通不发达时，双河口古镇上通西安，下达安康，是有名的山区古镇。在明、清鼎盛时期，店铺多达百余家，行业多达几十种。

该古镇建筑群现存有 10 座四合院，有老房子 250 余间，建筑面积超过 6000 平方米，是全县目前保存最完整的古镇。古镇街道以青石板铺成，两边多为徽派土木建筑，建筑结构多为四合院，是具有典型陕南风格的民居建筑。

（六）熨斗古城

熨斗古镇位于安康市汉阴、石泉、西乡、镇巴 4 县边界，为川楚古道驿站。在古时，这里贩黄表、运棉花的商贩川流不息，因此自古有“白龙下川，黄龙入陕”之说。旧时门额匾有清道光二十年（1840 年）题“川楚通道”4 个苍劲大字。第三次全国文物普查时，在熨斗街北约 300 米富水河南岸崖壁下，发现一处长 30 余米，下距水面 1.2 ~ 1.4 米的古栈道遗址，栈孔均为圆形，孔径 12 ~ 15 厘米，孔进深 16 ~ 20 厘米，间距 1.5 ~ 2 米。

清代以后，古镇不断扩建整修，形成分布面积约 1.2 万平方米的镇街。老街由南北走向逐渐转为东西走向，共两段组成，东西走向段原两端各有门楼一座（俗称闸子门），现已毁。熨斗老街是石泉县保存较完整的古街之一，见证了当年水运畅通、商贾云集的繁荣景象。

（七）骆家坝古镇

骆家坝古镇又称惊军坝，早在汉代就有了驻军，因遇夜惊军队而得名，是自古入川的重要集镇，后因商贾在此倒换骡马而更名为骆家坝。骆家坝古街沿河而建，始建于明末清初，建筑风格综合体现了陕南及巴山民居特色。

骆家坝古镇也是革命老区，富有光荣的革命优良传统。早在1932年，中共陕西省委任命陈浅伦为军长兼政委，在此创建了中国工农红军第二十九军及苏区，至今还留有军部遗址。1932年10月，老一辈革命家徐向前率领的红四方面军曾在钟家沟玄天观召开了团以上干部会议，作出了入川的重大决定，史称红四方面军史上的“遵义会议”。总部驻扎在钟家沟老街。

（八）镇巴青水苗寨

汉中市镇巴县青水镇地处大巴山腹地，位于陕西省南端、汉中市东南隅。据资料记载，青水镇的苗族居民据说是在清乾隆年间为躲避战乱，由贵州遵义迁移至青水定居的，两百多年来繁衍生息，是我国西北地区最大的苗民聚居地，被誉为“中国最北苗乡”，这也是西北地区唯一的苗寨。如今，这座坐落于巴山深处、风景优美的小镇，也成为西北地区最大的苗族聚居地。

（九）周至老县城

老县城村，又称佛爷坪、佛坪，西安市周至县厚畛子镇下辖村，中国传统村落，位于太白山东岭下龙洞湾东、湑水河南岸，村域面积12.1平方千米。老县城村是千年古道傥骆道途中唯一的要塞城池，曾是清代佛坪厅的所在地，其周围四山环抱，一水中流，被誉为中国北方的“香格里拉”。佛坪厅故城为陕西省文物保护单位，其中坚固高大的石头城墙及东、西、南三座城门保存完好。老县城村民俗文化丰富，厚畛子山歌被列入西安市地方传统文化遗产名录。2016年12月9日，老县城村被住房城乡建设部、文化部、国家文物局、财政部、国土资源部、农业部、国家旅游局公布为第四批中国传统村落。

（十）漫川古镇

漫川古镇，古称丰阳关、丰阳川，又称蛮子国，位于商洛市山阳县城东南50千米处，福银高速和203省道穿境而过，地处秦南边陲、陕鄂交界，是陕西通往湖北的重要门户，因地貌广阔、水域宽衍而得名。

金钱河在漫川迂回曲流，形成了“太极环流”，曾有“水码头百艇联樯，旱码头千蹄接踵”的辉煌，是秦楚文化交界之地的一个重要文化坐标。因其地势险要，历史上一直是兵家必争之地，素有“秦楚咽喉”之称。

漫川古镇文化遗产丰富，保存有古街巷、古庙宇、古民居等大量明清古建筑群，是千年古镇、商贸重镇、边陲古镇、国家AAAA级旅游景区。

三、军事设施

（一）定军山

定军山位于汉中市勉县城南5千米，三国时期魏蜀两军交战的古战场，以蜀汉大将黄忠于汉中之战中击毙曹魏大将夏侯渊而闻名，有“得定军山则得汉中，得汉中则定天下”之称。定军山主峰山顶原有“古定军山”石碑，“文化大革命”时期被毁，今新立。《三国志·蜀书》记载诸葛亮“葬汉中定军山”。

（二）古汉台

古汉台属汉中市重点文物保护单位之一，今为汉中市博物馆馆址。古汉台高 7 米，面积约 1 万平方米，台垣高耸，雄伟多姿。台内阶分三级，由南而北逐级升高。相传是公元前 206 年刘邦为汉王时的宫廷遗址。《大明一统志》载，北宋张少愚曾有“留此一抔土，犹是汉家基”的诗句，这“一抔土”即指残存的汉台。《南郑县志》载，清代陈毓彩咏《汉台》诗云：“赤帝龙兴事已陈，层台巩固尚如新……”诗中“赤帝”“层台”即指刘邦曾驻跸汉台。台上现存石鼓，被誉为汉中名胜之一。

汉台久历沧桑，物换景移。汉时的建筑已无从考稽。历代相继在台上建有亭、榭、楼、阁等。宋代王象之《舆地纪胜》记载，汉台东北隅有“天汉楼”，明代在楼前建有“桂荫堂”，在中院开有“镜吾池”，建有“洗心亭”。清代在汉台东北角建有“清晖亭”，清末和民国年间在北院建有“东华厅”“竹林阁”等。上述旧时建筑，今存有“望江楼”“洗心亭”碑刻一通和“东华厅”。

古老的汉台，在革命斗争史上，有其光辉的一页。1932—1933 年，中共陕南特委曾在此进行地下活动，领导汉中人民的革命斗争。新中国成立后，人民政府对汉台进行了整修，石砌了周围护坡，重修和新建了“望江楼”“东华厅”“西华厅”“铜钟亭”“石鼓亭”“大门楼”、碑廊、褒斜栈道史和石门“十三品”展厅等仿古建筑，并伴以竹木花卉，幽雅壮观。

（三）汉中拜将坛

拜将坛，又名拜将台，汉中“西汉三遗址”之一，位于汉中路街道办事处南大街将坛路，南临南环路，东临建国路。

拜将坛是汉朝元年（前 206 年）刘邦受封“汉中王”屯军汉中，拜韩信为大将时举行仪式的坛。《史记·淮阴侯列传》记载，汉王刘邦“择良日，斋戒，设坛场，具礼”。韩信被拜为大将后，献登坛对策分析天下形势，统帅三军，用“明修栈道，暗度陈仓”之计谋，北出汉中，定三秦，百战百胜，辅佐刘邦统一全国，成就了帝业，为建立西汉王朝立下了卓越的功勋。

据记载，拜将坛先后经历明正德年间、清嘉庆年间、1941 年、1985 年和 2007 年 5 次大规模的修整，形成了今天的集文物遗址与古建筑园林于一体的景区布局。

（四）汉阴城墙

汉阴城墙始建于明成化元年（1465 年），是陕南地区现存最长的古城墙，城墙在月河以北、汉北公路以南。周长 1926 米，高 6 米，宽 2.6 米。外墙用长砖封，内用石块垒成，中间为三合土筑成。现南、西城墙完好。《汉阴县志》载：“明成化元年始筑墙，建门。”“万历十二年及四十六年……递加补修。”2003 年，汉阴城墙被陕西省政府公布为陕西省第四批省级文物保护单位。

（五）石长城遗址

白河县境发现多处石长城遗址，从旬阳县延续而来，蜿蜒于崇山峻岭间，气势雄伟，蔚为壮观。如卡子乡三双村与湖北茅塔界岭沟交界的山脉中峰上，有石垒城墙，有城门，门宽 2.2 ～ 3 米，石门槛高 0.33 米，石门转窝直径 0.14 米，深 0.02 米，转窝靠陕西一边。墙高 1.62 米，厚 2.84 米，石头风化严重。朝湖北方向有石板构筑成的“娘娘庙”一座，建于清嘉庆五年（1800 年），门上有一对联“威扬秦楚神通大，福庇山河显峦高。”

卡子乡和平村的界岭处，今秦楚交界汉白公路旁，山脉中峰处，有毛石头垒砌的城墙，高处 1.5 米，低处 0.5 米，墙厚 1 米，少数地方有垛。四新乡晏家扒以南，有石城沿山岭而上，沿秦楚分水岭东西向延绵约 0.5 千米，墙厚约 3 米，有门宽 2 米，起伏于林莽深处。

南岔乡小界岭，有城门洞，城门以西有城墙数里，城门空宽 1.4 米，西边墙高 2.45 米，厚 3.6 米，门上无顶。城门两边层峦叠嶂，地势险要。

自歌风乡韩家山经梭山沟墒、铁炉沟墒、溪莱沟墒、半天云、回水沟垴、迄汝花沟墒，沿秦楚两省界岭约 15 千米，石城墙清晰可辨，大部分地段保存较好。其间有城门洞 4 处，箭楼 5 处。梭子沟墒城门洞有石门槛等。门洞高均 1.72 米，宽 2.33 米。箭楼高 2.4 米，宽 4.08 米，其中一箭楼内有台阶，砌城门和箭楼的最大石头长 2.38 米，厚 0.25 米，宽 0.5 米。

白河（包括旬阳）石长城遗址，有别于陕北、关中地区的土夯、砖砌长城，为研究战国时秦楚争霸和中国古长城史提供了新的重要资料。

（六）漫川关战役遗址

漫川关战役又称漫川关突围、漫川关战斗，亦称云岭战斗、郧岭战斗。

1932 年 11 月初，红四方面军两万多人在总指挥徐向前率领下，由鄂豫陕交界的南化塘地区继续向西战略转移，经商南东赵川、郧西三官洞、山阳西照川，一路翻山越岭，跨涧涉水，于 11 月 11 日到达山阳县漫川关镇云岭、板庙、碾子坪、康家坪、万福沟一带。鄂豫皖根据地遭破坏后，红四方面军计划取道漫川关再到汉中，可是当先头部队进入云岭地区时，国民党陕军三个团已抢先占领了漫川关，堵住了西去的道路，妄图将红四方面军消灭于数十里峡谷之中。

在徐向前的指挥下，战斗持续了两天两夜，11 月 13 日黄昏，全军顺着三十四团控制的北山垭口通道胜利突围，连夜沿小路向北急行，翻越茶壶岭，攻占竹林关。接着折向西北，以两昼夜急行军 200 多里的速度，进抵商县西 50 余里的杨家斜，再南下北折进入关中平原，然后经长安、户县、周至、城固、西乡、镇巴抵达川北地区，在川陕交界一带建立了川陕革命根据地。

（七）汉中市川陕革命纪念馆

汉中市川陕革命纪念馆，位于汉中市西南 25 千米的国家级水利风景区红寺湖风景区内。川陕革命根据地是 1932 年 12 月徐向前率领的红四方面军主力自鄂豫皖根据地战略转移，突破重围，自陕入川后在川陕边党组织和川东游击队配合下创建的，以南江、通江、巴中为中心，范围包括 23 个县政权，约 600 万人口，红四方面军扩大到 5 个军，8 万余人，1933 年成立了中共川陕省委和省苏维埃政府，被毛泽东同志称为“中华苏维埃共和国的第二疆域”。

纪念馆内陈列了红四方面军创建川陕革命根据地过程中的著名战役，红色交通线创建及活动情况；红 25 军、红 29 军、红二方面军、359 旅、巴山游击队等在汉中的战斗情况；中国新民主主义革命作出重大贡献的汉中籍人物、事件、遗物；20 世纪 20 年代至汉中解放在汉中境内的各地方革命武装开展斗争的事件情况介绍，重要人物生平事迹。

四、纪念遗址

（一）望江楼

望江楼位于古汉台的最高处，刘邦当年被封为汉中王时所修建的办公场所及生活之址，也是他的行宫。望江楼修筑在古汉台北面的高台上，系南宋时所建，占地 200 余平方米，五开间二层，高近 18 米，加上修在汉台上总高度达 25 米，相当于 9 层楼房的高度。融南北建筑之长，清末民初建筑风格，是汉中标志性的古建筑。望江楼是目前汉中仅存的最高古建筑，也是四大名楼中唯一保存完好的古建筑。

望江楼为木式结构，经历代风雨，剥蚀损毁，屡有修葺，最近一次落地大修是在 1995 年，在严格按照文物法修旧如旧的原则指导下，保持望江楼原有的传统建筑。楼分 3 层，雕梁画栋，所绘壁画皆以西汉重大历史事件和重要历史人物为题材，比如“韩信拜将”“张良进履”“明修栈道，暗度陈仓”“萧何月下追韩信”等。

望江楼曾是汉中的最高层建筑，登临三楼向南眺望，一眼就可以看见汉江，是人们饱览汉中风光的最佳去处，望江楼二楼楹联上写道：“汉水东流几千里，秦云北望第一楼”。如今，随着汉中城市规模的拓展，登楼已不能望江了。望江楼也已改成汉中博物馆的馆藏宗教造像陈列室。

（二）镇江楼

镇江楼在现在的汉中市南关大街，但因镇江楼本身就是战斗中的制高点，早已被战争毁于硝烟之中，后有申请重建修葺的相关资料，截至目前尚未起步。

镇江楼的修建是为了祈祷国泰民安，防止汉中的南关大街、建国、过街楼村等地被洪水的袭扰，人们在汉中市的南关大街的历年洪水侵袭的最高水位的地方，即水位袭扰的分界点，修建了一座镇住江水泛滥的镇江楼。

镇江楼与望江楼、钟鼓楼、过街楼等组成了汉中历史悠久的汉中古建筑群，是汉中古代艺术匠人聪明才智智慧的结晶。

（三）老城城隍庙

老城城隍庙属佛、道合一的庙宇，位于安康市宁陕县城以北 5 千米处的老城村境内长安河中的船沙洲上。老城城隍庙建于清乾隆五十年（1785 年），至今已有 200 多年的历史，历经数次洪水冲击依然完好无损，是安康市唯一保存完整的城隍庙古建筑群。

城隍庙总面积 6000 余平方米，建筑面积 1000 余平方米，其规格形制与衙属建筑相近，坐北朝南，整体建筑纵深 172.45 米，宽 33.5 米。在后院中又修建了八卦图和东、西两间厢房，分别是书画展厅和文物陈列室。研究结果表明，宁陕城隍庙的选址是地貌学、水利学、建筑学知识融会贯通而成的趋利避害的典范，对现代近水及河心建筑的选址具有重要参考价值。

（四）黑龙王庙

黑龙王庙，位于安康市仙河镇黄泥沟村，坐落于仙河流域中游，距仙河镇政府 5 千米。相传始建于清咸丰六年（1856 年），是专门供奉黑龙王之庙宇，每逢风雨失调、久旱不雨或久雨不止时，民众就到黑龙王庙烧香祈愿，以祈求黑龙王治水，让人间风调雨顺。

黑龙王庙原有“黑龙王匾”，还曾立过碑，后被拆除。现仅有“神恩赐福”香炉一座、黑龙王全匾一块和原庙柱底座基石两块。黄泥沟村民信奉黑龙王，2011 年在原址重新修建黑龙王庙，重修后的庙宇占地面积约 600 平方米，建筑面积 150 平方米。

（五）山河观

山河观，又名萧何庙、萧曹祠，始建于宋庆历年间（1041—1048 年），1981 年 8 月毁于特大洪水。公元前 206 年，汉王刘邦建都陕西南郑，丞相萧何创修山河堰，曹参落成，惠泽天汉。原庙位于陕西省汉中市河东店街后山河堰二堰堰头，现河东店小学院内。

2006 年 6 月，政府在古山河堰一堰头处重修山河观，占地约 0.3 公顷，四院九殿，塑像 99 尊，建筑面积 1430 平方米，三重大殿在一条中轴线上，依次为灵官殿、斗姆殿、三清殿。一院落北侧附殿为萧何祠，整个建筑群依山势逐阶而上，布局紧凑合理，集明清、汉唐风格于一体。

（六）汉王庙

汉王庙始建于西汉，原来的汉王庙坐落在汉王村二组（李家窝）地界上，一进两院，共有庙宇 26 间，约 716 平方米，山门前有一操场，庙宇占地约 5 亩，进山门正殿是汉王殿，大殿正中的金漆宝座上，坐着的是汉高祖刘邦，刘邦两侧是韩信、张良、萧何、陈平的塑像，经汉王殿东西两侧的圆拱门通向后院，后院正殿是“三清大殿”，“三清大殿”的门楼上悬挂着“上元一品”黑底金字的大牌匾。前后两院都有侧殿，形成两个四合院，侧殿供奉的有观音娘娘、药王、龙王、平水明王、文武财神的塑像。整个场面威武壮观，栩栩如生。

汉王庙由来已久，闻名汉中十数县，并在关中、甘肃、四川、湖北等相邻地带也是很有影响的。汉王庙保留到了 20 世纪 70 年代中期，虽因历史原因搬掉了部分塑像，办成了汉王小学，又因学校扩建搬迁，拆除了这座庙宇，现在古庙已不复存在，但人们依然铭记在心，一年一度的三月十五庙会仍热闹非凡。

公元前 206 年，西楚霸王项羽大肆分封诸侯，刘邦分封为汉王，辖巴（郡治江州，今重庆市嘉陵江以北）、蜀（郡治成都）、汉（陕西秦岭以南，湖北西部）、都（汉中南郑，今汉中市汉台区）。不久，刘邦就率众从子午道来到汉中。经过四个月的精心准备，灭掉了三秦（雍王章邯、赛王司马欣、翟王董翳），一举夺天下，定国号为“汉”。刘邦当年在汉的行宫就是汉台，人们因其历史久远，又称为古汉台。

刘邦在汉中休养生息、重整军队期间，在今汉王村二组（李家窝）村东驻扎兵马三万。据说在刘邦前来巡视军营时，夜里突发山洪，河水暴涨，洪水泥石凶猛而来，巨大的雷鸣声和山洪的咆哮声惊醒了正在熟睡的刘邦。他冲出营门一瞅，洪水似猛兽般沿着村旁一条河正向村中袭来，百姓们呼爹喊娘，一片混乱惨叫声。眼看军营就会被洪水袭击和淹没，在这危急时刻，刘邦急中生智，忙令将士向洪水中乱箭齐发，说也奇怪，在嗖嗖的箭声中，洪水戛然而止，河水流石停留在了上游，使村庄和军营安然无恙，这条无名河从此被人们称为“惊邦河”。

自灭“秦”立“汉”后，战争的焦点为楚汉之争。即汉元年（前202年）八月至十二月，西楚霸王项羽、汉王刘邦两大集团为争取政权而进行了一场大规模战争，刘邦全歼楚军，获得最后胜利，于公元前202年2月28日，刘邦在定陶正式称帝（即汉高祖），建立了西汉王朝。因刘邦豁达大度，知人善任，善待百姓，废秦苛法，百姓十分拥戴，在刘邦病逝后，各地相继为刘邦立庙塑像，为刘邦歌功颂德。所以，那时候当地人就把刘邦住过的那个军营住所命为“汉王庙”。这就是汉王庙的名称缘由，这也是今汉王镇汉王村得名的缘由。

（七）武侯祠

勉县武侯祠，位于汉中勉县汉水北岸，北依天荡山，南依定军山，西与古阳平关毗邻。与武侯墓隔汉江遥遥相峙，始建于三国蜀汉景耀六年（263年），是全国武侯祠始建年代最早的祠庙和唯一由后主刘禅亲自下诏书修建的官祠，现为全国重点文物保护单位。

武侯祠

武侯祠占地面积80余亩，现有古建筑30余座、135间，建筑布局严谨，宏伟高大，中轴线直穿七进，三院并联，保留至今的大部分是明、清时代的建筑风格。武侯祠历史悠久，历代遗留下来文物甚多。祠内现有匾额30多方、联30余副、碑石60余通，有“小碑林”之称。其中武侯祠内《唐碑》于1979年被国务院确定为“全国第一批书法艺术名碑”；

古柏经林学专家测定已有1700多年树龄；旱莲被证实为世界稀有花树，树龄400余年，被确定为汉中市“市花”。

（八）张骞墓

张骞墓，位于汉中市城固县博望镇饶家营村。墓地坐北朝南，东西宽15米，南北长15米，高8米，夯筑封土，呈覆斗形，平面呈长方形。整个墓地占地12亩。墓地门前有一对由座、杵、斗三部分组成的石造华表一对，八棱方斗，镂空镌花。墓地正面是阙式门楼，典型的汉代建筑风格，重檐飞角，格局大方。

张骞墓四周砌以石基，防水浸蚀。墓前竖有石碑三通、汉代石雕一对。石碑正中一通，高182厘米，宽80厘米，上刻隶书“汉博望侯张公骞墓”，是清乾隆时陕西巡抚毕沅所立。左侧有碑“汉博望侯墓碑记”，为清光绪时城固知县胡瀛涛立。右侧一碑，上刻“张氏后商”诸名。2014年，张骞墓作为中国、哈萨克斯坦和吉尔吉斯斯坦三国联合申遗的“丝绸之路：长安—天山廊道的路网”中的一处遗址点被列入《世界遗产名录》，是陕南地区唯一的世界文化遗产。

（九）蔡伦墓

蔡伦墓，位于汉中市洋县城东10千米的龙亭镇，距汉中市区65千米，离京昆高速龙亭出口2千米。

墓冢南北长30米，东西宽17米，高7米，墓前有石碑二通并立。右碑楷书“汉龙亭侯蔡伦墓”为清乾隆四十一年（1776年）秋知县崔象豫所立；左碑楷书“汉龙亭侯蔡伦之墓”是明万历三十一年（1603年）七月知县事姚诚立。墓后有明月池，传为蔡伦造纸的洗纸池。墓前有蔡伦祠，祠内吉柏数株、汉桂一株，每当仲秋，花香四溢，凭吊者络绎不绝。2006年，蔡伦墓被国务院公布为第六批全国重点文物保护单位。

五、川陕古道

川陕古道是指从今天的陕西西安到达四川成都的道路。川陕古道穿越秦岭、巴山两座巨大的山脉，山高林密，道路险峻，具有极高的旅游观光价值；同时，历史上这些道路上曾发生过多次战争，留下了无数英雄人物的故事与遗迹，具有十分丰富的人文底蕴。

（一）陈仓道

因道路北段起于陈仓区（今宝鸡市东代家湾），故名。又因沿故道水（嘉陵江东源）而行，亦称故道。大约兴起于殷周之际，秦于此道北段置故道县（今风州镇西北）。陈仓道从益门镇入秦岭，沿清姜河南行，过大散关。大散关为关中四关之一，位于今宝鸡市西南26千米的大散岭上，是关中的西大门。大散岭也就是今东峪口附近的秦岭分水岭，两山关控斗绝，形势险要，为入川必经之孔道。今大散岭一带仍有古关隘遗址。历史上的南北对立时期，控制这条孔道尤为重要。因为大散关“扼南北交通，北不得此，无以启梁（汉中）益（四川），南不得此，无以图关中”。在南北战争中，双方都要争取控制大散关，占据有利地形以制胜对方。大散关不仅两山夹峙，而且居南北道路的最高处，对南北两侧均有建瓴之势，兵家必争，形势使然。陈仓道过大散关后经今东河桥、凤州镇、略阳县南入四川或东南经勉县入汉中。刘邦还定三秦就是走的这条路，故有“明修栈道，暗度陈仓”之说。这条道路经过的河谷比较宽畅，险段比较少，是秦岭诸通道中最易通行的一条，但线路较长，包括关中平原和汉中平原的里程在内，其长度达600千米以上。唐代后期兴起的连云栈道，使陈仓道南段改线，成为官驿大道。连云栈道从凤州起，折向东南，经今留坝县，至武关驿与褒斜道相接。从唐代后期起，改线后的陈仓道，北段仍出大散关，南段则走汉晋褒斜道。这条道路综合了陈仓、褒斜两条道路的优点，既缩短了线路，又平坦易行，故成为川陕之间的主要通道。唐代后期所说的褒斜道，多指改线后的陈仓道。元明清时期，这条道路是连接川陕和北京通往西南的主要官驿大道。这条道路虽然线路较长，但平坦易行，历代战争中的激烈战斗场面无不发生在此道上。

（二）褒斜道

关中地区通往汉中、四川的交通干道之一，因沿斜水、褒水而行，故名。大约兴起于殷周，作为干道则始于汉。《史记·河渠书》说，“故道，多阪回远，今穿褒斜道少阪，近四百里”。这条道路从今岐山县五丈原东侧的斜峪关入秦岭，沿斜水（今石头河）南行，越过老爷岭，向西折入桃川河，越过褒斜二水支流分水岭五里坡，进入褒水支流红岩河，经过太白县虢川塬，折向西南到达江口镇，再沿褒河入汉中。由汉中经金牛道入川。这条道路沿线多凿石崖修有栈道，但线路较短，曾为入川干道。唐代后期连云栈道兴起，褒斜道北段改走陈仓道。明清时期，江口镇以北仍有间道通眉县，但江口镇至武关驿之间已完全阻塞不通了。汉晋褒斜道沿途多峡谷险段，人烟稀少，行旅艰难，“素号畏途”。但由于线路较短，从斜谷口到褒谷口只有四五百里路程，距离长安又较近，因此，是历代战争中使用最频繁的交通干道之一。

（三）傥骆道

关中地区通往汉中、四川的交通干道之一，因北口在骆峪，南口在傥峪，故名。先秦旧道，作为干道始于汉魏，魏正始五年（244年），曹爽就曾进兵骆峪300余里。这条道路从今周至县骆峪进山，沿骆峪河西南行，越过老君岭，进入黑河支流八斗河、大蟒河河谷，沿黑河西源至厚畛子。再向西南越过秦岭分水岭，进入汉江支流湑水河谷的都督门。然后越过周至、太白、洋县三县交界处的兴隆岭，进入西河上源的华阳镇。再折向东南，沿西河经茅坪南行，折西南经八里关至洋县。这条道路在唐代以前曾多次成为用兵之道，但未成为驿道。唐代中叶以后，关中多事，每当长安危难，皇帝多由此道南逃，取其近便。柳宗元的《馆驿使壁记》中列有傥骆道上的驿馆，证明中唐以后其也成为驿道。北宋时仍置有周至驿、樱桃驿、三交驿、林关驿、大望驿等，但已不如唐代畅通，故《太平寰宇记》有“此道近代废塞”的记载，《读史方舆纪要》有“五季以来，骆谷渐成荒塞”的记载。傥骆道入汉中、四川最为近捷，但要数次翻越分水岭，沿途又多老林，人烟稀少，十分艰险，故作为驿道的时间很短，主要是作为行军偏道使用。

（四）子午道

关中地区通往汉中、四川的交通干道之一。因从子午峪进山，故名。也有人说，北方曰子，南方曰午，“言通南北道相当，故谓之子午耳”。先秦旧道，汉高帝元年（前206年），刘邦“从杜南入蚀中”，而“蚀，入汉中道川谷名”，也就是走的子午道。西汉末年，王莽当政，因立为皇后的女儿“有子孙瑞，通子午道”，“从杜陵直绝南山径汉中”，子午道之名始于此。这条道路从今长安区西南子午峪进山，向西越岭进入沣河河谷，沿沣河南行，经喂子坪、子午关（喂子坪南）等，越过秦岭分水岭，进入汉江支流洵河上游。再经洵河西行，经砂沟后折向西南，经江口后折向东南，到达石泉县后折西越饶峰岭，过城固，到达汉中。两汉以后，这条道路的中段西移，即从月河坪折西经旬阳坝、宁陕县、两河口，到达南子午镇与旧道相会。改线后的子午道，不再绕道石泉县，取消了一个“U”形大弯，道路比较近便。子午道迂回曲折，谷深山高，十分艰险，除唐代中叶从涪州（今涪陵）贡鲜荔枝由此道而进，称为“荔枝道”外，主要是行军偏道。

（五）金牛道

陕南通往四川的主要干道，因石牛粪金的故事而得名。据说，战国时，蜀王狩猎于褒谷，与秦王相遇，并互赠礼品，秦王赠金，而蜀王赠的礼品却变成了泥土。秦惠王大怒，而大臣们却道喜说，泥土代表国土，可以乘机进攻蜀国，以扩大疆域，秦王转怒为喜。秦欲伐蜀却苦于不识其途，于是在二王相遇的地方刻了5个石牛，在牛尾下放置黄金，扬言黄金乃石牛所粪。蜀王得到消息便信以为真，立即派千余人搬运石牛以达成都，为此而修建了一条大道，使秦蜀之间交通畅达，此道即被称为金牛道或石牛道了。后来秦张仪伐蜀就是由此道而进。

“石牛粪金”的故事只是个传说，实际上金牛道的开辟应该更早，殷周之际已经成为军旅的必经之途，只是道路尚无具体的名称而已。

这条通川干道又称蜀栈或南栈道。其具体线路是从汉中向西渡过褒水，从勉县进入巴山。再西经沮口、大安镇、金牛镇，折南入五丁峡，过五丁关至宁强县。从宁强折向西南，经牢固关、七盘关到达神宣驿。由此上朝天岭，折南沿嘉陵江东岸峭壁而行到达广元县（唐利州）。由广元南行再折向西南，渡嘉陵江至昭化。然后进入该路的险要去处剑门山，入剑门关至剑阁县。剑门关形势险要，有“一夫当关，万夫莫开”之势，为历代兵家必争之地。由剑门至梓潼，虽然坡路起伏连绵不断，但道路两侧森林茂密，绿荫蔽天，景色如画，相传唐玄宗途经此道闻铃声而思念杨贵妃，痛楚不已。再西南至绵阳，过鹿头关、白马关后则一马平川，成都已在眼前。

金牛道穿越巴山、剑门山，山高路险，许多路段悬崖峭壁无路可通，与其他入川通道一样，也是“飞梁架绝岭，栈道接危峦”方可通行，异常艰难险阻。仅三泉县（唐县、宁强西南、嘉陵江东岸）南北就有栈阁19318间、护险偏栏43134间，栈道长达116里。

这条从汉中到成都的道路，长约1200里，历来为入川大道。现在的川陕公路大体上即由此线而行，并有铁路线相通，已成为川陕交通的主要干道。

（六）米仓道

陕南入川通道之一，因翻越米仓山而得名。

汉中盆地南缘西段的米仓山，也危峰林立，层峦叠嶂，道路崎岖，艰险难行，成为阻碍川陕交通的天然屏障。然而，汉江的众多支流则发源于米仓山，距离难江（今名南江）源头甚近，人们便利用河流源头较近的特点，开辟了一条谷道，以连接汉中与巴中（两汉汉昌县、唐巴州），称为米仓道。该道始于何时，史无明文，但在东汉末年以后，却多次成为战争中的行军道路。像曹操出兵汉中征伐张鲁，张鲁兵败后南奔汉昌（巴中市）即由此道。

米仓道从汉中向南穿越米仓山，这条道路多在深山老林中翻山越岭而行，崎岖幽险，人烟稀少，野兽横行，一向被视为危途，只有在军事斗争中才被使用。两宋以后，主要为私贩盐茶的便道，从汉中到巴中的米仓道大约有280里的路程。

（七）荔枝道

荔枝道即洋巴道，唐代时向皇宫上贡江南特产荔枝，本来多自岭南、闽越一带，但到了唐玄宗天宝年间，由于玄宗爱妃杨玉环生于蜀，最爱吃蜀地出产的鲜荔枝，玄宗遂下令由蜀地涪州快马传递鲜荔枝到长安，“走数千里，味未变已至京师”。这条专驿传送鲜荔枝的道路，历史上被称为“荔枝道”。

荔枝道的北段是走子午道到达洋州治所的西乡县，然后循洋水向南到达洋源县（镇巴县），向南穿越米仓山到达新宁县（四川开江县东），再折向西南到达梁山县（梁平县）、垫江县、温乐县（四川长寿县西北），直到长江南岸的涪州（四川涪陵），全长达2000余里。据李之勤先生考证，荔枝道南段在西乡县不仅与子午道相连，也折向东北与傥骆道相通，只是走后者不如走前者便捷而已。

这条穿越秦岭、巴山的荔枝道，道路崎岖难行，路途遥远，按唐代驿路规定，快马传递可日行500里，由涪州到长安也需要四五天时间。但为了杨妃能吃上鲜荔枝，玄宗下令，必须快马日夜兼程，日行六七百里，三日内到达长安，“人马死于路者甚众”，百姓苦不堪言，“一骑红尘妃子笑，无人知是荔枝来”之诗即由此而来。

六、其他

（一）瓦房店会馆群

瓦房店会馆群位于安康市紫阳县向阳镇瓦房店，任河与渚河交汇处，始建于清代中后期。瓦房店会馆群于2013年3月被国务院公布为第七批全国重点文物保护单位。

瓦房店曾经是川、陕、鄂的汉江水陆咽喉，上下的船只都经由此地，是商贸货物的重要集散地，因此这里素有“小汉口”的美称。明清时有四川、福建、江西、湖南、湖北等省和西北五省都在这里建有会馆，商会将当地盛产的茶叶、麻、蚕丝、生漆、桐油、木耳、药材等土特产运往汉口、上海、重庆等地。

全国各地商贾先后在此修建了6座会馆、5座庙宇、98家商铺。其中，西北五省会馆是目前保存较为完整的一座会馆。

（二）骡帮会馆

骡帮会馆位于商洛市山阳县漫川古镇中街，坐东向西，现存面积13000平方米。主要建筑包括山门、戏楼、广场、大殿（马王庙、关帝庙）、武昌馆、北会馆7个部分。于2013年5月被国务院公布为第七批全国重点文物保护单位。

骡帮会馆之戏楼又称“双戏楼”，马王庙与关帝庙对面，各有戏楼相向，二楼连缀一体，故称双戏楼。骡帮会馆之大殿（马王庙）是骡帮会馆中轴线主建筑之一，占地面积560平方米，由前殿、上殿与南北厢房组成，清光绪七年（1881年）由陕西、河南骡帮修建，历时7年建成。骡帮会馆之大殿（关帝庙）是清光绪十年（1884年）山西骡帮所修。

骡帮会馆之武昌馆位于马王庙南，始建于明成化十三年（1477年），清康熙至光绪年间，湖北江汉一带商贾多次增修。骡帮会馆之北会馆位于关帝庙北，墙砖上有模印“北会馆”三字。清光绪三年（1877年）由陕甘骡帮兴建，现存面积380平方米。新中国成立前后，骡帮会馆被机关、学校和民众占用，部分构件受损。21世纪几经维修，基本恢复原貌。

（三）瑞王府

明朱常浩瑞王之府，位于汉中市城内北教场，东至莲花池东岸，南至汉中路石狮子坝，西至太白泉，北至城墙根，约占汉中城的四分之一。

明神宗朱翌钧于万历二十九年（1601年）封其第五子朱常浩为瑞王，建藩汉中。同年开始在汉中修建瑞王府，历时26年落成，朱常浩来就王位。至明崇祯十六年（1643年）十月，李自成农民军攻破西安，朱常浩逃往四川，第二年六月于重庆被张献忠所杀。

朱常浩逃后，瑞王府被官、绅抢拆。今王府遗址、遗物可寻者有：石狮子坝原有大石狮一对（一失，一埋入汉中路汉中电业局门口人行道地下），为王府大门前遗物；大石条一方，即王府前拜阶石；铜钟一口，现置汉台；太古石一尊，现置市图书馆；其他如祥瑞巷、太古石巷、莲花池等，皆瑞王府遗迹。

（四）汉南书院

汉南书院，清代陕南最高学府，今汉中中学前身。清乾隆四年（1739年）创建，有水田一百余亩，为书院办学基金。并聘请汉中名士余翔汉等为书院教席。至清嘉庆五年（1800年），白莲教农民起义军来汉中，知府杨辉灿和蒋善承借口“剿贼”，将书院基金充作军饷，校舍变作军营，书院倒闭。清嘉庆十三年（1808年），严如熤任汉中知府时，筹资购置地产，扩充房舍，书院重新开办。清同治二年（1863年），南郑知县周藩寿又没收书院基金作为军费，书院再次关闭。以后，李捷峰（西乡人，时任江西巡抚）捐银两千两，其他绅商也有捐资，书院又恢复。清光绪三十二年（1906年），书院改为汉南中学堂。在长期的发展中，特别是近10年，经多次改建，扩建，现代式的新楼舍增添了很多，面貌亦非昔日。大门和四进院落的房舍和东西长廊，大部已被校办工厂改造使用，原来布局大致可辨，原有一座秀丽的阁亭式的三层钟鼓楼，毁于“文化大革命”时期。

陕西汉江流域水文化遗产统计见表6-1-1。

表6-1-1　陕西汉江流域水文化遗产统计

序号	所在流域及行政区	水文化遗产类型						管理权属单位	备注
		工程类				管理类			
		工程名称	性质	始建年代	存续现状	水神崇拜及建筑	碑刻档案		
1	石泉县	县城河堤	灌溉	563 年	改建			安康市石泉县人民政府	
2	石泉县					禹王宫		安康市石泉县文化和旅游局	
3	勉县	武侯镇水文站	其他	1935 年	传统			省水文水资源勘测局	
4	西乡县	南河堤	其他	清道光年	传统			汉中市西乡县政府	县政府保护文物
5	西乡县					金牛镇水	铭文：道光乙未六月中伏日铸	汉中市西乡县文化和旅游局	
6	城固县	五门堰	灌溉	西汉	传统		碑石 31 通	汉中市城固县政府	国家级重点文保单位
7	旬阳市蜀河镇						汉江蜀河口洪水石刻 1498、1583 年洪水石刻	安康市旬阳市政府	县政府保护文物
8	城固县	枢纽大坝	灌溉	1942 年	传统			汉中市湑惠渠管理局	
9	城固县宝山镇	燕尾跌水分水闸	灌溉	1942 年	传统			汉中市湑惠渠管理局	
10	城固县军王村	水轮机槽	灌溉	1945 年	传统			汉中市湑惠渠管理局	
11	汉台区褒河镇	山河堰	灌溉	东汉	传统			汉中市石门水库管理局	
12	汉台区老君镇	王道池	灌溉	汉代	改建			汉中市汉台区水利局	
13	汉台区老君镇	顺池	灌溉	汉代	改建			汉中市汉台区水利局	
14	汉台区武乡镇	东西引渠	灌溉	清代	传统			汉中市汉台区水利局	
15	汉台区武乡镇					呼吸泉		汉中市汉台区文化广电局	

续表6-1-1

序号	所在流域及行政区	水文化遗产类型						管理权属单位	备注
		工程类				管理类			
		工程名称	性质	始建年代	存续现状	水神崇拜及建筑	碑刻档案		
16	略阳县					江河庙民俗博物馆		汉中市略阳县文化广电局	省级文物
17	略阳县					白水江江神庙		汉中市略阳县文化广电局	省级文物
18	略阳县					灵岩寺博物馆		汉中市略阳县文化广电局	省级文物
19	略阳县					紫云宫		汉中市略阳县文化广电局	省级文物
20	略阳县						郙阁颂		国家级文物
21	西乡县泾洋河	金洋堰	灌溉	1451 年	传统			汉中市西乡县马鞍堰灌溉管理局	
22	汉江支流湑水河	杨填堰	灌溉	西汉	传统	庙	记事碑	汉中市城固县水利局、文化和旅游局	
23	勉县城西	汉惠渠枢纽	灌溉	1938 年	传统			汉中市汉惠渠管理局	
24	勉县	关峡东堰	灌溉		传统			汉中市幸福渠管理处	
25	勉县	关峡西堰	灌溉		传统			汉中市幸福渠管理处	
26	勉县	毛家堰	灌溉		传统			汉中市幸福渠管理处	
27	勉县	汪公堰	灌溉		传统			汉中市幸福渠管理处	
28	勉县	曹家堰	灌溉	1368 年	传统			汉中市幸福渠管理处	
29	勉县	琵琶堰	灌溉	1368 年	传统			汉中市幸福渠管理处	
30	勉县	康家堰	灌溉		传统			汉中市天堰管理站	
31	汉滨区						千工堰碑记	安康市汉滨区水利局	

续表6-1-1

序号	所在流域及行政区	水文化遗产类型						管理权属单位	备注
		工程类				管理类			
		工程名称	性质	始建年代	存续现状	水神崇拜及建筑	碑刻档案		
32	汉滨区						万工堰碑记	安康市汉滨区水利局	
33	汉滨区	千工堰	灌溉	明嘉靖年间	原状修复			安康市汉滨区水利局	
34	汉滨区	万工堰	灌溉	清乾隆续修	原状修复			安康市汉滨区水利局	
35	石泉县					禹穴		安康市石泉县关口镇政府	
36	汉滨区	永丰堰	灌溉	清乾隆续修	原状修复			安康市汉滨区水利局	
37	汉滨区	头垱	灌溉	清代	原状修复			安康市汉阴县水利局	
38	汉滨区	二垱	灌溉	清代	原状修复			安康市汉滨区水利局	
39	岚皋县	双丰桥	其他	1850	原状修复			安康市岚皋县水利局	
40	旬阳市					禹穴		安康市旬阳关口镇政府	
41	旬阳市						蜀河镇蜀河口水文石刻	安康市旬阳蜀河镇政府	
42	旬阳市					八仙像		安康市旬阳金寨镇政府	
43	旬阳市					黑龙庙		安康市旬阳仙河镇政府	
44	汉阴县	凤堰古梯田	其他	明清	完好			安康市汉阴县文化和旅游局	
45	汉阴县						凤亭堰公议防水条规碑	安康市汉阴县文化和旅游局	
46	汉阴县					菩萨泉		安康市汉阴县文化和旅游局	
47	汉阴县						济屯堰碑记	安康市汉阴县水利局	
48	安康市	安康水文站	其他	1934年	传统			陕西省水文水资源勘测局	

第二节　水利风景区

陕西水利风景区的发展历程可以追溯到 2001 年，当时成立了水利部水利风景区评审委员会，并发布了《关于加强水利风景区建设与管理工作的通知》，标志着水利风景区进入了规范管理阶段。此后，陕西水利风景区的发展经历了三个重要阶段：规范管理阶段（2001—2011 年）：这一阶段，陕西水利风景区在行业管理上取得了重大突破，成立了水利风景区评审委员会，并发布了相关管理办法和综合影响评价标准，启动了重大涉水旅游项目的审批工作。质量提升和品牌化建设阶段（2011—2012 年）：水利风景区开展对国家水利风景区的动态评估，加大监督检查和复查力度，逐步建立了国家水利风景区退出机制，标志着水利风景区步入质量提升和品牌化建设阶段。高质量发展阶段（2012 年至今）：党的十八大之后，生态文明、美丽中国建设及乡村振兴战略等为水利风景区建设发展提供了良好的政策环境和发展机遇，要求水利风景区提供更多优质的生态产品，进入高质量发展阶段。在发展过程中，陕西水利风景区的管理机构和体制机制逐步完善。陕西省水利厅成立了水利风景区领导小组，明确了领导小组办公室的职责，并设立了专家评审委员会。各市（区）和有资源的县也成立了相应的景区工作机构，确保了景区的有效管理和运营。

截至 2024 年，汉中、安康两地国家水利风景区共计 8 处，省级水利风景区共计 12 处。汉中现有汉中石门水利风景区、南沙湖水利风景区、红寺湖水利风景区 3 处国家水利风景区，天汉湿地水利风景区 1 处省级水利风景区。安康现有安康瀛湖、汉阴凤堰古梯田、岚皋千层河、镇坪飞渡峡、紫阳任河 5 处国家水利风景区，岚河漂流、白河天宝、汉滨黄石滩、石泉雁山、旬阳山水太极、恒口香山、白河女儿谷、汉滨龙须沟、汉滨京康农业园、平利石牛河、岚皋杨家院子 11 处省级水利风景区。

一、汉中石门国家水利风景区

石门水利风景区北枕秦岭，南俯汉中，位于汉中市汉台区、勉县、留坝三县（区）交界处的褒谷口，距离汉中市区 15 千米。风景区以石门水库为依托，风景秀丽，古迹荟萃，是自然景观与历史文化融为一体的城郊区国家水利风景区。景区于 2002 年被水利部公布为第二批国家水利风景区，2016 年被评为国家 AAAA 级旅游景区，景区内的“山河堰”2017 年被世界灌排委评为世界灌溉工程遗产。

石门水库是以灌溉为主的大型水利工程，库容 1.05 亿立方米，灌溉 50 多万亩农田，发电装机 4.05 万千瓦。坝高 88 米，顶长 260 米双曲拱坝，造型优美，宏伟壮观，高峡平湖，碧波荡漾，游船、快艇穿梭在 17 千米长的人工湖上，可尽情浏览湖光山色、怡人美景。

褒谷石门是个天然立体文博馆。自春秋战国以来，这是沟通我国中原、西北与西南交通的要冲，在“难于上青天的蜀道”上，开凿与架设被称为“世界第九大奇迹”的栈道，石门是栈道最险最奇之处。这里山上水下文物古迹荟萃。古代、近代、现代的道路建筑、水利工程、石门隧道都交织陈列在此。

二、南沙湖国家水利风景区

南沙湖水利风景区位于汉中市城固县南郊巴山北麓浅山谷口的五郎关，距城固县 15 千米，距汉中市 16 千米，地处汉中旅游交通网络中心。其主要风景集中在库（湖）区，故称南沙湖风景区，是国家 AAA 级旅游景区，1993 年被陕西省政府确定为陕西省风景名胜区，2007 年被评为国家水利风景区。

南沙湖水利风景区总面积 105 平方千米，水域面积 2.7 平方千米，大小山峰 54 座 。依托陕南汉江流域茂林修竹的自然景观和历史宗教文化，以长湖为中心，初步形成了五郎关、地母庙、明珠湖、鸟山、孤岛猎奇、水上世界、红色丰碑、林浦山庄等别致景点。

三、红寺湖国家水利风景区

红寺湖国家水利风景区，位于汉中市南郑县西南部，距汉中市区 25 千米，是水利部 2004 年公布的第四批国家水利风景区。依托红寺坝水库，景区面积 25.6 平方千米，森林覆盖率达 88.2%，水域辽阔，风光秀丽，生态优良，是汉中生态旅游、休闲度假、红色旅游的名片，是国家南水北调中线工程水源涵养地南郑核心区。景区共有大小山头 28 座，因山势而形成的自然港汊 30 多处，有桃花岛、楠竹生态园、天然浴场、红寺庙等 30 多个景点。景区内的川陕革命根据地纪念馆是全国百家红色经典旅游教育基地之一、陕西省廉政教育基地。

四、凤堰古梯田国家水利风景区

凤堰古梯田景区，位于汉阴县漩涡镇，属于灌区型水利风景区，距今近 300 年。为全国重点文物保护单位、国家水利风景区、国家森林公园、中国最美田园。 景区连片共 1.2 万余亩，始建于清代，景区面积 38.78 平方千米，是秦巴山区考古发现的面积最大、保存最完整的清代梯田。

2010 年，凤堰古梯田被评为“陕西省第三次全国文物普查十大新发现” ，2013 年，被水利部命名为国家水利风景区，2014 年，被农业部命名为“中国美丽田园” 。林业部将其纳入凤凰山国家森林公园，现已建成全国首个移民生态博物馆。2020 年，汉阴县漩涡镇凤堰古梯田被正式认定为国家 AAAA 级旅游景区；2024 年 9 月，被列入世界灌溉工程遗产名录。

凤堰古梯田地处陕西秦岭以南，是一个以自然山水为背景，以古梯田为展品，以民风民俗为陪衬，保护和展示传统农耕文明生产方式的开放式景区。景区的成功创建，对保护文化遗产和水利风景资源科学合理开发利用，推进民生水利发展和生态文明建设，实现生态效益、经济效益和社会效益的有机统一，实现人水和谐具有重要意义。

五、任河国家水利风景区

任河水利风景区位于安康市紫阳县高桥镇权河村，依托任河建设而成，是一自然河湖型水利风景区。水利风景区距西安市 276 千米，距重庆市 426 千米，距安康市 76 千米，距紫阳县城 23 千米，区位优势独特，交通极为便利。任河水利风景区东至高桥镇权河村包茂高速权河互通出口，西至高滩镇八庙村黄瓜溪桥，南至高滩镇三坪村新滩子，北至向阳镇天生桥村温家沟，景区规划面积约 8.5 平方千米，漂流从高滩出发顺河漂流而下至权河，全长 7 千米，最大落差 110 米。景区内大小河流 104 条，谷狭滩险，山幽水碧，山河自然风光雄伟壮丽。任河漂流堪称“陕西第一漂”。2018 年，任河水利风景区被省水利厅命名为省级水利风景区；2018 年，被列入第十八批国家水利风景区。

六、瀛湖国家水利风景区

瀛湖地处中国南北过渡地带，北靠秦岭，南依巴山，既是安康水电站大坝拦蓄汉江水所形成的陕西省最大的河道型湖泊，也是南水北调中线工程丹江口水库的重要水源地。

瀛湖水利风景区位于安康市中心城区西南方向 15 千米处。瀛湖是汉江上最大的人工湖，是陕西十大美景之一，素有“西部千岛湖”的美称。瀛湖拥有 77 平方千米的广阔水域，近百个岛屿半岛错落分布。瀛湖水面辽阔、水质清澈，常年保持国家Ⅱ类水质标准，可以直接饮用。瀛湖水利风景区是以观光旅游、水上游乐、休闲度假为主的生态旅游地，是独具秦巴汉水自然风光的著名景区。景区内不但有水上世界、幽谷探游、白云进香、瀛湖乐园、热气球、垂钓等多种游览项目，还有别致、典雅风格的酒店和民宿。瀛湖之美有“八景”：水映螺峰、翠屏晚照、瀛家时光、织女传情、果香清泉、白云古寺、红娘神庙和流水人家。

七、飞渡峡国家水利风景区

飞渡峡·黄安坝景区地处大巴山南麓，位于安康市镇平县，处于陕西省镇坪县和重庆市城口县毗连的原始森林夹角，距离镇坪县城 42 千米，距城口县城 70 千米，2017 年被列入第十七批国家水利风景区。绿色生态景区内 300 万亩高山草甸、原始森林、峡谷溪流。景区最高海拔 2600 米，年均气温 12.1 摄氏度，森林覆盖率达 98% 以上。

景区由飞渡峡山水自然游览区与黄安坝高山牧场度假区两部分组成。飞渡峡景区以山水自然示优，黄安坝高山牧场以草原康乐为要。

景区生物资源丰富，有国家重点保护动物 31 种，国家级保护植物有珙桐、光叶珙桐、红豆杉、银杏和独叶草等，曾被世界公认已灭绝的侏罗纪植物崖柏也在景区内发现，是全国闻名的“生物资源基因库”。

八、千层河国家水利风景区

千层河景区位于安康市岚皋县西南部，在川、陕、鄂、渝交界处的大巴山北坡，景区位于岚皋县西南部，景区集潭、池、河流、森林等景观于一体，是融山、水、林、民俗文化于一体的休闲、娱乐、观光、度假的旅游胜地。景区是国家 AAA 级旅游景区、国家级湿地公园，2016 年被列入第十六批国家水利风景区。

景区以横溪河、千层河、神仙河、秀水河四条河流为主体，总面积 7333 公顷，开放景点30多处，有“小九寨”“九寨幺妹”美誉。千层河群山环绕、水清景美，特别是黑龙潭、白龙潭、日月潭、猪槽潭、跳鱼潭等深不可测、水秀碧绿。这里集潭、池、瀑、河流、森林等动态和静态的景致于一体，三步一潭，五步一瀑，步移景换，别有洞天。晴日细流涓涓，雨后飞瀑片片。著名作家贾平凹先生称千层河为“陕南九寨沟”。

九、天宝省级水利风景区

天宝水利风景区，位于安康市白河县，该景区属于水土保持型水利风景区。景区面积14.29平方千米，其中水域面积0.2平方千米。天宝水利风景资源类型丰富，是以水土保持与现代农业景观为主的综合体，兼具动植物景观及人文景观。天宝水利风景区被评为“省级农业示范园区”和“省级水土保持示范园区”，2016年被列入第十批省级水利风景区。

十、天汉湿地公园

天汉湿地公园，坐落于汉中市中心城区，东起天汉大桥，西至龙岗大桥上游沙沿沟口，横跨南北两岸，河道岸线长达5.6千米，占地面积达5平方千米。天汉湿地公园地处汉江汉中城区段两岸，是一处集汉江度汛、生态修复、休闲观光等于一体的水利风景区。

景区在建设过程中尽量保留汉江河道原生态植物，将河中砂石堆砌成岛屿，洼地做成雨水花园，浅地改造为缀花草坪，滩地开辟成亲水溪流，涉水搭建木质栈道，临溪架设特色栈桥，整个景区建设充分兼顾资源、生态及景观效益。天汉湿地公园也是中心城区和汉江交界的生态敏感区，通过“柔性治水”和“海绵城市”的工程实践建立了良好的生态系统，降水和地表径流经过层层截流、过滤和净化使水质得到清洁后流入汉江，是南水北调中线水源地生态保护的样板。

天汉湿地公园标志性建筑有汉水女神像和天汉楼。汉水女神像高18.5米，由汉白玉雕琢而成，象征着汉江沿岸女子的美好品格。天汉楼高69.45米，包含多个展馆，是汉中市区的标志建筑，承载了湿地公园的历史和文化。

天汉湿地公园，不仅是一座湿地公园，更是一座集生态、休闲、健身、娱乐于一体的综合性胜地。其自然美景、生态理念和丰富设施使其成为汉中市区的亮点，是游览汉中不可错过的旅游胜地。

十一、岚皋县杨家院子省级水利风景区

杨家院子位于安康市岚皋县城四季镇，距离县城7千米，依托2019年省级水土保持示范园工程而建，属于自然河湖型水利风景区。景区面积为0.61平方千米，其中水域面积0.07平方千米。设置了“山、水、田、林、院、人”六道防线，持续改善生态环境，大力弘扬水文化与水生态，不断完善道路、桥梁、供水、电力、通信等基础设施，构建了全方位服务管理体系，形成了“一河三段五区”的功能分区及空间布局，打造出了“山绿、水清、田美、林茂、路广、院靓”的生态旅游综合体。

杨家院子省级旅游度假区是通往巴山大草原、千层河、狩猎场的必经之地，方圆50

千米有瀛湖、南宫山、岚河漂流、巴山珍稀植物园等 10 余个景区景点，以地道的农家乐餐饮闻名，是陕西省农家乐乡村旅游发源地之一，现有农家乐 40 余家、农家客栈 10 余家，先后成为国家农业旅游示范点、全国文明村、全省美丽乡村标准化示范村，进入首批全国乡村旅游重点村名录。2023 年，杨家院子景区获评陕西省水利风景区。

十二、汉滨区京康农业园省级水利风景区

安康市汉滨区京康现代农业园区位于汉江中上游、擂鼓台风景名胜区南麓安康市汉滨区牛蹄镇。此地与我国发现的第二个高硒区安康市紫阳县双安镇紧邻，所产之茶天然富硒。

京康现代农业园区总投资 5.2 亿元，规划总面积 1.6 万亩。公司流转土地 4000 亩，建成高标准示范茶园，采用“公司 + 基地 + 专业合作社 + 农户”的方式发展标准生态茶园 6000 亩。通过山、水、林、田、路综合治理和特色产业的发展，将京康现代农业园区建设成以茶为主，多种经营，主攻从喝茶到饮茶再到吃茶、玩茶的集旅游、观光、休闲、养生、生态农业产业及现代物流于一体的国家级现代农业示范园。将安康市汉滨区牛蹄镇建设成为“高山森林戴帽、半山茶果环绕、园中渠路配套、河边新村新貌”的秦巴山中一颗璀璨明珠。将凤凰山打造成 AAAAA 级旅游景区，将牛蹄镇打造成集生态旅游、休闲观光、品茗养生于一体的世界级茶旅小镇。2023 年，该园区获批为省级水利风景区。

十三、汉滨区龙须沟省级水利风景区

龙须沟水土保持示范园位于安康市汉滨区关庙镇小李村，距安康市区 5 千米，总面积 2200 亩，2023 年获批为陕西省水利风景区。自 2014 年 4 月启动实施，经过两年多的建设，园区内各类水土保持设施初具规模。园区共分为 5 个功能示范区：水保科教示范区、沟道治理景观工程区、坡面治理景观工程区、特色产业经济示范区、休闲观光示范区。

目前，已建成经济林果园 580 亩、坡改梯 1300 余亩、塘坝 10 座、蓄水池 3 座、人工潜流湿地 2 处、观光长廊 1 处、宣传标语牌 5 块、观光步道 1200 米、垂钓平台 300 平方米、园区大门和凉亭等景观 4 处，修建休闲餐饮用房 3 座 2000 余平方米。累计投资 7850 余万元，其中水土保持重点工程投资 1500 万元，区内水土流失得到有效控制，年接待游客 2 万余人次。

园区充分利用当地自然资源，以现代农业休闲观光为主导产业，将苗木花卉、水果采摘、蔬菜种植，牛羊、野禽、水产养殖与休闲观光有机结合，建成了集水保生态、产业开发、科研示范、教育宣传、生态旅游于一体的水土保持清洁生态产业示范园。

十四、岚河漂流省级水利风景区

岚河漂流位于安康市岚皋县城北部 5 千米处的新春电站，紧靠 207 省道，与安康市相距 69 千米。岚河漂流是一集探险、旅游、体育于一体的高品位娱乐活动。在从漂流上码头新春电站至下码头桂溪沟大桥 12 千米的漂流河段中，河水急中有缓，缓中有平，缓水长滩，挥动三尺长桨，顺流而下，击水戏浪，可尽情领略中流击水之乐趣。急水波涛，稳

坐船头，把准船向，浪遏飞舟，任凭飞珠溅玉，船随浪起，人跟船行，可全神贯注感受有惊无险的三步奇异之曲和岚河勇士们的壮志豪情。在岚河漂流，可欣赏岚河两岸美轮美奂的风景，又可在漂流下码头清凉山庄品尝地道的岚皋农家风味。2012年，岚河漂流被省水利厅命名为省级水利风景区。

十五、汉滨黄石滩省级水利风景区

汉滨黄石滩水利风景区位于安康市汉滨区，依托黄石滩水库工程而建，属于中型三等水利工程风景区。景区面积13平方千米，其中水域面积3平方千米。黄石滩水库位于付家河中游、原八一水库下游5千米处，是一座以灌溉为主，兼顾防洪、供水、养殖、旅游等综合利用的中型三等水利工程。该工程是陕西省第一座混凝土面板堆石坝，也是目前安康市最大的农业灌溉水利工程。工程由大坝、排沙泄洪洞、溢洪道、输水洞四部分组成。坝型为混凝土面板堆石坝、坝高75.6米、坝长187米。主体工程气势如虹，成为“高峡出平湖”的人间奇观。2017年，黄石滩水利风景区被省水利厅命名为省级水利风景区。

十六、石泉雁山省级水利风景区

石泉雁山水利风景区位于安康市石泉县喜河镇境内，毗邻中国最大的水资源保护地——汉江，石紫公路紧邻景区大门。景区总面积6.5平方千米，其中水域面积1.2平方千米，主河道长4.16千米，属自然山溪型水利风景区。景区交通便利，国道、汉江水运航道直达景区。景区聚集了峡谷、瀑布、碧潭、溪涧等众多自然旅游资源，这些资源在优异的生态环境、充满野趣的立体水景衬托下，散发着独特的魅力，春花、夏瀑、秋潭、冬雪，每一季都有不可错过的美妙景观。2017年，雁山水利风景区被省水利厅命名为省级水利风景区。

十七、旬阳山水太极省级水利风景区

旬阳县山水太极景区位于安康市旬阳县城关镇，景区依托旬阳县城防洪工程而建，属于城市河湖型水利风景区。景区面积12.5平方千米，其中水域面积3.5平方千米。景区委托具有相关资质的设计院，已经完成规划纲要的编制。按照“一轴、一带、一中心、六大分区”的空间总体布局。“一轴”指旬河景观轴，“一带”指汉江风情带，“一中心”指以太极城文化观光为中心，“六大分区”指水利工程观光区、旬河水上活动区、阳鱼岛文化观光区、阴鱼岛文化观光区、商贾贸易服务区以及松木沟休闲度假区。利用旬河与汉江在旬阳境内交汇后形成的奇特的地貌景观“S”形，以中国唯一、世界罕见的“中华太极第一城——旬阳太极城”旅游产业为龙头，以太极文化和水利生态景观为资源，全力打造水利生态旅游风景区。2017年，山水太极水利风景区被省水利厅命名为省级水利风景区。

十八、白河县女儿谷省级水利风景区

白河县女儿谷水利风景区位于白河县双丰镇阎家村五组，该村属全国乡村旅游扶贫重点村。白河县女儿谷水利风景区规划总面积约为 800 公顷，规划范围东至许家凼、西至八哥老、南至鸡冠石、北至佛爷庙。白河县女儿谷水利风景区核心区位于大河坪，现已建成市级水土保持现代农业园区。

十九、平利石牛河省级水利风景区

石牛河水利风景区位于平利县长安镇，景区面积 6 平方千米，是一个集示范河湖与水土保持于一体的水利风景区，主要依托金沙河示范河湖、石牛河生态河道、长安河国家水土保持科技示范园等景观建设。景区不仅风景优美，而且具有丰富的生态资源和文化底蕴，成了当地及周边地区游客的旅游目的地。2023 年，石牛河水利风景区获批为陕西省水利风景区。

二十、恒口香山省级水利风景区

恒口香山水利风景区位于安康市恒口示范区，是一个集水利灌溉、富硒茶、富硒大米种植、民宿、美食和观光于一体的综合性旅游景区。 香山水利风景区位于凤凰山之巅，距离恒口 4 千米，距离流水镇 6 千米，是安康海拔较高的地区之一。通过建设“三个千亩园区”，香山小山村打造出了一个集水利灌溉、富硒农产品种植、民宿、美食及观光旅游于一体的综合性发展区域。

第二章　民情民俗

陕南因“八山一水一分田”，南北交通要塞的地理位置，形成了封闭的本土文化与楚蜀文化相结合的特点，除古代土著的民俗外，历代南北移民带来的各具特色的文化交融杂糅，沉淀形成了陕南的多元民俗文化，主要体现在歌谣乐舞、工艺美术、衣食起居、祭祀祈福等方面，主要流传于汉江流域的汉中、安康等地。

歌谣乐舞，质朴无华，贴近生活，数量较多、内容丰富，歌词以方言土语为主，表达人们的真实感情和生活体验；工艺美术，以历史文化为基础，结合本地土产，制作与生活环境息息相关的工艺作品；衣食起居，因依山傍水的地理位置，衣食起居颇具山水特色，形成了以米食为主，面食搭配的饮食习惯；祭祀祈福，以地方性传承为主，表达人们对美好生活的期盼。

第一节　歌谣乐舞

一、汉调二簧

汉调二簧又称陕二簧、山二簧，是陕西第二大剧种，流行于陕西的安康、汉中、西安地区。它源自陕南汉江流域的山歌、牧歌、民歌，清代初叶受秦腔影响，并吸收昆曲、吹腔、高拨子等曲调，糅合当地方言，形成了独立的声腔剧种。

汉调二簧共分末、净、生、旦、丑、外、小、贴、夫、杂10个行当，表演讲究细腻精到，唱腔真假嗓并用，悠扬婉转。它对川剧、徽剧、京剧等的形成和发展有着不可忽略的影响。

汉调二簧距今已有400余年历史，明末清初时盛行于关中部分地区和陕南汉水流域。2006年5月，经国务院批准，汉调二簧被列入第一批国家级非物质文化遗产名录。如今在安康，每逢庙会、婚丧嫁娶等重大活动，多有汉调二簧戏剧班子前来表演。这一在汉水流域华丽绽放的戏曲奇葩，在传承中不断发展，向人们展示出它的独特魅力。

二、陕南歌谣

陕南歌谣，主要是20世纪30年代初红军时期流传在陕南民间口耳相传的红色革命民歌、民谣，由土地革命和长征时期群众和红军将士为适应革命需要而创作出来，对中国革命的胜利、中华人民共和国的建立起到了重要的促进作用。这些歌谣一直传唱到新中国成立之后，并逐渐拓展了歌曲素材，与陕南独具风格的民歌民谣融为一体。

陕南歌谣流传面广、数量多、内容丰富，主要传唱在陕西南部地区的部分市、县（区）。陕南歌谣以陕南民歌、花鼓曲、二棚子曲、小场子曲、汉调二簧曲为主要曲谱填词，也用以上民间戏曲乐器伴奏。陕南歌谣的演唱形式多样，演唱场地不固定，大多是有感即发，随时随地演唱。

陕南歌谣从产生之日起便广泛传唱于陕南苏区等革命根据地，在人民群众中传唱至今。近年来，由平时传唱引入到群众婚丧嫁娶及节日庆典场合中。陕南歌谣（包括红军歌谣）已被列入陕西省第二批非物质文化遗产名录。

三、汉调桄桄

汉调桄桄，也被叫作汉调秦腔、南路秦腔、桄桄戏，流行于汉中、安康一带，是明代末年关中秦腔传入汉中地区后与当地方言和民间音乐结合而形成的。至于汉调桄桄这个名字，是来自汉中地方方言，桄桄是源于梆子相击发出的声响，所以合在一起就是地域加器乐构成的剧种名称。

汉调桄桄表演

汉调桄桄剧目丰富，传统剧目有700多个，其中本戏560多本，折子戏170多出，《刘高磨刀》《镔铁剑》《夕阳山》《水灌晋阳》《红缨披》等百余种剧目为汉调桄桄所独有。

汉调桄桄的唱腔属板腔变化体，既有秦腔的高亢激越之美，又体现出陕南地方音乐优雅柔和的特点，旦角唱腔高昂，讲究唱“硬三眼调”；花脸擅用“犟音”，声高八度，多以假声演唱，尾音拖腔较长，人称“老少配”。唱腔的板路包括二流、慢板、尖板、拦头等多种，且有“软”“硬”“快”“慢”之分。

汉调桄桄的表演追求大幅度夸张，有“箍桶”“撒莲花”“耍椅子”“棍架子”“吊毛盖”“变脸”“换衣”“揣火”等许多独特的技巧，还有不少刀枪、棍棒、拳脚、腾翻的特有身段。

四、水兽舞

水兽舞是一种传统民俗舞蹈。起源疑与后汉的“迎五气”民俗活动有关，流行于汉中市城固县湑水河两岸，以原公镇和石家坝村传承较好。原公镇郑家坡村、许家庙镇后湾村、城关镇石家坝村和垣山一带常演此舞。

由 10 人分成两组，分别扮老黄龙和四条小龙的一种社火和祭祀性龙舞，小龙嬉戏，老龙爱子，象征群龙飞腾和睦团结。由于小龙造型似龙似兽，故得名。

关于水兽舞的来历，当地群众有这样一个传说：在城固县的原公斗山之间的湑水河，因受河水长年冲刷，河中间冲积了一个大滩，每到夏秋之时，滩上常有 5 条龙晒太阳，老龙身放金光，4 条小龙各放异彩，在阳光的照耀下五光十色，光艳夺目（因夏秋之时，湑水河经常发大水）。从前，人们一直将此滩称为水兽滩。清代道光年间，原公地方有人创制了五龙形象，并琢磨研究龙的性格和动作，便形成了身披五色龙皮的“水兽舞”。

五、洋县杖头木偶

洋县杖头木偶是以汉调桄桄和秦腔为唱腔、以杖头木偶进行表演的戏曲剧种，它分布在陕西省汉中市洋县一带城乡。洋县木偶戏是以演员操纵木偶人物表演各种动作、以演员唱奏的地方梆子戏。

洋县汉调桄桄杖头木偶戏剧目和曲牌简谱众多，这为中国戏剧文学、戏剧音乐提供了丰富的资料。杖头木偶道具的结构及其操作方法，充满了科学的元素，多种乐器不同的定弦方法，在乐队之中表现了整体的和谐，且妙不可言。杖头木偶体现了洋县先民极高的智慧。

洋县杖头木偶从元末明初萌芽至今已有 600 年的历史。明代万历年间就已形成规模，清末到民国前期已相当繁盛。它对研究中国戏曲剧种的源流走向及演变规律提供了很宝贵的资料，也为研究汉水上游民俗的形成以及工艺制作的发展史提供了一手的资料。

六、洋县佛教音乐

洋县佛教音乐历史悠久，产生于北魏时代，成熟于唐宋，鼎盛时期为明代和清代上半叶。佛教传入洋县境内为北魏孝明帝时。明代智果寺香火最盛，洋县成为陕西南部佛教文化的中心。历史典籍有记载的佛教歌曲最少也有 1000 余首，另有 200 首左右的佛教乐曲保存到今日，眼下仍在使用。

洋县佛教音乐有着委婉细腻的汉水上游地方乐曲的特色，兼具秦文化、荆楚文化、巴蜀文化及陇文化特点，具有极强的民间性、实用性。尤其是民国和后来的破除迷信时期，洋县佛教音乐迅速地从寺庙走向民间，它们吸收了洋县的曲子、民歌、碗碗腔、桄桄等音乐的养分，逐渐成为洋县民间音乐的一种。而且，它基本上为民间办白事所用，在民间服务中不断发展，推陈出新，取材广泛，音乐风格鲜明。

七、镇巴渔鼓

镇巴渔鼓是陕南地区传统民间曲艺中的主要曲种之一，主要分布于镇巴县的盐场镇、观音镇、泾洋镇和青水乡。邻县陕西省西乡、南郑、紫阳、汉阴和四川万源、通江等地亦有。曲目丰富，艺人多，流传广。当地人称渔鼓为“渔鼓筒”“道筒”“竹琴”等。

渔鼓自唐朝就已形成，明末清初和20世纪50年代是兴盛时期。明代王圻《三才图会》载：“渔鼓，截竹为筒，长三四尺，以皮冒其首，用两指击之；又有简子，以竹为之，长二尺许，阔四五分，厚半之，歌时用二片合击之以和者也。”现流行的渔鼓筒为两节打通的竹筒，取材于当地5年以上的斑竹，长80～120厘米，用猪护心油皮蒙其底端，并用缠布的套圈箍紧，晾干后即可使用。

镇巴渔鼓很具艺术性、观赏性，有一定的审美价值，在音乐方面有很高的艺术价值，在人类学、语言、民俗、文学等方面同样有较高的艺术研究价值。

八、紫阳民歌

紫阳民歌是流传在安康市紫阳县境内传统民间歌曲的总称，分为“山歌”“小调”“风俗歌曲”“花鼓八岔”“号子孝歌”和“新民歌”等十几个曲种。至今所发现曲目总数已达5028首，编印成册的有828首，体裁包括号子、山歌和小调几大类，其中又包含了社火歌曲、风俗歌曲、宗教歌曲、曲子等不同歌种。歌曲大多是歌颂当地山水、人文、劳动场面、民俗风情等场景。其中与水有关的代表性曲目有《汉江渔歌》等，是紫阳县当地劳动人民在长期与水打交道的过程中创造出来流传至今的艺术瑰宝。

2006年5月20日，紫阳民歌被国务院公布为首批国家级非物质文化遗产。

第二节　工艺美术

一、宁强羌族刺绣

宁强羌族刺绣是一种流传于宁强的刺绣工艺，羌绣不仅色彩绚丽夺目、对比强烈，而且质朴大方、牢固耐用。羌绣绣品上装饰性很强的花纹图案在当地人民的腰带、衣裙、围腰、鞋子上随处可见，既有美化之功效，又能借助密密麻麻的针脚，增强衣物的耐磨性能，延长使用寿命。

宁强当地妇女善于运针走线、挑花刺绣，其刺绣中有“十字挑绣”“串挑绣”“编挑绣”三种主要针法，更多地保留了羌绣的民族传统工艺和特色。与北川羌绣相比，宁强羌绣保留了更多的原始元素，更能反映当时羌族人民的历史文化以及生活状态。宁强羌绣的色彩搭配较为自然随意、灵活，且颜色大多贴近自然物本身的色彩。绣品主要有挂饰系列、厨房系列、日常生活系列。

2016 年 1 月，宁强羌绣入选陕西省第五批非物质文化遗产。2018 年 5 月，宁强羌绣被陕西省文化厅列入第一批省级传统工艺振兴项目。在宁强羌绣悠长的历史上，羌绣绣品成了当地人民用来装扮自身、寄托情感和美好愿望的一种重要方式。

二、汉中藤编

汉中是闻名遐尔的“藤编之乡”。汉中藤编制品是汉中传统的工艺制品。汉中藤编有 5000 多个花色品种，主要有藤笪、藤席、藤织件、藤家具等 4 类，具有轻巧、凉爽、耐用等特点。2022 年 6 月，陕西省文化和旅游厅为第五批国家级非物质文化遗产保护名录项目“汉中藤编”授牌。

汉中藤编是以青藤为基本编织材料，运用多种编织技法进行的藤竹结构或纯藤结构的器物编织。其工艺繁复，一般需要大小 20 多道工序，生产出的藤编产品具有纯天然、纯手工、绿色环保、质韧体轻、大方耐用、雅致简朴、透气舒适等特点。

三、木版画

木版画主要是门神年画。每逢过年之际，不少户的大门上都贴门神，以图吉祥避邪。品种有单、双幅之分，单幅有“天官赐福”，双幅有“秦琼敬德”“马武姚期”等。汉中门神艺术优美，独具一格。新中国成立初，汉中市文化馆征得一套五色套版双幅门神木刻版（毁于“文化大革命”时期），由北京中国民间美术研究所王树春拓印介绍到国外，被 1961 年德国出版的《中国工艺美术》一书的封底采用。

第三节　衣食起居

一、饮食

川道稻田区以麦、米为主，两山以玉米为主搭配其他杂粮。每日早餐稀食，城乡多为玉米粥或米豆稀饭；副食配以酸菜或黄豆芽，有“三天不吃酸，走路打蹿蹿”之俚语。富户除稀食外，再搭配馍馍（馒头）或烙饼；副食有豆腐、豆豉、豆腐乳、酱菜等。午餐多为米饭、面食、馍馍、烙饼等；副食较早餐丰盛，但农村差些。晚餐将早、午剩饭烩煮而食，或食以拌汤。遇灾荒歉收年份，改三餐为两餐，改干食为稀食，甚至代以瓜菜。1979 年实行土地家庭承包经营制后，农民生活明显改变，一般收啥吃啥。城镇主食以面粉为多，大米次之，杂粮少许，副食较前丰富，晚餐讲究吃好。

请客：旧时除婚、丧、喜庆宴客外，正月间兴请“春客”，席面丰盛。城镇富户请客，一般由主人发请帖或请单，请单上第一名签字时需写“敬陪末座”表示歉意；入席时互让首席，推尊长或有社会地位者上座，唯新娘回门时新郎在岳父家应坐首席，但仅限于第一次。吃菜先请客人下箸，饮酒先敬宾客，先吃毕者应招呼他人“慢慢吃”，并作陪至席终。

酒席：以头道菜名定称，有海参席、鱼翅席、白耳子席、油席、八大件席、四大六小席。清代官场有“汉满席”，上二十四道菜。主人在头道菜时敬酒。请“春客”散席后，首席需至厨下谢师，给掌锅厨师赠“红包”。新中国成立后，此俗废止。西区农村过事请客，有“插脚席”，即前席未吃毕，就有人插脚坐凳，为吃下席争座位，此习俗至今犹存。

名小吃：地方小吃，兼有南北风味，做工精细，色、香、味、形诱人，四季均有上市。逢庙会、夜市摊点颇多，犹如小吃展销。上乘者，如鼓楼西“麻素福”、大北街“刘银娃”的蒸面，纱帽石马德昌的炕炕，大北街“银柜子”的稠酒，西关“马娃儿”的饺子，大南街口金家的水浸包子、糖豆包，鼓楼街王铎的糊锅牛肉等。其他如烧饼、油酥子、锅盔、豆腐脑、甜浆子、菜豆腐、卤汁肉、炕羊肉饺、火烧、凉菜饼、油糕、烩凉粉、胡辣汤、粽子、绿豆糕、花糕、糍粑、五香牛肉、羊肉汤、羊杂碎、意气糕、雪糕等品种纷繁，早晚不绝于市。有挑担、推车、手提、腕挎、头顶者，穿街过巷，沿途叫卖。经营者多在食品的原料、调料、数量、质量上下大功夫。如“麻素福”的蒸面，自有磨坊，自提细箩白面，蒸面火功软硬适度，佐料讲究，味道独特。

新中国成立后，一些传统风味小吃失传。1979 年后，饮食个体户增多，蒸面、烧饼、油条、麻花、散子、粽子、羊肉汤、豆腐脑又复上市，以蒸面摊点居多。

（一）汉中面皮

汉中面皮产生至今已有 1800 多年的悠久历史，经历代民间传承发展，已成为大众备受喜爱的美食。它原生态的制作工艺，浓郁的农耕文化、饮食文化蕴含着极为重要的历史价值。汉中面皮制作技艺已被列入陕西省非物质文化遗产名录。

汉中面皮制作方法原始，口感清香、细腻、滑爽，至今仍是当地群众日常生活常吃的特色传统美食。

（二）城固原公杂烩

杂烩是流行于汉江两岸及城固湑水河流域的民间宴席菜品之一，传承至今约 500 年历史。原公土席杂烩制作技艺已被列入陕西省非物质文化遗产名录。

原公土席杂烩原材料经过严格挑选，采用特制的四喜丸、水滑肉、硬滑肉、干炸丸、猪心、肺及肉片、酥肉块、黑木耳等原料，装碗上笼蒸熟，并以白油、陈醋、胡椒粉、蒜苗、葱头、香菜及鸡蛋皮等调制的酸汤热浇，色艳味鲜，香中有辣，常被当地人作为宴席首选菜肴。

杂烩在食用时，荤而不腻，清香淡雅，暖胃生津，入口咸中有酸，五味俱全。当地举办婚嫁、满月、祝寿等宴请宾客及年节宴会时，杂烩一菜必不可少。

（三）城固上元观红豆腐

城固上元观红豆腐制作技艺至今已有 600 多年历史，据城固县志记载，明代中期时，上元观红豆腐等城固特产就已远销安康、广元等地。上元观红豆腐制作技艺已列入陕西省非物质文化遗产名录。

上元观红豆腐采用传统配方，用近 30 种中药和调味品制成，制成的红豆腐色鲜味美，风味独特，外表枣红，内呈杏黄，味辣带咸，入口细腻，滋味醇厚，余味绵长。

（四）西乡牛肉干

汉中市西乡县北依秦岭，南屏巴山，山峦起伏，峻岭重叠，河流交错，沟梁相间，这里是优种黄牛之一的西镇牛的主要生长基地。西乡牛肉干原料取自当地特产的优种黄牛“西镇牛”的前后躯之主要肌肉群，经腌、烤、熏、烘干等程序加工而成，其肉质鲜嫩，脂肪分布均匀，肌腱部富有弹性，品质极佳。

西乡牛肉干是西乡县传统清真风味食品，明清年间已享誉西北，距今已有数百年历史。以色红、味酥、清香、可口而驰名省内外，自古誉满三秦，是休闲游乐、拼盘佐餐、馈赠亲友之佳品。西乡牛肉干制作技艺已列入陕西省非物质文化遗产名录。

西乡牛肉干色泽红润鲜嫩，瘦而不柴，酥而不绵，咸淡适中，余味悠长，风味独特，营养丰富，久存不坏，蛋白质含量高，具有补脾益气、益五脏、养精血、强筋骨等食疗功效。

（五）宁强福兴老字号王家核桃馍

宁强福兴老字号王家核桃馍小如瓷盏，色泽橙黄，表面附着核桃泥，味浓郁，未入口其香味已沁入肺腑，引起食欲，入口香酥，回味无穷。尤为可贵的是，这种馍即使在炎炎盛夏放置数日乃至逾旬，其色、香、味依然如初，没有丝毫改变。宁强福兴老字号王家核桃馍制作技艺已列入陕西省非物质文化遗产名录。

王家核桃馍为油面发酵，一年四季的时间、水温各不相同。发酵过程分为三次。第一次的酵面完全发好后，加入一定比例的生面粉，再发酵到一定程度后加入一定比例配制好的食用植物油，再次稍微发酵后加入核桃泥和匀，揪剂，擀成长条，表面再抹上核桃泥，做成圆饼，最后再加上核桃泥和植物油，进炉烘烤。宁强福兴老字号王家核桃馍香酥可口，久存不变，色香味俱佳，既是餐桌上的美食，又是馈赠亲友的佳品。

（六）略阳菜豆腐节节

历史悠久的略阳菜豆腐节节，随着岁月的流逝，略阳人民世代传承，昔日菜豆腐节节走出寻常百姓家，走进了现代市场，走进了豪华餐厅，也融进了人们情感的深处，成为略阳具有地域代表性的风味小吃。略阳菜豆腐节节制作技艺已列入陕西省非物质文化遗产名录。

“三天不吃酸，两腿打蹿蹿（趺趺撞撞）”，略阳人对菜豆腐节节有一种“扯不断、理还乱”的深厚情结。菜豆腐清香爽口，节节筋道顺滑，小菜色香味俱全，是老少皆宜的家常饭。

菜碟是菜豆腐节节的另一大特色，一般都是时令蔬菜，拌豆芽，拌黄瓜、蒜辣子、泡菜、浆水菜等，一边品尝清香酸爽的菜豆腐节节，一边吃着色味俱佳的风味“菜碟子”，让味蕾得到充分的享受。

（七）略阳罐罐茶

略阳先秦时为白马氐、羌族的东境地，氐、羌百姓常年过着游牧生活，平日饮水就餐极为不便，于是就自备顶锅、陶罐，烧水饮茶，将备的炒面搅在茶里，可以达到充饥的目的，后来氐、羌百姓在游牧生活中不断总结，熬制出来的罐罐茶更是美味可口，香气怡人。略阳罐罐茶传统手工技艺已列入陕西省非物质文化遗产名录。

略阳民间流传着有关罐罐茶的顺口溜：“乡土风味罐罐茶，略阳城乡不离它；清早起床挂顶锅，柴棒树根火架大，水倒半罐放茶叶，面拌调合清油下；茴香、藿香、生姜加，边煮边调油盐茶；一人一碗放调料，腊肉、核桃、鸡蛋花；火烤干馍香又脆，肚饱心暖精神佳。”

茶香、汤浓、味美、耐饥寒的罐罐茶，营养丰富，清火祛寒，防暑降温，一年四季皆可食用。

（八）佛坪神仙豆腐

神仙豆腐是汉中市佛坪县季节性绿色食品，碧绿细嫩，宛如凝脂，深受人们喜爱，其制作技艺源远流长，历史悠久，具有鲜明的地域特点和独特的味蕾体验。佛坪神仙豆腐制作技艺已列入陕西省非物质文化遗产名录。

制作神仙豆腐，必须当天采叶当天制作，才能色味俱佳，如果“神仙叶”隔夜后制作，做不出豆腐，即使勉强做成豆腐，品质不佳，口感亦差。

将采摘新鲜的“神仙叶”，或者是“鸡骨头”树叶（学名“人参果”，忍冬科，胡颓子属），去除杂物，清水洗净，将叶子揉搓压榨，或在碓窝捣碎，过滤筋脉叶渣，取出汁液；然后将汁液兑入煮沸的加有草木灰的开水中，边兑汁液边搅匀，使其变成稀糊状，倒入盆、钵之类的容器内，深度约 10 厘米，待其冷却凝固后，即成“神仙豆腐”。

神仙豆腐成品色如翡翠、味道清爽，切成条状，佐以调料拌匀，色香味俱佳。据说，常吃具有清热泻火、凉血解毒、养颜美容的功效。

（九）安康蒸面

安康蒸面是安康饮食文化的代表，是安康一种独特的传统美食，是安康人早点之首选，也是外地游客颇具口碑的风味小吃。安康蒸面因其劲道、耐嚼、爽口，而成为安康饮食大观中的“宠儿”。无论你是喜辣爱酸，还是喜咸好淡，都能从中找到自己的感觉，都能从咀嚼的舌尖上体验到一种酸得够味儿，辣得刺激。

（十）紫阳蒸盆子

紫阳蒸盆子是最早发源于安康紫阳县汉王镇的著名汉族小吃，传说始创于汉刘邦时期，先是汉江艄公歇脚欢聚时的烩菜，后来发展为除夕团圆饭上的压轴菜。紫阳蒸盆子用料讲究，做工精细，程序复杂，故才会因其鲜、香、纯的口感，丰富的营养，久吃不腻的特点在紫阳菜肴中独占鳌头。它既是当地多年来形成的一种文化传统，也是一种紫阳人专属的故乡味道，其独特的制作技艺被列入陕西省非物质文化遗产名录。

（十一）镇坪腊肉

镇坪人利用当地的自然优势，创造了腊肉腌制技艺，代代相传，不断创新；成品腊肉条形整齐，色泽红润，脂肪似蜡，咸淡适口，熏香浓郁，味道鲜美，享誉全国；从中国最早的食盐发祥地起源，进而流传至秦巴大地和鄂西北的广大地区，并成为这一地区几千年来所崇尚的饮食传统，体现了山区人民的劳动创造和智慧，具有较高的社会价值和历史价值。镇坪腊肉腌制技艺已被列入陕西省非物质文化遗产名录。

（十二）汉阴炕炕馍

炕炕馍，又叫烙芝麻饼，是安康市汉阴县一种传统手工艺食品，是北方面食“馕”和“石子馍”等制作技艺传到秦岭南麓与当地饮食文化结合而产生的一种新型食物，是南北饮食文化交融的产物，有咸甜两种口味，其口感香、酥、脆，有耐储藏、便于长距离运输的特点。汉阴炕炕馍制作技艺为研究中国饮食文化发展提供了典型样本，也是研究中国古代民族迁徙融合的见证，其独特的区域性分布情况，对研究陕南地域文化形成和发展具有十分重要的意义；已被列入陕西省非物质文化遗产名录。

（十三）白火石氽汤

白火石氽汤是安康市汉阴县沈氏传承了500年的食疗土方，并收录在陕西非物质文化遗产名录。白火石氽汤选用优质的原材料，保证食材的新鲜，高汤也是经过6小时熬制而成的，将一块烧红的白火石放入高汤中，5分钟后一道美味的白火石氽汤就制作好了。白火石氽汤制作技艺，是中国最古老的烹饪菜肴中的“活化石”，也是汉阴县传承保留时间最远久的一道菜。

（十四）秦巴石叁珍蘑菇宴

秦巴石叁珍蘑菇宴称得上是安康市汉阴县康养饮食文化中最具代表性的一套宴席，最初的技法和口味是参照云南的，但在结合当地食材和口味后，不断本土化，最终在2015年逐渐形成现在具有汉阴风味的蘑菇宴，并于2016年被中烹协评定为“中国名宴”。

宴席之前，一般为每桌客人上4道点心，2道水果，供客人等待、休息、闲谈时食用，通常是小炕炕馍、小豆腐干、小米蒿馍、小土豆片，时令水果2道；凉菜选用当地食材，讲究六围碟，三荤三素，寓意六六大顺。

（十五）蜀河“八大件”

蜀河“八大件”是安康市旬阳县蜀河镇一带群众逢年过节、筹办红白喜事时宴席上的必备菜肴。据传，八大件取名周朝“八珍”，其制作技艺成熟并盛行于汉唐，迄今已有1000多年的历史。

蜀河“八大件”为八凉八热、八荤八素，八人同坐八仙桌，上菜时有一定的顺序，每道菜都有特定的民俗文化内涵，开席时四荤四素八道凉菜，中间置一大盘，将凉菜适量放入其中，再将调好的汤汁浇上，搅拌均匀便可食用，称之为和菜，之后是四荤四素八道热菜，八个热菜分为四汤四菜，间隔而上。

第一道菜是“墨鱼肉丝”，为汤菜，由于墨鱼头大，寓意有一个好的开头，加之墨鱼味道鲜美，可增加食欲；第二道菜是“粉蒸肉”，寓意生活蒸蒸日上；第三道菜是“清蒸鸡块”，为汤菜，寓意吉祥如意；第四道菜是“汉江鲤鱼”（酸辣味），寓意连年有余；第五道菜是“肉糕”，为汤菜，寓意生活步步高；第六道菜是“莲菜盒子”（或清真羊排），寓意和气致祥；第七道菜是“清蒸肚片”，寓意宽宏大度；第八道菜是“镜糕”，又名八宝饭。

最后上六个座碗和一个汤。六个座碗是 “墩子”“片子”“酥肉”“肉圆子”四个肉菜和两个素菜（根据季节搭配），四个肉菜座碗寓意四季平安发财，六个座碗寓意六六大顺；上述菜品虽无稀世珍奇，但却饱含着一缕浓浓的家常气息。

蜀河“八大件”还有着非常讲究的礼仪。“八大件”按照八仙桌的四个方位，分为上席、下席和左右陪席，无论是开席或每上一道菜，都必须由上席两位尊者发话并称请菜或请酒，大家方可开始，其他人会按照座次从上席依次敬酒，表示对客人的敬意。

（十六）白河“三点水”

“三点水”宴席是安康市白河县一种传统民间宴席，自清咸丰年间以来，一直盛行于白河民间，在2013年成功申报为陕西省非物质文化遗产保护项目。

“三点水”宴席多用于喜庆宴、婚宴、满月宴、寿宴、答谢宴等宴席。由于其包含吉祥、祝福、发财、蒸蒸日上以及礼教、习俗、文化等寓意和内涵，广受喜爱。

“三点水”原为“吉祥宴”，因有一道鸡肉和一道羊肉，取“鸡”“羊”谐音合为“吉祥”，属于喜宴类宴席，拥有固定的菜谱。其主菜（热菜）大都采用木笼蒸制而成，寓意“蒸蒸日上”。

入席前，四个凉盘：卤制牛肉、猪头肉、猪肝、缠肠（或香肠、花生豆），四碟小菜中放一糖果干盘。入座后，八道菜：肉糕、鲜鱼、蒸鸡、肚片、羊肉、猪蹄、腰花、蒸酒米；八道菜之中夹三次甜味流食，如八宝稀饭、莲子羹、甜酒（蒸糯米发酵制成）或银耳羹，因席间宾客需用清水三次清洗汤勺，称“凤凰三点水”，故名“三点水”。

（十七）石泉庖汤宴

庖汤宴席菜品有严格的建制，上席出菜有规定的程序，说菜、猜拳都有具体要求，杀年猪、吃庖汤、赶庖汤会成了石泉传统的大事、喜事、热闹事。2018年5月，“石泉庖汤会”经陕西省人民政府批准列入陕西省第六批非物质文化遗产保护项目。

二、服饰

清代衣着多为土布，晚清始见“市布”。男装长袍、短褂、大衣襟；女装大襟衣衫，衣裤有宽边图案。民国期间，除长袍短褂外，有上下两截装。城镇服装随职业而异：商人穿长袍，戴“瓜皮帽”；公教人员穿制服、长衫，戴礼帽，学生不论男女穿制服；富户、小康之家妇女还穿旗袍。

富户穿绸、缎、呢、绒、皮、棉、夹、纱。冬季富者穿皮袄、皮袍，小康之家穿棉袍、棉袄，贫者多穿短袄着腰带、棉套裤、夹裤。劳动者仅一单一棉，皆为土布。农村自织自缝。城镇服装逐步由缝纫机代替手工缝制。

新中国成立后，城乡群众穿衣时兴卡其布。20世纪60年代开始用化纤、毛织品，逐渐普及。服色多为蓝、灰、黑。进入20世纪80年代，女服花色繁多，样式日新月异。男服、女装讲究款式，竞趋新潮。

旧时，小康以上之家已婚妇女兴戴耳环、戒指、手镯，头发插签子、别簪子、扣袢上挂牙签子，少妇戴珠花；城市富家男性戴戒指、挂怀表。新中国成立后，饰物渐少，手表逐渐普遍。近年青年男女戴戒指，老幼妇女戴耳环渐多。

三、居住

陕南地区，有山坳、河沿和平坝，居民根据地势、原料等条件，建有各种民居，传统的住房有石头房、竹木房、吊脚楼、三合院及四合院等。城乡建房习惯面南；有的随地形而建，房舍坐落无定向。城镇房屋依街道排列方向而建，多属砖木结构；乡村多为土木，也有土墙草屋或石板房。

旧时建房者习请阴阳先生“看风水”，定坐向。城镇建房重视修房脊，房脊颇有讲究，视其家“功名”“富贵”“社会地位”而定，俚语有“养儿要娶妻，盖房要瓦脊”。建房择吉日兴工、立柱、上梁，梁上披红布，书“吉星高照”。如山向与地形不符，则在门前立一石碑，顶凿兽头，下刻“泰山石敢当”以避邪。殷实之家有“四水归堂”，前庭后院，两旁为对峙厢房。建房“住水”之日，亲友祝贺“新屋落成”；搬进新居之时祝贺“乔迁之喜”，主家均设酒席招待。

新中国成立后，农村建房多由生产队安排，乱占耕地现象日趋严重。继遭1983年洪水淹没，住房紧张，1984年后，城区迅速重建，居住条件逐步改善。城乡砖木结构瓦顶平房普遍，已经脱贫的乡村，以三间一厦“钥匙头”代替土木结构的草房，混凝土楼房日见增多。城市居民点住宅有统一规划，部分外观与内饰日趋新颖，阳台养花、养鱼逐渐增多，讲究环境美化。农村讲究高门大户，有的盖起楼房，装饰摆设也比较讲究。

第四节　祭祀祈福

一、“刘化真人”庙会

康阜门（土西门，今培新街西口）外有“刘化真人”庙，庙后有刘化墓。民国初年，传说迷信职业者刘化给民间医病有效，人们于墓旁苦楝树上披红、焚香，后修成庙宇。远航汉口之商号、船代工也来许愿，香火旺盛。每年正月初八、初九庙会，白天有几台戏，夜放焰火，万人云集，热闹异常。民国三十年（1941年）四月，庙宇被驻军拆毁。

二、二月十九日观音会

从二月十八日开始，持续七天，演戏、耍狮子、踩高跷等游艺活动，以摇社火闻名。远近百里均来逛会、烧香。会中农具、耕牛、日常用具、布匹、绸缎、衣物均有出售，尤以农具、耕牛为主。“文化大革命”期间，以破除封建迷信活动为由，强令停止。但农民自发来五里铺街头交易农具、耕牛，仍在二月十九日，今改为物资交流会日期。

三、祭孔

八月二十七日，在孔庙祭祀“大成至圣”诞辰。清时由兴安知府主祭、镇台及县知事为陪祭，下属官员、举人、贡生、秀才、生员等参祭。祭品除牛、羊、猪外，还有“六谷”

及果品，特设“姜、酱、盐、芹”四盘供献。至民国仍祭祀不绝。民国二十七年（1938年）曾以《礼运大同篇》谱成歌曲，在学校教唱，用于祭孔。新中国成立后封闭孔庙，大成殿属文物保护单位，四周庑房已全部拆除改建。大成殿后有土筑砖壳塔，名“文兴塔”，有5层，高四丈许，上生石榴树一株，每年开花却不年年结实，旧日传说“结实之年即有人进学中举，结几个，中几个”。

四、板凳龙

板凳龙起源于勉县镇川镇红庙梁村，距县城15千米，东连胡家渡，西接元墩镇，南与阜川交界，北与天堰相邻。当地人民对龙非常崇拜，加之勉县南山历来缺水，他们深受巴蜀巫术的影响，于是最初用于作战的“板凳舞”结合了龙的造型，逐步发展演成了求神祈雨的“板凳龙”，乡民们每逢天旱不雨或丰收，逢年过节，家族祭祀等都要耍板凳龙，已成当地一种习俗。

勉县板凳龙历史悠久，具体起源何时已无从考证。据晋代常璩《华阳国志·巴志》记载：楚汉相争之际，賨人（賨人是古代巴人的一支）在阆中范目统率下，手执弓弩，板楯（賨人常用板凳为盾牌，所以又称板凳蛮）高唱战歌，跳起激越的舞蹈，向秦军冲杀，所向披靡，立下了汗马功劳。刘邦建立汉王朝后，封范目为渡沔县侯，让賨人驻扎在汉家发祥地汉中勉县。板凳龙与板楯蛮关系紧密，以板凳龙误“龙”祈雨，成为历史上崇巫佐论，道具采用三条腿与道家“天、地、人”和谐的哲学思想相吻合。

五、石泉泼水节

石泉素有福寿之乡的美誉，自古就有祈福、养福、延福的民俗传统。泼水祈福在石泉是一个古老的传统节日。石泉是大禹治水的驻跸之所，相传大禹死后，命身边的应龙世世代代守护汉江沿岸的百姓。逢年，石泉大旱，百姓备受干旱煎熬，他们在盼雨望水的苦熬中，历尽沧桑。后得知龙能行云布雨、消灾降福，象征祥瑞，所以就在农历六月六大禹生日当天，用谷草扎成草把龙，耍龙男子赤膊上阵，头戴柳条圈，众人用淘井之水泼洒草把龙求雨、祈求平安和丰收，且十分灵验。之后即使不再天旱，每年六月六大禹生日当天，石泉百姓均以舞草龙感谢上苍风调雨顺，并庆贺丰年。新中国成立后，由于“人定胜天”的思想和政治等因素的影响，舞草龙泼水祈福的习俗一度中断，仅保留了舞彩龙和烧狮子。

从2022年开始，石泉举办系列参与性旅游活动，以“泼水祈福节”为主题，把传承草把龙表演与为游客祈福、传福、延福相结合。

六、安康龙舟竞渡

赛龙舟历史悠久，是多人集体划桨竞赛。龙舟竞渡是在战国时代就已有的习俗。战国时期，人们在击鼓声中划刻成龙形的独木舟，做竞渡游戏，娱神与乐人，此时的龙舟竞渡是祭仪中半宗教性、半娱乐性的节目。安康龙舟竞渡最早见于东汉时期，唐代形成风俗，明清走向兴盛。汉江在安康境内长度有346千米，赛龙舟是当地沿江集祭祀、祈福、竞技于一体的重要习俗。

龙舟竞渡分为请龙、祭龙神、游龙和收龙等几个环节。龙舟竞渡前一般都要举行隆重的祭祀仪式，先要请龙、祭神。在端午前要择吉日从水下起出，祭过神后，安上龙头、龙尾，再准备竞渡。

安康的龙舟竞渡习俗兼具南北特色，参赛龙舟由货船演变而来，翘头翘尾圆底，以适应湍急的汉江水流，俗称“黄瓜底子”。船上设有桡手，边指挥边表演，挥旗击鼓，热闹非凡。

安康市端午节在汉江举办龙舟节活动

七、烧狮子

烧狮子在汉江流域流传历史悠久。烧狮子在蜀河古镇由来已久，是当地的一项传统文化项目。蜀河古镇的烧狮子是陕西省非物质文化遗产，也是流传了数百年的大型春节民俗活动。

在元宵节期间，从正月十三晚上持续到正月十六晚上，每晚花灯引路，锣鼓伴乐，狮子欢腾舞动。舞狮子的队伍会挨家挨户拜访，每到一户人家，舞狮子的人都会短暂停留，边舞狮子，边向这家人传递祝福。在这个过程中，围观的百姓会点燃特制的焰火，朝狮子喷射火花，象征着祛除霉运，迎来吉祥。

八、春倌说春

春倌说春是陕西汉中、安康地区和川北、陇东的部分地区的一种汉族民间说唱艺术，是陕西省非物质文化遗产保护项目。在冬春季节，由春倌走村串户说唱，一般为单人表演；有时进入街道或住户密集的村庄，采取双人对唱、接唱和联唱，演唱效果更好。每演完一户，春倌送给户主一张春帖，户主会给春倌“封礼”，给粮食或钱。这种表演不受场地限制，不用乐谱，有说有唱，说唱兼备。唱词内容十分广泛，唱本师传徒承，时常即景编词，遇啥人说啥话，“到什么山唱什么歌”。语言风趣诙谐，演唱和仄押韵。演唱内容紧跟时代，唱词随时随景更换，因此往往是脑子灵、反应快、有文化、言辩能力强的人，才能成为一个好春倌。

春倌说春发祥于春秋战国时期的王室。因古代农耕生产的发展对于国家的稳定和强大具有十分重要的作用，而农时节令又是指导农夫耕种的物候依据，春倌可以把记载时令的春帖送到千家万户之中，所以官府对春倌说春极为重视。

在清代和民国年间，官府也很注重春倌说春，每年立春这一天，州府县衙都要分别举行隆重的送春仪式，其做法是在城郊先开春倌会，现场说春表演，烧香祭天，祈祷风调雨顺，五谷丰登，再由府官、县官亲自握犁赶牛，犁地三个来回，亦表示官府重视农业生产，这种仪式一直延续到 1949 年。

目前，春倌能吟诵的唱词存有 1000 余首。早期，春倌分布的区域非常广泛，但随着时代的变迁，春倌的活动区域由平原地带逐步向丘陵山区退缩。目前仍在活动的地区主要在陕西的汉中、安康地区和川北、陇东的部分地区，大约覆盖有 30 个县约 1000 万人。经过 2000 多年的演变，春倌说春已形成了独具地域特色的文化现象。

九、洋县架花焰火

洋县架花焰火分布于陕西南部洋县城乡。它是以高杆梁架为扎制形式、以反冲式火箭来回自动点火、高空燃放的一种大型焰火。洋县架花焰火起源于唐代宫廷焰火，形成于清代，繁荣于民国和新中国成立之初，已有近 200 年历史。洋县架花焰火有 80 多个品种，与之相配伍的其他焰火品种有 200 余种，多以历史故事、戏剧人物为表演内容，包括“火焰驹传信”“白蛇传断桥相会”“哪吒闹海”“鹊桥相会”等。

洋县架花焰火的形制和燃放形式，在全国独一无二，在国际上也绝无仅有。高层多楼的杆架花与外围杆架花组合燃放，内容丰富，花色品种繁多，燃放持久，参差错落，层次感强，极具观赏价值。

洋县架花焰火火药配方科学，焰花制作工序合理规范，经过改进的药物配伍更具有可操作性和安全性。洋县架花焰火技艺已被列入陕西省第一批非物质文化遗产代表作保护名录。

十、洋县悬台社火

洋县悬台社火又称洋县高芯子社火。此种社火是以戏剧角色站在高台梁架上为表演形式，以人抬肩扛为主要运载方式的一种极为特殊的社火。它汇集了民间各种社火的精华，为陕西南部的洋县城乡所特有。

洋县悬台社火源于商周时代，清代雍正时期从众多的社火品种中脱颖而出，成为洋县社火中最有影响力的一种，清末、民国及新中国成立伊始达到了鼎盛，已有300年的历史。

洋县悬台社火具有五六层梁架，高达12米左右，高悬、惊险、巧妙、奇绝，给人以极大的视觉冲击力。数十人人抬肩扛的多层悬台社火威武雄壮，显示了中华儿女的凝聚力和协作团结的精神。

1959年，洋县悬台社火曾应邀在首都天安门广场展演，参演者曾受到党和国家领导人周恩来、习仲勋等的接见。

洋县悬台社火是研究地方上乃至中国的戏剧、舞蹈、音乐、美术及杂技发展的活化石，是研究汉水上游民俗及老百姓文化需求心理、生存状态的宝贵资料。

第三章　河流文化

汉水文化是一个多层位、多维度的文化复合体，在发展过程中，形成了兼具南北特色的文化特征，融合了巴蜀文化、荆楚文化、中原文化、秦文化等多元文化于一体。近年来，对于汉水文化的研究更加深入、范围更广，主要涉及南北交通运输、多文化交融、人群迁徙融合等方面。

第一节　水文化研究

汉水文化在我国流域文化中具有典型意义，在华夏文明的形成过程中扮演了重要角色。近年来，汉水文化研究范围逐渐扩大，研究成果颇丰，涵盖了汉水流域历史文化、文学艺术、区域经济、宗教等，梳理出汉水流域不同时期的文化风貌。其中汉江源研究、汉江流域移民研究等，文化内涵丰富，对当今社会的发展有一定的借鉴作用。

一、研究课题

（一）汉江源研究

1. 汉江发源于嶓冢山

汉江发源于嶓冢山，既得到儒家经典《尚书·禹贡》的认可，也得益于地理名著《山海经·西山经》的印证。《尚书·禹贡》记载："嶓冢导漾，东流为汉；又东，为沧浪之水。"认为江、汉的发源地在梁州，流域在荆州，而与雍州无干。《西山经》说"嶓冢之山，汉水出焉，而东南流注于沔。"从此之后，嶓冢山（今陕西省汉中市宁强县大安镇汉王山）成为屹立千古的汉江发源地。

汉代之前已将汉中的嶓冢山视为汉水源。屈原的《楚辞·九章·思美人》："指嶓冢之西隈兮，与纁黄以为期。"张衡《西京赋》中的终南太一，"连冈乎嶓冢"，都指的是汉水源嶓冢山。

北魏以后明确了宁强嶓冢山就是汉水源。从北魏开始，今汉中宁强县的嶓冢山便成为公认的汉江河源，《魏书·地形志》记载，汉中华阳郡"嶓冢（县），有嶓冢山，汉水出焉。"郦道元在《水经注》中也将今陕西汉中宁强之嶓冢山，视之为《尚书·禹贡》中的嶓冢山。

唐代之后，中国文人墨客普遍认为嶓冢山（汉王山）是汉江的源头。唐代诗人胡曾《咏史诗·嶓冢》："夏禹崩来一万秋，水从嶓冢至今流。"认为自夏禹以来，汉江即发源于嶓冢山。大诗人孟浩然明确说，"导漾自嶓冢，东流为汉川。"（《送王大校书》）

宋代经济繁荣，科技发达，对嶓冢山是汉江源的认识更加深刻。陆游于宋乾道八年（1172

年）春三月到汉中，十一月离开，8 个月时间几次到汉江源嶓冢山考察，是唐宋诗人中唯一系统地考察过嶓冢山的人，也是写嶓冢山诗最多的诗人。他明确说，“嶓冢山头是汉源，故祠寂寞掩朱门。”（《怀旧》）

元明清时期，诗人们大都认为嶓冢山是汉江发源地。明代文人薛瑄《汉江源》：“巨峡自天开，峨峨嶓冢尊。回还幽谷底，清浅汉江源。泉古通元气，根深彻后坤。朝宗东去意，应不废晨昏。”明英宗朱祁镇有一首《汉江歌赐襄王》：“汉水滔滔出嶓冢兮，伟兹巨浸壮南邦兮。万有千里流无穷兮，逶逶迤迤至必东兮。噫吁嚱，汉水殆与天地同始终兮。”

总之，从屈原经孟浩然、陆游到晚清的历代诗人们，皆以嶓冢山为汉江之源头。“嶓冢山头是汉源”，“噫吁嚱，汉水殆与天地同始终兮！”在南水北调的大背景之下，汉水上游是南水北调中线工程的水源地；在全球兴起汉语、汉学热的新形势下，汉水上游的汉中盆地是“汉”文化符号的发源地。因此，嶓冢山是中华儿女心目之中的文化汉源！

《陕西通史》中记载，汉江发源于嶓冢山，“汉江在府南三里，其源自沔县嶓冢山出，东流入襄阳府界。”《尚书》曰：“嶓冢导漾，东流为汉。”

2. 汉江发源于玉带河

玉带河发源于宁强县马家河之箭竹岭，流经宁强县城，如绕城之玉带，故名玉带河。经由高寨子、铁锁关、胡家坝流至勉县铜钱坝汇入汉江。1941 年初，时任宁强县议会议长的黎琴南，主持对全县的经济考察，形成的《宁强县经济调查书》认定，玉带河源头箭竹岭是汉江源头，这一说法被 1979 年版的《辞海》确认。1995 年版的《宁强县志》也对汉江源头作了重新确认：“玉带河是汉江的源流，发源于宁强县城西北箭竹岭水池垭。境内干流长 87.5 千米。”

3. 汉江发源于沮水

1600 多年前，北魏郦道元所著的《水经注》之《卷二十七 · 沔水卷》，有所记载，“沔水出武都沮县东狼谷口。沔水一名沮水……沔水又东南，迳沮水戍而东南流，注汉，曰沮口。”“沮水，又叫黑河，是一条从北面进入汉江的大河，发源于留坝县紫柏山。清代嘉庆时期的《汉中府志》中的《黑河图说》，详细介绍了沮水流经过程。沮水在上源，比现在所说的汉源长得多，按河源唯远的原则，是当之无愧的汉源。”

4. 汉江发源于褒河

褒河，古称褒水，发源于秦岭南麓的太白县。其干流地跨宝鸡、汉中两市，在汉台区的孤山汇入汉江，全长 175 千米。2013 年，宝鸡市组织水利专家考察后，形成的《汉江河源考析》发表于《陕西水利》第四期，并上报长江委。考察认定：褒河为汉江上游之干流，其源头为秦岭主脊的宝鸡市太白县塘口村一片手掌状山地中的一眼泉水，此处为汉江源头。

（二）陕西汉江流域移民研究

汉江流域历史发展过程的移民行为，分为三种类型：灾荒移民、政治移民、军事移民。第一种类型的移民是为了生存的需要而进行的自发性的流徙，第二种和第三种类型的移民具有强制性，是统治集团或军事集团为政治目的和军事目的而进行的强制性移民。

军事移民，在历史时期较为常见，最早有文字记载的军事移民发生在西周时期，《尚书·牧誓》记载周武王伐商纣王时，曾用庸、蜀、羌、髳、微、卢、彭、濮八国师。顾颉刚先生认为，其中庸、蜀、卢、彭、濮五国皆在汉水流域。春秋战国时期，汉江流域依然处于褒、巴、蜀、庸、楚、秦等国的纷争中，战争带来了人口的频繁迁徙，汉中、安康等地的巴蜀和楚墓为其提供实物佐证。秦惠王时，灭巴蜀，占据今汉中地区，后分置巴郡和蜀郡，并“移秦民万家实之”。这些移民可谓是较大规模的军事移民。

灾荒移民，多发生在国家政权动荡时期，汉江流域人口以迁入为主。历史上较为显著的时期是唐代“安史之乱”后，汉江流域形成了以汉中为主的人口迁入高潮。“安史之乱”后，藩镇割据，人口分布态势动荡。而这一时期，汉江流域社会环境稳定，经济长足发展，相比于关中地区粮食价格飙升，社会环境动荡，更加适宜居住。同时，蜀汉地区作为国家的大后方，长安、南郑、成都之间交往频繁，褒斜道、骆谷道多次修凿，交通便利，对人口的流动有一定的影响。高适在《请罢东川节度使》中写道：“比日关中米贵，而衣冠士庶，颇亦出城，山南、剑南道路相望，村坊市肆，与蜀人杂居，其升合斗储皆求于蜀人。”可见流民规模之大。

明代初期，中原及长江中下游地区大批人口经历战乱及自然灾害，为逃避赋役，流徙至汉水中上游地区，其中一部分人进入陕南商洛和安康东部山区。明成化十二年（1476年），流民再次大规模流入秦巴山区。综合而言，明代流民迁徙迁出范围较前代更广，涉及河南、山东、山西、四川、江西、湖广、福建、浙江等地。

政治移民，主要是统治者为实现一定的管控目的而实施的统一移民。为了响应清政府的垦荒令，陕南和全国其他土地抛荒严重的地方一样，也出台了移民开垦的措施。如清康熙五十一年（1712年），西乡县知县王穆发布公告：“如有无田耕种者前来踏看上等肥田，本县给以牛种，准其安插，承顶钱粮，永远管业。”康乾时期是清代汉江流域移民的一个高峰期。因白莲教起义和太平天国革命运动使地方经济的发展受挫，清政府再次出台招垦政策，饱受战乱的汉江流域就是其中重要地区，于是又出现了同治光绪年间的第二次移民高潮。

清代汉江流域的移民源流地十分广阔，以长江中下游及其以南地区为主，北方中原地区较少，其中以两湖最多，其次为四川、安徽、广东、福建、江西、江苏、贵州等省。清代《汉南续修郡志·山内风土》记载：“郡属土著无多。……所云老民不过元明国初，若新民则数十年内侨寓成家。南、褒、城、洋、沔平坝之中，老民尚多，南北两山及西、凤、宁、略、留、定之属则老民十只二三，余均新民矣。”

（三）汉江流域灌溉历史研究

汉江流域农业灌溉历史悠久，距今已有2000多年的历史，秦汉至明清，在汉江支流上，先后建有300余处引水堰坝，构成了发达的农田灌溉体系，使汉中盆地和安康盆地成为丰饶的粮食产区。

秦汉时期，随着政治中心的确立、农业开发的深入、交通条件的完善，汉江流域与关中平原有了更紧密的联系，在农业灌溉体系方面有了长足的发展。秦王政即位时，秦国已据有关中、汉中、巴蜀等郡县，并以汉中和巴蜀为后方基地。汉高祖刘邦以汉中地区为发迹之地，汉江流域作为战略重地备受关注，其农业在这一时期得到恢复和发展，汉高祖二年（前 205 年）“关中大饥，米斛万钱，人相食，令民就食蜀汉”。东汉光武帝时期，公孙述会聚甲兵数十万人，积粮汉中，筑窖南郑。灌溉渠堰的修筑是粮食丰产的重要因素。刘邦驻军汉中时，命萧何和曹参在褒谷口修建了山河堰，引汉江支流褒河水灌溉农田 4 万余顷。西汉初年，张良渠修成，引湑水河灌溉农田，《水经注》：“（湑）水北有七女池，池东有明月池，状如偃月，皆相通注，谓之张良渠，盖良所开也。”王莽居摄二年（7 年），修五门堰，引汉江支流湑水河灌溉农田 5 万亩。据相关石刻碑文记载，今南郑殷家营附近的流珠堰、汉中市汉台区北郊的古陂池、王道池、顺池、草池、明月池等皆为汉代所修，这一时期灌溉渠堰的大量修筑为统治集团提供了丰富的粮草，也促使汉江流域成为其后方基地。

魏晋南北朝时期，汉江流域农业出现了较大的波动，汉末三国时期，农业曾一度繁荣。这一时期，中原战乱频发，汉江流域地处南北过渡带，地理位置独特，外部环境相对稳定。割据政权出于政治、军事方面考虑，采取了积极的农业措施，并整修引水灌溉工程，三国时诸葛亮屯兵汉中，曾对山河堰作过整修。

东晋至隋初，汉江流域反复沦为战区，成为诸多割据政权军事争夺的战略重地。社会动荡、战乱频繁，传统农业处于衰退状态，加之大量氐、羌、獠、蛮部族迁入境内，与土著汉民杂居其间，出现了传统农耕文化与獠蛮采集渔猎文化同时并存的局面，农业灌溉发展相对缓慢。

宋代，汉江流域农业灌溉进一步发展。宋神宗期间，先后 4 次下诏兴修水利，其间陕南得到较大发展，山河堰始建于汉代，后因破坏严重，灌溉日衰，宋代对山河堰进行了大规模整修，“凡溉南郑、褒城田二十三万余亩，昔日瘠薄，今为富腴”。同时，五门堰、杨填堰也得到系统整修和扩建，并初步形成灌溉工程体系，其灌溉区域相互补充，灌溉面积更广，灌溉效益更大。除大型灌溉渠堰外，小型渠堰、池塘也得以发展，北宋熙宁七年（1074 年）“六月，金州（今安康）西城县民葛德出私财修长乐堰、引南山力水开池蓄潴、以灌水田”。

明清时期，汉江流域以兴修中小型渠堰为主，治理整修历代渠堰为辅，农业灌溉发展达到高峰，扩大农业灌溉区域，增加农作物产量。这一时期，南方各省移民大量迁移至此，带来了先进的水利灌溉经验和技术，流域各县充分利用当地水源条件，在地方官员的主持下，绅民争兴水利，兴修渠堰蔚然成风，整修了山河堰、五门堰、杨填堰等一批古渠堰，其中，山河堰整修后可灌田 20 余万亩，成为陕南最大的灌溉工程。明成化二十一年（1485 年），汉阴县令张大伦主持修建月河大堰，疏水拓田。明嘉靖十年（1531 年），关南守道郭守道，两度捐俸银修整千工堰，灌田 7000 余亩。明嘉靖十七年（1538 年），平利县令魏尚修大贵堰。清雍正六年（1728 年），在付家河峪口修大齐堰，分六垱，灌田 2000 余亩，同年，修南沟堰，灌田 300 亩。此外，旬阳的水田坪堰、石泉的兴仁堰、紫阳的松河堰等也相继修成。这些渠堰灌溉农田数十亩至数千亩不等，共同构筑了汉江流域农业灌溉体系，为之后水利工程的建设奠定了基础。

二、研究机构

陕西汉江流域文化研究机构较多，以相关博物馆及文化研究中心为主，其中包括城固县五门堰水利博物馆、汉阴县凤堰古梯田移民生态博物馆、安康博物馆、安康市教育博物馆、移民博物馆、藏一角博物馆、勉县博物馆、汉中市博物馆、中国汉江航运博物馆、陕西理工大学汉水文化博物馆等 10 个博物馆及陕西汉江文化研究中心、陕西理工大学汉水文化研究中心 2 个研究中心。

（一）城固县五门堰水利博物馆

博物馆位于城固县城北 15 千米桔园镇的龙门寺，依托五门堰这一重要的水利工程和龙门寺的古建筑而建。龙门寺坐西朝东，为三进两院的结构，以太白楼、禹稷殿和大佛殿为主，旁边有厢房和耳房等附属建筑。寺内的回廊里陈列着大量与五门堰水利工程有关的石碑，号称“小碑林”。这些石碑包括水利修建碑、水利纠纷碑、清查田亩碑、水利保护碑、章程碑、歌功碑、堰产碑、书画碑等，时间跨度涵盖明代、清代和民国时期。

（二）汉阴县凤堰古梯田移民生态博物馆

博物馆位于陕西省安康市汉阴县漩涡镇。2017 年 3 月 17 日正式设立。文物资源丰富，有藏品 6000 余件（套），包括古梯田内保留的大量与移民农耕文化相关的生产工具、生活用品、建筑构件等，这些文物是研究明清时期“川陕大移民”和“湖广填陕西”的重要载体和实证。

梯田本身并非传统意义上的馆内藏品，但整个古梯田是该生态博物馆的核心展示内容。古梯田面积达 1.2 万多亩，于清乾隆年间由湖南长沙移居当地的吴氏家族开垦，距今历史悠久。其“山、水、寨、林、屋、田、园、路”和谐统一，被称为“农耕文明的活化石”和“传统农业的基因库”。

（三）安康博物馆

博物馆位于安康市汉滨区黄沟路，前身为 1984 年成立的安康历史博物馆，2014 年迁入现址，是安康市唯一的一座综合性博物馆。博物馆占地总面积 43 亩，现有馆藏藏品 4000 余件，其中珍贵文物 931 件。馆藏特色包括春秋战国时期的巴、蜀、楚文化遗物、汉魏南北朝时期的青瓷器、画像砖和陶俑，以及明清时期的名人书画等。

（四）安康市教育博物馆

博物馆位于陕西省安康市汉滨区东井街 15 号，是依托安康文庙建立的一个以教育展示为主题的博物馆。2012 年 6 月正式对外开放，常年举办“安康文庙沿革”“安康教育陈列”两大展览，定期举办“祭圣祈福”“金榜题名”“开笔礼”“文庙四季雅集”活动。

（五）移民博物馆

安康市移民搬迁博物馆位于安康市城区东坝防洪工程东堤头上部，总面积 4223.16 平方米，共收集各类视频图片素材 300 余 G，实物展品 50 余件。按照“朴素典雅、真实厚重、灵活流畅、科技环保”的原则，以历史上被动迁徙和当代移民搬迁的宏伟成就对比为脉络，以体现安康人民“敢为人先、自觉创新、坚忍不拔、久久为功”和“自强不息、不甘落后、敢于与贫困作斗争”的移民精神为主题，呈现了安康移民历史、近年来移民搬迁工作成果及后期移民搬迁工作整体规划，全面展现了安康悠久的移民历史文化和显著的移民搬迁工作成效。

（六）藏一角博物馆

安康市藏一角博物馆始建于2005年，馆内主要收藏和展示的藏品是徐山林先生的捐赠。馆内展品题材广泛，内容丰富，有“邮海大观”“古今通宝”“摭券天地”“书道丹青”“书卷芸香”五大展室，这些精美藏品折射出了徐山林先生对文物收藏保护事业的热心，以及对家乡的感念与无私奉献之情。

（七）勉县博物馆

勉县博物馆位于陕西省汉中市勉县人民路三国文化广场三国尊城B座3楼。馆藏文物丰富多样，现有馆藏文物2800余件。文物年代跨度大，涵盖了史前时期以及两汉三国等历史时期。珍贵文物众多，有三国魏弩机、陶水田、巴式铜矛、西汉多字私印等。勉县博物馆作为一座县级博物馆，对于保护、研究和展示当地的历史文化遗产具有重要意义。它不仅是勉县历史文化的重要载体，也是人们了解勉县、认识三国文化的重要窗口。

（八）汉中市博物馆

汉中市博物馆位于汉中市汉台区东大街26号，园区面积8000平方米。博物馆是由古汉台、拜将坛、饮马池三处历史遗存组建而成的。其建筑主要依托古汉台原有建筑风格和布局，由自南而北逐级升高的三个院落组成。

1958年，汉中市以古汉台为馆址，建立了汉中市博物馆。1970年因修建石门水库，将以“石门汉魏十三品”为代表的摩崖石刻凿移至古汉台保护。经过不断发展与完善。2012年5月31日，汉中市政府将原属汉台区管理的古汉台博物馆、拜将坛管理处和饮马池整体上划，建立了新的组团群落式汉中市博物馆。

基本陈列有《道教造像精品陈列》《佛教造像精品陈列》《汉中近代革命文物陈列》《石门十三品陈列》《褒斜栈道陈列》。展陈文物“石门十三品”及其他褒斜道摩崖石刻完整切割保存，其中《石门》《玉盆》《衮雪》隶书灵动飘逸，放纵舒展，具有极高的艺术价值，《山河堰落成记》作为最早的工程竣工报告，历史意义重大。

（九）中国汉江航运博物馆

中国汉江航运博物馆位于安康市旬阳市人民北路58号，是全国首家内河航运博物馆，也是汉江流域内第一家航运博物馆。面积270平方米，按国家三级博物馆标准建设，由“汉水汉韵”“利涉大川”“文武辉映”“扬帆未来”四大部分组成，通过历史照片、文物和电子互动展项，生动展现了汉江悠久的航运文明和厚重的历史故事。

（十）陕西理工大学汉水文化博物馆

陕西理工大学汉水文化博物馆依托陕西理工大学的汉水文化研究中心，是全国人文社会科学普及基地、陕西省优秀社会科学普及基地。该馆是陕西理工大学在汉水流域历史文化、文学艺术、区域经济以及社会发展方面部分研究成果的集中展示，也是教学科研、学科建设、对外交流以及学生实践实习的重要平台。

（十一）陕西汉江文化研究中心

2023 年 12 月 22 日，在首届“陕西汉江水文化研讨会”上授牌成立。该研讨会由陕西省水利厅、省水利学会、汉中市水利局等主办，汉江书院承办。该研究中心的成立旨在深入研究汉江水文化的精神内涵与时代价值，为保护传承弘扬汉江水文化建言献策。

（十二）陕西理工大学汉水文化研究中心

陕西理工大学汉水文化研究中心作为依托陕西理工学院设置的实体性研究机构，接受陕西理工学院的管理及其科研管理部门的指导。其宗旨是立足汉水上游，辐射陕、川、豫、鄂，通过理论研究和文化探寻，服务汉水流域及周边地域文化发展和经济建设，致力于把自身建设成汉水流域理论研究与学术交流、人才培养与社会服务的基地和平台。该中心下设文学艺术、历史文化、区域经济与社会发展等研究所。

此外，汉江师范学院也设有汉水文化研究相关机构。其中，汉江师范学院汉水文化研究基地成立于 2021 年 1 月，现挂靠文学院，下设地方文艺与方言研究中心、经济社会发展与旅游研究中心和历史文化研究中心。

第二节　水文化活动

2017 年 11 月 3 日，陕西省水利厅主办的“保护水源头，我们在行动”青年志愿者节水公益服务行动在汉中市举行，来自陕西省水利厅和引汉济渭公司的青年志愿者来到宁强县南街小学，宣传水资源形势，动员全社会进一步增强惜水、节水、护水意识，倡导对水源地的保护和水生态环境的保护。

2020 年，石泉首届泼水祈福节以“雨露甘霖 · 福音石泉”为主题，7 月 26 日（农历六月初六）开幕，持续到 8 月 26 日，整整一个月，参加完一个完整的泼水祈福节大概需要 2 小时，整场活动分为“东门祈福”“西门赐福”“古城串福”“禹王宫聚福”“福音树养福”5 个环节，充满浓郁的民俗文化。

2021 年 5 月，陕西省河长制办公室主办、省水利信息宣传教育中心承办的“幸福河湖陕南行——中央及省级主流媒体走进南水北调水源区”，采访了汉中市宁强县汉源街道办汉水源村。自 2017 年以来，宁强县构建了县、镇、村三级河长、河道警长体系，村级河长每天巡河，维护河道干净。开展水污染防治、水环境治理、水资源管理、水生态修复等工作，使其水质长期稳定保持在国家 I 类标准。

2022 年，汉江书院开展汉江文化系列考察活动，专家学者深入考察调研汉江流域黄金峡的前世今生。旨在通过实地参观、考察，掌握区域文化遗存现状，深入挖掘历史文化价值、当代水科技进步，让更多的人节水、亲水、爱水，传播汉江水文明，彰显汉江水润三秦的价值。

安康汉江龙舟节：2000 年，安康市政府组织举行了第一届中国安康汉江龙舟节，截至 2023 年底，已举行 23 届。

2022年6月5日，安康日报社策划组织了以“吟诵汉江，传唱经典”为主题的“国风·汉江辞汇”主题活动，通过11个优秀诗词吟唱节目，全方位呈现中华文明精髓，从《诗经》到《楚辞》、从唐诗到宋词、从古体诗到现代诗，千古风韵在汉水之滨荡漾。

2023年6月22日，第二十三届中国安康汉江龙舟节，陕西省文物局、安康市人民政府共同举办，汉景帝阳陵博物院、陕西历史博物馆、陕西省考古研究院（陕西考古博物馆）、西安博物院、咸阳博物院、茂陵博物馆、安康博物馆七馆联合举办了主题为“汉水汉风汉韵”的展览。以展示汉文化为主线，分为“汉水肇基”“汉风垂范”“汉韵溢彩”三个单元，展出汉代文物（含复制品）130件组，均为国家珍贵文物，讲述了汉王朝从汉水肇基走向大汉的壮美历程。

2023年9月30日，“国兴爱梦源杯”第一届饮水思源话汉江旅游文化艺术博览会暨全国第二十一届旅游门券艺术收藏巡回展活动在汉江源景区拉开帷幕。活动由全国A级景区门券展、“汉江情怀”陕鄂豫一家亲汉水文化交流座谈会、三地文艺会演、书画艺术交流、民族非遗表演等系列活动组成。

2023年12月22日，汉中市举行了首届陕西汉江水文化研讨会。以“汉江的历史与未来”为主题，围绕汉江水文化内涵特质与精神，汉江水文化保护、传承、弘扬，汉江流域水文化产业化和汉江生态经济带等研究开展学术交流，推进陕西汉江流域江河湖库、干支流协同治理和文化传承，实现“一泓清水永续北上”的具体目标。

第三节　水利艺文

一、诗词歌赋

诗经·周南·汉广

先秦·佚名

南有乔木，不可休思。
汉有游女，不可求思。
汉之广矣，不可泳思。
江之永矣，不可方思。

翘翘错薪，言刈其楚。
之子于归，言秣其马。
汉之广矣，不可泳思。
江之永矣，不可方思。

翘翘错薪，言刈其蒌。

之子于归，言秣其驹。
汉之广矣，不可泳思。
江之永矣，不可方思。

渡汉江

唐・元稹

嶓冢去年寻漾水，襄阳今日渡江濆。
山遥远树才成点，浦静沉碑欲辨文。
万里朝宗诚可羡，百川流入渺难分。
鲵鲸归穴东溟溢，又作波涛随伍员。

汉江

唐・杜牧

溶溶漾漾白鸥飞，绿净春深好染衣。
南去北来人自老，夕阳长送钓船归。

渡汉江

唐・宋之问

岭外音书断，经冬复历春。
近乡情更怯，不敢问来人。

汉江临泛

唐・王维

楚塞三湘接，荆门九派通。
江流天地外，山色有无中。
郡邑浮前浦，波澜动远空。
襄阳好风日，留醉与山翁。

金陵望汉江

唐・李白

汉江回万里，派作九龙盘。
横溃豁中国，崔嵬飞迅湍。
六帝沦亡后，三吴不足观。
我君混区宇，垂拱众流安。
今日任公子，沧浪罢钓竿。

与鲜于庶子泛汉江

唐·岑参

急管更须吹，杯行莫遣迟。
酒光红琥珀，江色碧琉璃。
日影浮归棹，芦花罥钓丝。
山公醉不醉，问取葛强知。

九月十日即事

唐·陈羽

汉江天外东流去，巴塞连山万里秋。
节过重阳人病起，一枝残菊不胜愁。

隔汉江寄子安

唐·鱼玄机

江南江北愁望，相思相忆空吟。
鸳鸯暖卧沙浦，鸂鶒闲飞橘林。
烟里歌声隐隐，渡头月色沉沉。
含情咫尺千里，况听家家远砧。

渡汉江

唐·丘为

漾舟汉江上，挂席候风生。临泛何容与，爱此江水清。
芦洲隐遥嶂，露日映孤城。自顾疏野性，难忘鸥鸟情。
聊复与时顾，暂欲解尘缨。跋涉非吾愿，虚怀浩已盈。

咏史诗汉江

唐·胡曾

汉江一带碧流长，两岸春风起绿杨。
借问胶船何处没，欲停兰棹祀昭王。

汉江上作

唐·罗隐

汉江波浪渌于苔，每到江边病眼开。
半雨半风终日恨，无名无迹几时回。
云生岸谷秋阴合，树接帆樯晚思来。
对此空惭圣明代，忍教缨上有尘埃。

木兰花慢·席上送张仲固帅兴元

宋·辛弃疾

汉中开汉业，问此地、是耶非？想剑指三秦，君王得意，一战东归。追亡事，今不见，但山川满目泪沾衣。落日胡尘未断，西风塞马空肥。一编书是帝王师，小试去征西。更草草离筵，匆匆去路，愁满旌旗。君思我，回首处，正江涵秋影雁初飞。安得车轮四角，不堪带减腰围。

望汉江

宋·宋祁

西导岷源阔，南浮楚望开。
弄珠嫌蚌隐，投璧让蛟回。
岸翠山烟逼，波红日影来。
万艘徒扰扰，谁是济川材。

归次汉中境上

宋·陆游

云栈屏山阅月游，马蹄初喜蹋梁州。
地连秦雍川原壮，水下荆扬日夜流。
遗虏孱孱宁远略，孤臣耿耿独私忧。
良时恐作他年恨，大散关头又一秋。

梅花诗

宋·邵雍

荡荡天门万古开，几人归去几人来。
山河虽好非完璧，不信黄金是祸胎。
湖山一梦事全非，再见云龙向北飞。
三百年来终一日，长天碧水叹弥弥。
天地相乘数一原，忽逢甲子又兴元。
年华二八乾坤改，看尽残花总不言。
毕竟英雄起布衣，朱门不是旧皇畿。
飞来燕子寻常事，开到李花春已非。
胡儿骑马走长安，开辟中原海境宽。
洪水乍平洪水起，清光宜向汉中看。
漫天一白汉江秋，憔悴黄花总带愁。
吉曜半升箕斗隐，金乌起灭海山头。

云雾苍茫各一天，可怜西北起烽烟。
东来暴客西来盗，还有胡儿在眼前。
如棋世事局初残，共济和衷却大难。
豹死犹留皮一袭，最佳秋色在长安。
火龙蛰起燕门秋，原璧应难赵氏收。
一院奇花春有主，连宵风雨不须愁。
数点梅花天地春，欲将剥复问前因。
寰中自有承平日，四海为家孰主宾。

水龙吟·汉江流入苍烟

宋·袁去华

汉江流入苍烟，戍楼吊古临无地。
清霜初肃，鹰扬隼击，青霄凌厉。
新雁声中，夕阳影里，千崖秋气。
念东篱采菊，龙山落帽，风流在、尚堪继。
引满松醪径醉。诵坡仙、临漳宵济。
茱萸细看，明年谁健，空悲身世。
儿辈何知，更休说似，登山临水。
那纷纷毁誉，耳边风过，我何曾记。

小重山·开汉江山落手中

宋·魏了翁

开汉江山落手中。
满门花粲阑，锦蒙戎。
与人和气乐融融。
应怜我，留滞剑南东。
风味两文忠。
恍如畴昔夜，一尊同。
如今海内几刘公。
觇天意，犹在笑颜红。

过汉江

宋·杨时

西极鳌足折，东南地维倾。
众流竞趋下，汹汹归沧沧。

谁能跨明河，挽此经天行。
世难乘槎翁，此意终冥冥。

逍遥咏

宋・宋太宗

不醉迷如醉，犹贪居鼎扛。
通玄求得一，清静更无双。
鸾凤栖瑶渚，天津压汉江。
欲穷何所似，夜月透云窗。

与秦少章题汉江远帆五首（其一）

宋・晁冲之

江山起莫色，草木敛余昏。
谁感离骚赋，丹青吊屈原。

汉江岸二首（其二）

宋・陈造

沙随秋涨漫川原，
沙外人家尽毁垣。
寄语饥羸莫深恨，
西人无数饱鱼鼋。

次华使张承宪公游汉江

明・申光汉

天上河源落五台，楼前澄影隔尘埃。
杨花春尽帆归远，楮岛烟消雁影来。
物色不随游子去，芳樽今为使君开。
三韩胜地皆方丈，更借仙风倾一杯。

二、摩崖碑刻

（一）山河堰落成记

此碑记述了宋代绍熙四年（1193 年）夏季涨水，堰被冲毁后重修的过程。宋代晏袤所书，现藏的拓片为整张，横 4.6 米，纵 1.8 米，尺幅之大，极为罕见。现保存于汉中市博物馆。碑文如下：

绍熙五年，山河堰落成，郡太守章森、常平使者范中艺、戍帅王宗廉，以月丙辰徕劳工徒。堰别为六，凡九百三十五丈，酾渠四百一十丈。木以工计，七十二万四千九百有奇，工以人计，一十五万九千八百有奇。先是四年夏，大水，六尽决。秋，使者被旨兼守事，会凡役，慨念民输当四位于每岁之常，乃官出钱厄缗，为民助。查沆、贾嗣祖、晏袤、张丙实董其事。

（二）五门堰碑记

天下之物，大能为天下利害者，水而已。刊山川，浚畎浍，行其所无事者，备其害也；兴堰务，开渠道，因之以灌溉者，资其利也。故能计其功业之大，宜以莫之加焉。若乃忧民之忧，利民之利，足食而壮国者，其蒲侯之谓欤。

侯，鄜延人，名庸，字时中，世儒业，由学官登进士。至正丁亥夏六月，来宰是邑，公平正大，境宇一新，以宣化抚民，兴利除害为务。但可为者，不择难易，汲汲焉，常若不及。县治北谷，婿水出焉，有堰截水分割其派，与婿相望而下，不十里，皆抵斗山之麓。上抱石嘴，半中筑堤，过水碧潭，去此上流，横构五门，恐水或溢，约弃入沟，用保是堤，因曰五门堰也。溉田四万八百四十余亩，动磨七十。每岁首，凡一举修，竹木四万九百有奇，夫六百七十五人，逾月方毕。略值雨淫，婿必浩发，激湍迫荡，堤为尽去，复如费修筑，稻乃薄收，蒙害尚矣。秋八月，无故崩溃。侯诣彼相视，顾左右曰："此为婿水正冲之要，虽极殚民力而加亿万之计，欲其无害，焉可得乎！如是冀利用厚生犹枉寻直尺，弗忍为。"遂登高岗，视于石嘴，盘桓良久，曰："此可图也。"虽通底皆石，果哉不难。甫及农隙，命堰长董工役，召冶匠锻器具，率磨夫百余以役其事。应期威集。或曰："此神堰也，无乃不可。"侯曰："我当之！"又有进其说曰："甲申之间，亦尝大圮，有匠欲凿，酬其缗三万五千，不允，掉臂而去。今幸不动其财，不扰其众。止以若等人力，将敌无量之坚，不亦远乎！"侯勃然而叱之曰："是非若尔所知！"遽奋袂攘衿，倡锥以击，而众心乐为。月以继日，焚之以火，淬之以水，皆自暴烈而崩。乃以所取之石，仍塞旧渠，示以次成功。及半途，石韧而确，莫不畏难退怯，嗔心排沮之者，乘衅而入。侯藐不为意，躬操其器，忾如与敌，一勇皆摧。惊相语曰："力耶，术耶？天之所辅耶？"愈信服，莫敢后先。经始是岁之秋，功成于戊子之春仲。其广丈一，其深四仞，袤一十八丈，余所可理，无不致力。卑者崇，狭者广，曲者直，圮者完，其固莫当，功竟乃还。堰长贾文美、李起宗及耆宿，奔告予曰："我侯，真邑宰也！凡治行，姑请置之，惟是役之兴，若可苟为固不待，夫千百载之下，今一为之，不言可知。请为记其绩，勒于珉，树之堰侧，将示诸来世，知其开凿之源。"此余亲及见之，义不容辞。详夫侯之举此，可谓极其心目诚。始，余之见其一利一害，已判然矣。遽至义气所发而不遏，惟其所向，何物不屈，惟其所感，何物不格？况彼之冥顽，奚以能抗其诚哉？是则摧挫暴烈，分崩离析而莫之堪；偶遇颇艰，群沮海沸，正谓"震惊百里，不丧匕鬯"，及其以身先之，与民同甘蓼，一感遂通。呜呼！非诚之至，义之至，其孰能于此？是能卒成永久之业，而建远大之功。俾民绝其修筑之劳，而乐无穷之利，猗与至哉！民图一报，无所措施，乃为立祠，绘其坐容，惟旦夕瞻仰，而伸敬焉。窃谓宋之鲁公，后阎公苍舒，皆由是邑而达宰辅，名著青史。昔好事者，为具载其行事，立于县圃之东，昭然可考。惟令治行功业，殊与无愧。他日宠荣旌异，虽不敢必，亦知时之有待。铭曰：粤惟上帝，于焉赫赫，降此忠良，挥扬奕奕。忠良为何？是曰蒲侯。曰强哉矫！克壮其猷，侯惠极致，德音孔良，民之思之，山固水长。元至正八年立

（三）重修五门堰记

此碑立于明万历十年（1582 年），现存于城固县五门堰文物保管所，撰文黄九成，是一通功德碑。记述了城固县令乔侯上任后，查五门堰之弊，拟定整修五门堰和后续管理的规划，并身先士卒、不辞劳苦，与城固百姓齐心协力于万历四年（1576 年）至万历七年（1579 年）整修五门堰的过程，褒扬了乔侯发展经济、心怀百姓、廉洁俭约的惠民之仁，称其可与秦时郑国、汉时白公比肩。并对批准这项工程的项公、沈公、袁公加以赞美。立碑记载功绩，永世流传。碑文如下：

賜進士第中憲大夫四川等處提刑按察司副使奉

勑整飭敘瀘兵備兼分巡下川南道、前總理遼東糧儲、戶部郎中城固黃九成撰

己酉鄉進士奉直大夫山西大同府應州知州城固廉汝爲書並篆額

聖天子禦極，以愛養百姓爲先務。

天語渙頒，慶洽遠邇，一時內外大小臣工鹹精白一心，以承休德，天下翕然稱至治矣。萬曆三年乙亥夏，河東喬侯，來令城固。涖任之初，首詢及地方利弊興革，父老有以五門堰務爲封者。侯然之，即躬詣相度，見其上流，舊工苟且，每遇滑水泛漲，堰輒衝潰。下流管道淺窄，一值猛雨迅急，岸隨頹圮。自五門而下十裏，至門山之麓有所謂石硤，若節年渠岸不固，水旋入河，民甚苦之。侯議以五門上流用石疊砌，以建悠久之基；下流脩爲活堰，以洩橫濤之勢；石硤用石固隄，以弭衝決之患。又於堰西創立禹稷廟三間，使人人知重本之意，大門三間二門三間，兩旁官房二十餘間，以爲堰夫棲止之所，樹以松栢，繚以周垣。於五門石堰擇人守之，量給水田數畝，令其伺時啓閉，務俾水利之疏通。於門山石硤擇人守之，量給山地耕種，令其常川巡護，以防奸民之陰壞。沿渠一帶，遍栽柳樹，培植隄根，於永固。規畫既定乃申其議於漢中太守項公、欽差分巡關南憲副沈公、欽差分守關南藩條袁公。三公者，夙懷經濟，素著風猷，爲國之忠，惠民之仁，皆恊合侯心之同然者，鹹允其請。侯於是身先經理，不憚寒暑，分委責成，惘懈夙夜。工料酌之田畝，而民不偏累；口糧令其自辦，而官無冗費。諸執事者既各恪慎，而夫役又知上之人一勞久佚之意，皆子來赴工，踴躍從事。經始於四年丙子冬十月，落成於七年已卯夏六月。是年秋，喬侯丁內艱歸，行裝簫然，清苦儉約，無異寒士。侯心行才識，允矣。循良卓異之選；至脩堰實，績尤表表在人耳目者也。父老人等僉謂侯之遺愛，恐其久而泯也，請予爲文勒諸石，庶侯之澤永世無窮也。餘雖不文而知侯特深，庸何敢辭。嘗稽諸，《堯典》曰：“敬授人時。”《舜典》曰：“食哉惟時。”是堯舜之治天下，皆以安民爲先務也。今我皇上，一德格天，任賢輔政，治隆堯舜，而三公、喬侯乃能仰體聖心，成此美政。凡吾邑五門堰以下，幾五萬畝之田，灌漑無遺利矣。昔漢鄭當時穿渭渠，人以為便；白公穿白渠，民得其饒。今五門石硤水利疏通，民受其賜，視鄭、白之績不猶居其右也耶。然此特敘澤之及

一邑者耳。繼自今，三公、喬侯推膺大責任，樹立大勲業，丕冐海隅出日，鹹被其澤矣。甘棠之思豈止一城固邑哉。沈公名啓，原浙江秀水人，已未進士。袁公名弘德，直隸曲周人，戊辰進士。項公名思教，浙江臨海人，壬戌進士。喬侯名起鳳，山西安邑人，甲子鄉進士。諸凡有勞茲役者例得載之碑後，以垂永久雲，謹記。

萬曆十年歲在壬午夏五月朔日吉旦立

賜進士第中憲大夫陝西漢中府知府前戶部郎中靈寶許僩

同知棗強姚思義

通判浮山李一本

推官松藩韓 鵬

經歷鄖城陶佹恒

照磨廣昌孫克乾

城固縣署縣事洋縣縣丞龍安王所　主簿筠連劍耀　典史黃崗彭爵

儒學教諭涇州閻廷檜　訓導寶雞李甲

（四）重修六堰记

此碑立于明万历二十七年（1599 年），现存于城固县五门堰文物保管所。撰文黄九成，城固县人，明嘉靖三十五年（1556 年）进士，官至四川等处提刑按察司副使。

在明万历四年（1576 年）乔侯整修五门堰二十多年后，城固六堰旧工渐圮，城固县令高侯乃主导重葺整修，此次整修范围较万历四年更大，涉及城固高堰、上官堰、百丈堰、五门堰、石峡堰、杨填堰，主要用石条修补洞口、加固堤岸，但工程量小、工期短。整修完成后灌田 7 万余亩。碑文如下：

賜進士第中憲大夫四川等處提刑按察司副使、前奉敕総理遼東糧儲、戶部郎中城固黃九成撰，儒林郎山西平陽府蒲州同知城固羅應詔書並篆額。

汉中為關陝雄郡，城固為漢中巨邑。縣西北四十裏有高堰，西四十裏有上官堰；西北三十三裏有百丈堰，三十裏有五門堰，二十裏有石硤堰；縣北十五裏有楊填堰。城固堤堰凡十有九，而六堰之水利居多；六堰之中五門堰十居其六，工程尤為浩大。石硤堰在鬥山之麓，甚為緊要；楊填堰城洋二邑均被其利，城固用水十之三，洋縣用水十之七。凡此六堰溉田七萬餘畝，誠咽喉之重地、民命所攸關也。萬曆三年乙亥夏，安邑喬侯來令城固，曾一脩治，闔縣蒙利，公議比之□□，至今人歌頌焉。迄今二十年，浩流衝盪，舊工漸圮，居民時有艱水之歎。萬曆二十三年乙未秋，翼城高侯來令城固，與喬侯同一三晉人，傑循良君子也。涖任以來，孜孜以民事為急。每歲春夏，躬履四郊，見民之勤於耕耘者獎賞之；惰農自佚者懲戒之；及抵高堰、上官堰、百丈堰、五門堰、石峽堰、楊填堰，見其舊工漸弛，洞口剝落，隄垣疏薄，水利徭期也，乃建議重葺脩整，區畫精詳，申其議於漢中太守李公、欽差兵巡關南憲副令陞分守關內大案張公，貳公鹹允其請，侯於是捐俸金及贖鍰買辦石灰六百餘石，使工鍛治石條八百餘丈。夫役徵諸田戶，官不費而民不擾。檄委主簿李子、典史張子董其役。李子德性和平，臨事謹慎，身任勤勞，不敢荒寧。張子才識敏練，奉委勤謹，躬親督催，勳績懋著。經始於萬曆二十六年戊戌秋九月，落成於萬曆二十七年巳亥春三月，自高堰而下至百丈堰、五門堰、石硤堰，又西上官堰，又東楊填堰，脩飭嚴密，規制一新，水勢滔滔，沛注七萬餘畝之田，灌溉無遺利，城固蒸黎，悉沐厚生之惠矣。父老人等感侯之德，屬九成為文以紀其勛。九成愧以闇劣，素不能文，然誼安可辭。請敬陳其畧焉。當讀書曰：德惟善政，政在養民，《洪範》八政，以食為先。是食者，民生日用之資，一日不可闕，而農務者食之所由裕也。今聖天子禦極，宵旰乾翼，惟以安民爲務，一時內外大小臣工，觚竭忠殫力，以副聖意，海內熙皞，稱盛治矣。若我張公、李公貳公者，俱以名世之才，膺巡守之任，廉察凜凜風采，撫綏肫肫惠愛，真有先朝顧太康、王三原之風，指日特進崇階，叅預機務，弘化寅亮，可坐致也。昔漢南陽守杜詩，政治清平，百姓便之；又脩治陂池，廣拓土田，郡內比室殷足，時人以方召信臣，南陽為之語曰：前有召父，後有杜母。今吾邑喬侯脩堰於前，為城人樹甘棠之澤；高侯繼理於，為城人建無窮之基。頌之曰：前有喬父，後有高母，亶其然乎？侯誠心實政，賢能卓異，他日遠大功業，可預蔔也。請以斯語，勒諸真瑨，以垂萬億年之夂雲。張公名泰徵，山西蒲州人，庚辰進士。李公名有實，山東黃縣人，已丑進士。高侯名登明，山西翼城人，壬午山西鄉進士。李子名在，山西曲沃人，監生。張子名廷芝，湖廣襄陽人，吏員。諸凡有勞斯役者，例得載之碑陰，以傳後世雲，謹記。

萬曆貳十七年歲在巳亥秋七月朔日戊申吉旦立

（五）新建杨填堰碑记（节录）

［明］李时孳

洋之迤西与城固接壤，有河曰湑水，导水灌田，因截其流为堰，堰名曰杨填，而洋与城之民咸共之。总计所灌田一万六千五百亩有奇。先者，居农以代梁横竖于外，荆棘绸缪其中，籍为障水具。每遇河伯扬涛，率淘然澎湃，而新畬禾苗归之一浪矣。父老怅望咨嗟，莫可谁何，坐是国税民生为之两病。余邑宰张公，目击其艰，即欲兴役大创，以为事非一邑事，而费非一邑费也，并协谋于城宰高公，上其状，闻于郡守李公、郡佐张公，皆恻然动念，亟赞曰“可闻于分守蔡公，分巡张公”。二公悯悯乎若饥渴之由已也，亦曰可。又转闻于直指于公，公以修之名实详载覆之，卒见其议。命甫下，洋以俞丞，城以张幕董其事。砥石于山，锻灰于炉，而群材毕集焉。经营才月，而畚锸告完。敞其门为五洞，傍其岸为二堤，水涨则用木闸以阻泛溢，水消则去木闸以通安流。凡筑砌防范，无不坚以固、周以密也。於今庤钱鎛而瞻眺者，惊同九里润，回视向之，枯木朽株，焕乎一新矣。余因是为之言曰：洋、城之民无异业，惟此水田为常产第水利，每岁动称不足者，盖由上之人积习因循，以致堰之败坏使然，谁有倡率综理如今日之举乎？即如今日之举，藉令财不裕未善，工不省未善，利不百亦未善。且也，所转移者，赈贷之谷也，所度支者，三百之需也，所沾滞者，万民之夥也，一举而三利附焉。孰谓此堰之修，非一劳而永逸者哉？又有说焉：非常之功，非常之人建之。此堰之修，不知几更，而处置得宜，卒未前闻。迩者建议启工，洋之张公、城之高公，而诱掖计划，力为主张者，则郡守李公、郡佐张公；轸恤阡陌，区为指示者，则分守蔡公，分巡张公；至于专委任严科条者，直指之力居多焉，厥工之成，岂偶然哉！于此益信创之者固难，而守之者亦不易也。何者天下事，以众人成之常不足，以一人败之恒有余，千里之堤，溃于蚁穴，矧此堰乎？倘后之人，因其藏而时为补葺之，则歌帝力者将世世不休，而数君子缔造之恩波，庶几与此河俱长矣。不然，任其颓敝而莫恤，则又非今日意也。是役也，论田，则洋之田多，城之田少；论费，则洋之费七，城之费三。因并记之，以为后鉴焉。余躬睹觥事，愧不能文，两邑父老固请以垂不朽，为道其事如左，因以口为碑。

（摘自清嘉庆《汉中府志》）

（六）金洋堰记

［明］何　悌

西乡县治东南，越二十里许，有峡口，在巴山之麓，洋河出焉。河源来蜀境，逶迤曲折，历千谷万壑，至此盖始出峡。下流百余步，则其派渐阔，川原平夷可田；峡口两岸对峙如门，前人因障水为陂，名曰“金洋堰”，下溉数千亩，其利甚溥。弘治四年春，余承台符来摄，值作方兴，居民来言，堰上有祠，故事有祀，祀之邑之官僚亲莅，重民事也。越四月二十日，余及邑簿鲁君，庠博古君，联骑诣祠，既举祀毕，乃乘扁舟诉渠达堰，周览堤岸。是日也，天宇清明，风光清爽，鸟啼花放，水碧石清。人峡口约里余，遥见崖壁奇绝，疾棹而至。下有石磴，可坐数人，遂系舟少憩；从人进肴觞，连酌微醺，命吏记姓名岁月于石壁。旋挽舟还祠，因询作堰之始，父老俱称起自前代，远不可考；惟祠二像，左为汝宁邱侯俊，右为蒲城李侯春，则在国朝先后重修堰者。盖景泰初，邱侯来邑，循视渠道，慨然兴复；因召居民，谕以筑堤灌田之利，民乐从命；侯乃躬自督励，缘于峡口故址植木、培土、磊石，横截河流，俾水有所蓄，然后依山为渠，随势利导之以通泄，各令植树以固其本；堤旁数百步，即分支渠，以溥其济。区划布置，虑无遗方。经始辛未之秋，就竣丙子之冬。盖农隙始用民力，故历六年而告成，虽迟不厌。堰之堤长十余丈，广半之；渠之堤高丈余，厚同之；渠面阔二丈许。自堰向北折而西，长二十里，燥土悉为腴田，而一方之水利诚非鲜矣。成化戊子，李侯继来，值雨圮堤，侯为之加培。民念邱功，意为建祠，侯许成之。民乃并像祀焉。

余乃叹曰：政在养民，养先农事，水利尤农事所亟也，故司牧者重之，然而为政在人，人存政举，故良牧之不多见焉。夫金洋之堰旧矣，其废也不知凡几年，令邑者又不知经几人，乃重修者仅见于邱，而邱之后，建祠始见于李，固皆所谓有待而行者。彼俗吏辈精敝簿书，念营于声利，至于民事，略不关心，以视二公贤不肖何如也？昔台伯尝以听出憩棠下，而民之咏思者歌《甘棠》，遗爱难忘耳。西民之粒食千载有金洋，则二公之遗泽亦千载在也。而谁其忘之？余就过烦贞珉者，以表景仰私怀，并为后世同志者言耳。（注：石碑现存西乡县文化馆）

（七）两河关建修义渡碑

此碑于清道光十八年（1838 年）闰四月立石。陈道均撰，陈道玲书。原在旬阳县两河关，1986 年移至旬阳县城西门外洞儿碥。

平首方趺，身首一体。高 162 厘米、宽 87 厘米、厚 12 厘米。碑镌“送往迎来”四字。碑文楷体左行竖书，正文 12 行，行 24 字。文多磨渺。碑文如下：

修建义渡序

易曰：利涉大川。书曰：泽及江汉。夫曰利之、泽之，其何以利之、泽之哉。故黄帝尧舜氏，刳木为舟，剡木为楫，舟楫之设，原以济水道之不通。今洵邑之北两河关者，有一渡焉，地接江汉，界连川楚，虽山径之鄙津，实水泽之要道。官贵之荣迁出于此焉，置邮之传命出于此焉，商贸之往来出于此焉，不诚西秦之要津也哉。昔年虽有官渡之设，例以冬夏取河粮，舟子贪其厚利，小民苦于息索。然其为渡也，利于公而不利于私，便于近而不便于远。凡往来行人，隔岸相呼，怅天涯于咫尺；平沙久坐，等片时于终朝。更可甚者，夏雨淋漓，河满浩瀚，舟子执舟，任意勒索，而行其者。感波涛之腾沸，何能厉揭，徒致叹于苦匏；望流水滋阔漫，殊难就浅就深，唯兴嗟于脱辐。是向之设是渡以济人者，而反设是渡以阻人也，何渡之足云。予等爰约仁人，聚处商议，咸愿解囊捐助。奉宪请示，勒石刊名，特造义渡，以济水之不通，更将所捐之金，买置山地，以作义渡久远之费，庶舟人之衣食有出，而后此之补修无虞，不诚济物利人之善举哉。自此以后，官贵之荣迁者，南通而北达；置邮之传命者，朝发而夕至；商贾之往来者，恐后而争先。凡在行人，亦何忧欲渡而无楫。合公私远近而乐慰之，则王者荡平之政，未始不可见于此方也。用以为序以志之。

特授旬阳县正堂加五级记录十次张肇元

署旬阳县正堂加五级记录十次张篯

邑廪膳生员陈道均撰文

邑增广生员陈道玲书丹

首人洪在位　子洪忠仁　（洪忠）义捐

钱六百串文　谢永福　子谢昌荣捐

钱二百串文　赵国锦　子赵捐

钱二百串文

架阁 书房谢经　赵必达

书杨玉杰　立碑地主永盛成号

大清道光戊戌之闰四月上浣日吉立

（八）补修三分堰工笼厦房碑记

此碑记载了自同治年间三分堰局的历次补修情况。碑文如下：

甚哉，地脉不可不補也。相地難，補脈難，補缺尤難。如我三分堰局，斜傍楊侯墓側，東峙寶山，西隣門嶺，南環湑水，北枕子峯，殆所謂天授勢控上游者歟？雖然，地之靈輿，其人不可不傑。自前清同治間，餘先君子等創修上房工房，李君誌銘等續修西邊正房，規模閎闊，棲身安穩。會奈夏雨秋風，椿籠剝毀，數十年來，朽壞如塵。六地長者，理堰先輩，往來瞻覽，良深浩歎。僉謂籠廈不修，白虎失位；右臂不舉，全體弗安。歷來堰首，不貧則殞，確有証驗。迨光緒三十年，盧君步瀛等，輿餘忝理堰務，揆度地勢，西孔殘闕，廼請六地紳糧，議修籠房七間，費錢三百緡有奇。工甫告竣，相繼卸任。及民國元年，盧君復來，目覩籠廈傾倒，工房破裂，傭者多租民房，朝炊暮宿，百事艱辛，雜亂無章。幸有同人雷、房、樊、牛、張等，同心締造，竭力經營，西補籠廈，南修工房，改造二門，除理堰外，亦費錢二百緡有奇。整齊周密，煥乎巍然，雖非樓榭亭臺之美，而因地補脈，可謂大觀。茲工竣，命餘作記。餘不敏，且擱筆多年，然而善不可沒，振古如茲，謹因事為文，勒垂久遠，以啟將來。竊願後之理堰諸君子，勿任傾塌，致命前功盡棄，隨時補闕拾遺，則幸甚焉。至楊侯盛德，千有餘載，已詳城、洋、府誌，余固陋，不敢贅一詞雲爾。

前清特授神木調署城固知縣洪寅

現任署理城固縣知事張文棟

前清生員樊蓉鏡撰文　前清監生雷煥章書丹

職員盧步瀛　生員樊翊襄

前清經理堰首楊芳林　王明德　宋三德　李文盛

值年經理堰首盧步瀛　房新榮　牛象欽　張瑞麟

上三地堰長孫敬蘭　下樊占春

工石楊世榮

中華民國四年六月中浣穀旦　勒石

（九）清道光二十二年（1842 年）泥沟街汉江水文摩崖题刻

此题刻在旬阳县蒿塔乡泥沟街东边汉江北岸石崖上，记清道光二十二年八月十五日（1842 年 9 月 19 日）当地汉江水位高程。字框高 18 厘米、宽 105 厘米，楷体左行横书，以字框下沿为当年水位高程，测得道光二十二年八月十五日此地汉江最高洪峰水位比 1983 年 8 月 1 日当地最高水位低 386 厘米。内容如下：

“道光廿弍年八月十五水到此”

（十）清咸丰二年（1852 年）泥沟街汉江水文摩崖题刻

此题刻在旬阳县蒿塔乡泥沟街东边汉江北岸石崖上，与道光二十二年（1842 年）题刻相邻。记清咸丰二年七月十四日（1852 年 8 月 23 日）当地汉江水位高程。字框高 60 厘米、宽 30 厘米，楷体左行竖书，内容如下：

“大清咸丰二年七月十四日水（位）到此高三尺”。

（十一）千工堰碑文

千工堰创自明嘉靖年，赋税所出之地，军民养命之源，所关匪细。堰水源于衡河牛山口，中横大石，河水左右分泻，石之北偏泓稍减，石之南水深流急，为大木以障之，下横贮石其中截水势，然后闸水入堰，名龙口。龙口而下，而鹅公颈、而高沙滩，而黄金碥，半沿山东凿石为渠，外防河水为堤。自黄金碥而下，而润池沟，而小垱沟，而筒车河。又悉山水冲淤之所，每遇水发，辄冲激崩频，岁岁修补，夫以千计幸无大害。堰水浇灌上、中、下三湃，自龙口以迄下湃，逶逸五十里许，其田屯多而民少，上湃屯田七民三焉，中下湃则屯九民一焉。上湃分水四昼夜，中湃分水四昼夜，中湃头另分水一昼夜，共十三昼夜一周。用夫修筑旧例，以田亩所受水分为则，有田之处，各修其畔；无田之处，三湃同修。自小垱沟下有田地之处也，自小垱沟上无田之处也。厥后下湃沟废栽田者，止有上中二湃。而康熙二十一年六月间，恒水暴发，自筒车河上，冲崩甚多，督理堰事生员贾珍，堰长张荣元、冯金龙等，请署事县令沈孝原、张睿，亲临堰口踏验，沈君严食上中二湃同修已坏之沟，其工较每岁数倍，旧堰基址犹存，成功稍易。迨次岁六月，大雨三日，沟被山压，堤遭水崩。前数百年筑建之迹，湮没无存。是岁虫复食稻，民大饥有逃散死亡之忧，二湃军民堰长叶正扬、生员冯世杰、韩杰等。陈牒文武大吏，汉兴镇总镇程福、关南道将廷臣即颁告示；有田无田，沟堰照例浚筑。而知州李翔凤，深念民瘼，十一月朔日，偕州同陈维显亲临堰口，谕上中二湃，军民咸至，徒步详勘，照例公判，将无田沟堰，令乡约工直丈明，阅均二湃分修，又于悬岸朱书分工之界，以防紊乱。公归署后，留州同陈君，备材鸠工。君善体宪意。每日於分工处，往来省视。凡运斤凿石，启工筑堤，皆区画有方，恩威并济。又悯堰夫枵腹荷锺，请于镇道并将领者诸君，皆捐奉金，使得宿饱。李公时单骑慰劳，人益感激，击鼓弗胜。工始於十一月二日，告竣于次岁二月二十八日，引河入堰，复还旧观。呜呼！以数百年相沿之水利，一旦毁弃，不可谓非天也，以为不能再举之事，仍复坚完，不可谓非人胜天也。继蒙总镇黄公善抚军民，城野晏如，人力所至，天亦佑之，今岁果雨赐不愆，年丰以登，是皆各上宪之所赐也；是皆李公能成其名各上宪之美意之所赐也，又皆陈君能成李公美意之所赐也。是用勤诸贞珉，以告来者。

（清康熙二十四年邑生员张龄撰）（原碑文存恒惠渠管理处）

（十二）济屯堰碑记

（之一）

济屯堰者，乾隆元年奉旨开修，引水以灌军坝屯田，议有成规。计水五日五夜，立有过水印薄存查。至乾隆二十六年，云门铺韩家湾开田十余石，派水二日二夜，共水七日七夜，复立过印水薄存查。至嘉庆七年，木子树以上复开田一石八斗五升。合堰念关乡邻，与水半分，然轮车复立水簿，订七日八夜一湃，八日七夜一湃，周而复始，万年无恙。自道光三十年沈兴洽买张泽申田，顿灭水例，与堰内滞讼，历府及道，后经府判，仍以公议之簿为断。嗣咸丰六年，沈兴潮买沈兴洽之田，复照前与车，又构讼端，经庭判仍遵前案办理。因历叙前委，固刊石垂远云云。

（之二）

堰以补济名者，以补济屯堰水之不足而始修也。济屯堰肇于乾隆元年，军坝上半节之田受其灌溉。沈宜补先生者，奉县谕筋兴水利，乃倡首，与杜姓暨沈氏兄弟商同开堰工程。先将月河沿边堰路基地踩踏分明，由社姓地上至堰口，其地共五姓，俱已买通堰口。二年冬开工修理，三年春告竣。大堰暨分水，水渠无不纲举目张。当凭众议定水分八湃，以四日四夜轮流灌溉，周而复始，永以为规。遮后世子孙永享乐利于穷云。

（十三）蜀河镇水文石刻

蜀河镇水文石刻位于陕西省安康市旬阳县蜀河镇古建筑杨泗庙门左下侧12米石墙上，距县城55千米。刻有“弘治十一年”“万历十一年水至此，高三尺，四月二十”等字迹，记录了古时洪水水位的高度。据《陕西通志》记载：“万历十一年癸未夏四月，兴安州（今安康市）猛雨数日，汉江溺溢……全城淹没一空，溺死者五千余人。”《石泉县志》亦载：“四月大雨，汉江水溢，居民溺死无算。”石刻对研究汉江水文及环境变化有一定参考价值。

（十四）万工堰碑记

恒河西旧有万工堰，渠口败废久远，询之父老，无从溯其原委。其东岸则千工、永丰二堰，逶迤南流灌田万亩。而西岸独为斥卤咸滩，故渎之已湮，惜地利之未尽。乾隆四年，集议修复，物力耗费殆将九载，凡我小民，可谓勇于图始矣！而呼吸不灵，工程无法久之，升斗难挹，各怀倦志，遂使积年之民力共弃之而不惜。十三年春，余莅任入境，道经其所，停骖问之，各有难色，至且以为必不可成功。余虽未核情形，已心疑其说矣。抵任后乃亲往踏看龙口，虽觉稍低，而踪其水道，渠迹业已至李家坝以南，是以必能引水到田也。特以水冲龙口，其患在知修渠而不知治河，河挑令河洪东注，使涛流不得西向。而龙口内一带土渠遂成稳固之基。过此以往，正当河冲天然石岩壁立，内有石沟十余丈，其宽五尺，深九尺有余，虽有巨波无能为灾。所谓“为山九仞，功亏一篑”者，此其是矣。无如民贫力竭，势如弩末。援照预借公费捐廉扣补之例，申请大宪预借公费银二百金，其不足者以交代之余谷二百石敷焉，已蒙允行。是岁十一月甫及动工，余旋有军需之役，属水利同知曾公授以方略，专其责成。至十四年三月，水虽通流，修田已见成效，乃余回任后，逐细勘视，尚觉未尽如法。是年冬仍复捐资百金，庇徒凿沟引之使长，其余坍淤者用岁修民力之半。至十五年三月而其功乃成。五月二十后，因天雨水发，单骑往视吾民已不事催督修筑久竣。弥望青葱相与，锄莠壅禾。见余至，即于田畔跪献村醪，笑语盘桓。余亦辗然色喜，快与父老乐观厥成，顿释向者物议之烦矣。遂为商其利弊，定为章程，并述三年经宫始末，以示吾民之抚有斯业者，深维成功之匪易，而慎为珍惜保护，余窃有厚望焉。

一、万工堰渠道，自受水起至退水漕止，计长一千二百五十余丈，宽二丈，开挖民地作渠，共计受水田六亩五分，旱地四亩；自龙口至道士沟，田地不能受渠水之利，所挖渠道每亩受价银二两，受水之家按地出银，补给渠道地价即属业主。书给卖契呈官印照，交堰长收存，以免日后业主争执。道士沟以下至退水出月河止，田亩俱受渠水之利，所有开挖渠路之后，业主不得以未曾受价赔累粮赋借口争执。

二、杨家河上下一带之田，除已受水之田一十八亩外，尚有河坝地一百余亩，地势极低，俱系沙底，现有田亩久受杨家河之水，其余地亩无欲修成水田，仍用杨家河水，不许收万工堰水，势一趋下则道士沟以下地势稍高，概难得水矣，日后勿得徇情滥予。

三、杨家河以下自杨兴伦田起至窑沟河北赵天爵田止，受水之田共三百余亩，许放水二日二夜。

四、窑沟河南以至双岔沟上，受水之田一千余亩，每日夜灌田二百亩，许放水五日五夜。

五、双岔沟以下至街南杨焕田上，受水之田七百余亩，每日夜灌田二百亩。但路远需时兼沿渠不无透漏，许放水四日四夜。

六、恒口街南较街北地势稍平，修田最易，但此堰渠自起工至工竣，街南之人并未出夫，公议日后街南之人欲修水田，应照街北之人每亩补出夫银八钱，以资堰务公用。

七、万工堰受水之田共二千二十五亩。公议日后遇修渠工河工，每亩二十，亩出长夫一名，通力合作，如有避夫一名，与不及时上工者，除补正夫外罚夫五名。

八、渠堰一带有田之家苦乐宜均，各宜恪遵定例，如有恃强凌弱，霸占水利以及偷水利已害人者，察出即将已成石渠重加开凿，长二丈宽五寸示罚，尚不遵者禀官究治。

（清乾隆十五年兴安知州刘士夫撰。原碑文存恒惠渠管理处）

（十五）凤亭堰公议放水条规碑

碣石，纵 0.78 米，高 0.53 米。清光绪二十六年（1900 年）立石。石碑现存于县文管所三沈纪念馆内。

录文如下：

——议：凤亭堰水出自老龙池，遇天旱之年，私堰移闸，公堰没水绝流，非同协力接堰，不能决得水来。自后议有定规，凡放轮牌水者，不论斗数多少，皆必至老龙池接堰。若有偷安不登山接堰，徒放现成水者，准同众将他渠口封塞，分放伊水。违议即同堰长禀究，以警惰民。

——议：本堰各有名分之水，有等强悍之徒，窥无人守，黑夜偷水。一经查出，投鸣堰长，酌水多少，分别轻重，议罚入公，违者禀究。

——议：已经分定之水，宜于各安农业，照数轮放。有等奸狡之徒，窥无人来，将平水改窄易宽，渠旁暗掏窟眼，为害不浅。一经查出，投鸣堰长，罚钱五百文入龙王会，以充公用，违者禀究。

——议：佃户种田多者，皆有移此救彼之心。然水只得调下，不得调上。若有恃强之徒，遇水混调，不分上下，准众放水者，投鸣堰长，仍照常规，违者议罚，以警强悍。

——议：堰长巡查堰口，奔走上下，议得每石水工，谷五升，约计收谷六石余斗，以一石入龙王会，以充公用。其余概归堰长工食，违议禀究。

以上条规，历年久远，不改旧章。每轮一毕，周而复始。自后亦依成规，上无截头之堰，下无余水之接。所有堰口磨眼水，只宜平眼开放，不得拦堰灌溉。即轮牌水，以日出日入为度，不得逞强多放。今同众会开水册，仍遵古例，永杜后世纷争。因刊石碑，以垂不朽。

东渠水名碑数：

头牌水共十六石，万家水共四石七斗五升，缓集水共三石六斗。

高家水共五石四斗五升，廖家水共四石三斗，双坝军田水共四石八斗。

兰家水共十二石，胡家水共十八石，老水共五石三斗五升。

宋家水共二十一石，邓家水共四石三斗。

三、成语故事

（一）廉泉让水

南北朝时，出生于汉中，并任南朝宋梁州州将的范柏年，奉梁南秦二州刺史刘亮之命到京师建康（今江苏省南京市），请示机宜。当时，广州有一地方，贪贿成风，据说因与该地有水名“贪泉”相关。宋明帝刘彧在与范柏年谈话时，言及广州贪泉，据说凡饮过此泉水之官员无不贪得无厌、贪婪成性，便不由问道：“卿州也有此水否？”范柏年从容不迫答道：“臣所在梁州唯有文川、武乡，廉泉、让水。”宋明帝再问：“卿宅何处？”范柏年应声答道：

“臣所居廉、让之间。”宋明帝称赞他善于应对，颇为赏识，遂历任内外要职。

廉泉让水，名为两水，实指一水的两段，在今汉中市南郑区境内。北魏郦道元《水经注 · 沔水》载：“有廉水出巴岭山，北流经廉川，故水得其名。廉水又北注汉水，汉水右合池水。”

（二）语曰天汉，其称甚美

《汉书》记载，公元前206年鸿门宴后，刘邦被项羽分封为汉王，王“巴、蜀、汉中，都南郑（今汉中市汉台区）”。不久刘邦就率众从子午道来到汉中，由于当时包括汉中在内的西南地区还是蛮荒之地，刘邦心中自然不快。与刘邦同来汉中的萧何劝告刘邦说：“虽王汉中之恶，不犹愈于死乎！”且“语曰‘天汉’，其称甚美”，所以“愿王汉中”。刘邦听后十分高兴，于是重整旗鼓，拜韩信为大将，经过精心准备，明修栈道，暗度陈仓，灭掉三秦王，一举夺得天下。刘邦在取得天下之后，定国号为“汉”。

（三）空城计

“空城计”泛指在危机四伏的处境下，掩饰力量空虚，骗过对方的具有高超智慧的策略。今多以“空城计”用为并无实力而虚张声势。

空城计出自罗贯中《三国演义》第九十五回《马谡拒谏失街亭 武侯弹琴退仲达》中：“孔明差心腹人，分路报与天水、南安、安定三郡官吏军民，皆入汉中。又遣心腹人到冀县搬取姜维老母，送入汉中。孔明分拨已定……乃披鹤氅，戴纶巾，引二小童携琴一张，于城上敌楼前，凭栏而坐，焚香抚琴……（司马）懿看毕大疑，便到中军，教后军作前军，前军作后军，望北山路而退。”蜀将马谡因刚愎自用而失守街亭，司马懿乘胜率军直逼西城，诸葛亮无兵将可遣，乃定空城计，大开城门，自坐城楼抚琴饮酒以待，司马懿疑有埋伏而退兵。诸葛亮乃斩马谡以正军纪。

现汉中市勉县国家级重点文物保护单位——武侯祠内有“城楼”“琴台”等景点，栩栩如生地再现了孔明上演“空城计”的场景。

（四）国士无双

《中华多用成语大辞典》载：国士，国中杰出的人物。形容才能优异，国中独一无二，同时代风云人物出类拔萃仅此一人。语出《史记 · 淮阴侯列传》：“诸将易得耳，至如信（指韩信）者，国士无双。”

（五）成也萧何，败也萧何

“成也萧何，败也萧何”意思是成也由于萧何，败也由于萧何，意为生死成败全系于一人。语出自宋朝洪迈的《容斋续笔 · 萧何绐韩信》，“信之为大将军，实萧何所荐，今其死也，又出其谋。故俚语有‘成也萧何，败也萧何’之语。”

总之，萧何在韩信的人生中扮演了一个关键角色。韩信因他而被重用，最后又因为他的机谋而死，着实令人感叹。现在人们便用这个典故比喻事情的成功和失败都是由一个人造成的。

（六）明修栈道，暗度陈仓

秦朝末年，政治腐败，群雄并起，纷纷反秦。刘邦的部队首先进入关中，攻进咸阳，势力强大的项羽进入关中后，逼迫刘邦退出关中。鸿门宴上，刘邦险些丧命。刘邦此次脱险后，只得率部退驻汉中，为了迷惑项羽，刘邦接受张良计策，退走时将汉中通往关中的栈道全部烧毁，表示不再返回关中。其实刘邦一天也没有忘记一定要击败项羽，争夺天下。公元前 206 年，已逐步强大起来的刘邦派大将军韩信出兵东征。出征之前，韩信派了几百名士兵去修复已被烧毁的栈道，摆出要从原路杀回的架势。

关中守军闻讯，密切注视修复栈道的进展情况，并派主力部队在这条路线各个关口要塞加紧防范，阻拦汉军进攻。韩信“明修栈道”的行动果然奏效，由于吸引了敌军注意力，把敌军的主力引诱到了栈道一线，韩信立即派大军绕道到陈仓发动突然袭击，一举打败章邯，平定三秦，为刘邦统一中原迈出了决定性的一步。

（七）一人得道，鸡犬升天

刘安是汉朝的淮南王。传说他很少干正经事，只爱寻求仙丹灵药。他逢人便说：“有了仙丹就可以长生不老！”他派人进山访仙，果然，他从仙翁手里得到了一张仙方。他把自己关进暗房里，炼起仙丹来。八卦炉里炼出 10 颗圆滚滚的仙丹，他一口气吞下 5 颗。没等吞下另外几颗，他已飘飘悠悠飞上天去！剩下的仙丹，让门外的鸡犬抢着吃了。空中一阵鸡鸣狗叫，原来它们也上天成仙了！“一人得道，鸡犬升天”是对一人做官、全家享福的生动讽喻。

“一人得道，鸡犬升天”出自汉・王充《论衡・道虚》，“淮南王学道，招会天下有道之人，倾一国之尊，下道术之士，是以道术之士并会淮南，奇方异术，莫不争出。王遂得道，举家升天，畜产皆仙，犬吠于天上，鸡鸣于云中。”

（八）朝秦暮楚

战国时，秦楚两大强国对立，时常打仗，其他国家各视自己的利益所在，时而助秦，时而助楚。一般游说之士亦复如此。后以“朝秦暮楚”比喻人反复无常，亦形容生活不安定，朝在秦，暮在楚。语见宋晁补之《鸡肋集・北渚亭赋》：“托生理于四方，固朝秦而暮楚。”

关垭，位于秦楚交界之地，是两国交锋的最前线。这个地方的风云变幻莫测，有时候早上还是秦军的阵地，到了晚上就被楚军占领。这里的人为了生存，不得不变得十分机敏和灵活。当秦军打来的时候，他们就挂起秦国的旗帜，穿上秦人的衣服；当楚军打来的时候，他们再换上楚国的旗子，穿上楚人的衣服。这样反复无常，使得他们成了“朝秦暮楚”的代表。

（九）南腔北调

湖北武汉人自600年左右开始在商洛市山阳县漫川关经商，奠定了漫川关的商贸地位，使得北方商帮有了做物流的基础，所以在北方商帮联合修建的双戏楼上出现了南腔北调。其含义有四层：一是感恩。北方商帮在祭马王、敬关公时都要在双戏楼上唱大戏，每次都要请湖北商人来听戏，以此感谢湖北人奠定的商业基础。规定在马王楼上唱汉剧、二簧、黄梅戏，在关帝楼上唱秦腔。二是秩序。南腔北调不是对台戏，必须有一个良好的秩序。先唱南腔，后吼北调，你方唱罢我登场。三是激励。南腔唱得好，掌声热烈，那么就会给吼北调的一个激励，相互同台竞技，技艺就会得到提升。四是关爱。南腔中的黄梅戏是中国京剧的鼻祖，北调中的秦腔是百戏之母，无论南来北往的客商，都可以在这里找到自己的乡音。

四、影音著述

（一）《汉水·汉中》

纪录片《汉水·汉中》是2016年由中央电视台科教频道《地理·中国》栏目与汉中市委、市政府联合推出的6集大型人文电视纪录片。全面展现了历史名城汉中的山川大地的自然风貌、历史演进和现代化建设。

《汉水·汉中》分为《源流》《山魂》《争融》《通途》《地灵》《人杰》6集，历时10个月，行程20000多千米，跨越春夏秋冬四季，拍摄素材量达3000多分钟，经后期合成制作为时长150分钟，全方位展现了汉中的自然生态、水利建设、交通变迁及历史文化的厚重。

（二）《汉中栈道》

《汉中栈道》由汉中市委、市政府与中央电视台纪录频道联合摄制的6集大型电视纪录片，历时3年4个月完成，于2018年8月正式播出。摄制行程超过20000千米，采访拍摄视频素材长达4000多分钟，经多位专家学者反复论证、修改完善、精心打磨而成。

纪录片集合了汉中人文历史、自然环境、建设成就、民俗风情等众多元素，以汉中栈道为线索，以历史故事为背景，通过讲述与汉中栈道有关的人物和故事，诠释了汉中人民勇于开拓进取、勤劳智慧、坚韧不拔的精神，折射出秦巴腹地汉中人对“走出去”的渴望和执着，展现了栈道在推动经济社会和文化发展中的作用与地位。

（三）《汉江文化史》

《汉江文化史》以汉江文化为线索，以时间为序，以汉水流域的历史文化、风土人情为对象，再现了几千年来汉水流域所形成的具有地域特色的壮阔画卷。

《汉江文化史》由刘玉堂、刘庆平主编，该书共分8卷，包括先秦卷、秦汉卷、魏晋南北朝卷、隋唐五代卷、宋元卷、明代卷、清代卷、民国卷。主要内容涉及汉水流域的环境与资源、神话与传说、思想与学术、文学与艺术、教育与科技、城市与建筑、商贸与交通、水患与水利、军事与战争、移民与人口、民族与宗教、风尚与民俗等内容，全面再现了汉水流域的文化风貌，是第一部系统全面反映汉水文化面貌的著作。

（四）《走读汉江》

《走读汉江》是王若冰创作的长篇纪实文学，首发于《中国作家·纪实版》2019年第1期。在《走读汉江》中，王若冰以富于激情和智慧的言说方式，实现了描写与叙事过程中的文景交融、情韵互现。以古老的汉江为写作对象，对汉江流域的自然生态、山川变迁、人文历史、民风民俗进行了考察。

《走读汉江》分“星汉之间”“万类生物”“若有人兮”“争战与融合”“涛声依旧”5章，并附有王若冰文化考察时所记《考察日记》。《走读汉江》从自然生态、历史人文、地质地理等方面，呈现了古老的汉江流域跨越数亿年的自然地理演变过程及自湖北郧县人到现当代数百万年的历史人文演变发展进程，再现了“中华多民族形成的金腰带”汉江流域对中华多元文化及南北文化融合发展的重要作用。

（五）《汉中三堰》

《汉中三堰》利用碑刻资料，结合地方文献与实地调查，考察了五门堰、杨填堰、金洋堰及山河堰等汉中地区重要堰渠的创筑、灌溉系统的形成与演变历程、管理体制及其变化，以及灌区民众以水利事务为纽带而形成的社会关系网络，并围绕“水利周期”与“王朝周期”之间的关系、王朝国家对水利事业的介入、水利规章的来源及其实质、“水利共同体”理论的适用性等问题展开了讨论，得出了重要结论。

（六）《陕西水文化遗产名录》

《陕西水文化遗产名录》由陕西省水利厅组织10多位水文化专家历时3年编写而成，陕西科技出版社出版发行。图书以图文并茂方式，记述了陕西省1950年以前遗存至今的工程类、管理类水文化遗产和历史典故、民俗传说等非物质水文化遗产。包括灌溉、排水、园林、闸、坝、堰、堤、桥和古代以水为内涵的水神、庙亭、碑刻等建筑物和碑志，以及管理机构旧址，法律、法规，治水人物等。通过阐述总体情况、遗产名称、所在地址、建设时间、现存形象和形象变迁、历史背景及其历史作用，全面展现陕西水利发展的光辉印迹，见证秦人治水的历史实践。

（七）《汉中古史考论》

《汉中古史考论》由汉中博物馆编，刘长源著。书中共有汉中形胜篇、华夏篇、历史人物篇、民族史篇、考古篇5部分。运用大量的文献资料、民俗资料和考古资料，多角度地论述了某些古代部族在汉水流域的活动、发展及与华夏民族融合的历史，是第一部汉中地域民族史研究的专著。

（八）《蜀河往事》

《蜀河往事》由袁明秀著，是一部散文集，全书共20万字，以陕西省旬阳县内的蜀河古镇为底色，用白描的手法，将明清建筑、青石板街、桅杆林立的码头以及生活在这里的人们一一描绘出来。笔触在历史与现实中自由穿梭，叙述娓娓道来，文字优美，笔端生花，是能给读者带来阅读享受的散文作品。全书共分为“昔我往矣”“今我来思”“青青子衿”三辑，从“小汉口”往日的热闹繁华，黄州馆、杨泗庙连接着古镇的古朴典雅到儿时的家园一一展现。

（九）《汉水文化研究集刊（五）》

《汉水文化研究集刊（五）》由刘保民主编，为陕西理工学院汉水文化研究中心所编发。共收录35篇文章，分为“历史文化篇”“文学艺术篇”“区域经济篇”三个部分。其中“历史文化篇”从不同的角度对汉水流域的历史文化进行了探索，论述了汉水流域是中华民族的重要发祥地，分析了清代汉水流域的水上运输与城镇兴衰的变化等内容。“文学艺术篇”从不同视角论析了汉水流域文学艺术与地理环境的关系。“区域经济篇”则结合汉水上游区域经济发展的相关问题出谋划策。汉水文化研究不仅关注汉水流域的历史文化，更着眼于当今汉水流域经济社会文化发展的需求。

（十）《秦岭深处——引汉济渭影像》

《秦岭深处——引汉济渭影像》是工程管理单位组织摄影团队跟踪拍摄引汉济渭工程建设情况的纪实画册。自工程开工建设以来，连续5年，用镜头记录轰轰烈烈的建设场景、顽强拼搏的一线工人、大山深处移民搬迁的今昔巨变，以摄影艺术的表现形式全景式展示了这一世纪工程。“秦岭深处”系列摄影作品集体现了以人民为中心的创作导向，为摄影创作在新时代如何服务基层、服务人民、服务改革发展提供了精彩案例。

（十一）《汉水文化史》

《汉水文化史》由刘清河主编，以时间为序，全面系统地梳理和总结了从史前到现代不同历史时期汉水流域的自然地理、人文历史概况、物质生产文化、制度行为文化和精神心理文化等方面所取得的主要成就，不同时期汉水文化的基本特征及发展演变的规律。全书共70余万字，分为史前时期、夏商周时期、秦汉魏六朝时期、隋唐宋元时期、明清时期、近现代的汉水文化，共6章。通过对汉水流域文化史的研究，提振这一地域民众的文化自信心，为这一地域经济社会的发展提供精神动力，为相关政府部门决策提供历史借鉴，促进这一地域文化产业的跨越式发展。

（十二）《汉水流域生态补偿研究》

《汉水流域生态补偿研究》由胡仪元等著，立足于汉水流域生态补偿问题，对其生态环境状况的历史变迁、生态保护与生态补偿的现状进行了考察和调研，分析了生态补偿的理论依据、利益关系、体制与机制、路径系统、效益评价体系等。通过历史演变与现实状态相结合的研究、对生态补偿机制的构建、对汉水流域生态补偿问题的系统研究，为区域生态补偿问题研究提供了实证案例，对相关理论研究和政府决策具有一定的借鉴意义。

（十三）《汉江》

《汉江》人文百科纪录片，每集50分钟，共6集。《汉江》是一部非常让人期待的纪录片，十堰的绿松石、女娲文化、七夕文化、郧阳人头骨化石、武当山等在片中均得到展示。该片分为《源远流长》《文明纽带》《兴国之本》《魂济中华》《灿若星河》《天下之中》6集，围绕汉江流域的历史遗迹，从人文地理、历史考据、文化溯源、人文积淀、地缘风物、天元地位等不同视点和角度，探讨汉江流域对中华文明的贡献。

第七篇　机构与人物

水利事业是关乎国计民生的重要领域，对经济社会的稳定发展和人民的幸福生活起着至关重要的作用，是中国历代施政的重心。汉江流域陕西段流域治理历史源远流长，历代专门设有相应的专（兼）职水利管理机构，颁布了有关河渠、灌溉法律法规，兴建了大量的渠、塘、陂、堰、运河等水利工程，特别是山河堰、杨填堰等重要工程设置了专门或兼职的官员进行管理。2000多年来，涌现出了一大批优秀的治水人物，从汉代的萧何、曹参，到宋代的吴玠、吴拱父子，到近代李仪祉，再到当代投身在水利一线的水利系统干部职工，谱写了壮丽的汉江治水巨篇。

第一章　流域历史

一、汉中行政建制

夏至西周，今汉中境内有褒国，先后属梁州、雍州。

春秋战国时境内为南郑地，先后分属巴蜀、秦国。秦惠文王后元十三年（前 312 年），秦始置汉中郡（治在今安康市境内）隶之。

东汉初，郡治迁于南郑（今汉中）。东汉末，张鲁割据汉中，改为汉宁郡；建安二十年（215 年），曹操征降张鲁，又改为汉中郡；建安二十四年（219 年），刘备占据汉中，仍设汉中郡。三国魏景元四年（263 年），魏灭蜀，分梁、益二州，梁州领八郡，治于南郑。晋太康十年（289 年）改设汉国，不久即废。

南北朝时，汉中先后属刘宋、萧齐、北魏、萧梁、西魏、北周，境内设梁州、兴州（今略阳县）、洋州（今西乡县），并侨置秦州及 70 多侨县。

隋初，境内仍置梁州、兴州、洋州，后改为汉川郡、顺政郡、洋川郡。

唐代设梁州总管府，后改为都督府，下设梁、兴、洋、集 4 州；贞观元年（627 年），废府设道，汉中属山南道；开元二十一年（733 年），山南道分为东、西两道，汉中属山南西道，道治设于南郑（汉中）；天宝元年（742 年），设汉中郡、洋川郡、顺政郡；后又改为梁州、洋州（今洋县）、兴州；兴元元年（784 年），改梁州为兴元府，道、府同治于南郑，开我国历史上用帝王年号命府名之先河，兴元府地位同于京都长安、东都洛阳、北都太原。

五代十国时期，前蜀、后唐、后蜀先后据有汉中，仍设兴元府及洋、兴 2 州。

北宋至道三年（997 年），境内置兴元府及洋、兴 2 州，属峡西路。熙宁五年（1072 年），设利州路及所属兴元府，治所均设于汉中。利州路辖秦岭以南、长江以北地区。

南宋绍兴十年（1140 年），分利州路为东、西两路，东路治设于兴元（今汉中），西路治设于兴州（今略阳）；后利州东、西路几经分合。

元代设兴元路于汉中，为隶属于陕西之始。

明洪武三年（1370 年），改路为府，设汉中府。清代设陕安道于汉中，辖汉中、兴安府（今安康市）。1913 年，设汉中道，辖今汉中、安康及商洛市部分县，共 25 属县。1928 年，废道，县直隶于省。1935 年，设立陕西省第六行政督察区。

1949 年 12 月 6 日，汉中解放，设陕甘宁边区陕南行政区汉中分区。

1996 年 2 月 21 日，撤地设市，汉中地区改为地级汉中市。下辖汉台（原县级汉中市改为汉台区）、城固、洋县、勉县、宁强、略阳、西乡、镇巴、南郑、留坝、佛坪 11 个县（区）。

同年 4 月，开展撤区并乡建镇工作，全市 66 个区公所建制全部撤销，477 个乡镇建制撤销 203 个。

2002 年，成立汉中经济技术开发区（由南郑经济开发区和汉台经济开发区合并）。

2003 年底，汉中市辖 11 个县（区）和 1 个开发区。

2011 年，撤并乡镇 46 个。由撤并前的 226 个乡镇、8 个街道办事处，调整为 180 个镇、8 个街道办事处。乡建制在汉中消失。

2014 年末，全市辖 152 个镇、24 个街道办事处，有 2573 个行政村、196 个城镇社区。

二、安康行政建制

据境内考古发现及史料记载，早在新石器时代，汉江两岸及秦巴腹地，原始人类部落就已星罗棋布，并与周边地区有多方面的联系。夏代，安康属于梁州；商周时期，安康为庸国的封地，史称“上庸”。春秋时被秦、楚、巴三国吞灭，战国时成为秦楚反复争夺之地。

秦时，在安康置汉中郡西城县，郡治西城。

汉沿袭秦制，在安康地区新设长阳、长利、洵阳、钖县 4 县；东汉建武元年（25 年）将汉中郡治迁至南郑县。

建安二十一年（216 年），曹魏攻占汉中，分郡之东（今安康地区）为西城郡。曹魏、西晋时期设魏兴郡，隶属荆州，辖 7 县。西晋太康元年（280 年），为安置巴山一带流民，取“安宁康泰”之意，改安阳县为安康县，“安康”从此得名。南北朝时期安康先属南朝，后属北朝，州、郡、县改易升降错杂。

隋复设西城郡，属梁州，辖 6 县。

唐设金州汉阴郡，属山南西道，下属县与隋基本相同。

宋设金州安康郡，辖 6 县。

元降金州为散州，属兴元路，下辖洵阳、平利、石泉 3 个巡检司和汉阴县。

明代前期设金州，万历十一年（1583 年），洪水侵没州城，遂于城南赵台山下筑新城，改金州为兴安州，原改属各县复归统辖。

清初仍设兴安州，顺治四年（1647 年），州府迁回老城，乾隆四十七年（1782 年）改设兴安府，下设安康、平利、洵阳、白河、紫阳、石泉 6 县。辛亥革命后，废兴安府，安康隶属汉中道，在清代 6 县的基础上，先后增设宁陕、砖坪、汉阴、镇坪 4 县。

民国二十二年（1933 年）废道，县直属于省。民国二十四年（1935 年）设陕西省第五行政区行政督察专员公署，辖 10 县。

1949 年 12 月，改为陕甘宁边区安康分区行政督察专员公署，1951 年元月，改称陕西省人民政府安康专员公署，“文化大革命”期间改称安康地区革命委员会，1979 年，改为安康地区行政公署，作为省人民政府的派出机构。1990 年，辖安康市、汉阴县、石泉县、宁陕县、旬阳县、白河县、紫阳县、岚皋县、平利县、镇坪县等 10 县（市）。2000 年 12 月，改设安康市人民政府。

第二章　治水机构

第一节　地市级机构

一、古代机构

古代多由府、州、县行政长官负责水利工作，对主要工程设专（兼）职官员和专门机构。

明清时期，汉中府署内设水利通判，为知府佐官，总管汉中府各县水利。清乾隆十三年（1748 年）改水利通判为同知；乾隆十五年（1750 年）水利同知移驻留坝（今留坝县），设水利厅；乾隆四十年（1775 年），同知主管抚民捕盗，水利遂无专管之员。清嘉庆十三年（1808 年），汉中知府严如熤呈报《请专委府经历专管公堰》，府内设经历（布政司内职掌出纳、文书的官员）主管南郑、褒城、城固、洋县 4 县水利和府内公堰，下配“吏书 1 名，跟役 2 名，马夫 1 名”。灌区设总理、堰长、首士、小甲，实行分级管理。民间小型塘堰由地方举会首管理，或由各村村长兼管。清光绪二十八年（1902 年）城固县令张育生创立《永免水钱，裁减浮费章程》时将田赋局改为水利局。清代陕西陕安道（驻汉中）兼管省内水利。府州分别由同知、通判和州同、州判兼管水利。民国初年，水利专管组织一度被取消，“人民争讼纷纭”“堰务愈演愈败”。

清代和民国时期，安康未设水利行政机构，由知州、知县委派同知处理水利事宜。清康熙二十二年（1683 年），知州刘凤翔徒步勘察，重修千工堰。乾隆十三年（1748 年），知州刘士夫命同知、督导重修万工堰。咸丰八年（1858 年），县设城堤局，属半官方性质。

二、近代机构

民国时期，规模较大的水利工程多由陕西省水利局直接组织兴建和管理，地、县水利专门机构极少。

（一）陕西省汉南水利管理局

民国二十二年（1933 年）7 月 1 日，成立陕西省汉南水利管理局，局址设南郑县，辖南郑、城固、洋县、西乡、褒城、沔县、留坝 7 县水利事宜。据 1941 年《陕南水利概况》载：“已组织就绪之水利协会十二处，水利分会一百一十处，共有渠堰一百六十一条，总灌溉面积五十四万九千八百四十一亩，其中盆地旧州河、褒河、金洋河等十四条河系，灌田四十三万九千余亩”。设协会会长 12 人，分会长 92 人，堰首 232 人（保管员 51 人）。

1936 年，辖区扩大为陕西省第五、六区，即今安康、汉中地区；1937 年 11 月停办，民国二十七年（1938 年）11 月撤销，民国二十九年（1940 年）4 月在汉中恢复，辖汉中盆地 6 县境内河系水利协会 12 个，渠堰水利分会 110 个。民国三十三年（1944 年）5 月复令撤销。

（二）陕西省汉惠渠管理局、陕西省褒惠渠管理局、陕西省湑惠渠管理局

1939—1948 年，汉惠渠、褒惠渠、湑惠渠先后建成，分别成立管理局，隶属陕西省水利局，下按灌区设定军、纪寨、王家湾、沔县、武侯镇、褒城、武家沟、新铺、升仙村、军王村、丁家村、马畅等 12 个管理所，有职工 146 人。平川各县渠堰由三局分管。

陕西省汉惠渠管理局于民国三十四年（1945 年）8 月 15 日成立，隶属省水利局，局址设勉县城关。1949 年底，改隶陕甘宁边区农业厅水利局与陕南行政公署双重领导。1950 年 6 月，移交汉中专区领导 。

陕西省褒惠渠管理局于民国三十四年（1945 年）10 月成立，局址设南郑县城，隶属陕西省水利局。下设管理所，实行分段管理，斗、分、引渠，由受益农户选举水老、斗长、渠保，在管理所的领导下进行管理。全灌区另设“水老会”及褒河、天台“水利协会”，每年开会一至二次，交流管理情况，讨论用水办法，协调解决水利纠纷。1949 年 11 月，由南郑军管会、陕南行署农林科接管。1950 年 6 月，由陕南水利管理局与陕南行政公署双重领导。1956 年 8 月，移交汉中专区水利局领导。1975 年，石门水库建成后并入石门水库管理局。

陕西省湑惠渠管理局于民国三十七年（1948 年）7 月成立，局址设城固县城，隶属陕西省水利局。1949 年 11 月，由南郑军管会陕南行署农林科接管。1950 年 6 月，由陕南水利管理局领导。1956 年，移交汉中专区水利局领导。

（三）陕西省褒惠渠工程处、陕西省冷惠渠工程处

民国二十八年（1939 年）进行复测后，于当年 9 月组建褒惠渠工程处，负责褒惠渠的建设工作，包括渠首枢纽建设、干渠开通以及相关配套建筑物的修建等。民国二十九年（1940 年）冬全面动工兴建，工程分两期，至 民国三十七年（1948 年）竣工。

陕西省冷惠渠工程处于民国三十七年（1948 年）6 月 1 日成立，隶属省水利局。1949 年 11 月，由南郑军管会、陕南行署农林科接管，1950 年，全面开工兴建，属陕南水利管理局和陕南行政公署双重领导。1952 年，工程建成，改工程处为管理处。1955 年，移交汉中专区领导。1955 年，民营濂水河堰渠改为国营，全区有 6 个国营专业管理局（隶属汉中专区国营渠道管理局），按灌区共设 21 个管理站（处），有职工 250 人。

（四）安康县水利总局

安康县水利总局是民国时期安康县负责水利事务的机构。民国四年（1915 年），韩文焕被任命为安康县水利总局第一任副局长，主持千工堰事务及日常工作。其职责主要包括对安康县境内的水利工程进行规划、建设、管理和维护，组织人力物力进行水利设施的修缮和改造，调配水资源以满足农业灌溉、居民生活用水等需求，以及处理与水利相关的事务和纠纷等。

三、当代机构

1949 年以后，各地水利事业发展快速。地（市）、县（市、区）水利机构于 20 世纪

60年代前后相继建立，到20世纪80年代，基本形成了比较健全的管理格局。

（一）汉中市水利局

新中国成立后，原汉、褒、湑惠管理局由陕南行政公署农林科以南郑军事管制委员会名义接管。1950年6月1日，在南郑成立陕南水利管理局，辖汉惠、褒惠、湑惠、冷惠4渠，由陕西省水利局、陕南行署农林科双重领导，1954年4月，原陕南水利管理局改名陕西省汉中地方国营渠道管理局，由汉中专员公署代管，辖汉惠、褒惠、湑惠、冷惠、党惠5渠管理局，1956年7月改名为汉中专区水利局，统一管理全区水利工作和汉、褒、湑、冷、党、濂6条国营渠道。1958年6月3日，改名为汉中专员公署水利局，1959年，将汉惠渠、濂水河系水利管理局分别移交南郑、沔县领导。1960年1月25日，汉中专区水利局改名为汉中专员公署水利水电局。1960年，汉中专员公署决定，水利工程灌溉2000亩以上的必须设专管机构，2000亩以下的设专管人员。1962年，根据中央、省"分级管理，分层负责"的规定，汉中专员公署决定：凡属受益或影响在一县、一社范围的水利工程，由所在县、社管理，跨县的褒、湑、冷惠渠由专区管理。为此，汉、党两渠和濂水河系分别交沔县、洋县、南郑管理。"文化大革命"期间，专业管理机构一度受到冲击。1978年后逐步恢复。

1967年，水利水电局由汉中军分区生产组管理。1969年10月改名为汉中地区革委会水电局。局址在汉中市益汉路4号。编制40人（行政28人，事业12人）。

1978年8月，改名为汉中地区行政公署水利电力局，1979年12月，改名为汉中地区水利电力局，所辖的汉中、南郑、勉县、洋县、城固、西乡、镇巴、宁强、略阳、留坝、佛坪等11个县（市）均设水电局。

1980年3月20日，增设汉中地区抗旱防汛指挥部办公室。1996年6月，随撤地设市改称汉中市水电局。1997年4月，市委组织部以汉市组通字〔1997〕22号文撤销中共汉中市水电局党委，成立中共汉中市水电局党组。2001年4月，经汉中市委组织部批准，水电局党组更名为水利局党组。2002年，更名为汉中市水利局，局机关设有办公室、人事教育科、工程计划科、水政法规科、城乡供水科等6个科室。辖管防汛抗旱指挥部办公室、农田水利基本建设指挥部办公室、水库移民工作领导小组办公室、水资源管理办公室等4个参公机构。

汉中市水利局是汉中市人民政府工作部门，为正处级，公务员编制22名，下设办公室、人事教育科、工程计划科、水政法规科、城乡供水科、河长办综合科；事业编制36名，设有防汛抗旱指挥部办公室、农田水利基本建设指挥部办公室、水库移民工作领导小组办公室、水资源管理办公室；机关后勤编制3名，下设机关后勤事务所。2017年底，机关实有在编人数55名。直属水利单位13个：石门水库管理局、河道管理处、湑惠渠管理局、水利水电建筑勘测设计院、水土保持工作总站、一江两岸开发管理委员会办公室、冷惠渠管理局、灌溉试验站、水产工作站、水产试验站、水利水电工程质量监督站、水电物资站、农业水利建设投资有限公司（其中前两个单位为正处级单位，后4个单位为副处级单位，剩余7个单位为科级单位）。共有编制834名，实有人数848名。

（二）安康市水利局

新中国成立初期，安康无水利专职干部。1953 年，专署建设科下设小型水利工作队，直接在县境勘测设计并指导水利施工。1955 年，成立安康县农林水牧局，干部 3 人。1956 年 7 月 13 日，陕西省人民政府农林水办公室同意成立安康专区水利局。1958 年 12 月 8 日，与安康地区农村工作部、专署五办合并成立安康专员公署农林水牧局。1959 年 5 月 11 日，恢复安康专员公署水利局。1964 年 4 月 11 日，成立安康县水利局，设水利工作队。1966 年 3 月 9 日，与专署农林局合并为农业局。1972 年 12 月，成立安康地区革委会水电局，1979 年 2 月，更名为安康地区行政公署水电局。1980 年 2 月，改名为安康地区水电局。1981 年，改水利工作队为水电勘测设计队。1984 年，水电局改称水电水土保持局，职工总人数达 93 人，下属水利水电勘测设计队、水利机械施工队、水土保持工作站、水产工作站、越河河道管理处，并在恒口、五里、张滩、关庙、流水、大河等 6 个区设水利水保站。

1984 年元月，更名为安康地区水电水土保持局，所辖安康、石泉、汉阴、宁陕、紫阳、平利、旬阳、白河、岚皋、镇坪等 10 县（市），均设水电水土保持局。

2000 年 12 月，撤销地设市时，更名为安康市水电水土保持局。2001 年 12 月，市级机构改革，变更为安康市水利局。

安康市水利局是市政府工作部门，为正处级，内设政办科、规划计划科、农村水利水电科、水资源水保科、建设监督管理科、河湖长制工作科共 6 个科室，机关行政编制 26 名。其中：局长 1 名，副局长 3 名，党委副书记兼纪委书记 1 名，总工程师 1 名；科级领导职数 9 名。

第二节　县（区）级机构

一、县（区）水利管理机构

民国时期，汉中各县（区）水利事业属县政府建设科管理。新中国成立后，1950 年水利事业归县政府建设科管理。1955—1956 年，各县成立农林水牧局，1958 年，汉中市、南郑县、城固县、洋县、西乡县、沔县成立水利局，山区各县仍为农林水牧局。20 世纪 70 年代以后，全区除汉中市为水利局外，其余各县均设水电局（1984 年机构改革中留坝、佛坪县水电局曾一度与农牧局合并，后仍单设）。2020 年，汉中所辖汉台、南郑、城固、洋县、西乡、勉县、宁强、略阳、镇巴、留坝、佛坪 11 个县（区）均设有水利局。

安康市水利局所辖汉滨、汉阴、石泉、宁陕、紫阳、岚皋、平利、镇平、旬阳、白河 10 个县（区）均设有水利局。

二、区（镇）、乡水利管理站

（一）汉中

20 世纪 60 年代初，平川 6 县（市）开始建立区、乡水利管理站。1960 年，汉中市建立武乡水管站，1964 年，城固县 6 个区成立水利联合委员会，南郑、勉县、洋县也先后成立区水管站。这些水管站（水联委）受区及县水利行政部门的双重领导，事业单位（水联委为集体性质）。20 世纪 80 年代后期，区、乡水利水保管理服务机构发展较快。

（二）安康

1950 年末，为推动合作社建设，安康在公社设立水利员从事水利工作，成为乡镇水利站的雏形。20 世纪六七十年代，随着大规模水利建设的开展，几乎每个公社都设立了水利员，农村实行联产承包责任制后，水利站人员开始大量流失，功能严重衰减。劳动人事部、水利电力部颁发了《基层水利、水土保持管理服务机构人员编制标准（试行）》，初步形成了基层水利服务机构的框架。2006 年，安康市加强基层水利服务体系建设，乡镇水利站（所）有所恢复，农民用水合作组织得到发展，社会化、专业化基层水利服务组织开始出现。

第三节　市直单位

一、汉中市水利局下属事业机构

（一）汉中市石门水库管理局

汉中市石门水库管理局成立于 1975 年 5 月，是石门水库枢纽及灌区的管理单位，主要承担水库防汛、农田灌溉、防汛抗旱、大坝枢纽工程安全运行与维护、灌区工程建设与管理、库区保护、发电生产、城市供水等任务。局设党政办公室、纪委办公室、组织人事科、财务审计科、防汛调度办公室、工程计划科、农业供水科、水政监察科、建筑规划科、渠系配水中心、灌区抗旱服务队、科技信息中心、枢纽管理站、石门库区生态环境保护大队、查考督核办 15 个内设机构。下设赤土岭、范寨、武乡、王家岭、文川、崔家沟、二道关、铺镇、段家山 9 个正科级基层灌溉管理站。水电站、石门旅游公司、危废中心、医废中心、建安公司 5 个实行企业化管理独立核算的经济实体。

2007 年以前，汉中市石门水库管理局是自收自支的事业单位，2007 年 8 月，按照国务院关于水管体制改革要求，石门水库管理局被定性为准公益性事业单位，规格为县级，经费实行财政差额预算管理，核定事业编制 366 人，其中纯公益性编制 192 人，准公益性编制 174 人。现有在职人员 398 名，管配置正处级干部 1 名，副处级干部 5 人，正科级干部 22 人，副科级干部 24 人。

（二）汉中市二郎坝水电工程建设局

1990 年 3 月成立，局址在宁强县城内西街 24 号，县级事业单位。

（三）汉中市河道管理处

处址在汉中市太白路 6 号，副县级事业单位。1974 年成立汉中地区汉江治理指挥部，负责汉江平川段规划治理工作，1980 年撤销。1982 年，成立汉中地区汉江管理处，负责汉江治理和管理业务，编制 20 人。1990 年 8 月，改为汉中地区河道管理处，负责全区河道治理规划和管理。1996年，随地改市更名为汉中市河道管理处，1997年，经原市委农工部批复，增设办公室。2007年，批准为参照公务员法管理的事业单位。2017年，在原河道管理基础上整合河道执法、水资源执法、水土保持执法、水工程执法、库区灌区执法和河长制督查等工作职责和人员，成立水利综合执法支队，两块牌子一套人马，核定编制33个，领导职数一正三副一总工，内设办公室、河（湖）长督察科、综合执法科、河道监督执法科、水土保持监督执法科、水资源监督执法科、渔政监督执法科7个科室。2020年，在原汉中市河道管理处、汉中市水利综合执法支队的基础上，再加挂汉中市水旱灾害防御中心，实行一套机构、三块牌子的管理体制。现有编制37个，领导职数一正三副一总工（正科级），内设综合科、河道管理科、案件审理科（执法监督科）、水利综合执法一大队，水利综合执法二大队、水利综合执法三大队、水旱灾害防御科、水旱灾害技术科、信息装备科9个科室。

（四）汉中市湑惠渠管理局

1948年5月15日成立，位于城固县马桩口。1982年移至城固县西环1路中段12号，科级事业单位。灌区始设升仙村、军王村、丁家村、马畅4个管理所。1950年，湑惠渠管理局改为管理处，1954年恢复管理局，管理所改为管理站。1959年，成立施工队1个（后逐步解体）。

（五）汉中市冷惠渠管理局

1948年6月成立冷惠渠工程处，1950年8月工程竣工后改为管理处，处址在南郑县汉山区三官庙。1955—1962年，与褒惠渠管理局合并为褒冷渠管理局。1962年分设，属科级事业单位。1989年，局址迁至南郑县大河坎镇。灌区辖山口子、大沟、西干渠3个管理站。

（六）汉中市水利水电勘测设计院

1958年6月成立汉中专区水利水电设计队，属科级事业单位。1971年改为水利水电工程队，1981年改为水利水电勘测设计队，1990年改为设计院。主要承担全区水利水电建设重点工程勘测设计和水利开发利用前期工作。院址在汉中市益汉巷6号，下设政办室、设计室、勘测队、工程公司、预制厂。

（七）汉中市灌溉试验站

1954年11月成立，归汉中地方国营渠道管理局领导，有职工4人。主要业务是农作物灌溉用水试验示范和先进灌溉技术总结推广。1976年，改为汉中地区灌溉管理工作站。1980年2月，改为现名，为科级事业单位，站址在汉中市宗营镇。

（八）汉中市水土保持工作站

1957年3月成立汉中专区水土保持工作组，驻汉中市南关兴隆街，为陕西省水土保持局派出单位。1958年4月，并入汉中专区水利局水保科。1959年5月，成立汉中专区水土保持试验站，站址设在沔县殷家坝乡熊家坪。1960年，迁汉中市张寨乡花果村，1970年4月撤销，1981年10月，重新成立地区水土保持工作站，为科级事业单位，站址在水电局内。主要业务是查勘、编拟全区水保和重点治理规划，并督促、检查实施。

（九）汉中市水产试验站

站址在汉中市张寨乡鱼塘沟。1965年7月，成立专区水利水电局捕捞队。1971年改为水产工作站，1980年5月改为现名，为科级事业单位。主要业务是新品种鱼的引进、培育、推广等。

（十）汉中市水产工作站（汉中市渔政监督管理站）

1988年8月成立，为科级事业单位，站址在水电局内。主要业务是渔政管理和技术推广等。

（十一）汉中市水电物资站

1984年1月成立，为科级事业单位，站址在汉中市交通巷10号。主要业务是承担防汛物资的采购与储备管理工作。

（十二）汉中地区水利水电工程质量监督检测站

1994年10月成立，为科级事业单位。主要任务是全区水利水电工程质量的监督检测。

二、安康市水利局下属事业机构

（一）安康市水旱灾害防治监测中心

贯彻执行防汛抗旱和河道、水库管理等方面的法律法规，拟订全市水旱灾害防治规划、计划，参与编制、审查全市防御洪水抗御旱灾应急预案和大中型水库汛期运用调度计划等。

（二）安康市库区移民工作处（参公正处）

贯彻落实国家和省、市关于水库移民后期扶持和移民安置工作的政策规定及市委、市政府的有关规定，负责全市水库移民后期扶持工作，根据水库建设需要负责指导、协调县（区）移民搬迁、安置工作，会同有关部门协调解决安康水库库区遗留的突出问题，承办市政府交办的其他事项等5项工作职能；确定市库区移民工作处内设综合科、后期扶持科、移民安置科、财务科4个科。

（三）安康市中心城区防洪保安工程建设委员会指挥部办公室

承办东坝防洪保安工程未尽事项。

（四）安康市水利执法支队

宣传贯彻涉水法律法规，组织实施全市水行政执法工作。查处重大涉水违法事件和水利建设项目重大违规违纪事件；参与水资源管理、河道管理、水土保持等水行政许可工作和监督管理；受理涉水违法行为的投诉、举报、督办。

（五）安康市水利工程技术中心

贯彻执行有关水土保持、农田水利、水利工程质量等方面的法律法规，承担全市水土保持的相关规划、计划、实施方案和生产建设项目水土保持方案的技术审查等工作。

（六）安康市水利水电勘测设计院

成立于1993年8月24日，主要负责水利、电力行业工程设计资质许可内业务；水文、水资源调查评价、建设项目水资源论证、编制开发建设项目水土保持方案资质许可内业务；专业类岩土工程、工程测量乙级资质范围的工程勘察；病险水库、山洪沟治理、小流域治理、防洪工程、水土保持方案、水资源论证、水能规划、节水方案、农田水利等勘测设计工作。

第四节　陕西省派驻单位

一、汉中水文水资源勘测中心

1965 年，陕西省水文总站设立了汉中水文分站，机关驻址在汉中市河东店（原河东店中心水文站内），科级建制。1975 年，汉中水文分站由河东店迁往汉中市中山街，1984 年又迁到汉中市劳动西路。管辖汉中地区省属各水文测站。

1986 年 4 月，汉中水文分站改称“汉中水文水资源勘测大队”，机关驻址及所管辖测区范围均未变，仍为科级建制。

1993 年，汉中水文水资源勘测大队改名为汉中水文勘测局（简称汉中水文局）。级别、管辖范围均不变。截至 2005 年底，汉中水文局机关内设机构有办公室、政工科、勘测科、水情科、水质科、多种经营科、财务科。另设水环境监测分中心 1 个，水情信息分中心 1 个。2001 年 6 月，水利部“国家防汛指挥系统工程汉中水情分中心示范区”亦设立于汉中水文局机关内。

2019 年机构改革中，汉中水文勘测局更名为汉中水文水资源勘测中心。机关内设办公室、财务科、勘测科、水情科、水资源与水环境科 5 个科室。办公室下设设备科、工程科。设略阳、勉县、汉中、洋县、西乡 5 个水文监测中心，在职职工 72 人，下设水文站 22 处（其中国家基本站 17 处，中小河流防汛专用水文站 5 处），防汛专用水位站 20 处，雨量站 333 处，墒情监测站 11 处，水环境监测断面 32 处。负责定点监测汉江、嘉陵江干流及其 25 条支流（其中嘉陵江 1 条支流，汉江 24 条支流）的水位、流量、含沙量、泥沙颗粒、降水、蒸发等水文要素。同时，监测汉江、嘉陵江干流及其 9 条支流的水质要素，并在汉中平川区开展土壤墒情监测。负责汉中境内的水文监测、水文资料收集、水文报讯等，为水利工程建设及运行管理、防汛抗旱、水资源管理、水工程规划设计和管理、水环境保护和国民经济建设服务。

二、安康水文水资源勘测中心

1934 年，安康水文站成立，其是安康水文水资源勘测中心的前身，当时主要承担着对汉江流域安康段的水文观测工作，为当地的水利工程建设、防洪抗旱等提供基础的水文数据支持。安康水文水资源勘测中心位于建民办新岭路 1 号，是陕西省水文水资源勘测中心下设的 10 个直属水文中心之一，是副处级公益一类事业单位。主要职责包括：水文监测：对安康地区的江河、湖泊、水库等水体的水位、流量、流速、降水、蒸发、泥沙等水文要素进行长期、系统、准确的监测和记录。这些数据是水资源管理、水利工程规划设计、防汛抗旱决策等工作的基础依据。水文预报：根据监测到的水文数据和气象等相关信息，运用科学的方法和模型，对未来一定时期内的水文情势进行预测和预报，如洪水的发生时间、洪峰流量、洪水过程等，为防汛抗旱指挥部门提供决策支持。水质监测：对安康地区的地表水、地下水等水体的水质进行监测和分析，评价水质状况，掌握水资源的质量变化情况，为水环境保护和水资源合理利用提供数据支持。水文研究：开展水文科学研究工作，探索水文规律和水文现象的成因，研究水文监测技术和方法的改进，提高水文工作的科学性和准确性。行业服务：为国家建设提供水文服务，包括向政府部门、水利工程建设单位、水资源管理部门等提供水文数据、水文分析报告、水文科技咨询等服务。2020 年 12 月 20 日，安康完成了 21 处水文站、17 处水位站的水文监测设施（环境）管理范围和保护范围划界工作。

第三章　治水人物

本章以人物传略、表录的形式，记述从古至今汉水流域做出突出贡献的人物，包括省部级以上劳动模范、先进工作者、教授级高工及有突出贡献的专家学者等。传略以卒年为序，其他以表录为主。

第一节　人物传略

萧何（？—前193），汉沛县（今江苏沛县）人，曾为沛县吏，秦末佐刘邦起义。楚汉战争中留守关中，输送士卒粮草，支援作战，对刘邦战胜项羽起了重要作用。封侯。相传山河堰为汉相国萧何所筑，曹参落成之。流珠堰、杨填堰等亦为其所创。

曹参（？—前190），汉沛县（今江苏沛县）人，曾为沛县狱吏，秦末从刘邦起义屡立战功，汉开国封平阳侯，后继萧何为汉惠帝相。“举世无所变更，一遵萧何约束”，有“萧规曹随”之称。相传山河堰为其所落成。

张卬（生卒年不详），西汉京兆杜陵人，御史大夫张汤之子。武帝时任汉中郡太守，调发数万人欲打通褒河漕运，后虽因褒河水流湍急、多石，最终未能通漕，但修通了一条长500多里的褒斜道。

诸葛亮（81—234），字孔明，号卧龙，汉族，徐州琅琊阳都（山东临沂市沂南）人，三国时期蜀汉丞相，杰出的政治家、军事家、散文家、书法家、发明家。三国时期驻军汉中，对山河堰“踵迹增筑”。

许逖（生卒年不详），字景山，歙州（今安徽歙县）人，“（北宋真宗）祥符间”（1008—1016年）任兴元（即汉中）知府，疏浚旧堰，采木石修之，堰成，岁大丰，欧阳修撰《许景山行状》记其事。

赵从俨（生卒年不详），北宋人，曾任兴元节度使，劝农治堰，丰腴明刑。历史上山河堰因难以抵御洪水冲袭，时有破损，历代地方官吏与驻军将领组织民众和军士整修。《汉南续修郡治》中记载：“赵从俨任兴元节度使，劝农治堰，丰腴明刑”。

吴玠（1093—1139），字晋卿，德顺军陇干县（今甘肃省静宁县）人，“南宋高宗绍兴六年（1136年），又调成兵，命梁、洋守将治褒城废堰。民知灌溉可恃，愿归业者数万家”。

杨政（1093—1157），字直夫，原州临泾（今甘肃镇原）人。南宋高宗建炎年间，从吴玠，击金人，九战九捷，累功至武显郎。绍兴十年至二十七年（1140—1157年），“政守汉中十八年，六堰（指山河堰）久坏，失灌溉之利，政为修复。汉江水决为害，政筑长堤捍之。凡利民者不敢以军旅废。《宋史·杨政传》。

吴璘（1102—1167），字唐卿，陇干（今甘肃静宁）人。南宋乾道元年（1165年），任四川宣抚史判兴元府。“璘至汉中，修复褒城古堰（山河堰），溉田数千顷，民甚便之”。（《宋史·吴璘传》）。

吴拱（？—1176），吴玠之子，曾任汉中知府，宋乾道六年至七年（1170—1171年），在其叔父吴璘督工整复古堰的基础上，对山河堰大加扩建。《宋史·河渠志》记载：“乾道七年（1171年），遂委御前诸军统制吴拱经理，发卒万人助役，尽修六堰，浚大小渠六十五，凡溉南郑、褒城田二十三万余亩，宣力最多”。这一灌溉面积是山河堰历史记载最大的数字，这次整修也是规模最大的，如此丰功伟绩，开创了山河堰灌溉历史上的鼎盛时期。

晏袤（1190—1194），字亍德，山东临淄人，南宋绍熙间（1190—1194年）任南郑县令。绍熙四年（1193年）夏，洪水冲毁山河堰，晏与郡太守章森、常平使者范中艺等主持重修，绍熙五年（1194年）四月，大功告成，晏袤撰书《山河堰落成记》，刻于石门南褒河西侧山崖间（现凿迁至汉中市博物馆），同时还撰《山河堰赋》一文。绍熙五年三月晏袤视察山河堰，至褒谷，在石门西南侧断崖中青苔下发现了东汉永平九年（66年）刻写的《鄐军开通褒斜道》摩崖，距石门不到百步。他还发现了三国魏景元四年（263年）刻的《李苞通阁道》摩崖、潘宗伯与韩仲元于晋武帝泰始六年（270年）修褒斜道摩崖。他分别写了《君碑事》及《魏潘宗伯、韩仲元、李孝章通褒斜阁道释文》，刻写于原摩崖石刻之下方，供后世摩崖石刻研究者进一步研究。晏袤长于书法，尤工隶书。所书《山河堰落成记》为古今书法名品。

塞因普化（？—约1307），蒙古人，元大德间（1298—1307年）任兴元路劝农史。兴修水利，对山河堰及其他小堰多加修复，扩大灌区，增加生产。

张良知（生卒年不详），山西安邑人。明嘉靖十八年（1539年）任汉中府同知，身体力行，大修山河堰，功勋卓著。又编《汉中府志》十卷，今尚流行。

崔应科（生卒年不详），河南省登封县人。明万历年间任汉中知府，修堰浚渠筑城……多有成立，著有《山河堰》《崔应科四六分水记略》（清嘉庆《汉中府志·秩官》）。

滕天绶（？—1690），奉天辽阳（今辽宁省辽阳市）人。清康熙二十五年（1686年），由广东潮州府同知升任汉中知府。“汉南自肖相居守后，水利素饶，与民争利，致多聚讼。天绶亲历南、褒、城、洋诸邑，相视地形，筑堤建闸。且勒禁携石碑，启闭有期蓄泄有界，自是争端永杜”（清嘉庆《汉中府志·秩官》）。其间，著有《滕太守分水约》等。清康熙三十年（1691年），天绶试引冬水灌麦成功。清康熙三十一年（1692年）全民冬水灌田，正式成为一种灌水制度，为后人所沿用。

严如熤（？—1826），字炳文，湖南溆浦人。清嘉庆十三年（1808年）补潼关厅，不久即擢升汉中知府。任知府期间，尽力修复褒城山河堰及城固五门、杨填二堰，各灌田数万亩；修缮其他小堰百余，皆历勘浚治，为民造福。他还呈《请专委府经历专管公堰详文》，对经历职责、堰务管理、轮水制度等，均作详尽规定。在主修的《汉中府志》中，将水利设专卷记述。道光元年（1821年），严如熤被提为陕安道，道光三年（1823年）加按察使。他建议增厅治于周至、洋县界，增营汛于商州及略阳，征召勘察全省水利于沣、泾、浐、渭诸川，郑白、龙首诸渠及社仓义学等规划，得到了朝廷与巡抚的重视支持，无不依次推行。道光五年（1825 年）提任贵州按察使未到职，道光六年（1826 年）秋复调陕西，到任不久病逝，朝廷赐布政使。陕西民众为感激严氏治水之功，请求留葬于陕，因遵朝廷安排，后安葬于湖南故土。

李复（？—1906），江西萍乡人。清光绪二十九年（1903 年）任留坝厅同知，于光绪三十年（1904 年）将“紫柏书院”改为留坝厅高等小学堂。李兴修水渠，从淘沙坝对岸山脚修渠，直到沙湾（今县林业局处），全长 2 千米，人称“李公渠”。北栈河两岸旱地改为水田，按亩交纳堰课，归留坝厅高等小学堂，作为学堂办公、修缮、学生书籍、学生服装等开支。厅民在小学大门立石碑一通，颂李公德政。该碑石毁于抗日战争时期。

李仪祉（1882—1938），名协，字宜之，陕西省蒲城县马湖镇富原村人，被誉为“中国近现代水利奠基人”“亚洲近现代水利科技先驱”。民国二十一年（1932 年），任陕西省水利局局长，随同全国经济、工程、新闻各界陕西实业考察团来汉考察水利等，由汉中籍林垦学者安汉陪同，考察中规划了汉江第一堰——汉惠渠。民国二十三年（1934 年），李仪祉再次来汉视察，又手订褒惠渠、湑惠渠整治方案，对“汉中三惠”的兴建起了重大作用。

张寿荫（1909—1971），字静如，河北省永清县人 。民国二十四年（1935 年）清华大学土木工程系毕业后来陕，先后任陕西省水利局测量队技佐，绥远省建设厅公路处任技士，陕南水利局嘉陵江水道工程处测量队技士 、副工程师，陕西省汉惠渠管理局主任工程师、局长和陕西省泾惠渠管理局局长等职。1971 年 1 月 28 日逝世，享年 63 岁。

刘钟瑞（1898—1976），别号辑五，河北省南皮县人。民国十一年（1922 年）从南京河海工程专门学校毕业。民国二十九年至三十五年（1940—1946 年）任汉惠渠工程处主任工程师、褒惠渠工程处总工程师、湑惠渠工程处总工程师。民国三十五年（1946 年）3 月 27 日，调省水利局任局长。新中国成立后，曾任中央水利部工务司司长等职。刘钟瑞在汉任职期间，对“汉中三惠”的兴建作出了重要贡献，并著有《褒河水利之展望》《美籍水利专家巴里特视察记》《陕南新兴水利事业概况》《汉江上游农田水利事业之概况》《城固县水利志》《褒惠渠灌溉工程释疑》《为汉惠渠清丈告民众书》等，从实践和理论上对陕，特别是汉中水利作出了特有的贡献。在《褒河水利之展望》中提出：“如在褒河山谷中，筑坝高达六十公尺，可产生水力四万八千马力。”在《美籍水利专家巴里特视察记》一文中提出，“陕南汉中盆地所采用自流式引水灌田，故已发生很大效果，愿更进一步储蓄洪水，以调节全年水量……”为开发汉中水利资源指明了途径。

邹有福（1919—1990），陕西省南郑县汉山区白马乡人。1950 年参加工作，曾任乡农会主任、乡长、区水管站主任，1951 年被评为专区水利劳模、西北水利劳模，南郑县第二、三、五、六届和汉中市第四届人民大会代表。1956 年 4 月，出席全国农业水利先进生产者代表大会，当选为出席全国先进生产者代表大会代表。1957 年，被选为南郑县和陕西省党代会的代表。1973—1980 年，任南郑县水电局副局长。1990 年病逝，享年 71 岁。

1950 年冬，邹有福带领南郑县汉山区 4000 名民工在冷惠渠施工中被评为修渠模范。1951 年春，他响应政府“防旱抗旱，增加生产”号召，带领群众修渠打塘，利用冬水田加坎贮蓄水量，开展蓄水保水，使汉山区2万多亩易旱稻田得到保灌，还把落后的土水准仪改进为木质水盒水准仪。1952年冬到1953年春，在陕南水利管理局和当地区、乡政府支持下，带领群众，修建了全省第一座坝高12米、库容20万立方米的白兔岭水库。亲自参加了强家湾水库建设和绿化管理工作，领导修建了剪子河引水渠及汉山区灌区沙子河、白家湾、夏家庵、草堰等8条排洪沟工程。

第二节 人物表录

一、全国劳动模范、省部级劳动模范（先进工作者）

新中国成立后至2020年，汉江流域在水利水土保持建设中获得全国劳动模范、部省级劳动模范称号的2人，先进工作者等称号的7人次，多为生产一线的劳动者，详见表7-3-1。

表7-3-1 陕西省水利系统获省部级劳动模范（先进工作者）情况一览表（截至2020年）

序号	姓名	性别	籍贯	原工作单位	称号	时间
1	邹有福	男	陕西南郑	南郑县区水管站	全国劳动模范	1956年
2	高宗民	男	四川内江	城固水产站	陕西省劳动模范	1987年
3	李登魁	男	陕西凤翔	陕西安康市水利水电勘测设计院（已退休）	全国水利系统先进工作者	2005年
4	陈义早	男	陕西石泉	陕西省石泉县水利局	陕西省先进工作者	2007年
5	周永章	男	陕西汉中	陕西省汉中水文水资源勘测局水情科	全国水利系统先进工作者	2009年
6	王定学	男	陕西白河	陕西省白河县水利局	全国五一劳动奖章	2014年
7	邱存元	男	陕西西乡	陕西省汉中市石门水库管理局	全国水利系统先进工作者	2015年
8	郝宗刚	男	陕西汉滨	陕西省安康市水利局	全国水利系统先进工作者	2015年
9	岐家社	男	陕西山阳	山阳县水土保持工作站	陕西省首届“最美水利人提名奖”	2017年

二、省部级以上奖项获得者

截至2020年，汉江流域水利系统获得省部级表彰奖励共计22人，具体情况见表7-3-2。

表7-3-2　陕西汉江流域省部级以上奖项获得者（截至2020年）

序号	姓名	性别	籍贯	获奖时工作单位	荣誉称号	授予时间
1	马兴德	男	陕西宁陕	陕西省宁陕县水电水土保持局	全国第二批农村水电初级电气化县建设先进工作者	1996 年
2	张朋山	男	陕西镇安	陕西省镇安县柴坪水文站	全国水利系统模范工人	1996 年
3	张修龙	男	陕西汉滨	陕西省安康汉滨区水利局	全国水利系统水政水资源先进个人	1997 年
4	周永章	男	陕西宁强	陕西省汉中水文局水情科	全国水利系统先进个人	1999 年
5	毛成本	男	陕西安康	陕西省安康水文局	全国水文系统先进个人	2001 年
6	陈斌洲	男	陕西临潼	陕西省镇安县柴坪水文站	陕西省抗洪救灾模范	2004 年
7	许继学	男	陕西汉中	陕西省汉中市石门水库管理局	全国大型灌区精神文明先进个人	2005 年
8	王利夫	男	陕西洋县	陕西省汉中市石门水库管理局	全国河道水库管理先进工作者	2008 年
9	曹正中	男	陕西汉中	陕西省略阳县水利局	全国水利抗震救灾先进个人	2008 年
10	张怀宏	男	陕西汉中	陕西省宁强县水利局	全国水利抗震救灾先进个人	2008 年
11	朱前斌	男	陕西汉阴	陕西省安康市水文局	全国防汛抗旱先进个人	2010 年
12	龙金生	男	陕西紫阳	陕西省安康市水文局	陕西省防汛抗旱先进个人	2011 年
13	王建祥	男	陕西城固	陕西省汉中市湑惠渠管理局	陕西省优秀共产党员	2011 年
14	郝宗刚	男	陕西汉滨	陕西省安康市防汛抗旱指挥部	陕西省第四届人民满意公务员	2014 年
15	刘　涛	男	陕西旬阳	陕西省旬阳县水利局	陕西省“十二五”优秀防汛抗旱工作者	2015 年
16	马建勇	男	陕西旬阳	旬阳县村镇供水公司	陕西省首届最美水利人提名奖	2017 年
17	刘祥明	男	陕西旬阳	陕西省旬阳县水利局	2016 年度陕西省“仪祉杯”劳动竞赛先进个人	2017 年
18	罗　平	男	陕西汉滨	陕西省安康市水利局	陕西省公共机构节约能源资源工作先进个人	2018 年
19	胡永意	男	陕西旬阳	陕西省旬阳县水利局	2017 年度陕西省“仪祉杯”劳动竞赛先进个人	2018 年
20	周　磊	男	陕西汉滨	陕西省安康市水利局	陕西省“仪祉杯”劳动竞赛先进个人	2019 年
21	王　超	男	陕西西安	陕西省安康市水利局	陕西省公共机构节约能源资源工作先进个人	2020 年
22	何　伟	男	陕西汉滨	安康水电厂	陕西省防汛抗旱先进个人	2020 年

三、陕西汉江流域水利系统教授级高级工程师及副教授级高级工程师

截至2020年，陕西汉江流域水利系统教授级高级工程师28人，副教授级高级工程师216人，具体见表7-3-3～表7-3-5。

表7-3-3 陕西汉江流域水利系统教授级高级工程师一览表（截至2020年）

序号	地区	姓名	性别	出生年月（年－月）	籍贯
1	汉中	李来家	男	1957	陕西西乡人
2	汉中	樊海平	男	1965	陕西华县人
3	汉中	胡有竹		1972	陕西西乡人
4	汉中	李玉军	男	1975	陕西西乡人
5	汉中	杨光涛	男	1975	陕西西乡人
6	汉中	李志强	男	1976	陕西城固人
7	汉中	谷定文	男	1976	陕西南郑人
8	汉中	周国庆	男	1977	陕西城固人
9	汉中	李　波	男	1979	陕西汉中人
10	汉中	姚小海	男	1979	陕西西乡人
11	汉中	郑　磊	男	1982	陕西汉中人
12	汉中	余兴道	男	1936-06	陕西城固人
13	汉中	黄炳成	男	1945-12	陕西城固人
14	汉中	韩景泰	男	1943-05	陕西勉县人
15	汉中	闫　磊	男	1944-12	陕西西安人
16	汉中	冯时敦	男	1945-12	湖南衡阳人
17	汉中	邱　元	男	1963-07	陕西西乡人
18	汉中	阎　磊			
19	汉中	崔建荣	男	1955-08	甘肃酒泉
20	汉中	方孝文	男	1946-05	陕西镇巴
21	安康	李登魁	男	1956-11	陕西凤翔
22	安康	李权兵	男	1976-09	陕西汉阴

续表7-3-3

序 号	地区	姓名	性别	出生年月（年－月）	籍贯
23	安康	王定学	男	1965-01	陕西白河
24	安康	熊忠平	男	1955-12	陕西汉阴人
25	安康	陈树斌	男	1972-04	陕西镇坪县人
26	安康	李铁蛋	男	1981-11	陕西镇坪县人
27	安康	韩玖龙	男	1981-10	陕西镇坪人
28	商洛	孟小涛	男	1969-12	陕西商洛人

表7-3-4　陕西汉江流域水利系统享受副教授级待遇高级工程师名录1（截至1995年）

单位	人数	姓名
汉中地区	55 人	曾广骝　马守林　李保华　王惠智　向毓琨　徐培林　李国运　卢　明　陈丙午 李少华（女）牛耀祖　蒋飞舟　孙孝恒　徐少杰　高振民　董厥祥　倪康生　杨长福 张嘉夫　高宗民　何智慧　除金有　曹志凡（女）张兴华　龙云霄　韩景泰　黄炳成 唐喜允　阎　磊　郑　宁　黄　勃　冯实敦　刘大兴　徐光耀　豆祥成　李培土 侯明全　罗士杰　庞家贵（女）谭义训　余兴道　叶德鹏　康　林（女）　刘士奎 王光宇　叶明华　邓永泰　郭光强　李羽峰　余永成　陈　新　杨华文　房宝德 王春显　邹承禹
安康地区	28 人	曹怀德　程琦生　黄乐华　陈致中　黄中驷　赵哲先　石培斌　陈家骊　陈复华 王智轩　沈文杰　潘俊清　海子久　彭庆生　曾甸凡　郑兴文　刘　均　李炎南 叶　鹏　吴时基　李登魁　刘庆汉　单　勇　辛西光　刘吉云　宋益泰　朱德炳 王柿全

注：1. 离退休包括已故人员在内；
　　2. 地 、市高工含离退休和已故人员。

表7-3-5　陕西汉江流域水利系统享受副教授级待遇高级工程师名录2（1996—2020）

序号	地区	姓名	性别	出生年月（年－月）	籍贯	参评时工作单位	批准年月（年－月）
1	汉中	袁海智	男	1944-12	陕西城固	汉中市石门水库管理局	1997-04
2	汉中	马治国	男	1941-07	陕西旬邑	汉中市石门水库管理局	1997-04
3	汉中	陈述平	男	1936-09	河南荥阳	汉中市石门水库管理局	1997-04
4	汉中	杨志平	男	1943-01	陕西汉中	汉中市石门水库管理局	1998-11
5	汉中	张海峰	男	1946-01	陕西汉中	汉中市石门水库管理局	1998-11
6	汉中	宋海福	男	1952-11	陕西勉县	汉中市石门水库管理局	1998-11

续表7-3-5

序号	地区	姓名	性别	出生年月（年－月）	籍贯	参评时工作单位	批准年月（年－月）
7	汉中	李培忠	男	1947-12	陕西洋县	汉中市石门水库管理局	1999-09
8	汉中	王俊明	男	1958-06	陕西汉中	汉中市水利水电工程质量安全监督站	1999-09
9	汉中	余海明	男	1955-09	甘肃景泰	汉中市水土保持工作站	2000-09
10	汉中	胡崇新	男	1946-08	陕西洋县	汉中市石门水库管理局	2000-09
11	汉中	严仲彩	男	1952-01	陕西西乡	汉中市石门水库管理局	2000-09
12	汉中	樊立民	男	1956-02	山西临猗	汉中市石门水库管理局	2000-09
13	汉中	张炳彦	男	1966-04	陕西周至	汉中市水土保持工作站	2001-09
14	汉中	陈善有	男	1949-01	陕西南郑	汉中市石门水库管理局	2001-09
15	汉中	杨树正	男	1963-05	陕西洋县	汉中市石门水库管理局	2001-09
16	汉中	高鹏华	男	1958-01	陕西汉中	汉中市石门水库管理局	2002-09
17	汉中	李功元	男	1964-08	陕西安康	汉中市石门水库管理局	2002-09
18	汉中	袁　伟	男	1955-08	陕西汉中	汉中市石门水库管理局	2004-12
19	汉中	刘永纪	男	1952-01	陕西城固	汉中市石门水库管理局	2006-11
20	汉中	杨　立	男	1957-08	陕西西乡	汉中市石门水库管理局	2012-11
21	汉中	胡晓娜	女	1976	陕西城固	城固县水利局	2013-03
22	汉中	王　进	男	1961-12	陕西汉中	汉中市水利水电工程质量安全监督站	2014-11
23	汉中	戴锦萍	女	1964-04	陕西西乡	汉中市石门水库管理局	2014-11
24	汉中	古学海	男	1977-01	陕西南郑	汉中市石门水库管理局	2015-01
25	汉中	王亚梅	女	1964-09	陕西洋县	洋县河道管理站	2015-12
26	汉中	肖海燕	男	1974-09	陕西城固	城固县水土保持工作站	2016-11
27	汉中	王　晖	男	1973-08	陕西城固	汉中市水利水电工程质量安全监督站	2016-11
28	汉中	郑晓红	女	1965-08	陕西汉中	汉中市石门水库管理局	2016-11
29	汉中	李志强	男	1976-11	陕西城固	城固县江河管理站	2017-11
30	汉中	赵小军	男	1968-04	陕西城固	汉中市水利水电工程质量安全监督站	2017-11
31	汉中	朱才会	男	1964-07	陕西南郑	汉中市石门水库管理局	2017-11

续表7–3–5

序号	地区	姓名	性别	出生年月（年－月）	籍贯	参评时工作单位	批准年月（年－月）
32	汉中	夏杰宏	男	1969–08	四川三台	汉中市石门水库管理局	2017–11
33	汉中	张　勇	男	1974–01	陕西城固	城固县水土保持工作站	2018–11
34	汉中	刘小龙	男	1976–02	陕西汉中	汉中市石门水库管理局	2018–11
35	汉中	徐海鹏	男	1963–09	陕西城固	汉中市石门水库管理局	2018–11
36	汉中	杨建忠	男	1964–11	陕西洋县	洋县河道管理站	2018–12
37	汉中	刘菊梅	女	1970–09	陕西洋县	洋县河道管理站	2018–12
38	汉中	魏万青	男	1965–06	陕西洋县	洋县河道管理站	2018–12
39	汉中	向　英	女	1970–09	陕西洋县	洋县引酉工程灌溉管理局	2018–12
40	汉中	丁文建	男	1969–08	陕西城固	城固县水利建设管理中心	2019–12
41	汉中	王矛	男	1973–09	陕西汉中	汉中市石门水库管理局	2019–12
42	汉中	马建新	男	1970–07	陕西汉中	汉中市石门水库管理局	2019–12
43	汉中	廖宏伟	男	1974–07	陕西勉县	汉中市石门水库管理局	2019–12
44	汉中	谢世军	男	1979–01	陕西南郑	汉中市石门水库管理局	2019–12
45	汉中	王天庆	男	1975–01	陕西洋县	洋县引酉工程灌溉管理局	2020–01
46	安康	屈汉蓉	女	1956–01	陕西汉中	安康市水利水电勘测设计院	1996–11
47	安康	王开民	男	1964–04	陕西大荔	安康市水利水电勘测设计院	2000–11
48	安康	杨　勇	男	1969–07	陕西汉阴	汉阴县防汛抗旱指挥部办公室	2006–11
49	安康	王小慧	女	1978–12	陕西旬阳	安康市水利工程质量监督站	2012–01
50	安康	刘　强	男	1969–07	陕西石泉	石泉县水利局	2013–12
51	安康	左卫英	男	1976–03	陕西咸阳	安康市水利水电勘测设计院	2014–12
52	安康	曹文化	男	1967–05	陕西平利	平利县水利局	2014–12
53	安康	刘福兴	男	1966–02	陕西旬阳	安康市水利工程质量监督站	2015–11
54	安康	饶朝阳	男	1968–05	陕西平利	平利县水利局	2015–11
55	安康	王随珍	男	1964–11	陕西汉滨	汉滨区黄石滩水库管理中心	2015–12
56	安康	杨　飞	男	1966–06	陕西安康	安康市水利水电勘测设计院	2016–12
57	安康	王宝平	男	1981–09	陕西安康	安康市水利水电勘测设计院	2016–12

续表7-3-5

序号	地区	姓名	性别	出生年月（年－月）	籍贯	参评时工作单位	批准年月（年－月）
58	安康	李卫东	男	1969-02	陕西汉滨	汉滨区水旱灾害防治监测站	2016-12
59	安康	唐　军	男	1968-12	陕西岚皋	汉阴县观音河水库管理处	2016-12
60	安康	赵　宁	男	1973-07	陕西汉阴	汉阴县水土保持工作站	2016-12
61	安康	程　鹏	男	1967-02	陕西柞水	安康市水利水电勘测设计院	2017-12
62	安康	鲁　丽	女	1976-03	陕西旬阳	安康市水利水电勘测设计院	2017-12
63	安康	雷　安	男	1977-04	陕西蒲城	安康市水利水电勘测设计院	2017-12
64	安康	邵莉芳	女	1979-11	陕西澄城	安康市水利水电勘测设计院	2017-12
65	安康	黄保冲	男	1982-07	陕西安康	安康市水利水电勘测设计院	2017-12
66	安康	邹　军	男	1970-06	陕西汉滨	汉滨区黄石滩水库管理中心	2017-12
67	安康	麻清雅	女	1971-08	陕西澄城	汉滨区水利技术工作站	2017-12
68	安康	李　杰	男	1975-08	陕西汉滨	汉滨区水利工作队	2017-12
69	安康	王鸿鸣	男	1973-06	陕西平利	平利县水利局	2017-12
70	安康	王会斌	男	1966-01	陕西旬阳	汉阴县防汛抗旱指挥部办公室	2017-12
71	安康	王道平	男	1965-07	陕西旬阳	汉阴县水利勘测设计院	2017-12
72	安康	郝学红	男	1981-01	陕西白水	安康市水利水电勘测设计院	2018-12
73	安康	喻　超	男	1982-06	陕西汉阴	安康市水利水电勘测设计院	2018-12
74	安康	杨　妮	女	1983-03	河南洛阳	安康市水利水电勘测设计院	2018-12
75	安康	尤　斌	男	1974-05	陕西汉滨	汉滨区水政综合执法大队	2019-12
76	安康	王　果	男	1980-02	陕西汉滨	汉滨区水利技术工作站	2019-12
77	安康	周　伟	男	1980-02	陕西汉滨	汉滨区水利技术工作站	2019-12
78	安康	刘　海	男	1968-08	陕西平利	平利县水利局	2019-12
79	安康	高本和	男	1968-09	陕西平利	平利县水利局	2019-12
80	安康	朱礼荣	男	1964-09	陕西汉阴	汉阴县水旱灾害防治监测站	2019-12
81	安康	吕恒华	男	1974-07	陕西石泉	石泉县水利局	2019-12
82	安康	马　丽	女	1972-08	陕西石泉	石泉县水利局	2019-12
83	安康	刘荣娥	女	1980-01	陕西石泉	石泉县水利局	2019-12

续表7-3-5

序号	地区	姓名	性别	出生年月（年－月）	籍贯	参评时工作单位	批准年月（年－月）
84	安康	胡　娟	女	1980-08	陕西石泉	石泉县水利局	2019-12
85	安康	蒋国菊	女	1983-09	青海互助	安康市水利水电勘测设计院	2019-12
86	安康	张耀华	女	1984-05	陕西汉中	安康市水利水电勘测设计院	2019-12
87	安康	王占海	男	1981-01	陕西安康	安康市水利水电勘测设计院	2019-12
88	安康	武如锐	男	1981-07	陕西安康	安康市水利水电勘测设计院	2019-12
89	安康	方荣武	男	1972-02	陕西汉滨	汉滨区黄石滩水库管理中心	2020-12
90	安康	张修龙	男	1965-08	陕西汉滨	汉滨区水利技术工作站	2020-12
91	安康	孟宪鸿	男	1971-03	陕西汉滨	汉滨区水利技术工作站	2020-12
92	安康	陈　浪	男	1969-09	陕西汉滨	汉滨区水利技术工作站	2020-12
93	安康	周　娟	女	1979-09	陕西汉滨	汉滨区水利工作队	2020-12
94	安康	刘　磊	女	1979-11	陕西汉滨	汉滨区水利技术工作站	2020-12
95	安康	陈显武	男	1968 05	陕西汉滨	汉滨区水利技术工作站	2020 12
96	安康	杨广娣	女	1974-01	陕西汉滨	汉滨区水利技术工作站	2020-12
97	安康	俞其成	男	1975-03	陕西汉滨	汉滨区水利技术工作站	2020-12
98	安康	杨秀军	男	1971-04	陕西汉滨	汉滨区水利技术工作站	2020-12
99	安康	易瑜成	女	1982-09	陕西汉滨	汉滨区水利技术工作站	2020-12
100	安康	刘全政	男	1975-03	陕西汉滨	汉滨区水利技术工作站	2020-12
101	安康	邓　敏	女	1976-01	陕西汉滨	汉滨区水利技术工作站	2020-12
102	安康	周春丽	女	1969-11	陕西汉滨	汉滨区水利技术工作站	2020-12
103	安康	席为群	男	1968-12	陕西汉滨	汉滨区水利灌溉管理站	2020-12
104	安康	刘瑞玉	女	1979-08	陕西汉滨	汉滨区水利灌溉管理站	2020-12
105	安康	付清兵	男	1968-07	陕西平利	汉滨区水利工作队	2020-12
106	安康	郑清平	男	1969-02	陕西汉滨	汉滨区黄石滩水库管理中心	2020-12
107	安康	韩晶晶	男	1978-03	陕西汉滨	汉滨区黄石滩水库管理中心	2020-12
108	安康	武小华	男	1975-01	陕西平利	平利县水利局	2020-12
109	安康	刘　涛	男	1971-01	陕西石泉	石泉县水利局	2020-12

续表7-3-5

序号	地区	姓名	性别	出生年月（年－月）	籍贯	参评时工作单位	批准年月（年－月）
110	安康	尹宜斌	男	1964-01	陕西石泉	石泉县水利局	2020-12
111	安康	刘汉青	女	1971-01	陕西石泉	石泉县水利局	2020-12
112	宝鸡	田忠义	男	1972-08	陕西扶风	凤县水利工作管理站	2018-12
113	宝鸡	吴生平	男	1975-09	陕西凤县	凤县水土保持工作站	2020-8
114	宝鸡	王　毅	男	1972-07	陕西凤翔	凤县水利工作站	2020-8
115	商洛	杨秀理	男	1949-08	陕西山阳	山阳县水利局	2001-11
116	商洛	樵发水	男	1952-12	陕西山阳	山阳县水利水电工程管理站	2001-12
117	商洛	乔明科	男	1945-09	陕西铜川	山阳县水资源管理办公室	
118	商洛	孙明均	男	1966-11	陕西山阳	山阳县水利工作站	2009-11
119	商洛	王道安	男	1957-09	陕西安康	柞水县水利工作站（退休）	2009-11
120	商洛	韩　华	男	1960-07	陕西山阳	山阳县水利工作站	2009-12
121	商洛	王光成	男	1963-12	陕西山阳	山阳县城乡供水管理站	2011-12
122	商洛	岐家社	男	1973-09	陕西山阳	山阳县水土保持工作站	2014-12
123	商洛	王小芳	女	1974-01	陕西山阳	山阳县水土保持工作站	2014-12
124	商洛	谷　博	男	1972-03	陕西山阳	山阳县水利工程质量监督站	2014-12
125	商洛	虞华良	男	1968-12	陕西山阳	山阳县水利工作站	2014-12
126	商洛	程新转	女	1977-01	陕西山阳	山阳县城乡供水管理站	2015-11
127	商洛	张友勇	男	1968-06	陕西山阳	山阳县水利工作站	2015-11
128	商洛	王金柱	男	1971-05	陕西山阳	山阳县水资源管理站	2016-12
129	商洛	张　立	男	1972-03	陕西柞水	柞水县牛背梁管委会	2016-12
130	商洛	温鹃戎	女	1978-01	陕西山阳	山阳县水土保持工作站	2019-12
131	商洛	刘艳萍	女	1976-09	陕西山阳	山阳县水土保持工作站	2019-12
132	商洛	雷元成	男	1976-04	陕西山阳	山阳县水利工作站	2019-12
133	商洛	马晓燕	女	1974-05	陕西周至	柞水县水利工程质量监督站	2019-12

注： 1. 离退休包括已故人员在内；

2. 地 、市高工含离退休和已故人员。

大事记

夏

大禹治水据《史记·夏本纪》称，大禹治水时，“陆行乘车，水行乘船”，先后疏浚了江、河、淮、汉四大巨川。

禹为姒姓，其后分封，其中褒氏（十二个姒姓联盟部落之一）因助禹治水有功，被封居今汉中市区西北，建褒国（按：古褒国在原褒城县东三里，地名骆驼坪，今汉中市张寨北）。

《史记·夏本纪》还记载：夏时，在梁州贡物“浮于潜（嘉陵江），逾于沔（汉江）”，首次出现汉水航运的记载。

周

周昭王二十四年（前977年）昭王南征，渡汉水，“船人恶之，以胶舟进，王御船至中流，胶液船解”，昭王及其随从落水淹死（《史记·正义》引《帝王世纪》）。按：此事发生于汉水何处，待详考。

周孝王七年（约前878年）大雨雹，牛马死，江汉俱冻。（《史记》《太平御览》）

周考王十五年（前426年）降大雹。是年冬，汉江冰冻，牛马死。

西 汉

西汉初年（前206—前195年），丞相萧何留守汉中，创修山河堰，发展农业，供民食军需。在今汉中河东店褒河谷口修堰，以“巨石为主，锁石为辅，横以大木，植以长桩”（《陕西通志》）。截褒河水灌溉田地。因褒水又称山河水而得名；相传系汉相国萧何所筑，曹参落成，故亦称“萧曹堰”。在濂水河上建流珠堰、鹿头堰及其流域的龙潭堰，引水灌田，发展农业生产。

汉初，在今湑水河北的丁村至宝山段修渠引水，注入七女池以灌田，名张良渠（杨填堰前身）。

高后三年（前185年）夏，汉水泛滥。（《汉书·高后纪》）

高后八年（前 180 年）夏，汉水泛滥。（《汉书 · 高后纪》）

文帝十三年（前 167 年），下诏增加诸神祠，汉水与黄河、湫泉，祭时各加玉璧二枚。（《史记 · 封禅书》）

元狩五年（前 118 年），汉武帝以张卬为汉中太守，督疏褒斜道及沔、褒、斜水漕运，发数万人疏通褒斜水道五百余里，但水急石多，不可漕运。（《史记 · 河渠书》）

新莽时期（9—23 年），湑水河西侧修堰灌田，后称唐公（五门堰前身）。

东 汉

永平四年（61 年），下诏开褒斜道，汉中太守钜鹿（今河北西南）人鄐君受诏督广汉、蜀、巴三郡刑徒，开褒斜道；九年（66 年）四月道通，并用火焚水激法凿通石门。刻《鄐君开通褒斜道》摩崖于石门南口山崖间。（汉摩崖石刻《石门颂》）

元初二年（115 年），武都（治今甘肃成县）太守虞诩自率吏士，沿川谷，自沮（今略阳县）至下辨（今甘肃成县西）数十里，皆烧石剪木，开漕船道，水运通利。（《后汉书 · 虞诩传》）

建和二年（148 年），三月，白马羌入汉中，益州刺史率板楯蛮击退之。（《后汉书 · 桓帝纪》）

建和二年（148 年），十一月，汉中太守王升撰《故司隶校尉楗为杨君颂》（《石门颂》），摩崖刻于石门洞内西壁。现凿迁于汉中市博物馆保存。

永寿元年（155 年），右扶风（今陕西扶风县）丞、楗为武阳人李寿修褒斜阁道。（石门摩崖石刻）

建安二年（197 年）九月，汉水泛滥。（《后汉书 · 献帝纪》）

建安二十四年（219 年）八月，大霖雨，汉水泛滥。（《后汉书 · 献帝纪》）

三 国

景元四年（263 年），魏荡寇将军浮亭侯李苞，将中军兵、石、木工二千人，修复褒斜阁道。十二月十日刻《李苞通阁道》摩崖于石门北口外西侧崖间。

咸宁三年（277 年）六月，梁州境内水灾，淹没邸阁房舍。（《晋书 · 武帝纪》）

咸宁三年（277 年）九月，益、梁等七州大水。（《晋书 · 武帝纪》）

西 晋

泰康六年（285 年）三月，梁郡天旱。

元康七年（297 年）七月，梁州疫，大旱，杀秋稼。（《晋书 · 惠帝纪》）

永嘉三年（309 年）三月大旱，汉水竭可涉。（《晋书 · 怀帝纪》）

东晋十六国

太元四年（379 年），安康夏大旱，岁大饥。

太元十五年（390 年），汉江大水成灾。

南北朝

南北朝宋永初三年（422 年）三月，秦、雍流民，南入梁州。宋武帝遣使送绢万匹，漕运荆、雍（南雍州）之谷赈济。（《宋书·武帝纪》）

宋元嘉十八年（441 年）夏五月，汉水泛滥，淹没民居，害苗稼。（《宋书·文帝纪·五行志四》）

南北朝梁武帝天监元年（502 年），汉水溢，安康县城江南居民避水赵台山（今新城附近）。

北魏永平二年（509 年），贾哲治褒斜旧道毕功，刻《石门铭》摩崖于汉中石门洞内东壁，以记其功。

唐

垂拱元年（685 年）五月，汉中旱灾。

天宝十四年（755 年），安史之乱中及以后，维护唐王朝的江淮财富溯汉江水运抵洋县、城固县、汉中，再陆运关中，汉江航运始得开发

建中三年（782 年），造得意阁于华阳县南郊大溪侧崖上。（按：1977 年 6 月，在洋县华阳镇南约 100 米处的大溪石崖上发现摩崖一方，文曰："建中三年，造此得意阁并回河镇。同节度副使张大侠、石匠沈光俊记"。此摩崖于 1982 年因修路被毁）

贞元四年（788 年）正月，地震，江溢山裂，房舍被毁，居民露宿。

会昌元年（841 年）七月，汉中蝗灾。

五代十国

后晋天福八年（943 年），旱蝗相继为害，百姓流离失所，饥民盈道。

北 宋

乾德二年（964 年），汉中蝗灾。

淳化二年（991 年）七八月，汉江水涨，死人甚多。

淳化三年至五年（992—994 年），连年旱灾，复加水患，饥民外逃。

祥符间（1008—1016 年），兴元知府许逊（字景山），广采木石，修山河堰成，岁大丰收。（《欧阳修文集 · 许景山行状》）

祥符九年（1016 年）八九月，褒河暴涨，水毁栈阁。

皇祐四年（1052 年）六月九日，汉水暴涨，淹没汉阴县署。

嘉祐七年（1062 年），提举常平使者史照，于嘉祐中（1056—1063 年）奏上堰法，获诏敕书，刻石（山河）堰上（《宋史 · 河渠志》）。褒城县治由打钟坝移于山河堰北（今勉县褒城镇连城山下）。治平中（1064—1067 年），太平（今山西汾城县）人杨文广为兴州防御使，韩琦使杨筑筚篥城（在今甘肃天水市甘谷县杨家城）。文广率众急趋筚篥，比暮至其所，部署已定。迟明，敌骑大至，知不可犯而去。文广遣将袭之，斩获甚众（清《一统志》）。赵从俨任兴元节度使，劝农治堰，丰腴明刑。（《汉南续修郡志》）

熙宁年间（1068—1077 年），金州城西建石堤（万春堤），御上游洪水。

熙宁七年（1074 年），金州西城县民葛德出资修长东堰 1 千米，引南山之水灌田 200 亩。

南宋

绍兴初年（1131—1136 年），灌区百姓在斗山北搭木槽渡引唐公湃水，灌斗山南田三千亩，并在唐公堰头“横沟五门”，后称五门堰。

绍兴五年（1135 年），吴玠部将杨从仪任洋州知州兼管内安抚司公事。筑杨填等八堰，溉城固、洋州田一万余亩。至绍兴二十九年（1159 年），民为从仪建生祠于杨填堰头（在今城固县宝山乡丁家村南），称“杨将军祠”。（袁勃《杨从仪墓志铭碑》）今存。

绍兴七年（1137 年），吴玠与金兵对垒 10 年，常苦远饷劳民，屡次裁汰冗员，节约浮费，又命梁、洋守将修褒城废堰，灌溉农田，使数万家逃离的农民回归务农。（《宋史 · 吴玠传》）

连年战祸与灾荒，地广人稀，金州降为散州，下不辖县，西城、汉阴、石泉、平利、旬阳县俱废。回族人来安康定居。

绍兴十年（1140 年），杨政任兴元知府，后升为利州东路安抚使。政守汉中十八年，褒河山河六堰久坏，失灌溉之利，政为修复；汉江水决为害，政筑长堤捍之。（《宋史 · 杨政传》）

绍兴十四年（1144 年），杨政屯兴元府，守汉中十八载，山河六堰久坏，失灌溉之利，杨政为之修复，并为汉江修筑防洪长堤。

绍兴十五年（1145 年），汉水决溢，漂荡庐舍。

绍兴二十八年（1158 年）六月丙申，汉水大水，暴雨。九月，连降大雨，汉江水涨，水冲民庐，坏桥栈，死者甚众。

隆兴元年（1163 年）至乾道元年（1165 年）间，知洋州杨从义修浚张良渠，后改名杨填堰。

乾道元年（1165年），吴璘主持修复褒城古堰，溉田数千顷。（《宋史·吴璘传》、杨绛《重修山河堰记》）

乾道七年（1171年），兴元知府吴拱（吴玠长子）重修褒河六堰（山河堰），投工53.5万个，耗资3.12万缗，修大小渠65道，溉南郑、褒城田23.3万亩。（《宋史·河渠志》）

绍熙二年（1191年）七月，嘉陵江暴溢，兴州坍塌城门、郡狱、官舍共十七所，漂民居三千四百九十余家；大安军皆水。（《汉南续修郡志》）

绍熙四年（1193年）夏，褒河大水，山河堰尽决。

宋绍熙五年（1194年），汉中郡太守章森、常平使者范中艺、戍帅王宗廉及南郑县令晏袤等，主持复修山河堰。竣工后，晏袤作《山河堰赋》，以记修堰始末，并留有《山河堰落成记》摩崖一方，被列入“石门十三品”之一。

金祯祐四年（1216年）五月，汉中蝗灾，七月又旱。

元至元间（1264—1294年），城固县令蒲庸创修五门堰，改创石渠一条，以通水利，民蒙其惠，立生祠于斗山之麓。（《汉南续修郡志》）

元

泰定至天历年间（1324—1329年），连年干旱，饿殍载道。

至正七年（1347年）八月，五门堰过斗山堤崩，县尹蒲庸组织工匠用火焚水淬方法开凿石渠。翌年春渠成，保证灌田40840亩。

明

洪武四年（1371年），金州始置守御千户所，专司军务。指挥使李琛鉴于金州为土城，便甃以砖，城设五门，三面凿池。

洪武四年（1371年），陕西旱、饥，汉中尤甚。

洪武五年（1372年）六月，大雨，汉水暴溢，巨木蔽汉江而下，抵府城南岸，如山积，用之创修汉中府文庙（址在今汉中市政府大院）。（《汉中府儒学碑记》）

洪武二十二年（1389年）八、九两月阴雨，汉水暴溢，庐舍人畜漂流，水淹州城五日。

洪武二十九年（1396年），褒河暴涨，水淹打钟坝民舍。

永乐八年（1410年）五月，大水淹没州城。

永乐十四年（1416年）五月，汉水涨溢，淹没州城，死千余家。

景泰元年（1450年），陕南大旱。

成化六年（1470年）八月，汉水涨溢，汉中城郭居民淹没。（《汉南续修郡志》）

成化八年（1472年）八月，汉水涨溢，安康城郭淹没。

成化二十二年（1486年）六月天旱，鼠食禾稼，受灾大饥。

弘治元年（1488年），夏，略阳大旱；至冬，人相食。（《汉南续修郡志》）

弘治五年（1492 年）汉中府推官兼摄城固县令郝晟，督令五门堰灌区之民，用火焚水激之法，开凿抱石嘴为堰渠，深二丈，宽四丈，灌溉下游稻田，民获其利。（康熙《城固县志》

弘治五年（1492 年），汉中府推官，知县事郝晟领导工匠重开五门堰斗山石峡，并扩修斗山以南堰渠，保证灌田 5 万亩。

弘治十四年（1501 年），陕南大旱，又大风成灾。

弘治十五年（1502 年）夏，大雨伤禾，民多疫。（《汉南续修郡志》）

正德四年（1509 年），副使来天球率民修补石泉县城。城周长 3 里，城门 4 座，护城河丈余深。

正德五年（1510 年），连年天旱，战乱、田荒人饥，民多流移。

正德十四年（1519 年）六月，汉水涨，淹沔县城。（《汉南续修郡志》）

嘉靖元年（1522 年），张仕隆以御史任关南兵备副使。开红花堰（今南郑区高家岭）灌田。（明《汉南续修郡志》）

嘉靖七年（1528 年），汉中大饥，人相食。（《汉南续修郡志》）

嘉靖十年（1531 年），创修千工堰，自衡（恒）河龙口闸水入堰，灌田千亩。

嘉靖十一年（1532 年），关南分巡道刘一正及汉中知府孙銮合修马道驿樊河桥（人称“樊哙所建”，非）。夏，大水，大风拔木三日，民大疫。六月，雨冰雹。（《汉南续修郡志》）

嘉靖十五年（1536 年），洋县大雨，水淹纸坊街居民；秋，南方星落，有声。（《汉南续修郡志》）

嘉靖十八年（1539 年）七月，汉江水涨，淹没民舍。

嘉靖二十年（1541 年），汉中府同知张良知主持修复山河堰。

嘉靖二十九年（1550 年），乌龙江（褒河）水涨，漂打钟坝民舍。（《汉南续修郡志》）

嘉靖四十四年（1565 年），城固县平坝已有灌溉渠堰 18 条，共灌田 7.2 万亩。

隆庆三年（1569 年），安康饥荒，地大震，房屋倒塌。

万历三年（1575 年），城固知县乔起凤率民修五门等堰。

万历四年（1576 年）九月初七，城固“大雪盈尺，杀禾稼”。

万历六年（1578 年），城固知县乔起凤刻卧碑（朝廷所制学规）竖于儒学门前，俾师生遵奉。碑文中不但严教学生，更严惩学官（明代卧碑今极少见，此为研究古代教育发展史重要实物文献，弥足珍贵，今存城固五门堰文物管理所）。乔起凤自万历二年（1574 年）莅任，连年重修五门堰，扩大石峡堰，用石固堤，以绝冲决之患。民连年丰收，感恩起凤，群请进士黄九成撰《重修五门堰碑》以记其德。

万历十一年（1583 年）四月，雹如鸡卵，猛雨数日。二十三日，汉水涨溢，大水冒州城丈余，全城淹没，溺 5000 余人，全家淹死无殓者甚多。

万历十六年（1588 年），西乡大水坏城，南关坏民居百家。县令李鸣筑堤垒河，以削其势，水患始息。（《汉南续修郡志》）

万历二十一年（1593年），百姓大饥，灾民流动，白河尤甚，死者满道。

万历二十二年（1594年），南郑知县项思教主修正学方先生祠，祀汉中府学教授方孝孺；项后升汉中知府，尽复汉属水利，捐俸置学田，教育学生。（《汉南续修郡志》）

万历二十三年（1595年），汉中知府崔应科修堰浚渠，续修《汉南续修郡志》，筑城葺庙，修建学校，有废必兴，多有建树。（《汉南续修郡志》）

万历二十七年（1599年）三月起，城固知县高登明“捐俸金及赎锾（即罚金）”，率众重修六堰。

崇祯七年（1634年）春，安康大饥，尸遍野。郡守在南门外掘堑掩尸，一日满，再掘，又满。

崇祯七年（1634年），褒河、青羊河、西河等诸水泛涨，西寺被毁。

崇祯八年（1635年），洋县大旱，蝗灾相继。

崇祯十二年（1639年），汉中夏旱，秋蝗，禾苗俱尽，大饥。

崇祯十三年（1640年），汉中又旱，草木皆尽，人相食。

清

顺治四年（1647年）八月，暴雨两日夜，汉水泛涨，田苗尽伤。

顺治十年（1653年）夏，略阳地震又大水，城垣圮二百余丈；冬，松梁关降五色雪。（《汉南续修郡志》）

顺治十一年（1654年）五月，地震，房屋倒塌，压死人畜。八月，雨雹，汉阴尤甚，冰雹大如鸡卵，平地深一尺。

顺治十二年（1655年）三月初四，汉中黑霜杀麦，年饥。

康熙元年（1662年）六月，大雨，绵延60天。

康熙二年（1663年），汉江大水，又雷雨，大风拔木。（《汉南续修郡志》）

康熙三年（1664年），陕西巡抚贾汉复主持大修连云栈道。完工后，名士宋琬作《栈道平歌》，书法家沈荃书丹，摩崖八方，刻于本市褒河乡的万年桥，因而易地名为“八个碑”。今淹于石门水库中。

康熙五年（1666年）三月，大风扬沙蔽日，褒城黑龙江（褒河）岸有坏船，飞覆民屋；四月，雨冰雹，大伤禾稼；六七月，牛瘟尽死。（《汉南续修郡志》）

康熙十八年（1679年），淫雨40天，如倾盆者一日夜，大水漂没民居。（《汉南续修郡志》）

康熙十九年（1680年）春，大饥。五月二十九日，大雨如注，水入州城，淹死2385人。

康熙二十七年（1688年）夏，汉中地区雷雹风雨如注，水涨甚猛，树木连根蔽江而下。（《汉南续修郡志》）

康熙二十八年（1689年），知州李翔凤、守营副将黄燕赞，主持修建州城南门外长堤，旁植柳树，名万柳堤。

康熙二十八年（1689 年），城固知县胡一俊修百丈堰石堰，民受其惠。（康熙《城固县志》）

康熙三十二年（1693 年）五月，汉水暴涨，城堤崩塌，老城淹没，居民经万柳堤避水。

康熙三十三年（1694 年），洋县知县邹溶捐俸助修杨填堰及天宁寺桥。（《汉南续修郡志》）

康熙四十二年（1703 年），府属南郑、褒城、沔县等七县大水。（《汉南续修郡志》）

康熙四十五年（1706 年），汉水溢，冲毁州城，州署、文庙及仓库再移新城。

雍正十一年（1733 年），汉中城南下水渡原为汉江航运巨大津梁，吴三桂兵乱，船桥被毁，济渡艰难。朱英若组建下水渡船桥会，购置船只，以渡行人。后其子、孙相继经营，尽瘁桥船事业。是年，民为立碑纪德。

乾隆元年（1736 年），汉阴济屯堰动工修建。

乾隆四年至十三年（1739—1748 年），兴修万工堰，分衡河水西流入渠，每岁派款雇修，历九年未成。乾隆十三年（1748 年），知州刘士夫到任勘察，捐养廉金三百，筹集资金，另派督工，授以规划，渐引渐垦，经三年成渠 1260 丈，灌田 2000 余亩。

乾隆三十五年（1770 年）五月六日，洪水入州城，汇积东关，不能泄。次日巳刻（9—11 时）决惠壑堤。

嘉庆年间（1796—1820 年），城固县内平坝区各河渠堰累加修建，共灌田 94150 亩。其中湑水河四堰灌田 81570 亩（杨填堰灌洋县田 18000 亩）。

嘉庆七年（1802 年），分西乡县南部二十四坝设定远厅（今镇巴县）（民国《西乡县志》）。南郑知县班逢扬引冷水河水开渠作堰，灌溉农田，改旱地为水田，堰长 15 千米。工未竣，班奉调，工停。至嘉庆十二年（1807 年）冬，知县杨大坦与知府严如熤继续开凿上、中、下坝，工成，名“班公堰”，今仍灌溉（民国《南郑县志》）。

嘉庆十三年（1808 年），严如熤为汉中知府。八年任内扩建书院，修复山河堰，续修《汉南续修郡志》；修复饮马池，并建三台阁于东南城墙上；又著《三省边防备览》行世。发展农桑、水利、学校等，建树颇多。（《汉南续修郡志》）

嘉庆十八年（1813 年），陕南兴安、汉中、商洛府州所属诸县，稻苗半凋，年岁大荒。米价腾贵，南山诸厂纷纷停业，爆发了岐山厢工起义。

道光七年（1827 年）七月，嘉陵江、八渡河、玉带河三水猛涨，略阳县城垣房舍俱淹。

道光十二年（1832 年）九月八日至十二日，大雨如注，汉水上涨，更兼南山山洪暴发，十四日水高数丈，淹城塌房，溺死多人。

道光十二年（1832 年），西乡县大雨连旬，牧马河水暴涨，冲塌县城南关房舍无数。至道光十四年（1834 年），知县胡廷瑞主持修筑南河堤。道光十五年（1835 年）工竣，铸铁牛一尊，置于南河堤以镇水。（民国《西乡县志》）

道光十三年（1833 年）正月至九月，紫阳灾荒，非雨则阴，仅晴 33 天，庄稼无收，贫家卖儿鬻女，至骨肉相食。

道光十五年（1835 年），褒城知县贺仲瑊新建马道樊河铁索桥成，民为立颂德碑一通，

竖于樊河北岸。（民国《续修陕西通志》）

道光二十二年（1842 年），沔县知县朱清标请修县城及河堤，历三年，是年工成。（《修筑沔县城垣河堤碑》）

咸丰年间（1851—1861 年），乡民曾从龚家河凿渠引月河水灌田，但因工程艰巨而半途停弃，仅从凤凰山南麓修 10 余条小渠堰引沟溪之水灌田不足 2000 亩。

咸丰元年（1851 年），洋县秋淋。二年春，粮价飞涨；七月大水，民房倒塌无数，死伤 3000 余人。（新编《洋县志》）

咸丰二年（1852 年）八月三十一日，汉水溢，决小南门入府城，庐舍坍塌无计，兵民溺死者 3000 余人。十月，朝廷赈济兴安灾民口粮一月。

咸丰二年（1852 年）七八月，大水从南门进入汉中城中，房屋倒塌，淹死兵民 3400 余人。

咸丰六年（1856 年），大旱，大饥。

同治六年（1867 年）夏，大旱。七月，地震。九月十五日，大水决堤入府城，冲毁民房官舍。冬季修补六堤，至光绪六年（1880 年）夏竣工，历 14 年。

光绪二年至光绪三年（1876—1877 年）大旱。自光绪二年立夏至光绪三年九月，久旱不雨，赤地千里，道馑相望，鬻女弃男，人相食。低山流民、逃亡者接踵。为生存计，四乡饥民蜂起吃大户。陕安镇总兵彭体道设团防局，办保甲，维护治安。

光绪三年（1877 年），汉中大旱，颗粒无收，树皮草根吃光，饿死人无数。

光绪十三年（1887 年），大饥，人相食，清廷缓征兴安府新、旧赋额。

光绪十四年（1888 年），六月初一到初六，城固连降暴雨，势若倾盆，山洪暴发，河流泛滥。

光绪元年（1875 年），商州知州李素为防御丹江水涨入城，淹毁农田，率民在州城南筑石堤 200 余丈，使城外稻田弥望，利赖无穷。

光绪二年（1876 年），夏秋禾苗受雹灾，歉收。次年（1877 年）四月十五日，又受雹灾，雹大如鸡卵。又遇旱灾，田地无收，大饥。

光绪十五年（1889 年）夏秋，雨涝百余日，山崩泥流，塌房伤人，大饥延续两年。

光绪二十九年（1903 年）六月初五、六两日，陕南大雨，汉水暴涨。淹汉中南关镇江楼，为数十年所罕见。知县彭树勋呈报府台，拨款银 13000 两，修复城墙。因资金不足，又在民间筹钱 5000 贯。

宣统元年（1909 年），汉江航运兴起。汛期来往木帆船 300 余只，其中本县船 60 余只。以新庄为码头，大船载重 30 ~ 50 吨，往来于汉中、武汉间。

宣统二年（1910 年）三月，大雪，平地三尺。

民国

民国四年（1915 年），大旱，夏收全无，秋粮亦颗粒无收。

民国十年（1921 年），夏至秋连阴雨，大雨，汉水涨，收成锐减。

民国十年（1921 年）7 月 7 日，汉阴洪涝，雨大如豆，连降两小时。观音河、仙鸡河洪峰高达两丈，娘娘庙街水深 5 尺（约 1.7 米），冲毁月河高桥、同善桥。

民国十三年（1924 年），旱涝交加，粮食歉收，人食草根树皮。宁陕冬疫春瘟，死 500 余人，迁走 900 余户。

民国十四年（1925 年）夏，城固阴雨连绵，江河泛滥，冲毁房屋、田地。

民国十七年（1928 年），自春至秋未雨，城固夏收不足二成，秋粮颗粒无收，斗米 2 ~ 3 元（银圆）。

民国十八年（1929 年），大旱，汉水断流，颗粒无收，人以榆树皮、草根为食，饿死人无数，逃四川就食者数万家。

民国十八年（1929 年），石泉旱灾加冰雹，庄稼无收。灾民四处逃命。城固县无衣无食者 41470 户，其中 5620 户逃离他乡。

民国十八年（1929 年），汉中发生罕见的旱灾，庄稼多旱死，灾民以草根、树皮为食，有些人饿死。

民国二十年（1931 年）7 月 15 日起，城固阴雨连绵，境内大水，淹没农田 39740 亩。

民国二十一年（1932 年）3 月，黄河水利委员会派水利专家李仪祉来汉，由安汉陪同沿汉江视察，并与有关人士讨论整修汉江的初步规划。

民国二十一年（1932 年）夏，陕西水利局局长、水利专家李仪祉来汉中视察，同当局商讨兴修汉中汉惠、褒惠、湑惠渠等水利工程。

民国二十二年（1933 年）7 月，汉江及湑水洪灾，大水冲毁城固五门堰，时值水稻吐穗，民心如焚，汉中警备司令赵寿山派兵协修。10 日竣工通水。稻仍丰收。

民国二十七年（1938 年）夏，大雨数日，山洪暴发，冲淹沿河田禾。7 月大旱，庄稼枯死。秋收时，阴雨连绵，谷多生芽，玉米仅收一二成。冬季饥荒。

民国二十七年（1938 年）开始修建汉惠渠，至 1941 年北干渠修成，33 千米，灌溉农田 8 万余亩。

民国二十七年（1938 年）12 月，汉惠渠灌溉工程开工，民国三十四年（1945 年）6 月竣工，引汉江水灌溉勉县、褒城两县农田 11 万亩。民国三十四年（1945 年）8 月设立管理局，张寿荫为代理局长。

民国二十八年（1939 年）春进行规划设计，9 月中旬开工，民国三十一年（1942 年）8 月一期工程完工。民国三十四年（1945 年）6 月二期工程完成，于褒城鸡头关引褒河水，计划灌溉褒城、南郑、城固农田 14 万亩。

民国二十九年（1940 年）4 月 1 日，汉南水利管理局在汉中恢复，委张嘉瑞为主任，于南郑管理局旧址办公。该局曾于民国二十二年（1933 年）7 月 1 日成立，民国二十七年（1938 年）11 月由省政府裁撤。

民国二十九年（1940 年），秋雨成灾。汉水流量 16500 立方米每秒。水淹西门坎 9 级（石条阶级）。城固房屋倒塌，禾谷淹没，毁房数百间。

民国三十年（1941 年）夏季大旱，灾荒奇重。

民国三十年（1941 年）年建成汉惠渠，是第一个在汉江干流上筑坝引水的水利工程，开创了汉中现代水利的先河，终结了“汉江不灌田”的历史。

民国三十年（1941 年）10 月 1 日至 11 月 5 日，南郑、城固、褒城三县民工一万人，修竣褒惠渠干渠 72 万方土渠工程，总工程师刘钟瑞、桥涵工程师张锷参与修建。

民国三十年（1941 年），湑惠渠动工修建。民国三十七年（1948 年）春，大坝和东、西干渠建成。5 月 10 日举行通水典礼。当年灌城固、洋县二县田 54881 亩。

民国三十一年（1942 年）6 月 15 日，褒惠渠举行放水典礼。

民国三十一年（1942 年），春荒夏旱，洪水、风雹袭击，粮食歉收。当年小麦每百公斤由 182 元涨至 1600 元，人食树皮草根。国民政府拨法币 4 万元赈济安康灾民。

民国三十二年（1943 年）10 月，美国水利专家巴里德考察泾惠渠、渭惠渠、汉惠渠、褒惠渠、湑惠渠 5 渠的灌溉工程等。

民国三十二年（1943 年）冬，修建湑惠渠，次年通水。民国三十三年（1944 年），行政院颁布 6 惠渠灌溉管理规则。

民国三十三年（1944 年）4 月，国民政府行政院继民国三十二年（1943 年）9 月颁布《陕西省黑惠渠灌溉管理规则》后，又颁布《陕西省褒惠渠灌溉管理规则》，11 月，又先后颁布《陕西省泾惠渠灌溉管理规则》《陕西省渭惠渠灌溉管理规则》《陕西省梅惠渠灌溉管理规则》《陕西省汉惠渠灌溉管理规则》。

民国三十四年（1945 年）4 月 16 日，成立汉中水利发电厂工程处，在武家沟建设水电站。翌年 6 月 3 日建成发电。

民国三十四年（1945 年），陕西省水利局派员勘测并筹建境内冷惠渠。

民国三十五年（1946 年），武家沟水电站建成，6 月 3 日，武家沟电站建成供电。电站位于今石门水库南干二支渠武家沟渠段，由国民政府经济部资源委员会投资，民国三十四年（1945 年）派工程师李文奎组织施工，引水流量 2.5 立方米每秒，装机 1 台 160 千瓦，年发电量 57 万千瓦时，架设输电线路 4 千米，主要为城区照明及地方工业供电。

民国三十七年（1948 年）5 月 10 日，湑惠渠放水典礼在城固升仙口举行。监察院院长于右任书赠“泽沛万年”一帧。该渠于民国三十年（1941 年）9 月开工，自城固升仙谷口筑坝引湑水，计划灌溉城固、洋县稻田 16 万亩。

民国三十八年（1949 年），陕西省水利局疏散转移。3 月 8 日，陕西省水利局根据省政府要求各单位按总人数 60% 的比例疏散转移到陕南办公的通知精神，派武爱民、龙九范、李宝善、冯忠保 4 人，押运公物启程，于 13 日到达汉中褒惠渠管理局，其他人员于 5 月 16 日随同陕西省政府转移到南郑县，西安留守职员 15 人，指定李赋林负责主持工作。

民国三十八年（1949 年）七月，汉江大水。流量 23500 立方米每秒。洪水淹至西门，环城皆水。船停北门外，水尾至古堰滩。秋，霖雨 40 多天，农历八月二十八，河水暴涨，汉江两岸一片汪洋，房屋倒塌，人畜伤亡，灾害惨重。

民国三十八年（1949 年），自 8 月 2 日以后，全区阴雨连绵约 60 天。其中 9 月 2 日至 18 日的 16 天大雨，降雨 440 毫米。11 日，连续降雨 24 小时 150 毫米。13 日，汉江大水，沔县、褒城、南郑、汉中、城固、洋县汉江两岸一片汪洋；南郑城（今汉中城）汉江大水淹及南门外幺二拐。略阳嘉陵江大水进城，北街内水深1.6米。汉江南门外河坝最大流量10624立方米每秒。汉中全区淹没农田5.6万亩，房屋3.4万间，其中倒塌8000余间。受灾群众10万余人，淹死114人、牲畜939头。此次洪水为汉中近60年最大的一次。

中华人民共和国

1949年

秋霖成灾，陕西大部分地区秋雨连绵达40余天，河水暴涨，汉江流域低洼地带渍涝成灾。

1949年12月4日，国民党汉中警备司令部派工兵连将南郑电厂新南门火力发电设备和武家沟水力发电设备炸毁。

1950年

8月16日，被国民党溃逃前炸毁的武家沟水电站修复竣工。

9月，冷惠渠东西干渠建成通水。

1951年

12月12日，陕西省政府主席马明方在全省第二次农业生产会议报告中提出发展水利十项决定，要求大力发展小型水利，修筑渠堰，开凿水井，重点整修党惠渠等已成大型渠道，健全各级灌溉委员会，充实基层组织，改进管理制度，废除民堰等封建把头势力，提高灌溉用水技术。

1952年

3月，南郑县汉山区白兔岭小型水库动工，当年5月竣工，是新中国成立后汉中修建的第一座水库。

8月上中旬，部分县遭受淫雨灾害。9月大雨，汉江河堤5处决口，毁房1986间，淹没秋田1572.6亩。

1953年

1月6日，洋县党惠渠竣工（1952年初动工），设计灌溉面积3万亩。

6月24日夜，南郑暴雨成灾，南海、红庙两区损失严重。7月1—4日，连降暴雨，沿汉江乡村及濂水河沿岸的郭滩、铁佛等乡遭受严重水灾。

9月，疏通子午河，解决了两河至石泉千余吨槲皮的水运问题。

9月23日，陕西省政府颁发《陕西省地方国营渠道1953年水费厘订与征收办法》，要求泾惠、洛惠、渭惠、梅惠、黑惠、沣惠、涝惠、汉惠、褒惠、湑惠、冷惠11渠按此办法执行，陕北的织女、定惠、榆惠、云惠、绥惠5渠及陕南新建的党惠渠1953年暂不征收水费。

是年，陕西省水利局根据水文工作方针，按照水系特点和方便行政管理的原则，将全省划分为关中、陕北、安康、南郑、商洛5个水文区，区下设站，统一由省水文总站管理。

1954 年

3 月 26 日，陕西省政府决定从 1954 年起整修包括褒城县的新街子汉江防洪工程，安康县的恒河、月河的 20 条河流。

是年，汛期多雨，汉中和安康专区遭受洪水灾害。

9 月 23 日，苏联水利专家及中央水利部水利勘察团 23 人来汉中市勘察汉江。

10 月，动工建设石泉县中坝大堰，1956 年竣工通水。

12 月 13 日，南郑县强家湾水库动工，1955 年 6 月 5 日竣工。工程坝高 16 米，库容 210 万立方米，1959—1960 年，大坝加高至 26 米，库容 877 万立方米，设计灌溉面积 3.35 万亩，水电站装机容量 100 千瓦，是陕西第一座示范性水库。

1955 年

5 月 25 日，略阳春旱，夏粮受损 5.21 万亩，沔县、汉中、南郑、城固、西乡等县（市）遭遇夏旱。31 日，汉中市焦山庙抽水站建成，开始抽水灌溉，是汉中地区第一个电力抽水站。

9 月 15—16 日，大雨成灾。南郑县新民、冷水、梁山、汉山、南海等地遭受洪水袭击。

10 月，凤凰山水库开始修建，1956 年 6 月竣工。陕西省副省长张毅忱来县协调、解决本县与褒城县因修建陈家村水库发生的矛盾问题。

首次修建常家沟等 5 座水库，次年建成蓄水。

1956 年

年初，恒惠渠由地区水利工程队勘测设计，安康县政府组织恒口、五里两区农民，将原恒河东岸千工、永丰堰和西岸万工堰分段改建配套而成（1957 年 5 月 20 日竣工）。

白沙寨水库开始修建（1959 年 11 月竣工）。

4 月 3 日至年底，修建汉江河堤 7.79 千米。

4 月 30 日，石泉南区受大风冰雹袭击。毁民房 115 间。

6 月，石泉县人委决定修建池河大堰（青石—地河邓家湾），全长 60 千米。灌溉面积 7017.51 亩，投资 43.8 万元。

6 月 17 日，沔县定军水电站竣工，是新中国成立后本区第一座水力发电站。本月，全区普降大雨，汉江、濂水河、冷水河水位暴涨，两岸乡、村遭受洪水灾害。

1957 年

5 月 12 日，《南郑建设》一书出版。

7 月，石泉连阴雨 15 天，造成灾害，毁田地 1.9 万亩。减产粮食 100 余万千克。

7 月 15—19 日，安康、汉阴、石泉、平利连降暴雨，汉水、月河水涨，冲毁、淹没耕地 15 万余亩，倒塌房屋 2027 间，死亡 96 人；从下旬起连续干旱 40 余天，粮食大面积减产。

9 月 15 日，西沙河水库工程开工。

修建旬阳县白柳堰，系旬阳县最大渠道，长 10 千米。（1963—1964 年又对渠道滑坡险段衬砌加固，并延长渠线 2 千米）沿渠建有水轮泵发电站和粮油加工厂及农机修理站多处。

1958 年

紫阳县安五堰动工后几经停工，至 1976 年建成通水。渠首在风景区擂鼓台九条沟，渠长 16.7 千米，受益安溪、五林、汉城及安康市牛蹄等 4 个乡 6 个村，设计灌溉面积 3500 亩。

八里桥水库工程动工，次年春建成。

修建石泉县青山大堰，环山 7 千米，引青山沟水灌溉稻田 742 亩。

冬，修建汉阴观音河水库的配套工程引水渠总干渠，次年停工。（1963 年冬始修南干渠，1966 年竣工通水。1968 年冬复建总干渠和新修东干渠，分别于 1970 年 10 月和 1971 年 5 月通水。1970 年 10 月修西干渠，1978 年 5 月建成通水）

3 月 15 日，汉中专员公署下令取缔一贯道“皇坛”和“归根道”。沔县板凳堰水利工程动工修建，设计面积 20300 亩，有效灌溉面积 16800 亩。

5 月 24 日，无坝堰竣工通水，灌溉沔县、南郑两县农田 1.2 万亩（沔县 0.9 万亩，南郑 0.3 万亩）。

7 月 16 日，旬阳县神河、赤岩连降暴雨，山洪暴发，冲毁农田 1.7 万亩，毁坏房屋 1711 间，死亡 65 人。

8 月 24 日上午，双溪区高洞河渡口发生沉船事件，死亡 21 人，6 人幸免。

10 月，国务院水土保持委员会奖给略阳县徐家坪猫儿沟农业社“依靠群众，治山治水，改变山区面貌的好榜样”锦旗，12 月，又获国务院总理周恩来签署的“农业社会主义建设先进集体”奖旗 1 面。

10 月 16 日，褒河水库一期工程陆续开工，次年冬停工。

11 月，成立陕西省石泉水电工程局。动工修建石泉水电站（设计装机容量为 60 万千瓦）。国家水电部派水电四局驻石泉。苏联专家设计。长江流域规划办公室派地质队进行勘探。设计坝高 120 米，总库容 54 亿立方米，装机容量 60 万千瓦。（1973 年 12 月开始发电）

12 月 10 日，城固县南沙河水库动工修建（次年 3 月 27 日遭遇洪水停工。11 月 10 日复工，1960 年 5 月大坝拦洪蓄水，1985 年总库容 4330 万立方米，有效灌溉面积 4.17 万亩）。

1959 年

1 月 17 日，省长办公会议决定，石泉水电工程局由省水利厅领导，并确定今后水力发电事业由省水利厅统一负责，火力发电事业由省电业局负责，两厅局应密切协作配合。

至 5 月上旬，全区抗旱 105 天。汉江、褒河可涉，池塘枯竭，水稻及秋作物卷叶枯萎。汉中、洋县、沔县受灾 60 万亩，粮食奇缺。

6—9 月，石泉百日大旱。受灾面积 22 万亩。人民生活困难，出现干瘦、浮肿病人。

冬，动员城固县 6 区 1 镇民工 1.4 万人修建南沙河水库（1965 年全部竣工，灌田 4.4 万亩）。

12 月 8 日，石泉汉江车渡改搭为浮桥通车。

石泉珍珠河建小水电站，装机容量 96 千瓦，与三角地柴油机发电厂 100 千瓦并网，供水电工程用电。

1960 年

3 月 14 日，专署决定，拆除安康老城的南墙、西墙，保留并加固东、北城堤以御洪水。

5 月，南郑县红寺坝水库建成，总库容 3381 万立方米，有效灌溉面积 16.27 万亩。

5 月下旬起，大旱。南沙河断流，许多塘库干涸。城固县秋粮减产 2199.5 万千克。

7 月，陕西继 1959 年百日大旱之后又前后持续近 8 个多月大旱。泾、洛、渭、汉各大河流与历年同期比较，水量一般减少 1/3 ~ 2/3，不少中小河道断流，大部分塘库干涸，水井水位下降。西安、渭南、咸阳、安康等地市最为严重。

1961 年

1 月，石泉水电站工程下马。三角地发电厂交石泉县接管。

3 月 4 日，国务院公布，“褒斜道石门及其摩崖石刻”为第一批全国重点文物保护单位。

1962 年

7 月，石泉县人委投资 1 万元修建县城临时供水工程。建起 56 立方米蓄水池 1 座，埋设管道 355 米。

7 月下旬，连降大雨，汉江洪峰 9430 立方米每秒，8 个公社、27 个大队、132 个生产队受灾严重。

7 月 26—27 日，大雨。城固汉江过境段最大流量 10736 立方米每秒，垮堤 17.76 千米，水毁房屋 1719 间，受灾面积 6 万余亩。

8 月 1 日，汉中专区及市机关、学校、厂矿的干部、职工和农民 6000 余人修筑的 3000 多米汉江河堤竣工。

1964 年

8月6日晚，石泉石梯公社暴雨夹冰雹，洪水冲倒房屋52间，伤2人，冲毁田地2000余亩。

11 月下旬至 12 月上旬，南郑开展植树造林活动，绿化汉江岸，植树 6889 亩，栽芭茅 5591 亩。

1966 年

10 月，安康月惠渠开工

10 月，华山沟水库开始修建（1978 年 5 月 5 日竣工）；濂水河上的青龙崖水电站动工（1973 年 5 月建成）。

11 月开始，集中七区一镇民工修建千山水库（1970 年完成主体工程）。

1968 年

10 月 25 日，陕西省革命委员会（简称革委会）和水电部联合建议将水电部青铜峡水利工程局调至陕南，与长江流域规划办公室、水电部西北勘测设计院和陕西调配力量，共同组成水利电力部汉江上游工程局，担任陕南地区水利水电工程的综合规划、勘测、设计和施工。（1969 年 2 月 15 日，国务院批准同意）

1969 年

2 月 5 日，省革委会发出通知，由汉中专区与水电部青铜峡工程局、水电部西北勘测设计院、长江流域规划办公室等单位负责人，组成汉江上游工程局临时领导小组，雷林任组长，受汉中专区革委会领导，同时撤销汉中褒河工程指挥部。

汉中全区5月至8月干旱，汉中县、城固县3.54万亩稻田未插上秧，1.95万亩水稻干死，两万余亩秋杂粮无收。褒惠渠一度流量只有0.44立方米每秒，11万亩水稻未插秧，已插的干死1.5万亩。5月、6月降雨和往年比较，汉中地区减少八成以上，安康地区减少四成以上。勉县静水40年来第一次断流。

7月31日，南郑强家湾水电站开始修建（1970年6月竣工）。

10月，石门水库开工建设（1979年工程告竣，总装机容量4.05万千瓦，投入试运行。1983年3月26—28日，副省长刘庚受国务院委托，率领验收委员会对石门水库枢纽工程验收后，由水电部第三工程局交付石门水库管理局管理使用）。大坝为变圆心、变半径的钢筋混凝土双曲拱坝，坝高88米，坝顶弧长254米，总库容1.098亿立方米。以灌溉为主，兼有发电、防洪、养鱼功能。

11月24日，原国家水电部下达了（69）军机字535号文件，指出："立即筹备石泉水电厂复工，按低坝方案设计，要求一九七〇年上半年提出初步设计，十一月截流。"

1970年

1月，原国家水电部第四工程局设计院承担了石泉水电站全部设计工作，于本月进入石泉工地。

2月，石泉阳安铁路、石泉水电站正式施工。同时，石泉县水电局修建3110千伏变电站，引入网电，县城内生产和照明用电得以解决。

3月，洋县河水库竣工（该库1966年10月13日动工，总库容4190万立方米，有效库容2600万立方米，灌溉4.98万亩）。

冬，濂水河中、下游开始全面治理。

1971年

6—12月，陕西省水科所对汉中、安康、商洛等8个地、市1969年以前建成的126座百万立方米以上水库淤积情况进行调查，除6座报废外，有120座已淤积3.43亿立方米，占总库容7.28亿立方米的47.2%，其中关中、陕北38座已淤满不能蓄水。

8月，全省严重干旱。入夏以后，商洛、安康两地40天未下透雨、普雨。

12月，右岸一期导流工程开始，本月8日完成截流。随即进行了上下游围堰。

1972年

3月11日，汉中航运管理处试制的第一艘机动拖船"汉中拖轮1号"下水。船吃水深度0.4～0.5米，逆水每小时行10～15千米，顺水每小时行30千米左右。

12月，根据原国家水电部（72）水电计字333号文批示，陕西省电管局革委会党的核心小组研究决定，以陕电革办字（72）20号文成立石泉水电厂筹建处，负责进行石泉水电厂的生产准备工作。

12月3日，堰滩子码头工程开工（次年4月22日建成）。

1973年

5月26—27日，南海、红茶、岭镇、元坝遭受冰雹、洪水灾害。

5 月底，汉江石泉水电站移民搬迁工作结束。

7 月 3 日，自来水公司开始筹建。

7 月 5 日，国家批准安康水电站由水电部北京勘测设计院设计，并由水利水电部第三工程局（原称水电十五局、水电四局、水电二局）承担施工任务。

7 月 28 日，平利县洛河、三阳等地突降暴雨，河水暴涨，冲毁农田 5721 亩，死亡 13 人。

12 月 10 日，石泉水电站拦水大坝建成，23 时 22 分汉江截流，水库蓄水，第一台机组经调试正式运行，26 日，第一台机组试运成功。

修建宁陕县华严大堰，浆砌石溢流蓑衣坝，渠长 5 千米、深 1.3 米、底宽 1 米，灌溉 2 个村稻田 500 多亩。

城固县委、县革委会提出“百亩一口井”，当年建井 611 眼（到 1985 年建机井 1257 眼，其中配套 1088 眼；农业大丰收，全县粮食总产量达 17869 万千克，粮食耕地平均亩产 412 千克，首次超过《全国农业发展纲要》规定本区域 400 千克的亩产指标；南沙河水库淡水养鱼及灌区平均亩产粮食 600 千克，首次参加广交会，1979 年，再次参加广交会）。

1974 年

6 月 17 日，陕西省电管局决定：自第一台机组正式移交生产后，“石泉水电厂筹建处”即改名为“石泉水电厂”。

7 月，原国家水电部第四工程局将第一台机组正式移交石泉水电厂。

8 月 1 日，安康地区革命委员会与国家水利水电部第四工程局联合成立“801”工程指挥部。开始着手筹建安康水电站建设事宜。成立安康水电站征地移民办公室（安地革发〔1974〕65 号文件），隶属于“801”工程指挥部，同时也作为安康地区革命委员会的一个职能部门开展工作。

9 月 13 日，汉水暴涨，流量 23400 立方米每秒，石泉县 20 个乡受灾，紫阳洞河、芭蕉口、瓦房店集镇被洪水冲刷，安康城东西坝外及黄洋河口沿岸被水淹没。

10 月，南沙河水库水电站竣工，年发电能力 448.2 万千瓦时。

11 月 18 日，石泉水电厂第一台机组正式投产发电。

1975 年

1 月，原国家水电部第四工程局将第二台机组正式移交石泉水电厂。

4 月 8 日，汉中地区革委会决定，撤销褒河工程渠道指挥部和褒河灌溉管理局，成立汉中地区石门水库管理局。

8 月 7 日，白河县降特大暴雨，死亡 166 人，伤 67 人，倒塌房屋 4900 间，冲毁农田 5.3 万亩。

9 月，石泉县革委会成立西关河堤修复工程领导小组，修筑汉江大桥桥头护坡以及西关河堤。

11 月 7 日，洋县引西水利灌溉工程指挥部成立，次月 1 日动工修建。（至 1989 年，灌溉面积 3.86 万亩）

12 月 28 日，褒惠渠改建工程竣工通水，全长 7.1 千米，大小建筑物 100 多个，斗渠 9 条，灌溉 2.5 万亩。同日，安康水电站工程在火石岩破土动工。

12 月，宁强二郎坝水电工程开建，后被列为省重点水利工程，截嘉陵江水入汉水上游之玉带河。

12 月底，长 7 千米多的褒惠渠—支渠（古山河堰）改建工程竣工通水。

1976 年

1 月，茶房寺水电站开工修建（于 1979 年竣工。1980 年 1 月，并入系统电网。1985 年 4 月 8 日，交南郑县水力发电厂管理）。

3 月 8 日，安康地区移民办制定《关于安康电站工程施工征（租）用土地和移民安置经费补偿标准的暂行规定》（试行稿）。该试行稿在上级没有新的规定前，工程单位征（租）用土地按此标准执行。

3 月 26 日，安康县“八一”水库配套工程建成通水。（工程历经 18 年，水库有效库容 1080 万立方米，盘山渠 64 千米，灌溉面积 15 万亩）

1977 年

3 月，月河治理方案经工程人员勘测设计、专家论证正式确立，安康县成立月河治理工程指挥部，开始了为期两年的全面治理。

7 月 29 — 31 日，安康县召开安康电站征地和库区淹没移民安置工作会议。

11 月 17 日，安康水电站施工征地经省政府批准，总面积为 5291 亩，结合城市规划，在江北张岭开始建设后方基地（今江北水电城）。

1978 年

1 月，勉县老道寺公社沙家庄农民在农田基建中挖掘出汉代塘库蓄水、池塘养鱼、冬水田等陶制模型葬品 10 余件。

3 月，城固动工修建自来水厂（公司）（1980 年开始供水）。

4 月，石门水库配套工程——原褒惠渠滚水坝（古山河堰首）改建为陕西省第一座橡胶坝，竣工使用。

7 月 3 日，镇巴县小洋公社东沟袁梁和干沟河毛岭，因暴雨发生泥石流，将小洋河堵塞，形成一个高 20 米、宽 30 米、长 100 米的泥石流坝的天然“水库”。

1979 年

4 月 21 日，《人民日报》在头版头条的显要位置报道汉江上游兴建安康水电站。

6 月 18 日晚 9 时，降冰雹约 40 分钟。张寨、宗营、武乡、白庙、汉王、望江等 229 个生产队 35950 亩已熟小麦、蔬菜、瓜果、烟叶遭严重毁坏。

7 月 14 日至 16 日，全区暴雨成灾，7 月 15 日 19 时，汉江流量达 15200 立方米每秒，损失严重，白河县死 11 人，紫阳县死 22 人。

10 月 19 日，按照安地革发〔1979〕89 号文件通知，将安康水电站征地移民办公室改为安康地区征地移民办公室，作为安康地区行署的一个职能部门，属行政事业单位，事业编制。

11 月 6—10 日，经原国家电力部同意，由陕西省建委牵头组成“石泉水电站工程总体验收委员会”，对石泉水电站工程进行了总体验收，验收结果认为工程符合竣工验收标准，11 日，移交给西北电管局石泉水电厂管理使用。

1980 年

7 月 2 日，沿褒河、汉江的 6 个公社遭洪水袭击，冲毁渠道 40 条，淹没庄稼 1.4 万多亩，倒塌房屋 431 间，700 多名群众被洪水包围，经全力抢救脱险。7 月 3 日，副省长白纪年和地委、行署领导到灾区视察慰问。

1981 年

7 月 12 日至 8 月 22 日，南郑全县多次连降大雨、暴雨。汉江流量最高达 8250 立方米每秒。沿江地区受灾严重。7 月 18 日，省委书记、副省长姜一带领慰问团，在地委领导陪同下，到受灾严重的南郑石拱公社察看灾情、慰问灾民。

8 月，汉中各县（市）普降暴雨，8 月 8 日至 9 月 13 日，陕南西部阴雨日数均在 30 天以上，8 月 13—24 日，暴雨不断，江河暴涨，洪水频发，交通中断，农田、农房被毁严重，全区灾情严重。有 8 个暴雨日发生在凤县、留坝、南郑、宁强、略阳一带，汉中城南汉江大桥洪峰流量 8320 立方米每秒，洪峰连续出现。

10 月 5 日，中央慰问团团长、国务院副总理杨静仁和慰问团成员、国务院副秘书长王伏林、民政部副部长岳嵩及陕西省委书记、副省长姜一、省政府秘书长高明月、汉中地委书记周雅光、行署专员杨久良等来南郑县重灾区马家嘴视察慰问。25 日，省委书记马文瑞来梁山公社察看灾情。

1983 年

3 月 28 日，省政府代国家验收石门水库枢纽工程，副省长刘庚宣布：质量良好，交付使用。

7 月 31 日 20 时 30 分，汉江出现了 31000 立方米每秒特大洪峰，洪水从安康东城喇叭洞、北面潘家坑漫溢，冲决城堤涌入城内，老城全部被淹，低洼处水深 10 米以上，水位超过北城墙 3 米以上，全城一片汪洋，受灾 7 万余人，死亡 870 人，损失达 4 亿元。

8 月 1 日，武汉、兰州军区奉中央令，紧急向安康空投救生器材和食品。同日中午，副省长徐山林乘直升飞机抵安康察看灾情，指导抗洪救灾；下午，西安、郑州等地派飞机向安康空投救生衣、救生圈、橡皮筏等；总后 26 团、59210 部队千名指战员首先投入抗洪抢险；47 军舟桥部队星夜兼程奔赴安康抢险救灾。

8 月 8 日，全国政协副主席、兰州军区政委萧华和中共陕西省委第一书记马文瑞、省军区政委王南经来安康慰问，视察灾情。

8 月 9 日，中共中央政治局委员、国务院副总理万里、李鹏来安康，随行的有铁道部部长陈璞如、城建部部长李锡铭、国家计委副主任吕炎白、财经领导小组副组长杜昆恒、水电部副部长李伯宁、民政部副部长章民等，察看水毁情况，慰问抗洪救灾的解放军指战员、干部职工及灾民，听取省、地负责人的汇报，对救灾工作作了重要指示。国务院及时拨款 1 亿元恢复重建安康城。

12 月 25 日，安康水电站大坝截流成功。31 日，安康水电站实现二级基坑截流。截流之后，汉江由左岸导流明渠泄水。

1984 年

7月下旬，安康地区全区连降暴雨，安康、平利、石泉、镇坪四县受灾严重，冲毁农田 2.4 万亩，倒塌房屋 1140 间，造成 28 人死亡、28 人重伤。

11 月 10 日，德国交通代表团来安康地区考察汉江航运。14 日，在石泉考察汉江。

石泉中坝乡建起小水电站 28 座。

南郑县荣获全国水土保持先进县称号。

1985 年

宁陕县长安河堰动工，次年建成通水，共灌老城、城关 2 个乡镇 3 个村稻田 730 多亩，为宁陕县引水灌溉面积之最。

2 月 27 日，日本书道美术院评议员富永秋山和白扇书道会长种谷扇舟来汉，参观汉中博物馆的石门摩崖石刻展馆，题词：“汉中石门，日本之师”。

5 月 17—21 日，汉中市褒斜道石门及其摩崖石刻研讨会第二次会议召开。

12 月 26 日，城固罗家营水电站建成，第一台机组发电。

1986 年

1 月 9 日，强家湾水库发生涵洞底闸门断裂漏水事故。

3 月 2 日，安康县许家河水库管理站保管室配电盘电线绝缘老化起火，引燃棉花棉布及库房内雷管、炸药发生爆炸，致死 10 人，伤 17 人。

4 月 1 日，日本教授中田勇次郎率书法交流代表团 45 人，参观汉中市博物馆石门汉魏摩崖石刻展馆，并与汉中书法界交流书法艺术。

6月，陕西省汉水考古队在龙岗寺发掘一座古墓。出土文物有翻沿黑陶罐、三足黑陶鼎，以及黑色碎陶片，初步鉴定属于龙山文化，是新石器时期晚期文物。

8 月 18 日，南郑县自来水扩建工程竣工通水，日供水量由 800 吨提高到 2500 吨，解决了城区居民“用水难”的问题。

10 月 23 日，交通部部长钱永昌率长江航运考察团来安康考察。

10 月，国家航运考察团考察、审查通过疏通汉江汉中至白河段航道的报告。

1987 年

2 月 11 日，安康水电总厂经水电部西北电管局批准正式建立。

3 月 9 日，汉江流量 27 立方米每秒，为有记载之最小流量。

3 月中旬，南郑全县塘库蓄水仅占应蓄水的 54%，出现干塘，河水断流。

5 月 31 日，上午 8—12 时，南郑县城东南部被水淹，歇马乡遭山洪冲击，损失严重。

7 月 26 日，镇巴县洪水暴涨。

7 月 16—18 日，南郑县普降大雨，平均降雨量 135.9 毫米，各地不同程度受灾，尤以碑坝地区为重。

8 月 2—4 日，南郑全县普降大雨，降雨量最大的喜神坝达 231 毫米，喜神坝河流量达 208 立方米每秒，红庙地区受灾。

8月上旬，安康全区普降暴雨。2—4日，宁陕山体滑坡、河水暴涨，水毁耕地1.17万亩、河堤860处103千米，倒塌房屋500余间，死亡4人；6日凌晨2时，安康城区10小时50分钟内降雨量达103.9毫米，市区低洼地带积水1米，一些街道交通中断。

12月，西北电管局作出决定：石泉水电厂与在建的安康电厂合并，成立安康水电总厂。按一厂一站制，撤销原“西北电管局石泉水电厂”编制，将石泉水电厂改为安康水电总厂石泉水电站。

1988年

4月20—23日，汉中褒斜道石门及摩崖石刻第三次研讨会在汉中市举行，参加会议的有全国12个省市及日本国共160名专家、学者。

5月1日，汉中市八里桥水库改建为“兴元湖公园”，即日开放。16日，汉中火车站广场扩建工程竣工，通过验收交付使用。

6月23日，云河、庙坝乡遭受暴雨冰雹袭击，两乡共有7600亩庄稼受损，其中重灾面积占50%，毁灭性灾害30%。县、区、乡主要领导赴灾区察看灾情并协助研究制订救灾措施。

7月3日，关中、陕南有19个县出现暴雨。

8月，留坝县遭受洪灾。

1989年

11月8日，宁强县卧龙台水电站建成并网发电，装机容量8000千瓦，年发电量5000万千瓦时，成为西北地区县办发电量最大的小水电站。

12月13日，安康水电站下闸蓄水。

1990年

3月25日，《汉江上游干流梯级开发规划》审查会在西安市召开。会议强调汉江的梯级开发对陕西省尤其是陕南经济发展的重要性。陕西省人民政府同意《汉江上游干流梯级开发规划》审查意见的批复。

7月5—6日，汉中全区降特大暴雨，重灾9个县，涉及356个乡镇2124个村30.7万户138.15万人，农作物受灾179.913万亩，成灾90万亩，绝收3.25万亩，减产2.5亿千克，倒塌损坏房屋18万多间，因灾死亡89人，伤615人，冲毁水利、公路、广播通信设施1万余处，直接经济损失7.54亿元。20日，略阳县阁老岭猪嘴岩山体大滑坡，滑塌土方12万立方米，堵塞东渡河，形成1个近20万立方米的“水库”。

11月8日，水利部发出关于表彰全国先进灌区、排灌泵站的通报，其中石门水库管理局被授予全国先进管理单位称号。

12月11—13日，国家能源投资总公司总经理姚振炎和省政府特邀顾问张斌等分别前来考察，决定尽快修建石泉二期工程。石泉二期工程包括喜河工程和石泉扩机工程。

1991年

5月下旬至6月，阴雨，汉中全区50万亩小麦生芽，损失约3000万千克，油菜籽损失280多万千克。

9月14—27日，国家能源部及有关方面专家实地考察安康水库移民情况。考察结束后，向能源部写了《安康水库考察报告》。

10月31日，陕西省副省长王双锡在安康主持召开第38次省长办公会议。研究安康水电站库区移民搬迁安置的收尾工作。

1992年

2月9日，安康地区编委以安地编发〔1992〕21号文件通知，安康地区征地移民办公室更名为移民开发局。

5月21日，西北电管局及局党组决定，撤销"安康水电总厂石泉水电站"建制，成立"石泉水力发电厂"和"中共石泉水力发电厂临时党委"。

8月12日，略阳县两河口区观音寺乡纪家沟发生泥石流灾害。据灾后调查，泥石流龙头高度达25～30米，造成49人丧生，13户57间房子被毁，45人无家可归，沟内良田尽毁。

9月，根据徐山林提议，将安康水库定名为"瀛湖"。地市有关部门先后制定了瀛湖风景区旅游开发规划。

10月20日至30日，安康地区移民开发局对全地区移民安置进行了检查验收工作。

1993年

5月20日，安康地区规划办、移民局完成的《安康电站库区经济开发安康市库段综合规划》成果，获安康地区农业区划委员会优秀科技成果一等奖。

6月9日上午10时40分，中共中央总书记、国家主席、中央军委主席江泽民乘专机来汉中视察，参观了谢村镇智果村南汉江边护岸林带。

6月23日18时30分至20时30分，安康全地区突遭特大狂风袭击，部分地方遭暴雨和冰雹。全区农作物受灾面积22万亩，房屋受损9万余间，倒塌6500间，损坏输电、通信线路788千米，死4人，伤448人，直接经济损失3000万元以上。27日，地委、行署召开紧急电话会议，部署救灾工作。

7月24日，安康地区移民开发局召开了库区移民经济示范村和商品基地开发建设研讨会。

7月27—29日，安康地区移民开发局召开兴办经济实体研讨会。

7月28日，陕西省人民政府将安康水电站水库、城固南沙河水库、南郑强家湾水库列为第二批省级风景名胜区。

10月22日，安康地区行署办印发《安康水库移民后期项目扶持和资金财务管理规定》。

11月28日，安康地区移民开发局印发《安康地区移民系统兴办经济实体的管理办法（试行）》，就兴办经济实体拟定出28条扶持、管理措施。

11月1—4日，第四届蜀道及石门石刻国际学术研讨会在汉中召开。参加会议的有中、外（日本）代表131人，会上发表论文78篇，确认汉中褒斜栈道的石门隧道是世界上最早人工开凿的穿山通车隧道。

1994 年

5—8 月，汉中地区全区夏秋旱，158 万亩水稻受旱 124.2 万亩，秋粮减产约四成。

1995 年

9 月，上半年迄本月，汉中地区大旱。6 月 19 日，石门、南沙河水库进水流量分别为 3.6 立方米每秒和 0.65 立方米每秒，红寺坝、傥河水库来水断流。全区 336 座水库、18922 口水塘存水 5100 万立方米。188.06 万亩夏作物受旱，重旱 65.19 万亩；283.59 万亩秋作物，重旱 152.63 万亩；41.26 万人、20.12 万头牲畜饮水困难，夏秋粮减产 40 万吨。

1996 年

3 月 10 日，安康地区移民开发局印发《关于安康水库远迁移民发展生产第二轮扶持资金的管理办法》。

1997 年

1 月 9 日，陕西省省长程安东在西北电管局局长丁中智等省、地、县有关领导陪同下来石泉水电厂考察汉江梯级开发工作。

1 月 17 日，陕西省副省长潘连生在有关省、地、县领导陪同下来厂考察汉江梯级开发工作。

2 月 21 日，陕西省人民政府下发《关于加快汉江梯级开发带动陕南经济发展的决定》，明确黄金峡、石泉、喜河、安康、旬阳、蜀河、白河等七级枢纽开发方案，并逐步落实战略部署。

4 月 25 日，安康地区行署召开第四次常务会议。会议确定了安康地区移民后期扶持工作的指导思想。

9 月 29 日，省级重点项目石泉电站扩机主体工程开工，省人大副主席徐山林和地、县领导出席了开工仪式。

1998 年

9 月 29 日，省级重点项目、石泉电站扩机主体工程开工典礼在现场举行，省人大副主任徐山林和地、县领导参加庆典仪式。工程利用原电站大坝水库，在坝左岸打隧道引水至下游坝后，一洞两机岸边布置厂房。工程规模为 2×45 兆瓦。

1999 年

11 月 3 日，二郎坝水电站全面建成发电剪彩仪式在宁强县卧龙台举行。省长程安东、副省长王寿森等为工程剪彩。

2000 年

7 月 3 日 13 时，紫阳县境内任河、权河河水暴涨，山体滑塌，山洪和泥石流咆哮，县内联合、毛坝、瓦庙、麻柳等乡镇遭受了一场毁灭性的灾害，死亡 202 人，多处公路、输电线路、光缆损毁，倒塌房屋 25354 间，冲毁耕地 4453 公顷，造成直接经济损失 2 亿元以上。

12 月 28 日，陕西省水利厅在安康市汉滨区潭坝乡付家河畔举行安康黄石滩水库开工仪式，副省长王寿森到会并讲话。水库坝址位于潭坝乡境内汉江二级支流付家河中游，是以灌溉为主，兼有防洪、养殖等综合效益的中型水库。坝高 75.6 米，设计总库容 4177 万立方米，概算总投资 1.359 亿元。工程建成后，可灌溉农田 2.87 万公顷，使 20 多万人受益。

2001 年

1 月 1 日，安康撤地设市，将安康地区移民开发局更名为安康市移民开发局。

3—7 月，抽调专人，配合北京国电水利电力工程有限公司深入到喜河库区，按照“公开、公平、公正”的原则，逐乡镇逐村组到户调查，本着为移民负责，不漏登一户的工作态度，历时 5 个月，完成了移民安置规划初设方案，被国家计划委员会正式立项。

4 月，库区移民搬迁工作普查开始，喜河水电站淹没影响涉及城关、池河、后柳、喜河、长阳 5 个乡镇 43 个村 127 个村民小组。

2002 年

年初，成立石泉县喜河电站援建指挥部，副县长金岩任指挥长，抽调公安局、国土资源管理局、移民办等相关人员，由移民办主任张诗泉具体负责库区移民征迁安置工作。

5 月 18 日，喜河水电站工程进点仪式在石泉县举行。

5 月，开始筹备坝址位于喜河镇下游 10 千米黄瓜架，汉江上游干流河段规划的第三座梯级电站，为日调节电站，兼有防洪、航运、养殖、旅游等综合效益。陕西汉江投资开发有限公司投资建设，总投资 13 亿元。

6 月 10 日至 7 月 10 日，副省长王寿森坐镇安康指挥汉江漂浮物打捞工作，经过 5000 多军民一个月的艰苦奋战，共打捞人尸 152 具、牲畜 910 头，木料、浪渣 92.75 万立方米。

6 月 20—22 日，温家宝总理代表党中央、国务院到陕西省陕南灾区视察灾情，慰问受灾群众。

10 月 21 日，陕西省省长贾治邦视察喜河工地，在石泉县主持召开第 18 次省长办公会议，决定为喜河工程解决水库淹没处理及移民安置资金 9748 万元。

2003 年

2 月 8 日，安康市移民开发局印发《安康水库移民后期扶持项目管理办法（试行）》的通知。办法共分总则、项目管理内容、项目编报、项目建设管理、项目建设验收、附则等共 6 章 23 条。

3 月 2 日，陕西汉江投资开发有限公司与安康市政府签订喜河水电站水库移民投资包干协议之后，安康市政府与石泉县和汉阴县政府签订了喜河水电站水库移民工作责任书。喜河水电站水库移民及淹没工作正式启动。3 月 19 日，汉江白河（夹河）水电站项目前期工作领导小组成立。

6—8 月，达成汉江白河水电站建设项目协议书。9 月，武汉宏林公司在白河县挂牌成立汉江白河水电站办事处，委托湖北省水利水电规划勘测设计院开展白河水电站预可研阶段各项勘察设计工作。白河县发改、水利、移民等单位配合设计单位相继开展汉江白河水电站项目前期各项工作。

6 月 26 日，喜河水电站开工建设。喜河水电站主体工程开工仪式在工地举行，陕西省贾治邦省长、中国大唐集团公司翟若寓总经理等领导出席，国家电力公司、省交通厅、财政厅、人事厅等负责同志参加了开工仪式。

7月30日，经县编制委员会同意批准在喜河水电站库区五个乡镇成立移民开发办公室，正式对外办公。

2004年

3月18日，汉中石门栈道风景区旅游开发有限公司成立。

5月28日，旬阳县移民开发局成立，承担电站建设移民安置工作的各项任务，内设行政股、开发股、安置股、计财股四个股室，并设汉江蜀河电站援建指挥部办公室。

10月10日，蜀河电站破土动工。业主营地举行动工仪式。11月9日，主体工程举行了隆重的进点动工仪式，省计委李晓东主任下达进点令。

11月20日，白河县移民开发局成立。

2005年

12月18—19日，全国大中型水库移民问题调研在安康水库汉滨库段进行。专家组一行先后在汉滨区玉岚乡前丰村、河东村、瀛湖镇天柱山村、洞桥村实地调研，为水库移民再扶持作基础调查准备。

12月26日，蜀河电站开工。

2006年

1月15—17日，《陕西省引红济石调水工程可行性研究报告》审查会在西安召开，会议由省发展改革委权永生总工程师主持，省发展和改革委员会、省水利厅、省国土资源厅、省交通厅、省环保局、汉中市政府、宝鸡市政府、太白县政府等参加了会议，会议审查通过了该工程可行性研究报告。

2月28日，陕西省质量监督站对喜河水电站工程2006年第一次巡视检查。

6月18日，汉江水电梯级开发七级电站第三级、投资13亿元的喜河水电站正式下闸蓄水。

6月22日上午，喜河水力发电厂正式挂牌仪式。

6月30日陕西省移民办印发《陕西省大中型水库移民后期扶持人口核定登记办法》文件。

9月10日，安康市汉滨区决定在建民、瀛湖两镇开展“核实移民身份，核定移民人数，确定扶持方式，编制后期扶持规划”试点工作。

10月22日，汉江白河水电站项目开发建设协议书在安康市签订。

11月15日，安康市汉滨区全面开展安康水库“核实移民身份，核定移民人数”双核登记工作。

2007年

3月27日，国家发展和改革委员会办公厅和水利部办公厅联合发文确定陕西省石泉县、旬阳县、平利县等16个县为全国“十一五”水电农村电气化县，标志着“十一五”水电农村电气化县建设正式拉开了序幕。

4月1日，汉滨区、紫阳县、岚皋县、汉阴县、石泉县全面完成安康水电站库区1997—2006年十年移民后期扶持工作。

5 月 31 日，袁纯清省长、张伟副省长带领省政府办公厅、省发展改革委、省财政厅、省水利厅、省国土资源厅、省气象局等部门主要负责人，察看了宁陕县城河道防洪治理、山洪排导工程，听取了宁陕县水利局关于工程建设情况的介绍，观看了宁陕县防汛雨量监测、预警系统演示。

6 月 10 日，中共中央政治局常委、中央纪委书记吴官正视察了汉中天成大鲵研究中心，了解了陕西省汉中市大鲵驯养繁殖与保护救护有关工作的情况。

8 月 10 日，陕西省政府在安康市召开了全省抗洪救灾工作会，会议由副省长张伟主持，安康市、商洛市、汉中市及省气象局、省水利厅、省民政厅汇报了前阶段抗洪救灾工作，省长袁纯清就做好当前抗旱救灾工作做了重要讲话。

9 月 12—13 日，《汉江白河（夹河）水电站预可行研究报告》在白河县通过审查。

12 月 31 日，汉江白河（夹河）水电站顺利实现大江截流。

2008 年

5 月 12 日，四川省汶川县发生 8.0 级特大地震，陕西省汉中、宝鸡等地受灾严重，全省 6560 多处（座）水利设施不同程度损毁，直接经济损失 11 亿多元。

5 月 18 日，袁纯清省长带领省政府办公厅、省发展和改革委员会、省水利厅负责同志，对汉中市南郑、勉县地震中受损严重的钟宝寨等三座水库进行了检查，对水库抗震除险和安全度汛提出指导性要求。

5 月 27 日，宁强县发生 5.7 级强余震，省水利厅副厅长洪小康、孙平安总工带领两个督导组赶赴汉中、宝鸡震区，对水库等水利工程进行检查，现场指导抗震排险工作。

6 月 3—5 日，水利部副部长周英率水利部抗震救灾检查组来陕检查指导震损水利工程抗震抢险、安全度汛措施落实和人畜饮水安全工作，慰问了奋战在抗震救灾一线的水利干部职工。

6 月 7—8 日，黄河防汛抗旱总指挥部常务副总指挥、黄河水利委员会主任李国英赶赴陕西汉中，实地察看汉中城固县李家湾水库、蚂蟥滩水库的震损情况，了解当地水利部门震后对受损水库采取的应急处理措施，并同省水利厅、汉中市政府及水利部门负责人座谈研究了水利抗震救灾工作。

6 月 20 日，陕西省移民办公室印发《陕西省大中型水库移民后期扶持人口核定管理暂行办法》（陕移发〔2008〕35 号）。

9 月 10 日，陕西省政府印发了《陕西省汶川地震受灾地区城乡供水设施灾后重建规划》，该规划涉及汉中、宝鸡、咸阳、安康、西安五市和杨陵区的 37 个县（区），项目 1284 处，恢复和改善供水人口 136.9 万人，投资 2.1 亿元。

2009 年

5 月 8 日，白河县首个枢纽区移民搬迁安置工作文件出台。白河县政府办公室印发了《汉江白河（夹河）水电站施工区建设征地拆迁补偿和移民安置工作实施方案的通知》，标志着枢纽区移民搬迁安置工作正式启动。

5 月 21 日，旬阳水电站工程建设征地移民安置规划大纲批复。陕西省人民政府印发《关于安康市旬阳水电站建设征地移民安置规划大纲的批复》（陕政函〔2009〕83号）。

6月2日，汉江白河（夹河）水电站大坝主体工程开工仪式在白河县麻虎镇举行。

2010年

7月22—23日，陕西省防汛抗旱总指挥部总指挥长、副省长姚引良带领有关部门负责同志前往汉中市南郑县濂水河石梯堰段水毁堤防、红寺坝水库和汉中城区内涝、市防汛指挥中心、市气象灾害预警中心检查指导防汛抗洪工作。

11月5日，由农业部水生野生动植物保护办公室、陕西省水利厅和汉中市人民政府共同主办的首届全国水生野生动物保护论坛在汉中举行，论坛主题为“关爱水生动物，保护生态环境”。汉中市被国家农业部授予“中国大鲵之乡”称号。

12月7日，中共中央、国务院在兰州举行全国防汛抗旱暨舟曲抢险救灾总结表彰大会。陕西省防汛抗旱总指挥部办公室、安康市水利局、汉中市水利局、宝鸡市防汛抗旱指挥部办公室、安康市汉滨区民兵抢险救灾连五个单位获得“全国防汛抗旱先进集体”称号；翟大明（省防汛抗旱办）等九名个人获得“全国防汛抗旱先进个人”称号。

12月29日，陕西省政府第二十三次常务会议听取了省水利厅、渭南市政府和安康市政府的汇报，审议并原则通过了《渭河全线整治规划》和《安康市城区东坝防洪工程方案设计报告》。

2011年

3月21日，陕西省移民办发布印发《汉江蜀河水电站工程建设征地移民安置实施规划设计报告审查意见》（陕移发〔2011〕16号）。

4月21日，陕西省政府批准了建设征地移民安置实施规划设计报告。省政府下发《关于汉江蜀河水电站工程建设征地移民安置实施规划的批复》(陕政函〔2011〕72号)批准《汉江蜀河水电站工程建设征地移民安置实施规划设计报告》。

4月25日，安康东坝防洪保安工程正式启动，姚引良副省长参加仪式并宣布开工。

6月25日，陕西省委常委、常务副省长娄勤俭带队赴汉中市，先后检查了石门水库、汉台区防汛物资储备库、汉中市中心城区堤防工程等防汛重点工程和关键部位防汛备汛工作。

7月21日，引汉济渭工程项目建议书获得国家发展改革委批复（发改农经〔2011〕1559号），标志着陕西省有史以来规模最大的水利工程得到国家批准，进入全面建设阶段。8月18—21日，引汉济渭工程可行性研究报告通过水利部水规总院技术审查，项目立项工作取得重大进展。

2012年

1月30日，陕西省政府2012年第二次常务会议审议通过水利厅编制的《汉江流域综合规划》。

2月6日，陕西省委、省政府在汉中市南郑县汉江中林滩防洪工程施工现场举行汉江综合整治动员大会。

3月6—8日，陕西省副省长祝列克一行在安康市调研汉江综合整治等防洪工程进展情况，要求加快工程建设进度，加强质量监管，确保安全度汛。

4 月 26 日，由农业部、陕西省人民政府主办，农业部渔业局、陕西省水利厅、汉中市人民政府承办的以“保护汉江鱼类资源，促进人与自然和谐”为主题的汉江鱼类增殖放流启动仪式在汉中市汉江桥闸工程水域南岸举行。副省长祝列克、农业部副部长牛盾及省市相关领导出席启动仪式。

6 月 19 日，在白河县与郧西县达成汉江白河（夹河）水电站税费分配协议书。

9 月 25—27 日，陕西省十一届人大常委会第三十一次会议审议通过了《关于引汉济渭工程建设的决议》，对依法促进和保障引汉济渭工程顺利进行具有重大意义。

11 月 11 日，白河县首个水库移民安置工作实施细则出台。经白河县政府审查批准，麻虎镇政府印发《汉江白河（夹河）水电站麻虎集镇移民搬迁安置实施细则》。

12 月 10 日，陕西省 2012 年度省级水利风景区正式公布。岚泉县千层河水利风景区、岚泉县岚河水利风景区等 6 家景区被批准为陕西省 2012 年（第六批）“省级水利风景区”。

2013 年

1 月 7 日，汉中市西乡县樱桃沟、安康市汉滨区三条岭水土保持示范园等 9 个省级水土保持示范园区通过省级评审并命名授牌。

10 月 10 日，陕西省长娄勤俭主持召开会议，听取省水利厅王锋厅长关于重大水利工程建设情况汇报，研究确定加快引汉济渭、东庄水利枢纽、渭河综合整治、汉江综合治理等重大水利工程项目建设实施相关事项。

12 月 10—14 日，水利部政法司司长李鹰带队对丹江口水库汉江上游陕西安康段开展水行政执法专项检查活动。

2014 年

1 月 13—17 日，通过了工程建设征地移民安置竣工验收。陕西省移民办在旬阳县主持召开了汉江蜀河水电站工程建设征地移民安置竣工验收会议。省发展改革委、省水利厅、安康市人民政府等 30 余人参加会议。

2 月 13 日，陕西省副省长祝列克赴佛坪县大河坝镇检查引汉济渭三河口水利枢纽工程建设情况。14 日引汉济渭工程三河口水利枢纽开工动员会在汉中市佛坪县大河坝镇举行。

6 月 18—20 日，陕西省出现大范围强降雨过程，陕西省防汛抗旱总指挥部办公室先后向延安市、安康市防指发出防汛预警，各市、县防汛部门积极处置，石泉、平利两县提前撤离受威胁区群众 625 人，成功应对了入汛以来局地最大强度暴雨过程，全省无人员伤亡。

6 月 20 日，由汉中市水生野生动物保护与发展协会申报的“汉中大鲵”集体商标在国家工商行政管理总局成功注册。

7 月 3 日，国务院第七督查组组长、水利部部长陈雷，副组长、人力资源和社会保障部副部长信长星一行调研陕西省重大水利工程建设情况，实地察看渭河综合整治和引汉济渭工程。陕西省副省长祝列克、省政府副秘书长王拴虎、省水利厅厅长王锋、副厅长张玉忠陪同调研。

9 月 28 日，国家发展改革委正式批复了《陕西省引汉济渭工程可行性研究报告》，标志着引汉济渭工程进入到全面实施阶段。

9 月 28 日，第十四批国家水利风景区获水利部批复，陕西省汉阴凤堰古梯田等 8 家水利风景区榜上有名，创建数量属历年最高。

2015 年

1 月 8 日，汉中市委、市政府召开全市汉江流域污染防治三年行动动员大会。汉中市委书记魏增军讲话，代市长王建军部署工作，陕西省环保厅副厅长张智华应邀指导。

2 月 14 日，引汉济渭两大水源工程之一的三河口水利枢纽建设动员会在佛坪县大河坝镇召开。

4 月 2 日，汉江白河（夹河）水电站项目获得核准。

4 月 30 日，引汉济渭调水工程初步设计报告获得水利部批复。

6 月 13 日，汉中市市长王建军主持召开市政府第七次常务会议，研究《关于深化流通体制改革加快流通产业发展的实施意见》、汉中市实施丹江口库区及上游水污染防治和水土保持“十二五”规划等工作。

6 月 19 日，汉中市委书记魏增军到石门水库、汉江河堤、市防汛物资储备库等地，检查防汛备汛工作。

7 月，受强对流天气影响，汉中洋县、汉台、南郑等县区遭遇大风、冰雹灾害袭击，导致部分农户房顶被大风损毁，玉米、烤烟等农作物被冰雹砸毁，共造成 7 县 17 镇 68581 人受灾，直接经济损失 2470 万元。

7 月 29 日，汉江旬阳水电站工程建设征地补偿和移民安置工作协议书在安康市签订。

8 月 7 日，旬阳水电站项目获得核准。陕西省发展和改革委员会印发《关于陕西汉江旬阳水电站工程项目核准的批复》（陕发改新能源〔2015〕1107 号），正式核准项目。为项目复工建设创造了条件。

8 月 19 日，大型纪录片《汉江》在央视 9 套（纪录频道）和湖北卫视同步推出。

9 月 7—17 日，普降大到暴雨，南郑、镇巴、佛坪、西乡、留坝等县灾情严重。汉中市政府及时启动“自然灾害救助应急预案四级响应”，要求各受灾县区做好抗灾救灾工作。至 14 日 16 时，已造成 27.85 万人受灾，因灾死亡 2 人，紧急转移安置 6.89 万人，倒塌房屋 699 户 1652 间，农作物受灾面积 1.35 万公顷，108 国道、210 国道和 152 条地方公路交通一度中断，直接经济损失 3.82 亿元。10 日，陕西省委常委、常务副省长江泽林来汉检查防汛工作，强调要严格落实防汛抗洪责任，加强巡查监控力度，确保人民群众的生命财产安全。王建军等市政府领导陪同检查。12—15 日，民政部国家减灾中心副主任孙浩荃、省减灾办主任董亚明等来汉核查灾情，指导抗灾救灾工作。

9 月 8 日，《汉滨区大中型水库移民后期扶持规划（2016—2020 年）》编制工作完成，并经汉滨区人民政府批准实施。

9 月 17—18 日，陕西省副省长、省防总总指挥长祝列克一行深入镇巴县察看灾情，检查指导防汛救灾工作，看望慰问受灾群众，强调要始终把群众生命安全放在首位，全力以赴搞好防汛救灾工作，妥善安置受灾群众，积极开展生产自救，尽最大努力把灾害损失降到最低程度。市长王建军陪同检查。

10 月 15 日，汉江白河（夹河）水电站一期主体工程开工。

11 月 3—5 日，以“一江清水送北京，饮水思源在汉中”为主题的汉中采风活动举行，著名相声表演艺术家笑林、中国文联研修院副院长孙德华等 60 位北京文化艺术界人士作为汉水源生态保护大使来汉参加。

12 月，天汉湿地公园正式开工建设。

2016 年

1 月 21 日，宁强县汉水源国家湿地公园（试点）通过国家林业局验收并授牌，这是汉中市首个国家湿地公园。

3 月 22 日，汉中市水利局、汉台区水利局在中心城区桥北广场联合开展“世界水日”“中国水周”宣传活动，此次“中国水周”的宣传主题是“落实五大发展理念，推进最严格水资源管理”。

3 月 28 日，汉江白河（夹河）水电工程（陕西部分）建设征地补偿和移民安置工作协议书在安康市签订。

4 月 28 日，汉中市委、市政府与央视科教频道《地理中国》栏目组联合拍摄的电视纪录片《汉水汉中》封镜。该片以汉水为切入点，围绕 6 个主题，用全新视角全景式再现汉中古今自然山川、水利交通、文化融合、生态保护等方面的发展变化。

5 月 10—11 日，陕西省副省长张道宏来汉中调研汉江水污染防治与绿色循环发展工作，实地察看宁强嶓冢山汉江源头、南柳渡等汉江水质监测国控断面水质保护情况，并赴城固县污水处理厂、兴元新区、汉江产业园区、陕飞公司调研。

7 月 25 日，市委书记魏增军到市防汛指挥部检查工作。

10 月，城固县古路坝被命名为省级水土保持示范园区

11 月 18 日，《汉江白河（夹河）水电站库区建设征地补偿和移民安置工作实施方案》印发。

2017 年

1 月 21 日，宁强县汉水源国家湿地公园（试点）通过国家林业局验收并授牌，这是汉中市首个国家湿地公园。

3 月 22 日，汉中市水利局、汉台区水利局在中心城区桥北广场联合开展“世界水日”“中国水周”宣传活动，此次“中国水周”的宣传主题是“落实绿色发展理念，全面推行河长制”。

4 月 14 日，省水利厅副厅长张玉忠率省政府考核组第四组来汉中，对落实最严格水资源管理制度工作进行考核，并召开座谈会。

10 月 9 日，在墨西哥召开的第 23 届国际灌排大会暨国际灌溉排水委员会 68 届国际执行理事会上，山河堰、五门堰、杨填堰组成的“汉中三堰”成功申报为世界灌溉工程遗产。

10 月，天汉湿地公园正式开园，汉江综合整治工程的示范项目，汉中市全面推行河长制的示范段。

2018 年

5 月 16 日，安康市委书记郭青在旬阳县主持召开旬阳水电站建设专题会议。

10 月，黄金峡水利枢纽主体工程开工。

恒河水库移民安置规划大纲通过陕西省水利厅审查，导流洞于 10 月 23 日开工建设。

2019 年

1 月，黄金峡水利枢纽完成一期导流。

3 月 12 日，白河县移民开发局行政职能调整。根据《白河县承担行政职能事业单位改革方案》，经市党政改革领导小组办公室审核、市党政机构改革领导小组审定，白河县印发的《白河县承担行政职能事业单位改革发方案》，将白河县移民开发局调整为县水利局下属正科级财政全额预算事业单位，承担的行政职能划入县水利局，机构更名为县库区移民工作站。

4 月，安康市委机构编制委员会下发《关于调整市库区移民工作处“九定”事项的通知》，明确将移民处的行政职能划入市水利局。

6 月 11 日，南郑县云河水利水电工程经水利部西北水利科学研究所评审通过蓄水安全鉴定。

10 月 31 日至 11 月 1 日，汉江白河（夹河）水电站工程二期截流阶段建设征地移民安置终验会议在白河县召开。

2020 年

4 月，安康市委机构编制委员会按省委编办要求，将市库区移民工作处更名为市库区移民工作中心，单位性质和人员编制保持不变。

4 月 30 日，汉江白河（夹河）水电站首台机组成功并网发电。备受陕鄂两岸人民关注的重点项目汉江白河（夹河）水电站首台机组成功并入湖北网正式发电，标志该项目投入商业运营。

11 月 12 日，引汉济渭黄金峡水利枢纽汉江截流成功。

12 月 26 日，旬阳水电站大坝工程二期上游围堰顺利合龙，成功实现大江截流，标志着工程建设顺利转入二期施工阶段。

附　录

陕西省汉江丹江流域水污染防治条例

第一章　总　则

第一条　为了防治汉江、丹江流域水污染，保护和改善水资源环境，保证水资源的有效利用，促进区域经济可持续发展，根据《中华人民共和国环境保护法》《中华人民共和国水污染防治法》等法律、行政法规，结合本省实际，制定本条例。

第二条　本条例适用于本省行政区域内汉江、丹江流域的地表水体和地下水体的污染防治。

第三条　汉江、丹江流域水污染防治坚持预防为主、防治结合，从源头防治污染、保护生态环境和谁污染谁治理的原则。

汉江、丹江流域水污染防治工作实行统一规划、综合治理、分级负责、分段管理和排污总量控制与环境容量控制相结合的制度。

第四条　省人民政府负责汉江、丹江流域水污染防治总体规划的批准和规划的监督实施。

汉江、丹江流域市、县（区）人民政府负责本行政区域内汉江、丹江流域水污染防治规划的实施。

第五条　省人民政府和汉江、丹江流域市、县（区）人民政府应当将汉江、丹江流域水污染防治工作和城镇生活污水处理设施、生活垃圾处理设施建设纳入国民经济与社会发展规划和年度计划，将水污染综合性防治费用列入财政预算。

第六条　省环境保护行政主管部门对汉江、丹江流域水污染防治工作实施统一监督管理。

汉江、丹江流域市、县（区）环境保护行政主管部门对本辖区内水污染防治工作实施统一监督管理。

汉江、丹江流域市、县（区）交通行政主管部门对船舶污染实施监督管理。

省和汉江、丹江流域的市、县（区）发展和改革、水利、建设、卫生、国土资源、农业、林业、工商等行政部门，应当按照各自职责负责做好水污染防治工作。

第七条　任何单位和个人有保护汉江、丹江流域水环境的义务，有权对污染和破坏汉江、丹江流域水环境的行为检举和控告。受理机关和部门应当按照有关规定予以处理。

各级人民政府和有关部门对在汉江、丹江流域水污染防治工作中做出显著成绩的单位或者个人，应当给予表彰奖励。

第二章　污染防治

第八条　省环境保护行政主管部门负责制定汉江、丹江流域水污染防治总体规划，报省人民政府批准。汉江、丹江流域市、县（区）人民政府根据汉江、丹江流域水污染防治总体规划，制定本行政区域水污染防治规划以及水污染防治计划和方案，报上一级人民政府批准后实施。

汉江、丹江流域水污染防治总体规划包括以下内容：

（一）流域水体的环境功能要求；

（二）分阶段、分区域、分断面达到的水质目标及达标时限；

（三）水污染防治的重点控制区域、重点污染源的工业污染和面源污染的具体防治措施；

（四）流域内城镇生活污水和生活垃圾处理设施建设规划。

第九条　汉江、丹江流域的市、县（区）人民政府应当结合本行政区域水污染防治规划和汉江、丹江流域水环境功能区划，合理规划产业发展和城乡建设布局，调整产业结构，推行清洁生产。

在汉江、丹江流域新建、改建、扩建的工业、工程项目，应当依法进行环境影响评价，符合环境影响评价要求，并经规定程序批准后，方可开工建设和生产。

已有的工业、工程项目应当依法进行污染防治，对造成水污染严重的生产企业和矿山企业，应当限期治理，治理不达标的，应当限期转产或者依法关闭。

第十条　建设项目中的水污染处理设施，进行集群综合处理的，必须与建设项目同时配套建设；建设项目单体处理的，必须与建设项目同时设计、同时施工、同时投入使用。

水污染物处理设施应当保持正常运行，不得擅自拆除或者停运、闲置。

第十一条　禁止向水体排放有剧毒性、放射性、腐蚀性等有害的废液、废水或者倾倒固体废弃物。

禁止将可溶性剧毒废渣直接埋入地下。

输送、运输、贮存有毒、有害废水或者其他污染物的管道、沟渠、坑塘、运输车辆、贮存仓库、容器等，必须采取防渗漏等安全措施。

第十二条　进行地下勘探、采矿、选矿等活动应当采取水污染防治措施。禁止向裂隙、溶洞、渗坑、渗井排放有毒、有害废水。

第十三条　船舶装载运输油类或者有毒货物，必须采取防溢流和防渗漏措施。排放含油污水、生活污水必须符合船舶污染物排放标准。

船舶残油、废油应当回收，船舶垃圾应当集中收集处理，不得排入水体。

第十四条　汉江、丹江流域的水电企业负责电站水库库区水面漂浮物的打捞和水藻的防治。

发生特大洪涝灾害，库区水面产生大量漂浮物时，政府应当组织社会力量进行打捞和防治。

第十五条　禁止在汉江、丹江流域河流沿岸倾倒生活垃圾、建筑垃圾、动物尸体及其他废弃物。

第十六条　汉江、丹江流域的市、县（区）人民政府应当加强生态环境综合治理，按照规划实施退耕还林（草），保护天然林和湿地，禁止毁林开荒，防止水土流失，保持生态平衡。

第十七条　汉江、丹江流域市、县（区）、乡（镇）人民政府和县以上农业、林业行政主管部门，应当积极指导农业生产者推广使用有机肥，科学合理使用化肥、农药、农用薄膜，对农作物秸秆、畜禽粪便及其他废弃物进行无害化处理，发展农村沼气，综合利用资源，防止面源污染，确保水质安全。

汉江、丹江流域生产、销售含磷制品应当符合国家环境标志产品的要求。

禁止使用农药等有毒物质捕杀鱼类生物。

第十八条　汉江、丹江流域城镇应当按照规划要求，建立污水集中处理和垃圾集中处理设施，确保污水排放和污染物处理达到国家和地方规定的标准。鼓励多渠道投资，建设城镇污水和固体废弃物集中处理设施，可以进行有偿经营。

第三章　监督管理

第十九条　汉江、丹江流域实行水污染物排放总量控制制度。市、县（区）环境保护行政主管部门根据省水污染物排放总量控制计划，对本行政区域内排污单位的水污染物排放量实行监督管理。

第二十条　省、市、县（区）环境保护行政主管部门应当建立汉江、丹江流域水环境监测网络，定期向县级以上政府报告本行政区域内水环境质量状况，并向社会公布。

汉江、丹江流域市、县（区）环境保护行政主管部门，应当建立水污染防治档案。

第二十一条　汉江、丹江流域市、县（区）水行政主管部门应当按照水功能区要求监测流域内河流、水库、湖泊的水量、水质，核定水域纳污能力，向同级环境保护行政主管部门提出该水域的限制排污总量意见。

第二十二条　省水污染物排放总量控制计划确定的重点排污单位应当向省环境保护行政主管部门申领排污许可证，其他排污单位应当按照规定向市、县（区）环境保护行政主管部门申领排污许可证。

环境保护行政主管部门应当按照《中华人民共和国行政许可法》规定的期限和程序发放排污许可证。

排污单位排放水污染物不得超过国家和地方规定的标准，排放总量不得超过排污许可证许可的排放量。

第二十三条　汉江、丹江流域的县级以上环境保护行政主管部门会同水行政主管部门按照水污染物排放总量控制的要求和标准，应当对排污口实行监督管理。

重点排污单位必须在排污口安装污水计量、检测装置。

新建、改建或者扩大河道排污口，应经水行政主管部门同意。

第二十四条　汉江、丹江流域发生水污染事故或者其他突发性事件，严重污染或者可能严重污染水环境，发生地的人民政府应当采取有效措施，尽快消除或者减轻污染危害，并及时报告上一级人民政府，通报可能受到污染危害的地方政府及有关单位，采取相应安全防护措施。

第四章　法律责任

第二十五条　违反本条例第十条第二款规定，擅自拆除或者停运、闲置水污染物处理设施的，由县级以上环境保护行政主管部门责令恢复正常使用或者限期重新安装使用，处五千元以上五万元以下罚款。

第二十六条　违反本条例第十一条第一款、第二款规定，向水体排放有害的废液、废水或者倾倒固体废弃物的，将可溶性剧毒废渣直接埋入地下的，由县级以上环境保护行政主管部门责令其停止违法行为，采取措施消除危害后果，处一万元以上十万元以下罚款。

第二十七条　违反本条例第十一条第三款规定，输送、运输、贮存有毒、有害废水或者其他污染物的管道、沟渠、坑塘、运输车辆、贮存仓库、容器等未采取防渗漏等安全措施的，由县级以上环境保护行政主管部门责令其停止违法行为，采取措施消除危害后果，处二千元以上二万元以下罚款。

第二十八条　违反本条例第十二条规定，向裂隙、溶洞、渗坑、渗井排放有毒、有害废水的，由县级以上环境保护行政主管部门责令其停止违法行为，采取措施消除危害后果，处一千元以上一万元以下罚款；情节严重的，处一万元以上五万元以下罚款。

第二十九条　违反本条例第十三条规定，有下列行为之一的，由县级以上交通行政主管部门责令改正，按照以下规定处罚：

（一）未采取防溢流和防渗漏措施或者排放含油污水、生活污水不符合船舶污染物排放标准的，处二百元以上二千元以下罚款；

（二）向水体排放船舶残油、废油或者倾倒船舶垃圾的，处一千元以上一万元以下罚款。

第三十条　违反本条例第十五条规定，在汉江、丹江流域河流沿岸倾倒生活垃圾、建筑垃圾、动物尸体及其他废弃物的，由县级以上环境保护行政主管部门责令其停止违法行为并予以清理。

第三十一条　违反本条例第十七条第三款规定，使用农药等有毒物质捕杀鱼类生物的，由县级以上渔业行政主管部门依照法律、法规的规定予以处罚。

第三十二条　违反本条例第二十二条第一款、第三款规定，有下列行为之一的，由县级以上环境保护行政主管部门责令改正，按照以下规定处罚：

（一）未取得排污许可证排污的，处一万元以上五万元以下罚款；

（二）水污染物排放总量超过排污许可证规定的，处五千元以上五万元以下罚款，情节严重的，吊销排污许可证。

第三十三条　违反本条例第二十三条第二款规定，未按照规定在排污口安装污水计量、检测装置的，处三千元以上一万元以下罚款。

第三十四条　对违法行为处三万元以上罚款、吊销排污许可证或者责令关闭的，应当告知当事人有要求举行听证的权利。

第三十五条　当事人对行政处罚决定不服的，有权申请行政复议或者提起行政诉讼。

第三十六条　环境保护行政主管部门和其他行政主管部门的工作人员滥用职权、玩忽职守、徇私舞弊，导致严重水污染事故的，由其所在单位或者上级主管部门给予行政处分；构成犯罪的，由司法机关依法追究刑事责任。

第五章　附　则

第三十七条　本条例自 2006 年 3 月 1 日起施行。

汉中市水资源管理办法

第一章 总 则

第一条 为加强水资源管理，全面保护和合理开发利用水资源，充分发挥水资源的社会、经济和生态环境综合效益，适应国民经济发展和人民生活需要，依据《中华人民共和国水法》、国务院《取水许可和水资源费征收管理条例》和《陕西省实施〈中华人民共和国水法〉办法》《陕西省人民政府关于实行最严格水资源管理制度的实施意见》《陕西省取水许可管理办法》，结合本市实际，制定本办法。

第二条 本市行政区域内从事水资源开发、利用、节约、保护和管理的活动以及利用再生水的活动适用本办法。

本办法所称水资源，包括地表水和地下水（含矿坑水、地热水）。

本办法所称再生水，是指废污水、雨雪水经处理后，达到一定的水质标准，可在一定范围内重复使用的水。

第三条 经济社会发展应当与水资源条件相适应，坚持水资源开发利用与节约保护并重，确保城乡居民生活用水，兼顾农业、工业和生态环境用水，发挥水资源的多种功能。

第四条 市水行政主管部门依法负责全市水资源的统一管理和监督工作。

县区水行政主管部门按照规定权限，负责本行政区域内水资源的统一管理和监督工作，涉及跨区域、流域事项，需经市水行政主管部门同意。

第五条 县区人民政府应当加强水资源开发、利用、节约、保护和管理工作，将水利基础设施建设纳入本级国民经济和社会发展规划，完善资金投入机制。

第六条 县区应当认真贯彻执行《陕西省人民政府关于实行最严格水资源管理制度的实施意见》，切实加强全社会保护水资源和节约用水的宣传教育，大力推进节水型社会建设。

第七条 任何单位和个人都有节约用水的义务，并有权对浪费水资源的行为进行检举。

第二章 水资源规划

第八条 市水行政主管部门要按照《陕西省秦岭生态环境保护条例》和《汉中市秦岭生态环境保护规划》，以及我市水资源开发利用现状编制全市水资源保护利用规划。

县区水行政主管部门应按照《陕西省秦岭生态环境保护条例》和《汉中市秦岭生态环境保护规划》，结合全市水资源保护利用规划和本县区实际，编制本县区水资源保护利用规划。

第九条 我市行政区域内跨县区江河的流域综合规划和区域综合规划，由市水行政主管部门会同同级有关部门和江河所在地的县区人民政府编制，报市人民政府批准，并报省水行政主管部门备案。

县区行政区域内河流的流域综合规划，由县区水行政主管部门会同同级有关部门编制，报县区人民政府批准，并报市水行政主管部门备案。

第十条　经批准的规划需要修改时，应当按照规划编制程序经原批准机关批准。

水资源规划应当向社会公开。规划的执行情况应当接受社会的监督。

第十一条　建设水工程应当符合区域和流域综合规划。在市内河流上建设水工程，其工程可行性研究报告报请批准前，市水行政主管部门应当按照管理权限对水工程的建设是否符合流域综合规划进行审查并签署意见。

第三章　水资源保护利用

第十二条　开发利用水资源，应当统筹安排地表水和地下水，遵循总量控制、合理开发、可持续利用的原则。各县区按照下达的水资源总量控制指标严格限制用水总量。

鼓励和支持优先利用雨水、洪水和再生水资源。

第十三条　开发利用地表水应当兼顾地区之间的利益关系，有计划地建设蓄水工程，充分发挥供水、灌溉、防洪、发电、渔业、航运、旅游和生态等水资源综合效益。

开采地下水应当因地制宜，合理布局，保持采补平衡。

第十四条　工业项目在建设前，应当充分考虑当地水资源状况；对不符合当地水资源开发利用规划的高耗水高污染项目，不得批准立项。

第十五条　水力发电站的建设（经营）单位和个人应当执行经批准的防御洪水方案，按照有关规定和批复要求，足额下泄生态流量，落实水力发电站的防汛安全措施，服从防汛指挥机构的防汛统一调度。

第十六条　市水行政主管部门应当会同有关部门确定本市境内河流的生态流量和水库、地下水的合理水位，防止对生态环境造成破坏。

市水行政主管部门及其他有关部门在制定水资源开发、利用规划和调度水资源时，应当符合河流生态流量或者水库、地下水合理水位的要求。

第十七条　实行饮用水水源保护区制度。饮用水的水源保护，按照《中华人民共和国水污染防治法》《陕西省秦岭生态环境保护条例》和《陕西省城市饮用水水源保护区环境保护条例》等有关要求执行。禁止在饮用水水源保护区内设置排污口。禁止在饮用水水源保护区内从事影响饮用水水量、水质等的活动。

第十八条　市、县水行政主管部门应当按照取水许可管理权限和程序，对取用地下水的机井进行管理和监督。

开凿机井取用地下水的单位或个人，应当委托具有相应资质的施工单位，按照水行政主管部门批准的井点布局、取水层位施工，并向批准其取水的水行政主管部门提交钻井方案，接受监督检查。机井工程竣工后，机井使用单位应当将钻井工程的有关技术资料报批准其取水的水行政主管部门备案。

第四章　水资源节约使用

第十九条　市、县（区）人民政府应当支持节水改造工作，完善节水配套设施，推广节水栽培技术和节水灌溉技术，发展节水型农业和生态农业。

第二十条　工业企业应当采用节水新工艺、新技术和新设备，进行节水技术改造；推行清洁生产，采用循环用水、综合利用及再生水回用等设施，降低用水单耗，提高水的重复利用率。

第二十一条　市、县（区）人民政府有关部门应当采取有效措施，降低供水管网漏失率，推广节水型生活用水器具，建设污水集中处理设施，逐步增加对污水处理的资金投入，提高再生水利用率。城市规划范围内逐步实施分质供水。

鼓励园林绿化、环境卫生、工程施工等利用再生水和雨水作业。

洗浴、洗车业应当安装净化循环水装置，循环用水。

第二十二条　新建、改建、扩建建设项目，应当制定节约用水措施方案，配套建设节水设施。节水设施应当与主体工程同时设计、同时施工、同时投入使用。节水设施竣工后，水行政主管部门会同其他相关部门组织验收合格的，方可投入使用。

已建成的项目未安装、使用节水器具的，应当逐步更换。

第二十三条　各县（区）人民政府应当建立有利于节约用水的水价调控机制，实行用水计量收费和超定额用水累进加价制度。

第二十四条　市、县水行政主管部门应会同相关部门加强水资源管理和节水宣传教育，落实《汉中市实施国家节水行动方案》，全面推进节水型社会达标建设。

第五章　水资源配置

第二十五条　跨县（区）水量分配方案和旱情紧急情况下的水量调度预案，由市水行政主管部门会同有关县（区）人民政府制定，报市人民政府批准后执行。

第二十六条　用水实行总量控制和定额管理相结合的制度。

市发展和改革行政主管部门会同市水行政主管部门根据节约用水规划、用水定额和年度水量分配方案确定的年度可用水量，制定年度用水计划，对本行政区域的年度用水实行总量控制。

第六章　取水许可管理

第二十七条　在本市行政区域内，利用取水工程或者设施直接从河流、湖泊、水库、地下取用水资源的单位和个人，应当按照取水许可管理权限向水行政主管部门或同级审批部门申请领取取水许可证。取水申请经审批机关批准，申请人方可兴建取水工程或者设施。

第二十八条　取水许可管理工作、取用水量核定工作按照《陕西省取水许可管理办法》《陕西省水资源税征收管理办法（试行）》执行。

第二十九条　新建、扩建、改建的建设项目，需要新申请或者重新申请办理取水许可的，应当向水行政主管部门或同级审批部门提出取水许可申请，并提交建设项目水资源论证报告书（表）。

论证报告书（表）应当按照《建设项目水资源论证导则》（GB/T 35580—2017）编制。

第三十条　取水工程或设施竣工后，申请人应当按照水行政主管部门的规定，向取水审批机关报送取水工程或设施试运行情况等相关材料；经验收合格的，由审批机关核发取水许可证。

直接利用已有的取水工程或者设施取水的，经审批机关审查合格，发给取水许可证。

审批机关应当将发放取水许可证的情况及时通知取水口所在地县级人民政府水行政主管部门，并定期对取水许可证的发放情况予以公告。

连续停止取水满 2 年的，由原取水审批机关注销取水许可证。由于不可抗力或者进行重大技术改造等原因造成停止取水满 2 年且取水许可证有效期尚未届满的，经原取水审批机关同意，可以保留取水许可证。

第三十一条　取水单位和个人应当依照国家技术标准安装计量设施，保证计量设施正常运行，按照要求及时提供用水计划，并提供有关取水统计资料，接受水行政主管部门的监督检查，按时、足额缴纳水资源税。

第七章　法律责任

第三十二条　违反本办法规定的行为，法律、法规已有处罚规定的，从其规定。

第八章　附　则

第三十三条　本办法自 2020 年 12 月 1 日起实施，有效期从 2020 年 12 月 1 日至 2023 年 12 月 1 日止，由市水利局负责解释。

汉中市地下水管理办法

第一章　总　则

第一条　为加强地下水保护和管理，促进地下水可持续利用，根据《中华人民共和国水法》《中华人民共和国水污染防治法》、国务院《地下水管理条例》《陕西省地下水条例》等法律、法规，结合本市实际，制定本办法。

第二条　本市行政区域内地下水调查与规划、保护与利用、监测和监督管理活动，适用本办法。

本办法所称地下水，是指赋存于地表以下的水体。

第三条　地下水保护与利用应当遵循统筹规划、严格保护、总量控制、节水优先、防止污染的原则。优先使用地表水和其他替代水源，严格控制开采地下水。保护、节约和监测等基础设施建设纳入本级国民经济和社会发展规划，维持地下水合理水位，保护地下水水质。

第四条　市、县级人民政府统筹协调本行政区域内地下水保护、管理和监督工作。

市、县级人民政府水行政主管部门按照法定权限，负责本行政区域内地下水资源的统一管理和监督工作。

市、县级人民政府自然资源、生态环境、住房和城乡建设、城市管理、农业农村、气象等部门，按照各自职责分工，负责本行政区域内与地下水相关的管理和监督工作。

第五条　任何单位和个人都有保护、节约地下水资源的义务，对破坏、浪费、污染和违法开发地下水的行为有权予以投诉、举报。

第二章　保护利用

第六条　市、县级水行政主管部门应当会同有关部门组织开展本行政区域内地下水综合科学考察和调查评价。

第七条　市、县级水行政主管部门应当会同有关部门组织编制本行政区域地下水保护与利用规划，须征求同级其他有关行政主管部门意见后，报本级人民政府批准实施，并报上一级水行政主管部门备案。

地下水保护与利用规划应当服从水资源综合规划、流域规划和上一级地下水保护与利用规划，并与土地利用总体规划、城乡规划、主体功能区规划相协调。

第八条　地下水超采区的管理要求应当按照《陕西省地下水条例》的规定，从其规定。

地下水超采区的下列区域划定为地下水禁止开采区：

（一）城市公共供水管网覆盖区域内；

（二）发生过严重地面沉降、地裂缝等地质灾害的地区；

（三）经地下水水资源论证开采地下水有可能严重破坏生态环境或者对社会公共利益

产生重大损害的地区；

（四）重点文物保护单位保护范围和法律、法规规定其他禁止开采地下水的区域；

（五）其他需要限制开采地下水的区域。

第九条　市、县人民政府及其环境保护和其他负有环境保护监管职责的行政主管部门应当加强地下水污染防治工作，确保地下水饮用水水源环境安全。地下水水源地应当按照国家技术规范划定保护范围，并配套建设地下水监测设施，定期进行水质监测。

地下水水源地保护应当按照《陕西省饮用水水源保护条例》相关规定，从其规定。

第十条　报废、闲置或者施工未完成的各类钻井、矿井和取水井，所属单位或者施工单位应当编制封填方案，并在水行政主管部门的监督下封填，保证封井回填质量，防止串层污染地下水。水文监测、地质勘探用于观测的钻孔应当分层止水，其余钻孔应当在勘探结束后封堵。

第十一条　地下水饮用水水源补给区和径流区范围内，不得新建、改建、扩建有污染物排放的工业项目和设置生活垃圾、粪便和易溶有毒废弃物堆放场或者转运站。

第十二条　地下水利用应当使用浅层地下水，严格限制开采承压水。已经利用的，应当规划建设替代水源，逐步封停取水工程。

第十三条　市、县人民政府水行政主管部门应当根据上一级人民政府制定下达的地下水开采总量控制指标、水位控制指标以及本行政区域内地下水保护与利用规划，合理确定本行政区域内地下水开采总量控制指标、水位控制指标，制定年度地下水开采计划并报上一级水行政主管部门备案。

各行政区域内年度开采地下水总量不得超出批准的地下水开采总量控制指标，地下水水位不得低于水位控制指标。

第十四条　区域经济社会发展规划、城市总体规划、开发区及工业园区规划、重大建设项目布局等，涉及地下水开发利用的，应当进行规划水资源论证和节水评价工作。

第十五条　需要申请办理取水许可证的建设项目，取用地下水应当按照建设项目水资源论证制度的规定，编制水资源论证报告，包括节水评价内容。

第十六条　以地下水作为供水水源或者对地下水环境可能产生影响的建设项目，其依法编制的环境影响评价报告应当包含地下水影响评价的内容。

第十七条　市、县级水行政主管部门根据区域水资源状况、取水许可水量、用水定额、取水户申请的用水计划，向取水户下达年度用水计划。

第十八条　取用地下水的单位和个人按照实际取水量依法缴纳水资源税，超过年度取水计划指标或者行业定额标准取用地下水的，实行累进加价制度。

第十九条　建设地下水取水工程的单位或个人，应当向有管辖权的市、县级水行政主管部门提出取水申请，经审查批准的，应当在施工前提交地下水取水工程施工方案，方案包括地下水取水工程施工方案报告书和报告表。

取水单位和个人应当委托有资质的施工单位按照批准的方案和技术规范凿井，并接受监督检查。

第二十条　地下水取水工程建成后，取水单位或者个人应当及时向有管辖权的水行政主管部门提交以下资料，申请核验：

（一）取水工程所在位置的地理坐标、高程和平面位置图；

（二）单井实际井深、井径和水文地质钻孔柱状图；

（三）抽水试验报告、水质化验报告和试运行报告；

（四）取水工程取水设备性能以及计量设施设备配置情况；

（五）水行政主管部门要求提供的其他有关资料。

水行政主管部门应当对地下水取水工程进行现场核验，出具核验意见。

第二十一条　依法开采矿藏或者建设地下工程必须疏干排水的，采矿单位或者建设单位应当向有管辖权的水行政主管部门报送疏干排水方案，并按照批准的疏干排水方案进行疏干、回收利用或者排放。

鼓励采矿单位或者建设单位采取人工回灌、回收利用等技术措施，优先利用矿坑水和施工排水。

因疏干排水导致地下水水位下降的，采矿单位或者建设单位应当及时采取工程技术措施予以补救；造成水源枯竭或者地面塌陷、给他人生活和生产造成损失的，依法予以赔偿，并承担相应的法律责任。

第二十二条　地下水源热泵系统建设应当符合本行政区域内地下水保护与利用规划的要求。禁止在地下水饮用水水源保护区、地下水禁止开采区以及深层承压含水层建设地下水源热泵系统取用地下水。

单位或者个人建设地下水源热泵系统，应当按照国家相关技术规范要求施工，取水井与回灌井应当布设在同一含水层位，保持合理的数量和间距，取水应当全部回灌到同一含水层，严禁对地下水造成污染。

第二十三条　市、县级人民政府应当规划、建设和确定地下水应急水源，在发生严重干旱和突发事件时应急使用。

第三章　监督管理

第二十四条　市、县级水行政主管部门应当建立地下水取水工程登记管理制度，对地下水取水工程的数量、位置、设备运行和管理使用等情况登记造册，实行信息动态管理。

加强对城乡居民地下水饮用水水源及农村集中式供水工程的监督管理与保护，对水位、水质、水量、水温进行监测，保证城乡居民饮用水安全。

第二十五条　市、县级水行政主管部门对本行政区域内地下水开采总量或者水位接近控制指标的区域，应当限制审批建设项目新增地下水取水量；对地下水开采总量或者水位已经达到控制指标的行政区域，应当暂停审批建设项目新增地下水取水量。

第二十六条　地下水监测站网管理遵循属地管理原则，市、县级人民政府水利、自然资源等行政主管部门负责本级地下水监测站网的运行维护。

地下水监测应当按照国家监测技术规范要求进行，保证监测数据真实、准确和及时传输，不得毁损、隐匿、伪造、涂改地下水监测原始数据资料。

第二十七条 新建、改建、扩建建设工程应当避开地下水监测设施设备；确实无法避开、需要拆除地下水监测设施设备的，应当由县级以上人民政府水行政、自然资源、生态环境等主管部门按照有关技术要求组织迁建，迁建费用由建设单位承担。

第二十八条 取水单位和个人应当依照国家技术标准安装计量设施。开采矿藏、建设地下工程以及地下水源热泵系统建设，应当同步建设地下水观测井，并安装监测设施设备。

第二十九条 关停、报废地下水取水工程，产权单位或者个人应当在停工或者停止取水之日起三十日内到所属水行政主管部门办理登记或者注销手续，在所在地县级水行政主管部门的监督下实施填埋。

第三十条 建设地下水取水工程取用地下水可能影响相邻行政区域用水权益的，由取水方所在地市、县级水行政主管部门与相邻方水行政主管部门协商解决；协商不成的，由共同的上一级水行政主管部门协调处理。

发生水事纠纷的，依照法律有关规定处理。

第三十一条 市、县级水行政主管部门应当将企业事业单位和其他生产经营者在地下水开发、利用方面的违法信息纳入公共信用信息系统管理，及时向社会公布违法者名单，完善对违法者的惩戒机制。

第四章 法律责任

第三十二条 违反本办法规定的行为，法律法规有处罚规定的，从其规定。构成犯罪的，依法追究刑事责任。

第五章 附 则

第三十三条 法律、法规对矿泉水、地热水管理另有规定的，从其规定。

第三十四条 本办法自印发之日起施行，有效期 5 年。

汉中市水平衡测试管理办法

第一条　为贯彻落实国家节水行动，促进用水户合理、高效用水，规范我市水平衡测试工作，根据国家及行业水平衡测试相关标准，结合我市实际，制定本办法。

第二条　本市行政区域内使用公共供水和自备水的非居民用水户（以下简称“用水户”）的水平衡测试管理和监督，适用本办法。

从事水平衡测试技术服务工作的专业单位应遵守本办法。

第三条　本办法所称的水平衡是指用水单位作为考察对象的水量平衡，即用水单位各用水单元或系统的输入水量之和应等于输出水量之和。本办法所称的水平衡测试是指对用水单元和用水系统的水量进行系统的测试、统计、分析得出水量平衡关系的过程。

第四条　市水行政主管部门负责本市水平衡测试的统一监督管理和指导工作，各县（区）水行政主管部门负责本行政区域内本办法的实施和监督管理。

第五条　用水户月实际用水量超过月计划用水量 50% 以上，或者年实际用水量超过年计划用水总量 30% 以上的，应当开展水平衡测试，查找超量原因，制定节约用水方案和措施；创建节水型载体的用水单位，应当提供有效的水平衡测试或者水平衡分析报告。

第六条　用水户可以自行开展或委托具有相应资质的测试机构实施水平衡测试，测试机构应当取得相关的检验检测机构资质证书且资质认定计量认证证书附表检测能力含“水量平衡”项，或取得水文水资源调查评价资质证书且业务范围含“水量平衡”项。

第七条　用水户水计量器具和配备应当符合《用水单位水计量器具和配备管理通则》（GB 24789—2009）的要求，方可进行水平衡测试。测试前应该对超过使用年限的水计量器具进行更新，更换后的水计量器具应当依法经检定合格或校准，并按周期对水计量器具进行检定或校准。

第八条　水平衡测试工作应严格按照《节水型企业评价导则》（GB/T 7119—2006）、《企业水平衡测试通则》（GB/T 12452—2008），以及其他用水标准和规范，对水表计量率、用水环节、用水工艺、用水设备及用水合理化分析等开展测试工作，并按照规范格式编写水平衡测试报告书或报告表。

第九条　水行政主管部门应当加强对水平衡测试的技术指导，开展水平衡测试业务培训，指导用水单位和测试服务机构开展水平衡测试。

第十条　水平衡测试中介机构对被测试单位涉及商业秘密、技术秘密等有关资料承担保密责任。

第十一条　用水单位在水平衡测试完成后，应当按照取水许可分级管理权限向水行政主管部门报送水平衡测试报告书或者报告表，水行政主管部门应当对水平衡测试报告书和报告表进行备案与审核，反馈必要的修改意见。

第十二条　经测试，用水单位有不符合节约用水要求的，水行政主管部门应当要求用水单位限期整改。通过审核的水平衡测试结果，可作为年度用水计划下达的依据。

第十三条　用水单位未按规定开展水平衡测试，或未对存在问题进行整改的，水行政主管部门在核定用水计划时应当适当核减其用水计划。

第十四条　本办法自发布之日起实行。

安康市人民政府关于实行最严格水资源管理制度的实施意见

各县、区人民政府，市政府各工作部门、直属机构：

为认真贯彻落实《国务院关于实行最严格水资源管理制度的意见》(国发〔2012〕3号)、《陕西省人民政府关于实行最严格水资源管理制度的实施意见》（陕政发〔2013〕23号），进一步加强我市水资源开发利用与管理保护工作，结合我市实际，现提出如下实施意见：

一、总体要求

（一）指导思想

深入贯彻落实党的十八大精神，围绕建设美丽富裕新安康，强化水资源的开发利用、节约保护，实施水资源“三条红线”管理。

深化水资源管理体制机制改革，强化政策引导和法治保障，落实目标责任制，促进水资源合理开发、高效利用、有效保护、优化配置，保障生产生活和生态用水安全，推动安康经济社会持续健康快速发展。

（二）基本原则。

坚持以人为本，保障城乡居民饮水安全；坚持统筹兼顾，协调好生活、生产和生态用水；坚持人水和谐，合理开发，有效保护水资源；坚持节水优先，强化节约用水，提高水资源利用效率；坚持统一调度，优化配置水资源；坚持改革创新，完善水资源管理体制机制。

（三）主要目标。

确立水资源开发利用控制红线、用水效率红线、水功能区限制纳污红线，到2030年，全市用水总量控制在8.36亿立方米以内，全面提高用水效率，主要污染物入河湖总量控制在水功能区纳污能力范围之内，水功能区水质达标率100%。

为实现上述目标，到2015年，全市用水总量力争控制在7.23亿立方米以内；万元工业增加值用水量比2010年下降23%以上；农田灌溉水有效系数提高到0.518以上；重要江河湖泊水功能区水质达标率达到85.7%以上。到2020年，全市用水总量控制在7.98亿立方米以内，重要江河湖泊水功能区水质达标率提高到81.8%以上，城镇供水水源地水质全面达标。

二、加强水资源开发利用控制红线管理，严格实行用水总量控制

（一）严格水资源规划管理。

开发利用水资源要按照我市行政区域水功能区划要求，与经济发展、生态建设规划相协调，抓紧编制出台全市水资源开发利用规划、水中长期供求规划、节水型社会建设规划、水资源保护规划、饮用水源地保护规划等，形成完善的水资源规划体系。对已编制完成的规划，抓紧做好相关评审工作。对已批准的水资源规划必须严格执行，并接受社会监督。水利工程建设必须符合流域综合规划和防洪规划，由市、县区水利部门按照管理权限审查并签署意见。

（二）严格水资源论证。

强化水资源开发利用事前管理，严格执行水资源论证制度，编制经济社会发展以及城市总体规划时，须编列水资源篇章，并由水利部门组织专项审查；重大建设项目布局规划必须编制水资源论证报告书，对未依法完成水资源论证工作的项目，审批机关不予批准，建设单位不得擅自开工建设和投产使用，对违反规定的，一律责令停止。加强水资源论证事后监督，实行建设项目水资源论证后评估。

（三）严格控制流域和区域取用水总量。

加快制订主要河流水量分配方案，建立覆盖流域和市县区两级行政区域的取用水总量控制指标体系，实施流域和区域取用水总量控制。要按照河流水量分配方案或取用水总量控制指标，制订年度用水计划。加强对行政区界河流断面流量和地下水水位监控管理，依法对本行政区域内的年度用水实行总量管理。建立健全水权制度，积极培育水市场，鼓励开展水权交易，运用市场机制合理配置水资源。

（四）严格取水许可审批。

建设项目通过水资源论证并落实论证报告中确定的节约、保护和管理等措施，经验收合格的，方可发放取水许可证。未经水利部门批准，不得擅自取水和改变用水计划。取水许可证有效期满需要延续的，应当重新核定取用水量。取水许可实行区域限批制度，对取用水总量已经达到或超过控制指标的县级行政区域，暂停审批新增取水项目。接近控制指标的区域，限制审批新增用水；对尚有开发潜力的区域，在有效保护、厉行节约的基础上，制定促进产业良性发展的水资源政策，优先保障低消耗、低排放和高效益的产业发展。鼓励和支持高效节水项目实施，淘汰高耗水、低效益的企业，逐步实现区域水资源平衡。建立取水许可用水指标调整和退出机制，对已批准取水但未在规定时限内建设的项目，其取水许可审批一律作废。对未达到审批取水量的项目，水利部门要及时调整水量指标。取水单位或者个人应当依照国家技术标准安装计量设施，严格执行取用水计划，自觉接受水利部门的监督管理。

（五）严格水资源费征收。

全面落实水资源有偿使用制度，严格按照《陕西省水资源费征收办法》，征收水资源费。任何单位和个人不得擅自减免、缓征或停征水资源费，并将征收的水资源费足额上缴财政专户管理。水资源费主要用于水资源开发利用、节约保护与管理，不得侵占、截留、挪用。城市自来水价格中水资源费未调整到位的，物价部门要抓紧调整，水利部门要足额征收。

（六）严格地下水管理和保护。

加强地下水动态监测，实行地下水取用水总量控制和水位控制，强化地下水超采治理与保护，切实防止地下水超采引发的地质灾害和环境问题。在地下水超采区，禁止农业、工业建设项目和服务业新增取用地下水，并逐步削减超采量，限期关闭城市公共供水管网覆盖范围内的自备水井，实现地下水采补平衡。矿产开采和地下工程建设前，应充分论证对地下水的影响，制订保护方案，同步规划建设监测和保护设施，并与主体工程同步验收投入使用。

（七）推进水资源的统一调度和优化配置。

各级水利部门要依法制定完善流域与区域水资源调度方案和应急调度预案，报同级人民政府批准后组织实施。水电站业主应严格执行最小生态下泄流量规定，服从流域的统一调度。加快推进月河补水项目实施，不断提高月河川道地区供水保障能力。加快非常规水资源开发利用，编制《非常规水资源开发利用规划》，大力发展以山丘区、城区为主的集雨工程建设，科学利用雨洪资源，积极探索空调冷凝水、矿井疏干水开发利用，推进城镇污水处理回用设施建设。根据生产、生活、服务等领域对水质的不同要求，合理配置地下水、地表水、非常规水等不同水资源，逐步推进分质供水，优水优用，提高水资源利用综合效益。

三、加强用水效率控制红线管理，全面推进节水型社会建设

（一）全面加强节约用水管理。

各县区政府要切实履行推进节水型社会建设的责任，把节约用水贯穿于经济社会发展和群众生活生产全过程，建立健全有利于节约用水的体制机制。以提高水资源利用效率和效益为中心，以强化水资源统一管理为保障，逐步建立起政府调控、市场引导、公众参与的节水型社会体系，加快节水型社会建设步伐。

（二）严格计划用水与定额管理。

根据《陕西省行业用水定额》，实行用水效率准入管理，低于用水效率指标的项目不得开工建设，对重点用水投资项目实行用水效率和取水定额标准评估审查，强化新上高耗水项目用水约束。强化用水大户监控管理，实行工业产品生产许可管理的工业企业，用水超过规定限额的，不予行政许可或撤回许可证书。

（三）全面实施节水“三同时”制度。

全面贯彻落实《中华人民共和国水法》关于“新建、扩建、改建建设项目，应当制订节水措施方案，进行节水评估，配套建设节水设施。节水设施应当与主体工程同时设计、同时施工、同时投产使用”的“三同时”制度。建设项目节水设施未经验收或者验收不合格的，不得擅自投产使用；已建项目未配套建设节水设施的，应当在水利部门或者发展改革部门规定的期限内进行节水设施的配套建设，确保建设项目节水设施“三同时”规定落到实处。对违反“三同时”制度的，由县级以上人民政府有关部门责令停止取用水并限期整改。

（四）加快推进节水技术改造。

逐步实行用水效率标识管理，禁止生产和销售不符合节水强制性标准的产品。加大农业节水改造力度，积极推进大、中、小型灌区续建配套与节水改造，抓好小型农田水利重点县建设，改变农业用水方式，完善和落实节水灌溉的产业支持、技术服务、财政补贴等政策措施，大力发展管道输水、喷灌、微灌等高效节水灌溉。加大工业节水技术改造，推行用水产品用水效率标识管理，及时公布节水器具、节水产品名录，按照国家规定建立节水器具和节水产品市场准入制度。建设工业节水示范工程，鼓励企业开展节水改造，重点提高重复利用率。加大城市生活节水工作力度，加强节水宣传，引导公众参与，建成一批高标准的节水灌溉农田区、节水工业园区、节水厂矿企业、节水学校、节水社区和节水家庭示范工程，以点带面提高公众的节水意识。加强城市自来水管网改造，降低供水管网漏失率。鼓励并积极发展污水处理回用、雨水和矿坑水等非常规水源开发利用。

四、加强水功能区限制纳污红线管理，严格控制入河排污总量

（一）严格水功能区监督管理。

各县区要把水功能区限制排污总量作为水污染防治和河湖污染减排工作的重要依据。切实加强水污染防控，加强工业污染源控制，加大主要污染物减排力度，提高污水处理率，加强江河库区水产品养殖水质管理，防止水体富营养化，改善重点流域水环境质量。水利部门抓紧水功能区复核工作，提出水功能区限制排污总量意见。环保部门应当依据限制排污总量意见，按行政区域制定限制入河排污总量年度目标任务，明确年度入河排污控制指标，确保水功能区达标率。

（二）加强入河排污口监督管理。

市水利局要抓紧制定和完善我市入河湖排污口的登记、审批和监督管理办法，开展入河排污口整治和规范化管理。新建、改建和扩大入河排污口必须进行科学论证，对排污量已超出水功能区限制排污总量的县区，限制审批新增取水和入河排污口并逐步核减排污量。

（三）强化饮用水水源地保护。

各县区要依法划定饮用水水源保护区，按照国家相关标准和要求设立明显标志，接受公众监督。开展重要饮用水水源地安全保障达标建设，加强农村集中供水水源地安全管理，全面推进饮用水源地水质监测，定期向社会公布。加强城市备用水源地建设，力争到2015年，全市各县区均建有应急备用水源，实现城市供水水源的多元化，确保城市供水安全。加强水土流失治理，防治面源污染，禁止破坏水源涵养林。强化饮用水水源应急管理，健全水源地水质水量监测体系和环境预警应急处置机制。

（四）加强水生态保护与修复。

以重要河湖、湿地和城镇水景观的恢复与改善为重点，实施水生态系统保护与修复工程，严禁建设项目非法侵占河湖水域，积极探索建立水生态、水源保护补偿机制和水生生物资源养护管理机制，切实维护河湖健康生命，改善人民群众居住环境。

五、保障措施

（一）建立水资源管理责任和考核制度。

将水资源开发、利用、节约、保护的主要指标纳入地方经济社会发展综合评价体系。各县区政府主要负责人对本行政区域水资源管理和保护工作负总责。市政府对各县区指标完成情况进行考核，市水利局会同有关部门具体组织实施，考核结果作为对各县区综合考核评价的重要依据。具体考核办法由市水利局会同有关部门制订，报市政府批准后实施。水利部门负责实施水资源的统一监督管理，发改、工信、监察、财政、国土、环保、规划、住建、统计等部门按照职责分工，各司其职，密切配合，形成合力，共同做好最严格水资源管理制度的实施工作。

（二）完善水资源管理体制。

各县区要进一步完善流域管理与行政区域管理相结合的水资源管理体制，切实加强流域水资源的统一规划、统一管理和统一调度。对城乡供水、水资源综合利用、水环境治理和防洪排涝等实行统筹规划、协调实施，促进水资源优化配置。

（三）健全水资源监控体系。

健全完善监测网络，提高重要控制断面、水功能区和地下水水质、水量、水位监测能力。加强取水、排水、入河库排污口计量监控设施建设，加强地下水动态、地面沉降监测基础设施建设。建立和完善水源地水量水质监测体系，健全统计台账，加快水资源管理信息系统、应急机动监测能力建设，全面提高统计、监控、预警和管理能力。

（四）完善水资源管理投入机制。

各县区要拓宽投资渠道，建立长效、稳定的水资源管理投入机制，保障水资源节约、保护和管理工作经费，重点支持水资源管理系统建设、节水技术推广与应用、水资源监测能力建设、水生态系统保护与修复。市级财政要加大对水资源节约、保护和管理的支持力度。

（五）强化行政监督和社会监督。

健全水资源配置、节约、保护和管理等方面政策制度，提升管理人员素质和执法水平。力争到2015年，以县区为单位实现水资源管理基本现代化。各级水利部门要认真履行职责，与发改、环保、建设、公安、国土等行政部门建立长效联动机制，严格水资源执法管理，重点查处无证取水、非法打井、无计量设施取水、非法设置入河排污口及拒缴、少缴水资源费等水事违法行为，2014年底前完成一轮水资源管理联合执法大检查。完善水资源管理公众参与机制，提高公众参与意识，拓宽公众参与渠道，充分发挥社会监督作用，对浪费破坏水资源的行为进行举报、批评，对水资源管理执法进行监督。加大水资源管理信息的公开力度，重点在取水许可、排污口监管、地表水源地和地下水、用水计划、节奖超罚保护等环节，建立强制信息公开制度，依照法律法规，及时、准确、全面地向全社会发布各种水资源、水环境信息。开展多层次、多形式的水资源知识宣传，广泛深入开展基本水情宣传教育，增强全社会水忧患意识和水资源节约保护意识，形成节约用水、合理用水的良好风尚。对在水资源节约、保护和管理中取得显著成绩的县区、部门、单位和个人给予通报表彰。

安康市人民政府

2013年9月30日

安康市人民政府办公室关于印发《安康市农村水电建设与管理暂行办法》的通知

各县、区人民政府，市政府有关工作部门：

为了进一步规范我市农村水电开发建设和管理，合理有序开发利用水力资源，实现经济社会的持续快速发展，市水利局根据相关法律和我市实际情况，制定了《安康市农村水电建设与管理暂行办法》，该办法已经市政府研究同意，现印发给你们，请遵照执行。

二〇〇五年二月二十八日

安康市农村水电建设与管理暂行办法

第一章 总 则

第一条 为进一步规范农村水电开发建设与管理，合理有序开发利用我市水力资源，实现我市经济社会持续快速发展，根据《水法》《水土保持法》《陕西省水资源管理条例》和省发改委《陕西省企业投资项目核准暂行办法》《陕西省企业投资项目备案暂行办法》等有关法律、法规，并结合我市农村水电建设实际情况，特制定本办法。

第二条 本办法适用于我市行政区域内农村水电的开发、建设和管理。

第三条 本办法所称农村水电系指在我市行政区域内（不含汉江干流）开发建设的农村中小型水电站。

第四条 水电是清洁、无污染的可再生能源，各级人民政府应积极扶持农村水电的发展，鼓励一切组织和个人以合资、合作、独资、招商引资及其他形式从事农村水电开发。

第五条 农村水电开发实行自建、自管和谁投资、谁受益、谁拥有产权的建设原则。

第六条 县级以上人民政府水行政主管部门负责统一管理本行政区域内的农村水电建设工作。

第七条 各级水行政主管部门管理农村水电的主要职责是：

（一）认真贯彻执行和宣传农村水电建设管理的法律法规和政策；

（二）组织制定有关农村水电建设管理规章制度；

（三）组织编制农村水电发展中长期规划和流域水电能源开发利用规划；

（四）负责农村水电建设与管理工作；

（五）负责农村水电站工程项目的审查、审核工作；

（六）负责农村水电工程项目建设的质量监督工作，协调处理工程建设中发生的质量低劣等问题；

（七）负责农村水电科技推广、试验和人才培训等工作。

第二章 农村水电资源开发规划

第八条 汉江各支流水电资源开发规划必须在科学考察和评价的基础上编制，并符合流域综合规划，应当具备水资源保护、生态环境保护和水土保持功能，兼顾防洪、供水、灌溉、渔业等方面的用水需求。

第九条 汉江主要一级支流和跨县（区）的河流的水电开发规划，由市水行政主管部门会同县（区）人民政府编制，报市人民政府或其授权部门审批，并报上级水行政主管部门备案。

县（区）行政区域内的其他河流水电开发规划，由县（区）水行政主管部门会同同级有关部门编制，报同级人民政府审批，并报市水行政主管部门备案。

第十条 规划一经批准，必须严格执行。确需修改时，必须按照规划编制程序，报经原审批机关批准。

第十一条 今后，凡未纳入规划或规划未经批准的项目，一律不予审查、审核。

第三章 资源管理

第十二条 水电资源是水资源的一个重要组成部分，其开发权属国家所有。依据《水法》、国务院《取水许可实施办法》、《陕西省取水许可实施细则》和《建设项目水资源论证管理办法》有关规定，建设项目必须严格办理取水许可审批手续。

第十三条 按照水利部、国家发改委第15号令发布的《建设项目水资源论证管理办法》和省水利厅、省发改委联合下发《关于转发〈建设项目水资源管理办法〉》（陕水资发〔2002〕29号）通知要求，对日取水量1500立方米以上、蓄水工程设计库容在50万立方米以上的，业主单位都必须按规定进行水资源论证，编制水资源论证报告书，报告书须有审查权限的水行政主管部门审查批准后，作为审批取水许可（预）申请的技术依据。

凡未提交水资源论证报告书或水资源论证报告书审查未通过的，不予办理取水许可（预）申请手续，建设项目不予批准立项。

第十四条 业主单位在报送建设项目可行性研究报告前，持水资源论证报告书和审查意见及相关材料向水行政主管部门提出取水许可预申请。

在报送建设项目可行性研究报告时，应当附具水行政主管部门的取水许可预申请批准文件。

不列入国家基本建设项目的可直接向水行政主管部门提出取水许可申请。

第十五条 业主单位在向计划主管部门报送建设项目可行性研究报告时，应当提交水行政主管部门对其取水许可预申请书面审查意见，并附具经审查通过的建设项目水资源论证报告。建设项目批准立项后，业主单位应持可行性研究报告等有关批准文件向水行政主管部门提出取水许可申请。

第十六条 取水许可申请经审查批准后方可开工建设，工程竣工验收合格后，审批机关发给取水许可证。

第四章 开发建设

第十七条 农村水电资源开发建设应根据规划做好项目建议书、可行性研究报告和初步设计等工作，按照有关规定进行审查、核准。

第十八条 新建、改建、扩建的农村水电工程的项目建议书、可行性研究报告和初步设计审查、核准权限：

（一）根据陕西省人民政府《关于投资体制改革决定的实施意见》（陕政发〔2004〕50号）规定，在主要江河上建设的水电站总装机容量在25万千瓦及以上项目由国务院投资主管部门核准；总装机容量25万千瓦（不含）～5000千瓦（含）项目由省政府投资主管部门核准；其余项目由市级投资主管部门核准。水库电站项目按水库项目权限进行核准。

（二）水库电站在跨省（区、市）河流上的水库项目由国务院投资主管部门核准，其余水库项目由省政府投资主管部门核准。

第十九条 农村水电工程建设实行项目法人制、资本金制、招投标制、建设监理制和工程质量终身制。

第二十条 建设项目企业法人应向项目审查、核准机关提交项目申请报告（一式五份）及企业投资项目核准申请表和相应材料附件等。

第二十一条 农村水电建设必须符合有关法律、法规政策要求，按规定提交可研报告时，必须提交建设项目水资源论证报告书、水土保持方案报告书、环境影响评价报告书和安全评估报告书，经相关部门审批后，方可审查、核准项目可研报告。

第二十二条 对于应报项目核准机关核准而未申报的项目或虽然申报但未经核准而擅自开工建设的项目，以及未按项目核准文件要求进行建设的项目，一经发现，项目核准机关应责令其停止建设，并依法追究有关人员的责任。

第二十三条 对于2005年1月5日陕西省发改委出台的《陕西省企业投资项目核准暂行办法》以前已审批立项的建设项目，按原管理规定，尽快上报初步设计和相关的报批文件；未按建设项目审批程序上报设计文件及相关报批文件，而擅自开工建设的项目，一经发现，项目审批机关应责令其停止建设，并依法追究有关人员的责任。

第二十四条 承担农村水电工程勘察、设计、咨询、施工、监理的单位，必须具备相应的水利水电资质。本行政辖区外的单位进入我市承担水利水电工程勘察、设计、咨询、施工、监理等必须到市水利局登记、验证。

第二十五条 农村水电工程实行竣工验收制度，验收分阶段验收和竣工验收，阶段验收由项目法人组织有关部门参加，验收合格后方可进行下一阶段的工序。竣工验收由工程审查或核准部门牵头组织相关部门进行验收，验收合格后方可投入运行。

第五章　附 则

第二十六条　本办法由市水利局负责解释。

第二十七条　本办法自公布之日起执行。如上级出台新的管理办法，按上级新管理办法执行。

安康市人民政府办公室

2005 年 2 月 28 日印发

安康市汉江流域水质保护条例

第一章　总　则

第一条　为了保护汉江流域水质，防治水污染，保障国家南水北调中线工程水源涵养区水质安全，推进生态文明建设，根据《中华人民共和国环境保护法》《中华人民共和国水污染防治法》《陕西省汉江丹江流域水污染防治条例》《陕西省秦岭生态环境保护条例》等相关法律法规，结合本市实际，制定本条例。

第二条　本条例适用于本市汉江流域的水质保护和水污染防治。

本条例所称汉江流域是指本市行政区域内的汉江干流、支流和湖库的集水区域。

第三条　汉江流域水质保护坚持生态优先、绿色发展、预防为主、防治结合、公众参与、损害担责的原则。

第四条　汉江流域江河湖库水质应当符合水功能区划划定的水质标准，出陕断面水质不低于国家地表水Ⅱ类水质标准。

第五条　市、县（区）、镇人民政府应当对本行政区域内的汉江流域水质保护工作负责。

市、县（区）人民政府应当将汉江流域水质保护工作纳入国民经济和社会发展规划，制定水污染防治规划，细化水质保护目标和年度计划并组织实施。

市、县（区）人民政府生态环境主管部门对本行政区域内汉江流域水质保护工作实施统一监督管理。

市、县（区）水利、发改、工信、公安、财政、自然资源、住建、城市管理、交通、农业农村、林业、文旅、卫健、市场监管、应急管理等主管部门，在各自职责范围内，共同做好汉江流域水质保护工作。

社区、村（居）民委员会应当在镇人民政府、街道办事处的指导下开展汉江流域水质保护有关工作。

第六条　汉江流域实行河长制湖长制，分级分段组织领导水资源保护、水污染防治、水域岸线管理、水环境治理等工作。

第七条　市、县（区）人民政府应当建立汉江流域水质保护目标责任制和考核评价制度。

市、县（区）人民政府应当每年向本级人民代表大会或其常务委员会报告汉江流域水质保护情况。

第八条　市、县（区）人民政府应当将汉江流域水质保护经费纳入本级财政预算。

鼓励企业、社会组织和个人对汉江流域水质保护事业投资、捐赠。

市、县（区）人民政府应当将通过预算和其他渠道筹集的汉江流域水质保护资金统筹用于汉江流域水污染防治、生态修复、风险防控、水质监测、水环境管理能力建设、生态保护补偿等水质保护工作。

第九条　任何单位和个人都有保护汉江流域水质的义务，有权对污染和损害汉江流域水质的行为进行举报。

法律规定的机关、单位、有关组织和个人对污染、破坏汉江流域水质的行为，可以依法提起环境公益诉讼、生态环境损害赔偿诉讼、环境侵权责任诉讼。

鼓励和支持志愿者、社会组织参与汉江流域水质保护工作。

市、县（区）人民政府应当对在汉江流域水质保护工作中做出突出贡献的单位和个人给予表彰奖励。

第十条　市、县（区）、镇人民政府、街道办事处、村（居）民委员会和机关、社会团体、企业事业单位以及其他组织应当加强对汉江流域水质保护的宣传教育，提高公民参与保护的意识和能力。

广播、电视、报刊、网络等新闻媒体应当加大对汉江流域水质保护的公益宣传和舆论引导、监督。

第十一条　单位和个人应当增强汉江流域水质保护意识，不在河道内洗涤物品、洗刷车辆、清洗动物、抛扔垃圾等，养成绿色、低碳、环保的生产生活方式。

第二章　水质保护

第十二条　市、县（区）人民政府应当加强水功能区和河湖岸线的监督管理。利用江河湖库从事种植、养殖、旅游、水上体育等活动，应当符合水功能区划和河湖岸线管控要求，不得污染水体。

第十三条　市、县（区）人民政府应当建立农村集中式饮用水水源保护区制度，并在省人民政府划定的农村集中式饮用水水源保护区边界设立明确的地理界标、明显的警示标志，或者设置护栏、围网等物理隔离设施。

县（区）人民政府应当加强农村集中式饮用水水源保护区的规范化建设和管理，组织有关部门定期监测饮用水水源水质，并向社会公布。农村饮用水水源保护区由所在地镇人民政府、街道办事处负责日常监督管理。

第十四条　市、县（区）人民政府应当采取增殖放流、监测监管外来水生物种等措施，加强对汉江流域水生生物多样性的保护，维持水生态平衡。

市、县（区）人民政府应当依法制定汉江流域湿地保护规划，并建立湿地信息管理系统，对湿地资源、利用状况和生态系统进行调查、监测和评估，防止湿地面积减少和生态功能退化。对生态功能退化的湿地应当采取封育、退耕、截污、补水、种草等措施改善生态环境，并根据汉江流域水生态改善的需要建设人工湿地。

县（区）、镇人民政府、街道办事处应当按照汉江流域湿地保护规划要求，对湿地自然保护区、湿地公园、重要湿地等采取措施，恢复和提高湿地生态功能。

第十五条　市、县（区）人民政府应当依法组织制定生态公益林建设规划，加强生态公益林建设、保护、利用和管理情况的监督检查。

市、县（区）林业主管部门应当将汉江干支流两岸直观坡面、湖库周边、饮用水水源保护区等重要生态区优先划入生态公益林保护范围，并向社会公布。

建设生态公益林应当选用涵养水源和保持水土功能强的适生优良树种。

第十六条　市、县（区）人民政府应当坚持水质保护优先、涉水产业适度发展的原则，引导规范大水面生态渔业、包装饮用水、亲水旅游、水电能源、汉江航运等涉水产业发展，合理利用汉江流域水资源，促进绿色循环产业发展。

第十七条　市、县（区）人民政府水利主管部门应当依法编制水土保持规划并组织实施，加大水土保持力度，防止水土流失影响水质安全。严格限制在水土流失重点治理区开展造成或者可能造成水土流失的建设开发活动。

第十八条　市、县（区）人民政府应当根据国土空间规划，严控生态保护红线、环境质量底线、资源利用上线和生态环境准入清单，不断改善汉江流域水环境质量。

禁止在汉江干流岸线一千米范围内新建、扩建化工项目；禁止在汉江干流、重要支流岸线一千米范围内新建、改建、扩建尾矿库；禁止在汉江流域新建高排放氮、磷污染物的工业项目。

第十九条　市、县（区）人民政府应当组织对本辖区内各类入河排污口开展排查整治，明确责任主体，实施分类监督管理。

在汉江流域新设、改设或者扩大排污口，应当符合水功能区划、水资源保护规划和防洪要求，未经许可不得设置入河排污口。

第二十条　市、县（区）人民政府应当加强对涉水工程建设及运行的管理。涉水工程在建设运行期间应当采取措施，防止造成汉江流域水质污染、生物资源损失或者水域生态破坏。

水利水电等水资源项目应当保证生态下泄流量，安装生态下泄流量监测监控设施。对生物资源或者水域生态造成影响的，应当修建过鱼设施或者采取增殖放流等补救措施。

第二十一条　市、县（区）水利主管部门依法负责组织编制河道采砂规划，明确禁采区、禁采期，报经批准后予以公告。禁止任何单位和个人在禁采区、禁采期进行河道采砂活动。

河道采砂实行行政许可制度。从事河道采砂的单位和个人必须依法办理采砂许可证，严格遵守河道采砂和生态环境保护的有关规定，并建设污染防治设施，不得造成水污染。

采砂许可证有效期限届满后，采砂单位和个人应当撤离采砂船和机具，平复河床，恢复废弃作业场所地貌。

第二十二条　市、县（区）人民政府应当建立汉江流域漂浮物打捞责任机制。湖库周边镇人民政府、街道办事处应当组织做好辖区内河流湖库岸线及周边区域垃圾、废弃物的收集、清理和处置，防止进入水体造成环境污染，减少湖库漂浮物的产生。

水电企业负责电站水库管理和保护范围内的水藻防治、漂浮物打捞以及无害化处置。

经营性码头或者水上项目的运营单位负责作业范围内水域水藻防治、漂浮物打捞以及无害化处置。

发生特大洪涝灾害，湖库水面产生大量漂浮物时，政府应当组织社会力量进行打捞和防治。

第三章 水污染防治

第二十三条 汉江流域实行重点水污染物排放总量控制和排污许可制度。市、县(区)人民政府应当根据上级人民政府下达的重点水污染排放总量控制指标，制定本辖区重点水污染物排放总量控制方案，采取措施削减辖区内水污染物排放总量，防止水质控制指标超标。

纳入排污许可管理的企业、事业单位和其他生产经营者应当在规定的时限内，向生态环境主管部门申请排污许可证。未取得排污许可证的，不得排放污染物。

第二十四条 市、县（区）人民政府应当建立完善汉江流域水质监测网络体系，由生态环境主管部门会同有关主管部门统一规划设置辖区内河流重点控制单元监测断面，确定监测断面位置和断面水质控制指标。

生态环境主管部门应当制定年度水质监测方案，定期开展饮用水水源地、河流湖库断面水质监测，向社会公开水质状况信息。出现水质异常情况时，及时启动预报预警机制。

市、县（区）人民政府应当采取有效措施削减重点控制单元内水污染物排放总量，保证监测断面水质达到规定的控制指标。

本市实行汉江流域县（区）域间水污染补偿制度，具体办法由市人民政府制定。

第二十五条 市、县（区）人民政府应当合理规划工业布局，鼓励企业进行技术改造，淘汰污染水环境的落后工艺和设备，减少废水和污染物排放量。新建的工业建设项目应当进入工业园区、经济园区、“飞地”经济区等工业聚集区。

依法建设项目中的水污染处理设施，进行集群综合处理的，必须与建设项目同时配套建设；建设项目单体处理的，必须与建设项目同时设计、同时施工、同时投入使用。水污染物处理设施应当保持正常运行，不得擅自拆除或者停运、闲置。

重点排污单位、工业聚集区应当配套建设污水集中处理设施，安装水污染排放自动监测设备，与生态环境主管部门监控设备联网，并保证监测设备正常运行。

排放工业废水的企业应当采用清洁工艺，收集和处理产生的废水。向污水集中处理设施排放的工业废水，应当按照国家有关规定进行预处理，达到集中处理设施处理工艺要求后排放。

第二十六条 市、县（区）人民政府应当对汉江流域涉重金属污染的重点区域编制专项防治方案。矿产资源开发企业应当编制矿山地质环境保护与土地复垦、生态环境恢复治理方案，报县级以上自然资源、生态环境主管部门备案。

进行勘探、采矿、选矿、冶炼等活动应当采取水污染防治措施。矿山企业单位应当按照绿色矿山标准进行建设、开采，采用先进工艺和措施，并进行水质监测，防止水污染。

因矿产资源开发造成汉江流域水污染的，矿产资源开发企业应当依法承担水污染治理、生态环境修复和损害赔偿责任。

第二十七条 市、县（区）人民政府应当建立城镇污水处理设施建设运行和保障机制，统筹建设生活污水处理设施及配套管网，推行雨污分流，提高污水收集率和处理率，并加强对城镇污水集中处理设施运营的监督管理。

镇人民政府负责辖区镇级污水处理设施的日常管理，监督运营单位开展运行维护工作。

污水处理设施运营单位应当依照法律、法规和运行维护要求，对污水处理设施进行日常养护，保证污水处理设施正常运行，出水水质符合排放标准。

第二十八条　污水处理设施运营单位或者相关污泥处理处置单位，应当依照国家标准和相关规定对污泥进行处置，禁止随意堆放、弃置或者用于种植、养殖。

鼓励和支持污水处理设施运营单位及相关企业研发、引进新技术，对处理后的污泥进行资源化利用。

第二十九条　市、县（区）、镇人民政府、街道办事处应当加强农村水环境保护工作，推广应用污水净化处理技术，对村（居）民聚集区生活污水集中收集处理，对分散的村（居）民生活污水综合利用，改善农村水环境。

市、县（区）人民政府及其农业农村等有关主管部门和机构应当加强农业生产监管，指导科学合理施用化肥、农药和农用薄膜，推广测土配方施肥技术和高效低毒低残留农药，控制化肥和农药的过量使用，削减和控制污染物进入水体。农业投入品生产者、销售者、使用者应当及时回收农药、肥料等农业投入品的包装废弃物或者农用薄膜，并将农药包装废弃物交由专门的机构或者组织进行无害化处理。

第三十条　市、县（区）生态环境主管部门应当会同农业农村主管部门依法编制畜禽养殖污染防治规划，加强对规模化畜禽养殖场和养殖小区的监督管理。规模化畜禽养殖场和养殖小区应当做好水污染防治工作，对产生的畜禽养殖废弃物做好综合利用和进行无害化处理。

非规模化畜禽养殖户水污染防治由镇人民政府、街道办事处负责监督管理。村（居）民委员会可以召集村（居）民会议制定有关畜禽养殖污染防治的村规民约，发现畜禽养殖污染行为的，应当及时制止。

第三十一条　市、县（区）人民政府渔业主管部门应当对其管理的渔业水域统一规划，采取措施，增殖渔业资源。在规划确定的可用于养殖的国有水域从事养殖的单位和个人，应当依法申请养殖证。

在汉江流域从事渔业养殖生产等活动的，禁止使用含有有毒、有害物质的饲料、肥料、药品及其他化合物。

第三十二条　汉江流域内的船舶应当按照国家规定配置相应的防污设备和器材，船舶排放含油污水、生活污水应当符合排放标准。

船舶产生的残油、废油、垃圾等，应当收集转运上岸进行移交处置，禁止排入水体。

码头、装卸站和船舶修造厂所在地县（区）人民政府应当统筹规划建设船舶污染物、废弃物的接收、转运及处理处置设施，完善交接机制并规范处置。

第三十三条　汉江流域禁止下列行为：

（一）在汉江流域湖库、河道管理范围内堆放、倾倒、存贮生活垃圾、建筑垃圾、动物尸体及其他固体废弃物，或者向水体排放、倾倒工业废渣、城镇垃圾或者其他废弃物；

（二）向水体排放油类、酸液、碱液、剧毒废液，排放、倾倒放射性固体废物或者含有高放射性、中放射性物质的废水，或者将含有汞、镉、砷、铬、铅、氰化物、黄磷等的可溶性剧毒废渣向水体排放、倾倒或者直接埋入地下；

（三）利用裂缝、溶洞、渗坑、渗井，私设暗管，篡改、伪造监测数据，或者不正常运行水污染防治设施等逃避监管的方式排放水污染物；

（四）通过水路运输油类、危险化学品和其他有毒有害物质；

（五）使用小于最小网目尺寸、单杆多钩等禁用渔具以及炸鱼、毒鱼、电鱼等破坏渔业资源的方法进行捕捞，或者在禁渔区、禁渔期进行捕捞；

（六）向水体排放污染物的水上餐饮、水上住宿等经营行为；

（七）法律、法规禁止的其他污染水质行为。

第三十四条　市、县（区）人民政府应当建立汉江流域水质保护的风险防范体系，依法制定汉江流域水污染事故应急预案，并做好突发环境事件的风险控制、应急准备、应急处置和事后恢复等工作，加强对沿江河工业企业、矿山企业及尾矿库和工业聚集区环境风险的监督管理。

输送、运输、贮存有毒、有害废水或者其他污染物的管道、沟渠、坑塘、运输车辆、贮存仓库、容器等，必须采取防渗漏等安全措施。

公安部门依法对通过汉江流域运输危险品的车辆进行审核审批，核发运输通行证，做好通行保障工作，依法查处非法运输危险品的行为。

可能发生水污染事故的企业事业单位应当按照规定制定水污染事故应急方案，发生水污染事故后及时启动应急方案，采取有关应急措施，并向事故发生地县级以上人民政府或者生态环境主管部门报告。

第四章　法律责任

第三十五条　违反本条例第十八条第二款规定的，由市、县（区）人民政府责令关闭。

第三十六条　违反本条例第十九条第二款规定，未经许可设置入河排污口的，由生态环境主管部门责令限期拆除，处二万元以上十万元以下的罚款；逾期不拆除的，强制拆除，所需费用由违法者承担，处十万元以上五十万元以下的罚款；情节严重的，可以责令停产整治。

第三十七条　违反本条例第二十一条第一款规定，在禁采区、禁采期采砂的，由水利主管部门责令停止违法行为，没收违法所得，并处十万元以上五十万元以下的罚款；构成犯罪的，依法追究刑事责任。

违反本条例第二十一条第二款规定，未办理河道采砂许可证采砂或者未按河道采砂许可证规定采砂作业的，由水利主管部门责令停止违法行为，没收违法所得，并处五万元以上二十万元以下的罚款；构成犯罪的，依法追究刑事责任。

违反本条例第二十一条第三款规定，不及时平复河床、恢复废弃作业场所地貌的，由水利主管部门指定相关单位代为平复、恢复，所需费用由采砂单位或者个人承担。

第三十八条　违反本条例第二十三条第二款、第二十五条第四款规定，无排污许可证或者违反排污许可证的规定向水体排污，未按照规定进行预处理排污的，由生态环境主管部门责令改正或者责令限制生产、停产整治，并处十万元以上一百万元以下的罚款；情节严重的，报经有批准权的人民政府批准，责令停业、关闭。

违反本条例第二十五条第二款规定，擅自拆除或者停运、闲置水污染物处理设施的，由生态环境主管部门责令改正或者责令限制生产、停产整治，并处十万元以上一百万元以下的罚款；情节严重的，报经有批准权的人民政府批准，责令停业、关闭。

违反本条例第二十五条第三款规定，重点排污单位、工业聚集区未安装水污染物排放自动监测设备，未与生态环境主管部门的监控设备联网，或者未保持监测设备正常运行的，由生态环境主管部门责令限期改正，并处二万元以上二十万元以下的罚款；逾期不改正的，责令停产整治。

违反本条例第二十八条第一款规定，城镇污水集中处理设施的运营单位或者污泥处理处置单位，处理处置后的污泥不符合国家标准的，由城镇排水主管部门责令限期采取治理措施，给予警告；造成严重后果的，处十万元以上二十万元以下的罚款；逾期不采取治理措施的，城镇排水主管部门可以指定有治理能力的单位代为治理，所需费用由违法者承担。

第三十九条　违反本条例第二十九条第二款规定，农业投入品生产者、销售者、使用者未按照规定及时回收肥料等农业投入品的包装废弃物或者农用薄膜，或者未按照规定及时回收农药包装废弃物交由专门的机构或者组织进行无害化处理的，由农业主管部门责令改正，并处一万元以上十万元以下的罚款；农业投入品使用者为个人的，可以处二百元以上二千元以下的罚款。

第四十条　违反本条例第三十条第一款规定，规模化畜禽养殖场、养殖小区未建设污染防治配套设施或者自行建设的配套设施不合格，也未委托他人对畜禽养殖废弃物进行综合利用和无害化处理，即投入生产、使用，或者建设的污染防治配套设施未正常运行的，由生态环境主管部门责令停止生产或者使用，可以处十万元以下的罚款。

违反本条例第三十一条第一款的规定，未取得养殖证，擅自在汉江流域从事养殖生产的，由渔业主管部门责令限期改正，补办养殖证或者限期拆除养殖设施，逾期未办理养殖证或者未拆除养殖设施的，由渔业主管部门处一千元以上五千元以下的罚款；情节严重的，没收渔获物和违法所得，可以并处五千元以上一万元以下的罚款。

第四十一条　违反本条例第三十二条第一款规定，船舶未配置相应的防污设备和器材，由海事管理机构、渔业主管部门责令限期改正，并处二千元以上二万元以下的罚款；逾期不改正的，责令船舶临时停航。

违反本条例第三十二条第二款，向水体排放残油、废油、垃圾的，由海事管理机构、渔业主管部门按照职责分工责令停止违法行为，并处一万元以上十万元以下的罚款；造成水污染的，责令限期采取治理措施，消除污染，并处二万元以上二十万元以下的罚款；逾期不采取治理措施的，海事管理机构、渔业主管部门可以指定有治理能力的单位代为治理，所需费用由船舶承担。

第四十二条　违反本条例第三十三条第一项规定，由生态环境主管部门责令停止违法行为，限期采取治理措施，消除污染，处二万元以上二十万元以下的罚款。

违反本条例第三十三条第二项规定，由生态环境主管部门责令停止违法行为，限期采取治理措施，消除污染，处十万元以上一百万元以下的罚款；情节严重的，报经有审批权的人民政府批准，责令停业、关闭。

违反本条例第三十三条第三项规定，由生态环境主管部门责令改正或者责令限制生产、停产整治，并处十万元以上一百万元以下的罚款；情节严重的，报经有批准权的人民政府批准，责令停业、关闭。

违反本条例第三十三条第四项规定，由海事管理机构、渔业主管部门按照职责分工，责令停止违法行为，处一万元以上十万元以下的罚款；造成水污染的，责令限期采取治理措施，消除污染，处二万元以上二十万元以下的罚款；逾期不采取治理措施的，海事管理机构、渔业主管部门按照职责分工可以指定有治理能力的单位代为治理，所需费用由船舶承担。

违反本条例第三十三条第五项规定，由渔业主管部门没收渔获物和违法所得，处五万元以下的罚款；情节严重的，没收渔具，吊销捕捞许可证；情节特别严重的，可以没收渔船；构成犯罪的，依法追究刑事责任。

违反本条例第三十三条第六项规定，由生态环境主管部门责令停止违法行为，限期采取治理措施，消除污染，处二万元以上二十万元以下的罚款。

第四十三条　违反本条例第三十四条第二款规定，输送、运输、贮存有毒、有害废水或者其他污染物的管道、沟渠、坑塘、运输车辆、贮存仓库、容器等未采取防渗漏等安全措施的，由生态环境主管部门责令其停止违法行为，限期采取治理措施，消除污染，处二万元以上二十万元以下的罚款。

违反本条例第三十四条第四款规定，不按照规定制定水污染事故应急方案的，或者发生水污染事故后，未及时启动水污染事故的应急方案或者未采取有关应急措施的，由生态环境主管部门责令改正；情节严重的，处二万元以上十万元以下的罚款；造成水质污染的，依法追究环境损害赔偿责任。

第四十四条　生态环境主管部门和其他相关主管部门工作人员以及其他依法履行公职的人员在汉江流域水质保护工作中，玩忽职守、滥用职权、徇私舞弊的，由其所在单位、上级主管部门或者监察机关依法给予处分；构成犯罪的，依法追究刑事责任。

第四十五条　违反本条例的其他破坏、污染汉江流域水质的行为，法律法规已有处罚规定的，从其规定。

第五章　附　则

第四十六条　本条例所称汉江干流是指汉江石泉县曾溪镇左溪河口入境至白河县城关镇下卡子出境河段。

本条例所称汉江支流是指本市行政区域内子午河、池河、任河、岚河、月河、黄洋河、坝河、旬河、白石河、南江河等一级支流以及其他直接或者间接流入汉江的河流。

本条例所称湖库是指瀛湖以及其他水利水电工程形成的库容在一千万立方米以上的大中型人工水库。

第四十七条　安康高新区、恒口示范区、瀛湖生态旅游区管理委员会负责各自职责范围内的汉江流域水质保护工作。

汉江流域内自然保护区、风景名胜区、湿地、饮用水水源保护区等重点区域的保护管理工作，有关法律法规另有规定的，从其规定。

第四十八条　本条例自 2021 年 4 月 1 日起施行。

索 引

山川河湖（37条）

水源工程与城乡供水（107条）

防汛抗旱（26条）

水土保持与水环境治理（28条）

水电、水产、航运（19条）

水库移民（14条）

流域综合管理（52条）

文化民俗（147条）

机构人物（41条）

参加编写及提供资料人员名单

文字资料提供人员名单

王　剑　赵军校　周亚奇　鱼晓利　沈景涛　周　炜　郑丹颖　王　星　张义强
高小琪　卜林刚　江　波　刘　晨　任平华　吴　艳　岐　宁　李　宇　王　璞
郭徐峰　王占峰　李　伟　陈　杨　吴　慷　李景春　杨厚文　罗　波　冯文飞
汪成浩　许　昊　徐鹏飞　阮班超　李权兵　孙　杰　王　敏　李永坤　张　根
陈　超　谷定文　李志强　吕焕定　王政军　张文楷　赵　宁　吴小丽　李昊辰

图片资料提供人员名单

王辛石　张恩颐　王　伟　梁长生　雷保寿　牛江林　崔建荣　李仁義　薛　婷
何　媛　黄良明　刘庆海　李成宝　刘贵棠　卜林刚　陈　非　刘正根

编后记

汉江古称汉水，是长江的第一大支流，在不同地段有不同名称，有些名称甚至已经有2000多年的历史，如沧浪水、襄水、沔水、汉水等，是一条历史久远、内涵丰富的河流，此次能为其作志，记录其所从来、探其所去实为人生幸事。

此次编纂工作是一次特别的经历，因时间紧迫、任务繁重，幸得流域内各水利部门的支持与帮助，提供时效性强、内容翔实的第一手资料。

在接到编纂任务后，第一时间成立了编纂小组，建立了微信交流群，共享参考资料，严密构思编纂大纲并不断细化，确定了人员分工，编纂期间定期召开资料提供对接推进会、专题问题研讨会、编纂进程交流会、专家评审会，为《汉江志》的编纂工作顺利推进奠定了基础。

《汉江志》的编纂工作始终在陕西省水利厅党组领导和支持下进行，严格按照"河流志编纂要坚持山水林田湖草沙生命共同体理念，以河流为轴线，以水为核心，以流域生态保护为基准线，以河流文化为特色，突出记述治水治河、治山治沙"编纂的总体要求，研讨制定既规范而又有特色的《汉江志》编纂大纲，设立了"流域环境状况""水资源集约节约利用""防汛抗旱""水保生态环境建设""流域综合管理""汉江文化""机构与人物"等七篇内容，从自然地理区位、资源禀赋及开发利用、人文水利遗存、治水机构与人物等多方面展开记述，可谓内容丰富、洋洋大观。

2024年1月25日，陕西省水利厅组织有关专家、厅设有关单位负责同志对《汉江志（初稿）》进行了初审，并提出了补充完善意见。会后，编者及时组织汉中、安康有关市（县）编写人员逐条进行了修改完善。4月8—20日，《陕西省河流志丛书》编纂委员会将《汉江志（征求意见稿）》下发汉中、安康有关单位、县（区）和省级有关单位征求意见，同时征求了陕西省地方志办公室的意见。汉中、安康有关市（县）、单位补充完善了有关内容，并提出了50多条修改意见，特别是陕西省地方志办公室李军副处长、陕西省住房和城乡建设厅倪坪同志、陕西省水利厅原二级巡视员杨耕读同志对志书编纂工作给予了充分肯定，并对志书定位、审定、图表、记述重点、人物入志等提出了明确要求。根据陕西省地方志办公室编志最新要求，编者及时修改完善，统一设置了英文目录和索引，取消了人物篇中人物事录节。2024年6月8日，陕西省地方志办公室在西安市蓝田县召开了《汉江志》复审会，陕西省地方志办公室李军副处长出席并主持了复审会议，与会专家充分肯定了《汉江志》的编纂成果，认为《汉江志》政治观点正确，体例规范，结构合理，资料丰富翔实，文风朴实，语言精炼，特色明显，会议一致同意将《陕西省河流志丛书》纳入《陕西省地情丛书》范畴，并同意《汉江志》通过复审。

2025 年 2 月 22 日，中国名水志文化工程 · 陕西省河流志丛书终审会在北京召开。水利部办公厅、中国地方志工作办公室、中国水利水电科学研究院、中国社会科学院当代中国研究所、中国水利学会水利史与水利遗产专业委员会、黄河水利出版社、陕西省水利厅、陕西省地方志办公室的有关领导、专家、学者共计 17 人参加了会议。专家组一致同意将《陕西省河流志丛书》列入《中国名水志文化工程丛书》。

在此次编纂过程中，编写团队深入汉江流域内各地市，考察汉江源头，探访各大支流，深入了解其资源禀赋，包括水沙资源、渔业资源、航运价值等，实地考察流域内优秀的治水经验，如水土保持、河湖长制、地市节水优秀经验、水事管理、防汛抗旱等优秀案例，详细收集流域内水利遗存，包括古代堰坝、碑石等。

全志由序、凡例、概述、大事记和志、传、录、表、图以及附录三大部分组成，共设 7 篇 33 章 97 节，约 92 万字。在编纂过程中，汉中市、安康市、商洛市水利部门及其所属的汉台区、南郑区、城固县、洋县、西乡县、勉县、宁强县、略阳县、镇巴县、留坝县、佛坪县、汉滨区、汉阴县、白河县、石泉县、宁陕县、紫阳县、岚皋县、平利县、镇坪县、旬阳县、镇安县、柞水县、山阳县等县（区、市）水利部门以及各重点水利工程建设单位给予了极大支持，明确领导负责，确定专人联络，多次召开会议部署推进，从资料提供、数据核对、图片选择到陪同实地考察调研，给予了热情关注和帮助。还有安康市有关单位及汉中市、安康市林业和草原、生态环境、自然资源、文化和旅游等部门也提供了不少宝贵资料。省、市、县、乡先后有近 60 多人参与了志书编写、资料提供与调研服务等工作，正可谓“众手成志”，在此，我们对关心、支持、帮助本志的领导、专家，对参与编纂、提供资料的单位和人员，对参与打印、填表、制图、摄影的同志，一并表示衷心感谢！

最后需要说明的是，由于编纂时限要求很紧，加之对有关情况了解不深不透，水利事业发展过程中许多数据变化快、版本多，编纂人员文字与专业知识水平有限，错误和不当之处在所难免，诚挚欢迎各位专家学者、广大读者批评指正。

《汉江志》编纂组

2025 年 4 月

中国名水志文化工程丛书
陕 西 省 地 情 丛 书
陕 西 省 河 流 志 丛 书

漆水河志

《陕西省河流志丛书》编纂委员会 编

黄 河 水 利 出 版 社
· 郑 州 ·

图书在版编目（CIP）数据

漆水河志 / 《陕西省河流志丛书》编纂委员会编.
郑州 : 黄河水利出版社, 2025. 6. -- (陕西省河流志丛书). -- ISBN 978-7-5509-4119-9

Ⅰ. TV882.841

中国国家版本馆CIP数据核字第202511QF40号

漆水河志　QISHUIHE ZHI

《陕西省河流志丛书》编纂委员会　编

责任编辑	景泽龙	责任校对	高军彦
封面设计	张心怡　孟周利	责任监制	常红昕
出版发行	黄河水利出版社 地址:河南省郑州市顺河路49号　邮政编码:450003 网址: www.yrcp.com　E-mail:hhslcbs@126.com 发行部电话：0371-66020550		
承印单位	陕西省水利印刷厂		
开　　本	787mm×1092mm　1/16		
插　　页	24		
印　　张	34.75		
字　　数	872千字		
版次印次	2025年6月第1版	2025年6月第1次印刷	
定　　价	3680.00元（全十卷）		

《漆水河志》编纂委员会

主　任　许　灏

副主任　张卫东　韩彦霄　贺　群

委　员　原向明　刺智祥　王　琦　黄亚团　姚　伟　刘大庆
冯广辉　杨　斌　魏克武

主　编　耿　涛

审定单位

初　审　陕西省水利厅

复　审　陕西省地方志办公室

终　审　水利部水文化研究工作指导委员会办公室

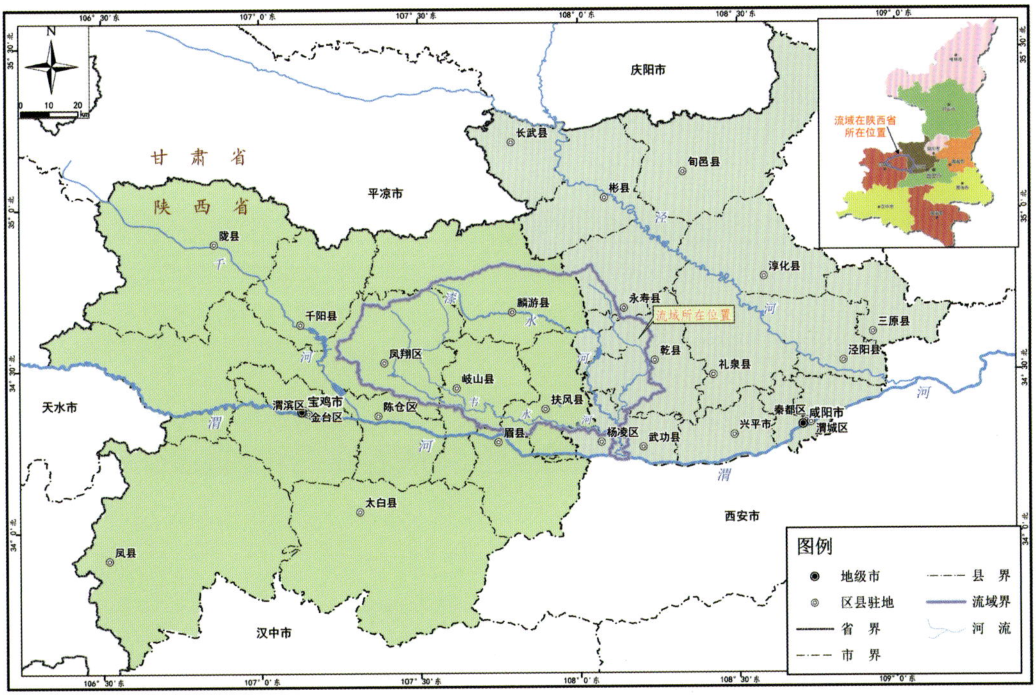

漆水河流域范围地理位置图

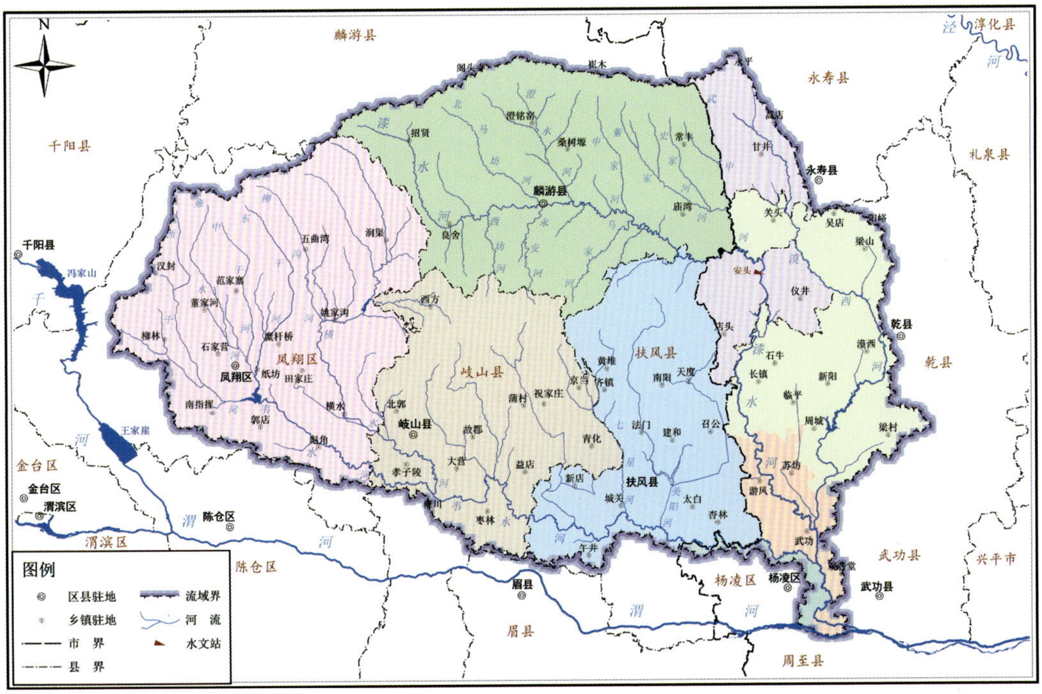

漆水河流域水系及行政区划图

麟游县漆水河源头（2023年 耿涛）

漆水河乾县临平镇龙岩寺段（2023年 耿涛）

凤翔区雍水河与横水河交汇处（2023年 龚裕凌）

扶风县漳水河与七星河交汇处，左侧为七星河，右侧为漳水河（2023年 龚裕凌）

漆水河武功县武功镇段（2023年 龚裕凌）

漆水河与湋水河在武功县武功镇南侧的交汇处（2023年 龚裕凌）

漆水河杨凌示范区段（2023年 龚裕凌）

漆水河与渭河在武功县大庄乡的交汇处。左侧为渭河，右侧为漆水河（2023年 龚裕凌）

宝鸡峡引水渡槽（2024年 耿涛）

乾县龙岩寺段漆水河实景图（2024年 许军栋）

麟游县屯头水库（2023年 耿涛）

咸阳市羊毛湾水库（2023年 刘强）

咸阳市羊毛湾水库总干渠（2023年 刘强）

乾县大北沟水库（2023年 刘强）

凤翔东风水库（2023年 李栓平）

凤翔白荻沟水库工程建设场景（2023年 李栓平）

1979年白荻沟水库除险加固工程建设场景（2023年 李栓平）

凤翔白荻沟水库（2023年 李栓平）

扶风县宝鸡峡引渭工程漳水倒虹工程（2023年 李效强）

凤翔区东湖景区（2023年 耿涛）

凤翔雍城湖（2023年 耿涛）

岐山县凤鸣湖（2023年 耿涛）

乾县老鸦嘴水库（2023年 耿涛）

岐山县祝京水库（2023年 耿涛）

麟游县酒房镇万亩高山蔬菜基地（2024年 雷晓虎）

永寿县云集水土保持示范园（2023年 师锋）

永寿槐林花海（2021年 师锋 ）

永寿县店头漆水河高桥（2020年 安振忙）

永寿县店头镇樊家河村油菜花（2021年，陈小强）

永寿县店头镇牡丹园（2022年，陈小强）

永寿县娄敬庙（2021年 安振忙)

永寿县夜市（2022年，陈小强）

店头镇樊家河村民居（2020年 安振忙）

永寿县店头镇苏家村苹果丰收（2020年 安振忙）

杨凌区湋水河水土保持示范园（2024年 梁亚飞）

扶风县七星河国家湿地公园（2023年 李效强）

岐山县凤鸣湖水土保持示范园（2024年　王少华）

凤翔雍城湖水土保持示范园（2024年　李栓平）

麟游县西海苑（2023年 耿涛）

武功县武功古城漆水河景观（2023年 耿涛）

武功县武功镇姜嫄水乡（2023年 耿涛）

中国杨凌农业高新技术博览会陕西水利展区（2023年 郝晓静）

一年一度的中国杨凌农业高新技术博览会（2023年 郝晓静）

西北农林科技大学节水示范园中水利用场景（2023年 郝晓静）

西北农林科技大学节水示范单元（2024年　王栋）

杨凌智慧农业示范园（2023年　梁亚飞）

杨凌智慧农业示范园智慧云控制中心（2023年　梁亚飞）

麟游县城全貌（2020年 雷晓虎）

麟游县九成宫醴泉铭碑亭景区（2023年　耿涛）

唐九成宫礼泉醴泉铭碑（2023年　耿涛）

麟游县九成宫唐井遗址（2023 年 耿涛）

岐山县润德泉（2024年　耿涛）

武功县郑家坡遗址（1978 年，许军栋）

杨凌古部国遗址（2022年，许军栋）

武功县武功古镇全景（2023 年 龚裕凌）

武功县武功镇后稷教稼台遗址大门（2023年 耿涛）

武功县武功镇后稷教稼台遗址（2023 年 耿涛）

武功县武功镇古美阳关遗址（2023年　龚裕凌）

武功县武功镇都城隍庙（2023 年 龚裕凌）

武功县武功镇上阁寺（2023年 龚裕凌）

武功县武功镇唐报本寺塔（2023 年 龚裕凌）

武功县武功镇大汉苏武墓园（2023年　龚裕凌）

武功县武功古城油菜花海（2023年　龚裕凌）

武功县武功镇油菜花海后稷脚印（2023年　龚裕凌）

延续近 4000 年的武功县武功镇东河滩物资交流会（2023 年 龚裕凌）

武功县武功镇东河滩物资交流会（2023年 龚裕凌）

乾县“乾州四宝”小吃（2019年 刘强）

杨凌姜嫄古庙会（2023年　龚裕凌）

凤翔西凤酒股份有限公司（2024年　李栓平）

凤翔区笙箫公园（2024 年 李栓平）

凤翔区泥塑工艺（2024年　李栓平）

岐山县周文化景区（2024年　王少华）

凤翔区灵山（2024年　王少华）

岐山县周公庙（2024 年 王少华）

岐山县诸葛亮庙（2024年　王少华）

岐山县周原遗址（2024年　王少华）

扶风县周原国际考古研究基地（2023年　李效强）

岐山县禹王庙（2024 年 耿涛）

扶风县法门寺塔（2023年　李效强）

扶风县法门寺（2023年　李效强）

乾县乾陵唐高宗李治与武则天合葬墓（2023年　龚裕凌）

乾县乾陵六十一蕃臣群像（2023 年 龚裕凌）

乾县乾陵无字碑（2023年　龚裕凌）

乾陵述圣纪碑（2023年　龚裕凌）

乾县乾陵懿德太子墓壁画（2023年　龚裕凌）

位于杨凌农业高新技术产业示范区的西北农林科技大学（2023年　梁亚飞）

乾县乾陵博物馆（2023 年 耿涛）

杨凌农业高新技术产业示范区隋文帝泰陵（2023年 耿涛）

西北农林科技大学原国立西北农林专科学校旧址（2023年 梁亚飞）

西北农林科技大学博览园（2023 年　梁亚飞）

原水利部西北水土保持研究所（2023年　梁亚飞）

高速发展的武功电商经济（2023年　许军栋）

《陕西省河流志丛书》编纂团队合影
（前排左起赵西安、常崇信、许灏、蒋建军、雷保寿、耿涛，
后排左起田晓强、杨永平、权医平、王辛石、黄卫涛、于世宏、龚裕凌）

漆水河流域水利重要数据（2020年）

流域概况	漆水河全流域面积3824平方千米，干流全长151.6千米。流域面积在10平方千米以上的河流有14条。流域涉及陕西省宝鸡市、咸阳市、杨凌区3个市（区），8个县（区），69个镇（办）；主要包括麟游县、凤翔区、岐山县、扶风县的大部分地区，以及永寿县、乾县的部分地区和武功县、杨凌区的局部地区。
水资源量	流域水资源总量4.06亿立方米，漆水河流域现状水资源开发量为1.97亿立方米，总水资源开发利用程度为48.42%。流域面积在10平方千米以上的河流有14条，其中地表水资源量2.07亿立方米，地下水资源量3.84亿立方米，地下水可供开采水量约3.56亿立方米。
节约用水	漆水河流域已发展节水灌溉面积41.70万亩，其中渠道防渗灌面积26.03万亩，低压管道灌溉面积7.39万亩，喷灌面积5.86万亩，微灌面积0.22万亩，其他工程节水面积2.20万亩。流域内岐山县、凤翔区、杨凌区、永寿县、乾县、扶风县和武功县等7个县（区）先后被评选为节水型社会建设达标县（区）。
水源工程	漆水河流域共有水库46座，总库容36822.59万立方米，其中大型水库1座，中小型水库45座，其中中型水库5座，小（1）型水库23座，小（2）型水库17座。流域内水库以灌溉、供水为主，兼顾防洪功能。漆水河流域供水能力42874万立方米，蓄水工程现状供水能力6650万立方米；引水工程115处，其他水源工程供水能力783万立方米。其中地表水供水能力占总供水能力的43.7%，地下水供水能力占总供水能力的54.5%，其他水源工程供水能力占总供水能力的1.8%。
灌溉工程	流域大中型灌区共有9处，设计灌溉面积476.7万亩，有效灌溉面积416.34万亩，其中农田有效灌溉面积为170.34万亩，果园、林地灌溉面积为13.07万亩，草场灌溉面积为0.25万亩。流域内除上游地区的麟游县、永寿县外，其他县（区）农业灌溉较为发达。
城乡供水	流域各类水利工程现状供水能力4.29亿立方米，已成蓄水工程46座，现状供水能力6495万立方米；引水工程115处，现状供水能力8306万立方米；取水工程446处，现状供水能力3788万立方米，配套机电井26050眼，现状供水能力23348万立方米。流域内城镇自来水普及率为100%，农村集中供水率达到99%，农村自来水普及率为95.5%。
水电水产	漆水河流域水能理论蕴藏量为6.31万千瓦。流域建成张堡、川云关、杨凌、新庄塬等4座水电站，总装机7670千瓦。漆水河干流鱼类物种多样性均高于各支流，干流鱼类有27种，各支流鱼类共有12种。流域内水库、陂塘、养鱼场80多处，养殖面积达21336亩。
江河堤防	漆水河岸线总长313.16千米，共划分52个岸线功能区，其中岸线保护区2个，岸线长度21.7千米，占比7%；岸线保留区34个，岸线长度250.59千米，占比80%；岸线控制利用区12个，岸线长度21千米，占比7%；岸线开发利用区4个，岸线长度19.85千米，占比6%；漳水河（东风水库以下段）岸线总长213.32千米，共划分14个岸线功能区。
水土保持	漆水河流域水土流失面积为12075.0平方千米，占总土地面积的66.4%。漆水河流域水土保持治理面积1513平方千米，水土保持率65.1%。其中兴修基本农田4.89万公顷，打造水土保持林6.15万公顷，营造经济林1.90万公顷，人工种草0.58万公顷，流域内封禁治理1.45万公顷，修建淤地坝23座。同时流域内加强生产建设项目实时动态监管，实现遥感监管全覆盖，强化水土保持监测，大力推广示范引领，已建成省级水土保持示范园4座。
流域管理	流域内总人口123.37万人，平均人口密度322人每平方千米，城镇化率44.7%。2020年底，流域内耕地总面积205.4万亩，国内生产总值达到750.73亿元，人均国内生产总值6.1万元。漆水河流域共有河长、湖长891人。地方性法规3部、市级规范性文件37件，查处水事违法案件6起。开展重大水利科技交流活动62起，获得部省级水利科技成果奖85项。
河流文化	流域内有省级以上水利风景区6个，国家级水情教育基地1处；重点历史文化名胜24处，水文化遗产168处，自然景观12处，文化名胜16处。

序

陕西省位于中国中部，以地理分界，分陕南、陕北、关中三区，今人称其为三秦。三秦大地被两个山系——北山和秦岭分界。北山山系的黄龙山、子午岭、陇山诸山划出了陕西北部沟壑纵横的黄土高原和中部一马平川的关中平原。大地理的秦岭，西起昆仑，中经陇南、陕西中部，东至鄂、豫、皖，分出长江、黄河两大流域，以及中国南北方的地理、气候。而横贯秦地中部的秦岭，在此自西向东也成为渭水与汉水的分界，形成了黄河和长江两大流域最大的支流。山是水之依，水是山之魂。北山、秦岭和巴山造就了三秦河流，孕育了悠久的中华文明，见证了夏、商、周三代以后朝代的更替兴衰。

三秦河流自然环境差异极大，河流所经高原、山地、丘陵、盆地、平原交错其间，多年平均降水量从陕北的340毫米过渡到陕南的1240毫米。华夏先民进入三秦，水利便是他们生存和发展的必然选择。不算很优越的水资源条件，因他们卓越的水利创造，滋养出了灿烂的河流文化。

《陕西省河流志丛书》是所涉三秦河流的百科全书。丛书分为《渭河志》《汉江志》《无定河志》《泾河志》《丹江志》《北洛河志》《千河志》《延河志》《漆水河志》《褒河志》各卷。河流志各卷以河为轴，以水为主干，涵盖了河流的自然地理、发展利用、人文历史等。以水利凿通上下5000年及至当代，由此可见这部丛书作者们的担当。

陕西的河流保留了自上古时期至现代文明演替的历史印迹，其文化类型之丰富，在中国乃至世界江河中少有与之比肩者。中国水利史大致可以分为四个阶段，比照三秦尤其具有代表性。

第一阶段（距今约10000年—前221年），这是从部落氏族走向中国的文明生发期。近年考古发现证实了从农业的发端到秦帝国成立，没有中断的中华文明演变轨迹。距今5000年上下，黄河流域处于炎帝、黄帝、伏羲、女娲、尧、舜、禹的传说时代，华夏文化已经初具农耕社会形态，是为华夏文明的源头。约公元前11世纪，擅长农业的姬姓部族进入漆水河流域的周原，在岐山下经营出旱作、稻作农业，灌溉工程因此诞生。传说时代以禹治水而发生文明大转折。兴起于豳、岐的周人，经牧野之战，灭商建立了中国唯一的贵族王国——周，史称西周。西周先后建都丰、镐，建立了国家川衡、虞泽制度，为其后春秋战国各诸侯国水利兴起的先声。战国时期后起的秦国，经孝公时（前381—前338年）商鞅变法迅速强大，兼并六国，建立起第一个王朝集权国家。强大的秦国在泾河上兴建了郑国渠，关中水利区由此历经汉唐至明清，支撑了区域农业2000余年。郑国渠亦开创了中央王朝经营水利工程的先河。

第二阶段（前221—1279年），经历了汉、唐、宋水利发展的高潮，水利支撑了古代中国最重要朝代的繁盛。自汉迄唐，渭河横贯的八百里秦川，从京畿的咸阳、长安，到华州、陕州两岸密集分布着具有灌溉、水运、水能（水磨、水碾）等功能的水利工程。在渭河的支流北洛河上兴建了中国最早的隧洞引水工程——龙首渠。汉兴之地的汉江及其支流褒河、丹江，由军事屯垦带来了区域性水利工程兴建，历经东汉、三国、两宋发展，形成了陕南汉中水利区。这一阶段可称道的还有唐代第一部国家水利法规《水部式》的颁布，强化了中央政府对关中灌溉工程、河西和西域屯田水利、运河工程和用水管理，从而确立了国家、地方不同的水利管理体制。

第三阶段（1279—1930年），这一时期水利以陕北边镇水利为代表。陕北地处干旱和半干旱区，是农耕与游牧不同文化的分界线。北宋、西夏、明代在无定河与黄河支流清水河（今延河）流域先后涌现出大大小小的引水工程，营造出延安、榆林一带塞北稻作农业区。20世纪三四十年代抗日战争期间，旱区水利继续发扬光大。陕北的古代水利工程中，以无定河支流榆溪河红石峡灌渠最为著名。引水渠或明或暗穿行于榆溪河两岸的山崖中，灌渠、榆溪河、对峙的山崖和摩崖石刻，营造出著名的“榆林八景”，这一于15世纪兴建的工程今天仍在发挥作用，并继续九边重镇的无限风光。

第四阶段（1931年至今），这是传统水利步入现代工业文明的时期。水利技术逐渐取代传统工程技术，水资源开发利用超过了任何历史阶段。先是以泾惠渠、渭惠渠为代表的“关中八惠”等现代水利工程的兴建，带来了水权制度在灌区管理中的实践。在抗日战争期间，渭河边现代水利科学、教育发展起来；陕甘宁边区水利事业蓬勃发展。1949年以后，现代水利在三秦大地得到全面发展，水利在城市供水、防洪减灾等方面发挥的作用日渐突出。近年来，引汉济渭工程、东庄水利枢纽工程的实施，为咸阳、西安及秦地的渭北地区开辟了新水源，城市供水安全、经济可持续发展得到了保障。但是，工业革命理念下的水利建设也留下了违反河流规律的后果，如20世纪50年代三门峡水利工程规划失误，造成河流自然环境不可逆转的蜕变，此后数十年，渭河平原洪水灾害频发，直到实施三门峡枢纽工程重大改造才得以控制。近40年来，水利可持续发展理念日益深入人心，陕西省数十年持之以恒的水土保持工程，改善了河流自然环境，使青山绿水重返陕北。

《陕西省河流志丛书》所志十河，每河皆为名水，以“水”而见三秦山川之美，而见治水与治世、治水与文化的交织。《诗经·鲁颂·閟宫》曰：“赫赫姜嫄，其德不回。上帝是依，无灾无害。弥月不迟，是生后稷。降之百福。黍稷重穋，稙稚菽麦。奄有下国，俾民稼穑。有稷有黍，有稻有秬。奄有下土，缵禹之绪，后稷之孙，实维大王。居岐之阳，实始剪商。”十河的历史与文化属于三秦，亦属于中国。

是以为序。

谭徐明

二〇二五年，乙巳岁旦之日

（谭徐明，中国水利水电科学研究院原副总工程师，教授级高级工程师、博士生导师，中国水利学会水利史与水利遗产专业委员会主任委员，水利遗产保护与研究国家文物局重点科研基地学术委员会主任）

凡 例

一、本志以马克思列宁主义、毛泽东思想、邓小平理论、“三个代表”重要思想、科学发展观、习近平新时代中国特色社会主义思想为指导，坚持辩证唯物主义和历史唯物主义的观点、方法，客观记述漆水河流域历史发展与现状，坚持略古详今、略远详今，突出重点，力求体现专业特征和流域特色，达到思想性、科学性、资料性的有机统一。

二、本志为《陕西省河流志丛书》之一，编排体例遵循丛书编纂统一规范。全志设序、凡例、概述、大事记及志、传、表、录、图等，采取横排门类、纵述始末，依类叙事，以事系人。结构按篇、章、节、目、子目层次设置，节以下用一、（一）、1、（1）分层。以文字记叙为主，随文配以必要的表格、图片；照片置于卷首，具有存史价值的资料附录于后。表、图以篇、章为单位编号。

三、本志记事上限追溯至事物发端，下限截至2020年底，个别重要事项延至封笔。

四、本志采用语体文、记述体编纂，坚持公允、客观，述而不评，寓观点于记事之中。行文力求语言朴实、简练、流畅。引录原文放在引号内，一般注明出处，古文酌予诠释。历史朝代年号、政权机构、社会团体、官职及地名的称谓等均从原称，必要的加以括注；人名一般不冠褒贬和职称，注释采用脚注。文字使用以2000年10月31日发布的《中华人民共和国国家通用语言文字法》为准；标点符号使用以2011年12月30日发布的《标点符号用法》（GB/T 15834—2011）为准。

五、计量采用国家规定的通用单位。重量单位用克、千克、吨；长度单位用毫米、厘米、米、千米；面积单位用平方米、平方千米、公顷、千公顷，考虑到社会使用习惯，全志中“亩产”“亩耗水量”保留，未作统一换算；体积单位用升、立方米；流量单位用立方米每秒；电力单位用千瓦、兆瓦、千瓦时、千伏安等。数字书写按照2011年7月29日发布的《出版物上数字用法》（GB/T 15835—2011）执行。

六、漆水河属跨地市河流，流域辖3市（区）8县（区），涉及宝鸡市、咸阳市、杨凌农业高新技术产业示范区。本志按照全流域综合记述的原则，坚持山水林田湖草沙生命共同体理念，以河流为轴线，以水为核心，以流域生态保护为基准线，以河流文化为特色，突出治水治河。重点记述陕西省漆水河流域内河流自然环境状况、水资源集约节约利用、防汛抗旱与河道整治、水保生态环境建设、流域综合管理、漆水河文化、机构与人物等。

七、遵循“生不立传”的惯例，不为生人立传。入志人物以对漆水河流域治水、治河、治污和生态环境建设等作出贡献和有较大影响为标准。立传记述人物以卒年为序，省级及以上劳模、先进个人和高级工程师列表记述。

八、流域自然环境概述数据以陕西省水利厅 2023 年 5 月 25 日批复的《漆水河流域综合规划》（基准年 2020 年）为准，下延至 2024 年的数据和其他资料数据，一般采用统计年报数据，过程性数据采用流域内市、县有关部门提供的数据。

九、本志采用资料以各级档案、志书资料和流域内有关部门提供资料为主，亦有经过考证和鉴别的口碑资料。对有关部门提供资料、照片和参编人员，在志书附录中予以记载。

目　录

第一篇　流域环境状况

第二篇　水资源集约节约利用

第三篇　河道整治与防汛抗旱

第四篇　水保生态环境建设

第五篇　流域综合管理

第六篇　漆水河文化

第七篇 机构人物

Contents

Part II: Water Resources Conservation and Efficient Utilization

Part III: River Channel Improvement and Flood/Drought Control

Part IV: Ecological Conservation and Soil Erosion Control

Part V: Comprehensive Basin Management

Part VI: Qishui River Culture

Part VII: Institutions and Figures

概　述

漆水河又名漆水、漆沮水，古称杜水（杜阳水）、武亭水、中亭水。漆水河属渭河左岸一级支流，流域涉及陕西省宝鸡市、咸阳市、杨凌区3个市（区）8个县（区）69个镇（办），主要包括麟游县、凤翔区、岐山县、扶风县的大部分地区，以及永寿县、乾县的部分地区和武功县、杨凌区的局部地区。流域内总人口123.37万人。漆水河全流域面积3824平方千米，干流全长151.6千米，河道平均比降4.7‰。流域面积在10平方千米以上的河流有14条。漆水河流域水资源总量4.06亿立方米，其中地表水资源量2.07亿立方米，地下水资源量3.84亿立方米，地下水可供开采水量约3.56亿立方米，水能理论蕴藏量为6.31万千瓦。

一

漆水河流域是中华农耕文明的发祥地。《国语·晋语》载："昔少典娶于有蟜氏，生黄帝、炎帝。黄帝以姬水（今关中永寿、乾县、武功县一带的漆水河）成，炎帝以姜水（姜水位于宝鸡）成。成而异德，故黄帝为姬，炎帝为姜。二帝用师以相济也，异德之故也。"《诗经·颂·周颂·潜》云：猗与漆沮！潜有多鱼，有鳣有鲔，鲦鲿鰋鲤。以享以祀，以介景福。漆水河为先民们提供了最原始的美食。之后漆水河流域便成了"三皇五帝"中黄帝玄孙、帝喾嫡长子、农耕业的始祖后稷"教民稼穑""树艺五谷"的地方。随后这一区域在3000多年前的夏商时期，后稷的后代公刘和古公亶父，率领周族迁居到泾水中游的豳邑（今彬州、旬邑一带），勘察水源，"彻田为粮"。后古公亶父，为避戎狄侵扰，率部族翻过梁山，循着漆水，到达周原，构筑宫室，建都岐邑。再次有了查勘水源、引泉溉田、种植五谷的活动肇始。同时姜姓部落在陕西宝鸡一带繁衍壮大以后，沿渭水向黄河流域下游发展，与漆水河流域轩辕黄帝部落联盟融合，形成了中华民族的主体。历经三世经营，部落壮大强盛，逐渐形成了周朝。周室王业八百余年，漆水河流域的岐山、凤翔也成为西周王畿之地。文王姬昌灭崇，统一关中，迁都于丰。武王姬发伐纣灭商，建都镐京。周公旦采邑属今岐山；召公奭封国在今凤翔境内；扶风一带为毛国；周平王元年（前770年），秦襄公因护送周平王东迁洛邑有功，被封为诸侯。秦襄公十二年（前766年），伐戎至岐战死。秦文公三年（前763年），以兵700人东猎，四年至"汧渭之会"，营邑建都。秦文公十六年（前750年），举兵伐戎，据岐以西之地。秦宁公二年（前714年），徙都平阳（今宝鸡市阳平）。秦德公元年（前677年），迁都雍城（今凤翔县城南）。秦穆公在位，灭国十二，开疆千里，称霸西戎。秦孝公任用商鞅变法，国力富强。秦王政横扫六合，征服中原，完成了统一中国大业。秦统一中国后，流域属内史地，设雍、美阳、郃、平阳、杜阳、漆等县。秦以后历朝历代重视农耕和水利开发。然而在新中国成立前，由于封建制度的束缚和频繁的战争，致使水利开发发展缓慢。新中国成立后，中国共产党和人民政府领导农民进行土地改革和农业合作化运动，从而使农业生产得到迅速发展，到20世纪70年代末，全流域基本实现了农业机械化和水利化。数千年来，随着农业生产的不断发展，造就了不少科技人才。20世纪30年代中期，西北农学院在本流域内杨凌建立，遂成为全国农业科技人才的培养基地之一。新中国成立70多年来，杨凌由一个小集镇逐步发展为农业高新技术产业示范区，成为驰名全国的农科城，为农业生产、耕作技术提升、良种选育等提供了人才和技术支撑，使流域农耕文明得以延续发展。现在杨凌已成为中国农业的硅谷，在小麦育种、旱作与节水农业、家畜生殖与胚胎工程、黄土高原水土流失区域综合治理等领域有了长足发展，为维护我国粮食安全、推进全球农业发展贡献着“区域力量”。

二

漆水河流域是陕西关中水利开发的肇始地。文化考古发掘证明，早在远古时期流域地区就是中华先民定居地之一，被确定为人类史前文化遗址的有700多处。5000年前先民除渔猎外，首先在漆水河流域开始种植粮食作物。周族始祖弃（后稷）善于“相地之宜”，在武功县武功镇东侧的漆水河边“教民稼穑”，使这里成为著名的农业部落聚居区。其后代公刘，率领周族迁居到泾水中游的豳邑（今彬州、旬邑一带），勘察水源，“彻田为粮”，又南涉渭河，伐木采石，“取砺取锻”，改进生产工具，使经济不断发展，人口不断增加，加速了陕西关中地区由原始游牧氏族向定居的农业氏族过渡的进程。这里自汉武帝元封年间（前110—前105年）所修的韦渠，建于汉武帝元光年间（前134—前129年）的成国渠，西魏文帝大统十三年（547年）修建的五泉渠、六门堰，六门堰建成约35年后修建的永丰渠、普济渠，唐中叶在武功县南修建的升原渠，明成化年间（1465—1487年）修建的通济渠等较早就发挥作用。在众多典籍中有古代水利工程（修渠引水）、舟渡（至民国期间，漆、漳河舟渡如故）、水力水能利用（水力鼓风冶炼、水磨等）方面的记载。同时这里有民国时期创建的西北农学院、武功水工实验室。有新中国成立初期成立的中国科学院水利部水土保持研究所、水利部西北水利科学研究所、陕西省农业科学院、陕西省林业科学院、陕西省中国科学院西北植物研究所等科研机构。尤其是20世纪60—70年代，在大搞农田水利基本建设高潮中修建的羊毛湾、大北沟、老鸦嘴、信邑沟、白荻沟、东风等一批大中型水库，使这里成为关中中西部重要的粮食产区。由北至南、由西到东，几十座水库似明珠镶嵌在大地，也为当地社会经济的发展和国家粮食安全提供了有力的保证。特别是改革开放以后，开展城乡供水、工业供水、生态供水、水产养殖、水利旅游等多种用途，这些水利工程的综合功能得以持续发挥。目前，源头正在规划修建的普化水库，不久的将来会给麟游现代能源基地插上腾飞的翅膀。水利的开发，造就了流域众多的自然景观、人文景观。其中麟山十二景、乾县八景、武功八景等名垂千古。麟游县九成宫遗址，为隋唐皇家避暑离宫。魏征赞其为“冠山抗殿，绝壑为池，跨水架楹，分岩竦阙，高阁周建，长廊四起，栋宇胶葛，台榭参差。仰视则迢递百寻，下临则峥嵘千仞，珠璧交映，金碧相辉，照灼云霞，蔽亏日月”，足见其昔日豪华之景象。如今的漆水河流域，农业发达，灌区众多，是陕西省重要的粮油果菜基地；同时位于国家汾渭平原农产品主产区，故其定位为国家汾渭平原农产品主产区的重要基地、西北黄土高原水土保持区的典型治理区、黄河流域水资源节约集约利用的先行区。

三

漆水河流域文化底蕴厚重。2023 年 8 月 25 日，陕西省宝鸡市首批地名文化遗产保护名录公布，“漆水河”被列为自然地理实体，“漆水河”曾留下大禹的足迹，留下周太王的足迹，更留下隋唐周 9 个皇帝和无数文臣武将的足迹，被誉为名副其实的中国文化河。流域有国家级文物保护单位 8 处，省级文物保护单位近百处。这里有蜚声海内外的麟游九成宫、乾县乾陵、扶风法门寺和岐山周公庙、武功教稼台、报本寺塔、都城隍庙；也有凤翔东湖的盛景和秦公大墓发掘的惊奇，可谓人文荟萃，物华天宝。有被誉为青铜器之乡、甲骨文之乡、转鼓之乡、民间艺术之乡、中国礼仪文化之乡、中国千年古镇和第 20 届亚洲旅游业金旅奖和最具特色魅力旅游目的地的“凤鸣岐山”。同时也留下了九成宫《醴泉铭》碑、《万年宫碑铭》、唐乾陵无字碑、述圣碑等众多珍贵文物。周原出土的 21050 片西周甲骨，有字卜甲 293 片，内容广泛丰富，是研究西周政治、经济、社会、文化的珍贵史料。甲骨文刻字微小如粟，称得上我国较早的微雕上品。其中凤翔、岐山、扶风素有“青铜器之乡”和“民间手工艺品之乡”的称誉。我国第一部诗歌总集《诗经》，很大一部分与流域的悠久历史、风土民情相关。东汉教育家、经学家马融在扶风施绛纱帐，高台讲座，他遍注名经，使古文经学达到成熟的境地。前秦安南将军武功人窦滔之妻苏若兰，因思念丈夫，织《璇玑图》诗寄赠。其诗为 1 图 5 色 841 字，正反、横斜、交错句读，经研究可得诗 7000 余首。保存于麟游县北马坊河东岸的唐代九成宫《醴泉铭》碑，被称为“三绝”碑，是我国书法艺术的珍品。三国的曹操、曹植父子，唐代的魏征、王勃、李白、杜甫、王维、韩愈、柳宗元、李商隐，宋代的苏轼、陆游，明代的康海，清代的胡长庆等，或赞美流域山河的雄伟，或吟述民风的淳朴，或惊叹关陇蜀道的艰险，或豪颂流域胜迹的风姿。乾陵博物馆、法门寺博物馆、周原博物馆等处收藏的出土文物及陵墓、古建筑所在地的石雕、石刻等，均为世人赞赏。勤劳质朴的流域人民，还创造出丰富多彩的民间艺术：木版年画，社火鼓乐，花炮焰火，编织漆器，剪纸刺绣，雕刻泥塑。这些取材方便、色彩鲜明、古朴典雅、造型奇异的民间艺术，成为群众节日喜庆、贺生祝寿、婚丧嫁娶、寄托情思的礼品，也反映了流域人民心灵手巧的才华和智慧。流域内继“炎帝神农，未耜是教”之后，至虞舜农官、周先祖后稷“播百谷以罴民”养民、爱民并导之善起，民众的生活、生产、商贸、服饰、饮食、居住、行旅、医药、卫生、生育、婚嫁、寿诞、丧葬、岁时、节日、宗教、信仰、禁忌、家族、亲族、村落、乡社、社交、礼仪、民间社火、民间工艺、民间文学、戏剧曲艺、民间游艺等包罗万象的风俗习惯，构成丰富多彩的民俗画卷，源远流长。产于凤翔的“西凤酒”更是历史悠久，名扬四海。流域内各县特色风味小吃享誉全国，麟游血条面、“乾州四宝”、武功“旗花面”、岐山“鸾凤”挂面、“天缘”香醋、“德有邻”辣椒制品、杨凌蒜沾面等，历史悠久，风味独特。

四

漆水河流域人杰地灵，英才辈出。黄帝被尊为中华民族始祖之一；上古的后稷（弃）、公刘，是中国农耕文化的开拓者、先行者。周文王、周武王兴周伐暴；周公勤政辅政；秦穆公称霸西戎；公孙枝识才荐贤，是春秋时期杰出的政治家；名医和能断生死；三国时著名的机械制造学家马钧，被时人称为“天下之名巧”。周人在此创造了“凤鸣岐山”的辉煌，秦人从这里开始了一统天下的征程。秦孝公任用商鞅变法；白起被称为威震六国的常胜将军；雍县人司马德戡隋末主谋兵变；岐州凤翔人、骠骑将军刘感，唐初在抗击割据势力的斗争中壮烈殉国；岐州雍县人李淳风制造浑天黄道仪，是唐代著名的天文学家、数学家；岐山县人和逢尧不辱使命，在唐外交史上留下光彩一页；岐州扶风县人马璘以五百铁骑冲叛军 10 万之众，被誉为唐“中兴锐将”；唐汧阳段秀实忠国爱民，忠烈而终；岐山元载，中唐位至权相；明扶风县人王纶敢与权宦刘瑾针锋相对，被称为“铁胆御史”；北庵堡人杨畏知，官拜南明东阁大学士；兵部右侍郎、凤翔县人袁应泰经略辽东抗击清军，以身殉职。在流域历史上，还有许多外籍勤政之吏、爱民之官、英雄豪杰、仁人志士，他们或抗击外来侵略，或除暴安良，或兴修水利，或举办学堂，为民有过不少建树。唐高宗与武则天合葬的乾陵等共 10 余座。历代名人之墓更是多不胜数，墓主有公刘、隋文帝、苏武等。他们或为开国元勋，或为民族英雄，或为仁人志士。这些为中华民族的兴旺和发展作出过杰出贡献的人物，长眠在这块土地上，为后人所钦仰。流域内产生和汇集了中国封建社会时期优秀的政治家、军事家、思想家、外交家、科学家、教育家、史学家、文学家等，创造了辉煌灿烂的秦汉文化和隋唐文化。东汉时期“班马耿窦”四大名门望族功绩卓著，班固治史、马援请缨、马融讲经、苏蕙织锦《璇玑图》等典故彪炳史册，李世民的《幸庆善宫诗》、李白的《扶风豪士歌》、韦应物的《经武功旧宅》、苏轼的《远爱亭》、于右任的《武功杂作》等流传至今。近代以后，在中国人民反帝反封建的斗争中，在建立新中国的浴血奋战中、在建设有中国特色的社会主义曲折历程中，更是英雄辈出，人才济济，不计其数。在当代，以杨凌农业高新技术产业示范区为代表的一大批院士、农业科技专家、教授和学科带头人，为我国的农业生产，特别是为西北地区的农业生产作出了卓越贡献，立下了不朽的功勋。

五

漆水河流域社会经济发展潜力巨大。漆水河流域位于陕西省关中平原腹地，不但是小麦、玉米、油菜等农作物主产区，也是苹果、酥梨、红仙桃、红提葡萄、柿子等时令水果的最佳适生区。“岐安唐”“华乐圣果”猕猴桃被认证为有机食品，苹果、酥梨、红仙桃、红提葡萄、柿子等时令水果远销海内外。

周人的祖先后稷在漆水河畔“教民稼穑，树艺五谷”。经过五千年的传承和发展，现已成为中国现代农业发展的示范区和先行区。武功古城河滩会，始于尧舜时代，繁荣于汉唐时期，历经五千多年演进发展，至今兴盛不衰。由中国古代农耕文化的祭祀活动，发展成为闻名全国的综合性贸易交流活动，使这里成为中国市场贸易的发端和丝绸之路重要的贸易节点。

民国二十三年（1934年），于右任、杨虎城等一批知名人士在杨凌创办了国立西北农林专科学校。新中国成立初期创建了西北农学院、西北林学院、中国科学院水利部水土保持研究所等科研机构。新中国成立以后，特别是中共十一届三中全会以来，流域以杨凌农业高新技术产业示范区为龙头和代表的农业科技事业有了前所未有的飞速发展。这里先后成为世界上第一例体细胞克隆羊的诞生地、全国优质小麦良种的选育基地，多个优良品种入选全国农业主导品种。这里是国家旱作农业和良种繁育、节水灌溉和节水工程、生物工程和生化工程、生态和环境工程、农副产品深加工和植物化工、设施农业等涉农产业的先行区、示范区。至2020年，杨凌农业高新技术产业示范区有西北农林科技大学等20多个科研教学单位，设有作物栽培、生物遗传、畜牧兽医、蚕桑、农业工程、微生物及新技术应用等64个学科、100多个研究室，拥有6000余名农业科研教学人员，26000余名在校大中专学生，160余万册科技图书，500余台（件）价值万元以上的精密仪器，70万号动物标本，73万份植物标本，2.2万份土壤标本与样品，3万多个农作物品种。新中国成立至今，为国家培养输送各类农业科技人才10万余名，取得科研成果5000余项。其中，千余项获省部级、国家级奖项，有20余项居国际领先水平。在小麦育种、旱作与节水农业、家畜生殖与胚胎工程、黄土高原水土流失区域综合治理等领域所取得的科研成果，转化产生的直接经济效益累计超过万亿元，成为发展现代农业的“国家队”。围绕加快构建“立足中国、辐射上合、联动周边、面向全球”的农业国际合作新格局，一年一度的杨凌农业高新技术博览会已经成为海内外农业科技专家聚集的“盛宴”。依托良好的硬件基础和国际农业合作优势，相继建成投用上合组织现代农业发展研究院、现代农业交流中心、20个境内外实训基地，建成10个境外基地农业科技示范园区，成为“一带一路”现代农业国际合作中心，为维护我国粮食安全、推进全球农业发展贡献了“杨凌力量”。

杨凌农业高新技术产业示范区的带动作用，促进了漆水河流域在现代种业、土壤改良、农业节水、生物安全、智能农机装备、农产品精深加工等领域的高质量发展。这里已经成为“关中－天水经济区”和西安咸阳半小时经济圈的核心地带及古“丝绸之路”商贸重要区域，明显的交通优势及新型工业、特色农业、商贸旅游、产业提升，将成为未来陕西关中经济发展的重要增长极。进入中国特色社会主义新时代，流域经济发展、城镇化建设和社会主义新农村建设呈现出前所未有的新优势。

漆水河流域数千年波澜壮阔的水利历史，演绎了漆水河流域人们兴水利除水害、改造区域环境的壮美华章，积淀形成了博大精深、丰富厚重的流域文化。追溯历史，立足当代，展望未来，漆水河流域有优厚的自然资源条件，有悠久的治水历史，有深厚的文化底蕴，有勤劳、朴实又富于开拓进取精神的人民，有国家政策的大力支持，在新时代高质量发展潮流中，必将阔步前行，高歌猛进，再续辉煌。

第一篇　流域环境状况

漆水河是渭河左岸一级支流，属黄河二级支流。发源于宝鸡市麟游县招贤镇以北的页岭，流经麟游县、永寿县、乾县、扶风县，至武功县与杨凌区交界处大庄镇桥寨村汇入渭河。流域涉及宝鸡市、咸阳市、杨凌示范区3市（区）8个县（区）69个镇（办）。流域地形地貌复杂，西北高、东南低，由北向南倾斜呈阶梯跌落，依次为北山、土石山地、山前洪积扇、黄土台塬、河流阶地等。流域属暖温带大陆性半干旱气候带，夏季炎热多雨，春秋温和湿润，冬季寒冷干燥，四季分明，光照充足，干旱和洪涝灾害多发。流域历史文化积淀深厚，上有隋唐离宫九成宫，中有周秦古都周原、雍城遗址，下有佛都法门寺和高新农科城，是中华文明和农耕文明的重要发祥地之一，流域地处西安和宝鸡的黄金分割点，是关中平原城市群的重要产业集聚区和重要增长极，具有承东启西、连接南北的重要地位。

第一章　河流水系

漆水河干流发源于宝鸡市麟游县招贤镇宁里村以北的页岭，初名招贤河；东南流经良舍转向东流，名曰杜水河；到麟游县城，南纳永安河、北纳北马坊河后继续东流，至麟游县城东与北来的澄水河交汇后，始名漆水河。出麟游县后再东南流与扶风、乾县和永寿飞地搭界；更南偏西流入武功县纳漠西河与漳水河后至大庄镇桥寨村汇入渭河。干流全长 151.6 千米，流域总面积 3824 平方千米，河道平均比降 4.7‰，多年平均径流量约 2 亿立方米。

第一节　流域概况

漆水河又名漆水、漆沮水，古称杜水（杜阳水）、武亭水、中亭水。以与澄水河汇流点为界，上游称杜水河，下游称漆水河，也通称为漆水河。关于漆水河名称的来历有多种说法，最为盛传的有三种：一是漆水河由上游 7 条河流汇合而成，“漆”“7”同音，故称之；另一种说法是在远古时期，有一条恶蟒危害百姓，一位神灵将其斩杀，蟒血溅黑了河水，水黑如漆，故称漆水河；还有一种说法是该河床中砾石颜色有些发暗，把河水折射成了黑色。不论何种说法，漆水河在上游段河水看起来确有发暗现象，但实际上水是清澈透明的。

漆水河流域位于陕西省中部偏西北，东经 107°14′23″～108°15′20″、北纬 30°13′24″～34°49′55″，东西长约 92 千米，南北宽约 67.5 千米，东临咸阳礼泉，西望宝鸡千阳，南与陈仓、眉县接壤，北以横亘在麟游境内的页岭为界。涉及宝鸡市、咸阳市、杨凌示范区 3 市（区）的麟游县、凤翔区、永寿县、乾县、岐山县、扶风县、武功县和杨凌区共计 8 个县（区）69 个镇（办），流域内总人口 113.45 万人。

漆水河流域地势为西北部高、东南部低，地形复杂多样。以北山为界，形成中低山区、残塬梁峁区、黄土塬区、低黄土塬区和平原区各具特色的自然分区。中低山区和残塬梁峁区为塬、梁、峁、丘陵、沟壑区，山、川、塬兼备，是严重的水土流失区。黄土塬区和低黄土塬区东西长、南北宽窄不等。平原区土地肥沃，农业发达，属“八百里秦川”腹地，为陕西主要农业基地和经济较发达地区。流域属暖温带半湿润、半干旱气候，植被为暖温带落叶阔叶林，但由于地质地貌结构复杂，海拔差异悬殊。

漆水河流域基本情况统计见表 1-1-1。

表 1-1-1　漆水河流域基本情况统计

县（区）名称	流域涉及的镇（办）名称	流域涉及人口 / 万人	流域面积 / km^2	流域占全县面积比例 /%	流域内主要矿产资源及产量
凤翔区	姚家沟镇、糜杆桥镇、田家庄镇、横水镇、范家寨镇、柳林镇、城关镇、南指挥镇、彪角镇、虢王镇	31	846.2	71.8	
岐山县	凤鸣镇、故郡镇、雍川镇、枣林镇、益店镇、蒲村镇、京当镇、青化镇	20.57	517.5	60.4	石灰石、大理石、白垩土、煤、砚石
扶风县	城关街道、法门镇、天度镇、召公镇、杏林镇、午井镇、段家镇	24.78	571	79	水泥用灰岩年产 480 万 t
麟游县	招贤镇、九成宫镇、崔木镇、常丰镇	4.37	975	57.22	煤矿，总资源量 3.78 亿 t，可采储量 1.92 亿 t，规划年生产能力 240 万 t
乾县	梁山镇、临平镇	0.7	78.4	8	
永寿县	店头镇	3.1	110.6	12.4	石灰岩储量 1.4 亿 t，年开采量 450 万 t
武功县	游凤镇、苏坊镇、武功镇、大庄镇	15.9	157.2	39.5	
杨凌示范区	杨凌街道办、李台街道办	14.5	45	33	

第二节　干　流

漆水河按照地形地貌及河道特点可分为上、中、下游三段，各段河道特征有明显差异。

一、上游段

麟游县招贤镇宁里村源头至永寿县店头镇桃花园村以上为上游段，全长 90 千米，属黄土梁状的土石山区，河谷窄深，基岩裸露，植被较好，包括麟游县全段 71 千米和永寿县部分河段 20 千米。

在麟游县境内，漆水河古称漆沮水。古时水侧有较大湖泊，曰西水浒。湖中养有鳇、虾、白条、黄鳍、鲇、鲤等鱼。周先民以这些鱼为祭品，祀奉祖先，漆水以澄水和御家河汇流点为界，上游称杜水，下游为漆水，亦有通称为漆水。杜水源出今招贤镇宁里村至堡子山纳麦衣沟水。经招贤镇折向东南，全流汇入的溪流有南沟河、板桥河、消水沟河，至良舍镇向东流，纳庙底河、寒北河、曹渠河、西坊河、后亭子河和诸涧流水，至九成宫镇附近，北马坊河、清水河汇入。经九成宫镇南，流向东南，又纳三善沟水，至祈家河北，受五龙泉水后与澄水汇入，始称漆水，后纳孙家河、马家河、董家河、史家河、武申河等水出境，经乾县过武功南流入渭。漆水河在麟游县境内长 71 千米，流域面积 975 平方千米，平均河床比降 8.2%，径流深 70 毫米。多年平均最大流量 90.5 立方米每秒。最小流量 0.1 立方米每秒。它是县境内一条最大河流，内有一级支流 5 条，二级支流 13 条，这些支流南源于岐山、凤山，北源于页岭。控制着全县总面积的 55%，流域内有 6 个镇的全部面积和 4 个镇的部分面积，51 个村民委员会，211 个村民小组，7820 多户，4300 多人口。在麟游县有隋唐避暑离宫仁寿宫、九成宫遗址，九成宫醴泉铭碑、万年宫铭碑矗立于漆水河畔碑亭，西海苑、慈善寺、唐宫廷水井、千佛院等名胜古迹遍布县城漆水河两岸。

麟游县漆水河主要支流基本情况见表 1–1–2。

表 1–1–2　麟游县漆水河主要支流基本情况

河流	河流长度 / km	比降 / %	流域面积 / km^2	径流深 / mm	年径流总量 / 万 m^3			
					多年平均	50%	75%	95%
西坊河	11	22	26.63	63.5	169.1	150.5	94.7	44
永安河	18.5	9.7	61.5	63	387.5	344.9	217	100.7
北马坊河	15.8	16.5	70.69	78	551.3	490.7	308.7	143.3
澄水河	20.5	11.9	158.5	78	1236.3	1100.3	692.3	321.5
申家河	17.5	36	35.75	78	278.8	248.1	156.1	72.5
马家河	18	12.2	48.5	60	290.9	258.9	162.9	75.6
史家河	17	16.5	32.13	74	237.7	211.6	133.1	61.8
武申河	18.5	23.2	74.25	76	564.2	502.1	316	146.7
董家河	22	12.7	67.31	75	504.7	449.2	282.6	131.2
其他河			194.86	70.1	1363.9	1213.9	763.8	354.6
入境水		出境口	5.9	79.4	46.9	41.7	26.3	12.2

在永寿县境内漆水河长度 80.11 千米，由 70 多条沟道汇集而成。漠西河长度 45.47 千米，由 92 条沟道汇集而成。

二、中游段

永寿县店头镇桃花园村至乾县临平镇北郑村为中游段，长 20 千米，穿流于黄土塬间，中部形成塬间盆地，谷坡破碎陡直，乾县羊毛湾水库就建于此。主要包括永寿县部分河段和乾县河段。

在乾县境内漆水河亦名武亭河，位于乾县境西陲，东距县城 20 千米，流经乾县关头乡西南边境杨西河坡，南趋永寿入好畤河后转向南流。由米家河再入乾县境，经羊毛湾、龙岩寺，于龙塘口出峪。径流直泻，至临平镇王家庄出境，入武功界，与漠谷河合流入渭。县境内长度 18.25 千米，漆水河沟面比较开阔，一般宽约 3000 米。河壁高度，龙塘口以北 140 ~ 160 米、以南 40 ~ 60 米。境内诸河，此水最大。常流量 1.8 立方米每秒，最大洪峰流量 820 立方米每秒，在乾县流域面积 78.4 平方千米，占全县总面积的 8%。漆水流至龙塘口，从峡谷喷出。其地有泉，水温可浴。羊毛湾水库建在漆水河中游乾县龙岩寺以上 10 千米处，1995 年，陕西省修建有跨流域调水工程——引冯济羊工程，从宝鸡市冯家山水库调水入咸阳市羊毛湾水库，以缓解羊毛湾水库用水紧张局面。“宝鸡峡渡槽”坐落于龙塘口，横亘漆水两岸，连接宝鸡峡干渠工程，使渠水盘山而过。

三、下游段

乾县北郑村至武功县大庄镇桥寨村入渭口为下游段，全长 40 千米，河流进入关中盆地，地势平坦，农田水利开发较早。主要包括武功县河段和杨凌示范区河段。

在武功县境内，漆水河自游凤镇入境，东南行，经游凤、苏坊镇至武功镇，又南流注入渭河。武功境内河流长度 24 千米，流域面积 157.2 平方千米。年平均流量 4.32 立方米每秒，最大流量 265 立方米每秒，最小流量 0.03 立方米每秒，年径流量 13623.6 万立方米。水量季节性变化大，天旱上游截流灌溉，常呈干谷，雨涝成灾。

在杨凌示范区，漆水河由武功县马家尧村流入境内，从武功县大庄乡圪崂村流入渭河。区内流程 8.45 千米，多年平均流量 4.15 立方米每秒，年总径流量 1.31 亿立方米。在胡家底修建有发电站一座。湋水河由五泉乡曹家村入境，从杨村乡下北杨村汇入漆水河，流程 24.6 千米，多年平均流量 0.46 立方米每秒，年总径流量 1448 万立方米，河流曲折蜿蜒。

第三节　重要支流

漆水河流域大致呈扇形，干流自西北向东南横贯其中，支流呈羽状分布于干流两侧。从形态上看，两岸支流分布不对称，大多数支流分布于左岸，流域面积 10 平方千米以上的河流有 14 条，本志仅就较大 10 条重要支流，从上到下记述如下。

一、杜水河

杜水河是漆水河的上游段，是麟游县境内流域面积最大、流程最长的河流。杜水河与澄水河汇流点为界，上游称杜水河，下游为漆水河，也通称为漆水河。河流源头地理坐标为东经 107° 32′ 35.9″，北纬 34° 45′ 39.1″，海拔 1450.71 米。杜水河发源于招贤镇的宁里村，经招贤镇折向东南，汇入南沟河，河流蜿蜒曲折，水击高约 30 米的砂砾岩石崖。经消水沟、良舍向东流，纳庙底河、寒北河、曹渠河、西坊河和后亭子河，至九成宫镇附近，又纳入北马坊河、永安河，在九成宫镇东南与澄水河汇合，汇合处坐标为东经 107° 49′ 30″，北纬 34° 40′ 51″，海拔 961.82 米。杜水河干流长 65.8 千米（招贤镇宁里—澄水河汇流点），流域面积 317.32 平方千米，流域地理位置在东经 107° 19′ ~ 108° 01′，北纬 34° 33′ ~ 34° 58′，流域涉及麟游县招贤镇、九成宫镇，河道比降 47‰ ~ 22‰，多年平均径流量 3578 万立方米，平均径流深 100 毫米，年平均流量 1.13 立方米每秒，最大流量 90.5 立方米每秒，最小流量 0.1 立方米每秒。

页岭以南，南坡支脉长短不一，在 10 ~ 20 千米。沟塬相间。杜水河穿越南部浅山区及中部丘陵沟壑区，河谷结构由砾石与黏土组成，两岸阶地由亚砂土及砂砾石组成，发育不完整。植被葱郁，覆盖率达 81%，地下水丰富。流域内山峦重叠，岩石裸露，沟壑纵横，且窄而深，溪流密布，林草并茂。

杜水河流域属温带半湿润季风气候区，四季分布不均，夏短冬长。因海拔不一，温差大，致使有些地区无夏季，自然灾害频繁。各季时间长短差别大，年平均气温 8.10 ~ 10.20 摄氏度。上游招贤段，无夏季，春秋相连长达 163 ~ 188 天，冬季长达 177 ~ 202 天。中下游雨季为 86 ~ 96 天，夏季 21 ~ 31 天，秋季 61 ~ 71 天，冬季 177 ~ 188 天。冬季严寒干燥，雨雪较少，偏北风，常有冷空气侵入。冬季主导风向为西北风，夏季主导风向为东风。雷暴大风最常见，低风速一般较小，风灾一般多为大风和干热风，大风常伴冰雪或寒潮，干热风多发生在 5 月中旬和 6 月上旬。

据麟游气象站 1986 年以来的 22 年统计资料记载，杜水河流域多年平均降水量 641.6 毫米，年际变化较大，年内分配不均，汛期和枯水期界限分明。4—10 月为雨季，降水量占 88%，11 月至次年 3 月为旱季，降水量仅占 12%。降水集中在 9—10 月，占年降水量的 51%。降水时间最长的是 1964 年，共降水 156 天。植被蒸发量年均 806 毫米，蒸发量大于降水量，湿润指数为 0.77。

据《麟游县志》记载，从宋宣和五年（1123 年）至 1992 年的 870 年中，杜水河共有 23 次（年）断流。其中，1961 年 11 月 20 日至 1962 年 6 月 30 日，干旱 223 天，杜水河干涸，人畜饮水困难，粮食减产。1988 年冬季无雪，1992 年夏季持续无雨，河流干涸，人畜饮水十分困难。

杜水河流域属土石山轻度水土流失区，土壤侵蚀模数为 200 ~ 1000 吨每平方千米每年，大部分泥沙产生于汛期。20 世纪 80 年代以后，由于种草植树，修建水库，水土保持成效显著。截至 2010 年，流域内共治理水土流失 316 平方千米，占水土流失面积的 46%，输入河道的泥沙量减少一半。

杜水河流域辖招贤、九成宫两镇，19 个村，农业人口 9260 人，农业劳动力 2947 人，总耕地 11.8 万亩，人均耕地 12.7 亩，人口密度 32.21 人每平方千米。流域以农业生产为主，以养殖业和蔬菜、药材为辅。农作物以小麦、玉米、高粱、谷子、荞豆类为主，经济作物以烤烟、大棚蔬菜为主，畜牧业以养殖奶牛和布尔羊为主。流域内有丰富的煤炭资源，宝鸡市北马坊煤矿就建在流域内。麟游县县城坐落在杜水河中下游，以县城为中心的公路网沟通了麟游与西安宝鸡、灵台、眉县、永寿等地的交通，促进了麟游经济发展和社会繁荣。

二、永安河

永安河为漆水河右岸一级支流、渭河二级支流，又名清水河，因流经麟游县九成宫镇永安村而得名。永安河发源于岐山县南木川，由南向北流经麟游县九成宫镇永安村上游永安组入麟游县境，在麟游县城汇入杜水河，干流长 18.5 千米，流域面积 61.5 平方千米，河道平均比降 16.5‰，多年平均径流量 445.9 万立方米，平均径流深 72.5 毫米，年平均流量 0.14 立方米每秒，最大流量 6.56 立方米每秒。永安河水质较好，泥沙含量少，多年平均含沙量 1 ~ 2 千克每立方米。

永安河流域地势南高北低，上游与岐山县苜蓿河流域相邻，下游属麟游县九成宫镇永安村、栗川村。干流纵向穿行山系之间，吸纳数条支流，流域上游多由砾石与黏土组成，群峰相连，岩石裸露，沟谷纵横，溪流密布，植被葱郁，水浅流缓，山峦重叠；下游河道宽阔。植被覆盖率 53.37%。流域属暖温带半湿润季风气候区，多年平均气温 8.1 ~ 10.2 摄氏度，年无霜期 175 天，冬季主导风向为西北风，夏季主导风向为东风，最大风速 2.3 米每秒。流域多年平均降水量 641.6 毫米，年内分布不均，7、8、9 月 3 个月降水量占全年总降水量的 53.3%。流域属南部土石山轻度水土流失区，大部分泥沙产生于汛期。流域水旱灾害频发，据记载，1973 年 7 月 27 日，永安村突降大暴雨，永安河洪水冲毁了永安水轮泵站，洪水位高过下栗川新建石拱桥头，损失达万元。2007 年 8 月 8 日 19 时，永安村突降 50 年罕见的大暴雨，2 个多小时降雨总量达 160 毫米，导致永安河暴涨，流量达 230 立方米每秒，3 座公路桥梁被冲毁，大部分农田被淹没，眉麟公路中断。涝灾主要是连阴秋雨，造成农作物受损。干旱灾害多次发生，据气象资料记载，1960—1982 年 23 年中，共出现旱灾 47 次，年平均 2.04 次。

流域内共有农业人口 1891 人，耕地 2346 亩，农业以种植业和养殖业为主。2003 年 8 月，在永安河干流下游开工建设峡口水库。水库总库容为 76.88 万立方米，属小（2）型水库，主要功能是解决县城供水和栗川村 1000 多万亩农田灌溉用水。2010 年在流域下游官坪新区新修河堤长 1700 米，为麟游县城人民群众生产、生活提供了保障。

三、澄水河

澄水河为漆水河左岸一级支流、渭河二级支流，麟游县当地人又叫县北河。发源于麟游县页岭南的招贤镇阁头寺村杨家沟，由西北流向东南，在九成宫镇以东汇入杜水河，两河交汇后始称漆水河。河道干流长 22.9 千米，流域面积 161 平方千米，平均比降 12.7‰，沿途有 6 条支流汇入，多年平均径流量 1236.3 万立方米，平均径流深 78 毫米，年平均流量 0.39 立方米每秒，丰水期最大流量 16.79 立方米每秒，枯水期最小流量 0.031 立方米每秒。历史最大洪峰流量 113.37 立方米每秒。

流域属丘陵沟壑区，海拔在 1270 ~ 1500 米，切割深度 200 ~ 600 米，地形起伏，坡度较大，植被差，水土流失严重，土壤侵蚀模数 1500 ~ 3000 吨每平方千米每年。流域植被以乔木林、灌木林和草本植物为主，主要植物有刺槐、杨树、山杏等，植被覆盖率 55.7%。流域属温带半湿润季风气候区，年平均气温 8.10 ~ 10.20 摄氏度。多年平均降水量 664.9 毫米，多集中在 7—9 月，占年降水量的 50% 以上。山地气候明显，东部年日照时数在 2100 ~ 2250 小时，年无霜期在 165 ~ 175 天。流域水旱灾害频繁，1964 年 5 月 13 日澄铭窑乡庙底村降暴雨冰雹，洪水泥石流冲走一青年妇女。1960—1962 年连续出现

3个百日大旱，年总降水量86毫米，较常年偏少62%，人畜饮水困难，庄稼歉收，河流断流。流域内有963户，总人口4505人，耕地面积2.77万亩，农业以种植业和养殖业为主。从1995年开始，麟游县水利局先后在招仁沟、御驾塬、贾王塬和岭西村建成集中式供水工程，解决了2178人的饮水困难问题。2005年利用国债项目资金在岭西村实施坡改梯工程，平整土地1000亩，人均新增基本农田12亩。2006年，该流域被黄河水利委员会列为陕西省淤地坝建设试点，建成9座骨干淤地坝，治理水土流失面积49平方千米。

四、董家河

董家河为漆水河左岸一级支流、渭河二级支流，发源于麟游县崔木镇张家川村于家山，沿途纳入武申河等支流，流经崔木、常丰、庙湾等镇，于庙湾汇入漆水河。干流长31千米，流域总面积176.4平方千米，平均比降18.0‰，径流深75毫米，多年平均径流量504.7万立方米，年平均流量0.16立方米每秒。

董家河从发源地由北向南流经麟游县中部丘陵沟壑区和东部残塬区，海拔在700～1600米，相对高差较大。切割深度200～600米，植被覆盖较差，水土流失严重，约一半耕地在15°以上，土壤侵蚀模数2000～3000吨每平方千米每年。在中下游段由于沟道切割严重，形成破碎残塬，沟深塬高，土壤肥沃，利于种植业发展。董家河流域属半湿润－湿润季风气候区。年平均气温8.10～10.20摄氏度，四季较分明，夏短冬长。年降水量530～700毫米，5月、7月、9月降雨量较多，年无霜期180～195天。1953年5月，董家河上游方圆数十里雹雨交加长达4小时，遍地皆是冰块，草木枝叶被打断，小麦绝收。1978年7月降大暴雨，常丰坳里村淹死1人和15头大家畜，损失严重。1961—1962年流域持续干旱223天，庄稼歉收，人畜饮水困难。

流域在武申河和史家河各兴修水库1座，库容分别为10万立方米、110万立方米。流域坚持开展水土保持，修埝地梯田2.4万多亩，兴修水库3座，营造各种林草18.7万亩，塬面方田林网开始形成，治理面积83.66平方千米，占水土流失面积的42.9%。2010年实施了董家河农业综合开发坡改梯项目。

五、漠西河

漠西河为漆水河右岸最大一级支流、渭河二级支流，古称沮水，又名夹道水。因位于乾县中部偏西，东距县城2千米，故乾县人俗称西河。发源于永寿县斜梁南麓麻亭岭，从永寿县吴店乡与乾县关头乡的交界处嘴头入乾县境内，向东南径流至乾陵西又转向南流，由郎沟到老鸦嘴，又转向西南流，再经过大北沟至王村乡的牛池沟出乾县境入武功界，于武功镇以北的二水寺汇入漆水。流域总面积484.6平方千米，全长80.6千米，其中在乾县境内的长度为52.5千米，流域面积347.3平方千米，占全县总面积的35.4%。河道平均比降6.3‰。

漠谷河由上而下分布在黄土丘陵沟壑区、黄土高塬沟壑区和黄土台塬区，海拔在510～1200米。河流自发源到乾县界为上游段，乾县境内属中游段，乾县以下为下游段，此段又称大北沟。漠水河谷狭窄，最宽处890米左右，一般阔不到300米。玉皇洞以北，穿越梁山，悬崖陡峭，高 100 ~ 140 米；玉皇洞以南高 60 ~ 80 米。上游段岸高沟深，流量小，开发难度大，无设施灌溉面积；中游乾县建有乾陵水库、老鸦嘴水库、大北沟水库，其中大北沟水库是宝鸡峡调蓄库，总库容 2309 万立方米，年平均供水量 3900 万立方米。漠谷河上中游靠蓄积洪水，下游靠“宝鸡峡”“羊毛湾”干渠注水。漠谷河水资源开发利用程度较高，开发利用率为 19.5%。

六、雍水河

雍水河为漆水河支流湋水河的上游河段、渭河二级支流，雍水河横贯宝鸡市凤翔区境内中部平原。发源于凤翔区西北部雍山，源头区各支流在距凤翔县城东南 5 千米的三岔村汇合东流，经董家河、范家寨、县城、郭店镇、彪角镇之北，在宋家村出境，自西向东由岐山县孝子陵乡河北堡入岐山县境，于大营乡河交村汇合横水后为湋水。干流全长 67.6 千米，其中凤翔区境内长 55.6 千米，东风水库以上枣子河段长 30.2 千米，以下长 25.4 千米；岐山县段 12 千米。流域总面积 461 平方千米，其中凤翔区流域面积 461.7 平方千米，岐山县境内 9 平方千米。河道平均比降 10.0‰。

雍水河源头在西北部深山区，北靠麟游，西连千阳，东邻岐山。含姚家沟、涧渠两乡全部及五曲湾、范家寨、董家河、汉封等乡的北部，含 24 个行政村，2662 户，12011 人。区内气候凉爽，雨量充足，是木材、药材的重要产地。区内山势高峻，岭脊陡狭，沟谷纵横，涧溪交错，岩石裸露，土层较薄，滑坡、崩塌现象时有发生。比较著名的山峰有老爷岭、宝玉山、展诰山（方山）、鸡冠山等。老爷岭为群山之首，海拔 1678.8 米。分水岭（页岭）中段的“羊引关”历来是通往甘肃省灵台、庆阳、泾川等地的重要关隘，古时称杜阳川。解放战争时，西府游击队曾活动于此，配合西北野战军打击国民党军队。

中下游为洪积扇塬地区，此区北起北山南缘，南至雍水河岸，东到横水镇，西达陈村镇。东西长约 29 千米，南北宽约 15 千米，面积约 300 平方千米，占全县总面积的 25.4%。区内包括田家庄、纸坊、石家营、城关等乡（镇）的全部，横水、糜杆桥、董家河、范家寨等乡（镇）的南部及唐村乡、柳林镇的东部。区内人口 21.9 万人，农耕地 40.3 万亩，海拔 820 ~ 950 米。北高南低，倾斜明显，地面坡度 17‰。扇区是由山洪暴发时所带石块、泥沙等洪积物在山前淤积而成的扇状地块，年深日久，彼此相连，形成带状的洪积扇裙。土壤多为洪积物或黄土。砂石底，易漏水，愈靠近山麓，质地愈粗。因受山前沟谷发育控制，扇区较为发育。全扇区气候温和，雨量充沛，为凤翔主要产粮区之一。流域有著名的秦国古都雍城遗址，1988 年被公布为全国重点文物保护单位。在凤翔县城东南，有一代文豪苏东坡兴修的东湖，1990 年被陕西省政府首批命名为省级风景名胜区，2004 年被评为“宝鸡市十大旅游景点”之一。柳林镇出产的西凤酒，历史悠久，驰名中外，是中国八大名酒之一。

七、横水河

横水河为漆水河支流湋水河左岸一级支流、漆水河二级支流、渭河二级支流。发源于凤翔县东北部与麟游县交界处，源头海拔 1581 米，流经姚家沟、糜杆桥、田家庄镇，从横水镇尹家坞村的崖湾流入岐山，在岐山县凤鸣镇太子村南与雍水河交汇。横水河干流长68千米，其中凤翔境内长54.8千米，岐山境内长13.2千米。整个流域呈扇形，平均宽度11.48千米，流域面积538.3平方千米，其中凤翔县384.1平方千米，占71%，岐山县和麟游县154.2平方千米，占29%。河道平均比降9‰。流域地处大陆性半干旱半湿润气候带，年平均气温11.5摄氏度，多年平均降水量610.4毫米，7、8、9月3个月降水集中。多年平均径流量4023万立方米，平均径流深74.7毫米，年平均流量1.28立方米每秒。据1958—2000年共43年水文资料系列分析计算，横水河流域多年平均水资源总量为8879万立方米。

流域地势北高南低，地处低山丘陵区和山前洪积扇区，各支流发育在千山南麓，梁峁突兀，山峦重叠；河谷基岩出露，梁峁黄土戴帽，是黄土高塬特有的地貌形态。山区河谷切割深度在80～200米，由古生界及中生界灰岩及页岩组成，呈扇形穿行流域之内，在川口河段峪口以上汇集主要支流后进入塬区。根据自然地形可划分为上游、中游和下游三段：上游段（源头至峪口田家庄镇河北村），河道长36.0千米，流域面积380平方千米，其中凤翔县境内329.9平方千米。源头至白荻沟水库为高山峡谷区，山崖陡峭，岩体裸露。白荻沟水库至柏林村为土石山区，坡陡沟多，地形起伏不平。河道狭长，水浅流缓，河道比降为25‰～40‰。中游段（峪口至横水镇尹家坞村），河道长18.8千米，流域面积54.2平方千米。横水河流出河北村柏林至尹家坞村崖湾河滩，河道平缓弯曲，水流左右摆动，流速缓慢。下游段即岐山段，河道长13.2千米，流域面积104.1平方千米。横水河在岐山县境内，有发源于周公庙周边浅山地带的一条小支流从左岸汇入。

据《凤翔县志》（1991年）记载，1900年凤翔大旱，全县饥荒，民众饿死2万余人，1929年从春季开始，无雨达200多天，夏田绝收，饿殍载道。据统计，1959—1980年的22年间，流域内大、中、小旱出现61次，多发生在春、夏季和冬季，平均每年2.8次，最多的一年出现过4次，其中大旱12次，中旱23次，小旱26次；这22年间，流域内出现连阴雨92次，最多的一年出现过8次，最少的一年出现过1次。1954年8月16日，横水河发生大洪水，洪峰流量1360立方米每秒，根据有关资料分析为百年一遇洪水。1988年7月19—23日，姚家沟镇连遭暴雨洪水袭击，降水量90毫米左右，1万亩秋田被淹，5000多棵大树被连根拔起，道路被冲毁，75亩鱼塘约1万尾鱼苗被洪水一扫而光。

流域有耕地9万亩，其中水浇地面积6.5万亩，人口有9.08万人，人口密度236人每平方千米。农业人口人均占有耕地2.3亩，人均占有水浇地1.4亩，粮食总产27.5万吨。横水河流域以农业生产为主，农民收入靠种植业和养殖业，粮食作物以小麦、玉米为主，经济作物以辣椒、苹果为主，是全省商品粮生产基地。流域先后修建了白荻沟中型水库1座和群力、桃树沟、姚家沟3座小（1）型水库，控制流域面积313.8平方千米，占横水河流域面积384.1平方千米的81.7%。横水河灌溉工程的全面建成，使设施面积达9万亩，有效面积达6.45万亩，成为凤翔县利用地表水资源的骨干灌溉工程。流域工业以民爆集团红旗民爆公司（原红旗化工厂）最为著名，随着县域经济的发展，川口河建材工业园区和长虹工贸工业园区迅速崛起，成为凤翔工业发展新的亮点。

八、湋（韦）水河

湋水河是漆水河右岸最大一级支流、渭河二级支流。发源于宝鸡市凤翔区西北千山余脉老爷岭南麓，东南流经枣子河村过凤翔城区，再向东偏南流经岐山、扶风，在扶风县杏林镇漳召村出宝鸡境进入杨凌示范区和咸阳市武功县，在武功县毛嘴子村注入漆水河。其在凤翔境内称雍水，进入岐山县后叫湋水，又称后河，在扶风县境内称湋水，在武功县又称小北河。湋水干流长 151.9 千米，流域面积 2136 平方千米，干流平均比降 9.3‰。湋水河流域面积占漆水河的 56%，其中在宝鸡市境内干流长 131.8 千米，流域面积 1309.1 平方千米。

流域地处黄土台塬，西北高而东南低，河势迂回曲折，两岸河谷阶地比较平坦，黄土台塬土层深厚。在凤翔县流域呈扇形，东西长约 20 千米，南北宽约 25 千米。进入岐山、扶风县以后，河右岸是陡岸，塬面平坦，多为农田，塬顶与河谷高差约 100 米；河左岸北高南低，多系黄土沟壑与农田相间。流域内总体植被较差，尤以河谷为甚，唯千山南麓植被覆盖稍有好转。

湋水河是渭河北岸台塬几乎与之平行的二级支流。其右岸是黄土台塬，无支流汇入；其左岸从上游到下游先后有东干河、西干河、横水河（凤翔）、砚瓦沟、龙尾沟、张庄沟（岐山）、七星河和美阳河（扶风）8 条主要支流汇入，其中横水河、七星河和美阳河为较大支流。

流域地处大陆性季风气候带，为半干旱湿润气候区，四季冷暖分明，光照充足。年平均气温 12.4 摄氏度，无霜期 200 ~ 220 天。降水量由西向东递减，多年平均在 617.5 ~ 597.3 毫米，多年平均蒸发量 550 毫米左右。流域内汛期和枯水期界限明显，降水量主要集中在 6—9 月 4 个月，占全年降水量的 60% 以上。多年平均径流量 1.19 亿立方米，平均径流深 41.9 毫米，年平均流量 3.77 立方米每秒。据历史资料记载，1933 年 7 月，湋水河扶风县城段洪峰流量 535.0 立方米每秒，1954 年 8 月洪峰流量 978.0 立方米每秒。

流域是宝鸡市历史上最为干旱的地方。据史料记载，宋皇祐五年（1053 年）、明成化十七年至二十二年（1481—1486 年）、明万历十三年至十六年（1585—1588 年）、明崇祯元年至六年（1628—1633 年）、明崇祯十一年至十四年（1638—1641 年）、清康熙三十年至三十二年（1691—1693 年）、清光绪二十五年至二十七年（1899—1901 年）、民国十七年至二十一年（1928—1932 年）均连续发生 3 年至 6 年连旱，常常出现“民食树皮草根”“饿殍遍野”“人相食”的悲惨景象。新中国成立后，1959—1960 年的两次百日大旱，1959 年 3 月上旬至 5 月上旬、7 月上旬至 9 月上旬两个时段降水仅为多年平均的 28%，致使夏田减产、晚秋绝收；1959 年 11 月上旬至 1960 年 3 月上旬连旱 110 天，滴雨未下，夏秋作物大面积绝收。1973 年 6—8 月，仅降雨 71.3 毫米，比历年同期减少 83%，而气温最高达 42 摄氏度。河流干涸，水井枯竭，晚秋绝收，减产粮食 1.7 亿千克。暴雨洪水灾害时有发生。1931 年 6 月 30 日晚降暴雨，湋水河及畤沟河于 7 月 1 日河水暴涨，“水深数丈，两岸秋禾被冲殆尽，住户窑被淹灌，共计死亡居民 115 名”。1933 年 7 月 20 日，湋水河扶风段洪峰流量 535 立方米每秒；1954 年 8 月 16 日大暴雨，洪峰流量 978 立方米每秒，3.5 万亩农田受灾，10 座桥冲毁，死亡 15 人，伤 11 人；1988 年 8 月 20 日晚，扶风县城地区遭受30年来未有的暴雨袭击，沿坡公路、街道水流滚滚，漳水流量达128立方米每秒，沿河十多个企业、学校、机关单位及4700亩农田被淹，高崖3处滑塌，3间民房倒塌，3人死亡，4人受伤，企业停产，损失严重。

流域涉及凤翔、岐山、扶风三县渭北塬区32个乡（镇）。这一地区是国家粮油作物主产区，粮油作物以小麦、玉米和油菜为主，是我国优质小麦基地之一；经济作物有辣椒、苹果、西瓜和蔬菜等。工业方面，凤翔县境内有中外驰名的西凤酒厂、红旗化工厂，岐山县有“五二三”印刷厂、先锋机械厂，扶风县有冀东水泥厂、变压器厂等。另有凤翔的泥塑、手工艺品，岐山的“民俗村”臊子面，扶风的“鹿哥馍”更是闻名遐迩。先后在漳水河各支流修建有中型水库2座（凤翔县东风、白荻沟水库），小（1）型水库20座（其中有6座是冯家山水库灌区渠库结合工程）,22座水库的总库容8163.3万立方米，有效库容4783.8万立方米。为了彻底解决渭北台塬的干旱问题，从20世纪70年代初开始，省市先后建成了宝鸡峡引渭和冯家山水库工程，漳水流域70%面积成了有效灌溉面积。

九、七星河

七星河又名畤沟河，也称凤泉水，黄堆、杜城一带亦称三岔河，漆水河支流漳水河一级支流，渭河三级支流。发源于扶风县境北部乔山南麓西观山的龙泉寺，自北而南，流经岐山县的京当、祝家庄、青化和扶风县的黄堆、法门、城关等乡（镇），在扶风县城关镇汇入漳水河，是岐山、扶风两县的界河。流域位于东经107°47′～107°55′，北纬34°21′～34°32′，流域面积176.2平方千米，干流全长22.7千米，主河道切深较深，平均比降为22‰。流域呈倒梯形，上游地形开阔，下游地区狭窄，地势西北高、东南低，上游为黄土低山丘陵区，下游为渭北山前洪积扇区，流域内植被较差，水土流失严重。流域地处暖温带半干旱半湿润气候带，春暖多风，夏热少雨，秋凉多涝，冬寒少雪。全年无霜期除山区外200～220天。流域年均降水量626.8毫米，多年平均蒸发量1000毫米左右。降水量主要集中在7、8、9月3个月。多年平均径流量810.5万立方米，平均径流深46.0毫米，年平均流量0.26立方米每秒。发生洪水时，泥沙含量大，具有“大水大沙”的特点。七星河流域水资源总量为2147.05万立方米。流域内共有人口近9万人，耕地面积16.44万亩，是粮食作物主产区之一。粮食作物以小麦、玉米为主，经济作物有辣椒、苹果、油菜等。

流域水旱灾害频发。据史料记载，清光绪二十五年（1899年）秋至二十七年，岐山恒阳不雨，赤地数百里，饥民挖菜根、剥树皮艰难度日。民国十八年（1929年），这里又是重灾区。1974年七星河流域又发生了较为严重的旱灾。1931年6月30日，漳水河、美阳河和七星河河水暴涨，水深数丈，沿河农田民房、窑洞被淹没冲毁，死亡115人。1932年6月，上游大暴雨，后沟断面发生了洪峰流量为827立方米每秒的大洪水，淹没农田、村庄，损失惨重。新中国成立以来，七星河先后于1958年、1962年、1970年、1973年、1978年和1984年发生较大规模水灾。1958年7月13—15日，岐山东北连降20年罕见的暴雨，山洪暴发，冲毁新修塘库5处，土窑2孔，受灾秋田近3万亩。1970年8月，河水猛涨，洪峰流量98立方米每秒，正在施工的白家窑水库被冲，沿河农田、村庄被淹，损失严重。

七星河流域由上而下，在干支流共修建有岐阳、祝京、祁家沟、王家沟、石沟门、刘家沟、七里桥、官务、丁童、白家窑等10座小型水库，除官务、白家窑等3座水库在扶风县境内外，其余均在岐山县境内。其中3座水库因淤积干涸已经报废，其余祝京、官务、祁家沟等抽水灌溉。七星河源头崛山林场是著名的旅游风景区，相传东晋时，龟兹高僧鸠摩罗什法师曾在此翻译《金刚经》。崛山沟山坡上有奇峰异洞，绝顶建有殿阁佛寺，东西二峰间有“龙凤坪”，南望山口有身临天门之感。境内有国家重点文物保护单位——周原遗址，是国务院1982年2月公布的第三批全国重点文物保护单位。2016年9月，扶风县利用七星河河湖湿地、库塘湿地、沼泽湿地资源，建成了七星河国家湿地公园，为扶风县城增加了一道亮丽的风景线。

十、美阳河

美阳河又名美水河，漆水河支流湋水一级支流，渭河三级支流。发源于扶风县北部乔山石槽涧，集水汇流，由西南而东流，经黄堆、南阳、法门，至信邑与太川水合流，南至浪店注入湋水河。美阳河在法门东桥一带渗入地下，忽现忽没，入河口的地理坐标是东经107° 55′ 16″，北纬34° 20′ 30″。干流长23.6千米，流域面积233.4平方千米，河道平均比降8.1‰。太川水是美阳河上游源头重要支流之一，发源于召公镇吕宅村西悬崖下之泉水，涓流南下与美水河合流，一般通称美水。古时有温泉，后渐移深涧。据清嘉庆《扶风县志》载，“温泉在今众和里，水出如汤，行数里尚温，太川水过而合之”。

流域地处半干旱季风气候区，气候温和，日照充足，无霜期短，年平均气温12.4摄氏度，最高40.1摄氏度，最低-21.7摄氏度，风向冬夏两季多西风，春秋两季多东风，全年平均风速1.9米每秒。无霜期除山区外200～220天，年均降水量597.3毫米，多年平均蒸发量1000毫米左右。1931年6月30日，湋水河、七星河、美阳河暴涨，水深数丈，沿河农田、民房、窑洞被淹没冲毁，死亡115人。1933年7月洪峰流量535立方米每秒；1954年8月洪峰流量978立方米每秒；1962年7月下旬降雨100多毫米，美阳河洪峰流量92立方米每秒，扶风县发生洪水灾害，淹没庄稼5300多亩，死亡2人。1988年8月洪峰流量128立方米每秒。美阳河多年平均径流总量1213.7万立方米，平均径流深52.0毫米，年平均流量0.44立方米每秒，最小径流量0.02立方米每秒。1985年以后，在干流先后修建了涧沟桥、美水沟、云龙、太川和信邑沟水库，河水全部被水库拦蓄，下游流量极少，遇旱几乎断流，其中涧沟桥水库和云龙水库已经干涸。

美阳河依次流经黄堆、南阳、法门三乡（镇），自然地势是上游两岸多为陡岸，下游开阔。美阳河流域是扶风县主要的粮油产区，是国家确定的优质粮油生产基地。在美阳河上游流域法门镇境内有中外闻名的法门寺景区，主要有法门寺寺院和法门寺博物馆两个景区，是我国著名佛都、国家4A级旅游景区。

流域内主要河流水系特征值及重要支流湋水河及其流域所辖各县基本情况一览表见表1-1-3、表1-1-4。

表 1–1–3　漆水河干流及主要支流特征值

序号	河流名称	上一级河流名称	流域面积 /km²	河流长度 /km	河道比降 /‰
1	漆水河	渭河	3824	151.6	4.7
2	漳水河	漆水河	2316	151.9	9.3
3	漠西河	漆水河	484.6	80.6	6.3
4	雍水河	漆水河	461	67.6	10
5	横水河	漳水河	538.3	68	9
6	永安河	漆水河	61.5	18.5	16.5
7	北马坊河	漆水河	70.68	15.8	16.3
8	澄水河	漆水河	161	22.9	12.7
9	董家河	漆水河	176.4	31	18
10	七星河	漳水河	176.2	22.7	22
11	美阳河	漳水河	233.4	23.6	8.1

表 1–1–4　漆水河重要支流漳水河及其流域所辖各县基本情况一览

县（区）名	河名	干流长 / km	流域面积 /km²	主要一级支流		区间径流总量 / 万 m³	开发利用情况			
				条数	支流名称		堤防 / km	水库 / 座	水电站 / 座	渔场 / 处
凤翔区	雍水河	55.6	470.7	3	东干河 西干河 横水河	2723.0		6		1
岐山县	漳水河（后河）	33.5	386.5	3	砚瓦沟 龙尾沟 张庄沟	1824.0		17		
扶风县	漳水河	42.7	451.9	2	七星河 美阳河	1695.0	0.18	2	1	1
合计		131.8	1309.1	8		6242.0	0.18	25	1	2

第四节　水　泉

漆水河历史上水量丰沛，地下水常露头而出，多则称为“陂池”，少则名为泉洳。从源头到入渭口，流域各县（区）几乎皆有水泉，有的是河流源头，有的就近汇入河流，水量大小不一，水质优良，多数成为当地百姓饮用水水源。据不完全统计，漆水河流域有水泉 300 多处，随着时间的推移和季节的变化，有些水泉已干涸，有些遇旱水流变小，有些还在发挥人畜饮水、灌溉农田等作用，有些则被历史赋予文化名胜印记，如麟游县九成宫醴泉铭碑成就了醴泉的历史文化内涵；岐山周公庙的润德泉，被当地百姓视为神水。永寿县共有水泉 160 多处，径流模数为 13039.5 立方米每平方千米每年，泉水总量达 1096.03 万立方米。而岐山县境内水泉主要分布于南北二山和塬区沟道。北山水泉多为季节性，时出时涸，利用价值不大，亦多无名；南山水泉多为长流水，沟道水泉受降水影响大，水流不稳。本节仅就著名水泉记述如下。

一、漆水河源头泉

该泉位于麟游县招贤镇永丰村硬里组堡子山麦衣沟，是漆水河的源头。史籍记载：岐州普润县东南，山中有两泉，东流入渭。山泉深 50 多厘米，水质清澈甘甜，当地百姓叫凉水泉。宝鸡市水利局组织有关专家学者通过探源考察，确认山泉就是漆水河源头，并在此竖起“漆水河源头”石碑。凉水泉下，是一片湿地，行人进入有踩海绵之感，俯身拨开草丛，是湿漉漉的水，湿地下去是漆水河的源头。凉水泉如今仍是当地村民饮用水水源。

二、九成宫醴泉

该泉位于麟游县城九成宫碑亭景区。据魏征撰写的《九成宫醴泉铭》记载，该泉是唐太宗李世民在九成宫避暑期间，于唐贞观六年（632 年）四月十六日用手杖捣出的，泉水充沛，其清如镜、其味如醴，唐太宗遂命名为“醴泉”。随即宫廷将醴泉砌石予以保护，并将泉水通过石渠引到离宫各殿，解决了离宫用水困难。唐太宗下令让魏征撰文、欧阳询书写勒石立碑记述这件事。魏征采取骈体文记述了醴泉的发现过程，离宫的建筑形制和金碧辉煌，歌颂了李世民的文治武功，特别是提出了“居高思坠、持满戒溢”的警示；欧阳询书写碑文时已年高 76 岁，书法技艺已达到出神入化、炉火纯青的境界，使《九成宫醴泉铭碑》成为欧阳询楷书代表作。该碑因文章、书法和唐太宗的功绩被称为“三绝古碑”。碑因泉而立，泉因碑而名。传说九成宫醴泉铭碑矗立在醴泉原址之上已有 1400 多年了，醴泉泉眼与大海相通，如果将铭碑移动，大海之水就会通过泉眼涌出泛滥成灾。每当夜深人静时，将耳朵紧贴碑石，还能听到滔滔水声。虽然如今看不到醴泉了，但考古发现，醴泉引水渠道由西向东延伸，布满了离宫各殿。

三、五龙泉

该泉位于麟游县老县城西门外小河沟内，距老县城 1.5 千米。该泉始建于唐代，因泉内有五个泉眼喷水而出，故得其名。泉水水质清洌可饮，昔日每日驴驮、人挑络绎不绝。1949 年以后，麟游县对水泉进行整修，泉台用粗石条砌成边长 1.5 米的正方形，泉深 3 米。在此建两级抽水站，使老县城区居民用上了自来水。

四、三眼泉

该泉位于麟游县九成宫镇北 5 千米处，澄水河东侧石崖下，因三泉相连故名。水质清凉味甜，据旧县志记载，唐太宗李世民在九成宫避暑期间，尉迟敬德曾在此饮马。三泉遗址尚存，其中两泉已干涸，一泉水流较小，但水质清凉，过路人皆饮之。

五、石家泉

该泉位于麟游县良舍乡西坊村东河畔，泉水出于三叠系（T3Y）紫红色砂岩层，水量丰富，水质清澈味甜，每日出水 24 吨。建泉历史悠久，无志考证。西坊村民世代饮用，身体健康，无地方病发生。

六、御泉

该泉位于麟游县九成宫镇下栗川河畔，水量充沛，味甘甜美，夏不浑浊，冬不结冰。因建于隋唐离宫，曾为宫中所用，取名御泉，清流潺潺。1995 年改建为麟游县自来水公司水厂。2010 年麟游县城官坪新区开发，水泉被填埋后开辟为居民住宅区。

七、润德泉

该泉位于岐山县城西北 7.5 千米处的周公庙东院内，旧志称作“周邸治泉”，列为岐山八景之一。唐大中二年（848 年）宣宗李忱赐名润德泉。泉口直径 20 厘米，深 3 米，每小时涌量 126 立方米，水中硫酸盐、铁等含量很低，游离二氧化碳较高，含人体所需的微量元素及稀有元素多种，水色清莹如镜，水味甘甜如醴。泉之渊池周围八角形石栏槛上有浮雕藻饰，并有龙吻、鳌头、神祇、怪兽等立体造型。泉水由龙口喷出，玉浪滚滚飞溅，沿渠道南流以出庙区。渠岸两旁，花木丛林，绿草如茵，风景如画。

润德泉水出周公庙南流十余里，即与横水河汇流。1956—1959 年，北郭公社农民先后在周公村、董家台一带修筑水库 4 座，引蓄泉水，浇灌农田，获益甚大。但润德泉水源来自地壳浅层裂隙之流水，由于地壳运动之故，水道时通时阻，泉水亦随之时出时涸，不能保证经常使用。因此，1973 年宝鸡市地下水工作队在周公庙大门外打成两眼自喷井，使 100 米深处的地下水沿着 30 厘米粗的钢管子从井口滚滚喷出，日夜不息。

八、凤凰泉

该泉位于凤翔县城外西北隅，有泉眼三，分二支流淌。一支自北向东南，沿东门外护城河注入东湖；另一支自城西沿西城壕南流，至西南城角折向东，经赵家坝、邓家堡南与塔寺河汇合，至三岔村入雍水。凤凰泉与凤翔的历史紧密相连，据《竹书纪年》记载，商王文丁十二年，有凤集于岐山。凤凰飞过雍城时，曾在此饮水，故称此地为“古饮凤池”。凤翔县有“凤凰之乡”的美称，县城秦穆公之女弄玉吹箫引凤的传说家喻户晓，县城西北凤凰泉传说是凤凰饮水之地，是凤翔县古城池，南城在先秦古都雍城北地基旧城上，唐代城池在先秦古都上向北拓展，城池似一个展翅欲飞的凤凰形象，城周长 6.1 千米，面积 4.4 平方千米。凤凰头朝北，即现在凤凰泉所在处。凤凰尾朝东，县城东湖路中段有一桥为凤凰尾之所在；凤凰泉水从五孔桥眼飞流而下，酷似凤尾，桥也因此得名。

唐李茂贞在凤翔筑城时，屡筑屡塌，难以建城。传说有一年冬天，晚上下了一场小雪，一只凤凰在凤凰泉饮水后，在雪地里留下了徜徉的足迹，李茂贞见状，顺着凤凰足迹踏勘后，认为这是一个理想的城池，明白了这是神鸟所示，就命其下属按凤凰足迹筑城，从此凤翔城就再没有塌过。《凤翔县志》曾描述：“虢虢春流霭暮烟，穷源西北凤凰泉。平分一掌回山郭，远抱千峰下渭川。长堑隐驱戎马迹，清滩惟恋水鸥眠。解缨试濯风尘色，泽畔行吟意洒然。”清代张鹏飞有诗曰：“涧水分流绕凤城，凤泉滚滚泄双清。一归城外一归内，流到东湖处处明。”

九、玉泉

凤翔县有两处玉泉，一处在凤翔县城北15千米牛钵峪，泉水晶莹如玉，人争食饮。旧志记载：后人在此掘得隋开皇八年（588年）郡守强猛虎所造玉佛像一尊，遂在其上建寺，号玉泉寺，又名观音湫。另一处在凤翔县城西1.5千米处的石家营村南，现已湮没，然时有水溢出地表。

十、湫池泉

该泉位于凤翔区城北8千米的湫池庙内。相传，姜嫄饮此泉水后踩巨人脚印怀孕生后稷，此泉被赋予神秘色彩，善男信女奉为福水，饮泉水以得子，泉水洗目睛明，润喉则嗓清，涤肤则疾愈。后人在泉前修姜嫄庙，今为湫池庙。现泉水至今水流清澈，大旱而不涸。

十一、水沟泉

该泉位于凤翔区陈村镇北的水沟深处，新中国成立前，当地人曾用泉水带动水磨。此水所做豆腐色味独特，其量超常量三成许。旧时，有用秤钩挂售豆腐者。泉水为水沟水库之源。

十二、信邑泉

该泉位于扶风县城东10千米的城关镇信邑村东沟底。古时泉口如盆，随汲随溢，不汲亦不溢，味甘可瀹茗，泉旁建信邑渠，引水灌田。宝鸡峡水利工程在此处建一渠库结合水库——信邑沟水库，信邑泉被建为库区的一部分。

十三、虎跑泉

该泉又名金沙泉，位于凤翔区城北10千米的太相寺。相传很久以前，有一得道高僧云游到天柱山，见这里山势雄浑，峰峦奇秀，便决定留下来修行立佛。但苦于山腰没水，苦苦寻找月余也未找到水源，无奈之际猛然发现一只老虎正朝自己猛吼，然后跑到庐舍下10多步的下坡处，举起双爪猛烈刨地点头。高僧突然醒悟，双手合十致谢，猛虎起身离去，高僧立即组织村民在此向下挖，果然有泉水涌出，那泉水入口清洌甘醇，如同乳汁，众人欢呼雀跃，高僧额手相庆，当即题名为“虎跑泉”，用来纪念那老虎引导挖井的事。虎跑泉距离地面七八尺，水量充足，泉水从一缺口流出，流到北面一百多米处的蓄水池。泉水比蓄水池高一丈多，比水沟村高两丈多。泉水自动流入蓄水池，取水很方便。《陕西通志》《关中胜迹图志》《大清一统志》等均记载，苏轼当年任凤翔府签书判官时，曾游北山大像寺，为金沙泉作过一首诗：“金沙泉涌雪涛香，洒作醍醐大地凉。倒浸九天河影白，遥通百谷海声长。僧来汲月归灵石，人到寻源宿上方。更续茶经校奇品，山瓢留待羽仙尝。”

十四、游凤泉

该泉位于武功县西北焦杨村。《长安志》记载：武功县“陂池，在县北二十里”；《武功县后志》记载：自县西原沟壑中出一泉，有些许的灌溉之利，其南三里焦杨村“葭苇”中有“沮洳水”，不时流出，很细微，不远即涸，此水南六七里西原沟壑又流出一泉，细微如线，称为“湫池”。在当时（1733 年）已不成为泉了。清嘉庆十九年（1814 年），《武功县志》载：焦杨村的沮洳水叫“良沟泉”，明永乐年间（1403—1424 年）涌出，此泉之南仍记有“湫池沟”。今泉水犹存。

十五、其他水泉

马刨泉　位于岐山县京当村西北 6 千米处，海拔 1164.8 米，泉口直径 0.8 米，深 1 米，水质清甜，长年不涸。

刘秀泉　在岐山县西坊村东约 7 千米的西崛山西山腰，水量较小，终年不涸。

仰天池　在岐山县西坊村西南方，亦名后周公泉，水质清莹。

永乐庵泉　在岐山县县城东南 18 千米，永乐村北坡原永乐庵院内，周围有石砌栏槛，现庵毁泉已将涸。

橐泉　在凤翔城内东南隅，注水不盈，旋盈旋涸，有似无底，故名橐。秦穆公冢在其下，今已淹没。

龙王泉　在凤翔城外东北壕边，水甘美，成酿煮茗皆宜。古时曾引水灌田百余亩。今泉尚在。

淘麻泉　有两处泉眼，均在凤翔县城东 2 千米处的纸坊河东岸，两泉相距数十步，泉水清甘，冬暖夏凉。明清时，纸作坊在此淘洗旧麻，造白斤纸，故名。

蛟翻眼泉　在凤翔城西北 15 千米之宁家沟，因泉水泛溢犹如蛟翻眼状，故名。

兴龙泉　在凤翔城东 4 千米马村苇子沟北端，南流穿卢家桥（此桥于 1975 年平整土地时埋没），入雍水。

万泉　在凤翔城东 4 千米万泉沟，因沟内水泉甚多而名。泉水南流经海龙寺、六道营入雍水。1964 年在此沟连筑两坝蓄水，其状如葫芦。

凉水泉　在凤翔区陈村西北 10 千米临河村山下。清泉两眼，流入千河。水旁芦苇盛生，环境甚为清雅。

铧角泉　位于凤翔城西北 23 千米的铧角堡后，村人掘渠引水食用，旁有两小泉，名曰蜜儿泉、龙眼泉。

五龙泉　在凤翔城东南 13 千米的候丰村北，地势状如五龙盘绕，故名。

风伯泉　在凤翔城东北 10 千米风伯庙沟。小泉数十，大泉有二，水常盈，旧时农民常祈雨于此。

老君泉　在凤翔区塔寺桥北老君庵前，水味清甘，煮茗尤美。今庵废泉在。

谦泉　位于凤翔城东关通津门外，水甘美，煮豆作羹，烹茶尤宜。居民取汲者甚众。明清时“上台按临，亦时取焉”。汲时盎然，能盈而不溢，故以谦名，今湮没。

龙王池　在凤翔城东北 8 千米关村沟。过去水南流至七甲门前村，潜流。今为库坝阻蓄断流。

寺河池　在凤翔城西 18 千米罗钵寺旁，故名。池水仍溢。

喜雨池　在凤翔城南街，清乾隆三十九年（1774 年）开凿，太守豫泰写有《喜雨池记》。今池已湮没。

饮马池　在凤翔城东南 2.5 千米一凹中，传为秦穆公饮马之地。凹有水。今已种地。

凤泉　位于扶风县城北 25 千米的中观山。相传周时山巅潴水，时温，“凤”饮于此，取名凤泉。其水流至武功县游风南谷，灌田数顷。后因淤塞而废。今山泉尚在。

马泉　位于扶风县中观山东 5 千米的东观山。水极少，有时枯竭，泉池尚存。

龙泉　古时亦称凤泉。其泉眼有 9 处，为古人祷雨之处。现水极少，系扶风县七星河的发源地。

吕宅泉　位于扶风县城东北 15 千米的召公镇吕宅村西崖下，系太川河发源地。

温泉　位于扶风县县南塬 10 千米段家镇的沟老头村水沟底，古时渍水供人食用，后渐移深涧。

古水泉　位于扶风县城南 10 千米的绛帐镇古水村西北，古有温泉山，水自山下流出，可供灌溉，后因地层变化，流水中断。

万杨池　位于扶风县新店乡万杨村。古时水自岐山县润德泉伏流至此，涌出为池。今修排水池，池水不复存在。

秦川泉　在扶风县北 20 余里的吕室村后，南流合美水，其地宜芦苇，有温泉多处，水出如汤，引数里，尚温。现利用水源建一水库，可灌溉农田 1.5 万亩。

第二章 自然社会环境

漆水河流域地处鄂尔多斯地台向斜南缘，南入渭河地堑，经过中生代燕山运动奠定了地貌基础。流域内地形北高南低，由北向南倾斜，从北向南呈阶梯跌落，依次为北山、土石山地、山前洪积扇、黄土台塬、河流阶地五种类型。流域属暖温带大陆性半干旱气候，冬季寒冷干燥，夏季炎热，降水集中、强度大，秋季温和湿润，春季气候多变，年内四季分明，日照充沛。漆水河流域北部塬坡和低山丘陵地区天然植被覆盖相对较好，以山杨、辽东栎次生林和次生箭竹为主。草类以蒿类、菊科植物为主，偶有人工草地镶嵌其中。川塬地区以人工栽植的坡面防护林和农田林网以及经果林为主，另有大量的禾本科、豆科及十字花科农作物种植。漆水河流域矿产资源丰富且储量大。以麟游、永寿的煤炭，永寿、凤翔的石灰石为最多。流域地处西安和宝鸡的黄金分割点，是关中平原城市群的重要产业集聚区和重要增长极，具有承东启西、连接南北的重要地位。

第一节 地形地貌

一、地质构造

漆水河流域地质构造单元属鄂尔多斯地台南缘褶皱带，褶皱、断裂构造比较发育，构造线多呈东西或东北方向延伸，有褶皱、断层、裂隙和地层。

域内地质构造经过寒武、奥陶纪时期海水侵入及地壳颤动，海水沉积物形成含砾泥岩、页岩、板岩及燧石条带白云岩。随奥陶纪晚期地台高升，出现平缓状隆起。经加里东运动，抬高成为陆地。

中生代二叠纪时期，形成陆相碎屑岩及含煤沉积，局部有砾状砂岩和铁矿层。因印支运动影响，接受沉积，陆地进一步扩大。受燕山运动影响，断裂构造比较发育，形成断裂构造，褶皱加深，残塬断层。新生代第三纪时期，接受陆相沉积，前期砂砾层发育，中期黄土堆积，后期风成黄土广布，最后形成冲积层。

据陕西师范大学研究考证，历史上漆水河流域曾发生过五次大的洪水。前四期古洪水发生在气候不稳定期，旱涝都有发生，黄帝等部落不断向西北高处迁移。到了3100万年左右气候突变，更加干旱，此时周人先祖弃豳地而南迁，迁移至漆水河支流漳水河流域中游的周原地区建立岐邑，即历史上所谓的“古公迁岐”事件，此时人类对流域内森林、植被和土壤覆盖的严重扰动，更加剧了漆水河第五期古洪水事件，发育了武功浒西庄第五次古洪水平流沉积。

二、地形地貌分类

漆水河流域地处鄂尔多斯地台向斜南缘，南入渭河地堑，经过中生代燕山运动奠定了地貌基础。流域内地形北高南低，由北向南倾斜，从北向南呈阶梯跌落，依次为北山、土石山地、山前洪积扇、黄土台塬、河流阶地五种类型。

（一）中低山区

麟游县北部、永寿五峰山北麓、娄敬山南麓和永寿梁区、乾县北部，山体坡度在20° ~ 30° 之间，海拔1200 ~ 1500米，上覆10 ~ 50米厚黄土，下及奥陶系灰岩或三叠系砂页岩互层，水力冲刷切割深度为50 ~ 100米。由于受燕山运动影响，山脉呈东西或近东西向分布，加之水流作用，地形西高东低，沟壑纵横，梁状特征明显。

中低山区总面积201.4平方千米，占全流域总面积的22.43%。黄墡土为主，次为板土，再次为白墡土、黑垆土和淤土、潮土、石渣土。

页(xue)梁横亘东西，支梁向南向北延伸，海拔高、气温低，地势中高边低。有沟210条，山头250个。区内主要山脉有：娄敬山，东西走向，长约2.5千米，海拔1063米；五峰山，海拔1467米；永寿梁，东西走向，全长38千米，山梁土石相间；六十里梁，南北走向，最高处海拔1426米；黑山，走向南北，全长约3千米，主峰海拔1505.3米；毛英圪垯(丘)，海拔1339米，面积212平方米。还有高泉山、虎山、天堂山、盘道山、石牛山、危山、灰堆山、高庙山等。

（二）残塬梁峁区

永寿梁河沟南部，受强烈切割，河谷深切百余米，冲沟发育。上部多属沟脑部位，塬面破碎为梁峁。下部地势低，塬面被河谷分割成台状塬梁，包括蒿店、甘井、监军、马坊、御驾宫、常宁西南部和上邑、窦家、渠子、永太、郭村以西的塬面。海拔1000 ~ 1300米。上覆黄土50 ~ 150米，下多为三叠系砂页岩层。梁宽300 ~ 1000米，长7 ~ 19千米。以V形谷为主，以基岩古地貌为基础，向南部倾斜。由于水土流失和河谷下切而呈现今貌。

在漆水河上游区域，属永寿页梁东端与泾河高阶地的过渡地带，次强度水土流失区；南以五峰山北麓、钻天岭、嵯峨山为界；西有槐山全脉向北、向东延伸。整个地形西高东低，形成一个向三面倾斜的爪状残塬梁峁区，水系以槐山至常宁东西一线为轴心，划为南北两个小流域，北部由一系列北东向的河谷组成，深切塬面。南部有由北向南的一系列沟谷深切，形成三岔河水系。由于两组水系强烈溯源侵蚀，将塬面切割成沟谷密集的黄土梁峁残塬，地形复杂，塬、坡、沟、凹、梁、峁相间。

残塬上覆第四纪黄土，厚100 ~ 200米，下为三叠系灰绿色砂页岩夹煤线。由于受构造应力影响，基岩裂隙呈棋盘格式构造，区域地质稳定，塬面黄土、黑垆土、红土为主要土壤类型。

境内较平整的黄土塬面有：窦家塬面，北向东，东部较平缓，西部倾向泾河，海拔1100 ~ 1300米；常宁塬面，东北走向，塬中被南章沟分割成东、西塬面，海拔1100米；渠子塬面，东北走向，中有沟壑相隔，海拔 1100 ~ 1300 米；永太梁，偏北东倾向泾河，海拔 1000 ~ 1200 米；郭村梁，在渠头沟和郭村沟之间，狭长梁状地貌，宽 1 千米，长 6 千米。

（三）黄土塬区

在漆水河上游区域，北靠槐平低山区，南与乾县关头、吴店毗邻，海拔 900 ~ 1200 米。

乾县境内漠西河、封侯沟、马坊沟三条水系，将区境分割为北高南低走向的四条黄土塬。塬面基底为二叠系红色砂页岩，灰绿色、灰褐色砂岩，上部覆盖 100 ~ 150 米老黄土，夹 10 ~ 15 层古土壤，钙质结核发育。中部有一压扭性断层，使奥陶系灰岩上升，宽度小于 500 米。县城北部为东西向斜轴部，使整个地貌呈由北向南波状带形塬面。境内有：甘井塬面，介于武申河与漠西河之间，海拔 900 ~ 1200 米，塬面平坦完整，间有起伏，北部宽阔，南部狭窄；蔄店、监军塬面，介于漠西河与封侯沟之间，北段北高南低，塬面凹凸相间，海拔 1050 ~ 1150 米，南段东西两岭纵贯，中部低凹，塬面自北向南倾斜，海拔 978 ~ 1034 米，北部狭窄，南部宽大。

（四）低黄土塬区

在漆水河上中游区域，漆水河进入塬区，分割成东西两个塬面，西部北高南低，东部中低南北高，北部遭受明显侵蚀，愈南愈低，海拔 900 ~ 1000 米。地貌基本继承古地理形态。隐伏基岩为奥陶系灰黑色灰岩，上覆 100 ~ 250 米更新统黄土，夹 20 ~ 27 层古土壤，钙质结核密集。店头塬面：在漆水河西，北依娄敬山，南临乾县，塬面北高南低。间有起伏，南部宽阔平坦。仪井塬面：东介漠西河，西介漆水河，塬面破碎，南北略高，两边向中倾斜，高庙山拔于东，海拔 815 ~ 971 米。

（五）河流阶地

漆水河流域地处鄂尔多斯地台向斜南缘，南入渭河地堑，经过中生代燕山运动奠定了地貌基础。流域内地形北高南低，由北向南倾斜，从北向南呈阶梯跌落，依次为北山、土石山地、山前洪积扇、黄土台塬、河流阶地五种类型。山地海拔 800 ~ 1500 米，山前洪积扇海拔 700 ~ 800 米，黄土台塬海拔 500 ~ 600 米，呈西北东南走向。渭河河流阶地共有三级，海拔 400 ~ 500 米。

第二节　土壤植被

一、土壤

漆水河流域自然条件复杂，土壤类型丰富多样且呈地带性分布，丘陵区以红黏土、紫色土、褐土和黄绵土为主，另外在丘陵区山前沟谷有少量的新积土和潮土分布；渭北台塬区主要为农业土壤塿土；渭河川道区以新积土、潮土、水稻土和沼泽土为主。全流域土壤共有 8 个土类，13 个亚类，26 个土属，63 个土种。土类有黄土性土、红土、黑垆土、塿土、褐土、石渣土、潮土、淤土。土壤总面积为 1349909.63 亩。

（一）黄土性土

这种土壤表层疏松，通气性好，易受侵蚀。具有团粒结构，有机质、氮素及有效性营养物质含量较低。系由 0.25 毫米以下的颗粒组成，细砂粉砂占 60% 以上。流域黄土性土占土壤总面积的 45.56%，主要分布在低山丘陵和塬坡，是发育在黄土母质上的幼年土壤，是由表层和底层组成的，剖面分化不明显，且多有料姜石。按侵蚀、堆积频繁及土壤的母质来源不同，可分为黄墡土、白墡土、淤墡土、红花土等。

（二）红土

流域红土总面积为 159440.31 亩。系老黄土层中的古土壤或风化壳，零星分布于河流沿岸坡地和部分塬面。剖面多料姜石，强石灰性反应，酸碱度适中，黏重密硬，不吃水，不耐旱，肥力低，适耕期短。有机质含量 0.17% ~ 0.55%，含氮 0.058% ~ 0.11%，速效磷 0.16 ~ 2.08 毫克每千克。按其成因，又可分为红色土、板土、二色土、黑夹土、红胶土、黄盖红胶土等六个土属。

（三）黑垆土

流域黑垆土总面积为 481361.27 亩。分布于塬面、黄土丘陵顶部及沟原地带，是一种古老的主要地带性土壤之一，是腐殖质厚而发生层次明显的土壤。特殊的成土母质与植被群落，构成黑垆土深厚的腐殖质层，剖面呈微石灰性或石灰性反应。上部含腐殖质层 30 ~ 100 厘米，色深，有机质含量 1% ~ 2%；下部为碳酸盐沉淀层，深厚而明显，向黄土母质过渡，剖面呈微碱性至碱性反应。垒结疏松，结构不明显，碳氮比范围狭，吸收容量不大。可分为黏黑垆土、红垆土、黑垆土性土三个亚类。

（四）塿土

分布在残塬地带，面积为 4244.59 亩。耕层疏松，孔隙率大，容重小，土性热，黏粒少，腐殖质含量低，易耕。富含碳酸钙，覆盖层主要黏土矿物为伊利石，下伏褐土的黏土矿物以伊利石和蛭石为主，碳酸盐淋溶和积淀作用强烈。按成土过程、耕作性能又可分为红油土和褐墡土两个土种。

（五）石渣土

分布于永寿平遥和店头边缘，面积为 10783.83 亩。其中褐土性石渣土面积为 4835.73 亩，垆土性石渣土面积为 5948.1 亩。

（六）潮土

主要分布于河谷两岸，面积为 2769.39 亩，是河流冲积物发育土壤。易受土壤氧化还原交替过程影响，剖面形成锈纹纹理。沉积物黏性变化大，土壤表层质地及剖面排列影响其元素水平。

（七）淤土

流域内淤土主要分布在好畤河、漠西河河谷滩地、乾县羊毛湾库区周围及部分河滩，是近期淤积的土壤，元素水平及肥力较高。

漆水河流域土地利用类型现状（2021 年）见表 1–2–1。

表 1-2-1 漆水河流域土地利用类型现状（2021 年）

序号	类型	面积 /hm^2	占流域比例 /%
1	林地	166091.23	43.4
2	草地	31170.05	8.2
3	耕地	144800.5	37.9
4	水域	900.63	0.2
5	建设用地	39438	10.3
合计		382400.41	100

二、植被

漆水河流域自然条件复杂多样，又处于多种植物区系的交会地带，因此植物区系较为复杂，种类也很繁多，植物资源较为丰富。山梁阳坡、半阳坡多为草本群落。山梁阴坡、半阴坡多为乔木、灌木群落，沟坡多为灌木群落。流域北部塬坡和低山丘陵地区天然植被覆盖相对较好，以山杨、辽东栎次生林和次生箭竹为主。草类以蒿类、菊科植物为主，偶有人工草地镶嵌其中。川塬地区以人工栽植的坡面防护林和农田林网以及经果林为主，树种以杨、桐、苹果、梨等居多。另有大量的禾本科、豆科及十字花科农作物种植。

三、重要保护物种

漆水河流域动植物资源丰富，远古时期森林茂密，野生动物种类繁多，是动植物繁衍生息的理想之地。随着社会发展和人类活动加剧，流域生态环境越来越脆弱，水土流失严重，地形地貌复杂多变，但流域丘陵沟壑、梁峁塬涧和河流湿地等依然维护了生物多样性，保存和保护着国家重点保护鱼类、重点保护野生动植物、古树名木等物种。

漆水河流域重要保护物种清单见表 1-2-2。

表 1-2-2 漆水河流域重要保护物种清单

序号	类型	名称	分布
1	陕西省重点保护鱼类	鲤 Cyprinus carpio	干流上中下游均有分布
2		乌鳢 Channa argus	干流下游
3	鱼类“三场”	产卵场	招贤河口
4			羊毛湾库尾

续表 1-2-2

序号	类型	名称	分布
5	鱼类“三场”	产卵场	澄水河段
6			普化水库坝址处
7			种金坪河段
8	鱼类“三场”	索饵场	澄水河河口处
9			马家河河口处
10			马家河河口下游 3 千米
11			羊毛湾库区
12			漆水河入渭河口
13		越冬场	澄水河
14			澄水河河口
15			申家河河口
16			马家河河口下游 3 千米
17			羊毛湾库区
18			漠西河河口下游 400 米内
19	国家二级重点保护野生植物	野大豆 Glycine soja	陕西扶风七星河国家湿地公园、陕西永寿漆水河国家湿地公园
20		水曲柳 Fraxinus mandschurica	陕西野河省级自然保护区
21		金荞麦 Fagopyrum dibotrys	陕西凤翔雍城湖国家湿地公园、陕西扶风七星河国家湿地公园、陕西永寿漆水河国家湿地公园
22		八角莲 Dysosma versipellis	陕西永寿翠屏山省级森林自然公园、陕西岐山崛山省级森林自然公园
23	省级重点保护野生植物	麻黄 Ephedr aintermedia	陕西安舒庄省级自然保护区
24		草麻黄 Ephedra minica	陕西安舒庄省级自然保护区
25		木贼麻黄 Ephedra equisetina	陕西安舒庄省级自然保护区

续表 1-2-2

序号	类型	名称	分布
26	省级重点保护野生植物	头蕊兰 Cephalantheralongifolia	陕西安舒庄省级自然保护区
27		火烧兰 Epipactis helleborine	陕西安舒庄省级自然保护区
28	古树名木	槐	E：107° 35′ 3.81″ N：34° 26′ 43.53″
29		皂荚	E：107° 33′ 58.92″ N：34° 24′ 2.44″
30	古树名木	槐	E：107° 47′ 19.80″ N：34° 21′ 40.67″
31		皂荚	E：107° 51′ 54.36″ N：34° 20′ 10.63″
32	国家重点保护野生动物	大鸨 Otis tarda	分布在湿地
33		长耳鸮 Asio otus	分布在林地
34		短耳鸮 Asio flammeus	分布在林地
35		红隼 Falco tinnunculus	分布在林地
36		红脚隼 Falco amurensis	分布在林地
37		燕隼 Falco Subbuteo	分布在林地
38		云雀 Alauda arvensis	分布在灌草地
39		红胁绣眼鸟 Zosterops erythropleurus	分布在灌木林
40		画眉 Garrulax canorus	分布在林地
41		红嘴相思鸟 Leiothrix lutea	分布在林地
42		中华鬣羚 Capricornis milneedwardsii	分布在林地
43		狼 Canis lupus	分布在林地
44		赤狐 Vulpes vulpes	分布在林地
45		黄喉貂 Martes flavigula	分布在林地

第三节　气候水文

漆水河流域气候属暖温带大陆性半干旱气候，冬季寒冷干燥，夏季炎热，降水集中、强度大，秋季温和湿润，春季气候多变，四季分明，日照充沛。根据麟游县气象站资料统计，流域多年平均气温为9.3摄氏度，极端最高气温37.8摄氏度，极端最低气温-25.2摄氏度，多年平均湿度71%，多年平均降水量619.1毫米，年平均日照时数2172.3小时以上，多年平均蒸发量为1389.5毫米，最大冻土厚度37厘米，无霜期为276天，多年平均风速1.8米每秒，历年最大风速16米每秒，多年平均最大风速11.06米每秒。

一、光照

全年总日照时数为2166.2小时。年总辐射量为114.77千卡每平方厘米。12月太阳辐射量最小，总辐射量6.27千卡每平方厘米，占全年的5.5%；6月辐射量最大，为14.00千卡每平方厘米，占全年的12.2%。一年中辐射较强的有4—8月，总辐射量达63.27千卡每平方厘米，占全年的55.1%。5月，平均总辐射量为12.96千卡每平方厘米，占全年的11.3%。

辐射量的季节分布是：夏季（6—8月）为39.73千卡每平方厘米，占全年的34.6%；春季（3—5月）为32.59千卡每平方厘米，占全年的28.4%；秋季（9—11月）为22.49千卡每平方厘米，占全年的19.5%；冬季（12月至翌年2月）为19.94千卡每平方厘米，占全年的17.4%。辐射量年际变化：1966年高达124.73千卡每平方厘米，1975年仅为103.39千卡每平方厘米，年际差为21.34千卡每平方厘米。

二、气温

流域年平均气温为19.8摄氏度。7月最热，平均23.7摄氏度；1月最冷，平均-2.9摄氏度，年较差平均为26.6摄氏度，年平均日较差为9.3摄氏度。年最高气温平均为15.9摄氏度，极端最高气温为38.9摄氏度（1966年6月19日）。极端温度为-18.8摄氏度（1977年1月30日）。0摄氏度以下的低温时间平均为90天，最长达118天。年负积温平均为-225.5摄氏度，冷型年为-406.5摄氏度（1967年），暖型年为-98.8摄氏度（1964年）。春季从0摄氏度升到20摄氏度需要106天，秋季从20摄氏度降到0摄氏度需要100天。

全境南北气温差异明显，累积热量悬殊，年平均气温南北相差3.3摄氏度，东西相差0.5摄氏度。店头12摄氏度，槐山8.7摄氏度，永太10.4摄氏度，渡马10.5摄氏度，马坊10.2摄氏度，常宁10.1摄氏度，甘井10.6摄氏度，监军10.8摄氏度。

4—9月，气温平均日较差：店头10.3摄氏度，槐山8.5摄氏度，永太9.4摄氏度，渡马10.5摄氏度，甘井10.8摄氏度，监军9.9摄氏度。

无霜期平均为210天，平均初霜日在10月24日，最迟在11月5日，最早在9月30日。终霜期平均在3月28日，最早在2月18日，最晚是4月27日，保证率达80%以上的初日为10月31日，终日为4月10日，无霜期192天。

三、地温

流域地面温度夏季最高为66摄氏度，冬季为–25摄氏度，平均为13.4摄氏度。2—6月平均每月升高6.8摄氏度；6—8月稳定在27.4 ~ 28.3摄氏度。8月开始下降，9—10月下降最快，下降幅度为8.3摄氏度。

地下温度：年平均为12.3摄氏度，地下10厘米为12.2摄氏度，地下15厘米为12.3摄氏度，地下20厘米为12.4摄氏度。大于10摄氏度各层的地温出现在4—10月，其中地下5厘米和地下10厘米的峰值在7月，地下15厘米和地下20厘米的峰值在8月。

冬季冻土最早在10月2日，最晚解冻在3月4日，最大冻土深度为55厘米，冻土深度达10厘米在12月23日，解冻日期在2月12日，持续52天。南部解冻早，北部解冻晚。

四、降水、蒸发

流域全境降水北部多于南部，东部多于西部。南北相差83毫米。

1959—1988年的30年中，年均降水量为578.1 ~ 661.3毫米。降水日期：一年内＞0.1毫米的平均降水日数为103.8天，占全年的28.4%，最多为164天（1964年），最少73天（1979年）；＞5.00毫米的降水日数平均为32.6天，占全年的8.9%，最多为48天（1964年、1975年），最少19天（1977年）；＞10.00毫米的降水日数平均为19.2天，占全年的5.3%，最多为27天（1981年），最少7天（1977年）；＞25毫米的降水日数平均为4.7天，占全年的1.3%，最多12天（1981年），最少1天（1969年、1977年、1979年）。

全年降水最大月份为7—9月3个月，每月均在44毫米以上。春季平均雨量为130.4 ~ 145.3毫米，占全年雨量的20.9% ~ 24.2%；夏季平均雨量为220.7 ~ 244.3毫米，占全年的37.5% ~ 42.7%；秋季平均雨量为198.3 ~ 221.1毫米，占全年的33.1% ~ 35%；冬季平均雨量为19.4 ~ 27.3毫米，占全年的3.2% ~ 4.1%。

夏、秋两季雨量占年雨量的70.6% ~ 77.7%。7—9月3个月，总雨量为306.0 ~ 347.2毫米，占年雨量的52.2% ~ 52.6%。4、5月两月，总雨量为107.7 ~ 109.7毫米，占年雨量的16.5% ~ 18.5%。

平均初雪日为11月9日，终雪日为3月31日，降雪期为143天。地面积雪从12月2日开始，到次年3月18日终止，平均积雪期为107天。平均积雪日数为27天，最长达55天（1967—1968年），最大积雪深度20毫米（1963年）。

年水面蒸发量为1109.5毫米，草地蒸发量为807.4毫米。草地年最大蒸发量为874.2毫米，最小蒸发量为730.3毫米，相差143.9毫米。其中5—8月4个月，是全年蒸发量最大的月份。草地蒸发量达498.9毫米，占全年蒸发量的61.8%。而降水量是302.7毫米，比蒸发量小196.2毫米。

店头一带年湿润系数为0.47，4、9、10、11月半湿润，其余属干旱或半干旱（干旱2月、半干旱6个月）。

监军一带年湿润系数为0.59，春季半湿润，秋季湿润，冬夏半干旱。一年内平均为半干旱的6个月，半湿润的5个月，湿润的1个月。

常宁一带年湿润系数为0.64，春秋半湿润，冬夏半干旱。一年内半干旱4个月，干旱1个月，半湿润7个月。

槐山一带年湿润系数为0.81，冬季半干旱，春季半湿润，秋季湿润。一年内半干旱3个月，半湿润5个月，湿润4个月。

五、气压、风

流域属大陆性气候系统，气压分布，南部残塬高，北部低山区低，年平均气压903.6毫巴，极端最高气压933.1毫巴（1967年1月15日），极端最低气压885.0毫巴（1979年2月20日）。一年内气压变化是：冬季高，夏季低，秋季气压稍高于春季。

流域各季节的风向随大气环流的风向变化。全年主导风向是东南风，出现频率为12%。其次为西北风，频率为10%。北风出现频率为7%。南风、西南风频率均为6%。东北风、东风出现频率最小，为1%。

流域年平均风速为2.4米每秒。春季最大，平均2.3 ~ 2.7米每秒，夏季平均2.4 ~ 2.6米每秒，秋季平均1.9 ~ 2.4米每秒，冬季最小，平均2.3米每秒。

第四节　矿产资源

漆水河流域资源较为丰富，煤炭、石灰石、陶土等矿产资源分布广、储量大。其中麟游县、永寿县煤炭储量丰富，永寿县、凤翔区、岐山县、扶风县石灰石和石料等矿产有一定的储量。

一、麟游县矿产资源

麟游县境内由于地表大面积被黄土覆盖，岩层出露极差，加之地质工作程度较低，迄今为止发现的矿种有铁、煤、石灰岩、陶土、砖瓦黏土等五种。矿产地十余处，有据可查的矿产地五处。矿种优势以非金属及可燃性有机岩类的煤为主，是开发利用的主攻目标。经陕西省煤炭地质局勘探，麟游北部地区煤炭储量在24亿吨以上，属特低灰、特低硫、特低磷、特高发热值的长焰煤，开发潜力巨大。

二、永寿县矿产资源

永寿县煤炭储量有2000多万吨，石灰石储量1.2亿吨，陶土储量1500多万吨，铁矿石储量丰富。其中平遥煤：含煤13层，可采者4层（约0.7米），最厚层1.2米，4层总厚度为3.9米。煤层倾角2°~ 8°，主煤层横向稳定，为长焰式肥煤。发热量5666.48大卡每千克，含水量4.34% ~ 12.35%，挥发分27.74% ~ 36.68%，灰分12.99% ~ 17.87%，固定碳42.04%，光谱分析含2% ~ 3%，矿区建有平遥煤矿。碾子沟煤：有煤三层，上层煤厚0.68 ~ 1.5米，中层0.77 ~ 2.0米，下层2.2 ~ 4.28米，夹有砂岩。倾角4°~ 10°，西北方向较厚。底角沟煤：底角沟西向约2千米，北向0.5千米达湃家河，河谷地层被侵蚀。南向2千米达半坡，上层覆盖为第三系棕红色黏土和第四纪黄土。曾开采的煤层约1米，伴有油母页岩，煤质不佳。另据史料记载，“漆，有铁”（《汉书·地理志》），分布于永平乡。有：草滩菱铁矿，矿藏呈结核状或透镜状，储存在厚15米的灰黑色泥岩（P2）

中，透镜状含铁率3%左右，结核状含铁26.95%～47.7%，平均含铁36%，含硫和磷均为0.2%。矿层出露长650米、宽300米、厚15米，储量约21万吨。上司岭菱铁矿，矿藏呈结核状，藏于灰黑色泥岩（P2）中，矿长200米、宽50米，含铁率5.33%，储量约4.8万吨。蒋家山菱铁矿，矿藏呈结核状，藏于灰黄色泥岩（P2）中，矿长300米、宽150米、厚20米，含铁率3.5%，结核状含铁率为27.65%～48.8%，储量约8.6万吨。在御驾宫、好畤河等地发现有石灰岩，马坊沟、冯家庄等发现有石英砂岩，储量均在百万吨以上。

三、凤翔区矿产资源

凤翔区的石灰石、煤、陶瓷黏土、石料等矿产众多，其中石灰石总储量为3.3亿吨，是我国少有的石灰石优质矿。

煤炭主要在县境内青渠窑、五曲湾、佛家沟等地，这些地方均藏有微薄煤层。青渠窑煤质较佳，煤层薄，平均厚度为0.06米，偶有较厚处，呈鸡窝状。清同治年间及民国三十四年（1945年）曾采掘，均因开采价值不大而停工，现尚有煤井可见。五曲湾煤层亦甚薄，在煤层出露处仍有当地居民挖掘的痕迹。县西北的佛家沟（灵山北脚下）煤层厚达1米多，但已失燃。清同治年间及民国八年（1919年）都开采过。1975年，柳林一带农民将失燃煤试作肥料，试验无效而停挖。石灰岩成矿于寒武－奥陶纪，在县境东北部的川口河口至姚家沟一带广泛分布，是烧制白灰、水泥、电石及工业用碱的优质原料。据地质部门1984年勘探，圈定出电石、水泥灰岩有效可采矿区数平方千米，储量数亿吨。县内陶瓷黏土（铝土质泥岩）产于二叠系及侏罗地层，多集中分布于涧渠乡青渠窑一带，层薄，多呈透镜状产出，可作粗瓷原料。石料主要分布于五曲湾、青渠窑一带三叠系地层中的中－细粒长石石英砂岩（俗称麻杂石），结构均匀，胶结坚硬，是建桥、砌窑、石器加工的良好石料。民国前，凤翔四街及东关至纸坊皇庙口路面全用此石铺垫。西部千河砂石亦是良好的建材之一，大小均匀且含土量小，尤以马道口段最佳。同时凤翔县境内河滩及古河床还有大量砂卵石。

四、岐山县矿产资源

岐山县的矿产资源主要包括石灰石、石英石、大理石、砂石、白垩土和砚石等。这些矿产资源的分布相对集中，便于开采利用。其中，石灰石的储量大，分布在北部山区，岩石裸露且已开采的有西方乡（距县城18千米处）和祝家庄乡的大石沟、小石沟及秦岭北麓落星乡黑沟河等处。石英石的储量约为600万吨。白垩土分布于北山一带，可作为烧制水泥的原料。

五、扶风县矿产资源

扶风县矿产资源多为建材原料，北部山区下古生代地层盛产灰岩，储量约15亿立方米，碳酸钙含量50%以上，现正大量开采。按品质分作水泥、白灰、七〇砂、大理石原料，年开采量3万～5万立方米，除满足本县需要外，还供应外地。大理石储量320万立方米，按颜色、花纹、组成、结构分，有26个品种，计有汉白玉、墨玉、玫瑰红、鸭蛋青、提花黑等。

第五节　社会经济

漆水河流域在旧石器时代已有人类活动，仰韶文化时期，氏族部落在此聚居。流域为炎帝后裔姜姓封地，称有邰国。商周时，为周部族繁衍生息之地。周武王灭商后，迁都于镐，流域有邰为周畿内地。公元前770年，周平王东迁洛邑，邰被封给秦。秦始皇统一中国后，流域置郡、县，延续至今。流域以黄土高原、渭河平原为主，亦有少量山地，地貌形态南北迥然不同，地势北高南低，呈阶梯状。流域内多灾，发生频繁，危害大。自然灾害中的气象灾害主要有干旱、雨涝、大风、冰雹、霜冻等，其中以干旱、雨涝范围最广，损失也最为严重。地质灾害中的地震、崩塌、滑坡等，发生在局部地区，次数少，但也有不同程度的危害。其他灾害还有蝗灾、兽害等。流域内有连结大西南、大西北的两条主干道，秦时均被辟为驰道。西汉为抵御匈奴，又向北开辟了"回中道"，著名的"丝绸之路"也从境内通过，形成了四通八达的古代交通网络。各主干道历经数千年沧桑，沿袭至今。

一、民族人口

漆水河流域涉及陕西省宝鸡市、咸阳市、杨凌区3个市（区），8个县（区），69个镇（办）。主要包括麟游县、凤翔区、岐山县、扶风县的大部分地区，以及永寿县、乾县的部分地区和武功县、杨凌区的局部地区。从古到今，流域政区多有变化，随朝代和社会发展更迭不断。

流域地处渭河流域中游，土壤肥沃，气候宜人，是中华民族发祥地之一。据考古工作者在麟游县、武功县发现的旧石器文化遗址考证，先民在此定居活动早于万年以前。境内新石器文化遗址分布广泛，现已发现140多处，证明进入新石器时代，漆水河流域人口大量增加。

流域相关县（区）共有27个民族，据2020年人口普查统计，其中汉族占99.44%，回族占0.48%，满族占0.05%，蒙古族占0.01%，藏、维吾尔、苗、彝、壮、布依、朝鲜、侗、瑶、白、土家、哈尼、傣、畲、纳西、土、达斡尔、撒拉、仡佬、锡伯、裕固、客家等族人数仅数十人或数人。

历史上，漆水河流域受战争、自然灾害和经济发展的影响，人口有增有减，总体呈增长态势。唐代是我国历史上的繁荣昌盛时期，生产发展迅速，社会相对稳定，人口增长较快，至天宝元年（742年），本流域人口增加到28万多人。清代康乾时期，朝廷制定滋生人丁永不加赋的怀柔政策，流域人口大幅回升，道光三年（1823年）本地区人口增至52万多人。民国初年，战乱频繁，流域人口减少，至民国十二年（1923年），人口减为48万多人。民国十八年至二十一年（1929—1932年），关中大旱，中又大疫，流域人口降为43万多人。抗日战争爆发后，随着陇海铁路的修通，东南沿海地区有些工厂迁来宝鸡，促进了宝鸡经济的发展。同时，沦陷区大量流亡人口来宝鸡定居谋生，使宝鸡人口大量增加，至1949年，本区人口增至近57万人。

新中国成立后，流域经济建设蓬勃发展，社会秩序安定，人民生活水平不断提高，医疗卫生条件逐渐改善，人口的死亡率迅速下降，出生率剧增。1975年，流域人口达到313万人，给入托、入学、交通、就业等方面都造成了巨大压力。1972年以后，流域各市县贯彻国家计划生育政策，大力提倡“晚、稀、少”的节育方针。1978年后，各级党政领导又把计划生育当作基本国策的大事来抓，层层签订人口计划目标责任书，在干部、职工和城镇居民中，提倡一对夫妇只生一个孩子，在农村坚决杜绝三胎生育，坚决控制人口增长。计划生育率由1980年的68.48%提高到1985年的73.3%，多胎率由1980年的20.31%下降至1985年的5.2%。1990年第四次人口普查，流域人口为67万人，自然增长率为16.26‰。截至2020年底，流域内总人口123.37万人，平均人口密度296.7人每平方千米，城镇化率40%。

二、交通运输

漆水河流域的道路交通伴随着流域社会、政治、经济、军事、文化的发展，走过了漫长的发展道路，经历了不同的发展阶段，有起有伏，有盛有衰，不断由低级走向高级，不断发展完善。以各个时期所使用的主要交通工具及其相应的道路和运输方式划分，大体上可分为人力负载、畜力车驮、机动车交通三个不同阶段。6000年前的原始人群在进行狩猎、采集、生活和交往中“践草为径”，开辟出一条条原始道路，以最简单的交通工具，进行着原始的交通运输。车的出现，牛、马等大牲畜经过驯化，供人使役，用以挽车或驮载，使交通运输进入了畜力车驮的新阶段，这是人类交通史上的第一次飞跃。车驮用于交通运输，引起了道路的变革。战国时期，秦人在开发秦蜀通道中，依山傍水，凿孔架木，将道路支撑于峭崖深壑之上，称为栈道。周制“列树以表道，立鄙食以守路”，“雨毕而除道，水涸而成梁”，“九月除道，十月成梁”，等等，这些有关道路修治管护的规定，对后世的路政管理有着深远影响。秦始皇时修建的驰道、“直道”，其建造质量之好，令今人惊叹。以畜力挽车驮载为主的道路交通，在陕西持续了近4000年。到了19世纪后期，随着电信、邮政事业的兴起和火车、汽车的出现，陕西以畜力挽载的驿站交通开始解体，逐步发展为不同门类的电信、邮政、铁路和公路交通。道路交通伴随着社会生产力的发展，不断由低级阶段走向高级阶段，这是不以人们意志为转移的客观规律。地方道路交通，在其不同历史阶段中的发展变化和盛衰起伏，为地方的政治、经济、军事、文化态势所制约，而经济因素起着决定性作用。周、秦、汉、唐是古代道路交通开拓的昌盛时期，新中国成立之后则是现代交通运输的大发展时期。

漆水河流域地处关中西部，历史上曾有周、秦、汉、唐等十三个王朝在西安建都，漆水河流域作为京畿之地，加之流域内有多处帝王避暑离宫，历史上公路交通运输四通八达，驰道驿站遍布。新中国成立后，特别是改革开放以后，流域内交通运输发展迅猛，公路、铁路、飞机和高速公路、高速铁路等交通大动脉和骨干网已经形成，县际公路交通互联互通，交通基础设施不断完善，流域综合交通运输体系初步形成。麟游县建成凤崔公路、新西兰公路、凤灵公路等干线公路3条，全长134千米；支线公路8条，全长165.6千米，其中麟眉、麟凤路可直通外县；凤荷高速直通县城，汤法高速延伸到麟游，形成两条高速公路互联互通。永寿县公路交通网已经形成，实现了村村通汽车、乡乡有班车。西兰公路永寿段全长 45.5 千米，多次拓宽改造提升，成为跨省交通大动脉之一。乾县有 312 国道贯穿过境，境内有西安环线、乾县至扶风法门寺 、乾陵旅游专线等重要公路，建成干线公路 7 条，支线公路 12 条，初步形成以县城为中心向四乡辐射的公路交通网。凤翔区、岐山县、扶风县、武功县、杨凌区地处关中腹地，交通网状密集，纵横交错，五县（区）共建成干支线和专线公路 60 多条，公路总里程达 1880 千米，其中凤翔区 320 千米、岐山县 226 千米、扶风县 600 千米、武功县 234 千米、杨凌区 500 千米。

自古以来，漆水河流域先民就在河道上架设各种踏步桥、独木桥、木架桥等，履石渡水；或架设线索桥，垒石为梁，编船为桥，往返过人；或跨沟筑坝，建设土桥，连通两岸。也有在水量较大的河道设置渡口，方便舟楫往来。清雍正十一年（1733 年）《武功县志》记载，漆水河两岸东、西渡口主要有四处：县东门外（今武功镇）、下川口、焦阳、“又南距川口十里”处。水“要冲”渡口四处：卜村塬南、漆交汇处毛家嘴、杨村北崖下、磨李沟西崖下。清末漆水河有渡口三处：武功县东门外（今武功镇）、毛家嘴、川口。漆水二渡：镜照寺、北杨村。民国以后，漆水河仍有舟渡。随着公路、铁路等交通事业发展，加之漆水河水量变小，舟渡锐减，渡口码头逐渐退出历史舞台。新中国成立后，随着公路、铁路特别是高速公路、高速铁路的架设，逢山开路，遇水架桥，公路桥梁、铁路桥梁得到广泛运用，桥梁形制、跨越方式不断创新，建桥技术和质量日趋完备。据不完全统计，漆水河干流及其支流共架设桥梁 52 座，填筑跨沟土坝 32 座，设置渡口码头 2 处。其中麟游县建设公路桥 10 处、土桥 2 处，永寿县建桥梁、土坝 5 座，乾县架设桥梁 10 座，凤翔区建有公路桥 2 座，岐山县建有各类桥涵 18 座，扶风县有古桥 17 座、新建公路桥梁 22 座，武功县修建公路桥梁 9 座、长 229.4 米。

三、经济发展

漆水河流域历史悠久，文化积淀丰厚，是中华文明和农耕文明的发祥地之一。古公亶父率周人定居周原后，设“百工”之治，各类手工业竞相发展。当时，岐山、扶风一带已有纺织、蚕丝等手工业生产。所出产的陶器、青铜器、铁器、白酒、丝绸等都闻名于世。近代工业的发展，始于 20 世纪 30 年代后期。民国二十六年（1937 年），陇海铁路通达武功、扶风、宝鸡，带动了机械、纺织、烟草、发电、造纸、面粉、酿造等的生产。新中国成立以后，由于铁路、公路交通的恢复，地方经济逐步发展。特别是中共十一届三中全会后，流域内能源开发、重工业、轻工业、电子信息业、农业多种经营等均有飞速发展和进步。

漆水河流域地处西安和宝鸡的黄金分割点，是关中平原城市群的重要产业集聚区和重要增长极，具有承东启西、连接南北的重要地位。以麟北煤田为依托，流域内能源基地建设稳步推进，能源企业实现规模化发展；农业生产实力雄厚，农产品产业融合步伐加快，以扶风、岐山为代表的现代绿色食品加工产业园跻身省市级示范加工园区行列；农业生产结构以种植业和畜牧业为主，作物以小麦、玉米、杂粮、棉花、豆类、油菜、瓜果为主，种类繁多，品质优良；工业规模稳步增长，工业结构持续优化，以凤翔区为代表的新材料和先进制造业等新兴产业方兴未艾，为区域经济增长、产业发展、城镇建设、就业创业作出重要贡献。2020 年，流域内耕地总面积 205.4 万亩，地区生产总值达 750.73 亿元（见表 1–2–3），人均地区生产总值 6.1 万元。

表 1–2–3　漆水河流域社会经济统计

序号	行政区	耕地面积 / 万亩	常住人口 / 万人		地区生产总值 / 亿元			
			总人口	城镇人口	GDP	一产	二产	三产
1	凤翔区	51.8	28.47	12.97	198.23	22.22	110.46	65.55
2	岐山县	37.2	25.07	12.62	122.3	20.22	56.38	45.7
3	扶风县	37.1	24.78	9.06	140.59	21.45	70.12	49.01
4	麟游县	53	8.46	7.04	128.26	7.747	104.59	15.93
5	乾县	31.9	20.10	9.21	77.36	17.13	23.76	36.47
6	永寿县	8.9	4.56	1.79	26.49	7.06	8.57	10.86
7	武功县	14.5	11.01	4.23	59.97	9.64	27.19	23.14
8	杨凌区	2.2	5.81	4.23	36.29	2.45	14.62	19.22
合计		205.4	123.37	55.2	750.73	104.44	387.47	258.82

注：数据来源于《2020 年陕西省统计年鉴》《2020 年陕西省水利统计年鉴》。

第三章　水沙资源

漆水河上游山峦重叠，沟壑纵横，年内降水量分布不均，地表水过境客水虽多，但由于缺少大的骨干拦蓄工程，因此利用程度较低。中下游境内河流虽多，但流量均不大，水资源并不十分丰富，除自然降水外，调入水较为充足。漆水河流域地下水分布不均，具体为“南多北少、东多西少”。漆水河的水沙资源不仅受到自然因素的影响，如降水、地形等，也受到人类活动的深刻影响，如水土保持措施、水利措施等。这些因素共同决定了漆水河水沙资源的现状和未来变化趋势。对于漆水河水沙资源的开发利用，需要综合考虑自然条件和人类活动的双重影响，实现水资源的可持续利用。

第一节　水资源

一、地表水

漆水河流域属于暖温带半干旱气候带，水资源总体匮乏。流域水资源主要由地表水和地下水组成。地表水主要来源是河道径流，一部分是流域内河流自产径流，另一部分是流域外河流入境客水。流域径流主要由降水形成，受大气环流和地形条件影响，流域降水量有年内分配不均、年际变化大的特点，径流特性与降水特性相一致。根据漆水河上游安头水文站 1971—2019 年实测资料统计，多年平均径流量为 0.54 亿立方米，多年平均流量为 1.85 立方米每秒，最大年径流量为 1.73 亿立方米（1983 年），最小年径流量为 0.1606 亿立方米（2006 年），变幅达 10.8 倍；实测最大洪峰流量为 825 立方米每秒（1954 年）。年内水量主要集中在汛期（7—9 月），汛期径流量约占全年径流量的 52%。根据安头水文站资料测算，漆水河流域 2002 年以前年径流量 5903 万立方米，2003 年后年径流量 4565 万立方米，二者差值达 1338 万立方米，变化率达 29.31%。

在麟游县境，漆水河多年平均最大流量 90.5 立方米每秒，最小流量 0.1 立方米每秒。它是县境内一条最大河流，内有一级支流 5 条，二级支流 13 条，这些支流南源于岐山、凤山，北源于页岭，控制着全县总面积的 55%。流域内有 6 个乡（镇）的全部面积和 4 个乡（镇）的部分面积，51 个村民委员会，211 个村民小组，7820 多户，4300 多人。

在永寿县境内，漆水河年平均流量 1.78 立方米每秒，最大洪水流量 825 立方米每秒。年最大径流量为 4.25 立方米每秒（1975 年），最小径流量为 0.93 立方米每秒（1972 年），最大流量 271 立方米每秒（1978 年 7 月 27 日），最小径流量为 0.36 立方米每秒（1978

年5月27日）。最大洪流日流量9720立方米（1976年9月6日）。年均含沙量13.9千克每立方米，输沙量为78.1万吨；年最大输沙量为21万吨（1978年），最小输沙量为3.26万吨（1972年）。7—9月的高沙期，输沙量占全年的89%。

在乾县境内，漆水河常流量1.8立方米每秒，最大洪水流量820立方米每秒，在本县流域面积78.4平方千米，占全县总面积的8%。漆水流至龙塘口，从峡谷喷出。其地有泉，水温可浴。羊毛湾水库建在漆水河入境口，宝鸡峡渡槽坐落于龙塘口，横亘漆水两岸，连接宝鸡峡干渠工程，使渠水盘山而过。

在武功县境内，漆水河年平均流量4.32立方米每秒，最大流量265立方米每秒，最小流量0.03立方米每秒，年径流量13623.6万立方米。水量季节性变化大，天旱上游截流灌溉，常呈干谷，雨涝成灾。

漆水河流域内常流量比较稳定的主要有漳水河、漠西河、横水河、永安河、北马坊河、澄水河、董家河、七星河、美阳河等9条主要支流，在水资源调查和区划中，依次进行了不同频率的自产径流量计算，其成果见表1–3–1。

表1–3–1　漆水河及其主要支流径流量计算成果

河名	流域面积/km^2	多年平均径流量/万m^3	不同频率年径流量/万m^3			
			20%	50%	75%	95%
漆水河	3824	20658	29202	16063	10443	8089
漳水河	2316	12511	17686	9729	6325	4899
漠西河	481.6	2602	3678	2023	1315	1019
横水河	539	2912	4116	2264	1472	1140
永安河	65	351	496	273	178	137
北马坊河	70.68	382	540	297	193	150
澄水河	161	870	1229	676	440	341
董家河	176.4	953	1347	741	482	373
七星河	207.9	1123	1588	873	568	440
美阳河	230.4	1245	1759	968	629	487

根据1956—2000年系列水资源调查评价，漆水河流域多年平均水资源总量为4.06亿立方米，其中地表水资源量2.07亿立方米，地下水资源量3.84亿立方米，两者重复量1.85亿立方米。地表径流量折合径流深54.0毫米。流域内河川径流的年际变化显著，漆水河

干流径流极值比为 11.7, 多年平均径流量为 20658 万立方米。漆水河流域各县（区）中，凤翔区水资源总量最大，为 1.11 亿立方米，杨陵区最小，为 375 万立方米（见表 1–3–2），分别占流域水资源总量的 27.3%、0.9%。

表 1–3–2　漆水河流域行政区水资源总量一览

地级市	县（区）	评价面积 / km²	多年平均地表水资源量		地下水资源量 / 万 m³	地表地下水资源重复量 / 万 m³	水资源总量 / 万 m³
			径流深 / mm	径流量 / 万 m³			
宝鸡市	凤翔区	927.69	57.0	5290.2	10389	4580	11099
	岐山县	599.86	93.7	5620.0	9275	4492	10403
	扶风县	571.00	26.1	1490.9	7454	3592	5352
	麟游县	860.67	63.3	5446.6	2874	2412	5908
杨凌示范区	杨陵区	31.00	36.4	112.8	402	139	375
咸阳市	乾县	444.40	37.7	1674.3	4365	1610	4429
	永寿县	253.08	21.6	546.8	1406	539	1414
	武功县	135.98	35.0	476.3	2247	1108	1615
漆水河流域合计		3823.28		20657.9	38412	18472	40595

二、地下水

漆水河流域地下水主要补给来源是降水，蒸发、气温和相对湿度等气候因素对地下水有直接影响，同时与地形地貌、土壤、植被等亦有相关。根据《陕西省地下水资源评价》参数计算，漆水河流域地下水资源总量为 3.84 亿立方米，其中可供开采水量约 3.56 亿立方米，占总补给量的五分之二。

漆水河流域地下水分布不均，根据含水层的岩石性质及地下水在其空间的分布状态，分为潜水和承压水两大类。潜水形成和分布与地貌、岩相等因素密切相关。不同的地貌单元含水层厚度、岩相及富水性各不相同。一般从黄土丘陵区到河谷川道区其富水性愈来愈好。据含水层的时代、埋藏、分布条件将潜水分为五个含水岩组。在漆水上游，陕西省地下水钻探队 1971 年在麟游县九成宫镇水塔东侧钻井深 61.28 米，井水先自喷后停流。陕西省水文队 1977 年在天堂乡街北钻一井，深 225 米，井水自喷。麟游县钻井于 1980 年在天堂宋家庵钻一深机井，水面距井口 80 厘米，接近自喷。陕西省煤田地质勘探队 1985 年在河西村钻一自喷井。据此证明麟游境内有承压水，且为地下水富水区。中游乾县临平的土桥等地，埋深一般在50～150米，凤翔黄土台塬区地下水埋深在20～80米，水力坡度0.0135～0.0177，渗透系数10.76～11.94米每日，开采深度150～200米，出水量30立方米每小时。岐山漳水河阶地，有丰富的潜水和承压水，埋深50米，厚度30米，埋深2～15米，单井出水量40吨每小时。下游武功漆、漳川道区含水层埋深10～40米，以薄沙层沙砾石含水，厚10～20米，分布不稳定，埋深7～20米，单位涌水量10立方米每小时。

三、水质评价

（一）地表水水质

漆水河流域现状地表水水质总体良好。流域内主要有漆水河、漆水河上游、漆水河入渭口、小韦河杏林、小韦河入漆水河口等5个水质监控断面。从2010年至2020年经历了由劣变优的过程。

据监测，2010年麟游良舍断面水质为Ⅱ类水，安头及漆水河入渭口2个断面水质均为Ⅲ类水，漆水河干流整体水质达标；漳水河全年水质为劣Ⅴ类水，未达到目标水质标准，主要超标物为SS、COD、氨氮。根据2016—2020年《宝鸡市环境质量公报》《咸阳市2020年12月暨1—12月水环境质量状况》《咸阳市水环境承载力报告》显示，2016年，漆水河流域满足Ⅰ～Ⅳ类水质标准的监测断面数量占监测断面总数的比例为50%，流域总体水质为轻度污染；2017年，漆水河流域满足Ⅰ～Ⅳ类水质标准的断面比例增加，流域总体水质由轻度污染逐步好转为优；2018年，漆水河流域满足Ⅰ～Ⅳ类水质标准的断面比例有所降低，为60%左右；2019年，漆水河水质较上年好转，满足Ⅰ～Ⅳ类水质标准的断面比例为80%；2020年，漆水河流域所有水质监测断面均满足Ⅰ～Ⅳ类水质标准。

其中，2016年1月至2020年12月，漆水河汇入小韦河前断面氨氮、TP各月监测结果均满足Ⅲ类水质标准限值要求，断面水质能够稳定达到地表水Ⅲ类水质标准限值要求；COD在2020年6月超标，超标率为5%，其余月份基本满足Ⅲ类水质标准限值要求，超标次数占总测次的2.22%。小韦河杏林断面TP在2018年1月至2020年12月超标严重，超标次数占总测次的61.11%。小韦河入漆水河断面COD在2018年10月之前超标情况比较严重，2018年10月后只有部分月份超标，基本满足Ⅳ类水质标准限值要求，超标次数占总测次数的29.82%。小韦河入漆水河断面氨氮在2016年1月至2020年12月超标情况较少，只有部分月份指标超标，基本满足Ⅳ类水质标准限值要求，超标次数占总测次数的10.53%。小韦河入漆水河断面TP在2018年1月至2020年12月超标严重，超标次数占总测次的60.61%。分析小韦河杏林断面和小韦河入漆水河断面2016—2020年数据，漳水河整体水质较差，其中COD、TP超标严重，主要原因一是漳水河及其横水河等支流上分布着较多污水处理厂，导致COD超标严重；漳水河流域分布有横水河、东风水库、冯家山、太川、宝鸡峡等灌区，面源污染面积较大，导致TP超标严重；二是漳水河及其支流上梯级水库较多，生态基流小，河流稀释污染物能力较弱。漆水河入渭口断面氨氮在2019年4月之前超标情况比较严重，2019年4月后满足Ⅲ类水质标准限值要求，超标次数占总测次数的17.86%。漆水河入渭口断面TP在2020年9—10月超标，其中在10月超标情况严重，超标率为 55%，其余月份基本满足Ⅲ类水质标准限值要求，超标次数占总测次的 5.56%。对比漆水河上游（漳水河汇入漆水河前）、小韦河杏林和小韦河入漆水河口断面数据发现，漆水河入渭口断面 2019 年 4 月前水质超标情况较为严重，主要是由于漳水河来水水质较差。

漆水河干流在漆水河汇入小韦河前断面以上河段时，水质较好，稳定达到Ⅲ类水，在漆水河汇入小韦河前断面以下河段时，水质较差，主要原因是漳水河水质较差，导致漆水河在汇入漳水河前断面以下河段水质超标月份增加。漳水河在 2019 年后水质逐渐好转，主要是十三污水项目实施后水资源保护、节水、中水回用、污水管网覆盖率提高、污水处理站出水水质标准提升等措施及项目发挥作用。2021 年，监测漆水河干流整体水质为Ⅱ ~ Ⅲ类水，水质达标；根据小韦河杏林断面和小韦河入漆水河断面数据，漳水河在 2021 年水质为Ⅳ类水，水质达标。

漆水河流域三处水库型水源地，除凤翔区白荻沟水库在 2020 年第 2 季度 TP 超标外，其余水库水源地各季度均能满足Ⅲ 类水质要求，且多数季度可达到Ⅱ类水质标准。例行监测数据和公报显示，宝鸡市漆水河地表水源地水环境质量现状良好。

（二）地下水水质

经对流域地下水总硬度、NH_4^+、硝酸盐、氟化物等测定，宝鸡峡至咸阳北岸中宝鸡、咸阳地下水水质多为Ⅱ类、Ⅲ类水，杨凌地下水水质为Ⅱ类，重点区域监测水质已经达到Ⅳ类和Ⅴ类，漆水河流域地下水污染主要在城市、重点镇区及工矿区。

从表 1-3-4 分析可得，3 处地下水水源地水质近两年均为Ⅲ类，无超标污染物。从例行监测数据和公报显示，宝鸡市漆水河地下水水源地水环境质量现状良好。

据监测，到 2020 年漆水河麟游源头水保护一级功能区，水质良好，为Ⅱ类水；漆水河乾县、武功县农业、渔业用水二级功能区及漆水河乾县、武功县农业用水二级功能区水质良好，2020 年为Ⅱ类水。漳水河凤翔、岐山、扶风农业、工业用水二级功能区及漳水河杨凌农业、工业用水二级功能区水质均达标，2020 年为Ⅲ类水。横水河凤翔区源头水保护一级功能区水质良好，2020 年为Ⅱ类水。

同时，漆水河流域地下水开发利用历史悠久，部分地区出现地下水超采现象。根据 2015 年陕西省水利厅《陕西省地下水超采区划定与保护方案》（陕水资函〔2015〕137 号），统计漆水河流域地下水超采区有凤翔—岐山一般超采区、扶风南阳一般超采区，超采面积 224.9 平方千米。根据 2020 年《水利部关于黄河流域水资源超载区暂停新增取水许可的通知》（水资管〔2020〕280 号），目前流域内无地下水超采现象。漆水河流域县级以上地下水水源地共有 4 个，其中宝鸡市 3 个，咸阳市 1 个。

新一轮《陕西省漆水河流域综合规划》中，根据漆水河流域地下水分布情况，将漆水河流域内地下水分为北部山区、中部旱塬区、南部平原区。北部山区地下水资源作为战略储备水源，以保护涵养为主；中部旱塬区深层承压水作为应急水源和战略储备水源保护，不作开采，维持地下水现状；南部平原区地下水资源丰富，开发区内地下水按照开采量控制指标及水质保护目标合理开发利用。

表 1-3-3 漆水河安头水文站建站以来年径流量统计

年份	年径流量 / 万 m^3	汛期 6—10 月径流量 / 万 m^3	汛期径流量 5 年均值 / 万 m^3	枯水期径流量 / 万 m^3	枯水期径流量 5 年均值 / 万 m^3
2020	6511.1	4669.2	2549.7	1841.9	2008.8
2019	4268.1	1893.1		2375.0	
2018	6039.1	3430.9		2608.2	
2017	4056.8	2051.0		2005.8	
2016	1917.1	704.1		1213.0	
2015	3503.4	1166.8	3824.3	2336.6	2270.9
2014	7120.0	4963.1		2156.9	
2013	3038.8	1582.2		1456.5	
2012	5263.6	2418.5		2845.1	
2011	11550.3	8990.8		2559.5	
2010	4381.9	3126.5	2094.3	1255.4	1211.4
2009	2297.4	1232.4		1065.0	
2008	3029.3	1174.7		1854.6	
2007	5219.2	4016.0		1203.2	
2006	1600.5	921.7		678.7	
2005	2834.3	1524.8	2391.7	1309.5	1160.6
2004	2438.8	1484.0		954.8	
2003	8924.7	7251.6		1673.0	
2002	1479.6	700.9		778.7	
2001	2084.0	997.2		1086.8	
2000	1943.1	743.3	1550.1	1199.8	1388.9
1999	3439.8	2162.2		1277.6	
1998	3034.6	2026.4		1008.2	
1997	2314.0	597.4		1716.5	

续表 1-3-3

年份	年径流量 / 万 m^3	汛期 6—10 月径流量 / 万 m^3	汛期径流量 5 年均值 / 万 m^3	枯水期径流量 / 万 m^3	枯水期径流量 5 年均值 / 万 m^3
1996	3963.3	2221.0		1742.3	
1995	2405.4	1058.6	1886.3	1346.8	2222.2
1994	3564.1	1438.1		2126.0	
1993	4549.1	1947.5		2601.5	
1992	5078.1	2986.0		2092.1	
1991	4945.9	2001.5		2944.4	
1990	7442.5	3594.5	3658.7	3848.0	3035.1
1989	7008.9	2887.2		4121.6	
1988	10778.2	7649.4		3128.8	
1987	3856.9	2078.2		1778.7	
1986	4382.5	2084.3		2298.1	
1985	7347.9	3209.7	6866.8	4138.2	3804.2
1984	10714.4	6338.4		4376.0	
1983	17276.5	12362.7		4913.8	
1982	6744.8	3655.8		3088.9	
1981	11271.5	8767.5		2504.0	
1980	3684.5	2046.0	3163.0	1638.5	2563.4
1979	3702.9	1459.2		2243.6	
1978	5303.3	3222.4		2080.9	
1977	4028.7	1510.1		2518.6	
1976	11912.7	7577.3		4335.4	
1975	13820.7	8734.4	3432.5	5086.2	3253.0
1974	5970.8	2818.2		3152.6	
1973	4191.7	2046.6		2145.0	
1972	2927.1	1029.6		1897.5	
1971	6517.4	2533.9		3983.6	

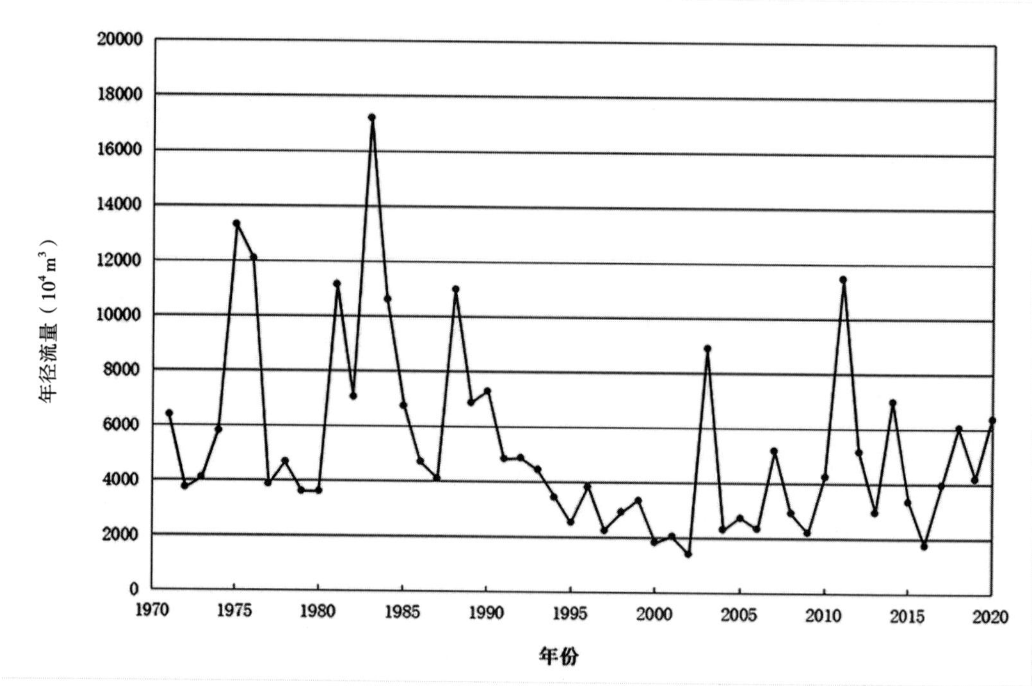

图 1-3-1　漆水河安头水文站建站以来年径流量过程线

表 1-3-4　漆水河流域城镇集中式地下水饮用水水源地水质状况

水源名称	水源类型	2020 年上半年		2020 年下半年		2021 年上半年		2021 年下半年	
		水质类别	超标污染物	水质类别	超标污染物	水质类别	超标污染物	水质类别	超标污染物
凤翔区城区地下水水源地	地下水	Ⅲ	—	Ⅲ	—	Ⅲ	—	Ⅲ	—
岐山县城地下水水源地	地下水	Ⅲ	—	Ⅲ	—	Ⅲ	—	Ⅲ	—
扶风县自来水公司地下水水源地	地下水	Ⅲ	—	Ⅲ	—	Ⅲ	—	Ⅲ	—
永寿县西沟水厂水源地	地下水	Ⅲ	—	Ⅲ	—	Ⅲ	—	Ⅲ	—

第二节　河道泥沙

漆水河是渭河一级支流，属多泥沙河流。多年平均含沙量为 10.8 千克每立方米，最大含沙量为 548 千克每立方米。

一、泥沙特性

采用安头水文站 1956—2019 年实测泥沙资料统计分析，多年平均输沙量为 88.9 万吨。安头站年输沙量变化情况见图 1–3–2。

漆水河泥沙的动态与径流变化相一致，具有水大沙大、水小沙小的特点，泥沙的年内分配主要集中在汛期。安头站输沙量与径流量的年际变化规律基本一致。输沙量最大的年份为 2014 年，达 554 万吨；输沙量最小的年份为 2016 年，仅有 2.64 万吨。

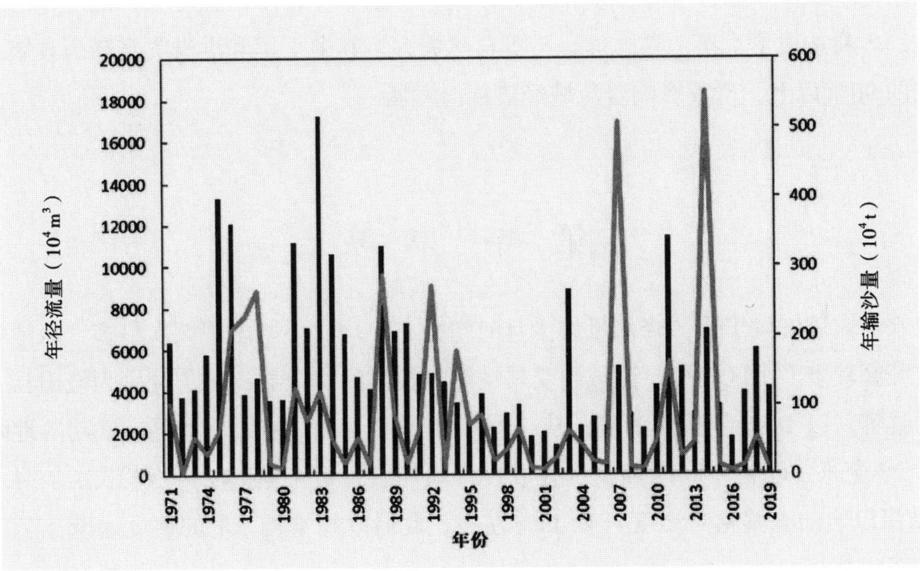

图 1–3–2　安头站年输沙量变化情况

二、泥沙来源

漆水河干流自上而下，由北部台塬流经平原区，众多支流穿越丘陵沟壑区和残塬区，挟带大量泥沙，汛期在重力作用下冲刷而下，造成水土流失。水土流失由轻到重，河流含沙量由小到大。漆水河干流有羊毛湾水库，对泥沙进行拦蓄，对下游泥沙影响较小，泥沙来源主要为漳水河流域及漠西河流域汇入。依据《陕西省漆水河流域综合规划》，漆水河流域水土流失重点区域为渭北高原沟壑重点治理区，即凤翔区、岐山县、扶风县和乾县一带。

第四章　自然灾害

漆水河流域冬季寒冷干燥，夏季炎热多雨，降雨集中，降雨强度大，加之地形地貌复杂多变，容易造成旱、涝、霜、冻、雹等自然灾害，其中干旱和洪涝灾害最为频繁，占总成灾数的90%以上，严重影响着流域经济社会发展。

第一节　旱　灾

漆水河流域气候干燥，降水量偏少且时空分布不均，小旱出现频次最多，从地域分布来看，塬区较多，山区较少。流域内受旱情影响较重的几个县（区）分别为岐山县、乾县及武功县等。以1995年伏旱为例，从7月中旬到8月底，岐山、乾县、武功等地降水量为9～28毫米，较常年同期偏少八九成；日均气温较常年偏高2～3摄氏度。渭北旱塬50厘米深以上的土壤相对湿度只有45%左右，此后以旬平均5%的速度递减，至8月中旬末下降到30%。

据历史统计资料分析（见表1-4-1），1959—1988年30年中，流域内有春旱8次（大旱1次、小旱7次），3年一遇；春夏连旱2次，10年一遇；夏季大旱3次，小旱4次，伏旱12次[其中20天以上的小旱8次，30天以上的中旱3次，40天以上的大旱1次（1974年）]，平均两年一遇。秋旱11次（大旱3次、小旱8次），2～3年一遇；冬旱8次，3年一遇。

20世纪60—70年代干旱集中，70年代较60年代严重。伏旱、夏旱少，冬旱、春旱多。20年中，共出现不同程度的干旱61次，平均每年3.05次。其中春、伏、秋旱出现频率高达35%以上。出现双百日大旱1次（1977年2月9日至10月25日），双百日中旱3次（1959年11月19日至1960年7月4日，1972年9月12日至1973年4月8日，1979年10月4日至1980年5月20日），平均5～6年一遇。百日以上大旱1次（1962年），百日以上中旱6次（1960年、1969年、1970年、1975年、1977年、1978年），平均3～4年一遇。无雨天数最长危害最严重的是1977年2月9日至10月25日，旱期长达259天。

第二节　水　灾

一、暴雨

漆水河流域洪水主要由暴雨造成，其特点是降水时间短、降水时段集中、降雨强度大。暴雨发生最早在 4 月，最迟到 10 月，但量级和强度较大的暴雨一般在 7—8 月。1959—1988 年，流域内共出现暴雨 20 次，7、8 月两月是暴雨的集中期，出现概率高达 88%。暴雨最早发生在 6 月 30 日，最晚在 9 月 6 日，日最大降雨量 127.6 毫米（1979 年 7 月 30 日）。暴雨规律是：集中出现两年，间歇 5 ~ 6 年。20 世纪 70 年代多于 60 年代。集中区在上游麟游县的北马坊、御驾宫、窦家等乡（镇）。其中麟游县北马坊村属历次暴雨的中心。

漆水河干流设有安头水文站。公元 836 年、1920 年麟游县镇头乡慈善寺发生特大洪水，根据洪水调查测算，洪峰流量分别为 3140 立方米每秒、1710 立方米每秒。2007 年 8 月 9 日，受西风带低槽和西太平洋副热带高压西侧暖湿气流的共同影响，出现冷暖空气交流，降雨带偏移，加之受地形对气流的抬升作用，导致漆水河流域内以安头水文站为中心的短历时大范围暴雨到大暴雨的强降雨过程出现，永寿县店头镇安头村发生洪水灾害，实测洪峰流量为 511 立方米每秒。根据不同重现期暴雨成果资料分析计算，安头水文站最大 12 小时及 24 小时降雨重现期均超过百年一遇。2014 年 8 月 6 日，永寿县店头镇安头村再次发生洪水灾害，实测洪峰流量为 554 立方米每秒，为建站以来最大流量。

二、连阴雨

1959—1988 年，流域共出现连阴雨 75 次，平均 3.3 次每年。连阴雨最早从 3 月 13 日开始，最晚于 11 月 26 日结束，集中期为 4、5、7、8、9、10 月 6 个月，9 月最多。

10 天以上的连阴雨平均 1 ~ 2 年一遇，7 ~ 10 天、5 ~ 6 天的连阴雨年平均 1 ~ 2 次。春、夏连阴雨一年一遇，秋季连阴雨年平均 1 ~ 2 次。

30 年中，流域 14 天以上的连阴雨 3 次，平均 8 年一遇。时间最长、危害最严重的是 1981 年 8 月 1 日至 9 月 7 日，持续 34 天的连阴雨（间歇 3 天），总雨量 407 毫米，造成人畜伤亡。其次是 1961 年 6 月 15—28 日持续 14 天的连阴雨，夏收作物霉烂变质。

表 1–4–1　历史上漆水河流域水旱灾害

朝代	公元	灾情
汉高祖二年	前 205 年	关中大饥，民相食不忍。咸阳，米斛万钱，人相食，不忍睹
汉武帝建元三年	前 138 年	关中大饥，人相食
汉光武帝建武二年	26 年	关中大饥，咸阳、乾县人相食，黄金一斤，易豆五升

续表 1-4-1

朝代	公元	灾情
汉兴平元年、二年	194 年、195 年	关中秋七月，三辅大旱，是岁谷一斛五十万，豆麦一斛二十万，人相食啖，白骨委积
晋元康七年	297 年	关中饥，七月雍，梁州疫大旱，米斛万钱
晋义熙十一年	415 年	秦中大旱，赤地千里，昆明池水竭
西魏大统二年	536 年	关中大旱，饥，人相食，死者什七八
隋开皇十四年	594 年	五月关内诸州旱，七月关中大旱，咸阳、兴平人饥，上率户口就食于洛阳
唐永淳元年	682 年	关中五月大旱，日色如赭，蝗，饥馑，斗米三百文，两京间二十六州饥，死者相枕于路，人相食，不忍睹
唐垂拱三年	687 年	四月关中大旱，去冬无雪，全国饥，关中内尤甚
唐神龙二年	706 年	冬不雨，至于明年五月咸阳、兴平、泾阳、三原和京畿旱，大饥
唐天宝十二、十三年	753 年、754 年	关中水旱相续两年，大饥
唐宝应元年	762 年	关中旱蝗疾疫，死者相枕于路，人相食
唐永泰二年	766 年	关中大旱，三月至六月不雨，西安、咸阳等十八县大旱皆饥
唐大历八年	773 年	关中饥，咸阳、武功等十八县六月大旱，年饥
后晋天福八年	943 年	陕境旱蝗相继，民流徙，饥者盈路，关西饿殍尤甚，死者什七八
宋淳化元年	990 年	十月乾州旱，十二月乾州、礼泉、武功、永寿、兴平、咸阳等八县旱
宋绍兴十二年	1142 年	关中十二月不雨，五谷焦枯渭河竭，时秦民以饥离散，壮者为北人所买，城邑遂空
元至元六年	1269 年	十二月，咸阳、兴平大旱
元天历元年	1328 年	自泰定二年至天历元年连续三年陕境不雨，大饥，人相食
明宣德三年	1428 年	自宣德二年至三年，陕境亢旱，秋夏无收，民甚大饥
明正统二年	1437 年	咸阳、乾州、武功、永寿等十三州县连年干旱而麦不收，民饥饿

续表 1-4-1

朝代	公元	灾情
明天顺五年	1461 年	西安府三十三州县自去岁冬无雪，今春又无雨，二麦不遂发生，大饥
明成化十九年至二十一年	1483—1485 年	陕西、山西、河南三省之境，赤地千里，井邑空虚，尸骸枕藉，流亡日多。二十二年威阳连岁旱，大饥人相食。乾州、武功大饥，有民杀宿客食之
明嘉靖七年	1528 年	陕西大旱，人相食，饿死无数
明万历十一年	1583 年	十一年三月至七月咸阳不雨，连旱疾疫，死者甚众
明万历二十九年	1601 年	关中自去岁六月不雨，三辅嗷嗷，民不聊生；草木既尽，剥及树皮，夜窃成群，兼以昼劫，道殣相望，村空无烟；坐而待毙者十八万人
明崇祯九年	1636 年	乾县等县先年秋冬不雨，是岁连旱，无麦，六月酷热二十余日，人多渴死
明崇祯十三年	1640 年	全陕大旱，饥，十月粟价腾贵，日贵一日，斗米三钱，至次春十倍其值，绝粜罢市，木皮石面皆食尽，父子夫妻相剖啖，道殣相望，十亡八九。三原大饥，邑人食榆皮，草木殆尽，饿殍盈野，尸填盈沟
明崇祯十四年	1641 年	连旱陕境人相食，草木食尽。乾县大旱饥，米二升白银一两，民相食，死者枕藉。是年夏，有绝其家而无人收者。泾阳春绝粜，木皮草根俱尽，人相食
清康熙三十年	1691 年	关中大旱，渭水仅尺许，民饥，即以疫，死亡大半。乾县大旱，飞蝗蔽天，民死大半
清康熙三十一年	1692 年	关中连旱，西安、咸阳、凤翔等府大旱，民饥逃散，多就食邻省
清乾隆十三年	1748 年	咸阳、乾县、武功等县入秋缺雨，高亢之区，早禾枯槁，晚禾黄萎，约计收获不过二、三、四分不等
清乾隆十七年	1752 年	咸阳、武功、乾县、永寿等十六县秋禾被旱成灾
清嘉庆六年	1801 年	咸阳、武功等二十一州县夏季缺雨，秋禾歉收
清道光二十六年	1846 年	关中秋月亢旱，谷价骤昂，民之告饥者过半。三原六月大旱，秋无收，明年又无麦，饿殍满路。咸阳大旱，饿殍载途。兴平夏秋被旱，收成屡歉，冬来少雪，二麦又未种齐
清道光二十七年	1847 年	咸阳夏无禾，大饥，斗麦易钱四缗有奇、人多饥死

续表 1-4-1

朝代	公元	灾情
清光绪三年和四年	1877 年、1878 年	秦晋两省大旱，赤地千里，人相食，其鬻女弃男者比比皆是，为百余年罕见之奇，兴平道东相望，人饥相食，南山之石，岁久成灰，形似面粉，民饥襁负归，号曰神面，和榆皮制饼，曰神饼，食之多死。三原斗麦至钱一千七百八十文，饿毙无计。咸阳大旱无麦，斗麦易钱三缗有奇，人食树皮、草根殆尽（亦有神面之说）。乾县大旱，麦禾俱无，粮价齐昂，饿殍盈路，人相食
清光绪二十六年和二十七年	1900 年、1901 年	咸阳、乾县、武功、永寿等县先年春雨愆期，夏收亢旱无雨，秋禾多未播种，是春雨泽仍缺，二麦又未播种，间有近水栽种之处，率皆干旱枯萎，灾情未减。乾县麦秋全无，斗麦价三金
民国十年	1921 年	陕境复遭旱蜮，灾情最为残酷，全省灾区七十二县，灾民 120 多万
民国十七年	1928 年	咸阳七月大旱，二麦失时，冬，乡民多椎牛而食。乾县岁大旱，麦薄收，秋全无，民大饥
民国十八年	1929 年	咸阳春售农器，毁房舍以御穷者无村无之，毕原一带尤甚，夏无麦，斗麦价五元，人至鬻妻卖子，老弱饿死，壮者逃亡，甚至掘墓行劫。是秋又无禾，冬大雪尺余。两月余未消，人畜树木多冻死，南乡井水结冰，渭冰可行车，乡村人迹稀少，无鸡犬声，败瓦残壁盈目。乾县大旱，麦秋全无，斗麦价至七元，人民饿死大半；冬大雪盈尺，数月不消，树木多冻死
民国十九年	1930 年	陕境从十七年起，至去岁冬止，三年不雨，六料未收，井泉干涸，泾渭断流。全省八十八县受灾，尤以武功、乾县、礼泉、咸阳其所谓十室九空，饿殍遍野，为祸之惨，空前未有。咸阳十九年春雨，秋禾甫种，七月忽飞蝗蔽日，食苗殆尽，南至湄河而止，邑境夙称富者亦多乏食，八月雨，农无籽种，全邑之地，投播者什二三 。乾县十九年秋，飞蝗蔽天，食苗罄
民国二十年	1931 年	武功旱灾甚重，多未种麦，夏收无望。咸阳夏薄有收，民命稍苏，乡村多狼，食人畜，是灾历时三载，人口减三万有奇
民国三十四年	1945 年	陕西夏灾七十九县，去秋种麦之时久旱未雨，播种失时，入冬雪少，开春奇寒，麦根干冻，苗多枯萎。本年入春以来，从未普遍降雨，清明节后，旱象已伏，及至麦苗出穗、扬花之时，复遇旱风。摧残殆尽

朝代	公元	灾情
中华人民共和国	1950 年	乾县等县五月上旬至八月上旬，伏旱 100 天，使农作物受到致命危害。乾县亦大旱。将凿井贷款 3.5 亿元（旧币），用于抗旱救灾
	1969 年	全市偏旱，计有咸阳、长武等县，年降水量介于 401 ~ 442 毫米
中华人民共和国	1971 年	咸阳六月中旬至九月下旬，雨量稀少，伏旱严重，形成夏秋连旱，两 县原上有近 10 万亩秋禾枝秆无收。渭河濒临枯竭，魏家保站出现最小流量 1.4 立方米每秒
	1972 年	咸阳年降水量 394.8 ~ 421.8 毫米。其余各县年降水量介于 474.6 ~ 571.1 毫米
	1977 年	乾县、永寿等县年降水量在 255.8 ~ 298.9 毫米，其余各县年降水量介于 327.1 ~ 444.6 毫米
	1979 年	武功、乾县、永寿等县年雨量 454.7 ~ 481.4 毫米，其余各县雨量在 320.3 ~ 443.4 毫米
	1982 年	咸阳市旱情复现 5、6、7 月 3 个月，受害面积约 300 万亩，其中严重的有 100 万亩，主要分布在北五县等县。本年咸阳全市雨量在 464.6 ~ 547.1 毫米，减产六至七成
	1986 年	咸阳市持续偏旱，年降雨量 350.2 ~ 491.2 毫米，永寿等县春旱持续 76 天

第三节　其他灾害

一、晚霜冻

流域内晚霜冻日最早在 4 月 5 日（1966 年），最晚在 5 月 9 日（1961 年），相差 35 天。平均霜冻期 180 天，无霜冻期 185 天，最长为 210 天（1967 年、1969 年），最短 155 天（1970 年、1981 年），相差 55 天。冻害成灾，平均 7 ~ 8 年一遇。

霜冻有平流、辐射、平辐混合三类。西伯利亚冷空气侵入，剧烈降温，持续 2 ~ 3 天。低洼地带，冷空气堆积，冻害严重；地面辐射冷却大幅度降温，高地冻害严重；平辐混合作用形成的霜冻，为漆水河流域北部麟游、永寿两县冻害的主要类型。

二、雹灾

雹灾主要集中在流域永寿和乾县北部，其中 1959—1988 年中有 19 年降雹，共降 52 次。

初雹日最早在3月31日(1978年),最晚终止在8月1日(1971年)。有雹期达192天,主要集中在6—8月。20世纪60年代为少雹期,占9%;70年代为高峰期,70年代末至80年代初为低值期。有10年和5年两个变化周期。

白天冰雹大多出现在15 ~ 18时,夜间出现少,强度也小。

冰雹分布一般是夏季多于春秋,下午多于夜间,旱年多于涝年,北部多于南部,山区多于平原。集中区在永寿县永平、渡马、御驾宫、永太、渠子、常宁、窦家、蒿店等地区。

出现冰雹的气流类型和途径,西北气流型路径是永寿碾子沟—永平—渡马—御驾宫。东北气流型路径是淳化—石桥头—常宁—御驾宫,淳化—窦家—御驾宫,西南气流型路径是扶风—店头。

第二篇　水资源集约节约利用

漆水河流域农业灌溉历史悠久，早在 4000 多年前的夏商时期，后稷的后代公刘和古公亶父率周人由今彬州、旬邑一带，南迁周原，便有查勘水源、引泉溉田活动。汉武帝元封年间（前 110—前 105 年）所修的韦渠，汉武帝元光年间（前 134—前 129 年）修筑的成国渠，西魏文帝大统十三年（547 年）修建的五泉渠、六门堰，唐中叶在武功县南修建的升原渠，明成化年间（1465—1487 年）修建的通济渠等，是流域早期众多水利工程中的典范。在众多典籍中，漆水河流域就有古代水利工程（修渠引水）、舟渡（至民国期间，漆、漳河舟渡如故）、水力水能利用（水力鼓风冶炼、水磨）等方面的记载。20 世纪 60—70 年代，流域内修建了羊毛湾等一批蓄水、引水、调水等工程，加之冯家山、宝鸡峡、渭惠渠灌渠调入的渠水，为促进流域农业生产和经济发展发挥了积极作用。本篇分水利工程、灌区建设、城乡供水、水力水产、节约用水五章进行记述。

第一章　水利工程

漆水河流域人民为了改善农业生产条件，祖祖辈辈同大自然进行了长期的顽强斗争，在河流两岸、山坡沟梁凿井修渠，解决人畜饮水问题，引水灌田。新中国成立后，投入大量人力、物力和财力修建水利工程，对改善群众基本生活条件起到了重大作用。20世纪80年代以后，流域水利建设出现了新的局面，特别是“十一五”以来，国家投资力度逐步加大，建设项目增多，民生工程广布，推动了县域社会经济全面发展。本章主要记述引水、蓄水、提水工程等建设情况。

第一节　引水工程

古代漆水河流域水系发达，水量大，适合引水灌溉。流域有文字记载的引水工程有秦将白起在雍城屯兵所修的白起渠，汉武帝时期（前140—前87年）修的成国渠、蒙笼渠、引漳渠，隋开皇二年（582年）修筑的杜阳水（渠），因名隋唐宫廷渠，唐如意元年（692年）所开高泉渠和唐代修建的六门堰、五泉渠、普济渠、永丰渠、升塬渠，明清时期修建的通济渠、利民渠、秦官渠等众多引水渠道。民国时期，在地方官民筑堰修渠的同时，开创了国家主持修筑水利工程的历史。凤翔县有塔寺渠、三岔渠、汉封渠、关村渠、玉祥渠、杨家磨渠、瓦窑头渠、杜家门前渠、赵家坝渠、三里河渠、石家磨渠、张家磨渠、横水河渠、凤凰渠、豆村渠等。麟游县有小河渠等。新中国成立初，党和政府组织群众开展以修渠、打井、挖泉为主的防旱抗旱斗争，引水工程建设飞速发展，并形成20世纪50年代和70年代两次高潮。宝鸡峡塬上引水工程、冯家山引水工程、羊毛湾水库引水工程等一大批引水工程陆续上马。20世纪80年代以后，水利事业更是突飞猛进，到2020年，漆水河流域各县（区）共有渠道108条，涉及灌溉面积476.7万亩，有效灌溉面积416.34万亩。

一、古代引水渠道

白起渠　位于凤翔县城西北二里许，是战国时期秦昭襄王（前306—前251年）大将白起在雍城屯兵期间所督修，为宝鸡最早有文字记载的引水工程。此渠自亭子头向东南流经碾子头、大新村、南古城，至马家庄的野狐沟注入王家河。今白起河即昔日白起渠，河流各段多为小溪，成了行洪水道。

成国渠　始开于汉武帝时期（前140—前87年），从眉县城东北渭河北岸孙家西南引渭水东北流，经扶风、武功，穿过漆水河，至兴平境入蒙笼渠，灌眉、扶、武、兴及咸阳一带农田。后失修淤废。三国魏青龙元年（233年），卫臻重修和扩建，将渠道西延近百里，引千水东流至槐里，灌田 3000 余顷。同时自兴平开渠东行百余里，至泾渭交汇处入渭。此为成国渠一次较大规模的扩建。嗣后，西魏大统十三年（547 年）在成国渠筑堰，建六斗门以节水。唐贞观年间（627—649 年）曾整修以恢复；咸通十三年（872 年），除原引渭水和千水外，又汇集了漳川、莫谷、香谷、武安四水，灌溉武功、兴平、咸阳、高陵等县农田 2 万余顷。因其效益可与泾河白渠媲美，又有“渭白渠”之称。至宋代湮废。

蒙笼渠　蒙笼渠载于《史记·河渠书》和《汉书·沟洫志》，可见渠道并不很大。《汉书·地理志·眉县上》提到成国渠“东北至上林入蒙笼渠”。上林苑是西汉著名的皇家园林，地跨渭水南北，渭北部分在今兴平、武功间。该渠名为蒙笼，从蒙笼两字的意思讲，可能是表示渠道入园后分支散漫的样子，所以蒙笼渠并不一定是一条灌溉渠道，而主要是服务于园林供水。西汉武帝时凿（据初步考证，即今兴平市南胭脂河道）。

引漳渠　汉武帝元封年间（前 110—前 105 年）所修。据考，引水口在今岐山县下官寨侯下湾一带漳河左岸，经扶风至武功渠子、桥口两村东入漆水河，灌田 20.30 万亩。

六门堰　西魏大统十三年（547 年），在今渭惠渠第六渠（一支）渡槽以上漆水河段“修六斗门节水”，“六斗门”又叫“六门堰”，是成国渠横经漆水的配套工程。唐代经过六七次大规模整修，贞观中曾役九州匠沉铁牛以御魑魅（传说金牛寨由此而得名）。六门堰是一个具有蓄、节、分、引多种功能的水利中枢控制工程，可灌溉面积达“二万余顷”（约合 170 万亩）。

杜阳渠　在麟游境内，隋开皇二年（582 年）三月，尚书李询和太仆元晖督领民工修筑杜阳渠，引杜阳水（今麟游杜水河）于三畤原（今扶风、武功县），灌溉扶风、武功一带农田。清顺治年间，知县吴汝为教民引水灌田，沿河农民饮用河水，依山坡居住的农民靠打井或挑水饮用，素有“水贵如油”的民谚。如遇到持续干旱，农田荒芜，民不聊生，流离失所。凤翔东风水库灌区配套时，曾在该地域下 2 米发现多处古渠遗迹，其布局与今东风干、斗渠相似。

五泉渠　隋文帝开皇二年（582 年）三月，由尚书李询和太仆元晖督领民工修筑，引杜阳水于三畤原（《秦蜀驿后记》：“武功到扶风，高岸深谷，屡有登顿，即三畤原地。三畤原则，好畤、密畤、鄜畤也。”），溉扶风、武功一带农田数千顷，《重修凤翔府志》记载：“杜阳水，发源于麟游之铁炉川，迫南东折为横水，经岐、扶、武入渭。”由此可见，此渠并非从漆水河引水上三畤原，可能是西汉漳渠的重修。

普济渠、永丰渠　隋文帝开皇二年（582 年）三月，尚书李询和太仆元晖督领民工除在三畤原开渠引杜阳水外，同时又在武功开凿永丰、普济二渠浇灌田地，大获其利。《长安志》载：“兴平县南十里有普济渠，自武功县流入县界，凡六十里。溉田七十余顷。东流入咸阳，令涸。”这说明隋开普济渠，是引用漆水利用西汉成国渠的下段灌溉农田的（又据西魏大统十三年，能在漆水河修建六门堰，说明当时漆水河西段成国渠尚在，所以普济渠很有可能是全面恢复了西汉成国渠）。至于永丰渠的规模、走向，史无记载。

通济渠　通济渠建于明成化二十年（1484 年），中参政谢绶督领民工自宝鸡县闫家营作堰开渠，引渭水东流，经岐山县东、眉县北，又东流经扶风、武功至三江口止，东西长二百一十里，溉田一千一百六十余顷。即恢复了曹魏成国渠漆水河以西渠段。

秦官渠 明万历年间，凤翔知府沈缙组织今田家庄乡齐村、大塬、果园、新增务一带村民，引川口河（横水河出山口段）水至齐村东南。干渠长 0.5 千米，下分二支：一支由齐村经郭家底下向南，长 2.5 千米，灌北务、新增务一带农田；另一支由分水口向东经齐村张公祠至果园西坝，长 2 千米，灌果园以南农田。可总灌地两千余亩。因渠处秦地，且为公有，故称“秦官渠”。沈知府为免生争水纠纷，于分水口立碑布告分水法规和用水制度，使民尽得其利。群众感其恩，在新增务修沈公祠，以颂德政。清乾隆四十七年（1782 年），关中大旱，当地群众复修此渠，并立碑记其事（碑在“文化大革命”中被破坏）。后渠道几经变迁，现已湮没。

凤翔明、清时期沿河引水渠 凤翔袁家河渠属雍水河流域，引城西北 15 千米处七眼泉水而南行，至今董家河乡线家庄北而三分，解决今凤翔赵村营、草滩营、韦家堡一带人畜饮水。有碑记其事（“文化大革命”中毁），渠已湮没。

升塬渠 清代郑士范《旧雨集》：“唐之升塬渠，引千水升凤翔塬上，北宋时尚存。”升塬渠开于唐咸亨三年（672 年），引千河水上凤翔塬东流，经岐山、扶风，在武功境内的六门堰与成国渠汇流，过漆后，向东南流，经今兴平县南，进咸阳境入渭。此渠因上升周原故名。唐代开凿升塬渠的目的，主要是运输岐陇木材入京城（长安），以供建筑之用。汉代的成国渠，到了唐代就发展成为升塬和成国两条相互交错的渠道。在漆水河西，升塬渠在成国渠以北，过漆后，升塬渠向东南流，经今兴平县南，成国渠东流，经今兴平县北，同入咸阳境。1966 年修千河引水工程，1972 年修冯家山水库总干渠时，曾在凤翔刘家台、罗钵寺、高嘴头、铧角堡等地发现多处古渠遗迹。

武功引漆渠 清末，在武功境内修岸底村渠，位于武功县北部游风镇岸底村。修建时间无考。渠长 3.5 千米，引漆水灌田 600 亩。新中国成立后曾改建，1972 年宝鸡峡引渭干支渠通水后废。另修有黄家河渠，位于武功县与乾县交界。渠长十余里，引漆水灌田 1500 亩。

济众渠 民国十年（1921 年），岐山由雍水至雍川刘家村修成济众渠，灌东、西太慈田百余亩。

润德泉渠 民国十二年（1923年），岐山凿润德泉渠，分向南流至陈家河，灌田200余亩。

二、当代引水渠道

幸福渠（中苏渠） 1956 年，武功县苏坊村在村西漆水河筑坝引水，坝长 30 米，修渠 3.5 千米，流量 0.4 立方米每秒，灌苏坊、周村、集贤村地 1700 亩。沿途建水磨 4 处，水力弹花 1 处。1962 年延长渠道，增大了灌溉面积。1981 年秋，漆水河发洪水坝毁，冬季修复。苏坊村在公社化时期命名为“中苏”大队，故名“中苏渠”，后改为“幸福渠”沿用至今。

岸底村渠 1957 年 5—8 月，岸底、高庙、黄家河等村修建。渠口在乾县徐家崖村（半属武功，半属乾县）漆水河左岸，到游风岗子退入漆水。长 5 千米，渠道为 4 千米暗渠，无坝引水，流量 0.3 立方米每秒。原设计灌三合、渠子、桥子口等村 2500 亩田地，渠成后实灌 300 亩。1972 年宝鸡峡干渠通水后废。

许家引漆渠 渠首位于武功县北部游凤镇许家村。修建于 1957 年 3—6 月，渠长 5 千米，流量 0.4 立方米每秒，灌田 800 亩。

乾武漆惠渠 该渠 1958 年 2 月 25 日动工，1960 年 9 月 21 日竣工，历时三年，乾县、武功两县联建。在永寿县好畤大队漆水河谷筑坝引水，计划可灌两县 6 个公社 39 个大队田 12.8817 万亩，其中武功县苏坊公社可灌 2300 亩。渠成后，武功实灌 400 亩。1975 年羊毛湾水库建成后，改名羊毛湾水库一支渠。宝鸡峡总干渠通水后，渠废。

浪店引漳渠 该渠为 1959—1961 年武功、扶风两县联合修建，称“团结渠”。从扶风县浪店引漳河水，自松林村南入县境，于武功县紫凤头村退入漆水河。总长 56 千米，本县境内长 6 千米。设计流量 1 立方米每秒，实际 0.7 立方米每秒，设计灌溉面积 1.1 万亩，有效灌溉面积 8476 亩。1972 年宝鸡峡总干三支分渠通水后被废。

宝鸡峡塬上渠系工程 宝鸡峡塬上渠系工程（全部）于 1958 年勘测设计并动工修建，1962 年停工缓建。1969 年 3 月二次复工，1971 年基本竣工通水，1972 年投入管理运行。塬上总干渠从宝鸡市以西林家村的渭河峡谷出口处开始，流经宝鸡市、眉县、凤翔县、岐山县，于扶风县常兴镇上塬。乾县段行至本县临平水磨头（村）入境。入境后横穿临平、周城、梁村、王村、姜村、马连、薛禄七个乡（镇），至薛禄昙支坊（村）分水闸，全长 170.2 千米，全部衬砌。乾县境内长 43 千米，渠道底宽 7.5 米，深 4.2 米，设计流量 50 立方米每秒，最大流量 55 立方米每秒。总干渠至昙支坊（村）以下，分为东西两条干渠。东干渠长 26.33 千米，县境内长 5 千米，至薛梅枋（村）东出境，设计流量 19.7 立方米每秒，加大流量 28.4 立方米每秒；西干渠长 18.45 千米，县境内长 10 千米，至富德府韩家村出境，设计流量 8 立方米每秒，加大流量 11.7 立方米每秒。两条干渠全部衬砌。总干渠与东、西干渠乾县段共有渠道建筑物 256 座。较大的建筑工程有：荀家坡退水渠，漆水河龙岩寺渡槽，大北沟、南沟渠库结合工程及 6 处涵洞，4 处支渠分水闸，12 座公路桥（包括简易公路桥）等。总干渠在本县境内派生出 5、6、7、8 四条支渠（4 支在乾县开口，乾县没有灌溉面积），连同东干 1 支、西干 1 支共 6 条支渠，长度是 24.3 千米；还有北昌西抽，一、三抽，白杨寨的北抽东支、西支 6 条支渠，全长 42 千米。整个渠系有干支、斗渠 238 条，其中干斗 34 条，支斗 204 条（包括北昌与白杨寨 120 条抽斗）。支渠与斗渠部分衬砌。宝鸡峡塬上干渠在乾县的有效灌溉面积是 29 万亩，县南部 11 个乡（镇）受益，其中塬上 5 个乡（镇）全部受益。在受益耕地总面积中，自流灌溉 7.2 万多亩，占 25%；抽水灌溉 21.8 万亩，占 75%。

宝鸡峡漆水河渡槽 位于乾县西南部漆水河中游龙塘沟龙岩寺南，是宝鸡峡引渭工程中较大的建筑物。漆水河渡槽由陕西省水电勘测设计院负责设计，宝鸡峡引渭工程指挥部负责施工。1969 年 9 月开工，1971 年 5 月竣工。渡槽横跨漆水河两岸，全长 208.45 米，最大宽度 30 米。全部建筑为现浇肋拱、预制装配排架和肋板矩形槽的结构形式。槽箱由钢丝网水泥侧壁、钢筋混凝土槽形底板和箍框组成，高 3.15 米，宽 5.5 米，设有沉陷伸缩缝 11 道。排架间距 5.5 米或 5.75 米。槽箱右边留有人行道，下部跨钢筋混凝土弧形肋拱两道，跨度 63 米，矢高 15.75 米，肋拱各宽 1 米，肋间距 5.1 米，拱顶厚 1.6 米，拱脚厚 2.5 米，轴线为悬练线。肋拱上边及两边竖槽柱 37 对，柱距 5.1 米。渡槽设计流量 44 立方米每秒，校核流量 55 立方米每秒，控制渡槽以下灌溉面积 120 万亩。

宝鸡峡总干渠漆水河退水渠 1970 年建，自武功县游凤乡苟家坡总干渠右侧 129 ~ 130 米处，东行注入漆水河。长 959 米，设计流量 50 立方米每秒，设退水闸三孔，是宝鸡峡总干渠十处退水工程之一。

冯家山水库灌区漆水河流域渠系工程 冯家山水库灌区漆水河流域有干渠 3 条，支渠 30 条，建泵站 42 处。干渠分总干、北干和南干，长度 84.413 千米，建筑物 398 座。总干渠长 5.791 千米，建筑物 8 座，干渠长 78.622 千米，建筑物 390 座，其中北干渠长 50.797 千米，建筑物 268 座，南干渠长 27.825 千米，建筑物 122 座；支渠总长 193.965 千米，其中北干渠支渠 21 条，总长 138.315 千米，南干渠支渠 9 条，总长 55.65 千米；泵站工程 42 处，总装机功率 15315 千瓦，总装机台数 127 台。冯家山水库灌区漆水河流域工程统计见表 2-1-1。

表 2-1-1 冯家山水库灌区漆水河流域工程统计

<table>
<tr><th rowspan="2">序号</th><th rowspan="2">工程名称</th><th rowspan="2">条数</th><th rowspan="2">长度 / km</th><th colspan="11">建筑物 / 座</th></tr>
<tr><th>总座数</th><th>水闸</th><th>倒虹</th><th>渡槽</th><th>跌水</th><th>陡坡</th><th>隧洞</th><th>桥梁</th><th>斗门</th><th>量水堰</th><th>涵洞</th></tr>
<tr><td>1</td><td>干渠</td><td>3</td><td>84.413</td><td>398</td><td>46</td><td>5</td><td>4</td><td>4</td><td></td><td>3</td><td>231</td><td>89</td><td>9</td><td>7</td></tr>
<tr><td>2</td><td>支渠</td><td>30</td><td>193.965</td><td>1705</td><td>98</td><td>75</td><td>14</td><td>399</td><td>1</td><td>14</td><td>469</td><td>587</td><td>43</td><td>5</td></tr>
<tr><td rowspan="2">3</td><td rowspan="2">泵站</td><td colspan="4">泵站数量</td><td colspan="3">装机数 / 台（套）</td><td colspan="3">总装机功率 / kW</td><td colspan="3">泵站总设计流量 / （m^3/s）</td></tr>
<tr><td colspan="4">42</td><td colspan="3">127</td><td colspan="3">15315</td><td colspan="3">40.68</td></tr>
</table>

羊毛湾渠道工程 羊毛湾灌区位于乾县漆水河以东泔河以西，北依梁山坡脚与乾陵水库灌区相接，南至肖河滩与宝鸡峡灌区毗邻。东西长约 40 千米，南北宽约 10 千米，横贯乾县中腹地区。羊毛湾总干渠是在 1958 年所建漆惠渠的基础上改建、扩建而成的，1970 年 6 月开通。到 1973 年 5 月，全部大小灌溉渠道及配套工程基本竣工，整个工程量为完成土方 1046.09 万立方米，石方 46.35 万立方米，混凝土方 3.96 万立方米。该渠从羊毛湾水库引水，回绕沟壁，环山南下，至刘家山隧洞出而东折，经临平、新阳、漠西、长留、阳洪入灵源后，逐渐变小，退入泔河，全长 52.8 千米。整个工程设总干、干、支、斗、分五级固定渠道。干渠 3 条：渠首到亓父分水闸为总干渠，长 39.7 千米，底宽 2 ~ 3.5 米，渠深 3.3 米，衬砌了 29.9 千米。其中环山渠长 9.91 千米，6 个隧洞长 4236 米，洞径 3.4 米，呈马蹄形。山外总干渠长 26.25 千米，输水能力分两段：渠首至老鸦嘴段，设计流量 10 立方米每秒，后加大为 13 立方米每秒；老鸦嘴至亓父分水闸，设计流量 8 立方米每秒。

总干渠通过程家河、米家沟、宇村西沟、东沟、老鸦嘴等13处过沟大填方，其中渠库结合工程有宇村东、西沟和老鸦嘴三处，总干渠有各类建筑物165座。亓父分水闸后分南、北两干渠，南干长6.7千米，已衬砌4.7千米，设计流量2.7立方米每秒，加大后为3.6立方米每秒；北干长6.4千米，设计流量3立方米每秒，加大后可为4.9立方米每秒。南、北干渠有建筑物37座。三条干渠及南沟抽水站共布设支渠20条，总长106.29千米，已衬砌49千米，有建筑物789座。全灌区有斗渠364条，总长288.7千米，已衬砌73.5千米；分渠754条，形成田间灌溉网。1987年方田建设、1998年商品粮基地建设及1999年世界银行贷款灌区更改项目又投资1070万元，其中国家投资580万元。共浇筑混凝土185.7万立方米，移动土石3012万立方米，投工4.51万个；衬砌干支3条，长9千米，计分渠15条，长46千米。

乾武引漆工程　此工程先后有乾县龙塘渠、武功县黄家渠等。新中国成立后，1958年乾县建成“漆惠渠”工程。1963年改临时导水堤为固定滚水坝，总干渠沿漆水河左岸环山绕沟而下，于铧家沟出谷至寒寨分水闸，全长24.2千米，闸后为南、北两条干渠，总长14.5千米。灌区有支渠4条，长53.3千米。灌区跨乾县、武功县境，设计灌田7万余亩，实际有效面积3万余亩。1965年春进行漆水东调工程，引漆水河水注存于老鸦嘴水库之中，这也是羊毛湾水库的前期配套工程。1970年，羊毛湾水库建成，扩大了原有灌区。

武功漆惠渠　1979年动工，1980年竣工，国家投资5.8万元。干渠长1535米，流量1立方米每秒。在武功县大庄乡圪崂村南干渠分成两支：一条以渡槽越过漆水河灌渭、漆河之间耕地4000亩；为一条东行灌圪崂、立节、许家、坚强（尖柏树）等漆水河以北3000亩耕地。

润德泉“长藤结瓜”引水工程　润德泉“长藤结瓜”引水工程位于北郭乡境内。1957年春至1958年春兴建，由北郭乡民工施工，引周公庙润德泉水灌溉北郭乡农田5819亩。

第二节　引冯济羊调水工程

引冯济羊调水工程是将千河流域冯家山水库的余（弃）水，自流补给漆水河流域羊毛湾水库的一项中型跨流域调水工程，是实现陕西关中西部灌区联网的骨干工程之一，也是漆水河流域最大的调水工程。1995年10月，引冯济羊调水工程开工建设，1997年8月30日建成，1997年12月通水。自1997年12月11日开始调节供水，截至2020年底，累计供水量15159万立方米。

一、引冯济羊调水工程必要性

羊毛湾水库控制渭河支流漆水河流域1100平方千米的面积，多年平均径流量8518万立方米。但灌溉水量仍然不足，主要是夏灌缺水，年缺水量达4770万立方米，严重限制了羊毛湾水库灌区效益的发挥。冯家山水库调蓄能力大，水源充沛，经调节计算，在现状工程条件下，除每年可向宝鸡二电厂供水4000万立方米，向宝鸡市区供水6000万立方米和灌溉 126 万亩农田外，仍有余（弃）水可向羊毛湾调剂补水 3000 万立方米（保证率 57.9%），基本上可以解决羊毛湾水库的缺水问题。引冯济羊调水工程实施增加羊毛湾水库有效灌溉面积 8.5 万亩，并能够为乾县县城提供生活水源 300 万立方米。

二、引冯济羊调水工程概况

引冯济羊调水工程是从冯家山水库灌区北干渠末端天度段的分水闸引水。设计引水流量 5.0 立方米每秒，加大引水流量 7.0 立方米每秒。工程线路地处渭河断陷盆地的北山前沿地带，地貌为黄土台塬沟壑类型区。工程主要采用隧洞输水，避开了村庄，线路比较顺直。从进水闸向东途经扶风县道南村，永寿县梁家村、周家湾，乾县高崖头进入羊毛湾水库右岸，输水线路全长 10.07 千米。引水工程主要建筑物有引水闸、拱涵、隧洞、渡槽、入库退水陡坡跌水等。引冯济羊调水工程总体布置图见图 2-1-1。

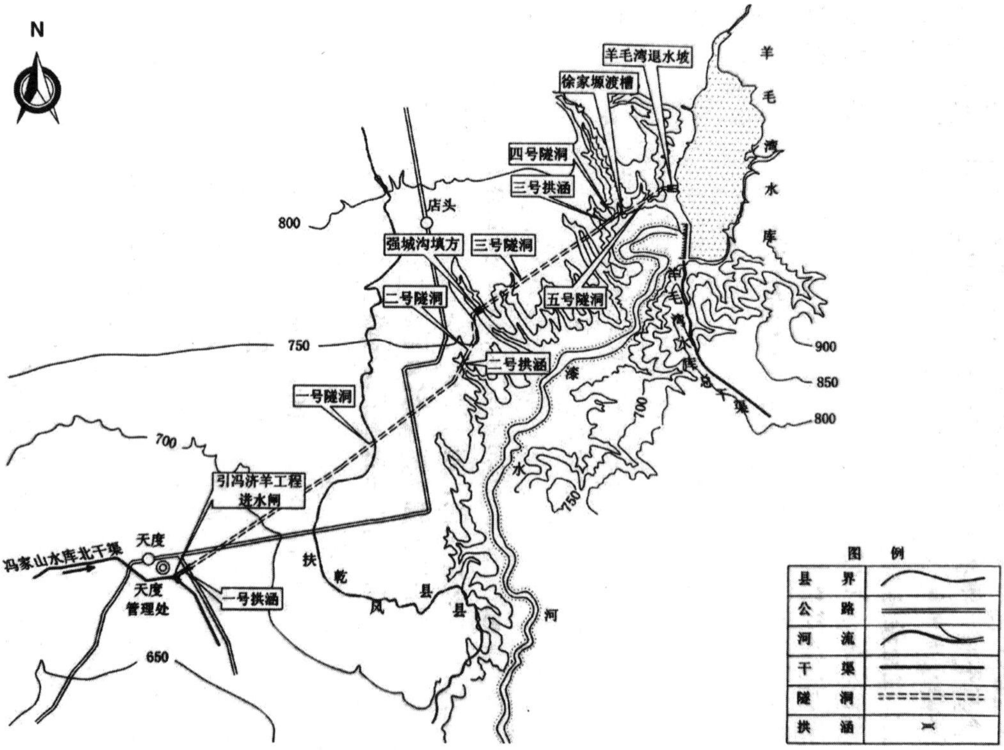

图 2-1-1　引冯济羊输水工程总体布置图

三、引冯济羊调水工程运用效益

引冯济羊调水工程的建成，大大缓解了羊毛湾灌区缺水矛盾，提高了灌溉保证率，同时，也为冯家山灌区增加了收益。为进一步满足调水工程的需求，2003 年，冯家山水库管理局利用冯家山灌区续建配套和节水改造项目资金，对北干渠末端美水沟渠库结合工程下游桩号 42 + 364 ~ 44 + 534 段总长 1.17 千米的渠道进行了改造，按 U 形断面施工，使渠道流量增加到 8 立方米每秒。

第三节　水库工程

水库是农业灌溉、生活供水与水能开发利用的基本依托，也是洪水调蓄削峰的重大举措。漆水河流域修建水库多集中在20世纪60—80年代，各地在“农业学大寨”运动中，发动群众，自力更生，大中小一起上，建设了一批水库工程，发展配套了灌区建设。截至2020年，漆水河流域已建成并在用水库48座，其中大型水库1座，为羊毛湾水库；中型水库6座，分别为信邑沟水库、大北沟水库、东风水库、白荻沟水库、老鸦嘴水库和普化水库（在建）；小型水库40座，其中：小（1）型水库23座，小（2）型水库17座。流域内水库以灌溉、供水为主，兼顾防洪功能。

一、大型水库——羊毛湾水库

羊毛湾水库位于渭河支流漆水河流域的咸阳市乾县石牛乡羊毛湾村，是咸阳市大型灌溉蓄水工程。水库始建于1958年，1973年建成投运，总库容为1.2亿立方米，是一座具有灌溉、养殖、防洪、供水等综合职能的大（2）型水库，主要灌溉乾县、礼泉、永寿和武功等县14个乡（镇）2.167万公顷耕地。羊毛湾水库由陕西省水利勘测设计院设计，咸阳市羊毛湾水库工程指挥部负责施工，1958年10月动工，1962年4月由于国民经济调整，压缩基建战线而停工缓建。1965年10月复工，乾县县委、县政府动员全县力量投入水利建设，历经四载于1970年4月大坝建成，1973年5月主体工程全部竣工。该库为二级建筑物，整个工程，完成土方438万立方米、石方19.34万立方米、混凝土方2.42万立方米。所用主要材料：钢材277吨，木材1724立方米，水泥5548吨。建设总投资696.13万元，其中国家投资608.23万元。水库枢纽工程由大坝、输水洞、溢洪道、泄水底洞四个部分组成。大坝为碾压式均质土坝。坝顶高程646.6米，坝高47.6米，顶长488米，宽7米。主坝背水坡草皮护坡，迎水坡块石护面。土坝左肩有钢筋混凝土结构的输水洞。洞的直径2.5米，长113米，最大放水量16立方米每秒。溢洪道位于土坝左岸，进口为敞开式宽顶堰。堰高0.7米，堰口宽70.3米。堰上设有长78.3米、宽7米、5孔15米跨度的双曲拱公路桥。溢洪道全长205米，分两级陡坡，末端设挑流鼻坎，最大泄洪量3500立方米每秒。

泄水底洞主要是为了必要时泄空库水，处理灰岩漏水而设，兼作保坝排沙之用。建于右岸龙脖子（坝右土山凹处，形似龙脖子）下红土砾石层内，洞长230米，直径2.5米，最大泄洪量61立方米每秒。该水库控制流域面积1100平方千米。在正常蓄水位635.9米高程时，回水长约7.3千米，淹没面积近5平方千米，其中耕地5661亩。故在修建时，库区羊毛湾（村）、米家河（村）、解家河（村）相继迁移，迁移人口3100多人。羊毛湾水库总库容1.2亿立方米，有效库容5220万立方米。设施灌溉面积32.54万亩，有效灌溉面积为23.9万亩，但在实际使用中，如果连年干旱，严重缺水，实灌面积就明显缩小。1980年前，年平均实供渠首毛水量只有2910万立方米，年平均实灌面积不足10万亩。1980年以后，灌溉面积逐步扩大。羊毛湾水库管理站利用库区水土资源，发展综合经营，

4195亩养鱼水面，投放鱼苗。

二、中型水库

大北沟水库 该水库位于乾县西南部，梁村镇倪家窑村之北，大北沟与苇子沟汇流处。大北沟系漠谷河下游一段，库以所在沟名而得名。此库是1958年由陕西省水利电力勘测设计院设计，宝鸡峡工程指挥部乾县工区负责施工修建的。1958年11月开工，1962年11月停工。1969年3月二次复工，1971年7月基本竣工。整个工程完成土方369万立方米、石方1.4万立方米、混凝土方3777立方米。社队投工363.2万个，建设总投资625.16万元。

该水库为宝鸡峡灌区渠库结合工程之一，是一座蓄、提、防（洪）、灌兼养殖的中型水库，工程由主坝、输水洞、溢洪道、泄洪洞、进水道五部分组成。主坝坝型为均质土坝，坝顶高程570米，坝高58米，坝顶长291米。宝鸡峡总干渠从坝顶通过，渠道左宽3.6米，右宽9米。坝基长48米，宽480米。上游坝坡片石砌护，下游坝坡草皮护坡。土坝右侧建有进水道和溢洪道。进水道设有进水闸，进水流量30立方米每秒。溢洪道为开敞式，堰顶长10米，底宽13米，深6米，最大泄水量73立方米每秒。跨溢洪道建有渡槽和公路桥。土坝左侧建有输水洞，设有放水塔，并安装1台50吨的启闭机。输水洞洞径2米，最大放水量7立方米每秒。泄洪洞在坝之左肩，断面1.1米，最大泄水量8立方米每秒。

大北沟水库水源主要靠宝鸡峡干渠供给，在非灌溉季节或干渠有余水时，渠水注入水库；灌溉缺水时又将库水抽入干渠，故此库主要对干渠起调节作用，属干渠长藤结瓜型，无设施灌溉面积。该库设计水位565.6米，总库容4760万立方米，有效库容2978万立方米。库周建有27座大小不同的抽水站，浇灌周城、临平、新阳、梁村四个乡（镇）3万多亩耕地。该库的管理机构是宝鸡峡引渭灌溉管理局大北沟管理站。大北沟管理站利用库区水土资源，发展综合经营，1500亩养鱼水面，投放鱼苗；库周沟坡、空地植树造林，绿化面积已达30多亩。

老鸦嘴水库 该水库位于乾县县城西南4.5千米处漠西河中游，长留乡老鸦嘴（村）西侧。该库由陕西省水利电力勘测设计院设计，咸阳市羊毛湾水利工程指挥部负责施工。1958年11月开工始建，1970年1月竣工（中间停工两段时间）。水库在1959年（建设时期）就开始拦洪，1960年即投入使用。此项工程共完成土方168.74万立方米、石方0.2万立方米，混凝土方80万立方米。所用主要材料：钢材15吨，木材350立方米，水泥845吨。建设总投资215.5万元，其中国家投资117万元。老鸦嘴水库为羊毛湾干渠渠库结合工程，为三级建筑物，属中型水库。枢纽工程包括土坝、输水洞。水库坝体属均质土坝。坝顶高程621.4米，坝高53.9米，坝顶长220米，宽20米；坝基长63.7米，宽378.6米。坝基设有三道黏土截渗槽潜入黄土层，坝后设有褥垫式反滤坝。输水洞位于土坝左肩，长233米，洞径2.2米，形状为马蹄形，用浆砌块石衬砌。于进口后29米处修筑一座放水塔，塔高16.8米，直径2.2米，塔内安装两根10英寸钢管，用双闸阀控制放水，最大泄水能力1.1立方米每秒。此库控制流域面积245平方千米。设计水位610.4米，但多年来水位一直较低。至1975年羊毛湾水库溢洪向老鸦嘴库开始调节，水位才有所提高。总库容为1802万立方米。库区山坡空地植树造林，绿化面积已达40亩。该水库自1969年10月下闸蓄水，到1982年投入运用13年，发生的灾害较多，多属基础灰岩漏水所致。1986年2月，被水利部列为除险加固工程，总投资647万余元。1987—1989年进行了大坝陷坑隐患处理、溢洪道加固扩建、泄水底洞及输水洞加固改善。1989年11月，除险加固工程全部竣工，病患基本消除，水库达到正常使用。1990年11月，水利部组织竣工验收。

白荻沟水库　位于凤翔区姚家沟镇亢家河村（横水河主流上），因地而名，也称亢家河水库。库区以上控制流域面积234平方千米。呈扇形，属黄土丘陵区，植被良好。主流长30.63千米，比降13.5‰，常流量0.3立方米每秒，最枯流量0.1立方米每秒。总库容1465万立方米，有效库容650万立方米。因多年淤积，现有兴利库容446.63万立方米，库区最大水面面积72万平方米。水库枢纽工程由均质土坝、塔式放水洞、开敞式溢洪道组成。坝高34.5米，顶宽5米，长484.5米；坝基宽156.95米，长350米。溢洪道设在水库右岸，全长185米，实际最大泄洪能力994.80立方米每秒。为交通计，在溢洪道上架有宽1.2米、长45米的钢索木板吊桥（已拆除）。放水设施建在水库右岸，由放水塔、放水洞和工作桥组成。放水洞为一浆砌片石门洞，全长182米，设计引水量3.0立方米每秒，最大放水量4.2立方米每秒。放水塔建在放水洞进口66米处，为一浆砌粗料石管柱体，塔顶工作室与坝顶由工作桥连接。

该库建筑标准定为三等Ⅲ级，是横水河流域综合性一期水利工程。1958年10月由横水河水利工程指挥部动员城关、彪角、柳林、陈村四个公社（现凤翔全县）民工修建，至1960年底大坝合龙。1962年，灌区正在建设中就受益2.35万亩。1964年10月，灌区基本建成后正式投灌。总投资654.48万元，其中国家投资426.3万元，群众自筹228.18万元。投工233.15万个，补助粮12.74万千克，完成土方122.79万立方米，石方9.25万立方米，混凝土2.407万立方米，钢材24.7吨，木材104立方米，水泥260吨。

东风水库　位于凤翔区雍水河中游。因库区在纸坊、塔寺、八旗屯三条支流交汇处的彪角镇三岔村，亦称“三岔水库”。1966年上半年勘测设计，同年10月底由凤翔县东风水库建设兵团动员受益区郭店、彪角、虢王公社和南指挥公社高庄大队民工修建，1970年4月基本竣工。大坝以上控制流域面积365平方千米，其中黄土丘陵区194.5平方千米，黄土塬区170.5平方千米。主流槽长30.2千米，河床平均比降24.4‰。流域呈扇形，南北长约25千米，东西宽约20千米。总库容1550万立方米。兴利库容845万立方米，滞洪库容550万立方米，死库容155万立方米，库区最大水面面积3075亩。

信邑沟水库　位于扶风县城东北7.5千米的美水河上端，1958年10月动工，1961年9月停工，1969年10月复工，1971年12月竣工。总库容3700万立方米，有效库容1100万立方米。大坝高57.74米，坝顶长370米，坝顶高程577.28米。正常挡水位561米，设计洪水位572.5米。洪水流量900立方米每秒，洪水水量1122万立方米。校核洪水流量1480立方米每秒，洪水量1852万立方米。放水洞内径1.5米，最大放水量23立方米每秒。库水主要靠宝鸡峡干渠供给。水库以灌溉为主，兼作防洪，既补给河水，又调蓄供给干渠灌溉用水。坝后建有向干渠供水的抽水站1座，安装机组8台，总装机3040千瓦，抽水量9.2

立方米每秒。

普化水库 该水库为目前正在建设的三等中型水利工程，工程地处宝鸡市麟游县境内渭河支流漆水河上游，坝址位于九成宫镇紫石崖村，坝址以上流域面积565平方千米，坝址处多年平均径流量3298万立方米，多年平均输沙量27.82万吨。水库采用蓄水拦沙运行方式，优先保证年内不同时段下泄生态基流0.105 ~ 0.314立方米每秒（年均泄放生态水量533.3万立方米），正常蓄水位946.5米，死水位926米，设计洪水位946.5米，校核洪水位946.95米；水库总库容1581万立方米，其中死库容326万立方米，兴利库容1214万立方米，滞洪库容41万立方米。水库年均供水量768.7万立方米，其中城镇生活供水124万立方米，工业供水644.7万立方米。

普化水库采用下坝址枢纽布置及主要建筑物设计方案，主要建筑物包括碾压混凝土重力坝、坝身泄洪排沙建筑物、坝身取水建筑物。碾压混凝土重力坝最大坝高59.5米，坝顶高程948.5米，坝顶长217米，宽8米，最大底宽52.96米。坝身泄洪排沙建筑物由3个泄洪表孔和1个泄洪排沙底孔组成，泄洪表孔布置于主河床坝段，溢流堰顶高程938米，净宽3×10米，最大（校核）泄洪流量1713立方米每秒；泄洪排沙底孔布置于溢流表孔坝段左侧，进口底板高程905米，孔口尺寸3米 ×3米，最大（校核）泄洪流量223立方米每秒。坝身取水建筑物由取水口和输水钢管组成，取水口布置于泄洪排沙底孔坝段左侧，分三层取水，设计取水流量0.32立方米每秒；输水钢管长80米，管径0.6米。水库大坝等主要建筑物级别为三级，设计洪水标准为50年一遇（洪峰流量808立方米每秒、3日洪量2450万立方米），校核洪水标准为500年一遇（洪峰流量2110立方米每秒、3日洪量5910万立方米）；消能防冲建筑物设计洪水标准为30年一遇（洪峰流量598立方米每秒）。建设征地总面积1774.58亩，其中水库淹没区永久占地1391.52亩，枢纽工程建设区永久占地175.31亩，临时占地207.75亩。

普化水库工程任务是为城镇和工业供水，供水对象为麟游县的崔木镇、崔木煤炭建材物流园区、招贤镇、招贤煤炭及物流园区，施工总工期为36个月。工程总投资78582万元，其中：工程部分58807万元，建设征地移民补偿13589万元，环境保护工程1149万元，水土保持工程1723万元，建设期融资利息3314万元。普化水库工程已纳入全国《中型水库建设工作方案（2023—2025年）》，也是陕西省“十四五”规划确定建设的重点水源工程，对保障麟游能化基地建设用水、带动乡村振兴、促进区域高质量发展具有重要作用。

漆水河流域大中型水库基本情况见表2-1-2。

表2-1-2 漆水河流域大中型水库基本情况

序号	水库名称	所在区县	水库等级	总库容 / 万 m^3	兴利库容 / 万 m^3	现状供水能力 / 万 m^3	供水对象
1	羊毛湾水库	乾县	大型	12000	5220	4500	羊毛湾灌区（设施灌溉面积32.54万亩），乾县、永寿、礼县县城

续表 2-1-2

序号	水库名称	所在区县	水库等级	总库容 / 万 m^3	兴利库容 / 万 m^3	现状供水能力 / 万 m^3	供水对象
2	大北沟水库	乾县	中型	5210	3025	—	宝鸡峡灌区渠库结合库，水源主要依靠塬上总干渠补给，灌溉面积 130 万亩
3	老鸦嘴水库	乾县	中型	2416	188	—	羊毛湾灌区渠库结合库，以抽水灌溉、工业供水为主，灌溉面积 1.49 万亩
4	东风水库	凤翔区	中型	1550	845	116	凤翔区农业用水，设施灌溉面积 6.86 万亩
5	白荻沟水库	凤翔区	中型	1465	447	600	凤翔区城区及横水镇、田家庄镇工业生活用水、农灌
6	信邑沟水库	扶风县	中型	3705	2659	—	宝鸡峡灌区渠库结合库，来水主要依靠宝鸡峡塬上总干渠引水充蓄，灌溉兼养殖
7	普化水库	麟游县	中型	1581	1214	768.7	麟游县的崔木镇、崔木煤炭建材物流园区、招贤镇、招贤煤炭及物流园区

三、小型水库

李家娜水库　李家娜水库位于麟游县常丰镇李家娜村南，坝址建在东南沟与西南沟汇流处，属漆水河三级支流，距县城约 40 千米。坝址以上控制流域面积为 6 平方千米，是一座拦蓄泉水、沟边洪水，解决人畜饮水水源和提水灌溉兼顾养殖的综合性小（2）型水利枢纽工程。李家娜水库工程于 1966 年 6 月由麟游县水利队设计，由均质土坝、放水设施、溢洪道三部分组成。1969 年 10 月组织群众开始施工，3 个月后停工。1970 年水利队 2 次设计，1979 年复核加固。水库原设计 20 年一遇洪水设计，100 年一遇洪水校核。水库总库容 62.3 万立方米，有效库容 26.24 万立方米，滞洪库容 15.45 万立方米，死库容 36.06 万立方米，正常蓄水位 1172.64 米。原设计水库灌溉设施面积 3000 亩，有效灌溉面积 2500 亩，因输水干渠未完工，无灌溉效益，水库供应常丰乡 3000 人的生产生活用水，养鱼水面 26.2 亩。

乾陵水库　该水库位于乾县县城西北 5 千米，乾陵西侧，漠谷河毛郎沟原“响石潭”处。属小（1）型水库。该库由陕西省水电厅关中水利工作队负责设计、施工。1958 年 3 月 18 日开工，同年 10 月 1 日土坝落成。干渠疏通，溢洪道土方工程也基本完成。1959 年 8 月 1 日正式投入运用。1965—1966 年为了处理裂缝，防止滑坡，曾整修续建，土坝进行了加高培厚。乾陵水库包括蓄水枢纽与灌区工程。枢纽工程由土坝、溢洪道、输水洞三部分组成，属 5 级建筑物。拦水坝为均质土坝，坝顶高程 629.50 米，坝高 37.5 米，顶长 180 米、宽 7.5 米，坝基宽 203 米。背水坡坝脚用粗砂、卵石、片石建混合式倒滤坝一座，迎水坡干砌石护面。溢洪道位于土坝右端，全长 200 米，最大泄水量 978 立方米每秒。

该库控制流域面积224平方千米，总库容950万立方米，有效库容545万立方米。1982年12月15日勘测，淤积库容已达546.2万立方米，现在实际有效库容为73.8万立方米。灌区只有乾陵、城关2个乡（镇），5个行政村，固定渠道只有干、支渠，其余均属时渠。干渠全长5千米，正常引水量0.3立方米每秒。该库设施灌溉面积0.55万亩，有效灌溉面积3000亩。由于水库淤积严重，加之水源不足，建成30年来，只有1978年和1982年两次溢洪，其他年份水库均未蓄满，故实际灌溉面积最大250亩。

南沟水库 该水库位于乾县县城20千米的梁村镇南郭村村南的南沟（沟为漠谷支沟），为宝鸡峡渠库结合工程之一，因所在沟道而得名。该项工程由原陕西省水电厅勘测设计院设计，1959年11月动工，分三期施工，1959年11月至1960年7月、1969年8月至1971年1月的两期工程，由宝鸡峡工程指挥部负责施工。这两期按原设计完成了土坝、放水洞洞身及水塔的部分工程。1973年9月至1974年1月由乾县水电局组织进行第三期施工，主要是培厚坝体，筑好放水洞，新建进水道工程。1974年建成。

三期工程共完成土石方82万立方米，投工91.24万个，国家投资112.3万元。该库枢纽工程由土坝、放水洞、进水道三部分构成。土坝为碾压式均质土坝，坝顶高程568.4米，坝高27.7米，顶长298米、宽30.6米。坝基宽度198.4米，防渗形式为褥垫式。坝前采用干砌石护坡，坝脚设长82米、高2.5米的堆石排水体。放水洞位于河床左岸，全长132.5米，泄水能力2.5立方米每秒。进水道位于土坝右岸岸坡上，全长122.5米，渠底宽2.5米，进水能力15立方米每秒。进水闸后架设10米跨度拱桥1座。该库总库容430万立方米，有效库容240万立方米，实际蓄水位一直限制在550米高程，仅蓄水66.96万立方米，只能保证灌溉梁村镇的8000亩土地。

丁童水库 丁童水库为乡办抽灌小（1）型水库，位于扶风县青化乡丁童村，属漆水河水系七星河流域，总库容175万立方米，有效库容142万立方米。工程由扶风县水电局设计，1970年8月，青化公社组织劳动力动工兴建，1977年2月竣工，完成土石方41.1万立方米，投工33.14万个，投资4万元，其中国家补助2万元，1974年2月抽水站建成竣工，投入灌溉运行。枢纽工程由大坝、卧管涵洞和溢洪道组成，均质土坝，高19米，坝顶高程579米，坝顶宽7米，底宽98米。卧管位于大坝右岸，输水涵洞长110米，过水流量0.6立方米每秒，溢洪道设大坝左岸，长180米，下泄流量10立方米每秒。抽水站设施面积4000亩，有效灌溉面积3000亩。

群力水库 位于凤翔区糜杆桥镇五曲湾村的柳沟河上，属横水河右岸支流，因地而名，亦称柳沟水库。大坝以上控制流域面积50.8平方千米，呈桃叶形，属黄土丘陵区，流域内坡陡沟深植被良好，主流槽长13.875千米，比降50.4‰，总库容540万立方米，为多年调节型水库，属四等Ⅳ级工程。有效库容310万立方米，死库容24万立方米（据1979年12月实测，死库容已淤满）。2002年实施除险加固工程后，经复核水库总库容为496万立方米，有效库容251万立方米。

白家窑水库 位于扶风县城北3.5千米的七星河上。第一期工程1969年8月动工，翌年4月大坝合龙，至1971年基本完工。第二期改、扩建工程，1975年1月开工，1977年1月完成。共投工82.7万个，完成土石方116.35万立方米，投资183.2万元。枢纽工程包括大坝、溢洪道、放水洞、进水渠四部分。大坝为均质土坝，坝高 31 米，坝顶长 262 米，坝顶高程 560 米，进水渠从宝鸡峡总干渠北岸开口，设进水闸，渠长 5.03 千米，流量 8 立方米每秒，加大为 10 立方米每秒。灌区分布县城以北至水库以南七星河东、西两岸，包括城关、法门两镇 15 个村，76 个组，有人口 2.134 万人。设施面积 3.09 万亩，全部有效。

龙王沟水库　位于武功县游凤街村西南，沟底溪流上自扶风召公。1958 年由游凤街村群众自筹资金修筑建成，库容 10 万立方米，灌本村漆水河川道耕地。1972 年 2 月，宝鸡峡总干直属 47 号斗渠通过库坝，对原土坝加高 18 米，顶宽 8 米，长 70 米，可灌游凤街、张尧、康家、浮沱、岗子等村 796 亩耕地。1981 年扶风召公杨满洼地排水工程投入使用后，上游来水量增大，水库控制面积增加 2 倍多，达 21 平方千米，超出原水库负载能力，时有灾害事故发生。

漆水河流域小型水库工程现状统计见表 2-1-3。

表 2-1-3　漆水河流域小型水库工程现状统计

序号	水库名称	所在河流	坝址所在地	水库类型	总库容 / 万m^3	兴利库容 / 万m^3	建成时间
1	群力水库	横水河	宝鸡市凤翔区糜杆桥镇	小（1）型	496	290.05	1969 年
2	姚家沟水库	横水河支流	宝鸡市凤翔区姚家沟镇	小（1）型	207	90.1	1960 年
3	桃树沟水库	横水河支流	宝鸡市凤翔区姚家沟镇	小（1）型	133.5	55.85	1960 年
4	大槐社水库	漳水河支流	宝鸡市凤翔区柳林镇	小（2）型	83.4	40.8	1969 年
5	太相寺水库	东干河支流	宝鸡市凤翔区糜杆桥镇	小（2）型	43.15	18.03	1973 年
6	孔头沟水库	孔头沟	宝鸡市岐山县蒲村镇	小（1）型	894	590	1793 年
7	祁家沟水库	七星河	宝鸡市岐山县青化镇	小（1）型	440.3	165.3	1970 年
8	王家沟水库	七星河	宝鸡市岐山县京当镇	小（1）型	299.53	147	1976 年
9	中张庄水库	孔头沟	宝鸡市岐山县益店镇	小（1）型	166.6	106.74	1970 年
10	底寺水库	漳水河支流	宝鸡市岐山县故郡镇	小（1）型	241.4	9248	1958 年
11	千集村水库	漳水河支流	宝鸡市岐山县凤鸣镇	小（1）型	151.8	84.4	1978 年
12	魏家河水库	漳水河支流	宝鸡市岐山县益店镇	小（1）型	161	96.6	1979 年

续表 2–1–3

序号	水库名称	所在河流	坝址所在地	水库类型	总库容/万m^3	兴利库容/万m^3	建成时间
13	丁童水库	七星河	宝鸡市岐山县青化镇	小（1）型	286	108	1977 年
14	祝京水库	七星河	宝鸡市岐山县京当镇	小（1）型	327	91.2	1977 年
15	苜蓿河水库	永安河支流	宝鸡市岐山县京当镇	小（2）型	17.7	12.7	1981 年
16	李家沟水库	永安河支流	宝鸡市岐山县京当镇	小（2）型	12.3	6.8	1982 年
17	周四水库	横水河支流	宝鸡市岐山县凤鸣镇	小（2）型	17.3	12.2	1974 年
18	堡子沟水库	横水河支流	宝鸡市岐山县凤鸣镇	小（2）型	17.1	12	1976 年
19	西塬水库	漳水河支流	宝鸡市岐山县故郡镇	小（2）型	23	9.99	1969 年
20	周刘水库	七星河	宝鸡市岐山县青化镇	小（2）型	14.34	4.5	1972 年
21	崛山沟水库	漳水河支流	宝鸡市岐山县蒲村镇	小（2）型	35.96	16.2	1976 年
22	信邑沟水库	美阳河	宝鸡市扶风县城关镇	中型	3705	2659	1971 年
23	刘家沟水库	七星河	宝鸡市扶风县法门镇	小（1）型	145.52	61	1971 年
24	美水沟水库	美阳河	宝鸡市扶风县法门镇	小（1）型	199.5	66.9	1970 年
25	太川水库	美阳河	宝鸡市扶风县召公镇	小（1）型	149.5	90.5	1958 年
26	田家河水库	漳水河支流	宝鸡市扶风县午井镇	小（2）型	16.8	14	1958 年
27	白家窑水库	七星河	宝鸡市扶风县城关街道办	小（1）型	462	153.8	1977 年
28	官务水库	七星河	宝鸡市扶风县法门镇	小（1）型	464.8	187.5	1966 年
29	五郡沟水库	漳水河支流	宝鸡市扶风县城关街道办	小（1）型	185	101	1971 年
30	云龙水库	美阳河	宝鸡市扶风县法门镇	小（1）型	138	83	1958 年
31	峡口水库	永安河	宝鸡市麟游县九成宫镇	小（2）型	76.88	46.88	1972 年
32	屯头水库	西坊河	宝鸡市麟游县九成宫镇	小（2）型	22.5	18.5	1981 年

续表 2-1-3

序号	水库名称	所在河流	坝址所在地	水库类型	总库容/万m^3	兴利库容/万m^3	建成时间
33	丰塬水库	申家河	宝鸡市麟游县九成宫镇	小（1）型	103	75	1981 年
34	李家娜水库	史家河	宝鸡市麟游县常丰镇	小（2）型	62.3	27.61	1973 年
35	乾陵水库	漠西河	咸阳市乾县城关镇	小（1）型	950	196	1958 年
36	芋村西沟水库	漠西河支流	咸阳市乾县城关镇	小（2）型	98	66	1959 年
37	芋村东沟水库	漠西河支流	咸阳市乾县城关镇	小（2）型	98	80	1959 年
38	南沟水库	漠西河	咸阳市乾县王村镇	小（1）型	430	240	1974 年
39	五龙泉水库	漠西河	咸阳市永寿县永平镇	小（2）型	28.14	8.69	1958 年
40	西沟水库	漠西河	咸阳市永寿县监军镇	小（1）型	409	105	1980 年
41	龙王沟水库	漆水河支流	咸阳市武功县游凤镇	小（2）型	34.5	10.2	2013 年

第四节　提水工程

提水灌溉在陕西发展很早。提水机具诸如辘轳、戽斗、桔槔等简易工具的出现约有三四千年的历史；秦代已出现多级接力水车；唐代陕西三白渠上水车已经推广；筒车在汉代已用于担水。但这些提水方式只限于人力、畜力或水力，结构简陋。漆水河流域大面积的提灌工程则是在新中国成立后，依靠河道、灌渠和新修水库提水。

一、抽水站

（一）麟游县提水工程

麟游县水低田高，无论黄土残塬还是河谷川台农田灌溉，都需建抽水站，依靠动力带动水泵扬水。1985 年以前，全县共计建成抽水站 36 处。其中：电配站 16 处，装机容量 69 千瓦；柴配的 20 处，装机容量 606 千瓦，共可灌地 3609 亩。据 2011 年水利普查统计，全县建成较大泵水站工程 125 处。

五龙泉抽水站　1958 年在老县城西门外小河沟动工修建五龙泉抽水站，1961 年建成，分两级抽水，一级站安装 3BA–9 水泵和 7 千瓦电动机各 1 台，扬程 25 米，出水经 90 米一段明渠输出至二级站。二级站安装 80K30 × 3 水泵和 54 型柴油机（后改为 14 千瓦电动机）各 1 台，扬程 78 米，水抽至兴国寺银杏树边水塔，下水管设三通和闸阀，一管为灌溉北门附近 300 亩农田，一管直通老县城，使县级机关和城区群众 1300 人首次用上了自来水。

杜水沿岸川台地抽水站 有普湾、下西坊、蔡家河、后坪、南坊猪场、农场、南坊、九成宫、弯里、祁家河、栗川等村。这些站是为农田灌溉和蔬菜生产供水修建的工程，大都建有站房，抽水机多为3BA-9水泵与7千瓦电机靠背连接，个别地方配用S195型柴油机作动力，城关村民用15米扬程的潜水电泵抽水。

高扬程多级泵站 主要有常丰乡的许家、上官庄，庙湾乡的石村，崔木乡的木龙盘，九成宫镇的史家塬5个站。这些泵站都是20世纪70年代大旱年份为农田灌溉用水，民办公助所修。其中，以常丰乡许家多级泵抽水站工程为最大。设计扬程120米，灌溉面积580亩，工程于1975年动工，1977年4月建成，投资3.8万元，除国家补助1.6万元的材料和水泵管道设备外，群众自筹资金2.2万元。为完成此项抽水灌溉工程，常丰公社革委会组织常丰村民从沈家沟靠人抬、肩挑、手提、车拉相结合，备砂石于许家村南北二塬顶，连修两个圆形容积1000立方米的蓄水池（简称千方池），欲使旱塬水利化，终因抽水站运行成本高，每方水0.75元，亩次灌溉费用近40元，经济上不合算，未能灌溉。前二站一度仅解决了700多人和200多头大家畜的饮水困难。其余三站均未运用。

丰塬抽水站 为丰塬站工程的一个组成部分，该站分两级抽水，共有8台机组，总装机容量725千瓦，总扬程142.5米，设施抽灌面积5000亩。其中：一级站安装8sh-6水泵4台，从坝后涵洞出口输水渠直接抽水，上水管Φ325，每两台机组并联，总装机容量400千瓦，扬程78.8米。一级站无灌溉面积。一级站出水池至二级站进水池之间有200米输水明渠。二级站安装8sh-6水泵1台，扬程78.8米；8sh-6A水泵3台，扬程63.7米，装机容量325千瓦。出水分高低池，其中一台机组上水管安三通和闸阀，以便上高池灌溉塬上最高处农田500亩。一、二级站需分别安装专用的500千伏安和400千伏安变压器两台。二期工程总造价为54万～76万元，其中：抽水站工程造价20.4万元，灌区配套工程造价32.35万元。国家投资18万元，一、二级站站房（各10间）和水工建筑及管理站三房已盖起，塬边高挖方输水渠道平台土方开挖工程已完成，亦因资金和上劳困难，设备安装和电力线路的增容换线工程暂停，影响整个工程未能建成发挥效益。

（二）永寿县提水工程

上游永寿县于1966年始建抽水站。1973年于蒿店乡建电机抽水站7处，抽漠西河水供人畜用水。后逐年建站，把水库蓄水与沟流水抽上塬，灌溉农田。至1980年，有抽水站240处，总装机17503.72千瓦。有效灌溉面积4.05万亩。

（三）乾县提水工程

1961年，乾县第一个提水工程——老鸦嘴抽水站竣工运行。之后，随着羊毛湾、宝鸡峡干渠的通水，大小抽水工程相继施工。到1980年，全县共建成抽水站243处。经多年运行，巩固改造，到1999年，核定为237处，其中设施面积在5000亩以上的抽水站20处。宝鸡峡办3处：大北沟、北昌、白杨寨抽水站；县办3处：老鸦嘴、南沟、铧沟抽水站；乡村办13处：薛禄（六十六斗）、昙支坊（西干二斗）、阳洪郑马、灵源郑马沿河、红崖、漠西、朱村、王寨、城东、跃进（城西）、五关头坡、月新、沟北抽水站。设施面积5000亩以上的抽水站简介如下：

大北沟抽水站　位于乾县大北沟水库土坝左侧背水坡与输水洞相对处，1972 年开工修建，1974 年 8 月竣工。这一工程的主要作用是干渠缺水时，抽库水济渠，补充和调节水量。该站为一级固定站，站内设 8 台大型机组，总装机容量 2480 千瓦，总扬程 24.68 米，最大抽水能力 10.64 立方米每秒，多年平均抽水量 3755 万立方米。

北昌抽水站　位于乾县王村乡驻地北偏西约 2 千米处，是宝鸡峡塬上灌区较大的抽水工程。1971 年开工修建，1972 年 9 月竣工投入运用。该站为二级抽水，总装机 14 台，容量 3350 千瓦，总扬程 47.25 米。一级站建在北昌任家东边，从宝鸡峡塬上总干渠开口引水。站内装机 8 台，容量 2030 千瓦，总扬程 20.85 米，抽水量 6 立方米每秒。二级站建在南上座村西，装机 6 台，容量 1320 千瓦，总扬程 26.4 米，实际抽水量 4.28 万立方米。北昌抽水站设有 4 条行水支渠，1 条分渠，即一、二、三抽，西抽与两支分抽。开斗渠百条左右，这些渠道浇灌王村、姜村、梁村、杨汉、大墙、大杨、灵源 7 个乡 13 万亩耕地，其中旱涝保收田 9 万亩。还灌武功县代甲乡 4000 多亩地。

白杨寨抽水站　位于乾县大墙乡白杨寨（村）西北，1969 年 9 月动工修建，1972 年 7 月竣工。工程总投资 32 万元，全属国家投资。该站为一级固定站，水源来自宝鸡峡西干渠。站内设 3 台机组，总装机容量 465 千瓦，总扬程 16 米，最大抽水能力 1.56 立方米每秒，多年平均抽水量 450 万立方米。抽水站以北分设东、西两条输水支渠，长 14.7 千米，还有 18 千米支渠延伸。有效灌溉面积 2.3 万亩，旱涝保收面积 1.5 万亩。大墙乡南部和东部、薛禄镇西北部、灵源乡东南部大部分耕地受益。

老鸦嘴抽水站　该站于 1960 年 10 月由乾县水利局设计，同年冬季长留、梁村两公社负责施工修建，1961 年 5 月基本竣工。整个工程共移土方 4 万多立方米，投工 2.55 万个，总投资 15.45 万元，其中国家投资 12.17 万元。抽水站建于老鸦嘴水库坝后左肩，为四级抽水。一级临时站建在库内，低水位时抽水。入输水洞，供两级固定站。二、三级固定站建在输水洞后 50 米处，总装机 2 台，容量 200 千瓦，扬程各为 17.5 米，抽水能力均为 0.31 立方米每秒。老鸦嘴抽水站自运行以来，年有效灌溉面积 3600 亩。1973 年以后，因水库水源不足，群众又依赖羊毛湾干渠自流引水，所以该站一直很少使用。二级站属长留乡主管。从老鸦嘴羊毛湾干渠处开口，北向经 1.2 千米引水渠到一级站。一级站位于新、老巨州（村）之间，安装机组 2 台，装机容量 130 千瓦，抽水扬程 13 米，流量 0.5 立方米每秒，有效灌溉面积 2650 亩；二级站位于秦家庄东北，安装机组 2 台，装机容量 115 千瓦，抽水扬程 12 米，流量 0.5 立方米每秒，有效灌溉面积 3350 亩；三、四级站由城关镇主管。三级站位于袁家庄东北角，安装机组 2 台，装机容量 95 千瓦，抽水扬程 10.61 米，流量 0.34 立方米每秒，有效灌溉面积 2000 亩。四级站位于县城以西，漠谷河东侧，安装机组 1 台，装机容量 55 千瓦，抽水扬程 11.39 米，流量 0.22 立方米每秒，有效灌溉面积 700 亩。该站输水渠道由巨州到城西，干渠长 5.05 千米，支渠长 2.1 千米，灌溉面积 8700 亩。

沟北抽水站　位于乾县新阳乡大北沟北侧，水源来自大北沟水库，1980 年 9 月建成。分四级抽水，总扬程 77.9 米，总流量 0.22 立方米每秒，有效灌溉面积 4000 亩。

铧尖沟抽水站　位于乾县临平镇铧尖沟，此项工程由县水电局、羊毛湾灌溉管理局联合设计并负责施工。1974年11月上旬开工，1980年7月基本竣工。铧尖沟抽水站属于库塘式抽水工程，由蓄水塘水库、引水隧洞、抽水站三部分组成。蓄水塘水库建于宝鸡峡干渠铧尖沟渡水坝内100米处，筑有土坝和溢洪道。土坝高18.6米，长60米，坝顶标高573.2米，设计正常蓄水位568.6米，总库容8万立方米。敞开式无堰溢洪道位于坝之左肩，进口宽5米，下段为土渠，与宝鸡峡干渠渡水坝下涵洞相接，设计溢洪流量10立方米每秒。引水隧洞位于坝右，从宝鸡峡干渠左岸开口引水，长168米，设计引水流量3立方米每秒。抽水站建于库内，分两级。一级站总装机4台，容量620千瓦，扬程41.6米，抽水量0.8立方米每秒；二级站距一级站出水池200米，总装机4台，容量350千瓦，扬程17米，抽水量为0.88立方米每秒。铧尖沟抽水站主要作用是从宝鸡峡干渠向羊毛湾灌区调节补水，年平均补水60万～70万立方米。

六十六干斗薛禄抽水站 位于乾县薛禄镇西部，宝鸡峡干渠以北，其引水主干渠道称宝渠六十六斗。该站由乾县水利工作队设计，薛禄公社负责施工修建。1975年3月开工，1977年7月建成。整个工程共挖填土方237万立方米，砌石4500立方米，浇筑混凝土1210立方米。工程总投资55万元，社队自筹35万元。该站水源来自宝鸡峡西干渠，分两级抽水。一级站建于宝鸡峡干渠六十六斗渠首以北1.95千米处。主机5台，容量455千瓦，扬程19.17～20.65米，抽水流量1.27立方米。

城东抽水站 位于乾县县城东安家寺（村）西边。1971年设计，城关公社负责施工，同年11月动工，1972年8月基本建成。1974年、1976年、1981年建了机房，衬砌了部分渠道，修建分水建筑物6座，桥涵5座，干支渠配套。先后完成土石方6.2万立方米，用水泥34吨。总投资6.7万元，其中国家投资1.5万元，社队投资5.2万元。该站为两级抽水，水源来自羊毛湾干渠。一级站机组2台，装机容量130千瓦，抽水扬程17.6米，流量0.25立方米每秒，有效灌溉面积2343亩；二级站位于大青仁村之北，机组1台，装机容量75千瓦，抽水扬程15.34米，流量0.15立方米每秒，有效灌溉面积1297亩。城东抽水站引水渠和输水干渠长3.98千米，支渠长4.8千米，控制灌溉城关东街、青龙、花口三个村5000多亩耕地。自1972年冬灌正式运用以来，每年抽水量30万～40万立方米，实灌面积1700亩至2400多亩。1977年后，随着灌区辐射井的增多，该站很少抽水灌溉。

（四）凤翔县提水工程

东风抽水站 位于凤翔县东风水库南侧，是以水库为源的两级中型电力抽灌工程。1969年由东风水库建设兵团设计，次年3月由兵团组织今受益区郭店、南指挥民工修建，1974年6月竣工。总投资78.2万元，其中国家投资69万元。投入劳动力20万个。一级站设址水库右岸三岔村红沟，安装两台机组，装机635千瓦，电压1千伏，扬程25.7米，实际出水量1.6～2.1立方米每秒。输电线路接在凤彪馈路三岔农网支线上，主变压器1000千伏安，站用变压器100千伏安。鉴于凤彪馈路负荷太重，1979年架设专用输电线路7.28千米，1982年11月投用。

凤翔县冯家山水库二期工程1974年由该工程设计组勘测设计。同年12月由受益区破土施工，1981年5月建成，总投资731万元。机、管、泵由省上投资，输变电设备由宝鸡市投资，凤翔县负责基建，共投资劳动力 222 万个。该工程的投用，对解决凤翔水资源不足起到了显著作用。

陈村抽水站　陈村抽水站是一座直接从冯家山水库总干渠 8K+750 米处南岸设闸引水的一级小型抽水站。分高、低池供水到灌区。该站主体工程于 1977 年 5 月竣工后，因设备安装混乱，能源单耗高，又于 1983 年 4 月 1 日起做了较大改造，同年 9 月 20 日竣工。

小海子抽水站　小海子抽水站是一座中型二级抽水站，一级站直接从总干渠 11K ＋ 870 米处北岸开闸引水，二级站在一级站正北 154 米处的李家村。主体工程于 1976 年 9 月投入使用。

槐塬抽水站　槐塬抽水站为中型三级抽水站，一级站设在尹家务乡槐中村二组，从总干渠 18K+100 米处北岸设闸引水，安装 4 台机组，装机 1520 千瓦，电压 6 千伏，扬程 45.895 米，出水量 2.12 立方米每秒，可直接灌地 4166 亩。二级站（尧庄站）设在一级站北 190 米处的尹家务乡槐北村五组，安装 3 台机组，装机 1320 千瓦，电压 6 千伏，出水量 2.11 立方米每秒，扬程 43.7 米，最大单机出水量 0.88 立方米每秒，装机 220 千瓦，可直接灌地 19044 亩。三级站（南岭站）设在二级站东北 1239 米处的南指挥乡西村 10 组，安装 4 台机组，装机 210 千瓦，电压 4 千伏，扬程 11.8 米，出水量 1.256 立方米每秒（最大单机出水量 0.35 立方米每秒），可直接灌地 31178 亩。该站的二级站曾由宝鸡县兵团承建，1978 年 5 月交凤翔兵团改造，并将一级站两台 20s 9A 机组迁至二级站，同年 6 月 23 日试车上水。1979 年凤翔兵团对二、三级站又进行配套改造，遂成现状。

洞口抽水站　洞口抽水站属中型二级抽水站。一级站直接从总干渠 39K+31 米北岸处设闸引水，安装两台机组，装机 760 千瓦，电压 6 千伏，扬程 30.53 米，出水量 1.76 立方米每秒，可直接灌地 35546 亩。二级站在 4.6 千米的虢王乡四家村北，安装两台机组，装机 110 千瓦，二级站在一级站南，电压 380 伏，扬程 13.72 米，出水量 0.53 立方米每秒，可灌地 13352 亩。该站主体工程竣工后，又于 1978 年 7—8 月，为防止突然停机管路回水淹没机房，在引水渠右岸设一条长 220 米退水涵洞。

何家抽水站　何家抽水站亦属中型二级抽水站。一级站在北干渠首设闸引水，安装两台机组，装机 450 千瓦，电压 3 千伏，扬程 29.95 米，出水量 1.0 立方米每秒，可直接灌地 17280 亩。二级站（横水站）设在一级站北 3.7 千米的横水乡横水村南，安装两台机组，装机 110 千瓦，电压 400 伏，扬程 15.99 米，出水量 0.44 立方米每秒，可灌地 9900 亩。该站 1977 年 7 月二级站上水，1981 年一级站三号机组因震动严重而暂停使用至今。

（五）岐山县提水工程

1959 年，岐山县在任家沟建成第一处电力抽水灌溉站。1961—1963 年，又建成朝阳一库、朝阳二库、朱家原、下官庄、双桥和底寺水库 6 处抽水站。至 1989 年，全县共建成大小抽水站 344 处，配套水泵 466 台，装机 466 台，容量 14390 千瓦，灌溉面积 19.1 万亩；其中 3000 亩以下抽水站 325 处，3000 ~ 10000 亩抽水站 12 处，万亩以上抽水站 7 处。

大营抽水站　位于岐山县大营乡大营村南。由岐山民兵团设计施工，1973 年 11 月动工，1975 年 7 月竣工。共完成土方 2.62 万立方米，砌石 11.25 万立方米，浇筑混凝土 1426 立方米，用水泥 561.5 吨，木材 24.5 立方米，钢材 0.19 吨，投工 16.5 万个，投资 36 万元。在冯家山水库北干渠四支 5+350 米处设站分两级提水。总扬程 17.32 米，装机 3 台 180 千瓦，抽水流量 0.70 立方米每秒，其主要灌溉神务、八角庙、东坡、玉丹、南郭等 66 个生产队的土地。设施面积 23760 亩，有效灌溉面积 18200 亩。灌区修建支渠 2 条，长 4 千米，斗渠 12 条，长 15 千米，各类建筑物 131 座，年平均抽水量 100 万立方米，年用电 8.1 万千瓦时。1981 年实灌 3500 亩，1989 年为 3100 亩。

北三抽水站 位于岐山县蒲村乡高家庄村。主体工程于 1974 年 10 月开工兴建，1976 年 6 月竣工，由岐山民兵团设计施工。灌区修引水渠 1 条，长 4 千米，支渠 4 条，长 35 千米，各种建筑物 799 座，其中渡槽 7 座，隧洞 10 条，长 7819 米，共完成土方 32.6 万立方米，砌石 0.8 万立方米，浇筑混凝土 0.415 万立方米，用水泥 1.492 吨，木材 183 立方米，钢材 9 吨，总投工 44.45 万个，投资 265.55 万元。抽水站在北干渠实测桩号 22+488 处左岸开口，距离引水口向北 1040 米处设站分四级抽水。净扬程共 108.4 米，总装机 15 台 3405 千瓦，抽水流量 3.3 立方米每秒，总设施面积 62000 亩，有效面积 35600 亩。灌溉蒲村、祝家庄、故郡、益店四个公社 130 个生产队的田地。抽水站设综合变电站 1 处，容量 1800 千瓦。抽水站由长 4 千米的水渠连接，分四级提水：一级站位于刘家底，扬程 28.8 米，装机 5 台，550 千瓦，设施面积 20900 亩，有效灌溉面积 11040 亩；二级站位于高家庄西村，由一级站供水，扬程 28.7 米，装机 3 台，930 千瓦，流量 1.89 立方米每秒，设施面积 10400 亩，有效灌溉面积 6480 亩；三级站位于南庄村的新庄西，由二级站供水，扬程 25.7 米，装机 4 台 500 千瓦，流量 1.36 立方米每秒，设施面积 10050 亩，有效灌溉面积 6020 亩；四级站位于南庄村刘家门，由三级站供水，扬程 25.4 米，装机 3 台，425 千瓦，流量 1.02 立方米每秒，设施面积 20650 亩，有效灌溉面积 8460 亩。投灌以来，年平均抽水 354 万立方米，耗电 112 万千瓦时。

宣旗营抽水站 位于岐山县马江乡宣旗营村西。由岐山民兵团设计，马江民兵营施工。1974 年 12 月动工，1975 年 4 月竣工。共完成土方 1304 立方米，砌石 140 立方米，用水泥 19 吨，木材 16 立方米。总投工 9231 个，投资 3.29 万元。在冯家山水库南干渠 11+050 处右岸开口引水，距引水口 20 米处设站提水，净扬程 5.46 米，装机 3 台，51 千瓦，抽水流量 0.44 立方米每秒，主要灌溉马江、麦禾营两社的马江、袁家、何家、独殿头、板榻 5 个大队的耕地，设施面积 1 万亩，有效灌溉面积 9000 亩，灌区修建支渠 1 条，长 6 千米，各类建筑物 76 座。开灌以来，每年平均抽水量 63 万立方米，用电 2 万千瓦时。

杨柳抽水站 位于岐山县麦禾营乡杨柳村。工程由岐山民兵团设计，麦禾营民兵营施工。1974 年 10 月开工，1975 年 6 月竣工，共完成土方 1.31 万立方米，砌石 180 立方米，用水泥 19 吨，木材 22 立方米，钢材 0.4 吨，总投工 1.97 万个，投资 6.6 万元。在冯家山水库南干渠 10+494 处左岸开口引水，距引水口 420 米处设站提水，净扬程 9.5 米，装机 3 台，110 千瓦，抽水流量 0.63 立方米每秒，主要灌溉杨柳村、马江、袁家、原子头、脱家原和麦禾营 6 个大队的耕地。设施面积 12000 亩，有效灌溉面积 9100 亩，灌区修建支渠 1 条，长 4 千米，各类建筑物 56 座。开灌以来，年平均抽水量 140 万立方米，年用电 8.4 万千瓦时。

城北抽水站　位于岐山县凤凰村，由岐山县水电局设计，城关和北郭公社组织劳力施工，1975年10月开工兴建，1977年6月竣工，共完成土方35.5万立方米，投工44万个，投资64.8万元。在冯家山水库北干渠实测桩号12+237处左岸开口，距引水口向北530米设站分四级提水。总扬程108.475米，装机11台1035千瓦，抽水流量1.2立方米每秒，主要灌溉城关、北郭两个公社70个大队的耕地。设施面积30000亩，有效灌溉面积17500亩，灌区修引水渠1条，长3千米；支渠4条，长22千米，斗渠74条，长43千米；各种建筑物320座。一级站设在凤凰村北，扬程21.11米，装机4台400千瓦，流量1.2立方米每秒，设施面积8900亩，配套面积4800亩。二级站设在马家团庄，扬程21.176米，装机3台290千瓦，流量0.793立方米每秒，设施面积9000亩，配套面积5600亩。三级站设在曹家岗，扬程25.183米，装机2台190千瓦，流量0.443立方米每秒，设施面积8900亩，配套面积4000亩。四级站东站设在北吴邵，西站设在杨村，扬程分别为41米和36米，流量0.28立方米每秒，总装机2台155千瓦，设施面积3200亩，配套面积1900亩。开灌以来，年平均抽水120万立方米，耗电34万千瓦时。

京当抽水站　位于岐山县京当乡双庵村北侧。由岐山民兵团设计，京当民兵营负责施工。1975年10月动工，1979年12月竣工，共完成土方29.9万立方米，石方0.59万立方米，混凝土0.44万立方米，用钢材42.7吨，水泥1.715吨，木材70.2立方米，总投工39.9万个，投资44.62万元。在冯家山水库北干渠34+500处左岸开口向北引水，距引水口845米处设站，分四级提水，总扬程110.97米，装机13台1065千瓦，抽水量0.66立方米每秒，主要灌溉京当公社的京当、贺家、双庵等大队的耕地。设施面积15540亩，有效灌溉面积9200亩，一级站位于北祁家，扬程22.8米，装机5台455千瓦，抽水流量0.66立方米每秒；二级站位于衙里村，扬程33.67米，装机4台300千瓦，抽水流量0.54立方米每秒；三级站建于下何村，扬程26.5米，装机2台200千瓦，抽水流量0.54立方米每秒；四级站建于中何村，扬程28米，装机2台110千瓦，抽水流量0.26立方米每秒。全灌区建渡槽、隧洞、桥梁等建筑物282座，引渠及支渠5条，长14千米。投灌后，每年平均抽水量79万立方米，年耗电32万千瓦时，每立方米水耗电0.41千瓦时。

李家庄抽水站　位于岐山县益店镇李家庄村南，由岐山民兵团设计，益店民兵营施工，1975年3月开工，1976年12月竣工，共完成土方5700立方米，砌石170立方米，混凝土61立方米，用水泥33吨，木材22立方米，钢材0.5吨，总投工1.857万个，投资4.045万元。在冯家山水库北干渠七支西分支2+400处设站提水，扬程11.57米，装机2台110千瓦，抽水流量0.58立方米每秒，主要灌溉益店公社的益峰、益平、永星、官庄等28个生产队的耕地，设施面积12780亩，有效灌溉面积8200亩，灌区修建支渠1条，长2千米，各类建筑物17座。投灌以来，年平均抽水量94万立方米，用电5.5万千瓦时。

（六）扶风县提水工程

扶风县抽水站　至2000年扶风全县共建成372座，总装机20500千瓦。其中：宝鸡峡和冯家山两大灌区248座，配电机、水泵各385台，总装机12248千瓦。抽灌25.4347万亩，其中纯抽灌19.44万亩。

扶风县两大灌区抽水站 宝鸡峡塬下灌区36座，配水泵、电机各50台，装机1189千瓦，实灌0.9796万亩；宝鸡峡塬上灌区69座，配水泵、电机各94台，装机2387千瓦，实灌5.9213万亩；冯家山自流灌区96座，配水泵、电机各151台，装机5458.8千瓦，实灌8.5328万亩；冯家山抽水灌区47座，配水泵、电机各90台，装机5765.5千瓦，实灌10.001万亩。

扶风县各乡镇抽水站 其中段家24座，太白32座，天度23座，召公42座，午井39座，城关35座，揉谷4座，上宋12座，杏林33座，绛帐21座，建和21座，南阳19座，新店17座，黄堆14座，法门36座。

扶风县5000亩抽水站 扶风县灌溉面积接近和超过5000亩的较大的抽水站有11座。其中：县管的有北四抽、北五抽、太川东站、太川西站、信邑东站、官务站6座。乡镇管的有白家窑南站、信邑西站、“七一”站、五郡沟站、万杨站5座。11座抽水站修建投资705.23万元，其中国家投资587.9万元，乡镇自筹117.33万元。投工136.6万个，总装机69台，8263千瓦。设施灌溉18.5028万亩，有效面积15.9179万亩。

高扬程抽水站 扶风县扬程100米以上的抽水站有5座。除属县北四、北五抽水站外，属集体所有的有南台、西街、龙蹄3座。

（七）武功县抽水站

武功县提灌、井灌起源较早。据考证，原始简单的机械提水及灌溉始于渭河阶地和漆、河川道，塬上仅为人饮提水。新中国成立后，畜力井灌、机井、抽水站及喷灌才逐步发展起来。1958年渭高干渠通水后本县始建抽水站，至1972年先后建成36座（装机容量3555.4千瓦/62台）。1982年发展到100座，控制灌溉面积16.7万亩。其中控制灌溉面积在万亩以上的有3座，小型抽水站有97座（装机容量8857.1千瓦/199台）。灌溉面积在千亩以上的抽水站有23座，10年间增加2.5倍。1983年全县有抽水站76座，装机容量6200千瓦/133台，有效灌溉面积7.46万亩。当年杨陵划出武功，减少抽水站24座，装机容量2657千瓦/66台，有效灌溉面积7.59万亩。

桥东抽水站 原武功公社桥东大队于1973年修建，以漆水河为水源，二级抽水，扬程72米，装机容量205千瓦，浇地1000余亩。

段家湾抽水站 位于渭高干倒虹出口左侧，建于1958年。输水渠长1610米，设段湾、麻西和郭家庄分站，分别向一、二、三、四支渠供水，扬程37米，装机容量1680千瓦/6台，单机抽水能力0.53立方米每秒，总抽水能力在3立方米每秒以上。

段家湾抽水站分站 段家湾抽水站分站，二级抽水，扬程6.11米，装机容量20千瓦/1台，流量0.7立方米每秒，为武二支供水，武一支在输水渠设闸自流。

南庙坡抽水站 位于南庙坡村，建于1958年。一级抽水，扬程13.39米，装机容量40千瓦/3台，抽水流量1.27立方米每秒。除为三支渠供水外，还承担向三级站供水。

麻西寨抽水站 初建于东大寨，称东大寨抽水站。1966年迁至麻西寨。三级抽水，扬程8.7米，装机容量95千瓦/2台，流量0.3立方米每秒，为四支渠供水。

郭家庄抽水站 建于1961年，位于戴家乡郭家庄东南。三级抽水，扬程15.29米，装机容量 95 千瓦 /2 台，流量 0.4 立方米每秒。宝鸡峡总干通水后被总干六支替代，1974 年撤销该站。

金家塬北抽水站　位于苏坊镇金家塬村，1972 年 6 月建成，2016 年改造。以宝鸡峡总干 5 支 14 斗为水源，扬程 19.4 米，装机容量 55 千瓦 /1 台，灌溉面积 0.44 万亩。

金家塬东抽水站　位于苏坊镇金家塬村，于 1974 年 9 月修建，二级抽水，以漠西河为水源，扬程 110 米。其中一级站 31 米，装机容量 90 千瓦 /2 台；二级站 71 米，装机容量 110 千瓦 /2 台，浇地 1100 亩。

商坡抽水站　位于武功镇商坡村，为二级提水，装机容量 110 千瓦 /2 台，引水流量 0.03 立方米每秒，扬程 80 米，灌溉面积 0.15 万亩，1973 年建成，2015 年改造。桥东抽水站，1 级提水，装机容量 55 千瓦 /1 台，引水流量 0.04 立方米每秒，扬程 80 米，灌溉面积 0.1 万亩，1973 年建成。

贾冕抽水站　位于代家镇贾冕村，一级提水，装机容量 110 千瓦 /1 台，引水流量 0.04 立方米每秒，扬程 160 米，灌溉面积 0.08 万亩，1977 年建成，2011 年改造。

二、掘井提水

漆水河流域凿井饮水灌田始于何时，无考。2016 年在扶风县法门镇任家村发现一椭圆形井，被专家断为西周所掘。故宝鸡地区凿井历史大约始于公元前 10 世纪以前的西周时期。后缓慢发展，至唐代凿井饮水灌田已较普遍。明清时期，劳动人民除在河、川、沟、涧修建小型渠堰引用地表水外，兼凿水井提取地下水。岐山群众于雍水河西岸井凿水井，以水车、桔槔汲水灌田千余顷。据清代《陕西通志》载，乾隆二年（1737 年），陕西巡抚崔纪悯秦地待泽于天，遇旱无策，于是年五月命令各县凿井灌田，以社仓积储借给贫民，作为打井费用，三年归还。至十一月上奏凿井口数有：咸阳县 3640 口，乾州并所属之武功县除旧井外，新开 5200 口。民国十八年（1929 年），陕境大饥，省政府训令，奖励凿井度荒，于是关中民间打井普遍兴起。《重修咸阳县志》载，民国二十一年（1932 年），“原上井深十余丈或数十丈，供饮吸而已，原下深三丈、四丈，间有灌田者，然旱即乏水”。新中国成立后，20 世纪 50 年代境内恢复和增打普通井，推广畜力解放式水车。1958 年山区和旱塬还兴起打旱井、水窖运动，均因无水可蓄和渗漏而废弃。20 世纪 60 年代初引进“大锅锥”“火箭锥”，提高了凿井效率。1964 年在乾县、扶风县案板坪试打深井成功，井型为“砖管机井”，水下用芦席包扎外填粒石，形成反滤，配套电动水车，简便易行。20 世纪 70 年代初期始用冲击钻机和深井钻机凿井。1973 年 8 月 15 日至 10 月 29 日，宝鸡市地下水工作队在岐山周公庙门前打成两眼自流井，西井每小时喷水 138.6 吨，东井每小时喷水 68 吨，其水源充沛，水质清冽，喷流不息，除灌溉农田外，又是附近居民生活饮用的最佳水源，为宝鸡市自流井中的佼佼者。据 1977 年统计，流域已打配各类机井 100 多眼，纯井灌面积达到 10 万亩。1980 年后，由于机井管理未能跟上，加之国家投资减少，天雨适时，故而建设缓慢。从 1985 年起各级狠抓责任落实、管理承包和打击破坏水利设施活动，同时对机井进行测试改造、降低耗能、提高效益，使水井建设步入一个稳定提高的阶段。

1990 年，流域有水井 231 眼，其中经过测改者达 116 眼；有各种凿井钻机 24 部。配套机井达到 88 眼，其中 100 米以上深井 52 眼，辐射井 33 眼，井灌面积达到 50 万亩（包括渠井双灌和纯井灌面积）。

（一）麟游县机井提水工程

麟游县机井建设从 1970 年起形成高潮，截至 1982 年，这 12 年共建成配套各类机井 96 眼（其中包括大口井 50 眼），井灌有效面积 4240 亩（其中纯井灌面积 3510 亩）；共解决了 1.2 万人的饮水困难，占全县需解决 4.1 万人的 29.27%；解决了 3727 头大家畜，占需解决 1.5 万头的 24.85%。在此期间，国家投资机井建设专项资金 125.27 万元，平均每年 9.64 万元，平均每眼机井投资 1.31 万元，井灌面积亩均投资 295 元。12 年内，报废机井 64 眼，总报废率为 39.5%。

1982 年以后，机井建设主要转向挖潜配套，截至 1985 年，配套机电井 46 眼。2010 年统计，全县机电井 60 眼，配套机电井 52 眼，装机容量 0.78 兆瓦。2011 年，全国第一次水利普查成果资料汇总，全县机电井和人力井总数为 4504 个，其中：规模以上机电井 27 个，2011 年取水量 19.99 万立方米，供水人口 0.63 万人；规模以下机电井 3853 个，2011 年取水量 18.70 万立方米，供水人口 16 万人；人力井 624 个，2011 年取水量 1.6 万立方米，供水人口 0.38 万人。

2014 年投资 80 万元，实施了酒房镇蔬菜基地灌溉工程，新打（维修）大口井 16 眼，铺设管道 9895 米，新建出水桩 142 个，配套潜水泵 16 台，发展灌溉面积 900 亩。

（二）永寿县机井提水工程

1956 年，于南场（县粮油加工厂占址）钻深机井 1 眼，1984 年复钻 1 眼，供粮、油加工用水。1970 年，用大锅锥凿井 400 眼，因井浅水少，废弃。后开始钻机井，至 1988 年，共钻深机井 179 眼。1974 年 5 月，于北甘井村西、马坊村东南分别试凿大口辐射井成功，在全县推广，至 1988 年流域店头乡，凿大口辐射井 30 眼，用于解决农业灌溉和人畜饮水。

（三）乾县机井提水工程

自 20 世纪 50 年代后期兴办水利事业以来，乾县在漆水河流域拦蓄抽引地表水的同时，深挖细找地下水。20 世纪 60 年代至 70 年代初，周城公社庄里、紫邀、红星等大队也相继打成。历经 10 年，推广到县中部 12 个乡（镇）。据 1973 年统计，流域共打锅锥井 50 多眼。好多浅水富水区，水车群遍及各队。“解放式”水车使用初期，是畜力带动；通电后，锅锥井所用水车改为电动。此井一般汲水昼夜不停，每日一眼井可浇地 10 亩以上，比起过去土井，效益显著提高，但还赶不上水利化发展的需要，终为机电井所代替。20 世纪 70 年代后，在地下水开发利用综合研究中不断创造出新的成果，流域开凿深机井。机电井的发展既补充了平原地区库渠灌溉之不足，又解决了流域大部分人畜用水问题，还控制了灌区地下水位上升和低洼区水渍成沼的问题。后又发展辐射井，羊毛湾灌区辐射井发展较快，效益极佳。扩大和改善灌溉面积 2 万多亩，到 1999 年流域内发挥作用的辐射井 80 多眼。

（四）武功县机井提水工程

1954 年开始用畜力“解放式”水车，1955 年在武功全县推广。随后建成漆水河川道、蔚村塬等四个电井群，用电力带动水车。漆水河川道电井群东西 2.5 千米，南北 5 千米，耕地 2 万余亩。1967 年，机井建设形成高潮，并由浅井向高塬区深井发展。第一期工程始于戴家公社小王、武功镇聂村，苏坊镇金家塬打出 245 米深井。1972 年电动“解放式”水车淘汰，全县机泵井发展到 1888 个，凿井机具由人工挖掘发展到半机械开凿（火箭锥、大锅锥等），不久又拥有 30 台冲击钻（150 型延河钻机、300 型钻机），全部实现了机械化。之后，流域村镇机井增速猛涨。主要抽水站如下：

新庄抽水站　武功公社新庄大队于 1972 年 9 月修建，以大口井为水源，二级抽水，扬程 105 米。其中一级站扬程 87 米，装机容量 110 千瓦 /2 台；二级站扬程 18 米，装机容量 28 千瓦 /2 台，浇地 1200 亩。

聂村抽水站　武功镇聂村大队于 1976 年 6 月建成，以大口井为水源，三级抽水，扬程 132 米。其中一级站扬程 50 米，装机容量 58 千瓦 /2 台；二级站扬程 67 米，装机容量 110 千瓦 /2 台；三级站扬程 15 米，装机容量 10 千瓦 /1 台。浇地 1100 亩。

松林井群抽水站　武功县水电局于 1973 年 6 月设计，武功镇组织西塬各大队于 11 月动工，1976 年 5 月建成，历时两年半。有大口井 3 眼、深机井 4 眼（一眼深井因管壁倾斜改作人饮井），三级抽水，总扬程 117 米，装机容量 1730.6 千瓦 /20 台。从杨凌架设专线输电，线路长 7.5 千米，变压器 10 台，容量 2580 千伏安，抽水量 1 立方米每秒。修渠 10.58 千米，其中初砌渠道 7 千米，灌武功西塬 2 万亩耕地。投资 92.91 万元，其中国家拨款 61.7 万元，群众自筹 31.21 万元，投工 16.2 万个。

（五）凤翔县机井提水工程

在凤翔县，新中国成立前主要利用辘轳、桔槔、水斗提水浇地，效益甚微。新中国成立后，地下水开采逐步展开，并初具规模。20 世纪 50 年代，纸坊、石家营、城关、唐村一带浅井区，开始在人工井装配“解放式水车”提水灌田。20 世纪 60 年代，塬区凿井由人工改为大锅锥、火箭锥、冲击锥、竹力弹弓、冲击钻、直立冲击钻机，提水工具使用链条泵、BA 型离心泵、轴流泵、机井泵、潜水泵。20 世纪 70 年代，机井建设形成高潮，凿井全部使用回转式钻机，全县有钻机 37 部，其中 SOJ - 300 型水文钻机 5 部。除涧渠、姚家沟、五曲湾外，其他公社均有专业机井队，其中彪角、郭店、唐村分别有 3 个可分可合的钻井队。郭店、唐村、柳林、横水等 7 个公社组建了女子钻井队。张凤亭领导的郭店女子钻井队，曾赴外县钻井，工作出色，被评为宝鸡市“三八”红旗先进集体，陕西电视台曾做过新闻报道。

至 1988 年底，全县有成井 2543 眼。其中，深井 889 眼，辐射井 28 眼。配套井 2396 眼，全部使用机井专用泵，纯井灌面积 17.25 万亩，占全县总有效灌溉面积的 46.3%。从 1983 年开始，纠正了 20 世纪 70 年代“重建轻管”的偏向，使机井建设逐步走上正规化、科学化。1966—1988 年，全县共建中型抽水站 6 处（国营），小型抽灌站 63 处（乡村）。其水源除冯家山水库灌区的陈村、小海子、槐塬、洞口、何家抽水站提用境外调入水外，其余的均提引县境内自产地表水。

（六）岐山县机井提水工程

据《关中水利史话》载，明清时期，岐山县雍河两岸发展水车井、桔槔井，浇地

1000多亩。民国十九年（1930年），全县有水井269眼，灌田2690亩，单井灌田10亩。

新中国成立后，岐山水井建设经历了三个发展阶段：从新中国成立初期到1963年，从沿用古老办法，人工掏挖、砖箍，发展到应用火箭锥及人力弓式打井新技术，1961年开始推广水泵提水。到1963年，全县配套机井127眼，安装水泵30台，装机127台，容量358千瓦，水车769部；1964—1972年用大锅锥打井，钻井工程由川道河谷逐步向塬区和沿山坡地区推进，至1972年，全县水井总数达3647眼，配套2945眼，安装水泵2093台，装机2955台，容量13001千瓦，水车1366部；1973年后发展深机井，1973年，宝鸡市地下水打井队利用地下裂隙压力，在周公庙门前打自流井两眼，井深100米，西井1小时喷水138吨，东井1小时喷水68吨；后自流井发展到5眼。深机井的发展，对解决塬区和沿山坡缺水地区人畜饮水和农田灌溉起了重要作用。随着打井机具、箍井材料和提水机具的更新和发展，成井质量不断提高，井灌效益大增。1950年底，县域有水井1241眼，水车238部。至1989年底，全县水井总数为3349眼，其中配套机电井2914眼，百米以上深井453眼；配水泵3279台，总装机3259台，容量27622千瓦；灌井面积15.48万亩，单井平均灌田52亩，其中深井单井灌田100亩左右，有的高达200亩。

（七）扶风县机井提水工程

扶风县漆水河流域掘井提水工程主要集中在黄土台塬区、山前洪积扇区，始于新中国成立后的20世纪60年代初期，70年代蓬勃发展，80年代初成果显著。1982年水利工程经过“三查三定”，核实全县打成各类机井3013眼，其中：百米以上深井546眼，百米以下中深井130眼，大口井665眼，大口辐射井18眼，浅井1654眼。1983年水利区划统计，配套机井共2798眼，其中：深井546眼，中浅井1569眼，大口井665眼，辐射井18眼，配用各种类型水泵2798台。配套动力，柴配141台，共1834马力；电配2657台，总装机29121千瓦。全县87.4%的深机井分布于黄土台塬区。73%的中浅井分布于山前洪积扇区。机井分布密度不均，全县井灌面积182715亩，其中河流阶地区7万亩，黄土台塬区8万亩，山前洪积扇区3万余亩。深井一般每小时实出水平均40吨，中深井20吨，大口井150吨，辐射井130吨，浅井15吨。深井一周期内可灌110亩，中深井30亩，大口井150亩，辐射井180亩，浅井20亩。各地区开采强度相差较大。黄土台塬区成井870眼，年开采623.7万立方米，平均万亩地年开采12.5万立方米。山前洪积扇区成井1020眼，年开采490.2万立方米，万亩地年开采21.15万立方米。

（八）杨凌机井提水工程

1960年，省水科所韩瀛在杨陵西北农学院、农科分院实验场地设计并打出直径5米的大口井。从此大口井在杨陵逐步推广，口径3～5米不等。建区前，各单位有自备水源井50余眼，水塔50余座，用于城区供水。建区后，1986年，组建杨凌区自来水公司，钻水源井2眼，深度150～182米，口径均为12英寸。城区日供水量24000吨，能满足城区的生产、生活需要。

第二章　灌区建设

漆水河流域发展农业灌溉有着悠久的历史。“后稷教稼”的远古时期，先民就已懂得引水灌溉农田。据历史典籍记载，漆水河流域有秦将白起在雍屯兵所修白起渠，汉武帝时期（前140—前87年）修建的成国渠、蒙笼渠、引漳渠，隋开皇二年（582年）修筑的杜阳水（渠），因名隋唐宫廷渠，唐如意元年（692年）所开高泉渠和唐代修建的六门堰、五泉渠、普济渠、永丰渠、升塬渠，明清时期修建的通济渠、利民渠、秦官渠等众多引水渠道。新中国成立以后，漆水河流域灌区建设有了长足发展。共建成大、中、小相结合，蓄、引、提相配套的灌溉工程100多处，以宝鸡峡、冯家山、羊毛湾灌区为代表的流域大中型灌区共有9处，设计灌溉面积476.7万亩，有效灌溉面积416.34万亩。

第一节　古近代灌区

“后稷教稼”的远古时期，先民就已懂得引水灌溉农田。据历史典籍记载，漆水河流域周、秦、汉、唐至明清时期修建了众多引水渠道，但由于受生产力水平的限制，灌溉面积都不足万亩。

（1）战国时期，秦昭襄王（前306—前251年）大将白起于凤翔督修白起渠，为宝鸡最早有文字记载的引水工程，灌田1200亩。此后，历代兴治乱废。

（2）汉武帝时期（前140—前87年）修成国渠，从眉县引渭河水，沿渭河左岸川道由西向东流经扶风。唐咸通十三年（872年）四月，京兆府重修。全长130多千米，后历代失修，渠道淤塞，灌溉废弃。其遗迹至今在眉县和扶风境内断续现存。

（3）隋开皇二年（582年）三月，尚书李询和太仆元晖率民修筑杜阳水（渠），引杜阳河水（今麟游杜水河）于三畤原，灌扶风、武功农田数千顷。

（4）麟游县于隋在城内筑宫廷渠，至唐继修，因名隋唐宫廷渠。唐如意元年（692年）开高泉渠，从宝鸡县虢镇东北引水入城，供居民生活用水和灌溉田园。

（5）明弘治年间（1488—1505年），凤翔知府沈权舆开利民渠。万历年间（1573—1620年），凤翔知府沈缙率民修秦官渠，引川口河水灌齐村、果园、新增务等村一带农田。

（6）清代，岐山修麦李河渠，灌田600余亩；雍河渠，灌田千余亩；并有珍珠泉渠等。均属灌溉面积一二百亩的小型渠道。

（7）清雍正乾隆年间，永寿境内有民堰小渠8条，灌农田700余亩。

（8）清道光年间，乾县境内龙岩寺以下有龙塘渠，灌田600余亩。

（9）清光绪四年（1878 年），武功在县北（指现武功县游风镇）30 里，始修黄家渠，引漆水渠长 10 里，灌农田 1500 亩。

（10）民国十年（1921 年），岐山由雍水至雍川刘家村修成济众渠，灌东、西太慈田百余亩；民国十二年（1923 年），又疏凿润德泉渠，分向南流至陈家河，灌田 200 余亩。

（11）民国及其以前，凤翔县有塔寺渠、三岔渠、汉封渠、关村渠、玉祥渠、杨家磨渠、瓦窑头渠、杜家门前渠、赵家坝渠、三里河渠、石家磨渠、张家磨渠、横水河渠、凤凰渠、豆村渠、长青渠、孙家南头渠等，其塔寺渠引黄花峪水灌黄花峪至铁炉头一带田地，灌田 800 亩。

第二节　现代灌区建设

一、发展历程

新中国成立后，引水灌溉工程建设飞速发展，并形成 20 世纪 50 年代和 70 年代两次建设高潮。新中国成立初，在组织农民逐步走上互助合作道路的同时，漆水河流域各市县从 1952 年开始了以修渠、打井、挖泉为主的防旱抗旱行动。1958 年，宝鸡市贯彻“大中型工程相结合”的方针，掀起水利建设的“大跃进”，调集 12 个县（市）7 万余精壮劳力，动工兴建宝鸡峡引渭灌溉工程。岐山建成润德泉“长藤结瓜”工程，创造了历史奇迹。咸阳市于 1958 年开始建设羊毛湾水库，以解决乾县、武功、永寿 3 县灌溉问题。同时，这一时期受“浮夸风”影响，许多小型工程仓促上马，劳民伤财，因无效益而报废。“文化大革命”初期，水利建设处于停顿状态。1968 年 11 月，宝鸡峡引渭灌溉工程再次上马，1971 年 7 月竣工通水。羊毛湾水库建设历时 12 年，也于 1970 年建成投运。20 世纪 70 年代为修建引水工程的黄金时代，大部分渠道成于这一时期。此后进入以管理为主的配套完善阶段。

新中国成立初期，漆水河流域有水利灌溉面积 24.8 万亩。截至 2020 年底，漆水河流域设计灌溉面积 476.7 万亩，有效灌溉面积 416.34 万亩，其中农田有效灌溉面积 170.34 万亩，果园、林地灌溉面积 13.07 万亩。流域内除上游地区的麟游县、永寿县外，其他县区农业灌溉较为发达。已发展节水灌溉面积 41.70 万亩，其中渠道防渗灌溉面积 26.03 万亩、低压管道灌溉面积 7.39 万亩、喷灌面积 5.86 万亩、微灌面积 0.22 万亩、其他工程节水灌溉面积 2.20 万亩。流域内 0.2 万亩以上灌区共 16 处，其中 30 万亩以上大型灌区 3 处，分别为宝鸡峡、冯家山及羊毛湾灌区，涉及流域灌溉面积 152 万亩，覆盖全流域 86.7% 的灌溉面积；1 万 ~ 30 万亩中型灌区 6 处，分别为东风水库、横水河、太川、乾陵水库、王寨抽水站及漆水河灌区，灌溉面积 18.3 万亩，0.2 万 ~ 1.0 万亩小型灌区 7 处，多为沿河抽水灌区。农田灌溉水利用系数 0.58。截至 2020 年，漆水河流域设施灌溉面积 272.31 万亩，是新中国成立初的近 11 倍。从 20 世纪 80 年代以来，随着流域经济社会的发展，因建设占地、设施破坏、退耕还林和老化失修等原因，每年都要减少数万亩灌溉面积。以 2019 年为例，当年新增灌溉面积 5.91 万亩，当年减少灌溉面积 7.365 万亩，二者相抵，当年净减少灌溉面积 1.455 万亩。30 年来漆水河流域共减少灌溉面积近百万亩。漆水河流域大中型灌区统计见表 2–2–1。

表 2-2-1　漆水河流域大中型灌区统计

单位：万亩

序号	灌区名称	规模	设计灌溉面积	有效灌溉面积	漆水河流域农田灌溉面积	涉及县（区）
1	宝鸡峡灌区	大型	280	263	48	岐山县、扶风县、乾县
2	冯家山灌区	大型	136	111	88	凤翔区、岐山县、扶风县、永寿县、乾县
3	羊毛湾灌区	大型	32.54	24	16	乾县、永寿县
4	东风水库灌区	中型	12	6.86	6.86	凤翔区
5	横水河灌区	中型	9.48	7.95	7.95	凤翔区
6	太川灌区	中型	1.95	1.5	1.5	扶风县
7	乾陵水库灌区	中型	2.3	0.75	0.75	乾县
8	王寨抽水站灌区	中型	1.45	0.8	0.8	乾县
9	漆水河灌区	中型	1	0.48	0.48	永寿县

二、主要灌区

（一）宝鸡峡塬上灌区

含扶风、乾县、武功三县。该工程（全部）是 1958 年勘测设计并动工修建的，1962 年停工缓建。1969 年 3 月二次复工，1971 年基本竣工通水，1972 年投入管理运行。

在扶风县境内，灌区有段家、城关、太白、杏林、召公、绛帐、揉谷 7 个乡（镇），45 个村，294 个组，9.168 万农业人口，有效面积 23.98 万亩。扶风县境内高抽站 3 座。香里抽水站：1958 年 10 月开工，1959 年 1 月竣工，总投资 31 万元，平均扬程 58.4 米，装机 3 台，总容量 1560 千瓦，抽水量 1.485 立方米每秒，设施灌溉 4.67 万亩。锄张抽水站：1958 年 11 月开工，1959 年 1 月竣工，投资 8.06 万元，扬程 47.9 米，装机 2 台，总容量 460 千瓦，抽水量 0.504 立方米每秒，设施灌溉 2.18 万亩。陵角抽水站：1964 年 12 月开工，1965 年 8 月竣工，投资 1.36 万元，扬程 13.3 米，装机 1 台，容量 40 千瓦，抽水量 0.158 立方米每秒，设施灌溉 2667 亩。

在乾县入境后横穿临平、周城、梁村、王村、姜村、马连、薛禄七个乡（镇），至薛禄县支坊（村）分水闸，全长 170.2 千米，全部衬砌。本县境内长 43 千米，渠道底宽 7.5 米，深 4.2 米，设计流量 50 立方米每秒，最大流量 55 立方米每秒。总干渠在乾县境内派生出 5、6、7、8 四条支渠（4 支在本县开口，本县没有灌溉面积），连同东干 1 支、西干 1 支共 6 条支渠，长度是 24.3 千米；还有北昌西抽，一、二、三抽，白杨寨的北抽东支、西支 6 条支渠，全长 42 千米。整个渠系有干支、斗渠 238 条，其中干斗 34 条，支斗 204 条（包括北昌与白杨寨 120 条抽斗）。支渠与斗渠部分衬砌。宝鸡峡塬上干渠在乾县的有效灌溉面积是 29 万亩，县南部 11 个乡（镇）受益，其中塬上 5 个乡（镇）全部受益。在受益耕地总面积中，自流灌溉 7.2 万多亩，占 25%；抽水灌溉 21.8 万亩，占 75%。

在武功县境内，宝鸡峡总干渠流经境内的有总干直属四支渠和 10 条支渠、116 条斗渠，总长 263.27 千米，设施灌溉面积 26.7647 万亩，实灌 22.9018 万亩。总干渠及配套设施建成后，本县基本实现了水利化。总干直属斗渠五条（20、21、26、27、31）长 18.74 千米，有建筑物 137 座，灌游风、苏坊、贞元 2.2984 万亩耕地。

（二）冯家山水库灌区

冯家山水库灌区漆水河流域涉及 9 个灌溉管理站，分别为瓦岗寨、凤鸣、孔头沟、祁家沟、强家、法门、新店、天度和午井，涉及两市 6 县（区），分别为凤翔、岐山、扶风、眉县、乾县、永寿，受益乡（镇）25 个，行政村 293 个，村民小组 1752 个，设施灌溉面积 970195 亩，其中自流 575806 亩，抽水 394389 亩。冯家山水库灌区漆水河和冯家山水库灌区漆水河流域行政区域设施面积分布和冯家山水库灌区漆水河流域管理站面积分布见表 2–2–2、表 2–2–3。

在凤翔县沿冯家山水库输水干渠联合 5 个独立抽水站组成灌区，属冯家山水库二期工程。1975 年由冯家山水库凤翔（县）兵团勘测设计，并组织受益区群众于次年先后开工，1981 年竣工。设施面积 17.96 万亩，因渠系不配套，实灌 8.6 万亩。有干支渠 16 条，总长 63.2 千米；斗渠 146 条，总长 110.9 千米；分渠 877 条，总长 350.7 千米；各类渠系建筑物 3926 座。工程投资 463 万元，其中国家投资 246 万元，投劳动力 169.76 万个。5 处小灌区自西向东依次排列。

在岐山境内有孔头沟水库，属冯家山水库北干渠渠库结合工程，以调节北干流量为主，兼作防洪、抽灌、养鱼等综合利用，位于北干渠 21+922 ~ 22+475 处，故郡、蒲村两乡交界的孔头沟。总库容 894 万立方米，有效库容 586 万立方米。均质土坝，高 42.1 米，长 553 米，北干渠从坝顶中通过，左右堤顶各宽 5 米，共 22.5 米，坝底宽 220 米。坝右侧设直径 80 厘米放水洞 1 座，长 125 米，闸门塔直径 3 米，高 23.32 米，坝右肩设退水闸，退水流量

表 2–2–2　冯家山水库灌区漆水河流域行政区域设施面积分布

县（区）名称	受益区 / 个			设施灌溉面积 / 亩		
	乡镇	行政村	村民小组	自流	抽水	合计
凤翔	3	28	202	1766	77691	79457
岐山	11	126	850	245384	202710	448094
扶风	8	125	658	317557	104601	422158
眉县	1	3	14	6815		6815
乾县	1	3	8	4284		4284
永寿	1	8	20		9387	9387
总计	25	293	1752	575806	394389	970195

表 2-2-3　冯家山水库灌区漆水河流域管理站面积分布

管理站	设施面积 / 亩		
	自流	抽水	合计
瓦岗寨	1766	77691	79457
凤鸣	52844	69973	122817
孔头沟	40653	78647	119300
祁家沟	45038	15540	60578
强家	98289	38550	136839
法门	59132	58317	117449
新店	77749	4520	82269
天度	114908	51151	166059
午井	85427	0	85427
合计	575806	394389	970195

26 立方米每秒，通过长 276.72 米的退水渠退水入库。大坝为 4 级建筑物，洪水按 50 年一遇设计，总库容和有效库容大于 200 年一遇洪峰总量 334 万立方米及多年平均径流，故大坝未设溢洪道。工程竣工后，由冯家山水库管理局孔头沟管理站管理。

另有张庄水库属冯家山水库北干渠渠库结合工程，以调节北干渠流量为主，兼作灌溉、防洪、养鱼等综合利用，位于益店镇张庄村北，北干渠 22+999 与 23+204 之间，工程系利用原益店公社 1970 年修建的张庄水库 23.4 米高的土坝加高培厚而成，总库容 172 万立方米，有效库容 106.5 万立方米。均质土坝，高 44.2 米，坝长 205 米，北干渠从坝顶中通过，左右堤顶宽各 5 米，坝顶总宽 21.5 米。放水洞建于右岸，洞长 171.15 米。放水塔高 27.3 米。右岸坝头外修进水道，长 213.44 米，进水流量 3 立方米每秒。工程为 4 级建筑物，按 50 年一遇洪水标准设计，总库容、有效库容均大于多年平均径流 69.5 万立方米和百年一遇洪水总量 88.3 万立方米，故未修溢洪道。工程竣工后移交冯家山水库管理局孔头沟管理站管理。

扶风县地处冯家山水库灌区下游，灌溉 9 个乡（镇），113 个村，682 个组耕地，20.5193 万农业人口。设施面积 42.2158 万亩，其中自流灌 32.6076 万亩，抽水灌 9.6082 万亩。有效灌溉面积 37.9684 万亩，其中自流面积 30.3336 万亩，抽水面积 7.6348 万亩。

（三）羊毛湾水库灌区

羊毛湾水库灌区位于漆水河以东，沣河以南，北至梁山坡脚与乾陵水库灌区接壤，南到肖河滩与宝鸡峡灌区毗邻，东西长 40 千米，南北宽 10 千米，犹如带状，横贯乾县中腹地区，设计灌溉面积 32.54 万亩，有效灌溉面积 23.9 万亩。地形平坦，土壤肥沃，盛产小麦、玉米，兼种棉花、油菜等经济作物，是主要商品粮基地之一。

1970 年羊毛湾水库建成，漆惠渠渠首随之淤废，代之以水库干渠且扩大了原来灌区。该库由省水电设计院设计，省水电厅批准，1958 年冬兴建，1962 年因国民经济调整而停建，1966 年在群众的要求下复工续建，1973 年灌区建成。羊毛湾渠首至亓父分水闸为总干渠，长 39.7 千米，其中有环山渠道 13.8 千米，共穿 6 个隧洞，洞长 4033 米，灌区有水库 3 座（老鸦嘴和东、西芋村水库），总库容 1852 万立方米。灌区建设干、支、斗、分四级固定渠道。其中有干渠 3 条，总长 13.1 千米；支渠 20 条，总长 106.5 千米；斗渠 366 条，总长 338.02 千米；有各类建筑物 3760 座，其中干渠建筑物 789 座。利用渠库水源建成抽水站 75 处，总装机 10976 千瓦，抽水能力 10 立方米每秒。此外，从 1974 年开始灌区打成配套辐射井 795 眼，深井 7 眼，借以补充渠水之不足。至此灌区综合引水能力由原漆惠渠 3 立方米每秒增加到 10 立方米每秒。

1972 年乾县成立了羊毛湾灌溉管理局（前身是漆惠渠管理站，驻地老鸦嘴村南，直辖羊毛湾、临平、老鸦嘴、亓父、南沟 5 个管理站）。1993 年羊毛湾灌区管理局划归咸阳市水利局管理，2018 年改为羊毛湾灌溉管理中心。

1996 年，羊毛湾水库灌区实施了水库除险加固工程、世行贷款改造工程、节水改造项目等工程，完成投资 14436.9 万元。1996—2015 年，灌区累计改善有效灌溉面积 6670 公顷，恢复有效灌溉面积 5890 公顷，实灌面积由 10400 公顷增加到 16000 公顷。2015 年，有设施灌溉面积 21670 公顷，有效灌溉面积 16000 公顷。累计为灌区供水 8 亿多立方米，灌地 682 万亩次，粮食亩产由 112.5 千克提高到 500 千克，作物复种指数由 110% 提高到 160%，全灌区粮食总产量由 13.6 万吨增加到 17.58 万吨，果品产量增加到 2008 年的 12.6 万吨。水库水产养殖每年向社会提供水产品上万斤。

截至 2020 年底，漆水河流域设计灌溉面积 476.7 万亩，有效灌溉面积 416.34 万亩，其中农田有效灌溉面积为 170.34 万亩，果园、林地灌溉面积为 13.07 万亩。流域内除上游地区的麟游县、永寿县外，其他县（区）农业灌溉较为发达。已发展节水灌溉面积 41.70 万亩，其中渠道防渗灌溉面积 26.03 万亩、低压管道灌溉面积 7.39 万亩、喷灌面积 5.86 万亩、微灌面积 0.22 万亩、其他工程节水面积 2.20 万亩。

（四）横水河灌区

位于凤翔县境东北部。东、西与冯家山水库凤翔抽水灌区接壤，南与东风水库灌区毗邻，北至北山丘陵。东西长 28.5 千米，南北宽 11.5 千米。可灌溉田家庄、横水、彪角、南指挥、陈村、唐村、尹家务、郭店、城关、石家营、糜杆桥计 11 个乡（镇），53 个行政村，302 个村民小组的耕地 11.03 万亩。溉区地势西北略高，向东南呈 1% 坡比，地下水一般埋深 20 ~ 80 米。耕作土以轻壤土和沙质壤土为主。农作物以小麦、玉米为主，辅以油菜、烤烟、辣椒等经济作物，复种指数 130%。灌区粮食最高总产 2929.75 万千克，平均亩产 285.5 千克（1981 年），是凤翔主要灌溉农业区。该区 1958 年初由省水电勘测设计院设计，同年10月由受益区群众修建，1964年10月建成投灌。由白荻沟、群力、桃树沟、姚家沟4座国营水库联运供水，蓄水工程与灌区以总干渠衔接，在出山口田家庄乡柏林村附近设分水闸三道节制配水，形成南、西、东三个独立灌溉网。总干渠长9.55千米（已全部衬砌），有输水洞一处长250米，渡槽5座，闸门6座，斗门4座，桥涵15座，跌水20座。三条自成单元的输水干渠长33.7千米（已衬砌29.7千米）。有各式水工建筑物177座。干渠以下有斗渠44条，长91千米，已衬砌35.1千米。水工建筑物612座，与分、引渠构成田间灌溉网。南干渠由分水闸南下至西宝公路，再沿公路东行至横水乡，全长11千米，行水流量3.2 ~ 3.3立方米每秒。灌溉凤翔田家庄、横水两乡和岐山县麦禾营乡共8万亩耕地。西干渠由分水闸向西经县城至凤（翔）陈（村）公路，沿公路西南向绕至南指挥乡八旗屯，全长20.8千米，行水流量3.0 ~ 3.5立方米每秒。灌溉陈村、尹家务、唐村、南指挥乡14.81万亩耕地。1980年冯家山水库凤翔抽水灌区建成后，遂划移大部灌溉面积，现有设施灌溉面积2.4万亩，有效灌溉面积1.37万亩。因年久失修，人为破坏，糜杆桥乡西河渡槽以下已濒临废弃，多年未发挥效益。东干渠由分水闸东向横跨横水河，经东干渠大渡槽沿山而东，至横水乡玉祥村，全长6.9千米，行水流量2.0 ~ 2.5立方米每秒。灌溉田家庄、横水乡北半部，设施灌溉面积1.93万亩，有效灌溉面积1.08万亩。1982年6月干渠基本竣工，因水毁严重停用至今。

（五）东风水库灌区

位于凤翔县城东南6千米的黄土台塬。呈西北—东南走向，地面比坡2%。界北至雍水河，南接宝鸡县，西至西宝北线（凤虢段），东邻岐山县，面积47平方千米，设施灌溉面积12万亩。1978年冯家山水库凤翔抽水灌区洞口站建成后遂划移灌溉面积5.14万亩。调整后主灌郭店、彪角、南指挥乡29个行政村185个村民小组共6.86万亩耕地。其中有效灌溉面积5.59万亩。该灌区1966年10月兴建，1970年4月基本竣工。区内地下水埋深30 ~ 60米，耕作层以亚黏土为主，复种指数1.5，是县主要粮油产区。该区因引水方式不同而划分为抽水和自流两个部分。自流部分由放水塔引水，经4.2千米输水涵洞进入干渠，引水流量2.0立方米每秒。干渠长14.6千米（已衬砌11.4千米），下置11个斗渠，总长27.88千米（已衬砌14.6千米），灌溉彪角乡耕地3.54万亩。抽水部分由设在水库右岸红沟一级站提水，经2.88千米输水干渠到灌区（渠全砌）。干渠下设10个斗渠总长25.8千米，其中已砌9.4千米，灌溉南指挥乡高庄和郭店乡耕地3.32万亩。

（六）漆惠渠灌区

新中国成立后，永寿好畤等村各自建成小型引水工程，灌溉河川滩地。继而1958年2月乾县临平人民始建漆惠渠工程，同年9月建成。全部工程包括引水枢纽、干渠和灌区三项内容，渠首拦河坝位于永寿县好畤河村；干渠沿河道左岸环山绕沟，经过龙岩寺出谷至灌区全长24千米，共有建筑物、过沟填方36座，土洞17个，排洪桥14座，退水闸6座，石、木渡槽7座，设计流量3立方米每秒，正常引水量1.0立方米每秒，漆惠渠灌区包括武功、乾县、 永寿3县6个乡（镇），有支渠4条全长53.3千米，斗渠52条，设施面积灌溉7万亩。 1959年3月正式灌溉，实灌面积2.1万亩，当时属乾县最大的灌区。

第三节　灌溉管理

一、管理组织

清乾隆十五年（1750年），宝鸡县知县周天生重修利民渠后，为使上下游均衡受益，遂设24个里长管理渠道，并制定严格的管理制度，明令各里长执行。民国时期，各县组建协助行水人员系统，灌区设水老、斗长、渠保，并于每年春秋二季加以训练。水老负渠段行水之责，斗长、渠保分负各斗及各村行水之责，凡渠道分水量及各村用水时间，均由局通知各协助行水人员执行。各级行水人员还要协助办理查禁违章用水、浪费渠水及岁修、注册等管理工作。若逢农田用水紧急，专管干部及行水人员不足，即组织群众巡渠队，昼夜巡查。年终局召集各水老开会，总结工作及商讨改善事宜。

新中国成立后，漆水河流域各灌区建设迅速发展。各市县把加强水利管理、降低消耗成本、延长工程寿命、扩大经济效益作为管理部门的出发点和落脚点。在几十年的实践中，逐步总结出以工程管理为基础、组织管理为保证、用水管理为中心、经济效益为目的的全面科学管理体制，有效地促进了流域农业和国民经济的发展。除分别组建管理局、处、站等专业管理机构外，均建有民主管理组织，即由灌区行政领导、水利工程管理部门和受益单位代表组成的灌区管理委员会，较大灌区还设支渠管理委员会和斗渠管理委员会。其职责是听取和审查专管部门的工作计划与研究解决灌溉管理方面的重大问题。

冯家山水库灌溉管理委员会由宝鸡市人民政府、市水利水保局和宝鸡、凤翔、岐山、扶风县政府以及冯家山水库灌溉管理局负责同志组成，是灌溉管理的权力机构。市政府领导担任主任委员，市水利水保局和水库灌溉管理局负责同志任副主任委员。每年在主要灌溉季节召开2～3次例会，由管理局向管委会汇报工作。

羊毛湾水库灌区在灌区运行过程中，结合实际推行水利工程管理体制改革。从1998年起，灌区实现了精简机构，对干渠实行划段由各管理站管理、支渠管理责任实行职工承包、斗渠及以下田间工程推行农民参与式灌溉管理，组建农民用水者协会或浇地服务队，将田间工程管理权交给用水户。在管理上引入激励机制，将管理效益与管理责任人的收入直接挂钩，实行用水经营管理模拟市场化管理。2015年，灌区组建注册农民用水者协会7个，涉及灌溉面积7950公顷，占灌区灌溉面积的39%，受益农户1.28万户。

同时，各灌区还建有包括行水人员和浇地、巡渠两方面的群众管理组织。行水人员是在渠段上设置的段斗长和技术员，一般不脱离生产，既是用水单位的管水人员，又是专管组织的基层干部，由受益单位群众民主选举产生，专管组织与当地党政领导共同研究审定。行水干部主要负责组织修渠、浇地和征收水费等工作，劳动报酬和办公费用一般按所辖受益面积统筹解决，或从专管机构征收的水费中支付。

冯家山水库灌溉管理局下设管理站，站下设段，段下设斗，段、斗长每月由管理处、站给予生活补贴。各灌区开始还设有巡渠队和专业浇地队，随着水利管理责任制的实行，逐渐被取代。

以扶风县为例，建立的责任制有如下几种：①企业经营，财务包干。实行企业核算，从水费和多种经营收入中支付各项费用，自负盈亏；内部对管理人员建立联系产量或效益的岗位责任制。②专业承包，定奖定罚。对井、站、塘等水利工程承包到组、户、劳，用签订合同的办法定任务、定报酬、定维修费用、定奖罚标准。③划包到组，分户使用。对小型分散的水利设施落实到组、户，权属仍归集体，使用和维修落实到组。④包干到人，自负盈亏。机井和人畜饮水工程管理包到个人，用水按量收费，承包人从水费收入中支付机泵维修费、电费，按合同向村组交一定数量的设备折旧费和公益金，多余归己，少收赔偿。⑤维修包干，节约归己。对历来维修费用大、浪费严重的井、站，采取包干维修费的办法，以减少开支。⑥季节承包，分段负责。对一些灌区除组织养护队外，在灌溉季节组织包浇组，统一领导，统一配水，分段或分地块负责，任务到人，联系灌溉面积、产量计酬，兑现奖金。

二、灌溉方法

（一）灌水方法

流域各灌区灌水方法有以下几种：

（1）畦灌。小麦等密植作物采取畦灌，这在渭河川道灌区为时已久，20 世纪 70 年代全面推广。据乾县、扶风、岐山县灌区的经验，畦宽一般 2 ~ 2.4 米，渠长随田面坡降和土质而异，田面坡降大则短，坡降小则长；沙性土壤则短，黏性土壤则长，一般 30 ~ 50 米。畦内坡降 1/400 ~ 1/800。畦埂断面呈三角形。顺渠沿田面坡度布置，腰渠垂直地畦方向布置。每畦流量 2.5 ~ 3.5 升每秒。小麦冬灌，在流域各灌区已习以为常。从 20 世纪 70 年代中期以来，每年小麦、油菜等越冬作物的冬灌面积都在百万亩左右，最多达 120 多万亩。实践证明，适时冬灌的小麦，具有有效分蘖多、穗大、粒重的特点，一般可增产 15% ~ 20%。原宝鸡县西秦生产大队长 1972 年总结他们冬灌的经验是："夜冻日消，冬灌最好"，具体时间在"小雪"至"冬至"之间，过早或过迟，都会影响灌溉效益。这一经验在全市普遍适用。

（2）沟灌。玉米、油菜等宽行中耕作物，各灌区普遍推行沟灌。沟长一般 50 米左右，黏性较大的耕地水沟较长，沙壤土较短。单沟流量一般 1 ~ 1.5 升每秒，水深一般为沟深的三分之二。

（3）波涌灌。波涌灌又称间歇灌，是羊毛湾、冯家山水库灌区探索总结的一种灌水方法。把传统的沟、畦一次性放水改为间歇性放水，可以有效地降低土壤入渗，提高灌水均匀度，田间灌水效率可达 80%。

（二）灌溉手段

在灌溉手段上采取以下方法：

（1）灌溉试验。

灌溉试验是一项为农业增产服务的水利、农业综合性科学试验工作，为灌溉制度和灌溉技术试验两个方面。20 世纪 50—60 年代便开始在流域各灌区进行。

1981 年，宝鸡市水利管理工作站先后协助凤翔、岐山、扶风等建立了灌溉试验点，到 1984 年底，灌溉试验点已发展到 12 处，参与人员 20 多人。试验项目有小麦、玉米和蔬菜等农作物的灌溉制度、灌水技术、作物需水量及磁化水灌溉试验等。

1982 年，凤翔县水电局从包头市购回 4 台磁水器，开展了磁化水灌溉新技术试验工作。经过试验，用磁化水灌过的辣椒比未磁化水灌的增产 8%，晚玉米增产 11%，而且成熟期提前了 5 天。

1982 年，岐山县灌溉管理站在全县推广小麦标准畦大田灌溉丰产试验，在 17 个乡（镇）32 个村确定丰产试验田 2097 亩，设对照田 777 亩，确定专人负责，按设计要求播种、打畦、灌水。通过试验，统一测产，丰产田平均亩产小麦 681 斤，对照田 596 斤，丰产田比对照田增产 14.2%，共增产粮食 17.82 万斤，受到上级表彰奖励。从 1980 年起，冯家山水库管理局与基层单位结合，在灌区开展了“小麦冬灌”“麦黄水灌溉”“夏玉米灌溉”试验，均取得理想的试验成果，有效地指导了灌区用水。

（2）开展“三情”测报。

“三情”测报，指对灌区降水量、田间土壤含水量及作物生长情况定期测定。宝鸡市“三情”测报始于 1953 年，至 1981 年市水利管理工作站协助各县建立“三情”测报网点。截至 1984 年，宝鸡市共建 10 个点，基本控制全市灌区，扶风、岐山先后建立了县内测报网点。从 1981 年开始，市水利管理工作站编印了《三情测报》，对抗旱起到了积极作用。

三、灌溉制度

灌溉制度是灌溉管理部门和广大群众根据长期灌溉用水实践，总结出的一套经济、实用的作物灌水配水制度。它包括作物名称、作物生长阶段、灌水定额、灌水时间和灌水次数等。

（一）古代用水制度

用水制度自古就有规定。《岐山县志》记载，明万历四十六年（1618 年），凤翔知府沈缙率民众在斜峪口修成沈公渠后，就订立了用水制度，规定用水定为日程，自下而上贯通周围，落星村为上，分水五日，诸葛村为下，分水四日，并把制度刻于石碑，公之于众，共同遵守。清乾隆十五年（1750 年），宝鸡县令周天生重修利民渠后，制定了严格的管理制度，设置 24 个里长管理渠道，并明令：“各处里长轮流巡察，补残序次，比岁一新，上流痛戒壅泉，远处均给实惠，法成山立，彼此不得相奸。”民国时期，梅惠渠投灌以后，明确规定：渠道按比例分水，河源来大水时，实行续灌，12 条支渠全部引水；来水量小时，分组轮灌，用水顺序，先上游后下游，先左岸后右岸。此制度各个小型灌区相互效仿沿用。

（二）现代用水制度

新中国成立后，各灌区在沿用此前制度的同时，不断研究创新。流域各灌区经过多年实践，对小麦、玉米、水稻、油菜等粮油作物都制定了适时适量的用水制度，一般采取“先下游后上游，先左岸后右岸”的配水轮流方法进行灌溉。流域各市县建立水利工程管理责任制是从 1982 年 8 月陆续开始的。据当时统计，宝鸡咸阳两市共有 24490 项水利工程，建立管理责任制的有 21092 项，占 86.1%，其中：大包干责任制 5105 项，专业承包责任制 896 项，单项承包责任制 8912 项，季节性承包责任制 1730 项；看管等抽水工程，共 44 处，落实专业承包责任制的 30 处，占 68%；全市配套机井 19604 眼，落实管理责任制 17209 眼，占 87.8%。塘池水产养殖管理责任制落实了 4731 亩，占可养殖水面的 93.8%；水库养鱼落实面积 818.9 亩；水土保持治理面积落实管理责任制 2297.02 平方千米，占累计治理面积的 70.2%。从 1984 年起，全市普遍进入完善、充实阶段。

1. 扶风县多层承包

扶风县对水利工程建立了如下几种责任制：①企业经营，财务包干，实行企业核算，从水费和多种经营收入中支付各项费用，自负盈亏。内部对管理人员建立联系产量或效益的岗位责任制。②专业承包，定奖定罚。对井、站、塘等水利工程承包到组、户、劳，用签订合同的办法定任务、定报酬、定维修费用、定奖罚标准。③划包到组，分户使用。在实行包产到户或包干到户责任制的生产队，对小型分散的水利设施采取包到组、户。④包干到人，自负盈亏。对机井和人畜用水工程的管理包到个人，用水按量收费，承包人从水费收入中支付机泵维修费、电费，按合同向队交一定数量的设备折旧费和公益金，多余归己，少收赔偿。⑤维修包干，节约归己。对历来维修费用大、浪费较多的井、站，采取包干维修费的办法，以利保证灌溉，减少开支。⑥季节承包，分段负责。对一些灌区除组织养护队外，在灌溉季节组织包浇组，统一领导，统一配水，分段或分地块负责，任务到人，联系灌溉面积、产量计酬，兑现奖金。

2. 岐山县站长负责制

岐山县益店镇李家庄抽水站位于冯家山水库北干渠七支西分支下段，一级抽水净扬程 11.57 米，设施灌溉面积 12780 亩，有效灌溉面积 7500 亩。1984 年 7 月，由镇农工商联合公司招聘站长，实行站长责任制，其办法是：①站长条件：热爱水利事业，懂技术，会管理，责任心强，办事公道。②站长权力：聘用站内和灌区管理人员，对不称职者有权辞退；核定审批职工工资和经费开支。③站长职责：负责机泵维修保养，保持设备性能良好，能随时投入运行；编制和执行用水计划，保证灌溉用水，完成上级分配的灌溉任务；搞好资料记载、分析、整编，建立技术档案；搞好八项技术经济指标考核，按规定提留折旧、维修费用，做到经费自给有余；负责搞好灌区田间工程配套维修，维护用水秩序；按照当地政府规定收缴水电费，按时公布账目后，3 日内不抽水，罚款 50 元；灌溉面积低于全镇平均水平 1%，罚款 5 元，完成任务后超 1% 奖 5 元，由于管理不善，完不成任务者免站长职务，视其情况赔偿损失。按照以上条件招聘站长，签订了“站长负责制合同书”，接着制定了有关规章制度，调动了工作人员积极性，提高了经济效益。

四、水费征收

20 世纪 50 年代，流域各灌区根据“以渠养渠，适当积累”的原则，实行固定、厘定水费相结合的征收办法。固定水费统一按灌区注册面积，不论当年受益与否均按亩征收，属水费不变部分，规定国营灌区每亩每年 0.6 ~ 0.7 元，集体经营灌区一般为 0.2 ~ 0.3 元。厘定水费亦称灌溉水费，按灌溉季节和用水亩次计征。国营自流灌区夏灌亩次收费 0.5 元，两次 1 元，超过两次者仍以两次计算，冬春灌不征费。20 世纪 60 年代实行固定水费加按量计征办法，负担合理，提高了灌水技术和效率。1972 年以后，统一实行按斗口水量计征的办法，取消了固定水费，一律按量计征。1983 年后按照“收入不交，差额不补，自求平衡，以丰补歉”的原则，试行企业化管理。各县管的灌区，在物价局核准下，水费作了调整。羊毛湾水库灌区实行计划用水，按量计征办法，自流灌水价 0.031 元每立方米，抽水灌水价 0.029 元每立方米，斗支筹款 0.007 元每立方米。

（一）民国时期征收

民国时期，流域各小型灌区农业水费按实灌一次的受水面积（只计夏灌）计征。其标准按土地等级分三种：一等地年亩征收小麦 16 斤，二等地 12 斤，三等地 8 斤。然后将征收的小麦交国家，折价（当时货币）上交省水利局。农户不交粮食者，按地等亩征收小麦标准缴纳现金。“每年于夏禾用水后，派员详查受水地亩，在年度终结（10 月底）即造册转送县政府征收”（《陕西水利季报》，民国三十六年七月）。对部分工厂和作坊水费，按各个厂、坊动力装机容量（马力）及实际用水天数征收，每月月中和月底派专人核对两次，填制“稽核表”，作为厘定水费的依据。

（二）现代征收

羊毛湾水库是漆水河流域最大的灌溉蓄水工程和地表型饮用水水源地。工程始建于 1958 年，1973 年建成蓄水，总库容 1.2 亿立方米，是一座以农业灌溉、城镇供水、防洪为主，兼顾养殖等综合利用的大（2）型水库。灌区设施灌溉面积 32.54 万亩，受益区为乾县、礼泉、永寿、武功四县。自水库建成，羊毛湾水库灌区就立足农业抗旱灌溉主业，认真履行服务“三农”职责，促进农民增产增收、确保国家粮食安全，作为工作的主要任务。树立灌溉用水的中心地位，全力以赴确保灌区作物丰产。制定了考核评价办法。通过完善制度、规范管理，以科学、有效的考核评价体系，保障灌溉生产工作的规范、有序进行。加大田间工程建设管理力度，巩固灌区用水市场，提高灌溉效益。创新灌溉管理模式，建立充满生机与活力的灌溉运行机制，从根本上解决灌溉用水“最后一公里”难题，在灌区大力推行组建专业浇地服务队，使灌区末级渠系灌溉管理体制改革工作不断向纵深发展。至 2020 年全灌区共组建浇地服务队 24 个，实行一条龙服务，改进水费征收方式，实行“斗口计量、一价到户”的终端水价制度，极大地提高了供水服务质量。开展了以水价公示、终端水价为主要内容，加强水价稽查工作，加强水价管理，确保水价执行到位。

羊毛湾水库灌区自 2016 年开展农业水价综合改革以来，认真贯彻落实上级农业水价综合改革工作部署，在农业水价综合改革工作中，坚持以总体上不增加农民负担为前提，以创新管理体制机制为目标，以健全农业水价形成机制为重点，围绕“定额管理、终端计量、完善水价、精准补贴、节水奖励、水权分配”等内容，加快建立反映供水成本、有利于节水和农田水利管理体制机制创新相适应的农业水价形成机制。先后制定了《咸阳市羊毛湾水库灌区农业水价综合改革末级渠系费用管理办法（试行）》《咸阳市羊毛湾水库灌区基层管水组织组建管理办法》《咸阳市羊毛湾水库灌区农业水价综合改革水费收缴管理办法》《咸阳市羊毛湾水库灌区基层站提取管理费及末级渠系费支付办法》《咸阳市羊毛湾水库灌区农业灌溉督察管理办法》《咸阳市羊毛湾水库灌区灌溉管理办法》《咸阳市羊毛湾水库灌区工程管理办法》等制度。末级渠系维修养护费用由羊毛湾水库管理中心统征代管、专账核算、专款专用。灌区末级渠计量达到“双标尺、同计量，一计量、一监督”的要求，斗口计量设施实现了全覆盖。对灌溉用水和水费价格实行固定与流动公示，计量收费透明规范，终端水价执行到位。农业种植结构进一步优化，节水成效显著，亩次灌溉用水量较改革前减少 15 立方米左右。灌区农业用水户节水意识明显增强，基层用水组织服务水平明显提升，水价水量收费公开透明，灌区用水户的浇地费用普遍下降 4 ～ 10 元，群众满意度 93.5%，水费收缴率达到 100%。

截至 2020 年，羊毛湾水库灌区干、支渠及配套建筑物完好率为 95%，末级渠系工程完好率为 85%，各级渠道量水堰配套率为 100%。灌区登记农业灌溉用水户 36608 户，分配农业灌溉用水权 2480 万立方米。完成改革面积 21.3 万亩，完成率 112%。羊毛湾水库灌区基本建立了四项机制，初步实现了农业节水、农民减负、灌区良性运行的目标。羊毛湾水库灌区农业供水水价执行标准见表 2-2-4。

表 2-2-4 羊毛湾水库灌区农业供水水价执行标准

单位：元/m^3

水价档次	粮油作物			经济作物			养殖等其他用水
	终端水价	其中		终端水价	其中		
		国有骨干工程供水价格	末级渠系收费标准		国有骨干工程供水价格	末级渠系收费标准	
一档	0.375	0.228	0.147	0.419	0.228	0.191	协商定价
二档	0.404	0.228	0.176	0.457	0.228	0.229	

第三章　城乡供水

新中国成立前，由于社会制度落后和科学技术不发达等，流域各县均没有自来水工程，城乡人民生活都是靠自己解决水源问题，或是饮用河水、泉水，或是打水窖、修涝池，蓄雨水。

新中国成立以来，城乡供水成为党和政府十分重视的民生工程。“九五”以前，漆水河流域城乡供水建设的重点是解决农村和县以下乡（镇）的生活用水困难问题，并经历了低标准向较高标准发展、由分散向相对集中发展、由偏远山区广大农村向城镇发展的过程。1996—2015年，随着流域工业化、城镇化与新农村建设步伐不断加快，城乡供水需求呈现急剧增长的态势。特别在经历1994年、1995年两年陕西全省连旱的过程中，农村、县城、大中城市供水紧缺的问题骤然暴发，也引起了各级各部门对城乡供水问题的深入思考和重视。此后“甘露工程”、县城供水与大中城市供水水源建设进入持续发展的20年。漆水河流域县级以上人民政府将发展城市供水事业纳入国民经济和社会发展计划，保护城乡供水水源，加强城乡供水工程的建设、城乡供水经营和城乡供水设施维护管理。流域各县城乡供水紧缺的矛盾趋于缓解，有力地支撑了当地经济社会与生态环境建设的可持续发展。

第一节　县城供水

新中国成立前，流域各县城乡供水事业解放初期尚未形成统一的供水管理系统。新中国成立后，特别是改革开放30年来，流域各县城乡供水工程建设日新月异，突飞猛进。随着国民经济的发展和城区人口的不断增加，城市供水水源和工程建设也在不断拓展。广大群众由“有水吃”到“有好水吃”，再发展到“有干净卫生的自来水吃”。

到2020年，流域内涉及县城的麟游县、乾县2个县城均形成以利用地下水为主的供水系统；凤翔区、岐山县、扶风县3个县城采取库井联合调度的形式向县城供水。积极衔接乡村振兴，逐步推进城乡供水设施提档升级，稳定水源工程、城乡一体化工程、小型集中供水工程规范化改造。多种形式的联合调度和运用，确保了城乡的正常供水。

一、麟游县县城供水

供水工程建设：1997年自来水公司由县城建局移交县水利局管理。1999年开始引用永安河水，建设栗川水处理厂，占地面积5461.2平方米，设计日处理水4000立方米，满足县城2万人生活及工商业生产用水。2000年9月10日主体工程完工投入运行，栗川水厂总投资224万元。为了配套栗川水厂运行，建成了直径300毫米的永安路输水管道908

米，杜阳路东段供水主管道 373 米，城区管总长 1281 米，总投资 17.7 万元。2002 年又对城区供水管网进行了全面更新改造，形成了主城区环状供水网，解决了碧城路以北水压不足的问题。县城日平均用水 2300 立方米。但是在枯水季节，永安河平均日来水只有 1000 立方米左右，两口井日出水 600 立方米，满足不了现状需水要求，只能在枯水期实行定时供水。

由于永安河水量季节变化大，枯水期不能满足县城需水要求，加之县城人口规模逐步扩大，按照县城总体规划，到 2010 年，城区人口将增加到 2.2 万人，日需水量预计增加到 4000 立方米，所以在永安河上建设水源调蓄水库成为必然趋势。

1997 年，宝鸡市水利水电勘测规划设计院完成了麟游县城供水可行性研究报告，同年 6 月，省水利厅组织专家对项目进行了评估，通过了永安河峡口建设一座小（2）型水库，建设水处理厂，更新改造城区管网的方案。2001 年完成城区供水工程管网更新改造 2010 米，其中永安路供水主管网铺设 908 米，延伸了杜阳路东段供水管网 373 米，永安路供水支管 729 米，完成投资 52.8 万元，对水厂环境进行了改建，对厂区道路进行了硬化，投资 15.1 万元，年内供水 55 万吨。

2008 年，随着县城南扩及官坪新区建设，拆除了原水厂，迁至峡口村，建成九成宫集中供水工程。九成宫集中供水工程距县城 3.7 千米，工程利用峡口水库水为水源，在峡口组新建净水处理厂 1 座，将水净化处理后，经配水管送往项目区各户。这项工程的建成从根本上解决了九成宫、城关、栗川三个行政村 900 余户 4650 人和县城工业生产及居民生活用水问题，供水总人口 2.2 万多人。

麟游县自来水公司主要承担县城区及九成宫栗川村 2.2 万人及 180 多户工商企业生产生活用水供应任务，年供水量约 50 万立方米，最高日供水能力 4500 立方米，销售收入约 40 万元。至 2013 年供水 76 万吨，企业总产值 152 万元，营业收入 80 万元，上缴税金 15 万元，县城区供水普及率 100%。2014 年城区供水 80 万吨。2017 年麟游县自来水公司整建制上划陕西省水务集团。

二、乾县县城供水

乾县县城内地下水资源贫乏，水质差，城内民用浅水井除西关城隍庙和北寺一带水是甜水外，其余均是苦水且污染变质，不能饮用。长期以来，城内用水问题严重。1969 年、1971 年先后在杨汉乡壤村和长留乡小村钻探深水井，供城区居民和机关、企事业单位人员用水，解决了长期以来居民饮水难的问题。

从 20 世纪 60 年代中期开始筹办给水工程。先后在城内钟楼巷和群众堂（在县招待所院内）钻探两眼深井，均因水质不符合饮用水标准，且水量贫乏而被淘汰。1968 年成立了县自来水站，负责给水工程筹建工作。先后在长留乡南仁村钻探两眼深井，因水量小无开采价值而废。1969 年在本县南塬根底肖河古道杨汉乡壤村钻探深井一眼，水量丰富，水质好。1971 年又钻小村深井，效果很好。据北倪村农用深井资料，最终确定县城给水第一水源地——东至大杨乡王乐镇、西至梁村镇这条狭长古河道流域。

到 1983 年县自来水输水工程和水井自成体系。1984 年自来水公司对城内配水管网作了扩充和延伸，铺设了县百货公司至泰山庙巷，宋家巷—柴市巷—文前巷—新泰巷——中，东大街—乡企公司输水管道，将西大街直径 100 毫米铸铁管更换为直径 150 毫米。以后陆续满足输水主管设计能力，实现了县城的供水保障。

三、凤翔区城区供水

新中国成立前，凤翔区城区群众吃水问题无人过问，以自备井为主。新中国成立后，从 20 世纪 60 年代起开始“理化”防治，到 70 年代初，政府组织因地制宜地打井建站。1977 年，为解决县城吃水问题开始筹建宝鸡市雍城自来水有限公司，于 1980 年正式成立运行，主要负责城区供水管理和服务、供水设施的建设维护和全区饮用水水质监测等。

目前城区供水水源有三处。一是白荻沟水库，为城区主要供水水源。该项目利用日元贷款和国债资金建设，总投资 4091 万元，2019 年 12 月建成投运，日新增供水能力 1.5 万立方米；二是城区地下水水源地，城北共有中深水源井 9 眼，主要为城区应急备用水源，日可向城区应急供水 0.3 立方米；三是冯家山水库向柳林镇区及周边村组供水工程，该项目设计规模为 8000 立方米每日，年可向柳林和城区供水量 220 万吨。该工程共有高扬程抽水站 2 座，铺设输水管道 24.34 千米。新建大槐社净水厂 1 座，该供水工程项目总投资 7513.2 万元，计划 2023 年 10 月投入使用。凤翔城区建设有“两环十支”的供水管网，输配水能力不断增强。

截至 2020 年，城区自来水用户已达 9000 余户，供水人口 12.5 万人。柳林镇区供水水源采用冯家山水库地表水，从冯家山水库总干渠铧角堡处（宝鸡市自来水取水口）取水，通过长青镇长青村铧角堡、石头坡村文家山二级泵站抽水 226 米，将干渠水通过泵站沿灵山坡脚用压力管道输送至大槐社净水厂进行水质处理，再将处理后的自来水分别供给柳林镇区供水，由大槐社水厂主要向柳林镇区、柳林酒城、企事业单位及周边村组（柳林村、千河村、孔家庄村、大唐 4 组）部分村组供水，供水人口 1 万余人。目前日供水量约 1000 立方米，自运行以来累计供水 24 万立方米。水价由区发改局暂定执行城区自来水价格，农村居民用水执行东片联村水价 2.07 元每立方米（两年试运行期）。

四、扶风县县城供水

扶风县地形较为复杂，塬区、沿山区和山区地下水位较深。历史上“十年九旱”，人畜饮水历来存在不同程度的困难。扶风县治设置 1360 多年，县城内的生产、生活用水，一直是依靠井中取水。1949 年以后直至整个 20 世纪 50 年代，县城及其他乡（镇）的生产、生活用水还是沿用井水供给。不少地方群众长期饮用窖水、河水和泉水。水质差，不卫生，影响身心健康。新中国成立以前，遇到干旱年份，全县有近半数人为饮水发愁。“吃水贵如油”。

新中国成立后，全县各级党政组织积极采取措施，大力兴修饮水工程，逐步解决人畜饮水困难。特别自 20 世纪 70 年代后，随着农田灌溉工程大规模建设，各级政府把修建人畜饮水工程提到了重要议程。至 1985 年底，全县共建成各类饮水工程 192 项。其中：人饮站 9 处，人饮机井 183 眼。修水塔 128 座，蓄水池 85 座，安装输水管道 9.4 万米。全县 180 个村组，8.75 万人饮上干净卫生的自来水。加上农灌机井供水，全县共有 16.5 万人解决了饮水困难问题，同时也解决了 1.14 万头家畜用水的问题。

1961 年 9 月，县政府决定在城区内打第一眼深机井，以解决城区人民的饮水问题。随着城区生产、生活用水量的日益增加，1969 年，县政府又决定在第一眼井附近打成第二眼深井，通用一条输水管道，基本上解决了县城城区人民的生产、生活用水。为了加强对机井的管理，成立了县城机井管理站，归县人民委员会办公室管辖。1967 年机井移交县水电队管理。1974 年，县上成立公用事业管理所，机井又移交管理所管辖。

与此同时，在 20 世纪 60—70 年代，扶风县城关地区的陕西省胜利机械厂、省邮电学校、县农机修造厂、电机厂、轮胎翻新厂和宝鸡峡引渭灌溉管理局等单位，亦先后打成深机井，供本单位生产和生活用水。1986—1990 年，扶风县当时的 5 个建制镇除城关、绛帐两镇由自来水公司供水，解决生产、生活用水外，其余 3 镇均自备井水。法门镇部分农户用自来水，部分用自备井水；街道居民用自来水；化工厂、粮站用自备井水。杏林镇居民均用杏林村机井水，纸厂、砖厂、粮站均用各自的自备井水。召公镇居民所用水系镇政府经济办公室自备井水。

进入 20 世纪 90 年代以来，随着改革开放进程的加快，经济建设的迅猛发展，人民群众对提高生活用水质量的呼声愈来愈高。

进入 21 世纪以来，扶风县水利局更加关注、重视城镇供水工作。2000 年，随着扶风县城新区建设工程的启动，县水利局经过调查研究、实地勘测，计划在三年内在县城新区投资 552.5 万元，新打机井 2 眼，修建 500 吨蓄水池 1 座，安装供水主管道 4 千米，建成县城新区供水工程，新增供水能力 2200 吨每日。2007 年，扶风县水利局加大争取水利项目工作的力度，历时 10 年之久争取日元贷款 672 万元，在扶风县城新建水厂 2 座，改造水厂 1 座，铺设主管道 9.2 千米，支管道 35.8 千米，更新管道 3.4 千米，使县城日新增供水能力 2.3 吨。扶风县自来水公司先后荣获陕西省卫生先进单位、市级文明单位和陕西省县城供水“十佳”企业荣誉称号。

五、杨凌区城市供水

1984 年前，杨凌示范区境内教学科研单位有自备水源井 50 眼，水塔 50 座，供水均自成系统。1986 年组建杨凌区自来水公司后，钻成 150 ~ 182 米深、口径为 12 英寸水源井 2 眼，同时建成 1 座 500 吨清水池和加氯间，除驻区科教单位外，区属单位实行集中统一供水。日供水量 2.4 万吨，满足城区生产、生活的需要。1998 年后随着城市道路延伸，输水管网跟进配套建设，供水覆盖范围相应扩大。

至 2007 年底，城区共有水源井 19 眼，其中老城区 10 眼，新区 9 眼。各类输配水管网总里程 67.1 千米，供水能力已达 4.68 万吨每日，实际供水量 0.90 万吨每日。根据城区所在依渭河向北一、二、三级阶地的分布，还建立了 3 个水厂和多条主管网。至 2010 年底，配水管网共有 71 千米，材质有球墨铸铁管、聚乙烯 PE 管、顶管、过渠钢管。各种管网分布在各条道路，城区管网覆盖率达到 100%，使所有机关、企事业单位和居民都能够用上自来水。2012 年先后完成了揉谷镇石家村、杨凌街道办张家岗村两处农村安全饮水工程建设，累计完成投资 134.9 万元，解决 3700 人的饮水不安全问题，完成了年度建设任务。在项目区之外，根据区政府安排，先后实施了高家、桶张、斜上等村的供水改造工程，揉谷中学、小学、幼儿园供水工程，有效改善了群众和学校师生的用水条件。同时积极配合杨凌新华水务有限公司，做好石头河杨凌供水工程建设相关工作，该工程已于2012年5月正式通水，城区居民用上了安全、放心的饮用水。

2000年，投资5700万元，建成供水能力为3万吨的新区水厂。2003年4月，经杨凌示范区管委会第四次常务会议批准，在原杨陵区自来水公司的基础上，成立了杨凌示范区自来水公司，集中管理城市供水。2010年11月，在杨凌示范区自来水公司基础上组建了杨凌新华水务有限公司，负责城区供水。

漆水河流域重要饮用水水源保护区、扶风县2006年县城供水水价调整情况统计及漆水河流域2020年供水情况统计见表2-3-1 ~表2-3-3。

表2-3-1　漆水河流域重要饮用水水源保护区

序号	水源地名称	保护区分类
1	凤翔区三里河饮用水水源保护区	一级、二级、准保护区
2	宝鸡市凤翔区白荻沟水库饮用水水源保护区	一级、二级、准保护区
3	岐山县城区集中式饮用水水源保护区	一级、二级
4	麟游县永安河水库饮用水水源保护区	一级、二级
5	扶风县官务水库饮用水水源保护区	一级、二级
6	永寿县西沟饮用水水源保护区	一级、二级
7	扶风县自来水公司饮用水水源保护区	一级
8	咸阳市乾县羊毛湾水库饮用水水源保护区	一级、二级

表2-3-2　扶风县2006年县城供水水价调整情况统计

<table>
<tr><th>县名</th><th colspan="8">水价调整情况</th></tr>
<tr><td rowspan="4">扶风县</td><td rowspan="2">调整次数</td><td colspan="5">水价 / (元 /m³)</td><td rowspan="2">批准文号</td><td rowspan="2">执行时间</td></tr>
<tr><td>生活</td><td>工业</td><td>行政事业</td><td>经营服务</td><td>特种</td></tr>
<tr><td>2003年7月</td><td>1.40</td><td>2.10</td><td>1.80</td><td>2.10</td><td>2.40</td><td>宝市价发〔2003〕105号</td><td>2003年7月</td></tr>
<tr><td>2006年12月</td><td>2.10</td><td>2.80</td><td>2.30</td><td>2.80</td><td>3.40</td><td>宝市价发〔2006〕169号</td><td></td></tr>
</table>

注：新批准水价中每立方米均含有0.30元的污水处理费及0.10元的水资源费。

表 2-3-3　漆水河流域 2020 年供水情况统计

单位：万立方米

县名	地表水								地下水	浅层地下水	深层地下水	微咸水利用	非常规水量		合计		
	本流域水源				从流域外引水			合计									
	蓄水	引水	提 水	小计	宝鸡峡	冯家山	小 计						污水处理回用	雨水利用	向流域内供水量	向流域外供水量	总供水量
凤翔区	289	0	0	289	0	1087	1087	1376	5451	5451	0	0	106	0	6933	0	6933
岐山县	758	0	479	1237	43	1934	1977	3214	3142	3127	15	0	36	50	6442	0	6442
麟游县	430	32	257	719	0	0	0	719	322	322	0	0	200	0	1241	0	1241
杨凌区	0	115	0	115	88	0	88	203	115	115	0	0	0	0	318	0	318
乾县	1150	50	0	1200	0	2261	2261	3461	2113	2113	0	0	150	0	5724	1216.8	6940.8
永寿县	73	26	0	99	0	180	180	279	192	186	6	0	0	0	471	0	471
武功县	0	10	11	21	1035	0	1035	1056	1313	1313	0	0	0	0	2369	0	2369
漆水河流域合计	2700	233	747	4043				14395	15612	15591	21	0	492	50	30549	1217	31766

第二节 农村供水

漆水河流域水资源分布呈南多北少之势。由于北部地区的麟游、永寿和乾县地处渭北黄土高塬，地表沟壑纵横，水土流失严重，地下水贫乏，广大农村主要依靠水窖和涝池取水供生活之用，或者挑担下沟汲水，人畜饮水十分困难，西南部亦有一些地区的农村因缺水而引发饮水困难。从1996年以后，省政府组织启动了“甘露工程”、农村人饮解困工程、防病改水项目、农村饮水安全工程、农村饮水安全巩固提升工程等建设，截至2020年，各县基本解决农村人饮困难问题。

一、麟游县农村供水

1996年到2005年，是国家大力实施农村饮水工程的时期，也是麟游农村供水工程建设步入快车道发展期。2000年以来，麟游县水利局组织人员编制完成了《陕西省麟游县解决农村高氟水、苦咸水、污染水项目可行性研究报告》《麟游县农村安全饮水现状调查评估报告》《麟游县农村安全饮水“十一五”规划》。先后实施了“甘露工程”、农村饮水解困工程和防氟改水工程。总投资2000多万元，解决饮水困难农户9700多户。

2005年，建设各类人饮工程23处，投资227万元，其中国投资金132.29万元，自筹94.71万元。打成浅井14处420眼，新建泵站2处，维修6处，水窖1处，解决了9568人的饮水困难。

2006年至2014年是实施农村饮水安全工程的关键时期。从2008年开始，农村饮水工作被县政府纳入“民生八大工程”重点实施项目。这一时期，麟游县投资7814万元，建成了91处跨乡跨村集中供水工程，覆盖全县96个村，327个村民小组，解决了5.9万农村人口的饮水不安全问题，新建工程入户率达到98%以上。新建集雨水窖、陂塘2100多处。2007—2010年县政府连续四年被市政府评为饮水安全工程建设先进县（区）。2015年春投资280.6万元，新建工程8处，解决3249人饮水不安全问题。

二、永寿县农村供水

1990年以前永寿全县仅县城有自来水设施，除监军镇以外的其他乡（镇）政府所在地都没有供水工程。各单位大都打井解决用水，无法打井的便使用其他单位水源或农村水源。1991年常宁镇在街西打成一眼深机井，向镇政府及各企事业单位、周围村供水，为全县第一处建立乡（镇）供水的乡（镇）。后来其他乡（镇）或打井或建抽水站，先后建立起乡（镇）社会化供水工程，形成社会化供水。2005年，各乡（镇）社会化供水的单位230多个、村庄28个，供水人口3.3万余人。

由于受地理条件制约和气候条件的影响，永寿县大多数村特别是山区农村供水状况很差。原来吃水条件较好的村受干旱、地下水位下降及过量开采的影响，也成为缺水困难村。20世纪80年代后期至90年代初，永寿县把解决农村人畜饮水困难作为农村工作的一项重要内容来抓。至2000年，全县共投资1384万元打井建站，建成150多处农村集中供水工程，解决了 2.67 万人和 2.1 万头牲畜的饮水困难。从 2001 年开始，永寿县又实施人饮解困工程和“甘露工程”。至 2005 年共新打和修复机井 47 眼，新建和修复抽水站 10 处，修建蓄水池、水塔 92 座，铺设管网 448.5 千米。共投资 1447.9 万元（其中国家投资 969.7 万元，地方配套及自筹资金 478.2 万元），解决了 129 个行政村、10.94 万人的饮水困难。全县累计 169 个村、13.2 万人饮用上了自来水。2001 年 6 月，永寿县组织实施了全国妇联基金会发起的“大地之爱·母亲水窖”工程。省、市、县共投资 121.83 万元，用 5 个月时间在永太、底角沟等乡建成母亲水窖 86 眼、沉淀池 86 个，新增蓄水容积 3216 立方米；打水井 4 眼，年开采量 2.3 万立方米，配套提水设备 90 套、蓄水设备 90 套，可解决 620 户 2.4 万人和 1100 头大家畜的饮水问题。

永寿县仪井镇红沟农村供水工程位于永寿县仪井镇北 3 千米处，于 1992 年 4 月开工建设，同年 5 月竣工并投入运行，是永寿县万人以上农村供水工程。供水范围涉及仪井镇及周边 13 个行政村，受益人口约 11300 人。工程以漆水河为水源，经扬程 351 米两级泵站抽水送至红沟管理站后分送用户。共建有 500 立方米和 30 立方米蓄水池各 1 座，30 立方米水塔 1 座，铺设输水干管 22.5 千米，由永寿县水利局下设仪井镇红沟人饮供水管理站实行统一管理，负责工程的日常管理和水费征收工作。

三、乾县农村供水

乾县北部为黄土高原沟壑区，地质属奥陶系及寒武系地层，地下水多埋于基岩裂隙及灰岩溶裂隙中，水来源主要是大气降水和河道渗漏，地下水埋深 100 ～ 3000 米；中部地下水埋深 15 ～ 80 米，南部地下水多埋藏于 100 ～ 180 米。

据《陕西省解决人畜饮水、防氟改水的若干规定》，乾县南部台塬区和北部黄土高原沟壑区属缺水地区，人畜饮水距离均在垂直 100 米或水平 1000 米以上。中部属氟病区，县防疫站 1980 年对县境内 1342 份水样进行含氟量测定，结果显示，中部含氟量一般在 1.0 毫克每升以上，最高达 3.97 毫克每升（临平镇龙北东周家村地下水）。据 1990 年逐乡（镇）调查摸底，本县共需解决农村供水 39.116 万人，大家畜 3.48 万头，其中缺水区 24.244 万人，大家畜 2.32 万头，氟病区多达 14.872 万人，大家畜 1.16 万头。缺水区涉及北部罐头、石牛、峰阳、注泔、吴店、梁山、阳峪、铁佛、乾陵等 9 个乡（镇），中部漠西、新阳、临平等 9 个半山区乡（镇），南部姜村、王村、马连、薛禄、大墙 5 个乡（镇）。缺水人数占需解决人数的 61.98%，氟病区涉及中部周城、城关、临平、新阳等 11 个乡（镇），缺水人数占需解决农村供水人数的 38.02%。

1989 年，经对供水工程现状、效益、管理情况调查，乾县共有农村供水工程项目 143 处（不包括报废），其中自来水 78 处，机井 58 眼，抽水站 7 处，实际解决供水人数 15.0426 万人，大家畜 1.3351 万头。据 1980—1990 年统计，平均供水时间为 300 天每年，平均供水成本 0.56 元每立方米。据上级业务部门要求，对农村供水工程管理开展创优达标活动，使工程管理工作逐步走上科学化和标准化的道路。

进入 20 世纪 80 年代以后，乾县围绕“政府兴办、社会参与，科学规划、建管并重”的发展思路，以联乡联村供水工程为骨干，采取骨干工程与小型工程相结合，国家投资与群众投劳相结合的办法，加大投入、加大规模、科学管理，解决群众的饮水困难。2017年乾县水利局发布了《乾县农村供水管理办法》。办法中规定了农村供水的方针、原则、用水秩序、管理机构性质和任务、财务管理、水价核定、水费计收、设施管理、水质管理等方面的内容。在工程建设管理方面，乾县加大投入，建立多元化的投入体系。在积极争取国家投资的同时，整合个人投资、烤烟基地建设项目资金65万元，解决了群众的饮水困难。在县财政十分困难的情况下，积极落实农村人饮县级配套资金65.5万元，打入农村饮水项目专户，做到专款专用，以确保群众能够得到安全、稳定的供水服务。

四、武功县农村供水

1991年，武功全县有23.27万人存在着安全饮水问题，苏坊镇金塬一带水质氟超标严重。中部塬区和渭河阶地及漆、漳河川道区，有14万人依靠家庭院落自备水井解决吃水问题。在县北部黄土台塬区，有8.7万人用水比较困难。1995—1999年，实施“甘霖工程”。2000—2004年，实施人饮解困工程。10年累计投入资金741.8万元，修建水工程44处，初步解决5.2万人饮水安全问题。2005—2006年，完成投资1428万元，建成安全饮水工程38处，解决6.27万人饮水安全问题。2007年，完成投资2108万元，建成安全饮水工程32处，解决32个行政村5.5万人饮水安全问题。投资21万元，建成水质检验室。2008—2009年，共建饮水工程68处，新打配套机井69眼，新建水塔50座，安装供水设施2处，铺设供水管网415千米，新建农村联户水厂39处，新建机井管理房 2606.7平方米，架设低压线路2620米，总投资4388万元。2009年，对全县农村人畜饮水安全评价指标进行调查摸底，全县达到饮水安全和基本安全人数为17.84万人。2010年总投资2007.8万元，建成安全饮水工程21处，解决26个村3.8万人饮水安全问题。到2010年底，全县共修建人畜饮水工程153处，总投资6974万元，解决了23.27万人安全饮水问题。

2018年以后，武功县制定出台了《农村供水管理办法》《农村饮水安全工程应急预案》，成立了县农村供水专管机构，并配备了工作人员，全面落实农村饮水安全管理地方政府的主体责任、水行政主管等部门的行业监管责任、行政村的运行管理责任的三级责任体系，压实“三个责任”，保障农村饮水安全。组织县疾控中心分丰水期及枯水期，对出厂水及末梢水进行抽检；每年对全县183个行政村的水质及水源地周围进行一次全面检测，设立水源保护标志，确保水源地周边无污染、出水水质达标。利用脱贫攻坚农村饮水安全财政衔接推进乡村振兴补助资金对流域苏坊镇金龙村等5处供水工程进行改造提升，维修养护水厂配套机泵3台，更换供水管道24.36千米，砌筑安装闸阀井89座及管道附属工程等，改善提升5村10971人的饮水问题。

五、凤翔区农村供水

凤翔区境内有18个乡（镇），96个村，475个村民小组，共11.9万人、1.6万头牲畜存在饮水难问题。分缺水区和病水区两类。缺水区主要分布在黄土城“南岭”两侧，涉及陈村、尹家务、南指挥、郭店、彪角、虢王等乡（镇）的部分村组。其地下水埋深在百米以下，唯精壮劳力用“双下桶”汲水食用，故有“有女莫嫁南旱塬，吃馍容易喝水难”之说。病水区指水质不佳，长期食用易患大骨节、克山病等地方病的区域。主要分布在北部千山余脉老爷岭两侧，涉及涧渠、姚家沟、五曲湾、汉封、董家河、范家寨、麋杆桥、田家庄、柳林、横水等乡（镇）的部分村组。

新中国成立前，人民吃水问题无人过问。新中国成立后，从20世纪60年代起开始“理化”防治，到70年代初，因地制宜地打井建站。至1988年，在黄土塬区打配深机井千余眼，不仅解决了人畜饮水困难，还灌溉了农田。对水源奇缺和水质太差的山区，新建农村饮水站89处。全县已解决11.68万人、1.39万头牲畜的饮水困难。2007年实施了白荻沟水库向县城供水工程。经过两年半的艰苦施工，白荻沟水库向县城供水工程于2009年底全面建成投运。目前，已形成一厂三站、双水源（地下水源地与白荻沟水源地）供水系统。地下水源地现拥有13眼水源井，其中2眼已经报废，其余水源井只作为备用水源；麋杆桥净水厂日水处理能力为1.5万吨，公司日水处理能力总体可以达到2万吨。

六、岐山县农村供水

岐山县地处关中西部，全县总面积856平方千米，辖9个镇，101个行政村，984个村民小组，总人口48万人。县境内山、川、塬皆有，地形地貌复杂，城乡供水以取用地下水为主，地表水为辅。地表水资源贫乏，但地下水资源比较丰富，但分布不均。全县水质普遍良好，地下水化学成分比较简单，为重碳酸钙、镁型水。西方乡及蒲村、祝家庄、京当三乡（镇）北部地带属克山病、大骨节病发病区，水中缺乏元素硒。工业比较集中的凤鸣、蔡家坡两镇，因废气、废水和废渣排放，表层水甚至深层水受不同程度的污染。据1983年县水利部门调查，全县26.6%的人口饮用深机井水，67.6%的人口饮用浅井水，2.3%的人口饮用窖水，3.5%的人口饮用山泉、河溪水。全县多年水资源总量12787万立方米，人均水资源占有量仅279立方米，水资源贫乏且时空分布不均。

20世纪80年代以后，按照科学治水、可持续发展的供水思路，着力打造城乡一体化供水体系，全面提升城乡供水保障能力和管理水平，完善水价形成机制，建立工程维修基金，健全水质监测体系，有效保障了城乡居民用水需求及县域经济社会的快速发展。农村饮用水工程建设经历了两个阶段。第一阶段（1972—1985年），在高原缺水区重点发展人畜饮水工程。第二阶段（1985—1991年），大规模发展农村改水工程。至1991年，项目建设任务全面完成。全县共建成改水工程114项，分布在18个乡（镇）（除西方乡），涉及119个村（组），一次送水到53446户，入户率达98%，受益人口27.63万人［包括乡（镇）所在地企事业单位和学生］，占全县农业人口的75%，其中马江、麦禾营、安乐、曹家4乡全部实现了自来水化。工程实际投资2606万元，其中纳入决算投资2275.5万元。

七、扶风县农村供水

数千年来，扶风县的历代农民基本上采取择水傍居、打窖修池、掘井汲水等方式来解决生产和生活用水问题。新中国成立以来，扶风的农村饮水事业和陕西省全省情况大体相同，经历了4个阶段：第一阶段是1950—1971年。这一阶段以分散、自发解决当地人畜饮水量不足的问题为主，水质水源尚未引起足够重视。第二阶段是1972—1981年。1970年中央北方农业会议召开之后，陕西省开始把解决农村饮水工作正式纳入农田水利基本建设的内容，人畜饮水工程经费列入农田水利基本建设专项。第三阶段是1982—1990年。

这使全省包括扶风县在内人畜饮水事业步入正规化、科学化、标准化高速发展时期。第四阶段是1991—2007年。把彻底改善农村用水环境和建设社会主义新农村、建设小康社会相结合，并逐步实现管理专业化、经营企业化、供水商品化、服务社会化的目标。

扶风县的农村饮水事业，遵循以上阶段性。到1989年，全县农村建成供水工程177项，解决了81953人、11221头大家畜的饮水问题。截至1990年，全县农村需要解决供水的有18.74万人，其中缺水源的有15.49万人（包括浅层水源污染区），氟病区有0.94万人。分布在15个乡（镇），121村，535个自然村。其中北三乡22218人，涉及17个村，72个自然村；中部塬区9个乡（镇），分布在79个村，350个自然村。

进入20世纪90年代以来，特别是在党中央提出加快社会主义新农村建设、建设社会主义小康社会的战略目标和实施西部大开发之后，中央对西部农村建设的投资不断加大。1996年，扶风县及时开始实施“甘露工程”建设。截至当年末，首批建成了午井镇吕家庄、城关镇四家堡等5处人畜饮水工程，一举解决了1.81万人、0.31万头大家畜的饮水困难。

2007年是扶风县实施人畜安全饮水工程建设总投资较大的一年。其总投资达到749.72万元，其中国家投资442万元，市县配套资金226.72万元，群众筹资81万元。在全县开设人饮工程32处，新打配机井18眼，新建水塔15座，铺设输水管道42.98千米，重点解决了杏林镇西坡村一上组、召宅村四组，绛帐镇前进村、罗家村，法门镇刘家村18560人的饮水问题。

为更好地解决农村人畜饮水问题，2017年11月在原扶风县自来水公司的基础上成立了扶风县供水有限公司，主要负责县城新、老区，法门、绛帐镇区及城关镇新店村、召公镇西张村等村的供水工作。现拥有干部职工143名，其中党员28人，专业技术人员30人。现有用水户12800户，供水人口11万余人，水厂11座，其中县城新区水厂3座，地表水厂1座，日供水能力20500立方米；县城老区、法门镇、绛帐镇及召公西张、新店共8座水厂，日供水能力21600立方米；拥有取水井28眼；1000立方米清水池7座，400立方米清水池4座，总调蓄能力6400立方米；机泵设备43台（套），装机总量950千瓦；Φ63毫米以上输配水管道153.2千米；办公、化验、调度、生产、加氯等用房9100平方米。公司2009年被市政府授予“文明单位”荣誉称号，2012年公司党支部被县委、县政府命名为“先进基层党组织”，被县财政局授予财务管理工作“先进单位”。多年来被县委、县政府评为“先进单位”荣誉称号，2017—2023年连年被集团公司、供水集团评为“先进单位”“协调发展先进单位”荣誉称号。

第三节　工业供水

20世纪80年代前，漆水河流域工业基础薄弱，工业用水量小，且多由企业采用自备水井或抽取河水、水库水来解决。进入20世纪90年代后，随着北部麟游能源基地建设、西部凤翔酒业、高新技术产业开发区的发展，工业经济快速增长，用水量日益增加，工程性缺水成为能源基地建设和产业发展的重要瓶颈，相关县（区）政府加大对工业供水工程建设投入力度，加快解决重要工业园区供水工程建设。漆水河流域先后建成的重要工业供水工程如下。

一、冯家山水库向宝鸡二电厂供水

冯家山水库工程是一个以农业灌溉和城市、工业供水为主，兼有防洪、发电、养殖、旅游等功能的大型水利工程。水库自投运以来，取得了显著的经济效益和社会效益。截至2010年底，工程累计产生经济效益90多亿元。水库向宝鸡二电厂供水工程1997年3月开工，1998年5月完工。设计近期年供水4000万立方米，远期年供水6000万立方米，保证率为97%。1998年5月水库开始供水，截至2010年底，共运行4520天，累计供水量13586.8万立方米，供水水费收入6758.54万元。保障了宝鸡二电厂的正常运行，促进了宝鸡的电力发展。

二、冯家山水库、王家崖水库向凤翔高新技术产业开发区供水

凤翔高新技术产业开发区包括科技生态新城、西凤酒城、长青工业园三个片区，面积为31.70平方千米。开发区规划产业以白酒及食品加工产业、新材料产业和先进制造业为主导，以文化旅游业、现代服务业和电力能源产业为辅助，构建高新区“三主三辅”的产业体系，以“电力—热力—化工—金属”综合发展和循环经济为方向，拟将凤翔高新区建设成为享誉世界的中国名酒文化城、陕西省有色金属和化工新材料产业基地、关中平原城市群城乡融合发展示范区。截至2020年，开发区形成了煤化工、白酒酿造、电力能源、金属和非金属冶炼、水泥建材五大优势产业，多数企业技术居于行业领先地位，核心技术水平国内领先。开发区以冯家山水库、王家崖水库为水源，陆续为园区供水。目前建有两条引冯（冯家山水库）入园供水管网，电力能源规划区、煤化工区、紫荆山新城后勤服务区排水、排污管网建成28.8千米，园区污水处理厂日可处理各类工业废水5000吨，污水处理达到渭河流域一级A标准。2020年工业用水总量1664.66万立方米，生活用水总量1813.67万立方米，生态环境补水量207万立方米。

第四章　水力水产

自古，漆水河上游和中游部分支流因水量充沛，就有渔业捕捞和水力开发利用。《诗经 · 大雅》大明篇载有“古公亶父，来朝走马，率西水浒，至于岐下”，又有《颂》有瞽篇记：“猗与漆沮，潜有多鱼，有鳣、鲔、鲦、鳍、鲤，以享以祀，以介景福”，可知漆沮水中鱼种类繁多。近代，流域建设了较大的水力发电站、水轮泵站等水力设施。新中国成立后，水力利用渐成气候，库塘的兴起，又给漆水河流域渔业生产带来了生机。

第一节　水磨作坊

古代漆水河流域已开始利用水能进行粮、棉、油加工，使用过的水力机具有水臼、水碾、水磨和水轮机等。

一、麟游县水碾水磨

据《麟游县志》清光绪九年三月记载，隋、唐代，麟游九成宫宫廷内就有水磨，加工面粉，供宫廷用。水磨以木制平轮或立轮为传动力，一般利用水头 3 ~ 5 米。立轴平轮适宜水流较大的河渠，横轴立轮适宜流量较小的河渠。无论立轮、平轮，均以硬木为轴，轴向设置木板轮叶，轮叶外端固定在木质轮毂上，组成圆形转轮，设置木制水槽，导引水流冲动轮叶，完成水能向机械能的转换。水轮机主轴直接穿入磨坊，顶端与石磨下盘固定，上磨盘用绳索牵制安装于下盘之上，水打轮转，轮带磨转。

民国时期，水磨在麟游县杜水河、两天河、酒房河有 10 多处。民国末年，旧城南祁家河有一处木制平轮水磨，新中国成立后，此水磨仍运转多年，日加工面粉 150 多千克。后随着电力设施的发展，水磨逐渐被电磨所代替。

二、岐山县水力作坊

岐山县居民自古利用水能兴办磨坊、油坊、稻坊等，为民众生活服务。新中国成立前后，沿河地区还存在不少私人经营的水力作坊。1958 年以后全县水力加工作坊有了新发展，先后兴建和使用水碾 73 处、水磨 55 处、稻房 4 处、油坊 4 处、水力发电站 13 处、水轮泵站 10 处，水锤泵站 2 处，主要分布在雍水河等引水渠道上。其功率情况为碾坊每处 2 马力，磨坊每处 1 马力，稻坊每处 1 马力，油坊每处 2 马力，水力发电站每处 10~20 马力，水轮泵站每处 8 马力，水锤泵站每处 5 马力。随着电力的发展和普及，大部分水力（水电）作坊逐渐停办。1962 年兴建的安乐乡曾家院水力碾、磨作坊，每小时磨面粉

30 千克，碾稻谷 65 千克，经营时间较长。后受水资源限制，岐山县水电开发逐渐萎缩。

第二节　水力发电

新中国成立后，漆水河上、下游开始大批兴建水电站，水能开发利用进入新时期。1957 年建成凤翔横水电站，利用横水河水，采用双击式机组，装机 12 千瓦，后废，但开创了水力发电的历史。20 世纪 60 年代初，永寿县在漆水河建成好畤两座小水电站。1985 年，麟游县镇头、县北和两亭南沟河水电站相继开始动工。20 世纪 90 年代后，杨凌利用漆水河水及流入河中宝鸡峡高干渠的退水、宝鸡峡高干渠水建起了川云关水电站和杨凌水电站。

一、电站建设

（一）麟游县电站建设

1962 年，麟游县在杜水河流域建成水轮泵站 14 座，总装机 410 马力，有效灌溉面积 2800 亩；先后建成小水电站 16 座，年发电 67 万千瓦时。麟游全县先后建成水电站 19 座，有花花庙、刺家台、莱子山、焦家沟、万家城、马里、南沟河、卡坡、永丰、普湾、寒北、上西坊、下西坊、屯头、峡口下栗川、凤岭山等，带动水磨 22 台。共计装机容量 142 千瓦，年发电量 45 万千瓦时。这些工程在当时使麟游县部分乡村群众从人畜力推磨、碾米、粉料的繁重体力劳动中解放出来，为发展工农业生产、改善人民生活起到了一定的积极作用。

1963 年，在花花庙公社整修花花庙渠道中，在街北利用跌水兴修一座水电站。安装下冲式木制水轮机，带动两台石磨日夜加工面粉，解决该村 7 个组 800 多人的吃面问题。同时，在该水电站还安装了 1 台小型直流发电机，经过两级变速，皮带传动，实现了发电、磨面和灌溉三结合，水资源开始得到综合利用，该公社杨士敏曾亲自编写剧本《电灯下面话今昔》，对这一成绩作了肯定和赞扬。此后在兴修良舍，上、下西坊，下栗川等渠道时，均注意了水能资源的综合利用，普遍利用渠道跌水建立水电站。特别是 1964 年，南坊农场和蔡家河村合办水轮泵站，民办公助，投资 3000 元，兴修了一座浆砌拦河坝和 500 米渠道，试建了 1 座水轮泵站，先安装了石磨，后来又安装了 1 台 10 千瓦的发电机，又一次实现了水利资源的综合利用。不仅扩大灌溉面积 140 多亩，而且解决了场村 430 多人的磨面和生活用电问题。在县委重视支持和号召下，麟游全县河谷川地道区掀起了自力更生兴修小型水利，向大自然要能源，解放劳动力，发展农业生产的热潮。先后建成水轮站 14 座，有下集、板桥、柳坡、上沟、北河、原子沟、水磨沟、白家底、五王店、崖窑、叶家塬、麻夫、中湖等，带动磨粉机 14 台，拥有出力 140 马力。全县建成水轮泵发电站有南坊、后坪、蔡家河、狮子口、西坊、招贤、两亭、天堂、酒房、石家庄、安舒庄、县北，总装机容量 80.4 千瓦，年发电量 28.8 万千瓦时。

从 1965 年全民大办水利时起，水能利用也随之开始，到 20 世纪 80 年代中期一度在麟游县杜水河流域和西片几个川道形成热潮。镇头电站于 1985 年动工，在天台山西南（杜水和北马坊河汇合处）兴修浆砌拦河坝引水，修渠长 1.375 千米，比降 1/1000，设计流量 0.8

立方米每秒，电站位于庙嘴东南角，设计水头 12 米，建厂房 9 间，开始装双击式水轮机，后改为轴向轴流式水轮机皮带传动，发电机额定出力 64 千瓦。1985 年 7 月 1 日建成运行，首次实现了机关和城区群众的生产、生活用电。

县北水电站从崖下筑坝（浆砌石）引水，渠道 25 千米，比降 1/1000，设计流量 0.2 立方米每秒，利用老庄村石嘴 3 米渠道跌水兴修了电站机房（5 间），安装木制旋浆式水轮机。南沟河水电站，仅在该库下游盖了 3 间站房，自制了木制浆式水轮机，因无发电机和资金困难，这两个电站均未建成。

（二）凤翔区电站建设

凤翔 1956 年开始利用水力发电，至 1960 年被大电网逐步取代。漆水河支流横水河流经凤翔县横水村北 1 千米许的横水电站，是新中国成立后凤翔第一个水利水能结合工程。1954 年春，由省水电厅关中水利工作队设计，同年 4 月由横水乡横水村修建，次年 5 月竣工。建成一条宽 3 米、长 1 千米的拦河自流引水渠，可灌地 1500 余亩。引水渠中段建一磨坊，用铁制平式水轮机（相当 24 ~ 28 千瓦）带动铁制双机式钢滚磨一盘，日磨小麦 16 石（约 2500 千克）。1956 年春，将原水轮机轴头拉长，带 7 千瓦发电机（日本造，旧货），因失磁，发不出电。1957 年 2 月，经西凤酒厂技师携电瓶充磁后，发电机开始正常运转。向省水电厅求援的发电机（国产三相 12 千瓦）同时运到，经改装，于 1957 年 5 月（农历四月十八日）正式发电。白天磨面，晚上发电照明。1958 年冬，将该发电机组调往白荻沟水库施工现场照明，横水电站自此终止。

二、主要水电站

据 2003 年全省水力资源普查结果，漆水河天然落差 1013 米，水力资源理论蕴藏量 2.29 万千瓦，技术可开发装机 1600 千瓦。目前漆水河流域仍在发挥作用的水电站有三座。

（一）麟游县新庄塬水电站

新庄塬水电站位于漆水河上游，站址位于九成宫镇新庄塬村，距麟游县城 10 千米，属无调节径流引水式电站。漆水河汇流点在麟游县城以东 3.5 千米，向东南方向经新庄塬紫石崖、官务河、石村等地，出境经本县、乾县、武功入渭河（属渭河的一级支流）。县境内流域面积为 357.8 平方千米，干流长 61.3 千米，比降为 4.7% ~ 22%，总落差为 249 米，平均径流深为 100 毫米，多年平均径流总量为 3578 万立方米，年平均流量为 1.13 立方米每秒，保证率 50% 的平均流量为 1.722 立方米每秒，水能蕴藏量为 4414 千瓦，可逐步梯级开发利用。

新庄塬水电站是梯级开发漆水河水能资源的首期工程。设计净水头 44 米，安装 3×250 千瓦水轮发电机组，总装机 750 千瓦，年利用时长 5400 小时，年发电量 367 万千瓦时。工程于 1998 年 7 月开工建设，2002 年 4 月竣工，工程总投资 635 万元。1999 年，宝鸡市供电局批准新庄塬电站 750 千瓦（3×250 千瓦）水电机组并入系统运行，并网电压 10 千伏，并网线路“T”接麟林崔线，新庄塬支线 54 井杆，运转良好。2002 年 5 月，受省农电局委托，将新庄塬水电站资产和管理移交县电力局管理运营。2003 年 6 月 5 日，新庄塬水电站竣工并投入试运行并网发电，年发电量为10万千瓦时。由于水源不足，不能正常运行，2003年9月，将蓄水大坝加高2米，使水库库容由73万立方米增加到83万立方米，提高了蓄水能力，保证了电站正常运行。2003年10月并网发电，年发电量为100万千瓦时，新庄塬水电站的建成，为县域经济和地方电力的快速发展注入了新的动力。

（二）杨凌川云关水电站

川云关水电站位于杨凌示范区李台街道办胡家底村漆水河右岸，利用漆水河水及流入河中的宝鸡峡高干渠的退水发电。该电站由西北农林科技大学水利水电工程学院设计，1997年3月开工建设，1998年10月并网发电，建设规模为3台160千瓦，装机容量为480千瓦，年发电量为321.3万千瓦时。

川云关水电站2000年3月扩效增容由原来480千瓦到720千瓦。扩效增容后水头、引水流量、厂房布局、防汛高程均不变，只是机组换为ZD760-140一台，其余两台ZD760-120不变。发电机组变为SF-200-24/1180两台和SF320-24/1180一台，后报咸阳市水利局备案，咸阳市水利局、咸阳市发改委批复，其防洪标准按30年一遇洪水设计，50年一遇洪水校核，防洪顶高达到100年一遇洪水位，2011年9月18日洪水对该电站并无影响。2001年宝鸡峡杨凌水电站建成后，漆水河水量丰富，川云关水电站技改后装机容量为720千瓦，出力保证率为80%，并报国家电力监管委员会备案并办理了中华人民共和国电力业务许可证。

川云关水电站占地面积4亩，现有工作人员9人，厂房面积161.14平方米，宿办楼面积290.72平方米，检修车间面积122.30平方米，引水渠道长34.90米，渐变段长10.50米，绿化带503.59平方米。现电站装机为720千瓦，年平均发电量为300万千瓦时，年利用率为5000小时，年收入100万元，税收6万元，水资源税5万元，合计税收11万元。

（三）杨凌水电站

宝鸡峡杨凌水电站位于杨凌示范区东郊，漆水河西岸，宝鸡峡塬下北干渠22+449处。1998年9月5日开工建设，1999年10月1日建成投入运行。该电站是利用北干渠半坡寺退水形成的31米地形落差，引用塬下灌区非灌溉期和灌溉期间的多余水量进行发电的渠道引水式水电站。电站安装三台1800千瓦立轴混流式水轮发电机组，总装机容量5400千瓦，电站设计水头28.7米，引用流量23.49立方米每秒；年设计利用小时数4687小时，年设计发电量2531万千瓦时，工程总投资3964万元。所发电量经5.6千米长的35千伏输电线路送至杨凌变电站并入咸阳国网。2020年11月完成了三台水轮机组的扩容增效项目，对机组进行升级改造，并增加了自动化操作系统，12月完成机组调试及试运行。电站现有在岗职工34人（借调4名），内退人员6名，退休28名，离休干部1名。站长1名，副站长2名，职工31人，其中编制人员19名，人事代理人员15名；男职工24人，女职工10人；技术人员21人，占总人数的61.8%；工勤岗位13人，占总人数的38.2%；其中拥有特种作业高压电工证职工21人，占总人数的61.8%。

第三节　水产养殖

漆水河流域有漆、漳两大水系，水面多分布于上游丘陵地区和中游平原地区，水产历史悠久。据史料记载，在古代，漆水河流域的居民已经在使用多种捕鱼方法，如用手摸鱼、用棍棒打鱼、用弓箭射鱼等,并能使用骨制鱼镖、鱼叉、鱼钩以及石、陶网坠等工具进行捕鱼。自唐以后，渐趋衰落。1947 年陕西省建设厅曾训令“各地人民向无养鱼习惯，此种事业，亦应逐渐提倡”。水产活动仅限于在天然河道池塘进行捕捞，一直处于自发状态。新中国成立后，流域水产事业逐渐兴起，1975—1980 年发展较快。进入 20 世纪 80 年代以后，渔业生产普遍实行了各种形式的承包责任制，水产事业有了突破性进展。截至 2020 年底，流域共有养殖水面 2600 亩，其中水库水面 1984 亩，池塘水面 704 亩，鱼种产量 899 万尾，生产鱼苗 8590 万尾，水产品总产量 1017 吨。

一、 麟游县水产养殖

商周时，在漆水河上游麟游境的漆沮河，水势较大，流速缓慢，因多丘陵地形，天然湖泊布于漆沮之侧，《诗经》谓之“西水浒”。《诗经·大雅》大明篇载有“古公亶父，来朝走马，率西水浒，至于岐下”，又有《颂》有瞽篇记：“猗与漆沮，潜有多鱼，有鳣、鲔、鲦、鲿、鲤，以享以祀，以介景福”，可知漆沮水中鱼种类繁多，周人定时捕鱼，特别是每年商历十二月捕鱼，天子亲往观赏，将捕到的鱼先荐寝庙，三月，将捕鲔鱼祀于寝庙。后因河水冲刷，河床比降大，水流湍急，水量也不稳定，这种天然养鱼随着自然条件的变化逐渐衰退。

新中国成立后，麟游县利用库塘进行渔业生产得到长足发展。至 1985 年已有库塘养鱼水面 145 亩，各类鱼种 11.01 万尾。1963 年 10 月，在麟游县五龙泉、南沟河两水库投放鱼苗各 1 万尾，无专人喂养，靠库水中微生物自然生长。1965 年零星捕食，大者 2.5 ~ 3 千克，县农林水牧局每年 4 月和 10 月购进鲢、草、鳙、鲂、鲤等鱼种，每库投放 500 ~ 1000 尾。良舍和栗川村分别在香山沟口和峡口水眼沟打坝蓄水，自购鱼种养鱼。1982 年全县 6 个乡 8 个村 18 户农民共挖池塘 25 亩，承包已废水库 2 座，共养鱼 16 处，投放鱼苗 82140 尾，1985 年产成鱼 1000 千克。养鱼业始有发展。后麟游县屯头水库养殖面积 20 亩，年投放鱼苗 1.2 万尾。

二、乾县水产养殖

乾县水产事业是在 1958 年兴修水利后起始的，从无到有，逐步发展。在漆水河乾县境内养殖水域分为水库、陂塘、山塘、池塘四类，主要是依靠陆续建成的水库发展养殖。20 世纪 70 年代初，乾县水产工作站成立，成为专设机构管理。至 1980 年，已有养殖水面 5575 亩。其中羊毛湾水库 3500 亩，大北沟水库 1500 亩，南沟水库 200 亩；宝鸡峡干渠两边 6 座已养鱼陂塘面积 134 亩；北部丘陵沟壑区两座已养鱼山塘(关头五业场、黑水潭)，面积 64 亩；鱼种池 3 处 61 个（内含宝鸡峡大北沟 1 处，22 个；县水产站 2 处，39 个），面积 177 亩。20 世纪 80 年代，渔业生产的水面资源逐年扩大。1985 年以后，随着人们生活水平的提高，膳食结构的变化，鱼产品需要量越来越大。加之国家放宽政策，落实承包责任制，国营渔场及养殖专业户尽力发展养鱼事业，渔业生产的水域面积、科技推广、品种、产量都在逐年增加或扩大。到 2020 年，流域水库、陂塘、养鱼场增至 40 多处，养殖面积达 8036 亩，成鱼总产达 250 吨。

三、凤翔区水产养殖

凤翔是陕西省发展养鱼较早的地区之一。据考古发现，新石器时代凤翔就有先民用于渔猎的石网坠。《石鼓文》载："佳佳鲤可以橐之。"苏轼《东湖》诗云"深有龟与鱼，浅有螺与蚶，……浮沉无停饵，倏忽遽满篮"。1958 年引进家鱼在东湖放养。1963 年 5 月建成县鱼种繁殖试验场。1964 年家鱼人工孵化成功，生产鱼苗近百万尾，培育鱼种 26.5 万尾。1973 年成立县水产工作站，负责全县养鱼技术指导和推广。从事渔业专职人员从 4 人发展到 15 人，其中，水产助理工程师 2 名。初步具备苗种生产、成鱼管理、水库捕捞等较全面的技术力量。1985 年，全县有机动铁皮船 2 只、木船 6 只、各种深度的大拉网 20 片、三层尼龙挂网 16 片、小丝挂网 35 片、定置网 1 套、拦鱼网 300 米、鱼种网 2 片、渔业深水泵 2 台、潜水泵 2 台、磨浆机 2 台、增氧机 2 台、手扶拖拉机 1 台。捕捞方法由单纯的大拉网作业发展到赶、拦、刺、张联合作业。1979 年东风水库一网捕捞成鱼 4672 千克。20 世纪 60—70 年代，年平均育种 16.87 万尾，年均投放鱼苗 30.07 万尾，年产成鱼 6 ~ 10 吨。平均亩产 3.85 千克，低于全省水库养鱼平均亩产 5.5 千克的水平。东湖亩产可达 200 千克以上，地处山区的白荻沟水库亩产仅 0.8 千克。全县人均食鱼量仅 21.5 克。中国共产党十一届三中全会后，农村养鱼承包户发展较快。1982 年有 52 户承包 52 个池塘，共 417.1 亩水面，经济效益显著提高。糜杆桥乡太相寺村 5 亩陂塘承包后，1982—1983 年养育 3 寸鱼苗 12.5 万尾，净收入 1863.75 元。1985 年，全县养鱼总产 36.9 吨，产值 5 万元，相当于 1980 年的 5 倍。1988 年产鱼 22.8 吨，产值 8 万元。到 2020 年，凤翔区渔业产值为 411 万元，全年水产品产量为 520 吨。

四、扶风县水产养殖

扶风县历史上无渔业生产。新中国成立后，随着水利工程的兴建，20 世纪 50 年代开始放养鲤、草、鲢、鳙四种鱼。20 世纪 60 年代建成一批水库，养殖水面扩大。70 年代大修塘池，县鱼种场亦建成投产，水产事业有较大发展。1983 年，县水产工作站在绛帐稻田试验养鱼，试养水面 15 亩，实收 8 亩，获成功。1984 年试验渍水养鱼。全县有小型水库 11 座，陂塘 14 座，可供养鱼的水面 0.4745 万亩；渍水水面和沼泽水面 0.2448 万亩；可供养鱼的水稻田 0.3425 万亩，共有水面 1.0618 万亩。1983 年投养塘库 122 座，水面 1507 亩。捕捞成鱼 15 吨，平均亩产 10.5 千克，比 1982 年增长 25%。总产值 2.25 万元。1984 年养殖面积 1504 亩，总产量 17.46 吨，总产值 2.62 万元。1985 年养殖面积 1951 亩，总产量 21.3 吨，总产值 8 万元。1986 年总产值 13 万元，1987 年 21 万元，1988 年 29 万元，1989 年 27 万元。目前主要有杏林镇公会水产养殖、杏林镇存劳水产养殖场、召公镇军辉水产养殖场、太川水产养殖中心、田河水产养殖合作社、信邑沟水库水产特种养殖场等 6 家养殖场。截至 2020 年，养殖面积 244 亩，总产量 126 吨，总产值 52 万元。

第五章　节约用水

随着我国人口的增长和国民经济及社会发展的需要，1988 年《中华人民共和国水法》提出国家实行计划用水、厉行节约用水。1998 年，全国节约用水办公室在水利部设立。2000 年，“十五”计划明确提出建设节水型社会。2004 年，中央人口资源环境工作座谈会要求把节水作为一项必须长期坚持的战略方针，把节水工作贯穿于国民经济发展和群众生产生活全过程。2011 年，中央水利工作会议明确提出加快建设节水型社会。随之，漆水河流域节水工作力度持续加大，节水成效不断提升。特别是肩负着国家干旱半干旱地区农业科技示范和推广使命的杨凌示范区，不仅依靠集节水灌溉等多项先进技术于一身的优势，创建了干旱半干旱地区生态型现代农业发展新模式；同时，2017 年以来杨凌示范区以创建国家级生态示范区和全国水生态文明试点城市为契机，围绕创建“河渠整治全覆盖、供水安全有保障、高效节水可推广、农科文化显优势、管理创新再探索、城水和谐更完美”的具有杨凌特色的水生态文明城市，在流域乃至全国发挥了引领、辐射和示范带动作用。

第一节　农业节水

漆水河流域农业灌溉用水量约占水资源总用水量的 70%。在 20 世纪 70 年代以后，流域普遍推行引水干支渠道防渗砌衬，采用瓷板浆砌石（砖）、预制混凝土板、现浇混凝土衬砌渠道，推广混凝土 U 形渠防渗技术。各县，特别是羊毛湾灌区通过渠道防渗、暗管输水、喷灌、滴灌、渗灌及集雨节灌等节水技术的综合利用，有效地提高了水资源的利用效率。

一、宝鸡市相关县农业节水

1976 年 1 月，水电部等部委在西安召开 21 个省参加的灌溉新技术规划会议，会议确定宝鸡市凤翔县郭店公社等 4 处为全国万亩喷滴灌试点。1978 年省政府提出 1978—1980 年全省发展喷灌面积 300 万亩，由省水电局组织实施。1980 年根据“因地制宜、稳步发展”的方针，陕西省重点抓了自压喷灌试点工作。

宝鸡市在全市农业节水灌溉面积达到 184 万亩，其中喷灌、微滴灌等高效节水灌溉面积 13 万亩，节水规模和水平不断提高。凤翔县横水河灌区渠系改造节水工程、凤翔县万亩农田低压管道输水工程成效显著。岐山县漆水河流域节水灌溉面积由 2007 年的 15.73 万亩增加到 2020 年的 26.98 万亩，农田灌溉水有效利用系数由 2000 年的 0.52 提高到 2020 年的 0.592。

二、咸阳市相关县农业节水

咸阳市于 1998 年实施乾县乾陵镇等 4 个节水项目。工程于 2002 年 5 月全部建成并投入使用，共建成节水灌溉工程控制面积 11700 亩，其中低压暗管输水工程控制面积 9200 亩，微灌工程控制面积 300 亩，渠道防渗工程控制面积 1000 亩，滴灌工程控制面积 1200 亩。咸阳市在 1998 年列入省集雨节灌项目县的永寿等 4 个县的 12 个乡（镇），共建成各类集雨水窖 4375 眼（处），新增蓄水能力 19.73 万立方米，发展集雨节灌面积 900 公顷。1999 年，列入省集雨节灌项目县的乾县、永寿等县共建成各类集雨水窖 8697 眼（处），新增蓄水能力 37.58 万立方米，发展集雨节灌面积 1120 公顷。

2003 年，咸阳市安排乾县城关镇等 3 处节水示范项目。工程于 2004 年 11 月全部建成并投入使用，共建成节水灌溉工程控制面积 4116 亩，其中管道输水工程控制面积 3000 亩，滴灌工程控制面积 200 亩，喷灌工程控制面积 816 亩，微灌工程控制面积 100 亩。

咸阳市羊毛湾水库灌区开灌以后，灌区油菜种植从 1974 年不足 5 万亩增加到 1980 年的 10 万亩。之后灌区又相继推广了麦辣间套、麦瓜间套等多种间套作物技术，经济作物面积逐年增加。1988 年以后，灌区辣椒、苹果种植从无到有，1990 年，辣椒、瓜果、药材面积 3.33 万亩，2002 年达到 6 万亩。2017 年 10 月，漆水河流域羊毛湾水库灌区被确定为省级农业水价综合改革试点灌区，在灌区分别或同时试行分类水价和超定额累进加价改革试点任务。现亩均水费 25 元左右，亩均用水量 102 立方米，比改革前亩均用水量减少 30 ~ 50 立方米。渠系水利用系数由原来的 0.64 提高到了 0.78，灌区种植经济类作物由原来的 34% 增长到目前的 56%。

三、杨凌示范区农业节水

杨凌示范区大力推广渠道防渗、喷灌、滴灌等节水灌溉技术，建成一批旱涝保收、生态良好的高标准基本农田和职业农民创业创新园、精准扶贫示范园等一批高效节水示范园区；加大农业国际合作力度，建成中美内布拉斯加农业科技合作园、中以高效节水灌溉合作园，充分展示国外大田节水灌溉设备、农业机械等领域先进技术。截至 2017 年底，全区高效节水灌溉覆盖率达到 86.6%，农田灌溉水利用系数由 0.50 提高到 0.75 以上，“智慧水务”等高效节水灌溉信息化系统逐渐推广，农业节水方面取得丰硕成果。同时，也汇聚了杨凌雨露、杨凌丰源、杨凌秦川等一批具有技术研发和设计能力的节水灌溉设备工程公司，其中，水肥一体化技术达到国内领先水平，不断走出国门，让杨凌之水浇灌“一带一路”。

第二节　工业节水

漆水河流域各级政府积极引导企业大力推广节水技术，实施节水技术改造，运用节水新工艺、新设备，实现循环用水、一水多用，提高工业用水重复利用率，降低万元 GDP

取水量及规模以上工业万元 GDP 取水量，积极推行废污水“零排放”。

宝鸡市在漆水河流域范围内有扶风今麦郎饮品有限责任公司、西凤酒业有限责任公司等大中型企业均已创建成为省级节水型企业。

咸阳市将用水总量和万元工业生产总值用水量两项指标纳入政府目标责任考核［《关于进一步做好省考指标任务有关工作的通知》（咸考办函 G202274 号）］中。漆水河流域各县对节水工作采用日常考核与终期考核相结合的方式，以日常考核为主。

杨凌示范区在入区工业企业中大力推行高耗水企业节水技术改造工程，重点督促生物医药、天然气、发电和材料加工等高耗水行业开展重复用水试点。至 2017 年，全区工业企业年节水 112 万立方米，41 个大类行业中 24 个行业用水量明显下降，降幅面达 58.5%，全区工业企业用水结构和节水效率进一步提高。

第三节　社会节水

一、节水宣传

流域各县（区）还充分利用“世界水日”“中国水周”“城市节水宣传周”“法制宣传日”等，开展水法律法规宣传活动，制作固定节水宣传广告牌、节水公益广告栏及宣传标语，向民众发放印有节水宣传标语的海报、围裙等物品；利用电视、新媒体平台、微信、抖音等多媒体平台开展节水知识宣传。在学校、社区、居民中开展了各种形式的节约用水活动，每年组织开展“节水进校园”“节水进社区”“节水进住户”主题宣传教育示范活动。选择条件较好的榆阳区和顺雅苑小区开展了节水试点，制定节水制度，落实节水管理人员，实施节水管理。在各县（区）的城区中小学校试点推广自动感应节水龙头。通过广泛的节水宣传和示范活动，在全流域形成了良好的节水氛围。

漆水河流域各县（区）分别建立节水宣传信息联络员制度。宝鸡市在报纸、电台、电视台、网络等媒体，设专栏、开专版，播放节水公益广告，举办节水文艺晚会，举办“建设节水型社会，保护母亲河——青年在行动”等活动，强化流域广大人民群众的节水意识。

咸阳市在咸阳师范学院等6所大、中、小学校开展水文化教育，成功举办“节水咸阳·有你有我”主题演讲大赛，激发学生节水意识。漆水河流域永寿、乾县、武功各县积极参与相关活动，并因地制宜开展系列节水进校园宣传活动。

杨凌示范区坚持将增强群众节水意识作为创建节水型社会的基础性工作来抓，通过多种形式开展节水宣传教育、普及节水知识。利用“世界水日”“中国水周”“全国城市节水宣传周”等集中宣传节水知识，通过微信公众号等新媒体开展节水知识有奖问答，连续五年举办“水美杨凌·水润杨凌”主题摄影比赛，组织“春风十里‘渭’见你”短视频大赛，在城区干道及重点路段设置节水宣传广告牌，开展节水宣传进企业、单位、小区活动，推广节水器具、交流节水技术、普及节水知识。通过常态化节水宣传，广大群众的水患意识和节水意识显著增强，全社会节水、惜水、爱水的良好氛围日趋浓厚，为节水型社会建设奠定了坚实基础。

二、城市供水管网改造

漆水河流域加强城市供水管网改造，降低管网漏损率，严控高耗水产业，开展节水宣传活动，提倡一水多用，推广节水器具，流域内节水器具普及率达 90%。

县域节水型社会建设以来，流域各县（区）持续加强对城市供水管网的漏水监测和维修改造工作，定时巡查检漏，最大限度减少跑冒滴漏情况发生；制定供水管道维修和更新改造计划，加大新型防漏、防爆、防污染管材的更新力度。2020 年，麟游县、永寿县、乾县、武功县城区公共管网漏损率分别降低至 10.09%、10.68%、9.78%和 9.52%。

各县加强建设项目节水“三同时”管理，严格执行新建、改建、扩建项目节水设施与主体工程同时设计、同时施工、同时投入使用的节水“三同时”制度，加强节水设施“三同时”落实和验收管理工作，对违反节水“三同时”制度的建设项目责令停止取用水并限期整改。为使节水覆盖方方面面，杨凌示范区对城区供水管网进行改造，城区节水器具普及率提高到 85%，城市供水管网漏损率降低至 11.6%。优化水资源配置也是杨凌城市节水的一个创举。

三、节水单元建设

漆水河流域各县（区）大力推广节水型洁具，严控高耗水产业。对洁具实行市场准入管理，严禁任何单位和个人销售、安装设计水量大于 9 升每次的非节水型冲便器，提倡经销、安装设计水量小于 6 升每次的节水型冲便器，并在各县（区）城开展“节水器具进万家惠民活动”。至 2020 年流域节水器具普及率已达 85.2%。严格控制高耗水的洗浴、洗车行业的发展，鼓励使用再生水洗车，鼓励安装节水型用水装置，大众浴池有条件的安装智能淋浴器。

杨凌示范区以创建节水型居民小区、节水校园、节水单位为载体，普及节水常识，实施节水改造，提高水资源利用率，累计创建节水型高校 2 所、节水型居民小区 23 个、节水型校园 26 所、公共机构节水型单位 31 个，特别是西北农林科技大学荣获“国家级节约型公共机构示范单位”称号，入选全国节水型高校建设典型案例，被国务院机关事务管理局、国家发改委、水利部授予 2024—2026 年度“水效领跑者”称号，产生了较好的示范带动效应。

四、非常规水利用

漆水河流域大力实施城镇再生水利用、雨水利用及农村雨水集蓄利用示范工程。

杨凌示范区将治污与再生水利用相结合，植树造林和水土保持相促进，改变水生态底色，实现全域一体化园林化，一批中水回用设施投入使用，让市政绿化灌溉中水使用量逐年增大，试点期末年再生水利用率达到 30% 以上。从地上到地下，从城市到农村，从工厂到河流，从街道到厨房，农城治水将水生态系统保护与修复、河渠治理、水污染防治、水资源优化配置、节水型社会建设等七项内容“一碗水端平”，统一到一个“盘子”，达到“水通、水动、水清、水安、水灵、水美”的水环境综合整治要求。

第四节　节水示范建设

截至2020年，漆水河流域各县（区）争取中央和省级节水补助资金1116万元，统筹用于节水载体和节水型社会建设。依据《陕西省黄河流域深度节水控水行动任务清单》，落实黄河流域深度节水控水行动年度任务，推动黄河流域年用水量1万立方米及以上工业、服务业单位纳入用水计划管理，并对26个工业、328个服务业单位下达用水计划。推进县域节水型社会达标建设，通过省级验收的3个县（区）通过水利部县域节水型社会达标建设复核命名。累计建成281个节水型公共机构、28所节水型高校及小学校园、61个节水型居民小区、68家节水型企业和2个节水型灌区。依据《关于进一步加强规划和建设项目节水评价工作的通知》，累计开展规划和建设项目节水评价7项，核减水量14万立方米。

一、节水型社会建设试点

（一）宝鸡市

2008年，宝鸡市被水利部确定为节水型社会建设试点城市。市政府制定印发《宝鸡市节水型社会建设试点实施方案》，将节水型社会建设的32条指标分解为207项任务下达到12个县（区）、高新区管委会以及40多个部门，并与各县（区）、各部门签订目标责任书，各项任务建立台账，实行销号管理，强力推进。制定《节水型社会建设效能监察办法》，促进工作开展。2013年节水型社会建设工作通过国家验收。岐山县、凤翔区等6个县区创建成国家节水型社会建设达标县区，扶风县、麟游县通过省上现场验收和水利部复核。

（二）咸阳市

13个县（市）区除渭城区不具备创建条件外，乾县、武功县、永寿县等12个县（市）区均已达到县域节水型社会建设标准，通过省级验收。

（三）杨凌区

1996年，水利部、国家计委、财政部、中国人民银行、中国农业发展银行将杨凌区安排为全国300个节水灌溉示范县之一。1997—2002年，杨凌示范区在夏家沟等村，建设高标准节水示范区及增效示范园区，采用国内外最先进的灌溉技术设备和固定式喷灌、半固定喷灌、绞盘式喷灌、大棚滴灌、果树微喷等多种形式节约用水。2007—2010年，全区共完成中央及省级投资节水灌溉工程项目8个，恢复改善灌溉面积2.92万亩，占全区有效灌溉面积的34.6%。同时，杨凌示范区以创建国家节水型城市为契机，制定并印发了《杨凌示范区国家节水型城市创建工作实施方案》，明确了创建工作目标要求，不断健全完善城市节约用水制度体系，加大管理力度，出台了《杨凌示范区城市节约用水管理办法》《杨凌示范区水资源管理办法》《杨凌示范区供水用水管理办法》等规范性文件，规范、指导城市供水、节水、排水、非常规水及水资源管理。城区范围内公共供水非居民用水计划用水率达到了95.95%；积极开展城区自备井关闭工作，关闭城区自备井43眼，关闭率100%，年减少地下水开采量近600万立方米；全区水资源税、污水处理费征收率分别达到了100%和99.8%；全面实施居民阶梯水价制度。杨凌城市非常规水源利用率达22.21%左右、特种行业用水量收费率100%、万元工业增加值用水量达5.90立方米、工业用水重复利用率83.51%、城市水环境达标率100%。

二、创建节水示范单元

漆水河流域以节水单元创建为载体，开展节水型社会建设达标县（区）及节水型城镇、灌区、企业、单位、小区、校园、公共机构创建工作，树立典型，带动全盘。

漆水河流域涉及的麟游、永寿、乾县、武功、杨凌、凤翔、岐山、扶风8个县（区）共创建节水示范单元488个。

（一）宝鸡市

麟游县节水示范单元创建。其中工业企业4个，公共机构44个，居民小区8个，共计56个。

凤翔县于2019年被水利部命名为第二批县域节水型社会达标县（区），节水示范单元创建工业企业13个，公共机构112个，居民小区19个，共计144个。

扶风县于2022年被水利部命名为第五批县域节水型社会达标县（区），节水示范单元创建工业企业12个，公共机构46个，居民小区10个，灌区1个，共计69个。

岐山县于2018年被水利部命名为第一批县域节水型社会达标县（区），节水示范单元创建工业企业12个，公共机构43个，居民小区21个，共计76个。

（二）咸阳市

武功县于2022年被水利部命名为第五批县域节水型社会达标县（区），节水示范单元创建节水型企业4家，节水型公共机构31家，节水型小区6家，共计41个。

乾县于2019年被水利部命名为第二批县域节水型社会达标县（区），节水示范单元创建省级节水型企业4家，节水型公共机构33家，节水型小区8家，共计45个。

永寿县于2023年被水利部命名为第二批县域节水型社会达标县（区），节水示范单元创建省级节水型企业2家，节水型公共机构28家，节水型小区5家，共计35个。

（三）杨凌示范区

杨凌示范区于2019年被水利部命名为第二批县域节水型社会达标县（区），现有节水型高校2个，节水型企业11个，节水型居民小区21个，节水型中小学校园26个，节水型公共机构18个，共计78个。

杨凌示范区在政府机关、学校、居民小区、医院等开展节水单元创建工作，提高节水型社会载体建设水平。特别是在县域节水型社会创建中，流域各县（区）筹集节水专项资金，对创建节水型单元表现突出的给予奖励。杨凌不断健全完善城市节约用水制度体系，加大管理力度，全面推进节水依法管理。先后出台了《杨凌示范区城市节约用水管理办法》等规范性文件，规范、指导城市供水、节水、排水、非常规水及水资源管理，让创建国家节水型城市有章可循，进一步以法之力拧紧节水“水龙头”。杨凌把节水型企业、单位、居民小区等节水载体建设作为实现创建目标的关键和核心任务，截至 2019 年，全区共创建节水型企业 4 家、节水型单位 8 家、节水型居民小区 8 家，覆盖率分别达到 17.71%、52.3%、33.86%，均超过创建要求比例。其中西北农林科技大学改造的“网红浴室”一项每年大约节水 28 万立方米，相当于 1.6 个兴庆湖的水量。

2020 年漆水河流域各县（区）用水量统计及漆水河流域用水水平分析对比一览表见表 2–5–1、表 2–5–2。

表 2–5–1 2020 年漆水河流域各县（区）用水量统计

单位：万立方米

县（区）	农田灌溉	林牧渔畜	工业	城镇公共	居民生活	生态环境	总用水量
麟游县	280	656	702	233	181	54	2106
凤翔县	4013	1481	1665	361	1453	207	9179
岐山县	7024	1009	709	189	1282	81	10295
扶风县	6523	3629	327	176	1213	39	11907
永寿县	2957	91	462.5	67.03	295.02	83.7	933.33
乾县	6183.88	980	735.3	392	523	707	9817.15
武功县	4514.97	232	320	114.96	1118	4.0	6297.73
杨凌区	1224.23	633.78	559.87	548.87	954.47	242.15	4163.36
总计	32720.08	8711.78	5480.67	2081.86	7019.49	1417.85	54698.57

表 2-5-2　漆水河流域用水水平分析对比一览

市	地区	人均用水量 / （m^3/ 人）	万元 GDP 用水量 / （m^3/ 万元）	农田灌溉亩均水量 / （m^3/ 亩）	人均生活用水指标 / （L/d）		万元工业增加值用水量 / （m^3/ 万元）
					城镇居民	农村居民	
宝鸡市	凤翔区	243.5	25.6	86.9	93.0	91.9	11.4
	岐山县	257.0	45.6	139.3	64.5	46.0	5.4
	扶风县	284.6	43.6	116.0	104.6	40.6	3.8
	麟游县	345.8	7.3	77.5	372.5	192.7	5.2
杨凌区		54.8	4.8	45.8	73.2	26.2	2.9
咸阳市	乾县	345.3	60.2	95.6	280.6	102.4	40.9
	永寿县	103.4	8.4	11.5	128.1	64.9	7.4
	武功县	215.2	30.6	59.4	83.4	70.6	5.8
漆水河		257.5	32.4	101.2	126.1	71	8.9
陕西省		239	36	287	100	70	17
黄河		341	53.5	291	106	80	19.6
全国		412	57.2	356	134	100	32.9

第三篇　河道整治与防汛抗旱

漆水河流域横跨宝鸡市、咸阳市、杨凌区8个县（区），大小支流众多，为区域经济社会发展提供了丰富的水资源，同时洪水期也带来了水患与水害。古代和近代，由于政府重视不够，加之财力和生产力水平有限，防汛抗旱与河道整治处于无序状态，流域群众只能听天由命。新中国成立后，党和政府十分重视防汛抗旱和河道治理工作，关注群众生产、生活和生命财产安全，各级齐心协力，取得了一定的成效。《中华人民共和国河道管理条例》《陕西省河道管理条例》《中华人民共和国黄河保护法》《陕西省渭河保护条例》等颁布实施后，河道管理进入了有章可循的规范化管理阶段。从1998年起，国家加大了江河整治投资力度，流域各市区在漆水河、杜水河、漳水河等河道上筑堤修坝、清障疏浚、堤防绿化等，大搞防洪工程建设，河道防洪能力极大提高，河道环境有了明显改善，人民群众生命财产安全有了根本保障。

第一章 堤防建设

堤防建设是河道治理的首要任务，对稳定河势、防御洪水、减少灾害等起到重要作用，能有效地保护沿河两岸人民群众的生命财产安全、农田安全和公共设施安全。截至2020年，漆水河干流现状防洪工程35.35千米，其中麟游县城段和渭河倒灌段防洪标准基本达到20年一遇，其余农村段防洪标准基本达到10年一遇；主要支流现状防洪工程38.16千米，其中凤翔区城关镇段、扶风县老县城段等重点段防洪标准基本达到20年一遇，其余农村段防洪标准基本达到10年一遇。经过多年建设，流域内以堤防、护岸等联合运用抵御洪水灾害的工程体系基本建成，并结合预报、预警等非工程措施，有效提升了洪水灾害综合防御能力，切实保障了沿岸人民群众生命财产安全。

第一节 干流堤防建设

漆水河干流总长151.6千米，现状防洪工程长度35.35千米，主要涉及招贤镇、良舍镇、麟游县城、游凤镇、武功镇等城镇及人口密集的村庄和大片农田段落，其中麟游县城段、武功县大庄镇等重点集镇段防洪标准基本达到20年一遇，其余农村段防洪标准基本达到10年一遇。

一、麟游县城堤防

麟游县城是1971年由城东童子山巅老城逐步搬迁建设的，杜水河由西向东穿城而过，杜水河、永安河、北马坊河在城西交汇，穿城向东而去，城北有南北去向的三条沟道，其中庙沟、瓦盆沟山洪泥石流对县城威胁很大。

1975年，新县城开始逐步建设，为确保城区安全，修建河堤674米，可防御210立方米每秒的洪水。在庙沟修防洪渠道471米、高1.2米的涵洞。

1981年，开始治理杜水河河道，宝鸡市投资21万元，县计划委员会组织设计施工，用水泥、片石砌筑河堤，防止水患，至1982年治理杜水河桥至镇头队菜园子、山神沟至镇头小学两段河堤，长520米。

1981年7—9月，阴雨连绵，山洪暴发，河水上涨，干线公路路面塌陷，冲毁500米护田河堤，部分地方已直接威胁到城区建筑物的安全。县政府组织技术人员突击设计，报请宝鸡市防汛办公室批准，拨款筑堤防护。第一期工程1982年3月动工，1983年10月建成。完成浆砌石护坡550米。1984年和1985年实施第二期工程，砌石堤400米。第三期工程1986年底完成砌石堤300米。宝鸡市城建局三次拨款38万元，保证了工程的实施。

1990—1991 年，城乡建设环保局修建了 460 米石砌河堤工程，安装好泄洪闸，对杜水河水毁 20 米河堤进行了修复。1996 年，抢修防洪河堤 1681 米，加固加高河堤 334 米。

为了从根本上解决洪涝灾害对县城的威胁和加快县城发展，麟游县政府 1996 年 6 月召开了防洪规划评审会，规划把县城防御标准提高到 30 年一遇，流量 420 立方米每秒。县城的防洪规划概括为：眉麟公路、凤崔公路桥、九成宫以西为安全区，九成宫以东至体育场一带为次灾区，这一区域的杜阳路以南长地带 20 年一遇洪水（流量 320 立方米每秒）时，可能被淹没。体育场以东至石嘴山一带约 1.5 平方千米范围为重灾区，10 年一遇洪水 210 立方米每秒，将会被淹没。规划提出县城防洪工程规划原则为：维持河流已成走向，加高、加固低标准已成河堤，根据保护价值大小，分期建设新堤防，依现实需要，北岸（左岸）应修堤防护岸 2170 米，河宽 40 米。加固加高两段旧堤，总长度 781 米。新修堤防 888 米，拓宽河道 300 米，使城区防洪安全标准提高到 30 年一遇标准，可安全泄洪 420 立方米每秒。庙沟沟洪泥石流对县城防洪安全威胁很大，多次造成东部低洼地带受淹。庙沟长 1.6 千米，流域面积 1.65 平方千米 ,10 年一遇洪水 9.6 立方米每秒，由于沟道狭窄，植被较差，山洪挟带泥石量大，易淤县城设施。因此，应修建排洪渠和沉沙池，规划排洪渠总长 500 米，其中沟口以上为梯形明渠 180 米，沟口以下桑园街为矩形暗渠 320 米，将山洪横排入杜水河。

1997 年 5 月 6 日，城区防汛工作移交水利局管理，具体工作由防汛办公室承担。城区防汛工作实行行政首长负责制及部门防汛责任制。制定了城区防洪预案。预案确定警戒流量西段为 250 立方米每秒，东段为 150 立方米每秒，保证流量西段为 400 立方米每秒，东段为 300 立方米每秒。全城划分 9 个小区，确定了防汛牵头单位和主要责任人，负责小区内的机关单位、厂矿、学校的防抢撤工作。组织了县武警中队，县砖瓦厂、制药厂、农械厂民兵抢险分队，主要承担城区关键部位的应急抢险任务。

2006 年 4 月，按照县城建设总体规划要求，投资 65.13 万元新修杜水河南岸青莲路 1 号桥至杜阳大桥河堤 472 米。

2008 年 3 月，建设杜水河南岸河堤工程，河堤工程位于县城杜水河中桥至山神沟段，全长 550 米，占用土地 20 多亩，是一项集防洪、景观、绿化于一体的城防工程，由河堤、堤顶道路及河堤栏杆三部分组成，河堤为浆砌石，平均堤高 4.66 米，堤顶道路净宽 3 米，垫层为混凝土，路面铺设彩砖，路肩净宽 1.4 米，面层为彩色生态砖，迎水坡面路肩安装高杆路灯，背水面路基栽植护堤树，栏杆总长为 550 米，为墨色汉白玉栏杆，栏杆间装饰板绘有以隋唐文化为主的历史图案及诗词二十多幅。工程投资 272.28 万元。工程的建成，提高了杜水河右岸城区段的防洪能力，改善了杜水河生态环境，绿化美化了城区河道，为县城基础设施建设又添一道亮丽的风景线。

2008 年，汶川特大地震使杜水河麟游县城 60 多米堤防崩坍，县城防洪安全受到影响。从 2008 年 6 月开始，麟游县水利局组织修复杜水河城区段堤防，先后共投资 530 万元，至 2009 年 7 月全面竣工，新修、加固堤防 1200 米，累计完成浆砌石 6434 立方米，装设堤防栏杆 1200 米，铺设行道砖 2100 平方米，安装河堤路灯 15 盏，提高了城区段防洪能力，亮化美化了杜水河城区段环境。

2009 年，投资 150 万元，实施杜水河城区段河道的生态治理工程，新修西海湖橡胶坝至交警队浆砌石河堤 330 米。在官坪新区实施综合开发项目中，将原来穿过规划区的 2350 米 S 形河流取直为 1129 米，缩短河道 1221 米，节约土地 54.95 亩。新建橡胶坝 3 座，形成水面景观。治理永安河道 1200 米，建设拦水坝 3 座，铺设排水管道 6300 米，排污管道 3500 米。

2010 年，投资 520 万元，对杜水河城区段进行了综合治理，清淤整治汽车站至气象局河道 1 千米，河道土石外运 2.35 万立方米，基础土石开挖 0.65 万立方米，钢筋制安 4.32 吨，新建溢流坝 2 座、橡胶坝 2 座，杜水河城区段水面景观基本形成。

2011 年 8 月，洪水造成麟游县司法局后院河堤冲毁。县政府投资 40 万元抢修塌陷河堤 50 米。

二、麟游县杜水河重点段防洪堤防治理工程

2011 年，水利局紧紧抓住国家重视中小河流治理的机遇，积极争取项目资金，中小河流规模治理拉开了序幕。

麟游县杜水河重点段防洪工程治理河道长 7.10 千米，其中：招贤镇河段工程长 2.52 千米，九成宫镇河段工程长 4.58 千米（含支流永安河回水区影响段 0.73 千米）。按 20 年一遇洪水标准设防，相应流量 520 立方米每秒，主要建筑物级别为 4 级。招贤镇河段按 10 年一遇洪水标准设防，相应流量 110 立方米每秒，主要建筑物级别为 5 级。工程建设内容为新修工程堤防 1.69 千米，新修护岸 4.2 千米，加固护岸 1.21 千米，其中：招贤镇新修护岸 2.52 千米，九成宫镇加固护岸 1.21 千米，新修护岸 0.95 千米，新修堤防 1.69 千米，支流永安河新修护岸 0.73 千米。工程概算总投资 2606.54 万元。

工程于 2011 年 3 月 1 日开工建设，2011 年 7 月 30 日完工，累计完成九成宫镇段护岸 1504 米，堤防 947 米，加固 1526 米，回水区永安河护岸 1318 米，招贤镇段护岸 2039 米，总计治理长度 7334 米。共计完成土方 42.56 万立方米，砌石 4.33 万立方米，铅丝笼石 6367 立方米，仓石回填 868 立方米，砂砾石垫层 2651 立方米，伸缩缝 3449 立方米，排水孔管 7893 米，穿堤涵洞 4 座，漫水桥 1 座。

三、麟游县杜水河九成宫镇防洪堤防工程二期建设

根据陕西省水利厅批复的杜水河九成宫镇防洪堤防工程二期实施方案，治理范围为麟游县招贤镇段和九成宫镇段，其中招贤镇堡子段从招贤规划社区已建堤防至堡子已建工程，招贤镇板桥段从 306 省道至居民区处天然岸坎，招贤镇梨家沟段从沟口公路向梨家沟上游延伸 0.5 千米。九成宫上段从梁家新庄至预制场，九成宫下段从水泥路至下游砖房，综合治理河长 4.7 千米。建设规模为：九成宫上段杜水河左岸新建堤防 1424 米、新建下河踏步 2 处，九成宫下段杜水河右岸新建护岸 230 米，招贤镇堡子段杜水河左岸新建堤防 107 米、新建护岸 486 米、新建下河踏步 1 处，招贤镇梨家沟段新建堤防 350 米、新建护岸 160 米、新建下河踏步 1 处、新建穿堤涵管 1 处。工程总体布置及防洪标准为：九成宫镇上段防洪标准为杜水河 20 年一遇洪水，九成宫镇下段及招贤镇段防洪标准 10

年一遇洪水。九成宫镇上段 20 年一遇洪峰流量为 413 立方米每秒，九成宫镇下段 10 年一遇洪峰流量为 662 立方米每秒，招贤镇段 10 年一遇洪峰流量为 110 立方米每秒。工程主要建筑物为：九成宫上段工程级别为Ⅳ级，其余段工程级别为Ⅴ级。九成宫上段和招贤镇堡子段新建堤防采用梯形断面砂砾石堤，堤顶宽 4 米，铺设 3 米宽泥结石路面。梨家沟新建堤防采用浆砌石挡墙后填砂砾石料形成。九成宫下段、招贤镇堡子段、招贤镇板桥段新建护岸采用坡式护岸，岸顶道路宽 4 米，铺设 3.2 米宽泥结石路面。工程永久占地 79.18 亩，其中耕地 42.57 亩，滩地 36.61 亩；临时占地 32.28 亩，其中耕地 17.78 亩，滩地 14.5 亩。工程概算总投资 2033.70 万元，于 2015 年 3 月开工建设，2016 年 6 月完工。2016 年，麟游县对永安河、杜水河河道进行了绿化，绿化长度 13 千米，绿化面积 290 亩，栽植杨树、金丝柳 4.04 万株。

四、漆水河武功段堤防建设

武功县境内漆水河及其支流漠峪河流经川道深沟中，旱季干涸，雨止流水，危害较少。漆水河行于川道，常有洪水发生，淹没农田。1950 年后，上游筑坝修库洪水渐少，治理在小范围内进行。

为防止漆水河洪水相遇时漆水河自引洪口外溢，1976 年，原武功公社在农田基建中，将武功镇漆水河公路桥以南 3.22 千米河段，改道在东塬边崖下，比原河段缩短 0.7 千米，腾出滩地 30 余亩，沿新改河段建抽水站 5 座，灌东塬尚坡、郑坡、桥头、北庙等村 2000 余亩耕地。同年，在“农业学大寨”运动中，武功县提出河道渠槽化、堤路相结合的设想方案。武功县水电局、陕西省水利学校对漆水河进行勘测，制定出规划设计方案，后经专家技术人员论证，认为工程投资大、效益低，最终未实施。1991 年开始，武功县对漆水河治理只是小的堤岸加固和维修。

2016 年武功县实施了漆水河入渭河口段防洪工程，该工程是渭河咸阳综合治理的重要组成部分。按照《陕西省武功县漆水河流域防洪工程规划》，对漆水河入渭口段防洪工程漆水河渭河回水区河道加宽，要求防洪标准为 20 年一遇。主要保护农田按照 10 年一遇洪水设防，起点与渭河大堤段相接，原封闭段与杨凌区段防洪工程相接。

2020 年武功县实施了漆水河大庄段防洪及绿化工程，总投资 34.86 万元。主要建设内容包括新建堤防和绿化工程。具体来说，工程涉及左岸、右岸多段堤防的新建，总长度超过 10 千米。此外，还包括堤顶道路的建设以及河道行洪断面内障碍物的清除工作。

2021 年武功县实施了漆水河农贸示范园段防洪工程，工程总投资 12923.51 万元，主要建设内容：工程综合治理长度 5.97 千米，包括堤防治理总长度为 11.03 千米，左岸堤防长度 5.67 千米，右岸堤防长度 5.36 千米；新修堤顶道路 11.03 千米，左岸长度 5.67 千米，右岸长度 5.36 千米；清除河道行洪断面内的障碍物；新建潜坝 1 座。工期为 730 日历天。工程的实施提升了河道防洪功能，保障了人民群众生命财产安全。

五、漆水河乾县、武功县段共建防洪工程

漆水河在乾县境内全长 18.3 千米，在武功县境内 41.5 千米。2019 年以来，漆水河乾县、武功县段共修建防洪工程 5 处、长 23 千米。其中乾县段共有防洪工程 3 处、长 4.55 千米，从上游至下游依次分布：周家河段左岸有堤防 0.24 千米，右岸有护岸 0.27 千米；龙李村段左岸有护岸 1.87 千米，右岸有堤防 1.29 千米；省道 S209 临平镇公路桥下游右岸有堤防 0.88 千米。工程为梯形断面，级别Ⅴ级，迎水坡用雷诺护垫防护，背水侧草皮护坡，护岸临水侧为浆砌石护坡。武功段共有防洪工程 3 处、长 18.5 千米，从上游至下游依次分布：游凤镇段左岸有堤防 2.27 千米，右岸有堤防 1.26 千米，工程级别Ⅴ级，草皮护坡，顶冲段迎水坡为浆砌石护坡；武功镇段左岸有堤防 2.96 千米，右岸有堤防 5.23 千米，支流漠谷河入河口段左岸有堤防 0.42 千米、右岸有堤防 0.42 千米，工程级别Ⅴ级，草皮护坡，顶冲段迎水坡为浆砌石护坡；大庄镇段左岸有堤防 2.3 千米，右岸有堤防 5.36 千米，其中渭河回水区段工程级别为Ⅳ级，其余段工程级别为Ⅴ级，左岸堤防采用格宾笼石护坡，右岸草皮护坡。

六、漆水河杨凌示范区段治理

2013 年杨凌示范区实施了漆水河杨村乡、李台乡段防洪治理工程。项目内容为堤防整治，包括胡家底村渭惠渠下游急弯段右岸护岸，胡家底村西宝高速公路上游段右岸护滩长 733.58 米；南崖村新建堤防工程长 1048.30 米，下河踏步 2 处，挡水闸 1 处（退水渠）。

2018 年杨凌示范区实施了漆水河乔家底至下川口段防洪工程项目，项目总投资 2553.15 万元。主要建设内容包括建设堤防工程总长度 3879.88 米。该项目分为 1 个监理标，3 个施工标，总工期为 240 日历天。

2020 年，漆水河杨凌李台街道办已建成防洪工程规模 2099 米，其中漆水河右岸胡家底村建成护岸工程长 317 米，设计防洪标准 10 年一遇，护滩工程防洪标准为 5 年一遇，长度 734 米；南崖村建成堤防工程 1048 米，防洪标准为 10 年一遇，修建下河踏步 2 处，挡水闸 1 处。目前正在修建的漆水河乔家底段至下川口段防洪治理工程上起漆水河杨凌起点下游 140 米处，下至陇海铁路桥上游 150 米处老渡槽，综合治理河岸 6.1 千米。其中左岸新建护滩 + 新修堤路结合的防汛道路工程 963.19 米；右岸工程布置长度 2916.69 米，其中新建护滩 + 新修防汛道路工程 826.01 米，新建护滩 + 已成防汛道路 1624.12 米，新建护岸工程 466.56 米，防洪标准为 10 年一遇，该段还包括宝鸡引渭塬北干渠渡槽 1 座。

漆水河干流防洪工程统计见表 3-1-1。

表 3-1-1　漆水河干流防洪工程统计

所属县（区）	工程范围及保护对象	岸别	工程长度 / km	防洪标准（重现期）/ 年
麟游县	九成宫镇段、南坊及南坊新城段、板桥段	左 / 右岸	5.22	20
	招贤段、慈善寺段、蔡家河村段	左 / 右岸	5.30	10
杨凌区	胡家底村至南崖段	右岸	1.36	10
	乔家底至下川口段	右岸	0.47	5
	乔家底至下川口护滩段	左岸	1.19	2 年一遇洪水不出槽
		右岸	2.45	
	胡家底护滩段	右岸	0.73	5
乾县	周家河段、临平镇段、孙塬桥至粉磨站段、粉磨站以南段	左 / 右岸	5.11	10
武功县	渭河倒灌段	左 / 右岸	4.6	20
	游凤镇段、大庄镇段	左 / 右岸	8.92	10
	合计		35.35	

第二节　重要支流堤防建设

堤防工程除堤防的堤身加固、堤基处理外，还有堤顶公路、照明工程以及各种涵、闸、桥等穿堤、跨堤建筑工程。1999 年 2 月 14 日水利部颁布了《堤防工程建设管理暂行办法》。办法规定：堤防工程建设要认真贯彻“百年大计，质量第一”的建设方针，在严格控制工程质量的前提下加快进度，降低造价，确保工程安全。堤防工程建设实行统一规划与分级管理相结合的管理体制。项目建设应严格履行基本建设程序，实行项目法人责任制、招标承包制、建设监理制；工程质量接受水行政主管部门质量监督机构的监督。堤防工程建设实行统一规划与分级管理相结合的管理体制。建设各方必须依据国家和水利部颁发的有关工程建设法律法规和规章以及堤防工程的技术规程、规范和标准进行工程建设等。

漆水河主要支流有湋水河、漠西河、横水河、美阳河、七星河等 5 条，共修建各类防洪工程 38.16 千米。其中凤翔区城关镇段、扶风县县城段等重点集镇段防洪标准基本达到 20 年一遇，其余农村段防洪标准基本达到 10 年一遇。支流防洪工程大多在局部布置，主要是采用护岸保护村庄和农田。

一、杜水河重点段堤防工程

2010 年麟游县再次实施了县城段杜水河段堤防加固工程。2012 年麟游县对天堂河两亭镇、天堂镇段进行了防洪工程建设。2013 年修建两天河重点段 4.8 千米，长 6433 米，护岸 1248 米，防洪标准为 20 年一遇，工程级别为Ⅳ级，可保障两亭镇镇区和天堂循环经济科技园 3800 人、900 亩耕地及镇区企事业单位免受洪水威胁。2011 年，麟游县水利局紧紧抓住国家重视中小河流治理的机遇，积极争取项目资金，中小河流规模治理拉开了序幕。麟游县杜水河重点段防洪工程治理河道长 7.10 千米，其中：招贤镇河段工程长 2.52 千米，九成宫镇河段工程长 4.58 千米（含支流永安河回水区影响段 0.73 千米）。按 20 年一遇洪水标准设防，相应流量 520 立方米每秒，主要建筑物级别为Ⅳ级。招贤镇河段按 10 年一遇洪水标准设防，相应流量 110 立方米每秒，主要建筑物级别为Ⅴ级。工程建设内容为新修工程堤防 1.69 千米，新修护岸 42 千米，加固护岸 1.21 千米，其中：招贤镇新修护岸 2.52 千米，九成宫镇加固护岸 1.21 千米，新修护岸 0.95 千米，新修堤防 1.69 千米，支流永安河新修护岸 0.73 千米。工程概算总投资 2606.54 万元。

工程于 2011 年 3 月 1 日开工建设，2011 年 7 月 30 日完工，项目工程累计完成九成宫镇段护岸 1504 米，堤防 947 米，加固 1526 米，回水区永安河护岸 1318 米，招贤镇段护岸 2039 米，总计治理长度 7334 米。共计完成土方 42.56 万立方米，砌石 4.33 万立方米，铅丝笼石 6367 立方米，仓石回填 868 立方米，砂砾石垫层 2651 立方米，伸缩缝 3449 立方米，排水孔管 7893 米，穿堤涵洞 4 座，漫水桥 1 座。

2022 年麟游县实施了杜水河水环境综合治理工程，在河道治理方面，采取了疏浚、固险、植树和堤防建设等措施，提高了防汛能力。

二、凤翔区湋水河重点段堤防工程

七里河是湋水河上游河段，发源于县城以北 20 千米的千山老爷岭，由上游的桃河、西沟河等支流在县城小沙凹村附近汇流而成。七里河流经凤翔区城关镇火星村、纸坊村注入东风水库中。七里河在桃河入口以下流域面积为 276 平方千米，河长 29.6 千米，比降 16.2‰，在桃河入口以上流域面积为 243 平方千米，河长 27.6 千米，比降 16.5‰。横水河是湋水河一级支流，发源于凤翔区城东北部的凤山，流经麟游、凤翔、岐山，在岐山县麦合营附近汇入漳水，全长 72.7 千米，流域面积 534 平方千米，干流平均比降 11.7‰。

2014 年凤翔区对漳水河重点段进行治理。主要分布在 3 个镇区段：城关镇区段、姚家沟镇区段、横水镇区段。其中，城关镇区段属漳水河上的七里河段，姚家沟镇区段、横水镇区段属漳水河一级支流横水河段。凤翔区漳水河重点段防洪工程设计防洪标准为，城关镇区按七里河 20 年一遇洪水标准设计，相应洪峰流量 620 立方米每秒；姚家沟镇区按横水河 20 年一遇洪水标准设计，相应洪峰流量 324 立方米每秒；横水镇区按横水河 20 年一遇洪水标准设计，相应洪峰流量 514 立方米每秒，主要建筑物等级为 4 级。凤翔区漳水河重点段防洪工程项目建设包括城关镇、姚家沟镇和横水镇 3 个集镇段，治理河段长 6.83 千米，其中，城关镇从七里河公路桥上游 800 米至纸坊河口，河段长 4.8 千米；姚家沟镇从七里河公路桥下游至现状护岸，治理河段长 0.684 千米；横水镇为西宝北线公路桥上游 0.8 千米至下游 0.55 千米，治理河段 1.35 千米。

漳水河重点段治理后，凤翔区城关镇区段、姚家沟镇区段、横水镇区段经防洪工程治理后，达到了 20 年一遇的洪水设计标准，运行状态良好。

三、凤翔区、岐山县横水河堤防工程

横水河是漳水河一级支流，流经麟游、凤翔、岐山三县，在岐山县麦合营村附近汇入漳水，全长 72.7 千米，凤翔县境内河长 54.8 千米，比降 16.5‰。流经横水镇，横水镇区段堤防工程按横水河 20 年一遇洪水标准设计，相应洪峰流量 514 立方米每秒，主要建筑物等级为 4 级。

1959 年后，治理开发横水河纳入凤翔县水利建设规划。横水河干流河道治理先后实施了固堤、通路、绿化、治污和综合开发等项目，包括旧堤拆除、加固，新堤建设，河道清障和河势顺导等措施，在提高河道行洪标准的同时，保证行洪通畅和河势稳定。

2014 年 2 月 18 日，凤翔县实施了横水河姚家沟镇、横水镇段防洪工程，总投资 180 万元，主要工作内容包括新建和重建堤防、护岸及下河踏步等。

2016 年，岐山县实施了横水河堤防加固工程。工程在横水镇下游新建左岸护岸 620 米（0+000 ~ 0+620），左岸堤防 614 米（0+000 ~ 0+614），右岸堤防 565 米（0+000 ~ 0+565）。堤身回填料采用河道内天然砂砾石（粒径 5 毫米），砂砾石含泥量小于 5%，不含植物残体、垃圾等杂物。堤顶宽 3 米，迎水面坡比为 1 ∶ 2.0，填筑高度均在 4.5 ~ 5.0 米。

2020 年岐山县进行了横水河河堤的水毁修复工作。主要是对横水河三官殿至苍溪庙之间 310 米水毁河堤段两岸进行加固，进行了植被恢复工作，护坡种植紫花苜蓿等，进一步增强河堤的稳定性。通过合理的施工方案和有效的维护修复工作，可以确保河堤的稳定性和安全性，为当地居民提供一个更加牢固的保护屏障。

漆水河主要支流防洪工程现状统计、漆水河干流及主要支流防洪标准统计见表 3–1–2、表 3–1–3。

表 3–1–2　漆水河主要支流防洪工程现状统计

所属河流	所属县（区）	工程范围	工程长度 /km	防洪标准（重现期）/ 年
漳水河	扶风县	老县城段、龙蹄段、纸厂段	7.16	10~20
	凤翔区	城关镇段、麻家崖段、石家磨段、何家什子段、杨家磨段等	12.31	5~20
	杨凌区	凤凰岭至小灵山段	3.16	防冲不防淹
小计			22.63	
漠峪河	武功县	入漆水河口段	0.85	10
小计			0.85	
横水河	凤翔区	姚家沟镇区段、横水镇区段、河北村段	8.67	20
小计			8.67	
七星河	扶风县	老县城段	1.54	20
小计			1.54	
美阳河	扶风县	法门镇区段、美阳村段、浪店村段	4.47	10~30
小计			4.47	
合计			38.16	

表 3–1–3　漆水河干流及主要支流防洪标准统计

河流	行政区划	类别	规划防洪标准（重现期）/ 年	备注
漆水河	麟游县	农村段	10	河源—高庄村河段、御家河—种金坪
		乡镇段	20	招贤镇、良舍镇
		城区段	30	九成宫镇
	永寿县	农村段	10	钟金坪—周家河
	乾县	农村段	10	临平镇

续表 3-1-3

河流	行政区划	类别	规划防洪标准（重现期）/ 年	备注
漆水河	武功县	农村段	10	王家庄—圪塄村
		乡镇段	20	武功镇
	杨凌区	农村段	10	乔家底—胡家底
漳水河	凤翔区	农村段	10	河源—城区上游、东风水库—县界
		乡镇段	20	彪角镇
		城区段	30	城关镇
	岐山县	农村段	10	河蒲村—坡子头
	扶风县	农村段	10	坡子头—南台村
		乡镇段	20	城关镇
	杨凌区	农村段	10	曹沟村—入漆水河口
	武功县	农村段	10	松林村—入漆水河口
漠西河	永寿县	农村段	10	河源—庄子塬河
	乾县	农村段	10	庄子塬—牛池沟
	武功县	农村段	10	牛池沟—入漆水河口
横水河	凤翔区	农村段	10	河源—扶村、桶王村—涯湾
		乡镇段	20	横水镇、姚家沟镇
	岐山县	农村段	10	涯湾—入漳水河口
七星河	扶风县	农村段	10	河源—城关镇
		乡镇段	20	城关镇
美阳河	扶风县	农村段	10	河源—入漳水河口

第二章　河道综合治理

漆水河流域有永安河、澄水河、董家河、漳水河、漠峪河、横水河、雍水河、七星河、美阳河等十多条一、二、三级河流。上游河流多经川道深沟中，旱季干涸，雨季流水，历代治理无考。新中国成立后，上游乾县修库蓄水，流量小，其害较少。但漆水河干支流多行于川道，以往每年均有洪水发生，淹没农田。所以，河道治理势在必行。

第一节　干流综合治理

一、治理规划

流域治理规划是河道治理的重要依据。新中国成立前，漆水河流域没有治理规划。新中国成立初期，河道整治也只是因害设防。直到20世纪70年代，开始编制漆水河流域治理规划，至2022年，漆水河流域治理规划经历了由零散设防到统一规划、由低标准治理到高标准整治的变化过程。从20世纪70年代开始，漆水河流域治理先后经历了3次规划。第一次是1964年11月，麟游县政府召开了澄水河流域治理和杜水河中游治理委员会会议，分别讨论了漆水河上游两个支流流域治理的总体规划。第二次是2007年，陕西省水利厅依托陕西省水利电力勘测设计研究院组织编制了《陕西省漆水河流域治理总体规划》，但因种种原因，最终搁置。第三次是2021年，陕西省水利厅再次依托陕西省水利电力勘测设计研究院组织编制了《陕西省漆水河流域水土保持和综合治理总体规划》，经省政府2024年1月18日批准，省水利厅于2024年1月22日以陕水发〔2024〕3号文件印发实施，成为流域项目建设和治理管理的规划依据。

二、治理实施

河流综合治理目的是加快实施治水安民工程，提高河流整体防洪能力，确保河流两岸人民群众长治久安。漆水河干流由于历史原因，存在问题较多，如堤防防洪标准低、平原区除涝标准低、河道淤积、河道污染严重等。2016年以来，流域坚持规划引领、示范先行、从严执法等措施，实施综合治理。先后完成漆水河流域综合规划、漆水河水资源评价、“清四乱”、生态修复等工作，使流域治理取得明显成效。2018年以来，沿河各县（区）立足中小河流水环境综合治理、水资源节约集约利用、执法监管、水生态修复等，全面落实最严格水资源管理制度。开展执法监管，严厉打击涉河违法行为，持续加大漆水河“四乱”问题整治力度。进行水环境治理，保障饮用水水源安全，加大黑臭水体治理力度。对河水或岸线进行管理保护，并严格水域、岸线等水生态空间管控，严禁侵占河道、围垦河道管控区域，全面防治水污染，统筹水上、岸边污染治理，排查入河污染源，优化入河排污口布局，不断修复水生态。

漆水河干流沿线麟游、永寿、乾县、武功及杨凌示范区，以河长制为抓手，建立水环境综合治理专项督导制度，加大各级河长巡河频次，坚持定期不定期巡河，动态更新巡河记录台账，并每月通报各村巡河情况，全面掌握所管河道、沟渠的实际情况，推动治水工作常态化、长效化。各县（区）坚持建管并重原则，开展河道全面清理整治工作。定期对沿河两岸的废弃物、河面漂浮物等进行地毯式清理，疏通排洪渠道，消除防汛安全隐患，提升水生态和人居环境质量。持续开展网格员护河培训指导，充分利用微信群、广播、宣传横幅等宣传方式，向群众普及河长制相关政策知识，宣传河道保护的重要性，引导群众自觉养成保护生态环境的文明习惯，营造爱河、护河、治河的浓厚氛围。

第二节　重要支流综合治理

一、永安河麟游城区段综合治理

永安河又名清水河，是麟游县境内杜水河右岸一级支流，发源于岐山南木川，由南向北，在九成宫镇汇入杜水河。

2011 年，麟游县开始实施永安河城区段综合治理，长度 1.2 千米，建设橡胶坝 3 座，城新区共新建道路 8 条、桥梁 3 座，配套建设景观广场 2 处。同时麟游县坚持以河长制为抓手，建立水环境综合治理专项督导制度，加大各级河长巡河频次，坚持定期不定期巡河，动态更新巡河记录台账，并每月通报各级巡河情况，全面掌握所管河道、沟渠的实际情况，推动治水工作常态化、长效化。定期对两天河沿河两岸的废弃物、河面漂浮物等进行地毯式清理，疏通排洪渠道，消除防汛安全隐患，提升水生态和人居环境质量。持续开展网格员护河培训指导，充分利用微信群、广播、宣传横幅等宣传方式，向群众普及河长制相关政策知识，宣传河道保护的重要性，引导群众自觉养成保护生态环境的文明习惯，营造爱河、护河、治河的浓厚氛围。

二、雍水河凤翔区城区段综合治理

雍水河是凤翔县境内湋水河的上游段，流经凤翔县 13 个乡（镇），从虢王镇马洛村铁炉组流入岐山，在岐山县凤鸣镇太子村东南与横水河汇流。

1956 年，雍水河作为凤翔县最重要的河道，最先被纳入全县水利建设规划，并坚持不懈地对全流域进行综合治理与开发。在河道整治方面，以固堤、疏浚、通路、绿化、治污和综合开发为内容，包括旧堤拆除加固、新堤建设、险工处理、控导护岸、中小槽治理、河道清障和河势顺导等措施。在提高河道行洪标准的同时，基本理顺和控制主河槽，保证行洪通畅和河势稳定，确保沿河乡镇、村组、农田及人民生命财产的安全。

进入 20 世纪 80 年代以后，随着凤翔县境内工矿企业的增多，卫东化工厂和天园植化、兴翔纸业、华美果汁等高污染企业超标排放，严重污染了雍水河下游和东风水库水质，沿河群众生活受到不同程度的影响。近年来，凤翔区采取了一系列综合治理措施，关停了一些污染严重、治理无望的企业，同时采取河道整治，对东风水库进行生态综合治理，使河道、水库水质大有好转，基本达到农灌和渔业水质标准。

2016 年，凤翔区开始对雍水河凤翔区城区段进行山洪沟的治理。凤翔区水利局与糜杆桥镇政府合作，积极争取包装项目，通过山洪沟治理、水土流失治理、生态户外工程三个项目的相继实施，保护了河道两岸人口 1250 余人，保护耕地 2000 余亩，极大地改善了人居环境，造福两岸百姓。具体的治理内容包括新建护岸工程共计 4031.99 米，涉及多个村庄和桥梁上下游的防护工作。除山洪沟治理外，凤翔区还针对雍水河水土流失问题进行了综合治理。通过一系列的水土保持措施，有效地减缓了水流的侵蚀速度，保护了河岸土壤，防止了洪水和泥石流的发生，同时也改善了河道周边的生态环境。

三、漳水河综合治理

20 世纪 90 年代，由于中小企业突飞猛进发展，环境保护工作相对滞后，漳水河受到严重污染，水质恶臭、鱼虾绝迹，群众投诉不断。而到了 2005 年，漳水河扶风段的污染仍然严重，垃圾成堆，已经影响到下游的杨凌、武功等地农民饮水及蔬菜种植。

2016 年起，宝鸡市凤翔区、岐山县、扶风县水利局根据漳水河流域河道划界成果，对漳水河河道管理范围栽桩亮界，标出河道管理范围。同时严格落实河（湖）长制，常态化开展河湖“清四乱”，按照“县级排查、镇街认领、村镇整治、河长验收”的原则，对辖区漳水河“四乱”问题彻底进行清理整治。

2019 年，岐山县召开了漳水河水质治理提升工作会议，会议提出要坚持科学治污、全线治理，不断提高治理标准，发挥好河长制作用、加快污染治理和生态修复工程建设、建立水质通报制度等。要求各镇、各部门主要负责人严格落实“党政同责、一岗双责、齐抓共管、失职追责”和“三管三必须”要求，各级各部门“一把手”要亲自部署、亲自推进、亲自落实，一级抓一级、层层抓落实，高效率、高标准、高质量完成整改任务，推动生态环境保护工作持续提质增效。

2020 年，扶风县下发了《关于漳水河扶风段管理与保护范围的通告》，实施了杏林镇污水治理项目，涉及污水处理和生态治理等方面，改善了当地的水环境质量。对漳水河全流域河湖“四乱”、生态流量、出境断面水质以及东风水库排污等情况进行回头看，重点督办问题整改情况，对现场发现的乱堆垃圾、污水排放等问题，按照属地管理和行业监管两条线分别建立问题清单、责任清单、任务清单，沿线河长办督促镇村问题整改，落实责任主体，坚持治标守底线、治本提水平，坚持上下游、左右岸同力抓整治。

杨凌示范区管委会与陕西省林业厅、中国科学院植物研究所合作实施（小）漳河流域综合治理项目。项目通过建设芳香植物产业化示范基地，实现漳水河流域的综合开发利用，让关中大地更加绿色和芳香。

凤翔区、岐山县、扶风县、杨凌区都在积极推进漳水河的综合治理工作。通过一系列措施，包括污染源排查、污水处理设施建设、河道清理等，努力改善漳水河的水质，打造一条环保、绿色的生态腰带。

四、七星河综合治理

七星河在扶风县城以上流域面积 1100 平方千米，常流量 1 ~ 5 立方米每秒，最大流量 300 ~ 400 立方米每秒。东关的扶风县农机修造厂、县体委、农械厂和商贸门店等 20 多个单位，长期受洪水威胁。

1975 年 10 月，扶风县水电队勘察设计东关防洪工程。1976 年 7 月动工。主要工程是改造七星河东关段原河床，疏通河道，增修砌护两岸防洪堤，扩大西宝公路桥孔。工程完成土方 3.8 万立方米，投资 8 万元。1983 年 6 月，县水利部门再次加固设计七星河东关段防洪工程，7 月开工，年底完成。修治堤防全长 645 米。清除河心土梁 2 条，扶风至绛帐公路桥下游东西两岸浆砌石 63 米，拆除公路桥闸门、闸孔 5 座及其他建筑物和堆积物。是年 8 月，对县农机厂门前段的河堤岸也采取工程措施，装砌护岸铅丝笼坝 17 座，并在县体委门前埋设了出水管道。

在加强对县城东关防洪治理的基础上，扶风县水利局按照县委、县政府提出的“构建和谐扶风”的发展目标，积极响应宝鸡市政府提出的创建“绿色宝鸡”活动，从 2004 年以来，以流经县城城区的七星河河谷为中心，开始了七星河水利风景区的创建工程。

首先，加大了七星河河道的综合整治力度。七星河在县城内穿城而过，长期以来沿河居民把七星河道作为天然的排污通道和垃圾场，河道内污水横流，垃圾遍河，臭气熏天，严重影响了城区居民的身心健康和县城的对外形象。为此，县水利局首先集中时间和精力，打了一场七星河综合整治攻坚战。在综合整治中，水利局将目标任务予以分解，划分给驻县城的 12 个局属单位，要求想方设法，自筹资金，务必在限期之内完成沿河垃圾、杂草的清理及河岸水毁段整修加固任务，达到河道无垃圾、无杂草、无水毁、无水面漂浮物及水清、苗绿、花艳的整治目标。驻县各水利单位在水利局的统一领导和指挥下，全力以赴投入到七星河整治工作之中，还出现了职工全家男女老少齐上阵，加班加点赶进度的感人场面。经过为期两个月的艰苦努力，共清理垃圾 30 余立方米，拉运土方 1000 多立方米，杂草 200 多车，清理河道面积 70000 平方米，累计投劳 2000 余人，使全长 2.5 千米的七星河城区段彻底告别了脏、乱、差的历史。

其次，县水利局以七星河县城流域为中心，实施七星河水利风景区的建设。风景区北起于距县城 3.5 千米的白家窑水库，南到县城东关的公路交会处。风景区内建有体育运动场、休闲健身园地，800 平方米水面的养鱼池，供游人憩息的长廊、座椅、亭台。整个风景区内碧波荡漾、绿水长流、树木成荫、花草茂盛、鸟语花香，成为扶风县城的一道亮丽的风景线。

再次，于 2007 年末，县水利局在县城东关开工建设七星河水利风景区南端的橡皮坝人工湖。这一工程彻底治理了东关泄洪，为扶风人民创造出一方美景。

五、美阳河综合治理

美阳河也称为美水河，发源于扶风县北部乔山石槽涧。流经法门东桥，至信邑与太川水合流，南到浪店注入漳水河。干流长 23.6 千米，呈南北走向，流经多个村庄，最终与漳水河汇合。

1985 年以后，在干流先后修建了涧沟桥、美水沟、云龙、太川和信邑沟水库，河水全部被水库拦蓄，下游流量极少，遇旱几乎断流，其中涧沟桥水库和云龙水库已经基本干涸。

2016 年开始，扶风县对美阳河进行了综合治理，以改善河道环境，提升水质，以及恢复和保护河流生态。全面统筹水资源、水安全、水环境、水文化等要素，先后实施水系连通及农村水系综合整治，治、护、管、用同向发力，全力推动河（湖）长制责任落实。

2000 年以来，针对宝鸡峡总干渠水生态环境出现的问题，扶风县河长办联合宝鸡峡宝鸡总站及城关、段家、杏林、召公 4 个镇（街），开展地毯式大排查，共排查出问题 24 处，其中乱堆垃圾 11 处，乱排生活污水 12 处，乱占 1 处，针对问题建立台账，出动人力、机械立即整改。同时制定了《美水河流域综合治理和发展规划》，规划涉及环境保护、生态修复、水资源管理等多个方面，将美水河打造成一条集生态保护、休闲娱乐和文化传承于一体的多功能河流。

第三章　排涝治渍

排涝治渍是对降水量大、河道或渠道灌溉引起的排水不畅的地方，用各种排水机械，疏通和排除积水，降低田间地下水位，迅速恢复土壤原有透气性能的一种防治方法。本流域排涝治渍治理主要发生在乾县和武功两地。

第一节　乾县武功联合治渍排涝工程

乾县周城乡南部，自 1971 年 7 月宝鸡峡塬上干渠通水灌溉以来，地下水位逐年上升。据调查和观测，从 1972 年到 1983 年底，水位普遍上升到 13.54 ~ 14.05 米。尤其是 1983 年秋季，阴雨连绵，土壕及低洼地段大面积出现明水，面积达 2808 亩。大块的良田被淹没，南寨及紫邀王家、崔家等村多数房屋陷裂倒塌。当地人民政府据此情况，作出排水决定。除抽水站排水外，1984 年春乾县水利水保局对周（周城公社）苏（武功苏坊公社）排水沟工程进行设计，同年 7 月 2 日施工，1985 年 11 月 20 日竣工。

这项工程在排水沟道的布置上基本贯彻高水高排、低水低排、就近排出，以及与灌溉渠系、道路网相结合的原则，开设一条支沟、两条分沟。

支沟分为上段和下段，全长 5937 米（乾县境内 2937 米，武功县境内 3000 米）。上段从周城乡的庄里（村）西壕起，经紫邀（村）崔家壕，入王家壕，中间通过 9 座建筑物（大车桥 6 座，涵洞 1 座，跌水 2 座），长 2387 米。这段排水沟底宽 0.8 米，采用边坡水下 1 ： 1、水上 3 ： 1 的复式断面，平均挖深 2.9 米（1.5 ~ 3.5 米），平均开口宽 6.9 米（4.8 ~ 8.6 米），永久占地 21 亩。下段从紫邀（村）王家壕起，经武功的苏坊（村）花营壕入宝鸡峡塬上总干渠的 4 支渠，中间通过 10 座建筑物（公路桥 1 座，大车桥 8 座，涵洞 1 座），长 3550 米。这段排水沟底宽 1 米，采用边坡水下 1 ： 1、水上 3 ： 1 的复式断面，平均挖深 3.43 米（1.6 ~ 4.75 米），平均开口宽 7.4 米（5.2 ~ 10.6 米），永久占地 41 亩。

分沟两条。其中庄里分沟从周城南寨壕起，入支沟上段，中间通过两座大车桥，长 856 米。沟道底宽 0.8 米，挖深 1.63 ~ 3.25 米，开口宽 5.3 ~ 8.5 米，永久占地 9.2 亩。蔚村分沟从苏坊蔚村东壕起，入花营壕，这段属武功县。

周城、苏坊（武功）排水沟于 1984 年 11 月 17 日开始排水，截至 1985 年 9 月底，2208 亩渍水地恢复了耕种，尚余明水地 600 亩左右，待继续排出。

此项工程共投工 6.58 万个，完成土石方近 10 万立方米，其中土方 5.8344 万立方米，国家投资39万多元。为了庆贺这个“除涝排渍，造福后代”工程的竣工，1985年12月13日，乾县县委、县政府在周城乡召开了庆功大会。

第二节　武功塬上治渍排涝工程

宝鸡峡引渭总干渠及支斗渠建成后，彻底解决了武功县二三道塬长期干旱问题，保证了农业稳定高产。但投灌十年后，由于长期大水漫灌，井灌停用。水渗透地表，地下水位上升，原洼地明水出现，并逐年扩大，淹没农田，使房屋倾斜，危及人民生命财产，成为塬上不可忽视的渍涝灾害。

1975年，武功县苏坊公社凹里大队（现苏坊镇凹里村）洼地明水出现，天旱消失。1976年明水达382亩，淹没农田200亩，使村庄地基沉陷，墙壁裂缝，房屋倾斜。据测查，地下水位以每日0.4毫米的速度上升。1981年雨水过多，地下水位以0.5 ~ 0.76米每年的速度上升，使井壁坍塌，井筒淤积，明水波及戴家、蔚村大队及毗邻10平方千米内的22个村1.2万亩耕地。其中22个生产队6000亩耕地逐年减产，房屋倾斜，人畜被迫搬迁。

1982—1983年，武功县苏坊、游凤等14个大队26.14平方千米3万亩耕地中，地下水埋深仅0.5米的面积达1.2万余亩，久积不涸的明水852亩。为了防止和根治明水灾害，采取井灌等综合方案进行治理，1981年6月县财政局拨款6万元，在重灾区苏坊公社复活旧井6眼，新打浅井、大口辐射井5眼，建排水抽灌6处。1982年2月，武功县水电局加强灌溉管理，提高灌水技术，并向各受灾公社投资，衬砌支斗渠道。同时，组织修建苏坊凹里和周苏排水渠，于1984年彻底治理。其中，凹里排水渠建于1985年，自戴家村（现苏坊镇戴家村）明水壕经凹里至游凤三家村西，以涵洞穿过宝鸡峡总干四支渠，于杨家堡退入漆水河，渠长3470米，流量1立方米每秒。周苏排水渠1984年秋由咸阳市、宝鸡峡管理局组成灌区排水除涝指挥部组织修建。自乾县周城庄里村西干壕，到苏坊华营堡入境，于现苏坊镇凤安村西退入漆水河。渠长5.94千米，在武功县境内长3千米，流量1.027 ~ 1.926立方米每秒，排水面积4500亩。

第四章　非工程防汛措施

新中国成立以来，流域市县各级人民政府十分重视防汛抗洪工作，每年投入大量财力、物力和人力，在重点河流和城镇修建了大批防汛抗洪工程，有力地保障了广大人民群众和驻地企业单位的生命财产安全。

第一节　指挥机构

一、市级指挥机构

根据《中华人民共和国水法》和《中华人民共和国防汛法》，漆水河流域各地市先后成立“防汛抗旱指挥部”和“城市防汛抗旱指挥部”，由主管市长挂帅，指导和协调全市的防汛工作。各市防汛抗旱总指挥部下设办公室，作为常设机构，隶属市水利局管理，负责日常防汛事务的处理，完成上级部署的相关工作。各市城市防汛抗洪指挥部下设防汛抗洪办公室和内涝办公室，分别设在市水利局和市城市建设管理局，主要负责洪水防治和城区内涝防治工作。同时还在大（2）型水库——羊毛湾水库管理局内设有联防指挥部，由主管市长担任指挥，保证库区防汛工作的有效运行。各县（市、区）亦设有相应机构，具体负责所在辖区的防汛抗洪工作，其日常办公机构设在同级水行政主管部门。

各市防汛抗旱指挥部办公室的职责是：①安排部署、组织协调全市防汛抗旱工作，负责全市汛情、旱情和灾情统计汇总；②负责全市江河、水库、城镇防洪调度方案编制，江河防洪规划拟定，防洪工程建设，市区防洪工作，水库运行管理，水库调度，防汛指挥系统建设等；③负责全市防洪工程抢险组织，发布抗洪抢险命令，机动抢险队伍建设管理，抗洪抢险新技术、新材料推广，抗洪抢险物资储备调拨；④负责全市农村、城市抗旱预案编制，抗旱服务队建设管理，抗旱技术措施推广，抗旱用水管理以及防汛抗旱资金管理，组织相关人员开展法律法规知识培训。

二、县级指挥机构

漆水河流域各县（市、区）亦设有相应机构，由各县政府主管领导和县级有关部门主要领导组成县防汛抗旱指挥部，下设指挥部办公室，为常设性机构，具体负责所在辖区的防汛抗洪工作，其日常办公机构设在同级水行政主管部门。各乡（镇）和水库管理单位也都相应成立防汛抢险组织机构，配备了电台、对讲机等通信设施，配备了防汛车和信息化监控设施，建立了日夜值班制度，实现防汛抗旱网络化管理。同时，在汛前建立抢险专兼职队伍，落实抢险物资以备调用。

各县防汛抗旱指挥部办公室，为正科级财政全额供养事业单位，隶属县水利局领导。主要职责是：负责安排和部署全县防汛抗旱工作，编制全县防汛抗旱工作规划；审查各乡镇和度汛重点单位的防汛预案、防洪工程建设项目，制定全县水库汛期调度计划。负责全县防汛抗旱工作值班、汛情传递、抗洪抢险命令发布、防汛安全大检查、组织防汛通信和预警系统的建设管理。负责组织协调县级有关部门、驻县企事业单位、部队参加抗洪抢险救灾工作，进行抗洪先进事迹表彰。负责组织协调全县重点度汛部位的防汛工作和抢险指挥工作。负责全县防汛物资储备、抢险队伍建设、机械设备组织，河流、水库、城区度汛预案编制，防汛资金计划管理及防汛业务培训和宣传工作。负责全县山洪灾害防御和治理以及城镇内涝宏观管理工作。负责全县农村和城镇抗旱工作。

第二节　防汛责任制及预案

多年来，流域地市各级防汛部门，牢固树立“防大汛、抗大洪、抢大险”的水患意识，不断完善管理制度，提高职工业务素质，强化各项防汛措施，认真做好物资储备，加强信息化建设，逐步建成了相对完整的防汛工程与非工程体系，为夺取抗洪抢险奠定了牢固的基础。

一、防汛责任制

防汛责任制是确保度汛安全的重要保证。自1983年开始，漆水河流域实行在统一领导下的分级管理、分级调度、分级负责的防汛工作责任制和各级行政领导防汛安全责任制，同时根据各级人民政府换届或领导干部调整情况，及时充实和调整防汛指挥部的组成人员。为了加强防汛责任制的进一步落实，流域市、县两级开始推行由地市人民政府主管领导与各县（区）主要领导签订年度防汛责任书的方式，明确各自的任务和责任。为了把防汛责任制扩大落实到基层，流域地市人民政府要求防汛重点渭河沿线各乡（镇）建立防汛责任牌，将巡堤查险责任人名单、责任范围等内容公示于众，接受群众监督。同时对险情易发区域明确行政包干领导干部和技术负责人，通过发文件、登报纸等形式予以公告，确保全市防汛工作责任制的层层落实。为了加强防汛重点部位的安全度汛，市上全面推行了水库防汛责任卡制度，做到一库一卡，由主要领导签字认领，做到责任到位。从2005年开始，各市防汛指挥部又根据河道清滩工作量大面广，实施难度较大的情况，制定了《河道清滩工作责任制》，明确了清滩程序，量化了清滩工作细则，强化河道清滩工作责任制的落实，最大限度地减免遇险人员围困事件的发生。

二、防汛责任追究

为了维护防汛抗旱工作秩序，严肃防汛抗旱工作纪律，保证各项防汛抗旱措施的落实，确保防汛抗旱政令的贯彻执行，提高防灾减灾工作效率，更好地保障人民生命财产安全，根据《中华人民共和国防洪法》《陕西省实施〈中华人民共和国防洪法〉办法》《陕西省重大防汛安全事故行政责任追究办法》等法律法规及规章，2004年，漆水河流域各地市、县（市、区）分别制定《防汛抗旱责任追究暂行办法》。办法提出防汛抗旱工作坚持“安全第一，常备不懈，以防为主，全力抢险”的方针，按照分工协作、统一调度、各司其职、局部利益服从全局利益的原则，实行防汛抗旱工作责任制，统一指挥，分级分部门负责。防汛抗旱工作实行以各级行政首长负责制为核心的防汛抗旱岗位责任制，省、市、县、乡人民政府主要负责人是本行政区域内防汛工作的第一责任人，对防汛安全负总责；分管负责人是本行政区域内防汛安全工作的直接责任人。

各级人民政府防汛抗旱指挥机构及有关部门、防洪设施建设管理单位的负责人和工作人员，对防汛安全工作负有直接责任。省、市、县、乡人民政府要依法建立和完善防汛安全责任制，明确重点河段、水库、城镇等区域防汛安全责任人和有关部门及单位的防汛工作责任。分工负责重点河段、水库、城镇等区域防汛安全的责任人，组织实施所负责区域的防汛准备和抗洪抢险工作。

各级人民政府防汛抗旱指挥机构负责制定实施本行政区域内防汛预案，建立防汛安全检查和报告制度，建立健全防汛抢险组织，按标准定额储备防汛抢险物资，履行防汛指挥调度责任。各级人民政府有关部门，按照各自职责做好防汛安全事故防范和处理工作。各级人民政府建设工程项目审批部门，应当按照有关法律法规、规章的规定，对涉及防汛安全的事项进行严格审查；对不符合法律法规、规章规定的防汛安全要求的，不得批准。各级人民政府水行政主管部门和防洪设施管理单位应当严格履行防汛工作职责，采取有效措施防止防汛安全事故发生，确保防汛工作规范有序地进行。

重大防汛安全事故发生后，所在地人民政府、防汛抗旱指挥机构应当立即组织开展抢险工作，并及时向上一级人民政府、防汛抗旱指挥机构报告情况，不得迟报、瞒报。各相关部门实行岗位责任制，逐级签订《年度防汛抗旱工作目标管理责任书》和《年度水库防汛抗旱工作目标管理责任书》，将防汛抗旱工作责任落实到人，明确防汛抗旱责任追究方式、范围，严格责任追究程序。

2019年，为落实水库安全度汛和防汛抗洪责任制，促进水库“三个责任人”依法履职尽责，依据《中华人民共和国防洪法》《中华人民共和国防汛条例》《陕西省实施〈中华人民共和国防汛条例〉细则》《陕西省人民政府关于切实落实防汛责任制的通知》等法律法规，陕西省水利厅制定并印发《陕西省水库安全度汛“三个责任人”履职职责（试行）》的通知。明确了省内所有水库要按照属地管理原则和隶属关系逐库落实水库安全度汛“三个责任人”，即行政责任人、技术责任人、巡查责任人。通知要求在水库大坝醒目位置设立告知牌，注明“三个责任人”及其联系方式等内容；按照分级管理原则，建立“三个责任人”台账，并向上级备案。“三个责任人”要依据岗位职责，履行水库防汛抗洪责任，组织开展排查和处置隐患、险情、灾情，防止重特大灾害事故发生。严格执行汛期值班带班和信息报送基本制度；因履职不到位、思想麻痹、工作疏忽或处置失当而造成重大灾害后果的，要追责问责，情节严重的追究法律责任。

三、度汛方案

为了防患于未然，给各级领导机关防汛抢险的决策提供可靠依据，每年3月，流域各地市防汛指挥部都组织安排各级防汛部门根据水利工程现状和保护区社会经济变化情况，重新修订和完善河流、水库和城镇的度汛预案，防、抢、撤实施方案，针对不同标准洪水和险情，对抗洪抢险活动的操作程序、抗洪措施、实施时机、责任人等项内容做出明确细致的规定。开展全面的防洪调研，对洪水演变、河床淤积、流域概况、社会经济发展、水库拦蓄、险工段等情况进行实际查勘和调研，并深入主要河流上游控制水文站（点）收集历史洪水资料，分析江河产流过程，掌握洪水发生特点。在此基础上，重点对境内漆水河流域和城区防洪预案重新进行了修订完善，增强了防洪预案的实用效果。根据省水利厅统一安排，流域各有关市防汛指挥部结合地市实际情况，参照《突发公共事件总体应急预案》，宝鸡、咸阳市各相关县编制完成了漆水河流域各支流《防洪应急预案》等度汛方案，咸阳两市先后编制完成了《漆水河流域防洪预案》《漆水河流域城区防洪预案》《防洪应急预案》等相关完备的防汛预案体系，为防汛抢险工作提供了科学依据和预案。

乾县防汛抗旱指挥部办公室在2014年发布了《乾县防汛应急预案》，该预案旨在保证抗洪抢险工作及时、高效、有序进行，提高对暴雨洪水、突发事件抢险救援工作的组织指挥能力、快捷反应和救援处置能力，最大限度地减少洪涝灾害所造成的人员和经济损失。预案编制的依据有《中华人民共和国防洪法》《中华人民共和国突发事件应对法》《中华人民共和国防汛条例》《国家防汛抗旱应急预案》《陕西省实施〈中华人民共和国水法〉办法》《水库大坝安全管理条例》《陕西省县、乡、村防汛抢险工作实施办法》《乾县人民政府突发公共事件应急预案》等相关法律法规和文件。预案对于不同级别的应急响应都有明确的规定。从特别重大级（Ⅰ级）到一般级（Ⅳ级），每一级别都有相应的应急响应范围和行动。预案还提供了针对不同类型灾害的应急响应措施，如山洪灾害、水库溃坝、泄水闸垮塌等。此外，预案还涉及信息报送和处理、指挥和调度、抢险救灾、安全防护和医疗救护、社会力量动员与参与、新闻报道以及应急结束等方面的具体内容。为了确保防汛工作的顺利进行，预案还规定了通信与信息保障、应急救援与装备保障、现场救援和工程抢险保障、应急队伍保障、供电保障、交通运输保障、医疗保障、治安保障、物资保障、资金保障和社会动员保障等方面的措施。同时，预案还提到了技术保障与建设和宣传、培训和演习的重要性。

2018年武功县制定的《武功县城区防汛应急预案》，涵盖了防汛的各项设施、制度和措施，主要内容包括武功县的地表水和水文情况，如引渭工程、过境河流、漆水河、漠峪河等的水流状况和流域面积。预案体现了以人为本的方针、行政首长负责制、防抢结合、因地制宜、统一领导和调度等原则，通过加强组织领导，细化任务，夯实责任，并开展了防汛应急演练，以提高应对自然灾害的快速反应能力和协同配合能力。

四、防洪预案

为了防止和减轻山洪灾害，做到有计划、有准备地防御山洪灾害，最大限度地减轻山洪灾害造成的人民生命财产损失，由省防汛办编制防汛预案，由流域各政府办公室发文通知各镇、各单位执行。分别编制了《山洪灾害防御预案》和《县城防水预案》。预案划定了各县安全区和危险区，明确了组织机构和体系以及实施措施和保障措施。县级组织机构为县防汛抗旱指挥部，总指挥由县长担任，副总指挥由县人武部部长、分管水利工作的副县长和水利局局长担任。指挥部下设办公室、工作组、抢险队 3 个机构，其中工作组包括监测组、转移组、调度组、保障组共 4 个工作小组。抢险队包括治安转移分队、物料运输分队、抗洪抢险分队、医疗救护分队、电力通信保障分队共 5 个工作分队。

2013 年，随着国家山洪灾害防治非工程措施建设，预案编制工作更加依法科学规范。防灾预案是防御山洪灾害实施指挥决策、调度和抢险救灾的依据，是基层组织和人民群众防灾、救灾各项工作的行动指南。县、镇及行政村根据各自的实际情况调查了解区域内自然和经济社会基本情况、历史山洪灾害损失情况、山洪灾害的成因及特点，划分出危险区和安全区；明确各级山洪防御组织机构人员及职责；充分利用已有的预警、监测及通信设施，及时发布山洪灾害预警信息。根据山洪防御方案启用条件，制定具体“防、抢、撤”措施，重点突出安全撤离的人员范围、撤离路线、安全地点。拟定抢险救灾、灾后重建、人洪灾害防御宣传、预案演练等工作。

2019 年，扶风县依据《国家防汛抗旱应急预案》等一系列法律法规和规定，制定了《扶风县防洪预案》。预案涵盖了全县范围内洪水灾害的应急处置和防汛抗洪抢险工作，包括河流洪水、山洪以及由于地震灾害、恐怖活动等引发的堤防溃口、水库垮坝等洪水灾害。其中预防预警机制提出，要建立预防预警信息收集系统，包括气象水文信息、防洪工程信息和洪水灾情信息。同时，规定了预防预警行动，如预警准备、河流洪水预警、山洪灾害预警等；应急响应提出要制定防御洪水的总体要求和具体方案，包括渭河干流、七星河干流、漳水河干流等的防御措施；预案还涉及信息报送和处理、指挥和调度、抢险处置、应急人员及群众安全防护等内容；应急保障主要包括通信与信息保障、物资供应保障、应急队伍保障、交通和电力保障、医疗卫生保障、治安保卫保障、经费保障和技术保障等方面。善后工作包括抢险补偿、社会救助、抢险物料补充、水毁工程修复和分析评估等内容。

2020 年，麟游县制定了《麟游县山洪灾害防御预案》和《麟游县防汛应急预案》，预案明确了组织机构、分工协作和细致的措施安排，力求在灾害发生时能够有效地进行防范和应对。

第三节　信息化建设

一、通信网络建设

防汛通信网络是为防汛会商、抗洪救灾赢得宝贵时间的快捷信息工具。随着国家的科技进步和水利现代化水平不断提高，各级防汛部门已基本建立起有线程控电话网、无线电台设备通信网、卫星电话和计算机网络系统。如咸阳市的羊毛湾水库，在市防汛指挥部办公室设中心基地台，在下属县（市、区）及羊毛湾水库管理局建有分中心台站，并在永寿县槐山建立中继站。为了及时掌握汛情，方便交流防汛信息，处理突发事件，为有关部门会商和决策提供应急服务，各级防汛部门还配有20多台防汛车载通信系统和对讲机，并购置两部全球卫星通信电话，以备急用。2006年以来，市防汛指挥部又积极与气象部门合作，建成了22个雨量自动测报点，将相关雨情资料联网共享，使汛情监测水平不断提升，防洪预警能力大为增强。

二、防汛信息化建设

2003年，根据陕西省防汛指挥部《关于市县两级防汛信息化建设实施意见》的要求，流域地市各级积极筹措和争取资金，购置通信设备，建成了防汛办局域网。2004年各市又在省防汛指挥部支持下，建立了与省防汛指挥部办公室相联的异地视频会商系统，初步实现了汛情的图、文、声、像传输，加速了本市防汛信息化建设步伐。2006年，咸阳市、宝鸡市防汛办公室又建成电子公文处理系统并投入运行。在2003年各市防汛办积极争取到市财政资金的支持，建立起全市洪水测报系统，同时为各县（市、区）防汛部门购置配备了一批计算机、传真机、打印机、发电机等现代化办公设备，加强了各级防汛部门的汛情传递和洪水处置调度指挥能力，提高了工作效率。2006年，又开发了市、县两级TM网上传输系统、水情信息网上传输系统和省、市、县三级洪涝灾害联网系统。这些系统的建成和投入使用，既保证了有关信息的快速准确传递，又节省了不少时间和费用，为及时指挥调度和正确决策提供了有力的条件保证。

三、智慧水利建设

流域市县积极编制智慧水利建设实施方案，各级主动申报智慧水利建设项目。这些项目充分运用大数据、互联网、人工智能等新一代信息技术，建设水网大数据中心，促进水利工程建设智慧化、水网智能化。推进水利工程和新型基础设施建设相融合，对已建成水利业务网络系统进行整合升级，进行风险评估和定级备案，探索建立网络安全等级保护制度。探索并推动“水利一张图”，项目将在河长制、湖长制、水旱灾害防御、工程建设和运行管理、水资源配置调度、水土保持监管等业务工作中应用和实施。推进政务信息整合共享平台成果运用，实现管理事项“网上办理”。目前正在积极推进中。

第五章　防汛救灾

流域洪水灾害主要集中在干流上游段。新中国成立以后，为解决防洪问题，1972 年建设了流域最大的水库——咸阳羊毛湾水库，增强了对洪水的调控与削峰能力；加之逐步形成的防汛通信预警系统、防汛抢险撤离方案、灾害防御等非工程措施，基本保证了设防标准内的防洪安全。特别是《中华人民共和国水法》《中华人民共和国防汛条例》等法规颁布以后，防汛工作逐步走上了正规化和规范化的轨道。

第一节　病险水库治理

水库是水利建设中的一项主要蓄水工程，施工程序多，要求质量高。新中国成立后，陕西省于 1958 年和 1975 年掀起两次建设高潮，相继建成一批大中小型水库，极大地改善了农业生产的水利条件。到 1986 年，流域共建成各类水库 81 座。由于当年许多水库缺少严密的科学论证，属于边勘测、边设计、边施工的“三边”工程，一味追求速度，导致防洪标准低，施工质量差，致使建成以后病害不断，淤积严重，经济效益明显萎缩，甚至失去正常功能而报废。

1986 年，国家曾投资对流域一些水库存在的隐患进行治理。1999 年底，国家计委、水利部又决定对部分病险水库再次进行除险加固，以消除水库病害，提高防洪标准，保证水库安全。截至 2020 年，漆水河流域共有 26 座水库完成了除险加固。从 2002 年至 2020 年，流域内共完成了 26 座大中小水库的除险加固。在除险加固工程建设中，均遵照“三制”运作。

根据《陕西省病险水库除险加固建设管理办法》的规定，水库除险加固项目法人组建由有关县（区）水利局负责，报市水利局审批。项目法人代表由县（区）水利局主管局长或乡（镇）长负责，水利局总工或水利局主管局长任技术负责人，下设工程管理组、质检组、计划财务组和技术设备组等机构，明确责任，各负其责。

水库除险加固工程招标由各项目法人组织，向省水利厅上报招标实施方案，经省水利厅批复后组织招标投标。招标投标方式全部为面向社会公开，接受社会监督。投标的施工单位资质为水利水电总承包二级，中标后招标结果在网上公示，并报省水利厅招标办备案。工程开工后，业主单位对中标单位的资质及其在投标文件中所列的施工组织机构及人员结构情况进行了复核检查。

各市县水库除险加固项目的工程监理采用公开招标的方式，分别由工程建设监理公司

（甲级）、工程建设监理咨询公司（乙级）承担。监理单位在工作中按照监理规划和监理实施细则，履行“三控制、两管理、一协调”职责，“三控制”即对工程的投资控制、质量控制和进度控制，“两管理”即合同和信息管理，“一协调”即监理单位对各自对应管理的施工标段搞好组织协调工作。

一、大型水库——羊毛湾水库除险加固

羊毛湾水库于1970年建成。枢纽工程主要由大坝、输水洞、泄洪洞和溢洪道四部分组成。由于受当年建设条件限制和库区特定地质条件影响，工程在投入运行后不久便出现病险渗漏问题。1986年，羊毛湾水库被水利部列为全国第一批病险水库，并于当年6月开始进行第一次除险加固。历时4年，先后完成了泄洪底洞和输水洞放水塔及闸门改造，溢洪道改造加固、大坝原型观测设施布设、10千伏输电线路架设和漏水部位水下封堵工程等整改措施布设，于1989年11月全部建成竣工。工程总投资747.63万元，群众投工1390万个，共完成土石方开挖5.45万立方米，混凝土浇筑4633立方米，浆砌工程2813立方米，金属结构及设备安装70吨。

由于多年高水位运行，潜在隐患逐渐暴露，水库出现大坝裂缝，左坝段岸坡防渗铺包层击穿漏水等新问题，严重影响大坝的安全。2000年，羊毛湾水库除险加固续建工程被列入国家计委、水利部的全国水库除险加固建设项目，核定羊毛湾水库除险加固续建工程概算总投资为2159.00万元，并于当年5月15日正式动工建设。历时两年零七个月，于2002年12月完工。先后完成副坝护坡加固、大坝左端防渗铺包、大坝右岸充填灌浆、大坝劈裂灌浆、泄水洞闸室改造、大坝安全监测设施更新改造、防汛道路改线和附属管理建设等分项工程。累计完成土方开挖21.56万立方米，土方回填8.97万立方米，石方1.91万立方米，混凝土浇筑8000立方米，灌浆总进尺18222米，新建管理用房1050平方米，金属结构制安154吨。2007年3月27—29日，羊毛湾水库除险加固续建工程竣工验收会在乾县举行。会议依据《水利水电建设工程验收规程》，经验收委员会专家认真讨论和评审，同意该工程通过验收，交付运行管理单位使用。羊毛湾水库除险加固工程完成后，水库校核供水标准由500年一遇提高到2000年一遇，其渗漏问题基本解决，同时可以保证水库正常的高水位运行，使水库的安全性得到显著提高，增加了供水保证率，为灌区农业的大发展提供了新的保障。

二、中型水库除险加固

（一）大北沟水库除险加固

大北沟水库位于乾县梁村镇倪家窑村，宝鸡峡塬上总干渠145千米处，是灌区渠库结合工程之一。水库上游建有西沟、乾陵、老鸦嘴三座水库，上游来水已被三座水库全部拦蓄，大北沟水库主要靠宝鸡峡总干渠引水充蓄，在灌溉用水时，再抽库水补给渠道，以提高灌区用水保证率，其效益以灌溉为主。2000年7月陕西省宝鸡峡引渭灌溉中心完成大北沟水库除险加固可行性研究报告，省计委以陕计农经〔2001〕547号批复立项；2001年10月完成了初步设计报告，省水利厅以陕水计发〔2001〕190号文批复概算投资3367.56万元，建设工期1.5年；2002年4月完成实施方案设计报告，8月省水利厅商省计委以陕水计发〔2002〕202 号文批复概算投资 2997.86 万元，建设工期 1.5 年。主要建设内容包括溢洪道改建、输水洞加固、新增泄洪排沙岔洞、左右坝肩灌浆、过坝干渠衬砌、迎水坡砌护、防汛道路改建、管理及安全监测设施改造等项目。

2001 年 12 月 29 日，陕西省水利厅以陕水建发〔2001〕46 号文件批复宝鸡峡管理中心为大北沟水库除险加固工程项目法人。2002 年 8 月，陕西省宝鸡峡引渭灌溉中心成立了大北沟水库除险加固现场项目部，下设综合办公室和生产技术组。工程设计单位为陕西省水利电力勘测设计研究院，工程监理单位为陕西咸阳郑国工程建设监理有限公司。

2002 年 9 月，省水利厅以陕水建发〔2002〕73 号文对招标实施方案进行批复，主体工程分为 7 个标段，共招标 4 次。工程施工采用单价承包合同形式竣工结算投资 3041.3 万元，其中国债资金 2250 万元，省级配套资金 750 万元，单位自筹资金 41.3 万元。

施工道路及施工用电由咸阳水利机械施工队承建，2002 年 8 月 23 日建成，完成投资 91.49 万元，10 月 20 日达到“四通一平”要求，具备开工条件。溢洪道改建工程由中铁十二局承建，2002 年 10 月 26 日开工，2004 年 5 月底完工，完成投资 576.96 万元。输水洞加固及新建泄洪排沙岔洞工程由中铁十二局承建，2003 年 6 月 4 日开工，2004 年 10 月完工，完成投资 655.77 万元。左右坝肩灌浆工程由宝鸡峡工程局承建，2002 年 11 月 11 日开工，2004 年 6 月 10 日完工，完成投资 319.80 万元。迎水坡砌护及过坝干渠衬砌工程由陕西省渭河工程局承建，2003 年 3 月 20 日开工，2004 年 11 月底完工，完成投资 425.02 万元。防汛道路改建由陕西省宝鸡峡工程局承建，2004 年 9 月 5 日开工，12 月 8 日完工，完成投资 127.54 万元。下游河道疏通工程由中铁十二局集团有限公司承建，2004 年 6 月 2 日开工，11 月底完工，完成投资 237.27 万元。大坝安全监测系统工程由西安兰特水电测控技术有限责任公司承建，2004 年 11 月 5 日开工，2005 年 6 月底完工，完成投资 70.31 万元。库区绿化美化工程由杨凌园林绿化公司承建，2005 年 3 月 20 日开工，3 月底完工，完成投资 63.45 万元。

加固工程实施期间对部分设计进行了变更和处理。对溢洪道二级陡坡段进行拆除改建；二级消力；增加基础设施宿办楼改造面积 575 平方米，实建 1125 平方米；左右坝肩绕坝渗漏灌浆设计变更为三排孔实施灌浆；将主坝体砌护与两岸包头砌护结合起来，左岸延伸至输水洞进口附近，右岸延至溢洪道进口两岸护坡。

大北沟水库除险加固工程自 2002 年 10 月 26 日开工建设，2004 年 5 月 12 日进行了蓄水阶段验收，5 月 21 日水库正式蓄水。2005 年 8 月 19 日，省水利厅对 7 个单位工程进行验收，其中溢洪道改建工程、输水洞加固及新增泄洪排沙岔洞工程、下游河道疏通工程、大坝安全监测设施四个单位工程评定为优良工程；左右坝肩灌浆工程、迎水坡砌护及坝顶渠道衬砌工程、防汛道路改建三个单位工程评定为合格工程。单位工程优良率 57.1%。2005 年 8 月 27 日，对工程进行了初步验收，质量评定为优良。

大北沟水库除险加固后，年调节水量由原 2600 万立方米增加到约 5000 万立方米，既增加了下游区农业供水量，又为下游及周边城镇、工矿的用水提供了可资利用的水源。经专业部门水质检测，水库水质满足工业及生活用水标准。大北沟水库距乾县县城大约 14

千米，为县城及其中间城镇较为理想的供水水源。

（二）老鸦嘴水库除险加固

老鸦嘴水库坝址处于渭河二级支流漠西河上游，是一座以农业灌溉、乡镇企业供水、防洪等综合利用的中型水库。总库容为 1802 万立方米。老鸦嘴水库始建于 1958 年，1970 年 4 月坝体竣工。老鸦嘴水库投入运行以来，一直未能高水位运行，其中 1988 年 8 月 30 日库水位达 598.65 米，1990 年 5 月库水位达 590.0 米。两次较高水位（未达到设计水位）运行时，经观察发现泄水洞洞壁内侧呈水柱状射出者多达 40 余处，分布在洞前约 150 米范围内，加之大坝两端出现不同程度的纵、横向裂缝，故水库管理局采取放空库水，空库迎汛的方案，确保大坝、泄水洞安全度汛。老鸦嘴水库因属渠库结合工程及其他客观原因，枢纽建筑物一直存在不少问题，主要是防洪标准偏低。

老鸦嘴水库 2004 年列入陕西关中灌区改造工程世行贷款项目进行了加固改造，其主要内容有：一是大坝加固工程。主要是上游部分北坡干砌石加固工程、下游坡及坡角排水沙井工程。二是放水洞及放水塔工程。放水洞长 226.75 米，钢筋混凝土现浇内径 170 厘米，混凝土厚度为 25 厘米，放水塔高 39.4 米，钢筋混凝土现浇，工作桥长度为 101.5 米，排架最大高度为 21.37 米。三是大坝观测设施。主要包括大坝沉降、位移及渗流观测。四是其他工程，包括水库供电和配电系统。2008 年老鸦嘴水库再次列入除险加固工程。项目包括大坝迎水坡干砌石护坡、新修泄洪洞及放水塔、改造坝顶羊毛湾输水干渠、铺设坝顶防汛道路、完善大坝观测设施、完善管理设施和新建管理房。老鸦嘴水库除险加固工程实施后，水库校核洪水标准由 200 年一遇提高到 1000 年一遇，水库安全性能得到了极大改观，增加了灌区供水保证率，同时也保证了下游大北沟水库和杨凌区 10 个村庄、武功县 21 个村庄的 3.67 万亩耕地和 3420 人的生命财产安全，对保障下游安全起到重要的作用。

（三）凤翔县东风水库除险加固

凤翔县东风水库建设于 20 世纪 70 年代，标准低，大坝碾压不实，溢洪道偏小，自投运以来就相继出现了渗漏、部分坝面沉陷及溢洪道泄洪能力不足等问题，经鉴定被确定为病险水库。经上级部门反复论证，列入以工代赈项目，于 1995—2001 年对该水库进行复核加固。新建左岸开敞式侧槽溢洪道、公路桥、跨溢洪道交通桥、副坝前防渗铺盖等项目。完成土石方 29.24 万立方米，混凝土 5634 立方米，完成投资 798.98 万元。为了全面完成对病险水库的加固，2005 年 8 月至 2006 年 5 月用中央预算内专项资金，对东风水库再次进行除险加固。封堵了原溢洪道，新建坝顶防浪墙，硬化坝顶道路，砌护护坝迎水坡，整修大坝背水坡，完善了管理设施。完成土石方 5.63 万立方米，混凝土 440 立方米，完成投资 322.61 万元。东风水库经历两次加固后，提高了防洪标准等级，保证了灌区的灌溉用水，最大限度地发挥了水库的兴水利安作用。2021 年 11 月，东风水库大坝鉴定为“三类坝”。2024 年 5 月再次进行除险加固，主要内容有：坝顶防浪墙拆除重建；放水塔筒内衬加固；拆除重建启闭机平台及启闭机房；更换检修闸门及启闭机；工作桥面铺装改造；放水洞钢板内衬加固、拆除重建等；溢洪道底板破损部分拆除重建，跨溢洪道交通桥重建；大坝安全监测设施改造；西站进水渠侧墙及底板拆除重建。计划 2024 年底完成主体工程。

（四）凤翔县白荻沟水库除险加固

凤翔县白荻沟水库于 2002 年实施除险加固，除险加固工程旨在加强水库的安全性和稳定性。工程总投资 1871 万元，除险加固工程对溢洪道进行改建，防洪标准达到 50 年一遇洪水设计，100 年一遇洪水校核。另外，对安全观测设施进行改进，增设了上游来水监测、水文气象监测，全部采用自动化监测。该工程的实施保障了当地水资源的安全，提高了水库的防洪能力，同时较好地保障了周边地区的农业灌溉用水。

（五）扶风县信邑沟水库除险加固

扶风县信邑沟水库一期工程于 1958 年 10 月开工，1961 年 9 月停工；二期工程于 1969 年 10 月开工，1971 年 12 月竣工。当时的水库库容 3290 万立方米，有效库容 1308 万立方米，已淤积 366 万立方米，由于原坝体单薄，稳定性差，未设溢洪道，加之经过三十多年运行，出现坝体沉陷裂缝，过坝渠道渗漏严重，安全隐患较多，因而除险加固工程于 2002 年 7 月开工。其主要内容有：大坝培厚加固，新建溢洪道，加固放水洞，改造放水塔、进水闸和进水渠，新建干渠节制闸，过坝渠道防渗处理和改造防汛道路等项目。信邑沟水库枢纽工程按 100 年一遇洪水设计，1000 年一遇洪水校核，相应洪峰流量分别为 1060 立方米每秒和 1732 立方米每秒，相应洪水位分别为 573.79 米和 576.13 米。除险加固后，水库正常蓄水位为 570 米，总库容为 3705 万立方米，兴利库容为 2659 万立方米，调洪库容为 1046 万立方米。

三、小型水库除险加固

（一）扶风县白家窑水库除险加固工程

白家窑水库位于扶风县城北渭水河二级支流七星河上游，距离县城约 3.5 千米，总库容为 440 万立方米，有效库容为 234 万立方米。白家窑水库的主要功能是防洪，同时兼顾灌溉和养殖。为了解决水库自身存在的安全隐患以及下游群众农业灌溉用水的问题，2005 年扶风县水利局进行了水库除险加固工程的筹划和组织。水库主坝除险加固工程方案主要包括：评估主坝现状和存在问题、加固方案设计、施工实施、工程验收等。针对主坝的结构问题，建议采取混凝土加固、增加加固带和增加支撑结构等措施；对于主坝的渗漏问题，可以采取排水系统和渗漏监测等措施进行控制。

2007 年白家窑水库再次进行除险加固，主要内容有：对放水洞、放水塔进行改造，对右坝肩采用高压摆喷防渗墙防渗，拆除原有的观测桩，重新布置观测桩，并增设渗流压力、流量、应力等观测设施。水库除险加固后，随着生态环境的改善和修复，提高了水资源的可持续利用，提升了周边的生态环境质量。2021 年 2 月，白家窑水库大坝鉴定为二类坝。

（二）扶风丁童水库除险加固工程

扶风丁童水库位于陕西省宝鸡市岐山县青化镇丁童村，是七星河干流上的一座水库，距离县城约 28 千米。该水库主要用于防洪、灌溉，并兼有养殖功能，是一个小（1）型水库。丁童水库在岐山县的水利工程中占据重要位置，一旦发生特大洪水导致水库垮坝，将会对下游的白窑水库以及扶风县城的安全造成严重威胁，还会威胁到西宝北线、宝鸡峡漳水倒虹、西宝高速公路等基础设施和人民的生命财产安全。丁童水库首次除险加固工程于2008年11月6日开工建设，主要包括大坝加高加固、放水洞出口改造加固、溢洪道改建、新建跨溢洪道交通桥、增设大坝安全监测设施以及管理设施完善等工程内容。水库除险加固后，其蓄水量和供水能力得到增强，有助于提高农业灌溉的保障程度，对农业生产的发展起到积极的推动作用。2021年8月，丁童水库大坝鉴定为“三类坝”。2022年10月丁童水库再次进行除险加固，主要内容有大坝加高、改建放水设施、改建溢洪道、改造跨溢洪道交通桥、恢复完善大坝观测设施等。

（三）乾县南沟水库除险加固工程

南沟水库位于乾县梁村镇，是一座以防洪、灌溉为主，兼有养殖的小型水库，为渠库结合工程。该库除险加固工程于2020年7月开工，2021年1月完工，加固后经过5个多月的蓄水试运行，目前水库主体工程安全、运行正常，运行期间累计抽水量36万立方米，夏灌增加灌溉面积3000多亩，有效保证了辖区3.28万亩农田灌溉，在发挥防洪、供水、灌溉等综合效益的同时，保障了水库下游人民生命财产安全。

（四）武功县龙王沟水库除险加固工程

龙王沟水库位于陕西省武功县游凤镇游凤街村西南，沟底细流上自扶风召公河川道耕地。

1972年2月，对原土坝加高5米。1981年，随着上游来水量增大，水库控制面积增加到了21平方千米。1982年3月，计划投资10万元进行改建，但未实施。1985年3月9日，因水库涵洞坍塌，省、市投资13.5万元进行了改建，同年10月完成。2011年10月，武功县利用中央财政专项资金实施龙王沟水库加固工程，工程总概算为216.61万元，主要建设内容包括大坝加固、泄洪洞加固、完善大坝安全检测设施及管理实施等，于2012年6月完成施工。水库除险加固后，其防洪能力得到提升，可以更好地抵御洪水灾害，保护下游地区居民的生命和财产安全。

第二节　防汛准备

一、汛前检查

为确保人民群众生命安全，每年汛前，漆水河流域各市防汛指挥部都组织市、县防汛机构和有关单位进行安全大检查，开展河道治理专项行动，对河道内的违章建筑、滥垦挖沙等违法行为进行认真查处，做好清障工作，并对各个重点部位和重点水库防汛措施进行实地检查，对存在的问题及时拿出处理意见，要求在规定时限内采取有效的整改措施，消除度汛隐患，保障防汛安全。

二、防汛物资储备

防汛物资储备是夺取抗洪救灾胜利的重要保证。流域各级人民政府和防汛部门每年积极筹措资金，确保防汛需要，增补防汛物资，购置抢险设备，认真做好防汛物资的采购和储备工作。各市、县（区）和各库区根据《陕西省防汛物资储备与管理办法》的规定，每年对防汛物资种类和数量做到及时补充，足额到位，并逐一造册登记，做到品种全、数量足、质量好，确保防汛抢险工作的紧急需要。从 2004 年以来，咸阳市财政每年都拨出 100 万元资金，专门用于全市防汛抢险救灾的物资采购和储备，并对各市、县（区）和河流险工险段的防汛物资落实情况，进行逐一对照检查，做到账目和实物相符。截至 2007 年，全市共储备编织袋 40 余万条，铅丝 150 吨，备防石料 3.1 万多立方米，救生衣 2512 件，救生圈 760 个，彩条布 5 万平方米，冲锋舟 13 艘及大量应急照明设备，为确保全市防洪安全奠定了坚实的物质基础。

按照“分级管理、分级负责”的原则，受保护区范围内的抢险救灾物资由主管单位负责筹集。流域各村级抢险物资由群众自备。乡（镇）级抢险救灾物资由乡（镇）按实防所需自备。县级抢险救灾物资在县财政防汛经费项下逐年积累，按使用情况核销。

山洪灾害防治非工程措施建设，在上游麟游县山洪灾害危险区内具备全面掌握境内雨水情时滞变化的趋势，并按照前期分析确定的雨量预警指标和水位预警指标，实现准备转移和立即转移的实时预警；重点防控流域，具备依照降水及相关要素预报重要断面水情变化趋势或按相邻边界水情要素变化趋势预报下游断面的洪水形势，并依据致灾因素等级实时启动山洪灾害危险区转移警报；典型中小型水库按照实时水情及预报情势，对照灾情实际特征、下游防洪要求实时启动警报；强化群测群防体系、完善防御预案、宣传防御知识、演练防御过程，增强全民防灾避灾意识。有效提高麟游县山洪灾害的防御能力，为减少人员伤亡和财产损失提供重要保证。

三、抢险队伍

根据每年气象和水文的实际发生情况，流域各市县人民政府在汛前提早组织抗洪抢险队伍，落实抢险人员，开展防汛演练，同时始终坚持军民联防、协同作战的制度，及时向驻地部队通报汛情，协调驻军制定抗洪救灾实施方案，形成军民携手、共同奋战的良好局面。

2020 年 8 月，杨凌消防救援支队面对强降雨造成的城区及农村多条道路和立交涵洞积水严重的灾情，支队迅速出动，投入力量参加抢险，为保护人民群众的生命财产安全做出了重要贡献。

同时，各市县积极发挥由民间力量组建的防汛抢险队伍作用。

为了加强杨凌示范区的应急救援体系，提高灾害事故的应急救援能力，2023 年 6 月 5 日，杨凌组建了首支民营企业防汛抢险突击队——杨凌嘉禾防汛抢险突击队。这支队伍依托陕西嘉禾药业有限公司组建，分为三个大队，编制人数为 300 人。突击队队长由陕西嘉禾药业有限公司的有关负责同志担任，办公室设在该公司的安全环境事业部。在杨凌示范区防汛抗旱指挥部和杨凌示范区应急管理局的统一领导下，该队伍全力做好突发性防汛及自然灾害的应急抢险工作，确保在遇到险情时能够第一时间就近赶赴现场支援，为抢险救援赢得宝贵的时间。

四、防汛演练

防汛演练是强化落实防汛抢险应急机制，切实提高防汛排水应急处置能力，做好迎战强降水过程中突发情况的准备，增强工作人员的应急抢险意识，提高其对各种设备操作的熟练程度，以便在应急抢险过程中缩短准备时间、及时有效地发挥各种应急抢险设备的作用。防汛应急抢险演练增强了全社会全民的防汛意识，检验防汛指挥调度、应急抢险等防汛工作各主要环节的运行程序，提高应急抢险实战能力、应急事件的处理能力，熟悉突发事件抢险程序。

漆水河流域各地市县在每年汛前开展防汛演练，编制《防汛演练方案》，进行培训预演，择机开展演练，增强全民的防汛意识和应急处置能力。完善和制定防汛物资管理制度，如岗位责任制度、防汛物资管理制度、仓库管理制度、汛前检查制度、安全消防制度、资料档案管理制度、安保制度等有关制度和业务流程，编制物资调运应急预案、仓库消防安全应急预案，编制物资管理手册。加强防汛抢险队伍的规范化、专业化建设，建立完善的内部管理工作制度及流程，包括应急协调指挥制度、突发事件评析制度、抢险预案管理制度和学习培训演练制度等内部管理规章制度。

2023 年 6 月 29 日，武功县组织 2023 年防汛应急抢险救援演练。演练以渭河、漆水河发生洪水，出现堤防滑坡、人员受困、堤防决口等突发险情为背景，共组织 800 多人，围绕应急响应、巡堤除险、人员救生、决口抢堵 4 个科目 11 个子项目进行实战化演练，旨在检验预案、磨合机制、锻炼队伍，增强军地协同能力，积累防汛应急抢险救援实战经验，提高全市防汛应急抢险救援工作总体水平。

2024 年 7 月 26 日，扶风县城关街道办组织防汛演练。演练时值“七下八上”的防汛关键时期。演练内容主要包括村级预警监测员发现险情并上报，街道应急指挥部发出救援指令，应急队伍集结赶赴险情点，组织群众紧张有序撤离，紧急清理路障、设置警戒线、安置受灾群众、除险后群众返回等关键环节。参与人员有街道应急救援队、聂堡村防汛应急小分队、医护人员、群众等共计 120 余人。通过演练有效检验了街道、村组应对突发事件的处置能力，达到了预期目标。提高了党员干部处置汛期突发事件的应急救援能力，增强群众应急避险应变能力，为进一步细化完善应急救援预案提供了有效依据，为辖区的防汛应急工作打下了坚实基础。

第三节　水文站网建设

水文站网是测站及其管理机构所组成的信息采集和处理体系。漆水河流域水文站网的任务是收集漆水河流域基本水文资料，探索基本水文规律，满足各方面共同的需要和重要水利枢纽、重要河段水文情报预报的需要。漆水河流域内于 1971 年 1 月设立了安头水文站，位于永寿县店头镇安头村，距离河口 66 千米，测站集水面积为 1007 平方千米，测验项目有水位、流量、泥沙、降水、蒸发等。流域内先后建有崔木、阁头寺、常丰、招贤、良舍等 17 处报汛雨量站，站点覆盖了主要的支流岔沟。截至 2020 年漆水河流域共布设水文站网 14 个，其中水文站 2 个，中央报汛站 1 个，省级一般报汛站 1 个；雨量站 12 个，省级重点报汛站 5 个，省级一般报汛站 7 个。

流域水文站网分布见图 3-5-1。漆水河流域水文监测站点信息见表 3-5-1。

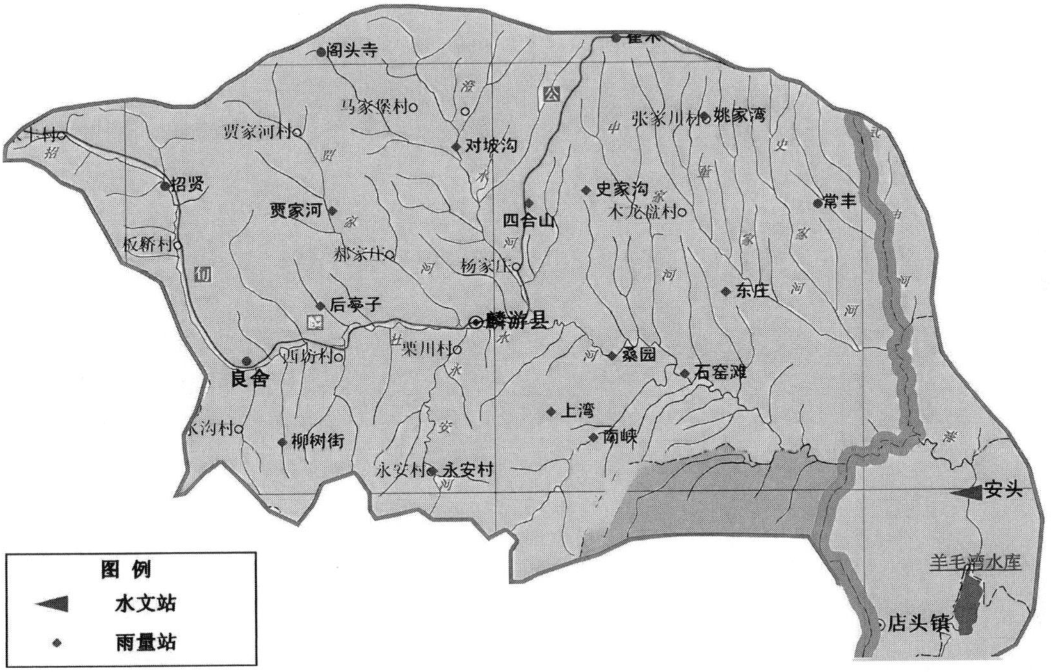

图 3-5-1　漆水河流域水文站网分布

表 3-5-1　漆水河流域水文监测站点信息

序号	测站名称	行政区域	河流	报汛等级	测站类型	站址
1	安头	永寿县	漆水河	中央报汛站	河道水文站	陕西省咸阳市永寿县店头镇安头村
2	麟游	宝鸡市麟游县	杜水河	省级一般报汛站	河道水文站	陕西省宝鸡市麟游县城关镇
3	招贤	宝鸡市麟游县	招贤河	省级重点报汛站	雨量站	陕西省宝鸡市麟游县招贤镇招贤村
4	良舍	宝鸡市麟游县	山大河	省级重点报汛站	雨量站	陕西省宝鸡市麟游县九成宫镇良舍村

续表 3-5-1

序号	测站名称	行政区域	河流	报汛等级	测站类型	站址
5	阁头寺	宝鸡市麟游县	澄水河	省级重点报汛站	雨量站	陕西省宝鸡市麟游县招贤镇阁头寺村石家湾
6	崔木	宝鸡市麟游县	申家河	省级重点报汛站	雨量站	陕西省宝鸡市麟游县崔木镇政府院
7	桑树坡	宝鸡市麟游县	漆水河	省级一般报汛站	雨量站	陕西省宝鸡市麟游县九成宫镇桑树坡村
8	常丰	宝鸡市麟游县	史家河	省级重点报汛站	雨量站	陕西省宝鸡市麟游县常丰镇供销社
9	永安村	宝鸡市麟游县	永安河	省级一般报汛站	雨量站	陕西省宝鸡市麟游县九成宫镇永安村
10	安舒庄	宝鸡市麟游县	马家河	省级一般报汛站	雨量站	陕西省宝鸡市麟游县九成宫镇安舒庄村林场
11	石臼山	宝鸡市麟游县	马家河	省级一般报汛站	雨量站	陕西省宝鸡市麟游县九成宫镇石臼山村
12	紫石崖	宝鸡市麟游县	杜水河	省级一般报汛站	雨量站	陕西省宝鸡市麟游县九成宫镇紫石崖村
13	新庄塬	宝鸡市麟游县	杜水河	省级一般报汛站	雨量站	陕西省宝鸡市麟游县九成宫镇新庄塬村

第四节　典型抗洪抢险案例

一、历史上九成宫洪水灾害

据《麟游县志》记载，唐永徽五年（654 年），麟游四月二十三日夜大雨，水涨溢冲九成宫玄武门，淹卫士、居民三千余人；唐开成元年（836 年），麟游六月暴雨，毁九成宫，毁坏百姓房三百间，死者百余人。

宋咸平元年（998 年），麟游境内山水暴涨。

清嘉庆十五年（1810 年），麟游雨泽愆期，收成欠薄。

清道光九年（1829 年），麟游正二月暨三月十五日前雨泽愆期。

民国二十年（1931 年），麟游 9 月 18 日暴雨，五区第四村，一时河水陡涨，田禾淹没十余顷。

民国二十二年（1933 年），7—8 月雨涝成灾，7 月 20 日晚暴雨如注，日降雨量达 100 毫米以上，洪发，冲毁部分房舍和农田。

民国二十三年（1934 年），麟游大雨，山洪暴发，河流涨溢，一些屋舍被毁。

二、麟游县 1981 年夏天涝灾

麟游县城外清水河、杜水河和北马坊河三河汇合之处，地势较低，易发水患。为此麟游县政府组织各有关局、部领导，成立防汛抗旱指挥部，下设办公室，每年进入汛期，除搞好气象测报外，指导各乡（镇）政府进行防汛安全大检查，直到各村民小组，层层落实责任，发现有滑坡、塌方等险情，或住户的危房危窑，立即组织搬迁和撤离，保证了人民生命财产的安全。

1981 年 7—9 月，连绵阴雨，山洪暴发，河水上涨，干线公路路面塌陷，冲毁 500 米长的护田河堤，部分地方已直接威胁到城区建筑物的安全。灾情发生后，麟游县政府组织技术人员突击设计，报请宝鸡市防汛办公室批准，拨款筑堤防护。第一期工程 1982 年 3 月动工，1983 年 10 月建成，完成浆砌护坡 550 米，修丁坝 4 座、排流坝 1 座，完成土石方 15187 立方米，投工 2.89 万个工日。1984 年和 1985 年实施二期工程，砌堤 400 米。第三期工程 1986 年底完成砌河堤 300 米。宝鸡市城建局三次拨款 38 万元，保证了工程的实施，县城转危为安。

三、漆水河流域“14·8”暴雨洪水水文测报

2014 年 8 月受北方冷空气和副热带高压外围暖湿气流共同影响，漆水河流域于 8 月 5 日 20 时至 8 月 6 日 6 时遭遇当年入汛以来最强的降雨过程，流域内局地降大暴雨，最大降雨量 191.8 毫米，流域面平均降雨量 80.5 毫米。受降雨影响，8 月 6 日 3 时 21 分安头水文站实测洪峰流量 682 立方米每秒，超保证流量（保证流量 300 立方米每秒），重现期约为 30 年，为该站建站以来实测最大洪水。

本次降雨从 8 月 5 日 18 时开始，到 8 月 6 日 6 时基本结束，有效降雨时段为 8 月 5 日 20 时至凌晨 2 时，强降雨时段主要集中在 8 月 5 日 22 时至 24 时。据统计，本次降雨最大 3 小时降雨量超过 100 毫米的站点依次有四合山站 180 毫米（麟游县九成宫镇）、史家沟站 173.2 毫米（麟游县九成宫镇）、桑园站 108.6 毫米（麟游县九成宫镇）、南峡站 100.6 毫米（麟游县九成宫镇）；超过 80 毫米年降水总量的站点依次有四合山站 191.8 毫米、史家沟站 186.4 毫米、桑园站 120.4 毫米、南峡站 111.4 毫米、上湾站 111 毫米（麟游县九成宫镇）、永安村站 85.2 毫米（麟游县九成宫镇）。漆水河流域“14·8”暴雨累计降雨量统计见表 3–5–2。

表3-5-2 漆水河流域“14 · 8”暴雨累计降雨量统计

序号	测站编码	测站名称	站址	降雨量 /mm
1	41131650	良舍	麟游九成宫	20.2
2	41131900	常丰	麟游常丰	32.0
3	41229300	天堂	麟游两亭	44.8
4	41131860	姚家湾	麟游崔木	47.4
5	41233402	河西村	麟游崔木	50.8
6	41233250	两亭	麟游两亭	54.6
7	41233290	安子平	麟游招贤	55.6
8	41131850	崔木	麟游崔木	69.4
9	41131700	阁头	麟游招贤	72.0
10	41131910	永安村	麟游九成宫	85.2
11	41131930	上湾	麟游九成宫	111.0
12	41131920	南峡	麟游九成宫	111.4
13	41131960	桑园	麟游九成宫	120.4
14	41131880	史家沟	麟游九成宫	186.4
15	41131890	四合山	麟游九成宫	191.8

本次降雨总量上达到大暴雨级别，降雨时间短，强降雨时段集中，雨强特别大。从大的区域上来看，暴雨覆盖的范围不大，但笼罩了漆水河流域的绝大部分面积，暴雨的中心位置相对比较稳定，主雨区没有出现移动，总体上呈现突发性局地大暴雨的特点，暴雨形成的洪水来势猛、危害大。

安头水文站于8月6日2时45分起涨，起涨流量0.956立方米每秒，相应水位为95.11米。6日3时18分出现洪峰流量640立方米每秒，相应水位100.23米。6日3时21分实测洪峰流量 682 立方米每秒。6 日 3 时 24 分洪水开始回落，流量为 445 立方米每秒，相应水位为 98.87 米。6 日 9 时洪水流量落为 52.9 立方米每秒，相应水位为 95.91 米。8 日 8 时河道流量 9.69 立方米每秒。

本次暴雨洪水过程中，陕西省水文局宝鸡水情分中心共编发、转发水情快报 5 期、水雨情手机短信 100 余条，收转发水雨情信息 300 余条。宝鸡水文局在 8 月 5 日 22 时接到降雨通知后，及时安排安头水文站做好大洪水测报工作准备，水情工作人员全部到岗，局水文应急监测队于 6 日 3 时赶赴安头水文站支援测报工作。安头水文站在人员紧张的条件下，精心组织测验、报汛，整个洪水过程拍报完整，为下游羊毛湾水库科学调度提供了准确信息，确保了人民群众生命财产安全。

第六章　抗旱救灾

兴修水利是防旱抗旱的主要手段。新中国成立初期，由于生产力水平低下，水利设施难以完全保证抗旱救灾。新中国成立后，漆水河流域曾发生过几次百日大旱，特别是1959—1960年出现的几次百日大旱，致两年四料庄稼歉收，灾情不在民国十八年（1929年）之下。党和各级政府领导均亲自抓生产自救和群众生活安排，与群众同甘共苦，患难相依，同吃同住，共同生产自救度荒，动员群众互相借贷，互相帮助，国家先后发放大批救济粮、救济款，终于战胜了灾荒，度过了三年困难时期，农业生产得以迅速恢复。据统计，新中国成立初至1990年，全流域共扩大水利灌溉面积256.93万亩，占全流域耕地面积的45.23%，对抗御干旱、提高农作物产量发挥了重大作用。

第一节　干旱灾害

一、旱灾特征

旱灾是陕西全省的主要自然灾害之一。据史料记载，漆水河流域历史上，旱灾发生的频次、范围、危害程度相比其他灾害严重。据《陕西省自然灾害史料》分析，陕西近千年来，发生的较大旱灾频次以公元4、5、6、10、12、13、14世纪较少，每年约10次以下；公元7、8、9、11、15、20世纪居多，每百年约10次以上。16、17、18世纪呈减少趋势。19、20世纪呈增加趋势。综观旱灾发生的轨迹，大约600年为一个增减趋势周期。从公元2世纪至1949年，史料中有600多个年份有较翔实的旱灾记载。分析发现，漆水河流域发生于全流域或两大自然区以上较大范围的旱灾中，夏季旱灾最多，其出现频率为36%；其次是春季旱灾，出现频率为19%；春夏连旱出现频率为11%；秋季旱灾出现频率约为8%。其他各类季度或连季旱灾合计为25%。在600余年中，发生全年性或连年性的重大旱灾约14次，平均大约43年一遇。从1949年至2002年的54年间，漆水河流域内每年都有不同程度的旱灾，可谓“十年九旱”或“年年有旱灾”。

二、季节分布

总的趋势是：冬、春旱渭北最多，关中次之；夏、秋旱关中最多。自北至南，冬、春旱为递减趋势，夏、秋旱为递增趋势。旱灾不仅出现在单季，20世纪90年代以来，连季旱灾呈增加趋势。连季旱灾中，以冬春连旱和夏秋连旱为最多，其次是春夏连旱。三季以上的特大干旱较少。伏旱在渭北出现概率较大，通常出现于7月中旬到8月中旬之间，俗称“卡脖旱”。54 年中影响较大的伏旱共 19 年次，平均 3 年一遇。

三、范围分布

据《陕西省水利志》统计，1960—2014 年，流域发生的大范围以上的不同季节旱灾共 55 年次，即平均每年都有 1 次大范围以上的不同程度的季节旱灾。由于流域各县（区）所处地理位置和地形的差异，干旱的分布和危害程度也不尽相同。北部麟游、永寿、乾县 3 县，以中、大旱为主。中部凤翔、岐山、扶风、武功 4 县（区）小旱多、影响较小。在 1959—1984 年的 26 年间，北部麟游、永寿、乾县 3 县发生大旱，占总次数的 71%，中部 5 县（区）仅占 29%；分布趋势由南向北逐渐增多。

第二节　抗旱措施

抗旱措施主要是根据每年春、夏、秋天气趋势展望，作物分布和干旱时段，预测出干旱程度进行。在遇到中旱、重旱及特大干旱三种干旱模式情况下的抗旱措施分别如下。

一、中旱措施

当降水量偏少五六成，土壤相对湿度在 41% ~ 50%，干旱面积占播种面积的 21% ~ 49%，预计减产在二成时，采取以下抗旱措施：

（1）各级防汛抗旱指挥部门发出抗旱通知，一是通报旱情，包括天气、降水量和未来降水量、土壤墒情、受旱面积、作物受旱程度、河道来水量、塘库蓄水量；二是下达抗旱灌溉任务和塘库蓄水任务，大中型灌区限期全部投入抗旱灌溉，小型抽水站、井、泵站 70% 动用抽水灌溉；三是抗旱服务队全部出动抢灌，达到早抓快动，千方百计扩大抗旱灌溉面积。

（2）开动一切水利设施，早引多灌争取抗旱主动权，根据陕西省水源短缺、自流灌区多、塘库蓄水能力差、降水量少而不均的特征，争取主动，必须贯彻“防、抗并举”的指导方针，灌溉时间应适时偏早，提前 3 ~ 5 天开闸放水，缓解供需矛盾，弥补地下水位不足，达到冬旱秋防、春旱冬防、夏旱春防的效果。

（3）推广旱作农业新技术，提高天然降水的有效利用率。一是改善土壤性状或运用不同的保墒措施保持土壤水分，深耕蓄水保墒、耙耱保墒及中耕除草等；二是留茬少耕，全程覆盖，抑制蒸发，保持土壤水分；三是地膜覆盖。

（4）大力推广黄腐酸旱地龙。黄腐酸旱地龙为多功能植物抗旱生长营养剂，采用天然黄腐植酸精制而成，含有植物所需的多种营养成分，应用范围广，持效期长，无毒副作用，无污染，具有“有旱抗旱保产、无旱节水增产”的双重功效，是建设高效生态农业的重要液肥。喷施能缩小植物叶片气孔的开张度，减少植株水分蒸腾，在三个生长周期喷施两次可少浇一次水，并增强作物抗旱、抗干作物的生长发育，提高产量和品质，使作物提早成熟 2 ~ 5 天，喷施一次抗旱持效 25 天左右；属于肥料 – 植物调节剂。

二、重旱措施

当降水量偏少七八成，土壤相对湿度下降为31% ~ 40%，干旱面积占50% ~ 79%，预计减产大于三成时，采取以下应急措施：

（1）各级政府要发出抗旱紧急通知，召开电视电话会。除通报旱情的严重性外，要求各级政府实行首长负责制，早部署、早安排。灌区要提前五天引水灌溉，涉农部门的领导和干部要深入抗旱一线，帮助群众解决抗旱中的实际困难，各地要按照省上的统一部署，广泛组织和发动党政军民开展声势浩大的抗旱斗争。

（2）各级政府派出抗旱检查组，督促指导基层开展工作。

（3）各级财政及时下拨抗旱经费，资金要保证及时到位，一般15天内下拨到抗旱一线，确保油、电费用补贴，抗旱服务队设备购置，水利设施的抢修等应急需要。

（4）抗旱服务队设备统一调配使用。全省抗旱服务队集中人员和设备，实行统一调配使用。

（5）动员全社会各行业支持抗旱工作。由政府出面落实涉农部门的抗旱责任，供销、商业要及时提供化肥、农药等物资；电力部门要保证提水灌溉用电；农业部门要及时提供农情，进行作物结构调整，做好种子供应；民政部门要做好灾情调查和救灾工作；水利部门要全力以赴加强抗旱一线的力量，日夜坚守工作岗位，千方百计进行抗旱灌溉并启动城市抗旱应急供水预案；气象部门要及时提供天气形势分析和预测预报。

三、特大干旱措施

当降水量偏少八成，土壤相对湿度小于30%，干旱面积占播种面积的80%，预计减产在五成以上时，采取以下紧急措施：

（1）省委、省政府联合发出抗旱救灾工作紧急通知。发生特大干旱时，各级政府要高度重视，共同组织力量，深入一线，检查指导抗旱救灾工作，动员社会各界力量，齐心协力，开展抗旱减灾工作。

（2）早蓄多蓄，早引多灌。特大干旱年份，河道来水量小，塘库蓄水很困难，只有早引，才能解决抗旱灌溉用水矛盾。发生特大干旱时，要提前10天引水，可增加引水约3亿立方米，多灌地200多万亩，减少粮食损失2亿千克。

（3）拦截地表水，合理利用地下水。一是在川道地区，河道上游建设临时坝、堰，拦截和抬高水位，架设临时泵，在渠道、河道抽水灌溉。二是在地下水位浅的地方发动群众打浅井或中深井，利用地下水开展抗旱灌溉。

（4）水源统一规划，实行联网调度。按照全省统一规划，重点抓好关中抗旱水源统一调配。对漆水河及周边区域的来水量，进行优化配置。实行跨流域调水、跨灌区调水，尽量满足冯家山、宝鸡峡、羊毛湾三大灌区抗旱用水，并充分发挥灌区地下水，做到互补余缺。城市启动抗旱应急供水预案。

（5）保水地弃旱地，加大水地投入。遇到特大干旱年份，因降水急缺，应当放弃旱地，把抗旱的重点放在水地上，加强水地作物管理，多施肥、多灌水、早防虫，确保旱地减产水地补。

（6）适时开展人工增雨。发生特大干旱后，在地表水、地下水急缺的情况下，应适时开展人工增雨工作，省防总要通知人影办公室，随时掌握天气变化，开展人工增雨。同时，组织流域各县不失时机开展人工增雨活动。

第三节　典型抗旱救灾案例

一、麟游县 1952 年夏天旱灾处置

麟游属渭北高原丘陵沟壑区。地势西北高而东南低，海拔最低点石头沟米家坡 740 米，最高点高槐嘴 1664 米，平均高差 220 米。千山余脉由西南入境，于两亭境南分两支，南支由县南蜿蜒耸立，有高槐嘴、五将山、崛山、青莲山、石臼山、四堆山六峰排列，形成天然屏障，是麟游与扶风、岐山、凤翔三县（区）的天然分界。北支横贯全县中部，向东延伸，如长藤结瓜，出现小型塬面，至崔木走向永寿、乾县，称页岭，将全县分割为南北两半，成为泾渭水系的分水岭。古代旱灾频发。新中国成立以来，有记载的旱灾也不少。其中，1952 年，夏持续干旱；1961 年 11 月 20 日至 1962 年 6 月 30 日不雨，持续 223 天，漆水河水位下降 86 毫米，当年减产 1428 万千克，农民最低月口粮 7 千克；1986 年 7 月 11 日至 9 月 15 日连续 58 天伏旱，造成秋粮大减产；1988 年，自 1987 年 11 月 29 日至 1988 年 1 月 14 日无雨（雪），4 月、6 月仍有干旱，致小麦、油菜死亡严重。

1952 年，夏田因干旱而严重减产，各级人民政府号召群众在以秋补夏的同时，开展抗旱运动。全县修水渠 9 条、水田 31 处，打土井 36 眼，打涝池 242 个，挖蓄水池 59 个，打埝淤地 2847 亩，淘水泉 401 眼，修梯田、簸箕田 26824 亩。以后每年建设抗旱工程，保证了粮食的正常生产。1960—1962 年，连续 3 个百日大旱，沟河干涸，粮食产量锐减，给人民生活造成了很大困难。全党动员，全民参战，党委书记挂帅，党员、团员和青年基干民兵带头上第一线，工地办灶，风餐露宿，上万名劳力常年奋战在水利工地。沿河普遍开渠引水浇地，沟沟打坝蓄水。残塬缺水地方普遍打井打窖。另外，发动机关干部和学校学生担水、端水浇麦，每年冬季，社员都要扫雪归田和背冰润麦，形成声势浩大的抗旱运动。打井农民编歌谣：“天不下雨地似火，地上无水地下找。男的打，女的吊，一天一夜一个窖。人人动手齐行动，块块地头都打井。抗旱抗到天低头，无雨也要夺丰收。”三年时间，全县井、窖、池星罗棋布，不计其数。但多数未蓄水或因渗漏、坍塌而报废。1970 年旱灾严重。不少河水断流，井窖干涸，人畜饮水困难，县政府把解决人畜饮水列入议事日程，先后在庙湾和常乐建成两处小高抽站，解决了 770 人的用水困难，从 1981 年开始，农民深耕土地，增施肥料，提高了土壤蓄水保墒能力，1982 年和 1983 年仍有小旱，但粮食仍获得丰收。

二、岐山县 1977 年抗旱斗争

1976 年 9 月至 1977 年底，岐山干旱缺雨，连续出现大旱 1 次、中旱 4 次，夏秋田作物从种到收基本未落透雨，秋播干旱难以下种。1977 年全年降雨 422.8 毫米，只有正常年份的 67%，流域各乡（镇），67 万亩庄稼受到干旱的严重威胁。在此严峻形势下，县委、县政府成立抗旱指挥部，组织领导全县群众抗旱保苗。社队干部集中组织群众，动员一切力量包括在校学生，利用一切水源，发挥各种水利设施的作用，开展抗旱斗争。全县春灌小麦、油菜、夏杂粮 250712 亩；夏灌秋田作物 281461 亩，其中点灌 3164 亩，夏灌亩次达 570169 亩；秋季灌白地 255291 亩；抗旱播种小麦、油菜、夏杂粮 255291 亩，其中泼灌 7640 亩。祝家庄公社小强、驸马庄等队，在机井水源不足的情况下，换人不停机泵昼夜抽水灌溉，半月之内平均单井灌溉 100 多亩。蒲村公社的鲁家庄、右卫营等队，水源奇缺，人畜吃水都十分困难，采取人担车拉小孩提的办法，白天抗旱，晚上解决人畜吃水。经过全县人民的艰苦努力，农业取得了较好收成，夏粮平均亩产 118.35 千克，秋粮平均亩产 152.85 千克。

三、凤翔县 1959—1962 年三年百日大旱

1959—1962 年，发生了新中国成立以来凤翔县最为严重的自然灾害，加之“大跃进”“一平二调”“共产风”“浮夸风”“瞎指挥”等极左思潮的影响，致使广大人民群众处于三年困难时期。三年内干旱、狂风、暴雨、虫灾叠至，尤以干旱最为严重，其持续时间之长、受灾面积之大、灾情之严重，实属新中国成立以来所罕见。

1959 年 11 月上旬至 1960 年 3 月中旬，连续 120 天干旱少雨，影响当年小麦大幅度减产，甚至绝收。1960 年冬至 1961 年 3 月底，秋、冬、春连旱 170 余天，1961 年 11 月中旬至 1962 年 4 月中旬，秋、冬、春连旱 140 余天，1962 年 5 月上旬至 6 月下旬又出现了 60 余天的伏旱，致使全县三年粮食严重减产，1960 年、1961 年、1962 年全县粮食平均亩产分别为 63.2 千克、69.75 千克、78.58 千克。1960 年全县受灾严重的生产队 232 个，受灾作物面积 50917 亩，出现了农民生活低标准、瓜菜代的十分困难时期，许多人因营养不良出现浮肿。

为此，凤翔县委于 1960 年 7 月 4 日召开了县委常委会会议，学习了中共中央关于抗旱备荒的指示，对出现的严重旱象和抗旱工作进行了认真分析讨论，作出了“各级领导要再下决心，全党全民上下一条心，一股劲，把抗旱备荒作为压倒一切的中心任务。除钢铁调粮工作外，其他工作都要为抗旱让路，为抗旱服务，把抗旱备荒作为一项重大政治任务”的决定。在县委、县政府的积极动员和带领下，各行各业和全县人民展开了大办水利和动用一切水利设施抗旱保苗的艰苦卓绝的斗争，减轻了灾害损失。与此同时，县人民政府通过组织调运和发放返销粮、救济款和以菜代粮等措施，使全县人民渡过了难关。自然灾害的严重教训，也激发了凤翔人民兴水治旱的极大热情，以白荻沟水库工程为龙头，全县小型水利建设如雨后春笋般蓬勃发展，到 1966 年灌溉面积已发展到 17 万亩。

第四篇　水保生态环境建设

漆水河流域是我国最早开展水土保持工作的地区之一。20世纪80年代以来，党中央、国务院高度重视，出台了一系列支持水土保持的政策举措，推动水土保持工作取得重大进展和显著成效。2011年3月1日修订后的《中华人民共和国水土保持法》正式施行，以新法为基础，各个层面的配套法规建设也取得重大进展，进入了一个以小流域为单元开展水土流失综合治理的新阶段。近年来，流域内统筹山水林田湖草沙系统治理，大力开展坡耕地及小流域综合治理工程，全域水土保持率达65%，水土保持治理工作取得显著成效。到2010年底，漆水河流域水土流失初步综合治理面积累计达到1283平方千米，治理程度46%，其中兴修基本农田9.16万公顷，营造水土保持林2.83万公顷，经济林果0.93万公顷，人工种草0.20万公顷，封禁治理0.71万公顷；建成淤地坝10余座，大部分为中小型淤地坝，基本无骨干工程。截至2021年，漆水河流域水土保持治理面积达到1513平方千米，治理度达60.86%，其中包括兴修基本农田4.89万公顷，打造水土保持林6.15万公顷，营造经济林1.90万公顷，人工种草0.58万公顷，流域内封禁治理1.45万公顷，修建淤地坝23座。同时流域内加强生产建设项目实时动态监管，实现遥感监管全覆盖，强化水土保持监测，同时大力推广示范引领，流域范围内已建成省级水土保持示范园4座。

第一章　水土流失

水土流失是在山区、丘陵区、风沙区，由于水力、风力等外界力的作用，冲刷土壤，使水分和土壤流失的现象。漆水河流域的水土流失与自然地貌、地域生态变化有直接关系。治理水土流失，事关经济社会可持续发展和流域人民群众长远福祉。

第一节　地理变迁

漆水河流域面积3824平方千米。流域境内地形复杂多样，差异较大。北部多属鄂尔多斯地台南缘，南部是渭河地堑，这些构成了本区域的地质基础。地形高低悬殊，山地、丘陵、河谷、平原皆有。

漆水河流域是周、秦王朝的发祥地，周以前，宝鸡、咸阳诸县曾是林木参天、茫茫树海、山清水秀、景色宜人的森林和草原，宜于人类生活。随着社会的发展和人类生产活动的深入展开，森林草原不断遭到破坏，水土流失也随之发生。

古代上游森林茂密，草原广阔。以从事农业著称的周族，因败于邻近戎狄部落，从旬邑、彬州迁徙于此定居，始称周原。周人“度其隰原，彻田为林”，开始砍伐森林，开垦荒地，整修田亩，种植五谷。秦汉时期，人口逐渐增多，农业有了很大发展，耕地面积日趋扩大，森林、草原面积逐年减少。周原在漫长的岁月中不断发展变化，显著特征是塬面的缩小和破碎。魏晋之间，已经分出一个碛石原（《晋书·宣帝纪》），唐代又添了三時原（《元和郡县志·京兆》）和武功县的西原（《新唐书·地理志》三十七）。历代宫廷大兴土木，建设京都，大肆采伐林木，到宋时森林破坏已相当严重。苏轼对当时周原一带水土流失状况的描述是“有山秃（颓）如赫，有水浊如泔”。原来辽阔的周原，塬面越来越小，支离破碎，被沟壑切割成南北向的长条块，最宽的塬面不过13千米（史念海《周原的变迁》）。明清以来，滥垦乱伐有增无减。民国时期，苛捐杂税和连年大旱，迫使农民向林区迁移。由于年复一年地乱砍滥伐、樵采、放牧等，森林全面遭到破坏，特别是浅山区森林破坏更为严重，造成了大量的水土流失，塬面沟壑稠密，并不断延伸加深，这是生态变迁的主要特征。

新中国成立后，曾经出现过三个毁林开荒的时期。1958年大炼钢铁，成片森林及“四旁”树木被毁；1960—1962年暂时困难时期，向荒山要粮，大挖“十边地”，植被又一次遭到破坏，后来的撂荒地就是那时的产物；1966—1976年“文化大革命”时期，强调“以粮为纲”，不少地方毁林开荒很严重。据林业部门调查，林缘线平均后退5千米左右。由于森林被乱砍滥伐，生态环境失调，水土流失愈来愈严重。据统计，截至 2009 年底，流域有森林面积 79.97 万公顷，林草覆盖率 53.7%。天然林主要分布在中山区。北部低山区主要是残存的次生林和新中国成立后新造的人工林以及草山草坡。1980 年以后，国家开展天然林保护、“三北”防护林建设以及退耕还林等措施，森林面积逐年扩大巩固，城市绿化面积骤增，调节了气候，涵养了水源，保持了水土，改善了生态环境。

第二节　水土流失

一、水土流失类型

漆水河流域水土流失主要有水力侵蚀、重力侵蚀和泥石流三种类型。以水力侵蚀最为普遍，范围较广，危害性大。而重力侵蚀及泥石流因与土壤和地形条件有关，只发生在局部地区，但危害严重。

水力侵蚀，按具体形态又可分为溅蚀、面蚀和沟蚀。溅蚀即是一次降雨中最初发生的普遍现象，它广泛分布于各市及有植被覆盖的农田、荒坡及裸土壤上。面蚀即坡面水流侵蚀，主要分布于渭北丘陵区、渭北台塬区和渭南残塬区的缓坡农地上，它是径流的最初阶段。沟蚀即沟道水流侵蚀，是地表径流汇集以后，对地表进行侵蚀，由溪水逐渐扩大，使沟床下切、沟壑扩张、沟头延伸。在黄土丘陵区，沟蚀使得完整地面支离破碎，千沟万壑。沟蚀主要分布于渭北丘陵区、渭北台塬区和渭南残塬区的坡面与沟谷。

重力侵蚀，是山坡或陡崖上的土壤岩石，在自身重力作用下产生的一种物质移动现象。重力侵蚀多是在水力参加下，以重力为其直接原因而引起。常为山洪、泥石流提供大量物质，主要分布于沟岸、河岸、塬边、山坡、陡崖等处。

泥石流是含有大量固体物质的山洪，是地质不良山区常见的一种自然灾害。形成泥石流必须同时具备丰富松散的固体物质、足够的水源和陡峻的地形三个基本条件。人为破坏自然条件，则会影响泥石流的发生和发展。

二、水土流失成因

漆水河流域水土流失成因有自然因素和人为因素两个方面，自然因素是水土流失发生和发展的潜在条件，人为因素则是加剧和扩大水土流失的外部因素。

（一）自然因素

地质、地貌、水文、气象等自然因素造成自然侵蚀。降雨是形成土壤侵蚀的主要动力，尤以暴雨影响最大。流域内降雨时间分配不均。多年平均降水量 692.0 毫米，又多集中在 7、8、9 月 3 个月，占年降水量的 50% ~ 60%，且多为暴雨，引起山洪暴发，泥沙俱下，形成水土流失。坡耕地多，为水土流失提供了条件。据 1977 年统计，宝鸡市共有耕地 1702.58 万亩，其中坡耕地 331.07 万亩，除已建成水平梯田外，尚有山坡地 258.07 万亩。对山坡地水土流失情况调查资料分析，年土壤流失量为 1003.93 万吨，其年侵蚀模数为每平方千米 3745.6 吨，高出全市平均值 2.5 倍。土质疏松，抗侵蚀力弱，易于流失。据土壤普查资料，全市有黄绵土类土地 702.26 万亩，占 25.7%，主要分布于渭北台塬、渭南残塬和渭北丘陵区；褐土类 413.81 万亩，占 15.07%，主要分布于渭北丘陵区和土石山区的低山地区。

（二）人为因素

漆水河流域人口逐年增长，衣食需求相应增加，有土则有粮，万物土中生，土地是人们赖以生存的物质基础。秦统一中国后，历朝历代直到民国，政府都大搞移民开荒、军屯垦荒。新中国成立后，毁林开荒主要有三个时期，即“大跃进”时期、三年困难时期和“文化大革命”时期，台塬、丘陵及山区是毁林开荒、增加耕地的主要对象。据调查统计，新中国成立后的前 36 年，漆水河流域开垦荒地 4.236 万亩，占年均治理面积 14.68 万亩的 29%，形成边治理边破坏的局面。1978 年改革开放以后，经济社会发展突飞猛进，采矿、公路、铁路、水利等基本建设工程快速发展，大量植被遭到破坏，随着人为活动加剧，废土石渣随意向沟道、坡脚倾倒，造成新的水土流失。

三、水土流失状况

据统计，漆水河流域水土流失面积为 12075.0 平方千米，占总土地面积的 66.4%。流域年平均土壤侵蚀量为 1938.22 万吨，按水土流失面积计算，每平方千米 1840 吨；按总土地面积计算，每平方千米 1065 吨。被列为黄河中游水土流失重点县的凤翔、岐山、扶风、麟游、永寿、乾县 6 县（区），水土流失面积为 8260.32 平方千米，占流域流失面积的 68.4%，年土壤流失量 1756.29 万吨，占流失量的 90.6%。从类型区来看，渭北丘陵区、渭北台塬区和渭南残塬区为水土流失重点地区，这三个地区的水土流失面积占全市的 43.67%，土壤流失量占流域的 75.08%。除水土流失的七个重点县和三个重点地区外，其余县（区）均有不同程度的流失。从侵蚀程度划分，全市属中度，丘陵区属次强度，渭北台塬、渭南残塬属中度，渭河川道属轻度。

四、水土流失危害

水土流失对经济社会发展的影响是多方面的，甚至是不可逆转的。水土流失导致土地退化，造成江河、水库淤积，加剧洪涝灾害，削弱生态系统的调节功能，加重旱灾损失和面源污染，对防洪、生态和饮水安全构成严重威胁。水土流失恶化生存环境，加剧贫困，成为制约山丘区经济社会发展的重要因素。

（一）切割塬面，减少农田

广袤田野变成稠密沟壑，并不断延伸。大片耕地被切割得支离破碎，不宜耕作，农田减少。据《宝鸡市水土保持区划》记载，市环境平均沟壑密度为每平方千米 1.53 千米，而渭南残塬和渭北丘陵地区更为破碎，沟壑密度分别为每平方千米 2.37 千米和 1.96 千米。

（二）冲刷田面，减退肥力

流域每年土壤流失量为 1938.22 万吨（折 1435.72 万立方米），相当于 10.77 万亩耕地 0.2 米厚的表土层被冲走。按土壤普查养分含量均值计算，每年流失有机质 22.1 万吨，氮 942 吨、磷 262 吨、钾 2287 吨，共 3491 吨，相当于 43.42 万亩耕地的化肥施用量。

（三）淤积水库，减少灌溉面积

据 2020 年《陕西省水利统计年报》统计资料，漆水河流域原有各类水库 81 座，总库容 48568 万立方米，兴利库容 37603 万立方米。现共有水库 46 座，总库容 3.45 亿立方米，兴利库容 1.59 亿立方米。已淤积库容 1.4 亿立方米，淤积量占总库容的 40.5%，占兴利库容的 88%，年平均淤积量 1400 万立方米，占兴利库容的 8.8%。许多小（2）型水库，已淤平为坝地。因水库淤积减少灌溉面积 71.01 万亩，年均减少灌溉面积 2.36 万亩。

（四）泥石崩流，损失惨重

1968 年 8 月 1 日 14 时 30 分，麟游县阁头寺乡夹贾河降暴雨 40 分钟，受灾中心区禾苗和树木被毁，北马坊河道洪水深达 10 多米，冲走沿岸树木百余棵及省地质勘探队 75 马力柴油机和水泵各 1 台，油桶 10 多个，县城洪峰流量达 420 立方米每秒，淹没良田 100 多亩，县农械厂一片汪洋，职工宿舍水深 80 厘米，损失达 3 万余元。1976 年 7 月 16 日，流域岐山、扶风、麟游等县 30 多个公社 130 多个大队遭暴雨袭击，受灾面积 18.4 万亩。8 月下旬，扶风等县又受暴雨袭击，毁田 500 余亩，毁河堤 1169 米，塌房 44 间；扶风沿山地区受灾较重，仅野河公社坍塌房窑 62 间（孔），冲毁堤坝 40 座，毁田 874 亩。

第三节　水土保持区划

水土保持区划是制定水土保持工作计划和方案的科学依据，是编制水土保持规划和具体措施的专业基础。流域“区划”不依据行政区划界定范围，在全面调查研究分析各地域自然地貌特征、水文气象资料、土壤侵蚀模数、社会经济条件及水土流失现状等特点和规律的基础上，按照区内相似性与区级差异性的原则，以地貌形态为标志，根据各市区情况划分为五个水土流失类型区，提出各具特色及切实可行的治理途径和措施，是开展水土保持工作的主要依据。《陕西省宝鸡市水土保持区划》（含麟游、凤翔、岐山、扶风 4 县）于 1986 年 12 月完成，1987 年春经陕西省水土保持局验收通过。《咸阳市水土保持规划（2016—2030 年）》（含乾县、武功 2 县）2016 年 1 月 23 日正式发布，规划治理面积 2928.09 平方千米，规划建设期末全市水土流失治理程度累计达 71.00%。

一、区划依据

（一）区划原则

流域水土保持分区坚持的原则是：

（1）影响水土流失发生发展的自然条件的相似性。

（2）水土流失基本特征和发展趋势的相似性。

（3）土地利用与治理方向、途径和措施的相似性。

（4）区划界线主导因素、地貌形态的相似性。

（5）区域连片性，同一地区在地域上是连片的，在空间分布上是不重复出现的。

（6）以自然区域界线为主，不受行政县（区）地界的限制，但照顾了村界线的完整性。

（7）考虑省级和相邻地市区划界线的衔接。

（二）区划依据

以地形地貌、土壤、地质、水土流失特征及气候、植被为依据。

（三）区划指标

用数量表达区域特征，不同区域有不同的指示标志，它能反映区域的差异特点，从而使一个区域不同于另一个区域。水土保持区划采用的定量指标如下。

1. 地貌特征

不同地貌特征不仅直接影响土壤强度和侵蚀方式的组合及其分布特点，而且对土地利用方式、治理途径和措施也有很大影响。地貌特征不仅给人们以直观明显的感觉，而且可用海拔、相对高差、地面平均坡度等数量形式表示，利用它进行分区既明显又方便，是区划的主要指标。

2. 土壤侵蚀强度

土壤侵蚀强度是用每平方千米年土壤侵蚀量表示，它直接从定量方面综合地反映了一个地区的侵蚀情况。依据《陕西省土壤侵蚀强度分级表》进行区域划分。

3. 沟壑密度

沟壑密度大小不仅反映了地面的破碎程度，而且反映了土壤侵蚀的强弱，是区划的重要指标之一。

4. 人口密度

人口分布是在一定的自然和历史条件下形成的。人口分布的多少反映了自然条件的好坏和自然资源的生产能力，以及土地利用的状况和经营方式，与水土流失有密切关系。人口密度也作为区划的指标之一。

5. 土壤地质

土壤是侵蚀的主要对象，它的物质组成、结构特征决定了透水、抗蚀、抗冲性能的好坏，对水土流失有很大影响。而地质因素，除与风化过程、风化产物、土壤类型有关外，特别与重力侵蚀及沟蚀的发生和发展有密切的关系。同时，土壤质地的好坏，又是土地资源利用改造的重要依据。因此，土壤地质也作为区划的重要依据。

二、区域划分

漆水河流域全域属于一级区西北黄土高原区，其中宝鸡市的麟游县、凤翔区、岐山县、扶风县，咸阳市的乾县、武功县和杨凌示范区均位于二级区汾渭及晋城丘陵阶地区，三级区秦岭北麓—渭河中低山阶地保土蓄水区，咸阳市永寿县位于二级区晋陕甘高塬沟壑区，三级区晋陕甘高塬沟壑保土蓄水区。结合流域实际情况和当地经济发展水平，考虑同一类型区自然条件和水土流失特点具有相似性，生产发展方向和防治措施基本一致等要求，将三级区秦岭北麓—渭河中低山阶地保土蓄水区又进一步划分为上游山地水源涵养保土区、中游低山阶地保土蓄水区和下游平原人居环境维护区三个四级区。

（一）上游山地水源涵养保土区

该分区包括漆水河干流以及漳水河、漠西河等支流上游区域，涉及宝鸡市麟游县、凤翔区、岐山县、扶风县和咸阳市永寿县等 5 个县（区），流域面积 1835 平方千米，海拔介于 800 ~ 1500 米，区域属土石山区，地貌为黄土梁状丘陵，土壤类型以黄绵土为主，其次为红土、黑垆土。流域上游林木覆盖率较高，人口密度较小，为重要的优质水源涵养区，河道两岸为峡谷地貌，河床比降较大。该区域土壤侵蚀类型以水力侵蚀为主，兼有风力及重力侵蚀，侵蚀程度中度占比最大。植被类型以天然次生林为主，主要树种包括油松、刺槐、山杨、辽东栎等。

（二）中游低山阶地保土蓄水区

该分区包括羊毛湾水库、漳水河上中游、漆水河干流以及漠西河等支流中游区域，涉及宝鸡市凤翔区、岐山县、扶风县和咸阳市永寿县、乾县等 5 个县（区），流域面积 1337 平方千米，海拔介于 500 ~ 800 米，地貌以山前洪积扇、低山阶地为主，地势开阔，土壤类型以塿土为主。该区域人口密度相对上游有所提升，河流两岸农用地及村落分布广泛，土壤侵蚀以水力和重力侵蚀为主，侵蚀程度较低。植被类型包括油松、华山松、侧柏、圆柏、银杏、云杉等。

（三）下游平原人居环境维护区

该分区为漆水河干流以及漳水河、漠西河等支流下游区域，主要涉及宝鸡市岐山县、扶风县，咸阳市乾县、武功县以及杨凌示范区等 5 个县（区），流域面积 651 平方千米，海拔介于 400 ~ 500 米，地貌类型属关中平原，地势平坦，沟谷较为开阔，有川台地分布，土壤类型以新积土、潮土、水稻土和沼泽土为主。该区域人口密度较大，村镇、农用地及基础设施分布广，土壤侵蚀类型以水力为主，兼有重力及人为活动造成的水土流失，侵蚀程度分布不均，整体较低，天然植被分布少，以栽培类植物为主，包括楸、柏、槐、榆、杨、桐、椿等。

漆水河流域水土保持区划结果见表 4-1-1。

表 4-1-1　漆水河流域水土保持区划结果

<table>
<tr><th colspan="4">全国水土保持区划</th><th rowspan="2">涉及区域</th><th rowspan="2">流域面积/km²</th><th rowspan="2">水土流失面积/km²</th></tr>
<tr><th>一级区</th><th>二级区</th><th>三级区</th><th>四级区</th></tr>
<tr><td>Ⅳ西北黄土高原区</td><td>Ⅳ-3 汾渭及晋城丘陵阶地区</td><td>Ⅳ-3-3tx 秦岭北麓—渭河中低山阶地保土蓄水区</td><td>上游山地水源涵养保土区</td><td>凤翔区、岐山县、扶风县、永寿县部分区域，麟游县</td><td>1835</td><td>406</td></tr>
<tr><td></td><td></td><td></td><td>中游低山阶地保土蓄水区</td><td>凤翔区、岐山县、扶风县、永寿县、乾县部分区域</td><td>1337</td><td>370</td></tr>
<tr><td></td><td></td><td></td><td>下游平原人居环境维护区</td><td>岐山县、扶风县、乾县部分区域，武功县、杨陵区</td><td>651</td><td>198</td></tr>
</table>

注：流域内永寿县本属于晋陕甘高塬沟壑保土蓄水区，考虑其范围小，水土保持基础主导功能与秦岭北麓—渭河中低山阶地保土蓄水区一致，将其纳入秦岭北麓—渭河中低山阶地保土蓄水区并划分至四级区上游山地水源涵养保土区。

第二章　水土保持治理

水土保持治理的目的是防治水土流失，保护和建设林草植被，保护耕地资源，改善农村生产生活条件，提高水源涵养能力，改善生态环境。根据各分区自然、社会、经济和发展方向的差异性，漆水河流域的水土保持任务为：上游山地水源涵养保土区，切实保护现有植被及水土资源，巩固退耕还林成果，开展荒山荒坡水源涵养林建设，开展坡耕地综合整治，以小流域为单元，打造清洁小流域，加强水土保持监督管理；中游低山阶地保土蓄水区，建设以淤地坝、梯田为核心的拦沙减沙体系，实施小流域综合治理，发展特色林果产业，改善区域经济发展，推广水土保持示范引领工程建设；下游平原人居环境维护区，加强农业结构调整，建设高标准基本农田，控制城市建设用地规模，控制农业污水及面源污染，加大建设项目水土流失治理，改善生产条件，提升区域人居环境。

水土保持治理措施主要分为工程措施、生物措施、耕作措施、管理措施。漆水河流域水土保持治理方式由小面积的修埂补壑到大面积的治塬治坡；由单向分散治理到以流域为单元治理，治沟与治坡相结合；工程措施、生物措施与耕作措施相结合。在水土流失预防监督、综合治理、生态修复、监测预报等方面取得了重大进展，实现了四个转变：从单纯治理，到预防为主、防治结合转变；从单纯人工重点治理，到人工治理和生态自我修复相结合转变；从防护性治理，到治理开发相结合，从生态、经济效益和社会效益统筹兼顾转变；从单纯依靠行政措施推动到行政、经济、法律、政策等多种手段相结合转变。

第一节　工程措施

水土保持常用的工程措施主要有梯田、水平埝地、河滩造地、封沟埂、沟头防护、淤地坝等。漆水河流域主要有以下几种。

一、梯田

（一）坡式梯田

坡式梯田即在坡面上沿等高线修成一条条地埂（坡面仍保持原坡度），以拦截雨水，减轻冲刷。一般在坡度 10° ~ 25° 的耕地上，每隔 10 ~ 30 米修一道高 1 ~ 1.5 米的地埂，按照“大弯就势，小弯填高取直”的原则挖沟取土培埂，每层补土厚约 30 厘米，先用脚踩实，再用杵子杵过，然后进行拍畔，一直修到设计高度。坡式梯田可比坡地增产 14.5%。但经不起较大洪水的冲击，几年后即失去拦洪保水效益。20 世纪 50 年代中期初，漆水河流域水土保持修地多为坡式梯田。

（二）水平梯田

20世纪50年代中期，将坡式梯田改为水平梯田。一般田面宽7～15米，坡高2～4米。20世纪60年代末，水平梯田基本取代了坡式梯田。而后又由窄台梯田向面宽10米以上宽台梯田发展。截至2010年底，漆水河流域修成水平梯田约203.4万亩。

（三）石坎梯田

漆水河流域北部山区坡地石头多，群众耕作时习惯把地里石头拣出来堆成一条条石坎，拦截土壤。实践中，群众又把石坎沿等高线堆置，形成一台台等高坡式石坎梯田，而后逐渐把地面修平，便成了水平石坎梯田。

二、水平埝地

1950—1960年，渭北台塬阶地区，塬面坡度一般在5°以下，群众沿等高线修成波浪状间距30～50米不等的土埂，名曰软埝。它能起到一定的蓄水保土增产作用，但经两三年耕作便被拉平，而后被水平埝地代替。岐山、扶风县的群众在兴修平埝地时用木椽修筑地埂，称为椽帮埝，在平整土地时采用“倒桃子”和“抽槽法”，既加快了修地的速度，又提高了工程质量。

三、引洪漫地

引洪漫地是在漆水河流域上游支流杜水河、永安河等河道两岸以及岐山、扶风等漆水河支流处，选择易于引发洪水，又不易受洪水威胁，可漫淤的乱石河滩，用砂石砌好田埂，整平地面，布好渠畦，引洪水入田，落淤造地。经过多次引洪落淤和种植后，荒滩就成了良田。截至1985年，流域内共引洪漫地造田4.89万亩，其中岐山、扶风等县最多。随着河道堤防的修建，这种造田方式逐渐被淘汰。

四、淤地坝

淤地坝是治理沟壑的主要工程措施，属谷坊工程的发展与提高，坝高超过5米。1971年陕西省水保局在总结推广水坠坝经验的基础上规范了筑坝施工技术。淤地坝工程有效地防止沟道下切和沟岸扩张，减少沟岸崩塌、泄溜，使侵蚀基点平均抬高3～5米。淤地坝建设对改良土壤、改善生产条件、增加耕地面积具有十分重要的作用，进入21世纪以来，宝鸡市把淤地坝建设作为重要的水土保持工程来抓，成效十分显著，截至2020年底，漆水河流域建成淤地坝104座。

其中，麟游县杜水河流域是轻度水土流失区，招贤镇1985年被列为小流域治理区，共兴修“四田”8012亩，营造各种林草15.7万亩；修小型拦泥库8座、防护堤8处，长907.2米，护田200亩，治理面积114.1平方千米，占水土流失面积的46%。从1998年开始，县上采取国家投资、地方补贴、群众投工投劳的办法，投资387万元在杜水河流域开展小流域坡改梯治理，新增耕地3150亩，人均新增基本农田0.91亩；在县城南投资30万元，修淤地坝1座，淤地42亩。

第二节 生物措施

荒山、荒坡、荒沟和荒滩治理的主要措施是造林种草，这种生物措施具有涵养水源、减免冲刷、保持水土的作用。

一、植树造林

新中国成立后，漆水河流域各级政府采取人工造林、封山育林、飞播造林、退耕还林等措施，大搞封山育林和植树造林，取得显著成效。以防护林为主体，经济林、薪炭林、用材林、“四旁”植树等多林种相结合的综合水土保持生物治理措施，使流域内荒山、荒坡、荒滩、“四旁”治理有了较快发展，为建立良好的生态环境创造了条件。

（一）丘陵沟壑区

这一地区主要对退耕的陡坡地和荒沟、荒坡进行绿化，营造水土保持林，以涵养水源，减免冲刷。在陡坡地上营造护坡林，树种多采用洋槐、臭椿、柠条和紫穗槐等；沟底营造防冲林，树种主要选用旱柳、箭杆杨、杞柳等，较大的沟道，中间留出水道，两边造林。不宜耕作的峁顶营造防护林，树种多为洋槐、柠条、紫穗槐等。在造林中，整地措施多采用水平沟、鱼鳞坑和水平阶等方法。有的地方还根据实际情况，栽植经济林木。在造林的同时，又积极保护已成森林，严禁烧山、乱垦、滥伐，采取封山育林的措施，春、夏、秋三季封山，冬季开放，划出砍柴区、放牧区及封育区，定期轮换，便于群众修枝和割干草。对应封的山区，封育期通常为 5 ~ 15 年。流域封山育林面积 1985 年发展到 39.22 万亩，到 1998 年新增封山育林面积 6.76 万亩，漆水河流域达到 45.98 万亩，1999 年达到 48.69 万亩，进入 21 世纪后，封山育林面积增加较快，2000 年达到 56.36 万亩，到 2005 年达到 97.62 万亩，年均增加 8.25 万亩，到 2010 年，漆水河流域封山育林面积达到 141.42 万亩，年均增加 8.76 万亩。

（二）台塬阶地区

这一地区主要是营造护田林、护坡林、沟底防冲林，发展经济林。台塬地区耕地主要是梯田和埝地，植物护埂发展很快。利用地埂栽桑、养蚕，种植果树、香椿、花椒等经济作物，发展地坎经济，取得了护埂、增收和改善农业生态环境的多种效益。据调查统计，地埂占地面积约占基本农田面积的 8% ~ 9%。

（三）土石山区

这一地区主要是封山育林，植树种草，绿化荒山荒坡，同时发展果树、药材等多种经营。新中国成立后，麟游县人民政府领导全县人民，每年春秋两季，开展植树造林活动。1952—1977 年人工造林保存面积 8.90 万亩，1978—1983 年人工造林保存面积 14.74 万亩，至 1989 年人工造林保存面积 28.50 万亩。1953 年引进刺槐籽，在县苗圃和石臼山育苗。1965 年麟游县委、县政府提出：“东边柿子中间桑，西边核桃满山岗，北边花椒和红枣，页岭南北林带网”的发展布局。连续三年沿页岭挖反坡梯田和鱼鳞坑。整地造林 9377 亩。1974—1977 年造林累计达到 48700 多亩，百里页岭已成为郁郁葱葱的林带。1978 年 11 月，麟游县被列为“三北”（西北、华北、东北西部）防护林工程建设重点县之一。1978 年至 1985 年 8 月全县共完成防护林保存面积 23.41 万亩，国家投资“三北”专款 46.5 万元，发展林业。1981 年后，在杜水南岸诸山种植油松，在碧城山种植柏树。麟游从 1981 年开始飞机播种造林。至 1989 年累计飞播造林作业面积 21.69 万亩，有苗面积 6 万亩。据 1984 年飞播造林成效调查，成效最好的是瓦罐沟播区，其作业面积 1.69 万亩，有苗面积 0.45 万亩，平均每亩有油松 224 株，苗高 1 米左右，属优等播区。

（四）河谷川道区

河谷川道区主要是营造护岸、护渠、护滩林及“四旁”绿化，实现园田化。“四旁”及园田化多种杨树，护岸、护滩树种多为柳树。1954 年 8 月，武功县召开了第一次水土保持工作会议。之后，在北部塬区广挖鱼鳞坑，遍植树木。1956 年农业合作化以后，每年春冬都要开展群众性植树运动，1956 年在漆、漳水边植树 13 万株。1975 年引进新疆 15 号杨，1976 年在下、中塬搞“密林村”，育苗 2412 亩，为历年之最。1978 年林木覆盖率由新中国成立前不足 1% 提高到 3.5%。境内泡桐种植始于民国初年，1977 年后大搞农田林网化，实行农桐间作。1978 年农桐间作风行于下塬，年增 3000 ~ 5000 亩，1981 年达到 8301 亩，育苗 1640 亩，其中泡桐 1297 亩，占 80%。1980 年全县“四旁”植树，人均 24.9 株。至 1990 年武功县林木覆盖率提高到 7.5%。

二、种草

西汉时，张骞从西域带回苜蓿种子，作为牲畜饲料，逐步由关中向全省发展。苜蓿为多年生豆科作物，除作为大牲畜的精饲料外，还是提高土壤肥力、农作物轮作倒茬和保持水土的植物之一。流域各县农村在开垦的苜蓿地种小麦，可保三年丰收，而且所产小麦品质优良，俗称“籽麦”。历史上苜蓿面积曾占到农田总面积的 10% ~ 15%。

新中国成立后，漆水河流域各级大力推广草田轮作方法，不断从国内外引进新的草种，使种草成为改善荒山、荒坡生态环境的措施之一。在 20 世纪 50 年代，宝鸡、咸阳两市曾引进推广草木樨、毛苕子和优良苜蓿等豆科牧草，1965 年全市种草面积仅 2.41 万亩，而后逐年扩大，到 1970 年达到 7.6 万亩，年均增加 1 万亩。20 世纪 70 年代初引进沙打旺和小冠花。陕西省在延安、宝鸡两地区建立万亩小冠花种子基地，在关中、陕北推广。后来在关中地区的高等级公路护坡上得到推广。到 1975 年增加到 15.37 万亩，年均增加 1.5 万多亩。在所有草种中，以苜蓿适口性好、产草量高、饲料作用价值大，提高土壤肥力作用大，深受群众欢迎。其中从 1980 年起，连续 3 年在麟游等县飞播种草 5 万余亩。到 1983 年，流域种草面积达到 6.43 万亩，1985 年达到 11 万亩，到 1990 年为 20.33 万亩，年均增加 2.1 万亩，1995 年种草面积 28.73 万亩，年均增加 1.7 万亩，2000 年面积 49.05 万亩，年均增加 2 万亩，到 2020 年种草面积达到 58.74 万亩，年均增加 1.9 万亩。

第三节　耕作措施

水保耕作法是在尚未修成水平梯田的坡耕地上拦截降水，减少径流，保持水、土、肥的耕作措施，主要有等高耕种、等高带状间作、垄田耕作、坑田耕作、水平犁沟、覆盖耕作、少耕免耕等。这种耕作方法能就地拦截雨水，加厚土壤的活土层，增加孔隙度和通气状况，改善土壤的热容量和导热性。据20世纪50年代水土保持试验站观测，在中等坡度的坡耕地上，采用水保耕作法平均拦蓄径流53%～79%，减少冲刷51%～85%。

早在4000年前，黄土高原就采用"畎田法"，以后历朝历代都有改进和发展，只是名称或叫法不同，直到清代，仍在推广垄作技术，"每亩收十石"。新中国成立后，漆水河流域在继承传统水保耕作技术的同时，不断改进耕作方法和技术，主要有以下几种。

一、水平沟耕作法

深耕深松是流域农民的耕作习惯。关中农谚说："伏里深耕田，赛过水浇田""麦收隔年墒"，反映了深耕的保水作用。水平沟耕作法主要适宜于山地、梁峁地。即在山坡地上沿等高线耕作，用山地犁开沟，然后在原犁沟的内侧再耕一次（又叫套二犁耕法），深耕松土起垄，改变小地形，增加地面糙率，形成水平沟垄，以垄拦水，以沟蓄水，保水保土，一般比坡地增产30%以上。此法在20世纪50年代全流域推广，后被沟垄种植法代替。

二、沟垄种植法

垄沟种植法适宜于川、塬、台、沟、坝地和缓坡地。基本原理与山地水平沟相似，由于沟深垄宽，多在春播作物上推广应用。一般是在秋耕保墒的基础上，翌年春季前，用拖拉机或畜力深耕起垄，开沟深达25～35厘米（畜力开沟20厘米左右），集中施肥于沟中，再顺沟浅犁一次，随后播林种，深种（种在20厘米深处）浅覆土（盖土5～7厘米），采用顺行镇压，注意保留沟垄。此法主要运用在漆水河流域上游北部山区。

三、间作套种法

间作套种法，即把坡面沿等高线划分成若干段，中耕作物与密生作物带状间隔种植，或高低秆作物混合种植等，例如：粮食作物套绿肥，高秆玉米与低秆豆类作物混合种植，果园地里种红薯、豆类、药材等。这种方法普遍采用。20世纪70年代后，流域内永寿、乾县、武功、扶风等县大面积推广间作套种，复种指数提高，养地和耐旱作物减少，晚玉米比重猛增，回茬小麦比重增大。

四、草田轮作法

草田轮作法，是把粮食作物、经济作物、牧草等进行轮作倒茬，流域内普遍采用苜蓿、毛苕子、草木樨进行草田轮作，养畜肥田，既防止水土流失，实现农业的良性循环，又达到少种高产的目的。20世纪70—80年代，流域内乾县、武功、扶风、杨凌等县（区）大面积推广。

漆水河流域是我国最早开展水土保持工作的地区之一，近年来流域内统筹山水林田湖草沙系统治理，大力开展坡耕地及小流域综合治理工程，根据土地利用现状调查，全域林草覆盖率可达 37.6%，水土保持治理工作取得显著成效。

至 2020 年，漆水河流域水土保持治理面积达到 1513 平方千米，其中包括兴修基本农田 4.89 万公顷，打造水土保持林 6.15 万公顷，营造经济林 1.90 万公顷，人工种草 0.58 万公顷，流域内封禁治理 1.45 万公顷，修建淤地坝 23 座。同时流域内加强生产建设项目动态监管，实现遥感监管全覆盖，强化水土保持监测，大力推广示范引领，目前流域范围内已建成省级水土保持示范园 4 座。

第三章　水土保持项目

漆水河流域的集流面积为3824平方千米。一条沟就是一个小流域。小流域坡度陡，汇流快，对暴雨径流反应比较敏感，不论从产沙、输沙以及治理都可以作为一个独立的基本单元。从土壤侵蚀看，它是由上到下、由坡到沟完成泥沙产生、搬运和堆积全过程的运行基地；从发展生产看，它是合理利用水土草木资源、全面发展农林牧业生产的经济区域。以项目带动，实施水土流失治理势在必行。

第一节　小流域治理

小流域治理一般是指面积在30平方千米以下，最大不超过50平方千米。小流域治理贯彻谁所有、谁治理、谁管理、谁受益和治理与管理并重的原则，实行全面规划、综合治理、集中治理、连续治理，植物措施与工程措施相结合，坡面治理与沟道治理相结合，田间工程治理与蓄水保土耕作措施相结合，治理与生产利用相结合，当前利益与长远利益相结合。1998年，为贯彻落实江泽民总书记“再造秀美山川”的重要批示和国家实施退耕还林的政策，国家对水土流失治理的投资逐年增多，小流域治理多数包括在专项资金项目内。从20世纪50年代开始，漆水河流域水土流失重点地区就开始了以山系、流域为单元的综合治理，取得明显成效。

一、麟游县小流域治理

麟游县是陕西省水土流失的重点县之一。近年来，麟游县采取了一系列措施对小流域进行综合治理，以应对严重的水土流失问题。麟游县实施了多项生态清洁小流域治理工程，涉及崔木镇河西村等区域。这些工程包括建设砂石道路、水泥道路、坡改梯、道路排水、运动广场、文化彩绘墙、透水砖休息区、美丽乡村标牌、宣传标牌、木质花箱、过路涵管、桥台锥坡和河道护岸等。此外，还包括生态湿地的建设，如生态湿地土建，种植柳树、水生鸢尾、银杏、马尼拉、荷花、薰衣草，修建护岸墙和引水渠等。还有林草措施，如补植水土保持林和行道树，以及封禁措施。其中麟游县九成宫流域治理，1999年完成坡改梯3760亩，植水土保持林3630亩、经济林390亩，治理水土流失面积5.17平方千米，完成计划的97%。项目完成总投资194万元，其中国家投资108万元，市、县配套48万元，群众自筹38万元。麟游县澄铭窑、岭西、丰和寺等村都是那时坚持以流域为单元集中治理的先进典型。截至2000年，麟游县完成壑口小流域治理2.2平方千米，总投资60万元，国家投资 50 万元，市、县配套 10 万元。在澄水河小流域坝系工程已建成骨干坝 5 座。经过多年连续治理，这些地方已基本实现了坡地梯田化、沟壑川台化、大地园林化，有灌溉条件的农田实现了水利化。

二、岐山县小流域治理

岐山县在小流域治理方面采取了多种措施，包括综合治理、污染治理和工程措施等，措施的实施不仅改善了当地的水环境质量，也为当地的经济社会发展提供了有力的支持。岐山县砚瓦沟流域早在 1985 年被省水利厅批准列入省水土保持重点小流域。五年综合治理后，1989 年通过省市验收，新建基本农田 1.16 万亩，植水土保持林 4500 亩，种草 1007 亩，建谷坊 25 座、淤地坝 3 座，累计治理面积 14.37 平方千米。岐山县七星河流域包括京当、青化、祝家庄 3 个乡（镇），流域面积 38.95 平方千米，经过 1999—2001 年综合治理，新建基本农田 4620 亩，植水土保持林 8340 亩、经济林 4590 亩，种草 2370 亩，共治理水土流失面积 15.5 平方千米，完成总投资 308 万元。2001 年被水利部、财政部命名为“全国十百千示范小流域”。岐山县孔头沟小流域坝系工程共建淤地坝 13 座，工程总投资 1251.52 万元。凤翔县柳林沟小流域坝系工程共建淤地坝 11 座，工程总投资 919.00 万元，通过治理使流域生态环境得到明显改观。

三、武功县小流域治理

民国时期，陕西省建设厅曾“训令”武功县“积极推进防止倾斜地土壤冲刷流失”工作，县上以“本县地势平坦，并无山坡森林”为由未曾进行。新中国成立后，1954 年宝鸡地区专员公署号召所属各县开展水土保持工作，县北群众以“水簸箕”“软埝”“地边埂”等传统方法，对塬边、沟坡进行治理。20 世纪 60 年代，武功镇在漆、漳、漠峪河两岸及塬边沟坡，广挖鱼鳞坑，遍植树木，今已长成林带。1981 年，大规模平整土地工作在全县已基本结束，塬下园田化建设全面实施；上塬方田建设先后铺开，除漆水、漳水河沿岸个别区段有暴雨冲刷外，水土流失已基本得到控制。2016 年，武功县水利局依据咸阳市《关于武功县漆水河流域水土保持综合治理工程招标实施方案的批复》，开始实施漆水河流域水土保持综合治理，先后实施了苏坊镇、康家坡等清洁小流域治理。主要建设内容包括：治理水土流失面积 2.14 平方千米。其中：保土耕作 19.64 公顷，发展经果林 127.91 公顷，封禁治理 66.45 公顷，补植 1.33 万株，封禁标识牌 1 面，修建生产道路 4.22 千米。通过流域治理，水土资源得到充分利用，农业收入年年增加，人民生活有所改善。

自 20 世纪 80 年代以来，岐山、凤翔、麟游、武功等 8 县的乡（镇）共开展了 60 条小流域治理工作，使治理千沟万壑的群众运动在各县（区）遍地开花，治理取得了明显效果。

漆水河流域水土流失治理情况见表 4–3–1。

表 4-3-1　漆水河流域水土流失治理情况

单位：km^2

市、县（区）	截至 2020 年末多年累计水土流失综合治理面积	
	合计	其中：小流域综合治理面积
漆水河流域合计	449.59	139.149
宝鸡市	264.5800	67.0920
凤翔县	58.0200	14.8600
岐山县	48.5900	15.3170
扶风县	32.9400	18.5800
麟游县	87.4200	9.4630
咸阳市	185.0100	72.0570
乾县	66.0300	27.7800
永寿县	57.8300	19.4560
杨凌区	7.2500	6.1440

第二节　专项资金项目

一、农业综合开发水土保持项目

农业综合开发水土保持项目从 2000 年开始，先后在麟游、永寿、乾县、凤翔、岐山、扶风、武功、杨凌 8 个县（区）实施，3 年为一个实施期。麟游县从 2010 年开始实施陕甘宁农业综合开发水土保持项目。项目经过 10 年实施，共治理水土流失面积 494 平方千米。

（一）麟游县农业综合开发水土保持项目

麟游县农业综合开发水土保持项目始于 2015 年，项目得到了国家农业综合开发办公室的支持。该项目的目的是通过综合治理，有效控制水土流失，改善农业生产条件和生态环境，提高农业综合生产能力，从而促进经济社会的可持续发展。项目还注重与水利发展相结合，提高农业综合生产能力，建设社会主义新农村，发展现代农业。实施过程中，通过加强农田基本建设，改造中低产田，提高了项目区耕地质量，从而提高了农林牧业总产值，增加了农民人均纯收入。通过三年的治理，麟游县的农业综合开发水土保持项目区植被覆盖率达到 53.5%，年土壤侵蚀模数从每平方千米 5752 吨减少到 4065 吨；项目区土地利用率由 43.5% 提高到 88.3%，农、林、牧业总产值分别增长 45%、93%、17%，农民人均纯收入由 2003 年的 867 元增加到 2005 年的 1437 元。

（二）永寿县农业综合开发水土保持项目

永寿县位于陕西省咸阳市西北部，地处渭北高原的丘陵沟壑区。该县水土流失严重，耕地质量差，农业生产条件恶劣，通过实施农业综合开发水土保持项目，对坡耕地的整治和土壤改良，以及植被恢复等措施，改善农业生产条件，提高农作物产量，同时保护和改善生态环境。2010年项目启动后，永寿县选择了御驾宫镇、马坊镇、御驾宫示范园区作为主要实施区域，进行了大规模的坡改梯整治、生产道路修建、经济林营造和草地种植等工作。这些措施不仅改善了项目区的农业生产条件，还提高了土地利用率和农业生产效率。通过对坡耕地的整治和对低产田的土壤改良，使得原本贫瘠的土地变成了肥沃的良田，提高了粮食和经济作物的产量。此外，经济林的营造和草地的种植也为农民提供了更多的收入来源。项目的实施提高了当地居民的生活水平，增加了就业机会，促进了农村社会的发展。同时，通过改善农业生产条件，提高了粮食自给率，对保障区域粮食安全也起到了积极作用。

二、省级财政专项资金水土保持项目

2008年，陕西全省启动实施渭河流域水土保持治理工程。2008—2010年省级水土保持财政专项资金项目涉及流域麟游、永寿、乾县、岐山、扶风5县（区），下达水土保持工程总投资471万元，综合治理面积18.8平方千米，建淤地坝3座，实际完成水土流失治理面积19.1平方千米。

（一）扶风县省级财政专项资金水土保持项目

2017年，扶风县实施省级水土保持财政专项资金项目，项目内容主要是城关街道黄甫村和西官村、法门镇官务村修建涝池3座，包括池体工程、进水工程、排水工程、附属工程、配套工程；召公镇召首村、杏林镇召宅村、漳召村3个村修建涝池3座，包括池体工程、进水工程、排水工程、附属工程、配套工程；午井镇安上村、料地村2个村修建涝池3座；天度镇闫马村实施淤地坝除险加固工程2座；杏林镇小韦河杏林段实施小流域综合治理面积1.5平方千米。项目的实施能够有效抵御洪水对岸坡的冲刷，保护沿线农田，改善农业生产条件和生态环境，提升周边土地利用价值，促进生态农业观光旅游业的发展。此外，项目还有助于减轻自然灾害，维持流域生态平衡，改善生态环境，从而助力乡村振兴。

（二）杨凌示范区省级财政专项资金水土保持项目

2020年，杨凌示范区高校雨水集蓄利用水土保持示范工程为省级水利发展资金水土保持项目，项目投资296.34万元，总工期为300天。实施区域为陕西省杨凌示范区西北农林科技大学北校区水利与建筑工程学院新址。项目以高校建筑物周边区域雨水集蓄利用为主题，建设雨水花园、透水路面等雨水集蓄利用措施，在区域内部边坡布设浆砌石护坡、菱形骨架护坡等水土保持措施，并结合景观绿化，绿化美化高校建筑物周边环境，展示不同形式的水土保持措施，形成特色的水土保持示范工程。项目通过雨水集蓄利用和水土保持措施的实施，不仅能够减少水土流失，还能够提高区域的生态环境质量，为师生和周边居民提供一个更加美观、舒适的环境。对于高校而言，这些项目还提供了实践教学和科研的平台。学生和教师可以通过参与这些项目，了解和掌握水土保持新技术和新方法，进而推动相关学科的发展。

第三节　补偿资金项目

一、煤气油水土流失补偿费使用项目

为了建立和完善资源开发水土保持补偿机制，防治水土流失，2009年陕西省政府出台《陕西省煤炭石油天然气资源开采水土流失补偿费征收使用管理办法》。开始在全省征收油煤气资源开采水土流失补偿费，计征标准为，原煤陕北每吨5元、关中每吨3元、陕南每吨1元，原油每吨30元，天然气每立方米0.008元。水土流失补偿费按月征缴，由煤炭、石油、天然气资源开采地地税部门，根据企业实际产量在征收税费时一并代为征收。对跨地区开采的企业，由上一级地税部门负责征收。水土流失补偿费按照征收总额省40%、市县两级60%的比例化解使用。省级财政部门统一开设水土流失补偿费征收专用账户，用于水土流失补偿费归集和化解。各级地税部门代征的水土流失补偿费，先缴入水土流失补偿费征收专用账户，由省级财政部门按规定的比例划缴省、市、县三级国库。2010年开始实施的省级财政补助，推动实施煤气油水土流失补偿费使用治理项目。

漆水河流域主要涉及麟游、凤翔、岐山、扶风4县和冯家山水库管理局。各县按照省上要求，分别编制完成了项目可行性研究报告（2010—2011年），2010年度下达5县局总投资890万元，其中省级投资850万元，实施方案经省上审查批复后，各项目区认真组织实施，完成治理水土流失面积18.41平方千米。

二、全国坡耕地水土流失治理试点工程项目

为减少水土流失、改善农业生产条件和生态环境、促进农村产业结构调整和农民增收、巩固退耕还林成果、保障国家粮食安全，2010年全国启动了坡耕地水土流失综合治理试点工程。试点在西北黄土高原区、北方土石山区、东北黑土区、西南土石山区、南方红壤区5个水土流失类型区16个省（区、市）的50个县开展试点，同时继续推进耕地较少水库移民坡改梯综合治理试点。试点县优先选择贫困地区、民族地区、革命老区、耕地较少的水库库区和移民安置区，以及当地政府重视、群众积极性高、水土保持机构健全、技术力量较强、工作基础较好的地区。实施坡耕地水土流失综合治理，能有效拦截坡面径流，减轻水土流失，涵养水源，为水土保持生态建设奠定坚实基础。也是保障山丘区粮食生产生态安全的重要手段，能逐步地提高粮食产量，促进农村经济产业结构调整，为当地粮食生产、生态安全起到重要保障作用。

漆水河流域从2010年开始在凤翔县实施。2010年下达投资1262万元，其中国家投资1000万元，坡改梯面积12650亩，配套建设生产道路和小型水利水保工程，至年底已完成当年建设任务。2015—2021年，永寿县把坡改梯田作为从根本上改善农业生产条件、增加农民收入的一项全局性、战略性工程来抓，自2015年开始，通过七年来连续不断的实施，累计治理坡耕地面积52046亩，促进当地发展双矮苹果、核桃、黄桃、樱桃、中药材、花卉、

文冠果、香花槐等产业。配套新建新修生产道路 155.65 千米、沟头防护 57.28 千米、排水沟 53.13 千米、植物护埂 145.87 千米，栽植行道树 76.89 千米，共完成投资 7652 万元。项目的实施不仅改善了两县的农业生产条件，提高了耕地综合生产能力，而且为发展特色产业农业现代化创造了条件，同时推动了农业机械化进程，促进了社会进步和农村经济可持续发展。

第四节　水土保持示范园建设

2015—2021 年，漆水河流域各县（区）高度重视水土保持示范园建设，加大投入力度，采取典型示范、科技引领、水土保持措施配套，先后建成了 4 处省级水土保持示范园区，带动了流域水土保持治理工作。

一、岐山县凤鸣湖水土保持示范园

凤鸣湖位于岐山县城南，岐山到五丈原的连接之路的东边，规划总面积 600 亩。分为两区五园十景点，两个分区即有凤来仪景区和太极万象景区。五个园区即水上乐园、休闲园、莲竹石趣湿地公园、盛景果香采摘园、西岐民俗体验园。景点有十个，即凤鸣岐山、周堤问道、朝阳晨钟、嘉禾采摘、百花春晓、宝塔飞瀑、碧波龙潭、岐阳书院、仓颉遗风、曲桥荷香等，是一个集生态、观光、休闲、健身、文化、民俗体验于一体的综合性公益场所。

二、凤翔区雍城湖水土保持示范园

凤翔区雍城湖水土保持示范园位于凤翔县城东南 5 千米的东风水库，总面积 1597.0 公顷。凤翔古称雍城，因此得名。雍城湖省级水利风景区原为东风水库，建于 1971 年，总库容 1550 万立方米，最大水域面积近 3000 亩，2006 年国家投资进行了除险加固，是一座以灌溉为主，兼有防洪、养殖和旅游开发等功能的中型水库。近年来，景区共栽植各类树木和花卉 3 万余株，形成了近 40 亩的坝后花木景观区、30 亩雍城南城墙绿化区和湖心岛绿化区。在大坝北端建成集游玩吃住、垂钓于一体的餐饮小区，有接待用房 2 层 30 余间，游艇 3 艘，并优化和新建了环湖公路网，美化亮化了景区管理处。投资 5700 万元，建成占地 30 亩的县城污水处理厂，一期工程日处理污水可达 6000 吨，有效地解决了湖内水质污染问题，使水体质量明显改善，雍城湖内鸭鸥飞鸣、鹤鹭竞翔，美不胜收，令人流连忘返。

三、杨凌区漳水河水土保持示范园

杨凌区漳水河水土保持示范园位于辖区北部漳水河沿线，占地面积 15 平方千米。经过近几年的持续建设，先后建成了 3 处景观公园及部分重点路段照明亮化工程，配套了相关的景观小品设施，栽植各类绿化苗木 24 个品种、70 多万株，种植花草 2.6 万平方米。吸引了唯尔葡萄、快活林、花溪花卉、野猪林等现代农庄 20 余家入驻，形成葡萄育种、栽培、酿造，特种养鸡、野猪，餐饮、采摘、观光、旅游，猕猴桃栽植、优质苗木育种等规模产业。在水土保持示范方面，采用分台阶削坡 + 护面墙 + 截排水沟 + 绿化工程的形式，完成了深沟陡峭滑坡地带的水土流失治理、坡面综合防护林景观带、沟道生态景观带、近自然林地恢复景观带、立体边坡绿化景观及道旁景观带 7.11 公顷，建成坡面截水沟和步道排水沟 1728 米，治理面积 2.8 公顷。栽植经济林 200 公顷、水土保持林 387 公顷。建成标准径流小区 24 块，设置模拟降雨产生径流监测系统，气象、泥沙、水分监测系统；另外还增加了开发建设项目弃土弃渣监测等。目前，一座集科教示范、课题研究、观光旅游、产业富民于一体的新型现代水保科技示范园已经初步建成，在改善当地生态环境、进行水土保持课题研究、开展水土保持宣传教育、发展产业带动沿线发展经济等方面取得了明显成效。如今的小韦河沿线，已不单纯是水土保持示范园，更是杨凌广大群众休闲观光、水土保持再教育的好场所。

四、永寿县云集水土保持示范园

永寿县云集水土保持示范园按照“山青、水秀、产优、民富、文强”的水土保持示范园建设思路，将水土保持治理与特色产业培育、精准扶贫、生态旅游相结合，为永寿县域水土保持、美丽乡村和生态文明建设树立了成功典范。经过十余年的综合治理和生态建设，累计投资逾 4.2 亿元，示范园的水土流失治理程度由原来的 42.3% 提高到 91%，成为黄土高原上一颗璀璨的绿色明珠。目前园内水土流失治理程度达到 91%，林草覆盖率达到 85.8%；园区形成了独具特色的“水保治理 + 特色产业 + 生态旅游 + 科普示范 + 民俗文化 + 运动体验”的综合性园区，先后获得“国家 AAAA 级旅游景区”和“陕西省省级现代农业园区、陕西省科普教育基地、陕西省水土保持示范园”等殊荣。

漆水河流域省级水土保持示范园汇总见表 4–3–2。

表 4–3–2 漆水河流域省级水土保持示范园汇总

市（区）	序号	园区名称（省级）	批次（命名时间）	国家级（命名时间）	面积 / km^2
宝鸡市（2 个）	1	岐山县凤鸣湖水土保持示范园	第四批（2016 年）		
	2	凤翔县雍城湖水土保持示范园	第四批（2016 年）		0.28
咸阳市（1 个）	3	永寿县云集水土保持示范园	第九批（2021 年）		8.67
杨凌示范区（1 个）	4	杨凌区漳水河水土保持示范园	第四批（2016 年）		3.07
合计	共 4 个				12.02

第四章　水土保持监督

1957 年 5 月，国务院颁发了《水土保持暂行纲要》。1982 年 6 月 30 日，国务院颁发了《水土保持工作条例》。1991 年 6 月 29 日，第七届全国人大常委会通过了《中华人民共和国水土保持法》，2010 年 12 月 25 日，第十一届全国人大常委会第十八次会议再次对此法修订通过。《中华人民共和国水土保持法》的颁布施行，是水土保持法治建设的重要里程碑。流域各市县的水土保持监督工作逐步开展起来。

2018 年以来，流域各县（区）坚持以习近平总书记关于黄河流域生态保护和高质量发展的重要讲话精神为指导，深入践行“绿水青山就是金山银山”理念，将“抓项目促进度”作为主线贯穿全年工作当中，突出以水土保持示范创建为抓手，统筹抓好小流域及坡耕地综合治理，水土保持示范县、示范园创建，淤地坝建设管理和监督执法等各项工作，为推动水土保持高质量发展奠定了坚实基础。

第一节　监督机构

漆水河流域各市县水土保持机构是随着省级水土保持机构的变化而变化的。陕西省政府设立了水土保持委员会后，地（市）、县也陆续设立；省上撤销后，地（市）、县也紧跟着撤销。新中国成立后，1955 年黄河水利委员会西北工程局设立宝鸡、咸阳各市水土保持工作站，隶属各专署领导。国务院 1957 年 5 月 24 日颁发了《水土保持暂行纲要》，同年宝鸡市水土保持工作站改名泾渭水土保持工作站，迁于彬州，由省管理。1957 年，省上在陕北和关中部分县成立了水土保持工作组。1957 年 12 月，省水土保持局和省水利局合并成为省水利厅后，除泾渭、渭北站仍直属省水利厅外，专区（市）、县各水土保持站（组）也和同级水利机构合并，成立专区水利局和县水利科。1966 年“文化大革命”开始以后，包括关中省属站在内以及基层水土保持机构全部解散。据 1975 年底统计，全省地（市）级水土保持站（队）有宝鸡、咸阳、榆林、延安 4 个。流域县级站（队）有麟游、凤翔、岐山、扶风、乾县等 6 个，共计 304 人。

第二节　监督执法

漆水河流域各市、县的水土流失预防监督工作主要围绕执法宣传、水土保持方案审批、落实“三同时”制度、水土保持“两费”征收管理和制度建设五个方面，开展水土保持监督执法工作。一是加大宣传力度，营造良好的舆论氛围。在每年 3 月 22 日“世界水日”及 6 月 29 日《中华人民共和国水土保持法》颁布纪念日，在市、县向社会各界广泛宣传水土保持法律法规，增强全民的水土保持法治观念。二是认真做好生产建设项目水土保持方案的催报和审批工作，督促落实水土保持方案 40 多处，涉及公路、铁路、矿山、水利工程等各个领域。通过对生产建设单位水土保持方案的催报和审批，既支持了生产建设单位，又依法保护了水土资源。三是对生产建设单位落实“三同时”制度进行了全面的监督检查，促进了水土保持方案的实施工作。四是做好水土保持“两费”征收管理工作。按照国家和省上的规定，严格按照收支两条线原则，一手抓收费，一手抓管理，使“两费”征收工作规范化、制度化。五是抓好制度建设。在水土保持执法过程中，不断完善各项规章制度。其中 2002 年 6 月，宝鸡市人民政府发布了《关于划分水土流失重点防治区的公告》，将全市水土流失重点防治区划分为重点预防保护区、重点监督区和重点治理区，为全市开展水土保持工作指明了方向。

截至 2020 年，漆水河流域各市、县开发建设项目 131 个，已编报水土保持方案 89 个，申报率 75%；审批水土保持方案 76 个，审批率 72%；水土保持设施验收 66 个，缴纳水土保持补偿费的项目 107 个，征收“两费”共计 621.13 万元，其中防治费 214.77 万元，补偿费 495.36 万元。完成返还治理投资 77.71 万元，完成工程防护措施 37 处，完成治理面积 2.1 万亩。

第五章　水生态环境治理

随着经济社会快速发展，漆水河流域水资源紧缺、河流枯竭、地下水位下降、水质污染和供水安全问题日趋突出，已成为制约漆水河流域高质量发展的重大问题。漆水河流域各级党委、政府和水利、生态环境、自然资源、农业农村、林业等部门高度重视，以漆水河综合治理为龙头，积极实施水功能区管理和入河排污口整治，加强饮用水水源地、地下水和湿地保护，加大水生态环境修复和水生态文明建设，漆水河流域水污染得到有效控制，水生态环境明显改善。

第一节　水资源保护

一、水功能区管理

水功能区划是核定水域纳污能力、提出限制排污总量意见的基础。2000 年 3 月，陕西省水利厅根据水利部统一部署，开始组织编制陕西省水功能区划，经过反复讨论修改，2004 年 8 月省政府常务会议审议通过，由省政府办公厅以陕政办发〔2004〕100 号文件印发实施。根据《全国重要江河湖泊水功能区划（2011—2030 年）》《陕西省水功能区划》，漆水河干流和支流共划分一级水功能区 3 个，二级水功能区 3 个。漆水河流域一、二级水功能区划见表 4–5–1、表 4–5–2。

表 4–5–1　漆水河流域一级水功能区划

河流	一级水功能区名称	范围			水质目标	区划依据
		起始断面	终止断面	长度 /km		
漆水河	漆水河麟游源头水保护区	源头	良舍	23.80	Ⅲ	源头水
	漆水河武功开发利用区	良舍	入渭口	127.80	Ⅲ	取水、排污
湋水河	湋水河凤翔源头水保护区	源头	枣子河村	10.43	Ⅲ	源头水
	湋水河宝鸡开发利用区	枣子河村	入漆水河口	141.47	Ⅳ	取水、排污
横水河	横水河凤翔源头水保护区	源头	白荻沟水库	24.32	Ⅲ	源头水
	横水河岐山开发利用区	白荻沟水库	入湋水河口	43.68	Ⅳ	取水、排污

表 4–5–2 漆水河流域二级水功能区划

河流	功能区名称	范围			功能排序	水质目标	区划依据
		起始断面	终止断面	长度 /km			
漆水河	漆水河乾县、武功县农业、渔业用水区	良舍	羊毛湾坝址	79.90	③④	Ⅲ	取水、排污
漆水河	漆水河乾县、武功县农业用水区	羊毛湾坝址	入渭口	50.0	③	Ⅲ	取水、排污
湋水河	湋水河凤翔、岐山、扶风农业、工业用水区	枣子河村	杏林	126.40	③②	Ⅳ	取水、排污
湋水河	湋水河杨凌农业、工业用水区	杏林	入漆水河口	15.10	③②	Ⅳ	取水、排污
横水河	横水河凤翔、岐山农业、工业用水区	白荻沟水库	入湋水河口	43.68	③②	Ⅳ	取水、排污

注： ①饮用水源区；②工业用水区；③农业用水区；④渔业用水区；⑤景观娱乐用水区；⑥过渡区；⑦排污控制区。

二、水功能区水质评价

截至 2021 年，漆水河麟游源头水保护一级功能区水质良好，水质为Ⅱ类水；漆水河乾县、武功县农业、渔业用水二级功能区及漆水河乾县、武功县农业用水二级功能区水质良好，水质为Ⅱ类水。湋水河凤翔源头水保护一级功能区， 缺乏监测站点，不参与评价；湋水河凤翔、岐山、扶风农业、工业用水二级功能区及湋水河杨凌农业、工业用水二级功能区水质均达标，水质为Ⅲ类水。横水河凤翔区源头水保护一级功能区水质良好，水质为Ⅱ类水；横水河凤翔、岐山农业、工业用水二级功能区，缺乏监测站点，不参与评价。

2021 年漆水河流域水功能区水质现状统计见表 4–5–3。

表 4-5-3　2021 年漆水河流域水功能区水质现状统计

河流	一级水功能区	二级水功能区	范围			水质目标	2021 年水质
			起始断面	终止断面	长度/km		
横水河	横水河凤翔源头水保护区		源头	白荻沟水库	24.32	Ⅲ	Ⅱ
横水河	横水河岐山开发利用区	横水河凤翔、岐山农业、工业用水区	白荻沟水库	入漳水河口	43.68	Ⅳ	
漆水河	漆水河麟游源头水保护区		源头	良舍	23.8	Ⅲ	Ⅱ
	漆水河武功开发利用区	漆水河乾县、武功县农业、渔业用水区	良舍	羊毛湾坝址	79.9	Ⅲ	Ⅱ
		漆水河乾县、武功县农业用水区	羊毛湾坝址	入渭口	50.0	Ⅲ	Ⅱ
漳水河	漳水河凤翔源头水保护区		源头	枣子河村	10.4	Ⅲ	
	漳水河宝鸡开发利用区	漳水河凤翔、岐山、扶风农业、工业用水区	枣子河村	杏林	126.4	Ⅳ	Ⅲ
		漳水河杨凌农业、工业用水区	杏林	入漆水河口	15.1	Ⅳ	Ⅲ

三、入河排污口管理

长期以来，按照部门职责分工，入河排污口设置与管理由各级水利部门负责，排污口排放水质由各级生态环境部门负责，两个部门密切配合，共同做好水污染防治工作。

2005 年 11 月，陕西省水资源管理办公室与黄河流域水资源保护局签订合同，启动了陕西省黄河流域入河排污口普查登记项目，普查登记工作由省水文局负责。2006 年 2 月，漆水河流域市、县工作人员参加了省水资源管理办公室组织的入河排污口普查培训班，重点学习了排污口监督性监测、检查技术要点和 GPS 定位系统应用培训，为做好普查工作奠定了基础。2008 年 1 月 9 日，省水文局编制的《陕西省黄河流域入河排污口普查登记报告》通过黄河流域水资源保护局、陕西省水利厅审查验收。2008 年 1 月 15 日，黄河流域水资源保护局印发了《陕西省黄河流域入河排污口普查登记报告》审查验收意见（黄护管〔2008〕1 号）。普查登记结果显示，陕西省黄河流域 9 市 68 县（区）共有入河排污口 606 个，年排放废污水量 8.56 亿立方米。

2009 年以后，漆水河流域各市、县水利部门严格执行水利部《入河排污口监督管理办法》（水利部令第 22 号）、《陕西省入河排污口监督管理细则》等法规精神，以及省水利厅《关于加强全省河流入河排污口监督管理的通知》要求，严格控制入河污染物排放，要求结合建设项目水资源论证开展入河排污口设置论证工作，严格控制入河排污口设置，建设项目新增废水需进入城市或工业园区污水系统处理后达标排放；对新建的化工类项目，积极推行“零”排放，减少了废污水排放对水体的污染。2014 年 3 月，省政府将入河排污口设置和扩大审批权限下放后，无定河流域市、县水利部门积极对接审批工作，进一步优化流程，从严控制入河排污口设置，加强监督管理，并开展了入河排污口监测、定标、立碑、亮界工作，为入河排污口监督管理奠定了基础。

2019 年机构改革后，入河排污口的设置管理职能交由各级生态环境部门负责，实现了从设置到排污的一体化管理。陕西省生态环境厅下发了《关于规范入河排污口设置审批工作的通知》，进一步明确了国家流域机构、省级、市级、县级审批权限及流程规范。咸阳、宝鸡两市连续两年持续组织开展入河排污口排查整治和排查溯源整治活动，重点解决“污染在水里、问题在岸上”，摸清污染源家底，有效管控入河污染物排放，为精准治污、科学治污、综合治理提供了科学依据。

漆水河下游武功县，按照省、市关于开展妨碍河道行洪安全突出问题专项整治文件精神，紧盯大庄镇南立节漆水河桥处碍洪建筑物不放松，在镇、村两级河长的大力支持下，通过宣传违章建筑物对河道行洪安全造成的危害，在做好群众思想工作的情况下，于 2020 年 4 月 14 日完成了该处碍洪建筑物的拆除，共拆除砖混建筑物 6 间约 120 平方米，消除了该处防洪安全隐患。完成了现场调查取证、资料收集工作，并向上一级管理系统上传了相关核查资料。同时完成游凤镇游凤村段、董李村段，苏坊镇凤安段，武功镇夏家堡段，大庄镇南立节段河湖“四乱”整治 4 处，共清运河道垃圾 1200 多立方米，打捞捡拾河道垃圾清理河道 1600 米，切实改善了河道水环境。

目前，漆水河流域水功能区 COD 、NH_3–N、总磷纳污能力分别为 1969.74 吨每年、117.62 吨每年、17.90 吨每年。其中漆水河干流 COD 、NH_3–N、总磷纳污能力分别为 735.91 吨每年、28.43 吨每年、7.13 吨每年；漳水河干流 COD、NH_3–N、总磷纳污能力分别为 864.04 吨每年 、72.24 吨每年、8.77 吨每年；横水河干流 COD 、NH_3–N、总磷纳污能力分别为 369.79 吨每年 、16.96 吨每年 、1.99 吨每年。

2020 年，漆水河流域规模以上污水处理厂共有 15 个，其中宝鸡市 11 个，杨凌示范区 1 个，咸阳市 3 个。漆水河流域污水处理厂（排污口）统计见表 4–5–4。

表 4–5–4　漆水河流域污水处理厂（排污口）统计

地级市	县（区）	污水处理厂（排污口）名称	排入河流	位置
宝鸡市	凤翔区	宝鸡瑞盛水务有限公司	湋水河	凤翔区城关镇
		西凤污水处理厂	湋水河	凤翔区柳林镇
		城区第二污水处理厂	湋水河	凤翔区南指挥镇
	岐山县	岐山县污水处理厂	横水河	岐山县凤鸣镇
		岐山县枣林镇污水处理厂入河排污口	横水河	岐山县枣林镇
		岐山县杨柳村垃圾填埋场渗滤液处理站入河排污口	横水河	岐山县凤鸣镇
	扶风县	陕西法门寺纸业污水处理厂	湋水河	扶风县城关镇
		扶风县污水处理厂	湋水河	扶风县城关镇
		杏林污水处理厂	湋水河	扶风县杏林镇
		陕铜污水处理厂	湋水河	扶风县城关镇
	麟游县	麟游县城污水处理厂	漆水河	麟游县九成宫镇
杨凌示范区	杨凌区	杨凌示范区第一污水处理厂	漆水河	杨凌区滨河东路
咸阳市	武功县	武功镇污水处理厂	漆水河	武功县武功镇
	永寿县	店头镇污水处理站	漆水河	永寿县店头镇
		甘井镇污水处理站	漆水河	永寿县甘井镇

四、饮用水水源地保护

（一）水源涵养区现状

漆水河流域水源涵养区涉及 4 条河流源头，分别为漆水河、湋水河、横水河、漠西河源头。受人为活动干扰的影响，水源涵养区出现植被破坏、黄土裸露等水土流失现象，导致水源涵养能力下降，影响流域水生态环境。2020 年流域共有县级以上地表水饮用水源 4 个，其中宝鸡市 3 个，咸阳市 1 个，均为水库型水源地。各水源地均设立了保护区，水质类别均为Ⅲ类。地表水饮用水水源地统计见表 4–5–5。

表 4-5-5 漆水河流域地表水饮用水水源地统计

行政区		水源地名称	级别	所在河流	类型	是否划分保护区	水质管理目标	2020 年水质达标情况
宝鸡市	凤翔区	白荻沟水库	县级	横水河	水库型	是	Ⅲ	达标
	扶风县	官务水库	县级	七星河	水库型	是	Ⅲ	达标
	麟游县	永安河水源地	县级	永安河	水库型	是	Ⅲ	达标
咸阳市	乾县	羊毛湾水库	市级	漆水河	水库型	是	Ⅲ	达标

（二）保护措施

近年来，漆水河流域内水源涵养区保护在自然资源、生态环境、水利、气象等部门参与下，重点防治水土流失以及河流源头保护，开展水源涵养区生态修复工程，加大水源涵养植被保护力度，杜绝源头水污染，维护水源涵养功能。

漆水河流域内乡（镇）级饮用水水源地由生态环境部门牵头，水利部门参与，按照《饮用水水源保护区划分技术规范》（HJ 338—2018）制定饮用水水源保护区划分方案，明确保护区及准保护区范围，提出饮用水安全保障要求和相应管理措施。对已划分保护区的水源地，各级加强水源地规范化建设，在水源保护区范围内修建围栏，设立明显保护标志，依法管控有可能污染水源的生产经营等活动。全面排查影响农村饮用水水源地安全的工业企业、畜禽养殖、水产养殖、垃圾堆放等环境风险源，关闭一、二级保护区内排污口，整治污染源。

完善水源地管理监测体系，在划定的保护区建立流域集中式饮用水水源地保护制度。水源地内严格实行持证取水管理制度，同时建设监控信息管理系统，监控水质、取水水量。此外，制定水源地安全保障应急预案，形成有效的预警和应急救援机制。

1. 农业农村生态环境综合整治

针对农村生活污水乱排的现象，逐步完善了流域内乡（镇）污水处理管网建设，集中修建污水收集处理设施，处理后达标的污水优先用于农业灌溉，其次通过氧化塘排放，不能造成地下水污染。到 2020 年，乡（镇）集中污水收集处理设施全部配套建设，农村生活污水处理率达到 50%。

漆水河流域逐步推行农村生活垃圾分类减量与利用，加快健全农村生活垃圾收运处置体系。加强农村改厕与生活污水治理衔接，科学选择改厕技术模式，因地制宜推进厕所粪污分散处理、集中处理与纳入污水管网统一处理。

2. 农业污染治理

各县（区）坚持生态优先，聚焦“两减、四提、一巩固、一行动”，开展技术攻关，遴选推广治理模式，持续推进测土配方施肥、水肥一体化等措施，集成推广农药化肥减量增效新技术、新产品、新机具，到 2020 年，农药化肥利用率达到 45% 以上。推进农业废弃物分类整治，在流域内沿河地区，加大实施力度，全面推进了面源污染治理。

3. 养殖业污染防治

各县（区）推行畜禽粪污资源化利用，推动畜禽规模养殖场粪污处理设施及装备提档升级。到 2020 年，畜禽粪污综合利用率达 95% 以上，规模养殖场粪污处理设施配套齐全。对河道外不合规的养殖户责令整改，实施池塘标准化改造，完善循环水和进排水处理设施，推进养殖尾水节水减排，加强水产养殖尾水及临近水域水质监测。

五、地下水超采区治理

根据《陕西省地下水超采区划定与保护方案》（陕水资函〔2015〕137 号），漆水河流域地下水超采区有凤翔—岐山一般超采区、扶风南阳一般超采区，超采面积 224.9 平方千米，漆水河流域地下水超采区情况如表 4–5–6 所示。

表4–5–6 漆水河流域地下水超采区情况

超采区名称		凤翔—岐山一般超采区	扶风南阳一般超采区
超采区地下水类型		浅层承压水	浅层承压水
超采区面积 /km^2		215.2	9.7
年均地下水超采量 / 万 m^3		911.2	71.5
平均地下水埋深 /m	2019 年末	36.22	41.4
	2020 年末	35.83	41.12
	2021 年末	35.59	40.33
现状年地下水埋深增幅		0.24	0.79

地下水超采区治理是根据地下水分布及开发利用程度，对流域内浅层地下水进行保护分区。根据新一轮《陕西省漆水河流域综合规划》，漆水河流域有开发区 4 个，分别是麟游县开发区、乾县开发区、永寿县开发区、武功县开发区；保留区 7 个，分别是凤翔区应急水源、岐山县应急水源、扶风县应急水源、麟游县应急水源、乾县应急水源、永寿县应急水源、 武功县应急水源。流域内深层承压水作为战略储备水源。

漆水河流域通过制定地下水超采综合治理的实施方案，对全面开展地下水超采综合治理提出具体要求。全面推行“科学规划、管控结合、内控外引、综合施策”的综合治理模式，全面落实最严格水资源管理制度，构建适水发展的农业种植体系、高效节水的灌溉工程体系、科学合理的水资源配置体系、实时可靠的地下水水位监控考核体系，坚持久久为功，持续压减地下水超采量，使水环境得到根本治理。

漆水河流域内浅层地下水开发区里具有生活供水功能的区域，水质标准不低于国家标准的Ⅲ类水的标准值；具有工业供水功能的区域，水质标准不低于国家标准的Ⅳ类水的标准值；农田灌溉功能的区域，灌溉用水水质要符合农田灌溉有关水质标准。各区域现状水质优于水质标准时，以现状水质作为保护目标。各开发区内年均开采量不大于可开采量。流域内浅层地下水保留区各应急水源水质保护目标与开发区保持一致，但一般情况下严禁开采，严格保护。流域内深层承压水的战略储备水源，水质保护目标与浅层地下水开发区保持一致，维持地下水现状。北部山区地下水资源作为战略储备水源，以保护涵养为主；中部旱塬区深层承压水作为应急水源和战略储备水源保护，不作开采，维持地下水现状；南部平原区地下水资源丰富，开发区内地下水按照开采量控制指标及水质保护目标合理开发利用，但在外流域引调水工程建成后，应逐步关停，作为应急水源和战略储备水源保护。保留区内应急水源非特殊情况严禁开采，严格保护。

漆水河流域地下水开采总量控制一览及漆水河流域饮用水水源地一览表见表4–5–7、表4–5–8。

表4–5–7 漆水河流域地下水开采总量控制一览

行政区		地下水开采量控制指标 / 万 m^3
宝鸡市	凤翔区	7393
	岐山县	6144
	扶风县	5409
	麟游县	限制开采
杨凌示范区	杨凌区	396
咸阳市	乾县	2176
	永寿县	433
	武功县	2082

表 4-5-8　漆水河流域饮用水水源地一览

序号	县级行政区	饮用水水源地名称	所在河流	水源类型	级别	保护区划分情况			水质类别
						一级保护区	二级保护区	准保护区	
1	扶风县	扶风县官务水库	七星河	水库型	县级	√	√		Ⅲ类
2	凤翔区	凤翔区白荻沟水库水源地	横水河	水库型	县级	√	√	√	Ⅲ类
3	麟游县	麟游县永安河水源地	永安河	水库型	县级	√	√		Ⅲ类
4	乾县	咸阳市羊毛湾水库饮用水水源地	漆水河	水库型	市级				Ⅲ类
5	岐山县	岐山县县城地下水水源地	横水河	地下水	县级	√	√		Ⅲ类
6	扶风县	扶风县县城地下水水源地	湋水河	地下水	县级	√			Ⅲ类
7	永寿县	永寿县县城地下水水源地	漠西河	地下水	县级	√	√		Ⅲ类
8	凤翔区	凤翔区三里河饮用水水源地	三里河	地下水	县级	√	√	√	Ⅲ类

第二节　水污染防治

漆水河流域是资源性缺水地区，随着经济社会的快速发展、城镇的扩大和人口的增加，缺水问题日趋严重。为深入贯彻国务院《水污染防治行动计划》《陕西省水污染防治工作方案》，漆水河流域各市、县（区）紧急行动，制定方案和工作计划，市、县（区）、乡（镇）联动推进，持续做好水污染防治工作。

一、麟游县漆水河流域水污染治理行动

近年来，麟游县多措并举打好环境污染防治攻坚战。麟游县召开全县生态环境保护重点工作暨大气污染治理专项推进会。会议要求加大漆水河沿岸排污口检查力度，开展流域联合整治，确保水质达标。加强饮用水水源地保护，强化水源保护区日常巡查监管，保障人民群众饮水安全；聚焦排污口整治重点难点问题，加大入河排污口排查整治力度，确保入河水质达标排放，受纳水体持续改善；积极开展岸线整治工作，对辖区内重点涉水企业定期开展检查。麟游组成执法检查组，开展水污染防治专项执法检查，以实际行动推动水环境管理规范化。以两天河、漆水河流域为主线，重点对沿线涉水企业水污染治理设施运行、排污口规范化建设、污染物达标排放、自行监测落实、按证排污情况，以及是否存在偷排、漏排现象进行了突击检查。宝鸡市、麟游县领导按照分工定期查看了漆水河出境断面、麟游县城入河排污口整治、麟法高速施工现场，以及县城污水处理厂运行情况，针对影响断面水质的各类水环境问题，逐一研究解决对策。从 2012 年起，麟游县漆水河出境断面水质始终保持Ⅲ类水质。

二、武功县漆水河流域水污染治理行动

漆水河武功段存在水资源短缺、水质污染严重的问题。一方面是上游境外来水呈逐年减少的趋势；另一方面是经济社会的快速发展导致用水量增加。近年来，伴随着城镇扩张速度的加快和城镇人口的急剧增加，来自漆水河流域城镇生活污水的污染压力逐年增加。流域内城镇污水未经处理直接或间接排入漆水河。农业生产中化肥的使用、农业产业化发展以及水土流失也对漆水河流域造成了一定程度的面源污染。

2018 年咸阳市人民政府办公室印发《咸阳市水污染防治实施方案》，提出要坚决打赢水污染防治攻坚战。具体控制指标：漆水河地表水水质优良比例不低于 50%，消灭劣Ⅴ类断面。城镇集中式饮用水水源水质全部达到或优于Ⅲ类。地下水水质极差比例控制在 10% 以内。巩固指标：漆水河各断面保持Ⅲ类。具体措施有强化“10+3”小企业取缔、集中治理工业集聚区水污染、促进再生水利用、加快城镇污水处理设施建设与改造、实施雨污分流改造、强化污泥处理处置、整治城市黑臭水体、推进农业绿色可持续发展、深化农村环境综合整治示范项目建设、加强水资源节约保护、严格水功能区监管、强化饮用水水源保护、防治地下水污染、深入开展排污许可制度、完善自动监测体系等。

2020 年 12 月，武功县联合杨凌示范区组织开展了漆水河突发环境事件应急演练。同时武功县按照“滩地布绿、堤防造景、河道设闸、蓄水成湖”的思路，对漆水河生态环境进行治理。采取治污补偿，进一步提高生活污水处理能力；采用统一收集、沉淀厌氧、人工湿地、多级净化的模式，建设镇村生活污水收集处理设施 170 个。改善生态整治环境，抓好农村环境整治，除了绿化美化，解决脏、乱、差问题，改变村民多年陋习是农村环境改观的根本。推广“组保洁、村收集、镇转运、县处理”的农村生活垃圾处理模式；对远离城镇垃圾填埋场的村庄，推行就地分拣、综合利用、无害化处理的办法；加快推进改水、改厕、改灶、改圈、沼气池建设步伐，完善村庄排水体系。

三、杨凌区漆水河流域水污染治理行动

杨凌农业高新产业示范区持续加大地表水监测力度，助力水污染防治。2012 年起加大“三河两渠”（渭河、漆水河、漳水河、高干渠、渭惠渠）水系治理，将水环境质量提升作为示范区生态环境和水污染防治工作的主要目标。

（一）实施污水处理和管网改造

2016 年底，完成五泉镇污水处理站建设任务，并正式投入运行，2017 年底前，完成日处理规模 2.5 万立方米。全面排查老城区雨污管网分流情况，对未进行雨污分流的区域及时实施改造，进一步提升全区污水处理率。进一步强化重点镇、杨凌区工业园区管网、污水处理等基础设施建设力度，加快排水系统雨污分流改造，2017 年底前，五泉镇重点社区、揉谷镇重点社区雨污分流率达到 70%，大寨街道办重点社区达到 80%，区内新建工业园区雨污分流率达到 100%。2018 年底前以 PPP 或其他方式建成垃圾无害化处理厂，尽早实现城区垃圾减量化、无害化、资源化，减少对水环境的影响。加强垃圾渗滤液、化粪池底渣和污泥安全处置监管和综合利用，对区内三家重点污染企业的污泥定期进行抽检，禁止不达标污泥进入耕地。2018 年底，城区垃圾无害化处理率达到 95%。

（二）降低农业面源污染

散养密集区实行畜禽养殖粪便污水分户收集、集中处理利用。2016 年起，新建、改建、扩建规模化养殖场（小区）要实施雨污分流、粪便污水资源化利用。2017 年完成禁养区内规模化养殖场关闭或搬迁工作，同时养殖场污染防治设施配套率达到 80% 以上。2017 年底，规模化养殖企业畜禽粪便综合处理率达到 80% 以上。结合区内畜禽养殖现状，对规模化养殖场进行摸排，科学划定畜禽养殖禁养区，充分发挥杨凌现代农业示范优势，以种植业、畜禽养殖业农牧废弃物资源循环利用为重点，开展农业废弃物资源循环利用试点，通过推广精准施肥，低毒、低残留农药使用，农作物病虫害绿色防控等技术，降低化肥及农药污染，通过开展农业园区土壤检测和修复，控制土壤板结、酸化剂重金属污染，不断改良农田生态环境，提高农产品品质，2020 年，测土配方施肥技术推广覆盖率达到 90% 以上。通过在规模养殖企业建设有机肥、沼气发电等综合利用设施，消除畜禽粪便对环境的污染。

（三）强化监管

杨陵区检察院、区人大依法能动履职，延伸、拓展工作触角，采取有力监督措施，助推提升区域治理成效。区人大按照水污染防治“一法一条例”要求，定期进行执法检查。

先后对杨凌环球园艺、王上村、漆水河、下川口等 10 个污水处理点进行了定期察看，现场查看污水处理设施运行和水污染治理情况。

经过不懈的努力，到 2020 年末漆水河流域涉及的漆水河、漳水河水质得到明显改善，各项指标达到或超过国家规定的要求，有效保护了饮用水水源等重要水资源。通过加大源头减排措施和环境执法力度，流域内的污染源得到有效管理和控制，排放的污染物减少，环境质量有所提升，生态修复良好。通过实施生态修复工程，恢复了一大批湿地和生态系统，提高了流域的生态环境质量，促进了生物多样性的保护和恢复。

第三节 水生态文明建设

2015 年起，宝鸡市统筹施策，打造绿色生态版图。构筑多部门协同发力、齐抓共管的生态保护新格局。市委、市政府坚持一手抓保障，一手抓督促，形成了部门联动、协同推进，聚力打好青山保卫战的生态保护新格局。加强环境监测网络和信息化建设，实现了市、县、镇空气质量、重点河流水质、重点工业源、扬尘源、移动源、重点区域火点等监测监控 6 个全覆盖。同时加快绿色矿山创建、水土保持治理和森林资源管理、生物多样性保护等保护措施运用。

咸阳市不断夯实生态红线基础。2017 年，印发《咸阳市划定并严守生态保护红线工作方案》，推动实施。全市多部门联动，持续开展“绿盾”自然保护区强化监督专项行动，累计核实遥感监测疑似人类活动点位 24 处，永寿翠屏山等 3 个自然保护区持续得到保护。

杨凌区坚持精准治污、科学治污、依法治污，突出重点领域、重点行业、重点区域、重点环节，精准施策、靶向攻坚，打好污染防治攻坚战。

经过多年的努力，流域各市（县）各部门“健全机制、强化监管、分类指导”的工作思路逐步形成，流域内各市（县）优良天数呈逐年增加态势，重污染天数也呈下降态势，实现环境质量持续向好。

一、湿地保护

漆水河流域国家级湿地公园共有 3 处，分别是永寿漆水河国家湿地公园、扶风七星河国家湿地公园、凤翔雍城湖国家湿地公园。

流域相关县（区）按照“保护优先、科学恢复、合理利用、持续发展”原则，在湿地公园保护管理建设上，始终坚持全面保护、科学修复、合理利用、持续发展的原则，从宣传氛围营造、监测保护、恢复资源等入手，多举措提升湿地公园保护能力和水平。加强了封育保护和人工修复，坚持常态化保护和管理，在群众中广泛开展湿地保护宣传工作，依托湿地公园生态环境，创新保护管理方式，使之成为农民增收和湿地保护恢复亮点之一。

其中永寿漆水河国家湿地公园、扶风七星河国家湿地公园坚持保护与开发并重，水石花草景观显现，科普宣传功能齐全，成为水文化展示、生态保护、湿地教育的重要基地。

截至 2021 年，漆水河流域湿地自然保护区、湿地公园数量和受保护湿地面积逐年增加，河流湿地、湖泊湿地和人工湿地面积不断增加。湿地保护修复成效初步显现，湿地生物多样性日益丰富，生态环境质量持续好转，蓝天碧水、鸟语花香的生态美景已成为彰显各地生态优势的亮丽名片。

二、水生态文明城市（县）建设

（一）杨凌示范区全国水生态文明城市建设

2014 年 12 月，水利部将杨凌示范区列入全国第二批水生态文明城市建设试点，旨在探索推进干旱半干旱地区水生态文明建设。为全面推进水生态文明试点工作，杨凌示范区统筹考虑全区自然地理特点以及水生态文明发展现状，确立了“河渠整治全覆盖、供水安全有保障、高效节水可推广、农科文化显优势、管理创新再探索、城水和谐更完美”的总体目标，围绕最严格水资源管理制度、水资源优化配置、河渠整治、节水型社会建设、水资源保护、水污染防治、水生态系统保护与修复等七大实施内容开展了各项建设任务。

肩负着国家使命的杨凌示范区，在坚持依法治水的基础上，强化自身优势，补齐发展短板，大胆推进改革与创新，以节水为先，以绿水为本，以亲水为韵，审时度势、因地制宜地开展了具有杨凌特色的水生态治理工作。至 2017 年，经过三年的建设，共实施完成了 22 项建设任务，完成投资 20 余亿元，2017 年全区用水总量 0.42 亿立方米，万元工业增加值用水量 4.49 立方米，省考水功能区水质达标率 100%，全面实现了“农科水韵、生态杨凌”的美好愿景。为了破解资源瓶颈，杨凌狠下功夫，把节水摆在区域经济社会发展的首要位置，农业和工业水效全国领先。截至 2017 年底，全区高效节水灌溉覆盖率达到 86.6%，农田灌溉水利用系数由 0.50 提高到 0.75 以上，“智慧水务”等高效节水灌溉信息化系统逐渐推广，农业节水方面取得丰硕成果；全区工业企业年节水 112 万立方米，41 个大类行业中 24 个行业用水量明显下降，降幅面达 58.5%，全区工业企业用水结构和节水效率进一步提高。杨凌示范区不断优化水资源配置，治污与再生水利用相结合，植树造林和水土保持相促进，改变水生态底色，实现全域一体化园林化，同时全面推进“三河两渠”综合整治，实现河渠整治全覆盖，达到“水通、水动、水清、水安、水灵、水美”的水环境综合整治要求。试点期间，杨凌示范区在全面关闭城区 43 眼自备井的基础上，投资 2.8 亿元实施完成石头河杨凌供水工程一期工程，实行集中统一供水，日供水能力达 5 万吨，可满足 20 多万居民和驻区企业的用水需求。同时进一步加大再生水使用力度，一批中水回用设施投入使用，市政绿化灌溉中水使用量逐年增大，试点期末年再生水利用率达到 30% 以上。以加大城区污水处理设施建设力度为突破口，对现有污水处理厂深度处理设施进行了完善，城区污水集中处理率达到 97% 以上。大力实施美丽乡村建设，一批小型污水处理站和生活垃圾收集站建成投用，美丽乡村示范村建设、卫生改厕、社区绿化等工作统筹推进，农村环境连片整治成效显著。为统筹解决水生态退化问题，坚持水土保持和植树造林并举，2016 年漳水河水土保持示范园被省水利厅授予省级水土保持示范园荣誉称号，试点期末水土流失治理率达到 85% 以上，人均绿地面积达到 16 平方米以上。

（二）麟游县生态文明示范县建设

2013 年 12 月，国家发展改革委等六部委下发了《关于印发国家生态文明先行示范区建设方案（试行）的通知》，以推动绿色、循环、低碳发展为基本途径，促进生态文明建设水平明显提升。旨在通过建设形成符合主体功能定位的开发格局，资源循环利用体系初步建立，节能减排和碳强度指标下降，资源产出率、单位建设用地生产总值、万元工业增加值用水量、农业灌溉水有效利用系数、城镇（乡）生活污水处理率、生活垃圾无害化处理率等处于前列，城镇供水水源地全面达标，森林、草原、湖泊、湿地等面积逐步增加、质量逐步提高，水土流失和沙化、荒漠化、石漠化土地面积明显减少，耕地质量稳步提高，物种得到有效保护，覆盖全社会的生态文化体系基本建立，绿色生活方式普遍推行，最严格的耕地保护制度、水资源管理制度、环境保护制度得到有效落实，生态文明制度建设取得重大突破，形成可复制、可推广的生态文明建设典型模式。

2016 年以来，麟游县全面深入贯彻落实习近平生态文明思想，积极开展国家生态文明建设示范区创建，认真践行“绿水青山就是金山银山”发展理念，坚持“生态立县”基本战略，全县在蓝天、碧水、青山、净土四大保卫战方面取得显著成效。先后荣获国家卫生县城、国家园林县城、国家生态示范区、国家绿化模范县、中国“天然氧吧”等荣誉称号。

2018 年制定了《麟游县生态文明示范县规划》。全县以创建工作为契机，狠抓巩固提升，加快形成管长远、管根本的绿色发展方式和生活方式，巩固好、拓展好、深化好取得的生态环境成果。各级坚持以绿色发展、追赶超越为主基调，以资源循环利用为抓手，建设绿色低碳循环园区，瞄准传统煤炭资源开发，结合洗煤、煤矸石发电、煤电产业废物利用等，大力发展循环经济。以科技赋能推动传统产业绿色发展。建设低热值煤矸石发电厂，实现超低排放一体化，在实现能源就地转化的同时极大降低了采矿废弃物污染。坚持从严管理，环境质量好中向优。

2020 年全县空气优良天数达 330 天，$PM_{2.5}$、PM_{10} 年均浓度持续下降，空气质量稳居关中 69 个县（区）前列、宝鸡关中片区第一；漆水河、两天河出境断面水质超额达标，全县生态环境质量好中向优。开展多层次、多形式的宣传活动，引导鼓励全社会力量参与生态环境保护和建设。扩大公民对生态文明建设示范县创建的知情权、参与权和监督权，增强参与积极性，提高公众参与率，在全县形成浓厚的工作氛围。通过实地检查、现场监督和定期调度，实行月调度、双月通报、季度讲评、年度考核制度，下发提醒函、催办函、督办函、责任追究建议函等方式，严格责任夯实和追责问效，全力推动各项创建工作措施高效落实。坚持系统思维，建设美丽宜居家园。全力开展城乡环境集中整治攻坚行动，以营造干净、整洁、美丽的人居环境为目标，持续加快基础设施建设，强化人居环境整治，生态宜居水平显著提升。

第五篇　流域综合管理

漆水河流域属干旱半干旱地区，古时流域环境较好，上下游段森林茂密，植被覆盖率高，因此水量充沛，先民们为了满足生存、生活、生产的需要，自发组织引水灌溉、植树种草。明清以来，由于气候变化，环境逐渐恶化，上中游地区不断出现不同程度的水土流失，流域内各级官吏才有了治理保护意识，开始引导群众开展河道治理、引水灌溉、植树绿化，治理水土流失。但流域内真正实施大规模治理开发活动是在新中国成立之后，水资源开发利用、城乡供水、防汛抗旱、河道整治、水保生态、水电水产等事业蓬勃发展。随着流域内水利事业的快速发展，流域综合管理工作逐步被提到重要议事日程上来，规划管理、水资源管理、灌溉运行管理、工程建设管理、资金质量管理、依法监督管理、科技创新管理等一系列管理逐步走上法治化、规范化、科学化轨道，特别是进入新时代之后，最严格水资源管理制度普遍建立，“四水四定”（以水定城、以水定地、以水定人、以水定产）刚性约束；河长制全面实施，幸福河湖建设持续推进；水利法治建设更加规范，依法监督管理更加严格；科技创新力度不断加大，科技合作与交流更加深入。由于流域管理涉及内容较多，加之一些管理工作在其他篇章中已有记述，本篇仅从水资源管理、河长制、水利工程运行管理、水利法治建设、科技创新五个方面予以记述。

第一章　水资源管理

漆水河流域水资源供需矛盾突出，尤其是随着20世纪80年代上游煤炭的开发，中游关中城市群的兴起、人口的增加、社会经济的快速发展，水资源盲目开采和浪费水资源的现象屡禁不止，水事纠纷也时有发生。1988年《中华人民共和国水法》颁布实施后，流域市、县先后成立了水资源管理机构，制定了一批水资源管理法规规章，特别是2012年后，流域实行最严格水资源管理制度，建立健全用水总量控制、用水效率控制和水功能区限制纳污三项制度，实施最严格的考核问责机制，使水资源管理更加科学、规范、严格，为流域经济社会持续发展提供了水资源引领和水安全保障。

流域水资源管理主要手段是实施水资源开发利用控制、用水效率控制、水功能区限制纳污“三条红线”管理，使水资源支撑能力不断增强。

第一节　水资源配置

20世纪50—70年代，由于水资源分割管理，政出多门，水利部门对水资源的规划评价调查研究，大多围绕一些水利工程建设和河道治理等需要而展开，很少涉及流域性、区域性的社会、经济方面的综合规划。1988年《中华人民共和国水法》颁布实施以后，漆水河流域的咸阳、宝鸡市水资源规划评价及优化配置工作逐步走上正规化，取得了许多重要成果。

1992年，宝鸡市水资源办公室组织完成了《县级水资源开发利用现状分析报告》，并由市水利水保局组织专家进行评审。同年3—12月，又参与了由省地下水工队组织开展的《宝鸡市北部山区县地下水资源评价》，完成其野外调查、动态观测和资料整编工作；9月，开展了漆水河、千河、横水河、七星河等4条河流地表水利用平衡计算工作。

2013年，宝鸡市制定了《宝鸡市水资源管理办法》，指出开发、利用水资源，应当在水资源综合勘察和调查评价的基础上，依据国家和省水资源规划，按照流域或者区域制定综合规划和专业规划。宝鸡市行政区域内跨县（区）河流的流域综合规划和区域综合规划，由市水行政主管部门会同市级有关部门和河流所在地的县（区）人民政府编制，报市人民政府批准，并报省水行政主管部门备案。全市和跨县（区）的水中长期供求规划，由市水行政主管部门会同有关部门，依据省水中长期供求规划和本地区的实际情况制定，经市发展改革行政主管部门审查批准后执行。市、县（区）水行政主管部门根据批准的水量分配方案、用水定额，结合本行政区域内用水状况和年度用水计划，对本行政区域的年度用水实行总量控制。直接从河流、水库、渠道或者地下取水的单位和个人，应当按照国家取水许可制度和水资源有偿使用制度的规定，向水行政主管部门申请领取取水许可证，并缴纳水资源费，获得取水权。

2018 年咸阳市羊毛湾水库灌区提出多水源引水灌区水资源调配设想，即通过对新增加工程规模、控制城市引水量，建立了多水库运行的线性规划，在灌区有限水源总量和水源工程规模的限制下，以水资源优化配置为目标，通过统一调节、协调管理来实现水资源的高效利用。

2020 年，为妥善解决漆水河上下游用水问题，陕西省水利厅组织编制了《漆水河流域水资源配置规划》，对漆水河水资源进行细化配置，提出到 2035 年流域水资源配置评价和具体方案是，通过石头河、冯家山水库等外流域引水工程对漆水河流域进行供水，不断进行农业种植结构和产业结构调整以及灌区节水改造等降低总体需求的情况下，基本可以解决漆水河流域内宝鸡市各县（区）的用水需求，但流域内咸阳市武功县、永寿县仍存在一定程度的缺水情况。对于漆水河流域内永寿北部塬区缺水问题，研究由东庄水库运行初期的余水解决；充分利用宝鸡峡干渠解决流域内武功县农业缺水问题。同时提出了特殊干旱年水资源应急调配方案是实施非充分灌溉、减少农业灌溉水量；利用应急水源，挖掘供水潜力；建设分区水资源网络，增强水资源应急调配能力；充分利用非工程措施，建设旱情监测预警系统。同时制定特殊干旱年份紧急情况下漆水河流域水资源管理和调度应急预案，进一步完善旱情紧急情况下的各级行政首长负责制，强化水法规的宣传执行力度，有效保护抗旱工程设施。

第二节　取水许可管理

取水许可管理是水资源管理的核心。1995 年以前，宝鸡市、咸阳市及各县（区）均使用自行印制的取水许可证，取水许可审批程序和相关文书也不尽统一。1995 年，按照《中华人民共和国水法》《取水许可制度实施办法》《陕西省取水许可制度实施细则》，宝鸡市、咸阳市水政水资源管理办公室全面展开了取水许可登记审核工作，并开始使用由水利部统一印制的取水许可证，到 2006 年流域各县（区）共审核发放取水许可证 190 本。“十五”期间，取水许可管理工作在巩固的基础上向纵深发展，除对城市生活用水、工业用水水源地的新建和改造工程严格审批外，还加强了对县城供水工程建设的登记审批工作。2004 年，宝鸡市、咸阳市按照省水利厅的要求开始对取水许可实行按户管理的办法，严格实行分级管理制度，进一步推动了取水许可制度的全面实施。

第三节　水资源费征收

从 1988 年开始，漆水河流域按照《中华人民共和国水法》要求，开始试点开征水资源费。

但由于缺乏统一部署、统一政策，仅有凤翔区、杨凌区等个别县（区）征收水资源费，每年也仅征收水资源费 20 多万元。

根据陕西省物价局、财政厅、水利厅 1992 年 10 月 10 日联合制定颁发的《陕西省水资源费征收管理和使用暂行办法》及有关规定，结合各地实际情况，宝鸡市、咸阳市物价局、财政局、水利局于 1993 年分别下发了《关于贯彻〈陕西省水资源费征收、管理和使用暂行办法〉的意见》并制定出具体的水费征收标准。

咸阳市是全省较早实行水资源费征收的城市之一。咸阳市、宝鸡市水利局下属的城区地下水资源管理办公室具体负责水费征收工作。

2014—2017 年，流域水资源费征收工作连创新高，累计征收 1.106 亿元，均超额完成年度目标任务。这些水资源费全额缴入省级财政库，同时按规定返还市、县一定比例。返还水资源费主要用于市、县开展水资源调查、评价、规划、供求计划、水资源监测、节水、跨地区调水及其他水资源保护措施，以及水资源的开发利用、管理保护、新技术的推广宣传等。

2018 年，国家实行水资源费改税试点，陕西省全部列入试点范围，实行水行政主管部门核定用水量、税务部门统一征收水资源税的办法。从此以后，漆水河流域水资源税征收进入了水利部门核查核定取用水户水量、审核取水许可台账，税务部门依法征税的新阶段。

第四节　水资源管理考核

2013 年以后，国家实行最严格水资源管理考核机制，国务院办公厅印发了《实行最严格水资源管理制度考核办法》（国办发〔2013〕2 号），从 2014 年起，国务院对省政府、省政府对市政府、市政府对县政府落实最严格水资源管理制度情况实行自上而下的逐级考核，考核结果向社会公布，并作为各级政府主要负责人和领导班子综合考核评价的重要依据。

漆水河流域宝鸡市、咸阳市及各县（区）按照国家和省政府要求，均制定了最严格水资源管理制度考核办法和考核实施细则，在接受省政府对市政府落实最严格水资源管理制度考核的基础上，对所属县（市、区）政府和工业区管委会进行实行最严格水资源管理考核工作。考核水资源管控指标为 3 大类 6 个指标，即用水总量控制指标、用水效率控制指标和水功能区限制纳污指标，其中用水总量控制指标包括用水总量、重点区域地下水水位 2 个指标，用水效率控制指标包括万元工业增加值用水量、农田灌溉水有效利用系数 2 个指标，水功能区限制纳污指标包括重要水功能区水质达标率、集中饮用水水源地水质达标 2 个指标。分别成立由市政府组织，市水务局、市发展改革委、市工业和信息化局、市监察局、市财政局、市国土资源局、市环境保护局、市住房城乡建设局、市农业局、市审计局、市统计局为成员单位的考核工作组，负责具体组织实施。考核工作组办公室设在市水务局，承担最严格水资源管理制度考核日常工作。在此后几年中，考核指标又陆续增加了节约用水、河长制、水土保持等考核内容。2018 年因机构改革未进行考核，机构改革后，考核工作组成员单位名称也随之变化。每年初，市级考核工作组成员单位都要对照上级考核评分标准开展自查，形成上年度最严格水资源管理考核自查报告和技术复核报告并上报；配合省政府完成对所在市政府年度实行最严格水资源管理制度考核工作。同时，要分组对所管辖县（市、区）和工业管委会实行最严格水资源管理制度进行全面考核，量化打分，提出考核等次。

2014—2020 年（2018 年因机构改革未考核），宝鸡市、咸阳市及各县（市、区）在省政府组织对市政府落实最严格水资源考核中的考核结果为：2014 年宝鸡市、咸阳市为良好等次；2015 年宝鸡市、咸阳市为良好等次；2016 年宝鸡市、咸阳市为合格等次；2017 年宝鸡市、咸阳市为合格等次；2019 年宝鸡市、咸阳市为良好等次；2020 年咸阳市为良好等次，宝鸡市为合格等次。

宝鸡市、咸阳市对所属县（区）政府考核结果见表 5-1-1。

表 5-1-1　2016—2021 年漆水河流域县（区）水资源考核结果

县（区）名称	2016 年	2017 年	2019 年	2020 年
麟游县	良好	合格	良好	良好
永寿县	良好	良好	良好	良好
乾县	良好	良好	良好	合格
武功县	良好	良好	良好	合格
凤翔区	良好	合格	良好	良好
岐山县	良好	合格	合格	良好
扶风县	良好	合格	合格	合格
杨凌示范区	良好	合格	良好	良好

第二章　河长制

据史料记载，“河长制”最早出现在我国唐代。先后从唐代的“渠斗长制”，北宋的“河堤使制”，到金代的“河长制”逐渐发展演化而来。唐代、北宋、金代“河长制”的设计均体现了国家意志，都是在中央政府层面上通过设立“河长”对河流、灌区、渠道进行管理的制度安排，体现出国家对河流、渠道行政管理的加强，唐、金两代还以法律的形式予以明确，更加凸显“河长制”的地位。新中国成立以后，我国对河湖的管理主要采取按行政区划进行管理的模式。进入21世纪，随着我国人口的增加、各地工业化和城镇化的发展，生态环境污染形势严峻。“河长制”首先在江苏省无锡市试行，2008年在江苏全省推行，之后全国各省陆续借鉴推行。

2016年11月、2017年12月，中共中央办公厅、国务院办公厅先后印发《关于全面推行河长制的意见》《关于在湖泊实施湖长制的指导意见》，在全国拉开了全面推进河湖长制的序幕。2017年2月和2018年2月，陕西省先后印发《陕西省全面推行河长制实施方案》《关于实施湖长制的意见》，并先后举行了陕西省河长制启动暨无定河综合治理动员大会、陕西省湖长制启动暨泾河综合治理动员大会，标志着陕西省实施河（湖）长制工作全面启动。漆水河流域各级党委、政府认真贯彻党中央决策部署和省委、省政府工作要求，迅速制定实施方案，建立健全市、县、乡、村四级河（湖）长工作体系，全面落实河（湖）长巡河查河责任，加大河湖“四乱”问题整治力度，持续促进河湖面貌发生根本性改变。由于漆水河流域无规模以上湖泊，故本章仅以河长制记述之。

第一节　河长制建立

2017年2月10日上午，陕西省河长制启动暨无定河综合治理动员大会在西安渭河河畔和榆林绥德无定河防洪工程施工现场以视频会议形式同步举行。省委书记娄勤俭宣布启动，省长胡和平做动员讲话。省委常委、常务副省长梁桂在绥德现场主持动员大会。宝鸡、咸阳市委、市政府和漆水河流域各县委、县政府及其有关部门负责同志参加了开工仪式。

一、组织体系

2017年3—4月，漆水河流域宝鸡、咸阳两市分别印发《宝鸡市全面推行河长制实施方案》《咸阳市全面推行河长制实施方案》，明确了河长制工作的总体要求、主要目标和重点任务，建立健全了区域与流域相结合的河长制组织体系，市级设立“总河长”“副总河长”，并在主要河流设立市级河长；各河流所在县、乡分级分段相应设立河长，村级设河道专管员、保洁员或巡查员。宝鸡市总河长由省委常委、市委书记担任，副总河长由市长担任；在11条主要河流设立11名市级河长，分别由市委、市人大、市政府、市政协领导干部担任。咸阳市设立双总河长，分别由市委书记、市长担任，双副总河长分别由常务副市长、分管副市长担任；在8条主要河流设立11名市级河长（含3名市级副河长），分别由市委、市人大、市政府、市政协领导干部担任。同时两市均成立了市级河长制工作领导小组，市委书记、市长分别任组长、副组长，各主要河流市级河长和相关部门主要负责同志为成员。领导小组下设办公室，办公室设在市水务局，办公室主任由市水务局主要负责同志担任，副主任由市水务局、市环保局分管领导同志担任。各市县、乡（镇）快速行动，2017年5月底所有县均出台了全面推行河长制实施方案，8月底前所有乡（镇）级实施方案全部出台，落实了河流所在地县、乡、村河长，实现了市、县、乡、村四级河长全覆盖。

2017年4月18日，咸阳市委常委会审议通过了《咸阳市全面推行河长制实施方案》，明确全市将建立市、县、乡三级河长制，各级河长由同级党委、政府领导担任；明确了河长制的目标、任务，明确了咸阳市总河长、副总河长和市境内8条主要河流的市级河长，明确了总河长、河长的职责。该方案的出台，标志着咸阳市河长制工作全面启动。

目前，漆水河流域共设立市、县、乡、村四级，共有河长385人。其中市级河长3名、县级河长21名、乡级河长84名、村级河长277名。按市来分，宝鸡市共设立县级河长11名、乡级河长40名、村级河长104名，其中11名县级河长涉及漆水河及其支流，同时在湋水河、雍水河、横水河、永安河、北马坊河、澄水河、董家河、七星河、美阳河还各配备了一名副县长担任副河长，在各条河道均配备了由有关部门主要负责人担任的协调人；咸阳市涉及漆水河流域永寿、乾县、武功3县6镇，共设立市级河长1名、县级河长7名、乡级河长35名、村级河长135名。各市将河长名单在市政府门户网站、市水务局网站和《宝鸡日报》《咸阳日报》向社会公布。同时设立河长公示牌，对河长姓名、职责、河湖概况、管护目标、监督电话等重要信息进行公示。

二、主要任务

根据中央部署和省委、省政府要求，推行河长制主要有六大任务：一是严格水资源管理。落实最严格水资源管理制度，严守水资源开发利用控制、用水效率控制、水功能区限制纳污三条红线，构建水资源合理配置和高效利用体系。二是加强水域岸线管理。坚持柔性治水理念，严格水域岸线等水生态空间管控，依法划定河流水域及其水利工程管理范围和保护范围，科学编制岸线利用规划，严格划定岸线保护区、保留区、限制开发区、开发区，打造健康自然的河流水域岸线。三是加强水污染防治和监测评价。严格治理工矿企业污染、城镇生活污染、畜禽养殖污染、水产养殖污染、农业面源污染，加强水质水量标准化、规范化监测和评价，改善水环境治理。四是加大水源地保护力度。加快市、县两级饮用水水源保护区划定，对饮用水水源保护区、自然保护区和水源涵养区依法实施强制性保护，严格控制水源地上游及周边地区的开发活动。五是推动水生态环境治理与修复。强化山水林田湖草沙系统治理，加大水土流失治理和生态修复力度，开展黑臭水体治理和水系连通、水美乡村建设。加强水文化示范基地和水生态科普基地建设，构建以水文化、水科技、水生态、水景观、水民俗等为主要内容的文化传播平台。六是严格实行综合执法监管。探索推行行政执法与刑事司法有效衔接，建立联合执法机制，加大对涉河违法行为的查处力度，用法治力量守护好江河。

宝鸡市结合实际，将河长制六大任务细化分解为十大类 27 项，确立了组织领导、机制体制、资金投入、目标考核、宣传引导等方面的保障措施。同时，确定县水务、环保、住建、发改、农业、畜牧等 27 个单位为河长办成员单位，并明确了具体职责，业务由上述六个部门牵头落实，其他部门相互配合实施。

三、规章制度

根据水利部和省河长办要求，漆水河流域市、县先后印发出台了河长制工作信息共享制度、工作会议制度、督查考核制度、问题清单制度、信息报送制度、检查验收制度、举报投诉受理制度、问责激励制度等 8 项制度，制定了《河长制工作考核管理办法》和年度考核细则，探索建立全面推行河长制的制度保障。

2017 年 7 月，咸阳市制定了《咸阳市河长制工作考核办法（试行）》，考核对象包括市直各相关部门、直属机构，各县（市、区）党委、政府。考核内容涵盖河长制的组织领导情况、工作安排部署情况、整治规划与年度计划制定落实情况、治理工程完成情况、各级河长的履职情况、工作进度报送与信息上报及台账建立情况、重大问题的处理情况、省市安排部署的贯彻落实情况、河流县界出境断面考核指标完成情况等其他相关事项。提出考核方式，由市河长制办公室组织实施，采用工作汇报、现场检查、查阅台账资料、召开座谈会等方式进行。考核成果纳入市年度目标责任考核体系，作为市直相关单位、各县（市、区）综合考核评价的依据。同时制定了《咸阳市河长制工作会议制度（试行）》，明确了总河长专题会议、副总河长专题会、河长专题会、河长制办公室联席会议的职责、参加人员和程序等，要求各县（市、区）党委、政府和市河长制办公室各成员单位要主动研究河湖库渠保护管理工作中的有关问题，认真落实相关会议确定的工作任务和议定事项。

宝鸡市 2021 年修订完善河长制工作会议制度，明确每年召开一次全市河长制会议，除此之外，还可召开市级河长工作会议、市级河长制联席会议和河长制工作调度会。建立完善监督检查机制，市河长办组织开展两次常态化暗访督查，不定期组织现场督导检查、督办通报。建立河（湖）长及其联系人动态调整机制、河长办与生态环境部门“月通报”机制，确保不出现责任真空现象，形成部门协作、打防结合、处置高效、河湖共治的铁腕护水新格局。2018 年宝鸡市建立“河长＋警长”管理模式和行政执法与司法、监察衔接机制，加大采砂堆砂监管力度，切实提升治理成效。建立宝鸡市河（湖）长制智慧管理中心，强化河湖管理各环节信息化手段运用，建立河（湖）长制日常数据统计报送机制，实现河（湖）

长信息、河湖问题整改、河湖情况监测、考核监督问效、投诉监督举报等重要数据信息全过程动态管理。

2018 年起，漆水河流域宝鸡、咸阳两市均编印了《河长制工作手册》，主要包括河长制概念、河长制工作目标、主要任务、组织形式、河长名单、责任分解、保障措施、主要河流情况等，使各级河长对治水目标、存在问题、自身责任一目了然，成为各级有关成员单位和责任人的治水进度“自查表”“任务表”“责任状”，为更好推动河长制管理工作奠定了基础。漆水河流域组织编制了河湖名录，深入推进“一河一策”方案编制工作。截至 2020 年底，漆水河及其主要支流均编制完成了“一河一策”方案，并严格执行“一河一策”方案，促进河长制工作从“有名”向“有实”转变。同时漆水河流域各县（区）全面建立健全“河湖长 + 检察长 + 警长”协作机制，提升河湖管理法治化水平，为幸福河湖建设增添司法“利剑”。

2024 年漆水河流域河长设置情况统计见表 5-2-1。

表 5-2-1　2024 年漆水河流域河长设置情况统计

市、县名称	市级河长	县级河长	乡级河长	村级河长
宝鸡市		12	40	104
咸阳市	1	7	35	135
麟游县		1	3	11
永寿县		2	10	48
乾县		2	11	51
武功县		3	14	36
凤翔区		5	27	63
岐山县		5	10	30
扶风县		1	4	18
杨凌示范区	2	2	5	20
合计	3	21	84	277

第二节　河长履职

一、河长履职规范和要求

2020 年和 2021 年，水利部先后印发《关于进一步强化河长湖长履职尽责的指导意见》

和《河长湖长履职规范（试行）》；2021 年，陕西省河长办印发《关于进一步强化河长湖长履职尽责的实施意见》《陕西省河湖长履职规范（试行）》，对巡河调研提出明确要求。

漆水河流域各级党委、政府认真贯彻落实水利部和省河长办要求，进一步压实各级河长以及有关部门责任，建立健全“河长挂帅、河长办协调、成员单位协同、责任单位履职、社会各方共治”的河长制组织体系。明确市级河长每年不少于 3 次（每半年不少于 1 次），县级河长每季度不少于 1 次，乡级河长每月不少于 1 次，村级河长每周不少于 1 次。

河长巡河调研的重点：市、县级河长巡河重点看是否建立健全部门联合执法机制，建立河湖日常监管巡查制度，实行河湖动态监管，落实执法监管责任主体、人员、设备和经费以及打击涉河湖违法行为，治理非法排污、设障、捕捞、养殖、采砂、采矿、围垦、运输、侵占岸线等活动的情况。乡、村级河长巡河重点是巡查生产经营活动频繁的河段，重点检查河湖日常管护情况，及时劝阻、制止涉河湖违法违规行为，不能解决的要及时报告上级河湖长或河长制办公室、有关部门（单位）。

2019 年，咸阳市对 8 名市级河长、4 名市级湖长，通过咸阳电视台、《咸阳日报》、市政府网站、咸阳水利网向社会公众进行公布。各市、县（区）也在当地主流媒体同步公示河长、湖长信息。各市、县（区）还分级在河流、湖泊、渠道显著位置树立标示牌，公示各级河（湖）长、警长、督察长、村级巡河员的姓名、职务、职责、电话等，接受社会监督。严格落实责任规范河长工作，编制印发 8 条主要河流的手册，明确了每条河流的基本情况、存在问题、治理思路、部门任务、河长职责，为各级河长工作提供了决策依据。强化问题整改，增强治理力度，对发现的问题发送督办通知，要求整改。加大河（湖）长制工作宣传，全市河湖水生态环境得到初步改善，河（湖）长制正在从“有名”向“有实”转变。

二、河长巡河履职

2020 年 4 月，宝鸡市委常委、副市长、漳水河市级河长时镇对漳水河扶风段河长制工作进行了巡查调研。时镇一行实地查看了漳水河扶风老县城段河道截污、浪店段河道治理及百合污水处理厂扩容提标工程，检查了漳水河杏林出境断面水质以及自动监测站建设等工作，详细了解漳水河河长制工作落实情况。同时指出，扶风地处宝鸡市东大门，漳水河出境水质状况是检验宝鸡市水污染防治工作的重要内容之一。他要求，全县要高度重视水污染防治工作，重点抓好老城区的河道综合整治，加强沿河污水收集、雨污分流、截污管网建设，推进污水处理厂扩容提标工程，不断提升县城污水收集率、处理率、达标率，认真落实河长制分级负责、巡河巡查、反馈整改、督查督办等各项制度，要按照精准治污、科学治污、依法治污的总要求，系统治污、柔性治水，推动漳水河水质持续改善。

2021 年 1 月 26 日，岐山县人大常委会主任巨文利带领县人大办、水利局、凤鸣镇负责同志，到横水河流域开展河长制巡河工作。实地查看河道治理及沿岸环境整治等情况，要求相关部门要强化日常巡查管理，深入开展防溺水安全教育，全力保障人民群众生命财产安全；要严格排查周边餐饮服务企业排污情况，加快凤鸣湖内水草打捞清理，不断提升河道生态环境质量。

2023 年 5 月 15 日，武功县县长、县总河长姚俊峰巡察漆水河，并调研河湖长制和水污染防治工作，要求加强日常监测、源头治理和系统施策，以打造良好的水生态环境。

2023 年 12 月 1 日，杨凌示范区党工委副书记、管委会常务副主任、总河长史高领开展巡河工作，巡河路线包括漆水河下川口段、漳水河入漆水河交汇口等多个地点。在巡河中，史高领强调了水环境治理的长期性和河流生态保护的重要性。

2024 年 3 月 29 日，乾县县委书记、县级总河长闫兴斌到羊毛湾水库、漆水河临平段开展巡河工作。在羊毛湾水库，闫兴斌实地查看了水源地保护、河面保洁等情况，了解库区安全相关项目的建设、水源地保护措施、环境综合治理等情况。他要求，要加强协调配合，进一步做好库区周边环境的美化绿化，提高水土保持和水源涵养能力。要时刻绷紧安全这根弦，提早做好防汛工作预案，健全上下游联席机制，保证水库调度指令畅通、迅速，保障人民群众生命财产安全。在漆水河临平段，闫兴斌巡查了河道生态径流、周边卫生环境和水质情况，了解日常维护、卫生清扫和河长制落实、水环境治理等方面工作情况，对漆水河龙塘口流域的综合治理和文旅产业发展进行调研。闫兴斌强调，全县各级要高度重视全面推行河长制工作的重要意义，健全日常巡查、监管机制，坚决查处不法行为，持续推进污染防治、综合整治和生态修复等工作。要强化宣传引导，动员群众自觉参与河道保护、爱护等工作，确保辖区河库“水清、岸绿、河畅、景美”。要结合实际，统筹考虑北郑村遗址、龙岩寺、漆水河渡槽、石林等历史遗迹、人文景观和自然风光，推动农旅、文旅产业融合发展，在加快建设活力、开放、美丽、幸福新乾县中展现临平新作为。

三、河湖“清四乱”

河湖“清四乱”是推行河长制工作的一项重要而常态性的工作。漆水河流域各级党委、政府在开展河湖“清四乱”中，始终坚持目标统领与问题导向相结合，坚持高位推动与发动群众相结合，使河道面貌发生了显著变化。一是河长履职担当有效推动。宝鸡、咸阳两市市委、市政府将河（湖）长制工作作为推动全市高质量发展和年度目标责任考核的重要内容，召开市委常委会、市政府常务会、市河长制工作会，层层压紧压实各级河长、部门和县（市、区）守河护河政治责任，持续推进河流生态环境治理。二是联动整治持续发力。为确保河湖突出问题动态清零，成立了河（湖）长制常态化工作督查组，定期联合市委督查室、市公安局、市交通局、市水利局、市应急局、市政府督查办等单位部门开展督查督办，不定期开展暗访督查，对问题频发、进度滞后的县（市、区）重点督办，形成了“发现问题、交办问题、督办问题、考核问效”的闭环管理体系，部分县（市、区）开展每月进驻一个乡（镇）的进驻式督查考核，有效解决了一批痛点、堵点、难点问题。三是铁腕整治河湖由“乱”变“治”。按照坚决清存量、遏增量的要求，重拳出击，限期整改河湖“四乱”问题。面对数量多、涉因复杂、整改难度大的河湖历史遗留问题，敢于动真碰硬，多次召开会议、派出工作组，定期通报调度，有力依托河（湖）长制制度优势，全面完成上级交办的河湖问题整改。同时，深入开展自查自纠，持续不断推进河湖管护常态化、规范化。四是建设河（湖）长制智慧管理中心，强化河湖管理各个环节信息化手段运用，对重点河道、问题易发河段运用视频监控、无人机等现代化手段监管，实现了河（湖）长信息、河湖问题整改、河湖实时监测、考核监督问效、投诉监督举报等重要数据信息全过程动态管理，提升河湖监管水平。五是组织发动全社会参与守水护河行动，大力宣传河长制的政策措施、重要意义、取得的重大成果，畅通公众反映问题渠道，不断提升社会公众的河湖保护意识，营造全社会共同守护河湖的浓厚氛围。

2018年4月，宝鸡市组织开展了为期一年的河湖“清四乱”专项整治行动，在调查摸底、集中整治、巩固提升三个阶段，市、县两级累计派出1005人进行督查工作、2139人开展巡查执法工作，发现问题，及时督促整改。2018年5月，出台了《宝鸡市人民政府办公室关于进一步规范采砂管理工作的通知》，禁止所有河道（水库）采砂行为，严禁任何单位和个人非法占用耕地挖砂、堆砂，不得为采砂、堆砂项目办理临时用地手续。2019年5月，宝鸡市凤翔区制定了《凤翔县2019—2025年度采砂规划》。2020年以来，宝鸡市常态化、规范化推进河湖“清四乱”，全面开展碍洪突出问题排查整治、河湖“清四乱”、河道非法采砂打击整治等专项行动，全市累计清理整治河湖“四乱”问题近300个，清退非法占用岸线376.01千米，清理建筑和生活垃圾145.01万吨，清理固体废物5.42万吨，清理违章建筑14.49万平方米，清除围堤1.79千米，清除违规种植大棚1.30万平方米。

咸阳市持续开展河湖“清四乱”、“携手清四乱、保护母亲河”专项行动以及“采砂石、倒垃圾、排污水、设障碍”专项整治，建立问题清单制度，统一编号管理，限期督促整改，重点问题定期跟进督办，并将问题清单报送各相关市级、县级河长。2018—2019年，共清理整治河湖“四乱”问题244个，累计投资1000多万元，清理非法占用河道岸线80.82千米，清理生活垃圾、建筑垃圾132.8万吨，拆除违法建筑36531平方千米。

羊毛湾水库、老鸦嘴水库在水源极度紧缺的情况下，开闸放水，恢复漆水河、漠西河生态基流。建成水污染防治项目42个，实现了市县建成区污水全收集、全处理的目标。

武功县严格入河排污口管理工作，按照新的机构改革职责分工，将水功能区管理交由生态环境部门实施，加强漆水河排污口管理。

武功县、乾县的6个镇党委、政府，按照“常态全域排查，动态整治清零，长效依法管控”要求，聚焦河湖突出问题，持续推进河道“四乱”问题清理整治工作，组织开展了水生态环境“三清一净”、违规“小菜园”清理、河道碍洪整治等专项行动，不断强化水行政执法，加大查处力度，加强对水质波动区域油气开发、涉河养殖场、涉河建设项目等企业排查和监管，取缔涉河非法取水，推动了河流水质持续改善提升。

四、专项执法行动

加强执法监督是推行河长制六大任务之一。2017年以来，按照水利部和陕西省水利厅部署，漆水河流域各市、县先后组织开展了河湖专项执法三年行动、河湖陈年积案“清零”行动、防汛保安专项执法行动、黄河流域地下水超采治理专项执法检查等，特别是与公安机关联合开展了河道非法采砂打击整治行动，依法查处了一大批水事违法案件。加强公安、生态、水利、资源规划等部门联合执法、同步上岸工作格局，对非法采砂行为保持严打高压态势。

2020年杨凌示范区检察院成立了“水利公益巡回检查室”，定期召开联席会议、开展联合检查，对水利资源全面主动监督。

2020年3月，麟游县环境执法分局组织监察大队、监测站、法制股人员组成执法检查组，开展水污染防治专项执法检查。此次专项执法行动以两天河、漆水河流域为主线，重点对沿线涉水企业水污染治理设施运行、排污口规范化建设、污染物达标排放、自行监测落实、按证排污情况及是否存在偷排、漏排现象进行了突击检查。要求各企业必须高度重视水污染防控工作，做好科学谋划、全面自查，加强日常管理工作，加强污水处理设施运维，清除管理死角，建立长效机制。

2020年以来，咸阳市生态环境局武功分局联合县河长办全力做好国控断面水质监测工作，印发实施《漆水河入渭口国控断面“一点一策”整治方案》，加强河道施工监督管理工作，对施工范围进行围挡，最大程度减少施工对水质带来的影响。加密监测断面为漆水河入渭口断面、罗古村出境断面、渭河大桥、漆水河上游等断面。监测因子为pH、溶解氧、化学需氧量、氨氮、总磷。同时每月根据监测情况，适当扩大监测范围和因子，实施流域布点监测、分析研判、溯源排查，摸清流域水环境质量发展趋势及其变化情况，及时发现苗头问题，快速采取有效处置措施。

五、河长制考核

强化考核奖惩是推进河长制的指挥棒。2021—2022年，在陕西省河长制工作考核中，宝鸡市连续两年获得优秀等次，咸阳市连续两年获得良好等次。漆水河流域各级党委、政府从一开始就建立了严格的考核制度，制定了《河长制工作考核问责与激励制度》和年度考核细则，实施量化赋分，自上而下进行考核评价和激励问责。2020年，麟游县累计派出582人次开展了163次河长制监督检查，先后多次对相关责任人、部门进行约谈、问责。

2022年，宝鸡市对2021年度推进河长制工作6个先进集体、7名优秀河长和16名先进工作者进行了表彰奖励。

咸阳市于2021年5月修订完善了《咸阳市河湖长制工作考核办法》，以总河长令发布，建立“月考核＋年评价＋差异化”的考核机制，坚持月考核与年度评价相结合、共性与个性相结合、激励与问责相结合、考核与结果运用相结合，对河长制工作“一月一考核一排名、一季度一调度一督导、一年一总结一安排”，累计召开会议8次、印发督办函13次、督办单11次、监督检查24次、通报考核结果2次，推动河长制工作向纵深推进。

第三节　河流基础管理

依托河长制平台，漆水河流域各级党委、政府切实加强河流基础管理工作，扎实推进河流管理范围划定、岸线保护利用规划编制、示范河湖和示范县乡创建等工作，维护河流健康生命，推动河长制从“有名”向“有实”、“有能”向“有效”转变取得实质性成效。

一、河流管理范围划定

从2019年开始，漆水河流域各级党委、政府按照水利部和省河长办部署，组织开展了河湖管理范围划定工作。宝鸡市成立市级河湖管理范围划定领导小组，制定河湖管理范围划定工作方案、技术导则及实施方案，召开各县（区）党委、政府主要领导参加的划定工作紧急调度会，组建划界工作组和技术专家组，多次组织技术培训和审查，及时督导约谈、实时跟进划界进度。经过三年努力，截至2021年10月，全面完成了河湖名录内16条河流的划界公告及成果上图工作。其中漆水河流域完成规模以上（流域面积大于500平方千米以上）河流9条（漳水河、雍水河、横水河、永安河、北马坊河、澄水河、董家河、七星河、美阳河）、规模以下（流域面积50 ~ 1000平方千米）河流6条的管理范围划定工作。2021年咸阳市委托设计单位编制完成了《漆水河2021—2025年度“一河一策”实施方案》和《河湖健康评价报告》，重新修编印制了《河长工作手册》，编制完成了漆水河和羊毛湾水库的水域岸线保护与利用规划。咸阳市永寿、乾县、武功8镇完成规模以下8条河流管理范围的划定工作。

二、岸线保护利用规划编制

随着河流管理范围划定工作的开展，漆水河流域组织开展河流水域岸线保护利用规划编制工作。其中，宝鸡市共有9条（段）河湖需要编制岸线保护利用规划，涉及河流13条、水库12座。从2020年开始，宝鸡市及所属各市、县（区）组织有关设计单位和技术力量，编制实施方案，同步开展相关技术论证工作，截至2021年底，21条（段）需按要求编制岸线保护利用规划的河、湖、库，均完成了规划编制、本级审核和上级意见征求工作，正在按程序报批实施。其中市级河长负责的漆水河等7条河流岸线保护利用规划已于2021年12月获批实施。持续强化河湖划界、岸线保护利用规划、市县级河长负责的漆水河、漳水河、雍水河等16条河流“一河一策”方案等成果运用，严格涉河建设项目和活动审查，加强河湖水域岸线空间分区分类管控，推动岸线有效保护和合理利用。

三、幸福河湖创建

根据陕西省总河长令（2022年第1号）要求，陕西省河长办组织在全省范围内开展示范河湖建设活动，力求通过系统治理、综合治理、源头治理，打造一批河（湖）长制责任体系完善、制度机制健全、基础工作扎实、管理保护有序、水域岸线空间管控严格、河湖管护成效显著、河（湖）长制工作有亮点、人民群众满意度高的幸福河湖示范样板。宝鸡市动态更新“一河一策”，持续推进示范河湖和示范县乡创建工作，编制完成了雍水河、横水河、永安河示范河湖建设实施方案，各市、县（区）通过夯实基础工作、规范机制运行、采取有效治理措施、创新河（湖）长制工作等举措，同步开展示范河湖和示范县乡创建。

2019年以来，武功县扎实推进河长制工作落实，深入践行绿色发展理念，全力营造武功“水清、河畅、岸绿、景美”的生态环境。共青团武功县委主动作为，促进武功县“河小青”项目品牌升级增效，增强青少年节水护河意识，充分动员广大青少年积极参与生态环境建设，不断扩大保护母亲河行动的参与面，深入推进保护母亲河行动常态化、实效化。通过系列活动开展，“河小青”们用实际行动感召周围群众加强环保意识，保护生态环境，维护河道水环境质量，改善河道沿线整体环境。引导广大青少年积极投身文明实践，助力生态文明建设和乡村振兴，努力将“河小青”活动常态化、机制长效化、成果扩大化。推进“河长制”落到实处，做环境保护的建设者，做绿水青山的守护者，做河道环境保护的宣传者，用实际行动宣传母亲河、保护母亲河，积极践行“打造幸福河湖”的环保理念，促进“河小青”项目品牌升级增效，共建河畅、水清的美丽家园。

四、智慧河湖管理系统

2020 年 9 月陕西省启动河（湖）长制管理信息系统一期工程，2021 年 6 月上线试运行，2022 年在一期系统提档升级的基础上，启动二期智慧水资源管理信息系统建设。系统采用“互联网 +”模式，整合河湖治理资源，建立以“人”为对象的行政管理系统、以“河”为载体的业务应用系统、以“网”为基础的智能服务系统，全面建立河湖管理数据库，在市级河（湖）长制信息化管理系统上线试运行的基础上，县级河（湖）长制信息化系统同步开展建设。宝鸡市、咸阳市在漆水河流域重点河道、敏感问题易发段新安装河（湖）长制视频监控 32 个，并将持续进行补充新增，运用视频监控、无人机等现代化手段开展河湖监管工作，实现市县信息共享和河湖管理智慧化。

第三章　水利工程运行管理

水利工程运行管理是水利管理的根本任务，关乎水利工程的设施安全和运行安全。水利工程投入使用后，必须加强水利工程的运行和管理，以充分发挥水利工程的作用。这就要求水利工程管理单位对水利工程的运行管理模式进行改革，以提高管理水平，降低管理成本。本章记述流域各市、县（区）机井、抽水站、水库和渠道工程管理及水利工程质量安全管理的史实。

第一节　机井管理

井、泉与人类的生存繁衍紧密相伴。先秦文献记载的“黄帝凿井”“尧时凿井而饮”等距今都已有四五千年的历史，而井用于灌溉则稍晚一些。陕西考古发现西周早期的群井用于浇灌园圃，距今也将近3000年。作为生活之用，陕西在秦汉以后水井发展已很广泛，城市生活用井更为普遍。如麟游县的唐井，作为抗旱之用，秦汉以后逐步得到发展，但形成规模晚清记载更详。明清时期，岐山群众于雍水河西岸开凿水井，以水车、桔槔汲水灌田千余顷。清乾隆二年（1737年），崔纪抚陕，悯秦地待泽于天，遇旱无策，于是年五月初十日，饬令各县相继凿井。同年十一月统计，4府3州新凿井共68980眼，其中，凤翔府（凤翔、扶风、岐山、眉县、宝鸡、千阳）2800眼；乾州（武功）5200眼。提水机具以桔槔、辘轳、水车为主，成为古代流域井灌的兴盛时期。据民国十九年（1930年）不完全统计，凤翔、岐山、扶风3县用于灌溉之水井共1334眼，灌田8529亩。

中华人民共和国成立以后，水井和其他水利工程一样，取得了突飞猛进的发展，已成为农业灌溉和城乡供水的重要手段。1952年9月省水利厅成立了陕西省地下水工作队，并逐步形成省、地、县3级管理体系。灌井事业经历了由原始土砖井向现代化机泵井的大转变，一是在指导上从零星分散、盲目开采，逐步转到统一规划、合理布局、规模发展；二是提水、钻井机具，逐步由原始工具转到机械化、电动化；三是井型由小、土、浅向大、新、深，灌区由平川向高原发展；四是管理水平日益提高，逐步由粗放管理转到规范科学管理。在“大跃进”“公社化”“文化大革命”中，流域井灌事业有了较快发展，但又受到高指标、瞎指挥、浮夸风和只讲数量、不求质量等“左”的思潮影响。1970年全国北方农业会议之后，打井更加受到各方重视，陕西省成立了打井办公室。1978年9月，省打井办在凤翔召开了全省打井会议，分别讨论了加强管理配套的具体步骤，调整压缩不合实际的打井指标。1980—1995 年，特别是中共十一届三中全会以后，流域机井建设的重点转向质量、管理、效益。漆水河流域全面开始机井管理的考核工作。截至 2020 年，漆水河流域各县（区）已建成机配井 16290 眼，其中灌溉机电井 16196 眼，占总井数的 99.4%；其余 94 眼为人畜饮水井，占总井数的 0.6%。在灌溉机电井中，已配套的 15877 眼，装机容量 176.93 兆瓦。

一、地下水动态观测

流域各县从 1953 年开始，根据上级统一安排部署，陆续在各灌区开展地下水动态观测。对用水的机井（深井），由管理人员每月观测两次。2016 年 4 月 1 日《陕西省地下水条例》颁布，规定县级以上人民政府应当按照分级负责的原则，组织有关部门编制地下水监测站网建设规划，整合现有地下水监测资源，统筹规划、合理布局地下水监测站网，加强地下水监测能力建设，推进监测工作现代化、信息化。各级地下水监测站网建设规划应当相互衔接，避免重复建设。县级以上水行政主管部门应当组织开展水位、水量、水质、水温等地下水保护与开发利用动态监测，实现监测数据及时有效采集、传输、处理、储存。流域各市（区）还分别设立地下水动态监测研究工作室，定期公布有关数据，为实现地下水科学利用、合理开发发挥了重要作用。

二、井灌管理

新中国成立初期，流域井灌管理基本上为粗放型管理，以村民自治或由各县乡自行确定用水管理和水费收缴的方法进行。

1981 年 5 月 9 日，水利部颁发《农田机井管理暂行办法》，公布了机井管理五项技术经济指标考核标准。次年冬，各市县开始考核工作，参加考核的共 8 个县（区），机井 5993 眼。1983 年考核结果：配套完好机井 5484 眼，占 91.5%；单井每小时灌 1.63 亩，灌水定额每亩次 66.9 立方米；灌溉成本含折旧费每亩次 1.9 元，不含折旧费 1.65 元；平均粮食亩产 308.75 千克。

1983—1984 年，岐山、凤翔、扶风等县对机井进行了测试改造。岐山县地下水工作队对五丈原镇 6 眼深机井进行测改后，平均每小时耗电量由改前 17.15 千瓦时降至 12.85 千瓦时，每小时出水量由 46 立方米增至 62.2 立方米，能耗由每千吨米 18.35 千瓦时降至 10.54 千瓦时，装置效率由 15.1%提高到 26.33%。凤翔县地下水工作队对石家营乡 153 眼机井全面进行了测改，对井泵、水量、扬程互不配套的机井采取减叶轮、换电机、调整输水管长度等措施，机井出水量增加，耗电量降低，设备装置效率提高。这一做法在流域其他县普遍推广。

第二节　抽水站管理

羊毛湾水库灌区通水以后，处在总干渠以北高地和接近宝鸡峡南沟、大北沟、泔河水库的社队，为灌溉高仰之田和补充本灌区的水源不足，自筹资金兴建抽水工程。全灌区先后共建各类抽水站75处，总装机10976.6千瓦，抽水能力12.26立方米每秒，其中灌溉面积在5000亩以上的有南沟、铧尖沟、漠西、城东、老鸦嘴抽水站等13处，设施灌溉面积7.1万亩，占灌溉总面积的22%。建成包括大口井、辐射井和深井在内的各种机井951眼。

1980年初，灌区2000亩以上抽水站实行以八项技术经济指标考核为主要内容的管理工作，在节能节水方面取得明显经济效果。其主要措施有四项：一是加强对老化和不合理设备的更新改造，提高设备完好率；二是对主机组进行技术改造，维修保养，降低能耗；三是调整配电、启动设备，采用新技术，降低能耗；四是提高输水管路和进出口输水效率。

2008年，根据水利部农水司关于编制灌区泵站更新改造"十一五"规划的通知精神，冯家山水库管理局编制了灌区大型泵站更新改造工程"五年"规划，水利部、国家发改委批复了《陕西省大型灌溉泵站更新改造规划》，其中漆水河流域冯家山灌区有18座泵站列入规划。按照项目建设管理有关规定和灌区实际情况，宝鸡市水利局成立了"冯家山灌区泵站更新改造项目领导小组"，指导项目实施工作，冯家山水库管理局组建了泵站更改项目办公室，抽调专人负责项目的建设管理工作。2009年11月20日，凤翔县槐原一级泵站更新改造工程开工建设，工程完成总投资1488万元。截至2010年8月完成全部建设内容：新建主副厂房341.62平方米、生产管护设施376.32平方米；更换水泵电机4台（套），变压器4台，高、低压配电柜16面，母联柜1面，直流屏4面，电容柜1面及35千伏变电站户外电气设备等；改造输电线路12.935千米；增设泵站及变电站计算机监控系统。新改造后的泵站将按照改革的要求，精简机构，规范管理，明确权责，提高泵站管理水平。

第三节　水库管理

水库工程管理主要包括水库控制运用计划的编制与执行、水库水文观测与工程观测、水库病害处理等。截至2020年，漆水河流域共有水库46座，总库容36822.59万立方米，其中大（2）型1座，中型5座，小型40座。其中除麟游县的峡口水库建于2003年外，其余水库都建在20世纪70年代前后。应确保水库的正常运行，既让每座水库更好地发挥效益，同时也可以防止超警戒蓄水、垮坝等次生灾害发生。

一、控制运用计划编制

漆水河流域大型水库羊毛湾水库和已建成的信邑沟水库、大北沟水库、东风水库、白荻沟水库、老鸦嘴水库5座中型水库，每年年初都根据历年水库来水、供水量和有关规范要求，编制出当年水库控制运用计划报上级主管部门审批执行。其中最早是1965年凤翔县横水河管理处学习外地经验，试编了白荻沟水库年度控制运用计划，其中群力、桃树沟、姚家沟水库随同白荻沟水库一并编制，其他辖区小（2）型水库从20世纪80年代初开始由乡（镇）水管站负责制定水库汛限水位报县防汛办审批，并严格执行，保证水库安全度汛。之后，骨干淤地坝由凤翔县水保站负责编制汛期运用计划，乡（镇）政府和村组负责执行。1970 年以后，漆水河流域大中小型水库陆续实现了控制运用计划编制管理。

二、水利工程“三查三定”

1982年,根据全省统一安排,对流域各市县大中型水利工程逐项开展了查安全、定标准，查效益、定措施，查综合经营、定发展计划的“三查三定”工作，摸清了水利工程底子，为工程管理和后期水库复核加固、病险处理积存了技术依据。

三、工程与水文观测

漆水河流域各类水库工程建成后，分别成立了管理机构，由各管理机构负责水文观测，主要观测项目有气温、降水、常流量、洪水流量和库水位动态等。如凤翔县横水河灌溉管理处成立后，于 1965 年在白荻沟水库建立了水文观测和资料积累制度，在水库上游的夏家湾设立了水文观测点，积存了 20 年的观测资料。20 世纪 70 年代以来，随着漆水河流域各类水库工程观测设施的健全完善，开展了大坝变形、浸润线和气象观测，并通过汛前检查、探查隐患、分析问题原因等措施，为水库调蓄运用、防汛抢险和病险处理提供技术参考。

四、除险加固

1990 年以来，漆水河流域通过各类水库工程灌区挖潜改造、复核加固等项目，先后完成了水库大坝加高培厚、大坝灌浆、溢洪道改建等项目。从 2002 年开始，漆水河流域各类水库工程进行了第二轮除险加固，根据具体情况陆续实施了一大批改造项目，提升了工程调蓄、运用和防洪保安能力。

第四章　水利法治建设

漆水河流域水利法治建设，随着陕西古今水利法治建设的发展而发展，具有明显的时代特征。在古代，水利法典中除国家大法、基本法中列有条款外，大都制定有专门的水利法规，多以强化政府的权力为主，重罚轻教。民国时期，中央多直接对较大工程项目制定管理办法，地方性规章多由政府颁布，并给专业管理单位赋予较大权力，注意发挥民间协会之类组织的作用。新中国成立后的20世纪50—70年代，水利法规较少，多以党和政府的政策规定而代之。20世纪80年代水利由单一为农业服务转变到为整个国民经济和社会发展全面服务的新时期，省、市、县各级人大、政府部门颁发的地方性法规、规章、规定，注意把立法、执法、监督结合起来，并增强水资源管理和投资机制、经营管理、依法收费等方面的内容，突出水利产业在市场经济中依法管水的特色。同时注意法治宣传，加强对全社会的教育引导。

第一节　普法宣传

1988年1月21日《中华人民共和国水法》颁布后，水利部决定，自1988年开始，每年7月1日至7日为全国“水法宣传周”，集中开展水法宣传。为此，流域各级水利部门和单位，每年都要具体安排，精心组织，通过报刊、电视、广播，以及召开纪念会、座谈会，印发学习宣传材料，开展水法知识竞赛，书写标语，出动宣传车，上街咨询等形式，开展声势浩大的宣传活动，借以增强城乡广大群众节约用水、依法用水的意识。1993年联合国第四十七届大会确定，从1993年开始，每年的3月22日为“世界水日”。为了使“水法宣传”与国际“世界水日”接轨，水利部决定从1994年开始，把“水法宣传周”改为“中国水周”，时间由每年7月1日至7日改为每年3月22日至28日。1994年以来，陕西全省纪念“世界水日”与“中国水周”宣传活动融为一体，并根据实际情况，围绕当年主题开展宣传活动。同时漆水河流域各市县普法宣传还以《中华人民共和国水法》《中华人民共和国防洪法》《中华人民共和国水土保持法》等水法规、取水许可办理程序、水资源费征收为主要内容，设立水法规咨询站、制作展板、出动宣传车、发放宣传单，采取群众喜闻乐见的形式广泛宣传，在宣传中执法，在执法中宣传，增强全社会护水、节水意识，使护水、节水、惜水、爱水的理念深入人心。

宝鸡市每年利用“世界水日”“中国水周”开展宣传活动。2020年举办了“中国水周”暨兴水为民——宝鸡水利图片展，活动的主题是“强化依法治水携手共护母亲河”，旨在展示宝鸡水利的历史进程和发展成就，并通过多种形式的宣传活动，提高社会各界对水资源保护和水法律法规的认识和重视。为了贯彻《中华人民共和国黄河保护法》《中华人民共和国长江保护法》《陕西省渭河保护条例》等法律法规，宝鸡市水利局定期组织一系列清理河道垃圾活动。宝鸡市水利局还开展了送政策下基层活动，对新发布的《宝鸡市水资源管理办法》《宝鸡市节约用水办法》《宝鸡市城市再生水利用管理办法》进行详细解读和宣传，加强了县（区）基层法治管水意识和操作规范。宝鸡市地下水管理监测中心于 2023 年 4 月 12 日开展了“法律九进”普法宣传活动，通过向社区工作人员及群众发放《地下水管理条例》和其他宣传资料，以及进行详细的解读和讲解，提高了大家对保护地下水资源必要性和重要性的认识。

咸阳市水利局定期开展主题普法宣传活动，旨在增强市民的法治意识和法律素养。例如，2022 年的主题普法宣传活动旨在通过各种形式的宣传，让市民更好地了解和遵守《中华人民共和国民法典》，还包括针对领导干部、执法人员、学生和企业人员的精准普法宣传，以及通过校园、社区、企业和媒体等多种渠道进行普法宣传。此外，咸阳市水利局还会在特定的时间节点，如“世界水日”和“中国水周”，开展形式多样的水利普法宣传活动。这些活动包括发放宣传品、制作展板、悬挂横幅、宣讲政策条例、接受法律咨询等。咸阳水利局还选择一些乡村作为普法宣传的重点区域，通过组织水利法律法规宣讲活动，提高农民的法治观念。这些活动不仅包括讲解相关的法律法规，还包括分析和解决农村水资源利用中的实际问题，提供具体的水利技术服务和支持。

杨凌示范区在水利普法宣传方面开展了多种形式的活动，活动不仅限于特定地点和人群，还包括与驻区高校、中小学校的联动，以及通过社交媒体平台进行的短视频大赛和慢直播活动，旨在提高公众对水资源保护和合理利用的认识与理解。2019 年开展的系列宣传活动主要有：在树木园和渭河公园设立了现场宣传点，进行了《中华人民共和国水法》《中华人民共和国防洪法》《中华人民共和国水土保持法》《中华人民共和国黄河保护法》《陕西省渭河保护条例》等涉水法律法规的宣传贯彻工作；举办了普法专题培训，邀请省水利厅专家进行讲解，提升水利干部职工依法履职能力；举行“水润杨凌·水美杨凌”主题摄影大赛和节水护水网络知识答题等活动。通过这些活动，增强了社会各界对水资源保护法律法规的理解和遵守，同时培养了青少年的节水意识和责任感，为未来的可持续发展打下坚实的基础。

第二节　水利立法

漆水河流域早在周文王《伐崇令》中，明令禁止填水井，违令者斩。其他古代的水法规主要散列在有关法典中，如秦代的《田律》，汉代的《减内史稻田租挈诏》，唐代的《六典》，元代的《农桑》等；也有发布的专门法令，如西汉的《水令》（已散失），唐代的《水部式》，宋代的《农田水利约束》（又称《农田利害条约》），宋、元时的《洪堰制度》等。古代在陕西建都的王朝有 13 个，朝廷和府郡、省、道所定的涉水法规大都与漆水河流域水利有关，即便在唐以后的宋、元、明、清各代也有涉及。

古今水利法规具有明显的时代特征。古代水利法典，除国家大法、基本法中列有条款外，大都制定有专门的水利法规，多以强化政府的权力为主，重罚轻教。

新中国成立后，陕西全省水利法治建设才步入正轨。漆水河流域市级水行政主管部门负责《中华人民共和国水法》《中华人民共和国水土保持法》《中华人民共和国渔业法》《中华人民共和国防洪法》及其条例、办法、规章及规范性文件的贯彻实施和监督检查，负责市级行政应诉、行政复议和行政处罚等工作。新中国成立以来，宝鸡市制定了《宝鸡市河道清淤疏浚管理实施办法（试行）》，咸阳市制定了《咸阳市羊毛湾水库饮用水水源地保护管理办法》，杨凌示范区制定了《杨凌示范区管委会关于实行最严格水资源管理制度的实施意见》等指导性法规文件。具体统计见表 5-4-1。

表 5-4-1 1975—2020 年漆水河流域各市政府及其有关部门制定规范性文件统计

行政区	规范性文件标题	批准单位	颁发时间
宝鸡市	关于确保冯家山工程安全和维护用水秩序的通告	市革命委员会	1975 年 7 月
	批转《宝鸡市冯家山水库灌溉管理办法（试行）》的通知	市革命委员会	1977 年 6 月
	宝鸡市冯家山水库水源保护管理办法	市政府	1996 年 7 月
	关于保护冯家山水库水产资源的通告	市政府	1997 年 4 月
	河道管理办法	市政府	2001 年 8 月
	宝鸡市城市节约用水管理办法	市政府	2007 年 5 月
	宝鸡市水资源管理办法	市政府	2007 年 6 月
	宝鸡市节约用水管理办法	市政府	2007 年 6 月
	宝鸡市超计划取水累进加价征收水资源费管理规定	市政府	2007 年 6 月
	宝鸡市节水用水奖惩规定	市政府	2007 年 6 月
	宝鸡市供水用水管理办法	市政府	2007 年 7 月
	宝鸡市行业用水定额	市政府	2007 年 8 月
	宝鸡市关于更换淘汰非节水型用水器具的通告	市政府	2010 年 1 月
	宝鸡市水权转换管理暂行办法	市政府办公室	2010 年 3 月
	宝鸡市农村供水管理办法	市政府	2010 年 9 月

续表 5-4-1

行政区	规范性文件标题	批准单位	颁发时间
宝鸡市	宝鸡市节水统计报表制度	市水利局、城建局	2006 年 1 月
	宝鸡市水资源费征收和使用办法	市政府办公室	2006 年 8 月
	宝鸡市建设项目节约用水设施管理办法	市规划局、发改办、城建局	2006 年 10 月
	宝鸡市建设工程项目节约用水“三同时”管理办法	市规划局	2006 年 10 月
	宝鸡市水平衡测试管理办法	市发改委、水利局、城建局	2006 年 12 月
	宝鸡市污水处理费代征暂行办法	市城建局、财政局、水利局、地税局	2009 年 8 月
	宝鸡市节水型城镇考核管理试行办法	市政府办公室	2010 年 3 月
	宝鸡市节水型企业、单位、小区考核管理办法	市政府办公室	2010 年 3 月
	宝鸡市节水型灌区（灌区示范点）考核管理办法	市政府办公室	2010 年 3 月
	宝鸡市水权转换实施细则	市水利局	2010 年 8 月
咸阳市	关于加强河道堤防工程管理的通告	市政府	2024 年 6 月
	关于加快水利改革发展的意见	市委、市政府	2011 年 6 月
	咸阳市节约用水办法	市政府	2024 年 6 月
	咸阳市水资源管理办法	市政府	2024 年 6 月
	咸阳市“十四五”水利发展规划	市委、市政府	2023 年 10 月
	咸阳市全面推行河长制实施方案	市政府	2017 年 7 月
	咸阳市城区生活用水二次供水管理办法的通知	市政府	2021 年 9 月
麟游县	麟游县水资源费征收及管理暂行规定	县政府	1995 年 9 月
	麟游县贯彻水土保持法实施细则	县政府	1996 年 9 月
	麟游县违反水法行政处罚暂行规定	县政府	1997 年 9 月

续表 5-4-1

行政区	规范性文件标题	批准单位	颁发时间
麟游县	麟游县水政监察组织及工作章程	县政府	1998 年 9 月
	麟游县农村饮水工程管理办法	县政府	1999 年 5 月
	麟游县水利工程建设和运行管理办法		1999 年 5 月
	麟游县“十四五”城市排水防涝体系建设行动实施方案	县委、县政府	2020 年 12 月
	关于漆水河麟游段划定管理范围与保护范围的通告	县政府	2020 年 5 月
	麟游县 2020 年城区防汛预案、麟游县防汛应急预案	县政府	2020 年 7 月
	麟游县 2020 年地质灾害防治方案	县政府	2020 年 5 月
	麟游县水利局关于严禁在河道及堤防种植农作物的通告	县政府	2020 年 6 月
扶风县	扶风县新建水利工程若干规定	县政府	1992 年 3 月
	扶风县水资源管理暂行办法	县政府	1993 年 5 月
	扶风县违反水法规行政处罚暂行规定	县政府	1994 年 3 月
	扶风县水资源费征收管理细则	县政府	1994 年 11 月
	扶风县小型水利工程产权制度改革实施意见	县政府	1995 年 11 月
	扶风县水费管理办法	县政府	1996 年 2 月
	扶风县水利建设工程招标制度	县政府	1996 年 11 月
	扶风县水利工程建设监理制度	县政府	1997 年 4 月
	扶风县水利工程项目业主法人制度	县政府	1998 年 2 月
	扶风县水利工程建设合同管理制度	县政府	1998 年 2 月
	扶风县基本农田和小型水利设施建设规划	县政府	1999 年 2 月
	扶风县七星河流域坝系工程建设规划	县政府	1999 年 10 月
	关于加强农村供水工程建设管理工作的实施方案	县政府	2020 年 3 月
	扶风县水利工程管理暂行办法	县政府	2020 年 3 月
	扶风县河道堤防管理实施细则	县政府	2020 年 5 月
	关于漳水河扶风段管理与保护范围的通告	县政府	2020 年 11 月

续表 5-4-1

行政区	规范性文件标题	批准单位	颁发时间
岐山县	关于加强水利管理 提高灌溉效益的决定	县政府	1984 年 7 月
	岐山县水利管理实施办法	县政府	1984 年 5 月
	关于进一步认真查处破坏水利设施 加强水利管理工作通知	县政府	1985 年 8 月
武功县	武功县城区防汛应急预案	县政府	2024 年 6 月
	武功县农村生活污水治理设施运行管理办法（试行）	县政府	2023 年 12 月
	武功县“十四五”地下水污染防治规划	县政府	2023 年 11 月
	武功县集中式饮用水水源地生态环境保护工作实施方案	县政府	2023 年 8 月
	关于印发《武功县节水型社会达标建设工作实施方案》的通知	县政府	2021 年 4 月
	武功县农村饮水安全工程运行管理办法	县政府	2020 年 6 月
	关于印发《武功县农村饮水安全工程应急预案》的通知	县政府	2020 年 6 月
凤翔区	宝鸡市凤翔区“十四五”节能减排综合工作实施方案	政府办	2024 年 5 月
	凤翔区 2024 年地质灾害防治方案	政府办	2024 年 12 月
	凤翔县地下水保护与开发利用规划报告	水利局	2020 年 11 月
	宝鸡市凤翔区水土保持规划（2020—2030 年）	水利局	2020 年 10 月
	关于宝鸡市凤翔区国有水利工程管理与保护范围划定的公告	水利局	2020 年 12 月
	宝鸡市凤翔区人民政府关于冯家山水库灌区凤翔区境内水利工程管理范围与保护范围的公告	水利局	2020 年 12 月
永寿县	永寿县节水型社会达标建设工作实施方案	政府办	2020 年 7 月
	永寿县节约用水管理办法	政府办	2020 年 3 月
	永寿县河湖和水利工程管理范围与保护范围划定工作方案	县政府	2020 年 4 月
	永寿县全面推行河长（湖长）制重点工作任务分解方案	县政府	2019 年 8 月
	永寿县水库水电站淤地坝安全度汛管理办法	县政府	2018 年 8 月

续表 5-4-1

行政区	规范性文件标题	批准单位	颁发时间
乾县	乾县河长制办公室关于调整县级、镇级河湖长的通知	水利局	2024 年 7 月
	乾县水土保持规划（2018—2030 年）	政府办	2020 年 8 月
	乾县 2020 年水环境问题排查整治方案	政府办	2020 年 6 月
杨凌区	杨凌示范区全面推行河长制湖长制实施方案	管委会	2017 年 3 月
	杨凌示范区城市节约用水管理办法	管委会	2019 年 12 月
	杨凌示范区水利发展“十四五”规划	水利局	2020 年 2 月
	巡河护河倡议书	水利局	2020 年 3 月
	蓝天、碧水、净土保卫战 2020 年工作方案的通知	管委会	2020 年 6 月

第三节　执法机构队伍

漆水河流域水行政执法队伍建设，与陕西全省水行政执法队伍建设同步进行。

1989 年，水利部在全国水利系统开展法治体系建设。1990 年，陕西华县被水利部列为全国第二批水行政执法体系建设试点县，同时也被陕西省水利水土保持厅确定为全省水行政执法体系建设首批试点县。1991 年初，陕西省水利水土保持厅在完成首批试点工作的基础上，部署安排咸阳市及 29 个县（市、区）为第二批执法体系建设试点。各试点单位遵循“边建设、边执法”的原则，认真查处、调处了一批有影响的水事违法案件和水事纠纷，积极帮助取水户节约用水、治理污染，树立了良好的社会形象。

1992 年，全省水行政执法体系建设工作在完成扩大试点的基础上全面展开。到 1993 年底，全省 10 个地市和 98 个县（市）全部完成了执法体系建设任务，共建立水政执法机构 112 个，河道管理机构 73 个，水土保持监督机构 81 个，渔政监督检查机构 9 个，任命包括水政监察、水土保持监督、河道监理、水工程保护、渔政管理在内的水利执法人员 2350 人。在公安部门的支持下，一些重点水工程管理单位还建立水利公安保卫机构 70 多个，配备公安干警 482 名。

1995 年 12 月，水利部发出《关于加强水政监察规范化建设的通知》，计划用 3 年时间，使水政监察成为一支集监督检查、许可审批、依法收费于一体，关系协调、组织严密、纪律严明、运行有力的专职执法队伍。

1997 年，漆水河流域各县分别成立了水政监察大队，一般与县水政水资源管理办公室合署办公。由各县水利局上报，经市水利局审查、省水利厅审批，组成水政监察员队伍，人员一般分布在各县水利局机关、基层单位和乡（镇）水管站，并对所有人员进行了统一编号。1998 年以后，各县陆续成立水政水资源管理办公室、县河道管理工作站、县水土保持工作站、县渔政监督站等，分别承担水政水资源、河道、水土保持、渔政监督管理方面的执法任务。

1999 年 6—9 月，宝鸡市水政监察支队分批对全市 229 名水行政执法人员进行了全员执法培训，提高了基层执法人员执法技能和水平。宝鸡市水政监察支队还在岐山县等地设有分支机构，主要是负责在区域内宣传贯彻水法规，依据水法规对水事活动进行监督检查，对公民、法人或其他组织违反水法规的行为实施行政处罚，承办水行政主管单位行政复议、应诉等事务。

咸阳市水政监察支队设置包括支队长、市区水务工程管理处副主任、综合工作人员、水政执法工作人员等，各自负责不同的职责和工作。2000 年 9—11 月，咸阳市水政监察支队分批对全市水行政执法人员进行了全员执法培训，236 名水政监察员培训合格后颁发了省政府行政执法证和水利部水政监察证。

第四节　行政执法

坚持依法行政、依法治水理念，不断加大水行政执法力度，及时查办各类水事案件，严厉打击一切水事违法活动，维护和营造良好的水事秩序，是流域水行政执法的主要任务。在依法行政的过程中，各级积极制定巡查办法，坚持巡查制度，积极开展联合执法，对在巡查中发现的问题及时解决。漆水河流域各县依法查处了一些水事违法案件，调处了多起水事纠纷，有效地保护了水利工程的安全，促进了水利事业的健康发展。

一、麟游县水行政执法

1985 年 8 月 18 日，宝鸡市政府在凤翔县召开了查处破坏水利设施的万人大会以后，麟游县政府组织县公安局、水利水保局，对河西东岭等 6 处人饮小型高扬程抽水站被盗、拆除买卖抽水站设备的违法行为，在河西乡召开了千人处理大会，依法对破坏水利设施的犯罪分子进行了打击，刹住了歪风。1986 年统计全县小型水利工程，人为破坏被盗的 54 起，其中多级泵站 2 起，小高抽站 26 起，共偷卖 1.5 英寸钢管 1520 多米、柴油机 20 多台（件）。破坏范围，在县界边远地方最为严重，如常丰乡的苏家四、五队，庙湾乡的月原、杨家、石村，河西乡的三义、合阳等机泵多次被盗，距县城最近的柳树塬抽水站柴油机也被盗。最严重的河西乡东岭、陈家庄、赵山沟、合阳、店子、常家湾 6 处人饮小高抽站，从 1985 年 4 月至 7 月，共偷卖 1.5 英寸输水钢管 1517.1 米，其中集体出卖钢管 1335.7 米，村民个人偷卖 182 米，干部从中贪污 570.4 元，受贿 135 元，造成直接经济损失 2835.28 元。1990 年 6 月以来，水土保持监督站共查办各类水事案件 9 起，其中水土保持监督案件 7 起，河道监理案件 2 起。

1992 年，麟游县查处良舍村上沟村民小组 27 户村民人为破坏地貌植被，乱开荒地 86.7 亩，造成新的水土流失，共收缴罚款 1299.5 元，并落实了限期治理措施。1993 年，查处了北马坊煤矿将煤矸石倒入河底，造成的水土流失案。北马坊煤矿将煤矸石、火电厂炉渣倒入河床，经多次现场测量，河床堆矸石长 320 米、宽 912 米、高 13 米，堆放体积为 7.99 万立方米，矸石场顶部面积 6114 平方米，压设面积 8224 平方米，大量的矸石倒入河床，致使河水污染，河床缩窄，影响泄洪，威胁对岸基本农田和下游人民生命安全，增加河床内的泥沙量，造成人为的水土流失。1991 年 11 月 14 日，宝鸡市重工业局、宝鸡市水土保持监督站、麟游县水保局就北马坊煤矿违反水土保持法造成人为水土流失进行了调查，依据《中华人民共和国水土保持法》《中华人民共和国河道管理条例》的有关规定进行了处理，煤矿依法缴纳水土流失补偿费 9500 元。1994 年 9 月，在检查该矿水土保持方案实施时，发现该矿又将矸石及火电厂炉渣倒入河床，经水土保持监督站再次勘测丈量，堆积物 10780 平方米，化工厂门前河堤堆积物 2400 立方米，新建化工厂改变地区一体化地貌植被面积 10000 平方米，处理结果：缴纳水土流失补偿费 9600 元。经过几次的查处，矿上采用了人机结合的办法，疏通了河道，采取了防洪措施，新生产的矸石、炉渣按设计倒入预定地点，采用了拦洪挡墙控制水土流失。

1994 年，麟游县查处了天堂乡砂石场乱采乱挖河床，造成河道管理混乱、管理关系不清问题。经过法规的学习宣传，各级领导重视协调，按要求理顺了关系，划清了河道的采砂区域，依法进行收费。

1994 年，麟游县查处了城区烟草公司、文博馆等单位向河道乱倒垃圾、废弃物案，对人为堆放的垃圾、废弃物进行了丈量计算，依照《中华人民共和国水法》《中华人民共和国河道管理条例》的有关规定进行了经济处罚，收缴罚款 216 元，清障费 560 元。

1995 年 4 月，麟游县澄铭窑陶瓷厂取土破坏地貌植被，造成水土流失。县水土保持监督站现场勘测，依据《中华人民共和国水土保持法》的有关规定进行了处罚，征收水土流失防治费 200 元。

1995 年 10 月，麟游县水泥厂占地 30 亩建厂，依据水土保持法规定应编报水土保持方案，经多次宣传法规拒不编报，立案查处，依法征收补偿费 5066.92 元。

1995 年 11 月，麟游县砖厂生产取土，造成水土流失，依据水土保持法和省两厅一局〔95〕57 号文件，办理了水土保持方案合格证，征收补偿费 3370 元，并审批了该厂在生产区内修筑防洪工程方案。

1996 年 4 月至 1997 年 1 月，麟游县药厂 1993 年建针剂车间清理地基时，将土石废弃物倒入河道，致使河床改道淹没农田，依据《中华人民共和国水法》《中华人民共和国河道管理条例》的有关规定，依法办理，恢复了农耕地，征收补偿费 600 元。

1997 年 4 月，招贤乡永丰村两村民在治理的花抱沟淤地坝下开荒种地，按照《中华人民共和国水土保持法》和《陕西省水工程管理条例》的有关规定，对当事人批评教育，退耕还林还牧。

2002 年，麟游县查办水事案件及纠纷 6 起（均未立案），其中水土保持 3 起：丈八春台塬非法开荒和九成宫村在城区防洪重点部位——庙沟使用推土机非法推桩基两案，责令采取补救措施。县城建局有关单位在山神沟淤地坝区非法修建鱼塘，由县人民政府采取行政措施执行。河道案件2起：纸厂向杜水河倾倒垃圾，责令采取补救措施。防汛案件1起：县城建局在南街口杜水桥上游防洪堤处倾倒垃圾，责令采取补救措施。

2004年，处理河道违纪行为2起，处理了取水许可工作中历史遗留问题。

二、岐山县水行政执法

1985年8月，县人民政府发出《关于进一步认真查处破坏水利设施案件，加强水利管理工作的通知》，从20日起，以1个月时间在全县范围内开展查处破坏水利设施案件突击月活动。县、乡（镇）抽调930多人，组成188个查案小组，查出大小案件784起，追回赃款1900多元。9月20日在县城召开公捕公判大会，拘捕犯罪分子8名。经过几次严厉打击，基本制止了破坏水利设施的违法行为。1988年7月1日，《中华人民共和国水法》颁布，8月，县水利水保局在全县范围内进行了为期15天的宣传，对中央部属、省属、市属厂矿及事业单位进行重点宣传，散发文件、宣传材料4000余份。

2007年3月，岐山县水政监察大队成立，下设4个中队，确定48名水政执法监察员，完善制度，明确职责，负责水法律法规宣传及综合执法管理工作，建立了由县水利局统一管理，各级水管单位和水行政执法单位及其他涉水部门分工负责、协作配合的管理体系。监察大队在全员中开展每天学一条法规、每周分析一个案例、每月进行一次考试、每季学一部法律、每人讲解一部法律的“五个一”活动，先后派出39人次参加省、市专业培训，派业务骨干到兄弟单位取经，请法律专家和执法先进工作者讲解授课，每年对干部职工行政许可法法律知识进行考试，水政监察人员经过培训考核均获省政府颁发的执法证件。通过多种形式的学习培训，提高了水政监察人员综合素质，促进了水政执法工作全面、高效开展。

三、扶风县水行政执法

《中华人民共和国水法》颁布实施以来，扶风县水利局在水利法治体系建设过程中，依法查处、调处了一些水事违法案件和水事纠纷，有效保护了水利工程的安全，促进了水利产业的健康发展。据近20年来统计，全县共查处各类水事违法违规案件177起，挽回经济损失1300万元，调处水事纠纷454起。1998年，在水行政执法中，县水利局调处水事纠纷24起，查处各类水事违法案件3起，挽回经济损失6.85万元。3—9月，针对县城东关河床倒垃圾、废料，侵占河床等违法行为，县水利局会同司法机关先后进行了多次联合执法活动，下发了行政处罚决定书，清理垃圾300立方米，还对缘帐、南仵等村群众在渭河堤防保护范围内挖砂采石的违法行为进行了依法查处。

2000年，年内调处水事纠纷25起，查处各类水事违法案件4起，对赵河、漳水河、七星河县城区段，组织多次联合执法检查，清理河道垃圾350立方米，拆除临河建筑110平方米，查收在渭河近坝抽砂的抽砂机24台（套），依法征收水资源费13.5万元、水土流失补偿费2.5万元、砂石管理费2万元。

2001年，调处水事纠纷25起，查处各类水事违法案件5起，调解11起。

2004年，继续对在河道堤防近堤抽沙，向河道内倾倒垃圾、废料等问题进行查处，依法抄除抽沙机 39 台，清理垃圾、障物 7680 立方米。

2006 年，为加强水行政执法的严肃性和权威性，扶风县水利局从提高执法人员素质和增强执法对象的法治观念两方面入手，一方面，有组织有计划地选派水政执法人员外出参加省、市举办的水政执法人员培训班，或是去水政工作先进地区考察，学习依法行政、依法治水方面的政策、法律法规以及先进工作经验，提高自身业务素质和执法水平，增强水政执法队伍的整体战斗力。另一方面，邀请省内外有建树的专家来扶风县举办依法治水的讲座，提高水利执法人员和人民群众的法治观念。一年之中，派出学习培训达 20 多人次，举办专题讲座 6 场次，受训人员 150 余人。一年来，扶风全县共征收水资源管理费 10 万元，办理取水许可手续 24 件，查处未经许可私自打井取水案件多起。在水土保持监督管理方面，对未经许可私自开矿取土的企业或个人勒令停止作业，限期恢复地表形态，并责令其完善相应的水土保持治理措施，收取水土保持费。在河道管理工作中，要求 16 家持有采砂许可手续的采矿企业在主汛期来临前一律撤出河道，覆平沙坑，转移弃料，保证河道行洪畅通。对于个别试图违法作业的企业和个人，于 8 月中旬由县水利局、公安、国土等部门组成联合执法组，对滞留在河堤上的筛砂台进行强行拆除，依法律的力量维护了河道的正常有序管理。

第五章　科技创新

漆水河流域水利科技创新起步于民国时期，民国二十九年（1940 年），创建武功水工试验室，新中国成立后发展为西北水土保持研究所、陕西省水利科学研究所，是西北地区最早的水利专业科研单位，承担水利部及陕西省的重大水利科研课题。西北农业大学水利系分别建立了农业水土工程研究室和水利水电科研所。自 1953 年起，在渭惠渠等主要灌区分别建立灌溉试验站。1960 年、1981 年，在西北农业大学先后建立水产研究所与水土保持研究所。这些科研试验单位拥有水工、河工、管道输送、动力水文等 10 多座试验大厅，以及土工、岩土力学、建筑材料、工程结构、高速水流、水力机械、地下水、人工降雨、土壤侵蚀、水电站动力设备、土壤及水质理化分析等专业实验室，共有建筑面积约 5 万平方米，有各类仪器 6000 余台。在水利科技人才增加、队伍不断壮大的情况下，科技创新成果不断涌现，科技交流活动走向世界。

第一节　技术杨凌

4000 多年前，周人的始祖后稷在这里“教民稼穑，树艺五谷”，开创了中国农业文明的先河。杨凌农业高新技术产业示范区设立以来，随着示范区城市基础设施的完善，区内农业高新科技企业的陆续开工和各类农业示范基地的建立，以农业科技旅游为特色的专项旅游正在成为示范区经济发展新的增长点。

如今，肩负着国家干旱半干旱地区农业科技示范和推广使命的杨凌农业高新技术示范区，自 1997 年成立以来，不仅依靠集节水灌溉等多项先进技术于一身的优势，创建了干旱半干旱地区生态型现代农业发展新模式，为干旱半干旱地区农业生产解‘渴’；更难能可贵的是，杨凌示范区以创建国家级生态示范区和全国水生态文明试点城市为契机，围绕创建“河渠整治全覆盖、供水安全有保障、高效节水可推广、农科文化显优势、管理创新再探索、城水和谐更完美”的具有杨凌特色的水生态文明城市，为实现人水和谐之梦不懈努力。

自 1999 年 9 月科教体制改革以来，杨凌农业高新技术示范区始终不断探索农业科技示范推广新模式，逐步形成了大学推广、产业链企业推广、科技特派创业推广、农科培训推广、媒体推广、展会推广等六种推广模式，构建了多元立体化的农业科技推广体系，形成“核心示范、周边带动、广泛辐射”的农业科技示范推广新格局，产生了显著的经济社会效益。在农业科技领域累计取得科研成果 5000 多项，推广应用后累计创造经济效益超过2000亿元。特别是在小麦良种、旱作节水农业等方面的研究居全国领先水平，部分研究达到国际先进水平。

凭借丰富的科教资源，70多个学科的5000多名科教人才在此聚集。这些人才的培养和科技成果的转化对我国农业发展作出了巨大贡献。特别是近年来，围绕国家脱贫攻坚战略，杨凌示范区将示范推广与科技扶贫紧密结合，坚持立足陕西，面向有扶贫任务的中西部省份，重点在国家集中连片特殊困难地区建立科技示范推广基地，为助力全省、全国脱贫攻坚战贡献“杨凌力量”。截至2020年底，杨凌在全国18个省（区、市）累计建设示范推广基地370个，示范推广面积超过1亿亩，累计推广效益1910亿元，带动旱区近1亿群众脱贫增收致富。大学科技示范推广模式，在政府推动下，以大学为依托、基层农技力量为骨干，面向区域主导产业，在产业中心地带建立永久性的产业试验站和示范基地，集试验研究、示范推广、教育培训和信息服务等多种功能于一体，实现多学科、多专业、多层次的人才联动，推动大学科技成果与地方产业发展有效衔接。主要特点有以下五个：

（1）产业链企业推广模式持续深化。通过培育、命名产业链推广企业，以涉农龙头企业为主体，以产业链条为纽带，以市场为导向，集聚人才、技术、资本、管理等创新创业要素，通过企业发展产业需求布局建设标准化生产示范基地，推广新品种、新技术，实现产业扩张与技术扩散的同步推进。

（2）科技特派员创业推广模式成效显著。针对不同生产经营主体的实际需求，精准选派科技特派员，实施精准服务，靶向研究，最大限度地发挥科技对农业生产经营的服务支撑功能。同时实施科技特派创业培训工程，建立一批科技特派农村科技创业示范基地，树立一批科技特派农村科技创业典型，加强科技特派的认定、选派、表彰、宣传、服务等工作力度，搭建服务科技特派员的科技金融对接平台，推动杨凌科技特派农村科技创业向纵深发展。

（3）农业科技培训推广模式作用明显。建立以职业农民培训管理中心为龙头，政府引导、大学依托、企业广泛参与的农业科技培训工作体系和工作机制，立足杨凌，面向旱区大力开展现代农业科技培训。同时探索建立全国独有的农民技术职称评审标准体系，通过考核评定授予杨凌示范区农民技术职称证书，这些获证农民成为持久工作在现代农业生产一线，为旱区广大农民传授良艺、良法、良技，进而培育带动一大批农民增收致富的“土专家”。

（4）媒体科技示范推广模式影响广泛。将现代媒体引入农业科技推广领域，充分发挥报纸、电视、网络等传播渠道优势，普及农业科技知识，提高农民综合素质，服务现代农业发展，不断创新拓宽示范推广的新途径。2001年7月，创刊发行《农业科技报》，报纸影响力和知名度现已跻身全国农业类报纸前列；2008年3月，申请开通“农林卫视”，成为全国唯一的农科电视频道；2012年4月，建成远程农业科技服务平台，现已覆盖全国12个省（区、市）。

（5）农业展会推广模式效益显著。以杨凌农业高新科技成果博览会（简称“杨凌农高会”）和西部（杨凌）农产品暨农资交易会（简称“杨凌双交会”）为重点，不断壮大品牌展会，培育壮大展会产业，搭建交流平台，促进农业新技术、新品种和新机制等推广应用。“杨凌农高会”自1994年创办至今，已连续成功举办30届，累计吸引来自全国34个省（区、市）以及全球70多个国家和地区的上万家涉农企业和科教单位参展，3000多万客商和群众参展参会，参展项目及产品超过18万项，累计促成投资与交易额超过1万亿元，是全国展会中唯一的中国驰名商标，品牌价值871.19亿元，取得了显著的经济效益、社会效益和品牌效益。

第二节　科技研究

一、河流泥沙防治

1956年，西北农学院沙玉清提出了泥沙运动的“物体沉速基本规律”“开动流速的基本规律”“挟沙量的基本规律”，为泥沙沉速、泥沙开始运动临界流速及渠道设计、河道治理、水库淤积、挟沙能力等计算奠定了基础。1965年，编写出版《泥沙运动学引论》，是国内最早的泥沙问题专著。

1960—1964年，陕西省水科所孟宪麒、李祯祥结合工程试验，提出“黄土的湿陷性和温度、密度压力的关系”“黄土地区间歇性浸水运用、渠系建筑物地基的稳定变形与时间的估算”等试验研究成果，为黄土土工试验方法及土性指标提供了依据。

20世纪70年代初，陕西省水科所在高含沙水流基本特性的研究中，通过室内明渠、管道高含沙试验，探讨高含沙水流机制、高含沙水流的流变性质、非均质高含沙浑水静水沉降规律以及管道和明渠高含沙水流的阻力特性，为多沙河流河道治理、水库泥沙处理、管道水力输送、引洪渠道设计等提供了依据。1976年，在分析室内外实测资料的基础上，分别建立了各种输沙流态的物理图形和计算公式，能把高低含沙量规律统一起来，查明各种高含沙输沙流态，其排沙能力均较低含沙大1倍，即在流速较小的情况下，可以输送较多泥沙而不淤渠槽或淤之甚微。根据高含沙浑水特性设计输水渠道，提出新的不冲不淤的高含沙输水渠道设计方法，写出《高含沙水流输沙能力的分析研究》《高含沙水流泥沙沉降规律和阻力特性》《水库高含沙水流冲淤计算》等论文，在国际泥沙会议上进行交流。上述成果1979年均获陕西省科技成果二等奖。1978年该所陈景梁完成的“浑水水库排沙计算的研究”，其计算方法达国内先进水平，1979年获陕西省科技成果一等奖。

二、管道灌溉

1958年，渭惠渠灌溉试验站与陕西省农科分院农场、陕西省水科所在杨凌公社（现杨凌农业高新技术示范区）在永丰大队冬小麦试验田上进行地下管道输水灌溉试验。

1952—1957年，根据西北水科所韩瀛观等的模型试验成果改建渠首，在沉沙池内加设隔水墙和导沙坎，较好地解决了低坝引水枢纽的引水防沙问题。引水流量由30立方米每秒增至52立方米每秒，灌溉面积由27万亩增至57万亩。该成果达国际先进水平，1978年获全国科学大会奖。自20世纪50年代始，陕西省水科所开展渠系水工建筑物的研究，先后取得67项成果，1959年李崇智等编写出版了《陡坡跌水的水力计算和设计》

一书，1982 年再版为《陡坡与跌水》，被编入“灌区水工建筑物丛书”在全国发行。

三、喷灌

喷灌试验始于 1958 年，20 世纪 70 年代有了较大发展。为检验喷灌的节水效果，陕西省水科所与西北农学院、乾县城关区协作，进行了小麦、棉花、玉米、蔬菜喷灌试验，证明喷灌比小畦灌节水又增产。1976 年 1 月，凤翔县郭店被列为全省万亩喷灌试验示范点。

四、水库水力吸泥机械清淤

1977 年，宝鸡市水电工作队、凤翔县水利局和横水河灌溉管理处学习了山西省田家湾等水库经验之后，在桃树沟水库筹建组装了水力吸泥清淤机械，这套机械于 1980 年 4 月初步建成，1981 年市灌溉管理站继续完善设施，并进行了排灌试验。是年，这项技术受到凤翔县科学大会奖励。水力吸泥清淤的原理是利用水的压力，通过管道将库内淤积泥沙吸入输水洞，然后排出库外。库内敷设一条水下管道与输水建筑物连通，在库水位与管道出口的水位差作用下，管道可自动吸水，不需动力。若将管口沿淤积面移动，并在管口装设搅泥器具，就可以吸出浑水，达到排沙减淤的目的。

五、拱形管道

冯家山水库北四抽水站一级站位于扶风县美水沟渠库结合工程的东岸，其中一台机组给西岸灌区供水。过沟建筑物是拱形管道，似一长虹横跨美水沟东西两边。净跨 55 米，中间无支撑。经过多年运行，工况良好，1980 年被扶风县人民政府评为科技一等奖。

拱形管道是扶风县水利水保局高级工程师王吉珍于 1977 年设计的。拱管跨度 55 米，弧长 56 米，矢高 4.58 米（矢跨比为 1 ： 12）；压力水头 25 米，设计采用圆弧形等截面无铰拱结构形式，圆弧半径 84.79 米，圆心角 37°50′58″。拱管直径 426 毫米，壁厚 7 毫米，管内径 412 毫米，输水流量 0.375 立方米每秒。拱顶距沟底高度 20 米，拱管施工时用悬空缆索起吊，然后焊接，两端待支架全部凝固后，取掉缆索。

第三节　推广应用

一、打井技术

1954 年，为解决西北农学院用水问题，由陕西省水科所韩瀛观设计指导，在西北农学院园艺场建成内径 3 米的省内第一孔混凝土管大口井，出水量每小时 40 吨，较旧井高出 7 倍。随后，大口井井型在全国各地推广应用。1963 年陕西工业大学水利系研究将多孔径滤水管首次应用于筒井，后在全国推广。

1975 年，陕西省水科所在乾县打井中，采用吊挂壁施工法，在潜水面以上开挖集水井，与一般沉井法相比，每井可节约 1 吨钢材和 30% ~ 40% 的水泥，施工安全，速度快，在渭北旱塬地区辐射井施工中推广。

1980 年，陕西省水科所郗武与西北农学院等研制成功大口径辐射井施工机具 80ZH–

255 型冲抓钻机，利用锥头自由降落的冲击力，使锥瓣切入岩层；利用钢丝绳牵引力，使锥瓣合拢，摄取挖掘物。此法打井，水上水下一次成孔，比人工开挖提高工效 10 倍以上，节约投资 50%，比同类钻机提高工效 2 ～ 5 倍。

1985 年，西北农业大学与咸阳市水电局配合，首次选用轻质薄壁聚乙烯双螺纹管作为竖井井管，在乾县薛录乡试验成功灌排两用的“轻型井”。采用塑料井管及薄壁螺纹聚乙烯塑料滤水管，成井深度 30 ～ 50 米，出水量每小时 30 立方米。工艺简单，施工方便，可单井开采，亦可多井联用，是地下水浅埋地区排灌两用的优质井型，在滤水结构上有突破，并利于机井材料设备工厂化，在造井技术上有所改进。

二、二氧化碳洗井

二氧化碳洗井技术是地下水钻探及供水钻井中增加出水量的一种洗井方法，是众多洗井技术的一种，既适用于新成井，也适用于旧井修复。宝鸡市地下水工作队于 1981 年学习引进这项技术，先后在宝鸡市和西北地区共洗井 800 多眼，取得了良好的社会效益和经济效益。这项技术 1989 年获得宝鸡市科技进步奖三等奖。

二氧化碳洗井原理是：利用液态二氧化碳在常态井孔中迅速汽化所产生的汽举喷流作用冲洗堵塞物，达到洗井的目的。二氧化碳在高压下呈液态，灌装于高压钢瓶内。洗井时，将数十个液化二氧化碳钢瓶出口装减压阀后联集到总管道上，同时迅速打开各阀门，液态二氧化碳在钢瓶压力作用下快速灌注入钻杆内，从井内钻杆出口处迅速汽化并膨胀，形成压力能的聚集。当压力超过井内水柱压力后，随之突然喷发，将井内的水柱以汽水两相混流喷出井口，产生汽举作用，形成人工“井喷”。由于快速的汽举喷流和负压造成的井孔内压力激动作用，疏通了被堵塞的含水层通道。待液态二氧化碳全部灌入井内，连续地喷发数十分钟后，井内的沉淀物、堵塞物、过滤管上的结垢都能被冲开带走，含水层通道畅通，水被诱导连续流出，使井孔出水量大大增加。

二氧化碳洗井前，对地层预先进行酸性处理，会有效地增加出水量。一般的做法是：在洗井 24 小时前，往井孔内加入六偏磷酸钠，然后进行二氧化碳洗井。六偏磷酸钠的用量与井孔深度及含水层的堵塞程度有关。六偏磷酸钠的作用是解析井孔内黏性物质，尤其是黏土颗粒。如果没有六偏磷酸钠，也可以用其他酸类代替。

三、节水工程技术

1991 年国家科委将节水工程技术列为大面积推广应用的农业节水技术。陕西省水科所、西北水保所、西北农学院等单位在全省共建成喷灌试点工程 2.5 万亩。

国家节水灌溉杨凌工程技术研究中心采用节水工程措施和农业生态措施，综合提出渠道防渗防冻胀技术、节水灌溉技术及相应的灌区管理技术，形成渠灌区农业高效用水综合配套技术体系，能达到节水、增产和增收的目的。

四、水库大坝防渗技术

1960 年建成蓄水的羊毛湾水库土坝，施工中对坝右肩龙头处三层砂卵石未做防渗处理，部分坝基及坝前区砂卵石层直接覆盖基岩，铺盖防渗没有全部盖完，库区水位下灰岩露头、渗洞、断层、裂隙未做处理，蓄水后水库大量漏水。1986年陕西省水利厅负责组织南京水利科学研究院、水利部大坝安全监测中心、陕西省水科所、陕西省水利设计院、咸阳市水利局等单位参加的大坝安全论证协作组，对该水库进行认真的除险加固处理，主要从迎水坡水中倒土20万立方米作为斜墙铺盖，背水合作特长336米的反滤体，取得防渗效果。1990年11月召开了工程验收会议，该水库已正常运行。

五、 无人机巡河

2000年后，流域内各地市在防洪工作中广泛利用无人机巡河，进行实时的水情监测，收集关于水位、水流速度、河道形态等方面的数据，及时发现并预警洪水风险。无人机还对河道两岸的堤坝、护岸、桥梁等设施进行监测，发现并报告潜在的安全隐患。无人机巡河还在洪水灾害发生后，快速开展灾情评估，为救援和重建提供准确的信息。通过无人机的高空视野，迅速获得灾区全貌，了解灾情实时情况，为救援行动提供准确的导向。无人机也适用于对违法采砂现场的调查取证。

六、水库闸门开启技术

1973年，陕西省水科所通过对国内31个工程实例的分析研究和试验，给出了收缩系数和弧形门相互开启高度的关系曲线；同时应用实测资料，分析计算了弧形门阻力系数，给出了阻力系数和弧形门相对开启高度的关系曲线，应用于开启高度的水力计算，填补了高压弧形门收缩系数和阻力系数的空白。

1975年，陕西省水科所针对石头河输水洞和“330工程”的需要，对平板闸门底缘形式水力特性做了系统的试验研究，给出了综合反映影响上托力系数的倾角、厚度的系统试验成果。并应用动量方程将淹没出流与自由出流的成果联系起来，形成完整体系，只要知道闸门孔口尺寸，选择适当的倾角和厚度，便可求得相应的上托系数，计算闸门的启闭力和持住力，为高压平板闸门的设计提供了简便实用的计算方法。

1978年，陕西省水科所韩立在侧槽溢洪道水力计算中，应用动量方程推导出变低宽侧槽水面线的基本公式，用图解法进行侧槽溢洪道设计，在全省15座水库设计中应用，并在广东、浙江、江苏等7个省（区）推广。

第四节　科技交流

漆水河流域以杨凌国家农业高新技术产业示范区为代表的科研机构，发挥科技优势，不仅在农业领域有着广泛的国际合作与交流，同时在水利科技方面也积极开展各项活动，推动科技成果转化与应用。进入20世纪90年代以后，围绕“水润三秦、水美三秦、水兴三秦”宏伟目标，示范区邀请荷兰、韩国、法国等11个国家的代表团先后来陕，就水资源管理、河流治理、应急供水等方面先进经验进行交流。引智聚力，特聘中国工程院李佩成院士等7名资深专家学者组成水利科研顾问组，形成高端智库，聘请外国专家，解决陕西水利重大工程关键技术难题，有效提升陕西水利工程技术含量，法国软体储水袋技术、台湾亲水理念以及众多水利技术和工程设备陆续服务于漆水河流域、陕西、全国乃至世界。

一、国际交流合作

（一）国际节水灌溉技术研修班

杨凌示范区是中国商务部设立的四大技术援外培训基地之一，其中就有旱作农业技术援外培训基地。该基地自 2011 年 8 月 7 日建立，已经组织承办了 170 多期国际研讨培训班，共有来自 130 多个国家和地区的 4700 多名官员与中国的专家学者进行了深入的交流研讨。这些研修班涉及干旱半干旱地区的水量调配与用水管理、农业节水喷灌技术的应用等领域。

（二）上海合作组织农业技术交流培训示范基地

杨凌示范区依托科技优势，着力擘画“立足中国、辐射上合、联动周边、面向全球”的国际合作新蓝图。2019 年上海合作组织农业技术交流培训示范基地在杨凌成立，该示范基地以现代农业研究中心、国际联合实验室、农业技术推广应用平台为核心，并开展成员国间的农业科研交流合作、现代农业科技人才培养培训、国际农业产业园区建设等。近年来，围绕上合组织国家需求，依托在哈萨克斯坦、巴基斯坦等上合组织国家建成 10 个境外农业科技园区和 20 个实训基地，举办培训 13 期，近 300 名上合国家农业官员、农技人员参加培训，举办远程讲座 6 期，6000 名外籍学员在线学习。

（三）“一带一路”国家合作

杨凌示范区积极融入“一带一路”建设，与全球 60 多个国家在现代农业领域建立了合作关系，其中开展合作的“一带一路”共建国家超过了 30 个。这些合作涉及农业节水灌溉、花卉苗木种植、畜牧养殖技术及管理等多个领域。杨凌示范区已经成为中国与“一带一路”国家开展农业科技合作的重要中心。

（四）杨凌职业技术学院的国际农业技术培训

2020 年以来，杨凌职业技术学院在荷兰设立了农业技术实用培训基地，完成了首批 15 位专家的出境培训任务。此外，在哈萨克斯坦、俄罗斯、美国，杨凌自贸片区的三个国际农业科技商务平台正在顺利建设。

二、平台、载体运用

（一）杨凌农高会

杨凌农高会是中国农业领域的 5A 级综合性展会，也是国际农业科技合作交流的重要平台。每年举办的农高会吸引了众多国内外专业人士参与，其中包含了丝绸之路经济带国家的广泛参与，提供了多层次的国际交流机会。

（1）实用技术培训交流。每届农高会都有发布区及路演厅同时进行，培训内容围绕苹果、猕猴桃、设施蔬菜、奶山羊等主要产业领域发展中的现实突出问题，组织杨凌示范区一线明星农科专家以团队配合方式进行讲解和交流，同时穿插安排相关小产业及配套新技术的专题培训交流活动。

（2）专家咨询服务。每届农高会现场都有百余名农科专家提供咨询，这些专家包括来自西北农林科技大学、杨凌职业技术学院和杨凌示范区老科协等单位，涵盖果树、设施蔬菜、粮经作物、土肥植保、园林绿化、农产品加工、农业电商、畜牧养殖等 40 多个专业领域的优秀科技示范推广技术人才，每天有 25 名专家开展现场面对面咨询交流服务。

（3）水利科技交流。这是农高会期间的重要活动，主要包括节水灌溉技术展示、水土保持研究、现代农业园区规划等内容。例如，西北农林科技大学的专家在水建学院、水土保持研究所等单位参与了节水灌溉技术、旱区作物高效用水技术等方面的授课和研修班。

（二）网络、媒体宣传

杨凌示范区内各级媒体肩负着扩大对外宣传交流的重任，树立围绕中心、服务大局意识，切实关注民生问题，坚持“三贴近”原则，在对外宣传交流中发挥着积极作用。各水利官方网站致力于发布政务公开和工作动态，同时也是水利科技合作与交流的平台。通过此平台，可以了解到杨凌区在水利科技方面的最新动态和研究成果。

第六篇　漆水河文化

漆水河流域人类活动较早，文化遗产丰富。自周秦以来，人们逐水而居，与水相伴，人们在用水、治水、管水的同时，多有爱水、戏水、咏水的情感抒发，就有了诗歌、音乐、绘画、书法、乐舞、雕刻、刺绣等文化艺术活动。明清时期，戏曲业迅速发展，班社林立，演出频繁，民间娱乐、庆典等艺术活动更为普遍。民国以后，逐步以城镇为文化中心，文化设施有所发展。新中国成立后，各地在发展物质生产的同时，努力加强精神文明建设，坚持百花齐放、推陈出新的方针，人民群众的文化生活日益丰富多彩，各项文化设施日渐普及和提高。通过举办展览、会演、竞赛等有组织的活动，使民间表演艺术、作品艺术得到弘扬和发展。特别是改革开放以后，文化事业发展更快。群众音乐、舞蹈、美术、书法、戏曲、摄影、文学团体各县均有。民间工艺品生产有新的发展，销售范围有的远至欧、美、亚等地区。各项文化艺术活动得到更为广泛的开展和交流，新的文化艺术人才也脱颖而出。

第一章　历史文化名胜

漆水河流域早在旧石器时代，即有人类繁衍生息。进入新石器时代以后，原始先民聚落数量大规模增加。史载黄帝、周人及其后人起源于此地。周、秦王朝先后在这里发祥、壮大而取得中原的统治权，为中华民族的形成奠定了坚实的基础。在此以后两千多年的历史长河中，流域以其悠久的文化渊源及其重要的地理位置，成为中华民族活动的重要地域。

第一节　古遗址

一、古村落遗址

（一）麟游县

澄铭窑遗址　位于现今麟游县九成宫镇澄铭窑村的碾盘沟。系新石器时代龙山文化，庙底沟类型，为村落遗址，地长 300 米，宽 200 米，总面积约 6 万平方米。在上塬路旁断岩上，发现有灰坑十多处，堆积极厚，灰中内含物较少。断岩上还有两间白灰面地窖式房屋，残长 3.5 米，下层白土泥，上层白灰，平整、光滑、坚硬。

贤坡遗址　位于麟游县九成宫镇桑树村窑庄沟东面的坡地上。系新石器时代龙山文化，庙底沟类型，为村落遗址。东西长约 300 米，南北宽约 200 米，总面积约 6 万平方米。文化层较厚，灰坑星罗棋布，内涵丰富。出土器物，以红陶为主，多为夹砂泥质。器形有罐、斝，罐以高颈为主，有敛口、敞口，纹饰有兰纹、绳纹。

贤坡窑庄遗址　位于麟游县桑树塬乡贤坡村窑庄沟东面的坡地上。系新石器时代龙山文化，西周村落遗址。东西长 200 米，南北宽 50 米，总面积约 1 万平方米。遗址高出沟底约 70 米，在最下面一层地上，时代较早，为龙山文化；在上面的平台上，遗址时代较晚，为西周文化。范围约 2 万平方米。龙山文化所采集标本，是陶质，有泥质和夹细砂两种，以夹细砂为最多，色以灰、红陶为主，无黑陶。纹饰以兰纹、绳纹、弦纹、锯齿纹为主。器形有罐、长颈罐、斝等。西周文化仅发现豆、盘、腰部、隔颈部各一片，还有不明器形的陶片，全为灰陶，以绳纹为主，少数素面。

槐树湾遗址　位于麟游县北马坊河东岸较高的斜坡台地上。遗址东西 100 米，南北 150 米。东高西低，呈台梯形，距河床高约 70 米。遗址居高临河，南可纵观天台山。断岩上发现零星的龙山期人居住的白灰残面，长约半米，深 2 米许。出土器物有石器三件、盆口沿一件，为泥质夹砂红陶；双耳罐一件，为泥质夹砂黑陶，颈下饰直绳纹，附加双耳。

黄家嘴遗址　位于麟游县酒房镇花花庙村刺家台子西隅 50 米处。系仰韶文化晚期，为居住遗址。东西宽 50 米，南北长 200 米，北依灵台境，东与唐家山隔川相望，中间隔花（花花庙）灵（灵台）公路。距河床约 100 米，高出河床 80 米，地形西高东低，呈台梯状，文化层堆积较厚，约 1 米不等，灰坑毗邻相连，暴露于面，较清楚的有灰坑、墓葬，两者互有打破。墓葬宽 80 厘米，距地表深约 5 米，并有盆骨暴露于面；灰坊为袋状，口大底小，且较平，宽 5.5 米，深 6 米许，内填灰土，陶片较多有：罐口沿、盆沿、钵沿、罐底，以红陶居多。次为黑陶和灰陶，陶质以夹砂为主。饰绳纹之格纹及兰纹，绳纹居多。

城关村遗址　位于麟游县九成宫镇城关村。东西长 800 米，南北宽 600 米。文化层堆积厚，内涵丰富，属新石器时代仰韶文化。1992 年 4 月 21 日被列为陕西省重点文物保护单位。

园子坪遗址　位于麟游县两亭镇天堂村园子坪，南北长 400 米，东西宽 200 米。文化层堆积较厚，内涵比较丰富，断崖上可见灰坑，已发现高领袋足鬲、盆、罐等器物，属龙山文化和商周时期的村落居址。1992 年 4 月 21 日被列为陕西省重点文物保护单位。

（二）乾县

周城府遗址　位于乾县周城乡周城府南村漠西河西岸，宝鸡峡五支渠从北向南将其隔为两半。西为耕地，比较开阔，东北角接近周城东村，东南临漠西河沟，南北长 250 米，东西宽 180 米。

遗址分布在渭惠渠五支渠两边的东村及南村村中，在沟岸及修渠取土处发现有大量灰坑，包含器物残片，泥质灰陶粗绳纹、细绳纹器物残片，夹砂质陶粗绳纹器物残片，泥质红陶细绳纹盆沿、缸底残片。可见器形还有周代常见的鬲、樽口沿残片。该遗址属周代居住遗址。

羊毛湾遗址　在乾县石牛乡羊毛湾村南。年代不详。

马里村遗址　在乾县临平镇马里村西 50 米。年代不详。

郭村遗址　位于乾县新阳乡郭村东北面，东临漠西河，北接善化寺村，东西宽 1000 米，南北长 1500 米，面积 150 万平方米。古文化遗存丰富，主要有夹砂灰陶、褐陶、泥质灰陶、云纹瓦当、绳纹筒瓦、方格纹铺地砖、残铁器等。该遗址为县境内一处面积广阔、延续时间最长（新石器时期至汉代）的村落遗址。

秦家庄遗址　在乾县城西南 3 千米处的漠西河东岸，西距老巨州村 200 米左右，北靠秦家庄村，南北长 400 米，东西宽 300 米。遗址内发现灰坑多处，呈袋状，一般距地表 2 米左右，径 2 ~ 2.65 米。文化遗存有石斧、陶器等，主要是夹砂红陶和彩绘泥红陶，属新石器时代仰韶文化类型。

该遗址现为耕地，保护一般。

齐难村遗址　位于乾县吴店乡齐难村西的漠西河东岸台地上。西临漠西河，北至小河沟，南傍三家沟，东距齐难村约 300 米。东西长 600 米，南北宽 200 米。在沟边第二至第四阶台地上，遗存有大量的残板瓦、筒瓦、铺地砖，地表 0.7 米以下压有文化层，约厚 0.5

米，内涵丰富。初步认为可能是《乾县新志》所载后秦姚兴（984—417 年）“齐难故城”遗址。

该遗址现为耕地，保护较好。

北郑村遗址 位于乾县临平镇东北，北起龙崖寺村，南至老羊沟，东临漆水河，西靠坡地，处于二层台地上。南北长 800 米，东西宽 300 米，总面积 24 万平方米。该遗址灰坑大，灰层多，文化遗存非常丰富，灰层距地表 0.5 ~ 2 米不等，灰坑深 1 ~ 5 米，直径 1.5 ~ 6 米。发现有陶鼎，素面，深灰色，质细而坚硬，腹径 18 厘米，口径 14 厘米，通高 14 厘米，腹底至口沿高 7.5 厘米，厚 0.4 厘米，两耳三足。另外还发现有细泥红陶盆沿、尖底瓶口沿、钵沿、石器残片，还有夹砂红陶片及夹砂褐陶鬲足等。该遗址属新石器时代仰韶文化半坡类型至商周时代文化类型。

四兴遗址 位于乾县临平镇水磨头、窑上村一带，地处漆水河西岸二阶台地上。南北长 1000 米，东西宽 200 米，厚 2 厘米的白灰层下，草拌泥 3 厘米厚，下为 15 厘米的土层。残瓦片到处可见，有粗绳纹筒瓦、灰陶罐口沿等。为周代居住遗址。

小王村遗址 位于乾县临平镇马里小王村。小王村在遗址内偏南，东西呈缓坡状，向南北延伸，南北长约 600 米，东西宽约 550 米。

遗址分布在漆水河西岸的二级台地上，村东的台地断面上，灰层厚 60 ~ 70 厘米，包含有新石器时代器物残片及周代瓦片，小王村西口的土壕断面发现有白灰地面两处，白灰地面厚 2 厘米，地面草拌泥厚 4 厘米，两处高差 1.9 厘米，最高距地表 25 厘米，整个遗址陶片散见。该遗址为新石器时期至周代居住遗址。

（三）武功县

武功境内新石器时代遗址计有 37 处，其文化类型序列大致为：仰韶早、中（与庙底沟二期共存）、晚期，庙底沟二期，客省庄二期和龙山文化早、中期。

郑尚坡遗址 位于武功县武功镇东约 500 米漆水东岸塬上，塬下漆水河自北向南流 10 千米汇入渭河，村北 1 千米处漠浴河自东北而来汇入漆水河，村西南 2 千米处漳水河由扶风西来，在浒西庄村东与漆水河合流。此遗址北至尚家坡村，南到高庙村，南北约 3000 米，东西约 500 米。尚家坡村亦有古文化遗址，郑家坡遗址与其相连，又称“郑尚坡遗址”。

郑尚坡遗址内发现先周时期的房基 17 座、灰坑 15 个、窖穴 3 个、陶窑 2 个。根据地层关系，可分为早、中、晚三期，其遗物主要有陶、石、骨器等多种。

郑尚坡遗址科学发掘获得的器物群，为探索先周文化提供了重要线索，对研究先周文化渊源和周族的起源等重大问题提供了宝贵的实物资料。尤其是房屋、陶窑、窖穴等遗迹和生活用具、生产工具的发现，为研究先周时期的居住状况、生活方式、经济状态等提供了新的资料，从而充分证明，郑尚坡遗址的文化遗存是西周以前周族的早期文化，应属于先周文化。郑尚坡遗址于 1981 年 2 月文物普查时发现，同年 10 月至 1983 年 8 月，由宝鸡市考古队正式发掘。1984 年《文物》杂志第 7 期该遗址发掘简报发表后，在国内引起高度重视，著名学者纷至沓来实地考察，尹盛平以此次发掘所撰写的《先周文化的初步研究》一文，把先周史研究推向了一个新阶段。1990 年该遗址被陕西省人民政府公布为省级重点文物保护单位，2013 年 4 月被国务院公布为第七批全国重点文物保护单位。

浒西庄遗址　北距武功县武功镇约 2 千米，东临漆水，南依漳水，处于两水相交的三角形台地上。遗址东西宽约 500 米，南北长约 700 米，总面积为 35 万平方米。武（武功镇）杨（杨凌）公路横穿中部，公路两旁断崖上可看到古代文化堆积层、灰坑、窑址等，堆积层厚 1 ~ 6 米，地面上散布着大量的残陶片，经发掘遗迹内涵较复杂，出土遗物丰富。

浒西庄遗址是石璋如于 1943 年考察发现的，1958 年文物普查时列为县级文物保护单位。1959 年，中国社会科学院考古所渭河考古队再作调查。1979 年，中国社会科学院考古所武功考古队又作重点复查，随即进行正式发掘。1988 年，整理编写出中国社会科学院考古研究所丁种 33 号《武功发掘报告》。

赵家崖遗址　位于武功县武功镇南约 3.5 千米、漆水东岸台地上，与浒西庄遗址隔水相望，西距漆水约 300 米。漆水此段岸高 80 余米，群众沿河岸修梯田数级，从而暴露出白灰面房屋居址遗迹和大量的远古残陶片。1981 年，中国社会科学院考古研究所武功考古队在发掘浒西庄遗址时，亦对此遗址多次调查之后，随即进行正式发掘。经发掘，确定为新石器时代客省庄二期文化类型遗址。此遗址东西宽 300 米，南北长 600 米，面积 18 万平方米。

根据考古研究所实验室测定的几个标本初步确定，赵家崖客省庄二期文化遗存年代大致距今 4300 ~ 4000 年。赵家崖遗址发掘的一个重要收获是，发现了客省庄二期文化遗存叠压在庙底沟二期文化遗存之上的地层关系，为考古研究客省庄二期文化与庙底沟二期文化的年代早、晚期提供了重要依据。

游凤街遗址　位于武功县游凤镇北，漆水河西台地上，北距村约 200 米，南北长约 300 米，遗址区内有一南北向断崖面，发现有 2 ~ 6 米厚的灰土层，夹杂大量的器物残片。可辨器形有泥质红陶彩绘钵、盆、罐及尖底瓶残片，夹砂红陶纹饰有绳纹、弦纹、堆纹，可辨器形有罐、釜沿等；夹砂灰陶鬲口沿；泥质灰陶素面罐；板瓦外饰绳纹、内为细布纹，胎厚 1.2 厘米。据其内涵，初步判断为新石器时代半坡类型文化遗址，且有少量汉代遗物。此遗址 1958 年文物普查时发现，被公布为省级文物保护单位。因当地群众多年取土，该遗址被严重破坏，1980 年竖立标志碑，设专人管护。

岸底遗址　位于武功县游凤镇岸底村西的漆水河东岸台地上。为先周文化遗址。总面积约 21000 平方米，1992 年陕西省考古研究所和北京大学考古系联合发掘了 400 平方米。发掘清理的遗迹主要有房址、灰坑、陶窑及墓葬。

岸底遗址早期相当于殷墟一期，上限可能还要早些。中期相当于殷墟二、三期，对先周文化的分期有积极意义。下限可至西周初期。遗址出土了较多的不同种类的陶器，如夹砂粗陶缸、夹砂罐、直口罐、三足瓮等，在其他遗址中较为少见，为先周文化陶器序列的建立提供了重要资料。

双庵遗址　为半坡博物馆考古队于 20 世纪 70 年代发掘的一处龙山文化村落遗址，其上层大抵都有先周文化的叠压或混存，并有墓葬、陶窑等，总面积达100多万平方米。其特点是：房屋建造呈圆形、长方形和居穴三种，均为半地穴式。从结构看，较普遍的是由内屋和外屋组成的套间，内外室均呈长方形，中间有过道，屋内均有灶坑、壁炉和窖穴。室内墙壁和地面都涂抹一层相当平整光滑的石灰面。墓葬均为单人俯身葬，有的缺头，有的与兽骨混杂，有的在灰坑中掩埋，说明死者属于较贫穷的氏族成员。陶窑为竖穴式，由火口、火坑、火道和窑室4部分组成。窑穴最深处达4米。器形有盆、瓮、碗、豆、鬲、盉、斝、罐等，其中罐最多，斝次之。陶器上的纹饰有弦纹、方格纹、刻画网纹、三角形纹等。很多器物口沿呈锯齿花边状。出土石器有斧、锛、铲、刀、矛、石球等，以石刀为最多，制作精细。刀上有单孔或双孔，钻孔多接近刃部。石斧有剖面，呈椭圆形和扁平长方形。刀斧之多，反映了双庵先民们主要从事农业生产。

（四）杨凌区

杨凌区境内渭河、漆水河等沿岸阶地上，均有原始社会的仰韶文化遗址、奴隶社会的商周文化遗址和封建社会的秦汉文化遗址等，重要者有12处。其中，省级文物保护单位2处，区级10处。

柴家嘴遗址　新石器时代——商周聚落遗址。位于杨凌农业高新技术示范区杨村乡柴家嘴村漆水河与漳水河交汇处。南至半坡寺，北至柴家嘴以北约150米，东至漆水河，西至土崖，南北长约450米，东西宽约300米。出土文物有磨制石器、夹砂红陶、灰陶及铜戈、铜簇等。

胡家底遗址　新石器时代——西周文化遗址。位于李台乡胡家底村。西至胡家底西城墙约20米，北至胡家底以北约650米，东南至漆水河。东西长约500米，南北宽约880米。遗址范围内遍布陶器碎片，文化层在台地断崖上均有分布，距地表1～1.5米处亦有袋状灰坑。遗址有泥质红陶和磨制石器。红陶有素面、彩绘，磨制石器有石斧、石凿等。

董家底遗址　新石器时代——西周文化遗址。位于杨凌农业高新技术示范区大寨乡陈沟村董家底。遗址东、西、北三面为河环绕，呈弧状分布。地形南高北低，东西平缓。东西宽500米，南北长约1500米。遗物有泥质红陶，素面彩绘。可辨器形有钵沿、器底、盆底、罐底等。钵沿胎厚0.5厘米，残弧长16厘米，夹砂陶，外施绳纹；盆底、盆腹胎厚1厘米，夹砂灰陶，亦外施绳纹；罐底胎厚1厘米。遗址在地表30～50厘米以下，1～1.5米均有文化层分布，并有灰坑出现。灰坑一般宽1～1.5米，深1.5～2米，内含各式器片、器底、器沿、鬲足等。

椒生村遗址　新石器时代——汉文化遗址。位于杨凌农业高新技术示范区五泉乡椒生村河南岸二级台地上。西北距河600米，东邻高家崖村，南靠上湾村，地形呈南北分布的缓坡状。遗址东西宽800米，南北长1500米。遗物有泥质红陶；可辨器形有盆、罐、鬲、缸等，夹砂红陶，外施绳纹；板瓦外施绳纹，内施布纹。遗址距地表30～50厘米以下，1米左右均是瓦砾层。灰坑直径1～1.5米，深2米，内含各类器片、瓦片等。地层关系不明晰，包含物比较混杂。

川云关遗址　位于杨凌农业高新技术示范区李台街道办胡家底村，漆水河旁，相传是商朝武将黄飞虎反叛朝歌，扶周灭纣西奔时突破重围的第三关。川云关城楼南凭渭水安栏，北借瓮塬为障，地势险要，为古代兵家必争之地。川云关城楼系明清建筑，门洞东西长10米，南北宽3米，高2.5米，由于积水冲刷，淤泥所致，门洞约2米部分埋于地下。西门上阴刻楷书“川云关”字样，东面门上刻有“川云南关”四个大字。城楼上部为砖、土、木混式结构，硬山顶，脊两边有鸱吻，中间脊兽挑角，筒瓦卷边，雕梁画栋。房北前侧有一圆门，房前原有栅栏。据当地人讲，漆水河曾经从这里流过，现漆水河距川云关东门约500米。这里曾是官兵把守通往西部的要道，门前有抛锚桩，整个建筑古朴典雅，精雕细琢。川云关城楼虽历经战乱，年岁久远，但仍保存较为完好。1990年9月杨凌区人民政府公布为杨凌区第一批重点文物保护单位，并设置保护机构，划定保护范围竖立保护标志，设专职文保员进行保护。

上湾村遗址　此遗址经第三次全国文物普查，推定为西周文化遗址。位于杨凌农业高新技术示范区五泉乡上湾村，东西长500米，南北宽200米。遗物有石1件，通长6厘米，厚1.5厘米，磨光的一头有孔，径0.71厘米。可辨器形有罐、盆等，夹砂灰陶，外施绳纹。绳纹板瓦两块，一残长12.5厘米，宽7.3厘米，胎厚0.8厘米；一残长18.2厘米，残弧长20.4厘米，厚1.5厘米。在二支渠取土时形成的东西断面上可见距地表下30 ~ 50厘米为瓦砾层。灰坑宽1 ~ 1.5米，深2米，包含有各种陶器残片和砖瓦片。

坎家底遗址　新石器时代——西周古文化遗址。省级重点文物保护单位。位于杨凌农业高新技术示范区李台街道办坎家底村西。北至渭惠支渠，东距李台村500米，南临断崖，西距杜家坡遗址1500米。南北宽约100米，东西长250米。1954年出土西周三足鼎1件，陶质，现存放于陕西历史博物馆。1989年出土汉代文物3件。其中，铜钫壶1件，博山炉1件，亦为铜质，石器1件。在遗址上发现有灰坑及夹砂陶器、石器等新石器时期的遗物残片。灰坑距地表50厘米，坑宽1.2米，深20厘米。

绛南村遗址　周、秦、汉聚落遗址。位于五泉乡绛南村南。南北长1500米，东西宽200米。遗址内发现大量绳纹板瓦、筒瓦、陶罐、盆、缸以及人骨等。部分遗物现存杨凌文物馆。

杜家坡遗址　周、秦、汉聚落遗址。位于杨凌农业高新技术示范区李台乡杜家坡村北，南北长约100米，东西宽约200米，遗址堆积层1 ~ 1.5米，内涵丰富。遗物以灰陶为主，质硬，纹饰有绳纹，方格印纹；器物有陶壶、陶盆、陶罐及秦汉时期的筒瓦残片。

马超岭遗址　位于漳水河旁，是东汉末年骠骑大将军马超在此屯兵养马抵御外敌所筑的城堡遗址，位于杨凌农业高新技术示范区五泉镇茂陵村东北侧。该遗址北高南低，南部连塬，岭北呈螺旋形，好像丘陵，高约400米，地形险要，汉时被称为“山高十万丈，水盘一窝丝”，是个风景优美的山水之地，故以地理景象取名为茂陵山，所以马超岭遗址又名茂陵山。1988年省、市文物普查时发现。1990年9月17日杨凌区人民政府公布为杨凌区第一批重点文物保护单位，并设置机构保护，划定保护范围，竖立保护标志，设专职文保员进行保护。马超，字孟起。勇烈过人，拜左将军，卒谥威侯。该遗址南北长400米，东西宽200米，中间微微凸起，呈南北状分布。现残存原城墙一处，高2.3米，残宽2.3米，为夯筑，共33层，每层夯土厚0.12米，夯窝直径为0.06 ~ 0.08米，该城址南20米处，现存原饮马洞、水井等遗迹。

唐王洞遗址 位于杨凌农业高新技术示范区李台街道办建子沟中学院内，传说此洞为唐王李世民的出世之地。距离漆水河胡家底段约2千米，该遗址现存有木化石、上马石等遗物。1958年全国文物普查时发现。1990年9月被杨凌区人民政府公布为杨凌区第一批重点文物保护单位。唐王洞遗址为地下窑洞式建筑，形似地窖，均为土质结构。门首有瓦房约一间，窑门上悬挂“太宗悬弧处”木牌一面，窑门为木革子门，窑面宽约2.58米，进深约8米，高约2.4米。窑内有土台一座，土台高约1米，宽约0.9米，长约2.58米，窑坐北向南，有砖砌台阶，现已填平。竖有杨凌区人民政府保护标志碑。在唐王洞东南约5米处，有一座宫殿遗址。据史料记载为庆善宫后殿，系清代所建，此建筑坐北向南，建于1.5米的高台上。硬山顶，由筒瓦覆盖，屋顶为砖脊，无鸱吻和飞椽；台沿四周用砖包裹。南有五级台阶，前后檐柱半露明，涂朱红，半夹于檐墙之中，因学校建设现已拆除。殿前有上马石三块，均为六边形，上下有刹，第一块通体浮雕莲花图案，其余两块六边形，也有阴刻周线，但无任何图案，相传为唐太宗的上马石，现群众将其垒起，形似石塔。在上马石的左边，有炭化木一块，呈炭化状，残高约1.8米，宽约0.5米。炭化木系一棵名曰“可憎树”的古木经风吹雨蚀变化而成（现存于杨凌区文物管理所库房）。

（五）凤翔区

凹里遗址 距今2500 ~ 2000年，战国秦汉文化。范围在凤翔区横水镇九龙村南，西距九龙村约2千米，南为凹里村的机井房。东西宽100米，南北长200米，面积2万平方米。位于横水河西岸台地，中间高、周围低。有夯土、散水遗迹及一条南北长约200米的地下排水管道，并发现一个高约2.5米、直径（胸径）1.2米的陶窑。遗物有砖、瓦、瓦当、陶片等，其中瓦当有鱼鸟、双獾等我国图像纹瓦当和“长生未央”“大宜□子”汉代瓦当；砖有空心方形砖；陶片中以泥质灰陶、夹砂灰褐陶，陶器纹饰多点纹，可见器形有鬲、盂等。

孙家堡子遗址 距今2500 ~ 2000年，战国秦汉文化。范围在凤翔区长青乡孙家南头村孙家堡子村南崖顶。北邻孙家南头，西为千河，宝鸡—冯家山公路从崖下穿过，东西宽200米，南北长300米，面积6万平方米。位于千河东岸三台地。文化层堆积较厚，灰坑密集，约在2米以上，从断崖上可看出有近20米长、6米厚的夯土层。遗物有砖、瓦、瓦当、陶片等，还有空心回纹砖、槽形瓦、“长生未央”瓦当、朱雀纹瓦当、云纹瓦当等。

（六）岐山县

王家嘴遗址 位于岐山县京当乡王家嘴村。南北长800米，东西宽300米。文化层堆积厚，内涵丰富，有大量灰坑以及墓葬暴露。出土过商周青铜器鼎、鬲、簋及瓶、罐、盆等陶器，属新石器时代及仰韶文化和商文化居址，包括先周时期的墓葬。1992年4月20日被列为陕西省重点文物保护单位。

双庵遗址 位于岐山县京当乡双庵村周围，范围25万平方米。文化层堆积甚厚，内涵丰富，暴露有大量灰坑以及房址残迹，可见到鬲、罐等遗物，为较单纯的新石器时代龙山文化遗址。1992年4月20日被列为陕西省重点文物保护单位。

魏家河1号遗址 位于岐山县益店镇魏家河村。南北长700米，东西宽350米。文化层堆积极厚，内涵丰富，暴露有较多的灰坑。可采到鬲、罐、钵、鬶等陶器残片，属新石器时代仰韶文化和龙山文化遗址。

丁童遗址　位于岐山县青化乡丁童村东。南北长800米，东西宽500米。文化层堆积厚，内涵丰富，发现大量灰坑，以及陶钵、瓶、盆、鬲、罐、板瓦、槽瓦等器物，属新石器时代仰韶文化以及春秋战国时期的居住遗址。1992年4月20日被列为陕西省重点文物保护单位。

（七）扶风县

益家堡遗址　位于扶风县城关镇益家堡西南台塬上。东西长500米，南北宽300米。1978年后因平整土地而破坏较严重，是一处含有新石器时代仰韶文化、龙山文化和商代的居住遗址，发现有商代殷墟一期的青铜器、兵器及鬲、罐、豆等陶器。1992年4月21日被列为陕西省重点文物保护单位。

秦家庄1号遗址　位于扶风县新店乡秦家庄。南北长400米，东西宽200米。文化层堆积厚达3.5米，内含物丰富，到处可见鬲、罐等器物残片，属新石器时代龙山文化遗址。1992年4月21日被列为陕西省重点文物保护单位。

王家台遗址　位于扶风县新店乡王家台村西南。东西长600米，南北宽500米。从河北岸台地一直分布到塬顶，文化层堆积极厚，3～5米不等。内含物十分丰富，有鬲、罐、钵、盆等器物，以新石器时代龙山文化遗存为主，也有少量仰韶文化遗物。1992年4月21日被列为陕西省重点文物保护单位。

火张遗址　位于扶风县绛帐镇火张村。东西长1000米，南北宽300米。文化层堆积极厚，内含丰富，断崖上暴露有大量灰坑以及墓葬、陶窑，可见到盘、罐、钵、盆等陶器，以及石斧、石刀、石锛等遗物，属仰韶和龙山文化村落遗址。1957年被公布为陕西省重点文物保护单位。

二、宫殿遗址

九成宫遗址　九成宫遗址是隋唐时期名冠中外的皇家避暑离宫，今为陕西省公布的第一批重点文物保护单位，位于今麟游县城所在地。

隋开皇十三年（593年），隋文帝杨坚诏图天下山川以献，选中这块“东望翦华，千林结影；西蟾陇坂，派水分流；南俯荼原，风云交映；北临石柱，川原朝宗”的佳境，修建起宏伟的避暑离宫，取名为仁寿宫。建成后10年间，隋文帝和独孤皇后、次子杨广，先后6次莅麟避暑，杨广亦在仁寿宫发动政变。《隋书》载：恭帝义宁二年（618年），仁寿宫中有白麒麟出现，遂将义宁元年初置的凤楼郡改名麟游郡，兼治县，麟游之县名自此始。唐贞观五年（631年），唐太宗李世民苦于京城长安炎暑相侵，诏复仁寿宫，易名九成宫，并于次年（632年）首次驾幸。此后，唐太宗又4次驻驾避暑。唐高宗李治于永徽二年（651年）更九成宫名为万年宫。共前往避暑达8次。乾封二年（667年），复名九成宫。唐文宗开成元年（836年），麟游暴雨，洪水冲毁九成宫正殿等大批建筑。唐末，由于战争破坏和洪水冲淹，九成宫遂遭毁损，渐次湮没。

蕲年宫　为秦代有名的宫殿，秦始皇在此曾行加冕礼。遗址在今凤翔区长青乡孙家南头村。《史记·秦本纪》载，“九年……四月，上宿雍。己酉，王冠，带剑。长信侯毒作乱而觉。矫王御玺及太后玺以发县卒及卫卒、官骑戎翟君公，舍人，将欲攻蕲年宫为乱”。此宫是秦汉国君、天子祭祀五畤或先王的斋宿之宫。

棫阳宫 为秦著名宫殿，皆沿用至汉，是所谓“秦宫汉葺者”。棫阳宫遗址位于雍城内南古城、史家河及城郊的东社村一带，秦始皇曾祭母于此，汉文帝亦行幸此宫。棫阳宫遗址位于千河东岸长青乡孙家南头孙家堡子村南。

凹里宫殿遗址 位于今凤翔区横水乡凹里村，面积约650平方米，遗址中发现夯土基址和一条南北长约200米的排水管道，还出土鱼鸟、双獾、云纹等战国秦瓦当，以及“长生无极”、“大宜口子”、云纹等汉代瓦当和大量秦汉瓦片。此遗址史书无载，估计为战国到汉代咸阳到雍城之间的行宫之一。

李家道宫殿遗址 位于今岐山县凤鸣镇李家道村南，面积约1万平方米。1988年调查时发现夯土基址、陶下水管道，还采集到战国秦双獾、单獾、云纹等瓦当，以及大量砖瓦残片，应为一处秦汉宫殿遗址。此宫殿文献失载，现已列为岐山县重点文物保护单位。

梁山宫遗址 1957年第一次文物普查时发现，1982年第二次文物普查时进行了登记。1983年12月18日，乾县人民政府定名吊庄遗址，公布为乾县第一批文物保护单位。1988年4月10日，咸阳市文物普查队重新进行了普查登记并升格。

甘泉宫遗址 1988年4月，咸阳市文物普查队发现。1988年5月17日，咸阳市文物局在乾陵博物馆召开新闻发布会，宣布在乾县发现梁山宫遗址和甘泉宫遗址。同年5月19日，《陕西日报》发表了《乾县发现两座秦代宫殿遗址》的通讯。5月20日《人民日报》《光明日报》等全国各大报纸都进行了长篇报道。

三、古城镇遗址

杜林城址 商代中叶，周族北移时，曾居漆沮流域，逐步迁豳。商武乙元年，周太王避狄，又由豳迁岐，在杜地垦荒兴农，成为周氏族活动生息的地方之一。今麟游县治西有周族之杜林城，城在漆沮源头的招贤与两亭交界处（待考）。

杜阳县址 秦始皇统一六国后，在今麟游东部置漆县，西部置杜阳县（县址在今招贤镇），均属内史地。1967年在招贤镇街南农耕地发掘，出土有秦汉瓦当；有球形纹连珠瓦当、网心纹瓦当、空心回纹砖。且在地层深处遗存丰富。

普润县址 隋大业元年（605年），在今麟游县酒房镇万家城村东置马牧普润屯。大业三年（607年）废屯，置普闰县（普闰唐改为普润）。旧县志载：县西一百二十里，万家城之南邵家沟附近有古城遗址，为普润县城之古址。今据现场考察，城墙、城壕仍清晰可辨，砖瓦砾。邵家沟为普润县城之郊区。

铁官城 旧县志载：在县西汉置铁官处。《方舆记》：普润县有铁官，取雨则润泽。据传铁官城在北丰子头（待考）。

麟游古城遗址 唐贞观六年（632年），由九成宫移城址于童山，历经五代、宋元诸代，至明代景泰间知县张翀循旧营建。天顺中，知县张绅增修外城，周九里有奇。万历间，知县张养清建坊旧城以另外城，而城仍未改。明崇祯七年（1634年），城被义军破后，十年，知县夏绍禹疏请筑城，规复旧迹，西南仍未如古。清康熙间，知县杨镳始加修葺。清乾隆十六年（1751 年），东谯楼淫雨摧毁，知县蒋正凯捐俸修之。乾隆三十六年（1771 年），知县区充请帑大修，费九千六百七十金有奇。周三里一分，高三丈，阔一丈，顶阔一丈三尺，四方三门，上有谯楼，城身皆土雉堞，东、西北角隍阔丈余。道光二年（1882 年），知县谢经济复修楼堞门栅：东曰武川门，西曰获麟门，北曰豳风门。道光二十年（1840 年），知县陈典重修南城女墙，增建魁星楼。同治初（1862 年），知县李正心筹防补葺完固。同治三年（1864 年），知县李清玉增建城西敌楼，耗资旋圮，同治六年（1867 年），知县曾吉光补葺南城，建东南角魁星楼。光绪三年（1877 年），知县侯恩济以工代赈，益加坚厚。光绪四年（1878 年），知县萧大勋续赈南隍。光绪五年（1879 年），知县厉乃庆改修女墙。民国二十七年（1938 年），东城墙坍塌甚巨，县筹款，征工，推刘绩臣主持，三月告竣，嗣后城楼雉堞不时修补，仍保持原貌。新中国成立后，在“文化大革命”中，城门、城楼被拆毁，留部分城墙，颓圮不整。

漠西故城　北魏太和十年置。因治漠水之西地，所以称漠西县。治城位于乾县长留乡老巨州村，现城墙遗址尚存，高 1 ~ 2 米不等，延伸至漠西河西岸。巨州村东有河道遗址，泥层、卵石、水蜗牛残骸清晰可见。后河床改道，将漠西县城分为两半，多半在河东（巨州村），少半在河西（漠西乡安家庄东村）。

武都故城　《乾县新志》记载“今县西南临平镇，即其故址”，旧迹不存。

奉天故城　即今乾县县城，唐德宗时建。有子城和罗城，后子城毁，今城西罗城，周长 10 里，外像龟形。现残存北西部城垣。

周原遗址　周原位于关中平原西部，跨扶风、岐山两县，是周王朝早期建都之地，也是国内青铜器出土最多的地方，被誉为“青铜器之乡”。周原遗址中心区面积 30 余平方千米，为全国重点文物保护单位，因常有惊人的文物发现而为世人所关注。自西汉神爵四年（前 58 年）周原出土第一件青铜器以来，累计出土青铜器数以万计。晚清时期宝鸡出土的“四大国宝”（毛公鼎、大盂鼎、虢季子白盘、散氏盘）有两件就出土于此。20 世纪 70 年代以来周原出土了千余件青铜器珍宝，万余件（片）陶器、原始瓷器、玉器和卜骨等珍贵文物。周原西周宫室建筑基址的发现在中国考古史上有重要意义。瓦、砖、陶水管道的使用和建筑格局的形式等，都是中国最早的，在中国考古史和古建筑史的研究上有极高的科学价值。　　周原的考古发现被列为新中国十大考古新发现之一。规划在建的周文化旅游园区，将再现 3000 年前周文化的风貌。建有周原博物馆，在法门镇宝塔路设有“西周王室重宝展览”。

秦都雍城遗址　秦都雍城是春秋至战国中期近 300 年间秦国的政治、经济中心，位于现凤翔区城南、雍水以北。20 世纪 30 年代，国内考古工作者就对雍城进行过调查，50 年代又进行了试掘，1973—1986 年陕西省考古研究所对雍城遗址进行了大规模的调查、钻探和发掘，初步摸清了雍城的位置、形制、规模。雍城城垣平面呈不规则方形，南北宽 3.2 千米，东西长 3.3 千米，城区面积 11 平方千米。暴露在地面上的部分城墙，现存高度 1 ~ 8 米。在城内的姚家岗、马家庄、铁丰发现了包括宗庙在内的三个大型宫殿区，其中在姚家岗先后出土了三批青铜建筑构件；在马家庄发现了秦国的宗庙遗址，即当年楚国大夫申包胥"哭秦庭"所在。此外，在城南发现了秦公的墓葬区。雍城在秦人发展史上占有重要地位。在这里，秦穆公称霸西戎，成为春秋五霸之一。雍城的建立，为后来秦国统一关中、饮马黄河奠定了基础。雍城遗址1988年被公布为全国重点文物保护单位。

五丈原 五丈原位于岐山县城北。塬高40多丈，面积约12平方千米，东界石头河，西接麦里河，南依秦岭，北临渭水。依山面水，南高北低，形势险要，攻守皆优，为驻军布阵的好地方。是三国时诸葛亮六出祁山、屯兵用武、劳竭命殒的古战场。 五丈原为何名为"五丈"，其说法有三：一说此原前阔后狭，最狭处仅五丈；二说秦二世西巡至此，原头曾刮起五丈尘柱大风；三说原高五十余丈，原称五十丈原，口口相传，简成了五丈原。五丈原主要胜迹是诸葛庙（武侯祠），庙内有匾额、题词、碑记、碑刻、壁画、塑像等。庙外遗迹有"豁落城""棋盘山""诸葛泉""诸葛田""盘盘道""魏延城""古葫芦峪遗址"等。

邰城遗址 属秦汉古城遗址，其文化层内涵可上溯到先秦以至新石器时代，是省级重点文物保护单位。位于杨凌农业高新技术示范区李台街道办杜家坡村西、疙瘩庙村以南、永安村以北。在东西长约1.5千米、南北宽1千米的渭河北岸二级台地断崖上发现有大面积、多层次的古代遗址。遗址灰层堆积高达3米，在未扰乱的灰层中从上至下发现有红、黑细泥陶器、夹砂陶器，附加堆纹和绳纹灰陶器；上层有秦、汉云纹瓦当和瓦片。除灰层外，还发现许多灰坑、窑址和长达15米的居住遗址，以及高4米、宽2米的窑穴遗址等。在杜家坡村西和疙瘩庙村南分别发现南北长8米和28米的两处夯土。遗址内出土有大小不等的磨制石斧、陶碗、陶釜、陶罐、陶鬲、陶纺轮、骨锄、薄片小铜镜、铜戈等器物。在战国至西汉的8件陶釜、陶瓮上，发现有"市""亭"两字印文。

据《史记·周本纪》正义引《括地志》载："古邰国，后稷所封地。在雍州武功县西南二十二里。"《元和郡县图志》载："故城，一名武功城，在县（指武功县，即今武功镇）西南二十二里，古邰国也。"《太平寰宇记》载：城一名武功城，在周为邰国。后稷所封之邑，汉为邰县也。在今县西南二十二里。清代著名学者顾炎武在《读史方舆纪要》卷五十四武功县下注载："城（武功）县西南二十二里。读曰邰，即后稷所封。秦孝公置县。汉初曹参攻是也。后亦曰县，属右扶风。后汉省。志云：武功旧治渭川南眉县境，后移治古城，今亦曰武功城。周建德三年始移武功县于今治（指武功镇）。"从出土文物和文献资料分析，邰城汉时属右扶风（治所在今凤翔区南，为郡一级建置），并非属扶风县，而是属武功县，曾名武功城，为历史上武功县的第二个治所。历来县界都是相对稳定的。因此，古邰城遗址应当在今杨凌区境内。由于与李台街道办毗邻的扶风县法喜村周围亦发现秦汉文化遗迹，故推断秦汉邰城遗址当在今杨凌区李台街道办西部和扶风县揉谷乡东南部之间。

马超岭城垣遗址 汉代遗址。位于杨凌农业高新技术示范区五泉乡岭后村，南北长约1500米，东西宽约500米，岭高400米，呈螺旋状。传说东汉末年，偏将军马超曾在此屯兵养马。据普查，城郭东西长约350米，南北宽250米，西侧残存城垣高约5米，厚约4米。岭从南到北留有一道土墙，推断为御敌设施。城内从南到北20米处有一直通河的洞口，传为饮马洞。遗址内发现有碎砖、残瓦、柱石等，均属古建筑遗物。

庆善宫遗址　位于武功县武功镇南。《唐书·地理志》记载，武功庆善宫，后为慈德寺；《长安志》载："庆善宫在县南十八里，神尧（李渊）之旧第也，太宗降临之所，南临渭水。武德元年（618年）建武功宫，武德六年（623年）改庆善宫。贞观六年（632年）太宗临幸，宴群臣赋诗，后废为慈德寺。"庆善宫既是李渊在武功三处宅第之一，又是李世民诞生之所。所以，李世民登基后曾数次临幸，赋诗拟作沛（刘邦之生地沛县）、宛（刘秀之生地宛城）。武功旧志载，建子沟之"唐王洞"，即"太宗悬弧处"。据康对山《武功县志》"庆善宫"条："在川口东南，今没于渭（水）。"孙景烈撰：慈德寺"在今城南立节村"。俗称恩义寺，实际是一室两名。今大庄乡北立节村旧遗一方石，在一村民房阶下，习称"卧龙石"，传云窦后曾置太宗于此石上，故名。

四、古建筑遗址

以前古建筑多为砖木结构，历经千百年风雨，其幸存者本已寥寥，加上人为破坏，至今尚存甚少。新中国成立后，官民同倡，对一些重要古建筑或做抢救性修复，或在原址上依旧貌重建。

（一）祠祀类

周公庙　位于岐山县城西北6.5千米的凤凰山南麓，面积约6.2万平方米。此处依山傍水、古木参天、风景秀丽，东、西、北三面环山，唯南面为开阔地，状如簸箕。《诗经》中描述此地为"有卷者阿，飘风自南"。因此，后世人称这里为"古卷阿"。岐山是周室发祥之地，3000多年前"凤鸣岐山"的典故就发生在古卷阿北部的凤凰山上。《竹书纪年》载：周成王曾率文武游于卷阿。可见，早在西周初期，这里已是王室贵族的游乐场所。

唐武德年间（618—626年），高祖李渊为了缅怀周公的勤政贤德，下诏在古卷阿为周公建立祠庙，始称周公祠。唐以后，渐增其制，并以后稷、姜嫄、姜太公、召公等历史人物的大殿点缀其间，辅之亭、台、楼、阁等建筑。庙内东北角有一自然泉眼，其泉水数年一涌，数年一涸，水来则民泰岁丰，去则天旱不收，当地人称之为灵泉。唐宣宗曾下诏赐名"润德泉"。庙内玄武洞中有唐代所雕汉白玉玄武像（俗称玉石爷）一尊，披发缨冠，赤足戎装，手中仗剑，脚踏龟蛇，造型丰满，威武庄严，具有很高的艺术价值。周公庙风景名胜区规模宏大，现存古建筑30多座，唐柏、汉槐多株，植被丰茂，浓荫蔽日，是宝鸡地区规模最大、保存最完整的中国古代建筑群。自古以来，这里一直是人们游览之所，历史上韩愈、苏轼、康海等许多文人墨客曾来此游览抒怀，留下了140多首游览诗文和30多块碑石。近年来，特别是1999年以来，先后投入600多万元，完成了周公庙风景名胜区牌楼、山门、碑廊、唐碑亭、仰圣门、北庵山门、庙内道路的修建，以及庙内外园林绿化、美化，庙前大小广场、旅游服务中心、魁星楼维修、彩绘等项工程，恢复了枯竭多年的润德泉水源。每年农历三月十二日为周公庙庙会。届时，人流如织，场面盛大。

周公庙为陕西省重点文物保护单位、省级风景名胜区。

诸葛亮庙　位于岐山县城南约20千米的五丈原台塬上，太白山北侧，坐南向北。《岐山县志》载，始建于元初，明、清两代屡有增修。诸葛亮庙规模不大，现存建筑多为清代所建，有庙门、配房、两厢、献殿、钟楼、鼓楼、正殿、左右朵殿各一间。庙的突出建筑为院中的“八卦亭”，八角形攒尖顶。各殿柱额上均有牌匾楹联，建筑受勉县武侯祠形制的影响。1983—1987 年，陕西省文物局拨款 30 多万元对诸葛亮庙进行维修，修复了“棋亭”“琴亭”等建筑。

扶风城隍庙　位于扶风县城内，为明清建筑，坐落在一个南北长、东西窄的夯土高台上。庙前有单檐歇山顶戏楼一座。庙门面阔三间，东西另有砖砌便门。庙内建筑现存木牌坊三间，东西厢房、钟鼓楼、献亭、献殿和两侧配殿及正殿和寝殿等。正殿建于明洪武三年（1370 年），面阔五间，进深四间，单檐歇山顶，外檐斗拱饰彩绘，构架做法为檐柱和金柱上均施斗拱，内外柱同高，梁后尾交于金柱上，金柱与前檐柱间距为两步架。两步架不用双步梁，而由檐柱和金柱上的拱挑长交于垂莲柱，垂柱上承下金檩，成悬枋吊柱做法，因而在前槽形成由斗拱和垂莲柱组成的结构件，颇具装饰性。

后稷祠遗址　位于武功县武功镇。《水经注》卷十八载：郃（武功）“城东北有姜嫄祠，城西南百步有后稷祠，郿之郃亭地”。此即武功有姜嫄、后稷祠的最早记载。《长安志》更于武功条下载：“后稷祠在县西南二十三里，姜嫄祠在县西南二十二里。”当然是就中亭川武功城（今武功镇）而言。康对山《武功县志》载：后稷庙、姜嫄祠“今俱亡矣”，而“今（明正德时）后稷祠在城内西上，故宝意寺址也。明弘治丙辰（1496 年）知县（宋）学通改建，祠后又作姜嫄祠”。《长安志》载：“宝意寺在县西一里，亦唐神尧别宅。唐乾封三年（668 年）建为宝意寺，周显德二年重恩宝意寺，寺东临绝崖。”显然是后稷祠在唐以前（乾封三年）即已有之，后来的宝意寺（俗称上阁寺），即以后稷祠为中心改建发展起来的。此后，历有修葺。到清雍正十一年（1733 年）《后志》记载，其“殿三楹，四角垂檐，南向，殿前有碑，马嵬阎铎记”。明、清数有修葺，每次立碑以记其事，碑文多言宝意寺“大唐创业天子（李世民）读书处”，与《长安志》的“唐神尧（李渊）别宅”之说相吻合。李渊在武功的住宅有三处，宝意寺即其一。此宅系以后稷祠为中心所建，由此可知，后稷祠建于唐之前。

武功城隍庙　武功城隍庙位于武功镇东街中段，坐北向南，占地面积 5000 平方米，建筑面积 1656 平方米。建于宋、元年间。明成化元年至二十三年（1465—1487 年）、明正德元年至十六年（1506—1521 年）、万历四十一年（1613 年）曾三次重修，具有明代建筑风格。时有“正殿五楹，献庭如之，后殿五楹，山门楼三间，大门三间，前高房内东西两旁庙各五间”。清乾隆元年至六十年（1736—1795 年）再次修葺，从外向内布局依次是牌坊（牌楼式）、山门、戏楼，戏楼两旁为钟鼓楼，东西两配殿各 5 间。

武功城隍神是全国唯一被唐太宗李世民敕封为“辅德王”的神灵。因而武功城隍庙也被称为都城隍府，其地位居全国各地城隍庙之首。庙内建筑结构独具，宏伟高大，为一组完整的明代建筑群，其主要建筑依次为牌楼、山门、献殿、中殿、寝殿等。牌楼通高 12 米、宽 15 米，为关中地区第一牌楼。中殿为单檐歇山顶，外檐斗拱五彩重昂，四角檐柱有明显的侧角和翘起，整个装饰均为琉璃构件，五彩闪耀，富丽堂皇，歇山饰以琉璃“二龙戏珠”浮雕，珠球滚动，龙体飞跃，呼之欲出，为一般庙宇所罕见。仅从建筑学方面讲，它体现了古人的美学理念，对采光、通风的追求，对地震的防御，对梁柱负载的计算，以及对保温、消暑、防潮、排水等生态环境的创造。20 世纪 50 年代，城隍庙曾作粮仓，任加拆改，破坏较大。1979 年移交文物管理部门时仅存正殿、寝殿，墙裂脊摧，屋瓦翻卷，残朽不堪。1983 年和 1987 年，先后两次由宝鸡市、陕西省文物主管部门分别拨专款，按照“修旧依旧”的原则，将正、寝两殿修复。群众自发集资捐款建起山门，施以彩绘，设一对石狮分蹲大门两侧。1992 年 4 月 20 日由陕西省人民政府公布为省级重点文物保护单位，2013 年 4 月由国务院公布为第七批全国重点文物保护单位。

武功小华山　小华山位于武功老城（今武功镇）南门外西侧，其南依潺潺漳河，东临滔滔漆水，远对巍巍太白高峰，曾异名“葆贞庵”，是宋代理学家张载讲学的“绿野亭”遗址。小华山因传炎帝之母安登曾游历此地并怀孕生下炎帝而得名。小华山建筑群屡建屡毁，现存建筑包括太上老君殿、娘娘、药王、老君诸神像的窑洞、彩绘壁画、悬脊八卦顶八角亭、五龙桥以及塑有姜嫄圣母、后稷、地母等神像的窑洞。魁星楼位于山顶，内有魁星像。小华山于 1981 年被武功县公布为重点文物保护单位。

苏武纪念馆　苏武纪念馆位于武功县武功镇龙门村前的台地之上，东临漆水，西依凤岗。苏武墓穴东向，背附青山，漆水河自墓前蜿蜒而过，依山傍水，环境优美，为“武功八景”之一。

该纪念馆占地面积 27000 平方米，建筑面积 2080 平方米，其主要建筑依次为仿汉阙门、苏武牧羊铜像、南北配殿、苏武大殿、南北祭亭、苏武墓祭台、墓冢。墓前竖有清乾隆年间陕西巡抚毕沅书《汉典属国苏公墓》、武功县令阮曙书《汉典属国苏子卿墓》及民国时期的《重修苏武墓门碑》等碑石。1957 年 5 月 31 日由陕西省人民政府公布为省级重点文物保护单位。

汉苏武，字子卿，陕西武功人，为平陵侯苏建次子。汉武帝天汉元年（前 100 年）受汉武帝派遣，出使匈奴，后受副吏张胜事发牵连，滞留匈奴十九载，仗节牧羊，忠贞不屈，爱国正气浩然长存。汉昭帝始元六年（前 81 年）才回到长安，被汉昭帝封为典属国。

武功教稼台　教稼台，为华夏农耕文明源头所在地的文化标识，是我国古代农业唯一留存的名胜古迹，誉列“中国八大名台”之一，位居“关中四大名台”之首，属陕西省重点文物保护单位。

教稼台位于古国有邰之地、今日武功县武功镇东门外，约公元前 23 世纪，周人始祖后稷（系帝喾嫡长子，周人圣母姜嫄所生。本姓姬名弃，后人以其封号尊称），在古姬水（今漆水河）流经的中亭川拓荒耕壤，树艺五谷，设坛教稼，粮食万民，惠济天下，开启了人类农耕文明的先河，奠定了华夏民族“以农为本””以农立国”的根基与底蕴。后人感念后稷的历史功绩，将其原设坛教稼的土丘砖砌成“台”，名曰“后稷教稼台”，简称“教稼台”，遂于每年春华秋实之后，带着丰收的谷物来到教稼台前，载歌载舞，答谢祭祀，并借机以物易物，成为中国最早市场的发端。后经历代传承，约定俗成，固定为每年农历十一月初七至十七日举行的集祭祀后稷、丰收庆典、农技交流、商品贸易、会亲访友、文化娱乐诸多元素于一体的综合性重大民俗活动，并有了一个家喻户晓、四方享誉、千古不变的名称——河滩古会。河滩古会亦为古代陆上丝绸之路的重要贸易节点之一。教稼台区四周设有围墙、门，建有古香古色、装饰富丽的仿古门楼，上悬全国政协原副主席屈武题书的“教稼圣地”门匾，入口处一对雄狮左右守护。通往台体的路面由石磨盘、小卵石和二十四节气文字标示石块铺设而成。后稷石刻雕像坐落于教稼台前，两侧为古农耕劳作雕塑群组，西北农业大学和陕西农业科学院等所立的诸块石碑依次排列。台体西洞门上方镶有国务院原副总理王任重题书的“教稼台”石匾，东洞门上方嵌有清代武功知事邓兆桐题书的“教稼名区”石匾。台体内外遍布古今名人学士的诗词题刻。

教稼台相传为后稷向人们宣讲稼穑百谷之道的场所。原为一矩形土心砖砌平台，下大上小，呈覆斗状，中有洞门，为来往车马行人必经之路。洞门东口上有宽约1米、长约2米的石刻，其文曰：“教稼名区”。上款为“道光五年正月重修”，下款“知武功县事邓兆桐立”，西口上为“教稼台”。此台代有修葺，清雍正元年（1723年）知县杭云龙、清道光五年（1825年）知县邓兆桐、民国二十五年（1936年）县长钱范宇曾三次重修。1970年，由于“文化大革命”中破坏，教稼台已荡然无存。1987年，耆宿发起倡议，士、农、工、商，尤其中央、省属杨凌农业科研单位踊跃筹资4万余元，于1988年秋施工，次年春主体落成。教稼台重立于旧址，形体依旧，仍呈覆斗形，高12米，周长24米，台周围确定了保护范围，占地面积2500余平方米。遂立标识，设门楣，建起砖围墙，1988年被列为县级文物保护单位。

太白祠 位于武功县武功镇凤岗之巅，建于汉永平八年（65年）。明洪武九年（1376年）春，都督耿忠“别自为太白祠”，并树碑立石。太白祠代有整修，随圮随葺，祭祀不辍，香火不绝。新中国成立后，先作公用场所，后被拆除。1991年民间自发捐资，于原址重建。

康海祠 位于武功县武功镇大十字东。明嘉靖十九年（1540年），对山殁时，明世宗专旨捐赐修建。今虽残破，迹犹存。

（二）释家类

法门寺 法门寺位于扶风县城北10千米的法门镇。始建于东汉末年，因瘗藏佛指舍利而驰名。据佛教内典记载，2000多年前，释迦牟尼圆寂后，印度阿育王为了弘扬佛法，送舍利至世界各地，凡得舍利处皆建塔供养，中国有十九处，法门寺为第五处。法门寺因塔而置寺，原名阿育王寺，隋改称“成实道场”，唐初改名法门寺。元魏和隋初都曾拓展寺院，唐高宗显庆年间，修成瑰琳宫24院，建筑宏伟壮观，襟带山川之秀气，宝塔高耸入云，与太白群峰对峙。宋代也曾经恢复到最大规模。原塔俗称“圣冢”，唐贞观年间改建为四级木塔，唐中宗景龙年间，旌表为“护国真身宝塔”。明代隆庆三年（1569年）木塔崩毁，万历七年（1579年）至万历三十七年（1609年）建成13级八面砖塔，高47米，建造精工，极为壮丽，清顺治十一年（1654年）因地震塔体倾斜裂缝。民国二十八年（1939

年）朱子桥将军曾捐资补修。1981 年 8 月 24 日，终因阴雨连绵而一半倒塌。史志记载：元魏二年（494 年）小冢宰拓跋育首次打开地宫礼佛。隋仁寿二年（602 年）右内史李敏二次打开地宫瞻拜舍利，唐高祖武德二年（619 年），秦王李世民领得胜之军驻扶风，为法门寺度僧 80 人。唐贞观五年（631 年），太宗拨银修寺，敕岐州刺史张德亮第三次开塔瞻拜舍利。从唐高宗显庆五年（660 年）盛仪迎请佛骨至洛阳供奉始，武则天长安四年（704 年）迎供于新建的明堂；肃宗迎至内道场；德宗邀入禁中；宪宗贬谏迎佛骨的韩愈于潮州，亲至安福门迎佛骨舍利入宫；懿宗咸通十四年（873 年）的迎奉仪式极为隆重，执幡幢仪仗约万人，瞻礼仕女、僧尼如潮如流，歌舞管弦，唱和梵诵之声沸天盈地。唐代诸帝笃信佛法，对佛指舍利多加殊礼，皇后、嫔妃以自己的青丝、衣物供奉。唐中宗携皇后、夫人、公主到法门寺，剪发放入塔下地宫供佛。在前后 380 年的 10 次礼佛活动中，不仅使法门寺成为皇家寺院，而且成了举国仰望的佛教圣地。

1985 年相继成立扶风县佛教协会及宝鸡市佛教协会，会址设在法门寺。1986 年底到 1987 年初政府决定重修宝塔，在清理塔基过程中，发现唐懿宗咸通十五年（874 年）封闭的塔下地宫，四枚佛指舍利及大量供养佛指舍利的珍贵宝物、法器均被发掘。其种类之繁、数量之多、质量之优、制作之精、等级之高、保存之完好，在国内都是罕见的。这批珍宝除四枚舍利外，均展于法门寺西边的法门寺博物馆内。

经过 20 年的建设，法门寺已初具规模，寺院有山门 5 间、铜佛殿 5 间（供释迦牟尼丈八镀金铜像）、仿明建筑的真身宝塔、双桶形宝塔地宫（供奉着四枚佛指舍利）、钟鼓楼、大雄宝殿 7 间（供着四面五方佛）。寺院东面有卧佛殿，殿内供奉释迦牟尼卧佛 1 尊。

报本寺、报本寺塔　位于今武功县武功镇武塔村，塔在寺内。据《长安志》记载，报本寺建于唐文宗大和元年（827 年），据塔下地宫所藏文物考证，报本寺塔建于宋仁宗宝元二年（1039 年）六月以前。报本寺是以唐高祖李渊故宅改建而来，由释家住持、掌管。寺内建浮屠（寺塔），因寺名“报本”，故取名“报本寺塔”。

报本寺塔为楼阁式砖塔，七级八面，面阔 4.7 米，基地面积 50 余平方米，高 39.66 米，第一层高十米余，往上各层的阔面与高度逐级递减。每层上檐呈叠梁式，柱额上置砖雕转角，衬间排列斗拱。每层设三门，圆形券式洞门，真假相间，变化有序，塔身中空，施旋木梯可登临远眺。塔势雄伟，高耸云空。每逢春季，总会飞来一群胡燕嬉戏于塔顶周围，视为奇观，人称“胡燕朝塔”。明嘉靖三十四年十二月十二日（1556 年 1 月 23 日），华县发生大地震波及本县，报本寺塔被震裂缝宽一尺有余、长数尺，后复原如初，人皆愕然，不知其由。1981 年被列为省级重点文物保护单位。

20 世纪 80 年代初，报本寺塔稍有倾斜，后因连年阴雨，塔顶偏离塔心 2.78 米。1987 年 5 月 24 日，在清理塔基时，发现塔下有地宫。地宫全用砖砌，直壁穹窿顶，平面呈长方形，距地面 6.8 米。地宫内共出土文物 100 余件，主要有石雕彩绘须弥莲花座、金棺、银椁、盝顶银函、金双鸾五瓣银碗、汉白玉彩绘石椁、豹斑玉筒、白瓷净水瓶、葫芦形琉璃瓶、竹节瓷瓶、八棱形瓶、舍利子（41 枚共重 26.7 克）、银方盒（重 394.5 克）、一对银镯

（64克）、六块水晶石、十一面铜镜和数十枚铜钱等。地宫出土文物包括金、银、玉、铜、石、丝绸六大类，其中金棺、银椁、豹斑玉筒、舍利子等在国内出土文物中比较罕见。地宫文物出土，轰动国内外。国家文物局原局长吕济民、文化部部长助理高运甲、陕西省省长侯宗宾、省委副书记牟玲生等，专程来武功视察，并作指示，国家和省、市拨专款依照原样重修。

武陵寺塔 位于永寿县城西北永平乡（旧县城）的武陵山上武陵寺遗址内，俗称"永寿塔"，为八棱形七层仿木楼阁式结构，塔刹无存，通高27.7米。塔门西开，第三层与第七层的正南、北、东、西四面各有一券门洞，第五层则在东南、西南、东北、西北四周各辟一券门洞。塔檐下用砖砌出平枋，每角有一五铺作出双杪斗拱一朵，补间斗拱亦为一斗三出双杪。塔檐以上用相同的做法做出平座栏杆。第三、五、七层每面为三开间，正中辟一券门洞或者为带乳钉的假门，两侧则用砖做出竖条格假窗。平座栏杆的栏板上有精美的砖浮雕二龙戏珠、飞凤、流云火焰等图案。塔身向东北方向倾斜，偏离塔身垂直中心线约80厘米。1985年成立了武陵寺塔文管所进行保护。武陵寺塔公布为第二批省级重点文物保护单位时定为唐代，1984年7月维修时，在塔顶北券门洞西侧砖上发现用墨笔书写"大观元年五月"题记和"熙宁重宝"铜钱文物，证明塔为北宋"大观元年五月"（1107年）所建。1982年11月至1985年，陕西省文物局拨出9万元的专款，对塔身底部、塔檐、楼梯进行了维修加固。

（三）道家类

金大定铁钟 永寿县甘井乡云寂寺（俗称杜家础寺）铁钟，铸于金大定十九年（1179年），现存云寂寺遗址内。铁钟通高2.5米，口径1.8米，重6吨。外壁上端铸有当时县内一些村镇名，下端饰以兽面纹和草叶纹，下沿花瓣形。钟铭记述了铸钟意愿，当时县令、主簿、校尉、寺院主持以及捐铸者姓名、村镇名。记述了当时该寺名称——崇教院，县的名称——永寿郎县，铸钟人籍贯、姓名——乾州礼泉县华伦、华阁、华斌、王宝僧、张辛等。

太平寺塔 位于岐山县县城西端原太平寺旧址内，今岐山县城关中学院内，宋代元祐三年（1088年）修建，为八角九层仿木楼阁结构，通高28米。塔门向南，塔身一至七层塔檐均为五铺作出两跳斗拱，八层塔檐均为单跳斗拱，九层塔檐则用砖叠涩出檐。塔身的二、三、四、五、六、七层各层每面均用砖砌出隐柱，柱头有平枋，把每面分为三开间。在二、四层的正东、西面正中间辟有券门洞，门洞两侧间各用砖做出横格方形假窗；北面则做假门与假窗。在三、五、六层正东、西面的正中间则为竖形假门，两侧各间为横格假窗；在第三、第五层的正南、北面的正中间辟有券门洞各一。太平寺塔二层塔檐上的平座栏杆用三层莲瓣作装饰，三、四、五、六层的平栏杆则无任何装饰。2015年，陕西省文物局拨专款7.5万元，对太平寺塔塔座体、檐、顶进行加固维修，增设了青石栏杆。

武功关帝庙 关帝庙位于武功镇南关，杨（凌）临（平）二级旅游公路西北，面东朝阳，背附张载讲学处小华山（绿野书院旧址）。总占地面积6700平方米，关帝庙也称"老爷庙”，始建于宋代，现存的是一组明清建筑群体。十三间山门殿为仿清硬山式建筑，正中三间稍高、略宽，前后摆阔，两侧分布均匀。正殿面宽 13 米，分成三间，进深 9 米，整体为单檐歇山顶，四角翘起如大鹏展翅，浑然天成，外檐施斗拱，五彩重昂，大斗欹上有形态各异的龙头，中间为九龙科，各昂头上还雕刻有狮子、虎豹、大象等，整个屋面通覆琉璃筒瓦，勾头、滴水、兽头、小五兽等均为琉璃构件，主色调为深绿色。寝殿宽 18 米，分为五间，进深 10 米，为硬山式屋顶。五路财神各执法器，端坐其中，审视着人间百态，武功关帝庙不失为一组集宗教、文化、建筑艺术于一身的民族宝贵遗产。

龙王庙　位于武功县武功镇东约 500 米漆水东岸边。清同治十二年（1873 年），知县陈尔茀在武功镇东郭漆水东岸创建漆水“龙神祠”，有正殿三间，门房三间，南北廊房各一间。光绪十四年（1888 年），知县、秦州进士张世英合邑中故有魁星、忠孝、节义、苏武、张载、康海与龙神为一祠而祭之。其后，刘理江（吉林梨树县人）弃官云游，皈依玄门，先在漳水牛家河段扶人过河，后移武功镇东龙王庙旁漆水边助人，时称“人舟”，与后来的杨理灵、董理清增修龙王庙灵官殿、山门、楹廊等。新中国成立后，龙王庙建筑悉数被毁，唯余土窑洞两孔。20 世纪 80 年代初，前掌庙者索回地亩，稍加修缮。1986 年前住持牛成麟等力图恢复，经县政府批准，化缘四方，又得邑人相助，重砌刘（理江）仙洞、六角亭、灵宫殿二间重檐，前殿三间二层，后殿三间一层重檐，南侧配殿五间，北侧三间，砖砌“汤会”窑洞 10 孔。凡殿皆为阁楼式，砖木结构，占地三亩余。1988 年，武功县道教协会设于庙中。

五、博物馆、展览馆、纪念馆、纪念地

乾陵博物馆　乾陵位于西安西 85 千米的乾县梁山上，是唐高宗李治与女皇帝武则天的合葬墓，以山为陵，海拔 1049 米，呈圆锥形，规模宏大，气势雄伟，是唐陵中具有代表性的一座，陵园面积 240 万平方米，当年建有宫殿楼阁 378 间，历经战乱被毁，仅存石刻碑碣，气势犹存，现计有六梭柱华表一对，翼马和鸵鸟各一对，石马五对，将军石人十对，“无字碑”和《述圣记碑》各一通，并有当时曾参加高宗葬礼的国内少数民族首领和外国使者石刻像六十一尊（头像已毁）和石狮等，石刻艺术精湛，有很高的历史价值，乾陵周围还有十七座陪葬墓，已发掘的有永泰公主墓、章怀太子墓、懿德太子墓，出土文物极多，壁画艺术高超，建有博物馆，乾陵被定为全国重点文物保护单位。

据史书记载，陵墓原有内外两重城墙，四个城门，还有献殿、阙楼等许多宏伟的建筑物。勘探表明：内城总面积 240 万平方米。城墙四面，南有朱雀门，北有玄武门，东有青龙门，西有白虎门。从乾陵头道门踏上石阶路，计 537 级台阶，其台阶高差为 81.68 米。走完台阶即一条平坦宽阔的道路直到“唐高宗陵墓”碑，这条道路便是“司马道”。两旁现有华表 1 对，翼马、鸵鸟各 1 对，石马 5 对，翁仲 10 对，石碑 2 道。东为“无字碑”，西为《述圣记碑》。有王宾像 61 尊，石狮 1 对，周围还有 17 座陪葬墓。“唐高宗乾陵”碑高 2 米，是陕西巡抚毕沅为唐高宗所立，原碑已毁，现在这块碑是清乾隆年间重建的。此碑右侧另一块墓碑，是郭沫若题写的“唐高宗李治与则天皇帝之墓”12 个大字。

在中国历史上，陵前石刻的数目、种类和安放位置是从乾陵开始才有了固定制度的，一直沿袭到清代，历代大同小异。乾陵陪葬墓共计 17 座。计有太子墓 2 座（章怀太子李贤、懿德太子李重润），王墓 3 座（泽王李上金、许王李素节、彬王李守礼），公主墓 4 座（义阳公主、新都公主、安兴公主、永泰公主），大臣墓 8 座（王及善、薛元超、杨再思、刘审礼、豆卢钦望、刘仁轨、李谨行、高侃）。1960—1971 年先后发掘了永泰公主、章怀太子、懿德太子、中书令薛元超、燕国公李谨行等 5 座陪葬墓，出土珍贵文物 4300 多件。其中有 100 多幅绚烂多彩的墓室壁画，堪称中国古代瑰丽奇绝的艺术画廊，《马球图》《客使图》《观鸟捕蝉图》《出猎图》《仪仗图》等壁画，不仅对研究唐代绘画，而且对研究唐代建筑、服饰、风俗习惯、体育活动、宫廷生活、外事往来等具有重要价值。

杨凌昆虫博物馆　昆虫博物馆位于西北农林科技大学内，始建于 1987 年，新馆于 1999 年 8 月竣工，是中国唯一的昆虫专业博物馆。博物馆分为展览、收藏、科学研究三大部分。展出面积达 4500 平方米。收藏国内外各类昆虫标本 100 万号，是亚洲展览面积最大、展出昆虫种类最多、展览档次最高，融知识性、趣味性为一体的昆虫科普基地，同时也是重要的爱国主义教育基地。1999 年被共青团中央和全国青联命名为“中国青年科技创新行动教育基地”，2000 年被命名为“陕西省科普教育基地”和“陕西省青少年教育基地”。馆内还收藏昆虫学专业书刊 3 万余册，为昆虫学的科学研究提供了宝贵的资料。

杨凌智慧农业示范园　杨凌示范区投资 4.6 亿元，高标准规划建设占地 720 亩的杨凌智慧农业示范园，倾力打造上合组织农业技术实训基地。目前，已形成了阳光智慧服务中心、智慧农业展示区、高效农业产业化区、智能冷链物流区等“一心五区”的发展格局，形成了“12345”技术体系，即 12 种设施农业温室技术，3 大栽培管理技术，4 大服务功能，5 大环境控制技术系统，集成 1100 多种新品种、新装备、新技术，对上合组织不同国家、不同地区发展设施农业，均可起到示范培训带动作用。

杨凌克隆动物基地　科元生物园暨中国克隆动物基地位于中国唯一的国家级农业高新技术产业示范区杨凌。有关专家称，这一基地建成并投入运营，将会使中国的生物高科技产业化水平进入世界先进行列。

这一基地占地 600 亩，是以克隆为主题，集现代生物技术的研究开发、推广应用和产业示范于一体的高科技园区，它将充分展示胚胎工程、基因工程和生物医学的最新技术成果和产品。园区包括研究开发、成果展示、良种繁育和延伸加工四大功能区，充分利用克隆技术培育养殖牛、良种羊，并进行深加工。

杨凌国际节水科技博览园　杨凌国际节水科技博览园是国家节水灌溉杨凌工程技术研究中心建立的节水灌溉技术与设备展示基地，现已建成并对外开放。博览园占地 258 亩，荟萃了国内 90%、国外 60% 以上的各种先进的节水灌溉产品。杨凌国际节水科技博览园是一个集技术展示、技术传播、科普教育、科技旅游和试验研究多种功能于一体的科技园。

杨凌人工降雨大厅　杨凌人工降雨大厅能模拟自然界各种降雨模式，因为惟妙惟肖，常常带给参观者意外和惊喜。从 1989 年开始建设的这一人工降雨大厅，为世界上第二大室内人工模拟降雨大厅，有效降雨面积为 1350 平方米。这一大厅是研究黄土高原土壤侵蚀与旱地农业的国家重点实验室。从 1993 年该实验室开放以来，已有 57 名博士研究生、84 名硕士研究生在这里培养成才，他们将野外试验和室内试验结合起来，不用再像前辈那样，受野外自然条件的限制。此外，“降雨大厅”也为其他省市科研人员的试验提供方便。对于黄土高原土壤侵蚀，究竟是沟侵蚀坡，还是坡侵蚀沟，学术界一直有争论。一位硕士研究生在实验室模型的“沟”和“坡”分别放置不同元素，“降雨”之后，通过观察不同元素流向（这在野外很难做到）得出结论：沟在不同发育阶段和坡侵蚀关系发生变化，刚发育时，沟侵蚀坡，发育完全时，坡又侵蚀沟，因此在沟不同发育地段，决定了是先治坡还是先治沟，这位学术界的“初生牛犊”，正是在这间实验室里，向国内许多权威发起挑战。国内水土流失最为严重的地区为山西、内蒙古、陕西，占到全国水土流失面积的一半以上。如何控制水土流失和农业节水对陕西省及西北地区都有重大的现实意义。实验室的院士朱显谟根据多年科学实验，积累总结提出了黄土高原国土整治“28 字方略”，对草、灌、林、果、粮等提出科学的空间配置，在黄土高原生态环境建设的实践中被广泛应用，得到国家领导人的充分肯定。实验室已成为具有国际知名度的土壤侵蚀与旱地农业研究基地。建成后 10 年间，国内外学者来实验室进行学术交流以及中央及省部委领导视察达 1000 多人（次）。

杨凌水上运动中心　杨凌水上运动中心位于杨凌农业高新技术产业示范区南端。中心占地 1552 亩，水域占地 700 亩，陆上建筑及开发山地 852 亩，其水源采用了全国首创的地下水自然补给，所以水质清澈无污染，是人们休闲、娱乐的良好场所。

水上运动中心设计建设完全按照国际泳联要求，是世界一流的水上运动比赛场馆之一。为适应广大群众体育休闲和健身消费的需要，相继开发了水上快艇、水上自行车、划船、情侣自行车、火箭蹦极、矿山车、越野卡丁车、水上飞机等项目。中心还为孩子们修建了儿童游乐场。目前正在积极筹建高空蹦极、滑索、攀岩、空中飞人等极限项目及一个大型滑草场。杨凌水上运动中心内设 98 个床位的宾馆、可容纳 200 人的自助餐厅及 100 人的小餐厅。

第二节　古陵墓

漆水河流域位于渭河中游地区，是黄帝部落的成长地，周、秦两个封建王朝的建都之地。这里土地肥沃，物产富饶，气候温和，自然条件良好，自古以来就有先民在此生息、繁衍，各个历史时期的文化遗存众多。

漆水河流域已发现的古代墓葬有 100 多座。最早属位于岐山县的西周太王墓、位于麟游县两亭镇的周天子墓。之后，历代几十座墓葬分布于漆水河干流及支流两侧，形成了一座天然的历史博物馆。目前有史料记载的就有 49 座。列表记述如下（见表 6–1–1）。

表 6-1-1　漆水河流域古代陵墓一览

区域	序号	名称	年代	位置	遗迹遗存
麟游县	1	周天子墓	周代	麟游县两亭镇河滩村高丰寺，东至鲁家岭，西达高峰寺，南临公路，北到沟边	封土堆高 20 米，周长 272 米，呈馒头形，周围残砖破瓦多，夹有绳纹黑陶片
	2	甄仪墓	明代	麟游县西五里之凤鸣山（今称凤凰山）	墓前有石雕：武士牵石马像两个，相对立，石羊像两个，相向卧，均坏损无头。镇墓石兽一个。墓碑只有碑头（现存博物馆）。墓冢发现掘墓盗洞痕迹一处
	3	虎臣墓	明代	麟游县西八马坊（今北马坊）	墓前有大型石雕群。拴马石桩两根，高 3.5 米，分竖墓道两侧。武士牵马石俑两个，相向立。石牛、石羊像三对，相向卧。镇墓石兽一对，相向立。碑座一块
	4	田济墓	明代	麟游县旧城杜水南岸高石崖附近	济子南京大理院评事田孔昭墓附之
	5	何升墓	明代	旧县城南墙古门洞外	墓冢已湮没，现仅有石柱一根，石碑一块，埋于土中
永寿县	1	娄敬墓	汉代	永寿县店头明月山	墓前原有汉建信侯庙，已废，仅存遗址，现存有：元延祐六年（1319 年）、明正德五年（1510 年）、万历二年（1574 年）、万历四十七年（1619 年）碑记及清康熙、乾隆、道光时碑石十余通。1981 年 10 月，娄敬墓竖立了保护标志。1989 年，建成新庙
	2	汉墓群	汉代	永寿县上邑乡的南、北、东顺什村周围，有墓四十余座	现存墓冢，由北向南顺序编号为 1 号墓冢：汉郭氏墓冢位于甘井乡下郭家村北，封土堆呈圆锥形，高 2 米，基底约 5 米，已裸露。1986 年 7 月，划定保护范围，竖立保护标志
	3	佛顶尊胜陀罗经幢	唐代	原置于店头镇好畤河崇恩寺内，1964 年移至县文化馆院内，并建亭保护	经幢为八棱柱形，顶、身、座分别由五块完整的青石雕琢而成，顶下部两节已失阙。八角顶，下为三组飞天浮雕围绕，高 1.66 米，直径 0.52 米。每面宽 0.21 米，楷书八行，行六十四至八十字，局部漫漶，缺九百余字，座为反莲座，高 0.22 米，直径 0.82 米，唐穆宗长庆四年（824 年）刻石。1986 年 7 月，竖立保护标志

续表 6–1–1

区域	序号	名称	年代	位置	遗迹遗存
永寿县	4	长孙无忌墓	唐代	寿县渠子乡永寿坊村	墓地原建有长孙无忌庙及其配套建筑、石碑等，占地近百亩。现存墓封土高 1 米，基底 6 米，圆锥形，占地 1600 平方米
	5	安金藏墓	唐代	永寿县安家宫村	封土为圆锥形，南北长 11 米，东西宽 10 米，高 2.5 米。1986 年 7 月，被划定为县级重点文物保护单位，同时划定了保护范围，竖立了保护标志
	6	陆贾墓	清代	今永寿县城西南 14.4 千米处的关牛山桃树坡下	墓基封土呈圆锥形，南北长 4.5 米，东西宽 4 米，高 5 米。墓前立有清乾隆丙申年（1776 年）陕西巡抚毕沅书石碑一通，上书：“汉太中大夫陆公贾墓”
	7	七尉坟		永寿县于渡马乡翟家山顶	原有土冢七，其中：冢因农田基建毁，遗迹存。1986 年 7 月，划定了保护范围，竖立了保护标志
乾县	1	共工墓		《乾县新志》记：“在北乡辛宜里”（今阳峪乡祝家堡一带）	遗址待考
	2	商丁侯墓	商代	商周时代，墓而不坟，大冢之说可疑	今物不存，遗址待考
	3	汉大夫陆贾墓	汉代	明《一统志》载：“在乾州东北十八里”，即今阳洪乡底陆陌村西之墓	其墓址待考
	4	隋恭帝杨侑墓	隋代	乾县阳洪乡乳台村南 500 米处	墓冢呈覆斗形，底边长 82 米，上部残边长 28 米，高 15.8 米，当地群众称方陵。封土堆周围偶见唐代瓦片。封土为平夯而成，夯层厚 18 ～ 20 厘米
	5	乾陵	唐代	乾县城北 6 千米的梁山上	陵园原有内、外两重城墙，内城周长 6 千米，四面各有一门。现在，地面建筑已荡然无存，仅留大型石刻，大多集中在朱雀门外的司马道两侧。从司马道起点向北，有华表、翼马、鸵鸟各一对，石马及牵马人各五对，石翁仲十对，朱雀门外东有“无字碑”，西有“述圣记碑”。石碑北边有石狮一对，以及清代乾隆年间陕西巡抚毕沅立的“唐高宗乾陵”碑和郭沫若题写的“唐高宗李治与则天皇帝之墓”碑

续表 6-1-1

区域	序号	名称	年代	位置	遗迹遗存
乾县	6	靖陵	唐代	乾县铁佛乡南陵村东约 500 米处，西南距县城 5.5 千米	陵呈覆斗形，底部边长 41 米，高 7 米，夯土而筑，处丘陵台地上，地势比较平坦。靖陵内城遗址范围，东西 450 米，南北 471.8 米。北面正中有覆斗形封土堆，西北、东北、西南、东南各建角楼一座，封土堆前有清毕沅树靖陵碑一通。原有四门，今仅存青龙门与南、北两阙楼遗址
武功县	1	苏武墓	汉代	武功县旧县城北 1.5 千米的武功镇龙门村	苏武墓为一圆锥形夯土堆，高约 4 米，南北约 30 米，东西 20 米。墓前有清康熙、乾隆和道光时的“汉典属国碑”“重修苏武墓门碑”等。代有封修，题书、碑、碣殊多。清乾隆巡抚毕沅题碑，同治年间（1862—1874 年）知县陈尔茀等题碣。20 世纪 40 年代末尚有围墙、院落、门楣，后被毁，仅存墓冢，高约 1.5 米。1979 年被公布为省级重点文物保护单位，遂立标识，确定保护范围，划定墓面积 330 平方米，设门楣建围墙
	2	苏建墓	汉代	公墓在陕西西安府乾州武功县	墓址今无存
	3	苏蕙（若兰）墓	前秦		墓址史志失记
	4	苏绰墓	西魏	《北史》《周书》均称卒后“还葬武功”	墓址无觅
	5	司马裔墓	北周	墓在（武功）“县西南三畤原上”	今墓址无存
	6	苏瑰墓	唐代	墓址在薄村，神道碑在武功县武功镇新寨村	今碑存县文管会
	7	靳孝谟墓	唐代	武功县北韩村东北、靳家塬村西南	孝谟墓，有乾隆四十八年（1783 年）神道碑在此，清末民初墓、碑尚在
	8	安禄山墓	唐代	武功县贞元乡北可村东南约 450 米处	墓为圆锥形土堆，1956 年文物普查时，墓高 4 米，直径十余米。据传说为安禄山墓，真假无考。传云有墓碑，1958 年修渭高干斗渠被用作便桥，20 世纪 70 年代平整土地时墓被毁

续表 6-1-1

区域	序号	名称	年代	位置	遗迹遗存
武功县	9	游师雄墓	北宋	武功县武功镇华家堡	封土、墓碑、华表及其石刻几近，唯余石羊、石供桌等少许之物
	10	马京墓	明代	武功县武功镇张窑堡村西	封土犹存，石刻几近。清乾隆五十三年（1788 年）族人所立，墓碑移于村口
	11	康海墓	明代	武功县武功镇浒西庄村南，漆、两水交汇夹角崖头上	土墓冢尚存。墓志散于牛家河村，神道碑毁于“文化大革命”中
	12	马鸣世墓	明代	武功旧志记“在川口”，墓今无存	墓志在武功县文化馆院内
	13	孙景烈墓	清代	武功县戴家乡南留村	20 世纪 70 年代农田基建中被平毁
	14	姜嫄墓	清代	武功县武功镇华山村西坡上	迄民国，墓地 40 亩，有围墙墓区、牌坊门楣。1958 年占地 20 亩，冢高 4 米余。尔后占地仅数亩，墓区围墙毁圮无存，题碑匾额残破不堪。1981 年被列为省级重点文物保护单位后，建起牌坊门楣，划定了保护范围，竖立保护标志，镶嵌吴氏“姜嫄圣母墓”题匾
岐山县	1	西周太王墓	西周	祝家庄乡岐阳村北	墓丘高 3.5 米，围大 30 米，上植杨树 20 棵。1972 年公布为县级重点文物保护单位，墓前竖立标志碑
凤翔区	1	西周墓	西周	南指挥乡西村第六队 300 米处有西周墓葬区。其北距县城 6 千米，属于五畤原范围内	墓葬区东西长 129 米，南北宽 127 米，面积 16383 平方米。墓坑构造：210 座墓葬，全为竖穴式长方形土坑结构。墓坑大小都以墓底计算，中型最大者以 79M42 为例，深 4.8 米、长 3.2 米、宽 2.32 米。小型墓以 79M72 为例，深 1.9 米，长 1.5 米、宽 0.7 米。墓底中央安放棺椁，棺椁周围填土，形成熟土二层台，台高 0.5 米左右
	2	春秋、战国墓	春秋战国	南指挥乡八旗屯、高庄、西村发掘小型秦墓 180 多座，车马坑 10 座	春秋时的墓葬为竖穴土圹。战国中期出现洞室墓，晚期以洞室墓为主，葬式有直肢、屈肢两种。除 33 座葬式不明者外，屈肢葬者 36 座，直肢者 17 座。一般一棺一椁，在内外椁之间或一棺一椁之间置随葬品。礼器及生活用具竖穴墓多在头箱，洞室墓多置天井或壁龛中，少数置边箱中，兵器置边箱和尸体两侧，金玉之属置棺内；羊犬牺牲则置椁上或二层台上

续表 6–1–1

区域	序号	名称	年代	位置	遗迹遗存
凤翔区	3	秦公陵园	春秋战国	南指挥乡南指挥村	陵园区东西长 7 千米，南北宽 3 千米，总面积 21 平方千米。陵区内四周环绕 35 千米长的护陵壕沟；陵区内有大小、形制不等的 13 座陵园，都有或单或双的护陵壕沟。全陵区 18 座“中”字形秦公大墓，3 座身份不明的“甲”字形和一些中、小墓葬，面东背西。陵园每个墓葬按大小依次向左下方排列。为大墓修建的 21 个车马坑，最大的长 111.6 米、宽 25.4 米
	4	秦穆公墓	春秋时期	凤翔县城内东南隅	有高五六米的坟丘。汉晋之后，历代相陈，每在此建石立碑，栽松植柏，岁时祭祀，逐步形成一座完整的陵园。清至民国时期，其墓占地 10 市亩，民国末，陵园被附近农户耕种
	5	三良冢	春秋时期	秦穆公墓之南约 1 千米，今城外东南翟家寺村东	三良冢原是三座高大的坟丘，周围有苍松翠柏和历代碑石，现三冢夷平，唯有清代毕沅书“秦三良冢”碑尚存
	6	隋、唐墓群	隋唐	雍城遗址	两处 6000 多平方米的隋唐墓地。共清理墓葬 314 座，其中隋墓 9 座，唐墓 305 座，共殉葬人 121 人，最多的一座殉葬 12 人
	7	袁应泰墓	明代	以衣冠葬于城西 2 里许	后裔保存明天启四年（1624 年）的圣旨，现藏于县博物馆
扶风县	1	师旷墓	周代	法门镇马家村南沟边	1967 年墓冢被平，现无痕迹
	2	南宫适墓	周代	县城东北方向 4 千米处的南宫庄东北隅	墓冢为馒头状夯土堆，破坏严重，东边挖成长 40 米、宽 30 米、深 1 米的土壕，西北和东南方分别被挖掉 4 ～ 8 米，土冢底部南北现长 27.5 米，东西宽 25.2 米，高 6.5 米。冢前无陈列物
	3	马援墓	东汉	县城西南约 3.5 千米处东、西伏波村之间	墓冢呈覆斗形，南北长 28.5 米，东西宽 25 米，周长 107 米，高 6 米。在冢北约 1 千米处的西宝公路南侧立有清康熙四十三年（1704 年）制“汉伏波将军马援墓”碑一通，圆额龟座，额高 70 厘米，身高 195 厘米，宽 74 厘米，厚 23 厘米。墓前两碑：一是乾隆二十九年（1764 年）马氏裔制“始祖伏波将军马公讳援墓”碑，身高 170 厘米，宽 75 厘米，厚 22 厘米。碑头被毁。二是乾隆丙申（1776 年）陕西巡抚毕沅书“汉伏波将军马公墓”碑，高 176 厘米，宽 79 厘米，厚 24 厘米。碑座长方形，已埋入地下，大小不明

续表 6–1–1

区域	序号	名称	年代	位置	遗迹遗存
扶风县	4	班固墓	东汉	县东 10 千米处的浪店东坡上西宝公路南侧	墓地半亩，栽种杨树以护墓冢。墓冢呈圆形馒头状，直径 6 米，高 3 米
	5	窦滔墓	前秦	城关镇王家坡西北畤沟河东岸台地上	呈馒头状，直径约 10 米，高约 5 米，由于平整土地，将墓冢埋入土中，仅露出 1.5 米高的墓顶。墓前有清陕西巡抚毕沅书“前秦安南将军窦滔墓”碑一通，高 180 厘米，宽 79 厘米，厚 25 厘米，半截碑埋入土中
	6	杨珣墓	唐代	一说在黄堆乡东韩坡。1984年周原考古队曾对其钻探，未发现墓道和墓室，仅为一夯土台。另一说在建和乡石碑村到永安村南的高岭上，即所谓“安平山”上	现墓冢无存，仅留两碑
	7	王纶墓	明代	县北庵村西北隅 150 米处	1973 年平整土地时发现墓志一盒，1979 年 7 月县博物馆清理。墓由墓道、墓室两部分组成，墓室内有三口棺材，是王纶和原配夫人党氏、继配夫人魏氏的合葬墓
	8	胡昱墓		杏林镇侯家堡村北 150 米处	墓冢已平，仅存石碑两通
杨凌示范区	1	隋文帝泰陵	隋代	县东南五泉乡王上和揉谷乡陵湾陵角村交界处，距县城 22.5 千米	陵冢高 27.4 米，呈覆斗形，夯筑而成。冢顶部平坦，呈长方形，东西长 48 米，南北宽 38 米，面积 1824 平方米；底部四周各被挖掉 3 ~ 5 米，现残存东西长 166 米，南北宽 160 米，面积 26560 平方米。陵园城垣已基本毁坏，地面看不到多少，唯北墙尚存残墙，长 130 余米，最高处 1.2 米，宽 5.5 米，夯层清晰。经初步钻探，陵垣东西长 756 米，南北宽 652 米，面积 492912 平方米。四周垣墙中部和城垣四角有大量砖瓦残片，说明原城垣四面有门庭和四角阙楼建筑

第三节 文 物

漆水河流域位于陕西关中盆地腹地。这里土地肥沃，物产富饶，气候温和，自然条件良好，自古以来就有先民在此生产、生活，这些都打上了时代的烙印，具有历史、艺术、科学价值。这些文物包括陶器、石器、骨器、角器、青铜器、金银器、玉器、铁器、瓷器、青铜器等多种形制的器物。

西周时期，漆水河流域属西周王朝的京畿地区，是全国政治、经济、文化的中心，周室统治者引进大批商代先进的手工业工匠及先进工艺，大大促进了西周青铜器文化的发展，并使之迅速达到空前水平。西周器物种类基本上沿袭商代，常见的主要是鼎、簋、壶、盘、鬲、觚、爵、角、卣、尊、盉、方彝、觥、罍、俎、禁等，西周中期又出现了编钟等乐器和盆、盂等新的器类。此外还有大量车马器、兵器及生产工具。早期的纹饰以饕餮纹为主，其次为夔龙纹、云雷纹、凤鸟纹等。西周青铜器自汉代出土以来，两千年间不断有所发现，特别是周人的发祥地周原城及都城丰镐常有成批的青铜礼器、生产工具、兵器等重见天日。周原因此而被誉为“青铜器的故乡”。春秋战国和秦汉时期，青铜器逐渐被铁器所代替，青铜工艺还出现了许多新的种类和形式。漆水河流域可以说是陕西乃至全中国青铜器的“富矿区”。列表记述如下（见表 6–1–2）。

表 6–1–2 漆水河流域出土主要青铜器一览

名称	年代	出土时间和地点	保存地点
饕餮纹爵	二里岗时期	1972 年岐山京当村	现藏陕西历史博物馆
联珠云纹鬲	二里岗时期	1972 年岐山京当村出土	现藏陕西历史博物馆
联珠云纹鬲	二里岗时期	1973 年扶风法门镇商代晚期墓出土	现藏陕西历史博物馆
饕餮纹高足杯	商代中晚期	1973 年扶风法门镇商代晚期墓出土	现藏陕西历史博物馆
蝉纹鼎（甲）	西周早期	1970 年乾县临平镇出土	现藏陕西历史博物馆
凤柱斝	商代晚期	1973 年岐山贺家村一号墓出土	现藏陕西历史博物馆
卣	商代晚期	1973 年岐山贺家村一号西周墓出土	现藏陕西历史博物馆
夔纹銎内戈	商代晚期	1973 年岐山贺家村一号墓出土	现藏陕西历史博物馆

续表 6-1-2

名称	年代	出土时间和地点	保存地点
嵌玉夔纹戈	商代晚期	1973 年岐山贺家村一号墓出土	现藏陕西历史博物馆
透雕羽纹戈	商代晚期	1973 年岐山贺家村一号墓出土	现藏陕西历史博物馆
弓柲	商代晚期	1973 年岐山贺家村一号墓出土	现藏陕西历史博物馆
人面盾饰	商代晚期	1973 年岐山贺家村一号墓出土	现藏陕西历史博物馆
兽面盾饰	商代晚期	1973 年岐山贺家村一号墓出土	现藏陕西历史博物馆
銎内斧	商	1977 年岐山王家嘴出土	现藏岐山县博物馆
蚱蜢纹戚	商代晚期	1974 年扶风吕宅村商代晚期墓出土	现藏扶风县博物馆
饕餮纹甗	西周早期	1976 年岐山贺家村西周墓出土	现藏陕西历史博物馆
商卣	西周早期	1976 年 12 月扶风庄白村一号西周铜器窖藏出土	现藏周原博物馆
饕餮纹勺（瓚）	西周早期	1976 年扶风庄白村一号西周铜器窖藏出土	现藏周原博物馆
蕉叶纹觚	西周早期	1976 年 12 月扶风庄白村一号西周铜器窖藏出土	现藏周原博物馆
旅父乙觚	西周早期	1976 年 12 月扶风庄白村一号西周铜器窖藏出土	现藏周原博物馆
史簋	西周康王时期	1966 年岐山贺家村西壕西周墓出土	现藏陕西历史博物馆
夔纹罍	西周早期	1966 年 12 月岐山贺家村西壕西周墓出土	现藏陕西历史博物馆
调色器期	西周早期	1966 年 12 月岐山贺家村西壕西周墓出土	现藏陕西历史博物馆
王方鼎	西周早期	1949 年后岐山礼村出土	现藏陕西历史博物馆
外叔鼎	西周早期	1952 年岐山县青化镇丁童家（村）南土壕出土	现藏陕西历史博物馆
尹丞鼎	西周早期	1966 年岐山贺家村西壕周墓出土	现藏陕西历史博物馆

续表 6-1-2

名称	年代	出土时间和地点	保存地点
人面盾饰	西周早期	1976 年岐山贺家四号西周墓出土	现藏陕西历史博物馆
勾戟	西周早期	1953 年岐山王家嘴出土	现藏周原博物馆
云雷纹巨型立龙	西周早期	1992 年 9 月 30 日扶风巨良海家村东南土壕出土	现藏扶风县博物馆
折斝	西周昭王时期	1976 年扶风庄白村一号青铜器窖藏出土	现藏周原博物馆
折方彝	西周昭王时期	1976 年扶风庄白村一号青铜器窖藏出土	现藏周原博物馆
折觥	西周昭王时期	1976 年扶风庄白村一号青铜器窖藏出土	现藏周原博物馆
伯雍父盘	西周穆王时期	1975 年 3 月扶风县庄白村西南西周墓出土	现藏扶风县博物馆
方鼎（甲）	西周穆王时期	1975 年扶风庄白村西南西周墓出土	现藏扶风县博物馆
簋	西周穆王时期	1975 年 3 月扶风庄白村西周墓出土	现藏扶风县博物馆
伯簋	西周穆王时期	1975 年扶风庄白村西周墓出土	现藏陕西历史博物馆
伯饮壶（甲）	西周穆王时期	1975 年 3 月扶风庄白村西南西周墓出土	现藏扶风县博物馆
如意云纹壶	西周中期	1975 年扶风庄白村西南西周墓出土	现藏扶风县博物馆
丰卣	西周穆王时期	1976 年 12 月扶风庄白村一号青铜器窖藏出土	现藏周原博物馆
丰尊	西周穆王时期	1976 年 12 月扶风庄白村一号青铜器窖藏出土	现藏周原博物馆
父辛爵	西周中期	1976 年 12 月扶风庄白村一号铜器窖藏出土	现藏周原博物馆
错红铜大削	西周中期	1979 年法门镇马家村采集	现藏扶风县博物馆
青铜铲	西周中期	1970 年扶风天度拖拉机站出土	现藏扶风县博物馆
青铜我	西周中期	1975 年扶风庄白村出土	现藏扶风县博物馆
五角状殳	西周中期	1975 年扶风庄白村西周墓出土	现藏扶风县博物馆

续表 6-1-2

名称	年代	出土时间和地点	保存地点
对罍	西周中期	1973 年 3 月凤翔田家庄乡劝读村南 200 米西周遗址出土	现藏凤翔区博物馆
卫盉	西周恭王时期	1975 年 2 月岐山董家村一号西周青铜器窖藏出土	现藏岐山县博物馆
五年卫鼎	西周恭王时期	1975 年 2 月岐山董家村一号青铜器窖藏出土	现藏岐山县博物馆
逆钟（共四件）	西周晚期	1960 年永寿店头乡好畤河出土	现藏陕西历史博物馆
驹父盨	盖西周宣王时期	1974 年武功县苏坊乡金龙村西周遗址出土	现藏陕西历史博物馆
蟠虺纹甗	战国	1977 年 9 月凤翔翟家寺村出土	现藏凤翔区博物馆
吴王孙无土鼎	战国	1977 年 9 月凤翔翟家寺村出土	现藏凤翔区博物馆
涡纹敦（甲）	战国	1977 年 9 月凤翔翟家寺村出土	现藏凤翔区博物馆
平安君鼎	战国晚期	1979 年 6 月武功游凤乡浮沱村西汉墓葬出土	现藏陕西历史博物馆
废丘鼎	西汉	1972 年武功上王村出土	现藏武功县文化馆
羽阳宫鼎	西汉	1973 年凤翔长青乡马道口出土	现藏宝鸡市博物馆

第四节　石窟寺及石刻造像

慈禅寺石窟　慈禅寺位于麟游县城东 2 千米处的漆水河西南岸。石窟依山凿崖，临水面川，为 1957 年陕西省人民政府公布的省级重点文物保护单位。唐永徽四年（653 年），薛仁贵奉旨遍访万年宫周围山川形胜，选中古庄子村西崖面，并监修石窟寺雕琢工程，初建名滋善寺。唐高宗李治偕武后在 8 次驾幸九成宫避暑期间，频频到寺参拜，一些著名高僧也到此讲经说法，滋善寺一时名声大噪，香火很盛。唐开成元年（836 年），麟游暴雨，山洪冲毁滋善寺佛舍。五年后唐武宗李炎倡导灭佛，滋善寺石窟寺因是皇家佛寺，名声显赫，又是土石之属，且工巧绝妙，而不在废毁之列，幸免于难。此后，佛教诸宗衰败，而中国僧人独创的佛教宗派——禅宗，却从唐末至宋，弘扬极盛，滋善寺遂易名慈禅寺，并于每年四月初八佛诞日举行法会。其后香火时盛时衰，延续到民国。

其寺原建筑规模宏大，雄伟富丽。唐代砖瓦多为青辊黑光，柱础亦精雕细琢。石窟壁上修建有重檐庙堂，十分高大敞亮。目前，慈禅寺已发现存于崖壁间的佛窟龛，计大窟 3，小龛 14，共有佛、菩萨、弟子 38 尊。

千佛院 千佛院是唐代雕琢于九成宫周围除慈禅寺外的十余处摩崖造像之一处，位于麟游县良舍乡喇嘛帽山。造像雕刻在山腰的悬崖绝壁上。在高约 5 米、长约 10 米的崖面上，不加修整，随高就低，雕刻有 10 ~ 12 层共 1021 尊佛像，最大的一尊佛像凿在正中上方，高 1.15 米。其结跏趺坐，仪态安详，居高临下，俯视大千世界芸芸众生。在千余尊中绝大多数高 15 厘米左右，均结跏趺坐于莲台上。莲台花瓣造型生动，呈盛开状。各小佛喜、怒、哀、乐、忧、愁、怨、恨诸多形态，实为千佛千面，绝不雷同。小佛衣饰亦各不同，或袒胸露乳，或赤裸上身，或紧裹袈裟，而大部分头饰螺髻。个别无头饰者，竟在脑门上长一个大肉瘤，此亦为佛像之一种。手势有合十者、交叉者、抚膝者，更有双手捧腹者等。有个别佛仅雕头像，微向前倾，显出要从已显拥挤侧身而坐的诸佛中挤出一席之地的样子。

金马山石窟 位于凤翔县姚家沟乡郭家店村东南的洞渠河东岸，后依大山。共有 3 窟，造像 4 尊。一号窟为两菩萨，二号窟为一佛，三号窟为一天王像。佛与菩萨均为结跏趺坐状，天王站立。各窟下原均有题记，现仅二号窟下题记尚存，为“大唐开元廿年佛弟子唐之全弟元称元俊等造一心供养”23 字。 此石窟群规模甚小，保存亦较差，但为有明确纪年题记的唐代遗存，弥足珍贵。

宋刻唐功臣像赞 唐太宗李世民即皇帝位后，为表彰和纪念追随他创业的文臣武将，于贞观十七年（643 年）命宫廷大画师阎立本，在太极宫内凌烟阁图写功臣像，亲制赞词，由大书法家褚遂良书写。

唐亡后，这幅名画流入民间。到宋代，秦凤路提点刑狱游师雄在蒲城、华州间得到了该图。他于元祐五年（1090 年）巡按麟游县，命县令把所得唐功臣图 24 人画像刻石，镶于县学墙壁。他又留题《过九成宫旧址效唐体六言诗二首》。其一：“今古市朝已变，隋唐楼殿成空。唯有山头明月，夜来犹照荒宫。”其二：“不见六龙驻跸，空余五栝阴森。当日宫前流水，潺湲直到如今。”

刻像在金、元时毁于兵火。至明代尚存 7 人，清代仅存 4 人，刻在两方青石之上。第一石是李勣、侯君集，第二石是王珪、魏征。画面刻的人物，线条流畅、栩栩如生，确有唐代绘画风格，是极为珍贵的文物。现二石均已断裂。第一石人物形象尚属完整，第二石人物头颈已断裂为二。游师雄诗及阎上攻文附刻在另一石上。现均收藏在麟游县博物馆内。

铁造像 1983 年，在距原普门寺数百米处出土窖藏铁造像 8 尊，均采用圆雕技法铸成，中空，壁厚 0.8 ~ 1.5 厘米。有 5 尊铁像身着铠甲，其中 2 尊头戴兜鍪，3 尊头系花冠，其余 3 尊上身裸体者头上系花冠，属武将或武士。

第五节　石　刻

流域内最早刻石，是西魏石佛寺（吉祥禅院）的石佛像和北周葬于“三畤原”的大将军司马裔墓志铭（或作神道碑）。唐以后，刻石立碑、碣盛行，有墓碑、庙碑、祠堂碑、功德碑、记事碑、御制碑、贞节碑、神道碑、题刻等，还有重修寺庙、祠堂、牌坊、道路、桥梁、建筑等所立的碑石。

一、祠庙碑

重修报本寺塔碑记　明万历十五年丁亥（1587 年）立石，张汲撰书。汲，选贡生，休宁县（今安徽黄山南）丞。境内庙学祠宇，泾渭桥梁“多汲倡修”捐金，此碑为其义举之一。碑长 60 厘米，宽 50 厘米，厚 20 厘米，20 行，行 30 字。寺塔存碑，以此最早。

重修鸿禧观碑记　明嘉靖三十七年（1558 年），寺内住持王洞明修葺，其徒卢明续成于嘉靖四十二年（1563 年）立碑，张镈撰书，今文存碑亡。镈，嘉靖四十一年（1562 年）进士。

重修城隍庙碑　武功城隍庙建于宋元时期，明代修葺三次。此碑原记为明万历三十年（1602 年），武功知县李舒芳倡邑人重修，张汲撰书。

重修城隍庙碑记　明万历癸丑（1613 年），张汲捐金倡修并撰书。

张横渠祠碑　明弘治八年（1495 年），知县宋学通创建绿野书院，年底工作成。绿野亭本为张载讲学处，因又于原处建张子祠及八卦亭。弘治十年（1497 年）十月，学通立石，邀吴文定（时为礼部尚书）撰文。吴氏名宽，字原博，长州（今苏州市）人。

重修葆真庵碑记　有碑三通：（1）清嘉庆十三年戊辰（1808 年），知县张树勋倡修立石，党行义撰书。碑高 170 厘米，宽 80 厘米，厚 20 厘米，书 13 行，行 58 字，碑今在华山小学张横渠祠前。党行义，本县南庄（今属杨凌区）人，清嘉庆元年（1796 年）进士，山丹教谕；（2）碑高 170 厘米，宽 80 厘米，厚 20 厘米，9 行，行 34 字，郭怀珍撰书，碑在张横渠祠；（3）碑高 170 厘米，宽 80 厘米，厚 20 厘米，12 行，行 34 字，党俊哲撰书，此碑亦在张横渠祠。

跋（唐太宗庆善宫诗）后　明洪武十年（1377 年）正月十九日，都督耿忠书于赵茂曾所立（太宗祠碑）碑阴，至今文存。茂曾，河南洛阳人。

重修白衣菩萨庙碑记　清嘉庆十五年（1810 年）重立，碑高 80 厘米，宽 80 厘米，厚 10 厘米，8 行，行 45 字，马浚六撰书，碑在武功镇聂村。

重修望仙宫碑记　清光绪十四年（1888 年）重立，雷际泰撰书，碑高 160 厘米，宽 60 厘米，厚 10 厘米。碑文有望仙宫“不知肇造于何时”，“与周至楼观台为上下院”。碑在薛固乡烧台庵（今薛固中学）。

凌烟阁二十四功臣像赞碑　宋哲宗元祐三年（1088 年），游师雄建“唐太宗庙”时所立，像、赞皆仿昭陵，正面为功臣，背面为太宗之《赞》。新中国成立初尚存五像，以后碑佚。

显灵宫碑　高 130 厘米，宽 60 厘米，厚 18 厘米，楷书 10 行，行 28 字，无撰书人，末署乾隆五年庚申（1740 年）。碑载宋太祖夜宿而霄霖普降，宋仁宗康定二年（1041 年），敕赐“显灵宫”（俗称霄湟殿）。碑旧在关帝殿前，今存霄湟殿小学。

重修显灵宫碑记　清同治十年（1871 年）立石，阎应台撰书，碑今存霄湟殿小学。

重修石佛寺碑记　清康熙五十八年己亥（1719 年）重修而立，朱晟撰书。碑高 260 厘米，宽 80 厘米，厚 20 厘米，楷书 8 行，行 62 字。朱晟，康熙二十九年（1690 年）举人，本县人。

碑佚。

重修镜照寺碑记 清光绪二十五年己亥(1899年)立石，刘系唐撰书，碑存武功镇聂村。

重修太白、关帝、药王庙碑记 清咸丰八年(1858年)，合诸神于一庙立石以记。碑高100厘米，宽75厘米，厚15厘米，15行，行36字，无撰书人，今在武功镇凉马村庙内。

财神、药王洞阁重修碑记(碣) 清嘉庆十七年(1812年)立石，高、宽各80厘米，厚20厘米，10行，行28字，张溶撰书，原在武功镇东坡上，今存县文管会。

药王、财神祠记 合药王、财神于一祠之记(方碣) 祠、碣均建于清咸丰二年(1852年)九月，由商号、生员等捐银建成，碣刻商号近百家，无撰书人，今存武功县文管会。

二、主要记事碑

石鼓 春秋时物。为石头琢成，略似鼓形，每石直径约57厘米，周围刻有文辞，记颂帝王猎游宴事，也称“猎碣”。初弃散于野。唐德宗贞元时，知府郑余庆(河南荥阳人)探得9个，移置于凤翔孔庙中。唐代诗人韦应物、韩愈皆有诗咏，五代时又复散失。北宋真宗时，知府司马池(山西夏县人，司马光之父)复搜集一起，置放府学门庑，仍是9个。仁宗皇祐四年，太守向传师得一个于民间(传在城南8千米之石落务村)，始足10个。徽宗大观中，徙置汴京。宋南渡后，金人移置于燕京——北京，现藏故宫博物院。

石鼓各铭刻四言诗一首，字体为大篆(籀文)，苏轼亦赋《石鼓文》诗，为凤翔八观组诗之一。

唐《九成宫醴泉铭碑》 现存麟游县九成宫镇，此碑为唐太宗李世民时期，丞相魏征撰文，大书法家欧阳询书写的，世称“三绝”碑。其文主要描写九成宫所在地的自然胜景与宏伟豪华的宫廷建筑，叙述发现醴泉及改仁寿宫名的经过。在颂扬唐太宗文治武功兼及版图疆域、治国方略和民族和睦的盛景的同时，又对唐太宗提出尖锐而深刻的警戒。其碑文论理深邃，见解精辟，观点鲜明，直言不讳，用词精炼，文采焕发。其书法笔力刚劲险峻，法度严谨，形动俱妙。唐末已有人印制拓片，北宋时期慕名拓碑者与日俱增。

明代，九成宫碑帖作为书法艺术珍品流传到东南亚和日本、朝鲜等国。清代拓碑帖者接踵而至，“叮咚之声，昼夜不息”，拓数达数万份。现上海博物馆藏有北宋拓本，故宫博物院藏有南宋拓本。

九成宫醴泉铭碑自唐贞观六年(632年)立石以来，历尽沧桑。由于长期大量捶拓，字迹基本抹平，虽几经补救，仍较模糊。清嘉庆八年(1803年)瞿云魁任麟游知县时，看到九成宫醴泉铭碑风摇雨蚀日久，卧老荒烟，在财政十分困难的情况下，仍采取措施予以保护。他用少量木材，抽调民夫，扶碑建房，使古碑屹立原址。此后，当地民众又多次设法保护，使古碑得以留存至今。现在，文物部门已修建了碑亭，征地围墙，专人管护，使这一国宝得到了妥善的保护。

唐《万年宫铭碑》 万年宫铭碑现存于麟游县九成宫镇，碑为青石灰岩质，螭首龟趺，通高2.54米，上宽0.76米，下宽0.79米，厚0.25米。碑阳两边上下饰饕餮纹，中饰二方连续的蔓草纹图案，绕周边为一圈连珠纹。阴线雕刻，线条洗练流畅，图形美观大方，额题篆书“万年宫铭”四字。正文为唐高宗李治撰文并书丹，书体行草兼有，行书为主，皆为寸书，书艺风流潇洒，超脱俊逸。全文730字，描述了九成宫的宏伟建筑和麟游的山川形胜。碑阴有中书门下及见存文武三品以上并学士48人自书题名，唐永徽五年（654年）铭碑勒石。

万年宫铭碑不仅是珍贵的石雕艺术和书法艺术精品，而且具有极高的史料价值。碑首有六龙浮雕狰狞而威严，虬须铁爪，二目有神，呼之欲出，李治潇洒俊逸的行草书艺备受书法家赞誉和推崇。碑阴48人自书题名，字形大小不论，楷、行书体不一，然皆有法度，各见其长。即使贺兰僧伽、阿史那忠、契必何力等少数民族将官之书，亦不草率，自成一体。鄂国公尉迟敬德题名也字字不苟。而褚遂良的书法更显技高一筹，21字，笔笔体现了诸书貌柔而意刚的风格。48人的自书题名证明了我国盛唐时期各民族团结和睦、亲如一家的史实。题名中的文武官员大多《唐书》有传，但所记官职和自书题名互有出入，因而为订正史书谬误提供了佐证。《唐书》无专传者，就更显得重要。此碑为研究唐代历史和有关事件提供了依据，对了解唐代官制亦有参考价值。

万年宫铭碑原来立于九成宫的永光门外，与九成宫醴泉铭碑遥遥相望。嗣后，因九成宫毁，加之碑石临近河水，随时都有被毁的危险，后人遂将碑迁到九成宫醴泉铭碑处，保存至今。现已建有碑亭，妥加保护。

述圣记碑　唐文明元年（684年）刻立。竖于乾陵陵园，位于神道之西。碑用七块巨石累积而成，故俗称“七节碑”。碑通高691厘米，截面为方形，边长186厘米。武则天皇后撰，中宗李显书。碑是为唐高宗歌功颂德，故称“述圣记”。七块巨石中，上下两石为顶和座。顶为庑殿式，庑顶下西南角和东南角各有一浮雕蹲踞力士。座四面线雕獬豸纹等，其神异色彩颇浓。碑正面刻文，原来字画上“填以金屑”，其余三面平素。碑文除第三石全部泐灭外，第一、二、四石存字较多。书法整饬，共64行，行120字，约计8000字，可谓碑中巨制。碑文为骈体，主要记述了唐高宗初立为皇太子事及追随太宗征战、侍奉太子疗疾等事，还记述了唐高宗即位后的文治武功以及临终前戒厚葬留遗嘱等事。此碑明万历以前已仆，1957年乾县人民政府曾加以整修。

乾陵“无字碑”　唐神龙二年（706年）立。竖于乾陵陵园，位于神道之东。此碑为一块完整的巨石雕成。碑首作“九螭下垂”（其他文武大臣碑首均作“六螭下垂”），碑趺为长方形。通高753厘米、宽210厘米、厚149厘米，总重约98.8吨。碑侧各镌一升龙。碑趺正面线刻狮马相斗图。其形体之高大雄浑，雕刻之瑰丽精美，堪为唐碑之冠。因其当初无字，故世称“无字碑”。自北宋崇宁二年（1103年）开封王谷其人按行边部，道经奉天，拜谒乾陵，于无字碑上题刻以来，止于明代，在上题词者凡39人，遗留题刻共42段，其中较有价值，而且保存完好的是碑阳正中所刻金天会二年（1124年）《大金皇弟都统经略郎君行记》，前段为契丹小字（旧误认为女真文字），后段为正书汉字。两种文字工整俊秀，苍劲有力，极为珍贵。题记中所谓“皇弟”为金太宗完颜晟之弟撒里喝，其所记之事亦有一定历史价值。

何汉南《唐代乾陵石刻取象初探》一文依据《周礼·考工记》中“左祖右社”之说，

认为乾陵神道之西的《述圣记碑》可称“石社”，神道之东的这通“无字碑”可称“石祖”。文中引用了《唐书·韦湊传》中一段记载：“开元二年夏，敕靖陵建碑，……湊（指韦湊）以自古园陵无建碑之礼，飞表极谏，工役乃止。”据此以为唐代既认为古陵园不立碑，因而“无字碑”也就不应称碑。此略备一说。

唐刘沔神道碑 系唐代书法名碑。据《续陕西通志稿》卷165页载：“此碑在永寿县好畤沟，一云在县东南乡好留里，虽文字断续不全而神采奕奕可宝也。刘沔，新旧唐书皆有传，碑中所载事迹多与史合。韦博之撰文，新唐书亦有传，博偿为沔从事迹，故叙次待详也。此碑《宝刻类编》曾载其名，此后金石诸书均未著录，至清代道光时期，出土于永寿。由此可见之，前人著录碑刻无拓本者，未必皆逸，特晦而不彰耳！如此碑及咸阳焦赞碑，均载《宝刻类编》，久已无传越数百年而复现于世，虽物之隐见不常，尤赖有心人勤于咨访也。”碑右上角铭刻“光绪壬辰重阳日，即墨黄君辅测地至此，楚北樊哲诰同见”。陁罗经幢正面右上角亦铭刻“光绪壬辰重九日，东海黄君辅回测地，至古好畤得此经崇恩寺废址田内，命人掘土出之，楚北樊哲诰同见”等语。据此可知，刘沔碑曾两次入土，两次复出。此碑于1961年移存在永寿县文化馆，建亭保护。碑为螭首龟座，通高2.84米，宽0.98米，厚0.28米。圭形碑额，篆书四行，行四字“唐故太子太傅致仕赠司徒刘公神道碑”。碑文楷书三十七行，行六十五字。韦博撰文，唐名书法家柳公权楷书，唐元度模勒篆额。碑上段完好，中段漫漶不清，下段仅余七八字未剥蚀，全文三分之二字迹尚可辨认。

刘沔（748—784年），唐彭城人。唐宪宗、文宗、武宗时，曾多次平定党项羌、回纥叛乱，在西北屡建奇功。以功授检校户部尚书、检校司空、司徒、太子太保等职。大中二年十一月七日，患疾薨于昇平里，终年六十五岁。其后，刘元政大将为监军使时，请建碑记旌表之。现存碑文与《陕西通志稿》所录碑文，字数少95字。刘沔碑系柳公权七十二岁时所书，为柳书上品。

姜嫄公刘新庙碑 约唐贞元九年（793年）刻立。1935年邠县（今彬州市）城中修建碉堡时，于姜嫄庙残砖中发现，中华民国《中央日报》曾予报道。先移存县署保管，其后弃置县西街忠烈祠戏台后，1955年移至县文化馆。“文化大革命”初被当作“四旧”弃于垃圾坑内，1972年省文物部门查询时复刨出由县文化馆保存。碑为大中大夫高郢撰文，侍御史韦丹建立，处士张琯篆额，大理评事张谊所书。行书28行，行49字。此碑书法绝佳，镌工精美，惜发现时已经两断，残缺不全。现存1620余字，主要是颂扬周族远祖姜嫄、公刘之德，记述重修姜嫄公刘新庙之事。碑中既云“粤以贞元六年十一月九日作新庙于南郭”，又云“祠成三岁矣而铭尚阙”，可知此碑镌于贞元九年。碑前两行空处有明末邠州学官范文光题记，可知明代此碑尚竖于庙中。

唐杨珣碑 现存扶风县建和乡石碑村西350米处的小沟旁（1958年被列为陕西省重点文物保护单位，建有青砖碑楼）。碑通高6.67米，首高2.13米，身高3.18米，宽2.19米，厚0.65米。座有两层，上层高0.91米，宽2.81米，厚1.7米；下层高0.45米，宽3.98米，厚2.92米。碑螭首圭额，方座有瑞兽浮雕。唐天宝十二年（753年）立石，唐玄宗李隆基书隶体碑文，唐肃宗李亨篆额。碑正面共有文字26行，行57字，书法媲美《孝经》。后因长期捶拓，今字阙如者三分之一。

额文为篆书“宏农先贤积庆之碑”8字，隶书碑文，每行均有缺字。从现存文字可知此碑是唐玄宗为杨贵妃之叔，即宰相杨国忠之父杨珣所制的御书碑。碑文记载杨珣系宏农华阴（陕西华阴）人，本出自西周初唐叔虞之后，两汉隋唐诸代，杨氏均多有显宦者。杨珣本人，礼乐技艺，无不博能，及所任官职，于开元五年（717年）病逝。开元二十七年（739年）十月十六日与夫人中山张氏合葬于岐阳之安平山。因杨国忠和杨贵妃的关系，唐玄宗追赠其为郡太守、武部尚书，并御书其碑文。碑阴有宋代题名3行20字。

大唐咸通启送岐阳真身志 1987年4月9日出土于扶风法门寺真身宝塔地宫前室石门外，现存法门寺。碑长1.15米，宽0.545米，厚0.128米，为僧澈撰文，令真书。上有楷书志文47行，满行23字不等，志文除简述法门寺的历史外，详细记述了唐武宗李炎捣毁法门寺塔基地宫及懿宗李漼整修法门寺地宫以及安置和迎送佛骨的情况。

唐法门寺塔地宫物帐碑 1987年4月9日出土于扶风法门寺寺院中部真身宝塔地宫前室石门外的隧道中，现藏该寺。碑长1.15米，宽0.69米，厚0.08米，为唐大兴善寺密教高僧书丹。碑文记录了唐懿宗咸通年间迎送佛骨后，懿宗、僖宗、惠安皇太后、昭仪晋国夫人及“监送真使”等所施舍供养佛骨舍利的金银宝器和衣物清单。

唐中宗下发入塔石匣盖铭碑 1987年出土于扶风法门寺，现存该寺。其为方形，各边长52厘米，厚8.5厘米，有四杀，平底。四肢及各侧均有阴线刻忍冬蔓草纹饰，填以如意云头。一侧山中部刻有兽面，口衔忍冬。纹饰富丽饱满，线条流畅。铭记正中有栏界，以纤细阴线分为横八、竖八的方网格。正文每格一字，中宗尊号前有四空格，僧官结衔题名以小字。记述中宗、韦后率爱子、爱女及封国夫人把头发剪下供养佛骨，以示对佛骨的虔敬。

润德泉记 唐大中二年（848年）， 高200厘米、宽78厘米。须弥座，有收分。现存岐山县周公庙。碑上顺次刻凤翔节度使崔珙奏状、中书门下签呈、唐宣宗答诏、崔珙答谢表四文之全文。其内容表明：“周公祠旧有泉水，枯竭多年”，大中二年十月十七日“忽因大风，其泉五处一时涌出”。崔珙以为国瑞，状奏于朝，唐宣宗李忱答诏赐名“润德泉”。此碑为周公庙现存最早的石碑。清人金石著作中多已著录。《石墨镌华》：“文辞婉至，有盛世风。书亦遒健有法，且其叙例，大似汉人碑例，而逊其古质耳。”《金石史》：“脾气消散，有褚河南意。”

润德泉复出记 元至元十九年（1282年）， 高12.5厘米、宽79厘米，须弥座。原存旧县署（今公安局院内），1981年移存岐山县博图馆。王利用撰文，王良嗣篆额，张檝书丹。文记至元十五年，润德泉久涸复出，邑宰刘桢倡导开渠引其水南流进入县城之事。

唐太宗幸武功庆善宫诗碑 太宗数至武功，多有诗作，《全唐诗》录其五首，旧志云：“数有刻于石者”。民国二十一年（1932年）碑犹存，今存佚不详。

高望亭碑记 唐中宗建于景龙元年至景云元年（707—710年），位于今河道乡境内，碑已佚，今民间尚存明代拓本，未及勘。

武功县厅壁记　唐穆宗长庆二年（822 年），柳宗元撰书，宋、明武功知县皆曾刻石，今石佚文存。

重修儒学碑　宋徽宗建中靖国元年（1101 年）立，武功知县赵茂曾撰文，今碑佚文存。

宋京兆府武功县新修县学碑铭　赵茂曾撰文并正书，高 267 厘米，宽 145 厘米，厚 33 厘米，21 行，行 42 字，龟座入土。1958 年 4 月查证，建于宋徽宗崇宁二年（1103 年），碑佚，文存武功《王氏金石萃编》。

重修武功县厅碑　宋徽宗大观四年（1110 年），邑进士游靖撰书，武功知县刘干立石，今石佚文存。

唐太穆顺圣皇后传暨唐世系图刻石　明洪武十年（1377 年）立于武功，“石高六尺五寸，广三尺，分三段，上段《窦皇后传》及跋；中段唐世系图，正中竖三尺，厚五寸，凹下若鱼形；下段记，均正书，字形不等”。1958 年 4 月档记碑存，今佚。

绿野书院碑　明弘治八年（1495 年）立于武功绿野书院，吴宽撰文，今碑佚文存。

武功姜侯重修县署碑　明嘉靖五年（1526 年）立于武功，王九思撰文，碑佚，文存《美陂集》。

孙真人洞碑记　明万历二年（1574 年）立于武功，张鍊撰书，今碑佚文存。

重修庙学碑　明万历八年（1580 年）重立，张撰书，今碑佚文存。

鼎建二水寺塔碑记　明万历三十一年（1603 年）立，李时芳撰文，张汲书。碑长 80 厘米，宽 50 厘米，厚 15 厘米，今碑残为四段。

重修报本塔碑记　明万历三十五年（1607 年）重立于武功，张汲撰书。碣长 60 厘米，宽 50 厘米，厚 20 厘米，20 行，行 30 字，今文存碑佚。

寄庄里碑　清康熙五十九年（1720 年）罗鸣珂等立于武功，1927 年于右任、邓宝珊又立石，碑今佚，文存于民国武功县志《稿簿》中。

姜聖母后稷祠新栽树木记碣　清康熙五十三年（1714 年），武功知县吕应绍暨衿绅 48 人立，候选知县徐逊撰文，陈愃书石，今存县文管会。

苏子祠壁题记　清乾隆四十四年（1779 年），邑人张介撰书。子卿祠原在苏子台（今武功县苏坊村），明成化元年至二十三年（1465—1487 年）没于河，而子卿像经水而不损，遂移祀于县城北郭外之香山寺。万历年间（1573—1620 年），张介请官重建祠于西原大道旁，明末兵燹又毁，清初再建祠于香山尼寺，张介题记述此经过。

上宪新定武功县差徭局章程碑　清光绪十四年（1888 年）立于武功，今存城隍庙。

创修东河桥木工碑　民国元年（1912 年）立于武功，党均安撰书，今存龙王庙。

重修教稼台碑　民国二十五年（1936 年）重修，钱范宇书，今存武功县武功镇教稼台文管所。

重修教稼台纪念碑　1989 年清明节，陕西省农业科学院立石，碑阴题“振我中华”。同年 9 月 10 日，西北农业大学立石，也农草书，碑阴横行书“炎黄巨柱”“树基务坚，稼穑为本”。碑今存武功县武功镇教稼台文管所。

三、功德碑

陈尔茀功德碑 原碑无题，名称系编者所加。碑高 113 厘米，宽 42 厘米，厚 18 厘米，座方形，高 20 厘米，廪生杨光撰书，贡生徐、尚等同署，立于光绪元年（1875 年）小阳月（农历十月），文字漫漶过半。略述同治十一年（1872 年）知县邑侯金堂（四川人）监生陈尔茀，减轻徭赋，公平负担，又惠政于民之诸多事迹。碑今立于城隍庙中殿之前东第一碣，因字迹漫漶，人多不识。

马敬轩德教碑 清代立，今在武功镇坡底村。

玛星阿德政碑 玛星阿，正黄旗举人，乾隆二十三年（1758 年）起任武功知县，直至乾隆二十八年（1763 年），民众立碑颂其德，今碑、文俱佚。

王昆繁德政碑 民国二十三年（1934 年）8 月，昆繁任武功县县长，以勤于政务，改易时弊著名。民国二十四年（1935 年）10 月因病卸任，民绅怀念而立石颂功。昆繁，名嗣昌，西安市人，碑今存址不详。

狄氏五代兄弟碑 民国时立，马毅生撰书，碑今在武功县戴家乡景家庄。

四、御制碑

诫石铭 宋太宗自撰文，即“尔俸尔禄，民脂民膏，小民易谑，上苍难欺”，书人不详。碑旧在武功县署仪门西侧，民国二十二年（1933 年）尚存，今已佚。

大观圣作碑 碑高 313 厘米，广 137 厘米，李时雍正书，蔡京题额。宋徽宗大观二年（1108 年），朝廷统一制作颁发于天下，亦称“八行八刑条”碑。此碑旧在武功县署西侧，民国中尚存，新中国成立后佚。

杨一贞诰命碑 清代立，形制及书人未详，碑今在武功县武功镇杨家后堡。

敕命之宝碑 康熙四十年（1701 年）二月十八日立。碑今残为两段，上段未见，下段字迹磨灭甚多，可辨文字：（1）“河北真定知县”；（2）下款“敕命之宝”为方印。满汉合文，左为汉文，右为满文，碑今存武功县武功镇徐杨堡。

旌劳癸忱匾 康熙四十二年（1703 年）三月十八日，康熙帝为武功县马琾家门亲手榜书，琾子逸姿刻石，今佚。

五、 题刻

唐太宗幸庆善宫诗碑跋 明洪武十年（1377 年）制，武功人耿忠撰书，今佚，诗存。

东铭 清嘉庆二十五年（1820 年）三月，段嘉谟再书，刘恒堂刻，原作阶石，今在武功县武功镇华氏家。

登后稷祠题诗 清康熙年间制，陕西巡抚贾汉复书，已佚。

牧爱堂 清康熙年间木刻，朱嘉书，今存武功县南庄党氏家。

许国文章匾 题书人、年代不详。“许国”系“许国公”之简称，指苏。1958 年档记，石高 160 厘米，宽 40 厘米，厚 10 厘米，今存武功县苏坊村。

苏公故里 苏氏族人立，题书人、年代不详，就在武功县苏坊村。

昭文题匾 武功县知县杨毓芳题书，旧在县城门楼上，新中国成立后佚。

礼门题匾 题书人、年代不详，旧在武功县政府院中，今佚。

教稼名区 清道光十五年（1835 年）制，邓兆桐书，今存武功县文管会。

唐槐碣 清同治十三年（1874 年），知县陈尔茀题书并刻石，今被嵌于武功县武功镇政府院内唐槐树洞中。

小华山图碑 碑阴处有“小洞天”“小华山胜迹图”字样，今存武功县武功镇华山村。

教稼圣地匾 1947 年阎公望题书，1947 年县长刘璋琨题书，今在武功县教稼台镶嵌。

华表 民国时期，眉县王丙书，今在武功县大庄乡南立节村。

漆水河桥碣 民国十九年（1930 年），于右任题书。碣高 1 米余，宽约 66 厘米，原立于武功县漆水河桥东路北，后因漆水河导流浚渠而仆卧于地，遂不知所终。

教稼台匾 1989 年屈武题书，今在武功县教稼台镶嵌。

弘扬稼穑之遗教，开辟现代化农业碣 1989 年马文瑞题书，今在武功县武功镇教稼台镶嵌。

德河永垂，科学弥光碣 1988 年周尧题书，同石碣并有赵洪章题书“种植业先师”，今在武功县武功镇教稼台镶嵌。

民以食为天碣 位于武功县武功镇教稼台。1988 年谢怀德题书。

摩崖云房 是署钟离子书，原在岐山斜峪关，后由武功知县凿取，置于武功县署楼上。石长 53 厘米，宽 36 厘米，厚 2 厘米，今石佚，拓存。

第六节　古树化石

古树和化石，可以反映流域原始的生态状况。据 1990 年普查，漆水河流域内共有古树名木 13 种，50 株。分布在杨凌区 2 株，武功县 4 株，乾县 8 株，永寿县 8 株，凤翔县 4 株，岐山县 15 株，扶风县 4 株，麟游县 5 株。主要为古槐、皂荚、侧柏、杨树、柳树、柿树、枣树、曹杏、玉兰等。在 50 株古树名木中，乔木为优势树种，古槐数量居多，且树龄长，古典传说多。

一、著名古树

麟游旧县城银杏树 生长在麟游县旧县城城隍庙院内，树高 23 米，胸径 98 厘米，树龄 1300 年。

麟游九成宫天台寺刺柏 生长在麟游县九成宫天台寺院内，树高 13 米，胸径 87 厘米，树龄 1400 年。

麟游旧县城兴国寺银杏树 位于麟游县旧县城兴国寺院内，树高 21 米，胸径 200 厘米，树龄 1300 年。

永寿古槐 生长在永寿县甘井乡南上邑村田家岭，约 1800 年，高 20.5 米，胸径 187.8 厘米。传说古槐下有一水井，后被树全部覆盖。1984 年古槐主干 4.3 米分杈处长出一株臭椿树。

乾县文庙古柏（三棵） 生长在乾县城关东街乾县师范院内花台上，正对大门，距大门 10 米。为明代所植，原古柏北面建有祭祀孔子的大成殿（20 世纪 70 年代毁）。西侧古柏主干周长 3.25 米，高 9 米；东侧（北）古柏主干周长 3 米，高 9 米；东侧（南）古柏主干周长 3.73 米，高 8 米。古柏苍劲繁茂，绿荫如盖，虬枝盘旋，婉若游龙。为县城内第一景观。

古菜籽树　生长在乾县临平镇杨家窑村西北，树龄约在 500 年以上。似槐，亦似皂荚树，胸径约 1 米有奇，高约 10 米。每当春季油菜花开时，该树幼叶呈金黄色，颇似油菜花，群众俗称“菜籽树”。

乾县“皂抱槐”　生长在乾县关头乡佛兴村，高 19.1 米，胸径 154.1 厘米，为明代所栽。新中国成立初期，古槐被皂荚树整体环抱，树体雄伟壮观，土改时，由于人为破坏，皂荚北部树皮脱落，后来在古槐 8 米处又长出一棵小桑树。

吴村古槐　生长在乾县漠西乡吴村，树龄逾千年。树身主干直径 1 米有奇，树冠有半边朽垮。

凤翔区玉兰　生长在凤翔区人大常委会机关（清代邓家花园）院内，高 7 米，胸径 31 厘米，树龄约百年。茎挺、冠大、枝粗。早春二月，花蕾渐见，清明前后，满树银花。花大如盘，九瓣组合，状似喇叭，勃发向上，洁白如玉，清香异常。花期 10 ~ 15 天，花谢叶发，遍冠绿装。

二、化石

鸵鸟蛋化石　1974 年，在乾县乾陵东侧发现鸵鸟蛋化石。呈椭圆形，椭圆长径 20 厘米，短径 15 厘米。

大象化石　1959 年修建乾县大北沟水库时，挖掘出长 5 米、高 2 米的大象化石一具，现存陕西省博物馆。

第二章　人文景观

漆水河流域是周、秦、汉、隋、唐的京畿之地，历史古迹、人文景观甚多。

第一节　麟山十二景

麟游地处渭北残塬丘陵沟壑区，特殊的地貌形成多处自然景观。清代乾隆时辑为八景，即古殿松涛、青莲烟云、屏山喷玉、凤屿迴澜、吴双插碧、石鼓喧春、澄江浣月、寒潭飞雪。光绪时又辑为十二景，并由本县文士绘制麟山十二景图。

醴泉墨香（醴泉铭碑闻中外）　“九成宫醴泉铭碑”为唐宰相魏征撰文，书法家欧阳询书丹。文书称“双绝”。铭文记述九成宫之雄伟建筑，赞美泉出之祥瑞，讴歌初唐的文治武功。怀古中带有谏今，歌颂中带有抒情。阐明开明的帝王从体恤民情、爱惜民力、富国固本这一根本出发，才能民安国泰，避免灭亡的道理，这是初唐施政方针的反映。书法遒劲有力，法度严谨，传形入神，如云间电发，草里惊蛇，森森然若武库戟矛，堪称楷书之宗、书家典范。碑文拓片流传全国，被视为馈赠之上品，远及朝鲜、日本。

石臼览秦（石臼云上览秦川）　石臼山位于县城东南 7.5 千米处，海拔 1350 米，登上峰顶，视野开阔，南观渭水如带，秦岭高峻，东望乾礼历历在目。故有览秦之说。山上有捣药臼、卧脐石、灵湫池等景点。捣药臼在山峰最高处，传为仙人炼丹捣药之器。“石臼”之名由此而得，臼中有水，雨涝不溢，干旱不涸。石臼之侧有卧脐石，传为仙人采药之足迹。半山有残刻“茂公营记”四字。为唐李绩屯兵处。山腰有观音庙，观音座下有一池，曰灵湫池，池中水揭盖而出，飞流萦委，声若敲金，妆如散珠，惊蛇匹练。

漆流禅影（漆水倒影慈柏茂）　慈禅寺位于县城东 5 千米漆水南岸，这里山势婉若游龙，山上松柏成林，紫荆幽兰遍布，山崖形成一面石壁，高 10 余丈，唐永徽四年，沿壁雕琢大窟小龛 17 处，造佛 38 尊。漆水在寺前绕过，形成弓形，聚为深潭，佛影倒映水中，故有漆流禅影之说。

天台怀古（五龙朝宫七峰参）　天台山位于县城西端，为隋唐帝王离宫之中心。杜水、北马坊河、清水河、麟溪、澄水五水交汇处形成一开阔川地，天台山突兀川中，一峰独秀。东有童山、东台，南有青莲山、石臼山，西有凤台、屏山，北有碧城山。故有“五龙朝宫七峰参”的诗句。天台山顶有两棵古柏，一株挺拔而上，主干侧生一枝，似人以手招之。一株双干斜展，如鸟翔状。山西为壁立石崖，崖上有群柏攀缘，其枝下垂，其叶上翘，称卷柏。山风徐起，柏枝摇曳，状若海涛，故有“天台松涛”之喻。

石鼓喧春（石鼓声催春化雨）　石鼓峡位于县城东北7.5千米，这里巨石参差，联结如丘。澄水北来，穿流于巨石间，经年冲刷，河床呈槽状，两岸如壁如柱，河水于峡槽中曲折蜿蜒南泻，注入深谷，发出轰鸣之声，如万鼓齐鸣。

鱼塘澄镜（神女悬镜鱼塘潭）　鱼塘峡又名"玉女潭"，位于县城南7.5千米处。峡间两山夹涧，层棱为削，怪石悬空欲坠，仰视苍穹，仅为一线，永安河水转折而来，从半山飞泻入峡，形如白练，注水成潭。每逢皓月当空，月影倒映潭中，如明镜一般。四周绿树成荫，花草遍布。传说华山神女于此沐浴，故名"玉女潭"。

千佛朝祖（巅山千佛朝如来）　千佛院位于县城西20千米屯头村之巅山，其峰形似喇嘛帽，俗称"喇嘛帽山"。此地前临小溪，杂木葱茏。春日樱花、山桃花、野蔷薇盛开，红、白、黄相间，风景宜人。山半石崖自然断面，唐时依崖营造塔状楼阁式接檐殿堂，分十层，雕刻佛像1021尊，整体雕成如来说法千佛参禅之意。

安舒涌黛（安舒松潮浪接天）　安舒庄林区，位于县城南15千米处，西起青莲山，东到吴双山，山峦起伏，诸峰环绕，林海浩瀚，佳境天成。新中国成立后，县办国有林场飞播油松，人工植刺槐，杂以桃、梨、山杏、杨树。青绿苍翠，集结连片，荫蔽大地，枝繁叶茂，延绵10万亩。林中药材遍地，禽兽成群，大雪茫茫，松雪相映，白银点青翠，褐岭现绿洲。山风时起，林区恰似大海倒卷，浪涛接天。

吴双插碧（吴双仙岛浮林海）　吴双山位于县城东南20千米处，三面悬崖，山势陡峭，鸟道盘亘，巨石突兀，山脊窄险，四峰插碧，争高斗耸，各现奇绝。南曰"联斗"，海拔1503.7米，圆而且高，远望如擎天玉柱，为吴双之极顶。山上古树交枝，遮天蔽日，林罅中云雾时聚时散，霞光四射；北曰"接辰"，巨石连结，顶端突出，形成上大下小三面悬崖，峥嵘险要，峰顶绿苔遍布，藤萝沿崖下垂，微风徐来，摇曳不休。崖间有柏一株，其状如塔。苍翠挺拔；东曰"萃旭"，峰小如笋，似少女亭亭玉立，崖间滴水成泉，其音如琴。西向蜿蜒下落后，又突起一峰为"落照"，峰巅西倾，呈送日迎月态。

银杏映碧（绿杏黄叶染青天）　县城东之童山（旧县城）有珍稀古树银杏两株，一株在城隍庙院内，高29米，围2.74米。一株在兴国寺址，高23米，围5.65米，两株银杏枝叶茂密，秋日，果、叶金黄灿烂，直托碧霄。

青莲烟云（青莲烟云朝九成）　青莲山在县城南10千米处，与县城遥遥相对，如莲半开。春夏之晨，山上云雾缭绕，如白绫轻舞，每遇阴雨，烟云深锁，山峰忽隐忽现，变幻无穷，及至云推雾移，青翠如画，故曰青莲。

寒潭飞雪（织女浣绢响石潭）　寒潭指仙女潭，位于县城东7千米之新庄塬，漆水流此，巨石为床，河床出现两处约7米高之接差，河水奔泻而下，如白绢轻飘，下注清潭二处，水面白珠翻滚，水沫浮动。夏如临其境，眼观水珠如雪花飘落，身感寒气袭人，沁人肺腑。

第二节　永寿十四景

明清永寿县十四处著名景观，指南岭朝云、西山夕照、东岑耸翠、北泉流清、渠声夜响、塔影面圆、四围岚色、两涧暮烟、柏檀垂荫、翰墨泉香、桥门扩览、道院奇葩、碧峰遗衲、浮屠燕集。清康熙七年（1668年）知县张焜皆有题咏。

第三节　乾县八景

乾县的风景名胜以“乾县八景”最著名，分别有唐陵戴帽、汉宫流泉、五峰叠翠、双乳凌烟、石马开道、金龙锁关、龙岩古寺、响石名潭。

唐陵戴帽　为“乾县八景”之首，也就是乾陵。其主人就是武则天，也是唯一一座埋葬了两个皇帝的陵墓，除武则天外，另一位就是唐高宗李治。乾陵最独特的地方还在于一千多年来始终没有被盗过，这一点实属罕见，据统计，全国只有三座保存完整的帝王陵，其一是黄帝陵，因为这是中华始祖无人敢盗；第二是秦始皇陵，因为机关重重；第三就是这座乾陵没被盗，并不是没人惦记，而是实在太坚固了。

汉宫流泉　汉宫即甘泉宫，位于乾县注泔镇境内，距县城17千米。相传注泔西沟曾有一清泉，水味甘甜，水色清亮，水质纯良，水量充沛。饮之，神清志旺；洗之，肤美目明。后秦始皇巡幸于此，建甘泉宫。司马迁《史记·秦始皇本纪》记载：“始皇九年，迎太后于雍，而入咸阳，复居甘泉宫。”后每逢盛夏，又必来此避暑，饮泉思政。秦朝以后，汉朝皇亲国戚、文武大臣曾在此或巡游，或避暑，或狩猎，或沐浴，汉宫流泉，名盛一时。星移斗转，历史变迁，汉宫颓倾，甘泉枯竭，只剩瓦砾残垣。

五峰叠翠　说的是乾县北部绵延的五峰山，五峰山位于乾县东北界，距县城23千米，北扼永寿，东邻礼泉，以五峰并峙而得名。此山佳木繁茂，绿水淙秀，层林翠染，蓊蓊郁郁，山中奇秀，多有胜迹。古志曾云：上有灵湫，祷雨多应。今有宝泉寺、洋人房、石炕、凤凰窝等十二处景观，是旅游、观光登山、狩猎、休闲、避暑的佳境。石炕是一块从山上凸显出来的石头，长、宽、高均约1.5米，形状和农村的土炕一样，因此得名石炕。据民国《乾县新志》记载，“外国人伏天多避暑于此”。

双乳凌烟　指的是乾陵东、西乳峰，为乾陵之天然门户。乾陵山势，远远望去婉若一位仰卧于天地之间，头枕梁山、脚蹬渭河、双乳丰隆、体态优美的睡美人。古之帝王陵前，均有乳台，唯乾陵依托山势，筑台建梯，形如乳头，逼真宛然，故当地又叫“奶头山”。著名诗人郭沫若1960年来乾陵游览时，曾留下了“南对乳丘思大业，下临后土望长安”的佳句。

石马开道　说的是乾陵朱雀门南面从两乳峰之间通向献殿的御道两侧，竖有华表、石马（翼马）、驼马、翁仲、述圣纪碑、无字碑、石狮、六十一宾王等大型精细石雕，120多尊依次排列。石马在前，双翅高振，凌空欲飞，其他石雕左右配置，被史学界誉为“唐代露天石雕艺术博物馆”。

金龙锁关　位于县城西北25千米龙塘沟。北关两岸突拢，左右峭壁，据险夷之界限，扼山谷之咽喉。漆水河流至此关，如金龙拱掌，咆哮水涛，巨龙般从峪谷喷出，跳跃关外，而后平缓，一泻千里，逶迤向南。关险水急，盘龙锁隘，自古为兵家必争之地。

龙岩古寺　位于乾县临平镇西北6.5千米处,坐北向南,依山傍水,松石幽秀,境地颇佳。寺院香火鼎盛于民国年间，寺庙曾先后修建九孔垚殿、三座大殿及亭台楼阁。有奇妙的魁星楼，岩头宏伟的南天门，岩边玄妙的铁索桥，铁索桥使二山相连。远近闻名的漆水河水潭响彻宇间，佛殿庙殿上下相连，千年古柏茂密参天，绿山清水荡然回旋，山势宏伟状如威龙，故有“小华山”之称。寺院历史久远，但多次遭劫，现在漆水河已经改道，“漆水河水潭响彻宇间”的盛景已不复存在。

响石名潭　在乾县境内有两个，一在注泔镇胡罗村西泔河河谷，人称东潭，主要有龙潭、神潭、鬼潭、白马分鬃、一线天等十多处景点。一在县西漠谷，人称西潭。二潭皆深不可测，其上于乱石罅中，高悬瀑布，冲激流响，訇然之声，数里可闻，故名响石潭，西潭在修乾陵水库时埋于坝下，现仅留胡罗村之响石潭，故此景又称“东响石潭”。

乾县除上述“八景”外，新建的还有大唐小镇、乾陵牡丹园、乾陵生态园等。

第四节　武功八景

陕西省武功县是漆水河流经的主要区域，位于关中平原腹地，这里历史悠久，人文资源丰富，曾是周、秦、汉、唐等13个王朝的京畿之地，又是农业始祖后稷教民稼穑的圣地，为中国农耕文明的发祥地之一。其中有八处景观名满三秦，享誉国内，被称为”武功八景”。它们分别是：姜嫄古墓小华山、教稼台封后稷官、苏武节碑龙门传、上阁钟声响九天、喀山晚照晒书卷、东桥水波花柳显、二水塔影两河湾、报本胡燕更奇观。

姜嫄古墓小华山　姜嫄墓位于武功县武功镇华山之巅,姜嫄生“后稷”名“弃”。尊称“圣母”，经天纬地，后稷又“树艺五谷”，为农业始祖。姜嫄墓位于陕西武功老城南侧小华山上，《武功县志》载：“姜嫄墓在南门外，南去360步，又西40步，墓在坎上，与东原梅家庄通。”1990年被陕西省政府公布为重点文物保护单位。墓地中高，两旁垂拱如翼，故称“飞凤穴”。其封土高约4米，下为方形，周长15米。《史记》载，姜嫄为帝喾元妃，履巨人之足迹而生后稷，母以子贵，世人尊称姜嫄为圣母。其墓冢面朝东方，墓前有清代牌楼一座，正面顶额书“姜嫄圣母墓”五个大字，牌坊匾额字迹漫漶，两边对联已不见。左右对联上方横额分别镌刻：“厥初生民”“炎黄巨尊”。背面匾额上书“母仪邰城”，左右对联为：“益稷三章漆永明”“大雅一歌山川秀”。居高临下俯瞰，武功镇全景尽收眼底，极目远眺，漆水映带，蜿蜒于郁郁葱葱的林木、花草、庄稼之间，时隐时现，飘忽不定，一年四季，各不相同，诗情画意尽在其中，人们观后无不赏心悦目、心旷神怡。姜嫄为周人始祖，历朝历代为帝王将相及百姓所敬仰，每年腊月初八，小华山脚下的腊祭坡都举行大型祭祀活动。从汉代就开始营造祭殿，直至后来，姜嫄墓曾占地六十余亩，庙堂、殿宇、楼阁连成一片，古柏参天，十分壮观。

教稼台封后稷官　教稼台位于武功县武功镇东廓道旁，为后稷教民稼穑之地，为中国“八大名台”之首。教稼台竖立于陕西省武功县老城东门外漆水之滨，相传为后稷向人们宣讲稼穑百谷之道的场所。后稷，名弃，为姜嫄所生。姜嫄是上古有邰氏之女，配帝喾高辛氏，传说姜嫄履巨人迹而生后稷。后稷自幼热爱农业，好耕种，长大后教民培育良种，种植作物，帝尧举为农师，封于有邰国（今武功县）。后人为了纪念后稷的历史功绩，而立教稼台。教稼台原为一矩形土心砖砌平台，下大上小，呈覆斗状，中有洞门，为来往车马行人必经之路。洞门东口上有宽约 1 米、长约 2 米的石刻，其文曰：“教稼名区”。上款为“道光五年正月重修”，下款为“知武功县事邓兆桐立”，西口上为“教稼台”。这是一个砖砌箕斗形平台，长 78 米，宽 31 米，高约 15 米，古朴敦实，别具一格。台四面各辟一门，寓意一年四季；有 24 根栏桩，隐含二十四节气；前后有台阶，分别有五阶六阶可达其顶，象征五谷丰登、六畜兴旺。台前石碑和四面门洞之中嵌了钱范宇、刘暲昆、周尧、赵宏章、于右任、吕楠、王任重、屈武等人诗词题刻，西北农林科技大学、陕西农科分院、武功科研中心等单位的简介立于台前。既可思索内中事理，又可欣赏诗书艺术，引人入胜。

此台代有修葺，历经沧桑，几度兴圮。清雍正元年（1723 年）知县杭云龙、清道光五年（1825 年）知县邓兆桐、民国二十五年（1936 年）县长钱范宇曾三次重修。新中国成立初坍塌殆尽，仅余残痕。1970 年，由于“文化大革命”更遭严重破坏，只存残壁破瓦。

教稼台碑刻：1987 年，耆宿发起倡议，士、农、工、商，尤其中央、省属杨凌农业科研单位踊跃筹资 4 万余元，于 1988 年秋施工，次年春主体落成。教稼台重立于旧址，形体依旧，仍呈覆斗形，高 12 米，周长 24 米，台周围确定了保护范围，占地面积 2500 余平方米。遂立标识，设门楣，建起砖围墙，1988 年被列为县级文物保护单位，1992 年被公布为陕西省重点文物保护单位。教稼台四周垂柳依依、翠柏常青、花繁叶茂、争奇斗艳。若遇天气晴朗，游人登台览胜，常川曲幽、漆水映带、田野碧绿、白云蓝天、太白屏南、梁山拢北，一切自然美景尽收眼底。

苏武节碑龙门传 苏武墓位于武功县武功镇城北二里龙门村，后建有苏武纪念馆。苏武，为中华民族最具代表性的爱国主义典范，位封“汉典属国”。苏武纪念馆东临漆水，西依凤岗。墓穴东向，背附青山，漆水河自墓前蜿蜒而过，依山傍水，环境优美，为“武功八景”之一。1979 年 5 月 31 日公布为陕西省重点文物保护单位。

苏武墓占地面积 7000 平方米，建筑面积 580 平方米，其主要建筑依次为仿汉阙门、苏武牧羊铜像、南北庑廊、苏武大殿、南北祭亭、苏武墓祭台、墓冢。

墓前竖有清乾隆年间陕西巡抚毕沅书《汉典属国苏公墓》、武功县令阮曙书《汉典属国苏子卿墓》及民国时期的《重修苏武墓门碑》等碑石。苏武墓代有封修，题书、碑、碣殊多。清乾隆巡抚毕沅题碑，同治年间（1862—1874 年）知县陈尔弗等题碣。20 世纪 40 年代末尚有围墙、院落、门楣，后被拆除，仅存墓冢，高约 1.5 米。1979 年被公布为省级文物保护单位，遂立标识，确定保护范围，划定墓面积 330 平方米，设门楣、建围墙。1938 年，菲律宾华侨成立“南洋武功苏氏宗亲会”，1993 年更名“世界苏氏宗亲会”，1997 年，“世界苏氏宗亲会”追本溯源，寻根谒祖，组团回武功拜谒苏氏墓。

上阁钟声响九天 上阁寺位于武功县城西塬畔上，松柏涛涛，依山间有窑洞、神仙塑像、楼台、亭阁，曲回之山道，别具景象，楼台高筑，钟声响彻九天。上阁寺原名“宝意寺”，坐落在陕西武功故城内稷山之巅，为人们历代祭奠姜嫄圣母、始祖后稷所立祠之地，又是唐时李渊位于武功的三处别宅之一。上阁寺，始建于何年不详。据县志载，明弘治年间重修建有姜嫄祠、后稷祠、天皇堂、罗汉洞、吕祖洞、唐太宗读书处等十多座古建筑，统称上阁寺。县西街原有高大的石牌坊，为进出后稷祠道口，镌联为“仰观稷山景，俯听漆水声”，匾额刻“环城在抱”四个大字。进门蜿蜒陡坡。青石台阶两百多米，为祠堂山门，匾额书“粒食万年”。千百年来作为京畿重地的武功城，历史悠久，文化繁荣，这里成为韦应物、康镛、于右任等历代文人墨客抒怀之地，其又以“上阁钟声闻九天”作为“武功八景”之一闻名于世。

康对山《武功县志》载：后稷庙、姜嫄祠“今俱亡矣”，而“今（明正德时）后稷祠在城内西上，故宝意寺址也。明弘治丙辰（1496年）知县（宋）学通改建，祠后又作姜嫄祠”。

《长安志》载：“宝意寺在县西一里，亦唐神尧别宅。唐乾封三年（668年）建为宝意寺，周显德二年重恩宝意寺，寺东临绝崖。”显然是后稷祠在唐以前（乾封三年）即已有之，后来的宝意寺（俗称上阁寺），即以后稷祠为中心改建发展起来的。此后，历有修葺。到清雍正十一年（1733年）《后志》记载：“殿三楹，四角垂檐，南向，殿前有碑，马嵬阎铎记。”

明、清数有修葺，每次立碑以记其事，碑文多言宝意寺“大唐创业天子（李世民）读书处”，与《长安志》的“唐神尧（李渊）别宅”之说相吻合。李渊在武功的住宅有三处，宝意寺即其一，此宅系以后稷祠为中心所建，由此可知，后稷祠建丁唐之前。

喀山晚照晒书卷　喀山庙位于武功县武功镇南二里漆水河畔东崖上，此处地理位置奇特，居高远望西山，有夕阳重现之景观，传说唐李世民幼时在武功读书，在漆水河摸鱼嬉水，书没入水中，夕阳落而再现，将书晒干。道光十七年（1837年）《重修客山庙莲花寺碑记》载：吾邑东南有山名曰客山，县城西依稷山为主，故相对者为客也。其上有庙，下有湫池，左与梅家庄相邻，前与姜嫄墓对峙，漆水环绕，松柏蔚秀为邑胜境。此乃唐太宗读书之处，昔人所谓“客山晚照”者是也。旁有莲花寺，正中有光圣大殿，后设诸佛洞，娘娘庙前置山门、钟楼。历史上，客山庙和莲花寺一直是连在一起的，统称为客山寺。这里由来久矣，乾隆年间曾重修，迄今数百年，风雨飘摇，几乎倾圮，居人睹之怵然，遂广为募化，时于当年春二月肇工，并依旧制葺之，两月落成。新修的三间硬山式仿清建筑雄居其中，新植的苍松翠柏郁郁葱葱。莲花寺仅残存窑洞数孔，佛像数尊，亟待修葺。

这显然是传说。但“喀山晚照”的奇观却是存在的。因为喀山正好面对沮河（漳水河）出口，所以正当太阳接近北回归线的那些日子里，夕阳西下，被对面的岸峰遮挡之后，沮河出谷的豁口之处，自然还能露出一缕阳光，正好落在客山顶上，这样青影红光相映成趣，便别具一番景象。绚丽的自然风光加上美妙的传说，这就是千百年来萦绕于耳的“喀山晚照晒书卷”的故事。

东桥水波花柳显　东桥为古丝绸之路经漆水河之古桥，周民族繁衍生息的摇篮之一，先民依河两岸而居，垂柳成荫，水清见底，鱼跃其中。同时其又是自古兵家必争的战略要冲。从西安出发，沿西宝北线西行82千米，这里曾经是走西府（西岐）的必经之地，也是扼守武功旧县城（武功镇）的东大门东坡桥口的天然屏障。上下坡口狭窄，坡长 700 余米，两边对峙的悬崖犹如两扇大门，西宝公路从中间穿过，确有“一夫当关、万夫莫开”之势。下了坡就看见漆水河从西北方盘绕至坡下，向南奔流而去。过了河，西行 500 余步就来到武功旧县城东门口。

二水塔影两河湾 二水寺塔位于漆水河与漠西河道交汇之塬头上，“风水古来佳，水明塔影秀”。塔为七级八面，玲珑清秀，影映漆水与漠西河水中，可谓独特之景观。 二水交汇于此，突兀的梁山像箭头一样形成夹角，在明万历三十一年（1603 年），武功县游风乡游风村的张汲（张炼的孙子）请命于县府，号召群众集资在此修了一座砖塔，此塔为楼阁式七级八面，高约 30 米。修建此塔有两种说法：一说是武功县多年来人才辈出，文章盖世，唐有苏瑰、苏颋，宋有游师雄父子，明代状元康海、张铸、张炼进士及第，无不绽放着耀眼的光芒。后人为了祭祀文昌帝君，彰显武功文才鼎盛，在梁山顶端修了一座形似毛笔的砖塔，远远望去，塔如一支巨笔直指云天，十分壮观。

二水寺塔 1957 年 5 月 31 日被陕西省人民政府公布为重点文物保护单位。但可惜的是在 20 世纪 70 年代被拆毁殆尽，给人们留下了难以名状的遗憾。

报本胡燕更奇观 报本寺塔位于武功北门外，隋开皇十八年腊月二十二（559 年 1 月 23 日）唐太宗生此别宅，为报母恩，遂舍宅为寺曰：“报本寺”，塔因之而建，唐末毁之，宋代重修。地宫文物出土有金棺、银椁、玉棺、舍利子、豹斑玉奁等百余种。塔为七级八面，高 39.66 米，雄伟挺拔，为现代风格砖塔，陕西名塔之一。报本寺塔为楼阁式砖塔，面阔 4.7 米，基地面积 50 余平方米，第一层高十余米，往上各层的阔面与高度逐级递减。每层上檐呈叠梁式，柱额上置砖雕转角，衬间排列斗拱。每层设三门，圆形券式洞门，真假相间，变化有序，塔身中空，施旋木梯可登临远眺。塔势雄伟，高耸云空。每逢春季，总会飞来一群胡燕嬉戏于塔顶周围，视为奇观，人称“胡燕朝塔”。

明嘉靖时（1556 年 1 月 23 日），华县发生大地震波及本县，报本寺塔被震裂缝宽一尺有余、长数尺，后复原如初，人皆愕然，不知其由。1981 年被列为省级文物保护单位。地宫内共出土文物 100 余件，主要有石雕彩绘须弥莲花座、金棺、银椁、盝顶银函、金双鸾五辨银碗、汉白玉彩绘石椁、豹斑玉筒、白瓷净水瓶、葫芦形琉璃瓶、竹节瓷瓶、八棱形瓶、舍利子（41 枚共重 26.7 克）、银方盒（重 394.5 克）、一对银镯（64 克）、六块水晶石、十一面铜镜和数十枚铜钱等。这些文物的面世是继扶风法门寺地宫出土文物的又一重大发现。

第三章　民俗文化

漆水河流域民俗文化形式多样，内容丰富，地域特点鲜明。

第一节　民间文学

流传在漆水河流域民间的口头文学，包括故事、歌谣、谚语和新故事等，无不抒发人民之情怀。如北部山原曾孕育产生过“七月流火”的《豳风》，对后世影响深远。新中国成立以后，新故事、新民歌的提倡和传诵更加普遍。1985 年，根据全国艺术科学规划及中国民间文学集成要求，各县民族、民间文学艺术集成编辑委员会分别成立，开始了采集、整理工作。经数年采风，动员数千人参与挖掘整理。

新中国成立后，在乾县经整理见诸报刊的 300 余篇（首），关于乾陵、石牛、响石潭、乾州锅盔等传说故事被许多书籍收录，县文化馆曾编辑《乾县民间文学》2 辑，印刷发行 600 册。乾县文化馆干部强万康长期从事民间文学研究与创作，为中国民间文学研究会会员、省民间文学研究会理事，参与编辑《陕西省民间文学集成》。发表各类民研作品数十篇，《范紫东与赛金花》《蛟龙转鼓艺术初探》《关中风味小吃及其传统》等文章获省级奖励。

武功县历代文人学士甚多，创作硕果累累。最具代表性的，如前秦苏惠的织锦回文《璇玑图》诗、唐苏的即兴讽咏、苏鹗的《杜阳杂编》、明康海的杂剧《中山狼》《王兰卿服信明贞烈》及数量较多的乐府、散曲、游记等，都是传世名著。历经千百年，至今仍为人们津津乐道，称羡不已。清代至民国数百年间，私家述怀及酬答之作，常散见于旧志及谱牒之中。

新中国成立后，流域各县文化部门编配专职干部，负责各县业余创作，以诗歌、戏剧、故事创作为主。20 世纪 70 年代初，武功县文化馆丁永奎、张斌先后创作的故事《一把锄头》《两个队长》，参加省、市讲演。退伍青年赵康民，在部队当兵时曾有数十篇诗作在报刊发表，退伍后任民办教师仍坚持业余创作，编选出版了诗集《洁亮的爱河》。长宁乡青年王蔚，先后创作中篇小说《名门望族》《乡情》，分别在《收获》和《炎黄》杂志发表。以写散文见长的刘景民，在《陕西日报》文艺副刊上发表作品，如《村名的由来》《东崖畔上的读书声》《换对联》等十多篇，中共武功县委宣传部曾以“有杰出贡献青年”给予表彰奖励。1978 年底，文化部群众文化局组织上海、湖南、湖北、河北、山西、安徽等 11 个省（市）文化艺术单位参加的陕西省故事工作座谈会在武功召开，武功县汇报讲演了两场新创作的故事。20 世纪 80 年代中期，武功县编讲的新故事有《新嫂嫂》《九朵大红花》《落榜以后》《官复原职》《瞅对象》《二闷赢了个花媳妇》《夜走蜈蚣岭》等数十个，先后在陕西省电台播放和在《故事会》《陕西日报》《群众艺术》《宝鸡文艺》上发表。何志建 1981 年被评为陕西省文化系统先进个人。县文化馆先后举办故事员培训班 9 次，培养出故事员 100 多名，其中优秀者有阎宗希、刘乐宁、薄建民、易红卫等。他们曾多次参加全国故事大赛并获奖，并向文化部作过汇报演讲。在汉中召开的陕西省第四届故事赛讲会上，武功县应邀介绍了新故事编讲活动的经验。1984 年，宁夏回族自治区培训故事演讲员薄建民被邀请为教练。1989 年，何志建搜集整理民间故事 102 篇，主持编印了《武功民间文学集成》专册。

第二节　民俗文化

一、生活习俗

（一）居住

新中国成立前，流域渭北塬上地区大多数人靠崖背住窑洞或住地窑洞。平原地区因陋就简，建简单的厦房、草棚。富裕户住土砖木结构的大房。农村人习惯睡土炕（冬季用柴火烧炕取暖）。

新中国成立后，尤其是 1980 年后，农村住所逐渐变化。厦房、土木结构的大房被淘汰。村民普建砖木结构的大房、混凝土平房、二层楼和三层楼，屋内为砖地面或水泥地面，粉白墙。门窗由中式变成西式，改纸糊窗为玻璃窗。土炕改为木板床、沙发床和席梦思床等，冬季用电热褥取暖。昔日一般家庭所用衣柜、立柜已经消失，组合柜、电冰箱、洗衣机、彩色电视机、影碟机等成为年轻人结婚最时髦的摆设。条件好的已用新型材料装饰建起的新房。

（二）服饰

民国时期，流域相对富裕户身着长袍马褂、绫罗绸缎，头戴礼帽，脚穿洋袜、皮鞋。女人穿红着绿，饰以银镯、耳环、戒指和银钗等；穷苦人粗布衣着，外加补丁；男青年上身穿自织的带条纹的粗布对襟衫，下身穿宽而短的粗布裤子；中老年人穿蓝、黑色粗布衣裤，白布褂子，圆口布鞋，腰系腰带。姑娘穿红、绿土布或花衣服，大襟单、棉、夹衣。老年妇女穿蓝、黑色大襟上衣、大裆裤，四季绑扎裤脚。

职业不同，穿戴亦各异。学生一身蓝，教师一身黑；在政界做事的人穿着长袍，戴礼帽。商人穿长袍，头戴八角硬帽。

新中国成立后，男女服饰由粗布变为华达呢或直贡呢，由清一色变为各种鲜艳的花衣服，由中式变为西式。近年来，衣料多为化纤品，有涤纶、腈纶、毛呢等。男装有夹克、西服等。女式服装和儿童服装变化快速，春夏秋冬，花色新颖，品种繁多。因驻本区的单位较多，与全国各大城市、国外往来频繁，对人们服饰影响很大，奇装异服时有出现。

公安、法院、检察、工商、税务、交通等部门的公务人员执行公务时，着国家按不同职业规定的统一服装。

二、礼俗

（一）婚嫁

订婚　新中国成立前，成婚的前提，一般重视“门当户对”；成婚程式，由父母包办，遵守“父母之命，媒妁之言”。须由男方和女方父母请邻里亲友向对方提亲，俗称“说媒”。经双方父母同意后，媒人将男女的生辰“八字”送对方家中，如双方“命合”或“属相合”，即可通过媒人缔结婚约。清末至民国初年，一般全礼为24两银子，外加“眷礼”，作为母亲养育之钱。抗日战争以后，彩礼以实物（小麦或玉米）代之。订个媳妇，一般男方须出5 ~ 10石（每石300市斤）小麦，有的高达36石，“正礼”外，尚有20 ~ 40斤棉花、鞋脚钱、衣料钱、首饰钱等。彩礼商定后，称“撒帖”，即定亲帖。女方接帖后，择定吉日（一般为双日），媒人陪同男方家人到女方家送礼，女方盛宴款待，算是定亲。新中国成立后，多由男女自主恋爱。男女双方会面后，如无意见，即可定亲。彩礼虽减少，但习俗未变。

确定婚期　结婚前，男方须宴请媒人，俗称“发媒”。然后将相士确定的结婚吉日单、布料、鞋脚钱、包头、耳坠钱、棉花等，由媒人送至女方。婚期前1个月，女方给亲友送帖，通知婚期，备置“添箱”。

结婚　男称娶媳妇，女称起发。出嫁前1日，女方家亲友送钱或物，称“添箱”。请命相好的妇女给出阁女开脸上头（用绞线去除面部汗毛）；现今一般到理发店梳洗化妆。男方前1日在厅堂供奉祖先牌位，有的还上坟告祖；家中搭棚、设席，门上搭彩，准备翌日结婚之事。婚日，备花轿或轿车，择吉时，并带上彩门钱、下炕钱、糖果，到女方家，先敬女方列祖列宗；女家盘内端手帕，给娶亲者每人1条。出阁女大声啼哭，由娘家人背上轿子或马车。娘家送女，男女陪同，陪同送女的人称“吃宴席”。娶亲的连放“起身炮”，轿车便启动，沿途抛撒红纸花。新郎着吉服，戴礼帽，骑马绕轿三周，由娘家人给新郎披红、插金花。新郎骑马到城门口预先摆好的桌前迎轿。鞭炮声中，娶亲车行至男家门口，下轿新娘凤冠霞帔，红帕盖头盖脸，足踩布或草席，由引娘引至厅堂，拜天地、拜祖先，俗称“拜天地”。然后入洞房，新郎先进，嫁妆抬入房内。新娘进屋后，由新郎揭去盖头，坐在炕上。小孩为新娘挂门帘、端洗脸水，并向新娘要手帕。中午，新娘换衣服。宴席上，新郎新娘向亲友敬酒。婚后3日内，新房里的灯不能熄灭，名曰“长命灯”。3日内每晚闹房，除父母辈及兄长外，本家和村人，不论男女老少都可耍闹。3日后“回门”（新郎到岳丈家），带4样礼物，岳丈家设宴款待。随后几天，新郎带上新媳妇走亲串友，表示回敬。

再婚　旧社会，妇女受封建思想束缚，丈夫死后多不改嫁，只能为夫守节。妇女要改嫁，关卡很多。娘家索要“追往钱”，财礼比初嫁姑娘多1倍多，结婚一般晚上举行。反穿裙子，有的还要顶黑锅。

新中国成立后，上述礼俗有变化。1953年，《中华人民共和国婚姻法》颁布实施，规定婚姻由婚者双方自主。男女双方经过一段时间接触了解，双方都同意后，男方带酒肉、糖果及衣料等物到女家定亲，女方再到男家“认家”。此后，男女互相往来，商定日期，到本地民政部门登记并领取结婚证书。结婚时，男方开汽车去娶，陈规陋习甚少，有的还举行集体婚礼或旅游结婚。近年来，婚事大操大办，有愈演愈烈之势。

（二）生育

在漆水河流域，生育前，一是由娘家母亲给未出生的外孙、外孙女做衣服，以备孩子出生急用；二是“解包袱”，即娘家母在女儿生育前1个月，用麦面蒸包子送至女儿家，女儿食用娘家母送来的包子馍，据说就生得快、顺当，少受痛苦。

孩子出生后，父母先记下婴儿生辰，在产妇房门上挂一块红布，意在避邪。随后向亲家（娘家）报喜。如生男孩，第3天娘家父母来看女儿，带上挂面、鸡、鱼等为女儿补身体。娘家母10天、20天才能看望。如生下女孩，第3天、10天、20天，娘家母带红白糖、馍等礼物看望孩子和女儿。入房门时，用麦草在门前点一堆火，娘家母从火上跨过，意在防止邪魔入内。

婴儿20天或满月时，娘、婆家所有亲戚、朋友都要带上小儿衣物、花布、食品等来祝贺，有的送红包给孩子，有的送长命锁、富贵锁、银项圈等。邻里有给婆婆、公公抹黑脸的习俗，以表喜庆。上午设席款待宾客，席间，抱出婴儿与亲友见面，认干大（父）、干妈，满月后，娘家人接回女儿，在娘家住30～40天，进一步恢复身体。

农历正月初六至初十，舅家为小外甥送灯笼（第一年为红火罐灯笼），直至12岁。

（三）祝寿

在漆水河流域各县有做生日习俗。新中国成立前，富裕人家老人，年满60岁即开始做寿，每年1次，以辞世为终。寿辰日，亲朋好友带上礼品来祝寿，主人家设宴款待。晚上，邻里街坊、族人到家磕头贺寿。新中国成立后，随着生活水平的提高，给老人祝寿普遍化，晚上多演电影或唱自乐班戏助兴。

近年来，为孩子过生日也很普遍。

（四）喜庆

主人家建新房架梁上顶时，外甥、女婿及朋友邻里都要祝贺添彩、帮忙。来时带上鞭炮、彩虹（过去一条红布，现在送被面、彩色布料）、烟酒、副食等。将被面、布料搭在房顶或梁上，放炮庆贺。帮忙人、工匠等分食带来的副食品和烟酒，主人设宴招待宾客和帮忙人。

乔迁新居时，过去是迁居人家在原居处做好引灶饭，抬往新屋，请村中各姓人分吃踩院，以示吉利。后来除亲友祝贺外，还要请自乐班、电影助兴。晚上用酒菜招待邻里。

（五）丧葬

临终支床 老人临终前，儿女给老人洗身、整容、穿寿衣，并搬到提前支好的床上；禁忌老人死在炕上。老人绝气后烧倒头纸，点蜡烛，盖遮脸纸，大门贴上白纸，以示老人去世。

报丧 人亡后，由族中1～2人迅速将噩耗报于亲戚，使亲属做好吊唁准备。

勾穴 请阴阳先生选择坟地，卜埋葬日期，动土挖墓，列“期单”，写“讣告”。“躲煞”（亡者灵魂回家）时，家里人和牲畜全部撤离，以防“惊煞”。躲煞后，家人回家。由儿女1人抱1只白公鸡，提上小锣，边走边打。随后家人慢慢步入屋内。

盛殓　盛殓前，主要亲人必须提前到场。男者必须是舅家人，女者必须是娘家人。族中主要男女亲属也要到场，穿白戴孝，由族中年长者3～5人将遗体由床上移入棺材内，封盖，烧纸举哀。

开吊　挂门牌，围帐布，设灵桌，孝子守灵开吊。上午，同辈邻里亲戚吊唁（吊丧）。下午，晚辈亲友吊唁（烧纸），儿女陪同哀哭。

祭奠　安葬前1日下午举行隆重的集体吊唁仪式。一般请4乐或8乐，将灵位由乐工迎上，移至门外灵棚，所有的亲属黄昏前，担抬祭品、金银斗、筒纸、花蜡、祭亭、金童玉女、铭旌等前往。乐队奏乐，孝子列队远迎，俗称“迎祭”。晚上举行祭奠仪式，行“三献礼”，此俗沿用至今。

出殡　出殡前，由族中一年长者扫墓，扫墓人禁忌与丧车相撞。出殡时，先是起丧，用8人抬的棺罩；棺罩前拴几丈长的白布，男孝子扯着布哭走，女孝子跟在灵柩后。礼宾、乐班走在灵柩前，铭旌、金银斗、金童玉女等紧随。十字路口摔孝盆，进行“路祭”。乐人奏乐，敲锣打鼓送至坟上。

埋葬　将棺材放入墓穴中，移正，封墓口，填土成坟（封土堆）。宾主举哀祭奠。

扶山　埋葬后，同一天中午饭前，孝子、宾客以乐先导，到墓前再祭奠，孝子执锨圆坟，俗称“扶山正穴圆坟”。

七期　死后每7天一祭，共7次，称“七期”。

百日　老人去世100天祭奠为“百日”。

周年　老人去世日，每年此日一祭，连祭3年，分别称作头周年、二周年、三周年。

新中国成立后，丧葬习俗不断改革。逐步用开追悼会的方式代替吊孝，用遗像代替木主神位，用花圈代替金银斗，丧葬礼仪简便。20世纪80年代开始，提倡火葬，在机关、单位、工厂多实行，在农村逐渐推行。

三、节日习俗

（一）传统节日

春节　在漆水河流域农历正月初一，俗称“过年”。腊月初八过后，即开始打扫庭院，拆洗被褥，置办年货。腊月二十三后，杀猪、割肉。二十五日起，蒸年馍、请门神、买门旗。二十八九煮肉，三十糊窗花、贴对联、请祖先。除夕夜阖家团聚，饮酒守岁，并献饭祭祖。晚十二点，家家鸣炮，辞旧迎新。正月初一，吃臊子面、饺子等，晚辈给长辈拜年，长辈给晚辈压岁钱。大人小孩穿新衣，敲锣打鼓，游戏娱乐。初二至十五前，走亲访友拜年。新中国成立后，有的习俗废除，有的延续至今。20世纪80年代后，传统春节更加热闹隆重。各村堡演戏，赛跑船，打锣鼓。每年正月十五至十六日，由有关部门组织各村锣鼓队、秧歌队、健身舞等比赛，各单位放焰火，组织仪仗队，走街串巷，为群众表演。

元宵节　正月十五为元宵节，有食“元宵”的习俗。元宵之夜，户户门上挂红灯，放鞭炮。有些单位或村堡还组织放焰火、耍狮子、走高跷、跑竹马，通宵达旦，尽情欢乐。

清明节 每年清明节前10天，新人为祖先上坟添土，焚化纸钱，表达对死者的怀念。新中国成立后，清明节也作为纪念革命先烈的节日，举行祭奠、扫墓活动。

端午节 这天，太阳未出前，割艾蒿，插在门前。青少年戴香包、花花绳，意在避邪。家家吃油糕、粽子。端午节前后，外祖母给外孙送“拥肚”、夏衣等。

中秋节 农历八月十五，亦称“团圆节”。晚上，在院子摆置桌子，献上月饼、水果，谓之“祭月”。全家团聚赏月，吃月饼，讲故事。

腊八节 农历十二月初八，家家都要吃腊八粥，要煮一大锅，吃一天，以示粮食有余。

（二）新节日

五一国际劳动节 公历5月1日，流域各级党委和政府在“五一”前后，召开庆祝会，表彰劳动模范和先进工作者。机关、单位、工厂、商店职工享受假日1天。

国庆节 公历10月1日为中华人民共和国国庆日，一般都要举行庆祝活动。

（三）其他节日

公历3月8日为国际妇女节，5月4日为中国青年节，6月1日为国际儿童节，7月1日为中国共产党建党纪念日，8月1日为中国人民解放军建军节，9月10日为教师节，均为法定节日。这些节日，各单位或有关单位都组织庆祝或纪念活动。

四、庙会

庙会，亦称庙市，是一种岁时风俗，是与市场交易、民间信仰、文化娱乐有关的节日活动，一般设在庙内或其附近。从唐代起，它作为流域民间的集市形式之一，一直延续至今。庙会上，商品的数量、品种都比通常集市多出几倍。有的庙会，一夜之间能招来几十个乡的群众来助兴。

（一）名称、日期、祭神仪式

庙会的名称，一般以庙的名称命名，如城隍庙庙会、关帝庙庙会等。庙会举办的时间，一般在寺庙节日举行。旧时的庙会，在开展贸易活动之前，要举行祭神仪式。祭神仪式之后，贸易活动才能自由展开。

（二）土产品市场

土产品市场是庙会贸易的主体市场。土产品种类很多。农具：以木制者居多，如犁、耱、木锨、木叉、扁担、架子车、大车及镰刀、锄头、铡刀等。例如，在户县庙会上，人们喜欢购买“西羊村的‘端错错’（指木锨把）、南羊村的‘板板薄’（指锨板子）、东羊村的‘眼眼多’（指竹筛子）”。日用品：如盆、瓮、锅、鏊、碗、碟、棒槌等。其中韩城的铁锅、扫帚，白水的菜刀，留坝的手杖，商南的砂锅，南郑的藤椅、棕箱，另外还有许多其他产品，都深受顾客欢迎。家禽家畜：如牛、马、骡、驴、羊、猪、犬、鸡等。有些地方将庙会称作“骡马大会”。

（三）饮食市场

庙会具有明显的游乐性质，与平时集市相比，饮食市场特别发达。

庙会期间，临时建成的饭馆、酒馆、茶馆林立。它们一般在布棚、席棚中营业，也有设在露天的。主要经销大众食品，如浆水面、大刀面、麻什、臊子面、胡辣汤、水盆羊肉、羊肉泡馍、小笼蒸饺，等等。此外，在会上还有许多小贩挑着担子在人群中穿行。哪里有生意，就在哪里营业。

（四）玩具市场

庙会上的玩具市场最为花哨。在民间儿童玩具摊上，摆满了假面、戏剧木人、小车、刀矛、竹笼、竹哨之类小玩具。岐山县周公庙会期间，还大量销售造型别致的“泥娃娃”“泥老虎”。这是一项历史悠久的传统习俗，其用途在于：“泥娃娃”供进香求孕的人用，“泥老虎”供赶庙会的群众带回家镇凶安宅。

（五）民间艺人的表演营生

庙会是与文化娱乐有关的节日活动，有各类民间艺人进行表演营生。其中主要有秦腔戏、拉洋片、扁担戏即木偶戏。另外，还有表演武术的，耍杂技的，演马戏的，变魔术的，说书的，等等。有的设有帐幕，艺人在里面表演，观众掏钱入内观看。

（六）著名庙会

漆水河流域各县庙会很多，仅武功一县就有 20 多个村办过庙会。其中中型古会（历史悠久的庙会也叫“古会”）有著名的武功县旧城教稼台“河滩会”、凤翔县城西灵山庙会、麟游县城城隍庙会、杨凌区姜嫄村庙会等。

武功古镇“河滩会” 武功古镇“河滩会”即武功镇冬季物资交流大会。“河滩会”，最初人们是为了纪念农耕始祖、五谷之神后稷教民稼穑、树艺五谷而举办的一个活动，每逢农历十一月初七，远古先民们为感激后稷的功德，带着收获之物纷纷来到漆水河旁教稼台前，进行以物易物的交换，载歌载舞答谢后稷，到现在已经持续有四千多年。可以说，中国最早的市场即发端于武功古城，武功古镇作为农业文明的发源地而蜚声海内外。“河滩会”是关中西部历史悠久的以纪念农业始祖后稷而形成的传统古会，是体现关中农村乡韵乡情风情的视觉窗口。几千年来，享誉西北五省乃至全国的“河滩会”，以互市交易形式，极大促进了我国大西北、大西南地区农副产品的大流通和农业技术的大推广。

以前，河滩会繁华交易，特别是牲口交易和木材交易，使得武功这块土地成为繁荣的商品交易中心。土生的秦川牛和内蒙古、宁夏、山西等地运来的骡马等以此为根据地向浙江、安徽等南方省份流通。秦岭终南运送过来的优质松木、杉木等原始木材渡过渭河来此，一部分经当地消化做成棺木、案板、家具等运往全国各地；另一部分以原材料的形式向周边省份扩散。河滩会成为享誉西北五省乃至全国的盛会。

河滩会上有耍猴的，变戏法的，套圈的，耍杂技，耍魔术的，捏糖人的，是孩子们的最爱。还有凉皮、饸饹面、油糕、麻花、扎糕、甑糕等特色小吃。每逢河滩会，必有秦腔大戏，各地名角儿登台助兴，引得方圆百里的人们来观看。

武功镇河滩会经过数千年的演进，遂成为名扬西北五省（区）集丰收庆典、农技交流、商品贸易、文化娱乐、会亲访友于一体的盛会。河滩会承载的是历史，烘托出后稷“教民稼穑、树艺五谷”的丰功伟绩，有力地印证了“民以食为天”的古老理念。随着时代的发展，它逐渐成为世界和中国农业历史上起源最早、历史最久、层次最高、规模最大、商品最齐、客商最多、成交最好的“世界（中国）农贸第一会”。2010 年 3 月 4 日，咸阳市人民政府公布武功镇东河滩会为咸阳市非物质文化遗产保护名录。

近年来，为宣传后稷农耕文化，武功县把武功镇冬季物资交流大会（俗称“河滩会”）更名为“中国武功后稷文化节”。武功镇原本是武功县的老县城，这里过去曾长期是武功县的政治、经济、文化中心，地域内历史文化遗产极为丰富，武功古城文旅资源丰富，具有全国性、全省性的文化就有姜嫄母仪文化、后稷农耕文化、苏武爱国文化、苏蕙诗锦文化、李世民感恩文化、张载关学文化、康海戏志文化等，号称“方圆五千米，上下五千年”。

麟游县城城隍庙会 在麟游县城的城隍庙每年都举行盛大的庙会。会期在每年八月初二，会首多是全县各地士绅，会前集中县城商讨过会事宜。该会置有固定田产，作为过会基金，不管当年丰歉，都要给城隍大做寿诞，演大戏，请吹手，献 10 多斤重的蜡烛，香火不断，县长亲往祭奠，行文读祝，祈祷城隍帮其理民，保佑全县人寿年丰。新中国成立后庙会逐渐被物资交流会代替。

永寿县庙会 旧时，永寿县集市庙会很多，各地时间不同，主要的有：监军镇农历二月初二—五日药王神庙会，七月十二—十四日城隍神庙会，八月初二—四日地母神庙会；常宁镇农历九月十三—十五日娘娘神庙会，四月十五—十七日关帝神庙会；店头镇农历七月初七—九日娄敬神庙会；仪井农历三月十八—二十日高庙山毛郎神庙会。赶庙会既有本地人，也有邻县人。每逢庙会，香客摩肩接踵，商贩云集，卖艺杂耍，测字算命，乞讨布施等，样样皆有。新中国成立后，集市庙会已演变成物资交流会，近年来有的会期延长至 8 ~ 10 日。

灵山会 灵山在凤翔县城西。山上的净慧寺卧佛殿，有释迦牟尼佛涅槃像。灵山会相传始于唐代。每年从农历四月初一日起，凤翔、千阳、陇县、兴平、武功的善男信女赴净慧寺拜佛者，数日不散。这五县的商贩输送山货、土产、民间工艺品及农具、日用品参与交易。新中国成立后，灵山会时停时盛。“文化大革命”中，寺院尽毁。改革开放后，凤翔及千阳、陇县等地乡民又募捐修庙数座，其会又盛，日聚数万人。

杨凌区姜嫄村庙会 姜嫄村位于陕西省杨凌区揉谷镇境内，是华夏圣母姜嫄受封地，也是农耕始祖后稷的诞生之地。姜嫄祠位于姜嫄村南边，紧邻村庄，居正中位置，坐北面南，与秦岭遥相呼应。姜嫄祠至今已有四千余年的历史。曾经三毁四建，多历灾难，而圣母殿仅存。姜嫄祠一碑文记载，明代武功康海，于正德年间将此祠修复一新，曰姜嫄古寺。清代战乱中被烧毁，圣母殿独存。光绪十八年，群众照旧重修姜嫄寺，直至光绪二十五年竣工。复修的姜嫄寺基址宏郭，殿宇重叠，飞檐斗拱，金碧辉煌。由阶梯上两层山门，门两边有两个大石狮，门内有一棵干枝柏，两厢各有一座小楼阁。正北是五间大殿，大殿北边是左右两座厢房，左上角有一栋三层楼阁，一面横贯祠院有浮雕的花墙将其与中间隔开。沿中间台阶上行，有七间大殿，北边为姜嫄圣母大殿。阶壁灿然，神像焕然，庙宇森然。这些建筑，“文化大革命”期间大多被拆除，仅留圣母殿。

现在的姜嫄祠，修建于 2001 年 10 月，由姜嫄村村民自发组织捐款重修。祠内建房十八间，圣母殿照旧重修，祀奉圣母塑像。壁画为姜嫄履迹生子教民稼穑的故事。下殿七间，祀奉后稷、公刘、太王、文王、武王、周公等圣子贤孙塑像。山门两层，下为门道，上层祀奉姜太公塑像。二〇〇二年正月二十三日举行了隆重的开光仪式。村内有戏楼一座。从20世纪70年代以来曾三次重建，供祭祀姜圣母演戏之用。

姜嫄庙每逢初一、十五、六月、腊月都有当地群众前去进行祭拜活动。姜嫄庙已成为周边乃至全国老百姓心目中神圣而向往的祭拜之地，吸引了众多的海内外华人前来寻根探源，拜谒祭奠，姜嫄庙会已列入第三批陕西省非物质文化遗产名录。

武功县苏坊镇蔚村庙会　蔚村位于武功县苏坊镇漆水河东塬之上。《武功地名志》记载："蔚村过去称卫（魏）公镇，当地人称之卫（魏）村，因是周武王之弟卫康叔的采邑而得名。"现存的清代村碑记述，魏公镇，城东西长两千四百米，南北宽三百六十八米，高六米余一。四门楼对称，东门外上方镶嵌着刻有"周原重镇"的青石板，西门外上方镌刻"魏公镇"三个大字。宋称魏公邑，明改魏千米，清设魏公镇。乾隆二十三年修缮城垣。城内、外共建有四大庙八小庙，以城内东北角的清凉寺、东街的城隍庙、东南的老爷庙和北门外的玉皇庙最大。其老什字的地藏菩萨庙、南巷子的南海观世音菩萨庙、东门外的菩萨庙、北门外西的三官庙、西门外窑背上的太阳庙、西门外的马王庙、西城池路北的无郎庙和娘娘庙均为小庙。

每年的农历十月初一，当地父老乡亲抬着"城隍爷出城"游村，让城隍爷看秦腔大戏。周边也是人山人海，热闹非凡。

武功古城小华山庙会　小华山位丁武功古城南关正街西侧，其南依漳水河，东临漆水河，山清水秀，历史悠久，是武功古城八景之一。小华山东北是关帝财神庙，西南塬畔就是姜嫄古墓。小华山回廊折栏，幽径相通；景中蕴景，色彩斑斓；龙凤双飞，层层递增。站立于山门前庭内两边的门神秦琼和敬德，秦琼舞锏，尉迟敬德使鞭。小华山的标志建筑八卦亭，亭内四块石碑分别记录着小华山的重修碑文，从右向左依次是：嘉庆十四年、民国三年、光绪二年和乾隆十五年。最左边这块石碑记录的是关学大师张载讲学小华山绿野书院。另外还有后稷洞、大地老母洞、斗母宫、老君殿、观世音菩萨殿、魁星阁、玉皇阁等建筑。小华山庙主要敬奉的是道教始祖太上老君，每年农历二月十五是太上老君诞辰日，所以每年这一天也成了小华山庙最为盛大的庙会日。从二月十三日晚唱大戏，一直到十五日晚，共两天三个晚上。

武功县聂村庙会　聂村位于漆水河一级支流漳水河畔。漳水河流经这里转了一个大弯，形成了一个非常神似的乾坤湾。站在这个乾坤湾的西岸可以清晰地眺望到东岸塬上坐落的历史悠久的庙宇：金仙观。金仙观建于东汉末年，是一处保存相对较完整的古庙宇，属于道教活动场所。院内东部一楼是三官殿，二楼是三清殿。三官就是天官、地官和水官三位道教天神。中国上古就有祭天、祭地和祭水的礼仪。三清殿内敬奉"玉清元始天尊、上清灵宝天尊、太清道德天尊即太上老君"，故名"三清殿"。庙会上有锣鼓、舞蹈和秦腔大戏表演。聂村庙会的秦腔大戏从每年正月十三晚到十六晚，一共要唱三天四个晚上。

庙会，作为广大农村地区重要的集会之一，已经广为流传下来有几千年的历史了。上至皇帝，下至黎民百姓，所有中华儿女都会定期举行这种祭祀活动。

五、仪礼

（一）称呼

宗族之间，按辈分称谓。夫妻之间，旧时夫称妻为夫人、娘子，妻称夫为老爷、相公。而今，夫称妻为媳妇、爱人、妻子、老婆，妻称夫为女婿、丈夫、男人、老汉、娃他爸。长幼之间，长为老爷、老伯、叔、兄，幼为小侄、小弟。师徒之间互称师傅、小徒、徒儿。邻里之间，长辈对晚辈直呼名字，同辈称兄道弟或老几（排行）。

（二）礼节

问候 平时，见面相互问候，表示人与人之间关系和睦。过年互相问候："年过得好！"

吃饭 家庭吃饭，长辈先吃，晚辈下陪。逢年过节，长辈先吃一碗。吃宴席时，长辈坐上席，晚辈坐下席。敬茶敬酒，都是先长后幼。

举动礼节 旧时，打躬、抱拳、作揖、叩头。民国时期，行鞠躬礼、举手礼。新中国成立后，握手点头，或举手致意。小学生、军人行举手礼。

六、祭祀

旧时，民间重祭祀。漆水河流域大姓聚族而居的村落，多建立祠堂。祠内供奉祖先牌位，逢过年时，本族各家入祠单祭。祭祖之前，民间一般先在家祭神，农家主祭灶神、土地神；商户主祭财神。

新中国成立后，宗族聚祭的习俗已废，清明祭墓之习犹存。少数农家，过年仍在家祭祖祭神。

流域较大规模的祭祀活动当属武功县武功镇的苏武陵园祭祀活动。

苏武，字子卿，据史料载，其远祖苏忿生为周代司寇，由关内迁徙武功杜陵，世代定居，武功遂为历代苏族郡望。

苏武陵园位于武功古城武功镇北门外龙门村前的台地上，穴位东向，北辅青山，漆水河自墓前蜿蜒而过，依山傍水，环境优美，为"武功八景"之一。墓呈圆锥形，高约 3 米，直径 11 米，墓前竖有清乾隆时期进士及第兵部侍郎兼副都御史陕西巡抚毕沅书"汉典属国苏武墓"等石碑，1957 年 5 月 30 日，陕西省人民政府公布为重点文物保护单位。苏武陵园内苍松翠柏，芳草萋萋，形成"园内陵秀、碑石霭云头"的肃穆凝重气氛。然而，那些毫不显其雄奇俊伟、雍容华贵的风格，却令人久久地深思，扼腕着他的高风亮节。从汉代以后，无论官方还是民间，苏武陵园祭祀活动年复一年。特别是遍及全国各地及海外的苏氏后裔身在天涯，情系故土，近年回故乡祭祀苏武的人越来越多。苏姓子孙繁衍昌盛，部分陆续迁居海外，成为华侨华人。这些苏姓宗亲不忘宗本，至今仍有以"武功"或"卢山堂"名称作为他们的灯号、族徽，菲律宾武功苏氏宗亲会即为其中之一。该会成立于 1937 年，一直以"武功"二字作为族徽，宗亲会会歌中唱道："……苏武大名垂宇宙，留胡久不归，大节永不亏，平陵侯，典属国，武功称族徽……"古往今来，史书、诗词、戏剧均载有苏武的故事，世世代代流传，激励着志士仁人的爱国热情，苏武陵园吸引了众多的中外游客，祭祀活动由小到大，逐步发展成为一年一度、盛况空前的苏武文化艺术节。因此，历史悠久的苏武陵园祭祀活动，属典型的非物质文化遗产。

七、民间饮食

漆水河流域主粮以小麦、玉米为主，辅以荞麦、糜谷和豆类。旧社会，富裕人家主食小麦，贫困人家食以秋杂粮，糠菜半年粮的特困户更不少见。

历来一日只食两餐，早饭约在九时，午饭约在下午三时，农忙季节，才增加晚餐，名曰“喝汤”。

逢年过节招待亲友，主食为臊子面。其特点可概括为九个字：薄、细、长、硬、劲、光、煎、稀、汪。就是在制作时先选韧性好的精粉，搓硬、揉光、擀薄、切细，要保持一定长度，汤要烧煎，油辣子臊子放多，每碗只盛少许面条。臊子面要香，全在配汤，可配葱花、鸡蛋饼、豆腐等，要入口有味，香而不腻，辣而不呛，酸咸适度，回味悠长，十分讲究，故盛传不衰。

煎饼，俗称“烙面”，乾县东及礼泉县人多食用。具体做法是用荞麦面加少许麦粉和成浆糊状，烙成薄饼，刀切成条，浇调料汤即成，嚼而味长。

烙麦面油饼，也是临时招待亲友的主食，用好麦面加水和成团，擀成饼状，涂抹较多的植物油或大油，加调料、葱花、蒜苗，折叠拧搓后再擀成薄饼，锅内放适量油，旺火烙熟，食用时配鸡蛋汤。

漆水河流域玉米质量好，用玉米面做的搅团光、劲，做的粑粑馍膨胀、香甜，玉米糁子煮成粥味道香甜可口。

麟游、永寿、乾县一带主食以小麦、玉米为主，辅之以大米和豆类等杂粮。食用蔬菜有白菜、红白萝卜、青菜、芹菜、大葱、韭菜、蒜苗、甘蓝，其次有野菜如苜蓿、荠菜及从外地引进的蛇豇、空心菜、西红柿等。习惯于“一日三餐”。早晚稀饭、馍，中午面条、搅团（玉米面制作）。稀饭大多是玉米糁子。馍有蒸馍、锅盔；条件好一些的有花卷、煎饼、油饼等。面条有擀面条、机制面、扯面、挂面、刀削面、拨刀面等。本地人最喜食油泼辣子𰻝𰻝面。节日或来客多吃臊子面或辣子面、烩菜。

在漆水河流域20世纪80年代以后，随着农民生活水平的逐步提高，除面食、调料有所改进外，猪肉、牛羊肉进入了寻常百姓餐桌。春节期间，各县招待客人由过去的“八碗一品”改为八个炒菜一个汤，且有鸡、鱼等菜肴。

其中麟游有三大风味小吃：

（1）核桃干粮。麟游县西招贤、两亭一带出产核桃，尤其是酒房镇卞良坡等地，产量多，果质优良。每年八月中秋前后，新核桃成熟，家家户户都能吃上用核桃做的“油厚旋馍”。招待至亲好友或家人外出，都烙核桃干粮。做法是先将核桃仁焙黄碾烂至出油，加调料、葱花。用薄面片折叠包好，擀成饼，上锅烙出，层数繁多，酥软、香鬈，走亲戚用的核桃酥，比月饼大一倍多，以核桃仁为馅子，外包一层薄面皮，上锅烙出，异常酥软，人喜食。

（2）杏仁茶。杏仁含有氰化物，应≤2毫克每千克，其制作方法是，将杏仁微炒碾烂加水，过滤去皮成杏仁浆，盛浆入锅温火煮之，不时扬汤止沸去毒，以不苦涩为度，再将白面搓成块，于水中揉洗成糊浆，取出面筋。将煮熟并用凉水浸泡去过毒的全杏仁入锅，加炒菜、面筋、旗花面片、鸡蛋浆、调料（忌醋），即可食用，光滑油香，清润爽口。

（3）血条面。以细麦面用猪、羊血搓成块，擀薄擦油，切细，蒸熟晾干，吃时再入浓饧锅煎煮。血条面汤，要配大料、姜汁、蒜苗、葱花、豆腐条、鸡蛋饼、油泼辣子、臊子，即可食用，香味俱佳。

婚丧喜事招待宾客的酒席，一般为八、九、十碗，有重八席（八大八小）。这种酒席须有小海菜、虾米等。盛大酒席“十二起”，即小碟凉菜12个，大拼盘12个，讲究一软一硬，软是大碗烩菜，硬是大盘炒菜。12桌酒席须有海参、鱿鱼、鸡肚、肘丸，零吃零上，酒有白酒、黄酒两种，酒毕上九碗肉菜加主食馍。招待宾客早饭较简单，烩5个菜，喝少量酒，吃臊子面或血条汤，上四罗菜。此为丰盛酒席，一般人办不起。穷苦人家过事待客则很简朴，早饭一般不喝酒，吃臊子面或粉条豆腐汤泡馍，用凉拌豆芽及烩萝卜片做小菜。午饭烩炒几个菜带酒，后以萝卜片或豆腐做垫菜，上覆少量肉片，叫“猴儿顶灯”，做9碗加主食馍，娶媳妇则上10碗，取“十全”之意。

农民逢年过节，炸油饼、油糕，包饺子、蒸包子、做凉粉、压饸饹、洗面皮。一般人家总要喂一头过年猪，蒸血条面，炒臊子，挂腊肉。宴客酒席讲究实际，一次摆齐，菜、酒、馍同时并举。白萝卜很少上席。

街上卖吃食的有面条、蒸馍、包子、锅盔、油饼、油糕、粽子、麻花、凉粉、面皮、豆花脑、羊肉泡馍等。

武功的风味小吃主要有：

普集烧鸡：色亮、肉烂、味香，百食不厌，历史悠久、远近闻名。

旗花面：据传清廷某皇后不食，张榜招厨，烹煮鸡汤伴以鸡蛋饼，切成菱花状，佐以香料、鸡油，上飘葱花，细面些许，后即食。具有薄、劲、光、稀、煎、汪、酸味出头等特点，风味独特。武功京官传至乡间，流传于今。

葫芦鸡：脆而烂，用刀一拍，骨肉分离，油大色亮，慢吃慢咽，肥而不腻，香味四溢。

插酥夹鸡蛋：面白油大、色泽金黄、酥脆清香，久吃不厌，适胃可口，人人喜爱。

小笼包子：皮薄馅饱，味道鲜美，1985年，被咸阳市食品协会评为名优小食品。

泡儿油糕：个大糖饱，外形圆润，味道香脆，吃时口舌生香。

杨凌的风味小吃主要有：蘸水面、谭家甑糕、浆水面、旗花面、油糕等。

岐山的风味小吃主要有：

岐山县自古土厚田丰，素以麦、米、菜籽油著称，膳食重于主食，副食从来处于配搭和点缀的位置。主食制作精细，花样纷繁，挂面如丝，铡面均匀细腻，作料搭配科学，色、味、质皆佳；岐山臊子面闻名遐迩，有“煎、稀、汪、薄、筋、光、酸、辣、香”的特点。民间家家酿醋，以大麦制曲，选小麦、豌豆、小米、高粱等原粮为颗料，配麸皮为辅料，堆酿发酵而成，呈酱油色，味道醇厚鲜美，芳香可口，有杀菌、防腐、增食欲、助消化之功能。自种辣椒亦为习惯，膳食中特别突出酸、辣两味。

凤翔的风味小吃主要有：

凤翔县面条运用不同的工具和操作技术，制作出多种多样的食品，有擀面条（或机器压面）、扯面、刀削面、麻食面、浆水面、花花面、米下面、麦仁面、油泼辣子饼饼面等。

县境内西、南、北乡多为臊子面，即以细面条，浇以肉丁、鸡蛋花、豆腐丁、红萝卜菜丁，辅之以黄花菜、木耳、葱韭、青菜，佐之以调料汤。无肉丁者，佐以辣子清油调和汤叫“辣子面”（亦称素汤面）。东乡横水、彪角、虢王一带的风味饭有“浇汤面”或叫“涎水面”。用独特方法制成，以青油、辣子、香醋见长。少许薄、劲、光的或稍宽面条，浇上酸、辣、香的菜汤，每人每顿可吃十碗、十几碗，或更多，只吃面，不喝汤，味美可口，待客至诚。西北乡和西南乡一带又讲究“冒儿头干面”，待人淳朴、憨厚。蒸馍有馒头、油卷、花卷（一层小麦面、一层杂粮面）、包子、发糕等；烙馍有干粮、锅盔、油饼、煎饼、面饼等。通常以蒸馍为主。另外汤饭有拌汤、米汤、玉米糁子，冬季有小米粥。近年来，糜谷种植较少，玉米种植较多，大米调入增加，拌汤、玉米糁子、大米稀饭较多。

扶风的风味小吃主要有：

扶风臊子面是扶风县传统佳肴，具有“煎（热）、汪、稀”特点，全县多以先捞面后浇汤，唯县城周围先舀汤，后捞面。馍种类主要有锅盔、干粮、馒头、煎饼、油饼、包子、花卷等。“鹿羔馍”系本县传统风味食品。其他小吃尚有面皮、水饺、油茶、豆花、麻花、油糕、凉粉、粽子等，“法门油粉”最为名贵，有“软、光、筋、香”四大特色。

第三节　文化艺术

一、民间工艺美术

剪纸　遍及漆水河流域各地，分为三个类型：窗花剪纸、新婚洞房剪纸、丧葬剪纸。

窗花剪纸：是农家室内装饰品，在春节前剪贴，内容多是花、鸟、虫、草，飞禽、走兽，也有一些象征性的戏剧人物和谐音故事，如“花园卖水”“吉庆有余”“莲生贵子”等。窗花剪纸在20世纪70年代前极其盛行，今渐少。

新婚洞房剪纸：新婚之日在家庭内外至洞房和接亲的车辆上，都贴有用大红纸剪的“囍”字。洞房内主要是“鸾凤和鸣”“丹凤朝阳”或“八卦太极图”和五颜六色的花束彩带，贴在顶棚中央，取吉庆之意，有和谐之美。20世纪60年代以前，农村新炕四周的花围子，用红、蓝、黄彩色纸剪出一条条彩带，粘贴在规划好的位置上，使浑然一体的花烛洞房更加美观艳丽。

丧葬剪纸：在本地起源较早，今更盛。剪纸作品有花圈、亭台、阁楼、斗纸、堂纸等。

雕塑　漆水河流域雕塑主要有三种类型：木雕、石雕、泥塑。

木雕：境内从事木雕者约百人，较为娴熟知名的有戴家乡牛寨村梁鹏。他长期从事木雕艺术，20世纪80年代经常惠法师介绍，在长安县兴教寺、香积寺等地雕刻古建筑物。为兴教寺雕刻的大型佛光圈堪称一绝，内有佛像、瓔珞、七宝菩提、石榴、葡萄、鹤等。陕西省电视台曾拍摄播放，被誉为西北一流珍品。薛固乡尼安村的木刻祖辈相传，以民间日常用品为主，种类有棒槌、响把槌、鼓槌、锣槌、香炉、蒜窝、蒜槌、木碗、锯把子等二三十种。20世纪70年代前，该村90%农户利用农闲从事木刻。80年代后，被铁器、塑料工艺品所代替，木雕渐衰。

石雕：漆水河流域各县石雕工艺品过去有多有少，自20世纪80年代以来日渐增多，随之盛行。流域各县工匠俱增，大多用石料精雕细刻，制作各种工艺品，种类有碑楼、牌楼、墓碑、门墩、石狮、装饰品对联、匾牌等。

泥塑：流域以凤翔县居多。凤翔县境发掘出土的春秋战国、汉、唐时期的古墓随葬器物中，有各种形态的动物、人物陶俑，如虎、牛、鸽、猪、狗、羊、独角兽、骆驼等，其形制相似今日之泥塑。唐代作家杨惠之在凤翔天柱寺塑有维摩诘像，多为后人称赞、仿效。现在，县城东4千米处的六营村300多户人家有70%制作泥塑，被称为“彩绘泥塑之乡”。彩绘泥塑大体可分五类：一是坐虎类。高尺余，形体大，内空外圆，成圆雕体。用于卧室陈设，意为驱恶避邪。二是挂片类（俗称片子）。大约五六寸，呈浮雕形。如“福禄寿三星”“麒麟送子”“莲里生子”等，用作壁挂。三是立人类。高约五六寸，圆雕形。内容多为传说故事、戏剧人物，如“西游记”“三国演义”“八仙”等，宜组套成列。四是杂货类。大约四五寸，呈圆雕形。以塑牛、马、猪、羊、狮、驼等动物为主。五是小货类。体二三寸，如猴、狗、鸡、兔、小鸟、金瓜、豆豆鼓等，属儿童玩物。现流传下来的泥塑品逾百种之多。在造型上，注重简练概括、突出主题，追求整体效果。在色调上，采用红、黄、绿三原色，简洁明快，对比强烈，艳而不俗，和谐有致。近年来，在继承传统手法的基础上，创作了不少新的作品，畅销国内外，被世界儿童组织誉为“给孩子们礼物中最好的一种”。

说书 漆水河流域传统文化之一。各县说书人大多是高龄老人，其中有儒人雅士，也有文盲，凭记忆力广采民间传说，将故事情节与人物关系熟记于心，讲给听众。凡古庙会、逢集日和在一些村子的祠堂门前、乘凉树下、田间地头，均有说书人活动其间。说书内容大多是《三国演义》《水浒传》《西游记》《薛刚反唐》《三侠五义》《包公案》《施公案》《彭公案》《狄公案》以及传统故事、古典戏等。说书人有的手无道具，亦无表演动作；有的手拿醒堂木或一把扇子手舞足蹈，动作、表情俱佳。他们多用本地方言土语讲述，语言流畅。20世纪70年代前，各县说书人较多，有50余人，80年代后说书人渐少。

二、 民间乐舞

自秦汉以来，漆水河流域民间在祈福祛凶、迎新送旧、丰收喜庆等节令民俗中，喜用多彩多姿的民间艺术形式抒发情怀。境内民间艺术有锣鼓、竹马、旱船、狮子、活龙、曲子、道情、皮影、唢呐、社火、芯子、高跷、大头娃等；民间文学有民间故事、歌谣、谚语、歇后语、曲艺、谜语、对联等；民间工艺有刺绣、蜡制品、漆制品、泥塑、面塑、木刻、石刻、纸花、布制品香包、老虎枕、猫头鞋等。

锣鼓 漆水河流域各县几乎村村都有锣鼓，少则一两套，多则数十套。地域不同，鼓谱各不相同，鼓乐南雅北雄。不少乡、村在每年春节锣鼓大赛中，锣鼓乐器配置繁多，有大鼓（过去为牛拉鼓，今是车拉鼓）、中鼓、小鼓、堂鼓、腰鼓、大铜锣、小弹锣、铙钹并衬以铜号、碰铃等。在武功县清代至新中国成立初，观音堂、雷皇殿、普集街、武功镇等地区的古庙会，附近各村组织有数十人至百余人的锣鼓队整装列队赴庙会“进香”。中下塬鼓点稀，节奏缓，钹、锣响亮，变化多，紧鼓慢打，铿锵中见平雅；上塬鼓点稠、节奏紧、速度快，钹锣烘托鼓声、雄浑壮烈。武功文化沉积深厚，各乡（镇）所敲打的锣鼓套子，其点数、风格各有不同，雷皇殿一带流行“九转莲花灯”鼓谱；南仁、长宁一带为“风搅雪”“蛟龙”“转鼓”鼓谱；苏坊、武功镇、戴家地区为“十样景”“龙虎斗”鼓谱。

20 世纪 70 年代前，每逢过年、正月、二月古庙会，村民都敲锣打鼓。80 年代后期，武功县文化宣传部门年年都要组织举办“春节锣鼓大赛”，赛期连续 3 ~ 4 天。由各乡（镇）以及县级一些部门组织中老年锣鼓队、青年锣鼓队、百人女子锣鼓队、男女混合锣鼓队、小学生腰鼓队等各种类型的锣鼓队参赛。各锣鼓队出行时，衣着统一，由仪仗队引导，有序进入县城表演，赛后评奖表彰。其他各县大致相同。

社火　是一种古老的民间娱乐活动，俗称“社虎”，更早以前称“赛神”。漆水河流域内的社火有单马社火、对马社火、车社火、高台社火等。每逢过年或庙会，很多地方都要社火。1978 年以后，传统的社火活动更加兴盛起来，武功县大庄乡北韩村 1980 年春节装扮马社火进县城表演，轰动一时。扮演者手持马鞭，跨在“骏马”的芯子上，六七个粗壮的小伙摇动芯子撬杆一上一下，让“骏马”跳动不止，形象逼真。县城内鞭炮齐鸣，人潮涌动。1987 年春节，陕西省电视台专程来武功拍摄了耍社火电视节目。

舞蹈　明代，漆水河流域就有舞蹈艺术活动。康阜（武功人康海之兄）《观东岳庙（今龙王庙）赛神诗》云：“鸣锣击鼓天黄昏，老姆稽首如蚁蟠。板呼喊盆震地起，鬼怪崎相鏖吞。女儿百十拥队出，拽朱点翠如天孙。神祇若来云若垂，节拍未竟新者奔。……”以后世代相传，从未间断。

新中国成立后，20 世纪 50 年代至 60 年代初，在流域的中、小学校、党政机关教“交谊舞”“邀请舞”。“文化大革命”中，数以千计的学生、职工列队走上街头跳“忠”字舞。凡文艺演出，每场都有舞蹈节目上演。20 世纪 80 年代后，各县工会办起了工人俱乐部，组织职工跳舞，每周两次，并聘请当地大中专学校音乐教师组成临时乐队伴奏。舞蹈有交谊舞、摇摆舞、霹雳舞、探戈、伦巴等。20 世纪 90 年代中期，各县卡拉 OK 厅和歌舞厅逐步发展，逢年过节，职工、干部常在县城街道载歌载舞，喜庆佳节。有的县的音乐舞蹈节目参加省、市文艺汇演，获得奖项。

竹马、旱船　旱船多以古典神话小说《封神演义》人物为内容，用纸糊成圆形或方形船系在扮演者腿腕之下脚之上小步行走，如漂浮于青云之上，称“旱船”，周围亦称“云朵”。用纸糊马头、马尾，系于故事人物腰间，故事人物手挽马头缰绳，小跑步行走，如马奔驰，故名“竹马”。

竹马表演于夜幕降临时开始，锣鼓开道，两边火把环绕，后有人扮演狮子、旱船、各种动物数十个，最后是一条长 10 米左右的彩龙，由十余人举龙起舞。跑竹马的形式有“白马分鬃”“九莲灯”“十三花”等。

灯展　20 世纪 70 年代前，每年元宵节之夜，漆水河流域各县城区有部分单位和职工家庭门前高悬彩灯，有的上写“福”“寿”醒目大字，有的上写灯谜。1988 年始由文化馆主办灯展，带动县城各机关单位，内容以年属生相为主，串灯连片，构成图案。宫灯、莲花灯、鱼虫鸟兽灯、飞机模型灯五光十色。后又于灯展中加谜语，增加知识性和趣味性，吸引青少年参与。近几年来，每年农历正月十三至十五日晚，文化馆都要举办灯谜晚会，各机关、事业单位都要扎制做工精巧、造型新颖的彩灯以及串联的小霓虹灯，悬挂在本单位门前或显眼的地方。各县宣传、文化部门组织人员对各单位灯展进行检查评比。

乐 漆水河流域民间遇有丧葬或喜庆事，一般都要请乐工，俗称“乐”。一个乐班子少则 4 人，有 4 ~ 6 种乐器；多则 8 人，有 8 ~ 10 种乐器。以唢呐为主，打击乐器有锣、鼓、钹等，管弦乐器有笙、笛、箫、喇叭、胡琴、月琴、琵琶等。民间乐手擅长演奏的乐曲如《杀妲妃》《柳生芽》《大开门》《小开门》《对美人》《西风赞》《纺棉花》等。单人吹奏的双唢呐有《百鸟朝凤》《普天乐》等曲牌。20 世纪 70 年代后，凡叫 8 个乐工的，普遍都带有 6 ~ 10 人的自乐班戏，奏乐与唱戏相配合。各县有不同的乐工班，且世代相传。历代还兼有迎送官员、祭祀文庙等职责。武功双唢呐《滚龙袍》被省、市选入志书，演奏的曲目《什样锦》在陕西省《曲艺》杂志上发表。进入 20 世纪 80 年代后，武功县戴家乡范庄、景庄、邵寨等村联合组成一个以西洋管弦乐器为主的乐工队，由 20 多人组成，常在民间红白喜事和娱乐活动时演奏。90 年代后，流域各县乐工班均有上百人不等。

曲子 漆水河流域从明中叶康对山《浒东乐府》问世，到 1948 年，民间曲子演唱活动在乾县、武功一直很活跃。武功旧县城（今武功镇）能演唱曲子的艺人有宣化街党平厚、西街郑亚樵、东街耿旭斋、小北街丁凤藩、北韩村韩命初等。那时人们认为念唱曲子是啸歌泉林、抒发情感、雅善风骚之事。后发展到一些参加地方乡试的文人学子，在进入围场（考场）前，除带笔墨纸砚，也要带上三弦、胡琴、笛子、四片瓦之类乐器。考试毕到放榜，中间有一段空闲时间，便填词唱曲，相互唱和，以曲会友。状元康海征歌曲，影响较大。清光绪三十三年（1907 年），富平籍王敬一在武功县衙当收入经承（相当今财政局职员），会念唱曲子，他把在武功一带流行的曲子搜集整理，编成《羽衣新谱》出版问世。民国初年，华阴县一个有名声的曲子班来到武功，要和武功县城里的曲子班立擂台比输赢，轰动城乡。比唱了很久，难分高下。后来武功曲子班的高手郑亚樵，演唱了他的绝招曲子《祭江》，曲调变化多端，演唱出神入化，最终胜了华阴曲子班。

三、 地方戏曲

漆水河流域的剧种主要有秦腔、眉户、弦板、关中道情。

秦腔 是流域流传最广的地方戏曲剧种。家喻户晓，无论老少都会唱上几句。田间地头、家庭院落、行人路上，常可听到激越的秦腔声腔。逢年过节、庙会、物资交流会，演唱秦腔为常习。

眉户 清时在乾县开始流传。其中《张连卖布》等曲目颇为人们喜爱。1954 年，乾县剧团演出现代眉户剧《梁秋燕》后，眉户在流域各县内迅速得到普及。

弦板 民国时期，乾县、武功等地的自乐班、皮影戏常以弦板腔演唱。至今，弦板已成为本流域流行剧种之一。

关中道情 1964 年，乾县剧团排演关中道情《隔门贤》。从此，这一剧种成了农村自乐班演唱的常用唱腔。演唱的剧目主要有《忠义侠》《宝莲灯》《下河东》《乾坤带》

《双明珠》《烙碗计》《蝴蝶杯》《闯宫抱斗》《白玉楼挂画》等40多个本戏；有《争印》《挑袍》《反西凉》《哭祖庙》《杨三小》《哭沙场》《打柴劝弟》等74个折子戏。

1960年起，流域各县剧团演出坚持“面向农村”。“文化大革命”开始后，“革命样板戏”充斥各县演出场所。1978年，被禁锢达10年之久的一批传统名剧重现舞台。1984年，武功县剧团排演历史剧本戏《白沟议和》《轵侯剑》和折子戏《三娘教子》《庵堂认母》《走雪》等，全年演出356场，超过年任务146场；1985年，演出370场，超过年计划130场。1986年1月，乾县剧团排演的《轵侯剑》在省城西安录像录音，陕西电视台、电台先后向全省播映、播放。

四、民间曲艺

新中国成立前，漆水河流域内的曲艺形式主要有莲花板，一人手持竹板，边打边唱，串街走巷。讲故事在民间比较盛行。

新中国成立后，相声、三句半、快板等在流域逐渐兴起，为群众喜闻乐见；编故事、讲故事更为突出。“文化大革命”中，“以阶级斗争为纲”和“评法批儒”为主要内容的故事充斥故事阵地。在武功县仅19所中学，半年就编讲故事1000多个。1976年5月，县文化馆以20多天时间举办故事学习班，提高故事创作和说讲水平，参加者26人。1979年后，故事活动出现转机，一批宣传新时期新人新事的故事脱颖而出。1980年，创作故事20多个，其中有4个参加了地区故事调研。《绣花的钱包》《白吃》被地区评为优秀故事，获得创作奖；一个故事员获得讲说奖。《打墙》《虎娃》《飞来的小孙孙》等故事，从1975年至1989年，先后12次被省、市调研，作者王永利、王建德3次荣获陕西省政府奖励。

第四章　水文化与宣传

水文化是人们在用水、治水、管水、节水活动中，以水为载体创造的各种文化现象的总和，或者说民族文化中以水为轴心的文化集合体。水文化宣传就是以一定形式、方式给人以感觉和视觉上的认知，让人们认识水、了解水、珍惜水、爱护水。漆水河流域水文化遗产资源丰厚，但利用、开发形式单一，水文化研究宣传起步较晚。

第一节　水景观

漆水河流域古代、现代都有利用河流和天然水景制造的景观。主要集中在干流上游的麟游县、下游的武功县和支流凤翔、岐山一带。

一、历史景观

九成宫　九成宫遗址位于今麟游县城所在地。隋开皇十三年（593年），隋文帝杨坚诏图天下山川以献，选中这块“东望翦华，千林结影；西蟾陇坂，派水分流；南俯荼原，风云交映；北临石柱，川原朝宗”的佳境，修建起宏伟的避暑离宫，取名曰仁寿宫。建成后10年间，隋文帝和独孤皇后、次子杨广，先后6次莅麟避暑，杨广亦在仁寿宫发动政变。《隋书》载：恭帝义宁二年（618年），仁寿宫中有白麒麟出现，遂将义宁元年初置的凤楼郡改名麟游郡，兼治县，麟游之县名自此始。唐贞观五年（631年），唐太宗李世民苦于京城长安炎暑相侵，诏复仁寿宫，易名九成宫，并于次年（632年）首次驾幸。此后，唐太宗又4次驻驾避暑。唐高宗李治于永徽二年（651年）更九成宫名为万年宫。共前往避暑达8次。乾封二年（667年），复名九成宫。唐文宗开成元年（836年），麟游暴雨，洪水冲毁九成宫正殿等大批建筑。唐末，由于战争破坏和洪水冲淹，九成宫遂遭毁损，渐次湮没。

九成宫的建筑，初唐名臣魏征曾作过这样的描述：“冠山抗殿，绝壑为池，跨水架楹，分岩竦阙。高阁周建，长廊四起，栋宇胶葛，台榭参差。仰视则迢百寻，下临则峥嵘千仞。珠璧交映，金碧相辉，照灼之霞，蔽亏日月。”综合《唐书》《资治通鉴》《九成宫醴泉铭》等史料记载，参考唐代画家李思训所绘《九成宫纨扇图》、宋人赵千里所绘《九成宫避暑图》等资料，结合中国社会科学院考古研究所对九成宫遗址的勘探和部分发掘资料，基本上可以确定九成宫当年的建筑布局和规模。

九成宫布局分为宫廷区与游宴区两部分。东部宫廷区有城墙环围，作不正规的长方形。

正中有东西街道连接东西城门。从东向西，街道南有宫廷水井、紫殿、丹霄、御花园等建筑；南城门称永光门，位于南城墙西侧。街道北依次有御容殿（俗称梳妆台）宫中天桥走廊、排云殿、九龙殿、咸亨殿、长廊等建筑。城西北角有玄武门，门外建宿卫行辕；北门位于北城墙中部，门外碧城山上建有僚城。西部游宴区建有人工湖，名为西海；水上架桥，山上建有多处亭台楼阁。另外在南 10 千米处建有永安宫。

九成宫虽然湮没已经千年，但其基址深埋地下，至今保存完好。考古工作者在基建施工清理中，发掘出当年的殿基、柱础、排水管道等大量珍贵的文物遗存。其中唐代宫廷水井保存完好，已建亭围墙，可供参观。另将《九成宫醴泉铭》碑、《万年宫铭》碑等一批稀世珍品妥善保护。

唐宫廷水井　1980 年 9 月，麟游县邮电局在基建施工开挖基础时，发现了唐代宫廷饮水井一眼。这眼井位于九成宫城街道南侧，深埋距地面 2.2 米。圆形井口是用长 1.92 米、宽 0.95 米的两块巨石雕琢后拼成。内沿直径 90 厘米，外沿直径 105 厘米，内外沿之间，向井内倾斜的圆形斜面宽 10 厘米。围绕圆形井口，凿有八角葵花图案，雕琢十分精细。井口南北，相对凿有安装井架的长方形槽穴两组，每组两孔。井口巨石四周，除用长 78 厘米、宽 21 厘米的长方形石块砌筑一圈外，第二层用边长 58 厘米的正方形石块砌筑，第三层用长 58 厘米、宽 50 厘米的石块砌筑；最外两层用条石砌筑，四角割角，既规整又精致，合缝笔直严密，上下层石块砌缝有规律地错开。井口井台全用质地细密的淡绿色麻石砌成，整个井台是边长 6.50 米的正方形，井台表面略呈穹球面，以井口为最高，高出地面约 30 厘米。井壁用唐砖砌筑，完好无损。5.5 米深处已见井水，水深约 1.5 米，水质清澈透亮，味道甘美。

这眼井最引人注目的是：井台四周有四个覆盆式柱础，直径 28 厘米，柱础孔径 14 厘米，高出井台 18 厘米；柱础孔深 78 厘米，间距 2.95 米。虽然埋在地下 1300 余年，但四个柱础平面误差只有 3 毫米。经考古工作者规划，已按唐代建筑风格修复了井亭和围墙。临街一面正中，仿照古建园林月洞门式样， 修起了垣墙和别致精巧的门楼，安装了红漆泡钉大门，气势宏伟壮观。

这一发现，填补了隋唐水井考古工作的空白，对研究隋唐饮水设施提供了可靠依据。据专家鉴定，认为这口井是迄今我国发现的时代较早、保存完好、 筑制最别致的一眼宫廷水井，它比成都望江楼畔的薛涛井还早 100 多年。

石渠　在麟游县九成宫宫城内，东西走向，全以石条砌成，渠宽 2 米，内宽 1.4 米，深 0.61 米，侧石壁厚 0.3 米，渠底及覆盖石均为凿制工整的石条和石板。从天台山西南向东，直至今麟游县中学大楼。

石鼓峡石窟　石鼓峡位于麟游县城东北的县北村附近，石窟坐落在澄水河南岸。窟内石刻佛像一尊，趺坐于莲台之上，造型高大逼真， 莲台雕作细腻传神。石窟洞口被一棵形似华盖的古柏遮掩，风雨难入窟内。澄水流经此处，两岸巨石叠嶂。冲出一峡，狭窄如线，河床高低相差十余米，水流湍急，飞泻直下，涛声如擂鼓，故名石鼓峡。俗称响石潭，潭深莫测。麟游县志云："石鼓峡为澄水所经，峡凡三折，连峰夹溪，天光一罅，飞涛南注，激浪雷惊……"此地山光水色交映，怪石突兀奇特，翠柏常青，汇集一处，实为山水形胜之佳境，游览访胜之去处。

玉女潭 位于麟游县城南约5千米的鱼塘峡。此潭两面高山夹涧，峥嵘矗立，如刀削斧剁，怪石环顾，似狮蹲虎踞，仰视苍穹，天仅一线。潭呈长方形，绿波荡漾，清澈见底，潭之四周，乔灌相间，高低参差，枝繁叶茂，绿草如茵，葱郁茂密。各色野花竞相开放，争奇斗艳。成群的蝴蝶翩翩起舞，与一片绿水相映成趣。翠鸟鸣啾，此起彼落。潭顶百尺飞瀑，从半山一泻入潭，声震群谷，十分壮观。历代文人墨客寻踪访迹，游潭观景，辄为奇景而陶醉。唐代大诗人杜甫慕名远道而来，游览时吟诗曰："绝谷空山玉女泉，深源滚滚出青莲。冲开巨峡千年石，泻入成龙百尺澜。惊涛翻空蟾恍若，雄声震起鼓填然。翠华当日时游幸，几度流临奏管弦。"元代文士董雄飞在麟数载，留有五言律诗云："小立清潭上，醒然契夙心。风涛吹岸裂，雷雨发源深。影落欹崖树，寒惊掠水禽。隋文常宴此，陈迹杳难寻。"

每当隆冬飞雪之际，玉女潭更有一番迷人的景色。两座高山顷刻银装素裹，潭边树木枝杈落雪，簇簇团团，如棉桃吐絮，更有甚者，片片白雪从一线天际纷纷扬扬落入潭中，雪水交融，便无踪无影。《麟游县志》对此景观曾称之为"寒潭飞雪"，流传广远。

玉女潭的景观由来已久。传说在很早以前的古代，西岳华山之神——玉女，身居华岳，心想找一处安静去处，沐浴洗澡，戏水玩耍。于是乘兴西游，站在云头，瞥见这一明镜般的小潭，地处四山环抱之中，山清水秀，着实招人喜欢。其后，每逢朝霞满天、旭日初升之际，玉女便领着众位仙女，来到潭边梳洗打扮，尽情游玩。由于玉女和众位仙女常来光顾，潭水越来越美。其水流经峡口栗川村，四季清澈透亮。偶遇狂风暴雨，其他河流小溪洪水泛滥，污浊不堪，但栗川河却依然如故。于是当地人将鱼塘峡称为玉女潭，栗川河起名清水河，流传至今。

隋文帝杨坚下诏营建仁寿宫，工程告竣之后，带领独孤皇后和次子杨广多次驾幸避暑，常在玉女潭设宴观涛，筑造观涛亭，遗迹至今犹存。唐高宗李治偕武则天首次驾幸九成宫时，便来此游潭观景。武氏得知华山神女昔日常来此潭沐浴戏水时，便效法神女，多次在潭中游水洗浴后，肌肤更是如凝脂滑玉，愈加楚楚动人，越发博得李治的宠爱。永徽六年，唐高宗废掉王皇后，立武则天为皇后。武氏夺取皇后宝座后，更加踌躇满志，带领仪仗随从前往玉女潭入浴。于是，该潭声名大噪，加之文武大臣、文人学士写诗赋文，致使玉女潭越传越神。更有甚者，牵强附会，把峡口村对面石洞之中一辆形似车辇的风化石，说成是武则天由于多次乘辇前往玉女潭，车子破顶不能使用，而弃在洞中，流传于世。时至今日，仍有游客专程前往峡口村，隔河遥望车辇，誉为奇观。

凤翔东湖 东湖，古称"饮凤池"，位于凤翔县城东南，是陕西历史悠久的风景区之一。相传周文王元年，瑞鸟凤凰飞鸣过雍，在此饮水，故取其名。东湖是我国宋代文学家苏轼在宋嘉祐七年（1062年）任凤翔府签书判官时，借"饮凤池"，挖掘疏浚，扩池而成，引城西北角凤凰泉水注入，种莲植柳，建亭修桥，筑楼成阁，并因地处城东取名东湖。东湖与闻名于世的杭州西湖南北遥望，皆因苏轼而名，人们称之为“姊妹湖”，有诗曰：“东湖暂让西湖美，西湖却知东湖先。”

东湖距今已近千年历史。历宋以后历代修葺，亭台、阁楼相继增多，湖体随之扩大，现占地近20万平方米，其中水面面积8万多平方米，形成内外湖。湖形随城墙走向而呈曲折，湖的主轴线由东南向南转，为湖内建筑、景物的布局带来了自然变化。苏公祠、喜雨亭、凌虚台、碑林藏有苏轼“三记一论”，即《喜雨亭记》《凌虚台记》《凤鸣驿记》《思治论》，以及历代文人墨客咏颂苏公和东湖的诗词石刻，运笔挺拔，构思超俗，令人神往。

二、现代景观建设

在漆水河上游，由于水量充沛，2007年麟游县委、县政府把旅游兴县作为发展战略，县水利局把维护水工程，整治水环境，保护水资源，修复水生态，弘扬水文化，发展水经济作为水利风景区的功能定位，把水利工程建设和水利水风景建设融为一体，建设了峡口水库、县城堤防景观，澄水河坝系景观区与西海苑、青莲山音乐喷泉景观融为一体，成为居民休闲娱乐的场所。中下游各县也有不同程度的水景观建设。

麟游西海苑　西海苑位于麟游县城西部，在杜水河支流与北马坊河下游交汇之处，2006年开始修建了名曰“西海苑”的园林水景观，主要包括绿化工程、水上游乐工程、凤凰山广场及隋唐历史文化走廊工程四部分。西海苑占地面积110亩，其中湖水面积52亩，工程总投资2903.51万元，2008年4月建成投入使用。县上按照“留住记忆，保护古城”的主题和“人与自然和谐，人与历史沟通”的思路，坚持“尊重历史，尊重现实，尊重传统”的原则，将此处打造为一处大型历史文化型主题公园，绿地率95.8%，栽植以雪松、金丝柳、银杏、樱花等为主的绿化景观树33种232万株，种植草坪，铺设硬化路面，安装30米高杆灯一盏，制作安装了大理石护栏。西海苑内，宫殿巍峨，亭台错落，长桥卧波，湖光潋滟，碧波荡漾，园中奇石林立，花木生香，曲径通幽，清水倒映，亦真亦幻，夜幕降临下的湖面掩映了楼阁在霓虹灯中渲染的倒影，月光水影，流光溢彩，勾画出宫阙楼台玲珑剔透的轮廓，宛如人间仙境，装点着新时代美丽麟游的梦想。

麟游县城堤防景观　2008年，麟游县水利局在杜水河岸建设河堤堤防工程550米，集防洪、水景观、绿化、美化、亮化于一体，除防洪工程措施外，修筑堤顶道路宽3米，路面铺设彩色砖，安装高杆路灯，背水面堤脚栽植护堤树，长550米栏杆为墨色汉白玉，栏杆间装饰板绘有隋唐诗人盛赞九成宫及隋唐历史的诗词20多首及有关历史典故图案，做到水工程与水文化的完美结合。水面景观工程的建成，涵养了水源，营造了水景观，改善了水环境及河两岸小气候，体现了“水在城中”的城市理念。居高俯瞰，杜水河恰似一条绿色的飘带，呈现出“南高峰，北高峰，一片湖光烟霞中”的朦胧美。

麟游青莲山音乐喷泉广场　位于麟游县城区桥面青莲山公园对面，占地面积0.88万平方米。2008年3月由县住建局建设，年底完工，建设直径30米、面积706.5平方米的圆形音乐喷泉一座，长30米、宽6米、高4米的假山浮雕一座，安装各种景观灯10盏、广场灯29盏、射灯72盏，栽植广玉兰、银杏、国槐、棕榈、石楠及大叶女贞、金叶女贞、小叶女贞等花卉树木8种1604棵，种植草坪170平方米，绿化面积265平方米；建成长方形水池3个（长30米、宽5米水池一个，长40米、宽3米水池两个），配有体育锻炼的必用器械和演出舞台一座。成为人们休闲、健身、观光赏景的好去处。

麟游青莲山公园 位于麟游县城以南，总面积977亩。史载，隋唐帝王兴建仁寿宫避暑之际，曾在这里修筑城堡，驻扎卫队，故而青莲山也曾名堡子山。这里群山俊秀，顶峰高耸，排云高插，恰似一朵盛开的覆莲，所以又叫青莲山。从梯道步行上山，石阶蜿蜒，亭台临风，青莲用它秀逸的花瓣将人们慢慢托起。古木参天，水雾烟影，一点凝烟轻渺，散淡悠闲。整座山林木覆盖，郁郁葱葱，俨然一道美丽的自然屏障。当年唐高宗李治登上此山，写下了“东望剪华，千林结影；南俯茶原，风云交映；西瞻陇坂，排水分流；北临石柱，川原朝宗”的精彩篇章。大诗人王维登临青莲山留下了“隔窗云雾生衣上，卷幔山泉入镜中”的佳句。

麟游澄水河坝系 2009年，澄水河小流域坝系骨干坝工程建成后，总库容240多万立方米，集流域治理、蓄水于一体。使荒凉沟道变成碧波荡漾的风景区，给广大群众营造了观湖赏水、陶冶情操的好去处。登高俯视，坝系相连，恰似一串串明珠镶嵌在峡谷之中。

麟游安舒庄森林公园 位于麟游县城南15千米处，是岐山山脉结秀之区。境内的石臼山高1539米，为岐山之巅，山顶有一巨石，平面正中有臼窝，相传为药王孙思邈捣药所遗，故名石臼山。山北麓有创自唐初的观音院，凛冽甘甜的泉水，出院中佛座下，遇旱不竭，逢涝不溢，如雨天将下雨，就有云雾自泉中飘出。《麟游县志》记载山半石上有“茂工营记”四字，曾为唐太宗、唐高宗避暑时，大将许懋公率禁军驻扎此地。公园现有大片的原始森林和新栽的林地，植被优良，山峦起伏，诸峰环绕，佳境天成。随着森林的扩大，珍禽异兽多集中栖于此，园区又是名贵的中草药宝库，实为一处狩猎、游览、探幽之天然林园。

东湖风景区 位于凤翔县城东南角，是陕西省第一批公布的省级风景名胜区。相传周文王时，凤凰曾在此池饮水，故名“饮凤池”，秦惠公亦曾在此池旁居住。宋嘉祐七年（1062年），苏轼为凤翔府判官，主持在此筑湖，引城西北角凤凰泉水环城东流入池，植细柳，建亭阁，改名东湖。湖面面积57600平方米。湖中以桥为界，分为南、中、北三湖，湖上自南而北有会景堂、鸳鸯亭、春风亭、宛在亭、君子亭、小桥亭、断桥等建筑。湖周有百年以上的垂柳环绕。沿湖有一览亭、来雨轩、洗砚亭、望苏亭、不系舟、苏公祠和牌坊等建筑物。苏公祠位于湖的北岸，内有喜雨亭、凌虚台等名胜古迹。其湖堤绿柳垂丝，青竹万竿，荷花满池，碧波荡漾，向来被称为关中著名的湖山园林，是人们游览的胜地。自北宋以来，历代名人向往苏轼的文学、政事，为其不断修葺，现存建筑物大部是明、清建筑。湖内桥、亭、堂、轩、榭等建筑，采用钻尖、歇山、硬山、卷棚、抱厦、庑殿、单檐等形式，别具一格。具有“布局完整，精巧雅致；特有风光，宋代风貌；北方风格，先秦风物”的鲜明特色和重要的历史、风景、文物、建筑、艺术、科学、旅游价值，堪称我国北方古典园林的优秀代表，是陕西省十大名胜园林和西部一个独具特色的旅游区。近年来，县委、县政府对东湖尤为重视，多次拨付专款进行修葺，并且恢复了东湖已经倾圮的景点多处，使东湖真正恢复了绚丽多彩的青春，焕发出了璀璨迷人的光彩，达到和超过了她鼎盛时期的水平。现在，东湖有景点三十余处，湖面 57600 多平方米。集亭、台、楼、阁、廊、轩、榭、堂等古代建筑精华于一处，是一座典型的北方历史性园林，被命名为省级风景名胜区、国家 AA 景区和省级文物保护单位。从 2010 年 5 月 1 日起，东湖景区已免费向广大游客开放。

岐山凤鸣湖　位于岐山县城南，岐山到五丈原的连接之路的东边，规划总面积 600 亩。分为两区五园十景点，两个分区即有凤来仪景区和太极万象景区。五个园区即水上乐园、休闲园、莲竹石趣湿地园、盛景果香采摘园、西岐民俗体验园。景点有十个，即凤鸣岐山、周堤问道、朝阳晨钟、嘉禾采摘、百花春晓、宝塔飞瀑、碧波龙潭、岐阳书院、仓颉遗风、曲桥荷香等，是一个集生态、观光、休闲、健身、文化、民俗体验于一体的综合性公益场所。

武功姜嫄水乡　位于陕西省咸阳市武功县武功镇新区以东。南邻漆水河湿地公园，与苏武纪念馆近在咫尺。项目总占地 570 亩，位于杨临路 2 号桥至 3 号桥区域。分三期开发，其中一期占地约 97 亩。项目依漆水河而建，在河西岸建立了三级亲水平台，游船画舫，水车依依，水上单双人自行车等多种水上运动项目相继展开。旨在将江南风情与关中文化完美融合，将其打造成反地域特色旅游目的地——“关中第一江南”。也将成为陕西一流的集休闲、观光、体验、旅游、养老、养生、博览等于一体的城镇化代表作和城市文化名片。

三、水利风景区及各类保护区

漆水河流域水利风景区、湿地公园、森林公园、自然保护区大多以自然或已建成的水利工程为主设立。水利风景区和各类水利保护区在维护工程安全、涵养水源、保护生态、改善人居环境、拉动区域经济发展诸方面都有着极其重要的作用。

（一）水利风景区

水利风景区，是以水域（水体）或水利工程为依托，具有一定规模和质量的风景资源与环境条件，可以开展观光、娱乐、休闲、度假或科学、文化、教育活动的区域。加强水利风景区的建设与管理，是促进人与自然和谐相处，构建社会主义和谐社会的需要。为科学合理地开发利用和保护水利风景资源，水利部于 2001 年 7 月成立了水利部水利风景区评审委员会，办公室设在水利部综合事业局。2004 年 5 月 8 日颁布实施《水利风景区管理办法》；2004 年 8 月 1 日施行行业标准《水利风景区评价标准》。2003 年陕西省出台了《陕西省水利风景区管理办法》。2011 年 12 月陕西省出台了《陕西省水利风景区实施细则》。2022 年 12 月新修订的《陕西省水利风景区管理办法》出台，提出了加强全省水利风景区建设与管理，维护河湖健康生命，促进幸福河湖建设，满足民众日益增长的美好生活需要的要求。漆水河流域水利风景区共有 6 家，见表 6-4-1。

表 6-4-1 漆水河流域水利风景区一览

级别	序号	景区名称	景区类型	依托工程	设立时间	地点
省级（6家）	1	凤翔雍城湖水利风景区	水库型	东风水库	2009 年 11 月	凤翔县
	2	凤翔五曲湾水利风景区	水库型	群力水库	2010 年 11 月	凤翔县
	3	岐山六川河水利风景区	自然河湖型	宝鸡峡工程	2012 年 01 月	金台区
	4	扶风七星河水利风景区	湿地型	白家窑水库	2017 年 11 月	扶风县
	5	乾县羊毛湾休闲度假村	水库型	羊毛湾水库	2004 年 02 月	乾县
	6	杨凌现代农业示范园水利风景区	灌区型	现代农业	2012 年 01 月	杨凌区

（二）国家级湿地公园

永寿漆水河国家湿地公园 永寿漆水河国家湿地公园位于陕西省永寿县西南部的店头镇，以漆水河永寿段干流与羊毛湾水库为主体，包括天然永久性河流湿地、洪泛平原湿地和人工库塘湿地及水库周边山林，公园总面积 579.06 公顷，其中湿地面积 447.01 公顷，占公园总面积的 77.2%。湿地公园内分布有河流湿地、人工湿地两个湿地类，永久性河流、洪泛平原湿地、库塘三个湿地型，分布有维管植物 38 科 83 属 104 种，野生脊椎动物 26 目 45 科 125 种，包括长耳鸮、纵纹腹小鸮、红隼、燕隼 4 种国家二级重点野生保护鸟类和 9 种陕西省重点野生保护动物。

扶风七星河国家湿地公园 扶风七星河国家湿地公园范围涉及扶风县城关、法门、杏林、召公四镇以及官务水库、白家窑水库、信邑水库、丁童水库和七星河、漳水河、美阳河四大水库、三条水系，公园总面积 767 公顷。该公园位于扶风县中部，全长 39 千米，涉及周边 5 镇 30 个行政村。湿地公园现有种子植物 74 科 225 属 302 种，其中国家二级保护植物野大豆 1 种，国家二级保护动物有白琵鹭、鸳鸯、灰鹤等，省级保护动物有苍鹭、白鹭、池鹭、豆雁、斑头雁、绿头鸭、斑嘴鸭、赤麻鸭、翘鼻麻鸭、赤嘴潜鸭、斑头秋沙鸭、彩鹬等。

凤翔雍城湖国家湿地公园 凤翔雍城湖国家湿地公园位于雍水河及其支流东干河、中干河、枣子河、西干河和各支流汇集区，总规划面积 1597.00 公顷，湿地面积 810.68 公顷，占湿地公园总面积的 50.76%。现有湿地种子植物 58 科 144 属 187 种，有陆生脊椎动物 5 纲 24 目 53 科 151 种，其中重点野生保护动物 20 余种，国家级野生保护动物有豹猫、斑羚、果子狸等。

漆水河湿地公园 漆水河湿地公园位于陕西历史文化名城武功古城东北，南抵仁义大道，北接姜嫄水乡，西邻风情街肆，东括漆沮湖面，依托漆水河和漠西河两大水系，属于武功古城亲水体验地带，集文化体验、生态观光、娱乐休闲于一体。

漆水河湿地公园占地550亩，由后稷广场、生态湿地、漆沮湖三大部分组成，设置有沿河生态栈道、白玉桥、御驾桥、怡心岛、竹节园、回龙湾、亲水平台、游船码头、璇玑钓台、乔木林群、五彩花坛、特色廊架、音乐喷泉、名人塑像、祁年宫、有郃阁、汉白玉牌楼、儿童游乐场、休闲环形步道，以及多功能茶室、停车场等。将武功古城融于青山绿水之中，做到城中有景，景中如画，还原山水之城的真实面貌，为古城能够持续绿色健康发展打下坚实的基础，一座宜居、环境优美、产业兴旺的小城将会展现在游客面前。主体景观呈现出漆水河湿地公园两道四湾回环，一路七桥通连；曲水折流澴漩，栈道起伏蜿蜒；亲水八尺扶栏，步道林木掩荫。曲池、端池，洗锦湾、回龙湾、驿道湾、二水湾，美阳桥、卫公桥、尚武桥、御驾桥、刘仙桥、白玉桥、凤鸣桥，青龙台、白虎台、朱雀台、玄武台、滢水台、观鹭台、赏鱼台等景观小品，使人文历史与自然景观融为一体。整个湿地公园依其人文承载与自然功能划分为四大板块。姜嫄水乡，融古今为一体，移借江南景色，设置有农耕广场、曲池水域、饮食街区、圣母阁楼、天壶茶坊、儿童乐园、宠物世界、坐骑天地等八大区间。

置身湿地公园，东望美阳雄关、龙虎二庙，西见风情街肆、有郃佳苑，南见丝路古道、仿古街区，北眺印台古刹、卫公古城，更感天高地远，画色盈面，抚今追昔，感慨万千，使人尽情领略这一集生态修复、人文回归、民俗体验、养生健身、商务度假、娱乐休闲于一体的自然人文大观。

（三）省级森林公园

岐山崛山省级森林自然公园 岐山崛山省级森林自然公园位于陕西省岐山县东北部，西距宝鸡市80千米，东距西安市160千米。是1999年1月批建的集森林景观、佛教文化于一体的山岳型市级森林公园。公园依托历史渊源极深的“崛山名刹”建园。东晋时期因佛教而闻名，唐时兴盛，历代不衰。20世纪60年代，建立国有林场，森林资源和佛教遗迹得到保护与发展。2001年开园以来，每年4月崛山盛会，吸引大量游客前来参观。景区主要旅游项目有：西山览胜，鸟道七十二盘，慧日寺、法华寺等十四个寺庙及殿、阁、楼、台30余处；鹫峰山神峰列翠、珍珠石蜡融汁淋、鸟瞰百里观渭水等40多个景点。

乾县乾陵省级森林自然公园 乾陵森林公园建于1992年，为省级森林公园。位于咸阳市乾县境内，距咸阳市50千米，距西安74千米，交通非常便利。现经营面积960亩，其中森林面积770亩，树种主要有油松、侧柏、刺槐、白蜡、五角枫等。泔河环其东，漠水绕其西，整个山麓林木葱茏，森林景观丰富。至今在梁山主峰西侧仍有一条深沟被称为“黄巢沟”。园内还有历史悠久的石刻，为61尊藩臣石像，东群29尊，西群32尊。述圣记碑高7.5米，边宽1.86米，共46行。顶上一级为庑殿式顶盖，中间五节为碑身，重89.6吨，又称七节碑，今仍置于高宗陵前。无字碑由一块巨石雕成，圆形的碑头上刻有8条相互缠绕的螭首，碑身两侧各有一条腾空飞升的巨龙，与述圣记碑相对，奇崛瑰丽，巍峨壮观。

永寿翠屏山省级森林自然公园 永寿翠屏山省级森林自然公园位于陕西省咸阳市永寿县北部，主要保护对象为人工刺槐林和野生动物及其栖息环境，是黄土高原地区人工生态系统典型代表，总面积16554.13公顷，其中核心保护区域面积5478.84公顷，缓冲区3791.42公顷，实验区7283.87公顷。区域内有一级保护动物金钱豹，另有野生动物6目10科19种，主要包括锦鸡、赤狐、野猪、狍子等。区域内沟壑密布，溪流众多，溯源侵蚀强烈，建立人工林自然保护区将极大促进涵养水源，防止水土流失。

（四）省级自然保护区

野河省级自然保护区 野河省级自然保护区位于宝鸡市扶风县，主要保护对象为渭北黄土丘陵沟壑区典型的森林生态系统及野生动植物资源。自然保护区总面积10919.23公顷，其中，核心保护区面积6894.94公顷，一般控制区面积4024.29公顷。有种子植物700余种，重点保护的有水曲柳、野大豆、黄芪、党参、陕西鹅耳枥、桃耳七6种。野生动物21目47科162种，其中国家一级重点保护的有豹、林麝、金雕、白肩雕等4种，国家二级重点保护野生动物有豺、青鼬、长耳鸮等18种，省重点保护野生动物有狼、豹猫、狍等12种。

安舒庄省级自然保护区 安舒庄省级自然保护区位于宝鸡市东北部，麟游县南部漆水河上游，系六盘山山系，涵盖国有安舒庄林场和部分集体林，是以保护渭北黄土丘陵沟壑区典型森林系统为主要对象的森林生态系统类型自然保护区。保护区总面积7625.29公顷。其中，核心保护区面积5661.20公顷，一般控制区面积1964.09公顷。保护区内植被类型多样，植物生长良好，森林面积较大，森林保存完好，林内孕育了丰富的野生动植物，有国家一级保护动物5种，二级保护动物14种，省级重点保护动物12种；有种子植物700多种，国家二级保护植物流苏树也在这里被发现。

第二节 水文化

漆水河流域历史悠久，文化底蕴深厚。其中上游隋唐文化渊源深厚，历代名人诗人留下了许多与水相关的遗迹和诗文佳作。中下游水文化遗迹遍布，见证了古代、近代人们用水、管水和流域治理的历程。新中国成立后，广大干部群众在水利建设中谱写了大量的诗篇、文章，赞颂水利成就和行业风貌。

一、古代水文化

（一）上游隋唐文化

1. 隋唐文化渊源

麟游县历史悠久，在数万年前的旧石器时代境内就有人类活动，仰韶文化时期，氏族部落在此聚居，20世纪70年代在九成宫镇史家塬地区出土的打制石器，器物典型，为宝鸡地区首次发现，确凿证明麟游地区的远古历史。经文物普查，麟游县境内有文物点216处，其中被公布为国家级重点文物保护单位的2处，省级重点文物保护单位9处，县级重点文物保护单位18处。

2. 隋唐文化标志

隋唐两代麟游地区可谓盛极一时。九成宫坐落于“万叠青山但一川”麟游县城所在地，是隋唐两代帝王的避暑宫。它初建于隋，鼎盛于唐初，公元 836 年（唐文宗开成元年）遭大水毁坏。史载其始建于隋开皇十三年（593 年）二月，由尚书右仆射杨素为总监工，“巧思过人”的宇文凯为将作大匠，至开皇十五年（595 年）三月竣工。离宫初名叫“仁寿宫”，取《汉书·董仲舒传》中“尧舜行德、则民仁寿”之意。贞观五年（631 年）唐太宗李世民下诏修复仁寿宫，增筑禁苑、武库等，更名为“九成宫”。唐永徽二年（651 年），唐高宗李治更名为“万年宫”，又扩建了太子殿等建筑。乾封二年（667 年）又恢复“九成宫”原名。

九成宫曾以建筑之精美、园林之秀丽、气候之温润而驰名中外。《唐书·地理志》载：“（九成宫）周垣千八百步”，即环绕宫城一周约 2.5 千米，城墙东西长 1011 米，南北宽 300 米。南为永光门，北为玄武门，有横贯东西的大街，宽度约 15 米。宫城主要建筑以天台山为中心，随高就低，依山傍水，宫城融人工建筑与自然山水为一体，建筑间长廊、天桥相连，曲径通幽，婉转奇趣天成。唐著名谏臣魏征在《九成宫醴泉铭》中写道：“冠山抗殿，绝壑为池，跨水架楹，分岩耸阙，高阁周建，长廊四起，栋宇胶葛，台榭参差。仰视则迢递百寻，下临则峥嵘千仞。珠璧交映，金碧相辉，照灼云霞，蔽亏日月。”著名画家李思训所画《九成宫纨扇图》，逼真地展现了九成宫宏伟的建筑风格和山水胜景、富丽堂皇的殿台宫阙、凉爽宜人的避暑气候。宫城附近山泉林木葱茂，气候温润，风景秀丽，给离宫锦上添花。《九成宫醴泉铭》这样赞美：“炎景流金，无郁蒸之气；微风徐动，有凄清之凉。信安体之佳所，诚养地”。离宫构思奇巧，宏伟壮丽，被誉为“离宫之冠”。

3. 隋唐重要活动

在隋至唐初的 84 年间，先后有二朝四帝 21 次悠游避暑，每次是春至驻跸半年以上。开皇十五年（595 年）三月，仁寿宫刚落成，隋文帝杨坚便携独孤氏和文武大臣驾幸。从此年开始到他驾崩的短短 9 年中，就驾幸 6 次。其中第四次，在开皇十九年（599 年）二月二十八日到达，次年九月二十一日离去，整一年零七个月，许多军国大事都是在仁寿宫处理的。杨广（隋炀帝）弑父弑母，篡夺皇位，也在此发生。唐太宗李世民先后 5 次驾幸避暑，留下了诸如丹霄楼大宴群臣、平息结社率叛乱、魏征上疏等重大事件。唐高宗李治携武则天驾幸 8 次，第一次驾幸就遭水患袭击，多亏忠勇大将薛仁贵救驾，方才保住性命。仪凤三年（678 年），唐高宗最后一次驾幸，又遭大暴雨，宫城毁坏得格外厉害，因此便再没有帝王临幸过了。天子游幸，名人竞往。在辉煌年代，九成宫成了豪杰荟萃之地、诗人歌咏之乡。著名政治家魏征在县城“招贤”镇开科取士，为唐太宗网罗人才；“药王”孙思邈在县东石臼山采药炼丹，治病救人；初唐文坛“四杰”有两个来过麟游。王勃著有洋洋千字的骈文《九成宫颂及颂表》，卢照邻写有《病梨树赋》，唐代大诗人杜甫、王维、李商隐等都留有歌咏九成宫的佳句。

九成宫从始建至彻底弃置存在了近三个世纪，皇帝驾幸离宫期间，朝中大臣随皇帝周游此地，因此这里一度成为全国政治、文化、外交、军事、佛教等活动中心。避暑宫成为整个国家政治活动的重要场所，它从不同角度各层面反映了隋唐时期高度发展的历史文明。

政治统治中心。仁寿宫从建成到废弃，见证了整个隋王朝的重大兴衰转折，太子杨勇被废，重新册立皇储在仁寿宫。隋文帝杨坚被弑于仁寿宫大宝殿。杨广称帝于仁寿宫。隋代“三省六部”的政治体制的确定为后世国家体制沿袭起到借鉴启示作用，中国的法律《隋律》的议定颁布都与仁寿宫密不可分。外藩诸王和封疆大吏多次在仁寿宫向隋文帝杨坚述职。最为人们称道的中国封建社会清明之世“贞观之治”，唐太宗君臣在九成宫避暑期间提出“贞观之治”的一系列理论，制定大政方针，为唐王朝近200年统治基业奠定了政治基础。

唐贞观六年、七年、八年连续三年在九成宫避暑期间，唐太宗君臣静下心来，开诚布公，肝胆相照，归纳总结治国治政的成败得失，形成了贯穿于整个贞观时期的“直谏、廷辩”的良好风尚，《贞观政要》一书中，有大量的篇幅记录了唐太宗与诸大臣在九成宫的政论、谏言、答诏。著名的记载有：“君为舟，民为水，水可载舟，亦可覆舟”“居高思坠，持满戒盈”“仁本，刑末”等，至贞观十一年，魏征在九成宫的长篇奏疏《谏太宗十思疏》更是魏征对整个唐王朝前期得失成败纲领性的总结。女皇武则天从感业寺复出仅两个月，跟随唐高宗李治到九成宫避暑，永徽六年，王皇后、萧淑妃即失宠被废，后来武则天连续七年到九成宫避暑，此间她逐步消除异己，树立权威，最后登上了皇帝宝座。

文化礼仪中心。在隋仁寿宫修建时，王邵等一批天文地理学者参与其中，史籍中记录了他们“瞻星观景”“堪舆望气”的行动，从仁寿宫遗址的考古发掘中，剥去他们当时唯心迷信的外衣，展现给后人的是最大限度地合理利用自然环境和山水，趋利避害以求创造最佳人居环境的良好效果。在隋唐王朝利用仁寿宫、九成宫的漫长岁月里，包括帝王在内的许多文豪、诗人、书法家、画家、音乐家、雕塑家都活跃在这座著名的离宫里。宽松和谐的政治气氛，激发了创作激情和灵感，留下了他们不朽的名篇杰作。初唐“四杰”之一的王勃所写《九成宫颂表》洋洋洒洒三千余言。《九成宫醴泉铭》，魏征集纪实、写史、进谏于一体，开唐代散文新风之先河。以九成宫为题材，王维、杜甫、李商隐咏九成宫的诗作中看到初唐的悠悠乐哉，到“安史之乱”的国破家散，再到悲叹大唐王朝的无可奈何花落去，形成了生动的历史写真。欧阳询书写的九成宫醴泉铭，成为中国楷书书法的集大成者，自唐以来，皇帝诏书非欧楷莫属。中国金碧山水画派的开山鼻祖李思训《九成宫纨扇图》集金碧山水和“界画”于一身，成为后世画家遵循的表现帝王宫廷画面的重要手法。《秦王破阵乐》是初唐时期帝王宫廷中重大活动的必演节目，在九成宫多次演出，进一步得到完善后传到了吐蕃、印度。从隋代开始雕琢的石窟造像到唐代继续雕琢于九成宫并留存到现在的许多大型及小型造像，刀法洗练，丰满圆润，栩栩如生，成为佛教艺术的巅峰之作。隋唐两代，在仁寿宫九成宫曾经有数位公主下嫁和太子纳妃的重大礼仪活动，最著名的是贞观六年，为唐太宗最宠爱的女儿长乐公主下嫁之礼仪规格事，魏征犯颜直谏，引得唐太宗动了杀机，整个过程和君臣对话，史籍记载颇具文学色彩，十分生动感人。李治为太子李弘纳妃举行的“奠雁之礼”既神圣又繁缛，其亲戚因为对方是皇帝，竟提出极为苛刻的条件——白色的大雁作聘礼，在九成宫的禁苑里猎获了一只。婚庆的喜筵整整摆了三天，五品以上的官员都来道贺。翻开文献，发现至唐贞观中期形成的律、令、格、式等典章礼仪制度及法式均形成于帝王到九成宫避暑期间。

军事指挥中心。隋唐王朝在此避暑期间，曾决策和指挥了许多重大战争和军事行动，特别对西域诸国和高丽等国的战争震撼世界。隋开皇十八年（598年）高丽派兵掳掠辽西，杨坚在仁寿宫派汉王杨谅率兵三十万，水陆并进，征战高丽，大获全胜，这是杨坚避暑期间最大的一次军事行动。李世民在九成宫避暑的五年中，先后运筹指挥，大败吐谷浑，攻灭高昌，解除了河西走廊的长期威胁，使大一统的封建国家得到长期巩固。咸亨元年（670年）唐高宗李治在九成宫终于接到“败高丽，克扶余、南苏、木底、苍岩城”胜利捷报，喜不自胜，使父子两人断续打了二十多年的战争得以胜利结束。“安史之乱”给繁盛的唐王朝带来深重的灾难，吐蕃乘机大举内侵，九成宫所在地区成为长安以西前沿指挥所，中央朝廷直辖的神策军和陇右节度使行营幕府均设于此，甚至后来连藩镇中最强悍的“淮西军”也奉调驻扎九成宫周围，并且与吐蕃几十万军队在九成宫附近打了几场血腥硬仗，使吐蕃军队一时后退，参加几次战役的唐军将领都青史留名。由于九成宫这个军事中枢的存在，捍卫了首都长安的安全，并在吐蕃与唐会盟后，朝廷才腾出手来，用足够的军事力量去消灭藩镇割据。

友好交往中心。隋唐两代，是开放的时代，史料翔实地记录了隋文帝杨坚在仁寿宫里数次接见高丽、突厥、契丹等国朝拜的使臣，接受他们带来的贡品，并向他们赠送丝绸、茶叶等土产品。唐太宗李世民在九成宫接见焉者、于阗、突厥使臣，给他们赠送唐王朝的大量产品和毫无保留地向他们传授先进的唐文化和生产技术，册封他们为可汗，授以唐王朝给予的荣誉官爵。唐高宗李治在九成宫避暑的两年里，波斯王都派人朝贡，李治对远道而来的客人给予极高的礼遇，仪凤三年，李治在九成宫派吏部侍郎裴行俭为大使，护送被册封为波斯卑路斯王回国。

宗教朝觐中心。隋唐帝王在仁寿宫、九成宫避暑期间，正是佛教、道教得以空前弘扬发展时期，隋文帝杨坚在这里创建了长安以西最大的皇家佛寺——慈善寺。于仁寿二年、四年在这里分两次亲自向全国110个州分送佛舍利，命同一日造塔起寺，这一活动影响极大，范围之广，举国响应，迎送使的大法会在慈善寺举行时，信众“填门塞路，观者如堵”，以致出现了“佛光绕梁袱，天雨银屑天花”的奇异景象。延至唐太宗、唐高宗、武则天来避暑，继续开凿大型石窟寺，建造其他众多寺院，使九成宫的佛造像成为佛教造像“长安模式”的重要组成部分。一些大德高僧纷纷前来驻锡，讲经说法。特别是唐代中晚期，与佛教生存去留攸关的“会昌佛难”和对寺院课以重税的运动中，九成宫内及周围寺庙未拆，佛像未毁。皇帝赦免这里寺庙田产税收的诏书被刻成碑石立在田地里。道教在九成宫也得到长足发展，九成宫东的仙游观从唐代一直延续至20世纪80年代初，最后一座大殿才被拆除，在20世纪50年代初，拆除塑像时，泥胎内木架上“大唐大和二年”墨书题记还清晰可辨。

山水园林建筑的楷模。隋唐帝王避暑离宫最初设计建造者，是我国封建社会的建筑工匠——宇文凯，在建仁寿宫之前，他设计建造了当时世界最大的都城长安城前身——隋大兴城。在建仁寿宫时，展现出他的才华和智慧，巧妙利用这里自然山水环境，随高就低，因地制宜。许多单体和组合宫殿形制史无前例，考古发掘已完全暴露出的 3 号殿（点将台）遗址、37 号殿遗址，都证明了它无愧“离宫之冠”的称号。就连唐大明宫最有气势的建筑含元殿，也是全盘照搬了隋仁寿宫 3 号殿原模式建造的，包括我国唐以后封建社会帝王宫廷和避暑离宫所遵循的原则，吸收设计建造的形制无不闪现着它的影子。日本平城京的廊庑、庭院里假山叠石建筑，也能看出受宇文凯建筑思想和形制的影响。从九成宫劫后余存的数千件建筑构件文物里可以看出，仁寿宫、九成宫在建造时，富集当时天下技艺超群的一大批能工巧匠，从构件器物造型和纹饰看，既有南朝的妩媚秀气，又发挥了北朝的雄浑大气，还吸纳某些西域风格，整体显得富丽堂皇，给人一种强烈的艺术感染力。

休闲怡养的最佳去处。隋仁寿宫、唐九成宫有着得天独厚的自然环境和凉爽宜人的气候，以及距离首都长安较近的区位优势，成为过去及现在人们休闲怡养的最佳去处。据史料记载，唐太宗李世民曾身患气疾，热便顿剧，从贞观六年、七年至八年连续三年在九成宫避暑休养，使疾病得到好转，许多皇亲国戚、王公大臣都把能跟随皇帝在仁寿宫、九成宫避暑当作莫大的荣耀和人生的至乐。许多大臣在这里有自己的宅第。贞观六年兵部尚书侯君集深受皇帝恩宠，带着他八十高龄的老母前往九成宫避暑消夏。武则天的母亲杨牡丹从女儿恩贵开始就到九成宫避暑消夏，后来老太太连冬天也不回长安，就在九成宫度过，至唐高宗总章三年，以 92 岁高龄而终于九成宫。到中唐时，皇帝虽不再来九成宫，但作为休闲怡养的最佳去处，还深受王公贵族们的青睐。唐玄宗时，岐王李范向皇帝借九成宫避暑，山水诗人王维等一批文豪亦跟着逍遥快活一回。历史离我们远去，地处麟游的“离宫之冠”九成宫虽宫毁人去，作为中国封建社会最鼎盛时期的缩影，在九成宫隋唐的各类重要活动值得探讨、研究、回味，实施九成宫大遗址保护，挖掘隋唐文化精粹，具有深远的历史意义和重要的现实意义。

4. 隋唐文化遗产

隋唐文化国宝 最有价值、最能向世人展示隋唐文化国宝的是遗存于麟游县城西端、天台山西侧的《九成宫醴泉铭》碑和《万年宫铭》碑，至今基本完好无损。《九成宫醴泉铭》碑是唐王朝遗留在唐九成宫故址上的一颗明珠，1300 多年来，一直受到人们尤其是书法家的赞誉和喜爱，此碑于唐贞观六年（632 年），由唐秘书监、检校侍中魏征撰文，兼太子率更令欧阳询书丹，碑首碑身是一块质如美玉的乌黑大理石，高 3.4 米，宽 0.93 米，厚 0.27 米，矗立在 0.7 米高淡绿色砂岩石龟趺上，碑首呈半圆形，顶部六条高浮雕蟋蟠龙，龙身龙尾互相缠绕交错，形象生动，碑额中央圭形内隶书“九成宫醴泉铭”六个阳刻大字，结构匀称，古朴典雅，字大 3 寸，碑文均为楷书，共 24 行，满行 50 字，全文 1108 个字，镌刻者未留姓名，刀法洗练，显系良品佳作。碑文叙述了醴泉发现之原委：唐太宗李世民于贞观六年四月首次驾幸九成宫避暑，因其久旱不雨，水源匮乏，饮水困难，“圣心怀之不至”，四月十六日，太宗“闲步西城之阴，踌躇高阁之下，俯察厥土，微觉有润，因而以“杖导之，有泉随而涌出”，其清如镜，其味如醴，而且“饮之者可以导养正性”，故而命名醴泉，敕命铭碑纪实。碑文的序文部分以骈体文格式描写了九成宫“高阁周建，长廊四起”富丽堂皇的宫廷建筑，运用更多的笔墨，歌颂了唐太宗“始以武功一海内，终以文德怀远人”的文治武功，在铭文部分结尾处向太宗皇帝尖刻地提出了“居高思坠，持满戒盈”的警句，流传千古。欧阳询30岁以前，正是书法艺术繁花似锦的南北朝时期，他采撷百家之长，融南碑北书之精华，逐渐形成了自己独特的书法风格；进入贞观年间之后，欧书风靡天下，处于书法领袖地位，大多皇室重要碑石、达官显贵的墓志碑碣都恳求欧阳询为其书丹，现存有《皇甫庭碑》《大唐宗观记》等。当时的欧阳询已成为书坛领袖和楷书大师。贞观六年（632年）欧阳询年高76岁，奉敕撰写了《九成宫醴泉铭》碑，这一通碑石是欧阳询的经意之作，积他一生之所学。精益求精，达到了出神入化、炉火纯青的最高境界。古今中外书法家评说，认为《九成宫醴泉铭》碑是欧阳询的代表作品，是留给后世的楷书极品。其拓片流传世界许多国家。因此碑书法笔姿修长险劲，笔势严谨刻厉，体貌高华浑朴，引笔多寓汉魏隶风，刚健秀媚，秾纤得中，点画工妙，意态精密，为唐楷之冠，为古今中外书法界所公认，被国内外书家奉为珍宝。日本书道院长今井凌雪盛赞为“楷法极则”，中国书法家称为“世上无双铭，人间第一帖”。《万年宫铭》碑是在永徽五年（654年）唐高宗李治第一次驾幸时所立，铭文为李治御制并书，有随驾三品以上48名文臣武将的自书题名，这种独特的签字留名古碑堪称我国书法碑林一绝，为后人称颂，1985年以来先后有日本、德国等海外朋友和大量国内游客光临。《九成宫醴泉铭》碑、《万年宫铭》碑新中国成立后就被陕西省人民政府公布为省级第一批重点文物保护单位。1996年6月，晋级为国宝级文物，俗称“三绝三碑”，闻名古今中外。名碑国宝吸引数十个国家和地区的百余个团体参观，成千上万名书家学者前来观光读碑。

隋唐文化发掘 1987年以来，中国社会科学院考古研究所隋唐研究室主任马德志率员对麟游县城及周边进行了多次考察和发掘，发现了很多隋唐重要旧址，基本探明了隋仁寿宫、唐九成宫原貌。

皇家佛寺 坐落于九成宫东漆水河南岸的慈善寺，始凿于隋文帝开皇年间（581—600年），唐太宗、唐高宗到武则天时期都有扩建。它是长安西的第一座大型皇家佛寺，史书记载，隋文帝杨坚在慈善寺两次颁诏，向全国110个州分送佛捐舍利，造塔起寺，慈善寺新佛堂建成后佛光屡显，杨坚在这里举行大法会并齐僧，唐代续雕的大型佛像，成为佛教“长安模式”最重要的蓝本，现存的3大窟19龛造像，精美绝伦，充分体现了隋唐时期佛教艺术的最高水平。

1980年9月，基建中在县城东大街发现一座罕见的唐代宫廷水井，深埋在距今地面2.5米处，虽时隔千年，但弧形唐砖砌成的井筒浑圆如初，掏尽泥土即有甘甜的泉水冒出，这是迄今我国发现时代最早、保存最完好的古代宫廷水井，比在成都市望江公园的薛涛井还要早一百多年。在1990年恢复维修的唐井遗址成为麟游旅游景点之一。井台铺砌，井面砖砌，井口图案保存完整，填补了考古学界宫廷饮水设施的空白。遗址照片及资料均被有关专业志书著录。 佛雕石刻艺术精美，是九成宫遗址重要特点之一。九成宫遗址留有10多处。在展现栩栩如生首屈一指的县城东南5千米的慈善寺石窟的同时，麟游县西南15千米有千佛寺，有大小佛像1021尊，大者1米有余，小者仅3厘米，形态各异，皆形象巍峨，造型优美，气韵生动，被考古专家认为是国内保存最完善的隋唐艺术珍品。县南5

千米处有玉女潭，潭阔约半亩，碧水粼粼，史载为古隋文帝晏涛、武后沐浴处，唐朝诗人杜甫留有七律《咏玉女潭》。

1990年,在麟游县邮电局基建中发现“三十七号宫殿遗址”,规格为面阔九间、进深五间，实际建筑面积近2000平方米，共有48个柱础石及大量墙条石，汉王质料的门枕石，无一缺损移位，确为迄今隋唐考古中国内罕见的重大发现。1996—2000年，先后发掘天台山上九成宫一、二号宫殿建筑构件望柱头；在梳妆台上大殿（7号殿址）汉白玉铺地石（隋唐时）压栏石（隋）、瑞兽麒麟折枝牡丹铺地石（隋）、豹斑玉牛（唐）等。同时还发掘了唐联珠双瓣莲纹瓦当、唐珠莲纹瓦当、联珠宝相海石榴砖（三块）、莲纹方砖（唐）、兽面纹瓦当（唐）、长条砖（唐）。2000年7月30日，在天堂镇虎家崖窑村樊家山平整土地时挖出一座墓葬。墓室及耳室内出土彩绘陶俑6件，彩绘马、骆驼各2匹，天王俑1件，塔式罐2件，开元通宝钱币1枚。是麟游县唯一发现的一座唐代墓葬。2001 年5月，慈善寺出土善业泥造像7块，分为三式：一式造像共4块，二式造像有2块，三式造像1块，体现麟游隋唐时期宗教文物的存在。

（二）中下游水文化

1. 武功水文化

武功县是中国历史上著名的农耕文明发祥地之一。在武功县尤以武功古城文化底蕴最为深厚。

武功古城，位于古国有邰圣土佳壤之上，三水环绕，五峰林立，两塬屏卫，长川秀丽，天时地利，人和俱济，自“宇文造周，易治中亭”，有史两千三百六十多年，历史悠久，底蕴丰厚，乃为先民早栖、炎黄肇启、周族孕育、百谷树艺、第一邦国创立、周秦汉唐京畿、关学周礼传承、秦川东西两府文化交汇的“八域之地”。

这里是先民早栖之地。据考古发掘的漆水两岸台地上的文化遗存表明，早在公元前50世纪前后，远古先民已聚族而居、采摘渔猎于武功古城所在地带，浒西庄遗址和赵家崖遗址即为史迹实证。

这里也是炎黄孕育之地。《帝王世纪》曰：炎帝之母梦游华阳（小华山之阳）孕而生炎帝；《国语·晋语》说：“昔少典氏娶于有蟜氏，生黄帝、炎帝。黄帝以姬水（今漆水河，流经武功古城脚下）成，炎帝以姜水（今清姜河，流经宝鸡市渭水之南）成。”此即典籍史料之证。

这里又是周族肇启之地。黄帝之子昌意后裔帝喾，娶炎帝后裔有邰氏之女姜嫄为妻，婚后生子姬弃，其长大成人后，佐禹治水有功，教民稼穑益世，天下尽得其利，故得官农师，授号后稷，封土邰地，德惠后世，福荫子孙，周族肇启，日益强盛，创立了八百年帝王基业，尊姜嫄为圣母，奉后稷为始祖。

这里也是五谷树艺之地。昔年后稷受命于天，胸怀普济苍生之志，借助漆水两岸土壤肥沃之地，借种天庭，试植五谷，分田择宜，创制农具，总结经验，设台教稼，开启中国古代农业先河，成就划时代伟大事业，结束了单靠大自然恩赐的茹毛饮血时代，把人类带入了农耕文明，使华夏民族走入“四大文明古国”之列。

这里还是第一邦国创立之地。尧舜时代，后稷以功勋卓著、德行广播，深得帝君器重，破例令其领土建国。他遂择土于今武功古城近处漆水东岸塬上修城筑邑，在受封的有邰领地建立起中国历史上第一个邦国——古有邰国，郑尚坡遗址即为昔年都邑所在之地。

这里同时也是周秦三辅京畿之地。民国《武功县志（稿簿）》说“武王克商，迁都于镐，邰密迩（贴近，靠近）京城”；又说“始皇列天下为郡县，邰、武功俱属内史（皇帝直属的中枢官署）”。这表明武功古城在周秦时代乃为三辅京畿之地。

这里又是宋代关学立教传承之地。理学创始人之一、关学代表人物张载，于宋熙宁元年（1068 年）应邀讲学于武功古城小华山绿野亭，设坛讲授关学，本县及其周边从学者甚众，使关学广为传承。武功古镇作为武功县（郡）曾经的经济、政治、文化交流中心，发展历程长达 1800 多年。

这里也孕育了不少中华民族的华夏英模：苏武、苏蕙、李世民、游师雄、康海、孙景烈，也留下了以“武功八景”为代表所具有武功当地特色的人文景观。

这里还是关中东西两府文化交汇之地。唐武德元年，设扶风县置，治所于今武功县境长宁镇，缘其位置与后来所设的扶风县城邑东西相对，故有“东扶风”与“西扶风”之称，由于同声“转音”为“东府”与“西府”，因而产生了民间对关中地区以漆水为界的东、西区域的简单划分，加之原来岐塬周韵文化和咸阳秦风文化的不同影响，使人们产生了性格理念、生活习俗、处事方式等方面的文化差异，于是形成了东府、西府的概念，约定俗成，固化下来。

先祖先民从在漆水河边采摘渔猎、农耕生产开始，繁衍生息，逐步走向文明，不仅孕育了周秦汉唐的千年文明，也使这里成为中国农耕文化和流域水文化的重要组成部分。

2. 凤翔水文化

凤翔名称的由来很富有传奇色彩，相传秦穆公之女弄玉善于吹笛，引来善于吹箫的华山隐士箫史，知音相遇，终成眷属，两人乘凤凰飞翔而去。位于今天的凤翔县东南角饮凤池最为有名。相传周文王时，有凤凰曾在此池饮水，故名饮凤池。

宋仁宗嘉祐六年（1061 年），苏轼被任命为凤翔府判官，从此踏上他的仕途道路。

苏轼来到凤翔后，对凤翔的饮凤池进行了改造。他带领百姓在湖里栽荷，湖边植柳，建亭修桥，将饮凤池改名为“东湖”，并在湖面上建有喜雨亭、鸳鸯亭、春风亭、宛在亭、君子亭、登高远望的一览亭等。这一系列的举措不仅美化了东湖，还丰富了当地的水文化内涵。

多年后的苏轼，将在堤上种树种花的工程搬到了西湖，建造了著名的苏堤。而东湖、西湖远隔千里，交相辉映。

年轻的凤翔判官初上任，充满了造福一方百姓的热情和质朴的欢乐。在《喜雨亭记》中描写了与百姓一道祈雨的过程和喜悦。“予至扶风之明年，始治官舍。为亭于堂之北，而凿池其南，引流种木……”说的是他到扶风的第二年，才开始造官邸，在堂屋的北面修建了一座亭子，在南面开凿了一口池塘，引来流水，种上树木，把它当作休息的场所。这年春天，在岐山的南面下了麦雨，占卜此事，认为今年有好收成。然而此后整整一个月没有下雨，百姓开始忧虑起来。到了三月的乙卯日，天开始下雨，甲子日又下雨，百姓们认为下得还不够；丁卯日又下了大雨，一连三天才停止。官吏们在院子里一起庆贺，商人们在集市上一起唱歌，农夫们在野地里一起欢笑，忧愁的人变得高兴，生病的人因此痊愈，而我的亭子也恰好造成了。从他的作品《喜雨亭记》中可以看出他与百姓一道祈雨的过程和对这片土地的热爱，而东湖也成为当地水文化的重要载体，传承千年。

3. 岐山水文化

岐山位于凤翔以西，其地势北高南低，北部为山地丘陵，地形起伏。这种地形影响当地的水系分布，易形成溪流、小河等。岐山，不仅是一片充满历史文化底蕴的土地，这里的每一滴水都似乎蕴含着丰富的历史信息和文化内涵。

作为中华民族始祖炎帝的诞生地，其地位无疑是崇高的。据《国语·晋语》记载，“炎帝以姜水成”，这不仅标志着炎帝的诞生与姜水密切相关，而且也使得姜水成为中华民族文化认同的重要符号之一。

岐山又是周文化的发祥地。周原地区之所以成为周人的选择，除地形地势的优势外，更重要的是这里拥有相当丰富的水资源。《诗经》中描述的周原膴膴，堇荼如饴，描绘了一个植被茂盛、水草丰美的美好地方。贺家村西周墓葬出土的水牛角、大贝壳等文物，更是证明了当时周原地区水资源的丰富。水不仅是周人赖以生存的基础，更是其文化创造和发展的重要源泉。从《诗经》中以水起兴的诗篇比比皆是，可以看出水与人的生活密切相关，成为周人创作文化的重要灵感来源。在古代周人生活中，水是不可或缺的部分，在祭祀、生活起居等方面有着特殊的意义和文化内涵。

岐山的水还滋养了一代又一代的英雄人物。诸葛亮在岐山下的五丈原留下了鞠躬尽瘁的身影，其人格风范与岐山水的灵性相得益彰。

从中华民族的始祖炎帝到西周王朝，再到诸葛亮的足迹，岐山的水文化和文化元素不仅是历史之源，更是历史和文化传承的重要载体。

二、水文化遗产

古时，漆水沿岸，物华天宝，山川孕灵，笃生圣贤，是传说中轩辕黄帝的起源地。《国语·晋语》载：“昔少典娶于有蟜氏，生黄帝、炎帝。黄帝以姬水成，炎帝以姜水成。成而异德，故黄帝为姬，炎帝为姜。二帝用师以相济也，异德之故也。”漆水是黄帝的出生地，是炎黄子孙的摇篮，周天子的所在。《诗经·小雅·节日》说：“漆沮之从，天子之所。”漆水滋润着周民族的土地，养育着周民；他们在漆沮，“耕之、种之、耨之、聚之、安之”；在这里，艺五种，“取材用”，男耕女织，渔猎生活；在这里，繁衍生息，抚民安邦，开国创业，“行者有资，居者有蓄积”；在这里，髹漆制器，或嵌饰，或彩饰，或髹饰，或雕饰；或涂食器、髹兵器、漆礼乐器、饰名车宝马，或装点宫室楼阁、冥器等。他们用镶着蚌片、饰着美丽纹样的漆俎、漆垒，盛着牛、羊、豕、鱼肉、鬯酒，祀天神，祭地祇，享宗庙。他们琴瑟击鼓，载歌载舞，虔诚地祀奉着神灵，以御田祖，以祈干雨，祈求上天“降福穰穰，降福简简”。由此产生了各种文化现象和历史积淀。

据 2018 年陕西省水文化遗产调查统计资料显示，在漆水河流域以河流为中心，历史遗留或保存完好的水利遗产有 168 个，涵盖了渠（渡槽）、湖、池、井、泉、峡、瀑布、桥、渡口、碑文、庙、水神、传说等十五大类（见表 6–4–2），展现了古、近代人们对水利的综合开发和利用。

表 6-4-2　漆水河流域水文化遗产一览

类别	河流	渠（渡槽）	湖、池	井、泉	峡、瀑布	桥	渡口	碑文	庙、水神	传说及其他
名称	杜水（麟游县） 澄水河（麟游县） 史家河（麟游县） 西坊河（麟游县） 永安河（麟游县） 北马坊河（麟游县） 申家河（麟游县） 马家河（麟游县） 武申河（麟游县） 董家河（麟游县） 漠谷河（乾县） 雍水河（凤翔县） 苜蓿河（岐山县） 横水河（凤翔县） 七星河（岐山县） 美水河（岐山县） 湋水河（凤翔、岐山、扶风、武功县）	湋渠（岐山、扶风、武功县） 五泉渠（杨凌示范区） 六门堰（杨凌示范区） 通济渠（岐山、扶风、武功县） 升原渠（岐山、扶风、武功县） 成国渠（扶风、武功县） 石渠（麟游县） 黄家河渠（武功县） 引湋渠（武功县） 漆水河渡槽（武功县） 渭惠渠漆水河退水渠（武功县） 幸福渠（武功县） 宝鸡峡湋水倒虹工程（扶风县） 宝鸡峡漆水河渡槽（乾县） 岸底村渠（武功县） 许家引漆渠（武功县） 武功漆惠渠（武功县）	西水浒（麟游县） 东湖（凤翔县） 饮凤池（凤翔县） 喜雨池（凤翔县） 饮马池（凤翔县） 万杨池（扶风县） 龙王沟（武功县）	玉女潭（麟游县） 九成宫唐宫廷井（麟游县） 三眼泉（麟游县） 紫眼泉（麟游县） 龙海泉（麟游县） 石家泉（麟游县） 润德泉（岐山县） 诸葛泉（岐山县） 湫池泉（岐山县） 马刨泉（岐山县） 刘秀泉（岐山县） 仰天池（岐山县） 珍珠泉（岐山县） 老龙泉（岐山县） 永乐庵泉（岐山县） 凤凰泉（凤翔县） 龙王泉（凤翔县） 虎跑泉（凤翔县） 淘麻泉（凤翔县） 蛟翻眼泉（凤翔县） 万泉（凤翔县） 凉水泉（凤翔县） 铧角泉（凤翔县） 五龙泉（凤翔县） 风伯泉（凤翔县） 老君泉（凤翔县） 潘家泉（凤翔县） 水沟泉（凤翔县） 寺河池（凤翔县） 凤泉（扶风县） 马泉（扶风县） 龙泉（扶风县） 吕宅泉温泉（扶风县） 信义泉古（扶风县） 水泉（扶风县） 良沟泉（武功县）	石鼓峡（麟游县）	塔寺桥（乾县） 大横关桥（乾县） 分水桥（乾县） 青龙桥（乾县） 云桥（乾县） 望陇桥 漆水河桥（武功县） 武杨公路牛家河桥（武功县） 纸坊桥（凤翔县） 涧沟桥（扶风县） 水桥（扶风县） 洪济桥（扶风县） 文星桥（扶风县） 七里桥（扶风县） 畤沟桥（扶风县）	武功镇东门外漆水渡（武功县） 下川口渡（武功县） 骄阳渡（武功县） 毛家嘴渡（武功县） 镜照寺渡（武功县） 北杨村渡（武功县）	石鼓铭文（岐山县） 祈雨感应碑（岐山县） 九成宫醴泉铭碑（麟游县） 万年宫铭碑（麟游县） 惠民泉记（岐山县） 润德泉赐名答诏（岐山县） 赐名润德泉谢（岐山县） 润德泉记（岐山县） 润德泉复出记（岐山县） 捐疏惠民泉记而武密（岐山县） 重修惠民泉、修太白祠碑文（岐山县） 重修鸿禧观碑记、重修湫池清凉院碑记（岐山县） 冯玉祥题词碑（扶风县） 冯玉祥玉泉院题词碑（扶风县） 冯玉祥题词碑（扶风县） 渭惠渠放水碑记（扶风县） 鼎建二水寺塔碑记（武功县） 创修东河桥木工碑（武功县） 重修教稼台碑（武功县） 重修教稼台纪念碑（武功县） 教稼圣地匾（武功县） 漆水河桥碣（武功县） 教稼台匾（武功县）	周原大禹庙（岐山县） 苏公祠（武功县） 江神庙（岐山县） 喜雨亭（凤翔县） 龙泉禅院（凤翔县） 禹王庙（岐山县） 西岷山洞（岐山县） 后稷祠遗址（武功县） 武功龙王庙（武功县）	醴泉墨香（麟游县） 漆流禅影（麟游县） 鱼塘澄镜（麟游县） 寒潭飞雪（麟游县） 北泉流清（永寿县） 渠声夜响（永寿县） 桥门扩览（乾县） 汉宫流泉（乾县） 响石名潭（乾县） 金龙锁关（乾县） 龙岩古寺（乾县） 喀山晚照晒书卷（武功县） 东桥水波花柳显（武功县） 二水塔影两河湾（武功县） 薛仁贵九成宫救驾（麟游县） 后稷教稼稿漆水边（武功县） 游凤龙王沟传说（武功县） 武功城隍庙的传说（武功县） 李世民报母的传说（武功县） 武功水工试验室（杨凌示范区） 西北农林专科学校教稼楼（杨凌示范区） 陕西省水利学校（杨凌示范区）

三、主要水利碑文

水利碑石是记录水事活动的重要载体，是研究水利史的活化石。流域内现存的、有历史记载的主要碑文有 13 件。

（一）九成宫醴泉铭碑

现存麟游县的九成宫醴泉铭碑是陕西省第一批重点保护文物。1979 年，国家文物事业管理局又公布为国家级重点名碑之一。九成宫醴泉铭碑是唐太宗李世民于贞观六年（632 年）授命魏征撰文，欧阳询书写的。李世民是中国封建社会比较开明的一位皇帝，特别是“贞观之治”被史学界公认是封建社会的鼎盛时期，是为一绝；魏征其人以博学多才、直言谏君而作为古代大臣的楷模，是为一绝；欧阳询堪称唐代书法艺术家之首，他所书写的九成宫碑被称为楷书艺术的一绝。这三绝，闻名中外，影响深远，因此九成宫醴泉铭碑又被尊称为“三绝碑”，能够流传保存至今，更是难能可贵。

这通古碑自公元 632 年问世以来，曾多次得到地方官吏和广大民众的保护。尤其是清嘉庆癸亥年间（1803 年），瞿云魁在麟游任知县期间，当时土瘠民贫，自然灾害频繁，官府衙门开支困难。就在这种情况下，瞿知县看九成宫醴泉铭碑因雨蚀风摇日久，卧老荒烟，遂采取措施予以保护。他用少量木材，组织民力，扶碑建房，使古碑屹立原址。修复工程告竣后，瞿知县撰文立碑，对三绝古碑的艺术价值作了详细的论述。写道“魏相传书，欧公纪笔，铭碑勒石已千百年矣，觇其吮墨，考厥挥毫，丹鸟白鱼，灵龟嘉穗，吹林扇树，扫兔凌云，宛鹰踌而鸾惊，俨龙蟠而凤舞，春蚓秋蛇之致，似洒班馨，金剪玉筋之文，如描宋艳。且若兔园半册，篆竹素以全蝎虹，几同鸿烈廿篇，翳蓬蒿而蠹碧。其银钩铁画、历落珠玑，一时采访者，不跑乎遐迩。”他在碑文最后描写道：由于碑石原址地处寒山幽径，加上年久失修，已经残碣凋零，濒临绝境。他还预想后世将有许多好古君子慕名前来参观，为了使这一件书法艺术珍宝能流传久远，身为地方官吏，必须尽力维护，“以待后之君子，望古而遥集云尔”。瞿云魁作为麟游地方的最高长官，他想方设法组织民众保护三绝古碑的做法值得肯定。

这通碑石，不但是唐代历史的见证和研究唐代文化的宝贵资料，更是中华民族的艺术珍品，也是麟游人民的光荣和骄傲。书写碑石的欧阳询知识渊博，从小就与书法艺术结下不解之缘。他开始学习王羲之的书法技艺，青出于蓝而胜于蓝，自成一家，被世人称为“欧体”。他写这通碑时已是 75 岁的高龄了，此时他的书法技艺已经到了炉火纯青、出神入化的地步。笔力刚劲，法度严谨，笔墨丰腴，意态精密，形神俱妙。这一杰作是他钻研书法艺术的结晶，楷书的上品。以此碑文复制翻印的字帖，一经出售，常被抢购一空。在唐代末期，已有前来拓碑的书法爱好者开始印制拓片，可惜这些早期拓片已失传。到了北宋时期，慕名拓碑者与日俱增，拓片遗存现在上海博物馆收藏，南宋拓本在北京故宫博物院保存。到了明代，随着外交事务的发展，九成宫碑帖作为书法艺术珍品流传到东南亚和日本、朝鲜等国，声誉越来越高，价格不断上涨。一些古董商人觅工拓印，倒手贩卖，大发横财。清代，由于康熙、乾隆等皇帝酷爱书法，神通书道，提倡学习继承传统的书法技艺，每当开科取士选官员，审阅考卷的时候，除文章外，书法好坏还占一定的比分。于是，文人学士为拓碑帖，接踵而至，“叮咚之声，昼夜不息”。所得拓本，作为练习书法的范本。

麟游人民更是视碑为神。当时流传的故事说，碑石下面镇压着一个海眼，如果碑石离开海眼，海水汹涌而出，麟游地区就会泛滥成灾，人们将会大难临头。每当夜深人静的时候，将耳朵紧贴碑石，就会听到洪水的波涛声。还有传说：船家要想消灾避难，只要有一幅碑文拓帖贴身携带，漂洋过海，任凭狂风恶浪袭击，也绝不会船翻人亡。当然，传说归传说，但从这里不难看出这通古碑在群众中的威望和价值，无疑对古碑能在原址幸存1300多年也起了积极的保护作用。

据历史记载，在清代统治的二百多年间，从此碑上拓印的碑帖不下数万份。但由于拓碑者络绎不绝，碑文的字迹基本磨平了。虽几经补救，仍很模糊。清代后期，八国联军侵华，列强的一些文化特务趁乱进入国内，进行文化侵略，抢走了一批早期拓本。日本侵华战争期间，侵略者又抢走不少珍贵碑帖。在“文化大革命”“破四旧”中，将一批早期拓本又烧掉了。

九成宫醴泉铭碑的书法艺术精妙绝伦，令人叹服！但更值得一提的是碑文的作者及内容。作者魏征是唐代著名的政治家和历史家。他勇于直言谏君，先后共陈事二百多件。有名的《谏太宗十思疏》就是他的代表作。他奉诏修撰宋、齐、梁、陈及隋史，是总撰人。对历史事实力求简明准确，并且写了《隋史序论》及《各史总论》等史籍，为后世留下了许多珍贵的史料。

“居安思危”“戒奢以俭”“兼听则明，偏听则暗”“怨不在大”“可畏惟人”“载舟覆舟，所宜深慎”，这些至理名言都出自魏征之口，至今仍放射着真理光彩。魏征是中国历史上的名臣，他不仅是一位政治家、思想家，而且是一位学识非常渊博的文化人。他思想宏深雄辩，语言简明生动、论述深透，富有说服力。他撰写的《九成宫醴泉铭》分序文和铭文两部分，共计1100余字。采用唐代特有的对仗文风、骈体文格式，四六排句，遣词造句恰到好处，读起来朗朗上口，余味无穷。碑文的主题是：大唐贞观六年四月十六日，太宗李世民闲暇无事，在宫城内拄杖散步，留意欣赏富丽堂皇的宫廷建筑。突然发现在宫城的西边有一块地方，土地湿润，用手杖一戳，一泓清泉涌出地面。水源旺盛，清澈明亮，水味甘美，长流不断，解决了宫廷饮水的困难。这一发现轰动了朝野，大家都认为是吉祥瑞应之兆，太宗也非常得意。魏征受命以后，充分发挥他的才华，引经据典，写九宫所在地的自然胜景，大书特书唐太宗的文治武功，对豪华的宫廷建筑大加赞赏。并肯定地说明，麟游的气候凉爽宜人，是一处养神的圣地、安体的佳所，汉武帝的甘泉宫与之根本不能相比。他在描写唐太宗发现醴泉的史实时写道：“粤以四月甲申朔，旬有六日己亥，上及中宫，历览台观，闲步西城之阴，踌躇高阁之下，俯察厥土，微觉有润。因而以杖导之，有泉随而涌出。乃承以石槛引为一渠。其清若镜，味甘如醴，南注丹霄之右，东流度于双阙，贯穿青琐，萦带紫房，激扬清波，涤荡瑕秽。可以导养正性，可以澄莹心神。鉴映群形，润生万物，同湛恩之不竭，将玄泽之长流，匪惟乾象之精，盖亦坤灵之宝。”魏征的碑文对唐王朝的版图疆域、治国方法以及汉族王朝和各少数民族的睦邻关系描写得淋漓尽致，并特别强调了使用武功安邦靖基，采取文德教化百姓，天下才会太平安静。这些治国方略则是形成贞观之治的条件和保证。

（二）万年宫铭碑

万年宫铭碑位于麟游县城的西北部九成宫宫城的碑亭内。

唐永徽二年（651年），唐高宗李治改“九成宫”为“万年宫”，永徽五年（654年）驾幸万年宫避暑，时年27岁，御制御书了万年宫铭碑，并敕命中书门下随从文武三品以上及学士四十八人自书官职、姓名于碑阴，立石于万年宫永光门外。后世移至现址，流传至今。碑文为骈体文式，对仗工整，声韵铿锵。文中对万年宫的宏伟建筑、山川形胜、风景气候赞美有加，同时他对“贞观之治”借题发挥，抒发了誓作一代英名皇帝的情怀。该文是李治年轻时文章书法的代表作和才华横溢的见证，备受书家和爱好者的赞誉推崇。

此碑被国家文物局公布为全国书法艺术名碑，并被定为国家一级文物。

（三）惠民泉记

作者为清张焜。全文如下：

永寿，山邑也。地厚而燥，土石间杂，穴之百仞不及泉。居民诉苦汲，汲则挈罂抱瓮，行几里而求诸绝壁之间，稍纵失足，鲜不破罂复瓮。最苦雨雪中汲，径滑步艰，十汲而常复，则更汲，不啻取明水于方诸，仰甘露于仙掌也；尤苦者，东作方殷，麦秋盛暑，渴不得浆，何以胜获之劳，往往求汲之益，而荒半晌之功。妨农莫甚于此；不宁唯是，永有驿，驿赖马力，马赖水草，独永之驿，骑艰于饮多不及时，且以奔驰疲乏之后，策饮于险壑之下，饮饱而胜跃于峻坡之上，病马莫甚于此，其带牛佩犊之苦又不待言矣。予每太息曰：民之苦恒在饥，今永民又兼若渴耶？日思所以济之。闻宋时有吕公泉，特患无觅之者。乃邀同广文任君、县尉傅君、贡士赵君等，徒步祷祝，寻泉之源。约行八里许，近分水岭麓，予思堪舆家有云：凡龙之转处，即有伏泉在下。此正龙之转处也。随令掘之，渐有清液渗出，再深掘之，则汩汩出矣。皆喜曰：“泉在是哉！”逾数十武掘之，水溢；又逾数十武掘之，水又溢。任君等俱狂喜曰：“求一泉而不得，今且得三，异哉！”各以手掬饮，冽泉甘美，而下泉尤佳。予于翌日，即捐俸募夫，汇三泉于一道，因势利导，开麓成渠，高者削之使平，陷者填之使耸，石堑则锤凿而通之，断岸则刳木以渡之。委蛇曲折，导使入城。因砌两池，以使其蓄泄。上池便民之汲，下池便畜之饮，似可为长久计矣。乃未几，而土人告曰：“水道一带，土浮渗漏，得水不知奈何？”又告曰：“坚冰将至，水冻汲绝奈何？”又告曰：“无人勤修，不时淤滞奈何？”予曰：“然哉！诚宜虑及此也。”因思水不就土则不渗，水不见，风则不凝。乃命陶人制瓦桶数千，顺水鱼贯，复以厚土；其危险难施处，则益以石。视其河流而往，又募夫二名，不时利导焉。于是涓滴不漏，严寒不凝，四时无倾泻之患，可以世食水德于不朽矣，嗟乎！泉本无坏时，而治泉者有懈时，是在后之君子善为经理之，以勿坏已成之水利可也（下略）。康熙九年立。

（四）润德泉赐名答诏

作者为唐宣宗，全文如下：

敕崔珙：省所奏“当府周公祠旧有泉水枯竭，十一月中，因风泉水五处一时涌出，又有七处见出，并画图进上”事具悉。朕闻致理之代，地出醴泉，盖以泽可济时，德推上善，征诸传记，最为休祥。朕以虚庸，敢膺元兕，披图见瑞，省表增惭。岂惟菲德致之，亦卿循良所感，临轩赞叹，至于再三，今赐名“润德泉”，想宜知悉。冬寒，卿比平安好遣书指不多及。

（五）赐名润德泉谢表

作者为唐崔珙，全文如下：

臣服蒙圣恩，以臣当府所奏“周公祠灵泉涌出，画图进上”示臣手诏，并赐“润德泉”者，紫泥缄启，鸿泽光临，因圣德以感通，诏微臣而褒奖。捧戴无措，兢惶失图。臣服以君有至德，及于山川，神降休祥，见于祠宇。功宣润下，道叶流谦。臣所以披图按谍，考往校今，明元化之式敷，彰皇猷之无远，冀光帝典，用表祥经，臣忝守邦，获逢理代，不合蒙蔽，辄具奏闻。岂谓俯回天倦，乃赐嘉名，特降纶言，垂于不朽，与日月而明并，岂金石之能移。臣见令刻石纪年，置之泉侧，为一时标异，俾百代共观。无任屏营感忭之至，谨陈谢以闻，谨奏。大中二年十二月二十日。

（六）润德泉记

作者为元河南守孔克任，全文如下：

岐山县西北行十里而遥，没源而入，望断若穷，聿瞻彼岨，叠浪翠涌豁然开朗，衍为陂随。古树亘云，周庙有仙，赤鸟衮衣，吐握可想。降阯，稍东而北，行六七十步，直抵其麓，有井作亭，其上覆以翠瓦，傍出入觚，井方四跬，厥深倍之。岁久以眢，民用弗淑。稽诸故实，世乱则竭。在唐大中初，一日风作，群泉涌出。守臣珙上其事，玺书褒嘉，赐名“润德”。嘉祐时，苏轼吏兹土，能咏其事。自是或见或否，古老屡占，以为戚喜。大元世祖即位十七年，天下大定，斯泉复通，恒出不竭。承平未百年，至正之厄，防决波溃，黎乃戾经，红抹其额，群冲四突，所在俱起，釜焦不沃，瓮罄其瓿，至此极矣。平章李公思齐师驻是土，奋威扬武，期耆廓清。乃二十四年甲辰春三月，有事于庙，任实陪以行，已事而竣，俯凳兴恻。秋九月，井泉忽见，窦溜喷洒，迸若飞玉；为泛为滥，交走亭下；奔流淙淙，锵若环佩。前有竹园，流经其间，径流民田，始会于一。激为机轮，溉为膏壤，民赖其饶。野夫来看，妇子相语，兹泉之出，厥兆何繇，虽可欣也，亦可异也。李公继封豳国，深惟国家厚恩，愤不得急清君侧，以报天子下泉之恩。千载共忾，亦欣且异，语予以故，予为言曰：“泉在地中，譬如血脉，气和则滋液华润，逆则壅底为病。”周伯阳甫曰：“水演而民用足，阳伏而不能出，阴迫而不能升，则原塞；原塞，川必竭，三代之季，河洛是矣。”圣王体信以达顺，太和熏蒸，淳郁礴渡，下降上腾，滑而若饴，瀚而为醴，嘉生茂豫，物不疵疠，此顺之实也。别天作高山，肇开姬祀公旦以圣制集，泽流图极，声灵赫濯，俨在故宫，洋洋陟降，溥博时出，必有开也。民咸曰休哉。是宜刻石，以识其征。铭曰：

纽谥轴旋，匪色音兮；蒸而降腾，泽淫淫兮。
郁而雍底，为渗禄兮；体信达顺，懵莫谌兮。
彼岐肇姬，气瀚淳兮；公旦有鬼，芒以芴兮。

问诸遗老，询故实兮；祠东有井，或涸竭兮。

屯固发华，以数征兮；斯泉见否，理乱乘兮。

微通元兆，厥有凭兮；瞢闉谁极，予汝铭兮。

（七）捐疏惠民泉记而武密

作者为清永寿知县张焜，全文如下：

永寿，山邑也。地厚而燥，土石间杂，穴之皆焦枯少滋液。掘深百仞不及泉，居民诉苦汲，汲则挈缶抱瓮，行几里而求诸绝壁之涧。稍纵视失足，鲜不破缶覆瓮。最苦雨中雪中汲，径滑步艰，十汲而常覆三四。覆则更汲，不啻取明水于方诸，仰甘露于仙掌也。尤苦者，东作方殷，麦秋盛暑，渴不得浆，何以胜耕获之劳？往往求汲之益而荒半晌之工，妨农莫甚于此。不宁唯是永有驿，驿赖马力，马赖水草。独永之驿骑艰于饮，多不及时。且以奔驰疲乏之后，策饮于险壑之下，饱饮而腾跃于峻坡之上，病马莫甚于此。其带牛佩犊之苦，不待言矣。予每太息曰："民之苦恒在饥，今民又兼若渴也。"日思所以济之，闻宋时有吕公泉，特患无觅之者，乃邀同广文任君、县尉傅君、贡士赵君等，徒步祷祝，寻泉之源。约行八里许，近分水岭麓，予思堪舆家有云，凡龙之转处，即有伏泉在下。此正龙之议搜辑，而复重修之。遂延邑人士采访时，不佞谬厕其间，事甫举而先生解任去。继至者为我邑侯郑紫垣君，皖泾名家，不佞辈以前事请，且备述始此之勤勤于斯也。我侯慨然以为己任，不用创而用因，去取务当，寿诸梨枣。语曰：莫为之前，虽美弗彰；莫为之后，虽盛弗传。盖经我郑侯之心力，裒然成编，而不佞亦得挂名简末，抑何幸欤！是为跋。光绪己丑（1889 年）仲春之月邑人赵奇龄谨识。

（八）重建汉建信侯庙碑文

作者为明邑人杨仪，全文如下：

天生豪杰，钟灵毓秀。生为名臣，建功立业。以翊其国，没为明神。御灾捍患，以福于民。是宜祀血食，永钦于世矣。永寿里名好畤，乃历代相沿。故邑北有明月山者，孤峰耸秀，山川环拱，古称胜地。于首建庙一区，乃汉建信娄侯栖所也。按侯出处功业之详，灵迹之异，庙祀之远，备载大元至大碑文。迨我，历正统、成化、正德年间，遇旱为灾，屡祷屡应，悉刻石记事。时嘉靖戊子（1528 年）岁旱如焚，赤地千里，里中父老斋戒越宿，策杖徒跣，祷侯祠下。越旬日大雨沾足，是岁秋谷告登，民无艰食，卒享有年之庆。异哉，呜呼！侯当日汉世之雄，去千有余年，精英之气，凝于宇宙。御灾捍患之功，如一日者，信乎豪杰。天为斯民而生，虽华岳、吴山，相与争衡，岂滥爵淫祠伦哉。乡耆王友智顾庙貌凋敝，神栖匪安，重新改观，斯为首务。赵杰辈经营以总其始，落成以要其终，鸠工聚财，旬日兴事，庙貌轮换。神像俨俨，视昔尤有加者。当夫春祈秋报，以飨以祀，神气洋洋，降福无疆，吾人之志愿毕矣。序而记之，嗣作颂云云。

（九）重修惠民泉

作者为金乡贡进士郭邦基，全文如下：

永寿县古麻亭驿也。城在岭之巅，三面险阻，攸居之人，弗能凿井。宋嘉祐中，吕汲公大防危令时，于城东甘水源，相其地形凿山为渠，引而入城。百姓利之，尝歌曰："泉之来兮东涧边，昔我劳苦今安然。愿公早入佐天子，霈为膏泽及民编。"因之为吕公惠民泉。岁月浸久，兵革之余，泉渠圮坏，无复存者。泰和元年（1201年）邢公珣由进士第一邑簿，下车后历询耆耄，苟有利害为之兴除。众以泉闻，遂访其源，得古道，有瓦甓之迹在焉。不旬日间，厥工告成。其泉之通也欻焉，老幼欣欣，赓为之歌曰："我公来兮扬仁风，当时涧水能复通。济人利物谁与同，昔有吕公今邢公。"泰和四年（1204年）郭邦基。

（十）汉建信侯庙碑文

作者为元凤翔知府鄞咸，全文如下：

汉建信侯，齐人也。姓娄，讳敬。汉高皇帝五年（前202年），以布衣见上，议都关中。即日车驾入关，赐姓刘，封奉春君。七年（前200年）使匈奴，知不可击。帝辄往，侯不可，上怒囚之。平城围解，特原其罪，封建信侯。乾州好畤县明月山有庙，今废。属永寿县，铭曰：侯转处也。随令掘之，渐有清液渗出。再深掘之，则汩汩然矣，皆喜曰："泉在是哉武掘之，水溢；又逾数十武掘之，水又溢。"任君等俱狂喜曰："求一泉而不可得，异哉！"各以手掬饮，三泉甘美，不相上下，而一种香味似下泉尤佳。予于翌日即汇三泉于一道，因势利导，开麓成渠。高者削之使平，陷者填之使耸。石堑则锤断岸则刳木以渡之。委蛇曲折，导使入城。因砌两池，以使其蓄泄。上池便民便畜之饮，似可为长久之计矣。乃未几而土人告曰："水道一带，土浮渗漏，得何？"又告曰："坚冰将至，水冻汲绝。奈何？"又告曰："无人勤修，不时淤滞。奈然哉！然哉！诚宜虑及此也。"因思水不就土则不渗，水不见风则不凝。乃命数千，顺水鱼贯，覆以厚土。其危险难施处，则益以石视，令其河流而往。又募时利导焉。于是涓滴不漏，严寒不凝，四时无倾泻之患，可以世食水德于不朽泉本无坏时而治泉者有懈时，是在后之君子善为经理之，以勿坏已成之水利，仅止于供旧县城居民之汲饮而已，然犹博得邑人士之歌颂不辍。识明而学充，才卓而德懋。余一日相谋而恳请曰：国有国史，闾有闾史，野有野史。

国之志，即一邑之史也。忍令其有名而无实，多讹而失真乎？诸如作邑山寨，城阙变为荆棘没铜驼矣；百物凋耗，土产变为空谷之磷火矣；户口萧条，生聚变为寥落之流星矣；石田多芜，原隰变为殊方之大荒矣。甚至赏宫倾废，解通籍之半纶；市井荒凉，沓服贾之一商；名泉壅塞，断惠民之旧泽；胜迹灭没，绝冯吊之伟观。约略言之：以今日之景，质当年之志，相肖也，不相肖耶？幸我父母开诚布公，不以予言为谬，果慨然以订正为任，更不以余为不才，而属笔以厘正焉。余虽不敏，何敢逊谢。但一人寡陋，又何敢独裁。爰及诸同辈，以暨诸博士弟子，存真涤讹，扬美黜浊，毫不敢抒以臆见，毫不敢用以涂饰。大公至正，以昭来许。今后之君子，一披图而慕芳躅者式清节，恫荒废者思兴复，敦教化作者做人文，课晨桑者蕃种植。从此旷世相感，敷政而致治，上以赞朝廷之大化，中以备官箴之鉴诫，下以启风俗之衰敝。一邑之信志，即一邑之信史也。畴谓古豳之风，不可复睹于今日耶。志成而质之于公，公曰可。令梓之。呜呼！此志之成，非公之虚怀下询，博咨广采，何以能若斯耶？然公之功德所垂，当于秦岭俱高，漆水俱长矣。是为序。

时康熙七年（1668年）岁在戊申孟秋之朔，邑拔贡生赵运熙谨撰。

张大尹，即清永寿知县张焜。

（十一）修太白祠碑文

作者为明耿志炜，全文如下：

兴伯刘公治部之三年，岁大旱。自夏徂秋，以国量乎泽，若焦。民其无如也。公愀然忧形于色，素衣步祷，遍告群神。而旱魃肆焚，日益烈。于是集父老，登凤冈之巅，谒太白祠，斋沐致祝词，报之祠下。祝以五日为期。越三日，风飞云涌，大雨滂沱。东抵马嵬，西至右辅，南濒渭阳，北暨乾陵之南界。一日夜，四境之内，周渥沾足，焦枯欣欣有生意。向日愁叹，转为歌舞矣。公于是奉牲帛、洁酒醴，展辞以答神见。其辞曰："惟神毓云洞天，积雪皎然。庙峙稷峙麓，封号流传。有祷如响，从昔所仰。今兹岁旱，骄阳用长。念土之毛，民惨不聊。爰沥血诚，以率我僚。虔祷于神，惠此一方。趋跄祠下，陈乞荐香。神鉴其烟，精祲且交。油然作云，遂不崇朝。其散如丝，其沃如饴。焦卷一变，庭硕离。巫现反室， 藏缄鼓箫。秋成可期，玉烛遂调。敢凭牲醴，以答神休。永祈膏泽，肇祀春秋！"既祭矣，遂著为仪；更属炜为文以记之。盖昭示来兹，欲其永籍灵见，以惠此一方民。尝按武功志载：洪武丙辰（九年，1376 年），都督耿忠为太白祠记。其二岁之间凡五祷，其感应前后一如影响。并记历代加封徽号，历历可数。且灵应昭晰，祀典秩然。然则太白灵应，振古如兹，而其祀亦由来远矣。顾不知湮沉废坠端于何时，使后之人瞻庙貌，嗟登豆之缺。即神亦屯其膏雨、民不得露其甘润久矣。公毅然修复之。倘所谓"先成民而致力于神者也"！昔晋太康中，郡大旱。东皙为邑人请雨。三日而雨，黍育稷生，士女形之歌咏。今日之举可谓旷代同符！而记金石规永赖，其意更深远矣。公上谷新安人，讳勃然，号兴伯。祈祷雨在崇祯三年（1630 年）七月廿二日。即于是月之廿七日，增厥门庑、修厥堂阶，而祀以岁。春秋与风云雷雨社稷并展之，以兴嗣岁。盖有其举之，莫或废也。于是乎记。

张文熙曰："昔司马氏累岁而《史记》成，朱晦庵先生九年而《纲目》就。博访遐诹，编惟艰。余不敏，谬应重委，苟且告竣。不知其工与拙也。其中荒唐无当，所增削而润色之，不无望于后君子焉。"且极矣。万历辛巳（九年，1581 年），曹侯崇朴下车释菜，见而太息。乃不借于官，不赋予民；自减常禄，浸寻次第理之。正其柱、补其漏，口垩丹漆其剥湮。久而严备，与创构者无异焉。庙制悉如旧，惟名宦、乡贤二祠自殿庭之后移置戟门前，以远湫隘。棂星门内凿泮池、艺萍藻，以绿辟雍，乃曹侯作也。学制亦如旧，惟移明伦堂于旧堂西北。以旧堂址筑崇台，为"敬一亭"。以废圃易民间侵地，开辟门衢，与堂阶端广洞达，乃予兄弟与牛规也。往者庚辰之役，对山先生敕家童伐檀为大车，载北山之石以纪其事。以学宫未竟，需之置之殿除，为蓬没藓蚀者垂七十年。其子闻喜知县康樗为诸生时，数抚而惋懊，欲成其志未能也。

今年，曹侯慨庙学两工，百年之内，人事弗齐，作而敝、敝而作者屡之，兹幸并竣。以予犬马之齿，熟知废兴时代及前大夫姓字劳绩，乃率今日同事者：县丞杨永祐，教谕李遵，训导张光霁、张问明；诸生牛佳、张汲、李时茂、耿光世等征文于予。会楼及高县知县陈嘉猷、山西宪副李时芳、平陆教谕李居泰、举人康埙，并遗书促之。予乃拂石叙其事而镌之。在昔缙绅诸生有一金、义氓有一饭裹是役者，今皆书之碑阴。

（十二）重修鸿禧观碑记

作者为明张锝，全文如下：

太极立无极，行数足于三，而万事万物咸从此出。由是世立治兴，而任世治者有其责。故动以本性，理之正也。则立为教，法以逸情。行之僻也，则纠之以刑。善恶相寻日扰，扰无休时。扰天下者，率不违此。故圣人事也，不逃数以外，理其后天之道乎？然人已有缓急，身名有虚实，极其急以实其实。游心洪濛，抱真守一，清静无为，脱屣天下。超然高举于尘世外，是老氏之学也。求理于理，而不求理于数；忘机忘形，先天以圣者也。议者多非之。无较于议者，其道使然耳。是故大人畏天、贤者敬天。乡党之自好者，动祈于天。而愚不肖亦若有憾焉。天道不易，知敬畏者得之祈；非有见而憾，固其所也。且时之远莫如周，无论秦汉而下，其在战国时，攻其道者何多也，而其传益明；訾其学者何甚也，而其流甚众。绵绵迄今，固与吾道并行之也矣。至圣莫若孔子，而入门揖让，即无逆谈。退语吾党，谓其变化犹神龙焉。虽以鸣谦自牧，而概其议论实以理逊也。夫以累世之所不能息，太圣之所不敢议，而低昂轻重于其间，其不知量固如此。予素嗜其学，尝见其卓然远、旷然大、渊然深；玄而又玄，浑然莫知其所以。故特表而出之。其善其议，必有更相互者，姑从其所至。武功北郭旧有鸿禧观，后祀唐太宗，前则其殿也。亦不知其所自始。至嘉靖戊午（三十七年，1558 年）敝极，不能御风雨。其观主王洞明忧之，遂合源于四方，求以更新。予始来归自燕，乃鸠工；赞以成之始于戊午，而其功犹未备也。及岁壬戌（四十一年，1562 年），予叨令曲沃，适邑人狄景华寓武。华亦义士也。遂绘其壁、饰其居，金碧其衣冠。而尊严之像，肃然改观矣。越癸亥，其工乃毕。洞明告予以文；予方经营四方，未暇及也。无何，洞明长逝。其徒卢明义复以文为请；予图书此，以识岁月云。

（十三）重修湫池清凉院碑记

作者为明张臬，全文如下：

清凉院，城北之古刹也，去城仅十里许。旁有涧侧出之，泉停泓为池。细流紧如带。

往旱魃为虐，祷于池，则碊建而辄雨。故俗呼为“湫池沟”。院无遗文残碑，亦不载于邑志，其由来靡得而考。岂土人以法雨、慈云、火宅、甘露，为空王普救众生而遂建寺以顶礼乙乎？寺去苏台咫尺。苏台为中郎将故里。汉兴，苏氏繁昌。俗疑为苏氏家佛堂建此、抑唐查火院而后湮灭也耶？自金人入，梦白马米朝，法门之辟，代綦邈矣。辟处一隅者，孰能究竟？若存若亡，是耶非耶。院依西崖，古洞幽开，规模简陋。有钟一具，其文为成化年同。

四、水事艺文

在上下五千年的历史长河中，水利作为一项改造自然的基础建设，有兴有衰，总在发展，其功德业绩，史不绝书，传颂于世。尤其是先代哲人志士，在漆水河流域有关水利建设的诗文和言论，不仅记述了水利的兴衰演变，而且反映了当时社会的精神风貌，成为中华文化瑰宝中的重要史料。

公 刘

笃公刘，既溥既长。
既景乃冈，相其阴阳，观其流泉。
其军三单，度其隰原。
彻田为粮，度其夕阳。
豳居允荒。

——选自《诗经 · 大雅 · 公刘》

绵

绵绵瓜瓞。民之初生，自土沮漆。
古公亶父，陶复陶穴，未有家室。
古公亶父，来朝走马。
率西水浒，至于岐下。
爰及姜女，聿来胥宇。

——选自《诗经 · 大雅 · 绵》

生 民

厥初生民，时维姜嫄。生民如何？克禋克祀，以弗无子。履帝武敏歆，攸介攸止，载震载夙。载生载育。时维后稷。

诞弥厥月，先生如达。不坼不副，无菑无害。以赫厥灵。上帝不宁，不康禋祀，居然生子。

诞寘之隘巷，牛羊腓字之。诞寘之平林，会伐平林。诞寘之寒冰，鸟覆翼之。鸟乃去矣，后稷呱矣。实覃实訏，厥声载路。

诞实匍匐，克岐克嶷。以就口食。蓺之荏菽，荏菽旆旆。禾役穟穟。麻麦幪幪。瓜瓞唪唪。

诞后稷之穑，有相之道。茀厥丰草，种之黄茂。实方实苞，实种实褎。实发实秀，实坚实好。实颖实栗，即有邰家室。

诞降嘉种，维秬维秠。维穈维芑。恒之秬秠，是获是亩。恒之穈芑，是任是负，以归肇祀。

诞我祀如何？或舂或揄，或簸或蹂。释之叟叟，烝之浮浮。载谋载惟。取萧祭脂。取羝以軷，载燔载烈。以兴嗣岁。

卬盛于豆，于豆于登。其香始升，上帝居歆。胡臭亶时！后稷肇祀，庶无罪悔，以迄于今。

——选自《诗经 · 大雅 · 生民》

白　华

彪池北流，浸彼稻田。

啸歌伤怀，念彼硕人。

——选自《诗经 ·小雅 · 白华》

咏风诗

唐·李世民

萧条起关塞，摇飏下蓬瀛。

拂林花乱彩，响谷鸟分声。

披云罗影散，泛水织文生。

劳歌《大风》曲，威加四海清。

李世民（599—649 年），唐太宗。

重幸武功

唐·李世民

代马依朔吹，惊禽愁昔丛。况兹承睿德，怀旧感深衷。

积善忻余庆，畅武悦成功。垂衣天下治，端拱车书同。

白水巡前迹，丹陵幸旧宫。列筵欢故老，高宴聚新丰。

驻跸抚田畯，回舆访牧童。瑞气萦丹阙，祥烟散碧空。

孤屿含霜白，遥山带日红。于焉欢击筑，聊以咏南风。

过旧宅诗（二首）

唐·李世民

（一）

新丰停翠辇，谯邑驻鸣笳。园荒一径断，苔古半阶斜。

前池消旧水，昔树发今花。一朝辞此地，四海遂为家。

（二）

金舆巡白水，玉辇驻新丰。纽落藤披架，花残菊破丛。

叶铺荒草蔓，流竭半池空。纫佩兰凋径，舒圭叶翦桐。

昔地一蕃内，今宅九围中。架海波澄镜，韬戈器反农。

八表文同轨，无劳歌大风。

经武功旧宅

唐·韦应物

兹邑昔所游，嘉会常在目。

历载俄三九，始往今来复。
戚戚居人少，茫茫野田绿。
风雨经旧墟，毁垣迷往躅。
门临川流驶，树有羁雌宿。
多累恒悲往，长年觉时速。
欲去中复留，徘徊结心曲。

韦应物（737—792年），唐代诗人，汉族，长安（今陕西西安）人。

登太白峰

唐·李白

西上太白峰，夕阳穷登攀。
太白与我语，为我开天关。
愿乘冷风去，直出浮云间。
举首可近月，前行若无山。
一别武功去，何时复见还？

李白（701—762年），字太白，号青莲居士，祖籍陇西成纪（今甘肃省秦安县），出生于蜀郡绵州昌隆县（今四川省江油市青莲乡），一说出生于西域碎叶。唐代伟大的浪漫主义诗人，凉武昭王李暠九世孙。

喜达行在所（三首其一）

唐·杜甫

死去凭谁报，归来始自怜。犹瞻太白雪，喜遇武功天。
影静千官里，心苏七校前。今朝汉社稷，新数中兴年。

杜甫（712—770年），字子美，自号少陵野老，唐代伟大的现实主义诗人，祖籍襄阳（今属湖北），自其曾祖时迁居巩县（今河南巩义西南）。

九成宫

唐·杜甫

苍山入百里，崖断如杵臼，曾宫凭风回，岌嶪土囊口。
立神扶栋梁，凿翠开户牖，其阳产灵芝，其阴宿牛斗。
纷披长松倒，揭蘖怪石走。哀猿啼一声，客泪迸林薮。
荒哉隋家帝，制此今颓朽。向使国不亡，焉为巨唐有。
虽无新增修，尚置官居守，巡非瑶水远，迹是雕墙后。
我行属时危，仰望嗟叹久，天王守太白，驻马更搔首。

题好畤县

唐·赵统

地穷藏小县，土厚古风余。
农业依山种，人家半穴居。
分金怀义士，遗利问香渠。
路险岩岩转，求安屡舍车。

文柏床

唐·白居易

陵上有老柏，柯叶寒苍苍；
朝为烽烟树，暮为宴寝床。
以其多奇文，宜升君子堂；
刮削露节目，拂拭生辉光。
玄斑状狸首，素质如截肪；
虽充悦目玩，终乏周身防。
华彩诚可采，生理苦已伤；
方知自残者，为有好文章。

白居易（772—846 年），唐代著名诗人，字乐天，晚居香山，自号香山居士。

酬薛舍人万年宫晚景寓直怀友

唐·上官仪，永徽五年八月

奕奕力成台，窈窕绝尘埃，苍苍万年树，玲珑下冥雾。
池色摇晚空，岩花敛余煦，清澈丹禁静，浩荡文河注。
流连穷胜托，夙期暌善谑，东望安仁省，西临子云阁。
长啸披烟霞，高步寻兰若。金狄掩通门，雕鞍归骑喧。
燕姝对明月，荆艳促芳尊，别有青山路，策杖访王孙。

上官仪（608 — 665 年），字游韶，陕州陕县（今河南三门峡市陕州区）人，唐朝宰相、诗人。

夏晚九成宫呈同僚

唐·李峤

碣馆分襄野，平台架射峰，英藩信炜烨，胜地本从容。
林引梧庭凤，泉归竹沼龙，小轩恒共处，长坂属相从。
野席兰琴奏，山台桂酒浓，一枰移昼景，六著尽宵钟。
枚藻清词律，邹谈耀辩锋，结欢良有裕，联采愧毋庸。
暂悦丘中赏，还希物外踪，风烟远近至，鱼鸟去来逢。

月涧横千丈，云崖列万重；树红山果熟，崖绿水苔浓。

愿以西园柳，长间北岩松。

李峤（生卒年不详），本名李余庆，陇西狄道（今甘肃省临洮县）人。唐朝宗室、大臣。

敕借岐王九成宫避暑应教

唐·王维

帝子远辞丹凤阙，天书遥借翠微宫。

隔窗云雾生衣上，卷幔山泉入镜中。

林下水声喧语笑，岩前树色隐房栊。

仙家未必能胜此，何事吹箫向碧空。

王维（693 年或 694 年或 701—761 年），字摩诘，号摩诘居士，河东蒲州（今山西运城）人，祖籍山西祁县。唐代诗人、画家。

九成宫

唐·李商隐

十二层城阆苑西，平时避暑拂虹霓。

云随夏后双龙尾，风逐周王八骏蹄。

吴岳晓光连翠巘，甘泉晚景上丹梯。

荔枝卢橘沾恩幸，鸾鹊天书湿紫泥。

李商隐（约 813 年—约 858 年），字义山，号玉谿生，又号樊南生，与杜牧合称“小李杜”，与温庭筠合称“温李”，原籍怀州河内（今河南沁阳）人，后随祖辈移居荥阳（今河南郑州），晚唐时期诗人。

凤翔西池与贾岛纳凉

唐·朱庆余

四面无炎气，清池阔复深。

蝶飞逢草住，鱼戏见人沉。

拂石安茶器，移床选树阴。

几回同到此，尽日得闲吟。

朱庆余（生卒年不详），名可久，字庆馀，以字行，越州（今浙江绍兴）人，唐代诗人。

惠民泉

宋·永寿歌谣

泉之来兮东涧边，昔我劳苦今安然。

愿公早入佐天子，需为膏泽及民遍。

——选自金《重修惠民泉记》

注：宋嘉祐中吕大防为永寿令，凿山为渠，引泉水入城，百姓利之，歌颂其德。

喜雨亭记

宋・苏轼

亭以雨名，志喜也。古者有喜，则以名物，示不忘也。周公得禾，以名其书；汉武得鼎，以名其年；叔孙胜敌，以名其子。其喜之大小不齐，其示不忘一也。

予至扶风之明年，始治官舍。为亭于堂之北，而凿池其南，引流种木，以为休息之所。是岁之春，雨麦于岐山之阳，其占为有年。既而弥月不雨，民方以为忧。越三月，乙卯乃雨，甲子又雨，民以为未足。丁卯大雨，三日乃止。官吏相与庆于庭，商贾相与歌于市，农夫相与忭于野，忧者以喜，病者以愈，而吾亭适成。

于是举酒于亭上，以属客而告之，曰："五日不雨可乎？"曰："五日不雨则无麦。""十日不雨可乎？"曰："十日不雨则无禾。""无麦无禾，岁且荐饥，狱讼繁兴，而盗贼滋炽。则吾与二三子，虽欲优游以乐于此亭，其可得耶？今天不遗斯民，始旱而赐之以雨。使吾与二三子得相与优游以乐于此亭者，皆雨之赐也。其又可忘耶？"

既以名亭，又从而歌之，曰："使天而雨珠，寒者不得以为襦；使天而雨玉，饥者不得以为粟。一雨三日，伊谁之力？民曰太守。太守不有，归之天子。天子曰不然，归之造物。造物不自以为功，归之太空。太空冥冥，不可得而名。吾以名吾亭。"

苏轼（1037 — 1101 年），字子瞻，号"东坡居士"，世称"苏东坡"。北宋诗人、词人，宋代文学家。

前　题

宋・苏轼

平生闻太白，一见驻行驺。
鼓角谁能试，风雷果致不。
岩崖已奇绝，冰雪竟琱锼。
春旱忧无麦，山灵喜有湫。
蛟龙懒方睡，瓶罐小容偷。

谒周公庙

宋・苏轼

吾今那复梦周公，尚喜秋来过故宫。
翠凤旧依山硉兀，清泉长与世穷通。
至今游客伤离黍，故国诸生咏雨蒙。
牛酒不来乌鸟散，白杨无数暮号风。

凤翔八观诗（其中二首）

宋·苏轼

石鼓歌

冬十二月岁辛丑，我初从政见鲁叟。
旧闻石鼓今见之，文字郁律蛟蛇走。
细观初以指画肚，欲读嗟如钳在口。
韩公好古今已迟，我今况又百年后。
强寻偏旁推点画，时得一二遗八九。
我车既攻马亦同，其鱼惟鲔贯之柳。
古器纵横犹识鼎，众星错落仅名斗。
模糊半已隐瘢胝，诘曲犹能辨跟肘。
娟娟缺月隐云雾，濯濯嘉禾秀稂莠。
漂流百战偶然存，独立千载谁与友。
上追轩颉相唯诺，下揖冰斯同鷇鷇。
忆昔周宣歌鸿雁，当时籀史变蝌蚪。
厌乱人方思圣贤，中兴天为生耆耇。
东征徐虏阚虓虎，北伐犬戎随指嗾。
象胥杂沓贡狼鹿，方召联翩赐圭卣。
遂因鼙鼓思将帅，岂为考击烦蒙叟。
何人作颂比嵩高，万古斯文齐岣嵝。
勋劳至大不矜伐，文武未远犹忠厚。
欲寻年岁无甲乙，岂有名字记谁某。
自从周衰更七国，竟使秦人有九有。
扫埽诗书诵法律，投弃俎豆陈鞭杻。
当年何人佐祖龙，上蔡公子牵黄狗。
登山刻石颂功烈，后者无继前无偶。
皆云皇帝巡四国，烹灭强暴救黔首。
六经既已委灰尘，此鼓亦当随击掊。
传闻九鼎沦泗上，欲使万夫沉水取。
暴君纵欲穷人力，神物义不污秦垢。
是时石鼓何处避，毋乃天公令鬼守。
兴亡百变物自闲，富贵一朝名不朽。
细思物理坐叹息，人生安得如汝寿。

东　湖

吾家蜀江上，江水绿如蓝。
迩来走尘土，意思殊不堪。
况当岐山下，风物犹可惭。
有山秃如赭，有水浊如泔。
不谓郡城东，数步见湖潭。
入门便清澳，恍如梦西南。
泉源从高来，随波走涵涵。
东去触重阜，尽为湖所贪。
但见苍石螭，开口吐清甘。
借汝腹中过，胡为目眈眈。
新荷弄晚凉，轻棹报幽探。
飘飘望远近，偃息遗佩篸。
深有龟与鱼，浅有螺与蚶。
曝晴复戏雨，戢戢多于蚕。
浮沉无停饵，倏忽遽满篮。
丝缗虽强致，琐细安足戡。
闻昔周道兴，翠凤栖孤岚。
飞鸣引此水，照影弄毵毵。
至今多梧桐，合抱如彭聃。
彩羽无复见，只有鹯搏鸽。
嗟予生虽晚，好古志所媅。
图书已漫漶，猷复访侨郯。
卷阿诗可继，此意久已含。
扶风古三辅，政事岂汝谙。
聊为湖上饮，一从醉后谈。
门前远行客，劫劫无留骖。
问胡不回首，无乃趁朝参。
予今正疏懒，官长幸见涵。
不辞日游再，行恐岁满三。
暮归还倒载，钟鼓已韽韽。

东湖春日

宋·张舜民

湖内红花间白花，湖边游女驻香车。
秋千对起花荫乱，蹴鞠孤高柳带斜。
无数小鱼真得所，一双新燕宿谁家。
故园风景还如此，极目飞鸿逐暮鸦。

张舜民（生卒年不详或约1034年—约1100年），字芸叟，自号浮休居士，又号谏斋。邠州（今陕西彬州）人。北宋文学家、画家。

凌虚台

宋·张舜民

岐山四合与台平，半露园林叶未成。
是处芳菲皆可惜，晚来风雨太无情。
山川不改秦云色，宫室长悬陇水声。
唯有故园终不见，仓庚黄鸟向人鸣。

惠民泉

金·郭邦基

我公来兮扬仁风，当时涧水能复通。
济人利物谁与同，昔有吕公今邢公。

——金《重修惠民泉记》

郭邦基，金，乡贡进士。

咏润德泉

金·贾铉

翠崖环峙壮宫垣，礼乐升平忆昔年；
欲识治平无让古，依山涌冽看清泉。

贾铉（？—1213年），字鼎臣，博州博平（今山东茌平）人，金代大臣。

咏润德泉

元·张天赐

山灵涌玉泉，流涸可占年。
德泽施千古，故宫飞彩烟。

咏润德泉

元·朱铎

八百年来不断流，漫随世道几沉浮。
圣人德泽如江海，已沛余波遍九州。

龙尾春波

元·朱铎

箭括一片云，化作千山雨。
奔流龙尾沟，春波深无底。

龙尾春波

元·梅亭

双溪绿会流龙尾，映日迢迢动彩鳞。
几度蒸云成澍雨，九州草木一时春。

龙尾春波

元·邢公干

鸑鷟峰前龙尾坡，两溪春日皱金波。
通流合璧朝南去，万里中原净洗戈。

龙尾春波

元·仇圣耦

周家不独招鸣凤，济世还知有卧龙。
曾向岐阳作霖雨，一沟春水尚溶溶。

龙尾春波

元·禹畴

依依客舍柳如鬈，夹路莺花二月春。
长日画桥流润后，东风吹皱碧龙鳞。

仲秋观稼出郊游大像寺

元·胡居祐

禾黍秋成岁可观，登临萧寺倚空山。
寒云满岫天将雨，幽鸟一声僧自闲。

午枕斋鱼惊客梦，虚廊钟磬度禅关。
普门祠下灵泉水，流出余波润世间。

庆善宫

明·耿志炜

渭水桥西岸北头，唐朝帝业此源流。
龙飞四海家胡越，燕舞一堂醉冕旒。
翡翠楼台归蔓草，蓬莱仙殿委荒丘。
牧儿短笛吹牛背，曲里犹传建子沟。

登二水寺

明·耿志炜

二水溶溶拍岸来，岩尧天界带溪回。
云边贝树藏因果，海上莲花荫法台。
尘世浮名随云水，招提净土自苍苔。
且乞智火烹新茗，一碗能清万劫灰。

春日登后稷祠

明·张汲

风尘役役叹霜茎，归到青山自有情。
树隐三峰留仅照，花明二水抱孤城。
唐宗洞口松杉老，后稷祠前蔓草平。
直上白云高处立，万家烟火动樵声。

苏　台

明·张錬（liàn）

苏家门馆冠当时，只剩荒台傍水湄。
欲向行人寻往事，西风吹雁黍离离。

张錬（生卒年均不详），明散曲名家。

春日游鸿禧观

明·张錬

今日鸿禧观，当年庆善宫。
慈母余寸草，霸业入春风。

珙树花仍发，龙池水未空。

乞灵随社祝，仰止意无穷。

二水寺

明・张相

寺开金阙倚梁山，晴对终南咫尺间。

二水环流双玉合，恍疑身世出人寰。

张相（1877—1945 年），原名廷相，字献之，浙江杭州人。中国语言文字学家。

漳　水

明・张相

桃花满渭滨，疑是武陵春。

不尽沽来酒，催诗莫厌频。

白鹭点青山，赤鳞映绿水。

一对锦鸳鸯，飞过毛家嘴。

漆川西消别张子太微

明・康海

送君漆上水，忽见太微峰。

胜游苟如此，佳期难再逢。

君今人鳌屋，且坐五老峰。

待予明日至，同与玩仙踪。

康海（1475—1540 年），字德涵，号对山、浒东渔父，陕西省武功县人。明代文学家。

漳　水

明・康海

小店西头凤水波，东南直下接渭河。

微澜映日金蟾细，急涨当秋浊浪多。

龙尾春波

明・康海

篮舆度龙尾，阴壑昼生寒。

不睹山川壮，安知天地宽。

经漆村览有邰古迹

明·康海

我闻昔人言，此即汉漆县。其东故有邰，草木殊葱茜。
终南当面朝，清渭过如练。直北倚黄山，逶迤控周甸。
前望松桧场，知是何王殿？王迹日以微，气色或隐见。
西南庆善宫，郁当漆村面。胜地迁变多，往躅审弥眩。
繄自虞夏来，百祥具兹奠。地灵昔所庇，谛此窃中羡。

古豳道中

明·李梦阳

高原骢马晓嘶风，历历封疆一望中。
来脉挟有泉，视水灌入城。
源源不断流，红羊劫不移。
北郭五里距，凿井积膏乳。
户户皆安堵，惠民垂千古。

李梦阳（1473—1530年），字天赐，又字献吉，号空同，明代文学家。

惠民泉记

明·郭宗皋

永寿之邑，据高控险，土厚不可以井，第赖水于郭东深涧中，往来五六里，强半为径，其艰也可知。余庚戌道径米一升，易水不一斛，然犹常值也。暑雨寒江，或更倍莅，今以北山之泉注郭中，于是水莫便于永寿矣。前开封府检校，家居杨邦梁实为之。泉去郭七里，即东水之源，建瓴而下，则趋渊迤逦，渠之乃得入郭，甚不易也，故屡渠而屡废。宋嘉祐中吕汲公大防危令，盖作始焉，谓之惠民泉。金太和中，进士邢珣为主簿，因其圮坏，修复之。乡贡进士郭邦基为之记。

郭宗皋（1499—1588年），字君弼，号似庵，登州福山（今山东烟台福山区）人，祖籍江西万安，明嘉靖八年（1529年）进士，官至南京兵部尚书。

过永题

明·洪翼圣

孤城萧索乱峰前，官舍栖云溪夜弦。
建信兴炎光汉史，吕公浚水忆芳泉。
马蹄征盖无停日，茅屋山川每断烟。
沮漆由来豳古地，豳风再振在名贤。

洪翼圣（生卒年均不详），字秀邻，广西桂林人。

龙尾春波三首

明·赵忠

（一）

化龙掉尾动晴波，一脉春流入渭河。
万里朝宗达沧海，乌飞兔走竟如何。

（二）

春波况漾昔年闻，几度龙飞碧海云。
岁月自更泉自涸，落花啼鸟又残曛。

（三）

不用追思感慨深，山坡泉涌见天心。
蛟龙卷却波涛去，飞向云霄散作霖。

龙尾春波

明·王祎

箭括飞千折，鲸鬐喷玉寒。
条风轻浪里，吹碧漾琅玕。

咏润德泉

明·王祎

邠流传旧泽，分润溉周原。
祖德绵无尽，逢年溯碧湲。

咏润德泉

明·魏枋

鸣凤山前圣圈宫，涸泉突出兆年丰。
清波夜浸天心月，细浪惊翻野外风。
玉鉴重开虽有数，璇流灌溉岂无功。
周公德泽皇家瑞，尽在刘君惠爱中。

周邸治泉三首

明·赵忠

（一）

一泓岐水净年芳，漾漾溶溶玉液香。
莫把流泉等陈迹，缘知地久与天长。

（二）

一泉长与世安危，今日无波涨碧池。
麟凤不来春寂寂，故宫芳草绿杨枝。

（三）

润德泉枯水不来，野堂渠召土飞埃。
今朝再拜周公庙，愿乞余波及草莱。

咏润德泉

明·王九思

泉涌出前道，滔滔兆岁丰。
山前问古老，泉上拜周公。

喜　雨

明·韩廷芳

官衙夜半雨声连，起舞谁知到枕眠。
点点漫滋全夏土，家家重见有秋田。
天心自古垂仁爱，民命于今解倒悬。
云汉诗人忧已矣，相看还是太平年。

和《喜雨》韵

明·徐衡

旱雪炎炎三月连，贤侯昼祷夜忘眠。
皇天有感存黎首，灵雨还施到稿田。
百谷已看发穗穗，三农足慰望悬悬。
千年能体桑林意，尚拟今秋报有年。

扶风怀古

明·曹琏

巡方一入右扶风，民物宁如旧日同。
唐耸茂陵封古树，桥横漆水吸长虹。
玉堂著史夸班固，绛帐传经说马融。
最是穆公人去远，荒郊谁葺棫阳宫。

前　题

明 · 杨楠

古今谁不仰周公，郁曲深山留故宫。
绿竹摇风仪凤去，清泉浴月钓溪通。
壁图圣迹人可想，苔荫残碑字已濛。
歌咏卷阿归去后，寒云老树吼秋风。

前　题

明 · 杨美益

岐山之下圣人生，岐山之上凤凰鸣。
伤哉高道已遐邈，九苞瑞羽归沧瀛。
南流滴滴珍珠水，灵鸟不饮空长清。
迩来四野无青草，高岗安得梧桐老?
我今载歌云汉章，令人千古思丰镐。
熙时应有鸾凤俦，谁为周民济枯槁。
北山之麓有涌泉，里人曾说可占年。
王风不作泽已竭，凤兮何处常翩跹?
庙前郁郁松与柏，无闻鸟雀喧苍烟。

前　题

明 · 薛纲

一从姬辙驾言东，禾黍离离满閟宫。
不睹高冈仪彩凤，徒瞻遗像被华虫。
泉流岐下千年泽，乐作人间万世功。
愧我身非行道具，登堂恍在梦魂中。

前　题

明 · 梁建廷

周公庙宇贮卷阿，古木参天翥凤窠。
德备先朝光日月，道流后世配山河。
精忠昭感风雷护，达孝默通神鬼呵。
甚矣吾衰老孔梦，衮衣难见思如何。

周公庙古楸行

明·康海

岐山西北周公殿，回山揖岫纷如靛。
殿前古木无数交，老楸郁郁当前面。
根盘后土谁能测，柯动云霄人共羡。
风来扫拂剥山壁，雪重崔嵬若惊巘。
此楸植此知何年，十人联臂困难遍。
皴皮怒起蛟龙甲，鸣叶甘同雷雨战。
群公观视各叹息，始知灵物非常见。
秋空漠漠双鹤来，岐山千叠云锦开。
览时抚景虽多暇，回首古人安在哉？
方今群盗各草窃，河北河南俱愁绝。
焚灼浑无片瓦存，参天那讨孤标孑？
岂系朝廷约束疏，由来长吏风声缺。
徐李俱传治郡豪，苏生亦是郎官杰。
保护须令尽细微，扶持未可辞襟褉。
忆昔西周全盛时，越裳航海亦来仪。
熙功隆效今犹赫，况在当年亲见之。
自存扆转东周后，王室削弱如培塿。
八百独羡钦宝历，一线谁怜延虎口。
我今憩此百感生，诸生各尔负时名。
幸逢天子忧勤日，好遣周公礼乐行。

东湖泛舟

明·刘广生

眉山到处播芳闻，秦越东西若对君。
共向秋风收野色，谁从夜雨识星文。
尝疑渚运青莲合，略见萍开碧浪分。
慷慨中流频击楫，欲于樽俎荡妖风。

凤湖雅会

明·王体复

画省炉香恍若蒸，联镳记是十年曾。
还将鼓瑟逢杨意，更许登龙御李膺。

病渴常思金掌露，临池共吸玉壶冰。
论心此夕成佳会，不觉东方日已升。

守道李亲翁在喜雨亭招饮次前韵

明 · 杨时荐

（一）

眉山亭上晚霞收，嘹唳征鸿度画楼。
愧我才疏持绣斧，羡君望重泛仙舟。
东湖月好斟秦酒，赤壁风清忆楚游。
胜概流连同一醉，敢云德曜聚云头。

（二）

缥缈云光映水隈，登临把酒旷怀开。
迎宾辱倒中郎屣，作赋惭非王粲才。
赴宴临风酣庾兴，望亭喜雨上苏台。
中秋才过仍良夜，况迁芳踪傍草莱。

杨知江寅丈招饮东湖

明 · 许孚远

使君开宴风城东，亭隐湖心一鉴空。
万叠青山春雨外，数声黄鸟暮林中。
封疆正履岐周旧，勋业何如旦奭雄。
酾酒临流千古意，坐来鄙吝已消融。

玉窟流泉

明 · 王麒

一道清泉绕碧岑，半山玉甓倚云深。
草烟冉冉秋沉月，石榴泠泠夜奏琴。
饮子猿来窥曲涧，修翎鹤舞下长林。
分香也胜兰亭水，击钵传杯放醉吟。

谒绿野亭诗

清 · 赵文杰

城南步百路西村，四五常开小洞门。
绿野有名亭已废，荒碑少字石犹存。

经霜松老乾坤影，绕带河流今古痕。

仰止横渠寻未得，日中立马到黄昏。

惠泉恩膏

清 · 胡长庆

引水上山颠，人夸旧令贤。

我亦宰斯土，恩膏愧此泉。

胡长庆（生卒年不详），初名元勋，字延之，号梅溪，临桂人。嘉庆六年（1801 年）进士。改庶吉士。清嘉庆乙亥年授陕西永寿知县。

咏普渡寺

清 · 胡长庆

何必落伽山，处处皆净土。

愿将座下泉，常化人间雨。

山月澄清

清 · 周治岐

遗惠听泉声，千年延旧泽，

臂沸盈科进，恩膏沾足处。

先贤水利明。五里绕新城。

巧当过耳鸣。山月照澄清。

周治岐（生卒年不详），永寿县人，清代附贡生。

永寿十四景

清 · 张焜

南岭朝云

苍苍朝气罩孤峰，叆叇盘旋恣澮浓。

恰似晓妆垂绮幕，云鬟不露静修容。

西山夕照

西望层峦列画屏，晚霞映日更鲜明。

回光潋滟人如醉，尽在琉璃壶内行。

东岭耸翠

扶桑初出射高岑，一带菁葱扑面侵。

更喜三春春去后，还收芳丽满怀襟。

北泉流清

一汪数里导来城，滋味芳香色更清。

岂特吾民沾润泽，坐观还引在川情。

渠声夜响

二峡分流漾两泓，幽凄滴沥骇鲵鲸。

夜深疑有玉人至，环珮打当过耳鸣。

张焜（生卒年不详），字西屏，江西南昌人。清初举人，顺治十八年（1661 年）任丘县知县。上任后，见各项政务百废待举，官吏松垮、积案甚多，便立即着手整顿治理、清理积案。

咏吕公泉（二首）

清・骞凌云

（一）

月照山城泉韵清，甘棠千古留遗爱。

惠泉惠政两相侔，天助贤侯民有庆。

（二）

听来犹是抚琴声，岁序频更渠不更。

一视能消万户愁，不凝不涸水长流。

骞凌云（生卒年不详），清廪生、邑人。

咏惠民泉

清・耿大典

巉岩仄径转羊肠，祠宇荒凉古木苍。

千载泉流怀往哲，残碑苔砌有余香。

耿大典（生卒年不详），清恩贡生、邑人。

咏吕公渠（二首）

清・耿大典

（一）

荒郊野望清泉舒， 逝水欢声遍野信。

贤宰功能各千古，吕渠今又号张渠。

（二）

渠上人家渠下泉，泉中汲水向渠边。

挈缶抱瓮熙熙乐，永被恩膏忆昔贤。

惠民泉（二首）

清·冯永清

（一）

欲掬清泉一涤肠，潺潺溪籁自生凉。

荒城古驿炊烟起，风道麻亭茗碗香。

（二）

碧水湾环一线流，吾民欣跃感贤侯。

群黎到处沾滋润，从此豳南渴不忧。

冯永清（生卒年不详），清增生、邑人。

惠民泉

清·周治岐

遗惠听泉声，先贤水利明。

千年延旧泽，五里绕新城。

觱沸盈科进，玎当过耳鸣。

恩膏沾足处，山月照澄清。

周治岐（生卒年不详），清附贡生、邑人。

分水岭

清·周治岐

逐水源分水，潆回来岭畔。

南北双峰峙，凭高遥眺望。

人夸治水贤，导引上山巅。

东西两涧烟，千古惠民泉。

喜雨（二首）

清·张培之

（一）

高下窑居各有邻，千家并作一家春。

云藏虎阜浓含润，雨祷龙泉默感神。

报最愧难膺上考，流甘幸早遍南豳。

于今孰荷林宗望，且看民间折角巾。

（二）

风静黄尘野不浑，篝车可祝任操豚。

一犁甘澍南东亩，半里荒城左右村。

穿径疏泉豳馆近，决渠致雨汉基存。

缓征都被天恩重，休待催科屡到门。

张培之（生卒年不详），清永寿知县。

题惠民泉

清・赵运熙

曩际先贤水利宏，吕公有道功应美 。

千尺谁疏延旧泽，惠民徒见残碑勒。

恩勤岁祀永垂名，白子探源志有声。

一痕莫瀑绕新城，何时歌章不再赓。

赵运熙（生卒年不详），清邑人。

五龙泉

清・郑尔昌

峭壁凌空白练悬，五龙飞下九重天。

御灾捍患功民社，占断豳南第一泉。

郑尔昌（生卒年不详）， 清安徽附贡生。

祈雨

清・郑德枢

久晴无雨旧秋冬，远近黄枯荒草地。

半年旱戴连全陕，万卉频苏沾泽渥。

民瘼萦怀禳岁区，高低红透夕阳峰。

一片诚心格五龙，咸歌大有喜溶溶。

郑德枢（生卒年不详），清光绪年间任永寿县知事。

咏普渡寺观音泉（三首）

清・郑德枢

（一）

灵觉山辉景色幽，寺名普渡两朝留。

曾经大慰三农望，一片慈云绿满畴。

（二）

莲花座下有灵湫，三尺澄潭注不流。
一穴天池敷润泽，御灾捍患荷神休。

（三）

庙貌重新一焕然，观音灵液积山泉。
春祈秋报馨香荐，时沛甘霖遍大干。

重修县志偶成

清·郑德枢

九十年中事未彰，半随兵劫半湮藏。
追求始得昭幽隐，搜采尤宜取实详。
忠孝丹诚难汩没，山川碧秀更悠长。
今朝学作两轩史，桂露濡毫字亦香。

邑八景

明·张汲

东桥花柳

数枝烟柳绾东风，几树夭桃照水红。
欲典春衣同客醉，杏花零落雨蒙蒙。

太白峨空

一峰突兀插青天，时见孤云独往还。
安得一身生羽翰，高寻仙侣问真玄？

宝意烟霞

楼阁萧萧暮雨中，篆烟轻袅尚方清。
梵音高下寒山静，悟得真如本自空。

骊山返照

迟迟西下日将曛，数缕明霞接海云。
借我东原留晚照，满山红紫气氤氲。

报本晨钟

清梵泠泠渡远潮，招提佛号彻青霄。
一生惊醒阎浮梦，又共区区逐市朝。

唐宫夜月

松萝老尽空阶冷，独闭颓垣昼不开。
只有当年歌舞月，长空远驾白云来。

客山阴雨

峰头蔼蔼云方起，河畔濛濛雨自来。

似有蛰龙潜水底，几番侧耳听风雷。

风岗积雪

高岗集凤鸣时瑞，寒玉苍苍不肯峭。
偶出寻春风力峭，岑头千仞有琼瑶。

漆　水

明·张相

（一）

漆水何漫漫，水天浑一色。
着我水晶宫，郃城弹丸黑。

（二）

雪消春水生，何处笛三弄？
雨岸碧桃花，开逼真人洞。

龙岩寺龙潭口

清·吴玉

夏见冰雪走，暗听雷风吼。
直下溜垂檐，怒舂水入臼。
岩峻神工开，潭深怪龙守。
蟠窟静养鳞，翻涛怒矫首。
喷霖溅白沫，嘘云幻苍狗。
我来探幽境，精神频抖擞。
世故山川险，忧多思虑昏。
重荫蔽芳月，叠岭明旧雪。
泥积辙更深，水冰花不发。
郑侯间世贤，忠孝乃双全。
大义弃妻子，至淳易生死。
知心三四人，越境千余里。
骏马帐前发，惊尘路旁起。
楼头俯首看，莫敢相留步。
拜阙奏良图，留中沃圣谟。
洗兵收魏郡，诱敌讨幽都。
名亚典蜀国，官迁谏大夫。
从容九霄上，谈笑解阴符。
卢生富才术，特立居近密。
采掇献吾君，朝廷视听新。

饶宽枉自比，汲黯直为邻。
就列继三事，主翁当七人。
可怜常守道，不觉五逢春。
昔去城南阳，各为天际客。
关河烟雾深，寸步音尘隔。
羁旅忽相逢，别离又兹夕。
前辈涕未干，后喜心已蹙。
而我方老大，颇受风眩迫。
夫君并少年，何尔髭须白。
惆怅语不尽，徘徊情转剧。
一樽且共酹，以慰长相忆。

菜根行

清·吴玉

早魃频作厉，穷家烟火息；
岁暮儿童号，为采芜菁食。
强支久饿身，匍匐出城闉；
举步如不胜，携锹每喘息。
奋尽生平勇，捡拾心恻恻；
持向归途中，一步复一踣。
悠悠寒郊外，凄凄周道侧；
阴阴天常暗，沈沈日无色。
凛凛风横侵，幕幕尘四塞；
下民良可哀，苍天曷有极。

咏润德泉

清·王穀

圣泽普渊深，涓涓兆岁祉；
愿言流润长，与民相终始。

珍珠泉

清·薛成兑

我来三刀岭，去观珍珠泉。
泉水滚滚出，玉眉颗颗圆。
清甘同醴美，觱沸似星联。
涵青天作底，缀绿苔为钱。

带雨喷万斛，波心一月悬。
濯手掌欲握，浮萍絮若穿。
润遍南东亩，流长入渭川。
凤凰今不饮，屈指几千年。

九成宫

清·吴汝为

翠巘连云浑太空，登临几度忆离宫。
长松掩映山头月，宿莽茏苁陌上风。
野鸟有情疑怨绿，御沟无叶可题红，
繁华历尽多摇落，唯有山川自古同。

重修周公庙润德泉出

清·李炳生

二公陪祀两楹间，丹雘重新水一湾。
莫道朝阳鸣凤去， 高冈犹是旧岐山。

凤翔府

清·王士祯

城边千渭两交流，陇蜀中分第一州。
西雍横当斜谷路，南山高接杜陵秋。
雌鸣尚意秦人霸，星陨难消汉相愁。
形势依然身万里，扶风歌罢拂吴钩。

与萧雪山一泛舟东湖

清·李柏

酌酒东湖上，镜开水不流。
风亭寒白日，烟柳隐孤舟。
城廓沉波底，荇蘗长书楼。
客怀多少恨，独此不知愁。

李郡侯招饮东湖庆雨步韵

清·刘自唐

及时膏雨满秦川，太守湖边庆有年。
漠漠山云笼宝髻，涓涓河沼贴金钱。

昔人志喜留台榭，此日勤民泛酒筵。
后乐先忧真刺史，风徽宁让大苏贤。

初夏东湖邀友宴粲

清·王嘉孝

苏公亭上午风清，邀客同来逸兴生。
渭水晴光摇老树，秦山爽气照孤城。
持杯峭阜云中坐，把臂澄湖镜里行。
最是故人能好我，一觞一咏惬幽情。

凤翔八景诗

清·张飞鹏

（一）东湖览胜

碧水澄清印远空，浓荫叠叠凤城东。
沿堤疏柳回环处，别样荷花映日红。

（二）凌虚眺远

层台巍巍几千秋，多少诗人到此游。
十二街中齐览遍，只缘身在最高头。

（三）凤涧分流

涧水分流绕凤城，凤泉滚滚泻双清。
一归城外一归内，流到东湖处处明。

（四）凤楼晓钟

凤楼叠叠势凌空，凤郡城头映日红。
是孰撞钟声不断，随风直过女墙东。

（五）回龙烟雨

滚滚烟云搅一堆，飞沙走石带风雷。
陡看水秀山明处，千里来龙到此回。

（六）展诰云霞

万笏朝天得意回，云霞缭绕五花开。
山灵久荷丝纶宠，一幅诰封展出来。

（七）文笔朝辉

秀气重重聚巽方，文星高照对文昌。
一枝健笔朝天外，吐出光芒万丈长。

（八）城鸦晚噪

碧鸡变化在陈仓，白兔绿鹦不足祥。
只有群鸦依旧主，凤城处处噪斜阳。

重修东湖碑记

清·白维清

距郡城而东有湖焉，固凤凰泉注水之潴也。宋嘉祐中，苏文忠公以一代伟人，签判是郡。公余巾杖来观，相度地利，以斯湖可浚而成也。爰引泉流由西北折而之东，延袤十数里，注之于湖，水多则蓄之，以防涨溢，干旱则泄之，以润田畴，湖成而民利普焉。湖长八百余步，阔半之，沿堤古木千章，槎牙拮据，波流掩映，上下一碧，作“君子”，“宛在”二亭，莲吐清香，君子之风可挹，而所谓“宛在”者，至今犹在水中央也。后人建祠祀公，而湖之名于是乎传。嘉庆十六年，太守王公骏猷修葺公祠，重加疏浚，木桥水榭，胜境增新，然地当空道，行人来往与夫樵童牧竖杂沓其中，不数十年，石磴木阑淹没于荒烟蔓草，湖中土砾沙碛淤壅不流，偶遇春涨秋霖，山水奔驶，每致冲溢田庐，则始之为利者，今反为之害矣。余于道光十六年丙申岁，权篆凤翔，欲修葺之而不果，阅八载，廿五年乙巳，自兴元移旆重来，谒公祠而亟为荒度焉。商之八属，同人皆有同志，克日鸠工，先浚湖根，旋引泉脉，淤者深之，实者瀹之，逐成巨浸矣。乃以疏浚余资，于湖之北岸，建敞轩三楹，傍矗层楼，用资远眺，栽花雉草，种树架桥，嘱宝鸡二尹章子廷英，绘为全图，参军陆子均董其事，经数月而工告成。夫自来贤人君子，游迹所至，即一名一物，皆足惠及当时，泽及后世，其所留遗，故得历世常新，昭垂不朽。后之人，望古遥集，经其地，思其人，仰至溯洄徘徊不忍去。游斯湖也，仰公之神，其幸得相从笠屐间乎？则公之功业文章，且有与湖并传千古者：其徒曰大半勾留在此湖也哉！余不善属文，惟以是役之成，成于余，犹幸同志诸公相与有成也。爰志数言，用刊诸石。

渠畔晚景

民国·胡步川

最爱渭渠畔，荒城沉古塔。
两岸如图画，炊烟渐四合。
和风傍晚天，落日照银川。
一身似野仙，归鸟各争先。

胡步川（1893—1981 年），谱名尔林，名正国，字竹铭，号步川。民国水利专家。

颂漆水河渡槽

民国·胡步川

天际长虹渡雨云， 俯观漆水绿潭沟。
槽拦倚处成仙侣， 复道行空踏落嘌。

渠水原田

民国·胡步川

原田葱葱旧谋新，复陇茧云褪绿菌。
渠水纵横互艳注，化为霖雨润三秦。

波光桥影

民国·胡步川

长渠流水送层波，波上重桥映影多。
最是夕阳平地落，反光万叠漾银河。

龙尾春波

民国·白岫云

午抵龙尾沟，一泉平地涌。
东风冻未解，此泉波先动。

武功杂作

民国·于右任

扶杖行吟任所之，武功原上晚晴时。
郊禖谁祷姜嫄庙，春雨人耕后稷祠。
万里风云掩西北，十年兵火接邠岐。
绿杨临水川如画，景物流连老益悲。

冬游东湖

徐山林

古柳枝疏东湖瘦，银铺玉砌凝清流。
君子披雪洒淡雅，鸳鸯伫水喜白头。
东湖冬日风景秀，银装素裹好风流。
会景堂前难尽兴，登阁一览画中游。

赞西凤酒

魏巍

盛唐有美酒，异香飘长安。
我今闻佳味，悠然见诗仙。

赞西凤美酒

秦含章

柳林美酒传凤形，梅花报春不先争。
苦辣涩酸甜味好，东西南北皆文明。

夸凤翔

李星光

说凤翔，道凤翔，凤翔是个好地方。泥塑彩绘色鲜亮，香包刺绣活凤凰。
东望长安三百里，西眺千陇米粮仓。腊驴肉，豆花汤，风味小吃有名堂。
穆公发祥起霸业，始皇加冕回故乡。油糕酥，面筋瓤，扁豆凉粉味道香。
陈仓暗度汉刘邦，横扫三秦入未央。平川麦子山奶羊，西凤柿子赛蜜糖。
苏轼凤翔任府判，凿修东湖美名扬。东山整座电石矿，北山广产黄芩王。
一代风流数今朝，彭帅率军过凤翔。南乡竹器西山葱，千河辣角八寸长。
如今富民政策好，凤翔一派新景象。城关自流凤凰泉，蔬菜瓜果四季香。
东湖柳，西凤酒，罩金漆器姑娘手。党的政策赛甘露，多种经营财源广。
草编艺术飘外洋，木版年画是特长。迈开大步奔小康，同心建设新凤翔。

周公“圣水”进县城

吕元亨

周公圣水进县城，圆了居民千年梦。
好比当年润德泉，象征国瑞与繁荣。

观漆水河渡槽

张鹏举

横空三百丈，铁臂抱两山。
谁知渭河水，到此入云端。
仰观如长虹，飞渡漆水间。
幽谷欲登临，可望不可攀。

漆水赋

马冬梅

噫欤兮！伟哉漆水！唏嘘兮！壮哉武功！

悠悠千古，浩浩然细浪溅岸；生生不息，汩汩然林籁泉韵。沉吟歌响，迢迢传风递俗；

穑丰盈，孕育有邰文明。

壮哉漆水！北仄南平，九曲八弯，美若游蛇，东折南流，注入渭河。杜水运上堡子山，其势壮也；沮水来自消水沟，其势韵也。涓涓之秀，碧波千泻，东经九成宫；恬恬之致，曲折万涌，南吞五龙泉。澄水汇后名漆水，五河并后出麟游。逾永寿，跨乾州，入武功域；纳沸河，拢清水，衔漠谷河。河床宽阔，浩浩汤汤，南行至川口，穿越陇海铁路、渭惠渠渡槽，至白石滩汇入渭河。平平仄仄，高峡平湖，玉带生烟浪涛千寻。傍河而居，因河而盛；塞北风情，莽原气象。漆水乳汁万年，有邰文明千代，有容百川之大志，纳万流之长谋，此关中平原之谓也。

古哉漆水！何时发育，尚难论确。人类演进，日月厮磨。郑尚坡遗址，先周文化之摇篮；赵家崖遗址，仰韶文化之典型。黄帝成于姬水，炎帝成于姜水，交战乎阪泉，融合乎华夏。古城有邰，浓缩漆水文化；漆水岁月，璀璨历史风华。故久享“母亲河”之美誉。

灿哉漆水！文韵浓郁，天赋神秀。农耕文明先河开，教稼台封后稷官；神农圣母孕养弃，姜嫄古墓小华山；忠贞气节耀九州，苏武节碑龙门传；世民年少读书地，喀山晚照晒书卷；佛教文化传承地，二水塔映两河湾；明朝建筑雅集萃，上阁钟声闻九天；神尧古宅孝贤德，报本胡燕更奇观；千载雄浑依旧在，东桥水波苍柳显。晋女苏蕙织就回文诗，超今迈古，缠绵婉约；明状元康海纂武功县志，咸推第一，享誉天下。文坛艺苑，满目俊才；革命英烈，不胜枚举。

美哉漆水！人文俊彦，风物深秀。其沿岸者，山尚山势，水崇水形，演绎万般景致。年分四季，景色各异。春归，煦风携千层浪波，润百里沃野，麦青柳嫩水为镜，迎春花黄，水暖鸭先知。风柔云翔，草长莺飞，春燕啁啾啄春泥。夏来，熏风倾一腔柔情，染无数花卉，玫红芍香兰作伴，牡丹花贵，兰香蝶恋舞。荷叶田田，雨荷夭夭，花蝶炫舞闹花心。秋至，金风拂浪，其两岸也水墨平畴，秋波澹澹，层林尽染。青果绯，玉米黄，秋来细雨点花飞；莺啼北，雁语南，满园花菊更金黄。山山唯落辉，树树皆秋色。原平水阔，天锦地绣，满城尽带黄金甲。冬到，朔风怒号，周天寒彻。粉妆玉砌，浩浩然裁成天地之道；缀雪蔚蓝，洁洁乎辅相天地之宜。石树缱绻，天地浑然，蜡梅傲雪雪更白；玉带蜿蜒，山水相偎，松柏劲寒寒更寒。

盛哉漆水！自古锦绣天地，从来繁华景。天行健，改革风劲，春和景明；地势坤，开放涛雄，百年兴旺。两富两美，武功伟略；五位一体，和谐发展。现代农业实验示范区，格局煌煌；新兴工业板块聚集区，产业秩秩；统筹城乡发展样板区，已见端倪；特色文化传承体验区，初具规模；全域生态园林先行区，碧草丛中，群鸟鸣翠。龙王沟，钟灵毓秀，迎迓千户俊才；渭河岸，云蒸霞蔚，引来万家豪客。衢通东西，接四方菁华；道通京畿，迎八面来风。

麟游赋

马铭清

我之麟游，壮美神奇。秦制漆县，汉称杜阳，龙蟠渭北，虎踞关西。分陇坂之灵秀，拥瑶圃之膏腴。上应井宿之璀璨，下藏煤海之珍稀。中则山岭连绵，千峰叠嶂；沟壑纵横，四水会漆。良田栉比，绿盈川谷；烟村棋布，林满山隅。春满馥郁之香，炎无郁蒸之气，乃修身之胜地，诚养神之仙居。引彩凤来仪，麒麟呈瑞；名士星驰，贤人雾集。传风流则不尽，创鸿业而无极！

遥想先民，穴居而制陶，刀耕以除稗。夏禹开凿麟山，疏洪漆水。还田畴而耘耘，收禾黍之累累。肇文明之曙光，启稼穑而奇伟。公刘退兵于豳州，建邑以杜林，恩泽黎民，德化匪类。继而归雍县于西晋，划普闰于西魏。逮乎隋时，筑离宫而恢宏，媲甘泉之俊美。丁夫死而塞坑坎，冤气凝而冲箕尾。叹昏君之欢娱，染黎民之血泪！弹指则英雄揭竿，神器易位。唐时重修，宫苑始备。长廊起，复道通；宫墙接，云亭缀。殿堂林立，幽致径迷；楼阁云连，高撑星坠。照云霞而蔽日，映珠璧而辉翠。骚人吟哦，贤臣荟萃。奏韶音而闻歌，来藩邦以扬旆。被九州以德风，泽万民以恩霈。谱华章而煌煌，开盛世而炜炜。叹乎民如水柔，亦能舟覆；权似剑利，或则自刎。是以隋炀不仁，竟烟灭于一夕；唐皇有德，必光辉于万岁。

观夫山走龙蛇，地展画卷。凤岭逶迤，列锦屏以锁紫气；碧城耸峙，挺神柱以擎苍天。抱城阙而潺湲，杜澄诸水；如龙虎而守护，童屏诸山。且夫峰峦俊俏，仪态万千。或似凤凰，展翅以冲霄汉；或如笔架，遗尘以待谪仙。或如青莲，浮空怒放；或如睡佛，仰天长眠。石鼓春雷，啸万马于深涧；玉塘明镜，映九龙于微澜。瀑悬紫石，烟雾萦绕；雪飞寒潭，珠玉腾翻。巅山凌云，状如喇嘛之帽；角铃挂阁，韵传兰若之间。水出山巅之臼，寺隐云海之端。林海苍茫，禽兽骈阗。朔风起而流云变，松涛涌而宿鸟旋。登则头触天阙，俯则目极渭川。更有吴双山者，四峰接斗，万木争妍。鸟道盘而藤萝垂，巨石兀而闲云缠。若夫雁回旷野，绿被琼田。万山织锦，摇红晃紫；千里弥香，蜂闹蝶喧。笑芸芸邑人，何羡蓬岛；信泱泱厥土，即桃源。

故而宝地滋养，人物睿灵。侍郎甄仪，弼亮四朝，光耀青史；竭力数世，气贯长虹。贡生虎臣，减税赈荒，恩泽桑梓；具疏谏阻，名闻京城。郎中何升，盈典籍而归里，不让马援之廉；知县安千，穿芒鞋而巡乡，何输板桥之风。田济父子，公正廉洁，扬名而题雁塔，惩恶以报朝廷。刘氏一门，缙绅数代；棠棣斗艳，乔梓争荣。一时则俊彦霞蔚，瑚琏云蒸。寿珊将军，文韬武略，虎步龙行。拯黎元于水火，挽国殇而牺牲。王君乐天，化碧而取大义；赵公伯经，建勋以垂汉青。当世则天明为法官之典范，秀英乃巾帼之先锋。赵君才冠词苑，祁氏文耀关中。春林下笔，扬葩振藻；全宏落墨，舞凤飞龙。更有李氏双杰，并峙文坛二峰，铮铮然焉有其穷？

至于东则灵果满园，香飘百里；寒瓜遍地，名驰八乡。田畴万亩，人勤而丰五谷；麦穗两歧，天助以实千仓。西则胡桃脆嫩，赢嘉奖于华夏；玉米清醇，比甘甜于蜜糖。侑珍馔而味美，制佳品则质良。北则矿产富饶，童叟荣光。寸土之下，煤田浩渺；千里之中，气海汪洋。且有陶土、石油之属，缤纷炫曜，掺杂蕴藏。南则灵芝弥野，杂仙草而葳蕤；珍禽戏水，伴异兽而颉颃。其物产之盛也，满目琳琅。况乃崖雕佛像而绝伦，世间不二；碑铭醴泉之楷则，天下无双。四海临摹，欧公笔法；千秋赞颂，魏相文章。赋序妙笔，侪腾阁之华丽；纨扇神品，绘离宫之辉煌。更有浩瀚诗文，灿烂昭彰。俾使邑人，传薪以续文脉，思开盛世；励志以恢祖烈，梦追大唐！

尔其杨柳依依，环绕新城；花草离离，充盈灵囿。街衢则大道织网，交错纵横；市井则奇物盈铺，商贾辐辏。人潮涌而云集，车流进而行走。商场比肩，连云而成林；琼楼排笋，凌霄而接斗。又有西海苑也，玉桥斗折，幽径蛇行，翠阁映于玉湖，朱栏隐于碧柳。夜则韶音婉转，灯共星河而争辉；曼舞婀娜，姥与青娥而竞秀。珠管耀芒，缀碧落而似花；霓虹溢彩，映街巷而如昼。异彩烁于琼楼，时明时灭；奇光流于碧瓦，或左或右。处处则玉树琼枝，璀璨锦绣。携侣而歌，童颜鹤发；结伴而游，玉郎红袖。是时也，缥缥缈缈，恍临瑶池之滨；朦朦胧胧，疑游阆苑之薮。

况乃斯民也，崇仁尚义，淳朴厚德。负移山之壮志，贫贱不移；有挽日之雄心，威武难夺。斩棘以开筚路，砥砺千载；沥血以定鸿猷，百代奔波。开荒秽以修田，背扛肩挑；洒血汗于园圃，刀砍斧斫。穿山凿石，修康衢于峻岭；跨壑卧水，驾虹桥于山郭。寒来暑往，精诚以开金石；伏虎降龙，勇猛而改山河。以致今日懋业熠熠，风采绰约。是知邑之兴也，非唯凭以地利；业之盛矣，贵在赖之人和。应百代而为鉴，历千秋而不磨。

而今时雨正来，东风又起。滋田野之苍茫，被山川而绚丽。万众同心，以献经纶；百业携手，而创勋绩。俊彦破浪而进，惠泽桑梓；邦伯闻鸡而舞，光辉经济。唤麒麟而重游，降祥云之悠悠；引鸾凤以长归，翱长空而熠熠。则盛世之来兮，开画图之旖旎，必崛起而进异！

马铭清，男，1978年出生于麟游，网名杜水渔夫。青年辞赋家、诗人。

永寿赋

樊中堂

永之为邑，夏封漆国，商为南豳，周属内史，秦汉置县，几度置并不撤者，盖因地当陕甘冲衢，秦北要隘。虽非兵家必争，实为用兵必经。百里页梁蜿蜒，系关中之屏障；虎山巍巍雄踞，扼古道之锁钥。左温秀、右明月，三山环抱，泾冠渭裙。南原旷其盈视，西咸相接，尽收眼底。云蒸霞蔚，气象万千。西近后稷芳邻。肥沃平坦，麦秋两熟，优质高产。四十万亩槐林，碧海接天。高原绿洲，天然氧吧。花繁似锦，溢浆流蜜，天酿“甜蜜产业”。若夫骄阳似火，层楼如蒸。驱车避暑山庄，品五龙泉香茗；临北轩以低吟，沐拂面之轻风；悠然心驰神往，宛入蓬莱仙境。至若信步环览，果园盈目；硕果累累，朱翠满枝。当知永寿苹果，有现代科技领先；赖天赋地理优势，荣获“中国优果生产基地”之美誉，当之无愧矣。美哉！永寿。 往昔前贤，功业昭彰。邢张修渠，吕公凿泉。忧民之饥渴，急民之危难。矧有豳风南熏，周礼东渐。民风淳厚，温良恭俭。重教兴学，流长源远。设义学，立书院，胡张率先。废八股，改学堂，李公开端。英才济济，俊贤熠熠。入翰林，任御史，不乏其人。中进士，入仕宦，瓜瓞绵绵。继有辛亥举义，殿梅赴难。马列传入，志士响应；西塬播火，宁太树帜。移星转斗，改地换天。工农当家做主，人民自始掌权。前辈艰苦奋斗之精神，薪火相传。壮哉！永寿。邓公鸿猷开广宇，改革开放肇新端。群情激昂，意气风发。乘科学发展之长风，得西部开发之时雨。万马奔腾，千帆破浪。山河巨变，面貌焕然。千年丝绸古道，再谱华章；今朝国道通畅，车流潮涌。福银高速贯通，边塞海滨比邻。西平铁路通车，秦陇一日往返。及观世纪广场，堪为山城明珠。芳草如茵，植被绿红；喷泉龙吟，仙乐凤鸣；小区环绕，店铺繁荣；层楼高耸，天朗气清；宜室宜家，向阳通风。浏览乡村新貌，更是时过境迁。风格各异之新村，星罗棋布。现代功能完备，配套齐全。医疗水平提高，就学条件改善。城乡差别缩减，足见经济发展。多种经营并茂，春笋竞发；一村一品普及，山花烂漫。奶牛村膏乳泄玉，土布村飞虹织霞；手工绣彩凤展翅，景泰蓝异彩纷呈。商贸业日新月异，风华正茂；老工业容光焕发，雄风不减。旺哉！永寿。春色关不住，玉箫引凤来。永寿之气候宜人，暑而不酷，寒而不严；永寿之空气新鲜，清而不浊，洁而少染。更喜工业园区，气势恢宏，海纳百川。选址交通枢纽，商埠陆港，吞吐咸兼。条件乃得天独厚，明智者投资首选。有识之士，早垂青睐。考察论证，流连忘返。来投资者，络绎不绝；先入驻者，春光早沾。后续签约纷来沓至，商贾云集之势蔚然。盛哉！永寿。 永寿寿永，活力永盛。发展之势方遒，前进脚步正紧。侪辈有幸，欣逢盛世。当不负韶华，力效前贤。竭力尽智，誓教永寿昭显于世，名驰天下。

乾州赋

王一栋

奉天古城，乾州新府。星分昴虚，地接西岐。冠梁山而戴漠谷，临黄原而畔渭河。物华天宝，帝陵蕴稀世珍奇；人杰地灵，唐韵启当代青年。银河映射，星汉耀邦。台隍枕渭黄之交，盛况尽关中之极。高宗武后之懿范，气凌泽虚；无字丰碑之传奇，光照苍莽。千年古城，人才济济；百里地界，名冠三秦。拔地参天，杨老旦之宝树；瀚海腾越，承国风之汪洋。唐诗里坊，聚韵精华；年少何幸，籍居宝地。

己亥十月，序数三秋。微雨歇而群雁迁，渭水急而山风烈。临唐镇之高阁，忆往昔之岁月；观秋暝之圣墓，悟盛世之剪影。群山绵亘，横卧北疆；亭台轩榭，古韵唐风。临东而望，炳公学堂承载希望；西南而坐，润泉清流灌溉梦想。

携远山，吞深谷。渭原广袤无垠，秦川辽远无边。丝路传奇，古道旧驿之光；凤凰栖湖，涅槃永生之灵。硕果累累，碧空如洗。落木伴归雁起舞，秋霜与曦月相映。彩云追月，起奏高山流水；严阵以待，回响战鼓狼烟。

巍峨耸构，重檐翼馆。映日暮而秋烟起，笙歌毕而清泉漾。疏林淡月，风过群山之巅；曲波流光，舟渡渭河之眉。盛唐影，古国魂。二圣寝于北山，三军待于深坑。笛韵悠扬，扬盛世之气度；晓风轻拂，拂古墓之尘埃。望莽原于雨罢，目渭谷于风止。薄雾冥而乾州兴，梁山矗而南岭远，一朝盛世，四海臣服李家；万国来朝，八方拜见唐门。步老街而心乐，饮清酒以高歌。

嗟乎！风华正茂，佳时不违。百舸争流，千帆竞渡。任吕公于关中，政绩可彰；照董老于盐湖，文采飞扬。皆是自强不息，厚德载物。紫气东来，谱写盛世华章，风尘拜月，奏响乾坤灵曲。沐金光而沉醉，仰流云以清爽。戈壁虽荒，仗剑可行；往昔已逝，来日方长。征服苍穹，何老毕生之梦；雄起东方，炳公纵横之策。吾，七尺男儿，十年寒窗。弃身锋刃，仰陈王之壮志；雄关漫道，迈领袖之伟业。追太白之大鹏，逐稼轩之铁马。踏盛世之大道，搏明朝之坦途。旌旗招展，柳笛声散，古道新光，锦绣灵苑。进酒曲罢，未息凌云壮志；汨罗水去，更显爱国雄心。

呜呼！七十整载，峥嵘岁月，砥砺奋进，万世瞩目！往昔盛世，舞毅魄于四海；今朝复兴，启晨曦于宇内。盛世雄风，万古不竭；古国精魂，千年可承。美哉乾州，百里秦川锦绣山河！壮哉乾州，奋进竭力开创未来！

武功赋

张鹏

黄帝有邰国，尧舜后稷乡。前峙太白之美，背负五峰之沃。冬眺长安，迎秦汉之声西融杨凌，沐农科春风。居秦川之膏腴，临渭水美吉壤，八百里关中平原祥瑞地。人文武功，源远流长。觅思远古，水草润肥。姜嫄履足，厥有姬弃。后稷树艺，五谷滋生。劝黎民，兴稼穑，从此华夏饿殍稀。察日月，定节候，由斯神州哀鸿少。牧羊北海十九载，威武不能屈，苏武爱国成大节，留名千古碑。漆水河畔，读璇玑而悱恻，叹苏蕙之逸才，古今超迈。唐王诞地孤洞悬，圣君问世，报本寺塔，孝道千古系怀。文曲康对山，方志天下习传。虎城练兵，西北英雄齐聚斯地，校场树英名。俱往矣！承底蕴之深厚，宜继往而开来。锦绣武功，三秦驰名。古风泱泱，膏腴之野，粟麦盈仓。农业固本傲峥嵘，文化强县促提升工业崛起轻帆扬。观八景武功，梦里流连。更喜双拥勇夺三秦七连冠，全国连续五届遥领先。看军民同心结长城，外夷岂能撼。魅力武功，亮点纷呈。有邰氏肇创经营，今朝，工农商学齐冲锋，携手共创美好愿景。引资招商百业兴，华丰酸汤方便面，西北闻名；新新彩印，领跑武功；通达钢铁，鸿鹄之志追风。喜游古城，旧貌换新颜，高楼林立，广场喷泉，早晚闲步，若置身林园。赏蓝天与碧草，抚地绿与红花，一派田园风景，尽显创新进步万千气象大观。神哉武功，地孕贤良。智哉武功，热土一方。丽哉武功，宜居宜赏。俊彩之邦，自古地灵生人杰，更以人杰耀地灵。武功之兴，兴在明朝。武功之幸，幸在今襄。与时俱努众志成城，再谱旷世华章。

武功古城赋

王祥

华夏农都，武功古城：八域之境，九州属雍；常川吟龙，高岗鸣凤；毓秀钟灵，肇启文明；周秦汉唐，居畿辅京；丝路节点，商旅通衢；古往今来，重镇要冲；郃韵赓续，靓景新成；英姿雄风，勃兴向荣；特色旅游，远播誉名。千年古城，坐落中亭；天造形胜，万笏朝奉：一川托起，两塬作屏；三水环绕，四象相拥；五岭拱卫，六合慕荣。先民早栖，容身安命；玉帝临幸，印台留踪；蟜氏神游，炎黄孕生；后稷开耕，享国郃封；文王受命，岐周辖领；孝公立县，诏赐武功；宇文易治，缔造斯城。金龟取形，寓意四灵；开启五门，兆示昌隆：观澜向东，紫气升腾；望月集贤，迎仙来凤。古邑诸景，辉映中亭：圣母秀冢，万世敬仰；教稼名台，闻达域中；龙门节碑，沐雨栉风；上阁钟声，福音吉庆；关帝庙宇，气势恢宏；城隍都府，王爵独领；清凉寺院，卧佛浴风；华岭秀峰，书亭驰名；客山复日，奇观妙景；浮屠高耸，胡燕舞动；二水塔影，异趣横生；东桥花柳，鹂啭鸟鸣。天宝物华，人杰地灵；七大文化，薪火传承：姜嫄母仪，千秋称颂；后稷树艺，首创农耕；苏武爱国，昭耀汗青；唐宗感恩，倡扬孝风；康海戏志，立则标乘；苏蕙诗锦，才艺冠顶；张载立教，关学播种。欣逢盛世，霑泽仁政，川塬重整，运势恢宏；郃韵为宗，漆水作径；博采用弘，创设意境：七台列星，照应天穹；金龟载城，鱼跃中亭；凤翼彩翎，十里画屏。还原古城，回眸时空，装点华灯，彩映龟形；姜嫄故里，车水马龙，异地借景，江南风情；香山顶巅，再筑军营，追怀杨公，雕像刻铭；美阳雄关，卧虎盘龙，仁义大道，柳烟轻风；绿野书院，取秀寓灵，立心立命，开太继圣；大地景观，气象正兴，人文自然，和谐相融；漆水湿地，湖光波滢，翠岛台亭，拱桥玲珑；文林长廊，幽雅清静，煦风拂动，斑驳弄影；尚林苑中，万木欣荣，百卉簇拥，斗艳争妍；五彩梯田，姹紫嫣红，黄花万顷，金色披岭；后稷广场，飞瀑泉涌，乐歌靓影，画意诗情。古邑八景，美颜焕容，扩地拓境，环道连通。世苏归省，贞观朝圣，体育赛事，轮番举盛。丝路古会，升格节庆：四方商贾，络绎聚拢；游人如织，摩肩接踵；巷满街盈，一派繁荣；歌舞秦声，合唱升平。

壮哉，农都；美哉，古城！身临其境，神思飞动，催笔为文，作赋以颂。

王祥，武功古城文化研究会会长。

杨凌赋

孟建国

后稷故里，农科新城。踞秦川之膏腴，临渭水之积壤。前峙太白之美，背负周原之沃。有郃氏肇创经营，周祖先启源发轫。隋文帝陵寝犹在，唐太宗生世有迹。四千年前兴农地，七十春秋科教苑。教稼台巍然高耸，化育功德无伦比，且看民间长祀农神，百代香火绵绵；农科大傲然屹立，兴农事业称辉煌，试观校院仰崇科技，万千学子莘莘。天地含人杰，山川藏锦绣。后稷开农业文明先河，尧天舜日光耀中华；于氏创西北农教初基，筚路蓝缕星火神州。赵洪璋一代科学大师，“碧蚂一号”绿遍黄河上下；李振声当世农业先锋，“小偃系列”种通北方麦区。尤可叹兮，默默无闻醉心农业耕耘者；堪称颂兮，兀兀有年埋首田畴科技人。改革开放，示范区崛起关中；薪火承传，农科威享誉华夏。开发建设，邰城故地旧貌新颜；示范推广，旱作农区技术领先。绿野腰丽，古周原勃发青春；高科焕彩，新杨凌满城风光。

陈曰：

后稷教稼地，堇荼涌饴波。
鲜花吐芬芳，嘉树舞婆娑。
校院才子众，研发追高科。
成果起田间，示范典型多。
密切产学研，紧连农教科。
带动产业化，促农尽丰硕。
新型产业起，工厂如鳞罗。
家家似园林，放眼绿成河。
天蓝气清新，路宽人不多。
最佳居住地，神仙亦快活。
今日农科城，绝胜古邰国。

孟建国，男，1952年7月生，陕西省岐山县人，陕西省诗词学会会长。

水库之歌

昔而漆河水长流，波浪相连不断头。
两岸良田万千亩，年年缺水人犯愁。
而今有了共产党，领导人民迈新途。
英雄移山建水库，河水上原夺丰收。

作者为乾县水库工地民工，姓名不详。来自1991年《乾县县志》。

水土治理歌

流域治理六要点，干部群众记心间：
规划工作第一点，“三结合”班子走在前；
现场踏勘地形，因地制宜定方案。
塬面治理第二点，区内划方边筑埝，
“一平三端”方格田，涝池水窖径流拦。
沟边治理第三点，绕沟筑起防洪圈；
沟渠防护较通畅，乔灌树木栽内边。
坡嘴治理第四点，小弯裁直大弯转；
硷上累石要排光，剩下壑嘴格子田。

坡面治理第五点，先上后下分层干；
地埂夯实保表土，左右等高一条线；
支毛沟中簸箕堰，上下坡面连成片。
沟底治理第六点，林草工程三结合；
节节筑构谷坊坝，蓄水拦泥淤良田；
植树种草压芦苇，涵养水土固谷坊。

作者姓名不详。来自1991年《乾县县志》。

五、民间话水谚语

（一）农田基建谚语

山顶戴帽子，山腰扎带子。
修地如修仓，蓄水如存粮。
补一个壑壑，等于多吃十个馍馍。
塬面修地建粮仓，沟壑镶边开银行。
治水不改土，有水无用处。
改土不治水，天旱雨涝吃大亏。
熟土放一旁，三年不打粮。
跑土如跑娘，跑水如跑粮。
种地不修埝，三亩种成二亩半。
有收无收在于水，收多收少在于肥。
水是一条龙，先从顶上行。
水从上边来，治水要治头。
人往高处走，水向低处流。

（二）灌溉谚语

有水无肥苗发黄，有肥无水麦难长。
灌浆有墒，籽饱穗方。
麦地结荚，到老不发。
伏旱不算旱，秋旱收一半。
因地制宜搞冬灌，预防来年三月旱。
麦子怕的三月旱，玉米秋旱大减产。
今冬雪不断，明年吃好面。

（三）防汛谚语

久旱有久雨。
热怕风，冷怕雨。
月晕雨重重，日晕刮大风。
云打头子撞，必定有一场。

晌午亮一亮，石头能泡胀。

东风雨，西风晴。

飞蛾挡道，天爷尿尿。

朝雨不多，晚雨成河。

前毛毛雨不晴，后毛毛雨不下。

星星钻冒眼，等不得鸡叫唤。

日出胭脂红，中午雨淋淋。

下了小暑，灌死老鼠。

夜晴没好天，等不得鸡叫唤。

天上云乱窜，天气就要变。

天上扫帚云，地上雨淋淋。

（四）水土保持谚语

水土不下坡，粮食打得多。

造林封山为后代，防旱排涝除灾害。

搞好“四旁”绿化，风沙旱涝不怕。

只有青山常在，才能细水长流。

鱼鳞坑、月牙形，蓄水造林最适用。

平地加深翻，四周加个边；产粮地中间，莫要挖埂边。

大搞水保，防止“三跑”（水、土、肥）。

水土不出田，粮食吃不完。

治山治水不栽树，有水有土保不住。

栽树在河畔，防洪保堤岸。

山上开荒，川地遭殃。

毁林开荒，水土流失。

熟土年年走，地种不长久。

雨涝水土流，天旱渴死牛。

山上没有树，水土保不住。

山坡绿油油，山底清水流。

松树上山，杨柳下滩。

三分造林七分管，一日造林千日管。

栽苗不窝根，成活不费心。

起苗不伤根，运苗不晒根。

造林不整地，白白费气力。

栽树没有巧，深栽加实捣。

（五）气象谚语

早上雾一雾，中午晒死兔。

星星眨眼，不滴一点。

人黄有病，天黄有雨。

伤疤痒，关节炎，胜过当地气象站。

九月雷声响，大旱一百八。

西边日头落了空，来日太阳红彤彤。

雨下四月八，场里不瞎地里瞎。

早看西南，晚看西北。

重阳有雨冬有雪，三伏有雨秋有墒。

八月十五云遮月，正月十五雪打灯。

（六）打深井谚语

两山夹一沟，沟底泉水流。

三面山，一面坡，坡底下面水流多。

山扭头，泉水流。

六、民间传说

（一）薛仁贵九成宫救驾

唐永徽五年（654 年）三月，唐高宗李治来九成宫，五月初三夜暴雨，山洪冲至玄武门，右将军郎将薛仁贵（侍卫军）见其他将士逃命，大呼："哪里有宿卫将士见天子有难而自己怕死的道理？"遂登上玄武门大声呼叫，李治被惊醒，仓促跑出寝殿，爬上高地，这时洪水已入寝殿。李治对薛仁贵救命之功赞叹不已，赐薛御马一匹。这次淹没士兵和居民 3000 余人。总章元年（668 年），薛仁贵随同李勣东征高丽有功，李治在九成宫派贾言忠赴前线慰问，不到半月即获全胜。咸亨元年（670 年）吐蕃入寇，李治在九成宫擢薛仁贵为逻沙道行军大总管，八月与吐蕃大战于非川，兵败被罢。开耀元年（681 年），李治想起仁贵救驾之功，又擢为瓜州长史，死后赠左骁卫将军，官造灵舆并家口，送回故乡。

（二）乾县来由

乾县在黄帝时称好峙，为祭天之所，夏朝时为雍州之域，商时为岐周之地，春秋战国时属秦。秦孝公十二年（前 350 年）始置好峙县。秦始皇统一六国，建都咸阳，好峙属京畿辅地。北魏时改好峙为漠西县，隋改为上宜县，唐又置好峙。唐睿宗文明元年（684 年），唐高宗取葬县北之梁山，谓"乾陵"，遂更县名为"奉天"，以奉祀乾陵。唐德宗建中四年（783 年）因朱泚之乱，避难奉天，叛平，于兴元元年（784 年）升奉天为赤县，由京都直辖。唐昭宗乾宁二年（895 年）以奉天县置乾州。尔后屡有更迭，到民国二年（1913 年）改乾州为乾县。

（三）后稷教民稼穑漆水边

陕西武功古称有邰，毗邻杨凌国家农业高新技术产业示范区。据《史记·周本纪》载，农业始祖后稷在这里教民稼穑，开创了农耕文化。

《史记·本纪》载："周后稷名弃。其母有邰氏女，曰姜嫄……"《诗经·生民》对后稷发展农业的成就作了详细记载："诞后稷之穑，有相之道……""农业始祖后稷传说"最早流传于武功，《史记·周本纪》和《诗经·生民》记载之后，有关后稷的故事在陕西乃至全国各地流传。

相传距现在约四千年前，炎帝后裔有邰氏的女儿姜嫄因踩巨人足迹而生子，以为是不祥之物，结果三弃不死，就又抱回养育，起名叫"弃"。弃从小喜欢农业，在母亲的教诲下，长大后遍尝百草，掌握了农业知识，在教稼台讲学，指导人们种庄稼。传说他的精神感动了天帝，天帝就派神仙下凡，送来百谷种子，让其为民造福，弃被大家尊称为神农后稷。后人有诗赞曰："一自啼声出隘巷，锦绣大地成粮仓。华夏兴业农为本，史册从此尽铿锵。"

"农业始祖后稷传说"是在农耕社会基础上产生的一种民间文学艺术，是人民群众千锤百炼流传下来的故事作品。其深深扎根于民间，对我国古代农业的发展和民间文学的形成，都具有重要的研究价值和深远的影响。后稷精神对于激励人们开拓创新发挥了很大的作用。

千百年来，人们敬仰姜嫄圣母，感恩后稷的功德，民间流传着"神农之母与远志""教稼台下赛蒸馍会"等许多有关后稷的传说。至今，来自西北及关中的农人便在这里举行一年一度的传统古会。人们不但把劳动一年的农产品进行交换，形成了古会的一个风俗——上会时，都要带上当年麦子做成的大白蒸馍，在会上比赛展览，以示庄稼丰收。人们把五谷杂粮和瓜果蔬菜敬献在教稼台前，朝拜和纪念农业始祖后稷，相互讲述有关后稷的故事。后稷传说具有大众化和广泛化，民间文学创作与讲述人很多，历朝历代都有造诣颇深的代表人物。如明代状元康海在编纂《武功县志》时，对后稷的故事作了详细描述。后稷传说比较大众化，民间文学创作和讲述人并不一定是传承关系。

（四）武功城隍庙的传说

武功城隍神是全国唯一被唐太宗李世民敕封为"辅德王"的神灵，因而武功城隍庙也被称为都城隍府，其地位居全国各地城隍庙之首。后历经多次修缮，现保存完好。庙内建筑结构独特，宏伟高大，为一组完整的明代建筑群，其主要建筑依次为牌楼、山门、献殿、中殿、寝殿等。中殿为单檐歇山顶，外檐斗拱五踩重昂，四角檐柱有明显的侧角和升起，整个装饰均为琉璃构件，五彩闪耀，富丽堂皇，歇山饰以琉璃"二龙戏珠"浮雕，珠球滚动，龙体飞跃，呼之欲出，为一般庙宇所罕见。

相传早年武功客山寺有一梅先生，教书甚好，远近闻名，于是李渊便将李世民送至梅先生处读书学习。李世民在客山寺读书时每天要过客山寺崖下的漆水河，夏季还好说，但是到了秋冬季漆水刺骨，寒气逼人，实难忍受。出身于官宦家庭的李世民每到这个时候总是抱怨，畏缩不前。这时和他一同读书的张生，便二话不说自愿背起小世民过河。张生是农家的孩子，自幼锻炼了一副好身体，健壮有力，背起世民一会儿就过了河。从此张生就经常背小世民过河，时间久了，李世民觉得过意不去，便随口说道："如果我以后干成了大事，一定会报答你的。”

一晃多年过去了，两个学友也就各奔东西了。15 岁时李世民离开了武功，随父亲去山西太原留守府，并逐渐带兵打仗，征战南北，推翻了隋朝，建立了大唐帝国。李世民称帝后，公务繁忙，为繁荣大唐王朝励精图治。而张生终因家境平平，一事无成，仍继承父业终生务农谋生，最后身患疾病不久死去。临终前张生常常想起李世民当年对他的承诺，口中总是念念不忘李世民。有一天夜间托梦于李世民，提及当年同窗读书，漆水背渡，承诺答谢之事。李世民听后恍然大悟，第二天立即传下口谕，封张生为武功城隍庙辅德王，也因此武功城隍神头戴王冕，居全国城隍之首。

（五）苏蕙织锦回文与武功民间送手绢风俗的传说

后稷始创农，伟业万民敬。故事流传百世，奉功炳千秋。武功历史悠久，人杰地灵，苏蕙织锦回文与武功民间送手绢风俗流传至今。

苏蕙，武功人，约生于前秦苻坚永兴元年（304 年）。苏蕙自幼容貌秀丽，聪颖过人，吟诗绘画，织锦刺绣。从小生长在漆水河边上的苏蕙，苏坊村及武功乡亲将她的聪明才智传为佳话。一次偶然的机会，苏蕙与父亲去法门寺逛庙会，遇到如意郎君窦滔，窦滔能骑善射，武艺高强，婚后夫妻十分恩爱。但好景不长，窦滔从军后，某次因违背苻坚派他攻打晋国的命令，苻坚一怒之下将其发配到流沙（今甘肃敦煌一带）。窦滔走后苏蕙思夫心切，每日写诗抒怀，年复一年，竟写诗七千九百多首。公元 375 年，苻坚为了借助窦滔才略，便又起用他为安南将军，镇守襄阳。赴任时，窦滔带走了在敦煌流放时认识的一位歌女赵阳台，苏蕙知晓后，心生怨恨，不愿随行，独居秦州旧宅。时长日久，思夫心切，遂将平日怀念夫君之作，经过精心构思，以五彩丝线，绣于八寸见方锦缎之上，遂成《璇玑图》，寄予夫君窦滔。窦滔读之深为感动，遂驱赵阳台而迎苏蕙，被传为千古佳话。晋代才女苏蕙所创造的空前绝后的《璇玑图》回文诗，以巧技妙工织于只有八寸见方的锦缎上，共 841 字，纵横各 29 行，用五色丝线组成不同方阵，成为不同组诗。纵横、回环、交叉、跳间共能读出 200 多首诗歌。诗体繁复变幻，有三言、五言、七言，还有四言、六言。既有绝句，又有律诗，节奏铿锵，情真意切。因此而创造的织锦文化，一直被人们所推崇和效仿，堪称罕世之作。苏蕙回文织锦，自称“璇玑图”，喻示图中文字排列似那天上星辰，玄妙而有致，识之者可知其意，不识者望之茫然。更暗喻自己对丈夫的眷恋，亦如星辰般深邃。唐周女皇武则天，对苏蕙的回文诗（后称璇玑图）十分赞赏，称其才情之妙“超今迈古”，并为之作序，给苏蕙以极高评价，推崇其织锦技术。苏蕙的织锦文化，是武功的一大特有历史文化。

苏蕙的织锦回文诗对后世影响极大，由织锦回文璇玑图起源的小手绢成为爱情的象征，武功乃至关中至今保留着结婚当日抢手绢的民间风俗。织锦回文璇玑图是一种影响极大的特殊诗体，成为爱情的象征，引发了民间送手绢风俗，一直流传下来。武功手织布和手工刺绣品之所以能够名扬天下，走俏九州，皆得益于苏蕙织锦的深厚文化底蕴和精巧的工艺传承。

（六）李世民报母的传说

武功是一代英君唐太宗李世民的诞生地，这里留下了李世民少年时代与继位后回老家的许多遗迹，也流传着许多李世民与武功的美妙传说。

隋开皇十八年十二月二十二日（599 年 1 月 23 日），李世民降生于武功故城北门外的李渊别宅，小时候多受母亲窦氏教诲，曾在武功喀山庙刻苦读书，习文演武，这对他以后建树文治武功有很大关系。因而李世民经常思念过早去世的慈母，为母亲没有见上他父子有天下而伤心。李世民登基后，遂赐诞生之地“武功别馆”为“报本寺”，以报答母亲的恩德，建在寺内的“报本塔”也因此而得名。

隋大业十三年七月，年仅十八岁的李世民与父亲李渊起兵太原，屡建战功。二十八岁继位后创“贞观盛世”，成为千古传颂的唐太宗。李世民在位期间，曾于贞观六年九月和十六年冬两次回武功老家，欢宴父老乡亲。神话传说中李世民在武功为民除害，印台回龙，并给救他性命的武功城隍加封，故有“天下城隍戴相帽，唯有武功城隍佩玉冠”的都城隍府。李世民平生善于骑射，性喜围猎，贞观十六年十一月回武功后，曾在观音堂、大庄一带射猎，留下了“白兔仙景、唐猎显圣”的佳话。

（七）游凤龙王沟传说

武功有一首民谣：“先有游凤后有县，游凤有个海潮院”。海潮院即为龙王沟传说中景点之一。

相传古时候，武功县游凤镇西面原本无沟，只是一座高坡，坡附近的白雀寺景色宜人。有一年，寺里的年轻女子白雀遭匪徒强暴，她点燃了仇恨之火，舍身除暴安良。熊熊大火与一股怨气冲向天宫，玉帝闻知震怒，急命东海龙王饮水灭火救出白雀。龙王奉旨引水从天而降，海潮滚滚冲出一条龙王沟，汇成洪流涌向白雀寺，但为时已晚，白雀已化为金凤飞走。愤怒的龙王伸出利爪，将匪徒撕成碎片抛向空中，此地随之长出一棵龙爪树，树枝酷似箭在弦上，传说这是龙王惩恶扬善的象征。之后，龙王始终为未救出白雀而伤心落泪，泪水化为泉水，至今长流不息。金凤也非常感谢龙王，经常飞回旧地重游，游凤龙王沟因此得名。不知过了多少年，当地人在沟边发现了一个藏宝图，许多金银首饰上还有龙飞凤舞的图案，传说这是龙王从龙宫里带来的。人们一传十，十传百，女皇武则天闻听大喜，“龙凤呈祥，此乃天意！”便下旨用这些财宝在龙王沟前修建了一座海潮院，并筑起八卦窑，成为皇家祭祀与占卜的圣地，以求风调雨顺、八方平安，也许武则天心诚则灵，执政时出现了太平盛世。从此，游凤龙王沟声名远扬。随着近年来的保护开发，这里成了别具一格的风景名胜区，吸引了众多的游人。

游凤龙王沟传说年代久远，传说神奇而美妙，主题反映了除暴安良、龙凤呈祥，具有一定的艺术感染力。而且传说具有地域特色，综合了当地的历史遗迹和自然景观，保护和开发前景广阔。

（八）林则徐与陕西乾县北城门

林则徐抗英有功，却遭投降派诬陷，被道光帝革职，“从重发往伊犁，效力赎罪”。

他忍辱负重，1841 年 7 月 14 日离开镇海踏上戍途。在赴戍途中，仍忧国忧民，并不为个人的坎坷遭遇而唏嘘，当与妻子在古城西安告别时，写下了“苟利国家生死以，岂因祸福避趋之？”的千古名句。1842 年 8 月 13 日（阴历七月初八日），经过近一年劳碌奔波。林则徐行至乾州城，于北城门军校场驿站小憩，准备第二天继续北上。是夜，乾州突降大雨，雨误行程，林则徐只好伺机北上。到 8 月 16 日（阴历七月十一日），风停雨住，林则徐带着家眷随从，准备继续赶路。到乾县（属陕西省咸阳市管辖）北门口，他看着送行的三个儿子，握着大儿子的手，说：“按朝廷规定，你们兄弟三人，只有两人可以和我同往伊犁，你是长子，必须留在家中，你就送我到乾州城吧，再送就要违反朝廷的规定了，为父没有什么东西送你，就送你一首诗吧，聊以自勉。”于是，林则徐忍泪挥笔，写下了著名的一首诗——《舟儿送过数程犹不忍别诗以示之》，劝谕儿子不必为此伤怀，嘱咐长子归保门户，耐心侍候母亲，等待他日的团聚。诗曰：三男两从行，家事独赖汝。汝亦欲我从，奈为例所阻。兹来已数程，再远亦何补？忍泪临交衢，执手为汝语。汝父虽衰龄，余勇或可贾。平生一念愚，艰危辄身许。过涉占灭顶，坎壈乃自取。斧锧犹可甘，况仅魑魅御。朝廷宽大恩，荷戈赴边圉。天其重要荒，吾岂惮行旅。行矣勿欷歔，汝归保门户。汝母久尪羸，护持慎寒暑。知汝素性恬，无心恋圭组。仕止随所遭，修为力须努。语言讷鲜失，人事忍为主。我其归首邱，汝勿忘在莒。虽有今日离，犹期他日聚。岂学谢几卿，枉赴新亭渚。到达伊犁后，林则徐不顾年高体衰，实地勘察了南疆，加深了对西北边防重要性的认识。林则徐从所组织翻译的资料中发现沙俄对中国的威胁，促成了他抗英防俄的国防思想，成为近代“防塞论”的先驱。于是他明确向伊犁将军布彦泰提出“屯田耕战”的方略，以有备无患。他还领导群众兴修水利，推广坎儿井和纺车，人们为纪念他的业绩，称为“林公井”“林公车”。林则徐根据自己多年在新疆的考察，指出沙俄威胁的严重性，告诫道：“终为中国患者，其俄罗斯乎！”林则徐的远见卓识，已被后来的历史所证实。民族英雄林则徐在乾县北城门与长子舟儿的离别诗则永久地载入史册，成为乾州古城与历史名人的一段佳话。

（九）美哉柳林酒

唐高宗仪凤三年（678 年），吏部侍郎裴行俭护送波斯王子回国。途经凤翔，大队人马行至城西 15 里亭子头村，忽见路旁群蜂昏昏迷迷，欲飞不起，众蝶摇摇晃晃，纷纷坠地。裴侍郎好生奇怪，命府吏查访，原来是西 5 里柳林铺一酒家从地下掘出窖藏老酒一坛，酒液滢澈，浓郁芳香，酒气随风飘溢，醉倒蜂蝶。波斯王子盛赞西凤酒之醇香，独具一格。侍郎大喜，即兴挥毫题诗：“送客亭子头，蜂醉蝶不舞。三阳开国泰，美哉柳林酒”，并上书高宗，把柳林酒作为珍品上贡。

（十）柳林品酩

凤翔所产之酒，极为名贵。城内、陈村、柳林均有烧房，尤以县西 20 华里之柳林铺所产为最佳。柳林酒存放稍经时日，则酒性醇绵，称为佳酿。沽而尝之，果甘冽适口，归来时，仍觉香留口齿。西凤名酒为陕产之一，而尤佳者厥惟柳林。今考察柳林产品，确较在省垣时所饮之凤酒为醇良，其原因实得水之帮助。

第三节 水利宣传

漆水河流域是我国水利开发利用较早的区域。黄帝及后人后稷在武功漆水河的岸边设立教稼台，传道农艺。后周人沿漆水河北上，经彬州、旬邑，再到甘肃的庆阳一带，历经数百年后，又回到岐山、凤翔一带，奠定了先周王朝的基础。这一过程中主要是以诗文来宣扬水利、教化民众。如《诗经·小雅·吉日》说：漆沮之从，天子之所。《诗经·颂·周颂·潜》云：猗与漆沮！潜有多鱼，有鳣有鲔，鲦鲿鰋鲤。以享以祀，以介景福。再后来就有著名的周朝后期秦初的石鼓文的记载。石鼓文，亦称猎碣或雍邑刻石，是我国现存最早的石刻文字，也是古今书法家最为敬重的“圆笔书”圣典。石鼓文中的涉河涉水篇，是我国最早的水文学作品之一。石鼓有十面。分别是车工篇、田车篇、銮车篇、汧殹篇、霝雨篇、乍原篇、吴人篇、吾水篇、而师篇、马荐篇。其中吾水篇、霝雨篇、汧殹篇的记述都与水有关。吾水篇述：“吾水既净，吾道既平，吾行既止，嘉树则立，天子永宁。”这可以说是较早的水利记述和宣传。到了汉唐时期，由于陕西成为历时1000多年的京畿之地，文人墨客汇聚于此，描写山水的诗词颇多。这一现象一直延续到了元、明、清时代。民国时期是陕西水利发展的一个高潮期，由于水利工程建设的兴起，陆续出现了一些诗文。如杨虎城、李仪祉 、胡步川等的一些诗歌、散文。到新中国成立以后，人民当家作主，一轮又一轮的水利建设高潮风起云涌。这一时间出现了新体诗。同时由于传播方式的发展，陆续有了报纸、广播、电视，再到后来的网络的出现，微信、微博、公众号、抖音等手段的应用，水利宣传才真正实现了百花齐放、百舸争流。

一、媒体报道

漆水河流域媒体宣传报道主要是来源于重大水利工程的建设的宣传。从时间、手段应用来说，主要还是改革开放以后，特别是近10年以来的宣传报道。现对主要活动及报道辑录如下。

2013年2月28日，《陕西日报》第7版刊登了通讯员任晓妮、记者车喜韵撰写的《旱塬麟游智留“客水”为民造福》，记述了麟游县开展节水型社会建设活动成效。

2013年8月4日，中央电视台新闻联播《民情之中“照镜子”找差距》，播出稿件中涉及麟游县崔木镇河西村饮水工程建设情况。

2014年11月11日，《中国水利报》报道陕西麟游县煤气油资源开采补偿费使用项目反哺水土保持做法。

2015年5月14日，《陕西日报》5月14日第15版刊登记者王国星、通讯员刘涛撰写的《麟游：杜阳河上铺“地毯”确保汛期安澜》一文，记述了水利局投资204.4万元实施的杜水河县城段防渗工程。

2016年7月19日，宝鸡新闻网报道，日前，陕西省水务集团与麟游县人民政府签订城镇供水合作协议，共同投资1.03亿元，解决麟游县城及崔木镇供水难题。

2020年3月11日，杨凌新闻网报道，近年来，示范区节水用水效率不断提升，先后制定出台了《计划用水管理办法》《取用水及节水统计制度》《城市节约用水以奖代补办法》等一系列制度，确定了定额标准，切实加强计划用水和节约用水，编制完成了《中水长期供求规划》，提出了示范区节水规划，明确了节水目标和保障措施，为推动示范区节水工作提供了有力支撑。2020年1月22日，杨凌因节水工作成效显著，被陕西省命名为省级节水型城市，这一荣誉的获得，为杨凌答好国家“节水试卷”，创建国家节水型城市奠定了坚实基础。

2020年6月8日，《咸阳日报》报道，咸阳市河长湖长工作顺利通过省河长办评估。近年来，咸阳市按照“河长主责、水利主抓、部门配合、上下联动”的工作思路，以各级暗访发现问题整改为抓手，通过河湖“清四乱”等专项整治行动，实现了河长、湖长制工作从“有名”到“有实”的转变，全市河湖面貌焕然一新，水生态环境持续向好，河湖长工作顺利通过省河长办总结评估。 河长制湖长制工作开展以来，咸阳市市级河长湖长累计巡河湖74次，县级河长巡河590次、县级湖长巡河湖1605次，镇级河长巡河湖13375次，村级河长湖长巡河巡湖8万余次，现场解决河湖管理与保护中的重点难点问题80余起，有效地推动了河湖综合治理各项工作。

2021年3月29日，《陕西日报》报道，杨凌多年平均年降水量587毫米，年水资源总量4375.25万立方米，人均占有水资源量仅为216立方米，为陕西省人均的18%、全国人均的9.6%，处于国际公认的绝对缺水线人均500立方米以下。节水，是面对现状最实际、最有效的做法。“十三五”以来，杨凌示范区依托中央和陕西省农田水利工程项目，积极推广高效节水灌溉新技术、新材料、新设备、新模式，成功创建省级节水型城市。

2022年5月9日，陕西水利网报道，永寿县开展2022年河道水库防汛抢险演练。

2022年6月28日，陕西水利网报道，永寿县水利局组织开展“向人民汇报”活动。

2022年7月19日，陕西水利网报道，武功县水利局多措并举强化防溺水工作。

2022年8月17日，陕西水利网报道，永寿县聚焦“四大能力”提升防御水旱灾害能力。

2022年9月8日，陕西水利网报道，武功县召开全县河湖长制工作会议，贯彻落实省市河湖长视频会议精神，安排部署全县河湖长制各项工作。

2022年10月26日，《陕西日报》报道：“冯家山”给灌区农民送来“丰产水”。在宝鸡市冯家山水库灌区岐山县益店镇宋村的一片玉米地前，宝鸡市冯家山水库灌区八支上段农民用水者协会主席赵海成说：“农业水价综合改革实施后，群众种粮种地积极性大幅提高，今年复种指数从过去的120%已涨到185%，一年两料下来，每户至少增收2000元。”

2022年12月6日，《陕西日报》报道，陕西3县入选第六批“绿水青山就是金山银山”实践创新基地。11月19日，第十届中国生态文明论坛召开，论坛举办期间对第六批“绿水青山就是金山银山”实践创新基地进行了现场授牌。陕西省宝鸡市麟游县、汉中市宁强县、安康市岚皋县榜上有名。麟游县位于宝鸡市东北部，因瑞兽麒麟祥游而得名，是关中北部重要的生态屏障和避暑消夏胜地。

2023年1月18日，《陕西日报》报道，美丽宝鸡幸福流长——陕西省推进河湖长制提档升级命名15条“幸福河湖”。

2023年2月14日，《西北信息报》报道，记者从陕西省水利厅获悉：2022年，陕西省聚焦巩固拓展脱贫攻坚成果，有效衔接全面乡村振兴，全年完成农村供水投资11.73亿元，解决改善228万人的用水条件，有力加快了全省城乡供水高质量发展。

2023年3月22日，陕西水利网报道，武功县河长办、检察院联合开展河湖巡查专项行动。对漆水河河道范围内“四乱”问题开展专项巡查，纵深推进河湖“清四乱”规范化常态化。

2023年3月30日，陕西水利网报道，2023年全省高校节水工作现场会在西安建筑科技大学召开，西北农林科技大学受邀做节水型高校建设典型经验交流。

2023年9月15日，中国水利网报道，陕西省宝鸡市政府出台《关于加强农村供水工程建设管理工作的意见》（简称《意见》），坚持政府主导，落实两手发力，推动高质量、利长远、惠民生的农村供水项目落地见效，全面构建具有地域特色的城乡供水管理新格局。《意见》指出，到2025年年底，宝鸡市农村自来水普及率达到100%，集中供水工程净化消毒设施安装率达到100%，农村供水水质基本达到当地县城供水水平。

2023年9月27日，中国水利网报道，陕西省水利厅召开全省农村供水保障调度会，通报年度全省农村供水保障工作进展情况，部署农村供水规范化建设和标准化管理工作，加快提升全域城乡供水保障能力和水平。

2023年11月2日，中国水利网报道，“陕西省幸福河湖”命名暨创建工作推进会在陕西省安康市汉阴县召开，会议围绕深化实施河湖长制，表彰先进、示范引领，积极推动建设造福人民的幸福河。

2023年11月21日，陕西水利网报道，武功县2023年农村饮水安全改造提升项目通过完工验收。

二、新媒体宣传

2016年8月5日，优酷视频报道，武功古镇，姜嫄水乡。

2017年11月21日，好看视频报道，武功姜嫄水乡，依漆水河而建，将江南风情与关中文化完美融合。

2018年7月23日，西瓜视频报道，咸阳：武功姜嫄水乡景区水上世界大闯关，第一期第3组。

2018年12月17日，西瓜视频报道，武功河滩古会姜嫄水乡主会场秦腔演唱。

2018年12月24日，西瓜视频报道，武功河滩会掠影。

2019年3月21日，西瓜视频报道，千年武功古镇中华民族农耕发祥地，“关中第一江南”风情——姜嫄水乡。

2019年7月5日，西瓜视频报道，姜嫄水乡，武功古城，极限挑战。

2022年2月22日，搜狐视频报道，武功姜嫄水乡，感受春寒料峭之余的生命萌动，关中腹地、江南入画。

2023年4月3日，新浪网视频报道，春到麟游看千年古城美好风光。

2023年6月23日，新浪网视频报道，麟游马拉松：一路美景如画一城魅力尽显。

2023年6月23日，世闻网视频报道，5000人齐聚宝鸡麟游迎来2023“九成宫杯”马拉松赛 。

2023年7月11日，麟游县融媒体中心报道，今年避暑去哪里，首选麟游九成。2023麟游首届伏羊美食节7月11日启幕。

2023年7月28日，麟游县融媒体中心报道，“千年邂逅 共咏麟游”诗词吟唱大会在麟游县举行。

2023年8月8日，西安新闻网视频报道，暴雨引发山洪，麟游消防紧急疏散13名被困群众。

2023年8月22日，西安新闻网视频报道，国家预警信息发布中心、陕西省宝鸡市麟游县发布冰雹橙色预警。

2023年12月23日，网易视频报道，陕西一水乡“走红”，风景媲美“九寨沟”，被称“关中第一江南”。

2023年12月28日，陕西电视台视频报道，咸阳武功“千年河滩会”，魅力四射。

2023年12月30日，中央电视台视频报道，陕西武功“千年河滩会”，吸引周边30万人参加。

第七篇　机构人物

漆水河流域水利开发利用起步较早。古代流域多由府、州、县行政长官负责水利工作，对主要工程设专（兼）职官员和专门机构。民国期间，规模较大的水利工程多由陕西省水利局直接组织兴建和管理。后陕西省又在各地设行政督察专员公署，公署设建设科，兼管农田水利，县级设水利专门机构极少。新中国成立后，才形成了比较健全的以省、市、县、乡为主的四级水利管理体系。从古到今，流域内治水、管水人物层出不穷，他们为流域开发治理作出了贡献。

第一章　建置沿革

漆水河流域涉及宝鸡市、咸阳市、杨凌示范区 3 市（区）8 个县（区）69 个镇（办），历代行政建置隶属变更频繁。

第一节　历史变迁

秦孝公十二年（前 350 年）迁都咸阳，并乡聚集为大县，在关中设立鄠、藜、美阳、武功、高陵、白水等 41 县，每县设置令或长，以掌全县政事。西汉太初元年（前 104 年）撤销左、右内史，另设京兆尹、左冯翊、右扶风，合称三辅，分辖京畿之地。东汉建武二年（26 年）撤销六尉郡，复设京兆尹、左冯翊和右扶风，并将王莽所改郡县均恢复原名。东汉兴平元年（194 年）分右扶风及安定郡数县在漆县设立新平郡。北魏太和十一年（487 年），分扶风郡设立武功郡；在雍城镇设立岐州，领平秦、武都、武功 3 郡。南北朝北周建德三年（574 年），撤销武功郡及美阳县，另设武功县。隋义宁元年（617 年）十一月，李渊辅政，在仁寿宫设立凤栖郡，领麟游、普润、上宜 3 县。唐武德元年（618 年）五月，李渊称帝，将隋都大兴城改名长安城，罢郡设州，改太守为刺史，实行以州领县的二级地方行政制度。唐乾元元年（758 年）复罢郡设州，以州统县。宋政和七年（1117 年）在奉天县设立醴州。金天德三年（1151 年）将醴州改名乾州。清顺治三年（1646 年）将陕西等处承宣布政使司改为陕西省，设巡抚，驻西安，并设川陕总督，辖陕西、四川 2 省。民国元年（1912 年）3 月，民国临时政府宣布全国实行军民分治，各省都督只管军事，另设省民政长管理民事。民国三年（1914 年）1 月，设立关中、榆林、汉中 3 道，关中道治长安县。是年，民国政府颁布《地方自治试行条例》，内容有自治区、自治事宜、自治选举、自治职员、自治会议、自治职员权限、自治经费。民国五年（1916 年）7 月，巡按使改称省长，将军改称督军，观察使改称道尹，县的长官称县知事。巡按使司改称省长公署。民国十七年（1928 年）10 月，陕西省政府颁布《陕西省各县举办保甲暂行条例》，实行区村制，每县分为若干区，每百户为一村，每 10 户为一甲；区设区长，村设村长，甲设甲长。是年冬，撤销关中、榆林、汉中三道，又分长安县城区设立西安市，隶陕西省政府。民国十八年（1929 年）6 月 5 日，国民政府颁布《县组织法》，规定县以下按户口及地方情形划分为若干区，每区由 20 ~ 50 个乡（镇）组成，乡（镇）以下居民以 25 户为闾，5 户为邻，分别设闾长、邻长。12 月，陕西省政府颁布《陕西省各县编查保甲户口暂行办法》，规定 10 户为甲，10 甲为保，同乡（镇）各保联合为联保。甲设甲长，保设保长，乡镇设联保主任，联保主任得设立办公处。民国二十二年（1933 年）4 月 5 日，中共陕甘特委在耀县照金薛家寨召开陕甘边区工农兵代表大会，成立陕甘边革命委员会。民国二十七年（1938 年）10 月，陕西省政府在凤翔设置第九行政督察区专员公署。民国二十八年（1939 年），陕西省政府在咸阳设立第十行政督察区专员公署。民国三十年（1941 年）1 月，国民党陕西省政府命令全省推行新县制，将联保改为乡（镇），联保办公处改为乡（镇）公所，联保主任改称乡（镇）长。是年，国民党陕西省第九行政督察区专员公署迁驻宝鸡。1949 年 5 月 20 日，陕甘宁边区政府通令：边区政府政务会议决定，成立西安市人民政府和宝鸡市人民政府，直属陕甘宁边区政府领导，并成立宝鸡、渭南、咸阳 3 个分区行政督察专员公署；西府分区改名邠县分区，关中分区改名三原分区，专署迁驻三原县。

第二节　行政区划

一、麟游县

麟游县位于陕西关中西北，地理坐标东经 107° 19′ ~ 108° 1′，北纬 34° 33′ ~ 34° 58′。东接永寿、乾县，南与凤翔、岐山、扶风接壤，西与千阳毗邻。北与彬州、甘肃灵台相连。麟游古称杜阳、普润，因瑞兽麒麟祥游而得名。距西安市 160 千米，距宝鸡市 83 千米。

今麟游地自秦代始，先后曾置漆县、杜阳、麟游、普润等县，并曾归属过雍县、白土、鹑觚、三龙等县。清初，将原属麟游县的雪白里，析入千阳县。新中国成立后，1956 年，将长武县的常家湾、三里马、店子路东、桥上、胡家窑等村，析入麟游。1961 年，将酒房乡的安沟河、苟家沟、潭沟、地沟河等村，析入凤翔县。按清麟游县志称："广 215 里，袤 110 里。"今之最东为常丰乡的武申河，最西是酒房乡的石塔寺河。

麟游县行政区划，明代以前无考。明末，全县为 4 乡 17 里。因千水为患，将雪白里（今千阳县东）析入千阳，存 16 里。清初因兵燹灾荒，加之役多赋重，民死徙甚重，至顺治六年（1649 年），将原 16 里攒为 7 里，当时全县人数不及原 1 里之数。民国初，区划沿清制。民国十年（1921 年）废里实行保甲制。民国十七年（1928 年），改为区、村制。全县共划 5 个区，32 个村，村下设甲。民国二十三年（1934 年），改区村制为联保制。全县划为 10 个联保，下设保，保下设甲。新中国成立后，民主建政，废原乡保制为区乡制。麟游全县设 4 个区，22 个乡，1019 个村。1952 年 9 月，重新调整为 6 个区，下辖 32 个乡，153 个行政村，484 个自然村。1956 年 3 月 15 日，全县划为 3 个区，2 个直属乡，212 个自然村。1957 年 11 月，撤销招贤区，所属 4 个乡均为直属乡，其他区、乡未变。1958 年 9 月，撤销区乡制，实行政社合一的人民公社制。全县设兴国、崔木、招贤、两亭 4 个人民公社，60 个大队，201 个生产队。同年 12 月 10 日，麟游、岐山、凤翔合为凤翔县。原麟游辖区设崔木、麟游、两亭 3 个公社。社以下设 13 个管理区，管区辖生产大队 72 个，生产队 265 个。1961 年 9 月，恢复麟游县置，原 13 个管区设人民公社，全县共 101 个大队，365 个生产队。1962 年 5 月，增设花花庙公社，驻地花花庙，辖 5 个大队，21 个生产队。1963 年 8 月，增设洪泉公社（社址洪泉），辖 4 个大队，16 个生产队。1984 年，改公社制为乡村制。原桑树塬乡划出 7 个村，设澄铭窑乡，将镇头公社改设九成宫镇，至此，全县 15 个乡、1 个镇，108 个村民委员会，438 个村民小组。城区有 1 个居委会，辖 4 个居民小组。1985 年 12 月将天堂乡的堡子、斧头庄和西坪 3 个村民小组划归丈八乡管辖，设堡子村委会。

截至 2020 年，辖 7 个镇、66 个行政村、4 个社区、1 个省级经济技术开发区；全县总面积 1704 平方千米，户籍人口 8.5 万人，常住人口 7.3 万人。

二、永寿县

永寿县位于陕西省中部偏西，地处东经 107° 56′ ~ 108° 21′、北纬 34° 29′ ~ 34° 85′。南北长 52.7 千米，东西宽 37.3 千米。总面积 898 平方千米。县城监军镇距省会西安 100 千米（直线 87.5 千米），距咸阳市 73 千米。县境东北隅毗连淳化、礼泉，以泾河和窦家乡三峰村为界；南与乾县为邻，以阳峪岭为界；西连麟游，以武申河为界；北与彬州以湃家河为界。距县城西南 15 千米的仪井乡、40 千米的店头镇，被乾县吴店、关头二乡间隔，形成与县境不相连接的“飞地”。店头镇东接乾县以漆水河为界；西、南与扶风接壤，以坡龙头村为界；北至种金坪接麟游县庙湾乡。仪井乡东扼乾县吴店乡，以漠西河为界；北至曹德与乾县关头乡接壤；南至王家庄紧扼乾县石牛乡。

永寿县境域，夏属漆国，商、周属豳国，春秋战国属秦。秦始皇统一中国后，属内史地。北魏神龟年间，即有乡里建制。明天启（1621 年）前，全县编户为二十里。民国十九年（1930 年），废里设区，区下设联保。二十七年（1938 年），撤区改联保为乡（镇）、保甲制，改联保公处为乡（镇）公所。全县分设 6 个乡（镇）公所，30 个保公所，617 个甲。

新中国成立后，永寿县属彬州分区。1950—1958 年，属宝鸡分区。1959 年，并入乾县，属省直属县。1961 年 8 月，恢复永寿县制，属咸阳分区（市）至今。1949 年废乡（镇）保、甲制；全县分设常宁、永太、永平、渡马、监军、店仪 6 个区和 30 个乡（镇），乡下设 114 个行政村。1950 年，撤渡马区，改常宁、永太、永平、监军、店仪为一、二、三、四、五区。1952 年 3 月，复置渡马区。8 月，增设蒿店区。乡（镇）由原来 30 个分设为 40 个。1953 年 7 月，复并为 5 个区，30 个乡（镇）。1956 年，撤区并乡，设店头、好畤、仪井、监军、永寿、甘井、蒿店、御驾宫、翟家、马坊、袁家、上邑、窦家、永寿坊、车村、底角沟、旧县城、平遥 18 个乡（镇）。1958 年 9 月，撤销乡建制，全县设 10 个政社合一的人民公社。1959 年 1 月，乾县、礼泉、永寿 3 县合并为乾县，原永寿县辖区设 7 个人民公社，21 个管理区。常宁公社辖窦家、上邑、袁家、来家 4 个管理区，永太公社辖郭村、车村、渠子 3 个管理区，永平公社辖底角沟、平遥、旧县城 3 个管理区，渡马公社辖祁家、马坊、御驾宫 3 个管理区，永寿公社辖监军、蒿店、吴店 3 个管理区，关头公社辖甘井、关头、仪井 3 个管理区，店头公社辖好畤、店头 2 个管理区。1961 年 9 月，恢复永寿县建制，全县调整为 13 个公社，2 个管区。1962 年 3 月，增设马坊公社，共 14 个公社，193 个大队，751 个生产队。1997 年 6 月，仪井、甘井、马坊、豆家乡改为镇建制。2001 年 10 月撤销蒿店乡并入监军镇，撤销平遥乡、底角沟并入永平乡，撤销郭村乡并入永太乡。

截至 2020 年，永寿县下辖 1 个街道办，即监军街道办，6 个镇为店头镇、常宁镇、甘井镇、马坊镇、渠子镇、永平镇；永寿县政府驻监军街道办，全县总面积 889 平方千米，总人口 20.34 万人。

三、乾县

乾县位于陕西省关中平原中部偏西，渭北高原南缘，省城西安之西北。地处北纬 34° 19′ ~ 34° 45′，东经 108° 00′ ~ 108° 24′。东接礼泉县，南连兴平、武功二县，西邻扶风县，北靠永寿、麟游二县。乾境地当秦陇之要冲。九嵕山控其东，漆水环其西，北枕梁山，南接台原，国道西（安）兰（州）公路自东而北曲折穿境而过。

乾县于秦孝公十二年（前 350 年）始设县。唐以前曾设好畤、漠西、上宜县，疆域不详。唐睿宗文明元年（684 年），分划乾陵附近五县地设奉天县。其县境东接礼泉，东南为始平，西南为武功，西隔膜谷邻好畤，北连永寿。唐昭宗乾宁二年（895 年）置乾州，领奉天。经五代、宋、金，奉天县境四至与唐基本相同。元初并奉天、好畤入乾州，乾地疆域扩大。横亘泔谷之东到漆水以西，综括梁山之北至南原以南。元武宗至大元年（1308 年），乾、永区域进行交换。据明月山元碑记载，划原好畤县属明月山（今娄敬山）以北（今店头、仪井两乡）归永寿县；原永寿县属吴店、齐南、庄子原一带归乾州。元、明、清至民国，乾州疆域大致相同。明崇祯《乾州志》记载：东至礼泉县界 35 里，东南至兴平县界 60 里，西南至武功县界 50 里，西至扶风县界 60 里，西北至麟游县界 60 里，北至永寿县界 50 里。广 100 里，袤 100 里（约数）。清光绪十年（1884 年）《乾州志稿》与民国三十年（1941 年）《乾县新志》所记基本一致："境地广 65 里，纵 78 里 7 分。东至醴泉县西门外界碑，31 里 8 分 5 厘；南至武功界，33 里有奇；西至扶风界，42 里 9 分 9 厘；北至永寿界，31 里 6 分 7 厘，是为四至。东北至五峰山北麓，63 里半；东南至兴平马嵬坡，57 里 8 分 8 厘弱；西南至武功白杨寨，34 里 7 厘弱；西北至鹞子村磨子沟，52 里 7 分 7 厘，是为四隅。"

新中国成立后，县境沿民国之界，只在小段与邻县接壤区有所调整。1949 年 5 月，乾县解放，归属陕甘宁边区彬州分区。1950 年 5 月，全省整编为九个专区，本县划归宝鸡专区。1956 年 10 月，撤销宝鸡专区，改由省直辖。1959 年 1 月，乾县、永寿、礼泉三县合一，县名乾县，直属省辖。1961 年 10 月，恢复原三县旧制，乾县改属咸阳专区。1968 年 9 月改专区为地区，归属未变。1984 年，实行市管县，咸阳地区改置为咸阳市，从此乾县为咸阳市管辖。1949 年 6 月，人民政权建立，废除乡保甲制，实行区乡村制。当时沿用民国区划，改 10 乡为 10 区，改 74 保为 74 乡。新中国成立后，全县正式组建为 10 区 72 乡，后整编为 10 区 69 乡，区乡以序数命名。1951 年 6 月，区乡政府名称由序列号数改为以地名命名，区政府改为区公所。2001 年，全县撤乡并镇，设立 12 镇 8 乡。2010 年，全县撤乡并镇，设立 16 镇 4 个社区，16 镇包括：城关镇、临平镇、峰阳镇、阳峪镇、姜村镇、阳洪镇、灵源镇、王村镇、马连镇、梁村镇、薛录镇、注泔镇、梁山镇、大杨镇、周城镇、新阳镇，4 个社区包括：石牛社区、大墙社区、漠西社区、关头社区。2016 年底，乾县各镇（办）行政村撤并。

截至 2020 年，乾县辖 1 个街道办、15 个镇，173 个行政村。1 个街道办事处：城关街道办事处；15 个镇：临平镇、峰阳镇、阳峪镇、姜村镇、阳洪镇、灵源镇、王村镇、马连镇、梁村镇、薛录镇、注泔镇、梁山镇、大杨镇、周城镇、新阳镇。全县总人口62万人，总面积1002.71平方千米。

四、武功县

武功县是我国历史上建县最早的41个县之一。武功因境内有武功山、武功水而得名。地理坐标介于北纬34° 12′～34° 26′，东经108°～108° 26′。东临兴平，西靠杨凌、扶风，南隔渭河与周至相望，北与乾县接壤。面积392.8平方千米。东距咸阳市50千米，距西安市87千米。

相传唐虞时，县域为炎帝后裔姜姓封地，称有邰国。其范围大致包括今武功全境、扶风中南部、眉县全境和岐山南部。武功自秦孝公十二年（前350年）置县以来，在长达2300多年的时间里，县名多次更替，变化很大。西汉平帝元始五年（5年），前辉光奏：武功县长（户满万曰令，不满万曰长）孟通凿井得白石，有赤文曰："安汉公莽为皇帝"，遂改武功县为汉光邑，这显然是王莽篡位所设的阴谋。新朝天凤二年（15年），改作新光县。东汉明帝永平八年（65年），复武功县旧称，废邰县改属武功。县城自渭水南迁至渭水北原邰县治所——邰城（今杨凌区西南），武功遂有邰城之名，武功即邰、邰即武功的地理概念也随之产生。北魏太和十一年（487年），撤武功县，置武功郡。以武功、美阳两县组成新的美阳县，县治、郡治同设一域，随之也就产生了武功即美阳、美阳即武功的地理概念。金世宗大定二十九年（1189年），因避讳金世宗字"允恭"而改武功为武亭县。元世祖至元二十年（1283年），复名武功县至今。1949年5月19日武功县解放，隶陕甘宁边区咸阳分区。9月，将本县渭河南的三厂区划归周至县。1950年5月，改属宝鸡专员公署。1956年6月，撤专署，归省直辖。1958年12月，武功、扶风、兴平三县合并为兴平县，直属省辖。1961年9月，武功县建制恢复，治所由武功镇迁至普集镇，隶属宝鸡专区。1971年10月属宝鸡市，1979年3月属宝鸡地区，1980年6月又属宝鸡市。1983年1月，以杨凌公社和杨凌镇设杨凌区。1983年10月，武功县改属咸阳市。

武功县唐设14乡，仅知有中水乡、三畤乡。宋设4乡，统4里。县东高望乡，统高望里；东南节妇乡，统显扬（义）里；西南周原乡，统怀德里；北义门乡，统顺义里。明设15里。清沿明制。除13里外，于顺治十六年（1659年）裁明屯卫军地属县，全县设左、右、中、前、后5卫，夹杂于各里之中。康熙二十二年（1683年），分兴平、武功、扶风渭河南地，设西安驻防兵马厂。武功境内厂地，东西长52里，南北宽3～7里不等。明末，因荒乱武民将与乾州接壤的土地193顷卖与乾民，后因粮赋差徭征派，常起纠纷。到清康熙五十九年（1720年），经陕西总督鄂海判决，另成一里，名寄庄里，属武功县。地属各户，实无村落。雍正七年（1729年），因民间过割地亩，辗转纠纷，以致疆里紊乱，遂置在城等9镇。雍正九年（1731年）赶明藩采地属县，其地杂于各里，称更名里。至此，武功乡制实有5卫15里。乾隆十五年（1750年），又分置韩店社为贞元镇，全县共10镇。民国初年沿袭清制。民国二十二年（1933年），全县设5区，辖11镇。民国二十四年（1935年）废区、镇，实施保甲制。民国二十七年（1938年），整编保甲。将原167保编为124

保，1667 甲缩编为 1410 甲。民国二十九年（1940 年），将 11 联保改为 10 乡 1 镇，将原 67 保扩编为 79 保。1949 年 5 月 19 日武功解放，废保甲制，设区公署、乡人民政府。全县划分为城关、杨凌、大庄、普集、薛固、长宁、贞元、魏公、三厂等 9 区、76 乡。9 月将渭河南三厂区（共 5 乡）划归周至县。1951 年 5 月，将杨凌区漳水河以北的上营、新寨两个乡，大庄区的南庙底、北庙底、毛家嘴、赵家崖、王家窑 5 个村和贞元区的麻西寨两堡划归城关区。1952 年 6 月，将原 71 乡缩编为 64 乡。1955 年 8 月，县人民政府改称“县人民委员会”；乡人民政府改称“乡人民委员会”。将第八区（魏公）的贾晁乡划归第一区（城关）。1956 年 3 月，撤区并乡，全县设城关、杨凌、普集三镇；上营、杜寨、李台、大庄、张寨、南仁、普集、薛固、北营、长宁、河道、戴家、贞元、蔚村、周村、牛台等 16 乡合并为 7 乡。1958 年 10 月，成立人民公社，将 7 个乡改为 7 个人民公社。1961 年 8 月 1 日，武功县建制恢复，将原 5 个人民公社划分为 14 个人民公社，辖 244 个生产大队。1964 年，将扶风县五泉公社的官村、周家村划归武功县杨凌公社。1965 年 4 月设杨凌、普集、小村三个镇。

截至 2020 年，辖普集街道办，游凤、苏坊、武功、贞元、长宁、大庄和小村 7 个镇，6 个社区居委会，183 个行政村，户籍总人口为 43.144 万人，县域面积 397.8 平方千米。

五、杨凌示范区

杨陵示范区是陕西省的一个县级行政区。因境内有隋文帝杨坚的泰陵而得名。位于关中中部偏西，东距西安市 83 千米，西距宝鸡市 100 千米。地理坐标为东经 107° 59′ ~ 108° 08′，北纬 34° 14′ ~ 34° 20′。北、东隔水与武功、扶风县相邻，南至渭河与周至县相望，西与扶风县接壤。

杨陵示范区由武功县的原杨陵镇逐步演变而来。1979 年 2 月，成立武功县杨陵特区。1982 年 6 月，特区改属宝鸡市直辖。1982 年 10 月，将今扶风县的五泉公社划归特区。1982 年 11 月 23 日，国务院批准在杨陵镇设立县级杨陵区，仍属宝鸡市直辖；1983 年 11 月 1 日，改属咸阳市直辖。因杨陵示范区的今地域由武功、扶风县的原辖地组成，所以，本区成立前的建制沿革随武功、扶风县的建制沿革变更而变更。中华民国建立后，分全国为 28 个省及西藏地方。民国二年（1913 年），陕西省领关中、榆林、汉中三道。武功、扶风两县均隶关中道。民国十七年（1928 年），撤销道制，只存省、县两级，武功、扶风直属省辖。民国二十七年（1938 年），陕西省第九行政督察区成立，两县均属其管辖。新中国成立后，于 1950 年 2 月 10 日，陕西省人民政府成立，全省整编为宝鸡、咸阳等 9 个专区和 1 个直辖县。武功、扶风县隶宝鸡专区。1956 年 10 月 1 日，撤销宝鸡专区，县归省直辖。1958 年 11 月 4 日，兴平、武功、扶风县合并为兴平县，时称大县。1961 年 9 月 10 日，恢复宝鸡专区及武功、扶风县建制，武功、扶风县仍归宝鸡专区管辖。1979 年 2 月，成立武功县杨陵特区。1982 年 6 月，将武功县杨陵特区改属宝鸡市直辖。1982 年 10 月，将扶风县的五泉公社划归特区。1982 年 11 月 23 日，国务院批准在武功县杨陵镇设立县级杨陵区，仍直属宝鸡市。1983 年 11 月 1 日改为直属咸阳市。1997 年 7 月，杨陵农业高新技术产业示范区成立，杨陵区划归杨陵农业高新技术产业示范区管辖。“杨陵”作为地名，是因隋文帝杨坚寝陵的缘故。1997 年 3 月，经省政府会议研究，决定将“杨陵农业高新技术产业示范区”名称中的“陵”字更改为“凌”字，赋予示范区名称“壮志凌云”“奋发腾飞”之意。杨凌示范区现辖 3 乡 1 镇 1 街道办事处。

截至 2020 年，杨凌区辖三街道（杨凌街道、李台街道、大寨街道）、两镇（五泉镇、揉谷镇），54 个行政村，22 个社区，常住人口 25.46 万人，总面积 135 平方千米。

六、凤翔区

凤翔区位于陕西省关中平原西部，宝鸡市东北。北纬 34° 20′ 43″ ~ 34° 45′ 20″，东经 107° 10′ 34″ ~ 107° 38′ 47″。北依千山，与千阳、麟游县相接；西界千河，与宝鸡、千阳县相望；南接宝鸡县；东邻岐山县。县城西至宝鸡县界 23 千米，北至麟游县界 23.5 千米，东至岐山县界 20 千米，南至宝鸡县界 11.5 千米。南北最长约 45 千米，东西最宽约 39 千米，形如梨。

古时，凤翔属雍州之域，先后为周国、雍邑、雍县。民国时属陕西省第九行政督察专员公署，辖凤翔县。1949 年 7 月 14 日凤翔解放。1969 年 10 月，宝鸡专区改称宝鸡地区。1980 年宝鸡地、市合并，称宝鸡市，辖原宝鸡地区各县。凤翔县属宝鸡市管辖至今。2021 年 2 月，凤翔撤县设区，名称为宝鸡市凤翔区。

清雍正年间（1723—1735 年），全县分为 39 里 402 甲。民国二十三年（1934 年）前，政区仍沿清时旧制。民国二十四年（1935 年），为调整粮赋，改置区划，以“金、木、水、火、土”五行字样代表西、东、北、南、中五区，除中区编为 4 乡 1 镇外，其余各区均编为 8 乡。区辖乡、乡辖保、保辖甲，甲统花户。全县分为 5 区 36 乡 120 保。民国二十四年（1935 年），成立联保组织（国民党统治时期采用保甲制度。每一联保辖 10 保，每保辖 10 甲），将 36 乡改称 36 联保，沿用乡名。联保设主任，下辖保、甲。民国二十七年（1938 年），国民政府推行新县制，并 36 联保为 18 乡，设一城市镇，全县 19 乡（镇）120 保，直至 1949 年 7 月。

1949 年 7 月 23 日，凤翔县人民政府成立，全县规划 13 区 1 市，辖 121 乡。1957 年 7 月，上级决定将宁王乡的宁王、港头、晁阳、六甲、高庙、报里、紫荆城、野寺等 21 个自然村（包括 2426 户，11247 人，23503 亩耕地）划归宝鸡县。1958 年 9 月初，区、乡撤销，全县成立 9 个政社合一的人民公社。1983 年 3 月。1958 年 11 月 26 日，凤翔、岐山、麟游三县合并为凤翔县（时称大县），县治在凤翔。1961 年 8 月，撤销大县建制，三县分设。凤翔县划设一个街道办事处，20 个人民公社，即城关、虢王、彪角、横水、郭店、南指挥、尹家务、陈村、长青、唐村、柳林、汉封、董家河、范家寨、石家营、田家庄、糜杆桥、五曲湾、姚家沟、涧渠人民公社，共辖 235 个生产大队。1962 年 9 月，上级决定将原属凤翔县长青公社的花园大队（位于千阳，原属凤翔地）划入千阳县。1964 年，撤销区街道办事处，成立城关镇人民委员会。1965 年初，调整社镇区划，撤销城关人民公社建制，增设纸坊人民公社。1983 年 3 月，根据中央关于县下设乡政权的指示，在不变更原行政区划和三级所有制（公社、大队、生产队）的基础上，全县改设 21 乡（镇），下辖 250 个村民委员会，1977 个村民小组。至 1988 年，全县总人口 45.7 万人。山区乡人口密度为每平方千米 36 人；平原乡（镇）人口密度平均每平方千米 633 人。全县总人口密度平均每平方千米 387 人。2010 年 7 月 7 日，经陕西省人民政府批准，撤销凤翔县尹家务乡并入陈村镇，撤汉封乡、唐村乡并入柳林镇，撤董家河乡、范家寨乡合并设立范家寨镇，撤郭店镇并入彪角镇。

截至 2020 年，全县设 17 乡 4 镇，其中山区 4 个乡（涧渠、姚家沟、五曲湾、汉封），半山区及平原区共 17 乡（镇）；总面积 1179 平方千米，占宝鸡市辖地总面积的 6.5%，占陕西省总面积的 0.57%。耕地 87.1 万亩。

七、岐山县

岐山县位于陕西省关中平原西部。坐标介于东经 107° 33′ ~ 107° 55′，北纬 34° 07′ ~ 34° 37′，北接麟游县，南连太白县，东与扶风、眉县接壤，西同凤翔、宝鸡县毗邻。县城东距省会西安市 136 千米、扶风县城 26 千米，东南距眉县城 36 千米，西距宝鸡市 70 千米、凤翔县城 25 千米，西南距宝鸡县 47 千米，北距麟游县城 56 千米。岐山县东起七星河，西到凤鸣沟，南自瓦房沟，北至孟家山，南北长 53.5 千米，东西平均宽 30.5 千米，总面积 856.45 平方千米。岐山古称“西岐”，是中华民族的发祥地之一，是炎帝生息、周室肇基之地，是中医始祖岐伯诞生地，元圣周公在此制礼作乐，《周易》《黄帝内经》成书于此，现存文物 500 多处。

夏禹治水，遍识山川，据传划全国为九州，岐山地区属雍州。商沿夏制，岐地仍属雍州。西周仍沿九州之制，岐地属王畿的周、召两国，由周王朝直接管辖。周平王东迁洛阳（前 770 年），秦襄公率兵护送有功，赐岐地为襄公所辖。秦（前 221—前 206 年）始皇统一六国，废封建设郡县后，岐地属内史郡。西汉太初元年（前 104 年），岐地南部分属眉县、武功县，其余所属未变。十六国（303—420 年）时期，岐山地区曾是前赵、后赵、前秦、后秦和夏的领域。隋改岐山郡为扶风郡，开皇十六年（596 年）移三龙县治于西 40 里（今凤鸣镇），改名岐山县。唐撤扶风郡设关内道凤翔府，岐山为其所属。北宋熙宁五年（1072 年）分陕西路西部置秦凤路，岐山县属秦凤路凤翔府。元（1279—1368 年），废凤翔路，凤翔属陕西行中书省凤翔府所辖。全县共分尚善、怀贤、崇德、栖凤 4 乡。明万历五年（1577 年）编户 29 里。十八年（1590 年），全县分 4 乡，1 山庄，29 里。清乾隆四十四年（1779 年），改望云乡为中水乡，改永丰乡为怀贤乡。各乡辖里未变，直沿至民国。明改陕西行中书省为陕西承宣布政使司，凤翔府未变，岐山县仍属其辖。清本县属凤邠道凤翔府。民国废府留县。先属陕西省关中道，至民国二十二年（1933 年）撤道，设行政区，岐山县属陕西省第九行政区（其治先在凤翔县，后移宝鸡县——今宝鸡市）。

1949 年 7 月 14 日岐山县解放，属陕甘宁边区宝鸡分区（1950 年 10 月 1 日改为宝鸡专区）所辖。1956 年 10 月宝鸡专区撤销，岐山隶属陕西省。1958 年 12 月 10 日，并入凤翔县。1961 年 9 月恢复宝鸡专区及岐山县制，岐山隶属宝鸡专区。1968 年 2 月 28 日成立宝鸡专区革命委员会，1969 年 10 月 1 日改宝鸡专区为宝鸡地区，岐山县随其所属。1971 年 12 月 8 日撤销宝鸡地区，辖区归宝鸡市，岐山属宝鸡市。1979 年复设宝鸡地区，岐山县归其属。1980 年 8 月 1 日撤宝鸡地区并入宝鸡市，岐山县为宝鸡市辖。1989 年底，总人口 420740 人，人口密度为每平方千米 491.3 人。

1950 年 5 月，调整区、乡行政区划：撤销怀郃区，其辖地划归周召、碛石、龙尾和周原区，并安乐、武侯区为安武区；调整 102 个乡为 85 个乡。12 月改区公署为区公所，以序数命名，改乡以序数命名为以驻地命名。1955 年 3 月改县人民政府为县人民委员会，各乡（镇）人民政府亦改为乡（镇）人民委员会；8 月改蔡家坡区为镇（区级），城关街为城关镇（乡级），区公所复以驻地命名。1956 年 3 月撤区并乡，全县设 1 个区，23 个乡（镇）。1958 年 10 月实行人民公社化，政社合一，撤销区乡机构。1961 年 9 月恢复岐山县制，全县共设 19 个人民公社，1 个镇人民政府。公社下设生产大队、生产队；镇下设居民委员会和生产队。“文化大革命”开始后，公社、生产大队曾改名。1968 年 8 月，成立县革命委员会。1969 年 12 月恢复原社、队名称。1982 年春，成立城关镇筹备处，将城关公社城关居委会和城北、杏园大队划出归其属。1983 年 6 月，省人民政府批准益店、五丈原为建制镇。1984 年 3—6 月改“政社合一”为政社分设。撤销人民公社，建立乡（镇）人民政府；撤销城关公社、城关镇筹备处，合并成立凤鸣镇，撤销蔡家坡公社建制，并入蔡家坡镇。改生产大队为村民委员会。全县共设 4 个镇、15 个乡，188 个村民委员会。

截至 2020 年，全县辖 9 个镇，106 个行政村、15 个社区，1 个省级经济技术开发区（蔡家坡经开区），总人口 46 万人。

八、扶风县

扶风县位于陕西省中部偏西，西安市和宝鸡市之间。地理坐标为东经 107° 45′ ~ 108° 03′，北纬 34° 12′ ~ 34° 37′。东北与永寿、乾县交界，东与武功县、杨陵区连接，南与周至、眉县毗邻，西与岐山县接壤，北及麟游县地界。

原始社会神农氏时期，扶风县属姜氏国（部族）。黄帝时代，属岐伯国（部落），后属鄘国（部落）。尧舜时代，为周始祖弃的封地，属后稷有邰氏。夏禹时期，东南一带仍归有邰氏。西周时，属岐邑，为京畿。东周时，秦孝公十二年（前 350 年），在今境内法门镇始设美阳县。后经历美阳县、武功县、扶风郡、扶风县、凤翔府所辖等。民国初，属陕西关中道。民国二十四至三十八年（1935—1949 年），归宝鸡第九行政督察区专员公署辖。1949 年 7 月 13 日扶风解放，扶风县人民政府成立，隶属宝鸡专员公署。1958 年 12 月并入兴平县。1961 年 8 月从兴平县分出至今，隶属宝鸡市。

明太祖洪武二十八年（1395 年），全县编为 32 里。清世祖顺治时，仍为 29 里，分属 4 乡。民国初期，行政区划沿清制未变。民国五年（1916 年），邑人王诚斋知县事，整理田赋，取消里长、甲首制，全县划编为 8 区，原 29 里调整为 24 里。

截至 2020 年，全县辖 7 镇、1 个街道，1 个科技工业园，1 个新兴产业园，116 个行政村，8 个城镇社区，全县总面积 720 平方千米，总人口 45 万人。

第三节　沿河古镇

一、麟游县招贤镇

招贤镇位于麟游县城西 26 千米处。北通阁头寺、丈八寺。据传，唐贞观时，在此设馆招贤，故名“招贤”。清乾隆时，有店铺、作坊数十家。民国初年，街坊遭匪焚烧了大半，民国十九年（1930 年）重建集市，次年又建立粮食集两处，相继办起药铺、杂货铺、油坊、烧坊等，到民国三十年（1941 年），镇上有街坊 200 多间，药铺 5 家，客店 4 家，布匹百货两家，油盐杂货铺 4 家，还有饭馆、酒店、肉架子、箩笼、鞍场、铁业铺子、油坊、豆腐坊、粮食集等。

招贤镇辖 13 个行政村。镇政府驻招贤村，距县城 27 千米。306 省道公路过境。1949 年设招贤乡，1958 年改公社，1984 年改乡。1996 年，面积 133.3 平方千米，人口 0.7 万人，辖招贤、板桥、东家嘴、大岭、高庄、永丰、犁家沟、竹林 8 个行政村。1997 年，招贤乡改为招贤镇。2001 年，撤销阁头寺乡并入招贤镇。

新中国成立以后，一直是区、乡地方政权机关的所在地。近年来，逐步建设，街道向南延伸了 500 多米，大桥西段又增建了学校、邮电所、食品站等单位，街道呈“人”字形，占地面积 380 亩，房屋建筑面积 11720 平方米，其中砖木结构 6680 平方米，砖土木结构 5040 平方米。1978 年通了高压电，抽水、磨面、榨油、修理业等用电作动力。1984 年全乡群众集资 6 万元，在乡政府南侧修建舞台一座，钢混梁，砖体墙，马赛克瓷片贴面，建筑面积 320 平方米。先后办起了木器厂、砖瓦厂、修配厂、糕点加工厂、贸易货栈、油坊、豆腐坊、缝纫、理发等服务行业。有幼儿班、小学、中学（20 世纪 60—70 年代设有农业中学、高中）、文化站、电影队，有地段医院、诊所、药材商店、派出所、邮电所、食品站、兽医站等 20 多个单位，半农半商的个体户开有铁业、木业、修理、小百货、饭馆门面 12 家。常住总人口 736 人，其中农业人口 535 人。

二、麟游县九成宫镇

九成宫镇位于麟游县城所在地，因镇政府驻地设在唐九成宫遗址区而得名。隋、唐为麟游县治。明、清沿之。1949 年，属兴国区，辖城关、丰子地、镇头、澄铭窑、良舍 5 个乡。1958 年 9 月，设兴国公社，同年 12 月，隶属凤翔县，设麟游公社，辖镇头、良舍、桑树塬、招贤、阁头寺共 5 个管理区。1961 年 9 月，成立镇头公社，辖 11 个生产大队。1967 年 3 月，更名为五星公社。1969 年 8 月，恢复镇头公社。1984 年 10 月，改设九成宫镇。2001 年撤乡并镇时由两乡一镇合并而成。

九成宫镇总面积 368.69 平方千米。东接扶风县和本县常丰乡，南邻岐山县，西与凤翔县和本县招贤镇毗邻，北和本县崔木镇接壤。有西麟、麟宝、眉麟三条省级公路穿插而过。杜水河、漆水河、澄水河三条河流纵横穿境流入渭河，河流沿岸农田平坦，土质松厚肥沃。全镇共有 21 个行政村，2 个社区居委会，80 个村民小组，6678 户，23154 人。

九成宫镇为隋唐盛世时的离宫之冠——仁寿宫和九成宫所在地，镇内文物古迹自然景观多，有举世闻名的《九成宫醴泉铭碑》《万年宫碑》。其中《九成宫醴泉铭碑》记载为唐代大书法家欧阳询楷书；镇东4千米处有唐代建的皇家寺院——慈善寺，寺内四尊佛雕技精巧、栩栩如生；镇西南15千米处有摩崖雕造佛像——千佛院；镇南5千米处有唐武则天洗浴潭——玉女潭；还有石鼓峡、凤凰山、石臼山等胜迹，而且群山秀丽、诸水蜿蜒、风景宜人，是天然的避暑消夏、观光旅游胜地。

三、麟游县崔木镇

崔木镇地处陕西省麟游县城东北22千米的页岭之巅，因隋唐修建仁寿宫、九成宫时在此催运木料而得名。明为催木镇。清初改崔木镇。1949年10月，建立崔木区，辖常丰、庙湾、崔木、满沟庙、亢家店5个乡。1958年9月，设崔木公社。1958年12月，隶属凤翔县，设崔木公社，辖崔木、河西、常丰、庙湾4个管区。1961年9月，恢复麟游县，设崔木公社，辖7个生产大队。1984年3月，改为崔木乡，辖7个行政村。1997年8月，改设崔木镇。全镇总面积205.8平方千米，平均海拔1500米。镇政府所在地崔木村海拔1576米，年平均日照时数2180小时，年平均气温8.1摄氏度，最高气温30摄氏度，最低气温-22摄氏度，无霜期167天，正常年份降水量700～750毫米。崔木镇是麟游县的东大门，北与彬州韩家乡、麟游河西乡接壤；西接本县招贤镇；南与九成宫镇、桑树塬乡相连；东与常丰乡、永寿县永坪镇接壤。西兰路辅线、崔庙常公路、崔丈公路、旬麟路等四条公路交会而过，交通极为便利。

四、永寿县店头镇

店头镇隶属于陕西省咸阳市永寿县，是永寿县西南的一块飞地。东隔膜西河与乾县梁山乡相望，至娄敬山北麓，毗邻乾县关头乡和麟游县庙湾乡，南部和西部与扶风县天度镇接壤。

因境内东西两侧皆为支毛沟，中间高地状如箭头，元末得名“箭头”。明代中叶将“箭”谐音为“店”，故名店头。明万历年间（1573—1620年），设店头镇。清乾隆五十六年（1791年）设仪井乡。民国二十七年（1938年），与仪井镇合并称店仪镇。1984年6月，机构改革时改称店头乡，仪井人民公社改称仪井乡，同年12月改称店头镇。1998年4月，仪井乡改称仪井镇。2015年，撤销仪井镇，并入店头镇。截至2019年10月，店头镇辖28个行政村，镇人民政府驻店头村。总面积128.67平方千米，常住总人口27489人（2017年）。

境内有永扶公路和平乾公路过境。店头镇有漠西河和漆水河。漆水河从北部入境，沿东部流经13千米注入乾县羊毛湾水库。

店头镇文物古迹较多。店头镇为周原的西侧，其中好畤河村曾是唐朝好畤县的县址，唐贞观二十一年（647年）好畤县移治于今永寿县西南好畤河村。娄敬山上的西汉建信侯娄敬墓、娄敬庙，关牛山上的西汉太中大夫陆贾墓，置放于好畤河村的唐代书法家柳公权书写的大司徒刘沔神道碑（1958年移存县文化馆），均为省级保护文物。陆贾墓位于陕西省永寿县店头镇桃花塬边。1981年被公布为陕西省第一批文物保护单位，同年竖立署名永寿县人民政府的文物保护标志碑一块。旧有石碑一通书“汉太中大夫陆公贾之墓”，署清代陕西巡托毕沅。该墓三面环沟，一面接塬，现属店头镇关牛山林场。樊家河景区位于店头镇东北 17 千米的漆水河谷地，羊毛湾水库上游。永扶公路沿村而过，地势平坦。并且以漆水河永寿段干流与羊毛湾水库为主体的永寿漆水河国家湿地公园获得国家林业局批准，进行试点建设，是关中腹地乃至渭北南塬最具有保护和利用价值的湿地之一。

店头镇有永寿槐花蜜、羊肉泡馍、长寿挂面、刺绣、仪井豆腐脑等特产美食。

2018 年 10 月 23 日，店头镇被评为陕西省特色旅游名镇。

五、乾县临平镇

临平镇位于陕西省咸阳市乾县县城西南方向 17.5 千米处，北靠永寿，南临武功，西接扶风，素称“出山口子”。临平镇历史悠久，其名来源有三种说法：一是汉信武侯靳歙封号临平君，二是取名临平观，三是就地理，东南两面临原平地故得其名。

1984 年改乡建镇。临武公路纵贯南北，省道 209 线穿境而过，地理位置优越，交通便利。全镇辖 17 个行政村，镇区总面积 2.2 平方千米，耕地面积 40261 亩，截至 2018 年总人口 29872 人。

商流贸易活跃，现有专业市场六个，双日逢集，日上市商品 12 万多元，客流量 2 万人次。古历“十月十”物资交流大会，历史悠久，是乾县西部乃至邻县物资交流和农副产品的集散地，是发展镇域经济的载体，农业基础雄厚。

临平镇资源丰富，石灰石、磷矿石储量大、品位好，名优土特产主要有红富士苹果、花菇。宝鸡峡、羊毛湾、冯家山水库灌溉全镇。现已形成粮食、果品、蔬菜、畜牧等四大主导产业，其中优质苹果面积 5000 亩，大棚蔬菜 300 亩。

2001 年获得陕西水果国际年会优质金奖，酥梨获得陕西水果国际年会优质水果证书。

六、武功县游凤镇

游凤镇隶属于陕西省咸阳市武功县，位于县境西北部。东隔漆水河与乾县王村镇相望，南与武功镇相邻，西与宝鸡市扶风县杏林镇为邻，北与苏坊镇相接。人民政府驻地游凤街。

相传，周灭商后，有凤凰飞翔于该地上空，环绕三匝，故名游凤。据史料记载，先周时，始名游凤镇。唐时，县城第二次曾选址该地，因留不住凤凰，故南移。明时，在游凤街设游凤里。清雍正七年（1729 年），复设游凤镇。民国元年（1912 年）后，设游凤乡、游凤联保。新中国成立后，属魏公区苏坊乡管辖。1958 年，设游凤公社，后改为武功公社游凤管理区。1961 年，重设游凤公社。1984 年，改置游凤乡。1998 年，改称游凤镇。

游凤镇地势西北高、东南低。地形以平原为主，从北往南呈阶梯跌落。平均海拔 496 米。气候属暖温带半湿润大陆性季风气候。多年平均气温 12.9 摄氏度。年平均降水量 633.7 毫米，年平均降水日数为 92 天，降雨集中在每年的 7—9 月，9 月最多。辖区总面积 29.65 平方千米。截至 2018 年，游凤镇户籍人口 23420 人。截至 2020 年 6 月，游凤镇下辖 8 个行政村。

游凤镇是一个典型的农业镇，以小麦、玉米种植为主，现初步形成了以油菜、小麦繁育，辣椒、中药材种植，杂果林及“二牛”养殖等为主的产业格局。

境内有龙王沟水库，因其水面宽阔，环境宜人，现已经开发为生态景区，供群众游玩。另有海潮院，位于龙王沟西北山头上。据说，修建于唐宋时期，是一座融佛教、道教于一体的古老寺院，曾经建有圣母宫、菩萨殿、太白庙、关帝殿，山门、戏楼，一应俱全，亭台楼阁，蔚为壮观。海潮院内有道光二十年所立的《重修海潮院诸神殿并龙王庙碑记》和宣统元年所立的《重修海潮院诸神殿并龙王庙记》两通。

七、武功县苏坊镇

苏坊镇隶属于陕西省咸阳市武功县，地处县域西北部。东与乾县王村镇毗邻，南与游凤镇相接，西与宝鸡市扶风县杏林镇相邻，北与乾县周城镇相连。距县城 25 千米，辖区东西最大距离 4 千米，南北最大距离 8.5 千米。漆水河从境内流过，截至 2020 年 6 月，苏坊镇下辖 16 个行政村。截至 2018 年，苏坊镇户籍人口 28242 人，总面积 32.8 平方千米。

据史料载，汉苏武家族一支居于此，并书有“苏公故里”牌坊一座，故名苏坊。民国二十二年（1933 年），为武功县五区治所。1950 年，设苏坊乡。1958 年，成立苏坊公社，年底，苏坊、蔚村改属武功公社 2 个管理区。1961 年，重新成立苏坊公社。1984 年，改置为苏坊乡。1998 年，设立苏坊镇。

近年来，苏坊镇党委、政府坚持以经济建设为中心，按照“工业兴镇，奶业富镇，三产活镇”的发展思路，团结带领全镇人民抢抓机遇，艰苦奋斗，开拓进取，全镇经济、社会各项事业得到了长足发展。乡镇企业超常规发展，工业园区初具规模。以陕西神果股份有限公司、陕西华龙集团为龙头的一批骨干企业已跃入省、市“甲级队”明星企业行列，产值和利润逐年以 28% 和 26% 的比例递增，2002 年乡镇企业总产值达 3.6 亿元，利税 1078 万元，全镇乡镇企业发展和效益在武功县独树一帜，位居第一。

1999 年苏坊镇被命名为省级“明星乡镇”。2023 年 10 月，苏坊镇被确定为陕西省第三批全省乡村治理示范镇。

八、武功县武功镇

武功镇为原武功县政府所在地。隶属于陕西省咸阳市武功县，地处县境西部。东与贞元镇毗邻，南隔后河与杨凌区杨凌街道和大寨街道相望，西邻宝鸡市扶风县杏林镇，北与本县苏坊镇和游凤镇及乾县王村镇相邻。武功镇辖区东西最大距离 16.7 千米，南北最大距离 5.8 千米，总面积 43.02 平方千米。武功镇境内河道属黄河流域渭河水系。主要河道有漳水河、漠浴河、漆水河 3 条，河流总长度 83.2 千米。截至 2020 年 6 月，武功镇下辖 1 个社区、19 个行政村，户籍人口 45498 人。

武功县旧城，沿袭县名而得镇名。从北周武帝建德三年（574 年）至现代，中亭川（今武功镇）一直是武功县城所在地。清雍正七年（1729 年）在此设立城镇。民国二十二年（1933 年），归属武功县一区管辖。民国二十四年（1935 年），设在城联保。1949 年，设城关区。1956 年，废区设城关镇。1958 年，武功县并入兴平县后，先后成立上游公社、武功公社。1961 年，恢复武功县建制，公社沿袭县名。武功县治所由武功镇搬迁至普集镇，属宝鸡专区。1983 年 10 月武功镇随武功县改属咸阳市。

武功镇是中华民族的发祥地，炎黄故里。《国语 · 晋语》言：“昔少典氏娶于有蟜氏，生黄帝、炎帝。炎帝以姜水成，黄帝以姬水成。成而异德，故黄帝为姬，炎帝为姜。”姬水就是今武功境内的漆水河，姜水就是今天宝鸡市渭滨区的清姜河。这里是炎帝后裔姜姓的封地有邰国。早在四千多年前，中国农业始祖后稷诞生于此，教民稼穑，结束了远古先民采撷渔猎的历史，开创了华夏民族农耕文明。武功镇作为武功县（郡）经济、政治、文化交流中心，长达1800多年。孕育了苏武、苏蕙、李世民、富嘉谟、游师雄、康海、孙景烈等著名人物，也留下了以郑家坡遗址、姜嫄墓、后稷教稼台、小华山、苏武墓、美阳关、报本寺塔、城隍庙等“武功八景”为代表的特色人文景点。

2015年8月，武功镇被评为全国特色景观旅游名镇。2019年9月24日，武功镇（小麦玉米良种繁育）入选第九批全国“一村一品”示范村镇名单。2019年12月24日，入选全国乡村治理示范乡镇名单。2020年6月12日，被评为陕西省乡村治理示范镇。2020年12月14日，武功镇入选陕西省13家省级旅游特色名镇之列。

九、武功县大庄镇

大庄镇隶属于陕西省咸阳市武功县，地处县域西南部。东与小村镇相邻，南临渭河与西安市周至县哑柏镇相望，西与杨陵区接壤，北与普集镇相接 。辖区总面积41.47平方千米。截至2020年6月，大庄镇下辖22个行政村 。截至2018年，大庄镇户籍人口47254人。

原本村小人少，名八家庄；秦始皇修筑阿房宫时，许多人逃亡至此成大村，更名大庄，后形成集市，又称大庄街；清雍正七年（1729年），设大庄镇。民国二十二年（1933年），为武功县三区管辖。民国二十四年（1935年），废区撤镇，设大南、大北联保。民国二十九年（1940年），废保甲制，设大庄乡。1949年，设大庄区。1956年，撤区设大庄，后归属普集乡管辖。1958年，称普集公社大庄管理区。1961年，分设大庄公社。1984年，建立大庄乡。1998年，更名大庄镇。2001年，大庄镇与观音堂乡合并后，仍名大庄镇。

大庄镇地势西北高、东南低。地形分为平原、河谷冲积阶地、黄土台塬和洼地。气候属暖温带半湿润大陆性季风气候，多年平均气温12.9摄氏度，年平均降水量633.7毫米。渭河、漆水河在境内汇合。

截至2020年6月，大庄镇下辖22个行政村。人民政府驻曹家村。

2020年7月29日，全国爱卫会决定命名大庄镇为2017—2019周期国家卫生乡镇。

第四节　管理体系

一、历史上的水利管理

古代流域多由府、州、县行政长官负责水利工作，对主要工程设专（兼）职官员和专门机构。唐代的水法规《水部式》明确规定：六门堰、升原渠由随近的县官专职检校。北宋大观年间（1107年以后），朝廷规定：“各县设县丞一员，负责兴山泽之利”（《宋史·官职志》）。明、清时，朝廷规定：“知府掌一府之政，……河渠、沟防、道路之事，虽有专官，皆总领而稽覆之”（《明史·职官志》《清史稿·职官志》）。清乾隆十五年（1750年），宝鸡县知县周天生重修利民渠后，为了使上下游均衡受益，随即设24个里长管理渠道，并制定了严格的管理制度，明令各处里长严格执行。民国五年（1916年）陕西成立全国水利局陕西水利分局，规模较大的水利工程多由省水利局直接组织兴建和管理。省在各地设行政督察专员公署，公署设建设科，兼管农田水利，县级设水利专门机构极少。

二、新中国成立以后水利管理

（一）专管机构

在古代，流域境内有西周、东周时期的封爵国邑，有秦汉魏晋南北朝时期的部州郡县，有隋唐时期的道府（州）郡县，有宋金时期的路府（州）郡（军）县，有元明清时期的省道府（州）县（州），行政组织星罗棋布，制以代异，名以时更，不断发展。1950年以后，陕西前后经历了国民经济恢复时期和生产资料私有制的社会主义改造时期，建立了社会主义制度，地方水利机构与社会发展相适应，才逐步建立和健全起来的，形成了省、市、县、乡为主的四级水利管理体系。

流域内各市县水利局是水行政主管部门，负责全县水利、水保、水产、城乡供水、河道治理等方面的规划、建设、管理和防汛抗旱、水资源保护等工作。下属的基层单位和乡（镇）水务站，按职责范围分管相关业务。各灌区都设立专门管理机构，市县直属单位，各灌区管理站和水库管理站直属各管理处管理。各水库和小型抽水站，由乡（镇）水务站宏观管理，具体由受益乡（镇）或村组管理；机井由受益村组或产权人、承包人管理；村镇集中供水工程，由县村镇供水管理站宏观管理，具体由受益乡（镇）政府和水务站共同管理，村级供水工程由受益村村委会直接管理；水土保持工程由县水保站宏观管理，具体由受益乡（镇）或村组管理。基层水利专管机构的共同职责是贯彻执行水利行业各项法律法规以及县政府和水利部门的各项规范性文件和决议，负责组建和领导群众做好工程设施维护、水费收缴等事务。各县抗旱服务队，有组织地帮助群众利用可移动机泵设备，适时有效地开展抗旱服务，维护用水秩序。

（二）乡（镇）水务管理站

从1987年起，陕西全省陆续建立了乡（镇）水利管理站。1988年12月21日，省政府第50次常务会议决定，给全省乡（镇）水管站编制总数为3400名。其人员由各地市、县水利系统单位超编人员中调剂1000名，从农村乡（镇）水利水保员中择优录用2400名，这些人员为全民合同制工人。宝鸡市每个乡（镇）都建立了水管站。其中岐山、凤翔等县对乡（镇）水管员管理制度健全，工作考核具体，作用发挥得很好，而少数县（区）水利局对水管员管理弱化，随着几次乡（镇）机构改革，一些县（区）乡（镇）水管站名存实亡，给乡（镇）水利工作带来损失。其中，宝鸡市水利局总结全市工作，学习外地经验，向市政府提交了健全完善乡（镇）水管服务体系的建议。2008年2月，市机构编制委员会办公室下发了《关于乡（镇）水管机构设置有关问题的通知》，批准乡（镇）水务站为全额拨款事业单位，实行县（区）水利局和乡（镇）政府双重领导、以县（区）为主的管理体制。

（三）民主管理组织

流域较大灌区还建立了民主管理组织。

1. 灌区民主管理组织

灌区民主管理组织是由灌区行政领导、水利工程管理单位和受益单位代表组成的灌区管理委员会，较大灌区还有支渠管理委员会和斗渠管理委员会。其职责是：听取和审查专管机构的工作计划与研究解决灌溉管理方面的重大问题。如冯家山水库灌区、乾县羊毛湾灌区管理委员会由市政府、市水利局、相关县和灌区灌溉管理局负责人组成，是灌溉管理的权力机构。市政府领导担任主任委员，市水利局和水库灌溉管理中心负责人任副主任委员。每年召开例会，由管理中心向管委会汇报工作。渠道管理委员会还邀请用水户代表参加。全市已建成的 19 个万亩灌区都有这样的民主管理组织。

2. 群众管理组织

群众管理组织包括行水人员和浇地、巡渠组织两个方面。行水人员是在渠段上设置的段、斗长和技术员，这些人员一般不脱离生产，既是用水单位的管水人员，又是专管组织的基层行水干部，由受益单位群众民主选举产生，当地党政领导共同研究审定。行水干部主要负责发动群众进行修渠、浇地和征收水费，在专管组织与群众之间起着桥梁纽带作用。其劳动报酬和办公费用一般按所辖的受益面积统筹解决，或从专管机构征收的水费中支付。报酬标准，主要依据管理面积大小、工作难易等情况，由专管组织会同段、斗长民主评定。冯家山水库灌溉管理中心下设管理站，站下设段，段下设斗，段、斗长每月由管理处、站给予生活补贴。10 个国营万亩灌区和部分集体经营的万亩灌区都有这种群众组织。农业生产实行家庭承包责任制以前，10 个国营万亩灌区和部分社营万亩灌区还设有巡渠队和专业浇地队，随着水利管理责任制的落实，这种组织逐渐被取代。

3. 农民用水者协会

2001 年 6 月，在羊毛湾灌区改制过程中，灌区成立了农民用水者协会。协会执委会设 1 名主席，2 名副主席，执委会成员必须符合下列条件：一是管理能力强，有一定政策水平和水利基层管理经验，有号召力；二是家庭（或耕地）在本灌区以内；三是未担任其他乡（镇）、村组行政工作，也没有在其他单位打工或从事较固定的工作；四是年龄和身体条件能胜任这项工作。从全市已建成的农民用水者协会看，有以下优越性：减少了灌溉中间环节和管理人员，减轻了群众负担；落实了工程维修管护责任，保障了工程设施运行良好；提高了灌溉效益。

第五节　管理机构

1949 年以后，各地水利事业大发展，陕西地（市）、县（市、区）水利机构于 20 世纪 60 年代前后相继建立，到 80 年代，基本形成了比较健全的管理格局。1995 年，漆水河流域 3 个地市均设有水利（水保、水电）局，8 个县（市、区）中设水利（水保、水电）局的 7 个，有 2 个区（市）的水利工作由区农委或农林水牧局管理。

一、市级机构

（一）宝鸡市水利局

1959 年 2 月 25 日，宝鸡市设农林水牧局，1960 年 4 月改为宝鸡市水利局。1961 年 9 月 1 日恢复宝鸡专区，同时成立宝鸡专员公署水利电力局。1961 年 9 月 12 日与农牧局合并为宝鸡专员公署农林水牧局。1962年9月12日设水电局，1963年8月22日改名为宝鸡专员公署水利局。1965年4月8日改名为宝鸡专员公署水电局。1966年8月1日，宝鸡市直属省领导，专区、市分设。1968年2月、1969年9月，专区、市分别成立革委会，由农业组分管水利。1970年5月、6月，地、市分别设立水电局。1971年11月1日，地、市合并，成立宝鸡市革委会水电局。1979年3月1日，地、市分设，成立宝鸡地区行政公署水电局。1980年8月1日地、市合并，设立宝鸡市水电局，1983年9月改名为宝鸡市水利水保局。所辖宝鸡、太白、凤县、陇县、千阳、凤翔、麟游、岐山、眉县、扶风10个县均设水利水保局，金台、渭滨两区由区农委负责水利工作。

1980年1月，经宝鸡市政府批准，宝鸡市灌溉管理工作站（现宝鸡市水工程建设与管理处前身）成立，隶属市水利局领导，是专司水利工程管理事业单位。随后，各县区也成立了相应的管理机构。1961年8月咸阳专员公署成立，同年11月成立专员公署水利局。1963年，局内设办公室、工务科、灌溉科和设计队，人员增至40名。1965年增加机电、财务科和水保队，共7个职能科室，易名咸阳专员公署水利电力局。1984年5月改称为咸阳市水利水土保持局。至1990年底，局机关设有秘书、劳动人事、工程、计划财务4科和防汛办、农建办、水资办、水管站、河务处共9个科室。局属事业单位有施工队、水保站、设计院、地下水工作队、水产站、物资站和制管厂共7个基层单位，总计有职工459人（其中局机关64人）。

1994年8月，由宝鸡市水利水保局更名为宝鸡市水利局。机关行政编制28名，其中：局长1名，副局长2名，纪检组组长1名，总工程师1名，科级领导职数10名（含监察室主任职数1名）；市节约用水办公室主任1名（由市水利局局长兼任），副主任1名（副处级）。内设办公室、人事教育科、综合计划与建设管理科（城乡供水科）、农村水利水保科、水政水资源科、水产渔政科，市局下属12个事业单位。辖内金台区、渭滨区、陈仓区、凤翔县、岐山县、扶风县、眉县、千阳县、陇县、麟游县、太白县、凤县等12个县区均设有水利局。

1996—2015年，宝鸡市水利局相继由张清朴、宁可欣、常崇信、罗广平担任局长。

（二）咸阳市水利局

咸阳专员公署水利局于1961年11月17日成立，1965年8月7日更名为咸阳专员公署水利电力局。1970年6月7日成立咸阳地区革委会水电局，1979年1月1日改名为咸阳地区行政公署水电局，1984年5月改名为咸阳市水利水保局。咸阳市辖秦都、渭城、杨凌3个区和兴平、泾阳、三原、武功、淳化、旬邑、长武、彬州、永寿、乾县、礼泉等11个县（市），除秦都区、渭城区、兴平市设水利局，杨陵区设农林水牧局外，其余10县均为水利水保局。

咸阳市水利局主要职能是负责水资源的合理开发和利用工作。内设秘书科、计划与资金管理科、水利工程建设与管理科、农村水利水保科、水政科技科、纪检监察室等6个科室。至2015年12月局机关编制人数28人，实有在编人数38人。市局下属14个事业单位。辖内秦都区、渭城区、兴平市、武功县、乾县、泾阳县、三原县、永寿县、彬州、旬邑县、淳化县等11个县（区）均设水利局。1996—2015年，咸阳市水利局相继由段世忠、刘文龙、杨宏章、王生江、康秉陆担任局长、书记。

（三）杨凌示范区水务局

1949年5月20日，杨陵解放，武功、扶风两县人民政府成立。境域分属两县人民政府管辖。1955年3月，县人民政府改为县人民委员会。1958年12月境域随武功、扶风两县并入兴平县；1961年8月，两县从兴平县分出，杨凌复归武功、扶风两县人民委员会管辖。1968年下半年，武功、扶风两县分别成立革命委员会。1981年1月，设立县人民政府。1982年7月，成立筹备处，负责杨凌区的组建工作。1984年5月，经上级批准，成立杨凌区人民政府。1982年7月，杨凌区筹备处设农林水牧组、计划经济组、城镇建设组、文教卫生组和筹备处办公室。1984年5月，区人民政府成立，根据工作需要设立了区政府办公室、财政局、民政局、农林水牧局等22个工作部门及杨凌街道办事处1个派出机构。2002年10月经杨凌示范区机构编制委员会同意，成立杨凌示范区水务局，与杨凌示范区规划建设局合署办公，局长由规划建设局局长兼任。2011年9月示范区机构编制委员会办公室下发《关于调整示范区水务局机构和职能的通知》（杨管编办发〔2011〕25号），将杨凌示范区水务局从杨凌示范区规划建设局分离，加挂“杨凌示范区一河两岸开发建设办公室”牌子。2012年6月示范区机构编制委员会办公室下发《关于示范区水务局机构设置的通知》（杨管编办发〔2011〕25号），明确杨凌示范区水务局为示范区管委会工作部门，不再保留“杨凌示范区一河两岸开发建设办公室”牌子，同时设立示范区渭河综合治理办公室和示范区防汛抗旱办公室，为水务局全额拨款事业单位，一套机构，两块牌子，副处级建制。1996—2015年，杨凌示范区水务局相继由杨战社、任延宁、王西宁担任局长。

二、县级及以下水利机构

新中国成立初期，流域各县水利事业统由县人民政府建设科设股专管其事。1957年后各县单设水利工作队。

1959年南部水利发达县始设水电局，北部县设农林水牧局。1961年统称农林水牧局。1962年统称水利（电）局。1984年后又改为水利水保局。至1990年后，又陆续改为水利局。截至2020年，流域8个县（区）局共有职工1236名，其中有工程技术人员124名，行政管理人员280名，工人362名。此外，县管的水利管理单位，有水库46座、灌区5个、排灌站12个、水电站5个、河道堤防2个和其他管理单位11个，共计45个，计有职工1112名，其中工程技术人员200名，工人715名。根据需要，各县还设立了水工队、地下水工作队、物资站、水保站等直属单位，促进了水利事业的发展。从1988年开始，各县建立乡（镇）水利管理站。

三、派驻机构

（一）西北农林科技大学

西北农林科技大学位于现在的陕西杨凌农业高新技术示范区，是教育部直属的一所综合性全国重点大学，1999年9月11日，由共处陕西杨凌的原西北农业大学、西北林学院、中国科学院水利部水土保持研究所、水利部西北水利科学研究所、陕西省农业科学院、陕西省林业科学院、陕西省中国科学院西北植物研究所等7个教学、科研单位合并组建。学校为副部级建制，实行部省共建联合办学的新体制，重大事项以教育部为主，日常管理以陕西省为主。2004年6月进入国家“985”工程建设序列。

学校历史可追溯到1934年于右任创办的国立西北农林专科学校。1933年1月起，国立西北农林专科学校筹委会开始选择校址。时任国民政府第十七路军总指挥兼省政府主席杨虎城将军最初选址咸阳高堡子，经戴传贤、焦易堂及农林专家多人再次复勘“以为不妥”，遂转向周至、眉县、武功一带；后因于右任、焦易堂等大力提倡，学校筹委会决定在武功境内查勘适宜校址，最终选择武功县西的张家岗（今杨凌）。理由为此地乃古周原余脉，后稷教稼故地，历史意义深远；由北而南三道塬便于农作物试验，渭河草滩堪为牧场，深入秦岭可开展森林研究；杨凌张家岗气势雄伟，隋文帝、唐太宗之遗迹昭然；陇海铁路将从校前经过，交通较为便利。

西北农业大学前身是国立西北农林专科学校，创建于1934年。1938年与国立西北联合大学农学院、河南大学农学院畜牧系合并，成立国立西北农学院；新中国成立后更名为西北农学院。1985年经原农牧渔业部批准，更名为西北农业大学。1999年9月并入西北农林科技大学。

（1）西北林学院其前身是原西北农学院森林系，成立于1934年。1979年从西北农学院分出，成立西北林学院。由林业部与陕西省双重领导，以林业部为主。1999年9月并入西北农林科技大学。

（2）中国科学院水利部水土保持研究所。中国科学院1954年决定筹建西北农业生物研究所，所址选定为陕西武功。1955年定名为中国科学院西北农业生物研究所，先后更名为中国科学院西北生物土壤研究所、中国科学院西北水土保持生物土壤研究所、中国科学院西北水土保持研究所、中国科学院水利部西北水土保持研究所。1995更名为中国科学院水利部水土保持研究所。1998年被中国科学院确定为首批启动的国家知识创新工程试点单位之一。1999年9月并入西北农林科技大学。

经过70余年的努力，水土保持研究所在土壤侵蚀、旱地农业、水土保持与区域综合治理等研究领域形成了自身优势，取得科研成果380余项，一些成果已达国际先进水平，其中获国家级奖励14项，省部级奖励120项（次）。1991年以来，累计获得社会经济效益100亿余元。共出版专著44部，发表论文1359篇。

（3）水利部西北水利科学研究所。1940年西北农学院与中央水工实验所（后称中央水利实验处）合办武功水工实验室，1952年扩建为西北水工实验所。之后，先后更名为西北水利科学研究所、陕西省水利科学研究所、水利部西北水利科学研究所、陕西省水利科学研究所、水利部西北水利科学研究所。1999年9月并入西北农林科技大学。

建所以来，先后承担国内水利建设生产试验项目1200余项，专题研究和国家基金研究项目600余项，提交试验研究报告1335个，出版水利科技专著34册，获国家、省部级科技成果奖44项。农田水利科研基地主要建立有滴灌、喷灌、微灌、灌区排水和盐碱化防治 4 个基地。凤翔县郭店乡万亩喷灌试验，是全国五个万亩喷灌试验点之一。从 1976 年开始，经过 5 年的试验研究，建成喷灌设施面积 1.2 万亩，总投资 89 万元。按工程项目统计，机具费、水源工程费、田间输水工程费等每亩投资 78.4 元。根据试验喷灌与畦灌比较的增产效益，扣除设备折旧和维修费用，9 年可收回全部投资。该试验对国内喷灌的发展起到重要的示范作用。

（4）陕西省农业科学院。前身是西北农业科学研究所，于 1952 年由西北军政委员会农林部筹建成立。1954 年隶属农业部，1958 年改由中国农科院、陕西省农林厅双重领导，更名为中国农业科学院陕西分院。1973 年划归陕西省农牧厅领导，更名为陕西省农林科学院，1983 年定名为陕西省农业科学院。1999 年 9 月并入西北农林科技大学。

（5）陕西省林业研究所。前身系陕西省林业研究所，成立于 1958 年，属中国农业科学院陕西分院的一个专业研究所。1980 年从陕西省农林科学院分出，成立陕西省林业科学研究所，归省林业厅领导。1998 年更名为陕西省林业科学院。1999 年 9 月并入西北农林科技大学。

（6）陕西省中国科学院西北植物研究所。前身系中国科学院 1965 年组建的综合性植物学专业研究机构——中国科学院西北植物研究所。1970 年 7 月下放陕西省管理。1982 更名为西北植物研究所。1991 年实行陕西省与中国科学院双重领导体制，更名为陕西省中国科学院西北植物研究所。1999 年 9 月并入西北农林科技大学。

学校设有研究生院和 28 个学院（部）。截至 2023 年 8 月，学校有教职工 4635 人，普通在校生 37834 人。共有 14 个博士后流动站，16 个博士学位授权一级学科，29 个硕士学位授权一级学科，2 个博士专业学位授权类别，17 个硕士专业学位授权类别，79 个本科专业。农业科学、植物学与动物学、环境科学与生态学、工程学、化学、生物学与生物化学、药理学与毒理学、分子生物学与遗传学、微生物学、地球科学、计算机科学、临床医学、社会科学总论、材料科学等 14 个学科进入 ESI 全球前 1%，其中农业科学、植物学与动物学、环境科学与生态学等 3 个学科进入前 1‰，农业科学进入前 0.1‰。目前，已发展为全国农林水学科最为齐备的高等农业院校。

（7）西北农林科技大学水利与建筑工程学院（水利水电科学研究院）。水利与建筑工程学院（水利水电科学研究院）是西北农林科技大学办学历史最悠久的学院之一，1940 年沙玉清筹建成立武功水工实验所，1950 年更名为西北水工实验室，1958 年改名为西北水利科学研究所和陕西省水利科学研究所，是我国当时三大专门水利研究机构之一。1999 年西北农林科技大学组建时，由原西北农业大学水利与建筑工程学院与水利部西北水利科学研究所为主体合并组建现水利与建筑工程学院（水利水电科学研究院），原西北水科所曾进行过河道治理新型坝试验。

（二）杨凌职业技术学院

杨凌职业技术学院位于杨凌农业高新技术示范区，是 1999 年经教育部和陕西省人民政府批准成立的省属全日制公办普通高等学校，由原国家级重点中专陕西省农业学校、陕西省水利学校和省部级重点中专陕西省林业学校合并升格组建。学校历史可以追溯到

1934年国立西北农林专科学校附设高职，建校以来，共培养各类专业技术人才25万余名，涌现了一批农业专家、全国技术能手和劳动模范，一大批毕业生成为县（区、局）长，被誉为地方县（区、局）长培养的“摇篮”。综合实力稳居全国高职教育第一梯队，是国家首批示范院校、陕西省一流学院、全国优质专科高职院校、中国特色高水平高职学校建设单位（“双高”校）。在长期办学实践中，积淀形成了“经国本、解民生、尚科学”的办学理念和“明德强能、言物行恒”的校训，确立了“以农为本、扎根陕西、服务西部、面向全国、走向世界”的办学定位和“德技并修、全面可持续发展”的育人理念，为陕西乃至全国农林水行业发展作出重大贡献。

学校现有四个校区（南校区、西校区、北校区和滨河校区），占地3069亩，校舍建筑面积70.44万平方米，固定资产总值约14.8亿元，图书134.3万册，电子图书97万册。现有教职工1252名，三级以上教授11人，副高以上职称401名，硕士以上教师960人，“双师型”教师占比65.6%。拥有国家级教学名师、全国优秀教师、全国师德标兵7人，享受国务院政府特殊津贴专家、全国劳动模范3人，全国黄大年式教师团队1个、国家职业教育教师教学创新团队1个、国家级课程思政团队2个，教育部行业常委副主任委员及委员12人；陕西省教学名师、教书育人楷模、师德标兵、师德先进个人25人，行业教学名师27人，陕西青年杰出人才3人，陕西省特殊贡献专家、陕西省劳动模范7人，陕西现代农业产业技术体系岗位专家12名，陕西省科技特派员37人。

学校现有全日制在校生19000余人。学校设有水利工程学院、建筑工程学院、机电工程学院、信息工程学院、交通与测绘工程学院、生物工程学院、药物与化工学院、生态环境工程学院、动物工程学院、经济与贸易学院、旅游与管理学院、文理学院、马克思主义学院、继续教育与培训学院、国际教育学院、体育课教学部等16个教学院部。开设农、林、水、建、理、工、管、经8大专业类群68个专业及方向，4个本科联办专业，有2个国家级、7个省级高水平专业群，是全国唯一农林水牧专业最为齐全的职业院校。

（三）咸阳市羊毛湾水库管理中心

咸阳市羊毛湾水库管理中心为县级建制，隶属于咸阳市水利局。管理局机关设办公室、工程科、灌溉科、多种经营科、工程质量监督科、财务审计科、防汛办公室、设计室；下辖亓父、老鸦嘴、临平3个灌溉管理站，羊毛湾水库枢纽管理站，南沟、漠西、跃进3个抽水管理站，咸阳市秦渭水利水电工程有限公司及抗旱服务队，老鸦嘴水库管理站，羊毛湾休闲度假山庄，共11个下属单位。中心目前有职工134人，其中行政干部20名，技术干部12名，正式工人42人，临时工3名；社队管理人员57名。另外还有基层管水人员175人，其中段长28人，斗长147人。

咸阳市羊毛湾水库位于乾县境内，是一座以灌溉为主，兼有防洪、养殖等综合利用的大型水利工程，水库枢纽工程由大坝、输水洞、溢洪道和泄水底洞四部分组成，总库容1.2亿立方米。水库于1958年动工建设，历经12年，于1970年建成，先后于1986年、2000年两次对羊毛湾水库进行除险加固。为补充水库水源，于1995年建成“引冯济羊”输水工程，每年可由冯家山水库向羊毛湾水库输水3000万立方米，有效解决水库水源不足问题。羊毛湾水库灌区管辖羊毛湾、老鸦嘴、南沟及东、西芋村大、中、小型水库共5座，其中老鸦嘴水库为中（2）型水库，南沟和东、西芋村水库为小型水库。灌区主要灌溉乾县、武功、永寿3县14个乡（镇）151个村，设施灌溉面积32.54万亩，有效灌溉面积24万亩。灌区有总干渠一条长39.7千米；南、北干渠两条，全长13.1千米；支渠20条，全长106.6千米；斗渠366条，总长336千米。羊毛湾水库自1970年建成运行30多年来，灌区先后完成了引冯济羊输水工程、病险水库除险加固工程、国家大型商品粮基地项目，实施了灌区更新改造世行贷款项目、节水续建配套项目、病险水库除险加固项目、库区水保生态治理项目等，共争取计划投资2亿多元，现已完成投资1亿多元，使水库枢纽和灌区发生了显著变化，同时促进了灌区工、商、林、牧、渔的全面发展，取得了良好的经济效益和社会效益。

（四）宝鸡市冯家山水库管理局

1973年4月9日，经宝鸡市委同意，成立宝鸡市冯家山水库管理局筹备小组，地址设在宝鸡县虢镇剧院。同年10月16日，市革委会批准成立宝鸡市冯家山水库灌溉管理局，直属市革委会领导，属事业编制。1973年11月10日，管理局由宝鸡县虢镇剧院迁至宝鸡县虢镇北门外。1979年5月地、市分设，将宝鸡市冯家山水库灌溉管理局更名为宝鸡地区冯家山水库灌溉管理局，隶属宝鸡地区行政公署领导。1980年8月，地、市合并，将宝鸡地区冯家山水库灌溉管理局又更名为宝鸡市冯家山水库灌溉管理局，隶属宝鸡市人民政府领导。1981年11月，冯家山水库灌溉管理局归市水电局领导。1982年1月17日，冯家山一期工程竣工验收后，管理局正式接管冯家山水库一期工程。1988年4月22日，经宝鸡市编制委员会批复，将宝鸡市冯家山水库灌溉管理局更名为宝鸡市冯家山水库管理局。冯家山水库管理局是冯家山水库工程专业管理机构，属差额事业单位，级别为正县级。

冯家山水库管理局承担着灌溉漆水河流域内凤翔、岐山、扶风及咸阳市乾县、永寿8县（区）的19个乡（镇）216个村931个村民小组136万亩农田，同时负责水库防汛安全、水产养殖、水力发电、水利旅游、水土保持、生态治理等工作。

管理局机关设办公室、人保科教科、计划财务科、工程配套科、灌溉管理科、水情调度室、综合经营科、项目办、泵站办、科技办、总工办、监察室、审计科。党组织设有局党委、局纪委，局党委设党委办公室。群众组织有局工会、局共青团总支。管理局下属基层单位有枢纽管理处，陈村、张谢、瓦岗寨、凤鸣、孔头沟、新店、祁家沟、法门、天度强家、午井灌溉管理处，库区管理处，千湖风景名胜区管理处，水利水电工程公司，土木建筑勘察设计院，电站管理处，渔场，经济民警队等。

冯家山水库管理局主要职能是贯彻落实党和国家的水利方针政策，执行上级有关决议，组织拟订水库工程综合规划、灌区规划等；承担水库防洪保安、科学调度等具体工作；负责水库水资源保护、管理、综合开发和利用等工作；按照水利工程管理权限，负责水库枢纽、灌区工程设施的管理与保护以及安全运行；负责水库灌区的抗旱和农业供水服务、节约用水工作；落实灌溉管理、组织管理等工作；按照管理权限，负责有关工程更新改造、水土保持等基本建设项目的实施管理工作；负责职权范围内水政、渔政执法工作；负责灌区用水水事纠纷的调处工作；承担宝鸡市区、宝鸡第二发电厂等生活、工业用水服务工作。

2020 年 5 月 29 日，按照中共宝鸡市委机构编制委员会办公室（宝编办发〔2020〕49 号）文件，核减市冯家山水库管理局事业编制 10 名。调整后，市冯家山水库管理局事业编制 430 名。2021 年 9 月 28 日，按照中共宝鸡市委机构编制委员会办公室（宝编办发〔2021〕85 号）文件，核减市冯家山水库管理局事业编制 10 名，调整后，市冯家山水库管理局事业编制 420 名。截至 2021 年 12 月底，现有在岗职工 389 人，局机关内设 12 科室，下设 18 个基层单位，主要负责水工程运行、抗旱灌溉、防汛保安、设计施工、水产养殖、水力发电、水源地保护、项目建设等工作。

（五）陕西省宝鸡峡引渭灌溉中心

1971 年宝鸡峡引渭工程竣工后设立，隶属陕西省革命委员会，局址扶风县城南。1975 年与陕西省人民引渭渠管理局合并，成立宝鸡峡引渭灌溉管理局，隶属省水利水保厅领导。2019 年，更名为宝鸡峡引渭灌溉中心。现驻地咸阳。宝鸡峡引渭灌溉中心现有职工 1500 人。下设 7 个副县级单位，其中 6 个管理总站、1 个工程局。

宝鸡峡引渭灌溉中心承担着漆水河流域宝鸡、咸阳、杨凌二市一区的岐山、扶风、杨凌、武功、乾县等 5 个县（区）37 个乡（镇）323 个行政村和 1057 个村民小组农业灌溉和生态补水任务，灌区总人口 46 万人。

宝鸡峡塬上灌区 1971 年 7 月通水后，局以下设立了 6 个直属站，主要管理总干渠及干渠渠系工程，支渠及支渠以下工程交由灌区各县设置县站，按块管理，管理局只把水配到支口，以下由县站管理，兼以诸县联管。

宝鸡峡灌区工程宏伟壮观，设施齐全，除一般的坝、闸、桥、涵外，蜿蜒于高塬陡坡之腰的 98 千米塬边渠道，居高临下，形势险要；王家崖、大北沟、信邑沟、泔河等四座渠库结合工程，设计新颖，独具匠心；坐落在扶风县东门外的漳水倒虹，名列全国前茅；被誉为“绿色巨龙”漆水河渡槽，更是做工精巧，气势磅礴。灌区为保障粮食安全，每年灌溉斗口水量在 500 万立方米以上，灌溉发电、工程建设、开发维权、水利设计、工程监理等多点开花，为陕西省第一大灌区。

（六）漆水河安头水文站

安头水文站设立于 1971 年 1 月，位于咸阳市永寿县店头镇安头村，漆水河右岸。2017 年 3 月之前由宝鸡水文局管理，之后移交由咸阳水文中心管理。该站主要监测漆水河流域水文基本信息，研究漆水河流域水文特性。编制人员 4 人，实有 3 人，采用巡测管理方式。

（七）杜水河麟游水文站

麟游水文站设立于 2014 年 8 月，位于宝鸡市麟游县城关镇（麟游没有城关镇，过去叫镇头公社，后来改为九成宫镇），由宝鸡水文中心管理。该站为中小河流防汛专用站，采用无人值守、有人管护的管理方式运行。

（八）漆水河流域雨量站

漆水河流域内 12 处自动雨量站，均由陕西省宝鸡水文水资源中心管理维护。

第二章　治水人物

漆水河流域水利开发利用较早，从古至今治水人物层出不穷。本章按朝代作一简要记述。

第一节　人物传略

姜嫄　有邰氏部落之女，五帝之一的帝喾元妃，周始祖后稷之母。据《史记·周本纪》载，姜嫄为帝喾元妃，在荒野践巨人迹，身动而有孕，遂生后稷。《诗·大雅·生民》载："厥初生民，时维姜嫄。"姜嫄所处的时代，正处于母系氏族社会的末期。

据传说，在帝喾执政的时候，有一次姜嫄外出，踩到了巨人的足迹，回来后发现自己已经怀孕，过一段时间孩子越来越大，心里感到奇怪，且厌恶这件事情，通过卜筮，又向神祈求，但是最终孩子还是生了下来。她认为这个孩子是不祥之兆，便把他扔到了巷子里，牛羊都躲开孩子不踩。于是又将这个孩子放在山林之中，后来伐林木的人为孩子盖上保暖之物。再后来，又将孩子放在寒冰之上，飞鸟便飞过来用翅膀保护住这个孩子。姜嫄感到很奇怪，于是便把孩子抱回家，起名叫"弃"。姜嫄履迹生子的传说，既包含历史事实，也有神话色彩，与历史上的感生说、圣王说皆有密切的关系。据说姜嫄好清静，做事很专一，平时喜欢干田地里的活计，相夫教子，等到弃长大了，姜嫄就教他种树和桑麻。

姜嫄相夫教子的行为，体现出了母仪文化。古人言"贤母使子贤也"。人所共知，母亲的训导和躬身垂范，对子女道德观念的养成和处事行为的匡正，具有重要的不可替代的作用。姜嫄作为周人始祖后稷的生身之母，以其"相夫教子"之践，最早创立了中华民族的母仪文化，开启了中华民族立德行道之源，影响历史数千年，是后稷儿女乃至中华民族最为宝贵的精神财富，是社会主义核心价值观的根脉所在，至今仍具有积极的意义和重要的影响。

后稷　姜嫄的儿子弃为少儿之时，在母亲的传授和影响下，戏玩就爱植树木、种麻菽，因而树木茂盛、麻菽丰美。步入成年之后，遂酷好农耕，他有相地之宜，种植五谷，成果丰硕，农人纷纷效仿，影响很大。树艺百谷，大获成功，帝尧知道后，即封他为农师，筑台于漆水河畔，悉心教民稼穑，天下尽得其利，弃之于民，功莫大焉，于是帝舜封弃于邰，赐号曰"后稷"，舜曰："弃，黎民始饥，而后稷播时百谷，别姓姬氏。"其后子孙繁衍，逐渐强大，是为周，可见，后稷是周人始祖。《礼记》中记述有孔子语："后稷播种，务勤嘉谷，以伏民饮食。"他将土地分为青、赤、黄、黑四种类型，教人们根据不同土壤种植不同谷物。他创制的诸多挖打刨木石农具，特别是所发明的犁具和牛耕技术，极大地提高了生产力，领先于世界一千多年。

后稷始创了农耕文明，农耕文化的产生和光大，使人类结束了茹毛饮血的原始生活，摆脱了日益枯竭的自然渔猎资源的困顿，创造性地解决了“民以食为天”这个人类生存的根本问题，推进了母系氏族社会向父系氏族社会的过渡，开创了人类社会文明的划时代伟业，奠定了周王朝八百年的坚实基础。因此，后稷被称为中华农耕文明的始祖，武功被称为中国农业的发祥地和周民族的生发肇启之地。

公刘（生卒年不详），古代周族的领袖。传说周的始祖后稷去世后，儿子不窋即位。不窋晚年，夏朝政治衰败，废除农官，不再重视农业，不窋因此丢掉他的官职，逃到了戎、狄居住的地区（今甘肃省庆阳地区一带）。不窋去世后，儿子鞠即位。鞠去世，儿子公刘即位。公刘即位后，虽寄身戎、狄，但有恢复祖先之业的雄心壮志。他乘夏朝内乱，率领周族迁到了豳（今彬州、旬邑县一带）。他重新研究后稷的事业，专心耕种，到处观察地形水利，开垦荒地，安定居处。他从漆水、沮水渡过渭水，到南山（今秦岭）中伐木取材。他还采掘矿石，“取砺取锻”，改进农具。经过他的一番努力，使得外出的人有财物，住家的人有积蓄，人们都依靠他过上了好日子。各族的人怀念他的恩惠，大都迁到他这里，拥护和归附他。周族的兴旺发达，就是从他这时开始的。《诗经·大雅》中有一首叫作《公刘》的诗篇，就是专门歌颂他的功德的。这篇长达六章、每章十句的诗开头就说：“老实忠厚的公刘！他不只是住下，他不只是安康。于是整理田界，于是划定封疆。于是积好谷物，于是备好粮仓。于是包扎好干粮，放进了大大小小的橐和囊。人民这样团结，因而国家有光。”公刘因此被尊为“公”。

古公亶父（生卒年不详），即周太王，古代周族的领袖。传为后稷的第十二代孙，周文王的祖父。他在豳地继承并振兴后稷和公刘的事业，很受人民的拥戴。戎、狄攻打古公亶父，想得到财物，古公亶父向来施行仁义，便把财物送给他们。戎、狄贪得无厌，不久又来攻打，想夺取土地和民众。民众都满腔愤怒，要同戎、狄战斗。古公亶父说：“民众设立君主，是靠着他来为他们谋利的。现在戎、狄发动战争的原因是为了土地和民众。民众属于我跟属于他们，有什么不同呢？民众要为了我的缘故而去打仗，我牺牲了人家的父亲或儿子去做人家的君主，我不忍心这样做。”于是，便带着他私人所管辖的一批人离开了豳地，渡过漆水、沮水，翻越梁山，定居到岐山脚下。豳地所有的人闻讯都扶老携幼，随之而来。附近其他国家的民众听说古公亶父仁慈，也大都来归附他。这时，古公亶父便改变戎、狄的习俗，建筑城郭居室，设立官吏，开垦荒地，发展农业，使周族逐渐强盛起来。古公亶父的开拓精神受到周人的崇敬，周人将他从“公”追尊为“太王”（又作“大王”）。《诗经·鲁颂》称颂太王说：“后稷之孙，实维大王。居岐之阳，实始翦商。”认为是他奠定了周族在岐山南面崛起的基础，并开始向商王朝挑战。他是周族先王中承前启后的重要人物，是周王朝的开国元勋。

季历（武丁四十一年—文丁十一年），即王季，古公亶父少子。祖甲二十八年，古公亶父逝世，季历嗣位。他修古公遗道，笃于行义；与商贵族通婚，积极吸收商文化，促进周部族社会的发展，壮大周的力量。武乙三十四年，季历朝拜商王。因他屡立战功，商王武乙赐其地 30 里、玉 10 车、马 10 匹。三十五年，季历伐西落鬼戎，俘十二翟王。文丁四年又率兵打败了余无部落，商王任命其为牧师（官职名），成为西方诸侯之长。在商的支持下，季历又先后征伐始呼之戎、翳徒之戎。伐翳徒之戎时，获三大夫，大胜，向商献捷，商王文丁封季历为伯侯。季历击退来自西北游牧部落的威胁，巩固了周在渭水中游的统治，许多诸侯前来归顺，使周成为商朝西方一个强大的方国。

周的强大引起了商的不安，商王文丁为遏制周族势力，于十一年杀季历。

姬昌（周文王）（祖甲二十八年—帝辛二十年），季历子，周族领袖、政治家，在位 50 年。季历死，姬昌继承西伯侯位，是为周文王。帝乙二年文王出兵伐商，未捷，复又事商。他勤理国政，遵后稷、公刘之业，守古公、王季之法，笃仁敬老，慈幼礼贤，太颠、闳夭、散宜生、鬻子、辛甲等皆来归附。他施行裕民政治，重视农业生产，让庶民助耕公田，为国家服各种劳役，纳九分之一的租税，渐有蓄积。文王曾着庶民衣装到田间劳作，考察农夫辛劳。他又公布"罪人不孥"（不把罪人的家属籍没为奴隶）、"有亡荒阅"（逃亡的奴隶必须找回来）的法令。

在治理内政的同时，文王还调解虞（山西平陆）、芮（陕西大荔）之间的矛盾，争取其归服。帝乙二十四年，他又拒昆夷，征伐西北猃狁部落。不久，又东征称（今山西黎城）、邗（今河南沁阳），直到商的王畿。帝辛十一年，纣杀九侯、鄂侯二公，文王对此愤懑不平，纣囚他于前羑里（今河南汤阴北），太颠、闳夭等献美女、奇物、善马给纣王，帝辛十三年，姬昌获释。同年文王向纣王献洛西之地，请求免除酷刑，得到纣王允许。帝辛十五年，文王得尚（姜太公），立为师。帝辛十九年，文王灭崇国（今陕西户县），迁都于丰（今长安县西南，沣河以西），创立了观察天象的灵台，又扩充势力到长江、汉水、汝水流域，教化当地土族，三分天下周族已有其二。帝辛二十年，文王卒，年 90 岁。

姬发（周武王）（商帝乙二十三年—武王七年），即周武王，文王次子，西周王朝的建立者。武王嗣位后，迁都于镐（今陕西长安县），准备伐商，以姜尚为师，周公旦为辅佐。帝辛三十一年在孟津（今河南孟州市南）大会诸侯，检阅军队，进行伐商演习。帝辛三十二年，联合庸、蜀、羌、微、卢、濮等方面部落，率兵车 300 辆，虎贲（近卫军）3000 人，甲士 45000 人，渡孟津，誓师伐商，与商纣军队大战于牧野（今河南汲县北）。商兵倒戈，纣王大败，逃奔鹿台自焚而死。周武王率军占领商都，建立西周王朝。

入殷后，武王平反冤狱，表彰贤臣，散发钱财，收揽人心，对投诚的微子复其位，并册商纣之子武庚于殷，让他统领原殷王畿一带的殷遗民，以殷治殷。同时，封其弟管叔、霍叔、蔡叔于殷，监视武庚，史称"三监"。立微法，建都于镐。在位 7 年，病逝。

姬旦（周公）（？—成王十一年），亦称叔旦，因采邑在周（今岐山县东北部），故称周公。文王子，武王同母弟。西周初年的政治家。周公旦运筹帷幄，足智多谋。武王伐商，周公随军辅佐，为武王起草誓师词《牧誓》。灭商后，他主张对殷遗民实行武力监视、笼络安抚和分化瓦解，被武王采纳，为巩固新兴的周朝政权赢得了时间。武王去世，成王即位，周公摄政视事，辅佐成王率军东征，平定"三叔"及武庚和东方诸部族的反叛；继续分封诸侯，并营建洛邑（今河南洛阳）作为东都。周的势力伸张到黄河下游，南及淮河流域。他“一沐三握发，一饭三吐哺，起以待士”（《纲鉴易知录》），选贤任能，振兴成周，制定贡赋法三个原则：施恩惠要厚，用民力要平，收租税要轻。扩大裕民政治施行地区。周公摄政 7 年，归政成王，集中精力，依据周国原有制度，参酌殷礼，制礼作乐，建立典章、官职制度。他又主张“明德慎罚”，以缓和阶级矛盾。周公政治上的作为，为“成康之治”奠定了基础。成王十一年，周公卒，其言论收于《尚书》的《大诰》《多士》《无逸》《立政》等篇。

马钧（生卒年不详），字德衡。三国时机械家、发明家。初在魏国做博士（学官）。魏明帝太和元年至景初三年（227—239 年）任给事中。自幼家境贫寒，好学科学技术。在洛阳时因都内园地无水，即设计出翻车（今龙骨水车），能连续提水，使用轻便自如，小孩亦可转动，是当时世界上最早和最先进的提水工具之一，至今 1700 多年，一直被广泛应用。扶风渭河、漳水沿岸，仍沿用这种水车灌溉。是时，社会上流行一种织绫机，50 根经线 50 个蹑，或 60 根经线 60 个蹑，工艺笨拙，费时费工。他大胆改革，重新设计，制造出仅有 12 个蹑的织机，使工效提高 4 ~ 5 倍。马钧还设计制造了指南车，改制了蜀汉诸葛亮出师北伐的连弩，并创造出一种新式攻城武器“输转发石机”。即在木轮上悬架大石数块，以机关鼓动而前进，接近敌时，全部发出，远至数百步，使对方无法防御。某次，魏明帝收到一件“集万戏”玩具，因不能转动，令其改造。其用木料制成原动轮，在上面装上龙鱼巨兽、百官行署等玩意，比原设计更精巧，且转动自如，异常好看。

李世民　盛唐明君李世民，隋开皇十八年（598 年）十二月，降生于武功庆善宫，为李渊次子。四岁，有书生相曰：“此子有龙凤之姿，天日之表，必能济世安民。”故取名曰世民。世民幼即博学笃志，聪颖绝慧，习文演武，胆识过人。16 岁就曾应召从军，设疑兵智退突厥，解救隋炀帝于雁门。隋炀帝荒淫无道，驾舟“南巡”，天下群雄并起时，李世民胸怀大志，腹藏谋略，暗与刘文静等强说李渊北连突厥，起兵晋阳，时年 18 岁。世民带兵，西渡黄河，首入关中，遂据长安。武德九年八月甲子，李世民即皇帝位曰太宗。少年时在武功生活过十三个春秋，走出武功主政后，唐太宗励精图治，从谏如流，轻徭薄赋，恭人俭让，天下乐业，世称“贞观之治”，以其文治武功，开创了贞观盛世。他称帝后，感念其母太穆皇后，改位于武功镇西街的古宅为报本寺，筑塔以报亲恩；曾多次亲临武功庆善宫，厚赐乡里，与民同欢，亦赋诗多首。又下诏改建母亲生前经常焚香拜佛的观窝台，竣工之日莅临庆典，亲笔题写寺名“清凉寺”。他不忘桑梓父老昔日的关照之情，以帝王之身数回武功故里，拜神祈雨，宴会相亲，回首往事，感慨万千，当场写下诸多诗篇，深深表达了唐太宗李世民还乡念故土之情怀。他对故里热土情有独钟，经常率领大臣回到武功，或访民间情状，或察驿道工程，或游猎于田野，留下了贞元、凉马、咬（跃）马和观音堂、白兔寺等诸多村镇（寺）名。

李世民的感恩怀德之举，以其历史名人的特有效应，对后世优秀传统和纯正民风的形成与发展都产生了不可替代的重要影响。

吕大防（1027—1097 年），字微仲，陕西蓝田县人。宋仁宗嘉祐元年（1056 年），以进士及第任永寿县知县。初到任，见民汲水于涧，深感其苦，亲踏探山沟，率民破山开渠，将分水岭泉（泔河发源地）水导引入城，以石砌暗池蓄贮，民便汲，取名“吕公惠民泉”。常集里长、乡约会道：“凡同约者，德业相劝，过失相规，礼俗相交，患难相邮；有善则书于籍，有过若违约者亦书之；三犯而行罚，不悛者绝之。”英宗治平元年（1064 年）后，任泗州、延州、华州知州，成都知府。后入朝为尚书右丞，兼门下侍郎。封宣国公。吕大防从政三十多年，持重无嗜好，纯厚正直，不结党朋，不干以私，不邀声誉，善政多端，民皆颂赞。

苏轼（1037—1101 年），四川眉山人。字子瞻，号东坡。苏洵之子，性聪慧，七岁知书，十岁能文。嘉祐二年（1057 年）进士及第。五年后，经主司欧阳修推荐于秘阁制策试，入三等（宋初以来，制策入三等者唯吴育和苏轼）。以此，苏轼文章名扬天下。嘉祐六年（1061 年）十二月，任凤翔府签书判官，至治平元年（1064 年）十二月离任。“奋历有当世志”。初任，正值元昊叛乱之后，民贫役重，每年以南山木筏冰消入河，冒险运输，府衙差夫相继有破产者。苏轼访知详情，即整修衙规，使自择水工，放筏下运，并上书请减衙前役，百姓负担减轻大半。并疏浚饮凤池，引凤凰泉水注入，修成东湖。苏轼素喜赋诗作文，在凤翔成诗 130 多首，苏诗的“气格”成就于凤翔时期。议政论文中著名的有《喜雨亭记》《凌虚台记》《凤鸣驿记》《思治论》《上韩魏公论场务书》。又善书法、工绘画，书法为宋苏、黄、米、蔡四大家之首。有苏公祠建于凤翔东湖。

杨从仪（1092—1169 年），字子和。天兴县（今凤翔县）人。初任凤翔校尉，主管天兴县。金人侵占凤翔，遂入抗金名将吴玠、吴璘部，开始抗金的戎马生涯。宋高宗建炎四年（1130 年）九月，吴玠会诸将于陇州八渡议战。令杨从仪领兵进复凤翔，告捷，俘获大批金兵，并获军粮 30 万斛，运贮和尚塬，以资军需，士卒感激。因功封秉义郎，迁副将。绍兴十二年（1142 年），南宋朝廷与金人妥协结盟，割和尚塬、大散关以北土地予金。吴玠让杨从仪驻守拒金之要冲仙人关。翌年九月，金兵大举南侵，从仪乘势出御爱山，抵大池原，惊扰敌寨，断其粮道，给金以重创。绍兴三十二年（1162 年）四月二日又一举攻夺大散关，分兵占据和尚塬。以屡立战功，官至安康郡开国侯。其间曾兼知洋州，兼管内安抚司事，处处以爱民为本。当地（指今城固一带）有杨、镇等八堰，久废不治，从仪组织群众修复，可灌田五千余顷，并增新田 14 屯，国民两利。隆兴二年（1164 年），杨从仪年已七旬，因家乡凤翔被金人所占，告老在当地（现城固县安乐乡水北村）定居，继兼洋州原职。当时百姓闻杨公来，人人称庆，奔走相告，欢迎者络绎不绝。卒于 1169 年，享年 79 岁。城固、洋县人民为之立祠纪念。墓、祠均在今城固县宝山乡丁家村南。

杨邦梁　明乾州永寿人。由贡生授检校官。内行纯备，见义敢为。据《永寿县志》载，谓邻地国民病远汲，慨然奋曰：“瀹水利人，古贤且有创为者。况吾邑有吕公、白氏旧渠，可因其利以利之乎？”于是鸠工疏凿，凡毁粮器用诸费，咸自办之。

沈缙　武陵（今湖南常德市）人。明凤翔知府。神宗万历年间（1573—1620 年），倡导农民修秦官渠，引川口河水，灌溉齐村、果园、新增务、北务等村一带农田，使农业增产。

吴汝为 山东省沾化县人，清顺治六年（1649 年）进士。顺治八年（1651 年）至十四年（1657 年）任麟游知县。吴汝为见民食日饱，而财源未开，穿衣日用无着，乃因地制宜，议在山坡沟渠大种核桃树，设想将来以核桃换买棉花，教民纺织，解穿衣之困。并在澄铭窑、北马坊两地开设陶瓷窑，增加经济收入，改变民生凋敝惨状。吴在麟游为政六年，关切民衣民食。顺治十四年丁母忧，去职时百姓含泪远道相送，依依惜别，人感其德呼称为吴爷。在县城兴国寺建祠竖碑，以怀其人。祠碑毁于战乱。

焦易堂（1879—1950 年），又名希孟，男，陕西省武功县河道河大村人，清末秀才，后又入北京中国公学政法科学习，民国时期政治家。1933 年与戴季陶、于右任、张继等国民党元老，力主发展大西北教育事业，振兴农业，以经济民生，创办国立西北农业学校（今西北农林科技大学前身）。并先后在本县河道地区捐薪俸，办起民生小学和民生中学。1935 年出任国民党中央最高法院院长，同年被选为国民党中央执行委员。在任期间，主张早日结束训政，实行宪政，还政于民。1945 年，抗日战争胜利后，蒋介石挑起内战，焦易堂对此非常反感，曾说："蒋介石违背中山遗训，所作所为，全出一己之私。"1946 年，焦易堂当选为第一届国民大会代表。抗日战争期间，他先后在南京设立中医救护医院，创立中国制药厂，开办中医医务训练班，为战时服务。创办国立西北农业学校，为发展家乡的教育事业、传承弘扬后稷农耕文化作出了巨大的贡献。焦易堂是中国民主革命的先驱之一，孙中山"三民主义"的宣传者，中国现代法治理念的实践者、现代法律制度的奠基者之一，中医学的传承者、中西医结合的首倡者之一，大西北教育的推动者、西北农林科技大学的创立者之一。

任承统（1898—1973 年），字建三，山西省忻县人。1912—1923 年先后在忻州中学、山西大学预科、金陵大学森林系学习，毕业后取得学士学位。1945 年 6 月至 1946 年 6 月赴美国研习水土保持。1924 年以后，曾任金陵大学讲师、绥远萨拉齐新农试验场主任、四川省建设厅垦殖专家、经济部中央农业实验所技正、黄委会兼技正、林垦设计委员会总干事、农林部岷县垦区管理局局长、农林部专门委员、农林部推广委员会专员等职。新中国成立后，历任甘肃省陇南人民农林试验场代主任、西北农林部农政处土地利用科科长、西北农林部水土保持总站主任、西北水土保持委员会办公室副主任、西北黄河工程局工程师、中国科学院西北农业生物研究所工程师、陕西省农业科学院土壤肥料研究所研究员等职。

1922—1927 年，他同美籍教授罗德民开展土壤侵蚀科学研究工作，对鲁、豫、晋、陕、甘等地的植被和水土流失情况作了许多调查研究。1930 年后，主要从事绥远农垦及甘、青、川、康、滇、黔等地的牧区垦殖和水土流失调查。1940 年 2 月应聘任黄委会简任技正，主持成立林垦设计委员会，任常务委员兼总干事。同年 3 月赴陕、甘考察，选定水土保持实验区地址。撰写的《陕境沿渭水土保持实验区之勘查报告》和《甘肃水土保持实验区之勘查报告》引起了学术界广泛重视。同时，他将上述两份报告于 1940 年 8 月提交在成都召开的林垦设计委员会会议上讨论，并和与会专家研究确认了"水土保持"这一名词。翌年创办了中国早期水土保持研究机构——陇南水土保持实验区和水土保持民间团体组织——甘肃省天水市水土保持委员会。20 世纪 40 年代，主持并参加了“新疆垦务建设考察”“中美西北水土保持勘查”等项工作，曾参加美国水土保持学会、中华农学会、中国工程师学会、水利工程师学会等学术组织。新中国成立后，他先后主持了陕北、泾河流域和宝（鸡）天（水）、天（水）兰（州）铁路沿线的水土保持勘查，获取并推广了“径流小区试验”“河滩淤地”“梯田修筑”“保土植物研究”等科技成果。参加过西北水土保持考察团、黄河中游水土保持综合考察队，是队部组织主要负责人之一，先后对陕西、甘肃、宁夏、内蒙古等省（区）的水土流失严重区进行考察，参加撰写了《黄河中游黄土高塬的自然、农业、经济和水土保持土地合理利用区划》和《黄河中游黄土地区水土保持手册》中的部分章节。1960 年后，参加讨论并制定了《全国山地利用和水土保持十年科学规划》（1963 年），参加了“黄河中游规划区内土地合理利用规划标准之研究”及“兴平、武功、扶风三县渭河滩地改良利用”等研究工作。

他一生从事水土保持工作近 50 年，是中国“水土保持”的创始人之一，为水土保持事业作出了较大的贡献。

于右任（1879—1964 年），名伯循，辛亥革命元老。陕西三原人。曾任中华民国临时政府交通部次长，陕西靖国军总司令，国民联军驻陕总司令，陕西省政府主席，国民政府监察院院长等职。1907 年加入同盟会。在上海创办《神州日报》《民呼日报》《民吁日报》《民立报》4 种报刊。参与创建复旦公学、中国公学和上海大学、西安中山学院、中山军事学校、西北农林专科学校 6 所高校和民治学校、渭北中学、渭北师院、三原女子中学 4 所中学。1932 年秋，国民党中央政治会议通过了他和戴季陶等人提出的“筹建建设西北专门教育初期计划议案”，成立了“筹建建设西北专门教育委员会”，委派他和张继、戴季陶、朱家骅、王世杰、李石曾、王陆一、王应愉、吴敬恒、辛树帜、邵力子、沈鹏飞、焦易堂、杨虎城、褚民谊等人为筹备委员。同年 12 月，上述委员会更名为“建设西北农林专科学校筹备委员会”，他和张继、戴季陶三人为常务委员。1933 年，他率建校筹备人员在陕西武功等地查勘校址。1934 年 3 月，筹委会“公推于右任先生为校长，于以事实关系，虽未到校就职，而一应工作计划，仍以常务委员名义，指挥进行”。1936 年 7 月，他为西北农林专科学校校刊《西北农林》创刊号题写刊名。其对西北农业科技的发展和研究教育由发轫而精进，功德卓著。1964 年 11 月 10 日卒于台湾台北。

马屏西（1881—1938 年），字振藩，杨陵人。清朝末年秀才，光绪三十二年（1906 年）进入省立西安师范学习。民国三年（1914 年）于省立西北大学法政科进修，时局动荡，曾一度回乡做塾师。精医术，常为人治病，凡遇孤贫者，义务应诊。民国十五年（1926 年）任武功县采买局局长。民国十七年（1928 年）秋，任陕西省救灾会武功分会主任，同时受委托组建县修志馆，编撰《武功新志》。民国十八年（1929 年）以来，武功县连年特大荒旱。他联合乡绅数人，多次向省政府、“上海救生会”、“华北华洋义赈会”和“陕西省赈济会”等慈善团体请求急赈，使上述组织多次来武功发放赈款 40 多万元（银圆）。民国二十四年（1935 年）5 月任武功县修志馆馆长。民国二十五年（1936 年）8 月受命筹建武功县图书馆，任主任委员。民国二十七年（1938 年）10 月 28 日病逝。

李仪祉（1882—1938 年），又名协，字宜之，陕西省蒲城县马湖镇富原村人。宣统元年（1909 年）毕业于京师大学堂，当年由西潼铁路筹备处派赴德国皇家工程大学土木工程科攻读铁路专业，辛亥革命（1911 年）爆发后决然回国加入革命党，并在西安倡办三秦公学。民国二年（1913 年）再赴德国求学，与郭希仁偕行考察欧洲法、比、荷、英、瑞诸国江河渠闸堤防，深感祖国水利的颓废，遂改业专攻水利。民国四年（1915 年）学成回国后任南京河海工程专门学校教授、教务长。民国十一年（1922 年）秋任陕西水利分局局长，后兼任陕西教育厅厅长，倡办水利道路工程专校，民国十三年（1924 年）兼国立西北大学校长。民国十七年（1928 年）任华北水利委员会委员长，民国十八年（1929 年）任导淮委员会总工程师，民国十九年（1930 年）任陕西省政府委员兼建设厅厅长，民国二十一年（1932 年）8 月任陕西省水利局局长，民国二十二年（1933 年）9 月兼任黄河水利委员会、扬子江水利委员会顾问，并被推荐为中国水利工程学会会长直至去世。

民国十一年（1922 年）任陕西水利分局局长兼渭北水利工程局总工程师，筹划开发引泾工程，并著有《引泾论》《再论引泾》《陕西渭北水利工程局引泾第一期报告书》《考察龙洞渠报告》《陕西渭北水利工程引泾第二期报告书》《引泾第一期工程计划大纲》等，为泾惠渠工程的具体实施奠定了基础。民国十六年（1927 年）离陕。民国十九年（1930 年）杨虎城将军特邀李仪祉再度返陕，任陕西省政府委员兼建设厅长和渭北水利工程处总工程师，民国十九年至二十一年（1930—1932 年）主持兴建了泾惠渠一期工程。民国二十二年（1933 年）李仪祉辞去陕西省建设厅厅长职务，专任省水利局局长，规划了泾惠渠、洛惠渠、渭惠渠、梅惠渠、黑惠渠、涝惠渠、沣惠渠、泔惠渠（简称关中八惠）和陕南的汉惠、褒惠、湑惠，陕北的织女、定惠等渠，相继于新中国成立前基本建成。李仪祉重视教育，倡导办学，为陕西培养了大批水利科技人才，译著甚多。1932—1934 年参与创建位于杨陵的西北农林专科学校。著有《五十年来中国之水利》等水利专著 200 余篇，对治理黄河、淮河、海河、钱塘江和扬子江等提出了许多颇有见地的方略与论述。民国二十七年（1938 年）3 月 8 日病逝于西安，享年 57 岁，陕西省政府公葬于泾阳县泾惠渠畔。

郭厚菴（1890—1933 年），又名须静，河北唐县人。毕业于天津北洋政法专门学校。1919 年被河南省政府资助留学法国攻读农业。不久因资助中断而休学，为农圃做佣工。工余时间钻研园艺技术。后入法国凡尔赛园艺学校就读，以优异成绩毕业。1924 年回国，先后在河南农专、河南大学及中央大学农学院任教，并任上海劳动大学农学院院长，“引导后学，趋重实际；往往于酷暑炎日下，服蓝布短衣，率诸生耕治园圃，俨然一老农”。1933 年秋，应西北农林专科学校之聘，任园艺场筹备员，悉心擘画，多有建树，因劳累过度，于当年 9 月 27 日患病逝世，享年 44 岁。

杨虎城（1893—1949 年），陕西蒲城县孙镇乡甘北村人。青年时代随辛亥革命党人闯荡天下。历任陕西靖国军第三路第一支队司令、国民联军第十路军总司令、二十一师师长、第十七路军总指挥、陕西省政府主席。1924 年加入国民党。杨虎城主持陕政期间，适逢陕西三年（1929—1931 年）大旱，深感发展水利之重要。他在省政府政务会上疾呼：“陕西的问题是水的问题，水的问题解决了，一切问题就好解决了。”于是便把水利和救灾列入政府施政计划之中。特邀请水利专家李仪祉再度回陕筹划引泾，兴办水利。1932—1934 年参与创建位于杨陵的西北农林专科学校，任“建设西北农林专科学校筹备委员会”委员，选勘校址。1936 年为西北农林专科学校校刊题创刊词“立国之基”。

1936年12月12日，与张学良将军发动西安事变，扣押蒋介石，提出抗日救国八项主张。西安事变和平解决后，于 1937 年 4 月被迫辞职，“出洋考察”。民国二十六年（1937 年）为渭惠渠通水写了“清渭汤汤，导源鸟鼠，人定胜天，水利用普，致力沟洫，功绍大禹，嘉惠无疆，美哉斯举”的颂词。七七事变后，要求回国参加抗日战争。11 月从法国经香港回国，被蒋介石长期扣押。1949 年 9 月在重庆被杀害。

辛树帜（1894—1977 年），中国生物农业史学家。湖南临澧人。1919 年毕业于武昌高等师范生物系，1924 年赴英国伦敦大学和德国柏林大学专攻植物分类学。1927 年回国，历任中山大学生物系教授兼系主任、国立编译馆馆长。1936 年 4 月至 1939 年 4 月任西北农林专科学校校长、国立西北农学院筹委会主任委员，1939 年 4 月至 9 月任西北农学院院长，此后任中央大学教授兼主任导师、兰州大学校长等职。新中国成立后，1950 年 4 月至 1954 年 8 月任西北农学院代理院长，1954 年 8 月至 1967 年 7 月任西北农学院院长，中国动物学会副理事长。20 世纪 30 年代主要从事生物学研究，曾组织生物采集队，首次在广东北江瑶山、广西大瑶山等地采集了 3 万号植物标本及上万号鸟类、兽类和爬虫类、两栖类标本；建立了中山大学动物、植物标本室；标本中以辛氏命名的生物新种有 20 余种。20 世纪 50 年代起，主要致力于中国古代农业科学遗产的整理研究，曾系统地提出整理古农书的建议，倡导建立西北农学院古农史研究室。著有《中国果树历史的研究》（1962 年）、《易传分析》（1958 年）、《禹贡新解》（1964 年）、《中国水土保持历史的研究》（1964 年）等，并主编《中国水土保持概论》（1982 年）。曾任九三学社西安分社宣传部部长、副主委，全国政协第二、三、四届委员。

刘慎谔（1897—1975 年），中国林学家、植物学家。字士林，山东牟平人。1926 年获法国克来孟大学理学硕士学位，1929 年获法国理学博士学位，同年回国。曾应聘为北平研究院植物研究所专任研究员兼主任，1934—1942 年先后在北平大学、北平中法大学、北平中国大学、西北农学院任教授（1936—1942 年）兼授植物学。新中国成立后，1950 年任东北农学院东北植物调查所所长，后调中国科学院林业土壤研究所任副所长兼植物研究室主任。在半个多世纪里，一直从事林学、植物分类学等方面的研究、教学工作，撰写了大量的学术论文和专著，为发展中国的植物学和解决林业生产建设中的一些重大问题作出了贡献。从 1931 年起，用两年时间遍历新疆、西藏，发表《中国西部和北部的植物地理》《中国西南部植物地理》等论文，填补了中国地理植物学领域的空白。主编《中国北部植物图志》3 册。在森林采伐更新方面，经过深入调查研究，主张禁止皆伐，实行择伐，还在实践中总结出“采育择伐”的经验。在治理沙漠方面，提出草、灌、乔相结合，建立人工植被的治沙措施。所领导的东北森林采伐更新基本理论的研究和参加协作的西北沙漠地区修筑铁路设计施工两项成果，在 1978 年全国科学大会上获重大科学技术奖。主要著作汇集在《刘慎谔文集》中。

陆士基（1897—1989年），字希正，江苏省苏州市人，民国十年（1921年）于上海同济大学毕业后来陕，民国二十三年（1934年）任全国经济委员会泾洛工程局副总工程师，民国二十八年（1939年）6月任工程局长兼总工程师，全面负责洛惠渠工程的兴建，为洛惠渠工程作出了特有贡献。1949年5月西安解放后，陆士基先后任西北农学院水利系主任等职。精通俄文、德语，爱好古文物的研究和收集。1952年他将收藏的125件古瓷器无偿捐献给西北军政委员会文化部，荣获特等奖状。1989年，病逝于安徽，享年92岁。

刘钟瑞（1898—1976年），字辑五，河北省南皮县人。民国十一年（1922年）南京河海工程专门学校毕业。曾任陕西省水利厅技士，陕西省渭北水利工程处主任工程师、渭惠渠工程处副总工程师兼主任工程师和管理局局长等职。民国三十五年（1946年）4月任陕西省水利局局长并兼渭惠渠管理局局长，继续进行“关中八惠”等工程的开工与收尾。1949年5月西安解放后，继任陕西省水利局局长。1950年调水利部任工务司司长。1953年任黄河水利委员会总工程师。1955年任贵州水利厅副厅长。1976年5月病故。曾参与了泾、洛、渭工程的勘测设计与兴建。

李奎顺（1903—1980年），字星五，河北省黄骅县人，民国十六年（1927年）毕业于唐山交通大学，曾任陕西省水利局局长、洛惠渠工程处处长、副总工程师、总工程师，西北水利部总工程师、水利部北京勘测设计院副总工程师、水电部西北勘测设计院总工程师和第三届全国人民代表大会代表、第五届全国政协委员等。1975年回陕任省水电局副总工程师、陕西省水利科学研究所总工程师。1950年3月任陕西省水利局局长期间，主持了渭惠渠的扩建以及全省各渠道的恢复与发展。1950年被评为全国劳动模范。1980年8月19日逝世，享年78岁。

沙玉清（1907—1966年），水利教育家，泥沙专家，江苏江阴人。九三学社社员。1933年毕业于南京河海工科大学，1935年留学德国汉诺佛工科大学。回国后任西北农学院教授、水利系主任，研究生部主任，水利部西北水工试验室主任，中央大学教授、土木系主任、混凝土研究室主任。新中国成立后，历任南京大学、金陵大学、华东水利学院、西北农学院教授兼西北水利科学研究所所长。毕生致力于水利工程的教学和研究。1953年出版的《农田水利学》为我国第一部农田水利专著。1965年出版的《泥沙运动学引论》是我国水利界具有独创见解和自成体系的专著之一，书中提出的“泥沙运动基本规律”曾受到国内外学术界的重视，1978年获全国科学大会奖。

蒋德麒（1908—1994年），江苏昆山人，中国著名水土保持专家。1934年毕业于南京金陵大学农学系，先后两次在美国明尼苏达州大学研究院、华盛顿州立学院研究院学习，获硕士学位。新中国成立前，曾任上海银行西安分行农业课主任、全国稻麦改进所技士、中央农业实验所技正、农林部西北农业推广繁殖站主任、联合国粮农组织编辑等职。新中国成立后，历任华东农业科学研究所农技师兼土壤系主任、黄委会西北工程局农技师、黄委会水利科学研究所水土保持研究室主任、黄河中游水土保持委员会技师、陕西省水土保持局总工程师、中国水土保持学会和陕西省水土保持学会名誉理事长等职。他是河南省政协委员，第三届全国人大代表，第五届、第六届全国政协委员，九三学社陕西省委员会顾问。

20世纪30年代蒋德麒在上大学时，就参加了抗日救国组织，积极从事抗日活动。在美国学习期间，曾利用各种机会到各州考察水土保持，收集了大量有关水土保持和农业方面的书籍、照片和幻灯片等资料。回国后积极投身于农业和水土保持工作。1943年参加了由美国专家罗德民博士主持的西北水土保持考察团，考察了青海、甘肃和陕西等省水土流失严重地区，并根据考察的结果，提出了建立水土保持科学实验区的实施计划、方法与课题，开展径流小区试验和水土保持治理措施示范，为创建中国最早的水土保持科研基地作出了贡献。

新中国成立后，他曾多次去甘肃、宁夏、山西、陕西等省（区）考察，收集了大量有关水土保持的第一手资料，参加了中国科学院黄河中游水土保持综合考察队，编写了《黄河中游黄土地区水土保持手册》。1970年后，指导拍摄了《引水拉沙》《水平梯田》《草木樨》《柠条》等水土保持科教片；参加或主持编写《中国水土保持概论》《水土保持》《水坠坝》《陕西省水土保持区划》等一批水土保持专著与科普读物；与他人合作发表了《水土保持是根治黄河的基础》《水土保持是西北黄土高原建设的基础》《黄河中游小流域径流泥沙来源的初步分析》等对推动水土保持工作具有深远影响的学术论文。这些论文和著作，对推动陕西水土保持工作、普及水土保持科学技术起到了积极作用。他主持并参加的“水坠坝研究与推广”项目，1982年获国家科技推广二等奖；参加主持编制的《陕西省水土保持区划》获1985年国家农业区划二等奖及1988年陕西省科技进步奖二等奖；参加审议的《中国综合农业区划》获1983年国家农业区划一等奖。他本人也于1984年被全国水土保持协调领导小组、水利部、陕西省人民政府评为全国水土保持先进个人、陕西省科技先进工作者、全国水电系统劳动模范。他是陕西水土保持奠基人之一，1994年6月23日，在西安病故，享年86岁。

张寿荫（1909—1971年），字静如，河北省永清县人。民国二十四年（1935年）清华大学土木工程系毕业后来陕，先后任陕西省水利局测量队技佐，绥远省建设厅公路处技士，陕南水利局嘉陵江水道工程处测量队技士、副工程师，陕西省汉惠渠管理局主任工程师、局长和陕西省泾惠渠管理局局长等职。1950年5月任陕西省水利局副局长，1958年10月任泾河工程委员会副主任委员兼西北、陕西水利科学研究所所长，是陕西省政协委员和第二届、第三届全国人民代表大会代表。在任陕西省水利局副局（厅）长期间（1950—1968年），对分管的全省水利工程勘测规划设计、水文事业、灌溉管理及水利科研、教育等工作作出了突出的贡献。亲自参与了宝鸡峡、渭高抽等重大工程的勘测设计和施工方案的制定和实施，主编出版了《小型水利定型设计图集》和《灌溉管理学》等专著。“文化大革命”期间，遭到错误对待与处理。1971年1月28日逝世，享年63岁。

石元正（1911—1978年），民革成员，山东省平原县人。1935年6月毕业于河北工学院市政工程系。先后在陕西、四川、甘肃等省从事水利技术工作，并在西北农学院、西北工学院任教授。1949年后，曾任西北黄河工程局主任工程师、石泉水电工程局总工程师、陕西省水电厅副总工程师、陕西省宝鸡峡工程指挥部技术顾问、陕西省水土保持局副总工程师、陕晋水坠坝试验研究领导小组副组长等职。早在青年时代，他就积极参加和投身于进步爱国学生运动。新中国成立后，他以极大的热情致力于黄河的规划与治理和陕西省的水利水电建设事业。1970 年后，主持了陕西省水坠坝的试验研究和推广工作。其中在水坠坝的试验研究工作中起了主要作用。1977 年，他不顾年老体弱，亲赴戈壁滩，跋山涉水，到西北 5 省（区）和内蒙古等地实地考察水坠坝的发展情况，为水坠坝的科研工作耗尽了心血。在他的主持和大力推动下，水坠坝试验研究工作卓有成效，以较快的速度在全国普及和发展起来。

1978 年 4 月 8 日，石元正在山西太原主持讨论《水坠坝》一书的编写提纲时，因工作劳累，大脑突然出血，后经多方治疗无效，于 12 日凌晨逝世，享年 67 岁。

于澄世（1911—1998 年），清宣统三年（1911 年）6 月生，天津市宁河（丰润）县人。民国二十四年（1935 年）于河北工学院市政水利工程系毕业来陕工作。1955 年前曾任渭惠渠工程员、技正、工程师、主任工程师与陕西省水利局技正、工务科长，其后任陕西省水利（水电）局副局长（厅）长、总工程师、顾问，宝鸡峡引渭灌溉工程副总指挥，西北大学教授（兼），陕西省第一、二、三、五、六届人大代表，第六届省人大常委会委员，陕西省民革第五届委员、常委、副主任，陕西省科协理事，陕西省水利学会第二届理事长、第三届名誉理事长。1979 年加入中国共产党。1993 年离休，1998 年 4 月病逝，享年 87 岁。在 20 世纪 50 年代和 70 年代陕西两次水利建设高潮中，发挥了重大作用，先后参加了渭高抽、宝鸡峡引渭、羊毛湾水库、冯家山水库等一批大中型水利工程的技术决策和实施，以及全省的水利建设规划、设计审查等。对技术严格把关，对工作极端负责，对自己严格要求，为政清廉，不计名利，深受水利系统群众和领导的敬重。

燕祥甫（1911—1970 年），又名聚瑞。陕西省凤翔县縻杆桥乡七家门前村人，初中文化程度。曾任小学教员、教务主任、校长，县参议会议员。1949 年 7 月至 1956 年任凤翔县人民政府四科科长，1957—1964 年任凤翔县水利电力局副局长。他秉性耿直，热衷于地方建设事业，乐于为群众造福。曾为解放大西北、进军西南，积极组织群众运送支前物资。1952 年，主持修复西宝北线八旗屯桥。1956 年 3 月，组织力量完成了西宝北线由豆腐村至南古城到雍水河桥南长 1250 米的两段公路改线工程。他刻苦学习，亲自设计修建了纸坊河过水路桥。燕祥甫在凤翔县水利电力局工作期间，为凤翔水利建设事业做了大量工作。“文化大革命”中，遭受迫害，于 1969 年被开除公职，1970 年病故于家中。1976 年组织为其平反昭雪。

管建勋（1913—1987 年），曾用名李云，陕西省合阳县王村镇管家河村人。1932 年 7 月加入中国共产党，曾任合阳中学党支部书记、合阳临时区委书记、合阳县委书记等职。1948 年后任合阳县县长、大荔地委秘书长、渭南专员公署副专员。1951 年 6 月后曾任陕西省水利厅副局长、局（厅）长，中共陕西省委第三届候补委员，省委秘书长，省农办主任，省农业局局长，陕西省第五届人大常委会委员等职。1955—1963 年任省水利局（厅）长期间，积极争取省委、省政府对水利事业的重视支持，在全省掀起规模壮阔的农田水利建设高潮。主持兴建的渭惠渠高原抽水灌溉工程，仅用了 1 年时间就建成通水，发展水地 96 万亩，成为“大跃进”中大而快的典型。并积极促进了宝鸡峡引渭、羊毛湾水库等一批工程相继开工，虽在经济困难时期一些工程暂停下马，但仍是陕西水利发展最快的时期之一。至1963年，全省水地设施面积达1226万亩，比1954年的567万亩净增559万亩，9年中年均增加水地面积60万亩以上。管建勋为人正直，工作扎实，政纪严明，敢于负责，在水利干部中享有较高的威望。

汪秉全（1916—1993年），安徽芜湖人，九三学社社员。1941年毕业于中山大学农学院森林系，曾任南京中央林业实验所技士，湖南省立农业学校林科讲师。1949—1950年进修于英国爱丁堡大学。回国后历任西北农学院林学系、西北林学院教授，陕西省第六届人民代表大会代表。长期从事木材学的教学和研究工作。编著有《木材识别》《陕西木材》《英汉木材工业词汇》《木材科技词典》等。其中《陕西木材》1979年获陕西省人民政府科技成果三等奖。论文《中国阔叶林管孔式类型的研究》的观点和研究方法受到同行青睐。首届教师节，将10000元稿费捐赠给学校用作奖学金基金，受到师生称赞。

万建中（1917—1991年），农业教育家、农业经济管理学家，西北农业大学教授、博士生导师。湖北大冶人。1940年毕业于西北农学院农经系，并留校担任助教。1945—1950年在美国弗吉尼亚技艺大学研究院、美国威斯康星大学获农业经济学硕士、博士学位。1950年加入中国民主同盟。1979年加入中国共产党，曾任西北农学院农经系主任、干旱半干旱研究中心主任、教务长、图书馆馆长，1980—1985年任西北农学院副院长、院长，武功农业科研中心协调委员会主任，陕西省政协委员。民盟陕西省委副主任委员、陕西省第七届人大常务委员会副主任、中国农业经济学会副理事长、陕西省农学会副理事长。曾当选第三届全国人民代表大会代表。长期从事农业经济的教学与研究。讲授过资源经济学、发展经济学、社会主义企业管理等课程。主持“西北地区农业产业结构的调整与布局”“西北黄土高原自然资源的开发利用”等国家科研项目。主要论文有《宁夏盐池县农林经济调查总结报告》《美国农业及其发展的趋势》《渭北旱原发展农业的几个问题》等。

赵洪璋（1918—1994年），中国小麦育种学家，西北农业大学教授，河南淇县人。1940年毕业于西北农学院农艺系，新中国成立后1950年荣获全国劳动模范称号，1955年担任中国科学院生物学部委员，1956年加入中国共产党。先后担任过第四、五、六、七届全国人民代表大会代表，第二、三、四届全国政协委员，西北农学院副院长，国家科委委员。中共陕西省第五届委员会委员，陕西省政协委员，陕西省科协副主席，陕西省第五届人大常务委员会委员，国务院学位评审组成员，中国农学会常务理事，陕西省政府和河南省政府农业顾问，全国和陕西省品种审定委员、顾问等职。在小麦品种选育方面，从20世纪50年代起，主持选育出“碧蚂1号”“6028”“丰产3号”“矮丰3号”“西农65”“西农85”等优良小麦品种。累计种植9.5亿亩，增产小麦256亿千克。其中“碧蚂1号”小麦1959年创造了我国和世界上一个品种种植面积的最高纪录，1950—1965年，全国累计面积达6亿亩，共增产小麦155亿千克。“6028”和“丰产3号”，1978年分别获全国科学大会奖和陕西省科学大会奖。“矮丰3号”1980年获陕西省人民政府科技成果一等奖。主编全国统编教材《作物育种学》，编著《作物育种学通论》，主笔《陕西小麦》。1985年被国家农业部授予部属重点农业院校优秀教师，1990年被国务院授予有突出贡献专家称号，国家教委授予全国高等学校先进科技工作者称号，1992年获陕西省科技精英称号。

李崇智（1919—1991年），水利专家，教授级高级工程师，陕西杨凌人。1944年毕业于西北农学院水利系。先后在陕西省农业改进所、西北农学院附设高职学校工作。新中国成立后，历任西北水利科学研究所副研究员、水工研究室主任、副总工程师，中国水利学会理事，中国水利学会水力专业委员会委员，《中国水利百科全书》编审委员，陕西省水利学会理事兼水工专业委员会主任，陕西省水力发电工程学会水工专业委员会副主任，水利电力出版社特约顾问和编审，国际水力研究会会员。从事水利科研40多年，先后负责主持各类水利水电枢纽工程及各种渠道水工建筑物、河道整修治理等工程和有关研究课题49项。在水流鼻坎挑射消能、平台扩散消能设计及渠系水工建筑物跌水、跌井，陡坡水工水力计算，下游消能等方面颇有建树，并解决了许多大中型工程中较为复杂的技术问题。主要论著有《跌水与陡坡》《陡坡跌水的水力计算与设计》《跌水陡坡下游消能防冲问题研究》等。1958年参加在捷克斯洛伐克举行的国际灌排会议，并做了学术报告。1984年率领我国灌排工程管理技术和农田水利科研工作考察组赴美考察。被编入《中国工程师名人大全》一书中。

李瑞山（1920—1997年），陕西延长县罗子山乡益枝村人，民国九年（1920年）生，1935年参加革命工作，1936年加入中国共产党。1966年8月由湖南调任中共陕西省委第二书记，1968年5月任中共陕西省革命委员会党的核心领导小组组长、省革命委员会主任。1971年任中共陕西省委第一书记，兼陕西省军区第一政委、党委书记，兰州军区政委、党委副书记，兼陕西省政协主席。1979年2月离陕，先后任国家农委副主任、党组副书记，国家经委副主任、顾问、党组成员，国家计委顾问等。1997年10月22日在北京病逝。

李瑞山在陕工作期间，把发展水利、改善农业生产基本条件放在了全省工作的重要位置。首先促成了20世纪60年代初停建的灌溉170万亩的宝鸡峡引渭工程复工。1970年以后，李瑞山引导干部群众大抓农田水利工程和农田基本建设，主持相继复工、新开工建设了冯家山水库、羊毛湾水库等一批大中型水利工程。同时掀起了群众性的发展机电井、修建泵站、田园化建设和兴修"四田"热潮。到20世纪70年代末，陕西共新建各类水利工程10多万处，形成了大中小相结合、蓄引提相配套的灌溉系统，增加有效灌溉面积872万亩，农业生产条件得到很大程度的改善，使粮食总产量由20世纪60年代末的57亿千克上升到70年代末的90亿千克。这一时期是陕西水利发展速度最快、成效最为显著的时期。

胡棣（1920—2005年），山西定襄县人，出生于民国九年（1920年）1月，1938年4月参加革命工作，1939年2月加入中国共产党，1966年由部队转业来陕工作，1970—1982年任陕西省革委会水电组副组长、组长，省水电局局长、党组书记等职，1982年7月离休，2005年11月4日病逝，终年86岁。

为了熟悉了解全省水利情况，胡棣足迹踏遍全省各个地、县和重点水利工地。和领导班子全体成员一起，狠抓前期工作，对过去下马停建项目和规划拟建的重点工程，进行分类排队，提出上报立项意见供上级领导决策。整个20世纪70年代，他参与决策，并促成了宝鸡峡引渭、冯家山水库等10多个大中型工程的复工和开工建设，同时又是其中一些主要项目的建设指挥者。其雷厉风行、敢于负责、大胆决策、果断指挥的工作作风和注重调查研究、尊重科学、尊重人才的科学态度深受广大干部群众称颂。任职期间全省有效灌溉面积由 1969 年的 1100 万亩增加到 1982 年的 1966 万亩，是陕西农田水利发展成效最显著的时期。

王自强（1921—1998 年），1921 年 2 月出生于陕西省麟游县九成宫镇县北村。1936 年由党组织派往延安参加革命工作，1937 年 4 月加入中国共产党。曾任陕甘宁边区新正县、淳耀县教育科长，关中专署教育科长、民政科长，陕甘宁边区政府国民教育科长，陕西省委政治联络员，麟游县县长、县委书记，麟游县游击队队长。全国解放后，王自强先后任彬州地委宣传部部长兼团地委书记，宝鸡地委常委、统战部部长，西北勘测设计院党委书记兼院长，中纪委驻水电部监察组组长，水电部纪检委副书记等职。于 1998 年 12 月 16 日在北京逝世。

1973 年，在王自强和有关部门的积极争取下，国家投资 70 多万元，架起了从岐山益店到麟游县城的 35 千伏高压输电线路，并建起了输变电站，当年就使县城和两个乡通上了电。1984 年，王自强得知麟游县大部分乡村尚未通电，又给有关部门写信呼号，请求支援麟游县发展电力事业。经过他的努力，当年国家投资 15 万元，加上群众自筹资金，又解决了一些乡村的通电问题。1997 年 3 月，全国人大八届五次会议期间，陕西代表团邀请在京陕籍老同志召开座谈会，听取对陕西改革开放和经济建设的意见。应邀参加座谈会的王自强对麟游家乡的水电路建设和脱贫致富提出不少有益的意见。陕西省省长程安东十分重视，于 1997 年 8 月 6 日至 7 日同副省长王寿森一起，带领省级有关部门领导深入麟游县调研，解决了许多实际问题。人畜饮水困难，是麟游人民的头疼问题。王自强对解决群众用水困难十分关心。1988 年 10 月，县委书记张全印、县长闫少锋去北京向有关部门汇报争取通过以工代赈办法解决人畜饮水困难。王自强非常重视，多方联系争取，使麟游县得以实施以工代赈扶贫项目，建设人畜饮水工程。经过三年的努力，到 1993 年底，全县大多数居住较为集中的乡村群众用上了自来水，被评为“全国农村自来水普及县”。1984 年 6 月 18 日，王自强给党中央总书记胡耀邦亲笔写信，反映麟游县地方病情况，吁请党中央、国务院重视。陕西省委书记马文瑞接到中央书记处书记习仲勋的批示，安排省卫生厅派专家赴麟游调查。在中央和省委、省政府领导同志的关注下，省卫生厅先后两次派出医疗考察组来麟游县进行实际考察，调查研究地方病危害的防治情况，并派出专家、教授常驻麟游县，从事地方病的专题研究工作。多年来，全县普遍采取了“改水、服硒、吃杂、讲卫生”的综合防治措施（打深井改良饮用水水质，服用含硒药物和食用加硒食盐，日常食物多样化，讲究卫生，特别是食物卫生），经过努力，基本上控制了大骨节病在青少年中的新发，许多患大骨节病的成年人的病情大有好转，其他一些地方病（如克山病等）已经得到根治。1986 年，国务院将麟游县列为全国重点扶持的贫困县。王自强意识到，让国务院及其有关部门了解麟游县的贫困情况，求得上级领导部门的支持和关注，是脱贫致富的首要问题。1988 年 5 月 4 日，王自强给国务院总理李鹏写信，反映麟游没有电站、没有水库、吃水靠人挑、财政困难等问题。李鹏将王自强的信批给国务委员、国务院秘书长陈俊生。1988 年 7 月 1 日，国务院贫困地区经济开发领导小组办公室将麟游县的汇报材料和李鹏、陈俊生的批示意见送卫生部。在卫生部的重视关怀下，麟游县被列入世界卫生组织贷款县（简称“VIII”贷款”），从1991年至1996年经过“VIII”贷款扶持，麟游县的卫生设施和防病条件有了较大改善。几十年来，王自强就是这样上上下下、左左右右，为家乡的脱贫致富而多方反映，多次呼吁，多处求助，奔走呼号，日夜操劳。家乡人民摆脱贫困、勤劳致富的丰硕成果中，凝结着王自强老人的心血和汗水，家乡人民永远不会忘记这位老人。

林季周（1927—1998年），著名农学家，研究员，四川南充人。1951年毕业于西南农学院农艺系。1956年5月加入中国共产党，同年赴苏联留学，获农学博士学位。1960年回国，先后任陕西省农林科学院粮食作物研究所室主任、副所长，陕西省农林科学院院长等。1983年4月任陕西省副省长、省政府特邀顾问、省决策咨询委员会主任。在学术组织中，曾任中国农学会理事、常务理事，中国作物学会理事，中国耕作研究会理事，陕西省农学会副理事长、名誉会长，陕西省作物学会理事长，陕西省种子协会名誉会长，中国科学院名誉研究员，国家攻关课题“农畜新品种选育和良种繁育体系”玉米专家组成员，《中国农业百科全书作物卷》常务编委、《陕西省农业科学》主任编委。从20世纪60年代起主要致力于玉米育种、水稻栽培的研究工作。先后主持育成武字号玉米自交系和武字号玉米杂交种各10多个。其中“陕单1号”1978年获全国和陕西省科学大会奖，“陕单7号”获1980年农业农村部技术改进一等奖、陕西省科技成果一等奖，“陕单9号”获1982年陕西省科研成果二等奖。是《玉米遗传育种学》的主要编写人之一、《陕西玉米品种志》的主编。1978年在全国科学大会、陕西省科学大会上被授予先进科技工作者称号。1989年被评为陕西省科技精英。

杨韶 福建闽侯人。民国十七年（1928年）秋，出任陕西乾县县长。时乾县大旱成灾，酿成年馑，饥民逃荒，饿殍载道；田地荒芜，村堡为墟。杨韶见此情景，深感痛惜，便向各方筹款，重修县政府，修建中山公园，进行以工代赈。杨韶为官清廉，体察民情，常独行于街头巷尾，了解百姓疾苦，无官骄之气。士农工商，皆乐与之谈。民国十八年（1929年），曾写五律一首云：“此地经年旱，食粮珠玉同。夏云龙出岫，炎日贯长空。赈恤财已竭，催科技未穷。居官无奈甚，憔悴感牢笼。”精于书法，曾抒发了自己目睹百姓疾苦，却又无可奈何、心力交瘁的苦闷感情。

彭谦（1943—2009年），陕西杨凌人，中共党员，高级工程师。1964年7月毕业于陕西省水利学校，之后分配到陕西省岐山县水电局工作。曾任岐山县高店公社党委书记、岐山县水利水保局局长、岐山县副县长；1989年5月任陕西省水利厅办公室主任，1992年10月任陕西省水利厅党组成员、副厅长，1996年12月任陕西省水利厅党组书记、厅长；2003年1月任陕西省人大常委会农业和农村工作委员会主任。2009年因病辞世，享年67岁。

彭谦任职陕西省水利厅厅长期间，全省水利投资大幅增加。1997—2000年，全省水利建设投资达到95亿元，是“八五”期间投资的3倍；重点水利项目建设步伐加快，相继完成了引冯济羊调水及宝鸡峡魏家堡电站、羊毛湾水库扩容等16项工程。在2000年底建成8项，另外8项工程在2003年基本建成。16项工程可增加年供水能力16.31亿立方米，增加灌溉面积223万亩，改善灌溉面积571万亩，可解决或改善250万人吃水困难；渭河、汉江陕西段的防洪能力有了较大提高，并为改善生态环境发挥了重要作用。

第二节　人物表录

本节以表录的形式记录漆水河流域截至2020年全国劳动模范、省部级劳动模范（先进工作者），市厅级先进工作者，省级以上“最美水利人”“江河卫士”“三秦楷模”等先进模范人物和高级工程师以上职称人员。

（1）全国劳动模范、省级劳动模范（先进生产者）见表7–2–1。

（2）市厅级先进工作者见表7–2–2。

（3）省级以上“最美水利人”“江河卫士”“三秦楷模”等先进模范人物见表7–2–3。

（4）高级工程师以上职称人员见表7–2–4、表7–2–5。

表7–2–1　全国劳动模范、省级劳动模范（先进生产者）

序号	姓名	性别	授予时工作单位	授予名称	授予时间
1	孙德发	男	武功县水利局	陕西省农业生产先进工作者	1960
2	兰宗礼	男	扶风县地下水管理监测站	全国五一劳动奖章获得者	2002
3	刘武生	男	干部	全国绿化突击手	1985
4	赵洪璋	男	西北农学院	全国劳动模范	1950
5	周　尧	男	西北农学院	全国劳动模范	1979
6	许宝善	男	武功县杨凌公社夏家沟大队	全国劳动模范	1979
7	李振生	男	西北植物研究所	全国劳动模范	1979
8	吴普特	男	西北农林科技大学	全国劳动模范	2007
9	朱天祜	男	西北农学院	全国先进工作者	1956
10	蒋克明	女	西北农学院	全国先进工作者	1978
11	路端谊	女	陕西省农业科学院	全国先进工作者	1978
12	林季周	男	陕西省农业科学院	全国先进工作者	1978
13	付坤俊	男	西北植物研究所	全国先进工作者	1978
14	柯桂兰	女	西北农林科技大学	全国先进工作者	2000
15	卢宗凡	男	西北农林科技大学	全国先进工作者	2000
16	窦忠英	男	西北农林科技大学	全国先进工作者	2005

续表7-2-1

序号	姓名	性别	授予时工作单位	授予名称	授予时间
17	康振生	男	西北农林科技大学	全国先进工作者	2010
18	柯桂兰	女	陕西省农业科学院	1997 年度陕西省有突出贡献专家	1997
19	王　辉	男	西北农业大学	1997 年度陕西省有突出贡献专家	1997
20	康邵忠	男	西北农业大学水建学院	全国模范教师	1998
21	鲁向平	男	西北农林科技大学	陕西省 1999 年度有突出贡献专家	1999
22	吉万全	男	西北农林科技大学	陕西省 1999 年度有突出贡献专家	1999
23	祁周约	男	西北农林科技大学	陕西省 1999 年度有突出贡献专家	1999
24	段双科	男	西北农林科技大学	陕西省 1999 年度有突出贡献专家	1999
25	李思锋	男	西北农林科技大学	陕西省 1999 年度有突出贡献专家	1999
26	薛吉全	男	西北农林科技大学	陕西省 1999 年度有突出贡献中青年专家	1999
27	蔡焕杰	男	西北农林科技大学	陕西省 1999 年度有突出贡献中青年专家	1999
28	张坐省	男	西北农林科技大学	陕西省 1999 年度有突出贡献中青年专家	1999
29	邵明安	男	西北水保所	陕西省 1999 年度有突出贡献中青年专家	1999
30	张延龙	男	西北农林科技大学	1999 年昆明世界园艺博览会先进个人	2000
31	李丙智	男	西北农林科技大学	1999 年度陕西省享受政府特殊津贴人员	2000
32	王　青	男	西北农林科技大学	1999 年度陕西省享受政府特殊津贴人员	2000
33	何维明	男	西北农林科技大学	1999 年度陕西省享受政府特殊津贴人员	2000
34	吕殿青	男	陕西省农业科学院	全国农业劳动模范	1956
35	袁志刚	男	西北农学院	陕西省劳动模范	1956
36	陈震中	男	西北农学院	陕西省劳动模范	1956
37	卢增兰	男	陕西省农业学校	全国农业劳动模范	1957
38	李文治	男	武功县政府	全国农业劳动模范	1957
39	张秋霞	女	西北农学院	陕西省劳动模范	1960

续表7-2-1

序号	姓名	性别	授予时工作单位	授予名称	授予时间
40	孙　华	男	西北农学院	陕西省劳动模范	1960
41	刘荫武	男	西北农学院	陕西省劳动模范	1980
42	朱显谟	男	西北水保所	陕西省劳动模范	1982
43	杨桂芳	女	扶风县揉谷公社	陕西省劳动模范	1982
44	邱　怀	男	西北农业大学	陕西省劳动模范	1985
45	马克俭	男	杨凌区药材公司	陕西省劳动模范	1987
46	李立科	男	陕西省农科院	全国农业劳动模范	1990
47	朱象山	男	陕西省农科院	全国农业劳动模范	1990
48	韩思明	男	西北农业大学	陕西省劳动模范	1992
49	宁　锟	男	陕西省农科院	陕西省劳动模范	1992
50	李玉山	男	西北水保所	陕西省劳动模范	1992
51	高绍棠	男	西北林学院	陕西省劳动模范	1992
52	罗伟祥	男	陕西省林业科学研究所	陕西省劳动模范	1992
53	康　健	男	杨凌区杨村乡夏家沟村	陕西省劳动模范	1992
54	杨天章	男	西北农业大学	陕西省劳动模范	1995
55	王建辰	男	西北农业大学	全国农业劳动模范	1995
56	苏陕民	男	西北植物所	陕西省劳动模范	1995
57	李生秀	男	西北农业大学	陕西省劳动模范	1997
58	刘小军	男	陕西华秦农牧公司	陕西省劳动模范	2007
59	傅建熙	男	西北农业大学	全国“五一”劳动奖章	1987
60	李　华	男	西北农业大学	全国“五一”劳动奖章	1990
61	何蓓如	男	西北农业大学	全国“五一”劳动奖章	1997
62	郭蚊霞	女	陕西杨凌生物技术研究所	全国“五一”劳动奖章	2006
63	苏印泉	男	西北林学院	陕西省先进工作者	1997
64	李鹤荣	男	杨凌职业技术学院	陕西省先进工作者	2002

续表7-2-1

序号	姓名	性别	授予时工作单位	授予名称	授予时间
65	张雅林	男	西北农林科技大学	陕西省先进工作者	2002
66	吴文君	男	西北农林科技大学农药研究所	陕西省先进工作者	2007
67	张智文	男	麟游县水利局	全省农村饮水先进个人	2003—2004
68	张智文	男	麟游县水利局	全省农田基本建设先进个人	2005
69	张怀林	男	麟游县水利局	全省农村饮水安全脱贫攻坚先进个人	2021
70	李兴林	男	麟游县水利局	全省农田基本建设先进个人	2004
71	李汉邦	男	麟游县水利局	全省防汛抗旱先进个人	2011
72	雷晓虎	男	麟游县水利局	陕西省水利厅门户网站宣传工作优秀宣传员	2011
73	张智文	男	麟游县水利局	全省优秀水利局局长	2006

表7-2-2 市厅级先进工作者

序号	姓名	性别	籍贯	授予时工作单位	授予名称	授予时间
1	张智文	男	陕西麟游	麟游县水利局	全市优秀水利局局长	2008—2011
					全市水资源管理先进个人	2011
2	张怀林	男	陕西麟游	麟游县水利局	全市水利系统先进工作者	2003
					全市脱贫攻坚先进工作者	2019
3	李汉邦	男	陕西麟游	麟游县防汛办	“创建绿色宝鸡”先进个人	2007
					全市水文化先进个人	2010
					全市防汛抗旱工作先进个人	2013
4	雷晓虎	男	陕西麟游	麟游县水利局	宝鸡市水资源利用计划管理试点工作先进工作者	1992
					全市水政水资源管理先进工作者	1995
					全市水政水资源管理先进工作者	1996
					全市水利系统水文化先进个人	2009
					全市水利系统水文化先进个人	2011

续表7–2–2

序号	姓名	性别	籍贯	授予时工作单位	授予名称	授予时间
5	雷晓虎	男	陕西麟游	麟游县水利局	全市水利系统水文化先进个人	2012
					全市水利系统先进工作者	2014
6	杨玲霞	女	陕西麟游	麟游县水利局	全市水利系统先进工作者	2009
7	毋　娇	女	陕西麟游	麟游县防汛办	全市防汛先进个人	2014
8	马　馨	男	陕西杨凌	杨凌示范区水务局	2019—2020 年度全省防汛抗旱先进个人	2020
9	王吉珍	男	湖北省襄阳市	扶风县水利电力工作队	宝鸡市科技进步奖一等奖（高塬深谷水库浮船抽水站设计）	1963
					宝鸡市科技进步奖二等奖（渭河阶地首眼大口井工程设计）	1964
					宝鸡市科技进步奖一等奖（灌区八十米跨度过水悬管工程设计）	1972
10	余林根	男	浙江省龙游县	扶风县水利电力工作队	宝鸡市农村科技服务先进工作者	1989
11	刘雪侠	女	陕西省扶风县	扶风县防汛抗旱指挥部办公室	宝鸡市水利系统科技先进工作者	2010
					宝鸡市“十一五”水利科技工作先进个人	2010
					宝鸡市水利系统水文化先进个人	2012
					宝鸡市水利系统先进工作者	2013
12	侯文静	女	陕西省扶风县	扶风县防汛抗旱指挥部办公室	宝鸡市 2016 年度防汛抗旱工作先进个人	2017
13	冯东兴	男	陕西省扶风县	扶风县水利电力工作队	宝鸡市 1991 年水资源利用计划管理工作先进工作者	1992
14	罗安静	男	陕西省扶风县	扶风县防洪保安工程项目办公室	宝鸡市 2011 年度渭河综合治理先进工作者	2012
					宝鸡市 2012 年度渭河综合治理先进工作者	2013

表7–2–3　省级以上“最美水利人”“江河卫士”“三秦楷模”等先进模范人物

序号	姓名	性别	籍贯	授予时工作单位	授予名称	授予时间
1	陈靠伟	男	陕西杨凌	杨凌示范区水务局景区办主任	最美水利人	2017
2	马朝阳	男	陕西淳化	杨凌示范区渭河景区管理办公室	最美水利人	2021

表7-2-4　流域各市县高级工程师以上职称人员

工作单位	姓名	性别	出生日期（年·月）	参加工作时间（年·月）	职务	第一学历	毕业院校及专业	最高学历	毕业院校及专业	职称系列	职称资格	取得资格时间（年·月）
岐山县水电工作队	徐广林	男	1969.11	1993.09	副队长	本科	西北农业大学水资源规划与利用	本科	西北农业大学水资源规划与利用	水利工程	副高级工程师	2012.11
岐山县水电工作队	马小龙	男	1969.05	1988.07	党支部书记	中专	陕西省水利学校陆地水文专业	本科	西北农林科技大学农业水利工程	水利工程	正高级工程师	2021.05
岐山县水电工作队	薛博文	男	1969.08	1992.08	副队长	本科	西北农业大学农业建筑与环境工程	本科	西北农业大学农业建筑与环境工程	水利工程	副高级工程师	2007.12
岐山县水电工作队	蔡小娣	女	1978.10	1998.11	党支部副书记	中专	陕西省水利学校工民建专业	本科	中央广播电视大学水利水电工程	水利工程	副高级工程师	2020.08
岐山县水电工作队	罗小兰	女	1976.10	1998.03		中专	陕西省水利学校水工建筑专业	本科	中央广播电视大学水利水电工程	水利工程	副高级工程师	2020.08
岐山县地下水管理监测站	冯龙波	男	1976.02	1998.03	党支部书记	中专	陕西省水利学校经济管理专业	本科	中央广播电视大学水利水电工程	水利工程	副高级工程师	2020.10
岐山县地下水管理监测站	张淑娟	女	1978.02	1998.03		中专	陕西省水利学校机电抽水专业	本科	中央广播电视大学水利水电工程	水利工程	正高级工程师	2023.06
岐山县水利工作站	申建军	男	1973.03	1994.08	副高级	中专	陕西省水利学校农田水利专业	大专	西北农林科技大学农田水利工程	水利工程	副高级工程师	2021.05
岐山县水利工作站	马春林	男	1976.01	1999.01	副站长	大专	西北农业大学农业建筑与环境工程	本科	西安理工大学水利水电工程	水利工程	副高级工程师	2020.08
岐山县水利工作站	何　杰	男	1979.03	2002.09		中专	杨凌职业技术学院水利水电工程建筑专业	本科	四川农业大学水利水电工程	水利工程	副高级工程师	2021.05

续表7-2-4

工作单位	姓名	性别	出生日期（年・月）	参加工作时间（年・月）	职务	第一学历	毕业院校及专业	最高学历	毕业院校及专业	职称系列	职称资格	取得资格时间（年・月）
岐山县水利工作站	邱宝丽	女	1979.02	2001.02		中专	杨凌职业技术学院水电站电力设备	本科	东北农业大学水利水电工程	水利工程	副高级工程师	2023.04
岐山县水利工作站	王素英	女	1979.05	2001.02		中专	杨凌职业技术学院水利水电工程建筑	本科	东北农业大学水利水电工程	水利工程	副高级工程师	2023.04
岐山县水利工作站	赵晓峰	男	1978.08	2000.03		中专	陕西省林业学校经济林	本科	国家开放大学水利水电工程	水利工程	副高级工程师	2021.05
岐山县渭河综合治理保护中心	彭　胜	男	1966.12	1990.02	副主任	大专	陕西省广播电视大学机械与制造	本科	大连理工大学水利水电工程	水利工程	副高级工程师	2016.12
岐山县水土保持工作站	王保社	男	1968.11	1991.07	副书记	中专	西北农林科技大学水土保持	本科	西北农林科技大学水土保持	水利工程	副高级工程师	2011.02
岐山县水土保持工作站	贾宏波	男	1975.08	1999.12		大专	西北工业大学计算机应用	本科	中央广播电视大学水利水电工程	水利工程	副高级工程师	201612
岐山县水土保持工作站	蔡　伟	男	1978.01	1999.01		中专	陕西省宝鸡农业学校	本科	中央广播电视大学	水利工程	副高级工程师	2020.08
岐山县城北抽水管理站	王洪哲	男	1975.08	1996.01	支部书记	中专	陕西省水利学校水工建筑	本科	北京水利水电学院水利电力工程	水利工程	副高级工程师	2022.05
岐山县城北抽水管理站	王伊雯	女	1971.09	1992.08		中专	陕西省水利学校农田水利			水利工程	副高级工程师	2021.05
岐山县城北抽水管理站	任少锋	男	1976.01	1998.11		中专	陕西省水利学校水利水电工程	本科	中央广播电视大学水利水电工程	水利工程	副高级工程师	2022.05
岐山县城北抽水管理站	仝珍萍	女	1975.10	1998.03		中专	陕西省水利学校水工建筑	本科	陕西省水利学校水利工程	水利工程	副高级工程师	2023.04

续表7-2-4

工作单位	姓名	性别	出生日期（年·月）	参加工作时间（年·月）	职务	第一学历	毕业院校及专业	最高学历	毕业院校及专业	职称系列	职称资格	取得资格时间（年·月）
岐山县城北抽水管理站	张小华	女	1981.11	2003.04		中专	陕西省咸阳纺校纺织工艺	本科	陕西省水利学校水利工程	水利工程	副高级工程师	2023.04
岐山县北三抽水管理站	张　伟	男	1979.03	2002.06		中专	杨凌职业技术学院水利水电工程建筑	本科	中央广播电视大学水利水电工程	水利工程	副高级工程师	2022.05
岐山县北三抽水管理站	郑永波	男	1981.11	2003.04		中专	甘肃工业职业技术学院机电一体化	本科	东北农业大学水利水电工程	水利工程	副高级工程师	2022.05
岐山县北三抽水管理站	樊　辉	男	1978.01	2004.01		本科	陕西科技大学无机非金属材料	本科	中央广播电视大学水利水电工程	水利工程	副高级工程师	2021.05
岐山县北三抽水管理站	马晓光	男	1980.10	2002.04	县水利局水防股股长	中专	杨凌职业技术学院水利水电工程建筑	本科	长安大学土木工程	水利工程	高级工程师	2023.06
岐山县北三抽水管理站	吴军建	男	1979.10	2005.04		专科	西安石油大学	本科	中央广播电视大学	专业技术	专技七级	2022.05
岐山县河务工作站	巨亚娟	女	1974.07	2005.04		中专	宝鸡市财经学校	大专	西安交通大学	会计	副高级工程师	2020.09
岐山县河务工作站	李小明	男	1969.09	1990.07		中专	陕西省水利学校农田水利专业	本科	中央广播电视大学华北水利水电学院水利水电工程	水利工程	副高级工程师	2016.12
岐山县河务工作站	李　锋	男	1974.10	1995.09		中专	陕西省水利学校	大专	中央广播电视大学	水利工程	副高级工程师	2021.05
岐山县水资源事务中心	令　苗	女	1977.11	2000.11		大专	西安电子科技大学	本科	中央广播电视大学	水利工程	副高级工程师	2002.05

续表7–2–4

工作单位	姓名	性别	出生日期（年・月）	参加工作时间（年・月）	职务	第一学历	毕业院校及专业	最高学历	毕业院校及专业	职称系列	职称资格	取得资格时间（年・月）
岐山县凤鸣镇水务管理站	何利辉	男	1979.11	2002.05		中专	杨凌职业技术学院计算机应用	大本	大连理工大学水利水电工程	水利工程	副高级工程师	2023.04
岐山县枣林镇水务管理站	杨权功	男	1974.11	1998.11	站长	中专	安康农业学校文秘	本科	四川农业大学水利水电工程	水利工程	副高级工程师	2018.12
岐山县凤鸣镇水务管理站	闫连伟	男	1974.08	1996.12	主任	大专	西北农业大学农田水利	本科	西北农林科技大学农业水利工程	水利工程	副高级工程师	2014.12
扶风县地下水管理监测站	王宏禄	男	1964.03	1982.07	高级工程师	中专	陕西省水利学校机电抽水			工程系列	副高级工程师	2015.12
扶风县地下水管理监测站	侯秀娟	女	1976.06	1997.07	高级工程师	中专	陕西省水利学校水工建筑	本科	西北农林科技大学水利水电工程	工程系列	副高级工程师	2022.05
扶风县地下水管理监测站	李炳富	男	1963.11	1984.07	副科	中专	陕西省水利学校机电抽水	大专	宝鸡市委党校经济管理	工程系列	副高级工程师	2013.12
扶风县河务工作站	李效强	男	1968.09	1986.12	副高级	中专	水利电力部第三工程局职工中等专业学校电气	本科	西北农林科技大学水利水电工程	工程系列	副高级工程师	2020.08
扶风县河务工作站	冯东兴	男	1970.02	1986.12	副高级	中专	水利电力部第三工程局职工中等专业学校工程机械	大专	西北农林科技大学农业水利技术	工程系列	副高级工程师	2023.04
扶风县水土保持工作站	刘雪侠	女	1974.11	1995.07	站长	中专	陕西省水利学校水工建筑	大专	西安理工大学水利水电工程	工程系列	副高级工程师	2020.06
扶风县水土保持工作站	王宏博	男	1973.08	1994.07	党支部书记	中专	陕西省水利学校水土保持	本科	四川农业大学水利水电工程	工程系列	副高级工程师	2018.12
扶风县水土保持工作站	马小艳	女	1980.03	2000.07	项目技术负责人	中专	杨凌职业技术学院水工建筑	本科	四川农业大学水利水电工程	工程系列	副高级工程师	2022.06

续表7-2-4

工作单位	姓名	性别	出生日期（年·月）	参加工作时间（年·月）	职务	第一学历	毕业院校及专业	最高学历	毕业院校及专业	职称系列	职称资格	取得资格时间（年·月）
扶风县水土保持工作站	周少敏	女	1981.01	2000.07	项目技术负责人	中专	杨凌职业技术学院	本科	北京工业大学	工程系列	副高级工程师	2023.04
扶风县水利电力工作队	余鲁江	男	1969.11	1988.10		大专	成都勘测设计院职工大学水工建筑			工程系列	副高级工程师	2018.12
扶风县水利电力工作队	王建柱	男	1971.09	1990.12		大专	成都勘测设计院职工大学水工建筑			工程系列	副高级工程师	2022.05
扶风县水利电力工作队	强安良	男	1962.08	1982.07		中专	陕西省水利学校农田水利			工程系列	副高级工程师	201112
扶风县水利电力工作队	谷乃平	男	1957.11	1981.07		中专	陕西省水利学校农田水利			工程系列	副高级工程师	2009.03
扶风县水利工作站	袁新录	男	1960.12	1982.12		中专	陕西省水利学校	大专	西北林学院	工程系列	副高级工程师	2000.03
扶风县水利工作站	庞　鸣	男	1962.09	1984.07		中专	陕西省水利学校	本科	陕西省党校	工程系列	副高级工程师	2015.12
扶风县水利工作站	陈小妮	女	1978.06	1998.07		中专	陕西省水利学校	本科	国家开放大学水利水电工程	工程系列	副高级工程师	2023.04
扶风县水利工作站	伏晓娟	女	1980.09	2000.07		中专	杨凌职业技术学院	本科	国家开放大学水利水电工程	工程系列	副高级工程师	2023.04
扶风县水资源事务中心	贺高良	男	1968.06	1990.07	工程师	大专	武汉测绘科技大学城镇建设	本科	西北政法大学法律	工程系列	副高级工程师	2016.12
扶风县水资源事务中心	罗安静	男	1979.12	2000.07	工程师	中专	杨凌职业技术学院水利水电工程建筑	本科	国家开放大学水利水电工程	工程系列	副高级工程师	2022.05

续表7-2-4

工作单位	姓名	性别	出生日期（年·月）	参加工作时间（年·月）	职务	第一学历	毕业院校及专业	最高学历	毕业院校及专业	职称系列	职称资格	取得资格时间（年·月）
凤翔区冯家山灌区灌溉管理处	赵雁冰	男	1969.12	1993.07	副主任	本科	西北农业大学 水资源规划与利用	本科	西北农业大学 水资源规划与利用	水利工程	副高级工程师	2009.03
凤翔区冯家山灌区灌溉管理处	赵亚芳	女	1975.10	1996.07		中专	陕西省水利学校 机电抽水	本科	中国农业大学 水利水电工程	水利工程	副高级工程师	2018.01
凤翔区冯家山灌区灌溉管理处	马引妮	女	1977.10	1996.08		中专	陕西省水利学校 农田水利	本科	中国农业大学 水利水电工程	水利工程	副高级工程师	2018.01
凤翔区冯家山灌区灌溉管理处	宋效凤	女	1977.12	2000.05		大专	西北农业大学 水电站动力设备			水利工程	副高级工程师	2021.05
凤翔区冯家山灌区灌溉管理处	翟建平	男	1983.02	2009.09		本科	山西农业大学 水土保持			水利工程	副高级工程师	2022.05
凤翔区水工队	王拉明	男	1966.11	1991.07		本科	西北农林科技大学			专业技术	高级工程师	2011.02
凤翔区水工队	李海林	男	1964.09	1988.07		中专	湖北省水产学校 淡水养殖	本科	中共陕西省委党校 经济管理	专业技术	高级工程师	2016.12
凤翔区水工队	王建利	男	1964.12	1985.07		中专	陕西省水利学校 农田水利			专业技术	高级工程师	2020.08
凤翔区水工队	李红英	女	1976.10	1998.07		中专	陕西省水利学校 工业与民用建筑 概预算	本科	大连理工大学 水利水电工程建设	专业技术	高级工程师	2020.08
凤翔区水工队	张　琼	女	1969.09	1990.07		中专	陕西省水利学校 工业与民用建筑			专业技术	高级工程师	2021.05

续表7-2-4

工作单位	姓名	性别	出生日期（年·月）	参加工作时间（年·月）	职务	第一学历	毕业院校及专业	最高学历	毕业院校及专业	职称系列	职称资格	取得资格时间（年·月）
凤翔区水工队	罗　定	男	1971.10	1993.08		中专	农田水利	专科	中央广播电视大学水利工程	专业技术	高级工程师	2022.05
凤翔区水工队	石梅梅	女	1986.08	2009.10		本科	西北农林科技大学水土保持			专业技术	高级工程师	2021.05
凤翔区水工队	张会侠	女	1979.07	2001.02		中专	陕西水利学校给排水	本科	国家开放大学水利水电工程管理	专业技术	高级工程师	2023.04
凤翔区水利工作站	王武怀	男	1966.01	1989.07	副高级	中专	陕西省水利学校机电抽水			水利工程	副高级工程师	2020.08
凤翔区水利工作站	付振兴	男	1987.03	2009.10	水防股副股长	本科	西北农林科技大学农业水利工程			水利工程	副高级工程师	2021.05
凤翔区水利工作站	范　斌	男	1967.12	1988.12	副高级	中专	陕西省水利学校农田水利	大专	宝鸡市委党校经济管理	水利工程	副高级工程师	2022.05
凤翔区东风水库灌溉管理处	冯恩儒	男	1967.03	1988.07	副高级	中专	陕西省煤炭工业学校煤田地质勘探	大专	国家开放大学水利水电工程	水利工程	副高级工程师	2016.12
凤翔区东风水库灌溉管理处	张拴来	男	1970.06	1990.07	副高级	中专	陕西省水利学校农田水利	本科	中央广播电视大学水利水电工程	水利工程	副高级工程师	2013.12
凤翔区东风水库灌溉管理处	王　林	男	1968.05	1989.07	副高级	中专	陕西省水利学校			水利工程	副高级工程师	2020.01
凤翔区东风水库灌溉管理处	齐永凡	男	1972.09	1997.07	副高级	本科	西安理工大学水利水电动力工程			水利工程	高级工程师	2020.10
凤翔区东风水库灌溉管理处	王伟莉	女	1978.05	1998.07	副高级	中专	陕西经贸学院市场营销	本科	中国农业大学函授学院水利水电工程	水利工程	高级工程师	2014.12

续表7-2-4

工作单位	姓名	性别	出生日期（年·月）	参加工作时间（年·月）	职务	第一学历	毕业院校及专业	最高学历	毕业院校及专业	职称系列	职称资格	取得资格时间（年·月）
凤翔区横水河灌溉管理处	石勤卷	男	1966.03	1985.07	退二线	中专	陕西省水利学校机电抽水	本科	中央党校法律专业	水利水电工程	高级工程师	2011.02
凤翔区横水河灌溉管理处	蔺红军	男	1965.01	1986.07	退二线	中专	陕西省水利学校机电抽水	大专	国家开放大学水利水电工程	水利水电工程	高级工程师	2014.12
凤翔区横水河灌溉管理处	田金平	男	1975.01	1997.08	副主任	中专	陕西省水利学校经济管理	本科	国家开放大学水利水电工程	水利水电工程	高级工程师	2023.04
凤翔区横水河灌溉管理处	刘　勃	男	1985.02	2010.09	副主任	本科	甘肃农业大学农业水利工程			水利水电工程	高级工程师	2021.05
凤翔区横水河灌溉管理处	罗志勇	男	1971.04	1994.07		本科	新疆八一农学院农田水利			水利水电工程	高级工程师	2011.12
凤翔区水土保持工作站	王小利	男	1968.05	1990.07	站长	本科	西北农业大学水资源规划与利用			水利工程	高级工程师	2006.12
凤翔区水土保持工作站	杨成永	男	1972.05	1993.07		中专	陕西省水利学校水土保持	大专	杨凌职业技术学院水利工程	水利工程	高级工程师	2022.05
凤翔区水资源事务中心	何维兵	男	1974.07	1996.09	副高级	中专	陕西省水利学校	大专	杨凌职业技术学院	工程技术人员	高级工程师	2022.07
凤翔区水资源事务中心	王学军	男	1974.05	1991.09	副高级	中专	陕西省水利学校			工程技术人员	高级工程师	2023.04
麟游县水利工作队	雷振鸣	男	1936.08	1963.09	退休	本科	西安交通大学水利工程			水利工程	副高级工程师	1981.07
麟游县水利工作队	张俊鹏	男	1946.10	1968.09	退休	中专	陕西省水利学校水工建筑	大专	西安冶金学院水利工程	水利工程	副高级工程师	1999.12

续表7-2-4

工作单位	姓名	性别	出生日期（年·月）	参加工作时间（年·月）	职务	第一学历	毕业院校及专业	最高学历	毕业院校及专业	职称系列	职称资格	取得资格时间（年·月）
麟游县水土保持工作站	何永生	男	1957.01	1979.10	退休	大学	西北农学院水利系水电站动力设备			工程系列	副高级工程师	1996.10
麟游县水利工程建设管理站	刘鹏酬	男	1954.12	1979.02	退休	中专	陕西省水利学校机电抽水			工程系列	副高级工程师	2007.12
麟游县水利工程建设管理站	杨宝梅	女	1963.08	1985.07	退休	中专	陕西省水利学校机电抽水	大专	西北农业科技大学农田水利工程	水利工程	副高级工程师	2011.02
麟游县河务工作站	王惠侠	女	1975.09	1996.07		中专	陕西省水利学校水利工程	大专	西北农林科技大学农田水利	工程系列	副高级工程师	2020.03
永寿县水利工程服务中心	张晓生	男	1966.07	1986.07		中专	陕西省水利学校水利工程建筑	大专	大连理工大学水利水电建筑	工程系列	副高级工程师	2016.12
永寿县水利工程服务中心	张　刚	男	1974.09	1995.08	副主任	中专	陕西省水利学校农田水利工程	本科	国家开放大学水利水电	工程系列	副高级工程师	2019.12
永寿县水利工程服务中心	师　锋	男	1975.10	1998.07		大专	西安联合大学师范学院应用电子技术			工程系列	副高级工程师	2019.12
永寿县水利工程服务中心	李铁锋	男	1966.04	1983.05		中专	陕西省水利学校农田水利	本科	国家开放大学水利水电	工程系列	副高级工程师	2019.12
永寿县水利工程服务中心	王敏娟	女	1976.10	1993.10		大专	西北大学会计电算化	本科	中央广播电视大学水利水电	工程系列	副高级工程师	2023.08
永寿县水利工程服务中心	姚夏茸	女	1964.06	1988.07	退休	本科	西安理工大学农田水利			工程系列	副高级工程师	2014.12

续表7-2-4

工作单位	姓名	性别	出生日期（年·月）	参加工作时间（年·月）	职务	第一学历	毕业院校及专业	最高学历	毕业院校及专业	职称系列	职称资格	取得资格时间（年·月）
永寿县水利工程服务中心	魏玉卓	女	1969.12	1988.07	退休	中专	陕西省水利学校农田水利	大专	西北大学水土保持	工程系列	副高级工程师	2014.12
永寿县自来水管理站	巨百荣	男	1969.05	1989.06		中专	陕西省水利学校水工建筑	大专	国家开放大学水利水电工程与管理	工程系列	副高级工程师	2019.12
永寿县水利综合执法大队	李淑芳	女	1976.07	2001.09		中专	陕西省农机校财务会计	本科	国家开发大学水利水电工程	工程系列	副高级工程师	2022.08
永寿县水利综合执法大队	千爱丽	女	1981.06	2001.09		中专	陕西省轻工业学校经济信息管理	本科	陕西省广播电视大学 农田水利	工程系列	副高级工程师	2021.06
永寿县水利综合执法大队	李　茸	女	1976.02	2001.09		中专	陕西省煤炭工业学校地质与测量	本科	北京工业大学农田水利	工程系列	副高级工程师	2023.08
永寿县水资源工作站	张军强	男	1971.06	1993.07	站长	大专	西北建筑工程学院建筑电气			工程系列	副高级工程师	2021.06
永寿县水资源工作站	赵海洋	男	1979.10	2001.09	副站长	中专	空军西安航空工程学校机电	本科	国家开放大学水利水电	工程系列	副高级工程师	2021.06
永寿县水资源工作站	张景华	男	1966.03	1986.07		中专	陕西省水利学校陆地水文学	本科	大连理工大学水利水电工程	工程系列	副高级工程师	2019.10
永寿县水资源工作站	丁耀琳	男	1962.03	1981.09	退休	中专	陕西省水利学校农田水利			工程系列	副高级工程师	2019.10
永寿县水旱灾害防御中心	李振国	男	1972.11	1997.08	副主任	中专	陕西省水利学校经济管理及工程概预算	本科	国家开放大学水利水电	工程系列	副高级工程师	2022.08

续表7-2-4

工作单位	姓名	性别	出生日期（年·月）	参加工作时间（年·月）	职务	第一学历	毕业院校及专业	最高学历	毕业院校及专业	职称系列	职称资格	取得资格时间（年·月）
永寿县城乡供水保障中心	张展翅	男	1974.12	1995.08	主任	中专	陕西省水利学校机电	本科	大连理工学院水利水电工程	工程系列	副高级工程师	2022.08
永寿县城乡供水保障中心	孟令华	男	1987.07	2010.07	副主任	本科	河北工程大学水利水电工程			工程系列	副高级工程师	2023.08
永寿县城乡供水保障中心	梁长利	男	1981.12	2004.12		中专	杨凌职业技术学院计算机应用	本科	西北工业大学土木工程	工程系列	副高级工程师	2021.06
永寿县水土保持工作站	王志锋	男	1976.08	1998.10	站长	大专	陕西省冶金工业学校农田水利	本科	中央广播电视大学水利水电	工程系列	副级工程高师	2019.06
永寿县水土保持工作站	董高峰	男	1974.10	1994.09		中专	陕西省水利学校水土保持	本科	国家开放大学水利水电工程	工程系列	副高级工程师	2019.12
永寿县水土保持工作站	李宁侠	女	1980.12	2006.03		大专	西北大学汉语言文学	本科	中央广播电视大学水利水电	工程系列	副高级工程师	2022.08
永寿县水土保持工作站	丁　峰	男	1980.11	2003.12		大专	湖北荆门职业技术学院法律	本科	国家开放大学水利水电工程	工程系列	副高级工程师	2023.08
永寿县水土保持工作站	杨慧芳	女	1976.06	2001.10		大专	西安电力高等专科学校电厂热能动力	本科	北京工业大学水利水电工程	工程系列	副高级工程师	2017.12
永寿县水土保持工作站	杨　凯	男	1967.12	1991.07		本科	西北农林科技大学水土保持			工程系列	正高级工程师	2021.08
永寿县水土保持工作站	杨　宁	男	1980.06	2001.09		中专	陕西省农业机械化学校机电工程	本科	国家开放大学水利水电工程	工程系列	正高级工程师	2023.08
永寿县水土保持工作站	王万劳	男	1963.12	1988.07		中专	黄河水利学校水土保持			工程系列	副高级工程师	2021.06

续表7-2-4

工作单位	姓名	性别	出生日期（年·月）	参加工作时间（年·月）	职务	第一学历	毕业院校及专业	最高学历	毕业院校及专业	职称系列	职称资格	取得资格时间（年·月）
乾县水土保持工作站	刘宇峰	男	1967.06	1986.07	站长	中专	陕西水利学校水工建筑	大专	中央党校函授学院经济管理	工程系列	副高级工程师	2013.12
乾县水土保持工作站	金　松	男	1965.02	1989.07	干事	本科	西北农林科技大学水土保持			工程系列	副高级工程师	2004.07
乾县水土保持工作站	王永辉	男	1971.03	1989.12	干事	大专	西北大学行政管理	本科	国家开放大学水利水电工程	工程系列	副高级工程师	2023.08
乾县水土保持工作站	王科峰	男	1980.11	2002.01	副站长	中专	陕西省自强中专计算机	本科	国家开放大学水利水电工程	工程系列	副高级工程师	2023.08
乾县水土保持工作站	范英兰	女	1974.05	1996.07	干事	中专	陕西水利学校经济管理	本科	西北农林科技大学农业水利工程	工程系列	副高级工程师	2019.01
乾县水土保持工作站	张红梅	女	1974.11	1995.07	干事	中专	陕西水利学校经济管理	本科	华北水利水电学院水利水电工程	工程系列	副高级工程师	2019.01
乾县水旱灾害防御中心	王向阳	男	1969.04	1991.07	干事	本科	西北农林科技大学农业建筑与环境工程			工程系列	副高级工程师	2022.08
乾县泔惠渠管理处	李兴国	男	1977.09	2000.07	副主任	中专	杨凌职业技术学院水利工程	本科	国家开放大学水利水电工程	工程系列	副高级工程师	2022.08
乾县水利工程服务中心	刘平川	男	1971.08	1990	总工	中专	陕西省水利学校农田水利	本科	西北农林科技大学水利水电工程	工程系列	正高级工程师	2022.07
乾县水利工程服务中心	韩少利	女	1974.01	1993.07	主任	中专	四川省水产学校淡水渔业	本科	西北农林科技大学农业水利工程	工程系列	副高级工程师	2014.12

续表7–2–4

工作单位	姓名	性别	出生日期（年·月）	参加工作时间（年·月）	职务	第一学历	毕业院校及专业	最高学历	毕业院校及专业	职称系列	职称资格	取得资格时间（年·月）
乾县水利工程服务中心	田永鹏	男	1966.02	1985.07	总工	中专	陕西省水利学校水工建筑	大专	中央党校函授学院党政	工程系列	副高级工程师	2013.12
乾县水利工程服务中心	王立库	男	1976.05	1996	干事	中专	陕西省水利学校农田水利	本科	国家开放大学水利水电工程	工程系列	副高级工程师	2022.08
乾县水利工程服务中心	周　灵	女	1978.07	1999.12	干事	中专	陕西省水利学校水工建筑	本科	国家开放大学水利水电工程	工程系列	副高级工程师	2019.12
武功县水利工程服务中心	张惠宁	女	1970.11	1991.09		中专	陕西省水利学校水工建筑	本科	大连理工大学水利水电工程	工程系列	副高级工程师	2017.12
武功县水土保持工作站	牛新烨	女	1971.06	1991.10		中专	陕西省水利学校水工建筑	大专	西北农林科技大学农业水利技术	工程系列	副高级工程师	2023.08
武功县城乡供水保障中心	王卫省	男	1968.09	1989.07		中专	陕西省水利学校农田水利	大专	中央广播电视大学水利水电工程	工程系列	副高级工程师	2023.08
杨凌区水务局	殷格侠	女	1968.12	1990.08	干事	中专	陕西省水利学校农田水利	本科	西北农林科技大学农业水利工程	水利工程	高级工程师	2012.12
杨凌区水务局	贺雪莹	女	1971.10	1993.07	干事	中专	陕西省水利学校农田水利	本科	西北农林科技大学农业水利工程	水利工程	高级工程师	2013.12
杨凌区水务局	刘　敏	女	1973.02	1994.07	干事	中专	陕西省建筑材料工业学校水泥工业	本科	西北农林科技大学农业水利工程	水利工程	高级工程师	2014.12
杨凌区水务局	崔亚茹	女	1976.05	1998.07	干事	中专	陕西省水利学校	本科	北京工业大学	水利工程	高级工程师	2023.12
杨凌示范区渭河景区管理办公室	马朝阳	男	1978.07	2000.01	副主任	中专	杨凌职业技术学院机电工程	本科	北京工业大学	工程技术	高级工程师	2023.04

表7-2-5 西北农林科技大学、杨凌职业技术学院高级工程师以上职称人员

姓名	籍贯	出生年月（年·月）	工作单位	职称资格	评定时间（年·月）	认定单位
朱显谟	上海市崇明区	1915.12	水土保持研究所	研究员	1959.01	中国科学院
北　仑	山东省烟台市龙口市	1933.01	水土保持研究所	研究员	1986.12	中国科学院
李　华	重庆市梁平县	1959.12	西北农林科技大学	教　授	1993.09	根据西北农林科技大学人事处确认
张雅林	陕西省商洛市洛南县	1959.01	西北农林科技大学	教　授	1994.07	陕西省高等学校教师职务评审委员会
李壁成	陕西省西安市	1945.04	水土保持研究所	研究员	1995.03	中国科学院水利部水土保持研究所
李　靖	陕西省宝鸡市凤翔县	1945.04	水利与建筑工程学院	教　授	1995.07	西北农业大学
李　锐	河北省邯郸市磁县	1946.09	水土保持学院	研究员	1995.09	中国科学院水利部水土保持研究所
赵　忠	甘肃省庆阳市宁县	1958.07	西北农林科技大学	教　授	1995.01	根据西北农林科技大学人事处确认
程积民	陕西省铜川市	1955.02	水土保持研究所	教　授	1996.09	中国科学院水利部水土保持研究所
邵明安	湖南省常德市	1956.11	水土保持研究所	教　授	1996.09	根据西北农林科技大学人事处确认
刘普灵	陕西省渭南市蒲城县	1954.03	水土保持研究所	研究员	1997.09	中国科学院水利部水土保持研究所
吴普特	陕西省咸阳市武功县	1963.06	西北农林科技大学	教　授	1997.09	中国科学院水利部水土保持研究所

续表7-2-5

姓名	籍贯	出生年月（年·月）	工作单位	职称资格	评定时间（年·月）	认定单位
王跃进	陕西省咸阳市三原县	1958.04	西北农林科技大学	教　授	1997.12	西北农林科技大学
蔡焕杰	河北省石家庄市	1962.10	水利与建筑工程学院	教　授	1997.12	西北农业大学
王正中	陕西省咸阳市彬州	1963.12	水利与建筑工程学院	教　授	1998.01	西北农业大学
刘国彬	陕西省榆林市	1958.06	水土保持研究所	研究员	1998.01	根据西北农林科技大学人事处确认
邓西平	陕西省西安市	1959.08	水土保持研究所	教　授	1998.09	中国科学院水利部水土保持研究所
梁银丽	陕西省咸阳市	1957.08	水土保持研究所	教　授	1998.09	中国科学院水利部水土保持研究所
郝明德	陕西省渭南市华县	1957.10	水土保持研究所	教　授	1998.09	中国科学院水利部水土保持研究所
刘文兆	陕西省咸阳市乾县	1960.11	水土保持研究所	教　授	1998.09	中国科学院水利部水土保持研究所
上官周平	陕西省宝鸡市扶风县	1964.04	水土保持研究所	教　授	1998.09	中国科学院水利部水土保持研究所
刘俊民	陕西省咸阳市	1953.02	水利与建筑工程学院	教　授	1999.12	西北农林科技大学
郑世清	陕西省延安市延川县	1953.10	水土保持研究所	研究员	1999.12	西北农林科技大学
谢永生	河南省开封市	1960.08	水土保持研究所	研究员	1999.12	西北农林科技大学
杨勤科	陕西省宝鸡市陇县	1962.03	水土保持研究所	研究员	1999.12	西北农林科技大学

续表7–2–5

姓名	籍贯	出生年月（年·月）	工作单位	职称资格	评定时间（年·月）	认定单位
付会芳	陕西省宝鸡市岐山县	1963.09	水土保持研究所	编　审	1999.12	西北农林科技大学
汪志农	浙江省杭州市	1948.11	水利与建筑工程学院	教　授	1999.12	西北农林科技大学
徐福利	陕西省渭南市富平县	1958.05	水土保持研究所	教　授	2000.04	西北农林科技大学
刘炳武	陕西省延安市延长县	1956.11	水土保持研究所	研究员	2000.08	西北农林科技大学
汪有科	甘肃省武威市民勤县	1956.02	水土保持研究所	教　授	2000.12	西北农林科技大学
魏晓妹	甘肃省天水市甘谷县	1957.08	水利与建筑工程学院	教　授	2000.12	西北农林科技大学
王占礼	陕西省榆林市佳县	1960.03	水土保持研究所	教　授	2000.12	西北农林科技大学
穆兴民	陕西省渭南市华阴市	1961.05	水土保持研究所	教　授	2000.12	西北农林科技大学
王继军	陕西省渭南市	1964.03	水土保持研究所	教　授	2000.12	西北农林科技大学
马孝义	陕西省宝鸡市凤翔县	1965.01	水利与建筑工程学院	教　授	2000.12	西北农林科技大学
马永清	甘肃省兰州市榆中县	1963.10	水土保持研究所	教　授	2001.07	西北农林科技大学
韩明玉	陕西省宝鸡市扶风县	1962.12	科技推广处	教　授	2001.12	西北农林科技大学
李世清	甘肃省天水市秦安县	1963.03	水土保持研究所	教　授	2001.12	西北农林科技大学

续表7-2-5

姓名	籍贯	出生年月（年·月）	工作单位	职称资格	评定时间（年·月）	认定单位
张兴昌	陕西省咸阳市武功县	1965.10	水土保持研究所	教　授	2002.05	西北农林科技大学
侯　曦	河南省孟州市	1953.11	西北农林科技大学	教　授	2002.06	西北农林科技大学
魏恩甲	陕西省宝鸡市扶风县	1953.10	水利与建筑工程学院	教　授	2002.12	西北农林科技大学
吕宏兴	陕西省宝鸡市凤翔县	1955.03	水利与建筑工程学院	教　授	2002.12	西北农林科技大学
高建恩	山西省运城市	1962.10	水土保持研究所	教　授	2002.12	西北农林科技大学
刘韩生	陕西省渭南市韩城市	1962.11	水利与建筑工程学院	教　授	2002.12	西北农林科技大学
张岁岐	陕西省宝鸡市岐山县	1966.02	水土保持研究所	研究员	2002.12	西北农林科技大学
王征兵	陕西省咸阳市兴平市	1964.09	经济管理学院	教　授	2002.12	西北农林科技大学
黄明斌	湖北省荆门市钟祥市	1968.02	水土保持研究所	教　授	2002.12	西北农林科技大学
赵世伟	四川省自贡市	1962.05	水土保持研究所	教　授	2003.12	西北农林科技大学
钱永华	四川省雅安市	1963.04	西北农林科技大学	教　授	2003.12	西北农林科技大学
张富仓	陕西省咸阳市武功县	1962.02	水利与建筑工程学院	教　授	2003.12	西北农林科技大学
党进谦	陕西省渭南市澄城县	1964.04	水利与建筑工程学院	教　授	2003.12	西北农林科技大学

续表7-2-5

姓名	籍贯	出生年月（年・月）	工作单位	职称资格	评定时间（年・月）	认定单位
李援农	陕西省渭南市大荔县	1962.07	水利与建筑工程学院	教　授	2003.12	西北农林科技大学
党廷辉	陕西省西安市户县	1964.07	水土保持研究所	研究员	2003.12	西北农林科技大学
焦菊英	陕西省宝鸡市	1965.07	水土保持研究所	研究员	2003.12	西北农林科技大学
把多铎	甘肃省兰州市永登县	1956.04	水利与建筑工程学院	教　授	2004.12	西北农林科技大学
娄宗科	陕西省宝鸡市凤翔县	1962.05	水利与建筑工程学院	教　授	2004.12	西北农林科技大学
韩蕊莲	陕西省宝鸡市扶风县	1962.12	水土保持研究所	教　授	2004.12	西北农林科技大学
陈云明	陕西省渭南市澄城县	1967.07	水土保持研究所	教　授	2004.12	西北农林科技大学
王文龙	陕西省渭南市大荔县	1964.07	水土保持研究所	研究员	2005.12	西北农林科技大学
宋松柏	陕西省咸阳市永寿县	1965.03	水利与建筑工程学院	教　授	2005.12	西北农林科技大学
张爱军	山西省大同市高县	1964.03	水利与建筑工程学院	教　授	2005.12	西北农林科技大学
范兴科	陕西省宝鸡市岐山县	1964.05	水土保持研究所	研究员	2005.12	西北农林科技大学
徐学选	陕西省渭南市大荔县	1966.04	水土保持研究所	研究员	2005.12	西北农林科技大学
李秧秧	陕西省咸阳市	1967.04	水土保持研究所	研究员	2005.12	西北农林科技大学

续表7-2-5

姓名	籍贯	出生年月（年·月）	工作单位	职称资格	评定时间（年·月）	认定单位
冯　浩	陕西省延安市	1970.02	水土保持研究所	研究员	2005.12	西北农林科技大学
马耀光	陕西省咸阳市武功县	1957.10	水利与建筑工程学院	教　授	2006.12	西北农林科技大学
杨明义	山东省莱州市	1970.09	水土保持研究所	研究员	2006.12	西北农林科技大学
杜　盛	内蒙古自治区鄂尔多斯	1965.01	水土保持研究所	教　授	2007.06	西北农林科技大学
杜应吉	陕西省咸阳市	1963.09	水利与建筑工程学院	教　授	2008.12	西北农林科技大学
骆亚生	陕西省咸阳市泾阳县	1967.10	水利与建筑工程学院	教　授	2008.12	西北农林科技大学
栗晓玲	四川省达州市开江县	1968.11	水利与建筑工程学院	教　授	2008.12	西北农林科技大学
李宗利	陕西省宝鸡市凤翔县	1967.01	水利与建筑工程学院	教　授	2008.12	西北农林科技大学
张晓萍	河南省焦作市温县	1971.11	水土保持研究所	研究员	2008.12	西北农林科技大学
白岗栓	陕西省渭南市富平县	1965.04	水土保持研究所	研究员	2009.12	西北农林科技大学
胡田田	陕西省咸阳市礼泉县	1966.07	水利与建筑工程学院	教　授	2009.12	西北农林科技大学
严宝文	陕西省汉中市	1970.10	水利与建筑工程学院	教　授	2009.12	西北农林科技大学

大事记

新旧石器时期

旧石器时代（大约 1 万年前） 麟游县九成宫镇镇头村的史家原等地发现旧石器时代遗物四十余件，主要有尖状器、刮削器、砍砸器等。证明在旧石器时代已有人类在此繁衍生息。

新石器时期（大约 5000 年前） 大禹与后稷疏通漆水及岐水。

新石器时代（大约 5000 年前） 麟游县有仰韶文化时期村落遗址三处。在今麟游的杜河及花花庙河下游有稀疏的村落和原始公社部落。1959 年，凤翔县境内发现 13 处仰韶文化和龙山文化遗址，出土文物有：用于耕种收割的石斧、石镰、石刀、石铲，用于砍、挖、钻、凿的石锛，用于纺织、缝纫的陶纺轮、骨针，用于捕鱼、狩猎的石网坠、石箭头、骨箭头。在古人居住的遗址处，有白灰屋面、窖穴遗迹及陶器、蚌器、尖底瓶、盆、瓮、斝、罐等。证明公元前 60 世纪至前 20 世纪县境内已有先民居住繁衍。

经多次文物普查和考古发掘所得的文化遗存证明，在公元前 50 世纪前后，今武功地区漆水两岸台地、渭水以北一级阶地及二道塬边，已是先民聚族而居的密集地区。游风街、香尧村等半坡型仰韶文化遗址可作为代表。

到公元前 40 世纪，武功境内先民制陶工艺已比较考究，器物品类和形制增多。岸底村等庙底沟型仰韶文化遗址可代表。

公元前 30 世纪前后，武功县种植业已经兴起，原始农业较为发达。以浒西庄为代表的庙底沟二期型仰韶文化遗址在境内分布较多。

约公元前 28 世纪至前 21 世纪，以武功赵家崖、客省庄二期型文化和王烧台等仰韶龙山型文化为典型。这一时期种植业有新的发展，粮食种类增加，除人主食外，还用作饲养马、牛、羊、猪、狗、鸡等畜禽，且有富余和储存。

约公元前 23 世纪，武功境内居住着由炎帝姜姓部落分离出来的有邰氏部落。有邰氏之女姜嫄，怀孕生子，虽几经抛弃而不死，故名弃。弃小时候就以种植麻、菽、麦为戏，成人后遂喜爱耕稼，善“相地之宜”，适时播种，庄稼长得很好，其他部落都来向他学习。此事被尧知道后，便任用弃为农师，号曰后稷。帝舜时仍命他教民稼穑，天下尽得其利，弃因功被封于邰，赐姓姬，为周人始祖。

夏

夏帝孔甲时（约前 18 世纪初），夏后氏政衰，诸侯多叛，“去稷不务”。太康时弃之后代不窋，因而丢掉了“后稷”的官职，逃奔于戎、狄之间。

夏后氏政衰，去稷不务，不窋因失其官奔夷、狄之间，居杜与漆沮之地，置杜林邑于今麟游县西北之杜阳堡，后遂向东扩展，建都于豳。

当周人传至公刘作首领时（约前 16 世纪），为了躲避夏帝桀的暴政，公刘率领族人离开祖居的邰地，越过梁山，进入豳地（今彬州、旬邑、长武一带）开荒种田而定居。

履癸三年（约前 16 世纪），国势衰落，夷人（今属羌族）进入岐地（今陕西省凤翔县、岐山县一带）。

商

夏帝桀被商汤所败，武功地区为羌、戎、狄人占据。武丁当政时（约前 13 世纪），发动了规模很大、时间很长的伐羌战争，直到帝小辛、辛小乙时还未停止。有邰地区长期被战争所困扰。

武乙元年（约前 11 世纪），古公亶父自豳迁岐，号周太王。三年，王命亶父为周公，赐岐地。

小乙二十六年，古公亶父（周太王）率部族从豳地迁至岐山周原。定国号为“周”。

武丁四十一年，古公亶父的妃子太姜生季历（王季）。

祖甲二十八年，古公亶父病危，长子太伯、次子仲雍知古公欲立季历，二人遂奔避江南，古公亶父逝世，季历嗣立。

武乙三年，商王武乙将岐邑赏赐给“周”。

三十四年，季历朝见商王，王赐地 30 里，玉 10 车，马 10 匹。

文丁四年，季历率兵打败余无（地方名）部落，被商王任命为牧师。

十一年，季历征伐翳徒（地方名）部落，向商献捷，商封季历为西伯。周势强大，引起商的不安。同年，文丁捕杀季历，姬昌继承西伯位。

帝乙三年岁六月，文王寝疾五日而地动，东西南北，不出国郊，群臣皆恐，请移城。

帝乙二十三年，姬发诞生。

二十四年，姬昌征伐猃狁（西北游牧部落，即秦汉时匈奴）。

十三年，姬昌获释回岐，商特许其可自行出兵征伐。同年，姬昌请求商王朝废除炮烙酷刑，纣王允。

西周

周成王六年（前11世纪），成王在岐阳（今岐山县、凤翔县一带）狩猎，并与诸侯会盟。

西周（约前11世纪—前8世纪），长安、咸阳一带已种植水稻。《诗经·小雅·白桦》篇有“滮池北流，浸彼稻田”之记载。《长安志》记：“长安西北二十里有滮池。”

春秋

周赧王七至二十四年，其间（前308、前293、前283、前281、前273年）扶风大雨，泥沙流失，渭水浑浊，呈赤色数日。

周平王元年（前770年），王封秦襄公为“诸侯”，赐岐西地。自此，秦与诸侯不相往来。

秦襄公十二年（前766年），秦攻西戎，襄公至岐地，死于军旅。

秦文公十六年（前750年），秦攻戎，戎人败走。秦收“周余民”，势力渐次扩张，辖地至岐以西的广大地区。

秦武公十一年（前687年），灭小虢（西虢，雍邑，陕西凤翔南18千米故虢城）。二十年（前678年）武公死，葬雍平阳；殉葬66人，开始了残酷的生人殉葬制度。

秦德公元年（前677年）迁都雍城，初展大郑宫（今县城南）；祀鄜畤（雍邑祭白帝处），卜居雍。雍邑诸祠自此始。二年（前676年），作伏祠；肢解狗于雍城四门，意为防御病毒。自此，始有“伏”之节令。

秦穆公四年（前656年），迎娶晋献公女为秦穆公夫人。

秦穆公五年（前655年），授百里奚政务，称“五羖大夫”；以蹇叔为上大夫。

秦穆公九年（前651年），晋献公死，晋内乱。晋公子夷吾求秦定内乱。冬，穆公命百里奚联齐会师，接晋惠公（夷吾）入秦避难。第二年（前650年），用兵护送他回国继承君位。

秦穆公十三年（前647年），晋大饥，乞秦粮，丕豹建议伐晋，穆公说：“其君是恶，其民何罪”，遂漕运粟米到晋。船队沿渭水到绛水络绎不绝，史称“泛舟之役”。

周宣王二年至六年（前826—前822年），乾县境内连年大旱，民死大半。

战国

秦厉共公二年（前475年），蜀人贿秦，秦蜀始往来。

厉共公十六年（前461年），发兵3万灭大荔（今陕西省大荔一带），溃兵逃河陇（古地区名。指“河西”与“陇右”而言。“河西”，指今山西、陕西两省间黄河南段以西；“陇右”，指今甘肃六盘山以南、黄河以东一带）。自此，无戎人侵扰。

秦出子二年（前 385 年），庶长菌白河西迎公子连入秦，立为国君，称献公，杀秦出子及其母，沉尸深潭，后改葬雍。

秦献公二年（前 383 年），筑栎阳城（今陕西省临潼河北之武屯），自雍城迁都栎阳。秦自德公都雍，经历 19 公，共 294 年。

秦王嬴政九年（前 238 年），四月，秦王自咸阳至雍城，宿祈年宫，二十日行冠礼于雍城大郑宫，带剑。

秦

秦王政元年（前 246 年），水工郑国率众十年，凿泾开渠，东流 300 余里，注洛水。灌今泾阳、三原、高陵、临潼、富平、蒲城等县，泽卤之地（盐碱地）四万余顷。因名曰：郑国渠。郑国渠，即今泾惠渠之原始（《史记·河渠书》）。

考古工作者在秦遗址中，曾发掘出陶制排水管，有圆筒状直管和弯管，表明秦时宫廷排水技术已具备相当水平（《考古与文物》1986 年 3、4 期）。

秦二世胡亥元年（前 209 年），开漆渠，经咸阳入漕河（《重修咸阳县志》卷一）。

汉

武帝建元元年至后元二年（前 140—前 89 年），修成国渠。自眉县引渭水入扶风县上宋乡东流。

武帝元光年间（前 134—前 129 年），成国渠建成。自今眉县引渭水东北行，过漆水，至兴平入蒙笼渠。灌今眉县、扶风、武功、兴平、咸阳部分田地，并收关中西部漕运之利。武帝元鼎三年（前 114 年），设水官管理关中水利。

武帝元鼎二年（前 115 年）三月，关中大寒，雪深 5 尺，流域各县民众均有冻死者。

武帝元鼎六年（前 111 年），左内史倪宽凿开六辅渠，以溉郑国渠傍高仰之田（《汉书·沟洫志》第九）。又倪宽“定水令，以广溉田”，为史载最早的用水法规。

武帝元封（前 110—前 105 年）中，扶风晴天雷，声闻 400 里，飞鸟集棫阳宫，降落两块黑色陨石。

元封二年（前 109 年），关中大寒，雪深 5 尺，野鸟、兽皆死，牛马蜷缩如猬，民冻死者十有一二。

武帝天汉元年（前 100 年），中郎将苏武（武功人）奉命送匈奴使者北还，因副使张胜与在匈奴的汉人谋杀匈奴丁零王卫律事败，苏武被扣。拒降，匈奴令武居北海（今贝加尔湖）牧羊。

昭帝始元六年（前 81 年），匈奴放苏武回汉，被扣达 19 年，汉授武典属国之职。

光武帝建武二年（26年），永寿县大旱，人相食，黄金一斤，易豆五斗。改漆治，复称漆县，属右扶风。

新莽地皇元年（20年），九月，武功、长安等地大雨60余日，美阳中水乡三庄民房下陷，原地成为池塘。

明帝永平十年（67年），美阳县（今扶风县）建阿育王塔（在今法门寺），藏佛指骨。

献帝初平四年（193年），六月，右扶风“雹大如斗”，大风伐屋拔木。

献帝兴平元年（194年），秋，“三辅”大旱，谷1斛50万，豆麦1斛20万，人相食，白骨弃置于野。

三国

魏人马钧（扶风人，《辞海》注兴平人）造翻车（亦名龙骨水车）。“令童儿转之，而灌水自复，其功百倍于常”（《中华水利史》下册）。

魏明帝青龙元年（233年），重修成国渠，自陈仓（今宝鸡市东）至槐里（今兴平县）筑临晋陂，引汧洛溉潟卤之地三千余顷，国以充实（《晋书·食货志》）。

晋

武帝太康九年（288年）夏，凤翔旱，伤麦。

安帝义熙十四年、夏赫连勃勃昌武元年（418年），十一月，赫连勃勃入长安，关中为其所有。十二月称帝，此时，武功、美阳均属夏之北秦州。

南北朝

北魏孝文帝太和十一年（487年），分好畤县（今乾县）为两部，漠谷河以西为漠西县，以东属好畤县。

西魏文帝大统十三年（547年），在成国渠的武功段，“置六斗门以节水”，因名六门堰（《长安志·武功》卷十四）。

隋

开皇二年（582年）三月，尚书李询监督民工，引杜阳水（今麟游之杜水）于三畤原（今扶风、武功境），灌地数千亩。又在武功东南乡开永丰、普济渠（今普集街乡境）。

文帝开皇二年（582年），尚书李询与太仆元晖在武功开普集渠，引渭水东流，经兴平入咸阳，可灌田 70 余顷（《关中水利史话》）。

开皇十三年（593 年）二月，隋文帝下诏在麟游营建仁寿宫。

开皇十五年（595 年）三月，仁寿宫竣工，民工尸体摆满山道，杨素令焚烧而除之。隋文帝初游仁寿宫，赐赏杨素甚厚。

七月，麟游在碧城山下以轮激水列水磨磨面以供宫用。

开皇十七年（597 年）二月，隋文帝到仁寿宫，宴百官于玉女潭（今麟游县南鱼塘峡）。

开皇十七年（597 年）十二月十六日（598 年 1 月 28 日），岐州刺史李渊夫人窦氏生次子李世民（唐太宗）于武功别馆（另有李世民生于开皇十八、十九年之说）。隋文帝开皇十四年（594 年），乾县发生大灾荒，百姓啼饥号寒，朝廷无力赈济。隋文帝率领百官、皇族逃到洛阳。

炀帝大业二年（606 年），杨广即位，兴修水利，引杜、漆、岐三水灌农田。

大业二年七月，在碧城山下，以轮激水磨面，以供宫廷使用。

京兆郡武功县，有永丰渠、普济渠；泾阳县有茂农渠（《隋书 ·地理志》）。

唐

太宗贞观元年至二年（627—628 年），乾县大旱，“斗米需绢一匹，民多卖子”。

贞观四年（630 年）九月，唐太宗诏修麟游县仁寿宫，更名九成宫。

贞观六年（632 年）四月，麟游县醴泉出西城之阴，唐太宗李世民令魏征撰文，欧阳询书丹，立碑于西城之阴。

高宗永徽五年（654 年），闰五月，麟游大雨，山洪下泻，冲玄武门，溺死卫士及居民 3000 余人，郎将薛仁贵登宫墙呼救，高宗脱险。

咸亨二年（671 年），引卒水，开升原渠，至武功六门堰与成国渠合。

仪凤三年（678 年），唐高宗五月到九成宫，麟游三至五月霖雨，大寒，九成宫兵卫有冻死者。

中宗嗣圣元年（684 年），唐高宗葬乾县城北之梁山，曰乾陵。

武则天光宅元年（684 年），分好畤、礼泉、始平、武功、永寿五县之地设奉天县（治所在今乾县）以奉乾陵。

中宗神龙二年（706 年），武则天与高宗合葬乾陵。

德宗贞元九年（793 年）四月十三日，关中三辅地震，有声如雷；城壁房屋倾倒，地裂涌水。

德宗贞元十七年（801 年），乾县境内风雹损麦。

宪宗元和三年（808 年），岐阳县制缩为镇，以北境之周城入岐山县，以南境之太白骆谷入眉县，眉县之成国渠、武功之郿城入扶风县。

元和八年（813 年）六月，渭水暴涨，毁三渭桥，南北绝行者 1 月。

文宗开成元年（836 年）六月，麟游暴雨，水毁九成宫，毁民房三百间，死者数百人，牲畜不计其数。

唐制《水部式》对关中各渠堰的用水管理制度曾有明确规定。

《唐六典》中对泾、渭、白渠规定：“以京兆少尹一人督视”，“京畿之内，各渠设渠长、斗门长”。

玄宗天宝元年（742 年），长安令韦坚为水陆转运使，于咸阳西，拥渭水作兴成堰（《陕西通志》雍正本卷三十九）。

天宝八年（749 年），麟游夏、秋皆大丰收。

代宗大历年间（766—779 年），京兆尹黎干决郑白支渠。《元和郡县志 ·泾阳》记，白渠有大白渠、中白渠、南白渠三条支渠，后称“三白渠”。

大历八年（773 年），邠州（今彬州）新平郡三水县，北二十里因风雷而形成了万寿湫。

文宗太和初，宰相李石奏、咸阳令韩辽修兴成渠，接秦汉故漕渠。工成，“自威阳至潼关三百里，可免车挽之劳”（《陕西省通志》雍正本卷三十九）。

文宗太和二年（828 年），朝廷“出水车样，令京兆府造水车，散给沿郑白渠百姓。以凝水田”（《黄河水利史述要》158 页）。

开成元年（836 年）六月，麟游暴雨，水毁九成宫，坏民房三百间，死者百余人，牛马不计其数。

懿宗咸通三年（862 年），开通升原渠，灌扶风、武功三畤塬田地。

咸通十一年（870 年），咸阳县民薄逵等上言，以六门堰淤塞，沿成国渠之地不得灌溉，请借公库钱修浚，渠通后以得利户之水税偿还。诏准，命武功令李频雇民专其事。至十三年（872 年）始完工。渠长 300 里，灌武功、兴平、咸阳等县农田，“谷以大稔”，获益居关中各渠之首。

咸通十一年（870 年），于成国渠穿漆水河处重修六门堰，十三年四月工成。合沸川、莫谷、香谷、武安四水，可灌武功、兴平、咸阳等县农田二万余顷，以其利可与泾白渠相媲美，又称为渭白渠（《长安志 ·兴平》）。

宋

太宗淳化元年（990 年），麟游自一月至四月不雨，大旱。七月，河水暴涨。

淳化元年（990 年），乾州大旱，免租赋十分之四。

仁宗皇祐五年（1053 年），岐山大旱，黍禾全枯。

徽宗崇宁元年（1102 年），麟游旱。

大观元年（1107 年），麟游旱。

宣和五年（1123 年），麟游旱。

仁宗庆历七年（1047 年），叶清臣出知永兴军，疏浚三白渠，“溉田逾六千顷”（《宋史·叶清臣传》)。

仁宗嘉祐年间(1056—1063年),永寿县令吕大防,引分水岭(永平乡北2.5千米)之三泉水至县城,以解决人畜饮水困难。时人名之为吕公惠民渠(《陕西通志》雍正本)。

嘉祐八年(1063年),苏轼任凤翔通判时,游扶风县飞凤山,以《远爱亭》为题赋诗留念。

神宗熙宁五年(1072年),陕西提举常平沈披恢复"武功县古迹六门堰,于石栗南二百步傍为土洞,以木为门,回改河流,溉田三百四十亩"。但因迂阔少效,未获成功(《宋史·河渠志》)。

金

熙宗皇统二年(1142年),宋金议和,以大散关为界。金于凤翔设榷场,宋金通商交易。宋以粮食、纺织品、瓷器、漆器等物与金的马、牛、羊、骆驼、毡毯等产品交换。

章宗泰和元年(1201年),永寿县(古麻亭驿)立簿邢珣,因睹吕公惠民泉年久废,查访其源,悉得故道,遂动众复修,厥工告成(《金重修惠民泉记》)。

元

顺帝至正十九年(1359年),乾州蝗食禾苗,草木俱尽,所至蔽日,碍人马不能行,坑堑皆满,饥民捕蝗以为食。

至正二十年(1360年),杨钦督工修治王御史渠"溉农田四万五千余顷"(《元史·河渠志》)。

明

太祖洪武八年(1375年),"命上兴侯耿炳文疏浚泾阳洪渠堰,溉泾阳、三原、礼泉、高陵、临潼田二百余顷"(《明史·河渠志》)。

代宗景泰三年(1452年),渭水冲刷咸阳市南城基,知县王瑾主持筑土堤防护(《重修咸阳县志》卷二)。

成祖永乐十三年(1415年),麟游旱。

英宗正统十二年(1447年),麟游自正月不雨至四月。

宪宗成化二十年(1484年),武功久旱,岁大饥,武民流移者十已六七。李侍郎来赈关中,至武功进士丁璿家,见其妻无以为食,遂以自己全部薪俸救助,后丁妻仍以贫死。同年,陕西参政谢绶组织修"通济渠",自宝鸡阎家经营水至武功"三江口"(今川口处),灌田116顷。

孝宗弘治八年(1495年),陕西提学副使责成武功知县宋学通,将绿野亭改建为绿野书院。

孝宗弘治十五年（1502 年）春，武功人康海殿试中旨，登三甲第一，授翰林院修撰兼经筵讲官。康为明、清两代陕西所中三状元的第一人。

武宗正德二年（1507 年）大旱，岐山民众大多外逃。

世宗嘉靖七年（1528 年），岐山大旱，斗米千钱，人相食。

嘉靖三十四年（1555 年），岐山大地震，公署、民房倒塌十分之七，居民死伤惨重。

崇祯十一年（1638 年）六月，麟游秋大旱，蝗虫食禾。

崇祯十二年（1639 年），麟游旱，蝗为灾，饥民流徙载道。

崇祯十三年（1640 年），陕西连年旱蝗，武功境内树皮草根皆食尽，县北之民争食崖间白土，后多癃闭致死。

世宗嘉靖八年（1529 年），咸阳邑绅王献秉请陕西巡抚刘天和与御马监晏弘督修护城堤，易土堤为石堤（《重修咸阳县志》卷二）。

英宗天顺三年（1459 年），冶峪河有渠 7 条，灌泾阳县农田六万六千余亩（《云阳石门庙碑》）。

宪宗成化四年（1468 年），陕西按察使项忠，以郑白古渠久废，奏募工疏凿石山一里余，引谷口上流入渠。因忠调京停建。后于成化十七年（1481 年）付都御史阮勤，继竞其业，一年工竣，溉泾、三、礼、高、临五县农田八千余顷，渠名广惠渠（《明史 ·河渠志》）。

武宗正德十一年（1516 年），陕西巡抚萧冲主持复凿引泾石渠，上接新渠，直至广惠渠，下入丰利渠，历时一年建成，名为通济渠（《泾渠志稿》民国本）。

神宗万历十四年（1586 年），陕境中部大旱，道殣相望，民不聊生，朝廷发帑三十万赈济之。

万历二十三年（1595 年）五月，麟游县烽火台冰雹如斗。

万历二十八年（1600 年），麟游八月旱，至次年四月始微雨，民大疫。草木既尽，民食树皮，夜窃成群，并以昼劫，道殣相望，村空无烟，死人无数。次年雨雹有大如墙者。

万历四十四年（1616 年），麟游飞蝗蔽天，乡民哭声震野。

神宗万历四十五年（1617 年），《清浊二河水利碑记》载：清峪河有荆条、工进、原成、下五、木涨等五渠，溉泾阳、三原两县农田七万九千余亩。

崇祯十二年（1639 年），麟游遗蝻食麦。次年旱，蝗为灾，饥民流徙载道，死亡枕藉，人相食。

崇祯十二年至十五年（1639—1642 年），乾州旱蝗相织，饥民相食，绝粜罢市，草木俱尽，十六年雹大如斛，伤人无数。

崇祯十三年（1640 年），永寿县大旱，草木尽枯，饥疫流行，城乡凋敝至极，境内一门一支绝亡者甚多。

清

康熙八年（1669 年），奉旨豁免武功县河水冲毁田 6382 亩的赋银 286.75 两。

雍正三年（1725 年）十月，永寿好畤河开渠三十丈，宽四至七尺，深三至六尺，引河水灌田一百六十亩。

雍正十一年（1733 年），由沈青崖任总裁，王以现任监订，知县沈华等 40 人任编采的《武功县后志》纂成刊行。

乾隆二年（1737 年），陕西巡抚崔纪于五月，令饬各县相地凿井。至十一月奏报凿井数目：咸阳县 3640 余口，兴平县 4590 余口，泾阳县 2190 余口，礼泉县 410 余口，乾县和武功县 5200 余口，彬、长、旬三县共 140 余口（《续修陕西通志稿》卷六十一）。

乾隆十二年（1747 年），兴平人杨山著有《知本提纲》，对关中整地、灌溉、农业有精辟的论述（《秦晋农言》）。

嘉庆七年（1802 年），麟游入春以来，麦田受旱歉收。

嘉庆十年（1805 年），麟游缺雨大旱。

道光八年（1828 年）五月，麦熟，乾州大风吹落殆尽，农民哭声遍野。

宣宗道光十年（1830 年）五月初五，大雨浸塌扶风县署大堂及署内房屋；冲毁民窑 404 孔，房屋 180 余间，淹死 29 人。

文宗咸丰十一年（1861 年）秋，飞蝗自山东过扶风县境，遮天蔽日，偶落田间，顷刻食尽禾苗、树叶。

光绪三年（1877 年），扶风旱荒岁侵，发义仓粮。

光绪三年（1877 年）五月十二日，永寿雷雨夹雹，大如鸡蛋，南北甘井、冯家庄等驾坡、圪垯铺、永寿村、监军镇、美井、安家宫，秋苗尽毁。窑塌死 20 余人，甘井农民王万福一家四口全塌死。知县郑德枢捐廉抚恤，极贫者每口给钱二百文，塌死人者每人给钱一串，申请得银五百两，救济灾民埋尸、修窑、买牛。

光绪三年（1877 年），咸阳、兴平、三原、泾阳、乾县、礼泉大旱，其中兴、咸等县连旱两载。

光绪十六年（1890 年），川汉客民陆续来永寿，分水岭及五峰山一带荒地渐次开垦。

光绪二十六年（1900 年），咸阳春夏干旱，秋冬少雨，及至二十七年大旱未减。

光绪二十六年（1900 年），渭、漆河暴涨，渭河流量 11500 立方米每秒；漆水河流量 2260 立方米每秒。

光绪二十七年（1901 年），扶风县大旱，麦未能播种，人多逃亡，狼白昼结群入村食人。

中华民国

民国九年（1920 年）十二月二十六日晚八时许，流域地震约 1 小时，连震 8 次（震中在宁夏海源，8.5 级）。有吼声，墙倒房塌，仅扶风县文殊里陈家、马圈沟、东作等村，因土窑塌陷伤亡者 500 余人。

民国十二年（1923 年），西（安）宝（鸡）公路武功段，奉命征集本地民工，沿长宁至贞元至县城至扶风一线的古驿道修成。宽 4 ～ 6 米，黄土路面。

是年，永寿大旱，夏歉收，秋无收，麦未种。

民国十八年（1929 年），陕西大旱，武功、乾县及咸阳诸县尤甚。据《赈务汇刊》载，武功大旱，近城 20 华里荒无人烟。全县 17.91 万人，饿死 9.84 万人。又据《黄河水利史述要》载，礼泉县民国十八年共有 12.9 万人，饿死者近 6.6 万人。

民国十八年（1929 年），麟游年馑，麦斗价 11 个银圆，秋粮斗价 8 个银圆，穷人结伙入富人家强吃强喝，谓之“吃大户”，强行借粮，称“口袋队”。

民国十八年（1929 年），大旱，扶风县川塬地颗粒无收。全县灾民 95005 人，其中死 52170 人，外逃 12337 人。县东南乡南寨子、南邓村人烟绝。岐山夏秋无收，麦仍失种，山秃地赤。十二月又遭大风雪，饥民多冻死。

民国十九年（1930 年）秋，武功蝗虫食禾，所过之处，颗粒不收。本年，仍亢旱少雨，塬上夏、秋无收，塬下沿漆、渭可浇之地，虽有庄稼，但已成“白日饥民强要，晚上土匪又抢”的集中地带，全县灾情严重。然而，省、县催征钱粮却急如星火，粮差多达 120 余人，遍布城乡，四处追索。入冬，灾民啼饥号寒，一片惨象。岐山等地蝗虫大起，伤禾成灾。冬，大风雪，天气酷寒，饥民、树木多冻死。

民国十九年（1930 年），乾州秋禾仅数寸，蝗虫成灾，遮天蔽日，声如风吼。落脚糜谷玉米，嚓嚓有声，大片秋苗，顷刻殆尽，及至秋后，颗粒无收。

民国二十年（1931 年）六月三十日晚，暴雨。七月一日，扶风河、畤沟河（今七星河）水暴涨，深丈余，沿岸秋禾、村庄皆被冲毁，死 115 人。

民国二十年（1931 年），据天津《大公报》及西安《民意日报》调查，本年武功全县废弃耕地约占总耕地的 80%。撂荒原因：人口大量减少，无力耕种。本年，经省善后清查处派员会同县长调查“上报全县共种罂粟 28012.39 亩”（按：实际绝不止此数），应征善后专款及军事附加费各为 112049.56 元，即 224099.12 元。

民国二十年（1931 年），陕西省水利局决定在咸阳设立渭河水文站，至二十一年由黄河水利委员会接管，易名黄河水利委员会咸阳水文站。

民国二十年（1931 年）三四月间，岐山等地西北风剧烈，蝗虫又起，田苗尽枯，夏、秋俱薄收。

民国二十一年（1932 年），兴平县县长温伟，接受省政府建设厅凿井器一套，于县西安家堡凿成自流井一口，深十九丈六尺，可灌田五亩。此为咸阳境内最早的承压自流深水井。

民国二十二年（1933 年）元月，经多处查勘，始确定将西北农林专科学校建于武功县杨凌张家岗。8 月，筹建工作开始。

民国二十二年（1933 年）4 月 8 日，岐山等地气候乍变，寒冷若冬，大风雪，大麦、小麦叶枯茎萎，状似火烧。

民国二十二年（1933 年）8 月，在李仪祉倡导下，将附设于西安高中的水利专业预备班，迁入武功西北农林专科学校，设水利组，至二十八年（1939 年）西北农学院成立，改为水利系。

民国二十三年（1934 年）由于连年大灾，武功蒿莱满目，饿殍遍野。本年春夏之交，恶狼成群结队，日夜出没于道途村舍，袭击人畜，受伤甚至毙命者四处可闻。

3 月，西北农林专科学校筹委会公推于右任为该校校长。9 月，农专附设高级职业学校首先开学，招农科、林科、补习三班学生。

6 月，经调查武功县已耕地约 25 万亩，占总耕地面积的 46% 左右，余皆仍被荒弃。仅千亩以上连片荒地即达 5 万余亩。省水利局应县政府要求，拟用火犁（拖拉机）翻耕全县大片荒地。

6 月 6 日，特大暴雨，顷刻遍地皆水，扶风杏林、良峪、城关、小留、扶陀大水浸村，地突裂。

8 月，渭惠渠工程武功段与其他段同时开工，次年 12 月第一期（眉县魏家堡至本县金铁寨）工程完竣，并试水成功。

本年，西北农林专科学校在本校西侧建成畜牧场，设猪、羊、鸡、役畜及畜料作物等部，主要工作是推广杂交配种、改良土种畜禽。此为武功县科学养殖事业之始。

11 月，渭惠渠二期工程竣工，灌溉眉、扶（上宋、绛帐、揉谷）等 5 县农田 50 万亩。

民国二十六年（1937 年）12 月， 渭惠渠建成。二十七年于兴平成立管理局。该工程于二十四年四月动工，二十五年十二月试水，引渭水量 30 立方米每秒，干渠长 177 千米，共用公款 239 万元（银圆），可灌眉县、扶风、武功、兴平、咸阳五县农田 60 余万亩。民国二十七年秋末，实灌面积已有 20 万亩左右。冬，武功大庄张堡村南漆水河上渭惠渠渡槽全部完工。

民国二十七年（1938 年）3 月 8 日，中国水利工程学会会长、陕西省水利局局长李仪祉病逝于西安，终年 57 岁。国民政府歌功颂德，嘉令公葬于泾阳县社树村（泾惠渠北侧）。

4 月，由西北农林专科学校和西北联合大学农学院、河南大学农学院畜牧兽医系合并而成的西北农学院在武功张家岗成立。

5 月，西北农学院与国民政府经济部中央水工实验所合办的武功水工实验室，在渭惠渠南（今武功水利学校区）筹建，于1940年11月建成，是今西北水利科学研究所的前身。

民国二十九年（1940年），中央水利实验处在武功杨凌建立分支机构——武功水土经济研究室，1954年改为西北水利科学研究所。

8月5日8时30分，日本飞机7架轰炸西北农学院。投弹20多枚，炸死员工3人，损毁器物值8万余元。

8月30日10时许，日本飞机24架分两批轰炸西北农学院，投弹120多枚，炸毁房屋136间，毁坏门窗玻璃10190块，死伤种马5匹，毁蜂30余箱，共计损失28.3万元。

9月21日11时许，发生日全食。一时天昏地暗，繁星满天，鸟雀乱飞，犬吠鸡鸣。

11月30日8时许，日本飞机1架，16时日本飞机4架，先后两次轰炸西北农学院。投弹30多枚，重伤1人，物品损失11万多元。

民国三十一年（1942年），永寿县政府通令乡镇保健苗圃，育苗造林。县政府于县城南门外购地15亩，建县苗圃一处，乡镇共租民地32亩，建苗圃6处。

民国三十四年（1945年）4月，武功全县发生蝗蝻。夏，天旱严重，渭河一度断流。秋，蝗虫复起，三厂、游风、魏公受害最大。

民国三十四年（1945年），抗日战争胜利，各地群众遍燃爆竹，集会热烈庆祝。

民国三十五年（1946年），中共在岐山、麟游、凤翔、宝鸡等县相继建立武装游击队，支援解放战争。至是年，秦宝工业区（宝鸡十里铺）有福新、大新两家面粉厂，有申新纺织厂、宏文造纸厂、宝光酒厂、太和纸烟厂、秦华棉毛纺织厂及手工业织布厂多家。

民国三十七年（1948年），中共中央西北局、陕甘宁边区政府决定成立由彬州、长武、永寿、乾县、礼泉、兴平、武功、扶风、麟游、岐山、凤翔、宝鸡、千阳、陇县、眉县15县组成的西府分区。

中华人民共和国

1949年

5月19日9时，中国人民解放军西北野战军第二军司令员王震将军率部进入武功长宁地区，宣告武功解放。王震和王恩茂将军前往西北农学院同师生见面，受到热烈欢迎。

5月21日，麟游县解放。陕甘宁边区政府将麟游县划归彬州分区，隶属彬州专员督察公署领导。

7月10日，扶、郿战役拉开序幕。7月18日，武功县1200余人组成的支前大队挺进汉中、四川的解放军部队做支前工作，并动员民工2500多人，新修了县城至普集车站（今武功车站）、武功车站（今杨凌车站）至普集车站两条共25千米的简易公路及漆水、牛家河两座桥，为后续各县支前物资运送提供了便利。

8月，武功水工试验室扩建为西北水工实验所，1956年改名西北水利科学研究所、陕西省水利科学研究所。

10月6日，中共宝鸡地委发出《关于节约救灾问题的决定》，要求全分区党政军紧急动员起来，组织群众，采取借贷、生产、移民、募捐等办法战胜严重阴雨灾害。

1950年

5月，省政府命令原宝鸡分区与彬州分区合并为宝鸡分区。宝鸡分区增加武功、麟游、永寿、长武、乾州、彬州6县，凤县划归南郑分区，至此，宝鸡分区辖13县1市。

12月，咸阳全市（按1985年市直辖区统计）共有灌溉面积85.17万亩（咸阳市统计局资料）。

1951年

6月，麟游县花花庙剌家台子生产队、镇头生产队小型水渠建成并投入灌溉，为新中国成立后麟游县兴修水利之始。

6月，西北水利部决定在武功筹建西北水利学校，并正式招生。1958年由陕西省水利局接管，与三原水校合并，改名为陕西省武功水利学校。

10月，永寿县开始在永平乡荒坡营造防风林带。

11月，乾县开展查田定产工作。原有耕地1106713.42亩，查田后实有土地1197888.72亩，长出土地91175.3亩（老亩大，市亩小）。全县土地共分13等，核定产量，颁发土地证。

由西北农学院教授赵洪璋培育的小麦优良品种“碧蚂一号”，在武功县境内多数乡、村大面积推广。

西北农业试验站、西北农学院在扶风绛帐镇罗家村发现已有百年之久的隔年核桃，鉴定为稀有品种，由国家和省级向各地推广。

1952年

春，麟游县花花庙剌家台子、镇头小型水渠建成并投入灌溉，为新中国成立后本县兴修水利之始。

4月，麟游县九成宫公社南坊生产队兴修水田23亩，种水稻平均亩产225千克，栗川、花花庙稻田均获丰收。

4月至7月失旱，乾县夏田减产，全县平均亩产60千克。

5月17—20日，岐山县第一次丰产村、组、户及劳动模范、互助组长代表会议在县城召开。出席代表164人。

7月30日晚约22时，岐山曹家、落星两乡突降暴雨，3121亩农田受灾，400多亩良田变为沙滩。

10月，麟游县社员王振干、吴周炳互助组在修梯田运动中，以自己的模范行动带动一区三乡，10多天时间修坡式梯田、簸箕田1921亩，被陕西省人民政府评为二等生产模范。

12月，西北水利学校在武功县杨凌镇建立。1958年与三原水校合并，称“陕西省武功水利学校”。

1953年

3月，高教部批准，将三原工业职业技术学校改为陕西省水利学校。1958年并入武功水利学校。

7月17日16时，岐山县连降暴雨4小时，山洪骤发，河水猛涨，6个区24个乡遭灾，毁地104亩，遭灾1667户，宝鸡专署拨救济款1000万元（旧人民币）。

1954年

春季，麟游县引进国际槐（刺槐），在良舍西坊试种30亩，成活率高，从此刺槐成为麟游高山造林的主要树种。

3月，经宝鸡专员公署批复，为麟游县兴修花花庙公社小型水渠工程，准予贷款5000万元（旧人民币）。

5月，麟游县良舍西坊生产队兴修2条水渠，长2.05千米，可浇地314.89亩。

7月，在武功筹建中国科学院西北农业生物研究所，1956年2月正式建立。1969年更名为中国科学院西北水土保持研究所。

同月，西北水工试验所在原武功水工试验室的基础上成立，地址设在武功县杨凌镇。

夏秋之际阴雨不绝，漆水河、漠谷河、泔河等均出现特大洪水。

8月16日17时，扶风县普降暴雨，57个乡的4999农户受灾，损害秋禾25694亩，死15人，压死牲口3头。绛帐镇夹心滩48户的房屋财物全被冲走。

1955年

1月，岐山县举办农业生产合作社主任训练班。冬，初级农业生产合作社发展到729个，入社农户占总农户的91.2%。

同年秋，岐山县在周原区邢家沟、鲁家庄，雍川区渠头及碛石区东堡子试行转办高级农业生产合作社。

5月2—4日，农业部组织河北、山东、河南、安徽、山西、甘肃等省农业劳动模范、农技干部和北京农业大学、农业部专家等共80余人，参观武功县刘家凹、上聂村、付家堡、杜东坡村和西北农科所的小型展览室。

1956年

3月中旬，岐山县高店、蒲村、麦禾营、故郡、孝子陵、西方等乡小麦、油菜田发生红蜘蛛、小猿叶虫，县委召开紧急会议，研究防治措施。春，全县基本实现对农业的社会主义改造。

6月，岐山连降大雨，蔡家坡、永乐、高店、曹家、落星、安乐、王旗寨等7个乡（镇）遭水灾，小麦普遍发芽。

12月，永寿县在县城南场钻成全县第一眼深机井。

12月，武功县小麦亩产过157千克，获得“全国小麦丰产红旗县”称号。苏联专家考察本县杜寨乡前进一社的生产、管理状况。

1957年

12月27日，扶风县第一座水库——太川水库动工修建，次年7月竣工。

是年，以阿尔曼德为首的苏联专家组6人，同中国科学院的科技人员组成中苏联合考察队，赴山西、陕西、甘肃、内蒙古等省（区）进行考察。次年，在武功等县进行了专业性及综合的普查访问。

1958 年

3 月 14 日，开办国营麟游县北马坊煤矿。

3 月 28 日，岐山县五丈原引水（石头河）渠道开工，6 月 26 日通水。此项工程的主要承担单位高店人民公社被评为全国农业先进单位，同年 12 月出席全国农业社会主义建设积极分子代表会议，荣获国务院锦旗、奖牌各一面。

3 月，乾县号召全县群众大力兴修农田水利。当时开工的有乾陵水库、泔惠渠、羊毛湾工程，北部地区则治沟治坡，搞水土保持。

3 月至 12 月，咸阳地区先后兴建乾县乾陵水库（同年 10 月建成）等 9 座中小型水库。

4 月，永寿县在漆水河建成滚水石坝，修渠引水灌田 4000 亩。

4 月 23 日，岐山县农水工具改革委员会成立，开展农具改革运动。

5 月，省办渭北高原抽水工程兴建，1959 年底建成受益，国家投资 800 万元，增加设施面积 96 万亩，加原有渭惠渠设施面积 57 万亩合计为 153 万亩。其中咸阳市武功、乾县占有 138 万亩。

9 月 5 日，岐山县和凤翔县合建横水河水库（凤翔境内）达成协议，投资、投劳按受益面积平均负担。

10 月，组织万名劳力，赴永寿县永平山区治理流域，保持水土，在山坡挖鱼鳞坑植树，沟道打坝拦洪，沟圈筑防洪堤。

10 月，乾县羊毛湾水库破土兴建，后因国家压缩基建项目，于 1962 年春停止修建。

是年，永寿县始建水库。至次年底，建成小型水库 15 座。

1959 年

4 月，永寿始养鱼。于刘家沟水库投放夏花鱼苗。后有王家沟、五龙泉、东沟水库均开始养鱼。

10 月，陕西省人民政府于永寿召开水土保持现场会，推广永寿县在永平山区治理流域、保持水土的经验。

1960 年

7 月，乾县老鸭嘴水库竣工使用。

9 月 1 日，岐山、凤翔、麟游分县，恢复原建制。

1960—1962 年，武功境内连年百日大旱，自然灾害严重，农业大幅度减产，农村公共食堂解散，农民缺吃少穿，非农业人口实行低标准（每人每月供粮 12 ～ 13.5 千克），瓜菜代。

1961 年

4 月，杨陵区李台村在西北水利科学研究所韩瀛观工程师指导下，打成一眼直径 5 米的大口井，为本市最早的大口井。

8 月，扶风县在县城西街路北，打成生活用水深机井 1 眼，县城居民始用自来水。11 月 20 日至 1962 年 6 月 30 日麟游持续 223 天不雨，使 1962 年粮食减产 1433 万千克，有些地区每月人均口粮 14 市斤，低标准，瓜菜代，度过荒年。

冬，宝鸡市麟游县五龙泉三级抽水站建成，扬程 78 米，此为麟游建抽水站之始。

1962 年

4 月 3 日，强寒潮，永寿县地面温度降至 -10.4 摄氏度，小麦、油菜死苗 40% ~ 50%。

春季，乾县严重灾荒，干部、群众生活十分困难，国家发放返销粮，救济重灾户。

8 月，咸阳市刘瑛副专员带领巡回法庭，制止打击破坏渠树和建筑物活动。

11 月 17 日，咸阳地区专员公署水利局成立。

1963 年

6 月 3 日，麟游花花庙、酒房、两亭等地区冰雹如弹，庄稼受灾面积 17557 亩，伤人畜，损房屋。

7—8 月，武功境内伏旱严重，受灾面积 50 多万亩，旱塬秋禾基本无收。

1964 年

4 月，咸阳专区成立“北七县（含永寿、乾县）水保运动指挥部”，由专员王世俊和水利局局长苏毅等十一人组成，办公室设在咸阳专区彬州水保站。

5 月，永寿县好畤河小型水力发电站建成，给仪井、店头各村供电。始修监军公社东沟水库。次年 4 月坝成，拦洪蓄水。

5 月，岐山县连阴雨，时值小麦抽穗、扬花、灌浆，致使小麦比上年减产约 2119.5 万千克。

5 月，咸阳市西兰路沿线各县（含乾县、永寿等）开展农田基本建设，简称“西兰路会战”，共分三个“战区”，有 7 县 26 个公社参加，每年分夏秋两次，每次动员 5 万多劳力，集中搞 60 天。“会战”持续了 3 年至 1966 年 5 月，共修梯田、埝地 24.6 万亩。

8 月 29 日，黄河中游水土流失重点区第三次工作会议确定的“黄河中游重点治理县”中，陕西省有 48 县，属咸阳专区的有永寿、彬州、长武、旬邑、淳化、乾县、礼泉、三原等 8 县。

11 月，陕西省地质勘探队在岐山县麦禾营公社板榻村钻成本县第一眼深机井，抽水灌溉。

12 月，永寿县建成好畤河鞍头村石桥，县城至店头公路畅通。桥长 36 米，宽 5.9 米，高 23 米。冬季，开展“农业学大寨”运动，平整土地。

1965 年

春，麟游县良舍公社狮子口建成水轮泵站，带动机器磨面，利用水力从事生产。

3 月，乾县漆水东调工程开工。

4 月，农业部在周至县和武功县召开北方十省（市）绿肥现场观摩会议，出席代表 110 多人，代表们参观了武功的草木樨等绿肥作物的生长状况和绿肥压青对低产田的改良和小麦的增产效果。

6 月，咸阳专员公署在兴平县召开了首次农田基本建设规划会议，推广农田基本建设经验。

8 月 7 日，咸阳专员公署决定，将咸阳专员公署水利局改为咸阳专员公署水利电力局。

是年始，永寿县每年夏、冬季，县、社、队干部、群众齐出动，建设稳产高产农田：带坡农耕地，测定水平点，划定开挖线；挖三垫三（0.3 米），平整加深翻；前后倒桄子，上下保表土；四面平整，便于机耕，当年增产。

1966 年

10 月，搁置五年之久的羊毛湾水库工程复工。乾县成立工程指挥部，全县 25 个公社总动员，大战羊毛湾。羊毛湾水库复工修建，1969 年 12 月蓄水，1973 年落成，坝高 47.6 米，总库容 1.20 亿立方米，总设施面积 32.54 万亩，为咸阳市最大的水库 。

1967 年

是年，麟游县开始使用大型履带式拖拉机耕地。

3 月，西周青铜器牛形尊在岐山县东风公社（京当乡）红旗大队（贺家村）出土。

3 月 7 日，扶风县委、县政府被“造反派”冲击瘫痪。成立中国人民解放军扶风县人民武装部抓革命、促生产领导小组，主持全县工作。

1968 年

9 月 3 日，咸阳专区革命委员会成立。9 月 13 日成立咸阳专区水电工作队革命委员会。

8 月 1 日，麟游县成立“革命委员会”，麟游县址由童山迁至镇头公社所在地（今九成宫镇）。

9 月，乾县开展“农业学大寨”。全县机关干部、农村社队干部 5000 多人参观了山西昔阳县大寨大队。

10 月 23 日，扶风县首批城镇知识青年 40 名到农村安家落户，接受贫下中农再教育。

11 月，陕西省地下水工作队在武功县戴家小王村试钻成第一眼深机井。

1969 年

2 月，宝鸡峡引渭工程复工，武功承担其 98 千米、原边渠首中 19.6 千米的施工任务。

3 月，宝鸡峡引渭二期工程复工。咸阳专区参加的有兴、咸、乾、礼、泾、三、高、户等八县（市）投入劳动力 10 万余人。武功亦同时参加。扶风倒虹工地日上劳 800 余人。

4 月 30 日，永寿县强寒潮。八级西北风持续 32 个小时，气温降至 –5.8 摄氏度。

8 月，陕西省人民政府在永寿召开农田基建现场会。

1970 年

2 月，武功县普集街公社永台大队“九女植棉组”副组长张小香参加全国棉花生产会议。

3 月，永寿县在全县推广大锅锥凿井。年底凿成 400 眼。后因深度不足、水少，废弃。

4 月，永寿县东沟抽水站和塬面 7.8 千米石砌水渠建成。抽、引水到封侯、古屯、永安、新勤四个大队。当年灌地 3456 亩。

9 月，永寿县县城建成供水站。机关、工厂开始用自来水。

10 月 1 日，岐山县革命委员会农业学大寨指挥部成立。

10 月 26 日至 11 月 4 日，召开岐山县农业学大寨会议，树立落星公社落星堡生产队为农业学大寨典型。

11 月 3 日开始，扶风县组织 23000 名民工，日夜轮流作业 1 个月，完成了宝鸡峡干渠 16 千米开挖任务，移动土方 70 万立方米。

1971 年

1 月 5—20 日，扶风县农村、机关、学校出动 8 万余人，汽车、拖拉机、架子车 5000 多辆，从渭河滩向宝鸡峡干渠工地拉运砂石。完成了宝鸡峡干渠扶风段衬砌任务。

麟游县在县城打机井深 61.28 米，此为麟游县城改善水质修建供水设施之始。

5 月，宝鸡峡引水上源工程乾县漆水河渡槽竣工通水。

5 月 2 日，宝鸡峡工程试行通水，顺利通过扶风倒虹。7 月 15 日，正式通水，扶风县召开万人大会庆贺。

7 月 15 日，宝鸡峡引渭灌溉工程 98 千米原边渠道建成试水。陕西省委书记李瑞山在宝鸡市出席了竣工典礼并讲话。

1971 年伏期，咸阳、兴平两地出现严重干旱。渭河濒临枯竭，魏家堡水文站最小流量 1.4 立方米每秒；两县（市）有近 10 万亩秋田无收。

1972 年

3 月，永寿县马坊水库土坝发生垮坝。

5 月，乾县羊毛湾水库主体工程全部竣工。

5 月，麟游推行基本农田制，即农业劳动力每人 5 亩好地，精耕细作，保证丰收，全县计 20 万亩。

6 月 18 日，永寿县永太、渠子、常宁、上邑、窦家、马坊、渡马、永平八个公社遭受冰雹灾害，夏田作物被毁 80%。

10 月，冯家山水库工程南干渠竣工，总长 27.636 千米，岐山县境内长 23.208 千米。岐山总投劳 1667510 个工日。1974 年 8 月 9 日至 22 日首次试渠灌溉。灌溉设施面积 12.47 万亩。

冬，麟游良舍西坊水库建成，总库容 20 万立方米，为麟游较大水库。1972 年，岐山县自来水筹建小组成立。在余家庄打深机井 1 眼，1974 年县城供水。

1973 年

1 月，武功县武功镇松林井群工程动工，1976 年 5 月建成，可灌田 2 万余亩，为县境内最大的井灌工程。

4 月 25 日，岐山县孔头沟渠库结合工程竣工，水库总容积 894 万立方米。

5 月 18 日，咸阳地区革命委员会成立打井办公室，负责完成省分配的生产、组装延河 200 型钻机 110 台的任务。1974 年底组装完毕，陆续投放各县使用。

5 月，永寿县委书记白玉洁，以蒿店乡为重点，组织动员各村干部、群众建成抽水站，解决人畜用水问题。

5 月 26 日，咸阳地区农业办公室在永寿县召开了北部 7 县人畜饮水现场会。

7 月，永寿县漆水河二级抽水站和相配套的 2.5 千米地下引水渠道建成。

麟游在县城首建高压抽水塔一座，高 30 米，容水量 50 立方米。

8 月 15 日至 12 月 12 日，宝鸡市地下水工作队在周公庙大门前打成喷井两眼，东井每小时出水 68 吨（1989 年底歇喷），西井每小时出水 138.6 吨。

10 月，永寿县好畤河鞍头村单孔空腹式石拱桥建成，永店公路畅通。

1974 年

2 月，咸阳地区水电局对全区的 107 座水库（包括划归西安市的周、户、高三县）做了进度和安全检查，按完成情况，已成的 62 座，半成的 27 座，在建的 18 座，依安全状况论，基本良好的 47 座，需要处理的有 24 座，坝体质差、建筑物不能保证安全泄洪的有 36 座。

5 月，永寿县绛山水电站工地，先后两次（3 月 29 日、5 月 2 日）发生伤亡事故，有 2 人死亡，5 人重伤。

5 月，永寿县在北甘井、马坊试凿大口辐射井成功。至年底，全县凿成 97 眼，次年夏季投入夏灌。

7 月 2 日下午，扶风野河、南阳、天度、黄堆、建和、召公公社的 26 个大队、119 个生产队遭风雹袭击，苹果、棉花、玉米损失严重。

7 月 17 日，乾县发生暴雨冰雹灾害，乾陵、铁佛、阳洪等 12 个公社 77 个生产大队 365 个生产队遭受重大损失，县革命委员会及时组织救灾工作。

8 月，冯家山水库南干渠建成通水。

8 月 8 日，岐山县北郭公社两小时降雨 130 毫米，武家窑、朝阳水库垮坝，毁田 3357 亩，西（安）宝（鸡）北线公路中断。

9 月 13 日，省办石头河水库工程兴建。咸阳地区规划受益面积 64 万亩，地委派地区水电局副局长苏策等率领咸阳、兴平、泾阳三县（市）干部 50 余名，民工 3300 人（武功县也同时参加），于 10 月底到达工地，参加修建。

9 月 21 日，省水电局在兴平、永寿召开关中地区农田基本建设现场会，推广两县农田基本建设经验。

10 月，陕西省革命委员会在永寿县召开小型水利现场会，参观蒿店公社各村抽水站、马坊公社井灌区。

10 月，永寿县全县掀起“以土为首，土水林综合治理”的农田基本建设群众运动。运动中，坚持“连片治理，地、埂、路、渠、树、居民点通盘规划，机耕、灌溉、运输合理布局”。

11 月，乾县共打成辐射井、大口井 236 眼，成为咸阳地区最早、最多的县。

是年，西北水科所研制成功国内最大的 2 米 ×2 米 ×1 米筑坝粗粒材料大型直剪仪。

1975 年

3 月 3 日，扶风法门公社庄白大队张家生产队修渠时，掘出西周早期青铜器鼎、解提梁卣、壶各 1 件。15 日，白家生产队发现西周“伯墓”，出土一批青铜器。后在北京、日本展览。

4 月 11 日，冯家山水库北干渠通水。

4 月，宝鸡峡引渭管理局和人民引渭渠管理局合并，仍称宝鸡峡引渭管理局，由省水电局直接领导。

5 月，《咸阳地区实用水文手册》历经两年编写，刊印成书。

5 月 16 日，省水电局在咸阳召开关中地区农田基建现场会，树立兴平、乾县、永寿、礼泉等县的 23 个乡（镇）为农田基建先进典型。

7 月 10 日，扶风县油菜大面积丰产。3 万亩平均亩产 120 千克，比 1965 年增长 5 倍。

8月31日至11月18日，扶风连阴雨77天，降雨量427.8毫米。倒塌房屋4195间，窑1277孔。死亡13人，受伤13人。淹没粮食534100千克，食油390千克。

1976年

2月，咸阳地区按水文地质单元布设地下水动态观测基本井144眼，规定当年启用观测变化。

5月，咸阳地区组织万名水利普查队伍，从5月开始至8月结束，对全区1636处排灌站的31445台电动机和2722台柴油机进行了一次普查（包括周、户、高三县）。

6月，永寿县监军、渡马、蒿店等8个公社降雹，大如卵，11.76万亩小麦尽损无收。

6月，冯家山水库北干渠第三抽水站竣工。

7月16日晚11时，狂风骤起，暴雨、冰雹俱袭，岐山京当、祝家庄、蒲村等7个公社77660多亩农作物伏地，叶碎秆裂。

7月16日晚，扶风黄堆、城关、绛帐、法门等10个公社的28个大队遭冰雹（大如核桃）。法门公社三驾大队地面雹厚6寸。

8月16日晚，四川平武、松潘地震波及漆水河流域各县，震感较强。人们在连绵阴雨中住进临时搭设的防震棚。

是年，国家投资40余万元，修建扶风瓦罐岭引水工程，1980年竣工，解决了农林等村人畜饮水困难。

11月，永寿县马坊、东张、郭门、店头、永安、古屯、康家、樊家、窦家、甘井十个小灌区建成，灌地6.1万亩。

1977年

3月，咸阳地区在咸阳、兴平、乾县、礼泉、泾阳、三原等6县（市）高原地区开展“机井会战”，大力开发地下水源。

4月，咸阳地区地下水工作队对乾县辐射井做了检查。时有辐射井404眼，其中井筒坍塌的有143眼，占35%。

6月1日，省、地、县水利部门对乾县羊毛湾水库进行了补强设计，根据全国水库安全会议要求，将水库等级由三级提高到二级。

6月23日，麟游酒房降雹，伴有大风，成灾面积3100亩，减产30%～50%。

7月1日，冯家山引水工程扶风境内北四抽四级站和北五抽一、二级站建成抽水。

8月24日20时，乾县峰阳、阳峪、梁山一带突降暴雨，加泻冰雹，同时伴有8级大风。洪水淹没住宅，造成人畜伤亡，县革委会立即组织人员到灾区慰问、救灾。之后，联合国粮农组织和水文地质组来乾县考察。

11月，咸阳地委决定开展农田基本建设“大会战”。全区划分4个“战区”，各由一名地委常委“坐镇”指挥，日出动劳力80万人（占劳动力总数60%以上）。

1977年，咸阳市年平均降雨不足340毫米，较正常年份偏低40%，尤以南部5县为甚，降雨量不到300毫米，为新中国成立后最干旱的一年。

是年，大规模平整土地形成高潮，武功县年均平整土地2万～3万亩，陕西省平整土地现场会在武功召开。

1978 年

4 月 14 日 3 时 15 分，乾县周城公社周城大队遭受龙卷风袭击，死 84 人，重伤 173 人，轻伤 161 人。

8 月，咸阳地区水电局在乾县等县开始喷灌试点。

10 月，永寿县建成监军镇西沟水库和抽水站。

11 月，咸阳地区防疫站、环境监测站，从 18 家重点厂矿排出的废水中，抽样检验，结果：汞、砷、氰化物、萜类化合物、六价铬等五项有毒物质的含量均超国家规定标准。

是月，岐山县水利机械厂 200NQ36-150 型潜水泵获陕西省科研成果二等奖。

1979 年

2 月，冬春 130 余天无透雨，咸阳地区动员群众抗旱浇麦。每天上劳 20 万人以上，开动机井 2 万余眼，抽水站 969 处，大小塘库 300 余座，灌溉麦田 300 多万亩。

4 月 18—21 日，国家文物事业管理局在扶风县召开周原古建筑遗址现场座谈会。

7 月 31 日，乾县杨家河水库上游暴雨，河水泛溢。8 月 1 日 6 时 40 分，大坝被冲垮，历 1 小时 40 分水库泄空，溃口宽约 50 米。

8 月 20 日咸阳地下水工作队调查，全地区报废机井 10696 眼（约占 20%）。其中：锅锥井 9768 眼，深井 208 眼，大口井 681 眼，辐射井 39 眼。

9 月 1 日，西北林学院在武功县杨凌镇建成，隶属国家林业局。

9 月，麟游县基建施工时，发现唐代宫廷饮水井一口，填补了全国隋唐水井考古工作上的空白。

1980 年

5 月，由皮埃伦斯率领的联合国粮农组织代表团对咸阳市淳化县的水土保持和乾县石灰岩地区找水及辐射井进行了考察。

8 月 15—24 日，8 月 30 日至 9 月 9 日，扶风县降中、大雨，降雨量 396 毫米。11 万亩秋田受损。

8 月 16 日，武功县武功、游凤、苏坊公社遭受暴风雨，倒、断电杆 48 根，刮断、拔掉大树 27 棵。

岐山县蔡家坡原边 500 米保护带固定式喷灌工程竣工，喷灌面积 900 亩。

1981 年

8 月，持续降雨 27 天，降雨量达 432 毫米，乾县灾害损失约 1645.98 万元，县政府及时组织救灾。

9 月，永寿县在朱介村建成专供县制药厂用水的二级抽水站，将西沟龙王泉水通过长 4279 米的管道抽引至制药厂。流量为 97 立方米每小时。

9 月，咸阳地区水电局开始在各县试行小流域治理承包责任制。

12 月，咸阳市各县连续发生水利设施被破坏事件。据 9 个县（市）不完全统计，被盗水泥板 9570 余块（可衬砌渠道 14 千米），机电设备 100 余件，电线约 5 千米，致两千余人饮水和近万亩农田灌溉发生困难。

12 月，国务院确定武功县为农、牧结合试点县。

1982 年

元月，咸阳地区水电局抽调地、县及灌区水利干部 209 人对全区各县 137 项水利工程展开了以查安全、定标准，查效益、定措施，查综合经营、定发展计划为内容的“三查三定”工作，至 1984 年 6 月结束。

2 月 23 日，国务院公布“周原遗址”（西周时期）为全国重点文物保护单位。

春，武功县开始试行以“联产到劳”“小段包工、定额管理”等形式的土地承包责任制，后在全县推行。

3 月 10—14 日，中国干旱半干旱地区农业学术讨论会在杨凌西北农学院举行。来自西北、华北及辽宁、河南等省（市、区）60 个科研单位的 128 名专家、学者出席了会议。

11 月，咸阳全地区 80% 的机井实行了管理责任制，并开展经济指标考评。

12 月，咸阳地区水利学会成立，选举王明鉴为理事长，叶遇春、董玉璋为副理事长。

1983 年

4 月，自上年 10 月起，7 个月中全区降水量较平常年份少四成，咸阳有 11 个县出现旱情，受旱面积 497 万亩，严重的有 49 万亩。

8 月，咸阳地区水电局对全区人畜饮水和氟病情况做了第二次普查，获悉人饮有困难的除咸阳、兴平、高陵三县外，有 11 个县，113.09 万人。氟病区有乾县、礼泉、兴平、咸阳、泾阳、三原、户县、周至、旬邑、高陵等 10 县，72.25 万人；二者兼有的有泾阳、三原、旬邑、乾县、礼泉等 5 县的部分地区 5.97 万人。

8 月 25 日麟游两亭、花花庙、丈八寺等七个公社降雹，秋田受灾面积 22027 亩，减产 292934 市斤。9 月，入汛以来阴雨偏多，全区平均降水量 655.2 毫米。有 28 座水库出现裂缝或塌陷，冲毁抽水站和人饮站 207 处，淤废机井 2362 眼，冲垮河堤约 7 千米，受灾人口 314 万人，其中重灾者 5.6 万人。

9 月 19 日至 10 月 25 日，扶风连阴雨，降水量 253 毫米，塌房 5450 间，窑 2390 孔，伤 6 人。

10 月，武功游凤龙王沟水库大坝决口，游凤街被淹 52 户，毁房 48 间，冲粮 1.75 万千克，直接损失 10 万余元。

是年，武功报本寺塔偏离塔心 2.78 米，塔体严重倾斜。

是年，武功镇城隍庙后殿依旧貌修复。

是年，武功县境北部沿宝鸡峡干渠灌区渍害严重，个别地方村庄搬迁，庄稼绝收。

1984 年

2 月，永寿、礼泉开展机井测试改造试点工作，1986 年获省水利科技奖二等奖。

3 月 29 日，省水电局批准修建宝鸡峡灌区肖河故道、周苏、兴武等 3 项排水工程。

春，乾县周城、武功苏坊排水沟工程动工，次年夏完成，渍涝基本解除。

7 月 13 日，咸阳市共有各类水利设施 31000 余处（座），设施面积 401 万亩，有效面积 380.7 万亩；约 90% 的水利工程建立了多种形式的承包责任制（1984 年咸阳年鉴）。

9 月，咸阳市南部的秦都、兴平、武功、杨凌、三原、泾阳、乾县、礼泉等 8 县（区）的明水面积达 40413 亩；地下水位在 0.5 米以下的有 175110 亩；在 0.5 ~ 1.5 米的有 414652 亩。

9 月 24 日晨，扶风县午井乡田家河村董家河滑坡 1 处，冲倒村民董喜民家平房 3 间半，4 人死亡。

10 月，在咸阳市农业区划办公室指导下，咸阳市水利局抽调 30 余名技术干部，经一年多调查研究编写出《水资源调查与水利区划》《水土保持区划》《渔业区划》，经过省市审定验收合格，并获得优秀成果奖励。

10 月，咸阳市各县已有 14.6 万农民承包了 2000 条支毛沟的治理任务，面积达 116.8 万亩，占荒山、荒沟总面积的 28.1%；已治理面积为 301 万亩，户均 8 亩。

11 月，咸阳市抽调有关县技术干部 10 余名，编制《咸阳市实用水文手册》，历时一年半，完成编制任务，经省组织专家鉴定符合要求，已正式刊印。并获优秀成果奖。

11 月，岐山县孝子陵公社河家道村、北郭公社陵头村两项改水工程设计参加中央改水项目办公室和世界银行在南京召开的改水项目预估会，岐山县被列为陕西省改水项目县。

12 月 25 日，省财政厅和省水利水保厅联合发出《陕西省水土保持补助费管理使用暂行办法》。

1985 年

4 月，咸阳市水利局编制出《咸阳市水利水保发展长远规划》（总报告及三个附件），经市科委组织省内 13 名专家、教授，审定验收通过。1987 年获咸阳市科技规划一等奖。

7 月 20 日 0 时，乾县周城乡龚家窑村大北沟右岸滑坡，滑动土方 20 万立方米。

7 月，咸阳市政协调查组对礼泉、乾县、兴平等 3 县水利设施破坏情况进行了实地调查。

7 月 28 日，咸阳市第一届人大常委会第七次会议通过关于制止破坏水利设施的决定。

8 月 13 日，武功境内降大暴雨，10 分钟雨量 27.5 毫米，1 小时雨量 80.3 毫米，历史罕见。

8 月至 9 月，降连阴雨，武功苏坊、普集街、薛固等地 7000 亩秋田颗粒无收。

10 月 20 日至次年 6 月 13 日，武功大旱计 237 天，雨量较常年少 67%，夏粮严重减产。

8 月 15 日，咸阳市政府发布了关于采矿、筑路等基本建设中做好水土保持的暂行规定。

8 月 17 日，咸阳市人民政府颁发了《关于加强河道堤防工程管理》的通告。

8 月 23 日，日本奈良市书道雪心会访华代表团一行 29 人，来麟游参观九成宫醴泉铭碑，团长金井润一给图博馆写“楷法极则”条幅，作为留念。

9 月，咸阳市共破获盗窃水利设施案件 378 起，挖出犯罪团伙 18 个，查获犯罪分子 300 人，缴获赃物有：高、低压铝线约 113.3 千米，机、泵等 522 台（件），折合人民 9.25 万元。

10 月 20 日至次年 6 月 13 日，武功境内大旱计 237 天，雨量较常年少 67%，夏粮严重减产。

12 月，国务院批准凤翔东湖为乙级开放旅游点。

12 月，岐山县被列为陕西省商品粮基地县。

1984—1985 年，经专家普查，扶风县沿乔山地区石灰石蕴藏量大，品位高，总储量约计 15 亿立方米，可作石灰、水泥、电石原料。

1985 年，中共中央顾问委员会委员张策，陕西省委书记白纪年、副书记吕剑人，陕西省人大常委会副主任孙作宾，陕西省省长李庆伟、副省长孙达人等领导同志先后视察麟游工作。

1986 年

1 月，水电部将乾县羊毛湾水库列为全国重点病险水库之一（全国共列 43 座，其中本省 3 座）。之后中央防汛总指挥部要求陕西省政府列入“七五”基建计划，完成水库加固工程任务。

1 月 8 日，扶风县政协农业科技组利用渍水试种名贵黑糯香米 315 亩，总产 11.5 万余千克，产值 6.6 万元。

5 月 24 日，中央新闻电影纪录制片厂、中日合拍《黄河》采访组至岐山县周公庙、诸葛亮庙及周原遗址进行拍摄。

5 月 11 日，武功县盗窃水利电力设施的严重犯罪分子张天文被依法处决。

5 月，水电部水管司、南京水利科学研究院和黄委规划设计院等单位的领导和专家，会同省市水利部门对乾县羊毛湾水库病害问题进行了现场检查，并在乾县召开了座谈会议。

7 月 9 日，麟游县东起南坊、西至菜子沟口，雹雨大风持续 50 分钟，后坪一带被大风吹倒直径约 50 厘米的树木多株。

7 月 15 日，国务委员谷牧、中顾委委员王一平、国务院副秘书长王韦明，由陕西省副省长孙达人等陪同，到扶风、凤翔参观考察，了解历史文物发掘、保护及旅游工作情况。

10 月 5 日，岐山县水泵厂德泉牌潜水泵、县水泥厂天柱牌 425 号普通硅酸盐水泥、县酒厂五丈原牌低度特酿凤鸣酒同时荣获 1986 年陕西省优质产品。

10 月 25 日，全省冬季农田水利基本建设岐山县现场会议，部署了 1986 年冬至 1987 年春农田基本建设任务。

11 月，咸阳市水利局和西北农大承担的渭北旱塬地下水开发利用研究项目之“轻型井试验研究”获得成功，通过省级验收鉴定。

12 月，咸阳市地下水工作队连续三年在三原、泾阳、乾县、礼泉、兴平、武功、杨凌、秦都区八县（区）开展机井技术改造工作，共改造机井 1117 眼，获益显著，被省评为先进集体。

1987 年

4 月 3—29 日，扶风县清理法门寺塔基时，发现塔下地宫。地宫长 21.125 米，面积 31.48 平方米。内藏释迦牟尼佛指骨 4 枚和大批珍贵文物。

5 月 24 日，从武功报本寺塔地宫出土舍利子、金棺、银椁、豹斑玉筒等珍贵文物百余件。

8 月 31 日，省委、省政府主要领导同志到杨凌作调查。省政府决定把杨凌农科城建设列入陕西省“七五”重点建设项目，国家计委和省政府各投资 1000 万元作为该区科技开发基金。3 年内再拨款 600 万元作为市政建设；农牧渔业部、水电部、林业部、中国科学院也将给予支持。

12 月，永寿县石桥水电站正式动工建设。1991 年 7 月 25 日，机组启动一次试运转成功。

是年，岐山县全年粮食总产 18180.5 万千克，创历史最高水平。

1988 年

1 月 6 日，武功境内发生 3.8 级地震。

1月21日，根据《中华人民共和国水法》，水利部将每年的7月1—7日确定为“中国水周”。

3月25—30日，省水利水保厅（省水利厅）、省水利学会在西安召开“羊毛湾水库大坝工程安全论证会”。

5月4日，水利电力部离休干部王自强向国务院总理李鹏写信转麟游县委及县政府汇报麟游经济贫困状况，李鹏于26日批由国务院秘书长陈俊生办理，转有关部门。

5月10日，宝鸡市水利水保局在凤翔县招待所召开流域治理工程阶段验收会议。

5月25—28日，宝鸡市水利水保局（市水利局）举办全市各县（区）“水利局长水法学习班”，共有各县（区）水利水保局局长及局属各单位负责人40余人参加学习。

7月1日起《中华人民共和国水法》施行。

7月18日18时30分至19时50分，19日16时40分至17时40分，乾县南部周城、新阳等乡（镇）遭受暴风雨、冰雹袭击。

8月8日22时20分，扶风县内猛降大暴雨，地处低凹地带的工厂、学校、机关单位被淹。据统计，全县损失137万余元。

8月27日，陕西省生产的55度西凤酒在轻工业部举办的全国轻工产品展评会上荣获“全国轻工业出口产品金质奖”。这是陕西获金奖的唯一食品。

9月18日至11月2日，陕西省文物普查工作队和县图博馆人员对麟游全县文物分布状况开展全面普查，发现文物点216处，其中50%以上为遗址，尤其是漆水上游多处先周文化遗址的发现。

10月，举世瞩目的法门寺释迦如来真身宝塔重建工程竣工。法门寺真身佛指舍利和大量唐代文物经过1113年后再现于世，展示了中国古代文化和智慧的灿烂光辉。

11月9日，扶风县法门寺正式对外开放。中外300余名僧尼、数万余名群众参加了盛会。全国政协副主席、中国佛教协会会长赵朴初等分别为“释迦如来真身舍利瞻礼法会”和法门寺博物馆开馆仪式剪彩。

12月20日，岐山县故郡乡水管站站长王锁才参加全国区、乡水利管理先进单位表彰会，水利部授予故郡乡水管站“全国先进区乡水利水保管理服务站”奖牌一面。

12月，乾县羊毛湾水库除险加固工程竣工，验收合格，正常运行。

是年，岐山县农业技术推广中心杂交玉米综合丰产技术获全国农牧渔业部丰收计划一等奖。

1989年

是年，凤翔县五曲湾乡汤房庙村农民牛大海从1986年起承包了本乡1073亩已撂荒10年的山地，办起了家庭农牧场，两年生产粮食15万千克，向国家交售商品粮12.5万千克，对推动本地及全省粮食生产起到了模范带头作用。

5月，永寿县被列入全国第一批农村小水电初级电气化试点县名单。

6月20日，水利部、财政部、国家物价局《河道采砂收费管理办法》发布。

6月28日，省水利厅、省公安厅组织联合工作组来宝鸡检查大中型水库安全防范工作及水行政执法体系建设情况。

9 月 14 日，世界银行咸阳市（兴平、武功）渔业基地建设项目贷款协定正式签订。计划总投资 1506 万元，建设总面积 4500 亩的 9 个渔场，其中世界银行贷款额为 960 万元。

9 月，武功县组织修复中国农业始祖后稷教稼台，屈武、王任重等中央领导为教稼台题名并捐款。

10 月 6 日，岐山县政府颁发《岐山县农村自来水管理暂行办法》。

10 月 12—14 日，陕西省农村自来水厂管理工作会议在岐山县召开，安乐乡、麦禾营乡及京当乡西坞村水厂介绍其管理经验。

10 月 24 日，宝鸡市水利局召开乡（镇）水管站建设工作会议总结交流乡（镇）水管站建设经验，表彰了八渡、故郡、虢王、马营、台公等 6 个乡（镇）水管站。

11 月 27—29 日，召开宝鸡市冬季水利建设流动现场会，对凤翔、岐山、扶风等县（区）的水利配套农田建设及水产站建设进行了检查，宝鸡市副市长朱宗柱出席会议并讲话。

11 月，乾县羊毛湾水库第一次除险加固工程项目完工。

11 月宝鸡市岐山县被商业部评为粮油仓储先进县，获奖牌一面。岐山县农业生产获得丰收，全年粮食总产达 176084 吨，比上年增长 5%。夏季粮食、油料亩产均创历史最高水平，受到省、市政府通报表彰。

12 月 7—10 日，宝鸡市防汛指挥部对扶风、宝鸡、岐山、眉县冬季治渭会战工程进行检查，市政府副市长朱宗柱、市委常委农研室主任陈继荣、市水利局局长冯忠贤，市水利局副局长张清朴、市防汛办主任李纪计参加检查。

12 月 25—29 日，省水利厅组织咸阳、宝鸡联合对扶风、岐山、宝鸡、千阳、陇县五县冬季水利工作进行交叉检查，陇县被评为冬季水利建设先进县，岐山县被评为全国先进县。

1990 年

1 月 5 日，扶风县被列为全省第二批“国家级商品粮基地县”，开始建设。

1 月 9 日，国家林业局“三北”（东北、华北、西北）局确定永寿县为生态经济型防护林体系建设示范县。同月国家科委确定永寿县为国家科技重点联系县。

5 月 16—19 日，扶风县连降阴雨，16 万亩小麦发芽霉变。

6 月下旬至 7 月上旬，扶风县午井、绛帐、上宋、揉谷等地区遭受狂风暴雨和洪水袭击。各类受灾损失达 625 万元。

6 月 24 日至 7 月 2 日，应陕西省水土保持学会邀请，台湾水土保持学会荣誉理事长、著名学者、台湾中兴大学教授廖绵睿来陕考察水土保持。先后到杨凌等地观看了水土保持治理典型与科学试验，并作了学术报告，进行了学术交流。

8 月，乾县漠谷大桥竣工通车。

9 月 13—15 日，羊毛湾水库除险加固工程通过省水利水保厅组织的竣工验收。

9 月 15 日，省水利系统在扶风举行第四届职工运动会，宝鸡市水利局派队参加，荣获全省男子篮球第三名。

10 月，在省委、省政府召开的全省农村工作会议上，作出了今后 10 年建设“两个 2000 万亩”基本农田的决策；同时，省政府决定恢复省农田水利基本建设指挥部，由副省长王双锡担任指挥。

11月，武功县玉米皮编织生产在省电视台《陕西经济成就》节目中播出。是年，国家确定武功县为全国小麦良种基地县、晒烟基地县、商品粮基地县。

11月12日，俄罗斯高尔基农学院院长瓦西里也维奇，院长助理、副研究员伊万诺夫一行来永寿县考察沙棘生长和开发利用情况。

1991年

2月4日，宝鸡市召开“宝鸡市1990年水利建设表彰总结大会”，凤翔县获“李冰杯”。

4月5日，乾县被国务院命名为全国粮食生产先进县。

4月8日，全国政协副主席、水利部原部长钱正英来宝鸡视察宝鸡市水利建设。

4月20日，永寿县被国家计委、水利部命名为初级农村电气化县。

8月15日，永寿县常宁镇、渡马乡、蒿店乡遭受20分钟的冰雹袭击，造成直接经济损失463万元。

8月18日，永寿县上邑乡遭受10分钟的冰雹袭击，造成直接经济损失48万元。

10月12日，水利部西北片质量大检查组检查凤翔县扩灌工程。

12月29日，宝鸡市岐山县五末塬西灌区全面完成挖潜扩灌工程建设任务，经过省、市正式验收。

1992年

5月19日，纪念我国近代著名水利科学家李仪祉先生诞辰110周年纪念活动在泾惠渠管理局所在地三原县举行。全国政协副主席钱正英、水利部副部长严克强、陕西省省长白清才、省政协主席周雅光、副省长王双锡、省水利厅厅长刘枢机等出席了纪念大会，并前往仪祉墓园为新落成的李仪祉雕像揭幕。水利部部长杨振怀、中国水利学会名誉理事长张含英发来贺信。

7月4日，经咸阳市编制委员会批准，咸阳市农村供改水领导小组办公室升格为副县级事业单位，隶属市水利水保局管理。

8月12日，永寿县全县遭受暴雨袭击，降水143.4毫米，受灾群众3300多户、1.3万多人，造成直接经济损失500多万元。

10月，永寿县和平水电站开工建设。1995年因资金问题停工，1997年5月13日复工，2000年7月6日正式并网发电。

11月11—12日，宝鸡市政府召开冬季水利建设现场检查会，宝鸡、凤翔、岐山、扶风、眉县五县县长、水利局局长、冯家山水库管理局领导参加会议，流动检查了宝鸡、凤翔、岐山、扶风、眉县五县的水利冬修现场，会议在眉县总结，市委副书记冯波、市人大常委会副主任冯忠贤、市政府副市长朱宗柱参加检查并作了大会讲话。

1993年

1月18日，联合国大会上通过决议，将每年3月22日确定为“世界水日”。1994年开始，水利部把“中国水周”的时间改为每年的3月22—28日。

3月，咸阳市地下水资源管理办公室（小市）由大市建委移交市水利水保局管理，并更名为市水利水保局城区水资源管理办公室，科级事业单位编制。5月经市人民政府研究决定，羊毛湾灌溉管理局由乾县移交市水利水保局管理，并更名为羊毛湾水库管理局，为县级事业单位编制。

5月27日，永寿县马坊、御驾宫、甘井、店头、监军等乡（镇）突降暴雨、冰雹，持续30多分钟。1人被雷电击中死亡，造成经济损失1470多万元。

6月27日，陕西省政府发出通知，要求认真做好三夏工作。永寿、淳化、旬邑、彬州遭受冰雹灾害，约有两万亩作物受灾。

11月3日，扶风县法门寺举行大雄宝殿落成、佛像开光、澄观法师升座仪式。

11月6日，陕西全省冬季水利建设全面铺开，投入资金2800万元。

11月14日，陕西省人民政府在永寿县召开德国援助陕西西部造林项目领导小组扩大会议，副省长王双锡出席。

1994年

1月，岐山县水利水保局更名为岐山县水利局。

5月，咸阳市人民政府决定，咸阳市水利水保局更名为咸阳市水利局。

7月13日，永寿县渡马、御驾宫、蒿店、永平4乡遭受大风、冰雹袭击，造成2人死亡，经济损失512万元。

7月19日，永寿县豆家乡、店头镇遭受暴雨、冰雹袭击，造成经济损失626万多元。

8月5日23时48分至12时20分，乾县北部峰阳、注泔乡遭受暴雨雷电袭击，半个小时降雨约120毫米。峰阳乡19个行政村普遍受灾，其中重灾村11个，倒塌民房127间，毁坏窑洞157孔，造成危房44间，危窑117孔，冲走粮食28万千克，损坏果树1950亩，果库15个；冲毁“四田”412亩，道路12125米。雷电击毁变压器3台，配电室10座，倒损电杆109根。重伤4人，死亡2人，受灾损失约164万元。注泔乡1万多亩秋田被淹，部分村民住宅进水。县委、县政府立即组织救灾，全县共发放救灾款20万元，粮食1.5万多千克，衣物23010件，平价柴油、化肥15.3吨，共救济受灾群众16万人（次）。同时，发动群众开展生产自救。

是年，乾县大旱。全年降水量327.5毫米，是新中国成立以来仅次于1977年的第二个干旱年份。夏秋作物减产三到五成，北部作物大面积枯萎干死。因连年丰收，户有余粮，所以大旱之年无旱象。

1995年

8月10—15日，武功等9县47个乡（镇）216个自然村遭大风、冰雹、暴雨袭击，受灾群众5万多户，20多万人，直接经济损失5445万元。

10月15日，宝鸡市“引冯济羊”输水工程开工典礼在宝鸡市扶风县天度镇工地举行。

11月15日，经咸阳市编制委员会批准，咸阳市机井监理站成立，和咸阳市地下水工作队合署办公。

1996年

3月12—15日，陕西省委书记安启元、副省长贾治邦到咸阳北五县（含永寿、乾县）考察抗旱救灾工作。

3月29日，咸阳市人民政府颁发了《关于发展社会民办水利水保事业的暂行规定》。

5月25日，18时，永寿县境北部的常宁、豆家、马坊等9个乡（镇）遭受约19分钟的雹雨袭击，冰雹最大直径约1厘米。

7月11日，15时20分至16时，永寿县豆家乡和平、灰家等6个村和上邑乡石桥头等9个村遭受严重冰雹袭击，冰雹直径2厘米。534公顷苹果、烤烟和秋作物受损，直接经济损失1000多万元。

8月7日，永寿县店头镇徐家塬村遭受雷雨大风袭击，致1人雷击死亡，3名儿童被雷电击伤。

12月，国务院公布了第四批全国重点文物保护单位，麟游县隋仁寿宫唐九成宫遗址等18处遗址榜上有名。

乾县全年粮食总产26.5万吨，比上年增长22.8%，被咸阳市人民政府命名为粮食综合生产县。

1997年

4月9日，省水利厅厅长彭谦带领省厅有关处室负责人深入“引冯济羊”建设工地现场办公，并形成《陕西省水利厅厅长办公会议纪要》，要求咸阳市水利局坚决做到6月30日全线贯通试水的目标。

5月12日，咸阳市水利局《关于加快我市水利改革的意见》出台。

6月26日，羊毛湾水库“引冯济羊”输水工程全线贯通，12月24日通水运行。

11月18—30日，全国水利行业水土流失防治工职业技能竞赛在杨凌举行。陕西省选手王利平摘取了综合评比总分第一名桂冠，并由劳动部授予“全国技术能手”称号。

12月1日，乾县羊毛湾灌区挖潜配套改造“项目协定”和“贷款协定”正式生效，标志着羊毛湾灌区改造工程开始进入实施阶段。

1998年

1月1日起《中华人民共和国防洪法》施行。

1月20日，咸阳市“黄土高塬水土保持二期世行贷款项目”申请立项。

2月2日，陕西省政府发出了《关于治理开发农村“五荒”资源，进一步加快水土流失治理步伐的通知》，要求从1998年起，用3年时间，出让“五荒”资源使用权，早日实现再造山川秀美的目标。

是年，永寿县人民政府投资80万元，为县城供水挖筑大口井2眼，改造城内供水旧管道1280米，安装新管道4710米。全年供水量达到71万立方米，可满足县城供水需求。

1998年底，陕西全面完成了“甘露工程”一期计划。自1996年实施“甘露工程”以来，3年共投入10.1亿元，建成各类供水工程27.9万处，解决了422.7万人的饮水困难，发展集雨窖灌6700多公顷。

1999年

3月18日，全国旱作节水农业现场会在永寿县城召开。

5月15日，宝鸡市供电局批准麟游县新庄塬水电站750千瓦机组并入系统运行。

7月19日，麟游县城突降冰雹30分钟，最大雹直径4毫米，造成经济损失35万元。

7 月 28 日，麟游县在九成宫镇九成宫村史家塬实施千亩基本农田集中连片规模治理。投入推土机 50 多台，麟游县农田基本建设首次实施机械化作业。

9 月 8 日，陕西省第九届人民代表大会常务委员会第十一次会议通过《陕西省实施〈中华人民共和国防洪法〉办法》，并于同日公布实施。

11 月 25—26 日，国家治黄委员会世行贷款项目管理办公室主任雷振宇到咸阳市北五县检查水土保持综合治理情况。

12 月 1 日，关中灌区改造工程世界银行贷款“项目协定”和“贷款协定”正式生效，咸阳市羊毛湾灌区列入其中，计划总投资 10711 万元。

12 月 21 日，《咸阳市水资源管理办法》经市人民政府第十六次常务会议通过，发布施行。

2000 年

1 月 12 日，中德合作陕西西部造林项目工作会议在永寿县召开。

3 月 19 日，咸阳市人民政府编制的《咸阳市山川秀美规划》出台，并印发各级政府和工作部门。

5 月 15 日，咸阳市羊毛湾水库除险加固续建工程正式开工建设，开始对羊毛湾水库进行第二次除险加固。

5 月 27 日至 6 月 3 日，由西安市、大连市、咸阳市、永寿县共同举办的首届千禧槐花节在永寿槐树林风情度假山庄举行。

6 月 21 日，永寿渠子、永太、常宁、上邑等乡（镇）遭受冰雹袭击 20 多分钟，8100 多人受灾，损失 375 万多元。

9 月 10 日，投资 224 万元的麟游栗川水厂建成运营。

11 月，由国家发改委、水利部组织实施的“国家农村饮水解困工程”在咸阳市全面启动。

11 月 7 日，陕西省水利厅厅长彭谦来永寿县视察水利工作和冬季农田水利基本建设工作。

12 月 1 日，中共咸阳市委、市政府做出《关于加强水土保持世行贷款项目建设工作的决定》。

2001 年

3 月 17 日，全国政协副主席钱正英率全国政协、中国工程院渭河考察团赴宝鸡考察水资源开发利用及城市建设、供水等工作，听取“引洮入渭”工程前期可行性研究情况汇报。省政协主席安启元、副省长王寿森、省政协副主席石学友及市领导陈继荣等陪同。

5 月 13 日，以“创建节水型城市”为主题的咸阳市“节水宣传周”活动在咸阳中华广场启动。

6 月 1 日，西安三钓友在羊毛湾水库钓上一条重 31.5 千克、长 1.4 米的大草鱼，破全国单杆钓鱼纪录。

6 月 12 日，麟游县部分乡镇遭冰雹、暴雨袭击，经济损失 157.5 万元。

6 月 12 日，永寿县监军等 12 个乡（镇）77 个行政村遭受冰雹袭击，冰雹、大风、大雨持续 40 多分钟。冰雹最大直径 1 厘米，降水 61.5 毫米。全县有 1975.5 公顷农作物受灾，造成直接经济损失600多万元。

7月30日，国家林业局授予永寿县“三北”防护林体系建设（1978—2000年）先进集体称号。

2002年

5月16日15时50分，永寿县县境西南部、中部部分乡（镇）遭受暴雨冰雹袭击，时间持续10分钟，冰雹直径0.8厘米左右，造成直接经济损失699万元。

5月31日，陕西省灌区管理体制改革现场会在咸阳召开，会议要求学习借鉴羊毛湾水库管理局精减段斗长，鼓励单位职工直接承包段斗渠道的做法。

6月29日，永寿县御驾宫、渡马、马坊、常宁、上邑、豆家、渠子、永太等8个乡（镇）遭受持续40多分钟的暴雨、冰雹袭击，造成经济损失3070多万元。

7月23日，永寿县监军、御驾宫、店头、上邑、永平等5个乡（镇）遭受冰雹袭击，造成经济损失588万元。

11月2日，陕西省病险水库除险加固工作会议在咸阳召开，咸阳市水利局、羊毛湾水库管理局被表彰为先进单位。

11月28—30日，水利部检查组检查咸阳各县国家农村饮水解困工程实施情况。

12月，咸阳市羊毛湾水库第二次除险加固工程历时2年7个月完工，累计完成工程投资2371.57万元。

12月，“国家农村氟砷改水项目”正式在咸阳市启动，计划安排国债资金3373万元，用于解决咸阳市饮用氟含量超标人数15万人。

2003年

1月16日，越南世界争先考察团来咸阳市考察北五县（含永寿、乾县）水土保持治理情况。

5月29日，根据咸阳市人民政府第七十七次会议精神，咸阳市水利局发出通知，同意市水利机械施工队由乾县迁址咸阳。

7月11日至10月5日，麟游县境内普降连阴雨。其中7月11日至16日降雨92.8毫米，8月28日至9月1日降雨108.3毫米，9月27日至10月5日降雨117毫米。这3次连阴雨造成农作物受损，多户庄基进水，倒塌房屋、窑洞1100多间（孔），造成经济损失2655万元。

8月1日，麟游县峡口水库开工，2004年10月20日竣工。该库系漆水河一级支流永安河下游修建的一座小（2）型水库。

12月18日，陕西省发展计划局负责人来永寿县检查县城供水扩建工程。

2004年

4月30日，永寿县仪井镇、马坊镇遭受20多分钟的冰雹、暴雨袭击，造成经济损失1450多万元。

5月14日，“中国·永寿第三届槐花节”开幕式在永寿槐树林风情度假山庄举行。

5月31日，永寿县店头镇遭受暴雨、冰雹和大风袭击，533.3公顷小麦、246.7公顷苹果受损，已经收获的 2 万千克小麦被浸泡，共造成经济损失 300 多万元。

8 月 1 日，麟游县峡口水库开工。

8 月 3—5 日，永寿县连续 3 天的暴雨、冰雹，使全县 4096 户、1.3 万人受灾，农作物受灾面积 1269 公顷，苹果等受灾面积 814.2 公顷，损失粮食 5000 多千克，造成直接经济损失 759.5 万元。

2005 年

3 月 16 日，宝鸡市副市长戴征社到麟游县调研人饮工程。

4 月 27 日，宝鸡市召开全市防汛工作会议，确定“一河（渭河）、一区（市区）、四水库（冯家山、段家峡、白荻沟、东风）、五县城（扶风、陇县、千阳、麟游、凤县）和山洪灾害”为全市防御重点。

5 月，永寿县西沟水库除险加固初步设计通过黄河水利委员会审查。

7 月，澳大利亚昆士兰大学水土保持专家罗斯教授、澳籍华人孙西铭博士到宝鸡开展水土保持技术指导和学术交流活动，并考察凤翔县等小流域水土保持生态建设工作。

2006 年

4 月 15 日，麟游县被陕西省水利厅确定为陕西省农村饮水安全整体推进试点县。

6 月 21 日，陕西省委副书记董雷、省水利厅副厅长李润锁到麟游县检查新农村建设工作。

7 月 31 日，咸阳市防汛抗旱指挥部在乾县组织开展防抗一级干旱灾害应急预案演练，在全国尚属首次。

9 月 27 日，陕西关中九大灌区世行贷款改造项目建成并通过验收。

10 月 10 日，黄河水利委员会专家组来麟游审定黄河水保生态澄水河淤地坝系项目。

11 月 17 日，陕西省政府成立“陕西省农村饮水工程总指挥部”。总指挥由代省长袁纯清担任，副省长王寿森、张伟任副总指挥，省政府办公厅、水利厅、发改委、财政厅、农综（扶贫）办、卫生厅的主要负责人任指挥部成员。

2007 年

3 月 15 日，陕西省水利厅厅长谭策吾等省市领导到麟游县检查指导水利工作。

3 月 27—28 日，陕西省发改委、陕西省水利厅在咸阳市乾县联合召开羊毛湾水库除险加固续建工程竣工验收会。经省验收委员会评委会认真讨论和评审，同意该工程通过竣工验收，交付管理单位投入运行。

4 月 23 日，宝鸡市政府召开农村饮水工程建设现场会，分析了农村饮水工程建设形势，交流了先进县（区）的经验，参观了扶风县绛帐镇罗家村、杏林镇西坡村饮水工程建设现场，并对下一阶段工作进行统筹谋划和详尽安排。

5 月 9 日，宝鸡市市长助理党双忍到麟游县检查人饮和防汛工作。

7 月 20 日，宝鸡市政府在凤翔县召开农建现场会议，会议传达了省政府夏季农田水利基本建设现场会精神，安排部署宝鸡市夏季农田水利基本建设工作。

7 月 25 日 12 时 30 分到 14 时 30 分，麟游县招贤镇部分地区突降特大暴雨，降雨量达30多毫米，暴雨期间伴随有3分钟的冰雹和大风，全镇6个村22个村民小组农作物和烤烟不同程度受灾。据统计，暴雨、冰雹和大风造成全镇4225亩玉米大面积倒伏，8户农民64亩烤烟受灾，6户农民晾晒的约550千克小麦被洪水冲走。

8月8日，宝鸡市全区降大到暴雨。岐山、凤翔、麟游、眉县局部地区突降大暴雨。其中岐山全县2小时30分钟平均降雨量91.4毫米，枣林镇降雨量达170.9毫米；眉县马家镇最大点降雨量113.2毫米。致使白荻沟、底寺、五味峡、峡口等10座水库超汛限运行，其中有6座水库溢洪，峡口水库溢流汇水深达1.6米，超过设计水位。有两座水库出现险情，暴雨造成大面积秋田作物受灾，多处道路积水，局部交通中断，群众房屋进水，经济损失严重。8月15日，国家减灾办领导到麟游查灾。

8月8日7时许，麟游县九成宫、招贤、桑树塬、常丰等4个乡（镇）及城区突降大暴雨，持续时间之长、强度之大，是近50年以来罕见的。19时30分，县城开始降雨，其中20时22分降雨强度最大，降雨量达67毫米，至9日凌晨，城区降雨总量达106毫米，强暴雨导致永安河、杜水河洪水暴涨，城区段最大洪水流量达430立方米每秒，超警戒流量230立方米每秒，桥梁、堤防等设施损毁严重。

8月11日，宝鸡市委书记姚引良、副市长戴征社带领市级有关部门，亲临岐山察看灾情，协调落实救灾资金，指导灾后重建各项工作。

8月12日，陕西省副省长张伟带领省级有关部门负责同志深入岐山县检查灾情。

8月15日，国家减灾中心副主任王杰秀一行3人，先后深入宝鸡市麟游、岐山两县检查防汛救灾工作情况。

10月24日，陕西省水利厅副厅长王保安一行视察麟游县河西乡集中供水工程。

11月11日，宝鸡市在岐山县召开农村小型水利产权制度改革现场会。

2008年

3月11日，宝鸡市副市长王拴虎检查麟游峡口水库。

4月26日，宝鸡市水利系统干部职工漆水河探源考察组来麟游进行考察。县水利局在招贤镇硬里村漆水河源头立碑。

5月16日，陕西省水利厅厅长谭策吾、副巡视员李永杰到麟游检查地震灾情。

8月25日，陕西省政府批复了《陕西省渭河流域综合治理五年规划（2008—2012年）》。

9月10日，陕西省政府印发了《陕西省汶川地震受灾地区城乡供水设施灾后重建规划》，该规划涉及汉中、宝鸡、咸阳、安康、西安五市和杨凌区的37个县（区），项目1284处，恢复和改善供水人口136.9万人，投资2.1亿元。

10月8日，宝鸡市政府在凤翔县召开秋冬农田基本建设现场会，市发改委、财政局、农业局、水利局、林业局、国土资源局、农发办负责同志，各县（区）主管县（区）长、国土资源局、水利局、农发办主要负责同志参加了会议。

10月10日，中国灌溉排水发展中心李仰斌主任一行两人，在陕西省水利厅副巡视员李永杰、供水处主要负责同志、宝鸡市水利局负责同志、岐山县政府领导及县水利局主要负责同志的陪同下，对岐山县利用世界银行贷款农村改水项目运行管理情况进行调研。

11月4日，陕西省人民政府以陕政发〔2008〕54号印发《陕西省煤炭石油天然气资源开采水土流失补偿费征收使用管理办法》，自 2009 年 1 月 1 日起施行。

12 月 8 日，麟游县完成《麟游县河库大典》编纂工作，并受到市水利局表彰奖励。

2009 年

2 月 18 日，宝鸡市抗旱流动现场会在麟游县召开，现场参观了麟游县九成宫镇蔡家河村、北马坊村沿河移动喷灌麦田现场。

2 月 25 日，陕西省人大常委会调研组到麟游调研人饮工程建设。

2 月 26 日，《中华人民共和国抗旱条例》公布施行。

2 月，陕西省人民政府授予"凤翔县 2008 年度水利振兴杯"先进单位。

4 月 16 日，省人大常委会原副主任刘枢机一行来凤翔检查农村供水工程和生态校园建设情况。

5 月 12—13 日，陕西省农村饮水安全暨节水型生态校园建设现场会在凤翔县召开。全球水伙伴中国委员会常务副主席董哲仁，全球水伙伴联络官比昂·古特斯坦，水利部农村水利司供水处处长阎冠宇，省人大常委会副主任李晓东，省委原副书记范肖梅，副市长王拴虎等领导出席大会。县级领导何存贵、张辉等参加。

6 月，麟游澄水河淤地坝系工程开工建设。

12 月 21 日，凤翔县城供水工程通水仪式在位于糜杆桥镇的县净水厂举行。

2010 年

1 月 15 日，麟游县东岭北王煤矿水土保持方案在北京评审。

2 月 25 日，陕西省人大常委会委员、农工委主任刘忠良带领省人大农村饮水工程建设调研组一行 6 人在宝鸡市人大常委会副主任孙惜玲、市水利局副局长李进峰等陪同下，冒雪深入麟游县九成官、木龙盘、官庄、常丰等集中供水工程建设现场和县农村饮水工程水质监测中心，并结合全省工作进展情况提出了指导性意见。

3 月 18 日，陕西省水利厅副巡视员李永杰、供水处主要负责同志一行先后深入岐山县雍川镇马江水厂、凤鸣镇蒲家村、京当水管站、县农村饮水安全水质监测中心调研该县农村饮水工程管理体制和运行机制方面的经验做法。

4 月，麟游县水利局在九成宫镇消水沟村新建陂塘 1 座，投放鱼苗 8000 尾，支持该村发展渔业养殖。

8 月 18 日，麟游县丰塬水库除险加固项目评审会在西安召开。

10 月 12 日，麟游县完成《麟游县水利志》初稿编纂工作。

12 月 6 日，麟游县水利局开展第一次水利普查工作。

12 月，在全省水利风景区建设与管理工作会上，凤翔县五曲湾水利风景区被命名为"省级水利风景区"。

12 月 30 日，永寿县获得"全省夏季农建工作先进单位"荣誉。

2011 年

2011 年 1 月，中央一号文件《中共中央 国务院关于加快水利改革发展的决定》发布。该文件是新中国成立以来中央发出的第一个关于水利改革发展的综合性政策文件，成为指导今后一个时期加快水利改革发展的纲领性文件，标志着我国水利改革发展步入了一个新的历史时期。

1月8日，新修订的《中华人民共和国防汛条例》施行。

1月8日起，新修订的《中华人民共和国水土保持法实施条例》施行。

2月16日，陕西省人大常委会副主任吴前进来凤翔视察抗旱春灌工作。

2月23日，永寿县水利局召开“永寿县水利建设年动员大会”，县委副书记邢步宜、县人大常委会副主任苏兴波、县政协副主席马彩云出席了会议，各乡（镇）主管水利工作的乡（镇）长及水管员应邀参加了会议。

3月1日起，新修订的《中华人民共和国水土保持法》施行。

3月24日，陕西省水利厅副厅长田万全带领省水利厅中小河流项目监督检查组，检查了麟游县杜水河重点段综合治理工程。

6月30日，宝鸡市2011年夏季农建现场推进会在凤翔召开。

9月18日12时许，麟游县杜水河县司法局后院河堤垮塌，县上立即启动抢险预案，全力组织开展抢险救灾工作。

10月11日，麟游县委、县政府下发了《关于加快水利改革发展的意见》。

10月14日，宝鸡市水产工作站在九成宫镇消水沟村举行捐赠成品鱼活动仪式，向消水沟鱼池投入草鱼、鲫鱼等成品鱼3000千克，共6000多尾。

10月16日，黄河水利委员会水保局生态处处长刘正杰、中游局生态处处长薛顺康率领黄委陕甘宁水土流失综合治理检查组，调研了国家农业综合开发水土保持项目陕西省麟游县董家河农发水保项目。

10月16日，陕西省水土保持局副局长宋小强率领淤地坝检查组对澄水河生态淤地坝系工程进行了调研。

12月7日，麟游县委、县人民政府下发了《关于进一步加快水利改革发展若干政策的意见》。

2012年

1月10日，渭河陕西段综合整治工程总指挥部在西安召开2012年第一次工作会议。

3月17日，由杨凌示范区团工委、杨凌区团区委、西北农林科技大学团委、杨凌区农林局、杨凌区农业园区办共同组织实施的大学生担任“田园使者”活动在杨凌区五泉镇正式启动。西北农林科技大学730名大学生被聘为“田园使者”。团省委副书记张小平、西北农林科技大学党委副书记马建华、李大芳出席了启动仪式。

3月29日，咸阳市防汛抗旱指挥部办公室同意羊毛湾水库于4月5日10时起向下游河道泄水，泄水流量控制在5立方米每秒以内，并要求武功、乾县防汛办认真做好防范工作，确保泄水期间河道防洪安全。

4月9日，岐山县委、县政府在城墙遗址公园召开“整治城乡环境、建设最美乡村”动员大会。

4月12日，受大风、降雨和降温天气影响，麟游县常丰镇西瓜大棚严重受损，造成直接经济损失11.8万元。

4月23日，麟游县第十六届人大常委会第三次会议，听取审议了局长张智文受县人民政府委托所作的《关于〈麟游县农田水利建设规划〉编制情况的报告》。

5月8日，宝鸡市副市长王拴虎带领市级有关部门负责人，深入麟游县九成宫镇新庄塬村现场调研普化水库初步选址和规划设计情况。

6月19日，水利部发展研究中心副主任、高级工程师王一文一行4人调研麟游县抗旱服务组织建设工作。

7月23日，黄河勘测规划设计有限公司市场部主任丁大发一行4人调研麟游县普化水库前期工作。

7月10日，“美好杨凌”主题摄影展在杨陵区文化馆开展。

7月22日，陕西省级老领导一行15人来杨凌参观考察现代农业示范园区建设情况。

7月24日，麟游县峡口水库工程项目通过市发改委验收。

8月22日，中国近代著名水利学家、教育家李仪祉纪念馆在咸阳市泾阳建成开馆。全国政协副主席陈宗兴、全国政协原副主席钱正英分别发来题词和贺信。

8月28日，凤翔县《关中西府民俗博览园修建性详细规划》《雍城湖片区综合开发规划》《雍城湖风景名胜区开发建设规划》通过专家评审。

9月24—25日，咸阳市农村饮水安全工作会议召开。会议在组织与会人员观摩乾县等农村饮水安全工程建设情况的同时，总结全市农村饮水安全工作，安排部署今年乃至今后一个时期农村饮水安全工作。副市长严维佳、市委副市级咨询员张宗平出席会议，市水利局局长王生江做工作讲话。

10月23日，凤翔县县城集中供热暨东湖下游排污干渠工程开工仪式举行。县委副书记、县长赵新年宣布开工令。

11月7日，第十九届中国杨凌农高会在示范区隆重举行，210个团组2000余人出席开幕式。

11月20日，全国政协副主席万钢、水利部副部长蔡其华参观第19届杨凌农高会水利新技术专题展厅。陕西省政协主席马中平，省委常委、常务副省长娄勤俭，省委常委、省委秘书长刘小燕，副省长祝列克，省水利厅厅长王锋陪同。

11月23日，全省冬春水利建设现场会在凤翔召开。来自全省各市、县（区）的200多名参会人员观摩了凤翔农田水利建设现场。

11月28日，陕西省水利厅副巡视员李永杰一行深入麟游县检查调研农村饮水工程建设和管理工作。

2013年

1月5日，宝鸡市副市长景耀平带领市级有关部门负责人深入麟游调研长益庙水库、普化水库前期工作。

1月13日，由灵山净慧寺投资600万元、历时10个多月建设的灵山大佛在灵山景区看柏树山顶落成。该佛像高9.95米，形制为释迦牟尼青铜贴金坐姿传法像，采用青铜分块浇铸、焊接打磨两层贴金工艺，共筑298块，青铜重量26.5吨。于2012年3月27日奠基开工。

1月15日，《凤翔县生态县建设规划》通过省级评审。

2月28日，《陕西日报》第7版刊登了通讯员任晓妮、记者车喜韵撰写的《旱塬麟游智留"客水"为民造福》，记述了麟游县开展节水型社会建设活动成效。

5月23日，宝鸡市山洪灾害防治县级非工程措施建设项目现场会在麟游县召开。

5月28日，麟游县董家河项目区2012年度农发水保项目通过了省级验收。

5月29日，麟游县利用山洪灾害监测预警信息新建成的视频会商系统，成功召开了全县防汛防滑工作电视电话会议。麟游县率先在宝鸡市实现县镇防汛会商工作面对面。

7月13日，经陕西省政府批准，省水利厅、省统计局联合发布了《陕西省第一次水利普查公报》。

8月4日，中央电视台新闻联播《民情之中"照镜子"找差距》，播出稿件中涉及麟游县崔木镇河西村饮水工程建设情况。

10月12日，黄河上中游局总工常玮、省水保局副总工李栋带队复核麟游县坡耕地示范县项目。

10月23日，陕西省水利厅党组成员、省水保局局长张秦岭一行来麟游检查调研《陕西省水土保持条例》贯彻及水保项目建设情况。

11月，习近平总书记在关于《中共中央关于全面深化改革若干重大问题的决定》的说明中首次提出了"山水林田湖是一个生命共同体"的理念。

11月，咸阳市羊毛湾引水工程正式动工。

12月26日上午，陕西省水利厅王锋厅长来乾县调研羊毛湾引水工程。

2014年

3月，习近平总书记在中央财经领导小组第五次会议上，就保障国家水安全发表重要讲话，明确提出了"节水优先、空间均衡、系统治理、两手发力"的治水思路。

4月30日，陕西省政府召开全省防汛抗旱工作电视电话会议，总结工作，交流经验，分析形势，安排部署2014年防汛抗旱工作。省防总总指挥长、副省长祝列克出席会议并讲话，省防总指挥长、水利厅厅长王锋做工作报告，省防总指挥长、省政府副秘书长王拴虎主持会议，省防总指挥长、省军区副司令员戚智学参加会议。

5月20日，麟游县被宝鸡市人民政府评为2013年度防汛抗旱工作先进集体。

5月16日，陕西省水利厅副厅长魏小抗、副巡视员李新华带领省防汛抗旱办、水利厅河库处、水电处领导，检查麟游县抗旱水源工程建设暨防汛准备工作。

6月18日，麟游县政府办公室印发了《麟游县农村饮水工程管理办法》《麟游县农村饮水工程维修基金管理使用办法》。

7月15日，全省煤油气水土保持补偿费征管工作现场会在麟游县召开。

8月5日20时至6日8时，麟游县境内自西向东普降大到暴雨，全县累计降水量均达到50毫米以上，其中县城区降水量达到149毫米。共造成经济损失566.27万元。

9月24日，国家防总办公室主任张志彤，处长万群志、张长青来麟游调研防汛抗旱工作。

10月21日，麟游县普化水库被国家发改委、水利部列入《全国中型水库建设总体安排意见（2013—2017）》，长益庙水库、崔木水库、澄水河水系连通和抗旱应急水源工程列入全国抗旱规划。

11月11日，《中国水利报》报道陕西麟游县煤气油资源开采补偿费使用项目反哺水土保持做法。

11月28日，麟游县被省水利厅评为2014年全省夏季农田水利基本建设先进单位。

12月4日，凤翔县政协主席鲁立带领凤翔籍市政协委员及部分县政协委员到糜杆桥水厂、白荻沟水库和三岔联村供水工程现场，对凤翔城乡安全饮水工作进行视察。

2015年

4月21日，水利部农水司副司长胡朝碧一行4人来永寿县检查指导冬春农田水利基本建设暨农田水利建设项目进展情况。

5月20日，陕西省水利厅副厅长席跟战、副巡视员权渭南带领厅财审处、供水处、防汛抗旱办负责人，深入乾县检查羊毛湾水库防汛各项准备工作。咸阳市水利局副局长邢博、防汛抗旱办副主任王振华、羊毛湾水库管理局局长刘大庆陪同检查。

5月20—22日，陕西省水利厅副总工程子勇在麟游县主持召开了《陕西省宝鸡市麟游县漆水河普化水库工程项目建议书》审查会，项目建议书中载明：水库总库容2943万立方米。工程静态总投资43804.89万元，总投资43804.89万元。工期30个月。

7月6—7日，陕西省水务集团有限公司到麟游县开展水务合作调研，并签署合作框架协议书。

8月7日，《麟游县人民政府职能转变和机构改革实施方案》中，将县水利局并入县林业局，在县林业局挂水利局牌子（麟办发〔2015〕69号文件）。

11月3日，陕西省水务集团来凤翔调研冯家山水库向县城及柳林镇供水工程。

11月13日，陕西省水利厅在麟游县召开全省抗旱水库项目建设现场会，省水利厅副厅长魏小抗出席会议并讲话。

12月24日，咸阳市水利局在乾县主持召开羊毛湾水库灌区老鸦嘴水库除险加固工程竣工验收会议。

2016年

5月27日，宝鸡市副市长景耀平视察麟游崔木水库建设。

7月8日，麟游县政府与省水务集团在西安举行县城供水合作签约仪式。

7月29日，水利部调研组来麟游调研抗旱水库中期评估工作。

8月17日，江苏省水务集团来麟游考察普化水库项目。

9月19日，在西安尚德大厦召开麟游县水资源配置规划评审会。

11月8日，陕西省水利厅厅长王拴虎带领调研组调研咸阳市高效节水灌溉工程和冬春基本农田建设项目。王拴虎一行先后深入乾县阳峪镇、梁山镇高效节水示范园和永寿县常宁镇何谈村等农田水利基本建设施工现场进行调研。

11月23日，陕西省水利厅厅长王栓虎主持召开座谈会，听取宝鸡市水利工作汇报暨冯家山水库向麟游调水项目、普化水库项目进展情况。宝鸡市副市长王宁岗、市水利局局长罗广平，麟游县委书记孙敬虎、县长李武发参加座谈会。

2017年

1月9日，省委政法委书记祝列克来麟检查铁炉沟扶贫点建设情况，省水务集团等单位领导陪同。

1月24日，陕西省水利水电勘察设计研究院递交普化水库可研报告。

4月12日，武功县漆水河流域水源水保工程建设任务完成过半。

4月25—26日，陕西省水利厅在西安尚德大厦组织召开麟游普化水库可研报告审查会。

6月23日，武功县县长林梅检查渭河及漆水河防汛备汛、渭河堤顶路保洁工作。

6月29日，咸阳市漆水河河长、副市长程建国，深入漆水河沿线武功、乾县、永寿段调研漆水河水生态治理及河长制落实情况。

7月1—2日，宝鸡市防汛办组织对麟游九成宫杜水河治理工程进行技术预验收。

7月8日，陕西省林业厅副厅长唐周怀带领专家组来麟游审查南坊河堤治理及湿地建设设计方案。

7月18日，武功县召开漆水河园区段生态治理工程规划设计评审会。

8月29日，咸阳市乾县羊毛湾引水工程输水隧洞工程全线贯通。

9月1日至2日，水利部黄河水利委员会水保局副局长朱小勇带队来咸阳乾县、永寿等县检查新建铁路银川至西安线（陕西段）水土保持工作。陕西省水保局监督处处长徐凌云、咸阳市水土保持监督管理总站副书记赵祯及项目沿线水土保持监督站站长陪同检查并参加座谈会。

9月29日，陕西省水务集团董事长王瑜来麟游县参加“省属企业进麟游活动”。

11月9日，全省冬春农田水利基本建设现场推进会在永寿召开。陕西省水利厅厅长王拴虎出席会议并讲话，省水利厅副厅长张玉忠主持会议。咸阳市副市长程建国致欢迎词。宝鸡市、咸阳市、渭南市水利局负责同志作大会发言。县委副书记、县长王飞作交流发言。

12月11日 凤翔县雍城遗址入选“陕西省文化遗址公园”名单，成为陕西省首批“文化遗址公园”。

12月22日，水利部新修订的《取水许可管理办法》发布。

12月30日，乾县水利工程质量监督站揭牌仪式在县水利局机关大院举行。

2018年

1月7日，陕西省农业厅副厅长郑维国在凤翔县指导大雪降温减灾救灾工作。

1月9日，陕西省水利厅组织召开麟游普化水库取水许可技术审查会。

1月22日，凤翔县公布第四批县级文物保护单位，分别是紫荆山彭德怀指挥部旧址、屈家山地道遗址和凤凰泉遗址。

1月23日，乾县召开脱贫攻坚饮水安全工作推进会。

3月16日，咸阳市羊毛湾引水输水管线、净水厂工程在乾县举行开工仪式。

4月18日，《凤翔县大东湖景区总体规划》通过评审。

4月27日，陕西省水利厅组织召开麟游普化水库建设水资源协调会。

5月4日，投资4.48亿元的凤翔县大东湖景区一期项目基本建成。

5 月 5 日，陕西广播电视台公共频道“秦声飞扬”大型惠民秦腔名家演唱会在武功县武功镇姜嫄水乡景区文化广场隆重开幕。

5 月 17 日，咸阳市河长制验收组一行来武功县检查验收河长制工作。武功县委常委、副县长杨力年一同检查。

5 月 24 日，陕西省水务集团总经理殷伟民来麟游调研县城供水工作。

6 月 19 日，岐山县雍山血池祭祀遗址和西凤酒酿酒旧址被列为第七批省级文物保护单位。

7 月 11 日，武功县委书记田一泓深入游凤镇桂营村、龙王沟、武功镇上营村检查指导防汛及地质灾害监测工作。

7 月 14 日，第七届宝鸡市文化旅游节、凤翔东湖景区文化旅游活动在凤翔县东湖广场举行。北京师范大学教授康震现场解读苏轼与东湖的前世今生。

7 月 28 日，武功县委常委、常务副县长刘峰深入基层检查砂场治理工作。

8 月 19 日，陕西省卫健委主任刘宝勤一行来麟游检查铁炉沟供水工程。

9 月 7 日，宝鸡市水利局组织召开麟游屯头、李家娜、南沟河水库除险加固项目验收会。

10 月 10 日，陕西省水务集团董事长王瑜来麟游调研崔木水库建设工作。

2019 年

3 月 20 日，陕西省生态环境厅检查乾县城饮水水源地保护工作。

3 月，凤翔县召开河长制湖长制工作暨“携手清四乱，保护母亲河”专项行动部署会议。

4 月 16 日，陕西省生态环境厅批复同意了羊毛湾水库饮用水水源地保护区划分方案，这标志着咸阳市首家地表型（水库）集中式饮用水水源地获得省政府批准保护使用。

5 月 14 日，武功县委书记田一泓检查武功镇段漆水河湿地景观综合整治工程河道改道工作；县委常委、纪委书记、监委主任韩光深入基层检查当前重点工作。

5 月 21 日，国家生态环境部专家来麟游检查县城饮水水源地保护工作。

5 月 22 日，由陕西省水利厅副巡视员李新华带队、厅河湖运行处、省渭河生态区保护中心负责人组成的第三督导调研组深入羊毛湾水库枢纽站，开展以水旱灾害防御为重点的水安全体系建设汛前督导调研。

6 月 5 日，凤翔县召开生态环境保护暨蓝天、碧水、净土、青山保卫战工作会，当会签订 2019 年生态环境保护工作目标责任书。

6 月 6 日，宝鸡市脱贫攻坚饮水安全现场会在麟游召开，现场观摩招贤、两亭镇饮水工程运行管理工作。

6 月 11 日，咸阳市副市长、市副总河长、漆水河市级河长程建国带领河长办相关同志，沿漆水河入渭口向上，对武功、乾县进行了全线巡查，重点检查了入渭口、漳水河口、武功镇、五星村、龙岩寺段河道以及羊毛湾水库管理保护情况。

6 月 11 日，武功县召开漆水河河长制工作反馈问题整改推进会，县委常委、常务副县长刘峰，副县长杨强壮出席会议。

6 月 17 日，武功县检察院充分发挥公益监督职责，在“携手清四乱，保护母亲河”

专项活动中，对渭河、漆水河等流域发现的“四乱”问题立案办理，并向县水利局、相关镇（办），公开宣告送达检察建议多份，督促相关行政主管部门依法履职。

7 月 8 日，宝鸡副市长高建华，麟游县委书记孙敬虎、县长李武发到省水利厅专题汇报农村饮水安全、普化水库项目。

7 月 11 日上午，咸阳市羊毛湾水库管理中心正式挂牌成立。

7 月 16 日，陕西省水利厅厅长王拴虎来武功县调研引汉济渭工程二期项目，副市长程建国，县委书记田一泓，县委常委、副县长杨力年一同参加。

7 月 22 日，凤翔县召开全县防汛暨山洪灾害防御知识培训会，邀请宝鸡文理学院副教授李安贵对全会人员进行系统全面的培训，内容丰富，有很强的针对性、实用性和指导性。

8 月 29 日，麟游普化水库可研报告送黄河水利委员会审查。

9 月 18 日下午，由黄河上中游管理局副局级干部陈雄龙为组长的水利部防汛督导组冒雨深入羊毛湾水库，实地督导水库应对秋淋防汛工作。

11 月 21—22 日，黄委规计局在郑州召开陕西省麟游县漆水河普化水库工程可行性研究报告审核会议。

12 月 11 日，咸阳市水利局组织市水利工程服务中心、羊毛湾水库管理中心、南京水利科学研究院以及 5 名省级水利专家，对羊毛湾水库进行大坝安全鉴定。

12 月 10 日，凤翔县东湖雍城湖湿地治理项目“备忘录”签约，法国开发署贷款 4.68 亿元，标志该项目全面完成前期准备和审批程序，正式落地实施。

2020 年

1 月 13 日，宝鸡市人民政府与陕西省水务集团举行合作签约仪式，麟游县人民政府副县长李婷出席，普化水库、县城供水等项目列入。

1 月 22 日，武功县人民政府印发《关于漆水河管理及保护范围的公告》。

4 月 1 日，陕西省水工程勘察规划研究院来麟游县开展河流划界工作外业测量调查。

4 月 3 日，陕西省水利厅副厅长席根战带领省农村安全饮水问题核查组来武功县督导检查工作。副市长程建国，县委常委、副县长杨力年一同检查。

4 月 23 日，陕西省水利厅发展调查与引汉济渭协调中心主任蒋建军一行来武功县检查水旱灾害防御汛期准备工作。县委常委、副县长杨力年一同检查。

6 月 11 日，凤翔县举办 2020 年“文化和自然遗产日”非遗展演活动，主题为“非遗传承健康生活”，倡导全民健康生活理念。

8 月 20 日，武功县印发《武功县实施国家节水行动 2020 年工作任务》的通知。

8 月 26 日，2020 首届“先秦古都 · 美味雍州”丝路美食文化节暨凤翔豆花泡馍、臊子面、擀面皮大赛在凤翔县城关镇六营民俗村开幕。

9 月 8 日，陕西省水利厅厅长王拴虎来麟调研普化水库、检查漆水河源头治理和县城供水工作。

10 月 13 日，凤翔县再次跻身陕西省“十强县”，位列第五。

10 月，咸阳市乾县羊毛湾引水工程开闸蓄水，预计今年向管网供水。

附　录

一、文献选录

九成宫醴泉铭

唐·魏征

秘书监检校侍中钜鹿郡公臣魏征奉敕撰。

维郡观六年孟夏之月，皇帝避暑乎九成之宫，此则隋之仁寿宫也。冠山抗殿，绝壑为池，跨水架楹，分岩耸阙，高阁周建，长廊四起，栋宇胶葛，台榭参差。仰视则迢递百寻，下临则峥嵘千仞，珠璧交映，金碧相晖，照灼云霞，蔽亏日月。观其移山回涧，穷奢极侈，以人从欲，良足深尤。至于炎景流金，无郁蒸之气，微风徐动，有凄清之凉，信安体之佳所，诚养神之胜地，汉之甘泉不能尚也。皇帝爰在弱冠，经营四方，逮乎立年，抚临亿兆，始以武功壹海内，终以文德怀远人。东越青丘，南逾丹徼，皆献琛奉贽，重译来王，西暨轮台，北拒玄阙，并地列州县，人充编户。气淑年和，迩安远肃，群生咸遂，灵贶毕臻，虽藉二仪之功，终资一人之虑。遗身利物，栉风沐雨，百姓为心，忧劳成疾，同尧肌之如蜡，甚禹足之胼胝，针石屡加，腠理犹滞。爰居京室，每弊炎暑，群下请建离宫，庶可怡神养性。圣上爱一夫之力，惜十家之产，深闭固拒，未肯俯从。以为随氏旧宫，营于曩代，弃之则可惜，毁之则重劳，事贵因循，何必改作。于是斫雕为朴，损之又损，去其泰甚，葺其颓坏，杂丹墀以沙砾，间粉壁以涂泥，玉砌接于土阶，茅茨续于琼室。仰观壮丽，可作鉴于既往，俯察卑俭，足垂训于后昆。此所谓至人无为，大圣不作，彼竭其力，我享其功者也。然昔之池沼，咸引谷涧，宫城之内，本乏水源，求而无之，在乎一物，既非人力所致，圣心怀之不忘。粤以四月甲申朔旬有六日己亥，上及中宫，历览台观，闲步西城之阴，踌躇高阁之下，俯察厥土，微觉有润，因而以杖导之，有泉随而涌出，乃承以石槛，引为一渠。其清若镜，味甘如醴，南注丹霄之右，东流度于双阙，贯穿青琐，萦带紫房，激扬清波，涤荡瑕秽，可以导养正性，可以澄莹心神。鉴映群形，润生万物，同湛恩之不竭，将玄泽于常流，匪唯乾象之精，盖亦坤灵之宝。谨案：《礼纬》云：王者刑杀当罪，赏锡当功，得礼之宜，则醴泉出于阙庭。《鹖冠子》曰：圣人之德，上及太清，下及太宁，中及万灵，则醴泉出。《瑞应图》曰：王者纯和，饮食不贡献，则醴泉出，饮之令人寿。《东观汉记》曰：光武中元元年，醴泉出京师，饮之者痼疾皆愈。然则神物之来，寔扶明圣，既可蠲兹沉痼，又将延彼遐龄。是以百辟卿士，相趋动色，我后固怀撝挹，推而弗有，虽休勿休，不徒闻于往昔，以祥为惧，实取验于当今。斯乃上帝玄符，天子令德，岂臣之末学所能丕显。但职在记言，属兹书事，不可使国之盛美，有遗典策，敢陈实录，爰勒斯铭。其词曰：唯皇抚运，奄壹寰宇，千载膺期，万物斯睹，功高大舜，勤深伯禹，绝后承前，登三迈五。握机蹈矩，乃圣乃神，武克祸乱，文怀远人，书契未纪，开辟不臣，冠冕并袭，琛贽咸陈。大道无名，上德不德，玄功潜运，几深莫测，凿井而饮，耕田而食，靡谢天功，安知帝力。上天之载，无臭无声，万类资始，品物流形，随感变质，应德效灵，介焉如响，赫赫明明。杂沓景福，葳蕤繁祉，云氏龙官，龟图凤纪，日含五色，乌呈三趾，颂不辍工，笔无停史。上善降祥，上智斯悦，流谦润下，潺湲皎洁，萍旨醴甘，冰凝镜澈，用之日新，挹之无竭。道随时泰，庆与泉流，我后夕惕，虽休弗休，居崇茅宇，乐不般游，黄屋非贵，天下为忧。人玩其华，我取其实，还淳反本，代文以质，居高思坠，持满戒溢，念兹在兹，永保郡吉。

兼太子率更令渤海男臣欧阳询奉敕书。

为西北农专在武功设立和河道民生小学焦易堂给武功县长张道芷的一通电文

焦易堂

张县长道芷同志转武功父老兄弟钧鉴：农业专科学校之设，意在以科学方法振兴农业，以人工力量制造森林，作开发西北之基础。农业兴，则民得其养；森林成，则不惟木材可以胜用，且能调节雨量，预防旱乾。吾邑近水楼台，首先得益，甚望大家合力共举，成此伟业。且筹备主任王子元先生，及帮同筹备诸君，道德学问，俱足钦佩，并祈竭诚拥护，以期此事早日成功，是为至盼。再，河道村民生学校，鄙意拟注重致用之学，学生授课之余，即练习专门技能，学农、学商、学工，俱无不可。要在应环境之需要，毕业后使能用其所学，独立谋生，不致成为社会上完全消费之人，以矫吾国数十年来学校制造游民之积弊。此校先行试办，如有良好成绩，再拟推行各地，以作改进现在教育制度之方案。惟众擎易举，单力难成。易堂于此校已用去二千余金，经营惨淡，费尽心力，此后设施，尤希诸缙绅商同县长，协力筹划之，维护之。百年大计在树人，将来松柏竞秀，良材郁成，不惟吾邑之幸，于国亦大有造也。临电神驰，不胜祈祷。

焦易堂（1879—1950 年），又名希孟，男，陕西省武功县河道河大村人，清末秀才，后又入北京中国公学政法科学习，中华民国时期政治家。时任国民政府立法院委员兼法制委员会委员长、国民党中央候补执行委员。

民国二十二年十二月在武功农专之言辞

李仪祉

（1935 年 10 月 27 日）

适才王主任称奖兄弟道德、事业、人格，愧不敢当；不过兄弟只知切实做事，还亏了环境的赞助，虽则小有成功，也是大家的帮助。

本校水利组的经过，是上年兄弟感到本省灌溉工程水利工程乏人，建议增设水利专科，即在西安高中附办。后联本校计划，也将设水利组，因同于（右任）院长、邵（力子）主席商请将水利专科移入本校。兄弟虽应组主任名义，但事实上，各处工作甚忙，不能常住校内；王主任、陈先生，各位负责进行，倒还很好。

诸位同学！你们在本校求学，我应当为你们贺！我很庆祝你们，很羡慕你们！你们听到了我这话，怕以为有些过时吧？想来到本校求学，地方偏僻，交通不便，物质上感受困难，在这样的地点上求学，有什么可贺的、羡慕的呢？你们且听我说。国内有名的大学不少，我约说几个有名的：南京方面，中央大学，金陵大学，规模未尝不大，设备未尝不周；但两校均在独繁地方，逼近尘嚣，车马的喧闹与行色的纷扰，游泳池，电影院，各娱乐场所，常常见有许多的学生供给他们。在这地方求学，能用功的学生，固然不少；而不用功的学生，因了环境的诱引，大概也流荡的不少。上海更不用说了，北平、天津方面，北洋大学，南开大学，还有几处私立大学，办的倒也不坏，地方倒也适于求学；可惜近年华北失利，边患日深，在那地求学的人，处处感到强敌压境，心神不安！本校呢：地面广阔，气味清新，绝无湫隘嚣尘之苦；襟渭水而对太白，形势伟大。关于农林场所之设备：有山坡，有滩地，有广大地亩，头、二、三道原不同之地层，可作种种土地试验。关于工程方面：本校建筑伊始，有人楼，有平房，有电灯机器，自来水管机器等；渭惠渠 1 年后可告成功，陇海路明年亦可到达。凡建筑、水利、铁路，种种工程，实地练习考察，他校绝少有此机会。诸位能于此时此地，在此校求学，能不庆祝可贺而羡慕么？诸位同学！兄弟今日所以勉望于诸位者，约有四端：

（一）求学要切实。

这几年中国社会上失业人多，问失业的人，都是当先在学校不切实求学的人；因为没有切实学问的人，社会上绝对很难插足。昨天在本校农场，见农科几位同学，手把锄头，头戴大草帽，实地在田间播麦锄草。这在其他农校很少见到的，他们多半是专讲说空理，不实地去作，结果很少效验的。中国现在不需要研究高深学理的人，而是需要能实地去干的人！我们有了这样好的机会，并能实地深入民间，指导他们的工作，改良他们的作物，复兴农村，富强国家的责任，便在切实两字上为起点。

（二）思想要高超。

我们求学固然要切实，但是要指导农民，复兴农村，我们的思想便须高超，要须站在他们的上边，才能领导他们。不要从井救人，和他们一样的见识，所以要提高思想。这里一举目看见终南太白之高，渭水之大且深，我们须常想睡觉时以终南山作枕，写字时以渭水调墨，写毕字以太白最高峰为搁笔架，有凌云步虚的气呀。

（三）胸襟要广大。

我们的面前，看见终南山，仅仅一段，要去想秦岭之西起昆仑，东达海岸，其绵亘不知几千里？我们的面前，看见渭水，也仅仅一段，要去想渭水的鸟鼠同穴，投入黄海，波涛浩荡，汪洋而不可得其涯矣。事事感觉如此，即时时胸襟开朗，养成恢宏的气量，亦不负此江山伟大之成就。

（四）须有坚韧不拔的精神。

在此地单就历史上说，在周有太王，书称太王居邠，狄人侵之，太王曰："我不欲以其所以养人者害人。"去邠踰梁山，依于岐山之下居焉；休养生息。至武王伐纣，统一中国。……又如姜太公曾钓于渭滨，至开周室八百载基业。秦穆公以关内之地，而富国强民，并吞六国，使秦成帝业。汉高祖起泗上亭长，入定关中，不数年而统一中国。苏武牧羊北番，穷愁十九年，至饮雪吞膻，旌旄尽落而大节不失。班定远出使西域，身入虎穴，扩地数千地，播汉威德于四夷。班固，曹大家兄妹一生相继著汉书，称文学上的巨制。凡此诸哲人，皆或生于斯地，流风未远，我们求学于此，领略山川的秀气，敬仰古人的高纵，其亦必有坚韧不拔之精神，继而兴起者。

诸位同学！得此机会，来此读书，既能切实地求学，又有高超的思想，养成广大的胸襟，继以坚韧不拔的精神，将来学成，传到民间，改良农作物，指导农民复兴农村，挽救我们岌岌危亡的国家；这么大的责任，都要放到诸位的肩膀上，是多么大的使命，诸位其各努力勿懈！

二、诗选

与苏武诗三首

李陵

（一）

良时不再至，离别在须臾。屏营衢路侧，执手野踟蹰。
仰视浮云驰，奄忽互相逾。风波一失所，各在天一隅。
长当从此别，且复立斯须。欲因晨风发，送子以贱躯。

（二）

嘉会难再遇，三载为千秋。临河濯长缨，念子怅悠悠。
远望悲风至，对酒不能酬。行人怀往路，何以慰我愁。
独有盈觞酒，与子结绸缪。

（三）

携手上河梁，游子暮何之。徘徊歧路侧，悢悢不得辞。
行人难久留，各言长相思。安知非日月，弦望自有时。
努力崇明德，皓首以为期。

答李陵诗四首

苏武

（一）

骨肉缘枝叶，结交亦相因。四海皆兄弟，谁为行路人。
况我连枝树，与子同一身。昔为鸳与鸯，今为参与商。
昔者长相近，邈若胡与秦。惟念当离别，恩情日益新。
鹿鸣思野草，可以喻嘉宾。我有一樽酒，欲以赠远人。
愿子留斟酌，叙此平生亲。

（二）

黄鹄一远别，千里顾徘徊。胡马失其群，思心常依依。
何况双飞龙，羽翼临当乘。幸有弦歌曲，可以喻中怀。
请为游子吟，泠泠一何悲。丝竹厉清声，慷慨有余哀。
长歌正激烈，中心怆以摧。欲展清商曲，念子不能归。
俯仰内伤心，泪下不可挥。愿为双黄鹄，送子俱远飞。

（三）

结发为夫妻，恩爱两不疑。欢娱在今夕，嬿婉及良时。
征夫怀往路，起视夜何其。参辰皆已没，去去从此辞。
行役在战场，相见未有期。握手一长叹，泪为生别滋。
努力爱春华，莫忘欢乐时。生当复来归，死当长相思。

（四）

烛烛晨明月，馥馥秋兰芳。芬馨良夜发，随风闻我堂。
征夫怀远路，游子恋故乡。寒冬十二月，晨起践严霜。
俯观江汉流，仰视浮云翔。良友远离别，各在天一方。
山海隔中州，相去悠且长。嘉会难再遇，欢乐殊未央。
愿君崇令德，随时爱景光。

幸武功庆善宫诗

李世民

寿丘惟旧迹，酆邑乃前基。粤予承累圣，悬弧亦在兹。
弱龄逢运改，提剑郁匡时。指麾八荒定，怀柔万国夷。
梯山咸入款，驾海亦来思。单于陪武帐，景逐卫文楷。
端扆朝四岳，无为任百司。霜节鸣秋景，轻冰结水湄。
芸黄遍原隰，禾颖积京坻。共乐还乡宴，欢比大风诗。

冬狩诗

李世民

烈烈寒风起，惨惨飞云浮。霜浓凝广隰，冰厚结清流。
金鞍移上苑，玉勒骋平畴。旌旗四望合，罝罗一面求。
楚踣争麃殪，秦亡角鹿愁。兽忙投密树，鸿惊起砾洲。
骑敛原尘静，戈回岭日收。心非洛汭逸，意在渭滨游。
禽荒非所乐，抚辔更招忧。

再幸庆善宫诗

李世民

代马依朔吹，惊禽愁昔丛。况兹承睿德，怀旧感深衷。
积善忻余庆，畅武悦成功。垂衣天下治，端拱车书同。
白水巡前迹，丹棱幸旧宫。列筵欢故老，高宴聚新丰。
驻跸抚田畯，回舆访牧童。瑞气萦丹阙，祥烟散碧空。
孤屿含霜白，遥山带日红。於焉欢击筑，聊以咏南风。

武功县居诗

姚合

（录二十四首）

（一）

县去帝城远，为官与隐齐。马随山鹿放，鸡杂野禽栖。
绕舍惟藤架，侵阶是药畦。更师嵇叔夜，不拟作诗题。

（二）

方拙天然性，为官是事疏。惟寻向山路，不寄入城书。
因病多收药，缘飡学钓鱼。养身成好事，此外更空虚。

（三）

微官如马足，祇是在泥尘。到处贫随我，终年老趁人。
簿书销眼力，杯酒耗心神。早作归休计，深居养此身。

（四）

晓钟惊睡觉，事事便相关。小市柴薪贵，贫家砧杵闲。
读书多旋忘，赊酒数空还。长羡刘伶辈，高眠出世间。

（五）

性疏常爱卧，亲故笑悠悠。纵出多携枕，因衙始裹头。
上山方觉老，过寺暂忘愁。三考千余日，低腰不拟休。

（六）

客至皆相笑，诗书满卧床。爱闲求病假，因醉弃官方。
鬓发寒唯短，衣衫瘦渐长。自嫌多检束，不似旧来狂。

（七）

一日看除目，终年损道心。山宜冲雪上，诗好带风吟。
野客嫌知印，家人笑买琴。只应随分过，已是错弥深。

（八）

穷达天应与，人间事莫论。微官长似客，远县岂胜村。
竟日多无食，连宵不闭门。斋心调笔砚，唯写五千言。

（九）

县僻仍牢落，游人到便回。路当边地去，村入郭门来。
酒户愁偏长，诗情病不开。可曾衙小吏，恐谓踏青苔。

（十）

自下青山路，三年著绿衣。官卑食肉僭，才短事人非。
野客教长醉，高僧劝早归。不知何计是，免与本心违。

（十一）

日出方能起，庭前看种莎。吏来山鸟散，酒熟野人过。
歧路荒城少，烟霞远岫多。同官数相引，下马上西坡。

（十二）

作吏荒城里，穷愁欲不胜。病多唯识药，年老渐亲僧。
梦觉空堂月，诗成满砚冰。故人多得路，寂寞不相称。

（十三）

朝朝眉不展，多病怕逢迎。引水远通涧，垒山高过城。
秋灯照树色，寒雨落池声。好是吟诗夜，披衣坐到明。

（十四）

簿籍谁能问，风寒趁早眠。每旬常乞假，隔月探支钱。
还往嫌诗僻，亲情怪酒颠。谋身须上计，终久是归田。

（十五）

宦名浑不计，酒熟且开封。晴月销灯色，寒天挫笔锋。
惊禽时并起，闲客数相逢。旧国萧条思，青山隔几重。

（十六）

假日多无事，谁知我独忙。移山入县宅，种竹上城墙。
惊蝶遗花蕊，游蜂带蜜香。唯愁明早出，端坐吏人旁。

（十七）

门外青山路，因循自不归。养生宜县僻，说品喜官微。
净爱山僧饭，闲披野客衣。谁怜幽谷鸟，不解入城飞。

（十八）

一官无限日，愁闷欲何如。扫舍惊巢燕，寻方落壁鱼。
从僧乞净水，凭客报闲书。白发谁能镊，年来四十余。

（十九）

朝朝门不闭，长似在山时。宾客抽书读，儿童斫竹骑。
久贫还易老，多病懒能医。道友应相怪，休官日已迟。

（二十）

戚戚常无思，循资格上官。闲人得事晚，常骨觅仙难。
醉卧疑身病，贫居觉道宽。新诗久不写，自算少人看。

（二十一）

漫作容身计，今知拙有余。青衫迎驿使，白发忆山居。
道友怜蔬食，吏人嫌草书。须为长久事，归去自耕锄。

（二十二）

主印三年坐，山居百事休。焚香开敕库，踏月上城楼。
饮酒多成病，吟诗易长愁。殷勤问渔者，暂借手中钩。

（二十三）

长忆青山下，深居遂性情。垒阶溪石净，烧竹灶烟轻。
点笔图云势，弹琴学鸟声。今朝知县印，梦里百忧生。

（二十四）

作吏无能事，为文旧致功。诗标八病外，心落百忧中。
拜别登朝客，归依炼药翁。不知还往内，谁与此心同。

奉和春日幸望春宫应制

苏颋

东望望春春可怜，更逢晴日柳含烟。宫中下见南山尽，城上平临北斗悬。
细草偏承回辇处，轻花微落奉觞前。宸游对此欢无极，鸟哢歌声杂管弦。

汾上惊秋

苏颋

北风吹白云，万里渡河汾。心绪逢摇落，秋声不可闻。

书按察分司厅壁

薛瑄

持节西来过武功，扶桑日出晓光红。渭河水运波声小，太白山高树影重。
遗址已无慈德寺，古人犹说有邰封。东行无限前朝事，尽在黄尘绿野中。

同上题

曹琏

后稷封邰万世功，登临偏感夕阳红。风生武水波千尺，云锁香山树几重。
唐宅基湮青草合，许公碑古碧苔封。行人欲问当年事，都在渔樵晚笛中。

同前题

方汉

谁向兹原启圣功，周人王业伴残红。犹瞻王气千年迥，谁道名山万里重。
庆善有宫留佛住，姜嫄无庙任云封。连城旧迹知多少，都人荆榛瓦砾中。

同前题

宋学道

公遐循阡遍武功，满川春雨落花红。泉通玉井三千丈，云锁连城十二重。
眉伯遗亭书绿野，姜嫄荒冢倚邰封。太宗天子读书处，遗迹犹存上阁中。

宝意寺诗

康镛

伤秋人事绝，习静人招提。扫叶坐松下，看书忽日西。
青云双翼敛，白发近年齐。欲别浮生者，悠悠向尔栖。

谒唐太宗祠

康海

宇宙思真主，乾坤属盛唐。发祥遥类禹，戡乱远承汤。
日表千年颂，龙章百世光。故乡馀庙宇，伏腊见馨香。

读 史

康海

天边有黄鹄，高飞一千里。烈士耻庸节，世事特敝屣。
朝辞上东门，暮从赤松子。感慨风云期，超悟往还理。
进既有所因，退亦何所倚？猎犬贪狐兔，不免灶旁死。
富贵多险峨，英雄如蝼蚁。所以明哲人，穷达重徇己。

观刈麦

康海

我从华山归，刈麦已大半。自长安迤东，实美如火炭。
繄我返耕来，此麦才再现。接岁禾不登，宝玉咸所贱。

周人重农食，特分田畯职。公私积蓄繁，讵有旱干棘。
春首饿莩多，朝廷甚忧恤。今日得佳物，守护须谨饬。
黄金殪米下，其语殊说直。作诗告有位，国宝在稼穑。

赠寒泉中尉

康海

澄莹绝纤翳，一泓泻千里。寒月摇清波，山光彻波底。
鱼鯛不敢游，虬龙得旖旎。转盼清素心，挹饮倏凡鄙。
平生畏炎蒸，见之辄中喜。愿言保真寂，勿以尘氛浼。

劝课耕织谕

张焜

古语有云：一日之计在于寅，一年之计在于春，一生之计在于勤。可见做人家的男耕女织，当及时努力也。男若不耕，则食无所出；女若不织，则衣无所出。但耕者必以粪多力勤为上农，织者必以纺花做布为贤女。男若勤耕，则五谷丰收，上不欠粮，下不借债，优游自在，何等快活。女若勤织，则衣衫不缺，以粗陋作者一家衣服，以精美者卖银完粮，既助儿夫之不及，又得自己之风光，哪个不称某人家有好内助？又何等名声？

本县访得尔百姓为男者，每多好赌喜饮，不肯勤耕。及至薄收，只罪土地硗瘠，独不想有懒人无赖地。你若及时广施种、多上粪、勤耘锄，安有不丰收之理？做庄稼的全怕当种不种，失时则不收；可种不种，少种则不收；当粪不粪，无肥则不收；当锄不锄，草生则不收。知此四弊，便为好庄家矣。且更有助五谷之不足者，莫如栽果树、养牲畜也。得自己吃用，也得卖些钱钞。知此二法，更为好庄家矣。

本县访得尔百姓为妇者，每多劣性习懒，不肯勤织。也有知事的丈夫，责他［她］懒怠，他［她］便托言每日为庄家做茶饭、送茶饭不得闲空。独不想日里不闲，夜里何事？做女人的全要灯下纺绩。你不看乾州每年出布几万匹，难道乾州便不做庄家？难道乾州的布不是妇人做的？为妇人者，最怕好吃懒做，则身无拘束，心无所事，自然性恶不良。或公姑一言不合，丈夫一言不合，姆婶一言不合，投缳跳崖，服毒坠井。所至来也，你若日则治爨。牧养，夜则纺布绩纱，一心不闲，哪有是是非非之事？得知这话头，便是好妇人矣。除已往不究，合行劝谕，嗣后尔百姓男要勤耕，毋得好赌喜饮；如有犯者，乡约地保一并坐罪。女要勤织，毋得劣性习懒；如有犯者，家长、丈夫一并坐罪。各宜遵谕，勿置予言可也。

三、事记

唐代两次洪水毁麟游九成宫记略

来源咸阳市水电局 1977 年《九成宫历史洪水调查报告》

麟游县位于宝鸡市东北，系丘陵沟壑区。唐永徽五年（公元 654 年）和开成元年（公元 836 年），县境内发生过两次大洪灾，造成重大的人畜伤亡和损失。

《旧唐书·高宗李治本纪》记载："永徽五年闰四月丁丑夜，大雨，水涨暴溢漂溺麟游县居人及当番卫士，死者三千余人。"又《麟游县志》记载："高宗永徽年闰四月，帝在万年宫，夜大水"，"山水暴至，夜突玄武门，宿卫皆散，郎将薛仁贵曰：当天子缓急，安可惧死！遂登门大呼，以惊宫内，帝遂出乘高，俄而水入帝寝，漂溺三千人。"《中国历代天灾人祸表》（民国十八年）载："唐高宗永徽五年闰四月，夜大雨，山水涨溢，冲玄武门，死者三千余人。"

又《麟游县志》载："唐文宗开成元年夏，凤翔、麟游县暴雨，水毁九成宫，民舍数百家，死者百余人。"《中国历代天灾人祸表》载："唐文宗开成元年，凤翔麟游县六月暴风雨，坏百姓屋三百间，死者百余人，牛马不计其数。"

对此，陕西省水电局等单位于1977年进行了详细查勘，找到了九成宫房柱础石及它实物，证明在唐代麟游县境内确实发生过两次特大洪水。初步估算654年洪水的洪峰流量为1650立方米每秒，836年的洪峰流量为4060立方米每秒。推算出836年特大洪水的相应24小时降雨量为530毫米。

绿野亭记

明·吴宽

关中有大儒，曰横渠张先生。当宋之盛，以道学鸣于时，君子以其德尊，与孟子比。夫自尧、舜至于孔子，率五百岁而道一传。孔子没，而道无所属，此孟子之自叙，而其自任之意，亦可见也。至昌黎韩氏，以轲之死，不得其传，则直归之孟子，然至其时已千岁矣，所谓以其数则过矣者。而秦、汉以下，儒者亦多，而曰不得其传，则孟子岂易比哉？自唐至于宋，又五百岁，始得濂溪周子、河南程子，先生实并时而出。而君子独以先生比之孟子，虽程子亦推称之，则其人品之高，岂非振古豪杰之士哉？故当是时，学者争师宗之。人至于今，过其地，仰其人，肃然起敬，不能自已。

武功为西安属县，城南有绿野亭，先生之遗迹也。盖先生少时学尚未醇，及至洛中见程子论易，自以为弗及。乃遂西还，以与学者讲究。后既出仕于朝，他日治狱外郡而还，即移疾屏居南山下，以事著书。盖史之所记，大略如此。绿野之迹，岂其西还与屏居之时乎？

陕西提学按察司副使杨君应宁，由近臣出领学政，公勤善教，士子经指授者辄取科第。君曰：此非所以教学者也。尝行县，顾瞻山水明丽可爱，所谓绿野亭者，岁久既毁，而遗址犹存，先贤风旨，宛然如见。始谋即其地构屋以祠先生；别为屋，俾士子讲习其中，庶几仰止景行之意。诸生闻之，相与感激，言于巡按御史李君叔渊。叔渊雅重风教，乃下其事于君，君以县令宋学通常复古废祠，亦知急先务者，复以事委之学通。方经度财用，而邦人士咸乐相助，数月而功毕，名之曰绿野书院。择士子充于其中，而以县学训导赵文杰为之师，俾日讲性理之学。凡县学诸生，则三日一至听讲，其规约大率与白鹿、睢阳类。未几，若西安、凤翔诸生，闻风就学者踵至。君时坐堂上，躬督劝之，沨沨乎道学之流行也。君既喜其志之成，间以书请记。夫养士于学校，取士于科第，此固朝廷今日之法。然学校之所讲习者，皆经传之精微，欲用其人，特以科第取之耳。为士者昧其意，以圣贤之言，止用以资为利禄之计，而不知道与法之不相背也。今幸贤宪臣有鉴于此，革其故习，特为此举，以作兴之，学政之大，无逾于此，其用心可谓至矣。使今之领学政者，皆如君之用心，风教其丕变也乎？虽然圣贤之言，学者于此无弗当讲者，而横渠先生，尤吾今日皋比之师也。其书则《正蒙》《西铭》俱在。因其言，求其心，反之于躬，见之于事，而又谨其节文，循其以礼为教之规，拔于流俗，为世醇儒，此固贤臣所望于士子者也。于是取科第，出为世用，以行其所学。贤宪臣之意亦岂为士子禁哉？书院建于弘治九年六月，工毕于是年十二月，明年十月癸未记。

乾县“十八年年馑”及赈济概况（节选）

韩佑民（1984年12月15日）

一九二八年至一九三二年（民国十七年至二十一年）是乾县历史上著名的连续五年的天灾年代。这次灾害先以旱灾引起饥馑，后以瘟疫流行加剧，前后持续时间长达五年，灾情极其严重。故民间特称这场灾害为“十八年馑”。这段旱情系由陕甘两省大旱引起，受旱地区较广，灾情严重，震动了国内外，至今仍是史学家调查研究的课题。笔者当年曾在乾县赈务委员会工作五年，今已垂垂老矣，愿将昔时所知，记叙成文，以供历史研究者参考。

乾县地处半原沟壑地区，土地干旱贫瘠。在新中国成立以前，根本没有农田水利设施。农业生产，全靠天雨。常常三年两旱，十年九涝。广大农民，中下贫农，长年忍饥挨饿，有的只好当佣工、卖田产，借高利贷粮款，勉强维持生计。在此贫困生活之下，时至民国十七年（1928年）夏收以后，至民国十八年，除正月初下一场成灾的窖雪外，当年四季全无天雨。大地干旱，坚如砖石，形似龟裂。庄稼无法下种，粮食颗粒无收，真是赤地千里。广大农村，千万饥民，嗷嗷待哺；逃荒灾民，哀鸿遍野。

当时的国民党政府，对于这样严重的灾情，不去设法抢救，反而不顾人民死活，由省到县政府，将数年的田赋税，不作一次累计征收，还美其名曰指粮借款。并摊派军粮及苛捐杂税。同时巨富豪绅投机商人，囤积居奇，乘机获利。每斗小麦，竟提价高至八个银圆出售。每亩平川好地，在灾民的恳求救命声中，仅付给一至三个银圆。

连续的旱灾，使灾民愈多。加之大商地富，齐向灾民讨收高利贷粮款，同时又将雇用的长工短工，全都解雇或减免年工身钱，更使灾情日益严重。灾情的扩大发展，在全县出现了各式各样的灾象，有的真是令人辛酸、惨不忍睹。缺粮灾民为了买粮糊口，首先是变卖田地和房屋，以及各种家具。许多完好的大小家具，均作烧柴出售。北山区的彬州、长武、永寿等县，囤粮稍多，在通向北山区的大路上，夜以继日，畜拉人推的大小车辆，装运着成千上万的衣服，各式家具、用品，一齐换成少许代价昂贵的粮食，仅供灾民短时的糊口。灾民的口粮和财产，已成十室九空。全县农村，成了十室九空之后，广大灾民，面前只有两条出路，外逃和乞讨。外逃灾民，一般系壮年灾民。逃荒的人数，当时有七万余人。逃荒的路线，大多数向北方山区逃去，有的远至河西走廊、新疆等地。民国十八年正月初，一次大风雪，雪积地面二尺以上，人称窖雪。这时，大批向北山区夜以继日逃荒的灾民，在山沟窖雪的路途上，冻饿交加，摔残或死亡者，当时估计在五千人左右。全县除北逃的七万余人外，约有三千灾民，奔往南山（秦岭）背粮。此一背粮，深入南山，旅途极其艰苦。灾民受饥寒交迫而死亡的实属众多。南山秦岭的地势，全是高山峻岭，悬崖深涧。有的地方，行人必须弯腰弓身才能通过。如眉县秦岭上的小骆驼项沟，一下一上三十多里，行道的坡度多在五十至七十度以上，加之积雪深过人膝，背粮灾民在窖雪和冰坡上挣扎行进，实为艰难，所以滑跌失脚滚沟摔残或死亡者为数不少。仅据十八年（1929 年）十一月的统计，乾县原有 169498 人，截至十一月二十三日，死亡 30494 人，出逃 27893 人，灾民 100332 人。仅仅第一年的数字，但已十分严重，令人触目惊心的了。外逃的灾民，到了外乡异地，全过着食宿无着的乞讨生活。不少的灾民之妻只好重婚嫁人，多数少年女儿被迫出卖。多数重婚妇女因男方是病残或年龄过大，长期过着孤寡生活。灾民外逃各地，距今五十余年，不少人仍和老家保持亲戚关系，即历史的见证。留乡的灾民，多系老弱病残。他们大都在城镇街巷颠沛流离，沿门乞讨。到了夜晚，宿在庙台或房檐之下。在县城和乡镇市面上，时有追赶掠食饥民，喊声惊众的可怜情景。在县城南北什字卖饭之处，常见灾民以槐树叶泡米汤食之。县城正街，每到半夜之时，众多的灾民肚饿呼喊，哀号之声，响彻全街，令人悚然。

县城北大街，当时成为卖树叶和蔓菁的市场。出售者金属北乡丘陵阴坡洼地的人。此类食品市场上，常聚集着几百人，经常发生抢购不能到手的口角。北街的大车店内，当时变成买卖妇女、男女婚配的场所。即是以两三个银圆或几斤锅饼，立刻成为六礼告成，年龄并不相称的夫妻。那些贩卖妇女的坏人，当然也在此大肆活动，以致许多妇女被出卖至远乡异地。生离死别之苦，由此可见。更有甚者，有的饥民妇女，无法觅食，只好夜晚自带铺物，在小巷僻处卖身活命。县城大街小巷，常见身体瘦至骨架，脸容好似木刻的饥民，举步颠簸艰难。或有攫食饥民，被失食人追赶跌倒的惨象，时有所见。诸如此类的倒地饥民，一般的立刻死亡，有的饥民虽倒还未气绝，如遇他人怜悯喂馍，只见馍在口边抹擦，一点也不能进口，待不到半个小时即气绝身亡。对不能吃进口的馍，还在死者的手中紧紧地握着。尤其悲伤的是，不少灾民迫于饥饿，常于夜晚无人之时，将亲生婴孩偷偷放弃于十字路口或富家商店门口。弃婴号哭于路，时常可见。饿死的饥民，每天都有，以民国十八年所见，县城内每天都有二名左右的饥民死亡，真是饿殍载道。其中尤以妇老及女童最多。在炎热的季节，有的尸体没有及时掩埋，七窍之处，蝇蛆蠕动，惨不忍睹。

在农村，95% 以上的地方，灾荒是严重的，十七年和十八年大旱，除北乡部分阴坡地有少量收成外，其余全无收成。因此，农民储粮，不多久便告罄尽。多数村堡，人迹罕至，户无炊烟。尤其是西南乡，灾情更为严重。全县缺粮的饥民，约有 70% 外逃或饿死。如西乡的白家庄，东乡的安家寺、小青仁村及乳台村，每村原有二十至三十户人家，灾荒期间，每村仅剩人口不全的五至八户，且多系妇老。留守在家的极少数老幼灾民，全靠乞讨和变卖零星物品渡生吊命。一天到晚只能喝到面水混菜的一次稀汤。夜间，还不断发生抢吃抢物事件。有些人家的醋缸、水盆都被抢走。如东乡上旦西村李德厚之母，家里只有几斤米面，每天饭后都要拿到村外场房柴火内掩藏。留守在家灾民，大都过着吃糠咽菜喝汤吊命的日子。每天到野外寻找野菜野草，几乎能吃的野草和根，都挖掘殆尽。县府在《请赈呼吁》电文中写道："牛马绝迹，鸡犬无闻，日无蓄鸡之米，夜无鼠盗之粮。"当时的县长杨韶也写了一首感叹诗："此地经年旱，食粮珠玉同。夏龙云出岫，炎日贯长空。赈恤财维竭，催科技已穷。居官无奈甚，憔悴感牢笼。"尽管灾情如此严重，但当时的反动政府仍旧摊派军粮、苛捐杂税、地方保甲费等等。保警和衙役在农村逼粮催款鞭打绳拴，刻不容缓。广大农民忍无可忍，才自发地集结起来，向县政府交款多次。当时的县政府对灾民的交农运动很怕，勉强回答了农民的请愿。县政府并给蕉农群众中老年的一些妇女每人发了半斤锅饼。但是，此后对上述催逼的各项粮款不但没有减免，更使衙役加紧催逼。这样又激起了农民起来交农，其中老年妇女占多数。交农群众直奔县政府，当着县长的面说理无效，激起了群众以拐杖指打伪县长，而伪县长竟亲自夺去妇人的拐杖，连连抽打几个妇女，还呼警喝役捕拿出头叫骂的几个妇女。并当场喝令衙役用手扳重责几个妇女。从此，农民在形式上停止了交农。但下乡催粮款的警役，屡遭各地农民殴打。尤其是距城较远的如姜村、梁村、大王镇和关头、阳峪、临平、薛禄镇等地为甚。加之北乡路聚集的饥民，到处纷纷抢食。对此有人视为土匪，实际上大多是饥饿中反对反动政府的灾民。当时来乾县放赈的宁波白衣大士寺住持安心头陀即出示布告说道：人言是土匪，我说是好汉云云。与此同时， 广大灾民向反动政府不断投递匿名的反抗信，县政府内，多次出现了张贴的反对政府的标语和传单。反动腐败的县政府惧怕农民起来劫杀他们，竟谎报乾县属于严重匪区，而对全县的灾情很少上报。当时的县长竟恶言："敢云乾县尽土匪，绅士全无一好人。"他们认为交农的灾民便是土匪。至于绅士，当然许多不是好人。但他们所指并非那些作恶多端的土豪劣绅，而是那些站在乾县地方立场上为民请命，想为群众办点好事而对县政府救灾不利，提过意见的正直士绅。他们以为标语传单可能是这些士绅所持的。乾县在五年灾期中，先后更换了五任县长，即杨韶、汪之焕、郗慎基、邓守真、缑克敬五人。这些县长无一真正关心人民疾苦的。每个从到任至卸任之日，均未认真调查过灾情或访问过灾民。仅杨韶做过一些有益于乾县的事，如以工代赈修建公园、澡堂等。杨韶系福建闽侯人，颇有学问，写得一手好字。他有他的一些主张，尤其是禁烟。他带领灾童，上街宣传，大声喊唱："天旱不下雨，人人都要叫疾苦。吸旱烟，气死老天。"随即在街上生硬地夺收行人旱烟锅，转给灾民换食。遇到卖食品的摊担碍路者，即呼灾民齐手抢拿，以致有的灾民在抢食中，被刚出锅的铲糕或带汤的热食品将手烧烂。在灾荒越来越严重和全县灾民群众蜂拥而起反对县府的情况下，县府官老爷们为了保官保命，除暗据"匪情严重"上报调兵镇压外，又为了笼络人心，提出自救灾荒。初先设立了乾县救济院。由黄通理、黄元之、苗耀东为先后正长。干事有彭子舟、王子封。该院仅收养了县城流离失所男女老幼灾民百余名，全县大量的灾民仍无办法。待时不为了统一考虑全县救灾事业，成立了乾县救灾委员会，建设了以修建县府和其他机关单位的工赈委员会。上述两会的委员人数很多，全系由县政府硬性送聘无结的任用。多数委员的身份是财主富户及大商家。对慈善团体个人以及公正士绅、有关机关单位负责人的委员席位则少。但赈济事业的权力，完全握在县政府和救灾组织领导人及慈善家手中。筹集赈款和粮食的办法，全由地方富户和商户募捐出资认股。每股钱数为五十元。认股人认股都是主动认股和劝捐、摊派相结合而进行的。单位及个人的捐和认的股数是无限制的。如县城内有名的财主商号名为敬泰的吴愚若，被聘任为救灾委员会委员，他一次就认了一股。还有地方各种罚款亦作工赈款用。工赈委员会的领导人是王梦臣和上紫光。工赈每天做的灾民，都是男性中的壮年，约有五六百名。每人每天发二角钱，仅能买到一斤锅饼。他们修建了中山公园及政府机关等。在以工代赈的做法时经半年之后，赈款断竭，而乞求工的竟增至万余人数。彼时陕西省政府，才开始成立了陕西赈务委员会。领导人职名主席，名叫康寄遥。对乾县原先设有的救灾委员会，易名为乾县赈务委员分会。救灾委员会领导人高逸民仍任赈务委员会领导人。不久后改选赵时安为领导人。当时全县的灾情日益严重。灾民日夜啼饥号寒，坐以待毙。县上无法，又提出筹粮分区设立施粥饭场。并先后设立灾民收容所和义生善堂两处。对赈粮的筹集办法，系从全县城乡镇所有的粮食交易中，扣取粮食买卖双方的每斗中的一个合子的粮食，即百分之十的粮食。该项合子的扣取，统由经营粮食商店代办，县赈务委员会按旬派员向粮食商店查赈计收。有时采取招商投标承包办法。当时乾县粮市盛旺，粮源全由彬、长等县特别是甘肃省贩运而来。同时还向富户派捐粮食。

在县赈务委员会的统筹规划下，经县和有关会议通过，在县东街设立施粥厂（群众俗称散舍饭）。负责人有杨正固、王乐天、上官海、郑全德、王光亭等。在东乡王乐镇设施粥厂，负责人有田培亭等人。在南乡梁村镇设施粥厂，负责人有胡虎臣、郭自固。在西乡临平镇设施粥厂，负责人有吴务臣、高敷文等。北乡地多人稀，稍有积粮，并有阴坡地还能得到少量收成，故未设立施粥厂。但赈款的救济，北乡灾民仍和全县一样，能得到同样的受惠。另外，在县城西街城隍庙又设立灾民收容所。所长先后为徐宝琛、唐署轩，工作人员还有刘仁甫、张彦平、文英伯、刘致祥等。收容所的灾民约有三百名，灾民分为两部分，一部分灾民常住所内，一日两饭。一部分灾民住宿在所外，每日吃饭一次，形同施粥厂。县城柴市巷东头还设有义生善堂，也是收容难民和灾童的，灾民有百名左右。负责人是梁成甫、胡虎臣，干事有梁锡周、黄子中。

各慈善团体和官方，每次来县放赈，他们总是带着外省籍的人员，多则十余人，少则三四人。放赈人员到县后，首先由县赈务委员会提出灾情资料送请审查，划分灾区严重程度的次第。然后由县赈务会派员会同外来放赈人员，带上赈票和所调查灾区灾民的底册，分区分组亲赴灾区，实地挨村挨户察灾。对于该赈济的灾民，须由外来放赈人员点头首肯，将赈票盖章，才能付给灾民赈票。赈票每张分有存根和领款粮共为两联，上端写有某放赈组织的牌头并有乾县的字，合缝中线编写着系数号码，还得盖上乾县印章。每张票必须填写两联相符的灾民姓名、年龄 、住址和男女大小人口，有病残者亦得注明。灾民应领赈款和赈粮的数量，一般按大小人口规定数额计算。有些放赈次数，在赈票面上又暗记代号。如孝惠学社填写赈票时，除写灾民的姓名、年龄、住址、男女大小人口外，还要加盖单字印章。他们的印字是：极、激、福、赉、子、孙、盛七个字。每次放赈也有变化，例某次在放赈时，如在赈票上盖有一个“极”字，灾民就能领到四个银圆。若盖一个“盛”字，灾民就只能领到一个银圆。一票若盖有两个字或三个字，那就按字的规定数累计，领赈较多。在每次的赈灾发放赈票的工作完竣后，由县赈务会在全县城乡镇出示布告，通知灾民分区领赈的地点及日期。届时所有灾民应带上赈票，前往指定地点领取粮款。在放赈的场所中，设有验票、标写应领数额、唱票内容、付款粮收票等四个席位。同时，原外来查灾放票和赈务委员会的人员齐到放赈现场外，还得邀请县府和县赈务委员会全体委员，以及有关机关派出代表到场监视放赈，并由公安机关维持现场秩序。在开始放赈中，老弱病残及远道灾民优先领赈。灾民领赈时，原则上不许一人代领数张赈票。有些代领者经面审无讹，但还得讨保始准代领。对丢失、被盗、瞒哄、老弱哑残难行而领赈失实的灾民，均由原放赈的人员和赈务委员会人员会同查处。在放赈的年代里，每个外来的慈善家和上级官方来县放赈时，都带有自制的赈票。在每次放赈后，将收回的灾民领赈梢联赈票与存根核对无讹后，才将全部赈票整装随员带走，乾县赈务委员会仅存领赈灾民的一套册表及有关文件。

另外，在年馑的后两年中，经县赈务委员会领导人在省内呼吁，由省赈务委员会在县城西大街设立“农业工具收兑贷款处”。此一收当贷款，是为了保护灾民农耕具的失散。同时还给灾民付出贷款救济，而所贷出的款息是极微的。当时的工作人员有陈元勋。宁波白衣大士寺住持安心头陀，在县城内监楼巷西头出资购买地基建房，设立了孙、傅二公祠一所，祠内设一基金会。该基金会给乾县灾民贷款购买耕牛三百多头。每头牛的贷款规定为三十元，虽在贷款契上写有利息，但是很微薄。耕牛贷款的还期定为三年。二公祠又给全县灾民施舍了不少件数的棉衣。孙、傅二公祠的领导人，曾由安心头陀指定县赈务会领导人赵时安先生兼任。至于其中具体日常事务工作，有上官斌、赵瑞亭、陈六六等人经办。

共计：地方赈款133530银圆，各慈善团体赈款157800银圆，省赈款53000银圆；总计：344330银圆。

在整个五年灾荒中，每逢放赈之日，县城和放赈各处，人群云集，形同古会。当然人群几乎全系灾民。会场买卖吃食的也很多。尤其是粗劣食品如糜子、高粱馍和其他代食品，一次即被争买净尽。灾民的饥饿惨景即可想而知也。

十八年年馑时代已过去五十余年了。乾县赈务委员会的昔时工作人员，几乎全都辞世。回忆这些材料，是义不容辞的责任。这份材料所记录事实和情况，全系笔者在赈务会工作五年中目睹身历。原本叙出，力求忠于史实，为今后留一份真实的史料。但由于笔者年老多病，神昏体弱，书写材料力不从心，难免内容杂乱、存在漏误，尚祈知者指正。

民国十八年“年馑”中的武功县

葛天

武功县位于关中偏西、渭河北岸，地势平坦，是关中平原最为肥沃的地区之一，属暖温带半湿润半干旱气候。民国二十年左右，农田水利设施几乎为零，只有沿漆水、渭河沿岸的狭小地区有少量的水浇地，绝大部分的农田均处于靠天吃饭的境地，抗灾能力极差，一遇干旱，人民即挣扎在死亡的边缘。从民国十八年（1929年）开始的饥荒，延续了三四年，对武功县的社会经济造成了巨大的损失。虽然到1933年，作为灾荒主因的旱灾已经大为缓和，渭河、漆水河沿岸甚至出现了洪涝灾害，但是作为旱灾影响的延续，直到1933年，武功县依然受到省府赈济，所以本文主要写到1933年。

一、灾害简况及损失

从1928年开始，天气干旱，夏秋田都歉收。到1928年冬天，农人粮食普遍紧张，开始进入饥荒时期，当地人称为“年馑”。从1929年直到1932年，武功等地持续干旱，即使降水，也不合农事需要，十之八九的耕地没有耕种，收成不足一二成。1929年到1930年之交，关中一连下了六场大雪，开春之后，又“获甘霖充沛”。但是灾民已经没有种子、没有牲畜、没有垦荒的力气和等待新谷的时间，致使有地也不能耕，灾情愈演愈烈。1930年秋天，蝗虫成灾，所过之处，颗粒无收。本年雨水依然很少，塬上夏秋无收，只有沿漆水、渭河的小块水浇地有庄稼，但已成“白日饥民强要，晚上土匪又抢”的集中地带。

1931年4月，狂风大作，小麦受损。1931年秋，蝗虫食禾。1932年3月14、15日，连降两晚黑霜，麦苗、烟苗（罂粟）全被冻死。除了天灾，还有疾病，1930年秋，伤寒（俗称出水病）流行全县，毙命很多。1932年夏秋之交，急性霍乱（俗称“虎烈拉”）大行，其症状为发热发冷、上吐下泻、抽筋转腿，发病五六小时即死，夺去了许多人的生命。

严重的灾荒使武功县处于异常恐怖的世界，当时的乡村极其残破，人烟稀少，死尸随处可见，无人掩埋。关中40余县，“田野荒芜，十室九空，死亡逃绝，村间为墟。床有卧尸而未掩，道满饿殍而暴露”。“白昼家家闭户，路少人行，气象阴森，如游墟墓”。1929年下半年，本县灾民大批逃往南北山区及甘肃、山西、河南等省，死亡人数急剧增加。当时武功镇东关只有一个万人坑（或称乱葬坟），到1932年，有三个万人坑，其他各镇和大的村落，也都有这种埋葬死者的场地。

1929年，“据赈委会特派赴陕调查专员田杰生氏电告云：又视察团由西安往咸阳、兴平、武功一带视察，咸阳全县秋收，不足一成半，棉花尤少，麦子全未种，……兴平全县十七万人，日死数百人，田价每亩二三元，尚无人买，灾情较咸阳尤甚，武功为陕灾最重之区域，人口计十八万，饿殍七万余，逃亡五万余，尚有六万灾民，待赈孔亟，东望四五十里无人烟，农田尽成荒土，学校全停，冬麦未种，死者载道，掩埋无人，夫卖其妻。父卖其子以求生，灾童遍地，为状惨，田价每亩五角，寒冬衣食俱无，来春瘟疫，尤极可虑！”由此可见，武功县的灾荒比咸阳、兴平更为严重。

严重的灾荒，使武功县灾民大量死亡和逃亡，人口数量锐减。据1931年8月统计，“武功县之东大寨原有三百多户，菜园原有数十户，此时连一户也没有了；城西南乡之陈家沟，全村人都饿死窑内，全县人口减少8万余人。由于人口大量死亡和流散，加之牲畜极缺，许多农具遭到破坏，又没有籽种，即使天落透雨，也无人种地。”

1928年武功县的人口有17.9万人，1929年遭特大旱灾，全县人口锐减到9万人。前述1929年据赈委会特派赴陕调查专员田杰生氏电告云：“武功为陕灾最重之区域，人口计十八万，饿殍七万余，逃亡五万余，尚有六万灾民，待赈孔亟”，从1929年到1932年，全县饿死及逃亡9.8万余人，灾情之惨，前所未有。当时统计的死亡和逃亡的数字虽然不一致，但饿死灾民至少在5万人，外逃而死亡他乡的人不算。

1929年的特大干旱，导致人口大量死亡，农业劳动力急剧减少且体能急剧下降，农业生产资料大量被廉价出卖，农业生产力大为下降，田地大量荒芜。据天津《大公报》及西安《民意日报》调查，1931年全县废弃耕地占总耕地的80%。撂荒原因：人口大量减少，无力耕种。1932年《新陕西月刊》刊登着这样的消息："陕西省因人口减少，地多荒弃不种，去秋麦田平均不过占全耕地面积的34%，而被灾最重者之乾县、武功等处几等于全荒。"直到1934年6月，经调查，全县耕地约25万亩，占总耕地面积的46%左右，其余耕地仍被荒弃。

二、政府赈济

对于这次灾荒，县政府和省政府以及当时的一些慈善机构，均采取措施，对武功县的灾民进行了一定的救助，挽回了许多人的生命。当然，由于各种条件限制，救济粮款的数额非常有限，县境内毙命的灾民至少有5万余人，逃亡的5万灾民也大都亡于他境，因为整个陕西省逃亡他省的灾民总共才40万人，而当灾民离开本地之后，很难得到救助，因为各地开办有限的粥厂，只对本地灾民发放。灾荒开始后，县府马上上报省里请求赈济，并筹募资金救济灾民。1929年2月7日（腊月二十八日），按救灾分会决议，县粥厂提前开办，灾民日就餐两千余人。之后贞元及各乡区亦相继开办，总经理张梅庵。2月1日到20日，县救灾分会募集到粮款26宗，合计现金1278元。2月24日，县救灾分会主任马屏西领衔发出第一次《吁请救济书》，省拨面粉500袋，由分会设法从潼关自运赈饥。3月，因募借困难，粥厂难以为继，赈济分会通过县府按每亩八分，在全县摊收地亩捐。7月，马屏西亲自赴省，向当局及各报馆和在西安的各慈善团体痛陈武功灾情之烈、灾民之苦，引起各方关注。此后，直到1933年，先后来武功施赈的有华北慈善联合会、汉口同愿实济会、上海济生会和陕西赈济会等。

1931年省财政厅派阴毓云为武功等县提款委员，阴到武功视察后，将实情呈报财政厅："武邑三年荒旱，灾情过重，加之兵燹频仍，土匪滋扰，民生凋敝达于极点，灾民无衣无食，专赖赈粮生活。虽民欠田赋甚巨，所有民户，死亡强半，委实征收困难。甭论遍地荒草，村落多毁，即未掩尸，尚有一万余具。" 1931年5月底，华北慈善会结束由该会主办的武功镇第一、二粥厂工作。自1930年11月起，半年时间，两粥厂共散杂粮3082. 2石、种子102石，杂支经费3340元。但是救济粮太少，根本无济于事。慈善机构办的粥厂，当地灾民每人每日能领稀粥一碗，外地灾民根本领不到。且粥厂数目很少，设立的时间也不长，因此无法遏制大量人口的死亡。1933年8月底到9月初，陕西省赈济会先后两次发来急赈洋3000元、种子洋7000元。

1930年底，杨虎城主陕，宣布治陕的方针就是"救济灾荒"，除了加大粮款赈灾外，还采取了以工代赈的方式救济灾民，为了从根本上提高关中农业的抗旱能力，杨虎城邀请著名水利专家李仪祉在关中广兴水利，这些措施均惠及武功县。

当时陕西省交通异常落后，省政府实行筑路工赈，雇用灾民修建公路，其中的西凤（西安到凤翔）公路，即从西安起，经过咸阳、兴平、武功、扶风、岐山等县至凤翔的线路。1931年，西凤公路武功段，经过武功县的长宁、贞元、武功镇等乡（镇），由县政府征派当地民工修成通车。公路虽是黄土路面，但速度为每小时30英里（48.28千米）的载重汽车行驶毫无困难，而速度较高的普通汽车，则更能畅行无阻。

1935年，渭惠渠工程武功段与其他段同时开工，1936年12月第一期（眉县魏家堡到武功县薛固乡金铁寨村）工程竣工，并试水成功，武功县南部的杨凌、大庄、普集、薛固等乡的大量农田得到灌溉，农业产量大为提高。

为了提高陕西乃至西北地区农业的抗灾能力，改善农业生产状况，国民政府在武功县建立了农林专科学校，为武功乃至西北地区农业生产带来了新的希望。1932年春，国民政府主席林森偕考试院院长戴季陶，由焦易堂（武功县河道乡大村人，时任国民政府立法院委员兼法制委员会委员长，兼任考试院考选委员会委员、国民党中央候补执行委员）陪同视察陕西。到武功后，目睹灾情惨重，荒地极多，焦易堂、戴季陶建议在此设立农林专科学校，林森主席答应在中央提议。同年秋天，国民党中央政治会议通过了戴季陶、于右任、焦易堂、张继等人的提议，在武功县建立西北农林专科学校（今西北农业大学）的议案。1933年，经过多处查勘，始确定将西北农林专科学校建于武功县杨凌张家岗。8月筹建工作开始。挣扎的灾民在灾荒的肆虐下，武功县成了人间地狱，许多人在倾家荡产之后，只有饿死，而一些绝望的人悲壮地选择了自杀，甚至全家集体自尽。1929年2月，武功县绅民代表马镇恒等呈给省政府的《武民代表吁请救济书》中写道："目前麦、米斗价四倍于昔，油渣、糠秕且不易得，榆皮、槐实求取亦难，小蓟、白茅、前胡、野菊连根皆被煮食。破扉拆房以做薪，卖弃小儿，弱女更有谁怜。入冬以来，憔悴益甚，死亡日多。乞丐饿殍，每村皆有，流落道路，转死沟壑。父卖其子，悲痛欲绝；夫鬻其妻，不敢明言。或赴水而死，或投崖而亡，或母女同溺，或全家自尽，生离死别，惨目伤心。"灾民挣扎着寻找一切可吃的代食品。1928年冬天，"凡树叶、树皮、草根、棉籽之类，俱将食尽"。1929年春天，刚刚破土的野菜，萌生嫩芽的树叶，转眼就被灾民挖光捋净。杨树、柳树、槐树、榆树，都只剩下了枯枝。

为了活命，广大饥民不惜一切代价地变卖家产，卖田、卖屋、卖牛马、卖车辆、卖农具、卖衣服器皿，直至卖妻、卖女、卖儿，凡是衣、住、行及其他方面一切被认为有用的物品，无不拿到市场上廉价拍卖。而谷物价格成倍增长，其他物资价格急剧下跌。武功县的田价跌到每亩五角，只相当于2斤半小米的价格。陈翰先生在《崩溃中的关中小农经济》中写道："陕西西安农具市场出卖的物品包括锄、犁、耙、磨、镂、镰、担、笼、镢以及水车、柳罐、耕牛、大车等，还包括门窗、栋、梁等，卖主主要是来自兴平、武功、咸阳、泾阳等地的农民。"许多村民更将整根的房梁、椽木锯成几段，当燃料廉价出售。由于农民为了获得粮食，拼命地抛售一切认为有用的东西，市场成了买方市场，价格极低。1931

年在西安出卖的农具，“最高价值之犁耙及辘轳绳索，平时新置均需十数元，现在至多售一二元；至于锄头镰刀，只值二三角”。

残酷的饥荒，导致人们的亲情伦理受到极大的冲击，为了生存，人们被迫将自己的妻子儿女廉价卖掉。1929 年夏季开始，武功、长宁、普集等地先后出现“人市”。夫携其妻，父引其女，头插草标，入市求售者满目皆是。身价最高 20 多元，最低只有四五元，不够一斗粮钱。当买卖说定，骨肉分离之际，男哭女嚎，撕心裂肺，致有昏厥倒地，顿时气绝身亡者，其状之惨，让人心悸。1930 年《泰东日报》（大连）登载：“兴平、武功、礼泉、凤翔等处，竟设有人市。夫携其妻，父引其女，入市求售。人贩评货作价，买之一空。初则卖到四五元之妇女，继则获利颇丰，人贩云集，价涨至四五十元不等。以汽车运至山西运城，辗转相售，每一妇女，可得四五百元。”

武功县灾荒严重，但省里起初却没有减免武功县田赋，导致灾民处境更是雪上加霜，社会矛盾激化。当时的报纸这样写到陕西的情况：“陕西关中道汉中道各县农民，因春收不到一斗，售价一元七角，而种子人工不算，每亩须纳税三元，所以交纳农具的地方（将农具交给县政府，表示不再耕种，谓之交农），竟达七十余县，因这种风潮而被打死的，亦不在少数。”1931 年冬，武功县田赋及各项派款，仍由县府派差催征。搜家掠舍，捆绑拷打，致残致死者比比皆是。政府的残暴，激起农民的反抗，1932 年 3 月 21 日、24 日，4 月 21 日，杨凌、贞元、长宁、普集等地的农民，先后三次共 2000 余人，拿着各式农具到县城“交农”，这些活动遭到驱散。与此同时，贞元、长宁两镇催收田赋的粮头，有的被赶走，有的被拘缚、殴打。

三、反思

这次灾荒，虽然持续时间长，破坏性极大，但在近代社会生产力大为提高的情况下，死亡之惨重，实在与社会政治环境有着绝大的关系。

第一，战乱不断，赋税沉重。社会元气大伤，水利建设延误，致使农民抗灾能力极差。

远的不说，仅从 1925 年 10 月到 1929 年 3 月，陕军与刘镇华残余势力及冯玉祥部发生战争，最终以冯玉祥的胜利告终。1929 年 9 月，蒋、冯战争爆发，冯玉祥战败。1930 年 5 月，中原大战爆发，冯玉祥又失败，杨虎城开始主持陕政，大局才开始稳定。但是，灾荒最艰难、最关键的是 1929 年上半年，武功县人口大量死亡正是在这个时候，前已述及，1928 年武功县的人口有 17.9 万人，1929 年遭特大旱灾，全县人口锐减到 9 万人。频繁的战争，其费用只能转加在农民身上。如果陕西政局稳定，杨虎城倡导修建的洛惠渠、渭惠渠、梅惠渠等早几年修建，灾情肯定会大为缓和。战乱又导致救济物资运输困难，延误了灾情，当时的陇海铁路已经向西通到了河南陕州区。灾荒期间，据报道，全国各地捐献“成千上万吨的小麦和小米无法运给灾民，因为西北的一些军阀扣留了他们全部铁路车皮，不放一节往东驶去，而国民党的一些将领则不让车皮西去。因为他们担心车皮会被对方扣留。

第二，土匪猖獗，对人民的危害更大，武功县是土匪的重灾区。

1924 年春，民军第十二混成旅党海楼团进驻本县，该部成分复杂，纪律极坏，一到武功，即自行委任官吏，自定捐税，自征自用，激起人民不满。尽管该部横征暴敛，可自

1928 年 2 月该部东撤后，武功县大乱，土匪四起。党拐子踞普集、长宁、薛固，陈发荣占杨凌、永安，常有义驻游凤、魏公，冯逸安踞贞元、大庄，赤亚武独霸三厂（渭河以南武功的一个乡，后划归周至），张万胜占县城。这些都虽称民军，实则土匪，无恶不作。全县 10 镇 600 余村，无一处不遭洗劫。后来甄寿珊部助宋哲元军经过 50 余日的追剿，始将各部扫净。

第三，鸦片种植泛滥，导致粮食种植面积减少，抗灾能力自然降低。

从 1907 年开始，清政府下诏大规模禁烟，到民国初年，陕西禁烟取得良好效果。可自 1914 年陆建章、陈树藩等军阀统治陕西后，为了掠夺财富，强迫农民种植罂粟，因为种植罂粟的经济效益比小麦高很多，政府向烟地所征的税收很高。如陈树藩等军阀统治陕西后，以节约开支为名，裁掉禁烟总局，撤出派驻各地的禁烟委员，暗使武功、兴平、扶风等数十个县广种罂粟，每亩征款 9 元。被新闻媒体揭露后，又以禁烟为名敲诈勒索。一方面强迫种植，一方面又“寓禁于征”，导致罂粟种植愈演愈烈。陈树藩统治时期，每年烟税达 2300 余万元。即在灾荒依然严重的 1931 年，经省善后清理查处派员会同县长调查，上报全县共种罂粟 28012.39 亩，应征善后专款及军事附加费各为 112049 元、224099.12 元。大灾期间，在大量农田依然撂荒的境况下，武功县罂粟种植的面积竟然近 3 万亩。

第四，官吏腐败。

上级下发的极其有限赈济物资和款项，还受到不法官吏的盘剥，发放到灾民手里的粮款就更少了。1929 年一个叫“济生会”的慈善团体向武功县灾民发放赈款赈粮，县长李耀彩以征粮征款为名，将这些赈款赈粮全部强占。“济生会”的主任委员张卿气愤地说：“我等非救灾民，只是与你们间接纳税。”

20 世纪 20 年代末 30 年代初的大灾荒，波及陕西全省及甘肃东部，陕西省饿死 250 余万人，18 万人口的武功县，10 余万人饿死和逃亡。灾荒肆虐下的武功县，其境况之惨，至今令人心有余悸。而军阀混战造成的恶果，农业基础设施落后引起的无奈，都给我们留下了深刻的教训。

原载《咸阳师范学院学报》2007 年第 5 期。

武功县与“美阳关”

董社昌

秦孝公十二年（前 350 年），武功县、邰县、美阳县同时设立。武功县在渭水之南，县治在今周至、眉县之间。邰县在渭水之北，县治在古邰城，今杨陵区西南。美阳县在美水之南，县治在今扶风县法门镇。东汉永平八年（65 年），武功县治由渭水南迁至古邰城，邰县并入武功。北魏太平真君七年（446 年），废美阳县，并入周城县。北魏太和十一年（487 年），设美阳县于古邰城，隶属武功郡。北周建德三年（574 年），武功县治迁至中亭川新城（今武功镇），美阳县撤并于岐山县。由此可见，历史上的武功县与美阳县、邰县有着分、合、撤、并的密切关系。“美阳关”顾名思义，是因建在美阳县境的关隘而得名。

那么，“美阳关”建于何时，建在何地，其形状、规模如何，什么时间颓圮，其遗址又在何处，历史上到底有没有“美阳关”？ 对于这些问题，我们应该以尊重历史、澄清事实、认真负责的态度去研究它、发掘它，还历史，还社会，还“美阳关”一个真相！纵观历史资料，唯一记载“美阳关”一词的是南朝史学家、文学家范晔所著的《后汉书》。该书成于南朝宋时，大约在公元438年。600多年后，北宋著名的政治家、史学家、文学家司马光在《资治通鉴》中对此事进行了订补。《后汉书·梁慬传》曰：“宋受诏当屯金城，闻羌转寇三辅，迫近园陵，即引兵伏击之，转战武功美阳关。慬临阵被创，不顾，连破走之。尽还得所掠生口，获马畜财物甚众，羌遂奔散。朝廷嘉之，数玺书劳勉，委以西方事，令为诸军节度。”《资治通鉴》曰：“滇零自称天子，于北地招集武都参狼、上郡、西河诸杂种羌断陇道，寇钞三辅，南入益州，杀汉中太守董炳。梁慬受诏当屯金城，闻羌寇三辅，即引兵赴击，转战武功、美阳间，连破走之，羌稍退散。”从这两段文字来看，记述的是同一时间、同一人物、同一事件。也就是东汉永初二年（108年），梁慬受诏赴击羌寇并获胜一事，其经过和结果也基本一致。不同的是，《后汉书》说的是“转战武功美阳关”，《资治通鉴》则是“转战武功美阳间”。司马光为什么要将范晔的“美阳关”改为“美阳间”，到底改得对不对呢？我们先来分析“转战武功美阳关”这句话，《辞海》曰：“转战，连续在不同的地区作战。”而“美阳关”只是美阳县境内建造的一个关隘，在那么小的地方作战，用得着来回转移吗？作为文学大家的范晔，他能不知道“转战”一词的意义吗？当然知道，他也绝对不会犯这么低级的语法错误。众所周知，历史上的武功县与美阳县曾相互兼并，边界相互更迭。但从建县到南朝宋时（438年），也就是范晔的《后汉书》成书之时，美阳县的区划和县治没有发生过变化。也就是说，当时的武功还是武功，美阳依然是美阳。假如有“美阳关”，那当时也在美阳县境内，不可能有“武功美阳关”一说，范晔也不可能预知几十年后武功、美阳境域的变化。那么，《后汉书》为什么说是“转战武功美阳关”呢？原因不外有三：一是为笔误，因为繁体字关（閔）、间（間）相似，易讹；二是刻版印刷时的失误；三是后人再版时的不慎所致。所以，司马光在《资治通鉴》中将“转战武功美阳关”修订为“转战武功美阳间”。

四、地方性水利法规辑录

宝鸡市河道清淤疏浚管理实施办法（试行）

第一章　总则

第一条　为进一步规范河道清淤疏浚行为，保障防洪安全、水工程安全和涉河重要基础设施安全，保护生态环境，维护正常河道管理秩序，根据《中华人民共和国水法》《中华人民共和国防洪法》《中华人民共和国河道管理条例》《陕西省河道管理条例》《陕西省河道采砂管理办法》等法律法规和宝鸡市发改委等十六部门《关于促进砂石行业健康有序发展的实施方案》，结合宝鸡市实际，制定本办法。

第二条 本办法适用于在宝鸡市行政区域内的河道（包含河流、水库库区、湖泊、人工水道、行洪区、蓄滞洪区等，下同）管理范围内的清淤疏浚活动。

第三条 河道清淤疏浚实行政府主导、水行政主管部门牵头、有关部门协同配合的管理体制。河道清淤疏浚坚持生态优先、绿色发展、依法审批、严格监管、高效利用、确保安全的原则。

第四条 水行政主管部门及水库管理单位负责本辖区内清淤疏浚的日常监管，并按照管理权限编制疏浚方案。

第五条 清淤疏浚物应按照本办法相关规定进行处置，任何单位和个人不得擅自处置。任何单位和个人有权对非法清淤疏浚活动进行劝阻、投诉和举报。

水行政主管部门和河道、水库等管理单位应当公布清淤疏浚投诉、举报受理电话或其他联系方式，在接到投诉、举报之日起十五个工作日内将调查处理情况答复投诉、举报人。

第二章 疏浚审批

第六条 河道清淤疏浚应当编制清淤疏浚方案。清淤疏浚方案由县级水行政主管部门或水库管理单位组织编制，要明确疏浚开挖的范围界限、控制高程、施工方案、施工期限、疏浚物量、疏浚物堆放处置及运输路线等内容，必须符合防洪、水保、环保等有关技术要求。

第七条 河道清淤疏浚方案编制及审批权限按以下规定执行：

（一）市域所有河流清淤疏浚方案由县级水行政主管部门编制，报市水行政主管部门技术审查后，由县（区）人民政府审批；

（二）省管水库清淤疏浚应征得省水行政主管部门同意，由水库管理单位编制清淤疏浚方案，报市水行政主管部门审查审批并报省水行政主管部门备案；

（三）市管水库清淤疏浚方案由水库管理单位编制，报市水行政主管部门审查审批；

（四）县管以下水库清淤疏浚方案由县（区）水行政主管部门组织编制，报市水行政主管部门技术审查后，由县（区）人民政府审批；因防汛抢险等紧急情况下进行河道清淤疏浚，由所在县（区）水行政主管部门报本级人民政府同意后实施，并于7个工作日内按程序报批。

第三章 疏浚施工

第八条 宝鸡市水投发展（集团）有限公司是经宝鸡市人民政府批准，承担市域河道清淤疏浚及生态治理等公益职能的市属国有企业。根据宝鸡市人民政府2019年第10次专题会议精神，宝鸡市域内河道清淤疏浚由宝鸡市水投发展（集团）有限公司（下属疏浚公司）负责组织实施并做好疏浚物处置管理，同时做好河道生态修复，实现社会效益、生态效益相统一。疏浚弃料取得收益的，按时缴纳相关税费。

第九条 清淤疏浚作业单位应在疏浚区域设立公告牌，公告内容包括疏浚地点、批准单位、管理单位、施工单位、作业范围、施工期限、举报电话等，施工现场必须设置清淤疏浚范围标识。

第十条 清淤疏浚完工后，审批单位应及时组织验收，县（区）政府审批的，可委托县（区）水行政主管部门负责验收。

第十一条 清淤疏浚弃料含有有害物质的，应按照环保要求作无害化处理，不得造成二次污染。疏浚物堆放应严格按照批复方案执行，不得影响河道防洪安全，破坏水环境。

第四章 疏浚监管

第十二条 河道清淤疏浚的监管由水行政主管部门负责。市水行政主管部门负责全市范围内河道清淤疏浚监督管理及业务指导；县（区）水行政主管部门按照属地管理原则，负责本辖区内河道清淤疏浚的监督管理；省、市、县管水库由水库管理单位按照管理权限负责水库管理范围内的清淤疏浚监督管理。对重点河段、敏感水域、问题多发区域和重要时段的河道清淤疏浚应加大巡查监管力度。

第十三条 被监督检查单位和人员应当予以配合，不得妨碍和阻挠依法进行的监督检查活动。

第五章 法律责任

第十四条 清淤疏浚产生的砂石资源擅自交易的，按照《矿产资源法》等法律法规相关规定处理，依法追究责任。

第十五条 在河道清淤疏浚中，有下列行为之一的，由相关部门依法进行查处；构成犯罪的，依法追究刑事责任：

（一）未经批准进行清淤疏浚作业；

（二）擅自变更审批权限，违规进行清淤疏浚作业；

（三）未按批复的疏浚方案施工，对河势稳定、河道行洪安全、水工程设施和水生态环境造成不利影响的；

（四）公职人员不依法行使职权或者滥用职权的。

第十六条 违反本办法规定的其他行为，按照相关法律法规规定处理。

第十七条 原有河道清淤疏浚管理相关规定及工作要求与本办法不一致的，以本办法为准。

第六章 附则

第十八条 为尽快恢复河道清淤疏浚正常秩序，本办法印发前已经审批的河道清淤疏浚方案停止执行。若确有需要，按照本办法规定程序重新审批。

第十九条 本办法自发布之日起施行，本办法由宝鸡市水利局负责解释。

宝鸡市人民政府

2021 年 10 月 22 日

咸阳市羊毛湾水库饮用水水源保护管理办法

第一章 总则

第一条 为了加强羊毛湾水库饮用水水源保护管理，保障饮用水安全，维护公众健康，根据《中华人民共和国水污染防治法》《陕西省饮用水水源保护条例》和其他有关法律法规规定，结合羊毛湾水库实际，制定本办法。

第二条 本办法适用于羊毛湾水库饮用水水源保护及其相关管理活动。

第三条 羊毛湾水库饮用水水源的保护管理应当坚持保护优先、科学规划、防治结合、严格监管、保障安全的原则。

第四条 咸阳市人民政府和乾县、永寿县人民政府应当将羊毛湾水库饮用水水源的保护管理工作纳入国民经济和社会发展规划、国土空间规划、水资源保护规划、供水规划、生态环境保护规划和水污染防治规划。羊毛湾水库饮用水水源保护管理经费根据实际需求由市县财政安排。

第五条 咸阳市人民政府和乾县、永寿县人民政府对羊毛湾水库饮用水水源生态环境质量负责，将羊毛湾水库饮用水水源生态环境保护纳入水环境保护目标责任制和考核评价制度。

第六条 咸阳市人民政府应当根据国家和本省有关规定建立羊毛湾水库饮用水水源生态保护补偿机制，加大对羊毛湾水库饮用水水源保护区和准保护区的财政转移支付力度，指导供水地区与水源保护地区之间建立横向补偿关系。

第七条 咸阳市水利局依法负责合理配置水资源，优先保障饮用水取水和水源保护的监管工作，羊毛湾水库管理中心负责水源保护与管理的日常工作。

咸阳市人民政府和乾县、永寿县人民政府的发展改革、水利、生态环境、公安、民政、财政、自然资源、住房和城乡建设、交通运输、农业农村、卫生健康、应急管理、林业、文化和旅游等有关部门，应当按照各自职责做好羊毛湾水库饮用水水源保护相关工作。行使羊毛湾水库饮用水水源监管权限的有关部门，可以在其法定权限内，委托羊毛湾水库管理中心实施行政处罚。

第二章 饮用水水源保护

第八条 羊毛湾水库饮用水水源保护区按照防护要求，划分为一级保护区和二级保护区，在饮用水水源保护区外围划定一定区域作为准保护区。

第九条 羊毛湾水库管理中心应当在饮用水水源保护区的边界设立明确的地理界标和明显的警示标志。标志应当符合国家有关图形规范标志标准。在饮用水水源一级保护区周边人类活动频繁的区域应当设置隔离防护设施和视频监控。任何单位和个人不得损毁、擅自改变地理界标、警示标志、隔离防护设施和视频监控。

第十条 羊毛湾水库饮用水水源一级保护区内的水质不低于国家《地表水环境质量标准》Ⅱ类标准；二级保护区、准保护区内的水质不低于国家《地表水环境质量标准》Ⅲ类标准。

第十一条 在羊毛湾水库饮用水水源准保护区内，禁止下列行为：

（一）新建、扩建对水体污染严重的建设项目，改建增加排污量的建设项目；

（二）设置化工原料、危险废物和易溶性、有毒有害废弃物的暂存及转运站；

（三）向水体倾倒危险废物、工业固体废物、生活垃圾、建筑垃圾、粪便及其他废弃物；

（四）使用剧毒、高残留农药以及滥用化肥；

（五）使用炸药、毒药捕杀鱼类和其他生物；

（六）非更新采伐、破坏水源涵养林以及与水源保护相关的植被；

（七）其他可能污染、破坏饮用水水源生态环境的行为。

第十二条 在羊毛湾水库饮用水水源二级保护区内，除第十一条禁止的行为外，还禁止下列行为：

（一）设置排污口；

（二）新建、改建、扩建排放污染物的建设项目；

（三）勘探、开采矿产资源，采砂；

（四）堆放化工原料、危险化学品、矿物油类以及有毒有害矿产品；

（五）设置畜禽养殖场、养殖小区；

（六）铺设输送有毒有害物品及石油、天然气、成品油的管道；

（七）使用农药，丢弃农药、农药包装物或者清洗施药器械；

（八）建造坟墓，丢弃或者掩埋动物尸体以及含病原体的其他废物；

（九）使用不符合国家规定防污条件的运载工具，运载油类、粪便及其他有毒有害物品通过水源保护区；

（十）通行运输危险化学品的车辆，确需通过的，应当采取有效安全防护措施，依法报公安机关办理有关手续，并通知羊毛湾水库管理中心。在羊毛湾水库饮用水水源二级保护区内，已建成的排放污染物的建设项目，依法责令拆除或者关闭。在羊毛湾水库饮用水水源二级保护区内限制使用化肥；从事网箱养殖、旅游等活动的，应当按照规定采取措施，防止污染饮用水水体。对居民产生的生活污水和垃圾应当统一收集，在保护区外处置或者达标排放。

第十三条 在羊毛湾水库饮用水水源一级保护区内，除第十一条、第十二条禁止的行为外，还禁止下列行为：

（一）新建、改建、扩建与供水设施和保护水源无关的建设项目；

（二）堆放、倾倒生活垃圾等其他废弃物；

（三）停靠与保护水源无关的机动船舶；

（四）从事畜禽养殖、网箱养殖；

（五）使用化肥；

（六）从事旅游、游泳、垂钓或其他污染饮用水水体的活动。

在羊毛湾水库饮用水水源一级保护区内，已建成的与供水设施和保护水源无关的建设项目，依法责令拆除或者关闭。

第十四条 乾县、永寿县人民政府及相关镇级人民政府应当采取优先实施生态搬迁等措施引导地表水饮用水水源一级保护区内的居民有序迁出。

第三章 监督管理

第十五条 羊毛湾水库管理中心应当加强对羊毛湾水库饮用水水源水质的实时监测，合理布局监测网点，建立饮用水水源水质的监测信息系统和饮用水水源水量、水质管理数据库，并实现与各相关部门、公共供水企业的信息数据共享；发现异常情况的，及时采取有效措施防止污染饮用水水源。

第十六条 羊毛湾水库管理中心应当建立饮用水水源安全评估机制，按照相关规定对羊毛湾水库饮用水水源水量、水质安全、水源生态环境保护等情况进行定期评估，并将评估结果报告市人民政府和有关行政主管部门，市人民政府应当根据评估结果采取相应治理措施。

第十七条 羊毛湾水库管理中心应当建立饮用水水源安全巡查制度，对饮用水水源保护区以及相关设施进行巡查，发现影响饮用水水源安全的行为，应当及时制止并依法处理，或者转交有关主管部门处理。

第十八条 与羊毛湾水库饮用水水源保护区水域伴行的公路、道路，应当按照相关技术规范要求，在穿越路段安装视频监控，设置安全防撞护栏、事故导流槽、应急池等交通突发事件污染防范工程设施，并在穿越路段两端设置交通警示牌和宣传牌。

第十九条 羊毛湾水库管理中心应当根据咸阳市饮用水安全突发事件应急预案，制定相应的突发事件应急方案，报所在地市、县级人民政府备案，储备相应的应急物资，并定期进行演练。

第二十条 羊毛湾水库发生水污染事故，或者发生其他可能影响饮用水安全的突发性事件，羊毛湾水库管理中心应当立即启动应急方案，采取应急处理措施，及时向咸阳市人民政府和乾县、永寿县人民政府报告，有关人民政府应当立即启动应急预案，组织开展应急处置工作，消除环境污染及潜在风险，保障供水安全，事件信息依法向社会公开。

第四章 法律责任

第二十一条 违反本办法规定，损毁或者擅自改变饮用水水源保护区地理界标、警示标志、隔离防护设施和视频监控的，由咸阳市水利局责令停止违法行为，限期恢复原状；情节严重的，对个人处五百元以上二千元以下的罚款，对单位处二千元以上二万元以下的罚款。

第二十二条 在羊毛湾水库饮用水水源一级保护区内从事网箱养殖或者组织进行旅游、垂钓或者其他可能污染饮用水水体的活动的，由生态环境主管部门责令停止违法行为，处二万元以上十万元以下的罚款。个人在羊毛湾水库饮用水水源一级保护区内游泳、垂钓或者从事其他可能污染饮用水水体的活动的，由生态环境主管部门责令停止违法行为，可以处五百元以下的罚款。

第二十三条 违反本办法规定，法律、行政法规已有处罚规定的，从其规定；构成犯罪的，依法追究刑事责任。

第五章 附则

第二十四条 本办法所称的一级保护区是指：

水域范围：以取水口为圆心，以正常水位线 635.9 米对应的 2000 米范围内的区域；陆域范围：一级保护区水域外 200 米范围内的陆域，但不超过流域分水岭范围（即大坝区域的陆域至水库大坝处，其他陆域为水域边界外延 200 米范围）。

第二十五条 本办法所称的二级保护区是指：

水库水域范围：以一级保护区外径向外延伸至正常水位线 635.9 米对应的水域部分；陆域范围：一级保护区外边界向外延 3000 米范围（即西侧至大坝外，其他各侧均为 3000 米范围）。

入库河流水域范围：河流以入库处（即正常水位线 635.9 米对应的水域边界）沿河流流向逆向延伸至 2000 米范围，水域宽度为河道宽度；陆域范围：二级保护区陆域沿岸纵深范围为 1000 米，不超过分水岭范围。

“引冯济羊”输水渠道水域范围：以入库处沿渠道逆向延伸 12000 米，水域宽度为渠道宽度；陆域范围：出隧洞洞口渠道沿岸纵深范围为 1000 米。

第二十六条 本办法所称的准保护区是指：

水域范围：河流准保护区水域长度范围从二级保护区的上游边界向上游延伸 5000 米，水域宽度为河道自然宽度；陆域范围：准保护区陆域沿岸长度为准保护区水域长度，准保护区沿岸纵深范围为 1000 米。

第二十七条 本办法自 2022 年 8 月 20 日起施行。《咸阳市羊毛湾水库饮用水水源及工程设施保护管理办法》（咸政办发〔2020〕32 号）同时废止。

杨凌示范区管委会
关于实行最严格水资源管理制度的实施意见

杨凌区人民政府，管委会各工作部门、各直属机构：

杨凌示范区在全省属于水资源紧缺区域，人均水资源占有量不足全省的五分之一。实行最严格水资源管理制度是立足我区“水情”，着力提高水资源保障能力和管理水平的重大举措。为深入贯彻落实《国务院关于实行最严格水资源管理制度的意见》（国发〔2012〕3号）、《陕西省人民政府关于实行最严格水资源管理制度的实施意见》（陕政发〔2013〕23号）文件精神，结合杨凌实际，现提出如下实施意见：

一、指导思想、基本原则和主要目标

（一）指导思想

深入贯彻落实党的十八大和十八届三中全会精神，围绕建设“四个杨凌”和创建“水生态文明城市”的目标，以水资源配置、节约和保护为重点，严格控制用水总量、全面提高用水效率、严格限制水功能区纳污，同时有效控制地下水位、确保城区供水水源水质，建立和实行最严格水资源管理制度，促进水资源可持续利用和经济发展方式转变，推动经济社会发展和水资源水环境承载能力相协调，保障全区经济社会又好又快发展。

（二）基本原则

坚持以人为本，着力解决人民群众最关心的水资源问题，保障饮水安全、供水安全和生态安全；坚持人水和谐，统筹兼顾，处理好水资源开发与保护关系，坚持协调好生活、生产和生态用水；坚持改革创新，完善水资源管理体制机制，改进管理方式方法；坚持因地制宜，实行分类指导，注重制度实施的可行性和有效性。

（三）主要目标

到2015年，全区用水总量控制在0.5亿立方米以内；万元工业增加值用水量比2010年下降13%；农田灌溉水有效利用系数提高到0.6以上；重要水功能区（渭河）水质达标率达到100%；城区饮用水水源地水质全面达标；城区地下水水位降幅不超标。到2020年，全区用水总量控制在0.57亿立方米以内；到2030年，全区用水总量控制在0.68亿立方米以内，各项用水指标保持全省领先。

二、主要工作任务

（一）加强全区用水总量控制管理

1.完善水资源规划体系。加快编制水资源综合利用规划、水资源保护及饮用水水源地安全保障规划、水中长期供求规划、节水型社会建设规划等专项规划，形成较完备的水资源规划体系。水资源综合规划应当与国民经济和社会发展规划、土地利用总体规划、城乡总体规划、环境保护规划等规划相协调。

2.严格水资源论证管理。积极推进国民经济和社会发展规划、城乡总体规划、工业园区发展规划、农业发展规划、重大建设项目布局等规划水资源论证工作。对未依法应当完成水资源论证或水资源论证未通过的建设项目，发改部门不予立项，规划建设部门不予审批，水行政主管部门不予批准取水许可申请；对论证报告中确立的节约、保护和管理措施不落实的，不予发放取水许可证，建设单位不得擅自开工建设和投产使用；对违反规定的，一律责令停止并依法进行处罚。建立水资源论证后评估制度，进一步加强建设项目水资源论证监督管理工作。

3. 强化区域取用水总量控制。按照农业用水原则上不增加、严格控制高耗水工业项目、生活用水在挖掘节水潜力基础上微涨的原则，严格审批新增工业用水指标、入河排污量和新增用水量。根据取水户提交的取水计划建议，统筹兼顾、综合平衡，逐年制定年度用水控制计划并向取水户下达。对超计划或定额取水的，按规定逐步实行累进加收水资源费。鼓励开展水量交易，运用市场机制，合理配置水资源。

4. 严格实施取水许可。在用水总量控制的基础上，建立取水许可总量指标体系。建立和完善取用水统计制度，全面推进取水装表计量，2014 年前取水户装表计量率达 95%，并建立定期抽检制度，及时跟踪掌握全区取用水情况。严格新增取水审批，在城区公共供水管网覆盖区域，原则上不予审批新建地下水取水工程。供水管网不能满足，但地下水取用水量总量已达到或超过控制指标的地区，暂停审批建设项目新增取水，由管委会或建设单位通过节水设施建设或总量调剂等方式解决用水需求；取用水总量接近控制指标的地区，限制审批建设项目新增取水。对不符合国家产业政策或列入国家产业结构调整指导目录中淘汰类的，产品不符合行业用水定额标准的建设项目，不得批准取水。强化取水许可监督管理，严厉打击非法取水。

5. 加大地下水管理和保护力度。加强地下水动态监测，实行地下水取用水总量控制和水位控制。抓紧编制地下水利用与保护规划，划定地下水禁采、限采范围和地下水位控制线。在全区地下水超采区逐步开展地下水人工回灌，加快修复地下水环境。在地下水超采区，禁止农业、工业建设项目和服务业新增取用地下水，并逐步削减超采量，全面关闭自来水管网到达地区除应急备用水源外的所有自备井。在地下水资源保护区、城区公共供水管网覆盖区和无防止地下水污染措施区域，不得新建地下水取水工程，不得新增地下水取水指标。在农业灌溉渠道覆盖、地表供水能够得到保障的地区，禁止开采地下水灌溉。加强对地下水应急战略储备水源的规划、建设和管理，提高应急管理能力和水平。

6. 严格水资源有偿使用和水资源费使用管理。依法加强水资源费征收、使用和管理工作，严格按照规定的征收范围、对象、标准和程序征收，确保应收尽收。同时，加强对水源地热、水源热泵、水产养殖、建筑基坑排水等利用或消耗水资源的行业开征水资源费。禁止任何单位和个人擅自减征、免征或停征水资源费。严格按照规定使用水资源费，禁止侵占、截留、挪用水资源费等违法行为，确保水资源费主要用于水资源节约、开发、保护和管理。

7. 加强水资源统一调度。两级政府水行政主管部门要依法制订和完善水资源调度方案，对地表水与地下水、当地水与外调水、常规水与非常规水、枯水期和特殊情况下的水资源实行统一调度，确保城乡居民用水安全。同时，提高中水回用利用率，增加可利用的水资源量；大力支持石头河引水及后续的引汉济渭引水等水资源调度工程，实现水资源的高效利用和优化配置，提高区域水资源保证率。严格按照省水利厅下达我区的水量调度指标认真做好渭河水量调度工作。

（二）加强全区用水效率控制管理

1. 全面推进节水型社会建设。杨凌区政府要切实履行推进节水型社会建设的责任，加强节水宣传教育，强化节约用水管理，建立健全有利于节约用水的体制和机制，管委会各有关部门也要全力配合，共同推进节水型社会建设。在招商引资和布局建设项目时，限制高耗水企业的发展，同时对已有的高耗水产业通过采取节水改造或淘汰等措施逐步优化产业结构。大力发展节水产业，建成一批高标准的节水灌溉农田区、节水企业、节水校园、节水社区等示范工程。

2. 强化用水定额管理。建立全区各行业用水定额，对纳入取水许可管理的单位和其他用水大户实行用水定额管理，建立用水单位用水台账，对超计划用水的取水户实行超计划累进加价制度。新建、扩建和改建建设项目应制订节水措施方案与建设项目取水许可申请一并报批，保证节水设施与主体工程同时设计、同时施工、同时投产使用，对违反“三同时”制度的，责令停止取水并限期整改。

3. 加快推进节水技术改造。根据国家关于节水效率标准的相关规定，逐步推行用水产品用水效率标识管理，建立节水器具和节水产品市场准入制度并定期检查强制性标准执行情况，逐步淘汰落后的用水设备及产品。大力推广使用节水技术、工艺、设备、器具，鼓励和引导企业、民众广泛参与。以区内热电、食品、装备制造等高用水行业为重点，加大工业节水技术改造；确保新建、改建、扩建楼宇节水设计符合规范，节水器具普及率达到100%。编制城市污水处理回用等规划，制定优惠政策鼓励并积极发展污水处理回用、雨水等非常规水源开发利用，不断提高城市污水等非常规水源利用比例。在有条件的区域限制或者禁止将自来水作为城市道路清扫、绿化等用途。加强城区自来水管网改造，降低供水管网漏损率。对区内重点用水户进行实时监控，全面监测用水单位用水效率。

4. 加强农业用水管理。加大农业节水力度，利用灌区续建配套与节水改造、小水重点县建设等项目，发展管道输水、喷灌、滴灌等高效农业节水灌溉，提高农业灌溉水有效利用系数；积极推进和以色列节水合作，积极探索杨凌示范区在干旱半干旱地区以高效节水灌溉技术推动现代农业发展的新路子并加以示范和推广。完善和落实农业节水的产业支持、技术服务、财政补贴等政策措施，鼓励和支持农业生产者采用节水的先进种植、畜禽养殖和灌溉技术，发展节水型农业。

5. 稳步推进水价改革。通过探索实行农灌定额内用水享受优惠水价；采取适度调整供水价格，合理提高非农业用水价格；实施差别水价，提高特种行业的供水价格；研究建立超定额用水累进加价制度等措施，稳步推进阶梯式水价，运用价格杠杆促进节约用水。

（三）加强全区水功能区限制纳污控制管理

1. 严格水功能区监督管理。从严核定水域纳污容量和限制排污总量，要把限制排污总量作为污染防治和污染减排的重要依据，完善水功能区监督管理制度，建立水功能区水质达标评价体系，加强水功能区动态监测和科学管理。规范水功能监测、通报和监督管理，掌握水功能区水质及出入区界污染物总量变化情况，建立健全重要水功能区超标预警制度。切实加强水污染防控和企业污染源控制，严禁废水直排入河。加大主要污染物减排力度，解决农村污水直排和垃圾乱堆乱丢问题，加大排污管网工程建设，提高污水处理率。完善入河排污口监督管理体系，严格入河排污口的设置审批、登记及监督管理，对污染量已超出水功能区限排总量的地区，限制审批新增取水和入河排污口。

2. 加强饮用水水源地保护。制订并严格落实饮用水水源保护区制度，依法划定水源保护区并设立明显的标志，明确保护主体和保护措施，开展饮用水水源地安全保障达标建设。认真对饮用水水源地定期开展监测和评估工作，公布重要饮用水水源地名录。严禁在饮用水水源地保护区设置排污口；加强水土流失治理，防治面源污染，禁止破坏水源涵养林。积极推进农村饮用水水源地保护和建设，落实相关管理措施，继续实施农村饮用水安全工程建设，保障饮用水水质安全。加强城区备用水源地建设，实现城区供水水源的多元化，完善饮用水水源地突发事件应急预案，确保城区供水安全。

3. 推进水生态系统保护与修复。加强“三河两渠”岸线管理。加强重要水工程区保护，结合“三河两渠”治理，切实加大投入，加快推进区域水生态保护与修复。加强水生态补偿机制研究，开展区域水生态补偿试点建设工作，建立水生态补偿机制。

三、保障措施

（一）健全监控体系

加强区界等重要控制断面、水（环境）功能区和地下水动态监测能力建设及取水、排水、入河排污口计量监控设施建设，加大对用水大户的监控、管理能力，逐步建立覆盖全区的水资源管理系统。加快应急机动监测能力建设，全面提高监控和管理能力，重点提高应对突发水污染事件的能力，完善全区水资源管理系统。

（二）加大投入力度

两级财政部门要建立长效、稳定的水资源管理投入机制，保障水资源节约、保护和管理工作所需经费。对水资源监测能力建设、“三河两渠”治理、节水技术推广与应用、自备井关闭、供水管网改造、饮用水源地保护等给予重点支持。对有利于水资源保护的项目要优先支持资金。积极拓宽融资渠道，吸引社会资金投入，逐步建立多层次、多渠道、多元化的投融资体制。

（三）加强依法监管

结合我区水资源管理工作的基础和特点，加紧制定能加强日常管理工作的政策、文件，进一步推进取水许可、水资源论证、水资源有偿使用和水资源配置、节约、保护、管理以及水资源费征收使用等配套法规体系建设。加大水资源执法力度，依法从严查处涉水违法案件。

（四）强化宣传教育

各级各部门要完善公众参与机制，开展多层次全方位的水资源知识宣传，增强全社会水忧患意识和水资源节约保护意识，形成节约用水、合理用水、惜水护水的良好风尚。在中小学校开展节水知识教育，继续开展好“世界水日”“中国水周”等宣传活动，新闻媒体要加大宣传，及时跟踪报道，宣传先进典型，曝光反面事例，营造良好舆论氛围。对在水资源节约、保护和管理中取得显著成绩的单位和个人给予表彰奖励。

四、任务分工

为了切实搞好我区水资源管理和考核相关工作，根据杨凌示范区管理体制的特殊性和事权划分的原则，由示范区水务局牵头负责，杨凌区政府、发改（物价）、财政、国土、环保、规划、经贸、监察等部门共同承担考核任务，各有关部门要按照职责分工各司其职、密切配合，共同做好最严格水资源管理制度实施工作。省政府从2013年起启动对各市（区）实行最严格水资源管理制度的考核工作，管委会也将对该项工作实行专项考核，由水务局结合省政府考核结果和各部门承担的任务，按照“谁主管，谁负责；谁落后，谁承担”的原则，对所承担任务在省政府考核中落后的责任部门提出扣分意见，考核办负责将考核结果纳入目标责任考核。各单位具体分工如下：

杨凌区政府：根据省政府关于实行最严格水资源管理制度考核办法中市级政府可对辖区县级行政区开展考核工作的规定，加之杨凌体制的特殊性，杨凌区政府组成部门杨凌区水务局具体承担杨凌水资源的行政管理，由杨凌区政府具体负责做好全区行政区域内相关考核指标的落实工作。

水务局：编制相关规划和制定一系列与实行最严格水资源管理制度相适应的法规、政策；做好与示范区各部门的联系协调，指导杨凌区水务局开展好工作；监督杨凌新华水务公司做好供水用水等相关工作。

环保局：负责饮用水水源保护区的环境监管和污染防治；加强对饮用水水源水质监测，强化企业排污监管；做好河流水质达标工作；落实医院医疗废水处理、达标排放；参与有关规划和制度建设。

发改（统计）局：负责合理调整产业布局，严把涉水、涉污项目审批关，严把高污染、高耗能（水）企业落地，积极支持与实行最严格水资源管理制度相关项目的申报、立项工作；落实最严格水资源管理制度各类任务指标的统计工作；完善水价形成机制，按照市场经济发展规律适时调整城乡供水价格；参与有关规划和制度建设。

财政局：加强对水资源费使用的监督和管理，及时划拨水资源费，加大水资源节约、保护与管理、水利建设项目资金投入力度。

经贸局：负责合理调整工业布局和产业结构，做好全区工业企业节水技术改造的推广、管理工作，提高工业用水重复利用率，降低万元工业增加值用水量。

规划局：负责落实规划区内新建、改建、扩建项目（不包含农田水利项目和技改项目）节水“三同时”制度；推广和使用节水型器具，严禁向未采取节水措施的单位和施工临时用水未安装计量设施的工程发放《施工许可证》；加大在新建项目中使用中水，提高中水利用率，参与有关规划和制度建设。

国土资源局：按照国土部门承担的职责落实水源保护区的各项方针政策。

市政局：负责加强对城区生活垃圾和建筑渣土的管理，避免水体污染；完善城区污水处理措施；在园林绿化、道路喷洒和公厕用水中推广使用中水；在城区主要街道设立节约保护水资源的广告牌；参与有关规划和制度建设。

农业局：负责全区农业种植结构调整等工作，推广先进的农业技术和推广抗（耐）旱农作物品种，降低农药、化肥等面源污染；配合搞好农业和养殖业节水。

社会事业局：负责自来水水质监督和生活饮用水卫生监督工作；加强二次用水的监督和管理。

法制办：负责各类涉水规范性文件的审核工作。

工商局：加强高耗水行业管理，严禁对没有节水措施、未安装节水器具等企业和商户发放《经营许可证》。

质量技术监督局：负责高耗能用水单位能源计量审查工作；做好贸易结算用水计量器具检定和校准工作。

公安局：协助做好各类涉水违法案件的查处工作。

城改办：负责城中村改造过程中的水资源保护和在城改过程中原城中村自备井的封填。

宣传部：负责组织好电视台、报社、教育等部门，做好最严格水资源管理制度的宣传工作。

监察室：负责落实最严格水资源管理制度各项工作的监察工作，督促各项工作落实。

考核办：根据职责分工，将省上实行最严格的水资源管理制度考核情况与各单位承担的职责挂钩考核。

附件：考核任务分解表（略）

杨凌示范区管委会

2013 年 12 月 16 日

索 引

山川河湖（56条）

水资源节约集约利用（110条）

防汛抗旱与河道整治（60条）

水保生态环境建设（45条）

流域综合管理（47条）

漆水河文化（227条）

机构人物（90条）

参加编写及提供资料人员名单

陕西省水利厅：

龚裕凌　惠仲德　范　宇　李　波　王　剑　王胜利　凤宏亮　王存会

李永胜　柴学峰　陈海宏　张　瑛　张　汉　唐星辰　孟光伟　李聚臣

陕西水务发展集团有限公司：陈　燕　张晓峰　贺江龙

陕西省水利电力勘测设计研究院：

魏克武　张晓库　党云刚　喻竑昌　席　文　耿熙程　刘永智

卢　纲　李　燕　付曼蓉

陕西省水利信息宣传教育中心：肖　敏　王　伟

陕西省水文水资源勘测中心：郭徐峰　胡文兵　王晓斌

陕西省宝鸡峡引渭灌溉中心：潘　登　刘建锋　李佩萍

陕西省石头河水库灌溉中心：王　伟　王　猛　刘宇源　张心怡

宝鸡市水利局：杨陆平　张晓亮　许丽子　刘　曦

宝鸡市冯家山水库管理局：张新弟　张全利　景　亮　刘永田　孔力荣　徐海川

咸阳市水利局：崔　峰　杨　恒　张鑫歌

咸阳市羊毛湾水库管理中心：刘大庆　张卫宏　刘　强

杨凌示范区水务局：宠鹏岗　梁亚飞

麟游县水利局：雷晓虎　张小平　李军锋

永寿县水利局：董晓东　师　锋

乾县水利局：刘鹏博　王　宗

武功县水利局：牛淑娟　许军栋

凤翔区水利局：欧小雷　李栓平

岐山县水利局：马晓光　王少华　陈丝维

扶风县水利局：陈红科　李效强

其他单位人员：刘　兴　张飞飞　朱鸿军　周　晶　李　敏　高嘉蓬

编后记

河流是人类的母亲，是人类文明的摇篮。以“河流”为线索，挖掘研究流域内水利的开发利用及以水为背景的社会发展状况，解析沿岸从古到今人类生产、生活状况，探寻人类文明和历史文化演变的密码，是近年来水文化研究的重要方向。

2023 年 6 月 9 日，陕西省水利厅成立了以厅党组书记、厅长郑维国为组长，厅党组成员丁纪民、张敏、党德才、宇涛、左怀理为副组长，厅设有关处室、厅属有关单位和各市水利部门主要负责同志为成员的《陕西省河流志丛书》编纂委员会，并设立编纂办公室，统筹协调推进编纂工作。6 月 25 日，陕西省水利厅召开了全省水文化工作推进暨《陕西省河流志丛书》编纂工作启动视频会，厅党组成员、副厅长左怀理动员部署了《陕西省河流志丛书》编纂工作。会后，《陕西省河流志丛书》编纂办公室组织水文化专家反复研究，研讨制定了既规范又有特色的河流志编纂大纲，提出“河流志编纂要坚持山水林田湖草沙生命共同体理念，以河流为轴线，以水为核心，以流域生态保护为基准线，以河流文化为特色，突出记述治水治河、治山治沙”的总体要求，逐河流召开资料提供对接推进会、专题问题研讨会，为河流志丛书编纂工作顺利推进奠定了基础。2024 年 1 月 25 日，陕西省水利厅组织有关专家、厅设有关单位负责同志对《漆水河志》初稿进行了初审，并提出了补充完善意见。会后，编者及时组织宝鸡、咸阳有关市县编写人员逐条进行了修改完善。4 月 8—20 日，《陕西省河流志丛书》编纂委员会将《漆水河志（征求意见稿）》下发宝鸡、咸阳有关单位、县（区）和省级有关单位征求意见，同时征求了陕西省地方志办公室的意见。宝鸡、咸阳有关市县、单位补充完善了有关内容，并提出了 50 多条修改意见，特别是陕西省地方志办公室李军副处长、陕西省住房和城乡建设厅倪坪同志、陕西省水利厅原二级巡视员杨耕读同志对志书编纂工作给予了充分肯定，并对志书定位、审定、图表、记述重点、人物入志等提出了明确要求。根据陕西省地方志办公室编志最新要求，编者及时修改完善，统一设置了英文目录和索引，取消了人物篇中人物事录节。2024 年 6 月 8 日，陕西省地方志办公室在西安市蓝田县召开了《漆水河志》复审会，陕西省地方志办公室李军副处长出席并主持了复审会议，与会专家充分肯定了《漆水河志》的编纂成果，认为《漆水河志》政治观点正确，体例规范，结构合理，资料丰富翔实，文风朴实，语言精炼，特色明显，会议一致同意将《陕西省河流志丛书》纳入《陕西省地情丛书》范畴，并同意《漆水河志》通过复审。2025 年 2 月 22 日，水利部水文化研究工作指导委员会办公室在北京组织召开中国名水志文化工程 · 陕西省河流志终审会。水利部办公厅、中国地方志工作办公室、中国水利水电科学研究院、中国社会科学院当代中国研究所、中国水利学会水利史与水利遗产专业委员会、黄河水利出版社、陕西省水利厅、陕西省地方志办公室的有关领导、专家、学者共计 17 人参加了会议。专家组一致同意将《陕西省河流志丛书》列入《中国名水志文化工程丛书》。

《漆水河志》从开始酝酿到封笔历时一年多时间，它的编纂出版，凝聚了陕西省水利厅、流域各市县水利局和广大水利工作者的智慧，是科学严谨、求真务实的结晶。标志着陕西水文化建设一项重大工程的诞生。全志由序、凡例、概述和志、传、录、表、图以及大事记、附录三大部分组成，共设 7 篇、31 章、103 节，80 余万字。

修志和志书历来被当作“官责”“官书”。编修地方志是我国的优良传统。河流志的编纂是一项全新的工作，它集水利史研究、地方志研究编纂于一体，是水利工作、水文化工作的重要内容，是在广阔范畴以通透的视角去审视人水关系的过去、现在和未来。河流志编修既继承了前代之遗脉，又详细记载了当代的发展；反映出从古至今的发展变化，有助于今人从历史长河中把握今天的进步和成就，对于教育当代和后世，转变传统的经济与社会观念等均有较大裨益。《漆水河志》以翔实的史料，真实地记述流域水利历史与现状，客观地反映流域水利兴衰起伏及其发展的规律，必将发挥重要的教化功用。

《漆水河志》的编纂是陕西省贯彻落实习近平文化思想、习近平总书记关于黄河流域生态保护和高质量发展重要讲话精神的重要举措，是坚定文化自信的有效途径，是水利系统各级领导对水利工作负责、对历史负责的重大行动。志书的编纂既传承弘扬黄河文化，又指导当前治水实践，必将在探究人类治水、管水、用水的智慧和成就，以及流域内科学、经济、社会、历史、文化发展情况方面提供借鉴，以进一步传承河流文化，展现人类历史，凝聚水利精神，资治当代，垂鉴后世。

主编系陕西武功人，从小就在漆水河边长大，儿时漆水河宽阔的河面、清澈的流水，河边的一草一木至今难以忘怀。不曾想象，在脱下戎装十多年后，能拿起笔为这条母亲河写史立传，十分欣慰。在整个调查编纂过程中，编纂组克服重重困难，查阅志书史料，深入一线，实地调研；认真挖掘，全面收集，反复甄别；整理编纂过程中认真负责，精益求精，十易其稿，全体人员付出了艰辛和努力。在此，对大家的辛勤劳动表示衷心的感谢！

这里还要特别感谢陕西省水利学会副理事长兼秘书长魏铭、陕西省水土保持与移民工作中心党委书记宋晓强、陕西省水利厅总工程师张解生、陕西省节水办主任陈卫东、陕西省渭河生态区保护中心处长石国栋、陕西省水利厅河湖管理处副处长任永庆、陕西省水利电力勘测设计研究院副院长张晓库以及宝鸡市水利局副局长杨陆平、陕西省咸阳水文水资源监测中心主任胡文兵、陕西省水利学会刘芳等领导和专家对《漆水河志》编纂工作的关心、支持和帮助！

由于时间仓促，编者对有些资料的收集，素材的调查、挖掘还不够全面，考证还不够深入，恳请广大读者谅解并提出批评意见，以便我们今后不断修改完善。

编 者

2025 年 4 月

中国名水志文化工程丛书
陕 西 省 地 情 丛 书
陕 西 省 河 流 志 丛 书

渭河志

《陕西省河流志丛书》编纂委员会 编

黄 河 水 利 出 版 社
· 郑 州 ·

图书在版编目（CIP）数据

渭河志 / 《陕西省河流志丛书》编纂委员会编. -- 郑州 : 黄河水利出版社, 2025. 6. -- (陕西省河流志丛书). -- ISBN 978-7-5509-4119-9

Ⅰ. TV882.841

中国国家版本馆CIP数据核字第2025BN2737号

渭河志　WEIHE ZHI

《陕西省河流志丛书》编纂委员会　编

责任编辑	乔韵青	责任校对	杨秀英
封面设计	张心怡　孟周利	责任监制	常红昕
出版发行	黄河水利出版社		
	地址:河南省郑州市顺河路49号　邮政编码:450003		
	网址:www.yrcp.com　E-mail:hhslcbs@126.com		
	发行部电话：0371-66020550		
承印单位	陕西省水利印刷厂		
开　　本	787mm × 1092mm　1/16		
插　　页	14		
印　　张	42.5		
字　　数	1022千字		
版次印次	2025年6月第1版	2025年6月第1次印刷	
定　　价	3680.00元（全十卷）		

《渭河志》编纂委员会

审定单位

初　审　陕西省水利厅

复　审　陕西省地方志办公室

终　审　水利部水文化研究工作指导委员会办公室

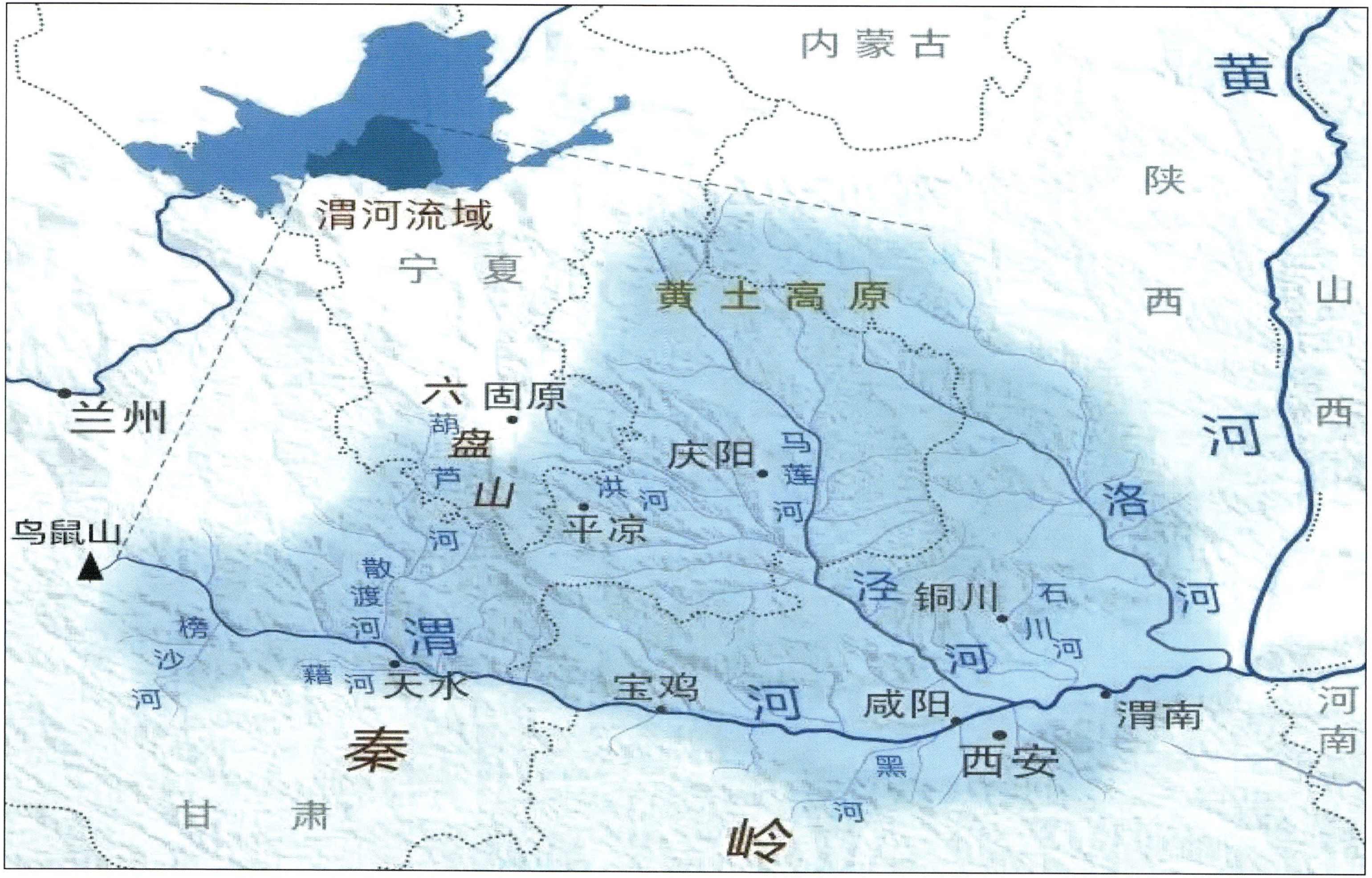
内蒙古
黄河
陕西
山西
河南
宁夏
甘肃
渭河流域
黄土高原
兰州
鸟鼠山
六盘山
固原
葫芦河
庆阳
马莲河
洪河
平凉
散渡河
榜沙河
藉河
天水
渭河
宝鸡
泾河
铜川
石川河
洛河
咸阳
西安
渭南
黑河
秦岭

渭河流域示意图

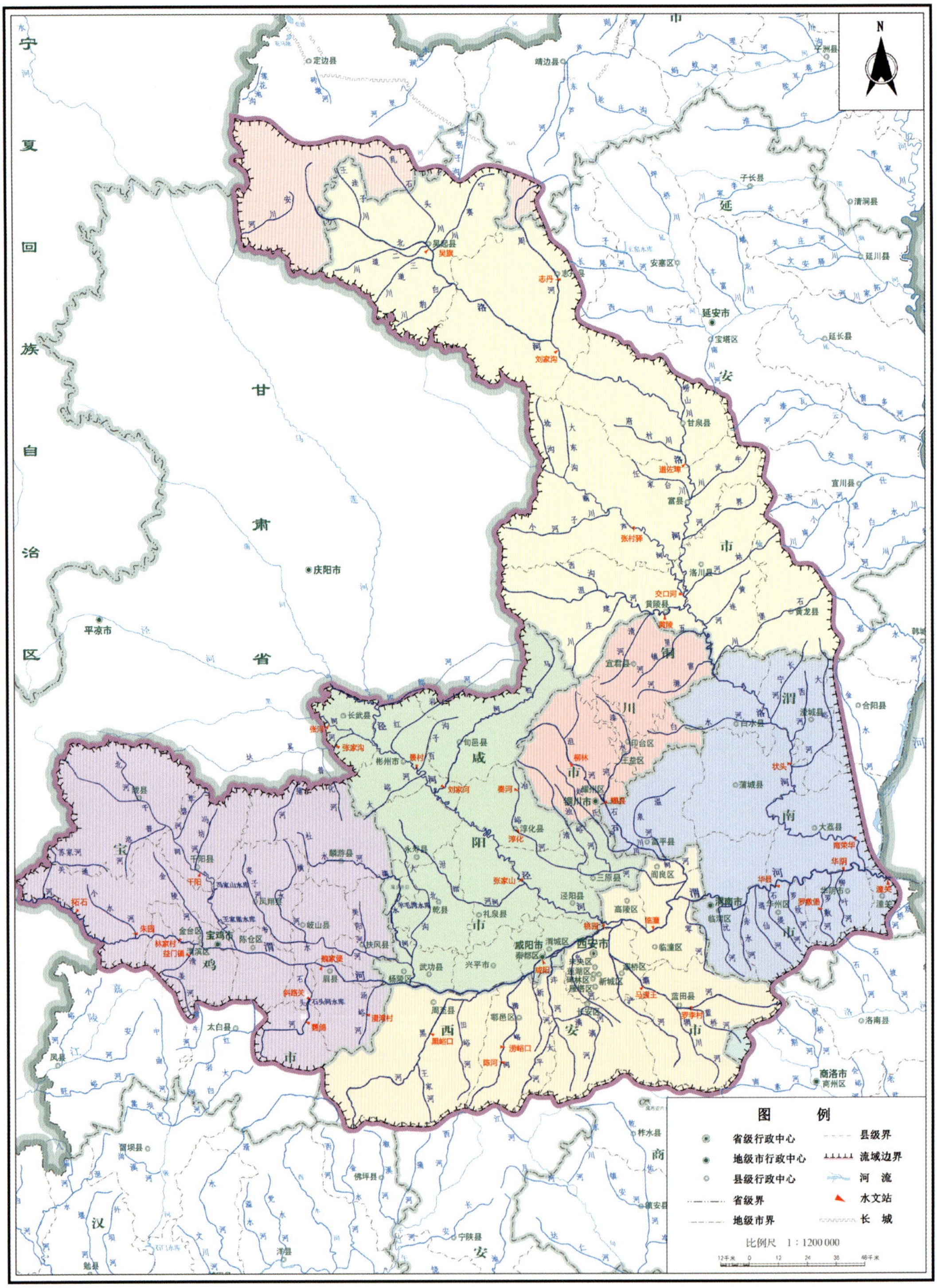

渭河流域水系与省级行政区划图

渭河源鸟鼠山（甘肃省渭源县西，2007 年 8 月）

渭水源头碑（2007 年 8 月）

吐云泉（2007 年 8 月）

遗鞭泉（2007 年 8 月）

禹仰泉（2007 年 8 月）

渭源县渭河灞陵桥（2007 年 8 月）

渭河干流甘陕交界处（2015 年 6 月）

宝鸡峡渠首库区（2015 年 7 月）

宝鸡渭河拦河闸（2015 年 7 月）

岐山渭河水利风景区（2015 年 6 月）

渭河杨凌段（2016 年 7 月）

咸阳湖一角（2015 年 6 月）

渭河咸阳铁路桥跌水（李军平摄，2014 年 1 月 ）

西安渭灞桥（2014 年 10 月）

渭南沙王控导工程（2015 年 10 月）

河滩李控导工程全景（渭南河务局供图，2015 年 8 月 ）

渭河华阴段（华阴河务局供图，2014 年 5 月）

潼关渭河（右）入黄（左）处（2018 年 8 月）

泾河源（2016 年 11 月）

泾河彬州河谷（2016 年 11 月）

建设中的泾河东庄水库枢纽（王伟摄，2021 年 8 月）

泾河入渭口（龚裕凌供图，2021 年 8 月）

北洛河甘泉段（2021 年 8 月）

北洛河支流葫芦河南沟门水库移动抽水站（2017 年 9 月）

北洛河入渭口（龚裕凌摄，2021 年 8 月）

秦岭北麓一角（2018 年 11 月）

秦岭大峪口雪景（李军平摄，2021 年 1 月）

长安区环山路秦岭脚下杨庄水库（李军平摄，2021 年 7 月）

灞河湿地公园（2014 年 7 月）

沣河峪口段（2007 年 7 月）

西安浐河河谷（2007 年 4 月）

宝鸡钓鱼台（蟠溪河）水库库区（2007 年 9 月）

宝鸡渭河段局部（2015 年 6 月）

关中平原（渭河南临渭区一角，2008 年 4 月）

浐灞地标建筑斜拉桥（李军平摄，2018 年 7 月）

关中平原（渭河北富平县，2018 年 7 月）

渭南临渭区西庆屯滩地治理项目（2015 年 10 月）

渭河华州区（华县河务局供图，2015 年 11 月）

黄帝陵（2022 年 7 月）

炎帝故里（2015 年 9 月）

西安钟楼（2020 年 5 月）

白水仓颉庙（2008 年 7 月）

岐山周公庙（2015 年 6 月）

扶风法门寺（2009 年 7 月）

眉县张载墓（2017 年 10 月）

吃岐山臊子面比赛（2015 年 6 月）

西安西羊市（2020 年 5 月）

南湖春色（2011 年 3 月）

《陕西省河流志丛书》编纂团队合影

（前排左起赵西安、常崇信、许灏、蒋建军、雷保寿、耿涛，

后排左起田晓强、杨永平、权医平、王辛石、黄卫涛、于世宏、龚裕凌）

渭河流域水利基础数据（2020年）

流域概况	渭河发源于甘肃省渭源县鸟鼠山，干流全长818千米（陕西省境内长512千米），在陕西省潼关县注入黄河。流域内源区最高点高程3495米，与入黄口高程相差3000米以上。流域内的最高点为太白山主峰，海拔3767米。流域涉及甘肃、宁夏、陕西三省（区）14个地市（区）99个县（市、区）的全部或一部分。总面积13.48万平方千米，其中，陕西省6.71万平方千米，占49.8%；甘肃省5.95万平方千米，占44.1%；宁夏回族自治区0.82万平方千米，占6.1%。渭河右（南）岸支流数量多，左（北）岸支流流程长，水系呈扇状分布。陕西境内共有一级支流47条，其中右岸32条、左岸15条。最大支流是泾河。流域内主要灾害是旱灾，洪水主要来源于泾河。
经济社会	流域总人口3601.31万人。其中，关中地区人口2542.58万人，占流域总人口的70.60%。宝鸡、杨凌、咸阳、西安、铜川、渭南、商洛等市（区）人口分别占流域总人口的16.39%、1.10%、15.69%、52.55%、2.66%、11.54%、0.07%。流域生产总值（GDP）19541.37亿元，人均54262元。粮食产量1335.41万吨。陕西关中地区生产总值16194.38亿元，占流域的82.87%，人均63693元。粮食产量712.81万吨，占流域的53.38%。干流上已建、在建、规划的桥梁（含浮桥、穿河隧道）154座，跨、拦、穿河建筑物107座（条）。八百里秦川渭河沿岸全民健身长廊基本建成。
水沙量及水质	流域多年平均水资源总量73.28亿立方米，其中地表水资源量54.47亿立方米、地下水资源量46.05亿立方米（《陕西省第三次水资源调查评价》成果）。渭河是多泥沙河流，且水沙异源、年内分配不均。据渭河临潼水文站1950—2021年实测资料统计，多年平均输沙量2.59亿吨。2020年陕西渭河干流11个重要江河湖泊水功能区水质达标率均为100%。
水文站网	陕西干流段从上到下有拓石、林家村、魏家堡、咸阳、临潼、华县6座水文站。陕西三门峡库区测量的淤积断面渭河51条、洛河23条。至2023年2月，陕西省水文水资源勘测中心在渭河流域共布设水文站61处、水位站36处、雨量站656处。
节约用水	农业灌溉水利用系数为0.58。先后进入省级节水型灌区的有：陕西省泾惠渠灌区、交口抽渭灌区、桃曲坡水库灌区、石头河水库灌区，宝鸡市冯家山水库灌区、千阳县千丰渠灌区、陇县段家峡水库灌区、扶风县太川灌区、凤翔区东风水库灌区及横水河灌区，咸阳市乾县泔惠渠灌区、泾阳县党家堡灌区、泾阳县红旗电力抽水站灌区、三原县玉皇阁灌区、羊毛湾灌区，渭南市合阳县定国水库灌区、石堡川灌区，延安市洛川县拓家河灌区等18个。2023年，陕西省交口抽渭灌区被全国灌区协会授予“全国节水型示范灌区”。先后有西安、宝鸡、咸阳被命名为“全国节水型社会建设示范市”称号。西安、延安两市获得“国家节水型城市”称号。有34个县成为全国节水型社会建设达标县。西安市高效节水灌溉率达到45%，计量率达到80%以上；节水型企业建成率达到50%；城镇管网漏损率降低到10%；雨水资源与再生水利用率达到20%；有17所高校达到节水型高校标准。

水源工程	流域内关中地区共有已建成运用水库409座，其中大型水库5座、中型27座、小型377座。另有一座已基本建成未投入使用的大型水库——咸阳亭口水库。正在建设的有泾河东庄水库。域外调水工程有东雷抽黄一、二期及引汉济渭、引滑济黑、引乾济石和引红济石、引嘉济清工程等。
水库移民	截至2022年底，渭河流域纳入水库移民后期扶持范围的大中型水库共有28座。中央累计核定渭河流域（不含延安）后期扶持人口指标575604人，其中直补人口436580人，项目扶持人口139024人。分布在6市52个县（市、区）405个乡（镇、办）。
灌溉工程	先后建成宝鸡峡，泾惠渠，交口抽渭，石头河，桃曲坡，冯家山，羊毛湾，洛惠渠，石堡川，东雷抽黄一期、二期等11个大型灌区，130处中型灌区，形成了以自流引水为主，地表水地下水相结合、蓄引提调并举，以及以大型灌区为主、中小型灌区为辅的现代灌溉供水网络格局。截至2021年底，流域农田有效灌溉面积为1326万亩，其中大、中、小型灌区农田有效灌溉面积分别占流域内总农田有效灌溉面积的66%、16%、18%。
城乡供水	流域内形成了以宝鸡峡水利枢纽、泾惠渠渠首、洛惠渠渠首、交口抽渭等引提水工程以及冯家山、石头河、金盆、羊毛湾、南沟门、李家河、亭口水库等大中型水库为主的供水体系。先后建设了石头河水库向西安市、咸阳市、宝鸡市，黑河金盆水库向西安市，沋河水库向渭南市，桃曲坡水库向铜川市，冯家山水库向宝鸡市供水等一批城市供水工程。截至2021年底，农村供水建成基础设施1.55万处，累计解决和巩固提升了1573万农村人口的饮水安全问题，2021年实际供水量3.15亿立方米，其中建成规模化供水工程354处（包括城镇管网延伸工程176处、万人工程178处），服务人口639万人；千人及以下工程9759处，服务人口918万人；农村分散式供水工程5388处，服务人口16万人。渭河流域现状年各类工程供水量49.12亿立方米，其中地表水供水量24.81亿立方米，占总供水量的50.51%；地下水供水量20.65亿立方米，占总供水量的42.03%；其他水源供水量3.66亿立方米，占总供水量的7.46%。基本解决了关中地区大中城市、县（市、区）级城镇生活、工业区供水问题和乡镇、农村近2000万人的饮水困难；初步形成了水资源管理、保护、监测体系，有效保护了水资源，保障了人民饮水安全。
水电水产	渭河干流在陕西境内落差607.0米，水力资源理论蕴藏量243.41万千瓦，技术可开发量64.45万千瓦。流域面积大于100平方千米的支流有173条，水力资源理论蕴藏量在1万千瓦以上的河流有45条，总的理论蕴藏量216.74万千瓦。大型水电站有林家村、魏家堡、石头河水库、黑河水库坝后、泾惠渠渠首、泾阳县文泾及黑河周至县木匠河水电站。主要渔场有：西安市水产良种繁育场、佳鳞鱼类良种示范场、武功渔场、渭城渔场、兴平渔场、淳化县清泉养殖场、泾园渔业养殖产业园区、渭南市“3573”水产养殖工程、宜君县水产养殖基地、铜川印台区太和水产养殖中心、西安大峪“虹鳟一条沟”冷水鱼养殖项目及冯家山水库渔场。

法律法规	1996年4月，水利厅印发《陕西三门峡库区安全管理规定（试行）》。1997年6月，陕西省防总发布《陕西省三门峡库区防汛职责若干规定》。1998年8月，陕西省第九届人民代表大会常务委员会第四次会议通过《陕西省渭河流域水污染防治条例》。1999年5月，陕西省政府办公厅发布《陕西省三门峡库区渭河下游干支流河道管理和防汛职责》。2008年1月，陕西省人民政府常务会议审议通过《陕西省渭河水量调度办法》，并以省人民政府第130号令颁布，2008年3月1日实施。2010年12月，陕西省江河水库管理局编制的《陕西省渭河应急水量调度预案》和《陕西省渭河水量调度实施细则》通过陕西省水利厅审定，印发施行。2012年11月，陕西省第十一届人民代表大会常务委员会第三十二次会议审议通过并公布《陕西省渭河流域管理条例》，自2013年1月1日起施行。2011年6月，陕西省水利厅印发《渭河护堤地护岸地建设保护规定》。2019—2021年，水利部相继印发了《渭河流域水量分配方案》（水资管函〔2019〕138号）、《北洛河流域水量分配方案》（水资管函〔2019〕213号）、《泾河流域水量分配方案》（水资管〔2021〕127号）。2020年3月，陕西省渭河生态区管理委员会印发《关于加强渭河生态区保护和管理工作的指导意见》。2022 年12月1日，陕西省第十三届人民代表大会常务委员会第三十七次会议修订颁布《陕西省渭河保护条例》，2023年4月1日施行。
环境生态	2004年，陕西开展了为期6年的渭河污染专项治理工作，至2010年，渭河流域关中地区54个县（区）规划的污水处理厂90%以上建成投运，设计日污水处理能力227万吨，生产中水26.5万吨，污水处理能力可基本满足县级以上城市及重点工业园区生活污水处理的需要。2006年开始实施水量统一调度，下游咸阳断面基本达到了生态流量保证率90%目标，华县断面小于生态流量20立方米每秒的天数由统一调度前的年平均42.0天（1980—2005年）降低到年平均4.9天（2006—2019年）。建成生态湿地及水面景观等15万亩。有国家级重要湿地9个，国家级自然保护区6处，国家级重要森林公园14个，国家级水产种质资源保护区8个。2011年后，陕西省每年将渭河水质改善情况纳入省市目标责任考核体系。至2020年，渭河全线达到Ⅲ类水质标准。至2023年10月，渭河流域共有水利风景区42处，其中国家级20处、省级22处。
荣誉	渭河健康生命行活动2006年、2007年连续两年荣获全国保护母亲河组委会颁发的全国保护母亲河行动先进集体荣誉奖项。2009年3月，活动荣获2009年度丰田青年环境保护资助奖。2017年，陕西渭河获得首届全国“最美家乡河”荣誉称号。2023年陕西省交口抽渭灌区被全国灌区协会授予“全国节水型示范灌区”。2023年，陕西省石头河水库灌溉管理局眉县水产养殖场被评为国家级水产健康养殖和生态养殖示范区。
江河堤防	至2021年，宝鸡峡大坝以下建有河道工程84处，坝垛3825座，控制河道长度260.04千米，占干流河长的50%。沿岸城市段堤防设防标准均达到100～300年一遇，县城及工业园区设防标准达到30～50年一遇，农防段设防标准达到10年一遇。渭河综合治理累计完成投资215亿元，完成630千米高标准堤防工程；建成支流入渭口交通桥54座；完成渭河下游9条南山支流103千米堤防退建加固工程、5条支流蓄滞洪区和3条支流防倒灌工程。
水土保持	流域在陕西的水土流失面积4.8万平方千米，占流域总面积的71.5%，其中多沙粗沙区面积0.78万平方千米，占全流域的11.7%。多年平均土壤侵蚀量2.06亿吨，年输入黄河泥沙量1.6亿吨，占陕西省黄河流域土壤侵蚀量的20%。2012—2020年，已在不同的地貌类型区建成综合治理型、科研试验型、科普教育型、特色产业型、特色展示型等5种类型各具特色的水土保持示范园26个，其中国家级10个，省级16个。2020年关中地区水土保持率为78.39%，秦岭北麓的水土保持率达80%。

流域管理	5000年前的大禹因势利导，疏浚排洪“导渭入于河”是渭河管理的萌芽。见于史料记载对渭河水资源进行管理是在唐高宗永徽六年（655年）。随后有唐《水部式》对关中水利的一系列规定。清世宗雍正七年（1729年）八月二十三日，改西安府管粮通判为水利通判。清德宗光绪二十七年（1901年）十一月二十六日，护理陕西巡抚李绍芬饬属劝办积谷，酌拟章程12条，筹办开渠兴修水利事宜。早期渭河管理主要是指工程管理，以当地政府分块管理为主，实行专管与群管结合的方式。新中国成立后，尤其是三门峡水库修建后，渭河下游设立管理机构，之后在此基础上成立渭河流域管理局，实施渭河全线整治之后，设立渭河生态区，成立渭河生态区保护中心和渭河流域治理保护中心，实行流域管理与区域管理相结合的管理体制。管理的内容主要有水资源、防汛抗旱、水法规制度建设、河（湖）长制的落实、基础管理工作及科学研究等。流域已建立省—市（区）—县（市、区）—乡（镇）—村五级河长制组织体系。各地市建立了由水利局牵头的多部门联合执法机制。
取水许可	地表水取水口设计流量10立方米每秒以上的农业取水或日取水量8万立方米以上的工业与城镇生活取水；地下水取水口（含群井）日取水量2万立方米以上的取水，由黄河水利委员会审核取水许可预申请、审批取水许可申请、发放取水许可证。地表水取水口设计流量合计3立方米每秒（含3立方米每秒）以上的农业取水，设计日取水量合计2万立方米（含2万立方米）以上的工业与城镇生活取水，地下水设计日取水量合计1万立方米（含1万立方米）以上的取水，大型工业企业取水及省政府批准的大中型建设项目取水，由省人民政府水行政主管部门发放取水许可证和监督管理。地表水取水口设计流量合计1～3立方米每秒的农业取水，设计日取水量合计1万～2万立方米的工业与城镇生活取水，地下水设计日取水量合计0.5万～1万立方米的取水和设区市人民政府所在地城市规划区内的取水，由设区市人民政府水行政主管部门发放取水许可证和监督管理（由省人民政府水行政主管部门发放取水许可证的除外）。设区市人民政府水行政主管部门管理限额以下的取水，由县级人民政府水行政主管部门发放取水许可证和监督管理；跨行政区域的取水，由所跨行政区域的共同上一级人民政府水行政主管部门发放取水许可证和监督管理。
岸线保护利用	陕西省境内渭河咸阳陇海铁路桥以上干流河段，河道总长304千米，左岸岸线长305.0千米，右岸岸线长236.3千米。共划分各类岸线分区40段，岸线总长约541.3千米，其中保留区14段，岸线长约194.8千米，占比35.99%；控制利用区14段，岸线长约150.6千米，占比27.82%；开发利用区12段，岸线长约195.9千米，占比36.19%。咸阳铁桥以下河段，河道总长208千米，临水边界线长339.13千米，其中左岸长169.41千米、右岸长169.72千米。外缘边界线长316.46千米，其中左岸长161.45千米、右岸长155.01千米。咸阳至西安界为控制利用区，西安至渭南界为保留区，渭南以下为控制利用区。
河流文化	从2007年开始，历时5年之久，陕西省开展保护母亲河活动——渭河健康生命行。活动有五大版块和10个子项。五大版块：保护母亲河工程建设、生态监护、意识教育、天天环保、科学研究；10个子项：绿色渭河、渭河儿女、走近渭河、渭河论坛、情系渭河、直击渭河、话说渭河、渭河采风、印象渭河、生命渭河。活动沿河流域54个县市6万余人响应并参与。有水文化遗产共294项。其中，西安市69项，宝鸡市49项，咸阳市59项，铜川市21项，渭南市85项，延安8项，杨凌3项。郑国渠、龙首渠引洛古灌区分别于2016年12月16日、2020年12月8日，入选“世界灌溉工程遗产”。至2023年，渭河流域有陕西水利博物馆、汉城湖、引汉济渭3个国家级水情教育基地；有宝鸡市冯家山水库管理局、渭南市龙首渠管理局、西安市沣惠渠管理中心、西安经济开发区第三小学、陕西东庄水利枢纽工程、西安国家民用航天产业基地、陕西省交口抽渭灌溉中心田市站、陕西省泾惠渠灌溉中心郑国渠等8个省级水情教育基地。

序

陕西省位于中国中部，以地理分界，分陕南、陕北、关中三区，今人称其为三秦。三秦大地被两个山系——北山和秦岭分界。北山山系的黄龙山、子午岭、陇山诸山划出了陕西北部沟壑纵横的黄土高原和中部一马平川的关中平原。大地理的秦岭，西起昆仑，中经陇南、陕西中部，东至鄂、豫、皖，分出长江、黄河两大流域，以及中国南北方的地理、气候。而横贯秦地中部的秦岭，在此自西向东也成为渭水与汉水的分界，形成了黄河和长江两大流域最大的支流。山是水之依，水是山之魂。北山、秦岭和巴山造就了三秦河流，孕育了悠久的中华文明，见证了夏、商、周三代以后朝代的更替兴衰。

三秦河流自然环境差异极大，河流所经高原、山地、丘陵、盆地、平原交错其间，多年平均降水量从陕北的 340 毫米过渡到陕南的 1240 毫米。华夏先民进入三秦，水利便是他们生存和发展的必然选择。不算很优越的水资源条件，因他们卓越的水利创造，滋养出了灿烂的河流文化。

《陕西省河流志丛书》是所涉三秦河流的百科全书。丛书分为《渭河志》《汉江志》《无定河志》《泾河志》《丹江志》《北洛河志》《千河志》《延河志》《漆水河志》《褒河志》各卷。河流志各卷以河为轴，以水为主干，涵盖了河流的自然地理、发展利用、人文历史等。以水利凿通上下 5000 年及至当代，由此可见这部丛书作者们的担当。

陕西的河流保留了自上古时期至现代文明演替的历史印迹，其文化类型之丰富，在中国乃至世界江河中少有与之比肩者。中国水利史大致可以分为四个阶段，比照三秦尤其具有代表性。

第一阶段（距今约 10000 年—前 221 年），这是从部落氏族走向中国的文明生发期。近年考古发现证实了从农业的发端到秦帝国成立，没有中断的中华文明演变轨迹。距今 5000 年上下，黄河流域处于炎帝、黄帝、伏羲、女娲、尧、舜、禹的传说时代，华夏文化已经初具农耕社会形态，是为华夏文明的源头。约公元前 11 世纪，擅长农业的姬姓部族进入漆水河流域的周原，在岐山下经营出旱作、稻作农业，灌溉工程因此诞生。传说时代以禹治水而发生文明大转折。兴起于豳、岐的周人，经牧野之战，灭商建立了中国唯一的贵族王国——周，史称西周。西周先后建都丰、镐，建立了国家川衡、虞泽制度，为其后春秋战国各诸侯国水利兴起的先声。战国时期后起的秦国，经孝公时（前 381—前 338 年）商鞅变法迅速强大，兼并六国，建立起第一个王朝集权国家。强大的秦国在泾河上兴建了郑国渠，关中水利区由此历经汉唐至明清，支撑了区域农业 2000 余年。郑国渠亦开创了中央王朝经营水利工程的先河。

第二阶段（前 221—1279 年），经历了汉、唐、宋水利发展的高潮，水利支撑了古代中国最重要朝代的繁盛。自汉迄唐，渭河横贯的八百里秦川，从京畿的咸阳、长安，到华州、陕州两岸密集分布着具有灌溉、水运、水能（水磨、水碾）等功能的水利工程。在渭河的支流北洛河上兴建了中国最早的隧洞引水工程——龙首渠。汉兴之地的汉江及其支流褒河、丹江，由军事屯垦带来了区域性水利工程兴建，历经东汉、三国、两宋发展，形成了陕南汉中水利区。这一阶段可称道的还有唐代第一部国家水利法规《水部式》的颁布，强化了中央政府对关中灌溉工程、河西和西域屯田水利、运河工程和用水管理，从而确立了国家、地方不同的水利管理体制。

第三阶段（1279—1930 年），这一时期水利以陕北边镇水利为代表。陕北地处干旱和半干旱区，是农耕与游牧不同文化的分界线。北宋、西夏、明代在无定河与黄河支流清水河（今延河）流域先后涌现出大大小小的引水工程，营造出延安、榆林一带塞北稻作农业区。20 世纪三四十年代抗日战争期间，旱区水利继续发扬光大。陕北的古代水利工程中，以无定河支流榆溪河红石峡灌渠最为著名。引水渠或明或暗穿行于榆溪河两岸的山崖中，灌渠、榆溪河、对峙的山崖和摩崖石刻，营造出著名的“榆林八景”，这一于 15 世纪兴建的工程今天仍在发挥作用，并继续九边重镇的无限风光。

第四阶段（1931 年至今），这是传统水利步入现代工业文明的时期。水利技术逐渐取代传统工程技术，水资源开发利用超过了任何历史阶段。先是以泾惠渠、渭惠渠为代表的“关中八惠”等现代水利工程的兴建，带来了水权制度在灌区管理中的实践。在抗日战争期间，渭河边现代水利科学、教育发展起来；陕甘宁边区水利事业蓬勃发展。1949 年以后，现代水利在三秦大地得到全面发展，水利在城市供水、防洪减灾等方面发挥的作用日渐突出。近年来，引汉济渭工程、东庄水利枢纽工程的实施，为咸阳、西安及秦地的渭北地区开辟了新水源，城市供水安全、经济可持续发展得到了保障。但是，工业革命理念下的水利建设也留下了违反河流规律的后果，如 20 世纪 50 年代三门峡水利工程规划失误，造成河流自然环境不可逆转的蜕变，此后数十年，渭河平原洪水灾害频发，直到实施三门峡枢纽工程重大改造才得以控制。近 40 年来，水利可持续发展理念日益深入人心，陕西省数十年持之以恒的水土保持工程，改善了河流自然环境，使青山绿水重返陕北。

《陕西省河流志丛书》所志十河，每河皆为名水，以“水”而见三秦山川之美，而见治水与治世、治水与文化的交织。《诗经·鲁颂·閟宫》曰：“赫赫姜嫄，其德不回。上帝是依，无灾无害。弥月不迟，是生后稷。降之百福。黍稷重穋，稙稚菽麦。奄有下国，俾民稼穑。有稷有黍，有稻有秬。奄有下土，缵禹之绪，后稷之孙，实维大王。居岐之阳，实始翦商。” 十河的历史与文化属于三秦，亦属于中国。

是以为序。

譚徐明

二〇二五年，乙巳岁旦之日

（谭徐明，中国水利水电科学研究院原副总工程师，教授级高级工程师、博士生导师，中国水利学会水利史与水利遗产专业委员会主任委员，水利遗产保护与研究国家文物局重点科研基地学术委员会主任）

凡　例

一、本志以马克思列宁主义、毛泽东思想、邓小平理论、“三个代表”重要思想、科学发展观、习近平新时代中国特色社会主义思想为指导，坚持辩证唯物主义和历史唯物主义的观点、方法，客观记述渭河流域陕西段历史发展与现状。坚持略古详今、略远详近，突出重点，体现专业特征和流域特色，达到思想性、科学性、资料性的有机统一。

二、本志是《陕西省河流志丛书》之一，编排体例遵循丛书编纂统一规范。全志设序、凡例、概述、大事记及志、传、表、录、图等，采取横排门类、纵述始末，依类叙事，以事系人。结构按篇、章、节、目、子目层次设置，节以下用一、（一）、1、（1）分层。以文字记叙为主，随文配以必要的表格、图片；照片置于卷首，卷首照片以源头、干流（从上到下）、支流（泾、洛、南山）及流域陕西境内的生态、人文顺序排列，文中图、照片对应文字插入。具有存史价值的资料附录于后。表以篇、章为单位编号。

三、本志记事上限追溯至事物发端，下限截至 2020 年底，重要事项延至封笔。

四、本志采用语体文、记述体编纂，坚持公允、客观，述而不评，寓观点于记事之中。行文力求语言朴实、简练、流畅。引录原文放在引号内，一般注明出处，古文酌录原文，不注诠释。历史朝代年号、政权机构、社会团体、官职及地名的称谓等均从原称，必要的加以括注；人名一般不冠褒贬和职称，注释采用脚注。文字使用以 2000 年 10 月 31 日发布的《中华人民共和国国家通用语言文字法》为准；标点符号使用以 2011 年 12 月 30 日发布的《标点符号用法》（GB/T 15834—2011）为准。

五、计量单位采用国家规定的通用单位。重量单位用克、千克、吨；长度单位用毫米、厘米、米、千米；面积单位用平方米、平方千米、公顷、千公顷。考虑到社会使用习惯，全志中“亩产”“亩耗水量”保留，未作统一换算；体积单位用升、立方米；流量单位用立方米每秒；电力单位用千瓦、兆瓦、千瓦时、千伏安等。数字使用按照 2011 年 7 月 29 日发布的《出版物上数字用法》（GB/T 15835—2011）执行。

六、渭河属跨省河流，流域涉及陕西、甘肃、宁夏 3 省（区）99 县（市、区）。本志按照“概述全流域、简述外省区、重点记述本省”和“对纳入本次编志内的支流千河、漆水河、泾河、北洛河略写”的原则。坚持山水林田湖草沙生命共同体理念，以河流为轴线，以水为核心，以流域生态保护为基准线，以河流文化为特色，突出治水治河，重点记述陕西省流域内河流水系、自然与社会环境、水资源集约节约利用、防汛抗旱与河道整治、水保生态环境建设、流域综合管理、渭河文化、机构与人物等。

七、历史纪年，民国及民国以前用汉字，并加注公元纪年；新中国成立后用公元纪年，均略去“公元”二字。

八、国家机关、单位、团体称谓首次出现时用全称，以后按“机构称谓简称对应表”使用简称。地名、政府、官职均依当时的称谓。古今地名不同或古老生僻的地名，加注今名。

九、遵循“生不立传”的惯例，不为生人立传。入志人物以对渭河流域治水、治土、治污和生态环境建设等作出贡献和有较大影响为标准。立传记述人物以卒年为序，省级及以上劳模、先进个人和教授级高级工程师列表记述。

十、流域自然环境概述数据一般采用统计年报数据，过程性数据采用流域内市、县有关部门提供的数据。

十一、本志采用资料以各级档案、志书资料和流域内有关部门提供资料为主，亦有经过考证和鉴别的口碑资料，兼用有关单位的历史文件、书刊以及访问得来的资料。文中图片未注明作者均为主编拍摄。

目　录

第三篇　流域治理

第四篇　水资源集约节约利用

第五篇 水土保持

第六篇 水生态保护修复

第七篇　综合管理

第八篇　渭河文化

第九篇　机构与人物

Contents

Part II Basin Environment

Part III Basin Management

Part IV Water Resources Conservation and Efficient Utilization

Part V Soil-Water Conservation

Part VI Water Ecological Protection and Restoration

Part VII Comprehensive Management

Part VIII Weihe River Culture

Part IX Institutions and Figures

概　述

渭河是一条伟大的河流。这里几乎可以看到人类从115万年到65万年、20万年，再到5万年前的进化过程；可以遐想中华元母——华胥氏古国原始共产主义那“路不拾遗、夜不闭户”的美好生活；可以追忆炎黄二帝的丰功伟绩、瞻仰他的故居与陵寝；遥想后稷教民稼穑的情景；也可以沿着大禹的足迹从源头走到河口。这里是中国仰韶文化遗址分布最多的区域（目前已发现的1000多处仰韶文化遗址，有400多处密布于关中）。这里还是13个王朝的建都之地，其中奠定中华民族礼仪文化之根的周、政治体制基础的秦、疆域版图的汉、经济与国际形象的唐就偎依在她的身边。镶嵌在这里的郑国渠开创了中国灌溉文明的先河，使中华民族在1500余年的世界人类发展史上处于领先地位；沣镐二京使中国依河建城成为一种模式，而灵沼、上林苑则是中国园林艺术的鼻祖；“泛舟之役”和“漕河”的开凿成为中国内河航运和大运河的先驱；古丝绸之路的第一步从这里跨出，等等，可以说，渭河流域在中华民族的历史上占据着最辉煌时代的黄金之页。时大河泱泱，水碧浪青，鸟飞鱼翔，渭河成为最充满诗情画意的河流，是历代文人雅士长久追逐的吟咏之地。

今天的渭河流域战略区位重要，既是关中 - 天水经济区的核心，也是亚欧大陆桥的中心；既是著名的丝绸之路源头与南线重要通道，也是西部大开发的桥头堡及陕晋豫黄河金三角经济协作区的一部分。渭河流域处于承东启西、连接南北的战略要地，区域经济基础好、城市集聚度高、自然条件优越、人文历史深厚、发展潜力巨大。经过综合治理的关中地区渭河，正在以崭新的姿态，支撑着关中城市群、西安都市圈、关天经济区及西安国际化大都市的北跨发展。

一

渭河是黄河第一大支流。干流自西向东流经甘肃省东部定西市渭源县、陇西县及天水市的武山县、甘谷县和天水麦积区后，于凤阁岭进入陕西省，在陕西中部东西横贯宝鸡、杨凌、咸阳、西安、渭南等县（市、区）后，于潼关的港口注入黄河，干流全长818千米。流域位于我国西北黄土高原东南，东部为渭河平原，南部为秦岭山区，西部为黄土丘陵沟壑区，北为黄土高原区。流域涉及甘肃定西、平凉、庆阳、天水，宁夏固原，陕西宝鸡、杨凌、咸阳、西安、渭南、铜川、延安、榆林、商洛三省（区）14个市（区）99个县（市、区）的全部或一部分。流域总面积13.48万平方千米，其中，陕西省6.71万平方千米，占流域总面积的49.8%；甘肃省5.95万平方千米，占流域总面积的44.1%；宁夏回族自治区0.82万平方千米，占流域总面积的6.1%。流域总体处在南北流向的黄河和东西走向的秦岭构成的大中华十字线以西，地理坐标为东经106°18′~110°37′，北纬33°42′~37°20′。

渭河是在大地构造、岩性、地壳运动以及生物界诸多因素影响下，随着时空的演替而不断发展形成的。在中生代晚期的燕山运动时期，渭河地堑开始孕育，后经历第三纪、第四纪内外营力的相互作用，逐渐形成渭河河谷平原沃野、阶地叠套、台塬错列的地貌特征。据地质学家研究，现在的渭河本是古黄河的主干道，黄河改道以后渭河则成了黄河的支流。在距今2000多万年前，地质构造运动中西秦岭榆中至鸟鼠山一带发生南北向长垣隆起，迫使古黄河于刘家峡改道向北，才逐渐形成了渭河。从河流形成的地质学理论看，这一观点无疑是成立的。

渭河源头位于甘肃省渭源县。今天的人们认为渭河有3个源头：北源为渭源县北的鸟鼠山禹河，西源为渭源县西南五竹山骆驼顶的清源河，南源为渭源县南锹峪的锹峪河。历史上以鸟鼠山禹河为正源。鸟鼠山因鸟鼠同穴而得名。《山海经》记载：鸟鼠同穴之山，渭水出焉。相传大禹导洪荒，曾登临鸟鼠山导渭水出。渭河源头历史文化遗存丰厚，有“遗鞭泉”“禹仰泉”和“吐云泉”的品字泉；品字泉旁有建于周代、历经秦汉扩建、重建于清宣统年间的禹王庙和龙王庙。“三源孕鸟鼠，一水兴八朝。”渭河本有三源，“三源合注”成就了泱泱渭河。从历史文化积淀来看，从古到今，人们更相信鸟鼠山为正源。

渭河源至宝鸡峡林家村为上游，河长430千米，其中甘肃段河长307千米，陕西段长123千米。河道狭窄，河谷川峡相间，水流湍急，河道落差791.2米，河床平均比降1.84‰；宝鸡峡林家村至咸阳铁路桥为中游，河长180千米，河道较宽，多沙洲，水流趋缓分散，河道落差224.2米，河床平均比降1.24‰；咸阳铁路桥至渭南潼关入黄口为下游，河长208千米，比降较小，水流较缓，泥沙淤积，河道落差56米，河床平均比降0.28‰。三门峡水库建成运行后，渭河因壅水顶托，渭河入黄口以上河床淤积抬高，形成拦门沙，导致渭水在入黄口段下泄不畅。与南方的河流比较，渭河是一条流域面积大、水量比较少、季节性强的河流。

渭河支流众多，流域面积在1000平方千米以上的支流有14条、100平方千米以上的有176条，其中500平方千米以上的一级支流，左岸有秦祁河、咸河、散渡河、葫芦河、牛头河、通关河、千河、漆水河、石川河、泾河、北洛河，右岸有榜沙河、大南河、石头河、黑河、涝河、沣河、灞河、沈河、罗夫河、赤水河。渭河水系南北差异较大。在陕西省境内，渭河右岸支流数量多，发源于秦岭北麓，水系呈扇状分布，年均径流量在1亿立方米以上的支流自西向东依次有清姜河、石头河、汤峪河、黑河、涝河、沣河、灞河等7条，左岸依次有通关河、千河、漆水河、泾河、石川河、北洛河等6条。

在众多支流中，泾河为渭河第一大支流，流域面积4.54万平方千米，占渭河流域总面积的33.7%；北洛河为渭河第二大支流，流域面积2.69万平方千米，占渭河流域总面积的20%。

二

渭河是中华民族孕育发展的重要地区之一，是中华民族文明历史的摇篮。历史上，关中平原以其优越的自然条件，为人类的繁衍生息提供了良好的条件。渭河流域内人类活动踪迹达 100 万年以上。六七千年前的母系氏族公社群落半坡遗址和北首岭遗址，华胥氏墓、女娲寨以及大量的仰韶文化、龙山文化遗址等散落在渭河两岸。

6000 年前，中华民族的祖先就选择在渭河附近的浐河畔定居，开展了早期的种植、养殖和渔猎作业，创造了“半坡文化”。3000 多年前，周人在渭河的武功兴起，几经迁徙之后在岐山的周原建立了周王朝，并在数百年间逐步向东开拓，在渭河支流建立了沣、镐二京。沣、镐二京的建立对周的发展起了决定性的作用，周朝依据渭河良好的生态条件向西、向东不断扩大了领土范围。对此，《淮南子》对周代的渭河有“渭水多力而宜黍”的记载。春秋时期，晋国发生大旱，秦国援晋的粮食“船漕车转，自雍（今凤翔）相望至绛（今山西侯马）”（《史记·秦本纪》）。这说明地处渭河的秦国产出的粮食很多，也说明渭河的水运很发达。到公元前 246 年，秦始皇修建郑国渠，更有了“秦以富强，卒并诸侯”的结果，建立了统一的秦王朝。

渭河是炎黄两帝的出生地。《国语·晋语》述：昔少典氏娶于有蟜氏，生黄帝、炎帝。黄帝以姬水成，炎帝以姜水成，成而异德，故黄帝为姬，炎帝为姜。《史记·五帝本纪》载：黄帝者，少典之子，姓公孙，名曰轩辕。黄帝居于轩辕之丘。近代学者郭沫若、翦伯赞等认为，姜水在今岐山之东，也有学者认为姜水在宝鸡，即今清姜河。姬水有两种说法，一说是漆水河（又名漆水，古称杜阳水、武亭水、中亭水）。源出麟游庙湾，经麟游、永寿、乾县、扶风至武功白石滩入渭河的漆水河。”另一说姬水是位于关中北部黄陵县附近的沮河，源自陕西中北部的子午岭东麓的沮源关，因之姬水又称沮河，向东入洛河。

渭河是农耕文明发源地之一。渭河从陕西省扶风县揉谷镇的姜塬村流入后，便进入现在的杨凌农业高新技术产业示范区。杨凌位于渭河、漆水河及其支流后河交汇区域，这里水量丰沛，气候温和，四季分明，地势平坦，黄土层深厚，土地肥沃，是较为适宜的农业区。早在 4000 多年前，我国历史上最早的农官——后稷，就在这一带“教民稼穑、树艺五谷”，开创了我国农耕文明的先河。周族的先祖为弃，传说是汤尧时代的一位农师，幼年时就怀有种植之志，成人后嗜好农耕，因教人种地有功，代尧而立的舜就以谷子的原名“稷”封弃为后稷。相传，后稷的母亲姜嫄就是邰氏之女，后稷因酷好农耕、教民稼穑有大功，封于邰地，因此杨凌又被称为“邰国”。今后稷教稼台位于距杨凌 5 千米的武功县武功镇古城东门外漆水之滨。在渭河岸边的杨凌示范区揉谷镇法禧村，1978 年平整土地时发现秦汉时期夯墙遗迹和长达 12 米的居住遗址、窑穴和铸铁作坊遗址，出土了带有“邰市”“邰亭”印文的陶罐、刻有“邰”字铭文的秦代铜壶和铜温壶等器物，该处被命名为“古邰国遗址”。这是一处内涵极为丰富的新石器时代的大型居住遗址，是中国农业始祖后稷“教民稼穑”之地。

13 个王朝建都地。在中华民族 5000 年发展史中，渭河流域以其博大的胸怀、优良的气候环境、丰富的自然资源、独特的地理位置，处在中华民族政治、经济、文化中心。西安古称长安，位于八百里秦川中央，河川纵横，沃野千里，四塞险固，是我国历史上最为悠久的古都之一。其周围除了渭河，还有泾、浐、灞、潏、涝、沣、滈诸河穿行其间，有“披山带河”“八水绕长安”之说。这八水皆能灌溉，渭水又能航运。由于优越的自然条件，以及关中地区开发较早、古代文化发展水平较高等，曾先后有周、秦、汉、隋、唐等13个王朝建都于长安一带，时间长达1100多年。

渭河是秦人的肇基之地。秦人西周初年从山东半岛迁徙到黄河流域的渭河上游，经过300多年的发展壮大，到秦非子时被封到秦地，开始进军关中。秦人从山东到达渭河上游时，先到达的地方是甘肃省天水市甘谷朱圉山，此地是秦人西迁的标志。后主要在现在的甘肃省天水市麦积区、清水县、甘谷、张家川一带活动。秦非子牧马受封的记述，见著于司马迁的《史记》。秦人牧马之地，一说在现在陕西省宝鸡市的千渭之会，一说在甘肃省天水市张家川，还有一个说法是在天水市的清水县。秦人在渭河上游发展起来以后，离开西垂宫（秦先祖之地，西汉水上游的大堡子山），带领200余人以狩猎为名进入现在的宝鸡市。随后秦人立足关中，横扫六合，定都咸阳，兴建了气势恢宏的阿房宫，建立了我国第一个封建王朝——秦朝。

三

渭河是陕西、甘肃人民的母亲河。渭河干流横贯甘肃陇西天水河谷及陕西关中平原，她孕育形成了富庶的陇西河谷（渭源、陇西、武山、甘谷、天水部分）及陕西“八百里秦川”，关中平原城市群沿渭河分布，属于陕西省的精华地带。渭河流域哺育了千百万陕甘人民，是古丝绸之路南端的重要通道之一，是源远流长的中华文明最重要的奠基地之一，更是今天欧亚班列大通道的重要组成部分，是支撑中国经济和文化交流的重要区域。

渭河中下游东西横贯关中平原，是陕西关中盆地八百里秦川的生命线，陕西经济可持续发展的基础，稳定关中环境的支柱。渭河在陕西境内流域面积占陕西省陆域国土面积的32.6%，有61%的人口、56%的耕地、72%的灌溉面积和81%的工业总产值集中在这里。区域内工业集中，农业发达，旅游资源丰富，科技教育力量雄厚，是重要的工业、国防和科教基地，是连接我国东西南北的交通枢纽，它不仅在区域经济发展中具有重要地位，而且是国家实施西部大开发的“桥头堡”和“第一阶梯”的主要功能区，是新欧亚大陆桥的中枢、大西北的门户，有独特的资源禀赋和比较优势。

渭河干支流千百年来无私的滋润，使渭河成为农业生产条件好、生态环境优越、人口密度大、交通便利、经济发展好的区域。2020年，流域总人口3601.31万人，人口密度267人每平方千米，其中城镇人口2103.19万人，城镇化率58.4%。流域人口分布以陕西省关中地区最为密集，该地区人口2542.58万人，占流域总人口的70.60%。2020年，渭河流域国内生产总值（GDP）19541.37亿元，人均54262元。农业以种植业为主，粮食产量1335.41万吨。其中，陕西关中2020年国内生产总值16194.38亿元，占流域的

82.87%，人均 63693 元。粮食产量 712.81 万吨，占流域的 53.38%。

四

古代渭河开发利用的几项重大水工程，对当时的经济社会发展产生了重大而深远的影响。郑国渠的建设为秦始皇统一中国奠定了雄厚的物质基础。郑国渠始建于公元前 246 年，当时中国正处于战国时期，韩国因畏惧秦国的强大，便派水工郑国说服秦国开渠，想用“疲秦之计”拖住秦国，使其无力东顾。工程建设过程中，秦国识破韩国的阴谋并欲杀郑国，但郑国的一席话打动了秦始皇：始，臣为间，然渠成亦秦之利也。臣为韩延数岁之命而为秦建万世之功。后历经 10 多年，终于建成“凿泾水自中山西邸谷口为渠，并北山，东注洛三百余里”的引泾灌溉工程，“灌田四万余顷……秦以富强，卒并诸侯”。郑国渠的建设，“疲秦之计”只是外因，根本原因还在于秦国的本身，那就是增强国力，具备统一全国的物质基础。秦国的目的达到了，郑国渠也以自己的历史功绩，成为与四川都江堰、广西灵渠齐名的秦代三大著名水利工程。

渭河漕运工程的建设为汉唐盛世打造了成就伟业的大通道。西汉建都长安时曾有很大争议。当时张良建议：关中沃野千里……河渭漕挽天下，西给京师，诸侯有变，顺流而下，足以委输，此谓金城千里，天府之国也。张良的指导思想很明确，就是看中了渭水和黄河沟通全国的优势，既可以补给京师的供应，又可东进控制全国。杜笃在《论都府》中回顾了长安当时航运的盛况：鸿渭之流，经入于河；大船万艘，转漕相过；东综沧海，西纲流沙……渭河航运的畅通成就了西汉王朝的生命线。到汉武帝时，渭河漕运仅运送的粮食就由最初的数十万石增加到 600 万石。到了盛唐时期，渭河漕运仍然发挥了巨大作用。当时的陕郡太守、水陆转运使韦坚在咸阳附近筑兴城堰壅渭水，穿过浐、灞向东，直达华阴的永丰仓入渭以利漕运。渭河漕运又为盛唐的发展创造了极大的便利条件。

盛唐长安城的供水系统解决了当时世界最大城市的供排水问题。据《唐两京城坊考》记载：盛唐时期，唐长安城“前直子午谷，后枕龙首山，左临灞岸，右抵沣水”，相当于明长安城的 5 倍，居住着百万人口。在当时的条件下，解决百万人口的供水问题，是一件了不起的事情，但当时长安城不仅建设了供水工程，还建设了连通漕运木材薪炭的运输通道和水上游乐工程。就供水工程而言，主要有 3 条明渠：一是龙首渠，从今西安马腾空附近引浐河水北流到永乐坡分为二渠，东渠进入禁苑，西渠经通化门入城，主要解决城东北的用水问题。二是清明渠，在今皇子坡引潏水在安化门入城，流入皇城、宫城，注入南海、西海、北海，解决外郭城西及皇城用水。三是永安渠，在今香积寺西南引交水，在安化西门入城，北流至景耀门，北注入渭。这些供水系统，同时附带有排水功能，代表了当时我国乃至世界的先进水平。

“关中八惠”开创了我国近代水利建设的先河。在近代史上，1928—1930 年，陕西三年大旱（号称民国十八年大旱），遭遇惨绝人寰、举世震惊的旱灾，并被列为 20 世纪世界十大灾害之一。对这场灾害，《陕西干旱志》记载：三年不雨，六料未收，赤地千里，十室九空，饿殍遍野，惨不忍睹。据不完全资料统计，全省灾民多达600万人，饿死250万人，出逃40万人。面对如此严重的灾情，当时主政陕西省政府工作的杨虎城将军，邀请李仪祉回陕任省政府委员兼建设厅厅长，主持陕西水利大计。李仪祉先生于1930年12月先从郑国渠遗址上修建泾惠渠做起，于1932年完成一期工程，共灌溉泾阳、三原、高陵、临潼、礼泉等5县农田4万公顷。在此之后，李仪祉改任陕西省水利局局长，专职兴建“关中八惠”的宏大工程，于1934年开始兴建洛惠渠，1935年开始兴建渭惠渠，在渭河以南各支流相继建成梅惠渠、黑惠渠、涝惠渠、沣惠渠和泔惠渠，与前三渠合称“关中八惠”。这些工程，在当时是具有开创性的，尤其是泾惠渠，是中国第一座应用现代水利工程技术建成的灌溉工程，也是20世纪上半叶最大的灌溉工程。

五

新中国成立后，渭河流域持续进行了大规模的水利工程建设，取得了巨大成就，促进了经济社会的发展。“善治秦者必先治水”“善兴秦者必先兴水”是人们对历史的经验总结。在党和国家的大力支持和历届陕西省委、省政府的领导下，渭河流域进行了大规模的水利建设，不仅改造了原来的老灌区，而且兴建了宝鸡峡、冯家山、石头河、交口抽渭、羊毛湾、石堡川、桃曲坡以及涺河水库等大中型水利工程，初步形成了以自流引水为主、地表水与地下水结合、蓄引提调并举的灌溉供水网络。农田有效灌溉面积1676.3万亩，占耕地面积的29.3%，农村人均灌溉面积0.7亩，其中渭河干流地区灌溉面积1520万亩，占流域总有效灌溉面积的90.7%；关中地区有效灌溉面积1372万亩，占流域总有效灌溉面积的81.8%。20世纪90年代以来，陕西省先后在渭河流域实施了关中九大灌区挖潜改造项目，修建了西安黑河金盆水库、三原西郊水库、宝鸡峡渠首加坝加闸以及渭南涧峪水库等。同时建成了一批城镇供水工程，包括冯家山水库向宝鸡市区供水、马栏引水、桃曲坡水库向铜川市供水、石头河水库向西安市区供水、冯家山水库向咸阳市羊毛湾水库调水、涧峪水库向渭南市供水等工程。这些水利工程，使八百里秦川真正成了一片富饶膏腴之地。使陕西渭河流域每年以占全省1/7的耕地面积，生产出占全省1/3的粮食和大量果品蔬菜，提供的商品粮占全省的1/2。基本保证了这一区域生活、生产、生态的供水需求，为关中经济社会的发展作出了重大贡献。

1954年渭河洪水（简称“54型”洪水）以后，开始对渭河进行全面规划治理。1963年，陕西省人民委员会成立由水利、农业、林业、畜牧、交通等部门和沿河各专区、市、县（区）领导组成的渭河治理领导小组，1972年在领导小组下专设治渭办公室。至1995年，中游段的堤防基本建成，下游包括南山支流的治理逐步得到加强，并初步建成了防洪抢险通信预警系统。

渭河渭南以下过去一直是地下河，华县站平槽过水能力在5000 ~ 5500立方米每秒，自流排水畅通，新中国成立初，除在槐街渡口、华县水文站和树园修建共计3千米护岸工程外，其他河段均未设防。1958年，陕西省人民委员会为减少陕西三门峡库区移民搬迁，降低淹没损失，决定按渭河两岸地面 335 ~ 338 米高程和三门峡水库坝前 340 米水位修筑防护堤。至 1978 年，在渭河北岸建成大荔拜家至渭南姜郭 60 千米、临潼三王至高陵吴村杨 10 千米堤防，在南岸建成方山至渭南田家 90 千米（其中包括支流 50 千米）和渭南孟家至白杨寨 20 千米堤防，总长 180 千米，堤顶宽 6 米，临、背边坡比分别为 1∶2.5 和 1∶2，初步形成库区渭河堤防，可防御渭河 7000 ~ 8000 立方米每秒洪水。

1960 年，三门峡水库建成蓄水以后，渭河下游发生了历史性变化，至 1964 年黄河淤积，潼关卡口抬高 4.6 米，形成拦门沙，渭河入黄口上移 5 千米，渭河变成“地上悬河”，导致 12 条南山支流入渭不畅，洪涝灾害频发。1964 年，国务院总理周恩来主持召开陕、晋、豫、鲁 4 省治黄会议，提出“确保西安、确保下游”治理原则。1965 年、1969 年，国家对三门峡水库枢纽进行了两次改建，并改变运用方式，但三门峡库区泥沙淤积仍在发展，至 1991 年已达 51.41 亿吨，其中渭河下游 15 亿吨。迫使陕西省加强了对渭洛河下游、渭河南山支流的防洪治理。此后，陕西省相继实施了《陕西省三门峡库区 1964 ~ 1980 年工程规划》，1990 年《渭洛河下游三门峡库区治理规划》《陕西省三门峡库区渭洛河下游河道整治规划》《陕西省三门峡库区渭河下游防洪规划》等一系列渭河治理规划。但受当时发展水平、投资和施工手段限制，治理速度赶不上泥沙淤积速度，“小水大灾”成为常态，灾害损失不断加重。

面对渭河防洪面临的严峻形势，经陕西省多方奔走呼吁，水利部委托黄河水利委员会开始编制渭河全流域治理规划。这一规划编制期间，2003 年 8 月，渭河“03 · 8”洪水使渭洛河下游遭受有史以来最大灾害，直接暴露了渭洛河下游的严峻防洪形势。此后，国务院加快了正在编制规划的协调审批工作。2005 年，国务院批准了《渭河流域重点治理规划》。与此同时，陕西省水利厅编制了《渭河“2003”洪水下游灾后重建首期应急实施方案》和渭洛河下游三门峡库区防洪工程续建可行性研究报告，保证了《渭河流域重点治理规划》确定的部分应急防洪工程项目的实施。随后，渭河流域在原有体系基础上，开展了重点水源和灌区节水改造项目建设，实施了水保生态建设和水污染防治行动方案，形成了较为完备的供水和防洪体系。2011 年 5 月，陕西省南水北调工程——引汉济渭工程正式通过国家项目建议书，批准立项建设。2023 年 7 月 16 日，引汉济渭一期工程成功通水，每年可从汉江向渭河调水 15 亿立方米，有效缓解了渭河流域水资源供需矛盾，同时通过置换水权，为陕北引黄工程建设创造了条件。关中核心区城市生活、工业用水供求关系得到缓解。渭河流域逐渐进入水资源联网调度、水安全综合保障、水生态保护修复、水管理信息整合、水文化建设推进的新阶段。

六

渭河综合治理堪称陕西历史上最大的治水行动。从 20 世纪八九十年代开始，流域内尤其是关中地区经济社会快速发展，渭河以极为有限的水资源支撑了区域经济社会的持续发展，但不合理的开发利用也对渭河造成了巨大影响，进而严重影响到流域内经济社会的进一步发展。为了解决渭河面临的诸多重大问题，2011 年，陕西省委、省政府主要领导提出“一定要把渭河的事办好”。为此，陕西省在国家批准的《渭河流域重点治理规划》基础上，编制了《陕西省渭河流域综合规划》《陕西省渭河流域综合治理五年规划（2008—2012 年）》等加强渭河治理。2011 年，陕西省委、省政府批准了《渭河综合治理规划和实施方案》，并在同年的 2 月 17 日开始了渭河历史上最为壮观的、为期 5 年的大规模、高强度、岸上岸下、河内河外、干流支流多维度的综合治理工程。

为期 5 年的渭河综合治理堪称陕西历史上最大的治水行动。这既是对渭河的整治，更是对渭河与人类的救赎。可喜的是，经过 5 年艰苦卓绝的努力，人们看到了渭河的新貌，从关中平原西端的宝鸡到渭河入黄口的潼关，630 千米的防洪大堤已经全面完工，两岸宽阔厚实的大堤成为坚固的防洪屏障，渭河下游近 50 千米的 33 处控导工程约束了游荡不定的河流，新建的防洪工程经受住了 2011 年以来多次洪水的考验，沿河百姓感受到了安然度汛的闲适与惬意。按照疏堵结合的原则，在罗夫河等渭河 5 条南山支流建成的蓄滞洪区，使渭河洪水有了更大的回旋余地，也标志着渭河从人水对决开始走向人水和解，进而走向人水和谐。沿河两岸 54 条渭河支流入渭口建起了 54 座桥梁，630 千米堤顶成为横贯东西、畅通无阻的通行大道。按照人水和谐理念，挖掘渭河文化，沿岸各地规划实施的绿化工程、景观工程、休闲健身工程初具规模，众多水景观不仅提升了城市品位，改善了人居环境，更成为人们休闲娱乐的长河公园。经过综合治理的渭河城市段，已俨然成为宝鸡、杨凌、咸阳、西安、渭南和西咸新区的城中河。防洪安全得到保障、生态环境得到极大改善以后，规划确定的傍河小镇、经济区建设方兴未艾，生机勃勃，沿河广大区域的经济发展迎来了新的重大机遇。

渭河大规模综合治理基本完成后，渭河进入生态区建设新阶段。2016 年 1 月 13 日，陕西省政府召开第 8 次专项会议，确定沿渭河两岸堤防向外侧划定一定范围设立渭河生态区，并成立陕西省渭河生态区管理委员会和陕西省渭河生态区管理局，负责渭河生态区红线划定、规划编制、开发审批、保护利用、采砂许可、岸线用途管制等工作。

生态区规划建设目标是：坚持生态优先、绿色发展，把修复生态环境摆在压倒性位置，按照巩固、提升、综合的治理要求，坚持以系统化的思维，推进山水林田湖一体化治理与保护，沿渭河两岸堤防向外侧扩展 200 ~ 1500 米，布局“一河两堤两带六区”，实施滩面整治、河道疏浚、水污染治理、湿地建设、水量保障、生物保护、河湖连通、开发利用，构建河湖库塘连接，人工水道与自然水道贯通等十大工程，使渭河与其他主要水系形成内部大循环、外部大连通的关中柔性水系。

经过 5 年的建设，至 2020 年，渭河生态区建设完成投入 75 亿元，实施滩面治理、水面景观及水生态修复约 40 万亩。提升渭河综合治理成果，八百里秦川渭河沿岸全民健身长廊基本建成，已经成为陕西全民健身事业发展的新高地。渭河水质全线达Ⅳ类或Ⅳ类以上标准。

2017 年 12 月 17 日，渭河在水利部水情教育中心（中国水利报社）、阿里巴巴天天正能量、新浪微公益联合主办的首届“寻找最美家乡河”大型主题活动中获“最美家乡河”。

2023年1月17日，在水利部公布的全国117项“人民治水·百年功绩”治水工程名单中，渭河综合整治工程、引汉济渭工程名列其中。今天的渭河，正在以崭新的面貌支撑着两岸经济、社会、政治、生态、文化的快速发展。

七

渭河文化琳琅满目，自古就是中国人诗情浪漫的滥觞之地。历史上与渭河有关的诗词歌赋不胜枚举，灿若珠玑，奔流不息的河流和沿岸如画的风光，为诗人营造了中国式的诗情画意。有人感怀渭河两岸美景，有人描述渭河的形态，有人描绘渭河田园风光，有人抒发送别之情……诗仙李白当年登上终南紫阁秀峰，北观渭河，曾感慨道：渭水银河清，横天流不息。诗圣杜甫在《哀江头》中有“清渭东流剑阁深，去住彼此无消息”的诗句，而他《秋雨叹》中“浊泾清渭何当分”的诗句，成为“泾渭分明”这一成语的最早雏形。唐张籍《登咸阳北寺楼》诗曰：渭水西来直，秦山南去深。向世人直接描述了渭河的河势形态。白居易曾赞美渭河：“渭水如镜色，中有鲤与鲂”，忍不住也要“偶持一竹竿，悬钓在其旁”了。冷朝阳更是感叹渭水之滨不是江南胜似江南，写下了“晚来清渭上，一似楚江边。鱼网依沙岸，人家傍水田”的佳句。王维在《渭城曲》中吟道：渭城朝雨浥清尘，客舍青青柳色新。劝君更尽一杯酒，西出阳关无故人。这是唐诗中最著名的送别诗，寥寥28个字，把渭河之滨的清新秀丽和诗人对家乡的眷恋之情表达得分外清晰透彻。他在《渭川田家》中又描绘道：斜阳照墟落，穷巷牛羊归。野老念牧童，倚杖候荆扉。雉雊麦苗秀，蚕眠桑叶稀。田夫荷锄至，相见语依依。给人们描绘了一幅生动细腻的田园牧归图。岑参有“槛外低秦岭，窗中小渭川”，贾岛有“秋风吹渭水，落叶满长安”，崔颢有“万户楼台临渭水，五陵花柳满秦川”，李商隐有“玉壶渭水笑清潭，凿天不到牵牛处”等流唱千古的佳句。在元代，诗人王冕在《渭河道中》这样写道：“平地连沧海，孤城带渭河。行人俱汉语，舟子半吴歌。野草惊秋短，鲂鱼出水多”，展现在我们面前的依然是一幅水草丰美、生机勃勃的和谐美景。明代马中锡有诗：“野色茫茫接渭川，白鸥飞进水接天。僧归红叶林间寺，人唤夕阳渡口船”，诗人眼中的渭河仍是那样的恬静，让人流连忘返。即使到清代，画家朱集义还在自己的画卷上写下了“长天一色渡中流，如雪芦花载满舟”的诗句，把渭河的秋天描写得美轮美奂，如诗如画。

在渭河流域的陕西、甘肃、宁夏等地盛行着一个曲种，那就是中国最古老的剧种之一——秦腔。秦腔作为西北黄土高原的风情写照，是渭河流域不可或缺的精神食粮，唱秦腔成了这里人们最体面的事情。生活在渭河边上的陕西人，也善于用戏曲来表达自己的所思、所想，演绎民间传说和历史典故。以至于在陕西，当地人个个都会唱几句，每村都有自乐班，逢年过节，便是村民过戏瘾的最好时光。行走三秦大地，到处流溢着秦腔的旋律。秦人饭食少盐寡醋没辣子可以凑合，生活中没有秦腔却没法过。生子呱呱坠地，满月时以秦腔迎接；成人过寿，都要请自乐班助兴；老者去世，更要唱大戏热热闹闹送行。乔迁新居，子女升学，也要唱折子戏祝贺。作家贾平凹曾经这么描写秦腔对秦人的影响：“在西府（陕西关中西部），民性敦厚，说话多用去声，一律咬字沉重，对话如吵架一样，哭丧又一唱三叹。呼喊远人更是特殊：前声拖十二分的长，末了方极快地道出内容。声韵的发展，使会远道喊人的人都从此有了唱秦腔的天才。老一辈的能唱，小一辈的能唱，男的能唱，女的能唱；唱秦腔成了做人最体面的事，任何一个乡下男女，只有唱秦腔，才有出人头地的可能，大凡有出息的，是个人才的，哪一个何曾未登过台，起码还能吼一阵乱弹呢！”“八百里秦川尘土飞扬，三千万秦人齐吼秦腔，捞一碗粘面喜气洋洋，没撮辣子嘟嘟囔囔”，妙趣横生地刻画出了渭河关中人豪放的性格。

第一篇　河流水系

渭河是在大地构造、岩性、地壳运动以及生物界诸因素影响下，随着时间、空间的演替而不断发展形成的。

渭河是黄河第一大支流，发源于甘肃渭源县鸟鼠山，在陕西潼关注入黄河，干流全长818千米。渭河支流众多，在左右岸不均衡分布，其右岸支流数量多，左岸支流流程长，泾河是渭河最大的支流，北洛河是渭河第二大支流。渭河流域多年平均水资源总量73.29亿立方米，其中地表水资源量54.47亿立方米，地下水资源量46.05亿立方米，两者重复量27.23亿立方米。地表水与地下水相互循环，互为补充，是人们生活用水、工业用水和农业灌溉用水的重要来源。

渭河是多泥沙河流，水沙特性主要是水沙异源、年内分布不均，径流主要来源于南岸，而泥沙主要来自北岸，尤其是泾河和北洛河，来沙量分别占渭河来沙量的53.8%和18.6%。来沙地区分布相对集中，来沙量年内分配相对集中，汛期沙量占年沙量的75%～94%。随着水土保持措施的逐步完善，渭河流域下垫面条件发生了显著变化，水沙情势随之发生变化。根据渭河林家村、魏家堡、咸阳、临潼等水文站1950—2021年实测资料统计，各站多年平均输沙量分别为1.09亿吨、0.98亿吨、0.97亿吨、2.59亿吨。

第一章 水系形成与变迁

在中生代晚期的燕山运动时期，渭河地堑开始孕育，后经历第三纪、第四纪内外营力的相互作用，逐渐形成渭河河谷。地质学家研究认为，现在的渭河本是古黄河的主干道，在距今2000多万年前，地质构造运动中西秦岭榆中至乌鼠山一带发生南北向长垣隆起，迫使古黄河于刘家峡改道向北，黄河改道以后渭河则成了黄河的支流。由于秦岭的不断隆起，渭河干流河道总体向北缓慢移动，局部河道由于河流泥沙和洪水的作用，有突然北移和左右摆动变化。

第一节 水系的形成

关中盆地是新生代形成的断陷盆地。研究表明，在第三纪以前，它与秦岭和陕北高原连为一体，源于秦岭北坡的河流可以一直向北流入陕北。后来，在大地构造、地壳运动以及生物界诸因素影响下，渭河随着时间、空间的演替而不断发展形成。

（1）在中生代晚期的燕山运动时期（距今7000万—300万年），渭河地堑开始孕育，后经历第三纪、第四纪内外营力的相互作用，逐渐形成渭河河谷、平原沃野、阶地叠套、台塬错列的地貌特征。早第三纪时期即古新世末始新世初期，中生代燕山运动以后，经长期剥蚀夷平的地表，发生十分强烈的断块分异、升降活动，渭河地堑开始形成，北部的黄土高原断裂抬升，南部秦岭山地断块掀升。此后，渭河地堑接受南北汇聚的流水沉积和湖泊堆积，其堆积厚度达4000～5000米；山地与盆地相间的地貌格局，受断裂构造控制，以东西向、北西—南东向和北东向延展为主，地势起伏，西高东低、北高南低的特点逐渐明显。这时，秦岭与渭河断陷之间最大高差约2000米。至渐新世末中新世早期，高原和山地经内外营力的相互作用，被剥蚀夷平而形成波状起伏的较为平缓的地表形态。地貌发育到中新世时期，喜马拉雅运动第一幕使早期的夷平地表发生承袭性的断块升降运动，老断裂沿前期的格局发生复活运动，山地、高原上升，盆地下降，同时又产生一些新的断裂和新的断陷盆地。此时，陕北高原大面积抬升，渭河盆地堆积了厚约2400米的上第三系河湖相地层，与下第三系呈不整合接触。至上新世末期，地面再度趋向和缓，沿河两侧形成最低一级剥蚀夷平面，渭河与其他许多河流的雏形就是在这个夷平面上孕育而成的。

到更新世时期，时间进入上新世末早更新世初的喜马拉雅运动第二幕，仍以断块差异运动为主，其强度和幅度较大，对地貌的影响也显著，此时陕北高原、秦巴山地继续抬升，断陷盆地积水成湖。在距今约240万年的早更新世中晚期，自沙漠区搬运而来的粉尘，在陕北、关中堆积，形成午城黄土，厚度由数米至数十米，初步形成黄土丘陵、黄土塬、黄土台塬地貌雏形。在新构造分异活动和气候波动的背景下，山盆相对高差增大，溪流纵比降变陡，山地洪流侵蚀增强，在秦岭北麓、北山南麓地带形成很厚的粗砾石为主的第四纪早期的洪积扇群。到了中更新世初期或再早些时候，渭河、泾河、北洛河水系通过湖盆水系的溯源侵蚀逐渐形成，相继形成完整的外流水系。

（2）渭河及其支流，普遍发育有六级阶地（基座阶地或侵蚀阶地、埋藏阶地）。将其上覆黄土中所含古土壤比较分析，推算各阶地的年龄，第六级阶地形成于早更新世末中更新世初，第五、第四级阶地形成于中更新世，第三级阶地则是晚更新世形成的，第二级阶地和第一级阶地则属全新世阶地。关中盆地各河流阶地的形成，地壳间歇性抬升和盆地的沉降起了主导作用，和黄土与古土壤、植被演替受气候变化的制约也密切相关，与更新世的气候干冷、温湿的递变也有相应的关联。自早更新世末至中更新世晚期，陕北地体曾发生过 4 次抬升，渭河地堑有 4 次相对下降。山前洪积继续发展前移，老洪积扇遭受切割，黄土台塬分异成小的断块，并不断抬升。在气候变得干冷时期，堆积了风成离石黄土；当气候转向温湿时期，形成褐土型古土壤，堆覆于黄土高原和渭河盆地广大地区，在侵蚀—堆积交互影响下，随着河流水系的发展，渭河和其支流及与之相连的更低层次的冲沟、坳沟、干沟系统也愈来愈复杂化。

（3）近 1 万年（全新世地质时期）以来，渭河流域气候的水平分带和垂直分带谱与今日基本相近。以流水侵蚀为主，沟壑进一步得到发展。山地、高原的现代构造运动进入活跃期，继续上升，盆地轴部继续沉降，地表高差增大，引起河流间歇性下切，普遍形成两级以堆积为主的低阶地或高河漫滩。随后，人类为了生产生活所进行的一系列活动，也成为渭河流域自然生态环境、地形地貌变化的主要因素之一。

第二节　河势变迁

渭河河势的变迁，和河谷及周边的地质、地貌、河流洪水、泥沙等紧密相关，和人工作用直接相关，如采砂和人力裁弯取直等。

一、盆地

渭河地堑盆地总体上是一个新生代强烈沉陷区，但是不同方向断裂的分割，形成许多次一级的断块。这些断块各自运动的方向、速度和幅度大小不同，在第四纪或接受沉积，或遭受侵蚀，形成不同的地貌类型。渭河冲积平原由河漫滩和一、二、三级阶地组成。渭河在临潼以上分汊众多，心滩发育，迫使主流游荡不定，临潼以下河道曲流发育，凹岸堆积作用明显，常形成宽大的河漫滩，沿河流两岸犬牙交错分布，一般宽 1 ~ 3 千米，个别在 4 千米以上。高级河漫滩常被人们开垦利用，并有居民点分布。三门峡水库修建后回水淹没了华县至华阴、大荔至朝邑的一级阶地，目前的河漫滩叠置在一级阶地上面，淤泥质滩面十分宽阔。河漫滩前缘因洪水泥沙堆积常形成天然堤，堤后滩面常积水成为沼泽湿地。华县至华阴间的“二华夹槽”就是这样形成的。天然堤还使一些支流不能直接汇入渭河，顺滩面洼地平行流动相当距离后才能汇入，如眉县的汤峪河、周至的黑河、西安市鄠邑区的甘峪河等。

二、阶地

渭河一级阶地沿渭河两岸呈带状分布，地面平整，连续性较好，一般宽 2 ~ 4 千米，西安市鄠邑区斗门至西安三桥镇阶地宽 10 千米。一级阶地面高出渭河平水位，在宝鸡附近为 5 ~ 8 米，西安以东为 5 ~ 15 米。地面由全新世冲积沙、砾石、亚黏土和粉沙土构成，下部是有交错层理的河床相沙或沙砾石，上部则是水平的河漫滩相粉沙土和亚黏土，具典型的二元结构。渭河二级阶地最为宽广，两岸分布很不对称。阶地面高出渭河平水位，在宝鸡附近为 10 ~ 20 米、西安以东为 20 ~ 30 米、北岸在泾河以西阶地宽 5 ~ 6 千米，泾河以东与泾河、洛河古冲积、洪积扇相汇合，宽度增加到 20 千米以上。南岸在临潼以东、周至以西宽仅 3 ~ 5 千米，其间的西安市鄠邑区、西安市区一带，阶地宽度可达 15 千米。二级阶地由晚更新世冲积性黄土、黄土状沙质黏土和沙砾石组成，下伏地层为早更新世三门组湖相沉积。大荔县境的沙苑，西起孝义镇，东到赵渡镇，长 40 千米，南北宽 10 千米，介于泾河与渭河之间的二级阶地表面。这里沙丘连绵起伏，多为新月形沙丘链和抛物线形沙丘，一般高 5 ~ 10 米，西海棠村附近沙丘最高可达 25 米。沙丘迎风坡向东，背风坡向西，说明东风是形成沙丘的主要动力。据研究，沙苑沙的矿物成分与黄河河床沙的成分相似，说明沙苑是由来自潼关黄河河谷的东风将河滩面沙吹扬、搬运、堆积而成的，并且沙丘一直在向西移动。新中国成立后，沙区人民积极植树造林，沙丘多被植被所固定，成为固定或半固定沙丘。渭河三级阶地高出渭河平水位 50 ~ 80 米，距河床较远，且呈不连续分布。渭河北岸的三级阶地在石川河以东宽 5 ~ 10 千米，泾河以西宽仅 2 ~ 3 千米，后缘与黄土台塬相接，石川河与泾河之间缺失三级阶地，黄土台塬直接与二级阶地相连。渭河南岸的三级阶地，多分布在西安市南部少陵原前端，在周至至西安市鄠邑区、华县至华阴和临潼一带缺失。

三、河道平面变化

据《史记》记载，西汉时从长安城到渭河口这一段河道，非常曲折迂回，直线距离只有 300 多里，可是弯弯曲曲的河道，却长达 900 多里。渭河在下游广泛发育的河曲，不仅迂回曲折，延长了河道，而且它的平面形态，还经常不断地通过裁弯取直等发生着改变，使河道处于连续不断的局部移徙之中。这是平原地区河流下游河道的正常形态，只是随着人类开发活动的深入，逐渐通过堤堰等工程措施，限制和阻碍了它的自然发展。

在渭河河道上，除上面所说的这种河曲演变外，还有一种主要是地质构造造成的河道移徙。在今西安附近一段河道，从中更新世末至晚更新世初起，就不断向北移动。之所以会产生这种河道北徙现象，是因为渭河盆地是一个新生代形成的断陷盆地。在它的南面，是秦岭山地。在地质史上晚近的新构造运动过程中，秦岭山地持续不断地出现了抬升运动。在今西安附近地区，这种作用尤为明显。秦岭山地的相对抬升，造成了渭河断陷盆地中的渭河河床不断北移。从卫星照片上可以看到，在今西安附近有 4 条比较清晰的渭河河道，依次由南向北，并列延伸。其中，最南面的两条河道，穿过了汉长安城遗址。因此，这两条河道，显然不可能是汉代的河道，只能形成于西汉以前。由南向北数的第三条渭河河道，正贴近汉长安城址的北面，距汉长安城约 2 里。结合历史文献的有关记载和考古发现，这就是西汉时期的渭河河道。这与今天渭河河道距汉长安城遗址有 12 里之遥的情况，有很大的不同；也就是说，从秦汉时期起至今，这一段渭河河道，已经向北移徙了 10 里左右。

四、河道纵向变化

渭河的纵向变化和河道的来水来沙与河道的冲淤等紧密相关。渭河上游段主要为山区性河流，弯道多，比降大，在河流弯道凸岸上形成了大量的河滩地，河道主槽基本靠近凹岸。据调查，2000 年以前，该河段涉河项目较少，河道基本处于自然状态，仅在汛前、汛后有局部冲淤变化，但从总体上来说，处于平衡稳定状态。2000 年以后，因受宝鸡市陈仓区坪头镇的鸡冠岩水电站以及下游宝鸡峡水利枢纽影响，部分河段冲淤规律发生变化，鸡冠岩水电站上游已淤积 3.0 千米，宝鸡峡水利枢纽淤积范围达 15.0 千米，造成了河床比降有所减缓，河床有所抬升。

1999 年以前，渭河中游段河道无明显的冲刷和淤积，仅在汛前、汛后河床有局部升降现象。据资料统计，林家村、魏家堡、咸阳 3 个水文站汛前及汛后实测大断面冲淤变化范围分别为 2.0 ~ 2.5 米，1.5 ~ 2.0 米和 2.0 ~ 5.0 米。1988—1999 年的 12 年中，常兴桥以上河段以冲刷为主，仅魏家堡大坝上游约 10 千米范围内略有淤积，常兴桥至吕村河段以淤积为主，吕村以下咸阳市区河段以淤滩冲槽为主。1999—2010 年，渭河中游仅宝鸡城市河段以上与魏家堡大坝上游约 5 千米范围内略有淤积，其余河段以冲刷为主，中游河段 12 年间河段泥沙减少量为 276 万立方米；具体为宝鸡城区段以上略有淤积，常兴桥以上以冲刷为主；常兴桥至吕村河段冲淤交替出现，但仍以冲刷为主，咸阳城区以冲刷为主。说明 2011 年以前，渭河中游段多年来冲淤处于“微冲的动态平衡状态”。2011 年 7 月至 2015 年 5 月（渭河全线整治时期），渭河中游累计减少泥沙 14552 万立方米，其中林家村至魏家堡河段累计减少泥沙 2983 万立方米，魏家堡至咸阳河段累计减少泥沙 11659 万立方米。

渭河下游在三门峡水库建库前，是一条微淤或基本冲淤平衡的河道。咸阳至泾河口段河床接近冲淤平衡；泾河口至赤水为冲淤平衡向微淤性过渡的河段；赤水至河口为微淤性河段。三门峡水库建库后，1960 年至 2020 年 10 月，渭河下游共淤积泥沙 11.20 亿立方米，其中 1960—1973 年淤积 10.32 亿立方米；1974 年以后，虽然淤积的速率有所降低，但淤积总量仍在不断增加，淤积仍呈持续发展趋势。1974 年至 2003 年 5 月，渭河下游河床仍持续抬升，2002 年 9 月至 2003 年 5 月达到近期淤积的最大值，渭河下游河道淤积泥沙 13.70 亿立方米。此后，受“03 · 8”“05 · 10”洪水冲刷、河道采砂影响，河道略有冲刷，但变化不大。至 2009 年 10 月，渭河下游河道淤积泥沙 13.23 亿立方米。2009 年以后，三门峡水库运用方式进行了调整，“汛期敞泄，非汛期平均水位不超过 315 米，最高蓄水位不超过 318 米”，加之恰逢国家加大投资，基础设施建设大量增加，渭河下游西安、咸阳段河道采砂量有所增加，渭河下游河道发生冲刷。2011 年以后，渭河下游实施全线综合整治，堤防加宽加高工程建设在河道滩区大量取土，也使河道淤积量减小。据实测资料统计，2009—2012年渭河下游河道减少泥沙2.21亿立方米。渭河全线整治以后，渭河下游河道冲淤变化不大，至2020年10月，渭河下游累计淤积泥沙11.20亿立方米。

第二章　干　流

渭河发源于甘肃省渭源县鸟鼠山，干流流经甘肃、陕西两省，在陕西潼关县注入黄河，全长 818 千米。渭河源头至林家村为上游，河长 430 千米；林家村至咸阳铁路桥为中游，河长 180 千米；咸阳铁路桥至渭河入黄口为下游，河长 208 千米。

第一节　河　源

一、源出鸟鼠

我国最早的地理名著《山海经·西山经》中说：（西山）又西二百二十里，曰鸟鼠同穴之山，其上多白虎、白玉。渭水出焉，东流注于河。其中多鳋鱼，其状如鳣鱼，动则其邑有大兵。《汉书·地理志》“陇西郡”条“首阳（县）”：“鸟鼠同穴山在（县）西南，渭水所出，东至船司空入河，过郡四，行千八百七十里。”北魏郦道元所著《水经注》及 20 世纪初杨守敬、熊会贞注释的《水经注疏》记述渭河：“渭水出陇西首阳县渭谷亭南鸟鼠山……此县有高城岭，岭上有城，号渭源城，渭水出焉。三源合注，东北流，经首阳县西，与别源合。”鸟鼠山脉源于昆仑西顷，是一座名列经传的千古名山，“鸟鼠同穴”鼠在内、鸟在外，同居一穴，和平共处，寓意和谐。现代水利与河流著作《中国江河》说“渭河发源于甘肃省渭源县的鸟鼠山”。陕西省编纂的《中华人民共和国水力资源复查成果》(陕西省卷）、《陕西省志·水利志》均记渭河“发源于渭源县西南部海拔 3495 米的鸟鼠山北侧”，源头高程 1383 米。

二、渭河西、南、北三源

现代一般认为：渭河发源于甘肃省定西市渭源县西南的鸟鼠山北侧品字泉——禹仰泉、吞云泉、遗鞭泉，汇流后名禹河（亦名龙王沟），水量较少，为间歇性河流，河长到清源镇约 9 千米。由于所处在渭源县西北，常称作西源，为渭河正源。南源源于渭源县西南豁豁山，汇集山区众多支流，称清源河，为常年性河流，是渭河源区水量最大的河流，也是渭源县近 20 年来重点建设、宣传的渭河源，河流长约 30 千米，东北流至渭源县清源镇与西源禹河汇合后始称渭河。《渭源县志》收录的民国渭源人庞焕昀的《渭水发源说》和现代甘肃天水作家王若冰先生所写《渭河传》均把发源于秦岭南部山区的锹峪河作为渭河第三源，是为北源。锹峪河河长约 29 千米，也是一条季节性河流，在渭源县城东面的河口村汇入渭河。亦有人把发源于关山、河长约 9 千米的唐家河称为北源。

三、渭源县

渭源县位于甘肃省中部、定西市西南部，也是中国古丝绸南路和唐蕃古道的必经之地。汉高祖二年（前 205 年），陇西郡分置首阳县（因境内有商末周初伯夷、叔齐避居采薇之首阳山而得名）。西魏文帝大统十七年（551 年）改首阳县为渭源县，兼置渭源郡，县治由原首阳县迁至今渭源县城东北老龙亭。渭源县境内分布着大小 13 条河流。以中部半阴坡、鸟鼠山脉为分水岭，由南向北将全县分为两半，岭东河流为渭河水系，流域面积 10246 平方千米，占全县总面积的 49.8%；岭西河流为洮河水系。

渭源县是“中国马铃薯良种之乡”和“中国党参之乡”。马铃薯原种产量占全国的 1/4，被农业部授予“全国马铃薯标准化种植示范县”。县内有野生中药材资源 485 种，中药材种植品种 15 种，素有“渭水当归传两广”之说和“千年药乡”“党参故里”的美誉。

渭河源地形地貌

渭源县历史悠久、文化积淀深厚，自然环境奇丽秀美，旅游资源得天独厚。境内融汇了仰韶文化、马家窑文化、齐家文化等三大古代文化。葬有孤竹国二圣伯夷、叔齐的首阳山夷齐陵园，鸟鼠同穴奇迹的鸟鼠山、秦长城遗址和始建于明洪武年间（1368—1398 年）全国独一无二的悬臂式纯木拱桥——灞陵桥等历史人文景观。

2012 年以来，渭源县依托丰富的生态自然资源、深厚的历史文化底蕴和渭河源承载的“大渭河”文化基底，树立“大渭河、大文化、大旅游”的发展理念，全面宣传“华夏文明渭河源”文化旅游发展战略品牌，全力打造“华夏文明传承创新区”，建设“陇中特色文化大市”，建成“大禹导渭”大型雕塑群、禹王殿、渭河龙王庙、渭河历史文化展馆等。开发出“渭水探源”“十里画廊”“太白云海”“双门踩浪”“灞陵听涛”等 10 多处景点，其中渭河源大景区被列入全甘肃省 20 个核心大景区，成功创建为国家 AAAA 级景区。

第二节　主河道

一、上游段

渭河干流上游段河长 430 千米，涉及甘肃、陕西两省，其中甘肃段长 306.6 千米，陕西段长 123.4 千米。渭河上游河道又可分为三段。河源至土店子长 71 千米，河床由砂卵石组成，比降较大，达 6.7‰～10‰；土店子至元龙镇长 199 千米，川、峡相间，一束一放，计有八川八峡。川地河谷宽阔，阶地平坦，为村、镇所在地。河曲发育，河流弯曲成“S”形，河床比降为 6.3‰～8‰；元龙镇至林家村长 130 千米，河流切入花岗闪长岩及老第三系紫红色砾岩达 100 ~ 200 米，构成著名的宝鸡峡。峡谷一般宽 50 ~ 300 米，河流曲折，水流湍急，河床比降为 3.3‰ ~ 10‰。

（一）甘肃段

渭河干流由西向东流经渭源县、陇西县后，于鸭儿峡入天水。干流以正源计，在定西市境内长约 36.6 千米，集水面积 10241.78 平方千米，占渭河总面积（13.48 万平方千米）的 7.6%，年输沙量 5044 万吨，侵蚀模数 5100 吨每平方千米。在天水市境内，渭河干流流经武山县、甘谷县和麦积区两县一区，全长 270 千米。南岸有榜沙河、山丹河、大南河汇入；北岸有散渡河注入，至天水市又有葫芦河由北岸注入，精河由西来汇，再东汇牛头河。过小陇山，入陕西省境。甘肃境内渭河两岸分布的主要历史文化遗迹有陇西李氏祠堂、武山水帘洞石窟、甘谷大象山、天水伏羲庙、八卦台、秦安大地湾、麦积山等。

（二）陕西段

渭河从甘肃省天水市进入陕西省宝鸡市，北岸由凤阁岭镇建河村入，南岸由甘肃省东岔镇牛背村与陕西省拓石镇仙龙村交界处（310 国道牛背梁界）入，上游陕西段至林家村断面全长 123.4 千米，全部在宝鸡市陈仓区境内。此段落差 791 米，平均比降 1.81‰，其上段主要为黄土高塬沟壑区，河道川峡相间；下段主要为秦陇山区，河流切入花岗闪长岩类基岩 200 米左右，形成宽仅五六十米、石壁峭立如拱门的石峡和峰峦耸接、山势陡峭、宽一二百米的宝鸡峡。宝鸡峡以上南、北两岸多年平均降水量分别为 742 毫米、664.8 毫米，多年平均径流量分别为 10844 万立方米、20991 万立方米。林家村站 1960—2020 年多年平均径流量 14.52 亿立方米，多年平均输沙量 0.83 亿吨。1954 年 8 月，实测最大洪峰流量为 5030 立方米每秒，1995 年实测最大含沙量 886 千克每立方米。

此段南、北两岸分布有很多葫芦状、面积数平方千米的渭水冲积平滩和台地，居住着数十万汉、回族人民。分布有史家窝栈道、北峪嘴栈道、麻家湾口栈道、关桃园栈道、板桥栈道以及平套栈道等遗迹。

二、中游段

宝鸡峡至咸阳铁路桥为中游。河流进入关中平原后，河道逐渐展宽，比降变小，上游及支流带来的泥沙大量沉积形成沙洲、浅滩。河槽变得宽浅，水流分散，汛期局部河段冲淤变化较大，沙洲浅滩移动，河槽迁徙不定，最宽处 1500 ~ 2000 米，包括滩地可达 4000 ~ 5000 米。根据河道的稳定程度及平面形态等，亦可把中游分为 5 个河段。林家村至千河口河段，长 28.4 千米，河床平均比降 1.8‰，近百年来河槽向南略有移动，近 30 年基本稳定。河岸、河槽多由砂、卵石组成，耐冲力较强。河槽内多心滩、边滩，中、低水位时，水流分散，河槽变化不大；千河口至渭惠渠大坝（眉县北西村）河段，长 43 千米，平均比降 1.47‰。由于千河、石头河等较大支流汇入，水量增加，河槽宽浅，边滩发育。河岸河槽由砂卵石组成，北岸表层有 1 米左右壤土，河岸可动性南小北大，河槽具有周期性展宽的趋势；渭惠渠大坝至牛蹄（扶风县）河段，长 14.9 千米，平均比降 1.43‰，槽窄水深，岸高水急。河岸河槽由砂卵石组成，耐冲力强，河岸一般高 2 ~ 4 米，南岸铁家嘴、蔡家崖等处，岸高 20 ~ 30 米；牛蹄至八一抽水站，河段长 79.4 千米，平均比降 1‰，河谷宽阔，边滩大，且多分布在南岸。河岸较低，高 1 米左右，多为沙质，易于冲塌。河床多由粗沙组成，冲淤变化较频繁，河槽南北摆动大，以向北为主。在主要支流黑河、涝河、漆水河汇入处，多形成浅滩、汊流，河槽放宽；八一抽水站至咸阳铁路桥，河段长 10.9 千米，平均比降 0.5‰，河槽比较顺直，南岸高 2 米左右，系黏土、壤土组成，北岸高 3 ~ 4 米，上部为壤土，下部为黏土，抗冲力强，河道稳定，有“咸阳十里峡”之称。

三、下游段

咸阳至潼关入黄处为下游。河段全长 208 千米，又可分为 4 段。咸阳至泾河口河段，属于游荡性，河槽宽浅顺直，比降为 0.6‰ 左右，枯水期河槽摆动不定，汊流发育，多河心沙洲；泾河口至船北村（临潼北）为游荡性向弯曲性过渡的河段，洪、枯水面宽度变化在 300 ~ 1000 米，比降为 0.43‰，较上段稳定，有灞河、泾河汇入，来水来沙条件变化复杂，河槽冲淤交替；船北村至赤水河口（渭南东界），为弯曲性河段，比降 0.36‰，宽窄相间，其中有 3 个大的弯曲，分布有大小不等的河心洲；赤水河口至入黄河口村（潼关），属弯曲性河段，长 83 千米，平均比降 0.13‰，河曲十分发育，平均弯曲系数 1.698，最大达 2.78。该段河床演变较为剧烈，边滩下移缓慢，促使河湾发展，有 18 个较大河湾，各弯道凹岸淘刷坍塌和湾顶下移普遍存在。1951—1962 年，北老庄河湾凹岸后退 1500 米左右，湾顶下移约 1300 米。同期，吴西村河湾凹岸后退 1200 米左右，弯顶下移 800 米左右。该段河宽比较均匀，水深较大，除个别不规则的河湾外，没有河心滩，但曾发生过自然截弯，如 1962 年华县北石村自然截弯一处。三门峡水库建成以来，渭河下游河道淤积，河口段形成拦门沙。

第三节 入黄口

渭河在陕西省潼关县注入黄河。《水经注》记载：河在关内南流潼激关山，因谓之潼关。黄河、渭河、洛河三河在潼关交汇，成为秦、晋、豫三省交界的三角地带。北濒黄河，南依秦岭，西连华山，东接河南灵宝。是陕西的东大门，是连接西北、华北、中原的咽喉要道，其地理位置具有战略意义。20 世纪 50 年代，因修建三门峡水库，潼关县原县城从港口搬迁到现址潼关塬上。进入 21 世纪，潼关用近 20 年的时间，用市场的力量，在老潼关的遗址上基本恢复了历史上老潼关的风貌，站在其东门阁楼上，向西北方向可清晰地看到渭河入黄的情景。

一、潼关商代称桃林，周代称“渭”

春秋时，潼关称桃林塞，成为交通枢纽，水路要冲。西汉高祖五年（前 202 年），设船司空衙门，专管黄、渭河水运、船库。明洪武三年（1370 年），设潼关卫。清雍正二年（1724 年）撤潼关卫，五年（1727 年）设潼关县。乾隆十三年（1748 年），改设潼关厅。民国二年（1913 年），废厅，设潼关县。

二、潼关历史悠久，闻名遐迩

潼关以盛产黄金闻名于世。古潼关居中华十大名关第二位，历史文化源远流长。马超刺槐、十二连城、仰韶文化遗址等名胜古迹星罗棋布；雄关虎踞、禁沟龙湫、秦岭云屏、中条雪案、风陵晓渡、黄河春涨、谯楼晚照、道观神钟等潼关八景，引人入胜。

潼关黄、渭、洛三河汇流处

渭河入黄口湿地公园一角

三、杨震廉政博物馆

杨震被誉为“关西孔子”，潼关杨震廉政博物馆位于潼关渭河入黄口右岸边，是全国规模最大、展示廉政人物最多、文化内容最丰富的爱国主义教育基地，整个展区从多个层面展示了杨震清廉的人生及为官之道，引申出深邃的廉政文化，是当今不可或缺的参观学习之地。博物馆分为祠前区、祠院区、墓园区和绿化区。主展区包括四知堂、正气厅、浩然厅、清风廊和放映厅。四知堂主要反映了杨震的生平事迹及后人对杨震的缅怀之情，正气厅展示征集的全国政治、书画名家歌咏杨震、歌颂廉政的500余幅作品；浩然厅展出与杨震有关的一些文物；清风廊展出了从西周到清代共72位清官的人物事迹及名言警句。

第三章　支　流

渭河支流众多，其中右（南）岸数量较多，但较大支流集中在左（北）岸，水系呈扇状分布。左岸支流多发源于黄土丘陵和黄土高原，相对源远流长，比降较小，含沙量大；右岸支流均发源于秦岭山区，源短流急，谷狭坡陡，径流较丰，含沙量小。甘肃省境内主要支流有秦祁河、大咸河、散渡河、义陇河、榜沙河、散渡河、葫芦河、藉河、牛头河等。陕西境内共有一级支流47条，其中右岸32条、左岸15条。集水面积在100平方千米以上的河流有32条。其中，集水面积在1000平方千米以上的一级支流有8条，左岸有千河、漆水河、泾河、石川河、北洛河，右岸有黑河、沣河、灞河；集水面积在500～1000平方千米的支流有3条，左岸有通关河，右岸有石头河、涝河；集水面积在100～500平方千米的支流有21条、其中左岸2条、右岸19条。

第一节　左岸支流

渭河左岸为黄土阶地塬区，从西向东有通关河、小水河、金陵河、千河、漆水河、泾河、石川河、北洛河等，大多水量相对较小而含沙量很大，流长在100千米以上。

一、通关河

通关河因河流流经关山及设在其上关隘而得名。发源于甘肃省张家川回族自治县以东马鹿乡后峡村，当地名曰马鹿河，又叫十字河。南下流经宝鸡市陇县，名叫长沟河。于宝鸡市陈仓区凤阁岭镇化岭园以北再入陕西境，穿越凤阁岭镇北部，沿途收揽了张家沟、水泉沟、柏水河、长义沟、泉义沟等支流，于凤阁岭西注入渭河。干流河段长72.2千米，流域面积847.6平方千米。在陕西境内长30.3千米，流域面积431.8平方千米。河床平均比降18.5‰。多年平均径流量1.39亿立方米，年平均流量4.41立方米每秒。通关河是宝鸡峡以上较大支流之一，水量充沛，在陕西境内天然落差581米，水力资源理论蕴藏量1.82万千瓦。

目前，规划有渭河干流生态补水水源通关河水库工程，坝址位于宝鸡市陈仓区凤阁岭镇通关河入渭河口以上4.5千米处，距宝鸡市区约90千米，是一座以向渭河林家村断面生态补水为主要功能的Ⅲ等中型水利工程。大坝主体为碾压混凝土重力坝，水库总库容8543万立方米，最大坝高123.5米，坝顶高程1056米，正常蓄水位高程1051米。工程建成后，多年平均生态补水量达4675万立方米，使林家村断面10立方米每秒的基本生态流量保证率提高到80%以上，水库坝址以下河段防洪能力由10年一遇提高到 20 年一遇。

通关河大部分区域属农业农村部第 2018 号公告的第七批秦岭细鳞鲑国家级水产种质资源保护区。该保护区位于通关河及其支流苏家河、小川河、杨家河和泉义河流域，河道长 67.3 千米，总面积 4400 公顷，其中核心区面积 2991 公顷、实验区面积 1409 公顷。保护区主要保护物种是秦岭细鳞鲑，其他保护物种包括鲇鱼、鲤鱼、鲫鱼、黄颡鱼、青虾和中华鳖。

二、小水河

小水河发源于宝鸡市陈仓区赤沙镇唐家坪。上游叫赤沙河，因流经红砂岩地质区、河床多呈红色而得名。自西北流向东南流经赤沙、香泉、坪头三镇，沿途接纳太安沟、香泉河、焦桶沟等渭河二级支流，于坪头镇铁铣头西注入渭河。河长 42.9 千米，河床平均比降 17.6‰。流域面积 405.5 平方千米，多年平均径流量 6100 万立方米。小水河河道天然落差 1070 米，可利用落差 135 米，水力资源理论储藏量 10300 千瓦。流域内建有落花沟水库（1971 年建成）和五味峡水库（1976 年建成）。落花沟水库位于上游赤沙河上，总库容 194 万立方米，坝后电站装机容量 435 千瓦。五味峡水库位于香泉镇香河支流五峪峡河谷（小水河支流），坝址位于峡口，控制流域面积 19.90 平方千米，总库容 137.5 万立方米，有效库容 132.50 万立方米，坝后电站装机容量 150 千瓦。坝型为黏土厚心墙堆石坝，高 34.20 米，顶宽 3 米，底宽 107.8 米。小水河上游历史古迹较多，其中庵里峡已成为宝鸡市旅游地之一。

三、金陵河

相传，在宋代，宋兵与金兵在和尚塬大战，阵亡的金兵被运往渭河北岸的塬上埋葬，埋葬金兵的地方被称为金陵塬，塬下的川道被称为金陵川，金陵河因流经金陵川而得名。金陵河发源于陇县八渡镇赵家山以南，由北向南流经宝鸡市陈仓区新街、双白杨、县功、金河等乡镇，穿越宝鸡市金台区，在渭滨区金陵桥下入渭河。金陵河河道干流全长 56 千米，流域面积 427.1 平方千米，平均比降 7.2‰。多年平均含沙量 5 ～ 9 千克每立方米。

流域内有 1974 年建成的范家河水库。水库位于宝鸡市陈仓区上王镇境内司川河支流范家河（金陵河二级支流）入司川河口处。灌溉工程有金丰渠、金河渠 水源来自金陵河，分别于县功镇的先锋村（林家河湾）、陈家嘴村引水。

1970 年 3 月至 1976 年 12 月，建成堤防工程 17 千米，增加农田 1100 亩，保护农田 7800 亩，保护人口 1.1 万人。1976 年 11 月，金河乡对金陵河进行治理，于 1977 年 5 月建河堤 4 千米，增加农田 280 亩，保护农田 550 亩。1980 年，洪水冲毁河堤 3.5 千米，余存。20 世纪 90 年代陆续建成十八孔桥至入渭口段 4 千米堤防。2004 年，修十八孔桥上堤防 0.51 千米。2005 年，在入渭口以上 60 米处建成彩色充气式橡皮坝，在宝鸡市区段形成 12 万平方米水面。2011 年 9 月，宝鸡市启动金陵河全面治理工程。

金陵河两岸土地肥沃，早在原始社会新石器时代就有先民居住。据记载，金陵河沿岸有金大堡、北首岭、高家坪、王家堰、仝家崖、蒋家庙、姚家寨、葛河村、洪水沟等多处新石器时代仰韶文化遗址。现今，金陵河是供应宝鸡市区内工业用水和农业灌溉用水的主要水源地。流域内有吴山森林公园，传说黄帝之师吴叔和姜太公先祖伯夷就诞生在此，唐以后历代皇帝多有祭祀。河口建有宝鸡峡引渭渡槽一座（十八孔桥）。

四、千河

千河位于关中西部宝鸡市境内，因流经千山脚下而得名，源出甘肃六盘山南坡石嘴梁南侧，东南流至唐家河入陕西境，斜穿陇县中部，经千阳、凤翔，于宝鸡市冯家嘴注入渭河。河流全长152.6千米，平均比降5.9‰，流域面积3493平方千米，其中陕西省内长129千米，流域面积3272平方千米。平均年径流量4.85亿立方米。千河支流上建有段家峡水库，干流上建有冯家山水库。

五、漆水河

漆水河位于关中西部宝鸡、咸阳两市之间，古时曾叫漆沮水、武亭水、杜阳水，源出麟游招贤乡石嘴子村西南山沟中，名招贤河；东南流过良舍乡转向东流，名杜水河；到麟游，纳永安河、澄水河后始名漆水河。城西镇头天台寺有九成宫故址，为隋唐时皇帝的避暑胜地，旁有《醴泉铭》碑，系唐魏征撰文，欧阳询手书，被世人誉为“双绝”，为楷书典范之一。漆水河再东南流与扶风、乾县和永寿飞地搭界，又名好畤河；更南偏西行入武功境大庄乡南立节村进渭河。河长151千米，平均比降4.7‰，集水面积3824平方千米，平均年径流量约2亿立方米。桃树坡以上90千米为上段，属黄土梁状的土石山区，河谷窄深，基岩裸露，植被较好；桃树坡至北郑村为中段，长20千米，穿流于黄土塬间，中部形成塬间盆地，谷坡破碎陡直，库容1.2亿立方米的羊毛湾水库即建于此；北郑村以下40余千米为下段，河流进入关中盆地，地势平坦，农田水利开发较早。

六、泾河

泾河古称泾水，为渭河最大支流，跨陕、甘、宁三省（区）。源于宁夏泾源县六盘山东麓的马尾巴梁东南老龙潭（亦有南北二源之说，即北支出固原市大湾镇，南支出泾源县老龙潭），穿过甘肃东北部平凉、泾川城，从长武马寨乡汤渠进入陕西境，东流至芋园乡景家河30余千米一段为陕甘界河，再南流转东南流，经彬州、永寿、淳化、礼泉、泾阳至高陵陈家滩汇入渭河，全长455千米，集水面积45421平方千米，其中陕西省境内河长272千米，集水面积9246平方千米，分别占全河长的60%和总面积的20%。陕西境内泾河河流可分为3段：汤渠至早饭头段90余千米为原梁沟壑段，纳马栏河和黑河，过大佛寺和彬州市县城。早饭头至张家山120余千米为峡谷段，峡谷宽仅百米左右，最窄处不到30米，山势险峻，河道曲折，水力资源丰富，入峡谷不远，左岸有三水河（面积0.13万平方千米）由旬邑汇入，出峡谷处即张家山（北仲山）口。张家山上下即古今引泾工程渠首处。张家山以下约60千米，为平川段，右纳泔河，地面开阔，土壤肥沃，水流渐缓。流域年均总径流量为20.7亿立方米，其中陕西境内径流量为4.27亿立方米。泾河洪水陡涨陡落，洪枯悬殊，常流量只有20立方米每秒，最高洪峰流量达14700立方米每秒以上（1911年），张家山水文站有记载的最大流量为9200立方米每秒（1933年8月8日），最小仅0.7立方米每秒（1954年6月29日）。泾河流经黄土高塬沟壑区，流域内水土流失严重，年均输沙量约3亿吨，在高陵区船张村入渭河时形成有名的“泾渭分明”景观，有“泾水一石，其泥数斗”之说。

七、石川河

石川河古称沮水，一名宜君水、石川水、堰头河。上源二支，东支漆水，又称铜官水；西支沮河为石川河正源。漆水以源头多漆树得名，源于铜川市耀州区东北凤凰山东面的崾崄梁下，与宜君县西南哭泉梁的塔尼河汇合后入金锁关，南偏西流，合马杓沟、雷家河，穿过铜川市区，再汇合王家河、小河沟等，漆水河于耀州区城南与沮河交汇，两河汇合后始称石川河。东南流，于马槽村入富平，过庄里镇进入渭河平原，绕过富平城西，接纳赵氏河，在魏村入临潼，经康桥、相桥，转西南行，接纳从西面来汇的清河，在交口附近入渭。石川河右岸支流清河，由清峪河与冶峪河汇流而成。清峪河又名清浊河，源于铜川市耀州区照金镇西北的野虎沟，向南过白村为淳化、铜川市耀州区界河，过岳村为三原、泾阳界河；冶峪河一名冶峪水，源出淳化县北安子哇乡老城湾，两源相隔不远，一在石门山东南，一在石门山之南。冶峪河出峡谷口有临江潭，峡谷飞瀑，景秀迷人，正南行绕淳化城转东南，过黑松林、石桥，入泾阳口镇、云阳，在三原安全滩汇清峪河，向南又急转东偏北行，河床深切百余米，由三原城北经大程入临潼，转东南流注入石川河。清河长 147 千米，长于石川河干流，集水面积 1550 平方千米，平均比降 3.3‰，年径流量 0.63 亿立方米。石川河全长 137 千米，平均比降 4.6‰，集水面积 4478 平方千米，年径流量 2.15 亿立方米。流域西宽东窄，呈不对称的巴掌形，东面石川、洛河之间古为金氏陂及卤泊滩，无支流入渭；连同西面清河流域北原下之地，皆属郑国渠灌区。流域内已建有桃曲坡、冯村、黑松林、小道口等中小型水库数十座。

八、北洛河

北洛河古称洛水，通称洛河，20 世纪 50 年代为与黄河支流南洛河区别改称北洛河，为渭河最长支流，源于榆林地区定边县西白于山最高处魏梁（海拔 1907 米）南麓，地理位置东经 107° 36'、北纬 37° 13'，初名石涝川，东南流至铁边城合王子川后叫头道川，至延安地区吴起县城关合乱石头川后始称洛河。流经定边、靖边、吴起、志丹、甘泉、富县、洛川、黄陵、宜君、白水、澄城、蒲城、大荔等 13 县，在三河口附近注入渭河。河长 680 千米，流域面积 26905 平方千米，其中除第一大支流葫芦河在甘肃境有 2381 平方千米外，其余均在陕西省境内，干流平均比降 1.5‰。河按地貌区可分为三段：富县以上为上游段，由志丹旦八至川口长 25 千米、一段为白垩系志丹群石质峡谷，谷宽平均只有 40 米，河床切入基岩 20 米，其余河段较宽阔，在 100 ~ 400 米。此段均属黄土丘陵沟壑区，水土流失严重。富县至白水为中游段，富县以下河谷深切，逐渐变窄，交口河以下又进入宽约 100 米的峡谷，河道切入黄土塬约 100 米，岸高谷深，属黄土高塬沟壑区。白水、澄城以南是洛河下游段，河流从西面绕过铁镰山，呈一大的 S 形进入关中平原，地势趋于平缓，河曲发育，河床不稳，跌落甚多，以白水至船舍段的三叠状、大小状最为有名。洛河河口段游荡于孝义镇与黄河之间，今之桥店和马坊渡曾是洛河的知名渡口。洛河支流共 581 条，集水面积在 100 平方千米以上的有 68 条，1000 平方千米以上的有 4 条（周水、葫芦河、沮水、石堡川）。全河因受桥山、黄龙两大林区影响，河水年内分配相对比较均匀，冬、春季占36%，夏、秋季占64%，而春夏与秋冬则各占50%。

九、通洞沟

通洞沟发源于宝鸡市陈仓区拓石镇忘家坡村，河长20千米，流域面积91.9平方千米，平均比降37.2‰，年平均水量1746.1万立方米。

十、六川河

六川河发源于宝鸡市陈仓区拓石镇忘家坡村，因源自6条山川得名。河长28.6千米，流域面积94.3平方千米，年平均水量2300万立方米。

十一、白马河

白马河位于渭河中游，入渭口位于兴平市张耳村，又名张耳防洪渠。白马河自西城街道板桥村魏家流向阜寨镇高王村，从高王桥进入渭河，流经兴平市西城、东城、庄头、阜寨4个镇（街道）。白马河主要承担宝鸡峡板桥抽水站退水功能，此外还兼顾兴平市及河道沿线的工业、生活排水以及纳排兴平市城区雨洪的功能。白马河河道流长22千米，控制流域面积203平方千米，平均比降5‰。

白马河流域地处关中经济发达地区，为南北走向，被连霍高速、陇海线铁路以及渭惠渠等东西分割。白马河流域为平原地区，本身流域比降缓，加之道路、渠道阻断，基本没有自身产流洪水，来水主要有宝鸡峡板桥抽水站退水、沿线雨洪排水及污水排放口排水。

其他左岸支流基本情况见表1–3–1。

表1–3–1　其他左岸支流基本情况统计

序号	河流名称	河长/km	平均比降/‰	流域面积/km^2
1	西沟	8.3	7.28	30.5
2	石鱼沟	9.9	4.90	30.2
3	落花沟	25.8	2.62	143.5
4	峡石河	21.0	1.73	45.2

第二节　右岸支流

渭河右岸支流全部来自秦岭北麓。秦岭北麓峪口以上共有108条峪道（峪道名录见表1–3–2）。峪道水流出峪后汇成58条支流进入平原段，最终形成32条河流汇入渭河，两条河（潼河、太峪河）入黄河。主要支流由西向东依次为清姜河、石头河、黑河、涝河、沣河、灞河、零河。大多水清、源短、流急，较长的黑河长125千米，灞河长104千米，其余皆不足100千米。

表 1-3-2 秦岭北麓 108 条峪道名录

单位：条

所在地区		峪道名称	数量
宝鸡市	渭滨	晁峪、甘峪、清姜峪、茴香峪、清水峪	5
	陈仓（高新）	伐鱼峪、溪峪、马尾峪	3
	岐山	同峪	1
	眉县	泥峪（东沙河）、西汤峪、沙峪（西沙河）、赤峪（霸王河）、石头河（斜峪）	5
西安市	周至	耿峪、赤峪、田峪、闻仙峪、塔峪、就峪、团标峪、黄池峪、大韩峪、黑河、西骆峪、车峪	12
	邑区	紫阁峪、神水峪、太平峪、鸽勃峪、乌桑峪、黄柏峪、化羊峪、曲峪、潭峪（新河）、竹峪、皂峪、栗峪、涝峪、甘峪	14
	长安	库峪、扯袍峪、大峪、白道峪、小峪、羊峪、土门峪、蛟峪、太乙峪、康峪、石砭峪、天子峪、抱龙峪、子午峪、白石峪、黄峪、沣峪、祥峪、高冠峪	19
	蓝田	清峪、峒峪、道沟峪、流峪、福朝峪、赛峪、蓝峪（蓝桥河）、辋峪、岱峪、大洋峪、小洋峪、东汤峪、峙峪	13
渭南市	临渭	箭峪、黄沟峪、西涧峪	3
	华县	沟峪、罗纹河（小夫峪）、潭峪、太平峪、石堤峪、马峪、金堆峪、遇仙河（桥峪）、东涧峪、西涧峪、牛峪	11
	华阴	蒲峪、秦峪、杜峪、黄甫峪、白马峪、牛心峪、文仙峪、华山峪、仙峪、翁峪、罗夫河（竹峪）、大敷峪、柳峪、葱峪、方山峪	15
	潼关	西峪、桐峪、善车峪、太峪、麻峪、蒿岔峪、潼峪	7
合计			108

一、清姜河

清姜河即古姜水，俗名清江河，源于宝鸡市渭滨区南部秦岭山脊上的玉皇山北坡。上游称神沙河，经观音堂、杨家湾、益门堡，在宝鸡渭滨区石家营注入渭河，全长 43 千米，河流比降 31.8‰，流域面积 234.4 平方千米，多年平均径流量 1.375 亿立方米，年平均含沙量 0.15 千克每立方米，年输沙总量 1.58 万吨。据 2003 年陕西水利资源普查结果，清姜河天然落差 2032 米，水力理论蕴藏量 1.91 万千瓦。截至 2007 年，建成电站 11 座，总装机容量 0.89 万千瓦。河谷两岸土质较好，灌溉方便，是重要的蔬菜、水果、粮食供应地之一。下游河床沉积物主要是巨石和砂卵石，是建筑砂石的重要采集地。

清姜河从益门镇至入渭口段进入宝鸡市区，两岸工厂林立，人口稠密。2005 年，宝鸡在入渭口处建成 110 米长的橡胶坝，形成 8.3 万平方米水面。从 20 世纪 50 年代末以来，清姜河向宝鸡热电厂年供水120万立方米。从1984年开始，经三次建设，现已建成日供水能力4.5万立方米的供水工程。

清姜河是炎帝神农氏诞生地，是姜炎文化的发源地，每年农历七月初七，宝鸡市都要举行祭祖活动。清姜河畔是陈仓故道的北端，河源区有关中四关之一——大散关，是“明修栈道、暗度陈仓”历史典故和“楼船夜雪瓜洲渡，铁马秋风大散关”诗篇的出处；还是解放战争时期，中国人民解放军发起秦岭战役，突破胡宗南势力的秦岭防线之地。也是新中国发展大交通、大军工的地方。我国第一条川陕公路、第一条电气化宝成铁路均在此通过。

近年来，宝鸡市渭滨区严格落实区、镇（街）、村（社区）三级河（湖）长制，在“绿”字上下功夫，在“水”字上做文章，累计投资2.1亿元，先后实施了清姜河文化生态长廊、防洪工程、截污工程、水生态治理和防汛抢险道路、水源保护地等项目，相继建成古弓鱼公园、九龙山公园、清姜河生态公园等，保护了栖息在秦岭北麓的13科28种兽类、19科63种鸟类等野生动物，使清姜河成为“河畅、堤固、水清、岸绿、景美、人和”的生态网红打卡地。2022年2月，清姜河被评为中国“最美家乡河”。

二、伐鱼河

伐鱼河古称磻溪，是宝鸡市陈仓区境内渭河右岸一级支流，发源于秦岭北麓陈仓区天王镇青锋山北侧，由西南流向东北，沿途接纳石安河、十八盘沟和三十盘河等支流，于钓鱼台下游1千米处出峪，继续蜿蜒北流8千米，于天王镇胥家村北注入渭河，干流总长26.3千米，流域面积155.1平方千米，河道平均比降31.6‰，多年平均径流量8136.6万立方米。

三、石头河

石头河古称武功水、斜水。《岐山县地名志》载：河床内多石头，故名。石头河发源于鳌山北麓，流经陕西省宝鸡市太白县、眉县、岐山县，干流全长68.6千米，于岐山县安乐镇新庄村入渭河。流域面积778平方千米，河床由砂卵石组成，平均比降19.4‰，多年（1974—2010年）平均径流量4.45亿立方米（眉县鹦鸽水文站）。天然落差2578米，水能理论蕴藏量8.72万千瓦，年输沙量84万吨，年均含沙量0.73千克每立方米。

石头河谷口处是古褒斜栈道的北口斜峪关，为太白山八景之一。三国时，诸葛亮曾在此修建邸阁，以储存与魏交战之军粮。后人为了纪念诸葛亮的功绩，在此修建怀贤阁。

四、霸王河

霸王河又名教坊河、红河，古称“赤谷水”，发源于秦岭太白山北麓爬爬窑，至营头镇响水石村纳支流李家河，继而北流2千米至营头镇出峪。出峪后到唐家院村分为两河，主流经第二坡、年家庄至教坊村入渭河。霸王河干流长34.2千米，全流域面积177.12平方千米，全河段平均比降47.8‰，多年平均径流量8212万立方米，汛期占60%以上，河水陡涨陡落，涝则流，旱则涸。

五、汤峪河

汤峪河发源于秦岭北麓小岭梁，北流于汤峪沟中，汇纳山谷多支小涧溪，于汤峪口出峪处汇纳盗泉之水，向北流经汤峪镇的上王、阎家堡、屈刘堡和槐芽镇的红崖头、东柿林村，于横渠镇的张家滩村折向东流 3 千米与东沙河汇合，至横渠镇李家庄村入渭河，干流长 43.9 千米，流域面积 385.8 平方千米，平均比降 24.2‰，多年平均径流量 1.37 亿立方米。汤峪河有温泉水流出，温泉洗浴久负盛名。

六、黑河

黑河古称芒水，以其出秦岭芒谷而得名；又因其水色黑，故称黑河。流域全在西安市周至县境内。发源于太白山东南坡二爷海（海拔 3650 米），南偏东流经厚畛子，过骆驼脖子直至峪口，长 91 千米，纳大小支流 34 条，集水面积约 1500 平方千米，大部分为茂密森林所覆盖，已有 675 平方千米划为国家自然保护区，水源充沛，水质清纯，为西安市重要水源地。河水出峪后穿过浅山丘陵区黄土台塬，河道展宽至 1000 米以上，至沙谷堆、董家园变成了三岔河。再东流纳南来的清水峪、田峪、赤峪等河，在尚村镇石马村汇入渭河。全河长 125.8 千米，集水面积 2258 平方千米，径流深 362 毫米，多年平均径流量 8.17 亿立方米，1964 年最大径流量 12.1 亿立方米，最小径流量仅 3.04 亿立方米，最大洪水流量 3040 立方米每秒（黑峪口，1980 年）。民国 31 年（1942 年）黑惠渠建成后，计划灌溉农田 16 万亩。干流自然落差 1100 余米，可开发水能 2.99 万千瓦。

七、涝河

涝河位于鄠邑区涝峪，是渭河右岸支流，发源于秦岭，古称潦水，是绕长安八水之一。涝河接纳一级支流 7 条，二级支流 11 条，形成独立水系。涝河源出秦岭北坡，有两个源头，一名东涝河，源起静峪垴；一名西涝河，源起秦岭东梁。两河交汇后北流，于塔庙出山。涝河出山后东北向流，过白庙之后纳栗峪，过罗什堡后纳皂峪。罗什堡以上河宽多石，枯水季可以踩石过河，人称天桥；罗什堡以下改为人工河道，至陂头村纳入陂水，曲折至涝店左纳甘峪河。涝店以后已全部改建为人工河道。至三过村折东北流至保安滩入渭。全河长 82 千米，总流域面积 663 平方千米，多年平均径流量 1.18 亿立方米。实测最大年径流量 3.55 亿立方米（1952 年），最小年径流量 0.56 亿立方米。

八、新河

新河发源于秦岭北麓鄠邑区石井镇潭峪，上游河道为潭峪河，沿途接纳曲峪河等，经过沣京工业园，流经沣西新城，接纳黄柏河、许家河等，于大王镇段开始称为新河，流经创新港，于咸阳秦都区钓台街道办事处马家寨入渭河。全长约 40 千米，流域面积 303 平方千米。新河流域地形平坦，清代流经长安与户县交界处地势低洼，多水患，清光绪二十四年（1898 年），长安绅士柏震藩请凿渠以泄积水，渠因人工开挖故名新河。实属排水性渠道，雨涝暴涨，干旱断流。20 世纪 80 年代以前，新河水质清澈。然而，随着沿岸工厂的不断增加，大量生产废水排入河中，使河水水质遭受严重污染，变成一条污水河。2000 年以后，相继关闭了沿河的造纸厂等企业，河水又变得清澈起来。2019 年 12 月 30 日上午，鄠邑区“引太济新”工程正式开工。引水起点为太平河灌区渠首，通过引水渠将水引入新河上游潭峪河。工程建成后，每年可向新河流域补充生态来水 838 万立方米，以修复新河流域水生态系统，实现新河“水清河畅、岸绿景美”的目标。新河已成西安市西咸新区重要的生态廊道，建有新渭沙湿地公园，2020年，新河水质已达到地表水Ⅳ类以上。2020年7月9日，陕西省西安市西咸新区沣西新城管理委员会发布了《关于新河沣西新城段管理与保护范围的公告》。

九、沣河

沣河源出西安市长安区西南秦岭北坡南研子沟，流经喂子坪，出沣峪口，先后纳高冠、太平、潏河，北行经沣惠、灵沼至高桥入咸阳市境，与渭河平行东流，在草滩农场西入渭河。全长78千米，平均比降8.2‰，流域面积1386平方千米，平均年径流量4.8亿立方米。沣峪口以上32千米流经石质山区，地质条件复杂，峡谷、宽谷相间，水流清澈湍急，山势奇伟，景色秀丽。出山为山前台塬带，河床砂砾堆积，河水入渗地下，两岸滩地土层薄，地下水源丰富，地热水蕴藏量较大。秦渡镇附近有沣惠渠首大坝，创建于民国三十年（1941年），为“关中八惠”之一，灌溉面积23万亩。大坝以下，水流平缓，河道展宽，河道淤积更甚，形成地上河，常受洪水威胁，五楼堡洪峰曾达1430立方米每秒（1957年7月16日）；平时常流量仅10余立方米每秒。沣河的走向，史书有“东北支津”与“沣水东注”之说，但实地考察，中段并无改道迹象，河流变迁主要在下段，即过了丰镐遗址，曾向西北流经沙河汇新河入渭，北魏以后，主河道由客省庄北流入咸阳境，或北流或东北流入渭。入渭前系河滩漫流，入渭口摇摆多变，极不稳定。沣河主要支流有高冠峪河、太平峪河和潏河等。潏河亦称決水、泥水、坑水、沈水，又称泬水、高都水，东南—北西向纵贯长安区境。正源大峪河，源出长安东南秦岭光头山西北侧之甘花溪，北流出大峪折向西北，建有大峪口水库，于两河口汇小峪河、太峪河，经王莽、樊村、杜曲、申店，过长安区城西崔家营折向西南，此段绕神禾原北端西北流为人工河道，宽仅40～50米，在香积寺南与滈河（石砭峪）汇流后一并西行，此段亦为人工河道，宽不及百米，古称洨河，现通称潏河，于沣惠渠首大坝上游汇入沣河。潏河全长64千米，流域面积687平方千米，平均比降9.7‰，年均径流量2.12亿立方米，为西安城区的主要供水水源，汉时在昆明池北揭水陂下合流入城，隋唐时东南有黄渠引大峪河水补充曲江池，又有清明渠和永安渠，由南面、西南面分别引潏水北流入城。唐代以前潏河是渭河的一级支流，北流出樊川后沿今之河流入渭。今之河为古潏河遗址。滈河古称福水，也称镐水、鄗水、洨水、御宿川水、湘子河，源出于南山石砭（鳖）峪，经南山西侧要钱场西北流，过四岔口转向东北流，河谷开阔，峪口狭长。1973年，采用爆破筑坝技术建成石砭峪水库，峪外河道呈半槽形，经王曲、皇甫，于香积寺南注入潏河。河长46千米，流域面积278平方千米，平均比降21.3‰，多年平均径流量1.09亿立方米，水质良好。

十、皂河

皂河为唐代漕渠和明代通济渠之源，民国以后称官河。今皂河自西安市长安区申店乡局连村起为两岸稻田排水、河渗水、韦曲城镇排水集流而成，北西流至雁塔区鱼化寨乡北石桥村北进入未央区，然后经东凹里、沈家寨、三桥街、五一村、周家河湾、皂湾、草滩农场西站等地后北东向流入渭河，区内长17.6千米，1958年实测洪峰流量17.5立方米每秒。今皂河已成为一条城镇排水渠，主要排泄西安市长安区韦曲原和西安市南郊、西郊以及三桥镇地区的雨污废水，设计最大排洪流量25立方米每秒。

十一、灞河

灞河源出蓝田县东北隅，渭南、华县交界处的箭峪岭南侧九道沟，南流至蓝田县灞源镇急转西北，经九间房至玉山村折向西南，隔岸即公王岭蓝田猿人遗址，再经马楼、普化到蓝田县城，纳辋峪河又转西北，过三里镇、泄湖、华胥进入西安市区，穿灞桥、纳浐河于贾家滩北入渭。灞河古名滋水，秦穆公时改滋水为霸水，以显霸功。后霸水又衍为灞河。上新世，由于骊山断块的隆起和秦岭的抬升，河水不断向左岸偏移，使左岸支流少而长，右岸支流多而短。全河共有支流60条，较大的有蓝桥河、辋川河、浐河，皆在左岸。灞河全长104千米，流域面积2581平方千米，年均径流量7.43亿立方米，年输沙量278万吨，平均比降6.2‰，洪水频繁。1935年和1953年曾出现2160立方米每秒、2900立方米每秒的洪峰流量，而常流量不足10立方米每秒。灞河左岸支流浐河源出蓝田县西南秦岭北坡汤峪乡月亮石沟，在西安市长安区境纳岱峪河、库峪河，于西安市东郊纳荆峪沟，过半坡遗址所在的半坡村，至西安市东北郊谭家乡广太庙注入灞河。河长64千米，平均比降8.9‰，流域面积760平方千米，年均径流量1.88亿立方米。岱峪以下河流平稳顺直，多泉水补给，两岸河漫滩宽阔，阶地完整，左为少陵原，右为白鹿原。隋唐之际，修龙首渠引河入长安城，是兴庆宫、大明宫的主要水源。浐河原是渭河一级支流，后因灞河西倒夺浐而成为灞河支流。

十二、戏河

戏河发源于西安市临潼区仁宗乡仁宗村，流经仁宗、东岳、穆寨、土桥、代王、纸李、零口、新丰、何寨等9个乡镇，在新丰镇胡家窑村入渭河，主河道长32.23千米，控制流域面积115.4平方千米（含蓝田县0.62平方千米），多年平均径流量797万立方米，常流量0.1立方米每秒，河床比降为山区43.38‰、塬区13.64‰、平原区5.93‰。秦时，章邯带兵在此与起义军对峙。

十三、零河

零河是临潼、渭南两县界河，古时称泠水，因源于蓝田县厚子镇西南零沟而得名。流经大王街道、阳郭镇負曲西侧，何刘村东侧、北侧，三张镇南、西侧的深沟中，过白杨街道张义村西北入渭河。沿途汇高湾沟、刘才沟、老虎沟、芋子沟、邢家沟等较大支流。主流长27千米，流域面积303.9平方千米。其中，在临潼境内96.8平方千米，占32.3%。年平均径流量为419万立方米，平均比降为2‰。全流域有长1千米以内的毛沟132条，1～3千米的支沟10条，3～5千米的支沟4条，5千米以上的支沟2条，共148条，长115310米。

十四、沋河

沋河发源于秦岭山脉二郎山南的苌沟，由稠水河、清水河在渭南市临渭区阎村镇史家村汇合而成，干流自川道北流到川口王，经灰堆村穿渭南城到双王街道张庄村东北入渭，全长 42.3 千米，平均比降 3.47‰。流域面积 224 平方千米，年均降水量 790 毫米，年均径流量 3742 万立方米，年均输沙量 86 万吨。1984 年最大洪峰流量 1170 立方米每秒。稠水河，为沋河左岸支流，河长 17.4 千米，流域面积 63.7 平方千米，流域内年均侵蚀模数 6700 吨每平方千米，水土流失是造成沋河严重淤积的主要原因。清水河，为沋河右岸支流，河长 24.1 千米，流域面积 86.8 平方千米。近年在沋河上游发掘的北刘、白庙、史家村仰韶文化遗址，证明氏族社会时，各部落傍水而居，称部族和氏族的首领为酋长，所以，古称“首河”或“酋河”。也有写“犹”河的，新中国成立后才改写为沋河。汇入沋河干流的长 1 千米以内的毛沟有 64 条，1 ~ 8 千米支沟有 22 条，3 ~ 5 千米支沟有 2 条，共 88 条。沿河有拦埝渠，自流灌溉，种植水稻、蔬菜，培育竹林、果园。

十五、赤水河

赤水河为渭南、华县界河。源于秦岭箭峪岭，出峪后西汇桥南东沟、寺峪、羊峪、葫芦峪、黑掌峪、稀屎沟等较大支流，经崇凝、线王、丰原东侧沟里，到程家乡蔡郭村，穿赤水镇北流至念头村东入渭河。因秦岭北麓有铁矿成分，水呈赤色故名赤水河。总流域面积 300.8 平方千米，全长 41.4 千米，平均比降 3‰，年平均径流量 6300 万立方米。1955 年在程家乡蔡郭村调查时发现，1914 年最大流量 910 立方米每秒。1962 年在华县洪水村调查时发现，8 月 15 日洪水流量为 341 立方米每秒。年平均输沙 8.13 万吨。赤水河汇长 1 千米以内的毛沟有 148 条，1 ~ 3 千米支沟有 17 条，3 ~ 5 千米支沟有 7 条，5 千米以上支沟有 3 条，共 175 条。

赤水河流传有周处斩蛟血染河水的故事，是“渭华起义”的发生地。

十六、遇仙河

遇仙河历史上曾叫符禺水、乔谷水、招水等。发源于渭南市华州区大明镇桥峪老牛山下，出峪后沿大明、金惠两乡交界处西北流，经大明乡高楼、孙堡、王崖村等，过陇海铁路后，经赤水镇南会、北会、庵门前向北流，再经河涨村、北杜村，至辛庄乡小涨村渭河大堤以北流入渭河。其支流有金堆峪、小峪、车夫峪、刘家沟诸水。流域面积 158.14 平方千米，干流长 41.47 千米，多年平均径流量 2629.7 万立方米，平均流量 0.834 立方米每秒，调查汛期最大洪峰流量是 512 立方米每秒（1937 年）。

十七、石堤河

石堤河又名沙河，历史上还有石桥水之称。发源于扶风县杏林镇石堤峪内五里场秦岭架，出峪后，流经杏林镇磨村、瓜坡镇寺门前，又北经东赵乡北沙、华州乡宜合堡、侯坊乡贾新堡，至湾柳村，穿渭河大堤河口桥入渭河。支流有马峪、泉沟、五龙沟等。流域面积 188.68 平方千米，干流长 36.76 千米，多年平均径流量 2748.7 万立方米，平均流量 0.872 立方米每秒。据调查，汛期最大洪峰流量为 338.3 立方米每秒。

十八、罗纹河

罗纹河发源于渭南市华州区莲花寺镇小敷峪，出峪后沿少华乡与莲花寺镇交界处北流，经罗纹镇进入下庙镇后，经安家桥折向东北注入渭河。其支流有太平河、潭峪河等。流域面积 151.92 平方千米，干流长 32.75 千米，多年平均径流量 1783.1 万立方米，平均流量 0.565 立方米每秒。

十九、方山河

方山河发源于方山峪，流经白土坡、左家堡、孙庄，在良坊附近注入渭河，全长 20.57 千米，全河流域面积 17.08 平方千米，其中山区 10.8 平方千米、洪积扇和平原集水区（包括地下水，以下各河同）7.72 平方千米。方山河多年平均径流量 273 万立方米，多年平均流量为 0.056 立方米每秒，调查最大洪峰流量 237 立方米每秒（1937 年）。

二十、罗夫河

罗夫河有东、西两源，最长的东源发源于华阴市华阳乡的后沟，西源发源于华县境内，二源在华阳乡八里桥附近汇合，在华阳乡草滩附近进入华县港子街段，后于桃下镇的牛圈沟进入华阴，流经罗敷、桥营，北流汇入渭河，是进入三门峡库区的渭河南山支流之一，在其上游自西向东分别汇集了柳峪、大夫峪和竹峪 3 条支流，总流域面积 140 平方千米，罗夫河自南而北入渭，河道全长 47.2 千米。据罗敷堡水文站资料，多年平均径流量 3942 万立方米，实测最大洪峰流量 243 立方米每秒（1957 年 7 月 17 日）。调查最大洪峰流量 560 立方米每秒（1901 年）。

二十一、柳叶河

柳叶河发源于仙峪，流经仿车、王道、南营，在北严村附近注入渭河。全长 30.6 千米，山区段长 16 千米，全河流域面积 134.9 平方千米，其中山区 91 平方千米、平原区 43.9 平方千米。柳叶河多年平均径流量 2887 万立方米，多年平均流量 0.912 立方米每秒，调查最大洪峰流量 226 立方米每秒（1953 年 8 月 1 日）。柳叶河的主要支流有瓮峪河、台峪河、黄峪河和桃峪河。其中，瓮峪河长 20 千米，流经八里、五方，在南营村西注入柳叶河。流域面积 45.75 平方千米，是柳叶河的最大支流。瓮峪河调查最大洪峰流量 64 立方米每秒（1953 年 8 月 1 日）。

二十二、长涧河

长涧河源于黄甫峪，流经红岩、西关、风匣城，在东阳村附近注入渭河，全长 29.4 千米，山区段长 15 千米，全河流域面积 118.6 平方千米，其中山区 65.3 平方千米、平原区 53.3 平方千米，多年平均径流量 2390 万立方米，多年平均流量 0.758 立方米每秒，调查最大洪峰流量 309 立方米每米（1953 年 8 月 1 日）。长涧河的主要支流有华山峪河、牛心峪河（长 5 千米）、杜峪河（长 16 千米）。

渭河右岸其他支流基本情况统计见表 1-3-3。

表 1-3-3　渭河右岸其他支流基本情况统计

序号	河流名称	河长 /km	比降 %	流域面积 /km²
1	大冷滩沟	10.0	68.7	45.4
2	七里沟	11.0	71.9	30.3
3	安坪沟	13.1	4.9	42.6
4	晁峪河	16.4	31.0	70.4
5	太寅沟	13.5	37.5	39.6
6	清水河	28.4	35.2	162.5
7	磻溪河	25.7	35.6	67.5
8	麦李河	18.1	19.5	63.7
9	西沙河	24.9	37.0	67.0
10	马尾河	26.9	33	85.4

第四章　湖、池、泉

地理学上把四面都被陆地包围的水域称为湖。池是指四面都是陆地、中间低洼、可以蓄水的地方。汉语对湖池的解释是指湖泊池沼。渭河流域关中地区时常湖池不分，如昆明湖（池），这可能和历史的传承、习惯有关。在一般传统理解上，池小于湖且分布广，如关中地区的涝池，历史上几乎每村都有。泉是一种特殊形式的地下水。渭河流域的地质构造使其泉系发达，且一般均具有较高的水温和丰富的化学成分，利用价值较高。关中湖、池、泉和渭河水系紧密相关，是渭河水系的重要组成部分。

第一节　湖　泊

关中境内有天然湖泊和人工湖泊。天然湖泊是因自然地质变化或低洼地雨水聚积而形成的。关中天然湖泊少而分散，散见的有长安翠华山的太乙池，太白山的“大爷海”“二爷海”等。历史上，泾阳县的焦获泽，渭南市临渭区的金氏陂。人工湖一般是人们有计划、有目的挖掘或修筑出来的一种湖泊，是非自然环境下产生的，人工湖泊多为古今城市供水、环境改善、园林建设而建，包括景观湖和大型的水库，如西安的兴庆湖、宝鸡的金渭湖等。渭河关中地区人工湖泊数量较自然湖泊数量多。

一、天然湖泊

（一）焦获泽

焦获泽，又称焦护泽，在今泾阳县西北。《诗·小雅·六月》云：“猃狁匪如，整居焦获。侵镐及方，至于泾阳。”《毛传》说：“焦获，周地，接于猃狁者。”《释文》称：“《尔雅》十薮，周有焦获。”焦获古为“十薮”之一，又名瓠口，《史记·河渠书》《汉书·河渠志》皆载郑国渠“凿泾水自中山西邸瓠口为渠”，泾河出仲山峡谷进入平原处地形与剖开的葫芦口相似。引泾“瓠口”即古之焦获泽所在。

（二）金氏陂

《新唐书·地理志》载，下邽县（今渭南市临渭区渭河北）“东南二十里有金氏二陂。”《太平寰宇记》载：“汉昭帝（前86—前74年）时以金日磾有功赐其地因名。有西陂、东陂及月陂，皆名金氏陂。唐武德二年（619年）引白渠入陂。”该渠由临潼康桥北引泾东流入临渭境，从官底镇向东南流，经故市镇白渠渡村，再东南流到孝义镇金家滩附近入渭河，陂址在渠的东西两边故市、交斜、孝义及信义一带，如今水陂早已不存，仅余洼地一大片，少数地段雨季仍有明水。

（三）太乙池

太乙池，又名太乙湫、天池，位于西安市长安区终南山太乙谷谷口上游约6千米处，因山峰崩塌落入太乙谷溪流壅水而成。池水海拔约1150米，面积百余亩，蓄水百万立方米，可灌田万亩，在翠华山风景区内，易名为翠华湖。

（四）太白海池

太白海池位于秦岭主峰太白山顶最高点八仙台（又称拔仙台、八仙绝顶）附近，由八仙台西北400米处的大爷海起，向东略偏南有二爷海、三爷海、玉皇池、三清池等，被誉为“太白明珠”，均属高山冰蚀湖。太白山主体是酸性岩浆大规模侵入形成的太白岩基，出露岩石主要为花岗片麻岩，在第四纪古冰川强烈作用下，水蚀、冰碛形成了一整套冰川地貌，冰川消融后冰斗底部洼地积水成湖。大爷海水面海拔3550米，面积10.2亩，深17米，在太白县境内；二爷海在八仙台西南400米处，跨入周至县境，海拔3610米，面积7.05亩，深10米，为黑河源头，湖水清澈碧绿，“无寸草点尘，无诸水族”（《眉县志》）；三爷海更向南，海拔3485米，原有面积约27.5亩，现今湖水已退缩至冰坝附近，湖面日益缩小；玉皇池曾是太白山最大的湖，面积约135亩，湖面海拔3350米。

二、人工湖池

（一）兴庆湖

兴庆湖在唐兴庆宫龙池的基础上建成，占地面积150亩，从浐河引水。湖东岸建有沉香亭，重檐琉璃瓦，可望全湖。湖中靠北另有湖心岛一个。湖岸曲折多变，窄处多有小桥通过。游客可划船或垂钓。湖西建有花萼相辉楼、兴庆楼、缚龙堂等仿唐建筑。

（二）未央湖

未央湖于1997年建成，水域面积480亩，是西北最大的以水体为主的游乐园，主要有高架水滑梯、快艇摩托艇、水上飞机、手划船等；水源主要是井水和再生水。位于渭河右岸约3千米、西安市北郊15千米处，距咸阳国际机场18千米，西铜一级公路东侧。

（三）曲江池

曲江池位于西安曲江新区东南部，因水流曲折得名。这里在秦代称恺洲，并修建有离宫称“宜春苑”，汉代在这里开渠，修“宜春后苑”和“乐游苑”。隋营京城(大兴城)时，宇文恺凿其地为池。隋文帝称池为“芙蓉池”，称苑为“芙蓉园”。唐玄宗时恢复“曲江池”的名称，而苑仍名芙蓉园。据记载，唐玄宗时引浐水，经黄渠自城外南来注入曲江，且为芙蓉园增建楼阁。盛唐时期，曲江池的繁盛达到了顶峰时期。曲江池水面面积约0.7平方千米。全园以水景为主体，一片自然风光，岸线曲折，可以荡舟。池中种植荷花、菖蒲等水生植物。亭楼殿阁隐现于花木之间。唐代曲江池作为长安名胜，定期开放，都城人均可游玩，以中和（农历二月初一）、上巳（三月初三）最盛；中元（七月十五日）、重阳（九月九日）和每月晦日（月末一天）也很热闹。曲江流饮是为“关中八景”之一。

（四）昆明池

昆明池位于西安市长安区鱼斗路，地处西安城西的沣水、潏水之间。昆明池原址为周王朝的灵沼所在地，其地势低洼，水量较小。汉武帝元狩三年（前120年），开凿昆明池。

主要目的在于拓宽加深灵沼，并扩其地以象滇池，让军队练习水战。修建时将独立流入渭河的潏水、滈水两条河流，在今香积寺附近筑堰使二水相汇西流，人称洨水，在今堰头村附近又折向北流，至石匣口村，汇集于人工开凿、拓宽后的湖区，从而形成昆明池。

昆明池总占地面积3.32平方千米，池面332公顷，蓄水量约5000万立方米。昆明池作为中国古代较大的人工湖，开大型水体为核心的园林建设的先河，有三大作用：一是昆明池可以为运渠提供水源和供皇室游幸，二是重要的水产养殖基地，三是关中大运河漕渠的主要水源。

唐代几次疏浚昆明池，并把沣水引入池中，基本保持汉时风貌。唐文宗大和年间（827—835年），因向昆明池输水的石竭堰堵塞，池水逐渐干涸，变为大片农田。唐代后期，昆明池因长年缺乏维修，堤堰多有崩溃，逐渐干涸衰落。宋代，昆明池已有名无实，被广阔的农田所取代。2015年，陕西省实施南水北调“引汉济渭”工程，为调节水量，在昆明池旧址建设斗门水库（昆明池）。

（五）渼陂湖

渼陂湖位于西安市鄠邑区涝河西畔。渼陂，即渼水汇成之陂，一泓荡漾，也称美陂，一说其水甘美，一说陂中产鱼甚美。湖水发源于终南山谷的渼水，汇合了胡公泉、白沙泉诸水北流，经锦绣沟后蓄积成湖。

渼陂湖区域文化遗迹丰富、时间跨度长，秦惠文王设上林苑，渼陂为上林苑之一，湖区范围内有周王季陵、秦九女冢、空翠堂等景点遗迹10多处，是秦汉上林苑、唐代游览胜地。杜甫、岑参、苏轼、程颢等文人墨客都曾在此泛舟、赋诗，有“关中山水最佳处”之美誉。

涝河渼陂湖水系生态修复工程是涝河蓄滞洪区建设的重点工程，是西安市持续推进“八水润西安”工程的重要节点。涝河渼陂湖水系生态修复工程主要包括涝河河道综合治理、渼陂湖水系生态文化修复两部分。

（六）金渭湖

金渭湖位于渭河宝鸡市区段20多千米的河道内，西起宝成铁路大桥，东止马营渭河大桥下游350米的河段。水面面积140万平方米，最大库容238万立方米。

20世纪70年代以来，由于上游河道水沙条件变化，河床常年干涸，砂石裸露，荒草丛生，加之一些群众在河道乱采砂石，河道脏、乱、差现象十分严重。为改变这一状况，提升宝鸡市区生态环境面貌，宝鸡市于2000年初编制了《渭河宝鸡市区段防洪暨生态治理工程规划方案》。工程分两期完成：一期工程在河道北侧修建3.2千米护滩隔堤，绿化美化滩地，建成占地面积60万平方米的渭河公园。二期工程在渭河马营大桥下游350米处修建拦河闸工程，在市区中心地带形成长1.65千米、面积140万平方米的人工水面；结合水面建设，对渭河两岸7.23千米（其中南岸3.1千米、北岸4.13千米）堤防进行防渗加固，堤顶硬化、美化，解决下闸蓄水后的堤防渗漏、浸没等问题。整个工程总投资1.38亿元。

规划提出后，中央、省、市三级科研机构及相关部门先后组织水利专家召开各类研讨会40多次，西北农林科技大学水利科学研究所对项目进行了9个月的物理动床模型试验和计算模拟论证，其防洪、渗漏、泥沙淤积、洪水、排污等11个问题全部得到解决。项目可研报告经过 8 次修改完善，为工程建设奠定了基础。

2003 年 11 月 3 日，水利部黄河水利委员会以黄水政字〔2003〕12 号下发了《渭河宝鸡市区段防洪暨生态治理工程项目审查同意书》。

渭河拦河闸工程于 2003 年 10 月 28 日开工。2004 年 11 月 6 日下闸蓄水。后经广大市民推荐，评选论证，命名为“金渭湖”，其含义一是该湖位于金陵河和渭河交汇处，具有明确的指位性；二是金台、渭滨两区行政区域界线通过湖心，湖北属金台，湖南属渭滨，两区对湖面拥有行政区域管辖权和保护权；三是有金色渭水之湖的雅意。

（七）杨凌水上运动中心

杨凌水上运动中心位于杨凌农业高新技术产业示范区南端，是利用渭河左岸原有低洼荒地为第四届全国城市运动会的水上比赛修建而成的。主航道全长 2250 米，平均宽度 200 米，设有 9 条航道，水域面积近 70 万平方米，正常水深为 5 米以上。水源采用北偏西向南偏东的地下水自然补给，水质清澈无污染，水面宽阔，是水上运动极为理想的比赛场地。水面设有上、下水码头 4 个，浮船码头 1 个，可承办国际国内赛艇、皮划艇的重大比赛。比赛之余也是人们休闲、娱乐的良好场所。

工程于 1998 年 7 月 16 日动工，1999 年 8 月竣工。已先后举办了第四届全国城市运动会赛艇比赛和 2000 年全国赛艇青年锦标赛、中韩赛艇对抗赛、欧洲赛艇锦标赛等重大竞赛活动。杨凌水上运动中心为适应广大群众体育休闲和健身消费的需要，相继开发了水上快艇、水上自行车、划船、情侣自行车、火箭蹦极、矿山车、越野卡丁车、水上飞机等项目。中心还为孩子们修建了儿童娱乐场。2004 年，杨凌水上运动中心被旅游部门评为 AA 级景区。

（八）咸阳湖

咸阳湖位于渭河咸阳城区段，西起咸通路，东止渭河铁路桥，全长 4.7 千米，宽 600 ~ 800 米，占地面积约 240 公顷。咸阳湖工程于 2004 年 10 月全面开工建设，2005 年 7 月立坝蓄水，主要由防洪工程和生态景观工程组成。防洪工程采用中隔墙的方式将 500 米宽的渭河主河道一分为二，南侧为泄洪河道，北侧用橡胶坝蓄水形成了面积达 124 公顷的湖面，生态用水主要由渭河补水和中水利用。咸阳湖的建成，使渭河咸阳城区段的滩面资源得到充分利用，环境得到了根本改善，还有调节城区气候、提升市区生态环境的功能。成为以渭河为轴、以古咸阳秦汉历史文化为背景，与“渭滨公园”“古渡公园”“统一广场”“清渭楼”“古渡遗址”“渭水晚情”“上林晨曦”等一并展示古都咸阳厚重的历史文化内涵的重要区域。

（九）凤翔东湖

凤翔东湖位于宝鸡市凤翔县城东门外，面积 200 余亩，是关中最古老的城市园林之一。相传周文王时，有凤凰饮水于此，故名“饮凤池”。唐开皇年间曾在此建“岐阳宫”。宋仁宗嘉祐七年（1062 年），著名文学家苏轼任凤翔通判时，亲自设计督导施工，扩建“饮凤池”，由城西北凤凰泉引水环城东入池，并植柳栽荷；同时修建了亭台阁榭，因其位于凤翔城东，于是，将“饮凤池”改名东湖。湖水面积 57600 平方米，经过历代修葺，以两段石桥、一条花径、三方沙洲为界，分为南、中、北三湖。湖边还建有“来雨轩”“洗砚池”“望苏亭”等。苏公祠位于湖的北岸，祠内有“喜雨亭” “凌虚台”等，还珍藏着苏东坡的真迹梅、兰、竹、菊画以及诗词、书法的碑刻。每值仲春，堤柳垂丝，柳絮纷飞，犹如雪花扑面，东湖柳遂闻名遐迩，位列凤翔“三宝”之首。湖面荷花映波，碧水荡漾。园内湖光融融，林亭掩映，浓荫密布，环境幽雅，游人如织。

（十）卤阳湖

卤阳湖位于渭南蒲城国家湿地公园内，北距蒲城县城 15 千米，南距西安 78 千米。是一个天然内陆型湖泊湿地，东西长 30 千米，南北宽 1.5 ~ 7 千米，海拔 372 ~ 400 米，总面积 1470 公顷。杨爵拜水、板桥古渡、关中道情、宣帝游猎、笑纹石等彰显着卤阳湖深厚的历史文化底蕴；湖区水天一色、波光荡漾、芦苇摇曳，生物多样性特色鲜明，是各种珍稀生物栖息、繁衍的理想区域。

关中湖泊还有：渭南林皋湖（水库）、同州湖（已填埋）、永丰湖（大峪河水库）、明心湖（渭南师范学院），西安紫微湖、西安湖，铜川锦阳湖（水库）等。

第二节 涝　池

涝池指的是在干旱地区，为充分利用地表径流而修筑的蓄水工程。天涝时就会积聚周围流过来的雨水。在干旱缺水的乡村，这种涝池雨天里积聚的水可以供人们洗菜、饮牲口、洗衣物，间或有灌溉功能等。关中地区历史上涝池非常普遍，几乎每村都有一两处，是承载着许多人成长记忆的地方，涝池也是一个村落的标志，更是渭河水系的组成部分。近年来，随着乡村经济的发展，自来水的供水到户，涝池人畜用水功能逐步消失，数量在锐减和消失。2016 年 7 月，为进一步改善农村环境、留住历史记忆、助力美丽乡村建设和振兴战略的实施，陕西省启动农村涝池水生态修复与整治工作。

一、关中涝池

（一）涝池岸村涝池

涝池岸村涝池位于陕西宝鸡扶风县杏林镇，距县城东 7 千米处，因有 500 多年历史的古涝池而得名。涝池岸村的涝池是陕西省确定的首批修复整治试点之一。水利部门用时一个多月，对原来的涝池进行了清淤，扩大成葫芦形，容积达到 4600 立方米。为了保持涝池水质清洁，由宝鸡峡灌区渠道接入了引水管，并配建了人工湿地污水处理系统。重建的涝池不仅修复了蓄排水功能，还在周边建设了休闲广场、人行步道、草皮护坡、文化墙、观景亭等设施，供村民休憩娱乐。

（二）宝鸡市陈仓区第四村涝池

位于慕仪镇，有一大一小南、北两座涝池隔路相依，互相连通。涝池草坪护坡，岸畔杨柳依依，池中碧水悠悠。

（三）宝鸡市凤翔区南指挥镇白家凹村涝池

2017 年，宝鸡市凤翔区南指挥镇白家凹村多方筹资 210 万元，对村涝池进行改造重建，建成总面积 8000 多平方米的生态湖，实现了华丽变身，昔日的涝池变身人工生态湖，成了美丽乡村建设的一张新名片。

涝池的改建不仅满足了白家凹村防洪排涝、保塬固沟的需要，而且成了当地老百姓垂钓、休闲、娱乐的好去处。

（四）孝义涝池

孝义涝池位于渭南市临渭区孝义镇，2018 年成为陕西省文物保护单位。与很多因地势低洼而自然形成的涝池不同，孝义涝池是人工开凿的。涝池北端岸边还有一座砖砌影壁，长 5 米，厚 0.4 米，高 3.5 米，顶部有砖雕椽头屋脊等。

二、农村涝池水生态修复与整治

20 世纪七八十年代，涝池在关中农村随处可见。随着农村经济社会的发展，以及农民生产生活方式的改变，关中地区绝大多数涝池逐渐演变成了垃圾场、污水坑，不仅丧失了蓄滞洪水的功能，还成为污染农村环境的“伤疤”。2016 年 7 月，陕西省启动农村涝池水生态修复与整治工作。在遵循“恢复蓄水排涝、修复自然生态、连通区域水系、惠及民生需求、传承历史人文、持续安全管护、工程措施非工程措施结合、水域岸线自然，充分利用当地资源”的思路基础上，坚持“与水土流失综合治理、与农村环境综合整治和美丽乡村建设、与农业产业结构调整和农民脱贫致富、与关中水系联调连通联控建设相结合”四原则，共规划修复整治涝池 9070 座，其中防洪排涝型涝池 2470 处、人文景观型涝池 2861 处、蓄水灌溉型涝池 2320 处、水系连通型涝池 1018 处、生态湿地型涝池 401 处，总投资 22 亿元。恢复整治涝池，成为流域内关中水系规划的一个新亮点。为此，2016 年 7 月陕西省水土保持局编发《陕西省涝池建设技术导则（试行）》。2017 年，全省共完成农村涝池水生态修复整治 1521 座，大多在关中。2018 年开始，将涝池建设纳入陕西省水土保持补偿费奖补对象。2021 年 6 月 7 日，陕西省城乡建设厅颁布《陕西省涝池技术规程》。随后，陕西省质量技术监督局发布陕西省地方标准《美丽乡村涝池建设规范》（DB61/T—2017）。

第三节 泉

关中平原是一个构造活动十分强烈的地区，其与周围地区的交接部位断裂构造非常发育。因此，沿断裂带常有温泉出露。如秦岭北麓的临潼华清池温泉、蓝田汤峪温泉、眉县凤凰泉、宝鸡温汤温泉以及北山山麓的岐山珍珠泉、泾阳筛竹洞温泉、蒲城温汤泉等。陕西十大温泉都集中在关中地区，包括华清池温泉、蓝田汤峪温泉、华山御温泉、华清爱琴海国际温泉、东大秦龙温泉、西安渭水园温泉、西安东大南山温泉、汤峪碧水湾阳光浴场、咸阳地热城、咸阳海泉湾温泉世界等。

一、华清池温泉

华清池温泉位于西安市临潼区南骊山北麓。它在全国 2700 多处温泉中，因开发利用早，并被历代帝王青睐而享有“天下第一温泉”的美誉。早在 6000 多年前，原始社会姜寨先民就利用温泉繁衍生息，周幽王在此建骊宫。据《太平御览》卷七一引《辛氏三秦记》：

骊山西有温泉。俗云，始皇与神女戏，不以礼，女唾之，则生疮。始皇怖谢，神女为出温泉，后人因洗浴”。汉武帝修建离宫，到了唐代，唐太宗对温泉情有独钟，曾亲自书写《温泉铭》碑，刻立于此。唐玄宗时更是盛况空前，利用山势筑宫殿，砌汤池，建起恢宏壮丽的华清宫。从此，“千官扈从骊山北，万国来朝渭水东”，华清宫不仅是帝王的避寒之宫，也成为商讨国事、接见外国使臣、处理政务之地，故有“第二都城、第二长安”之称。每年十月，唐玄宗携杨贵妃出巡华清宫，第二年暮春才返回长安。华清池温泉现有泉眼4处，每小时流量113吨，泉水无色透明，常年恒温43摄氏度，水中含有益于人体的多种微量元素和矿物质，属中性硫酸氯化物钠型水，对风湿病、关节痛、皮肤病等有一定疗效。华清池有6000年的温泉利用史，3000年的皇家园林史，内有三个游览中心，有以九龙湖、飞霜殿为中心的风景游览区；以御汤遗址博物馆、梨园遗址博物馆、西安事变旧址为中心的文物遗址保护区；以“长汤”“尚食汤”为中心的温泉沐浴区。昔日的皇宫禁苑，天子御汤，今日已成为融风景园林、文物遗址、温泉沐浴于一体的综合性旅游胜地，这正是：“华清池水色青苍，此日规模越盛唐。不仅宫池依旧制，而今民庶尽天王。”

二、蓝田汤峪温泉

蓝田汤浴温泉原名“石门汤泉”，位于蓝田县西南约20千米处的汤峪镇塘子街南，终南山石门岭东端，西峰山的北麓，俗称“东汤峪”（因与地处眉县的西汤峪东西相对而得名）。水系属渭河一级支流灞河 。泉水从地下涌出，温度在58～62摄氏度，在地热地质学中属“热泉”。主泉眼每小时涌水量25吨，水中含有低浓度的硫酸钠以及钾、镁、钙、碘等20多种化学成分，基本上属于低矿化弱碱性的钠水，可以治疗多种疾病。特别是泉水中含有的氡，对某些病症有显著的医疗作用，如促进新陈代谢，镇痛催眠，调节内分泌功能，改善心血管功能，增强造血功能等。早在627年，当地群众就挖塘修泉进行沐浴，唐玄宗时，曾赐其名为“大兴汤院”，并按泉水的温度由高到低，开辟了玉女、融雪、连珠、漱玉、濯缨5座汤池，供官民洗浴。直到清朝初年，这里仍然修建有4座塘池：官塘供官绅，澡堂供平民，女塘供妇女，花塘供患者。每年从四乡八镇赶来的洗浴者人山人海，摩肩接踵，故有“桃花之水值千金”之说。不少来治疗的患者，由于沉疴痼疾得到了治疗，恢复健康，激动之余不免挥毫泼墨，吟诗作赋以颂扬汤峪温泉，是全国16个重点温泉之一。

三、眉县西汤峪（太白峪）

眉县汤峪温泉又名“凤凰泉”“西汤峪”（又称太白山汤峪温泉），位于眉县太白山北麓的汤峪口，在太白山森林公园的入口处，渭河一级支流石头河支流西汤峪河旁。称“西汤峪”是为与陕西蓝田汤峪（东汤峪）对应。这里山环水绕，古木葱郁，景色如画，因地处龙凤、凤凰两山环抱之中，故名凤凰泉。据记载，“凤凰神泽”为眉县八景之一。隋文帝杨坚曾在此建凤泉宫作为避暑洗浴之地，唐玄宗曾三临其地，赐名“凤泉汤”。眉县汤峪温泉现有大泉三口，日涌水量400多吨。水温经常保持在60摄氏度左右，水中含有钾、钠、镁、铁、钙、碘等多种元素，因硫酸钠含量较多，故定名为“低矿化弱碱性硫酸钠型高温泉”。

四、渭南“380”奥陶系灰岩水

因地热水水面高程在380米左右，故名。分布在合阳、澄城、蒲城、大荔、韩城、白水、富平7县（市）境内。据省煤炭和地质部门勘探资料，年可开采量1.25亿～1.57亿立方米。位于澄城县交道乡西塘村西坡下洛河干流东侧的温泉，涌流量1.43立方米每秒，年涌水量达4508.65万立方米，水温29摄氏度。蒲城县沿洛河的东陈镇袁家坡、永丰镇温汤村和平路庙乡常乐村都有温泉出露，水温26～43摄氏度，总流量2.2立方米每秒，水化学类型属重碳酸—钠镁型，矿化度0.9克每升。大荔县洛河南岸段家乡育红村北一级阶地打成自喷温水井4眼，水温41摄氏度，单井涌水量239.9～588.5立方米每小时，日涌水量5.4万吨，自喷水压高出地面29米，矿化度0.97克每升，水化学类型属碳酸、重碳酸—钠钙型。2002年，大荔洛北已有18个乡镇240个行政村的40万人饮用上优质矿泉水。已知的还有蒲城的汤里温泉，水温26~34摄氏度；常乐温泉，水温43摄氏度；等等。20世纪90年代以来，渭南在迎宾馆、煤田129队、兵工051基地钻探地热井，利用这一地热资源。其中，渭南市政府招待所地热井，井深2451米，水量55立方米每小时，实测井口水温92摄氏度，水质属氯钠型水，为优质医疗保健热矿水 。

五、渭南六姑泉

渭南六姑泉又称瑞泉瀑布，属渭南八景之一。地处渭南城区东南方向，出城南行2.5千米，在沈河西岸的西塬半坡，地属蒋家行政村。唐、宋、金、元在此设寺设观。明嘉靖年间，该县名士南大吉罢官后曾在此建“ 沈西草堂”，从事讲学和著作。渭华起义前，渭南县委在这里开过多次会议，磋研起义方案。因其环境优美、松青柏翠、地形别致、风光宜人，又有莲花鱼池、亭台庙宇，一年四季游人不绝；特别是三月三庙会，更是热闹非凡，为人们向往的旅游景点。

六、岐山德润泉

岐山德润泉位于陕西省宝鸡市岐山县城西北8千米凤凰山下的周公庙内，泉池直径3米多，泉水从石龙口中喷流而出。此泉属间歇性冷水泉，始涌于唐代大中元年（847年），凤翔观察节度使崔珙视为祥兆，奏于朝廷，唐宣宗李忱赐名为“德润泉”，其水清澈甘洌，为周公庙胜景之一。

七、咸阳马跑泉

咸阳马跑泉位于陕西省咸阳市西郊10千米处，是平原上涌出的泉水。相传唐太宗在此狩猎路过口渴，其坐马用蹄掘地得泉，故名“马跑泉”，分南北二泉，北泉直径2丈9尺(9.66米)，水深5尺(1.66米)，南泉直径1丈2尺(约4米)，水深5尺(1.66米)。因临近大路，饮泉者无数。现泉水变小，但仍晶莹见底，其味甘醇。

八、泾阳筛珠洞泉

泾阳筛珠洞泉位于陕西省咸阳市泾阳县泾惠渠首，泾河峡谷左侧，是典型的构造泉，沿峡谷出露三四里路之远（顺构造带方向），成为较罕见的一处群泉。主泉口称“筛珠洞”，其他大股分别称“龙洞”“琼珠”“鸣玉”“鸣琴”“倒流”“暗流”“天涝池”等。筛珠洞口的流量经近30多年的历次实测，始终保持1400吨每小时左右，水温则冬夏均保持在 22 摄氏度上下，水清透明，矿化度 0.39 克每升，属重碳酸钙镁型矿泉水，与北山山脉各岩隙泉相同。

筛珠洞泉于清乾隆二年（1737 年）起取代了引泾渠道供水水源，史称“拒泾引泉”，命名渠道为“龙洞渠”，成为泾渠历史上重要一段。诸泉流量不一，形态各异，或喷涌如激，或涓涓细流，或泉流石上散如珠玉，经引导之后以长渠导出谷外，四季长流，殊为壮观。近代李仪祉主持建成的泾惠渠，仍以筛珠洞主泉和几个大小泉汇流入渠。至今渠首一带仍然山泉汩汩，漱珠喷玉。据专家考证，这里的泉水富含硒、钾、锂、锌、草酸、偏硅酸等有机质和微量元素，常饮能延年益寿。2015 年，泾阳县与陕西省水务集团合作，建设了张家山群泉引水工程，对王桥镇张家山泾河左岸，泾惠渠渠首大坝至管理站之间，长约 1500 米的群泉水进行收集，并在泾惠渠首站附近建设净化处理厂，通过加压输送泾阳县城及泾河新城。从根本上改善了泾阳县饮用水水质，彻底解决 2 城（泾阳县城、泾河新城）8 镇（王桥镇、桥底镇、中张镇、泾干街道、永乐镇、崇文镇、云阳镇、三渠镇）110 个村 32 万人的安全用水问题，有力提升了当地群众的生活品质。

九、大荔龙首泉

大荔龙首泉位于陕西省渭南市大荔县城西北 23 千米的铁镰山北麓洛河一级阶地段家镇育红村北。1985 年发现优质矿泉水，相继打 4 眼自喷井，日涌水量 5.6 万立方米，其流量之大甚为罕见。龙首泉水经科学鉴定为优质天然矿泉水，4 项指标（矿化度、偏硅酸、锶、溴）的含量已达到饮用天然矿泉水的国家标准。大荔龙首泉同时又是温泉，水温 41 摄氏度，可直接饮用、沐浴。龙首泉涌水量大，流量稳定。在联合国粮食计划署的援助下，1985—1990 年，利用龙首泉水源，建成全县城乡供水工程，使全县 36 万人民用上矿泉水，结束了几千年来喝含氟水的历史。

十、白水杜康泉

白水杜康泉位于陕西省渭南市白水县大杨乡杜家壑村的杜康沟。杜康即少康，传说为酿酒的发明者，《说文解字》有“古者少康初作箕帚，秫酒”的记载。

据《白水县志》和有关碑石记载，杜康字仲宁，为白水“六贤”之一，善于酿酒。杜康死后葬于杜康沟，现有杜康墓、杜康庙、杜康桥等胜迹。

杜康泉泉水清澈，水质甘甜，造酒尤佳，流量稳定，至冬不枯。

第五章 水沙资源

渭河水资源主要由地表水和地下水组成。地表水主要来源于雨水，地下水主要来源于陆地表层岩石、土壤孔隙和裂隙中的水。依据《陕西省第三次水资源调查评价》成果，1956—2016 年渭河流域多年平均水资源总量 73.29 亿立方米，其中地表水资源量 54.47 亿立方米，地下水资源量 46.05 亿立方米，两者重复量 27.23 亿立方米。地表水与地下水相互循环，互为补充，是人们生活用水、工业用水和农业灌溉用水的重要来源。

渭河是多泥沙河流，且水沙异源、年内分布不均。多年来，随着流域内水利水保措施的逐步完善，下垫面条件发生了显著变化，水沙情势随之发生变化。根据渭河林家村、魏家堡、咸阳、临潼 4 个水文站 1950—2021 年实测资料统计，各站多年平均输沙量分别为 1.09 亿吨、0.98 亿吨、0.97 亿吨、2.59 亿吨。

第一节 地表水

依据《陕西省第三次水资源调查评价》成果，1956—2016 年渭河流域地表水资源量 54.47 亿立方米。渭河流域多年平均地表水可利用量 19.69 亿立方米，可利用率 36.15%；其中北洛河地表水可利用量 4.26 亿立方米，可利用率 47.07%；泾河地表水可利用量 1.33 亿立方米，可利用率为 35.04%。

一、径流特点

（1）地区分布不均匀，渭河南岸来水量占渭河流域来水量的 48% 以上，而集水面积仅占渭河流域面积的 20%。南岸径流系数平均 0.26，是北岸的 3 倍左右。

（2）年际变化大，C_V 值 0.3 ~ 0.6，最大年径流量 218 亿立方米（1964 年），是最小年径流量 43 亿立方米（1995 年）的 5 倍以上。75% 偏枯水年份和 95% 枯水年份流域天然径流量分别为 73.54 亿立方米和 50.34 亿立方米。

（3）年内分配不均匀，汛期 7—10 月来水量约占全年的 60%，其中 8 月来水量最多，一般占全年的 14% ~ 25%；1 月来水量最少，一般仅占全年的 1.6% ~ 3.1%。

（4）季节变化明显，干流径流量以秋季最大，占年径流量的 38% ~ 40%，夏季占 32.8% ~ 34.2%，春季占 17.7% ~ 19.1%，冬季占 8.3% ~ 9.9%。南岸支流黑河及以西的河流夏季径流量大，秋季次之；黑河以东的河流则以秋季最大，夏季次之。北岸支流以千河径流的年内分布最不均匀，秋季径流量占 52.6%，夏季径流量只占 23.5%，春季径流量也较低，占 14.6%。漆水河径流量的年内分配比较均匀，春季占 23.2%，与夏季（25.1%）

相近，冬季高达 15.8%，比千河春季径流量还高，其原因在于受下垫面因素的影响。

二、实测径流特征值

渭河上游建有北道、拓石 2 处水文站，渭河中游建有林家村、魏家堡及咸阳 3 处水文站，渭河下游建有临潼、华县 2 处水文站。根据渭河流域各水文站 1950—2018 年（拓石水文站为 2001—2018 年，临潼水文站为 1961—2018 年）实测流量资料统计分析，渭河上游北道水文站年平均径流量为 10.77 亿立方米，拓石水文站年平均径流量为 10.97 亿立方米；中游林家村水文站年平均径流量为 16.13 亿立方米，魏家堡水文站年平均径流量为 27.44 亿立方米，咸阳水文站年平均径流量为 39.31 亿立方米，临潼水文站年平均径流量为 63.49 亿立方米。各水文站最大年径流量一般为最小年径流量的 4.87 ~ 58.1 倍。径流量主要集中在汛期，汛期径流量占年径流量的 64.9% ~ 69.3%。各水文站年径流特征值统计见表 1-5-1。

表 1-5-1　渭河干流各水文站年径流特征值统计

河名	水文站	控制面积 / km^2	年平均径流量 / 亿 m^3	C_V	C_V/C_V	实测最大年径流量 W		实测最小年径流量 W		变幅 $\frac{W大}{W小}$
						值	发生年份	值	发生年份	
渭河	北道（南河川）	24871	10.77	0.65	2.0	30.34	1967	1.286	1997	23.6
渭河	拓石	29092	10.97	0.65	2.0	23.82	2013	4.89	2016	4.87
渭河	林家村	30661	16.13	0.65	2.0	48.82	1964	0.8401	1997	58.1
渭河	魏家堡	37012	27.44	0.60	2.0	78.55	1964	3.99	2002	19.7
渭河	咸阳	46827	39.31	0.60	2.0	111.7	1964	5.279	1995	21.2
渭河	临潼	97299	63.49	0.60	2.0	176.4	1964	18.19	1997	9.7

根据统计，渭河 1950—1990 年处于丰水期，最丰时段集中在 20 世纪六七十年代，70—90 年代呈现减弱趋势；1990 年以后，河流来水逐渐减少，河道进入了枯水期，据统计，林家村水文站多年平均径流量减少了 72%，魏家堡水文站多年平均径流量减少了 80%。渭河干流多年实测径流年际变化情况见表 1-5-2。2020 年渭洛泾河径流量见表 1-5-3 。

表 1-5-2　渭河干流主要水文站多年实测径流年际变化

单位：亿 m^3

水文站	20 世纪 60 年代	20 世纪 70 年代	20 世纪 80 年代	20 世纪 90 年代	2001—2007 年	多年平均
林家村	33.05	14.56	18.2	6.06	5.09	16.73

续表 1-5-2

水文站	20 世纪 60 年代	20 世纪 70 年代	20 世纪 80 年代	20 世纪 90 年代	2001—2007 年	多年平均
魏家堡	50.27	27.45	33.86	15.60	15.73	29.40
咸阳	64.67	34.15	46.74	19.19	22.93	38.47
临潼	97.82	56.77	79.01	38.23	49.98	65.65
华县	100.13	55.61	81.55	39.45	47.93	66.03

表 1-5-3　2020 年渭洛泾河径流量

河流名称	计算面积 / km^2	年径流量 / 亿 m^3	多年平均径流量 / 亿 m^3	与多年平均径流量比较 / 亿 m^3	备注
渭河	134766	109.43	97.11	12.32	含泾河、北洛河
泾河	45421	20.46	19.21	1.25	
北洛河	26905	6.97	9.50	-2.53	

第二节　地下水

地下水即贮存于陆地表层岩石、土壤孔隙和裂隙中的水。渭河关中盆地堆积有巨厚的松散沙、砂砾石、粉沙土层，具有良好的储水构造和汇水条件，蕴藏着丰富的地下水资源。根据各地自然因素、水文地质条件，地下水可分为潜水、承压水等。

一、渭河关中地下水分类

（一）潜水

根据关中盆地地层、岩性和地貌条件，潜水可分为下列 3 类：

（1）冲积平原沙、砂砾石层孔隙水。分布于渭河及其支流河漫滩和各级阶地平原。埋深 5 ~ 20 米，水层厚度 10 ~ 70 米。其中，河漫滩地和一、二级阶地的含水层厚，水位浅，水量丰富，单井涌水量 700 ~ 4000 立方米每天。三、四级阶地水层薄，水位深，水量少，单井涌水量仅 200 ~ 700 立方米每天。此类型地下水水质一般良好，唯有三原至大荔间矿化度高，水质差。

（2）冲—洪积扇裙砂卵石层、黄土状亚黏土夹砂砾石层潜水。前者主要分布于秦岭北麓，潜水层厚 10 ~ 30 米，埋深 5 ~ 25 米。由于地下水在洪积扇前缘往往溢渗成泉，因此该区潜水的水量变化大，单井涌水量大到 2000 立方米每天（洪积扇轴部），小到 250 立方米每天（扇与扇的交接部位）。黄土状亚黏土夹砂砾石层潜水主要分布于北山南麓的洪积扇中，埋深 10 ~ 50 米，在分布上表现为北深南浅，单井涌水量小于 200 立方米每天，水质良好。

（3）黄土台塬风积黄土层孔隙水。此类潜水的含水层岩性为黄土状亚黏土，埋深20 ~ 10米，白鹿原及宝鸡贾村塬等地小于60立方米每天。另外，在塬面的一些低洼地区，潜水埋藏较浅，水量比较丰富。本类型潜水多为淡水，水质较好，仅富平、蒲城一带水质差，矿化度高。

（二）承压水

承压水是比潜水埋藏更深的、受上覆岩层重力作用的一种地下水。由于承压水水位较深，因此与上覆潜水相比，承压水的物理、化学性质更趋稳定。关中地区地理环境和地层条件使其地下蕴藏着比较丰富的承压水资源，按照区内承压水的性质、特征和地理分布情况，此种地下水也可分为如下3种类型：

（1）冲积平原砂砾石层中的承压水。广泛分布于渭河平原地面以下40 ~ 300米，含水层为第四系松散堆积物，局部深及第三系砂砾岩，含水层近渭河者厚、远渭河者薄，单井涌水量一般1000 ~ 5000立方米每天，水质良好，东部三原至大荔间涌水量100 ~ 1000立方米每天，水质较差。在某些地段受地质构造制约，承压水水位可能高出地面而自流形成自流水带，岐山蔡家坡附近、兴平马嵬至咸阳间、西安新竹乡以北以及灞河、清河川道中皆有承压水涌出。

（2）洪积扇承压水。含水层为沙及含少量泥质的砂卵石，厚10 ~ 15米，埋深1 ~ 20米，在洪积扇前部水位高出地表而自流。在周至终南镇至长安区间形成一个宽达2 ~ 7千米、长约60千米的自流水带，水质良好。

（3）黄土台塬的地下承压水。分布于渭河南北两岸的黄土台塬区，承压水含水层主要为沙层，局部有砂砾石，层厚10 ~ 60米，埋深40 ~ 100米，蒲城等地埋深较浅。单井涌水量一般100 ~ 700立方米每天，罕井原、贾村原等地为40 ~ 250立方米每天。水质良好。蒲城、富平一带较差，矿化度3 ~ 20克每升，并随含水层埋深的增大而增加。

二、总量与超采监测保护

关中地区地下水资源总量46.05亿立方米，可开采量28.04亿立方米，年均开采约32.6亿立方米，累计超采69.6亿立方米，年均超采4.59亿立方米，形成以沿渭河城市为中心的7000平方千米的超采区。

2013年，陕西省编制了《陕西省地下水超采区划定与保护方案》，划定渭河关中地下超采区14处，其中西安5处、宝鸡2处、咸阳4处、渭南3处。设监测站120处。2020年监测超采区地下水位变化情况见表1–5–4。

表 1-5-4　2020 年渭河平原区地下水超采区水位变化情况

行政区	超采区	地下水类型	超采区面积 /km²	平均埋深 /m			中心埋深 /m		
				年初	年末	年变幅	年初	年末	年变幅
西安市	城区严重超采区	潜水、浅层承压水	187	48.11	47.18	−0.93	96.21	94.49	−1.72
	市郊一般超采区		291	24.06	22.58	−1.48	46.69	45.66	−1.03
	浐灞河间一般超采区		23.3	27.56	27.18	−0.38	74.65	73.10	−1.55
	灞东水源地一般超采区		9	40.37	40.55	0.18	51.18	51.69	0.51
	高陵一般超采区		91	21.17	20.68	−0.49	32.23	29.84	−2.39
咸阳市	城、郊区一般超采区	潜水浅层承压水（上部）浅层承压水（下部）	24.9	19.27	19.39	0.12	26.98	28.24	1.26
	秦都区沣东一般超采区		25.4	14.96	14.22	−0.74	17.99	17.89	−0.10
	兴平兴化一般超采区	潜水浅层承压水	34.6	20.45	19.99	−0.46	31.71	31.12	−0.59
	泾阳云阳一般超采区		44.5	36.87	36.56	−0.29	42.24	42.18	−0.06
宝鸡市	凤翔—岐山一般超采区	浅层承压水	215.2	36.22	35.83	−0.39	52.31	51.60	−0.71
	扶风南阳一般超采区		9.7	41.40	41.12	−0.28	41.79	41.65	−0.14
渭南市	城区一般超采区	潜水浅层承压水	29.2	12.66	12.54	−0.12	19.88	19.55	−0.33
	富平井灌区一般超采区		128.7	52.67	51.66	−1.01	59.65	57.70	−1.95
	蒲城井灌区一般超采区		106.9	27.82	26.95	−0.87	34.36	33.61	−0.75

2020 年，渭河关中盆地地下水监控面积 21394 平方千米，与 2019 年同期比较，地下水位平均上升 0.2 米，区域地下水位总体处于稳定状态。其中，上升区地下水位平均上升 0.89 米，面积 6239 平方千米，占盆地地下水监控面积的 29.16%；下降区地下水位平均下降 0.95

米，面积 1828 平方千米，占盆地地下水监控面积的 8.55%；稳定区地下水位平均上升 0.03 米，面积 13327 平方千米，占盆地地下水监控面积的 62.29%。

第三节　水资源总量

渭河流域多年平均水资源总量 73.29 亿立方米，其中地表水资源量 54.47 亿立方米，地下水资源量 46.05 亿立方米，两者重复量 27.23 亿立方米。各行政区中，宝鸡市水资源总量最大，为 23.26 亿立方米；其次为西安市，水资源总量为 22.51 亿立方米，渭河流域多年平均地表水可利用量 19.69 亿立方米，可利用率 36.16%；其中北洛河地表水可利用量 4.26 亿立方米，可利用率 47.07%，泾河地表水可利用量 1.33 亿立方米，可利用率为 35.04%。秦岭北麓水资源总量约为 42 亿立方米每年，占关中五市一区水资源总量的 61%。年输水量占渭河总水量的 40%。2020 年渭河关中行政分区水资源总量见表 1–5–5。2020 年渭泾洛水资源总量见表 1–5–6。

表 1–5–5　2020 年渭河关中行政分区水资源总量

单位：亿 m^3

行政分区	计算面积 /km^2	地表水资源量	地下水资源量	重复计算量	水资源总量
西安市	9750	22.76	11.60	7.58	26.78
铜川市	3882	1.90	0.94	0.61	2.23
宝鸡市	18131	41.60	18.02	13.61	46.01
咸阳市	9470	4.68	6.70	2.95	8.43
杨凌区	135	0.09	0.21	0.03	0.27
渭南市	11513	6.77	11.24	5.50	12.51
韩城市	1621	0.75	0.82	0.52	1.05
西咸新区	882	0.38	1.10	0.30	1.18
关中	55384	78.93	50.63	31.10	98.46

表 1–5–6　2020 年渭泾洛水资源总量

单位：亿 m^3

河名	计算面积 /km^2	地表水资源量	地下水资源量	重复计算量	水资源总量
渭河	33238	53.43	40.69	23.31	70.81
泾河	9246	4.71	1.67	1.28	5.10
北洛河	24575	6.18	4.41	3.31	7.28

第四节　水质评价

一、天然水质

河流的水化学性质主要是指溶解于河水中的物质的化学性质。这些物质主要是降水、径流溶解岩石、土壤而产生的，进而通过地表径流和地下径流汇入河道。一般将河水中所含各种离子、分子及化合物的总量称为河水的矿化度，因此河水溶解物多，矿化度就高；反之，矿化度就低。关中盆地各地自然地理因素不同，河流水化学类型和矿化度有很大差异。

渭河流域天然水质主要受气候、降雨径流、土壤植被、地质地貌等自然环境影响，潜水水化学特征与地貌及地下水的补给、径流、排泄条件有密切关系。黄土高原的黄土丘陵区，多为低矿化度的重碳酸盐型水；关中盆地多为矿化度小于1克每升的重碳酸盐型水；渭河以北、泾河以东局部地区地下水矿化度较高，为3～5克每升或大于5克每升。流域大部分地区天然水质良好。渭河干流矿化度从上游至下游呈递减趋势。渭河南岸流域内气候湿润，径流丰富，土壤中的可溶性盐类多被淋溶流失，含量甚微，所以河水中钠离子、钾离子、氯离子很少，河水矿化度也低，所以南岸各支流多为重碳酸钙、碳酸氢钠型水，矿化度为130～230毫克每升。总硬度在1.0～3.0毫克当量每升，属于软水和极软水。渭河北岸流域内气候较干旱，径流较少，土壤淋溶微弱，含有大量易溶盐类，钠离子、钾离子、氯离子丰富，河水中的离子含量相应增多，总矿化度也就较高。渭河以北大致以泾河为界，泾河以西各河为重碳酸钙、钠型水，矿化度为340～360毫克每升，泾河以东（包括泾河）的河流为重碳酸、硫酸钠型水，河水矿化度为600～700毫克每升。总硬度在3.0～5.0毫克当量每升，属中等硬度水。部分山区、干旱区有微咸水、高含氟水。微咸水区主要分布在石川河一带，含有较高的氟化物及硫酸盐，水质咸涩；高含氟水主要分布在礼泉、蒲城、大荔部分地区。

总之，关中地区的河水均能满足工业用水和农田灌溉用水的要求。1978年3月，陕西省水文总站组织力量对渭河水系水质污染情况作了系统调查，结果显示，水质有不同程度酚、氰污染，对两岸群众生活用水影响很大。其后，布设108个水质污染断面进行了监测。

二、水质现状

根据近3年重要江河湖泊水功能区考核数据。2018—2020年，陕西省渭河流域纳入重要江河湖泊水功能区考核的有26个水功能区，2018年达标率为92.31%；2019年达标率为88.46%；2020年达标率为92.31%。其中，渭河干流11个重要江河湖泊水功能区近3年水质达标率均为100%，Ⅰ～Ⅲ类水质优良率为100%。渭河支流中，千河、泾河重要水功能区近3年水质达标率均为100%。北洛河5个重要水功能区2018年水质达标率为80%，2019年为60%，2020年为40%，主要不达标水功能区为北洛河延安保留区和北洛河延安渭南开发利用区，主要超标污染物为氨、氮。

渭河干流涉及“十四五”期间国家考核陕西省的地表水质断面共9处，分别为葡萄园、卧龙寺桥、魏家堡、宝鸡出境、兴平、咸阳铁桥、新丰镇大桥、沙王渡、潼关吊桥等，涉及水污染防治省考断面 11 处。2020 年 12 月，渭河干流水质监测断面资料具体见表 1–5–7。

表 1–5–7　渭河干流水质监测断面资料统计（2020 年 12 月统计值）

序号	河流	城市	断面名称	2020 年考核目标	2020 年 12 月水质类别	备注
1	渭河	宝鸡	拓石镇仙龙村	—	Ⅲ	—
2			※ 葡萄园	Ⅳ	Ⅱ	达标
3			林家村	—	Ⅲ	—
4			※ 卧龙寺桥	Ⅳ	Ⅱ	达标
5			虢镇桥	—	Ⅱ	—
6			※ 魏家堡	Ⅲ	Ⅲ	达标
7			常兴桥	—	Ⅲ	—
8		杨凌	※ 宝鸡出境断面	Ⅲ	Ⅲ	达标
9		咸阳	武功渭河桥	—	Ⅱ	—
10			※ 兴平	Ⅳ	Ⅲ	达标
11			南营	—	Ⅲ	—
12			※ 咸阳铁桥	Ⅳ	Ⅱ	达标
13		西安	渭河出西咸	—	Ⅱ	—
14			天江人渡	—	Ⅳ	—
15			耿镇桥	—	Ⅳ	—
16			※ 新丰镇大桥	Ⅴ	Ⅲ	达标
17		渭南	※ 沙王渡	Ⅳ	Ⅳ	达标
18			树园	—	Ⅲ	—
19			拾村	—	Ⅲ	—
20			※ 潼关吊桥	Ⅳ	Ⅲ	达标

注： 表中带“※”为“十四五”国家考核断面，不带“※”为陕西省水污染防治工作方案考核断面。

第五节　河流泥沙与砂石资源

渭河是一条多泥沙河流，具有含沙量大、下游泥沙淤积严重等特征。渭河流域多年平均天然来沙量 6.09 亿吨，其中泾河 3.06 亿吨、北洛河 1.06 亿吨。渭河的多沙特性使渭河陕西段成为全省河道砂石资源的重要分布区。河道砂石是河床的重要组成部分，是保持河势稳定、水沙平衡的基本要素，也是经济建设重要的物质基础。

一、来沙特点

渭河流域泥沙具有输沙量大、含沙量高、水沙异源、来沙量地区分布及年内发生时间相对集中等特点。根据渭河林家村、魏家堡、咸阳、临潼 4 个水文站 1950—2018 年实测资料统计，各站多年平均输沙量分别为 1.09 亿吨、0.98 亿吨、0.97 亿吨、2.59 亿吨。最大年输沙量分别为 3.99 亿吨（1973 年）、4.0 亿吨（1973 年）、3.89 亿吨（1973 年）、9.97 亿吨（1964 年），最小年输沙量分别为 0.076 亿吨（1997 年）、0.012 亿吨（2014 年）。年内输沙量主要集中在汛期（6—10 月），汛期输沙量占年输沙量的 90%以上。

（一）输沙量大、含沙量高

渭河多年平均年输沙模数 3000 ~ 7000 吨每平方千米，含沙量 50 千克每立方米，中值粒径 0.017 ~ 0.029 毫米。1956—2000 年多年平均实测入黄泥沙 4.43 亿吨，占黄河流域的 35%，其中 20 世纪 90 年代平均入黄泥沙 3.46 亿吨，含沙量达 77 千克每立方米。

（二）水沙异源

渭河径流主要来源于南岸，而泥沙主要来自北岸，尤其是泾河和北洛河，来沙量分别占渭河的 53.8% 和 18.6%。

（三）来沙量地区分布相对集中

渭河泥沙主要来自泾河、北洛河和渭河上游，其中泾河泥沙主要来自马莲河，其集水面积占泾河流域面积的 41%，来沙量占泾河泥沙量的 55%；北洛河泥沙主要来自刘家河以上，其集水面积仅占北洛河流域面积的 29%，而来沙量却占北洛河泥沙量的 88%。来沙量年内分配相对集中，其中汛期沙量占年沙量的 75% ~ 94%。

（四）来沙季节

随着水量的增减和水位的变化，河流一年之中的含沙量有明显的季节变化。一般夏秋两季水大沙多，7—9 月汛期的输沙量占年输沙量的 70% 以上，渭河干流占 78.5%。一年之中第一次洪水期间，沙峰往往出现在洪峰之前，这是因为冬春土层干旱松散，泥沙来源充足，暴雨洪水一开始就将这些物质冲刷搬运到下游，在洪峰还未到来时，沙峰就已经到来。

二、主要河流来沙量

河流泥沙来源的多少与河流所经地的地形、岩性、植被等因素密切相关。

（一）右岸支流来沙

秦岭北坡山高谷深坡陡，但岩性坚硬、土层较薄，且有良好的植被覆盖，地表径流系数虽大，但水土流失较轻，再加之渭河各南山支流流程相对较短，河流较小，因而支流来水较丰而泥沙含量较小，一般为 0.3 ~ 0.6 千克每立方米，年输沙量也小，一般为 2 万 ~ 20 万吨每年，灞河最大，为 279.7 万吨每年。灞河出山后接纳了来自横岭黄土丘陵区的支流，泥沙含量较多，可达 5.75 升每立方米，是渭河南岸诸支流中含泥沙量最大的河流。此外，流经阳郭原的沋河、零河，流经高塘原的赤水河，泥沙含量也较大。渭河南岸各支流流域的年侵蚀模数为 150 ~ 400 吨每平方千米，灞河流域最大为 1812.30 吨每平方千米，其马渡王站含沙量为 5.6 千克每立方米，年输沙模数为 2110 吨每平方千米。

（二）左岸支流来沙

北山土石山区地形破碎，疏松的黄土和沉积岩风化物分布广，植被状况也差，水土流失严重，河水浑浊，千河、漆水河、石川河等多年平均含沙量为 9 ～ 12 千克每立方米，与黄河干流含沙量相当。渭、洛、泾三河，均源自水土流失十分强烈的黄土高塬丘陵沟壑区，河水非常浑浊，多年平均含沙量为 70 ～ 170 千克每立方米，尤以泾河、洛河的泥沙含量最大，有的年份可达 177 千克每立方米以上，故有“泾水一石，其泥数斗”之说。加之北岸各支流流程相对较长、水量也大、来水集中，因而输沙量也较大，泾河张家山水文站多年平均年径流总量为 20.36 亿立方米、输沙量为 891.0 万吨每年，渭河林家村水文站多年平均年径流总量为 26.06 亿立方米、输沙量为 5300 万吨每年。泾河张家山水文站年流量远小于渭河林家村水文站，但因其含泥沙量很高，其年输沙量为渭河的 1.7 倍。渭河北岸洛河湫头水文站年输沙量为 3080 万吨每年， 千河为 141.1 万吨每年，漆水河为 47.4 万吨每年。渭河北岸支流流域，年侵蚀模数为 1500 ～ 7000 吨每平方千米，其中漆水河流域最小，为 395.5 吨每平方千米，泾河流域最大，为 7213.1 吨每平方千米。

（三）渭河干流含沙量

渭河干流含沙量由林家村（63.7 千克每立方米）、魏家堡（43.9 千克每立方米）至咸阳（31.1 千克每立方米）是逐渐减少的。其原因在于：首先，渭河出宝鸡峡进入关中平原后，河谷突然放开，河床比降大减，水流挟沙能力减小，上游带来的泥沙沉积于河槽内，使河水含沙量自然减小；其次，河段两岸支流的含沙量均较小，含沙量较大的北岸支流千河、漆水河也只有 10 ～ 11 千克每立方米，使含沙量减小；最后，宝鸡峡引渭灌区把部分泥沙带到灌区内，使含沙量减小。咸阳以下河流含沙量又急剧增加，临潼水文站达 55 千克每立方米，华县水文站也有 49.3 千克每立方米，主要原因在于泾河带来了大量泥沙，泾河张家山水文站含沙量高达 148 千克每立方米。常说“泾渭分明”，系指泾河水清、渭河水浑，现在已变为泾河水浑、渭河水清了。

渭河华县水文站平均每年向黄河输送 49200 万吨泥沙。泾河平均每年向渭河输送 30900 万吨泥沙（张家山水文站），占华县水文站输沙总量的 62.8%，而流域面积只占华县水文站的 40.6%。来自渭河上游的泥沙，林家村水文站每年 20000 万吨，占华县水文站年输沙量的 40.6%，而流域面积只占华县水文站的 28.8%。

渭河及各支流输入中下游河段的泥沙，远远大于通过华县水文站输送给黄河的泥沙，即每年还有大量泥沙沉积在中下游河槽内，主要原因在于三门峡水库提高了河流侵蚀基点。研究表明，关中盆地河流年平均输沙量为 5.416 亿吨，而泾河、洛河、渭河等过境河从外区输入泥沙为 5.597 亿吨，每年有 0.181 亿吨泥沙沉积于关中盆地中。

（四）沙量变化情况

1990 年以后，受人类活动影响，特别是主要支流修建了一系列的拦河蓄水工程，同时河流来水大量减少，渭河平均输沙量大幅减少，其中渭河中游林家村水文站多年平均输沙量减少 76%，为 0.37 亿吨，魏家堡水文站多年平均输沙量减少了 78%，为 0.34 亿吨。

渭河近年来水、来沙量明显减小，统计渭河林家村水文站近年来（1991—2018 年）平均水沙量分别为 6.74 亿立方米和 0.37 亿吨，分别较 1950—1990 年减少 72% 和 74%；魏家堡水文站近年（1991—2018 年）平均水沙量分别为 7.64 亿立方米和 0.34 亿吨，分别较 1950—1990 年减少 80% 和 77%。2016 年，渭河来沙 3574 万吨 ，占多年平均来沙量 13391 万吨的 26.7 %。2018 年，渭河来沙 6293 万吨，占多年平均来沙量 13391 万吨的 47%。2020 年渭河输沙量（含泾河、北洛河）6490 万吨，占多年平均输沙量 13391 万吨的 48.5%。

三、 砂石资源量

根据渭河采砂规划资料，渭河上游段多年平均悬移质淤积量为 574 万吨，合 425 万立方米；渭河中游林家村至魏家堡段多年平均悬移质冲刷量为 476 万吨，合 353 万立方米；渭河中游魏家堡至咸阳段多年平均悬移质淤积量为 137 万吨，合 101 万立方米；渭河下游咸阳（桃园）至临潼段多年平均悬移质淤积量为 1780 万吨，合 1318 万立方米。

渭河陕西段上中游拓石、林家村、魏家堡、咸阳、临潼各水文站流域面积分别为 29092 平方千米、30661 平方千米、37012 平方千米、46827 平方千米、97299 平方千米，区间流域面积分别为 1569 平方千米、6351 平方千米、9815 平方千米、50472 平方千米，区间流域多年平均输沙量分别为 78.5 万吨、104 万吨、187 万吨和 255 万吨，分别合 58.1 万立方米、77.0 万立方米、139 万立方米和 189 万立方米。秦岭北麓南山支流区间流域推移质输沙量分别为 17.4 万立方米、23.1 万立方米、41.7 万立方米和 56.7 万立方米。区间流域悬移质、推移质输沙总量分别为 75.5 万立方米、100 万立方米、181 万立方米和 246 万立方米。渭河下游砂石总储量为 14.47 亿吨。

第二篇　流域环境

渭河流域位于我国的中心——西北黄土高原东南，东部为渭河平原，南部为秦岭山区，西部为黄土丘陵沟壑区，北为黄土高原区。流域涉及甘肃定西、平凉、庆阳、天水，宁夏固原，陕西宝鸡、杨凌、咸阳、西安、渭南、铜川、延安、榆林、商洛3省（区）14个地市（区）99个县（市、区）的全部或一部分。流域总面积13.48万平方千米，其中陕西省6.71万平方千米，占49.8%；甘肃省5.95万平方千米，占44.1%；宁夏回族自治区0.82万平方千米，占6.1%。流域总体处在南北流向的黄河和东西走向的秦岭构成的大中华十字线以西，地理坐标为东经106° 18' ~110° 37'、北纬33° 42'~37° 20'。在流域内西部最高点高程3495米，与入黄口高程相差3000米以上。区内的最高点为太白山主峰，海拔3767米。渭河流域内主要灾害是旱灾、洪水主要来源于泾河。

流域内关中地区分布有西安、宝鸡、咸阳、铜川、渭南、杨凌等大中城市和国家级农业高新技术产业示范区、航天、航空高新技术产业基地。区内交通发达、路网密集， 农业先进，工业集中，城镇密集，科技教育力量雄厚，旅游资源丰富，是陕西省政治、经济、科技、文化发展的中心地域。

本篇分自然环境、主要灾害、经济社会、涉河桥渡对其流域环境进行记述。

第一章　自然环境

渭河盆地位于陕西省中部，介于北纬 33°35'~35°51' 和东经 106°19'~110°36'，包括渭河冲积平原及其两侧的黄土台塬和南部的秦岭北坡，北部的北山低山丘陵、西部的陇山山地，是一个南、北、西三面环山，向东敞开的河谷平原盆地。东西延展 300 多千米，号称“八百里秦川”。

第一节　地形地貌

一、地形

渭河流域地形特点为西高东低，西部最高处高程 3495 米，自西向东，地势逐渐变缓，河谷变宽，入黄口高程与最高处高程相差 3166 米左右。主要山脉北有六盘山、陇山、子午岭、黄龙山，南有秦岭，最高峰太白山，海拔 3767 米。流域北部为黄土高原，南部为秦岭山区。渭河上游主要为黄土丘陵区，面积占该区面积的 70% 以上，海拔 1200 ~ 2400 米；河谷川地区面积约占 10%，海拔 900 ~ 1700 米。渭河中下游北部为陕北黄土高原，海拔 900 ~ 2000 米，中部为经黄土沉积和渭河干支流冲积而成的河谷冲积平原区——关中盆地（盆地海拔 320 ~ 800 米，西缘海拔 700 ~ 800 米，东部海拔 320 米 ~ 500 米），南部为秦岭土石山区，多为海拔 2000 米以上高山。其间，北岸加入泾河和北洛河两大支流，其中泾河北部为黄土丘陵沟壑区，中部为黄土高原沟壑区，东部子午岭为泾河、北洛河的分水岭，西部和西南部为六盘山、关山地区；北洛河上游为黄土丘陵沟壑区，中游两侧分水岭为子午岭林区和黄龙山林区，中部为黄土塬区，下游进入关中地区，为黄土阶地与冲积平原区。

渭河中下游东西横贯陕西中部关中之地。所谓关中，是指由渭河水系及周围山势形成的天然“四关”之内，四关即东潼关、西散关（大震关）、南武（蓝）关、北萧关。这四关都和河流相连，形成天然地形屏障，易守难攻，从战国时起就有“四塞之国”的说法，所以汉代张良用“金城千里”来概括关中的优势劝说刘邦定都关中。战国时期，张仪向秦惠王陈说“连横”之计，就称颂关中“田肥美，民殷富，战车万乘，奋击百万，沃野千里，蓄积饶多，地势形便”，并说，“此所谓天府，天下之雄国也”，这比成都平原获得“天府之国”的称谓早了很多。这是因为关中从战国郑国渠修好以后，就成为物产丰富、帝王建都的风水宝地。

（一）散关

散关位于宝鸡市南郊川陕公路 19.5 千米处的清姜河岸，因置关于大散岭而得名（一说因散谷水而得名，另一说为周朝散国之关隘，故称散关）。大散关设于西汉，废弃于明末。关址处立有“秦岭”石碑一块。在散关岭上的古散关关门遗址东面，立有“古大散关遗址”石碑一块。秦汉时期（前206年），刘邦“明修栈道，暗度陈仓”就从这里经过。三国时期，曹操西征张鲁亦经由此地。据陈寿《三国志》记载：“建兴六年（228年），亮复出散关，围陈仓，曹真拒之。”散关是一个交通枢纽，具有很重要的战略地位。南宋著名诗人陆游著有《书愤》其一“楼船夜雪瓜洲渡，铁马秋风大散关”。因其扼南北交通咽喉，自古为“川陕咽喉”、兵家必争之地。

（二）武（蓝）关

武关位于陕西省商洛市丹凤县东武关河的北岸，在春秋时建置，名曰“少习关”，战国时改为“武关”。关城建立在峡谷间一座较为平坦的高地上，北依高峻的少习山，南濒险要。关城周长1.5千米，城墙用土筑，略成方形。东西各开一门，以砖石包砌券洞。新中国成立前，西门上有“三秦要塞”4字，东门有“武关”2字，内门额上有“古少习关”4字。新中国成立后，城门、城墙等遭到毁灭性破坏。关西地势较为平坦，唯出关东行，沿山腰盘曲而过，崖高谷深，狭窄难行。蓝关位于蓝田县城南七里火烧寨村灞河支流蓝小河边，唐宪宗元和十四年（819年），韩愈被贬岭南经此处去潮州，留下“云横秦岭家何在？雪拥蓝关马不前”的诗句，后人亦以蓝关名之。史载古之蓝关道，北起咸阳，南极荆楚，经蓝田县城南七里火烧寨村上峣山、登七盘，经乱石岔、蟒蛇湾、鸡头关、风门子、六郎关、下十二里坡到古蓝桥，再由古蓝桥经新店子、牧护关入商洛，出武关到达秦岭东南各地。历史上，蓝关和武关共同构成防卫来自东南威胁的最后一道关隘，也是争夺天下，发兵东南必经的第一要塞，具有极其重要的军事战略意义。秦始皇统一中国后，五次出巡，有两次经过这里。

（三）潼关

潼关位于陕西省渭南市潼关县北，西接渭河入黄口，北临黄河，南踞山腰。《水经注》载：“河在关内南流潼激关山，因谓之潼关。”始建于东汉建安元年（196年）。潼关是关中的东大门，历来为兵家必争之地，居中华十大名关第二位，素有“第一关”的美誉，清乾隆皇帝游历帝国大好河山，行至于此，也不免感慨潼关之险峻，并于城楼外横额上留下“第一关”的鎏金御书。

潼关设于东汉末，当时关城建在黄土塬上，隋代南移数里，唐武则天时北迁塬下，形成潼关城旧址。唐置潼津县，明设潼关卫，清为潼关县，民国时袭之。因为潼关地处黄河渡口，位居晋、陕、豫三省要冲，扼长安至洛阳驿道的要冲，是进出三秦之锁钥，所以成为汉末以来东入中原和西进关中、西域的必经之地及关防要隘，历来为兵家必争之地，素有“畿内首险”“四镇咽喉”“百二重关”之誉。

（四）萧关

萧关在今宁夏固原东南。萧关在六盘山山口依险而立，扼守自渭河最大支流泾河方向进入关中的通道。萧关是关中西北方向的重要关口，屏护关中西北的安全。秦代萧关遗址位于甘肃庆阳环县城北。

关中西北方向的威胁主要来自陇西、河西及青藏高原上的游牧民族。唐时期主要是突厥、吐蕃，北宋时主要是西夏党项。萧关为关中抗击西北游牧民族进犯的前哨。汉文帝十四年（前166年），匈奴曾入萧关，袭扰北地等郡，致使关中震动。汉武帝时，国力增强，重视北边国防。汉武帝曾两次出萧关，巡视西北边境，耀兵塞上，威慑匈奴。自北朝后期起，突厥称雄塞外，中原政权频受其扰。唐武则天时，曾任魏元忠为萧关大总管，统重兵镇守萧关，以备突厥。北宋时，党项人建立的西夏称雄西北。在宋夏之间近百年的对抗中，萧关一带为双方对峙前沿。

二、 地貌

渭河流域关中盆地南靠重峦叠嶂的秦岭山地，北部为逶迤起伏的低山丘陵，东临黄河，渭河横贯东西，南北两侧支流汇流入渭。渭河冲积平原两侧黄土台塬呈阶梯状东西展布。地势由东向西和由中部渭河冲积平原向南北两侧渐次升高。中部渭河冲积平原海拔320～520米，两侧黄土台塬海拔450～700米，南部秦岭岭脊海拔2000米以上，北部北山丘陵海拔1500～1800米。

渭河冲积平原东西延伸近400千米，南北兼跨平原、台塬、山地等不同地貌，各地自然条件和景观差异较明显，可进一步划分为秦岭北坡山地自然区、秦岭山麓台塬洪积扇自然区、西部陇山山地自然区、渭河冲积平原自然区、渭北黄土台塬北山自然区。

（一）秦岭北坡山地自然区

秦岭北坡山地自然区位于关中渭河平原南部，主要包括宝鸡市太白县东北部、眉县南部和周至县，西安市鄠邑区、长安区、蓝田县、临渭区，渭南市华阴市、华县、潼关县的南部山区。构成盆地南部边缘，岭脊海拔2000米以上，主峰有太白山（海拔3767米）、终南山（海拔2604米）、王顺山（海拔2311米）、玉山（海拔2285米）、草链岭（海拔2645米）、华山（海拔2154.9米）等。秦岭山体沿断裂北仰南俯的倾斜抬升，使得山脉主脊偏北，靠近关中平原。

（二）秦岭山麓台塬洪积扇自然区

秦岭山麓台塬洪积扇自然区位于渭河冲积平原南侧的秦岭山前地带，东西狭长，一般宽5～12千米，中部最宽处25千米（白鹿原）。大致包括宝鸡、眉县、岐山、周至，西安市鄠邑区、长安、临潼、蓝田，渭南市临渭、华县、华阴、潼关等县（市、区）的秦岭山前台塬地带。从地貌形态上又可分为两部分，一部分是渭河南岸的黄土台塬，它受秦岭北坡河流切割，呈断续分布，而且多呈南北向长条状，仅中部西安、渭南一带的塬面保持平坦，面积较大，如神禾原、少陵原、白鹿原、阳郭原、长寿原、孟原等。另一部分是山前洪积扇群。由于秦岭北坡峪口众多，且大多坡陡流急，冲积泥沙在峪口外堆积，形成洪积扇，其下缘逐步相连而形成洪积扇带。

（三）西部陇山山地自然区

西部陇山山地自然区位于关中渭河平原西北部，大致包括宝鸡陇县和陈仓区西部，海拔800～2200米。陇山是六盘山向南延伸的部分，海拔2000米以上；随后向南东方向延伸，在宝鸡峡附近与秦岭相会，陕西省境内长75千米，山地呈西北—东南向展布，海拔

1600 ~ 2200 米，主峰关山海拔 2428 米。陇山东部为千河谷地和黄土塬梁浅山丘陵。千河谷地两侧的黄土塬梁浅山丘陵区，海拔 1000 ~ 1600 米，黄土覆盖较厚，水土流失较严重，塬面破碎，多形成梁状黄土丘陵。

（四）渭河冲积平原自然区

渭河冲积平原自然区位于关中平原盆地区中部，东西展布。主要由渭河河漫滩和一、二、三级阶地组成，东西长约 380 千米、南北最宽处（东部）50 千米，向西逐渐收缩，在宝鸡、扶风间仅宽 5 ~ 10 千米，地势由东向西逐渐升高，海拔 320 ~ 520 米。大致包括宝鸡市的金台区、渭滨区、岐山和扶风县南部、眉县北部，咸阳市秦都区、渭城区、兴平市、杨凌区、武功县南部，西安市六城区、临潼区、鄠邑区和周至县北部、高陵区南部，渭南市的华阴和华县北部、临渭区北部、大荔县、潼关县北部等。

（五）渭北黄土台塬北山自然区

渭北黄土台塬北山自然区位于关中渭河盆地北部，南邻渭河冲积平原自然区，北与陕北黄土高塬丘陵沟壑区的子午岭—黄龙山自然区相接。包括宝鸡市的凤翔、千阳、麟游等县和岐山、扶风县北部，咸阳市的长武、彬州、永寿、乾县、礼泉、旬邑、淳化、泾阳和武功等县（市）北部，铜川市及耀州区、宜君县，渭南市的韩城、澄城、合阳、蒲城、白水、富平等县（市）。北山呈北东方向起伏连绵，时隐时现，是关中与陕北的自然分界线，西起千阳，东至韩城，全长 280 千米，宽 50 ~ 60 千米，在平面上可以分出南北两列，两列山地之间分布着宽 20 ~ 30 千米的黄土塬，在 120 ~ 150 米厚的黄土层下，是石炭系和侏罗系煤炭层，著名的渭北煤田就位于此带。北列山地海拔 1500 ~ 1800 米，有永寿梁、石门山、庙山、大岭等岭丘，其中石门山和大岭分别是子午岭和黄龙山南端的高峰。南列山地比较低，海拔 1000 ~ 1600 米，断续突起在黄土塬面之上，相邻两山之间，常有平缓的隘口，为黄土覆盖，主要山峰有岐山、东堀山、瓦罐岭、梁山、五峰山、九嵕山、北仲山、嵯峨山（海拔 1423 米）、将军山（海拔 1347 米）、金粟山（海拔 1241 米）、蒲城尧山（海拔 1097 米），合阳梁山（海拔 1543 米）等。渭北台塬区海拔 450 ~ 700 米，受渭河支流切割，自西向东面积较大的有千河与漆水河之间的岐山—扶风塬、漆水河与泾河之间的乾县—礼泉塬，石川河与洛河之间的富平—蒲城塬，洛河以东的澄城—合阳塬等。泾河、洛河穿越北山，深切于基岩层中，形成峡谷曲流。北部砂页岩构成的山地，地势和缓，风化残积物广布，土层深厚，植被较茂密。南部石灰岩山地，山势较陡，多溶沟、溶槽、漏斗、溶洞、溶孔等古岩溶地貌，形成白水小华山、铜川市耀州区药王山和铜川凤凰山、玉华山等风景名胜区。

第二节　植被土壤

在地质历史时期，渭河关中地区曾为中朝古陆台的一部分，从古生代至今，虽然发生过几次侵海，但大部分时间都是陆地，是地球上植被、土壤发育历史最悠久的地区之一，特别是由于没有遭受第四纪冰川的破坏，这一区域的植物种类相当丰富，同时人类的干扰使该地区成为我国北方最早栽培黍、稷、稻、粱、麦等农作物的地方。此外，其他人工植被，如柏、柳、杨、榆等也渗透着古老性。

植被土壤的地区差异主要表现在平原与山地、高地与河谷、阴坡与阳坡不同，土壤、植被各异，反映出植被对不同地理环境的广泛适应性。根据各地气候、地形以及植被、土壤特征的不同，可以将关中分成三个植被－土壤区，即渭北山地台塬区、渭河河谷平原区、秦岭北坡峰谷区。

一、渭北山地台塬区

北山地区的天然植被是阔叶落叶林和暖温带森林草原。前者主要分布于山地的中上部，成林优势种是山杨、白桦、辽东栎、油松、侧柏等，混生树种很多，但与秦岭北坡相比，森林覆盖度和树种都很少，而且由于人类的长期过度采伐，大部分地方已无天然林木存在，现有桥山、子午岭南段、黄龙山林场，主要分布着经养护恢复而成的次生林，在林相、层次、密度、郁闭度、植被类型等方面均显单调。森林草原植被多分布于北山黄土丘陵及沉积岩山地的下部，以铁杆蒿、马牙草、黄白草等组成的草原分布最广，在山地阴坡的下部生长着虎榛子、狼牙刺、丁香、胡枝子、悬钩子灌丛。黄土沟壑两侧主要分布有鹅冠草、龙牙草、地榆、大针茅、艾蒿和白桦、榆等乔木。北山地区的土壤属于褐土系列，它们分别是油土、黄墡土，分布于黄土台塬区、北山山麓地带和北山山地。

二、渭河河谷平原区

由于人类开发历史悠久，地带性的森林植被已基本消失，取而代之的是成片的农田和行道树、经济林和村镇绿化林木。人工植被在种类上，用材乔木类有杨、柳、榆、椿、楸、桑、槐、泡桐、油松、侧柏等，果木类有桃、李、杏、梨、枣、核桃、柿子、板栗、苹果、葡萄、花椒等；粮食作物有小麦、玉米、高粱、水稻、谷子、豌豆、豇豆、绿豆、红小豆等；经济作物有棉花、花生、油菜、芝麻、烟叶等；蔬菜类有黄瓜、番茄、辣椒、豆角、莲藕、菠菜、大白菜、胡萝卜、土豆等。另外，在局部低洼的盐碱地、河漫滩以及弃耕地上，地带性的植被无法生长或恢复，仅有一些适生性的野生灌丛和草类分布，其中以狗尾草、荆条、枸杞子群落最为常见。

三、秦岭北坡峰谷区

秦岭北坡峰谷区是关中天然植被覆盖度最高的地区，其植物种类相当丰富。秦岭地处我国东西南北的过渡地带，植物区系丰富，植物种类尤其多样。据《秦岭植物志》载，这里已知的种子植物超过1600种，隶属于640个属121个科，另外还有大量的低等植物，如苔藓、地衣和蕨类等。受多变的垂直气候和植被带的制约，秦岭山区的土壤类型也相当丰富，自下而上分别出现褐土、棕壤、灰棕壤、灰化土、高山草甸土和石质性土壤等。另外，在植物种群方面，关中除具有大量的天然植被外，中部和北部还具有广泛的人工植被，包括人工林、经济林木、防护林、经济作物、农作物等。在人工干预下，土壤的种类也发生多种变化。由于山地海拔高，植被土壤均表现出程度不同的垂直分带性。海拔1000米以下的山麓带，为地带性的侧柏林带，代表性树种为侧柏，呈片状分布，林下杂生狼牙刺、白草、酸枣、蒿类灌丛。林间夹杂有杨、柳、榆、刺槐等人工乔木，该地带的土壤为塿土。

海拔 1000 ~ 2600 米为落叶阔叶林带，又可分为 5 个森林植被亚带：即栓皮栎林亚带、锐齿栎林亚带、辽东栎林亚带、红桦林亚带和牛皮栎林亚带。落叶阔叶林带的土壤为山地棕壤。海拔 2600 ~ 3350 米为山地针叶林带，又分为冷杉林亚带（分布于下部）和落叶松林亚带（分布于上部）。针叶林带的土壤为灰化土。海拔 3350 米以上为高山灌丛、草甸带。主要植物种类为球穗蓼、米芒、壳柳、高山三棱草等，土壤为高山草甸土。

第三节　水文气候

一、水文

渭河流域多年平均降水量 572 毫米，降水分布是南多北少，山区多盆地河谷少。秦岭山区的多年平均年降水量达到 800 毫米以上。关中盆地西部太白山、东部华山山地达到 900 毫米以上，而渭北地区平均 541 毫米，局部地区不足 400 毫米。降水年际变化大，径流变差系数值在 0.21 ~ 0.29，最大月降水量最多发生在 7 月、8 月，最小月降水量多发生在 12 月、1 月。7—10 月 4 个月的最大降水量一般可占年降水总量 60% 以上。

（一）降水量与地域分布

关中平原西高东低，在轮廓上东宽西窄，呈喇叭状，夏季暖湿气流沿黄河谷道西进受到壅塞而抬升，易成云致雨，因而乾县—西安一线以西年平均降水量 550 ~ 700 毫米，东部则低于 550 毫米，是关中盆地的少雨区。北山虽然并不高，但夏季仍可抬升阻截东南来的气流，形成较多的降水，年平均降水量高于 600 毫米。高大雄伟的秦岭，对气流的阻滞抬升作用十分明显，秦岭北坡降水机会较多，年平均降水量 700 ~ 900 毫米，等雨量线分布与地形等高线相吻合。秦岭北坡海拔每上升 100 米，降水量增加 70 毫米，在海拔 1000 ~ 1400 米的地带，形成一条年降水量 1000 毫米的狭长多雨带。关中盆地冬季较长，随着寒潮侵袭，大幅度降温，可出现降雪天气。平原区 11 月下旬至翌年 3 月上旬，为降雪期，长约 3 个月。秦岭中高山降雪期为 10 月上旬至翌年 5 月上旬，长达 7 个月。关中平原年降雪日数与积雪日数相当，为 10 ~ 20 天，北山和秦岭低山区年降雪日数为 20 ~ 40 天，秦岭中、高山区年降雪日数为 40 ~ 50 天，由于气候严寒，降雪不融，积雪日数可达 50 ~ 80 天。平原区年降雪量 20 ~ 30 毫米，积雪深度 10 ~ 20 厘米。山区降雪量大于 30 毫米，积雪深度超过 20 厘米。华山最大降雪量曾达 223.8 毫米，最大积雪深度 87 厘米。关中平原 1929 年冬季降雪 24 天，降雪量 70 ~ 80 毫米，积雪深度达 33 厘米。

（二）降水时间分布

关中盆地的降水在年内分配很不均匀。一般夏季降水量多，秋季降水次之，春季少于秋季。春季降水量为 130 ~ 200 毫米，占年降水量的 20% ~ 24%。春季是小麦拔节生长和春播时期，雨水有所不足，关中平原东部南北两侧的黄土台塬区常出现旱情。夏季降水量在 200 ~ 300 毫米，占全年降水量的 40% ~ 60%。这个时期温度高，蒸发、蒸腾耗水量大，大量的降水与高温同时出现。秋季降水量一般为 150 ~ 250 毫米，占年降水量的

26%～34%，易发生秋淋。冬季降水量仅15～25毫米，占年降水量的2%～5%，雨雪稀少。

（三）降水变率和降水强度

降水变率是指某年降水量与当地多年平均降水量的差值，与多年平均降水量的百分比。一个地方降水变率大，表明该区旱涝灾情容易发生。关中盆地的降水变率在10%～20%，与华北、西北各地相比，其值不算很大，旱涝灾害比较轻。渭河以南地区，降水变率小于15%，渭河以北则在15%以上。各地历年最大年降水量与最小年降水量之比，一般在2.0～2.5。降水强度是指一定时间里的降水量，它与降水变率共同决定了降水的利用价值。降水强度大，雨势猛，土壤和植物难以吸收利用，大量降水形成地表径流排入江河，造成水土流失和洪水灾害。降水强度小，细雨绵绵，有利于土壤和农作物吸收利用。关中盆地年降水日数为85～105天，山地略多于平原。年平均降水强度不大，以小雨占优势。日降水量在0.1～0.9毫米的小雨日数，占年降雨日数的80%，日降水量在10.0～24.9毫米的中雨日数占12%～14%，日降水量在25.0～49.9毫米的大雨日数占12%～14%，日降水量在25.0～49.9毫米的大雨日数仅占4%～5%，日降水量大于或等于50毫米的暴雨日数占0.5%～1.0%。暴雨多出现在6—9月，一日最大降水量可达70～120毫米。蒲城1965年7月21日暴雨降水量达157.9毫米，西安1957年7月17日下午1小时降雨达56.6毫米。局部地区的暴雨强度很大，对桥涵、水利工程威胁很大。

（四）降水日数与连阴雨

关中盆地一年中日降水量大于或等于0.1毫米的日数为85～105天，其中关中平原东部为85～90天，其余地区均超过100天。降雨日数的季节分配与降水量的分配趋势相似，春季为20～27天，夏季为25～35天，秋季为30～35天，冬季为10～15天。关中盆地的连阴雨多发生在4—10月，秋季最多，夏季次之，春季最少。15天以下的短、中期连阴雨出现较多，15天以上的长期连阴雨较少，但影响比较大。1964年10月麟游连续降雨31天，雨量达135毫米。1961年6—7月间宝鸡一次连续降雨21天，雨量高达192.2毫米。

（五）蒸发

流域内多年平均水面蒸发量660～1600毫米，其中渭北地区一般1000～1600毫米，西部660～900毫米，东部1000～1200毫米，南部700～900毫米。年内最小蒸发量多发生在12月，最大蒸发量多发生在6月、7月，7—10月蒸发量可占年蒸发量的46%～58%。流域内多年平均陆地蒸发量500毫米左右，高山区小于平原区，秦岭山区一般小于400毫米，而关中平原大于500毫米。2020年降水，关中大部600～800毫米，渭南北部小于600毫米，宝鸡西部、秦岭北麓大部800～900毫米，局地大于900毫米。

二、气候

关中盆地介于北纬33° 35'～35° 51'和东经106° 19'～110° 36'，这一区域属北半球暖温带半湿润季风气候。其特点是温暖湿润，四季分明。这种气候冬冷夏热，雨热同季，寒暖适宜。有利于各种农作物生长发育，便于人类和动物生存。历史上，渭河流域经历了旱、涝变迁。据《陕西省三门峡库区志》记载，“夏代，气候温暖、湿润、多雨”“商初，气候剧变，寒冷干旱；中期又温暖多雨。商末至西周时期，气候变得寒冷、干旱。春秋战国时期，冷暖交替出现。秦至西汉初，气候又转温暖、湿润、多雨”“东汉以至西晋，气候趋于寒冷，东晋南北朝时期，出现长达300年的干旱时期。唐代气候转暖、多雨。宋、金时期，气候变冷。元代，大地气温有所回升。明、清两代，气候更趋寒冷，尤以清顺治、康熙年为最，寒冷期长达500年。民国初年，依旧是冬季黄、渭、洛河结冰”。总体来讲，宋代至今，大体趋势是逐渐寒冷干旱。

（一）气温的分布与时间变化

关中平原各地年平均气温在13～15摄氏度，作物生长的热量条件较好。由于气温随海拔的增加而减小，关中西部和北部气温略低于东部。但四周山地区与平原地区的气温差异十分显著，北山地区年平均气温7～11摄氏度，秦岭地区年平均气温低于8摄氏度。1月关中平原平均气温为零下0.8～2摄氏度，低山区为零下3～零下4摄氏度；秦岭中高山区1月气温在零下5摄氏度以下，气候严寒。在强烈的寒潮影响下，常出现低温天气。西安的极端最低气温为零下20.6摄氏度，出现在1955年1月11日。华山极端最低气温为零下25摄氏度，出现在1956年1月8日。春季气温回升，4月关中平原和低山区平均气温为10～14.5摄氏度，春暖花开，气候宜人，但有时阴晴多变，有倒春寒现象。秦岭中高山区的气温仍然在10摄氏度以下，冬寒未尽。7月关中平原和低山区平均气温在22～27摄氏度。秦岭中高山区气温仍在20摄氏度以下，气候凉爽。受盆地地形和秦岭北坡下降干热气流影响，关中平原极端最高温度达40摄氏度以上。1934年7月14日，西安及周围数县曾出现过45.2摄氏度的高温天气。秋季气温开始逐渐下降，10月关中平原和低山区气温仍在11～14摄氏度，相当于年平均气温。有时阴晴多变，常出现“秋阴雨”天气。这时，秦岭中、高山区的气温已经低于8摄氏度，寒冬已经来临。关中盆地气温的年较差和日较差都很大。平原和低山区，冬冷夏热，气温年较差达26.0～28.5摄氏度；秦岭中、高山区地势高寒，没有炎夏，气温年较差小于25摄氏度。一日之内最低温出现在日出之前，最高气温出现在午后2～4时。关中平原低山区，气温平均日较差为10～12摄氏度，秦岭中、高山区则在8摄氏度以下。

（二）无霜冻期

关中属大陆性季风气候，空气较干燥，无霜冻期很长，从3月中下旬至11月上旬，210～230天。低山区从4月上旬到10月中旬，180～200天，秦岭中、高山区无霜期很短，从4月下旬到10月上旬，不足160天。

（三）热量资源

关中地区热量资源丰富，一年中日平均气温≥0摄氏度时期达300天，≥10摄氏度的时期达180～220天，≥10摄氏度的积温达3500～4500摄氏度。关中盆地太阳年总辐射量为110～120千卡每平方米，日照时数达2000～2500小时，光照资源也很丰富。关中东部地区热量条件比西部更好，但水分不能保证，存在着热量充沛、水源缺乏的矛盾，限制了热量潜力的发挥。

第二章 洪水与干旱

渭河流域关中地区由于所处地理位置、周边环境、地形地貌和人类活动的影响，洪水干旱较为常见并常常交替出现。

渭河流域主要灾害是旱灾。干旱是渭河关中盆地常见的灾害，既有几十天上百天以至更长时间无雨、少雨的天气，也经常出现几个县以至更大范围的旱象，因之有“十年九旱”“三年一小旱、十年一大旱”之说。干旱的主要特征：一是灾害频次多。据历史资料统计，隋仁寿元年（601 年）至 1990 年的 1390 年间，关中地区共发生旱灾 744 次，频率为 53.5%。二是季节性强。关中地区以春夏连旱居多。三是干旱危害持续时间长，连旱几年屡有发生，时间最长的达 9 年，发生在明崇祯六年至十四年（1633—1641 年），为 620 年一遇。

洪水主要来源于泾河、渭河干流咸阳以上和南山支流。渭河流域洪水具有暴涨暴落、洪峰高、含沙量大的特点。每年 7—9 月为暴雨季节，汛期水量约占年水量的 60%。历史上，渭河曾发生过多次大洪水。河流洪水主要由暴雨形成，危害极大。渭河关中地区的洪峰形态为尖瘦与肥胖兼而有之。渭河关中地区在 233 年实测资料中，共发生超标准洪水 318 次，平均 1.4 年出现一次，7 月为 105 次，8 月为 108 次，9 月为 60 次，分别占总次数的 33%、34%和 18.9%。

水灾主要有暴雨、洪水、渍涝、泥石流等类型，多发生在夏秋两季，春季也有桃汛发生。暴雨多发生在秦岭北麓深山、高山区与渭北旱塬地区。内涝灾害多由连阴雨和排水不畅等所致。关中连阴雨多发生在每年的 9 月。渍涝区主要分布在渭河及支流沿河洼地、冲积平原洼区，华县、华阴、眉县、周至、鄠邑区一带山前洪积扇前沿，以及渭北的合阳至澄城、蒲城至富平、韩城、咸阳、扶风等塬面上大小不等的侵蚀洼地和构造洼地等地区，共有渍涝盐碱地面积 342.90 万亩，占耕地面积的 20%，其中渍涝区面积 184.11 万亩，盐碱区面积 47.57 万亩，渍涝盐碱并存区面积 111.22 万亩。

水涝干旱记载自秦二世二年（前 208 年）已有，但由于当时科技水平低，仅有直观的如“猛雨三日”“大雨数日”“百日不见星”“大雪深数尺”及“水高城碑丈余”“平地水涌、淹山徙河”“淹没人畜无数”“城垣房舍坍塌殆尽”等之类的现象记述，极少有量的具体内容，汉唐以后洪涝干旱灾害的记述较为详细，近代更为科学。

第一节　历史洪水干旱灾害

一、洪涝灾害

《旧唐书》载：唐高宗永徽五年（654年），闰五月丁丑夜，关中西部发生大面积区域性暴雨，出麟游以上漆水河几条支流是暴雨中心，洪峰相遇，水淹麟游县城，九成宫亦未幸免，洪水漂溺居民及宫殿卫士，死者3000余人。当时唐高宗住在万年宫，午夜山洪冲入玄武门，大将薛仁贵因大水救驾有功，高宗赐御马奖励。唐宪宗元和八年（813年）六月十一日，京兆大风雨，渭水暴涨，房毁屋塌甚多，并毁三渭桥，南北绝济一月。唐开成元年（836年）七月，暴雨又毁九成宫，冲毁民房三百多间，死者百余人，牛马不计其数。

明嘉靖三十四年（1555年）十二月十二日，陕西华州一带发生强烈地震。“渭南、华州、朝邑、三原、蒲州等处尤甚。或地烈泉涌、中有鱼物，或城郭房屋陷入地中，或平地突成山埠”。“河渭大溢，华岳终南山鸣，河清数日，官吏、军、民压死八十三万有奇”。万历四十四年（1616年）六月二十二日，泾阳、三原等地大雨如注，泾阳口子镇大水东下，到三原越龙桥而过，淹没百里，漂70余村，白渠以北鲜有存者，数月之后平地积水始退完。

清康熙元年（1662年）八月初九至八月二十五日（9月20日至10月6日），黄河流域发生特大暴雨，历时17天。泾、渭、洛河同时涨水，造成大灾。“六月，大雨六十日，全省皆然。泾、渭、洛涨，诸谷皆溢，淹山走陆，平地水涌，漂没人家无数，行旅皆绝，泾渭绝渡者十日。”延安、洛川、黄陵、澄城、大荔、渭南、高陵、泾阳、三原、咸阳、周至、武功、宝鸡等府、州、县志均有该年的“霪雨坏庐舍”“屋无新旧皆漏，灶底生蛙”等记载。二年（1663年），“……渭河南侵旧岸至新岸约十里……业产者多鬻妻子赔赋”。七年（1668年），华县，五月二十六日申时，大风从西北来。大雨，历酉至戌，水暴起，淹没多所，其甚者，漏泽园堡，墙屋房舍尽倾。十八年（1679年），大荔，八月十五日淫雨至九月中旬，平房地水涌，县城东十里乘筏，城遂圮。乾隆二年（1737年），西安，七月十二日，大雨骤至，平地水高七八尺，咸宁县属之大雁塔村居民43家大小房屋161间被水冲倒；十四年（1749年），泾阳，峪里街子村等处，当地人穴地而居，名为地窖者，猝被暴雨，水灌入窑，淹毙男妇大小47名，冲塌窑房155处，马骡牛驴30余匹头，所收二麦菜籽俱被水冲。二十六年（1761年），华县，华阴，因河水山水涨发，各有一隅村庄田禾被伤，间有冲塌房屋之处。五十二年（1787年），陕西省华州、华阴、潼关厅三属，秋禾被水成灾…… 着再加恩将华州、华阴，潼关三属被灾七八分之极次贫民……其遭灾六分，勘不成灾之咸宁、长安、咸阳、兴平、大荔五属……。道光十九年（1839年），华县，“六月，渭水大溢，沙压沿河一带民田无数”。光绪二十四年（1898年）七月，关中、陕南西部的秦岭两侧发生特大暴雨，渭河、太平、涝河、黑河皆暴涨，咸阳老城水深1～2米，渭河南北皆成泽国。据新中国成立后调查推算：渭河咸阳站洪峰流量为11600立方米每秒，涝河涝峪口站、黑河黑峪口站洪峰流量分别为1070立方米每秒、3620立方米每秒。二十九年（1903年），关中、陕南三十余州县发生大雨洪灾，五月二十二日，华阴县仙峪、瓮峪、罗敷峪等处连日大雨，洪水陡发，水头高数丈。

二、干旱灾害

《新唐书 · 五行志》载：贞元元年（785 年），自春大旱麦枯死禾无苗，至于八月旱甚，灞浐将竭，井皆无水。六年（790 年），春大饥，京畿、关辅、河南大旱，斗米千金，死者相枕。

《元史 · 文宗纪》载：天历二年（1329 年），旱……陕西凤翔府饥民十九万七千九百人。……时陕西、河东、燕南、河北、河南诸路流民十数万，自嵩、汝至淮南，死亡相藉。

明崇祯二年（1629 年），延安府“自去岁一年无雨，草木枯焦，八九月间，民争采山间蓬草而食”，西安、汉中饥荒稍次，为明代陕西最重之灾荒。十二年（1639 年），旱区扩至西北、华北、华东和中南地区。十三年（1640 年），陕境旱情尤以关中地区最重。“秋，全陕大旱，十月粟价腾涌，日贵一日，斗米三钱，至次年春十倍其值，绝粜罢市，木皮石面皆食尽，父子夫妇相剖啖，道殣相望，十亡八九。”十六年（1643 年），华县灾民立《感时伤悲记》石碑（现存于西安碑林四展室）也有如下记述：“盖自累朝以来，饥荒年岁，止见斗米三钱倍增七钱者，余等痛此遭逢，尚谓稀有之事。岂料崇祯八、九年来，蝗旱交加，浸至十三、四年，天降大饥，商洛等处稍康，四外男妇奔走就食者、携者、负者，死于道路者不计其数，万状极楚，细陈不尽。……”这场旱灾延续到崇祯十四年（1641 年），历时长达 10 余年，实为千年罕见。

清康熙元年（1662 年），陕西关中白水、泾阳、高陵、临潼、咸阳、扶风、周至及陕西靖边等数十县大旱。至次年，关中东西二府及陕南商洛、兴安府属州县大旱，受灾达 50 余府、州、厅、县，沣、渭断流，夏秋无收，饥瘟并发，饿莩、流亡过半。二十九年（1696 年），陕西关中白水、泾阳、高陵、临潼、咸阳、扶风、周至等数十县大旱。至次年，关中东西二府各县大旱，沣、渭断流，夏秋无收，饥疫并发，饿莩、流亡过半。嘉庆十八年（1813 年），关中西安府、凤翔府、同州府三十余州县夏雨稀少，秋禾被灾薄歉。陕南兴安、汉中、商洛府州所属诸县稻苗半凋，年岁大荒。《陕西通志》及《陕西水旱灾害》等记载，光绪二年（1876 年），陕西从六月以来未下透雨，影响秋禾正常生长。至光绪三年（1877 年），渭北地区春旱严重，大荔、朝邑、合阳、韩城、白水、富平、三原、泾阳、礼泉、淳化、长武及蒲城等县夏麦薄收。五至七月全省干旱，补种荞麦出土黄萎。重旱区为蒲城、大荔、朝邑、合阳、韩城、白水、澄城、泾阳、三原、高陵、富平、同官（今铜川）、耀州（今耀州区）、邠州（今彬州市）、三水（今旬邑）、长武、淳化、乾州、永寿、武功、鄜州（今富县）、中部（今洛川）、宜君、肤施（今延安）、甘泉、定边、保安（今志丹）、延长、靖边、延川、宜川、安塞、葭州（今佳县）、怀远（今横山）、府谷、榆林、神木、绥德、米脂、清涧、吴堡、渭南。临潼、潼关、留坝、勉县、褒城等 49 个州（县），次重旱区 37 个州（县），大部分地区无透雨长达一年左右。八月间，泾河、渭河几乎断流，汉江可以徒涉，丹江久涸不能通舟。这次旱灾涉及黄河中下游地区及内蒙古、河套、大青山以北地区。二十六年（1900 年）夏大旱，灾区达六十七州县，饥民达二百万人，渭北州县，大荔、蒲城为最重。

第二节　民国以来典型水旱灾害

一、洪水

（一）“33”型洪水

民国二十二年（1933 年）6 月 19—23 日，关中地区降雨量平均达 50 ~ 140 毫米，主雨区在西部渭北一带，以淳化县最大，19—22 日降雨量 138 毫米，导致渭河及各支流普遍发生大洪水。8 月洪水的降雨发生在 8 月 5—10 日，前后两次暴雨过程为：第一次发生在 8 月 6 日至 7 日凌晨，雨区基本遍及整个黄河中游地区，7 日白天至 8 日雨势减弱，雨区呈斑状分布；第二次发生在 8 月 9 日，主要雨区在渭河上游和泾河上游一带，10 日暴雨基本结束。本次洪水在泾、渭河段是两次洪峰。第一个过程：泾河张家山站 8 月 7 日 2 时起涨，8 日 14 时出现洪峰 9200 立方米每秒，华县站洪峰流量 8340 立方米每秒。第二个过程：张家山站 10 日 7 时洪峰流量 7700 立方米每秒，渭河咸阳站 11 日 19 时洪峰流量 6260 立方米每秒。1933 年 8 月渭河干支流控制站洪水峰量见表 2-2-1。

表 2-2-1　1933 年 8 月渭河干支流控制站洪水峰量

河名	站名	水位 /m	基面	洪峰流量 /（m^3/s）	5 天洪量 / 亿 m^3	12 天洪量 / 亿 m^3
泾河	张家山	451.98	大沽	9200	14.06	15.70
渭河	咸阳	385.40	大沽	6260	7.85	13.29
北洛河	洑头	113.73	假定	2810	2.84	3.64

这次洪水给渭河中下游造成严重灾害。据《民国二十二年黄河水灾调查统计报告》记载，“陕西省连年荒旱，岁苦不登，死亡遍野，流离载道，灾情之惨，世所罕闻，去夏抗旱之后，继以大雨，洛泾渭诸河来源各近千里，山溪汇注，洪流倾泻，河不能容，则水行平地，一片汪洋，其势又复猛悍异常，近河居民，至有不及奔避者，蒲城、大荔、朝邑、平民、淳化、泾阳、三原、高陵、耀（县）、富平、宝鸡、凤翔、岐山、扶风、武功、兴平、咸阳、眉（县）、周至、户（县）、临潼、渭南、华（县）、华阴、潼关县均告灾，损失甚重，其被灾较轻者不计也，其在洛泾渭诸河流域之外者，亦不计也。水退之后，积土达四五尺不等，继有未被冲毁之房屋，内外均积土甚深，家具什物，悉埋土中，栖息无所，衣食俱穷，厥状尤为惨淡。”

（二）“54”型洪水

据《渭河流域基础资料手册》，1954 年 8 月渭河洪水是渭河咸阳站有实测资料以来的第一大洪水，是近百年来该站的第二大洪水，仅次于 1933 年。1954 年 8 月 10—18 日，甘肃东部和关中一带普遍降雨，局地出现大到暴雨，整个渭河流域的降雨量在50毫米以上，大部分在50～200毫米，东部略偏小，站点最大降雨量为237毫米（扶风站）。在空间分布上“54·8”洪水有3个暴雨中心，一为渭河上游散渡河、葫芦河及千河上游；二为纬水、漆水河（麟游）；三为清峪河、漆水河（铜川），雨区基本位于渭河上、中游干流及其以北区域。该暴雨属于与渭河平行的纬南型暴雨。8月16—18日降雨量大于50毫米所笼罩的面积为5.01万平方千米。

8月17日17时，林家村站出现洪峰流量5030立方米每秒，最大含沙量509千克每立方米；8月17日22时，魏家堡站洪峰流量5780立方米每秒，仅次于1933年、1898年洪水，相当于25年一遇洪水；18日10时，咸阳站洪峰流量7220立方米每秒，是建站以来实测最大洪水，最高水位385.79米，最大含沙量280千克每立方米，相当于30年一遇洪水，仅次于1898年洪水；8月19日1时，华县站洪峰流量7660立方米每秒，最高水位338.81米，最大含沙量290千克每立方米，仅次于1898年和1933年，相当于12年一遇洪水。

这次洪水过程中，最大7日洪量林家村站为4.914亿立方米，咸阳站为7.513亿立方米，华县站为12.99亿立方米。从“54·8”洪水地区组成看，洪水主要来自林家村以上，如7日洪量林家村站占该场洪水咸阳的65.4%，沙量占88.5%；林家村至咸阳区间仅占34.6%，区间主要支流石头河、黑河洪水较小，7日洪量仅占咸阳站的5.6%和8.3%。

1954年8月洪水造成天水河段农田损毁3.4万亩、民房倒塌2047间，多人死亡，陇海铁路被冲坏，按当年价格计算财产损失1600万元。陕西省农田受灾面积76.5万亩，成灾62.7万亩，倒塌房屋5084间，受灾人口18.7万人，死亡96人，死亡牲畜1063头，主要受灾地区有宝鸡城区、宝鸡县、凤翔、扶风、岐山、眉县、长武、西安、周至、高陵、临潼、咸阳、兴平、华县、华阴、大荔，直接经济损失3891.8万元（当年价）。

（三）“81”型洪水

1981年8月渭河洪水主要以林家村以上和中下游区间支流来水为主。从8月中旬至9月初，关中等地降雨历时在20天以上，其中渭河中游林家村、凤翔、赤沙镇一带降雨量超过400毫米，占该地区年正常降水量的2/3，“81·8”暴雨中心大体上位于渭河上中游秦岭北麓。

渭河中游林家村站8月15日20时开始起涨，21日19时出现2420立方米每秒洪峰流量；魏家堡站出现两个明显的洪水过程，8月15日20时开始起涨，19日9时出现洪峰流量3210立方米每秒，21日22时再次出现洪峰流量4500立方米每秒。渭河魏家堡至咸阳区间各支流均出现洪水，但未与干流洪峰相遇；咸阳站8月16日3时开始起涨，19日17时出现洪峰流量2680立方米每秒，22日3时再次出现洪峰流量6210立方米每秒。洪水演进至临潼站成为多个小峰的洪水过程，8月16日12时开始起涨，22日17时30分出现洪峰流量7610立方米每秒；华县站8月16日20时开始起涨，23日10时出现洪峰流量5380立方米每秒。

1981年8月洪水是三门峡水库建成后渭河下游发生的最大一场洪水，洪水主要来源于林家村至咸阳区间南山支流，林家村以上和咸阳至临潼区间来水量不大。该场洪水一是渭河中游干支流错峰，二是渭河下游洪峰未与黄河小北干流洪峰遭遇。

本次洪水造成宝鸡市渭河堤防决口 17 处，冲毁桥涵 4 处、路基 4.3 千米，陇海铁路中断 2 次，冲毁和倒塌房屋 1.58 万间，农作物受灾面积 10.7 万亩，受灾人口 8.7 万人，死亡 18 人，造成直接经济损失 3.31 亿元。

（四）“03”型洪水

2003 年 8 月 24 日至 10 月 13 日，渭河流域出现了近 40 年来没有的大范围、长历时、高强度降雨过程。8 月 26 日至 10 月 12 日，渭河发生了 1981 年以来 22 年没有的长历时、高水位、大洪量洪水；“03”型洪水在近 50 天内共形成了 6 次洪水过程。

一号洪峰主要来自泾河。2003 年 8 月 26 日，受甘肃庆阳地区强降雨影响，泾河上游景村站 14 时发生洪峰 5220 立方米每秒洪水，当日 22 时 42 分，泾河张家山站洪峰流量 4010 立方米每秒；洪水进入渭河后，27 日 12 时 30 分，临潼站形成 3200 立方米每秒洪峰，水位 357.80 米，最大含沙量 588 千克每立方米；29 日 16 时 48 分，华县站洪峰流量 1500 立方米每秒，水位 341.32 米；31 日 10 时，洪水与黄河来水形成 3150 立方米每秒洪峰出潼关。

二号洪峰主要来自渭河中上游。8 月 27—30 日，受陇东、关中西部大到暴雨影响，渭河林家村站 29 日 17 时洪峰流量 1360 立方米每秒，沿程各支流洪水汇入叠加后，30 日 2 时，魏家堡站洪峰流量 3180 立方米每秒，21 时，咸阳站洪峰流量 5340 立方米每秒（超过 5000 立方米每秒保证流量）；31 日 10 时，临潼站洪峰流量 5100 立方米每秒，水位 358.34 米，超出 1981 年 7610 立方米每秒的洪水位 0.31 米；9 月 1 日 11 时，华县站洪峰流量 3570 立方米每秒，水位高达 342.76 米，超出建站以来实测最高洪水位 0.51 米（1996 年洪峰流量 3450 立方米每秒，水位 342.25 米）。9 月 2 日，受关中地区强降雨影响，渭河又一次发生了较大洪水，2 日 0 时，临潼站洪峰流量 2910 立方米每秒，水位 357.57 米，虽然在华县站没有形成明显洪峰，但与二号洪峰首尾相接，叠加成为很胖的单峰。

三号洪峰主要来自渭河中游。9 月 5—6 日，受秦岭北麓强降雨影响，加之支流水库泄洪，6 日 21 时 36 分，咸阳站出现 3700 立方米每秒洪峰，7 日 12 时 30 分，临潼站洪峰流量 3820 立方米每秒，水位 357.95 米，8 日 15 时 48 分，华县站洪峰流量 2290 立方米每秒，水位 341.73 米。

四号洪峰主要来自渭河中游及下游各支流。由于关中地区普降中到大雨，9 月 20 日 0 时，渭河魏家堡站出现 1370 立方米每秒的洪峰，沿程支流汇入后，20 日 6 时 54 分，咸阳站出现 3710 立方米每秒的洪峰，南岸沣河、涝河、灞河以当年最大的洪水汇入后，于 20 日 17 时 30 分临潼站出现 4320 立方米每秒的洪峰，21 日 21 时，华县站出现 3400 立方米每秒的洪峰，22 日 17 时，潼关站出现 3540 立方米每秒的洪峰。

五号洪峰主要来自渭河及其支流。9 月 28 日至 10 月 4 日，秦岭北麓及关中地区又一次普降中到大雨，致使渭河上中游干支流普遍涨水。10 月 2 日 5 时 12 分，泾河张家山站洪峰流量 561 立方米每秒，2 日 14 时 42 分，咸阳站洪峰流量 1670 立方米每秒，水位 385.74 米；3 日 10 时 30 分，临潼站洪峰流量 2660 立方米每秒，水位 356.96 米；5 日 6 时

30 分，华县站洪峰流量 2810 立方米每秒，水位 341.25 米。

六号洪水也主要来自渭河及其支流。10 月 1—13 日，渭河流域间断性地出现小到中雨。10 月 12 日 16 时，临潼站形成洪峰流量 1790 立方米每秒，水位 355.88 米；13 日 7 时，华县站洪峰流量 2010 立方米每秒，水位 339.73 米。

“03”洪水 6 次洪水过程，在呈现首尾相连、洪水叠加、含沙量大等特点的同时，创造了“三个历史之最”和“两个显著特点”。“三个历史之最”：一是水位最高。华县站最大流量仅 3570 立方米每秒，但水位高达 342.76 米，比该站 1996 年的历史最高水位 342.24 米高出 0.52 米，比 1954 年 7660 立方米每秒流量的相应水位高 3.95 米。临潼站在 5100 立方米每秒洪水时，水位高达 358.34 米，比该站 1981 年 7660 立方米每秒的历史最高水位高 0.31 米。二是演进速度最慢。以前三次洪水为例，临潼至潼关河长 157.2 千米，一号、二号、三号洪峰演进时间分别长达 93.5 小时、68 小时、43.5 小时，比正常洪水演进时间超出 25 ~ 75 小时，三次洪峰平均传播时间长达 69 小时。三是洪涝灾害最大。“03”洪水造成的工程损失和给库区人民带来的灾害损失均为历史之最。“两个显著特点”：一是洪水总量大。渭河华县站 6 次洪水过程洪水总量多达 60.16 亿立方米，占多年平均径流量的 89%；二是洪水历时长。前三次连续洪水过程中，临潼以上洪水过程明显有 3 次洪峰，由于受河床、比降、断面等影响，洪水演进到华县站，一号、二号洪峰叠加成很胖的单峰，1000 立方米每秒以上洪水持续时间为 283 小时，三号洪水 1000 立方米每秒以上洪水持续 84 小时。华县站前三次洪水 1000 立方米每秒以上洪水总历时达 367 小时，比 1954 年洪水历时超出 221 小时。

“03 洪水”使渭河下游河段洪水全面出槽漫滩，漫滩水深达 1.0 ~ 2.0 米。共计淹没耕地 82.38 万亩（其中咸阳 3.2 万亩、西安 2.8 万亩、高陵 1.4 万亩、临潼 9.98 万亩、临渭 9 万亩、大荔 17.6 亩、华县 16.6 万亩、华阴和潼关 21.8 万亩）；使渭河下游干流堤防大部分堤段偎水，平均临堤水深 1.5 米，最大临堤水深 3.9 米，偎水堤防长度达 231.44 千米，占下游堤防总长 249.7 千米的 93%（其中咸阳 27 千米、西安 15.34 千米、高陵 10.98 千米、临潼 19.26 千米、临渭 55.81 千米、华县 29.54 千米、大荔 41.14 千米、华阴和潼关 32.37 千米）；使尤孟堤段发生决口 1 处，大堤裂缝 322 条、结构性破坏 45 千米、管涌 11 处、漏洞 7 处、滑坡 11 处、陷坑 201 处、坍塌 33 处、堤身及穿堤建筑物渗水 19 处、大堤交通桥倒塌 1 座、破堤排水口 1 处、堵口取土挖损 3 处、水冲沟 185 条；堤顶路面、道牙、行道林等因抢险、交通等因素，全线遭到严重损毁。二华 3 条南山支流共决口 10 处（方山河 5 处、罗纹河 4 处、石堤河 1 处）；共计水毁损失土方 13.1 万立方米、石沫 14.5 万立方米；使渭河下游 59 处河道整治工程 1276 座坝垛中的正阳、上马渡、梁赵、滨坝、冯东等 45 余处河道工程发生漫溢，漫溢水深达 0.5 ~ 1.8 米，有正阳、季家、南赵、北拾、苏村等 49 处河道工程 805 余座坝垛发生严重根石走失、坡石坍塌、坝头墩蛰、坝身裂缝、土胎外露、坝裆后溃等险情，水毁连（进）坝路 72 条 128 千米，水毁连坝路面 51 万立方米、混凝土道牙 95 千米、土方 41.3 万立方米、石方 33.3 万立方米、淤埋备防石 4.8 万立方米。

损毁水文测验设施 20 处，淤积断面 53 条、标志 520 个，防洪工程标志牌桩 190 余个，千米桩、百米桩、坝号桩、备防石桩1930余个，排涝站5处，防浪林66万株，工程管理房等设施也不同程度地遭到损毁。

“03”洪水共造成库区6县46个乡镇被淹，受灾人口达49万人，倒塌房屋5.76万间，农作物受灾面积5.368万公顷，37个工矿企业被迫停产，22条公路中断，损毁公路512千米，输电线路1388千米，通信线路951千米；直接经济损失29亿元，其中库区防洪工程损失1.4亿元。

（五）“2005”洪水

2005年入汛后，主要有6月29日、7月17日、8月15日、9月17日和9月25日5次降雨过程。其中6月29日和9月25日的降雨过程使渭河干流发生了较大洪水。

2005年6月29日至7月2日，受西太平洋副热带高压外围西南暖湿气流和高原低值系统共同影响，7月1日，渭河、泾河上游甘肃陇东地区的天水、庆阳和陕西的陇县等地出现了区域性暴雨到大暴雨，雨量100毫米以上的10站次，最大日降雨量达134毫米（西峰镇雨量站）。受这次降雨影响，渭河林家村站7月2日22时洪峰流量1680立方米每秒，魏家堡站7月3日3时洪峰流量1710立方米每秒，咸阳站7月3日16时54分洪峰流量1830立方米每秒，沿程各支流洪水汇入叠加后，临潼站7月4日0时洪峰流量2600立方米每秒、洪峰水位356.81米，华县站7月4日15时42分洪峰流量2070立方米每秒、洪峰水位340.67米。泾河景村站7月3日2时24分洪峰流量1250立方米每秒，9时6分张家山站洪峰流量987立方米每秒，14时桃园站洪峰流量940立方米每秒，最大含沙量470千克每立方米。此次渭河洪水排泄以河道主槽为主，下泄速度较快，冲刷力强，对河道工程安全、河湾发展等影响较大，局部河段出槽漫滩，南山支流发生倒灌。

2005年9月25日以后，受副热带高压和高原西风槽影响，渭河流域出现了一次持续性、大范围的降雨过程，降雨中心主要集中在渭河中下游秦岭北麓一带。9月25日至10月6日，渭河咸阳以上各雨量站累计总雨量为84 ~ 383毫米，其中累计总雨量大于100毫米的达24站次。二华南山支流11站次雨量均达到200毫米左右，其中长涧河王坪站最大累计降雨量达254毫米，最大3日降雨量达141毫米。本次降雨过程具有历时长、雨区固定、过程为前小后大的显著特点。至10月1日前后，渭河中下游干、支流开始涨水，渭河魏家堡站10月1日23时洪峰流量为2060立方米每秒，相应水位为497.20米，洪峰过后，缓慢回落。10月2日4时18分，各支流来水与魏家堡站峰前洪水在咸阳站叠加形成新的洪峰，其洪峰流量为3300立方米每秒，相应水位为385.78米；10月2日15时12分在临潼站形成洪峰，其流量为5270立方米每秒，相应水位为358.58米，比该站历史最高洪水位“03·8”洪水位高出0.24米，比该站1981年7610立方米每秒最大流量洪水位高出0.55米，漫滩水深达1.40米左右。由于渭河下游洪水漫滩河槽槽蓄作用影响，洪水向下游推进缓慢，10月4日9时30分，洪峰到达华县站，其流量为4820立方米每秒，水位为342.32米。渭河“05·10”洪水主要来源于渭河干流中下游地区南山支流，含沙量明显偏小，其中华县站最大含沙量仅为31.4千克每立方米。渭河“05·10”洪水临潼站洪峰流量5270立方米每秒，是1981年以来的最大洪水，洪峰水位358.58米，是1961年临潼站建站以来的最高水位。华县站洪峰流量 4 820 立方米每秒，亦是 1981 年以来的最大流量，洪峰水位 342.32 米，仅比“03 · 8”洪水位（342.76 米）低 0.44 米，是历史上第二高洪水位。经计算，临潼站、华县站同时段洪水总量较大，临潼站“03 · 8”洪水一号、二号洪峰洪水总量为 14.7 亿立方米，本次洪水同历时洪水总量为 19.6 亿立方米，比“03 · 8”洪水洪量多 4.9 亿立方米；华县站“03 · 8”洪水一号、二号洪峰洪水总量为 15.5 亿立方米，该次洪水同历时洪水总量为 20.2 亿立方米，比“03 · 8”洪水多 4.7 亿立方米。

渭河“05 · 10”洪水后，下游河势较汛前发生了较大变化：一是咸阳以下河槽普遍展宽，一般较汛前拓宽 50 ~ 100 米；二是湾顶以上提为主，而部分河湾下挫；三是河道出现自然裁弯。一处是高陵上马渡弯道自然裁弯。原渭河主流与上马渡工程上首正交顶冲，造成塌岸严重，本次洪水在上马渡工程处形成自然裁弯，泾渭交汇口下移约 700 米，使该河段渭河主流的流向较前通畅；另一处是临渭区树园弯道自然裁弯。在树园河段，渭河主流原为“L”形弯道，该次洪水经过杨家工程后直冲河道左岸从而形成自然裁弯，顶冲点下移约 300 米，使该河段河势较洪水前顺直。

渭河“05 · 10”洪水中，渭河下游河段洪水全面出槽漫滩，最大漫滩水深达 2.0 米。共计淹没滩地 48.29 万亩，其中咸阳河段淹没 1.12 万亩、西安河段淹没 2.42 万亩、高陵河段淹没 2.39 万亩、临潼河段淹没 10.21 万亩、渭南临渭区河段淹没 11.31 万亩、大荔河段淹没 7.74 万亩、华县河段淹没 7.83 万亩、华阴河段淹没 5.27 万亩。

渭河“05 · 10”洪水造成渭河下游堤防全线临水，偎水长度总计 227.4 千米，其中咸阳河段 21.2 千米、西安河段 26.9 千米、高陵河段 10.8 千米、临潼河段 19.4 千米、渭南河段 49.6 千米、大荔河段 41.8 千米、华县河段 27.7 千米、华阴河段 31.0 千米。潜水平均水深 1.5 米，最大水深 4.0 米。

2005 年两场洪水使渭河下游堤防共计发生险情 95 处，其中裂缝 16 条，渗水 5 处，堤身陷坑 74 处，堤坡共有大小水冲沟 800 余条。其中，较大险情 5 处，一般险情 90 处。洪水使河道整治工程全部淹没，共计有大寨、正阳、卓所、吴村阳、西渭阳、席家、张庄、任陈、树园、河滩李、上涨渡、滨坝、朱家、北洛、公庄等 43 处工程 260 座坝垛、护岸段发生不同程度的根石走失、坡石坍塌、土胎外露、坝身裂缝、坝头墩蛰、坝裆后溃等险情；冲毁工程进坝路 35 条、连坝路 34 条、道牙 92 千米；水毁泥结石路面 48.7 万立方米，倒塌备防石 4.4 万立方米，损失土方 20 多万立方米、石方 11 余万立方米，路面石渣损毁 16.7 万立方米，防洪工程标志牌桩 790 个，淹没防浪林 76 万株。工程管理和水文测验等设施也水毁严重。

（六）2018—2020 年洪水

（1）2018 年 7 月 3—15 日，渭河下游发生首尾相连的两场洪水过程。7 月 4 日，咸阳站出现洪峰流量 1880 立方米每秒，5 日，临潼站出现洪峰流量 2600 立方米每秒；6 日，华县站出现洪峰流量 2200 立方米每秒。7 月中旬，渭河流域出现了 2018 年入汛以来的一号洪水，7 月 12 日，咸阳站出现洪峰流量 4210 立方米每秒，临潼站出现洪峰流量 4500 立方米每秒，14 日，华县站洪峰流量 3450 立方米每秒。受洪水影响，渭河下游河道工程和水文测验设施水毁严重。滨坝、冯东、新兴、苏村、仓西、西庆屯、朱家、八里店、台台、北拾、北洛、公庄、陈村、吊桥等14处河道工程出现根石走失严重、铅丝笼石坍塌、坡石滑塌等险情；多处工程连坝路被冲毁，其中滨坝、冯东进连坝路冲毁严重，已经失去通行功能。冲毁临潼水文站、渭南水位站自动遥测水位设施各一座，交口、渭南、陈村、吊桥、朝邑水位站，临潼、南荣华、桃园水文站部分水文观测设施设备和观测道路损毁。

（2）2019年9月12—18日，泾、渭、洛河流域大范围高强度持续降雨，渭河干流林家村站15日出现洪峰流量550立方米每秒，魏家堡站14日出现洪峰流量1990立方米每秒，咸阳站15日出现洪峰流量2860立方米每秒，临潼站9月15日出现洪峰流量3990立方米每秒，华县站9月17日出现洪峰流量2760立方米每秒。洪水造成渭河下游树园、新兴、苏村、冯东、公庄、八里店、吊桥、北拾、滨坝、陈村等10多处河道工程出现根石走失、铅丝笼石坍塌、坡石滑塌等险情，水文自动遥测系统及水位测站设施也发生不同程度的水毁。

（3）2020年，渭河中下游先后出现3场洪水过程。8月16日16时36分渭河魏家堡站出现洪峰流量2920立方米每秒，17日8时36分，咸阳站出现洪峰流量3210立方米每秒，23时，临潼站出现洪峰流量3380立方米每秒，18日16时，华县站出现洪峰流量2590立方米每秒；18日9时42分，魏家堡站出现洪峰流量2650立方米每秒，19日5时18分，咸阳站出现洪峰流量3120立方米每秒，20日0时，临潼站出现洪峰流量3880立方米每秒，21日6时，华县站出现洪峰流量3000立方米每秒；24日8时30分，魏家堡站出现洪峰流量1570立方米每秒，25日3时，咸阳站出现洪峰流量1710立方米每秒，25日11时，临潼站出现洪峰流量2160立方米每秒，25日21时30分，华县站出现洪峰流量1770立方米每秒。三场洪水造成渭河下游仓西、苏村、台台、北拾、八里店、上涨渡、河滩李、公庄、北洛、树园、冯东等十多处河道工程出现根石走失、铅丝笼石坍塌、坡石滑塌及进、连坝路损毁等险情，水文自动遥测系统及水位测站设施也发生不同程度的水毁。

二、典型旱灾

（一）民国十八年旱灾

据近代大量史志和报刊资料，民国十七年（1928年），陕西始露旱情，夏季二麦歉收，秋未下种，冬麦亦无透雨下播，加之3月间又遭黄雾、黑霜、暴雨、冰雹等灾害，夏季基本绝收。民国十八年（1929年），全省旱象更加严重，春至秋滴雨未沾，井泉枯竭，泾、渭、汉、褒诸水断流，多年老树大半枯萎，春种愆期，夏季收成不过二成，秋季颗粒未收，饥荒大作，草根、树皮皆不可得，死者日众，殍满道旁，尸腐通衢，流离逃亡，难以数计。据1929年9月5日陕西救灾委员会统计，在全省92个县中，发生旱灾的县达91个，除滨渭河各县略见青苗外，余均满目荒凉，尽成不毛之地。在91个灾县中，有特重灾县24个、重灾县27个、一般灾县15个、轻灾县25个。长安、武功、凤翔、扶风、乾县、岐山、眉县、兴平、咸阳、临潼、渭南、周至、蒲城、合阳、宝鸡、陇县、澄城、淳化、长武、褒城、礼泉等县为重灾区。全省940余万人口，饿死者达250万人，逃亡者约40万人，有20多万妇女被卖往河南、山西、北平、天津、山东等地。据一位国民政府的察灾委员报告，华阴县每石麦子的价格是大洋30元，三原县平时一石小麦只要七八元，到这年也涨到了27元，涨幅之高令人惊愕。另据当时调查，渭北省西一带人口每县约损40%，乡间房屋约损60%，树木约损70%，农村凄惨不堪。国民政府冯钦哉、孙蔚如的部队入陕后，西路武功、扶风一带士兵回乡探亲，见不到父母、妻子，找不见家里的房子，邻里不见者甚多，无不痛哭而归队。国民政府监察院院长于右任自南京回陕探望，带回20万元现金救济灾民，目睹故里惨状，挥毫赋诗："迟我遗黎有几何？天饕人虐两难过。河声岳色都非昔，老人关门涕泪多！"

（二）1959—1962年干旱

1959—1962年，陕西连年干旱少雨，1959年6—8月，一直未下透雨，西安、渭南、咸阳和安康4个地（市）旱象最为严重，全省受旱面积达2183.7万亩。1960年3—4月，全省春旱，150余天未下透雨，重旱区有米脂、绥德、定边、汉中、洋县、勉县、城固、镇巴等县（市），全省受旱面积2904.8万亩。1961年，榆林、延安及关中渭北大部分地区春旱严重，影响春播，6月以后，关中、安康、商洛等地区发生百日大旱，夏秋减产，饥荒严重，"瓜菜代"遍及城乡。1962年1—6月，全省除汉中、安康专区的部分地区外，普遍干旱，降水量陕北北部小于50毫米，陕北南部及关中50～100毫米，陕南100～170毫米，比历年同期偏少六至八成，全省受灾面积达2618.5万亩，成灾面积2064万亩，粮食减产161.94万吨，饥荒加剧，不少地方出现浮肿病患者及非正常死亡。据安康专区统计，1959年10月至1961年5月，出现浮肿病患者6万人，非正常死亡5400人。

（三）1971年干旱

入夏后，渭南、咸阳、宝鸡、西安等地旱情严重，沣、灞、浐等河断流，渭河魏家堡段流量仅有3.3立方米每秒。

（四）1978年干旱

从1976年秋播以后至1978年5月中旬的21个月，全渭南地区基本未落一场透雨。成灾面积345.23万亩，减产粮食32.45万吨，有75万多人、17万多头牲畜饮水出现困难。

（五）1980年干旱

1979年9月至1980年6月，渭南地区仅降雨30～50毫米。蒲城、澄城、合阳、韩城4县旱灾奇重。蒲城县干旱持续210天。全地区60%的水库干涸，半数河流断流，二华夹槽地带地下水位下降3米多。旱塬地带人畜饮水困难。全地区成灾面积449.34万亩，减产粮食30.05万吨。《西安临潼县志》载：1980年干旱，年降水量418.5毫米，8月仅降水30.6毫米，10月降水29.6毫米，受灾面积390万亩，粮食减产1000万千克。

（六）1986年干旱

1985年至1986年2月下旬，渭南地区少雨雪，降水量偏少八至九成。入夏后干旱持续发展，降水量较历年同期偏少四成以上。全区成灾面积362.7万亩，减产粮食14.55万吨。

（七）1994—1995年连旱

关中大部分县区全年降水300～400毫米，23个县（市）降水较历年同期偏少五至七成，西安市降水总量仅313毫米，干旱使400多条流域百千米以上河流干涸，渭、洛、汉江近乎断流。干旱造成直接经济损失 66.75 亿元。6—8 月，西安市日供水量仅 50 万吨，持续缺水 80 余天，市内出现 27 个断水点约 50 万人断水，51 个大中型工厂企业停水限水，造成工业经济损失 20.66 亿元。牲畜存栏减少 60 余万头，畜牧业损失 4000 万元。全省旱灾经济损失 66.75 亿元。1995 年全省干旱为 60 ~ 100 年一遇的特旱级。

渭南市 1994 年 3 月底各旱情测报点测报，旱地麦田 1 米土层平均含水率为 9.7% ~ 12.8%。特别是 4 月下旬至 5 月底，正当小麦抽穗、扬花、灌浆的关键时刻，出现了罕见的高温少雨天气，降水量较历年同期偏少七至九成，气温平均偏高 2 ~ 5 摄氏度，日蒸发量达 4 ~ 6 毫米，渭北旱腰带的旱地干地层达 7 ~ 10 厘米。全市夏粮减产 31 万吨，油菜减产 1.02 万吨，直接经济损失 4.1 亿元。7 月中旬以后高温少雨，7 月、8 月两月平均气温 25.4 ~ 28.3 摄氏度，较历年同期均值偏高 2 ~ 3 摄氏度，极端最高气温 41.1 摄氏度。9 月降水持续偏少，月降水量 13 ~ 52 毫米，较历年同期偏少 33 ~ 70 毫米，属特少年份。大部分河流干涸断流，多数水库蓄水不足，地下水位下降 2 ~ 5 米，最高达 10 米左右，形成大面积地下"漏斗"。全渭南市有近万眼机井出水量不足，2500 眼机井"吊空"，560 眼机井报废。合阳、澄城、蒲城等县一些群众要从 5 千米以外拉水度日，水价猛涨，每吨水卖至 10 元。全市减产秋粮 25 万吨、秋油 1.55 万吨、棉花 10 万担，直接经济损失 3.5 亿元以上。

（八）1997—1998 年连旱

1997 年 3—4 月，渭南市月平均气温较历年同期偏高 3 ~ 4 摄氏度，而降水量偏少一至五成。据 4 月 28 日各旱情测报点测报，0 ~ 50 厘米麦田土壤含水率为 5% ~ 13%。5—9 月上旬，降水量 31 ~ 165 毫米，较历年同期偏少五至九成。特别是 6—7 月，小河小溪全部断流，洛河洑头站以下全部断流，渭河华县站出现历史上首次断流。全市 106 座水库总蓄水量只有 2100 万立方米，仅占总库容的 7.8%。全市有 1.77 万眼机井出水不足，3040 眼机井"吊空"，62 万多人和 12 万多头大家畜缺水。全市秋田比上年减产 39.94 万吨，棉花减产 0.83 万吨，直接经济损失 13 亿元。

1997 年 10 月至 1998 年 2 月底，持续干旱少雨，其间共降雨 30 ~ 50 毫米，较历年同期偏少六成。0 ~ 50 厘米土层含水率低于作物正常生长需水要求，旱地麦田含水率为 8%，水地麦田含水率为 10% 左右，较历年同期下降了 5%。6—7 月降水量只有 10 多毫米，较历年同期偏少九成，全市有 85 座水库无水可放，403 处陂塘全部干涸，地下水位下降 5 ~ 15 米。受旱面积最多达 750 万亩。

2000 年以来，关中地区年平均降水量呈增加趋势，大雨以上降水发生频次也呈增多趋势。从区域来看，关中西部、北部为增加趋势，西南部增加更为明显，而东部地区降水总体呈减少趋势。从季节来看，春季为增加趋势，西南部增加更为明显；夏季西部、北部和东部部分地区均呈增加趋势，中部大部为减少趋势；秋季西部为增加趋势，其余地方为减少趋势；冬季关中降水总体为减少趋势。

第三节　盐碱与内涝山洪

一、盐碱

渭河流域关中地区有盐碱耕地92.65万亩，其中，渭南市共有原生和次生盐碱地面积74.95万亩，有低湿易涝农田46.51万亩（不含农垦局的低涝土地），主要分布在渭南的富平、蒲城和大荔的一些灌区，占渭南盐碱地的83.3%。土壤盐碱化是由土壤母质、地形、地质、气候、水文地质等自然因素和灌溉耕作等人为因素综合作用的结果。

（一）自然因素

第四纪下更新统三门湖的形成、沉积和消退，是关中平原区土地盐碱化形成的重要构造因素。第四纪松散沉积物是该区内的主要成土母质，其中含可溶性盐类，一般在0.1%以上，低洼地区达0.4%～1.0%，且土层愈深，含盐量愈高。关中地区地下水矿化度亦高，随着地下水的水平和垂直运动，盐分聚集形成土壤盐碱化。平坦而低洼的地形，地下水运行不畅，也往往造成土地盐碱化。关中地区冬、春干旱少雨，蒸发作用强烈，高矿化度的地下水，通过土壤毛细管不断上升到地表，水分蒸发，盐分积聚，从而使土壤盐渍化。

（二）人为因素

人们在发展灌溉，解决干旱缺水问题时，没有及时解决排水问题，致使在蒸发强度大的条件下，土壤盐分大量积累，形成土地次生盐渍化。20世纪70年代，渭南市（原称渭南地区）盐碱耕地面积只有4万余亩，随着灌溉面积的扩大，至1983年增加至14.29万亩，增加了3.47倍。目前，渭南地区灌区次生盐碱地43.3万亩，占全区盐碱地面积的57.8%，占关中地区次生盐渍面积45.58万亩的95.0%，其危害性主要表现为地下水位上升，土壤盐分增加，农作物减产，低湿、易涝地扩大，严重时形成明水而弃耕。三门峡水库蓄水后，渭、洛河洪水出路受阻，库周地下水位普遍上升，临潼以东地区地下水位1976年比1970年上升2～3米，致使浸没和盐碱成涝面积不断扩大。

三门峡水库建库前，库周335米高程以上盐碱地面积仅5万亩，至1988年为40余万亩。

二、涝区

（一）涝区分布

流域涝区位于关中平原中部，涉及渭南市、西安市、宝鸡市、咸阳市及铜川市等，涝区总面积451.72万亩，易涝面积405.91万亩，其中有三级涝片32处；其中大型涝区25处，易涝面积共400.79万亩；中型涝区7处，易涝面积共5.12万亩。渭河流域涝区规模分布统计结果见表2-2-2。三级区共计32个，见表2-2-3。

表 2-2-2　渭河流域涝区规模分布统计

名称	涝区面积 / 万亩	易涝面积 / 万亩	地市名	涝片					
				大型涝片			中型涝片		
				处数	涝区面积 / 万亩	易涝面积 / 万亩	处数	涝区面积 / 万亩	易涝面积 / 万亩
渭河流域	451.72	405.91	小计	25	441.47	400.79	7	10.25	5.12
			西安市	2	17.31	8.07	3	5.61	1.40
			渭南市	14	365.91	353.91	1	0.75	1.75
			宝鸡市	3	14.54	5.95	3	3.89	1.97
			咸阳市	5	40.48	31.28	—	—	—
			铜川市	1	3.23	1.58	—	—	—

表 2-2-3　渭河流域治涝规划三级区划分

单位：万亩

序号	所属地市	三级涝片	涝区面积	易涝面积	序号	所属地市	三级涝片	涝区面积	易涝面积
1	咸阳市	彬州市涝片	2.22	2.22	17	宝鸡市	岐山县涝片	1.30	0.70
2		泾阳县涝片	23.46	18.17	18	渭南市	白水县涝片	3.39	3.39
3		三原县涝片	7.69	4.53	19		澄城县涝片	4.63	4.63
4		兴平市涝片	3.99	3.99	20		沙底涝片	3.57	3.57
5		旬邑县涝片	3.12	2.37	21		沙苑涝片	15.08	15.08
6	西安市	鄠邑区涝片	6.98	2.88	22		韦林涝片	7.14	7.14
7		蓝田县涝片	3.83	0.59	23		雨林涝片	9.15	9.15
8		临潼区涝片	0.48	0.30	24		卤泊滩涝片	59.41	59.41
9		阎良区涝片	1.30	0.51	25		二华涝片	45.20	45.20
10		周至县涝片	10.33	5.19	26		洛惠渠涝片	65.70	65.70
11	铜川市	宜君县涝片	3.23	1.58	27		经开区涝片	0.75	0.75
12	宝鸡市	陈仓区涝片	5.16	1.60	28		临渭区涝片	5.00	5.00
13		扶风县涝片	5.54	1.30	29		交口抽渭涝片	111.70	99.70
14		高新区涝片	1.66	0.94	30		顺阳沟涝片	6.27	6.27
15		陇县涝片	0.93	0.33	31		潼关县涝片	3.67	3.67
16		眉县涝片	3.84	3.05	32		东雷二期抽黄涝片	26.00	26.00

（二）涝灾特征与致灾原因

渭河流域涝区属于平原洼地型涝区，由于地势较平，低洼地带雨水排泄不畅，涝灾的主要原因是因雨成涝。历次涝灾范围广，持续时间长，危害大，造成作物减产，部分田块绝收，严重影响了当地群众的生产生活。2003 年 8 月、2010 年 7 —9 月、2011 年 9 —10 月、2021 年 9 —10 月等时间持续强降雨，各涝片农田积水成灾，均造成重大经济损失。

形成涝灾的主要原因一是持续降雨和暴雨，也与排水系统疏于管理、老化失修、人为侵占、路网阻隔等导致排水功能降低有关；二是渭河流域涝区总体地势平坦，渭河下游二华、卤泊滩等涝区由于三门峡水库使渭河水位抬高，由地下河变为地上河，从而抬高承泄区水位，导致内涝；三是部分涝区周围山地沟道洪水汇入农田造成涝区灾害；四是平原地区县城、镇区雨洪进入排水干支沟系统，使农田排涝无法进入干支沟，造成涝区灾害。

（三）涝区治理

至 2020 年，涝区骨干治理工程包括排涝河道 191 条，长 795.15 千米；排涝沟 360 条，长 1152.27 千米，排涝涵闸 21 座，设计排水流量 90.21 立方米每秒；排涝泵站 17 座，设计排水流量 63.86 立方米每秒，总装机 1.53 万千瓦；共有滞洪区面积 17.57 平方千米，调蓄容积 13.40 万立方米。渭南市排水工程设有专门的排水管理局，负责排水站的日常管理、运行、维修。

三、山洪灾害

暴雨是渭河流域山洪灾害形成的主要成因，年内 7—9 月是山洪灾害的高发季节，4—6 月山洪灾害也偶有发生。由于暴雨强度大，历时短，山坡陡峭，高程起伏大，易于产流且汇流速度快，短时期内大量的降雨在沟谷中汇集，水位暴涨，形成山洪灾害，加之黄土山区易冲蚀，也有利于滑坡、崩塌和泥石流的形成。

根据《陕西省山洪灾害评价调查》（2020 年）成果，渭河流域有 10 个市共 45 个县级区划涉及山洪灾害。山洪灾害较为突出的区域主要是南部的秦岭北麓山区（秦岭分水岭以北至秦岭坡脚）以及北部的铜川洪水滑坡灾害防治区（主要分布在漆水河上中游、北洛河中游）、陈仓洪水滑坡灾害防治区（主要分布在千阳、凤翔、陈仓交界地带的渭河流域）、吴起洪水灾害防治区（主要分布于北洛河上游地区）、永寿淳化洪水滑坡灾害防治区（主要分布在泾河中游、泔河及漆水河上游）、陇县洪水滑坡灾害防治区（主要分布于陇县西北部，千河上游）。

第三章　经济社会概况

渭河盆地关中地区是我国开发最早的地区之一，也是历史上的“基本经济区”，这里自古农耕事业兴盛，手工纺织、冶金和制陶业都很发达。五代以后，随着南方农业经济的发展，全国经济重心东偏南移，关中地区的经济地位逐渐降低。但从区域经济角度看，关中仍不失为我国西北地区的一块宝地。新中国成立后，关中地区经济在原来的基础上获得了迅速发展，已形成完整、雄厚的生产发展基础。与此同时，科技、文化、教育和卫生事业在全省占很大比重，在全国也有重要地位。进入新世纪，关天经济区、关中城市群、西安国际化大都市等一系列国家发展战略在此布局，极大地推动了这一区域经济社会的发展，强化了渭河流域中心地位，加速了区域发展速度。

从渭河古化石透露出的信息和各方面研究成果看，渭河流域古气候温暖湿润、植（食）物丰富，非常适合古猿人类及其他动植物的生存。我们今天在这里几乎可以完整地看到古猿人的进化过程。我们的祖先很早就开始在这里居住并开展农业、手工业生产，如半坡、米家崖、姜村等原始村落遗址都位于渭河及其支流浐灞、沣河的一、二级阶地上。我国古代农业发祥地周原、后稷教稼台等就位于这个区域。加上优越的地理位置和特殊的地形条件，我国最早的城市周丰镐、秦咸阳、汉长安城也都建立在这个区域，形成了十三朝古都的祥瑞之地，筑牢了中华民族数千年辉煌的业绩。同时，这也使渭河冲积平原区成为以郑国渠、白渠等为代表的灌溉渠网交织，交通方便，人口密集，农业生产条件优越，物产丰饶，有“天府”“陆海”之称福地。长期的中心地位，也使这里成为和河流紧密相伴的古道、渡口数量众多，桥梁建设历史较早、密度较大。

第一节　古人类

史前时期，渭河流域气候温暖而湿润，生态环境优越而多样，动物种类繁多，生物呈现多样性，而且提供了便于狩猎、采集的自然生态和适宜原始农业的发展条件。流域内现存的各类遗址充分展示了当时的经济社会情况。

一、古猿人遗址

（一）蓝田人遗址

1963 年，中国科学院古脊椎动物与古人类研究所在陕西蓝田县灞河流域公王岭和陈家窝村附近发现猿人头盖骨和牙齿化石，分别距今约 115 万年和 65 万年，是我国早期的猿人化石之一。在发现蓝田猿人化石的同时，还发现了剑齿象、小古熊、剑齿虎、直隶狼、大角鹿、古野牛、鬣狗、貘等近 40 种动物化石，以及 2 件石削器、1 件石片、4 件石核等

7 件石器工具。1982 年，国务院公布蓝田猿人遗址为国家重点文物保护单位。在发现地现建有蓝田猿人遗址博物馆。

（二）大荔人遗址

1978 年 3 月 21 日，陕西省水利电力局的刘顺堂在段家乡（今段家镇）解放村（原名王家村）甜水沟东崖洛河三级阶地的砾石层（第三层）中，发现了一个较完整的古人头骨化石。经国家古人类学者多方考证，确定其为早期智人中的较早类型，时代为中更新世末期，具体时间距今 10 万 ~ 20 万年前。是我国旧石器时代从猿人到古人过渡的一个代表，因发现在大荔境内，故命名其为“大荔人”。与大荔人同出土的石制品 500 多件，大多数是石片与石核，石器约占 30%。与大荔人伴生的动物化石有古菱齿象、肿骨大角鹿、鸵鸟等 10 余种。有蒿、菊、藜等草本植物，松柏、云杉等针叶树种。大荔人遗址是国务院公布的全国第五批重点文物保护单位。

（三）黄龙人遗址

黄龙人遗址位于延安城东南黄龙县（石堡镇）尧门河（属北洛河支流）水库大坝北侧的杨家坟山南坡。东、南、西有尧门河环绕，北侧靠山，地势较陡。东西宽 60 米，南北长 100 米，总面积约 6000 平方米，为旧石器时代遗址。“黄龙人”头盖骨化石于 1975 年出土。该化石保留了额骨和顶骨部分，骨壁较厚，额部后倾，眶缘圆钝，为成年男性头骨，属晚期智人，距今 3 万 ~ 5 万年。原件现存中国科学院古脊椎动物与古人类研究所。现此区域是陕西省重点文物保护单位。

二、仰韶文化遗址

在全国和全省已发现的仰韶文化遗址中，约有 60% 分布于渭河及其主要支流泾河、洛河流域。遗址在关中地区和洛河中游一带分布十分密集，应为这一文化的中心区域。遗址一般位于河流两岸的一、二级阶地上，面积小者数万平方米，大者可达数十万平方米。在关中，文化堆积较厚而丰富，遗迹露头与遗物散布多处。

（一）半坡遗址

半坡遗址位于陕西省西安市东郊灞桥区浐河（渭河二级支流）东岸，是黄河流域一处典型的原始社会母系氏族公社村落遗址，属新石器时代仰韶文化，距今 6000 年左右。1952 年发现，1954—1957 年发掘，面积约 5 万平方米，已发掘出 45 座房屋、200 多个窖穴、6 座陶窑遗址、250 座墓葬，出土生产工具和生活用品约 1 万件，还有粟、菜籽遗存。其中房屋有圆形、方形、半地穴式和地面架木构筑之分。遗址大致分为 3 个区，即居住区、墓葬区和制陶作坊区。居住区在聚落的中心，周围有一条人工挖掘的宽 6 ~ 8 米、深 5 ~ 6 米的大壕沟围绕，中间又有一条宽 2 米、深 1.5 米的小沟将居住区分为两片，形成两个既有联系又相互区分的两组布局。半坡遗址是我国首次大规模揭露的一处新石器时代村落遗址，1957 年建成博物馆，1961 年被国务院列为国家重点文物保护单位，现已成为西安著名博览旅游参观点。

（二）姜寨遗址

姜寨遗址位于陕西省西安市临潼区城北 1 千米的姜寨村南，地处临河东岸的二级台地上。姜寨遗址是一处新石器时代中期的聚落遗址，年代为距今6400 ~ 6600年，发现于1972年，遗址总面积约5万平方米，已发掘面积约1万平方米。姜寨遗址是一处与西安半坡遗址同时期的原始社会部落遗址，有仰韶和龙山两种文化遗存。出土有石器、陶器、铜器、骨角器、蚌器等生产工具和生活用具1万余件。陶器纹饰中的“蛙图”，被称为中华始祖女娲时代的“图腾”。此外，在遗址内仰韶文化层中还首次出土了黄铜片。陶器上的刻画符号对研究中国文字的起源也有着重要价值。

姜寨遗址是迄今为止发掘面积最大的一处新石器时代遗址。它的发掘，为研究当时的社会形态、生产技术、婚姻制度、文化艺术、墓葬习俗和意识形态等提供了宝贵的实物资料。

（三）客省庄遗址

客省庄遗址位于陕西省西安市长安区马王镇客省庄村沣河西岸，地处古代丰镐地区，属新石器时代遗址，包含仰韶、龙山、西周、战国以及汉、唐等时代的多种文化遗存。遗址第二期遗存相当于河南、山东等地区的龙山文化，但具有独特文化特征。因此，被命名为“客省庄二期文化”，也称“陕西龙山文化”。1933年曾做过考古调查。1955年中国科学院考古研究所进行发掘，发现10座半地穴式房址，以“吕”字形的双间房子最具特色。还发现3座陶窑，窑室底部均为“北”字形的火道。农业工具以长方形石刀为代表，数量众多。陶器多数是饰篮纹的灰色陶，宽肩小平底瓮是具有特征性的器形之一，鬲、斝、甗、鼎等三足器发达，盆、盘、碗、豆等食器多样。遗址中还有少量仰韶文化堆积和西周时期墓葬、水井。客省庄遗址的发现，对于探讨我国原始社会的解体，私有制和国家的产生，增添了新的科学资料。

（四）北首岭遗址

北首岭遗址位于宝鸡市金台区金陵河西岸的台地之上，是一处保存较好、内涵丰富的仰韶文化村落遗址。遗址南北长300米，东西宽200米，面积约6万平方米。1953年被发现，是新中国成立初期重要的考古发现之一。1958—1978年，中国科学院考古研究所、西北大学等单位先后7次对遗址进行了发掘，发掘面积4727平方米，发现房屋遗址50座，窖穴75个，陶窑4座，墓葬451座，出土各类文物6000余件。1956年8月，北首岭遗址被列入省级文物保护单位；2006年5月，被国务院公布为全国重点文物保护单位。

（五）大地湾遗址

大地湾遗址位于甘肃省秦安县东北45千米处的五营镇邵店村东侧，坐落在渭河一级支流葫芦河支流清水河南岸的二、三级阶地和相接的缓坡山地上。遗址背山面河，左右两翼以溪流和冲沟为天然屏障，两侧和背后被黄土梁峁环绕，总面积275万平方米。1958年，甘肃省文物管理委员会文物普查时发现该遗址。1978—1984年，甘肃省文物工作队对遗址进行了历时7年的连续性考古发掘，1995年又进行了补充发掘，揭露面积达14000平方米。出土陶、石、玉、骨、角、蚌器等文物近1万件，出土兽骨17000余件，经专家鉴定，仅哺乳动物就有7目15科28个属种。发掘房址241座、灶址104个、灰坑和窖穴321个、窑址35个、墓葬70座、壕沟9条。距今7800—7300年，它是迄今为止渭河流域最早的新石器文化，是我国新石器考古的重大发现。1988年1月，大地湾遗址被国务院公布为全国重点文物保护单位；1994 年 12 月，被甘肃省委确定为“甘肃省爱国主义教育基地”。

第二节 发展历史

渭河流域是中华民族破晓之地，周、秦、汉、唐隆兴之地。渭河流域中、下游段横贯关中平原。关中平原以其优越的自然条件，为人类的繁衍生息提供了良好的条件，成为中华民族孕育发展的重要地区之一，是中华民族文明历史的摇篮。

一、炎黄两帝的出生地

《国语·晋语》述：“昔少典氏娶于有蟜氏，生黄帝、炎帝。黄帝以姬水成，炎帝以姜水成，成而异德，故黄帝为姬，炎帝为姜。”《史记·五帝本纪》载：“黄帝者，少典之子，姓公孙，名轩辕。”黄帝居于轩辕之丘。近代学者郭沫若、翦伯赞等认为，姜水在今岐山之东，也有学者认为姜水在宝鸡，今清姜河。姬水有两种说法，一是源出麟游庙湾，经麟游、永寿、乾县、扶风至武功白石滩入渭河的漆水河。另一说法是黄陵县附近的沮水。还有史家研究认为，姬水即宝鸡境内岐水。

二、农耕文明肇始地

史载，早在 4000 多年前，我国历史上最早的农官——后稷，就在渭漆水交汇的杨凌一带，“教民稼穑、树艺五谷”，开创了我国农耕文明的先河。

周族的先祖为弃，传说是汤尧时代的一位农师，幼年时就怀有种植之志，成人后嗜好农耕，因教人种地有功，代尧而立的舜就以谷子的原名“稷”封弃为后稷。相传后稷的母亲姜嫄就是邰氏之女，后稷因酷好农耕、教民稼穑有大功，封于邰地，因此杨凌又被称为“邰国”。后稷教稼台位于距杨凌 5 千米的武功县武功镇古城东门外漆水之滨。在渭河岸边的杨凌区揉谷乡法禧村，1978 年平整土地时发现秦汉时期夯墙遗迹和长达 12 米的居住遗址、窑穴和铸铁作坊遗址，出土了带有“邰市”“邰亭”印文的陶罐，刻有“邰”字铭文的秦代铜壶和铜温壶等器物，被命名为“古邰国遗址”。这是一处内涵极为丰富的新石器时代的大型居住遗址，是中国农业始祖后稷“教民稼穑”之地。

三、中华民族 13 个王朝建都地

自西周起，先后有 13 个王朝（西周、秦、西汉、新、东汉、西晋、前赵、前秦、后秦、西魏、北周、隋、唐）在此建都，历时 1100 多年，成为中华民族政治、经济、文化中心。尤其是周、秦、汉、唐四大王朝奠定了中华民族的强大，奠定了屹立于世界长久不衰的汉唐文化。

考古发掘证明，今扶风县的法门镇和黄堆乡、岐山县的京当乡，便是当时的周原，至今仍称周原，是关中有名的富庶地区。《诗经·大雅·绵》有“周原膴膴，堇荼如饴”，歌颂周原肥沃而富饶。从此周族长久定居周原。在古公亶父的领导下，周人“筑室于兹”，营建城邑，设官司，划分疆界，治理田地，发展农耕。周原很快兴旺起来，初具国家雏形，所以古公直父从“公”被追尊为“太王”。周人歌颂大王：“后稷之孙，实维太王，居岐

之阳，实始锡商。”

秦人西周初年从山东半岛迁徙到黄河流域的渭河上游，经过300多年的发展壮大，到秦非子时被封到秦地，开始进军关中。随后秦人立足关中，横扫六合，定都咸阳，兴建了气势恢宏的阿房宫，建立了我国第一个封建王朝——秦朝。

秦朝末年，楚汉相争，刘邦大败项羽，定都长安，定国号汉，从此华夏民族称为汉族，说汉语，习汉字。隋唐建都于长安，放弃了西汉长安故城，把都城建在了灞河和沣河之间的平原上，真正实现了“八水绕长安”的格局。盛唐开创了贞观之治、开元盛世，长安城成为当时世界上最大的国际大都市。

第三节　现代发展概况

渭河流域涉及甘肃省的定西、白银、天水、平凉、庆阳和宁夏回族自治区的固原、吴忠及陕西省的宝鸡、杨凌、西安、咸阳、铜川、渭南、商洛等14市（区）99县（市、区）的全部或部分辖区。其中甘肃省涉及3市29个县（市、区），宁夏回族自治区涉及2市6个县（市、区），陕西省共涉及8市1区64个（含西咸、铜川新区）县（市、区），其中50个县（市、区）全部在渭河流域内、14个县（市、区）部分在流域内。中、下游段基本上属于陕西省关中平原，包括渭南市、西安市、咸阳市、铜川市、杨凌区的全部和除凤县、太白两县以外的宝鸡市辖各县、商州区的一个乡（部分）。陕西省渭河流域涉及行政区域范围见表2-3-1。

表2-3-1　陕西省渭河流域涉及行政区域范围一览

序号	设区的市	面积全在渭河流域的县（市、区）	部分面积在渭河流域的县（区）	流域面积/km^2	备注
1	宝鸡市	渭滨区、金台区、陈仓区、陇县、千阳县、凤翔区、岐山县、扶风县、眉县、麟游县	太白县	13048	辖区内凤县不在渭河流域
2	咸阳市	渭城区、秦都区、长武县、彬州市、旬邑县、淳化县、永寿县、乾县、礼泉县、武功县、兴平市、泾阳县、三原县		10119	辖区全部在渭河流域
3	西安市	长安区、临潼区、灞桥区、雁塔区、未央区、莲湖区、新城区、碑林区、阎良区、蓝田县、鄠邑区、周至县、高陵区、西咸新区		9812	西安市辖区全部在渭河流域

续表 2–3–1

序号	设区的市	面积全在渭河流域的县（市、区）	部分面积在渭河流域的县（区）	流域面积 / km^2	备注
4	渭南市	临渭区、华阴市、蒲城县、富平县、白水县、澄城县	华县、潼关县、大荔县、合阳县	9411	区内韩城市不在渭河流域
5	铜川市	王益区、印台区、耀州区、宜君县、铜川新区		3882	铜川市全部在渭河流域
6	延安市	甘泉县、富县、洛川县、黄陵县	吴起县、志丹县、黄龙县	17907	
7	榆林市		靖边县、定边县	2690	
8	杨凌农业高新技术产业示范区	杨凌区		114	包含了新划入的揉谷乡面积
9	商洛市		商州区	76	
合计	9 个市（区）	53 个县（区）	11 个县（区）	67059	

一、人口及城镇化率

截至 2020 年，流域总人口 3601.31 万人，人口密度 267 人每平方千米，其中城镇人口 2103.19 万人，城镇化率 58.4%。流域人口分布以陕西省关中地区最为密集，该地区人口 2542.58 万人，占流域总人口的 70.6%，人口密度 537 人每平方千米。宝鸡、杨凌、咸阳、西安、铜川、渭南、商洛等市（区）人口分别占流域总人口的 16.39%、1.1%、15.69%、52.55%、2.66%、11.54%、0.07%。流域南北边缘的秦岭山区和黄土塬区，人口分布稀疏。

二、工农业生产

2020 年，渭河流域国内生产总值（GDP）19541.37 亿元，人均 54262 元。农业以种植业为主，作物以小麦、玉米、杂粮、棉花、豆类、油菜、瓜果为主，粮食产量 1335.41 万吨。

流域矿产资源主要有煤、石油、铁、金和钼等，主要工业城市有西安、宝鸡、咸阳、天水、铜川等，拥有机械、航空、电子、电力、煤炭、化工、建材和有色金属等工业，是我国西北地区门类比较齐全的工业基地。近年来，高科技、高新技术产业发展很快，在关中地区已形成西起宝鸡、东至渭南的高新技术产业开发带。

陕西关中地区，素有“八百里秦川”之称，城市集中，交通方便，旅游资源丰富，高科技产业发达，是国家重点经济建设地区之一，在渭河流域和陕西省工农业生产中占有重要地位。2020 年，国内生产总值 16194.38 亿元，占流域的 82.87%，人均 63693 元。粮食产量 712.81 万吨，占流域的 53.38%。渭河流域 2020 年经济社会指标见表 2–3–2。陕西省渭河流域 2020 年经济社会主要指标见表 2–3–2。

表 2-3-2　渭河流域 2020 年经济社会指标

行政区划	人口 / 万人		GDP/ 亿元				耕地面积 / 万亩	农田有效灌溉面积 / 万亩	粮食产量 / 万 t
	总人口	其中城镇	小计	第一产业	第二产业	第三产业			
甘肃	873.82	359.37	2130.32	396.73	666.45	1067.14	2885.95	154.77	495.35
宁夏	91.57	21.99	218.22	54.81	45.80	117.61	353.12	38.04	74.14
陕西	2635.92	1721.83	17192.82	1277.75	6757.06	9158.01	2237.21	1067.34	765.92
合计	3601.31	2103.19	19541.36	1729.29	7469.31	10342.76	5476.28	1260.15	1335.41

第四节　沿河城市

自古以来，城市和河流紧密相依，渭河关中平原更是如此。西周时期，周文王、周武王迁都渭河支流沣河下游，建成沣京和镐京，开创了世界历史跨河建都的先河。有研究认为，今天关中渭河盆地是世界少有的城市最密集区之一，并将其与欧洲的罗讷河做比较。关中以西安为中心形成城市轴，这个城市轴沿渭河和陇海铁路呈东西向排列，从西向东沿干流分布着宝鸡、杨凌、咸阳、西安、渭南四市一区，支流上有铜川市以及延安市、榆林市、商洛市的一部分。

一、西安市

西安，简称“镐”，古称长安、镐京，陕西省省会、副省级市、特大城市、关中平原城市群核心城市，国务院批复确定的中国西部地区重要的中心城市，国家重要的科研、教育、工业基地。

西安地处关中平原中部，西安城区建立在渭河平原的二级阶地上，主城区在渭河右岸。西安东以零河和灞源山地为界，与华县、渭南市、商洛市商州区、洛南县相接；西以太白山地及青化黄土台塬为界，与眉县、太白县接壤；南至北秦岭主脊，与佛坪县、宁陕县、柞水县分界；北至渭河，西北跨渭河，与咸阳市区、杨凌区和三原、泾阳、兴平、武功、扶风、富平等县（市）相邻。辖境东西长约 204 千米，南北宽约 116 千米。渭河横贯西安市境内约 150 千米，有“八水润长安”之说。西安是联合国教科文组织于 1981 年确定的“世界历史名城”，是中华文明和中华民族重要发祥地之一，丝绸之路的起点，历史上先后有 10 多个王朝在此建都，主要有：沣镐都城、秦阿房宫、兵马俑，汉未央宫、长乐宫，隋大兴城，唐大明宫、兴庆宫等 。建城史有 3000 余年，是中国依河建城的开创者。

西安是中国最佳旅游目的地、中国国际形象最佳城市之一，有两项 6 处遗产被列入《世界遗产名录》，分别是：秦始皇陵及兵马俑、大雁塔、小雁塔、唐长安城大明宫遗址、汉长安城未央宫遗址、兴教寺塔 。另有西安城墙、钟鼓楼、华清池、终南山、大唐芙蓉园、陕西历史博物馆、碑林等景点。西安拥有西安交通大学、西北工业大学、西安电子科技大学等 7 所“双一流”建设高校。

表 2-3-3　陕西省渭河流域 2020 年社会经济主要指标统计

市级行政区	县（区）	流域面积 / km^2	人口 / 万人			GDP/ 亿元						常用耕地面积 / 万亩	农田有效灌溉面积 / 万亩	粮食总产量 / 万 t
			总人口	城镇	城镇化率 /%	小计	第一产业	第二产业			第三产业			
								小计	工业	建筑业				
榆林市	定边县	2474	6.60	0.82	12.42	177.85	7.34	149.23	149.23	0	21.31	87.51	0	10.25
	靖边县	216	1.03	0.07	6.80	6.43	1.05	1.55	1.48	0.07	3.83	5.58	0.67	1.17
	小计	2690	7.63	0.89	11.66	184.28	8.36	150.78	150.71	0.07	25.14	93.09	0.67	11.42
延安市	吴起县	3334	14.01	9.54	68.06	146.87	5.32	113.02	107.52	5.50	28.53	32.80	7.14	5.72
	志丹县	3073	12.81	8.87	69.26	139.20	6.49	103.80	97.54	6.26	28.91	39.96	8.70	6.03
	甘泉县	2287	7.69	4.74	61.65	28.98	5.47	8.37	7.43	0.94	15.14	13.39	1.96	4.39
	富县	4185	14.29	6.38	44.62	72.37	22.09	25.82	25.10	0.72	24.45	23.20	5.45	3.29
	洛川县	1886	20.17	9.02	44.73	241.64	33.94	167.81	167.27	0.54	39.90	15.20	15.20	10.93
	黄龙县	895	4.04	2.71	67.19	16.23	3.77	1.65	0.84	0.81	10.81	14.17	3.09	6.03
	黄陵县	2288	12.70	7.98	62.81	169.01	13.42	121.61	119.37	2.24	33.99	13.96	3.12	5.30
	小计	17948	85.71	49.24	57.45	814.30	90.50	542.08	525.07	17.01	181.73	152.68	44.66	41.69
宝鸡市	渭滨区	842	53.58	46.82	87.38	535.61	5.46	306.50	206.86	99.64	223.65	7.58	0.67	1.03
	金台区	309	46.10	40.39	87.62	363.41	2.86	214.20	175.45	38.75	146.35	14.77	0.43	4.15
	陈仓区	2473	59.76	23.56	39.42	220.73	28.67	115.99	90.90	25.09	76.07	64.95	18.49	22.08

续表 2-3-3

市级行政区	县（区）	流域面积 / km^2	人口 / 万人			GDP/ 亿元						常用耕地面积 / 万亩	农田有效灌溉面积 / 万亩	粮食总产量 / 万 t
			总人口	城镇	城镇化率 /%	小计	第一产业	第二产业			第三产业			
								小计	工业	建筑业				
宝鸡市	陇县	2277	20.85	8.17	39.19	98.66	21.65	39.45	31.04	8.41	37.58	52.95	7.17	11.08
	千阳县	997	9.95	4.78	48.04	73.85	12.00	41.06	39.60	1.46	20.79	27.28	3.61	6.46
	麟游县	1708	7.33	2.84	38.74	128.25	7.74	104.59	104.06	0.53	15.92	43.80	0.40	7.66
	凤翔区	1353	38.62	16.88	43.71	239.85	28.70	133.88	109.27	24.61	77.27	68.53	31.33	28.33
	岐山县	856	45.70	17.71	38.75	169.29	27.13	81.20	75.12	6.08	60.96	52.93	40.46	23.83
	扶风县	705	43.38	10.83	34.97	154.54	24.51	74.61	54.91	19.70	55.42	45.76	40.86	26.35
	眉县	857	32.29	10.78	33.38	177.04	28.14	92.54	83.89	8.65	56.36	34.66	33.02	7.82
	太白县	652	2.10	0.43	20.48	6.20	2.88	1.47	0.75	0.72	1.85	2.84	0.03	0.20
	小计	13029	359.66	183.19	50.93	2167.45	189.74	1205.49	971.85	233.64	772.22	416.05	176.47	138.99
杨凌区	杨凌区	135	25.39	16.93	66.68	151.71	9.75	62.11	46.56	15.55	79.85	4.16	4.14	0.93
咸阳市	渭城区	21	30.35	30.35	100.00	274.57	0	159.95	122.2	37.75	114.61	0	0	0
	秦都区	115	49.16	47.14	95.90	361.94	7.52	168.10	123.32	44.78	186.32	5.60	5.60	2.53
	三原县	576	35.73	19.33	54.10	203.56	33.06	94.55	89.97	4.58	75.95	38.79	32.34	19.92
	泾阳县	570	24.17	2.97	12.30	80.90	33.17	14.74	14.41	0.33	32.98	49.06	45.72	17.01

续表 2-3-3

市级行政区	县（区）	流域面积 / km^2	人口 / 万人			GDP/ 亿元						常用耕地面积 / 万亩	农田有效灌溉面积 / 万亩	粮食总产量 / 万 t
			总人口	城镇	城镇化率 /%	小计	第一产业	第二产业			第三产业			
								小计	工业	建筑业				
咸阳市	乾县	1003	45.67	20.92	45.80	155.62	35.27	42.88	38.85	4.03	77.47	64.65	33.99	26.62
	礼泉县	1011	36.56	14.22	38.90	156.17	52.89	39.33	35.40	3.93	63.95	11.28	4.66	12.09
	永寿县	889	16.02	6.28	39.20	84.62	22.57	24.94	20.98	3.96	37.11	45.15	0.08	9.50
	彬州市	1184	30.02	16.03	53.40	216.14	21.78	134.76	129.00	5.76	59.60	46.39	0.42	12.15
	长武县	568	14.84	6.10	41.10	102.64	18.68	61.97	53.53	8.44	21.99	19.70	1.47	5.43
	旬邑县	1811	21.19	7.69	36.30	89.21	31.16	25.89	23.57	2.32	32.16	37.63	0.12	12.80
	淳化县	976	14.18	5.54	39.10	82.02	31.48	25.08	17.08	8.00	25.46	42.00	0.11	11.80
	武功县	398	31.77	12.20	38.40	153.91	25.62	65.58	43.35	22.23	62.71	39.8	39.36	21.01
	兴平市	453	46.33	30.72	66.30	242.12	26.30	112.83	86.72	26.11	102.99	35.97	35.97	19.97
	小计	9575	395.99	219.49	55.43	2203.40	339.5	970.60	798.38	172.22	893.30	436.02	199.84	170.83
西安市	城三区	92	239.50	239.50	100.00	2454.60	0	697.66	232.21	465.45	1756.94	0	0	0
	雁塔区	152	204.90	204.90	100.00	2510.72	0	575.78	226.95	348.83	1934.94	0	0	0
	未央区	200	155.60	155.60	100.00	1325.64	1.61	586.31	204.86	381.45	737.72	1.11	1.11	0.01
	灞桥区	325	102.10	100.13	98.07	544.50	18.94	160.34	46.72	113.62	365.22	9.11	4.46	2.40
	长安区	1448	158.70	100.99	63.64	1316.84	32.74	785.57	528.87	256.70	498.53	37.66	31.53	16.66

续表 2-3-3

市级行政区	县（区）	流域面积 / km^2	人口 / 万人			GDP/ 亿元						常用耕地面积 / 万亩	农田有效灌溉面积 / 万亩	粮食总产量 / 万 t
			总人口	城镇	城镇化率 /%	小计	第一产业	第二产业			第三产业			
								小计	工业	建筑业				
西安市	蓝田县	2006	49.11	16.80	34.21	142.95	32.36	22.12	16.61	5.51	88.47	50.40	10.65	17.89
	高陵区	294	44.20	29.01	65.63	375.06	30.84	204.06	189.22	14.84	140.16	35.26	20.30	12.48
	临潼区	916	67.60	24.68	36.51	252.60	41.37	63.62	54.50	9.12	147.61	93.10	47.25	34.65
	阎良区	245	30.30	17.67	58.32	249.10	32.42	85.67	73.47	12.20	131.01	45.95	21.59	11.93
	鄠邑区	1252	57.70	25.70	44.54	233.82	31.10	97.15	87.11	10.04	105.57	45.71	39.63	20.04
	周至县	2750	55.68	16.22	29.13	139.41	40.36	12.37	8.08	4.29	86.68	51.49	51.49	12.48
	西咸新区西安部分	882	130.46	95.33	73.07	615.43	50.93	207.63	112.46	95.17	356.87	61.05	0	16.05
	小计	10562	1295.85	1026.53	79.22	10160.67	312.67	3498.28	1781.06	1717.22	6349.72	430.84	228.01	144.59
铜川市	新区	135	17.37	13.01	74.89	78.08	2.64	27.25	22.60	4.65	48.19	4.83	2.45	0.61
	耀州区	1476	18.37	8.48	46.16	116.64	14.49	51.01	44.61	6.40	51.14	42.59	5.92	8.28
	王益区	155	13.53	11.61	85.81	94.77	1.56	26	20.95	5.05	67.21	7.93	0.04	0.99
	印台区	629	13.39	8.64	64.53	63.16	4.92	24.48	21.07	3.41	33.76	14.15	0	4.30
	宜君县	1476	7.17	2.73	38.08	36.09	7.16	11.58	10.25	1.33	17.35	39.98	0	17.40
	小计	3871	69.83	44.47	63.68	388.74	30.77	140.32	119.48	20.84	217.65	109.48	8.41	31.58

续表 2-3-3

市级行政区	县（区）	流域面积 / km^2	人口 / 万人			GDP/ 亿元						常用耕地面积 / 万亩	农田有效灌溉面积 / 万亩	粮食总产量 / 万 t
			总人口	城镇	城镇化率 /%	小计	第一产业	第二产业			第三产业			
								小计	工业	建筑业				
渭南市	澄城县	1122	30.40	13.85	45.56	103.54	36.06	19.61	17.80	1.81	47.87	71.88	43.30	18.64
	白水县	984	22.40	10.76	48.04	84.14	38.60	9.53	9.10	0.43	36.01	38.92	4.08	11.43
	合阳县	156	5.27	1.08	20.47	7.05	3.54	1.37	0	1.37	2.14	12.20	0.08	3.05
	临渭区	1227	92.00	50.80	55.22	441.89	58.72	125.49	88.30	37.19	257.69	86.39	40.94	39.90
	华州区	909	29.69	13.70	46.14	78.72	16.98	30.98	28.73	2.25	30.76	35.10	24.28	15.20
	富平县	1269	64.30	27.63	42.97	193.08	48.03	68.45	60.30	8.15	76.59	99.09	77.10	41.37
	蒲城县	1584	66.30	29.02	43.77	203.54	41.82	76.54	67.40	9.14	85.17	132.99	108.55	41.20
	大荔县	1543	51.52	19.6	38.04	99.93	38.17	29.81	23.66	6.15	31.95	89.31	85.22	40.42
	华阴市	887	23.86	10.94	45.85	72.48	10.48	9.97	8.20	1.77	52.03	18.85	15.86	11.50
	潼关县	378	8.50	3.71	43.68	25.34	3.63	7.31	6.67	0.64	14.40	9.21	5.17	2.89
	小计	10059	394.24	181.09	45.93	1309.70	296.03	379.06	310.16	68.90	634.61	593.94	404.58	225.60
商洛市	商州区	76	1.62	0	0.00	6.14	0.43	1.92	1.92	0	3.79	0.95	0.56	0.29
合计		67945	2635.92	1721.83	65.32	17386.40	1277.75	6950.64	4705.19	2245.45	9158.01	2237.21	1067.34	765.92

2018 年 2 月，国家发展和改革委员会、住房和城乡建设部发布《关中平原城市群发展规划》支持西安建设国家中心城市、国际性综合交通枢纽、建成具有历史文化特色的国际化大都市。2023 年，西安市提出北跨渭河发展战略。

二、宝鸡市

宝鸡古称“陈仓”“雍城”，典故“明修栈道，暗度陈仓”的发源地，誉称“炎帝故里、青铜器之乡”。757 年，因“石鸡啼鸣”之祥瑞改称宝鸡。宝鸡是关中 - 天水经济区副中心城市，地处关中平原西部，渭河上、中游段，市区沿渭河两岸发展。渭河横贯宝鸡市境内 206.1 千米，多年平均径流量为 35.51 亿立方米。

宝鸡历史悠久，是宝学（宝鸡之学）所在地，有 2770 余年建城史，出土了晚清四大国宝（毛公鼎、大盂鼎、散氏盘、虢季子白盘）及陈仓石鼓、何尊、逨盘、铜浮屠等文物，存有西府社火、凤翔木版年画、泥塑等中华工艺。

宝鸡是首批国家生态园林城市、全国文明城市、中国优秀旅游城市、国家森林城市，中国人居环境奖获得城市，拥有法门寺、太白山、关山草原、通天河国家森林公园、千湖国家湿地公园等知名景点及西凤酒、岐山臊子面、宝鸡擀面皮、豆花泡馍、西府扯面、醋粉等诸多特产或西府小吃。

三、杨凌农业高新技术产业示范区

杨凌农业高新技术产业示范区是我国第一个农业高新技术产业示范区，地级行政级别，位于关中平原中部，西安市西部 85 千米处。东与武功县大庄镇以漆水河为界，南贴渭河，西与扶风县绛帐镇接壤，北依漳河与武功县武功镇、扶风县杏林镇相邻，东西长约 16 千米，南北宽约 7 千米，总面积 135 平方千米，城市规划区 35 平方千米。杨凌农业高新技术产业示范区境内有渭河、漆水河、漳河及宝鸡峡主干渠、二支渠、渭惠渠等人工灌溉渠。其中宝鸡峡主干渠年入水量 230 万立方米，渭惠渠年入水量 359.5 万立方米，宝鸡峡二支渠入水量 917.1 万立方米，渭河滩民堰入水量 61.3 万立方米。渭河从揉谷镇的姜塬村流入该区，境内长 11.9 千米，多年平均流量 136.5 立方米每秒，年径流总量 46.03 亿立方米。漆水河系渭河北岸一级支流，在区内流程 8.5 千米，多年平均流量 4.15 立方米每秒，年径流总量 1.31 亿立方米。漳河系渭河二级支流、漆水河的一级支流，境内流程 24.6 千米，多年平均流量 0.46 立方米每秒，年径流总量 1448 万立方米。

2017 年 6 月 28 日，杨凌农业高新技术产业示范区被评为“国家食品安全示范城市”；2019 年 11 月，入选第二批节水型社会建设达标县（区）；2020 年 7 月 29 日，入选 2019 年重新确认国家卫生乡镇（县城）名单。

主要风景名胜有：现代农业示范园区创新园（国际科技合作园），是国家 AAA 级旅游景区。杨凌农林博览园，国家 AAAA 级旅游景区，由杨凌昆虫博物馆、杨凌动物博物馆、杨凌土壤博物馆、杨凌植物博物馆、农业历史博物馆 5 个专业植物馆和蝴蝶园、植物分类园、树木园及植物种质资源圃组成。新天地农业科技示范园，国家 AAA 级旅游景区，通过采用无土栽培技术和滴灌技术，进行工厂化、标准化生产。杨凌水上运动中心，是国家 AA 级旅游景区，水域占地面积 700 亩，正常水深 5 米，水源为地下自然补给，水面宽阔，水质清澈；主要承担陕西省赛艇、皮划艇运动训练和竞赛任务。教稼园，以展示农耕历史、呈现农业文化，介绍农业始祖后稷和相关历史资料为背景，是融历史性、文化性、趣味性、科普性、景观性为一体的现代休闲性的观光公园。隋文帝泰陵，是隋文帝杨坚与文献皇后独孤氏的合葬陵，位于杨凌区五泉镇王上村东北200米处，当地叫三畤原，群众称隋泰陵为“杨家陵”，杨凌地名由此而来。1957年5月31日，隋文帝泰陵被陕西省人民委员会公布为陕西省第二批重点文物保护单位；1996年11月20日，被国务院公布为第四批全国重点文物保护单位。古邰国遗址，是一处内涵极为丰富的新石器时代的大型居住遗址，是中国农业始祖后稷“教民稼穑”之地。

四、咸阳市

咸阳市是陕西省地级市，因渭水南穿，嵕山亘北，山水俱阳，故称咸阳，自古就是西部战略重镇。咸阳东南邻省会西安市，西与宝鸡市、杨凌农业高新技术产业示范区毗邻，东北与渭南市、铜川市交界，西北与甘肃省接壤。

地势由北向南呈阶梯状，南部为渭河、泾河平原，约占总面积的1/5；中部台塬区，约占总面积的1/5；北部高原丘陵区，约占总面积的3/5。境内山脉集中分布在中北部，子午岭余脉的马栏山、石门山，中部嵯峨山、笔架山、九嵕山，北仲山和五峰山自南而北依次排列。河流主要有渭河、泾河等。渭河从武功县大庄乡入境，流经武功、兴平、秦都、渭城，在渭城区正阳乡张旗寨出境，市内流程80.7千米，流域面积3519.1平方千米，占全市总面积的34.4%。年平均流量176.3立方米每秒，多年平均径流量54.73亿立方米。流域面积大于1000平方千米的渭河支流有漆水河、漳水河、清峪河等，自产径流量1.80亿立方米。泾河从长武县马寨乡汤渠村进入，经长武、彬州市、永寿、淳化、礼泉、泾阳，于泾阳县高庄乡桃园村出境，市内流程272.3千米，市内流域面积6705.3平方千米，占全市总面积的65.6%。多年平均流量61.5立方米每秒，多年平均径流量19.11亿立方米。市内流域面积大于1000平方千米的泾河支流有黑河、达溪河、三水河、泔河等，自产径流量3.99亿立方米。全市自产地表水径流量5.79亿立方米。

咸阳是秦汉文化的重要发祥地。秦始皇定都咸阳，使这里成为“中国第一帝都”。咸阳也是古丝绸之路的第一站，中原地区通往大西北的要冲。

咸阳是全国文明城市、中国十大智慧城市、中国甲级对外开放城市、国家级历史文化名城、全国双拥模范城、国家卫生城市、首届中国魅力城市、中国地热城、全国十佳宜居城市、首批中国优秀旅游城市、全国精神文明创建工作先进市及中华养生文化名城。

2014年，国务院批复成立西咸新区为中国第七个国家级新区。著名景点有茂陵、乾陵、昭陵、杨贵妃墓、秦城遗址等。

五、渭南市

渭南市古称下邽、莲勺，因城区处在渭河之南而得名。渭南市地处陕西关中渭河平原东部，渭河下游，渭河在区内长约180千米，是陕西省的“东大门”。早在秦汉之际，渭南就已享有“省垣首辅”“形胜甲于三秦”的美誉。渭南市东濒黄河与河东古邑运城、陕州故地三门峡、帝尧都邑临汾相毗邻，西与千年帝都西安、咸阳相接，南倚秦岭与商洛为界，北靠桥山，与革命圣地延安、铜川接壤。南北长 182.3 千米 ，东西宽 149.7 千米，总面积约 13134 平方千米，为陕西省农业大市和人口第二大市，获中国金融生态城市、国家级卫生城市 、 中国旅游百强城市、中国特色魅力城市等荣誉称号。

流经市境的河流主要有黄河、渭河、洛河。黄河自北而来沿边境流过，洛河自西北而东南入渭河，渭河自西而东在境内汇入黄河。渭河多年平均径流量 63.41 亿立方米；洛河多年平均径流量 6.39 亿立方米。全市当地水资源总量 13.13 亿立方米，其中地下水资源量 10.04 亿立方米、地表水资源量 7.22 亿立方米。

渭南地势以渭河为轴线，形成南北两山、两塬和中部平川五大地貌类型区，中部渭河冲积平原是“八百里秦川”最宽阔的地带。地势南北高，中间低，东西开阔，呈仰瓦状。海拔 330 ~ 2645 米。外围是台塬，垦耕历史悠久。南部黄土台塬与洪积扇相间，素有“长捻原”之美称。渭南是中华民族和华夏文明重要发祥地之一，中华民族“华夏”之称即来源于渭南，“华”即取自西岳华山之“华”，“夏”则取自夏阳之“夏”，对于中国历史文化进程产生十分重要影响的三圣（史圣司马迁、字圣仓颉、酒圣杜康）也都从渭南走出。渭南有“三秦要道，八省通衢”之称，是中原地区通往陕西乃至大西北的咽喉要道，又是新欧亚大陆桥的重要地段，是丝绸之路经济带起点段的关键组成部分，还是西北唯一一个拥有三大国家级经济区叠加政策（“关天经济区”“陕甘宁革命老区”“晋陕豫黄河金三角”）的地级市。20 世纪 50 年代中期，由于三门峡水库的兴建，库区内约有 28 万人需要迁移安置，其中 8.8 万人在库区周围就地后靠安置，约 10 万人在关中平原区自然条件较好的地区安置，约 9.2 万人（3.1 万人先迁宁夏）迁移到人少地多的渭北旱塬区，后来有部分农民又返迁回库区。著名景点有西岳华山、蒲城桥陵、富平陶艺村等。

六、铜川市

铜川市原称同官，地处陕西省中部、关中盆地和陕北高原的交接地带，与延安、渭南、咸阳 3 个地市毗邻，是关中经济带的重要组成部分，是通往人文初祖黄帝陵及革命圣地延安的必经之地，距渭河干流约 68 千米、距西安咸阳国际机场 72 千米，西安至黄陵高速公路穿境而过，咸铜、梅七两条支线铁路与陇海大动脉相连。铜川市是全国绿化模范城市、国家卫生城市。著名景点有大香山寺、药王山、金锁关遗址、唐玉华宫遗址等。

第四章 古代漕、渡、桥、道

古代交通和河谷相依相伴。东西走向的渭河干流自古至今都是中国对外开放的重要通道，向西是古丝绸之路的起点和南线的一支，联结着西北、西南，向东联结着中原、华北、华南。加之长期处在中国的政治、经济、文化发展的核心、地理的中心，交通历来比较发达，运输量大，自古就有大车道、驿道、桥梁、渡口，四通八达。渭水是横渡或航运的重要载体，是漕运的重要组成部分和漕水的来源。随着经济社会的发展，现今渭河中下游成为桥梁和穿河建（构）筑物最为密集的地区。涉河交通与河流融为一体，成为渭河流域环境显著特色。

第一节 航（漕）运

渭河中下游古代航（漕）运是中国古代将所征收财物（主要为粮食）经河道或人工开挖的水路解往京师或其他指定地点的运输方式。

一、渭河航（漕）运曾是中国的一条水运大动脉

渭河航运条件并不优越，但因其长达千余年处在全国政治、经济、文化中心的地位，大举航（漕）运粮食、贡赋，出使、战争及渭河两岸繁忙的交流需要，使关中渭河水运业断断续续鼎盛上千年。渭水横穿关中盆地，从古都咸阳、长安侧近流过，连通黄河、汾水。渭水—黄河—汾水航路及渭水—黄河—运河航线，在秦、汉、隋、唐时期，曾起过支持都城经济发展的柱梁作用；宋、元、明、清直至民国时期，起着与山西、河南互通有无的经济互补作用。关中漕渠，是为了弥补渭水水浅沙深、阻碍航运的缺陷，它起着与渭水自然航道同样的作用。但渭水泥沙淤塞河道的病害，同样殃及漕渠。漕渠多次开凿疏浚，多次湮塞不通，漕运的担子仍主要由渭水承担。渭水在唐、宋及其以前，主要以官物、官运为主，明、清以后，则以商运、民运为主。

《左传·僖公十三年》记载：春秋时期“秦于是乎输粟于晋，自雍及绛相继，命之曰‘泛舟之役’”。《史记·秦本纪》中有秦国粮食以“船漕车转，自雍相望至绛。”都说的是，春秋前期公元前647年，晋国发生饥荒，秦穆公下令从秦国都城雍（今陕西凤翔）用庞大船队通过渭河、黄河、汾河运送几千吨粮食到晋国都城绛（今山西翼城东南），是为“泛舟之役”。这是中国历史上首次明确记载内陆河运的重大事件，也是渭河航运的最早记录。

西汉定都长安后，每年需从关东运输大量谷物以满足需求，转漕逐渐制度化。汉初，每年渭河水运量为几十万石，至武帝初年，增至100多万石。但由于自然环境的变迁、人

口的激增以及森林的过度砍伐，水上航运常受泥沙淤泥阻困。为了保证京城粮食、燃料、铁器和其他物资的顺利运送，汉武帝在元光三年（前132年），采纳大司农郑当时修建漕渠的建议，诏令齐人水工徐伯勘测渠线位置，征发数万人历3年艰苦施工，建成了一条西自长安，东至潼关黄河，全长300余里的漕渠，使关中东部到都城长安的漕运能力由汉初的数十万石提高到400万石。元封元年（前110年），漕运一度增至每年600万石。其后从昆明池东开口引水，东北流经今西安市西北汉长安城遗址南，至今西安市区北分为两支，一支北注渭水，一支东流横绝灞河注入通向黄河的漕渠，为漕渠上源。这使长安城的航运从八水、临潼、渭南、二华夹槽，经潼关县的三河口直接与黄河相连，极大地便利了长安城附近物资的运输贸易。漕运的开通，连接了黄河、淮河、长江三大水系，形成沟通南北的新的漕运通道，奠定了后世大运河的基础。

隋文帝统一中国后，长期停滞的渭水漕运，又逐渐兴盛。据《隋书·郭衍传》记：隋文帝开皇元年（581年），郭衍率水工“凿渠引渭水，经大兴城（今长安）北，东至于潼关，漕运四百余里，关内赖之，名曰富民渠”。开皇三年（583年），下诏在华州（今华县）置广通仓，漕运关东及汾、晋等地的谷粟，供应京师长安。“其后以渭水多沙，流有深浅，漕者苦之。”开皇四年（584年），隋文帝命宇文恺等率水工民夫，从六月开工，历时3个月，建成引渭水自大兴城（今长安）东至潼关300余里人工运河，名曰广通渠（后改称永通渠）。这使漕运发挥出了很大效能，解决了隋王朝京师一带缺粮的威胁。

唐高宗咸亨三年（672年），关中遭饥荒，粮食严重匮乏，通过渭水、黄河漕运河东的粮食以救关中饥馑。唐玄宗开元二十二年（734年）八月，京兆尹裴耀卿改革漕运，先将江淮租米运到太原仓（在今三门峡市西南），然后由渭水运到长安等地。3年内运米700万斛，节省车钱30万缗。《新唐书》载：“天宝元年（742年），长安令韦坚为陕郡太守兼水陆转运使，治汉、隋运渠，起关门，抵长安，通山东租赋，乃绝灞、浐，并渭而东，至永丰仓与渭合……是岁漕山东粟四百万石，曰兴成堰”。天宝二年（743年），韦坚自苑西引渭水至华阴入渭，水抵禁苑东面的望春楼下凿潭（在京城东9里）以聚漕舟，玄宗诏群臣到望春楼观新潭，见各郡300余船只满载宝物奇货，数十里不绝，甚为高兴，赐其潭名为广运潭。一时千帆竞发，创下了隋、唐以来漕运量的最高纪录。唐末混乱，渭河运道失去作用，唐昭宗天复四年（904年）迁都洛阳，毁长安宫室百司及民间庐舍，其材浮渭沿河而下，长安自此为墟。经过五代数十年的长期混战，渭水不再进行漕运，关中航道失修，无法利用，以致宋太祖统一天下后，把国都定于开封府。宋初曾漕运陕西粮食到达国都开封，金代也曾转运陕西粮食以接济关东。明、清二代也有东粮西运的事，但都数量有限。只有宋代以岐陇以西的渭河上游采伐和贩运木材，连成木筏，浮渭而下，规模很大。

二、渭河水运一直存在

尽管自唐以后，随着政治、经济中心的东移，关中逐渐衰落下去，但渭河水运一直存在，民国时，鲁迅从南方来西安讲学就是乘船从渭河到西安。新中国成立后，在潼关设有关中航运管理所，以潼关港为中心，管理渭河、北洛河两条航运线，主要向西进行航运活动，年运输量约2万吨，直到1962年3月，成立渭南汽车运输公司，将关中航运公司并入汽车运输公司代管。20世纪80年代，渭南市今东风大街东段南侧、湭河以西约300米处还有一座3层楼（是渭南市最早的楼）叫航运楼。同时段，陕西三门峡库区管理局设有救生船队，有5吨拖轮和测量用机船（最大可坐12人）各数艘。拖轮大部分时间可从渭南到潼关往返，机船大部分时间可从咸阳到渭南通行。

第二节　渡口与码头

西安半坡仰韶文化遗址曾出土11件“平底船形器”，说明远在五六千年以前，这里的先民已有了水上交通工具——船，渭水及其支流的航运已开始萌芽。据《史记·周本纪》和《诗经·大雅·公刘》篇记述，在先周时期，周人先居于豳，后移至岐山之阳（周原），为了去南山（秦岭）采取生产和生活用材，经常渡过渭水。渭水水面宽阔，河水一般深过腰部，徒涉不易，必须用船济渡。此为渭水载人济运的萌芽。有河必定有船，有船就得有渡。渡口是水上交通的枢纽，在过去人们生活中居于重要地位。对民间来说，渭河东西横亘在关中大地，滋育着两岸，但也形成了交通的极大不便，渭河两岸的民间有“隔山不远，隔河不近”的说法。这也促成了渭河两岸摆渡的长期繁荣。

中国很早就有了仓廪制度，秦代有霸上仓、栎阳仓、咸阳仓。《汉书·高祖本纪》记七年造太仓。太仓之北有嘉仓。《三辅黄图》卷19有太仓署之设。历代的太仓，均为朝廷正仓，汉、隋、唐大兴漕运时，漕粮多储纳于太仓。漕船停泊卸粮之处，必有港口码头。

据史书记载，西汉在便桥西北滨渭处有细柳仓；曹魏在横门置邸阁囤粮，附近有渭运码头。唐于中渭桥南、禁苑西北处置太仓。唐高宗咸亨三年（672年），于泾水汇入渭水处附近置东渭桥仓。唐天宝初年，长安令韦坚主持重开漕渠，“又于长乐坡濒苑墙凿潭于望春楼下，以聚漕舟……众艘以次凑楼下，天子望见大悦，赐其名曰广运潭”。据清雍正《陕西通志》记载，西安府北渭河岸边有党家码头，距西安府仓20里。西安府有永丰仓和敬录仓。康熙五十九年（1720年）十月，为赈济关中灾荒，豫粮入秦，就是由陕州太阳渡船运至西安府党家码头，然后车转入仓。草滩港位于长安城北侧，曾长时期作为渭河下游的一大港口，是承上转下的货物集散地。自秦汉至晚清，由长安城北去的驿路，多经由中渭桥或中渭渡，而中渭桥和中渭渡就在草滩附近。所以，草滩港是一个交通繁盛的水旱码头。20世纪90年代末修建的西安通向三原、铜川高等级公路，仍由草滩渭河桥通过。

咸阳古渡（1934年10月，作者不详）

一、咸阳古渡

咸阳古渡是关中最有名的古渡口，也是关中八景之一。历史上的咸阳古渡分为两处，一处是明以前的咸阳古渡，一处是明以后的咸阳古渡。咸阳古渡为古咸阳水上交通要道，连接渭河两岸，是古长安通往西北、西南的咽喉要道，和西渭桥一并构成渭河一处重要交通枢纽。唐代，咸阳古渡一派繁华景象，白天西渭桥上车马穿梭，晚上舟船摆渡。唐末至五代，西渭桥废而不复，到了宋代曾几经修复，故或桥或渡，间有存在。从历史上看，咸阳渡口经历了从秦代的“横桥”到西汉的“渭桥”，又从唐代的“便桥”到明清两代的“古渡口”，已有2000多年的历史，因而便有了“咸阳古渡几千年”之说。文成和亲，昭君出塞，唐玄奘西去取经，张骞、班超出使西域，都是从咸阳古渡出发，成为千古绝唱。古老的渡口也曾见证了许多离别的泪水，唐代很多诗人都写诗描绘了当时的心境，最为世人所熟知的当数唐代诗人王维的《送元二使西安》中的后一句：“劝君更尽一杯酒，西出阳关无故人。”至今听来，仍有一种浓重的悲凉。现存“咸阳古渡”建于明代，自明洪武以来屡有修葺。2008年，被列为陕西省文物保护单位；2017年，在此建设咸阳古渡遗址博物馆。

此外，咸阳境内渭河流域的渡口有：横灞店渡、普济渡、名光渡、渭桥渡、光泰门渡、龙光渡，西渭渡、两寺渡、孙张渡、安刘渡、葫芦渡等，共30余处。

二、草滩渡

草滩渡亦称草滩港、草滩码头，是河东盐运往西安方向的一个重要渡口。按照清乾隆年间《河东盐法备览》的记载，清代发往湖北咸宁、长安、鄠县、礼泉、镇安、安康、白河、石泉、平利、旬阳等县的盐，沿渭河走水运，最终都在草滩渡上岸。草滩渡的建立时间，根据史料考证，至少在清顺治至乾隆时期。具体位置大约在今西安北草滩镇西安湖公园附近。

草滩镇地处东西渭河航运的重要节点和长安南北陆路交通要道的十字中心，历史上一直是渭河下游最重要的港口和货物集散地之一，到明末清初逐步形成了渭河流域规模宏大的水陆码头，到清末民初时发展到鼎盛时期。那时，草滩东西横贯2千米，南北长2.5千米。沿河码头可分为三类：第一类是专用码头，俗称上、下码头，占地面积约150亩。上码头专门卸煤炭和生铁；下码头专门堆放盐和碱。那时，运送炭、盐、碱、铁是用专用的大船，称盐炭船，载重量一般在40～50吨，一日内货船靠岸不少于60艘，多则高达百余艘，由政府直接管理；第二类为南北渡口，全系平板木船，约数十只，用以摆渡南北来往车马；第三类码头是专门装运日用百货和旅客等，它以小木帆船为主，载重量较轻，遇干旱季节，也能照常通航。

草滩镇航运事业繁盛了二三百年，鼎盛时期，每日人口流量约10万之众，形成了繁荣的码头商埠。1937年，全面抗日战争开始后，东煤不能继运西安，铜川煤矿应运而生。为了解决西安市和铁路用煤的困难，政府兴修了咸铜铁路支线，于1939年通车。自此，草滩摆渡业随之凋落，百业相继衰败。20世纪60年代以后，随着三门峡水库泥沙溯源淤积的影响加重，草滩渭河渐渐成为淤泥地，草滩渡因之彻底消失。

三、金陵渡

金陵渡是一处古老的渭河支流渡口，据传早在宋代时期就已经存在，当时称为金陵渡。金陵河自北向南融入渭河，金陵渡成了古陈仓（今宝鸡）的交通咽喉，夏秋有渡船，冬春枯水期一般搭有便桥，其南不远，便是清姜，也就是中华人文始祖之一炎帝的诞生地所在，今为纪念先祖，建有炎帝陵，再向南约10千米处，就是陆游诗中所说的“楼船夜雪瓜洲渡，铁马秋风大散关”中的大散关。金陵渡口是渭河进入关中道的第一座比较大的渡口，被誉为“渭水关中第一渡”。新中国成立后，在金陵河上修建了桥梁，金陵渡口失去了往日的繁华。今天，为了更好地传承历史，激励后人奋进，宝鸡市渭滨区响应民众呼声，在原来古渡遗址上，兴修金陵古渡主题文化公园。公园于2020年5月开工，固堤疏浚，拆违植绿，精建细筑，新建廊亭牌坊、滨河玉栏、古渡码头、青铜浮雕、文化长廊，配以风帆廊桥、绿化景致，于2021年4月28日落成开放。

四、上涨渡

渭南境内的渭河渡口众多，历经各代至20世纪80年代时，至今个别的还在不同季节使用。由西向东有渭南的张义渡、白杨寨渡、穆家渡、沙王渡、上涨渡、陈家滩渡、仓渡、青龙渡；华州的詹刘渡（麦王渡）、太平渡、王里渡、南解渡、秦家滩渡、下庙渡（周家村渡）、北王渡（秦家村渡）、拾村（北拾）渡；华阴的冯庄渡、滩里渡、杨村渡、安早渡、八早渡、三河口渡等20余处。据1987年《渭南县志·工业交通志·航运》记载，清代，渭南境内渡口自西向东有张义、白杨寨、穆家、沙王、上涨、陈家滩、仓渡、青龙等9个。新中国成立后，渭河的上涨渡、侯坊渡、杨村渡、吊桥渡等渡口曾为主要公路渡口，为渭河南北两岸公路交通要冲。其中最大的还是处于交通主干线上的上涨渡。上涨渡，明代便有明确记载。据清代史料记载，上涨渡在渭南市北10里渭河上，当时有官船两只，水夫棹卒十个。据说，上涨渡是渭河流经渭南境内比较狭窄的地段，当时“水面宽一百一二丈，深一丈一尺五寸”，河水流量大，河水深能吃船。另外，听渭河岸边老人讲述，上涨渡是一个铁渡口，历史上少有被洪水淹没的事故，这大约是它成为此地重要渡口的原因之一。上涨渡是渭南古城北通蒲城、大荔、韩城，南去蓝田、商洛的要津。老县城与乡村隔河而望的城市格局，老百姓常常要到河对岸去管理庄稼，走亲戚也必须乘船渡河。抗战期间，因关中缺煤，国家在上涨渡设渡船两只，专门用来摆渡煤炭，煤炭用自制的小火车推，全靠人力和畜力，船上设有单轨车道，当时运煤专线的渭南火车站就设在渭河北岸马渡村，村里好多人尤其是搬迁到此的河南人均加入运煤行列，至今那里仍被称为“站哈”，那条小火车路沿东北—西南方向穿过村子中间，至今小土路还依稀可辨。随着经济的发展，20世纪50年代中期，政府在上涨渡设立河渡站，整合渡口运力，实行公私合营。后来又购置了一批新船，一条船可载客近百人，或者能同时运载8驾马车，或5辆汽车。20世纪50年代以后，又增添了拖轮摆渡，增设了一座用木船搭拼的浮桥。东浮桥过汽车，西浮桥过小车、马车和行人。1969年，上涨渡大桥建成通车，上涨渡完成了自己光荣的使命，退出了历史舞台。

五、其他干流渡口

宝鸡渡（陈仓渡）古老而著名，客货密集，运送量大，是宝鸡地区最为繁忙的渡口。

渭河在这一段渡口众多，自千河渡口往西有姬家店渡口、孙家滩渡口、马营渡口、郭家崖渡口、石坝河渡口、陈仓渡口、林家村渡口。

20世纪70年代以前，眉县境内的渭河上有七八个古渡口，从东向西依次是：葫芦口古渡、红崖头渡口、西门渡口、东门渡口、梁村渡口，再往东，有教坊村的南寨渡口，槐芽、横渠一带，还有不少渡口，由北岸的扶风人掌管。

在清雍正年间，武功县渭河上有5个渡口：高家寨渡（今北营乡东、西高寨村）、西渭源渡（今小村镇梅花寺村）、何家渡（今小村镇何家村）、东渭源渡（今小村镇朱家、黄家、田家村）、马坊村渡（今小村镇柳林村）。到了1934年，沿渭河渡口有桥寨、梅花寺、永安村3处。新中国成立后，沿河渡口增多。1970年有东桥头、南立节、桥寨、柳林、寺背后、李家坎、永安村等7处。1972年9月，渭河八号桥建成通车，结束了周（至）武（功）千年摆渡的历史。

历史上，渭河兴平段的渡口众多。据史料记载，清顺治十五年（1658年），兴平渭河沿岸渡口有龙过渡、柳树屯渡、胡家渡。1933年，渡口有8处，田阜村渡口（今田阜乡田阜村）、东杨村渡口（今阜寨镇张耳村）、张寨渡口（今阜寨镇张阜寨村）、清化坊渡口（今庄头镇清化坊村）、吴耳村渡口（今汤坊镇吴耳村）、龙过村渡口（今汤坊镇龙过村）、建坊渡口（今汤坊镇建坊村）、胡浃桥渡口（今桑镇西桥村）。兴平境内开通铁路（陇海铁路）后，渭河南岸的周至、鄠邑区大量物资通过渡口转运至兴平境内火车站发往各地，这时渡口较为繁荣。1951年，兴平的渭河沿岸有大小渡口11处，均属个体经营。1965年，有渡口17处，其中生产大队经营的15处、生产队经营的2处。1985年，有西桥渡口、永流坊渡口、建坊渡口、龙兴渡口、吴耳村渡口、梁家滩渡口（属周至县）、兴平龙兴渡、张家寨渡口、千佛寺渡口、余堡渡口、张耳渡口、高王村渡口、侯村渡口等12处，全系个体经营。1989年，渡口有西桥渡口、永流渡口、建坊渡口、龙兴渡口、吴耳渡口、梁家滩渡口（周至）、张寨渡口、千佛寺渡口、余堡渡口、张耳渡口、高王渡口、马坊渡口、田南渡口、段家渡口共14处，多系个体经营。如今兴平只剩一个龙兴渡还在继续它的使命。

临潼境内北田渡、新丰渡、交口渡、耿渡等沟通南北的渭河渡口古已有之，有其一定的军事作用。如今已在新丰古渡口架起宏伟的公路大桥，在油槐的耿渡，原是零口经油槐至关山的重要渡口，今在该渡口之西，有西韩线铁路大桥横跨，二桥飞架，取代了曾经渡口的作用。

六、泾、洛河支流渡口

关中除了渭河干流上众多的渡口外，渭河的两大支流泾河和洛河也曾有众多渡口。

（一）泾河渡口

明清时期，泾河北岸的泾阳三原县为关中的经济中心，商贸繁荣，客商不绝。因此，泾河渡口就兴盛起来。史书对关中泾河渡口最早的记载为西汉时期的眭城渡。明嘉靖二十六年（1547年）《泾阳县志》记载，泾阳境内有泾河渡口12处，后因各种原因废弃7处，清时又增加了3处渡口，其中官渡6处，民渡2处。官渡自西而东分别为狄道渡（船头古渡）、临泾渡、修石渡、花池渡、宋村渡等渡口，民渡为水月渡与金蟾渡，统称泾河八渡。20世纪70代末，泾河上建起多座大桥，泾河渡口完成了历史使命。

（二）北洛河渡口

沿北洛河，各县县志均有洛河渡口及航运史料的记载。白水县境内有张家渡、狄家渡、田家渡3处；澄城县境内有船头渡、洞子崖渡、蒋家河渡、李村渡、下段村渡以及尧头渡、蔡邓渡等7处；蒲城县境内有晋城渡、石羊渡、南湾渡、车渡、蒲石渡、晋王渡、常乐渡、黎起渡、直社渡、温汤渡、曲里渡等11处；大荔县境内有船舍渡、石槽渡、太山渡、北阳洪渡等4处，其中蒲城过往澄城的蔡邓渡、过往大荔的晋城渡，大荔过往渭南的船舍渡和县内石槽渡、北阳洪渡，古代曾设官渡，其余为民间渡。过去，韩城、山西的煤、铁、盐等物资从龙门启航或从汾河进入黄河运至潼关，进入渭河转入洛河，逆行至朝邑北阳洪码头或太山头码头卸货，再由车载陆路运往周边地区。解放战争时期，人民解放军曾在北洛河船舍渡用木船架设浮桥，渡河西进。1963年，受三门峡库区回水影响，北洛河河道淤积，航运停止，但各摆渡渡口仍然营运。随着洛河多处公路桥梁的建成，人车通行方便。20世纪90年代，除少数渡口有小型渡船外，多数渡口废弃。

第三节　渭河古桥

秦汉时期，在长安附近的渭河上架设3处桥梁，以其所在的地理方位，分别称之为“中渭桥”“东渭桥”和“西渭桥”，即历史上著名的渭河三桥。渭河三桥的建造对关中的交通和都城发展有着极其重要的作用。

一、中渭桥

中渭桥是渭河上最早的桥梁，初称渭桥或石柱桥，始建于秦。汉时，因桥址与汉长安城北面的“横门”相对，故又称“横桥”或“横门桥”，后来，因为东西两侧各建渭桥，便被称作中渭桥。《三辅黄图》称：“秦时渭水，北有咸阳宫，南有兴乐宫，欲通二宫之间，故建此桥。”东、西渭桥修建之前，在秦时以咸阳、汉时以长安为中心的交通系统中，中渭桥的地位都是举足轻重的，是必不可少的交通枢纽，渭河南北两岸的道路和所涉及的范围组成的交通网都需要通过中渭桥连接。此外，汉文帝从代地至长安即天子位，汉宣帝时呼韩邪单于来朝，都是取道中渭桥入京师。在西汉抵御和反击北方匈奴的战争中，中渭桥更成为将军出征、物资输送、联系后方的交通要道。因此，这座横跨渭河南北的中渭桥，不仅在秦代为秦都咸阳的发展作出了重大贡献，而且在汉代也是关中一条沟通都城长安与北方的咽喉，它不但便利了南北两岸的交通，还对中央王朝加强北方边防、巩固北方地区的统治，同样发挥了非常重要的作用。

二、东渭桥

公元前152年，汉景帝刘启在泾、渭交汇处营建阳陵，同时在阳陵南的渭水上建桥，即东渭桥。建桥的目的是保障陵墓工程的实施，包括建材物资的运输、修陵人员的调配，还有陵邑的移民。除用于营建阳陵和阳陵邑大量的人力、物力运输外，东渭桥的营建还具有加强阳陵邑和京师长安之间联系的作用。东渭桥既是长安至阳陵的纽带，也是京师长安通往北方塞外和连通东渡黄河，北通汾晋、雁代的蒲关道的又一交通要冲。蒲关道西来，分两道入长安：一是西走咸阳，过中渭桥；二是到达阳陵，过东渭桥，此道较前者走直角的中渭桥路更为便捷。东渭桥的营造不但为阳陵的营建提供了便利条件，而且沟通了陵邑与长安的交通，对维持陵邑的繁荣起到了十分重要的作用。同时，东渭桥还扼制着长安东北方向经栎阳、夏阳通往河东的大道，因而也是京师长安北通塞外和连接蒲关道的交通咽喉，对中央王朝巩固北部边防和加强对晋、代地区的统治，都具有重要的意义。

三、西渭桥

《三辅黄图》曰："（便桥）在便门外，跨渭水，通茂陵。长安城西门曰便门，此桥与门对直，因号便桥。"西渭桥，时称"便门桥""便桥"，公元前139年，汉武帝为营建茂陵而修建。汉武帝建桥的直接原因是满足茂陵和茂陵邑工程的需要，当时沿中渭桥北上，再西行至茂陵的道路迂回曲折，费时费工，于是就在长安城西的渭水上修建新桥，直趋陵邑，保证运输的快捷便利。而且，当时的西汉王朝一直面临匈奴南下的压力，意图加强对西北地区的统治以巩固边防也是重要的原因。西渭桥是控制京师长安和西北联系的咽喉，也是后来汉武帝北击匈奴，经营西域的交通要道的锁钥。在自汉武帝开通通往西域的"丝绸之路"后，汉都长安与西部乃至国外往来频繁，多经由西渭桥。随之，位于附近的茂陵邑也快速发展起来。茂陵邑的规模宏巨，经济繁荣是与西渭桥的存在密不可分的。西渭桥头曾发生一幕又一幕历史故事。汉宣帝时，曾亲率百官到西渭桥欢迎匈奴单于朝汉。唐太宗与突厥颉利可汗在西渭桥结盟。唐肃宗时，郭子仪率军平息"安史之乱"，也是过西渭桥后在屯军潏河以西的香积寺一带决战而胜的。考古专家清理出古桥遗址，经过对木桩进行放射性碳14测定距今2140年，是世界上迄今发现最早、规模最大的木结构桥梁。

杜甫《兵车行》："车辚辚，马萧萧，行人弓箭各在腰。耶娘妻子走相送，尘埃不见咸阳桥。"诗中的咸阳桥即指西渭桥。在唐代，西渭桥也是送客惜别的地方，唐朝王维《渭城曲》："渭城朝雨浥轻尘，客舍青青柳色新。劝君更尽一杯酒，西出阳关无故人。"唐天宝十五年（756年），安禄山叛乱，玄宗奔蜀，桥被杨国忠放火烧毁，唐末废弃。

四、其他古桥

2013年，西安市未央区所属渭河南岸河滩陆续发现2组5座桥梁遗址，规模巨大、布局完整、排列有序。4座位于西席村北，因正对汉长安城北墙中间城门厨城门，被称为"厨城门桥"；1座位于高庙村北，因正对汉长安城北墙洛城门，称为"洛城门桥"。之后，又相继发现"洛城门二号桥""厨城门二号桥""厨城门三号桥"及"王家堡桥""厨城门四号桥"及"厨城门五号桥"共3组7座渭桥。

（一）厨城门一号桥

厨城门一号桥位于西安市未央区六村堡街道西席村北，地处西安市北三环北侧230米左右，正南1200米左右为西汉都城长安城北墙中间城门厨城门，正北380米左右为已建成的高铁附属建筑，正北3000米左右为今渭河南岸大堤，西北6800米左右为咸阳宫一号、二号遗址，向东与洛城门桥相距约 1700 米。该桥为南北向木梁柱桥，横跨在东西流淌的渭河之上。经发掘确定，桥梁东西两侧桥桩之间的宽度约为 15.4 米（约合秦汉六丈六尺）。北端位于发掘区南端向北约 200 米处，桥梁南端据早期大比例地图及物探资料，大体应位于今唐家村北旧皂河河道南岸附近。经测量，桥梁南北长度约 880 米。推测该桥可能始建于秦，为汉使用，沿用到唐或更晚的宋代，之后废弃，前后延续 1000 余年。

（二）厨城门三号桥

厨城门三号桥位于西安市未央区六村堡街道西席村北，紧邻西安市北三环，与厨城门一号桥相距约 200 米。该桥是考古队在进行厨城门一号桥的调查、清理过程中，从当地群众口中得到线索，然后经考古勘探而确定的，后对其开展试掘确定，发掘面积约 460 平方米。经发掘确定，该桥为南北向木梁柱桥，其东西两侧桥桩之间宽约 8.3 米，南北两列桥桩之间间距 6 ～ 7 米。由于发掘区南北两侧多为建筑或现代垃圾堆置，无法开展考古勘探与发掘，故桥梁长度暂且不详。

（三）洛城门桥

洛城门桥位于西安市未央区汉城街道高庙村北，地处西安市北三环北侧 200 米左右，正南 750 米左右为西汉都城长安城北墙东侧城门洛城门，正北 440 米左右为已建成的高铁附属建筑，正北 3500 米左右为今渭河的南岸大堤，向西与厨城门桥相距约 1700 米，发掘面积约 400 平方米。经发掘确定，该桥为南北向木梁柱桥，东西两侧桥桩之间宽约 15 米，已发现东西 3 排桥桩，相邻两排桥桩间距 9 ～ 10 米，桥梁长度尚待进一步测量后确定。该桥受渭河破坏严重，发掘区西侧桥梁暂未露头，经勘探，在据探方内现清理面下 2.8 米左右有木头存在。从该桥的桥梁结构及出土遗物看，该桥的始建可能要晚于厨城门一号桥。

（四）咸阳渭河古桥遗址

咸阳渭河古桥遗址位于咸阳渭河南岸二号桥和咸阳湖廊桥之间，是陕西省文物保护单位。据说，此桥修建于明清之初。从咸阳一号桥（咸阳桥）、咸阳湖廊桥到渭河南岸河堤路向东，咸阳二号桥（渭城桥）到渭河南岸堤路往西走均可到达咸阳渭河古桥遗址。2023 年，西安市轨道集团联合来自西安市文物保护考古院国际古迹遗址理事会西安中心相关专家策划，在咸阳西站内打造“回望秦都两千年”文博展。

第四节　古　道

古代道路多与河道相伴。据考证，远在 3000 多年，前先民就在渭河流域开始了修筑道路、整治河道、建造舟楫活动。秦始皇统一华夏后，实施“车同轨”，修建了著名的“驰道”“直道”“五尺道”和“新道”，建立起以都城咸阳为中心向四面辐射的交通网。汉承秦制，在秦代交通的基础上，又修复开拓了褒斜道、子午道和回中道等。这个时期，渭河北岸的道路主要有 3 条，分别是蒲关道、渭北道和北向的直道，南岸道路主要有 4 条，分别是函谷道、武关道、南面的子午道和西南面的傥骆道。隋唐在大兴漕运的同时，也修筑了长安 – 洛阳 – 汴州驿路。驿路宽敞平坦，馆驿设备齐全，一天可车行数十里，马或驴日行近百里。

渭河与秦岭相依相偎，渭河各秦岭支流也是渭河关中盆地翻越秦岭山脉进入南方及西南的重要通道，大一点的支流，几乎都有南北古道的痕迹。远在商周以前，秦岭山间河谷已出现沟通南北的古代道路。周、秦、汉、唐千余年间，秦岭驿道作为首都长安连接南方诸省的战略通道，在古代政治、军事、经济诸方面发挥过重要作用，遗留蕴涵丰富的历史积淀。古道主要包括子午道、骆谷道、褒斜道、陈仓道、蓝武道等。

一、子午道

子午道是古代长安通往汉中、安康及巴蜀的驿道。因穿越子午谷，且从长安南行开始一段道路方向正南北向而得名。此道开辟于秦代，东汉王升《石门颂》称："高祖受命，兴于汉中，道由子午。"秦末楚汉相争，刘邦被迫前往汉中就任汉王，所行即子午道。秦汉魏晋时期，子午道的大致经行路线为：自古长安南下，经今西安南郊杜城村，入今长安区子午镇附近子午谷，溯谷而上至土地梁，越梁沿沣水支流至喂子坪附近沣水河谷，溯谷南行至关石（子午关，又名石羊关）；过关石后南行，越秦岭主脊到宁陕县沙沟街，循汉江支流旬河而下，经高关场、江口镇、沙坪街、大西沟，翻越月河梁至月河坪，南渡月河顺腰竹沟下行，于古桑墩附近越腰竹岭进入汉江另一支流池河沿，循池河南下，经营盘、胭脂坝、新矿、龙王街、铁炉镇入石泉县境，经梧桐寺、迎风街、石佛寺、筷子铺、后营至池河镇，过马岭关绕汉江北侧九里十三湾至石泉县城；自石泉县城向西北，经古堰、绕峰街至西乡县子午镇，过子午河入洋县境，复经金水镇、酉水镇、龙亭进入江汉平原，过洋县、城固县城到达汉中。

二、骆谷道

骆谷道也是古代长安翻越秦岭通达汉中、四川的驿道。因自长安南下先经周至县西骆谷而得名；又因翻越秦岭后南面出口为汉江支流傥水河谷，故又名傥骆道。骆谷道于三国时期始见历史记载，其经行路线大致为：自古长安西南行，经鄠邑区至周至，西南行 30 里从西骆谷入秦岭，越骆谷关，逆黑河支流陈家河上游翻越老君岭，沿八斗河、大蟒河谷上行，溯黑河西源越秦岭至都督门，进入汉江支流湑河上源，再向西南翻越兴隆山至酉河上游的洋县华阳镇，沿酉河经茅坪过八里关，又越贯岭梁经白草驿，出傥谷口，循傥水河谷至洋县，沿汉江北岸渡湑水，经流王城、城固县城、柳林镇到达汉中。

三、褒斜道

褒斜道是古代长安穿越秦岭通达陕南、四川的又一驿道。因沿渭水支流斜水与汉水支流褒水两条河谷而行，北入口在眉县斜谷，南出口在汉中褒谷，故称褒斜道。此道历史最为悠远，《华阳国志》引《蜀志》称其始通于三皇五帝，《读史方舆纪要》称"褒斜之道，夏禹发之"，是秦汉时期咸阳、长安通往陕南、四川的主要驿路。《史记》称关中南往巴蜀，"栈道千里，无所不通，唯褒斜绾毂其口"。其经行路线大致为：自古长安经鄠邑区折西过周至、眉县，由斜谷口入秦岭，沿斜水（今石头河）东侧南行，经鹦鹉嘴、下寺湾，越老爷岭入桃川谷，西过灵丹庙、杜家坪，登五里坡，进入褒水上源之一的红岩河上游（今太白县城所在地嘴头镇），再折向西南行，经两河口、关山街、古迹街、西江口镇、孔雀台、马道镇、褒姒铺，穿石门或越七盘岭出褒谷口，经褒城到达汉中。

四、陈仓道

陈仓道是关中西侧穿越秦岭通往陕南、四川的驿道。以道路北端入山处为秦汉时陈仓县而得名；因秦岭北侧有散关扼控，又名散关道；又因途中沿嘉陵江上源故道水而行，秦时设置故道县，又名故道。此道开辟于先秦时期，秦末汉初已成为沟通关中与巴蜀的惯行路线，楚汉相争时，刘邦“明修栈道，暗渡陈仓”即由此道北伐关中。唐代辟为驿道，逐渐替代其他栈道，成为长安通往巴蜀的主要驿道。其经行路线大致为：自长安循陇关道西行，至凤翔折南至陈仓（今宝鸡东），西南行入秦岭至玉女潭（清姜河河谷），穿越散关翻越黄牛岭至黄花川，沿故道水行至凤县，入故道川，经马岭寨、两当县、固镇、河池市、长举县至兴州治所顺政县，复东南行经兴城关、分水岭后渡沮水至西县（今勉县西），折西南经百牢关至金牛县（今宁强县大安镇金牛驿村），再沿金牛道入蜀或经褒城至汉中。

五、蓝武道

蓝武道为从长安翻越秦岭，东南向通往南阳、荆襄以至江南、岭南的驿道。因途经蓝田关、武关，故名蓝武道或武关道；又因自长安先到达商州（今商洛市商州区），唐时又名商山路。蓝武道开辟于商末周初，荆楚部族首领鬻熊受封为楚子，在率族人自关中移居江汉时开辟此道。周、秦、汉、唐时，在诸驿道中地位仅次于潼关道。唐代此道大致经行路线为：自唐长安城东行，过灞桥后折向东南，经蓝田坡底村上七盘岭，绕芦山南侧过蓝桥到蓝桥镇，溯蓝桥河而上，经牧护关（唐时称蓝田关）翻越秦岭梁，顺丹水支流七盘河下至黑龙口，折东行经商州、丹凤县后出武关，又东经商南县富水镇出今陕西省境，经西峡县、内乡县至南阳。

六、库谷道、义谷道、锡谷道

库谷道、义谷道、锡谷道三道均系自古代长安翻越秦岭，南向通往金州（今安康）的驿道，各以入口秦岭山谷得名。唐宋时已有山间小径，元代正式辟为驿路。库谷为渭河支流沣河支流库峪河自秦岭而出的山谷，位于今蓝田与长安两县交界处。库谷道经行路线大致为：从长安东出，经引驾回折南入库谷（库峪口），溯库峪河而上翻越秦岭，经十八里小岭、阴沟口、阎王沟、黄家店、石湾铺、拦马河、表德铺至镇安县，循乾佑河而下，经今长哨、东坪、青铜至两河关进入旬水谷道，又经赵湾、甘溪至旬阳县，折西沿汉江北岸到达金州。义谷即今长安区东南60里的大峪口。锡谷即今长安区东南的小峪口。义谷道、锡谷道是到达镇安县之前的另两条驿路，至镇安后与库谷道相合。

七、秦直道

秦直道又名直道，秦驰道之一，为秦代修建的军事交通工程，从秦始皇三十五年（前212年）开始修筑，历时两年半。从咸阳（起点为现咸阳淳化县）到九原郡（现包头附近）。大部处在渭河流域，跨泾河、北洛河及其多条支流。全部用黄土夯实，全长736千米。

秦始皇为了抗击匈奴，命蒙恬率领30万工人修建。秦直道比闻名西方的罗马大道还要早200多年，是世界上公认的第一条高速公路，享有世界公路鼻祖的美誉。秦直道目前已申报世界文化遗产，被国家列为大遗址保护工程。

秦直道由咸阳淳化县云阳林光宫向西北进入子午岭甘泉山后循岭北行。经今陕西省旬邑县东的石门关，北行至凤子梁，再经今甘肃省正宁县刘家庙子林场、黑马湾、野狐崾岘、南站梁至今陕西省旬邑县雕岭关。从雕岭关开始，直道循子午岭主脊，大致呈西北走向，过陕西省黄陵县艾蒿店、甘肃省宁县湘乐五里墩，到达兴隆关，再经甘肃省合水县的黄草崾岘到青龙山，沿合水、华池两县分水岭向西北延伸，到华池县的麻芝崾岘。然后纵穿华池县境，经大红庄、墩梁、老爷岭、新庄畔、羊沟畔、黄蒿池畔、深崾岘、高崾岘、墩儿山，过打扮梁的雷崾岘、五里湾、张新庄、田掌，进入陕甘两省交界的丁崾岘、墩梁，直达营崾岘。营崾岘是秦直道与明长城的重合之处，也是一处交叉的十字路口。直道沿明长城内侧向西北延伸，经营盘梁、南湾、箱子湾出长城，入陕西省定边县的马崾岘。从定边县南境起，直道折向东北，经今内蒙古自治区乌审旗、红庆河，再转向北行，过东胜区西的二顷半、海子湾、城梁，直抵黄河南岸的昭君坟，在此过河，就是今包头市西的秦九原郡治所在地。

第五章 现代干流桥梁及涉河建（构）筑物

随着经济社会的发展，关中渭河盆地的交通体系得到了空前发展，形成了公路、铁路、航空网络、城市地铁构成的立体交通体系。至 2020 年，关中已实现了县县通高速、所有省级重点示范镇通二级公路。铁路以西安为中心，省内营业里程达 6030 千米，其中高速铁路达 1019 千米，建成郑西、宝兰、西成、银西等高速铁路，正在建设的还有西延高铁、西康高铁。为适应交通体系及经济的发展，渭河上建成了众多的公路、铁路桥梁和输电线路，供水、输油（气）管道工程等。这些工程和河道构成了一个生命共同体。至 2020 年，渭河干流上已建、在建、规划的桥梁（含浮桥、穿河隧道）154 座，跨、拦、穿河建筑物 107 座（条）。

第一节 宝鸡河段

渭河宝鸡段河道上已建、在建、规划各类涉河建筑物 128 余座，其中拦河建筑物 10 座、铁路公路桥梁 99 座、人防隧道 1 座、跨河建筑物 15 处。宝鸡段拦河建筑物统计见表 2–5–1，桥梁统计见表 2–5–2。

表 2–5–1 宝鸡段拦河建筑物统计

序号	河段	名称	建筑物位置
1	上游段	颜家河水电站	陈仓区胡店镇林光村
2		堡子梁水电站	陈仓区坪头镇南山村
3		鸡冠岩水电站	陈仓区胡店镇北星村
4	中游段	宝鸡峡林家村水库大坝	金台区林家村
5		金渭湖拦河闸	宝鸡市市区
6		沙河口橡胶坝	渭滨区石嘴头村
7		东岭廊桥	宝鸡市市区
8		代家湾橡胶坝	宝鸡市市区
9		尚善湖拦河坝	宝鸡市岐山县
10		魏家堡引水枢纽	眉县魏家堡

表 2-5-2 宝鸡段桥梁统计

序号	河段	名称	位置	桥长 /m	规模	备注
1	上游段	建河村渭河大桥	陈仓区	141	大型	
2		闫西村—毛家庄村跨河湾特大铁路桥	陈仓区	4644	特大型	
3		毛家庄村渭河大桥	陈仓区	175	大型	
4		通关河村渭河大桥	陈仓区	119	大型	
5		通关河铁路桥入渭口断面	陈仓区	149	大型	
6		岭西村渭河公路桥	陈仓区	168	大型	
7		凤阁岭—拓石铁路桥	陈仓区	315	大型	
8		小川村渭河公路桥	陈仓区	140	大型	
9		小川村铁路桥 2#	陈仓区	473	大型	
10		小川村铁路桥 1#	陈仓区	450	大型	
11		拓石镇渭河铁路桥	陈仓区	360	大型	
12	上游段	拓石镇渭河公路桥	陈仓区	102	大型	
13		关庄村复线跨河铁路桥	陈仓区	889	特大型	
14		关庄村跨河湾特大铁路桥	陈仓区	1764	特大型	
15		李家湾村跨河湾特大铁路桥	陈仓区	1548	特大型	
16		石家滩渭河桥	陈仓区	146	大型	
17		月亮坝跨河湾铁路桥	陈仓区	735	特大型	
18		龙凤 2# 渭河桥	陈仓区	134	大型	
19		龙凤 1# 渭河桥	陈仓区	165	大型	
20		孟家塬村跨河湾特大铁路桥	陈仓区	1170	特大型	
21		马家湾村特大铁路桥	陈仓区	1764	特大型	
22		马家湾村渭河桥	陈仓区	126	大型	
23		铁家林村渭河桥	陈仓区	83	中型	
24		杨家川村跨河湾特大铁路桥	陈仓区	1253	特大型	
25		胡店村渭河桥	陈仓区	125	大型	
26		胡店村铁路桥	陈仓区	420	大型	
27		码头—南北崖隧洞高速桥	陈仓区	578	大型	
28		平套隧洞铁路桥	陈仓区	132	大型	

续表 2-5-2

序号	河段	名称	位置	桥长 /m	规模	备注
29	上游段	南北崖—东口隧洞跨河湾高速桥	陈仓区	690	大型	
30		东口村渭河桥	陈仓区	144	大型	
31		南北崖—东口隧洞跨河湾铁路桥	陈仓区	1050	特大型	
32		牛背村铁路桥	陈仓区	250	大型	
33		牛背村渭河桥	陈仓区	90	中型	
34		牛背—马宗山高速特大桥	陈仓区	4297	特大型	
35		仙龙渭河桥	陈仓区	100	大型	
36		马宗山—老柴窝隧洞高速桥	陈仓区	550	大型	
37		老柴窝—那下湾跨河湾铁路桥	陈仓区	440	大型	
38		老柴窝—那下湾隧洞高速桥	陈仓区	950	大型	
39		温水村渭河桥	陈仓区	86	中型	
40		颜家河渭河桥	陈仓区	93	中型	
41		那下湾—小节隧洞高速桥	陈仓区	460	大型	
42		堡子梁—魏家山隧洞高速桥	陈仓区	106	大型	
43		魏家山—南岭隧洞高速桥	陈仓区	190	大型	
44		码大路铁路跨河湾特大桥	陈仓区	1273	特大型	
45		码大路高速跨河湾特大桥	陈仓区	1164	特大型	
46		北星村新建渭河桥	陈仓区	110	大型	
47		朱园村渭河大桥	陈仓区	350	大型	
48		码头村高速桥	陈仓区	321	大型	
49		坪头超检站高速桥	陈仓区	206	大型	
50		固川渭河公路桥	陈仓区	133	大型	
51		固川—营头跨河湾铁路特大桥	陈仓区	1117	特大型	
52		固川—营头跨河湾高速特大桥	陈仓区	1100	特大型	
53		营头渭河大桥	陈仓区	255	大型	
54		坪头渭河大桥	陈仓区	140	大型	
55		霍弯山高速公路桥	陈仓区	326	大型	
56		雕鹩铁路桥	陈仓区	262	大型	

续表 2-5-2

序号	河段	名称	位置	桥长 /m	规模	备注
57	上游段	新庄铁路桥	陈仓区	420	大型	
58		庙沟村高速公路桥	陈仓区	496	大型	
59		晁峪渭河大桥	渭滨区	162	大型	
60		郭家庵铁路桥	渭滨区	360	大型	
61		魏家庵铁路桥	渭滨区	334	大型	
62		秤里庄铁路桥	渭滨区	385	大型	
63		坊塘村渭河桥	渭滨区	232	大型	
64		唐河特大铁路桥	渭滨区	1715	特大型	
65		宝鸡峡水库铁路桥	渭滨区	5556	特大型	距大坝 3.4km
66	中游段	宝鸡峡林家村水库大坝桥	大坝下 60m	220	大型	
67		福谭大桥	宝鸡市区	650	大型	
68		植物园渭河大桥	宝鸡市区	988	大型	
69		宝成铁路桥	宝鸡市区	523	大型	
70		神农大桥	宝鸡市区	576	大型	
71		胜利大桥	宝鸡市区	599	大型	
72		峪泉路渭河步行桥	宝鸡市区	465	大型	
73		金渭大桥	宝鸡市区	660	大型	
74		渭河索桥	宝鸡市区	430	大型	
75		联盟路大桥	宝鸡市区	490	大型	
76		东岭廊桥	宝鸡市区	684	大型	
77		连霍高速渭河大桥	市区石嘴头东	750	大型	
78		自来水管桥	市区郭家崖	595	大型	
79		团结大桥	宝鸡市区	1096	特大型	在建
80		蟠龙大桥	宝鸡市区	610	大型	
81		钛谷大桥	宝鸡市区	862	大型	在建
82		卧龙寺大桥	市区卧龙寺	610	大型	
83		银昆高速大桥	市区卧龙寺	1190	特大型	

续表 2-5-2

序号	河段	名称	位置	桥长 /m	规模	备注
84	中游段	凤凰大桥	千河入渭口下游 1km	650	大型	
85		清溪大桥	陈仓区虢镇	1085	特大型	在建
86		陈仓大桥	陈仓区虢镇	964	大型	在建
87		虢镇渭河大桥	陈仓区虢镇	650	大型	在建
88		宝鸡绕城高速桥	陈仓区虢镇	1300	特大型	
89		渭河陆港大桥	陈仓区阳平镇	1269	特大型	
90		法士特大桥	岐山陈仓交界	626	大型	
91		水寨渭河大桥	岐山县蔡家坡	739	大型	
92		东四路渭河大桥	岐山县蔡家坡	608	大型	在建
93		龚刘大桥	岐山县龚刘	650	大型	
94		眉县渭河大桥	眉县马家镇	710	大型	
95		凤泉渭河大桥	眉县凤泉路	580	大型	
96		西宝快客特大桥	眉县常兴	730	大型	
97		常兴大桥	眉县常兴镇	590	大型	
98		眉太高速公路渭河桥	眉县 / 扶风	702	大桥	在建
99		法汤大桥	扶风县前进村	720	大型	
100		罗家大桥	扶风县罗家村	720	大型	

第二节　杨凌河段

杨凌段河道上已建、在建或规划各类涉河建筑物共 6 处，其中：拦河建筑物 2 座、跨河公路桥梁 2 座、穿河管道 2 处，见表 2-5-3 及 表 2-5-4。

表 2-5-3　杨凌段拦河建筑物统计

单位：m

序号	名称	坝长	坝高
1	渭河杨凌段 1# 橡胶坝	461.60	3.0
2	渭河杨凌段 2# 橡胶坝	459.30	3.5

表 2-5-4　杨凌段桥梁统计

序号	名称	位置	桥长 /m	规模	备注
1	新桥路渭河大桥	杨凌新桥路	810.80	大型	已成
2	杨凌大道渭河大桥	杨凌大道与渭河交界	941	大型	拟建

第三节　咸阳、西安（耿镇桥以上）河段

咸阳、西安（耿镇桥以上）段河道内已建、在建各类建筑物共52处，其中：跨河管道6处、跨河输电线路20处、跨河桥梁26座，其中已建24座，废弃1座，在建1座，见表2-5-5。

表 2-5-5　咸阳、西安段跨河桥梁统计

序号	区（县）	桥梁名称	桥长 / m	桥宽 / m	防洪标准 / 年	规模	备注
1	武功 / 周至	周武公路老桥	958	9.6	100	—	废弃
2		周武公路新桥	960	12	100	大桥	
3	兴平 / 鄠邑	兴户大桥	985	12	100	大桥	
4		西宝高速疏导线桥	1570	49.3	100	特大桥	
5	咸阳市区	西宝高速桥	879	28	100	大桥	
6		秦都桥	870.9	28	100	大桥	
7		咸阳桥	599.2	27.1	—	大桥	
8		咸阳风雨廊桥	755	16	—	大桥	在建
9		渭城桥	800	24.9	—	大桥	
10		陇海铁路咸阳渭河大桥（上行）	338.1	7.5	300	大桥	
11		陇海铁路咸阳渭河大桥（下行）	338.1	7.2	300	大桥	
12		陇海铁路咸阳渭河大桥（三线）	338.9	7.6	300	大桥	
13		郑西客运专线咸阳渭河特大桥	1161.4	13.2	300	特大桥	
14		渭河上林大桥	1500	27.6	300	特大桥	
15	秦汉新城 / 西安城区	福银高速公路桥	3280	34.3	300	特大桥	
16		阎机城际、银西高速铁路渭河桥	1220	22.8	300	特大桥	

续表 2–5–5

序号	区县	桥梁名称	桥长 / m	桥宽 / m	防洪标准 / 年	规模	备注
17	秦汉新城 / 西安城区	咸阳渭河横桥	1419.5	27.3	300	特大桥	
18		机场专用高速跨渭河特大桥	1462.5	41.9	300	特大桥	
19		机场专用线城市地铁	1492	20	300	特大桥	
20		正阳渭河大桥	1267	33	300	特大桥	
21	西安城区 / 高陵	西延高速渭河特大桥	1267.2	41.1	300	特大桥	
22		包茂高速渭河特大桥	1233.2	26.6	300	特大桥	
23		北环线铁路桥	1775.9	10.4	100	特大桥	
24		泾渭路（广运潭）跨渭河大桥	1172	17.1	300	特大桥	
25		鹿苑渭河特大桥	1173.7	17.1	100	特大桥	
26		耿镇渭河大桥	914.5	8	100	大桥	

第四节　西安（耿镇桥以下）至渭南河口段

河道内已建、在建各类建筑物共 76 处，其中：跨河管道 13 处（主要包括石油、天然气、输水、光缆以及轨道交通等）、跨河输电线路 37 处、跨河桥梁 26 座（含浮桥 3 座），见表 2–5–6 、表 2–5–7 。

表 2–5–6　西安（耿镇桥以下）至渭南河口段桥梁统计

序号	桥梁名称	行政区		位置	
		左岸	右岸	经度（°）	纬度（°）
1	扶苏路渭城大桥	渭城区	渭城区	108.74	34.34
2	咸阳渭河大桥	秦都区	秦都区	108.74	34.34
3	上林渭河大桥	渭城区	渭城区	108.77	34.36
4	G70 福银高速渭河大桥	渭城区	渭城区	108.81	34.37
5	泾渭大道渭河横桥	渭城区	渭城区	108.86	34.39
6	S1 渭河特大桥	渭城区	渭城区	108.91	34.41

续表 2-5-6

序号	桥梁名称	行政区		位置	
		左岸	右岸	经度（°）	纬度（°）
7	地铁 1 号线渭河大桥	渭城区	渭城区	108.92	34.41
8	正阳渭河大桥	渭城区	渭城区	108.93	34.41
9	延西高速渭河大桥	未央区	未央区	108.97	34.43
10	包茂高速草滩渭河大桥	未央区	未央区	108.97	34.43
11	泾渭路渭河大桥	高陵区	高陵区	109.00	34.44
12	鹿苑渭河大桥	高陵区	高陵区	109.08	34.47
13	G210 渭河大桥	高陵区	高陵区	109.10	34.47
14	G5 京昆高速渭河大桥	高陵区	高陵区	109.11	34.47
15	渭河秦王大桥	临潼区	临潼区	109.18	34.42
16	渭河秦王二桥	临潼区	临潼区	109.21	34.43
17	新丰渭河大桥	临潼区	临潼区	109.25	34.45
18	西咸北环线高速渭河特大桥	临潼区	临潼区	109.28	34.51
19	G310 渭河大桥	临潼区	临潼区	109.28	34.51
20	关中环线渭河大桥	临渭区	临渭区	109.46	34.55
21	双王渭河大桥	临渭区	临渭区	109.47	34.55
22	G108 沙王渭河大桥	临渭区	临渭区	109.49	34.55
23	S107 渭河大桥	临渭区	临渭区	109.52	34.53

表 2-5-7　浮桥建设情况统计

序号	桥梁名称	行政区	
		左岸	右岸
1	麦王浮桥	临渭区孝义	59+200
2	南解浮桥	大荔张家	46+000
3	军渡浮桥		华阴市北社乡

第三篇　流域治理

渭河流域有大禹治水的足迹。作为千余年中国的政治、经济、文化中心所在区域，渭河流域更是历朝历代中央政府和地方政府关注的重点区域之一。新中国成立后，随着三线建设的推进，渭河的治理呈现不断加强的态势，尤其是1960年黄河三门峡水库建成并蓄水运用后，黄河潼关高程急剧抬升，下游河道淤积等，中央、省、市各级政府给予了高度关注，强化了渭河流域的水利基础工作，编制了一系列规划并组织实施。进入新时代，随着国家重大发展战略在关中的布局及区域经济社会的发展和人口的增加，渭河以极为有限的水资源支撑了陕西关中地区经济社会的可持续发展，但不合理的开发利用也对渭河造成了巨大影响。为了解决渭河面临的诸多重大问题，2005年12月，国务院以国函〔2005〕99号文件批复了《渭河流域近期重点治理规划》。2010年，为适应时代要求和沿河群众诉求，陕西省水利厅在《渭河流域近期重点治理规划》的基础上，组织编制了《渭河综合治理规划和实施方案》。2011年，陕西省委、省政府批准了《渭河综合治理规划和实施方案》，并于2月17日开始为期5年的《渭河流域近期重点治理规划》实施工作。在此之后，又不断推进渭河的生态治理工作。至2021年，宝鸡峡大坝以下建有河道工程84处，坝垛3825座，控制河道长度260.04千米，占干流河长的50%。如今的渭河，河畅、水清、堤固、岸绿、景美，成为关中最长、最大的河滨生态公园。

第一章　治理历史

渭河治理历史悠久，《史记》有大禹治渭的记载。随后，基于渭河所处的中国千余年的政治、经济、文化中心区域优势，渭河流域成为历朝历代中央政府和地方政府关注的重点区域之一。

第一节　大禹治渭

大禹治水。相传，约在5000年前的原始公社末期，黄河中下游洪水灾害严重，共工氏和鲧采用“壅防百川，堕高堙庳”与“筑堤埂，障洪水”办法治理洪水，未能成功。禹吸取壅防之策失败的教训，因势利导，疏浚排洪，采用“决九川距四海，浚畎浍距川”之法，“导渭入于河”。经过10余年的艰苦奋斗，大禹终于制服了洪水。

大禹治水的功绩，随着时间的推移越来越受世人的敬仰，已成为中华民族的精神图腾。人们常说，祖国美好河山为维禹甸之、维禹之绩，辽阔国土称为禹迹。很多史籍和当地民众还把渭河正源及渭河一些河段称为禹河。

一、导渭治沣

《史记》中对大禹治渭部分是这样记载的：黑水与黄河西岸之间是雍州，弱水经治理已向西流去，泾水汇入了渭水。漆水、沮水跟着也汇入渭水，还有沣水同样汇入渭水。荆山、岐山的道路业已开通，终南山、敦物山一直到鸟鼠山的道路也已竣工。高原和低谷的治理工程都取得了成绩，一直治理到都野泽一带。疏导渭水，从鸟鼠山开始，往东与沣水汇合，又向东与泾水汇合，再往东经过漆水、沮水，流入黄河。宋代《长安志》记载：“昔尧时洪水，而沣河亦泛滥为害，禹治之使入渭，东注于河（黄河），禹之功也。”

二、大禹治水典故

在大禹治水的过程中，留下了许多感人的事迹。相传在陕西西安市鄠邑区涝店镇东北2.5千米处有一村叫余姚村，据《户县地名志》记载：“余姚村原名禹王村，为夏禹之乡。”鄠邑区禹王村（今余姚村）西1千米处有一村叫三过村。清康熙《户县志》《关中胜迹图》，清乾隆《户县新志》、民国《重修户县志》均记载此地为“禹治水三过家门而不入”处。

三、北宋《禹迹图》

北宋《禹迹图》是中国最早的《禹迹图》，也是一幅中国古代疆域图，但主要体现的是山川河流。渭、泾、洛三河在图上展示得非常清晰。相传是刘豫阜昌七年（南宋绍兴六年，1136年）四月刻石的，现保存在陕西西安碑林博物馆。这幅地图按照裴秀的“计里画方”

法绘制，但又参照唐代地理学家贾耽绘制于 802 年的《海内华夷图》做了纠正。

四、西安的《禹迹图》

西安碑林藏阜昌七年（1136 年）刻石《禹迹图》，图幅 80.5 厘米 ×78.5 厘米，图上方刻有文字：“禹迹图。每方折地百里。禹贡山川名；古今州郡名；古今山水地名。阜昌七年四月刻石。”该图比例尺约 1∶500 万（一说约 1∶350 万），古今名称并注，定向上北下南。

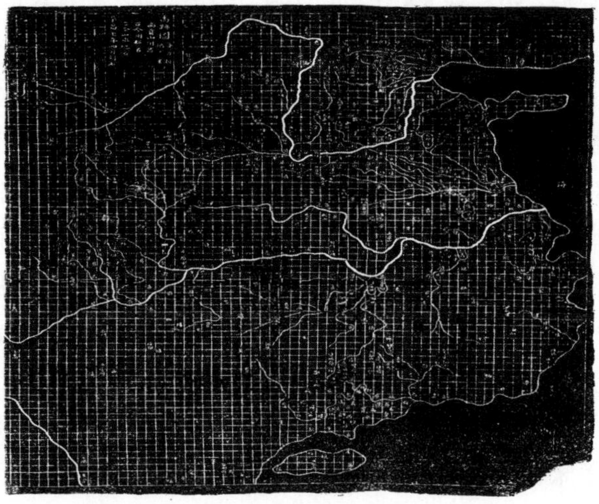

北宋《禹迹图》

《禹迹图》范围北至长城内外，南至南海和中南半岛，内容侧重黄河、长江、珠江等水系。图上约有地名 380 个，其中河流名 80 个，湖泊名 6 个（一说 5 个），山脉名 70 多个。

《禹迹图》是我国现存最早的计里画方图，横 71 方，竖 73 方，共 5113 方，正方形边长 1.11 厘米。图上海岸线走向比较准确，长江、黄河、汉水、沅水、湘水、珠江等水系曲折流势与今相近；太湖、洞庭湖、巢湖等位置准确。李约瑟称它“在当时是世界上最杰出的地图”。不过，也有几处错误，比如，以积石山为黄河源，以岷江源头为长江源，可能是受《尚书·禹贡》“导河积石”“岷山导江”的影响。

《禹迹图》的作者和编制年代尚有争议。《辞海》说编制人不详，制作时间 1081—1094 年；《中国科学技术史稿》认为《禹迹图》原图由沈括（1031—1095）在陕西时绘制，曹宛如则进一步指出可能在 1081—1082 年；还有学者认为，制图者是《太平寰宇记》作者乐史（930—1007）。

渭河上的禹迹还有：陇县混元禅寺（雷音山）禹王台，岐山故郡镇索王村禹王庙，西安禹绩冢、鄠邑区秦渡镇禹王庙村、余姚村（禹王村）、西安临潼华清池禹王殿等。

第二节　新中国成立前治理

史料记载，从共工氏和鲧起，筑堤建坝就成为护城保邑、治理河道的最主要的方法。这些堤坝在一定程度上阻止了河势的迁徙，对稳定局部河道和维护人民生命安全起到了重大作用。历史上渭河两岸堤坝相望，时有存在。

一、堤防工程

渭河堤防工程始于唐代咸阳柳堤。据《重修咸阳县志·古迹》载：唐时咸阳筑堤防渭水溃决，植柳逾万，故名柳堤。明景泰三年（1452 年），咸阳知县王瑾以渭水冲啮城根，筑土堤以御之。明嘉靖十年（1531 年），邑绅王献熏请抚军刘天和与御马监太监晏弘督修，改为石堤，宽4.5丈，长182丈。后于明万历十九年（1591年）、清乾隆十年（1745年），又做了多次重修或补修。据《同官县志》记载，明弘治元年（1488年），“漆水溢，东城崩，知县王恭始作堤以障之”。明万历十八年（1590年），“漆水崩同官城北门，……后三年知县马驿筑瓮城，又筑堤障水，名马公堤”。《续修陕西通志稿》载：清乾隆二十一年（1756年）八月，渭水溢岸，危及田舍，华州牧席绍葆劝民于沿河低洼处筑堤捍水，居然无恙。清乾隆二十五年（1760年）夏，淫雨多，渭河涨，水从无堤段漫出，州牧闻讯后亲赴华县侯坊、吴家桥和大荔胡村等处，与各村耆老共谋接筑渭堤，数千人费工一月，增新补旧，接筑赤水以东、方山以西渭河大堤50余里，高1丈，面宽如身，底视其面而三之。民乐安堵，齐颂席功。清宣统年间，宝鸡县曾请准拨款在阳平镇修筑河堤。

在支流上，新中国成立前，陕境渭河南北两岸15条主要支流已建堤防工程长443.24千米，其中长度在50千米以上的有沣河（103千米），灞河（66千米），涝河（63千米）；长度在10～50千米的有千河（47千米），黑河（44千米），漆水河（40千米），浐河（38千米），太平河（14千米）；长度在10千米以下的有王家河（8千米），泾河（6千米），沮河（5千米），北洛河（4千米），金陵河（3千米），清姜河与石头河各1千米。以上堤防共保护45.86万亩耕地、79.96万人口和36座城镇。

二、河道工程

清德宗光绪二十三年（1897年）正月，陕西巡抚魏光焘奏准疏浚华州、华阴河道工程，饬令水利总局提调汪廷栋赴工地督修，七月底工竣，共费银14000余两。 民国二十四年（1935年），陕西省水利局会同宝鸡县在阳平镇南修建丁坝5座，全长1145米，坝体以直径约0.2米、长约6米的木桩排成两行，插于河内，排距2米，桩跨0.7米，排桩之间纵横平铺梢料，上压石子。这5座坝成后，河泓流势已见南迁，北岸各坝间河床逐渐淤高，使阳平镇得到保护。民国二十五年（1936年），渭惠渠拦河大坝建成后，先后在大坝上下游两岸建丁坝34座，并建起了护岸防护林带，用以稳定河势，防止塌岸，保证引水。

在支流上，灞河平原段河流弯曲摆动，洪水灾害频繁。民国二十六年（1937年）5月，右岸香湖湾河堤决口21米，陕西省水利局征工抢修，修成土堤105米，丁坝3座长45米。8月，申家村、毛家湾决口，陕西省水利局征集民工，开挖引河修筑阻水坝埝300余米，大堤护岸300米，以月堤连接上下堤防，长约70米，高出原河床1米。民国二十七年（1938年）8月，灞河读书村附近陇海铁路桥下右岸堤防决口，陕西省水利局派员抢修，开挖引河1100米，修筑导水坝200米，筑坝护岸1000米，次年5月完工。

三、排涝工程

据载，唐玄宗开元二年（714年），姜师度在华阴县（今华阴市）修敷水渠，以泄水害。明嘉靖三十四年（1555年）关中大地震，震中在华县，故华县、华阴一带受地震的破坏最大，由地震带来的各种消极后果也最多。据史料记载，此次地震使华县一带出现了严重的地裂陷，同时，出现河、渭泛溢，华山诸峪之水不能入渭以泄，遂在华县、华阴二城之北潴积成泊，淹没土地近万顷。华县、华阴人民在州县官桑博、何祥的领导下，疏渠排水，积潦以泄，淹地得以复耕，华县、华阴人民共享其利，故名“惠民渠”。明嘉靖三十七年（1558

年），华州东郭门外太平河和西郭门外石堤河泛滥，水没民田，知州朱茹，乃大发州北一带民众，疏通水道，导水入渭。清康熙四十四年（1705 年），构峪河与方山河大水为灾。知州谢白生督民开方山河口，使构峪、方山两河畅流入渭。清康熙 四十九年（1710 年），川陕总督殷泰会同陕西巡抚，亲行履勘，指授方略，自黄家河（在今柳枝镇）开渠引水入渭，名曰疏水河。又令华州知州、华阴县令督民疏通螺纹、方山两河河道，一时污淤之水宣泄无遗。

从光绪《三续华州志》可以约略看出清代渭河中下游河道治理的基本方法，“赤水桥自康熙丁未中……至道光中百六十余年，河身渐高，桥眼壅塞，水难畅流，以致堤岸屡决，淹没民田无数……郡侯张公禀请道宪，捐集多金，派武生梁清选、耆民马声远等督工重修，砌石增高，两边添设石栏，以防车马倾陷，自是河流复畅，堤岸藉免冲决”。

第二章　新中国成立后治理（1950—2010 年）

1949 年渭河流域全面解放，渭河迎来了一个治理的新时期，尤其是 1954 年渭河洪水（“54 型”洪水）以后，开始对渭河进行全面规划治理，并采取统一目标，分段设防，县（市）包干，逐步实施，集中会战与经常维修相结合的办法进行治理。至 1995 年，中游段的堤防基本建成，下游包括南山支流的治理逐步得到加强，并初步建成了防洪抢险通信预警系统。

第一节　基础工作

渭河流域治理离不开水文观测、工程勘测、规划、设计等前期资料的获取。据《陕西省志・水利志》记载，早在战国以前，陕西就有水位观测的记载，但有关勘测、设计等历史资料却极少。新中国成立后，随着水利建设事业的飞速发展，渭河流域的水文事业以及水利工程的勘测、规划、设计工作突飞猛进，取得了前所未有的丰硕成果。

一、水文测验

渭河流域最早的水文记载发现于北洛河流域，今志丹县旦八镇石堌庄村石窟上，窟外左壁有镌记，载明嘉靖四十一年（1562 年）六月三十日和清康熙二十五年（1686 年）六月二十八日、四十八年（1710 年）六月初四日、雍正八年（1730 年）七月初二日、乾隆二十五年（1760 年）六月、道光元年（1821 年）六月北洛河泛涨的珍贵水文资料。

渭河近现代水文站网始于民国七年（1918 年），以雨量站设立最早。1918 年天主教堂修道院长戴夏德（意大利籍）在高陵县通远坊建立雨量站，记录了渭河流域最早的雨量资料。民国十一年（1922 年），渭北水利工程处于泾河张家山二龙王庙设水文站，最早进行水文测验，进行泾河水位流量观测，民国十三年（1924 年）开始施测含沙量。民国十五年至十八年（1926—1929 年）观测中断，民国十九年（1930 年），恢复并易名为张家山水文测站，施测泾河及龙洞渠水位流量与含沙量。渭河上最早的水文站为 1923 年陕西水利分局在咸阳南门外设立的咸阳水标站，1924 年停测，1931 年陕西省建设厅恢复，改设为咸阳水位站，同年还在渭河宝鸡、交口镇、三河口设水准站，测得渭水常流量 100 ~ 300 立方米每秒，含泥量为 1‰ ~ 5‰，汛期流量 1000 立方米每秒以上，含泥量为 20‰ ~ 30‰。咸阳水位站于 1933 年移交黄河水利委员会，提设为咸阳水文站。

新中国成立后，水文事业迅速发展。截至 1960 年底，按照施测断面统计，陕西省境内泾河、渭河、洛河流域的流量站 45 个、水文站 10 个，渭河流域的水文站网基本覆盖了渭河干流及泾河、洛河、灞河等支流，建成了一个比较完善的水文站网。

渭河流域水文测验由黄河水利委员会、陕西省水文水资源勘测中心、陕西省地下水管理监测中心、陕西省江河水库工作中心（陕西省三门峡库区管理中心）分别负责。

截至2023年2月，陕西省水文水资源勘测中心在渭河流域共布设水文站61处（其中基本站33处、专用站28处）、水位站36处（均为专用站）、雨量站656处（其中基本站228处、专用站428处）。

渭河干流目前有黄河水利委员会设立的咸阳、华县两座水文站，陕西省江河水库工作中心（陕西省三门峡库区管理中心）在渭河下游干流设立的临潼水文站，陕西省水文水资源勘测中心设立的拓石、林家村、魏家堡水文站，见表3-2-1。

二、地质勘测

相传大禹治水时就有勘测技术。及至秦、汉、唐等朝代修建郑国渠、成国渠、漕渠等大型水利工程，均显示当时有了一定的勘测手段和技术，但均缺少具体文字记载。民国时期兴建的“关中八惠”等水利工程，开创了陕西现代水利勘测的先河。1949年以后，测绘与地质勘察全面发展，勘测手段和技术水平有了很大提高，成为各类水利工程建设的主要基础工作。

（一）水文地质

渭河的水文地质勘察始于民国时期，新中国成立后，水文地质勘察工作在原有的基础上继续发展。1952—1957年，陕西省水利局钻探队在蓝田灞河一工区及石砭峪、101、103、106、涝惠渠等12个工区进行了钻探作业。1957年，陕西省水利厅勘测设计院地质组配合钻探队进行灞王河、横水河、文川河、沙河等水库、库坝区地质勘察工作，土壤组则开展清峪灌区、冶峪灌区、草滩排水、濂水河灌区的土壤、水文地质调查工作。1958年起，为配合全省水利建设规划，开始进行石川河、清峪河、千河、漆水河、石头河、黑河、葫芦河等规划阶段的地质勘察工作，为日后部分中小型水库及灌区的建设准备了丰富的基础资料。1978年改革开放后，渭河流域水文地质得到快速发展，至2020年，渭河流域水文地质工作完全满足水利工作要求。

（二）水库地质

20世纪50年代开始，陕西省水利水电勘测设计研究院地质勘察总队、西北黄河工程局等单位对渭河流域拟建中小型水库进行了水库地质勘探。渭河支流千河干流上，1951年，黄河水利委员会西北黄河工程局查勘选出冯家山水库坝址。羊毛湾水库位于渭河支流漆水河上，1958年，陕西省地质局水文地质工程大队对羊毛湾水库进行初步设计阶段工程地质勘察工作。1959年，陕西省地质局物探队进行物探，陕西省地质局水文大队和陕西省水利厅勘测设计院地质队进行补充勘察及勘探。

表 3-2-1　渭河干流水文站、水位站一览

站号	河流	站名	站别	测站地点	坐标		至河口距离 / km	流域面积 / km^2	设立日期	基面高差 /m	绝对或假定基面名称	主管机构
					东经	北纬						
41100580	渭河	拓石	水文	宝鸡陈仓区拓石镇拓石村	106° 32′	34° 30′	470	29092	2003 年 6 月	0	56 黄海高程	陕西省水文水资源勘测中心
41100600		林家村（三）	水文	宝鸡市金台区硖石镇林家村	107° 03′	34° 23′	388	30661	1934 年 1 月	−0.790	85 国家高程基准	陕西省水文水资源勘测中心
41100900		魏家堡（眉县）	水文	宝鸡市眉县城关镇西关	107° 45′	34° 18′	321	37012	1937 年 5 月	−7.078	85 国家高程基准	陕西省水文水资源勘测中心
41101100		咸阳（三）	水文	咸阳市西兰路 2 号	108° 42′	34° 19′	207	46830	1931 年 6 月	0	85 国家高程基准	黄河水利委员会
41101250		耿镇	水位	西安市高陵区余楚乡渭桥村					1979 年 6 月	0	大沽	陕西省江河水库工作中心
41101300		临潼	水文	西安市临潼区行者乡船北村	109° 12′	34° 26′	157	97299	1954 年 6 月	0	85 国家高程基准	陕西省江河水库工作中心
41101400		交口	水位	临潼区油槐乡南阳村					1965 年 5 月	0	大沽	陕西省江河水库工作中心

续表 3-2-1

站号	河流	站名	站别	测站地点	坐标		至河口距离 / km	流域面积 / km^2	设立日期	基面高差 /m	绝对或假定基面名称	主管机构
					东经	北纬						
41101510		渭南（二）	水位	渭南市双王乡八里店村					1995 年 6 月	0	大沽	陕西省江河水库工作中心
41101600		华县	水文	华州区下庙镇滨坝村	109° 46′	34° 35′	73	106498	1935 年 3 月	0	85 基准	黄河水利委员会
		华县（二）		临渭区八里店村	109° 31′	34° 31′	103	105599	2021 年迁站	0	大沽	黄河水利委员会
41101610		陈村	水位	大荔县苏村乡陈村					1963 年 6 月	0	大沽	陕西省江河水库工作中心
41101620		华阴	水位	陕西省华阴市					1960 年 7 月	0	大沽	黄河水利委员会
41101700		吊桥	水位	陕西省潼关县高桥乡吊桥村					1964 年 12 月	0	大沽	陕西省江河水库工作中心

石头河水库位于眉县斜峪关南 1.5 千米的温家山，渭河右岸支流石头河北坡峪口处。1953 年、1959 年，陕西省水利局钻探队、陕西省水利勘测设计院地质队先后对石头河水库进行规划阶段地质勘测。分别在斜峪关至鹦鸽嘴长 15 千米的河段选出卧虎口、将军石、温家山、卧龙寺、栎树丫、黄土岭等 7 个坝址。1953 年，陕西省水利局钻探队对桃曲坡水库，在沮水选定七里坡、桃曲坡、阿姑社 3 个坝址。1958 年，陕西省水电设计院地质队在七里坡、阿姑社两坝址进行规划阶段勘探，发现阿姑社坝址区为灰岩，河两岸覆盖层无地下水，遂予否定。1955 年，陕西省地质局 961 队配合陕西省水利局钻探队在金盆坝址进行地质勘测，完成 1∶2000 地质测绘 1.3 平方千米，钻孔 32 个，进尺 2749.98 米，提交了黑河水库地质报告。1959 年，陕西省水利设计院地质队对石砭峪水库进行地质测绘、勘探及试验。1960 年后，水库地质工作根据流域水库需要而开展。

（三）测绘

渭河流域的测绘工作，最早见记于郑国修渠、徐伯开漕。

1. 地形测量

据《陕西省志·水利志》载：民国八年（1919 年），陕西省水利分局局长郭希仁曾派员施测泾河河谷地势。民国十年（1921 年），渭北水利工程局成立后，吴雪沧工程师奉命勘测仲山钓儿嘴，作高程测量。民国十一年（1922 年）10 月，李仪祉组建测量队，分水、陆两队，陆队主测地形及渠道线路，水队主测水文（水位、雨量、流量）。截至民国十三年（1924 年）8 月 30 日，完成仲山 1∶12000 地形图 6.2 平方千米；由妙儿岭岳家坡原点（气压高程 500 米）至赵家桥施测较高精度的水准测量和干渠路线导线、水准测量各 20 千米；测旧渠水准导线约 17.5 千米。从二龙王庙向上游 4000 米，向下游至北屯 5000 米，面积 9.1 平方千米，取断面 50 个，由 1∶5000 比例尺成图测绘泾河河谷形势图。民国 二十年（1931 年），陕西省委派省陆军测量局水准测量队由潼关陇海铁路 R104、R103 水准点（系统不明）沿渭河向上游引测至宝鸡虢镇（留点 WBM24），沿途留设水准标石，编号为 WBM（W 表示渭河线）。系采用两部水准仪同时单向观测，普通水准精度，该线高程后定为导渭高程系，低于黄海系统约 13.9 米。民国 二十五年（1936 年）10 月至民国二十六年（1937 年）10 月，陕西省水利局设计测量队进行浐河、湄河测量。现今测绘高程控制由水准测量发展为红外测距仪测距的三角高程代替二、三、四等水准测量。1995 年起，已将 GPS－200 卫星定位系统设备应用到渭河全域各项工作中。至 2020 年，无人机等先进的测绘设备和方式已全部覆盖渭河流域。

2. 库区淤积观测

水库淤积测量均采用断面法或地形法，断面密度视各水库具体情况而定。断面测量距离采用经纬仪。水下测深采用橡皮船操舟机（机动），以测绳重锤、测杆以及测深仪进行。冯家山、黑松林、桃曲坡、王家崖、羊毛湾等水库均由陕西省水利水电测绘队建断面网，造标埋石，进行三角、导线和高程测量以及首次观测。各水库管理单位设有观测组定期观测。中小型水库均由地县水库管理单位进行淤积测量，方法基本相同。

三门峡库区渭洛河下游淤积断面测量工作，起始于三门峡水库建库初期。测验的目的，是通过固定淤积断面测验及资料分析，了解三门峡库区渭洛河下游泥沙淤积分布和在不同水、沙条件下的变化规律，为探讨水库泥沙冲淤变化规律和水库科学运用方案提供依据，同时还为陕西省三门峡库区泥沙研究及工程的规划设计、建设提供基础资料。其断面布设和初测，始于1955—1956年施测三门峡水库1∶10000地形图。当时计测黄河干流断面110个、北洛河断面68个、泾河断面4个、渭河断面96个、汾河断面20个，与地形图配合，为设计阶段库容计算和水库运用期间库区淤积计算提供了基础资料。至2020年底，尚在测量的断面为渭河51条、洛河23条，共计74条断面。

中国泥沙研究所原所长曾庆华曾对几十年连续观测的渭洛河下游淤积断面测量成果给予了高度评价，“中国水利独有，在世界水利史上亦属罕见”。

三、主要治理规划

1954年，渭河流域发生大水，史称“54型”洪水，陕西省政府启动了渭河及其下游4条支流和周至县部分河段的规划治理。1960年，黄河三门峡水库建成蓄水运用，致使黄河潼关卡口高程急剧抬升，进而导致渭河下游河道淤积，打破了渭河历史上形成的冲淤基本平衡的态势，渭河、洛河下游以及三门峡水库陕西库区这一广大地区成为陕西防洪的重中之重，迫使陕西省加强了对渭洛河下游、渭河南山支流的防洪治理。此后，陕西省相继实施了《陕西省三门峡库区1964—1980年工程规划》《渭河中、下游主河道治理规划》《渭洛河下游三门峡库区治理规划》《陕西省三门峡库区渭洛河下游河道整治规划》《陕西省三门峡库区渭洛河下游淤灌工程规划》《陕西省三门峡库区渭洛河下游淤灌规划》《陕西省三门峡库区渭洛河下游排水工程规划》《陕西省三门峡库区通信网与水文自动测报系统规划》《陕西省三门峡库区渭河下游防洪规划》《陕西省三门峡库区渭河下游南山支流河道整治规划》《陕西省三门峡库区渭河下游南山支流水库工程规划》等一系列渭河治理规划和《三门峡库区渭河下游防洪续建项目建议书》，渭河全线防洪工程规划及治理体系基本形成。但受当时发展水平、投资和施工手段限制，所建堤防工程标准普遍偏低，加之黄河三门峡水库导致的潼关卡口高程居高不下，渭河入黄不畅，进而导致渭河下游12条南山支流入渭不畅，在渭洛河下游、三门峡库区逐步形成了悬河网状地带，治理速度赶不上泥沙淤积速度，“小水大灾”成为常态，灾害损失不断加重。因此，继续加强渭洛河下游、三门峡库区防洪工程建设显得更为紧迫。

面对渭河防洪面临的严峻形势，经陕西省多方奔走呼吁，水利部委托黄河水利委员会开始编制渭河全流域治理规划。在规划编制期间，2003年8月，渭河“03·8”洪水使渭洛河下游遭受有史以来最大灾害，直接暴露了渭洛河下游的防洪严峻形势。此后，国务院加快了正在编制规划的协调审批工作。2005年，国务院以国函〔2005〕99号文件批准了《渭河流域近期重点治理规划》，确定了渭河治理的重点项目。与此同时，陕西省水利厅编制了《渭河“2003”洪水下游灾后重建首期应急实施方案》和渭洛河下游三门峡库区防洪工程续建可研，保证了《渭河流域近期重点治理规划》确定的部分应急防洪工程项目的实施。2011年，陕西省委、省政府主要领导提出“一定要把渭河的事办好”。中央、陕西省先后制定了《渭河流域重点治理规划》《陕西省渭河流域综合规划》《陕西省渭河流域综合治理五年规划（2008—2012 年）》等综合规划和专业规划，加强渭河治理。

（一）陕西省三门峡库区 1964—1980 年工程规划

1963 年，三门峡水库防洪排沙运用第二年，黄、渭、洛河泥沙淤积量逐年增加，库区自然情况和土地利用条件已发生很大的变化。1961 年 10 月，洪水回水淹没耕地 25 万亩、秋田 8 万亩，1962 年 7 月洪水和 1963 年 5 月洪水，除 335 米高程以下几乎全部淹没外，335 米高程以上前者淹没秋田 8 万亩，后者淹没麦田 10 万亩。加之渭河淤积，河床不断抬高，支流河口随之淤积，以致泄洪不畅，决堤漫溢。除 335 米高程以下黄河滩地、二华夹槽地带和渭河北岸、洛河口至迪村，形成大面积沼泽地和荒地外，1962 年 335 米高程以上形成农田浸没和盐渍化达 37 万亩，土地利用条件大为恶化。根据水库运用的经验，即使水库采用防洪排沙低水位方式运行，由于已形成严重淤积，库区自然条件剧烈变化，并受潼关天然形势所限，对陕西省的严重影响短期不会解除。

根据党的八届十中全会，关于进一步巩固人民公社集体经济、发展农业生产的决定，必须进一步加强库区防洪排涝工作，大力支援农业，扎扎实实地工作。为保证库区周边生产及居民的安全，并争取较好地利用库区土地，1963 年，陕西省水利厅三门峡库区管理局组织编制了《陕西省三门峡库区 1964—1980 年工程规划设想》，该规划的主要任务是修建干流防护堤 79.5 千米，涵闸 16 座，桥 3 座；治理支流 7 条，堤长 21.6 千米，支流桥 11 座；修建排水干沟 277 千米，建筑物 691 座，抽水站 15 座；引水口门 6 座，护岸长 34 千米。需完成土石方 6768 万立方米，劳力 921 万工日，投资 15853 万元。该规划上报后未获批准。

（二）1972 年渭河中、下游主河道治理规划报告

根据陕西省革命委员会的指示，为了迅速落实毛主席“要把黄河的事情办好”的伟大号召和中央治黄座谈会会议精神，进一步对渭河河道进行全面治理，开展农田基本建设，正确指导群众运动，在以往渭河河道治理规划的基础上，陕西省水利电力勘测设计院和陕西省渭南地区三门峡库区管理局于 1972 年编制了《渭河中、下游主河道治理规划报告》，并于 10 月上报陕西省革命委员会农林办公室。10 月 8—9 日，根据中共陕西省委决定，陕西省革命委员会农林办公室在西安召开了渭河中、下游主河道治理规划会议，并形成会议纪要，同意将陕西省水利电力勘测设计院与陕西省渭南地区三门峡库区管理局共同提出的《渭河中、下游主河道治理规划报告》及附图正式下达。1972 年 11 月 9 日，陕西省革命委员会农林办公室以陕革农办发字〔1972〕第 19 号文批转了《渭河中、下游主河道治理规划会议纪要》和《渭河中、下游主河道治理规划报告》。该规划主要内容为：加高培厚防护堤 41.3 千米，扩建涵闸 8 座，新建防护堤 36 千米，新建涵闸 8 座及石堤河口桥 1 座；根据水库回水壅高情况加高培厚支流堤防，改建西潼公路桥 4 座及交通桥 7 座，修建排水干沟 276.1 千米，建筑物 691 座，建设引水口门 2 座，引水闸 4 座，修建护岸 34 千米等，需完成土方 1200 万立方米，石方 94 万立方米，劳力 2100 万工日，工程投资 7350 万元。

（三）1990 年渭洛河下游三门峡库区治理规划

国家和陕西省十分重视渭洛河下游治理工作，始终把防洪保安作为渭洛河下游治理的

首要任务，投资投劳兴建库区防洪工程。1965 年，国家发展计划委员会（简称国家计委）〔65〕计农字批复了《渭洛河下游治理任务书》，陕西省水利厅也编制了《关于陕西省三门峡库区渭洛河下游治理意见》。据此，1974 年，陕西省三门峡库区管理局编制出《陕西省三门峡库区 10 年（1976—1985 年）规划（草案）》，提出河道整治治理、堤岸防护、引洪淤灌、排涝治碱、支流水库等治理项目。规划编制后，未能得到上级批准。

1982 年，陕西省三门峡库区管理局编制了《渭洛河下游八年（1983—1990 年）治理规划》，上报黄河水利委员会和水利部。规划中提出依靠政策、依靠群众、依靠科学，继续对 335 米高程以上库区进行综合治理，以防洪排涝为重点，加强河道整治，积极兴修南山支流水库，逐步利用渭洛河水沙资源，采取放淤与淤灌等除害兴利措施。1986 年，水电部批复要求陕西省对规划再作补充修订，并编报设计任务书。1986 年 11 月，陕西省水利厅与陕西水利学会举办了三门峡库区水文泥沙暨治理学术研讨会，与会专家一致认为，库区经过 20 余年的治理，灾害程度虽有所减缓，但库区河道仍在继续抬高，排洪能力日趋降低，临背差越来越大，因而洪涝灾害仍是关中东部的严重问题和潜在危险，必须进一步加强库区的全面规划和治理工作。

1987 年 12 月，陕西省三门峡库区管理局组织了 10 个单位，统一按照除害、减灾、改善环境，给当地群众创造基本生产、生活条件，促进经济发展的原则，开展规划工作。1989 年，黄河水利委员会设计院编制出《陕西省三门峡库区渭洛河下游治理规划水文泥沙分析》，黄河水利委员会机关技术协作委员会编制出《陕西省三门峡库区渭洛河下游河道整治规划》，黄河水利委员会工务处编制出《陕西省三门峡库区渭洛河下游淤灌工程规划》和《陕西省三门峡库区渭洛河下游淤灌规划》，黄河水利委员会水科所与河南省水利学会编制出《陕西省三门峡库区渭洛河下游排水工程规划》，黄河水利委员会技术开发部与郑州新技术咨询部编制出《陕西省三门峡库区通信网与水文自动测报系统规划》，陕西省三门峡库区管理局编制出《陕西省三门峡库区渭河下游防洪规划》《陕西省三门峡库区水文测验发展规划》和《陕西省三门峡库区工程管理规划》，渭南地区水电设计院编制出《陕西省三门峡库区洛河下游治理规划》，陕西省水利电力设计院编制出《陕西省三门峡库区渭河下游南山支流河道整治规划》和《陕西省三门峡库区渭河下游南山支流水库工程规划》。1990 年 4 月，陕西省水利电力设计院将以上 10 多项规划汇编成《陕西省三门峡库区渭洛河下游治理规划汇总报告》。1990 年 11 月 28 日，陕西省政府以陕改发〔1990〕206 号文将《三门峡库区渭洛河下游治理规划的报告》（简称《90 规划》）报水利部。1992 年 2 月，水利部对该规划进行了审查，并于 1992 年 7 月以水规〔1992〕55 号文《关于报送三门峡库区渭洛河下游治理规划审查意见》的函上报给国家计委。1996 年 5 月，国家计委以计农经〔1996〕843 号文《关于三门峡库区渭洛河下游近期治理项目的批复》，批准渭洛河下游近期治理工程立项，投资 1.95 亿元，其中国家预算内 1.16 亿元，陕西省配套 0.79 亿元。

规划批复后，水利部及黄河水利委员会对该项目各单项工程初步设计进行审查，批准全部工程概算 2.04 亿元。工程建设实施过程中，由于国家有关工程造价政策调整及砂石料等主要材料价格上涨等，工程实际造价超过批复投资较多，为了合理确定工程造价，确保批准的各项工程顺利完成，按照水利部〔99〕水规计办字第151号文件精神，陕西省对该项目初步设计概算进行了调整，调整后工程概算总投资为3.53亿元。国家发展和改革委员会投资咨询中心和黄河水利委员会先后对调查报告进行了审查，审核投资分别为3.20亿元和2.69亿元。渭洛河下游近期治理工程自1997年12月开工建设，截至2005年底，该项目批复内容已全部完成。

渭洛河下游近期治理工程的实施，对缓解渭洛河下游防洪压力、保护两岸人民生命财产安全起到了重要作用，并取得了明显的经济效益和社会效益。但近期治理工程只是《90规划》中的一部分，不能实现《90规划》目标。堤防断面不足、堤身质量差、隐患多、河道整治工程布设不合理、部分控导工程长度不足等问题依然存在，中常洪水情况下堤防仍有决溢的可能，因此继续加强渭洛河下游防洪工程建设是十分必要的。为了进一步加快实现陕西省渭洛河下游治理规划目标，针对陕西省三门峡库区335米高程以上（水库影响区）防洪存在的主要问题提出治理措施。1999年5月，按照近期治理前期工作要求，陕西省编制了《三门峡库区渭洛河下游防洪续建工程初步设计》，并报黄河水利委员会，黄河水利委员会审查认为初设编制依据不足，建议编制项目建议书。据此，1999年10月编制了《三门峡库区渭洛河下游防洪续建项目建议书》，并于1999年12月以陕水发〔1999〕130号文上报水利部、国家发展计划委员会。水利部审查后要求直接编制工程可行性研究报告，2002年1月，编制完成了《三门峡库区渭洛河下游防洪续建工程可行性研究报告》（简称《续建可研》），并于2002年3月23日以陕水字〔2002〕11号文上报水利部。

2003年8月，渭河下游发生“03·8”洪水使渭洛河下游遭受有史以来最大的灾害，直接暴露出渭洛河下游防洪形势的严峻性。因此，根据国务院批准的《渭河流域近期重点治理规划》（国函〔2005〕99号），并在《渭河 “2003”洪水下游灾后重建首期应急实施方案》的基础上，2004年，陕西省完成了《续建可研》的修编工作，并以陕计农经〔2004〕12号文上报国家发展和改革委员会和水利部。2004年8月和2005年3月，水利部委托黄河水利委员会对《续建可研》进行了初审和复审，审查后更名为《陕西省渭洛河下游近期防洪工程建设可行性研究报告》（以下简称《渭洛河可研》），2005年6月，黄河水利委员会以黄规计〔2005〕77号文将该可研的审查意见上报水利部。2005年12月，水利部部长办公会对《渭洛河可研》进行了审查。2006年1月，水利部向国家发展和改革委员会报送了《关于报送陕西省渭洛河下游近期防洪工程建设可行性研究报告审查意见的函》（水规计〔2006〕15号）。审核工程主要建设内容为：加高加固渭河干流堤防120.09千米，其中加高培厚77.68千米，淤背加固19.88千米，后戗加固11千米，锥探灌浆加固11.53千米等；续建和加固渭河河道整治工程23处，其中续建13处，工程长度6.0千米，坝垛75座，加固工程10处，工程长度4.95千米，坝垛57座；加高加固尤河、赤水河、石堤河、罗纹河、方山河等5条渭河右岸南山支流堤防30.6千米，其中加高加固二级堤防1.85千米、四级堤防18.2千米、拓宽退建四级堤防10.55千米；新建洛河护岸工程7处，长度2千米；修建防汛道路11千米；新建埝头排水站一座，设计排水流量1.27立方米每秒。工程设计防洪标准渭河下游干堤按不同河段为20～50年一遇洪水；

尤河、赤水河、石堤河、罗纹河、方山河等 5 条渭河右岸南山支流为 20 年一遇洪水，入渭尾间段设计洪水位依据各支流 20 年一遇洪水与渭河 10 年一遇洪水遭遇的水面线和渭河 50 年一遇洪水水面线的外包线确定。工程总工期 7 年，静态总投资 72255 万元。在编报工程可行性研究报告的同时，陕西省按照国家项目基本建设程序要求，完成了项目环境影响报告书、项目水土保持方案和项目土地预审材料的编报，并经国家相关部委审批。

从 2006 年开始，国家安排投资建设该工程，截至 2010 年底，累计完成投资 5.32 亿元，主要完成加高培厚干流堤防 50.05 千米，加固干流堤防 6.95 千米，新建续建河道工程 5.36 千米，加固河道工程 3.1 千米，加培支流堤防 14.09 千米，退建支流堤防 3.1 千米，新修洛河护岸 2.14 千米，新建防汛路 7.2 千米，修复加固防汛道路 15.14 千米，完善渭河下游水文测验网建设。从 2011 年开始，该项目停止实施，未实施项目列入国家确定的重要支流治理项目《陕西省渭河防洪治理工程可研报告》继续实施。

（四）1992 年三门峡库区移民防洪保安规划

1959 年 10 月，国务院确定，经中共中央批准：三门峡水库近期的最高拦洪水位不超过 333 米高程，移民高程线定为 335 米。根据确定的移民高程，全库区实际移民 40.37 万人，淹没耕地 85.9 万亩，其中陕西库区 4 个县 21 个乡镇 253 个自然村，土地 100 万亩，其中耕地 75 万亩，居民 19 万多人。1955 年准备，1956 年进行迁移。1957 年，三门峡水利枢纽动工兴建，截至 1960 年底，共迁出 195483 人。1960 年 9 月，水库蓄水后，因泥沙淤积，黄、渭、洛河河床抬高，塌岸严重，威胁沿河两岸居民安全，又将黄、渭、洛河沿岸回水影响区的居民 89856 人进行后靠安置。受渭水淹没、浸没、塌岸影响，涉及咸阳的秦都、渭城区；西安的未央、灞桥区及高陵；渭南地区的临潼、渭南、华县、华阴、潼关、大荔、蒲城、合阳、韩城等共 14 个县（市、区）84 个乡（镇）510 个自然村 285339 人，耕地 100 万亩。使原朝邑县全部淹没，撤销建制并入大荔县；潼关县城因水库淹没搬迁到吴村塬新址。

陕西省三门峡库区的移民都是从土地肥沃、灌溉便利、气候适宜、条件优越的地带远迁到宁夏，主要靠开荒重建家园，生产生活条件很差，饮水非常困难，经常到几里以外的地方去担水，全靠天吃饭。玉米、小麦、稻谷产量低而不稳，移民无法生活。平罗、陶乐、中宁等县给移民每人每月供粮多为黑豆、糜子，加上居住困难等，移民思乡返陕。

省内安置在渭北山塬沟壑区的移民，生产生活条件也远不如故土。据 1984 年渭南行署调查，1973—1983 年，在旱塬沟壑区安置的 121192 人年人均口粮 152 千克，人均年收入 57 元；半水半山区安置的 26218 人，年人均口粮 182.4 千克，人均年收入 71 元；人畜饮水困难较为普遍。

水库改变运用方式，降低运用水位后，国家在库区兴建了 3 个农场，部队在库区建立了训练基地和农场等。移民看到自己的土地被他人耕种，也激起了返库的情绪。此外，由于对移民工作的复杂性认识不足，措施不周，又值 20 世纪 50 年代末与 60 年代初国家处于经济困难时期，水库移民补偿标准低，也影响了移民对生产生活的安排。因此，移民返库活动从未间断。1956 年，宁夏回族自治区有 400 多人返陕；1957 年，有 6500 人返陕，涌进县城、省会，延续达 40 余天；1962 年，有 1.2 万人返回库区，坚决不去宁夏。后经国务院批准，宁夏移民32380人全部返回陕西，重新安置在澄城、白水、蒲城、合阳、临潼、渭南、大荔、华阴、潼关、富平等10县。1964年，在渭北旱塬澄城、白水、富平、合阳、蒲城等县安置的500余名移民返库种地，持续半年之久。

进入20世纪80年代，移民返库活动愈演愈烈。1981年夏天，渭北5县移民2000余人成立了移民返库总指挥部，指挥移民两次返库耕种土地4000多亩，并砍伐树木，搭棚设庵。1982—1983年，返库移民由渭北5县扩展到朝邑滩、华阴滩，先后3次召开移民代表大会，并携带牲口、农具、口粮、籽种返库扎营，召开返库誓师大会，进行清明祭祖活动，抢种土地3000多亩。1984年秋至1985年麦收前，移民成立返库种地生产自救指挥部，筹措粮物，统一领导，一面组织上访，一面返库行动。1984年8月，澄城、白水、合阳、渭南、临潼、蒲城、大荔等县千余移民在朝邑、华阴库区设立了3个聚居点，搭庵棚296个，规划街道，划分庄基，盖房70余间，抢种土地6000余亩，打井3眼，形成定居态势，移民从自发的小规模返库逐步发展为有组织的大规模返库，次数和人数逐年递增，地方各级领导都非常重视，做了大量的说服教育和动员工作。

1984年11月，由国务院办公厅、中央军委总政治部、总参谋部、总后勤部、国防科工委、兵器工业部、水电部、兰州军区、陕西省委和省人民政府等10个单位组成联合调查组，由国务院秘书长助理孙岳带领，历时40天，调查了澄城、白水、合阳、蒲城、富平5县17个乡24个村组移民生产、生活状况，走访93户移民家庭，于12月29日向国务院、中央军委呈报了《关于陕西省三门峡库区移民安置问题的会议纪要》（简称《纪要》）。1985年5月8日，中共中央办公厅、国务院办公厅批转了《纪要》。《纪要》的主要内容：陕西省三门峡库区的移民，其中有15万人的生产生活很困难，需要返库安置。由库区地方国营农场、部队农场及华阴靶场共划出30万亩耕地，同时国家拨专款1.2亿元，对生产、生活特别困难的15万移民返回库区重新安置。

为了给库区移民创造一个基本的生存条件，1992年，陕西省编制《陕西省三门峡库区返迁移民防洪保安工程规划》，包括黄、渭河移民围堤加固工程，南山支流治理工程，河道整治工程，撤退道路工程，避水楼工程。保证返库移民在遇黄、渭河5年一遇洪水，南山支流10年一遇洪水时正常生产生活安全，发生20年一遇以下较大洪水时能够安全撤离。该项目估算投资5.99亿元，于1993年2月上报水利部。1993年6月，水利部以水计〔1993〕343号文批复要求编制单项设计报部审查。陕西省于1993年10月、1994年2月向水利部报送了“黄河雨林移民护滩续建工程”“渭河移民围堤加固工程”“库区华阴四条南山支流整治工程”“防汛撤退道路工程”和“避水楼工程”等5项设计。1998年4月，黄河水利委员会（简称黄委）以黄规计〔1998〕36号文向水利部作了专题汇报，水利部要求重新做项目可行性研究工作，并以〔1999〕水规计办字151号文建议重新编制立项报告。1999年12月，陕西省编制了《陕西省三门峡库区返迁移民防洪保安工程可行性研究报告》并上报国家计委和水利部。2000年4月，受水利部委托，黄委组织对该报告进行了审查，并于2001年3月以黄规计〔2001〕29号文报水利部待批。该工程设计水平年为2005年，设防标准为：朝邑黄河围堤按黄河龙门站5年一遇洪水位设防，华阴、沙苑渭河围堤按渭河华县站 5 年一遇洪水设防，南山支流堤防按各支流 10 年一遇洪水设防。主要工程包括黄、渭河移民围堤加固工程，南山支流治理工程，河道整治工程，撤退道路工程，以补助形式，结合移民居住建房修建避水楼 9828 栋，在发生较大洪水时为移民避水保命提供条件，估算投资 3.86 亿元，计划建设工期 4 年。通过以上工程，建立移民区“防、保、撤”防洪保安体系。从 2000 年开始，国家计委对该项目下达了部分建设资金，截至 2002 年底下达投资 1.35 亿元，完成投资 7341 万元。加固移民围堤 62.65 千米，新建河道工程 3 处，坝垛 24 座，长度 2.24 千米。加固南山支流堤防 13.53 千米，改造撤退道路 21.05 千米，以及避水楼建设。

为满足工程建设的需要，根据黄委的审查意见，编制《三门峡库区陕西返迁移民防洪保安工程初步设计报告》，并于 2002 年 3 月 23 日以陕水字〔2002〕10 号文上报水利部。概算投资 3.87 亿元。后因投资太大，超出水利部审批权限，水利部要求对该项目可研报告进行分编。根据水利部要求和黄委对可研报告的审查意见，按照以堤防建设为主、提高防洪能力、确保移民安全的精神，2002 年 5 月编制了《三门峡库区陕西返迁移民区应急除险防洪保安工程可行性研究报告》，并于 7 月 30 日以陕水字〔2002〕44 号文分别上报水利部和国家计委审批。该分编报告工程设计水平和设防标准同原可研报告。主要工程项目包括：加固移民围堤 79.39 千米；新修护岸坝垛 68 座，控制河岸长度 5.38 千米；南山支流堤防砌护 15.99 千米，加培 35.51 千米，灌浆 25.60 千米，填塘固堤 13.64 千米，新建桥梁 6 座；改善和完善防汛撤退道路 49.61 千米。投资估算 1.97 亿元。计划建设期 4 年。工程建成后可有效保护人口 10 万人，耕地 30 万亩，使返迁移民逐步发展经济、改善生产生活条件。

2003 年 8 月，渭河发生重大洪水灾害，造成渭河下游南山支流及堤防决口 11 处，渭河沿岸 12 个县（市、区）56.2 万人受灾，淹没耕地面积 137.8 万亩，直接经济损失 29 亿元。针对“2003”洪水暴露出的隐患问题，按照有关方面要求，陕西省水利厅又组织力量对《三门峡库区陕西返迁移民区应急除险防洪保安工程可行性研究报告》进行了补充修编，2004 年 8 月，黄委对该可研报告进行了审查，并于 2005 年 3 月初又进行了复审，将其更名为《三门峡库区陕西返迁移民防洪保安近期工程建设可行性研究报告》（简称《移民防保可研》）。2005 年 12 月，水利部部长办公会对该可研报告进行了审定。2006 年 4 月，水利部以水规计〔2006〕109 号文将《移民防保可研》的审查意见报国家发展和改革委员会。审核工程主要建设内容为：加固大荔、华阴渭河移民围堤 52.83 千米，新建支流方山河、长涧河河口桥 2 座；拓宽退建和加高培厚方山河、罗夫河、柳叶河、长涧河 4 条支流堤防长度 46.45 千米；续建渭河河道整治工程 5 处，工程长度 4.9 千米，坝垛 60 座；整修和新建防汛撤退道路 7 条，总长 28.87 千米；对 15 个村庄 4544 户移民建设避水楼进行补助（补助标准为每户建筑面积 20 平方米、中央资金补助 505 元每平方米）。工程设计防洪标准渭河移民围堤为渭河 5 年一遇洪水，各支流堤防为 10 年一遇洪水，入渭尾间段设计洪水位依据各支流 10 年一遇洪水和渭河 5 年一遇洪水水面线的外包线确定。工程总工期 5 年，静态总投资 36120 万元。在编报工程可行性研究报告的同时，陕西省按照国家项目基本建设程序要求，完成了项目环境影响报告书、项目水土保持方案和项目土地预审材料的编报，并经国家相关部委审批。

从2005年开始，国家安排投资建设该工程。截至2010年底，累计完成投资4.44亿元。主要完成加固移民围堤14.68千米，新建支流河口桥2座，续建河道工程长度4.06千米，加培退建支流堤防46.5千米，新建改建支流桥梁6座，新建改建防汛撤退道路32.73千米，完善三门峡库区信息网络及应用系统。从2011年开始，该项目停止实施，未实施项目列入国家确定的重要支流治理项目《陕西省渭河防洪治理工程研究报告》继续实施。

（五）渭河流域重点治理规划

全国政协九届四次会议期间，陕西省政协委员安启元等提出了《建议把渭河干流综合整治工程列为国家重点工程》的提案。2001年10月14—20日，由全国政协副主席钱正英任团长，全国政协提案委员会副主任梅向明任副团长，两院院士张光斗、潘家铮、周干峙、钱易等专家以及国家有关部委一行57人，组成渭河考察团，对渭河流域进行了全面考察。考察团在充分肯定陕西省渭河治理成效的同时，针对存在的问题，提出必须尽早实施综合治理，并就节约用水、污染治理、流域外调水、降低潼关高程、解决生态环境等问题提出了非常重要的意见和建议。

考察结束后，全国政协将《关于渭河流域综合治理问题的调研报告》报送中共中央和国务院，引起高度重视。2001年12月，温家宝总理对调研报告作了重要批示：渭河综合治理要列入重要议程，首先要充分论证，做好规划。2002年5月，温家宝总理再次批示：渭河流域综合治理应统筹考虑环保和生态问题。

为落实温家宝总理的重要批示和渭河考察团的意见和建议，做好渭河流域综合治理规划编制工作，陕西省从2002年2月全面开展《陕西省渭河流域综合治理规划》（以下简称渭河综合治理规划）编制工作。2002年8月，完成了《渭河综合治理规划》的初稿。8月26日，贾治邦代省长主持省政府常务会议对《渭河综合治理规划》进行了专题审议。

2002年9月11日，王寿森副省长带领陕西省计委、陕西省水利厅等有关部门负责同志到水利部专题汇报了规划的编制情况。水利部部长汪恕诚、副部长张基尧、总工程师高安泽以及有关司局的领导听取了汇报；9月13日，陕西省政府邀请中国科学院、中国工程院张光斗等多位院士和水利部、国家环保局、中国国际工程咨询公司、国家计委宏观经济研究院、水利部规划总院、清华大学、西安理工大学、西北农林科技大学、陕西省水利学会的专家、教授23人，在北京召开了《渭河综合治理规划》专家咨询研讨会。按照水利部领导和专家的建议和意见，陕西省再次组织力量对《渭河综合治理规划》进行修改，着重核实了水资源量和需水预测成果，进一步加大了节约用水的力度，强化了各项保障措施，并由中国水科院水资源研究所有关专家进行了咨询。2002年12月完成了《陕西省渭河综合治理规划》修改稿。

2003年1月陕西省人民政府将《渭河综合治理规划》（一个总报告、7个专题报告）上报水利部，抄报国家计委、国家环保总局等国务院有关部门。

另外，根据水利部的统一安排，2002年5月，由黄委牵头，成立了由水利部有关司局和流域内陕、甘、宁三省（区）参加的协调领导小组及工作组，开展包括宁夏、甘肃和陕西省在内的渭河全流域综合治理规划的编制工作。在编制过程中，黄委和陕西省就规划编制中的有关问题进行了多次研究协调，黄委完成的渭河全流域的综合治理规划于 2002 年 12 月报水利部。

2003 年 3 月 14 日，水利部规计司在北京主持召开了《渭河综合治理规划》专家讨论会，与会专家一致认为渭河综合治理十分重要和必要，对陕西省完成的《渭河综合治理规划》给予了高度评价，认为在进一步与黄委规划协调后即可汇总报批。会后，水利部规计司领导和陕西省就如何协调好陕西省与黄委规划交换了意见，认为渭河流域地跨三省（区），是一项系统工程，应以一个统一整体的规划，由水利部会同三省（区）共同上报国务院。同时就陕西省与黄委规划在耗水量、三门峡水库运行方式和降低潼关高程、跨流域调水等问题上的差异提出了初步意见，要求黄委对《渭河综合治理规划》依据专家意见和陕、甘、宁三省（区）规划成果抓紧修改完善。2003 年 7 月，黄委完成了规划修改工作。

2003 年 9 月 17—18 日，水利部在北京召开《渭河综合治理规划》专家研讨会。水利部副部长陈雷、总工程师刘宁及工程院院士钱正英等 20 多位知名专家参加了会议。由于渭河治理的复杂性、艰巨性和长期性，专家建议将《渭河综合治理规划》改名为《渭河流域近期重点治理规划》。

2003 年 12 月 16 日，水利部召开党组会议，专题研究了渭河流域综合治理问题。此后，国务院副总理曾培炎和回良玉听取了水利部关于渭河治理、潼关高程和三门峡水库运行方式及引江济渭入黄等有关问题的汇报，指示要做好规划，统筹考虑当前和长远，要和南水北调西线工程结合起来，从根本上解决渭河水资源短缺问题。

2004 年 3 月 17—18 日，水利部在北京组织召开了《渭河流域近期重点治理规划》审查会，基本同意该近期重点治理规划。会后，规划编制组根据审查意见对报告进行了必要的修改补充。2004 年 4 月，水利部办公厅以办函〔2004〕164 号文，征求有关部委和陕、甘、宁三省（区）对《渭河流域近期重点治理规划》意见。2004 年 6 月，国家发改委委托中咨公司对修改后的《渭河流域近期重点治理规划》进行咨询评估。2004 年 9 月，编制组根据反馈意见，对《渭河流域近期重点治理规划》进行了进一步修改完善，2004 年 11 月，该规划以一部（水利部）三省（区）（陕、甘、宁）名义上报国务院待批。2005 年 12 月，国务院以国函〔2005〕99 号批复了该规划报告。规划总投资 229 亿元，其中防洪工程建设投资 90 亿元，水资源配置投资 64 亿元，水资源保护与水污染治理投资 23 亿元，水土保持投资 48 亿元，前期工作及科学研究 4 亿元。规划批复后，规划中的项目按照国家基本建设程序进行审批，并相继实施。

（六）陕西省渭河流域综合规划

《渭河流域近期重点治理规划》实施以后，陕西省水利厅组织编制了《陕西省渭河流域综合规划》，陕西省环保厅组织编制了《渭河流域水污染防治专项规划（2006—2010 年）》。2008 年 8 月，陕西省政府印发了《陕西省渭河流域综合治理五年规划（2008—2012 年）》，重点解决或缓解渭河流域防洪减淤、水资源配置、水质保护、水土保持、生态环境建设等问题，但规划实施进展不够平衡，不能满足经济社会发展和生态环境建设的迫切要求。

当时渭河存在的主要问题是：洪水频发，灾害损失严重；泥沙淤积，“悬河”态势继续加剧；综合治理程度低，防洪能力十分脆弱，渭河干支流上缺乏大型防洪水库、蓄滞洪区等调控利用洪水的措施，防洪体系亟待完善；堤防防洪能力低下，河道整治工程布设不足，河道设障阻碍行洪；水质污染，脏乱差问题异常突出；径流锐减，水生态日益恶化；开发滞后，支撑经济社会发展作用亟待提升；综合治理机制不活，综合治理程度低，经济产业带动不足。

2009 年，随着国家《关中—天水经济区发展规划》和《陕西省经济社会“十二五”发展规划》的实施，陕西省委、省政府从“坚持科学发展、建设西部强省、富裕三秦百姓”和“建设三个陕西”（富裕陕西、和谐陕西、美丽陕西）的战略高度，就渭河综合治理作出重大决策。陕西省委书记赵乐际指示：“十二五”期间，要集中精力和各方力量治理渭河，确保渭河安澜。根据陕西省委、省政府决策，陕西省水利厅组成工作班子，在全面调研，征集沿渭各市（区）意见的基础上，提出了规划草案，经过多次咨询和反复修改，形成了《陕西省渭河全线整治规划及实施方案》。规划从属于《关中—天水经济区发展规划》《渭河流域重点治理规划》《陕西省渭河流域综合规划》等区域规划及流域综合性规划，并在综合现有防洪、水污染治理、河道生态等专项规划及渭河沿岸城市总体规划、产业发展规划的基础上，重在构建渭河全线综合整治与沿渭城市及产业发展的总体框架，协调相互之间的关系，以河流治理带动区域发展，以区域发展促进河流治理开发。

《陕西省渭河全线整治规划及实施方案》确定的治理原则是：防洪安全优先原则；以人为本、人水和谐、建设生态文明和可持续发展原则；全面规划、突出重点原则；治理促发展的原则。规划确定的治理范围：纵向上起宝鸡峡渠首引水枢纽，下至渭河潼关入黄口，包含渭河干流河道和支流入渭口河段，涉及渭河干流河道长约 388 千米；横向一般按河道管理范围外 1.5 千米控制，城市段结合城市建设现状及城市总体规划确定；有堤防河段河道管理范围至两岸堤防背河侧护堤地的外边界；无堤防河段河道管理范围按历史最高洪水位或设计洪水位确定。规划整治目标是：遵循“安澜惠民、健康和谐、环境改善、持续发展”的理念，通过加宽堤防、疏浚河道、整治河滩、水量调度、绿化治污、开发利用，实现渭河“洪畅、堤固、水清、岸绿、景美”的目标，把渭河打造成关中安澜的坚实屏障、路堤结合的滨河大道、清水悠悠的黄金水道、绿色环保的景观长廊、区域经济的产业集群，重现渭河新的历史辉煌。规划的总体布局是：根据渭河综合治理的主要目标和渭河各区段的河道特性、自然条件、沿河城镇、乡村等特点，确定本次渭河全线整治规划的总体布局为“一河、两堤、三区、四园”，体现五大主题。“一河”：建设生态的、灵动的、宽畅的渭河，形成一年四季清水静静流淌，大洪水平稳雄浑的自然景致。“两堤”：建设集防洪、交通功能于一体的两岸堤防，打造坚固、实用的防洪安全新地标。“三区”：建设农村自然生态区、小城镇绿色风景区、城市水景观与健身休闲区 3 种不同类型的河滩利用功能区，绘就美丽的民生画卷。“四园”：建设宝鸡、杨凌、西咸、渭南 4 个滨河产业园，发挥资源聚集效应及产业辐射作用，形成高新、高端、高效产业集群。五大主题：在规划功能和内容建设上，重点体现安澜主题、亲水主题、生态主题、文化主题、发展主题。

第二节　下游治理（三门峡水库库区段）

一、三门峡水库蓄水前（1950—1960 年）

新中国成立后，在国家的大力支持下，渭河治理进入了全面建设的新阶段。新中国成立初就在槐衙渡口、华县水文站（滨坝）和树园修建共计 3 千米护岸工程。其中，滨坝护岸工程位于下庙街西北华县水文站北的渭河南岸。工程始建于 1953 年 6 月 13 日至 11 月底，总计建成丁字坝 12 座，砌石护岸 782 米。当时名为下庙护岸工程。工程建成后，河岸崩塌得到治理，使附近 13 个村庄 192 户居民的生命财产安全得到了保障。当地群众为表达对中国共产党和各级人民政府的感激心情，主动把自己的村庄改名为“滨坝”。工程也随之更名为滨坝护岸工程。

（一）干流堤防工程

1954 年渭河流域发生大水（史称 54 型洪水），陕西省政府启动了渭河及其下游 4 条支流和周至县部分河段治理。此后开始对渭河进行全面规划治理，并采取统一目标、分段设防、县（市）包干、逐步实施、集中会战与经常维修相结合的办法进行治理。如：先在渭南市临渭区双王公社槐衙、张庄一带，治理险工段，修丁坝 13 处，抛垛石 1.1 万多立方米，有效地阻止了渭河南迁。1958 年，陕西省人民委员会为减少三门峡库区移民搬迁，降低淹没损失，决定按渭河两岸地面 335 ~ 338 米高程和三门峡水库坝前 340 米水位修筑防护堤。其中由黄委西北黄河工程局设计防护堤，陕西省水利厅、陕西省三门峡库区管理局和沿渭各县分期组织开展实施。

1954 年 8 月，在抗洪抢险中，渭南市华州区（原华县，下同）动员群众 11708 人，沿渭筑堤 18.28 千米。截至 1978 年，在渭河北岸建成大荔拜家至渭南姜郭 60 千米、临潼三王至高陵吴村杨 10 千米堤防，在南岸建成方山至渭南田家 90 千米（其中包括支流 50 千米）和渭南孟家至白杨寨 20 千米堤防，总长 180 千米，初步形成库区渭河堤防。

1960 年，三门峡水库拦洪蓄水后，国家为了保护华县库区人民生命财产的安全，从 1960 年起，多次动员全县人民修筑渭河防护大堤。1960 年 2 月 18 日至 7 月 7 日，按照 1959 年设计，防御渭河 200 年一遇 1.4 万立方米每秒洪水标准，建成柳枝黄河村至侯坊北老庄 19 千米的渭河防护大堤。

1959 年，陕西省水利厅以（59）水计字 447 号文报送渭南大荔苏村防护堤工程设计，水电部以（60）水电设计第 38 号文批准实施。该堤东起官池镇拜家村西的沙梁，西止张家乡下沙洼村西的沙梁，全长 19.1 千米。设计标准为防御渭河 200 年一遇洪水，设计顶宽 4.0 米，临水侧坡比 1 : 2.5，背水侧坡比 1 : 2.0。1959 年成立了大荔大堤工程指挥部，动员当地群众，以人力架子车运土、人工夯实的办法施工。经过 1964 年与 1969 年两次加高培厚，完成土方 266.87 万立方米、用劳力 214.3 万工日，投资 140.83 万元。

（二）支流治理

1950年3月27日至5月20日和7月23日至9月20日，华县、华阴两县29个乡，动员群众80637人次，分两期采用以工代赈方法，对境内构峪、方山、疏水、石堤、西溪、遇仙、罗纹、晋公等8条支流，全面进行了挖淤培堤和裁弯取直。同年，采用以工代赈办法组织群众，将简家以北的太平河入渭河道，由吊庄以西改到吊庄以东，使流水通畅，减少淹浸。1951年7月30日至9月6日，采用以工代赈办法，完成构峪河改道工程，将老西潼公路以北约500米处，转向华阴孙庄村南汇入方山河的一段河道废除，正北开挖新河4.45千米，使构峪河水直流入渭。1952年，华县动员大批劳力，对遇仙、石堤、罗纹、构峪、疏水、西溪等河进行了挖淤和拓宽。1953年，继续组织群众完成各支流河道的治理工程。1954年3月17日至4月10日，动员47个乡的26007名劳力，完成了石堤、罗纹两河的整修工程。同时还对遇仙、西溪两河河道进行了整修和砌石护岸。7月10日至8月29日，全县又动员4个区17个乡的劳力13250人，会同渭南市完成了赤水河蔡郭村至赤水桥段的河道整修工程。1955年，完成太平、西溪、石堤、潭峪、罗纹、赤水、遇仙、太平、晋公、白崖等河的挖淤、培堤、整修、补险、砌石护岸等工程。总长31108．9米，砌石护岸180米，修磨盘坝2座，新修和改建桥涵14座。1960年，三门峡水库拦洪蓄水后，华县北部支流的治理工作纳入三门峡库区建设计划，其后的治理情况是：1960年7月下旬至1962年1月10日，完成太平河上游改道工程，使太平河从西寨南沿新铁路北30米处东行，至乔家堡东南入潭峪河，再汇入罗纹河达渭。计开新河长2.18千米，建成石拱桥2座，木便桥1座，斗门2座，倒虹吸2座。1960年，对西溪河进行了挖淤、疏浚。1960年冬至1961年春，对遇仙河下游河道进行了挖淤培堤。

1950年4月12—22日，华阴县政府采取“以工代赈”办法对长涧河进行了疏通治理。计长度2190米，移动土方1251立方米。用工815个，发放赈米7155.1千克。1951年，继续对长涧河进行治理。计疏浚培堤长度3797米，移动土方59070立方米。1954年2月20日至4月9日，华阴县政府动员一、四、五区14个乡的劳力，对长涧河南自党家河，北至渭河防洪闸进行了全面治理，加宽河床，增厚堤岸，移动土方271754立方米。其中，石方12812.7立方米，总投入103897个工日。同期，在柳叶河入渭处修建防洪闸桥1座，以防黄、渭洪水倒灌。投工890个，动用车辆390辆次，移动土方12222立方米，疏修河道4570米，土方7948立方米，投工7948个，发放赈米19662.9千克。1951年，柳叶河裁弯长度1200米，投工7445个，移动土方14895立方米，疏浚培堤8 906米，投工32449个，完成土方104872立方米。1952年，继续治理柳叶河。据统计，共动员投工132032个，完成闸桥3座和柳叶河河道加宽与培堤工程。柳叶河经过连续3次治理，灾害大大减少。1951年10月，在罗夫河入渭处的王家庄附近修建防洪闸1座。1952年9—10月，又对罗夫河中游进行了治理。加宽石桥以南2.5千米村段，长约2800米，移动土方154785立方米，投工61498个工日。治理后河底宽19米，堤高6米，顶宽4米，可使该地段抵御160立方米每秒洪水威胁。1953年，华阴县人民政府拨以工代赈款3亿元（旧币），用于治河排水工程。4月2日开工，5月17日结束，完成了罗夫河丁家湾至龙王庙长约

2322 米的裁弯培堤及疏浚工程。修筑土方 6822214 立方米，投工 39742 个工日。疏浚罗左、罗右、柳东、柳西排水渠约 19138 米，新开挖排水渠 4403 米，移动土方 10059 立方米，投工 19028 个工日。新修南洛和罗东引洪渠 8700 米（南洛引洪渠土方 66254.5 立方米），基本解除了 63395 亩耕地内涝积水之忧。

二、三门峡水库蓄水后（1960—2010 年）

1960 年，三门峡水库建成蓄水以后，渭河下游发生了历史性变化，至 1964 年黄河淤积，潼关卡口抬高 4.6 米，形成拦门沙，渭河入黄口上移 5 千米，渭河变成“地上悬河”，导致 12 条南山支流入渭不畅，洪涝灾害频生。1964 年，国务院总理周恩来主持召开陕、晋、豫、鲁 4 省治黄会议、提出“确保西安、确保下游”的治理原则。1965 年、1969 年，国家对三门峡水库枢纽进行了两次改建，并改变运用方式，但三门峡库区泥沙淤积仍在发展，至 1991 年淤积量已达 51.41 亿吨，其中渭河下游 15 亿吨。

1967 年 8 月、9 月，黄河龙门至潼关间丰水丰沙，形成对渭河涌水倒灌，渭河尾间仓西至西杨 8.8 千米河道全部淤积，水流分股，农田受淹面积达 70 多万亩，威胁 10 多万群众生命财产安全。同年 12 月，由黄委和陕西省水电厅组织西北水科所、三管局、地质部地质 5 大队、渭南地区水电局和陕西农建师等单位进行勘测规划后，提出了开挖深 1.5 米、宽 20 ~ 30 米、比降 0.12% 的引河，堵复西杨村土堤的疏流方案。经国务院批准，工程于 1968 年 4 月开工，由渭南、临潼、华阴、华县、大荔、潼关 6 县和省农建师组织 6400 人施工，至 7 月底完成引水归流河道工程，总计投资 30 万元，开挖土方 16 万立方米。

三门峡水库建成蓄水后，库区内泥沙迅速淤积，导致黄、渭、洛河河床大幅度抬升，原有天然节点和耐冲土层的控导作用因淤埋而减弱或丧失，河湾畸变，崩滩塌岸不断；河道比降变缓，主槽萎缩，平槽流量减少，河道摆动加剧，威胁着两岸堤防、村庄和道路的安全。因此，在 1964—1972 年间，国家和地方陆续投资，在耿镇桥以上修建了碱滩、正阳、店上、农六、场部、东站、华山分厂、三奶厂、水流、泾渭堡等 16 处 26.5 千米的河道工程，在耿镇桥以下修建了吴村杨、张庄、季家、任陈、三王、河滩李、张义、西庆屯、八里店、埝头、北王、詹刘、新兴、下沙洼、苏村、陈村等 23 处 37.4 千米的河道工程。这些工程，大多以护岸、护滩的雁翅坝、丁坝及平顺护岸的形式布置，起到了稳定局部河势、保护险段堤防、村庄的目的。

（一）渭河中、下游主河道治理

1972 年 10 月，陕西省革命委员会农林办公室在西安召开渭河中、下游主河道治理规划会议，同意将陕西省水电设计院和陕西省三门峡库区管理局提出的《渭河中、下游主河道治理规划报告》及附图正式下达执行。规划提出了“采用多种措施，综合治理，综合利用，工程措施与生物措施相结合，筑堤防洪与引洪淤灌及排涝、治碱相结合”“根据因势利导的原则，结合治理工程及天然节点‘以坝护湾，以弯导流’，制定中水治导线，筑堤防洪，固定河湾，稳定中水河槽”“对过陡过急的弯道进行适当改造，有攻有守，攻守结合”等原则，比较客观地反映了当时渭河下游治理的认识水平，对后续治理工程的建设起到了积极作用。但由于规划在工程实施方面主要依靠地方投资和群众投劳，国家没有必要的投入，规划拟建的10处13.7千米工程未能及时建成，河势也在1972年基础上发生了较大的变化。此后，虽然也修建了一些河道工程，但被动修建的河道工程仍以护岸、护村为主，而以固定弯道、控导河势为目的的整治工程不多，河湾上提下挫，工程溃坝、脱流、坝顶下蛰现象时有发生。

（二）洛河下游近期治理

1990年6月，陕西省三门峡库区管理局组织陕西省水电设计院、黄委设计院等单位编制了《陕西省三门峡库区渭洛河下游治理规划》，由陕西省政府上报国务院。1996年5月，国家计委以计农经〔1996〕843号文批复了近期治理项目。渭河下游河道整治工程是近期治理项目中的一个单项工程，包括续（新、改）建河道工程19处12.54千米。河道治理工程自1998年2月开工，完成河道整治工程21处，坝垛128座，控制工程长度12.7千米。1996年5月，国家计委批复近期治理项目时，按1995年价格水平工程建设总投资1.95亿元，批复概算2.0361亿元。1999年，按陕西省水利厅的要求，陕西省三门峡库区管理局组织设计单位对该项目概算进行了调整，调整后的概算投资3.5277亿元。

渭、洛河下游近期治理工程于1997年12月开工建设，截至2003年底，黄河水利委员会和陕西省共下达该项目计划投资3.4184亿元，完成投资3.2467亿元。共10个单项70个单位工程，其中43个单位工程已通过竣工验收，单位工程优良率达73%。完成的主要工程规模为：加高加固渭、洛河堤防142.2千米，新建堤防18.46千米；加高加固南山支流堤防69.2千米；修建渭河河道整治工程21处，坝垛128座，控制工程长度12.7千米；修建排水站4座，排水干沟清淤52.6千米；完成了库区水文自动测报系统及水文站网改造及管理工程等。

北洛河下游的生产堤是1970—1977年由当地政府组织沿河群众修建的，这些堤防多为保护村庄、农田和水利设施的应急工程，标准低、质量差、堤线不尽合理。1997年渭、洛河下游近期治理工程开工后，对城南、石槽段26.53千米堤防按北洛10年一遇洪水标准进行了加高培厚，其余堤段仅能防御1 ~ 2年一遇洪水。

在建设渭、洛河下游堤防工程的同时，从1962年开始，在库区范围内按5年一遇标准开挖排水干沟10条120千米，修建排水站12座；在渭河下游防护区修建防汛道路11条50.9千米，建成避水楼9000座；在南山支流建成水库5座、拦沙坝1座。渭、洛河下游近期治理中对部分排水设施进行了清淤改建，对南山库坝进行了除险加固。

（三）三门峡库区陕西返迁移民防洪保安工程

该项目可研报告于1999年编制完成。项目主要对335米高程以下返迁移民区防洪工程体系进行加固和完善。共加固围堤87.8千米，修建控导工程5处7.97千米，新建、改善移民防汛撤退路67千米及以补助形式、结合移民居住建房修建避水楼9828栋等5项。工程估算总投资3.86亿元。2000年4月，黄河水利委员会代水利部对该项目可研报告进行了审查，核定投资3.765亿元。国家计委从2000年开始先期安排资金进行建设，至2003年底已下达建设资金1.35亿元，完成投资7341万元。陕西省三门峡库区管理局承担其中的移民围堤加固、河道工程、避水楼及管理工程。至2003年底下达计划投资9891万元，批复投资6165万元，批复单位工程共13项。

第三节 中游治理（1950—2010年）

一、干流治理

（一）系统治理前（1950—2000年）

渭河中游堤防始建于1950年。1954年，陕西省水利局提出整治河道、利用滩地为目的的防洪工程规划，由国家投资，组织沿河社队开展重点治理，至1963年，共建成砌石护岸、坝垛、丁坝等重点工程44处，总长50千米，由于工程标准和质量较低，建成不久大都被洪水冲毁。1965年，陕西省治渭领导小组制定《渭河中游河道治理规划报告》，提出近期以防御5～10年一遇洪水为主，远期稳定中水河床，以防御“54型”洪水为目标，布设生产堤和防护堤两道防线。生产堤以防御3～5年一遇洪水为标准，堤内河床宽500～1500米，堤外布设固滩生物带，以保护、改良滩地；防护堤以防御“54型”洪水为标准，堤内河宽1000～1500米，1965—1972年新建堤防45处，总长190千米，初步稳定了中游河道，改变了“三十年河南，三十年河北”的局面。1972年，陕西省水电局制定《渭河中下游主河道治理规划》，以稳定河槽、缩窄河宽、实现河道渠槽化为目标，归并生产堤和防护堤，重新划定洪水防护线。防御标准仍按“54型”洪水分成4段，过水流量林家村—千河口—漆水河口—黑河口—咸阳铁路桥分别为5030立方米每秒、5780立方米每秒、6200立方米每秒、7220立方米每秒；林家村—惠渠大坝—黑河口—咸阳铁路桥划分3段，各段堤距分别为600米、700米、1000米。其中，眉县种马场以上、八一抽水站、黑河口等处因有夹心滩或支流汇入放宽至1700米左右。主要工程有砌石护岸、短坝、轻型工程等38处，长120.6千米。截至1986年，新建堤防及护岸工程180千米，连同加固利用原有堤防，渭河中游堤防累计达256千米，约占需要治理河段的78%。其中，护岸坝垛3013座，护岸林带220千米。计完成工程投资2760万元，土方2100多万立方米，石方220万立方米。从1987年起，每年投入数百万元资金，以建立河堤化为目标，对渭河中下游段连年进行集中治理会战。经过6年艰苦奋战，累计投资6856万元，共移动土方1866万立方米，石方123.4万立方米，加高培厚原堤段152.4千米，加固坝垛1088座，新建河堤88.4千米，坝垛3300座，新修淤背埂120.8千米，大部土堤内合作了砌石处理，新修防汛路8条，改善防汛路50条，在三门峡库区修建避水楼6466座。截至1995年，渭河中游段西起宝鸡市，东至咸阳市南岸河堤基本贯通连成一体，北岸河堤伸至兴平田阜，中游段堤防总长约300千米，防洪标准已由过去的5年一遇左右提高到15～20年一遇。

截至1997年底，已建各类堤防284千米，此外还修建护基坝2895座，营造防护林200千米，改良滩地4.9万亩。这些综合措施对稳定河势、防止洪水泛滥、保证两岸工农业生产和人民生命财产安全起到了一定的作用。但由于没有列入国家基本建设项目，主要依靠沿河群众集资投劳建设，堤防质量、标准及其规模与其防洪的重要性不相适应。

（二）系统治理阶段（2000—2010 年）

1. 前期工作

1999 年，陕西省为抢抓国家实施积极财政政策、加大国债发行力度的机遇，用半年多时间完成了《陕西省渭河中游干流防洪工程项目建议书》及《陕西省渭河中游防洪工程可行性研究报告》的编制上报工作。2000 年、2001 年，水利部委托水规总院分两次对可研报告进行了审查，并形成书面审查意见。可研审查意见概算总投资 107009 万元，其中城防段投资 43353 万元，农防段投资 60919 万元，非工程措施投资 2737 万元。该项目建设规模包括：加高培厚干流堤防 254.7 千米，退、改建堤防 11.58 千米，新建堤防 32.31 千米；新建支流河口堤防 17 千米，加高加固堤防 8.27 千米；新建格堤 0.55 千米；新修杨凌围堤 4.6 千米；新修坝垛 1500 座，加固现有护基坝 300 座；新修穿堤涵闸 23 座。通过该项目的实施，将使宝鸡、杨凌、咸阳市区防洪能力提高到防御 50 ~ 100 年一遇标准，农防防洪能力提高到防御“54”型洪水标准。2001 年 9 月，为加快该项目的实施步伐，陕西省水利厅组织召开了渭河中游干流防洪工程初步设计工作会议，部署了渭河中游干流防洪工程初步设计工作。2004 年 12 月，由西安、咸阳、杨凌、宝鸡等各区（市）所承担的项目初设经陕西省水利电力勘测设计研究院审查、修改、汇总并上报。

2. 建设计划下达及实施情况

渭河中游防洪工程自 1999 年开工建设至 2003 年底，下达项目建设资金计划 27676 万元，其中国债资金 18736 万元，地方配套 8940 万元（1999 年下达计划 3426 万元，2000 年下达计划 11250 万元，2001 年下达计划 7500 万元，2002 年下达计划 2500 万元，2003 年下达计划 3000 万元）。共下达 65 个单项工程，主要建设任务有新建改建、加固堤防 72.6 千米，新建加固坝垛 500 座，初步完成益门镇、陈河等 5 座水文站改造及渭河中游水位雨量自动测报系统。其中：1999—2003 年共下达宝鸡、咸阳及杨凌区等城防段计划项目 12 处，共计投资 10171 万元；农防段共下达宝鸡、咸阳、西安及杨凌等 14 个县（区）农防段计划项目 45 处，共计投资 15567 万元；下达非工程措施项目 8 处，共计投资 1938 万元。批复施工图设计 51 处，批复施工图预算 24348 万元。

工程建设以来，在参建各方的一致努力下，完成 30 个单项工程，包括完成新建改建、加固堤防 67 千米，新建、加固坝垛 593 座，完成水位自动测报系统及林家村、魏家堡、凤阁岭 3 座水文站的改造建设。工程累计完成土方回填 199 万立方米，石方 58 万立方米，完成投资 18713 万元，占计划投资的 67.6%，占批复投资的 77%。

二、支流治理

1949 年秋，安家村、将军庙、安邸村等河堤多处决口，灞河夺浐、浐河复决。1949 年 12 月至 1950 年 4 月，陕西省人民政府拨小麦 3000 石（1 石折合 150 千克），修丁坝 15 座、土堤 4 千米和护岸工程 90 米。1951—1954 年，按防御 1949 年 1000 立方米每秒的洪水流量，对堤防进行了全面改建与加高培厚，累计新建和加固堤防 70 千米，修建丁坝 107 座，护岸工程 165 米，完成土方 60 万立方米，石方 0.9 万立方米。至 1973 年累计完成土方 120 万立方米、石方 20 万立方米，改造滩地 1.58 万亩。1975 年 1 月，陕西省水电局编制了灞河中下游河道全面治理规划。

蓝田固京至灞河入渭口 34 千米河段，按 20 年一遇洪水布设工程，新修加固堤防 58 千米，堤顶宽 3 ~ 6 米，堤距 300 ~ 500 米。工程由灞桥区与未央区负责建设，1988 年全部完工。

1962年11月，灞河上游沿河社队联合修建了惠家斜段70米挑流坝，改造滩地700多亩。后张家斜、张家湾、拾旗寨等村又联合修堤 7 千米，改造滩地 1100 余亩。1963—1965 年，泄湖、三里镇、普化、李后、马楼、玉山等乡村，采取沉捆坝、铅丝笼坝、干砌石坝等形式，对 17 处河道进行了治理，完成土方 40 多万立方米，砌石 6 万立方米，共用工 70 多万个，投资 31 万元（其中群众集资 5 万元），修筑堤防 15 千米，保护村镇 10 多个，改造滩地 3000 多亩，保护耕地 7000 多亩。1977 年 10 月，蓝田县成立灞河治理临时指挥部，组织沿河的九间房、玉山、马楼、普化、大寨、城关、三里镇、泄湖、安村、孟村、华胥等 12 个公社，日上劳工 3 万多人开展治河工程。截至 1978 年春，共建干砌石堤 50 多千米，浆砌石堤 15 千米，丁坝 350 座，植树 40 万株，总计投资 100 多万元（其中群众集资 66 万元）。

第三章 综合治理

从20世纪八九十年代开始，流域内尤其是关中地区经济社会快速发展，渭河以极为有限的水资源支撑了区域经济社会的持续发展，但不合理的开发利用也对渭河造成了巨大影响，进而严重影响到流域内经济社会的进一步发展。为了解决渭河面临的诸多重大问题，2005年，国务院批准了《渭河近期重点治理规划》。2011年，陕西省委、省政府批准了《渭河综合治理规划和实施方案》，并在同年的2月17日开始了渭河历史上最为壮观的，为期5年大规模、高强度、岸上岸下、河内河外、干流支流多维度的综合治理工程。

为期5年的渭河综合治理堪称陕西历史上最大的治水行动。这既是对渭河的整治，更是对渭河与人类的救赎。可喜的是，经过5年艰苦卓绝的努力，人们看到了渭河的新貌，从关中平原西端的宝鸡到渭河入黄口的潼关，630千米的防洪大堤已经全面完工，两岸宽阔厚实的大堤成为坚固的防洪屏障，渭河下游近50千米的33处控导工程约束了游荡不定的河流，新建的防洪工程经受住了2011年以来多次洪水考验，沿河百姓感受到了安然度汛的闲适与惬意。按照疏堵结合在罗夫河等渭河5条南山支流建成的蓄滞洪区，使渭河洪水有了更大的回旋余地，也标志着渭河从人水对决开始走向人水和解，进而走向人水和谐。沿河两岸54条渭河支流入渭口建起了54座桥梁，630千米堤顶成为横贯东西、畅通无阻的通行大道。按照人水和谐的理念，沿岸各地规划实施的绿化工程、景观工程、休闲健身工程初具规模，众多水景观不仅提升了城市品位，改善了人居环境，更成为人们休闲娱乐的长河公园。经过综合治理的渭河城市段，已俨然成为宝鸡、杨凌、咸阳、西安、渭南和西咸新区的城中河。防洪安全得到保障、生态环境得到极大改善以后，规划确定的傍河小镇、经济区建设方兴未艾，生机勃勃，沿河广大区域的经济发展迎来了新的重大机遇。

第一节 治理目标

一、内容与标准

（一）防洪治理工程

结合渭河沿岸未来20～30年的经济社会发展需求，适当提高堤防防洪标准。中游段堤防采用加宽方式，下游段采用加培及淤背形式，按照堤路结合的原则，使渭河干流堤防防洪能力全面达标。其中西安城市段灞河口以上已整治堤防，维持现状300年一遇标准；灞河口至临潼西泉堤防末端（含高陵耿镇、临潼西泉堤防），按照100年一遇标准建设。咸阳城市段按100年一遇标准建设，南岸为涝河口至西咸界（含西安沣渭新区范围），北岸为咸兴界至西铜高速公路桥（含高陵一段）。渭南城市段采用 100 年一遇，南岸为白杨至尤孟堤末端，北岸为临潼南赵至苍渡（含临潼一段）；三门峡库区 335 米高程以下（方山河以东）5 年一遇；渭河下游其他河段 50 年一遇。宝鸡城市段 100 年一遇，南岸为宝鸡峡渠首大坝至岐山县石头河口（含岐山县五丈原工业区），北岸为宝鸡峡渠首大坝至眉县魏家堡水电站退水渠（含岐山县蔡家坡工业园、眉县马家镇工业园）；渭河中游其他段为 30 年一遇。支流入渭口衔接段堤防治理统一按渭河洪水回水长度 1.5 千米进行治理，确保渭河洪水倒灌不从支流口河段发生决口；支流入渭口全部建设与渭河堤线走向基本一致、与堤顶道路标准匹配的跨河桥梁，连通两岸堤防，形成沿渭大道。

（二）河道整治工程建设

依据渭河不同河段自然特性，将治理段河道分为两段：泾河口以上河段、泾河口以下河段。泾河口以上河段结合河道采砂规划，扩大中水河槽过洪能力，使城市段主槽过洪能力达到 10 年一遇洪水以上、乡村段不小于 5 年一遇洪水，实现中、小洪水不出槽的防洪整治目标。泾河口以下河段近期以新建、续建控导工程稳定河势，消除不利弯道为主要措施，同时采取挖河淤背加固堤防、挖河采砂等措施扩宽疏浚中水河槽，实现增大河道比降、提升主槽过洪能力的目标；中远期结合东庄水库的建设拦减泥沙、调水调沙，扩大中水河槽，降低潼关高程，恢复扩大主槽过洪能力，使泾河口以下主槽过洪能力恢复到 4000 立方米每秒以上，可畅泄 3 ~ 5 年一遇渭河洪水。

（三）蓄滞洪区及放淤区建设

根据确定的重点城市、重点保护区和渭河中下游地区地形条件，修建两处分滞洪区：武功至兴平蓄滞洪区，蓄滞洪面积 80 平方千米，区内现有武功普集街、小村镇等 3 个乡镇 44 个自然村；兴平桑镇、汤坊乡、丰仪乡、庄头、阜寨乡 5 个乡镇 69 个自然村，堤内多为耕地。临渭至大荔蓄滞洪区，蓄滞洪面积 40 平方千米，涉及临渭区孝义镇的 5 个村庄、大荔县张家乡和苏村乡的 8 个村庄，堤内多为耕地。同时，在新兴控导至陈村控导工程之间利用西王和陈村两处排水站进行放淤。

（四）滩区清障整理工程

滩区清障整理工程包括碍洪桥改建、滩区清障整治、违章采砂整治、河道滩地退耕。河道滩区退耕实施分类指导：城市段结合水面或河滨公园建设全部停止耕种；农防段可先实行“一水一麦”，停止耕种秋粮作物，不影响河道行洪；有条件的河段或县（区），采取政策补偿措施，让群众停止耕种河滩地。

同时，对水量保障措施、生态景观工程、支流入渭口治理、渭河干流水文化、水污染防治工程等，都做出了具体安排。

投资安排 。治理的主要内容包括五大类，分别为防洪工程、滩区清障整理工程、生态景观工程、水污染防治工程、经济产业工程，估算总投资约 248.09 亿元，生态景观工程与经济产业工程投资 358.7 亿元未列入该次规划投资范围，拟在以后由各市（区）编制专项规划分期实施。总投资中，宝鸡市建设项目投资 55.11 亿元，杨凌区建设项目投资 4.51 亿元，咸阳市建设项目投资 30.14 亿元，西安市建设项目投资 57.5 亿元，渭南市建设项目投资 63.63 亿元，陕西省江河局建设项目投资 37.2 亿元。

其中：防洪工程建设总投资约 145 亿元，占总投资的 58.5%。包含堤防工程、道路工程、河道工程、蓄滞洪区及放淤区建设等主要内容，其中堤防工程投资 55.09 亿元（宝鸡段投资 20.29 亿元，杨凌段投资 0.88 亿元，咸阳段投资 9.52 亿元，西安段投资 12.46 亿元，渭南段投资 11.94 亿元）；堤防林带建设投资 3.82 亿元；淤背堤防投资 18.30 亿元；堤顶道路投资 34.24 亿元；河道工程投资 18.10 亿元；蓄滞洪闸及放淤区闸建设投资 1.30 亿元；支流口交通桥工程投资 14.22 亿元；滩区清障整理工程总投资约 58.3 亿元，占总投资的 23.5%；水污染防治工程总投资约 44.8 亿元，占总投资的 18%。其中，湿地投资 19.17 亿元，监测体系建设投资约 6.60 亿元，监测管理中心及设施投资 18.99 亿元；生态景观工程总投资约 358.77 亿元，其中滩面绿化及景观公园投资为 304.61 亿元，护滩工程投资 30.23 亿元；水面景观工程投资 23.93 亿元。

经济产业工程，在城乡沿渭地带利用两岸滨水环境、滩地资源优势，发展滨河高效农业、绿色果品蔬菜、苗木花卉示范基地。在城市沿渭地带通过发展生态人居、特色旅游、休闲度假、商贸、会展以及低碳环保产业，建设新兴工业园区、小城镇建设示范区等，构建人与自然和谐相处的生态化新兴城区。规划在城市沿堤防 1 500 米的地带根据发展状况开发土地，规划区经济产业带非农建设土地开发面积 386 平方千米，其中居住、休闲度假、高端服务业用地面积 100 平方千米，预估此类土地出让净收益为 540 亿元，见表 3-3-1。

表 3-3-1　渭河全线综治工程建设任务

项目名称				规模	工程量 / 万 m^3	投资 / 万元	省补投资 / 万元
防洪工程						1450581	250015
堤防工程 / km	合计			475.6	10184	550827	187061
	加宽		小计	432.4	8852	480818	163286
			城市	173.7	4263	225556	76599
			农村	258.7	4589	255262	86687
	新建		小计	43.2	1332	70009	23775
			城市	20.7	670	31635	10743
			农村	22.5	662	38374	13032
支流口交通桥工程 / 座	小计			37	9120	142151	48274
	扩建			8	900	8640	2934
	新建			29	8220	133511	45340

续表 3-3-1

项目名称				规模	工程量 / 万 m^3	投资 / 万元	省补投资 / 万元
堤防林带 /km	小计					38228	12982
	临水侧绿化			195.8		9795	3326
	堤顶行道林			475.6		4756	1615
	背水侧绿化			474		23676	8041
堤顶道路 /km				475.6		342432	
河道疏导工程		小计		1202		180960	
		加固		692		83040	
		新建		510		97920	
淤背工程 /km				127.5	2946	182983	
放淤区建设 / 处				1		8000	
蓄滞洪闸 / 座				2		5000	
滩区清障整理工程				改建碍洪铁路桥组 3 座，滩区清障 280.43km^2，总投资 58.25 亿元			
水污染防治工程				新增水体生态监测断面 26 处，建设生态湿地 10 处，建设管理设施 15 处，总投资 44.76 亿元			
生态景观工程				开发河道滩面 122.17km^2，修建水面景观 5 处，面积 390 万 m^2，景观公园 55 处，面积 1594 万 m^2			
合计（亿元）				248.07			

第二节　治理实施

一、组织动员

渭河综合治理在陕西省委、省政府的直接领导下实施，也得到了陕西省人大、省政协、省军区的大力支持。2010 年 12 月 29 日，陕西省政府第 23 次常务会议通过渭河综合治理规划及实施方案；同时决定成立渭河全线治理总指挥部，由分管副省长姚引良、祝列克先后担任总指挥，陕西省水利厅王锋厅长任副总指挥；总指挥部下设办公室，由陕西省水利厅厅长王锋兼任办公室主任，党德才任办公室专职（常务）副主任，巨安祥任总工程师，专职负责渭河全线治理规划编制、计划安排、资金筹措、组织协调、技术指导、考核验收等工作。2011 年 1 月 22 日，陕西省委常委会通过渭河综合治理规划及实施方案，要求相关部门和沿渭市（区）、县（市、区）认真组织实施。2011 年 2 月 17 日，陕西省委、省政府在灞河入渭口隆重举行渭河综合治理开工动员大会，陕西省委书记赵乐际宣布开工，省委、省人大、省政府、省政协领导和省军区、省武警总队、驻陕部队首长，以及沿渭各市（区）、县（市、区）党政主要领导共 1000 多人出席动员大会。随后沿渭各市（区）、县（市、区）党委政府也组成了相应机构负责组织实施，并由陕西省委、省政府进行年度工作目标考核。省级相关部门按职责分工，在行业规划制定、业务管理、技术指导、检查监督等方面开展工作。

二、实施计划

渭河全线整治建设共规划加宽堤防 432.4 千米，新建堤防 43.2 千米，扩建支流口交通桥 8 座，新建支流口交通桥 29 座，堤防淤背 127.5 千米，新建、加固河道主槽控导工程 36 处，建立蓄滞洪区 2 处，改建碍洪铁路桥 3 座，滩区清障整理 280.43 平方千米；堤防绿化 474 千米，修建水面景观 5 处、河滩公园 55 处，建设水质监测断面 26 处。

三、建设任务

渭河全线整治建设规划工期为 5 年，按照“一年全面启动、两年进入高潮、三年大干快变、四年主体完工、五年全部建成”的要求，全面推进规划实施步伐。2011—2013 年重点开展防洪工程建设与河道清障整理工程，2012—2015 年建设生态景观、水污染防治工程。各市（区）建设总任务如下：

宝鸡市：加宽堤防 97.8 千米，新建堤防 35.7 千米，建设堤顶道路 133.5 千米，扩建交通桥 1 座，新建交通桥 16 座；滩区清障 17.46 平方千米；栽植行道林 133.5 千米，防护林 114.4 千米，修建水面景观 4 处，景观公园 20 处；新建水体生态监测断面 8 处，建设水利管理中心 3 处。

杨凌区：加宽堤防 11.8 千米，建设堤顶道路 11.8 千米；滩区清障 5.23 平方千米；栽植行道林 11.8 千米，防护林 11.8 千米，修建水面景观 1 处，景观公园 3 处；新建水体生态监测断面 1 处，建设水利管理中心 1 处。

咸阳市：加宽堤防 62.4 千米，新建堤防 7.5 千米，建设堤顶道路 69.9 千米，新建交通桥 3 座；修建蓄滞洪闸 2 座；改建碍洪桥组 3 座，滩区清障 8.5 平方千米；栽植行道林 69.9 千米，防护林 30.5 千米，修建景观公园 10 处；新建水体生态监测断面 4 处，建设生态湿地 1 处，建设水利管理中心 3 处。

西安市：加宽堤防 99.6 千米，建设堤顶道路 99.6 千米，新建交通桥 8 座；滩区清障 64.27 平方千米；栽植防浪林 58.2 千米，行道林 99.6 千米，防护林 152.9 千米，修建景观公园 15 处；新增水体生态监测断面 10 处，建设生态湿地 1 处，建设水利管理中心 5 处。

渭南市：加宽堤防 160.9 千米，建设堤顶道路 160.9 千米，扩建交通桥 7 座，新建交通桥 2 座；滩区清障 184.97 平方千米；栽植防浪林 137.7 千米，行道林 160.9 千米，防护林 164.3 千米，修建景观公园 7 处；新增水体生态监测断面 3 处，建设生态湿地 8 处，建设水利管理中心 3 处。

陕西省江河局：堤防淤背 127.5 千米；续建河道整治工程 9 处，坝垛 90 座；加固河道整治工程 13 处，坝垛 692 座；新增河道整治工程 14 处，坝垛 420 座；建设蓄滞洪区及放淤区 1 处。

四、建设主体与投资

渭河全线整治任务由各市（区）负责建设完成，各市（区）政府主要领导是辖区渭河全线整治建设第一责任人。陕西省委、省政府将各市（区）渭河整治建设任务列为年度工作目标考核。省级相关部门要负责抓好行业规划、业务管理、技术指导、检查监督等工作。

渭河整治建设资金采取争取国家投资支持、省级财政补助、市（区）筹资与开发融资等方式解决。

省级设立渭河整治专项补助资金，每年筹集 5 亿元用于堤防工程及堤防护坡、护基坝垛、跨支流河口交通桥、堤防林带、放淤等防洪工程建设资金补助。原则上新建堤防每千米 600 万元，加宽堤防每千米 500 万元，335 米高程以下河口段加宽堤防每千米 180 万元；支流口新建、扩建交通桥每延米 4 万 ~ 6 万元；堤顶行道林、堤防临水、临背两侧绿化每千米 10 万元。陕西省江河局承担主槽控导、堤防淤背、放淤及蓄滞洪闸工程投资分年度专项安排。

各市（区）政府要拿出一定额度的财政配套资金和市级水利基金、水资源费、水保补偿费，与省级补助资金捆绑用于防洪工程建设；利用小城镇、城市段堤防保护区土地增值、滩区综合开发进行融资，解决堤防建设占地、河道清障整理、水面景观、滩区生态公园及健身运动场所建设项目投资。

第三节 治理成效

经过 5 年的努力，截至 2015 年，渭河综合治理累计完成投资 215 亿元。630 千米高标准堤防主体全部完成；建成支流入渭口交通桥 54 座；完成渭河下游 9 条南山支流 103 千米堤防退建加固工程、5 条支流蓄滞洪区和 3 条支流防倒灌工程；建成生态湿地及水面景观等 15 万亩。

经过大规模综合治理，这项工程已经产生了显著的生态效益、经济效益和社会效益，沿渭群众初步享受到了渭河综合治理成果。

一、防洪体系得以健全，防洪形势得到较大改善

城防段达到 100 年一遇以上防洪标准（西安段达到 300 年一遇）、农防段达到 30 ~ 50 年一遇防洪标准，渭河下游南山支流治理采用疏堵有致的思路，基本形成了较为完备的防洪工程体系，成功抵御 30 年一遇洪水，确保了沿渭城镇和群众生命财产安全。

二、生态治理成效明显

按照建设人水和谐新渭河的治理理念，实施堤顶硬化、滩区绿化、水面景观和生态公园建设，河道生态环境持续向好，让沿渭群众切身感受到了渭河治理带来的新变化，已成为老百姓休闲、健身、娱乐的好去处，受到广大群众的广泛赞誉。

三、水质污染明显好转

连续实施两个渭河流域水污染防治三年行动，通过对入河排污口的全面排查，加强水质监测，优化汛期和非汛期水量调度，启动建设生态保护与修复工程，对进入渭河的水体进行生物净化，加大沿渭排污口关停力度，加快建设垃圾和污水处理厂，杨凌以上渭河干流水质达到Ⅲ类，入黄断面水质达到Ⅴ类，渭河水质显著提高。

四、渭河治理带动了明显的产业聚集效应

高新区、工业园区、高效农业区等低碳环保产业开始沿河布局，傍河小城镇建设由原来的 4 个增加至 8 个，必将对陕西经济社会发展产生深远影响、为丝绸之路经济带建设及关中 - 天水经济区发展提供有力支撑。

西咸新区建成的渭河秦汉新城段大堤（右岸）

2016 年后，渭河综合治理收尾工程持续推进。截至 2020 年，干流已基本形成了完备的防洪工程体系；重点城市、县城和工业园区河段治理基本完成；下游南山支流入渭口实施清淤、扩宽堤距、增大过流断面等，退建加固堤防 103 千米；对下游低洼地进行引洪放淤，并建设排涝泵站，建成 3 条支流入渭口防倒灌工程，重点涝片二华地区防洪排涝能力明显提高。宝鸡峡大坝以下共建有河道工程 84 处，坝垛 3825 座，控制河道长度 260.04 千米，占干流河长的 50%。沿岸城市段堤防设防标准均达到 100~300 年一遇，县城及工业园区设防标准达到 30 ~ 50 年一遇，农防段设防标准达到 10 年一遇。

五、渭河综合治理的主要特点

这次渭河综合治理有 4 个明显的特点：一是突破了单纯建设防洪工程，坚持综合性全面治理。对一条河除加固堤防外，还一并实施河道疏浚、河滩治理、污染治理、调水拦沙、生态修复等措施，在陕西历史上前所未有。二是集中财力办大事，中央、省补助，市县为主，各级共同发力，形成强大推动力。水利部给予了大力支持，陕西省委、省政府及沿渭各级党委政府把渭河治理当作大事来抓，集中财力，4 年多共完成投资 215 亿元。在陕西这样一个西部省份，如此大规模投资建设一项重大水利工程，历史上还是首次。三是坚持围绕人水和谐这一理念高标准开展建设。积极贯彻中央生态文明建设的新要求，总结国内外先进治河经验，在加固堤防的同时融入亲水理念，顺应群众盼水、亲水、居水的强烈愿望。四是充分挖掘沿渭各地历史文化融入渭河治理。在景观设计上宝鸡反映周礼文化、杨凌反映农耕文化、西安反映汉唐文化、咸阳反映秦文化、渭南反映三圣文化，提升渭河文化魅力。

渭河堤防工程的建成，还只是渭河综合治理的开始，从根本上解决渭河的诸多问题还需要进一步解决渭河水少、沙多、污染的问题。这些问题在综合治理规划中已经有了全面安排。解决水少问题的省内南水北调工程建设已经取得重大进展，引乾济石工程已经建成，引红济石和引汉济渭一期已经通水。特别是引汉济渭工程从汉江流域年调水 15 亿立方米进入渭河流域之后，将在很长时期解决渭河缺水的问题。解决沙多和河道淤积问题正在多措并举，最根本的是坚持不懈搞好水土保持，保证黄河潼关高程继续下降，再就是建设对解决渭河淤积具有重要调水调沙作用的泾河东庄水利枢纽，建设工作正在紧锣密鼓推进。解决污染问题的根本是发展绿色产业，关键是严格水污染治理，同时要实行更严格的水资源管理政策，建立“谁污染、谁治理、谁补偿”的政策措施。这些方面的工作正在持续推进。

第四章　生态区建设

渭河综合治理一期工程完工后，2015 年 7 月 22 日，陕西省委、省政府召开渭河治理主体项目建成投运暨续建工程启动动员会，提出要按照“巩固、提升、综合”的原则，精心谋划部署新一轮渭河治理工作，设立渭河生态区，编制《陕西省渭河生态区建设总体规划》并组织实施。经过 5 年渭河生态区的建设，极大提升了渭河综合治理成果，八百里秦川渭河沿岸全民健身长廊基本建成；渭河水质全线达Ⅳ类或Ⅳ类以上标准。

第一节　总体规划

按照“一张蓝图干到底”的要求，为了进一步巩固和提升渭河治理成效，深化渭河流域生态治理，规范渭河流域各项建设管理以及区域、流域管理相结合的要求，2016 年 1 月 13 日，陕西省政府召开第 8 次专题会议，决定设立渭河生态区。2016 年 2 月 29 日陕西省政府第 4 次常务会议审议后，2016 年 9 月 27 日，省发展改革委和省水利厅编制印发了《陕西省渭河生态区建设总体规划》。

一、规划范围

渭河生态区西起陕甘省界，东至潼关渭河入黄口，沿渭河主河道长 512 千米，横向边界依渭河两岸堤防向外侧按城市核心区 200 米、城区段 1000 米、农村段 1500 米控制，规划总面积约 100 平方千米。

二、目标任务

渭河生态区以“一河、两堤、两带、六区”的总体布局，统筹兼顾左右岸、上下游关系，实施滩面整治、河道疏浚、水污染治理、生态修复及湿地建设、水量保障、水生物保护、河湖连通、综合开发利用、建设管护等工程项目，推进沿河地区在特色优势产业和重点领域加快发展，形成流域协调联动发展新格局，把渭河打造成“安澜河、生态河、景观河、文化河、致富河”，实现渭河沿岸“生态环境优美、历史文化相连、产业集群发展、基础设施完备”的特色生态区目标。

三、功能分区

根据渭河生态区规划范围及整治目标，结合相关城乡建设、土地利用等规划，将渭河生态区划分为河道保护区、堤防保护区、一级保护区、二级保护区。

1. 河道保护区

渭河主河道的主要功能为行洪。在获取主管部门审批、不妨碍河道行洪、不破坏和干扰原有自然生态环境的情况下，可适宜进行涉水、跨河桥梁工程、河道滩面整治、河流疏浚等活动。河道清障和滩区整治保持现状滩面不抬高，城市段河道滩地结合水面或滨河公园建设全部停止耕种，中游农村段河道滩地结合生态、湿地建设逐步退耕还河，下游农村段河道结合生态、湿地、农作物结构调整建设，在确保不种植碍洪高秆作物的同时尽可能实施退耕还河。

2. 堤防保护区

堤顶道路主要为防汛抢险通道，兼顾城市休闲绿道、旅游观光通道。除对堤防、堤顶路面、河道工程进行加固维修，堤顶、堤坡进行植绿美化外，严禁在该区域进行任何开发建设。堤顶道路应与周边交通做好衔接。

3. 一级保护区

城市核心区渭河干流背河堤坡脚外100米、支流50米、城区段背河堤坡脚外500米、农村段背河堤坡脚外800米范围为一级保护区，应当以植被、水源地和生物多样性保护为主，恢复植被、退耕还林还草，引导超过区域生态环境承载能力的人口逐步迁移。该区域原则上禁止开发建设，因特殊情况需要占用，应做出相应的生态评价，提出补偿措施，经相关部门批准后实施。

4. 二级保护区

城市核心区渭河干流背河堤坡脚外100 ~ 200米、城区段渭河干流背河堤坡脚外500 ~ 1000米、农村段背河堤坡脚外800 ~ 1500米范围为二级保护区，禁止建设有污染的工业项目、严格限制房地产开发、控制各类开发建设活动的空间范围和规模。以发展现代农业、生态旅游为主，经相关部门批准后，可以发展区域生态环境可承载的产业项目和必要的村镇、道路交通、集散服务设施建设。

第二节 组织实施

一、强化组织保障

成立陕西省渭河生态区管理委员会和陕西省渭河生态区管理局。陕西省渭河生态区管理委员会主任由主管副省长兼任，省政府分管副秘书长、水利厅和沿渭各设区市政府主要负责同志任副主任。陕西省渭河生态区管理局在原渭河综合治理办公室的基础上成立，作为陕西省渭河生态区管理委员会的办事机构，负责渭河生态区红线划定、规划编制、开发审批、保护利用、采砂许可、岸线用途管制等工作。

二、实施原则

坚持生态优先、绿色发展，把修复生态环境摆在压倒性位置；按照巩固、提升、综合的治理要求，坚持以系统化的思维，推进山水林田湖一体化治理与保护。按照“一河、两堤、两带、六区”规划布局，实施滩面整治、河道疏浚、水污染治理、湿地建设、水量保障、生物保护、河湖连通、开发利用，构建河湖库塘连接，人工水道与自然水道贯通，渭河与其他主要水系内部大循环、外部大连通的关中柔性水系。

三、主要建设任务

按照五年总体建设目标，通过三年工作完成十大生态建设工程和四大开发利用项目，再用两年时间巩固提升，全面落实规划各项要求。实现渭河沿岸生态环境优美、历史文化相连、产业集群发展、基础设施完备的特色生态区目标。“十三五”期间，规划完成投资189亿元。

四、十大生态工程建设

（一）河道疏浚工程

遵循人与自然和谐相处的理念，对15处总面积6420亩的凸岸淤积、凹岸冲刷严重或河道淤积分汊的河槽，进行疏通和理顺局部流路，形成洪水安全畅通、河道健康和谐的渭河自然面貌。

（二）蓄洪利用工程

加快建设卤阳湖、昆明池、渼陂湖，贯通渭河与宝鸡峡、引汉济渭输配水南北两个人工水道，连通江河湖库水系。加大农村河塘清淤整治力度，在渭河及支流利用洼地、荒滩等有条件的地方建设蓄滞洪区，涝时蓄水，旱时取水，蓄滞洪区面积1.52万亩、容积2000万立方米。

（三）滩面整治工程

实施退耕还草，按照滩涂面貌自然绿色通透的原则，去高不去低，取近不取远，整治河道滩地21万亩。种植水生植物，融入河道水面、水田、小型公众运动场所等景观设施，吸引群众进入滩面休闲健身和享受绿色景观。

（四）生态修复及湿地工程

实施退耕还湿，在渭河干流、支流入渭口及重点排污口，建设人工与自然相结合的生态湿地79处22万亩，净化水质，修复河道自然面貌，提高渭河生态品质，最大限度发挥生态调节作用。

（五）水污染防治工程

实施入河污染物总量控制，制定污染物排放指标有偿使用机制，提高沿渭城镇生活污水净化处理能力，建设水质监测断面20处，建设排污口湿地80处1.3万亩，保证渭河水质不低于Ⅳ类，基本实现渭河水变清。

（六）水量保障工程

重点实施引汉济渭、引乾济石、引红济石等大中型跨流域调水工程，小水河、通关河、清姜河、罗夫河等支流补水工程，秦岭72峪峪口生态涵养补水工程，新增水量监测断面7处、生态监测断面26处，构建山水林田湖生命共同体。

（七）水文化及水景观工程

根据各市（区）历史文化和生态条件，新建水文化景观15处（面积93亩），分别建设花海、稻田、荷塘、芦荡等水景观40处5万亩，打造风景秀丽、诗情画意的绿色生态景观长廊。

（八）水生物保护工程

就地保护为主、迁地保护为辅，划定 13 处 1530 亩重点栖息地保护区，加强对外来入侵物种的管理，保护修复河滩和湖滨带植被、鱼类产卵场、索饵场、越冬场和洄游通道，建设增殖放流区 16 处（面积 1620 亩）。

（九）信息化工程

通过对现状站网改造提升，以“3S”技术为支撑，建立渭河生态环境综合数据库，从多维层面上对生态环境进行评价、分类，显示分布规律和发展趋势，建筑基础框架、业务应用系统工程、安全保障环境工程等，实现管理数字化、决策支持智能化。

（十）基础设施

基础设施主要完善工程管理及维修养护管理设施、渭河生态区地形图测绘等。四大开发利用项目：主要实施 24 处 33 万亩生态农业休闲观光基地，57 处 13 万亩集中化滨水休闲及体育健身游憩区，12 处 4630 亩滨水综合产业中心，45 处 1098 亩三等级综合集散服务区。

第三节　实施效果

经过 5 年的建设，至 2020 年，渭河生态区建设完成投资 75 亿元，实施滩面治理、水面景观及水生态修复约 40 万亩。全面完成了渭河生态区红线划定工作，明确了管理界线，健全了管理机构，成立了陕西省渭河生态区管理委员会，沿渭各地相关管理机构也完成组建，《陕西省渭河生态区管理办法》等相关管理制度已经建立。西安灞渭桥车游湿地、西安湖提升工程以及涝渭湿地、皂河湿地，宝鸡市陈仓区滩区生态修复及景观工程，岐山县尚健湖生态运动公园，眉县千亩荷塘、柳舟湖畔、平阳湖、兴渭湖工程，咸阳市咸阳湖二期，渭南市城区段万亩荷塘，西咸新区沣渭湿地，杨凌水面景观等一批生态修复和水景观工程相继建成。西安渭河生态水利风景区、眉县霸渭关中文化水利风景区荣获国家水利风景区称号。渭河水流产权确权试点工作扎实推进。《陕西渭河水域、岸线等水生态空间确权试点工作方案》正式由水利部、国土资源部和陕西省政府联合批复印发。全面启动实施陕西渭河水流产权确权试点工作，共同探索“渭河试点路径”，协同推进“陕西试点实践”。

宝鸡市渭河公园

咸阳湖一角

以渭河为轴，以大型滨河运动公园为核心，以线与点和面的有机结合，修建篮球、足球、乒乓球、自行车、门球等高标准、高质量的运动场地，打造形成沿岸城乡“15 分钟体育健身圈”，渭河沿岸全民健身热潮涌动。高新区、工业园区、高效农业区等低碳环保产业沿河布局，傍河小城镇由原来的 4 个增加至 8 个，带动沿岸老百姓调整产业结构、增收致富。

渭河生态区建设，极大地提升了渭河综合治理成果，八百里秦川渭河沿岸全民健身长廊基本建成，已经成为陕西全民健身事业发展的新高地。渭河水质全线达Ⅳ类或Ⅳ类以上标准。2017 年，陕西渭河获得首届全国“最美家乡河”荣誉称号。渭河成为名副其实的关中最长、最大、最有活力的河滨公园。

第四篇　水资源集约节约利用

渭河流域作为人类起源地之一，对水资源利用古已有之。考古发现的大地湾汲水用尖底瓶，半坡遗址的护城河、鱼面盆等都是渭河流域人类对渭河水利用的见证。对渭河流域水资源大规模开发利用始于公元前246年秦始皇修建郑国渠，《史记》有“渠就……秦以富强，卒并诸侯”的记载。民国时期，李仪祉先生主持修建的“关中八惠”，开创了中国近代水利的先河。新中国成立以后，渭河水资源集约利用进入一个全新的发展时期，历届陕西省委、省政府秉承“善治秦者先治水”的历史传承，坚持不懈大搞水利建设，不断推动渭河流域节水型社会建设，为保障流域经济社会发展和水生态环境建设作出了巨大贡献。

第一章　新中国成立前的提引水工程

渭河流域关中区域所处的地理位置及历史上长期所处的国家政治、经济、社会的中心地位，决定了对水的集约节约利用起步较早。考古发现，近3000年前，西周不仅凿井提水用于生活，还利用群井浇灌园圃。从此，井水的利用遍布关中，延续至今。利用渠堰引水灌田始于后稷的曾孙公刘。秦王政元年兴建郑国渠。从此，关中沃野千里，成天府之国。民国时期，李仪祉先生主持修建的“关中八惠”，开创了中国近代水利先河。

第一节　水　井

井是指从地面往下挖成的能取水的深洞。井与人类的生存繁衍紧密相伴，是古代人民家家户户都具备的东西。井里的水来自地下水，清澈、清凉。先秦文献记载的“黄帝凿井”（一说伯益，这两人都和秦人秦地相关）、“尧时凿井而饮”等距今都已有四五千年的历史，而井用于灌溉则稍晚一些。殷商时，伊尹教民在田头凿井抗旱，距今约3600年。陕西考古发现，西周早期的群井用于浇灌园圃，距今也将近3000年，是水集约节约利用的最早体现。作为生活之用，在秦汉以后关中水井发展已很广泛，城市生活用井更为普遍，作为抗旱之用，秦汉以后逐步得到发展，但形成规模晚清记载更详。新中国成立以后，水井和其他水利工程一样，取得了突飞猛进的发展，已成为农业灌溉和城乡供水的重要手段。

一、关中古水井

渭河关中盆地长期处在中国政治、经济和文化中心地位，人口稠密，生产与生活用水量均较大，考古先后在关中地区发现古代水井遗迹10多处。

（一）周井

在今西安市长安区斗门镇以北的西周都城沣镐遗址发现8眼浅土井，各深9米多，井筒分长方形或椭圆形两种，主要作为生活用水或兼作园圃浇灌。在扶风县法门寺附近的任家村发现的1眼周代水井遗迹，呈椭圆形，与沣镐井相似，在西周早期的遗迹中，发现的1眼石砌井，与土井迥然不同，井壁全部用块石垒砌而成，透水性强，坚固耐用。

（二）战国井

在今西安市长安区马王街道客省庄发现26口井，均为（1.6～2）米×1米的长方形井，在今临潼栎阳发现圆形陶管井4口，直径0.9米，深度均在10米以上。

（三）秦井

在秦都栎阳宫（今西安市阎良区境内渭河北）遗址中发现4口陶管井，井圈直径0.9米，高0.3

米，壁厚3厘米，圈外壁有绳纹，每井都由10～20节陶井圈砌筑而成，为宫中生活取水井。

（四）汉井

在今兴平市西吴镇窦马村发现椭圆形砖砌井2口，井上口径0.8米，底部口径1.5米，井身全部采用云彩花砖错缝叠砌而成，井旁有陶制输水管道。

（五）唐井

在今麟游县城原九成宫遗址发现1口砖砌唐井，井筒呈圆形，直径0.9米，井深10米，井周有用方块青石板砌成的16平方米大井台。井口用凿有花瓣的青石围砌，井筒全部用青砖砌成，由下而上逐渐缩小，呈梯形；礼泉县唐太宗李世民陵园北面，存有百眼石井遗迹，据考证，石井群主要是供当时建陵、扩陵、养马之用，亦可用以浇地，井径0.7米，上下垂直，井深90米左右，开采基岩裂隙水，有9口石井至今仍保存完好。

关中的古水井主要分布在西安、咸阳和宝鸡等地区的宫殿区、离宫别馆，以及冶铁、制陶、铸币等手工业作坊区。农村因生活所需，也大量分布，直到自来水入村进户才慢慢淡出人们的视野。此外，水井还承担着重要的礼仪功能，咸阳帝陵等礼仪场所也发现了较多的水井。

二、水井类型

（一）土井

由于塬高土厚，关中地区土井比较深，井壁两侧多有脚窝。陕西凤翔南古城村遗址发现的水井，井壁坚硬光滑，东西两面有对称的脚窝，窝距20～35厘米，井口至水面深5.8米。

（二）掏井

掏井由土井发展而来。眉县成山宫遗址发现2眼掏井，井圈直径1.2米、高0.38米、厚0.02米，外饰竖向绳纹，内饰麻布纹。

（三）砖井

秦汉时期，发明了以长方形砖为主的小型砖，且规格趋向统一，小型砖均是实心，呈长方形或正方形，长度为20～30厘米，长宽厚的比例为4：2：1。小型砖用于水井砌壁，出现了砖井。砖井井水更为清洁。汉长安城未央宫三号建筑遗址发现的水井，井深约7米，井台砖砌，水井口径0.87米，井壁用扇形砖券筑。

（四）复合井

关中地区发现的复合井主要有：汉长安城未央宫椒房殿遗址的上砖下陶圈水井，深8.3米，其中上部7米用砖券筑，下部放4节陶井圈至井底。

三、地域分布

水井主要集中在渭河盆地西安、咸阳、宝鸡和渭南等地区。在这些地区发现的宫殿区水井遗迹主要有：西安市汉长安城长乐宫遗址、未央宫椒房殿遗址、中央官署遗址、少府所属的宫殿建筑遗址、未央宫西南角楼遗址、桂宫遗址，北宫一号遗址、西安西郊汉代建筑遗址（明堂）、临潼区秦始皇陵区、鱼池遗址、秦始皇陵西侧“骊山飤官”遗址、阿房宫遗址，宝鸡市凤翔区秦雍城遗址、凤翔区南古城村遗址、眉县成山宫遗址、眉县赵家庄遗址、千阳县尚家岭遗址、汉平陵遗址和汉阳陵“罗经石”遗址等。手工业遗址区域水井主要有：汉长安城宣平门外古遗址、汉长安城冶铸遗址、秦都咸阳故城遗址、咸阳长岭车站制陶作坊遗址、杨凌区法禧铸铁作坊遗址、秦芷阳制陶作坊遗址、宝鸡市眉县尧上遗址、凤翔区长青西汉陶质建材作坊遗址和渭南市所辖韩城市芝川镇汉代冶铁遗址等。

四、水井承担的礼仪功能

在关中，许多古老村落的布局都是以井为中心的。据《黄土地民俗风情录》，几乎每个村庄都有几眼老井，而且处在村中各聚居点的中心。井的附近，大部分村庄都建有供奉神灵（或财神或土地或关公等）的庙宇（祠堂），并成为村中的主要建筑。以井和庙（祠）的位置为中心点，向东西南北四方延伸，形成村内的干道。据晋代《高士传》所记，“所居屯落，会井汲者，或男女杂错，或争井斗阋”，反映了乡村以公共水井为中心进行交际的生活场景。

井不但是农村人民生产生活的重要保障，也是城市生存与发展的重要基础设施。在我国古代文献中，经常出现“市井”的字样。唐代学者张守节在《史记正义》中说：“古者未有市及井，若朝聚井汲水，便将货物于井边交易，故言市井。”水井召唤着人们去晨汲，商贩也到井边人多的地方去卖货。乡间的集市、城中肆市，商贩和购物者云集，市场得以形成，可见市场乃至城市的形成与发展，井的功劳不可忽视。

在景帝阳陵南 300 米处的“罗经石”外轮廓四边中段，每边各有 2 眼井。研究认为，这 8 眼井井水不是任何时候都可以饮用的，而是遵照节气有所选择。这 8 眼水井是当时的一种神秘观念在“作祟”，是礼制性功能的突出体现。在宝鸡眉县赵家庄遗址发现陶圈井一口，井口直径 1.35 米，深约 5 米。位于当时通往西南的重要关隘——斜峪关附近增设的行宫离馆内，在建筑用料、构造方法和建造等级上规格较高，与手工业区水井有着显而易见的差别，这说明水井在古代也是一种身份的象征。

2010 年 12 月，西安市文物保护考古研究院在青龙寺北清理了 16 座唐代古井，出土了一批唐代瓷片和铜钱，时代从盛唐延续至晚唐。发掘地点位于唐代新昌坊。

2015 年 11 月，西安市文物保护考古研究院在西安市碑林区和平门外胜利饭店旧址发掘清理了 9 座古井，出土了一批唐代瓷片、陶片与残损的建筑遗物，时代从初唐延续至晚唐。胜利饭店所在位置属唐长安城平康坊。

五、西安甜水井

在西安城市居民饮用自来水之前，西安市城内井水碱卤，难以饮用。明清全城饮水水质较甜的井寥寥可数，当时仅有“五大名井”统称为甜水井。这五大名井分别是：海眼井、龙头井、轮井（大车家巷）、皇井（皇城内）、五道十字井（东门外）。

现存的海眼井在西门瓮城内侧，也称西门大井。据《续修陕西通志稿》记载，此井为清康熙初年所掘。井旁曾立一碑，上书“井养无穷”4 字，以颂大井之德。大井位于西门瓮城内的一棵古槐树下，井口直径 1.6 米，深 16 米，卵石铺底，块石筑壁。大井用石条砌成八角形井台，井台上跨架着一排榆木制成的大井架，井架上装有 4 只辘轳，每只辘轳上井绳两端系着“捏钩”各吊一桶。绞水时，4 人可同时摇动辘轳，8 只桶在井中四上四下，快捷方便，其壮观奇特之景象实在为西安城的“一景（井）”。西门大井之所以有名不仅因其大，而且涌水甘而旺，遇旱不涸，逢阴雨而不浑。相传，清军入关后，西安府西门瓮城内的守军，有一天突然掘出这口水源丰沛的饮用水井，俗称“甜水井”。受此启发，另一些人在与老甜水井南北正对的西南城墙一隅，掘出了另一口甜水井。从此开始，城里渐渐出现了一种新职业——水夫。

新中国成立后，西安含光门内385米长的街道被命名为甜水井街。西安市通上了自来水后，这口井随之失去实际功用，很快被废弃。1959年，为进出城方便，在南北走向的甜水井南端，开辟了新城门，原来的甜水井被填平。不过，西门大井却被保存了下来。当时很多西安市民在此汲水，更有很多人挑水沿街叫卖以养家糊口，西门大井的水有三个特点：其色清澈透明，其味甘洌清甜，但更具传奇色彩的是它的声，据说西安很多老水站的老板听到水倒入水缸的声音就能判断出这水是不是西门大井的水，更有很多茶馆在门口挂出旗幌，上面书写“西门大井甜水茶”。今天，修葺一新的石砌井台，竖立在井口的木质十字辘轳，都是西安人对西门大井滋养的无尽感谢和无声纪念。

今天，在西安地铁2号线与6号线钟楼站换乘的一处通道旁边，有两个古井遗址，分别为元代古井（J1）和清代古井（J22）。内容以6号线二期建设场地实际考古发掘的古井实物为主题，整体环境还原考古发掘的现场实景，给人以身临其境的观感。

六、井水灌溉

陕西西安沣西张家坡西周遗址中，在一个较小的范围内就发现了8口水井，有的深达9米。如此密集的井群，除供饮用外可能还用作灌溉水源。关中井灌在秦、汉、唐时期虽有发展，但数量较少，宋、元、明各代，特别是清代和民国时期，有了较大发展。据史志记载，清康熙二十八年（1689年），名儒王丰川（今西安市鄠邑区人）见大旱中井汲灌田可少获升斗之粟。他在《井利说》专著中讲道：如旱之日久，则江且落，河且竭，泉亦且微而涸，取水之路穷，而生民之旱饥将何济？惟地下之水泉终无竭理。（然）井养而不穷，实补于天道雨泽之缺。并指出，五口（人）必须一口井，灌地五亩，十口则须二口井，灌地十亩，二十口外行一水车方井，井深三丈，地中不带砂，须用砖包砌，才可为水车之井。清乾隆二年（1737年）六月，署陕西巡抚崔纪奏请推广富平、蒲城井利，建议贷银两相助，3年后清还；十二月，崔纪强令推广凿井，自陇州至潼关，规定每10亩开井3孔，砖井贷银7两，土井贷银3两，限40日完成。民奔走竭蹶，穷于应付，往往井浅孔小，无收井利，百姓怨声载道。清廷令崔纪不可求速效而草率从事，听民自便而拂民情。清乾隆三年（1738年），崔纪因“只务多井之虚名，未收灌溉之实效”而去职。陈宏谋抚陕，令各州府县如实查报新开水泉（井）眼数，四府三州三十二县共册报新凿成井3.29万眼，约有半数未成填塞，虽有虚数，但成井效益明显，陈宏谋遂又令各州府县查勘开井如前。

民国时期，井灌在陕西已有较大发展。据《陕西水利志》记载，新中国成立前，全省有灌溉水井40213眼，灌溉面积达295721亩，以关中地区最多。广大农村、城镇生活用水也以水井为主。

1941年春，陕甘宁边区劳动模范、富县太禾区（今羊泉）区长同万明带领群众淘旧井 41 眼，打新井 4 眼，水窖 20 口，改善了当地群众的饮水条件。《解放日报》曾发表题为《学习万明同志》的社论。

第二节 引水工程

渭河流域古代渠堰主要集中在关中地区。夏商时期，后稷的曾孙公刘，率部族从邰（今武功一带）迁到豳（今彬州市、旬邑一带）择地居住，引水灌田。《诗经·大雅·公刘》记有："笃公刘，既溥既长，既景乃冈，相其阴阳，观其流泉，其军三单，度其隰原，彻田为粮。" 西周初，古公亶父（周太王）率族人由豳迁至周原（今岐山县周原），修池引泉灌田，发展农桑。《诗经·大雅·皇矣》载有"我泉我池，度其隰原，居岐之阳，在渭之将"的诗句，反映了修池引泉灌溉的情况。前 781—前 771 年，长安县西北 10 千米滮水上游建滮池引水灌溉，《诗经·小雅·白华》篇载："滮池北流，浸彼稻田。"秦王政元年（前 246 年）兴建郑国渠 。汉武帝时期（前 140—前 87 年），从今眉县引渭水，向东北流，穿过漆水河，至今兴平市境入胭脂河道，灌溉眉县、扶风、武功、兴平一带农田，名成国渠。三国曹魏时，卫臻重修淤废的成国渠，西伸百里引千水，东延百里至泾渭交汇处以西入渭，并在今武功县西北修六门堰。至唐代又汇川、莫谷、香谷、武安四水与成国渠连通，灌溉面积达 2 万多顷。《汉书·地理志》载："灵轵渠，武帝穿也。"此渠起自今周至县灵轵塬下，向东北流入渭水，灌溉周至、鄠邑区一带农田。《史记·河渠书》记：汉武帝元狩三年至元封六年（前 120—前 105 年），庄熊罴以临晋县（今大荔县东南）百姓意愿开渠引洛水灌田上奏朝廷。武帝采纳并征调 1 万余人，从征县（今澄城县西南）起开渠，横穿商颜山（今铁镰山），引洛水灌溉重泉县（今蒲城县东南）以东万余顷盐碱地。因"穿渠得龙骨，故名龙首渠"。

一、引泾诸渠

引泾灌溉始于秦王政元年（前 246 年）兴建的郑国渠，汉唐及以后继之而建的有郑国渠、白渠、郑白渠、丰利渠、王御史渠、广惠渠、龙洞渠及泾河下游的樊惠渠等。

（一）郑国渠

郑国渠是战国时期秦国兴建的一项大型灌溉工程，与四川都江堰、广西灵渠齐名，为中国古代三大水利工程之一。郑国渠渠首位于泾阳县西北约 30 千米处的泾河左岸二级阶地，中山西瓠口。20 世纪七八十年代，经多次实地调查，基本厘清了引水口、引水渠、挡水土堤等，发现引水口遗迹 2 处，相距 100 米，均在瓠口泾河弯道左岸二级阶地的陡岸上。郑国渠的渠首枢纽由引水口、引水渠和挡水土堤构成较为完整的无坝引洪灌溉布局。

据《水经注·沮水》记载：渠渎东经宜秋城北，又东经中山南……又东经舍车宫南，绝冶谷水，郑渠故渎又东，经截嶭山（今嵯峨山）南，池阳县故城北，又东绝清水，又东经北原下，浊水注焉……又东，历原，经曲梁城北，又东经太上陵南原下，北屈经原东与沮水合。……沮循郑渠，东经当道城南。……又东经莲芍县故城北，……又东经粟邑县故城北，其水又东北流，注入洛水也。记载说明郑国渠的主干渠自今泾阳县的王桥起，以东北向经石桥、云阳，横绝冶峪、清峪，经三原县城北，东流又横绝浊峪，东与石川河汇流，经临潼、富平至蒲城县龙阳注入洛河。

1974 年，泾惠局邀请西北大学地理系和考古工作者按照《水经注》中所记的郑国渠渠线进行实际勘察，考证渠线自西而东布置在渭北平原二级阶地北缘，海拔 450 ~ 370 米，由引水口至入洛处全长 126.03 千米，渠南大部分可以自流灌溉。由于泾河河床不断下切，郑国渠引水口及引水渠也随之多次变化，白渠、郑白渠、丰利渠、王御史渠、广惠渠、龙洞渠等的兴建，均是对郑国渠的改善和续建，灌溉面积已不及秦，日趋减少。

郑国渠由国家发卒万人建设，历时 10 余年完工。《史记》载，灌溉面积 4 万顷。汉元鼎六年（前 111 年），左内史倪宽在冶峪河、清峪河开六辅渠，以补充水源，辅灌郑国渠以北高仰之田。

（二）白渠

《汉书·沟洫志》载："太始二年（前 95 年），赵中大夫白公复奏穿渠，引泾水，首起谷口，尾入栎阳，注渭中，袤二百里，灌田四千五百余顷，因名曰白渠。民得其饶，歌之曰：'田于何所？池阳谷口，郑国在前，白渠起后。举锸为云，决渠为雨，泾水一石，其泥数斗，且溉且粪，长我禾黍。衣食京师，亿万之口。'言此两渠饶也。"1992 年出版的《泾惠渠志》根据对郑国渠渠首、白渠渠首遗迹的现场勘察，在郑国渠口上游 1.3 千米处泾河左岸坡壁上发现的上宽 17 米、底宽 5 米、深 5 米的古渠遗迹，即为白渠口，并认为白渠渠首引水渠道沿泾河岸二级阶地南行，在古惠民桥与郑渠故道汇合，下至今王桥、石桥镇一带后，即离郑渠而南东流，主要灌溉泾阳、高陵等县农田 4500 余顷，形成郑国渠、白渠两渠并存的南北两个灌区。就郑国渠、白渠渠口与渠首段结合运用而言，白渠亦是郑国渠的进一步扩灌，白渠因与郑国渠齐名，至唐初又称郑白渠。据《晋书·苻坚记》载：坚以关中水旱不时，议依郑白故事，发其王侯以下及豪望富室僮隶三万人，集中对郑白渠进行了一次整修，百姓继获渠利。

（三）郑白渠

唐代对郑白渠进行了较大规模的更新改造与整修。后在原郑白渠总干渠下建太白（又称大白）、中白、南白 3 条干渠，故又名三白渠。高士蔼在《泾渠志稿》中称："似三白渠乃唐人所定也。"三白渠渠系工程，在引泾灌溉史上是个很大的转折。

（1）渠首工程建有石堰洪门。《中国水利史稿》云："引泾渠口引水建筑物大概最早始于唐代。"《泾惠渠志》认为："渠首工程已不同于郑国渠、白渠之引洪渠口，而是筑有拦河壅水石堰（如石翣、石囷之类），引水渠口谓之洪门。……系由堆石拦河过水石堰和进水口（六石门）等组成的较为完整的低坝引水枢纽。"从而开始了改洪水灌溉为引泾水常年灌溉的历史。

（2）渠系闸、斗建筑物较多。根据史料记载，三白渠整个灌区的渠系布局是：自仲山泾河峡谷石门洪堰（石堰洪门），引水至泾阳县北三限口为总干渠，设斗门 28 个，灌溉礼泉、泾阳两县农田。三堰口设闸分为太白、中白、南白 3 条干渠：太白渠至邢村设堰引清峪、冶峪水与白渠合流，堰下又分北务高渠和南平皋渠，设斗门 36 个，灌溉三原、富平两县农田；中白渠流至高陵西北县界处建彭城堰，下有洪沙渠、宁玉渠、中南渠、高望渠、隅南渠和析波渠、昌连渠等，设斗门 84 个，灌溉三原、高陵、栎阳 3 县农田；南白渠设斗门 5 个，灌溉泾阳农田。全灌区斗门多达 176 个。

（3）灌溉管理严格。在唐《水部式》残卷仅存的 35 条 2600 余字中，涉及泾渭诸渠多处，内容也较具体。姚汉源在《中国水利史纲要》中指出：唐代三白渠管理虽严，但灌溉面积不断缩小，……永徽六年（655 年），只灌一万余顷，主要原因是沿渠有势力的权贵设置大量水碓、水磨，用水太多，而且屡禁屡设，禁而不止。

（四）丰利渠

北宋大观元年（1107 年），由秦风路经略史穆京派常平使者赵佺负责修建，即在郑国渠口以上 3794 米处开新口，修新渠。经过 3 年施工，修土渠长 3978 尺与郑白渠相接，开石渠长 3141 尺与土渠相接，渠口、石渠遗迹以及石渠左侧壁所刻水则（量水尺）、闸板槽等至今仍清晰可见。丰利渠建成后的灌溉面积有三说：侯蒙《开渠纪略》为“二万五千九十三顷”；蔡溥《开渠题名记》为“一昼夜灌田六十顷，周一岁可二万顷”；《长安志图》为“旧日渠下可浇五县地九千余顷”。以丰利渠石渠断面、引水流量推算，《长安志图》所记接近于实际。

（五）王御史渠

元代中叶在丰利渠口以上延伸石渠，另开引水口。至大元年（1308 年），西台御史王琚增开石渠 51 丈。此渠在丰利渠口以下与石渠相接，共长 138 米。渠口为喇叭形，遗迹犹存，由最宽处 7.3 米收缩为 4 米，灌地面积与丰利渠之时相近。因王琚官职为御史，称此渠为王御史渠，又称新渠。

（六）广惠渠

明成化元年（1465 年），因泾河下切，王御史渠引水困难，陕西巡抚右副都御史项忠奉命自王御史渠口以上凿山洞开石渠一里三分，穿小龙山、大龙山，渠名广惠渠。4 年未通，后经陕西巡抚右都御史余子俊、副都御史阮勤先后督工，于成化十八年（1482 年）方告竣工，上收众泉，下通故道。此渠工程极为艰巨，石顽如铁，泉水涌流，故有“日用炭炙醋淬，民夫口衔灯火，身披蓑衣”以及在大龙山开竖井 5 处以通风透光的施工记载。

（七）龙洞渠

清乾隆年间，由翰林侍读学士世臣所呈的“广惠渠地既迫狭，不能受洪流，土石填淤，洞口充塞，渠益不利，……不如修龙洞渠”奏请获准后，于乾隆二年（1737 年）十一月开工，修坝于龙洞北口，避开泾水淤渠，整修渠道 2268 丈，以收诸泉之水入渠，至乾隆四年（1739 年）完工，用银 5363 两，命名龙洞渠。从此，中断了郑国渠引泾灌溉的历史，开始了“拒泾引泉”的阶段。此渠初期灌溉礼泉、泾阳、三原、高陵 4 县农田 74032 亩，到清末仅有 2 万余亩。

另引泾渠道还有：①六辅渠。汉武帝元鼎六年（前 111 年），由左内史倪宽主持，在郑国渠上游高地兴建 6 道小渠，以灌溉郑国渠旁高仰之田。②樊惠渠。在泾河下游的阳陵县境（今西安市高陵区辖地），东汉光和五年（182 年）由京兆尹樊陵主持兴建，故而得名。渠堰为堆石结构，打有基桩，堰上培土，护之以埽，颇为坚固。引水渠道建设有引水口门、分水涵洞以及排沙沉沙等工程设施，田间渠系配套也较合理完备，灌溉、淤地结合，并在黄河流域首创以桩柱作基建堰的技术。据考证，此渠在泾东渭北、奉正原以南的一级阶地和高漫滩地区，灌今高陵、临潼地约 10 万亩。③石渠。元代武宗至大三年（1310 年），陕西行台御史王承德在泾阳洪口展修石渠，"为万世之利"，及至文宗天历二年（1329 年），屯田总管兼管渠使郭嘉议自洪口渠引泾水入白渠，自泾阳至临潼五县分流灌田七万余顷。于是"无旱涝之患"，农业生产得到迅速提高，等等。

二、引洛堰渠

关中东部的韩城、大荔、澄城、蒲城、渭南等县，东有黄河，中有洛水，水源较多，但因地势较高等原因，历史上灌溉工程少而艰巨。

（一）龙首渠

《史记·河渠书》载：汉武帝元狩三年至元封六年（前 120—前 105 年），庄熊罴上奏朝廷：临晋（今大荔县东南）民愿穿洛以溉重泉（今蒲城县东南）以东万余顷故卤地。诚得水，可令亩十石。武帝准奏，并发卒万余人，艰苦施工十余年。开渠中因发现龙骨，故名龙首渠。"渠颇通，犹未得其饶"。据《周书·武帝纪》载：北周保定二年（562 年），同州（今大荔县）重修龙首渠，以广灌溉。

龙首渠工程相当艰巨。在穿商颜山施工中，因"岸善崩，乃凿井，深者四十余丈，往往为井，井下相通行水。创造了隧洞井渠施工法，并传至新疆等地。修建洛惠渠时，在铁镰山（古商颜山）一带发现有龙首渠遗迹，从 5 号隧洞的 3 个竖井中发现木板、柏木人字形支架等遗物。1987 年，洛惠渠管理局对龙首渠渠线进行实地考察，经专家鉴定，认为 5 号隧洞山南山北之沟槽为龙首渠故址，龙首渠渠线与洛惠渠 5 号隧洞基本重合；其渠线从今澄城县境内引洛，沿洛河东岸向南，穿过铁镰山，南行至大荔等地，规划灌溉蒲城县以东万余顷盐碱地。

（二）临晋二陂

据《晋书》载：三国时司马懿屯兵渭北，为"就地积谷，大积军粮"，于青龙元年（233 年）筑临晋陂，引洛灌溉。临晋为秦汉时县名。《新唐书·地理志》载：同州朝邑县北四里有通灵陂，开元七年（719 年）刺史姜师度引洛堰河溉田百余顷。经调查考证，临晋陂与通灵陂故址，为今大荔县城东 3 千米处的盐池洼，东西长 15 千米，南北宽 3 ~ 5 千米，槽形封闭，低于周围二级阶地 15 米左右，洼地西高东低，东段无排水出口，常年积水，用以晒盐。引洛渠道遗址在大荔县城东南畅家村至长安屯，俗称旱河，渠口宽 42 米，深 4 ~ 5 米，从盐池洼西端的长安屯至北洛河北，共长 2.5 千米。两陂灌溉面积，史料有"二千顷""三千顷"之说，渭南地区水志办考证认为，《新唐书》所载"百余顷"较为实际。

三、引渭诸渠

从秦汉到清代，在渭河及其支流兴建水利工程此起彼伏，延绵不断。

（一）成国渠

成国渠建于西汉元光年间（前 134—前 129 年）。《汉书·地理志》载："眉有成国渠首受渭。”《元和郡县志·凤翔府·眉县》载：“成国渠在县东北九里，受渭水以溉田。”

据20世纪80年代调查勘察，成国渠自眉县杜家村以南东门渡口处引渭水东行，经祁家、河池、南寨进入扶风县境，东经牛蹄、龙渠寺、绛帐到武功县下川口，至柴家嘴过漆水，从牛家寨折南向东，经普集镇、永台、水渠进入兴平桑镇、三渠村、惠子坊，入咸阳境，至咸阳市秦都区东南坊入渭，长约75千米，灌溉今眉县、扶风、杨凌、武功、兴平、秦都6县（区）农田。成国渠自汉建成以后，经魏、晋、隋、唐诸代，到宋神宗以后逐渐湮废，历经沧桑1200余年。三国魏青龙元年（233年），司马懿在渭北屯田养兵，由尚书左仆射卫臻对成国渠进行了一次较大整修扩建。《晋书·食货志》载：“青龙元年开成国渠，自陈仓至槐里，引千水溉舄卤之地。”一方面把成国渠上提了近百里，从宝鸡县东的千河引水；另一方面又从漆水河下延了百余里，经兴平县北，沿原边至泾、渭河的交汇处注渭，渠长达300余里。西魏大统十三年（547年），在武功县境水与漆水河交汇的三江口建“六门堰”，用以节水，调控水量。唐代对成国渠又进行过多次整修，并把六门堰视为中枢，屡加修治。太宗贞观年间（627—649年），“役九州夫匠，重修六门堰”，对成国渠作了一次较大整修与改造，除继续引渭水、千水外，又汇集了川、香谷、漠谷、武安4水入渠，灌溉武功、兴平、咸阳、高陵等县农田2万余顷，效益可与郑国渠相媲美，故有渭白渠之称。高宗永徽四年（653年）、武周圣历年间（698—700年）、武周久视元年（700年）、懿宗咸通十三年（872年），均对六门堰做过整修。到了宋熙宁五年（1072年），提举沈披乞复修六门堰，干渠南200步修土洞，以木为门，回改河流。

（二）普济渠、永丰渠

隋开皇二年（582年），尚书李询和太仆元辉在武功县兴建普济、永丰2渠，东流经兴平成国渠故道，于咸阳入渭，长60余里，灌田70余顷，为成国渠的扩大部分。

（三）升原渠

升原渠建于唐咸亨三年（672年），引千水上凤翔原、宝鸡周原东流，经岐山、扶风至武功六门堰与成国渠汇流，过漆水河后升原渠在成国渠以南东流，经兴平县城南，于咸阳入渭。此渠在六门堰以西为新开灌区，以东为成国渠灌区。

（四）通济渠

明成化二十年（1484年），由中参政谢绶督工修建通济渠。自宝鸡县阎家营作堰开渠，引渭水东流，经岐山、眉县、扶风至武功三江口，东西长210里，灌溉农田1160顷。此渠是恢复成国渠漆水河西渠段的一次整修改造。

（五）利民渠

利民渠又称皇渠，明弘治年间（1488—1505年）新修，渠首在宝鸡县虢镇以西，引千水灌溉。清雍正十二年（1734年）至乾隆二十九年（1764年）的30年间，宝鸡县令先后3次整修渠首、渠道，渠长增至47里，灌溉面积由3070亩增至7970亩，这是恢复曹魏成国渠“上承千水”渠段的多次整修。

（六）渠、杜阳渠

1. 渠

建于汉武帝元封年间（前110—前105年）。该渠兴建与渠道布局、灌区范围等情况，因史志资料记述过简，尚难考核。据史料、村名等分析，渠引水口应在岐山县东下官庄侯下湾一带水左岸，过扶风城北东北流退入漆水河，灌溉岐山、扶风、武功3县农田，是个较大的灌区。

2. 杜阳渠

隋文帝开皇二年（582年）由尚书李询和太仆元辉督修，从三畤原（武功、扶风一带）引杜阳河（漆水河）水，灌溉扶风、武功2县农田数千顷。

四、冶、清、浊渠堰

冶峪河经淳化、泾阳、三原等县，又称冶谷水。据雍正《陕西通志》载：冶谷水东岸有7渠，即上王公渠、磨渠、下王公渠、上北泗渠、下北泗渠、仙里渠和畅公渠，南岸有5渠，即天津渠、高门渠、广利渠、海西渠和海河渠。明代时期灌溉面积6.6万余亩。清峪（又名曲梁水）、浊峪（又名楼底河）均经耀州区入三原县，建有引水渠堰多处。据明万历《清浊河水利碑记》和清光绪《三原县新志》记载：在清峪河建有马牌堰、荐福堰、木王堰和荆条、工进、原成、下伍、木涨5条渠道，在浊峪河建有小毛堰、长孙堰和河西、西阳、武官、小毛4条渠道。其中小毛堰灌溉河南岸农田200亩，长孙堰灌溉河北岸农田500亩。

五、"南山"渠堰

在渭河以南沿秦岭北麓一带，东自潼关，西至宝鸡，利用南山河溪之水进行灌溉，古代多有。

（一）库峪渠

唐武德元年（618年），宁民（今蓝田一带）县令颜昶率民开修库峪渠，从终南山库峪口引水，渠长百余里，灌溉蓝田、长安两县农田。

（二）二华三渠

华县、华阴两县的敷水、利峪、罗文3渠，均由同州（今大荔）刺史姜师度于唐开元二年（714年）、四年（716年）所修，引乔峪、小敷峪之水，一泄水害，二灌农田，并在渭河南岸建堤，防渭倒溢。

（三）井田渠

北宋熙宁年间（1068—1077年），哲学家张载因主张恢复"井田制"遭反对而归乡眉县。隐居期间，在横渠镇按"井田制"的办法置田分井，并把修建的灌溉渠道命名为"井田渠"。井田渠分东西两渠，东渠导引大镇谷筒瓦沟的4处泉水合流，西渠导引汤峪口的4处泉水合流，于横渠镇两渠汇流，向北3里入渭，渠宽5尺、深3尺，灌溉农田百余顷。横渠镇百姓为张载修祠纪念。元、明、清各代都对"井田渠"做过整修，清末湮废。

（四）梅公渠

清康熙六年（1667年），眉县县令梅遇率士民在斜峪关峪口鸡冠石西边修渠，引石头河水至石龙庙，分建东、西、中3条渠道，灌溉眉县、岐山两县农田千余顷。因由梅遇创修，故名“梅公渠”。

（五）长安等县渠堰

秦岭北麓一带修渠建堰，引水灌溉，以长安县最多，临潼、蓝田、鄠邑区、周至等县次之。据《长安·咸宁两县续志》及《陕西通志》等记载，清宣统三年（1911年），长安县共有水渠209条，灌溉面积43885亩：其中滈水两岸水渠48条，灌地17548亩；潏水两岸水渠108条，灌地10733亩；浐河两岸水渠34条，灌地5024亩；皂河两岸水渠6条，灌地1280亩；沣河两岸水渠8条，灌地5700亩；高冠河两岸水渠4条，灌地2600亩；太平河水渠1条，灌地1000亩。临潼县有韩峪河渠、水碓河渠、温泉渠等8条，灌溉面积9400余亩。蓝田县共有渠堰75条，灌溉面积6539亩。

另外，关中历史上还有武功县的永丰渠和普集渠、泾阳县的茂农渠、华阴县的白渠。三国魏明帝太和元年（227年），于清峪河修建的沅澄渠。扶风郡（今兴平东南）人马钧，“乃作翻车，令儿童转之，而灌水自覆，更入更出，其巧百倍于常”（《三国志》）。西魏文帝大统十六年（550年），命贺兰祥造富平堰（位于今富平县南10千米），“开渠引水，东注于洛”（《北史·贺兰祥传》），等等。

第三节　关中八惠

以李仪祉为代表的近代水利先驱在清末民初思想大变革的时代，将西方水利科技引入中国并与中国传统水利技术、理论相整合，以“关中八惠”为代表，开辟了中国近代水利的道路，并为中国现代水利事业的发展奠定了基础。

一、泾惠渠

1919年前后，陕西连年遭受旱灾，渭北各县士绅倡议引泾修渠，郭希任为实现郑白宏愿，曾派人草测泾河谷1/2500的地形图，派人送到南京，请李仪祉审查。李仪祉认为地形图比例尺太小，基本资料收集不全，应该增加勘察设计、土方估算、仪器购置、人员工资、工程造价、还贷方案等。

1921年，陕西靖国军总司令于右任、总指挥胡笠笙倡议利用救灾余款，兴建引泾工程，成立了渭北水利委员会，公推李仲三为会长，在三原县下设渭北水利工程局，以李仲三、柏厚福为正副总办。北平华洋义赈救灾总会、全国水利局顾问方维因推荐工程师吴凯（雪沧）奔赴陕西，用一个月多的时间，勘测引泾工程。吴凯调查后给出的意见是凿洞筑坝引水方案不如修治原有渠道有利。1922年，李仪祉返回陕西后，接替郭希仁出任陕西省水利厅厅长，把原渭北水利工程局改为工程处，直接归属陕西省水利厅领导。他兼任工程处总工程师，亲自主持筹划引泾工程。当年8月组建测量队，开始正式勘测泾河河谷、灌区地形，开展水文观测工作。测量队分为陆、水两队，陆队主测地形及渠道定线测量，队长刘钟瑞；水队主测水文气象（水位、流量、雨量等），队长胡步川，测量业务统一由李仪祉领导。此次测量从1922年8月至1924年8月，历时两年完成。

1923年，李仪祉发表了《陕西渭北水利工程局引泾第一期报告书》，初步确定引泾工事“可分作二期进行”。第一期：为恢复白渠，灌溉清、渭两河间各县地亩，共计一万四千余顷；第二期恢复郑渠，灌溉清、洛、渭三河间地亩，凡二万九千余万亩，共溉田四万三千九百余万亩。次年，李仪祉又提出《陕西渭北水利工程局引泾第二期报告书》，对引泾灌溉渠首工程提出甲、乙两种总规划，由工程师须恺负责设计。这两种总规划是引泾工程的基本思路。后来引泾工程虽然因为各种原因而有间断停滞，但是工程的基本思路以及取舍，依旧没有远离这两种规划的方向。乙种规划中的前两种方案是李仪祉首要考虑的。不过，由于社会政治条件限制，经费困难，最终，乙种规划的前两种方案都无法实现，只能采取第三套方案——在泾河兴建拦河坝。

建筑工程分上下二部，上部由华洋义赈救灾总会负责，包括：①跨于泾河之拦河堰，以升高水面而入渠；②引水洞并附有操纵水门；③拓宽旧石渠，土渠增加流量，由 2 立方米每秒至 16 立方米每秒；④跨渠桥梁以排山洪利交通。下部由陕西省政府负责，主要是渠工，还有桥梁、涵洞、跌水、渡槽、分水闸、斗门等工程。当时，为了宣传引泾河工程，李仪祉提出了“打开钓鱼嘴，遍地都是水”的口号，编印了中英文《陕西吊儿嘴水利工程概况》两本小册子，将引泾工程规划做成模型、照片、图表，在西安亮宝楼（南院门，原陕西省图书馆）举办展览，广泛宣传，并在灌区各地巡回展出，进行动员。李仪祉先后撰写了《勘查泾谷报告书》《陕西渭北水利工程引泾第二期报告书》《工程的社会问题》《请拨庚子赔款以兴陕西引泾水利说帖》等文章，然而由于地方割据，战火不断，资金无着，未能实施。因而李仪祉再次离陕，直至 1929 年北方大旱时，李仪祉才又重新回到家乡。

1928—1930 年，陕西及北方各省遭受了不同程度的旱灾，俗称“民国十八年灾”，在中国以及世界的历史上都是罕见的。全省共有人口 940 万人，其中 250 万人活活饿死，40 万人逃到外省觅食求生，800 多万人以树皮、草根、观音土苟延生命，奄奄一息。在旱灾发生的同时，又有风灾、雹灾、虫灾、火灾、兵匪之灾和瘟疫一起袭来，关中、陕北霍乱狂疟，因霍乱死亡人口超 13 万人。全省 92 县尽成灾区，赤地千里，饿殍载道，人人相食，惨绝人寰。

1928 年，陕西成立了“陕西省救灾委员会”，1929 年，南京政府成立“全国赈灾委员会”，由许世英任主席。1930 年 10 月，领导国民革命军打退刘镇华集团的功臣之一——杨虎城将军出任陕西省政府主席，把水利和救灾列入省政府 8 项施政计划之中。他在省政府政务会议上强调说：陕西的问题是水的问题，水的问题解决了，一切问题就能解决了。他力邀李仪祉二返长安，任陕西省政府委员兼建设厅厅长，主持引泾工程。

由于杨虎城的支持和推动，引泾工程的经费问题初步得到了解决。由北平华洋义赈救灾总会组成渭北引泾工程处，负责渠首枢纽和王桥镇以上的总干渠工程，以美国土木工程师托德为总工程师，由陕西省政府组成渭北水利工程处，负责王桥镇以下总干渠，南、北干渠和第三支渠等工程，以李仪祉为总工程师，孙绍宗为副总工程师，陈靖任测量队队长，负责定线。为协调渠首枢纽工程和渠道工程顺利进行，1931 年成立以陕西省政府及中国华洋义赈救灾总会合组的渭北水利工程委员会，以颜惠庆、杨虎城为名誉委员，李仪祉、李百龄、托德为委员，负责统筹建设施工。

泾惠渠灌溉工程分两期实施。第一期工程于1930年冬季开工，渠首工程自备火力发电，解决照明，爆破开石，风钻开凿隧道，轻便铁轨运料出渣。渠道土方工程按乡村组织施工，划段包干，工程处负责质量监督和验收，按土方付钱。经过近两年的紧张施工，引泾第一期工程于1932年6月完工。在明代广惠渠口上游石质峡谷建成混凝土拦河大坝一座。坝长68米，坝之东端留有两个冲刷口，以冲刷进水闸前的淤泥。在泾河左岸建成引水闸，共设3孔。每孔高1.75米、宽1.5米，总过水断面面积7.87平方米。并扩大了隧洞，延长了总长度359米的一号洞，拓宽了石渠，增建了节制闸和退水闸。所有闸门都安装了手摇或机械启闭设施。渠道工程完成了总干渠和南干渠、北干渠及第三支渠土渠。并经1932年4月6日陕西省政府委员会谈话会议公定，命名为泾惠渠。

泾惠渠第二期工程于1933年开始施工，1934年完工，由北平和上海两市的华洋义赈救灾总会再次捐款1.35万元，南京全国经济委员会拨款24.8万元，资助兴建。第二期工程主要是干支渠工程配套：一是裁弯取直，开挖了5千米干渠；二是扩大了渠道断面，保证通过16立方米每秒的流量，年引水总量达到1.6亿立方米；三是统一调整了渠道比降；四是建设配套了7条支渠，全长130千米，配套共建各种建筑物226座；五是改善渠道水工建筑，由群众负担自建斗渠系统，斗门增至317座。至此，泾惠渠全部建成，灌地60万亩。泾惠渠成为全国当时现代化、正规化灌溉工程的典范。

据汪胡桢在李仪祉百年纪念会上的讲话：当泾惠渠开工初，时值大灾之后，百业凋敝，农民大都四处逃散，真有十室九空的情况。我于1935年再去泾惠渠时，灌区已经浇地60万亩，农民连续两年获得大丰收，灌区情况大变，人民喜气洋洋，无论男女老幼，都穿上新衣服，房屋均修饰一新，再找不出旧时的破烂痕迹。

李仪祉在泾惠渠建成后，十分重视灌溉管理，1934年成立了泾惠渠管理局，建立国家专管机构与群众基层水利管理组织相结合的管理体制，干支渠分段设水老，斗设斗长，村设渠保，分级管理。实行按亩计收水费，建立了科学用水和工程管护制度，并进行水文、气象观测，开展作物灌溉试验。实灌50万亩的泾惠灌区成了关中最富庶的地区。

二、洛惠渠

1932年，陕西省水利局正式成立。在杨虎城的支持下，李仪祉于当年秋天命傅建、李赋林、陈靖勘测引洛工程。他们由白水县城沿路而下，经过长润镇到老洑，发现由于两岸土塬较高，没有可供引灌的地形条件。于是沿东岸南行，过永丰镇到铁镰山，向南望去，发现大片的平原，“洛河绕西南，中为同州府城，东经朝邑至黄河，估百余万亩，经查气压表，高差富裕，可自流灌溉。”杨虎城在得到消息后，亲自登上铁镰山，用望远镜展望东南，称赞这是一个“良好灌区”，需要赶紧测量。工程队通过精测总干渠引水高程与勘测通过线路，由老洑作起点，经铁镰山至义井村沿路勘测，确定了引洛的可能性。

1934年，引洛工程处对洛河进行测量，在短短的一年之内完成滚水坝、干渠及一切建筑物的测量以及洛河水文的实测工作，并且开凿了干渠隧洞、临时泄水渠及退水闸等开工前的必备工作。1934年3月，开始动工修筑龙首坝拦河大坝，7月，渠首引水闸、进水闸、隧洞、总干渠及干渠工程开始动工。由于洛惠渠跨数条深沟，还需要穿过铁镰山，施工极其困难，因此兴修了两个分别长 213 英尺和 440 英尺的大渡槽，以及 5 个分别长 265 公尺、777 公尺、575 公尺、184 公尺、3037 公尺的隧洞。至 1937 年，除因遭遇地下水位上升，以及流沙现象而采取多种方式不能成功完成的第五洞未完成外，其余全部竣工。洛惠渠起自洛河左岸的澄城县的洑头，终于朝邑县的小伏坡处，尾入洛河，灌溉大荔、朝邑两县约 50 万亩的田地，定名洛惠渠。这是“关中八惠”中第二个由图纸走向实体的灌溉工程。

三、渭惠渠

1933 年 7—8 月，李仪祉派孙绍宗和陈靖随行勘查导渭工程，从宝鸡峡沿渭河而下，认为眉县于家堡地形宜于筑坝引水，可溉北原下东至咸阳一带河北地数十万亩。李仪祉认为“上游宝鸡峡如能作水库，可尽灌五陵原上之地，下游北岸高陵以东，将另行勘测，至于秦汉时以长安至潼关在渭河南岸开的运粮槽渠，由于泥沙大，易淤积，虽说也灌了三四十万亩地，但不久即废，倒不如在灞、酒、赤水等河段筑坝蓄水灌溉，较为经济实用。以后再勘测施行。至于汉武帝元封二年（前 109 年）开的成国渠，虽说也灌了三四十万亩地，终以流沙河床，不久即废，其位置也正是今天所勘定的引渭灌区。我们要用现代器材，做永久型的拦河坝，引渭灌田，设导渭工程处于西安。”

李仪祉建议要特别设计渭河库堰，使其兼具停水池及蓄水库的功能，拟在眉县上游于家堡设计拦河坝，修筑长约 170 千米的干渠及大支渠，5 个过水闸及分水闸，1 个渡槽，100 座桥梁及涵洞，17 处跌水。之后又建议兴修第二渭惠渠，在靠近北岸交口下游引水，在零河口上选择适宜的地方作滚水堰，并在南岸筑堤到溪水河口，之后抬高堰上水面 3 公尺使渭河的水由石川河倒进而入，在此处开干渠，使其东北行约至铃珥镇入洛河，从此处起按地势向东南方向开支渠。渭惠渠工程于 1934 年由国民政府黄河水利委员会测量设计，并计划由陕西省政府划拨出全省营业税作为偿还全部公款的抵押，向西安银行团贷款 150 万元，以水费及陕西全省营业税收入担保作抵。1935 年 3 月，陕西省渭惠渠工程处成立，4 月工程正式动工，次年 12 月开始放水，1937 年 12 月全部竣工，共计用款 230 万元。渭惠渠起自眉县魏家堡渭河左岸，终于咸阳以东，于 1937 年 12 月二期工程全部完成，灌溉渭河以北的扶风、武功、兴平、咸阳、眉县 5 县计 70 万亩土地。渭惠渠是灌溉面积仅次于泾惠渠的陕西第二大渠，工程技术完善，所有建筑物多采用钢筋混凝土结构，工程极其坚固，近代化程度也相当高。

四、梅惠渠

梅惠渠创修于清康熙六年（1667 年），有东、西二渠，可灌田千余顷，为眉县知县梅遇督凿，故又名梅公渠。民国二十四年（1935 年），陕西省水利局决定整理梅公渠，民国二十五年至二十九年（1936—1940 年），由全国经济委员会泾洛工程局设计、主办，完成渠首工程及东干各支渠工程，共完成土石方 37 万立方米，混凝土 0.33 万立方米，总投资 85.14 万元（其中国家投资 66.60 万元）。民国三十六年（1947 年），灌溉面积 89877.2 亩，其中岐山 24665.4 亩。为纪念梅公之功绩，更渠名为“梅惠渠”。民国末年，灌区渠道失修，纠纷四起，灌溉面积减至 6 万多亩。

梅惠渠的前身，一是通济渠。明成化中参政谢缓在眉县西南开斜谷关口，县南开太平峡、东西二渠；县东开大振谷口，溉田 503 余顷。二是孔公渠。孔公渠是金代县令孔天览引斜谷水，从县西南绕城至东郊北流入渭。

五、黑惠渠

黑惠渠位于周至县境内。引用黑河水灌田可上溯至 430 年前明万历年间的黑河渠，浇地 700 亩，以后逐渐扩大到 2000 余亩。黑惠渠于民国二十七年（1938 年）9 月开工，民国三十一年（1942 年）4 月 1 日基本建成通水，12 月全部工程完成。由水利部泾洛工程局主持兴修，工程完成后，于民国三十二年（1943 年）初移交陕西省水利局。开灌以后，经过 40 多年的不断完善配套、改造扩建，至 1995 年，共灌溉周至县 11 个乡（镇）及 8 个国营、集体农场耕地 13.97 万亩。

渠首工程为低坝引水，主要由拦河坝、进水闸和冲刷闸等组成。拦河坝位于黑河秦岭山麓的黑峪口白洋潭，初建为滚水式砌石宽顶堰坝，坝高 2.4 米，堰顶宽 1 米、长 82 米，坝面为料石浆砌，设计洪水流量 800 立方米每秒。民国二十八年（1939 年）冬建成，民国二十九年（1940 年）被 1500 立方米每秒的洪水冲毁，后改为曲线形滚水坝，全部选用花岗片麻岩石料，基础用截渗固基板桩，护坦、海漫及护岸工程等，坝身用块石浆砌，坝面用大料石浆砌，自烧石灰配浆。进水闸分设于拦河坝的左右岸，右岸进水闸共 2 孔，高 2 米，宽 1.4 米，设计进水流量 4.4 立方米每秒；左岸进水闸孔、高、宽与右岸进水闸相同，设计进水流量 4.1 立方米每秒。冲刷闸设于与进水闸相交 45°的左侧，双孔，与坝轴线相一致，闸底低于进水闸 0.8 米，直通河槽。灌区渠道有干渠 2 条，东干渠接右岸进水闸，东行穿黄氏河、马岔河涵洞，至楼观堡退入田峪河，共长 11.77 千米，干渠以下有支渠 2 条；西干渠接左岸进水闸，沿黑河西岸槽形地带，西北行穿沙河涵洞，向北退入马家河沟。

六、沣惠渠

渠首枢纽位于沣、潏河汇合口下鄠邑区秦渡镇东南 150 米处。民国二十七年（1938 年）冬，陕西省水利局成立沣惠渠工程处，进行勘察设计，因日军进逼关中停建，民国三十年（1941 年）9 月再次成立沣惠渠工程处，陕西省水利局局长孙绍宗兼任总工程师，刘增祺任副总工程师，9 月开工，至民国三十六年（1947 年）5 月竣工，民国三十七年（1948 年）实灌面积 1.6 万亩。在管理运行中，经过 40 多年的不断扩建、改善配套和更新改造，至 1995 年灌区南起秦渡镇，北至渭河岸，灌溉西安市西郊未央区、长安县和咸阳市渭城区农田 21.35 万亩。灌区工程主要有引水枢纽、各级渠道、小型水库和抽水站等。拦河坝为浆砌料石滚水式重力坝，原坝高 1.2 米，坝长 133.27 米，坝底宽 3.6 米，设计洪峰流量 1100 立方米每秒。1986 年大坝被洪水冲毁大半，1987 年重建，为 1989 年西安市完成的十件大事之一。新坝设计洪峰流量 1480 立方米每秒，坝长 133.27 米，坝高 2.7 米，坝底宽 4.5 米。冲刷闸位于大坝右岸，共 2 孔，每孔宽 2.5 米，闸高 5.3 米，过水流量 20 立方米每秒。进水闸位于冲刷闸右边垂直相连，共 5 孔，每孔宽 2.5 米，闸高 4.4 米，引水流量 13 立方米每秒。灌区有干渠 5 条，共长 57.1 千米，已衬砌 40.4 千米，各类建筑物 359 座；斗渠 58 条，共长 148.2 千米，已衬砌 140.8 千米，各类建筑物 906 座。与渠道相配套的工程还有东方红、红光、大同窑等 3 座抽水站，灌溉面积 0.5 万 ~ 1 万亩；水库 3 座，总库容 208 万立方米，水产养殖水面面积 868 亩；共有配套机井 3926 眼。灌区以种植小麦、玉米、水稻、蔬菜等为主，已成为西安、咸阳两市农副产品生产的主要基地之一。

七、涝惠渠

民国三十二年（1943 年）2 月 1 日开工修建，民国三十六年（1947 年）9 月完成，引水流量 5.2 立方米每秒。分东西两灌区，原设计灌地 10 万亩，因公款不足，下段干、斗渠工程未修，至 1955 年只浇到 4 万余亩。1957 年，惠安化工厂、鄠邑区热电厂以涝河为水源，涝惠渠奉命为供水单位，因河源水量有限，工农业同时用水显示不足，后经上级批准，将东干渠马营以下约 19000 亩地，由国家扶助打井解决农田灌溉问题，马营以下渠道逐年平掉，交当地群众耕种。涝惠渠灌溉面积压缩至 2.1 万亩。

八、泔惠渠

泔惠渠位于礼泉县东北。1943 年兴修，1944 年完成。引泾水支流泔水灌溉农田 2.5 万亩。民国三 十一年（1942 年），原礼泉县阡东乡崖底高村村民高万九等大力提倡，多次到陕西省水利局申请修渠引泔河水灌溉；陕西省水利局派技术人员李成信前往勘察，提出了规划意见。1943 年，陕西省水利局派工程师汪云峰、助理工程师单魁等进行测量定线及设计，计划在泔河下游河段（今烽火镇寺背后村东南）修建砌石滚水坝一座，坝高 3.5 米、长 50 米，引水流量 0.4 立方米每秒，干、支渠长 5 千米，计划灌溉面积 3000 亩。之后成立泔惠渠工程处，向农民银行贷款 210 万元，由时任泾惠渠管理局工务科科长杨荫田、陕西省水利局汪云峰负责施工，民国三十三年（1944 年）2 月建成，实际灌溉面积 2400 亩。建成后设泔惠渠管理所，由泾惠渠管理局兼管。1952 年，泾惠渠管理局将泔惠渠灌区交由礼泉县管理。1962 年，礼泉县对灌区重新进行全面规划、改建，为泔惠渠灌区新建 3 座抽水站，使引水流量增加一倍，受益面积扩大到 3800 亩。1976 年末，渠首上游开始修建泔河二号水库，建成后泔惠渠渠首引水枢纽废弃，改由泔河二号水库向灌区供水，继而增加了灌溉面积 2000 多亩，总灌溉面积达到 5000 多亩，泔惠渠管理站也被撤销，灌区划归泔河二库管理站管理。

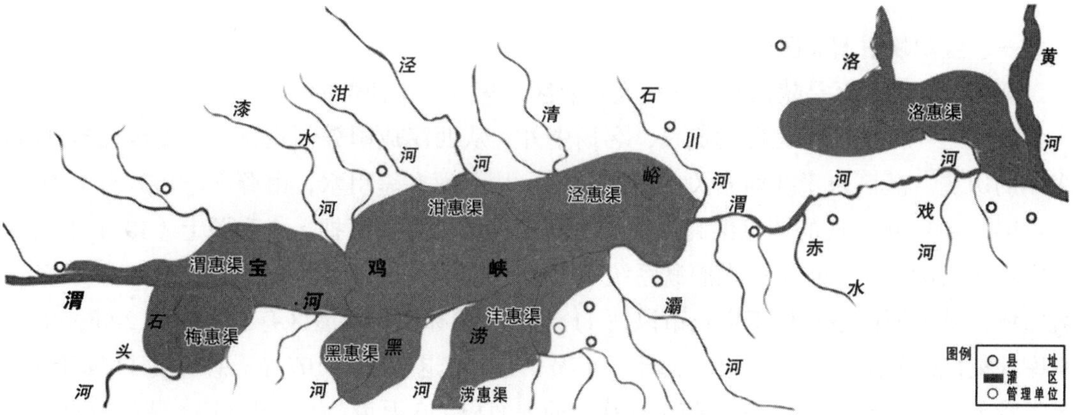

关中八惠示意图

第二章 现代灌区建设

新中国成立后，渭河流域农业灌溉进入一个全新的阶段。不仅改造、扩建了原来的老灌区，而且先后建成了宝鸡峡、泾惠渠、交口抽渭、石头河、桃曲坡、冯家山、羊毛湾、洛惠渠、石堡川、东雷抽黄一期、东雷抽黄二期等大型灌溉水利工程，形成了以自流引水为主、地表水地下水相结合、引蓄提调并举的灌溉供水网络。截至 2021 年底，渭河流域农田有效灌溉面积为 1326 .3 万亩，其中大、中、小型灌区农田有效灌溉面积分别为 876.3 万亩、208.2 万亩、241.8 万亩，分别占流域内总农田有效灌溉面积的 66%、16%、18%，形成以大型灌区为主、中小型灌区为辅的现代灌溉供水网络格局，见表 4–2–1。

表 4–2–1　渭河流域灌区统计

灌区名称	有效灌溉面积 / 万亩	林果草灌溉面积 / 万亩	耕地面积 / 万亩	粮食产量 / 万 t	节水灌溉面积 / 万亩
大型灌区	876.3	185.6	1258.6	504.1	544.5
中型灌区	208.2	31.7	373.3	323.5	177
小型灌区	241.8	56.6	298.9		226.2
合计	1326.3	273.9	1930.8	827.6	947.7

第一节 大型灌区

一、宝鸡峡引渭灌区

宝鸡峡引渭灌区是陕西省目前最大的灌区，惠及关中西部的 300 万亩农田，也是全国十大灌区之一。这项工程源远流长，名扬中外，从西汉成国渠创建算起，迄今已有 2100 多年的历史。灌区位于陕西省关中地区西部，从渭河左岸引水，由塬下［1937 年建成的渭惠渠、1958 年建成的渭惠渠高原抽水灌溉工程（简称渭高抽）］和塬上（1971 年建成的宝鸡峡引渭灌溉工程）两大灌溉系统于 1975 年 4 月合并而成，塬下灌区渠首位于眉县魏家堡，塬上灌区渠首位于宝鸡市以西 11 千米处的林家村。灌区有引水枢纽 2 处；中型水库 6 座，总库容 3.3 亿立方米；总干、干渠、支渠、退水渠共 107 条，总长度 1164 千米；各类骨干建筑物 5107 座；抽水泵站 21 座，抽灌面积 113 万亩；水电站 3 座，装机容量 3.23 万千瓦。属多枢纽、引抽并举、渠库结合、长距离输水、水工建筑物门类齐全的灌排体系。

灌区设施灌溉面积 291.56 万亩，承担着宝鸡、杨凌、咸阳、西咸新区 14 个县（市、区）的农田灌溉、水灾害防御和生态建设。

灌区西起宝鸡峡口，东至泾河，南邻渭惠灌区，北接冯家山、羊毛湾灌区。东西长 181 千米，南北平均宽 14 千米，最宽处 40 余千米，灌区包括宝鸡、杨凌、兴平、咸阳、西安 14 个县（市、区）。1997 年 10 月至 2004 年 12 月，由于原渠首无水源调蓄功能，在原溢流坝的基础上实施加高坝体，增加泄水、引水、冲砂闸孔，修建坝后电站等改扩建工程，最终形成了林家村渠首水库。改善了渠首引水条件，提升了灌区引水调蓄能力。

灌区内共有总干渠和干渠 6 条，长 413 千米，总输水能力 115 立方米每秒；支渠 69 条，长 701 千米；斗分渠 11899 条，长 6563 千米，排水干支分沟 62 条，长 230 千米。共有各类建筑物 48582 座，其中干支渠 4930 座、斗分渠 43652 座；中型水库 4 座，总库容 2.19 亿立方米，有效库容 1.69 亿立方米，陂塘 423 座，容量 1814 万立方米；国营抽水站 21 处，机组 99 台，装机容量 3 万千瓦，一级抽水能力 75 立方米每秒，抽灌面积 93 万亩（其中库抽济渠折面积 42 万亩）；水电站 3 座，装机容量 1360 千瓦；机井 11708 眼，平均年提取地下水 1.3 亿立方米；衬砌斗渠以上固定输水渠道 2178 千米，跨河重点建筑物有韦水倒虹、漆水河渡槽和金陵河砌石渡槽等。初步形成了一个新老结合、引蓄提排兼备、多种水源综合运用、长藤结瓜式的大型灌排网络。

灌区以占全省 1/18 的耕地面积，生产了占全省总产量 1/7 的粮食和 1/4 的商品粮，被誉为“三秦第一大粮仓”。宝鸡峡灌区水工建筑物门类齐全，数量众多，不少大型建筑物在全省乃至全国颇有影响。其中，韦水倒虹以气势宏伟、过流最大为“亚洲之最”；98 千米塬边总干渠宛如“人间悬河”，居高临下，形势险要；6 座水库一字排开，千余千米干支渠若巨龙盘踞，渠库相映形成“长藤结瓜”；梯级水电站“四连星布局”，如明珠镶嵌渠边，璀璨夺目；渡槽、隧洞、桥梁、闸点星罗棋布，整个灌区堪称水工建筑博物馆。

二、石头河水库灌区

石头河水库灌区依托石头河水库，在原“关中八惠”之一的梅惠渠灌区的基础上发展而来。位于关中西部，西起宝鸡市陈仓区的峒峪沟，东至眉县的横渠镇，南依秦岭，北临渭河，东西长 42 千米，南北平均宽 15 千米，耕地面积 40.35 万亩，设计灌溉面积 37 万亩，有效灌溉面积 26.55 万亩。灌区辖岐山、眉县两县，涉及 10 个乡（镇）136 个自然村。灌区设总干、梅惠总干渠、东干、北干、西干共 5 条。总长 53.8 千米；支渠 15 条，总长 103.4 千米；斗渠（含干渠）324 条，总长 375.62 千米；渠道建筑物 1196 座，其中干渠 382 座、支渠 814 座。

2000 年以来，先后实施了泵站改造、续建配套与节水改造，关中灌区改造世界银行贷款和末级渠系节水改造项目。其中，续建配套与节水改造项目 2001 年开始实施，累计完成渠道改造 46 项，完成工程投资 19323 万元，占计划投资的 43.7%，共完成干支渠衬砌改造 142.15 千米，改造建筑物 319 座，新建建筑物 416 座，并建成了万亩节水示范园。关中灌区改造世界银行贷款项目完成的主要工程有：改造水源工程 1 处；干支渠道衬砌及修复 11 条 47 千米，主要建筑物改造 1 座；配水系统改善面积 0.493 万公倾，扩灌面积 0.533

万公倾；道路改造 1.12 千米，危房改造 1557 立方米，改造灌区测水自动化系统 1 项；培训考察 38 期 141 人；改制斗渠 254 条，长 288 千米，有效灌溉面积 1.677 万亩。

三、泾惠渠灌区

泾惠渠灌区位于陕西关中平原中部，是一个从泾河自流引水的大型灌区，灌溉咸阳、西安、渭南 3 市的泾阳、三原、高陵、临潼、阎良和富平 6 个县（区）146.5 万亩农田。灌区引泾灌溉历史悠久，始于公元前 246 年的秦郑国渠，兴于汉，盛于唐，继之于宋、元、明、清各代，直到 1932 年由近代水利大师李仪祉先生主持建成了泾惠渠，开创了中国现代水利建设的先河。新中国成立后，经过多次改建、扩建和挖潜配套，泾惠渠灌区成为一个灌排结合、渠井双灌、旱涝保收的新型现代化灌区。

泾惠渠灌区工程主要有水库工程、渠道工程、泵站工程及排水工程。水库工程有张家山水库、西郊水库、贺兰水库工程，总库容 4800 万立方米。渠道工程有干支渠 32 条，长 418 千米；斗农渠 5380 条，长 3723 千米。泵站工程有徐木、西郊、楼底、贺兰水库抽水泵站 4 座，总装机容量 13370 千瓦。排水工程有排水干支沟 85 条，长 496 千米，分毛沟 334 条，长度 375.1 千米，控制排水面积 103 万亩。

从 1996 年开始，泾惠渠灌区先后实施了泵站改造项目、续建配套与节水改造项目、关中灌区改造世界银行贷款项目和末级渠系节水改造项目。其中，泵站主要改造完成了徐木泵站更新改造项目。续建配套与节水改造项目主要完成干支渠道衬砌 155 千米；疏浚退水渠道 7 千米；改造建筑物 843 座，改造基层站点管护房屋 5513 立方米，改造衬砌斗农渠 34 千米，建成了渠首大坝坝后护坦、防汛抢险道路和排沙漏斗等工程，实施了灌区信息化试点工程；累计完成投资 30902 万元。关中灌区改造世界银行贷款项目完成的主要工程有：改造渠首工程 1 处，总干渠改造 568 米；干支渠道衬砌及修复 14 条 127 千米；配水系统改善面积 2.312 万公倾，扩灌面积 0.527 万公倾；危房改造 7272 立方米，新技术推广 1 项，改造灌区测水自动化系统 1 项；改制斗渠 523 条，长 1317 千米，有效灌溉面积 7.113 万亩。末级渠系节水改造项目建设内容为：恢复灌溉面积 6.5 万亩，其中北干渠项目区 1.6 万亩、五支渠项目区 3.0 万亩、六支渠项目区 0.55 万亩、七支渠项目区 1.35 万亩。改造斗、农渠 343 条，长 215.7 千米，改造建筑物 2137 座，改造抽水站 3 座。这些工程项目的建设和运行，消除了工程隐患，改善了灌区工程设施面貌，为灌区的可持续发展增添了活力。

四、桃曲坡水库灌区

桃曲坡水库灌区依桃曲坡水库而建。以沮河、马栏河水源为主，同时调蓄漆水河水源灌溉。3 条河流总流域面积 2143 平方千米，多年平均径流量 15877 万立方米，可利用径流量 10947 万立方米。灌区内有小型库塘 6 座，为多水源、多渠首、多枢纽，渠库结合、长藤结瓜，引清、引洪灌溉并重，自流、抽灌兼备的大型灌区。灌区东接富平县流曲镇，与东雷二期抽黄灌区相连；南至富平县吕村乡，与泾惠渠灌区接壤；西至耀州区坡头镇；北临铜川市老城区。地理坐标为东经 108°48' ~ 109°22'、北纬 30°45' ~ 35°2'。农业灌溉涉及渭南市富平县，铜川市耀州区、新区，咸阳市三原县 3 市 4 县 15 个乡（镇、办事处），设计灌溉面积 44.73 万亩。灌区有干渠 4 条，长 77.8 千米，各类建筑物 389 座；支渠 35 条，长 139.54 千米，各类建筑物 892 座；斗、分渠 1924 条，长 865.85 千米，各类建筑物 2028 座；抽水泵站 3 处，装机容量 1553 千瓦。城市及工业供水主要承担铜川新区、老城区、华能（铜川照金）电厂、陕西美鑫铝业公司、陕西陕焦化工有限公司等供水任务。

2000 年以来，桃曲坡水库灌区先后实施了泵站改造项目、续建配套与节水改造项目、关中灌区改造世界银行贷款项目和末级渠系节水改造项目。关中灌区改造世界银行贷款项目完成的主要工程有：改造水源工程 2 处，增加有效库容 10.4 万立方米；干支渠道衬砌及修复 11 条 74 千米，抽水泵站改造 5 座 0.94 立方米每秒；配水系统改善面积 0.732 万公倾，扩灌面积 0.332 万公倾；道路改造 6.1 千米，危房改造 664.6 平方米，改造灌区测水自动化系统 1 项；改制斗渠 61 条，长 282.23 千米，有效灌溉面积 1.760 万亩。

锦阳湖生态园是在桃曲坡水库的基础上发展而来，2002 年，被命名为国家水利风景区；2017 年被命名为国家水土保持科技示范园区；2018 年挂牌铜川市耀州区青少年科普教育基地；2020 年挂牌铜川市生态环境宣传教育基地。

五、交口抽渭灌区

交口抽渭灌区位于关中平原东部，1960 年开工建设，1970 年全面建成运行，是一个以渭河为水源、灌排结合的大（2）型多级无坝电力抽水灌区，设计灌溉面积 126.2 万亩，有效灌溉面积 112.96 万亩。灌区西起西安市临潼区石川河，东至大荔县沙苑地区，东西长 48.6 千米；南临渭河，北靠蒲富卤泊滩，南北宽 31.9 千米。涉及西安、渭南两市的临潼、阎良、临渭、蒲城、富平、大荔 6 县（区）共 21 个乡（镇、办事处），受益人口 80 万人。灌区建成 50 多年来，极大地改善了地方农业生产条件和生态环境，累计抽水 113 亿立方米，灌溉农田 1 亿余亩次，粮食单产由开灌前的 125 千克提高到现在的 1100 千克，累计增产粮食 143 亿千克，特别是近年来农业产业结构大幅调整，葡萄、甜瓜、冬枣等产业驰名全国，为保障粮食安全、促进经济社会发展作出了突出贡献，已成为陕西省重要的粮、果、蔬生产基地之一。

水源工程位于西安市临潼区西楼村、石川河入渭出口以东 2.5 千米处，为无坝引水方式，由治河工程、进水闸和西楼一级抽水站 3 部分组成。灌区共建灌排泵站 31 座，安装机组 137 台，总装机容量 29627 千瓦。其中，灌溉泵站 26 座，安装机组 108 台，装机容量 24852 千瓦；分八级抽水，最高累计净扬程 86.25 米（累计总扬程 95.83 米），加权平均净扬程 35.0 米（总扬程 39.2 米）；灌溉设计引水流量 41 立方米每秒。建有排水站 5 座，安装机组 29 台，装机容量 4775 千瓦，设计排水流量 38 立方米每秒。

灌区灌溉渠系和排水沟系建设完善。其中灌溉渠系分为干、支（分支）、斗、分、引 5 级，建有总干渠 1 条，长 36.2 千米；分干渠 4 条，长 59.62 千米；事故退水渠 1 条，长 5.2 千米；支渠 34 条，长 256.35 千米，干支渠建筑物 1714 座。建有田间斗渠 501 条，长 935 千米；分渠 4944 条，长 2040 千米。目前，干、支、斗分渠已衬砌长度分别为 70.594 千米、166.818 千米和 890 千米，分别占渠道长度的 73.67%、65.07% 和 29.9%。

灌区排水系统由相排、西排、东排、孝排、南排及直排六大排水系统组成，共有干沟 4 条，长 87.05 千米；支沟 55 条，长 323.01 千米；干支沟各类建筑物 1802 座，排水干支沟控制排水面积 117.70 万亩。修建分毛沟 592 条，长 660.65 千米，分毛沟建筑物 2108 座。

2000 年以来，灌区先后完成了泵站改造项目、节水改造与续建配套项目、世界银行贷款项目和末级渠系节水改造项目四大类。其中，泵站改造项目完成泵站改造 15 座。续建配套与节水改造项目完成改造衬砌干支渠道 206.2 千米，改造各类建筑物 966 座，更新和改造各种辅助设备 6 台（套），初步建成交口灌区信息化工程骨干网络。世界银行贷款项目完成改造水源工程 1 处；干支渠道衬砌及修复 13 条 73 千米，抽水泵站改造 24 座，主要建筑物改造 5 座，排水沟修复及改造 4 条 58 千米等。末级渠系节水改造项目先后完成改造曹家、辛市、固市、官道、蒲阳 5 个项目区斗、农渠 459 条，总长 208.588 千米，改造建筑物 2148 座；改造小高抽 6 座。

灌区先后获得“全国先进灌区”“国家抗旱先进集体”“陕西省先进集体”“全国水利文明单位”“全国节水型灌区”等荣誉称号。2020 年 12 月 10—11 日，灌区通过陕西省农业水价综合改革验收，2021 年入选全国第二批灌区水效领跑者。

六、冯家山水库灌区

冯家山水库灌区位于渭北黄土塬区，以千河为界，分东、西两部分，西起金陵河东岸，东至漆水河西岸，南与宝鸡峡灌区毗连，北至乔山脚下。东西长约 80 千米，南北宽约 18 千米。灌溉宝鸡市陈仓、金台、凤翔、岐山、扶风、眉县和咸阳市乾县、永寿 8 县（区）的 38 个乡（镇）439 个村的 136.37 万亩耕地，其中自流灌溉 65.85 万亩，抽水灌溉 70.52 万亩。

引水工程：引水灌区工程有总干渠、北干渠、南干渠和西干渠 4 条干渠，还有退水、倒虹、隧洞、渡槽、渠库结合、过沟填方等设施。干渠和退水渠道上共有建筑物 617 座。总干渠从水库输水洞口海拔 688.5 米，沿千河阶地流向东南，经凤翔区长青、陈村镇，陈仓区周原、幕仪镇，穿“万米隧洞”至凤翔区彪角镇瓦岗寨分水闸，全长 38.953 千米，设计引水流量 42.5 立方米每秒，加大流量 47 立方米每秒。由瓦岗寨分南、北干渠。南干渠全长 27.825 千米，设计流量 8 立方米每秒，加大流量 9 立方米每秒。北干渠全长 50.797 千米，设计流量 22 立方米每秒，加大流量 26 立方米每秒。西干渠是冯家山西灌区抽水工程引水渠，全长 2.25 千米，设计流量 4.5 立方米每秒，加大流量 5 立方米每秒。灌区 4 条干渠总长 119.825 千米，均用混凝土衬砌。

抽水工程：抽水工程是冯家山水库灌区二期工程。抽水灌区设施面积 70.53 万亩，占全灌区设施灌溉面积的 52%，共有抽水站 35 处 65 站，全部为电力抽水。设施面积 5000 亩以上的有 22 处 52 站，其中东灌区 21 处 47 站，西灌区 1 处 5 站。总装机 163 台，装机容量共 3.39 万千瓦，合计抽水流量 27.87 立方米每秒。其中西干抽水站总扬程达 313.9 米。设施面积 5000 亩以下的有 11 处 11 站。

2000 年以来，冯家山灌区先后实施了泵站改造项目、续建配套与节水改造项目、关中灌区改造世界银行贷款项目和末级渠系节水改造项目。关中灌区改造世界银行贷款项目完成的主要工程有：水源工程新建 1 处、改造 1 处；干支渠道衬砌及修复 11 条 47 千米，主要建筑物改造 1 座；配水系统改善面积 0.493 万公顷，扩灌面积 0.533 万公顷；道路改造 1.12 千米，危房改造 1557 平方米，改造灌区测水自动化系统 1 项；改制斗渠 254 条，长 288 千米，有效灌溉面积 1.677 万亩。

七、洛惠渠灌区

洛惠渠灌区是自渭河支流北洛河筑坝自流引水的农田灌溉工程。灌溉渭南市境内的大荔县、蒲城县、澄城县 77.68 万亩良田。洛惠渠历史悠久，其前身是西汉龙首渠，1933 年，水利专家李仪祉倡修擘划洛惠渠。1950 年开灌，几经续建、扩建和新建改造。截至 2013 年 12 月，灌区有大坝、渡槽、隧洞、倒虹等各类建筑物 1250 座；干支渠 18 条，长 228.31 千米；斗渠 249 条，长 1105.00 千米，形成了灌排结合、渠井双灌的完整工程体系。

从 1998 年开始，灌区先后实施了关中灌区改造工程世界银行贷款项目和灌区续建配套节水改造项目。其中，关中灌区改造工程世界银行贷款项目完成改造水源工程 1 处，增加有效库容 0.70 万立方米；干支渠道衬砌及修复 3 条 31 千米，主要建筑物改造 2 座，排水沟修复及改造 2 条 21 千米等。灌区续建配套节水改造项目累计衬砌渠道 180.757 千米；改造建筑物 806 座、管护设施 7120 立方米。这些项目的完成，使灌区灌溉设施进一步完善，灌溉水利用系数显著提高，减少了水资源浪费，确保了灌区的正常运行。

八、石堡川水库灌区

石堡川水库灌区位于关中东部黄土高塬沟壑区，北靠黄龙山，东临大峪河，西、南至洛河，东西长 45 千米，南北宽 28 千米，地形南北倾斜，沟壑纵横，塬区 8 块，海拔 600 ~ 900 米，设计灌溉耕地 31 万亩。灌区渠道工程有干、支、斗、分、引渠五级。干渠 1 条，全长 37.91 千米，自水库枢纽放水洞口起，沿石堡川河左岸东行，跨越聿津河、枣园沟渡槽，经 1 号隧洞，穿过黄龙山，连接 2、3、4 号隧洞，为石渠段，长 4.9 千米，自 4 号隧洞至干渠末尾 6 号退水口为土渠段，长 33 千米，均已衬砌，共有各类建筑物 141 座。干渠以下共设支渠 8 条，总长 197.1 千米，分支渠 11 条，各类建筑物 1435 座；共有斗渠 349 条，分引渠 2820 条，各类建筑物 20519 座。渠系重点建筑物有隧洞 5 座，共长 12187 米，渡槽 9 座，倒虹 2 座，退水工程 6 座。在支渠上建有路长、尧禾等 2 处抽水站，共装机 6 台，装机容量 1110 千瓦，抽水流量 1.18 立方米每秒，灌溉面积 3.4 万亩，占灌溉面积的 11%。

石堡川灌区建成初期至 1985 年，年均实灌面积只有 8 万亩，占设施灌溉面积的 26%。20 世纪 80 年代后期，重点查处了一批破坏水利设施案件，深化改革，使灌区管理逐步走上规范化、制度化轨道。至 1995 年，共完成灌区配套斗渠 352 条，长 436.5 千米，分引渠 4229 条，长 914.73 千米，完成土方 810.14 万立方米，渠道建筑物 23611 座，配套面积 23.6 万亩，建设方田 1 万亩，设施、有效灌溉面积分别为 31 万亩和 19.43 万亩，成为白水、澄城 2 县粮、果、蔬等农副产品生产的重要基地。

从 1999 年开始，灌区先后实施了关中灌区改造工程世界银行贷款项目和灌区续建配套节水改造项目。其中，世界银行贷款项目共计完成改造水源工程 1 处，增加有效库容 10.00 万立方米；干支渠道衬砌及修复 10 条 53 千米，抽水泵站改造 1 座 0.9 立方米每秒，主要建筑物改造 6 座；道路改造 16.1 千米等。续建配套节水改造项目累计衬砌渠道

119.204 千米，其中干渠衬砌 27.85 千米，支渠衬砌 91.354 千米；改造渠系建筑物 908 座，其中干渠建筑物 128 座，支渠建筑物 780 座，抽水站 1 座等。

九、羊毛湾水库灌区

羊毛湾水库灌区位于陕西省乾县境内渭河支流漆水河中游，龙岩寺以上 10 千米，是一座以灌溉为主，兼有防洪、养殖等综合利用功能的大型水利工程，水库枢纽工程由大坝、输水洞、溢洪道和泄水底洞 4 部分组成，总库容 1.2 亿立方米。水库于 1958 年动工建设，历经 12 年，于 1970 年建成，先后于 1986 年、2000 年两次对羊毛湾水库进行除险加固。为补充水库水源，于 1995 年建成引冯济羊输水工程，每年可由冯家山水库向羊毛湾水库输水 3000 万立方米，有效解决了水库水源不足问题。

羊毛湾水库灌区管辖羊毛湾、老鸦嘴、南沟及东芋村、西芋村大、中、小型水库共 5 座，其中老鸦嘴水库为中型水库，南沟、东芋村、西芋村水库为小型水库。灌区主要灌溉乾县、武功、永寿 3 县 14 个乡（镇）151 个村，设施灌溉面积 32.54 万亩，有效灌溉面积 24 万亩。灌区有总干渠一条，长 39.7 千米；南、北干渠两条，全长 13.1 千米；支渠 20 条，全长 106.6 千米；斗渠 366 条，总长 336 千米。自建成运行以来，灌区先后完成了引冯济羊输水工程、病险水库除险加固工程、国家大型商品粮基地项目，实施了灌区更新改造世界银行贷款项目、节水续建配套项目、病险水库除险加固项目、库区水保生态治理项目等，先后争取计划投资 2 亿多元，使水库枢纽和灌区发生了显著变化，同时促进了灌区工、商、林、牧、渔的全面发展，取得了良好的经济效益和社会效益。

第二节　中小型灌区

陕西省渭河流域共涉及 130 处中型灌区，设计灌溉面积共 470.76 万亩，其中一般中型灌区 101 处，设计灌溉面积 215.92 万亩；重点中型灌区 29 处，设计灌溉面积 254.84 万亩，见表 4–2–2。小型灌区共涉及灌溉面积 30.49 万亩，小型灌区管理均由相关县（区）直接管理，2019 年机构改革后，水利部门仅管理大中型骨干排灌工程建设。

表 4–2–2　渭河流域中型灌区统计

灌区类型				灌区名称
灌区	序号	所在地	灌溉面积 / 万亩	
	总计		470.76	
一般中型灌区	小计		215.92	
	1	西安市	1.02	土门河灌区
	2		1.9	龙河灌区
	3		2.1	零河灌区

续表 4-2-2

灌区类型				灌区名称
灌区	序号	所在地	灌溉面积 / 万亩	
一般中型灌区	4	西安市	1.84	任陈灌区
	5		1.07	韩峪水库灌区
	6		4.7	田惠渠灌区
	7		2.32	耿惠渠灌区
	8		2.1	小峪灌区
	9		4.1	余下灌区
	10		1.27	涝店抽水站灌区
	11		4	甘峪水库灌区
	12		2.5	涝惠渠灌区
	13		1.6	草堂供水站灌区
	14		1.7	泥惠渠灌区
	15		1.08	就惠渠灌区
	16		2.2	仰天河灌区
	17		3.83	井泉渠灌区
	18		1.8	辋灞渠灌区
	19		3.9	汤峪水库灌区
	20		3	岱峪水库灌区
	21		1.02	张卜抽水灌区
	22	宝鸡市	1.1	咸惠渠灌区
	23		1.5	太川灌区
	24		2.2	解放渠灌区
	25		2.7	泥惠渠灌区
	26		3.32	千丰渠灌区
	27		1.03	夜叉木灌区
	28		2.1	郝柳灌区
	29		1.4	桐花庄灌区
	30		2.55	大沟灌区

续表 4-2-2

灌区类型				灌区名称
灌区	序号	所在地	灌溉面积 / 万亩	
一般中型灌区	31	宝鸡市	1.86	鸡峰山水库灌区
	32		2.3	东风渠灌区
	33		1.3	马尾河灌区
	34		1.36	磻溪河水库灌区
	35		3.2	钓鱼台水库灌区
	36		1.05	麻窝水库灌区
	37		1.2	同峪河水库灌区
	38	咸阳市	2.55	张家山灌区
	39		3.15	红旗灌区
	40		2.22	云阳灌区
	41		2.94	筛珠洞灌区
	42		3.63	前嘴子水库灌区
	43		3.5	玉皇阁水库灌区
	44		2.1	双合灌区
	45		1.5	秦庄灌区
	46		1	武家山灌区
	47		1.2	西坡灌区
	48		2.4	李王灌区
	49		3.17	七里川灌区
	50		2.3	乾陵水库灌区
	51		1.7	郑马抽水站灌区
	52		1.45	王寨抽水站灌区
	53		2.55	红岩抽水站灌区
	54	铜川市	4.95	高尔塬水库灌区
	55		1.2	西塬灌区
	56		1.5	红土北塬灌区
	57		1.5	西固灌区

续表 4-2-2

灌区类型				灌区名称
灌区	序号	所在地	灌溉面积 / 万亩	
一般中型灌区	58	铜川市	1.3	阿庄北塬灌区
	59	渭南市	1.2	湭河水库灌区
	60		2.5	瓜坡水库灌区
	61		1.5	蒲峪灌区
	62		1.2	罗夫灌区
	63		1.36	花城抽水站灌区
	64		1.72	段家五洞电灌站灌区
	65		4.5	梁家电灌站灌区
	66		4.3	张下淤灌站灌区
	67		1.95	仓西抽水站灌区
	68		4	苏村灌区
	69		3.05	温泉灌区
	70		1.5	胜利水库灌区
	71		1.5	富塬水库灌区
	72		1.05	永内水库灌区
	73		1.5	红石崖水库灌区
	74		4.95	韩河灌区
	75		3.2	石羊灌区
	76		1.8	马湖灌区
	77		1.1	永丰灌区
	78		1.1	山石灌区
	79		1.27	远泉灌区
	80		1.18	孙镇东陈村灌区
	81		1.5	故现水库灌区
	82		1.2	铁牛河水库灌区
	83		4.2	红旗水库灌区
	84		2.4	定国水库灌区

续表 4-2-2

灌区类型				灌区名称
灌区	序号	所在地	灌溉面积 / 万亩	
一般中型灌区	85	渭南市	1.2	白家河水库灌区
	86		1.8	百良水库灌区
	87		1.2	五八水库灌区
	88		1.2	贺兰抽水灌区
	89		3.2	尚书水库灌区
	90	延安市	1.5	周湾灌区
	91		1.14	长城灌区
	92		2.3	李家河灌区
	93		1.53	黄连河灌区
	94		1.5	石头灌区
	95		3.95	两水河灌区
	96		1.02	孙家河灌区
	97		1.67	阁楼塬灌区
	98		1.15	三岔镇灌区
	99	韩城市	4.27	盘河水库灌区
	100		2.23	禹门抽黄灌区
	101		1.3	陕西农垦大荔农场中型灌区
重点中型灌区	小计		254.84	
	1	西安市	13.96	黑惠渠灌区
	2		6.98	西骆峪水库灌区
	3		21.35	沣惠渠灌区
	4		5.6	石砭峪灌区
	5	宝鸡市	12.46	段家峡水库灌区
	6		6.86	东风水库灌区
	7		9.48	横水河灌区
	8	咸阳市	11.15	冶峪河灌区
	9		10.65	党家堡灌区

续表 4-2-2

灌区类型				灌区名称
灌区	序号	所在地	灌溉面积 / 万亩	
重点中型灌区	10	咸阳市	5.08	清惠渠灌区
	11		11.5	泔惠渠灌区
	12	渭南市	20.89	港口抽黄灌区
	13		6.5	桥峪（涧峪）灌区
	14		6.2	箭峪水库灌区
	15		5.2	太潼灌区
	16		5.03	官池淤灌站灌区
	17		11.23	林皋水库灌区
	18		7.9	下寨灌区
	19		5.5	龙阳灌区
	20		5.24	涧峪水库灌区
	21		6.7	红星水库灌区
	22	延安市	5.06	南泥湾灌区
	23		10.09	拓家河水库灌区
	24		6	葫芦河灌区
	25		5.6	秀延灌区
	26		5	隆太塬灌区
	27	韩城市	16	薛峰水库灌区
	28		6.5	陕西农垦沙苑农场中型灌区
	29		5.13	陕西农垦朝邑农场中型灌区

第三节 引黄补水灌区

为了解决渭北和潼关、华阴塬上发展用水问题，自 20 世纪 50 年代，陕西相继规划建设了东雷一、二期及港口抽黄工程。这三大工程所涉灌区大部分或部分在渭河流域，是渭河流域的引补水工程。工程建成后，对促进受益区经济社会发展与生态环境提升发挥了极为重要的支撑作用。

一、东雷一期抽黄灌区

东雷一期抽黄灌区是以黄河为水源的大型电力提灌工程，设计灌溉面积 6.8 万公顷，惠及合阳、大荔、澄城、蒲城 4 县 15 个乡（镇），受益 41.3 万农村人口。工程于 1975 年 8 月动工兴建，1978 年 11 月灌溉受益。灌区建有各级抽水站 28 座，安装抽水机组 133 台，总装机容量达 11.86 万千瓦，最多 9 级提水，累计扬程 217 米。拥有干、支渠 51 条，总长 351 千米，斗、分引渠 4328 条，总长 1800 千米，配套渠道建筑物 10860 余座，渠首最大引水能力 60 立方米每秒。灌区分为 4 个灌溉系统和 2 个排灌系统。其中，拥有 40 万亩灌溉面积的南乌牛灌溉系统，是陕西省第一个接受世界粮食计划署无偿援助的以工代赈建设项目。1984 年 9 月至 1987 年 5 月，联合国粮农组织无偿援助总价值达 1610 万美元的小麦和食油，用于平地和配套建设，3 年时间，南乌牛灌溉系统实现了耕地方田化、田间林网化、灌溉小畦化、道路标准化。经过灌区续建节水和泵站改造，截至 2015 年，灌区有效灌溉面积达到 6.8 万公顷。东雷一期抽黄工程以扬程高、流量大、水源丰、抗寒能力强而闻名全省，工程投运 37 年来，累计渠首抽水 28 亿立方米，上塬水量 17 亿立方米，灌溉农田 1700 万亩次，创造社会经济效益 37.6 亿元，是工程建设投资的 29 倍。抽黄工程的全面受益，使灌区农业生产条件发生了根本性变化，灌区粮食亩产由受益前的 130 千克提高到 370 千克。棉花亩产由 28 千克提高到 250 千克，农经比例由 2∶8 发展到 8∶2。使昔日贫瘠不堪的渭北旱塬成为全省重要的粮、棉、果、蔬生产基地。

二、东雷二期（太里湾）抽黄灌区

东雷二期（太里湾）抽黄是陕西省“八五”“九五”期间利用世界银行贷款和国内多渠道集资新建的大型高扬程电力提水灌溉工程。灌区分布在大荔、蒲城、富平、临渭 4 县（区），灌溉总面积 8.433 万公顷。其中，扩灌区 5.70 万公顷，向交口、洛惠两灌区补水 2.733 万公顷。主体工程总概算投资 14.85 亿元。主要工程包括一、二、三级泵站，总干渠、汉村隧洞、洛河渡槽、北干渠和 6 个灌溉系统。共有抽水泵站 37 座，安装抽水机组 170 台，总装机容量 11.46 万千瓦，架设 10 千伏以上输电路 374.2 千米，修建输水干支渠道 598 千米，各类建筑物 1681 座。干渠以上工程由陕西省水利工程建设局负责建设，主要建设内容包括太里一级站、北干二级站、下寨三级站、总干渠、北干渠。从 1990 年开始建设到 2000 年底，干渠以上工程建设任务全部完成。2007 年 1 月工程正式移交东雷二期抽黄工程管理局管理使用。东雷二期抽黄干渠以下工程建设由渭南市负责建设，工程项目包括段家塬、孙镇、蒲城兴镇、流曲、刘集 6 个灌溉系统的 33 座泵站，75 千米分干渠，422 千米支渠，110 千伏线路 52.6 千米，35 千伏输电线路 200 千米，管理局和抽水站房建设，灌区调度通信设施等工程。自 1991 年开始建设至 2008 年，干渠以下工程除蒲城系统有尾留外，其余全部完成。自 2011 年起，根据《陕西省东雷二期抽黄大型灌溉泵站安全鉴定报告书》《陕西省东雷二期抽黄大型灌溉泵站现场安全检测报告》和《陕西省东雷二期抽黄大型灌溉泵站工程复核计算分析报告》，先后投资 38133.0 万元，对 23 座泵站的主体建筑物、机电设备、金属结构、泵站自动化、管理和生产设施、输电线路、变电站等进行更新及改造，改善灌溉面积 69.0 万亩，年均节能 808.0 万千瓦时。2015 年，灌区春灌历时 53 天，灌区斗口落实水量 4853.86 万立方米，渠首抽水总量 11900 立方米。当年 6—9 月夏灌 96 天，斗口落实水量 10417.61 万立方米，渠首抽水总量 13329 立方米，灌溉面积达到 261.21 万亩，为农业抗旱确保丰收奠定了基础。

三、潼关港口抽黄灌区

潼关港口抽黄灌区位于关中平原东部，东起陕豫交界，西至华阴岳庙镇，南以陇海铁路为界，北抵黄、渭河右岸，东西长 30.5 千米，南北宽 11 千米，总面积 369 平方千米。惠及潼关、华阴两县（市）5 个乡（镇、街道办事处）125 个自然村 14 万余人。灌区已建成设施控制灌溉面积 102 万亩，根据地形地貌分为南头塬、寺角营塬、吴村塬、孟塬 4 个灌溉系统，其系统灌溉面积分别为 5.69 万亩、1.21 万亩、23 万亩、89 万亩。

工程建于 20 世纪 70 年代，是以黄河水为水源的大（2）型高扬程电力提灌工程，累计最高总扬程 294.57 米。临河泵站港口站在黄河潼关水文站上游 800 米处，引水流量为 7.15 立方米每秒，港口站上游 2 千米为备用水源站零级站 ，引水流量为 3.375 立方米每秒。

第三章　水库工程

水库是流域发展灌溉、供水、水电和水产养殖的基础，是水资源集约节约利用的重要工程组成。截至 2020 年，流域内关中地区已建成运用水库共 409 座，其中大型水库 5 座、中型 27 座、小型 377 座。另有一座已基本建成，还未投入使用，一座正在建设。

第一节　大型水库

渭河流域关中地区共有大型水库（库容 1 亿立方米以上）7 座。其中，至 2020 年已建成投用的 5 座，分别是位于宝鸡市境内的冯家山水库和石头河水库，位于咸阳市境内的羊毛湾水库，位于西安市境内的黑河金盆水库和位于延安境内的南沟门水库。已基本建成，还未投入使用的一座为咸阳亭口水库。正在建设的是位于咸阳境内的泾河东庄水库。

一、冯家山水库

冯家山水库始建于 1970 年，1974 年主体工程建成蓄水，1982 年枢纽工程竣工，并通过国家验收 。2003 年，大坝加高培厚。冯家山水库位于关中渭北高原西部宝鸡市境内渭河一级支流千河干流下游，距千河入渭口 25.0 千米。控制流域面积 3232 平方千米，占全流域面积的 92.5%。冯家山水库库区涉及宝鸡市千阳县、凤翔县和陈仓区，是一座以灌溉为主，兼有防洪、发电、养殖等综合利用的大型水利枢纽。水库坝高 75 米，坝顶高程 716 米，总库容 4.13 亿立方米，有效库容 2.86 亿立方米，防洪库容 0.92 亿立方米，死库容 0.91 亿立方米。水库正常水位 712 米，回水至于阳县城关长 17.5 千米，水库水面面积 17.7 平方千米。水库枢纽防洪标准为 100 年一遇洪水（3400 立方米每秒）设计，1000 年一遇洪水（7200 立方米每秒）校核，2000 年一遇洪水（8300 立方米每秒）。 水库枢纽工程由拦河大坝、右岸压力泄洪洞、非常溢洪道、古河道防渗工程和左岸明流溢洪洞，灌溉、发电输水洞以及电站等 7 部分工程组成。

二、石头河水库

石头河水库位于岐山、眉县、太白县三县交界处，黄河水系渭河南岸支流石头河上的斜峪关上游 1.5 千米处，北距蔡家坡 20 千米。工程以灌溉为主，兼具发电和防洪效益。石头河水库大坝是亚洲第一高黏土心墙土石坝，最大坝高 114 米，坝顶宽 10 米，坝顶长约 590 米，水库总库容 1.47 亿立方米。水电站装机容量 4.95 万千瓦，设计灌溉面积 8.5 万公顷。工程于 1971 年 10 月开工，1989 年 10 月完工。 坝址控制流域面积 673 平方千米，多年平均流量为 14.1 立方米每秒。大坝防洪标准按 100 年一遇洪水设计，流量为 2690 立方米每秒；1000 年一遇洪水校核，流量为 4620 立方米每秒。按可能最大暴雨计算，保坝洪水流量为 8000 立方米每秒。石头河水库位于眉县与岐山县交界处的褒斜古道北出口，坝址以上流域面积 646 平方千米，水库总库容 1.47 亿立方米，调节库容 1.2 亿立方米，原设计多年平均径流量 4.48 亿立方米，多年平均可供水量 2.7 亿立方米。1996 年以来，水库先后承担了西安、咸阳、杨凌、宝鸡等城市的供水任务，已经累计向西安供水近 10 亿立方米，向咸阳供水近 5000 万立方米，石头河水库已成为名副其实的“关中水塔”。

三、羊毛湾水库

羊毛湾水库位于陕西省乾县境内渭河支流漆水河中游，龙岩寺以上 10 千米，是一座以灌溉为主，兼有防洪、养殖等综合利用功能的大型水利工程，水库枢纽工程由大坝、输水洞、溢洪道和泄水底洞 4 部分组成，坝址以上控制流域面积 1100 平方千米。多年平均年径流量 8515 万立方米（1952—1986 年），最大 21338 万立方米，最小 3849 万立方米。实测最大洪水流量 825 立方米每秒（1954 年 8 月）。羊毛湾水库系为多年调节库，死水位 620 米（导渭高程，下同，比黄海高程低 13.998 米），正常蓄水位 635.9 米，相应死库容 1500 万立方米，有效库容 5220 万立方米。除险加固设计按 2000 年一遇洪水校核，滞洪库容 5280 万立方米计，总库容 1.2 亿立方米（原为 500 年一遇洪水校核，总库容 1.07 亿立方米）。正常蓄水位时，水库回水长度 7.3 千米，淹没面积 443 万平方米，属大（2）型水利工程。水库于 1958 年动工建设，历经 12 年，于 1970 年建成，先后于 1986 年、2000 年两次对羊毛湾水库进行除险加固。为补充水库水源，于 1995 年建成引冯济羊输水工程，每年可由冯家山水库向羊毛湾水库输水 3000 万立方米，有效解决水库水源不足问题。

四、 金盆水库

金盆水库位于陕西省周至县黑河峪口以上约 1.5 千米处，距西安市 86 千米，是一项以城市供水为主，兼有农灌、发电、防洪等综合利用的大（2）型水利工程。库容 2 亿立方米，坝高 130 米，坝顶高程 600 米，坝体为黏土心墙砾石坝。正常高水位为 594 米，蓄水后回水 20 多千米。金盆水库于 1996 年开工建设，2001 年主体工程完成，2003 年 6 月蓄水运行。坝址以上流域面积 1481 平方千米，水库总库容 2 亿立方米，调节库容 1.7 亿立方米，原设计多年平均径流量 6.67 亿立方米，年调节水量 4.28 亿立方米，可向城市供水 3.05 亿立方米，供水保证率 95%，向农业供水 1.23 亿立方米，供水保证率 50%。

枢纽由拦河坝、泄洪洞、溢洪洞、引水洞、坝后电站及古河道防渗工程等建筑物组成。水库按 100 年一遇洪水标准（流量 3600 立方米每秒）设计，2000 年一遇洪水（流量 6400 立方米每秒）校核。正常高水位 594.0 米，汛限水位 593.0 米，设计、校核洪水位分别为 594.34 米和 597.18 米。

拦河坝为黏土心墙砾石坝，最大坝高 130 米，坝顶长度 433 米，顶宽 11 米，坝顶高程 600 米，上、下游坝坡比分别为 1：2.2 和 1：1.8，其中下游坝坡布置有上坝道路。防渗黏土心墙顶高程 598.00 米，顶宽 7.0 米，最大底宽 83 米，上、下游边坡比均为 1：0.3，心墙与上、下坝壳间设有水平宽分别为 3.0 米和 5.0 米的反滤过渡层。

泄洪洞位于左岸，采用塔式深孔进水口，进口底板高程 545.0 米，工作弧门孔口尺寸为10米×10米，洞身段为“龙抬头”式明流洞，断面为10米×13米圆拱直墙式，出口底板高程为493.185米，桃流鼻坎为非对称扩散型，建筑物全长643.39米。泄洪洞设计洪水位下泄流量2421立方米每秒，校核洪水位下泄流量2450立方米每秒。

溢洪洞布置在右岸，进口堰顶高程578.0米，堰宽12米，堰后为跌落段、下接平流段，洞身为圆拱直墙式明流洞，断面尺寸12米×14米~10米×11米，出口为舌形扩散挑流鼻坎，建筑物总长471.242米。溢洪洞设计水位下泄洪量537立方米每秒，校核水位时下泄流量为2000立方米每秒。

引水洞位于左岸，进口放水塔总高85.7米，根据城市引水对水质的要求，设上、中、下3个分层取水口，高程分别为571.0米、554.0米和514.3米。洞身为直径3.5米的压力圆洞。出口弧门孔口尺寸2米×2米，弧门前布置有电站引水岔管，弧门后为洞内消力池，消力池末端与电站尾水相接，分别为城市和农灌供水，建筑全长764.17米。引水洞设计引水流量30.3立方米每秒，加大引水流量34.1立方米每秒。

坝后电站装置3台HLA153-LJ-120型水轮机及单机容量4000千瓦的发电机一台、8000千瓦发电机两台，总装机容量20000千瓦。电站年平均发电量7308万千瓦时。

五、南沟门水库

南沟门水库位于陕西省延安市黄陵县境内，坝址位于北洛河最大支流葫芦河河口上游3千米处的南沟门附近，距黄陵城约25千米，距洛川县城约17千米，距延安市约120千米，距西安市约180千米。枢纽工程主要由南沟水库、引洛入葫工程两部分组成。南沟门水库总库容1.97亿立方米，调节库容9020万立方米。枢纽由拦河大坝、溢洪道、导流泄洪排沙洞、发电引水洞、坝后电站等建筑物组成。大坝为均质土坝，最大坝高66米；左岸溢洪道全长467米，最大下泄流量289立方米每秒；右岸导流泄洪洞进口高程803米，最大下泄流量468立方米每秒，洞身段全长795米，采用6.0米×8.0米圆拱直墙断面；右岸发电引水洞全长1250米，设计流量9.1立方米每秒，洞身段长1212米，为圆形压力洞，洞径2米；坝后电站位于大坝下游1.3千米处，总装机容量2800千瓦，选用2台卧式混流水轮发电机组。引洛入葫工程主要由马家河引水枢纽和引水隧洞组成。马家河引水枢纽浆砌石溢流坝最大坝高11.3米，引水隧洞为明流隧洞，布置于洛河右岸，洞身段长6.12千米，采用3米×3.6米圆拱直墙形断面。南沟门水库任务是工业和城乡供水，兼顾灌溉和发电等综合利用。工程于2009年3月开工建设，在2014年12月开始蓄水运行，总投资19.21亿元。

六、亭口水库

亭口水库位于咸阳市长武县境内泾河一级支流黑河河口上游2千米处，是一座以工业和城镇生活供水为主，兼有防洪、发电等综合效益的大（2）型水利工程。该工程主要由大坝、泄洪排沙洞、溢洪道、输水洞、坝后电站5部分组成。大坝为均质土坝，最大坝高49米，总库容2.47亿立方米，年平均供水量7180万立方米，工程建设占地1.7万亩，影响人口3877人。反调节蓄水工程由大坝、泄洪洞、放水洞和抽水泵站组成，坝址位于黑河右岸的中塬沟，总库容986万立方米，主要功能是在亭口水库泄洪排沙期间保证正常供水。彬长矿区输配水工程输水管线全长42.5千米，拟建配水加压站6座。该工程于2011

年 11 月 28 日开工。

七、东庄水库

枢纽位于泾河礼泉淳化段的泾河峡谷，工程开发任务为“以防洪减淤为主，兼顾供水、发电及改善生态等综合利用”，是国务院确定的 172 项节水供水重大水利工程之一。工程建成后将成为陕西省库容最大、坝高最高的水利工程，同时也是目前全国唯一在建的具有调水调沙功能的大型水利枢纽工程。

枢纽主要由混凝土双曲拱坝、泄水消能系统、引水发电系统、供水进水塔等组成。水库总库容 32.76 亿立方米，水电站装机规模 110 兆瓦，混凝土双曲拱坝坝高 230 米，设计拦沙库容 20.53 亿立方米，概算总投资 163.61 亿元。工程于 2018 年 6 月开工建设，截至 2023 年 7 月，东庄水利枢纽工程大坝基坑开挖完成；二道坝工程首仓混凝土顺利浇筑完成；工程右岸 685 米高程灌浆洞全线贯通，库坝区防渗工程隧洞施工全线贯通；东庄水利枢纽供水工程水土保持方案已获省级批复。预计 2025 年 11 月下闸蓄水，首台机组发电；2026 年 12 月实现主体工程完工。

枢纽工程建成后，将通过拦蓄洪水、调水调沙使泾河下游防洪标准从 10 年一遇提高到 20 年一遇，使渭河 100 年一遇的洪水削减为 50 年一遇，保障了西安、咸阳、渭南 3 市 9 县近 150 万人和 80 万亩耕地的防洪安全。工程投运 50 年，将减少入渭泥沙 30.51 亿吨，有效解决黄河、渭河淤积和洪水灾害问题。工程多年平均供水量 4.35 亿立方米，多年平均发电量 2.85 亿千瓦时，每年可减少煤炭消耗 9 万吨。同时，库区形成长 97 千米，面积 7.3 万亩的水面，将确保泾河下游不断流，泾渭湿地不萎缩、不退化，大幅度改善泾渭流域生态环境。

第二节　中型水库

渭河流域关中地区共有中型水库（库容 1000 万 ~ 1 亿立方米）27 座。其中，位于宝鸡市境内的有 6 座，位于咸阳市境内的有 8 座，位于西安市境内的有 3 座，位于渭南市境内的有 5 座，位于铜川市境内的有 3 座，位于延安市境内的有 2 座，见表 4–3–1。

表 4–3–1　渭河流域中型水库列表

市（区）	县（区）	乡（镇）	水库名称	管理单位名称	行政隶属关系	水库座数	总库容 / 万 m^3	兴利库容 / 万 m^3	防洪库容 / 万 m^3	已淤积库容 / 万 m^3
中型						27	86849	47953	22059	17969
西安市	蓝田县	辋川镇	李家河水库	西安水务（集团）李家河水库管理有限公司	2 市属	1	5260	4400	0	0

续表 4-3-1

市（区）	县（区）	乡（镇）	水库名称	管理单位名称	行政隶属关系	水库座数	总库容/万 m^3	兴利库容/万 m^3	防洪库容/万 m^3	已淤积库容/万 m^3
西安市	临潼区	零口街办	零河水库	临潼区零河水库管理站	3 县属	1	3990	579	1564	1847
西安市	长安区	五台街办	石砭峪水库	西安水务（集团）石砭峪水库管理有限公司	2 市属	1	2810	2455	480	64
宝鸡市	凤翔区	姚家沟镇	白荻沟水库	凤翔区横水河灌溉管理处	3 县属	1	1465	446	298	467
宝鸡市	凤翔区	彪角镇	东风水库	凤翔区东风水库灌溉管理处	3 县属	1	1550	845	287	321
宝鸡市	陇县	曹家湾	段家峡水库	陇县南峡沟水库管理站	3 县属	1	1832	1127	839	300
宝鸡市	金台区	硖石乡	宝鸡峡林家村水库	宝鸡峡引渭灌溉中心	1 省属	1	5000	3800	2060	800
宝鸡市	高新区	千河镇	宝鸡峡王家崖水库	宝鸡峡引渭灌溉中心	1 省属	1	9420	4506	1346	3744
宝鸡市	扶风县	城关镇	宝鸡峡信邑沟水库	宝鸡峡引渭灌溉中心	1 省属	1	3705	2659	1046	352
咸阳市	乾县	城关镇	老鸦嘴水库	咸阳市羊毛湾水库管理中心	2 市属	1	2416	616	1718	70
咸阳市	乾县	峰阳镇	杨家河水库	泔惠渠管理处	3 县属	1	1695	530	680	485
咸阳市	三原县	嵯峨镇	冯村水库	三原县清惠渠管理站	3 县属	1	1957	750	757	450
咸阳市	三原县	城关镇	西郊水库	陕西省泾惠渠灌溉中心	1 省属	1	3406	2363	995	20
咸阳市	乾县	梁村镇	宝鸡峡大北沟水库	宝鸡峡引渭灌溉中心	省属	1	5210	2597	1167	1666
咸阳市	礼泉县	城关镇	宝鸡峡泔河水库	宝鸡峡引渭灌溉中心	省属	1	6463	3109	843	1620

续表 4-3-1

市（区）	县（区）	乡（镇）	水库名称	管理单位名称	行政隶属关系	水库座数	总库容 / 万 m^3	兴利库容 / 万 m^3	防洪库容 / 万 m^3	已淤积库容 / 万 m^3
咸阳市	礼泉县	烟霞镇	宝鸡峡泔河二库	宝鸡峡引渭灌溉中心	省属	1	3290	1498	1540	300
	淳化县	石桥	黑松林水库	泾阳县冶峪河管理中心	3 县属	1	1367	547	507	313
铜川市	宜君县	五里镇	福地	福地水库管理处	4 乡镇属	1	1050	261	0	211
	耀州区	石柱镇	桃曲坡水库	陕西省桃曲坡水库灌溉中心	1 省属	1	5720	4290	820	1551
	新区	咸丰办	玉皇阁水库	三原县玉皇阁水库管理	3 县属	1	1415	350	560	555
渭南市	临渭区	向阳办	湭河水库	湭河水库管理处	2 市属	1	3028	1971	929	1072
	华州区	高塘镇	涧峪水库	渭南市涧峪水库工程建设管理局	2 市属	1	1284	1115	189	0
		金堆镇	麻家砭水库	金钼集团机电修配厂	4 乡镇属	1	1230	965	70	0
	白水县	林皋镇	林皋水库	林皋水库灌溉管理处	3 县属	1	3300	1650	1350	500
	洛川县	石头镇	石堡川水库	渭南市石堡川水库管理中心	2 市属	1	6185	3230	1290	960
延安市	洛川县	槐柏	拓家河水库	洛川县拓家河水库管理处	3 县属	1	1550	510	384	270
	黄陵县	隆坊镇	郑家河水库	黄陵县水库管理处	3 县属	1	1250	785	340	31

一、宝鸡峡林家村渠首水库

宝鸡峡林家村渠首水库位于宝鸡市金台区硖石镇林家村，为渭河峡谷出口处，距宝鸡市区 4 千米。1997 年 12 月至 2007 年 6 月，在原溢流坝的基础上实施渠首加坝加闸工程，先后进行了加高坝体，增加泄水、引水、冲砂闸孔，修建坝后电站的改扩建工程，最终形成了林家村渠首水库。该水库是渭河干流上陕西唯一一座中型水库。坝区枢纽布置包括大坝主体和坝后电站两部分，大坝为中型Ⅲ等工程，防洪标准按 50 年一遇洪水设计、500 年一遇洪水校核；大坝长 208.6 米，坝顶宽 12 ~ 17 米，最大坝高 49.6 米，水库正常蓄水位 636 米，回水长 14.5 千米，总库容 5000 万立方米，有效库容 3800 万立方米（其中调沙库容 600 万立方米）。当库水位为 625.1 米时，可下泄 50 年一遇洪水 6040 立方米每秒；当库水位为 634.2 米时，可下泄 500 年一遇校核洪水 9720 立方米每秒。灌溉孔和发电孔设计最大引水流量分别为 65 立方米每秒和 58.9 立方米每秒。

二、老鸦嘴水库

老鸦嘴水库位于渭河二级支流漠谷河中下游，坝址在咸阳乾县城关镇老鸦嘴村西，属羊毛湾灌区渠库结合工程。它是一座以抽水灌溉、工业供水为主，结合防洪、养鱼、交通等综合利用的中型水库。水库包括大坝、泄水底洞两部分。安全标准按 50 年一遇洪水设计，200 年一遇洪水校核。大坝为碾压式均质土坝，最大坝高 53.9 米，坝顶设计标高 621.4 米，坝顶宽 20 米（兼羊毛湾灌区输水干渠及坝顶乾县至临平公路），坝长 220 米。泄水底洞位于坝左岸，为内径 2.2 米的马蹄形浆砌块石洞，长 233 米，进口高程 582 米，坡降 1 ∶ 300。进口建有放水塔，是个半成品。塔高 16.8 米，塔顶高程 589.8 米，塔内未设闸门。洞子出口设消力池，尾水与河道相接。坝址以上控制流域面积 245 平方千米，原设计按 50 年一遇洪水设计，洪峰流量 611 立方米每秒；200 年一遇洪水校核，洪峰流量 1070 立方米每秒。设计洪水位 610.4 米，校核洪水位 612.9 米，正常蓄水位 598.8 米，死水位 582.16 米，水库总库容 1802 万立方米，兴利库容 612 万立方米，死库容 67 万立方米，现已淤积 70 万立方米。水库下游 10 千米处为大北沟水库，宝鸡峡灌区总干渠从其坝顶通过。水库始建于 1958 年，1961 年至 1966 年 10 月曾中途停工，1970 年 4 月，坝体竣工。

三、李家河水库

李家河水库位于西安市蓝田县境内灞河支流辋川河中游，是西安市浐河以东地区的骨干水源工程。总库容 5690 万立方米，最大坝高 98.5 米（混凝土拱坝），供水设计流量 3.2 立方米每秒，多年平均供水量 5600 万立方米。供水渠道工程采用无压自流引水，供水渠（管）道由总干渠、北干渠、南支管组成，长度分别为 18.8 千米、28.9 千米、21.0 千米。工程总投资 7.6 亿元。

2009 年 11 月，工程开始建设，2010 年 11 月 28 日，大坝截流。先后完成了 98.5 米高的碾轧混凝土双曲拱坝、970 米引水洞、55 米高的放水塔、7.28 千米新建总干隧洞、13.4 千米的总干渠及引岱干渠旧渠改造、54 千米压力管线和管理房、坝后电站等工程的建设任务。2015 年 4 月 29 日，正式下闸蓄水。2015 年 5 月 8 日，正式向东郊白鹿原水厂供水。

四、沋河水库

沋河水库坝址位于渭南市区南 5000 米处的蒋家村，控制流域面积 224 平方千米。水库进库站位于坝址上游 3.5 千米处，控制流域面积 179 平方千米。

水库兴建于 1959 年，1963 年投入运用，水库原设计有效库容 1165 万立方米，总库容 2430 万立方米，主要水工建筑物由均质土坝、溢洪道、放水涵洞和放水塔 4 部分组成。

水库大坝为均质大坝，坝高 32 米，坝顶高程 409 米，右岸有开凿敞式溢洪道，进口高程 400 米，底宽 40 米，橡胶坝堰高 1.0 米，充水后，橡胶坝高 2.0 米，坝顶高程 403 米。溢洪道和大坝之间设有两座输水涵洞及一座排沙底洞，最大泄流量分别为 1.5 立方米每秒，5.0 立方米每秒和 40.0 立方米每秒。配套工程有东、西干渠 12.5 千米，支渠 4 条，长 26 千米，斗渠 69 条，长 90 千米，附属建筑物 204 座，原设计设施灌溉面积 6.04 万亩，有效灌溉面积 5.06 万亩，旱涝保收面积 3.84 万亩。

五、桃曲坡水库

桃曲坡水库位于渭河以北石川河支流沮水河下游，坝址距铜川市耀州区 15 千米。水库于 1969 年动工兴建，1980 年正式蓄水，1984 年通过验收。正常蓄水位 788.5 米（溢洪道加闸前为 784.00 米）；设计洪水位 788.5 米，校核洪水位 790.5 米；回水长度 6 千米。坝址以上控制流域面积 830 平方千米。水库总库容 5720 万立方米，兴利库容 3602 万立方米，死库容 1683 万立方米。

该水库是一座以灌溉为主，兼有城市供水、防洪、多种经营等综合利用的中型水库。设计灌溉面积 31.83 万亩。 水库枢纽工程设计等级为Ⅲ等，主要建筑物按 3 级设计，防洪标准按 100 年一遇洪水设计，1000 年一遇洪水校核，地震烈度为 6 度。100 年一遇洪峰流量为 1780 立方米每秒，1000 年一遇洪峰流量 3250 立方米每秒。100 年一遇设计洪水时水库最大下泄量 1454 立方米每秒; 1000 年一遇校核洪水水库最大泄流量为 2218 立方米每秒。水库枢纽工程由均质土坝、侧槽式溢洪道、高放水洞、低放水洞 4 部分组成。

为缓解灌区缺水和铜川市用水矛盾问题，经陕西省人民政府批准，1993 年开始陆续实施了马栏河引水工程与桃曲坡水库溢洪道加闸工程。马栏河引水工程已于 1999 年竣工，水库可引水总量由 6686 万立方米增加到 10920 万立方米。溢洪道加闸后正常蓄水位比原来正常蓄水位 784.00 米高出 4.5 米，即 788.5 米，兴利库容 3602 万立方米，增加 1016 万立方米，在保证城市供水的基础上，农田灌溉保证率由 37.4% 提高到 48.1%。

第三节　小型水库

截至 2020 年，渭河流域关中地区已建成运用的小型水库共 377 座，其中小（1）型水库 141 座，小（2）型水库 236 座。西安市 90 座，宝鸡市 97 座，咸阳市 64 座，渭南市 97 座，铜川市 29 座，见表 4–3–2 。

表 4–3–2　渭河流域关中地区小型水库分区总表

规模 / 所在地		数量	总库容	兴利库容	防洪库容	已淤积库容
小（1）型	西安市	30	9204.24	6143.92	2391.13	2265.2
	宝鸡市	36	9303.79	5650.4	2481.79	1286.63
	咸阳市	35	11411.53	3317.75	2923.65	2264

续表 4-3-2

规模 / 所在地		数量	总库容	兴利库容	防洪库容	已淤积库容
小（1）型	渭南市	31	10185.42	5452.5	4036.25	824
	铜川市	9	2864.2	972.4	513.18	1182.1
合计		141	42969.18	215376.97	12346.00	7821.93
小（2）型	西安市	60	2073.36	1253.36	420.07	221.4
	宝鸡市	61	2059.31	1202.98	555.91	446.96
	咸阳市	29	1388.72	577.69	219.49	209.08
	渭南市	66	2652.39	1651.7	691.62	452.43
	铜川市	20	692.39	304.1	144.34	210.7
合计		236	8866.17	4971.83	2031.43	1540.57

第四节　水库移民

陕西渭河流域水库移民主要有三门峡库区移民和其他大、中、小型水库移民。

一、基本情况

截至 2022 年底，渭河流域纳入水库移民后期扶持范围的大中型水库共有 28 座。中央累计核定渭河流域（不含延安，下同）后期扶持人口指标 575604 人，其中直补人口 436580 人，项目扶持人口 139024。渭河流域大中型水库移民共分布在 6 市 52 个县（市、区）405 个乡（镇、办）。据统计，截至 2022 年底，移民人均耕地面积 1.6 亩，其中人均有效灌溉面积 1.1 亩，移民人均住房面积 36 立方米；自来水普及率达 100%，互联网基本实现了全覆盖，进村主干道基本全部硬化完毕，文化活动室和卫生站基本全覆盖，每百人卫生厕所 30 个，人均可支配收入达到 15323 元。

二、三门峡库区移民

三门峡库区涉及陕西 4 个县 21 个乡镇 253 个自然村，土地 100 万亩，其中耕地 75 万亩，居民 19 万多人。1955 年准备，1956 年进行迁移。从 1957 年三门峡水利枢纽动工兴建到 1960 年底，共迁出 195483 人。1960 年 9 月水库蓄水后，因泥沙淤积，黄河、渭河、洛河河床抬高，塌岸严重，威胁沿河两岸居民安全，又将沿岸回水影响区的居民 89856 人进行后靠安置。回水淹没、浸没、塌岸影响涉及咸阳的秦都区、渭城区；西安的未央区、灞桥区及高陵区；渭南地区的临潼、渭南、华县、华阴、潼关、大荔、蒲城、合阳、韩城等共 14 个县（市、区）84 个乡（镇）510 个自然村，原朝邑县全部淹没，撤销建制并入大荔县；潼关县城因水库淹没搬迁到吴村塬新址。国家拨出安置移民经费 1.2028 亿元。平均每个移民 422 元。由于人口自然增长，移民总数到 1984 年底已增到 402203 人。这些移民被分散安置在陕西省内的渭南、富平、蒲城、合阳、澄城、白水等 13 个县（市）。由于许多移民在安置地的经济状态远不及在库区时，长期分散是国家和陕西省的不稳定因素。为此，从 1985 年开始，国家同意 10 万移民返回库区，至 1993 年底实际返库移民 93588 人。组建 9 个乡 67 个村。其中，有 8 万移民安置在 335 米高程以下。1996 年以后，国家对库区移民增加投资，并逐步将移民和后靠安置人员全部纳入国家政策扶持范围。自此，库区移民居住、生产、生活有了很大改变。

三、移民后期扶持

2006年,《国务院关于完善大中型水库移民后期扶持政策的意见》(国发〔2006〕17号）文件及配套文件发布后，陕西省印发了《陕西省人民政府办公厅关于印发〈陕西省大中型水库移民后期扶持政策实施方案〉的通知》（陕政办发〔2006〕55 号）。随后，又出台了《陕西省解决小型水库移民生产生活困难问题实施方案》，确定小型水库移民采用项目扶持方式进行扶持，并明确了资金筹措管理、项目规划实施及保障措施。此后，陕西省结合本省实际特点，围绕后期扶持人口核定登记和动态管理、项目管理、资金管理、监督管理、绩效管理等方面先后制定了一系列配套政策文件。同时，在移民避险解困、脱贫攻坚、美丽乡村建设、科技培训、贷款贴息、产业扶持等方面制定了新的政策文件。各县（市、区）也结合各自实际，针对省里下发的文件进行了细化和落实，这为渭河流域各级移民后期扶持工作的顺利开展提供了政策保障。

渭河流域大中型水库移民后期扶持资金支出方向主要为直补资金和项目资金，其中项目资金支出范围主要为避险解困试点项目、基本粮田建设及农田水利设施配套项目、基础设施及社会事业项目、生态建设及环境保护项目、劳动力技能培训和职业教育项目、生产开发项目及其他项目，见表 4–3–3。

表 4–3–3　渭河流域大中型水库移民基本情况（截至 2021 年底）

序号	行政区	县(区、市、旗)	乡（镇）/个	涉及移民村组 / 个		后期扶持人口动态核减人数		
				行政村	移民组	合计	直补到人	项目扶持
合计	6	52	405	2224	9105	575604	436580	139024
1	西安市	12	145	403	938	19441	15033	4408
2	咸阳市	11	64	171	137	20551	10995	9556
3	铜川市	4	17	57	77	8488	1377	7111
4	渭南市	12	121	1405	7371	501952	394958	106994
5	宝鸡市	12	57	187	581	25169	14214	10955
6	杨凌区	1	1	1	1	3	3	

注：数据未含延安渭河流域部分。

四、主要成效

2020年，渭河流域移民人均可支配收入为12723元，较2015年的7732元增加4991元，顺利实现“十三五”规划中“至规划期末达到12500元”的规划目标；移民人均可支配收入占全省农村居民人均可支配收入比重由2015年的89%提升到2020年的97%，提高了8%。随着后期扶持政策的实施，移民群众收入水平不断提高，与渭河流域农村居民人均可支配收入差距逐步缩小。实施了一批基本口粮田建设及农田水利设施配套项目、生产道路项目，移民生产条件进一步完善。推广贷款贴息项目，有效解决了移民发展生产中缺乏资金的难题，有力促进了移民增收，促进了产业结构的调整和优化，取得了明显的经济效益和社会效益。率先实施了农业保险保费补贴制度，有效消除了移民群众发展生产的后顾之忧，与生产开发贴息贷款项目配合实施，切实解决了移民生产发展缺资金、风险大的难题。试点推进“资源变股权”“资金变股金”“移民变股东”，实现移民收益长期递增。从移民群众信访数量看，2006—2022年，移民到县（市、区）信访数量总体呈下降趋势，维护了库区和移民安置区的社会稳定。

第四章　调水工程建设

关中地区水资源总量仅 73.28 亿立方米，人均和耕地亩均水资源量分别为 370 立方米、350 立方米，相当于全国平均水平的 17% 和 15%，人均水资源量低于国际公认的绝对缺水线，属严重资源型缺水地区。

1984 年 8 月，陕西省水利电力土木建筑勘测设计院水利专家王德让提出《引嘉陵江水源给宝鸡峡调水》的设想。1986 年，陕西省水电设计院高级工程师席思贤在《解决陕西省严重缺水地区供需矛盾的对策》一文中提出了相似的设想。1991 年 7—10 月，陕西省水利厅编制的《陕西关中灌区综合开发规划》《关中地区水资源供需现状发展预测和供水对策》对省内南水北调工程做了进一步研究。

1993 年，陕西省水利厅组织专家进行省内南水北调工程查勘，提出 7 条调水线路：引嘉陵江济渭河、引褒河济石头河水库、引湑水河济黑河、引子午河济黑河、引旬河济涝河、引乾佑河济石砭峪水库、引金钱河济灞河。

1994 年，陕西省水利厅厅长刘枢机主持厅务会讨论省内南水北调工程查勘报告，初步确定实施引红（红岩河）济石（石头河水库），远期实施引嘉济渭、引子济黑，实现年调水 20 亿立方米。4 月 28 日，陕西省水利厅向陕西省计划委员会报送了查勘成果。1995 年，陕西省水利厅组织普查了三河口水库，为引汉济渭工程确立迈出了重要一步。

1997 年，陕西省水利厅南水北调考察组提交了《陕西省两江联合调水工程初步方案意见》，在此基础上对引嘉入汉进行了深入查勘和规划研究，由陕西省水电设计院编制了《陕西省引嘉入汉调水工程初步规划报告》。

经过对多种调水线路组合方案论证与比较，陕西省水利厅于 2003 年完成了《陕西省南水北调总体规划》，确定以引汉济渭调水工程为骨干线路，与引红（红岩河）济石（石头河水库）、引乾（乾佑河）济石（石砭峪水库）组成的陕西省南水北调总体方案。

在规划南水北调工程的过程中，为更好地实现渭河流域关中水资源的集约节约利用，陕西省相继实施了流域内 4 项引水工程。

第一节　引汉济渭工程

2003 年 6 月 5 日，陕西省省长贾治邦在汉中市召开省内南水北调座谈会，要求加快引汉济渭工程前期工作。8 月 13 日，陕西省水利厅向陕西省政府报送了引汉济渭工程前期工作总体安排意见和 2003 年工作计划，汇报了《陕西省南水北调总体规划》和《引汉济渭工程规划》修改完善情况，明确了陕西省水利厅、发展和改革委员会推进引汉济渭工程前期工作的近期任务。

一、规划论证

引汉济渭工程规划过程中，针对关中缺水问题，曾先后研究过不同的解决途径，包括修建黄河古贤水库、引洮入渭调水工程、国家南水北调西线工程等。

黄河古贤水库具有较强的调控能力，但在国家南水北调西线工程建成前，无水可向关中调引；引洮济渭技术难度小，但调水量也小，而且是跨省从小河向大河调水，从半干旱地区向半干旱半湿润地区调水，在国家大西线调水实施以前，洮河流域水量同样不足的条件下，近期实施基本无望；南水北调西线一期工程分配陕西省水量约为8亿立方米，但在实施尚无明确时限，在时间上、水量上均不能满足关中地区近期发展要求，且向关中供水的配套工程建设难度很大。

经过多方案比较，陕南汉江流域水量丰富、水质优良，与关中仅以秦岭相隔，实施引汉济渭工程难度相对较小，且调水区在本省境内，调水区、受水区之间的利益关系易于协调解决。规划方案上报陕西省政府后，各相关部门对建设引汉济渭工程达成共识，初步确定的工程建设任务是优先解决关中近期缺水问题，通过水权置换增加陕北能源化工基地从黄河干流的用水指标。随即，将引汉济渭工程定位为全局性、基础性、公益性和战略性的水资源配置工程、城镇供水工程和渭河水生态环境整治工程。

2005年12月，国务院批准水利部、黄河水利委员会组织编制的《渭河流域重点治理规划》。这一规划肯定了从外流域调水解决关中缺水问题的必要性，要求加快引汉济渭调水工程前期工作。为此，陕西省水利厅组织完成了《引汉济渭调水工程规划报告》，对引汉济渭工程的调水规模、受水范围、工程方案进行了优化完善。

二、重大决策

2005年8月，陕西省委书记李建国、副省长王寿森亲自带领水利厅和省委、省政府两家研究室负责同志和水利专家开展了为期两个多月的专题调研，形成的《“十一五”陕西省水资源开发利用调查研究报告》提出，“十一五”期间开始实施的“两引八库”等建设项目，即“引红济石”“引汉济渭”和八项水库工程。这次调研第一次在省委决策层面明确提出了建设引汉济渭工程的意见。

2007年4月29日，袁纯清省长、张伟副省长和省政协副主席王寿森带领省级有关部门和西安、汉中两市的负责同志赴周至县、佛坪县实地查勘引汉济渭调水工程现场，同时确定成立由省委常委、常务副省长任组长的陕西省引汉济渭工程建设协调领导小组，要求按照实质性启动的要求积极开展引汉济渭前期工作和相关准备工程建设。

2007年6月12日，陕西省引汉济渭工程协调领导小组正式成立，并召开第一次协调领导小组成员会议，要求陕西省水利厅强力推进引汉济渭工程前期工作。

2007年7月，陕西省委书记赵乐际同志亲自安排省委中心学习组，听取了陕西省水利厅洪小康副厅长关于“渭河保护与治理研究的专题讲座”，省委、省政府领导在渭河治理和建设引汉济渭工程上达成了历史性共识。

2007年9月12日，陕西省省长袁纯清带领省有关部门主要负责同志赴水利部汇报工作，水利部部长陈雷表示大力支持陕西建设引汉济渭工程，要求水利部有关司局和水规总院在国家相关规划中明确提出引汉济渭工程，并协助陕西做好水量论证和方案优化工作。

2007年9月28日上午，陕西省委书记赵乐际带领省级有关部门冒雨考察引汉济渭工程，要求有关部门集中力量做好各项准备工作，加快工程建设，并强调工程设计要留足生态用水，制定有针对性的生态环境保护措施，把工程对环境的影响降到最低。

2007年11月15—19日，水利部水规总院在北京召开《引汉济渭工程水资源配置规划》技术咨询会议，对水资源节约利用、合理配置、有效保护和水污染治理提出了咨询意见。

11月23日，水利部部长陈雷带领有关司局负责同志视察了三河口水库坝址，强调在前期工作中坚持科学规划、统筹考虑，兼顾上下游用水，协调好生产生活用水，把工作做细做实。

2007年12月16—17日，水利部与陕西省人民政府在西安联合召开引汉济渭工程项目建议书咨询论证会议，肯定了引汉济渭工程建设的必要性，建议引汉济渭工程按最终年调水15亿立方米规模立项、分步实施的方案建设。

国家发展和改革委员会于2011年7月21日以发改农经〔2011〕1559号文件批复了引汉济渭工程项目建议书。2014年9月30日，以发改农经〔2014〕2210号文批复引汉济渭工程可行性研究报告。

三、总体布置

引汉济渭工程主要由秦岭输水隧洞、黄金峡水利枢纽、三河口水利枢纽三大部分组成，主体工程概括为“两库、两站、两电、一洞两段”。

引汉济渭工程在汉江干流黄金峡和支流子午河分别修建水源工程黄金峡水利枢纽和三河口水利枢纽蓄水，并利用黄金峡水利枢纽坝后泵站抽干流水通过秦岭输水隧洞黄三段输水至三河口水利枢纽坝后右岸控制闸，大部分水量通过控制闸直接进入秦岭输水隧洞越岭段送至关中地区，少量水（黄金峡泵站抽水流量大于关中用水流量部分）经控制闸由三河口泵站抽水入三河口水库存蓄，当黄金峡泵站抽水流量不能满足关中地区用水需要时，由三河口水库放水补充，所放水经坝后电站发电后通过控制闸进入秦岭输水隧洞越岭段送至关中地区。

四、工程建设规模

（一）黄金峡水利枢纽建设规模

黄金峡水利枢纽是汉江梯级开发的第一个梯级，具有发电、航运等综合利用效益。水库正常蓄水位450米，汛限水位448米，死水位440米，设计洪水位448.01米，校核洪水位453.05米，总库容2.29亿立方米，调节库容0.69亿立方米；坝后电站装机容量135兆瓦，多年平均发电量3.63亿千瓦时；泵站设计抽水流量70立方米每秒，设计扬程117米，装机容量129.5兆瓦。

（二）三河口水利枢纽建设规模

三河口水利枢纽是引汉济渭整个调水工程的调蓄中枢。水库正常蓄水位643米，汛限水位 642 米，死水位 558 米，设计洪水位 642.95 米，校核洪水位 644.7 米，总库容 7.1 亿立方米，调节库容 6.62 亿立方米；坝后电站装机容量 45 兆瓦，多年平均发电量 1.02 亿千瓦时；泵站设计流量 18 立方米每秒，设计扬程 97.7 米，装机容量 27 兆瓦。

（三）秦岭输水隧洞建设规模

黄三段洞长 16.52 千米，位于秦岭中低山区，埋深 80 ~ 575 米。围岩成洞条件较好，Ⅱ、Ⅲ类围岩占 88% 以上。隧洞穿越断层主要有 9 条，其中 8 条大角度与洞线相交。隧洞穿越地段均在地下水位以下，特别是在沙坪水库附近可能有地下水富存，应防止发生突然涌水。越岭段洞长 81.78 千米，最大埋深约 2000 米。过岭脊段以Ⅰ、Ⅱ类围岩为主，其余地段以Ⅲ、Ⅳ类围岩为主，工程地质条件较为复杂。存在的主要地质问题有：大理岩及构造破碎带可能存在较大涌水，深埋段可能发生岩爆，断层带施工时可能出现围岩失稳现象。秦岭输水隧洞设计流量 70 立方米每秒，洞长 98.3 千米，综合纵坡比 1 ∶ 2500。

五、工程建设投资估算

按 2012 年第二季度价格水平，并根据工程设计、水库征地移民等方面的调整意见，工程静态总投资 1621807 万元，工程总投资 1804316 万元，其中工程部分投资 1231110 万元、淹没处理及工程占地投资 352579 万元、水土保持工程投资 20391 万元、环境保护工程投资 17727 万元、建设期贷款利息 182509 万元。

六、工程建设

2004 年 12 月 31 日，陕西省政府常务会议决定启动引汉济渭工程前期工作；2007 年 4 月 29 日，省政府决定实质性启动准备工程建设；2011 年 12 月 8 日，引汉济渭工程建设动员大会在周至县黄池沟隆重举行；2012 年 9 月 27 日，陕西省第十一届人大常委会做出《关于引汉济渭工程建设决议》；2014 年 2 月 14 日，陕西省委、省政府在工程现场举行

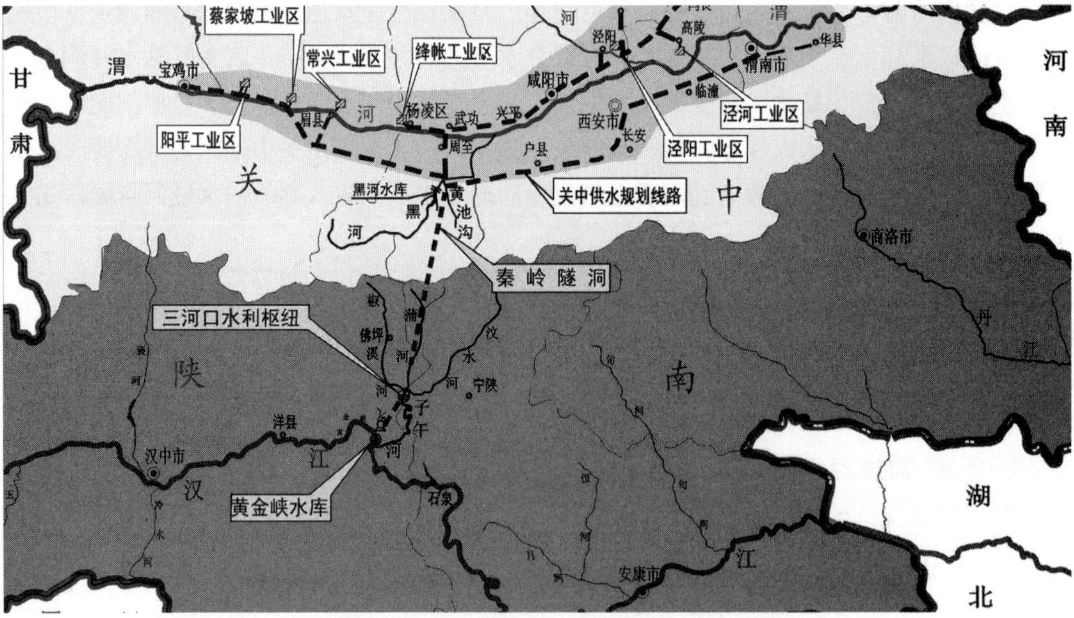

引汉济渭工程供水区范围示意

了三河口水利枢纽建设动员大会，全面铺开三河口水利枢纽工程建设；2021 年 2 月 9 日，下闸蓄水。2022 年 2 月 22 日，全长 98.3 千米的引汉济渭工程秦岭输水隧洞全线贯通。黄金峡水利枢纽于 2015 年 9 月开工建设；2023 年 7 月 9 日，下闸蓄水；2023 年 7 月 16 日，引水工程实现通水。

七、效益

引汉济渭受水区范围为关中地区的西安、宝鸡、咸阳、渭南、杨凌区 5 个大中城市，长安区、泾阳县等 12 个县级城市及泾阳工业密集区等 6 个工业园区。

（一）水润关中

工程所调水量将满足关中近 1000 万人的生活用水，支撑约 500 万人的城市规模，满足 5000 亿元 GDP 的生产用水；将使以前不能适时适量灌溉的近 500 万亩农田用水得到保障。通过引汉济渭工程输配水管网建设，进而实现全省从西到东、从南到北的供水管网大通道，构筑起全省城镇供水大动脉，不仅实现水润西安、水润关中，还将实现水润陕西，发挥建设富裕陕西、和谐陕西、美丽陕西的基础性作用。

（二）支撑陕北发展

工程所调水量进入关中经充分利用后，将通过回归增加渭河下泄黄河的水量，通过“以下补上”，为陕北地区置换 5 亿 ~ 7 亿立方米黄河干流的取水指标，支持陕北能源化工基地和城镇化建设。

（三）带动陕南发展

工程建设中将配套实施交通道路、电力通信等基础设施建设和库区治理、水源区保护、旅游开发等项目，为陕南带来新的发展机遇，同时可以减轻汉江上游地区的防洪压力。工程建设将完成近 1 万人的移民搬迁，使搬迁移民的生产生活条件得到改善。

（四）改善生态环境

陕南调水区将通过水源区保护、水土保持、污水处理，生态环境会进一步得到提升；通过黄金峡水库建设，将有 249 千米的汉江河道和众多支流得到切实保护，沿河的防洪压力会大大减轻；依托引汉济渭工程，旅游资源也将得到进一步开发利用，并形成陕南发展新的增长点。关中地区供水得到保障后，将归还挤占的生态水、超采的地下水、挪用的农业用水，增加渭河干流水量，渭河水少、沙多、污染严重的生态环境将会有很大改观。

第二节　其他调水工程

引汉济渭工程实施之前，陕西省还相继筹划实施了引红济石等 4 项从长江流域的陕南向黄河流域的关中地区调水的工程，为实现全省的水资源优化配置发挥了一定作用。

一、引红济石

引红济石中“红”指的是秦岭南麓汉江水系褒河支流红岩河，“石”指的是秦岭北麓渭河支流石头河。引红济石调水工程是国务院批准的《渭河流域近期重点治理规划》和陕西省的《陕西省水资源开发利用规划》确定的“十一五”重点水源项目。工程位于宝鸡市太白县，自秦岭南麓汉江水系褒河支流红岩河上游取水，通过穿越秦岭的长隧洞自流调入秦岭北麓渭河支流石头河，经石头河水库调节后向西安、咸阳、宝鸡、杨凌等城市供水，并向渭河干流补充一定的生态水量。工程设计最大引水流量13.5立方米每秒，设计年调水量9210万立方米，经石头河水库结合自身产水量进行调蓄后，水库年均供水量2.66亿立方米，除保持向西安城市供水0.95亿立方米，新增向杨凌、咸阳等城市供水1.26亿立方米。该工程主要由位于红岩河上的关山低坝引水枢纽和穿越秦岭五里坡梁与太白盆地南缘山区的19.76千米长输水隧洞两大部分组成。2006年10月8日，工程开工建设；2018年12月20日，工程通水。工程总投资10亿余元。这项工程通过穿越秦岭的19.76千米隧洞自流调水进入渭河支流上的石头河水库，年调水9000万立方米。引红济石工程的建设，对于优化全省水资源配置，有效缓解关中地区严重缺水局面，改善渭河生态状况，促进全省经济社会可持续发展，具有十分重要的意义。

二、引乾济石

引乾（乾祐河）济石（石砭峪水库）调水工程是西安市兴建的第一项跨流域调水工程。乾佑河取水口以上流域面积262平方千米，多年平均径流量8780万立方米，年可调水量5480万立方米。经联合调节计算，来水频率95%情况下，水库可向城市最大供水量为3845万立方米（10.5万立方米每天）。

引乾济石调水工程是利用西康公路秦岭隧洞施工的有利条件修建输水隧洞，将柞水县乾佑河的水调入五台街道石砭峪水库，经石砭峪水库统一调度调节后向西安市城区供水，增加城市生活和工业供水水量，并补充城区和下游河道生态环境用水。该工程是在老林河、太峪河、龙潭河上分别修筑低坝（共3座）引水，由引水渠道引至隧洞前汇流池，经调节后入隧洞。

工程主要包括引水枢纽、引水明渠、沉沙池、引水隧洞、压力管道、倒虹、汇流池及秦岭输水隧洞等。引水线路全长21.85千米，其中18.05千米为穿山隧洞，采取自流输水，引水洞最大输水流量为8立方米每秒。为了保持下游河段的生活、生产和生态环境用水，流量小于0.2立方米每秒时不引水，在汛期尽可能多引，设计年调水量4697万立方米。

工程于2003年11月30日正式开工。2004年12月26日，18千米秦岭输水隧洞全线贯通。2005年7月，岭南引水工程、汇流池及3座低坝主体建成，同年7月底试通水一次成功。工程完成总投资2.38亿元。

引乾济石调水工程是西安城区规划的六大供水水源之一。工程通水后，根本性地改善了西安城区东部的供水状况，促进了西安经济社会的可持续发展，给陕西及全国引水工程提供了经验。

三、引湑济黑

通过引水隧洞将长江流域湑水河水量引至周至县黑河，工程引水枢纽位于周至县境内老县城的湑水河上，所引水量经过黑河引水工程向西安城市供水。位于黑河水库上游的引湑（湑水河）济黑（黑河）调水工程是西安市兴建的第二项跨流域调水工程。该工程于2006年9月开工，2010年10月建成通水。取水口以上流域面积125.88平方千米，多年平均径流量1.05亿立方米，设计最大引水流量10立方米每秒，年平均调水量 4248 万立方米。

四、引嘉济清

引嘉济青调水工程是从长江流域一级支流嘉陵江引水到宝鸡渭河一级支流清姜河。工程由中国市政西南设计院、宝鸡市水利水电设计院和宝鸡市自来水公司联合分段设计。引水隧洞高 2.1 米、宽 1.8 米、长 1807 米。1995 年 12 月 28 日，工程开工建设，由空军第七工程总队承担施工。1997 年 7 月 20 日，工程隧洞贯通。设计年引水量 912.5 万立方米。

第三节　区域引水工程

一、马栏河引水工程

马栏河引水工程是为增加桃曲坡水库水源，解决铜川水荒而实施的渭河流域内不同支流之间的跨流域引水工程。该工程由泾河支流马栏河引水至沮河入桃曲坡水库，年调水 1200 万～1500 万立方米，经水库调蓄后向铜川市老城区供水。

（一）决策与前期工作

1990 年 11 月 24 日，陕西省常务副省长徐山林主持召开第 46 次省长办公会，专题研究铜川市供水工程建设问题。会议确定了铜川市城市供水水源方案，即实施桃曲坡水库溢洪道加闸工程增加库容 1000 万立方米，实施马栏河引水工程向桃曲坡水库引水 1200 万～1500 万立方米，两项工程实施后，每年由桃曲坡水库向铜川老城区供水 1200 万～1500 万立方米。工程设计工作由陕西省水利厅负责，工程建成后，由陕西省桃曲坡水库管理局统一管理，工程所需资金由省上负责安排。1991 年 1 月 19 日，陕西省副省长王双锡在旬邑县召开现场办公会，协调解决引水水源问题。1992 年 5 月 21—22 日，陕西省计委对桃曲坡水库扩建工程（马栏河引水工程）初步设计进行审查，并以陕设计〔1992〕356 号文批复了马栏河引水工程初步设计。

（二）工程建设过程

马栏河引水工程由引水枢纽、隧洞、出口连接渠道 3 部分组成。枢纽工程位于咸阳市旬邑县马栏镇西北约 450 米的马栏河上；出口连接渠道位于铜川市耀州区庙湾镇三十六亩地的半面沟与沮河支流西川河之间；整个工程的关键部位是老爷岭引水隧洞。引水隧洞全长 11.491 千米，1992 年 10 月开工，1997 年 12 月 24 日实现全线贯通，1998 年 9 月 26 日完成了引水隧洞铺底工程。工程建设过程中，凝结了“无私奉献、顽强拼搏、团结互助、敢为人先”的马栏引水精神。枢纽工程由施工导流、拦河坝和冲沙闸、进水闸构成。工程于 1998 年 3 月 1 日开工，同年 9 月 12 日完工。出口连接渠道工程全长 672 米，1998 年 5 月 5 日开工，7 月 25 日完工。引水隧洞、枢纽工程、出口渠道三大工程完成后进行了试通水。1998 年 9 月 28 日，马栏河引水工程建成通水仪式在马栏工地隆重举行，陕西省省长程安东，陕西省委常委、省纪委书记李焕政，原副省长王双锡以及省政府有关部门，铜川与咸阳市主要负责人，工程建设与施工单位干部职工，以及当地群众 1000 多人参加了这次盛会。陕西省政府对建设单位、施工单位颁发了嘉奖令。程安东省长亲自按动通水按钮，涓涓清流顺着万米隧洞流入桃曲坡水库。

（三）工程建设投资

马栏河引水工程共完成投资11920万元，其中拨改贷资金700万元，建设银行贷款2700万元，省非经营性资金1950万元，以工代赈资金370万元，省财政专项1200万元，小水资金1300万元，防洪保安资金700万元，水利债券筹集3000万元。

二、引冯济羊工程

该项目是陕西省关中西部灌区之间的联网调水工程，是从冯家山灌区向羊毛湾水库的引补水工程。设计引水流量5.0立方米每秒，加大流量7.0立方米每秒，每年可向羊毛湾水库补水4000万立方米，增加补水灌溉面积5666.7公顷，扩大灌溉面积1333.3公顷。工程于1995年10月15日开工建设，1997年6月26日全线贯通运行。工程为Ⅲ等中型水利工程，自宝鸡市扶风县天度镇南冯家山北干渠末端设闸引水，经过拱涵、隧洞、渡槽、退水陡坡至羊毛湾水库。途中共有隧洞3座，全长9484米；拱槽1座，长340.75米；渡槽2座，长98米；进水节制闸1座，长9.25米；入库退水陡坡1座，长143米；引水工程总长10.1千米。工程累计完成投资4940.16万元，其中建安工程3646.1万元，机电设备购置25.94万元，其他投资1268.12万元。

三、引岱济荆调水工程

该工程位于西安市蓝田县前卫镇东部将军村处的荆峪沟末端，距县城西南16千米处。工程主要将岱峪水库蓄水经引岱干渠引至将军疙瘩分水闸处，并沿南支渠41米处新建进水闸，水通过陡坡明渠引入荆峪沟沟头，再通过新建设的输水管道、浆砌石矩形渠、梯形土渠调至蓝汤公路处，然后经过自然沟渠流入鹿塬水库，经鹿塬水库输送到西安市红旗水库，最后通过红旗水库向东郊灞桥热电厂的专用供水暗管将水送至灞桥热电厂。工程主要由引岱干渠整修工程、将军供水陡坡工程、供水管渠工程组成。该工程由西安市水利建筑勘测设计院设计，西安市水务局2007年7月批复初设，核定工程概算总投资为173万元，建设工期为2个月。工程建设主要内容为新修陡坡浆砌石梯形明渠230米，埋设输水混凝土管道850米（其中700米DN800，150米DN700），新修浆砌石矩形明渠1千米，整修输水土渠2.24千米，修建分水闸1座、简易车桥1座、人行便桥20座。工程于2007年8月14日开工建设，2007年11月14日完工，通水流量约0.3立方米每秒。该工程实现了四库联调，保证了西安市灞桥热电厂供水需求。2010年10月22日，西安市水务局对工程进行了竣工验收。

四、西安市生态引水工程

2005年以来，面对西安市城区多处水污染、水生态恶化的状况，西安市投资1亿多元建设了“引沣进城”“引大济河湖”等生态引水工程，将秦岭南山水系引至曲江遗址公园、大唐芙蓉园、兴庆湖、 护城河、团结水库等，每年为城区新增3000多万立方米生态水，改善了兴庆湖、护城河、曲江南湖、大唐芙蓉园、 皂河、团结水库等城区河湖水质。

“引沣”生态工程。通过沣惠渠引沣河水用于改善生态环境，缓解西郊、北郊工业生产用水压力，同时供应西高新、北郊城市公园用水。2006年，其先导工程——国家农业综合开发沣惠渠节水改造工程开工。2008 年 10 月 8 日，由西安市水务局筹资 1986 万元改造的沣惠渠通水，每日向皂河注入 20 多万立方米的沣河清水，改善了皂河水质。2009 年 4—9 月，实施沣惠渠向团结水库引水管道工程，引水流量 1.5 立方米每秒，引水管道长 12 千米，将沣河水引进团结水库，为汉城湖的全面建成打下了坚实基础。

“引大济河湖”生态引水工程又名大峪供水工程，是通过大峪灌区总干渠、西干渠，将长安区大峪水库等“三库一河”（大峪水库、许家沟水库、东沟水库、库峪河）的水接入兴庆湖、护城河原供水管线，沿途依次连接长安航天基地人工湖、曲江南湖、大唐芙蓉园、兴庆湖、护城河，年引水 1000 万立方米。2008 年 6 月，西安市市长陈宝根在调研护城河污染治理时，对该项目给予充分肯定。2009 年 3 月，西安市发展和改革委员会批复工程可行性研究报告，总投资 9234.85 万元。工程于当年 4 月中旬开工，西安市水务局实施西干渠清淤、加固防渗 19.36 千米，西安市委实施孟村改线段 2383 米，西安市文物局实施兴庆湖退水改造 340 米，曲江管理委员会实施管道 6020 米，航天管理委员会实施管道 5542 米，工程 6 月底完工，实现了引清水进城以改善生态环境的目标。

第五章　城乡供水

渭河流域关中地区的城乡供水可以追溯到汉武帝修建的昆明池，当时除训练水军外，还解决京都长安城的用水问题。以后，历朝历代都非常重视城乡供水问题，尤其是国都的供水。唐宋至清代，渭河关中一带也有刺史、县令将泉水引入县城以缓解城内远地汲水之难的记载。农村饮水历来都采取傍河汲水、打窖修池、掘井汲水等方式解决。新中国成立后，渭河流域城镇自来水水源和农村用水主要靠抽取地下水。自20世纪80年代起，为应对急剧增长的城市用水需求，渭河流域开始利用已有水源工程或新建水源工程向城市供水，这使城乡供水情况得到极大改善，支撑和满足了流域发展要求。

第一节　新中国成立前的关中城乡供水

一、长安供水

昆明池在汉唐时是都城长安供水系统的重要组成部分。西汉长安城规模宏大，人口众多，比同时代西方最大的古罗马城还大3倍，因此城市供水是个极其重要的问题。西汉统治者在修建长安城的时候，就考虑到充分利用周围的自然河流，用纵横交错的渠道和人工开掘的池塘把周边河流连结为一个完整而有机的供水系统，使沣河、洨河、潏河、浐河、灞河相互连通，保证了长安城正常的水源供应。在长安城所有的供水系统中，昆明池不仅容量极大，其水质清澈也是极其有名的。至隋代，昆明池水还是很洁净的，因而其作用也就显得至关重要，起着总蓄水库的作用。昆明池的供水渠道分为两支，一支流向长安城南面和东面，同漕渠相接，通向灞桥，供应城南地区的用水，并起着调节漕渠水量大小的作用。另一支由长安城的西南角流入沧池和太液池。未央宫和长乐宫的用水依靠沧池，太液池供应建章宫的用水。昆明池同时具备调节水量和控制水流的作用，为后代的城市建设提供了极好的经验和范例。

隋代，宇文恺任总设计师营造空前宏大的大兴城，开凿了引浐水的龙首渠、引洨水的永安渠、引潏水的清明渠，以解决城市生活用水和宫苑环境用水。永安渠开凿于隋开皇三年（583年），因渠水引自洨水，也称洨渠。永安渠在开凿之初，主要是流经长安城的各个里坊和西市，为这些地方提供用水。入唐以后，主要供皇城、宫城用水，大明宫中的用水就主要来自永安渠。清明渠开凿于隋开皇初年（581年），位于永安渠东，与永安渠同为隋唐长安城西部各坊及皇城、宫城的供水渠道。长安城西城区及皇城、宫城生活用水的供应、城内居民饮用、洗濯、各处营造景致都利用它，但清明渠的主要功能还是供应宫内的生活用水。皇宫内苑多处辟有水面广阔的湖泊，这些用水也主要来自清明渠。龙首渠开凿于隋开皇三年（583 年），俗称浐水渠。龙首渠是唐长安城东北隅各坊及东内苑、西内苑、禁苑等宫廷的供水渠道，还有大明宫中的太液池用水也来自龙首渠。

唐王朝在利用隋代开凿渠道的基础上，又引大峪、潏水开凿了黄渠。渠道的开凿，使长安城得以更好地利用城周围的水源。长安城内除 5 条主要渠道外，还有许多大小不等的小沟渠，遍布长安城的各个里坊，方便了居民的取水和用水。明太祖洪武十二年（1379 年），朝廷同意偏将军李文忠关于“陕西病碱卤，请穿渠城中，遥引龙首渠东注”的建议。明英宗天顺八年（1464 年），都御史项忠提出西安城西井泉碱苦，饮者辄病，应引西南皂河入城的意见，并先后东引龙首渠，西南引皂河水为京城供水。

民国三十六年（1947 年）1 月 18 日，成立以陕西省建设厅厅长白荫元为主任委员的引水入城委员会。3 月 2 日，龙渠整修工程开工，5 月 20 日竣工，共用以工代赈款 3.6 亿元。龙渠由长安县水磨村碌碡堰设闸引水，经杜城庵、沈家桥、丈八沟、南窑头、糜家桥等，至西城门口绕城墙北行，于玉祥门南入城，沿西五台北侧至洒金桥入暗渠而达莲湖，渠长 20.8 千米，水源以潏河为主，以皂河为辅，最大引水量 0.5 立方米每秒，除给西安城区补水外，还可灌溉农田 40 余顷。

二、县乡供水

唐文宗开成二年（837 年），坊州（今黄陵县东南）城郭无水，城东北 7 里有上善泉，刺史张怡架水入城，缓解城内远地汲水之难。开成四年（839 年），刺史崔骈复增修之，民获其利。宋仁宗嘉祐年间（1056—1063 年），永寿县令吕大防引分水岭（永平乡北 2.5 千米）之三泉水至县城，解决人畜饮水困难，名曰吕公渠，后又屡废屡修。清圣祖康熙九年（1670 年），知县张昆重新修建吕公渠，开山架槽，引水入城，用瓦筒连接，专人管理，渠成更名为惠民渠。清代以来，关中县乡供水重点用开凿水井解决，原有旧渠渐废。

第二节　现代城市供水

新中国成立后，渭河流域城镇自来水水源和农村用水主要靠抽取地下水。自 20 世纪 80 年代起，为应对急剧增长的城市用水需求，渭河流域开始利用已有水源工程或新建水源工程向城市供水，先后建设了石头河水库向西安市、咸阳市、宝鸡市，黑河金盆水库向西安市，沈河水库向渭南市，桃曲坡水库向铜川市，冯家山水库向宝鸡市供水等一批城市供水工程。

一、西安城市供水

现代西安市城市供水水源有 21 处之多，其主要供水工程包括黑河引水系统、石头河水库供水、石砭峪水库供水和地下水源供水四大部分。黑河引水系统以黑河金盆水库为主要供水水源，以石头河水库为补充水源，以石砭峪水库为事故应急水源，沿途同时接收就峪河、田峪河、沣河地表径流以及甘峪水库库水，形成日供水能力达到 110 万立方米的地表水供水系统。其中，黑河金盆水库，年可向城市供水 3.05 亿立方米，引湑济黑工程年平均可向金盆水库调水量4248万立方米。石头河水库每年可向西安市供水9500万立方米。石砭峪水库每年可向西安供水4200万立方米，引乾济石调水工程年可供水量4943万立方米。西安市沿渭河有地下水水源地7个，分别是西安市自来水公司的渭滨水源地、段村水源地、西北郊水源地、临潼张庄村水源地、临潼新丰水源地、阎良张卜水源地以及泾渭工业园区水源地。7个水源地共有机电井145眼，2010年，37眼井关停。另外，为解决地下水超采、市区地面沉降等地质问题，西安市从1999年开始对市区的自备水源逐步进行封闭或封停，日供水量减少到28.75万立方米，每年减少市区地下水开采量4000多万吨。据有关部门检测，市区大部分地区地下水位呈回升趋势，地面沉降等城市地质环境问题有所改善。

二、宝鸡市城市供水

宝鸡市城市供水水源主要为冯家山水库和石头河水库两大工程。

（一）冯家山水库向宝鸡市区供水工程

1992年，陕西省水利厅下发《关于从冯家山水库向宝鸡市区供水的批复》，同意冯家山水库在基本保证原设计灌溉面积9067公顷和向羊毛湾灌区年保证供水3000万～4000万立方米的前提下，通过适当降低灌溉定额、充分开发利用灌区地下水、科学合理调度等手段，调剂出一部分水量向宝鸡市城市供水，工程规模可按年供水6000万立方米设计。1996年，陕西省计委相继批准工程立项、可行性研究报告和初步设计。1997年3月，引水工程正式开工建设。1998年6月全线试通水，2000年6月管道试通水成功，2003年9月通过竣工验收。该工程引水管线总长10.651千米，输水管道总长24.2千米，市区敷设3条总长10.71千米主干管。净水厂位于宝鸡市凤翔区长青镇高嘴头村付家硷，总占地面积5.33公顷。工程建成投运后，交由宝鸡市自来水公司负责经营。从2000年开始供水至2015年，水库共向宝鸡市区供水38485万立方米，年平均供水2405万立方米。水库年均水费收入714.2万元。

（二）石头河水库向宝鸡市区供水

石头河水库引水工程是宝鸡市21世纪重点水利建设项目，是缓解宝鸡市渭河川道缺水问题的骨干工程。2009年10月29日工程开工。2013年8月工程全线贯通。2014年4月21日正式供水。

石头河水库宝鸡引水工程东起石头河水库斜峪关水电站前池，西至宝鸡市高新区文兴路（高新13路），由取水工程、净水厂、净水输水工程及稳压调蓄池4部分组成。供水服务区为眉县科技工业园（眉县县城）、蔡家坡科技工业园（蔡家坡地区）、陈仓区和宝鸡市主城区。设计年供水能力4000万立方米，其中：宝鸡市主城区2600万立方米每年、陈仓区480万立方米每年、蔡家坡地区600万立方米每年、眉县城区320万立方米每年。截至2015年底，工程已向宝鸡市区、陈仓虢镇和眉县县城共计供水1849.1万立方米。

三、咸阳市城市供水

咸阳市城区供水水源是由石头河地表水和城区地下水双水源构成的。石头河水库地表水具有 30 万吨每天的供水能力，城区有地下水源井 67 眼，具有 14.5 吨每天的生产能力。市政集中供水约为 13.2 万吨每天（不含企业自备水源），其中地表水供水约 4.5 吨每天，地下水源井供水约 8.7 吨每天，供水管网长度 228.5 千米。地下水源井 67 眼中有 45 眼处于运行状态，其余 22 眼为备用水源井。

咸阳市引石（石头河水库）过渭（渭河）工程暨石头河水库供水工程是陕西省城镇供水日元贷款项目最大的子项目。全线施工从 2008 年 3 月 26 日开始，至 2009 年 9 月 29 日工程全线贯通，10 月 28 日建成通水。截至 2015 年底，已累计供水 8489 万立方米，年均供水 1415 万立方米。

四、杨凌区城市供水

杨凌供水水源主要来自石头河水库。 2010 年 1 月 21 日，水利部综合事业管理局、杨凌示范区管委会以及石头河水库灌溉管理局三方出资组建了杨凌新华水务有限公司（其中水利部综合事业管理局占 80% 股份，杨凌示范区管委会和石头河水库灌溉管理局分别占 10% 股份），具体负责石头河杨凌供水工程的建设和运营。工程于 2010 年 3 月开工建设，2012 年 5 月建成通水。杨凌供水工程由输水管线、净水厂和集成式净水设备 3 部分组成。输水管线工程设计输水能力 10 万立方米每天，净水厂供水规模近期 5 万立方米每天，远期 10 万立方米每天。集成式净水设备供水能力为 1.5 万立方米每天。供水工程取水口位于西安供水渠道泥峪河退水渠渠首， 输水管道全长 17.867 千米，设计输水流量 1.27 立方米每秒。工程总投资 2.73 亿元。供水工程自 2012 年 5 月开始供水，截至 2015 年底，累计供水 1893 万立方米。

五、铜川市城市供水

桃曲坡水库是铜川市城市生活及工业供水的主要水源地。1991—1995 年，铜川市完成了从桃曲坡水库取水工程，修建了黄堡净水厂，接通了城市管网，1995 年 5 月，提前实现向铜川市老城区供水。2001 年 12 月 15 日，陕西省水利厅批复陕西省桃曲坡水库灌溉管理局成立陕西铜川供水有限责任公司，正式接管城市供水。2002 年 7 月至 2005 年 10 月，完成了铜川新区一期日供水 2 万吨净水厂建设。2006 年 3 月，实现了与铜川市耀州区联网供水（2010 年 8 月停供）。2007 年 10 月实现给华能铜川电厂供水。2009 年 3 月，与陕西陕焦化工有限公司签订了供用水合同，2010 年 4 月实现正式供水。2011 年 6 月，陕西省水利厅对净水厂二期工程进行了初步设计批复。项目于 2010 年 11 月动工，2012 年 5 月全面完工，6 月调试运行。至 2014 年底，累计供水 8632 万立方米，年均供水 575 万立方米，供水量基本持平。累计向新区供水 2402 万立方米，年均供水 267 万立方米。

六、渭南市城市供水

渭南市城市供水水源主要来自沋河水库和涧峪水库两部分。

（一）沋河水库供水工程

一是向渭阳水厂供水工程。为解决渭北地区 40.6 万人饮用水和经济技术开发区的用水问题，临渭区政府决定调涧峪水库水入沋河，由沋河水库调节后供给渭阳水厂。二是向渭南城区南水厂供水。工程在给渭河化肥厂供水管道上凿口，铺设管道3.5千米，日供水2万吨。

（二）渭南市涧峪水库城市应急供水工程

涧峪水库是一座包括防洪、供水、灌溉、发电等综合功能的中型水库。城市供水应急工程是水库的重要功能之一，包括浆砌石引水低坝、420米引水渠、24千米引水管道和1座调压池。工程设计流量0.41立方米每秒，加大流量0.62立方米每秒，年供水能力879万立方米。工程于2001年5月开工建设，2001年8月底建成通水，向渭南城区日供水3万吨，占市自来水供水总量的60%，涉及70%区域约20万人。

第三节　县（区）城市供水

陕西渭河流域涉及需要独立供水的县（区）城市54个，其供水情况按陕西省统一规划实施。1996年，陕西省政府在决定实施“甘露工程”的同时，决定将县城供水由城建部门交由水利部门建设管理。随即，陕西省水利厅组织开展了县城供水工程可行性研究报告和初步设计的编制工作，并对设计报告进行了批复，保障了县城供水的科学性、规范性和安全性。2014年，陕西省水利厅按照陕西省政府会议纪要要求，结合流域各县上报的《县城供水2015—2020年发展规划》，会同陕西省发展和改革委员会组织编写了《陕西省县城供水设施建设2015—2020年规划》，并通过了省政府批复。

一、县城供水建设

依托农业灌溉水源先后建成了黑河水库向周至、高陵等周边县（区）供水工程；石头河水库向宝鸡市眉县、陈仓区和杨凌区供水工程。2015年底，关中地区县城设施供水能力为99.59万吨（地下水源为51.28万吨，地表水源为48.31万吨）。1998—2002年，利用日元贷款对咸阳、铜川城区供水和蓝田、华县、合阳、富平、白水、陈仓、扶风、凤翔、陇县和千阳10个县城供水项目进行了提升。

二、兴平市城区供水

兴平市城区用水水源现状主要依靠地下水资源。兴平市自来水公司建于1958年，2014年底，共有水源井6眼，主要用于老城区居民生活及部分小厂供水。供水主管网长40.8千米，支管网长44.86千米。经扩建，水厂供水能力2.5万吨每天，最高供水量17040吨每天，平均供水量13412吨每天，年供水量489.54万吨，服务人口5万人。驻兴中央、省地市属工业及部分地方工业都建有自备水源井，就地开采，自成系统，自给自足。同时城市部分区域居民也使用自备井，市区有水源井121眼，其中工业自备井92眼，除供给各工业企业用水外，同时保证各厂区职工家属生活用水。供水能力12.06万吨每天，平均供水量9.2万吨每天，年供水量3350万吨。

三、武功县城区及附近乡镇供水

武功县城共有水源地3处，其中一处为备用水源，采取地下水，有深井5眼，每小时出水总量480立方米。有配水厂一座，厂内有二级加压泵房一座，加压泵4台，600立方米清水池一座，水厂日最大供水能力 5000 立方米。管网长 25 千米，最大管径 300 毫米，管网遍及县城各处。2013 年 2—4 月，完成了后稷东路供水管网工程，新增直径 160PE 管道 6000 米，现已正常供水。2014 年新修工业园区主管道 2000 千米，环城北路主管道 1900 千米，将逐步开始供水。截至 2014 年底，县城用水人口达到 6 万人，供水面积 5 平方千米，供水主干管道 25 千米，供水普及率 85%。武功县自来水公司 2014 年供水总量 162 万吨，实现了优质安全供水。自 2011 年治渭工程启动以来，沿渭三镇一中心新建供水工程 23 处，集中供水工程 7 处、单村供水工程 16 处，解决了 55 个行政村及 3 条街道 102111 人生产生活用水及饮水不安全问题。

截至 2021 年底，渭河流域解决和改善了县城供水 415 万人的饮水安全问题，全流域共有 54 个县城现有水厂 84 座、19 个县（区）实现了双水源或多水源供水。供水总人口 415 万人，年供水量 23096 万立方米，县城供水服务地方经济社会发展的能力进一步提升。其中城镇生活供水量 3824 万立方米，占比 48.3%；工业供水量 4091 万立方米，占比 51.7%。

县城供水单位建成了具备 42 项指标检测能力的水质化验室，2019—2021 年，对流域内县城供水水质进行了 106 项全指标分析抽样检测，出厂水和管网水水质合格率均为 99%。

与此同时，县城供水整体服务水平大幅提升，各地在政务大厅或营业窗口开设一厅式服务窗口，方便企业办理县城供水报装业务，积极利用互联网 +、移动终端等平台为群众和企业提供服务，公布水质检测报告，信息化建设水平不断提升，大部分县开通了微信公众号、支付宝网上支付水费。进一步修订和完善县城供水应急预案，同时加强县城供水应急能力建设，组建专业应急抢险队伍，储备应急物资，遇有险情或突发状况及时处置，保护了城乡居民身心健康、维护了社会稳定。

第四节　农村供水

关中农村在 1995 年之前，主要是用各村分散式自备井、窖等方式解决。1996 年之后，陕西省根据农村饮水实际，先后实施了农村饮水解困工程的“甘露工程”、氟病区改水项目、农村饮水安全工程等，关中在其中占有很大部分。在《陕西省“十一五”农村饮水工程规划》中，还实施了渭北、关中人口居住密集的村组联村集中供水项目。重要集镇供水工程大部纳入其中。

截至 2021 年底，农村供水建成基础设施 1.55 万处，累计解决和巩固提升了 1573 万农村人口的饮水安全问题，2021 年实际供水量 3.15 亿立方米，其中建成规模化供水工程 354 处（包括城镇管网延伸工程 176 处，万人工程 178 处），服务人口 639 万人，占农村总供水人口的 40.6%；千人及以下工程 9759 处，服务人口 918 万人，占农村总供水人口的 58.3%；农村分散式供水工程 5388 处，服务人口 16 万人，占农村总供水人口的 1%。所有农村群众饮水安全问题得到全面解决，农村供水绝大多数工程配备了水质净化和消毒设施，区域性高氟水、苦咸水问题得到彻底解决，农村供水安全保障水平和用水方便程度大幅提升，见表 4–5–1 。

表 4-5-1　陕西省渭河流域城乡供水工程统计

单位：处

市	合计	城乡集中式供水工程处数						农村分散式供水工程
		城市自来水厂	农村集中式供水工程					
			小计	城镇管网延伸工程	万人工程	千人工程	千人以下工程	
西安	2640	14	2582	45	40	1164	1333	44
铜川	756	2	559	28	2	87	442	195
宝鸡	3367	17	3240	40	19	824	2357	110
咸阳	1314	25	1289	44	57	661	527	0
渭南	4838	10	1092	5	52	498	537	3736
延安	2360	12	1214	6	7	54	1147	1134
榆林	194	0	39	0	1	4	34	153
商洛	44	0	28	0	0	3	25	16
杨凌	73	4	69	8	0	45	16	0
合计	15586	84	10113	176	178	3340	6419	5388

（1）流域内关中平原渭北塬区［含西安、宝鸡、咸阳、渭南、杨凌区所辖各县（区）、铜川北市区］是陕西省的经济政治文化中心，经济发展较好、人口居住密集高、地势平坦，农村集中供水已基本实现全覆盖， 集中供水率达 99.7%，规模化供水（包括城镇管网延伸工程和万人供水工程）人口覆盖率 42%，千人及以上集中供水为主，供水工程覆盖人口覆盖率 43%。

（2）流域内黄土高塬丘陵沟壑地区（包括北洛河流域的延安市、榆林市、宜君县等 7 县）区域内资源性、工程性、水质性缺水并存，规模化供水工程规模普遍较小，人口覆盖率仅占 8%，以千人及以下集中供水工程供水为主，人口覆盖率达到 74%，分散供水人口覆盖率 18%。

农村供水工程管护“三个责任”“三项制度”全面落实，建立“省级及时推送、市级加强落实、县级强化履职、乡镇严格尽责”的工程管护四级回访机制，量化赋权和水价水费改革稳步推进，农村饮水工程从管理、制度和政策、经费和资金保障基本建立良性运行管护机制，巩固了饮水安全脱贫攻坚成果，取得了良好的社会效果，见表 4-5-2、表 4-5-3。

表 4-5-2　陕西省渭河流域城乡供水工程供水量统计

单位：万 m^3

市	合计	城乡集中式供水工程供水量						农村分散式供水工程供水量
		城市自来水厂	农村集中式供水工程					
			小计	城镇管网延伸工程	万人工程	千人工程	千人以下工程	
西安	19654.24	10304.14	9345.15	464.28	1564.4	5679.23	1637.24	4.95
铜川	835.11	230.1	590.72	140.2	46.6	213.02	190.9	14.29
宝鸡	8317.11	2548.21	5735.61	332.11	784.41	3266	1353.09	33.29
咸阳	10038.91	4377.84	5661.07	999.18	1872	2326.28	463.61	0
渭南	10735.38	2983.42	7737.76	92.07	4875.7	2223.71	546.28	14.2
延安	2325.6	1257.85	932.35	63.92	116.9	190.46	561.07	135.7
榆林	829.8	0	728.9	0	267.4	194.5	267	100.9
商洛	634.17	0	630.6	6.04	40.12	467.6	116.84	3.57
杨凌	1566.43	1394.3	172.13	27.15	0	106.45	38.53	0
合计	54937.86	23095.86	31535	2125	9568	14667	5175	307

表 4-5-3　陕西省渭河流域城乡供水工程受益人口

单位：万人

市	合计	城乡集中式供水工程受益人口						农村分散式供水工程受益人口
		城市自来水厂	农村集中式供水工程					
			小计	城镇管网延伸工程	万人工程	千人工程	千人以下工程	
西安	59.86	151.3	408.28	20.59	80.83	240.18	66.68	0.28
铜川	51.87	7.8	42.51	8.71	3.97	15.04	14.79	1.56
宝鸡	337.205	64.41	272.15	20.7325	35.78	159.415	56.2225	0.645
咸阳	439.04	76.02	363.02	56.45	124	156.54	26.03	0
渭南	462.7966	67.925	393.5716	6.1851	262.124	97.4995	27.763	1.3
延安	96.8495	30.915	56.5695	3.464	8.56	12.162	32.3835	9.365
榆林	11.62	0	8.811	0	6.424	1.664	0.723	2.809
商洛	1.2048	0	1.1082	0.0105	0.0378	0.5343	0.5256	0.0966
杨凌	27.97	16.82	11.15	1.24	0	8.9	1.01	0
合计	1988.19	415.19	1557	117	522	692	226	16

注：数据统计到 2021 年。

第五节 工业供水

1996—2020 年，陕西省围绕大工业项目建设实施了一批工业项目供水工程，为全省的工业化提供了供水保障。本节仅记述几项典型工程。

一、西安灞桥热电厂供水工程

灞桥热电厂供水工程属于灞桥热电厂五期扩建工程的组成部分，经国家发展和改革委员会批复建设。工程由西安市东南郊生态供水管护中心管理。供水管道工程起点为红旗水库坝后沉淀池，终点为灞桥热电厂，全长 12.3 千米，设计流量 1300 吨每小时，1999 年开工建设，2002 年初全线通水，供水工程总投资 1853 万元。供水工程以荆峪沟流域和岱峪河流域为水源，建设有荆峪沟鹿塬、杨家沟和红旗 3 座水库；岱峪河建有岱峪水库。从 2002 年起，平均年供水 816 万立方米。2002 年，供水水价为 0.3 元每立方米，2006 年调整为 0.55 元每立方米，2009 年调整为 0.7 元每立方米，2014 年调整为 0.95 元每立方米。水费收入全部上缴市财政并用于水利工程建设。

二、西安市航天城应急供水工程

随着航天城建设的发展，供水严重不足成为影响阎良人民生活和航天城发展的瓶颈。陕西省政府和西安市政府在 2003 年 7 月启动了西安市阎良应急供水工程建设。该工程以西安市城区黑河供水工程为水源，设计日供水 5.0 万吨。工程总投资 1.78 亿元，2003 年 7 月 25 日开工，2007 年 4 月 20 日竣工。该工程引水管道自西安市南郊水厂接出后，经幸福路、十里铺，穿越浐河、灞河，沿西阎高速公路铺设至渭河北岸高陵加压站，供水管道全长 30 千米，经高陵加压站加压后再通过高陵至阎良 26 千米管道将水输送至阎良区配水厂。工程投运以来，高峰期最高日供水 4.1 万吨，解了航天城用水的燃眉之急。

三、宝鸡第二发电厂供水工程

宝鸡第二发电厂位于宝鸡市凤翔区长青镇石头坡村，北距冯家山水库 5 千米，于 1996 年 7 月开工建设，至 2002 年相继建成 6 台发电机组，总装机容量 252 万千瓦。冯家山水库向宝鸡市二发电厂供水工程于 1997 年 3 月开工，1998 年 5 月 20 日建成通水。供水工程包括渠道取水枢纽、渠道节制闸、引水岔管、库区取水浮船、厂外补给水管线以及该系统内的联络、切换阀门、计量等设施。管线总长 5.2 千米，最大输水能力 2 立方米每秒，可保证年供水 6000 万立方米。供水从 1998 年 5 月 20 日开始，截至 2015 年，总计供水 2.13 亿立方米，年平均供水 1185 万立方米，年平均水费收入 659.4 万元。

四、渭河化肥厂供水工程

1992 年 2 月 25 日，陕西省计划委员会以陕设计〔1992〕66 号文下发了《关于渭河化肥厂沈河水库供水工程初步设计的批复》。该工程在西干渠放水塔出水口处修建浮动取水装置，组成取水头部工程，采用承插式应力钢筋混凝土管组成输水管道，沿西干渠外侧铺设至渭河化肥厂。干线全长 12.53 千米。工程于 1993 年 3 月开工，1994 年 4 月竣工。

1995 年 4 月，沈河水库管理处与渭河化肥厂签订供水合同并供水，日供水 2.6 万吨，年供水 867.0 万吨。

五、向渭南市造纸厂供水工程

1995 年 8 月，渭南市临渭区政府决定沈河水库给渭南市造纸厂供水。该供水工程在李家堡村北、西潼公路边渭河化肥厂供水的主干管上凿口，安装 ϕ200 ~ ϕ250 塑料管引水入厂。工程于 1995 年 10 月开工，1996 年 2 月竣工。日供水量 3000 吨。该厂 1999 年停产，转向其他行业，供水同时停止。

另外， 从 2002 年 1 月开始，桃曲坡水库灌溉管理局向铜川铝厂自备电厂供水；2006 年 3 月，实现了与铜川市耀州区联网供水 （2010 年 8 月停供）；2006 年 11 月，与华能国际电力公司铜川电厂签订供水协议，2007 年 10 月开始供水；2009 年 3 月，与陕西陕焦化工有限公司签订供用水合同，2010 年 4 月正式供水。此外，陕西铜川供水有限责任公司还分别于 2002 年、2007 年、2009 年开始向铜川铝业公司供水 215 万立方米每年；向华能（铜川）照金电厂供水 170 万立方米每年；向陕西陕焦化工有限公司供水 412 万立方米每年。

第六章　节约用水

渭河流域关中地区水资源缺乏，用水较为紧张，流域水资源开发潜力较小，高效节水是解决该流域缺水问题的主要途径之一。陕西省持续不断地开展了水资源节约集约利用工作，并在农业灌溉、工业生产、城乡供水等方面达到了国内领先的水平。

第一节　节水型社会建设

水利部2002年发布《开展节水型社会建设试点工作指导意见》（水资源〔2002〕558号）。先后编制完成了陕西省“十一五”“十二五”节水型社会建设规划。城市以加大供水管网更新改造步伐，城市新建区管网做到雨污分流，进一步推动公共建筑、生活小区中水回用设施建设，加大节水设备与器具的推广普及为主。2003—2020年，渭河流域关中地区先后有西安、宝鸡、咸阳被水利部列为全国节水型社会建设试点，并顺利通过水利部组织的验收。与此同时，杨凌区、耀州区、蒲城县、临渭区等4个省级试点单位节水型社会建设试点工作也全面铺开。

一、西安市

2004年1月，水利部批准西安作为全国首批第四个节水型社会建设试点城市。4月23日，西安市召开节水型社会建设动员大会。以实施“八水润西安”工程为抓手，贯彻落实严格水资源管理制度，完善节水用水管理制度，大力开展节水型城市建设工作，为品质西安建设和经济社会可持续发展提供强有力的支撑。

在提升用水效率方面，西安市持续开展“节水器具进万家”和“节水器具进校园”活动，安排资金900余万元，累计发放节水龙头18万多只、节水马桶3000多套，节水器具普及率提高至100%。

与此同时，西安市实施“典型带动”战略，通过树立典型、以点带面促进工业节水，有力地推动了节水型城市创建工作。在全市树立了一批污水处理回用、节水设施改造、冷却水循环利用等方面的节水典型，3家企业被评为省级节水型企业，1家企业被评为水效领跑者，获得省级节水奖励资金113万元，极大带动了工业企业节水的积极性和主动性。同时，对原有节水型企业进行复核，全市共有35家企业达到节水型企业创建标准。截至2019年底，节水型企业（单位）覆盖率达到15%。西安市积极实施产业结构调整和工业布局优化，大力发展高新技术、现代物流、电子信息等低耗水产业，限制或淘汰造纸、化工、印染等高污染高耗水行业，着力构建与水资源承载能力相适应的经济结构体系。

2008 年 7 月，西安市通过了水利部全国节水型社会建设试点评估。11 月 28 日，水利部在西安召开第四次全国节水型社会建设经验交流会，推广西安市节水型社会建设经验，水利部副部长胡四一高度评价了西安市节水型社会试点建设取得的成绩。2010 年 4 月，西安市节水型社会建设试点工作通过水利部专家组的技术评估。2010 年 9 月 13 日，水利部在北京召开西安市节水型社会建设验收会，西安市顺利通过了全国节水型社会建设试点工作验收。2010 年 9 月 20—21 日，在郑州召开的全国节水型社会建设经验交流会上，西安市被水利部授予“全国节水型社会建设示范市”称号。

二、宝鸡市

2008 年，宝鸡市作为水利部第三次全国节水型社会建设试点开展工作。2006 年 11 月 7 日宝鸡市人民政府以宝政发〔2006〕51 号印发《宝鸡市建设节水型城市实施方案的通知》。2013 年顺利通过验收，全年用水总量 7.1872 亿立方米，比上年降低 4.4%，其中农业用水 4.9227 亿立方米，占全年用水量的 68.49%；工业用水 0.6480 亿立方米，占 9.02%；生活用水 1.4790 亿立方米，占 20.58%；生态环境补水量 0.1375 亿立方米，占 1.91%。

三、咸阳市

2010 年，咸阳市作为水利部第四批全国节水型社会建设试点城市开展工作，于 2014 年 6 月顺利通过验收。

四、其他城市节水工作

2007 年 12 月 14 日，陕西以《陕西省人民政府关于加快节水型社会建设的意见》（陕政发〔2007〕70 号文），将渭河流域杨凌区、耀州区、临渭区、蒲城县列为省级节水型社会建设试点。2008 年 9 月，各省级试点单位编制完成了《节水型社会建设规划和试点实施方案》，并经陕西省水利厅组织专家评审，省级节水型社会建设试点全面铺开。2010 年 10 月 26 日—11 月 10 日，陕西省水利厅组织有关专家先后对耀州区、临渭区、蒲城县、杨凌区等 4 个省级节水型社会建设试点进行了中期评估。评估专家组认为，各试点县（区）都较好地完成了节水型社会建设试点任务，为全省节水工作提供了借鉴和示范推广经验。2012 年 7 月，杨凌区、耀州区、蒲城县、临渭区等 4 个省级试点单位，顺利通过了陕西省水利厅组织的评估验收。2013 年 4 月 7 日，陕西省水利厅下发《关于授予第一批陕西省节水型社会建设示范区称号的通知》（陕水资发〔2013〕9 号），授予杨凌区、耀州区、临渭区、蒲城县等 4 县（区）第一批“陕西省节水型社会建设示范区”称号。

第二节　农业灌溉节水

陕西省渭河流域内农业灌溉用水是大户，农业灌溉水利用系数为 0.58 ，节水尚有潜力。因此，陕西持续加快大中型灌区节水改造，发展旱作节水农业，推广农业节水技术和设备。2008—2009 年，经陕西省发展和改革委员会批复，同意建设长武县、大荔县、子长县、富县等旱作节水农业示范工程项目，通过梯田平整加固、建设生物篱及防护林、集雨水窖、蓄水池、集雨场、滴灌、微灌等方式，开展旱作节水农业示范工程建设，对推进农业节水起了重要作用。

一、大中型灌区节水改造

“十二五”以来，各灌区先后实施了大型泵站更新改造、续建配套节水改造、省级财政专项资金等建设项目，更新改造泵站15座，衬砌干支渠道125千米，累计完成工程投资5.6亿元，干支渠衬砌率达100%，骨干工程完好率达98%以上，绿化苗木存活率达95%以上。

二、加强用水管理，从管理制度上保证节水

一是修订完善了《陕西省水量调配管理办法》，坚持统一领导、分级负责、水权集中、专职调配的原则，加强了水量调度的精确性和及时性，规范了水量落实记载，严格“一日一核、五日落实”签字上报制度，水量对口率达99%以上。

二是建立了农业水权制度，实行总量控制和定额管理。灌区按照“以地定水、水随地走、分水到户”的原则，将黄河水利委员会许可灌区年取水总量直接分配到户，统一发放了水权证书。结合灌区实际，制定了粮油作物和经济作物不同季节的亩次灌水定额，全面执行超定额累进加价制度，并探索适合灌区节水奖励机制。

三是建立健全了农业水价综合改革“四项”机制和“斗自查、站检查、总站抽查、中心稽查”的四级核查制度，全面推行“分类水价和超定额累进加价制度”的价格政策，创新用水管理方式，搭建农业用水计量计费、线上水费收缴等信息化管理平台，开展节水奖励试点，堵塞管理漏洞，着力提高用水收费透明度和群众满意度，用水价杠杆撬动群众自发节水的积极性。

三、节水灌溉示范建设

2012年以来，结合节水型社会试点建设，陕西省水利厅联合有关部门重点开展了农业高效节水示范工程建设，组织建成了蒲城县上王镇红提葡萄产业园、临渭区官底镇楼王千亩设施大棚葡萄产业示范园等一批具有地方特色的节水灌溉示范项目，节水效果明显，增加了农民收入，经济效益、社会效益显著。

四、节水型灌区

自2003年11月21日，陕西省人民政府印发《陕西省节水型社会发展纲要》（陕政发〔2003〕47号）提出灌区节水以来，至2023年，先后进入省级节水型灌区的有：省泾惠渠灌区、交口抽渭灌区、桃曲坡水库灌区、石头河水库灌区，宝鸡市冯家山水库灌区、千阳县千丰渠灌区、陇县段家峡水库灌区、扶风县太川灌区、凤翔区东风水库灌区及横水河灌区，咸阳市乾县泔惠渠灌区、泾阳县党家堡灌区、泾阳县红旗电力抽水站灌区、三原县玉皇阁灌区、羊毛湾灌区，渭南市合阳县定国水库灌区、石堡川灌区，延安市洛川县拓家河灌区等18个。2023年，陕西省交口抽渭灌区被全国灌区协会授予“全国节水型示范灌区”。

第三节　工业生产节水

以电力、纺织、造纸、钢铁、石油化工为重点，推行先进工艺设备和节水改造，提高工业用水重复利用率，积极开展节水单元创建。

2011 年以来，陕西省水利厅组织开展了工业高耗水行业节水工作，与陕西省工业和信息化厅联合下发了《关于做好我省工业高耗水行业重点用水企业节水工作的实施意见》，从全省年用水量超过 30 万立方米的 1000 多家工业企业中，筛选具有代表性的 16 家企业作为第一批工业企业示范点。宝鸡石油钢管有限公司、中铁宝桥集团有限公司等单位被陕西省人民政府授予“节水型企业”称号。通过以奖代补等激励措施，进一步推进了工业领域的节水。

第四节　城乡生活节水

一、高校节水

推进节水器具进校园。2005 年以来，针对西安市高校众多、学生人数多、用水量大，但节水意识相对较差、浪费严重的情况，西安市开展了高校用水情况调查，制定了《西安市高校节约用水规划（2005—2015 年）》，召开了全市高校节水工作会议。在高校浴室和开水房引入 IC 卡智能控水系统，实行计量收费；在学生宿舍推广使用节水龙头和节水马桶；在公共厕所推广使用红外感应冲水系统、串联冲水系统或延时冲水系统等节水器具。以西北工业大学为高校节水试点，安装节水龙头和节水马桶，引入 IC 卡智能控水系统，实行计量收费。截至 2020 年，共改造浴室淋浴喷头 2.1 万多只、热水龙头 5000 多只，更换冷水龙头和马桶 4.5 万多只（套），有 17 所高校达到节水型高校标准，见表 4–6–1。

表 4–6–1　陕西关中节水高校名单

序号	高校名称	代号	上级部门	所在地	等次	节水型高校建成时间
1	西安交通大学	4161010698	教育部	西安市	本科	2020 年
2	西安电子科技大学	4161010701	教育部	西安市	本科	2020 年
3	西安建筑科技大学	4161010703	陕西省	西安市	本科	2020 年
4	西安工程大学	4161010709	陕西省	西安市	本科	2020 年
5	长安大学	4161010710	教育部	西安市	本科	2020 年
6	西北农林科技大学	4161010712	教育部	咸阳市	本科	2020 年
7	陕西中医药大学	4161010716	陕西省	咸阳市	本科	2020 年
8	西安文理学院	4161011080	陕西省	西安市	本科	2020 年
9	西安欧亚学院	4161012712	陕西省教育厅	西安市	本科	2020 年

续表 4-6-1

序号	高校名称	代号	上级部门	所在地	等次	节水型高校建成时间
10	西安外事学院	4161012713	陕西省教育厅	西安市	本科	2020 年
11	西京学院	4161012715	陕西省教育厅	西安市	本科	2020 年
12	西安思源学院	4161013121	陕西省教育厅	西安市	本科	2020 年
13	西安工商学院	4161013682	陕西省教育厅	西安市	本科	2020 年
14	陕西国防工业职业技术学院	4161012827	陕西省	西安市	专科	2020 年
15	陕西财经职业技术学院	4161012829	陕西省	咸阳市	专科	2020 年
16	陕西铁路工程职业技术学院	4161013566	陕西省	渭南市	专科	2020 年
17	西安铁路职业技术学院	4161013945	陕西省	西安市	专科	2020 年

二、社区节水开展节水器具进万家惠民活动

在老旧社区的低收入家庭、敬老院、福利院、校园、农村厕改户开展节水器具进万家惠民活动，由政府采购节水器具并免费发放，推广使用节水型用水器具。从 2009 年开始，市级水利基金每年安排 100 万元，用于推广使用节水型用水器具。截至 2019 年底，累计免费发放节水龙头 18 万多只、节水马桶 3000 多套。截至 2020 年，渭河流域先后有 34 个县成功进入水利部全国节水县域名单，见表 4-6-2。

表 4-6-2　渭河流域水利部命名的节水县名单

行政区	第一批（2017 年）	第二批（2018 年）	第三批（2019 年）	第四批（2020 年）
西安市	鄠邑区	蓝田县	阎良区	临潼区
		周至县	高陵区	长安区
宝鸡市	岐山县	凤翔县	陈仓区	陇县
		眉县		凤县
咸阳市	三原县	乾县	旬邑县	兴平市
	礼泉县	彬州市	淳化县	
		长武县		
铜川市	耀州区	王益区		

续表 4-6-2

行政区	第一批（2017 年）	第二批（2018 年）	第三批（2019 年）	第四批（2020 年）
渭南市	蒲城县	华阴市	白水县	临渭区
		富平县		
		合阳县		
延安市		志丹县	黄陵县	
		安塞区		洛川县
杨凌区		杨凌区		
合计	6	14	7	7

第五节　节水成效

经过多年的持续努力，渭河流域节水工作取得了明显成效。

一、建立了覆盖省、市、县三级的水资源管理体系

陕西省政府修订和出台了一系列供、用、排全过程用水管理办法，形成了较为系统的节约用水法规体系，初步建立了科学有效的管理制度，加强了用水总量和用水强度双控，有效提高了水资源管理水平。

二、全面落实了《陕西省实施国家节水行动方案》和《陕西省节约用水办法》

流域内各市、县出台了《节水型社会达标建设工作实施方案》，建立了实施国家节水行动方案联席会议工作机制，夯实了各级水利部门所属单位工作责任，实施节水设施“三同时”制度，合力推动了节水行动的落实工作。

三、节水型社会建设取得了显著成效

西安、延安两市获得“国家节水型城市”称号。通过实施农业节水增效、工业节水减排、城镇节水降损、科技创新引领行动，西安市高效节水灌溉率达 45%，计量率达 80% 以上；工业节水实施节水技改，淘汰落后生产技术，实现分质用水、一水多用和循环利用，节水型企业建成率达 50%；城镇节水通过创建节水型公共机构、供水管网改造、海绵城市建设，管网漏损率降低到 10%，雨水资源与再生水利用率达 20%。

四、国家节水行动方案得到全面落实

陕西省实施国家节水行动方案联席会议工作机制，明确实施国家节水行动方案 11 个方面 30 项重点工作任务。逐年确定工作重点及任务分工，加强指导督导，合力推进任务落实。流域内各县（市）将节水工作纳入市委、市政府目标责任综合考评体系，年初下发考核任务，年底反馈考核结果，促使各部门按期高质量完成任务。

第七章 水能开发

渭河干流在陕西境内落差607.0米，水力资源理论蕴藏量243.41万千瓦，技术可开发量64.45万千瓦。其入陕境至林家村上游段河面狭窄，水流湍急，水量充沛，落差集中，水力资源比较丰富，但因左岸有陇海铁路线、右岸有宝天高速公路通过，限制了高坝大库的修建，仅适宜于低水头电站的开发；林家村至咸阳中游段，河床比降较缓，河槽宽浅，两岸土地肥沃，人烟稠密，陇海铁路、西宝高速公路中线及北线通过，该段未规划水电站。咸阳至入黄口下游段，河道摆动、塌岸、淤积都比较严重，两岸居民多，工农业发达，该段无建水电站条件。渭河干流水力资源理论蕴藏量54.08万千瓦，技术可开发量6.51万千瓦。

渭河支流众多，陕西境内流域面积大于100平方千米的支流有173条。水力资源理论蕴藏量在1万千瓦以上的河流有45条，总的理论蕴藏量216.74万千瓦。

第一节 小水电规划

针对1998年陕西小水电建设市场开放后，小水电在快速发展的过程中出现的规划和管理滞后、滥占资源、无序开发等问题，2008年，陕西省水利厅委托陕西省水利电力勘测设计研究院编制《陕西省小水电开发利用规划》，2010年12月，《陕西省人民政府办公厅关于印发〈陕西省小水电开发利用规划〉的通知》（陕政办发〔2010〕131号），规划现状年为2008年，规划水平年为2020年。本次规划陕西省渭河流域水电站83座23.83万千瓦，年发电量9.16亿千瓦时。该规划是全国范围内首家省级出台的小水电规划。

2014年，根据2012年8月水利部印发的《关于印发开展中小河流水能资源开发规划工作的意见的通知》（水规计〔2012〕369号）要求开展了《陕西省小水电开发利用规划》的修编工作。2015年10月基本完成修编工作。2016年8月，经陕西省人民政府同意，陕西省水利厅印发了《陕西省小水电开发利用规划（修编）》（陕水发〔2016〕29号）。

本次规划（修编）是在保护生态环境的基础上，对中小河流水能开发科学规划，大力发展农村水电，着力打造民生水电、平安水电、绿色水电、和谐水电，在保护生态和农民利益的前提下，实现统筹农村经济社会发展、农民利益、维护河流健康，促进经济社会的可持续发展。

本次规划（修编）主要确定了全省单站1000千瓦以上农村水电站开发选点、开发总体布局和近期（2015—2020年）开发强度。突出水生态文明建设，在法律法规、条例和政府规章中划定的自然保护区、风景名胜区及确定的禁止开发区域，以及濒危、珍稀、特有保护动植物重要生境的生态敏感区域，一律不予开发建设电站，并依此取消了一批影响水生态文明建设的电站。坚持适度开发、综合利用，原则上单站1000千瓦以下农村水电站暂不开发。

本次规划（修编），规划现状年为2014年，规划水平年为2025年，规划范围为全省范围内的单站容量10～50.0兆瓦的小水电资源点。本次规划（修编）涉及渭河流域33座14.8万千瓦，年发电量6.1亿千瓦时。

第二节　水电站建设

一、基本情况

新中国成立以来，我国一直鼓励、支持小水电开发。自“七五”开始，全国分别开展了农村水电电气化县试点建设、农村水电初级电气化县建设、水电农村电气化县建设、水电新农村电气化县建设，至“十二五”结束。2006—2015年，全国开展了小水电代燃料项目建设。2011—2020年，全国开展了小水电增效扩容改造项目建设。2016—2020年，全国开展了小水电扶贫项目建设。自1998年陕西省农村水电电气化建设工作会议后，小水电建设快速发展。2015年，渭河流域被列入水电新农村电气化县建设的县有陇县、陈仓区、眉县（未完成建设任务由佛坪县替换）；被列入小水电代燃料项目的有陇县唐家河水电站（2100千瓦）。2012—2020年，被列入小水电增效扩容改造项目的有50座9.79万千瓦；2016年，被列入小水电扶贫项目的有太白县鑫民水电站（4800千瓦），2017年的有白水县张家船水电站（2400千瓦）。2018年，被列入联合国环境基金项目（GEF）的有太白县白云峡水电站（2760千瓦）、峡口水电站（1580千瓦）。

二、大型水电站

（一）林家村电站

林家村电站位于宝鸡市林家村渭河峡谷出口处，是宝鸡峡林家村渠首1997年实施的加坝加闸工程的组成部分，利用渠首大坝蓄水后形成的落差，结合灌溉引水发电建设了坝后式电站。电站部分概算投资7110万元，电站总装机容量8000千瓦，安装3台混流式水轮发电机组（其中3200千瓦2台、1600千瓦1台）；设计水头18米，电站运行水头14～23米；年设计利用小时数5190小时，年发电量3500万千瓦时，引用流量最大52.0立方米每秒，最小5.0立方米每秒；电站以10千伏电压等级并入宝鸡玉涧堡变压所，输电线路长7.98千米。

（二）魏家堡水电站

魏家堡水电站是宝鸡峡灌溉管理局“九五”期间为发挥资源优势，发展水利经济，调整产业结构，壮大经济实力而建设的增强灌溉管理单位发展后劲的项目。该站位于陇海铁路眉县火车站东约3千米、宝鸡峡塬上总干渠K84+365处。是利用现有灌溉工程输水设施和塬上与塬下总干渠近百米的落差，在确保正常灌溉的条件下引用非灌溉期弃水，以及塬上向塬下灌区补水进行发电的渠道式水力发电站。电站由节制闸、压力前池、溢流堰、压力钢管、发电厂房、开关站、尾水渠及输变电工程组成。电站设计水头96.2米，流量23.5立方米每秒，安装3台立轴式水轮发电机组，总装机容量1.89万千瓦（3×6300千瓦）；设计年发电量9200万千瓦时，年利用小时数4868小时；所发电量用13.8千米35千伏线路送至常兴变电站并网。电站决算总投资7071万元，单位千瓦投资4055元，1997年5月7日开工，1998年10月1日，第一台机组发电，1998年底全面竣工。

（三）石头河水库电站

石头河水库电站是石头河水库枢纽工程的重要组成部分，是水库水能梯级开发中第一级水能利用工程。电站下辖坝后、斜峪关两座水电站和一个35千伏枢纽变电所，总装机容量19700千瓦。坝后水电站位于大坝右侧，为梯级开发的压力引水式电站，安装混流式机组4台，装机容量18500千瓦。其中一期工程建成1～3号机组，1981年底以前，开挖了部分洞段和基础。1984年，由于国家压缩基建规模而停建。1987年，水库管理局为增强自我发展能力，贷款和自筹资金续建，于12月动工。1990年11月17日第一台机组2号发电机组并网发电 。1991年4月6日，1号发电机组并网，12月7日，3号发电机组并网发电。3台机组中1号机组单机容量6500千瓦，设计水头52米，设计引用流量15.8立方米每秒；2号、3号机组单机容量5000千瓦，设计水头80米，设计引用流量8.15立方米每秒。一期工程设计年发电量5600万千瓦时，保证出力4300千瓦，设计年利用小时数3400小时。4号机组是利用向西安小流量供水，为1号发电机组新修建的备用机组。1997年6月25日动工，1998年3月11日并网发电，设计年发电量1005万千瓦时，年设计利用小时数5025小时。坝后水电站由引水工程、厂房工程、尾水工程、电气工程以及输电线路组成。其中输电线路是1975年为石头河工程建设用电架设的一条由西北电网宝鸡供电局五丈原变电所至石头河工地全长10.8千米的35千伏供电线路。

（四）黑河水库坝后电站

该电站是渭河一级支流黑河上的最末一级水电站，也是黑河干流上唯一具有调节性能的最大水电站。黑河多年平均径流量6.67亿立方米，库容2亿立方米，调节库容1.744亿立方米，年供水能力3亿立方米。水库大坝为土石坝，坝高130米，坝长435米。坝后电站总装机容量20000千瓦，设计水头65.8米，设计流量14立方米每秒，设计年发电量7308万千瓦时，设计保证出力7000千瓦。该电站2001年8月开工建设，2003年10月建成，2004年4月29日并网发电。

（五）泾惠渠渠首电站

该电站是利用渠首加坝加闸工程建设的坝后电站。1991年，陕西省计划委员会批复同意泾惠渠管理局建设渠首电站，1993年批准初步设计报告，设计引水流量48立方米每秒，总装机容量7500千瓦，设计年发电量4360万千瓦时。1994年11月开工建设，1998年1月1日第一台机组正式并网运行，1998年4月竣工。主要建设内容包括引水系统（排沙洞、引水洞、调压井及压力管道、放水洞）、电站厂房、机电设备安装和高位水池工程（机电设备、变电站和高位水池）。工程运行以来，先后4次对3台机组进行了大修及技术改造，共计投资217.95万元。1998—2015年，渠首电站累计发电量43094.1万千瓦时，发电收入 11713 万元。

（六）泾阳县文泾水电站

文泾水电站位于泾阳县境内的泾河干流上。站址以上集雨面积 43156 平方千米，厂房下游约 5 千米处为泾惠渠。工程于 2007 年开始动工建设，2010 年 1 月建成投产，规模为Ⅵ等小（2）型工程。主要枢纽建筑物有重力坝、导流冲沙洞、发电引水隧洞、调压井、压力管道、电站厂房和开关站等。考虑到工程上游正在建设的东庄水库，正常蓄水位 580 米，死水位 577 米，最大坝高 42 米，总库容 998.97 万立方米；待东庄水库建成后，正常库容 436.9 万立方米，调节库容 78.58 万立方米，发电引水隧洞长 6429 米，最大水头 110.7 米，设计引用流量 53.6 立方米每秒。安装 3 台 1.6 万千瓦的水轮发电机组，装机总量 4.8 万千瓦。多年平均发电量 1.9 亿千瓦时，年利用小时数 3900 小时左右，年售电收入 4000 万元，上缴税金 460 万元。

（七）黑河周至县木匠河水电站

木匠河水电站位于黑河干流周至县陈河镇境内，厂房位于 108 国道 32 千米处，距周至县城 32 千米，是黑河流域规划的第四级电站，该工程利用自黑河干水流取水的王家河水电站尾水及坝址以上王家河的径流进行引水发电。引水枢纽位于王家河电站厂房处。木匠河水电站设计水头 60.8 米，发电引用流量 14.18 立方米每秒，装机容量 7.5 兆瓦（3×2.5 兆瓦），设计多年平均发电量 3450 千瓦时，年利用 小时数 4600 小时。工程为Ⅴ等小（2）型工程，主要建筑物为 5 级；大坝按 10 年一遇洪水设计，50 年一遇洪水校核；厂房按 30 年一遇洪水设计，50 年一遇洪水校核。工程于 2005 年 9 月 1 日正式开工，于 2007 年 12 月 30 日完成主体工程，2008 年 3 月开始试运行。各主要水工建筑物、发电设备运行正常，达到设计要求，已发挥了经济效益。

第三节　小水电整治

2017 年 6 月，甘肃祁连山自然保护区生态环境事件发生后，按照环保部《关于联合开展“绿盾 2017”国家级自然保护区监督检查专项行动的通知》（环生态函〔2017〕144 号）的要求，8 月初，陕西省组织相关市、县水利局、水电站召开了农村水电建设管理会，针对保护区农村水电开发、生态流量下泄等问题进行了强调并提出了自查要求等，从 9 月初开始，通过两个多月对全省自然保护区内小水电的逐个初步排查，全省 25 个国家级保护区，涉及农村水电站的保护区有 6 个，共有水电站 27 座，总装机容量 43170 千瓦，其中有 23 座建设早于保护区设立时间，2 座为保护区管理单位建设（属于保护区设立后建设）。

2018 年 1 月 18 日，陕西省水利厅印发了《关于做好国家重点生态功能区内农村水电站生态流量下泄及绿色水电创建工作的通知》（陕水电发〔2018〕1 号）。

2018 年 3 月 6 日，环境保护部、国土资源部、水利部、农业部、林业局、中科院、海洋局等 7 部门印发了《关于联合开展“绿盾 2018”自然保护区监督检查专项行动的通知》

（环生态函〔2018〕43号）、陕西省环保厅印发了《陕西省“绿盾2018”自然保护区监督检查专项行动工作方案》（陕环生函〔2018〕47号），陕西省水利厅按照《陕西省秦岭生态环境保护条例》、《陕西省秦岭生态环境保护整治工作方案》（陕政发〔2017〕37号）和《陕西省秦岭生态环境保护总体规划》（送审稿），对自然保护区和秦岭区域涉及的6市39县（市、区）小水电进行排查，摸清底数，建立问题整改台账清单。

国家级、省级自然保护区由多个部门设立，边界模糊，2018年初，在保护区管理部门协助下，对全省范围内自然保护区和秦岭区域小水电站进行了专项排查，并将排查结果上报国家“绿盾2017”专项行动巡查组。全省25个国家级保护区，涉及小水电的保护区有6个，共有水电站33座（32座建成、1座在建），总装机容量7.13万千瓦，其中28座在保护区设立前建成。秦岭区域共涉及小水电站388座（秦岭区域边界未明确情况下），总装机容量74万千瓦（其中在建30座15万千瓦）。

2018年10月19日，陕西省水利厅、陕西省发展和改革委员会、陕西省环保厅、陕西省林业厅按照陕西省政府要求，根据环境保护部等十部委《“绿盾2017”国家级自然保护区监督检查专项行动方案》、陕西省人民政府《陕西省秦岭生态环境保护整治工作方案》（陕政发〔2017〕37号）及相关法律法规，结合全省小水电开发管理实际，由陕西省水利厅牵头制定了《陕西省秦岭区域和全省自然保护区小水电站问题整治及生态治理工作指导意见》（陕水发〔2018〕18号），按照陕西省政府要求征求了相关设区市人民政府及省级有关部门意见后，经修改后联合印发。《陕西省秦岭区域和全省自然保护区小水电站问题整治及生态治理工作指导意见》（陕水发〔2018〕18号）明确了工作目标，确定了工作原则、责任分工、分类处置方案、工作标准及要求、整改及退出补偿费用、长效机制建设等。

2018年12月14日，陕西省水利厅印发了《关于全面加强农村水电建设及管理工作的意见》（陕水电发〔2018〕14号）·。

2019年4月10日，陕西省水利厅印发了《关于秦岭区域水电站核查及全省农村水电站生态整治有关问题的通知》（陕水农函〔2019〕17号），要求按照《陕西省秦岭区域和全省自然保护区小水电站问题整治及生态治理工作指导意见》（陕水发〔2018〕18号），确保在2019年6月底前，完成包括秦岭区域在内的全省600余座水电站生态改造，保障生态流量下泄，在2020年12月底前按期完成应退电站的退出工作。7月，陕西省水利厅组织省级发改、环保、林业部门对全省小水电站生态流量泄放进行了抽查验收，全省小水电站需泄放生态流量的已全部完成。

2019年12月，陕西省水利厅、陕西省发展和改革委员会、陕西省自然资源厅、陕西省生态环境厅、陕西省农业农村厅、陕西省林业局联合印发了《陕西省秦岭重点保护区内水电站评估整治标准及处置方案》（陕水发〔2019〕22号）。要求在2020年12月31日前完成整治，整治后仍达不到要求的限期退出。

2020年5月1日，陕西省秦岭保护委员会下发《省秦岭生态环境保护委员会全体会议部署重点工作任务的通知》（陕秦岭委〔2020〕3号），对秦岭区域小水电整治进行了分工，由陕西省发展和改革委员会牵头，会同陕西省自然资源厅、陕西省生态环境厅、陕西省水利厅、陕西省林业局等省级部门，完成秦岭区域现有小水电运行对生态环境破坏情况的重新评估。要按照“能退尽退、能拆尽拆、能改尽改”的原则，制定秦岭区域小水电退出、拆除和整治工作具体方案，年底前报陕西省政府审批，确保秦岭区域小水电整治无死角、无遗漏，确保不出现新的秦岭生态环境保护风险点。后陕西省水利厅将秦岭区域小水电相关资料进行了移交，并配合陕西省发展和改革委员会做好相关工作。至陕秦岭委〔2020〕3号下发，陕西省水利厅排查后初定秦岭区域小水电整治共退出22座1.51万千瓦，其中渭河流域退出12座0.97万千瓦。2020年3月，西安市政府确定西安市退出50座6.14万千瓦。在2021年7月3日“陕秦岭委〔2021〕4号”文件下发时，秦岭区域小水电站已退出63座6.72万千瓦。

2020年7月，陕西省秦岭区域小水电站整治工作由陕西省秦岭生态环境保护委员会办公室（简称省秦岭办）牵头。随后，省秦岭办委托中国水科院水生态研究所进行秦岭区域小水电站评估工作。

11月16日，省秦岭办《关于印发〈秦岭区域小水电整治工作方案〉的通知》（陕秦岭办函〔2020〕55号），确定了总体目标、基本原则、工作机构及任务分工、工作安排、费用保障措施。

12月9日，陕西省水利厅《关于对〈陕西省秦岭区域小水电站工程整治评估指标与标准〉的意见》（陕水农函〔2020〕138号）从评估标准体系表、评估、合法合规性、生态、效益、社会稳定等方面提出了27条意见建议，回复了12月3日省秦岭办《关于征求〈陕西省秦岭区域小水电站工程整治评估指标与标准〉意见建议的函》（陕秦岭办函〔2020〕60号）。

12月29日，陕西省水利厅《关于对再次征求〈陕西省秦岭区域小水电站工程整治评估指标与标准〉意见的复函》（陕水农函〔2020〕163号），从制定方法、组织形式、评分体系、法律依据、政策适用、客观事实等8个方面提出了33条意见建议，回复了12月25日省秦岭办《关于再次征求〈陕西省秦岭区域小水电站工程整治评估指标与标准〉意见建议的函》（陕秦岭办函〔2020〕70号）。

2021年2月26日，陕西省水利厅《关于对〈陕西省秦岭区域小水电站工程整治评估指标与标准〉（公示稿）的意见》（陕水农函〔2021〕19号），从关于加分项、区域合规性、项目合规性、环境影响、资料等5个方面提出了11条意见建议，回复了2月20日省秦岭办网上“关于《陕西省秦岭区域小水电站工程整治评估指标与标准》《陕西省秦岭区域小水电站目录》的公示”。

2021年4月23日，陕西省水利厅《关于对小水电建设项目涉水合法合规事项整治的意见》（陕水农函〔2021〕42号）从规划、开工审批、竣工验收、取水许可、水土保持方案、防洪影响评价、移民等7个方面提出了7条意见回复了省秦岭办《关于对小水电建设项目涉水合法合规事项提出整治意见的函》（陕秦岭办函〔2021〕47号）。

2021年4月30日，陕西省水利厅《关于对小水电建设项目合法合规性事项整治意见的意见建议的函》（陕水农函〔2021〕45号）从水电站未取得立项审批和取水许可两方面提出了 4 条意见建议，回复了 4 月 27 日省秦岭办《关于对小水电站建设项目合法合规性事项整治意见征求意见建议的函》（陕秦岭办函〔2021〕54 号）。

2020 年 12 月 7 日，陕秦岭办函〔2020〕63 号《关于征求秦岭重点保护区、一般保护区产业准入清单（试行）（征求意见稿）修改意见建议的函》的禁止目录中，明确：一般保护区原则上不再新建小水电站项目；一般保护区已有小水电项目，应当依法依规限期整治或者退出、拆除，恢复生态。

为加快秦岭区域小水电站整治工作，2021 年 1 月 13 日，梁桂副省长主持召开了工作会议，专题研究 2021 年秦岭保护相关工作，要确保秦岭小水电“无特殊原因，一律退出”。2021 年 1 月 18 日，省秦岭办《关于转发西安市小水电整治工作经验做法的通知》（陕秦岭办函〔2021〕11 号）；2021 年 6 月 10 日，省秦岭办《关于印发〈陕西省秦岭区域小水电站工程整治评估指标与标准〉的通知》（陕秦岭办函〔2021〕74 号），水利厅 5 次意见均未采纳。2021 年 7 月 3 日，《陕西省秦岭生态环境保护委员会关于全面加快推动秦岭区域小水电整治工作的通知》（陕秦岭委〔2021〕4 号）印发涉秦岭区域六市人民政府及省级相关部门；确定了 2021 年 9 月底前全面完成 375 座小水电站的整治任务（不含 2019—2020 年已拆除的 63 座），其中：拆除 251 座、退出 68 座（含 8 座批复文件撤回），其他 56 座全面完成破坏生态环境问题整改。渭河流域拆除 35 座 5.08 万千瓦，退出 12 座 1.25 万千瓦，保留 4 座 5.13 万千瓦。通过整治工作，有效解决了秦岭区域小水电破坏生态环境突出问题，切实保护好“中华祖脉”“中央水塔”。

截至 2021 年 8 月底，秦岭区域的 438 座 114.7 万千瓦小水电站，其中 382 座 65.9 万千瓦已全部拆除或退出（其中：拆除 314 座 45.9 万千瓦，退出 60 座 16.9 万千瓦，依法撤回审批手续 8 座 3.1 万千瓦），其中渭河流域共有 106 座 17.82 万千瓦，拆除或退出 102 座 12.7 万千瓦，保留 4 座 5.13 万千瓦。

2021 年 6 月 22 日，国际小水电中心《关于就〈关于对陕西省秦岭区域小水电整治意见进行公示的函〉反馈意见的函》（国际函〔2021〕16 号）向省秦岭办、省水利厅、宝鸡市人民政府反映太白县白云峡、峡口两座全球环境基金“中国小水电增效扩容改造增值”项目试点电站，涉及重大国际合作项目的合同等系列内容的情况，望妥善处理。未采纳该意见。

2021 年 6 月 29 日，为确保拆除中施工安全，陕西省水利厅印发了《关于细化整治实施方案、确保秦岭区域小水电整治施工安全的通知》（陕水农函〔2021〕63 号），下发涉秦岭区域六市人民政府。

2021 年 8 月 2 日，《陕西省秦岭生态环境保护委员会关于印发〈关于进一步加强秦岭区域小水电整治工作的指导意见〉的通知》（陕秦岭委〔2021〕7 号），从确保生态安全、确保民生安全、确保度汛安全、确保企业主合法权益得到保障等方面提出了要求。

截至 2021 年 9 月底，秦岭区域小水电站工程整治工作全部完成（拆除及生态恢复工作）。截至 2023 年 6 月底，平均补偿水电站业主资金达到评估资产的 40%~50%（省级出资额为

12.96 亿元）。保留的水电站见表 4–7–1。

表 4–7–1　秦岭区域渭河流域水电站保留情况

序号	电站名称	所在县（区）	所在河流	建成时间	装机容量 /kW	备注
	合计	4			51300	
	西安市	2			24800	
1	黑河坝后	周至	黑河	2004 年	20000	重点保护区
2	李家河水库坝后	蓝田	辋川河	2018 年	4800	重点保护区
	宝鸡市	1			18500	
3	石头河坝后	眉县	石头河	1990 年	18500	重点保护区
	渭南市	1			8000	
4	罗夫河二级	华阴	罗夫河	2007 年	8000	一般保护区

第八章　水产养殖

第一节　渔业资源

一、渔业资源历史记载

渭河流域鱼类资源丰富，据记载，Sauvage 和 Dabry 利用法国传教士 David 采集自陕西西部和南部的标本记载陕西鱼类 3 种（亚种）（1874 年）、短颌鲚（俗称有毛花鱼、毛刀鱼、毛鲚等）、贝氏条鳅（贝氏高原鳅）和日本花鳅（中华花鳅的同物异名），Garman（1912 年）发表采于陕西的（银鲴的同物异名）一种。李思忠（1965 年）报道陕西黄河流域鱼类名录 56 种，黄洪福报道渭河中段鱼类 5 目 28 属 38 种，陕西鱼类志（1992 年）报道陕西渭河流域鱼类 7 目 12 科 78 种。

二、渔业资源现状

根据调查，截至 2014 年渭河流域有鱼类共计 6 目 10 科 54 种，其中鲤形目 39 种，占总种类数的 72.22%；鲇形目 8 种，占总种类数的 14.81%；鲈形目 4 种，占总种类数的 7.41%；鲑形目、鲱形目、合鳃鱼目各为 1 种，占总种类数的 1.85%。渭河流域鱼类种类组成见表 4-8-1。

表 4-8-1　渭河流域鱼类种类组成

种名		
鲑形目	鲑科	细鳞鲑
		拉氏鱥
		瓦氏雅罗鱼
		马口鱼
		宽鳍鱲
		赤眼鳟
		白条
		贝氏白条
		鳊

续表 4-8-1

种 名		
鲑形目	鲑科	翘嘴红鲌
		中华鳑鲏
		高体鳑鲏
		彩石鲋
		兴凯刺鳑鲏
		斑条刺鳑鲏
		大鳍刺鳑鲏
		唇鱼骨
		花鱼骨
		麦穗鱼
		黑鳍鳈
		银色颌须鮈
		黄河鮈
		棒花鮈
		大鼻吻鮈
		棒花鱼
		蛇鮈
		鲤
		鲫
	鳅科	中华花鳅
		泥鳅
		大鳞副泥鳅
		红尾副鳅
		斯氏高原鳅
鲇形目	鲇科	鲇
		兰州鲇
	鲿科	光泽黄颡鱼

续表 4-8-1

种名		
鲇形目	鲿科	黄颡鱼
		粗唇鮠
		乌苏拟鲿
鳉形目	青鳉科	青鳉
合鳃鱼目	合鳃鱼科	黄鳝
鲈形目	塘鳢科	黄黝鱼
	鰕虎鱼科	栉鰕虎鱼
		波氏栉鰕虎鱼
	鳢科	乌鳢

第二节　渔业发展概况

一、渔业发展历史

渭河渔业形成于7000年前的仰韶文化时期，当时半坡人在渭河河谷各阶地营建聚落，过着以农业生产为主的定居生活，兼营采集和渔猎，许多陶盆上都画有鱼纹和网纹图案。当时的骨质鱼钩和鱼叉，是原始人类利用鱼类资源的最早记录。《诗经》记载，公元前1100多年前，西伯（周文王）即在灵沼（遗址在今长安县灵沼乡）凿池养鱼，载有“王在灵沼，于牣鱼跃。”的诗句。又据《西京杂记》记载，公元前80年左右，汉昭帝利用汉武帝开凿的昆明池（遗址在今西安市长安区斗门镇）养鱼，渔获甚丰，据考古复原图推算，昆明池面面积为22000余亩，是迄今所知世界上大水面养殖的最早记录。《武王伐纣平话》卷下：姜尚因命守时，立钩钓渭水之鱼，不用香饵之食，离水面三尺，尚自言曰：“送命者上钩来！”为渔猎的历史记录。

20世纪50年代开始，渭河沿岸发展起池塘养殖。先后建设了华县莲花寺南马和丁村渔场（三门峡水库配套鱼种场）、石头河水库鱼种场、羊毛湾水库鱼种场、冯家山水库鱼种场等一批为水库渔业养殖配套的鱼种场，解决了苗种供应问题，为渭河流域鱼类人工养殖创造了条件。20世纪80年代建设了长安北大渔场80亩，利用地热开展鱼类养殖，石头河渔场工厂化冷水鱼养殖场4.2亩，解决了陕西省温水养殖、常温养殖、冷水养殖鱼类苗种供应问题。

随着渭河流域水利工程建设和河道治理的发展，在沿河两岸形成大量河滩荒地。20世纪80年代，陕西利用世界银行贷款在渭河沿岸建设了31个渔场，总面积1100公顷。在此带动作用下，沿渭宝鸡、咸阳、西安、渭南渔业养殖面积快速发展到10769公顷。随着鱼类增养殖技术的进步，人工配合饲料养殖技术的推广，人工增氧技术的应用，渔业产量大幅度提高。在发展池塘养殖的同时，利用渭河支流兴建的水库开展大水面鱼类养殖和增殖，水库网箱养殖。利用秦岭北麓支流冷水资源，开展以冷水鱼类为主要品种的流水养鱼。经营模式从单纯的养殖生产经营为主向游钓、休闲、农家乐并重的综合经营转变。2015年渔业产量达到50105吨，渔业产值115375万元，为当地农民增收和新农村建设作出了重要贡献，渔业发展呈现出良好的经济效益、生态效益和社会效益。

二、渔业基础设施建设

2000年以来，渭河流域渔业生产不断适应市场经济发展的客观要求，建立多渠道的投融资机制，不断加大渔业基础设施建设，渭河流域水产原良种建设改造、池塘标准化改造、菜篮子水产品生产等基础设施建设逐年改善。至2014年，已形成国家级水产原良种场1个，省级水产原良种场6个，省级健康养殖示范场3个。

三、渔业养殖品种大幅度增加

2000年以来，渭河流域渔业养殖品种不断增加，鱼类养殖品种从传统的“四大家鱼”逐步转变为罗非鱼、斑点叉尾鮰、甲鱼、大鲵、匙吻鲟、史氏鲟、俄罗斯鲟、淡水白鲳、杂交鲟、津新鲤、建鲤、福瑞鲤、丁鱥鱼、大银鱼、池沼公鱼、虹鳟鱼、金鳟、花羔红点鲑、哲罗鱼、三文鱼、团头鲂、史氏鲟、乌鳢、加州鲈、鳗鱼、泥鳅、白对虾等国内外优质鱼类养殖并重的方向发展。

四、渔业产业布局

2000年以来，渭河流域渔业产业布局日趋合理，依托渭河流域资源现状，因地制宜发展现代渔业产业，渔业经济增长方式逐渐由传统粗放型向现代集约型转变。渔业二、三产业链不断拓展，渔业养殖方式多样化，主要有鱼鳖混养、网箱养鱼、大水面养鱼、池塘精养和淡水捕捞等。利用渭河流域支流水域修建的各类水库，开展土著鱼类增殖，恢复天然鱼类种群数量，维护水域生态平衡；投放肉食性花白鲢鱼类，调节库区水质。在沿渭人工养殖池塘，大力开展无公害、健康养殖技术推广，保证养殖鱼类产品品质符合食品安全标准，使广大群众吃上放心的水产品。利用秦岭山区流水资源，开展工厂化流水养殖和休闲渔业，既增加了渔业产量和产值，又为广大群众提供了休闲的场所，带动了二、三产业的发展，增加了劳动就业岗位，拉动了地方经济发展，丰富了现代都市休闲方式，渭河流域水清、鱼跃、景美、民富，形成了一道亮丽的景观。

第三节　渔业发展成效

一、发展格局

2000年以来，渭河流域渔业部门依托渭河流域得天独厚的优势水域资源环境，因地制宜发展现代渔业，伴随着渭河综合整治契机，渔业发展迅速，渔民收入增加，渔业科技硕果累累，渔业基础设施不断改善。提前两年完成“十二五”规划目标，渔民收入高出全省农民平均收入4000多元；“十一五”以来，陕西省渔业省级单位科研方面共获各类奖项20多项；先后建成了一批国家级的高标准实验室、良种场；基本建成由无公害产地认定和产品认证、水产品防疫检疫和市场准入、产地水产品质量系统管理为重点的水产品质量安全保障体系；开展渔业资源与环境保护研究，有效修复渔业生态环境。渭河流域渔业产业结构不断优化，区域特色更加突出，养殖品种更加丰富，水生态环境不断改善。渔业依托科技进步走出了一条集约化发展的新路，实现了渔业增效和资源环境保护相辅相成、相得益彰，渭河流域渔业快速发展格局已经形成。

二、主要渔场

（一）西安市水产良种繁育场

1999年，西安市水利局按照100年一遇防洪标准修建了长4.2千米的渭河大堤，在草滩农场农六段外侧形成长850米、最大宽190米、面积约7公顷的低洼滩地。2000年，西安市水产工作站向西安市水务局上报了《西安市水产良种繁育基地建设规划》，拟在该低洼滩地建设西安市水产良种繁育场。2002年，该项目批准立项，2004年，一期建设工程完工，形成池塘养殖水面5.6公顷，并投入生产；同时建成了供电系统、鱼病防治综合楼与场区道路硬化工程。该繁育场建成投产为全省渔业养殖提供了良种支持。

（二）西安市鲑鳟鱼类良种示范场建设

2002年12月，西安市水利局组织10名水产管理技术人员赴日本大分县研修“一县一品”。此后，确定由西安市水产学会和长安县水产站在大峪水库坝下建设西安市鲑鳟鱼繁育示范场。2004年5月，西安市首个冷水鱼养殖场——西安市鲑鳟鱼类良种示范场在长安区引镇大峪沟口建成投产，总投资125万元，新建钢筋混凝土结构流水鱼池42个共0.25公顷，设计年产成鱼4万千克、苗种80万尾。2004年5月，引进投放鲑鳟乌仔3.1万尾、鱼种2300千克，到年底生产规格500～750克每尾的鲑鳟成鱼1.5万千克。

（三）武功渔场

武功县具有一定规模的渔场3个，养殖总面积100公顷。其中，北营渔场40公顷，薛固渔场33.3公顷，普集街渔场26.7公顷。渔场大部分是利用渭河荒滩荒地资源，于1996年开始渔业生产。建场初期有常年渔业生产者292人，亩产在550千克左右。自2000年以来，随着渔业养殖新技术的普及和推广，以及饲料配置科技含量的提高，各渔场均加强了养殖管理和鱼病防治工作，2006年平均亩产已达880千克以上，取得了较好的经济效益。

（四）渭城渔场

渭城渔场建于1986年，位于咸阳市城区渭河大堤北侧，养殖水面面积16.7公顷。1999年后，由于咸阳新建化工区征地扩建，现渔场面积已缩减为9.3公顷。

（五）兴平渔场

兴平市现有集中连片的渔场5个，养殖水面面积192.9公顷。其中：田阜渔场43.3公顷，庄头渔场 45 公顷，丰仪渔场 38 公顷，汤坊渔场 33.3 公顷，桑镇渔场 33.3 公顷。这些渔场均建在渭河防洪大堤北侧的荒滩荒地上，属世界银行低息贷款建设项目。于 1989 年开工建设，1995 年全部建成并投入使用。投产初期，鱼塘以养殖草、鲤、鳙、鲢四大家鱼为主。由于缺乏经营经验，管理粗放，科技含量低，生产设施落后，而且饲料浪费大，鱼病时有发生，产量低而不稳，每亩最高产量仅为 560 千克。针对在养殖过程中存在的问题，省、市水产部门举办多期培训班，大力推广“渔业丰收计划”，请经验丰富的渔业专家讲课，传授先进的养殖方法和鱼病防治知识，使各个渔场水产养殖水平不断得到提高，目前产量一直稳定在每亩 960 千克以上。自 2000 年开始，兴平又积极引进鱼类养殖新品种，首先在丰仪渔场进行了罗非鱼、鲸鱼和罗氏沼虾、河蟹等名贵品种的养殖试验，取得了比较理想的效果，同时田阜渔场鲤鱼一条龙丰产养殖模式也取得了成功。

（六）淳化县清泉养殖

淳化县利用山间清泉所形成的自然流水资源，开展冷水鱼类养殖，2015 年已建成流水养鱼池 57 座，养殖面积 4.2 公顷，主要用于鳟鲟鱼养殖，年产量 7.5 万千克左右，总产值约 200 万元。

（七）泾阳县观赏鱼养殖

2013 年，泾阳县成立陕西泾园现代农业有限公司，开始建设健康养殖、生态农业与渔业养殖产业园区。2015 年，建成水产养殖池塘 46.7 公顷，与上海东方锦鲤养殖基地合作建设“东方锦鲤陕西泾园养殖基地”，共同打造锦鲤品牌，开拓西北地区乃至国内外锦鲤市场。2015 年已引进罗汉、孔雀鱼、地图鱼、皮球、黄兰万龙、马甲、虎皮、丽丽、清道夫、鹦鹉鱼、 血钻、巴西鱼、波子、美人鱼、斑马鱼、燕子鱼（神仙鱼）、红剑（红玛丽）皇冠、招财苗、东洋刀、兰沙金沙、双线则、 一帆风顺、彩沙粉沙、鹦鹉苗、银龙苗、金龙苗、红龙苗等 50 余个观赏鱼品种，销售市场发展到陕西、甘肃、山西、新疆、宁夏 5 省（区），年产值 2000 余万元。该园区先后被授予“咸阳市示范现代农业园区”“咸阳市市级龙头企业”“陕西省渔业技术服务基地”“泾阳县渔业科技示范基地”称号。

（八）渭南市“3573”水产养殖工程

2010 年，渭南市开始全面实施黄河滩、渭河滩、洛河滩三大无公害水产品生产基地，开发优质鱼、鳖、虾、蟹、水禽五大名优水产品，完成七大工程（水产良种工程、渔业标准化生态养殖示范工程、水生生物资源养护工程、休闲渔业建设工程、水生动物疫病防控工程、水产品质量监控工程、渔政渔港基础设施工程），完善培育供销服务、渔业合作组织（社）、渔业协会三大体系，形成具有渭南特色的渔业发展新格局。至 2015 年，已改造宜渔盐碱荒滩地 2500 公顷，建设标准化鱼池 2000 公顷，改良盐碱化土地 400 公顷，年产商品鱼 1.4 万吨，年产粮食 1200 吨，增加产值 4100 万元，安置农村劳动力 30000 人。

（九）宜君县水产养殖基地

1995 年，宜君县水利局在福地、西河等水库周边建鱼池 1.3 公顷，发展水产养殖。至 1997 年，共生产水产品 353 吨，实现产值 172.6 万元，创利润 13.31 万元。

（十）太和水产养殖中心

该中心位于铜川印台区红土镇太和寺村。2003 年，在北京工作的铜川籍人吴波，投资 40 万元兴建集养鱼、垂钓、餐饮、休闲娱乐于一体的综合养殖基地。当年建成鱼塘 9 个，水域面积 3 公顷，设有垂钓塘 3 个，鱼种生产塘 5 个，划船、垂钓、鱼种等综合塘 1 个。10 月开始向辖区周围水库、鱼塘供应草、鲤、鳙、鲢鱼种。2009 年，养殖中心转让给铜川市电信局职工叶震经营，2010 年新建房舍 400 平方米，建成集餐饮、娱乐、住宿、多功能会议厅于一体的服务设施。新建工厂化大鲵驯养场房 1 座，池舍 11 口，引进大鲵 42 尾，开创了铜川驯养大鲵的先河。

（十一）"虹鳟一条沟"

2003 年在西安市、区两级水产部门会同省、市领导赴日本考察，引进冷水鱼养殖项目，并决定建设大峪"虹鳟一条沟"项目。为此，长安区人民政府成立了项目领导小组，下设大峪"虹鳟一条沟"办公室负责项目建设。大峪"虹鳟一条沟"建设的冷水鱼休闲渔业项目有鸿翔鳟鱼养殖中心、芙蓉鳟鱼馆、秦鲜乐园养殖中心、金水苑、仙鱼沟养殖中心、云龙鳟鱼馆、聚鸿冷水鱼养殖有限公司、九仙阁鳟鱼馆、水墨别院鳟鱼馆共 9 个项目。2015 年，"虹鳟一条沟"内冷水性鱼类流水养殖池塘 26286.5 平方米，年总产量 175 吨，总产值 3500 万元。

（十二）宝鸡市休闲渔业

以"渔业 + 餐饮 + 垂钓"为发展模式的休闲渔业于 2009 年在宝鸡开始发展。冯家山水库管理局结合千湖水利风景区建设，投资 300 万元对冯家山水库渔场进行改造，建成了休闲垂钓、冷流水养殖观赏和鱼类烧烤、餐饮等服务项目。2010 年，对住宿和会议室等设施进行全面改造，把渔场打造成休闲游乐和会议接待场所，年可收入 260 万元。与此同时，金台区、凤翔区、陇县、眉县等地也建设了休闲渔业养殖设施。2015 年，宝鸡市共有规模以上休闲渔业、垂钓场所 45 家，养殖面积 13.3 公顷，累计完成投资 2.6 亿元。

2023 年，陕西省石头河水库灌溉管理局眉县水产养殖场被评为国家级水产健康养殖和生态养殖示范区。

第五篇　水土保持

陕西省渭河流域是黄河流域水土流失较为严重的地区之一，流域内土壤年侵蚀模数由南向北递增，为 500 ~ 15000 吨每平方千米。

渭河流域在陕西境内面积 6.71 万平方千米，水土流失面积 4.8 万平方千米，占流域总面积的 71.5%，其中多沙粗沙区面积 0.78 万平方千米，占全流域的 11.7%。多年平均土壤侵蚀量 2.06 亿吨，年输入黄河泥沙量 1.6 亿吨，占陕西省黄河流域土壤侵蚀量的 20%。流失区域涉及陕西省 5 个水土流失类型区中的 4 个。一句家喻户晓、流传数千年的“泾渭分明”成语及“时而泾清渭浊，时而渭清泾浊”的考证，形象地说明了渭河流域水土流失的状况和历史变迁的事实。长期严重的水土流失，造成植被破坏、农田退化、河道大量淤积、旱涝灾害频繁发生，成为制约流域生态保护和经济社会可持续发展的主要因素。

据史料记载，陕西治理水土始于西周时代，由“区田法”、“沟洫”治理、引洪漫地等措施逐步发展到修梯田等，这些早期做法都是以发展农业生产和治理江河为目的。民国时期，治理水土流失始纳入治黄的范畴，正式有了“水土保持”一词，并逐步成为一门专门学科，开始由一般的农业增产措施发展到治山治水、改善生态环境，成为越来越多人士关注的社会事业。

新中国成立以来，渭河流域持续开展了以“四田”建设（水平梯田、水平埝地、坝地、河滩造地）、植树造林、筑坝拦泥、小流域综合治理为主要措施的水土保持工作，走过了从工程到生物，从治沟到治坡，从单项治理到综合治理，从分散治理到集中治理，从遍地开花到以小流域为单元进行治理的复杂过程。到 20 世纪 70 年代后，逐步走上了科学治理的轨道。农村经济体制改革后，出现了户包治理小流域的新形式，调动了千家万户治理千沟万壑的积极性，加快了治理进度，提高了治理质量，从而把黄土高原的水土保持推向了一个新的阶段。这些治理措施减少了入渭泥沙，在一定程度上改善了农业生产条件和生态环境，促进了流域经济社会的稳定发展。在这一过程中，水土保持科技和监测有力推进和保障了水土保持技术的更新和进步，在水土保持生态环境建设中发挥了非常重要的作用。至 2020 年，通过建设径流小区监测站、小流域综合监测站，共建水文泥沙监测站点和整合科研院所站点等方式，流域内已形成三级监测网络管理体系。

2012 年，陕西省全面启动水土保持示范园区建设。多年来，渭河流域依托国家重点水土保持项目和省级水利发展资金水土保持补偿费使用项目，坚持以小流域为单元，山水林田湖草沙统筹考虑，水土保持示范园从无到有，从有到强，至 2020 年，已在不同的地貌类型区建成综合治理型、科研试验型、科普教育型、特色产业型、特色展示型等 5 种类型各具特色的水土保持示范园 26 个。

水土保持率是指区域内水土保持状况良好的面积（非水土流失面积）占陆域国土面积的比例。至 2020 年，关中地区水土保持率为 78.39%；秦岭北麓、南麓两个区的水土保持率最高，达 80%，高于全省平均值 11%。

渭河流域水土保持监督执法工作起步于国务院于 1957 年 5 月 24 日颁发的《中华人民共和国水土保持暂行纲要》和 1982 年 6 月 30 日颁发的《中华人民共和国水土保持工作条例》。数十年来，水土保持监督管理依法保护渭河流域的生态环境，有效控制了人为水土流失加剧的局面，实现了“整体恶化、局部好转”向“总体好转、局部良性循环”的历史性转变。

第一章　水土流失

陕西省渭河流域是黄河流域水土流失较为严重的地区之一，流内年土壤侵蚀模数由南向北递增，为 500 ~ 15000 吨每平方千米。渭河流域在陕西境内面积 6.71 万平方千米，涉及宝鸡、咸阳、杨凌、西安、铜川、渭南、商洛、延安和榆林等 9 个市（区）的 64 个县（区）。水土流失面积 4.8 万平方千米，占流域总面积的 71.5%，其中多沙粗沙区面积 0.78 万平方千米，占全流域的 11.7%。多年平均土壤侵蚀量 2.06 亿吨，年输入黄河泥沙量 1.6 亿吨，占陕西省黄河流域土壤侵蚀量的 20%。流失区域涉及陕西省 5 个水土流失类型区中的 4 个。引起流失的原因主要有自然因素和人为因素。长期严重的水土流失，造成植被破坏，农田退化，河道大量淤积，旱涝灾害频繁发生，成为制约流域生态保护和经济社会可持续发展的重要因素之一。

第一节　流失区域

陕西省水土保持区划把全省划分为 5 个水土流失类型区，即长城沿线风沙区、陕北黄土丘陵沟壑区、渭北黄土高塬沟壑区、渭河平原区和秦巴土石山区。渭河水土流失区涉及其中的 4 个类型区。水土流失重点区域主要分布在陕北黄土丘陵沟壑区、渭北黄土高塬沟壑区。

一、长城沿线风沙区

渭河最大支流泾河上的马莲河及第二大支流北洛河源头处在这一区域。该区北接内蒙古，南至长城，区内沙地面积 11754 平方千米，占土地面积 15650 平方千米的 75.1%。区内多风，风蚀造成流沙移动堆积，危及农田、村镇，是黄河粗粒泥沙的主要产地。

二、陕北黄土丘陵沟壑区

北洛河干流局部及左岸部分支流涉及这一区域。该区北接长城沿线风沙区，南至渭北高原，总土地面积 64658 平方千米。区内在中生代地层及新生代第三纪红土层所构成的古地貌基础上，广泛覆盖深厚的第四纪风成黄土。黄土疏松，富含碳酸钙，易受侵蚀，在长期流水冲刷及其他外营力的剥蚀作用下，形成梁峁广布、沟壑纵横的特有黄土地貌类型，地形起伏，地面破碎，沟壑密度多为 5000 ~ 7000 每平方千米，相对高差 70 ~ 150 米，少数达 200 米，坡度以 15° ~ 20° 居多。区内土壤侵蚀面积占全区总面积的 80%以上，侵蚀量占陕西入黄河泥沙总量（8.0 亿吨）的 80%左右，是陕西水土流失最多的地区。该区主要以水蚀为主，重力侵蚀活跃，全区一般年侵蚀模数为 10000 ~ 20000 吨每平方千米，严重地区达 20000 ~ 30000 吨每平方千米以上，是黄河中游水土流失面积最大、流失量最多的地区，也是黄河粗泥沙的主要来源。

三、渭北黄土高塬沟壑区

渭河左岸支流中上游大部处在这一区域。该区北接陕北丘陵沟壑区，南与渭河平原相连，总土地面积 24710 平方千米，沟壑密度 1000 ~ 3000 平方千米。区内塬面侵蚀较轻，沟蚀强烈，塬边崩塌、滑坡、泻溜等重力侵蚀活跃。1978—1983 年，洛川塬边共发生崩塌、滑坡 38 处，破坏原面土地 112.5 亩。200 多年间，洛川县黑木沟沟头溯源侵蚀 350 米，使 6000 多亩原地成了沟壑，有的沟头已威胁到城镇、村庄和公路的安全。

四、渭河平原区

林家村以下渭河干流、左岸支流下游、右岸支流的全部均处于这一区域。该区位于渭北高塬沟壑区以南，秦岭山地以北，总土地面积 13571 平方千米。区内渭河南、北两岸依次为河漫滩、河流阶地、黄土台塬、山前洪积扇 4 种地貌类型，并有骊山等低山丘陵和大荔沙苑风沙地貌等。渭河一、二级阶地地势平坦，水土流失轻微，年侵蚀模数一般均低于 200 吨每平方千米。渭河以北台塬区水蚀明显，年侵蚀模数 1000 ~ 2000 吨每平方千米。渭河以南台塬区水蚀和重力侵蚀比较活跃，年侵蚀模数 1000 ~ 3000 吨每平方千米，个别地区高达 5000 吨每平方千米。2020 年陕西涉渭河流域各市（区）水土流失状况见表 5-1-1。

表 5-1-1　2020 年陕西涉渭河流域各市（区）水土流失状况

区域名称	陆域国土面积 /km^2	水土流失面积 /km^2	所占比例 /%	轻度侵蚀面积 /km^2	中度侵蚀面积 /km^2	强烈侵蚀面积 /km^2	极强烈侵蚀面积 /km^2	剧烈侵蚀面积 /km^2
陕西省	205629	64111.30	31.18	38795.10	14812.7	5822.84	3841.60	839.06
西安市	10106	1672.47	16.55	1173.72	418.56	55.48	19.10	5.61
宝鸡市	18162	4995.62	27.51	4029.89	579.11	215.42	156.92	14.28
咸阳市	10190	1871.34	18.36	1456.82	250.42	105.52	52.01	6.57
铜川市	3881	1183.28	30.49	952.19	133.35	58.81	34.54	4.39
渭南市	13033	2255.90	17.31	1555.98	509.69	142.85	41.70	5.68
延安市	37032	18091.16	48.85	9674.98	5732.31	1692.16	839.53	152.18
榆林市	42923	18503.34	43.11	8131.95	5564.57	2637.12	1780.41	389.29
商洛市	19581	4075.93	20.82	2926.52	656.12	261.59	2038.8	27.82
杨凌区	93	7.08	7.61	6.39	0.60	0.07	0.02	0

五、秦巴土石山区

涉及渭河流域的主要是秦岭北麓，是渭河右岸支流的发源地，山高坡陡，降雨量大，暴雨频次高，土壤和岩石在重力作用下易发生滑坡泥石流。沣山区域土壤侵蚀模数每年在 2500 吨每平方千米左右。西安段的水土流失面积约 1374 平方千米，年水土流失量约为 853 万吨。

第二节　流失成因

水土流失的发生、发展和演化过程既受控于组成流失区的地理各要素，也和人类活动的强度紧密相关。就自然因素而言，渭河流域涉及风沙区、丘陵沟壑区、黄土高塬沟壑区和平原区 4 种不同地形地貌、地质土壤、水文气象、气候植被和新构造运动，造成不同和较为复杂的自然侵蚀。水力侵蚀、风力侵蚀和重力侵蚀相互交错，溅蚀、面蚀、沟蚀、潜蚀和滑坡、泥石流普遍存在。就人类活动而论，渭河流域是人类活动最早的区域之一。西周以后，人类活动范围扩大，生产能力提升，破坏林草植被的人为侵蚀也随之加大。特别是秦汉以后，人口增长、水利建设和征战迁徙等人为侵蚀的速度超过了自然侵蚀。新中国成立后，随着基本建设力度的不断加大，新的水土流失也随之加剧。20 世纪 80 年代以来，流域内城市规模急剧扩张，城市水土流失日益突出。

一、自然因素

（一）风雨影响

降雨是形成土壤侵蚀的主要动力， 黄土高原各地水土流失观测资料表明，一年中的土壤侵蚀总量常常是由几场较大的降雨造成的，尤以暴雨影响最大。渭河流域关中地区 60% ~ 65% 的降雨量集中在 6—9 月。1981 年 7 月 24—25 日，扶风县七里河刘家沟 3 分 55 秒内降雨 28.5 毫米，洪水总量 13530 立方米，占全年洪水径流量的 7%，而输沙量高达 6833 吨，占全年输沙量的 81.5%，每立方米含沙量高达 505 千克，最大 737 千克每立方米。咸阳市高塬沟壑区 6—9 月降水量占全年的 50% 以上，土壤侵蚀量占全年的 80% ~ 96.6%。彬州市鸣玉池流域 1960 年 7 月 4 日降雨 103.3 毫米，历时 13 小时 25 分钟，平均雨强 7.7 毫米每小时，产生的土壤侵蚀平均 928.4 吨每平方千米，雨量占汛期（282.3 毫米）的 36.6%，侵蚀模数占汛期（1225 吨每平方千米）的 75.8%。

大风引起飞沙走石，形成沙暴。从省内年均风速和大风分布情况看，秦岭以北及高山、中山地区，具有产生风蚀的动力条件，渭河流域内的吴起、志丹以北地区 8 级以上大风年均达 10 ~ 50 天，加之长城沿线风沙区的沙土，大多是松散无结构的细沙粒，透水性强，不易产生地表径流，少量的降水多形成地下水，而地表常处于干燥状态，容易被风吹移发生风蚀，是风蚀的主要地区。

（二）地形影响

地形是水土流失发生的基础，其坡度、坡长、坡向和地面的破碎度等均对水土流失有着重要的影响。据咸阳市水保站 1960 年 7 月 4 日的暴雨调查结果，2° ~ 4°的坡面水土流失轻微、8° ~ 15°的坡面细沟侵蚀明显、20° ~ 35°的坡面切沟侵蚀剧烈。据研究资料，在降雨强度和降雨量相同的情况下，坡度每增加 3°，坡面径流约扩大 6%，冲刷量则增加 40%。

（三）土壤（岩性）影响

陕西黄土高原的地面组成物质主要是第三纪末至第四纪以来沉积的未经固结的风成黄土，质地均一，粉沙含量高（50%以上），组织疏松，土壤发育幼年，有机质和有效养分含量少，抗蚀抗冲性能差，遇水极易崩溃解体。据中国科学院西北水保所试验，100立方厘米的黄土块置入静水中，3～5分钟即可全部崩散。另外，黄土具湿陷性，可助长沟头延伸和沟岸扩张，常成为溯源侵蚀和重力侵蚀主要原因之一。

二、人为因素

从渭河流域考古和发现的众多古化石看，远在六七千年以前，境内林丰叶茂、草盛羊肥。随着农业生产的发展和人口的增多，特别是征战屯垦、移民开荒和现代工业出现、城市规模不断扩大以后，出现了乱砍滥伐、陡坡垦种、人为破坏生态环境等导致的水土流失。

（一）移民开荒

战国时商鞅变法，大力发展农耕，鼓励开荒，使秦地大片树木草地被垦。秦统一中国后，集天下富豪于关中，并派大将蒙恬统兵30万镇守上郡（今榆林市），诱发大批俘虏囚犯到陕北垦荒种地，使原始森林草地遭到严重破坏。汉武帝时曾3次给陕北大批移民，元朔二年（前127年），"募民徒朔六十万口"（《汉书》）；元朔四年（前125年），迁徙函谷关以东贫民70余万人；元鼎六年（前111年），又北移60万人。由于军屯垦荒，泾河等许多黄河支流开始变浑。唐代为充实国库，提倡开荒，规定"新垦荒地五年不纳税"，致使森林、牧场毁坏，沙化扩大，毛乌素沙地开始形成。明代中叶，长城沿线的森林已彻底破坏。

抗日战争时期，沦陷区民众大量流入关中。民国二十六年至三十四年（1937—1945年），仅陕甘宁边区安置民众26.66万人，主要集中在北洛河。边区军民开荒种地，生产自救，粉碎国民党对陕甘宁边区的封锁。民国二十九年（1940年）春，陕西省垦务委员会制定《发动民力开垦荒地暂行办法》《垦荒运动实施要点》。民国三十五年（1946年），陕西省政府将垦荒工作列入六年建设纲领，要求6年内将全省荒地一律开浚。民国三十七年（1948年）2月，刘培桂在《陕政月刊》发表的《一年来陕西地政》一文记载，民国二十九年至三十六年（1940—1947年），累计开荒231.28万亩。

新中国成立后，毁林开荒主要有3个时期。1958年，出现伐木烧炭大炼钢铁。1960—1962年困难时期，全省各级政府下达开荒任务。1966—1976年，乱砍滥伐亦很严重。延安地区1977—1979年开荒180万亩。据1976年林业普查，商洛地区1958年以来毁林250多万亩。至1990年，关中秦岭北坡及渭北高原地区毁林约250万亩，延安地区毁林约199.5万亩。主要林区林缘线普遍后退10～20千米，伐林地垂直上升300～500米。

（二）开采矿石

陕西丰富的矿藏资源大多处在水土流失严重的黄土高原和陕南土石山地，在开采量不断增加的情况下，也加剧了水土流失。铜川市407个工矿企业单位，每年排放固体废弃物8707.2万吨，其中煤矸石2648.1万吨、煤矿剥离土石5120万吨。还有铁、锰、铜、钛、铅、钼、金、银等矿藏开采造成的水土流失。20世纪80年代中期至后期，铁、锰年产60万吨以上，每年弃石渣20多万吨，尤其是分布在关中秦岭北麓的潼关县黄金矿区11年弃渣300多万立方米，使西潼峪3000多亩天然林大部遭到破坏。华县金堆钼业公司寺坪露天矿，裸矿压埋面积2500亩，裸矿、开荒、筑路等共破坏植被13680亩，弃入河床、山坡的废土、石渣达254.9万立方米。耀县水泥厂1960年投产以来，共采石1600多万吨，剥离矿山覆盖黄土100多万立方米，全部倾倒在山坡集水槽和陡坡上，自上而下形成7个松散黄土带任其流失。

（三）基本建设

2010年前，公路、铁路、水利、城建等基本建设施工过程中，随意向沟道坡脚倾倒废土石渣，造成了新的水土流失。西延铁路和蒲白煤矿铁路专线，沿途弃土石800多万立方米。20世纪80年代后期，咸阳市北部几个县修公路399.59千米，平均每年弃土287.17万立方米。蓝田引岱蓄水工程建设中，1982—1986年，随意弃土113万立方米，眉县石头河水库仅开挖溢洪道就给渭河输送泥沙130万立方米。铜川市漆水河两岸的建材厂把大量渣土倾入河中，使下游河床急剧抬高，部分川地因此变成了河滩。永寿县西兰公路改线，动土面积近29万平方米，开挖土石方30万立方米，大部分堆放在坡面上。彬县1983年调查5处煤矿，年排渣9200多吨，58个行政村修建住宅倒废土465万立方米。长武县朝阳水电站共挖土石方125.9万立方米，大部分堆放在泾河边，部分已被洪水冲去。

近20年来，关中城市群及城镇规模急剧扩张，房地产开发活动和相应的基础设施建设严重扰动和破坏地表，常常形成工程开挖面和大量废弃渣土，也造成城市水土流失。

第三节　流失危害

长期严重的水土流失造成河道淤积加重、植被破坏、农田退化、旱涝灾害概率增加；城镇扬尘增加、区域雾霾浓度加大、持续时间延长使关中生态环境质量持续下降，对人民健康及生命安全造成了很大威胁。水土流失成为流域生态保护和经济社会可持续高质量发展的制约因素。

一、严重淤积水库、河道

水土流失导致径流、泥沙汇流下泄，淤积水库，影响水库的缓洪调蓄功能；抬高河床、减弱江河过洪能力；淹没农田，冲毁或威胁水利、交通等设施。尤其是库坝的淤积、冲毁往往给下游造成更大的洪水灾害和经济损失。据统计，截至2017年，关中宝鸡、咸阳、西安、渭南（包括韩城）、铜川5市有大中型水库共计416座，总库容216999万立方米，不完全统计的淤积量达35322万立方米，淤损率超过16%。412座小型水库淤积约23000万立方米，淤损接近20%。

二、生态失调，自然灾害发生的频率增加

严重的水土流失破坏了生态平衡。在风沙区，风力侵蚀使土地严重沙化，甚至形成流动沙丘埋压农田、村庄，破坏草原。随着气候干燥、生态环境的进一步恶化，干旱愈趋严重。在沟壑纵横深切，梁峁、沟坡陡立的地貌条件下，有限的降水，很难就地蓄用。在工程沿线，塌方增多，影响安全。如1961—1962年宝鸡至广元的铁路沿线，有40多处坍塌，中断行车190小时38分钟。在城镇，扬尘增加，雾霾天气增多，空气质量降低，给人民健康及生命安全带来了很大威胁，使人民对经济社会发展的幸福感降低。生态失调还使区域极端天气增多，阻碍区域经济发展。

三、流失土壤、削弱地力

流域泾河、北洛河中上游处在黄土高塬沟壑区，坡耕地较多，严重的水土流失使坡耕地成为跑水、跑土、跑肥的"三跑田"，导致土地日益瘠薄，加剧了干旱的发生，农业产量低而不稳。水土流失不断蚕蚀破坏地面，地块破碎性有增无减。径流冲刷和黄土区沟道侵蚀主要表现为沟底下切、沟岸扩张、沟头前进等常见的3种形式。严重的水土流失，特别是沟蚀，造成大部分地区沟头平均每年前进1～3米，有的地方一次暴雨就使沟头前进20～30米，使沟壑日益扩大，形成沟壑纵横、支离破碎的地面。例如，长武县的东沟，在50年内延伸了300多米，平均每年延伸6米，严重破坏了人们赖以生存的耕地资源。

第二章　治理保护

1941 年，黄河水利委员会在关中成立水土保持试验区，以荆峪沟为基地，以关中为工作范围，推广软埝、地埂等措施，开展了水土保持试验示范工作。1942 年 7 月 25 日，陕西省政府发布了《陕西省防止土壤冲刷及改造窄梯田暂行办法》，对于开展陕西的水土保持工作做了全面规定。但是，1942—1949 年，水土保持没有多大发展，只是作为治理黄河的重要内容，在少数地区抓试验、办苗圃和造林活动，未能开展全省性大面积的治理活动。把水土保持作为一项重要事业来抓，是在新中国成立以后。

新中国成立以来，渭河流域持续开展了以“四田”建设（水平梯田、水平埝地、坝地、河滩造地）、植树造林、筑坝拦泥、小流域综合治理为主要措施的水土保持工作。走过了从工程到生物、从治沟到治坡、从单项治理到综合治理、从分散治理到集中治理、从遍地开花到以小流域为单元进行治理的复杂过程，直至 20 世纪 70 年代后，才逐步走上了科学治理的阶段。农村经济体制改革后，出现了户包治理小流域的新形式，调动了千家万户治理千沟万壑的积极性，加快了治理进度，提高了治理质量，从而把黄土高原的水土保持推向了一个新的阶段。这些治理措施减少了入渭泥沙量，在一定程度上改善了农业生产条件和生态环境，促进了流域经济社会的稳定发展。

1997 年 8 月 5 日，中共中央总书记江泽民在姜春云副总理的《关于陕北地区治理水土流失建设生态农业的调查报告》上作出重要批示，要求“再造一个山川秀美的西北地区”。1999 年 8 月 5—9 日，国务院总理朱镕基到陕西省考察时指出，要认真贯彻落实江泽民总书记“再造一个山川秀美的西北地区”的指示和最近关于治理开发黄河的重要指示，从根本上把黄河的事情办好，强调要解放思想，采取退田还林（草）、封山绿化、个体承包、以粮代赈的措施，动员广大人民群众大搞植树种草，改善生态环境，为根治黄河奠基，为子孙后代造福。此后，陕西省委、省政府做出决策部署，要求全省抓住国家加大生态建设力度、加强水利改革发展的历史机遇，践行“防灾减灾、改善生态、支持经济、服务民生”的水保工作新理念，把水土流失治理推向了新的高潮。据陕西水利志资料，截至 2015 年底，陕西省渭河流域共完成水土保持投资 39.13 亿元，其中世界银行及中央投资 11.16 亿元，省级投资 13.93 亿元，各级配套 14.04 亿元，治理水土流失面积 5836.13 平方千米，建设淤地坝 577 座，可淤地 1754 公顷。在水土保持管理工作中通过理念创新、机制创新，渭河流域新时期的水土保持治理、监督、监测和科技工作都取得了显著成绩，为减少入黄泥沙、改善生态环境作出了巨大贡献。

2012 年，陕西省全面启动水土保持示范园区建设。多年来，渭河流域依托国家重点水土保持项目和省级水利发展资金水土保持补偿费使用项目，坚持以小流域为单元，山水林田湖草沙统筹考虑，水土保持示范园从无到有、从有到强，至2020年已在不同的地貌类型区建成综合治理型、科研试验型、科普教育型、特色产业型、特色展示型等5种类型各具特色的水土保持示范园26个。

水土保持率是指区域内水土保持状况良好的面积（非水土流失面积）占国土面积的比例，是反映水土保持总体状况的宏观管理指标，是水土流失预防治理效果和自然禀赋水土保持功能在空间尺度的综合体现。至2020年，关中地区水土保持率为78.39%；秦岭北麓的水土保持率达80%，高于全省平均11个百分点。

第一节　治理五阶段

渭河流域是我国最早开展水土保持工作的地区之一。各级政府较为重视流域生态建设，新中国成立后，水土保持作为一项治理江河、整治国土、开发山地、改造自然，为发展生产、振兴经济的重要事业越来越受到各级政府的重视，得到民众的认可和参与。治理工作也由点到面，由分散治理到集中连片突击会战；由单一措施治理到综合治理；由为多打粮食、减少黄河泥沙服务到为治理江河、整治国土、发展生产、振兴经济服务；由单纯治理到治理与开发、治理与扶贫攻坚脱贫致富相结合；由业务部门抓水保到全党全民总动员，大搞治山治水群众运动。大体经历了5个阶段。

一、第一阶段（1950—1957年）

这一阶段，陕西省水土保持作为一项农业增产措施由陕西省人民政府农林厅管理。人们在思想上还没有水土保持这个概念，广大山塬地区的群众沿用过去遗留下来的修地埂、补壑落、坦壕折埝、沟坨种植等一些简单而古老的做法开展田地保水保土工作。

1952年4月21日，西北军政委员会在《加强老根据地指示》中要求：继续加强水土保持工作，除继续提倡与推广挑水窖、打坝埝等方法防洪蓄水外，并要大力提倡植树造林，严禁盲目开荒，有计划地将山坡地修成梯田。这时，关中一些地方出现了一些零星分散的坦壕、折埝、挖涝池小型田间水保工程。1952年10月30日，毛泽东视察黄河后，发出了“要把黄河的事情办好”的号召，12月19日，中央人民政府政务院发出了《关于发动群众继续开展防旱、抗旱运动并大力推行水土保持工作的指示》，并决定把无定河、延河以及泾、洛、渭河作为全国的水土保持重点。1953年，黄河水利委员会组织由500多人组成的10个水保考察队，对20多条黄河支流进行全面考察，4月20日至7月15日，以水利部副部长张含英为团长，黄河水利委员会副主任赵明甫、西北行政委员会局长李赋都、中央农业部副局长张心一、中国科学院土壤专家熊毅为副团长组成的36人考察团，对水土流失严重的无定河、泾河、渭河等流域进行了考察。其考察报告对以后的渭河流域治理和水土保持工作的发展起了重要指导作用。关中农村出现了边工队、互助组、初级社的组织形式，打破了单家独户的局面，出现了户联户、邻帮邻，自愿结合搞水保工程的新形式。

1955年，第一届全国人民代表大会第二次会议通过了《关于根治黄河水害和开发黄河水利的综合规划的报告》，要求：从高原到山沟，从支流到干流，节节蓄水，分段拦泥；尽一切可能把河水用在工业、农业和运输业上，把黄土和雨水留在农田上。不少地、县开始了对一些主要河流、沟道的查勘规划。年底基本完成了泾、洛、渭等河流的查勘工作。此时，由于决定三门峡水库工程上马，为了减轻库区淤积，确保西安和下游安全，把水土保持纳入治黄轨道，在全国第一次水保会议上给陕西下达了60座沟壑土坝的任务。

1957年8月3—13日，国务院水土保持委员会召开了黄河中游水土保持座谈会。围绕三门峡水库寿命问题，对水土保持任务、速度、效益、经费等方面进行了摸底调整，作出了分区的实施规划。随后在第二次水土保持会议上，确立了“预防与治理兼顾，治理与养护并重”，“全面规划，因地制宜，集中治理，综合治理，坡沟兼治，治坡为主”的原则。

二、第二阶段（1958—1960年）

1958年，陕西许多地方出现了前所未有的所谓轰轰烈烈、人山人海的治山治水场面。1958年春，户县把治山治水规划作为宣传总路线的纲，组织群众学习，开展鸣放辩论，使群众认识“黄柏出苍龙，福根在山中，治下不治上，再治也不成”和“平原没有山，年年被水淹，要得水不淹，就得根治山”的道理，广泛发动全县人民支持山区治理。县委、县政府发出“万人上山，根治水患”“平原山区一条心，团结起来除祸根”的号召，组织平川12700多名群众，自带干粮、行李和工具进山治理黄柏坡。轰轰烈烈，声势浩大，大干50天，初步治理水土流失面积425平方千米。接着，蓝田、周至、长安、陇县等地也动员组织了万人大军搞会战，其中周至县出动17000人，陇县出动30000人，长安及蓝田出动40000人，宝鸡出动50000人的更大规模会战。从此以后，各县都出现过规模较大的大兵团式作战工地。

这一阶段，有不少地方在蛮干、瞎干、浮夸、形式主义思想指挥下，干了很多脱离实际、违背科学的所谓“高山公园”、劈山填沟等工程，劳民伤财。特别是各地在大炼钢铁、毁林开荒中对林草植被的破坏是很严重的。

三、第三阶段（1961—1966年）

这个阶段，党在农村实行“休养生息”的政策。如宝鸡市1961—1963年治理水土流失面积115平方千米，仅为前3年治理面积的1/6。1962年2月，国务院发布了《关于开荒挖矿、修筑水利和交通工程应注意水土保持的通知》，6月发布了《关于奖励人民公社兴修水土保持工程的规定》。1963年4月16日又发布了《关于黄河中游地区水土保持工作的决定》。国务院这一系列的规定，从方针上、政策上、机构上、做法上都提出了具体要求，把放松了的水土保持工作再度加强了起来。咸阳地区1963年5月在西兰（西安—兰州）路沿线开展农田基建大会战，称为“西兰路会战”。在专员王世俊领导下，分3个“战区”，7个县26个公社参加，每年夏秋4次会战，每次动员50000多劳力参战，大干60天，经过3年，至1966年5月，共修梯田、埝地24.6万亩。澄城县以修椽帮埝为主，大搞塬地水平埝地化。两年多时间，全县累计移动土方2000多万立方米，治理耕地10万多亩。为渭北旱塬的治理拉开了序幕。

四、第四阶段（1967—1979 年）

据陕西省、地水保局 1979 年 9 月联合调查，这一时期，仅延安市富县开荒 4100 亩，甘泉盲流人口开荒 50000 亩。新中国成立初，甘泉县有次生林 240 万亩，至 1977 年清查时仅剩下 170 万亩，减少 29%。富县张家湾一带盲流人口 4000 余人，1978 年毁林毁草开荒 10000 多亩，人均 2.5 亩。

这一阶段的水土保持工作是随着农业学大寨运动而开展的。从省上到各地、县都重视抓典型，以点带面。省上主要抓的点渭河流域有永寿县郭门大队；各地、县抓的一批成效比较突出的典型，渭河流域有洛川县的上花园大队、旬邑县的职田公社（修水平埝地）、彬县的乌苏大队、澄城县的汤家坡大队、合阳县的和家庄公社和伏六大队（挖涝池修水窖）、陇县的演峪山和甘峪山大队、兴平县的坡耳头大队（建设塬区方田林网化）、旬阳县的棕溪区等。1977 年，渭北高原上，初步实现方田林网化的公社达 136 个，约占公社总数的 20%。新修公路长达 16500 千米，渠道长 8230 多千米，植树 1.5 亿株，林带长 38000 多千米。户县 1976 年在农田基本建设中的工作量相当于 1975 年的 3.2 倍，粮食总产量比 1975 年增产一成。

20 世纪 70 年代中期，根据水保工作的发展，陕西先后进行了水坠坝、水枪、水炮、生物护埂、空腔药室爆破、宽台梯田规划、机械化施工、梯田灌溉、翻板闸蓄水、飞播林草等试验研究项目，都取得一定成果，推动了水土保持治理。特别是水坠筑坝的普遍推广，使拦泥库打坝跃上了一个新台阶。关中用水中倒土筑成了礼泉县小河、大荔县合十沟、彬县赵家沟等水库。有 25 个县使用水枪 68 支，修建水坠坝 25 座，造田 800 余亩，冲土 260 万立方米。眉县石头河水库用水枪开挖溢洪道工程，冲土 130 万立方米。这项工程若用机械开挖需要投资 500 万元，两年半时间才能完成。

五、第五阶段（1980—1990 年）

随着中共中央十一届三中全会精神和改革开放总方针的贯彻执行，农村全面推行了联产承包责任制。1982 年，《水土保持工作条例》发布、全国第四次水土保持会议召开，对水土保持提出了“两个转变”的要求，一是必须加强预防管理，贯彻“以防为主，防治结合”的方针，依法防治人为水土流失；二是发展农业生产不能“单纯抓粮食生产”，也不要“单纯抓农田水利建设”，而要在抓好这些的同时，还要抓好水土保持，抓好多种经营和改善大地植被。水土保持林草建设一直是个薄弱环节，从 1980 年陕西省水保局开始在韩城等地建立草籽繁育基地。提倡草灌先行，乔灌草结合。重点抓好荒山、荒坡、荒沙和水库上游的绿化。陡坡要退耕还林还草，暂时退不了的坡耕地，提倡草田轮作，带状间作。为了进一步抓好林草建设，1983 年 9 月陕西省委、省政府作出了《关于开展规模种草种树，彻底改变我省干旱地区农业落后面貌的决定》。在林草建设中，各地在实践中逐步扩大经济林面积，把治理和开发山区结合起来，增加群众收入。在营造经济林中，从省上到一些地、县还重视了沙棘林的营造和开发利用。1986 年，为了给全省营造沙棘林示范作出高产示范样板，陕西省水保局在耀县、永寿、陇县、甘泉、黄龙、志丹、靖边等县建立了人工沙棘丰产园 4300 亩。另外，还打造了关中 12 个经济林草示范基地建设点。

农田基本建设是水土保持的主要措施，也是增强农业后劲的基础，20世纪80年代前期，省上以渭北旱塬地区为主，做了大量调查研究，抓点培养样板和宣传发动工作，为以后的发展打下了基础。渭北各地、县都是一个夏季完成全年的任务；进入20世纪90年代以来，农田基建突出的特点是，各地主动采取集中连片突击治理的形式，使治理的场面越来越大。另一个特点是拓宽了农田基建的范围，不少地方结合新居民点的建设，大搞旧庄基地复垦还田，注意了矿区占地复垦还田，注意了开垦宜农的旧式台田和荒山荒坡等，增加了耕地面积；同时大力提倡地埂利用，发展地坎经济，取得了很好的效益。这一阶段，各地在农田基建方面出现了不少好的典型，如长武、洛川、旬邑、彬县的塬面治理等。渭北一些地、县的农田基建已经走上了制度化、正规化、标准化的轨道。1990年4月，陕西省水利水保厅在蓝田县召开了关中地区夏季农田基建动员会。在会上推广了蓝田的经验和宝鸡的清溪、周至县的板房子的经验等。

陕西小流域治理，从20世纪60年代初期就已开始，但真正把它当作一项重要工作，列入议事日程，还是从20世纪80年代开始的。小流域是一个自然集流单元，又往往是一个行政经济单位。以小流域为单元进行治理，有利于按水土流失规律和经济规律办事，是水土保持工作中实行集中治理、探求治理经验、加快治理速度的成功经验。1980—1990年，关中对多条重点小流域进行了治理。

户包治理，在20世纪60年代陕西就有少数户进行，没有引起人们的重视。1986年以后，随着农村联产承包责任制的实行和发展，依靠千家万户进行治理的水土保持工作也随之逐步发生了变化。1983年，陕西省委发出了《关于当前农村工作若干问题座谈会纪要》，鼓励农民进行开发性承包。1984年9月，中共中央、国务院联合发出了《关于帮助贫困地区尽快改变面貌的通知》，鼓励社员进行承包治理。同年，中共陕西省委也发出了鼓励群众承包治理的13号文件。这些都有力地促进了陕西省农村联产承包制的发展。在治理中，各地、县不少领导，都亲自深入下去搞调查研究，如铜川市政府的孙天锡等，都曾深入第一线亲自抓户包治理，促进了这项工作的发展。关中耀县、彬县、永寿、合阳、千阳、韩城等县的工作都很突出。随着市场经济的发展，各地在户包治理的基础上又开展了以荒山荒坡为主的“四荒”地拍卖。1993年3月澄城县经过试点后，很快把“四荒”地拍卖，推广到9个乡，到年底拍卖“四荒”地6830亩，落实拍卖资金24.15万元，每亩地35元。

1990年以后，水土保持进入了开发阶段。各地把水土保持充分与开发山区自然资源相结合，把治理的重点转向山地开展，转向贫困边远地区，以增加群众经济效益为目标，和群众脱贫致富、扶贫攻坚相结合，加强了预防监督管理，把水土保持推向一个新阶段。

第二节　重点项目

渭河流域先后实施的水土保持重点项目有国家水土保持重点建设工程、水土流失重点治理工程、坡耕地综合治理工程、黄土高原淤地坝坝系京津风沙源水土保持工程、省级水利发展资金水土保持补偿费使用项目工程等重点工程。截至 2021 年底，陕西省渭河流域水土流失初步综合治理面积累计达 2.92 万平方千米。现有治理措施减少了入渭入黄泥沙，在一定程度上改善了农业生产条件和生态环境，促进了流域经济社会的稳定发展。

一、国家水土保持重点建设工程

国家水土保持重点建设工程自 1983 年实施以来，工程建设坚持以小流域为单位，山水林田路统一规划，工程、植物和农业耕作措施科学配置，把水土流失治理同整治农村人居环境、改善农业生产条件，促进特色产业发展、助力脱贫攻坚等相结合，取得了显著的生态效益、经济效益和社会效益。《国家水土保持重点建设工程陕西省 2008—2012 年建设规划》涉及渭河流域咸阳市的乾县、泾阳，渭南市的富平、华阴，西安市的临潼等 3 个市 5 个县（区），《国家水土保持重点建设工程陕西省 2013—2017 年建设规划》又在渭河流域增加了咸阳市的旬邑，铜川市的宜君，延安市的黄龙、黄陵、富县、甘泉、志丹、吴起，涉及 5 市 13 县（区），规划区域内 2008—2015 年累计综合治理水土流失面积 1392.8127 平方千米，其中基本农田 10546.10 公倾，水土保持林 29677.85 公倾，经果林 16549.60 公倾，水土保持种草 5906.40 公倾，封禁治理 76601.32 公倾，小型水利水保工程 1438 处，新修生产道路 503.24 千米，沟头防护 175.04 千米。完成投资 50732 万元，其中中央投资 34909 万元、省级配套 6636 万元、市级及其他配套 9187 万元。2020 年，陕西省国家水土保持重点建设工程涉及渭河流域的有西安市、榆林市、延安市、铜川市、宝鸡市、咸阳市、商洛市。涉及的治理项目有梯田建设、水土保持林及经济林营造、种草等。

二、 中央预算内水土流失治理工程

中央预算内水土流失重点治理工程即面上水土流失治理工程，涉及陕西省渭河流域 8 市 36 县（区）。从 2008 年开始至 2014 年，共治理水土流失面积 570.21 平方千米，其中修建基本农田 4072 公倾，营造水土保持林 17241 公倾，栽植经济林 11146 公倾，人工种草 2762 公倾，实施封禁治理 218 平方千米，小型水利水保工程 157 处，修建生产道路 98 千米。完成总投资 18401 万元，其中中央投资 14391 万元。

在项目实施过程中，陕西省政府将水土流失重点治理工程作为全省水利工作考核的重要内容，实行季度考核。各县均成立了县政府主管领导任组长的工程建设领导小组，召开动员会、协调会、现场会，负责工程的组织、协调工作。县政府将水土流失重点治理项目暨水利工作作为乡镇年度目标责任考核的重要内容，与有关部门、乡镇签订目标任务书，调动基层干部的工作主动性和积极性。通过各级政府、水行政主管部门、水土保持机构和广大群众的积极努力，各项重点治理工程任务得以顺利完成。

三、 黄土高原坝系工程

淤地坝是黄土高原地区人民群众在治理水土流失的长期实践中创造的一种行之有效的既能拦截泥沙、保持水土，又能淤地造田、增产粮食的水土保持工程措施，也是黄土高原地区最重要的沟道治理工程措施。为减少入黄泥沙，发展区域经济，2003 年水利部将黄土高原地区淤地坝作为“三大亮点”工程之一，加大投资力度，实施了以小流域坝系建设为主要内容的淤地坝建设工程。截至 2015 年，陕西省渭河流域共实施小流域坝系 18 条，其中延安市志丹县、富县、甘泉县共 5 条，铜川市印台区、宜君县共 2 条，渭南市临渭区、白水县共 2 条，咸阳市长武县、旬邑县和淳化县共 3 条，宝鸡市扶风县、麟游县、岐山县和凤翔区共 4 条，西安市蓝田县和临潼区共 2 条。流域淤地坝试点工程小流域坝系基本情况见表 5-2-1。

表 5-2-1　流域淤地坝试点工程小流域坝系基本情况（截至 2015 年）

序号	坝系名称	总投资 / 万元	中央投资 / 万元	地方配套 / 万元	淤地坝 / 座	总库容 / 万 m^3	拦泥库容 / 万 m^3	可淤地 / hm^2
一	延安市 5 条	7519.78	4756.30	2763.48	161	6542.91	3772.63	509.07
1	志丹县保娃沟门、牛沟 2 条坝系	4387.62	2734.00	1653.62	76	3813.01	2573.11	273.91
2	甘泉县岳屯坝系	1230.44	761.30	469.14	41	1108.24	471.83	87.22
3	富县余渠河、沙西沟 2 条坝系	1901.72	1261.00	640.72	44	1621.66	727.69	147.94
二	渭南市 2 条	3066.56	1965.60	1100.96	54	1565.22	686.78	131.96
1	临渭区稠水河坝系	1079.36	671.60	407.76	22	495.77	226.58	51.11
2	白水县雷牙沟坝系	1987.20	1294.00	693.20	32	1069.45	460.20	80.85
三	宝鸡市 4 条	2952.59	1801.00	1151.59	32	1236.43	612.10	100.72
1	岐山县孔头沟坝系	1251.52	690.00	561.52	14	530.25	294.96	52.75
2	凤翔县柳林构坝系	916.55	515.00	401.55	11	346.20	157.53	22.92
3	扶风县七星河坝系	227.49	179.00	48.49	2	65.79	28.59	4.67
4	麟游澄水河坝系	557.03	417.00	140.03	5	294.19	131.02	20.38
四	西安市 2 条	1732.13	920.90	811.23	29	673.03	314.85	46.87

续表 5-2-1

序号	坝系名称	总投资 / 万元	中央投资 / 万元	地方配套 / 万元	淤地坝 / 座	总库容 / 万 m^3	拦泥库容 / 万 m^3	可淤地 / hm^2
1	蓝田县红河坝系	1141.44	552.90	588.54	26	443.10	200.65	34.10
2	临潼区龙河坝系	590.69	368.00	222.69	3	229.93	114.20	12.77
五	咸阳市 3 条	4209.95	2477.00	1732.95	60	2439.93	1014.81	151.74
1	旬邑县梁渠沟坝系	2591.75	1388.00	1203.75	45	1484.40	597.86	93.31
2	淳化县蒋家沟坝系	1363.52	888.00	475.52	13	807.00	343.92	51.54
3	长武县巨家沟坝系	254.68	201.00	53.68	2	148.53	73.03	6.89
六	铜川市 2 条	1092.22	792.00	300.22	8	639.42	279.92	39.42
1	宜君县下雨沟坝系	821.25	579.00	242.25	6	532.27	236.07	31.11
2	印台区车房沟坝系	270.97	213.00	57.97	2	107.15	43.85	8.31

渭河流域淤地坝坝系工程总投资 20573 万元，其中中央投资 12713 万元、地方投资 7860 万元；建设淤地坝 344 座，其中骨干坝 114 座、中小型淤地坝 230 座；总库容 13097 万立方米，拦泥库容 6681 万立方米，可淤地 980 公倾。

2020 年，渭河流域黄土高原地区病险淤地坝除险加固工程涉及榆林、延安、西安 3 市 14 县（区），其中贫困县 10 个。下达计划投资 9573 万元，其中中央资金 8157 万元、地方配套资金 1416 万元。除贫困县外，完成投资 5093.89 万元，其中中央投资 4530.58 万元、地方配套 563.31 万元；除险加固淤地坝 99 座，其中骨干坝 26 座、中型坝 73 座；总库容 3276.35 万立方米，拦泥库容 2566.72 万立方米，可淤地面积 354.58 公顷。

四、世界银行贷款治理项目

陕西省黄土高原水土保持世界银行贷款项目（世界银行贷款二期项目）是以生态和扶贫为目标，利用世界银行资金在陕西省关中渭北地区开展的一个重要水土保持综合治理项目。该项目于 1999—2004 年在咸阳市泾河项目区完成水土保持综合治理 712.77 平方千米，完成投资 3.32 亿元。2005 年 9 月，世界银行代表团对陕西省水保世界银行贷款二期项目进行了竣工验收。该项目在水保生态效益、经济效益及社会效益方面均取得了显著的成效，得到了国内外的一致好评，被世界银行评为全球农业项目的“旗帜工程”之一。

项目区包括咸阳市泾河流域的永寿、彬州市、长武、旬邑、淳化 5 个县的 77 个乡镇 1210 个行政村 8.53 万户总人口 72.51 万人，其中农业人口 66.20 万人。该项目 5 年完成总计划的 102.22%。在完成的各项措施中，水平梯田 13425.02 公顷，完成计划的 109.99%；水浇地 892.11 公顷，完成计划的 99.19%；坝地 85 公顷，完成计划的 85%；骨干坝 6 座，完成计划的 100%；淤地坝 48 座，完成计划的 100%；谷坊 391 处，完成计划的 100%；沟头防护 249.03 千米，完成计划的 100.12%；水窖 3356 眼，完成计划的 100%；蔬菜大棚 505 个，完成计划的 100%；乔木林 23564.94 公顷，完成计划的 99.81%；人工种草 8931.61 公顷，完成计划的 100.16%；封育 6568.08 公顷，完成计划的 100.05%；畜棚 29458.00 立方米，完成计划的 100%；养畜 8176 头，完成计划的 100%；果园 3666.61 公顷，完成计划的 104.36%；经济林 14143.40 公顷，完成计划的 101.6%；中心果库 35 座，完成计划的 100%；农户果库 999 座，完成计划的 100%。

五、坡耕地综合治理项目

坡耕地是水土流失的重要来源地，也是目前广大山丘区群众赖以生存和发展的生产用地。坡耕地水土流失综合治理使陡坡耕地得到有效治理，减少了江河湖库泥沙淤积，提高了土地质量，增强了蓄水抗旱能力，极大改善了农业生产条件。渭河流域是坡耕地综合治理工程的重要区域，也是坡耕地综合治理项目开展比较好的区域。经过十数年治理，项目区人均增加基本农田 0.6 ~ 1.9 亩，同时，配套实施截排水沟、蓄水池窖等措施，有效地提高了蓄水保土能力。2011 年七八月间，淳化、永寿、凤翔等地，分别遭受了 50 ~ 100 年一遇暴雨，大部分降雨都被梯田层层拦蓄，没有造成明显的水土流失和洪涝灾害。坡耕地综合治理使坡耕地变为梯田，每亩梯田粮食产量可以达到 2 ~ 3 亩坡耕地的产量，实现了少种多收，是退耕还林“退得下，还得上、稳得住、不反弹”的有效保证措施，加快了区域植被的快速有效恢复，改善了区域生态环境。

2011 年 7 月，陕西省水利厅在淳化县坡耕地综合治理项目区召开了全省夏季农田水利建设现场会；2011 年 9 月，陕西省水利厅在永寿县坡耕地综合治理项目区召开了全省坡耕地试点工程建设现场会；2012 年 11 月，陕西省水利厅在凤翔区坡耕地综合治理项目区召开了全省冬春水利建设现场会；2013 年 7 月，央视七套《聚焦三农》栏目对宝鸡市凤翔区、永寿县坡耕地综合治理项目进行了现场采访，9 月 2 日在《聚焦三农》栏目播出，使坡耕地综合治理项目的经验在全省各地甚至全国类似地区得到宣传和推广。

据陕西省水土保持公报，2020 年，坡耕地水土流失综合治理工程涉及宝鸡、咸阳、渭南、汉中、商洛、安康、榆林 7 市 16 县（区）22 个项目区。下达计划投资 26000 万元，其中中央资金 20800 万元、地方配套资金 5200 万元，共计规划实施坡耕地水土流失综合治理面积91.29平方千米。贫困县项目整合后，完成投资7595.13万元，其中中央资金6705万元、地方配套资金890.13万元。完成坡耕地治理任务35.26平方千米。

六、京津风沙源治理二期

京津风沙源治理二期工程是国家为进一步减轻京津地区风沙危害，加强重点区域沙化土地治理，遏制局部区域流沙侵蚀，构筑北方生态屏障的一项重要水土保持工程。2020年，该工程共涉及渭河流域的靖边、定边两县。主要项目有小流域综合治理、水源工程、节水灌溉等。

七、省级水保项目

为了加快水土流失治理步伐，改善生态环境，陕西省财政每年拿出专项资金用于渭河流域水土流失综合治理，先后开展了煤油气补偿费使用项目、省级财政专项资金项目等，至2020年，共投入23.2亿元，治理水土流失面积2154平方千米，新建淤地坝20座、加固淤地坝213座。建成了3处国家水土保持科技示范园，11处省级水土保持示范园。

（一）煤油气补偿费使用项目

为加快陕西水土保持综合治理步伐，改善能源资源开发区生态环境，2008年11月4日，陕西省政府出台了《陕西省煤炭石油天然气资源开采水土流失补偿费征收使用管理办法》（陕政发〔2008〕54号，简称《办法》），2009年1月1日起实施。按照《办法》及其《实施细则》的规定，陕西省累计下达渭河流域煤油气补偿费使用项目资金达12.31亿元。项目基本覆盖渭河流域全部县（区）。在项目实施中，渭河流域各市、县严格按照《办法》的规定，加强与政府领导和有关部门的汇报沟通，将本级补偿费留成资金纳入同级财政预算管理，做到专款专用，确保本级补偿费留成资金当年征、当年用，征多少、用多少。项目建设中，积极推行和不断完善项目法人制、招标投标制、合同制、公示制等规范项目管理。在项目区的选择上，紧紧围绕“矿区水土保持生态恢复”“重点水源区水土保持治理”“城市水土保持生态环境整治”“水土保持生态长廊”“淤地坝除险加固”“支持服务体系建设”等“六大工程”进行安排。省上主抓渭河流域示范工程建设，先后培育和打造了靖边县庙渠、渭南市槐园、临渭区苌沟、澄城县吴坡、彬州市奇埠沟、麟游县招贤镇等一批示范工程。在工程建设中把依靠政府行政推动与市场机制有机地结合起来，采取多种施工组织方式，按照工程的难易程度招标确定不同的施工队伍，保证工程质量和建成后效益的长期发挥。实施6年共完成治理项目217个，治理面积达1800平方千米，其中小流域治理97个，淤地坝除险加固209座。到2015年底，渭河流域煤炭石油天然气补偿费使用项目下达资金将达到22亿元，其中，省级资金13亿元，完成治理项目397个，累计治理面积可以达到2300平方千米。经过综合治理的小流域，基本形成了层层设防、节节拦蓄的综合防护体系，水土保持功能大为增强，蓄水保土能力得到发挥，拦泥减沙效益明显，特别是一些典型小流域成为“水不下山、泥不出沟”的典范。

（二）省级财政专项资金项目

2005 年，《渭河流域重点治理规划》经国务院批复后，陕西省于 2008 年利用省级财政专项资金启动实施了渭河流域水土流失综合治理试点工程。

渭河流域水土保持综合治理试点项目涉及西安、宝鸡、咸阳、渭南、铜川、延安、榆林、杨凌等 8 市（区）47 个县（市、区）。截至 2015 年底，已累计完成投资 12423.43 万元，治理水土流失面积 354.01 平方千米，其中建设水平梯田 5428.69 公顷，营造水土保持林 13387.49 公顷，经济林 6265.57 公顷，封禁治理 10804 公顷，新建淤地坝 20 座、加固淤地坝 4 座。

在省级财政专项资金项目实施中，省、市两级财政、水利部门坚持年度联合检查验收，打分考核，评比排队，对项目县实行动态管理。各县（区）把项目实施纳入各级政府的目标考核任务，实行了领导包抓责任制，签订目标责任书，层层分解任务，明确职责，夯实责任，项目管理形成了齐抓共管的长效机制，保障了项目建设的顺利进行。

项目设计坚持山水田林路统一规划，因地制宜，分类指导，重点突出，综合治理，最大限度地发挥投资的效益。技术人员深入乡村、农户、田间地头摸清土地利用现状、摸清土地所有权限、摸清干部群众的需求。基本农田坚持设计高标准宽幅梯田，配套生产道路、截排水工程和道路绿化工程，根据条件尽最大可能地配套设计小型灌溉设施和植物护埂；经果林设计坚持选用优质新品种适生苗木，选择窄条田整地或大鱼鳞坑整地。坚持“沿城、沿河、沿路”抓典型，凡是确定下来的治埋典型，都要按照高起点、高标准、高效益的要求，集中资金、集中力量，一抓到底，抓出成效。这些典型集中连片、规模大，标准高、各具特色，对周边流域起到了很好的示范作用。

省级财政专项资金项目的实施，促进了渭河流域农村产业结构调整，培育和发展了地方主导产业。在退耕坡地上发展经济林果、种草养羊，在基本农田上发展高效农业，通过调整土地利用结构来调整产业结构，紧紧围绕县域经济发展，培育主导产业，发展小流域经济，集中开发果、薯、豆、油料、畜牧养殖等，促进了农村经济产业化、商品化进程，加快了农民群众脱贫致富奔小康的步伐。

2020 年，省级水利发展资金水土保持项目紧紧围绕助推实施乡村振兴战略及陕西经济社会可持续发展的目标，在矿区水土流失治理、江河源头预防保护、水环境综合治理、水土保持生态长廊建设、水土保持示范园建设、淤地坝除险加固等领域全面实施。全年使用省级水利发展资金 42732 万元。完成水土流失综合治理面积 1166.31 平方千米，实施各类水土保持重点治理项目 55 处（项），其中治理生态清洁小流域 4 条，淤地坝除险加固 5 座，修复整治涝池 113 座。

八、2020 年水土保持重点项目情况

2020 年，水土保持重点项目下达关中地区 35550 万元，关中完成投资 25557 万元。2020 年陕西渭河流域各市水土保持重点项目投资和治理状况见表 5–2–2。

表 5-2-2　2020 年陕西渭河流域各市水土保持重点项目投资和治理状况

行政区	总面积 /km²	水土流失总面积 /km²	2020 年	
			完成治理面积 /km²	完成投资 / 万元
陕西省	205629	64111.30	2044.50	78589.34
西安市	10106	1672.52	68.10	2489.00
宝鸡市	18162	4995.62	157.04	6850.00
咸阳市	10190	187134	1936	7620.00
铜川市	3881	1183.28	40.10	1350.00
渭南市	13033	2255.90	161.75	6888.00
延安市	37032	18091.16	176.00	8383.69
榆林市	42923	18503.34	261.27	22913.15
商洛市	19581	4075.93	281.35	9855.50
杨凌区	93	7.08	3.60	360.00

第三节　示范园建设

水土保持示范园是结合水土流失治理、新农村建设、清洁流域、景观园林、小城镇建设等内容，集中展示水土流失治理成果以及生态建设方向的一种形式，为不同治理类型区创建水土流失治理及生态建设模式和治理标准。2012 年，陕西省全面启动水土保持示范园区建设。多年来，渭河流域依托国家重点水土保持项目和省级水利发展资金水土保持补偿费使用项目，坚持以小流域为单元， 山水林田湖草沙统筹考虑，水土保持示范园从无到有，从有到强，至 2020 年已在不同的地貌类型区建成综合治理型、科研试验型、科普教育型、特色产业型、特色展示型等 5 种类型各具特色的水土保持示范园 26 个，其中国家级 10 个、省级 16 个。

一、示范园选定与资金安排

各类水土保持项目在安排计划任务时，必须优先保证示范园区建设项目。坚持“依托项目，以评促建”的做法，对各地具备一定基础的示范园（区），通过评定、命名和资金扶持，得到提升改造；对各地拟申报开展的示范园（区），经审查符合条件的列入水土保持重点项目计划，从“三治”工程、煤油气水土流失治理工程、坡耕地治理工程、淤地坝工程、革命老区水土保持工程等投资渠道给予倾斜支持。

二、学习交流与调研指导

水土保持示范园建设是一项创新性的工作，为了建设好水土保持示范园，陕西省水土保持局聘请有关方面教授、专家开展培训，开拓思路，介绍外地经验，提高有关领导的思想认识和主观能动性；组织有关市、县人员到深圳、浙江安吉水土保持科技示范园交流学习，增强建设水土保持示范园的信心；举办水土保持示范园区建设管理研讨会，参观现场，交流经验，调动民间资本参与积极性。由陕西省水土保持局领导带队，先后组织相关处室（单位）负责人和有关专家技术人员，对榆林、渭南、安康、汉中、宝鸡等市、县示范园区建设情况进行了调研和指导，及时发现问题、解决问题。针对不同地区、不同水土流失类型区的示范园建设，提出指导性的选点和园区提升建设意见。

三、吸收民间资本参与示范园建设

水土保持工程建设从户包治理、大户治理、“五荒”拍卖治理中积累了丰富的经验。进入新时期，随着经济社会的高速发展，人们对绿色食品和优良生态环境的需求提高，一些民间资本开始进入生态环境建设领域。特别是在一些水土保持项目区经多年治理，基础生产条件得到改善之后，民间资本参与进来，着力发展特色产业，增加经济收入，改善生态环境。基于水土保持示范园区建设的理念、思路、模式，以及兼备生态效益与经济效益的特性，已经成为关中水利水保部门鼓励和吸收民间资本的重要渠道。通过土地流转，建立多元化的投资、运营、收益机制，推动了民间资本参与水土保持示范园建设。

四、典型案例

（一）西安市汉城湖国家水土保持科技示范园

由于所处省会城市的区位优势，放大了宣传效应，实现了示范园建设与水环境治理的“强强联合”。园区内建有乔灌草护坡、鱼鳞坑、水平阶地、水保宣传长廊、模拟径流小区等水保示范措施，特别是园区内的“西安水土保持科普体验馆”是陕西省唯一有关水土保持的科普体验馆，采用视频、模型、投影、弧形空幕、5D 影院等技术手段，向社会公众普及水土流失危害和水土保持的科普知识，展示水环境治理的巨大成就，以提高全民珍惜水土资源、保护生态环境和保持水土的意识。《陕西日报》、《西安晚报》、西安电视台、《华商报》等多家新闻媒体先后对其进行集中报道，为更好地发挥示范园的辐射带动作用，普及增强全社会的水土保持意识发挥了积极作用。

（二）三原县东沟国家水土保持科技示范园

该园位于渭北“旱腰带”，是引进民间资本参与水土保持的成功范例。在多年流域治理基础上，2011 年以来，先后引进 3 家民间资本入园，至 2014 年已投资 5000 多万元用于园区建设。按照新的生态建设理念，高强度投入，高标准建设，坚持不懈开展集中治理，规模治理，取得了较好的治理成效，已建成生态旅游示范区、水保经果林示范区、水保林草生态修复示范区，形成了较为完善的水土流失防治体系。每年还吸纳 400 多名当地农民就近入园务工，增加了群众收入，带动了当地群众致富，成为渭北“旱腰带”水土保持生态建设的一颗耀眼的“明珠”，为渭北“旱腰带”水土保持生态建设提供了示范样板。渭河流域水土保持示范园汇总见表 5–2–3。

表 5-2-3　渭河流域水土保持示范园汇总

市（区）	序号	园区名称（省级）	批次（命名时间）	国家级命名时间	面积 / km^2
西安市（2个）	1	西安市汉城湖水保示范园	第二批（2012 年）	2014 年	1.25
	2	西安市渭河城市段水保示范园	第四批（2016 年）		30.23
铜川市（3个）	3	宜君县福地湖水保示范园	第四批（2016 年）		13.8
	4	宜君县旱作梯田水保示范园	第四批（2016 年）		11.87
	5	省桃曲坡水库库区水保示范园	第二批（2012 年）	2017 年	6
宝鸡市（9个）	6	凤县月亮湾水保示范园	第二批（2012 年）		5.45
	7	金台区代家湾水保示范园	第三批（2014 年）	2017 年	2
	8	千阳县段家湾水保示范园	第三批（2014 年）		1.15
	9	眉县渭河水保示范园	第四批（2016 年）		11.5
	10	太白县翠矶山水保示范园	第四批（2016 年）	2022 年	18.82
	11	金台区六川河水保示范园	第四批（2016 年）		2.67
	12	陈仓区北坡水保示范园	第四批（2016 年）		3.87
	13	岐山县凤鸣湖水保示范园	第四批（2016 年）		
	14	凤翔县雍城湖水保示范园	第四批（2016 年）		0.28
咸阳市（2个）	15	咸阳市泾阳麦秸沟水保示范园	第二批（2012 年）	2014 年	15
	16	三原县东沟水保示范园	第二批（2012 年）	2014 年	4.05
渭南市（8个）	17	渭南市槐园水保示范园	第二批（2012 年）	2017 年	19.33
	18	蒲城县洛河生态水保示范园	第三批（2014 年）		
	19	澄城县西河水保示范园	第三批（2014 年）		9.06
	20	大荔县花城水保示范园	第三批（2014 年）		0.77
	21	临渭区鸿鹤谷水保示范园	第四批（2016 年）	2017 年	0.65
	22	大荔县同州湖水保示范园	第四批（2016 年）		30
	23	澄城县吴坡水保示范园	第四批（2016 年）	2019 年	8.45
	24	富平县荆山塬水保示范园	第四批（2016 年）		1.21

续表 5-2-3

市（区）	序号	园区名称（省级）	批次（命名时间）	国家级命名时间	面积 / km^2
杨凌示范区（1个）	25	杨凌区韦水河水保示范园	第四批（2016 年）		3.07
隶属于中国科学院水利部水土保持研究所	26	长武黄土高原农业生态试验站		2007 年	

第四节　项目建设成效与经验

渭河流域水土保持重点项目建设和示范园的实施推广取得了显著的生态效益、经济效益和社会效益。

一、淤地坝建设

淤地坝是防治泥沙下泄的最后一道防线，分布于沟沟峁峁的淤地坝从源头上把泥沙就地拦截，减少了黄河河床的淤积，保护了下游安全，为下游节省了大量的清淤加堤费用。陕西淤地坝已累计拦泥 59 亿吨，按 1/3 泥沙沉积河床，清淤加堤费用按每吨 40 元计，则共为黄河下游节省清淤加堤费用近 780 亿元。同时，淤地坝坝地主要由山坡表土随坡面径流汇入沟道淤积而成，水分充足，土地肥沃，抗旱能力强，在坝地上引进优质品种，通过地膜覆盖、温室大棚技术的使用和推广，大力发展核桃、苹果、烤烟、茶叶、蔬菜等高效产业，促进了种植结构的调整，提高了农业集约化经营程度、土地生产利用率和产出率，促进了农业和农村经济的持续增长，加快了群众脱贫致富奔小康的步伐。此外，在平坦坝地上农业机械的广泛使用，解放了生产力，结束了肩挑背扛的繁重劳动，群众有更多的时间外出打工增加收入。有的群众直接参与项目建设增加收入，有的通过土地流转租赁土地增加收入，使当地群众得到了“一份土地、两份收入（土地租赁、企业打工）、三方兼顾（种地、就近打工、照顾家庭）”的实惠。淤地坝建设还促进退耕还林，改善当地生态环境。坝地是稳产高产的基本农田，每亩坝地可促进 6 ~ 10 亩坡地退耕造林。

二、陕西省黄土高原世界银行贷款泾河治理项目区

通过近 6 年的综合治理，在生态效益方面，泾河项目区水土流失治理程度由 39.04% 提高至 58.84%，林草覆盖率由 16.60% 提高至 31.43%，减沙效益由 31.31% 提高至 45.00%。同时项目区土壤性质得到改善，植物郁闭度有所提高，生态环境得到较大改善；在经济效益方面，项目效益以 1999 年为计算基准年，贴现率取 7%，经济分析期取 20 年，从各单项措施的效益看，梯田、水地、经济林、果园、草地、塑料大棚、果品储藏、养畜的经济效益显著，内部回收率均在 10% 以上；淤地坝、封育、乔木林、灌木林等措施由于以蓄水拦泥等生态效益为主，经济效益不高，内部回收率较低。从项目整体效益分析，直接效益的经济内部回收率为14.11%，经济净现值高达54732.85万元，完全满足一般农业项目的要求；在社会效益方面，通过项目执行，项目区土地利用结构和农业基础设施得到了改善，生产能力得以提高，产业结构得到了调整，农民生活水平得到提高。同时，使农民掌握了许多现代农业技术，科学素质得到了提高；妇女改变思想观念参与项目建设，成为解决“三农”问题的主力军；农村的医疗、教育、卫生等条件也有所改善，项目区经济社会得以可持续发展。

项目建设成效案例：各县（区）在项目建设中结合自身优势打造精品工程，突出大规模、高标准、高质量、高速度、高效益的特点，形成了各具特色的亮点。以淳化县为例，该县在项目实施中坚持“路为骨架，田是主体，埂镶花边，树做屏障，渠为脉络，窖池聚水”的综合开发新模式，通过近6年建设200余处这种治理模式的梯田。如地母庄梯田总面积1476亩，共分5区196块地，单块面积7.5亩，道路长4.8千米，宽5米，路边配建排水渠，并交混栽植垂柳、冬青等，地埂种草护坡，并以花椒、黄花间植，发展地埂经济。再如洛引梯田，在“联乡联村、集中连片、机械施工、人力配合”建设思路指导下，创造了一个全县甚至是全市历史最大规模的梯田工程，涉及4乡（镇）5村，总面积达3160亩。这种综合开发的新模式有利于适应现代机械化耕作要求，合理利用地表地下两种水源，发展管灌、滴灌、微喷、喷灌等节水技术，从而取得更好的生态效益和经济效益。引安村村民张占贤就是2003年新建3160亩洛引梯田受益区的一户普通农民，家里共有4口人，年粮食需求量2160千克，过去耕种8.6亩的坡耕地才能满足需求，项目实施后平整的梯田使粮食单产提高了120千克，只需耕种5.8亩就能保证需求，并腾出2.8亩耕地栽植乌克兰樱桃，预计樱桃园3年后见效，年直接经济收入在万元以上，迈出了脱贫致富的新步伐。

在淳化县还涌现出了袁生银、封成兴、张小莉等1000多户治理水土流失造田大户。如水土流失治理大户袁生银，他是淳化县引安村村民，1998年承包了该村嘴头沟流域一面180亩的荒坡，从当年起，投资12.3万元，按“修通一条路、建设一个园，引来一池水，建成一个主导产业”的集美化与田园化于一体的荒坡治理思路，合理规划，综合治理，修通沟坡道路一条1.5千米，平整反坡梯田6.1公顷，并栽植了苹果、桃、葡萄、杏等杂果经济林，修建蓄水池3座，风景亭1座，栽植花卉0.5万株，形成了“山头亭檐翘，路旁黄杨直，陌上松柏青、梯田果树绿”的美丽田园。至2004年，各项措施已见成效，仅经济林果年直接经济收入4.2万元，并使该区成为淳化县生态旅游的一个景点，年接待外地游客3万人（次），通往嘴头沟当年所修的路被命名为“生银路”。

三、陕西省黄土高原水土保持世界银行贷款项目

陕西省黄土高原水土保持世界银行贷款项目在2004年5月，从全球3000多个项目中脱颖而出，获得了世界银行最高荣誉——“世界银行2003年度行长优秀项目执行奖”，陕西省水土保持局张志林、同新奇两位同志获得个人杰出贡献奖。2013年12月，在财政部与世界银行合作组织的项目案例编写中，陕西省黄土高原水土保持世界银行项目案例从全国100多个项目案例中脱颖而出，进入精选的23个案例范围。该项目的成功实施，构建了水保生态对外交流与合作的平台，被世界银行和水利部誉为生态和扶贫的样板项目，项目在管理模式、运行机制、技术创新、治理水平，以及带动区域经济发展、促进农民致富等方面，为黄土高原水土流失治理及生态建设积累了丰富的经验。

四、水土保持示范园的意义

水土保持示范园建设已经成为一、二、三产业融合发展的“助推器”，美丽乡村建设的“排头兵”，生态文明建设的“风向标”。示范园工程撬动了民间资本参与，极大地促进了陕西水土保持工作理念、机制、体制创新，是未来水土保持生态建设的方向、标准和模式，是水土保持工作联系社会的渠道，是展示水土保持生态建设成效的窗口，是提高水土保持社会地位的重要途径。

第三章　监督执法

渭河流域水土保持监督执法工作起步于国务院 1957 年 5 月 24 日颁发的《中华人民共和国水土保持暂行纲要》和 1982 年 6 月 30 日颁发的《中华人民共和国水土保持工作条例》。1991 年 6 月 29 日，第七届全国人民代表大会常务委员会第 20 次会议通过《中华人民共和国水土保持法》（简称《水土保持法》），使水土保持走上了依法治理的新阶段。陕西省先后制定包括《陕西省实施〈中华人民共和国水土保持法〉办法》等相应的配套法规和部门规定。此外，省人大、省政府还在森林、环保、水利等相关法规中设有水土保持工作的内容。有 10 个地（市）62 个县（市）制定和颁布有规范性文件。一些重点预防保护区、监督区、治理区的乡、村、组大都制定有具体的乡规民约。至 1995 年，全省初步形成由上到下，从政府立法到民间自我约束等一系列较为配套水保法规及监督体系。水保监督人员在各级政府的领导和支持下，依法查处一批破坏水土保持的案件。如铜川市耀县水泥厂在采矿中长期随意倾倒废土，加剧水土流失案。

新世纪以来，随着西部大开发战略的全面深入推进，渭河流域工业化、城镇化和基础设施建设步伐加快，加剧了人为因素造成的水土流失，使上游水土流失严重，生态建设和水土保持监督管理工作面临着巨大挑战。在渭河流域水土保持监督管理工作中，渭河流域各级政府及水行政主管部门认真贯彻落实《水土保持法》，1991 年 6 月 29 日第七届全国人民代表大会常务委员会第二十次会议通过并实施，2010 年 12 月 25 日第十一届全国人民代表大会常务委员会第十八次会议修订，自 2011 年 3 月 1 日起施行）、《陕西省实施〈中华人民共和国水土保持法〉办法》和《陕西省水土保持条例》（2013 年 10 月 1 日起施行），面向全社会广泛动员宣传，努力提高各级水土保持监督管理机构依法治理水土流失的能力和水平，严肃查处造成水土流失的违法行为，依法保护渭河流域的生态环境，有效控制了人为水土流失加剧的局面，实现了“整体恶化、局部好转”向“总体好转、局部良性循环”的历史性转变。

第一节　执法机构及能力建设

一、执法机构建设与执法人员培训

自 20 世纪 90 年代《水土保持法》实施以来，渭河流域各级政府和水行政主管部门始终注重水土保持监督机构建设，实现了水土保持执法队伍从无到有、从小到大逐步建立健全并得到加强，执法力量不断发展壮大。截至 2014 年底，渭河流域 7 个市及杨凌区分别成立了水土保持监督（总）站，其中宝鸡市监督机构从原来的事业单位调整为参照公务员管理单位，实现了单位性质上的彻底转变。凤翔区将原来副科级水土保持监督站调整为正科级建制；榆林市水土保持监督总站从正科级提升为副处级；西安、咸阳、延安、渭南四市水土保持监督站均为正处级建制，全流域共设立监督机构 68 个。大多数乡镇和村都配备了专兼职水保监督管护员。省、市、县、乡、村五级水保监督执法管护网络体系已基本健全。

同时加强对监督执法队伍的培训，严格按照《陕西省水土保持行政执法人员管理办法》，对执法人员坚持先培训后上岗制度。从 2000 年以来，渭河流域累计举办各种培训班 150 期，所有专职人员和大多数兼职人员都不同程度地接受了培训。特别是 2003 年以来，以在全省范围内开展文明执法单位创建活动为契机，建立持证人员定期考核制度，对全省执法人员进行了专业法律知识的培训考核，统一换发省级行政执法证件。截至 2014 年，全流域拥有专兼职监督执法人员 940 人，其中专职人员 743 人，水土保持监督职能得到显著增强。

二、执法能力建设

一是加强执法设备的配备。2009 年开展监督执法能力建设以来，渭河流域市、县两级财政共投入监督执法能力建设经费达 600 万元，给 56 个县配备了监督执法交通工具，改善了办公条件，购置了执法装备。初步实现了水土保持配套法规体系“五完善”、监督管理机构履行职责能力“五到位”、监督管理工作实现“五规范”、监督管理制度“五健全”，第一批和第二批能力建设县顺利通过了流域机构的抽查复验和水利部的最终验收工作。二是狠抓水土保持监督管理信息化建设，培育新的监督管理手段。先后投资 20 多万元，建立了陕西水土保持监督管理网（数据库），实现了全省开发建设项目水土保持方案审批、监理、监测、补偿费征收、验收情况的动态管理；同时能够完成重大新闻发布、项目统计、违法行为曝光等各项工作，实现了监督管理的现代化、信息化。

第二节　法治宣传与制度建设

一、水土保持法治宣传

21 世纪以来，全省各级水行政主管部门和水土保持机构坚持面向社会、面向群众、面向建设单位“三个面向”，做到集中与经常、广度与深度、一般与重点、对内与对外“四个结合”，突出法律知识、国策意识和正反典型“三个重点”，利用在《陕西日报》开办专栏、设立固定标志牌、悬挂横幅、张贴标语、宣传车宣传、上街咨询、印发科普读物和宣传资料、网络宣传等多种形式，连年组织开展声势浩大的水土保持法治宣传工作。同时，创新宣传模式，加强新媒体新技术的运用，积极运用公益广告、宣传图解、微博、微信、参与式志愿者活动等多种形式，提升宣传活动的亲和力、感染力。有些市、县还把水土保持法规编成群众喜闻乐见的秦腔、快板等文艺节目巡回演出。据不完全统计，渭河流域在县级以上新闻媒体播发各种宣传报道 600 多次，发放水土保持法小册子 4 万余册，印发宣传材料 5

万余份，刷写宣传标语万余条，宣传的覆盖面达到80%以上。自新《水土保持法》颁布以来，全省各级水行政主管部门和水土保持机构又面向“系统内、领导层、全社会”三个层面开展了一系列的新法学习宣传活动，举办了“庆祝新《水土保持法》施行2011‘水保之春’交响音乐会”，举行了新《水土保持法》施行宣传咨询活动，利用陕西人民广播电台《秦风热线》访谈栏目在线宣传，举办了《水土保持法》网络知识竞赛，有的市还组织政府常务会议学习新《水土保持法》。随着宣传力度的不断加大，全社会的水土保持意识和法治观念普遍增强，各级政府对水土保持工作的重视程度和支持力度明显提高，各类生产建设单位更加重视水土保持工作，营造了水土保持健康发展的良好氛围和外部环境。

二、水土保持法规制度体系建设

2010年12月25日，新修订的《水土保持法》颁布后，陕西省水行政主管部门和水土保持机构及时启动了配套法规修订工作和相关制度的完善。《陕西省水土保持条例》于2013年7月26日经陕西省第十二届人民代表大会常务委员会第四次会议审议通过后，为尽快健全和完善省级水土保持法律法规制度体系，省水行政主管部门和水土保持机构积极开展配套法规制度修订工作。其中配套制度《陕西省水土保持行政执法督察管理办法》和《陕西省生产建设项目水土保持初步设计管理办法》已经印发，于2015年4月1日施行。《陕西省水土保持补偿费征收使用管理实施办法》《陕西省生产建设项目水土保持方案编报审批管理办法》《陕西省生产建设项目水土保持设施验收管理办法》和《陕西省水土保持生态环境监测管理办法》等制度已修改成熟，即将印发施行。

第三节　监督管理与行政执法

一、落实生产建设项目水土保持“三同时”制度

20世纪90年代《水土保持法》实施以来，渭河流域各级水土保持机构通过开展宣传和督促检查，要求建设单位依法编报水土保持方案，并坚持明确责任、分级管理、依法审批，水土保持方案编报审批逐步走上了法治化、规范化轨道。2011年以来，又通过进一步规范行政审批程序，依托水土保持监督管理网开通网上申报功能，大大提高了行政审批的效率。截至2014年底，渭河流域累计编报水土保持方案8714个，方案编报率达到了95%。为了使水土保持方案得到落实，省、市、县三级水土保持机构每年开展年度生产建设项目水土保持专项检查，全面督促建设单位落实水土保持方案，切实做好水土保持工程设计、施工及监理、监测等工作，确保工程建设质量。同时严厉查处了一批水土保持违法案件，起到了惩一儆百的作用。渭河流域累计查处各类水保违法案件3026起，其中结案2723起。加强水土保持设施的验收，要求生产建设项目竣工验收时必须同时验收水土保持设施，水土保持设施未经验收或验收不合格的，生产建设项目不得投产使用。《水土保持法》实施以来，水土保持设施验收率从过去的30%提高到2014年的65%。通过严格的监督管理，生产建设单位不断加大防治力度，完善防治措施，有效减少了人为水土流失。截至目前，渭河流域生产建设项目的拦渣率和治理率均达到了90%以上。初步实现了建设一个项目、保持一方水土、改善一处环境、造福一方百姓，达到了经济效益、社会效益与生态效益的共赢。

二、依法征收水土保持补偿费及返还治理

按照水土保持法律法规规定，生产建设单位应当依法缴纳水土保持补偿费，专项用于水土流失防治和治理。渭河流域水土保持监督管理部门积极履行工作职责，大力宣传法规政策，树立“取之于水土保持、用之于水土保持”的理念，消除生产建设单位疑虑，对缴纳水土保持补偿费达成共识，变被动缴费为主动缴费，形成良性管理关系。据统计，2008年以来，渭河流域每年征收水土保持补偿费达到2000万元，返还治理加大了各级财政对水土保持的投入，解决了中央水土保持项目配套资金不足的问题。

三、水土保持监督管理执法创新

一是创新推行“三项制度”。在管理编报和落实建设项目水土保持方案工作中，创新推行了“三项制度”（水土保持方案评审专家打分制、建设单位水土保持工作承诺制、工程建设公示制）。从方案审批、执法检查、设施验收三个工作环节，加强了生产建设项目的水土保持监管工作。二是开展了全省水土保持监督管理督察工作。督察工作由各级水行政主管部门牵头组织，负责对本级和下一级水土保持监督管理机构和人员依法履职情况进行督察，进一步督促后进县规范执法工作。三是大力开展水土保持监督管理信息化建设。经过广泛调研、制定方案、征求各方意见和审查讨论后，对“陕西水土保持监督管理网站”进行全新改版，增设了栏目，链接了生产建设项目、水保监督人员、技术服务机构及人员查询数据库，强化了应用功能。实现了省、市、县三级信息资源共享，提高了工作效率，扩大了社会影响，进一步提升了渭河流域水土保持监督管理水平。

四、加强事中事后监管

2020年，流域内各级水行政主管部门和水土保持监督管理机构加强事中事后监管，严格责任追究，积极推行水土保持“双随机、一公开”监管机制，依法依规开展水土保持方案实施情况跟踪检查。不断加大监督执法力度，严厉查处各类水土保持违法违规行为。充分运用信用监管，实行联合惩戒。按照水利部统一部署开展陕西省渭河流域生产建设项目水土保持专项整治行动，重点针对“未批先建”“未批先变”“未实施防治措施”“未开展监测”“未验先投”“未缴纳补偿费”“河湖弃渣”等七类违法违规行为，核实排查生产建设项目。同时对于问题较为突出的交通建设类项目开展了专项督办，并与陕西省交通运输厅联合下发了《关于进一步加强公路建设项目水土保持工作的通知》。

第四章 科技与监测

科技工作是推动生产发展的动力，水土保持科技有力推进了水土保持技术的更新和进步，在水土保持生态环境建设中发挥了非常重要的作用。渭河流域水土保持科技和监测工作起步于20世纪60年代。1965年以“四田”修筑方法、增产措施及农林牧综合过渡的试验为中心，兼顾水土流失和水保效益的研究，分别在渭河流域的耀县孙塬、富平赵老峪、白水耀卓、澄城汤家坡、长武芋园、千阳文家坡等地开展水土保持科学试验工作，同时对水平梯田、淤地坝、林地、种草的拦蓄效益进行监测，取得了丰硕成果。至2020年，通过建设径流小区监测站、小流域综合监测站，共建水文泥沙监测站点和整合科研院所站点等方式，流域内已形成三级监测网络管理体系。

从20世纪90年代到2015年，陕西省渭河流域水土保持科技工作针对该区地貌类型特点，抓住保塬固沟和面源污染等突出问题，结合国家水土保持示范县建设、世界银行贷款水土流失治理、退耕还林等重点工程项目，紧紧围绕生产建设需求，大力开展试验示范，共开展科研课题20多项，获国家和省部级科技奖励3项，出版专著2部，有力推动了流域水土保持工作向科学、综合方向发展。

在中央和各级政府对生态环境治理不断加大力度的形势下，特别是2011年新修订的《水土保持法》和2013年《陕西省水土保持条例》颁布施行以来，陕西省生态环境建设步伐加快，作为水土保持基础性工作的水土保持监测也迎来了全新的机遇与挑战，水土保持监测工作得到了长足的发展。先后在渭河流域开展了水土流失动态监测、重点治理工程水土保持监测、生产建设项目人为水土流失的动态监测等多项监测工作。

第一节 科 技

渭河流域水土保持科技工作起步于20世纪60年代。1965年，为了加强科学试验工作，陕西省水利厅水保局和各站抽调130余人，采取领导、群众、技术人员和试验、示范、推广两个三结合的办法，以“四田”修筑方法、增产措施及农林牧综合过渡的试验为中心，兼顾水土流失和水保效益的研究，分别在渭河流域的耀县孙塬、富平赵老峪、白水耀卓、澄城汤家坡、长武芋园、千阳文家坡等社、队蹲点，开展工作，把党政领导、重点治理样板、科研基地三位一体统一了起来。

20世纪70年代，水保技术人员总结群众经验，组成陕晋水坠坝试验组，在石元正、白楚荣领导下，通过在陕北关中的一系列试验研究，使水坠筑坝从实践到理论，从设计到施工等方面积累了丰富的经验，取得了大量的科学数据，编写了水坠坝设计、施工方面的技术资料。

1966—1976 年，以陕西省水保局曹树道总工程师为首的许多水保热心人，根据在各地调查的第一手资料，和有关单位协作编写出版了不少水土保持方面的技术书籍，如《水土保持手册》《水土保持》《引水拉沙造田》《水坠坝》《水坠坝设计要点》《坝地利用》《治沙》《水窖》《西北水土保持林》《陕北沙漠的治理》《倒桃子平整土地》《水保学》《农田工程爆破》《冲土水枪》《治河造地》《群众建坝》《农田基本建设规划》《农田基建问答》等。其中《水土保持手册》等曾多次刊印，印数达 10 多万册，受到上级业务部门和有关领导的好评。

1991—1996 年，为了推广陕西省在渭北黄土高塬沟壑区创建的中塬沟、鸦儿沟、王东沟等试点小流域的成果和经验，水利部将陕西省长武县列为首批全国水土保持综合治理开发示范县，在全县实施了“塬川防护、果园建设、庭院经济、道路配套、立体农业、低产田改造、地埂利用、侵蚀防治、低产林改造、荒山造林”十大工程，开展了多项试验研究，治理水土流失面积 125.9 平方千米，形成 32 个治理示范区，建立了生态经济型治理开发体系，减少泥沙 33.3%，拦蓄径流 17.6%，林草覆盖度提高 22.8%，土地利用率提高 9.35%，农民人均纯收入提高 517 元，实现了水土保持由生态型向生态经济型的大转变。根据治理成果和经验，陕西省水土保持局总结编著了《黄土高塬沟壑区综合治理开发技术与研究》，1997 年正式出版，对渭河流域同类地区的治理工作起到了良好的指导和推动作用。

1998—2001 年，为了加快渭河流域水土流失治理步伐，推动农村经济发展，保护和利用区域内大面积的梯田埂坎及荒山坡地，陕西省水土保持局启动了《渭北旱塬酸枣接大枣技术示范推广》项目，在宝鸡、咸阳、渭南、咸阳市的三原、泾阳、淳化、礼泉、千阳、印台、华阴、大荔等 18 个县（区）共发展酸枣接大枣 2958.18 万株，折合面积 31.94 万亩。其中梯田埂坎酸枣接大枣 665.7 万株，荒山荒坡 2277.1 万株，枣农间作 15.38 万株。在四年实施期内，取得直接经济效益 14360.58 万元，间接产值 74.1 万元。控制水土流失面积 59.64 万亩，生态效益、社会效益显著。推广项目 2005 年获省农业技术推广三等奖。

1989—2005 年，陕西省水土保持勘测规划研究所与中国林科院合作，在永寿县开展了沙棘遗传改良系统研究及引种试验推广，从俄罗斯、蒙古等国引进 12 个沙棘优良品种，建成全省最大的良种繁育基地，为全省沙棘水保林建设提供了技术支持，项目 1996 年获林业部科技进步奖一等奖，1998 年获国家科技进步奖一等奖。

2001—2005 年，依托陕西省水土保持世界银行贷款二期项目，陕西省开展了渭北高塬沟壑区综合治理示范，在彬州市、长武等县建成 3500 平方千米的大示范区，建立了保原固沟的治理模式。

2003 年，为了支持陕西“一线两带”建设，陕西省科技厅下达了《秦岭北麓生态屏障保护及资源可持续开发利用研究》项目。经过陕西省水土保持局与陕西师范大学联合开展调研，2004 年完成研究任务。研究成果分析了渭河流域秦岭北麓生态屏障在陕西“一线两带”建设中的重要地位和作用，提出该区环境保护与资源利用长期稳定和协调发展的途径及措施，为秦岭北麓综合治理提供了决策依据，获省政府优秀调研成果奖。

2007—2010年，在渭河流域进行泥浆泵筑坝试验研究，在杨凌西北农林科技大学实验室进行了多次室内模拟试验，相继在白水县和志丹县开展了现场筑坝试验，历经7年探索研制，相继开发了4代设备系统，取得多项突破和创新：实现了泥浆筑坝过程中的土料破碎、筛分、泥浆制备、泥浆输送的程序化和一体化；首次开发研制出一套适合高浓度泥浆、高扬程输送的螺旋—涡旋复合泵；探索出一套泥浆泵筑坝的优化坝体设计、泥浆充填、脱水及安全施工的技术方案；实现了筑坝过程中的机械化、自动化、数字化、系统化。2013年11月，课题成果经陕西省科技厅组织鉴定，技术达到国际领先水平。2014年4月，获得4项国家实用技术专利；2015年3月，获1项国家技术发明专利；2014年10月，获大禹水利科学技术二等奖。

2012—2013年，长安区水土保持监督站在长安祥峪流域开展了生态清洁小流域示范，实施了面源污染防治、村庄垃圾处理、污水生物降解等工程，探索从源头上治理渭河污染的经验。

从2014年开始针对渭北高塬沟壑区水土流失的核心问题，开展沟头防护示范，采取蓄、排相结合的模式，首先在洛川、富县实施多种形式的沟头沟边防护措施，开启了渭北高塬保塬固沟的新篇章。

2016年以来，加大水土保持高质量、新工艺、新技术、新材料、新结构、新布局的应用研究和示范推广，特别是强化卫星遥感、无人机、移动终端等先进实用技术成果在监管、治理、监测等工作中的推广应用。相继开展水土保持科研示范项目47项。水土保持信息化建设取得初步成果。启动了“近自然”坡面整治、健康小流域指标体系、水土流失动态普查等研究和示范推广工作。《渭北旱塬“近自然”坡面整治水土保持关键技术示范推广》已经完成中期验收。

第二节 监 测

渭河流域水土保持监测也是起步于20世纪60年代。1965年，为配合水土保持科学试验工作，分别在渭河流域的耀县孙塬、富平赵老峪、白水耀卓、澄城汤家坡、长武芋园、千阳文家坡等对水平梯田、淤地坝、林地、种草的拦蓄效益进行监测，取得了丰硕成果。至2020年，通过建设径流小区监测站、小流域综合监测站，共建水文泥沙监测站点和整合科研院所站点等方式，已形成三级监测网络管理体系。

一、监测机构及监测网络基本建设

2001年8月，经陕西省人民政府批准，陕西省水土保持生态环境监测中心正式成立，作为处级建制的独立分支机构设置在陕西省水土保持局，为全额事业单位，编制20名。同时，根据全省水土流失类型和行政区划，在渭河流域也分别成立了延安、铜川、宝鸡、咸阳、西安、渭南等6个市级分站。全国水土保持监测网络和信息系统建设一、二期工程还在渭河流域建设了泉子沟、苌沟等水蚀监测点13处。为省级总站、渭河流域6个市级分站分别配置了微机、快速交换机、服务器、路由器、长延时 UPS、电话、传真机、扫描仪、绘图仪、多媒体投影仪、数码相机、激光打印机、笔记本电脑和监测车等监测设备。逐步完善渭河流域水土保持监测技术体系建设。定期召开境内持证单位工作会议，讨论资质备案、监测技术规范、监测工作情况跟踪检查、监测成果认证的管理要求。同时，完善了监测技术标准，编制完成了《开发建设项目水土保持监测技术规程》（DB 61/ T496—2010），2010 年由陕西省质监局予以发布实施。

二、发布水土流失公告

截至 2014 年，陕西省已发布了两期全省水土保持公报。2006 年初发布了第一期公报，公告了截至 2005 年全省水土流失状况，回顾总结了全省水土流失综合治理与水土流失预防监督和监测工作情况。基本摸清了底子，为后续工作奠定了基础。公报中土壤侵蚀面积是在二次遥感普查资料基础上，结合历年水土保持治理保存面积进行修正后确定的。2011 年初发布了第二期公报，对全省“十一五”期间水土流失与治理情况向全社会进行了通报，其中的水土流失状况是以全省 16 条主要河流（其中黄河流域 13 条、长江流域 3 条）的 62 个水文测站泥沙观测数据， 846 座水库、10425 座淤积坝泥沙淤积数据为基础，综合考虑全省 96 个区（县）的降水资料，比照已有水土保持区划成果进行侵蚀模数计算，并通过 6 个典型区域遥感影像数据进行了校核。公报中最突出的特点是绘制了全省 1980—2009 年平均土壤侵蚀模数图（以 1 ：250000 水系图为底图，以测站控制流域范围勾绘图斑，将各测站计算的侵蚀模数添加到其属性表中，并按最新土壤侵蚀强度分级标准进行图斑归并后形成，按照陕西省 11 个市（区）的行政区界确定各侵蚀强度级别的面积）。全省第三期水土保持公报于 2015 年发布，主要工作量集中在遥感判读和信息提取、典型小流域和典型区域土壤侵蚀模数确定上，以省、市、县全面联合的工作方式，聘请遥感和地理信息专业人员深入各县，在运用遥感影像的基础上，准确获取各县的土地利用、植被覆盖和土壤侵蚀信息。既完成公报编制任务，也在实际工作中培养锻炼一批专业技术人员。届时充分利用无人机航测成果提升公报技术含量。

三、完成了渭河流域水土保持监测相关规划

2010 年以来，陕西省先后完成了针对或涉及渭河流域的水土保持监测专题规划：《渭河流域水土保持生态建设项目监测规划》《陕西省水土保持监测“十二五”规划》《陕西易灾区水土保持监测规划》《陕西省黄土高原水土保持监测规划（2011—2020）》《国家水土保持重点建设工程水土保持监测陕西省实施规划（2013—2017）》，为渭河流域今后一段时间水土保持监测工作奠定了坚实的基础。

四、水土保持重点监测

（一）开展渭河流域重点工程水土保持监测

陕西省针对“渭河流域水土保持综合治理”开展的重点工程水土保持监测，监测水土流失面积、分布、流失量，水土流失发展趋势及危害，治理开发情况及效益等，在水土流失治理区，着重监测小流域及沟道水文要素和水土保持设施、质量、效益；在预防保护区主要对植被面积、结构、总体效益和生态环境变化进行监测。为了深入总结黄土高原淤地坝建设的经验，适应淤地坝建设的新形势、新要求，黄河水利委员会在黄土高原地区选取了 12 条沟道治理基础较好的小流域作为第一批小流域坝系示范工程，并实施重点监测。陕西省横山区元坪、米脂县榆林沟、延安市麻庄等 3 条小流域列入其中，通过“3S”等高新技术，结合传统监测方法，对小流域坝系建设的水沙变化、工程安全状况及坝系建设效益等进行了监测。

（二）开展渭河流域人为水土流失监测

为加强生产建设项目人为水土流失动态监测管理，陕西省定期开展了水土保持监测资质持证单位工作情况专项检查，核实监测项目基本信息、监测报告制度执行情况、监测工作现场情况及监测技术人员和设备情况，促进省内生产建设项目水土保持监测工作的有序健康发展。

五、监测站网

截至 2020 年，通过建设径流小区监测站、小流域综合监测站，共建水文泥沙监测站点和整合科研院所站点等方式，建设监测站点 26 个，已形成三级监测网络管理体系，陕西渭河水土保持监测站点情况见表 5-4-1 。

表 5-4-1　陕西渭河水土保持监测站点情况

序号	全国水土保持区划三级区	站点名称	地理位置	所属单位
1	陕北盖沙丘陵沟壑拦沙防沙区	定边县八里河坡面径流场	定边县	定边县水土保持工作站
2	陕北盖沙丘陵沟壑拦沙防沙区	靖边县黄蒿塘风蚀监测站	靖边县	靖边县水土保持工作站
3	陕北黄土高塬沟壑保土蓄水区	谷嘴沟坡面径流场	洛川县	洛川县水土保持工作队
4	陕北黄土高塬沟壑保土蓄水区	泉子沟小流域综合观测站	耀州区	铜川市水土保持监测站
5	陕北黄土高塬沟壑保土蓄水区	姚峪沟坡面径流观测场	旬邑县	旬邑县水土保持工作站
6	秦岭北麓渭河中低山阶地保土蓄水区	槐园风蚀监测站点	大荔县	渭南市水土保持和移民工作中心
8	秦岭北麓渭河中低山阶地保土蓄水区	燕家庄径流场监测场	凤翔区	凤翔区水土保持工作站
9	秦岭北麓渭河中低山阶地保土蓄水区	麦秸沟坡面径流观测场	泾阳县	泾阳县水土保持工作站
10	秦岭北麓渭河中低山阶地保土蓄水区	陕西省关中水土保持监测实验基地	临渭区	陕西省水土保持生态环境监测中心

续表 5-4-1

序号	全国水土保持区划三级区	站点名称	地理位置	所属单位
11	秦岭北麓渭河中低山阶地保土蓄水区	清河小流域综合观测站	蓝田县	蓝田县水土保持工作站
12	秦岭北麓渭河中低山阶地保土蓄水区	地城径流场监测点	华州区	华州区水土保持和移民工作中心
13	秦岭北麓渭河中低山阶地保土蓄水区	段坊沟控制站监测点	千阳县	千阳县水土保持工作站
14	秦岭北麓渭河中低山阶地保土蓄水区	沙坪监测点	洛南县	洛南县工作站
15~16	晋陕甘高塬沟壑保土蓄水区	曹沟坡面径流场	长武县	中国科学院水土保持研究所
		富县坡面径流场	富　县	中国科学院水土保持研究所
17~19	秦岭北麓—渭河中低山阶地保土蓄水区	竹峪坡面径流场	周至县	西北农林科技大学
		后沟坡面径流场	杨凌区	中国科学院水土保持研究所
		鹦鸽（二）水文站	太白县	陕西省水文局
20~23	秦岭北麓—渭河中低山阶地保土蓄水区	千阳水文站	千阳县	陕西省水文局
		张家山水文站	泾阳县	陕西省水文局
		庄头水文站	蒲城县	陕西省水文局
		潼关（八）水文站	潼关县	黄河水利委员会
24	延安中部丘陵沟壑拦沙保土区	志丹（二）水文站	志丹县	陕西省水文局
25~26	晋陕甘高塬沟壑保土蓄水区	张村驿水文站	富　县	黄河水利委员会
		黄陵水文站	黄陵县	陕西省水文局

第六篇　水生态保护修复

渭河水生态环境和流域内地质、地貌、水文气象等自然因素相关，更和人类活动紧密相连。远古渭河的水生态环境良好，有适合人类及动植物繁衍生息的条件。大量文物表明，6000年前，渭河、浐河一带具有优越的生态环境，河流中有丰富的水生生物，河畔陆生生物也非常丰富。中华民族历史上的周王朝首先在渭河畔的武功兴起，其不断扩充疆土更是得益于渭河良好的生态环境。但在秦汉以后，特别是进入唐宋之后，由于人口增加，经济发展，尤其是土木工程的建设，在渭河上游开始大量砍伐森林，《新唐书》中有“运岐陇木入京城”，《续资治通鉴长编》等史册有“岁获大木以万计”的记载，“通常是联成木筏，浮渭而下，规模很大，一时竟使开封有堆积如山的木材”。由此导致，渭河流域上游土地裸露，水土大量流失，渭河含沙量大增。到了清代，由于人口不断增长，土地又高度集中，广大失去土地的民众进入深山垦荒。另外，还有“远从楚、黔、蜀，来垦老林荒”的民众，使关中浅山区（秦岭北坡）的森林植被一度濒临消失。据估计，清乾隆、嘉庆年间，涌入秦巴山地的外来客民“以数百万计”。据《续陕西通志稿》卷199记载，昔日“南山老林弥望，乾、嘉以还，深山穷谷，开凿靡遗，每逢暑雨，水挟沙石而下，漂没人畜田庐，平地俨成泽国”。又据嘉庆《咸宁县志》卷10《地理志》记载：“乾隆以前，南山多深山密嶂，溪水清澈，山下居民多资其利。自开垦日众，尽成田畴，水潦一至，泥沙杂流，下游渠堰易致淤塞。”至此，渭河原本良好的水生态环境遭到很大破坏。

近现代以来，渭河水生态又出现了水质污染的问题。在20世纪八九十年代，由于对渭河水资源的不合理开发利用以及对生态环境的破坏，渭河面临水资源短缺、水质污染加剧、泥沙淤积、水土流失严重等一系列问题。“上游水干了、中游污染了、下游淤满了”成为不争的事实，支流七十二峪也几乎呈现“有河皆干、有水皆污”的严峻局面。解决“水多、水少、水脏、水浑”四大水问题变得极为紧迫。为此，陕西省在渭河流域实施了水功能区管理和入河排污口管理，加强了饮用水水源地和地下水保护，开展了水生态系统保护与修复和水生态文明建设。至2010年，渭河流域以城镇生活污水处理厂建设运行为主的水污染治理取得了明显成效，渭河流域关中地区54个县（区）规划的污水处理厂90%以上建成投运，设计日污水处理能力227万吨，生产中水26.5万吨，污水处理能力可基本满足县级以上城市及重点工业园区生活污水处理的需要。

自2006年开始实施水量统一调度以来，陕西省通过宝鸡峡、冯家山、石头河、金盆等水库泄放生态水量和实施应急生态调度，结束了20世纪80年代至21世纪初渭河干流频繁断流的局面，下游咸阳、华县重要断面基本生态流量得到保障，咸阳断面基本达到了生态流量保证率90%目标，华县断面小于生态流量20立方米每秒的天数由统一调度前的年平均42.0天（1980—2005年）降低到年平均4.9天（2006—2019年），干流河道内生态流量满足程度得到明显提高，水生态系统得到一定修复，与20世纪90年代相比，沿岸水生生物种类和数量大幅增加。据调查，现状鱼类51种、大型底栖动物近百种，沿渭湿地候鸟种群逐渐增加。实施滩面治理、湿地建设和水生态修复面积约2万公顷，渭河生态区基本形成水清、岸绿、景美、宜居的水生态环境。实施了《陕西省渭河保护条例》《陕西省秦岭生态环境保护条例》，确立了渭河生态区范围，扩大调整了秦岭核心保护区和重点保护区范围，秦岭北麓林草植被较2000年整体状况明显改善。建有国家级重要湿地9个、国家级自然保护区6处、国家级重要森林公园14个、国家级水产种质资源保护区8个，渭河干流近年来水质状况稳中向好。渭河重要支流石川河、漆水河、千河、泾河等重要水功能区近三年水质达标率均为100%。

2011年渭河综合治理开始以后，陕西省委、省政府每年将渭河水质改善情况纳入省、市目标责任考核体系。省级各相关部门和沿渭各市区政府全力抓好治污项目的审批、资金筹措、工程建设和运营管理，推动了渭河治污措施的落实。通过努力，扭转了渭河水污染严重的趋势，渭河水质得到了明显改善，生态环境得到了有效保护。至2020年，渭河全线水质达到Ⅲ类水的标准。

第一章　水资源保护

20世纪八九十年代后，随着流域经济社会的快速发展，以及气候变化等因素，渭河干支流出现水资源大幅减少、水质严重污染、地下水位下降等突出问题，成为制约渭河流域关中地区经济社会发展的重大问题。为此，陕西省渭河流域实施了水功能区管理和入河排污口管理，加强了饮用水水源地保护和地下水保护，开展了水生态系统保护与修复和水生态文明建设，渭河的水生态环境得到迅速好转。

第一节　水功能区管理

2000年，水利部部署在全国开展水资源保护规划编制工作，要求依据全国《水功能区划技术大纲》（水资源〔2000〕58号文）编制水功能区划。陕西省水功能区划编制工作由省水利厅负责，省水资源管理办公室具体组织。编制工作从2000年3月开始，于2001年初完成了《陕西省水功能区划》初步成果。2004年9月22日，《陕西省水功能区划》（陕政办发〔2004〕100号）由省政府办公厅印发实施，为水资源开发、利用、配置、管理和保护提供了依据。

陕西省渭河流域水功能区划总河长为4411千米。根据《陕西省水功能区划》，渭河流域共划分水功能一级区68个，其中保护区24个、保留区5个、缓冲区7个、开发利用区32个。开发利用区包括117个功能区：饮用水水源区19个，工业用水区23个，农业用水区49个，景观用水区4个，过渡区7个，渔业用水区1个，排污控制区14个。

渭河干流水功能区划总长为504.4千米，共划分3个一级水功能区，其中缓冲区2个、开发利用区1个。在开发利用区内划分12个河段，包括63个功能区：饮用水水源区12个，工业用水区13个，农业用水区26个，景观用水区1个，渔业用水区1个，过渡区2个，排污控制区8个，见表6–1–1 、表6–1–2 。

表6–1–1　渭河流域一级水功能区划

功能区		保护区		保留区		开发利用区		缓冲区		一级区划总计	
河流		个数	河长/km	个数	河长/km	个数	河长/km	个数	河长/km	个数	河长/km
渭河	干流					1	402.3	2	102.1	3	504.4

续表 6-1-1

功能区		保护区		保留区		开发利用区		缓冲区		一级区划总计	
河流		个数	河长 / km	个数	河长 / km	个数	河长 / km	个数	河长 / km	个数	河长 / km
渭河	支流	17	548.2	3	131.3	20	1081	1	30.4	41	1790.9
	小计	17	548.2	3	131.3	21	1483.3	3	132.5	44	2295.3
泾河	干流					1	323.5	1	34	2	357.5
	支流	2	111.7			3	193.8	3	66.2	8	371.7
	小计	2	111.7	0	0	4	517.3	4	100.2	10	729.2
北洛河	干流	1	94.1	1	224.5	1	361.7			3	680.3
	支流	4	205.3	1	85.1	6	415.8			11	706.2
	小计	5	299.4	2	309.6	7	777.5	0	0	14	1386.5
总 计		24	959.3	5	440.9	32	2778.1	7	232.7	68	4411.0

表6-1-2　渭河流域二级水功能区划

单位：个

功能区河流		饮用水水源区	工业用水区	农业用水区	渔业用水区	景观娱乐用水区	过渡区	排污控制区	合计
渭河	干流	—	2	6	—	2	2	2	14
	支流	12	13	26	1	1	2	8	63
泾河	干流	1	3	3	—	—	1	1	9
	支流	2	3	3	—	—	1	2	11
北洛河	干流	—	—	3	—	—	—	—	3
	支流	4	2	8	—	1	1	1	17
总 计		19	23	49	1	4	7	14	117

2011 年，陕西省水利厅启动了渭河、汉丹江干流限制纳污工作，对渭河、汉丹江干流水域纳污能力进行了深入调查测算分析研究，提出了渭河、汉丹江干流水域纳污能力及限制排污总量意见，划定了限制纳污红线。2011 年 6 月 28 日，陕西省水文局编制的《陕西省渭河干流水域纳污能力及限制排污总量意见》，经陕西省水利厅组织有关部门审查后，以陕水函〔2011〕105 号函告省环保厅，作为渭河排污的控制依据。

2013 年，陕西省水利厅组织省水文局编制完成了《陕西省国家重要江河水功能区纳污能力核定和分阶段限排总量控制方案报告》，并于 2013 年 7 月 25 日通过陕西省水利厅审查。 2015 年 2 月 27 日，陕西省水利厅将《陕西省国家重要江河水功能区纳污能力核定及分阶段限制排污总量意见》（陕水函〔2015〕28 号）函告省环保厅，作为国家重要江河水功能区排污控制的依据。

第二节　饮用水水源地保护

一、城市饮用水水源保护区

依据《中华人民共和国水污染防治法》《陕西省城市饮用水水源保护区环境保护条例》《饮用水水源保护区污染防治管理规定》等法律法规规定，1999—2007 年陕西省政府先后 4 批共批复 73 个城市饮用水水源保护区，其中涉渭河流域的 36 个（加调整及涉渭引水工程）加上分散审批，见表 6–1–3。据不完全统计，至 2020 年省级共批复涉渭河流域最少 40 个城市集中式饮用水水源保护区。

表6–1–3　1999—2007年陕西省政府批复渭河流域城市饮用水水源保护区一览

<table>
<tr><th>序号</th><th>批复日期、文号</th><th>所在设区（市）</th><th>水源地名称</th></tr>
<tr><td rowspan="6">1</td><td rowspan="6">1999 年 6 月 18 日，陕政办发〔1999〕33 号 批复第一批渭河流域 14 个饮用水水源保护区</td><td>西安</td><td>黑河水库水源地、田峪水源地、沣峪水源地、石砭峪水源地、浐河水源地</td></tr>
<tr><td>宝鸡</td><td>冯家山水库水源地、太白县牛家沟水源地</td></tr>
<tr><td>咸阳</td><td>三原县冯村水库水源地、彬州市李家川水库和四郎池水库水源地（四郎池水库系李家川水库补充水源）</td></tr>
<tr><td>渭南</td><td>沈河水库水源地、澄城县五一水库水源地、韩城市薛峰水库水源地</td></tr>
<tr><td>铜川</td><td>桃曲坡水库水源地</td></tr>
<tr><td>商洛</td><td>柞水县乾佑河水源地——涉引乾济石西安市供水</td></tr>
<tr><td rowspan="4">2</td><td rowspan="4">2001 年 2 月 19 日，陕政函〔2001〕41 号批复第二批涉渭 6 个饮用水水源保护区</td><td>宝鸡</td><td>石头河水库水源地</td></tr>
<tr><td>渭南</td><td>华县小夫峪水库水源地</td></tr>
<tr><td>延安</td><td>王瑶水库水源地</td></tr>
<tr><td>汉中</td><td>宁强县城区小河水源地、佛坪县城区水源地、留坝县石峡子沟水库水源地——引汉济渭工程</td></tr>
</table>

续表 6-1-3

序号	批复日期、文号	所在设区（市）	水源地名称
3	2002 年 12 月 20 日，陕政函〔2002〕292 号批复第三批涉渭 6 个饮用水水源保护区	延安	黄龙县尧门水库水源地、富县莲花池大申号水库水源地、洛川县拓家河水库水源地、洛川县银河水库水源地、黄陵县郑家河水库水源地、甘泉县高哨乡岳屯村水库水源地
4	2007 年 9 月 11 日，陕政函〔2007〕125 号批复了第四批批复涉渭 9 个、调整 1 个饮用水水源保护区	宝鸡	嘉—清水源地、扶风县官务水库水源地、凤翔区白获沟水库水源地、麟游县永安河水库水源地、凤县城区水源地、太白县石沟河水源地
		铜川	漆水河柳湾水源地、宜君县西河水库水源地
		汉中	宁强县二郎坝水源地——引嘉入汉、引汉济渭
		商洛	柞水县乾佑河水源地（1999 年陕政办发〔1999〕33 号批复）

2007 年以后，饮用水水源保护区采取分散审批，省级批复的渭河流域水源地有延安市甘泉县岳屯水库水源地（调整方案）、咸阳市长武县黑河饮用水水源地、淳化县集中饮用水水源地，渭南市涧峪水库水源地等。

二、城市集中式生活饮用水水源水质

根据《2021 年度陕西省市级城市集中式生活饮用水源水质状况报告》数据，陕西省渭河流域现状年共有 8 个市级城市集中式地表水水源地，其中河流型 2 个，湖库型 6 个。根据《2021 年陕西省生态环境状况公报》，陕西省渭河流域市级城市集中式饮用水水源地水质均达标，水源水质达标率 100%，见表 6-1-4。其中，水库富营养状态情况为：除宝鸡冯家山水库营养状态等级为轻度富营养外，其余湖库型水源地均为中营养。此外，总氮作为湖库型水源单独评价指标，渭南市沋河水库、涧峪水库达到或优于Ⅲ类标准，铜川市桃曲坡水库达到Ⅳ类标准，宝鸡市冯家山水库超Ⅴ类标准。

表6-1-4　陕西省渭河流域市级城市集中式饮用水水源地统计

序号	城市名称	水源地名称	类型	2021 年达标情况
1	西安市	黑河金盆水库水源地	湖库型	达标
2	铜川市	铜川市柳湾水厂漆水河柳湾水源地	河流型	达标
3	铜川市	桃曲坡水库水源地	湖库型	达标
4	宝鸡市	嘉靖水源地	河流型	达标
5	宝鸡市	冯家山水库水源地	湖库型	达标

续表 6-1-4

序号	城市名称	水源地名称	类型	2021 年达标情况
6	宝鸡市	石头河水库水源地	湖库型	达标
7	渭南市	临渭区沈河水库饮用水水源地	湖库型	达标
8	渭南市	渭南市涧峪水库饮用水水源地	湖库型	达标

三、地下水供水水源地

根据《陕西省水资源手册》(2021 年)，渭河流域县级以上地下水供水水源地共有 51 个，其中西安市 9 个、铜川市 1 个、宝鸡市 5 个、咸阳市 16 个、渭南市 11 个、延安市 3 个、榆林市 2 个、商洛市 1 个、杨凌示范区 1 个、渭南市 2 个，具体见表 6-1-5。

表6-1-5　渭河流域县级地下水供水水源地

行政区	供水水源地
西安市	沣皂地下水水源地、浐灞地下水水源地、西北郊水源地下水水源地、东北郊段村水源地（备用）、涝渭地下水水源地、渭滨地下水水源地、张卜饮用水水源地、临潼湾里地下水水源地、临潼张庄地下水源地
铜川市	柳湾水厂柳湾井水源地
宝鸡市	陈仓区地下水水源地、县城地下水水源地、县自来水公司地下水水源地、温河水源地、沈家庄水厂水源地、
咸阳市	城区一水厂水源地、陈阳寨水源地（五水厂）、东郊水源地（四水厂）、城区三水厂水源地、泾阳县县城水源地、杨汉乡水源地、二水厂水源地、一号、三号饮用水水源地、西沟水厂水源地、南关水厂饮用水水源地、淳化县二号井饮用水水源地、城区自来水厂水源地、自来水公司一、二水厂水源地、拜家河地下水水井水源地
渭南市	渭南市龙背地下水水源地、自来水公司院内水源地、潼关县二水厂水源地、大荔县育红水源地、申都水源地、澄县温泉水源地、袁家坡地下水水源地、耀卓地下水水源地、富平县页坡岩水源地、自来水公司水源地、华山自来水厂水源地
延安市	志丹县县城饮用水水源、县城集中式饮用水水源、吴起县县城饮用水水源地
榆林市	四柏树饮用水水源地、马莲滩饮用水水源地
商洛市	城市地下水水源地
杨凌示范区	城区地下水水源地

四、全国重要饮用水水源地安全保障达标建设

依据《中华人民共和国水法》的有关规定和《国务院办公厅关于加强饮用水安全保障

工作的通知》（国办发〔2005〕45号）精神，2006—2011年，水利部先后三次印发通知公布了三批全国重要饮用水水源地名录，陕西省渭河流域西安市黑河金盆水库水源地（水资源〔2006〕406号通知）、咸阳市地下水水源地（水资源〔2008〕48号通知）、宝鸡市冯家山水库水源地分别被列入全国重要饮用水水源地名录。2011年，根据水利部《关于开展全国重要饮用水水源地安全保障达标建设的通知》（水资源〔2011〕329号）精神，水利厅印发了《陕西省水利厅关于开展全省重要饮用水水源地安全保障达标建设工作的通知》（陕水资发〔2011〕21号），同年12月22日，将“黑河金盆水库等重要饮用水水源地安全保障达标建设工作计划”函报（陕水资函〔2011〕77号）水利部。部署列入全国重要饮用水水源地名录的西安市黑河金盆水库水源地、咸阳市地下水水源地、宝鸡市冯家山水库水源地、延安市王瑶水库水源地安全保障达标建设工作，要求自2012年开始，力争用4年时间，初步建成重要饮用水水源地安全保障体系，实现“水量保证、水质合格、监控完备、制度健全”的总体目标。

五、重点城市供水水源地监测监控

2007年，按照陕西省政府《“十一五”期间陕西省突发事件应急体系建设规划》安排，陕西省水利厅组织编制了《陕西省重点城市供水水源地监测监控系统建设项目可研报告》，并于2008年3月通过了陕西省应急办、陕西省水利厅组织的审查验收。本项目由陕西省水利厅牵头，在宝鸡市冯家山水库供水水源地、西安市石头河水库和黑河金盆水库供水水源地、铜川市桃曲坡水库供水水源地、渭南沋河水库水源地、安康马坡岭水源地、延安王瑶水库水源地建设7个自动监测站，配备水质自动采样与分析系统、水质信息处理与传输系统等，实现城市供水水源地的水质自动监测、动态监测、数据共享，以应对突发性水污染事故。

2009年12月16日，陕西省水利厅印发了《陕西省城市水源和县城供水应急预案》，旨在指导全省城市水源和县城供水突发事件应对工作。2011年，中央一号文件明确要求强化饮用水水源应急管理。陕西省水利厅与陕西省应急办协商后迅速启动了铜川桃曲坡水库水源地监测监控系统项目建设。2011年6月，编制完成了《陕西省桃曲坡水库水质监测监控系统建设项目实施方案》，并通过陕西省水利厅和陕西省应急办审查。该项目于2011年12月经陕西省发展和改革委员会批复开工建设，于2013年建成，运行情况良好。

为贯彻落实陕西省政府“十二五”应急建设规划，陕西省水利厅于2011年12月印发了《关于开展全省重点城市供水水源地监测监控系统项目建设工作的通知》，部署开展相关工作。2012年，组织陕西省水文局对《陕西省重点城市供水水源地监测监控系统建设项目可研报告》进行了修编，加快了全省重点城市供水水源地监测监控系统的建设步伐。

从2011年7月上旬开始，陕西省水利厅首批对西安、宝鸡、铜川、延安4个大中城市的5个主要地表水供水水源地——石头河、石砭峪、冯家山、桃曲坡、王瑶5座水库，进行水质监测，并向社会发布水质旬报。对西安市黑河金盆水库等7个城市供水水源地提出了应急监测方案，为确保城市饮水安全，快速应对突发性水污染事件提供了依据。至 2015 年，黑河金盆水库、冯家山水库、王瑶水库、石头河水库、桃曲坡水库等重要饮用水水源地水质、水量基本实现了在线监测监控，完成了重要饮用水水源地安全保障阶段性建设任务。

第三节　源头水保护区

根据《陕西省水功能区划》，陕西省渭河流域源头水保护区有 22 个，其中 Ⅱ类水质目标 13 个，Ⅲ类水质目标 9 个，见表 6–1–6。

表6–1–6　陕西省渭河流域现状年源头水保护区统计

河流	一级功能区名称	起始断面	终止断面	长度 /km
清姜河	宝鸡源头水保护区	源头	杨家湾	21
千河	甘陕源头水保护区	省界	固关	13.6
石头河	太白山源头水保护区	源头	鹦鸽嘴	34.6
漆水河	麟游源头水保护区	源头	良舍	23.8
黑河	周至源头水保护区	源头	陈家河	76
涝河	户县源头水保护区	源头	涝峪口	35
沣河	西安源头水保护区	源头	沣峪口	30.3
决河	长安源头水保护区	源头	大峪口	18.7
滈河	长安源头水保护区	源头	石砭峪口	23
辋川河	蓝田源头水保护区	源头	九间房	35.2
浐河	西安源头水保护区	源头	鸣犊镇	40.1
石川河	铜川市源头水保护区	源头	金锁关	15
沮河	耀县源头水保护区	源头	柳林	40
清峪河	三原源头水保护区	源头	洪水乡	60
零河	临潼源头水保护区	源头	龙河入口	35
沈河	渭南源头水保护区	源头	史家村	23.9
三水河	旬邑源头水保护区	源头	马兰镇	44.6
葫芦河	甘陕源头水保护区	省界（甘）	直罗	90
沮河	黄陵源头水保护区	源头	店头段	77.5
石川堡	黄龙源头水保护区	源头	曹店	20
白水河	白水源头水保护区	源头	阿庄	17.8

第四节　地下水保护

一、地下水保护分区

根据《陕西省地下水功能区划定》，陕西省渭河流域浅层地下水共划分一级功能区45个，其中开发区17个、保护区8个、保留区20个，见表6–1–7。共划分二级功能区148个，其中集中式供水水源区62个、分散式开发利用区38个、生态脆弱区3个、地质灾害易发区6个、地下水水源涵养区10个、不宜开采区29个。流域内深层承压水以岩溶水为主，作为应急水源和战略储备水源。

表6–1–7　陕西省渭河流域浅层地下水一级功能区划

序号	分区	行政区	功能区名称	分区面积 /km²	地貌类型
1	开发区	西安	西安渭河宝鸡峡—咸阳开发区	1148.00	平原
2	开发区	西安	西安渭河咸阳—潼关开发区	3121.65	平原
3	开发区	铜川	铜川渭河咸阳—潼关开发区	142.00	平原
4	开发区	宝鸡	宝鸡渭河宝鸡峡—咸阳开发区	3129.00	平原
5	开发区	宝鸡	宝鸡渭河宝鸡峡以上开发区	401.00	山丘
6	开发区	咸阳	咸阳渭河宝鸡峡—咸阳开发区	2424.00	平原
7	开发区	咸阳	咸阳渭河咸阳—潼关开发区	1129.00	平原
8	开发区	咸阳	咸阳渭河宝鸡峡—咸阳开发区	47.00	山丘
9	开发区	咸阳	咸阳泾河张家山以上开发区	171.29	山丘
10	开发区	杨凌	杨凌渭河宝鸡峡—咸阳开发区	94.00	平原
11	开发区	渭南	渭南龙门—三门峡干流区间开发区	1163.00	平原
12	开发区	渭南	渭南渭河咸阳—潼关开发区	5094.17	平原
13	开发区	渭南	渭南北洛河源头以上开发区	62.00	平原
14	开发区	渭南	渭南渭河咸阳—潼关开发区	489.48	山丘
15	开发区	渭南	渭南北洛河源头以上开发区	1640.00	山丘
16	开发区	延安	延安北洛河源头以上开发区	589.62	山丘
17	开发区	西安	西安渭河咸阳—潼关保护区	499.50	平原
18	保护区	西安	西安渭河宝鸡峡—咸阳保护区	734.75	山丘
19	保护区	西安	西安渭河咸阳—潼关保护区	75.84	山丘

续表 6-1-7

序号	分区	行政区	功能区名称	分区面积 /km^2	地貌类型
20	保护区	宝鸡	宝鸡渭河宝鸡峡—咸阳保护区	10.00	平原
21	保护区	宝鸡	宝鸡渭河宝鸡峡—咸阳保护区	375.50	山丘
22	保护区	咸阳	咸阳渭河宝鸡峡—咸阳保护区	50.25	平原
23	保护区	渭南	渭南渭河咸阳—潼关保护区	499.23	平原
24	保护区	渭南	渭南龙门—三门峡干流区间保护区	20.00	平原
25	保护区	延安	延安北洛河源头以上保护区	555.00	山丘
26	保留区	西安	西安渭河咸阳—潼关保留区	100.85	平原
27	保留区	西安	西安渭河咸阳—潼关保留区	287.16	山丘
28	保留区	西安	西安渭河宝鸡峡—咸阳保留区	1844.25	山丘
29	保留区	铜川	铜川北洛河源头以上保留区	1682.00	山丘
30	保留区	铜川	铜川渭河咸阳—潼关保留区	2058.00	山丘
31	保留区	宝鸡	宝鸡泾河张家山以上保留区	1187.00	山丘
32	保留区	宝鸡	宝鸡渭河宝鸡峡—咸阳保留区	6261.50	山丘
33	保留区	宝鸡	宝鸡渭河宝鸡峡以上保留区	1704.00	山丘
34	保留区	宝鸡	宝鸡泾河张家山以上保留区	4623.71	山丘
35	保留区	咸阳	咸阳渭河宝鸡峡—咸阳保留区	1022.00	山丘
36	保留区	咸阳	咸阳渭河咸阳—潼关保留区	651.00	山丘
37	保留区	渭南	渭南渭河咸阳—潼关保留区	137.60	平原
38	保留区	渭南	渭南北洛河源头以上保留区	233.00	山丘
39	保留区	渭南	渭南龙门—三门峡干流区间保留区	1827.00	山丘
40	保留区	渭南	渭南渭河咸阳—潼关保留区	1255.52	山丘
41	保留区	商洛	商洛渭河咸阳—潼关保留区	76.00	山丘
42	保留区	延安	延安北洛河源头以上保留区	16762.38	山丘
43	保留区	延安	延安龙门—三门峡干流区间保留区	488.00	山丘
44	保留区	榆林	榆林北洛河源头以上保留区	1277.00	山丘
45	保留区	榆林	榆林泾河张家山以上保留区	1413.00	山丘

二、保护目标

渭河流域内浅层地下水中，开发区里具有生活、工业、农业灌溉供水功能的区域，水质保护目标要符合相关功能水质标准，现状水质优于水质标准时以现状水质作为保护目标。开采地下水期间，年均开采量不大于可开采量；保护区现状水质良好的地区，维持现有水质状况，受到污染的地区，原则上以污染前该区域天然水质作为保护目标，合理控制开采强度，始终保持地下水水位相对稳定；保留区内地下水不宜开采，基本维持地下水现状。流域内深层承压水作为应急水源和战略储备水源，一般情况下严禁开采，严格保护。

三、保护措施

依据水利部印发的《关于编制全国地下水资源开发利用规划的通知》（政资规〔1996〕32号），陕西省水利厅于1998年6月组织编制完成了《陕西省地下水资源开发利用规划》，1998年10月经水利部审查验收。1999年6月4日，陕西省人民政府以陕政函〔1999〕113号函，批复同意《陕西省地下水资源开发利用规划》，并印发全省各设区市人民政府贯彻实施。

2003年7月18日，陕西省水利厅印发了《全面加强地下水超采区水资源管理工作的意见》，明确提出陕西省治理地下水超采区的原则、思路、具体任务和实施步骤。启动了以地下水超采区生态治理为重点的“地下水保护行动”。2003年8月，陕西省水利厅组织编制完成《陕西省沿渭（河）主要城市地下水超采区划定及保护方案》（简称《方案》）。同年10月，陕西省水利厅组织省计委、省国土资源厅、省建设厅等有关部门和专家召开会议对《方案》进行了审查。会后，编制组根据专家和征集各设区市意见对《方案》进行了多次修改、补充和完善；2004年11月，又按照省政府办公厅要求，再次征求宝鸡、西安、咸阳、渭南4市人民政府及陕西省发改委、省国土资源厅、省建设厅、省环保局等省级部门的意见，对《方案》进行了必要的调整和修改完善。2005年9月，按照省政府办公厅意见，将《方案》的现状年由2000年调整为2004年，并与沿渭各市进行了沟通。2006年8月14日，《方案》经省政府第21次常务会议审议通过。2006年12月26日，陕西省人民政府印发了《陕西省沿渭（河）主要城市地下水超采区划定及保护方案》（陕政发〔2006〕69号）。划定西安、宝鸡、咸阳、渭南4市地下水超采区12处，总面积594.54平方千米，其中，一般超采区5处，严重超采区7处。在严重超采区，划定禁采区2处，限采区6处，为沿渭（河）地下水合理开发利用和有效保护提供了依据。

2011年，陕西省水利厅组织对宝鸡、咸阳、西安、渭南4市地下水超采区封井、压采工作进行了全面检查评估。截至2010年底，陕西省沿渭（河）4市累计关闭地下水水源井1449眼，年压采地下水开采量2.4亿立方米，总体上完成了省政府确定的压采目标任务。2012年7月，按照水利部“关于开展全国地下水超采区评价工作的通知”要求，陕西省水利厅再次组织开展了全省地下水超采区评价工作。

2013年，为了全面加强地下水超采区治理，陕西省水利厅部署重新划定地下水超采区，并制定保护方案。安排由陕西省地下水管理监测局编制完成了《陕西省地下水超采区划定与保护方案》。2015年12月15日，经陕西省政府同意，陕西省水利厅印发了《陕西省地下水超采区划定与保护方案》（陕水函〔2015〕137号）。本次共划定西安、宝鸡、咸阳、渭南、榆林5市地下水超采区15处，总面积1427平方千米，年均超采量约5131万立方米。

至 2020 年将压减地下水开采量 1.98 亿立方米。

第五节　水资源优化配置

为解决水资源紧缺问题，陕西省通过实施严格的水资源管理制度，加强水资源优化配置，统筹安排生活、生产、生态用水等措施，大幅提升了水资源保障水平。

加强渭河流域水量调度管理工作，加强监测体系建设，严格取水许可制度，制定最严格的水资源管理制度。充分发挥陕西省渭河流域管理局在渭河水量调度方面的职能，成立渭河流域水资源统一调度中心，对渭河流域干流及主要支流水资源进行统一调度管理，以总量控制为核心，优化和调整水资源配置，保障渭河生态需水量；尽快制订《渭河干流及主要支流生态基流保障工作实施方案》，经省政府批准后严格执行；建立完善的水量调度监督执行政策制度，保证各项制度政策的落实。

水量及水质监测体系建设规模：固定监测点建设。

水量监测断面建设：新增水量监测断面 7 处，与干流水体生态系统监测断面布设保持一致。

水体生态系统监测断面：新增监测断面 26 处（干流 10 处、支流 16 处），总计达到 52 处。按行政区划分，西安与咸阳 14 处、宝鸡市 8 处、杨凌区 1 处、渭南市 3 处；动态监测设施以各行政区监测中心为单位，建设流动监测实验室 2 个，包括现场监测设备、辅助设备等，保障沿渭城市群水体生态系统的动态监测能力。

实验室建设：建设宝鸡、杨凌、咸阳、西安、渭南共 15 处水环境监测管理中心，更新水环境监测中心和分中心的实验室基础设施，配置相应水环境监测设备。

监测系统运行管理设施建设：包括实验室基础设施维修和仪器设备维护，交通工具保养与运行，信息系统运行管理，监测站运行管理等。

信息化建设：通过对现状站网改造升级，以“3S”技术为支撑，建立渭河生态环境综合数据库，从多维层面上对生态环境进行评价、分类，显示其分布的规律和发展趋势；实现渭河流域内监测系统的统一，通过信息共享，实现交互式访问，供政府、管理部门进行科学决策。

监测管理站建设：拟在沿渭各市及重要排污口处设置监测管理站，规划修建 15 处。

建立渭河干流及主要支流、水库、取水口控制断面的生态水量、流量指标体系。流量指标体系应按照低限生态流量、良好生态流量两个标准制定，提升水环境的保障水平。渭河干支流上重点水库、取水口均应按生态流量指标下泄生态基流，并且在枯水季节水量有富余时，应根据调度指令向下游河道补充生态用水。

依据《陕西省渭河流域综合规划》，确定渭河林家村、咸阳和华县控制站生态基流量分别为 10 立方米每秒、15 立方米每秒和 20 立方米每秒，生态良好流量分别为 10 立方米每秒、20 立方米每秒和 30 立方米每秒。主要支流泾河、北洛河、漆水河和石川河入渭控制断面生态基流量分别为 2.3 立方米每秒、2.9 立方米每秒、0.2 立方米每秒和 0.09 立方米每秒，生态良好流量分别为4.6立方米每秒、5.8立方米每秒、0.4立方米每秒和0.18立方米每秒。

划定渭河生态用水补给河流：为保障渭河干流的生态流量，应在渭河的不同区段选择一些水量较丰、污染较小、水资源开发利用率低的渭河支流，作为提供渭河生态用水的河流，限制或禁止对其水资源进一步开发利用，并在这些河流上适当修建一些拦蓄汛期洪水资源、补充枯水期渭河生态流量的生态用水水库。

初步确定的生态用水河流为清姜河、茵香河、清水河、马尾河、伐鱼河、磻溪河、汤峪河、田峪河、耿峪河、涝河、沣河、浐河、灞河、赤水河、罗纹河、罗夫河等。

将这些河流上现状用水量较小的宝鸡钓鱼台水库、磻溪口水库、浐河汤峪水库转变为给渭河提供生态用水的水库。

2015年前，先安排建设宝鸡高泉水库、西安沣河梨园坪水库、西安灞河蓝桥河水库等生态用水水库，同时将这些水库兼做城市应急供水备用水源。2015年后，建设宝鸡银洞峡水库、西安高冠水库等。

第二章　水污染防治

渭河污染加重于20世纪八九十年代。随着经济的迅速发展、城镇的迅猛扩张及人口的急剧增长，渭河水量逐年减少，水质不断恶化。自1990年后，渭河干流宝鸡以下河段水质常年为Ⅴ类、劣Ⅴ类水，基本丧失了使用功能。河流水环境恶化、地下水污染、水生生物大幅度减少甚至绝迹；沿河灌溉工程引水水质超标严重。2004年，陕西省确定从2005年起至2010年，利用6年时间集中开展渭河污染专项治理工作。至2010年，渭河流域以城镇生活污水处理厂为主的水污染治理取得了明显成效，渭河流域关中地区54个县区规划的污水处理厂90%以上建成投运，设计日污水处理能力227万吨，生产中水26.5万吨，污水处理能力可基本满足县级以上城市及重点工业园区生活污水处理的需要。2011年，渭河综合治理开始以后，陕西每年将渭河水质改善情况纳入省市目标责任考核体系。省级各相关部门和沿渭各市区政府全力抓好治污项目的审批、资金筹措、工程建设和运营管理，推动了渭河治污措施的落实。通过努力，扭转了渭河水污染严重的趋势，渭河水质得到了明显改善，生态环境得到了有效保护。截至2014年底，渭河干流主要污染物平均浓度大幅度下降，水质综合评价由2011年的重度污染、2013年的中度污染变为2014年第四季度的轻度污染。根据2020年12月渭河干流国家和省级20条水质监测断面资料，渭河干流全线水质良好，水质类别均满足和优于考核目标要求。

第一节　污水处理设施建设

为从源头上治理渭河污染，陕西省政府按照政府主导、企业主体、市场运作的投融资思路，加大水污染治理工作力度。在保留原有专项资金的基础上，从2006年起又设立了渭河治理专项资金和污染减排资金，加快工业企业污水处理设施的提标改造和城镇污水处理厂建设，提高污水处理率和达标率。指导企业通过淘汰落后产能，促进产业结构调整升级，优化区域产业布局。强制关闭淘汰化纤、造纸等落后产能，督促企业对重点工业污染源的治理；一大批城市污水处理设施通过BOT（建设—运营—移交）、TOT（移交—经营—移交）等特许经营模式得以建成投用。对已有的污水处理厂进行提标改造，解决城市污水直排渭河的问题。

一、企业治污技术改造

（一）宝鸡市

在2012—2014年渭河流域水污染防治三年行动中，一是指导工业企业严格按照新的《黄河流域（陕西段）污水综合排放标准》的要求进行废污水治理，倒逼企业实施污水深度治理，确保污染物达标排放。圣龙箱板纸、法门寺纸业、圣龙纸业在淘汰半化学制浆、压缩草浆产能的基础上，新上了芬顿氧化污水处理设施，青岛啤酒、全兴纸业等 23 个污水深度治理项目相继完成，处理废水达标排放。二是淘汰落后产能。为 4 户企业争取到关停补偿资金 2000 万元。共淘汰造纸生产能力 7 万吨，强制性关闭淘汰化纤、造纸等小企业落后产能 54.6 万吨。先后完成岐山县圣龙箱板纸，宝凤纺织关转化学制浆，丰宝化工，秦岭化肥总厂凤翔、扶风分厂，太白县青峰植化厂，千阳县龙泉酱货菜业有限公司等 7 个项目的关停，削减化学需氧量 1454.2 吨，氨氮 437.31 吨。

（二）咸阳市

“十一五”（2006—2010 年）期间，咸阳市委、市政府制定出台了《渭河咸阳段水污染补偿实施方案》，加大重点污染防治工程建设力度。用于渭河流域治污工程的各类资金 101569.2 万元。首先解决重点工业企业废水污染问题，建设重点污染防治设施项目 185 个，累计关闭造纸企业 182 家、重点印染企业 12 家，淘汰小火电机组 12.4 万千伏、水泥落后产能 52 万吨；治理重点涉水企业 50 家；全市 4 家造纸企业、2 家印染企业、14 家果汁企业全部建成了废水处理设施。2011 年，为进一步做好渭河流域水污染防治工作，根据《渭河咸阳段整治规划及实施方案》，按照省政府提出的用三年时间使渭河水质变清的要求，咸阳市启动了 2012—2014 年渭河流域水污染防治三年行动方案。关闭淘汰企业 5 家；工业企业污水深度治理（提标改造）项目 17 家，投资总额 18450 万元。至 2014 年底，兴包纸业集团正规碱回收工程已建成运行；武功东方纸业集团彻底放弃了化学制浆生产线，全部改为废纸制浆，正在建设第二污水处理厂；渭河发电有限公司 3 号、4 号机组脱硫工程即将建成。同时，全市新增清洁生产审核企业 6 家，累计 28 家企业通过了清洁生产审核，21 个循环经济试点示范项目正按计划推进实施。全市确定的 64 家国控、省控、市控重点排污企业中，除 3 家已经关闭、2 家列入关闭名单外，已有 44 家安装了污染源在线监控设施。另有 18 家县控企业和 3 家城市污水处理厂也安装了在线监控设施，全市共 65 家企业安装了在线监控设施。市级监控平台基本建成，省、市、县三级污染监控网络正在调试对接之中。

（三）渭南市

围绕省上下达的“渭河三年变清”目标，通过季度讲评、现场督查、会议约谈、预警通报、媒体公示、断面考核、呈送送阅等手段和渭南环保世纪行、《水污染防治法》执法检查等活动，强力推进和保障渭河变清三年行动。2012—2014 年，总投资 19.2 亿元，累计实施完成 118 个渭河治理项目，其中，先后实施完成陕西渭河煤化工集团有限责任公司废水治理、陕西海升果业股份有限公司渭南分公司废水处理站提标改造等 34 个工业企业废水深度治理工程、4 个淘汰关停项目、11 个城镇污水处理厂提标改造项目、21 个污水处理和垃圾处理项目、4 个农业监测站（点）、41 个养殖场废弃物资源化利用示范工程。排水基本达到《黄河流域（陕西段）污水综合排放标准》（DB61/224—2011）要求，全市工业企业废水处理设施达到 149 台（套），日处理规模达 44 万吨。

2014 年渭河出境断面水质化学需氧量平均浓度为 20 毫克每升，达到 30 毫克每升的省考要求；氨氮平均浓度为 1.328 毫克每升，较 2011 年下降 63%，达到 1.5 毫克每升的省考要求。

二、污水处理厂建设

2005年以来，以城市污水处理厂为主的渭河流域污染治理项目建设取得了很大进展。2007年，渭河流域新开工26个污水处理厂，建成4个。截至2007年底，已建成污水处理及中水回用项目15个，污水配套管网项目10个，形成日处理污水能力81.8万吨，可回用中水17万吨；2008年，陕西省渭河流域污水处理设施在建项目32个，形成日处理污水能力98.9万吨，可回用中水9.5万吨；新开工项目13个，形成日处理污水能力42.5万吨；2009年，污水处理设施在建项目3个，形成污水日处理能力4.2万吨；2010年前，渭河流域54个县的污水处理厂全部建成投运，形成日处理污水能力227.4万吨，新建的污水处理厂达到一级排放标准，并逐步配套建设除磷、脱氮改造。规划到2020年对部分污水处理厂进行改建、扩建，污水处理能力达到300万吨每天，陕西省渭河流域已建污水处理设施见表6-2-1。

表6-2-1　陕西省渭河流域已建污水处理设施

设区市	项目名称	建设规模	投资/万元
西安市	西安邓家村污水处理厂	污水16万t/d，中水6万t/d	10200
	西安北石桥污水处理厂	污水15万t/d	25866
	西安市第三污水处理厂	污水10万t/d，中水5万t/d	24098
	西安市第四污水处理厂	污水25万t/d，干管50km	51249
	西安市第五污水处理厂	污水20万t/d	
	西安市北郊泾渭污水处理厂	污水10万t/d，干管83.1km	23060
	西安市西南郊污水处理厂	污水8万t/d，中水1.5万t/d	20350
	西安市长安区污水处理厂	污水5万t/d	7500
	西安北石桥污水处理厂中水回用工程	中水5万t/d	9868
咸阳市	咸阳市污水处理厂	污水10万t/d	19484
	咸阳市西郊污水处理厂	污水8万t/d，干管8.3km	13200
	兴平市污水处理厂	污水5万t/d，干管18.3km	9500
宝鸡市	宝鸡市污水处理厂	污水9万t/d	12490
	陈仓污水处理厂	污水5万t/d	6900
宝鸡市	宝鸡市高新区污水处理厂	污水5万t/d，干管17.4km	10565
渭南市	渭南市污水处理厂	污水6万t/d	12400

注： 本表只列出污水日处理能力大于5万t的污水处理设施。

（一）宝鸡市

2008—2011 年，宝鸡市把污水处理设施建设作为治污减排的重要措施，按照“县城污水处理厂全覆盖、原有污水处理厂全提标、镇村园区污水处理厂逐步拓展”的三步走战略目标，推进污水处理设施建设。全市建成县级污水处理厂 13 家，日处理规模达到 33.4 万吨，实现了县城污水处理厂全覆盖。从 2012 年开始，宝鸡市逐步对污水处理厂进行除磷脱氮提标改造，出水水质从原来的一级 B 提升到一级 A，进一步减少污染物排放。同时，加快镇村、园区污水处理厂建设步伐，先后建成陈仓区周原镇、凤翔区柳林镇等 13 个镇级污水处理厂，日处理规模达到 1.75 万吨。并结合农村环境连片综合整治，建成眉县河底村、岐山北郭村等 43 个村组级污水治理设施。针对工业园区产业结构较为复杂、废水排放量大、污染物种类多、污染负荷排放强度高、水质水量变化幅度大等特点，按照“统一收集、集中处理、便于监管”的思路，推进工业园区污水处理厂建设。先后建成了凤翔长青工业园、眉县太白山开发区污水处理厂。金台金河工业园、眉县霸王河工业园、扶风绛帐工业园正在建设之中。

（二）杨凌示范区

杨凌农业高新技术产业示范区（简称杨凌示范区）污水处理厂位于陕西省杨凌农业高新技术产业示范区渭河北岸，南距渭河 200 米；新桥路南，滨河东路 3 号。污水处理厂服务对象主要是示范区所在地的城市污水和工业废水，经污水处理厂处理过的污水直接排入人工渠、漆水河，最终排入渭河。污水处理厂由江苏省宜兴市华都绿色工程集团有限公司与杨凌示范区管委会签订 BOT 投资项目，经营特许权期限为 28 年。

污水处理厂一期于 2004 年建成时采用“厌氧水解 + 曝气生物滤池 + 二氧化氯消毒”工艺。2007—2009 年，污水处理厂进行工艺改良，将原有厌氧水解池改造为 A/O 反应池，将有曝气生物滤池改造为曝气池，并增建了二沉池、混凝反应及斜管沉淀池、回用清水池，以及快速过滤器等构筑物和设备，使部分出水达到中水回用标准，接入城市中水管网，用于城市绿化、道路清扫等用水。工艺改造后污水处理效率提高 30%。

二期工程于 2010 年 3 月 10 建设，于 2011 年 9 月完工，工艺采用：均质水解池 +A2/O+ 二沉池 +UV 消毒。中水回用工程规模 2 万立方米每天。二期工程污水主要由生活污水、商业及公建污水、工业污水组成。污水经处理达标后可以用于对水质要求不高的工业，如：冷却、冲渣、绿化、冲厕、洗车等。污水处理厂总规模为 6.5 万立方米每天，一期工程已建 2.5 万立方米每天，二期建设规模为 4 万立方米每天。污水排放采用《城镇污水处理排放标准》的一级 A 标准，并且安装在线监测设备进行 24 小时监控，以确保对出水水质的控制。

（三）咸阳市

为治理渭河水污染，咸阳市加快建设县城污水处理厂，于 2009 年实现了“县县建成污水处理厂”的目标。对原有污水处理厂提标改造、扩建、改建项目 29 家，投资总额 188481.14 万元，其中政府投资 186760.14 万元；垃圾处理项目 2 家，投资总额 8200 万元。至 2014 年，城镇污水处理设施达到国家《城镇污水处理厂污染物排放标准》（GB 18918—2002）一级 A 标准，不能达到国标一级 A 排放标准的全部进行升级改造，完善除磷脱氮工艺、污泥和危险废物处理设施。至 2014 年底，渭河流域 3 万以上人口的建制镇生活污水处理率达到 60% 以上，县城 80% 以上，市区 90% 以上，工业园区 100%。市区中水回用率达到 20% 以上，工业园区达到 30% 以上。新建扩建污水处理设施项目 15 个，日处理能力 75.1 万吨，年削减化学需氧量 1.4 万吨左右，氨氮约 0.15 万吨。三年内完成 14 个城市污水处理厂升级改造项目，日新增处理能力 39.3 万吨，年削减化学需氧量 0.14 万吨左右，氨氮 0.12 万吨左右。

1. 咸阳市东郊污水处理厂

咸阳市东郊污水处理厂位于咸阳市东郊渭河北岸河堤与陇海铁路交汇处的三角地带，是渭河水污染防治的骨干工程。建设规模为日处理城市污水 20 万吨，总投资 3 亿元，分两期建设。一期工程日处理城市污水 10 万吨，投资 2 亿元。其处理工艺采用比较先进的序批式生化法（CASS）。陕西省计划委员会 2001 年 12 月 31 日以陕计项目〔2001〕1341 号文批准了项目初步设计。厂外管网工程于 2001 年 10 月 9 日动工建设，厂区部分与广东新晟环保股份有限公司于 2003 年 3 月 29 日签订了投资合同，6 月 3 日举行了开工仪式。一期工程已于 2006 年建成投入运行，二期工程正在建设中。截至 2014 年底，东郊污水处理厂中水生产能力 6 万立方米每天，其中为大唐渭河发电有限公司供水 3 万立方米每天，为咸阳湖补水 3 万立方米每天。西郊污水处理厂中水生产规模为 2 万立方米每天 。

2. 咸阳市西郊污水处理厂

咸阳市西郊污水处理厂位于咸阳市咸通路以西，富安路以东，滨河路以北，咸阳市建筑设计院家属楼以南。污水处理厂总规模为 8 万立方米每天，其中城市污水处理规模为 6 万立方米每天，中水生产规模为 2 万立方米每天，修建了长度为 7850 米的单位污水截留干管及其他配套设施。项目总投资 1.12 亿元，2006 年 6 月 6 日开工建设，2008 年 9 月竣工，是渭河流域水污染防治的骨干工程项目。处理工艺为曝气生物滤池，处理深度为二级生化处理。处理后水质达到污水厂一级 B 标准。按照《陕西省渭河流域水污染防治三年行动方案》及污染减排工作的要求，2012 年又筹措资金 2000 余万元，对污水处理厂进行提标改造。改造后的咸阳西郊污水处理厂出水水质达到国家一级 A 标准。

3. 咸阳市南郊污水处理厂

咸阳市南郊污水处理厂是“十一五”期间节能减排、渭河流域水污染治理和城市基础设施建设的重点项目。服务区域面积 25 平方千米，服务范围为西宝高速路两侧、渭河以南、沣河以西、咸户路以东。处理工艺为 CASS（循环式活性污泥法），处理深度为二级生化处理，处理后水质达到城镇污水厂一级 B 标准。建设规模为日处理城市生活污水 8 万吨，分两期建设，一、二期分别为日处理城市生活污水 4 万吨。项目总投资 1.32 亿元。其中，一期工程厂区部分投资 6290 万元；管网工程投资 2300 万元，截流干管总长 24.2 千米。2010 年一期建成投运。

4. 咸阳高新区过塘污水处理厂

咸阳市高新区过塘污水处理厂位于咸阳市高新区，胭脂河以南，西宝高速公路以北、华家寨以西，永昌路以南。处理对象主要为咸阳高新技术产业开发区的工业废水及生活污水。采用 A2/O 处理工艺，设计总规模 10 万立方米每天。分两期建设，一期（近期）工程 5 万立方米每天，远期达到 10 万立方米每天的规模。 污水处理厂排水水质达到国家一级 A 标准。一期工程已于 2014 年 8 月建成运行。

5. 兴平市城市污水处理厂

兴平市城市污水处理厂采用具有国际领先工艺技术，于 2009 年 4 月在兴平市建成并投入运行，总投资 1.5 亿元。该工程自 2007 年 8 月施工，采用国际领先的加拿大双威 VT 深井曝气专利工艺技术，日处理污水达 5 万吨。这项工程可有效对兴平城市规划区 13.8 平方千米内所有的工业污水和生活污水的 50%进行处理，每日可为社会提供 5 万吨中水，主要供水对象为兴平化工厂生产用水，年可削减化学需氧量 5400 吨。

6. 武功县污水处理厂

武功县污水处理厂位于武功县城东南，濒临渭河，总投资 3900 余万元（含管网）。该工程于 2008 年 9 月开工，2009 年 6 月 3 日正式建成试水。采用 CASS（SBR）二级生化处理工艺。目前一期日处理污水 1 万吨，处理后的排出水质达到国家规定的一级 B 标准。

2008 年以来，咸阳市支持企业加强节水改造，淘汰落后的用水设施，鼓励污水处理回用，减少排放，提高水资源利用效率。大型企业污水处理回用量达 6.96 万立方米每天，2014 年污水处理回用节水量达 2145 万立方米。其中，大唐渭河发电厂热电联产项目，利用东郊污水处理厂再生水 3 万立方米每天，再生水利用量 920 万吨；陕西渭河发电有限公司主要处理公司生活污水（约占 2/3），设计处理能力 8000 立方米每天，用于补充工业用水，全年污水回用节水量达 91 万吨；中国石油天然气长庆石化分公司建有活性炭脱盐反渗透再生水装置两套，主要处理公司厂区工业污水，日生产能力 4800 立方米每天，用于补充工业用水，污水处理回用节水量 185 万吨；咸阳际华新三零有限公司主要处理公司厂区工业污水，污水处理能力 600 立方米每天，2014 年污水处理回用节水量 52 万吨；陕西兴化化工有限公司主要处理公司厂区工业污水，污水处理回用 10000 立方米每天，2014 年污水处理回用量 360 万吨。咸阳市 2014 年大型企业污水处理回用节水量统计见表 6–2–2。

表6–2–2　咸阳市2014年大型企业污水处理回用节水量统计

污水处理厂名称	处理级别	处理能力 /（万 m^3/d）	污水处理回用量 / 万 m^3
大唐渭河发电厂		3.0	920
陕西渭河发电有限公司	二级	0.8	91
中国石油天然气长庆石化分公司	二级	0.6	185
三五三零厂	二级	0.36	52
陕西兴化化工有限公司	二级	1.0	360
合 计		5.76	1608

（四）西安市

1. 污水处理厂建设与提标改造情况

截至 2014 年底，西安市已经建成市第一至第十二污水处理厂和市第一、第二污水处理厂二期以及临潼区、临潼新区、阎良区、高陵区、周至县、蓝田县、阎良城东、纺织产业园、高新第二、鄠邑区第一，第二污水处理厂共 25 座污水处理厂，设施规模达到 202.1 万立方米每天。其中，城九区污水处理厂处理能力达到 191.5 万立方米每天，县城污水处理厂处理能力达到 10.6 万立方米每天。

截至 2014 年底，西安市第三至第九污水处理厂和阎良区、临潼区、周至县、鄠邑区、蓝田县、高陵区污水处理厂等 12 座污水处理厂已经完成提标改造；市第一、第二污水处理厂提标改造工程主体已完成，2015 年 6 月底通水运行。

2. 再生水利用设施建设

截至 2014 年底，全市建成再生水处理设施 5 座，设计处理能力 18.5 万立方米每天，其中市第一污水处理厂再生水规模 6 万立方米每天，第二污水处理厂再生水规模 5 万立方米每天，第三污水处理厂再生水规模 5 万立方米每天，第七污水处理厂再生水规模 1.5 万立方米每天，阎良区污水处理厂再生水规模 1 万立方米每天。已经运行的再生水处理设施包括第二、第三、第七污水处理厂和少量企业自建再生水设施，平均日用量 4 万余立方米每天，管网总长 138 余千米（含支管），再生水取水点 110 个。2014 年全市新建再生水管网 20.6 千米，取水点 82 个，再生水利用量达 8554 立方米（含一级 A 标准补充湖池），利用率达 15.02%，主要用于工业冷却、园林绿化、冲洒道路、公园湖池补水、洗车及杂用水等。

3.2015 年污水处理设施建设计划

2015 年，西安市计划建设污水处理厂 6 座，新增污水处理能力 27 万立方米每天。分别是：第三污水处理厂扩建二期，处理能力 5 万立方米每天；第四污水处理厂扩建二期，处理能力 12.5 万立方米每天；草堂基地污水处理厂，处理能力 1.5 万立方米每天；常宁污水处理厂，处理能力 3 万立方米每天；阎良污水处理厂扩建二期，处理能力 2.5 万立方米每天；临潼污水处理厂扩建二期，处理能力 2.5 万立方米每天。新建和扩建污水处理厂 5 座，分别是鱼化工业园污水处理厂，规模 20 万立方米每天；第五污水处理厂二期工程，规模 10 万立方米每天；第六污水处理厂二期工程，规模 5 万立方米每天；第七污水处理厂二期工程，规模 4 万立方米每天；沣东南污水处理厂，规模 4 万立方米每天。

（五）渭南市

渭南市在“十一五”期间投资 5.5 亿元实现县县建成污水处理厂的基础上，2012—2014 年又投资 2 亿余元建成投运 11 个污水处理厂除磷脱氮提标改造工程，日处理规模 24.5 万吨，排水达到《城镇污水处理厂污染物排放标准》（GB 18918—2002）一级 A 标准，年可减排化学需氧量 900 余吨、氨氮 280 吨。工业企业废水深度治理项目全部投运。全市工业企业废污水处理设施达到 149 台（套），日处理规模达到 44 万吨。2013 年，全市水污染物化学需氧量排放量为 68522 吨，较 2012 年削减 2.80%，氨氮排放量为 6220 吨，较 2012 年削减 6.13%。

全市建成和在建的污水处理厂中水利用工程4个，其中：渭南市区中水回用项目建设规模6万吨每天，一期工程总投资5184.7万元，建设规模为日供水4万吨，2004年10月开工建设，2010年5月建成并投入试运行，再生水目前用于市政道路洒水、绿化和沋河橡胶坝景观用水；二期工程总投资7360万元，建设规模为日供中水2万吨，2010年8月开工，2012年厂区建成，计划给华能热电厂供水。富平县污水处理厂再生水工程投资1800万元，建设规模为日供水1.05万吨，2012年5月开工建设，2013年7月建成运行，再生水全部用于富平县市政用水、温泉河国家湿地公园景观用水。华阴市污水处理再生水利用项目总投资4810万元，建设规模为日供水1.6万吨，2014年底厂区主体工程已基本完成，2015年安装设备和工艺管道。

第二节　排污口水质监测

《陕西省水功能区规划》核定了渭河流域水功能区纳污能力并提出限制排污总量，确定了渭河水环境治理和水生态保护的要求和标准。2004—2009年，陕西省水利厅安排沿渭各市（区）开展渭河流域入河排污口调查，并要求严格入河排污口设置审批；对渭河及其支流泾河、洛河等污染物实际入河量超过纳污能力的河流，严禁设置新的排污口。减少污水排放对渭河水体的污染。为治理渭河水污染，考核各市（区）县治污效果并进行奖罚提供依据，以及时掌握渭河水质变化情况并进行有效管理。

一、入河排污口调查

据调查，2005年陕西省渭河流域有主要排污口350个，废污水排放量约7.0480亿吨每年，排放的污染物化学需氧量为15.3295万吨每年，氨氮为1.3777万吨每年。其中工业废污水排污口共69个，废污水排放量约0.6407亿吨每年，排放的污染物化学需氧量为1.5758万吨每年，氨氮为0.1061万吨每年；生活污水排污口155个，污水排放量约3.3381亿吨每年，排放的污染物化学需氧量为7.8722万吨每年，氨氮为0.6954万吨每年；以工业废污水为主的混合排污口共69个，废污水排放量约1.9034亿吨每年，排放的污染物化学需氧量为3.7102万吨每年，氨氮为0.3831万吨每年；以生活污水为主的混合排污口57个，污水排放量约1.1660亿吨每年，排放的污染物化学需氧量为2.1713万吨每年，氨氮为0.1949万吨每年。污染物排放量由大到小的城市依次为宝鸡、西安、咸阳、渭南，流域内化工、食品酿造、石油加工、炼焦、造纸5个行业是排污重点。其中渭河干流入河排污口58个，废污水排放量约1.4855亿吨每年，其中化学需氧量为3.6853万吨每年，氨氮3646吨每年。渭河干流泾河入渭口至宝鸡峡这一段入河排污口54个，废污水排放总量约1.4642亿吨每年。

（一）宝鸡市

从2004年开始，宝鸡全市水利系统按照陕西省水利厅的统一安排，开展了入河排污口调查工作，到2009年结束。经过调查，渭河流域的河道排污口共有99个，涉及渭河干流及其支流共19条河流，排泄的大多是工业废水和城镇生活污水，年排泄总量达9481.75

万吨。全市入河排污口排放特点是：工业排污量大于生活排污量；生活污水几乎全部未经处理，直接排入河道或渠道；渭河为全市最主要的排污河道，占全市排污总量的 77.3%，见表 6-2-3。

表6-2-3　宝鸡市境内渭河流域入河排污口调查情况统计

行政区	排污口 / 处	排入河道		污水性质 / 处			排放量 /(万 t/a)
		主要河道	数量 / 处	工业废水	生活污水	混合	
市区	18	渭河	2	3	2	13	5688.1
陈仓区	14	渭河	5	6	1	7	1330.59
凤翔县	8	漳水河	4	3	1	4	761.2
岐山县	5	渭河	2	1	1	3	693.0
扶风县	11	漳水河	4	2	6	3	244.4
眉县	10	渭河	1	3	1	6	301.0
千阳县	7	千河	2	2	0	5	121.6
陇县	6	千河	1	1	1	4	268.54
麟游县	20	杜水河	3	1	17	2	73.02
渭河流域合计	99		24	22	30	47	9481.75

（二）咸阳市

依法履行入河排污口监督管理责任，严格新建、改建和扩大排污口的设置审批，强化对已建排污口的监督管理。对新设置的入河排污口，开展入河排污口设置论证工作，并作为河道管理范围内建设项目审查和建设项目水资源论证审查的重要内容和前置条件；对已经设置的入河排污口，进行普查登记，并建立入河排污口档案管理、统计和日常监督检查制度。对饮用水水源地保护区内已经设置的入河排污口进行全面清理整治，限期关闭。对拒不按照规定履行入河排污口设置审批手续的，擅自设置排污口的，拒绝入河排污口登记的，或非法排污的行为，依法进行严肃查处。

（三）西安市

2014 年，西安市渭河流域 10 个县（区）共核查登记入河排污口 277 处，其中规模以上排污口 103 处，规模以下排污口 174 处。据不完全统计，排放污水总量 2838.81 万吨每年，其中工业废水排放量 399.96 万吨每年，生活污水排放量 1226.53 万吨每年，混合污水排放量 1212.32 万吨每年，见表 6-2-4。

表 6-2-4　西安市入渭河排污口汇总

行政区	排污口 / 处			工业废水 /（万 t/a）	生活污水 /（万 t/a）	混合 /（万 t/a）	排放总量 /（万 t/a）
	合计	规模以上	规模以下				
灞桥区	13	3	10		152.00		152.00
未央区	30	25	5	36.35	88.76	35.00	160.11
雁塔区	26	9	17				
阎良区	2	2				602.22	602.22
临潼区	49	18	31		223.77		223.77
长安区	92	22	70				
蓝田县	16	1	15			358.70	358.70
周至县	3	2	1	3.50		204.40	207.90
鄠邑区	39	18	21	324.11	762.00		1086.11
高陵区	7	3	4	36.00		12.00	48.00
合计	277	103	174	399.96	1226.53	1212.32	2838.81

在渭河治理过程中，为尽快减少污水直接排放量，治理皂河水污染。在市政府的统一部署协调下，西安市水务局联合市环保局、市政局向沿河各单位、村组下发《关于清理封停皂河沿线排污口的通告》，要求各排污单位按既定的时限全部封停排污口，需排污水的单位向市政局报请接入市政管网，同时向沣东新城管委会发送《关于查处封闭皂河西岸城中村排污口的函》，制定了皂河排污口封堵实施方案。于 2014 年 7 月完成对皂河沿岸排水管道摸底调查工作，并建立了排污口管理台账。联合市市政局、市环保局、沣东新城管委会及各河管单位全面对皂河沿线城中村排水口进行核查核对，于 2014 年 8 月 23 日核对完毕，皂河沿线共有 207 个排污口，8 月底已对 140 个可以封闭的排水口（含废弃管口）进行了封堵，其余为市政排水口。

（四）渭南市

经过调查，渭南市渭河流域共有排污口 51 个，其中干流 7 个，支流 44 个；工业污水排污口 35 个，污水处理厂排污口 8 个，生活污水排污口 3 个，混合污水排污口 5 个。排泄的主要是工业废水和经污水处理厂处理的污水，年排泄总量在 8000 万吨左右，见表 6-2-5。

表6-2-5　　滑南市境渭河流域入河排污口调查情况统计

行政区	排污口/处	排入河道		工业废水/个	污水处理厂污水/个	生活污水/个	混合/个	排放量/（万t/年）
		主要河道	数量/个					
临渭区	2	渭河	1	1	1			2520
高新区	1	渭河	1				1	1500
经开区	2	渭河	2				2	
华县	6	石提河	4	5	1			892
华阴市	6	长涧河	3	4	1	1		335
潼关县	2	列斜沟	1	1	1			143
白水县	8	北洛河	8	6	1		1	161
大荔县	3	北洛河	2	1	1		1	373
富平县	6	石川河	4	5	1			502
蒲城县	5	渭河	2	4	1			456
合阳县	1	北洛河	1	1				380
澄城县	9	县西河	6	8		1		448
渭河流域合计	51		35	36	8	2	5	7710

二、水质监测

渭河水质监测数据显示，2009 年渭河干流水质仍以劣Ⅴ类水质为主，属重度污染。从咸阳市兴平断面至渭南潼关吊桥断面，9 个断面均不能满足水域功能标准，但渭河综合污染指数从 2005 年开始连续 4 年以 20% 左右的速率在下降，已由 2005 年的 4.44 降低到 2009 年的 2.1。2009 年，渭河潼关出境断面化学需氧量、高锰酸盐指数达到Ⅴ类水质标准，75% 以上的时段消灭了劣Ⅴ类水体。综合污染指数由 2003 年的 9.04 下降到 2010 年的 2.0 左右，渭河潼关出境断面高锰酸盐指数连续两年以 15% 的速度下降，化学需氧量达到Ⅴ类水质标准，沣河、涝河等原污染严重的渭河流域支流，水质基本达标，已恢复自然河流生态。提前两年完成了国家下达的“十一五”目标任务。

《渭河流域水污染防治三年行动方案（2012—2014 年）》实施以后，截至 2014 年底，渭河干流主要污染物平均浓度大幅度下降，化学需氧量平均浓度较 2011 年下降 32.9%，氨氮下降 45.2%，水质综合评价由 2011 年的重度污染、2013 年的中度污染变为 2014 年第四季度的轻度污染。新河、沈河、小漳河、皂河等 4 条主要支流化学需氧量平均浓度较 2011 年下降 59.6%，氨氮下降 38.5%；沣河、涝河、临河、灞河等支流达到Ⅳ类水质；其他支流基本达到水功能区划标准。

（一）宝鸡市

宝鸡市从2012年1月开始，坚持每月对37个主要河流出境断面、污水处理厂排污口和生活污水排污口进行监测，依据《宝鸡市水体污染补偿考核办法》和《宝鸡市水体污染补偿资金使用管理办法》，每季度按照下达各县（区）的排污指标对超标的县（区）核算补偿资金。市级污染补偿资金在缴纳省级补偿资金后，5%留在市级财政专户、95%返还给各县（区）用于污染治理。2012—2014年，共核算渭河水体污染补偿资金1.1亿元，市本级统筹共计1906万元，全部用于水污染治理项目支出。

（二）杨凌示范区

2012年以来，杨凌示范区围绕一年完成重点治理项目，一年开展专项整治，一年巩固成果的思路，通过产业结构调整，淘汰落后产能，强化城市基础设施建设，加大环境执法力度，完善渭河水质监控体系，加强农业面源污染治理，扎实推进节能减排，渭河污染防治工作取得明显成效。经检测，2014年1—10月：渭河干流杨凌出境断面化学需氧量均值为15.2毫克每立方米，氨氮为0.430毫克每升，水质稳定达到Ⅲ类标准，小漳河化学需氧量和氨氮浓度均达到考核标准，实现了《渭河流域水污染防治三年行动方案（2012—2014）》中“水质变清”的目标。

（三）咸阳市

2007年以来，依据咸阳市《陕西省水功能区划》确定的水质目标，咸阳市对各水功能区进行了最大纳污量的分析，确定了各水功能区限制纳污红线，制定出各主要排污口污染物总量控制方案，加强水功能区的监督管理。全市建立了各级水功能区水质监测体系，确定水功能区水质考核断面17个。2012年以来咸阳市结合“渭河三年变清计划”，采取工程措施和非工程措施进行水污染防治，实现了泾、渭两大河流主河段大部分时段达到水功能区水质目标，确保“十二五”末全市水功能区水质达到目标。同时开展了渭河及沿岸地下水水质监测工作。在5个不同的地貌单元（渭河以南河漫滩及一级阶地、渭河以北河漫滩及一级阶地、二级阶地、三级阶地、黄土台塬）布设监测点25处及渭河上下游断面2处，覆盖了咸阳市城区大部分的水源地。每年监测水质32期，跟踪监测超标项目，及时掌握水质动态。通过水质旬报掌握并积累了大量的第一手资料。截至2014年底，已进行了100余期监测，每期结果分别呈报市委、市人大、市政府、市政协领导。定期将水质监测结果进行分析对比，分析造成地下水水质波动的原因，并通报有关部门实施相应的对策。

（四）西安市

《渭河流域水污染防治三年行动方案（2012—2014年）》明确提出，至2014年，西安市渭河干流全程断面水质基本达到Ⅳ类，新河和皂河入渭断面水质化学需氧量达到50毫克每升以内，氨氮达到5毫克每升以内，其他支流达到地表水Ⅲ类标准。

为了实现这一目标，西安市在渭河及主要河流入渭口监测断面共11个，分别是渭河流域上的4个监测断面（02#咸阳铁桥、05#天江人渡、07#耿镇桥、08#新丰桥）以及渭河各支流入渭口的7个监测断面（29#三郎村、36#三里桥、59#农场西站、65#黑河入渭、66#涝河入渭、67#新河入渭、68#临河入渭）。评价项目选取化学需氧量和氨氮。从2011

年 12 月 2 日《渭河流域水污染防治三年行动方案（2012—2014 年）》开始实施，至 2014 年 10 月底，渭河干流西安段出境断面（新丰桥）化学需氧量、氨氮浓度均值已降至 30 毫克每升、1 毫克每升，达到渭河三年变清目标要求：30 毫克每升、1.5 毫克每升。在三年行动中，西安市先后投资 70 多亿元，建成 10 座城市污水处理厂，新增污水处理能力 71.5 万吨每天，仅滗河流域就增加污水处理能力 45 万吨每天；全市污水处理厂达到 25 家，污水处理能力达到 202 万吨每天，截污干管总长度 2800 千米。对 11 家城市污水处理厂实施了提标改造，出水达到一级 A 标准，并进行了部分商业运行，吸纳了北京桑德水务、天津创业水务、成都排水公司等先进环保企业的治理经验。2013 年，在住建部公布的 2013 年第四季度全国城镇污水处理考核结果中，西安市均位居全国 36 个大中城市第一名。从 2020 年公布的渭河 2019 年干流 4 个监测断面的化学需氧量浓度值比 2018 年均有所下降，降幅在 17.4% ~ 34.5%，其中降幅最大的为新丰桥监测断面。

（五）渭南市

从 2013 年开始，渭南市对干流和重要支流水质进行断面监测。根据《陕西省环境质量监测网设置方案》（陕环办发〔2013〕67 号），渭南市有渭河干流和重要支流国控、省控监测断面 6 个，其中国控监测断面 3 个，分别为渭河潼关吊桥断面（出省境）、渭河沙王渡断面、北洛河王谦断面（入渭河）；省控监测断面 3 个，分别为渭河树园断面（临渭区）、沈河张家庄断面（入渭河）、白水县北洛河张家船断面（入渭南境）。2014 年，环保部门按照国家环境监测有关规范要求，对 6 个监测断面每月监测 1 次，每次监测 25 项，监测结果基本符合《地表水环境质量标准》（GB 3838—2002）的要求。渭河潼关吊桥出境断面 2010—2014 年水质监测结果见表 6-2-6。

表6-2-6　渭河潼关吊桥出境断面水质统计

单位：mg/L

年份	化学需氧量	氨氮
2010	27.7	4.337
2011	22	3.578
2012	18	2.073
2013	19	1.947
2014	20	1.328

另外，渭南市为保护地下水水源地，不断推进地下水污染防治。全市划定地下水水源地保护区 11 个，开展水源地环境管理状况评估，设立了标志、界桩、围栏等设施，完善了突发事件应急预案和处置措施，安排专人值班巡查，发现问题及时处理。至 2014 年底，一、二级保护区内均无新建排污口，无新建扩建的违法建设项目。环保部门严格按照监测规范，市级地下水源每月监测 1 次，每次 23 项，每年 1 次 39 项全分析监测；

县级地下水源每半年监测1次，每次23项；每两年1次39项全分析监测，水质合格率均达到100%。

第三节 水污染防治管理

为尽快治理渭河污染，2009年陕西省政府批准了《陕西省渭河流域水污染补偿实施方案（试行）》，对渭河沿线上游城市排放污染物超过断面水质控制目标的，收取水污染补偿资金给下游城市进行补偿。同时，渭河沿线各市加大水污染防治执法力度，依法查处、关停超标排污的企业，使渭河水污染得到了有效控制。

一、水污染防治管理

从2009年7月起，陕西省渭河沿线各级环境保护部门采用自动监测与人工监测相结合的方法，对市界断面和一级支流入渭断面进行定期与实时监测，为实施《陕西省渭河流域水污染补偿实施方案（试行）》做准备。2010年1月1日，《陕西省渭河流域水污染补偿实施方案（试行）》开始实施。依据该方案，渭河沿线西安、宝鸡、咸阳、渭南各设区城市考核断面出境水体中的化学需氧量月平均浓度低于污染物浓度控制指标时，不需要缴纳污染补偿资金；当考核断面出境水体中的化学需氧量月平均浓度高于污染物浓度控制指标时，就要由陕西省财政厅向各设区市收取污染补偿资金。污染补偿资金的标准暂定为化学需氧量每超标1毫克每升缴纳10万元，不足1毫克每升的按照1毫克每升计算。污染补偿资金的60%用于各设区市的污染物治理补偿，剩余40%用于奖励工作力度大、水质改善明显的设区市。补偿范围主要包括区域内污染企业关闭、生态修复、水污染防治、污水处理厂建设及运行等方面。对于考核断面全年水质达到污染控制指标或水质明显改善的设区市，省财政每年安排"以奖代补"资金作为奖励。2010年，沿渭的宝鸡、咸阳和西安3市因超标而缴纳的补偿金共计380万元。

2011年，根据国家"十二五"污染减排目标和陕西省渭河污染治理要求，陕西省环保厅与财政厅就渭河流域水污染物补偿方案做了3方面的调整：一是提高补偿扣缴标准。不同的超标范围内实施不同的扣缴标准，阶梯式提升；二是将氨氮纳入污染补偿考核；三是鉴于小漳河和新河这两条跨市境支流目前污染较重，对渭河干流水质影响较大且易产生污染纠纷，将这两条支流也纳入污染补偿考核。调整后的补偿标准按5毫克每升为一档次实施梯次分档递增。各市界断面化学需氧量超标在1～5毫克范围内，每毫克缴纳补偿资金10万元；超标在6～10毫克范围内，每毫克缴纳补偿资金20万元；超标在10毫克以上，每毫克缴纳补偿资金30万元。氨氮超标在1～5毫克范围内，每毫克缴纳补偿金50万元；超标在6～10毫克范围内，每毫克缴纳补偿金100万元；超标在10毫克以上，每毫克缴纳补偿资金150万元。新加入的两条支流小漳河和新河也参照同样的方法补偿，只是数额相对有所减少。按照新标准，渭河沿线的宝鸡、咸阳、西安、渭南4市，一旦排入下游城市的污染物浓度超标，每超标一个单位，上游市政府须支付污染补偿资金最高将达到150万元，是原来金额的15倍。

根据2011年调整后的渭河流域水污染补偿资金收缴标准，西安、宝鸡、咸阳3市合计因干支流污染超过控制目标值缴纳的污染补偿资金一、二、三季度分别为4265万元、2410万元、2255万元，总计8930万元。其中，西安市3个季度的补偿资金高达4790万元，占3市总补偿资金的53.64%。

2012年上半年，省财政共收缴渭河流域水污染补偿资金2144万元。其中，渭河流域西安市界断面和渭河主要支流西安市皂河、新河因污染物浓度超过补偿考核控制目标而分别缴纳补偿资金40万元、1944万元和25万元，合计2009万元；渭南市沋河因污染物浓度超过补偿考核控制目标而缴纳补偿资金135万元。

按照渭河三年行动方案中严格落实污染补偿制度的要求，2013年陕西省政府继续推进渭河流域水污染补偿工作。渭河干流西安、宝鸡、咸阳、渭南4市的水污染补偿也从试点进入成熟阶段。全年省财政共收缴渭河流域水污染补偿资金1.45亿元，其中省级2500余万元，市级1.2亿元。西安市因渭河干支流污染超标缴纳补偿资金1742万元，咸阳市因渭河干流污染超标缴纳补偿资金540万元。

二、水污染防治执法

（一）宝鸡市

加大水污染防治执法力度，始终保持严管重罚的高压态势，铁面执法，铁腕治污。

一是狠抓整改任务落实。对自2009年以来，中央、省挂牌督办企业和环保专项行动中查处问题的整改落实情况进行了专项督查，对仍存在违法行为的企业予以严厉处罚，对整改任务落实不到位的企业责令限期整改。

二是加大联合执法力度。2005年，按照宝鸡市政府制定的《小漳河流域水污染防治实施方案》《渭河宝鸡段水污染防治实施方案》和《关于加快造纸行业结构调整和污染防治的实施意见》，市级有关部门会同扶风、凤翔、岐山3个县政府取缔关停了小漳河流域内20家造纸企业，拆除了主要生产设备42台、伏辊80个、电动机379个、配电箱43个，捣毁浆池47个。并对其他规模以上的企业下达了限期治理任务，使小漳河水质得到明显改善。对渭河流域重点企业下达整治通知。责令渭河流域21家规模以下造纸企业全部停产。2012年以来，开展由多个部门联合执法的“环保飓风行动”，采取明察暗访、驻厂监督等措施，对国控、省控和市级重点污染源进行了全面检查，对偷排、暗排等恶意排污行为给予了高限处罚，有力地震慑了各类环境违法行为。共检查企业2100家（次），查处违法排污企业90余家，限期治理10家，行政处罚300多万元。

三是改革环境监管方式。沿渭各县（区）实行了超标排污责任制，逐步推行网格化管理，将重点企业和主要排污口的监管责任落实到个人；对全市18家国控重点涉水企业和8家污水处理厂安装在线监控设施47台（套），全部实现部、省平台联网传输，推行第三方运营，每季进行比对监测，确保监测数据真实、可靠。截至2014年底，在线监控率达到80%以上。

（二）咸阳市

“十五”期间，咸阳市政府对渭河流域咸阳境内的造纸企业实行“不达标就关停”政策。先查处政府管理的重点企业，先后对咸阳造纸厂、兴平造纸厂化学制浆生产线强行关停，淳化县白玉造纸厂强行关停。连续4年对污染反弹的企业取缔关闭。采取机械捣毁、定向爆破、人工拆除等手段，共查究违法企业300多家，关闭“十五小”企业198家，对1.7万吨以下的化学制浆企业和1万吨以下的废纸制浆企业实施淘汰关闭，共淘汰关闭造纸企业159家，实现治理达标企业310家。

（三）西安市

2002—2005年，西安市共关闭造纸企业211家，削减污染物化学需氧量2万多吨。至2006年初，西安市剩余造纸企业64家。

（四）渭南市

渭南市水利、环保部门坚持铁腕执法，铁面问责，开展涉水企业排污口专项整治活动，纳入整治的100家废污水排放企业全部实现规范化整治，解决了排污口不规范、私设偷排暗管等问题。2012—2014年，渭南市先后开展了全市环境安全百日大检查、涉水企业环境执法大检查、环保执法专项行动等活动，出动执法人员3000余人次，检查涉水企业600余家（次），发现并纠正违法行为50余起，立案查处20余起，依法收缴罚款500余万元 。

第四节　水污染事件应急处理

2000年，水利部以水资源〔2000〕251号文发布实施了《重大水污染事件报告暂行办法》，突发水污染事件应对工作开始走向制度化。2008年4月3日，水利部对《重大水污染事件报告暂行办法》进行了修订，以水资源〔2008〕104号文印发了《重大水污染事件报告办法》，进一步规范了重大水污染事件报告制度。

2006年12月31日，陕西省水利厅成立应急事件领导机构，下设防御洪水和干旱灾害应急、城市水源和县城供水应急、突发水污染事件应急等6个应急指挥领导小组。2010年3月1日，陕西省水利厅制定印发了《陕西省水利系统应对突发水污染事件应急预案》（陕水发〔2010〕12号），建立了水污染事件快速反应机制，明确了有关部门的职责，规范了处置程序，为做好突发水污染事件应急处置工作提供了依据。该预案根据水污染危害大小，将突发性水污染事件分为特别重大水污染事件（Ⅰ级）、重大水污染事件（Ⅱ级）、较大水污染事件（Ⅲ级）和一般水污染事件（Ⅳ级）。2010年9月10日，陕西省水利厅召开会议对《陕西省水利系统应对突发水污染事件应急预案》执行中的有关事项进行了研究讨论，提出了修改完善意见，并对汛期突发水污染事件预防和应对工作进行了部署。2011年，为防范公路运输突发水污染事件发生，陕西省水利厅研究筛选了全省主要城市饮用水水源地，积极协调省交通运输厅联合设立保护标志牌，以警示运输车辆，确保饮用水水源地水质安全。

2000—2015年，陕西省渭河流域内相继发生渭南赤水河成品油泄漏、北洛河交口河段油泥污染、渭河华县境内油类泄漏等事件，陕西省水利厅积极协同有关单位，及时奔赴现场，开展水质监测，跟踪污染水体，采取封堵拦截措施，使污染得以有效控制，对保障下游民众饮水安全起到了重要作用，见表 6-2-7。

表6-2-7　陕西省渭河流域内2000—2015年发生的重要水污染事件情况一览

序号	水污染事件名称	水污染事件简要情况
1	渭南赤水河成品油输油管线泄漏事件	2009 年 12 月 30 日，中石油公司兰郑长成品油输油管道渭南支线华县赤水河段渭南分输站出站约 2.75 千米处发生泄漏事故，约 100 立方米柴油泄漏，赤水河、渭河遭到污染。事件发生后，国务院李克强总理做出“严防进入黄河，确保群众饮水安全”的重要批示。陕西省委常委、省政府副省长洪峰赶赴现场指挥抢险。陕西省水利厅组织有关人员赶赴现场配合有关部门采取封堵、拦截等措施，尽量减少向下游扩散。有效地处置了这次水污染事故
2	洛川污油泥泄漏污染事件	2010 年 3 月 31 日，陕西长大石油化工产品有限公司洛川污油泥处理厂，因污油泥收集池地基发生塌陷导致 1000 余吨污油泥外泄，经沿途耗损后进入北洛河水体约 250 吨，污染带长约 2 千米。接到报告后，陕西省水利厅王峰厅长连夜召开厅长办公会，研究部署应急处置措施，并派出工作组，赶赴现场开展应急处置工作。延安、渭南、铜川沿河有关市、县政府全面动员，水利部门配合环保部门采取打捞、栏栅及洛惠渠龙首大坝下闸截蓄上游来水等措施，确保污染物不进入渭河，保障了下游用水水质安全
3	渭河华县境内油类泄漏事件	2014 年 2 月 14 日，渭河华县水文站断面上游约 3 千米处渭河北岸一船只沉水引起船上柴油泄漏渭河。陕西省水利厅接报后，立即派员会同省江河局、省水文局人员连夜赶赴现场调查处置。据现场查勘，当地政府组织相关部门在华县水文站断面、华阴某部队军渡浮桥断面分别采取了吸油布吸油防止油污扩散措施，并采样化验实施实时监测，未见明显油污染情况。至 2 月 15 日 17 时，无新的污染情况发生

第三章　水利风景区建设

截至2023年10月，陕西渭河流域共有水利风景区42处，其中国家级20处（省管2处、西安市10处、宝鸡市6处、渭南市2处）、省级22处（省管1处、西安市3处、宝鸡市6处、咸阳市4处、渭南市6处、杨凌示范区2处）。

第一节　国家水利风景区

一、锦阳湖生态园水利风景区

锦阳湖生态园水利风景区是依托桃曲坡水库水土资源开发建设的具有现代园林气息的水库型水利风景区，2002年10月，被水利部批复为全国第二批（陕西省第一批）国家水利风景区，同年10月1日，开展了锦阳湖生态园首届旅游黄金周活动。景区区域总面积7.35平方千米，其中水域面积150公顷，湖岸绵延10余千米，林草覆盖率高达90%以上。

锦阳湖景区人文与自然景观协调有致，浑然一体，园内亭阁塔楼一步一景，云蒸霞蔚，烟波浩渺，景区四季分明，冬暖夏凉，山林青翠，景色宜人，实现了人与自然的和谐共处。景区所在地东临风景名山药王山，西接五大佛教圣地之一大香山、红色照金革命旧址，北靠耀州窑博物馆、避暑胜地玉华宫，景区主入口处紧连西延高速公路，交通便利，位置优越，是休闲度假、避暑观光、会议接待的理想之地，同时具有水利水保、园林科普教育等诸多特色功能。

近年来，锦阳湖景区深入贯彻习近平生态文明思想和“节水优先、空间均衡、系统治理、两手发力”治水思路，遵循持续发展、生态至上、地域特色的原则，按照生态保护、开发利用并重的方针，以建设水清、岸绿、景美的水利风景区为目标，持续投资，加力推进，不断提升建设与管理水平，充分发挥水利风景区维护水工程、修复水生态、保护水资源、美化水环境、弘扬水文化的功能，收效显著。

坚持生态修复，综合治理。实施塬、坡、沟、坎、渠综合治理，山、水、田、林、路全面开发，宜林则林、宜园则园、宜草则草，合理配置，科学布局，全方位、多层面绿化、美化。累计栽植各类风景林、经济林、水保林、名优花卉100多个品种、110余万株，植物造景91.8公顷，种植草坪10万平方米，林草覆盖率由原来的20%提高到90%。建成的千亩果园、植物园、苗圃园、沁芳园风格各异，景美宜人。景区生态环境持续好转，生态系统恢复加快，野鸭、灰鹳等多年不见的野生动物在库区栖息，水库水质常年保持在Ⅱ类水质。2017年2月，挂牌“国家水土保持科技示范园区”。

实施项目带动，营造景观。将工程建设和工程文化结合，功能建设和生态建设结合，力求建筑形式美与实用功能融为一体，做到建设一个水利工程，美化周边山水环境，塑造一个亮丽景点。依托世界银行项目在加闸工程上部采用大面积玻璃幕墙，形成独特景观。依托水保项目，利用右岸水势迂回形成的孤岛，建设植物园。依托水库除险加固采用模袋混凝土、六边形砌块等形式，形成补漏工艺比照等，均成为良好的景观。

打造品牌产业，培植特色。把水土保持治理与地方特色产业紧密结合起来，充分利用当地适宜优质苹果生长的地理条件，大力发展苹果产业，在原有“千亩果林”基地的基础上，升级改造景区高效台地果园示范区 100 余亩，增加当地就业人员 30 余人。成立了苹果专业合作社并注册了“锦阳湖苹果”商标。通过苹果产业带动周边地区群众栽植苹果树 1000 余亩，提高了周边农民收入，促进了当地经济发展。

注重水源保护，标本兼治。核心水体区开展增殖放流鱼类活动，恢复水域生态环境；一级保护区实行封闭式管理，严禁非工作车辆及人员进入，对入园人员实行实名登记；生态观光区实行外围封禁、域内水保治理，控制游人规模，赋予环境承载能力。每年坚持在“世界水日”“中国水周”期间通过铜川电视台、《铜川日报》传统媒体以及微信、抖音等新媒体进行广泛宣传，联合市环保、水务、新闻媒体共同开展“节水爱水护水”志愿者服务活动，成立“我是一滴水”“保护水资源——蓝月亮在行动”志愿组织，深入学校、社区等开展宣传活动；坚持开展水源地环境集中综合整治活动。景区注重开展水利、水保、生态环境等理论知识宣传，设置多处文化宣传长廊及景观小品等，使参观者对水工程和生态环境建设有一个全面的认识。2018 年 3 月，挂牌“耀州区青少年科普教育基地”，2020 年 6 月挂牌“铜川市生态环境宣传教育基地”。

二、郑国渠水利风景区

郑国渠水利风景区位于陕西省泾阳县境内，是以古秦国郑国渠水利文化遗址为基础，以近、现代泾惠渠渠首、西郊水库和李仪祉纪念馆为衬托，依托泾水资源，传承郑国遗风，充分利用引泾工程、治水名人、渠址遗迹和自然景观建成的水利风景区。景区规划总面积 60.17 平方千米，水域面积 24 平方千米。郑国渠渠首遗址 1996 年被国务院列为全国第四批重点文物保护单位，2001 年被评为省级水利风景区，2008 年确定为国家水利风景区。2016 年 11 月 8 日郑国渠申遗成功入选世界灌溉工程遗产名录。从此，“天下第一渠”的郑国渠成为陕西省首个“世界灌溉工程遗产”，陕西水利喜添一世界级“金名片”。

郑国渠水利风景区主要有生态、工程、人文和自然四大景观。

郑国渠水利风景区山口以上，峡谷深邃险峻峭、山水树草映成趣。坝下河谷，怪石峥嵘，钟灵毓秀，清冽的泾河水沿着蜿蜒曲折的峡谷湍湍而下，潺潺溪流讲述着千年的沧桑巨变。泾河一级阶地上，果园片片，春华秋实，良田沃野，一派田园风光。泾惠渠渠首大坝为微拱混凝土重坝，坝长 118.8 米，坝高 35.7 米，形成库容 510 万立方米，大坝工程主体较好地发挥了调蓄、稳流、发电、生态等综合效益。坝后建有总装机容量 3×3200 千瓦、年发电量 4000 万千瓦时的发电站。大坝雄伟壮观，坝、闸、隧洞、电站融为一体，站在坝顶向内举目远眺，有诗赞曰：“秋天幽谷一线天，游人到此难往返”。西郊水库是三原县城西郊利用原清峪河河谷，引泾河水集水而成，均质土坝坝高 44.5 米，有效库容 3405.5 万立方米，流域面积 1018.40 平方千米，是以泾惠渠北干渠退水和区间径流为水源的调蓄型渠库结合水库，是三原县乃至关中平原少有的平原水库和生态保护区。

郑国渠水利风景区人文景观涵盖水文化、历史文化和科普教育文化等。其中，水文化遗产 51 处，建于 1950 年以前的有 35 处，1950 年以后有 16 处，其主要是遗存战国时代秦郑国渠，汉代白公渠，唐代郑白渠，宋代丰利渠，元代王御史渠，明代通济渠、广惠渠，清代龙洞渠等历代引泾古渠口遗址、供排水、跨河桥，与引泾灌溉有关的古建筑、古遗迹、碑刻、雕像，它反映了不同历史时期引水、蓄水灌溉工程技术的演变，是我国一座天然水利博物馆。历史科普教育文化基地主要有石匠坟、焦获泽、明清碑亭、李仪祉纪念馆。自然景观有筛株洞、卧牛石、情人岛、螃蟹坡、美人浴等 10 余处。

郑国渠水利风景区区位十分优越，关中环线、咸旬高速、西延高速依区而过，四通八达，新修了 7 千米旅游线路，开辟了盘山公路，交通十分便利。

三、奥体灞河水利风景区

奥体灞河水利风景区位于陕西省西安市国际港务区西侧，依托灞河两岸提升改造工程（国际港务区段）而建，属于城市河湖型水利风景区。景区面积 510.25 万平方米，其中水域面积 317.49 万平方米。灞河两岸提升改造工程（国际港务区段）南起北三环，北至灞渭特大桥，全长 8.7 千米，工程分一期、二期进行建设，一期从北三环到东风桥，二期从东风桥到灞渭特大桥，目前工程已处于竣工验收阶段。景区交通便利，区位条件优越。现状水面宽度 400 余米，水深 4 ~ 6 米。景区文化底蕴丰厚，关中八景之一的“灞柳风雪”，是灞渭地区最负盛名的自然景观。灞河水质状况良好，两岸生态环境优美，滨水主题公园特色鲜明，已实现水清、堤固、园靓、路畅、岸绿的目标。景区内设奥体驿、五常驿、长门驿、漕渠驿等一级驿站 1 处、三级驿站 6 处，提供餐饮、接待、购物等基本服务的同时展示灞河特色文化内涵。景区管理机构为西安奥体灞河景区管理有限公司，公司共设立 6 个一级管理部门，分别为综合管理部、市场服务部、物业管理部、工程保障部、安全管理部和水务大队，全方位联动管理景区。景区配置河道监控系统、视频监控系统，可实现在中央控制室对河道状况监视管理，实时监控预警，当河道流量增大提前预警，保障河道区域内人员安全，组织人员安全疏散撤离。

四、汉城湖水利风景区

汉城湖国家水利风景区位于西安市西北郊，距北迁后的市政中心仅 3 千米，水库右岸紧邻北二环、朱宏路，左岸紧靠古汉城墙，自大兴路至凤城三路全长 6.2 千米。水库大坝以上流域面积 61 平方千米，总库容 137 万立方米，水面面积 850 亩。库区水深 3.9 ~ 6.0 米，库周以水文化和汉文化为主题的园林景观面积 1541.28 亩。水库集防洪保安、园林景观、水域生态、文物保护和都市农业灌溉于一体，对改善新北城人居环境、生态环境、投资环境及水环境，有效保护世界级大遗址——汉城墙遗址，彰显“人文西安、活力西安、和谐西安”理念，提升城市综合承载力起到了极其重要的作用。汉城湖（团结水库）属小（1）型平原水库，工程等别为Ⅳ等，主要建筑物级别为 4 级，流域内城市雨洪主要由截污暗涵排泄至坝后漕运明渠，水库只承担超设计标准情况下城市雨洪的调蓄滞洪任务，水库景区水源以引沣河径流为主，大坝坝顶高程 392.5 米，属暖温带大陆季风区，冬夏季节长，春秋季节短，夏热、冬冷，春暖、秋凉，雨热同季，四季分明。

五、翠华山水利风景区

翠华山，又名终南山、太乙山，位于西安城南 20 千米处，秦岭山脉中段北坡，牛背梁国家羚牛自然保护区缓冲区，是秦岭山脉最具景观特色和文化底蕴的山地风景区。景区总面积 32 平方千米，海拔 800 ~ 2604 米，年平均温度 10 ~ 13 摄氏度。依托国内少有、世界罕见的山崩地貌景观，2001 年翠华山成为首批国家地质公园之一；2002 年冬季通过国家旅游局验收成为 AAAA 级旅游区；2009 年，在联合国教科文组织的考察和指导下，翠华山成为西北首家世界地质公园。翠华山自然景观优美，河流蜿蜒，碧潭串珠，瀑布点缀，漫石穿隙，曲径通幽，林木叠翠，奇峰高耸，怪石叠置，集山、水、石、洞、林、古迹于一体，更有书法石刻引人入胜，自秦汉起，就成为皇家的“上林苑”和“御花园”，享有“终南独秀”“秦岭明珠”“山崩地质博物馆”之美誉。根据不同景区的景观特色，翠华山水利风景区又分为三大景区：一是天池山崩观赏娱乐区。进入天然山崩地质博物馆，看奇石、奇洞、奇景；到天池坐快艇、乘滑索、划平船、踩球、游泳乐趣无穷；天池度假村、小吃一条街，品尝山野风味。二是甘湫池·秦岭森林健身区。滑草、滚球、滑冰、滑雪，天然攀岩场，有 12 条攀道可挑战自我；走秦楚古道，攀终南捷径，登终南山主峰；踏万亩草甸，观万里云海，赏奇特墨松，看千亩杜鹃。三是翳芳湲生态休闲度假区。走十里，看百潭，观秦岭最高九天瀑布，呼吸负氧离子浓度高达 5 万个每立方厘米的山林空气，涤荡身心；脚踩生态路，行在树林中，曲径通幽，如入瑶池仙境，被誉为“陕西九寨沟”。

六、灞桥湿地水利风景区

灞桥湿地国家水利风景区位于西安市灞河城市段中游，北起东城大道华清桥，南至蓝田县界，毗邻西安世界园艺博览会会址。总体规划以灞桥、灞柳、灞水为主题文化，使灞河的历史文化和乡土风情得以复苏和发扬。全长 15 千米，规划面积 6.75 平方千米，分为两期实施。其中一期从华清桥到祥云桥约 3.3 千米、总面积 2.45 平方千米已建成，由“原生态湿地景区”“亲水休闲乐园”“绿动灞水运动景区”“灞桥柳河展示园”“百花千树植物园”组成，景区内共有植物 213 种，原生态鸟类 33 种，原生态柳树 20000 余株。主要景点有花荡、起航帆、湖心鸢尾岛、生态商业街、秀水廊桥、柳园飞雪、生态荷塘、风土博物馆、亲水石滩等。一期湿地面积 1980 亩，绿化面积 1650 亩。景区二期从灞河祥云桥到蓝田界，全长 11.8 千米，规划面积约 4.3 平方千米，延续一期的设计理念，将建成休闲娱乐区、户外运动区、湿地体验区、田园风情景观区、湿地教育区、“桥”文化区、生态农家体验区、原生态自然景观区和“灞上人家”休闲度假区等九大区域，集河道防洪、生态保护、休闲游览于一体的绿色生态湿地长廊。灞河，西安的母亲河，原名滋水，是滋养帝都长安的八条水脉之一，也是华夏文明的发祥地之一。灞河上建桥，故称灞桥。桥梁连接着古往今来，悠悠灞水更述说着千年的兴衰更替。灞桥，一直以“灞桥、灞河、灞柳”闻名。灞桥湿地水利风景区重现历史胜景，她承载历史积淀，体现自然风情，也是灞河城市段生态治理的重要成果。

七、金龙峡水利风景区

金龙峡国家水利风景区位于西安市鄠邑区，依托秦岭72峪之曲峪自然河道，景区面积25平方千米，水域面积5平方千米，属于自然河湖型水利风景区。2011年12月13日，被评定为国家AAA景区。2013年12月批准为省级水利风景区。金龙峡风景区位于秦岭北麓将军山西侧，南依龙窝子，北临环山旅游路，东至黄柏峪西梁，西至谭峪河。金龙峡国家水利风景区属凉亚热带和暖温带湿润半湿润大陆性季风气候，受海拔的影响具有独特的山地气候的特征，月平均温度在0摄氏度以下，7月平均在20摄氏度左右，冬夏两季气候变化大，体现了大陆性气候的特点。年降水量比较丰沛，温暖湿润，四季分明，寒暖适宜。风景区内文化底蕴丰厚，有雨师赤松子庙，有张良遗迹余良道，有楼观第十七下院老君庵，有玉皇文化金龙庙，有关公文化大庙，有以蔡家坡村、曲峪河村为主体的民俗民间文化。景区经济现状及未来发展势头良好，游客量逐年递增，经济效益增长显著。景区依托的水利工程有：以金龙峡排泄洪工程、蔡家坡人畜饮水工程、蔡家坡水库等为基本设施的水利工程群及具有灌溉、泄洪双效益的曲峪河水利工程。整个水利风景区从1997年开始兴建。历时16年，形成了近百个名山秀水景点和山外19个大小不等、形态各异、被称作“串金挂玉”的水面，总蓄面积达13万多平方米，总投资8500万元。景区水面呈阶梯状分布，栈桥亭相连，林竹花相接，休憩场所皆有，游览道、安全通道齐备，集灌溉、泄洪、赏景、地质、文化于一体。

八、世博园水利风景区

世博园国家水利风景区位于国家级西安浐灞生态区，是西安浐灞生态区管委会按照陕西省委、省政府和西安市委、市政府确定的“总体保留、丰富提升、科学利用、惠民利民”原则，秉承“绿色引领时尚”理念，依据AAAAA级景区标准，在2011西安世界园艺博览会会址基础上建成的集园艺景观、历史人文、生态环保于一体的风景名胜区和永久性市民公园。西安世博园景区总面积418公顷，其中水域面积188公顷。总体保留了2011西安世界园艺博览会的整体风貌，包括四大标志性建筑、三大服务区及各类展园102个。除保留原有的园艺景观外，景区还开发了西部婚庆产业基地、文化艺术展示区、园艺花卉展览及休闲娱乐体验等主题项目，增强游客的参与性与观赏性，同时对园艺景观、交通组织、服务设施、展示内容等进行了全面提升，增设广场6座、服务建筑4组，园区游览道路2千米，栽植各类乔灌木、花卉及水生植物250余种约20万平方米，铺设草坪约20万平方米。提升改造后的西安世博园，继续发挥“绿色引擎”作用，宣传生态理念，展示建设成果，成为延续世博园效应、展示西安未来家园模式的旅游景点，成为广大市民的休闲娱乐场所，成为对绿色、低碳、环保理念进行展示、研究、利用的生态环保教育基地。景区“一塔三馆”——长安塔、创意馆、自然馆、萌宠馆集文化艺术珍品和珍稀动植物展示、高科技互动体验为一体，向游客免费开放。

九、沣东沣河水利风景区

沣东沣河国家水利风景区位于西咸新区沣东新城斗门街道，依托沣河综合治理工程沣东段而建，属于自然河湖型水利风景区。景区面积5.67平方千米，其中水域面积0.93平方千米。沣河综合治理项目沣东段，南起G310国道，北至北陶村橡胶坝处，西至沣河西岸防洪堤背水坡，东至沣河东路。呈南北带状布局，南北长约6.8千米。项目包括防洪、水面、景观、市政和配套房建5个子项目。景区距西安市19千米，距咸阳市20千米，与G108国道与富裕路连接，交通便利。景区以绿色人文生态为核心，凭借专业运营管理，打造供西安市民及外来游客免费游玩休憩的开放式景区。景区分为湿地公园区、城郊公园区、城市湿地区、社交公园区四大部分，功能完善，相辅相成。景区将沣河两岸13.3千米长防洪大堤与绿道融为一体，将河道防洪标准提升至100年一遇；新建橡胶坝一座，形成长6.8千米、宽80 ~ 240米的水面景观；新建湿地公园，营造城市之肾、天然氧吧；设有规划展厅、生态水池、节庆广场、台地花园、观鸟塔、观鱼通道等配套构筑物，为游客提供观光车、自行车租赁，特色餐饮等配套设施。通过景观绿化，将商业街区、文体中心、生态绿地等配套设施有机整合；通过运用湿地系统、透水道路、喷雾降温等新技术，倡导低碳环保；通过将周秦文化等传统元素导入灯具、座椅设计，传承沣河悠久历史。景区已被国家旅游局评定为国家AAA级旅游景区，正在积极申报西安市“八水润西安”示范实验区项目，并积极创建“青少年摄影基地”“野生动物保护基地”等项目。通过项目带动，提升景区服务功能与美誉度，打造出沣河两岸景色宜人、文化繁荣、宜商宜居的城市功能绿色长廊，促进沣东新城乃至西咸新区经济社会与资源环境的协调发展。

十、渭河生态水利风景区

渭河生态国家水利风景区位于西安市未央区滨河大道中段，依托渭河综合治理工程而建，属于城市河湖型水利风景区。景区面积30.23平方千米，其中水域面积3.31平方千米。渭河西安城市段综合治理工程西起西咸交界、东至灞河入渭口，共建成300年一遇防洪标准的生态堤防22.2千米，雁翅坝176座，堤顶道路28.65千米，堤南200米景观绿化带工程，共新增绿化面积2.39万亩，为西安城区居民人均增绿3.52平方米。景区将渭河大堤与绿化带融为一体，是西安市以堤、林、水结合的最大生态景观区。景区由西至东分别为河口风貌区、水泽田园区、休闲度假区、都市休憩区和湿地保护区。河口风貌区位于西安渭河城市段入口处，以沣渭湿地、皂河入渭湿地为主要节点，保持河道的原生态风貌，并通过在河流交汇处建设湿地，在渭河城市段河口净化水质，形成物种丰富的栖息地，打造野趣盎然的河口原生态风貌。水泽田园区是由大小不一的水湖、间植的栾树林、女贞林、葡萄园等形成的不同于原生态景观的人工田园风貌，水景与林景用沿岸修葺的游览步道相连，湖中水鸟嬉戏、鱼翔浅底，呈现出一派自然野趣，就像镶嵌在绿色长廊里的一颗颗璀璨的明珠，给游人提供一处处诗情画意、休闲娱乐的生态乐园。

休闲度假区集中了滨河大道以南的西安渭河城市绿地运动公园和以北的休闲绿地和水景，打造以运动休闲、户外野餐、垂钓游憩为主的度假区，为游客打造野趣盎然的滨水休闲区。都市休憩区以渭河为依托，滨河区种植大量玫瑰、设计多个城市内湖，水景资源丰富，为高品质休闲娱乐、休憩健康提供了重要参与元素，通过打造玫瑰园、西安湖等项目形成滨水休闲景观带，突出滨水景观特色，成为市民市区游憩的绝佳选择。湿地保护区由华山湿地、幸福湿地、灞渭桥车游湿地组成，成为河水净化、水资源保护、物种栖息、生境维护的重要生态基地，其中幸福湿地与幸福水渠及幸福林带相连，纵向形成了链接城市绿地的廊道；灞渭桥车游湿地更好地保留了灞河入渭口的生态环境，并开发为特色车游湿地公园，增强了公园的可达性和游憩性。景区已被陕西省水利厅评定为省级水利风景区，举办了环中国自行车赛、千人健步走等活动，通过项目带动，提升景区服务功能与名誉度，为西安早日实现“华夏之都、山水之城”的目标作出了应有的贡献。

十一、护城河水利风景区

护城河国家水利风景区位于西安市明城墙外侧，北临大明宫国家遗址公园，景区处于西安核心区，北距机场 26 千米，距高铁北站 11 千米，地铁 1、2 号线（已建成）分别从南北、东西向穿过景区；地铁 4、6 号线（景区）从南北、东西向穿过景区；景区交通发达，可达性水平高。西安护城河国家水利风景区建设协调领导小组由西安城墙管理委员会统筹管理护城河国家水利风景区项目相关工作，水利风景区建设协调领导小组下设办公室，办公室设在西安城墙管理委员会下属的西安城墙物业管理办公室，负责水利风景区规划编制、日常管理等事务。景区周边散布了明城墙、碑林博物馆、钟鼓楼广场、书院门、北院门、都城隍庙、广仁寺、兴庆公园等名胜古迹。西安护城河绕城墙一周 14.6 千米。景区面积共 142 万平方米，其中护城河水域面积约 56 万平方米，护城河内、外岸环城林带总占地面积约 86 万平方米（其中内岸 58.4 万平方米，外岸 27.1 万平方米），属于城市河湖型景区。西安城墙，这座世界上历史最悠久、保存最完整的古代城垣建筑，延续了整个古都长安的历史文脉，并以其独特的魅力向世人绽放着她的恢宏、壮丽和博大，向世界展示着古都的深邃、智慧和兼容并蓄。西安城墙周长 13.74 千米，包括护城河、吊桥、闸楼、箭楼、城楼、角楼、敌楼、女儿墙、垛口等一系列军事设施。“墙林河路巷”五位一体，有机地成为西安这座具有历史文化特色的国际化大都市重要的地标符号和精神家园。景区现为国家首批重点保护文物和国家 AAAAA 级旅游景区。

十二、曲江池·大唐芙蓉园水利风景区

曲江池·大唐芙蓉园水利风景区位于西安市曲江新区东南部，由中国工程院院士张锦秋担纲规划设计，依据历史水系和文物勘探成果建设现代人文景观，在唐曲江池遗址和唐芙蓉园遗址以北重新建设，包括现有的曲江池遗址公园和大唐芙蓉园两个景区，总占地面积 126.48 万平方米，水域面积 53.17 万平方米，景区类型属于城市河湖型。曲江池·大唐芙蓉园水利风景区建设协调领导小组办公室设在西安曲江文化旅游股份有限公司行政部，负责规划编制、项目推介、对外招商、协调开发等事务。同时分别在西安曲江文化旅游股份有限公司寒窑遗址公园分公司（该分公司承担曲江池遗址公园景区管理职责）和西安曲江文化旅游股份有限公司大唐芙蓉园景区管理分公司设立水利风景区管理办公室，与曲江池·大唐芙蓉园建设协调领导小组办公室对接，并负责水利风景区日常管理工作。曲江池·大唐芙蓉园水利风景区是集历史文化保护、生态园林、山水景观、休闲旅游、民俗传承、艺术展示于一体的城市生态文化景区，成为西安实现城市现代化和历史文化遗产保护和谐共生的成功典范，为广大市民游客提供一个人文、自然、休闲、和谐的游览环境。

景区于2010年成功创建为国家AAAAA级旅游景区。曲江池·大唐芙蓉园水利风景区以“保护水资源、修复水生态、维护水工程、弘扬水文化、发展水经济”为指导思想和原则，以经济社会发展状况为基础，以水系资源和水文化传承为主线，因地制宜，因水制宜，科学开发、合理利用水利风景资源，实现水利单一功能向旅游观光、文化体验、滨水休闲、生态度假等多功能转变和生态效益、社会效益、经济效益与文化效益多赢局面。

十三、千湖水利风景区

千湖水利风景区位于陕西省关中西部，地处渭北高原陈仓、凤翔、千阳三县（区）交界处的千河中下游，因大型水利工程冯家山水库大坝截断千河水而形成巨大的人工湖泊，构成景区最核心的景观。千河流域气候温和、雨量充沛、森林葱郁、水草丰茂，优越的自然环境孕育了人类文明。千湖水利风景区内工程雄伟，水域辽阔，群山起伏，古迹传说丰富。景区内景点众多，既有优美的自然景观，又有丰富的人文景观。水库大坝高达75米，雄踞千河之上，气势不凡，工程规模宏大，引人注目。枢纽地区建筑群拔地而起，错落有致；纪念塔高耸入云，巍峨挺拔；坝前坝后的“三洞”“五塔”分布错落有序，依山傍水矗立湖中。景区以水为主体，个性鲜明，特色突出，最主要特点是湖水清澈，林木环抱，给人一种灵秀之感。自然景观与工程景观有机结合，相互依存，互为表里，是该风景区的又一鲜明特点。湖光山色因雄坝挡水而形成，大坝因碧水粼粼而更显雄伟；山因水而灵，水因山而秀。景区开发基础好，绿化程度高。库区两千多亩的人工防护林沿着水际，郁郁葱葱，苗圃中奇花异草种类繁多，四季飘香。该风景区历史上是连接秦、蜀、陇三地的要冲，关西屏障，古代丝绸之路从水库左岸千塬通过。史前时期，千渭谷地是姜炎文化发祥地及重要活动场所，也曾是先秦文化的重要发祥地。千百年风雨沧桑，古名人、古文化、古军事、古宗教，丰富的古迹传说在风景区内留下了众多的人文风景资源，更是为景区锦上添花。

十四、渭水之央水利风景区

渭水之央水利风景区北临黄土台塬，南靠秦岭山麓，位于贯穿市区的渭河中央，风景资源种类丰富，特色鲜明。既有独具特色的水景观以及地文景观、天象景观和生物景观等多种自然资源，还有建立在清姜河、金陵河、龙山河及渭河之上的3座橡胶坝和1座拦水闸，横跨渭河之上的石鼓山廊桥、景观索桥等现代工程景观资源，以及古代人文资源。渭水之央风景区资源种类丰富，景观组合度高。景区内的宝鸡峡水库水面宽阔，一望无际，尽显高峡平湖之美景；宝鸡峡总干渠引渭渠蜿蜒绵长，为宝鸡农业经济发展作出了突出贡献；植物园内引种各地数种园林观赏植物以及秦岭野生植物种质资源，成为秦岭植物种质资源保存基地；青铜器博物院是全国最大的青铜器博物院，对游客免费开放，展出包含数十件国宝级青铜器在内的1500多件青铜器珍品；炎帝祠是中华儿女拜祭炎帝始祖的圣地；渭河湿地一片生机盎然；金渭湖上成群的水鸟野鸭追逐嬉戏。悠久的历史，深厚的文化底蕴，上千年的周秦文明汇聚于此，为渭水之央风景区增添了厚重的一笔。这里不仅可以欣赏到美丽的自然风景和雄伟的现代工程景观，又能了解人文古迹和历史文化，同时达到科普教育的目的。渭水之央风景区是一处集生态观光、休闲游乐、文化教育于一体的综合性风景区。

十五、岐渭水利风景区

岐渭水利风景区位于岐山县蔡家坡镇，是宝鸡市未来发展的核心地带，依托岐山县十里芦苇荡绿色景观长廊和渭河景观溢流坝工程而建，属于中小型水利风景区。景区面积1.6平方千米，其中水域面积0.38平方千米。按照区域位置及景区功能，岐渭水利风景区的总体布局分为4个特色功能区，即城市休闲区、芦苇荡主题活动区、芦苇种苗繁育基地、郊野休闲区。在这4个特色功能区内，根据具体地段选择以下5类设计元素构成景观设计实体框架，分别为芦苇荡元素、湿生植物元素、科普教育功能元素、水文元素及历史文化元素。以景观设计依照场地原有的自然条件，适度加以人工引导，设计多种元素并存，并突出某一种系统的景观实体空间。依托区域大面积水体、特色地貌、历史人文、乡土文化、绿色生态、生活风情等游憩资源，建设景观溢流坝1座，开挖水道5千米，建设湖面16处，形成景观水面38万平方米，小岛19处，栽植芦苇400余亩，280万株，种植草皮320亩，各类乔、灌木43.7万株，引进金叶芦、卡开芦、莲花、水葱、千屈菜等水生植物24种11.2万株，修建游园道路9.3千米，建设水生植物繁育苗基地238亩，完成投资4300万元，构架已经形成，生态景观功能效果明显。通过发展休闲、度假、生态观光旅游，发展地方经济从而带动岐山人民整体生活文化水平的提高。2014年9月，岐渭水利风景区被水利部命名为国家水利风景区。

十六、太白山水利风景区

太白山水利风景区位于宝鸡市眉县，依托汤峪河综合治理工程而建，属于自然河湖型水利风景区。景区面积105.7平方千米，其中水域面积10.5平方千米，是按国家水利风景区标准打造的集休闲、度假、观光、体验、科考、运动、商务于一体的综合性区域。其凭借依山傍水的独特地理位置形成了以蓝天、群山为刚毅，碧水、河流为柔韧，鱼、鸟、虫、草、林为烘托的别致景色。太白山国家森林公园与汤峪河的风景资源组合效果显著，空间上利用有限地域，山川、河流、林带、水域相互转换，呈现各异视觉效果，相映成趣，具有较高的观赏价值，适游期延伸至全年，达到了“湖光山色河蜿蜒，鸟语林静花飘香”的和谐画卷。景区内生物种类繁多，自然资源丰富，复杂多样的植物为景区营造了绿色的神韵，湿地滩地等软质景观区域，各种不同的景观交相辉映格外秀丽。依托汤峪河水资源优势，因势利导，狠抓生态环境建设，按照“以生态建设促进产业发展，以产业发展带动生态建设”的工作思路，先后实施了汤峪河生态治理、汤峪湖音乐喷泉、太白山漂流、龙凤广场、太白山滑雪场、太白山游客服务中心等工程，实现了生态效益与经济效益双丰收。

十七、灞渭关中文化水利风景区

灞渭关中文化水利风景区位于陕西省眉县县城北渭河沿岸，距西安100千米，距宝鸡60千米。依托渭河综合治理工程而建，是集护岸固堤、生态修复、生物净水、亲水休闲等功能于一体的自然河湖型景观工程。景区全长12千米，占地面积11.5平方千米，西起眉县渭河大桥上游500米，东至渭河常兴大桥。按照“一带两园四区”的总体空间架构体系（一带：渭河景观带；两园：眉坞生态公园、槐树林水文化公园；四区：综合服务区、滨河休闲健身区、芦苇荡核心区、生态保育水质净化区）。依托渭河综合治理项目，新建南北两岸景观堤防24千米，建设景观桥3座，建成柏油景观通道36万平方米、高标准绿化堤防24千米；依托渭河自然条件建成了眉坞生态公园、槐树林水文化公园、平阳阁、蒹葭台、鸟巢、渔夫码头、百亩格桑滩、万顷芦苇荡等景观节点，建成湖面7处（生态公园、蒹葭台、鸟巢、逸乐园、秦皇园、渔夫码头、渭水乐园），形成景观湖面150万平方米，新建景观亭8座、亲水平台5处，亲水木栈道1200米，建成健身广场一处，铺装健身活动场地3万平方米，栽植芦苇、荷花、睡莲1400余亩，种植草皮79.7万平方米，栽植各类乔、灌木15万株，沿渭河南岸种植格桑花、香蒲200余亩，治理裸露河床1310亩，恢复鸟类栖息地近2000亩，新建观景平台206处。景区为眉县群众提供了一个休闲娱乐的最佳场所，成为宝鸡地区一道亮丽的风景线。

十八、青峰峡水利风景区

青峰峡国家水利风景区地处姜眉公路与古褒斜栈道旁，秦岭腹地，著名风景旅游区——太白山风景名胜区西侧，位于太白县桃川镇双岔河村五里峡内，南至秦岭主峰四十里跑马梁，北至褒斜古栈道，东西两侧以五里峡山梁为界。景区距太白县城以东12千米，距西安140千米，汉中160千米，连接关中和汉中的姜眉公路从门前而过。地理位置优越，交通十分便利。青峰峡森林公园总面积4360公顷，森林覆盖率92%以上，年平均气温7.6摄氏度，空气清新、凉爽宜人，负离子含量在旅游旺季为5万个每立方厘米，是名副其实的“天然氧吧”。峡谷深处气候与植被均呈垂直分布，因而出现峡谷内苍翠如黛、山顶白雪皑皑的奇观。公园自峡口至顶部分为“临芳墅”“雾瀑涯”“神女峰”“鳌山”四大景区近百个景点，由山顶的白起将军庙、药王庙、韩信练兵场到山下的岳水宫、衙岭古战场、黄土岭黄龙寺；从刘秀与杜秀英、公主与状元到李白游鳌山、迦叶卧佛山，众多的古迹遗址与民间故事传说组成了雄浑厚重的人文历史画卷。景区境内海拔介于1440～3400米，年平均气温7.6摄氏度，空气清新，是回归自然、享受自然、修身养性的好地方，也是科研教学的活教材、好场所。

十九、友谊湖休闲度假山庄水利风景区

友谊湖休闲度假山庄国家水利风景区地处黄龙山北麓，西北距华夏始祖黄帝陵25千米，西南距文字始祖仓颉庙10千米，东北距黄河壶口瀑布30千米，距洛川县国家级“地质公园”20千米，正北距革命圣地延安50千米。景区既有山高沟深、雄浑广袤的黄土地貌和高原风光，又有崖居石窑、震天锣鼓的民风民俗。充满神话和传说的两棵铃、淤泥城、将军寨、壶梯山、牛刨泉等景点是景区文化积淀深厚的历史见证。山峦叠翠、林海巍巍、草木茂盛的自然环境是种类繁多的野生动植物的安居家园。总库容6375万立方米、水域面积6000多亩的友谊湖恰似镶嵌在千古旱塬的一颗熠熠闪亮的璀璨明珠，水质清醇，碧波荡漾，点缀得山有魂魄，土有灵气，如入仙境。水库海拔1350米，夏季凉风习习，蚊虫罕至，为避暑休闲之佳地。灌区农产品资源丰富，是苹果和大红枣的优生区。可以说自然景观与人文景观水乳交融，现代文化与黄土文化交相辉映，湖水神韵与黄河文明一脉相承。

二十、卤阳湖水利风景区

卤阳湖国家水利风景区依托空域资源和盐湖湿地资源，按照保护生态性、体现亲水性、追求高端性的要求，以绿色、生态、现代为基本内涵，加快实施精品景区开发战略，着力打造集关中民俗文化、航空飞行特色体验和滨水休闲娱乐于一体的生态休闲旅游景区。这里有 1123 平方千米的地表水汇入卤阳湖，丰富的地下水和地表水资源及其较高的含盐碱量造就了该风景区悠久的晒碱历史，可以追溯到汉代，晒盐业至今仍然是当地居民的一项产业；同时，大片的湿地也使该地成了候鸟迁徙的中转站，形成一道亮丽的风景，在每年的 3 月、4 月及 9 月、10 月会吸引来大量的候鸟爱好者前来观看。该地区地下水位较浅，便于形成以休闲娱乐为目的的人工湖。同时，人工湖的建设不但可以降低当地在雨季形成水灾的风险，也可治理开发区内土壤盐碱化，具有一举三得之效。丰厚的水利资源、宽广的空域资源、悠久的历史文化为景区发展休闲旅游提供了充足的条件。

第二节　省级水利风景区

一、千王海（宝鸡峡王家崖水库）水利风景区

千王海位于千河入渭口北 12 千米的王家崖水库，为渠库结合工程。拦河大坝长 1816 米，高 24 米，底宽 180 米。坝西设溢洪道，长 485 米，宽 70 米，全部为混凝土浇筑。下设海幔和消力池，为矩形箱框安砌。溢洪道口设 6 孔升卧式平板钢闸门，型制先进，闸楼美观。公路桥与渡槽各长 120 米、宽 4 米，拱墩高 12 米，并肩而立，紧偎于闸门胸间。坝右肩还设有渠道节制闸和进库闸，与水库放水塔和抽水站咫尺互望。整个布局，体现了“引、蓄、抽、排”的指导思想和中国传统的“完整即美”“对称为美”的审美观念，构成了一组雄伟壮丽、气势恢宏的现代化建筑群，远看似城池，近看似港湾，令人叹为观止。

拦河坝为黄土填筑，外设草坪，内嵌鹅卵石迎水坡和超高风浪墙。总干渠从坝顶外侧通过，设计流量 50 立方米每秒。千河拦而成库，总库容 9420 立方米，水面面积 1000 多公顷，水域浩茫，渺无际涯。库区已建成水上游乐园，主要项目有“龙舫漫游”“浪遏飞艇”“情侣方舟”“港湾垂钓”“水上歌舞”“水上泳池”等。库面上游艇悠悠，水鸟颉颃，鱼跃泛金，碧波粼粼。陕西省水上运动基地也建于此，运动健儿或驾艇飞驰，或挥桨赛舟，或劈波竞泳，给高塬增添了几许江南海滨的情调。大坝与溢洪道处有一小岛，椭圆形，突兀直伸库中。岛上林木蓊郁，花草繁茂，空气鲜润。岛东一隅，已辟为水上运动队的营地和办公之所，粉墙红瓦，帐篷木屋，舟船簇拥，颇具海滨风光。

据传，此处曾是秦人远祖放牧饮马和成国渠扩建后渠道所经之处，东岸 10 多千米即为雍城遗址，库周两岸，沟壑纵横，梯田层层；果香馥郁，层林尽染；桐杨杉柳，拂云参天；花卉草坪，落英溢香；栏杆灯柱，亭亭玉立；便桥小径，处处通幽；库渠河涵，水水勾连。要是碰上溢洪道泄水，小者可滑水冲浪，顺着流线型海幔直滑入消力池，惊险和刺激程度比任何一个水上乐园都淋漓痛快得多；大者可依岸观瀑，水库横冲直撞，呼啸翻腾，顺坡

直下，形成一座宽 70 米、长近 500 米的瀑布，浪推波涌，排空裂岸，震天动地，蔚为壮观。

现千王海已列入重点旅游开发项目，其主要有六大序列。其中，坝西游乐区占地面积 300 亩，包括东包头娱乐场、泄洪闸观光台、溢洪道滑水冲浪场、西包头公园、游泳滑水池，廊道滴水迷宫以及园林式“月亮岛”等项目，并修建高档宾馆、歌舞厅、健身房、购物门店、保龄球馆等设施，四周遍布草坪、花坛、假山、喷泉等。坝区游乐区以垂钓、游乐、观光为主，大坝迎水坡每 50 米修一座观光平台，并辅以凉棚、石椅等。坝东游乐区占地 1000 多亩，建有临水歌舞厅、旅馆、码头等，并开设水上娱乐部，辟有游泳池、低台跳水场、水上滑滑板、网球场、射击场等。高嘴头游乐区占地面积 500 亩，建成具有沿海风光和南亚风格的海滨式游乐场，主要设施有度假村、木屋别墅、疗养院、快餐厅、酒吧、沙滩泳场、泥浴场、人工岛等。区内错落有致地分布有亭台楼阁、假山雕塑、石桌石椅、帐篷阳伞等设施，其间广植棕榈、芭蕉、青竹、椰树等亚热带植物，并辟有野炊区、垂钓区、情侣座等。该开发项目总投资 3500 万元，拟三年分三期实施，届时将建成关中唯一的大型水上综合游乐中心和休闲度假基地。

二、灞河水利风景区

灞河水利风景区以灞河蓝田段综合整治工程为依托，西起灞河段蓝田县和灞桥区交汇处，东至关中环线桥，北至 G70 福银高速（西蓝），南至白鹿塬边，总面积 13.1 平方千米（19650 亩），河道全长 19.1 千米。主要以城区试验示范段为主，通过水利设施基础建设，拦坝蓄水、河道疏浚等工程，建设了橡胶坝 4 座、亲水观景码头 4 座、穿堤箱涵 6 座、排水管涵 3 座，形成水面面积 1061 亩、湿地面积 600 亩，建成了白牛河广场、滋水广场等景点，同时引进各种水生植物以及经济林、果林等苗木，成为蓝田城区周边的一条“绿肺”。同时按照“一主、一副、一长廊、七区、六苑、多节点”的布局，利用中河道周边土地，通过整合建设用地，开发多项服务设施，供市民游人休闲、运动等，对于蓝田县人居环境的改善、产业经济的发展、城市生态格局的形成都起到重要的作用。

三、浐河游览区水利风景区

浐河游览区水利风景区位于“长安八水”之一的浐水之畔，距西安市中心 6 千米，东依半坡博物馆，交通发达、通信便利。游览区呈狭长状，沿河长约 5 千米，东西宽以浐河水面及两岸风景林带为主，占地面积 1.2 平方千米，分为服务接待区、度假别墅区、休闲观光区、游览娱乐区、森林游戏区等 5 个功能区。区内规划建设 4 座橡胶坝，现第一座橡胶坝已升坝蓄水，形成长 1.5 千米，面积 300 亩的湖面。游览区内水域宽广，碧水融融，鸟鸣鱼跃，两岸绿树成荫，亭台楼阁层叠起伏，花卉争奇斗艳，尽显秀丽妩媚。经过多年的开发建设，游览区已融自然景观和人文景观为一体，集天地灵秀于其中，游船、快艇、水上飞机等娱乐设施应有尽有，服务接待能力大大提高，现已成为西安市民观光、娱乐、度假、回归大自然的理想场所。

四、栎阳湖水利风景区

栎阳湖省级水利风景区是西安市阎良区倾心打造的民生工程项目，项目建成区累计投资 2.7 亿元，全民健身广场、旅游公厕、停车场、美化亮化景观等配套设施齐全，拥有水域面积400亩，自然湿地300亩，樱花堤坝4.7千米，绿化面积1100余亩。已经成为市民心目中的理想休闲场所，既能满足全民健身的需求，又能欣赏到迷人的风景，尽情享受自然的美妙，感受大自然的魅力。

五、钓鱼台水利风景区

钓鱼台省级水利风景区位于宝鸡高新区天王镇境内渭河南岸，秦岭北麓的伐鱼河（古称石番溪河）谷中，因商末周初名士姜子牙在此隐居垂钓、周文王访贤的历史故事在此发生而闻名海内外，千百年来，人们将此处冠称“钓鱼台”，因而该景区取名“钓鱼台水利风景区”。景区南北长7千米，东西宽2千米，地形呈带形，南部为葫芦形石谷，北部为开阔川道。东距西安130千米，西距宝鸡30千米，距西（安）宝（鸡）高速公路4千米。

景区有三山一水一坝。东为景家山，海拔1031米，南为鸡架山，海拔879.2米，西为马家山，海拔907.9米，伐鱼河发源于秦岭北麓太白县五里坡（长江水系与黄河分水岭），向北注入渭河，流域面积138平方千米。年平均积水量8050万立方米，流量为3立方米每秒，最大流速为80立方米每秒。其主体钓鱼台水库，建于20世纪70年代，坝体为双曲拱形石砌结构，高48米，长165米，蓄水量272万立方米，是陕西省内水库建设史上唯一的一座双曲拱形的坝体建筑结构，具有较高的观赏游览和专业学习研究的价值。大坝库面碧波荡漾，水清见底，泛舟其上，使人乐趣无穷。每当水满库溢时，大水飞流直下，形成巨幅水帘——石坝飞瀑，极为壮观。

景区内峰峦叠嶂、飞流激注、奇石云集、碧潭相连、栈道悬空、春赏奇花，夏观云海，秋望碧潭，冬看古柏，以周文化为特点，将人文、自然景观与休闲娱乐完美结合，以特有的古典韵律、高雅的文化氛围和传统的民风民俗吸引了大批中外游客来旅游观光。

六、六川河水利风景区

六川河省级水利风景区位于宝鸡市金台区硖石乡。自然景观资源包括宝鸡峡库区、石门峡、蜂泉山等。人文景观资源包括宝鸡市八景之一的硖石虹桥、佛教圣地西普陀寺、长孙皇后的旅居福地车辙街、九龙庵及凝翠峰山腰的阿弥陀佛大殿、九子菩萨殿等。其中，佛教圣地西普陀山位于宝鸡峡北，在由硖石、尖山、千佛顶、保王岭、马鞍山、麦垒山、秦王寨、三峰山、九龙山、石门沟等名山联合组成的方圆20余千米范围内，有黑虎寺、文昌殿、普陀寺、青龙庵、兴龙寺、观音庵、石佛洞、蜂泉寺、名刹古庙多处，西山半山中留有“南無佛脚印”。1997年建立了西秦美院、西普陀雕塑书画院。渭水、六川河交汇于此，群山环抱，山峦叠翠，山峰耸峙，清流成海，谷深山幽，山清水秀，为休闲观光的绝佳之地。

七、雍城湖水利风景区

雍城湖省级水利风景区（原名东风水库）位于凤翔县城东南约5千米的郭店镇三岔村。雍城湖坝址以上控制流域面积365平方千米，总库容1550万立方米，兴利库容845万立方米，死库容155万立方米，水面最大面积3000亩。设施灌溉面积6.86万亩，是一座以灌溉为主，兼有防洪、养殖、水利风景旅游等综合开发利用的中型水库。雍城湖属于一座中型平原水库，工程等别为Ⅲ等，主要建筑物级别为 3 级，次要建筑物的级别为 4 级，防洪标准按 50 年一遇设计、100 年一遇校核。跨溢洪道双曲拱桥设计标准为汽 -20，坝顶高程 753.5 米，溢流堰堰顶高程 749.4 米。景区水源以漳水一级支流雍水河为主，属于季风性暖温带气候。

八、红河谷水利风景区

红河谷省级水利风景区位于眉县营头镇境内，地处秦岭主峰太白山北麓的红河流域，东距西安 120 千米，西距宝鸡 60 千米，有“天下美景一谷收”美誉。景区系山岳型森林生态旅游景区，海拔落差大，森林植被丰富，垂直分布带谱明显，空气负氧离子丰富，被誉为野生动植物园和生物基因库。景区景点特色独具，美轮美奂：太公石船古朴悠远；双洞水帘神秘莫测；群仙聚首亦真亦幻；凌云栈道，高险奇绝；蟠龙湾穿林涉水，别具风情；斗姆瀑布垂直落差 80 余米，幅宽 20 米，激流奔泻，气势如虹，有“西部第一瀑”之称。

九、七星河水利风景区

七星河省级水利风景区位于扶风县中部，依托七星河水域扶风段防洪暨生态治理工程，以扶风主城区为中心，南起杏林镇浪店村，北至法门镇马家村，治理河段全长约 39 千米。景区总面积 1135.00 公顷，湿地面积 696.0 公顷，占总面积的 61.3%。景区环境优美，风光瑰丽，且具备运动休闲功能，分为 3 个湿地景观区域，城市湿地景区、伏家堡湿地鸟景区、积福寺湿地文化景区。景区内有白家窑水库、信邑水库、官务水库，形成了 10440 亩景观水面，并建成陆地公园面积 6585 亩。景区以保护湿地资源、维护湿地生态系统及其生物多样性为核心使命，充分利用湿地及其周边的自然、人文资源，体现人和自然的亲和性，将其打造成为集生态保护、科普教育和休闲娱乐于一体的综合性湿地公园，真正实现七星河水清、洪畅、岸绿、景美的宏伟蓝图，成为扶风人的公园、宝鸡及西安人民的后花园。

十、五曲湾水利风景区

五曲湾水利风景区位于凤翔县城东北 25 千米的糜杆桥镇汤房庙村。景区以群力水库凤栖湖为依托，水体面积近 500 亩。群力水库于 1969 年 12 月建成投运，控制流域面积 50.8 平方千米，总库容 540 万立方米，是一座以灌溉为主，兼有防汛、养殖和旅游开发等功能的小型水库。景区自然环境优美，得天独厚的自然资源让这里成为北国江南。景区北有宝玉山，南有古刹石佛寺，千年古白松、南舍寺、双碑子，仰韶文化遗址区，五龙聚海等 20 多处著名景点和人文古迹。宝玉山位于五曲湾景区北部山区，森林植被丰茂，景色迷人。登上宝玉山东峰，可见蓝蓝秀水的群力水库凤栖湖，景色十分秀丽。以道教文化为主的 10 多处庙宇遍布其中，历史文化源远流长，陕、甘、宁、川等地众多旅客络绎不绝。石佛寺北距五曲湾风景区 5 千米之遥，殿宇雄浑，为著名的佛教圣地。

十一、羊毛湾水利风景区

以羊毛湾水库工程为主体，依托库周水保治理示范区、上游永寿县漆水河国家湿地公园等相关工程及地貌，水域面积 7.5 平方千米，水工建筑物 5 处，古代人文景观 3 处，山峰、悬崖 6 处，人工建造景观 3 处，共 17 处。

十二、甘泉湖水利风景区

甘泉湖水利风景区位于淳化县县城，依托冶峪河城区段综合治理工程造就的县域内最大的人工湖——甘泉湖，景区占地约 3 平方千米。甘泉湖取名源于县境北部的汉代甘泉宫遗址，也是世界上第一条古代军事高速公路——秦直道的起点。景区主要包括甘泉湖、兴淳塔、碑林苑、帘云瀑布、文博馆、梨园广场、多功能体育场、秦直大道、仿古一条街、甘泉宫三星级宾馆、宋城墙遗址、商业一条街、革命纪念馆（画面）等景点，是依托县城打造的城市河湖型水利风景区，是一个集观光、休闲、娱乐、餐饮、度假、游客集散等于一体的综合型文化旅游体验地。悠久的历史、深厚的文化底蕴、上千年的秦汉文明汇聚于此。这里不仅可以欣赏到美丽的自然风景和雄伟的现代水利工程，又能了解到人文古迹和历史文化。

十三、侍郎湖水利风景区

侍郎湖水利风景区位于咸阳市彬县县城南 40 千米处的水口镇牛北村，是由于山体滑坡形成的天然聚湫，国家 AAA 级旅游景区。景区面积 30 平方千米，其中核心区域面积 6 平方千米，是陕西最大的天然淡水湖，有“高原明珠”之美誉。侍郎湖不只风景优美，更是以吃住为一体的生态乐园，有游客服务区、森林休闲区、文化娱乐区、钓鱼观光区、综合服务区等五大功能区，林区内主要有天然的次生林和整齐的人工林，树木种类繁多，而且也是其他动物的生活乐园。侍郎湖周边有着丰富的历史文化资源和众多的自然风光，现已集购物、就餐、休闲于一体，成为彬州市两日游精品线路的重要节点。

十四、汃河水利风景区

汃河省级水利风景区位于咸阳市旬邑县城中段，地处马栏河下游。汃河水利风景区以汃河水体为主体，以商业水街和翠屏湖为依托，以四周林木、禽鸟、气象、水利工程设施等景观与具有悠久历史的文化、宗教文化和民俗文化等内涵为特征。景区及外围有关古豳人文胜迹和古遗址的旅游资源包括景区西部的旬邑大象犀牛化石馆、旬邑文庙和泰塔；景区外部的旅游资源主要包括秦直道遗址、秦一号兵站遗址、扶苏庙、唐家大院、马家河石窟、赵家洞石窟群、寺沟佛窟和官家洞等。

十五、涧峪水库水利风景区

涧峪水库水利风景区是依托渭南市涧峪水库供水工程而形成的水利风景区。位于关中东部华县境内，地处秦、晋、豫三省交界之处。景区总面积 117 平方千米，其中水域面积 0.4 平方千米。景区处于秦岭北麓，呈南北狭长的三角形。流域内四季冷暖干湿分明，属暖温带大陆性季风气候区。涧峪水库集城市供水、农田灌溉、防洪及发电于一体。库区风景秀丽，空气清新，优质的水体、茂密的植被和种类繁多的生物是大自然的天赋。野生植物 3000 余种，野生动物 600 余种，其中国家一级保护动物 10 余种，二级保护动物 60 余种。峪中奇峰竞秀，曲径通幽，云雾升腾。景区内水质清洌，一瀑一潭自成景色，高低错落，喷珠溅玉。雄伟的水库大坝是景区的最大亮点，观赏明珠般璀璨的绿色湖泊，能够唤起人们保护环境、爱护绿色水源的意识。坝后生态园建设从景观布置、休闲休憩、科技发展、文化宣传、红色教育方面进行规划，展示渭南历史文化，打造渭华起义红色主题爱国主义教育基地；设置亭、园、台、榭等，起到休闲、休憩、娱乐和宣传教育作用。

十六、沈河水利风景区

沈河属渭河一级支流，据载沈河八景分别为沈河月夜、封门堆雪、象山雪霁、密峙晚霞、瑞泉瀑布、秦宁晨钟、丰塬秋眺、渭水春涨。人文景观更是集中荟萃，古代秦始皇焚书台、六姑泉瀑布、龙山文化遗址等，现代建筑尤湖塔园建筑风格独具特色。景区距渭南市区仅4.5千米，交通极为方便，与华山、秦兵马俑相距只有60千米，可称得上是关中东部旅游区的重要组成部分。

十七、大峪河水利风景区

大峪河水利风景区位于渭河一级支流北洛河支流的大峪河下游永丰镇北3千米，距洛河入口2千米，距蒲城县县城25千米。是依托大峪河水库形成的水利风景区，景区总面积约5平方千米，其中水域面积1平方千米。2012年，在永丰镇政府的支持下，永丰利亚造纸厂厂长马升坤着手创建大峪河水利风景区，成立了蒲城县大峪河综合开发有限责任公司。景区所在的永丰镇周围景观较多。近有洛河永丰大桥、石羊抽水站一级竖井工程；水库上游的洛惠渠曲里渡槽是著名水利专家李仪祉先生主持建造的，长300多米，渡槽上篆刻的“大旱何须望云止，自有长虹带雨来”还清晰可辨；周边还有著名的龙首坝风景区、李隆基唐泰陵等旅游胜地。永丰革命烈士陵园距景区仅1.5千米，每年有不少人进行瞻仰祭拜，陵园内成千上万只鸟在此栖息，给景区带来活力。景区景色秀丽，空气清新，水质纯净，茂密的植被和不同季节的树木花草形成了四季常绿，季季有花。

十八、西河水利风景区

西河水利风景区位于渭南市澄城县城西1千米处，属渭河一级支流北洛河流域，秦、晋、豫黄河“金三角”经济协作区腹地，距省会西安180千米。西河景区总面积10.5平方千米，南北为永内水库—西河新大桥，东西为西河流域两岸沟道及塬台临河区域。景区所在的澄城古为雍州之地，春秋属晋，秦始设北徵邑，汉置徵县，北魏太平年间始设澄城郡，县名由此沿袭至今，已经有2600多年的历史，是黄河流域一个文明古县，境内有3个国家一级文物保护单位、9个省级文物中华民族保护单位。这里前拱原阜，后依山陇，地形复杂，地理位置险要，是历代屯兵御敌的战略要地。吴起在此屯兵，郭子仪率兵征叛，李自成抗击官兵，王震率领的西北野战军浴血奋战等，都在古徵大地留下过深沉的足迹。这里土厚水淳，风和俗美，梁塬起伏，山川壮丽，隋文帝修建行宫，唐名相魏徵在此受封。历史上曾有过“澄城八景”，如今更胜当年：壶梯山幼树成林，翠柏环绕；龙首坝湖光潋滟，雪浪排空；乐楼和澄塔遥相呼应，雄踞县城。人文景点及历史传说更是星罗棋布，母亲泉泽被苍生、汉武美人泉余香千年、乐鼓楼文明之声传承至今，尧头黑瓷铸就黄土文明，近代更有解放战争军马驻留房建窑窟群，这些深厚的文化积淀，珍贵的历史文化遗产将为景区的布局建设提供强有力的人文支撑。景区通过实施水利中小河流治理项目、煤气油水保生态治理项目、水保示范园项目、农村饮水安全项目等水利基础设施项目，进而奠定基础，创造条件，聚集各部门力量，吸引社会各方共同参与开发建设西河水利生态风景区，打造山水西河、生态西河、人文西河、休闲西河、和谐西河，使之成为县城绿色之肺、天然氧吧，澄城人民休闲娱乐的后花园，为“关中水乡”画卷添上“山水澄城”的亮丽美景。

十九、林皋湖水利风景区

林皋湖水利风景区位于白水县西北20千米林皋乡境内白水河中游。景区内林茂草盛、空气清新、自然环境优美。林皋湖旅游区由湖面和周围丘谷台塬组成，旅游资源的主体是自然生态，亦兼具可供开发利用的乡村文化资源。湖区景色优美，环境幽雅，山清水秀，景色宜人，湖沿岸重峦叠嶂，薄雾萦绕，绿树成荫，碧波荡漾。水域风光主要包括焦河、段河。

二十、洛河生态园水利风景区

洛河生态园水利风景区位于蒲城县城东南19千米处孙镇（以前为平路庙乡）境内的北洛河平路庙段右岸，与大荔隔河相望。景区依托洛河雄伟壮观的河谷地貌及其沿岸生态自然绮丽风光，以建设陕西蒲城休闲度假旅游胜地为契机，积极打造北洛河生态园旅游精品板块，建设北洛河生态园水利风景休闲度假中心。范围包括洛河平路庙段水面、洛河右岸以及常乐村、直社村址。景区以洛河右岸沿线风光为基础，以现有洛河生态园为基地，辐射常乐村、直社村乃至周边村庄，总面积约8500亩。沿岸村落中晋文公重耳、杨虎城将军等人物故事代代相传。洛河平路庙段九曲回环西侧，是蒲城县赖以生存的母亲河。风景区内林茂草盛、山清水秀、空气清新、自然环境优美。生态园内鱼种场所产的淡水鱼虾以及纯天然无污染的大枣、各类特色果蔬，是当地居民和游客青睐的食品。景区内独有的温泉，是众多游客和附近村民前来的主要目的之一。2014年，洛河生态园被列为省级水土保持示范区，是一座集水域特色、自然风光、原始耕作、生态和人文资源于一体，颇具生态、文化旅游开发价值的水体生态工程。

二十一、杨凌渭河水利风景区

杨凌渭河水利风景区位于杨凌示范区，依托杨凌2号橡胶坝工程而建。景区面积5.23平方千米，其中水域面积4.18平方千米。一期由橡胶坝蓄水形成3000亩大型水面，并修建长2.8千米邻水子堤与两个亲水平台，使人与水相近相亲，水面南侧便是青山。从远处看，山水相互交融，景色如画。景区以浩瀚花海、百果园等特色片区建设为基础，综合展示不同种类花草、灌木，形成五彩斑斓的花卉景观群。通过合理布局小型休闲广场，与特色片区形成优势互补，为人们提供一个设施齐全、环境优美的休闲活动空间，是一个集游园观赏、科普文化、休闲品尝、农耕体验于一体的大型花果园。景区以中国农业历史为背景，发挥杨凌农业科技优势，以特色农耕文化为载体，建设文化广场、农耕台地、文化景观墙等，强化农业科技知识普及功能，积极发展旅游休闲、特色农业、文化创意等产业，促进文化旅游融合，打造国内知名的农业特色文化产业品牌。

二十二、杨凌现代农业示范园水利风景区

杨凌现代农业示范园水利风景区位于现代农业创新园内，属农业、水利科技园区。景区建有工厂化育苗馆、梦幻花卉馆、无土栽培馆、现代农业创意馆、西部特色馆、超级菜园、南方果树馆（2个）等8个现代农业技术展馆和天然雨水收集系统建成的水生植物展示区、露地各种灌溉方式示范等，展馆建筑面积3.724万平方米，室外展示区面积 44.4497 万平方米。梦幻花卉馆通过对景观设计要素进行简化处理，将新品种、新技术融入空间，加强游客和新品种、新技术等内部环境之间的沟通和交流，创造一个融展示活动入景观中、融景观入展示活动中的和谐的生态农业景观。无土栽培馆主要展示 15 种无土栽培技术：营养液膜水培技术，深液流水培技术，深液流漂浮水培技术，管道式水培技术，墙面立体栽培技术，柱式立体无土栽培技术，单株盆钵式基质无土栽培技术，雾（气）培（又称气培或雾气培），细叶菜栽培模式，多段密植栽培，蔬菜树式栽培和新式管道栽培等技术。西部特色馆集中展示我国西部地区不同的特色植物和人文景观，分为滇西映象、原野绿洲、大漠秀起、西部慧都等展示区，展示昙花、沙漠玫瑰等西部特色植物，形象地再现了新疆坎儿井、甘肃嘉峪关、滇西竹楼、青海湖等人文景观。超级菜园集中展示番茄、黄瓜、西瓜等蔬菜瓜果的桶栽、盆栽、槽栽等不同形式的高产高效模式和各种灌溉模式，将现代化设施蔬菜的工厂化生产模式以实景的形式近距离地展示在游客面前，供游客参观，增加农业生产的趣味性、科普性和示范性。现代农业创新中心负责农业科技研发、组培、农业科技成果展示推广、农业技术人员培训、农业科技信息发布、“三农”呼叫及日常农业专家办公等，游客可以远程参观、互动交流，感受农业的科技化、信息化，展望未来农业。水生植物展示区利用天然雨水收集系统因势而建，将天然雨水收集起来，作为灌溉的水源地，可有效节约水资源，同时作为水产品养殖地。8 个现代农业技术展馆及露地灌溉展示区集中展示各种灌溉方式，包括小管出流滴灌、内镶圆柱式滴灌、内镶贴片式滴灌、管上式滴头滴灌、脉冲式滴灌、大田喷灌、半固定式大田喷灌、倒挂式微喷、R 型微喷和地埋式微喷等高效节水灌溉方式。

第四章　湿地管理与建设

湿地作为介于土地和水域之间的一种生态系统，具有不同于土地和水域的特征，是人类重要的环境资本之一，也是自然界富有生物多样性和较高生产力的生态系统。它不但具有丰富的资源，还有巨大的环境调节功能和生态效益。各类湿地在提供水资源、调节气候、涵养水源，均化洪水、促淤造陆、降解污染物、保护生物多样性和为人类提供生产、生活资源方面都发挥着重要作用。湿地依据其形成过程可分为天然湿地和人工湿地。渭河流域治理中对天然湿地采取管理与保护措施，对人工湿地进行建设和管理。

第一节　湿地管理与保护

一、湿地保护区

依据 2008 年陕西省人民政府第 18 次会议审议通过的《陕西省重要湿地名录》，将省内 55 个湿地列入保护范围。其中渭河流域内分布有陕西黄河湿地、陕西北洛河湿地、陕西泾河湿地、陕西渭河湿地、千河湿地、宝鸡石头河湿地、陕西黑河湿地、鄠邑区涝峪河湿地、长安沣河湿地、长安灞河湿地、长安浐河湿地、桃曲坡水库湿地和蒲城卤阳湖湿地。这 13 个湿地中包括陕西省黄河湿地自然保护区、陕西泾渭湿地自然保护区、陕西千湖湿地自然保护区、陕西黑河湿地自然保护区，见表 6-4-1。

表6-4-1　渭河重要湿地自然保护区

单位：hm^2

保护区名称	面积				保护对象
	总面积	核心区	缓冲区	实验区	
陕西黄河湿地自然保护区	57348	22611	22306	12431	湿地及珍禽
陕西泾渭湿地自然保护区	3029.5	936.9	796.3	1296.3	珍稀水禽及湿地生态系统
陕西千湖湿地自然保护区	7156	1402	2066	3688	珍稀水禽及湿地生态系统
陕西黑河湿地自然保护区	13124	3730.7	3212.5	6180.8	湿地、森林生态系统

（一）西安泾渭湿地

西安泾渭湿地位于泾河和渭河，在西安北郊交汇处，是渭河流域重要的河流湿地和水鸟集中分布地。泾渭湿地是候鸟迁徙途中的重要“驿站”，候鸟资源丰富，高峰时鸟类种群数量接近 2 万只。保护区内有高等动植物 324 种，其中鸟类 91 种。国家重点野生保护动物有 18 种，其中一级 2 种，二级 16 种；陕西省级保护动物 56 种，省级以上保护鸟类占总种数的 70% 以上。著名景点有“泾渭分明”“灞柳风雪”。泾河和渭河在西安北郊交汇处由于含沙量不同，呈现出一清一浊、清水浊水同流一河互不相融的奇特景观，形成了一道非常明显的界限，成为关中八景之一而闻名天下。

西安泾渭湿地自然保护区是 2001 年经陕西省人民政府批准成立，被西安市列入国民经济“十五”规划生态环境建设的重点工程，2005 年又被纳入《全国湿地保护规划实施方案》，成为中国近期重点建设的湿地保护区。2006 年 8 月西安市人民政府批复了《西安泾渭湿地自然保护区总体规划》，总投资 13041.86 万元。通过规划的实施，实现了以下四大目标：①泾渭湿地保护区成为黄土高原重点河流湿地自然保护区。2011 年晋升为国家级湿地自然保护区，加入国际候鸟保护协定网络，使其成为城市多自然型河流湿地保护与恢复的示范区。②成为区域著名的“城市湿地公园”，成为西安生态旅游胜地。③国内有影响的湿地保护科研基地与国际交流中心；西安中小学生素质教育基地、大专院校教学实习及公众生态环境教育基地。④陕西省湿地生态利用和生态社区建设示范基地。

（二）蒲城卤阳湖湿地

卤阳湖湿地横跨蒲城、富平两县。陕西省人民政府批准的卤阳湖开发区总体规划是 2007—2015 年将规划 25 平方千米集中建设装备制造园区、高科技园区以及卤阳湖景区；2016—2020 年，规划 16 平方千米在一期基础上全面完成园区基础设施、文化设施、旅游设施和配套服务设施；2021—2025 年，规划 10 平方千米完成西区开发，完善绿地系统，辐射带动周边相关产业健康、快速、协调发展。

至 2020 年，卤阳湖现代产业开发区已成为渭南中心城市“一城三区、五大组团”之一。境内有丹顶鹤、白天鹅、白鹭、青脚鹬等珍贵的禽鸟。完成了排碱排水系统改造、人工湖及环湖道路修建，保护和恢复湿地工程等。

二、湿地公园

湿地公园是具有显著或特殊生态、文化、美学和生物多样性价值的湿地景观，生态特征显著。以湿地景观为主体，融合湿地景观和人文景观，具有生态、科学、教育、休闲、其他自然景观和历史文化价值。

（一）千湖国家湿地公园

千湖国家湿地公园位于陕西省宝鸡市千阳县千河谷地中游，是依托陕西境内最大的冯家山水库上游的湿地资源优势而建成，东西长 6.3 千米，南北宽 7.7 千米，总面积 573.2 公顷。千湖国家湿地公园是以河流湿地特征为主，集河流湿地、库塘湿地、沼泽湿地特征于一体，是我国西北地区典型的黄土高原湿地。公园有陆生脊椎动物 5 纲 27 目 47 科 174 种，其中湿地鸟类 14 目 24 科 81 种，水禽 41 种，国家二级重点保护鸟类如大天鹅、灰鹤等，有省重点保护并列入《中日候鸟保护协定》名录中的白鹭、豆雁、针尾鸭、绿翅鸭、花脸鸭、赤膀鸭、赤麻鸭等，雁鸭类种类数量约 30 万只，数量较大。哺乳类 5 目 8 科 24 种，两栖爬行类 3 目 8 科 21 种。还有丰富的鱼类资源，秦岭细鳞鲑、马口鱼、宽鳍鱲、拉氏鱼、中华鳑鲏、鲤、鲫等共5目7科48种。湿地植物（苔藓、蕨类、裸子、被子植物）34科61属101种。生物资源丰富，良好的自然资源为水禽栖息提供了丰富的食物资源，每年冬季有雁、鸭、鹭等多种鸟类在此栖息。2011年，千湖被国家林业局命名为国家湿地公园，成为陕西省第一个国家湿地公园。

（二）浐灞国家湿地公园

浐灞国家湿地公园位于灞河与渭河交汇口区域，毗邻泾渭湿地省级自然保护区，整个区域分布在灞河东西两岸，具备典型的河口湿地特征。2008年初，浐灞生态区编制了《西安浐灞国家湿地公园总体规划》，2008年6月经陕西省林业厅初审后，于2008年8月通过了国家林业局组织的专家评估与技术审查，2008年11月国家林业局正式批复，是陕西省首批列入国家湿地公园试点项目之一。

浐灞国家湿地公园总规划面积约7.98平方千米，投资5亿元人民币。规划区内以河流湿地为主体，同时还包含河漫滩、沟渠、岛屿、季节性河口洪泛地、堰坝水域和鱼塘等湿地类型。湿地公园内主要水体为灞河，灞河原名滋水，春秋时秦穆公称霸西戎，欲显耀其武功，故更名为灞河。

公园区域内动植物资源丰富，已发现有动物种类27目50科，约150种，白琵鹭、大天鹅、东方白鹳、中华蟾蜍、丽斑麻蜥等国家一、二级保护动物13种。有植物种类49科180种，为进一步体现湿地特色，丰富水生植物物种，在公园建设中又增加了香蒲、睡莲、芡实、水葱、鸢尾、水生美人蕉、浮萍等22种水生植物。公园共种植垂柳、白蜡等92种乔木4万余株，花灌草等地被植物128公顷，增加水面167公顷，其中包括恢复河道水面约100公顷，新建水面67公顷，水面和植被覆盖面积占全园总面积的94%。浐灞国家湿地公园内大面积水地为动物繁衍提供了良好的栖息环境，这里是全国三大候鸟迁徙路线之一的中部路线，因而此区域栖息多种野生水禽。区域内各类动物200种，其中鸟类100余种。随着季节更迭，白鹭、鸬鹚、普通秋沙鸭等鸟类相继栖住，更有黑鹳、白琵鹭、中华攀雀、水雉等珍稀鸟类纷纷现身公园。优良的生态环境吸引了大量候鸟迁徙停留，部分已经成为湿地公园的留鸟。

2013年4月28日，浐灞国家湿地公园开园。2014年12月，陕西省旅游景区质量等级评定委员会发布公告，西安浐灞国家湿地公园等15家旅游景区达到国家AAAA级旅游景区标准，批准为国家AAAA级旅游景区。同时，通过国家林业局国家湿地公园（试点）验收的批复，正式成为国家湿地公园。

第二节 人工湿地建设

除天然湿地外，在渭河干支流上，各市结合城市段河道生态景观建设，先后修建了宝鸡金渭湖、渭河咸阳湖、西安浐灞河生态水面工程等较大的河道人工湿地，总面积超过10平方千米，发挥了巨大的生态效益和景观效应。另外，渭河流域已建成的大中小型水库和池塘数量众多，形成的水面面积超过500平方千米，这些人工水面也是湿地资源的重要组成部分。

一、宝鸡市

2012—2014 年宝鸡市累计投资近 3 亿元，重点推进千湖、千渭之会等 7 个国家湿地公园建设，总面积达到 12206.23 公顷，在岐山段种植芦苇和水生植物 400 亩，眉县段种植芦苇和水生植物 240 亩，陈仓段沿线栽植芦苇 25 千米，渭滨段沿线栽植芦苇 1 千米，为改善河流水质起到积极推动作用。

二、咸阳市

坚持生态基流保障与湿地建设相结合，切实抓好干流污染降解。加快亭口水库、柏岭寺水库、红岩河水库等重大水利工程和节水工程建设，合理调配水资源，在确保生活、工业、灌溉用水的基础上，尽量减少渭河、泾河取水量，保障生态基流，弥补生态水不足。制定三水河流域、沣河流域等水生态环境保护综合治理方案，保证河流生态基流，保证入渭流量。针对达标废水在无生态水稀释情况下仍然达不到水功能区标准的现状，在渭河、泾河干流重点排污口和主要支流入河口建设人工、自然相结合的生态湿地。湿地建设根据污染源、水污染物浓度、水功能区要求等因素因地制宜，合理规划，在不影响行洪的前提下种植管束状植物，通过生物降解进一步削减污染。

三、西安市

先后建成皂河、漕运明渠和幸福渠下游、涝渭、沙河等人工湿地

（一）皂河人工湿地

皂河人工湿地位于皂河入渭口下游 500 米，渭河主河道内，面积约 1200 亩。其中：渭河横桥西侧约 300 亩，横桥东侧约 900 亩。项目于 2012 年 3 月 26 日开工，2013 年 5 月 20 日竣工，2013 年 7 月 11 日通过项目验收，2013 年 10 月 11 日通过陕西省环保厅项目竣工环境保护验收。该项目日处理污水量 5 万 ~ 7 万吨，主要污染物去除率达到设计要求，项目于 2013 年 8 月 1 日正式投入运行。皂河人工湿地建设项目是西安市政府依据《渭河流域水污染防治规划》和《渭河流域水污染防治三年行动方案》的要求，为改善皂河入渭水质，降低渭河干流污染负荷，削减有机污染物和氨氮排放总量，修复和恢复渭皂三角洲湿地生态景观而建设的水体改善示范、试验项目。该项目采用人为因素形成的湿地，利用基质微生物、植物这个符合生态系统的物理、化学和生物协同作用，通过过滤、吸附、共沉、离子交换 、植物吸附和微生物降解来实现对废水的高效净化，实现废水的资源化和无害化，是一种生态治理污水的方法。

（二）漕运明渠和幸福渠下游人工湿地建设

在团结湖建成之后，为进一步净化水质，减少对渭河水质污染，促进水环境的改善，西安市在漕运明渠和幸福渠下游建成了两块人工湿地。其中，华山湿地约 2 千亩，幸福湿地约 90 亩。

（三）支流入渭口涝渭湿地建设

支流入渭口涝渭湿地建设由鄠邑区渭河农业示范区实施，建设生态湿地面积约 3070 亩。

（四）周至县沙河湿地公园

周至县沙河湿地公园位于西安市周至县108国道与沙河交汇处，全长4.6千米。是由陕西沙河实业有限公司投资开发建设，总投资约12亿元。项目总用地面积1500亩，其中水域及公园绿地约1200亩，是一个集市民休闲、亲水体验、儿童娱乐、生态旅游于一体的大型综合类主题公园，也是按AAAAA级景区标准打造的国内首家立体水景、互动式滨河生态主题公园。

项目距离周至县南大门约1千米，距离107省道（环山路）约8千米，距离楼观台、财神文化景区约12千米，处在西安西线游的核心地带，是假日旅游经济的黄金区域。从2012年11月10日动工，截至2014年底，项目已完成投资约5亿元，完成河道整修、河堤加固、绿植覆盖等工作，无线Wi-Fi已全园覆盖，核心景区已初具规模。景区有数条河流及溪流缓缓流过，清流潺潺、植物郁葱、禽鸟欢戏、竹排轻摇，是典型的北方水乡风景。景区春日鲜花灿烂，夏日树荫如盖，秋季银杏金黄，冬季雪景迷人，酷暑时分水面清风凉爽，是最好的度夏避暑之地。景区除规划有关中历史情境雕塑区、自由戏水区、游船区、儿童水上乐园区、七夕鹊桥天廊、瀑布、银杏林、竹林等游玩区之外，还规划有关中民俗风情水街等商业区，可充分满足不同游客吃、喝、住、行、购等方面的需求。2014年1月30日（正月初一）开始试运营，建成后的沙河湿地公园成为西安周边县城最具魅力的旅游、文化活动和娱乐中心，是西部地区规模最大、最具生态特色、最具时尚魅力的生态水景旅游目的地。

第五章　水生态系统保护与建设

水生态保护与建设涉及范围十分广泛，本章重点记述水生态系统保护、渔业生态保护与水生态文明建设等内容。

第一节　水生态系统保护

按照水利部《关于水生态系统保护与修复的若干意见》(水资源〔2004〕316号)、《关于做好水生态系统保护与修复试点工作的通知》(水资源〔2007〕150号)，2007年6月5日，陕西省水利厅印发了《关于申报水生态系统保护与修复试点的通知》(陕水资发〔2007〕15号)，对全省开展水生态系统保护与修复试点工作进行了安排。

西安浐灞生态区率先开展了水生态系统保护与修复试点工作。2006年初，西安浐灞生态区管委会委托西安理工大学编制了《西安浐灞生态区水生态系统保护与修复规划》(简称《规划》)。2007年，《规划》经专家咨询、修改后上报水利部。2008年4月8日，水利部在西安主持召开评审会，中国科学院院士刘昌明，工程院院士李佩成、王浩等专家参加会议，与会专家一致同意《规划》通过评审。2008年8月25日，水利部以水资源〔2008〕340号文对《规划》进行了批复。2009年4月，编制完成了《西安浐灞生态区水生态系统保护与修复试点工作实施方案》，并通过水利部审查。2009年7月22日，水利部、陕西省人民政府联合下发了《关于西安浐灞生态区水生态系统保护与修复试点工作实施方案的批复》(水资源〔2009〕399号)。2010年10月28日，水利部在西安召开试点中期评估会，水利部领导、长安大学院士李佩成等专家到会指导。评估组认为试点工作全面完成了本阶段实施方案中的工作内容，确定的湿地覆盖率等18项考核指标达到了中期评估标准，社会效益和生态效益十分明显，同意通过中期评估，为2011年4月在西安浐灞举行的世界园艺博览会创造了良好的环境氛围。2012年11月5日，水利部派出专家组，对西安浐灞生态区水生态系统保护与修复试点工作进行技术预验收。2013年3月29日，水利部组成验收委员会，对西安浐灞生态区水生态系统保护与修复试点工作进行了全面验收。通过验收的西安浐灞生态区水生态系统保护与修复试点工程成为西北首个、全国第六个国家级水生态系统保护与修复示范区。西安浐灞生态区通过水生态系统保护与修复试点，新增水域湿地面积594公顷，湿地覆盖率由2008年的5.2%增加到2020年的10.4%，水功能区达标率由2008年的50%提高到2020年的75%，鸟类从2005年的63种增加到2020年的200种，浐灞生态区的水生态环境得到显著改善。

随后，陕西积极推进全省各设区市（区）水生态系统保护与修复工作。渭河流域的铜川市耀州区等都开展了水生态系统保护与修复规划编制工作，并提交了《铜川市沮河流域水生态系统保护与修复规划》，至2020年，该规划正在积极的实施中。

第二节 渔业生态保护

一、渔业资源养护

渭河流域有国家二级保护水生野生动物大鲵、秦岭细鳞鲑和水獭等。截至2014年，渭河流域有国家级水生野生自然保护区1个（陕西陇县秦岭细鳞鲑国家级自然保护区）、省级自然保护区2个（华县省级大鲵自然保护区、陕西黑河珍稀水生野生动物省级自然保护区）。国家级水产种质资源保护区8个（千河国家级水产种质资源保护区、渭河眉县段国家级水产种质资源保护区、库峪河特有鱼类国家级水产种质资源保护区、辋川河特有鱼类国家级水产种质资源保护区、黑河多鳞铲颌鱼国家级水产种质资源保护区、渭河国家级水产种质资源保护区、宝鸡通关河秦岭细鳞鲑国家级水产种质资源保护区、甘峪河秦岭细鳞鲑国家种质资源保护区）。渭河水生生物自然保护区和种质资源保护区的建设和管理规范有序，水生态资源丰富，水域生态环境良好。

二、渔政执法机构建设

截至2014年，渭河流域共有渔政执法机构33个：其中市级5个、区县级28个，基本配备了相关的执法检查车辆、装备和仪器设备，保证了渔政执法和渔业资源养护，无公害水产品产地执法监督检查的需要。

三、渔业环境监测

自2001年以来，陕西省渔业局连续14年进行渭河流域渔业环境监测和鱼类病害监测预报，并每年公开发布《陕西省渔业生态环境状况公报》《陕西省水产养殖病害检测及防治状况公报》。

四、增殖放流，恢复天然鱼类资源

从2010年开始，陕西省渔业局通过重点实施渭河重要渔业水域水生生物资源增殖放流，扩大渔业水域生态环境监测断面（点），确保渔业水域生态安全。近5年，共投入资金4235.5万元。在渭河流域连续开展渔业增殖放流，放流鲢、鳙、草、鲢、鲫、鳊、鲇、黄颡鱼等鱼类2000万尾，放流大鲵、秦岭细鳞鲑1000多尾，恢复渭河流域天然鱼类资源。

第三节 水生态文明建设

一、水生态文明城市建设试点

2013年，水利部印发了《水利部关于加快推进水生态文明建设工作的意见》（水资源〔2013〕1号）、《水利部关于开展全国水生态文明建设试点工作的通知》（水资源〔2013〕145号），对水生态文明建设的指导思想、基本原则和目标、工作内容、试点和创建活动等提出了意见和安排。2013 年 10 月，水利部以水资源函〔2013〕233 号印发了《水利部关于加快开展全国水生态文明城市建设试点工作的通知》，确定了 45 个城市为全国水生态文明城市建设试点，陕西省西安市被列入其中。2014 年 5 月，水利部以水资源函〔2014〕137 号印发了《水利部关于开展第二批全国水生态文明城市建设试点工作的通知》，确定了 59 个城市为全国第二批水生态文明城市建设试点，陕西杨凌示范区被列入其中。

2013 年 7 月，西安市启动了水生态文明城市建设试点工作，经过一年多的不懈努力，水生态文明城市建设取得较大进展。2014 年，西安市水生态文明城市建设试点方案获陕西省政府批复。

2014 年 5 月，杨凌示范区启动了水生态文明城市建设试点工作，经过近一年时间完成了水生态文明城市建设试点阶段性工作。2015 年 3 月 13 日，黄河水利委员会会同陕西省水利厅在杨凌召开《杨凌示范区水生态文明城市建设试点实施方案》审查会。与会专家、代表一致认为，《杨凌示范区水生态文明城市建设试点实施方案》思路清晰、目标明确、布局合理、内容全面，符合水利部关于开展全国水生态文明城市建设试点工作的有关要求，审查委员会同意《杨凌示范区水生态文明城市建设试点实施方案》通过审查。

2014 年，陕西省启动省级水生态文明城市试点工作，制定了陕西省水生态文明城市试点建设指标体系和实施方案编制大纲，确定曲江临潼国家旅游休闲度假区、眉县、黄陵、西乡、柞水等 5 个省级水生态文明城市建设试点县（区）。2015 年 7 月，按照全省水生态文明城市建设试点工作安排，陕西省水利厅组织有关专家对曲江临潼、眉县、黄陵、西乡、柞水等 5 个省级水生态文明城市建设试点县（区）实施方案进行了审查，同意按照实施方案开展工作。

二、西安“三河一山”超级城市绿道建设

2020 年，西安启动“以渭河、沣河、灞河和环山公路为重点的超级环线和护城河绿廊建设，新增城市绿道不少于 100 千米、绿地面积不少于 600 万平方米。”“三河一山”超级城市绿道建设是 2018 年全域治水碧水兴城西安市河湖水系保护治理三年行动的延续和提升。三年行动旨在通过三年全域治理，实现河河相连、河湖相通、碧水长流、鱼翔浅底的总目标。至 2018 年底，计划完成的 107 个全域治水项目已全部开工，一批初步完成的河湖治理工程已经成为市民踏青休闲的好去处。“三河一山”绿道以灞河、渭河、沣河和秦岭丰富的自然历史人文资源为依托，以水质提升、河道治理、路网连通、城市增绿、生态修复、文化保护为重点。建成的绿道将是“一条展现西安山水资源的绿色生态廊道，一条顺应群众期盼、提升生活品质的幸福廊道，一条彰显千年古都风韵的历史文化廊道，一条展示建设西安国家中心城市和对外开放成果的发展廊道”。未来的西安将形成“两山、八水、五环、十廊”的绿道骨架格局，总长 15300 千米。

三、石川河水生态环境保护综合治理工程

2021 年，陕西省生态环境厅联合省水利厅印发了《石川河水生态环境保护抓点示范工作方案（2021—2022 年）》，要求通过实施石川河综合治理，在 2021 年 1—9 月，石川河干流设置的 2 个国控断面中，岔口断面水质由 2020 年的Ⅴ类提升到Ⅲ类、渭南出境断

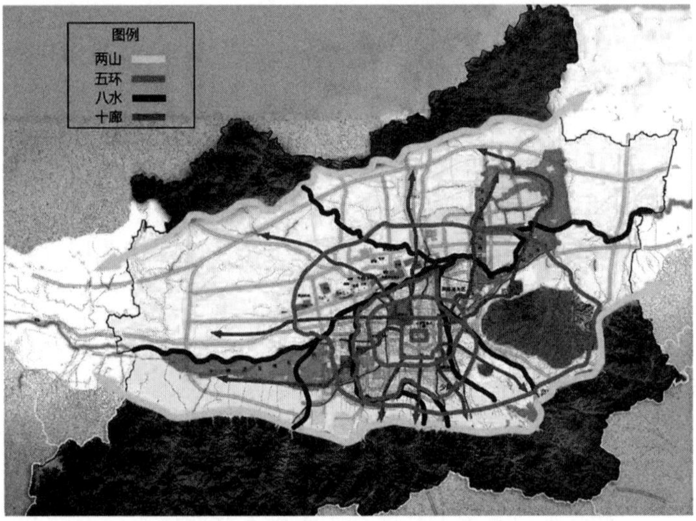

“两山、八水、五环、十廊”大西安绿道体系结构示意

面单月水质自5月起逐步好转，9月达到Ⅲ类。为此，陕西省水利厅确定了石川河各控制断面基本生态需水量，采取闸坝联合调度、生态补水等措施，合理安排闸坝下泄水量和泄流时段，维持河流基本生态用水需求，保障生态基流，解决水资源不足问题。根据石川河流域特征和主要问题，陕西省生态环境厅会同西安、铜川、渭南3市政府共同确定了17个重点工程，涵盖城镇污水处理及管网建设、农村污染防治、排污口整治、再生水循环利用、工业污染防治、水生态保护修复、能力建设等7个方面内容。

四、宝鸡“五大主题”建设

自2018年以来，宝鸡市围绕安澜、亲水、文化、生态、发展“五大主题”，全面推进渭河自然修复、开发利用和管理保护工作，通过实施12项重点流域生态综合治理项目，努力把百里渭河打造成“立体生态画廊”和“城市中央公园”。在渭河生态区建设中，坚持系统治水、柔性治水原则，通过治水与治山、治林、治田有机结合，人工治理工程措施和自然修复非工程措施有机结合，实现流域水资源时空科学调控配置；坚持保护优先、生态修复原则，以生态保护带动开发利用，以开发利用促进生态保护，力求生态、经济、社会、环境综合效益最大化；坚持统筹兼顾、重点突出的原则，综合考虑生态、防洪、水环境以及亲水等多方面需求，结合水利、环境、生态、景观等科学规划布局，打造美景，造福于民，进一步提升城乡群众的获得感和幸福感。

第七篇　综合管理

5000年前的大禹因势利导，疏浚排洪，“导渭入于河”是渭河管理的萌芽。见于史料记载对渭河水资源进行管理是在唐高宗永徽六年（655年），雍州长史长孙祥呈奏朝廷，言富商大贾竞相在郑白渠私建碾硙牟利，影响农田灌溉用水。李治遂“遣祥等分拣渠上碾硙皆毁之”。随后有唐《水部式》对关中水利的一系列规定。例如规定郑白渠等大型渠系的配水工程均应设置闸门；闸门尺寸要由官府核定；关键的配水工程定有分水比例；干渠上不许修堰壅水，支渠上只许临时筑堰；灌区内各级渠道控制的农田面积要事先统计清楚；灌溉用水实行轮灌，并按规定时间启闭闸门等。清世宗雍正七年（1729年）八月二十三日，改西安府管粮通判为水利通判，驻泾阳县王桥镇，专管泾阳、礼泉、三原、高陵、临潼5县堤浚事务。清德宗光绪二十七年（1901年）十一月二十六日，护理陕西巡抚李绍芬饬属劝办积谷，酌拟章程12条，筹办开渠兴修水利事宜。

本篇主要从水资源、防汛、水法规制度建设、管理基础工作、河长制、科技创新六方面记述了渭河的现代综合管理。

第一章　水资源管理

渭河水资源实行水资源开发利用总量控制、用水效率控制、水功能区限制纳污制度，统筹配置水资源，优先满足城乡居民生活用水，保障基本生态用水，统筹安排农业、工业和服务业用水。实行流域管理和行政区域管理相结合、统一管理和分级管理相结合的管理体制。水利厅、地市水资源管理部门行使水资源管理职责，服从黄河水利委员会管理，同时厅属省水文水资源勘测中心、省地下水保护与监测中心、省江河水库工作中心（省三门峡库区管理中心）三个具有一定行政管理职能的事业单位承担了部分水资源管理职责和相关业务工作。

第一节　水资源管控

渭河水资源总量控制遵循1987年9月国务院办公厅批转的国家计划委员会和水电部《关于黄河可供水量分配方案的报告》（国办发〔1987〕61号），报告首次明确了沿黄各省（区）的用水总量，将黄河流域多年平均河川径流量580亿立方米分为两部分，一部分是输沙等生态用水210亿立方米，剩余370亿立方米（地表水耗水指标）的黄河可供水量分配给沿黄9省（区）及相邻缺水地区（河北省、天津市），为沿黄各省（区）地表水用水总量控制提供了依据，其中分配陕西省黄河流域地表水耗水指标为38亿立方米。

按照水利部统一安排和黄河水利委员会的要求，陕西省水利厅2006年9月启动陕西省黄河取水许可总量控制指标细化工作，《陕西省黄河取水许可总量控制指标细化调整方案（耗水指标）》于2013年审定出案。确定渭河（不包括泾河、北洛河）地表水耗水指标为16.03亿立方米，其中西安市4.95亿立方米，铜川市0.29亿立方米，宝鸡市3.94亿立方米，咸阳市4.22亿立方米，渭南市2.39亿立方米，杨凌示范区0.24亿立方米。

2019—2021年，水利部相继印发了《渭河流域水量分配方案》（水资管函〔2019〕138号）、《北洛河流域水量分配方案》（水资管函〔2019〕213号）、《泾河流域水量分配方案》（水资管〔2021〕127号），2030水平年，分配渭河流域河道外多年平均耗水指标17.85亿立方米，其中甘肃省3.23亿立方米、宁夏回族自治区0.7亿立方米、陕西省13.92亿立方米。分配北洛河流域河道外多年平均耗水指标3.10亿立方米，其中甘肃省0.07亿立方米、陕西省3.03亿立方米。分配泾河流域河道外多年平均耗水指标

9.56 亿立方米，其中宁夏回族自治区 0.76 亿立方米、甘肃省 3.07 亿立方米、陕西省 5.73 亿立方米。2020 年，按照水利部江河流域水量分配统一安排，陕西省水利厅安排陕西省江河水库工作中心组织编制全省第一批 26 条跨省（市）江河流域水量分配方案。2021 年 2 月至 2022 年 12 月，经报请陕西省政府同意，陕西省水利厅先后印发了 4 批次江河流域水量分配方案，涉及渭河流域的有 3 批次，分别为：2021 年 11 月印发的《陕西省北洛河、泾河、无定河、伊洛河流域水量分配方案的函》（陕水资函〔2021〕185 号），2021 年 12 月印发的《陕西省渭河、延河、杏子河、周河、 淮宁河、达溪河、褒河、西河、乾佑河、 旬河流域水量分配方案的函》（陕水函〔2021〕64 号），2022 年 12 月印发的《陕西省清涧河、淯河、漆水河、漳水河、 石川河、清河、沣河、湑水河、子午河流域水量分配方案的函》（陕水函〔2022〕48 号）。根据陕西省批复的水量分配方案，渭河流域合计分配耗水指标 22.68 亿立方米，其中渭河水系耗水指标 13.92 亿立方米（西安市 4.22 亿立方米、铜川市 0.37 亿立方米、宝鸡市 4.18 亿立方米、咸阳市 2.24 亿立方米、渭南市 2.83 亿立方米、杨凌示范区 0.07 亿立方米、商洛市 0.01 亿立方米）；泾河水系耗水指标 5.73 亿立方米（西安市 0.86 亿立方米、铜川市 0.3672 亿立方米、宝鸡市 0.09 亿立方米、咸阳市 3.9463 亿立方米、渭南市 0.4585 亿立方米、榆林市 80 万立方米）；北洛河水系耗水指标 3.03 亿立方米（铜川市 0.2104 亿立方米、渭南市 1.7242 亿立方米、延安市 1.0875 亿立方米、榆林市 79 万立方米），见表 7–1–1。

表7–1–1　陕西省渭河流域水量分配指标明细

单位：万 m^3

流域	一级支流	二级支流	三级支流	各地市水量分配指标									耗水量 / 用水量（合计）
				西安	宝鸡	咸阳	渭南	铜川	延安	榆林	商洛	杨凌示范区	
黄河流域	渭河	漆水河			2236	2521						80	4837
		漳水河			1142	8						60	1210
		沣河		8787									8787
		泾河		8600	900	39463	4585	3672		80			57300
			达溪河		752	73							825
		石川河		587		1335	2213	2913					7048
			清河	502		1253		274					2029
		北洛河					17242	2104	10875	79			30300
			周河						456	26			482

注：1. 漆水河、漳水河、沣河、石川河、清河、达溪河、周河水量指标包含在上一级干流中；

2. 泾河、北洛河水量指标不包含在上级干流中；

3. 地表水量为耗水量。

截至 2023 年 12 月，中央、省共印发了 10 批次河流生态流量保障实施方案，共涉及陕西 20 条河流 27 个考核断面（扣除重复）。

（1）2020—2022 年，水利部分别以水资管函〔2020〕43 号、水资管〔2020〕285 号、水资管函〔2021〕184 号、水资管函〔2022〕7 号文件，印发了 4 批次重点河湖生态流量保障目标，涉及陕西的责任断面有 12 条河流 15 个断面（涉及渭河流域 3 条河流 4 个断面：渭河林家村、华县，泾河张家山，北洛河庄头）。

（2）2021—2023 年，陕西省水利厅分别以陕水资函〔2021〕5 号、陕水资函〔2021〕200 号、陕水资函〔2023〕314 号文件，印发了 3 批次重点河湖生态流量保障实施方案，涉及 13 条河流 18 个考核断面，扣除与国家重复后为 10 条河流 12 个断面［（渭河流域 5 条河流 6 个断面：灞河马渡王、常家湾、石川河岔口、渭河魏家堡、黑河黑峪口（四）、北洛河交口河）］。

具体见中央、省印发河流生态流量保障实施方案涉陕渭河考核断面统计表 7–1–2。

表7–1–2　中央、省印发河流生态流量保障实施方案涉陕渭河考核断面统计

序号	河流	考核断面	生态流量					备注
			指标/（m^3/s）	保障率/%	蓝色预警阈值/万 m^3	黄色预警阈值/万 m^3	红色预警阈值/万 m^3	
1	渭河	林家村	5	90	6	5.5	5	水利部第一批、黄河水利委员会第一批、陕西省第三批
2		魏家堡	11	90	13.2	12.1	11.0	陕西省第三批
3		华县	12	90	14.4	13.2	12	水利部第一批、黄河水利委员会第一批、陕西省第三批
4	泾河	张家山	东庄水库建成前 1.5；东庄水库建成后：4 月 15 日至 6 月 15 日 10.7；6 月 16 日至 8 月 31 日 16.05；其他时段 5.35	90	1.8	1.65	1.5	水利部第三批、黄河水利委员会第一批、陕西省第三批
5	北洛河	交口河	3	90	3.6	3.3	3.0	陕西省第三批
6		洑头	1	90	1.2	1.1	1.0	水利部第二批、黄河水利委员会第一批、陕西省第三批
7	黑河	黑峪口	1	90	1.2	1.1	1.0	陕西省第三批

续表 7-1-2

序号	河流	考核断面	生态流量					备注
			指标 /（m^3/s）	保障率 /%	蓝色预警阈值 / 万 m^3	黄色预警阈值 / 万 m^3	红色预警阈值 / 万 m^3	
8	灞河	马渡王	1.42	90	1.71	1.42	1.14	陕西省第一批、陕西省第三批
9		常家湾	0.48	90	0.58	0.48	0.38	陕西省第一批、陕西省第三批
10	石川河	岔口	0.2	90	0.24	0.2	0.16	陕西省第二批、陕西省第三批

2012 年 1 月，国务院发布《关于实行最严格水资源管理制度的意见》（国发〔2012〕3 号），明确提出水资源开发利用控制、用水效率控制和水功能区限制纳污“三条红线”的主要目标。

2013 年 9 月，陕西省人民政府办公厅印发《陕西省实行最严格水资源管理制度考核办法》（陕政办发〔2013〕77 号），对各设区市、杨凌示范区（简称“各市区”）落实最严格水资源管理制度情况进行考核，每 5 年为一个考核期，各市区政府是实行最严格水资源管理制度的责任主体，政府主要负责人对本行政区域水资源管理和节约保护工作负总责。考核内容为最严格水资源管理制度目标完成、制度建设和措施落实情况，即用水总量、用水效率、重要水功能区水质达标率、饮用水水源地水质达标、重点区域地下水水位等控制目标完成情况，水资源管理责任和考核制度建设及相应措施落实情况，见表 7-1-3 ~ 表 7-1-7 。

表7-1-3 渭河流域各市区用水总量控制目标

单位：亿 m^3

行政区	2015 年	2020 年	2030 年
西安	18.70	21.13	23.52
宝鸡	8.80	10.18	11.05
咸阳	13.33	14.47	15.50
渭南	16.05	16.90	17.92
杨凌	0.50	0.57	0.68

表7-1-4　渭河流域各市区用水效率控制目标

行政区	2015年	
	万元工业增加值用水量相比2010年下降/%	农田灌溉水有效利用系数
西安	26	0.705
宝鸡	23	0.569
咸阳	28	0.561
渭南	28	0.539
杨凌	13	0.563

注：各市（区）2015年后的用水效率控制目标，待国务院确定下达各省、自治区、直辖市控制目标后，结合陕西省实际情况另行制定。

表7-1-5　渭河流域各市区重要水功能区水质达标率控制目标

行政区	2015年达标率/%	2015年水功能区达标个数/个	2015年监测评价水功能区个数/个	2020年达标率/%	2020年水功能区达标个数/个	2020年监测评价水功能区个数/个	2030年达标率/%	2030年水功能区达标个数/个	2030年监测评价水功能区个数/个
西安	75.0	3	4	100.0	4	4	100.0	4	4
宝鸡	71.4	5	7	90.9	10	11	100.0	11	11
咸阳	57.1	4	7	84.6	11	13	100.0	13	13
渭南	50.0	3	6	66.7	6	9	88.9	8	9
杨凌	100.0	1	1	100.0	1	1	100.0	1	1

表7-1-6　渭河流域各市区饮用水水源地水质达标控制目标

行政区	水源地名称	类型	水源地所在河流	供水城市	是否列入国家重要水源地名录	是否列入陕西省重要水源地名录	考核目标		现状水质	监测单位
							水质目标	4—9月营养化指数		
西安	黑河金盆水库水源地	水库	黑河	西安	是	是	Ⅱ	≤ 50	Ⅱ	陕西省水环境监测中心
宝鸡	冯家山水库水源地	水库	千河	宝鸡	是	是	Ⅲ	≤ 50	Ⅱ	宝鸡水环境监测分中心
咸阳	咸阳市城区水源地	地下水	渭河	咸阳	是	是	Ⅲ		Ⅲ	陕西省水环境监测中心

续表 7-1-6

行政区	水源地名称	类型	水源地所在河流	供水城市	是否列入国家重要水源地名录	是否列入陕西省重要水源地名录	考核目标		现状水质	监测单位
							水质目标	4—9 月营养化指数		
渭南	沈河水库水源地	水库	沈河	渭南	否	是	Ⅲ	≤ 50	Ⅱ	陕西省水环境监测中心
杨凌	杨凌新华水务有限公司水源地	地下水	渭河	杨凌	否	否	Ⅲ		Ⅲ	宝鸡水环境监测分中心

注： 1. 水源地要求每年达标。

2. 水库、河流型水源地以所在水功能区水质目标为考核标准；地下水水源地Ⅲ类为考核目标。

3. 富营养化评价只评水库，以中营养（≤ 50）为考核标准。

表 7-1-7　渭河流域各市区重点区域地下水水位控制目标

市区	重点区域	涉及县（区）范围	达标率 /%
西安	城市地下水超采区	灞桥、未央、莲湖、新城、雁塔、碑林	90
	农灌区	未央、灞桥、临潼、长安、阎良、高陵、蓝田、周至、鄠邑区	70
宝鸡	城市地下水超采区	渭滨、金台	90
	农灌区	陈仓、金台、渭滨、岐山、凤翔、扶风、眉县、千阳、陇县	70
咸阳	城市地下水超采区	渭城、秦都	90
	农灌区	秦都、渭城、兴平、武功、三原、泾阳、乾县、礼泉、永寿、彬州市、长武、旬邑、淳化	70
渭南	城市地下水超采区	城区	90
	农灌区	临渭、蒲城、富平、大荔、澄城、合阳、白水、华县、华阴、潼关、韩城	70
杨凌	城区	杨凌镇	80

第二节　水量优化调度

2006 年 7 月，陕西省在陕西省三门峡库区管理局的基础上组建陕西省江河水库管理局加挂渭河流域管理局牌子，内设水资源管理与调度处，主要职能是组织开展渭河水资源调查评价和开发、利用、节约、保护工作；参与拟定水量分配方案和年度调度计划，并组织实施。

2006年7月5日，国务院以第472号令公布《黄河水量调度条例》，明确将支流纳入黄河水量统一调度。陕西省水利厅安排陕西省江河水库管理局按照黄河水利委员会水调局关于黄河水量调度的要求具体负责渭河水量调度工作。

2006年12月，陕西省水利厅印发施行《渭河水量调度管理暂行办法》。渭河水量调度实行年度水量调度计划与月、旬水量调度方案和实时调度指令相结合的调度方式，水量调度年度为当年7月1日至次年6月30日。相关设区的市人民政府水行政主管部门和宝鸡峡引渭管理局、石头河水库管理局、桃曲坡水库管理局、交口抽渭管理局、泾惠渠管理局等省属灌溉管理单位，按照规定向省渭河流域管理机构申报年度、月用水计划建议和年度水工程运行计划建议。渭河年度水量调度计划，由省渭河流域管理机构商相关设区的市人民政府水行政主管部门以及省属灌溉管理单位制订，经陕西省人民政府水行政主管部门批准后下达，同时抄送陕西省人民政府发展改革行政主管部门。经批准的年度水量调度计划是确定月、旬水量调度方案和年度用水量控制指标的依据。出现严重干旱、渭河干支流预警控制断面流量降至预警流量、水库运行故障、重大水污染事故等紧急情况，可能造成供水危机、渭河断流时，省渭河流域管理机构应当组织实施应急水量调度。

2007年6月1日开始，渭河流域持续大面积干旱，渭河及其支流6月17日6时出现全年以来的最低水位，河道即将断流。时值夏灌高峰，陕西省水利厅依据《渭河水量调度管理暂行办法》，于2007年6月17—20日启动实施渭河应急水量调度，适时启动应急水量调度方案，于6月20日8时使渭河华县水文站流量回升到53.6立方米每秒，避免了渭河断流的发生。

2008年1月，陕西省人民政府常务委员会审议通过《陕西省渭河水量调度办法》，并以省人民政府130令颁布，2008年3月1日实施。

2010年12月，陕西省江河水库管理局编制的《陕西省渭河应急水量调度预案》和《陕西省渭河水量调度实施细则》通过陕西省水利厅审定，印发施行。渭河水量调度进入常态化，并为之后的江河水量调度工作提供了借鉴，积累了经验。陕西省于2017年和2019年分别启动汉江和嘉陵江水量调度，2022年扩展至无定河和伊洛河流域，实施调度管理的河流包括黄河干流、渭河、泾河、北洛河、汉江、嘉陵江、无定河、伊洛河等8条江河，占全省流域面积的80%，调度管理对象包括全省29条河流34个水文断面49处水工程。涉及渭河流域10条河流，包括13个水文断面和18处水工程：渭河干流（林家村、魏家堡、咸阳、临潼、华县断面）、泾河（张家山、桃园断面）、北洛河（交口河、庄头断面）、石川河（岔口断面）、黑河（黑峪口）、灞河（马渡王、常家湾断面）、千河、石头河、漆水河、泔河。宝鸡峡（林家村枢纽和魏家堡枢纽）、泾惠渠、石头河、交口抽渭、桃曲坡、冯家山、羊毛湾、黑河金盆、石堡川、洛惠渠、李家河水库、岱峪水库、汤峪水库、杨家河水库、泔河水库、泔河二库、南沟门水库等。

2023年12月，陕西省江河水库工作中心编制的《陕西省水资源调度管理办法》通过陕西省水利厅审定印发试行，进一步规范全省水资源调度工作。

第三节　取水监督管理

陕西省渭河取用水依据国务院颁布的《取水许可制度实施办法》和陕西省政府发布的《陕西省取水许可制度实施细则》实行取水许可制度，实行分级限额审批、发证和监督管理。

渭河干流河道管理范围内，地表水取水口设计流量10立方米每秒以上的农业取水或日取水量8万立方米以上的工业与城镇生活取水；地下水取水口（含群井）日取水量2万立方米以上的取水，由黄河水利委员会审核取水许可预申请、审批取水许可申请、发放取水许可证。

地表水取水口设计流量合计3立方米每秒（含3立方米每秒）以上的农业取水，设计日取水量合计2万立方米（含2万立方米）以上的工业与城镇生活取水，地下水设计日取水量合计1万立方米（含1万立方米）以上的取水，大型工业企业取水及陕西省政府批准的大中型建设项目取水，由陕西省人民政府水行政主管部门发放取水许可证和监督管理。

地表水取水口设计流量合计1～3立方米每秒的农业取水，设计日取水量合计1万～2万立方米的工业与城镇生活取水，地下水设计日取水量合计0.5万～1万立方米的取水和设区市人民政府所在地城市规划区内的取水，由设区市人民政府水行政主管部门发放取水许可证和监督管理（但由省人民政府水行政主管部门发放取水许可证的除外）。设区市人民政府水行政主管部门管理限额以下的取水，由县级人民政府水行政主管部门发放取水许可证和监督管理。

跨行政区域的取水，由所跨行政区域的共同上一级人民政府水行政主管部门发放取水许可证和监督管理。

第二章　防汛管理

渭河防汛管理重点记述防汛指挥体系、洪水预警机制、应急响应机制方面的组织体系、规章制度、实施预案与操作规程等方面的内容。

第一节　防汛指挥体系

依据《中华人民共和国防洪法》《中华人民共和国防汛条例》，渭河防汛工作实行各级人民政府行政首长负责制，实行统一指挥，分级分部门负责，各有关部门实行防汛岗位责任制。黄河流域管理机构和陕西省县级以上地方人民政府设立防汛抗旱指挥机构，负责本区域的防汛工作。其他有关部门和单位根据需要设立防汛抗旱指挥机构，负责本部门和本单位防汛工作。

一、黄河防汛抗旱总指挥部

黄河流域设立黄河防汛抗旱总指挥部（简称黄河防总），负责落实国家防汛抗旱总指挥部（简称国家防总）以及水利部防汛的有关要求，执行国家防总指令，指挥协调所管辖范围内的防汛工作。黄河防总由有关省、自治区、直辖市人民政府和黄河水利委员会等有关单位以及相关战区或其委托的单位负责人等组成，其黄河防总办公室设在黄河水利委员会。国家防总相关指令统一由水利部下达到各黄河防总及其办事机构执行。

二、省防汛抗旱总指挥部

省政府设立省防汛抗旱总指挥部(简称省防总)，负责领导、组织全省的防汛抗旱工作，其办事机构省防总办公室(简称省防办)，2018年以前设在水利厅，2018年9月机构改革后，设在省应急管理厅。省防总由省长任总指挥长，分管应急管理工作的副省长、分管水利工作的副省长和省军区分管副司令员任副总指挥长，省政府分管副秘书长、省应急管理厅厅长、省水利厅厅长任指挥长，省应急管理厅分管副厅长任秘书长，省自然资源厅、省水利厅、省气象局分管负责同志任副秘书长。省发展和改革委员会、省教育厅、省工业和信息化厅、省公安厅、省财政厅、省住房和城乡建设厅、省交通运输厅、省农业农村厅、省商务厅、省文化和旅游厅、省卫生健康委员会、省广播电视局、省通信管理局、省能源局、省军区战备建设局、武警陕西省总队、民航西北地区管理局、中国铁路西安局集团有限公司、国网省电力有限公司、陕西黄河河务局、省水文水资源勘测中心、陕西省消防救援总队、省电信公司、省联通公司、省移动公司为指挥部成员单位。省防办由应急管理厅分管副厅长兼任办公室主任，省应急管理厅防汛抗旱处负责同志兼任常务副主任。

三、省防总防汛职责

（1）贯彻执行党中央、国务院防汛方针政策和法律法规，落实国家防汛抗旱总指挥部和省委、省政府对防汛工作的决策部署；

（2）领导指挥全省防汛工作，充分发挥在防汛工作中的牵头抓总作用，强化组织、协调、指导、督促职能；

（3）研究拟订全省防汛法规规章、制度规定、规程标准和发展规划计划并监督实施；

（4）建立健全以行政首长负责制为核心的防汛工作责任制，督促重点地区、城市和主要江河湖泊、重要水工程防汛责任人落实责任；

（5）组织制定全省防汛应急预案，指导编制重要江河湖泊和重要水工程防御洪水方案、洪水调度方案、应急水量调度方案等；

（6）组织开展防汛检查，指导督促洪涝灾害风险隐患排查整改治理；

（7）负责防汛专家队伍组建管理，协调指导洪涝灾害应急抢险救援队伍建设并组织预案技术交底等；

（8）负责防汛物资、装备、设施、设备等采购储备、调度配送、补充更新等；

（9）及时掌握发布汛情、灾情，组织指导重大洪涝灾害调查评估工作；

（10）组织汛情和灾情会商研判、应对处置、指挥调度，指导协调洪水灾害防治和应急抢险救援工作；

（11）组织协调洪涝灾害防治和防汛指挥系统工程建设，负责应急度汛、抢险救灾、水毁修复、物资储备和能力建设等防汛资金计划和使用管理；

（12）组织协调灾区群众恢复和发展生产。

四、省防办防汛职责

（1）承担省防总日常工作，协调省防总成员单位（部门）工作；

（2）组织、指导、协调、督促全省防汛工作；

（3）组织、指导全省防汛预案方案修编演练，负责有关防汛预案和调度方案审查、审批工作；

（4）协调指导重要江河湖泊和重要水工程防御洪水、抗御洪灾调度以及应急水量调度工作；

（5）负责全省汛情、灾情等统计、报告、发布；

（6）指导协调相关部门做好洪水灾害防治工作；

（7）协调指导洪涝灾害应急抢险救援工作；

（8）负责省级防汛抢险物资储备、更新、调配和资金管理，指导市、县防汛抢险物资储备和防汛抢险队伍建设管理；

（9）组织开展防汛准备、检查和考核、表彰工作，组织指导重大洪涝灾害调查评估工作；

（10）负责防汛专项资金计划管理和防汛应急工程建设管理工作；

（11）指导协调省防汛抗旱保障中心、省防汛抗旱物资管理中心工作；

（12）完成省防总领导交办的其他任务。

五、省防总主要成员单位防汛职责

省水利厅负责水利系统的防汛工作，负责水情的监测、预报、预警和发布工作；组织编制重要江河湖泊和重要水工程的防御洪水方案，按程序报批并组织实施；承担防御洪水应急抢险的技术支撑工作，组织编制洪水灾害防治规划和防护标准并指导实施。其他各成员单位在省防总统一指挥下，各负其责。

六、市级防汛职责

按照各市人民政府办公室《印发防汛应急预案和抗旱应急预案的通知》，各市辖区内渭河洪水防御工作由市防汛抗旱指挥部（简称市防指）负责。

市水利（水务）局负责水利系统的防汛工作，负责库坝和水电站水情工情的监测、预报、预警和发布工作；组织编制防御洪水方案，按程序报批并组织实施；组织水利工程管护巡查和险情处置，承担防御洪水应急抢险的技术支撑工作。

七、陕西黄河河务局、省江河水库工作中心职责

陕西黄河河务局、省江河水库工作中心负责所辖河道水工程设施的管理维护，保证其安全正常运行；负责河道防洪工程的立项申报和组织施工；负责洪水跟踪监测，巡堤查险和抢险技术指导，组织人力、物料协助当地政府搞好抗洪抢险工作。黄河陕西河务局负责抢堵专业指挥部的牵头工作。

八、县级防汛指挥机构

沿渭有防汛任务的县级地方人民政府设立防汛抗旱指挥部，在上级防汛抗旱指挥机构和本级人民政府的领导下，强化组织、协调、指导、督促职能，指挥本地区的渭河防汛工作。防汛抗旱指挥部由本级人民政府和有关部门、当地解放军和武警部队等有关单位负责人组成。防汛压力大、病险水库多、抢险任务重、抗旱任务重的地方，政府主要负责同志担任防汛抗旱指挥部指挥长。

乡镇一级人民政府根据当地实际情况明确承担防汛工作的机构和人员。

第二节　洪水预警机制

当渭河可能出现洪水时，各级水利部门按照规定做好洪水监测预报，及时向同级防汛抗旱指挥机构报告实时水位、流量信息和洪水预测预报，为预警提供依据。跟踪分析渭河洪水发展趋势，及时滚动预报最新水情，为防汛指挥调度和抗洪抢险提供基本依据。

各级水利部门确定渭河洪水预警区域、级别和洪水监测预报信息，及时向有关部门和社会发布。当预报渭河主要水文站洪水流量在省级指挥调度量级以下时，由沿渭市、县、区水利部门向防汛抗旱指挥机构发送水情预报。当预报渭河主要水文站洪水流量达到或超过省级指挥调度量级时，由省水利厅做出水情预报意见，经省防总会商后发送沿渭市、县、区防汛抗旱指挥机构。

指挥调度权限：当林家村站≥ 4360 立方米每秒、魏家堡站≥ 5300 立方米每秒、咸阳站≥ 6840 立方米每秒、临潼站≥ 10100 立方米每秒、华县站≥ 8530 立方米每秒，由省防总负责指挥，市、县（区）防指负责组织实施。当 3210 立方米每秒≤林家村站 <4360 立方米每秒、4050 立方米每秒≤魏家堡站 <5300 立方米每秒、5100 立方米每秒≤咸阳站 <6840 立方米每秒、8360 立方米每秒≤临潼站 <10100 立方米每秒、7160 立方米每秒≤华县站 <8530 立方米每秒，由市防指负责指挥，县（区）防指负责组织实施。当 2500 立方米每秒≤林家村站 <3210 立方米每秒、2000 立方米每秒≤魏家堡站 <4050 立方米每秒、3000 立方米每秒≤咸阳站 <5100 立方米每秒、3000 立方米每秒≤临潼站 <8360 立方米每秒、2500 立方米每秒≤华县站 <7160 立方米每秒，由县（区）防指负责指挥并组织实施。

各新闻主管部门应利用新闻媒体及时发布预报预警信息，提醒群众做好洪水灾害防范。发生跨区域的洪水灾害，渭河洪水灾害将影响到邻近行政区域的，当地防汛抗旱指挥机构在报告同级政府和上级防汛抗旱指挥机构的同时，应及时向渭河下游受影响地区防汛抗旱指挥机构通报洪水信息。

渭河洪水预警支持系统包括防汛信息系统和洪水风险图。各级防汛抗旱指挥机构和应急管理部门会同自然资源、水利、气象等部门建立防汛应急信息平台，健全汛情监测预警报告制度，落实防汛信息资源共享机制，满足防汛指挥需要。各级防汛抗旱指挥机构应组织有关防洪工程管理单位、行业部门编制本地区的渭河洪水风险图、城市洪水风险图、水库（水电站）洪水风险图，作为防汛抗洪和群众安全转移的决策依据。

第三节 应急响应机制

一、总体要求

根据洪水灾害的严重程度和影响范围，渭河防汛应急响应分为四级，分别是：Ⅰ级、Ⅱ级、Ⅲ级和Ⅳ级。发生设防标准内洪水，有关行业主管部门负责洪水调度和工程抢险；发生超设防标准洪水，各级防汛抗旱指挥机构按照分级指挥权限，统一指挥调度和组织抗洪抢险。

进入汛期，各级防汛抗旱指挥机构及有关成员单位实行 24 小时值班制度，全程跟踪雨情、水情、险情、灾情，并根据不同情况启动相关应急程序。省防总成员单位启动防汛相关应急响应时，应及时通报省防总。省防总各成员单位应按照统一部署和任务分工开展工作并及时报告有关工作情况。

渭河洪水灾害发生后，由地方人民政府和防汛抗旱指挥机构负责组织实施抢险救灾和防灾减灾等方面的工作。灾害应对关键阶段，应有党政负责同志在防汛抗旱指挥机构坐镇指挥，相关负责同志根据预案和统一安排靠前指挥，确保防汛抢险救灾工作有序高效实施。

渭河洪水灾害发生后，沿渭防汛抗旱指挥机构应及时向同级政府和上级防汛抗旱指挥机构报告情况。造成人员伤亡的可越级上报。任何个人发现堤防、林家村水库发生险情时，应立即向水利部门和防汛抗旱指挥机构报告。

二、应急响应

（一）Ⅰ级响应

当发生下列情况之一者，由省防总决定启动渭河Ⅰ级响应：

①预报渭河林家村站发生大于或等于5950立方米每秒流量的洪水；魏家堡站发生大于或等于6560立方米每秒流量的洪水；咸阳站发生大于或等于8160立方米每秒流量的洪水；临潼站发生大于或等于12400立方米每秒流量的洪水；华县站发生大于或等于10300立方米每秒流量的洪水；②渭河干流城市河段堤防发生决口。

（二）Ⅱ级响应

当发生下列情况之一者，由省防总决定启动渭河Ⅱ级响应：

①预报渭河林家村站发生大于或等于4360立方米每秒、小于5950立方米每秒流量的洪水；魏家堡站发生大于或等于5300立方米每秒、小于6560立方米每秒流量的洪水；咸阳站发生大于或等于6840立方米每秒、小于8160立方米每秒流量的洪水；临潼站发生大于或等于10100立方米每秒、小于12400立方米每秒流量的洪水；华县站发生大于或等于8530立方米每秒、小于10300立方米每秒流量的洪水；②渭河干流一般河段堤防发生决口；③渭河干流林家村水库发生重大险情。

（三）Ⅲ级响应

当发生下列情况之一者，由市防指决定启动本辖区渭河Ⅲ级响应，并上报省水利厅和省防总：

①预报渭河林家村站发生大于或等于3210立方米每秒、小于4360立方米每秒流量的洪水；魏家堡站发生大于或等于4050立方米每秒、小于5300立方米每秒流量的洪水；咸阳站发生大于或等于5100立方米每秒、小于6840立方米每秒流量的洪水；临潼站发生大于或等于8360立方米每秒、小于10100立方米每秒流量的洪水；华县站发生大于或等于7160立方米每秒、小于8530立方米每秒流量的洪水；②渭河干流重要河段堤防出现重大险情；③中型水库出现严重险情；④其他需要启动Ⅲ级响应的情况。

（四）Ⅳ级响应

当发生下列情况之一者，由沿渭县（区）防指决定启动本辖区渭河Ⅳ级响应，并上报市防指、省水利厅和省防总：

①预报渭河林家村站发生大于或等于2500立方米每秒、小于3210立方米每秒流量的洪水；魏家堡站发生大于或等于2000立方米每秒、小于4050立方米每秒流量的洪水；咸阳站发生大于或等于3000立方米每秒、小于5100立方米每秒流量的洪水；临潼站发生大于或等于3000立方米每秒、小于8360立方米每秒流量的洪水；华县站发生大于或等于2500立方米每秒、小于7160立方米每秒流量的洪水；②渭河堤防发生重大险情。

第三章　水法规制度建设

渭河处于关中核心地带，历史上长达1100多年处于京畿之地，水事纠纷较多，因之用水法规制度成为现实的迫切需要。中国最早的水法——唐《水部式》即对关中用水作了较多规定。如规定郑白渠等大型渠系的配水工程均应设置闸门；闸门尺寸要由官府核定；关键的配水工程定有分水比例；干渠上不许修堰壅水，支渠上只许临时筑堰；灌区内各级渠道控制的农田面积要事先统计清楚；灌溉用水实行轮灌，并按规定时间启闭闸门等。明清亦有一些规定。民国二十一年（1932年）7月，《陕西水利通则》公布。这些涉及渭河的法规制度，对解决当时渭河用水及治理矛盾等发挥了一定作用，支撑了当时经济社会有序发展。新中国成立后，渭河治理法治建设逐步探索和完善，特别是20世纪90年代以来，水利事业纳入法治轨道，依法治水、依法管理、依法行政不断推进，体制机制逐步理顺，涉水法律体系不断完善，陕西省人民代表大会常务委员会及省政府相继制定公布了法律、行政法规的实施办法及地方性法规、决议和政府规章。陕西省政府以及省水利厅和有关部门也制定发布了一系列执行水法规规章的规范性文件，构成了渭河流域管理的水法规制度体系。

第一节　河道管理法规

1963年9月，渭南市人民委员会颁布了《渭河防护大堤管理规定》。

1973年4月，渭南市颁发了《渭南县三门峡库区工程管理工作规定》。

1982年，渭南地区行政公署发布了《关于保护三门峡库区防护工程设施的通告》。

1984年9月，陕西省第六届人民代表大会常务委员会第八次会议批准《陕西省河道堤防工程管理规定》，9月12日公布施行。该规定共分七章二十六条。其主要内容明确规定了河道的主管权限和河流、滩地的所有权。

1996年4月，陕西省水利厅印发《陕西三门峡库区安全管理规定（试行）》；接着，华县、渭南市临渭区人民政府也分别颁布了《三门峡库区华县防洪工程安全管理办法》和《三门峡库区渭南市临渭区防洪工程安全管理办法》。

1996年9月，陕西省第八届人民代表大会常务委员会第二十一次会议通过公布施行的《陕西省水工程管理条例》。

1997年6月，陕西省防总发布《陕西省三门峡库区防汛职责若干规定》。

1998年8月，陕西省第九届人民代表大会常务委员会第四次会议通过了《陕西省渭河流域水污染防治条例》。

1999 年 5 月，陕西省政府办公厅发布《陕西省三门峡库区渭河下游干支流河道管理和防汛职责》；

1999 年 8 月，陕西省水利厅印发《陕西省堤防工程建设管理办法（试行）》。

1999 年 9 月，陕西省第九届人民代表大会常务委员会第十一次会议通过公布施行的《陕西省实施〈中华人民共和国防洪法〉办法》，明确省三门峡库区管理机构按照省人民政府划定的管理权限依法实施管理。

2000 年 12 月，陕西省第九届人民代表大会常务委员会第十九次会议通过公布施行的《陕西省河道管理条例》总则第四条中明确规定：省三门峡库区管理机构在三门峡库区范围内，行使省水行政主管部门的库区管理职责及国家流域管理机构赋予的管理职责。

2001 年 7 月，陕西省水利厅陕水发〔2001〕41 号颁发了《陕西省水利厅行政执法责任制实施办法》，其中规定了陕西省三门峡库区管理机构的执法职责为：负责库区水工程设施的保护和水工程保护区的监督管理；负责管理范围内开发建设项目的监督管理；在授权范围内查处涉及水工程安全的违法案件，调处水事纠纷。

2004 年 6 月，《陕西省河道采砂管理办法》经陕西省政府第 12 次常务会议审议通过。

2006 年 11 月，陕西省水利厅印发《陕西省入河排污口监督管理细则》。

2006 年 12 月，陕西省水利厅印发《陕西省渭河水量调度暂行办法》。

2008 年 3 月，陕西省人民政府令第 130 号发布《陕西省渭河水量调度办法》。

2010 年 4 月，陕西省水利厅发布《陕西省占用损毁河道工程及防洪影响补偿办法》。

2012 年 11 月，陕西省第十一届人民代表大会常务委员会第三十二次会议审议通过并公布《陕西省渭河流域管理条例》，自 2013 年 1 月 1 日起施行。条例分总则、规划管理、水资源管理、水污染防治、防洪管理、河道管理、生态建设和保护、管理监督、法律责任、附则共 10 章 74 条，对完善流域管理与区域管理相结合的管理体制，保护水资源，防治水害，改善水生态环境，确保渭河流域及陕西经济社会可持续发展具有重要作用。该条例为全国流域管理综合性立法首例，受到水利部和黄河水利委员会的肯定。

2011 年 6 月，陕西省水利厅印发《渭河护堤地护岸地建设保护规定》。

2020 年 3 月，陕西省渭河生态区管理委员会印发《关于加强渭河生态区保护和管理工作的指导意见》，要求建立健全渭河生态区管理机构和体系，全面落实渭河生态区建设总体规划，严格生态区项目管理，强化日常监督管理。

2022 年 12 月 1 日，陕西省第十三届人民代表大会常务委员会第三十七次会议修订发布《陕西省渭河保护条例》，2023 年 4 月 1 日起施行。条例是《中华人民共和国黄河保护法》通过后，黄河流域 9 省（区）出台的第一部保护黄河重要支流的省级地方性法规，包括总则、规划与管控、生态保护与修复、水资源节约集约利用、防洪安全、水污染防治、渭河生态区管控、促进高质量发展、文化保护传承弘扬、保障与监督、法律责任、附则 12 章，共 117 条。

第二节　水政执法

一、执法队伍

陕西省水利厅是地方国家行政机关，属法定执法机关，其内设承担执法职责的机构有综合执法机构和专项执法机构。厅河湖运行处、水旱灾害防御处负责河道管理方面的水行政执法。省渭河流域管理机构，经《陕西省渭河保护条例》授权，负责渭河生态区、渭河流域管理方面的水行政执法。各设市区、县（市、区）均有水利（水务）局，负责本行政区域范围内的水行政执法。

二、专项执法

一般每年从五六月开始，陕西省水利厅都要组织或与其他部门联合开展一次河道清障专项执法行动，集中时间和力量对河道内人为设障、违法开采砂石及损毁堤防工程等影响防洪安全的违法行为进行集中查处。

三、水事纠纷调查处理

（一）周（至）、武（功）河段纠纷

周至县位于渭河南岸，县境内渭河全长 46.3 千米，与武功县南北相对段长 25.6 千米。1949 年 8 月，咸阳行政专员公署决定将武功河南岸的三厂区划归周至，但武功在河南岸 5450 米河段内仍有耕地 5000 多亩，形成周至、武功县界犬牙交错状态。1954 年洪水导致渭河主流北移，北岸崩塌，南岸涸出大片滩地，两岸争种滩地纠纷频发，修建阻水工程针锋相对，互不相让，严重影响行洪。

1954—1980 年，周至、武功两县未能完全按照“64 规划”与“72 规划”修建治河工程，违规越线突出。至 1978 年，周至与武功对应的 25.6 千米河段修建超线违章工程 15 处，共长 9375 米，武功县超线违章工程共 22 处，共长 6890 米，1978 年 2 月，中共陕西省委发出限期拆除周至、武功违章工程的电报。1980 年，陕西省水电局提出于年底全部拆除周至、武功间段违章工程具体实施计划，但至 12 月底，仅有少量拆除，矛盾依然存在。1985 年 8 月，陕西省人大常委会副主任余明，常委李浩、范云轩及陕西省水利水土保持厅厅长曹延甫，察看了周至、武功河段的违章工程，要求两县人大常委会负起监督贯彻《陕西省河道堤防工程管理规定》的职责，之后，副省长张斌又专门召集两县负责人具体研究部署清障工作，并由省防汛指挥部发出了《关于坚决清除周、武两县渭河河道行洪障碍的函》。同年 8 月中旬至 9 月底，两县动员千余名群众，出动 10 多台推土机，共清除违章丁坝 7 座，长 3170 米，阻水林草 3 处共 2000 亩，砍伐阻水林木 24 万株。

（二）鸣放堰用水纠纷

1957 年，周至县城关公社渭洲大队于周武渭河大桥上游南岸穿过武功县乔寨大队耕地修建了一条无坝引水堰，名鸣放堰，引洪淤灌周至县城关公社渭洲大队滩地 300 亩、武功县大庄公社乔寨大队滩地 800 亩。因乔寨大队上延引洪渠在鸣放堰上架渡槽 1 座，为占地赔偿和用水问题两队经常发生纠纷，经陕西省水电局多次派人调解、协商，未能取得进展。1973 年 3 月，陕西省农办主任鱼得江带领工作组，会同宝鸡市委副书记韩民栋、咸阳地区革委会副主任杭尚增，以及周至、武功两县领导，经现场调查、测量、研究，形成了《关于处理周至武功两县三处纠纷问题的纪要》，提出“将鸣放堰交武功县乔寨大队使用，将渭惠北堰交周至县渭洲大队使用”。不但未能贯彻执行，还在 1974 年 5 月发生更严重的群众斗殴，双方共打伤 30 多人。之后，中共陕西省委第一书记李瑞山、副书记霍士廉先后两次召集宝鸡市、咸阳地委、周至县、武功县的领导听取意见，研究解决办法。至 1982 年 5 月 14 日，双方就渭惠北堰交渭洲大队使用问题达成协议。6 月 15 日，陕西省人民政府办公厅《关于开通渭惠北堰有关问题协议纪要的通知》中，就有关问题作了明确规定。同年 9 月，渭惠北堰正式交渭洲大队使用，并改称渭州堰。

（三）周（至）、扶（风）围堤纠纷

1972 年编制的《渭河中下游主河道治理规划》规定，位于周至、扶风之间的柳林滩种马场河段河宽为 1700 米。1973 年冬，扶风县在北岸修建了 2500 米的揉谷围堤。1974 年春，周至县在南岸修建了 810 米长的红旗围堤，进一步束窄河槽，形成卡口，严重影响行洪。1974 年 9 月，陕西省水电局根据两县已建工程现状，补定了马场河段两岸的整治线。1975 年 8 月 16 日，中共陕西省委转发省水电局《关于渭河马场段治理和鸣放堰用水问题的报告》，明确规定马场河段工程由国家出资，其上段 1360 米由宝鸡市组织加高增厚，下段由周至县改建完成，较快解决了两县围堤纠纷。

四、典型水事案件查处

（一）河道清障

陕西河道设障碍洪工程，主要集中在渭河中下游段沿河两岸，周至、鄠邑区、扶风、武功、兴平、蓝田、灞桥等县（区）的滩区和汉江水系一些采金地段。1954 年，陕西全省发生较大洪涝灾害后，省水利部门于 1964 年、1972 年相继制定了《渭河中游治理规划》和《渭河下游主河道治理规划》，汉中地区也于 1974 年提出汉江部分河段治理规划。在实施规划时，与河争地，随意缩窄河床，修建挑流、阻水工程现象比较突出。据 1974 年 7 月调查，仅渭河中游两岸就有阻水挑流工程 31 处，长 12.69 千米，不仅影响行洪，而且两岸群众争滩纠纷时有发生，经有关部门多次出面解决，收效甚微。1984 年，陕西省人民代表大会常务委员会颁布《陕西省河道堤防工程管理规定》（简称《规定》），陕西省政府于 1986 年批转了陕西省水利水土保持厅制定的《陕西省河道清障工作实施规划》，在省防汛指挥部的督促指导和地（市）、县防汛部门的努力下，清障工作取得了较大进展，基本解决了长期存在的碍洪工程与两岸争滩问题。据 1993 年统计，自《规定》实施以来，渭河中下游共清除河道违章工程 19.4 千米，房屋 199 间，阻水林草 3189 亩，各类堆积物 51.7 万立方米；依法处理其他河道设障案件 134 起，清除碍洪物 28 万立方米。

河道清障中加大了碍洪工程清理的力度。1986—1987 年，由陕西省防汛、城建、交通等部门联合成立碍洪桥改建领导小组和办公室，抽调专人，约投资 1 亿元，分别对宝鸡市金陵河宝十公路桥、宝成铁路渭河桥、渭河公路老桥，以及泾河铁路桥、泾河公路桥等

15 座碍洪桥进行了不同程度的改建或拆除。

（二）宝鸡啤酒厂违法在河道修建污水处理氧化塘案

1996 年 3 月，宝鸡啤酒厂按照国家河道管理范围内建设项目管理的有关规定，向宝鸡县水利局提交了在渭河北岸光芒段护堤地内修建污水处理氧化塘工程的申请，经县、市两级水行政主管部门初审后报陕西省水利厅审批。1996 年 8 月，陕西省水利厅依据《中华人民共和国河道管理条例》《陕西省河道堤防工程管理规定》批复：不同意在渭河北岸光芒段护堤地内修建宝鸡啤酒厂及虢镇车站地区污水处理氧化塘工程，考虑到宝鸡啤酒厂及虢镇车站地区污水处理问题长期得不到解决，同意该项污水处理工程占用护堤地以外（距离堤坡脚 50 米）安全保护范围内的土地，但要更改设计方案，重新履行报批手续。1997 年 9 月，宝鸡啤酒厂在未重新履行报批手续的情况下，擅自动工在渭河北岸光芒段护堤地内开挖长 1450 米、宽 88 ~ 188 米、深约 3 米的污水处理氧化塘，其中占用护堤地 7 公顷，并利用渭河大堤作为氧化塘的堤岸。宝鸡县水利局发现这一情况后，立即赴现场制止，并于 9 月 25 日致函宝鸡啤酒厂，要求立即停止违法行为。但啤酒厂置之不理，继续加紧施工。1997 年 10 月 10 日，陕西省水利厅发现这一情况后，一方面责成有关水行政主管部门进行查处，另一方面派专人赴啤酒厂宣传法律法规、陈述利害关系，要求啤酒厂立即停工，以免造成更大的损失。10 月 31 日，陕西省水利厅就此问题向省政府做了专题报告，并向国家防总、水利部、黄河水利委员会、省委、省政府发了送阅件。此事引起省政府有关领导的高度重视。程安东省长批示“请组织现场调查研究处理，决不能碍洪”。王寿森副省长批示：渭河过去清障有过教训，务必总结经验，坚决依法办事。但啤酒厂仍继续加紧施工，于 1997 年 12 月底前将主体工程突击完成，造成既成事实。为了落实省政府领导的批示，1998 年 1 月 23 日，省水利厅、建设厅、法制局组成执法检查组对氧化塘工程进行了检查，责令啤酒厂限期改建。

1998 年 5 月 14 日，宝鸡啤酒厂又在未得到陕西省防汛指挥部同意的情况下，强行在渭河大堤上开挖两处宽 16 米、深 6 米的缺口，用于建造氧化塘排水闸门，又一次违反了《中华人民共和国防洪法》和《中华人民共和国河道管理条例》的有关规定。鉴于啤酒厂违法行为的严重性和复杂性，1998 年 5 月 14 日，陕西省水利厅决定依法立案查处。5 月 15 日，陕西省水利厅发出《责令改正通知书》；5 月 16 日、17 日，陕西省防总两次发出明传电报要求宝鸡市政府、市防汛指挥部责成啤酒厂停止违法行为，恢复堤防原状；5 月 17 日陕西省电视台对该违法事件进行了公开曝光；5 月 22 日，国家防汛总指挥部领导做出批示，要求陕西省立即依法严肃查处。迫于各种压力和水行政主管部门的坚决态度，5 月 23 日，啤酒厂仅对大堤上的缺口进行了回填、封堵，但主体工程的改建仍没有任何行动。

1998 年 5 月 27 日，中央电视台在一、二、三套节目和《新闻联播》中连续数次播出宝鸡啤酒厂违法侵占渭河大堤护堤地修建污水处理氧化塘的报道后，陕西省水利厅于 5 月 29 日向程安东省长、王寿森副省长作了书面汇报，并提出了水利厅的处理意见。在随后的 3 个多月中，陕西省水利厅为落实省政府领导批示，尽快依法解决问题，一方面多次与宝鸡市政府、宝鸡市啤酒厂联系、协商，以使问题能够得到妥善解决；另一方面，积极组织水政监察执法人员多次赴案发现场调查事实，搜集证据后，向啤酒厂发出了《行政处罚听证告知书》，为通过法律途径解决问题做好准备。1998 年 9 月 6 日，中央电视台《焦点访谈》对宝鸡啤酒厂违法修建氧化塘并拒绝纠正一事进行了报道。9 月 7 日，朱镕基总理做出严肃批示，同日，水利部、国家防汛总指挥部派出工作组会同陕西省水利厅、宝鸡市政府就落实总理批示，采取果断措施依法退建，责令宝鸡啤酒厂必须在规定时间内完成退建任务。9 月 20 日，氧化塘主体工程被迫后退 30 米改建。至此，这一持续一年多的违法行为得到纠正。

（三）河道违法采砂案

2013—2014 年，渭河流域管理局对渭南徐某等 3 起典型违法采砂行为予以立案查处，因其违法行为严重，涉嫌“破坏、盗窃国家矿产资源罪”移交地方公安局立案查处，有效遏制了渭河河道内一度猖獗的违法采砂活动。

1. 徐某非法采砂案

自 2013 年 10 月中旬起，徐某两艘采砂船进入渭河河道从事非法采砂作业，陕西省渭河流域水政监察支队第一大队执法人员多次制止，10 月 23 日，遂向其发送了《责令停止违法行为通知书》，11 月 22 日发送了《关于违法采砂机械设备限期撤离河道安全管理范围的紧急通知》，11 月 28 日，省渭河流域管理局组织专项执法行动，对其分筛机电机、变速箱、抽砂管道设备予以拆除并先行登记保存。后徐某继续从事非法采砂活动。2014 年 1 月 16 日，渭南河务局拆除其分筛机电机和减速箱，并对装载机予以先行登记保存。之后，徐某仍继续从事非法采砂活动，1 月 24 日，渭南河务局对其砂场售砂票本予以收缴，并对违法现场勘查确认，采砂现场洗砂设备 2 台，堆放砂石 2 堆，砂石量 3.01 万立方米。因违法当事人违法采砂数量较大，涉及破坏、盗窃国家矿产资源罪，2014 年 2 月 12 日，陕西省渭河流域管理局按照相关规定，将案卷资料移交渭南市公安局立案查处，并报渭南市检察院备案。

2. 党某非法采砂案

2013 年 10 月 20 日，陕西省渭河流域水政监察支队第一大队执法人员在渭河临渭区段巡查中发现，渭南市高新区西庆屯党某在该河段从事非法采砂作业，执法人员进行了现场制止。10 月 23 日，遂向其发送了《责令停止违法行为通知书》，责令停止违法行为。11 月 12 日，执法人员对其进行了书面谈话和现场制止，11 月 22 日向其发送了《关于违法采砂机械设备限期撤离河道安全管理范围的紧急通知》。12 月 15 日，执法人员对违法现场进行了勘查，确认采砂总量 1.69 万立方米。2014 年 1 月 17 日，执法人员拆除了洗砂设备，捣毁违法采砂船 2 只。1 月 25 日，执法人员对其采砂场进行检查，制止采砂行为，并进行询问记录，党某违法采砂行为停止。因违法当事人违法采砂数量较大，涉及破坏、盗窃国家矿产资源罪，2014 年 2 月 12 日省渭河流域管理局按照相关规定，将案卷资料移交渭南市公安局立案查处，并报渭南市检察院备案。

3. 赵某非法采砂案

2013 年 11 月 11 日，陕西省渭河流域水政监察支队第一大队水政执法人员在巡查中发现，渭南市临渭区孝义金滩河段有人从事非法采砂作业。经调查询问，违法行为系渭南市临渭区孝义镇赵某所为，遂向其发送了《责令停止违法行为通知书》。11 月 22 日，发送《关于违法采砂机械设备限期撤离河道安全管理范围的紧急通知》。其后，赵某将河道水域采砂船吊离上岸，停止违法采砂。2014 年 1 月 1 日起，赵某又开始违法采砂作业。1 月 16 日，第一大队执法人员强行拆除其采砂设备。1 月 25 日，经组织执法人员现场勘查，采砂总量约为 2.8 万立方米。因违法当事人违法采砂数量较大，涉及破坏、盗窃国家矿产资源罪，2014 年 2 月 12 日，陕西省渭河流域管理局按照相关规定，将案卷资料移交渭南市公安局立案查处，并报渭南市检察院备案。

第三节　机构与制度建设

陕西省江河水库工作中心（陕西省三门峡库区工作中心）是库区专管机构，在库区范围内，行使省水行政主管部门的库区管理职责及国家流域管理机构赋予的管理职责。其主要职责是：①贯彻执行《中华人民共和国水法》《中华人民共和国河道管理条例》等有关法律法规，负责库区河道管理行政执法工作。②编制库区治理规划并负责实施。③负责防洪排涝、河道整治、淤灌等库区内水工程的岁修、维护与管理。④负责库区河势与工情观测、水文勘测、泥沙分析、水情和洪水预报，配合地方政府制定和实施库区防汛、度汛方案及其他管理工作。陕西省三门峡库区管理局在工作实践中，根据黄河水利委员会、水利厅有关文件要求，制定了《三门峡库区工程管理工作规定》（1973 年 4 月）、《陕西三门峡库区工程管理办法（试行）》（1983 年 11 月）、《在建涉河建设项目监督管理办法（试行）》等一些配套规章制度，使工程管理工作逐步走上规范化、制度化，充分发挥了工程效益，有力地促进了库区经济社会的快速发展。

《陕西省渭河保护条例》2023 年 4 月 1 日施行后，陕西省渭河生态区保护中心制定了《陕西省渭河滩区治理与岸线利用项目建设管理办法》《陕西省渭河生态区建设项目管理办法》《陕西省渭河滩区治理与岸线利用项目技术论证规定》《陕西省渭河生态区基础设施建设项目生态评价与修复措施论证规定》《陕西省渭河防洪工程建设管理监督检查办法》《陕西省渭河生态区巡查工作制度》等，并于 2023 年 12 月 1 日执行。

第四章　基础管理工作

基础管理包括内容很多，本章重点记述近些年开展的渭河水流产权确权登记、岸线利用保护、涉河建设项目管理三个方面的工作。

第一节　水流产权确权登记

2015年9月，中共中央、国务院印发《生态文明体制改革总体方案》，要求对水流、森林、山岭、草原、荒地、滩涂等所有自然生态空间统一进行确权登记，逐步划清全民所有和集体所有之间的边界，划清全民所有、不同层级政府行使所有权的边界，划清不同集体所有者的边界，推进确权登记法治化。2016年11月，水利部、国土资源部联合印发《水流产权确权试点方案》（水规计〔2016〕397号），任务是水域、岸线等水生态空间确权和水资源确权，选择陕西省渭河开展水域、岸线等水生态空间确权试点。陕西省成立以分管副省长为组长的水流产权确权试点工作领导小组，10个省级部门和6个地方政府为成员单位，并将领导小组办公室设立在陕西省水利厅，落实了相关部门和地方责任分工。编制了《陕西省渭河水域、岸线等水生态空间确权登记实施方案》，明确了水流产权确权的具体工作内容和技术要求等，印发《陕西省渭河水流自然资源统一确权登记试点实施细则》，指导沿渭河各地开展确权登记工作。

一、工作底图测绘

按照地籍测绘要求开展了1：2000地形图测绘。地形图测绘采用低空摄影测量方法，测绘平面选择国家大地2000坐标系，高程选择1985国家高程基准，等高距为1米。实测面积1164平方千米，完成D级GPS测量361点，四等水准测量1118千米。

二、水域、岸线等生态空间范围划定

水域线采用堤防工程范围线，以堤防背水坡脚线向外侧扩展30 ~ 50米无堤段按照历史最高洪水位确定。岸线采用堤防安全保护范围线，以水域线向外侧扩展50米。依据《陕西省渭河生态区建设总体规划》划定的渭河生态区管理界线，结合各市区实际情况，以堤防背水坡脚向外侧扩展城市段200米、城市规划区1000米、农村段1500米控制，无堤段与岸线一致。行政管理界线按照国土部门地籍管理界线，结合民政部门行政区划，现场核实形成以县（区、市）为管理单元的行政管理区域。

（一）水域、岸线等水生态空间权属确定

结合《陕西省渭河水域、岸线等水生态空间确权登记实施方案》确定的以河道管理范

围为重点开展确权试点的具体要求，坚持保护相对完整的生态功能区和集中连片等原则划定渭河水流自然资源的登记单元。共划定渭河水流登记单元总面积 540.93 平方千米。

（二）水域、岸线等水生态空间监管机制

渭河水资源及水生态空间在法律性质上被赋予主权，省编办结合事业单位改革，在陕西省渭河生态区管理机构的基础上，加挂了陕西省渭河流域保护中心。陕西省水利厅在机构改革中，设立建设监督处（渭河生态区管理工作），从行政管理角度，加强对渭河生态区的管理。对水生态空间不同功能区提出了监管措施。陕西省公安厅组建了环境与食品药品犯罪侦查总队，开展渭河水生态空间违法行为联合执法，对涉河违法、非法占用水域、岸线等行为起到了强有力的震慑作用。

（三）水生态空间信息系统数据库

以智能化智慧化应用为核心，开发渭河生态区地理信息数据库，录入确权信息和数据，采集水生态空间信息，实现了渭河生态区“一张图”管理。

（四）存在问题

自然资源统一确权登记旨在查清国有自然资源的范围。《中华人民共和国宪法》第九条第一款规定：“矿藏、水流、森林、山岭、草原、荒地、滩涂等自然资源，都属于国家所有”，故所划定的渭河水流登记单元内应为国家所有，但在实际调查中，单元存在集体土地所有权、国有使用权、农村土地承包经营权、林权等多种权益。相关权益存在历史时间较长，关系着群众和部门等多方的利益，有待自然资源产权制度完善后逐步进行解决。

第二节　岸线保护利用

中共中央办公厅、国务院办公厅《关于全面推行河长制的意见》（厅字〔2016〕42 号），《关于在湖泊实施湖长制的指导意见》（厅字〔2017〕51 号），省委办公厅、省政府办公厅《陕西省全面推行河长制实施方案》（陕办字〔2017〕8 号），《关于实施湖长制的意见》（陕办字〔2018〕14 号）明确要求“开展河湖水域岸线登记，依法划定河湖及其水利工程管理范围和保护范围；科学编制岸线利用规划，严格划定岸线保护区、保留区、限制开发区、开发利用区”工作。2019 年 3 月 25 日，水利部办公厅印发了《河湖岸线保护与利用规划编制指南（试行）》（办河湖函〔2019〕394 号），要求各地高度重视，根据该指南并结合河湖岸线管理实际，抓紧组织开展河湖岸线保护与利用规划编制工作。按照河道管理权限划分，渭河上中游岸线保护利用规划由陕西省负责，渭河下游岸线保护利用规划由黄河水利委员会负责。

《渭河上中游岸线保护利用规划》确定的规划范围为陕西省境内渭河咸阳陇海铁路桥以上干流河段，河道总长 304 千米，左岸岸线长度 305.0 千米，右岸岸线长度 236.3 千米，涉及宝鸡市、咸阳市、西安市、杨凌示范区、西咸新区等 5 市（区）的 15 个县（区）。现状基准年为 2018 年，规划水平年为 2030 年。共划分各类岸线分区 40 段，岸线总长约 541.3 千米，其中保留区 14 段，岸线长度约 194.8 千米，占比 35.99%；控制利用区

14 段，岸线长度约 150.6 千米，占比 27.82%；开发利用区 12 段，岸线长度约 195.9 千米，占比 36.19%。

《黄河流域重要河道岸线保护与利用规划》确定渭河咸阳铁桥以下河段，河道总长 208 千米，临水边界线长 339.14 千米，其中左岸长 169.41 千米，右岸长 169.72 千米。外缘边界线长 316.46 千米，其中左岸长 161.45 千米，右岸长 155.01 千米。咸阳至西安界为控制利用区，西安至渭南界为保留区，渭南以下为控制利用区。

第三节　涉河建设项目管理

渭河按上中游和下游划分，涉河建设项目管理涉及省、市、县水行政主管部门，陕西省三门峡库区管理机构，渭河流域管理机构，渭河生态区保护机构，黄河水利委员会黄河上中游管理局、黄河水利委员会等单位。自 1997 年《中华人民共和国防洪法》颁布开始逐步得到加强，并按照新时期河湖管理要求进一步规范化。

1997 年 8 月 29 日，第八届全国人民代表大会常务委员会第二十七次会议通过的《中华人民共和国防洪法》第二十七条规定“建设跨河、穿河、穿堤、临河的桥梁、码头、道路、渡口、管道、缆线、取水、排水等工程设施，应当符合防洪标准、岸线规划、航运要求和其他技术要求，不得危害堤防安全、影响河势稳定、妨碍行洪畅通；其工程建设方案未经有关水行政主管部门根据前述防洪要求审查同意的，建设单位不得开工建设”。

1992 年 4 月 3 日，水利部、国家计划委员会依据《中华人民共和国防洪法》《中华人民共和国水法》《中华人民共和国河道管理条例》，印发《河道管理范围内建设项目管理的有关规定》（水政〔1992〕7 号），明确在河道（包括河滩地、湖泊、水库、人工水道、行洪区、蓄洪区、滞洪区）管理范围内新建、扩建、改建的建设项目，包括开发水利（水电）、防治水害、整治河道的各类工程，跨河、穿河、穿堤、临河的桥梁、码头、道路、渡口、管道、缆线、取水口、排污口等建筑物，厂房、仓库、工业和民用建筑以及其他公共设施等建设项目，必须按照河道管理权限，经河道主管机关审查同意后，方可开工建设。

1993 年 5 月 27 日，水利部印发《关于黄河水利委员会审查河道管理服务内建设项目权限的通知》（水政〔1993〕263 号），明确渭河（含泾河）河道管理范围内，各部门兴建的各类大中型建设项目，三门峡水库渭河库区河道管理范围内各部门兴建的所有各类建设项目，须经黄河水利委员会审查同意后，方可按照基本建设程序履行审批手续。

1993 年 11 月 29 日，黄河水利委员会颁发《黄河流域河道管理范围内建设项目管理实施办法》（黄水政〔1993〕35 号），明确渭河耿镇桥以上（含泾河）河道管理范围内兴建大型建设项目，分别由地方省级河道主管机关提出意见，经黄河水利委员会黄河上中游管理局初审后，报黄河水利委员会审查；兴建中型建设项目，分别由地方省级河道主管机关提出意见，报黄河水利委员会黄河上下游管理局审查。渭河干流耿镇桥以下至吊桥工程处（包括该段三门峡库区）管理范围内兴建各类建设项目，由陕西三门峡库区管理局提出意见，报黄委审查。建设项目经批准后，建设单位必须将批准文件和施工安排、施工期间度汛方案、占用河道管理范围内土地情况，报送负责建设项目立项审查的河道主管机关或其委托的河道管理部门审核，经审核同意后发给河道管理范围内施工许可证，建设单位方可组织施工。因建设项目的兴建，占用、损坏河道管理范围内滩地、工程设施，降低工程效益及防御洪水标准的，应采取补救措施或按规定给予赔偿；施工期间施工区的防汛任务由建设单位承担，确保防洪安全。建设项目施工中，由发放河道管理范围内施工许可证的河道主管机关，对该建设项目是否按审查意见和批准的施工安排施工，组织检查监督。建设项目竣工后，需经填发审查同意书的河道主管机关或其委托的河道管理部门检验合格后方可启用。

2004 年 7 月 28 日，水利部办公厅印发《河道管理范围内建设项目防洪评价报告编制导则（试行）》（办建管〔2004〕109 号）渭河涉河建设项目申报审查的防洪评价报告均按此文编制。

2007 年 12 月 29 日，黄河水利委员会印发《黄河河道管理范围内建设项目技术审查标准（试行）》（黄建管〔2007〕48 号），渭河咸阳铁桥以下河段的大中型建设项目，未来河道冲淤演变预测、重要技术指标（参数）的确定，应按照项目难易程度、影响大小及河道防洪的重要性等，通过实体模型试验或数学模型计算与原型资料分析相结合的方法取得。明确渭河下游修建桥梁应采用全桥跨越方式，桥梁跨越堤防原则上应采取立交方式，桥梁跨越堤防桥墩应离开堤身设计堤脚线不得小于 3 米。新建的油气管线确需采取爬越堤防方式的须经充分论证，爬越高度应满足 50 年后的设计堤顶高程并对堤防进行加高加固，渭河咸阳铁路桥以下河段桥梁容许间距为 4 千米，主河槽孔跨不小于 50 米，滩地孔跨不小于 30 米。

2017 年 9 月 11 日，黄河水利委员会印发关于废止和修改部分涉及行政审批文件的决定，明确渭河咸阳铁桥以上及泾河河道管理范围内兴建大型建设项目，报黄河水利委员会审查；兴建中型建设项目，报黄河水利委员会黄河上中游管理局审查；渭河干流咸阳铁桥以下至吊桥工程处河道（包括该段三门峡库区）管理范围内兴建各类建设项目报黄河水利委员会审查，其中在陕西渭河干流咸阳铁桥以下河道管理范围内兴建的建设项目，在报送黄河水利委员会受理前，由陕西省渭河流域管理机构提出意见。

2021 年 8 月 2 日，水利部印发《河湖管理范围内建设项目黄河水利委员会审查权限》（水河湖〔2021〕237 号），明确渭河上中游的大中型和渭河下游三门峡库区河道管理范围内跨河、穿河、穿堤、临河的桥梁、码头、道路、渡口、管道、缆线等建设项目工程建设方案由黄河水利委员会审批，渭河上中游的小型建设项目由水利厅审批。

2021 年 11 月 6 日，水利部发布《河道管理范围内建设项目防洪评价报告编制导则》（SL/T 808—2021），渭河涉河建设项目评价均遵循本水利行业标准。

2022 年 10 月 13 日，黄河水利委员会制定了《黄河流域河湖管理范围内工程规模划分标准》（黄政法〔2022〕133 号），对大、中、小建设项目规模进行了分类和细化。

2023 年 4 月 1 日起施行的《陕西省渭河保护条例》第七十七条规定，在渭河生态区范围内，建设桥梁、道路、管道、缆线等基础设施，应当符合渭河生态区保护利用规划，合理布设，作出相应的生态评价，提出生态修复措施，由省渭河生态区保护机构对修复措施进行论证并提出意见，有关部门按照规定审批；第八十一条规定，渭河滩区治理与岸线利用项目应当经省渭河生态区保护机构技术论证并提出意见后，依法办理洪水影响评价类许可手续。

第五章　河长制工作

2016年12月，中共中央办公厅、国务院办公厅印发《关于全面推行河长制的意见》（厅字〔2016〕42号），水利部、环境保护部印发《贯彻落实〈关于全面推行河长制的意见〉实施方案》（水建管函〔2016〕449号）。2017年2月，陕西省委办公厅、省政府办公厅印发《关于全面推行河长制的实施方案》（陕办〔2017〕8号），要求地方各级党委和政府把推行河长制作为推进生态文明建设的重要举措，切实加强组织领导。2019年12月，水利部印发《关于进一步强化河长湖长履职尽责的指导意见》（办河湖〔2019〕267号），2020年3月，陕西省河湖长办公室印发《关于进一步强化河长湖长履职尽责实施意见》（陕河湖长发〔2020〕1号），明确了省、市、县、乡、村五级河湖长职责，要求夯实层级责任。

第一节　组织架构

按照《陕西省关于全面推行河长制的实施方案》（陕办〔2017〕8号），渭河河长由省委主要负责同志兼任。河长制办公室设在陕西省水利厅，主任由陕西省水利厅主要负责同志担任，副主任由省水利厅、省生态环境厅分管负责同志及有关部门的负责同志担任。河长制办公室具体负责组织实施河长制，主要职责为组织协调、调度督导、检查考核。

河长制办公室成员单位及其职责是：省发展和改革委员会负责协调推进河湖保护有关重点项目，研究制订河湖保护产业布局和重大政策；省公安厅负责依法打击破坏河湖环境、影响社会公共安全的违法犯罪行为；省教育厅负责指导各地组织开展中小学生河湖保护管理教育活动；省科技厅负责组织开展节约用水、水资源保护、河湖环境治理、水生态修复等科学研究和技术示范；省财政厅负责协调河湖保护管理所需资金，监督资金使用；省自然资源厅负责开展矿产资源开发利用过程中矿山地质环境保护工作，协调河湖治理项目用地保障、河湖及水利工程管理范围和保护范围确权登记；省交通运输厅负责监管和推进航道整治及疏浚、涉河陆路交通项目建设期间污染防治；省生态环境厅负责水污染防治的统一监督管理，组织实施跨设区市的水污染防治规划，制定更严格的河湖排污标准，开展入河污染源的调查执法和达标排放监管，实施全省地表水水质监测；省住房和城乡建设厅负责牵头开展城市建成区水域黑臭水体整治，对城镇污水、垃圾处理设施运行进行监管；省水利厅负责开展水资源管理保护、水功能区和跨界河流断面水质水量监测，推进节水型社会和水生态文明建设，组织水域岸线登记及管理、河湖划界确权、河道采砂管理、水土流失治理、堤防及附属工程管理与养护、水库养殖污染防治、河湖水工程建设等，依法查处水事违法违规行为；省农业厅负责监管农业面源、畜禽养殖污染防治工作，推进农业废弃物综合利用；省林业厅负责推进生态公益林和水源涵养林建设，推进河湖沿岸绿化和湿地修复工作；省旅游局负责指导和监督景区内河湖保护管理。省直有关部门各司其职，各负其责，协同配合，保障河长制实施。黄河水利委员会黄河上中游管理局、黄河水利委员会陕西河务局积极发挥流域机构在黄河治理与保护中的协调、指导、监督、监测等专业职能作用。

第二节　各级河长

2017 年 4 月 28 日，陕西省河长制办公室印发《陕西省河长制问题清单制度》，明确渭河省级河长为娄勤俭，联系督办承担单位为水利厅，联系人为厅长王拴虎、副厅长魏小抗，联络员为处长刘春茂。5 月 23 日，陕西省委书记、省总河长、渭河省级河长娄勤俭主持召开渭河河长会议，强调要全面落实河长制，坚持系统思维，强化柔性治水，努力把渭河打造成安澜河、生态河、景观河、文化河和致富河。

2018 年 12 月，陕西省河长制办公室印发《陕西省渭河“一河一策”方案（2018—2020）》，明确渭河省级河长为省委书记胡和平，西安市河长为市委书记王永康，宝鸡市河长为市委书记徐启方，杨凌示范区河长为党工委书记李婧，咸阳市河长为市委书记岳亮，西咸新区河长为党工委书记岳华峰，渭南市河长为市委书记李明远。

2019 年 4 月 30 日，渭河河长湖长暨渭河生态区工作会议在咸阳举行。陕西省委书记、省总河长、渭河省级河长胡和平出席会议并讲话，强调要深入学习贯彻习近平生态文明思想和习近平总书记关于治水的重要论述，认真落实河长湖长制，加强渭河生态区建设，切实把渭河这条母亲河管理好、保护好、治理好。副省长、省副总河长魏增军主持会议，副省长、渭河宝鸡段市级河长徐启方，西安市市长、渭河西安段市级河长李明远，西安市政协主席、渭河西咸新区段市级河长岳华峰出席。胡和平强调，要全面落实河长制湖长制工作要求，绷紧防汛防灾这根弦，完善工作预案，加强监测预警，搞好应急值守和物资储备，确保一旦发生灾情能够快速处置。要强化水生态保护，彻底消除黑臭水体，严格水域空间管控，加大河道滥采乱挖打击力度，依法依规搞好河道管理，着力加强水文化建设，不断增强群众获得感幸福感安全感。要科学推进水工程建设，扎实开展“脱离实际造景造湖”专项治理，严格项目立项审批等工作，切实防范金融风险。各级要加强组织领导，夯实工作责任，完善工作机制，强化宣传教育；各相关部门要各司其职、发挥好职能作用，从全局考虑、凝聚工作合力，共同把渭河的工作做好。

2022 年 9 月 20 日，陕西省河长制办公室公告，渭河省级河长为省委书记刘国中，渭河西安段省级河长为省委常委、西安市委书记方红卫，渭河省级河长联系督办单位为省水利厅，渭河西安段省级河长联系督办单位为省林业局，省河长制办公室设在省水利厅，办公室主任由省水利厅厅长魏稳柱担任，副主任由省水利厅副厅长党德才、省生态环境厅副厅长张金东担任。省水利厅是渭河河长制联系督办单位，主要职责是贯彻落实好渭河省级河长相关批示，协调组织巡河调研和渭河干流市级河长联席会议，协调解决渭河治理和管护中的重大问题。指导完成渭河“一河一策”方案实施，强化信息共享制度和信息报送制度，提升河长制工作效能。渭河已构建了省、市、县、乡、村五级河长制体系，各级河长是所辖河流管理保护的直接责任人，负责牵头推进水域突出问题整治、水污染综合防治、巡查保洁安全防护、水域生态修复和保护管理，协调解决实际问题，检查督导下级河长和相关部门单位履行职责。

2022 年 11 月，陕西省水利厅联合省人民检察院印发《关于建立健全“河湖长 + 检察长”水行政执法与检察监督协作机制的意见》（陕检会〔2002〕12 号），聚焦水旱灾害防御、水资源管理保护、河湖和水利工程管理保护、水土保持及其他侵害国家利益或者社会公共利益的水事违法行为，通过建立信息共享、线索移送、调查协作、专项活动、协同巡查、督促整改、联席会议、能力共建、宣传提升九项机制，深化检察机关、河长办、水行政机关合作，实现能力共建、信息共享，充分发挥河湖长、检察长各自职能优势，进一步促进水行政执法和检察监督有效衔接，形成行政和检察保护合力，提升河湖保护法治化、现代化水平。

2023 年 12 月，陕西省河长制办公室组织审查了《渭河“一河一策”方案（2021—2025 年）》，明确渭河省级河长为省委书记赵一德，西安市河长为市委书记方红卫，宝鸡市河长为市委书记杨广亭，杨凌示范区河长为党工委书记黄思光，咸阳市河长为市委书记夏晓中，渭南市河长为市委书记樊维斌。

第三节　“清四乱”行动

一、专项行动

2018 年 7 月，水利部办公厅以办建管〔2018〕130 号印发《关于开展全国河湖“清四乱”专项行动的通知》，定于自 2018 年 7 月 20 日起，用 1 年时间，在全国范围内对乱占、乱采、乱堆、乱建等河湖管理保护突出问题开展专项清理整治行动（“清四乱”专项行动），要求全面摸清和清理整治河湖管理范围内乱占、乱采、乱堆、乱建等“四乱”突出问题，发现一处、清理一处、销号一处。“清四乱”专项行动包括摸底调查、集中整治、巩固提升三个阶段，2018 年 7 月 20 日开始，2019 年 7 月 19 日全面完成，河湖面貌明显改善。在专项行动基础上，不断建立健全河湖管理保护长效机制。

2018 年 11 月，水利部办公厅印发《关于明确全国河湖“清四乱”专项行动问题认定及清理整治标准的通知》（办河湖〔2018〕245 号），明确乱占主要包括围垦湖泊，未依法经省级以上人民政府批准围垦河道，非法侵占水域、滩地，种植阻碍行洪的林木及高秆作物；乱采主要包括河湖非法采砂、取土；乱堆主要包括河湖管理范围内乱扔乱堆垃圾，倾倒、填埋、贮存、堆放固体废物，弃置、堆放阻碍行洪的物体；乱建主要包括河湖水域岸线长期占而不用、多占少用、滥占滥用，违法违规建设涉河项目，河道管理范围内修建阻碍行洪的建筑物、构筑物。

根据水利部通报，截至2019年11月30日，渭河“清四乱”销号问题清单34处，其中宝鸡市乱占10处、乱堆5处，咸阳市乱占2处，西安市乱堆7处、乱建3处（西咸新区），渭南市乱堆6处、乱占1处。

二、常态化监管

2020年3月，水利部办公厅印发《关于深入推进河湖“清四乱”常态化规范化的通知》（办河湖〔2020〕35号），要求地方各级河长制办公室、水行政主管部门以及各流域管理机构深入推进“清四乱”常态化、规范化。之后，水利部、黄河水利委员会、陕西省水利厅、陕西省渭河生态区保护中心通过进驻式暗访、遥感监测、遥感图斑核查等方式查找问题，确认后列入核查交办问题清单移交属地河长办监督整改，基本做到了问题全覆盖，实现了动态监管。

第六章　科技创新

渭河是黄河第一大支流。三门峡水库蓄水运用后，渭河下游泥沙大量淤积，潼关高程抬高，黄、渭、洛河淤积不断向上游发展，三门峡库区问题引起全国上下高度重视，许多科研机构投入技术力量开展研究，泥沙淤积研究技术成果一直走在多泥沙河流治理的前沿。2011 年渭河综合治理实施后，进行了渭河生态区建设，渭河成为陕西河流治理的标杆。

第一节　科研机构

一、中国水利水电科学研究院

中国水利水电科学研究院隶属水利部，是从事水利水电科学研究的国家级社会公益性科研机构，是人才优势明显、学科门类齐全的国家级综合性水利水电科学研究和技术开发中心。其泥沙研究所、水资源研究所长期关注渭河，胡春宏、王浩院士牵头开展过多项渭河的课题研究。

二、西北农林科技大学水利与建筑工程学院（水利水电科学研究院）

水利与建筑工程学院（水利水电科学研究院）是西北农林科技大学办学历史最悠久的学院之一，1940 年沙玉清先生筹建成立武功水工实验所，1950 年更名为西北水工实验室，1958 年改名为西北水利科学研究所和陕西省水利科学研究所，是我国当时三大专门水利研究机构之一。1999 年西北农林科技大学组建时，由原西北农业大学水利与建筑工程学院与水利部西北水利科学研究所为主体合并组建现水利与建筑工程学院（水利水电科学研究院），原西北水科所曾进行过河道治理新型坝试验。

三、黄河水利科学研究院

黄河水利科学研究院的前身是 1950 年 10 月成立的黄河水利委员会泥沙研究所，作为治黄科研的专门机构，是以河流泥沙为中心的多学科、综合性科研机构，是全国水利系统非营利性重点科研单位。有大型试验厅，配备有较完备设施的实验室，拥有先进的科研仪器设备，其中“模型黄河”测控自动化系统、神威 4000H 高性能计算机系统、人工模拟降雨系统、底泥声学综合探测系统等居于国际领先水平。在河流泥沙、堤防安全与病害防治、防洪减灾与水利管理等方面长期参与渭河下游治理研究。曾完成渭河下游近期治理河道治导线设计。

四、西安理工大学水利水电学院

西安理工大学水利水电学院是我国西北地区水利水电教育教学和科学研究的重要基地。学院历经变迁，七易校名，办学历史源于 1937 年的西北工学院水利系，先后经历了西安动力学院、西安交通大学、陕西工业大学、西北农学院、陕西机械学院，1994 年更名为西安理工大学水利水电学院。建有省部共建西北旱区生态水利国家重点实验室、水利水电国家级实验教学示范中心、省部共建西部生态环境协同创新中心、西北旱区生态水利学科创新引智基地 4 个国家级科研、教学平台；建立省级智慧水利与智能建造产业学院，以及教育部西北水资源与环境生态重点实验室、旱区生态水文与灾害防治国家林业和草原局重点实验室、陕西省水力机械及其控制工程技术研究中心、陕西省水利水电虚拟仿真实验教学中心等 15 个省部级科研、教学平台。刘建林、朱记伟、解建仓、李怀恩、曹如轩、王新红等在渭河的河流健康、生态水利、水资源管理、泥沙研究等方面均有突出成就。

五、陕西省河流工程技术研究中心

陕西省河流工程技术研究中心是经省科技厅同意组建、由省事业单位登记管理局登记成立的事业法人，是省委人才工作领导小组授予的陕西省院士专家工作站，是省科技厅评定入库的科技型中小企业和省级技术转移示范机构。其前身是 1960 年成立的陕西省三门峡库区管理局水文测验科、2003 年成立的陕西秦安河流研究所。下设泥沙研究所、水资源研究所、生态研究所、中心办公室，以及西安桃园渭河原型监测试验基地、渭南苍渡大体积块石生产示范基地等内设机构，具有水文水资源调查评价甲级、建设项目水资源论证甲级、生产建设项目水土保持监测单位水平评价证书 1 星、生产建设项目水土保持方案编制单位水平评价证书 1 星、环保工程专业承包三级、钻井乙级等资质证书和省住建厅签发的安全生产许可证。

六、陕西水环境工程勘测设计研究院

陕西水环境工程勘测设计研究院前身是陕西省三门峡库区勘测设计院，主要从事水利水电工程咨询设计，拥有水利行业乙级、4 项水利专业甲级等 5 个行业近 20 项资质，拥有实用新型专利 10 余项，软件著作权 12 项，软件产品认证 4 项，长期从事渭河治理的规划设计。

第二节　研究成果

一、研究成果

查阅 2024 年 1 月中国科技项目创新成果鉴定意见数据库，涉及陕西省渭河的主要成果见表 7–6–1。

表7–6–1　陕西省渭河主要研究成果统计

序号	主要研究人	题　目	所在单位	时间（年–月–日）
1	宋进喜	河流潜流带生态—水文作用机理及水生态健康评价	西北大学	2021–11–01

续表 7-6-1

序号	主要研究人	题　目	所在单位	时间（年－月－日）
2	武麦凤	渭河流域暴雨预报技术及应用研究	渭南气象局	2018-10-16
3	武麦凤	渭河流域暴雨洪涝预警决策支持系统研究开发与应用	渭南气象局	2015-08-05
4	武麦凤	渭河流域暴雨洪涝预警支持系统	渭南气象局	2015-03-20
5	畅建霞	变化环境下渭河流域水资源演变与合理配置研究	西安理工大学	2014-10-17
6	冯普林	渭河下游洪水演进模拟研究	陕西省河流工程技术研究中心	2014-05-23
7	梁林江	渭河二华夹槽地区防洪对策与综合治理开发研究	陕西省江河水库管理局	2013-12-20
8	司全印	渭河水污染防治专项技术研究与示范	陕西省环境科学研究院	2013-11-04
9	白作金	基于 GIS 的渭河全流域雨情信息发布系统	渭南市气象局	2013-09-22
10	闫俊平	渭河下游河势数据整编与建库技术研究（1960—2008）	陕西水环境工程勘测设计研究院	2013-03-05
11	高建恩	保障渭河生态基流的关中地区农业节水及调控技术研究	中国科学院水利部水土保持研究所	2012-12-01
12	雷智昌	陕西省三门峡库区淤积断面设施布设测量	陕西水环境工程勘测设计研究院	2012-06-26
13	黄春长	渭河流域万年来特大洪水事件及其气候水文特性研究	陕西师范大学	2011-04-22
14	牛最荣	渭河流域气候变化和土地利用对水资源的影响研究	甘肃省水文水资源勘测局	2010-12-08
15	陕西秦安河流研究所	陕西省三门峡库区已成防洪工程经济效益计算分析	陕西秦安河流研究所	2009-01-01
16		陕西三门峡 335 米高程以下库区蓄滞洪区的研究		
17	李景宜	渭河流域洪水预报、生态风险评估与洪水资源利用	陕西省宝鸡文理学院	2009-12-01
18	陈乃联	渭河下游一维洪水演进数学模型研究	陕西秦安河流研究所	2009-05-16

续表 7-6-1

序号	主要研究人	题　目	所在单位	时间（年－月－日）
19	中国水利水电科学研究院	渭河下游河道输水输沙能力的研究	中国水利水电科学研究院	2009-01-01
20	黄春长	渭河流域全新世短尺度气候水文事件高分辨率研究	陕西师范大学	2009-01-01
21	陕西秦安河流研究所	2008 年桃汛期调水调沙对潼关及渭河影响分析	陕西秦安河流研究所	2009-01-01
22		渭河下游一维洪水演进数学模型研究		
23		2007 年桃汛期调水调沙对潼关及渭河影响分析		
24		渭河中下游过洪能力分析		
25		渭河二华南山支流归并治理方案研究·陕西省		
26		渭河八里店～赤水河口河势演变分析		
27		渭河中下游超标准洪水应急分洪方案框架		
28		渭河下游近期清淤固堤工程方案设计		
29		渭河咸阳～临潼段洪水水面线分析计算		
30		渭河下游大荔河段河道采砂规划		
31		渭河健康生命的主要标志及指标体系		
32	黄春长	渭河流域 3100 多年前资源退化与人地关系演变	陕西师范大学	2009-01-01
33	杜继稳	渭河流域及黄河小北干流致洪暴雨监测预警系统	陕西省气象台	2007-05-25
34	李怀恩	渭河流域人类活动与河流水质之间的关系研究	西安理工大学	2006-12-28
35	王新宏	潼关高程控制与三门峡水库运用方式研究·陕西省	西安理工大学	2005-12-01
36	贾金海	渭河流域雨情监测及洪涝灾害预警系统研究·陕西省	渭南气象局	2005-07-20
37	严伏朝	渭河渭南以下干流堤防质量检测	陕西水环境工程勘测设计研究院	2002-12-01

续表 7-6-1

序号	主要研究人	题　目	所在单位	时间（年－月－日）
38	陕西省水文水资源勘测局	陕西省泾、洛、渭河及三门峡库区洪水预报方案技术成果	陕西省水文水资源勘测局	2001-01-01
39	贾金海	渭河流域雨情监测及洪涝灾害预警系统研究	渭南气象局	2005-07-20
40	黄春长	渭河流域万年尺度环境变化与土壤发育演变规律	陕西师范大学	2004-08-19

二、创新与获奖

据陕西《水利志》资料，涉及陕西省渭河的主要创新与获奖成果有：

（1）2000 年 5 月，由杨凌国家节水灌溉中心与礼泉县合作开发的远程自动化控制节灌系统工程建成。工程共投资 15 万元，分别在礼泉县城水管站、石潭镇刀东村部分田块设置主控服务器、电脑终端、土壤水分传感器、管道流量传感器等田间测控设备，是省内首创的电脑遥控灌溉技术。

（2）2001 年，陈兆丰“九五”国家重点科技攻关专题《关中地区水资源潜力与承载能力研究》获省科技进步成果二等奖。

（3）2001 年，陕西省水文局常星源研制的《陕西省三门峡库区洪水水位预报系统》获科技进步三等奖。

第三节　科学试验与科技交流

一、科学试验工程

（一）渭河仁义裁弯取直

渭河仁义河弯位于渭河下游，距渭河口 30 千米，河湾于 1905 年开始形成，至 1960 年逐渐发展为 Ω 形，弯顶渐趋北移，弯曲半径变小，顶冲塌岸严重，已将原仁义村庄塌入河中。弯道总长 12 千米，其颈部最窄处仅 2.5 千米。这个弯的存在，使渭河河道比降变缓，增加了河流的阻力，导致渭河下泄不畅，行洪延时，使该段以上渭河两岸洪水位有所抬高，增加了防汛难度；在农业生产方面，河湾本身多占土地约 0.6 万亩，河湾圈内的 0.9 万亩耕地，不便耕作管理，严重影响了当地的农业生产。

为使渭河洪水下泄顺畅，减少淹没两岸农田和泥沙危害，经水电部和陕西省革委会批准，对仁义湾进行人工裁弯取直。在黄河水利委员会的指导下，1969 年三管局对仁义裁弯工程开始勘测规划，1973 年设计。在弯弦处开挖一条引河，长 3.05 千米，底宽 30 米，深 5 米，比降 1 ∶ 6100，进口分流角为 17.5 度，出口汇流角为 30°。过水流量 250 立方米每秒，最小水深 1.66 米。1973 年 2 月，设计方案报省水利厅。1973 年 7 月 26 日，水利厅革委会将工程下达给农建六师。农建六师于 12 月 2 日开工，集中人力和机械施工，至 1974 年 7 月底引河开挖完工。8 月 1 日，渭河来洪流量 590 立方米每秒，通过引河，新河冲宽达 210 米，刷深 8 米，为防止洪水复归旧河道，在引河上口旧河道处筑起一座壅水坝，长 264 米，高 7.4 米，顶宽 10 米，迎水面坡比 1∶3，背水面坡比 1∶2。工程完成土方 54.8 万立方米，投资 46.30 万元。1974 年 12 月 25 日，旧河道截流，渭河水全部从新河道通过。

仁义湾裁弯取直后，缩短河长 9 千米，降低常水位 1.7 米，洪水位 0.67 米，洪水下泄顺畅。不仅减少淹没农田，而且从旧河道新造良田 6000 亩，裁弯取得了显著的效益，达到了预期的目的。1976 年 2 月，陕西省三门峡库区管理局编写的《渭河下游仁义裁弯工程技术总结》，是裁弯工程规划、设计与施工实践的综合性科研经验成果，在库区治理工程中具有一定的参考应用价值，获得 1978 年渭南地区科学大会奖，并作为一项典型事例编入武汉大学编写的《河道整治工程》一书中。

（二）渭河拦门沙清淤疏浚

据西安理工大学曹如轩教授回忆，1967 年黄河流域气候异常，出现有资料以来第二位的丰水丰沙年，流入三门峡水库的水量 672.8 亿立方米、沙量 29.8 亿吨，仅次于第一位的 1964 年水量 696.8 亿立方米、沙量 30.5 亿吨。

1967 年汛期，黄河洪水频繁，洪水主要来自黄河龙门站以上。8 月，龙门站出现的大洪水多达 15 次，8 月 11 日出现有资料以来的最大洪峰 21000 立方米每秒，洪水含沙量都较大。渭河 8 月是水少沙多，洪水不大，但含沙量较大。渭河多沙支流北洛河 8 月洪水不大，但含沙量很大，最大含沙量达到 940 千克每立方米。8 月，三门峡水库蓄水位高，潼关站平均水位 329.3 米，最高达 330.4 米，比天然情况下水位高出 7.0 米。这就出现了 8 月黄河、渭河、北洛河极不利的水沙组合和下边界条件，致使黄河洪水长时间倒灌渭河。与此同时，北洛河的高含沙小洪水又以异重流形式逆流潜入渭河，造成渭河下游的严重淤积。距潼关站 31.8 千米的渭淤 4 断面以下河槽被泥沙全部淤死，若不去除淤积泥沙，1968 年汛期洪水必然造成渭河下游回水淤积上延、河床抬高，沿岸人民的生命财产将受到极大威胁。

国务院对渭河下游河槽被泥沙淤死问题极为重视，指示水利部、黄河水利委员会等部门组成水工、地质等领域的专家组，由陕西省三门峡库区管理局协同专家组解决渭河河槽淤塞、使渭河归流的问题。三门峡库区渭淤 2 断面华阴水文站因测站被淹没无法进行常规测验工作，站上的主测人员都参加了归流查勘工作，在水文测验专家龙毓骞的领导下，有实践经验的测工很快就完成了淹没区的地形测绘工作，为归流方案的制定奠定了基础。

有了大比尺的地形图，专家组开会讨论具体的归流方案。地质组提出爆破归流方案，即在淤塞河段的原河槽中预埋炸药，引爆炸药恢复河槽使渭河归流。由于淤沙有液化性质，爆破后能形成一个大坑，但不长时间大坑又被泥沙淤满。

爆破方案被否定后，专家组开会讨论，有人提出用水力冲刷方案，即在 8.8 千米淤塞河段上开挖一条小尺寸断面的引河，引河开通后会产生溯源冲刷和沿程冲刷，水流的冲刷作用就能将引河拓宽、冲深完成归流。从地形图上看，滩地上确有许多小的冲沟，其中有的已出现完整的跌水水域，说明溯源冲刷和沿程冲刷是存在的，只是由于滩地上的土质抗冲性强，以致冲刷不能拓宽、加深冲沟，而河槽是新淤的泥沙，抗冲性弱，只要引河尺寸合理，使渭河归流是可行的。

开挖引河归流方案被认可后，引河尺寸多大才能保证归流成功就成为关键。国家水电总局顾文书总工提议由曹如轩来设计引河。最后确定在 8.8 千米的淤塞河段中，开挖一条宽 20 米、深 0.2 ～ 1.5 米的引河作为归流方案。引河设计方案经国务院批准后，1968 年 5 月 4 日至 6 月 23 日完成引河开挖工程，用工 95448 个，完成土方 165250 立方米。6 月 23 日，引河开始过水，过水流量 4.88 立方米每秒，平均水深 0.39 米。至 8 月 8 日，引河流量达到 315 立方米每秒，平均水深 3.44 米，河宽拓宽到 80.0 米，渭河归流成功。当年汛后，渭河河槽已恢复正常过流行水，解除了对两岸的威胁。

在研究渠道从天然河流中引水时，曹如轩提出应按不平衡输沙理念设计渠道尺寸，打破了以往渠道设计中平衡输沙的设计方法，提高了渠道的输水效益，而工业中输送矿砂的管道、渠道仍可以按平衡输沙理念设计。在研究黄河、渭河河道的演变过程中，她提出了双值挟沙力公式，阐明了黄河小北干流汛期淤积、非汛期冲刷的机理，阐明了潼关河床天然情况下缓慢抬升的机理等关键问题。特别是在高含沙异重流的流型、形成条件、阻力、挟沙力等方面得出开拓性的研究成果。上述研究成果在水利学报、国际泥沙研究及 20 世纪 80 年代审查极为严格的第一届、第二届国际泥沙会议及高含沙水流国际会议的论文集上发表。

（三）新坝型试验

1999 年，由西北水科所提供技术，陕西省三门峡库区设计院设计，在黄河水利委员会支持下，在库区潼关吊桥控导工程的施工中，采用新材料、新坝型，进行四面六边透水框架坝型试验，取得了显著效益，荣获“省科技进步二等奖”。

（四）堤防破裂灌浆试验

2001 年，陕西省三门峡库区设计院在省防汛抗旱指挥部办公室支持下，在临潼左岸长 1 千米堤段进行了首次堤防破裂灌浆试验，聘请了破裂灌浆方面专家白永年进行现场指导，经开挖验证灌浆帷幕连续且厚度达到设计要求，取得显著成效。

（五）堤身隐患探测

渭河综合整治前，堤防普遍存在质量差、隐患多情况，隐患主要为裂缝、洞穴、松散夹层、穿堤建筑物等。

2000 年 10—12 月，陕西省三门峡库区设计院采用直流电阻率法对临渭区渭河北岸孝义、信义、龙背三段堤防进行了隐患探测研究。探测的具体方法是先电法普查，发现异常后再用电法详查。普查采用对称四级滚动快速隐患定位电测法，详查采用连续测深剖面法。

本次堤防隐患探测长度 21.316 千米，发现隐患部位 74 处。其中裂缝 46 条、松散层 28 处，松散层合计长度 3.82 千米。之后委托陕西工程勘察研究院，于 2001 年 4 月 8—25 日对探测发现的隐患部位采取人工开挖探井和机械钻探两种办法进行验证，其中布设探井 12 处、钻孔 8 个。经验证，采用直流电阻率法对渭河堤防进行隐患探测是适用的。之后，在黄河水利委员会支持下对渭河渭南以下堤防进行了隐患探测，为堤防加固设计提供了依据。该项目获陕西省科学技术三等奖。

二、科技交流

1986 年 11 月，在西安召开陕西省三门峡库区水文泥沙及治理问题学术讨论会。水利电力部及水管司、科技司、规划设计院、水电科学研究所、泥沙研究所，中国水利学会、清华大学、天津大学、西北农林科技大学、陕西机械学院水利系、河海大学、武汉水电学院、西北大学地理系、黄河水利委员会及科研所、规划设计院等 35 个单位、科研院（校）的代表、专家和教授参加了会议，交流论文 30 余篇。

2000 年 4 月，水利学会召开陕西省三门峡库区防洪暨治理学术研讨会，邀请清华大学、青岛海洋大学、西安理工大学、中国水利水电科学研究院、黄河水利委员会、陕西省水利厅、陕西省减灾协会、黄河水利委员会三门峡库区水文水资源局、三门峡枢纽局、西北水利科学研究所、陕西省环境科学研究设计院等单位的 80 多名专家参加会议进行学术研讨。会后由黄河水利出版社出版《陕西省三门峡库区防洪暨治理学术研讨会论文选编》，计 46 篇，其中交流论文 40 篇。2003 年 6 月，召开第二届学术论文交流会，收到论文 10 篇。

第八篇　渭河文化

渭河流域在中华文明形成发展史上地位十分重要。八百千米渭河，滋润着八百里秦川沃土，以其甘美乳汁哺育了蓝田猿人，泽惠了半坡先民，荡漾碧波映照出华夏文明第一缕曙光。八百千米渭河，伴随中华五千年历史沧桑，肇兴人文始祖，成就了炎黄二帝，在渭河流域创造了姜炎文化；西周伴渭水定鼎，建立了沣、镐二京，大秦以渭水贯都，完成了统一六国大业，铸就了举世闻名的周秦文化；刘邦建都长安，渭河流域激荡着大汉雄风，隋唐定都大兴，奠定了中华民族的强大，形成了屹立于世界民族之林的汉唐文化。汤汤渭河，泱泱渭水，哺育了十三朝古都长安几千年文明辉煌，炎黄子孙在渭河流域谱写了壮丽的历史华章，涌现了很多名人志士，留下了千古传唱的诗词歌赋。

第一章　历史文化名胜

渭河流域历史文化名胜重点记述和水紧密相关的包括城垣、古塔、园林、陵园、庙宇以及“关中八景”“长安八水”等历史遗迹的保护与开发利用等内容。

第一节　城塔园陵庙

一、古城

（一）西安

西安古称长安、京兆。北濒渭河，南依秦岭，八水（渭、泾、沣、涝、潏、滈、浐、灞）环绕，是渭河流域第一大城市，中国国家区域中心城市，国家重要的科研、教育和工业基地，陕西省的政治、经济、文化和科教中心，世界历史文化名城，亚洲知识技术创新中心，中国重要的制造基地。

西安是国务院公布的首批国家历史文化名城，历史上有周、秦、汉、隋、唐等在内的13个朝代在此建都，是世界四大古都之一，曾经作为中国首都和政治、经济、文化中心长达1100多年。2008年，西安高陵杨官寨出土距今6000余年的新石器时代晚期城市遗迹，被选为当年中国考古发现之首，这是中国目前发现的最早的城市遗址。

西安在西周时称为“沣镐”。“沣镐”是周文王和周武王分别修建的沣京和镐京的合称。西周伯姬昌（周文王）在今西安城西南沣河西岸营建沣京，将臣民从岐山周原迁于此，又命子姬发（周武王）在沣水东岸营建镐京。前者为宗教、文化中心，后者为政治中心，合称“宗周”，为西安建城之始。武王灭商建立周王朝后，以沣镐为都，为西安作为都城之始。

前202年，刘邦取得政权，在长安（今西安城西北）建立西汉王朝。刘邦定都关中，取当地长安乡之含义，立名“长安”，意即“长治久安”。

汉长安城位于渭河以南的关中平原上，面积约36平方千米。在西汉时期，作为首都的长安城一直是全国的政治、经济和文化中心，也是中国历史上第一座规模庞大、居民众多的城市。汉长安城是在秦咸阳城遗址基础上建立起来的，《史记》:“汉长安，秦咸阳。”张衡《西京赋》云：西汉长安“乃览秦制，跨周法。”《三辅黄图·序》也云：“武昭，治咸阳，因以汉都。”《旧唐书·地理志》说：“京师，故秦之咸阳，汉之长安也。”秦咸阳从惠文王以后，就不断向南扩展，在渭河以南修建了章台、兴乐宫、甘泉宫、信宫、阿房宫及七庙等建筑。汉朝宫阙均在今西安市汉城保护区内，位于北二环以北。丝绸之路开通后，长安成为东方文明的中心，史称“西有罗马，东有长安”。西汉末年的公元9年，大司马王莽正式称帝，曾改都城长安为“常安”。

582 年，隋文帝颁令在汉长安城东南的今西安城址营建新都大兴城。隋开国之初，都城仍在长安旧城，因久经战乱，残破不堪。因此，隋文帝放弃龙首原以北的故长安城，于龙首原以南汉长安城东南选择新址，建造新城大兴城。

唐定都长安后，改隋大兴城为长安城，并进行了增修和扩建。唐太宗贞观八年（634 年），在原处郭城东北龙首原上营建大明宫。之后又不断修建城墙、城楼、兴庆宫等建筑。宫城完全与今西安市重合，皇宫与今西安市明城墙重合。大兴城（长安城）建设自隋文帝开皇二年（582 年）开始，至唐高宗永徽五年（654 年）基本完成，历时 72 年。城市面积 84.1 平方千米，布局规划整齐，东西严格对称，分宫城、皇城和外廓城三大部分。城市结构布局充分体现了封建社会巅峰时期的宏大气魄，在中国建筑史、城市史上具有划时代影响。

明代形成了今天西安的格局，西安的名称也源于明代。

（二）秦雍城、栎阳、咸阳城

雍城是中国东周时代的秦国国都，自秦德公元年（前 677 年）至秦献公二年（前 383 年）定都此地，建都长达 294 年，有 19 位秦国国君在这里执政，为秦国定都时间最久的都城。

雍城是以河流为城的“城堑河濒”，是“水上秦都”，秦以水御敌 200 年后首筑城墙，其位置在今陕西宝鸡凤翔县城南，雍水河之北、纸坊河以西的黄土台塬上，城垣平面呈不规则方形，方向北偏西 15°。东西长 3300 米，南北宽 3200 米，总面积约 10.56 平方千米。

秦献公二年（前 383 年），秦都自雍城迁至栎阳，秦孝公十二年（前 350 年）迁至咸阳。项羽三分关中，塞王都栎阳。汉高祖初年亦都栎阳，至汉高祖七年（前 200 年）始迁长安。汉高祖十年（前 197 年），更名栎阳为万年县。自战国至汉初的 180 年间，栎阳一直是全国政治、文化要地，汉高祖刘邦之父的太上皇陵（万年陵）陵邑“万年县”即设于此，栎阳城和万年邑实际上是一城两名。遗址在今西安市阎良区武屯镇官庄、新义、东西党家、南丁、花刘、汤家村。古城面积约 4.2 平方千米，城址呈长方形，东西长约 2500 米，南北宽约 1600 米。城内有居住及作坊、水井等遗址 15 处。北城墙外还有一东西向渠道。

秦咸阳城是战国后期秦国及秦代的都城，遗址总面积约 48 平方千米。秦咸阳城以咸阳为中心，东至黄河，西达千河、南跨渭河至秦岭，北起九山，地域广阔。秦国在此建都达 144 年，并以此为基地，励精图治，富国强兵，最终吞并六国，统一天下，建立了中国第一个封建君主专制政权大秦王朝。秦都城咸阳是当时东方世界的政治、经济、文化中心。史料记载和考古发掘，秦都城咸阳之恢宏气势，宫殿之富丽堂皇，在 2000 多年前它就已经是闻名于世的国际大都市。直至今日，在国外的史书中，依然把古代中国称之为“秦”。可见，大秦王朝影响之深远。

二、名塔

（一）大雁塔

大雁塔建于唐长安城晋昌坊（今陕西省西安市南）的大慈恩寺内，又名“慈恩寺塔”，今存。塔高 64 米，塔身枋、斗拱、栏额均为青砖仿木结构。玄奘法师为供奉从印度带回的佛像、舍利和梵文经典而建造的一座5层砖塔。据《大慈恩寺三藏法师传》载：古印度摩揭陀国曾有众僧掩埋坠雁并建灵塔的事，雁塔之名或即源于此。大雁塔最初仿西域窣堵坡形制，砖面土心，不可攀登，每层皆存舍利，由玄奘法师亲自主持修建。而后经历代改建、修缮，逐渐由原西域窣堵坡形制演变成具有中原建筑特点的砖仿木结构，成为可登临的楼阁式塔。大雁塔是唐长安城保留至今的标志之一。其所存石碑“大唐三藏圣教序”和“大唐三藏圣教序记”佐证了大雁塔与丝绸之路佛教传播的历史。大雁塔内收藏的贝叶经也是弥足珍贵的佛教文物。

大雁塔南广场

大雁塔北广场建有大型音乐喷泉。喷泉水面面积达2万平方米，其八级跌水池中的八级变频方阵是世界最大的方阵。每级水池有7级跌水，与大雁塔7层相印合。音乐喷泉共设计独立水型22种，其变频方阵（排山倒海水型）、莲花朵朵、百米变频喷泉、云海茫茫、海鸥展翅、蝶恋花、水火雾以及60米高喷水柱等，都是科技含量较高的新颖水型；60米宽、20余米高的大型激光水幕中4眼喷泉从水里喷出，在6米高空充分燃烧低温爆开，增加了整个喷泉的夺人气魄。

（二）小雁塔

小雁塔位于唐长安城安仁坊（今陕西省西安市南郊）荐福寺内，又称“荐福寺塔”，建于唐景龙年间，与大雁塔同为唐长安城保留至今的重要标志。小雁塔是中国早期方形密檐式砖塔的典型作品，原有15层，现存13层，高43.4米，塔形秀丽，是唐代佛教建筑艺术遗产，佛教传入中原地区并融入汉族文化的标志性建筑。小雁塔和荐福寺钟楼内的古钟合称为“关中八景”之一的“雁塔晨钟”，是西安博物院的组成部分。

（三）崇文塔

崇文塔位于陕西省泾阳县崇文乡太平村，俗称“铁佛寺塔”。始建于明万历十九年（1591年），历时13年竣工。为楼阁式砖塔，八角形，高87.2米，为我国最高砖塔之一。据《铁佛崇文塔寺常住田供众记》碑文记载，该塔为倡导泾阳、三原、高陵三县学童努力向学而建，始建于明万历十九年（1591年），修塔人为明刑部尚书、泾阳县人李世达。

（四）大秦寺塔

大秦寺塔又名镇仙塔、镇仙宝塔，位于陕西省西安市周至县城东南楼观镇塔峪村，始建于唐建中二年（781年），现存为宋代重修。大秦寺塔为七层楼阁式砖塔，塔身为正八角形，共有7层，高38.6米，塔基周长44米，塔顶完好，塔底层有塔心室，塔2层上有梯可通塔顶，现塔身已向西北方向倾斜，内遗存清末民国初塑像一具，两具景教塑像及古代叙利亚文刻字数处，为研究古代中西方文化交流提供了实物资料。

据碑石记载，唐贞观九年(635年)，景教传教士阿罗本率教团来到唐都长安，请求传教。唐太宗对该教的传入采取了宽容的宗教政策，并给予了礼遇和恩宠，颁诏准许阿罗本建寺传教。朝廷遂在长安、洛阳等地建立了景教寺，周至大秦寺为此时所建，由于初唐几代皇帝对景教崇信和保护，该教发展迅猛，一度流行全国各地，曾创造了一个“法流十道、寺满百城”的辉煌时期。

（五）镇风宝塔

镇风宝塔又名来化塔、庆安寺塔，位于陕西省渭南市临渭区来化镇东，渭南大荔公路以南。塔底南面正门砖制门额上端书“镇风宝塔”四个大字。大字两旁有两行小字。东边是:“维大明国嘉靖三十四年十二月十二日夜忽大震地裂摇倒舍利宝塔壹所”。西边是“后至嘉靖三十七年正月二十七日吉重修”。塔的二层上镶有一块石碑。题目是：“大明国陕西西安府渭南市来化里来化镇庆安寺重修屋塔记”，落款是：“嘉靖三十七年正月二十七日吉旦”。内中写道：“嘉靖三十四年十二月十二日夜三更三点地大震焉”。另载：“夫上古设塔时，左有洛水，右驿柳林，于是望景观卜，而竖塔于此，待以壮风光，美瞻视，镇四方。”

三、园林

（一）灵台、灵沼、灵囿

灵台、灵沼、灵囿为周文王在营建丰邑时所修建，距今3000多年，在修建灵台同时，并引注沣水以建灵沼（养鱼、龟等水产之处）、灵囿（养鹿等动物之处），加上灵台合称为“三灵”。

灵台象征着高山，是中国最早的天文观象台，位于今西安市长安区灵沼街道办阿底村东南约500米的沣河西岸。灵台的建造表示一个国家机制的完善，据史料记载，灵台是一个集观察气候、制定律历、于民施教、动员战争、占卜大事、庆祝大典、会盟诸侯等于一体的多功用场所。《大雅·灵台》篇中记载着关于西周文王以民力修建灵台时，平民百姓欢乐而顺从的场景，其诗曰：“经始灵台，经之营之。庶民攻之，不日成之。经始勿亟，庶民子来……”周灵台历经3000多年的岁月沧桑，其故迹至今犹存。秦以后的文献中对于有关灵台活动的记载越来越少，仅从历史地理学的角度记叙其道里方位。《括地志》中又有以下文字：“今悉无复处所，惟灵台孤立，灵台高二丈，周围百二十步”，这是周文王灵台在唐时的记载。据《长安县志》（1999年）和《终南山佛寺游访记》中记载考证，唐代时在古灵台顶上修建寺庙一座，名为平等寺，唐时平等寺建筑物早已无存，现今只留下几根石柱。另有一说法：明代，秦藩王在古灵台顶上修建平等寺，由僧人维护。清乾隆三十九年（1774年），陕西巡抚毕沅亲往灵台相度，在灵台上修建文王殿（今所见文王殿为破坏以后复修大殿），并对其修葺，派专僧对寺庙进行保护。

灵沼位于今西安市长安区沣河西岸，南起秦渡津，北至客省庄，南北长约8千米、东西宽约3千米的地段；灵沼一名象征着大海，喻指帝王的恩泽所及之处；是周朝上层人物饲养鱼类和水产的地方。沼泽故址，如今仍遗迹可寻（今灵沼乡海子村，回鹤庄一带）。

灵囿，象征着滋养万物生长的辽阔土地。所谓“囿”即供帝王贵族进行狩猎、游乐的一种园林形式。汉时，《三辅黄图》中记载："周文王灵囿，在长安县西四十里，沣河西岸（今长安区马王镇以南灵沼周围的地区）。"

（二）上林苑

上林苑是中国秦汉时期的皇家园林，秦始建，汉武帝建元三年（前138年）加以扩建。上林苑地跨长安、咸阳、周至、鄠邑区、蓝田5县境，纵横150千米，南部是由今蓝田的焦岱镇（鼎湖宫）开始，向西经长安的曲江池（宜春宫）、樊川（御宿宫），沿终南山北麓西至周至（五柞宫）；北部是兴平的渭河北岸（黄山宫），沿渭河之滨向东。上林苑是中国园林史上融都城、宫苑、园林为一体的最大的一座皇家园林。

（三）兴庆公园

兴庆公园位于古都西安城墙外东南角的咸宁路上，因在唐代皇宫兴庆宫遗址上修建而得名，该公园是我国最古老的历史文化遗址公园，坐落在百年名校西安交通大学的北边。兴庆宫位于唐都长安外郭城的兴庆坊（隆庆坊），这里曾是唐玄宗李隆基的旧宅。先天元年（712年），李隆基登上皇帝宝座，开元二年（714年），即改旧宅为兴庆宫。唐代的兴庆宫历经扩建，占地达2016亩，今日的兴庆公园占地780亩，是西安市最大的城市公园。

（四）大唐芙蓉园

大唐芙蓉园位于西安城南的曲江开发区，与大雁塔遥遥相望。从秦汉到隋唐作为皇家禁苑历时长达1300年，是中国古典园林及建筑的集大成者。它是在唐代芙蓉园遗址以北，仿照唐代皇家园林式样建造的，是中国第一个全方位展示盛唐风貌的大型皇家园林式文化主题公园，占地面积1000亩，其中水域面积300亩，总投资13亿元。园内建有紫云楼、仕女馆、御宴宫、杏园、芳林苑、凤鸣九天剧院、唐市等许多仿古建筑，是全国最大的仿唐皇家建筑群，其建筑是由中国著名的工程院院士张锦秋大师设计的。园内有全球最大的户外香化工程，无论你走到哪里，都可以闻到阵阵幽香；有全球最大的水幕电影及水景表演，集声、光、电、水、火于一体；是首个将视觉、听觉、嗅觉、触觉、味觉完美地融为一体的五感主题公园；全国最大的仿唐宴开发基地——御宴宫；园内还有全国最大的展现唐代诗歌文化的雕塑群以及全方位再现唐长安城贸易活动的场所——大唐集市。园内分帝王文化、女性文化、诗歌文化、科举文化、茶文化、歌舞文化、饮食文化、民俗文化、外交文化、佛教文化、道教文化、儿童娱乐、大门景观文化、水秀表演等14个景观文化区，集中展示了唐王朝辉耀四方的精神风貌，璀璨多姿、无与伦比的文化艺术。

（五）宝鸡渭河公园

宝鸡渭河公园是西北地区目前最大的开放式公园，位于宝鸡市渭滨区渭河之滨，于2002年4月25日建成开放。全长3千米，宽180～240米，面积61万平方米，其中绿地占到总面积的84%。布局为一带七区，一带为紧邻渭河北堤的防浪林带，七区为湖滨风光区、古渡春晓区、千禧乐园区、五环广场区、梨园秋色区、陈仓古韵区、渭水烟紫区。

（六）渭南沋河公园

渭南沋河公园为国家级湿地公园。地处秦岭山地—丘陵沟壑—黄土台塬—关中平原过渡地带，是黄河最大支流渭河南岸丘陵沟壑区典型的河流型湿地公园。湿地公园南至秦岭北麓黄狗峪河克老村，北至沈河入渭口、东至小峪东岔口、西至临渭区渭花路和民生路。公园水系全长38.2千米，总规划面积688.01公顷，其中湿地面积316.65公顷，湿地率为46.02%，功能分区分别为：保护保育区、恢复重建区、宣教展示区、合理利用区和管理服务区。涉及桥南镇、闫村镇、向阳街道、站南街道和人民街道5个街镇30个行政村以及沈河公园和沈河水库2个行政单位。沈河公园是渭南市区较早成型的综合性公园，占地面积30余万平方米，始建于1978年，先后在1986年、2000年进行了绿化改造。2006年，又对沈河公园实施了改造工程。

四、古帝陵

从甘肃到陕西的渭河谷地被称为“东方帝王谷”，埋葬着72位中国帝王，属世界第一帝王谷。古诗云：“渭水桥边不见人，摩挲高冢卧麒麟”。沿渭河河谷密集分布的帝王陵群，包括已发掘秦兵马俑坑的秦始皇陵、汉代的11座帝陵、唐代的18座帝陵，在世界范围内具有唯一性和至高性，是我国古代文化遗产的一大宝库。其中轩辕黄帝葬于陕北黄陵县桥山之巅，陵前有碑石、祭亭，四周古柏参天，山下沮水环绕，山的东面建有轩辕庙，环境幽雅肃静，是人们谒陵祭祖之所。其他帝王陵大都埋葬在关中地区。长安、咸阳西北部多为西周王墓。临潼骊山附近有举世闻名的秦始皇陵，1974年以来在陵东出土了大批体形高大、形态逼真、造型生动、队列整齐的兵马俑，为研究秦始皇时代的军事、文化和雕塑艺术提供了珍贵的资料，被誉为“世界第八大奇迹”。西汉11个皇帝，除文帝葬于西安霸陵，宣帝葬长安杜陵外，其他9陵都在咸阳原上，自东向西依次有景帝景陵、高祖长陵、惠帝安陵、哀帝义陵、元帝渭陵、平帝康陵、成帝延陵、昭帝平陵和武帝茂陵。这些陵园大都附有为数众多的陪葬墓，更是咸阳原陵墓累累，星罗棋布。唐代共20个皇帝，除昭宗李晔葬在河南、哀宗李柷葬在山东外，其余18个皇帝均葬在关中，即所谓“关中唐十八陵”，分布在渭北台塬的乾县、礼泉、泾阳、三原、富平和蒲城等6县境内。此外，西魏文帝陵，北周成帝陵，隋文帝泰陵（又名杨陵），前秦苻坚墓、后秦姚兴墓以及武则天之母杨氏顺陵，汉武帝大将军霍去病等陵墓也都位于渭河两岸。

分布于关中渭河两岸的古代帝王陵，民间有“七十二陵”之说。史载有79座，占全国现存帝王陵的近乎一半，除中华民族公认的始祖轩辕黄帝陵外，基本确定的有39座，即春秋战国时代的秦景公、秦惠文王、秦悼武王3陵；秦始皇、秦二世2陵；西汉10陵。新朝1陵（王莽陵）；十六国至北朝时前秦苻坚、大夏赫连勃勃、西魏元宝炬、北周武帝宇文邕各1陵；隋代文帝杨坚1陵；唐18陵。还有虽未确定墓冢，但经多方面考察确认应葬在陕西的，有西周13位帝王中的7位；秦19位先公、3位先王；后秦1位、北魏1位、西魏1位、北齐2位、北周4位；隋1位，共计39位。

（一）黄帝陵

黄帝陵是中华民族始祖黄帝轩辕氏的陵墓，位于陕西省延安市黄陵县城北桥山；洛河支流沮河之畔。陕西黄帝陵为《史记》正史记载的唯一一个黄帝陵。1961年，国务院公布为全国第一批全国重点文物保护单位，编为“古墓葬第一号”，号称“天下第一陵”。

黄帝陵古称“桥陵”，为中国历代帝王和著名人士祭祀黄帝的场所。据记载，最早举行祭祀黄帝始于公元前442年。自汉武帝亲率18万大军祭祀黄帝陵和唐大历五年（770年）建庙祀典以来，一直是历代王朝举行国家大祭的场所。陵前的“黄帝手植柏”树龄高达5000年以上，是世界上最古老的柏树，见证了中华5000年文明史。

（二）宝鸡炎帝陵

宝鸡炎帝陵位于宝鸡市渭滨区神龙镇境内的常羊山之上，为炎黄子孙寻根祭祖的主要场所。传说炎帝为神农氏族始祖，生在姜水，是农业之神、医药之圣，因以火德王，故名炎帝，号神农氏。在宝鸡市姜城堡地区，清姜河旁发现的姜氏城遗址，面积大约有49万平方米。遗址中最大的房子长10.7米，宽10.5米，面积约124平方米，而北首岭遗址中最大的房子面积仅88平方米，出土的生产工具和陶器与北首岭的相似，并且相对先进。炎帝部落以宝鸡为中心，沿渭河向四周扩展。

（三）秦陵

1. 秦始皇陵

在陕西省西安市临潼区骊山北麓，县城以东10千米的下河村附近，墓冢现存封土堆，东西长350米，南北长355米，周长1410米，占地面积120700平方米，高76米，巍巍耸立，“望之俨然”。修建历时39年，是中国历史上第一座规模庞大、设计完善的帝王陵寝。呈覆斗形，陵前有清乾隆年间陕西巡抚毕沅所立“秦始皇帝陵”石碑一通。

秦始皇陵园南依骊山，北临渭水，在秦始皇陵的东侧，有一道人工改造的鱼池水。按《水经注》记载：“水出骊山东北，本导源北流，后秦始皇葬于山北，水过而曲行，东注北转，始皇造陵取土，基地于深，水积成池，谓之鱼池也，池水西北流途经始皇冢北”。鱼池水原来是出自骊山东北，水由南向北流，后来修建秦始皇陵时，在陵园西南侧修筑了一条东西向的大坝，坝长1000余米，一般宽40多米，最宽处达70余米，残高2～8米，它就是人们通常所说的五岭遗址。正是这条大坝将原来出自骊山东北的鱼池水改为西北流，绕秦始皇陵东北而过。此外，在陵园东侧，有川流不息的温泉水经过。据《水经注》记载：“在鱼池水西南有温泉水，世以疗疾。”《三秦记》曰：“骊山西北有温泉”。当年的温泉与西北的鱼池水相对应。秦始皇陵的风水特点是：南面背山，东西两侧和北面形成三面环水之势。“依山环水”造陵观念对后代建陵产生了深远的影响，西汉帝陵，如高祖长陵、文帝霸陵、景帝阳陵、武帝茂陵等就是仿效秦始皇陵“依山环水”的风水思想选择的，以后历代陵墓基本上继承了“依山环水”的建陵思想。陵东侧是一组规模浩大的兵马俑陪葬坑，数以千计形同真人真马一般高大的陶俑陶马，气势磅礴，造型逼真，神态各异，栩栩如生。1979年已建成秦始皇兵马俑博物馆，供中外游人参观。

2. 秦二世陵

在今陕西省西安市雁塔区曲江乡曲江池村南缘台地上，俗称胡亥墓。墓为土筑圆形，碑面阴刻“秦二世皇帝陵”6个隶书大字，为清乾隆四十一年（1776年）陕西巡抚毕沅所立。

（四）汉陵

汉陵分布在陕西省咸阳市北原（亦称五陵原）上。西汉（前 206 年至公元 8 年）经历了 11 个皇帝，除文帝刘恒霸陵、宣帝刘询杜陵在西安郊区外，其他 9 座帝王陵墓均在咸阳市北原上。自东向西依次为景帝刘启阳陵、高祖刘邦长陵、惠帝刘盈安陵、哀帝刘欣义陵、元帝刘渭陵、平帝刘康陵、成帝刘延陵、昭帝刘弗陵平陵、武帝刘彻茂陵。帝陵园为方或近方形，四面各一门，门前有阙。霸陵因山为陵，其余帝陵有高大的覆斗形封土，底部方或近方形。

1. 汉惠帝安陵

汉惠帝安陵在今陕西省咸阳城东 18 千米处渭城区韩家湾乡白庙村。陵前有清乾隆年间陕西巡抚毕沅所立“汉惠帝安陵”石碑一通。

2. 汉文帝霸陵

汉文帝霸陵在今陕西省西安市灞桥区席王街办毛窑院村，当地人称为“凤凰嘴”。是中国历史上第一个依山凿穴为玄宫的帝陵，陕西巡抚毕沅所立的石碑上，镌刻着“汉文帝灞陵”5 个大字。

3. 汉景帝阳陵

汉景帝阳陵在今陕西省咸阳市渭城区正阳镇张家湾，清乾隆年间陕西巡抚毕沅所立的石碑上，镌刻着“汉景帝阳陵”5 个大字。

4. 汉武帝茂陵

汉武帝茂陵在今陕西省兴平市东北 15 千米的咸阳原西端，陵前有清乾隆年间陕西巡抚毕沅所立“汉武帝茂陵”石碑一通。上款为“赐进士及第兵部侍郎陕西巡抚兼都察院右副都御史加五级毕沅敬书”，下款为“大清乾隆岁次丙申孟秋、知兴平县事顾声雷立石”。

5. 汉昭帝平陵

汉昭帝平陵在今咸阳市秦都区平陵乡大王村东南，陵冢封土为覆斗形，陵前有清乾隆年间陕西巡抚毕沅所立的“汉昭帝平陵”碑一通。

6. 汉宣帝杜陵

汉宣帝杜陵在今陕西省西安市雁塔区曲江三兆村南，陵冢封土为覆斗形，陵前有清乾隆年间陕西巡抚毕沅所立的“汉宣帝杜陵”碑一通，碑铭清晰可辨。

7. 汉成帝延陵

汉成帝延陵在今陕西省咸阳市渭城区周陵镇马家窑村，清乾隆年间陕西巡抚毕沅所立石碑中为“汉成帝延陵”，上款为“赐进士及第兵部侍郎陕西巡抚兼都察院右副都御史加五级毕沅谨书”，下款为“大清乾隆岁次丙申孟秋、知咸阳市事孙景燧立石”。

8. 汉元帝渭陵

汉元帝渭陵在今陕西省咸阳市渭城区周陵镇新庄村东南，清乾隆年间陕西巡抚毕沅所立石碑中为“汉元帝渭陵”。

9. 汉平帝康陵

汉平帝康陵在今陕西省咸阳市渭城区周陵镇大寨村，清乾隆年间陕西巡抚毕沅所立碑由两截石碑组成，现仅存“康陵”碑部分，上款仅存“察院右副都御史加五级毕沅谨书”，下款仅存“知咸阳市事孙景燧立石”。

（五）唐陵

唐代帝陵依山为陵，气势雄伟，东西绵延100余千米，几乎与渭水汉九陵成平行一线，和长安城以及宫殿群一起构成全国等级最高、密度最大的唐代文物、文化遗址景区。唐十八陵分布于渭北六县：依次为乾县的唐高宗和武则天乾陵、僖宗靖陵；礼泉的太宗昭陵、肃宗建陵；泾阳的宣宗贞陵、德宗崇陵；三原的高祖献陵、敬宗庄陵、武宗端陵；富平的中宗定陵、懿宗简陵、代宗元陵、文宗章陵、顺宗丰陵；蒲城的睿宗桥陵、玄宗泰陵、宪宗景陵和穆宗光陵。

1. 乾陵

乾陵位于陕西省咸阳市乾县县城北部3千米的梁山上，为唐高宗李治（649—683年在位）与武则天（690—705年在位）的合葬墓。在唐代都城长安（今西安）西北方向约87千米处。是唐十八陵中唯一一座没有被盗的陵墓，也是唯一一座女皇陵。该陵建成于唐光宅元年（684年），神龙二年（706年）加盖，采用依山为陵的建造方式。乾陵最著名的就是它气势磅礴的陵园规划，以及地表上大量的唐代石刻。除主墓外，乾陵还有17个小型陪葬墓，葬有其他皇室成员与功臣。乾陵是唐十八陵中主墓保存最完好的一个，截至2013年仅开掘了5个陪葬墓，从中出土了大量的文物。

2. 唐昭陵

唐太宗昭陵是唐朝第二代皇帝李世民的陵墓，是陕西关中“唐十八陵”中规模最大的一座，位于陕西省礼泉县城东北22.5千米的九嵕山上。距西安市70千米，距咸阳市30千米，距咸阳国际机场25千米。1961年，国务院公布昭陵为全国第一批重点文物保护单位，2002年被国家旅游局评定为AAA级旅游景区。昭陵陵园周长60千米，占地面积200平方千米，共有陪葬墓180余座，被誉为“天下名陵”，是我国帝王陵园中面积最大、陪葬墓最多的一座，也是唐代具有代表性的一座帝王陵墓。

3. 唐桥陵

唐桥陵是唐睿宗李旦之墓，位于陕西渭南市蒲城县城西北15千米的丰山。丰山海拔为751米，这里峰峦起伏，沟壑纵横，形成各自独立的山头。向南平野辽阔，与秦岭诸峰遥遥相对，山川壮丽，气象万千，丰山据记载叫金帜山，亦称金粟山和苏愚山。当地人们依其展翅欲飞的天然形势，称它为凤凰山。桥陵以山为冢，在山腹开凿地下宫殿，在地面上绕山筑城，四面各开一门，陵园周长约13千米，因建于开元盛世，各种设施十分崇厚。距今已历经1270多年风蚀雨剥，但所保留的40多尊巨大石刻：石华表、石鸵鸟、石马、石人、石狮等，却依然眉目清晰，生动自然。石雕排列成行，气势磅礴，蔚为壮观，堪称盛唐石刻艺术的露天展览馆。

4. 唐泰陵

唐泰陵是唐代第六代皇帝李隆基之陵，位于陕西省蒲城县东北 15 千米处五龙山余脉金粟山南。此山海拔 716 米，山峦起伏，逶迤蜿蜒。唐开元十七年（729 年），李隆基谒桥陵至金粟山，见此山有龙盘凤翥之势，谓左右曰："吾千秋后，宜葬此地。"泰陵规模浩大，陵内封地方圆达 38 千米，设置分内外两城，布局酷似京师长安。现存石刻有：华表、天马、鸵鸟、石翁仲、石狮等。这些石雕刻工细腻，形象逼真，线条流畅，是我国石刻艺术的瑰宝珍品。陪葬于泰陵的有元献皇后和内侍高力士。

五、庙

（一）西岳庙

西岳庙又名华岳庙，俗称岳庙、皇庙、太庙，是历代帝王祭谒华山的神庙，位于华阴市原县城东约 2 千米处。初建于汉武帝元光年间（前 134—前 129 年），当时名曰集灵宫，建在华山脚下的黄神谷（今黄甫峪）口。东汉桓帝时（147—167 年）迁于现址，改为今名。唐宋明清多次重修。现在的西岳庙是明清两代王朝仿北京皇宫修建的，有"小故宫"之称。庙内有万寿阁。该阁系明万历年间所建，台高十六丈，阁分三层，高凌云表。据云，登上万寿阁，可南望太华，北俯洛渭，东眺黄河，西瞰终南，云树苍茫，川原交错。可惜此阁 1932 年毁于大火，今唯台基依旧。现在台上的二层小洋楼为冯玉祥所建，名观岳楼。

（二）周公庙

周公庙位于岐山县城西北 7.5 千米的地处周原（大周原四址为：东至漆水，南为渭水，西达迁河，北靠岐山）中心地带卷阿凤凰山南麓，即《诗经・大雅・卷阿》记载的"凤凰鸣矣，于彼高冈"处，唐武德元年（618 年）为纪念西周政治家周公姬旦修建。占地面积 900 亩，庙内古树参天、殿堂成群，除周公正殿外，还有召公、太公等周人先祖及功臣勋将的配殿，汉白玉武将像等古迹名胜。庙内现存碑与石刻众多，并有汉、唐、宋、元、明古木多株。岐山周公庙，是全国重点文物保护单位、国家 AAAA 级旅游景区，是中国同类建筑中存世规模最大、形制最完整的周公庙。

第二节　关中八景与长安八水

一、关中八景

关中八景是 8 处关中地区著名的文物风景胜地。即华岳仙掌、骊山晚照、灞柳风雪、曲江流饮、雁塔晨钟、咸阳古渡、草堂烟雾、太白积雪。八景中灞柳风雪、曲江流饮、咸阳古渡、草堂烟雾、太白积雪五景和水直接相关。

（一）骊山晚照

每当夕阳西下，云霞满天，苍山秀岭涂上万道红霞，景色妩媚动人，酷似一匹"火焰驹"，这就是关中八景之一——骊山晚照。"烽火戏诸侯，一笑失天下"的典故就发生在这里。周、秦、汉代都在这里建立了离宫，到了唐代，皇室大兴土木，先建汤泉宫，后建温泉宫。747年，唐明皇令匠人扩建离宫，从此改名华清宫，华清池是杨贵妃的沐浴处。

（二）华岳仙掌

相传，古时有一年王母娘娘举办蟠桃会，老寿星多喝了两盅，一不小心，手里玉盅一斜，琼浆洒下天庭，立刻变成了人间横祸。人们的怨气冲进主宰西方十二万里天地的白帝少昊那里。白帝赶紧向玉帝禀明此事。玉帝大惊，即传旨给巨灵仙要他下凡人间，立即排除这一祸事。巨灵仙落下云头来到华山的危崖下，使尽全力，将身一展，只听见一声巨响，天崩地裂。顷刻间，百尺高的黄浪如离弦之箭向东喷射而去，抬头看华山，已被推进秦岭之中，回头望首阳，已在波涛之北。这时，屹立在水浪中的巨灵仙望着咆哮东去之水，长舒一口气，哈哈大笑，遂驾彩云向西而去。

巨灵仙虽然走了，但他那只仙掌却深深地印在了巍巍华山东峰的绝壁之上，给西岳华山增添了一幅神奇无比的胜景。

（三）雁塔晨钟

清代，每天清晨荐福寺内的僧人会定时敲钟，清脆悠扬的钟声响彻西安古城上空，数十里内都可听到。钟声清亮，塔影秀丽，在古城中别有一番韵味。空灵的钟声从塔院深处传来，把人带到悠远的境地。

这里还有一段感人的故事：明英宗时，西域番僧勺思吉任主持为筹资修葺荐福寺，资金不够，于是他带头从唐代以来的殿址瓦砾堆中挖拣能用的砖瓦，用在新修的殿堂上。竣工后他修了本章，绘成图样，呈礼部转英宗，请求皇帝为修复一新的寺院命名，英宗一看图上的殿堂顶用了绿琉璃瓦，勃然大怒，不但下令斩杀勺思吉和满寺僧众，还把荐福寺夷为平地。原来，明代规定只有皇宫才能用绿琉璃瓦盖顶，别处用了就犯“欺君之罪”。后经大臣们劝谏，英宗才降旨礼部查清事由，经调查，方知这寺内大殿上用的绿琉璃瓦全是勺思吉带领众僧一片一片从数百年废墟中挖出来的。英宗这才赦免了勺思吉，小雁塔遂得以幸存。

（四）草堂烟雾

据当地人传说，草堂寺里古井的井壁有一块石头，每当有蛇卧于石上，就有一股白气从井中冉冉升起，在寺庙上空缭绕盘旋。关中八景之一的“草堂烟雾”即由此得名。现存于西安碑林的关中八景石碑上，清人朱集义诗一首生动描绘了这一奇景：“烟雾空蒙叠嶂生，草堂龙象未分明。钟声缥缈云端出， 跨鹤人来玉女迎。”

（五）灞柳风雪

灞桥之柳，与古长安植柳的传统有着密切的关系。长安周围多水、多川，很适宜柳的成活与生长，加之周、秦、汉、唐宫中，御道多植柳树，民间植柳也自然蔚成风气。汉代时，“灞柳”已闻名遐迩。灞水两岸多植柳树，每年春天，灞桥两岸绿柳覆荫，柳絮漫天，飘飘扬扬，恰似春日里的一场雪，景况极美。

（六）太白积雪

早在北魏郦道元《水经注》里采录的古老传说中就有记载：“太白山南连武功山，于诸山最为秀杰，冬夏积雪，望之皑然。”这是“太白积雪”一词的最早出处。它指的是在过去寒冷的年代，太白山顶积雪终年不化，即便是三伏盛夏，仍然白雪皑皑、银光四射，景色格外壮观。清代朱集义在“关中八景”中对太白积雪曾这样描述：“白玉山头玉屑寒，松风飘拂上琅玕。云深何处高僧卧，五月披裘此地寒。”

（七）咸阳古渡

咸阳古渡即咸阳从古至今的渡口，本为汉唐西渭桥（便门桥）旧址。咸阳古渡几千年，闻名遐迩。赞曰：往来名利之客，络绎不绝。沽舟泛泛，渔艇悠悠。黑鳗赤鲤，沉浮于绿水之中，白鹭青鸟，出没于烟波之上。樵士羊肠而往，牧童牛背而归。歌喧斗草，曲唱采莲。助诗家无限精神，是为一景。咸阳古渡是古代丝绸之路的桥头堡，古渡遗址附近出土了大量文物，为人们研究当时的经济、文化、军事提供了重要的物证。

（八）曲江流饮

在唐代，每当新科进士及第，总要在这里乘兴作乐，放杯至盘上，放盘于曲流上随水转，按照古人“曲水流觞”的习俗，酒杯流至谁前谁就要执杯畅饮，并当场作诗，由众人对诗进行评比，称为“曲江流饮”。曲江池两岸依地势连绵起伏建有云台亭榭、宫殿楼阁，使曲江品种繁多的奇花异草，随四季争芳竞艳的自然景致，在自然美的基础上，又增添了几分人文之美。“三月三日天气新，长安水边多丽人。” 每到春秋两分及重要节日，城里的皇室贵族、达官显贵都会偕家眷来此游赏，樽壶酒浆，笙歌画船，宴乐于曲江水上。

关中八景石刻位于西安碑林博物馆第四展室，石碑圆首方座，通高283厘米，宽85厘米，厚22厘米。刻于清康熙十九年（1680年），距今300多年；关中八景图其实并不是这通碑的正面，而是背面，正面是《松鹤延年图》，但大家似乎更感兴趣的是背面的关中八景。碑面分十六格，一景一诗，分别是关中八景的绘图竿题诗。绘图竿题诗的作者叫朱集义。碑额是由一个叫马绣的书法家篆书的，最后再由富平石匠镌刻在石碑上。

二、长安八水

八水绕长安的八水指的是：渭河、泾河、沣河、涝河、潏河、滈河、浐河、灞河。西汉文学家司马相如在著名的辞赋《上林赋》中写道“终始灞浐，出入泾渭；酆镐潦潏，纡馀委蛇，经营乎其内。荡荡乎八川分流，相背而异态”，描写了汉代长安上林苑的巨丽之美，而后就有了“八水绕长安”的描述。八水中的渭、泾、沣、涝、灞五河已在本书河流水系一章描述，这里仅介绍潏、滈、浐三河。

（一）潏河

潏河发源于秦岭北麓的西安市长安区秦岭北坡的大峪，是西安地区最负盛名的河流。潏河在牛头寺附近分为两支，向北为皂河，向西则与滈河合流汇入沣河。

（二）滈河

滈河发源于西安市长安区石砭峪，全长46千米，流域面积292平方千米。与潏河在香积寺汇合后向西，在鄠邑区秦渡镇附近注入沣河。滈河绕西安之南。

（三）浐河

浐河发源于蓝田县汤峪，是灞浐水系的最大支流，全长70千米，绕西安之东，流经西安灞桥区广太庙附近注入灞河。

长安八水示意

第三节 佛寺道观

佛教有祖庭 8 座，其 6 座在渭河流域。

一、法门寺

法门寺又称法云寺，位于陕西省宝鸡市扶风县法门镇，有“关中塔庙始祖之称”。据传，法门寺始建于东汉明帝十一年（68 年），周魏以前叫“阿育王寺”，隋改称“成实道场”，唐初改名“法门寺”，因安置释迦牟尼佛指骨舍利而成为举国仰望的佛教圣地。2006 年，新组建的法门寺文化景区按照“千载佛家圣地，万世人文经典”的定位，巨资打造一流景观、一流文化、一流环境、一流服务的世界级景区，主体建筑合十舍利塔高 148 米，匠心独具、庄严肃穆，宽 108 米、长 1230 米的佛光大道，十万人广场使景区更显规模宏大、气势恢宏。2014 年 10 月 16—19 日，世界佛教徒联谊会第 27 届大会在法门寺文化景区举行。

二、净业寺

净业寺亦称白泉寺，是中国佛教律宗祖庭，为樊川八大寺之一。该寺位于陕西省西安市长安区沣河右岸终南山北麓，距西安市约 35 千米。《长安古刹提要》载：“律宗之净业寺，犹相宗之慈恩寺也。因道宣住终南山，又称为南山宗，今寺为各丛林之冠。”净业寺建于隋代，唐初为高僧道宣的弘法道场，因而成为佛教律宗祖庭。律宗后由道宣再传弟子鉴真传到日本，成为日本律宗的始祖。后世研习律经，都以道宣的解释和规定为依据，至今中国出家的僧徒仍大多以道宣的学说为自己持戒的楷模。净业寺是国务院确定的 142 座汉族地区佛教全国重点寺院之一，寺外峰顶上有道宣律师舍利塔巍然屹立，在中国佛教史上占有重要的地位。

明王心一著有《净业寺观水记》一文：长安以水为奇遇，每坐对砚池盂水，与天光相映，便欲飞身溟海，一溯洪流。而净业寺在都城之北，面临清波，汪洋数十顷，两涯之间，几不辨牛马。而一望镜彻，直令人心一空。招提金碧，与林木森疏，时时吞吐水练上，即此便是方丈蓬丘。

予厌苦尘污。一日，舍舆循涯而步，见有败荷如盖，余香乘风来扑入鼻。忽木鱼响歇，隔林笙歌，隐隐出红楼中，觉耳根如洗。转视昔日从马驴间听传呼声，顿隔人天。已而穿萝寻径，复有小筑，自为洞天。四顾竹树，交加成帷，更为奇绝。予乘小酣，暂憩草裀。尔时欲有题记，觉我宁作我，不可更著名言。顷刻，西山落日，斜挂树杪，如轮如烛，返照水面矣。

归来抱膝对砚池盂水，余兴欲勃，便欣然神往，遂漫为追次其事。倘他日乞得冷曹，借吏隐闲身，再为觅句以志盛事，当不负此佳境也。

三、香积寺

香积寺位于陕西省西安市长安区郭杜镇香积寺村。南临滈河，西傍潏水，北接风景秀丽的樊川，滈河与潏河汇流萦绕于西南，子午大道过其东侧。该寺是中国“佛教八宗”之一“净土宗”祖庭，唐代著名的樊川八大寺之一。

唐高宗永隆二年（681 年），净土宗创始人之一善导大师圆寂，弟子怀恽为纪念善导功德，修建了香积寺和善导大师供养塔，使香积寺成为中国佛教“净土宗”正式创立后的第一个道场。香积寺殿宇庄严整齐、环境幽雅、规模广大，唐代著名诗人王维曾写《过香积寺》诗予以赞扬：“不知香积寺，数里入云峰。古木无人径，深山何处钟。泉声咽危石，日色冷青松，薄暮空潭曲，安禅制毒龙。”日本净土宗直绍净宗创立者善导一脉，向来把善导尊为祖师，把香积寺奉为祖庭，《过香积寺》诗还被编入日本小学课本 。1980 年 5 月 14 日，中日两国在香积寺隆重举行善导大师逝世 1300 周年纪念法会。

1956 年，香积寺被陕西省人民委员会公布为第一批省级重点文物保护单位。1983 年 4 月 9 日，被国务院确立为汉族地区佛教全国重点寺院。2001 年 6 月 25 日，被国务院公布为全国重点文物保护单位。

四、水陆庵

水陆庵原名水陆殿，地处西安市蓝田县城东 10 千米的普化镇王顺山下，坐落在一个形似卧鱼的小岛尾部。它三面环水（灞河支流蓝小河等），形似孤岛，旁有青山耸立，周有河水环流，故称水陆庵。水陆庵为六朝古刹，国家级重点文物保护单位，以保存古代精巧罕见的彩塑而闻名，被誉为“中国第二敦煌”，是国内保存最大的壁塑群。壁塑群把绘画、圆雕、浮雕、镂刻艺术手段融为一体，在墙、梁、柱上镶满了 3700 多尊人物及自然界万物的塑像。件件栩栩如生，个个活灵活现，在方寸之地上映出气象万千的艺术效果。在人物雕塑上匠心独具，尤为突出，立足故事情节，追求场面动感，抓住表情、眼神、动态等环节的变化，以写意而达意境，以塑体而托思，以人物粗犷、文静性格、喜怒哀乐的表情跃然壁上。

五、大慈恩寺

大慈恩寺位于唐长安城晋昌坊（今陕西省西安市南），是中国佛教唯识宗（又称法相宗、慈恩宗）的祖庭，唐长安三大译经场之一，迄今已历1350余年。大慈恩寺是唐长安城内最著名、最宏丽的佛寺，为李唐皇室敕令修建。唐太宗贞观二十二年（648年），太子李治为了追念母亲文德皇后长孙氏创建慈恩寺。玄奘曾在这里主持寺务，领管佛经译场，创立了汉传佛教八大宗派之一的法相宗。寺内的大雁塔又是他亲自督造的，所以大慈恩寺在中国佛教史上具有十分突出的地位，一直受到国内外佛教界的重视。

六、玉华宫

玉华宫因所处玉华山而得名，位于陕西省铜川市西北郊玉华镇（原焦坪煤矿），距铜川市37千米，是集自然景观、人文景观于一体，西部海拔最高的一处皇家避暑行宫，具有旅游观光、避暑度假、佛事活动三大功能。

玉华山，是唐坊州中部县今黄陵县境乔山的支脉，坐落在子午岭南端的谷地中，北依陕北黄土高原，南视渭水与长安。自春秋战国以来，就是军事要地和交通要冲。唐高祖即位时，北部突厥力量强大，经常沿北方干道或直道入侵，有时又从子午岭两侧的泾、洛河谷进犯，穿过唐雍州宜君，沿石泉河、沮河西南下，过华原今耀州区、富平、高陵，抵东渭桥，直逼京师。为解除突厥的威胁，唐高祖就于武德七年在直道与干道中间的玉华山，修筑了前哨阵所“仁智宫”。据《旧唐书 · 高祖》载，仁智宫五月孟动工，六月建成，高祖在这一年六月、七月、十一月、十二月曾先后4次到仁智宫，并在那里处理国家大事，一度成为这位皇帝的离宫。唐太宗开创“贞观之治”新局面，于贞观二十一年“秋七月庚子，建玉华宫于宜君县之凤凰谷”，由唐初著名的建筑工艺大师阎立德设计营建。唐高宗崇信佛教，他即位后，永徽二年改玉华宫为寺，作为向北部边疆传播佛教的中心。显庆四年（659年），闻名于世的玄奘法师奏请高宗皇帝恩准，带门徒移居玉华寺翻译印度佛经，并在玉华寺住了4年，译完了长达20万颂的辉煌大典《大般若经》，之后因劳累过度而一病不起，于麟德元年（664年）二月五日夜半于玉华寺肃成院圆寂。

七、楼观台

楼观台又称“说经台”，地处陕西省周至县城东南15千米的终南山北麓，田峪河和就峪河之间，道文化的发祥之地，我国著名的道教圣地，素有“天下第一福地”和“仙都”之称。有宫观30余座，其中中国书法名碑1通，省级文物保护单位5处，省级古树7种20余株，翠竹环拥，林木葱郁。名胜古迹有说经台（老子祠），为楼观台中心建筑群，省级文物保护单位，建于海拔580米高岗上，相传老子曾于此讲经。始建于唐武德二年（619年），元太宗八年（1236年）重修扩建。大秦寺，在楼观台西约1.5千米的塔峪村南秦岭北麓，建于唐永徽元年（650年），始称景教寺（基督教）。唐天宝四年（745年）改称大秦寺。唐宝应元年（762年），郭子仪副使基督教徒伊斯重建大秦寺，成为全国四大景教寺之一，教士信徒开大会庆祝50天。1957年5月31日，陕西省公布大秦寺为第二批重点文物保护单位。曾出土震惊中外的《大秦景教中国流行碑》，叙述景教在唐朝150余年的历史。延生观，即玉真公主出宫入道处。在楼观台西约 3.5 千米就峪口，曾称玉真祠、升天台。明嘉靖元年（1522 年），《重修古楼观下院延生观记》碑云：唐睿宗女玉华公主修道于楼观之北，道成飞升……明景云间敕额名曰延生观。李白《玉真仙人词》云："玉真之仙人，时往太华峰。清晨鸣天鼓，飙欻腾双龙。弄电不辍手，行云本无踪。几时入少室，王母应相逢。"化女泉道院，在说经台西南约 1.5 千米的前东明村南。院内有化女泉两眼，传说老子植杖化为女子，以验弟子徐甲之心，及拔杖，水涌出，名化女泉。泉水清洌，清甜爽口。另有衣钵塔、迎阳洞、吕祖洞、吾老洞、仰天池、卧牛池、上善池（元翰林院学士赵孟頫书"上善池"3 字铭石，竖池北亭内，今存）等。

八、彬州市大佛寺石窟

彬州市大佛寺石窟位于陕西省咸阳市彬州市城西 10 千米西兰公路旁的清凉山脚下，泾河干流右岸。该石窟是陕西境内最大的石窟群，也是丝绸之路重要的地理坐标。大佛寺石窟始凿于南北朝时期，大规模开凿于唐初，唐太宗贞观二年（628 年）基本建成。寺内有 446 处佛龛，1980 余尊精美造像，是盛唐京师长安附近重要的佛教石窟寺，其唐代大佛为关中地区规模最大，体现了石刻大佛艺术自西域东传及在关中地区的流行，被清代学者毕沅誉为"关中第一奇观"。1988 年 1 月，大佛寺石窟被国务院列入全国重点文物保护单位。2014 年 6 月 22 日，在卡塔尔多哈召开的联合国教科文组织第 38 届世界遗产委员会会议上，大佛寺石窟作为中国、哈萨克斯坦和吉尔吉斯斯坦三国联合申遗的丝绸之路：长安—天山廊道的路网中的一处遗址点成功列入《世界遗产名录》。

九、华山玉泉院

华山玉泉院位于陕西华阴市玉泉路最南端，是宋仁宗皇祐年间（1049—1051 年）的道士贾得升为师傅陈抟所建。几经破坏，几经修缮，到了明清才有了现在这个规模，名希夷祠，因宋太祖赐陈抟"希夷先生"而取名，后改名玉泉院。"山不在高，有仙则灵"，1000 多年来，这里曾会聚许多名人高道，讲学修炼，是我国北方著名的全真道观。玉泉院的主体建筑区，风格采用江南园林式建筑，以水池为中心，周围配上亭台楼阁，给人以小见大的印象，现存主要建筑有：无忧亭、七十二候、全真七子殿、大殿、通天亭、过水凉亭等。

希夷祠分前、后两殿。前殿左侧是"华山全图碑"，右侧是宋代书法家米芾手书"第一山"石碑。后殿有陈抟塑像。山荪亭建于一块大石上，据说陈抟常在此观赏山景，著书立说。亭旁有一古树，名为无忧树，传为陈抟手植。

过水凉亭：传说当年唐玄宗李隆基的妹妹金仙公主在华山，有一天她和几位侍女一起上华山，登到西峰下的镇岳宫，宫内有一口玉井，井水清澈见底，金仙公主就站在井边照她的影子，一不小心，头上的玉簪掉进井里，下山后，她们在过水凉亭下休息洗手，无意中又找回玉簪，惊喜中发现亭下的泉水和山顶玉井是相通的。当时的泉水确经纳凉亭流向院外，可惜清代年间，山洪暴发，河水改道，不再见当年的泉水。后人就根据这个传说将希夷祠改名为玉泉院。

希夷石洞：传说陈抟老祖在世时经常采药，给百姓治病，后得道成仙，人们都很信奉他。希夷石洞内供奉着他的石头卧像，每年农历三月十五华山古庙会，各地的善男信女都来朝拜，说摸了陈抟睡像能治百病得平安。

十、大重阳万寿宫

大重阳万寿宫位于终南山北麓，西安市西南40千米处鄠邑区祖庵镇，是道教三大祖庭之一、全真派祖师王重阳早年修道和遗蜕之所，历来享有“天下祖庭”的尊称，“全真圣地”之盛名。2001年6月25日，大重阳万寿宫被国务院公布为全国第五批重点文物保护单位。

十一、西安广仁寺

西安广仁寺位于西安明城墙内西北角，为中国唯一绿度母主道场，也是陕西地区唯一的一座藏传格鲁派寺院，是清康熙四十四年（1705年），玄烨皇帝来陕西巡视时，转拨款敕建。广仁寺是包括达赖和班禅等西北和康藏一带大喇嘛进京朝觐路过陕西的行宫，因此又称“喇嘛寺”。寺院内供奉有世界上仅有的两尊佛祖十二岁等身像之一、陕西省境内最大的千手观音，拥有中国唯一的精品千佛殿，同时也是文成公主在长安的奉地。

十二、九成宫

九成宫位于宝鸡市麟游县新城区，该地属于渭北高塬丘陵沟壑区，海拔近1100米，夏无酷暑，气候凉爽宜人。九成宫坐落在杜水之北的天台山，东障童山，西临凤凰山，南有石臼山，北依碧城山，至今仍是一派青山绿水、明媚秀丽的风光。九成宫始建于隋文帝开皇十三年（593年）二月，竣工于隋开皇十五年（595年）三月，开始名叫“仁寿宫”，是文帝的离宫。唐太宗贞观五年（631年）修复扩建，更名为“九成宫”，“九成”之意是“九重”或“九层”，言其高大。唐高宗时曾一度改名为“万年宫”，意指颐和万寿，后又恢复原名。九成宫最有名的是《醴泉铭》唐代碑刻，632年镌立于九成宫内。魏徵撰文，欧阳询书丹。记述唐太宗在九成宫避暑时发现醴泉之事。笔法刚劲婉润，兼有隶意，是欧阳询晚年得意之作，历来为学书者推崇，被誉为天下第一楷书。

第二章　红色革命旧址

渭河流域涉及陕西、甘肃、宁夏 3 个省（区），在陕西区域有许多革命旧址、重大事件发生地，以及当时建设的水利设施，这些已经成为宝贵的具有红色基因传承的历史遗迹。

第一节　革命旧址

一、陕甘边区照金革命根据地

陕甘边照金革命根据地位于陕西省铜川市耀州区北 54 千米处，是 20 世纪 30 年代初，刘志丹、习仲勋、谢子长等老一辈无产阶级革命家创建的第一个山区革命根据地，地处陕西、甘肃交界处，以耀县（今铜川市耀州区）西北部照金镇为中心，横跨当时栒邑（今旬邑）、耀县、淳化、宜君、三原 5 县，面积 2500 平方千米，人口 3 万～4 万。鼎盛时期，红色武装割据区域扩展到陕甘两省 14 个县，面积数万平方千米。

在照金镇，建有一座高大的照金革命根据地旧址纪念碑，碑文记载了 1933 年这里曾发生的一起武装反对国民党反动派的历史上有名的薛家寨保卫战。

薛家寨革命旧址，位于陕西省铜川市耀州区照金镇政府东约 5 千米的田玉村绣房沟。传说薛刚反唐时曾屯兵于此，因以得名。这里处于桥山山脉南端，海拔 1600 多米（其中箭穿崖最高），重峦叠嶂，密林如海，中心地带壁立千仞，地势十分险峻。山寨形似葫芦，东南西三面为悬崖绝壁，山坡灌木丛生，仰视不见寨形，细看仅见草丛小道。整座山寨走势雄奇，军事上易守难攻。1933 年春，刘志丹、习仲勋、谢子长率领中国工农红军党政领导机关迁驻红军上寨后，在 5 个岩洞中分别设立了军医院、修械厂、被服厂、仓库等后勤单位，建了寨楼、堞墙、战壕、哨卡、碉堡、吊桥等。

照金革命根据地在我国革命史上具有重要地位和意义。1992 年 4 月 20 日，照金革命旧址被陕西省人民政府公布为重点文物保护单位；1995 年被陕西省委、省政府定为陕西省青少年爱国主义教育基地。

二、八路军西安办事处旧址

八路军西安办事处旧址位于西安市北新街七贤庄。“西安事变”和平解决后，中国共产党在此设立了红军联络处，1937 年 9 月改为八路军驻西安办事处。其主要工作是：开展统一战线工作，输送进步青年去延安，为陕甘宁边区和前方转送战争物资。周恩来、朱德、刘少奇、彭德怀、叶剑英、邓小平等多次来此指导工作。1946 年 6 月蒋介石发动全面内战后，9 月办事处撤回延安。1988 年，国务院公布其为全国重点文物保护单位。2020 年 11 月，其被评为第五届全国未成年人思想道德建设工作先进单位。

三、马栏革命旧址

马栏革命旧址位于旬邑县马栏镇，距旬邑县城53千米。这里属子午岭南缘余脉，山梁纵横，森林茂密，蜿蜒曲折的马栏河流经其间，306省道穿越全境，与211国道连接。

马栏是土地革命战争时期陕甘边革命根据地的重要组成部分。1932年12月，中国工农红军第二十六军在这里成立。1937年4月，关中特区党政军机关迁驻马家堡村。抗日战争和解放战争时期，马栏是陕甘宁边区的南大门，是革命党人在关中地区的政治、经济、军事、文化中心，是仁人志士和军需物资通往延安的主要驿站和红色通道，是培养革命干部的摇篮。1939年10月至1949年4月，马栏是中共关中分委、中共关中地委和陕西省委等机关的所在地，习仲勋、汪锋、李维汉、张仲良、赵伯平、高锦纯、张德生、文年生、王世泰等老一辈无产阶级革命家在这里长期工作和战斗过。陕北公学、鲁迅师范、陕甘宁边区第二师范先后在这里办学，为中国革命培养了数以万计的栋梁之材。

马栏革命旧址遗存有：①关中特委马家堡旧址；②关中分区阳坡头旧址；③中共陕西省委机关旧址；④陕甘宁边区关中分区机关旧址；⑤陕甘宁边区警备一旅司令部旧址；⑥关中分区八一剧团旧址；⑦中共山西省委、河南省委机关临时驻地旧址；⑧军民大生产展览室；⑨七孔石桥；⑩陕甘宁边区第二师范；⑪中国工农红军第26军军部旧址；⑫陕北公学看花宫分校旧址；⑬鲁迅艺术师范；⑭梢峪沟烈士陵园；⑮八路军荣誉军人学校；⑯陕甘宁边区关中分区大礼堂和小会议室。

2016年12月，马栏革命旧址被列入全国红色旅游经典景区名录。2017年3月，被中宣部命名为全国爱国主义教育示范基地，是全国100个红色旅游经典景区之一。

四、渭华起义旧址

渭华起义旧址位于陕西省渭南市华州区高塘镇高塘中学内，赤水河右岸。旧址坐北朝南，砖木结构四合院式建筑，山门横额有汪锋所题“渭华起义旧址”。1981年修建有群英烈馆、陈列室等。1988年又建渭华起义烈士纪念塔，高19.28米。塔徽为华山、渭河浮雕，正面镌刻邓小平题“渭华起义烈士永垂不朽”。塔前有英雄群像雕塑，塔后有烈士陵墓。

渭华起义旧址现已作为渭华起义纪念馆使用，占地面积8757平方米，建筑面积1590平方米，陈列展室7个，起义领导旧居4个，陈列面积772平方米。陈列着当年起义时的历史文物、资料、照片、文件、报刊、办公用品和起义枪械弹药、大刀、长矛和领导人生活用具等重要文物157件，革命历史文献资料75件，各类图片1200余张。此外，渭华起义旧址按照当年起义指挥部原貌维修保护具有重要意义的革命遗址5处：①西北工农革命军军委指挥部五间厅；② 1927年秋，高塘、谷堆两校师生为悼念革命先烈、鼓舞斗志，在校园的大道上用砖石铺砌而成，长20米、宽1.5米的巨幅标语：“同志们，赶快踏着先烈的鲜血前进啊”15个大字；③起义当年，中共华县县委办公楼旧址；④起义中，西北工农革命军战略转移前军委扩大会议遗址，两棵古槐；⑤起义失败后，清乡团匪徒杀害共产党人投尸水井——烈士殉难井。

渭华起义旧址是陕西东部唯一的大型早期革命根据地，作为中国西北地区成立最早、规模影响最大、对全国革命事业产生极大激励作用的农民革命根据地，为第六批全国重点文物保护单位。

五、汪锋故居

汪锋故居位于西安市蓝田县九间房镇街子村后，灞河之滨，保护面积 380 平方米。是按照 20 世纪 50 年代当地群众建房的风格，根据汪锋家人回忆和村里老先生王乾生提供的汪锋故居平面图，从 2008 年 4 月开始到 2010 年 6 月，先后完成了旧居修复、人行道石台阶道路铺设、车行道路水泥路面硬化、院内及周边地面平整、护坡砌体及故居周边绿化建设、厕所修建等。

故居内建有纪念馆。主要围绕汪锋同志投身革命创建西北革命根据地、党中央委派汪锋同志到十七路军和杨虎城将军谈判，促成西安事变和平解决；抗日民族统一战线时期及新中国成立后，汪锋同志领导地方工作和对台统战工作等，展陈了汪锋同志生前用过的办公用品、生活用品、照片、自传、回忆录、手稿、书信、讲话、文章等。

汪锋故居于 2007 年 1 月被蓝田县人民政府公布为近现代革命史迹。汪锋故居纪念馆先后被授予中共陕西省委党史教育基地、西安市爱国主义教育基地、西安市廉政教育基地、中共西安市委党史教育基地等。

六、志丹革命旧址

志丹县原名保安县，1936 年 4 月，为纪念民族英雄刘志丹，将保安县更名为志丹县。

（一）保安革命旧址

保安革命旧址是 1936 年 7 月至 1937 年 1 月中共中央的所在地，地处北洛河支流周河之畔。中央机关及毛泽东、周恩来、张闻天等领导人在此居住期间，先后召开了 21 次政治局（扩大）会议，研究、发布和实施了诸多影响中国革命历史进程的重大政策、决定，如和平解决“西安事变”，促进了抗日民族统一战线的形成；领导红一方面军西征，实现了红军三大主力在西北大会师，宣告为期两年的万里长征胜利结束；毛泽东在此期间曾写下了《中国革命战争的战略问题》《关于蒋介石声明的声明》两篇光辉著作；开办了红军大学，为即将到来的全面抗战准备干部力量等。保安也因此在中国革命史上占有极其重要的地位。

保安革命旧址由三部分构成。一是馆址所在地保安革命旧址，始建于北宋年间，初为屯兵之用，共有红沙石窑洞 17 孔、砖木结构房子 3 间、展厅 1 间，占地 1649 平方米。二是“中国抗日红军大学”，位于志丹县城南的半坡上，有红沙石窑洞 3 孔、土木结构房子 2 间，占地 2108.2 平方米。三是位于县党校院内的中央政治局会议室，有窑洞 1 孔，占地 60 平方米。1992 年被列为陕西省重点文物保护单位，2006 年被列为全国重点文物保护单位。革命旧址建筑面积 3757.2 平方米。其中陈列室 100 平方米，藏品库房 30 平方米，办公室 140 平方米。

（二）永宁山革命旧址

永宁山，又名大石楼台山，位于陕西省志丹县城南 28 千米永宁镇境内。山体为红砂岩结构，海拔 1312 米，地势险要，景色独特，洛河自西向东绕永宁山流过。由于特殊的地理位置和独特的山体结构，此处历来为兵家必争之地，早在北宋时便作为控制洛河古道的军事要塞，历史文化底蕴深厚。后世当地居民以其天险为屏障，建古寨以避战乱，期盼这里可“永远安宁”，将此山称为永宁山。

1928 年，刘志丹等在永宁山建立了保安县第一个党支部——中共永宁山党支部，开创了陕甘红军和陕甘边区革命根据地，成为红色革命的摇篮。1935 年 9 月 9 日，红二十五军北上到达永宁山，刘志丹派遣习仲勋、刘景范到永宁山迎接二十五军。11 月，毛泽东率中央红军经永宁山到达甘泉象鼻子湾村，与徐海东、刘志丹、程子华领导的红十五军团胜利会师，并发表了著名的“雪地讲话”。1936 年 10 月，埃德加·斯诺离开保安县去往西安，在永宁山留宿。陕甘边区时，永宁山曾作为被服厂；新中国成立后，作为政府的粮仓，继续发挥作用。目前，志丹县正在按照长征国家文化公园建设总体规划，恢复、保护和开发永宁山，使之成为人们学习党史和接受传统革命教育的圣地。

第二节　重大事件旧址

一、吴起镇会师

吴起镇位于陕西省延安市西北吴起县的中部，地处北洛河流域。据说战国时期的魏国大将吴起曾在此驻守，因此而得名。

经过长征的长途跋涉和艰苦斗争，1935 年 9 月 13 日，中共中央、中央军委率领由红一方面军主力第一、第三军团与直属部队组成的陕甘支队，从俄界继续北上，攻占天险腊子口，进占哈达铺，翻越六盘山。10 月 19 日，到达陕甘根据地边缘的吴起县吴起镇，与陕甘革命根据地红军胜利会师，随后又同十五军团红军胜利会师。至此，中央红军胜利地完成了历时一年，纵横 11 个省，行程 2.5 万里的长征。10 月 22 日，中共中央在此召开政治局扩大会议，宣告中央红军长征胜利结束。会议批准了榜罗镇（甘肃省通渭县榜罗镇）会议把红军长征落脚点放在陕北的战略决策，决定党和红军今后的战略任务是建立西北苏区，以领导全国革命，从而宣告了中央红军长征的结束，开创了党中央全国革命大本营放在陕北的新的历史时期。

二、洛川会议旧址

洛川会议旧址位于洛川县城北冯家村，北洛河流域。1937 年 7 月 7 日，日本帝国主义制造了卢沟桥事变，8 月 13 日，日军进攻上海，抗日战争全面爆发了。国共两党经过多次谈判，终于达成了合作宣言，以国共两党合作为特征的抗日民族统一战线正式形成。1937 年 8 月 22—25 日，中共中央在洛川县冯家村召开了政治局扩大会议，讨论抗日战争的战略问题和国共两党的关系问题，出席大会的有毛泽东、张闻天、周恩来、博古、朱德、任弼时、彭德怀、贺龙、刘伯承、聂荣臻、徐向前等 23 人。会议通过了中央《关于目前形势和党的任务》的决定和《抗日救国十大纲领》。7 月 23 日，毛泽东发表《论反对日本进攻的方针、办法和前途》一文，分析了国共两条不同抗战的正确方向。洛川会议后，红军执行毛泽东主席的命令，改编为国民革命军第八路军。同时，南方八省边界十三个地区的红军游击队改编为国民革命军新编第四军。八路军总指挥朱德、副总指挥彭德怀、政治部主任任弼时、副主任邓小平、副参谋长左权率部东渡黄河，开赴华北抗日前线，开展独立自主的游击战，逐步成为抗战的中流砥柱。洛川会议是中共历史上的一次重要会议，自此，延安成为中国军民“8·13”抗战的指导中心。

会议旧址现存一座小院，长 14 米，宽 11.5 米，内有坐北朝南砖砌窑洞两孔。左侧窑洞为会议会址，右侧窑洞为毛泽东居室。此外，还有会议期间张闻天、周恩来、朱德、彭德怀、徐向前、萧劲光等居住过的 6 个院落。

三、“切尾巴”战役旧址

“切尾巴”战役旧址位于陕西省延安市吴起县吴起镇刘河湾村。东至洛河，南至二道川河，西至塔儿湾脑畔梁，北至头道川河。遗址东西长 5000 米，南北宽 2000 米，面积约 1000 万平方米。

吴起镇“切尾巴”战役，从 1935 年 10 月 19 日开始至 21 日结束，国民党东北军、西北军参战 12000 多人，被毙、伤、俘 2050 余人。缴获山炮、迫击炮、轻重机枪数十门（挺），战马 1720 余匹，其中驮马 800 匹，还有各种枪支、马刀、炊具、食品、电台等。“切尾巴”战，中央红军一纵队、二纵队和三纵队共约 5000 人参战，牺牲 200 余人。吴起镇“切尾巴”战役是中央红军在吴起镇对国民党骑兵进行的反击战斗，也是中央红军长征中的最后一仗，为中央红军长征胜利落脚陕北苏区画上了圆满的句号。

四、爷台山战役旧址

爷台山位于陕西省咸阳市淳化县东部，地势险要、易守难攻。抗战期间，这里既是关中分区的重要屏障，也是边区反封锁反摩擦的前沿阵地。在靠近关中分区的耀县（今铜川市耀州区）、泾阳、三原、淳化、彬县（今彬州市）、洛川、富县一线，国民党长期派兵驻扎，威胁着关中分区的安全。

1945 年 7 月 21 日凌晨，胡宗南部 36 师、暂编 59 师和骑兵 2 师向爷台山阵地发动进攻。八路军守军新编第 4 旅 14 团，在关中分区地方游击队和民兵配合下进行英勇自卫。23 日，胡宗南部又以预备第 3 师增援进攻。由于敌我力量悬殊，八路军于 27 日奉命作战略转移，暂时撤出阵地。接着，陕甘宁边区留守兵团迅速抽调 4 旅 16 团和教导第 1 旅 6 个团，并令准备开赴抗日前线的 358 旅 8 团增援关中，任命张宗逊为司令员，习仲勋为政治委员，统一行动，统一指挥。8 月 7 日，各部奉命出发。9 日零时，我军在炮火掩护下发起总攻，4 时攻占孟虎原、熊家山阵地，11 时全歼守敌。10 日，战斗全部结束，全歼敌 5 个连和 1 个营部，毙敌营长、副营长各 1 名，俘敌百余人，缴获轻重机枪 19 挺、步枪及冲锋枪 200 余支。

爷台山反击战，是我党我军在军事上和政治上取得的双重胜利，对巩固边区政权，推进全中国的解放起到重要作用。毛泽东在延安干部会议上所作的《抗日战争胜利后的时局和我们的方针》报告、《蒋介石在挑动内战》中，均对爷台山反击战给予了充分肯定和高度评价。

从 1974 年始，淳化县就持续植树造林，绿化爷台山。1977 年，在爷台山主峰建纪念亭并立碑。随后又陆续建成了纪念馆、纪念碑亭、炮楼、林间步道等，对堑壕、战壕等遗迹进行了保护。

第三节 延安时期边区水利（渭河流域陕西部分）

延安时期渭河流域（陕西）边区水利区域主要涉及延安志丹及关中分区所辖赤水县（今陕西省咸阳市淳化县北部、旬邑县东部、铜川市耀州区西北部）等，涉及的流域主要有渭河一级支流洛河支流葫芦河、周河，泾河支流马栏河等。从当时水利工作的主要内容上看，可分为工程建设探索实践和结合边区实践的理论探讨两个大的方面。在工程建设探索实践方面又可分为农田灌溉工程、水土保持工程及解决群众生活用水工程三大类，从理论探讨上可分为技术和社会两个层面。

一、农田灌溉工程

根据水源情况和采用的不同工程形式，分三种情况，一是在临近较大河流、水源相对充足稳定，且有较大平坦土地的地方，修较大工程引水灌溉。如 1939 年修建的华州区慈惠渠（从渭河一级支流赤水河西岸引水）、1943 年修建的富县张村驿渠（引洛河支流葫芦河水，今富张渠）等，工程一般由拦水坝、引水渠、闸组成。二是临小河、水源不足也不稳定的情况下利用雨洪水及融雪水，结合洪水灾害防治、水拉沙造田等修建的灌溉工程。三是在不靠河流的平坦地区挖窖凿井引泉水灌溉，如 1945 年关中中心区广泛发动的以掏井修渠的田间灌溉工程等。

二、水土保持工程

当时修建最多的是水漫地。所谓水漫地，就是在三面是山、中间是沙滩的地貌条件下，在沙滩的出口处筑上坚固的堤坝。大雨过后，山洪带着泥土粪便被阻于堤坝之内，淤塞沙滩，等到太阳把它们晒干时，沙滩便呈现为丰腴的平原。这样利用泥水淤塞造成的平原，土语便叫“水漫地”。然后是修埝地，它实际上是水漫地的另一种方式，适用于一边高、一边低的小块不很平坦的土地，在水不能全部漫到的情况下，在低的地边修一道稍高的小堤，在地的中间位置再打一土梁（当地叫土牛），让雨水冲下来的泥水淤在里面，这样既减小了大雨时泥水的破坏力，又增加了水漫地的面积，长年累月也淤平了土地，使原坡地成为平地或平台地。埝地的修建是关中分区首先提出，主要集中在当时的赤水县及铜（川）宜（君）耀（县）三县修建。

三、解决群众生活用水工程

1941—1944 年冬，富县太乐区（羊泉镇）组织群众打新井 7 口，淘旧井 41 口，打水窖 20 个，解决了区内 2/3 人的吃水问题，赤水县二区五乡（淳化润镇）白庙村潦池的修复。

四、理论上的探讨

理论上的探讨主要集中在技术和社会两方面。有发表于 1941 年 12 月 13 日《解放日报》第 4 版，署名延安生物学会的《注意边区的水土保持工作》一文，在分析陕北的农业发展的周期性的基础上，提出在耕垦（15°以下坡地并采取适当水保措施）、畜牧（15°以下轮牧、种人工牧草）、森林（45°以上全部划为林地、保护和沟道植树）、组织建设（政府设专门机构）四方面措施。发表于1942年5月3日《解放日报》第4版，署名可久的《农田给水的常识》一文，提倡积极和自然斗争，不能靠天吃饭，在分析各种不同谷物所需水量的基础上提出农田给水开源三办法和节流（节水）十措施。1945年8月22日《解放日报》第2版发表的千峯的《兴修水利陇东贯彻备荒的中心之一》一文，对陇东水利工作做了探讨和总结等。

五、主要水事活动

（一）鄜县（今富县）修稻田、水渠

1941年5月19日《解放日报》第2版报道：鄜县葫芦河沿岸为富庶之区，故几十年来，外省人很多移居于此，就使葫芦河流域发展了稻田。外乡人在此开垦荒地，引用河水，耕种水稻，经过二三十年的经营，倒也成为陕北蔚然可观的产稻区域。据称，在丰收年，可打到一两万石稻米。据统计，张材驷现有水田800余亩，直罗区1500余亩。今年鄜县县政府除计划修复去年被水冲坏的稻田外，并准备新修500亩，同时组织水利委员会专门领导民众进行修水利的工作，在其向边区政府陈述的意见书中，提出发展全部水地15000亩，现边区政府建设厅已拨款开始兴修该河水利。

1943年4月23日《解放日报》第2版：鄜县张村驿区二乡已于日前修完水渠两道，水田180亩。该项工程在乡长成步云领导下，于农历二月十二动工，由水利委员会负责，各自然村选出一个生产小组长，督促各组组员，不到半月就完工，共计花去1100个工。预计此项工程完成后，今年可增加100石稻米。1946年4月15日《解放日报》第2版：鄜县张村驿区二乡去年选举时在代表会上通过修水地50亩的提案，业已实现，上月30日开始放水。乡长亲自领导，从开始动工，他没有离开过一天，并且拿着镢头和群众一起挖。大家做工情绪很高，百二十个劳动力5天即完成5里半长一条水渠。

1946年5月12日《解放日报》第2版：鄜县黑水寺区干部在三月初组织了260个群众，在一个月内修好水渠7道，长达20余里，能灌溉稻田180余亩。事前政府和群众商量，解决了收租和劳力问题，规定老荒地修成水地，五年不收租，二荒地三年不收租，旱地修成水地，头二年按旱地租额收租，修成的水地地主不能无故收回。四乡王家角村劳动力缺乏，乡上召开了代表会，经大家讨论决定一二行政村合伙修，80多个劳动力4天便修好了60亩水地。

（二）赤水修渠、田

1946年5月15日《解放日报》第2版：赤水五区三水河旁的纸坊村，于上月26日完成了一条2里长的水渠，计可浇地283亩。该村耕地大部为川地，3月初，在积极分子杨得运、袁令汉和全村群众相商计算后，即于11日开始动工。全村38户中能浇地者达36户，精壮劳动力均踊跃参加，4天中修了200多步，但因劳动力没有组织好和正值锄麦、植棉时间，故中途曾停工数日。18日起又继续修筑，并购得石铲和尖镢开凿石渠，乡文书亦亲自参加，每天30多人，4条驴，挖渠的、运石的、修坝的，8天后即全部竣工。目前，群众已修筑水门斗及田畦，准备种植稻子和蔬菜。五区连家河群众于上月20日，因见天不下雨，而河滩麦子已晒成卷叶，棉地也待雨甚迫。乃在连思德等 3 人发动下，于 21 日即动手淘渠，第 2 天水已引入地内，共浇地 37 亩。四区埝岭村劳动英雄蒲金山，一人花工 46 天，修了 1 亩水地，原来这是一块堆聚着大小石子的荒地，距水 30 余步。蒲金山把大石子搬到地边垒成畔，小石子填塞畔空隙，为了不耽误时间，他每天早出晚归，送着吃饭，旱烟也不抽，甚至雪天亦未停工。整整 46 天换得了一亩可种稻子的水地，他高兴地说："一亩水地能打两石稻，顶上三亩旱地哩！"另有报道：赤水修埝田，在 1939 年为该县群众所发现。当时的主要用意，是防止夏季由高处流下的雨水冲毁庄稼，但经由山水灌溉过的埝田，发现了较多的收获。后又经该县县委任成玉同志细心研究，竭力倡导，终于在过去 3 年内，全县修成埝田数千亩，并充分证实了修埝田各方面的利益。二区五乡白庙村的群众在开始修埝以前，他们先组织 36 个人，套了 3 辆车，淘了 3 天储水潦池，他们共淘出土 490 多车，使这潦池在雨天收下的水，可供给全村人的食用。赤水五区一乡廉家洼、牙里河、百灵寺、桑村等 4 村群众，最近新修水田 38 亩。

（三）水利英雄马海旺

1944 年 1 月 18 日《解放日报》第 4 版：马海旺今年 64 岁，原籍横山康渠人，光绪十八年，横山大兵荒，全家（父、母、妻、弟、妹和他自己共 6 人），逃迁于现住的志丹县后仓沟。对刘志丹同志的革命工作给了很多方便与帮助。全家现有 4 口人（妻、子、媳和他），去年种川地 6 垧，山地 600 垧，水地 12 亩。1940 年开生产展览会时，他得过铜质奖章一枚。1941 年选为县议员。现还任乡的仲裁员，办事很公正。去年 5 月间被选为劳动英雄，这次以水利劳动英雄的资格，参加了边区第一届劳动英雄代表大会，并受到奖励。

第三章　自然人文景观

自然人文景观重点记述流域内的名山、名川、名瀑布等自然景观与人文景观中的馆舍。其中有举世闻名的“五岳”之一的华山，有世界八大奇迹之一的秦兵马俑，有享誉全国乃至全球的大雁塔以及众多的博物馆。这些文化盛景无不彰显着渭河流域的历史文化底蕴。

第一节　名山、名川（峪）、名瀑

一、名山

（一）华山

华山是中国著名的五岳之一，中华十大名山之一，位于关中平原东部的华阴市，西距西安120千米。它北瞰渭河、黄河，南依秦岭，奇峰突兀，巍峨壮丽，以“奇险天下第一山”著称于世，险景有千尺幢、百尺峡、老君犁沟、擦耳崖、长空栈道、鹞子翻身等。华山共有五峰，即东峰朝阳、西峰莲花、中峰玉女、南峰落雁、北峰云台。五峰中南峰最高，海拔2160米，顶部岩石上有一大石窝，内有积水，名“仰天池”；西峰最险，海拔2082米；北峰最低，海拔1615米。五峰耸立，远眺如同一朵盛开的莲花。《山海经》对华山有“山高五千仞，削成而四方，远而望之，又若花状”的描绘。古代“花”与“华”相通，可见华山一名实际上得自于它的形状。华山又名西岳。据说因周平王迁都洛邑（今河南洛阳），华山在东周都城洛邑之西，故称西岳。

隋唐以来，以李白、杜甫为代表的骚人墨客咏华山的诗歌、碑记和游记不下1200余篇，摩崖石刻多达千余处。唐代诗人李白在《西岳云台歌送丹丘子》中写道：“西岳峥嵘何壮哉，黄河如丝天际来。……巨灵咆哮擘两山，洪波喷箭射东海。三峰却立如欲摧，翠崖丹谷高掌开。白帝金精运元气，石作莲花云作台。”

早在6000年前的新石器时代，就有先民在华山脚下生息。华山脚下的横陈、龙窝遗址是典型的新石器时代遗址。据清代著名学者章太炎先生考证，“我国民族旧居雍梁二州之地，东南华阴，东北华阳，就华山以定限，其后人迹所至，遍及九州，华之名始广”。“中华”“华夏”皆借华山而得名。中华之华，源于华山；西岳华山，华夏之根。有学者也认为，中华民族正是以华山脚下的仰韶文化的蔷薇花作为自己的民族图腾而得名的。《尚书》《资治通鉴》等书均记有“唐尧四巡西岳”“舜三巡西岳”。《尚书·禹贡篇》说华山系“轩辕黄帝会群仙之所”，后人推测应该是黄帝在此与各部落酋长会盟。此后，华山声名日隆。

秦始皇首祭西岳，汉唐以来，封号递增，愈演愈烈。汉武帝敕修西岳庙，唐高祖送李世民东征祭山，尤以唐玄宗以华山为本尊，封华山神少昊为金天王为最。宋太祖赵匡胤与华山道士陈抟来往密切，得道治天下。朱元璋梦游西岳，定华山名号。清代更是从顺治、康熙、雍正、乾隆一直到光绪祭祀不断。由于华山位于中国版图的最中央，又称“中华山”。中华山周边聚居的民族又称中华山民族。这一成果首先被伟大的革命先行者孙中山先生所引用，创立了“中华民国”。历史久远的仰韶文化、晋长城、汉华仓、战国魏长城等遗址及西岳庙均布在华山脚下。隋文帝杨坚、隋炀帝杨广、初唐四杰之一的杨炯、汉代思想家杨震均出生于华阴，现留有庞大的杨氏古墓群遗址。华山地处黄河中游流域，渭河在此汇入黄河，在中华民族的发展过程中，华山与渭河、黄河一起孕育了伟大的中华民族。据历代专家学者研究考证，古代华夏文明主要聚集在以华山为中心的方圆 500 千米范围内。

华山是道教圣地，为“第四洞天”，山上现存 72 个半悬空洞，道观 20 余座，其中玉泉院、东道院、镇岳宫被列为全国重点道教宫观。自周末始，即有方士于云台观布道，金元时华山已成为全真派发祥道场。在历代高道中，尤以陈抟、郝大通、贺元希最为著名。自秦汉以来，与华山、道教有关的神话传说“巨灵擘山”“劈山救母”“吹箫引凤”“博台胜棋”等传说典故广为流传。华山以雄伟挺拔、横空出世之姿，高矗于“天下之中”地面上，成为“中华”永世长存的标志。又以“财富山、爱情山、英雄山”驰名天下。

华山也是渭河一级支流长涧河、柳叶河的发源地，是国家级风景名胜区、全国文明示范景区。1993 年获首批全国旅游胜地四十佳称号，2000 年获首批全国 AAAA 级旅游风景区。2004 年，被评为中华十大名山，2011 年获得国家 AAAAA 级旅游景区。

华山云雾

（二）少华山

少华山是渭河一级支流罗纹河的发源地，位于陕西省渭南市华州区，因与西岳华山峰势相连，遥遥相对，但低于华山，因此得名少华山。少华山自古以来就是关中名山，自然景观和人文资源丰富。少华山在古代地理书《山海经》《水经注》《元和郡县志》中均有记载。《山海经》曰：“小华之山，其木多荆杞，其兽多㸲牛，其阴多磬石，其阳多㻬琈之玉。”东汉著名科学家张衡在《西京赋》中有“缀以二华”之名，将少华山与太华山并提。唐代诗人杜牧、张乔、郑谷等，都咏哦过少华山，张乔吟道：“少华中峰寺，高秋众景归。地连秦塞起，河隔晋山微。晚木蝉相应，凉天雁并行。殷勤记岩石，只恐再来稀。”杜牧有《望少华》诗三首。在明代，“少华晴岚”被认为是华州八景之一，郑谷亦有《少华甘露寺》曰：“日色才临泰华东，岚光如画霭溶溶。轻凝远障浓还淡，倏忽凌崖翠且重。”

少华山国家森林公园于2008年12月获批为国家级森林公园。2012年12月，少华山晋升为国家AAAA级旅游景区。有石牌坊、敷谷湖、寇公祠、猴王峰、杜牧台、石门、九龙潭、金蟾湖、天仙瀑布、情人谷、鹰石、石板河等20多个景点。其中，红崖湖、石门峡、潜龙寺为三大主景区。

红崖湖位于少华谷浅山区。山口有50余米高的拦水大坝，最初由山崩形成，长年飞流直下。登上坝面，湖光山色，交相辉映。红崖绝壁，为天然景观，高约500米，宽约1000米，整体呈淡红色，气势宏伟，奇险无比，有铜墙铁壁之称。崖壁下的玉女仙潭，急流奔涌，浪花滚滚。河边兀立的猴王峰、八戒峰、鸡冠峰，惟妙惟肖，形象逼真。除此之外，景区内还有莲花湖、揽月湖、武家湖。

石门峡内池潭遍布，星罗层叠。每遇峰峦交汇处飞瀑高挂，急流奔涌。在季节的变化交替中，山水倒映，五光十色，被誉为“陕西的九寨沟”。主景点有绝壁石门、少华鹰石、母子峡谷等。

石板河是一块天然巨石形成的浴缸形水池，长约30米，宽约50米，水深1米多，水质极为清澈。河边巨石林立，茂林倒映。水池上方有一落差3米的小瀑布，下方有一长约20米、宽约15米的池潭，潭中有一黑色巨石酷似鱼游水底，称为黑鱼潭。

潜龙寺始建于东汉明帝初年，是中国最早的佛教寺院之一。因刘秀避难曾藏匿于此，其子刘庄（汉明帝）为报答此地潜藏先父之恩，教令当地大兴土木建造佛寺，名曰“潜龙寺”。历经千年，香火不断，寺内清印藏经达96套，尊为佛家圣地。寺院正殿前方有一棵汉代所植的“柏抱槐”，围粗4米多，柏高槐低，生机盎然，各显风姿。西侧有云海仙山（二华观景台），举目望远，云烟缥缈，太华咫尺，少华峰灵秀奇峻。在潜龙寺对面的群山之巅，有一尊仰天大佛，体态自然，栩栩如生，与南边的潜龙寺遥遥相对，是一处罕见的自然景观。

少华山是渭河一级支流罗纹河的发源地。

（三）骊山

骊山为秦岭支脉，东西绵亘25千米，海拔1302米左右，是秦岭晚期上升形成的突兀在渭河裂陷带内的一个孤立的地垒式断块山，位于陕西省西安市临潼区城南，由东西绣岭组成。郭沫若曾题诗对骊山胜景以及它的历史地位做了恰当准确的概括。“骊山云树郁苍苍，历尽周秦与汉唐。一脉温汤流日夜，几抔荒冢掩皇王。”

骊山的得名有多种说法，一说这里曾是古骊戎国的所在地，所以称为骊山；一说来自远古传说：时天塌地陷，百姓遭难。天神骊山老母带着两个女儿下界来炼石补天。骊山老母和大女儿炼石，小女儿变成一匹飞马驮着母亲和姐姐飞上飞下，最终补好了天。可是，有一条黑龙又从被天砸坏的地底钻了出来，用洪水淹没了大地。骊山老母和两个女儿又制服了恶龙，拯救了人们。然后，她们开始炼石补地。等把地补严后，小女儿由于疲劳过度，没有来得及变过本相就卧在地上休息了。等她一觉醒来，看到四周山清水秀，环境幽雅，就决定留在这里。她变成了一座大山，样子很像一匹黑色的骊马卧在人间。

西绣岭山腰有一虎斑石，石旁有兵谏亭。从兵谏亭上行是唐华清宫长生殿遗址。长生殿西是老君殿，系唐华清宫朝元阁遗址。朝元阁是唐玄宗祭祀老子的地方，殿内原有老子石刻像，高 2 米，重约 1500 千克，据说出自唐代著名雕塑家元伽儿之手，现存西安碑林博物馆。由老君殿向上是老母殿，供奉着骊山老母。西绣岭最高处是烽火台，相传周幽王为博得妃子褒姒一笑，听信谗言，烽火戏诸侯，失去了天下。

骊山脚下是著名的皇家园林华清池。史载，周、秦、汉、唐各代都在此建离宫别馆。尤其是唐玄宗时期，利用温泉，环山数十里，建成规模宏大、豪华壮丽的华清宫。唐诗“长安回望绣成堆，山顶千门次第开”“高高骊山上有宫，朱楼紫殿三四重”就是对当时建筑盛况的描写。

骊山林木繁茂，郁郁葱葱，若遇雨过天晴，霞光照山峦，青山恰似披了一层金色，显得格外妖娆。清代诗人朱集义将“骊山晚照”列为关中八景之一，并配诗一首：“幽王遗恨没荒台，翠柏苍松绣作堆。入暮晴霞红一片，尚疑烽火自西来。”

骊山有六月会，又叫“骊山老母女媒节”“善嗣会”“传子会”“禅子会”和补天补地节，均为纪念骊山老母——女娲氏而成俗。司马迁在《史记》中称“女娲通神媒”。

骊山于 1982 年被国务院确定为全国第一批重点风景名胜区和第二批全国重点文物保护单位，2001 年被评定为国家级森林公园，2002 年被评定为国家级 AAAA 旅游景区。

（四）南五台

南五台古称太乙山，位于石砭峪水库西侧、西安市长安区子午镇东 8 千米，距西安约 30 千米。南五台为“终南神秀之区”，是国内著名的佛教圣地之一，亦是终南山国家森林公园特级开发景区。山上有清凉、文殊、舍身、灵应、观音五峰，因其与位于铜川市耀州区的五台山（药王山）南北相对，故名南五台。南五台自然风景颇佳，从山下看，5 座山峰如笔架排列，一览无余，似乎近在咫尺。山中有令人心旷神怡的瀑布，孤峰独秀的送灯台，屈腿静卧的犀牛石，峻拔凌霄的观音台，势若天柱的灵应台，如虎长啸的老虎岩等，真可谓“构造地貌博物馆”。山腰有一座仿古建筑的避暑山庄，名“独松阁”，是人们休闲、避暑的佳地。此外，山中有植物近千种，有“活化石”孑遗植物、观赏珍品七叶树、望春花等，堪称植物博览园。

（五）翠华山

翠华山位于西安市南 23 千米的秦岭北脉，海拔 2132 米，面积 1785 公顷。它是全国第一批建成揭碑的国家地质公园，国家首批 11 个国家地质公园之一。它以“终南独秀”和“中国地质地貌博物馆”著称。自秦王朝起，这里就已是皇家“上林苑”“御花园”之地。秦王嬴政曾经在此狩猎休闲，汉武帝曾在此设立祭天道场，秦圣宫是唐王李世民避暑消夏行宫。自然景观有以下几种。

1. 奇石（崩积体与巨砾）

奇石位于甘湫池和水湫池旁，崩积物的总量达 3 亿立方米。大块砾石从山体崩裂处向下，堆积成巨大的崩积体。这些山崩砾石沿沟谷堆积，形成大面积的砾石斜坡。一坡巨石前挤后拥，似有翻滚奔腾之势；从高处俯视，砾石奇形怪状，或立或卧，或直或斜，千姿百态，嶙峋峥嵘，甚为壮观。山崩时，巨大的砾石在崩落过程中，有时会沿节理断开。水湫池旁，就有一砾石被锯齿状节理分为两块，犬牙交错的破裂面甚为典型。风洞下面的玄关，是两块高 30 余米的巨砾之间的一道狭缝，缝宽仅数米。

2. 奇洞——冰洞与风洞

山崩时，巨大的砾石相互碰撞、挤压、垒叠，在巨砾间留下许多幽深的缝隙。冰洞和风洞就是这类缝隙中最特殊的两种。冰洞和风洞位于翠华峰崩积体的上部，海拔约 1200 米。冰洞较深，洞内地势低陷，形成形状不规则的外洞与内洞。由于缺少与洞外进行冷暖空气交换的条件，洞内外夏季温差可达 23 摄氏度以上，外洞阴冷，内洞结冰常年不化。风洞是由两块巨大砾石呈“人”字形相互支撑而形成的狭长缝隙，洞呈狭长的三角形，长 30 余米，高 15 米。洞内常年不见阳光，气流经过时，速度加快，风力变小。游人进入洞内，便觉凉风飕飕。

3. 奇景——残峰断崖

翠华峰与甘湫峰是山崩破坏最严重的两座小峰。翠华峰海拔 1414 米，周围耸立着一座座山崩后留下的残峰。这些残峰规模不大，尖角突出，直指苍穹，构成一幅奇特的花岗岩峰岭地貌景观。翠华峰侧的断崖峭壁高约 200 米，十分险峻，这里是山崩源地之一，大量崩塌积物就堆积在断崖下面。甘湫峰海拔 2145 米，这里也是山崩源之一。在这里，一条长 1500 多米、宽 260 ~ 900 米、高 400 多米的山体，近南北方向就地崩塌，形成巨大的崩积体。

4. 奇湖——堰塞湖

山崩形成的天然大坝堵截了太乙河上游的山间流水，在坝后 1 千米处，形成一个面积为 0.14 平方千米的天然湖泊——天池堰塞湖。此湖有“秦岭明珠”之称，为秦岭 72 峪唯一一处堰塞湖，当地群众称其为“天池”“水湫池”“翠华湖”“太乙池”等。在太乙河上游源头，还有一个堰塞湖——甘湫池。甘湫池位于甘湫峰下，面积 0.2 平方千米，由于水源不足，池水严重渗透，现已成干涸之湖。翠华山山崩形成的各种特殊地貌在中国罕见，因而被地学工作者誉为“山崩天然博物馆”。1992 年，翠华山被批为“终南山国家森林公园”，1997 年推荐入“西安旅游十大景区”之一。

（六）青华山

青华山位于西安市南 33 千米的长安区渭河一级支流沣河沣峪口东，最高峰大顶海拔 1269 米。青华山风景秀丽，古迹众多。竹林深处有一涌泉，相传唐太宗李世民去翠微宫途中，口渴难耐，忽见一只梅花鹿在前，即令追捕，鹿到此处消失，却见一泓清泉喷涌而出，太宗饮后大喜，遂命名为“鹿引泉”。游人经过四道天门，越大间坪、韦驮殿，接近大顶处，有形似卧虎的巨石，名“卧虎石”。巨石附近倚山矗立着一座丈余高的琉璃塔，玲珑典雅。大顶建有卧佛寺，顶东南方向为唐太宗避暑行宫翠微宫所在地的黄峪寺，西去约 2 千米，有丰德寺和律宗祖庭净业寺。

（七）圭峰山

圭峰山位于西安市西南 40 千米处鄠邑区南部终南山中。古时称西武当山和鸡头山，当地人称其为尖山，又因山形酷似古代的宝玉，故名圭峰山。圭峰山海拔 700 余米，孤峰突兀，挺拔高峻，唐代诗人邵谒《紫阁峰》云：“壮国山河倚空碧，迥拔烟霞侵太白。绿崖下视千万寻，青天只据百余尺。”就是对山势的描写。隋唐时，这里是王公贵胄的避暑胜地。山麓有隋炀帝大业年间修建的太平宫遗址。唐高祖李渊、唐太宗李世民均曾在此驻跸休养。山中景观有仙人桥、南天神门、峦峰重影、龙脊历险、金山寺、七星庙等，皆为奇观。还有紫阁、大顶、凌云、罗汉诸峰，山势峻拔，令人神往。

（八）太白山

太白山位于陕西宝鸡眉县、太白县，广义上的太白山连带西安周至县部分。它是秦岭山脉主峰，也是中国大陆青藏高原以东第一高峰。太白山是长江和黄河两大水系分水岭。具低山、中山、高山等地貌类型，界限清楚、特点各异，特别是第四纪冰川活动所雕琢的各种地貌形态保留完整、清晰可辨。太白山随着海拔递增，气候类型按一定规律呈连续分布。气候立体差异，使植物、动物分布也形成相应的垂直带谱。太白山动植物资源非常丰富，山上林木茂盛，中草药遍地皆是，尤其世界上仅存的孑遗植物——独叶草在太白山独有。丰富的植物资源为野生动物提供了充足食物，雉类之血雉、红腹角雉及兽类之大熊猫、金丝猴、羚牛等珍禽异兽于太白山繁衍生息。太白山还是著名道教文化圣地，位列道教第十一洞天——玄德洞天。山上有按道教神仙谱系建立起来的庙宇建筑群，即所谓“十里一寺，五里一庙”，如太白庙、文公庙、南天门、药王殿、老君庙、拔仙台、玉皇庙、三官殿、菩萨大殿等。太白山也是一座佛教禅林，其代表寺院就是山上的平安寺和黑河峪口的仙游寺等。由于历史的原因，道、佛、儒三教在太白山相融相通。拔仙台曾建有一座三圣殿（三圣指老子、孔子、佛祖释迦牟尼），门上的楹联开宗明义。上联是“植松树栽桃李树栋梁九州昌盛万木荣”：下联是“想忠恕念慈悲思感应三教同源一心境”。唐宋以来，许多文人墨客登临挥毫，留下无数的诗文。李白《登太白峰》诗曰：“西上太白峰，夕阳穷登攀。太白与我语，为我开天关。愿乘泠风去，直出浮云间。举手可近月，前行若无山。一别武功去，何时复见还。”杜甫有“犹瞻太白雪，喜遇武功天”之比喻。柳宗元的《大白山祠记》写道：“雍州西南界于梁，其山曰太白，其地恒寒，冰雪之积未尝已也”；元代朱铎《太白山》诗中有“雪花点翠屏，秋风吹不起”之句；元《一统志》中载：“山（太白山）极高，上恒积雪，望之浩然”；明代王圻《三才图会》中，对太白山的终年积雪的描绘是：“山巅常有雪不消，盛夏视之犹烂然。”明末清初，关中大儒李雪木曾长期隐居太白山下，写出了《槲叶集》。近代，国民党元老于右任上太白山，写出了《太白山纪游歌》，盛赞太白山美景。

主要景观有：拔仙绝顶——又名八仙台，海拔 3767.2 米，雄踞于秦岭群峰之上，为太白山绝顶，恰似一个不规则三角形锥体，孤高峥嵘，参天入云，三面陡峭，雄险无比，台顶宽阔平坦，向西南倾斜，西宽东窄，面积约 8.4 公顷。台上有封神台、雷神殿，可早观日出，晚看夕阳。不融冰洞——在大爷海东侧崖壁上，有一“千年不融之冰洞”。洞内常年有冰，寒气逼人，好像一个天然冰库。洞内冰柱、冰台、冰塔，琳琅满目，景象万千。天池明珠——在海拔 3000 米以上有 6 个高山湖泊，系冰川遗迹之冰斗湖、冰碛湖、冰蚀湖，水面 0.1 万 ~ 0.8 万平方米，湖面平静，碧波荡漾，清澈凛冽，洁净无杂，印月映日，呈串珠状排列于拔仙台南北，被誉为“高山明珠”“太白天池”。湖边常有白顶溪鸲小鸟，飞行敏捷，鸣声啾啾，见人不惧，飞临水面，衔取湖中草叶，人称“净池鸟”“净水童子”；冰川奇石——在海拔 3300 米以上，有第四纪冰川遗迹的角峰、刃脊、槽谷、石海、石河、石环、石玫瑰、冻融岩柱等，怪石嶙峋，千姿百态，如禽若兽，似人若仙。垂直景观——太白山植被、气候、土壤、动物，均依海拔变化，呈现出明显的垂直景观带谱。森林植被自下而上有 8 个景观带：栓皮栎景观林带（海拔 1300 米以下）、锐齿栎景观林带（海拔 1300 ~ 1800 米）、辽东栎景观林带（海拔 1800 ~ 2300 米）、红桦景观林带（海拔 2300 ~ 2600 米）、牛皮桦景观林带（海拔 2500 ~ 3000 米）、巴山冷杉景观林带（海拔 2800 ~ 3200 米）、太白红杉景观林带（海拔 3000 ~ 3500 米）、高山灌丛草甸景观带（海拔 3400 米以上）。平安云海——太白山千峰竞秀，万壑藏云，中高山地带常见云海霭雾，尤以平安云海最为壮观。平安寺周围，峡谷深幽，峰峦叠嶂，云雾翻腾，四野弥漫，峰如海岛，岭似飞舟，时隐时现，变幻无穷，景象万千，身临其境，有飘飘欲仙之感。

自 19 世纪始，世界各地学者慕名纷纷前来太白山考察，太白山已成为科考研究、避暑旅游、体育运动和教学实习的重要基地，是世界级生态旅游目的地。2016 年，太白山景区成为国家 AAAAA 级旅游景区。

太白山是渭河支流石头河、黑河的发源地。

（九）石鼓山

石鼓山位于渭河以南、宝鸡市区的中部，是秦岭北坡的浅山余脉伸入市区渭河南岸的一块丘陵台地，属国家重点风景名胜区天台山的入口部分。山体海拔 600 多米，因曾出土春秋时期的文物石鼓而得名，1992 年被确定为省级重点文物保护单位。石鼓山出土的石鼓具有文学、文物、书法、历史等多种价值，石鼓文为中国现存最早的石刻文字，是汉字形体演变过程中的重要环节，为秦史研究提供了珍贵资料。现建有宝鸡中华石鼓园，石鼓阁和宝鸡青铜器博物馆是中华石鼓园的两大标志性建筑。

（十）天台山

天台山又名天太山、秦山，位于陕西省宝鸡市南 20 千米的渭滨区益门乡（原名神农乡），面积约 120 平方千米，属秦岭山系。主要景观有：蒙峪沟、烧香台、杨家滩等。主要景点有莲花峰、道帽石、磊磊石、九龙泉、大散关、鸡峰插云、弥罗天云海、炎帝骨台寝殿、神农祠、老君顶、绕香台、剑劈石、大刀石、玄关、白马关、太阳市、玄女洞等数十处，主峰莲花顶海拔 2198 米。天台山有油松、华山松、连香木等多种树木、百余种观赏花木和 60 多种鸟兽。史载和民间传说，天台山是炎帝出生、成长、创业和去世的地方，是“神农之乡”。还有道教始祖老子李耳开始创教写经的传说。是一处融文化古迹与自然风光为一体，具有观赏游览、历史文化和科学考察等多种价值的山岳型国家级风景名胜区。

（十一）吴山

吴山原名好山，亦称岳山、吴岳、焰山、研山、西镇山，位于宝鸡市陈仓区新街镇西北的庙川村。为古雍州第一大名山。传说因公元前11世纪的吴国在山下建立而得名，传说是黄帝之师吴权和姜太公先祖伯夷的故里，是中国先民吴人最早祭祀炎黄二帝和祭天的地方，至隋朝被正式确立为西镇山，经唐、宋、明续建，至清代被称为中国西镇，被誉为“中国五大镇山”之一，故又称西镇吴山。

《山海经》称：“吴山之峰，秀出云霄，山顶相轩，望之常有海势。”《尚书》曾载；禹贡雍州之域，即此山也。《周礼》亦云：“山镇曰岳，谓吴山为西岳，华山为中岳。”郦道元在《水经注》中称此山“叠秀云天，崩峦倾返，山顶相捍，望之常有落势”。乾隆《敕修陕西通志》将华山、吴山作为陕西名山绘图列于卷首。历代帝王皆以为尊而祭祖。唐天宝八年（749年），被封为成德公；至德、乾元年间封为天岳王，永泰二年（765年）封为应灵王。元大德十一年（1307年）封为成德永靖王。岁时祭扫，清代袭因，每逢庆典祭皆遣大臣祭之。清康熙四十二年（1703年）四月，钦颁袁翰额曰：“五峰挺秀”4字，刻石碑立于庙院。吴山冈峦嵯峨，石峰挺拔，其中以镇西峰、大贤峰、灵应峰（最高峰，海拔1841.9米）、会仙峰、望辇峰最为高峻秀异，即史誉的“五峰挺秀”。从周代开始，吴山就作为国之西镇，隋开皇十六年（596年）开始设立吴山神庙。主要景点有：王师岭、笔架山、天地犁沟、一天门、西镇灵湫、回心石、餐霞洞、阎王砭、判官池、手扒崖、玉皇湫、真人洞、大锦屏、小锦屏等40余处。特别是灵应峰下的“漾水崖”，细流挂于30余米高的绝壁上，飞泻飘荡，随风化珠，文人墨客誉为“晴岩飞雨”。山间石壁上，还有古人摹刻的“云根雨脉”“五峰挺翠”等数处岩刻。近年来，一些道教洞观开始修复，国家批准建立吴山森林公园已对外开放。在每年农历三月十三日都有吴山庙会。

（十二）关山

关山位于宝鸡市陇县西南部，距宝鸡市区134千米、西安市300千米，是中国西北内陆地区唯一的以高山草甸为主体的具有欧式风情的省级风景名胜区，国家AAAA级旅游景区。区内荟萃了森林、草原、河流、山峦、峡谷等自然景观，淳朴自然又不失壮观。享有“小天山”之美誉。这里，地貌与中欧阿尔卑斯山相似。气候受垂直地带性地理条件的影响，冬春无界，夏秋相连，“关山六月寒凝霜”是对其真实的写照。

西周初年，秦人先祖非子就在汧渭之间为周王室饲牧养马，“马大蕃息”，功绩卓著，周孝王八年（前866年）被封为食邑，建城于陇县牙科乡磨儿塬。公元前776年，秦襄公迁建汧邑，位于陇县东南乡郑家沟塬。公元前770年，襄公护送周王室东迁洛邑，有功于周平王，被正式封为诸侯，汧邑成为秦国第一个都城持续到公元前762年，长达14年。秦统一后，陇山千河之地虽成为一普通的州县，但仍为西北之门户，岩疆重地，系全秦之安危，被视为“咽喉呼吸之关，锁钥关键之固”的兵家必争之地。汉王朝初期，北疆游牧民族统一于匈奴军事帝国，占有很大军事优势，汉王朝被迫采取“和”之策，以免其掠州夺郡。汉武帝时转为战略反攻，终于挫败匈奴，奠定了中国的疆域基业。汉匈之战是中国统一多民族国家形成的重要环节，而这一过程的实现与关山草原密切相连。汉王朝军事力量的强大，除得益于文景之治国力大增外，还凭借于作战军队完成了由步兵为主向骑兵为主的转变，大范围机动作战能力的形成。而当时的陇山地区，是汉王朝北扩前拥有的重要牧区，西域传入的良马佳驹在这里得以繁衍，满足了军事活动的需要。据说，汉代时，关山一带牧养的马匹达 30 多万匹。霍去病 20 岁第一次率万余精骑出击匈奴，就是过关山出陇西，沿祁连山直趋西北，长途奔袭，凯旋。盛唐之时，关山牧马业更为发达，朝廷设立了陇右牧马监，王侯将相的私牧也多放养于此。中国历史的汉唐雄风有源于关山草原的汉唐骏马的雄姿。唐代以后，牧马业逐渐衰退。1958 年，陇县在这里建起了国营关山马场，引进吉尔吉斯斯坦母马，选用拉脱维亚公马进行杂交改良，培育出了“关中马”，使这里的马群重现了汉唐马的外形特点。

“关山六月犹凝霜，野老三春不见花”，高寒气候使关山草原气候凉爽温润。全年无明显夏季，春秋相连，冬季较长，年降雨量达 700 毫米。景区草甸丰茂，坡缓谷阔，山顶浑圆，山脊起伏，绿茵似毯，绵延广布。常年流水的河道多达 10 余条，曲折蜿蜒于宽谷之中，没有任何人为污染。水质清澈，流量稳定，空气清新，气候宜人。山峦地貌虽无尖峰突兀之势，但有秀丽淳朴之风，既不同南部秦岭山地，也不同于周围黄土高原，被称为“陇山满目皆千仞，唯有关山以秀媚”。槽谷地貌呈现十分开阔和缓的 U 形剖面，无明显谷缘线和坡脚线，形态富含柔和曲线之美。森林观赏层次丰富，仰视山顶绿树戴帽郁郁葱葱，俯视山峦林海绵延层峦叠翠，近视林中藤密灌旺空气清新。草原集中于谷底山坡，连片分布，质优量大，气势恢宏，在暖温带山地少见，在东部季风区罕见。河流与山谷林草相得益彰，无涌泉急瀑，但曲流潺潺，妩媚优美，更添景观秀丽之色。天象有：关山雪“远接洮四千里白”，关山月“月出照关山，秋风人未还”，关山日“旭日喷薄洒金光”，关山雾“蒙罩山丘如仙境”，关山雨“如丝如竹倾情趣”，关山天“蓝草绿云显美景”。

关山是渭河一级支流千河的发源地。2019 年 12 月，关山草原旅游度假区被确定为省级旅游度假区。

（十三）药王山

药王山位于陕西省铜川市耀州区城东 1.5 千米处。唐时称磬玉山，宋以后称五台山。山上五峰环拱，古柏苍翠，殿宇轩昂，碑石林立，风景优美，隋唐医药学家孙思邈晚年归隐于此，后世尊他为“药王”，药王山因此而得名。这里是人们纪念孙思邈的中心场所，每年农历二月二庙会，游人从四方云集而来表达对孙思邈的崇敬与怀念。药王山历史悠久，文物荟萃，文化内涵极为丰富。山上有金、元两代建筑及大型元代壁画，有明代药王大殿及药方碑，有太玄古洞、洗药池等景点 50 余处。药王山石刻遍及全山，隋唐摩崖造像 40 余尊、北魏至唐代造像碑 100 余通、历代碑石 200 余通，为药王山的实物历史档案；还有石塔、石棺、石牌坊等石刻，均有极高的历史科学艺术价值。为全国第一批重点文物保护单位和省级风景名胜保护区。

（十四）金粟山

金粟山因《大明一统志》第三十二卷记“山有碎石若金粟然”而名，又因山巅唐代即建立高禖（求子之神）祠，有龙泉水藏于深沟，也叫菩萨山、灵泉山、紫金山。位于富平县城东北约 30 多千米处，海拔 1240.7 米，融华山天险与翠华山苍碧于一体，素有“渭北小华山”之称。秦时建有金粟山寺院，面积 2000 平方米，有庙宇多处。整个寺院环抱在青山绿水中。特别是金粟寺院供奉的求子之神高禖神（民间尊为送子娘娘），其祠已有上千年历史，“祷者辄应”，是目前海内外祭祀高禖神的圣地。

金粟山承载着内涵丰富、博大精深的历史文化。秦大将王翦、王贲父子曾在金粟山练兵、隐居和避暑。明吏部尚书张眈曾在金粟山隐居修学；明监察御史杨爵、太子太保孙丕阳曾在此隐居；特别是明清以来，大量文人雅士登临，吟诗作赋，留下了很多墨迹与壁画。更有历代达官显贵与绅士名流纷纷捐资修庙，让天下佛、道文化云集于此并得以繁荣。

（十五）尧山

尧山位于陕西蒲城县北约 25 千米处。相传尧帝时期，天下发了大水，只有此山浮在水面，尧视察民情时，就停在上面，故称浮山。唐咸通年间在山谷内创修尧山圣母庙，宋崇宁三年（1104 年）、金皇统九年（1149 年）先后拓建。今存上殿、献殿、山门等建筑 40 余间，均为明、清建筑。圣母庙东有妆鉴泉，西有龙池泉，两泉常年清盈，形若两面宝镜。庙内有历代刻石的碑碣 20 余通，庙外有一对高大的铁旗杆。

二、名川（峪）

（一）辋川

辋川位于陕西省西安市蓝田县中部偏南，距县城 15 千米。因河水流湲，波纹旋转如辋，故名辋川，其河为辋川河，是灞河支流。辋川在历史上不仅为“秦楚之要冲，三辅之屏障”，而且是达官贵人，文人骚客心醉神迷的风景胜地。“终南之秀钟蓝田，茁其英者为辋川”。“辋川烟雨”为蓝田八景之冠。辋川在唐初是著名诗人宋之问的别业，后被王维购得。从此，王维便过起了“晚年唯好静，万事不关心”的闲适生活。他依据辋川的山水形势植花木、堆奇石、筑造亭台阁榭，建起了孟城坳、华子冈、竹里馆等 20 处景观，把 20 余里长的辋川山谷，修造成兼具耕、牧、渔、樵的综合性园林胜地。王维常陶醉于山壑林泉之间，同孟浩然、裴迪、钱起等诗友良朋“模山范水”、“练赋敲诗”、泛舟往来、鼓琴唱和，为辋川二十景写下了 40 首五言绝句，取名《辋川集》。其中《山居秋暝》写道：“空山新雨后，天气晚来秋。明月松间照，清泉石上流。竹喧归浣女，莲动下渔舟。随意春芳歇，王孙自可留。”诗句流畅自然，清丽飘逸。王维还画了《辋川图》首创了水墨山水画，他也因之被尊为“画界南宗鼻祖”。

（二）仙峪

仙峪又名车厢谷，位于华山峪西，与华山峪仅一岭之隔，传说古时黄初平、黄初起兄弟在此牧羊成仙，因而得名。仙峪深 50 余里，峪道狭窄清幽，山路崎岖蜿蜒，河流湍急，山石险峻，多处路段凿崖、加栈凌空通过。进峪 5 里处，有斜岭横阻，令人有谷尽路绝之感，然越岭横渡，地势渐次开阔平缓，峪道两边花木繁茂，绿草如茵，溪水汇而成潭，如面面明镜，台田层层叠摞似条条绿毡，有山民聚集成廓，男耕女织，日出而作，日落而息，如桃花源仙境。仙峪人文、自然景观数10余处，见于史籍记载的神话传说更是美丽动人。斜岭尽头有车厢潭，《水经注》号称其为天下第七水府，华阴流传的邢家姑姑为医父痼疾嫁给车厢潭龙太子的故事就发生在这里。斜岭东南为华山白羊峰，峰西侧崖下有羊公石室，传说是天下杨姓先祖避难的地方；羊公石室临近有石羊城，是黄初平牧羊成仙的地方；斜岭北望，有猫头石、龟蛇锁车厢等奇石胜景。入峪经龙头沟、蛤蟆沟、石板沟行至与华山主峰平齐处，便进入白缺寺景区，此处地势较为开阔，东走三耳沟，可达华山三峰根；南经河北头可翻越秦岭进入洛南境域；西经东沟、门岔沟可通往瓮峪、华峪。白缺寺遗址在涧西峰腰悬崖下，旧有庙宇建筑，与山崖诸多石洞连为一体，依崖就势而构，非常巧妙，相传为千手佛还愿时所建。鼎盛时期，有僧近百名。由于香客众多，这里逐渐形成寺庙古会。如今仅有石洞犹存。

仙峪河水丰美，幽潭连珠，清澈见底，且越往峪中深处水质越好，被视为华山天然浴场。仙峪无人工雕凿痕迹，自然景观秀丽，历代诗人画家多入峪吟诗作画，唐诗人常建就有“入溪双峰峻，松栝疏幽风”句，画家称仙峪为“养在深闺人未识”的美女，也称它为华山脚下的“维纳斯”。

（三）翁峪

翁峪又名泓峪，古称瓮谷，位于华阴市五方乡瓮峪村。东为台峪，西为竹峪。峪口海拔468米，峪口朝西北方向。峪道绵延40多里，古时是通向洛南、商州的交通要道，官员赴任、商贾经商多从此出入。峪里景观主要有搭儿窝、走车崖、七仙龛、佛岔沟、公母山、和尚帽、药王洞、戏秋峡等八景。明代游记大家徐霞客曾在他的《游太华山日记》中描述：“泓峪为华山西第三条峪道，两边山峰参天而起，峪道颇显狭窄。其间有河，奔流甚急。沿峪中小道前行，倏而东折，倏而西转，迎面峰岭犬牙交错，行走者似在牙隙，宛转若江上行舟。山峪宽坦处，古今都有山民傍崖依水，构舍而居，祖祖辈辈守着这片山坳，日出而作，日落而息，如在桃花源般悠然，自得天趣，全部修炼得鹤发童颜、仙风道骨。”。

2013年4月27日，瓮峪对外开通了华山太华索道，为游人登华山提供了极大的方便。瓮峪河水入渭河支流柳叶河。

（四）罗敷峪

罗敷峪又名大敷峪，也称罗夫峪。位于华阴市罗敷镇，峪道纵深40多千米，峪道内的敷水河是渭南市与华阴市的分界线。唐代大诗人白居易在《罗敷水》的诗中写道：野店东头花落处，一条流水号罗敷。芳魂艳骨知何处，春草茫茫墓亦无。人们把敷水与古诗《陌上桑》中的“秦氏有女名罗敷”联系在一起，于是就将大敷峪称之为罗敷峪。峪内有国道242线，又称华金公路，可通洛南县。

（五）子午峪

子午峪又名子峪、子午道，峪口位于陕西省西安市长安区子午街道办事处子午西村（简称西村），在环山旅游公路南约1千米。元始五年，王莽始通子午道，从杜陵南直绝南山，经汉中，置子午关于谷内。三国时魏延谓诸葛武侯当子午而北，即此。此地南达汉中，是古长安城通往南方的交通要道。唐时因杨贵妃爱吃荔枝，唐玄宗便命人整修了从四川涪陵到长安的道路，快马传递荔枝到长安。于是每年“飞骑驰进，七日七夜至京，人马多毙于路，百姓苦之”，因之还名荔枝道。据考证，唐代杜甫曾到此一游，并作诗描写子午谷景色和朋友修道的情形：“故人昔隐东蒙峰，已佩含景苍精龙。故人今居子午谷，独向阴崖结茅屋。屋前太古玄都坛，青石漠漠常风寒。子规夜啼山竹裂，王母昼下云旗翻。知君此计成长往，芝草琅玕日应长。铁锁高垂不可攀，致身福地何萧爽。”

古时，峪内有十一观、一宫、八寺、九台、一庙、三塔、二阁、三殿、三洞等，今仅存古栈道、摩崖石刻、“二柏一石头”等古代遗存，金仙观所在山上有汉代玄都坛和唐代金仙观遗址。

（六）太平峪

太平峪位于西安市鄠邑区草堂镇太平口村，东与高冠峪相邻，上游与涝峪相接。太平峪因隋代皇家建太平宫而得名，纵深 20 多千米。到唐代，唐太宗李世民经常到太平峪游玩赏花，是唐王朝重要的皇家避暑园林。传言此地也是唐朝太平公主为了逃婚而出家为尼的地方。

太平峪出太平河，发源于秦岭第二高峰——静峪垴，主流河谷最长 40 余千米，过煤场、八亩场、管坪、家佛堂，在太平峪口出山，流经鄠邑区草堂镇，在草堂镇大良村东出境进入长安区，然后在长安东大镇太平河村北入沣河。平原段全长约 15 千米。

太平峪最让游客流连忘返的就是瀑布。据调查，在短短的 2.5 千米范围内分布着大小 12 处瀑布，形成瀑布群。这些瀑布最大落差百余米，最小也有十几米，景象万千，各显奇秀。瀑布下皆有潭，潭水有的清澈见底，有的幽深绿暗。这些瀑布中最具特色的有雷风槽瀑布、玉带飞瀑布、烟霞瀑布、仙鹤桥瀑布、彩虹瀑布等，号称“八瀑十八潭”。太平峪现建有国家森林公园，最有名的是万亩紫荆花，是秦岭北麓独一无二的紫荆花大群落，尤其是在海拔 600 ~ 1500 米深山实属罕见。“春观奇花，夏秋赏叶，保土护坡”是万亩天然紫荆花的特点，除观赏价值外，其珍贵的植物保护价值和科研价值也受到全国森林保护和生态旅游界的重视。现在，每年 4 月初，鄠邑区委、区政府都要组织以紫荆花为主题的紫荆花节开幕式及万人登山活动，吸引着周边无数游客前来观赏游玩。

（七）田峪

田峪位于西安市周至县中南部，处秦岭国家植物园内。东距赤峪约 3 千米，西距闻仙峪 1 千米。田峪有田峪河，集贤镇与楼观镇以田峪河为界，河的源头有两个，一个是海拔 2822 米秦岭梁主脊的天涝沟，另一个是源自海拔 2965 米光头山的望子沟。田峪河从发源地到终南镇的三湾村附近汇入黑河，全程超过 50 千米。

田峪有九焰山、道源静修的十老洞、行军通商的湘子栈道、汶川“5·12”大地震形成的堰塞湖等。还有以羚牛为代表的几十种珍稀动物到以红豆杉、一叶草为代表的十几种稀有植物。

田峪河出山口外 1 千米就是财神文化区。根据道教传说，财神赵公明原是终南山人，隐居深山，精修至道，功成之后，受封玄坛，后来就有“黑虎玄坛”的称谓。现在的财神文化区已经是知名的景区，世界赵姓的发源地。田峪河西侧就是楼观台。田峪河东侧是已经建成的秦岭国家植物园。这里早在元代时就建有与楼观台一样雄伟壮观的原始玉清宫，后经历代重修，1967 年拆除，今存有莲花状石柱基础遗址。从安沟一侧的山梁向上可以走到地肺山顶，存有八卦楼（栖真亭）与仰天池。八卦楼相传是老子炼仙丹的所在，仰天池是老子炼丹时蘸火的水池，湖水清冽，有数亩大的水面，池中有芦苇结成的小船可以载人游玩。从这里东望首阳山高耸入云，南眺大秦岭苍茫如海，西视太白山连天接云，北观近山及渭河平原，群峰朝揖、沃野平畴。

田峪口有一个名叫殿镇的村子，村原名殿紫头，村口的牌坊上有一副对联："古堡历唐宋元明清世，新村承温俭恭良让风。"

（八）磻溪（伐鱼河）

磻溪（伐鱼河）位于宝鸡市陈仓区磻溪镇。不少古史、传说中都有关于姜太公隐居钓鱼于宝鸡磻溪的记载。《吕氏春秋》一书中说："太公钓于兹泉。"郦道元的《水经注》则记得更详，他说："渭水之右，磻溪水注之。水出南山兹谷，乘高激流，注于溪中，溪中有泉，谓之兹泉"。并说："此处为太公垂钓之所，其投竿跽饵，两膝遗迹犹存，是有磻溪之称也。"北宋嘉祐年间，著名文人苏轼任凤翔府签书判官时曾来磻溪祈雨，看到姜子牙的钓鱼台遗迹后曾感慨地赋诗说：安知渭上叟，跪石留双骭。今天的伐鱼河上，钓台宛在，磻石上姜太公跪石钓鱼时所留的两膝痕仍历历在目，清晰可辨。

三、名瀑

（一）高冠瀑布

高冠瀑布位于西安市鄠邑区东南高冠峪口，高冠潭上。《重修户县志》云："山形陡绝，有瀑布飞下，如银河倒泻，水柱下为潭，广可数丈，深不可测。"唐代诗人岑参对瀑布做了更为形象，生动的描述："崖口悬瀑流，半空白皑皑。喷壁四时雨，傍村终日雷。"

高冠瀑布两侧岩石矗立，刀削斧劈一般，高达 20 米。于下观之：瀑布凌空而下，珠玉飞溅，水汽弥漫。阵阵寒气掩面，沁人肌肤。听之，怒涛如雷，山鸣谷应，气势磅礴。沿瀑布西侧崖壁上的石阶，穿牛鼻洞而上，过明道亭，登上鹰嘴石，站在悬于高冠潭顶上的观瀑台向下俯视，瀑布真貌尽收眼底。水雾腾飞而上，宛入仙境。顺阳光望去，高冠彩虹七色斑斓，又是高冠瀑布一绝。

高冠瀑布之特在于瀑流藏头露尾，格调含蓄。水流自瀑布上沿被岩石夹成一股，一波三折，喷泻而下，汹涌澎湃。加之这瀑布上有筛子潭，下有高冠龙潭，构成高冠瀑布独特的结构形态。

高冠瀑布在明代被列为鄠邑区八景之一，清代列于甘亭十二景之内，向为文人雅士所诵咏。瀑布西侧崖畔上的四角攒尖亭明道亭是纪念程颢游览高冠所建。通道西侧岩石之上，岑参雕像坐观瀑布，神态逼真，形象生动。岑参雕像南的 3 个草帽亭，意取岑参偕弟归隐山田。当代著名书法家茹桂为景区挥笔"高冠飞瀑"，苍劲洒脱，使高冠瀑布锦上添花。

（二）彩虹瀑布

彩虹瀑布位于太平峪最高处，最大落差 160 余米，水流凌空而下，数十米内水雾盈谷，阳光下可见七彩飞虹。

（三）挂天瀑布

挂天瀑布位于西安朱雀国家森林公园内，是园内最大瀑布，共有3级，下面一级落差80米，上望蓝天白云，平视绝壁飞瀑，瀑水若天河下泻，注入碧潭，十分壮观。

（四）万花瀑布

万花瀑布位于西安市鄠邑区太平峪万花山上，有两处，一处叫则天瀑布，一处叫万花瀑布。高达百米的两级瀑布气势如虹，声震若雷，如九天玉带，缥缈而下。现建有万花山瀑布公园。

（五）飞天瀑布

飞天瀑布位于西安市蓝田县蓝桥镇王顺山国家森林公园内，高约80米，水流如丝绸般柔软。

（六）流峪飞瀑

流峪飞瀑位于西安市蓝田县流峪桐家山上。有通天、龙宫、仙游、飞峡四级瀑布，风光各不相同，入冬后凝结成壮观的冰瀑、冰柱，晶莹剔透，美轮美奂。

（七）黑山瀑布

黑山瀑布位于西安鄠邑区涝峪蓝家坪，河东岸的黑岔沟内，属于沙窝子村，沿途景点有石门石屋、奇泉、幽洞、观音崖、斩妖洞、顶天柱等。黑山瀑布落差达到百米，丰水期宽3米，平水期1米，瀑布凌空飞下喷珠溅玉，烟雨空蒙，仰望头顶悬崖，陡如刀劈斧凿，虬劲松枝掩映，常有彩虹挂瀑布前。

（八）盘龙瀑布

盘龙瀑布位于陕西省渭南市西涧峪河全草村。溪水从一面山壁中穿洞飞流而下，势如飞虹，仰见山如一龙盘踞，峰上巨石如龙角，惟妙惟肖。

第二节　泾渭分明

泾河是渭河最大的支流，在西安市高陵区汇入渭河。因河水汇入时一清一浊，在一段距离内清浊不混成一景观而有此一说，并成为中国家喻户晓的成语。《现代汉语词典》泾渭分明：“泾河水清，渭河水浑，泾河的水流入渭河时，清浊不混，比喻界限清楚。”

一、泾渭清浊的记载

《诗经·谷风》这篇诗中说“泾以渭浊，湜湜其沚。”西汉时，毛公解释这篇诗，说是“泾渭相入而清浊异”。东汉末年，郑玄说是“泾以有渭，故见渭浊”。西晋时，潘岳由洛阳到长安，写了一篇《西征赋》，说长安城北有清渭浊泾。唐代著名的诗人杜甫有“浊泾清渭何当分”“旅泊穷清渭，长吟望浊泾”的名句。唐诗中单说清渭的有7处，说浊泾的有2处。较杜甫为早的韦挺，也常以泾河的浊流和渭河的清津对举。其他如苏题、沈佺期、刘沧的诗中皆提到清渭。白居易因为居家就在渭河的旁边，泛舟清流，说得更为真切。柳宗元还特以《泾水黄》为题作了一篇歌曲。唐代初年，孔颖达作《毛诗正义》，就根据当时的情况解释“泾以渭浊”这句诗，说它的意思是泾浊渭清。南宋时，朱熹根据孔颖达的解释，也说浊泾清渭。后来的人大都秉承其说。

清代中叶，为了解决这个问题，还有人特地到泾渭合流处勘查过。据说，那时泾河的水色与长江、汉水相仿佛，而渭河却和黄河一样。尤其是在两河合流的地方，清浊的差别是一眼可以看到的。合流七八里后，才混杂为一。当时还在合流处取水检查，说是泾河的一石水中，有滓三升，渭河的一石水中，却有滓一斗多。这自然是泾清渭浊了。近代也不断有人继续勘查说，除下暴雨外，在泾渭合流处可以明确看出泾清渭浊，清流在北，浊流在南，合流后五六百米内，依然能够清清楚楚地看出两河水色的不同。

二、泾渭清浊的历史演变

一河清浊，有季节的变化、洪枯的差异。史籍所载的清浊异同，主要都是河流在常水位的现象，而不是在暴雨洪水的季节。遇到暴雨洪水，则土壤侵蚀加剧，泥沙俱下，不论泾渭都成了浊流。其实，就是暴雨洪水季节，泾渭两河所含的泥沙也不是都完全相同的。

泾渭两河的清浊问题并不是一成不变的。有着因时而异的变迁。按照时代的顺序，春秋时期是泾清渭浊，战国后期到西晋初年却成了泾浊渭清，南北朝时期再度成为泾清渭浊，南北朝末年到隋唐时期又复变成泾浊渭清，隋唐以后又成了泾清渭浊。

据现代统计，泾河平均每年向渭河输送 3.04 亿吨泥沙，平均含沙量为 196 千克每立方米；在未纳入泾河之前，渭河平均每年输送泥沙 1.78 亿吨，平均含沙量 26.8 千克每立方米。现建有泾渭分明公园和泾渭车游湿地公园。

第三节　馆、社

一、陕西历史博物馆

陕西历史博物馆位于陕西省西安市大雁塔的西北侧、雁塔区小寨东路 91 号，是遵照周恩来总理的遗愿，筹建于 1983 年，1991 年 6 月 20 日落成开放，它的建成标志着中国博物馆事业迈入了新的发展历程。馆舍为“中央殿堂、四隅崇楼”的唐风建筑群，主次井然有序，高低错落有致，气势雄浑庄重，融民族传统、地方特色和时代精神为一体。

馆区占地 65000 平方米。建筑面积 55600 平方米，文物库区面积 8000 平方米，展厅面积 11000 平方米。馆藏文物多达 370000 余件，上起远古人类初始阶段使用的简单石器，下至 1840 年前社会生活中的各类器物，时间跨度长达 100 多万年。文物不仅数量多、种类全，而且品位高、价值广，其中的商周青铜器精美绝伦，历代陶俑千姿百态，汉唐金银器独步全国，唐墓壁画举世无双，被誉为“华夏珍宝库”和“中华文明的瑰丽殿堂”。

二、陕西考古博物馆

陕西考古博物馆位于陕西省西安市长安区文苑南路与终南大道交会处东北侧。为中国第一座考古博物馆。2012 年筹建，2022 年 4 月 28 日试开放。馆藏了从旧石器时代开始各个历史时期遗址、墓葬出土的文物标本等 20 万余件。常设展览以“考古圣地华章陕西”为主题，分为“考古历程”“文化谱系”“考古发现”“文保科技”4 个篇章。

三、宝鸡青铜器博物馆

宝鸡青铜器博物馆位于宝鸡市公园南路西侧，占地20.7亩，是目前国内唯一的以青铜器命名的综合性博物馆。周秦王朝早期都邑所在地周原遗址和雍城遗址均被国务院公布为全国重点文物保护单位。自西汉宣帝神爵四年（前58年）以来，宝鸡地区就有青铜器出土，且历代不绝。其数量之巨、精品之多、铭文内容之重要，均居全国之首，驰名中外。曾被誉为晚清四大国宝的毛公鼎、大盂鼎、虢季子白盘、散氏盘，就出自宝鸡这片神奇而古老的土地。如今，全市50000多件（组）馆藏文物中，周秦青铜器约占一半。其中有全国著名的何尊、折觥、墙盘、卫鼎、秦公钟等国宝级青铜器，充分体现了中国青铜时代的灿烂文化。

四、陕西水利博物馆

陕西水利博物馆位于陕西省咸阳市泾阳县王桥镇，毗邻咸旬高速、关中环线，距西安市60千米。博物馆于2012年建成开馆，是集水文化收藏、展示、研究、水情教育及园林景观艺术于一体的陕西省第一座水利专业博物馆，总占地面积66742平方米，其中绿化面积30592平方米，建筑面积5520平方米。馆区分为水文化大道、文化广场、主展馆和仪祉墓园4个区块。建有节水灌溉示范园、百米浮雕墙、文化柱、纪念碑、竹林、樱花林、柏树林等自然人文景观。

展馆内分为古代水利、近现代水利、陕西水利、水利科普4个展区，通过历史文物文献、沙盘模型、浮雕泥塑以及幻影成像等高新科技手段全画幅展示陕西悠久的治水历史和光辉灿烂的治水文化，再现了中国近代水利先驱李仪祉先生为水利鞠躬尽瘁的一生和治水伟绩，彰显了新中国成立以来陕西水利取得的巨大成就，是水利历史文化收藏、展示及水科普宣传的文化圣殿，也是陕西水文化建设地标性建筑。

五、陕西自然博物馆

陕西自然博物馆位于西安市长安南路电视塔，88号舟形环岛之上，于2008年1月5日开馆。该馆是中国西北唯一的大型综合类自然博物馆，是集收藏、研究、展示于一体的综合性现代化博物馆，是推介和宣传陕西丰富自然资源、优良生态环境的窗口和平台。馆内有地质万象、古生物长廊、昆虫王国、神奇秦岭、生命之光、科技环廊等展厅，穹幕影院及观景平台。各展厅展示了大量的远古哺乳动物、植物化石标本，陈列着“四大国宝”及血雉、金雕、独叶草、红豆杉等一大批野生珍稀动植物标本。

六、西安曲江海洋馆

西安曲江海洋馆位于西安市雁塔区曲江二路1号，占地面积100亩，主体建筑面积25000平方米。由海豚表演馆、海洋科普馆、热带雨林馆、海底隧道4馆及入场区、科普区、雨林体验区、海底体验区、中央演艺区、消费服务区、海底大观区、设备区等8区组成。2005年初正式对外开放，年接待游客人数约120万人次，其规模及展示水平跻身于国内一流海洋馆之列，属于国家AAAA级旅游景区。

七、关中民俗艺术博物院

关中民俗艺术博物院位于秦岭终南山世界地质公园中心地带和隋唐佛教圣地南五台山

脚下，东接翠华山，南拥五台山，西邻草堂寺，北瞰长安城，占地面积 493.88 亩，规划建筑面积 10.8 万平方米。该院由全国人大代表、享受国务院政府特殊津贴专家王勇超先生历经 30 余年创办，是以民俗文化遗产抢救、保护、收藏、研究和展示为主的，融文化事业与文化产业为一体的战略带动项目，是陕西省、西安市“十三五”重大建设项目，陕西省爱国主义教育基地，国家 AAAA 级旅游景区，国家文化产业示范基地。2018 中国西北旅游营销大会暨旅游装备展上，入围“神奇西北 100 景”榜单。

自 20 世纪 80 年代中后期以来，关中民俗艺术博物院已收集、抢救和保护周、秦、汉、唐以来的历代石雕、木雕、砖雕、关中古民居和群众生产、生活、习俗、风情等各类遗物、名人字画共 33600 余件（套），征集保护了 40 院近千间明清古民居，收集整理了大批地方戏曲、工艺作坊、礼仪俗规等非物质文化遗产，形成了民间艺术、关中民居、民俗风情、名人字画四大系列共 9 个类别的藏品规模。这些藏品从不同层面集中地反映了关中地区各族人民在不同历史时期的艺术、审美、劳动、居住、习俗、风情等民俗历史风貌。被誉为“地上兵马俑”的 8600 多根精美的拴马桩引人注目，精美的石雕工艺极大地丰富了我国民间石刻艺术宝库，为中华民族文化遗产增添了重要内容，是中国北方关中地区数千年来多民族生存和文化交流融合的历史见证，形成了民族文化的基因仓和标本库。

关中民俗艺术博物院建设突出明清园林建筑风格，建设有古镇游览区、民俗文化展示区、非物质文化遗产演示区、民俗文化研究中心等各具特色的不同功能区。主要有 40 院迁建复建的明清古民居、民俗展览馆、展厅、展廊、文物库房、戏楼、店铺、工艺作坊、研究中心、人工湖、祭坛广场、园林景观等。该院的建成填补了我国大型优秀民俗文化展览、教育、研究基地的空白，成为我国的爱国主义教育基地、民族文化遗产研究保护基地、非物质文化遗产保护展示基地、民俗遗物保护展示基地和文化产业示范基地。

八、旬邑县博物馆

旬邑县博物馆位于县城中心地带的文化体育广场，和建造于明万历十一年（1583 年）的古老建筑文庙共同构成，2009 年，博物馆正式免费向社会公众开放。

旬邑黄河剑齿象，一种早已灭绝的大象，旬邑县博物馆的镇馆之宝，这是一具搭建起来有 8.45 米长、4.3 米高的巨型大象。它出土于旬邑县的一个名为西原的山沟里，距今约 300 万年。在这头“大象”的旁边，还有一头“古犀牛”。它和这头古象同时同地出土，由 62 件古化石组成，体长达 4.8 米，高 3.1 米。它就是大名鼎鼎的板齿犀牛，体重可达 5 吨多，目前已经灭绝。除了这两个庞然大物，博物馆还收藏了一批距今上亿年前的恐龙脚印化石和转角古鱼化石。

旬邑地区，古生物化石非常丰富，堪称古生物天然博物馆。出土的这两具庞然大物代表着一个时代，说明那个时候关中这一带还属于热带或亚热带气候，气候炎热，雨量充沛，水波荡漾，草木茂盛，繁衍栖息着成群结队的古代生物。

在旬邑县文化广场的北侧，耸立着一座建于北宋年间的古塔，名为泰塔，已有近千年的历史，也是旬邑县境内最为古老的建筑。“玲珑金刹跨豳阳，七级芙蓉舍利藏。风雨翠屏形突兀，云霞白色镜苍茫。”这是清人周崇雅所作《宝塔凌空》对泰塔的描述。

九、西安易俗社

西安易俗社原名“陕西易俗社”，位于西安市西一路258号。创始人孙仁玉。易俗社与莫斯科大剧院、英国皇家剧院并称为世界艺坛三大古老剧社。是全国重点文物保护单位。

1912年7月1日，陕西同盟会会员李桐轩、孙仁玉以及王伯明、范紫东、高培支等160多名热心戏曲改良的社会各界知名人士在西安创建了我国第一个集戏曲教育和演出于一体的新型艺术团体——陕西易俗社。该社以“辅助社会教育，启迪民智，移风易俗”为宗旨。第一任社长李桐轩（李仪祉之父）。成立以来王伯明、李桐轩、孙仁玉、范紫东、高培支、卢缙青、李约祉、李仪祉、王绍猷、李干臣、胡文卿、吕仲南、王辅丞、封至模、冯杰三、樊仰山等剧作家创作、改编大小剧本500余本（另有资料显示为800多本），不少已成为优秀保留剧目，如《吕四娘》《三滴血》《火焰驹》《柜中缘》等。

陕西易俗社聘请陈雨农、赵杰民、党甘亭、唐虎臣、李云亭、刘丽杰、高天喜、王观登等名家执教，仅在1949年前的37年中就训练演员13期600余人，延续到今天，共招收培养了15期学生近千人，毕业者遍及西北各个秦腔剧团。其中有较大影响并形成各自艺术特色的前辈名家包括刘毓中、刘箴俗、王天民、孟遏云、肖若兰等，当今的陈妙华、张咏华、全巧民、伍敏中、郭葆华、张保卫、宋百存、任炳汉、毛文德、戴春荣、惠敏利、王科学、冯永安、李淑芳、薛学慧等均是该社培养的秦腔著名演员。

1920年，国民政府教育部颁布训令，赞扬易俗社编演的剧本“命题取材，均有可取，不失改良戏剧之本旨”，并颁发“金色褒奖”。1924年，鲁迅到西安讲学期间多次观摩易俗社的演出，题“古调独弹”匾额相赠，并捐献50元奖学金。1929年，国民党陕西省政府主席邵力子捐资大洋百元奖励易俗社所取得的成绩。1932年，蒋介石通过陈果夫奖励易俗社大洋1000元。新中国成立以后，易俗社由政府接办，并多次进京演出，《三滴血》《游西湖》《游龟山》《柜中缘》《三回头》《看女》《西安事变》等优秀剧目享誉全国。

第四章　流域民俗文化

流域民俗文化记述了包括戏曲、美术、工艺、传说、典故等民间文化艺术传承，以及包括衣食住行等方面的民俗民风文化特色。

第一节　民间艺术

一、戏曲

（一）秦腔

秦腔是西北最大的古老剧种，又名“西安梆子”。创于关中，在渭河流域最为流行。还在秦腔未形成戏曲剧种以前，“秦声”很早就在秦地民间酝酿而驰名。元末明初，秦声梆子、杂戏兴起；明初的“秦王府戏班”为最早秦腔班，进京为皇帝演出，崇祯年间，周至县谭家寨张家大户，办起第一个民间秦腔班“华庆班”。清康熙、雍正、乾隆三朝，秦地有戏班36处，魏长生等名角进京演出，对京剧的形成有直接的影响。明末时在户县、周至、武功一带，状元康海（1475—1540），明文学家，字德涵，号对山、浒东渔父，陕西武功人。弘治十五年（1502年）状元，任翰林院修撰。为“前七子”之一。著有杂剧《中山狼》、散曲集《浒东乐府》、诗文集《对山集》等。王九思（1468—1551），明文学家，字敬夫，号渼波，西安市鄠邑区人。曾任翰林院检讨、吏部郎中，武宗时宦官刘瑾被杀，他名列刘瑾党而降为寿州同知。“前七子”之一。著有杂剧《沽酒游春》《中山狼》（一折），均存。另有散曲集《碧山乐府》、诗文集《渼波集》等。并编剧演出一种梆子、曲子混合腔，被称为“康王调”。从那时起，经清代至今300余年的发展中，已形成一套较完整的表演、唱打程式和舞台音乐、美术艺术手法。秦腔剧目，多为英雄传奇和悲喜故事以及神话故事，如《三滴血》《火焰驹》《游西湖》《法门寺》以及《西安事变》《千古一帝》等誉满全国。

（二）眉户及其他曲调戏

关中各地除秦腔外，还有以下广为流传的曲调戏种。

1. 眉户

眉户也称“迷胡”“小曲”“曲子戏”，据传最早发源于眉县、鄠邑区、周至、武功、凤翔一带的情歌小调，据老艺人称，历来就俗称此调为“风搅雪”；又传说源于二华（华县、华阴），后传至眉县、鄠邑区。因唱腔与“郑声”相似，郑国辖地即包括今“二华”在内。眉户音乐曲调平抑、略带高低音相配，形成72大调36小调。关中地区以“二华”、周（至）户（县）为中心，形成不同特点，使眉户更具秦地风韵。“迷胡”，民间传说，一唱一听，使人迷恋而耐看耐听，其音调韵味细雅柔腻，唱腔婉转，唱词道白伴音不裹词，字正音润，唱词道白均可以听清辨明，最易为民众掌握，加之曲子戏情节多为英雄、传奇、神话故事，婚配离合趣闻，不像秦腔那种“帝王将相、才子佳人”占据中心，故易为民间男女老幼接受，喜闻而乐见。新中国成立前后，有名的曲目有《李亚仙》、《金碗钗》（华县）、《曲江歌女》、《两颗铃》、《梁秋燕》、《杏花村》（省戏曲剧院眉剧团）、《槐荫记》（宝鸡）以及边区时的《十二把镰刀》等；名曲调有《月调》、《背弓》、《采花》、《劳子》、《银纽丝》、《连相》、《哭长城》（或称《长城》)、《呀呼调》等。

2. 碗碗腔

碗碗腔（原称华剧），原来系流行于陕西东府的皮影戏。乾隆年间，渭南市有举人、碗碗腔名剧作家李芳桂，作《春秋配》《火焰驹》《十王庙》《玉燕钗》《白玉钿》《紫霞宫》《万福莲》七大本和《瓮城子》《四岔捎书》《玄玄锄谷》三折戏，演红了东府及西安一带，使碗碗腔得以广传民间。由于乐器中有小铜碗，配有月琴，形成独特、细腻的音乐风格，耐看耐听，因此得名“碗碗腔”。还有一种传说，月琴在古时称阮咸，故这种曲调又称“阮儿腔”。陕西东府的韩城、富平、合阳、华阴一带，民间皮影戏多用此腔演出；华县、渭南的名剧目有《献连环》《金碗钗》《兵火缘》等 30 多个剧目。《兵火缘》《金碗钗》曾赴京、沪、广等 10 多个省（市）巡回演出；近现代名角有李瑞芳、段林菊、温喜爱、王毓贤等，还有澄城县的堆娃、党娃，白水县的姚载录、樊丙儿、杨得起、杨如庆等，都是碗碗腔、道情、曲子的名艺人。

3. 阿宫腔

阿宫腔简称“阿宫”或“遏宫”，系清中叶以后由皮影戏发展起来的一个剧种，距今已近 200 年历史。最初，这一剧种腔调在礼泉、富平、乾县、兴平、武功一带的皮影艺人中唱奏，其唱腔接近秦腔，但发音和托音常用闭口的喉音及鼻音，音韵显得浑厚有力，悲喜剧情均可演奏得淋漓尽致，唱词、道白清晰，深得各方喜爱。其乐器以月琴、二弦为主，配有打琴、笛、二胡等文乐器。民国十年（1921 年），礼泉新时乡鹁鸽村有名的阿宫腔世家王文（民国十年逝世）和其子王彦凯［民国 18 年（1929 年）逝世］及其曾孙王天德所唱阿宫腔名驰三秦，所演《百宝箱》《白玉楼挂画》《槐荫相会》到处传誉，生徒争相学抄、流传。新中国成立后，已由皮影、线戏的伴唱发展为舞台演出剧目。渭河流域富平、西安均成立有专业剧团，并收徒培养行当演员，保留了一些有名的传统剧目。

4. 道情、曲子

道情是地方戏曲的一种唱腔，本源于唐时的《九真》《承天》等道曲，以道教故事为题材，宣扬出世、超凡思想。南宋时用渔鼓和简板为伴奏乐器，因此也叫“渔鼓”。明清以来，流行各地。其中流行长安、华县的道情，以唱腔婉转、托音轻巧而驰名。长安道情《隔门贤》电台录放后群众百听不厌，被誉为关中风味 。

5. 华阴老腔

华阴老腔是明末清初，以关中华阴市双泉村张家户族的家族戏（只传本姓本族，不传外人）发展而来。其声腔具有刚直高亢、磅礴豪迈的气魄，非常追求自在、随兴的痛快感，听起来颇有关西大汉咏唱大江东去之慨，此类表演方式也被誉为黄土高坡上“最早的摇滚”。落音又引进渭水船工号子曲调，采用一人唱众人帮和（民间俗称为拉波）的方式；伴奏音乐不用唢呐，独设檀板的拍板节奏，均构成了该剧种的独有之长，使其富有突出的历史和文化价值，世代流传，久演不衰。2006年，华阴老腔入选第一批国家级非物质文化遗产名录。

二、民间美术

（一）窗花剪纸

窗花剪纸是渭河流域民间最广泛、最普及的民间艺术活动。这种传统的装饰艺术源远流长，早在汉代，民间农家女子就使用金银箔和彩帛剪成一种“方胜花鸟”，贴在鬓角以作美丽的装饰风尚，后来逐步发展，到隋唐时代，在节日、庆典用彩纸剪成各种花草、动植物、人物故事，贴在窗格上的称“窗花”，贴在门楣上的称“门签”“门画”，婚嫁时床头、墙炕上的称“贴花”“喜花”“顶蓬花”等；宋代就有了系统的各种剪纸讲究，使“喜花”“礼花”“门花”在婚嫁上应用到丧礼和日常生活中，特别是丧葬，有长筒形的各种“葬仪花”；明清时期，女子出嫁，十分讲求“上炕剪子”（会剪各种窗花、衣样等刀剪工艺活路），所谓“上炕剪子下炕镰”。发展到近现代，关中各地农村，上至老年妇女，下至青少年女子，几乎家家都有剪贴窗花的习俗，多数人都会剪出个“花鸟虫鱼”来，许多家户，均保存有“窗花底样”，逢年过节，前后窗格、墙头，都贴有各种人物、戏曲、山水、花鸟虫鱼、家禽、兽物等剪纸和窗花，尤其以剪纸最为普遍。每逢红（喜庆）白（丧葬）事、节日，都要剪贴各种“花格”“花边”、单双“喜”字、“吉祥图”“太极图”等，把房间、堂屋布置得有条有理，美观鲜洁。这种习俗，代代相传，有增无减，日渐兴盛。在许多农户，窗花剪纸成为择婚的条件之一，如某某姑娘“能描（绘）、能剪（窗花、衣服样式、款式）、能扎（绣工）”，就被农家竞相择婚，同时这种剪纸工艺也成为人与人、户与户之间，求美、比美、争胜的风俗内容之一。至于个人风格的差异，则取决于民间艺术家素质的差异，除先天性因素外，阅历、文化修养、个人爱好也是民间艺术家的重要后天因素。在浩繁的窗花剪纸中，戏剧人物、戏剧故事、花鸟虫鱼、禽兽龙麟以及各种风习、世俗等方面的选题，是窗花剪纸的主要内容。其色调一般是单色（红、黑或某一种单彩），也有各种彩色窗花（彩纸或染成色纸），窗花剪纸构图精巧，一般线条、线体互相连接，不能断笔断头断线。所以，构图必须单纯、优美，不能过于细碎、烦繁，以免剪刀难以开合。关中先后被文化部命名为“剪纸之乡”的有：宝鸡、凤翔、千阳、华县、大荔、黄陵、高陵等县（区），作品在国内外多次展出并获奖，有些剪纸艺术家被邀请出访法国、美国、日本等几十个国家，如为陕西、为中国赢得了荣誉的高陵区耿镇剪纸艺人王顺喜（男），剪纸从不绘大样，也不下底样，总是按心中的“心图”，以眼定线接连不断地剪，剪出成千过万的各种花虫鸟鱼及人物。他从8岁开始跟父母学剪纸，到40多岁已剪纸30多年，每年腊月出售数斤至数十斤，所剪人物和鱼鸟，栩栩如生，多用淡色漫纸，色调自然而巧捷。1980年，美国友人访问咸阳之机，邀请他现场剪纸，他一不打稿，二不仿人，双手一时剪出几个戏剧人物，所剪《三娘教子》（王顺喜）、《玉镜台》（王顺喜）、《三滴血》（王顺喜） 被拍成电视纪录片，广为传播。

（二）凤翔木版年画

据史料所考，凤翔木版年画迄今已有470多年历史。按从事其业的一个家族一本祖宗档案记载，明正德二年（1507年）肖里村邰氏家族已有8户从事年画副业生产；清乾隆五十五年（1790年）前，邰氏已开办早期年画“画局”，以后一直延续6代人（190多年）。凤翔木版年画从小到大，由粗到精，经过了多次起落、兴衰，成为中国西北地区首屈一指的民间年画胜地。木版年画从画稿、雕版、印刷到彩绘，都是农民在农闲时手工操作的。清代以前，年画主题主要是门神，而且主要是笔画染色；到清代中期的嘉庆、道光年间，年画由印墨线手工染色，已逐步改变成全部套版印刷，如门神秦琼、敬德、方弼、方相等，但如胡须、眉毛部分还是笔描。生产村、户除肖里村外，还有北肖里村和陈村镇，3个村共30多家，有正式的“画局”6家，种类除10多幅大门神、大墙画外，其余都是中小型门画及神福，如“六全神”“福禄寿三星”“二十四孝”“春牛图”“二十四节气”“药王”等。造型有文武式，站、坐、骑马式，形象多属历史人物，如商代的方弼、方相，唐代的秦琼、敬德、魏徵、盖苏文，宋代的包文拯；还有神话故事人物，天官，福、禄、寿三星，刘海、钟馗、神判等，六全神、槽马、槽猴；灶神有单灶神、双灶神、单印架、双印架、花瓶、灯笼灶等；仅“谷雨”画就有50多种，《十二相》《四时报喜》等就有40多种。凤翔木版年画，以其风格独特大方，概括性强、简练、艳丽，实空对比强烈，主题突出，有浓厚的意境，健康的民族民间传统美感，成为民间尊崇流行的一种欣赏、张贴、馈赠佳品，闻名于国内外。

（三）凤翔泥塑

宝鸡凤翔区六营的彩绘泥塑，迄今已有400多年历史。泥塑的制作：先制胶泥，多选用细质土，加上胶水，反复压、踩、揉、蹈而成。制泥塑时，先在撮好的雏形上画原稿，搞稿制模，按模翻拓，黏合修饰，使之成型，再用土兑胶，以墨色勾线，然后染色点彩，晾干后刷一层胶水即成。彩绘泥塑有戏剧人物、神话人物、飞禽走兽100多个品种。这些泥塑，色彩绚丽明快，造型夸张、简练、质朴大方，妙趣横生。最受人欢迎的是卧牛、立虎、挂虎、胖娃娃等。这些彩绘泥塑，多被西北各省农村视为逢年过节的佳品，或是给孩子做满月的纪念品、家庭日常摆设的装饰品、馈赠亲友的礼品。现凤翔彩绘泥塑已被陕西省列为旅游纪念品。

三、民间工艺品

民间工艺品和玩具，在人民生活习俗中，几乎成为必不可少的内容之一。

（一）香包

关中人戴香包，历史悠久。传说隋唐时孙思邈当年在民间治病，留下这种戴香包驱疫治病的美举，千百年深入人心，形成一种不变的美俗。制作香包，一般采用布绸料，内装带香的药料，做成各种花鸟虫鱼等形状，用彩线勾出须、眉、爪、瓣，栩栩如生，活灵活现。白布、绸可以做成“报晓鸡”“白鹤”“白胖娃”等，彩布、绸可做成各种“药葫芦”“长寿果”“石榴”“鱼莲”等；还有做成“南瓜”“蚂蚱”“蟾”“太极图”等吉祥物的。民间风俗传说，刘全晋瓜，主要是“南瓜”，古时“南瓜”为“贡果”，人们誉为吉祥物；

“蚂蚱”和各小虫合群；“太极图”则为秉承天地之毓秀灵气，人们希冀安详，戴“太极图”得以心理平衡。“香包”内装药料，多是含芳香、逼臭刹腥之类，如白芷、苍术、香附子以及名贵药材麝香等。每逢春夏交节、阳气日盛，百虫活动频繁，最易感染疾病，民间多选农历四月以后，特别是五月初五的“端阳节”，要给老幼病弱者戴一个香包，有时还给儿童袖上、肩膀上做一个“报晓鸡”，用以“启迪儿童”，以及逼邪驱疫。这种“香包”工艺简单，妇孺皆可针扎，故较为普及。清末以来直至新中国成立后数十年来，西安市和近郊县周至、鄠邑、临潼、高陵、蓝田以及泾阳、三原、咸阳等地，民间还有赠送“香包”的习俗：未过门的媳妇，总要给婆婆、女婿做一两样针工精巧的香包。在临潼骊山风景区、秦陵兵马俑博物馆的展览市场上，到处可以购买各种各样的香包。

（二）唐三彩泥叫叫

唐三彩泥叫叫又称“泥戏人”，系一种玩具哨子，产于西安市南郊鱼化寨，故又叫“鱼化寨泥叫叫”。这种“泥叫叫”，系民间艺人采掘当地黑土，在模子中成型，然后经过烧制、彩绘、罩油等工序制成。涂色酷似唐三彩釉，光洁滑润。“泥叫叫”形状多种多样，所制人物有穆桂英、杨宗保、佘太君、王宝钏、薛平贵、包文拯、秦香莲等戏剧人物；也有形体小巧的胖娃、小动物，最小者仅寸余，体内装哨，可吹出各种高低音色、调子，颇受儿童和群众欢迎，多购为馈赠品。现已销往西北各地，被列为陕西旅游纪念品。

（三）乾县彩塑泥玩具

咸阳乾县马连乡高家庄制作的泥塑玩具，久负盛名。制作时，他们选用当地一种黄褐泥，看似散沙，加水搅拌即可变硬，且不裂缝。制作时，先把黄褐泥粉碎筛选，加水搅拌和成泥块，再在木制模型中压成各种形象，再涂上各种颜料。这种泥塑玩具，多是造型优美，形象逼真，色彩鲜艳，经久耐用而不裂，农家多购其挂在墙上，或放置桌上，作为观赏珍品。

（四）千阳工艺品

宝鸡千阳被称为西府“工艺之乡”。他们的传统工艺品有剪纸（彩剪、染剪、套剪、熏剪）、刺绣（香包、鞋垫、绣鞋垫、绣枕）、雕塑（石雕、木雕、砖雕、陶雕、泥塑）、花灯（天灯、龙灯、宫灯、植物灯、动物灯）、布制品（门帘、马甲、百花帐、千把伞）、编织品（麦秆、玉米皮、荆条编织品、线织品和毛织品）、面制品（面花、曲莲、寿桃、锥把、狮子、海马、献礼）、纸制品（亭阁、童男童女）等八大类百余种，各类工艺品制作者约计万人，遍布全县各乡镇。广为流传的有窗花、剪纸、青蛙耳枕、陶塑狮子、布拼马甲、鞋垫、虎猫、香包等。

（五）刺绣

1. 西安刺绣

西安刺绣又名“秦绣”，是在民间纳纱绣的基础上发掘、创新而成的绣种。其针法丰富多变，线条粗犷豪放，绣出各种花鸟虫鱼，突显装饰性和图案对称性，具有强烈的地方特色。西安市锦江刺绣厂为人民大会堂绣制的《唐乐舞》大型壁画，长 8 米，宽 3 米，使用 300 多种针法，被称为当今刺绣巨作。西安市周至县哑柏镇刺绣的构图线条细腻、美巧，色泽艳丽，品种有床上各种用品，如床单、被罩、床罩、桌单、枕套等，成为代表西安地区的精美工艺品佳作。

2. 大荔刺绣

渭南大荔刺绣，不同于关中其他县城，有数十类100多个品种，民间妇女所穿“十带裙”“绣花鞋”“鞋垫”，结婚时用的“该刺绣披肩”，儿童用的鞋、帽、肚兜、周围，日常生活中用的门帘、竹水、炕围、枕顶、被罩、床罩等均是刺绣所作。所绣图样多是花鸟虫鱼、龙、凤、狮、虎，间有人物图像，针工细腻、清晰、色彩鲜艳、受看。

3. 洛川毛绣

洛川毛绣是利用出产羊毛和麻织品的优势，吸收民间剪纸和刺绣的方法，先把各种画形，描在毛织和麻织物上，然后用彩色鲜艳的细线勾勒织编成壁挂和屏风，其所勾画的图形有人物、花鸟虫鱼、龙、虎等，毛绣显得古朴、粗犷、大方。

（六）蓝田玉枕、玉器

西安蓝田，古往今来号称“玉乡”，所产玉石，苍翠碧绿，晶莹透艳，尤以产“水苍玉”驰名中外，蓝田玉枕、玉器就是其中珍品、佳品之一。玉枕，多为长方砖形、板形、兽形或凹面形，民间视为防暑、健身佳品。所制作的其他玉盒、玉砚、玉酒杯、玉珮、玉镯、玉玺等多达百类数千个品种。

四、民间文学

（一）神话

民间文学中的神话，反映史前人类对世界起源、自然现象以及社会生活的原始理解和思想感情、人际关系、社会风貌的观念，特别是没有发明文字以前，它是劳动人民的主要精神产品。在关中的民间神话中有《盘古开天辟地》，述说“天地混沌如鸡子，盘古生其中。万八千岁，天地开辟，阳清为天，阴浊为地”“首生盘古，垂死化身，气成风云，声为雷霆”，左眼为日，右眼为月，四肢五体为四极五岳。《女娲炼石补天》《女娲抟黄土作人》《女娲兄妹成婚》以及《骊山的由来》《禹凿龙门》《大禹治水》《轩辕黄帝赶蚩尤》《黄帝桥山升天》《后羿射十日》《嫦娥奔月》《精卫填海》《神农尝百草》《后稷教民稼穑》等。

（二）传说

1. 历史人物传说

关中对在此生活，或未生活过但对历史有影响的人物，都有各种传说。如：姜子牙、周文王、周武王、司马迁、汉武帝、曹操、诸葛亮、刘备、孙思邈、黄巢、赵匡胤、包文拯、李自成等。如彬州市的《刘邦斩蛇》，叙述刘邦发迹前是个转货郎担的。一天，看见三个娃娃赶一条长蛇，等他赶到，蛇已被娃娃打死，但用身子蜷护着一颗蛇蛋。刘邦救出蛇蛋，放在箱子里保护，后来蛇蛋孕出一条小蛇，数月之后，成了碗口粗的大蛇，刘邦把它放到树林里求生去了。等刘邦造反时，人马被一个山口的黄风沙石刮走。后来打听，始知是大蛇口吐毒火作祟。万不得已，刘邦才约蛇到平地比武，蛇如约到平地，猛见刘邦是他的恩人，还未回思就被刘邦腰斩三截。可刘邦这一斩，斩出事故来，到汉平帝时，王莽就是蛇头托生的。因为刘邦曾约蛇到“平地”比武，人家就到平帝时把江山夺了。

2. 名山传说

如华阴郭守义整理的《华山仙掌》，远古时代，王母娘娘举办蟠桃会，吃饱喝足的孙大圣，走到老寿星跟前把他头顶一摸，老寿星不留心，把药葫芦里的半盏玉浆淹下天庭，竟造成人间洪水。鲧治水不成，舜杀了鲧又命禹治水。这时，玉帝大惊，立即传令曾参加过颛顼、共工在不周山下大战时，立过奇功的巨灵神。巨灵神下山，跨过山岭，走到华山危崖跟前，一脚踩上西峰，迅速跨过三峰，一缩身挤入两山之间。只见他，左手托着华山石壁，右脚蹬着首阳的山根，使尽全身力气，如迅雷劈空，顿时天昏地暗，巨石凌空，抛向九天。抬头看，华山已被推进秦岭之中，回首望首阳，已在波头之北。巨灵神大笑一声去了，可他的手印和足迹，却留在华山之上，成为山河奇景。

3. 江河传说

如《老白龙与曲江池》《灞河与石梁桥的来历》等。还有泾阳、高陵区搜集的《魏徵斩泾河老龙王》的传说，唐时，泾河无水，干旱成灾，魏徵扮老农在今陕、甘、宁一带出访时，和一龙王变成的青年打赌。魏徵说三日之后有和风细雨，让农夫备好种子。青年故意作对，改了玉帝圣旨，下了一场狂风暴雨。玉帝查明，知其违旨，神往传知魏徵亲斩龙王。唐王也因此得梦，梦见龙王求救，就设计和魏徵对棋，岂知魏徵下棋身困，趁片刻休息之时，已梦斩泾河龙王。从此，泾河所留龙王后代，执掌水职不敢松怠。

4. 寺庙传说

如彬州市有一则《小佛见大佛》的传说，甘肃泾川有个丈八佛，听说彬州市有个大佛身高入云，内心很是不服，就想赶去和他比个高低。谁知赶到大佛跟前一看，自己身高还没有大佛手指长，羞得坐立不安，只得站着陪立，大佛让他坐下，他表示愿当侍从，从不打坐。从此，彬州市大佛旁总是站着一个丈八佛，直到现在。

5. 宫殿传说

如《阿房宫的传说》、汉《长乐宫》《建章宫》、唐《大明宫》《兴庆宫》《华清宫》等都有传说故事。《兴庆宫的传说》讲的是唐时，西安城南五里，一个隆庆坊南边，有个民户，家有一井，武则天时，井水四溢横流，积成十几个水池，武则天即颁旨，称其为“隆庆池”，每年常在“隆庆池”中观云气，常见黄龙出其中，随之令民众修渠灌溉以分水势，而皇家子弟常年在池上游船取乐，修“隆庆宫”庆贺。后李隆基登位，避其名讳，才改为“兴庆宫”。

6. 陵墓传说

关中帝王陵墓较多，述说陵墓的传说风习遍及城乡僻壤。有一则《黄帝升天》的传说，黄帝本是天帝派往人间的神主，他生于山东寿丘，逝于河南荆山。他一生经过 52 次大战，战胜了蚩尤八十一弟兄，统一了中华，发明了指南车和文字，制定了乐律和干支纪年。有一次，他叫宫人用铜在荆山下铸一只大鼎，说天龙下界要迎他上天。一天，黄帝跨上龙背，还有 70 多个臣子、宫女也随他爬上龙背，他才冉冉升天。从此，在桥山这个地方留下了他的衣冠冢。

（三）故事

民间故事是民间文学特别是民俗中的稀世珍宝。关中农村流传的口语“说古经”，即上辈老人或经事人给后辈讲前朝事、上代发生的故事。根据新中国成立后各地收集整理的民间故事，以粗略的数字计算，每县都在2万件（篇）以上，可以归纳为以下几类。

1. 机智人物故事

如兴平的“杨双山”、彬州的“席尚彬”、蓝田县“牛才子”（牛兆濂，关中理学大师）、乾县的“郭神通”、高陵的“教学先生”等。在这些机智人物故事中，蓝田县的《牛才子巧对军阀》故事，出现在陈忠实的《白鹿原》小说及电视剧中。说的是民国时，蓝田出了个牛才子，他对军阀割据、混战痛心疾首、疾恶如仇，多位省府长官让他出山为宦，他都婉言谢绝。1926年，军阀刘镇华企图坐镇中原，扼杀杨虎城、李虎臣势力，围困西安城长达数月，在坚壁清野、里外夹攻无计可施的情况下，有人出主意，让他专程拜牛才子出山，帮他出智谋取胜。待他备礼亲赴牛才子寒舍时，只见门首写有一副对联：“三间茅屋半藏农具半藏书，五亩薄地又务田禾又栽桑”，其额为“洞察风云”。刘镇华一看，只觉好笑，料他不过一个老土，便抬手打门。这时，从牛才子家窜出一条黄狗，直咬得刘镇华躲避不及，走也不是，进也不是。待牛才子出来引进，刘镇华才端坐问计。牛才子略示暗言，取笑说：督军，不才出不了山；今日之事，应了前几天卜卦。督军连一个家犬都无法制服，焉能制服二虎（指杨、李），我万万去不得！任他一再讨策，牛才子闭口不言。一介武夫，灰溜溜离开了村舍。

2. 动植物故事

在动物中，关中民间可以绘声绘色地讲述：“十二属相是怎样来的？”“猫和狗为什么不和？”“飞龙传世”“蛟龙治水”“猴子为什么是红屁股？”“狗断奇案”“狸猫救太子”“白马告状”“麒麟送子”“乌龟报恩”“鳳黄算割”“翠鸟的传说”“桑树为什么裂皮？”“椿树为什么有牌？”“白杨树为什么叶子像拍手”“人为什么会吃麦？”“寒露和荞麦的故事”“一枝谷的故事”“羊和五谷”“冬虫夏草故事”“黄花菜的故事”等。《寒露和荞麦的故事》，有个姑娘叫荞麦，但丈夫却是一个二傻子。一天，傻子把马拉到集上去卖，回来却是空手。荞麦问钱，二傻子说：“不给钱。”问姓啥？说是“姓西北风”；问叫啥？说是“大路通北京”；问家住哪里？说是“他家住在半空中，屋前有面大镜子，屋后有个大窟窿，屋左叮哨响，屋右响叮哨。”荞麦听后说：你明日去要钱，看谁家屋前有个大涝池，屋后面有口大井，屋左有个铁匠炉子，屋右也有个铁匠炉子，往里是楼房，你就到他门上叫“寒露”，他就是买马的人。二傻子第二天按荞麦所说，也真的叫出来“寒露”，钱也要到了，但寒露问是谁说的，二傻子只得说是荞麦媳妇。寒露付钱以后，又回到家里，给马身上搭了个口袋，一边装了一朵花，一边装了一堆牛屎。到家里以后，荞麦一见，卸下双鞍，叫二傻子把马送给寒露。丈夫走后，她感到受了羞辱，便跳井死了。人们在打捞荞麦时，井水猛然变成了红色，而且还向外溢流。这水淌到地里，便长出了一种作物，人们都叫“荞麦”。每年，为了不让寒露再害荞麦，就在寒露来临之前，人们总把荞麦收回来，放在家里。

3. 幻想故事

幻想故事较有名的有旬邑的《雨水姐姐》（玉皇大帝把龙女许配给一个善良的小伙）、《七女和蛇郎》（大女儿害死其他六女，想独霸一切，最后被蛇郎吃掉）、《张燕和叶凤》《神鸟治病》（地主虐待长工常宝，神鸟救了命，后来，皇上出榜文求治病，地主骗去神鸟，和门官、宰相、财主勾结一起干坏事，后神鸟破计，皇上识别真假，鞭死地主）；乾县的《桃姑嫁郎》（穷苦青年娶桃姑所变女子为妻，被当地恶霸抢占，最后被桃姑报仇）；兴平市的《七仙女下凡》（董永的故事）、《丁楼和小金蟒》；淳化县的《蛤蟆娃》《金蟾壳》《宝石槽》；礼泉县的《蟒儿的故事》（一老妪生三儿，三儿为蟒，临死蟒儿送葬、看墓地的故事）、《金童女》《聚宝盆》《金娃和银人》；三原县的《王二砍柴》《圆心镜》《十兄弟》《西天问佛》；泾阳县的《石头人》《宝帽子》；永寿县的《锄头与点金针》等。

4. 鬼狐精怪故事

如淳化县的《猴女婿》，高陵区的《张道李胡子》《鬼媳妇》，永寿县的《鬼朋友》，旬邑县的《蝎子精》《阎王受贿》、千阳县的《神笛》、扶风县的《石人》、合阳县的《七寸蛇为啥见人就溜？》、乾县的《石牛》《牛和蝎子》、临潼区的《鸣犊泉》等。永寿县的《鬼朋友》说的是：从前有个教书先生，住在一个破庙里。破庙里常闹鬼，没人敢住，唯独这个先生不怕。有一天晚上，果然来了一个鬼，和先生同吃、同住，到鸡啼黎明前就走了。后来先生问他身世，鬼才说他原来是一个长工，因欠债被地主掀到河里淹死的。慢慢地，先生和鬼做了朋友。一天，鬼说明日他要走了，有个小伙过河，他要拉他入水当“替死鬼”；结果，晚上鬼又返回，问其原因，鬼说他见小伙给他妈买药治病，一人死要害及两个人，心里不忍；又一次，鬼说有个小孩过河当他的“替身”。结果，鬼又返回，问其原因，鬼说，小孩掉河，他母亲下水救，驴也掉进河里，他不忍心害三条命；又一次，鬼说明日有个替身，就是害死他的那个财主，这天讨账回来，骑马过河。这次鬼成功了，财主连人带马掉进河里淹死，算是除了当地一害。

5. 生活故事

关中民间的生活故事，范围广，类别多，大凡人民生活中的衣食住行、玩乐嬉戏、婚丧嫁娶都属此类。如长工与地主，工匠，巧女，恶婆婆、恶夫妇，继母继子，孝敬老人，公益义行、勤学、交友、学艺、投师，处世道德，农事生产、诉讼等。彬州市搜集的一则故事《粗泥碗和细泥碗》，有一家人，老大给老二娶了媳妇，老大总觉得老二媳妇秀气、苗条，自己的媳妇又丑又矮，每天胡思乱想，心也邪了，茶饭不想吃。一天，老大从外边回来，媳妇故意先倒了一粗泥碗开水让他喝，又倒了一细泥碗开水放在桌子上，要他尝哪个碗里水香。老大喝了粗泥碗的水，把细泥碗看了又看，心里想还是细泥碗水香。心里想着，就端起细泥碗的水喝了一口。仔细一品味，两个碗里水味道一样嘛！媳妇这才说话了：“人跟人一样，俊和丑只是外皮，只要心好就对了。”老大这才开了窍，再看看自己媳妇，也感到不丑了。

6. 寓言

有兴平市的《小伯乐识马》，伯乐善识千里马，人间传为佳话。但识马秘诀从不传外人，只传给他的儿子。伯乐儿子得了识马术，便自命不凡，盛气凌人，独自一人四处去寻千里马，他死记着父训：嘴巴宽宽扁扁的，鼻孔是圆圆的，眼睛睁得突突的，蹄爪是大大的，肚子是鼓鼓的。有一天，池边草丛里蹲着一只大蛤蟆，小伯乐东看西看，觉得和千里马非常相似，如获至宝，就把它装进衣兜里。小伯乐急忙跑回家，大声喊叫四邻来看千里马，众人一见哈哈大笑说："这是货真价实的癞蛤蟆！"

7. 笑话

如乾县搜集到的一则笑话《找板凳腿》，一家人的一条板凳腿坏了，父亲让儿子出村去砍树股叉安腿。儿子拿着斧头，走遍树林后又折身回来，父亲问他砍的树股叉在哪里？儿子说："走遍树林，树上没有一根能用的树股叉。"父亲大骂："哪个树上没有股叉？"儿子说："有是有，可树股叉都朝上，没有一根朝下的！"

（四）歌谣

关中流行的歌谣有劳动歌谣、时政歌谣、仪式歌谣、情歌、生活歌谣、历史传统歌谣、儿歌童谣，以及不入流的杂歌谣等。劳动歌谣、生活歌谣在这些歌谣中占量最大最多。如高陵区《水渠修上白蟒原》：水渠修成，牛哄哄呀，上了坡呀，牛哄哄呀！ 夯挨夯呀，牛哄哄呀，小心脚呀，牛哄哄呀！ 救命水呀，牛哄哄呀，暖心窝呀，牛哄哄呀！

（五）谚语

关中谚语，虽有其地域特点，如农谚、天象、生活、婚姻等，但在时政、商谚、林谚、渔谚、人文关系、处世哲学等方面的谚语，和全国许多地方有共同之处。如陇县谚语"人比人活不成，驴比骡子驮不成""打墙容易安板难"；永寿县"班子涣散没人跟，班子齐心领千军"等。

（六）谜语

谜语在关中民间文艺风俗中有悠久的历史传统。从古至今，流行谜语的风俗，不仅在城市、官府，而且普及穷乡僻壤，形成家喻户晓的民间文艺活动。不论婚嫁寿诞，喜庆节日，凡有猜谜、谜拳行令、灯谜、诗谜、婚谜之处，就有男女老少竞相上场，献奇斗智。在关中谜语风俗中，大体可以分为以下几类：

一是物谜：描述各类物件特征，不露彻底。如：三页瓦，盖个庙，里头坐个白老道。谜底：荞麦。一个白大姐，放到案上切，又没骨头又没血。谜底：豆腐。

二是事谜：描绘事物轮廓或特点，不露实底。如：装进袋里放进箱，箱内取出又重装，心里话儿随着飞，万里传情情意长。谜底：送信。又如："会吃没有嘴，会走没有腿，过河不见水，胜败没有准"。谜底：下棋。

三是人物名谜：从各种特点描绘人物等，但不露谜底。如"新华社山东电"——（打一人名）。谜底：鲁迅。太昊下笔我为先，古树作证会人言，岁岁月月无骚乱，长生不老万万年——（打陕西四县名）。谜底：乾县、神木、长安、永寿。

四是字谜：以汉字或外文或数字等制谜。如：一家有五口，全在监里头——（打一字），谜底：圄。二三四五，六七八九——（打四字）。谜底：缺一（衣）少十（食）。

五是诗谜：以诗求谜底。如：慈母手中线，游子身上衣，临行密密缝，意恐迟迟归——

（打一影片名）。谜底：《可怜天下父母心》。

六是歇后语体谜：这类谜最普遍，耐人寻味。如：涝池长草——荒塘（唐）；墙上挂草帽——不像画（话）等。

第二节　民俗民风

一方水土养一方人，也形成一方人的性格特质。“蓝田中国猿人”使我们得以略知远古人类当时在渭河流域关中地区的生活环境及其生活习俗。西安半坡遗址说明当时的人群已学会了人工养殖，畜牧、农耕已有很大发展；在衣着上，除冬穿皮衣外，夏天已有麻布衣服，婚丧习俗已跨出野蛮期而进入了文明期。姜寨遗址出土陶盆上发现的蛙陶纹形象，作为黄河流域“四大图腾”之一，揭示出了骊山女娲风俗蛙图腾崇拜的社会历史渊源。岐山周原文化遗址清理出的早期农业社会“四合院”遗址，为关中以至各地“四合院”民居找到了它们的源头。凤翔秦公大墓与临潼秦始皇帝陵陪葬坑，还原出了秦墓型制、葬礼、葬仪及陶工等工匠、刑徒、役夫的生产生活习俗与葬俗等。从考古的大量实物佐证看， 在社会历史发展中，战国、秦、汉渴求生存、发展的进取精神、斗争精神、毅力和智慧对关中民俗文化影响巨大。关中农业，自“炎帝神农，耒耜是教”和周先祖后稷“始播百谷以烝民”起，历经周、秦、汉、唐，一直十分发达。特别是水利不断发展，使关中成为“八百里米粮川”，关中地区除秦修郑国渠、汉修白渠（1930 年后改筑为泾惠渠）、1950 年建成洛惠渠外，又普遍凿井以利灌溉，为人民群众所津津乐道，代代相传。关中地区有一个颂扬水车的谜语，谜面的文字是：曹操独坐中原，身披八卦衣衫，领兵千千万万！其中，首句指水车正中顶端的立轴，中句指嵌在立轴上的平轮及其辐网，末句指在立轮轴上成串车水的五六十个木制铁耳水桶。群众把长期实践的生产工具及其习俗拟人化地融入这一谜语中，广泛流传。中国当代著名作家、陕西人贾平凹先生，对关中风情有精辟的概括：“八百里秦川尘土飞扬，三千万儿女齐吼秦腔。捞一碗髯面喜气洋洋，不放辣椒嘟嘟囔囔。”

一、关中八大怪

（一）板凳不坐蹲起来

关中人把蹲叫圪蹴，历史可以追溯到遥远的春秋时期。关中人喜欢蹲是从古文的“坐”演变而来。古人“坐”的本意就是跪，将膝盖并直端坐于席上，屁股的重量全压在双脚后跟上。而关中地区的“蹲”基本保持了“坐”的本意，只是姿势稍有改变，膝盖不着地了，大腿压在小腿肚子上，就变成为蹲姿，于是乎想蹲就蹲，此风尚也就世袭了下来。“蹲景”成为关中地区特别是农村最有名的亮点。有的人蹲半天腿不酸腰不痛，实属一种硬功夫，只有长年累月的历练，才能长蹲而心静气闲，不累不乏。现今“蹲”的人已经很少了，但偶尔会在西安、咸阳等站牌前看见部分“蹲”下来等车的关中人。

（二）房子半边盖

传统的关中院落进门有一道叫照壁的墙，最里面是三间正房，又叫上房。里面住着主人和老人，结构都是中间是厅房、两边是卧室。一般都是“人”字形结构。一个院落除了上房还有偏房，在关中叫厦子房，房子的结构是“人”字的一半，就是半边盖“怪”房子。厦子房是利用黄土垒起三面土墙，朝院子一面留门窗，房顶只需少量的大木头做檩、梁，对做椽子小木头要求也低，三面土墙中还有一面利用了围墙，这样就既节省院落的空间，又能节约大量的木材，符合关中少木多土的实际。同时这种房檐水都滴进自家院落，可以解决家庭日常用水的问题，有肥水不外流之意，也符合关中缺水的实际。

“房子半边盖”是关中一大景观，也是民生低下的产物，这种房子光线充足，就是通风不畅。随着经济的发展、建筑材料的革新，这种半边盖的房子越来越少了。

（三）姑娘不对外

八百里秦川自古都是自给自足的宝地，风调雨顺，物产丰富，缺灾少害。所以，民殷实而安于现状，不思外出谋生。在关中地区，“金窝银窝不如自己的草窝”的观念长期占据主导地位，关中姑娘生于此，当然不愿意远嫁他乡了。何况从地理位置讲，四边没有匹敌帝王州的地方。东面出潼关就要过黄河，那边的中原虽然好，但过去是三年一小灾，十年一大灾。河南人都挑担子往关中逃荒，这样的地方能嫁吗？所以关中流传着“少不过潼关”的谚语；往西就是阳关了，西出阳关自古都是苦寒之地，前面有了王昭君哀怨千年的琵琶声咽，后面哪个瓜女子（傻姑娘，陕西地方语言）会自虐做牧羊人的老婆？南面是横亘八百里的大山秦岭，历史上交通不便，饮食习惯迥异，不逃避战祸谁愿意进山啊？北面更是沟大壑深山秃水缺的陕北。既然四周都不能去，当然嫁个关中郎好，外面的男人免谈。更何况“两亩地一头牛，老婆孩子热炕头”是关中男人的写照，它的正面意思是关中男人恋家恋婆娘。既然关中男人还不错，那么，这里的姑娘自然爱嫁当地郎了。

（四）帕帕头上戴

关中北有黄土高原，南有黄土台塬，中有厚土覆盖，在农业社会风刮尘扬，烈日毒辣，妇女们出门干活串户顶块自制的手帕就发挥出大作用，年轻的妇女把手帕戴出许多花样来，成为风情和装饰。

（五）面条像裤带

关中独特的地理构造和自然环境使得关中地区成为一个以面食为主的地区。面条像裤带，说的是那面条的宽度和长度，在关中地区的面馆，一碗面只有一根面条，但若要让个弱女子把这根面条吃完，那也是难事。关中的男人娶媳妇，大多都是要看这女人的擀面手艺了。

（六）锅盔像锅盖

锅盔是一种用慢火烙的大饼，形状大如锅盖。做锅盔，面要和得很硬，用手是揉不动的，人要骑在杠子上压揉，然后放在大锅里，下面用小火慢慢烤制。这样的锅盔外焦里酥，清香可口，边薄中厚，表面鼓起，馍瓤干酥，层次分明，形似一朵大菊花，色香味俱佳。锅盔很大，大得像锅盖一样，所以叫作锅盔像锅盖。当然它也很厚，吃的时候要张着大嘴，那自然也要瞪着眼睛，所以这种锅盔又叫“瞪眼锅盔”。这里有两个传说：一说当年秦赵交战，白起领 40 万大军赴赵，在战斗激烈时，来不及给这么多士兵做饭，士兵们就用自带的面粉用水和了，弄成饼状，放在那头盔里用火烙，做好后皮黄里香，而且持久耐放，随即传了开来。等打了胜仗回去后，兵士就让妇人照着做，但没有头盔，就在自家的锅里烙了，就有了锅盔这个名字，也就有了锅盔这个面食的花样了。二说：相传唐代修乾陵时，因服役的军人工匠人数过多，往往为吃饭而耽误施工进度，受到惩罚。于是，有一士兵在焦急之中便把面团放进头盔里，把头盔放到火中去烤而烙成饼。

（七）油泼辣子一道菜

秦椒是很有名的，不但辣味十足，且具有独特的香味。关中人对于辣子情有独钟，爱吃，而且和别的地方吃法不同，不吃干辣子面，而是油泼。油泼辣子做法很简单，也很有意思，同样的辣子面，可家家的味道不同。常见的做法是辣子罐里的辣子面不能放满，六成即可，放点盐、胡椒或者别的，用原汁的菜籽油烫出来的味道最好，油温很有讲究，高了，辣子面会焦的，烫出来的味道就会发苦；低了，就没有辣子的香味，却是生油味。油温控制在八九成热，边倒边搅，直至油把辣子面埋没了就行了，这时候独特的香味会四处飘散，满街都能闻见。

（八）秦腔不唱吼起来

这里的唱指的是秦腔表演。其实秦腔也不是真吼起来的，只不过演员表演起来确实很卖力气，开玩笑说是“叫破天”。夏天的时候，西安城墙周围会有很多自发的群众团体在那里唱秦腔，确实不需要扩音器之类的东西，老远就能听到，这种唱腔也许和关中人的语言特征有关，憨厚、耿直、高调。

二、关中人习尚豪气“犟劲”

《朱子诗集传》所说：“秦之俗，大抵尚气概，先勇力，忘生轻死。然本其初，岐丰之地，文王用之以兴。‘二南’之化，如彼其忠且厚也。秦人用之，未几而一变其俗，则悍然有招八州而朝同列之气矣！”这里所说的“招八州而朝同列之气”，就是先秦生气勃勃的进取精神所显现出来的豪气、犟劲和进取精神的先导。《史记》记述说：“孝公用商鞅之法，移风易俗”，“行之十年，秦民大说（悦），道不拾遗，山无盗贼，家给人足。民勇于公战，怯于私斗”，才得以使“秦振和策而御宇内”！ 宋代理学家朱熹在《朱子诗集传》上分析这一性格产生的原因说：“何哉？雍州土厚水深，其民厚重质直，无郑卫骄惰、浮靡之习。以善导之，则易于兴起，而笃于仁义；以勇驱之，则其强毅果敢之资，亦足以强兵力农而成富强之业，非山东诸国所及也。”这就是秦俗所赖以产生的人文基础。而“厚重质直”与“强毅果敢”则是三秦子弟的天然禀赋、气质、资性的两个侧面，其中“强毅果敢”则是焕发生气勃勃的进取精神、豪气、犟劲的气质、资性源泉。这使关中人形成了不断探索、志在必得、不达目的决不罢休的进取精神和犟劲。这才有郑国渠修了10年，其志不移，终获成功；霍去病“匈奴不灭、何以为家”；有“渴饮雪，饥吞毡”至死“节不辱”的杜陵（今西安东南）人苏武；“郭子仪单骑说回纥”，眉县人张载“为天地立心，为生民立命，为往圣继绝学，为万世开太平”；“二虎守长安”；“西安事变”，大碗喝酒不要赖，等等。无不将这一性格表现得淋漓尽致。至今，关中人的这一性格没有变化，人们将其概括为“生、冷、硬、倔”。

三、关中方言

关中方言属北方方言西北方言区。它和普通话比较，语法结构和大部分字音基本相同，腔调多有变异，发音较普通话咬字重、声短促、调低沉。

（1）关中方言词汇中保存不少古语，如吃饭为“咥”，差一点儿为“玄乎”，说话叫“言传”，合适叫“谄”，抽时间为“刁空”，春节文娱活动为“社火”，衣服为“衣裳”等。

（2）关中方言词汇中有不少特殊词汇。如叫虹为“虹”（jiàng），冰雹为“冷子”，太阳叫“日头”，天旱为“天干”，今日为“今个”，后天为“后日”，一段时间为“一向”，一会儿为“一时时”，叫公猪为“伢猪”，母猪为“草猪”，蝈蝈叫“蚂蚱”，蟋蟀叫“蛐蛐”，蚯蚓叫“曲伸”。喜鹊叫“鸦鹊”，麻雀叫“搜子”，玉米叫“苞谷”，红薯叫“红苕”，厕所叫“茅子”，宅基地叫“庄子”，热水瓶叫“电壶”，剩饭叫“烫饭”，煎饼叫“薄饼子”，馒头叫“蒸馍”，花卷叫“油旋馍”，吃早点叫“打点”，吃零食叫“吃零碎”，吃晚饭叫“喝汤”，游玩叫“逛”，在近门之户间游叫“串门子”，也称“游门子”，乘凉叫“歇凉”，大小便叫“解手”，说闲话叫“谝闲传”，收拾叫“拾掇”，追赶叫“撵”，故意和人争执叫“抬杠”，指示较远的处所为“哪达”，指示较近的处所为“乌达”，这里为“这达”，上面为“上头”，下面为“底下”，里面为“里首”，外面为“外头”，怎么样为“怎个向”，差一点儿为“争点点”，难对付为“难缠”，不讲情理为“麻眼”，有问题为“麻达”，骗人为“哄人”，低下为“低耷”，有意作弄别人为“失弄”，好为“嘹”“嘹的太”“嘹扎啦”，实在为“瓷实”，聪明为“灵醒”。

（3）在称谓方面，称丈夫为男人、掌柜的，称妻子为女人、屋里人，农民为乡里人，伯父为伯，伯母为老妈，叔父为叔，也称大大，后辈为后人，祖先为先人，夫妻俩为两口子，坐不住的人为尻子尖，什么也不怕的人为愣娃、二杆子，脑子不健全的人为不构成、瓜娃，小偷为贼娃子、绺娃子，调皮鬼为拐蛋，无志气、没本事的人为囊鬼，做事不踏实的人为溜光锤，不讲道理的人为麻糜子，输理者为丢子笋。关中人忌讳说人不构成、二杆子、楞、灰锤、爬灰等。

（4）关中谚语、俗语很多，实在有特色，如：蒸馍省，烙馍费，撕疙瘩擀面卖了地。媳妇好与瞎，一半看婆家。树长天高，叶落归根。雪怕太阳草怕霜，过日子怕得瞎铺张。宁伸扶人手，不张陷人口。不怕人老，就怕心老。不懂装懂，永世饭桶。活着孝顺吃一口，胜过死后献一斗。会说话的想着说，不会说话的抢着说。越吃越馋，越坐越懒。早起早睡，精神百倍。喝开水，吃熟菜，不拉肚子不受害。冬吃萝卜夏吃姜，不劳医师开药方。结婚太早，悔恨到老。只顾眼前，日后作难，精打细算，钱粮不断。还有一些颇有地方特色的歇后语，如：背着儿媳妇朝华山——出力不讨好；麦秆吹火——小气；蒸馍打狗——有去无回；南院内的叫花子——嘴头高；帽根梢上拴辣子——要红人。

四、禁忌

（一）在农业生产上

在农业生产上普遍忌讳他人在自己的农田中测产。打麦时，斗、簸箕口不得朝天，忌讳女性入场。在打麦场上估计产量时，只能多说，不可少说。俗信谷神是盲人，全凭耳朵听，估产低他就会按低产量给。忌讳在打麦场上用小笤帚扫粮食，以免产量减少。铜川在场上的麦子没碾完时，忌讳在碌碡上坐，尤其忌讳妇女坐。打麦结束时，忌说麦子“完了”。另外，民间经常根据气象占卜农事丰歉，形成了许多禁忌。例如，正月初一宜晴忌雨忌风，俗谚云：“正月初一晴，百事成”（铜川），“元旦风雨，米贵蚕儿稀”（渭南），“大年初一发南风，屋檐脚下爬虾蚣”（渭南），也就是会发生涝灾。正月、二月忌响雷，认为听见雷声会发生灾荒饿死人，俗谚云：“正月响雷坟堆堆，二月响雷灰堆堆，三月响雷麦堆堆”（渭南）。正月忌暖，二月忌寒，三月忌霜，四月忌阴，俗谚云：“不怕正月冷，单怕二月寒”（渭南），“二月天冻，麦子受症”（渭南）。三月忌落雪，谚云：“三月桃花雪，水果定短缺。”（渭南）。四月、九月忌夜雨，谚云：“四月里，夜雨烂青草；九月里，夜雨遭年馑”（渭南）。四月忌风，五月忌雨，谚云：“四月不要风，五月不要雨”（渭南）。但忌五月二十六日无雨，谚云：“秋收不秋收，全看五月二十六；五月二十六滴一点，陈炉镇窑上买大碗”（铜川）。这首俗谚在其他地方也流行，其中“陈炉镇窑上”或作“耀州城里”“澄县窑上”等。五月、六月忌南风，认为会发生水灾与旱灾，谚云：“五月南风涨大水，六月南风地遭干。”忌九月听见雷声，谚云：“九月雷声发，倒旱一百八”（铜川），认为将有半年无雨。十月忌无霜，忌月初阴，谚云：“十月宜下霜，没霜来年荒。十月初头阴，柴炭贵如金。”忌腊月、正月都为大月，谚云：“两头大，饿死娃；两头小，吃不了”（铜川）。除夕忌阴，谚云：“除夕星斗多，来年棉花笑呵呵；除夕星斗少，来年棉花不会好”（渭南）。又例如，忌立春有雨，谚云：“立春一日雨，早秋禾苗死”（渭南）。忌年初、年底各有一个立春，谚云：“一年两头春，棉花贵似金”（渭南）。惊蛰忌冷，忌刮风，谚云：“惊蛰冷，百物假；惊蛰宁（不刮风），百物成”（渭南）。清明、谷雨忌霜，谚云：“谷雨若下霜，扫麦一把糠”（渭南）。立夏日忌无雨，谚云：“立夏不下，犁耙高挂”（铜川），是说会发生旱灾。立秋、白露忌雨，谚云：“白露路不白（指下雨），庄稼地里霉”（渭南），“棉怕白露连阴天”（华县）。寒露忌冷，谚云：“不怕霜降霜，单怕寒露寒”（华县）。冬至忌晴，谚云：“冬至天气晴，来年果不成”（渭南）。

（二）在饲养业上

在饲养业上忌养“一枝花”，即尾巴上有旋的猪；忌养“五爪龙”，就是蹄有五趾的畸形猪；忌养“戴孝猪”，就是白头黑身的猪；忌养“倒福”猪，即全身毛倒伏的猪。据说养这几类猪，都不吉利，会使主人倒运。忌养嘴细颈长的猪，谚云：“嘴细颈长，到老不胖；嘴粗腰圆，当年出圈”（渭南）。忌养嘴巴过长的猪，认为只吃不长；忌养嘴巴太短的猪，认为会拱坏猪圈。铜川市一些乡镇张、王、李、赵四姓腊月猪不出圈。卖猪时，要带回牵猪绳，以免把自己的“运气”带走，使自己从此再也不能靠卖猪发财。忌讳亲自把猪送到买主家，否则会被别人讥笑为“送女出嫁”。宰猪时，讲究一刀杀死，忌讳补刀。铜川忌养一生下就有 6 个牙的牛，忌买有 7 个牙的牛，认为养了和买了不吉利。忌买腰长肋巴稀的耕牛，谚云：“前峰高一掌，犁田如水响；腰长肋巴稀，定是懒东西”（渭南）。忌买耳朵前后错开摇摆的牲口，谚云：“耳朵插花，不聋便瞎”（渭南）。养牲口时，忌牛圈有水马圈漏，谚云：“牛怕圈里水，马怕满天星”（渭南）。役使牲口时，忌打冷鞭。正月二十日，禁耕一天，这一天再忙也不能使用牲口，更不能借给别人。旧时，民间反对宰杀耕牛。因为耕牛是耕作的重要工具，杀耕牛会影响农业生产。另外还觉得耕牛对人有功，杀耕牛是“昧良心”的事。民间相信杀耕牛的人来世会转生为牛。清代《豳风广义》一书，记载了当时关中养蚕业的忌讳：“蚕室一切禁忌开列于后：蚕属气化，香能散气，臭能结气，故蚕闻香气则腐烂，闻臭气则结缩。凡一切麝、檀、零陵等诸物，并一切葱、韭、薤、蒜、阿魏等臭物，并有气臭之物，皆不可入蚕室。忌西南风；忌灯火纸燃于室内；忌吹灭油烟之气；忌敲击门窗、箔槌及有声之物；忌夜间灯火射入蚕室气孔；忌酒醋入室并带入酒人；忌煎炒油肉；忌正热忽着猛风暴寒；忌侧近舂捣；忌蚕室内哭泣叫唤；忌秽语淫辞；忌正寒骤用大火；忌放刀于箔上；忌不洁人入蚕室；忌水泼火；忌烧皮毛诸骨臭物；忌当日迎风窗；忌一切腥臭之气；忌烧石灰之气；忌烧硫黄之气；忌仓促开门；忌高抛远掷；忌湿水叶；忌饲冷露湿叶及干叶；忌沙燠不除。以上诸忌，须慎之，否则蚕不安箔，多游走而死。”

（三）栽树

关中地区在庭院内外栽植树木时，主张前不栽桑，后不栽柳，当院不栽鬼拍手。桑，音同“丧”，门口有“丧”不吉利，故不能栽。柳，音同“绺”，栽柳会招贼绺窃。另外，孝子手持的哭丧棒是柳木制的，栽柳不吉利。“鬼拍手”指杨树，风吹杨叶如鬼拍手，栽之会引来鬼魅，招致灾祸。另外，院内还忌栽柏树和皂角树。柏树是在坟墓周围栽的，因而民居忌栽。皂角荚模样像刀，不吉利，故不能栽等。

第三节　特色小吃

一、秦食文化的形成与发展

关中餐饮和饮食文化借历史与古都优势，有周、秦、汉、唐等10多个王朝遗风，兼收各民族珍馐风味，集内外之荟萃，挖掘继承历代宫廷之技艺，以品种繁多、花色奇异、民族特色浓厚、地方风味各异、古色古香古韵而著称。另外，关中平原是钙质黄土，兼之气候的作用，生长的小麦相对受土时间长，故而原粮的出粉率高，而且箸道白皙、易揉易和。关中的饮用水多取自冲积扇上的深井泉水或南北山河水，水质清冽纯净。先天的优势，为关中面粉能捏弄出种种好的吃食提供了基础条件，使面食成为关中人自古迄今的传统主食。这两方面相互作用，在关中形成了极富特色的“秦食文化”。

盛唐，物阜年丰，丝绸之路畅通。长安商贾云集，八方荟萃。饭店、酒肆林立，汉、番共处，食具百味。在繁荣的饮食市场，胡风烹调，胡姬市酒，也颇增风采，蔚为民俗大观。李白《少年行》抒写当时情况说：“五陵年少金市东，银鞍白马度春风。落花踏尽游何处？笑入胡姬酒肆中。”当时，胡姬学习用面粉做有本民族特点的胡饼，也闻名全国。白居易在《寄胡饼与杨万州》有：“胡麻饼样学京都，面脆油香新出炉。寄与饥馋杨大使，尝看得似辅兴无” 一诗。诗中的“胡麻饼”就是我们今天吃的芝麻烧饼。

具有代表性的“秦食文化”菜谱主要由衙门菜、商贾菜、市肆菜、民间菜和清真菜等组成。衙门菜，又称官府菜，历史悠久，典雅厚实，如带把肘子、箸头春等。商贾菜则以名贵取胜，如金钱发菜、佛手鱼翅等。市肆菜以西安等重镇中心的名楼、名店的肴馔为主，招徕顾客，竞争激烈，如“明四喜”“奶汤锅子鱼”“煨鱿鱼丝”“烩肉三鲜”等。民间菜经济实惠、富有乡土气息，如“光头肉片”“肉丝烧茄子”“葫芦头”等。清真菜历经明清发展，规模初具，如羊肉泡馍、全羊席。自20世纪80年代起，西安逐渐成为旅游胜地，人们在挖掘、整理、保留这些传统餐饮的同时，把传统的各式各样的饺子和小吃组成使人眼界大开的饺子宴、小吃宴、仿唐宴、宫廷宴，近年来菜饭合一，又开发出了仿唐宴、长安八景宴、灌汤包子宴、羊肉泡馍宴等。人们在这里吃的不仅仅是几碟菜肴和几样小吃，而是在品味文化与传统，感受历史脉络和民族风情。自古秦风崇武勇，美食亦有朴直渊。几多豪悍英雄气，尽在淋漓一品间。如今，西安饮食已成为一个著名品牌在深圳上市，特色小吃更是走向国外，闻名遐迩。

二、关中饮食种类

关中有句俗话说：“开门七件事，柴、米、油、盐、酱、醋、茶。”

（一）茶

茶在关中人的日常饮料中，有着悠久的民俗传承。来客必有烟酒茶。往往说：“谁家茶饭好，谁家茶饭不好”。茶与关中人饮食密切于此可见一斑。关中虽然不产茶，人民饮茶成习，这在城乡都是司空见惯的了。除冲泡饮用外，西府山区还有一种罐罐茶，属羌人的遗俗。

（二）酒

关中人在日常礼俗中，处处事事离不开酒。白水县是杜康仙师的故乡，在那里流传着杜康美酒醉刘伶的传说。全国名优酒西凤酒，素有“醉倒蜂蝶十里香”的美誉。

（三）面食

关中人的面食，随着节令的变化，一年四季不同。一般地说，冬天，人们喜食烩面片、麻食等；夏天，爱吃煎饼、面皮子等。关中面食主味离不开醋，在这一点上，正应了中华味系的一个铁则，即：南甜北咸，东辣西酸。关中地区面食的种类很多，主要分面条、锅饼和蒸馍三大类。面条有近千种名目，如臊子面、旗花面、麻食面、炸酱面、油泼面、长面、短面、细面等。细分起来，东府（大荔一带）面和西府（宝鸡一带）面又有不同。西府的面条，其特点在于一个“细”字，最细的像头发丝那么细。东府的面条，其特点在于一个宽字，最宽的像宽皮腰带。蒸馍（馒头）类的有：蒲城蒸馍（椽头馍）因蒸熟后遇风一吹即裂开缝子，又称“开花馍”，特点是面硬，有嚼头。合阳面花（花花馍），这种花花馍做工精细，具有广泛的群众性。它配合四时八节，做成各有讲究的礼馍。兴平云云馍：因形状很像古画中的一朵云彩而得名。它又像一副没带腿的眼镜，所以俗称“眼镜馍”。此馍造型美观、白中透黄，久放不变质。金线油塔：民间最简单的制法如同花卷。不同的是将和好的面团拉成长丝，盘绕成一堆，呈塔形，就叫油塔。此品层多丝细，松绵不腻。食用时可配上葱节蘸面酱。此外还有蒸饺、包子、蒸麦饭、米面皮子等，都是生活中常吃的食品。

（四）风味名菜

陕西风味名菜，历史悠久，品类繁多。编入《中国菜谱》（陕西卷）的就有201种。

故有“长安美肴，华夏古馐”之称。陕菜以关中菜为代表。在取料上以猪、羊肉为主，具有料重味浓香肥酸烂的特点，而取料单一、滋味纯正又是它的独特风格。传统名菜有带把肘子、葫芦鸡、枸杞炖银耳、三皮丝（猪皮、鸡皮、海蜇皮）、奶汤锅子鱼、口蘑汆双脆、煨鱿鱼丝、烩三鲜、金边白菜等。汤有菠菜豆腐汤、酸辣肚丝汤、金针银耳汤、肉丝汤、鸡丝汤、鸡蛋汤等。

三、特色小吃

关中是中国的小吃王国。牛羊肉泡馍、面皮子、泡泡油糕、金线油塔、黄桂柿子饼、岐山臊子面等都是老少皆知的名吃。

（一）牛羊肉泡馍

牛羊肉泡馍是关中小吃的总代表。它烹制精细，料重味醇，肉烂汤浓，肥而不腻，营养丰富，香气四溢，诱人食欲，食后回味无穷。牛羊肉泡馍有三种烹饪方法，一是单做（烩成汤菜）， 二是干泡（无汤），三是水围城。食用时要告诉厨师，要哪种做法，并告诉要素要肥，或要“肥素”，厨师都能满足要求。 吃时要像蚕食一样，从一边一点儿一点儿地吃，切忌搅动，能始终保持鲜味不变。北宋著名诗人苏轼留有“秦烹惟羊羹，陇馔有熊腊”的诗句。

（二）肉夹馍

肉夹馍是古汉语“肉夹于馍”的简称。西安有使用白吉馍的腊汁肉夹馍、宝鸡西府的肉臊子夹馍（肉臊子中放食醋）、潼关的潼关肉夹馍（与白吉馍不同，其馍外观焦黄，条纹清晰，内部呈层状，饼体发胀，皮酥里嫩，火功到家，食用时温度以烫手为佳，且老潼关肉夹馍是热馍夹凉肉，饼酥肉香，爽而不腻）。2016 年 1 月，肉夹馍入选陕西省第 5 批非物质文化遗产名录。

（三）凉皮

凉皮在关中各城镇大街小巷的饮食摊点上极为普遍。它以筋、光、辣香、清凉等特点，深受人们的青睐。凉皮传说源于秦始皇时期。比较常见的种类有麻酱凉皮、秦镇米皮、岐山擀面皮、东府穰皮等。夏天吃凉皮能消暑，春天吃凉皮能解乏，秋天吃凉皮能祛湿。冬天如果感觉吃凉皮有点凉，可以加一碗热拌汤，别有滋味。

（四）𰻞𰻞面

𰻞𰻞面是关中特色传统风味面食，又叫“油泼辣子面”。因为制作过程中要把面块放在案板上摔打成裤带般宽厚的条状，声音就是𰻞𰻞的，由此而得名。关中有一句老话：“油泼辣子𰻞𰻞面，爽口耐饥撩的太”。

民间传说，𰻞字为一名秀才所造。据说，当时一位贫困潦倒的秀才赶往咸阳，路经一面馆时，饥肠辘辘，听见里面“𰻞—𰻞”之声不绝，不觉踱将进去要了一碗裤带面条，一阵狼吞虎咽，直吃得酣畅淋漓。到结账时一摸兜囊早已空空如洗，无以付账，只好求店家以书代之。按照店家所言𰻞—𰻞面的字音，秀才触景生情，感怀伤时，略加思索，笔走龙蛇，一边写一边歌道：一点飞上天，黄河两道弯， 八字张大口，言字往里走； 左一扭右一扭，西一长东一长，中间夹个马大王； 心字来打底，月字来帮忙，留个金钩挂衣裳；推着小车走咸阳。

（五）葫芦头泡馍

葫芦头泡馍是西安特有的传统风味小吃。源于北宋街市食品中的煎白肠。因猪大肠油脂较厚，形状像葫芦，因此叫葫芦头。葫芦头的基本原料是猪大肠和猪肚。以味醇汤浓、馍筋肉嫩、肥而不腻闻名于国内外。其烹制工艺精细，合理使用多种调料。最重要的是处理肠肚、熬汤、泡馍三道程序，其中原料肠肚要经过十几道工序才能达到去污、去腥、去腻的要求。

（六）臊子面

臊子面为著名关中西府小吃，以宝鸡的岐山臊子面最为正宗。在关中平原及甘肃陇东等地方流行。臊子面历史悠久，有周文王斩渭河蛟龙熬汤制作臊子面的传说。臊子就是肉丁的意思，上好的臊子要选择肥嫩带皮的猪肉，七分瘦，三分肥，炒好的肉丁再配以豆腐、鸡蛋、木耳、胡萝卜、蒜苗等，五颜六色，既好看又好吃。臊子面的重点不是面，而是汤，臊子汤是臊子面的灵魂。

（七）饸饹（hé le）

饸饹也叫河漏，又叫 huó luǒ，是将豌豆面、莜麦面、荞麦面或其他杂豆面和软，用饸饹床子（一种木制或铁制的有许多圆眼的工具），把面通过圆眼压出来，形成小圆条。比一般面条要粗些，但比面条筋道、质软，烹饪方式和面条差不多。豆面有时候需要加入面丹来调节面的软硬度和口感，适用于没有小麦面黏性大、不能按普通方法做成面条的面类。关中淳化、蓝田、渭南饸饹最为有名。

（八）水盆羊肉

水盆羊肉是以羊腩肉为主要食材传统小吃，源自陕西省渭南市大荔县朝邑镇（原同州府治朝邑县），以渭南市大荔、蒲城、澄城三县的水盆羊肉最为有名，其中尤以澄城的水盆羊肉最为地道，最为悠久，并于 2016 年 1 月入选陕西省第 5 批非物质文化遗产名录。水盆羊肉是由商周时代的“羊臐”演变而来。秦汉时称为“羊肉臐”，唐宋时又叫“山煮羊”。

（九）金线油塔

金线油塔是陕西三原地区的一种名贵的传统小吃。它层多丝细、松绵不腻，其形状“提起似金线，放下像松塔”，故而得名。相传始于唐代，原名“油塌”，清代时有了改进，选用上等面粉、猪板油等原料，增加油饼层次，把饼状改为塔形，将烙制改为蒸制，名称也由“油塌”改为“金线油塔”，成为上乘美点。油塔蒸好下笼食用时，用手略加拍打抖松，放在盘里，佐以葱节、甜面酱等，别有风味。

（十）肉丸胡辣汤

肉丸胡辣汤又称八珍汤，是西安本地的名小吃。它不同于河南的胡辣汤，肉丸胡辣汤又可以叫作蔬菜牛肉丸子汤，它的原料主要有牛肉、土豆、莲花白，也可以放入胡萝卜、芹菜等。肉丸胡辣汤在冬日的早上吃最是香，即使寒风刺骨，喝上一碗胡辣汤，便觉一股暖流下肚。

第五章　水文化建设

文化是民族凝聚力与创造力的源泉。水文化作为文化领域的重要方面，在新时代已经成为人们关注的热门话题。基于这一认识，渭河流域的水文化活动在推动水利发展与改革等方面发挥着重要作用。

第一节　水文化活动

一、渭河健康生命行

从2007年开始，历时5年之久，陕西省开展保护母亲河活动——渭河健康生命行。活动由陕西共青团省委、省水利厅主办，陕西省渭河流域管理局承办。该活动以共青团组织为纽带，以青少年为主体，以专家学者为核心，以沿线群众为基础，倡导“生命渭河、人本渭河、和谐渭河”，其目的是共同开发、传承渭河文化，造就人水和谐、绿色健康的渭河。活动有五大版块和10个子项。五大版块，即保护母亲河工程建设、生态监护、意识教育、天天环保、科学研究；10个子项，即绿色渭河、渭河儿女、走近渭河、渭河论坛、情系渭河、直击渭河、话说渭河、渭河采风、印象渭河、生命渭河。渭河健康生命行活动于2007年3月22日在西安启动，以新闻发布会及万人签名活动的形式，得到了全省沿河流域54个县（市）6万余人参与响应。2006年、2007年连续两年荣获全国保护母亲河组委会颁发的全国保护母亲河行动先进集体荣誉奖项，2009年3月，渭河健康生命行活动项目荣获2009年度丰田青年环境保护资助奖。

（一）绿色渭河

绿色渭河即绿色春天渭河沿线全民植树造林大行动。2007年3月，组织水利厅直兄弟单位近千名职工在渭河渭南段建设“青年林”；2008年3月，公开招募社会志愿者500余人为主体在渭南八里店控导工程组织举办“跟我一起来种植2008青春奥运林”特别活动，原共青团陕西省委书记李卫华、省直机关工委副书记程安每、省水利厅副厅长洪小康等领导出席；2009年3月，在渭河大荔段组织200余人实施了“渭河青年生态林”植树活动；原共青团省委书记李卫华、省水利厅副厅长李润锁、省林业厅副厅长唐周怀出席；2010年3月，由团中央主办，陕西省渭河流域管理局与华阴市委联合承办，组织来自日本的63名青年志愿者代表和当地青年志愿者共计300多人举办开展了“保护母亲河 爱我华山”中日青年友好生态工程——华阴渭河一期项目启动实施；2011年3月，陕西省渭河流域管理局与华阴市委联合组织日本青年志愿者代表、当地青年志愿者共计400余人开展了“保护母亲河——爱我华山”中日青年生态绿化工程——华阴二期植树绿化活动。

（二）渭河论坛

渭河论坛是渭河健康生命行活动的重要子项目之一，以渭河为平台和纽带，组织专家学者研究探讨专业技术问题，为渭河治理与流域可持续发展问题提供建设性意见。该论坛得到了全球水伙伴协会及中国水伙伴协会的认可和支持，连续4年作为主办单位之一共同参与活动组织。首届渭河论坛以“渭河水文化”为主题，于2007年10月举办，来自全国社会各界的多家学术团体、高校及政府机构共150多名专家学者参加了会议。2008年10月，以“渭河水资源”为主题举办了第二届渭河论坛，2名中国工程院院士及200余名专家联合提出了呼吁全社会共同关注渭河水资源的专家建议；2009年10月以“渭河水环境”为主题举办了第三届渭河论坛，提出了共同破解渭河水环境治理与保护问题的专家建议。2010年10月，以“渭河安澜”为主题举办了第四届渭河论坛，水利部部长陈雷发来贺信，5位省部级领导、院士及130多名专家学者参加了论坛，规格高、影响大，创历届论坛之最。2011年10月，以“渭河立法”为主题举办了第五届渭河论坛，黄河水利委员会、陕西省水利厅、陕西省人民代表大会等机构部门、相关高校等专家学者以座谈会形式，专题研讨了渭河流域水法规建设工作，促进了渭河立法工作进程。

（三）走近渭河、情系渭河、直击渭河

组织社会各界志愿者沿河实地考察，或大学生暑期社会实践，展示问题，强化民众保护渭河意识。2007年7月，组织资助陕西省4高校社团33名成员以“关注水环境，关爱母亲河”为主题开展了渭河健康生命行陕西大学生环保志愿者走近渭河活动；2007年8月，组织水利专家团赴渭河源头考察；2008年7月，组织资助西北农林科技大学绿色营社团成员以“生态渭河”为主题历时15天对渭河下游进行徒步考察；2008年10月，组织15家媒体、专家、网友等29人历时7天考察渭河全程。

（四）话说渭河

组织群众、学生通过征文等形式讴歌渭河，增强人们对渭河的热恋。2007年开展了渭河健康生命行活动徽标征集活动，确定了活动徽标。2007年，陕西省渭河流域管理局大荔河务局在全县教育系统及中小学师生范围开展了 “大荔河务杯”征文比赛，64篇获奖作品结集编印书籍《情系母亲河》。2009年，共青团陕西省委、陕西省水利厅与陕西省教育厅联合主办，陕西省渭河流域管理局承办，在沿渭5市（区）中学开展了“渭河少年爱渭河”主题征文活动，评选出的65优秀作品集结编印书籍《诗情画意描渭河》。

（五）渭河采风

组织专业人士和业余爱好者现场笔会、摄影展等活动开展宣传。2007年，陕西省渭河流域管理局渭南河务局召集60多位陕西知名书法家和画家举办了“渭河健康生命行活动书画笔会”；2008年，面向社会征集优秀渭河摄影作品，选取获奖作品编印了《美丽的渭河》挂历。

（六）印象渭河

编著出版一批与渭河文化有关的书籍，进一步推动活动向纵深开展。先后编著出版《渭河水文化论文集》《渭河水资源论文集》《渭河水环境论文集》《渭河安澜论文集》4本，及《渭河箴言》《渭河少年爱渭河获奖征文集》《渭河神话》等书籍。

二、渭河水文化研究会成立

2009年7月15日，陕西省渭河流域管理局联合宝鸡市水利局、咸阳市水利局、陕西省宝鸡峡引渭灌溉管理局、陕西省泾惠渠管理局共5家单位发起成立了中华水文化专家委员会渭河水文化研究会。水利部副部长刘宁发来贺信，陕西省人民代表大会常务委员会副主任李润乾、陕西省水利厅副厅长管黎宏到会致辞，原中央纪委驻水利部纪检组组长、中国水利文学艺术协会主席张印中讲话。中国当代著名作家、中国作家协会副主席陈忠实为祝贺渭河水文化研究会成立，特题词“一条渭河潜伏着中华民族的文明史”。渭河水文化研究会讨论通过了渭河水文化研究会章程和渭河水文化研究会第一届理事会成员名单，宣布陕西省渭河流域管理局局长蒋建军为第一届理事长、渭河流域管理局副书记王剑明为副理事长兼秘书长。渭河水文化研究会现有个人会员65人。单位会员11个，主要是：陕西省渭河流域管理局、沿渭各地市水利（水务）局、灌区管理单位、甘肃省渭源县人民政府等；研究会的业务范围和工作内容主要为：开展渭河水文化的学术研究和科学考察，组织渭河水文化学术交流，组织编辑、出版渭河水文化研究成果；组织有关渭河水文化的宣传活动；开展渭河水文化研究的咨询等活动。

2012年8月31日，渭河水文化研究会召开理事会换届会议。中国水利文协副主席王经国、陕西省水利厅副厅长管黎宏分别致辞，厅巡视员廉泾南出席会议，陕西省水利系统相关处室及研究会各成员单位负责同志、文化艺术等社会各界人士及会员代表100余人参加大会。会议聘请陕西省水伙伴协会会长刘枢机、陕西省水利厅厅长王锋为名誉理事长，管黎宏、廉泾南等为顾问；选举陕西省渭河流域管理局党委书记袁录怀为第二届理事会理事长，陕西省渭河流域管理局副书记王剑明为副理事长兼秘书长，宝鸡市水利局局长罗广平等为副理事长，并选举产生了新一届理事。

第二节 水文化遗产

一、水文化遗产调查与发掘

2013年，陕西省根据水利部《关于开展水文化遗产调查统计工作的通知》的要求，对全省水文化遗产开展了调查统计工作。2016年7—9月，陕西水利厅按照11个地市，划分不同区域，组织全省13名水文化专家再次开展了水文化遗产资源调查工作（见表8-5-1）。这次调查以2013年调查统计为蓝本，并在此基础上增补、甄别、完善。调查的主要内容是陕西省1950年以前遗存至今的工程类、管理类水文化遗产和历史典故、民俗传说等非物质水文化遗产。其中工程类包括灌溉、排水、园林、闸、坝、堰、堤、桥等各类古代、近代建筑物，水神、庙亭、碑刻等建筑物，碑志等。管理类包括管理机构旧址、法律法规、人物等。

表 8-5-1　陕西省水文化遗产资源调查任务区分

序号	姓名	单位职务	区域划分
1	余东勤	省引汉济渭工程建设公司文化总监	负责统稿、校核
2	孙满江	西安市水务局直属机关党委专职副书记	西安市辖区
3	常崇信	宝鸡市老科协研究员	宝鸡市辖区
4	凌晓晨	咸阳市水利管理站站长	咸阳市及杨凌区辖区
5	王 洁	省桃曲坡水库管理局党委书记	铜川市辖区
6	吉燕莉	渭南市洛惠渠管理局副局长	渭南市辖区
7	张新中	商洛市水务局副局长	商洛市辖区
8	亢 雄	榆林学院教授	榆林市辖区
9	雷保寿	汉中市水利局副局长	汉中市辖区
10	赵西安	延安市水务局副局长	延安市辖区
11	钟文涛	安康市水利局政办科科长	安康市辖区
12	王志贤	韩城市水务局党委书记	韩城市辖区
13	耿 涛	省水利厅直属机关党委副调研员、厅文明办副主任	负责总体协调

2017 年 6 月，根据这次调查成果，编辑出版《陕西水文化遗产名录》一书。

二、水文化遗产分区名录

根据《陕西水文化遗产名录》一书资料，涉及渭河流域的遗产名录共 294 项。其中，西安市 69 项，宝鸡市 49 项，咸阳市 59 项，铜川市 21 项，渭南市 85 项，延安 8 项，杨凌 3 项。

（一）西安市

西安市共 69 项：古漕渠、通济渠、沣惠渠、涝惠渠、普华古堰渠、漕运明渠、黑惠渠、龙首渠、漆渠、留瘀坝、碌碡堰、泾渭分明、护城河、苇子河、白马谷引水工程、灞桥遗址、东渭桥遗址、沣河秦渡镇大桥、太史桥、草滩渭河渡、广运潭、黑龙潭、连珠潭、月宫潭、汉城湖、丈八湖、鱼化湖、丰庆湖、兴庆湖、莲湖、渼陂湖、芙蓉池、昆明池、芙蓉池、太液池、涝池河沟遗址、镐池、翠华山湫池、汉太液池、楼观台上善池、灵沼遗址、高冠瀑布、鲸鱼沟、金龙峡、蓝田溶洞、汤峪温泉、咽瓠泉、阿姑泉、化女泉、泗郎泉、三姐泉、华清池温泉、梆子井、二柏一眼井、海眼井、烟雾井、青泥坊渠口碑、关中八景图诗石刻图碑、荒岁歌碑、感时伤悲记碑、半坡遗址、米家崖遗址、彭城闸遗址、水会音乐、水陆道场法会、蓝桥渠引水工程、库峪河引水工程、汤峪河引水工程、宋禹迹图。

（二）宝鸡市

宝鸡市共49项：成国渠遗址、渭惠渠、梅惠渠、利民渠、千河西汉漕运码头、清姜河神龙潭、九成宫醴泉铭碑、磻溪“姜子牙钓鱼台”、塔寺桥、龙门洞二十四潭、玉女潭、玉皇池、三清池、佛爷池、石鱼沟、东湖、大爷海、二爷海、三爷海、宝鸡峡、灵宝峡、八渡河青阳峡口、香泉河大水沟五味峡、西汤峪温泉、九龙泉、湫池泉、龙泉、凤凰泉、香泉、高泉、润德泉、诸葛泉、马刨泉、葫芦峪古渡口、九成宫唐宫廷井、林家村水文站、喜雨亭、太白庙祈雨碑、毕沅祈雨碑、神龙祠祈雨碑、龙泉禅院、渭惠渠放水碑记、禹王庙（千阳县南寨镇马家岭村马家河侧岸）、铁牛庙、龙门洞、西崛山洞、青崖洞、石鼓铭文、北首岭水文化遗存。

（三）咸阳市

咸阳市共59项：郑国渠、白渠取水口遗址、丰利渠取水口遗址、王御史渠取水口遗址、广惠渠取水口遗址、通济渠遗址、泾惠渠、泾惠渠总干渠石渠、鄠山新渠遗址、朱子桥、民生桥、古龙桥、瑞德桥、泾河庄头河古渡口、泾河烽火古渡口、咸阳古渡遗址、西渭桥遗址、中渭桥遗址、隔水卫石桥、泾河卧牛石、张家山水文站、泾河修石渡、卧龙潭、侍郎湖、姜嫄湖、筛珠洞泉、马跑泉、赵家洞石窟、渭北水利工程处遗址、花果山水帘洞（彬州市）、浊峪河防洪围堤、祈雨感应碑、历代引泾碑石亭、新开广惠渠记碑、记事之碑、重修广惠渠记碑、奉和余公重修凿广惠渠诗碑、通济渠记碑、新凿通济渠记碑、重修泾川五渠记碑、上洪堰有志、重修洪堰众民颂德碑记碑、赵侯祭唐刘令文碑、兵巡关内道沈示碑、抚院明文碑、修渠碑记碑、龙洞渠记碑、李仪祉先生墓碑、泾惠渠颂并序碑、泾惠渠碑跋、李仪祉先生纪念碑、李先局长仪祉先生墓表碑、仪师事迹记碑、仪翁李老夫子德教碑、李仪祉墓前祭祀台、李仪祉墓园大门楹联、原李仪祉墓园、龙王庙（武功镇东坡口九盘山西北麓）、龙王沟（武功县）。

（四）铜川市

铜川市共21项：通城渠遗址、烟雾渠、加强公渠、通元桥、洗药池、惠家塬涝池、狗刨泉、哭泉（姜女泉）、观音神水泉、沙沟泉、石崖泉、方泉、莱公泉、泪泉、灵泉、法水神井、三眼井、冯玉祥题词碑、耀州窑遗址、金锁关、驻銮崖瀑布。

（五）渭南市

渭南市共85项：龙首渠（洛惠渠）、白渠遗址（临渭区故市镇）、周公渠（潼关县城内）、老母猪尿渠（东阳谷渠）、龙首坝、赵老峪引洪漫地、顺阳河一坝、渭河堤防、龙儿堰、干河、姜河遗址、赤水河桥上桥、杜桥（杜化桥）、老虎桥、永庆桥、东阳沟桥、利济桥（利济度）、洛惠渠五洞（由北到南分别是澄源洞、甫田洞、大有洞、朝川洞、平之洞）、曲里渡槽、上涨渡、通灵陂、车厢潭、白龙潭、孝义涝池（清凉池，立《重修后记事碑》）、仰天池、军功池（合阳县和家庄镇秦城社区）、黑水池（角角池，合阳县黑池镇黑东村）、卤阳湖遗址、沙苑、马刨泉（临渭区阳郭镇东北稠水河东岸河王村）、醴泉（华州区）、苦泉（大荔县铁镰山南麓今双泉镇西）、五眼泉、隋公泉、洗肠泉、澄泉、杜康泉、盘龙瀑布、龙首渠井渠施工工程遗址、督修华渭分界赤水河碑记碑、准渭属新辟慈惠渠碑记碑、大小白马渠记碑、岳庙渠水禁约碑、公修西岳庙水道碑、蒲峪河批定分水日期碑、冯玉祥倡修水利碑（现存于华阴市西岳庙）、冯玉祥玉泉院题词碑、广济渠碑记碑、永润里广济渠碑记碑、怀德渠碑、永兴渠碑记碑、永丰渠碑、甜水井碑记碑（蒲城荆姚）、池泉分水碑、漫泉河水利章程碑、怀化村水利碑（蒲城）、徐公井记碑文、天心池竖石并关帝陵树碑记碑、田家河水利碑、南桥摩崖题刻、西河摩崖题刻、禀请禁止截水碑记碑、重修南河桥碑、九龙庙（池）遗址（古名九龙泉，又名九龙池，也叫“鹅鸭池”。大荔县石槽乡九龙村东北）、太白庙（大荔县城东长安屯村北）、飞泉寺塔、飞泉寺南塔、义井分水闸、藏银楼遗址、涧峪古栈道、龙首渠遗址化石、澂邑漕仓遗址、尧山夫人殿遗址、马跑泉遗址（蒲城孙镇下寨村北土坡上）、飞泉寺遗址（白水县雷牙乡南纪庄村旁的洛河西岸高山上）、西汉京师粮仓遗址、洛神传说、血染赤水的传说、丑女洗后当皇后的传说、六姑泉百世流芳的传说、玉泉院得名的传说、卤阳湖杨爵拜水的传说、尧山传说、背花锣（大荔县沙苑腹地的九龙村）、八女井的传说（大荔县沙苑腹地的八鱼村）。

（六）延安市

延安市共8项：白水泉的传说（黄陵县城东五里的周家坬）、葫芦河直罗渠、洛川古涝池、玉女泉（又名官泉，富县县城西山脚下）、美水泉（又名甘泉，甘泉县城西南 3.5 千米处的神林山下）、石坬庄石窟（志丹县旦八镇洛河右岸石坬庄村，为明清时期洛河洪水镌记，记载着从明嘉靖至清道光 265 年间此处洛河洪峰水位，实为古代一水文测站，对于研究古代河道水文特征具有重要意义）、洛川旧式梯田、侯庄湫（黄陵县侯庄乡南侧沟壑内）。

（七）杨凌

杨凌共 3 项：武功水工实验室、西北农林科技大学教稼楼、陕西省水利学校（杨凌职业技术学院）。

三、郑国渠、龙首渠世界灌溉遗产

世界灌溉工程遗产是国际灌溉排水委员会（ICID）从 2014 年开始评选的世界遗产项目，旨在更好地保护和利用古代灌溉工程，挖掘和宣传灌溉工程发展史及其对世界文明进程的影响，学习古人可持续性灌溉的智慧、保护珍贵的历史文化遗产。郑国渠、龙首渠引洛古灌区分别于 2016 年 12 月 16 日、2020 年 12 月 8 日，入选“世界灌溉工程遗产”。

（1）郑国渠始建于公元前 246 年，距今已有 2000 多年历史，与四川都江堰、广西灵渠并称为中国秦代著名的三大水利工程，其历史地位可与长城、大运河和坎儿井相比肩。郑国渠建成以来，使干旱的关中平原成为旱涝保收的天府之国，对中国政治、经济、社会、文化产生了重大而深远的影响。特别是其工程技术之先进、效益之显著，令世人叹为观止。郑国渠自秦国开凿以来，历经各个王朝的建设，先后有白渠、郑白渠、丰利渠、王御史渠、广惠渠、泾惠渠，堪称蕴藏丰富的中国水利断代史博物馆，于 1996 年被国务院公布为第四批全国重点文物保护单位。

（2）龙首渠引洛古灌区，在施工中首创的“井渠法”，是我国第一条地下输水渠道。据近代著名学者王国维考察，这项技术沿丝绸之路先后传到新疆、中亚，发展为著名的坎儿井，可以说是坎儿井的老祖先了。

经过历朝改建扩建，目前，龙首渠引洛灌区工程由大坝、灌排渠系及配套设施组成，分设洛东、洛西两大系统，包括总干渠1条、干渠4条、分渠13条，总长248千米，灌溉渭南市澄城、蒲城、大荔三县74.3万亩农田，惠及人口69万人，累计引洪淤灌、改良盐碱地23万亩，引水114亿立方米，消纳入黄泥沙2亿吨，灌溉面积上亿亩次，生态效益、经济效益、社会效益显著。

第三节 水文化宣传与交流

一、中、苏、越科技交流

1956年10月15—24日，在北京召开中、苏、越灌溉系统新建、改建科学技术交流会，探索渠首枢纽水工结构和上下游河床演变的关系等。陕西派出张寿荫、王旭瀛、叶遇春、傅健4人出席会议。1963年8月，农业部委派宝鸡峡引渭灌溉工程副总工程师荣嗣弘以中国农田灌溉和排水管理专家身份前往阿尔巴尼亚援助工作，1964年10月回国，1965年农业部授予荣嗣弘援外一等奖。

二、黑松林水库排泥减淤

1971年4月，陕西省水利科学研究所与泾阳县冶峪河管理局总结黑松林水库从1962年7月至1970年9月以来，采取“异重流排泥”“滞洪排泥”“泄空冲刷”“人工排泥”等措施，共排出泥沙420多万吨的经验。其排泥减淤技术成果曾在国际大坝会议上介绍。

三、媒体看陕西

2012年4月25日，由陕西省委外宣办、香港新闻工作者联合会组织的大型集中采访团来到渭河杨凌、眉县段综合整治现场，集中采访陕西省重大水利工程建设情况。包括《大公报》、《文汇报》、香港亚洲电视、《都市日报》、《信报月刊》、《成报》、《资本杂志》、《中国日报》（香港版）、《瞭望中国杂志》、《镜报》、《香港中通社》、《中国时报》（台湾）、《新加坡联合早报》等32家媒体参加了此次采访活动。

四、《新闻联播》聚焦陕西水利

2012年9月27日，中央电视台《新闻联播》聚焦陕西水利，以《陕西：河流综合治理惠及两岸百姓》为题播出了长达1分30秒的新闻。为陕西省进一步加快推进水利现代化、实现水利跨越发展创造了良好的舆论氛围。

五、千里走渭河

2012年10月22日，“喜迎十八大——千里走渭河”大型水利生态人文考察活动启动仪式在陕西省政府前新城广场隆重举行。由陕西省水利厅、华商传媒集团联合主办，陕西省渭河综合治理办公室和陕西省江河水库管理局共同承办，以“关注渭河生态，实现人水和谐”为主题，全面宣传渭河文化、展示渭河综合治理成效，喜迎党的十八大胜利召开。考察团由中央、省主流媒体记者、有关专家和热心网民等组成，计划从渭河源头甘肃省渭源县开始，途经天水、宝鸡、咸阳、杨凌、西安、渭南，沿途重点考察渭河流域水文化、水生态和经济社会发展，重点关注渭河源头和渭河综合整治取得的显著成效。

六、渭河书画采风

2013 年 11 月 8 日，由陕西省渭河综合治理办公室主办、陕西省文化艺术产业化促进会承办的为期两天的渭河书画采风活动圆满完成。30 位实力派书画家在东至潼关、西至宝鸡的 630 千米渭河沿岸进行采风，书画渭河建设美景。

七、“美丽渭河动起来”全民健身挑战日活动

2014 年 5 月 15 日，由中华全国体育总会发起，陕西省体育局、陕西省水利厅、咸阳市人民政府、渭南市人民政府共同主办的“美丽渭河动起来”全民健身挑战日活动新闻发布会在西安召开。这次全民健身挑战日活动以“美丽渭河动起来”为主题，旨在通过全民健身活动的广泛开展，展示陕西省渭河综合治理的初步成效，营造全社会关注和支持渭河综合整治的良好氛围，并以此带动全社会关心、爱护母亲河，确保母亲河生命健康，尽快把渭河打造成关中安澜河、生态河、景观河、人文河，为广大群众提供健身休闲好去处，提升群众幸福生活指数，为建设“富裕陕西、和谐陕西、美丽陕西”作出贡献。5 月 24 日，“美丽渭河动起来”全民健身挑战日活动在咸阳、渭南两地渭河堤防同时拉开帷幕。活动多点开花，进行了广场舞、柔力球、太极拳、广播体操、健身秧歌、健步走等大众喜闻乐见的体育健身项目。这项活动共有 78 万人现场参与，渭南市获得参与总人数优胜杯，咸阳市获得人口参与率优胜杯。陕西省水利厅副巡视员李国平、陕西省渭河综合治理办公室常务副主任党德才分赴现场观摩指导。

八、“治渭杯”陕西水利风景区摄影大赛

2014 年 7 月 14 日，由陕西省水利风景区建设管理办公室、陕西省渭河综合治理办公室、陕西省水利宣传中心共同主办的“治渭杯”陕西水利风景区摄影大赛评选结果揭晓。共收到 35 个单位 200 余人的参赛作品 1136 幅。这些参赛作品艺术展现了陕西省水利风景区建设成就和水域、水体、水工程、水景观的美丽风光，同时兼顾了以水利风景区建设过程为主要内容的纪实类照片。

九、“碧水蓝天万里行”中央级媒体采访活动

2014 年 9 月 15 日，由水利部、中国产业报协会联合组织的“碧水蓝天万里行”中央级媒体采访陕西水利建设活动正式启动。活动旨在通过中央级各大媒体的聚焦和宣传，让社会各界和广大公众更多地关注、了解和支持陕西水利。受陕西省水利厅厅长王锋委托，副厅长薛建兴向媒体记者介绍陕西水利建设情况，副巡视员刘恒福主持媒体见面会。媒体见面会结束后，采访团冒雨前往渭河综合整治西安段、咸阳段、杨凌段、宝鸡段采访，深刻感受了渭河综合整治工程实施以来取得的巨大成就，近距离参观采访了集防洪、生态、景观等功能于一体的生机勃勃、美丽灵动的新渭河。虽然大雨不停，但采访团成员热情高涨，都被渭河综合整治后的新面貌深深感染。

十、开办《最美治渭人》专栏

从 2014 年 6 月起，《陕西日报》开办《最美治渭人》专栏，先后报道治渭先进人物 19 人，他（她）们是：黄平、高稳生、任少锋、李宽、乔虎成、王战兵、王磊、董春苗（女）、岳永红（女）、王勇刚、侯海英（女）、王振华、马朝阳、李俊瑶（女）、容国栋、万俊

杰、郭锋、程景华、陈国康等。其中，宝鸡市的黄平和渭南市的高稳生两人在治渭一线因病辞世，其事迹可歌可泣，其精神催人奋进。

十一、《渭河新貌》出版

陕西省渭河综合治理办公室负责摄制的画册《渭河新貌》于 2015 年 6 月出版，全书共收集治渭照片 360 幅。

十二、举办陕西省渭河书画展

2013 年 4 月 30 日，陕西省渭河综合治理办公室组织专家对面向全社会征集的 178 篇渭河书画文学作品进行评审，共评出诗词一等奖 2 篇、二等奖 3 篇、三等奖 3 篇、优秀奖 4 篇，散文一等奖 2 篇、二等奖 3 篇、三等奖 3 篇、纪念奖 5 篇。

2013 年 8 月 29 日，由陕西省渭河综合治理办公室、陕西省文化艺术产业化促进会、西安曲江三之联展有限公司联合举办的“陕西省渭河书画展”，在曲江国际会展中心 A 馆南厅区举行。展出作品中，特别令人关注的，是由安启元、段进虎、潘连生、姜信真、陆栋、杨辉、党国际、雷珍民、王千里、卢山等 88 位关注支持渭河事业的省（军）级领导和书画家参与创作的 138 米渭河书画长卷；另外，国家书协会员、大荔县书画法家协会常务副会长索忙年创作的 20 米渭河书法长卷和田源、杨辉、党德才、张魁、胡明军、胡西铭、司永禄、杜耀志、李玉合、李俊奇、潘炜等 148 人共同为治理渭河创作的 230 多幅书画作品也极其引人注目。展出中，主办单位分别为参加渭河书画活动的 236 位领导和书画艺术家颁发了收藏证书，对索忙年、张觉天、刘旭腾等 12 位优秀工作者分别给予了表彰和奖励。

十三、开展“建美丽陕西 画渭河美景”书画家采风活动

2013 年 11 月 7—8 日，陕西省渭河综合治理办公室主办、陕西省文化艺术产业化促进会承办了为期两天的渭河书画家采风活动。陕西 30 位实力派书画家在东至潼关，西至宝鸡 630 千米的渭河沿岸进行采风，书画渭河建设美景。

十四、获首届“最美家乡河”

2017 年 12 月 17 日，由水利部水情教育中心（中国水利报社）、阿里巴巴天天正能量、新浪微公益联合主办的首届“寻找最美家乡河”大型主题活动结果在陕西西安现场揭晓，陕西渭河等全国 10 条河流荣膺 2017 年度“最美家乡河”。

第四节 水情教育基地

自 2016 年公布第一批国家级水情教育基地以来，水利部共举办了 5 届水情教育基地评选，陕西省水利厅从 2021 年起评选省级水情教育基地，至 2023 年，渭河流域有陕西水利博物馆、汉城湖、引汉济渭 3 个国家级基地；有宝鸡市冯家山水库管理局、渭南市龙首渠管理局、西安市沣惠渠管理中心、西安经济开发区第三小学、陕西省东庄水利枢纽工程、西安国家民用航天产业基地、陕西省交口抽渭灌溉中心田市站、陕西省泾惠渠灌溉中心郑国渠 8 个省级水情教育基地。

一、陕西省东庄水利枢纽工程教育研学基地

陕西省东庄水利枢纽工程教育研学基地，是东庄水利公司以枢纽工程项目为资源基础开发的集水利工程实习培训教育、水文化研学体验等功能定位于一体的水岸教育研学体验地。基地位于工程建设核心区域，紧邻泾河峡谷，贴近施工一线，是高等院校工程专业全站式实习的综合式实践课堂，也是中小学兴趣教育、通识教育、爱国主义教育、亲子教育不可多得的好去处。同时，基地依托东庄水利枢纽工程的基础设施条件，向前来参观的公众进行水情教育科普，介绍工程作用、地位及意义，宣传东庄水利艰苦奋斗的精神，不断探索产学研新模式，持续发挥工程水情宣传教育功能。

基地位于工程建设核心区，距西安市 90 千米，交通便利，位置优越。基地建筑面积 11000 平方米，具有良好的教学条件，配备宣传展厅、报告厅、会议室、VR 安全体验室、多功能研讨室及移动大屏等硬件设施，充分利用多媒体教学设备，全方位呈现工程概况和水情教育相关内容，基地各项功能齐全、配套完善、环境优美，既是专业实习的教学基地，又是研学旅行的移动课堂。

二、陕西省泾惠渠灌溉中心郑国渠水情教育基地

陕西省泾惠渠灌溉中心郑国渠水情教育基地位于咸阳市泾阳县王桥镇，总面积 5 平方千米，由泾惠渠灌溉中心负责运行管理。

基地内现有渠首大坝、渠首电站、自动化调度中心、历代引泾灌溉工程取水口、古渠道遗址等多个古现代工程展示设施，通过展示引泾灌溉的悠久历史、先进的水利科学技术、完备的水利工程体系、强大的水安全保障能力，感悟不怕困难、百折不挠，无私奉献的秦人治水精神，激发人们不忘初心、牢记使命，继往开来、接续奋斗，开创现代化水利新局面的豪情壮志。

基地配有专兼职讲解员 8 名，为参观者提供讲解服务。据不完全统计，基地已累计接待各级领导、外国友人、专家学者、社会公众、大专院校学生参观访问 5 万余人次。

三、陕西省交口抽渭灌溉中心田市站水情教育基地

田市站是交口灌区的二级站，位于西安市临潼区田市镇西南 2 千米处，担负着灌区下游 86 万亩农田的抗旱供水任务，泵站现安装 7 台抽水机组，总装机容量 2780 千瓦，设计扬程 6.15 米，设计流量 30.5 立方米每秒。

陕西省交口抽渭灌溉中心田市站水情教育基地占地面积 23 亩，立足泵站抽水职能，依托水利工程设施，设立了水情教育区、灌区节水区、抽水生产区、首席技师工作室、荣誉展示室、水文化区、节水宣讲课堂等 7 个展示区，基地设施齐全，生态环境优美、水文化气息浓厚，成为灌区开展节水宣传教育的重要窗口。

陕西省交口抽渭灌溉中心田市站水情教育基地不断完善基地管理制度，健全安全标识，制定完善的安全应急预案，确保了水情教育活动的有序开展。

陕西省交口抽渭灌溉中心田市站水情教育基地凭借良好的基础建设及工程设施条件，多次承担了灌区水情教育、节水护水宣传、全省水利系统泵站运行工技能竞赛、泵站机电技术研讨交流、大专院校师生实践等活动，先后接待了西北农林科技大学、杨凌职业技术

学院、渭南市人大、渭南瑞泉中学等单位参观培训 1000 余人次。

四、西安国家民用航天产业基地水情教育基地

西安国家民用航天产业基地水情教育基地位于西安市长安区航天基地第一净水厂内，在全地下污水处理厂的地面建设有国内领先、西安市首座湿地景观式水生态循环公园。

净水厂既满足了航天基地快速发展城市配套设施建设需要，还全面促进了航天基地生态环境质量的可持续发展。公园突破了传统地上式污水处理厂的布置结构，创新性采用了“地下污水处理厂 + 地上湿地公园”的循环经济模式，充分发挥了土地集约化效益及生态环保效益，是“水兴航天”的展现，也是宜居宜游的生态地标。

近年来，该基地和西安小、初、高学校及相关高等院校有效对接，围绕污水处理专业核心技能，深挖水质净化文化内涵，以提升环保理念、增强科研能力、强化劳动实践为根本，打造工业特色校外实践课堂，于 2022 年评选为西安市市级中小学生研学教育基地和市级劳动教育实践基地，并获得航天基地探索 + 精品研学旅游目的地及航天基地科普教育基地称号。

五、龙首渠引洛古灌区水情教育基地

龙首渠引洛古灌区水情教育基地地处河洛地带，是中华民族和中华文明的重要发祥地之一，首创的“井渠法”在世界水利科技史上具有里程碑意义。历经 2000 多年，古灌区发展为现代洛惠渠灌区，灌溉着渭南澄城、蒲城、大荔三县 74.3 万亩农田，拥有澄城樱桃、蒲城酥梨、大荔冬枣等诸多国家地理标志名优农产品，历来是陕西省主要粮棉果蔬基地。2020 年 12 月 8 日，“龙首渠引洛古灌区”成功入选世界灌溉工程遗产名录。

六、陕西水利博物馆水情教育基地

国家水情教育基地是面向社会公众开展水情教育的实体平台。陕西水利博物馆按照 2015 年 6 月水利部、中宣部、教育部、共青团中央联合印发的《全国水情教育规划》建设的要求，依托博物馆厚重的水文化资源和具有水情教育功能的水利演示设施及模型等，经过申报、资格审查、初评、考察复核、汇报复议等环节，最终被确定为国家首批水情教育基地。

为充分发挥国家水情教育基地的示范引领作用，陕西水利博物馆结合水文化研究与宣传教育，提出了开展水情教育的目标、途径和措施，制定了开展教育的系统规划方案。一是组建了专门的宣教团队。定期举办水情教育讲座，举办水情教育展览，编辑出版水情教育读本。二是签订馆校共建协议。与该地区大中小学校建立开展社会教育的互通平台，定期不定期“请进来”学习和“进校园”宣讲。三是加快推进水情教育基地建设。建立健全开展教育的管理制度和办法，突出特色，创新形式，使陕西水利博物馆成为全省开展水情教育的主战场。四是加大宣传力度。充分发挥公众媒体作用，利用报纸、电台、微信等媒体手段和平台进行宣传，举办水文化征文、水知识竞赛等活动，开展宣传教育上街头、进社区、进机关、进企业、走乡村活动，不断扩大水情教育的社会覆盖面，提升面向公众开展水情教育的能力和水平。

七、冯家山水库水情教育基地

冯家山水库教育基地位于宝鸡市凤翔区长青镇灵化村，依托冯家山水库工程建设指挥部旧址、展览馆、纪念碑、广场观景台等组成，是集党性教育、爱国主义教育、廉政教育等于一体的综合性教育基地。为了进一步强化教育基地的作用，2021 年立项实施了冯家山党校教学实践基地项目。该项目占地 3 万平方米，新建一栋 5 层框架结构、建筑面积 4600 平方米的培训大楼以及配套设施，并对室外场地进行绿化美化。

八、西安经济开发区第三小学水情教育基地

西安经济开发区第三小学自建校以来高度重视节水工作，认真贯彻落实国家、省、市的各项节水法律法规，积极开展节水宣传，并结合学校具体特点，把节约用水深入内心，让孩子们知行合一，落到实处，积极推进节水技术改造，加强节水管理工作。学校形成节水节能“六个一”“三桶水”收集再利用、分年龄段自编“节水儿歌”、节水课程实施、卫生间节水器具改进、种植园喷灌系统、雨水收集再利用等方面的特色节水工作。

九、西安汉城湖水情教育基地

汉城湖曾为汉长安城护城河及汉代漕运明渠，全长 6.27 千米。西安市汉城湖水利教育基地坚持“以活动促宣传、以宣传促发展、以发展促效益”发展理念，立足“做强水文化、弘扬汉文化”文化理念，狠抓环境管理、培育特色项目、重视宣传推介，很好地发挥了水情教育作用。通过积极开展河长制湖长制工作，狠抓水环境治理，及时掌握湖水动态，确保湖水长年保持Ⅳ类达标水质。依托丰富的文化遗存，先后建成了丝绸之路博物馆、水土保持科普体验馆、防震减灾科普馆等文化特色展示项目，形成汉城湖独一无二的文化活动和场馆体验。推出了着汉服，习汉礼，“衣礼中华行”等水情教育文化体验项目，建立了汉城湖官方网站、微信、微博、抖音平台，利用新媒体进行全方位、多角度的水情教育宣传，取得了显著成效。

十、引汉济渭水情教育基地

引汉济渭水情教育基地依托引汉济渭工程建设，深入挖掘水利工程科技资源，发挥工程科普和水情教育作用，打造集工程展示厅及施工现场、环保水保、水利移民和水源地扶贫保护性开发等一体的宣传教育基地。其中，工程展示厅位于西安市周至县马召镇，面积 2500 平方米，展示内容包括工程建设体验、无人机直播和 VR（虚拟现实）、AR（增强现实）互动体验等，利用声光电一体化和信息化技术开展水情教育；施工现场主要由三河口水利枢纽、黄金峡水利枢纽及 98.3 千米的秦岭输水隧洞组成，全方位展示了工程建设信息化、智慧化应用成果；环保、水保项目主要由被生态环境部誉为亚洲最高标准的鱼类增殖站，高标准、零排放的废水处理设施和水土保持示范项目子午梅苑等组成，展示了环保水保的相关举措。水利移民通过梅子镇寇家湾、筒车湾镇干田梁等安置点的良好生活环境、基础设施，展示了水利建设移民成就。水源地扶贫保护性开发展示了子午水厂和生凤茶园解决了当地群众就近就业增收问题。作为国家级水情教育基地，陕西省科普教育基地，西北农林科技大学、西安理工大学等高等院校的教学实践基地，引汉济渭水情教育基地是宣传水文化、开展水情教育的重要平台和窗口。

十一、西安市沣惠渠管理中心水情教育基地

沣惠渠始建于1941年，是“关中八惠”之一。主干渠全长48.35千米，曾在农业发展中扮演过重要角色。随着时间的推移及城市发展规模的日益扩大，沣惠渠曾一度成为“排污渠”，隐匿在荒地与滩涂中，逐渐淡出人们的视野。2018年，西安市以沣惠渠水系为依托，建设沣惠绿道，沣惠渠由此开启华丽蝶变之旅。

为保障水质，西安市浥河沣惠渠管理中心深入贯彻河长制湖长制，严格落实“一河一策”管护责任，在沿渠重点部位安装拦污栅，设置打捞点，对渠底水草及水面漂浮物进行不间断打捞清理，严防渠道壅水；认真排查沿渠排污口，与沿线各级河长及业务部门联合巡查，保障生态饮水安全达标；加强重点部位流量、水位监测，不定期采用无人机空中巡、巡逻艇湖面巡、工作人员沿渠巡，形成“陆海空”三栖立体巡查模式，全力守护，使沣惠渠水质不断提升。

沣惠渠灌区年最大生态引水量可达6900万立方米，按照调度计划，每年可向浥河注入清水3000万立方米，向汉城湖、昆明池、高新湖、鱼化湖等生态景观供水3900万立方米，为助力恢复“八水绕长安”盛景、改善城市水环境、推动黄河流域生态保护和高质量发展贡献着越来越重要的力量。

在建设沣惠绿道时，沿途打造了多彩树廊、浪漫花海、夜光绿道、渠道印记、与水共生及文化再生等六大特色景观。通过亮化策略打造西安第一条滨河夜光绿道，形成全线夜光特色走廊；通过绿化策略形成彩叶花廊、多彩树廊、自然田园、鲜花绿道及多彩草滩五大植物主题绿道线；通过文化策略，串联文化符号，使绿道成为文化载体和展现舞台，让沣惠渠沿线焕发了新的生机。

第五节　水文化作品

一、诗词

纵观古今，无数文人墨客留下许多千古流传、脍炙人口的诗词，吟诵渭河之势、之风、之俗，形成了渭河诗词文化。渭河诗词文化内容涉及流域社会发展的方方面面，主要有农业、经济、政治、军事、历史、哲学等方面。

（一）农业篇

4000多年前，周始祖后稷在关中的杨凌（今名）“教农稼穑，树艺五谷”。《诗经·閟宫》曰：閟宫有侐，实实枚枚。赫赫姜嫄，其德不回。上帝是依，无灾无害。弥月不迟，是生后稷，降之百福。黍稷重穋，稙稚菽麦。奄有下国，俾民稼穑。有稷有黍，有稻有秬。奄有下土，缵禹之绪。后稷之孙，实维大王。居岐之阳，实始翦商。至于文武，缵大王之绪，致天之届，于牧之野。这里叙述的是渭河流域是农业的起源地。唐代诗人温庭筠“蜀山攒黛留晴雪，簝笋蕨芽萦九折。江风吹巧剪霞绡，花上千枝杜鹃血”，反映了渭河流域人们采摘蕨菜的欢乐情景。盛唐时，京辅地区呈现一派“秔稻漠漠，黍稷油油”的兴旺场面。唐代诗人白居易的《渭上偶钓》中有如下诗句：“渭水如镜色，中有鲤与鲂，偶持一竿竹，悬钓在其傍。”说明渭河在唐代时鱼类丰富。元代王冕的《渭河道中·其一》“平地连沧海，孤城带渭河。行人俱汉语，舟子半吴歌。野草惊秋短，鲂鱼出水多。只怜乡土远，处处有胡笳。”也表达了此意。

（二）经济篇

渭河对历代经济社会的发展进步产生过重要影响。尤其在汉唐时期，渭河流域经济发展处于当时世界领先地位。正是渭河及其支流的支撑作用，使长安城成为国际大都市。唐代推行睦邻友好、对外开放政策，先后同亚、非、欧72个国家和地区建立了外交关系，呈现出“百蛮奉遐赆，万国朝未央”的盛况，通过陆地和海上丝绸之路交易，使长安城成为最大的国际商贸都会。《资治通鉴·德宗纪》中有“九姓胡冒回纥之名杂居京师，殖货纵暴”的记载。在长安城经商的外国商贾成千上万。商业中心主要集中在东、西两市。东市“市内货财二百二十行，四面立邸，四方珍奇皆所积集”。唐代诗人元稹在《估客乐》诗中有：“经游天下遍，却到长安城。城中东西市，闻客次第迎。迎客兼说客，多财为势倾”的诗句。

（三）交通篇

《诗经·邶风·柏舟》：泛彼柏舟，亦泛其流。昔日的渭河水系水源充裕，水量丰沛，两岸郁郁葱葱，河中流水清澈。古人曾以“长天一色渡中流，如雪芦花载满舟。”的诗句来描绘渭河的壮观景色。东汉诗人杜笃追忆、描绘渭河水运盛况说：“泾渭之流，径入于河。大船万艘，转漕相过。”。温庭筠《渭上题三首》“目极云霄思浩然，风帆一片水连天”反映的就是渭河运输的发达和壮观场景，足见那时的关中平原，水天一色，不是江南，胜似江南。到宋代，渭河也具有行船和水运之利。史载，宋代秦岭北麓的斜峪关曾经是造船业的中心，年产木船600余艘。“关中八景”之一的“咸阳古渡”至少在明代还存在，那时的渭河仍具有“沽舟泛泛，渔艇悠悠，黑鳗赤鲤，浮沉于绿水之中；白鹭青鸟，出没于烟波之上”之绝美风光。

（四）源头篇

自古以来，鸟鼠山因是渭河的发源地而闻名，“三源孕鸟鼠，一水兴八朝”，吸引无数文人墨客访古探胜，著书吟诗，赞颂恩泽千里的渭河，赞颂这座山。隋大业年间，隋炀帝西巡，从渭河源头的浊源河摆渡，留下了《西征临渭源》：惊涛鸣涧石，澄岸泻崖楼。滔滔下狄县，淼淼肆神州。《渡北河》（北河指渭源县北的渭河）：桃花长新浪，竹箭下奔流。可见当时的渭河横流，源头风景秀美，令这位天子乐而忘行，诗兴大发。北周庾信《望渭水》：树似新亭岸，沙如龙尾湾。犹言吟溟浦，应有落帆还。曾官至监察御史的北宋大诗人张舜民在《巩州首阳铺鸟鼠同穴》中留下“谁能穷物理，目送渭波东”的感叹；清代诗人杨景熙有《鸟鼠山》诗云：“名山矗立万千年，详注水经代代传。导渭探源来大禹，穷奇搜异有前贤。峰头烟锁当空月，洞口风生薄暮天。曾否穴中同鸟鼠，诗人多少费评盏”。另有《渭水东注》一诗中：“闲眺城边渭水流，长虹一道卧桥头。源探鸟鼠关山月，窟隐蛟龙秦地秋。远岸斜阳光射雁，平沙激石浪惊鸥。一帆风顺达千里，东走西安轻荡舟”。那高高的拱桥虽可看出当年“东走西撞轻荡舟”的舟船之高、江水之大，可现如今拱桥下渭河的水却浅薄得连茵茵的芳草也盖不住，更别提“荡舟”了。当代著名历史学家顾颉刚1938年考察渭水源头也曾发出了“疑问鼠山名，试为答案歧千古；长流渭川水，溯到源头只一盅”的疑问。

（五）风景篇

由于渭水与长安关系密切，古人往往把它们联系起来，因而有“秋风生渭水，落叶满长安”，“渭水桥边独倚阑，望中原是古长安”的佳句流传至今。西汉文学家司马相如在著名的辞赋《上林赋》中写道“荡荡乎八川分流，相背而异态”，描写了汉代上林苑的巨丽之美，以后就有了“八水绕长安”的描述。杜甫曾有诗云：“三月三日天气新，长安水边多丽人”，丘处机“天下风光何处好。八水三川，自古长安道”，关中八景之一的“灞柳风雪”：“水清碧如带，柳絮随风舞”。

“泾渭分明”原指渭河清、泾河浊，“清者自清，浊者自浊”，在两河的交汇处，如此奇妙的景象长达数里，绵延不绝。《诗经·邶风·谷风》：“泾以渭浊，湜湜其沚。”，并有“泾渭相入清浊异”之说，大概是这则成语的一种雏形，比喻界限清楚或是非分明。唐代大诗人杜甫《秋雨叹》中有“浊泾清渭何当分”的诗句，宋代朱熹也有“泾浊渭清，二水会合清浊益分”之言。隋薛道衡《奉河临源应诏》：八川兹一态，万里导长波。惊流注陆海，激浪像天河。唐代大诗人李白眼里“渭水银河清，横天流不息”（《君子有所思行》）。明代杨继盛《经渭水喜雨途中》“随车甘澍南山遍，彻底清流渭水长。”这些都显现了渭河的大河气势和秀美。

（六）述怀篇

山水常常是古今文人墨客述怀咏志的最好载体，渭河因其雄壮和秀美更是备受青睐。战国时期荆轲刺秦王，留下豪迈诗句“风萧萧兮易水寒，壮士一去兮不复还”。隋炀帝《示从征群臣》：讵敢惮焦思？安枕于上京！北河秉武节，千里卷长旌。李频在《东渭桥晚眺》诗中写道：“秦地有吴洲，千樯渭曲头。人当返照立，水彻故乡流。”李频的老家在浙江的富春江，他站在东渭桥上看到的景色是舟船往来，河水清澈，倒影林立，使他想起了故乡富春江的秀丽景色。王维吟咏的“斜阳照墟落，穷巷牛羊归。野老念牧童，倚杖候荆扉。雉雊麦苗秀，蚕眠桑叶稀。田夫荷锄至，相见语依依。即此羡闲逸，怅然吟式微。”（《渭川田家》）描绘了渭河流域初夏乡村的黄昏景色，清新自然，诗意盎然。诗人以一幅田家晚归图，反衬自己归隐太迟以及自己混迹官场的孤单、苦闷。杜甫《哀江头》：少陵野老吞声哭，春日潜行曲江曲。江头宫殿锁千门，细柳新蒲为谁绿。忆昔霓旌下南苑，苑中万物生颜色。昭阳殿里第一人，同辇随君侍君侧。辇前才人带弓箭，白马嚼啮黄金勒。翻身向天仰射云，一箭正坠双飞翼。明眸皓齿今何在，血污游魂归不得。清渭东流剑阁深，去住彼此无消息。人生有情泪沾臆，江水江花岂终极。黄昏胡骑尘满城，欲往城南望城北。白居易的《建昌江》：“建昌江水县门前， 立马教人唤渡船。忽似往年归蔡渡，草风沙雨渭河边。”唐朝卢纶《奉陪浑侍中上巳日泛渭河》：“青舸锦帆开，浮天接上台。晚莺和玉笛，春浪动金罍。”唐朝诗人岑参《西过渭州见渭水思秦川》“渭水东流去，何时到雍州。凭添两行泪，寄向故园流”。宋代大诗人陆游《七绝二首》：“中原北望气吞天，万里平胡壮志坚。抚剑茫然思往事，提刀入梦渭河边。”元代王冕《渭河道中四》：“海气团云白，江风吹浪寒。飞鸿离塞远，独鹤唳更阑。慷慨论时事，羁栖笑楚冠。萧萧黄叶下，回首望长安。”元代张爽怀念三国一代明相、军事家诸葛亮的《武侯庙》诗曰：“长蛇成八阵，渭水战鼓鸣。”让我们仿佛看到了渭水两岸的剿杀征战兵马的身影，从中我们也听到了民族史诗的雄浑旋律。

（七）选录

1. 春秋

（1）《诗经·邶风·谷》。习习谷风，以阴以雨。黾勉同心，不宜有怒。采葑采菲，无以下体。德音莫违，及尔同死。行道迟迟，中心有违。不远伊迩，薄送我畿。谁谓荼苦，其甘如荠。宴尔新昏，如兄如弟。泾以渭浊，湜湜其沚。宴尔新昏，不我屑矣。毋逝我梁，毋发我笱。我躬不阅，遑恤我后！就其深矣，方之舟之。就其浅矣，泳之游之。何有何亡，黾勉求之。凡民有丧，匍匐救之。不我能慉，反以我为雠，既阻我德，贾用不售。昔育恐育鞫，及尔颠覆。既生既育，比予于毒。我有旨蓄，亦以御冬。宴尔新昏，以我御穷。有洸有溃，既诒我肄。不念昔者，伊余来塈。

（2）《诗经·大雅·公刘》。笃公刘，匪居匪康。乃埸乃疆，乃积乃仓。乃裹糇粮，于橐于囊，思辑用光。弓矢斯张，干戈戚扬，爰方启行。笃公刘，于胥斯原。既庶既繁，既顺乃宣，而无永叹。陟则在巘，复降在原。何以舟之，维玉及瑶，鞞琫容刀。笃公刘，逝彼百泉，瞻彼溥原。乃陟南冈，乃觏于京。京师之野，于时处处，于时庐旅，于时言言，于时语语。笃公刘，于京斯依。跄跄济济，俾筵俾几。既登乃依，乃造其曹。执豕于牢，酌之用匏。食之饮之，君之宗之。笃公刘，既溥且长，既景乃冈。相其阴阳，观其流泉，其军三单。度其隰原，彻田为粮。度其夕阳，豳居允荒。笃公刘，于豳斯馆。涉渭为乱，取厉取锻。止基乃理，爰众爰有。夹其皇涧，溯其过涧。止旅乃密，芮鞫之即。

（3）《诗经·秦风·渭阳》。我送舅氏，曰至渭阳。何以赠之？路车乘黄。我送舅氏，悠悠我思。何以赠之？琼瑰玉佩。

（4）《诗经·大雅·大明》。文王初载，天作之合，在洽之阳，在渭之涘。文王嘉止，大邦有子。大邦有子，伣天之妹。文定厥祥，亲迎于渭。造舟为梁，不显其光。

（5）《诗经·大雅·皇矣》。皇矣上帝，临下有赫。监观四方，求民之莫。唯此二国，其政不获。维彼四国，爰究爰度。上帝耆之，憎其式廓。乃眷西顾，此维与宅。作之屏之，其菑其翳。修之平之，其灌其栵。启之辟之，其柽其椐。攘之剔之，其檿其柘。帝迁明德，串夷载路。天立厥配，受命既固。帝省其山，柞棫斯拔，松柏斯兑。帝作邦作对，自大伯王季。维此王季，因心则友，则友其兄，则笃其庆。载锡之光，受禄无丧，奄有四方。维此王季，帝度其心，貊其德音。其德克明，克明克类，克长克君。王此大邦，克顺克比。比于文王，其德靡悔。既受帝祉，施于孙子。帝谓文王：无然畔援，无然歆羡，诞先登于岸。密人不恭，敢距大邦，侵阮徂共。王赫斯怒，爰整其旅，以按徂旅。以笃于周祜，以对于天下。依其在京，侵自阮疆。陟我高冈，无矢我陵。我陵我阿，无饮我泉，我泉我池。度其鲜原，居岐之阳，在渭之将。万邦之方，下民之王。帝谓文王：予怀明德，不大声以色，不长夏以革。不识不知，顺帝之则。帝谓文王：询尔仇方，同尔弟兄。

以尔钩援，与尔临冲，以伐崇墉。临冲闲闲，崇墉言言。执讯连连，攸馘安安。是类是祃，是致是附，四方以无侮。临冲茀茀，崇墉仡仡。是伐是肆，是绝是忽。四方以无拂。

（6）《诗经 · 秦风 · 蒹葭》。蒹葭：蒹葭苍苍，白露为霜。所谓伊人，在水一方，溯洄从之，道阻且长。溯游从之，宛在水中央。蒹葭萋萋，白露未晞。所谓伊人，在水之湄。溯洄从之，道阻且跻。溯游从之，宛在水中坻。蒹葭采采，白露未已。所谓伊人，在水之涘。溯洄从之，道阻且右。溯游从之，宛在水中沚。

2. 唐

（1）温庭筠《渭上题三首》：目极云霄思浩然，风帆一片水连天。轻桡便是东归路，不肯忘机作钓船。《咸阳值雨》：咸阳桥上雨如悬，万点空蒙隔钓船。还似洞庭春水色，晓云将入岳阳天。

（2）白居易《渭上偶钓》：渭水如镜色，中有鲤与鲂。偶持一竿竹，悬钓至其傍。微风吹钓丝，袅袅十尺长。谁知对鱼坐，心在无何乡。昔有白头人，亦钓此渭阳。钓人不钓鱼，七十得文王。况我垂钓意，人鱼又兼忘。无机两不得，但弄秋水光。兴尽钓亦罢，归来饮我觞。《渭村雨归》：渭水寒渐落，离离蒲稗苗。闲傍沙边立，看人刈苇苕。近水风景冷，晴明犹寂寥。复兹夕阴起，野色重萧条。萧条独归路，暮雨湿村桥。《客中月》：客从江南来，来时月上弦。悠悠行旅中，三见清光圆。晓随残月行，夕与新月宿。谁谓月无情，千里远相逐。朝发渭水桥，暮入长安陌。不知今夜月，又作谁家客？《江南遇天宝乐叟》：白头病叟泣且言，禄山未乱入梨园。能弹琵琶和法曲，多在华清随至尊。是时天下太平久，年年十月坐朝元。千官起居环珮合，万国会同车马奔。金钿照耀石瓮寺，兰麝熏煮温汤源。贵妃宛转侍君侧，体弱不胜珠翠繁。冬雪飘摇锦袍暖，春风荡漾霓裳翻。欢娱未足燕寇至，弓劲马肥胡语喧。豳土人迁避夷狄，鼎湖龙去哭轩辕。从此漂沦落南土，万人死尽一身存。秋风江上浪无限，暮雨舟中酒一尊。涸鱼久失风波势，枯草曾沾雨露恩。我自秦来君莫问，骊山渭水如荒村。新丰树老笼明月，长生殿暗锁春云。红叶纷纷盖欹瓦，绿苔重重封坏垣。唯有中官作宫使，每年寒食一开门。

（3）李频《东渭桥晚眺》：秦地有吴洲，千樯渭曲头。人当及照立，水彻故乡流。

（4）李白《君子有所思行》：紫阁连终南，青冥天倪色。 凭崖望咸阳，宫阙罗北极。 万井惊画出，九衢如弦直。渭水银河清，横天流不息。 朝野盛文物，衣冠何翕赩。厩马散连山，军容威绝域。伊皋运元化，卫霍输筋力。 歌钟乐未休，荣去老还逼。 圆光过满缺，太阳移中昃。不散东海金，何争西飞匿。 无作牛山悲，恻怆泪沾臆。《忆秦娥》：箫声咽，秦娥梦断秦楼月。秦楼月，年年柳色，灞陵伤别。乐游原上清秋节，咸阳古道音尘绝。音尘绝，西风残照，汉家陵阙。《灞陵行送别》：送君灞陵亭，灞水流浩浩。上有无花之古树，下有伤心之春草。我向秦人问路岐，云是王粲南登之古道。古道连绵走西京，紫阙落日浮云生。正当今夕断肠处，骊歌愁绝不忍听。

（5）冷朝阳《晚次渭上》：晚来清渭上，一似楚江边。鱼网依沙岸，人家傍水田。

（6）王维《送元二使安西》。渭城朝雨浥轻尘，客舍青青柳色新。劝君更尽一杯酒，西出阳关无故人。《奉和圣制从蓬莱向兴庆阁道中留春雨中春望之作应制》：渭水自萦秦塞曲，黄山旧绕汉宫斜。銮舆迥出千门柳，阁道回看上苑花。云里帝城双凤阙，雨中春树万人家。为乘阳气行时令，不是宸游重物华。《渭川田家》：斜阳照墟落，穷巷牛羊归。野老念牧童，倚杖候荆扉。雉雊麦苗秀，蚕眠桑叶稀。田夫荷锄至，相见语依依。即此羡闲逸，怅然吟式微。

（7）张籍《登咸阳北寺楼》：高秋原上寺，下马一登临。渭水西来直，秦山南向深。旧宫人不住，荒碣路难寻。日暮凉风起，萧条多远心。

（8）岑参《西过渭州，见渭水思秦川》：渭水东流去，何时到雍州。凭添两行泪，寄向故园流。

（9）崔颢《渭城少年行》：洛阳三月梨花飞，秦地行人春忆归。扬鞭走马城南陌，朝逢驿使秦川客。驿使前日发章台，传道长安春早来。 棠梨宫中燕初至，葡萄馆里花正开。念此使人归更早， 三月便达长安道。长安道上春可怜，摇风荡日曲江边。万户楼台临渭水，五陵花柳满秦川。秦川寒食盛繁华， 游子春来不见家。斗鸡下杜尘初合，走马章台日半斜。 章台帝城称贵里，青楼日晚歌钟起。贵里豪家白马骄， 五陵年少不相饶。双双挟弹来金市，两两鸣鞭上渭桥。渭城桥头酒新熟，金鞍白马谁家宿。可怜锦瑟筝琵琶，玉壶清酒就倡家。小妇春来不解羞，娇歌一曲杨柳花。

（10）杜甫 《秦州杂诗》二十首：满目悲生事，因人作远游。迟回度陇怯，浩荡及关愁。水落鱼龙夜，山空鸟鼠秋。西征问烽火，心折此淹留。秦州山北寺，胜迹隗嚣宫。苔藓山门古，丹青野殿空。月明垂叶露，云逐渡溪风。清渭无情极，愁时独向东。州图领同谷，驿道出流沙。降虏兼千帐，居人有万家。马骄珠汗落，胡舞白蹄斜。年少临洮子，西来亦自夸。鼓角缘边郡，川原欲夜时。秋听殷地发，风散入云悲。抱叶寒蝉静，归来独鸟迟。万方声一概，吾道竟何之。南使宜天马，由来万匹强。浮云连阵没，秋草遍山长。闻说真龙种，仍残老骕骦。哀鸣思战斗，迥立向苍苍。城上胡笳奏，山边汉节归。防河赴沧海，奉诏发金微。士苦形骸黑，旌疏鸟兽稀。那闻往来戍，恨解邺城围。莽莽万重山，孤城山谷间。无风云出塞，不夜月临关。属国归何晚，楼兰斩未还。烟尘独长望，衰飒正摧颜。闻道寻源使，从天此路回。牵牛去几许，宛马至今来。一望幽燕隔，何时郡国开。东征健儿尽，羌笛暮吹哀。今日明人眼，临池好驿亭。丛篁低地碧，高柳半天青。稠叠多幽事，喧呼阅使星。老夫如有此，不异在郊坰。云气接昆仑，涔涔塞雨繁。羌童看渭水，使客向河源。烟火军中幕，牛羊岭上村。所居秋草净，正闭小蓬门。萧萧古塞冷，漠漠秋云低。黄鹄翅垂雨，苍鹰饥啄泥。蓟门谁自北，汉将独征西。不意书生耳，临衰厌鼓鼙。山头南郭寺，水号北流泉。老树空庭得，清渠一邑传。秋花危石底，晚景卧钟边。俯仰悲身世，溪风为飒然。传道东柯谷，深藏数十家。对门藤盖瓦，映竹水穿沙。瘦地翻宜粟，阳坡可种瓜。船人近相报，但恐失桃花。万古仇池穴，潜通小有天。神鱼人不见，福地语真传。接近西南境，长怀十九泉。何时一茅屋，送老白云边。未暇泛沧海，悠悠兵马间。塞门风落木，客舍雨连山。阮籍行多兴，庞公隐不还。东柯遂疏懒，休镊鬓毛斑。东柯好崖谷，不与众峰群。落日邀双鸟，晴天养片云。野人矜险绝，水竹会平分。采药吾将老，儿童未遣闻。边秋阴易久，不复辨晨光。檐雨乱淋幔，山云低度墙。鸬鹚窥浅井，蚯蚓上深堂。车马何萧索，门前百草长。地僻秋将尽，山高客未归。塞云多断续，边日少光辉。警急烽常报，传闻檄屡飞。西戎外甥国，何得迕天威。凤林戈未息，鱼海路常难。候火云烽峻，悬军幕井干。风连西极动，月过北庭寒。故老思飞将，何时议筑坛。唐尧真自圣，野老复何知。晒药能无妇，应门幸有儿。藏书闻禹穴，读记忆仇池。为报鸳行旧，鹪鹩在一枝。

（11）李商隐《杂曲歌辞 · 无愁果有愁曲》：东有青龙西白虎，中含福皇包世度。玉壶渭水笑清潭，凿天不到牵牛处。麒麟踏云天马狞，牛山撼碎珊瑚声。秋娥点滴不成泪，十二玉楼无故钉。推烟唾月抛千里，十番红桐一行死。白杨别屋鬼迷人，空留暗记如蚕纸。日暮向风牵短丝，血凝血散今谁是。

3. 元

王冕《渭河道中》四首：平地连沧海，孤城带渭河。行人俱汉语，舟子半吴歌。

野草惊秋短，鲂鱼出水多。只怜乡土远，处处有胡笳。披雾青天近，梳头白发明。山河千古恨，风雨五更情。塞北浮云惨，关中王气清。草庐诸葛在，未得话平生。月出东溟白，天垂北斗低。砺马思秣马，舞剑忽闻鸡。诸葛犹存，田横不辱齐。 英雄如有见，琐稍岂能迷？海气团云白，江风吹浪寒。飞鸿离塞远，独鹤唳更阑。慷慨论时事，羁栖笑楚冠。 萧萧黄叶下，回首望长安。

4. 明

马中锡《晚渡咸阳》：野色苍茫接渭川，白鸥飞尽水接天。僧归红叶林间寺，人唤斜阳渡口船。表里山河犹往昔，变迁朝市已多年。渔翁看破兴亡事，独坐秋风钓石边。

5. 清

朱集义《渭阳古渡》：长天一色渡中流，如雪芦花载满舟。江上太公何处去，烟波依旧汉时秋。

二、碑记散文

（一）碑记

1.《东渭桥记》

富平县尉河南达奚珣辞书曰导渭自乌鼠同穴，其来尚矣。发源之际……岐雍之间，包荒沣镐之类，盖用深广，东流英……则莫可得而济矣。夫通变者，圣人之务也。可……之时，义大矣哉。开元中，京尹 孟公以清风……故事，可以成梁。上闻于天，帝用嘉心。明制既下，指期有日。总统群务……工徒详力役，经远迩，度高卑。前规律由，具有……雷霆，瑰材所聚，隐居山岳。未曾逾月，其功乃……石。抗星柱，延虹梁，矗如长云，横界极浦，迹是……奂乎无以加也。至如架鼋鼍而麾蛟龙，则闻……巢，孰尚其劳。岂如今兹择善而举，既利于物……彼有惭德。若乃睿图光赫，天京辐辏，于……

波足畏也，舟楫至危也。苟或失所，其伤则多。……平路，无杭苇之险，同衽席之安，劳于一朝，逸……有经矣。且夫诗美造舟之役，史重河桥之功……

稽古有训，敢不钦若。时郡邑寮寀祝事者，人……望。礼乐之席，近取诸身。文章之能高日英天下，……众贤一心，其下毕力。上则答□□之大命，中则述京尹之明谟，义叶从……□弊河流。高陵主簿刘绾，文吏之雄也。糺合……不敏从诸公之后焉。终始备详，用举其略。请……是时大唐开元九年冬十有一月有八日……

京兆府士曹彭城刘惟超　高陵令太原……

奉先尉渤海吴贯之　高陵河南……

美原尉弘农杨慎馀　同官尉京兆……

华原尉太原祁玉恽　三原尉吴郡……

高陵主簿彭城刘绾　富平尉河南……

说明：唐《东渭桥记》残碑，1967 年出土于陕西西安高陵县耿镇白家嘴村西南约 300 米处，同时，在该处发现唐东渭桥遗址。碑为唐开元九年（721 年）所立，碑额与碑座已失。碑身为六面柱形，每面各宽 17 厘米，碑残高 67 厘米，上部残损较少，下部残损较多。碑一至五面各有碑文五行，第六面有三行。下部缺字较多。如：碑文首行，“东渭桥记”下“富平县尉河南达奚珣辞”句后，应署有书写碑文人的姓名，但残碑缺之；又每行之末与次行之首文气不接；从内容讲，其中有“上则答……，中则述……”，其下应有“下则……”之句，文中缺之。碑文书法秀丽，惹人玩味。（附残碑出土地点示意图与碑文拓本），因碑文有漫漶处，今将碑文依原行排列，录之于后，加标点于其旁，以便阅赏。

2. 唐魏徵《九成宫醴泉铭》

秘书监检校侍中钜鹿郡公，臣魏徵奉敕撰。维贞观六年孟夏之月，皇帝避暑乎九成之宫，此则隋之仁寿宫也。冠山抗殿，绝壑为池，跨水架楹，分岩耸阙，高阁周建，长廊四起，栋宇胶葛，台榭参差；仰视则迢递百寻，下临则峥嵘千仞，珠璧交映，金碧相晖，照灼云霞，蔽亏日月。观其移山回涧，穷泰极奢，以人从欲，良足深尤。至于炎景流金，无郁蒸之气；微风徐动，有凄清之凉，信安体之佳所，诚养神之胜地，汉之甘泉不能尚也。

皇帝爰在弱冠，经营四方，逮乎立年，抚临亿兆，始以武功壹海内，终以文德怀远人。东越青丘，南逾丹徼，皆献琛奉贽，重译来王，西暨轮台，北拒玄阙，并地列州县，人充编户。气淑年和，迩安远肃，群生咸遂，灵贶毕臻，虽藉二仪之功，终资一人之虑。遗身利物，栉风沐雨，百姓为心，忧劳成疾，同尧肌之如蜡，甚禹足之胼胝，针石屡加，腠理犹滞。爰居京室，每敝炎暑，群下请建离宫，庶可怡神养性。圣上爱一夫之力，惜十家之产，深闭固拒，未肯俯从，以为隋氏旧宫，营于曩代，弃之则可惜，毁之则重劳，事贵因循，何必改作。于是斫雕为朴，损之又损，去其泰甚，葺其颓坏，杂丹墀以沙砾，间粉壁以涂泥；玉砌接于土阶，茅茨续于琼室。仰观壮丽，可作鉴于既往，俯察卑俭，足垂训于后昆，此所谓“至人无为，大圣不作”，彼竭其力，我享其功者也。

然昔之池沼，咸引谷涧，宫城之内，本乏水源，水而无之，在乎一物，既非人力所致。圣心怀之不忘。粤以四月甲申朔旬有六日己亥，上及中宫，历览台观，闲步西城之阴，踌躇高阁之下，俯察厥土，微觉有润，因而以杖导之，有泉随而涌出，乃承以石槛，引为一渠。其清若镜，味甘如醴，南注丹霄之右，东流度于双阙；贯穿青琐，萦带紫房；激扬清波，涤荡瑕秽；可以导养正性，可以澄莹心神。鉴映群形，润生万物，同湛恩之不竭，将玄泽于长流，匪唯乾象之精，盖亦坤灵之宝。

谨案：《礼纬》云：王者刑杀当罪，赏锡当功，得礼之宜，则醴泉出于阙庭。《鹖冠子》曰："圣人之德，上及太清，下及太宁，中及万灵，则醴泉出。"《瑞应图》曰：王者纯和，饮食不贡献，则醴泉出。饮之令人寿。《东观双记》曰："光武中元元年，醴泉出京师，饮之者痼疾皆愈"。然则神物之来，实扶明圣；既可蠲兹沉痼，又将延彼遐龄。是以百辟卿士，相驱动色，我后固怀㧑挹，推而弗有，虽休勿休，不徒闻于往昔，以祥为惧，实取验于当今。斯乃上帝玄符，天子令德，岂臣之末学所能丕显？！但职在记言，属兹书事，不可使国之盛美，有遗典策，敢陈实录，爰勒斯铭。其词曰：

唯皇抚运，奄壹寰宇，千载膺期，万物斯睹；功高大舜，勤深伯禹，绝后承前，登三迈五。握机蹈矩，乃圣乃神，武克祸乱，文怀远人：书契未纪，开辟不臣，冠冕并袭，琛贽咸陈。大道无名，上德不德，玄功潜运，高深莫测。凿井而饮，耕田而食，靡谢天功，安知帝力。上天之载，无臭无声，万类资始，品物流形，随感变质，应德效灵，介焉如响，赫赫明明. 杂沓景福，葳蕤繁祉：云氏龙宫，龟图凤纪，日含五色，乌呈三趾，颂不辍工，笔无停史。上普降祥，上智斯悦，流谦润下，潺湲皎洁，萍旨醴甘，冰凝镜澈，用之日新，拒之无竭。道随时泰，庆与泉流，我后夕惕，虽休弗休，居崇茅宇，乐不厌游，黄屋非贵，天下为笼。人玩其华，我取其实，还淳反本，代文以质，居高思坠，持满戒溢；念兹在兹，永保贞吉。兼太子率更令渤海男欧阳询奉敕书。

3. 唐苏轼《喜雨亭记》

亭以雨名，志喜也。古者有喜，则以名物，示不忘也。周公得禾，以名其书；汉武得鼎，以名气年；叔孙胜狄，以名其子。其喜大小不一，示其不忘一也。

余至扶风之明年，始治官舍。为亭于堂之北，而凿池其南，引流种树，以为休息之所。是岁之春，雨麦于岐山之阳，其占为有年。既而弥月不雨，民方以为忧。越三月，乙卯乃雨，甲子又雨，民以为未足。丁卯大雨，三日乃止。官吏相与庆于庭，商贾相与歌于市，农夫相与忭于野，忧者以喜，病者以愈，而吾亭适成。

于是举酒于亭上，以属客而告之，曰："五日不雨可乎？曰：'五日不雨则无麦。'十日不雨可乎？曰：'十日不雨则无禾。'无麦无禾，岁且荐饥，狱讼繁兴而盗贼滋炽。则吾与二三子，虽欲优游以乐于此亭，其可得耶？今天不遗斯民，始旱而赐之以雨，使吾与二三子，虽欲优游以乐于此亭，皆雨之赐也。其又可忘耶？"

既以名亭，又从而歌之，曰："使天而雨珠，寒者不得以为襦；使天而雨玉，饥者不得以为粟。一雨三日，伊谁之力？民曰太守。太守不有，归之天子。天子曰不然，归之造物。造物不自以为功，归之太空。太空冥冥，不可得而名。吾以名吾亭。"

4. 明王九思《重修渭堤碑记》

咸阳市在省城西五十里。渭水自西南来，带县而东，距城二丈许，岁久崩塌寖隘，每当秋水灌河，滉漾可畏。嘉靖己丑，监察御史王君献以忧家居，盖尝叹息，以为北岸修筑弗亟，且有一朝之患奈何？是时都御史寇公天叙巡抚关陕，御史君乃以书谋之，不果。明年庚寅，都御史麻城刘公天和任巡抚，一日行部至咸阳，御史君又以为言。刘公慨然行视河岸，以为百万生灵生死系焉，不早图不可，镇守太监宴公宏、巡按监察御史朱公观议克合。是时守巡则左参政江君介、佥事张君恂，而江君则奉檄营度，分为十工，每工以省祭官一人、义官二人、民之殷实者十有二人督修之，而总之者则臬司知事冯录其人臬。取桩于本地之柏，取石于户南之山，取铁若石灰于口羡之需，取夫役若车于乡邑，而量其屋宇地亩为多寡焉。宰之者知事陈文举，县丞王绍祖则承命以从事。开始于庚寅冬十有一月，越明年辛卯夏四月告成。事凡用柏以株计，则五千二百九十有九；石以块计，大小则万有四千有二；石灰以石计，则千有四百；铁以斤计，则二千八百七十有五；夫役以人计，则日十百；车以辆计，则七千六百有一。修完河岸，可以丈计，则四丈有五；长以丈计，则百有八十有二；而计其始终，则百有四十有五日云。于是潘臬长贰，西安郡守罔不闻知，与夫冠盖东西行过是者及阖县之老稚，欢欣叹羡，以为御史君之心仁于乡矣。向非巡抚刘公之果断神志，则亦未能成功若是之易也。至于镇守、巡按二公协谋，分守江君之劳瘁，而不可无记。以告于紫阁山人王九思，王九思曰：春秋筑一台，作一门必书，重民力惜民财也。是役也，一举众美备，暂劳永逸，为世世利，其何可忘？是用书之以语于后，其或阙焉有未竟者，嗣而葺之，毋惮于丛怨。呜呼！是岂徒为一身一家者哉！有官君子其慎思之。若夫卫所，乡邑小大之职，若民有事于斯，法得牵连。书姓名者，俱在碑阴，兹不暇及云。

——选自《重修咸阳县志》民国本：卷二

5. 修渭河堤记碑文

渭流绕华州北境，自西徂东，其南岸地势独卑，故上游汹涌，每虞汗漶。乾隆二十一年，席牧因利乘便，督民于最洼处筑堤捍御，延河田庐居然无恙。去夏霖过甚，河流涨发，水从无堤处漫入。余闻而驰赴，率郡守、州牧周走相视，由侯坊村吴家桥迤逦而西，经大荔之胡村等处，与各村老谋，所以接筑者，童叟环跪而呼曰："与我小民永除大患也，愿及时举之。"爰呈大宪饬牧令等善董其事，一时之荷锄负畚者数千人，增新补旧，计长五十余里，身高一丈，面宽如身，底视其面而三之。因力其民，民忘其劳，匝月竣工。该牧令条议善水事宜，保固功勤宜，保固功勤，劝惩罚备。由是赤水以东方山以西，堤势蜿蜒，民乐安堵，余喜其利，民阜财可垂永久。因贞诸石，以志太守、牧令之体恤舆情而功成迅速也。后之治斯土者其亦知所劳勚欤！

（潼关道屠用申撰）

6. 方山河开河记碑文

华阴之西有河，曰"方山"。与华州构谷、黄家谷诸水分流入渭，有水道，自明万历间，构、黄水道淤塞，州民凿东、西渠引水，由方山河达渭。方山一水兼受二水，势难容洩，勾汛滥湍激，淹没田亩。顺治十四年，邑令林某筑方山东堤以障之。州民遇水潦，欲决东堤，使水直灌于县，互相角斗。大中丞鄂公亲临勘测，令将方山河淤浅挑濬 。至戊子、己丑积雨连绵，诸渠复涨。总制殷公饬令州牧率众疏通构谷河直北古道，於庚寅仲春，会同大中丞鄂公，诣被灾处，细加相度知水性汹涌，先年必有水道分洩，庶几势分而患可除。即时兴工，越两日，果得构河石桥故道。其黄家峪水应有故道，亦可知矣。疏浚之功七日告竣，变斥卤为膏腴不下千余顷。而方山河华邑亦昼夜骈作，岸窄者宽之，底浅者深之。

工成，河滨地亩实利赖焉。

（郡丞塔尔禅撰）

7.《仪祉先生纪念馆赋》

壬辰初春，风和景明。泾水悠悠，卉木蒙蒙。北耸仲山嵯峨，南依西咸帝京。展馆落成，中华原点添圣地；四海咸庆，宾朋齐聚缅生平。遂作此赋，祭慰英灵。

水利万物不争，挥洒江河如练、湖海如镜；九州钟灵毓秀，且看浩瀚青史、璀璨群星。携干将、持吴钩，担道义、承使命。渠开田畴，堰锁蛟腾；疏川导滞，斩棘披荆。水患去而水利兴，百姓安而国家盛。古之鲧禹，郑国李冰，功悬日月，万民敬仰。自古上善若水，从来泾渭分明。薪火百代相传，大河文明常青。

时至近代，国力凋零。山河破碎，百废待兴。天纵英才，抱忧国忧民之心；科学救国，骋江河赤子之情。术兼中西，笃学力行；治黄导淮，引渭凿泾。郑白宏愿励心志，关中八惠玉汝成。兴学倡教，种桃李芬芳硕果；立身卓然，聆教诲如坐春风。二十年治水征程，起伏跌宕；八十载涓涓清流，泽被苍生。流水无意，洗尽岁月铅华；长空有情，扶摇万里鲲鹏。

登馆眺望，景清物明。胸襟激荡，倍增豪情。抚今追昔以话沧桑，继往开来而挟风霆。敦行不息，仪祉精神永存；河清海晏，人水和谐共生。炎黄有志，中华必兴。

（陕西省水利厅周瑞昆）

8. 冯家山水库纪念碑碑文

冯家山水库位于宝鸡、凤翔两县交界处的冯家山峡谷，土坝高 73 米，长 282 米，顶宽 7 米，拦腰截千河，高峡出平湖，控制流域面积 3232 平方千米，回水 17.5 千米，总库容 3.89 亿立方米，有效库容 2.86 亿立方米，以灌溉为主，兼作防洪、发电、养殖，灌区辖宝鸡、凤翔、岐山、扶风、眉县、永寿、乾县旱原农田 136 万余亩。1969 年筹建，翌年 7 月动工，1982 年元月竣工，历时 11 年又 4 月。全部工程分枢纽和灌区两大部分。枢纽由拦河大坝、泄洪洞、溢洪洞、非常溢洪道、输水洞、坝后电站和古河道防渗等工程组成。灌区位于渭北高原，以千河为界，分东西两部分。设总、南、北、西四条干渠，共长 119.8 千米，建筑物 614 座。总干渠二号隧洞长 12614 米，犹如地下“长龙”。自流灌区设支渠 29 条，抽水灌区设 5000 亩以上泵站 24 处。在宝鸡市党政领导下，坚持自力更生，兴修水利。干部、民工、科技人员，奋勇争先，四方云集，枢纽和灌区工地日上劳最高达 10 万之众。他们盛夏挥汗，寒冬呵冻。大坝靠人力填筑；“万米隧洞”凭土法开通；高 78 米泄洪塔以民工为主筑成；长 920 米溢洪洞取锚喷支护和通气减蚀新技术。全部工程用工 5500 余万工日，移动土石 3066 万立方米，浇筑混凝土 42 万立方米，总投资 1.4744 亿元，堪称费省效宏。自 1974 年蓄水运行后，灌区面貌逐年变化，旱田得润，五谷丰登，六畜兴旺，经济振兴，水库调洪削峰，防水患于无形，灌区人民丰衣足食，数千村庄欣欣向荣。饮水思源，当记水利电力部、陕西省党政机关和各部门关怀与支持；市、县党政军各级干部精心指导；各行各业鼎力协作；库区农户弃村迁家，慷慨奉献，功当与水库长存。尤为贵者，劳动大军，有积劳成疾者，有负伤致残者，有流血捐躯者，其坚其勇，可歌可泣。时值冯家山水库运行 15 年之际，灌区人民乐以始，勉其终，遂倡立碑石，以兹纪念艰辛劳动者业绩永存，缅怀流血牺牲者永垂不朽。

陕西省宝鸡市冯家山水库管理局

公元 1989 年 5 月 1 日

9. 渭河“1954·8·17 抗洪纪念碑”碑文

陕西宝鸡，徙治陈仓。石鸡鸣瑞，陈宝呈祥。
峡原二分，凤阁降帐。教农稼穑，炎帝为姜。
制礼作乐，垂钓渭上。千渭之会，秦作始皇。
泛舟之役，渭水流觞。青铜铭文，法门佛光。
工业重镇，城市榜样。秦岭渭河，情同爹娘。
建国五年，渭河暴涨。八月十七，五千流量。
淹田万亩，市区重创。水漫铁道，横冲直撞。
淤泥浊水，走街串巷。房倒屋塌，人畜伤亡。
党和政府，减灾设防。洪水泛滥，指挥有方。
干部群众，同心担当。八天七夜，奋战现场。
救人六百，财物归仓。安置万民，筹款供粮。
稳定秩序，亲邻互帮。恢复生产，生活保障。
灾后重建，功绩昭彰。后事之师，前事不忘。
旱涝交织，渭水之央。防汛抗旱，工程立项。
导水拦蓄，修筑堤防。宝鸡峡渠，旱原保墒。
全民动手，车拉人扛。冯家山库，固若金汤。
除险加固，疏浚河床。石头河水，碧波荡漾。
八亿库容，在水一方。前人栽树，后人乘凉。
科学发展，统筹城乡。人水和谐，幸福安康。
兴利除害，禹河考量。全省治渭，天人共享。
黄金水道，生态长廊。首善在水，民富市强。
亲水爱水，现代时尚。节水惜水，社会力量。
治水疏水，来日方长。敬水畏水，传承弘扬。

中共宝鸡市委

宝鸡市人民政府

公元二〇一一年仲夏

10. 渭河“1954·8·17 抗洪纪念碑”碑记

滔滔渭水，黄河最大支流也，发自甘肃渭源，故名渭河。腾出于鸟鼠山，衔山过涧而横流，越陇宁秦 13 地市 86 县（区），集 267 条河川径流，全长 818 千米。西从凤阁岭镇建和村入陕，蜿蜒秦川 502.4 千米，东流潼关港口镇入黄河。其中宝鸡段 206 千米，居渭水之央。

干流经陈仓、金台、渭滨、岐山、扶风、眉县6县（区），流域涵宝鸡11县（区）1.3万平方千米。

北首陵遗址、半坡遗址、仓颉造字、伏羲八卦，发轫中华文明，书写悠久历史。炎黄荫德，周秦风韵，汉唐雄风，13朝建都于渭河平原，历时1160年，辉煌鼎盛，无与比肩。上善若水，秦开郑国渠，关中始为天府；汉凿成国渠，为渭河最早灌区；三国引千水接成国渠，创调水济补之先；1933年修渭惠渠，肇宝鸡现代水利之端；新中国崛起，大兴水利，建冯家山、石头河、宝鸡峡等水库枢纽百余座，总库容8亿立方米，奠宝鸡现代经济振兴之基。

渭水有患，患亦频也。载覆时变，祸福相依，虽集百川惠万民，亦兴浊浪毁家园。公元601～2010年间，渭水流域生患250余次，均6年一灾。历代水患，距今已远，唯公元1954年8月17日之洪水，堪称渭水灾害史记中最烈。时年8月之望，全流域连日阴霾，溪流汇注，河水猛涨。洪峰一路奔腾，先冲宝鸡，又撞咸阳，后袭渭南，裹挟支流洪水，致下游最大洪峰流量7660立方米每秒，势如猛兽，冲堤防，毁田野。宝鸡地处上中游，首当其冲。8月17日申时，市区洪峰流量5030立方米每秒，洪水突袭，高若楼倾。堤防薄弱处不堪一击，福临堡段轰然决口。顷刻洪水四溢，冲毁铁路路基，城区7街一片汪洋，最深处4米有余。洪灾致7人溺亡，6840间房舍涌水，数万人流离失所，折损时币68.4亿元。洪水又袭宝鸡、岐山、眉县、扶风四县，冲毁大小桥梁百余座，溃决堤坝17处，损毁房舍7000余间，绝收秋田9万余亩，死亡24人，损失难以估量。

洪水无情，人间义重。洪灾发生后，幸有专署发避险救灾、安抚灾民之令，作市区修渠调水、宝成线开洞分洪之策，施发动党政军民齐心协力，抢险救灾之措，共襄八昼夜，免陈仓古邑遭灭顶之灾，谱写了壮烈凄美的抗洪战歌。1972年，省政府定1954年8月17日洪水为“54型”洪水，成为陕西治河防汛之标尺。20世纪60年代后，政府斥资数亿治渭，筑堤束水，疏川导滞。嗣后虽数遇汛险，但终无大患。2011年春，省政府下令整治渭河陕西段，洪畅、堤固、水清、岸绿、景美之渭河，正彩带般展现。

五四洪殇虽已远去，悲伤可抚平，然洪灾难忘却。己丑年“54型”洪水55周年之际，宝鸡市水利局提议：勿忘洪水，记忆不朽，勒石建碑，谨记灾难，以心铭文，追念罹难之民众，缅怀抗洪之英烈，警策日后之水务，科学治水，其益丕焉。经省委批准，组织力量，数次考察，几番稽征，勘测设计，遂成方案。征集碑文，八方士庶，靡不踊跃。辛卯春，纪念碑破土动工，百位水利人和建设者肃然静立，洒鸟鼠山水土奠基，举酒酹河，公祭亡灵，庄重肃穆之情弥漫于河滨。

临河耸高碑，渭河添奇葩。观其状，挺拔俊美，噫吁壮哉！俯瞰“中”字突兀，寓意中华民族不屈不挠之精神；侧（正）视形如奖杯，彰显救灾英烈之风范，弘扬抗洪精神；远观似耕锄似蘸笔，表根治河患之决心，书写渭河文明新篇章。碑高50.2米，是渭河陕西段长度的万分之一，碑身尺寸皆与洪水日期量级相关联。碑名“抗洪纪念碑”由中共中央政治局原委员、国务院原副总理邹家华题写，碑文由著名书法家任步武书丹。碑座东布宝鸡市域水系图，西设渭河全流域水系图，南书碑文，北刻碑记。平台挡墙制水位标尺，平台下建宝鸡抗洪纪念馆，碑顶装洪水预警器，集纪念、警示、教育、预警于一体。

纪念碑建设工程在宝鸡市委、市政府，省防总、省水利厅的领导和支持下，由宝鸡市水利局总筹划，市水利水电规划勘测设计院设计，市防汛抗旱指挥部办公室承建，陕西关中建筑工程有限公司施工，陕西中安监理工程管理咨询有限公司监理，宝鸡市水利工程质量安全监督站监督。宝鸡市石头河引水工程建设处、市冯家山水库管理局、市渭河综合治理办公室、市水利水电规划勘测设计院、市水土保持工作站、市水资源管理处、市河务管理处、市水产工作站、市水利工程建设与管理处等单位鼎力支持。公元 2011 年 2 月始建，至 8 月中旬完工。

纪念碑告竣之际，撰文以记之。

公元 2011 年 8 月 17 日

宝鸡市水利局 敬撰

（此碑记由常崇信、邢阔执笔）

（二）散文

1. 民国邵力子《渭惠渠第一期工程纪略序》

关中沃野千里，史称殷富。晚近以来，因水政失修，偏灾屡告，农村破产，民困日深。有识之士皆知以兴举水利为当务之急。泾渠首经告成，洛渠相继规划，惟关中水道渭为最大。引渭灌溉，昔贤多有创意，盖渭水为黄河巨流，横贯秦川，东西行经陕境者约八百里，两岸土质肥腴，极宜农产，穿渠引溉，其利较泾洛尤溥，且治黄必先治渭，导渭功成，足以分黄河泛滥之势，弭黄患于无形，尤不仅谋灌溉之利已也。余于民国二十二年五月奉命由甘调陕，陕邦人士即有以导渭请者，深知大灾之后，财力不继，洛渠工款，尚待筹划，一时绝无余力及此。乃商请中央先发测渭经费五万元，并派遣航测机为助，于是，黄河水利委员会有导渭工程处之设立，从事勘测设计。其时，德人巴尔格博士建议在宝鸡山峡太寅村修筑蓄水库，发电扬水，以溉高原之地，虽工艰费巨，未易实现。而导渭自此益为国人所注意。二十三年四月，全国经济委员会常务委员宋子文先生莅陕，亦亲往勘察，又议定洛惠渠工款本省只需担任四十八万元，此外悉由经委会拨发。本省财力既为稍舒，导渭计划，益可急进，遂经水利局一再勘测，决定在眉县魏家堡建筑堰址，尽先设计穿渠溉田，计被溉者，可及扶、武、眉、兴、咸五县农田六十余万亩。水量敷裕，引溉便利，议既定，即着手规划工程进行步骤，定名渭惠。去岁春组织工程处，由李仪祉先生兼处长，孙工程师绍宗总司其事，并以刘钟瑞为主任工程师，专司建筑。唯此计划，预估工费约二百万元，仍虑急难筹集，复承宋子文邹秉文诸先生，与主任杨虎城提倡，向银行界协商，得中央、中国、交通、金城、上海等五银行同意，于二十三年冬签订第一期工费借款一百五十万元合同，议以长安县营业税收及泾渠水费为担保，嗣以工款开支尚可陆续樽节支用，又修改第一期借款数目为七十八万元，款即有着，工事得以顺利进行，费时十八月，诸大基本工程如拦河大坝、各项闸门，第一渠渠道及桥涵、跌水、渡槽、斗门已先后完竣。定期于十二月二十五日举行放水典礼，仪祉先生编此工程状况纪略，微言于余，余以泾惠于二十一年夏竣工，今渭惠继泾惠完成，明岁洛惠告竣，五年之间，三大河流尽兴灌溉之利，而此渠竣工为时尤速，且可谓为完全本省自力所经营，然非宋、杨诸公之热心倡导，各银行之踊跃投资，李、孙、刘三先生及全部工程人员之努力任事，此巨大工程之成功恐未能若斯之易。不仅唯此，若非陇海铁路迅速西展，由西安而咸阳、兴平、武功、眉县，则此渠工料运输必稽时日，且增费用，恐今日亦尚未能规成，则询乎经济建设事业必合群策群力以进行。而建设西北，尤必须先从交通，水利入手也，余承乏此邦得随诸君子之后，亲与此盛业之完成，其欣幸为何如，然利有未尽，事无止境，不仅此渠第二期工程必须赶速进行，尤冀吾人奋斗，秉承中央同意旨与地方合力，进一步促成渭河上游大蓄水库之建设，不独沿渭高原得尽灌溉之利，且可永祛黄河泛滥之大患，其成效视今岂止倍蓰，愿我同人黾勉之。

选自《陕西水利季报》渭惠渠专号（民国三十一年二月出刊）

2. 一条流淌着中华文化基因的河流

地球上的生命源头在哪，科学家有科学家的探究，哲学家有哲学家的论述，道有道的看法，佛有佛的论断，教有教的教义，等等，众说纷纭，莫衷一是。近日看倪萍主持的中央电视台大型生活类公益寻人节目《等着我》，节目上展示的DNA比对的神奇能力，让多少离散的家庭喜极而泣。笔者突发狂想：如果用这么神奇、成熟的技术把地球上所有有生命东西的DNA基因都测出来，而后再找出其共有的遗传片段，顺其线索追下去，不就找到生命之源了吗?

人类作为地球上有生命的物种之一，其起源要比生命的起源晚许多，尽管到目前为止，在空间和时间上尚无定论，但人来自猿，进化在数百万年区间的观点似被考古所证实并被大多数人所接受。至于约占世界五分之一的中国人来自哪里，似有东非之说，又有多源之论。啊哈，我还是随大流，拥护多源说吧。因为，我认可中华文化的多样性。

文化这个东西，说透了，她是人造的，是被人化了的看得见或看不见但内心世界里又一刻离不开的东西，是人对自然的、社会的、他人的不断感知、认同、改造、调整、完善、发展、提升过程中产生的，更是人为了平衡、满足自己的内心世界的需要而形成的。这里，人是基础、是主体、主线，有了人，才有产生文化的基础和可能，有了人对自然的、他人的、自我的欲望才有文化生成的动力，欲望，是人类一切有所作为的动力；这里，环境是立体的、多维的，从空间维上说：有天、有天外、有宇宙等，有大地、河川、高山、丘陵、海洋、树木等等，有地表、地幔、地壳、地核、地心等，从时间维上说：有混沌、上古、旧石器、新石器、古代、近代、现代、未来等等；从社会维度说：有母系、父系氏族、有原始、奴隶、封建、资本、社会主义社会，哈哈，当然了，还有我们信奉的共产主义社会。等等等等，不一而足。这使文化有了繁杂性、复杂性、多样性、多元性。

笔者以为，文化形成之初，人所处的环境对其起着决定的作用。人的最基本的生存要素是阳光、空气、水。天上的太阳离我们有点远，能看见够不着，所以，我们的祖先只能用女娲补天、夸父逐日这样的神话给我们传递出人类对上古洪旱灾害的不满和与灾害抗争的决心与行为，因此阳光对文化的初期形成是有影响的，但这种影响是有限的。空气呢，看不见摸不着，而且，早期人类吸吮的空气绝对是洁净的，负氧离子是超需要的，所以，文化形成初期的人类对洁净的空气绝对不像今天我们有这样强烈的欲望，因此，也就失去了产生文化的动力，这也是到今天我们难以感受到古人给我们传递出有关空气信息的原因。那么，水呢？水是一切有生命的东西须臾离不开的，对早期人类来说，它就在身边，渴可饮，饥可食（渔猎），脏可浴，污可洗，美可观，行能游，闲可戏，在这个过程中，慢慢地，人们形成了一些习惯、习俗，这就产生了以水为主体的文化现象。所以，我们今天说，水文化是母体文化、源文化，文化中的基因文化。

河流是水体的最重要载体之一，对文化生成初期的人类更是如此，由于水的生命源特性和人类生产力水平局限，人类的发展轨迹是从小溪、小河到中河，到大河，再走向海洋。在这一过程中，河流对文化和文明的形成与发展起到了至关重要的作用。

渭河是这样一条河，从其发源地甘肃省渭源县鸟鼠山经天水到陕西省关中，经宝鸡、杨凌、咸阳、西安、渭南，到潼关县融入中华母亲河的怀抱中，全长818千米，就长度来说，在中国可以算是一条中型河流吧，流域面积13.5万平方千米，和希腊的国土面积大体相当，涉及甘肃、陕西两省和宁夏回族自治区，就多年平均入黄水量80亿立方米来说，相对于长江以南的河流，可就有点小巫见大巫了。可就是这条被称为黄河第一支流的河，她见证了中华民族繁衍生息的全部过程，她承载了中华民族自远古以来大量的文化信息，她成就了中华民族最辉煌的历史时期，她作为中华文明产生的最重要区域之一，对世界文明的发展产生过并还在继续产生着重要影响。今天，翻开中国的文明史，到处都留有她的影子。坊上流传着中国五千年看陕西，历史文化学者说：陕西是中国文化的“芯片”和“硬盘”，世界友人讲：到中国不到西安等于没到中国。正是从这个意义上，我说渭河是一条流淌着中华文化基因的河流。

探寻中华民族元母的踪迹

中国有句老话：母亲在哪家在哪，唐朝诗人韩愈曾站在位于灞河边的蓝桥关上，回望长安发出“云横秦岭家何在”的感慨。

灞河是渭河南岸众多发源于秦岭的支流之一，它从秦岭灞源乡出，流经西安市蓝田县、灞桥区汇入渭河，全长109千米。灞河古称滋水，春秋时秦穆公称霸西戎后改名霸水。后来在“霸”字旁加上三点水，称为灞水。秦汉时曾在灞河上架有木桥，名曰“灞桥”。是关中交通要冲，连接着西安东边的各主要交通干线。关中八景之一“灞柳风雪”出于此，“折柳送友人”的典故发生于此。也是《水经注》上“八水绕长安”中的八水之一。

在灞河流经的蓝田县城西北10多千米的河之东岸，有一个与白鹿塬隔水相望，北枕骊山、南临灞水，东和蓝田县洩湖（又名泄湖—地图上多有此标注）镇毗邻，西与西安市灞桥区洪庆镇接壤的叫华胥镇的地方。此镇在《蓝田县志》中曾被记载为华胥渚。镇旁有流入灞河的华胥河。史传因其境内有羲母陵，华胥氏曾在这里建立了华夏大地上第一个母系氏族部落而得名。当地流传着一种传说，此地即华胥氏怀孕后栖息之地。每年二月二龙抬头这天，民间多有祭祀活动。近年来蓝田县在这里举行的全球华人祭祀华胥氏大典得到海内外华人高度关注，不断有人参与其中。

中华民族有文字记载的历史，从华胥氏开始。《春秋世谱》中说：“华胥生男名伏羲，生女名女娲”。近年来，从人类学、考古学、民俗学等方面考证的结果看，华胥氏是我国上古时期母系氏族部落的一位杰出的女首领，是伏羲、女娲的生身之母，是中华民族的远祖。我们说自己是炎黄子孙，其实，用现在的辈分算，炎黄二帝在华胥氏面前已是亲重孙辈了。所以，《列子》中说：“黄帝梦游华胥国，华胥之人其国无帅长，自然而已；其民无嗜好。自然而已；不知乐生，不知恶死，故无夭殇；不知亲己，不知疏物，故无所爱憎，不知悖逆，不知向顺，故无所利害。”这既表明华胥一名古已有之，又同时向我们传递出了在母系氏族原始共产社会的一种社会形态以及人们的生存状态、精神世界。传说黄帝在吸收了华胥国的一些治国经验后经过 28 年的治理达到了天下大治。而一句“自然而已”恐怕对中华民族文化的影响是难以言说的。

有关华胥传说流传至今最有名的有女娲补天、女娲造人、伏羲画卦、伏羲女娲兄妹结婚延续人类等。其中在民间广泛传播而少见于古籍记载的是伏羲女娲兄妹结婚这个传说。传说华胥氏族的成员在一次大水灾中遭受了灭顶之灾，只有伏羲女娲两兄妹因为坐在葫芦里被漂到了蓝田，临潼交界的一座山上才幸免于难。当他们看到这个世界就剩下他们两个人，为了人类延续结为夫妻。在结婚前他们各手擎磨盘一扇，对天发誓说，若苍天允许我们兄妹结为夫妻繁衍人类，则周围四山之烟聚而滚磨合，随后两个人把磨扇推下沟去，这时只见四山之烟果然聚合，再看磨扇也紧紧地合在一起，于是两人结为夫妻。后人为了纪念伏羲、女娲结合繁衍人类的功劳就把他们所在的山叫磨合山，滚磨盘的沟叫磨盘沟，并在磨合山上修建了人种庙，后来因人种庙名字不雅改称仁宗庙。而蓝田与临潼交界的山就是今天赫赫大名的临潼骊山。至今它山上最高峰有仁宗庙，旁边有磨盘沟，第二高峰西绣岭有规模宏大的老母殿，《汉书·律历志》将骊山老母（女娲）称为“骊山女”，“骊山女亦为天子，遂以为女仙，尊曰老母”。周围的山头、小沟、平台还有不少与伏羲女娲相关的名称、传说。山下正北，就是白居易的《长恨歌》里描写的“天下温泉二千六，惟有华清为第一”的华清池。它的东面十数千米，就是威风凛凛的世界第八大奇迹——秦兵马俑坑。更有意思的是，在华清池北约 2000 米，临河（发源于骊山，渭河一级支流）东岸就是距今约 6500 年，1996 年被公布为第四批全国重点文物保护单位，并被列入 20 世纪全国 100 大考古成果之一的姜寨遗址。它是我国迄今为止新石器时代遗址中发掘面积最大的一处，是世界上为数不多的保存较完整的史前聚落遗址之一。

关于华胥氏尤其是伏羲、女娲的生活地，文献记载、传说和文化遗存国内有好几个地方，如甘肃天水（渭河）、陕西平利（汉江）、山西风陵渡（渭河入黄不远处的黄河北岸）、江苏淮安（淮河与京杭运河交汇处）等。根据古人逐水、猎物、季节、避旱涝迁徙而居，且行走和奔跑速度比现代人要快得多（要追上猎物必须比猎物快）的特点，这些地方之说都有合理之处。但就渭河流域来说，更有其独特和可信之处。一是渭河流域有古人需要的适宜的气候、充足的食物、众多宜居的小河小溪。从现在渭河流域西安周围的蓝田、高陵、三原、泾阳县及天水周边发掘或村民捡拾的几十种具有强烈的南方色彩的动物化石，如剑齿象、大熊猫、苏门答腊犀牛、羚及爪兽以及毛冠鹿、水鹿（笔者曾在10多年前专程去高陵、三原县两农户家里看过这些化石，其中，高陵这一家就收捡有1500多件）等来看，说明当时的秦岭北麓，渭河两岸属温带暖湿气候，植被繁茂，林木丛生，雨量充沛，沼泽星罗，湖泊如镜，还有很多相互连通的河流，是一个很适合原始人类繁衍和生息的区域。二是这一区域的传说、文献记载、考古发现给我们勾勒出了一个基本清晰的中国古人类生存的足迹。距华胥镇十数千米蓝田县城东20千米的秦岭脚下、灞水之滨公王岭，1964年5月发现了距今约115万年前的一个基本完好的中年女性头骨化石，还有早一年在华胥镇毗邻的蓝田县城西北大约10千米的洩（泄）湖镇陈家窝发现的距今约65万年前的一老年女性下颌骨化石。即我们通常说的"蓝田猿人"或"蓝田人"。1978年，在渭河北岸支流的洛河岸边发现距今15万～20余万年的中国早期智人化石，即我们称之为的"大荔人"。再向后向我们走来，在秦岭西端，甘肃天水秦安县的渭河支流清水河畔发现的距今7800年至4800年的大地湾遗址，在灞水的支流浐河东岸发现的距今6700年至6000年前的半坡遗址，这一时期，大体应该就是华胥氏所处时代。再后来，就有了我们现在常说的生活在宝鸡清姜河两岸的炎帝神农氏和同样生活在渭河一级支流漆（姬）水河两岸的黄帝部落。三是华胥镇周围众多的考古发现，说明这一区域是史前中国人长期的主要居住地之一。目前，除在华胥镇还保留的有华胥氏履巨人足的雷泽所在地雷庄、华胥沟、华胥窑、华胥河、华胥陵外，在其周围发掘出的遗迹有我们前面已提及的浐河东岸的半坡遗址、临河东岸的姜寨遗址，还有浐河西岸的米家崖遗址，渭河北岸一级支流石川河畔康家遗址，渭河一级支流沣河西岸的客省庄遗址等，遗址密度之大，在全国是罕见的，而且这些遗址距华胥村近的只有几千米，最远的不过二三十千米。四是传说中的史前大洪水极有可能是在华胥镇发生。华胥村傍依灞河，而灞水发源于秦岭腹地，洪水有暴涨暴落的显著特点，时至今日，它的年水量约占渭河入黄水量的近十分之一，有6亿立方米之多，属渭河南岸众多支流中的较大一条河，现在每年几乎都有洪水发生，2003年渭河连续发生的六场大洪水，均有它的"贡献"。另外，从华胥村毗邻的洩（泄）湖镇之名来看，这里在史前很可能是一个较大的类似于今天长江上的太湖、鄱阳湖可调节水量的湖，只因，传说的大洪水超过了它的能力，对华胥族造成了巨大伤害，这才有了女娲伏羲的传说，有了以后的大禹治水。我想，如果这些传说、文献记载、考古实证、猜想都成立的话，最少说明华胥族——我们的元母在这个区域生活了很长一段时间，那么，我们华人应该都是她的后裔，我们的身体里、精神上、思想上都应该留有她的基因印记。

我是秦人

著名文化学者肖云儒认为：大秦帝国、大秦文明确立了世界文明发展的中华形态和东方模式。西北大学徐卫民教授讲：秦的统一是中国文化史上的重要转折点，我们只有从世界史的高度才能估价它的意义和价值。《大秦帝国》的作者孙皓晖在谈到自己最早的创作动机时说：中国和世界对中国原生文明的认识一直扭曲很大。从大禹治水到秦帝国灭亡，这个原生文明过程如果说清楚了，我们的文明根基就说清楚了。中国的文明，前三千年不断上升，后两千年是停滞，或者是地平线式的涌动发展，没有高峰。前三千年，我们民族的忌惮很少，创造性极强，包容性极大，是多元竞争的时代，一个时代就有一次文明突破。尤其是春秋、战国、秦帝国三大时代，中国文明的诸多原典产生在那个时代，中国统一文明的正源也在那个时代。

秦人，无论从生物遗传学和文化人类学范畴来看，是中国人的DNA。“秦”，作为中华文化共同体的代称，流播于世界。古印度梵文、意大利语的CINA，阿拉伯文Cya、sin,英、德语CHINA,法语CHINE,拉丁文Thin、Thinae,都是“秦”的音译，且沿用至今。秦人来自哪里？学术界有东西两说，且都是言之有据，如果再加上现在的分子人类学，就是三、四说了。西说认为：“秦之祖先，起于戎狄。”而戎狄一般聚居于西北地区。蒙文通根据《史记·秦本纪》中申侯所说“昔我先骊山（古骊戎居此）之女，为戎胥轩妻，生中谲（秦人祖先）”之语推测，胥轩为戎，当非华族，此秦之父系应为戎；申侯之先为骊山之女，亦当为戎，则秦之母系亦为戎，父母系皆为戎，则秦人为戎族可确定无疑。而东说以为：秦人是从属于殷商的一个部族，殷商亡后被迁到今陕西地区，成为周人的奴隶。周成王时，秦人参加反周大叛乱，失败后再次西迁，成为后来秦国人的祖先。而殷人早期活动于我国东方既已是不争之论，那么秦人的祖先也应生活在我国的东方。据此，这些学者还进一步推断秦人的发祥地在今山东境内的莱芜、泰安一带。东来还有一说：秦人是五帝之一颛顼的后人。说颛顼有女叫女修，在妙龄之年食燕子卵（秦人早期可能是以燕子为图腾的民族，时至今日，关中人认为谁家里有燕子筑巢即为吉祥）而生大业，大业娶女华为妻生大费，亦即伯益，伯益辅佐大禹治水有功，舜帝一高兴，赏赐大费一面有黑色飘带的旗帜（秦以黑为尊），还给介绍一位姚姓美女为妻，随后，又赐大费为“嬴”姓，从此有了嬴氏族，有了秦人。呀哈，到此你看，这是一个多么美妙的故事，我作为秦人，真愿事实如此。可惜，秦人太能干又太实诚，随后，或有大功被派到西部守边，或有大错被贬到西部守边，总之，让你进不了领导核心，不能待在王城里，远远地下苦去吧。另有人类分子学家，依据让我们看起来很神秘的DNA，哈哈，又回到我不懂的基因上了，他（她）们说：在15万年前——好遥远呀，当然，比起我们的蓝田猿人，也不算远。我们的人类在东非有一个共同的母亲和父亲，他（她）们在一起繁衍所有人种5万年之后，即到了10万年之前，那些棕色人、黄种人带着身上Y染色体（看来，科学也证实男人至上）上的M168这个目前发现的一个很古老的突变位点开始向世界扩散。随后，他（她）们突变、扩散，扩散、突变，到了大约3万年前，一支带有M122突变点位的南亚语人群开始从云南和珠江流域进入中国。进入云南的这一支沿云贵高原西侧向北，在距今1万年时到达河套地区和黄河中上游的盆地。后来，又从M122上突变出了一个新点位M134，在5000—6000年前，M134上又出了一个117的突变，带着这个M117突变的一群人向东行走，一直走到渭河流域，这些人一看这里水草丰美，动物众多，也实在走累了——是啊，走了这么多年、变了这么多次，都快把人变糊涂了，谁能不累啊。就停了下来，慢慢掌握了农业技术，开始以农耕为生。这个种群就是我们华人，也就是后来的秦人、汉人。这个 M117 可比美国的 007 厉害多了，因为它在渭河流域磨砺出了一个意志超坚忍的秦人，他在统一这个国家时，顺便也把这个 117 带到了全国。这是科学考证，由不得你不信。从这个科学考证看，它支持了秦人的西来说。看来，秦人的东西两说，在这里二比二打了个平手。但不管怎样，这四说最少给我们传递出了这么几个信息：这个地方适合早期人类的生存条件，人类早已在这个地方生存；秦人不管从哪来，都是长期生活在这里；渭河，尤其是陕西渭河流域的关中地区，在古代就处在中国东、南、西、北的多文化交错带上；正是渭河优越的自然环境和开放交互的文化碰撞，使渭河成就了秦人，秦人又以自强不息的精神丰富了渭河文化。

秦这个帝国，从蛮荒边疆发迹，以勇武、坚忍、严谨的族性，由弱至强，踏平群雄，统一天下，承继中华前三千年文化精华，开创了夏商周三代之后的一个全新时代。它是两千年华夏一统国家的文化始祖，也是我们全体族群的精神之父。秦人是崇水的，它“奉河为国水，更名德水，是为水德之始”，国色“合水德，尚黑，衣服旄旌节旗皆尚黑”。单就水来说，它结“秦晋之好”，开“泛舟之役”。在短短数十年间，治泯江之涝而成都江堰，创“天府之国”之基；举全国之力，历十余载，与天争命，治旱而建郑国渠，“渠成，水旱从人，无凶年，卒并诸侯”，成千古一帝，使李斯的《谏逐客书》成千古绝奏，使“王翦求田”成千古美谈；解粮运之难而凿灵渠，成平南海之功；还有沟通陵水与浙江的通陵水道，沟通汨罗江相关水流的汨罗之流，甘肃灵州的一百五十里秦渠，疏浚沟通黄河与淮河的大鸿沟等等。任何一件都是亘古不朽的传世杰作。

大秦帝国虽然已告别我们 2200 年了，可是它并没有走开。它与我们这个民族世代相随的，不仅有屹立的长城、雄伟的兵阵、方正的文字，还有那辽阔的国土上坚不可摧的行政框架和文化沉淀，“郡县治，天下安”，中央电视台天天所播的这 6 个大字，不正是我们至今还在享受着它的恩泽的写真吗？

有时间来看看那林林的兵阵，也许那某一个身影就是你自己。

有时间请翻翻《大秦帝国》，这部传世之作的每一个字，每一句话都将使你的血脉偾张，因为你我一样，身上都流淌着秦人的基因。

丝路成就昆明湖

古丝绸之路把古老的中国和遥远的西方联系在了一起，使古老的中国文化和古印度、波斯、阿拉伯、希腊、罗马文化首先在渭河流域和其所经沿线实现了碰撞和交流，它开了世界东西方人民和文化交流的先河，成就了汉唐盛世，对中国和世界影响极大。在实现中华民族伟大复兴的中国梦的今天，“一带一路”倡议的提出和快速推进，使人们更体会到它的影响之深远、生命力之顽强。

也许从商代帝王武丁配偶坟茔、秦公一号大墓发现的产自新疆的软玉和根据晋人郭璞在《穆天子传》中记载，并在丝绸之路沿线出土的部分这一时期的丝绸制品中，我们依稀可以感受到，可能在公元前 13 世纪，中国就已经开始和西域乃至更远的地区进行商贸往来。但这丝毫不影响汉武帝建元二年（前 139 年），张骞带 100 多随从从长安中渭桥出发，历 13 年，几经周折，他和一名堂邑父返回长安西行这一“凿空”之举的风采。因为这是历史上中国政府派往西域的第一个使团，因为它行程的艰难和个人的意志的坚强，还因为他的出使，将最早的联合西域制御匈奴的目的，变成了“广地万里，重九泽，威德遍于四海”的中国汉唐及后世的强烈愿望。

史学家一般把丝绸之路分为东、中、西三段，而每一段又都可分为北中南三条线路。汉代开辟的东段各线路的选择，多考虑翻越六盘山以及渡黄河的安全性与便捷性。三线均从长安出发，到武威、张掖会合，再沿河西走廊至敦煌。其北线是：从长安沿渭河最大支流泾河到泾川、固原、靖远至武威。南线是从长安沿渭河干流到宝鸡凤翔后沿渭河一级支流千河翻陇山到天水、陇西、临夏、乐都、西宁至张掖。中线是从泾川转往平凉、会宁、兰州至武威。这三条线都和渭河结下不解之缘。还有一件和水结下不解之缘的就是开掘并使用千余年，对后世影响很大，今天水利人要用自己的智慧使其重新展示在世人面前，继续发挥新作用的昆明湖。

据《汉书》《史记》记载：张骞历经坎坷回到汉朝，向汉武帝详细报告了西域诸国情况，并特别提到在大夏（今阿富汗）国市场上，竟有蜀布（四川细布）、邛杖（今西昌一带产的竹手杖）出售，问商人，得知由蜀地可到身毒国（今印度半岛），而后进入大夏，并说那里的人骑象打仗、临近大海，于是建议汉武帝开西南夷道（南丝绸之路），以避免从北面走受匈奴劫阻。汉武帝采纳张骞建议，命蜀郡派使者四路并出，打开西南通道，但在滇池被昆明部族所阻，历经一年都未能开通，不过也摸清了昆明部族的情况。昆明有一广阔水域，古称南泽，周匝三百里。昆明部族人多居水上，善于水战，只有熟练的水军才能前去征讨。于是在元狩三年（公元前 120 年），汉武帝将长安上林苑中的一片洼地（周灵绍池的位置），模拟昆明部族人居住的“南泽”，抽调 2000 余名犯罪官吏，开凿成周匝 40 里的水域，用以操练水军。为表明征服昆明部族打通南丝绸之路的决心，遂取名“昆明池”。

昆明池水域广阔，面积达 320 顷。池中建有长约三丈的花岗岩巨大石雕——石鲸，以象征滇池之石寨山。有戈船数十艘，楼船百艘，船上立戈矛，四角皆幡旄葆麾。用以检阅水师的龙首豫章大船，可载万人，汉武帝常亲临于此观看水师操练。

汉朝军士多来自中原，经过昆明池操练，解决了水战中的障碍，使征战西南夷变被动为主动。元封二年(公元前 109 年)，汉武帝派将军郭昌入滇，先征服滇池东北方的劳浸、靡莫等部落，然后大军直指昆明。昆明部族首领见大势已去，不得不降服汉朝，同意设立郡县，置官吏。汉武帝在滇中心区域设益州郡；又封其统治者为“滇王”，赐“滇王金印”。从此，开通了西南丝绸之路。近年，在云南晋宁石寨山出土的一枚“滇王之印”，印证了“汉习楼船”这段历史。

昆明湖是当时中国最大的人工湖。南宋年间，鼎鼎大名的南京“玄武湖”曾一度被改名“昆明湖”，原因是宋孝武帝借用此名，意在自比汉武帝，雄心勃勃地想实现大一统。同样，清乾隆皇帝，效法武帝，将北京颐和园的大泊湖，改名为昆明湖。可见昆明池在中国历史上的影响。

昆明池建成后，不但成就了汉武帝打通南丝绸之路的目的，而且成为当时和后世关中漕运和长安城供水的主要水源地。汉武帝元光六年(前 129 年)，汉武帝令沿秦岭北麓开凿了与渭河平行的人工运河漕渠，其起点是从昆明池经昆明渠流经西安北郊西沟上村，穿过灞河，经新筑镇、新丰镇、渭南、华县到华阴市北进入渭河，全长 300 里。唐盛时期，又创造性把漕运引入进城，以解决城内的物资供应。

昆明池将都城长安供水系统分为 3 支，第一支流向长安城南面和东面同漕渠相接，通向灞桥，供应城南地区的用水，并起着调节漕渠水量大小的作用；第二支由长安城的西南角流入沧池，未央宫和长乐宫的用水依靠沧池；第三支则经过长安城北入太液池供建章宫。到隋时，在此基础上有八水四渠，唐时有八水五渠之说。在当时长安城所有的供水系统中，昆明池不仅容量极大，其水质清澈也是极其有名的。隋诗人虞世基在《四时白纻歌·长安秋》中曾咏道："寒露台前晓露清，昆明池水秋色明。"

今年已开工建设准备工程的西安斗门水库工程，就是在古昆明池的原址上建设的，既是西安市当前应急水源地项目，又是"引汉济渭"在关中的输配水工程重要组成部分。

一碗面的仁义道德

说起中国的面食，尤其是面条的做法和吃法，恐怕全国没有任何一个地方可和陕西关中相提并论。记得前几年，有个社会机构在全国搞了一个十大面条评选，在网络上吵了一阵，好像中央电视台还播了一次，因其内没有陕西的面条入选，竟在陕西引起了不小的躁动。最后，陕西人听说这是民间的一个机构，以营利为目的，谁给钱才有谁，因陕西人觉得没有面条可和陕西面条可比，所以，不屑参与，心里才平顺了。可见，面条这个吃食，是渗透在陕西关中人味觉、身体、心灵中的一个东西，神圣而又不能须臾离开的。

至于陕西关中的面条，最有代表性的，我以为当数岐山臊子面。它以薄、筋、光、煎、稀、汪、酸、辣、香而著名。面条细长，厚薄均匀，臊子鲜香，红油浮面，汤味酸辣，筋韧爽口，老幼皆宜。臊子面在关中地区有非常重要的地位，在婚丧、逢年过节、孩子满月、老人过寿、迎接亲朋等重要场合都离不开。有人考证，臊子面是从唐代的"长命面"演化而来，明代已有明确的记载，清代已经很驰名。

岐山臊子面还流行着几个版本的传说，其中之一说是：西周的时候，一天，周文王和同僚们来了兴趣，古人们也没有其他娱乐活动，就相约去打猎。当他们行至渭河畔时，只见一条大蛟龙从水里腾空而起，张牙舞爪，遮天蔽日。这只蛟龙经常在空中兴妖作怪，残害庶民。有时，在空中卷起阵阵狂风，遍地飞沙走石，吹得墙倒房塌，吹得牛羊杳无踪影。有时掀起漫天乌云，大雨倾盆，河水泛滥，村舍淹没。万恶的蛟龙，夺去了许多人的性命。周文王和他的同僚早对这条吃人的大蛟龙恨之入骨。今天见它又出来兴妖作怪，不禁怒起心头，一个个剑拔弩张。这只大蛟龙在空中翻滚了三圈，张开盆一样的大口，又要行妖。说时迟那时快，周文王命令手下人一齐弯弓射箭。大蛟的两眼被射瞎，咽喉被斩断，挣扎了一会儿，从空中跌落下来。周文王走近一看，只见这条大蛟龙足有五丈多长，一千多斤重。大家高兴地围着蛟龙唱了起来："蛟龙作恶兮，伤害庶民，渭水泛滥兮，不得安宁。文王积德兮，为民除害；普天同庆兮，其乐无穷。"据说，蛟龙肉味道鲜美，人们吃了它的肉，可以驱恶除邪，延年益寿。周文王命部下把蛟龙抬了回去，剁成很小的肉块，做成臊子，放在几十口大锅里，调成汤。由于周文王的人缘好，来的人太多，为了让所有的人都能通过汤品尝到龙肉味儿，并考虑大家没有机械帮忙，在地里干的是重活，饭量比较大，为了让大家既吃饱，又不致使后边的人品不到龙肉味儿或即使吃上了但汤因加水变稀而感到吃亏，所以规定大家吃时将面条捞在碗里，周文王亲自掌勺舀汤，吃完面后，要将汤倒回锅里，如果自己吃到最后一碗不再吃时，才可以将碗里的汤喝了。这样，来的所有人都尝到了蛟龙肉，且很公平，从此，周文王的人缘更好了。据说，直到新中国成立后，周公庙内还保存着一口很大很大的当时吃臊子面遗留下来的饭锅。这一传说，不正是周公建立的，使中国文化从此有了坚实的仁爱礼智信思想内核并直接影响了中国文化发展方向的儒学思想的最好诠释吗。

有趣的是，有专家考证说：秦始皇在水工郑国的建议下，令史禄领10万大军修灵渠时，为解决关中去的士兵因吃不上面条产生思乡病嘟嘟囔囔，影响军心稳定和修渠，厨师灵机一动，想起了臊子面的做法，于是，将大米碾碎蒸熟再压成面条的样子，再把提前做好的臊子汤浇在上面，此食受到士兵的热烈欢迎，一下子解了大家的思乡之情，也让灵渠修得更顺利。这也就是今天的桂林米粉和过桥米线的来源。但令人不解的是，同样是斩蛟龙的传说，且周文王直接斩的是渭河龙，官和实权还比魏徵大，魏徵只在梦中受天帝之命斩了不按时、没按量下雨的泾河龙王，但大家偏偏尊的渭河神是魏徵而不是周文王，在渭河源头立大禹、魏徵庙而不立文王庙。看来，对中国民间来说，大家更渴望的不是吃龙肉的锦上添花，而是雪中送炭的及时雨。这也正是中华文化中的实用主义、功利思想的深刻反映。

渭河文化，琳琅满目，举不胜举，美不胜收，它悠长、深邃，博大、厚重。渭河流域不但古人类化石散落较多、史前传说密集，还是中国黄河流域仰韶文化遗迹最集中、最连续的地方，是佛、道、儒的汇聚之地，从渭河源到入黄口，往往给人以三步一庙、五步一寺之感。中国文化很多根本性的东西，刨根问底，一不小心就追到了这里。如秦腔这个吼出来的艺术对京剧的影响，唐诗用当今的陕西话读出来才能真正体会其中的真谛，就连在古老的国酒茅台中，你也可以品尝出大秦酒糟的味来，等等。这不由使身处其中的人，常常不断想起母体、根、源这几个词来。对中华文化之源、母体文化的水文化来说更是如此。大禹导水的传说从渭源始，到陕西户县的三过村（三过家门而不入），再到渭河河口的河图洛书，时间和空间上绵延不断。黄河古道的地质考证和文化考证持续进行。《水部式》法令弥足珍贵。八惠之功入田入心。诗歌辞赋汗牛充栋。古道遗迹遍布河谷。成语典故耳熟能详。温泉之爱遍地喷涌。老腔一声响彻漕渠上下，等等。

从小听老人讲，房子有人住才能称是屋，人养着房，房护着人。房屋于人是可感知的环境，人是房屋的主人。同理，人与环境亦是如此，人养环境，环境养人。在自然环境里，水是灵魂，在社会环境里，人是灵魂。水文化恰恰是这两个灵魂交汇、碰撞、互融出的火花。愿渭河水文化在这个过程中开出更多的基因果实。

（文：蒋建军）

三、电视剧、歌曲

（一）电视剧

8 集电视连续剧《江河赤子》。张骅先生（陕西的文化名人、水利专家、高级工程师。他曾担任陕西省水土保持局副局长）根据李仪祉修泾惠渠历史创作。摄制完成后在中央一台和 20 多个省市电视台播出。

（二）纪录片

（1）《大美渭河》（上、下）。从 2014 年年初开始到 2015 年 6 月，陕西省水利厅委托陕西电视台拍摄了大型纪实电视片——《大美渭河》上、下两集，播出时间长达 1 小时。

（2）《渭水滚滚上高原》。1958 年 5 月 12 日，陕西省人民委员会在咸阳举行有两万多人参加的渭惠渠高原抽水灌溉工程开工典礼。全灌区设计建设 17 座大、中型抽水站，灌溉扶风、武功、兴平、咸阳、礼泉、泾阳、高陵 7 县（市）的 96 万亩耕地，使渭惠渠控制面积达到 153 万亩。工程于 1959 年 4 月竣工。为此，西安电影制片厂摄制出纪录片《渭水滚滚上高原》。

（3）《战漆河》。1958 年 11 月，铜川市革委会动员驻地单位出劳、出机具，对北起纸坊，南至川口 18.5 千米的漆水河段进行较大规模治理，计划 4 期，4 年完成任务。西安电影制片厂曾摄制《战漆河》的纪录片。

（三）歌曲

（1）《渭河放歌》。刘麟词，韩兰魁曲。歌词有两段。第一段歌词：屹立潼关回望云山，渭河滔滔直下九天，金波银浪激流翻卷，捧出了情和爱世代相传。女娲补苍天，大禹治水患，神农尝百草，后稷开良田，有多少古老传说，埋进渭河边土地，催开了遍野春花，催开了遍野春花，孕育文明五千年，天地间。

第二段歌词：屹立潼关回望云山， 渭河滔滔直下九天，穿越时光婉转回旋，滋润着八百里 锦绣秦川。遥看秦时月，笑倚汉时关，今朝好儿女，壮志安巨澜。 铺展开千里河岸画幅壮阔的画卷，让满河多情波涛，奔流在和谐天地间。

（2）《娘家河》。徐红林词， 杨田盛曲。歌词有两段。第一段：渭源啊渭源， 我是你远嫁的那朵浪花，无论漂到哪里，总在把你牵挂 。念你鸟鼠同穴，鸟鼠同穴的神奇。念你涓涓细流归渭河的博大，博大。啊！娘家河啊娘家河，你就是我思恋的渭源、渭源。你的贫穷与富裕永远心头挂。你的贫穷与富裕永远心头挂。娘家河千年万年润华夏，润华夏。第二段：渭源啊渭源，我是你走出山外的娃，无论走到哪里，总在把你牵挂 。念你二圣采薇，采薇首阳如画。念你悠悠渭河灞陵桥，娘的发卡。啊！娘家河啊娘家河，红火渭源是大家心里的话，娘家河千年万年润华夏，娘家河千年万年润华夏。

（3）《渭水秋歌》。渭水秋歌为一首激昂、自由的演奏曲。 王相见曲。

三、其他渭河水文化文艺作品

渭河水文化文艺作品类型多样，数量繁多，见表 8–5–2。

表 8–5–2　部分渭河水文化文艺作品统计

序号	名称	内容梗概	创作者或导演	发行年份
1	《封神榜》电视剧	商朝末，纣王残暴荒淫无道，周文王渭水畔聘姜子牙，姜子牙率领哪吒、雷震子和杨戬等，说服文王相助，扶保武王率兵伐纣。在众人的合力之下，在渭水流域共伐无道，建立西周	导演：郭信玲	
2	《大秦帝国》电视剧（目前《大秦帝国之裂变》《大秦帝国之纵横》《大秦帝国之崛起》《大秦赋》四部）	根据孙皓晖同名小说改编的长篇历史剧。讲述了战国时代的秦国经变法而由弱转强，东出与六国争霸进而一统天下，以及最后走向灭亡的过程。展现了兴衰于渭河流域的秦王朝	编剧：孙皓晖	2009 年第一部
3	《汉武大帝》电视剧	《汉武大帝》以景帝的政治保护下刘彻的成长为主线展开，通过刘彻的风险继位，掌握大权；用贤变法，尊王攘夷；大战匈奴，出使西域；巫蛊为乱，罪己示民等重大事件，全景式展示了汉武帝刘彻纵横跌宕的一生和那个风云变幻、英雄辈出的时代。剧中涉及渭河及关中情节、故事较多	导演：胡玫	2004 年
4	《渭水新歌》	1973 年，青年刘东海担任刘家桥大队党支部书记后，在他的带领下，掀起了渭水河畔“农业学大寨”的新高潮	导演：刘斌	1977 年
5	《白鹿原》电视剧	该剧是一部 20 世纪初渭河平原 50 年变迁的雄奇史诗，这是一轴中国农村斑斓多彩、触目惊心的长幅画卷	原著：陈忠实 导演：刘进	2017 年
6	京剧《渭水河》	殷末，西伯姬昌广行仁政，招贤纳士。一日，樵夫武吉误伤门军致死，应抵罪。因请西伯予限 7 日，归家别母。途经渭水河滨，见姜尚垂钓，告知其事。姜尚教以法术，隐身避罪。姬昌卜其已死，不再追究。后姬昌夜梦飞熊，亲出访贤。途遇武吉，询知姜尚教其避罪之事。遂命武吉导往渭滨，面请姜尚至西岐辅政		
7	秦腔曲牌《渭水秋歌》	乐曲慢板采用陕西秦腔音乐弦乐曲牌《永寿庵》，快板采用陕西合阳县线腔音乐作为闹剧乐曲创作的素材和动机，慢板伤感、深切、如诉，快板热情、热烈充满激情，写渭水以秋歌，通过沉稳大腔，伤感，深切，热情的竹音笛韵，表达了作者对三秦大地伤感的眷恋和热爱的深厚情怀	作曲：王相见	2000 年

续表 8-5-2

序号	名称	内容梗概	创作者或导演	发行年份
8	纪录片 《探秘渭河源》 （4集）	《探秘渭河源》，通过对渭河流域考古发现和历史发展脉络的梳理，提炼古今文化精神的传承精髓，搭建流域内外、大河上下、古今延伸的全方位立体结构框架，以发散的思维与眼光，将渭河的源头渭源，置于时间的洪流与广阔的空间之中进行考量与表述，以人文的精神、从文化的角度探视和解读渭河，以客观的态度展现渭河流域现状，最终凸显“渭河文明”所具备的现实意义以及对于当今社会的价值，突出渭河对华夏文明的贡献		
9	《探索发现》 纪录片—— 《浐灞长歌》 （5集）	4500年前，在今天的灞河流域，出现了一个高度发达的文明。他们烧制了历史上第一块砖，驯化了历史上第一匹马，发现并开采了历史上最早的蓝田玉。可是，延续了数百年后，这个灿烂的文明却突然消失了，只留下一座恢宏的新街遗址。这个神秘而超前的文明从哪里来，又去了哪里，一直令无数考古学家着迷，他们一直试图通过考证及推测等诸多手段，弄清楚这个文明的去向。然而无论结果如何，有一点是确定的，这个诞生于灞水之滨的文明必定已经融入华夏文明的主脉，成了我们辉煌历史的一部分	导演：宋一丹	
10	《远方的家》 百集系列节目 《江河万里行》 渭河 183 ~ 198 集	183 集：渭河源头第一村；184 集：探访天书洞；186 集：宝鸡马勺脸谱；188 集：洗出来的御面；189 集：渭河味在三原；190 集：渭河边的古韵民情；191 集：渭河边的千古帝都；192、193 集：渭河边的美食博物馆；194 集：探访秦直道；196 集：渭河上的摆渡船夫；198 集：渭河之尾古城潼关	央视摄制组	
11	《航拍中国——陕西》泾渭分明	泾渭分明的故事	央视摄制组	

四、出版著述

（一）长篇报告文学《黄河大移民》

该作品为陕西女作家冷梦所著，由陕西旅游出版社 1998 年 9 月出版，首届鲁迅文学奖获奖作品。主要内容描述的是 1956 年中国历史上发生的一次大规模移民，渭河下游岸边 28 万多陕西农民离开了祖祖辈辈生养聚息的热土，迁移异土他乡……38 年后，人口的自然繁衍，河南三门峡库区移民增至 45 万多人，他们中的一部分重返家园，但故园已非旧貌；他们中的相当多人，仍在当初迁移的渭北高塬沟壑区。历史是相当沉重的。它制造了一个延续了 38 年的悲剧，铸成了几十万苍生的不幸与苦难。

（二）长篇散文《渭河传》

长篇散文《渭河传》系“渭河文化”系列出版项目之一，被陕西省委宣传部和甘肃省委宣传部同时列为重点资助文艺创作项目。作者王若冰，系天水日报社副总编辑。《渭河传》以传记文学方式全景式呈现上启第四纪冰期到当代渭河沧桑变迁历史的同时，以历史和现实并行、洋溢诗情与冷峻思考互为印证的结构方式，俯瞰大地苍生，激活历史千秋，叩问一条河流与一个民族之间的文化精神秘密，探索渭河流域中国古代文明兴衰历史命运，思考重建民族自信现实命题，再现了一条河流历史身世和一个民族文化经历，完成了对一个民族文明沧桑的深切思考，对苍生大地的真诚关注，对社会变迁历史的当下记录，被评论界誉为“一条华夏文明的源流史，一部炎黄子孙的成长史”。

（三）长篇散文《黑河》

《黑河》系陕西渭河水文化研究会丛书，由陕西人民美术出版社 2010 年 5 月出版。作者王安泉，现任陕西书画院副院长。《黑河》以其个性化的视角和叙述，描写了黑河从太白山发源流入渭河、黑河水库引水注入西安的宏大过程和未来发展远景，贯穿了东方思维中普遍而基本的天人合一、道法自然的思想，以人水和谐作为出发点和归宿点，用画家对生活事件的独特感受进入叙事状态的独到理解和把握，在故事以及情节发展中昭示了人物命运弘扬了民族的基本精神价值。中国作家协会副主席、陕西省作家协会名誉主席陈忠实作序，题为《难得一种渴望性阅读》。

（四）《渭河箴言》

2007 年 3 月，《渭河箴言》由西北大学出版社出版发行。作者蒋建军、刘建林。蒋建军，时任陕西省渭河流域（陕西江河水库、陕西三门峡库区）管理局局长。刘建林，时任陕西商洛学院院长。此书集中展现了渭河流域的自然地理、经济社会、治理开发及管理状况，总结了各级政府领导、高校科研院所专家以及社会各界媒体对渭河的关心、关注、认识，较为全面地展现了一个全方位、多视角的真实渭河。

（五）《渭河论坛论文集》

该论文集共 4 本， 2008 年 5 月，由陕西出版集团陕西科学技术出版社出版发行《渭河水文化论文集》；2009 年 5 月，由陕西出版集团陕西科学技术出版社出版《渭河水资源论文集》；2010 年 5 月编印《渭河水环境论文集》；2011 年 3 月编印《渭河安澜论文集》。论文集内容来自 2007 年开始每年一届连续四届的渭河论坛专家论文，共收编专家论文 136 篇。

（六）散文集《诗情画意描渭河》

散文集《诗情画意描渭河》于 2010 年 12 月编印。2009 年，由共青团陕西省委、省教育厅、省水利厅在沿渭西安、咸阳、宝鸡、杨凌、渭南 5 市（区）初中学校的中学生层面联合开展了“渭河少年爱渭河”主题征文活动，共收集征文 1400 余份，经评审专家组初审，组委会领导小组终审，精选了其中 65 篇作品整理汇编成册。

（七）河流文明丛书·渭河

该书主编葛剑雄，作者侯甬坚，由凤凰出版传媒集团江苏教育出版社 2010 年 1 月出版。

其他渭河水文化书籍名录见表 8–5–3。

表 8–5–3　其他渭河水文化书籍名录

序号	书名	出版社	作者	出版日期	备注
1	《陕西省三门峡库区志》	中国水利水电出版社	陕西省三门峡库区管理局	2007.04	
2	《美丽的渭河》	黄河水利出版社	袁录怀 王剑明	2015.08	
3	《引泾记之碑文篇》	黄河水利出版社	张发民 刘璇	2016.07	
4	《渭河神话传说和民间故事》	黄河水利出版社	陕西省渭河流域管理局	2017.12	
5	《情系母亲河》		维护渭河健康生命“大荔河务杯”征文获奖作品集	2007.03	
6	《陕西三门峡库区图志》		陕西省三门峡库区管理局	2007.03	

第九篇　机构与人物

历史上的渭河长期处在京畿之地，开发治理一般由朝廷钦选或地方行政官员主持，机构大多是以工程或以水事而设，且多由临时性机构和有关人员临时性组成。

到了民国五年（1916年），国家设黄河水利委员会，按流域管理黄河事务，并设全国水利局陕西水利分局，按行政区域管理河流。1933年，黄河水利委员会在西安成立导渭工程处，主要负责渭河及主要支流泾、洛等河流的整治，渭河有了流域与区域管理并行的雏形。1940年，黄河水利委员会在兰州成立了上游工程处，主要负责黄、泾、渭等河流及其影响区域的治理工作。1947年，上游工程处由兰州迁至西安，1949年5月，西安解放，上游工程处由西安市军事管制委员会接管，归陕甘宁边区政府农业处领导。随后，在黄河水利委员会对黄河流域实行统一管理的基础上，尤其是三门峡水库修建后，国家及省上不断探索完善渭河管理的体制机制，逐步形成流域与区域管理相结合的管理模式。在长期的渭河治理管理中，许多人对此作出了突出贡献。本篇用两章分别从区域和流域两方面对渭河管理机构进行记述，用一章以人物传略及表录的形式，记述了至2020年在陕西渭河段开发治理中包括省部级以上劳动模范、先进工作者、教授级高级工程师以及有突出贡献的专家学者等。

第一章　区域管理机构

区域管理机构是指在渭河流域内对某一特定地域范围所设置的管理机构。陕西省境内渭河流域从古至今是国家重要的粮食生产基地，素有“关中粮仓”之称。新中国成立后，为了保护和利用好渭河流域，黄河水利委员会及陕西省政府高度重视渭河管理与治理，不断探索、建立、完善渭河管理的体制机制，逐步形成了比较成熟的省、市、县三级协同的渭河流域区域管理体系。

第一节　新中国成立前管理机构

一、清代（含）前机构

清代以前，渭河开发治理由朝廷钦选或地方行政官员主持。如：战国时期秦国在渭河及其支流上修建的白起渠，秦王政元年（前 246 年）修建的郑国渠，汉武帝时期在渭河干流和支流上修建的漕渠，隋文帝开皇四年（584 年）建成的引渭水自大兴城（长安）东至潼关 300 余里人工运河广通渠，清康熙六年（1667 年），眉县县令梅遇率领民众在渭河支流石头河峪口凿渠引水等诸多水利工程的建设管理莫不如此。

元世祖忽必烈即位前（关中是忽必烈的封地），设三白渠使官，专职泾、渭、白渠事。至元年间（1264—1294 年），关中一带设屯田府，兼管水利及疏浚三白渠事。

明代，陕西布政司下设左、右参政、参议分守各道，其中就包括水利管理。

清光绪二十一年（1895 年）十月十六日，陕西巡抚张汝梅奏报，设陕西水利总局，委命干练之员领导。光绪二十九年（1903 年），陕西巡抚升允又设水利军四旗，负责省城附近通济渠、二华排水河渠及灞河、浐河、渭河、洛河等的养护维修。

二、民国时期机构

民国五年（1916 年），设立全国水利局陕西水利分局，直属省长公署，主管全省水利行政及水利工务事宜，局址设于西安端履门东，主事者郭希仁。民国六年（1917 年），陕西省省长公署正式任命郭希仁为全国水利局陕西水利分局局长。民国十六年（1927 年），全国水利局陕西水利分局更名为陕西省水利局，李仪祉为局长，直属陕西省建设厅，局址设在西安市西大街。民国十八年（1929 年），陕西省水利厅并入陕西省建设厅。民国二十一年（1932 年）8 月，恢复水利局，改称陕西省水利局，李仪祉任局长，直属省政府。民国二十五年（1936 年），在革命公园北侧建筑新址（今址）面积 28 余亩。民国二十八年（1939 年）秋，抗日战争期间，陕西省水利局迁至兴平渭惠渠管理局办公。民国三十年（1941 年）

10 月，陕西省水利局迁回西安新城省政府内，至民国三十七年（1948 年）元月。直属机构有泾惠、渭惠、梅惠、黑惠、汉惠、褒惠、沣惠、涝惠、泔惠等九渠管理局。5 月 16 日，西安解放前夕，陕西省水利局一部分人员奉命转移到河南郑县办公，于 7 月改隶属陕西省建设厅，委派褒惠渠管理局局长郝季厚兼代局长（国民党统治区）。西安留守职员 15 人，由李赋林负责。

1937 年 9 月，中共在延安成立陕甘宁边区政府，由陕甘宁边区政府建设厅负责所属 4 个分区 23 个县的农业、水利等事宜。

第二节　新中国成立后省级机构

1949 年 5 月 20 日，西安解放，陕甘宁边区政府迁至西安，1950 年春，陕西省人民政府成立。

一、机构变化情况

在陕西省人民政府领导下，陕西省水利行政管理机构随时代需求，名称几经变更，职能多次调整：1950 年 3 月至 1957 年 12 月为陕西省水利局，先曾隶属陕西省农业厅，后隶属陕西省人民政府、陕西省人民委员会；1957 年 12 月，撤销陕西省水利局，与陕西省水土保持局合并，成立陕西省水利厅，隶属陕西省人民委员会；1964 年 11 月，国务院水电部同意陕西省农电局划归陕西省水利厅，12 月更名为陕西省水利电力厅；1968 年 8 月，陕西省水利电力厅业务移交陕西省革命委员会生产组所辖水电组，1970 年 5 月，水电组改为陕西省革命委员会水电局，隶属陕西省革命委员会；1980 年 1 月，陕西省革命委员会水电局更名为陕西省水电局，隶属陕西省人民政府；1983 年 4 月机构改革，陕西省水电局和陕西省水保局合并，成立陕西省水利水土保持厅，隶属陕西省人民政府；1993 年 8 月，撤销陕西省水利水土保持厅，组建陕西省水利厅至今。办公地点设在西安市新城区尚德路 150 号。

2001 年以来，党和国家进行多次机构改革，陕西省水利厅均予保留。2001 年 1 月至 2021 年 12 月，陕西省水利厅组织沿革经历了 5 个阶段。

（一）2001 年 1 月至 2009 年 6 月

根据陕西省人民政府办公厅《陕西省水利厅职能配置内设机构和人员编制规定》（陕政办发〔2000〕106 号），并明确陕西省水利厅是主管水行政的省政府组成部门。

（二）2009 年 6 月至 2014 年 6 月

2009 年 6 月，陕西省人民政府办公厅印发《陕西省水利厅主要职责内设机构和人员编制规定》（陕政办发〔2009〕72 号），设立陕西省水利厅，为陕西省政府组成部门。对陕西省水利厅内设机构、厅机关行政编制做了第二次调整。

（三）2014 年 6 月至 2019 年 1 月

2014 年 6 月，陕西省人民政府办公厅印发《陕西省水利厅主要职责内设机构和人员编制规定》（陕政办发〔2014〕84 号），对陕西省水利厅内设机构、厅机关行政编制第三次调整。

（四）2019 年 1 月至 2020 年 4 月

2019 年 1 月，陕西省委办公厅、省人民政府办公厅印发《陕西省水利厅职能配置内设机构和人员编制规定》（陕办字〔2019〕8 号），省水利厅内设机构增设河湖运行处（河长制湖长制工作处）、水资源水文防灾处，行政编制第四次调整。

（五）2020 年 4 月至 2021 年 12 月

2020 年 4 月，陕西省机构编制委员会印发《关于调整省水利厅内设机构和人员编制的通知》（陕编发〔2020〕9 号），将水资源水文防灾处分设为水资源水文管理处和水旱灾害防御处，增加行政编制 5 名，陕西省水利厅机构调整后内设机构 15 个。

二、主要职责

（1）负责保障全省水资源的合理开发利用。贯彻落实国家有关水利工作的方针政策、法律法规，拟订全省水利发展规划和政策，组织起草地方性法律规章草案，组织编制全省水资源战略规划及重要流域（区域）水利综合规划、防洪规划等重大水利规划。

（2）负责生活、生产经营和生态环境用水的统筹和保障。组织实施最严格水资源管理制度，实施水资源的统一监督管理，拟订全省和跨区域水中长期供求规划、水量分配方案并监督实施。负责重大调水工程的水资源调度。组织实施取水许可、水资源论证和防洪论证制度，指导开展水资源有偿使用工作及水利行业供水和乡镇供水工作。

（3）按规定制定水利工程建设的有关制度并组织实施。负责提出省级水利固定资产投资规模、方向、具体安排建议并组织指导实施，提出省级水利资金安排建议并负责项目实施的监督管理。

（4）指导水资源保护工作。组织编制并实施全省水资源保护规划。指导全省饮用水水源保护、地下水开发利用和地下水资源管理保护有关工作。组织指导地下水超采区综合治理。

（5）负责节约用水工作。拟订节约用水政策，组织编制全省节约用水规划并监督实施、制定有关标准。组织实施用水总量控制等管理制度，指导和推进节水型社会建设工作。

（6）负责水文工作。负责水文水资源监测、全省水文站网建设和管理工作。对江河湖库和地下水实施监测，发布水文水资源信息、情报预报和全省水资源公报。按规定组织开展水资源、水能资源调查评价和水资源承载能力监测预警工作。

（7）指导水利设施、水域及其岸线的管理、保护与综合利用。组织指导水利基础设施网络建设。指导重要江河湖库及河口的治理、开发和保护，河湖水生态保护与修复、河湖生态流量水量管理以及河湖水系连通工作。

（8）指导监督水利工程建设与运行管理。组织实施全省重大水利工程建设与运行管理。制定水利工程建设有关政策、制度并监督实施。指导水利建设市场分级监督管理，组织实施水利工程建设的监督。

（9）负责水土保持工作。拟订全省水土保持规划并监督实施，组织实施全省水土流失综合防治、监测预报并定期公告。负责建设项目水土保持监督管理工作，指导省级重点水土保持建设项目的实施。

（10）负责农村水利工作。组织开展大中型灌排工程建设与改造。指导农村饮水安全工程建设管理、节水灌溉有关工作。协调牧区水利工作。指导农村水利改革创新和社会化服务体系建设，农村水能资源开发、小水电改造和水电农村电气化工作。

（11）负责水利工程移民管理工作。拟订水利工程移民有关政策并监督实施，组织实施水利工程移民安置前期工作、移民安置验收和监督评估等制度。指导监督水库移民后期扶持政策的实施。

（12）负责重大涉水违法事件的查处，协调跨流域、跨社区的水事纠纷，指导水政监察和水行政执法。督促检查水利重大政策、决策部署和重点工作的贯彻落实情况。依法负责水利行业安全生产工作，组织指导水库、水电站大坝、农村水电站的安全监管。

（13）开展水利科技和外事工作。组织开展水利行业质量监督工作，拟订相关技术标准、规程规范并监督实施。

（14）负责落实综合防灾减灾规划相关要求，组织编制洪水干旱灾害防治规划和防护标准并指导实施。承担水情旱情监测预警工作。组织编制重要江河湖泊和重要水工程的防御洪水抗御旱灾调度及应急水量调度方案，按程序报批并组织实施。承担防御洪水应急抢险的技术支撑工作。

（15）完成省委、省政府交办的其他任务。

第三节　新中国成立后市级机构

1949年以后，各地水利事业大发展，地（市)、县（市、区）水利机构于20世纪60年代前后相继建立，至80年代，基本形成了比较健全的管理格局。至2020年，全流域所涉8市1区均设有水利（水务)局。

一、宝鸡市水利局

民国时期，陕西省第九行政督察专员公署在凤翔设立，后将公署迁至宝鸡，公署设建设科，兼管农田水利。1949年7月14日，宝鸡解放，设陕甘宁边区宝鸡分区，分区设置行政督察专员公署，同年8月，公署设四科，分管农田水利。1950年1月10日，宝鸡分区划归陕西省管辖，改为宝鸡地区专员公署，将原四科更名建设科，仍兼管农田水利。1956年3月，专署建设科、交通科合并为宝鸡专署第五办公室，兼管农田水利。1956年10月1日，撤销宝鸡专区，所属县（市）直接归省管辖。1958年5月，撤销农林水牧局，成立宝鸡市郊区工作委员会，分管农田水利。1959年2月25日，撤销宝鸡市郊区工作委员会，成立宝鸡市人民委员会农林水牧局。1960年4月，撤销宝鸡市人民委员会农林水牧局，分设宝鸡市人民委员会水利局。1961年9月1日，恢复宝鸡专区，成立宝鸡专员公署水利电力局（简称水电局）。1961年9月12日，将农牧局与水电局合并为宝鸡专员公署农林水牧局。1962年9月12日，分设水电局。1963年8月22日，将水电局改为宝鸡专员公署水利局。1965年4月8日，又改名为宝鸡专员公署水电局。1966年8月1日，专区、市分设，宝鸡市归省直接领导。1968年2月28日至1969年9月，专区、市分别成立革命委员会，下设生产指挥部，内设农业组，分管农田水利。1970年5月，地、市分别设立水电局。1971年11月1日，地、市合并，成立宝鸡市革命委员会水电局。1979年3月1日，地、市分设，成立宝鸡地区行政公署水电局。1980年8月1日，地、市合并，设宝鸡市水电局。1983年9月改名为宝鸡市水利水保局。1994年8月，宝鸡市水利水保局改名为宝鸡市水利局，其名称一直沿用至2020年。

二、咸阳市水利局

新中国成立后，咸阳水利工作最初归政府建设科（四科）分管。1961年11月，咸阳专员公署水利局成立，办公地点设在公署大院小楼内，首批组成人员约20名。1963年，局址迁至渭阳路现址。1965年8月，改名为咸阳专署水利水电局，增设电管和财务两科及水土保持工作队，人员达到74名。1969年10月，随专区易名，改为咸阳地区水电工作队革命委员会。1970年6月，改名为地区革命委员会水利水电局。1979年1月，更名为咸阳地区行政公署水利水电局。1983年10月，地改市，1984年5月，更名为咸阳市水利水保局，1994年5月，又改名为咸阳市水利局。2001年机构改革后，内设秘书科、计划与资金管理科、水利工程建设与管理科、农田水利水保科、水政科技科。2007年，下属单位有水政水资源管理办公室、防汛抗旱指挥部办公室等18个直属和代管单位。2019年，由于机构改革，相关职能及局属单位人员有所变动，重新确定了局属事业单位主要职责、内设机构和人员编制规定，直至2020年。

三、西安市水务局

西安市水利局成立于1959年4月。1962年5月，与市农林畜牧局合并，业务并入西安市农业局。1973年4月，成立西安市革命委员会水电局。1977年12月，改名西安市水电局。1996年4月，西安市水电局更名为西安市水利局，2002年8月更名为西安市水务局，是全市水行政主管部门，负责统一管理水资源。2009年12月，政府机构改革后局内设办公室等9个部门。2012年4月，增设财务审计处。2013年5月，市水政监察支队单设。2017年7月，增设河长制工作处。2019年4月，政府机构改革后局内设：办公室、组织人事处、规划计划处（市移民办公室）、财务审计处、水政水资源管理处、建设与运行管理处、农村水利与水土保持处、供水管理处、污水处理监管处、河湖长制工作处、水灾害防御处、行政审批处，撤销原有的水源地管理办公室、供排水管理处，水产渔政处划转至市农业农村局。

四、渭南市水务局

1949年5月28日，陕甘宁边区政府在渭南设立渭南分区行政督察专员公署。1950年5月，将分区改称专区。1952年5月，渭南专区辖富平、耀县、三原、泾阳、高陵等18个县。渭南专署内设建设科，兼管农田水利、水土保持和河道防汛工作。1956年9月，撤销渭南专区，各县直接归省管辖，并设农林水牧局管理水利工作。1961年8月30日，复设渭南专区，辖铜川、富平、耀县、临潼、蓝田、渭南、蒲城、白水、澄城、合阳、韩城、大荔、华县、华阴、潼关，专署设立农林水牧局，管理水利工作。1963 年 6 月 17 日，渭南专署成立渭南专区水利电力局（简称渭南专区水电局），此为地级第一个水行政专管机构。管理全区农田水利、水土保持、农业用电和水电站建设，以及防汛、水产工作。1966 年 8 月 1 日，渭南专区水电局与专区移民局合并成立渭南专区水电移民局。1968 年 9 月 3 日，成立渭南专区革命委员会。1969 年 8 月 16 日，成立渭南专区革命委员会生产组水电办公室，专管全区水利水保、水电水产和三门峡库区移民等工作。1970 年 7 月 5 日，设立渭南地区革命委员会水电局（简称地区水电局）。1978 年 12 月 1 日，渭南地区革命委员会水电局更名为渭南地区行政公署水电局。1980 年 1 月，渭南地区行政公署水电局更名为渭南地区水电局。1983 年 10 月，渭南地区水电局更名为渭南地区水利水土保持局（简称地区水利局），办公地址由渭南市东风街行政公署大院迁至渭南市东风街西段五里铺。1984 年，地区水利局增设科教科和水产科（对外称渭南地区水产站），将灌溉科改为水管科。1985 年机构改革，地区水利局内设办公室、人事科、农水科、计划基建科、水产科和防汛抗旱农田基建办公室。1986 年 3 月，成立渭南地区水资源办公室。1995 年 5 月，渭南地区改为渭南市，地区水利局亦随之改为渭南市水利局。2002 年 2 月，渭南市水利局更名为渭南市水务局，至 2020 年底，内设河库运行科（市河长制湖长制办公室）等 9 个行政科室。

五、铜川市水务局

铜川市于 1956 年 1 月成立农林水牧局，归渭南专区管理。1958 年 3 月，铜川改为省辖市，12 月，铜川市人民委员会设水电部。1959 年 3 月，改为水电局。1961 年 8 月，铜川市水电局并入农林水牧局。1968 年 9 月，由革委会生产组农林办公室兼管水利。1970 年 6 月，改为铜川市革委会农林水电局。1977 年 3 月，设铜川市革委会水电局。1978 年 2 月，又合并为农林水电局。1980 年 1 月，恢复铜川市水电局。1984 年 5 月，更名为铜川市水利水土保持局，所辖耀县、宜君两县设水利水土保持局，郊区、城区两区在农林水牧局内设有水利科（组）。1995 年 11 月，由铜川市水利水保局更名为铜川市水利局。2002 年 7 月，铜川市水利局更名为铜川市水务局，内设办公室、水利科、水资源与法规科 3 个科室。2015 年 11 月，内设办公室、规划与计划科、建设管理与水资源科 3 个科室。所辖耀州、王益、印台、宜君 3 区 1 县均设有水务局，新区设农村工作局兼管水利工作。2017 年 11 月 22 日，铜川市委编制委员会办公室下发《关于调整市水务局编制的批复》（铜编发〔2017〕21 号），同意铜川市水务局行政编制由 10 名调整为 12 名，增设河长制管理科，增加科级领导职数 1 名。2019 年 3 月 19 日，铜川市委、市政府下发《关于印发〈铜川市水务局职能配置内设机构和人员编制规定〉的通知》（铜办字〔2019〕53 号），确定铜川市水务局为市政府工作部门，正县级。2019 年 3 月 19 日，铜川市委编制委员会办公室下发《关于调整市水务局所属承担行政职能事业单位机构编制事宜的通知》（铜编发〔2019〕4 号），确定将铜川市水库移民办公室（铜川市河道水库管理站）承担的行政职能划归铜川市水务局，不再保留铜川市水库移民办公室牌子。2019 年 11 月 26 日，铜川市委编制委员会办公室下发《中共铜川市委机构编制委员会关于调整市防汛抗旱指挥部办公室职责机构编制的通知》（铜编发〔2019〕43号），确定铜川市防汛抗旱指挥部办公室更名为铜川市水旱灾害防御中心，为铜川市水务局所属事业单位。机构规格调整为副县级。2020年4月15日，铜川市委编制委员会办公室下发《中共铜川市委机构编制委员会关于调整市防汛抗旱指挥部办公室职责机构编制的通知》（铜编发〔2020〕12号），铜川市水旱灾害防御中心内设机构科级领导职数由4名调整为3名。

六、杨凌示范区水务局

2002年10月，经杨凌示范区机构编制委员会同意，成立杨凌示范区水务局，与杨凌示范区规划建设局合署办公，局长由规划建设局局长兼任。2011年9月，示范区机构编制委员会办公室下发《关于调整示范区水务局机构和职能的通知》（杨管编办发〔2011〕25号），将杨凌示范区水务局从杨凌示范区规划建设局分离，加挂"杨凌示范区一河两岸开发建设办公室"牌子。2012年6月，杨凌示范区机构编制委员会办公室下发《关于示范区水务局机构设置的通知》（杨管编办发〔2011〕25号）文件，明确杨凌示范区水务局为示范区管委会工作部门，不再保留"杨凌示范区一河两岸开发建设办公室"牌子，同时设立杨凌示范区渭河综合治理办公室和杨凌示范区防汛抗旱办公室，为水务局全额拨款事业单位，一套机构，两块牌子，副处级建制，直至2020年。

七、榆林市水利局

1949年2月，陕甘宁边区政府建设厅决定成立绥德分区水利工程处。3月，抽调米脂、镇川等地干部和延安大学、绥德师范学校毕业分配学生共48人，正式成立绥德分区水利工程处，归陕甘宁边区政府建设厅领导，下设技术、行政、总务股（科），驻米脂县镇子湾村。6月1日榆林城和平解放后，绥德分区水利工程处改称绥榆水利工程处。1950年3月，绥榆工程处归陕西省水利局领导，机关搬驻米脂县城，人员增至54名，科室未变。

1957年1月，绥榆水利工程处与原绥德、榆林专区水利工作队（均于1954年3月成立）合并，成立榆林专区水利局，受陕西省水利厅和榆林专员公署双重领导。榆林专区水利局下设政治科、灌溉管理科、工程管理科、计划财务科，以及直属单位勘测设计队和水利工程队。2月，成立5个分驻各县的水利工作队（各队均分设水利工作组），加强各县民营渠道的兴修和管理。其中：第五水利工作队驻靖边，负责靖边县、定边县水利事项。1958年3月，榆林水土保持工作推广站（1954年1月成立，隶属黄河水利委员会西北工程局领导）并入榆林专区水利局。5月，隶属陕西省水利厅领导的榆林专区水利局划归榆林专署领导，改名榆林专员公署水利水土保持局，下设办公室、政工科、灌溉管理科、工程管理科、水土保持科、机电管理科和计划财务科，有职工66人，其中行政干部42人、工程技术干部22人、工人2人。同时，将原专区水利局派驻各县的水利工作队（工作组）及原榆林水土保持推广站派驻米脂、绥德、神树、靖边等9县的水保组合并，分别组成各县水利工作队，由各县政府领导。10月，原专区水利局直属的水利工作队并入直属的水利勘测设计队。专署水利局与专署农林局合署办公，办公地址在榆林城原二街地区水利局、林业局大院。1960年3月，与农林局分署办公。1966年4月，撤销榆林专署水利局，改设陕西省榆林专区水利水土保持工程处，交省管；6月，改名为陕西省榆林专区水利水土保持局。

1967年10月，成立榆林地区水利局革命领导小组，取代了榆林专区水利水保局。1968年8月，撤销该领导小组，水利水保工作由榆林地区革命委员会生产组下设的水电组主管。1972年6月，撤销水电组，改设榆林地区革命委员会水电局。工作范围包括工务、机电、灌溉、计划财务、农田基建、防汛等事项。1979年12月，榆林地区革命委员会改为榆林地区行政公署。1980年1月，榆林地区革命委员会水电局更名为榆林地区水电局，设办公室、工务科、水管科、小型水利科、水保科。

1983年10月，榆林地区水电局更名为榆林地区水利水保局，设政秘、计财、水保、水管、工务、水产6个科室，行政编制22人。1985年9月，撤销政秘、计财科，合并为办公室，新成立科技科。实有职工38名，财务人员2名，工人11名。1988年10月，增设水资源管理办公室。1989年3月，增设水保监督科。1990年5月，成立地区风沙区井灌建设领导小组办公室，9月增设治沟骨干工程办公室，11月增设保卫科。1991年11月，机构编制进行调整，内设机构调整为计划财务、水利水产、水保、科教、水利公安科和办公室、监察室，行政编制23人。1996年2月，机构改革，局机关设政秘、计划财务、水利、水保、科教、水利公安6个科和机关事务管理所、水利工程质量监督办公室、渔政管理办公室3个科级事业机构，行政编制18名，事业编制17名。

2000年6月，榆林撤地设市，榆林地区水利水保局更名为榆林市水务局。2002年10月，机构改革，局机关设政秘、政策法规、计划财务、水利、水保、科教6个科，行政编制20名。2012年，增设建设与管理科。至2013年，共设8个科室，有工作人员53人，辖直属事业单位20个。

2019年机构改革后，榆林市水务局更名为榆林市水利局，正县级建制，核定行政编制16名，实有人员21人；核定领导职数1正3副，实配1正2副；内设科室7个，分别是政秘科、规划计划科、河库管理科、水资源科、水利水电科、水保治理科、建设监督科。核定内设机构领导职数10正2副，其中：含机关党支部（总支）专职副书记1名，总规划师1名，总工程师1名。实配8正2副，其中河库科科长职位和总工程师职位空缺。榆林市水务局是榆林市政府水行政主管部门，统一负责全市水资源、河道、湖泊、水利工程、水旱灾害防御、水土保持、水电等工作。主要工作职能职责是：保障全市水资源的合理开发利用，负责生活、生产经营和生态环境用水的统筹和保障，按规定制定水利工程建设的有关制度并组织实施，指导水资源保护工作，负责节约用水、水文、水土保持、农村水利、水利工程移民管理工作，指导水利设施、水域及其岸线的管理、保护与综合利用，指导监督水利工程建设与运行管理，负责重大涉水违法事件的查处，协调跨流域、跨县域的水事纠纷，指导水政监察和水行政执法，开展水利科技和外事工作，负责落实综合防灾减灾规划相关要求，负责对职责范围内有关行业、领域的安全生产工作实施监督管理。

榆林市水利局机关地址：20世纪50年代设在榆林新建南路（原二街），20世纪60年末70年代初设在榆林地区行政公署，1978年底设在榆林城南上郡北路23号，建有3层办公楼2栋及车库等30间，总建筑面积5958.56平方米。2012年3月29日，榆林市水利局搬迁至榆林开发区圣景路新建水利大楼至今，占地面积4亩，总建筑面积13904平方米。

八、延安市水利局

1950 年 2 月，延安专区行政区公署建设科负责水利工作。1957 年 1 月，成立延安专区水利局，县级建制。1958 年 2 月，延安专区水土保持推广工作站并入延安专区水利局，编制 64 名，设办公室、工务科、水保科、灌溉科。1959 年 4 月，延安专区水利局更名延安专员公署水利局，1961 年撤销，与专署农业局、林业局、畜牧局合并成立专署农林水牧局，后又将水利业务分出成立专署水土保持工作站。1963 年 7 月，恢复原专署水利局。12 月，改称陕西省延安专署水土保持局。1964 年 4 月，改称陕西省延安专署水保水利局。1969 年 12 月，撤销专署农、林、水、牧等部门，成立延安地区革命委员会农业服务站。1970 年 7 月，成立延安地区革命委员会水电局，内设局机关、水电队、水保队、物资站。1979 年，在编职工 135 人。1980 年 1 月，延安地区革命委员会水电局改称延安地区水电局。1982 年 1 月，延安地区水电局更名为延安地区水利水土保持局。1990 年，局内设置有政秘科、计财科、水保科、水利科、科技科、延安地区防汛办公室、监察室，编制 38 名。

1997 年 1 月 17 日，延安撤地设市，延安地区水利水土保持局更名为延安市水利水土保持局。2002 年。机构改革，延安市水利水土保持局内设 4 个科，即政秘科（政策法规科）、规划与资金管理科、水利科和水保科，机关行政编制 18 名。2009 年 10 月 10 日，加挂延安市节约用水管理办公室牌子，为一套机构，两块牌子，主任由局长兼任，设专职副主任 1 名，同时增设节水科。

2010 年 5 月，延安市水利水土保持局更名为延安市水务局，内设 5 个科，即政秘科、规划与资金管理科、水利科、水保科和节水科，机关行政编制 19 名。2019 年 3 月，市水务局机关行政编制 19 名，办公室、规划财务科、建设监管科、水土保持科、节约用水科、水旱灾害防御科。延安市水务局的主要职责如下：

（1）负责保障全市水资源的合理开发利用。贯彻中央、省水利方面的法律法规和政策规定，组织起草地方性法规规章草案、拟定全市水利战略规划、中长期发展规划和年度计划，并组织实施；组织编制全市重要河湖流域综合治理规划、防洪规划等重大水利规划。

（2）负责生活、生产经营和生态环境用水的统筹和保障。组织实施最严格水资源管理制度，统一监督管理全市水资源，拟定全市中长期供求规划、水量分配方案并监督实施。负责重要流域、区域以及调水工程的水资源调度。组织实施取水许可、水资源论证和防洪论证制度，指导开展水资源有偿使用工作。指导水利行业供水和城乡供水工作。

（3）按规定制定水利工程建设有关制度并组织实施。负责提出全市水利固定资产投资规模、方向，具体安排建议并组织指导实施，提出全市水利财政专项资金安排建议并负责项目实施的监督管理。

（4）指导水资源保护工作。组织编制并实施全市水资源保护规划。指导全市饮用水水源保护有关工作，指导地下水开发利用和地下水水资源管理保护。组织指导地下水超采区综合治理。负责水资源监测，发布水资源信息、情报预报和全市水资源公报，按规定组织开展水资源、水能资源调查评价和水资源承载能力监测预警工作。

（5）负责节约用水工作。拟定节约用水政策，组织编制全市节约用水规划并监督实施，组织制定有关标准和实施办法。组织实施用水总量控制等管理制度，指导和推进节水型社会建设工作。

（6）指导水利设施、水域及其岸线的管理、保护与综合利用。负责河长制湖长制日常工作。组织指导水利基础设施网络建设。指导全市重要河湖、水库、滩涂、河口的治理、开发和保护。指导河湖、水库水生态保护与修复、生态流量水量管理以及河湖水库水系连通工作。

（7）指导监督全市水利工程建设与运营管理。制定水利工程建设有关政策、制度并监督实施。负责全市重大水利工程建设与运行管理，督促指导相关配套工程建设。组织实施水利工程质量和安全监督。指导水利建设市场的监督管理。

（8）负责水土保持工作。拟订全市水土保持规划并监督实施，组织实施水土流失综合防治、监测预报并定期公告。负责建设项目水土保持监督管理工作。组织实施重点水土保持建设项目。

（9）负责农村水利工作。负责大中型灌排工程建设与改造。指导农村饮水安全工程建设管理工作，指导节水灌溉有关工作。指导农村水利改革创新和社会化服务体系建设。指导农村水能资源开发、小水电改造和水电农村电气化工作。

（10）负责水利工程移民管理工作。拟定水利工程移民有关政策并监督实施，组织实施水利工程移民安置前期工作、移民安置验收工作、监督评估工作等。指导监督水库移民后期扶持政策的实施。

（11）负责水行政执法工作。负责水利政策法规的贯彻落实，查处重大涉水违法事件，协调解决跨流域、跨县区水事纠纷，指导全市水政监察和水行政执法工作。负责水利行业安全生产工作。

（12）负责水利科技工作。开展水利科学研究、技术引进、交流合作和科技推广有关工作。

（13）负责落实综合防灾减灾规划相关要求。组织编制洪水干旱灾害防治规划并指导实施。承担水情旱情监测预报工作。组织编制重要河流和重要水工程的防御洪水抗御旱灾调度及应急水量调度方案，按程序报批并组织实施。承担防御洪水应急抢险的技术支撑工作。

（14）完成市委、市政府交办的其他任务。

九、商洛市水利局

1956 年 12 月，商洛专区水利局成立，归陕西省水利局直接领导。1961 年，改称商洛专署水利局，由陕西省水利局领导改为由商洛专署水利局直接领导。

1962 年 5 月，精简机构，撤销商洛专署水利局，工作职能划归商洛专署农林水牧局。1963 年 6 月 1 日，恢复商洛专署水利局。1968 年 3 月，成立商洛专署水利局革命委员会。1969 年 7 月 8 日，实行精兵简政，商洛专署水利局等 7 个农口单位合并成立商洛地区农业服务站革命委员会。1970 年 7 月 1 日，商洛地区革命委员会决定，撤销商洛地区农业服务站革命委员会，成立商洛地区革命委员会水电局。1980 年，商洛地区革命委员会水电局改为商洛地区水电局。1983 年 10 月，机构改革后，商洛地区水电局改称商洛地区水电水土保持局。

1994 年 10 月 10 日，中共商洛地委、商洛地区行政公署印发商发《关于商洛地区地级机关机构设置的通知》〔1994〕70 号，商洛地区水电水土保持局改为商洛地区水利水土保持局。1996 年 4 月 7 日，商洛地区行政公署办公室印发商署办发《商洛地区水利水土保持局三定方案》〔1996〕045 号，机关内设办公室、水政科、计划科、水保科、水管科和机关事务所。

2001 年 8 月 31 日，国务院批复撤销商洛地区设立地级商洛市，商洛地区水利水土保持局随之更名为商洛市水利水土保持局。2002 年 11 月 13 日，商洛市水利水土保持局更名为商洛市水利局。2015 年 12 月 30 日，商洛市根据《中共陕西省委办公厅陕西省人民政府办公厅关于印发〈商洛市人民政府职能转变和机构改革方案〉的通知》（陕办字〔2015〕51 号），设立市水务局，为市政府工作部门。2019 年 2 月 20 日，根据《商洛市市县机构改革方案》，将商洛市水务局更名为商洛市水利局，内设党政办公室、规划计划科、水政监察科、建设管理科、农村水利科、产业发展科等 6 个职能科室。将下属参公单位市防汛抗旱指挥部办公室和市渔政监督管理站，分别拟划转至商洛市应急管理局和商洛市农业农村局。其主要职责如下：

（1）贯彻执行有关水务工作的法律、法规规章和政策，研究制定全市水务发展战略，拟定全市水务发展中长期规划，编制年度计划。拟定水务管理规范性文件并负责监督实施。负责开展依法行政和法制工作；编制中型和跨县（区）水利基建项目建议书及可行性研究报告。按规定和权限审批水利工程建设项目、水土保持方案和水资源论证报告书。

（2）负责全市水资源的管理工作。组织拟定全市和县（区）水中长期供水计划、水量分配方案并监督实施；组织有关全市国民经济总体规划、城市及重大建设项目的水资源和防洪的论证工作；负责实施取水许可制度和水资源费的征收工作；发布全市水资源公报。

（3）负责水资源保护工作。编制水资源保护规划，负责水功能区划分和饮水区等水域排污的控制；监测江河、水库的水量、水质、审核水域纳污能力，提出限制排污总量的意见；负责入河排污口的设置和使用的监督管理。

（4）负责节约用水工作。拟定节约用水政策，编制节约用水规划，制定有关标准、实施办法，指导和监督节约用水工作。

（5）负责全市水利设施、水域及岸线的管理与保护和生态文明建设。指导全市主要江河水库、滩涂的治理和开发；组织实施具有控制性和跨县（区）重要水务工程的建设与运行管理；指导水库、水电站大坝的安全监管；负责全市库区移民工作。

（6）负责全市水土保持工作。编制水土保持规划；负责水土流失的监测和综合防治以及水生态环境保护。

（7）负责农村水利工作，推进全市农田水利基本建设和农村水电电气化建设；拟定农村水电建设管理的有关政策、规定，并监督实施；负责城镇和农村饮水工程规划、实施、建设、管理和水源保护工作。

（8）负责水务行业安全生产工作。负责全市水政监察和水行政执法，协调县（区）流域及部门之间的水事纠纷。

（9）负责全市渔业工作。研究提出全市渔业发展战略；拟定全市渔业发展中长期规划和年度计划；主管全市水生野生动物保护工作。

（10）承担市防汛抗旱指挥部的日常工作。组织、协调、指挥、监督全市防汛抗旱工作；对主要江河和重要水库、水电站工程实施防汛抗旱调度。指导水务突发公共事件的应急管理工作。

（11）负责实施全市水务行业的经济调节措施。指导全市水务行业的供水、水电及综合经营工作；提出有关水利价格、信贷、财务等建议。负责水务综合改革相关工作。

（12）负责水务科技教育工作。负责水利科技成果推广应用；组织开展重大科技项目研究；拟定水务行业技术标准、规程、规范并监督实施；组织开展水务行业质量监督工作；指导全市水务队伍建设。

（13）承办市政府交办的其他工作。

第四节　县（市、区）级机构

截至 2020 年，陕西渭河流域 65 个县（市、区）行政区中，有水利或水务管理机构的共 53 个县（市、区）；水利或水务和自然资源或农林合在一起的有 4 个县（市、区）；水利或水务业务放在其他部门的有 8 个县（市、区），见表 9-1-1。

表 9-1-1　2020 年县（市、区）级机构

所属市	总序号	市属序号	机构名
西安	1	1	雁塔区农业农村和林业水务局
	2	2	未央区农业农村和林业水务局
	3	3	灞桥区秦岭生态环境保护和综合执法局
	4	4	阎良区水务局
	5	5	临潼区水务局
	6	6	长安区水务局
	7	7	高陵区水务局
	8	8	鄠邑区水务局
	9	9	蓝田县水务局
	10	10	周至县水务局

续表 9-1-1

所属市	总序号	市属序号	机构名
西安	11	11	莲湖区城管局
	12	12	新城区城管局
	13	13	碑林区城管局
	14	14	西咸新区住建局
宝鸡	15	1	金台区水利局
	16	2	渭滨区水利局
	17	3	高新区农业农村工作局
	18	4	陈仓区水利局
	19	5	凤翔区水利局
	20	6	岐山县水利局
	21	7	扶风县水利局
	22	8	眉县水利局
	23	9	千阳县水利局
	24	10	陇县水利局
	25	11	麟游县水利局
	26	12	太白县水利局
咸阳	27	1	秦都区农业农村和水利局
	28	2	渭城区农业农村和乡村振兴局
	29	3	兴平市水利局
	30	4	彬州市水利局
	31	5	武功县水利局
	32	6	乾县水利局
	33	7	礼泉县水利局
	34	8	泾阳县水利局
	35	9	三原县水利局
	36	10	永寿县水利局
	37	11	长武县水利局
	38	12	旬邑县水利局

续表 9-1-1

所属市	总序号	市属序号	机构名
咸阳	39	13	淳化县水利局
铜川	40	1	耀州区水务局
	41	2	王益区水务局
	42	3	印台区水务局
	43	4	宜君县水务局
	44	5	新区农业农村局
渭南	45	1	临渭区水务局
	46	2	华州区水务局
	47	3	华阴市水务局
	48	4	潼关县水务局
	49	5	大荔县水务局
	50	6	澄城县水务局
	51	7	合阳县水务局
	52	8	蒲城县水务局
	53	9	白水县水务局
	54	10	富平县水务局
	55	11	高新区自然资源和水务局
延安	56	1	甘泉县水务局
	57	2	富县水务局
	58	3	洛川县水务局
	59	4	吴起县水务局
	60	5	志丹县水务局
	61	6	黄陵县水务局
	62	7	黄龙县水务局
榆林	63	1	定边县水利局
	64	2	靖边县水利局
商洛	65	1	商州区水利局

第二章 流域管理机构

渭河流域管理机构雏形始于民国十二年（1923年），黄河水利委员会在西安成立的导渭工程处，主要负责渭河及主要支流泾、洛等河流的整治等。1940年，黄河水利委员会在兰州成立了上游工程处，主要负责黄、泾、渭等河流及其影响区域的治理工作。1947年，上游工程处由兰州迁址西安。1949年5月，西安解放，上游工程处由西安市军事管制委员会接管，归陕甘宁边区政府农业处领导。

1950年2月，黄河水利委员会在原上游工程处基础上成立西北黄河工程局，地级事业单位，办公地址于1958年由西安市大湘子庙街迁至南郊边家村太白南路34号。1960年，设立陕西省三门峡库区管理局。之后，在探索渭河流域的治理实践中，流域管理机构不断完善。自2003年开始，渭河流域省、市、县相继成立了专门的渭河治理机构。2006年，在陕西省三门峡库区管理局基础上，成立陕西省渭河流域管理局及陕西省江河水库管理局，其单位建制也由处级提升为厅级；2011年，成立渭河综合治理办公室（厅级）；2016年，陕西省渭河综合治理办公室更名为陕西省渭河生态区管理局（陕西省渭河流域管理局），将原在陕西省三门峡库区管理局基础上成立的陕西省渭河流域管理局职能划归为在陕西省渭河生态区管理局基础上加挂的陕西省渭河流域管理局管理；2018年，成立陕西渭河生态集团有限公司。

第一节 省级流域管理机构

一、陕西省三门峡库区管理局（陕西省渭河流域管理局）

1955年10月29日，全国人大一届二次会议通过《根治黄河水害开发黄河水利的综合规划》的决议，决定立即兴建三门峡水库枢纽工程。对此，陕西省成立了以省长、副省长为主任、副主任，有关厅局主要负责人为委员的陕西省支援三门峡水库修建工程工作委员会，下设办公室（又称移民办），办公室设在陕西省民政厅。1960年9月8日，水电部在原西北黄河工程局（上游工程处）基础上成立三门峡水库管理局陕西分局，县级事业单位，并将原下设各县的黄、渭、洛等河务管理机构收归管理。1961年1月7日，水电部党组通知，撤销西北黄河工程局，人员就地由陕西省安排。1962年1月，陕西省人民委员会决定，改三门峡水库管理局陕西分局为陕西省水利厅三管局，1965年1月，更名为陕西省水电厅三管局。1968年9月7日，陕西省水电厅三管局革委会成立。1969年1月1日下放渭南地区革委会领导，改称渭南地区三管局。1970年1月，渭南地区三管局从西安迁至渭南，暂驻渭南地区粮食局，1971 年搬至朝阳路。1978 年 7 月 27 日，陕西省革委会决定，将渭南地区三管局收归陕西省水电局领导，更名为陕西省三管局。1980 年 12 月，根据省政府 278 号文件，将韩城、合阳、大荔、渭南、华县、华阴、潼关 7 县的库区治理机构收归陕西省三管局领导。1981 年 1 月，按照陕西省水电局第 012 号批复，统一名称为陕西省三门峡库区渭南、华县、华阴、潼关、韩城、合阳、大荔黄、渭、洛河修防段和大荔修防总段。1985 年 2 月，根据国务院（82）国函字 229 号文批示，成立黄河水利委员会黄河小北干流陕西管理局，由陕西省三管局机关抽调 30 名工作人员，连同下属的韩城、合阳、潼关和大荔黄河、牛毛湾 5 个修防段，合计 105 人及其财产成建制划归，承担库区黄河小北干流陕西一侧河道治理业务与管理工作，1987 年 2 月迁至渭南市朝阳西路新址。陕西省三管局机关于 2000 年 7 月迁西安市凤城二路 13 号凯发大厦办公。

2002 年 4 月 29 日，陕西省编委批复同意将陕西省三门峡库区管理局与陕西省河务水库管理站合并，组建陕西省江河水库管理局，保留陕西省三门峡库区管理局牌子，为陕西省水利厅下属副厅级事业单位。2005 年 8 月 31 日，经陕西省编办研究同意在陕西省江河水库管理局加挂陕西省渭河流域管理局牌子，保留陕西省三门峡库区管理局牌子，实行一套机构三块牌子的运行机制，为副厅级公益类事业单位，2006 年 7 月 1 日，正式挂牌成立。其主要职能是：受委托负责管辖的渭河河道行政执法；组织编报渭河流域综合规划以及有关的专业规划并组织实施；组织开展省属的水利项目、跨地市重要水利项目的前期工作；编报渭河有关的省级水利项目年度计划，并组织实施；组织开展渭河水资源调查评价和开发、利用、节约、保护工作；参与拟定水量分配方案和年度调度计划，并组织实施；组织制定渭河防御洪水方案；组织实施渭河防洪工程的建设与管理；负责库区渭河干流堤防管理及渭河水文泥沙研究工作；负责渭河流域综合治理项目中有关河道治理项目的日常工作；承办水行政主管部门交办的其他事项。2016 年 11 月，根据陕西省编办《关于印发水利厅所属事业单位整合机构精简编制规范管理方案的通知》，撤销陕西省江河水库管理局加挂的陕西省渭河流域管理局牌子。2019 年 1 月，根据陕西省编办《关于调整水利厅所属承担行政职能事业单位机构编制的通知》（陕编办发〔2019〕12 号）的规定，陕西省江河水库管理局（陕西省三门峡库区管理局），更名为陕西省江河水库工作中心（陕西省三门峡库区管理中心），至 2020 年。

二、陕西省渭河生态区保护中心（陕西省渭河流域治理保护中心）

2009 年，随着《陕西省经济社会“十二五”发展规划》的实施，陕西省委、省政府就渭河综合治理做出重大决策：要求“十二五”期间集中精力和各方力量治理渭河。陕西省水利厅组织编制《陕西省渭河全线整治规划及实施方案》。

2010 年 12 月 29 日，陕西省政府第 23 次常务会议通过渭河综合治理规划及实施方案，同时决定成立渭河全线治理总指挥部，由分管副省长担任总指挥，总指挥部办公室设在陕西省水利厅，具体负责渭河全线治理规划编制、计划安排、资金筹措、组织协调、技术指导、考核验收等工作。2011 年 1 月 22 日，陕西省委常委会通过渭河综合治理规划及实施方案，要求相关部门和沿渭市、县认真组织实施。

2011 年 2 月 9 日，陕西省编委批复成立陕西省渭河综合治理办公室，为陕西省渭河全线治理总指挥部常设的办事机构，设在陕西省水利厅。陕西省渭河综合治理办公室主任由陕西省水利厅厅长兼任，设副厅级专职副主任职数 1 名、总工程师职数 1 名。之后，沿渭各市（区）、县（市）党委政府也组成了相应机构负责组织实施，并由陕西省委、省政府进行年度工作目标考核。

2016 年，陕西省政府决定设立渭河生态区以后，结合全省事业单位机构改革，将陕西省渭河综合治理办公室更名为陕西省渭河生态区管理局，负责渭河生态区规划编制、开发利用、水资源管理、岸线用途管理等工作。2018 年，全省事业单位机构改革中，将原管理局行政职能回归省水利厅机关，单位名称更名为陕西省渭河生态区保护中心（陕西省渭河流域治理保护中心），在原承担渭河生态区相关职能的基础上，增加了渭河流域治理保护的相关工作职能。2019 年 1 月，根据《关于调整省水利厅所属承担行政职能事业单位机构编制的通知》（陕编办〔2019〕12 号），将编制调整为主任、常务副主任兼总工程师各 1 名（副厅级）；职能上更加注重河湖生态治理。

三、陕西渭河生态集团有限公司

2017 年 5 月 23 日，陕西省渭河河长会议提出：要搞好渭河河道疏浚，持续清淤，加强整修，规范采砂，确保渭河及其支流行洪通畅；由陕西省水利厅牵头组建陕西渭河生态集团公司，沿渭各市、县成立子公司，负责渭河生态维护、全线采砂等经营活动。6 月 12 日，陕西省水利厅根据《渭河河长会会议纪要》（陕水字〔2017〕9 号）文件精神，向陕西省政府报送了《关于组建陕西渭河生态集团有限公司的请示》（陕水字〔2017〕51 号）。2017 年 7 月，陕西省政府办公厅以“水利 110 号”办文单，对《省水利厅关于组建陕西渭河生态集团有限公司的请示》征求陕西省发展和改革委员会、陕西省财政厅、陕西省国土厅、陕西省国资委，西安、宝鸡、咸阳、渭南市政府，西咸新区、杨凌示范区管委会意见；9 月 29 日，陕西省水利厅根据陕政办（水利 147 号）文，按照陕西省发展和改革委员会、陕西省财政厅等省级有关部门和相关市（区）对渭河生态集团组建方案提出的意见，补充完善了新公司组建方案，再次向陕西省政府报送了《关于组建陕西渭河生态集团有限公司的请示》（陕水字〔2017〕78 号）。

2018 年 2 月 12 日，陕西省政府第一次常务会议研究同意组建陕西渭河生态集团，承担渭河生态维护、全线采砂和经营业务。2018 年 7 月，陕西省政府办公厅提出，为了规范国有企业多头管理，实现政企分开、政资分开，并加强对国有资产的管理和监督，确保国有资产的保值增值，要求渭河生态集团公司的组建由陕西省水利厅、陕西省国资委联合行文向陕西省政府报批。8 月 30 日，按照 2018 年陕西省政府第一次常务会议精神，陕西省水利厅、陕西省国资委联合制定了《陕西渭河生态集团有限公司组建方案》，并报请陕西省政府批复。2018 年 10 月 11 日，陕西省政府同意陕西省水利厅、陕西省国资委上报的《陕西渭河生态集团有限公司组建方案》。2018 年 12 月 29 日，陕西省人民政府发文《关于同意组建陕西渭河生态集团有限公司的批复》（陕政函〔2018〕285 号），批复原则同意《陕西渭河生态集团有限公司组建方案》，新组建的陕西渭河生态集团有限公司为国有全资公司，由陕西省国资委代表陕西省政府履行出资人职责，陕西省水利厅负责业务指导。

2019 年 11 月 21 日，陕西渭河生态集团有限公司完成工商登记注册，公司各项业务开展依照陕西省政府批复文件和经营范围进行。

第二节　市级及杨凌区流域机构

一、宝鸡市渭河生态区保护中心（宝鸡市渭河流域治理保护中心）

2003 年 9 月 24 日，宝鸡市机构编制委员会下发《关于成立“宝鸡市市区河道综合治理委员会”的通知》（宝市编发〔2003〕13 号），成立宝鸡市市区河道综合治理委员会，为市政府的直属事业机构，正县级建制，核定全额事业编制 20 名。其主要职责是：负责宣传、贯彻执行国家河道管理方面的法律法规、规章和方针政策；负责市区所有河道综合治理的总体规划和设计；负责市区河道综合治理工程的组织实施和建设；负责市区河道综合治理建成工程的开发、利用和管理；负责市区河道沿河两侧配套设施的景观设计与管理；实施市区河道管理方面的行政执法工作；负责市区河道管理的综合协调工作。

2011 年 3 月 7 日，宝鸡市人民政府办公室下发《关于成立宝鸡市渭河综合整治领导小组及指挥部的通知》（宝政办字〔2011〕18 号）。5 月 12 日，宝鸡市机构编制委员会下发《关于成立宝鸡市渭河综合治理办公室的批复》（宝市编发〔2011〕1 号），同意成立宝鸡市渭河综合治理办公室，为宝鸡市渭河综合整治领导小组和宝鸡市渭河综合整治指挥部的常设办事机构。正处级建制，隶属宝鸡市水利局，核定全额拨款事业编制 18 名。主要职责是：贯彻执行陕西省委、省政府对渭河全线整治工作的指示要求和水利工程建设与管理的各项方针政策，负责渭河宝鸡段整治项目规划、设计和实施；牵头负责协调渭河综合整治中有关林业、交通、环保等相关方面的事项；负责下达渭河整治工程年度建设任务，执行工程建设规定，负责工程建设质量、进度和安全管理；负责争取中央和省对渭河整治项目的投资，落实省上下达宝鸡市渭河整治工程建设投资计划，制定和落实工程建设项目的投融资方案，负责项目资金的管理，组织编报工程建设投资计划及年度计划等。

2017 年 8 月 29 日，宝鸡市机构编制委员会下发《关于宝鸡市渭河生态区建设管理局机构设置的通知》（宝编发〔2017〕6 号）。将宝鸡市市区河道综合治理委员会与宝鸡市渭河综合治理办公室合并，组建宝鸡市渭河生态区建设管理局，加挂宝鸡市渭河综合治理办公室牌子，为宝鸡市水利局管理的正处级公益一类事业单位。主要职责：贯彻执行渭河河道保护管理方面的方针政策、法律法规和省、市渭河生态区建设管理工作的指示要求，全面负责宝鸡市渭河生态区建设管理各项工作；负责编制渭河生态区（包括支流入渭口）及市区支流建设规划及实施方案，组织生态区建设项目规划设计，安排项目实施；负责渭河市区河道沿河两侧配套设施的景观设计、建设与管理；负责安排渭河生态区（包括支流入渭口）及市区支流建设工程年度建设任务；执行渭河生态区管理委员会的各项决议，并受市级有关部门委托，负责渭河生态区红线划定、规划编制、开发审批、保护利用、水资源管理、采砂许可、岸线用途管理等工作；负责渭河生态区内湿地保护、生态建设、野生动物保护、渔业捕捞等工作。协助相关部门监督管理生态区内林业砍伐工作；负责渭河生态区内环境影响评价的归口管理，排污口许可，监督污染物排放，审定水域纳污能力，提出限制排污总量意见和污染防治方案；引导渭河生态区内农业生产结构调整和退耕绿化工作；开展生态区文化教育等工作；负责渭河生态区内工程设施管护和环境卫生整治、绿化等工作。人员编制及内设机构：宝鸡市渭河生态区建设管理局（宝鸡市渭河综合治理办公室）全额拨款事业编制 32 名。

2019 年 8 月 30 日，根据市委编办《关于市渭河生态区建设管理局更名的通知》（宝编办发〔2019〕127 号）文件精神，将宝鸡市渭河生态区建设管理局（宝鸡市渭河综合治理办公室）更名为宝鸡市渭河生态区保护中心（宝鸡市渭河流域治理保护中心）。其职责与宝鸡市渭河生态区建设管理局相同。

二、咸阳市渭河生态区保护中心

2003 年 11 月 18 日，咸阳市机构编制委员会《关于设立咸阳市城区渭河管理站的批复》（〔2003〕28 号文件），同意设立咸阳市城区渭河管理站，财政全额拨款，科级事业机构，隶属咸阳市水利局管理，人员编制 29 名。主要职责是：贯彻执行《中华人民共和国防洪法》《中华人民共和国河道管理条例》等相关河道建设和管理方面的法律法规，制定咸阳市城区段河道管理办法；负责渭河城区段河道堤防、护岸、涵闸等工程设施的整治、利用、保护等，维护城区段水环境；负责审查，监督实施河道管理范围内跨河、穿河、临河、穿堤工程及设施的建设方案；负责河道管理范围内生产活动以及采砂的日常管理，依法清除引洪障碍；负责汛期巡堤查险工作，及时报告险情，积极参加抢险工作；负责城区段河道环境防治、河道卫生，依法维护河道管理秩序等。

2012 年 5 月 6 日，为确保渭河咸阳段综合治理工作的顺利实施，咸阳市机构编制委员会下发《关于设立市渭河综合治理办公室的批复》，同意设立咸阳市渭河综合治理办公室，和咸阳市防汛抗旱指挥部办公室合署办公，实行一套机构两块牌子。撤销咸阳市城区渭河管理站科级建制，其编制、人员、职责划入咸阳市防汛抗旱指挥部办公室 。主要职责是：承担渭河综合整治指挥部日常工作，负责争取中央和省级对渭河整治项目的投资，落实市级渭河整治工程建设投资计划等。

2016 年 7 月 22 日，咸阳市机构编制委员会文件《关于设立市渭河生态区建设管理局的批复》（〔2016〕22 号），同意将咸阳市渭河综合治理办公室更名为咸阳市渭河生态区建设管理局，继续在咸阳市防汛抗旱指挥部办公室挂牌，仍为正县级建制，增配副主任（副局长）1 名，同时将内设的工程科更名为建设管理科。主要职责是：贯彻执行《中华人民共和国防洪法》《中华人民共和国河道管理条例》等有关法律法规及生态保护方面的政策法规；组织、协调、指导、监督全市的防汛抗旱及渭河生态区工作；组织防汛安全和汛前准备，编制审批防洪预案，收集处理防汛信息；指导防汛抗洪抢险工作，储备、调配和管理防汛应急物资，核查洪涝灾情；审查监督河道范围内的跨河、穿河、临河、穿堤工程及设施建设方案的审查、审批；负责城区段河道环境防治、河道卫生、依法维护河道管理秩序；监督指导渭河综合整治工程建设及渭河生态区治理工作，审查、审批渭河生态区域内建设项目；监督管理渭河生态区域内土地利用、滩地使用、水体排放及河道堤坝安全等工作；协调各职能部门加强对渭河生态区的管理；受委托负责防汛抗旱、渭河生态区行政执法工作。

2017 年 12 月 29 日，咸阳市机构编制委员会办公室《关于市防汛抗旱指挥部办公室（咸阳市渭河生态区建设管理局）增设内设机构的批复》（咸编办发〔2017〕167 号），同意给咸阳市防汛抗旱指挥部办公室（咸阳市渭河生态区建设管理局）增设调度运行科，增配科级职数 2 名。

2019 年 6 月 26 日，咸阳市机构编制委员会印发《咸阳市市直承担行政职能事业单位改革实施方案〉的通知》（咸编办〔2019〕69 号）及《关于市水利局所属部分事业单位更名的批复》（咸编办〔2019〕80 号），将咸阳市渭河生态区建设管理局更名咸阳市渭河生态区保护中心，和咸阳市水旱灾害防御中心合署（由咸阳市防汛抗旱指挥部办公室更名）办公。

县（市、区）渭河管理机构。为整体推进渭河咸阳段治渭工作，2011 年沿渭各县（市、区）也分别成立了以县（市、区）长挂帅，分管县（市、区）长具体负责，发改、财政、水利、国土资源、环保等部门为成员的县级渭河综合整治机构，负责县域渭河综合整治工作。随后，根据工程进展和省、市机构的变化，相继更名成立了咸阳市渭河生态区保护中心。

三、西安市渭河管理机构

（一）西安市渭河管理处

1979 年 7 月 23 日，经西安市革命委员会《关于设置“西安市渭河管理处”的批复》（市革发〔1979〕126 号），成立西安市渭河管理处，科级建制，编制 8 名。1984 年，西安市政府将浐河、灞河城市段管理工作并入后，更名为西安市渭浐灞河管理处，编制 16 名。2004 年事业单位体制改革中，更名为西安市渭浐河城市段管理中心，内设办公室，业务科，渭河一站、二站、三站、四站，浐河站。为全额事业单位，县处级建制，2006 年编制调整为 30 名。

（二）西安市渭河生态管理中心

2007 年 9 月 26 日，西安市委办公厅、西安市人民政府办公厅发文成立西安市渭河城市段综合治理工作领导小组（市办字〔2007〕30 号）。西安市渭河城市段综合治理工作领导小组下设办公室，办公室设在西安市水务局。2008 年 11 月 3 日，西安市委办公厅、西安市人民政府办公厅发文（市办字〔2008〕73 号）将领导小组更名为西安市渭河城市段综合治理建设指挥部，办公室设在西安市水务局，其职责：负责渭河城市段综合治理工程指挥部的日常业务；统一管理渭河城市段综合治理工作中涉及的有关部门和行政区、管委会的相关工作；拟定市级补助资金政策；组织协调工程规划设计的编制、申报、审批并监督落实；对工程建设、监理的招标投标及实施工作进行监督、指导。

2011 年 7 月，为确保渭河西安段综合整治工程的顺利实施，成立了西安市渭河综合治理工作领导小组。同时撤销渭河西安城市段综合治理建设指挥部及其办公室，将其职能并入西安市渭河综合治理工作领导小组（简称领导小组）及办公室。领导小组办公室设在西安市水务局，负责领导小组日常工作。（《西安市人民政府办公厅关于成立西安市渭河综合治理工作领导小组的通知》市政办发〔2011〕105号）

2014年12月，成立西安市渭河生态保护管理办公室，主要职责：拟定渭河西安段管理的地方性法规、规章草案；编制渭河干流河道保护规划、土地及滩地利用规划、河道治理规划并组织实施；组织编报工程建设投资计划并组织实施；负责区（县）工程建设质量、进度和安全管理；负责监督管理渭河治理区域内土地利用、滩地使用、水体排放及河道堤坝安全等工作；受委托负责渭河治理区域内的行政执法工作；负责渭河干流跨河、穿河建设项目及排水口设置的初审报批工作；承担西安市渭河综合治理指挥部日常工作。

2016年，西安市启动了渭河生态区建设，2017年8月15日，西安市政府成立西安市渭河生态区建设管理委员会，办公室设在西安水务局，办公室主任由西安市水务局主要负责同志兼任，但是未成立渭河生态区管理常设机构。

2019年9月，西安市渭河生态保护管理办公室更名为西安市渭河生态管理中心，职能职责未变化。

四、渭南市渭河生态区保护中心

2010年12月23日，渭南市人民政府办公室下发《关于成立渭南市渭河综合整治工程建设指挥部的通知》（渭政办发〔2010〕250号）。2011年5月12日，渭南市人民政府下发《关于成立渭南市渭河综合治理工程项目办公室的通知》（渭政发〔2011〕14号）。为渭南市渭河综合整治工程建设指挥部的常设办事机构，具体负责渭河综合治理工程建设工作。2015年2月16日，渭南市机构编制委员会下发《关于设立渭南市渭河综合管理局的批复》（渭编发〔2015〕28号），为渭南市水务局管理的副处级公益一类事业单位，与渭南市渭河综合治理工程项目办公室合并办公。其主要职责是：负责渭河城区段管理工作；按照市区防汛指挥部的统一领导，负责管理范围内的渭河防汛预案的编制工作，做好防汛抢险工作；配合行政主管部门编制渭河岸线滩地开发利用、河道疏浚及采砂规划；负责编制渭河城区段堤防、景观绿化、河岸生态防护林、交通工程、通信照明等工程设施的规划、组织建设实施和日常管护工作；负责城区段渭河河滩景观公园等公园、广场、景区的日常管理和安全管理工作；配合相关部门做好渭河城区段水质、水量监测工作。

2017年11月20日，根据渭南市机构编制委员会《关于印发渭南市水务局所属事业单位机构编制规定的通知》（渭编发〔2017〕49号）及渭南市水务局印发的《渭南市渭河生态建设管理局机构编制规定》的通知（渭水发〔2017〕508号）等文件精神，将渭南市渭河综合管理局更名为渭南市渭河生态建设管理局，与渭南市渭河综合治理工程项目办公室合并办公。其机构编制为渭南市水务局下属副处级公益一类事业单位。主要职责是：贯彻执行中央、省有关方针政策和法律法规，拟订全市渭河生态区建设详细规划及有关专业规划，制定渭河生态区管理实施意见；负责渭河生态区内开发利用、建设项目的方案审查工作；负责渭河生态区内堤防安全运行的监督管理，负责城区段堤防及堤顶景观绿化、交通、照明等工程和滩区渭河生态公园的规划、建设和日常管护工作，协调指导全市渭河生态区建设、管理、保护工作；配合相关部门对渭河生态区内非法采砂、用地、违法使用滩涂、违规排放污染物等问题进行巡查、处置；负责管理范围内的渭河防汛预案的编制工作，做好防汛抢险工作；组织开展渭河生态区保护宣传和教育工作。

2019 年 9 月 23 日，根据渭南市机构编制委员会《关于调整渭南市水务局所属事业单位机构编制的通知》（渭编发〔2019〕25 号）、渭南市水务局转发《关于调整渭南市水务局所属事业单位机构编制的通知》（渭水发〔2019〕364 号）文件精神，将渭南市渭河生态建设管理局更名为渭南市渭河生态区保护中心（渭南市渭河流域城区段治理保护中心），机构编制事项维持不变。

2020 年 5 月 7 日，根据渭南市机构编制委员会办公室《关于调整渭南市渭河生态区保护中心机构编制事项的通知》（渭编办发〔2020〕47 号）文件精神，渭南市渭河生态区保护中心加挂渭南市水旱灾害防御中心牌子，其他机构编制事项维持不变。调整后，渭南市渭河生态区保护中心（渭南市渭河流域城区段治理保护中心、渭南市水旱灾害防御中心）核定事业编制 31 名。增加以下职责：承担全市水情旱情监测、水库大坝安全监测预报预警技术支撑工作，负责年度洪水干旱灾害防治规划编制与技术审查；组织开展区域旱灾防御方案、防汛预案、水旱灾害防御应急响应工作规程的编制、修订与完善工作；承担水利设施日常性、专业性和技术性除险保障，山洪灾害、水毁修复项目实施方案、验收的技术审查工作，并组织实施其项目监管落实与效果评估；组织实施农村基层防汛预报预警体系项目建设及其非工程措施的运行管理工作；负责洪水影响评价技术审查，重要河流和水工程防御洪水抗御旱灾调度与水量调度技术方案的制定工作。

五、杨凌示范区治理机构

杨凌示范区管委会编制办公室发〔2009〕12 号文件，发布杨凌示范区一河两岸开发建设办公室工作职能。2011 年杨凌示范区成立渭河杨凌段综合整治工程建设指挥部，杨凌区政府、发改、财政、水利、环保、林业、交通、建设、国土、一河两岸办等部门为成员单位，办公室设在杨凌示范区水务局。并设立杨凌示范区渭河综合治理开发建设办公室（治渭办），副处级建制，为水务局下属事业单位，主任由水务局负责人兼任，和一河两岸办合署办公。

第三节　县（市、区）级流域机构

在 2010 年渭河综合治理项目开展之前，渭河干流县（市、区）级流域管理机构主要集中在三门峡库区及影响区。咸阳有渭城区渭管站，西安有高陵、临潼渭管站，其业务接受陕西省三门峡库区管理局的指导；渭南以下有渭南（现临渭区范围）、华县（现华州区范围）、大荔、华阴（兼管潼关）4 个河务局直接受陕西省三管局的领导。三门峡库区影响区以上沿渭河干流各县（市、区），根据各自实际，设有渭河管理站（鄠邑区）或河道管理站，或将其管理职责赋予水利局其他部门。渭河综合治理项目开展之后，沿渭各县区，根据省市对治渭管理机构的要求及变化，相应进行设置和变化，至 2023 年，其机构设置情况见表 9-2-1。

表 9-2-1 县（区）渭河生态区保护机构设置情况统计

所属市	县（区）名称	机构名称	备 注
西安市	周至县	周至县渭河管理站	
	鄠邑区	鄠邑区渭河管理站	
	西咸新区	西咸新区水务管理中心	
	国际港务区	西安国际港务区生态环境局	
	高陵区	高陵区渭河管理站	
	临潼区	临潼区治理渭河管理站	
宝鸡市	金台区	宝鸡市金台区渭河综合治理保护中心	
	渭滨区	宝鸡市渭滨区渭河综合治理保护中心	
	高新区	宝鸡高新技术产业开发区农业农村工作局	
	陈仓区	宝鸡市陈仓区渭河综合治理保护中心	
	岐山县	岐山县渭河综合治理保护中心	
	眉县	眉县渭河综合治理保护中心	
	扶风县	扶风县渭河综合治理保护中心	
咸阳市	渭城区	渭城区渭河生态区建设保护中心	
	秦都区	秦都区水旱灾害防御中心 （区水利工程服务中心）	
	兴平市	兴平市渭河生态区保护中心	
	武功县	武功县水旱灾害防御中心	
渭南市	大荔县	大荔县渭河生态区保护中心	
	临渭区	临渭区水务局渭河生态区保护中心	挂靠在渭南市临渭区治渭办，两块牌子一套人员联合办公
	华州区	华州区水务局渭河生态区保护中心	挂靠在渭南市华州区水务局治渭办，两块牌子一套人员联合办公
渭南市	华阴市	华阴市渭河生态区保护中心	在华阴市水政综合执法大队加挂华阴市渭河生态区保护中心牌子
	潼关	潼关县水务局 渭河生态区保护中心	挂靠在渭南市潼关县治渭办，两块牌子一套人员联合办公
	高新区	渭南高新区 渭河生态区保护中心	挂靠在渭南高新区城乡建设和管理局水务办，两块牌子一套人员联合办公

第三章　治渭人物

本章以人物传略、表录的形式，记述从秦至2020年在陕西渭河流域开发治理过程中作出积极贡献的人物，包括省部级以上劳动模范、先进工作者、教授级高级工程师以及有突出贡献的专家学者等。

第一节　传略（以卒年为序）

一、郑国（生卒不详）

战国时韩国人。战国末年，韩国畏惧秦国强盛，派水工郑国说服秦国开渠，想用“疲秦之计”拖住秦国。秦王政元年（前246年），由郑国主持修建引泾灌溉工程。工程进行中，韩国计谋被秦察觉，秦始皇下逐客令，并欲杀郑国。郑国对秦王说：始臣为间，然渠成亦秦之利也。臣为韩延数岁之命，而为秦建万世之功。秦王遂命郑国继续施工。历经十余年，终于建成“凿泾水自中山西邸瓠口为渠，并北山东注洛三百余里”的渠道，“溉田四万余顷，秦以富强，卒并诸侯”。因郑国修渠有功，故命名渠为郑国渠，成为与四川都江堰和广西灵渠齐名的秦代三大水利工程之一。

二、姜师度（653—723）

姜师度，唐魏州（今河北大名）人。曾任丹陵县尉、龙岗（邢台）县令，以清白著称。神龙年间（705—707年），历任易州、沧州、蒲州、陕州、同州等地刺史，后官至大理卿、司农卿及将作大匠。任陕西华州华阴县令时，开敷水渠排洪，修利俗、罗文两渠筑堤防洪。任同州刺史时，在韩城、大荔县境就古通灵陂择地引洛河水及堰黄河水灌地2000余顷，置屯10余所，特授金紫光禄大夫。

三、韦坚（？—746）

韦坚，字子全，唐京兆万年（今西安市东）人。曾任奉先（今蒲城）、长安令，天宝元年（742年）升任陕郡太守，水陆转运使。当时渭水曲折淤浅，不便漕运，他主持在咸阳上游附近筑兴成堰壅渭水，穿过浐、灞河向东，至华阴县永丰仓入渭以利漕运。天宝二年（743年），韦坚又于长乐坡禁苑东面望春楼下凿潭，二年潭成，唐玄宗登楼，诏群臣光临。韦坚组织彩船数百艘，满载海内珍奇宝货特产，舟人皆吴楚打扮，载歌载舞，每船至前，必呈诸郡轻货散给贵戚近臣，以取悦皇上。唐玄宗甚为高兴，厚赏舟工，命名潭为“广运潭”，并提升韦坚为江淮南租庸、转运、处置等使，兼御史中丞。

四、谢绶（生卒年不详）

谢绶，江西抚州乐安县人。明景泰年间进士，曾任参政知事。明成化二十年（1484年），在宝鸡阎家营督民开渠引渭水东流，经岐山、眉县、扶风至武功县三江口，灌溉农田1160余顷；又开眉县斜谷清水河、太白峡和大振谷渠，灌溉眉县农田503顷有余。以上各渠总称通济渠。

五、项忠（1421—1502）

项忠，字荩臣，嘉兴人。明正统七年（1442年）进士，授刑部主事，进员外郎。天顺初年任陕西按察使时，适逢陕西连年灾荒，项忠开仓以赈灾民，并呈请朝廷减税以恢复生产。天顺七年（1463年），调任大理卿，陕西民众挽留，遂改任右副都御史，巡抚陕西。为解决长安城缺水问题，他主持于城东南开龙首渠，西南引皂河水入城，改善了居民生活用水。成化元年（1465年），项忠据请凿穿大、小龙山以扩大原郑白渠的引水量。未几离陕。成化四年（1468年），西征过陕，命陕西官员继续督工兴建。成化十二年（1476年），由右都御史余子俊、成化十七年（1481年）副都御史阮勤继续督修而成，灌溉泾阳、三原、高陵、临潼、礼泉5县田8000余顷，名为广惠渠。

六、郭希仁（1881—1923）

郭希仁，男，名忠清，字希仁。陕西省临潼县田市乡油坊郭村人。民国初年任陕西省教育厅厅长，民国五年（1916年）兼任陕西水利分局主事，民国六年（1917年）任局长，民国十二年（1923年）病逝。

民国二年（1913年），郭希仁与李仪祉同赴欧洲考察，目睹德国、荷兰等国水利之先进，矢志振兴陕西水利事业。民国3年（1914年）上书全国水利局总裁张季直，并著《水利谭》一书，论述大西北水利的重要性、紧迫性以及振兴西北水利的办法，筹划兴水事宜与防洪减灾。民国六年（1917年）9月，泾水泛滥，龙洞渠冲毁严重，郭希仁亲赴龙洞渠查勘，并派出测量队测量泾河谷口及钓儿嘴地形图，拟就“复勘龙洞渠工及治标治本办法”呈送陕西省省长鉴核。民国二十一年（1932年），泾惠渠建成通水后，为怀念郭希仁对引泾灌溉工程所作的贡献，李仪祉写有《泾惠渠之首功者郭希仁》的纪念文章。

七、李仪祉（1882—1938）

李仪祉，男，又名协，字宜之，陕西省蒲城县马湖镇富原村人。宣统元年（1909年）毕业于京师大学堂，当年由西潼铁路筹备处派赴德国皇家工程大学土木工程科攻读铁路专业。辛亥革命（1911年）爆发后，他决然回国，加入革命党，并在西安倡办三秦公学。民国二年（1913年），他再赴德国求学，与郭希仁偕行考察欧洲法国、比利时、荷兰、英国、瑞士诸国江河集闸堤防，深感祖国水利的颓废，遂改业专攻水利。民国四年（1915年）学成回国后任南京河海工程专门学校教授、教务长。民国十一年（1922年）秋任陕西水利分局局长，后兼任陕西教育厅厅长，倡办水利道路工程专校，民国十三年（1924年）兼任国立西北大学校长。民国十七年（1928年）任华北水利委员会委员长，民国十八年（1929年）任导淮委员会总工程师，民国十九年（1930年）任陕西省政府委员兼建设厅厅长，民国二十一年（1932年）8月任陕西省水利局局长，民国二十二年（1933年）9月兼任黄河水利委员会、扬子江水利委员会顾问，并被推荐为中国水利工程学会会长，直至去世。

任陕西水利分局局长兼渭北水利工程局总工程师期间，李仪祉筹划开发引泾工程，并著有《引泾论》《再论引泾》《陕西渭北水利工程局引泾第一期报告书》《考察龙洞渠报告》《陕西渭北水利工程引泾第二期报告书》《陕西渭北水利工程引泾第一期工程计划大纲》等，为泾惠渠工程的具体实施奠定了基础。民国十六年（1927 年）离陕。民国十九年（1930 年）杨虎城将军特邀李仪祉再度返陕，出任陕西省政府委员兼建设厅长和渭北水利工程局总工程师，民国十九年至二十一年（1930—1932 年）主持兴建了泾惠渠一期工程。民国二十二年（1933 年），李仪祉辞去陕西省建设厅厅长职务，转任陕西省水利局局长，规划了泾惠渠、洛惠渠、渭惠渠、梅惠渠、黑惠渠、涝惠渠、沣惠渠、泔惠渠和陕南的汉惠、褒惠、湑惠，陕北的织女、定惠等渠，相继于新中国成立前基本建成。李仪祉重视教育，倡导办学，为陕西培养了大批水利科技人才，译著甚多。著有《五十年来中国之水利》等水利专著 200 余篇，对治理黄河、淮河、海河、钱塘江和扬子江等提出了许多颇有见地的方略与论述。民国二十七年（1938 年）3 月 8 日病逝于西安，享年 57 岁，陕西省政府公葬于泾阳县泾惠渠畔。

八、杨虎城（1893—1949）

杨虎城，男，陕西蒲城县孙镇乡甘北村人。主持陕政期间，适逢陕西三年（1929—1931 年）大旱，深感发展水利之重要。他在陕西省政府政务会上疾呼：陕西的问题是水的问题，水的问题解决了，一切问题就好解决了。于是便把水利和救灾列入政府施政计划之中。特邀请水利专家李仪祉再度回陕筹划引泾工程，兴办水利。泾惠渠工程于民国十九年（1930 年）12 月开工。民国二十一年（1932 年）建成通水时，杨虎城两次亲自参加典礼祝贺。并支持李仪祉实施“关中八惠”的宏伟蓝图。当他接到李仪祉的“泾惠由公手而成，亦复有意再成洛惠乎？”的信后，即偕陕西省水利局总工程师孙绍宗及傅健、陈靖等查勘洛河，登上大荔铁镰山察看灌区，工程遂于民国二十三年（1934 年）3 月开工。民国二十四年（1935 年），陕西省政府又以泾、洛、渭 3 渠水捐作抵押向银行贷款 150 万元，启动了渭惠渠工程。同年 12 月，继引泾成功，洛渭工程相继兴建之时，撰写了长达千余字的《泾惠渠颂》，歌颂引泾兴水之利。文中赞曰：“民享乐利，实泾之惠，肇始嘉名，流芳百世。洛渭继起，八惠待兴，关中膏沃，资始于泾。……忆昔秦人，谋食四方，今各归里，邑无流亡。”今刻碑石存于泾惠渠渠首。

民国二十六年（1937 年），杨虎城为渭惠渠通水写了“清渭汤汤，导源鸟鼠，人定胜天，水利用普，致力沟洫，功绍大禹，嘉惠无疆，美哉斯举”的颂词。即使在狱中仍念念不忘洛惠渠工程，狱中给弟茂三的信中说：“宜之（指李仪扯）兄逝世，兄甚伤心，常在梦中对话，他说，洛惠渠失败，心中难过，究不知工程进展如何？”

九、孙绍宗（1897—1957）

孙绍宗，男，字绳斋，河北省河间市西王口人。1920 年考入南京河海工程专门学校，在校期间，他品学兼优，很受时任教务处主任、全国水利专家李仪祉的器重。1924 年，孙绍宗毕业后，在石家庄筹建纱厂。1928 年，孙绍宗受时任陕西省水利局局长的李仪祉邀请任陕西省水利局总工程师。在陕西省水利局工作期间，孙绍宗参与设计了泾惠渠、洛惠渠、渭惠渠、梅惠渠、织女渠等水利工程。修建泾惠渠时，除参与勘察、设计、施工等工作外，还协助李仪祉四处奔走筹集款项加快修建进度。1934年1月1日，渭北水利工程处改名为泾惠渠管理局，李仪祉推荐孙绍宗任局长。1938年3月8日，李仪祉逝世，孙绍宗接任陕西省水利局局长，完成了渭惠渠、织女渠等水利工程，又主持修建了黑惠渠、沣惠渠、涝惠渠以及陕南的汉惠渠、褒惠渠等。1939年初，孙绍宗任陕西省政府委员兼建设厅厅长（1939—1941年），其间仍兼陕西省水利局局长，主持修建了长（安）坪（西坪）公路，打通了秦岭山区通往河南南阳和湖北武汉的重要通道，结束了自古以来两地区相互阻隔的局面。1940年7月，国民政府为组织人畜运力进行战时物资运输，决定在交通部设驿运总管理处，各省设立驿运处，10月，陕西省驿运管理处成立，归陕西省建设厅领导，厅长孙绍宗兼任处长。

1945年，日本帝国主义投降后，孙绍宗看到国民党当局腐败，愤然辞去陕西省水利局局长职务。1948年，孙绍宗携家去台湾，1957年因病去世，终年60岁。

十、李仲三（1880—1969）

李仲三，男，名宗唐，字仲三，潼关县秦东镇寺角营人。早年留学法国，接受孙中山民主革命思想，加入同盟会。在陕积极进行秘密革命活动。民国十年（1921年），李仲三为渭北水利委员会会长。民国十一年（1922年）于三原设立渭北水利工程局，李仲三为正总办，李仪祉任总工程师。民国十六年（1927年），李仲三邀水利专家李仪祉回陕主持水利工作，使“关中八惠”灌渠日后得以次第实现，后任全国水利副总裁。为造福桑梓，拨款修复潼关南塬龙儿堰水利工程，惠及全塬十余村。

西安解放前夕，胡宗南约其乘机赴渝，转飞台湾，李仲三坚不从往。新中国成立后，任陕西省西安市政协委员，西安市文史馆员，1969年，在西安病逝，终年89岁。

十一、张寿荫（1909—1971）

张寿荫，男，字静如，河北省永清县人。民国二十四年（1935年）清华大学土木工程系毕业后来陕，先后任陕西省水利局测量队技佐，绥远省建设厅公路处任技士，陕南水利局嘉陵江水道工程处测量队技士、副工程师，陕西省汉惠渠管理局主任工程师、局长；陕西省泾惠渠管理局局长等职。1950年5月，任陕西省水利局副局长，1958年10月，任泾河工程委员会副主任委员兼西北、陕西水利科学研究所所长。

任陕西省水利局副局（厅）长时期（1950—1968年），张寿荫对分管的全省水利工程勘测规划设计、水文事业、灌溉管理及水利科研、教育等工作作出了突出的贡献，曾参加周恩来总理主持的三门峡水库研讨会议，提出重要的意见。亲自参与了宝鸡峡渭高抽等重大工程的勘测设计和施工方案的制定与实施，主编出版了《小型水利定型设计图集》和《灌溉管理学》等专著。1971年1月28日逝世，享年63岁。

十二、王子龙（1904—1972）

王子龙，男，原名王云从，陕西省临潼县徐杨乡王村人。民国二十二年至三十八年（1933—1949年）担任泾惠渠第四支渠第三段水老，负责陂西、徐杨及栎阳地区的基层水利工作。

新中国成立后，担任泾惠渠四支渠三段段长。1950 年，被推选为西北大区农业劳动模范。1953 年，任泾惠渠管理局副局长。1952—1963 年，当选为临潼县、三原县及陕西省人民代表大会代表。

王子龙在担任水老、段长期间，提倡五成用水法，并在全灌区推广。1953 年春，组织动员临潼县 3000 多名民工重修泾惠渠新五支渠工程，用 40 天时间提前完成了土渠任务。在负责雪河、仁村排水及第九支渠工程施工中，和民工一起同吃同住同劳动，克服施工困难，高质量高效率竣工。他从事水利灌溉管理工作，40 年如一日默默无闻、甘于奉献，于 1972 年 1 月病逝，享年 68 岁。

十三、刘钟瑞（1898—1976）

刘钟瑞，男，字辑五，河北省南皮县人。民国十一年（1922 年）南京河海工程专门学校毕业。曾任陕西省水利厅技士，陕西省渭北水利工程处主任工程师、渭惠渠工程处副总工程师兼主任工程师和管理局局长、汉惠渠工程处主任工程师和总工程师、湑惠渠工程处总工程师。曾参与泾、洛、渭工程的勘测设计与兴建 。

民国三十五年（1946 年）4 月任陕西省水利局局长兼沣惠渠工程处总工程师和渭惠渠管理局局长，主持参与“关中八惠”等工程建设。1949 年 5 月，西安解放后，继任陕西省水利局局长。1950 年调水利部任工务司司长。1953 年任黄河水利委员会总工程师。1955 年任贵州水利厅副厅长。1976 年 5 月病逝，终年 78 岁。

十四、李奎顺（1903—1980）

李奎顺，男，字五星，河北省黄骅县人，国家一级工程师，中共党员，国家级劳动模范。民国十六年（1927 年）毕业于唐山交通大学，曾任陕西省水利局局长，洛惠渠工程处处长、副总工程师、总工程师，西北水利部总工程师，水利部北京勘测设计院副总工程师，水电部西北勘测设计院总工程师和第三届全国人民代表大会代表、第五届全国政协委员等。1975 年回陕任陕西省水电局副总工程师、陕西省水利科学研究所总工程师。1980 年 11 月病逝，享年 78 岁。

民国二十二年（1933 年），李奎顺主持设计并兴建了洛惠渠渠首滚水坝、曲里与夺村渡槽、隧洞等工程。民国二十三年（1934 年）7 月，任全国经济委员会泾洛工程局设计科长兼洛惠渠工务所主任工程师，全面负责洛惠渠的兴建与技术工作。5 号隧洞（平之洞）施工时，因地形、地质复杂，流沙、潜泉相继出现，洞土坍落，泥沙涌出，在技术设备简陋、正常施工难度大的情况下，采用了压气工作法、钢板洞壳推进法、改线大开挖法、工作洞及工作井法施工，经过十三年的艰苦努力，于民国三十五年（1946 年）11 月凿通隧洞。1950 年 3 月，任陕西省水利局局长期间，主持了洛惠渠的续建、渭惠渠的扩建、泾惠渠的整修及全省各渠道的恢复与发展。

十五、蔚振铎（1913—1995）

蔚振铎，男，陕西省蒲城县铃耳乡万善村人，中共党员，教授级高级工程师。民国二十三年（1934 年）毕业于西北农林专科学校水利专业。曾任泾洛工程局测量员、陕西省黑惠渠工务所工程员、涝惠渠工程处副工程师、绥榆水利工程处工程师兼队长、陕西省水利局水利工程建筑公司主任工程师兼工务科长、陕西省渭河工程局副总工程师、陕西省水电工程局总工程师、顾问等，先后参与主持了梅惠渠、渭高抽、东方红电灌站、宝鸡峡引渭灌溉工程和石头河水库工程施工。1970年，宝鸡峡渠首引水洞临时闸门爆破后，在引水渠部分底板冲垮、南大墙处于被毁的关键时刻，七天七夜坚守现场，直到把水堵上。1975年冬，石头河水库大坝基础进行断层处理，在30多米深浸水且看不见缝隙的处理坑里，年近七旬的蔚振铎坚持用绳子绑着身子下坑查看；大坝东坝肩防渗井深50多米，他坐在桶中下井检查质量。

蔚振铎在长期的实践中积累了丰富的经验。他总结的“一早（一切从早着手）、两抓（抓工程进度、抓质量安全）、三勤（嘴勤、腿勤、手勤）、四快（发现问题快、分析研究快、解决处理快、经验总结快）”施工经验，深受陕西水利科技干部的称赞。1987年退休，1995年1月5日病逝，享年81岁。

十六、李瑞山（1920—1997）

李瑞山，男，陕西延长县罗子山乡益枝村人，1935年参加革命工作，1936年加入中国共产党。1966年8月由湖南调任中共陕西省委第二书记，1968年5月任中共陕西省革命委员会党的核心领导小组组长、省革命委员会主任。1971年任中共陕西省委第一书记，兼陕西省军区第一政委、党委书记，兰州军区政委、党委副书记，兼陕西省政协主席。1979年2月离陕，先后任国家农委副主任、党组副书记，国家经委副主任、顾问、党组成员，国家计委顾问等。1997年10月22日在北京病逝，享年77岁。

李瑞山在陕西工作期间，把发展水利、改善农业生产基本条件放在了全省工作的重要位置。首先促成了20世纪60年代初停建的灌溉170万亩的宝鸡峡引渭工程复工：1968年10月至1971年工程建设期间，他坚持参加工程指挥部每月一次的例会，听取汇报，了解情况，帮助解决工程所需的资金和物资等问题。在当时知识分子备受歧视、被视为“臭老九”的情况下，把已经下放劳动的陕西省水利厅90多名工程技术人员全部调到宝鸡峡工地投入建设实践，加快了工程建设进度，保证了工程质量，发挥了这批技术力量的骨干作用。20世纪70年代末，陕西共新建各类水利工程10多万处，形成了大中小相结合、蓄引提相配套的灌溉系统，增加有效灌溉面积872万亩，农业生产条件得到很大程度的改善，使粮食总产量由20世纪60年代末的57亿千克上升到20世纪70年代末的90亿千克。这一时期是陕西水利发展速度最快、成效最为显著的时期。这些大中型工程至今仍对抵御水旱灾害、发展农业生产发挥着重要的支撑作用。

十七、于澄世（1911—1998）

于澄世，男，天津市宁河（丰润）县人，出生于1911年，中共党员，教授级高级工程师。民国二十四年（1935年）于河北工学院市政水利工程系毕业来陕工作。1955年前曾任渭惠渠、褒惠渠管理局工程员、技正、工程师、主任工程师与陕西省水利局技正、工务科长，其后任陕西省水利（水电）局副局长（厅）长、总工程师、顾问及宝鸡峡引渭灌溉工程副总指挥，西北大学教授（兼），陕西省第一，二、三、五、六届人大代表，第六届省人大常委会委员，陕西省民革第五届委员、常委、副主任，陕西省科协理事，陕西省水利学会第二届理事长、第三届名誉理事长。1993年退休，1998年4月病逝，享年87岁。

在20世纪50年代和70年代陕西两次水利建设高潮中，于澄世先后参加了渭高抽、宝鸡峡引渭、交口抽渭以及大佛寺、永宁山、羊毛湾、冯家山、新桥、石砭峪等一批大中型水利工程的技术决策和实施，以及全省的水利建设规划、设计审查等。一年四季他总是穿一身布衣，一双翻毛高鞡儿皮鞋；花甲之年还骑自行车从西安到石砭峪工地巡查。他敬业奉献、求实负责的高贵品质深受水利人敬重和推崇。

十八、胡棣（1920—2005）

胡棣，男，山西定襄县人，1938年4月参加革命工作，1939年2月加入中国共产党，1966年由部队转业来陕工作，1970—1982年任陕西省革委会水电组副组长、组长，陕西省水电局局长、党组书记等职，1982年7月离休，2005年11月4日病逝，享年86岁。

20世纪70年代，他参与决策，并促成了宝鸡峡引渭、交口抽渭二期、冯家山水库、石堡川水库、桃曲坡水库、石门水库、王瑶水库、石头河水库、二龙山水库、东雷抽黄、港口抽黄、洋县引酉、蓝田引岱等大中型工程的复工和开工建设。兼任石头河水库工程建设副总指挥时，他组织人力筑填和机械化施工的对比试验，做出以机械化施工为主的决策，大胆引进国外重型施工机械，用以武装陕西省水电工程局。他深入工程建设，过春节坚守工地，身体力行，带出了一支能打硬仗的施工队伍，指挥了石头河水库土石坝综合机械化施工，这一施工技术于1978年荣获全国科学大会奖，同年10月，水电部在石头河工地召开的全国水利施工综合机械化经验交流会上获得好评。

任职期间，全省有效灌溉面积由1969年的1100万亩增加到1982年的1966万亩，是陕西农田水利发展成效最显著的时期。

十九、彭谦（1943—2009）

彭谦，男，陕西杨凌人，中共党员。1964年7月毕业于陕西省水利学校，之后分配到岐山县水电局工作。曾任岐山县高店公社党委书记、岐山县水利水保局局长、岐山县副县长；1989年5月任陕西省水利厅办公室主任，1992年10月任陕西省水利厅党组成员、副厅长；1996年12月任陕西省水利厅党组书记、厅长；2003年1月任陕西省人大常委会农业和农村工作委员会主任。2009年因病辞世，享年66岁。

任职陕西省水利厅厅长期间，全省水利投资大幅增加，累计投资达127亿元，是“八五”期间投资的4倍；形成了新中国成立以来的第三次水利建设高潮：重点水利项目建设步伐加快，全省续建和新开工水利项目17处，如西安市石头河供水、黑河水利枢纽、引冯济羊调水、铜川马栏引水以及宝鸡峡魏家堡电站等，年供水能力比“八五”末增加了12亿立方米。

城乡供水建设取得重大突破，先后建设了西安、铜川、宝鸡等大中城市的调水工程，完成了718处县城、乡镇供水工程，全面实施“甘露工程”，建成了1.4处人饮工程，解决了593万人的饮水困难，比“八五”末增加了1.2倍；防洪抗旱减灾能力明显增强。渭洛河下游、三门峡库区、铜川、渭南等一批县级以上城市的防洪设施建设以及重点病险水库加固取得较大进展。全省新建堤防870千米，加固堤防3400千米，加固病险水库376座，组建抗旱服务队 124 个，防洪抗旱能力大幅提升 。

二十、 余光夏（1925—2014）

余光夏，男，河南镇平人，中共党员。1951 年毕业于西北工学院水利工程系。曾任中国水力发电工程学会二、三届理事；陕西省水力发电工程学会一、二届副理事长；陕西省水利经济研究会、二届副理事长；陕西省政协第六届委员会常委；陕西省水利厅副总工程师；中国水力发电工程学会四届名誉理事；陕西省水力发电工程学会三届名誉副理事长；享受政府特殊津贴有贡献专家；教授级高级工程师。

他负责陕西东庄水库、陕西省板凳堰、薄岭、卧龙台、党家湾等 20 余座中小型水电站的设计与施工。编著出版《国内外拱坝资料汇编》《农村水电站设计手册》《余光夏论东庄水库文选》。在有关学术会议和期刊上公开发表论文 20 余篇。

在东庄水库前期开发目标、工程规模研究、初期选坝、可研阶段勘测设计等具体工作中，他认真负责，从东庄水库入库水泥沙计算与分析、岩溶防渗处理措施、抛物线拱坝体形优化研究、拱坝体型及坝肩稳定初步分析等方面进行了深入研究并提出了建设性意见，发表《论东庄水库工程建设》《论东庄水库泥沙》《论渭北岩溶地区水库坝址的防渗处理问题》《论东庄水库岩溶防渗处理措施与坝址选择》《东庄水库水利枢纽工程选坝报告》等论文，对东庄水库前期可研阶段起到了重要的技术支撑作用，曾被陕西省水利厅授予“陕西泾河东庄水利枢纽工程建设前期工作特别奉献奖” 。

二十一、高稳生（1963—2013）

高稳生，男，陕西韩城人，中共党员，教授级高级工程师。1986 年 7 月毕业于陕西机械学院，同年 7 月参加工作，任渭南市涧峪水库建设管理局工会主席、渭南市渭河综合整治工程建设指挥部工程建设处总工程师。在渭河综合整治工程一线工作中，因劳累过度，积劳成疾，经医治无效，于 2013 年 12 月不幸去世，年仅 50 岁。

高稳生 1986 年大学毕业后分配至渭南市洛惠渠管理局，先后参与洛惠渠曲里渡槽改建、总干五号隧道加固、涧峪水库枢纽、渭河综合治理等水利工程。2010 年渭河综合治理工程项目启动后，他很少过周末，每天 7 时多离家、23 时多甚至更晚才回家。编制计划、组织招标、审查资料、验收项目，三番五次地考察地形，精益求精地改进工程图纸；施工中遇到险情、特情，更是连续作战不离现场。参加工作 27 年，高稳生不是奔波在水利工程施工现场，就是埋头在一大堆水利专业技术资料中，直至生命最后时刻，他口中仍念念不忘渭河治理工程的进度。同事们都说，他是在用生命书写人生，是“最美的治渭人”！

第二节 人物表述

本节以表格形式对渭河流域内水利行业 2020 年以前省部级以上受表彰人员和行业突出贡献人才基本情况，分别具体列述。

一、劳动模范

我国的第一批劳动模范产生于 20 世纪 50 年代。1956—2020 年，渭河流域水利行业获省部级以上劳动模范、先进工作者或享有劳模待遇者 86 名（包括人物传略中 1 名），其中国家级劳模 6 名，省部级劳模 80 名，见表 9-3-1。

表 9-3-1 陕西省渭河段水利行业 2020 年以前获省部级劳动模范（先进工作者）或享受劳模待遇者一览

（按获得时间排序）

序号	姓名	籍贯	原工作单位	称号	时间
1	荣嗣弘	山西浑源	陕西省洛惠渠管理局	全国劳动模范	1956 年
2	韩瀛观	陕西泾阳	西北水科所	全国农水系统劳动模范	1956 年
3	张亭书	陕西泾阳	陕西省泾惠渠管理局	陕西省劳动模范	1956 年
4	杨德修	陕西兴平	陕西省渭惠渠管理局	陕西省劳动模范	1956 年
5	贾毓敏	河北清苑	陕西省水利局勘测设计院	陕西省劳动模范	1956 年
6	宋世聪	陕西渭南	陕西省水利局钻探队	陕西省劳动模范	1956 年
7	常克惠	河北清苑	陕西省水利局勘测设计院	陕西省劳动模范	1956 年
8	田明德	陕西渭南	华县石堤河管理站	陕西省劳动模范	1956 年
9	王明山	陕西临潼	陕西省水利局勘测设计院	陕西省劳动模范	1956 年
10	王辛未	陕西泾阳	陕西省渭惠渠管理局	全国农水系统劳动模范	1958 年
11	卜志孝	陕西淳化	陕西省泾惠渠管理局	陕西省劳动模范	1958 年
12	同海河	陕西合阳	陕西省水电工程局	陕西省劳动模范	1960 年
13	纪振西	陕西户县	西安市水建公司	陕西省劳动模范	1960 年
14	胡雪丽	陕西临潼	陕西省水电设计院	陕西省劳动模范	1963 年
15	郑金顺	河南林县	陕西省地下水工作队	陕西省劳动模范	1963 年
16	李菊生	河南林县	陕西省水电工程局	陕西省劳动模范	1963 年
17	郭广才	陕西澄城	陕西省水电工程局	陕西省劳动模范	1982 年
18	李天文	河南南阳	陕西省洛惠渠管理局	陕西省劳动模范	1982 年
19	戴海峰	陕西西安	西安市沣惠渠管理局	陕西省劳动模范	1982 年
20	黄天碧	重庆忠县	陕西省交口抽污管理局	陕西省劳动模范	1982 年
21	黄绪森	陕西澄城	陕西省水利学校	全国水利系统劳动模范	1982 年
22	蒋德麒	江苏昆山	陕西省水土保持局	全国水利系统劳动模范	1983 年
23	宁幼安	陕西临潼	陕西省三门峡库区管理局	全国水利系统劳动模范	1984 年
24	杨士哲	陕西岐山	陕西省宝鸡峡库区管理局	全国水利系统劳动模范	1984 年
25	薛英臣	山西襄汾	陕西省水电设计院	全国水利系统劳动模范	1984 年

续表 9-3-1

序号	姓名	籍贯	原工作单位	称号	时间
26	马德骥	陕西西安	陕西省水电设计院	陕西省劳动模范	1987 年
27	濮声荣	湖南零陵	陕西省水电设计院	陕西省劳动模范	1987 年
28	梁俊亭	陕西三原	陕西省宝鸡峡管理局	陕西省劳动模范	1987 年
29	张志全	陕西蒲城	陕西省洛惠渠管理局	陕西省劳动模范	1987 年
30	车保业	陕西华县	陕西省三门峡库区管理局	全国水利系统劳动模范	1989 年
31	石 峰	河北昌黎	西安市水利局	全国水利系统劳动模范	1989 年
32	张清华	陕西蒲城	蒲城县水电局	全国水利系统劳动模范	1989 年
33	王世昌	山西	陕西省地下水工作队	全国水利系统劳动模范	1989 年
34	张祖望	上海松江	陕西省水电设计院	陕西省劳动模范	1989 年
35	李肇恢	湖南益阳	西安未央区水利局	全国水利系统劳动模范	1990 年
36	田思恭	陕西富平	陕西省水电工程局	陕西省劳动模范	1992 年
37	李亚明	陕西西安	陕西省水电工程局	全国劳动模范	1995 年
38	孙润民	陕西富平	富平县王寮水管站	全国水利系统模范工人	1996 年
39	安娜(女)	陕西宝鸡	陕西省三门峡库区工程局	全国水利系统模范工人	1996 年
40	王建	陕西临潼	陕西省泾惠渠管理局	全国水利系统模范工人	1996 年
41	翟建忠	陕西蒲城	陕西省渭南市石堡川水库灌溉管理局	全国水利系统先进个人	1996 年
42	张开国	陕西咸阳	陕西省宝鸡峡引渭灌溉管理局	全国水利系统先进个人	1996 年
43	郑克敬	陕西三原	陕西省水利电力勘测设计院	陕西省先进工作者	1997 年
44	车宝业	陕西华县	陕西省三门峡库区大荔河务局	全国五一劳动奖章	1999 年
45	郑生民	陕西洛川	陕西省水文水资源勘测局	全国水利系统先进工作者	2002 年
46	孙平安	陕西三原	陕西省水利电力勘测设计院	全国水利系统先进工作者	2002 年
47	郗怀亮	陕西华县	陕西省渭南市水利局	全国水利系统先进工作者	2002 年
48	张旭海	陕西蒲城	蒲城县水土保持工作队	陕西省劳动模范	2002 年
49	兰宗礼	陕西扶风	扶风县地下水工作队	陕西省劳动模范	2002 年
50	黄兴国	陕西渭南	陕西省水利厅规划处	全国水利系统先进 工作者	2004 年
51	周峰	陕西眉县	陕西省石头河水库灌溉管理局	全国先进工作者	2005 年
52	蒋建军	陕西渭南	陕西省江河水库管理局	全国水利系统先进工作者	2005 年
53	郑公社	陕西武功	陕西省宝鸡峡引渭灌溉管理局	全国水利系统先进工作者	2005 年

续表 9-3-1

序号	姓名	籍贯	原工作单位	称号	时间
54	刘文龙	陕西淳化	咸阳市水利局	全国水利系统先进工作者	2005 年
55	杨智睿	陕西周至	陕西省水利电力勘测设计院	全国水利系统先进工作者	2005 年
56	白鹏翔	陕西富平	陕西省泾惠渠管理局	全国五一劳动奖章	2006 年
57	姚晓东	陕西渭南	陕西省洛惠渠管理局	全国五一劳动奖章	2006 年
58	巨安详	陕西宝鸡	陕西省防汛抗旱总指挥部办公室	全国水利系统先进工作者	2007 年
59	邓增录	陕西扶风	陕西省宝鸡峡引渭灌溉管理局	陕西省先进工作者	2007 年
60	田德顺	陕西渭南	陕西省交口抽渭灌溉管理局	陕西省先进工作者	2007 年
61	杨颖刚	陕西澄城	陕西省渭南市东雷抽黄灌溉工程管理局	陕西省先进工作者	2007 年
62	姚晓东	陕西大荔	陕西省洛惠渠配水站	全国五一劳动奖章	2007 年
63	王发成	陕西大荔	陕西省渭南市石堡川水库灌溉管理局	全国五一劳动奖章	2008 年
64	霍春平	陕西周至	陕西省西安市水土保持工作总站	全国水利系统先进工作者	2009 年
65	王建杰	山西临猗	陕西省水利电力勘测设计院	全国水利系统先进工作者	2010 年
66	孙积胜	陕西富平	陕西省富平县水务局	全国水利系统先进工作者	2009 年
67	常崇信	陕西凤翔	陕西省宝鸡市水利局	全国水利系统先进工作者	2009 年
68	田长河	陕西大荔	陕西省大荔县水利局	全国水利系统先进工作者	2010 年
69	武忠贤	陕西铜川	陕西省桃曲坡水库管理局	全国水利系统先进工作者	2010 年
70	翟大明	陕西武功	原省防汛抗旱总指挥部办公室	全国水利系统先进工作者	2010 年
71	黄喜峰	陕西商洛	原省防汛抗旱总指挥部办公室	全国粮食生产先进工作者	2011 年
72	田建民	陕西渭南	陕西省交口抽污管理局	全国五一劳动奖章	2011 年
73	尹 琪	山西运城	陕西省水利厅财务审计处	享受省部级劳动模范待遇	2011 年
74	焦小琦	陕西泾阳	陕西省水利电力勘测设计院	陕西省先进工作者	2012 年
75	刘晓明	陕西蓝田	陕西省泾惠渠管理局	陕西省先进工作者	2012 年
76	魏 铭	陕西武功	陕西省石头河水库灌溉管理局	陕西省先进工作者	2012 年
77	张润平	陕西渭南	陕西水环境工程勘测设计研究院	全国五一劳动奖章	2013 年
78	刘斌	陕西安康	陕西省水利电力勘测设计研究院	全国水利系统先进工作者	2015 年

续表 9-3-1

序号	姓名	籍贯	原工作单位	称号	时间
79	吴增文	陕西华州	陕西省渭南市涧峪水库管理局	全国水利系统先进工作者	2015 年
80	石小庆	陕西富平	陕西省泾惠渠灌溉中心	全国“五一”劳动奖章	2017 年
81	王军辉	陕西眉县	陕西省水利电力勘测设计研究院	陕西省劳动模范	2017 年
82	张军旗	陕西扶风	陕西省宝鸡峡引渭灌溉中心	陕西省先进工作者	2017 年
83	陈文军	陕西靖边	原省防汛抗旱总指挥部办公室	陕西省先进工作者	2017 年
84	王向荣	陕西蓝田	西安市水务局办公室	全国水利系统先进工作者	2020 年
85	白清利	陕西眉县	陕西省宝鸡市冯家山水库管理局	全国先进工作者	2020 年

二、省部级以上各类奖项获得者

陕西省渭河段水利行业 2020 年以前获省部级以上奖项者 90 人，具体情况见表 9-3-2。

表 9-3-2　陕西省渭河段水利行业 2020 年以前获省部级以上各类奖项人员一览

（按获得时间排序）

序号	姓名	籍贯	获奖时工作单位	荣誉称号	授予时间
1	荀宝善	陕西陇县	宝鸡陇县水利局	全国农村电气化先进工作者	1996 年
2	姜庚喜	陕西长安	陕西省交口抽渭灌溉管理局	全国水利系统优秀干部	1996 年
3	张子洲	陕西武功	宝鸡陇县水利局	全国农村电气化先进工作者	1996 年
4	问国政	陕西白水	陕西省桃曲坡水库灌溉管理局	陕西省优秀共产党员	1996 年
5	丁少君	陕西华阴	西安市水土保持工作总站	全国水土保持先进工作者	1997 年
6	张旭海	陕西蒲城	蒲城县水保队	水利部水土保持先进工作者	1997 年
7	王宏儒	陕西蒲城	蒲城县水务局	水利部水利经济先进个人	1998 年
8	张毅长	陕西岐山	宝鸡岐山县水利局	陕西省城乡供水先进个人	1998 年
9	管黎宏	陕西合阳	陕西省水利厅机关	陕西省水库移民工作先进个人	1999 年
10	武忠贤	陕西蒲城	陕西省桃曲坡水库灌溉管理局	全国水利工程管理体制改革工作先进个人	1999 年

续表 9-3-2

序号	姓名	籍贯	获奖时工作单位	荣誉称号	授予时间
11	尹天恩	陕西临渭	渭南市临渭区水资办	全国水政监察规范化建设先进个人	1999 年
12	马忠	陕西凤县	宝鸡凤县水利局	陕西省 1999—2000 年度县城供水先进工作者	2000 年
13	苏勤科	陕西岐山	岐山县水利局	全国节水增产先进个人	2000 年
14	党新虎	陕西宝鸡	宝鸡市陈仓区水利局	陕西省县城供水先进工作者	2000 年
15	仇俊德	陕西富平	铜川市水利局	全国第三批农村初级电气化建设先进工作者	2001 年
16	武成烈	陕西三原	陕西省水利厅机关	全国第三批农村水电初级电气化建设先进个人	2001 年
17	樊维翰	陕西眉县	宝鸡市水利局	陕西省优秀共产党员	2001 年
18	申景涛	陕西蒲城	陕西省水利厅机关	全国第三批农村水电初级电气化建设先进个人	2001 年
19	娄连科	陕西临渭	渭南市临渭区水务局	全国节水增产重点县建设先进个人	2001 年
20	王春富	陕西渭南	渭南市水资源管理办公室	1998 ~ 2000 全国水利系统水资源先进个人	2001 年
21	张亚平	陕西合阳	陕西省水利厅机关	全国水利系统规划计划先进个人	2001 年
22	高喜洲	陕西阎良	陕西省交口抽渭灌溉管理局	全国水利技术能手	2002 年
23	石小庆	陕西富平	陕西省泾惠渠管理局	全国水利技术能手	2002 年
24	毛兆民	陕西西安	陕西省水利厅机关	全国水利国际合作先进个人	2002 年
25	王向荣	陕西蓝田	西安市渭浐灞河管理处	全国水利单位先进工作者	2002 年
26	贺英鹏	山西运城	陕西省水利厅机关	全国第三批农村水电初级电气化建设先进个人	2002 年
27	相里江峰	陕西韩城	陕西省水利厅机关	陕西省黄河防凌先进个人	2002 年
28	吕峻	四川荣县	陕西省水利厅机关	陕西省抗洪救灾先进个人	2002 年
29	刘志玉	陕西延安	陕西省水利厅机关	陕西省抗洪救灾先进个人	2002 年
30	杜平	陕西富平	富平县水务局	陕西省抗洪抢险先进个人	2002 年

续表 9-3-2

序号	姓名	籍贯	获奖时工作单位	荣誉称号	授予时间
31	李宏林	陕西富平	铜川市宜君县水利局	陕西省抗洪救灾先进个人	2002 年
32	刘丰收	陕西大荔	渭南市防汛抗旱指挥部办公室	陕西省抗洪抢险先进个人	2002 年
33	王佰成	陕西凤县	宝鸡凤县水利局	水土保持个体承包先进治理户	2002 年
34	王乃全	陕西扶风	宝鸡市水利局	陕西省抗洪救灾模范	2002 年
35	张建社	陕西华阴	华阴市防汛抗旱指挥部办公室	陕西省抗洪救灾先进个人	2002 年
36	张建兴	陕西扶风	扶风县水利局	陕西省水利系统先进个人	2002 年
37	赵元庆	陕西凤县	宝鸡市水利局	陕西省抗洪救灾先进个人	2002 年
38	周润德	陕西大荔	大荔县水务局	陕西省抗洪抢险先进个人	2002 年
39	刘永宏	甘肃镇原	陕西省水利厅机关	全国水利系统科技先进工作者	2003 年
40	王寿茂	陕西安康	陕西省宝鸡峡引渭灌溉管理局	全国水利建设先进个人	2003 年
41	李都祥	陕西扶风	扶风县自来水公司	陕西省 2001 ~ 2002 年县城供水先进工作者	2003 年
42	吴俊	陕西凤县	凤县水利局	陕西省县城供水先进工作者	2003 年
43	杨爱军	陕西合阳	合阳县水土保持工作站	水利部等八部委全国保护母亲河行动先进个人	2004 年
44	黄兴国	陕西渭南	陕西省水利厅机关	第六届全国人民满意公务员	2004 年
45	贾三民	陕西宝鸡	宝鸡市水保站	全国水土保持先进个人	2004 年
46	夏建军	陕西长安	陕西省水利厅机关	全国农村水电及电气化统计工作先进个人	2004 年
47	李少毅	陕西富平	陕西省水利厅机关	全国水土保持先进个人	2004 年
48	赵利亨	陕西周至	陕西省石头河水库管理局	陕西省 2003 年度省级“两联一包”扶贫先进个人	2004 年
49	白鹏翔	陕西富平	陕西省泾惠渠管理局	陕西省 2003 年度省级“两联一包”扶贫先进个人	2004 年
50	洪小康	湖北丹江口	原陕西省防汛抗旱办公室	全国防汛抗旱先进个人	2004 年

续表 9-3-2

序号	姓名	籍贯	获奖时工作单位	荣誉称号	授予时间
51	张勇	陕西陇县	陕西省水利厅机关	全国水土保持先进个人	2005年
52	宋金星	陕西渭南	陕西省交口抽渭灌溉管理局	陕西省2005年度“两联一包”扶贫工作先进个人	2005年
53	吴兴金	陕西凤县	宝鸡凤县水利局	陕西省农村饮水项目先进工作者	2005年
54	李新华	陕西大荔	陕西省水利厅机关	全国水利建设与管理先进个人	2006年
55	雷雁斌	陕西泾阳	陕西省水利厅机关	全国水利建设与管理先进个人	2006年
56	吕景峰	陕西咸阳	陕西省水利厅机关	全国水利建设与管理先进个人	2006年
57	李栋	陕西富平	陕西省水利厅机关	全国水利建设与管理先进个人	2006年
58	程晓荣	陕西临潼	陕西省交口抽渭灌溉管理局	全国水利技术能手	2006年
59	王辛石	陕西南郑	陕西省水利厅机关	全国水利新闻宣传工作先进个人	2006年
60	姚晓东	陕西渭南	陕西省洛惠渠管理局	全国水利技术能手	2006年
61	张录田	陕西宝鸡	宝鸡陈仓区水利局	陕西省县城供水先进工作者	2006年
62	何文虹	陕西长安	西安市水产工作站	全国渔政工作先进个人	2007年
63	刘恒福	陕西长安	陕西省水利厅机关	陕西省优秀公务员	2007年
64	王德文	陕西澄城	陕西省水利厅机关	全国水利建设与管理先进个人	2008年
65	胡彦华	陕西城固	陕西省水利厅机关	全国水利科技工作先进个人	2008年
66	常崇信	陕西凤翔	宝鸡市水利局	全国水利抗震救灾先进个人	2008年
67	翟大明	陕西武功	陕西省水利厅机关	全国防汛抗旱先进个人	2010年
68	张武俊	陕西澄城	陕西省水保局	全国水利工程管理体制改革工作先进个人	2010年
69	来卫罗	陕西咸阳	陕西省交口抽渭灌溉管理局	第七届全国水利技术能手	2010年
70	王建祥	陕西乾县	咸阳市水利局	全国水利工程管理体制改革先进个人	2010年
71	王振华	陕西泾阳	咸阳市水利局	全国防汛抗旱先进个人	2010年
72	贾刚战	陕西临潼	陕西省交口抽渭灌溉管理局	第七届全国水利技术能手	2011年
73	肖宏武	陕西合阳	陕西省水利厅机关	陕西省公务员功勋奖	2011年

续表 9-3-2

序号	姓名	籍贯	获奖时工作单位	荣誉称号	授予时间
74	席跟战	陕西三原	陕西省水利厅机关	陕西省公务员功勋奖	2011 年
75	杨稳新	陕西西安	陕西省水利厅机关	全国水库移民后期扶持先进工作者	2011 年
76	刘伯栋	陕西富平	渭南市防汛抗旱指挥部办公室	陕西省防汛抗旱先进个人	2011 年
77	倪智存	陕西扶风	宝鸡市水利局	陕西省防汛抗旱先进个人	2011 年
78	王林霞（女）	陕西宝鸡	宝鸡市防汛办	陕西省防汛抗旱先进个人	2011 年
79	靳瑞杰	陕西韩城	渭南市水资源管理办公室	水利部“十一五”水资源先进个人	2012 年
80	王战义	陕西临渭	陕西省交口抽渭灌溉管理局	第八届全国水利技术能手	2013 年
81	冯闯民	陕西咸阳	西安市水务局	陕西省“江河卫士”荣誉称号	2014 年
82	苟 武	陕西临潼	陕西省泾惠渠管理局	全国水利技术能手	2015 年
83	王红军	陕西合阳	渭南市防汛抗旱指挥部	陕西省优秀防汛抗旱工作者	2015 年
84	王 剑	陕西宝鸡	陕西省水利厅机关	陕西省公务员功勋奖	2015 年
85	王拴定	陕西蒲城	陕西省泾河工程局	陕西省五一劳动奖章	2015 年
86	李卫兵	陕西富平	陕西省桃曲坡水库灌溉中心供水公司	陕西省“五一”劳动奖章	2016 年
87	李满良	陕西富平	陕西省泾惠渠灌溉中心	陕西省“五一”劳动奖章	2018 年
98	程晓荣	陕西临潼	陕西省交口抽渭灌溉中心	陕西省“五一”劳动奖章	2018 年
99	李友成	陕西安康	陕西省渭河生态集团有限公司	陕西省“五一”劳动奖章	2018 年
90	葛瑛	陕西潼关	陕西省交口抽渭灌溉中心	陕西省“五一”劳动奖章	2018 年

三、享受国务院政府特殊津贴专家

1990 年，党中央、国务院决定给作出突出贡献的专家、学者、技术人员开始发放政府特殊津贴。2020 年以前，陕西省渭河段水利行业享受国务院政府特殊津贴专家 14 人，具体情况见表 9-3-3。

表 9-3-3　陕西省渭河流域水利行业 2020 年以前享受政府特殊津贴专家一览

（按时间排序）

序号	姓名	单位	专家类别	评定时间
1	苗光忠	陕西省水保局	享受政府特殊津贴	1995 年
2	王正秋	陕西省水保局	享受政府特殊津贴	1995 年
3	刘德久	陕西省水保局	享受政府特殊津贴	2001 年
4	张志林	陕西省水保局	陕西省有突出贡献专家、享受政府津贴	2003 年
5	刘利年	陕西省水保局	陕西省有突出贡献专家	2003 年
6	雷雁斌	陕西省引汉济渭公司	陕西省有突出贡献专家	2005 年
7	王凤翔	陕西省水电开发中心	陕西省有突出贡献专家、享受政府津贴	2008 年
8	王建杰	陕西省水利厅	陕西省有突出贡献专家、享受政府津贴	2011 年
9	姚晓东	陕西省洛惠渠配水站	享受政府特殊津贴	2011 年
10	张树明	陕西省水产工作总站	陕西省顶尖人才	2012 年
11	田建民	陕西省水利建设管理局	享受政府特殊津贴	2014 年
12	程晓荣	陕西省交口抽渭灌溉管理局	享受政府特殊津贴	2015 年
13	王 丰	陕西省水产研究所	享受政府特殊津贴	2015 年
14	刘 斌	陕西省水电设计院	享受政府特殊津贴	2015 年

四、教授级高工

自 1986 年国家实行专业技术职务聘任制开始到 1989 年，陕西渭河段第一批教授级高级工程师产生。截至 2020 年，教授级高级工程师累计 146 人，具体情况见表 9-3-4。

表 9-3-4　陕西省渭河段水利行业 2020 年以前教授级高级工程师一览

（按认定时间排序）

序号	姓名	出生年月	籍贯	参评时工作单位	批准年月
1	雷全荫	1915.09	陕西西安	陕西省水利厅机关	1989.11
2	汪云峰	1915.11	陕西西安	陕西省水利厅机关	1989.11
3	李振华	1915.03	山西运城	陕西省水利厅机关	1989.11
4	王继宏	1916.02	天津宁河	陕西省水利厅机关	1989.11
5	钟泽夫	1915.05	北京	陕西省水利厅机关	1989.11

续表 9-3-4

序号	姓名	出生年月	籍贯	参评时工作单位	批准年月
6	荣嗣弘	1918.10	山西浑源	陕西省水利厅机关	1989.11
7	韩长安	1923.07	陕西渭南	陕西省水利厅机关	1989.11
8	王晋生	1928.07	陕西泾阳	陕西省水利厅机关	1989.11
9	杨鸿昌	1928.06	陕西泾阳	陕西省水利厅机关	1989.11
10	韩瀛观	1916.04	陕西泾阳	陕西省水科所	1989.11
11	张 浩	1919.08	河北曲阳	陕西省水科所	1989.11
12	李崇智	1919.10	陕西武功	陕西省水科所	1989.11
13	孟宪麒	1926.02	北京	陕西省水科所	1988.11
14	何靖中	1924.02	陕西汉中	陕西省水科所	1989.11
15	何丕丞	1917.05	云南元耕	陕西省水科所	1989.11
16	蒋德麒	1908.10	江苏昆山	陕西省水土保持局	1989.11
17	石丁	1924.05	山东诸城	陕西省水土保持局	1989.11
18	白楚荣	1924.11	陕西横山	陕西省水土保持局	1989.11
19	郭志贤	1935.09	陕西临潼	陕西省水土保持局	1989.11
20	王正秋	1937.09	辽宁铁岭	陕西省水土保持局	1989.11
21	王仲南	1934.10	陕西西安	陕西省水电工程局	1989.11
22	许贵龙	1934.01	江苏兴化	陕西省水电工程局	1989.11
23	党立本	1938.11	陕西华县	陕西省水电工程局	1989.11
24	刘步尧	1923.11	陕西周至	陕西省水电设计院	1989.11
25	薛英臣	1923.10	山西襄汾	陕西省水电设计院	1989.11
26	任崇勋	1914.08	陕西商县	陕西省水电设计院	1989.11
27	赵伸义	1925.12	陕西周至	陕西省水电设计院	1989.11
28	强克柔	1926.08	陕西韩城	陕西省水电设计院	1989.11
29	李逢都	1926.06	河南巩义市	陕西省水电设计院	1989.11
30	龙定臣	1931.11	湖南宁远	陕西省水电设计院	1989.11
31	丁夫庆	1932.03	陕西南郑	陕西省水电设计院	1989.11
32	洪苑芳（女）	1932.02	湖北沙市	陕西省水电设计院	1989.11
33	张景琛	1925.08	山东聊城	陕西省水电设计院	1989.11

续表 9-3-4

序号	姓名	出生年月	籍贯	参评时工作单位	批准年月
34	蒋镇国	1933.08	上海	陕西省水电设计院	1989.11
35	马德骥	1935.08	陕西西安	陕西省水电设计院	1989.11
36	田兴禾	1915.04	陕西富平	陕西省宝鸡峡管理局	1989.11
37	傅世棣	1925.08	陕西蒲城	陕西省宝鸡峡管理局	1989.11
38	孙竟武	1935.05	陕西华县	陕西省宝鸡峡管理局	1989.11
39	黄长龄	1916.09	陕西西安	陕西省水文总站	1989.11
40	刘导溥	1915.12	江苏宝应	陕西省三门峡管理局	1989.11
41	叶遇春	1911.12	陕西榆林	陕西省泾惠渠管理局	1989.11
42	高万祥	1926.02	北京	宝鸡市水电设计院	1989.11
43	范忠俊	1935.03	山东蓬莱	宝鸡市水产站	1989.11
44	吴培安	1937.09	山东莱西	陕西省水科所	1993.05
45	王幼涛	1939.02	陕西西安	陕西省水科所	1993.05
46	张骅	1939.01	陕西彬县	陕西省水利厅机关	1995.12
47	高启仁	1935.07	陕西泾阳	陕西省水土保持局	1995.12
48	李振龙	1940.06	陕西紫阳	陕西省水产研究与工作总站	1998.12
49	忻远扬	1946.03	浙江宁波	陕西省西安市水产工作站	1998.12
50	钟家驹	1940.06	北京	陕西省水利电力勘测设计研究院	1999.01
51	储履祥	1936.07	陕西富平	陕西省水利电力勘测设计研究院	1999.05
52	孙启民	1939.11	陕西蓝田	陕西省水利电力勘测设计研究院	1999.05
53	吴明泽	1941.09	重庆璧山	陕西省水利电力勘测设计研究院	1999.05
54	白克森	1942.04	陕西长安	陕西省水利电力勘测设计研究院	1999.05
55	吴建民	1948.12	陕西周至	陕西省水利电力勘测设计研究院	1999.05
56	曹金友	1960.04	陕西渭南	陕西省交口抽渭灌溉管理局	2001.03
57	李新虎	1962.11	陕西渭南	陕西省交口抽渭灌溉管理局	2001.03
58	张发民	1965.01	陕西富平	陕西水利博物馆	2001.03
59	管薇（女）	1963.03	山东青岛	陕西省水利发展调查与引汉济渭工程协调办公室	2002.12
60	贺玉良	1962.11	陕西眉县	陕西省水产研究与工作总站	2002.12
61	王力坚	1964.07	陕西临潼	陕西省水利水电工程咨询中心	2003.03

续表 9-3-4

序号	姓名	出生年月	籍贯	参评时工作单位	批准年月
62	苏关键	1963.04	陕西礼泉	陕西省水利水电工程咨询中心	2003.03
63	郭岗	1955.08	陕西白水	陕西省江河水库管理局	2003.03
64	张润民	1955.12	陕西临渭	陕西省江河水库管理局	2003.03
65	董德惠	1951.09	陕西礼泉	陕西省水文水资源勘测局	2003.03
66	周安良	1962.06	陕西岐山	陕西省水利发展调查与引汉济渭工程协调办公室	2003.03
67	赵耀东	1961.05	陕西乾县	陕西省地下水管理监测局	2003.03
68	余勇	1947.11	陕西武功	陕西省宝鸡峡引渭灌溉管理局	2003.03
69	陈雪梅（女）	1955.12	山东莱州	陕西省宝鸡峡引渭灌溉管理局	2003.03
70	法天祥	1957.02	陕西扶风	陕西省宝鸡峡引渭灌溉管理局	2003.03
71	毛全年	1956.12	陕西泾阳	陕西省泾惠渠灌溉管理局	2003.03
72	卢长征	1956.01	陕西礼泉	陕西省交口抽渭灌溉管理局	2003.03
73	徐经忠	1958.01	陕西渭南	陕西省交口抽渭灌溉管理局	2003.03
74	武忠贤	1957.06	陕西蒲城	陕西省桃曲坡水库灌溉管理局	2003.03
75	李维平	1955.01	陕西武功	陕西省水产研究与工作总站	2003.03
76	许文选	1945.07	陕西兴平	陕西省宝鸡市冯家山水库管理局	2003.03
77	陈启荣	1944.12	宁夏平罗	陕西省宝鸡市水利水电规划勘测设计院	2003.03
78	王沪学	1948.01	陕西三原	陕西省泾惠渠管理局	2003.03
79	田军华	1954.03	陕西临渭	陕西省渭南市水资源管理办公室	2003.03
80	牟过炳	1951.08	陕西临渭	陕西省渭南市石堡川水库灌溉管理局	2003.03
81	张世伟	1953.09	陕西合阳	陕西省渭南市东雷抽黄灌溉工程管理局	2003.03
82	王会让	1959.03	陕西凤翔	陕西省水资源与河库调度管理中心	2003.03
83	李登魁	1956.11	陕西凤翔	陕西省安康市水利水电勘测设计院	2003.03
84	王安民	1945.09	陕西蓝田	陕西省水利电力勘测设计研究院	2003.03
85	刘凤兰（女）	1950.09	河南洛阳	陕西省水利电力勘测设计研究院	2003.03
86	贾志伟	1942.11	陕西西安	陕西省水利电力勘测设计研究院	2003.03
87	孙平安	1950.12	陕西三原	陕西省水利电力勘测设计研究院	2003.03
88	崔蕴崇	1946.09	陕西西安	陕西省水利电力勘测设计研究院	2003.03
89	王治祥	1956.12	陕西扶风	陕西省水利电力勘测设计研究院	2003.03

续表 9-3-4

序号	姓名	出生年月	籍贯	参评时工作单位	批准年月
90	苏岩（女）	1963.04	陕西韩城	陕西省水利电力勘测设计研究院	2003.03
91	吕颖峰	1959.01	陕西乾县	陕西省水利电力勘测设计研究院	2003.03
92	郝秀运	1960.01	陕西杨凌	陕西省水利电力勘测设计研究院	2003.03
93	刘斌	1958.07	陕西安康	陕西省水利电力勘测设计研究院	2003.03
94	焦小琦	1963.01	陕西泾阳	陕西省水利电力勘测设计研究院	2003.03
95	陈武春	1963.02	天津	陕西省水利电力勘测设计研究院	2003.03
96	张怀亭	1946.07	陕西华阴	陕西省渭南市河务管理处	2003.04
97	蒋建军	1961.04	陕西渭南	陕西省水利发展调查与引汉济渭工程协调办公室	2006.11
98	周峰	1953.09	陕西眉县	陕西省江河水库管理局	2006.11
99	庞雷	1963.08	山西运城	陕西省水文水资源勘测局	2006.11
100	赵静（女）	1963.05	河南新野	陕西省水文水资源勘测局	2006.11
101	严伏朝	1964.07	陕西渭南	陕西省水利发展调查与引汉济渭工程协调办公室	2006.11
102	王寿茂	1956.03	陕西安康	陕西省水利发展调查与引汉济渭工程协调办公室	2006.11
103	石亚龙	1963.12	陕西富平	陕西省引汉济渭工程建设有限公司	2006.11
104	张伯礼	1947.11	陕西永寿	陕西省宝鸡峡引渭灌溉管理局	2006.11
105	刘璇（女）	1972.12	陕西三原	陕西水利博物馆	2006.11
106	靳瑞杰	1962.07	陕西韩城	陕西省渭南市水资源管理办公室	2006.11
107	董建筑	1963.01	陕西礼泉	陕西省水利电力勘测设计研究院	2006.11
108	刘海江	1964.05	甘肃秦安	陕西省水利电力勘测设计研究院	2006.11
109	冯缠利	1963.04	陕西蓝田	陕西省水利电力勘测设计研究院	2006.11
110	姚德仓	1965.05	陕西宝鸡	宝鸡市冯家山水库管理局	2006.12
111	冯普林	1966.12	陕西西安	陕西省江河水库管理局	2008.12
112	赵洁（女）	1963.11	陕西扶风	陕西省水文水资源勘测局	2008.12
113	周勇翔	1959.01	陕西乾县	陕西省咸阳市水利工作队	2008.12
114	邢丁家	1963.12	山西稷山	陕西省水利电力勘测设计研究院	2008.12
115	李云英(女)	1963.05	陕西西安	陕西省水利电力勘测设计研究院	2008.12

续表 9-3-4

序号	姓名	出生年月	籍贯	参评时工作单位	批准年月
116	毋养利	1957.03	陕西长安	陕西省水利电力勘测设计研究院	2008.12
117	房养宁	1963.05	陕西临潼	临潼区水工队	2010.01
118	杜汉斌	1954.08	陕西大荔	陕西省水产研究与工作总站	2010.12
119	冀文慧	1960.07	陕西西安	陕西省水土保持生态环境监测中心	2011.03
120	赵振武	1959.02	陕西商洛	陕西省江河水库管理局	2011.03
121	张润平	1963.07	陕西渭南	陕西省江河水库管理局	2011.03
122	井涌	1966.11	陕西华县	陕西省水文水资源勘测局	2011.03
123	李明乾	1963.11	陕西千阳	陕西省宝鸡峡引渭灌溉管理局	2011.03
124	刘益民	1963.02	陕西富平	陕西省宝鸡峡引渭灌溉管理局	2011.03
125	王万来	1954.01	陕西扶风	陕西省宝鸡市水利局	2011.03
126	高勤生	1963.03	陕西眉县	陕西省石头河水库灌溉管理局	2011.03
127	赵波	1966.01	陕西礼泉	陕西省石头河水库灌溉管理局	2011.03
128	淡洁（女）	1962.07	陕西西安	陕西省水利电力勘测设计研究院	2011.03
129	蒋改山	1964.03	陕西合阳	陕西省水利电力勘测设计研究院	2011.03
130	王忠建	1962.05	陕西三原	陕西水利博物馆	2011.12
131	陈文让	1960.01	陕西凤翔	陕西省宝鸡市冯家山水库管理局	2012.03
132	王宗林	1964.01	陕西岐山	陕西省宝鸡市冯家山水库管理局	2012.03
133	王军学	1966.03	陕西澄城	陕西省渭南市东雷抽黄灌溉工程管理局	2012.12
134	邹鸿远	1962.11	陕西礼泉	陕西省水利水电工程咨询中心	2012.12
135	李惠敏(女)	1964.01	陕西礼泉	陕西省江河水库管理局	2012.12
136	余金龙	1965.09	陕西临渭	陕西省江河水库管理局	2012.12
137	左亚珍(女)	1965.09	陕西临渭	陕西省江河水库管理局	2012.12
138	张宏斌	1965.02	湖南邵东	陕西省水文水资源勘测局	2012.12
139	李军社	1968.05	陕西潼关	陕西省水文水资源勘测局	2012.12
140	张艳玲(女)	1967.11	陕西大荔	陕西省水文水资源勘测局	2012.12
141	雷雁斌	1961.07	陕西泾阳	陕西省引汉济渭工程建设有限公司	2012.12
142	刘贵雄	1963.07	陕西凤翔	陕西省引汉济渭工程建设有限公司	2012.12
143	史朝辉	1962.03	陕西扶风	陕西省宝鸡峡引渭灌溉管理局	2012.12

续表 9-3-4

序号	姓名	出生年月	籍贯	参评时工作单位	批准年月
144	李军利	1962.01	陕西泾阳	陕西省泾惠渠灌溉管理局	2012.12
145	张扬锁	1959.02	陕西洛川	陕西省桃曲坡水库灌溉管理局	2012.12
146	张民仙（女）	1963.06	陕西韩城	陕西省水利电力勘测设计研究院	2012.12

五、最美水利人

陕西省首届“最美水利人”评选活动始于2017年，第二届评选活动于2021年底结束，此处记录顺延至2021年评选结果。两届获得者涉渭人物（16人）见表9-2-5。

表 9-3-5　陕西渭河段“最美水利人”一览（2017—2021 年）

（排名不分先后次序）

姓名	单 位
赵军昌	宝鸡市水土保持工作站副主任科员
李娟（女）	咸阳市防汛抗旱指挥部办公室副科长
靳少川	渭南市水土保持工作站水土保持技师
吕鹏疆	陕西省东庄水利枢纽工程建设有限公司职工
韩伟刚	陕西省水利电力勘测设计研究院水利分院副部长
秦鹏	陕西飞龙水利水电工程有限公司总经理
张兴平	西安市渭浐河城市段管理中心业务科科长
连宏涛	宝鸡市水投（发展）集团有限公司总经理
付聪	咸阳市城乡供水保障中心科长、驻淳化县铁王镇塔尔寺村第一书记兼工作队队长（已故）
梁小红	铜川市龙潭水库建设管理处工程科科长
郭昊	西咸新区农业农村局干部
马朝阳	杨凌示范区渭河景区管理办公室副主任
赵玮	陕西省水利电力勘测设计研究院副总工程师、水电工程分院副院长、党总支副书记
杨炜	陕西省三门峡库区华州河务中心副主任兼党支部副书记
毕军	陕西省石头河水库灌溉中心坝后水电站站长
刘玉良	陕西省桃曲坡水库灌溉中心党委办主任（原下高埝管理站站长）

大事记

古 代

夏商 相传，约在5000年前的原始公社末期，大禹因势利导，疏浚排洪，采用“决九川距四海，浚畎浍距川”之法，“导渭入于河”。

西周 前781年—前771年，建长安滮池 。《诗经·小雅·白华》篇载：滮池北流，浸彼稻田。据考证，滮池位于今西安市长安区西北10千米滮水上游。

春秋战国 秦穆公十三年（前647年），晋国大饥，秦国援助粮食的船只从雍城（当时秦都，在今凤翔南）出发，经渭河到黄河，溯黄河而北入汾河达于绛（晋国都城，在今山西翼城东南）。因运粮数目大，渭河、黄河和汾河的船只络绎不绝，史称“泛舟之役”。

秦孝公三年（前359年），赵老峪（今富平县）一带引用顺阳河的洪水漫地，改良土壤，增产粮食，使原来“地土高燥”的贫瘠农田变成“土润而腴”“亩产一钟”的肥沃良田。

秦昭襄王元年至五年（前306—前302年），秦大将白起在凤翔县屯兵期间亲自督办修渠。该渠在今凤翔区城西北1千米，史称白起渠。现在的白起河即昔日的白起渠遗址，河段多为小溪，成为行洪水道。

秦王政元年（前246年），秦国采纳水工郑国建议，凿泾水自中山西邸瓠口为渠，并北山东注洛三百余里。历经10余年，“渠就，用注填阏之水，溉泽卤之地四万余顷，收皆亩一种。于是关中为沃野，无凶年，秦以富强，卒并诸侯”（《史记·河渠志》）。郑国渠因由郑国所修而得名，灌溉今泾阳、三原、高陵、临潼、富平、蒲城等县农田。

西汉 汉武帝时期（前140—前87年），从今眉县引渭水，向东北流，穿过漆水河，至今兴平市境入胭脂河道，灌溉眉县、扶风、武功、兴平一带农田，史称成国渠 。

汉武帝元光六年（前129年），武帝采纳了大司农郑当时修建漕渠的建议，诏令齐人水工徐伯勘测渠线位置，征发数万人历3年艰苦施工，建成了一条西自长安、东至潼关黄河，全长300余里的漕渠，使关中东部到都城长安的漕运能力由汉初的数十万石提高到400万石。

元狩三年至元封六年（前120—前105年），庄熊罴以临晋县（今大荔县东南）百姓意愿开渠引洛水灌田上奏朝廷。武帝采纳并征调1万余人，从征县（今澄城县西南）起开渠，横穿商颜山（今铁镰山），引洛水灌溉重泉县（今蒲城县东南）以东万余顷盐碱地。因“穿渠得龙骨，故名龙首渠”（《史记·河渠书》）。

元狩三年（前120年），汉武帝利用斗门镇（今西安市长安区西部）东南一片洼地，“发天下故吏伐棘上林，穿昆明池”。池周围长40里，“周以金堤，树以柳杞”，池面332顷，蓄水量约5000万立方米。唐大和以后干涸为田。

元鼎六年（前111年），由左内史倪宽主持，在郑国渠上游高地兴建6道小渠，以灌溉郑国渠旁高仰之田。

太始二年（前95年），赵中大夫白公复奏穿渠，引泾水，首起谷口，尾入栎阳，注渭中，袤二百里，溉田四千五百余顷，因名曰白渠（《汉书·沟洫志》），灌溉今泾阳、三原、高陵、临潼等县农田。

东汉 光和五年（182年），由京兆尹樊陵主持，在泾河下游阳陵县（今咸阳市东北）兴建樊惠渠。渠堰为堆石结构，打有基桩，堰上培土，护之以埽，引水渠道有沉沙池、引水口门、分水涵洞和相应的田间工程，具有灌水和淤漫作用。

三国 魏明帝太和元年（227年），于清峪河修沉澄渠。另《三国志》记，扶风郡（今兴平东南）人马钧，“乃作翻车，令童儿转之，而灌水自覆，更入更出，其巧百倍于常”。

青龙元年（233年），卫臻在关中重修淤废的汉成国渠，西伸百里自陈仓县（今宝鸡市东），东延百里至槐里县（今兴平东南）引千水灌田。在临晋县（今大荔县东南）筑临晋陂，引洛水灌田。

东晋、十六国 前秦苻坚时期（357—385年），宰相王猛主持整修秦汉时代的郑白渠，“发其王侯以下及豪富望室僮隶三万人，开泾水上源，凿山起堤，通渠引渎，以溉冈卤之田。及春而成，百姓赖其利”（《晋书·苻坚记》）。

南北朝 西魏文帝大统十三年（547年），在成国渠干渠上的武功段修建六门堰，用以节水、分水。因“置六斗门”，故名“六门堰”。

大统十六年（550年），命贺兰祥造富平堰（位于今富平县南10千米），“开渠引水，东注于洛”（《北史·贺兰祥传》）。

北周武帝保定二年（562年），于“同州（今大荔县） 重开龙首渠，以广灌溉”（《周书·武帝纪》）。

隋 文帝开皇元年（581年），郭衍率水工“凿渠引渭水，经大兴城北，东至于潼关，漕运四百余里，关内赖之，名曰富民渠”（《隋书·郭衍传》）。

开皇二年（582年）六月，隋文帝杨坚因长安城水咸，诏令在东倚灞、浐，南临潏、浐之地龙首山建大兴城。唐永徽四年（653年）增筑改为长安城，并规划修建了龙首渠、永安渠、清明渠3条供水渠道。龙首渠从今西安马腾空附近引浐水北流，至永乐坡分为东西二渠，东渠从通化门附近绕城东北角入禁苑，西渠西南流入城西入皇城，再北流入宫城，汇为山水池和东海，为城东北隅用水的主要渠道。永安渠从今西安市香积寺西南引洨水西北流，经赤栏桥后又流向东北，在安化门西入城，北流至景耀门以东出城入苑，北注入渭，成为外廓城的用水和供应禁苑的渠道。清明渠从今皇子坡引潏水西北流至安化门的西面入城，北流至布政坊东南，折向东流入皇城，又北流入宫城，注入南海、西海与北海，成为外廓城西及皇城部分用水的渠道。

开皇四年（584 年），隋文帝杨坚命宇文恺等率水工民夫，从六月开工，历时 3 个月，建成引渭水自大兴城（即长安）东至潼关 300 余里人工运河，名曰广通渠。

唐 高祖武德二年（619 年），引白渠灌下邽县金氏陂。

高宗永徽五年（654 年）四月二十三日夜大雨，山洪涨溢，冲九成宫（位于今麟游县西）玄武门，水溺卫士及麟游居人，死者 3000 余人。

永徽六年(655 年),雍州长史长孙祥呈奏朝廷,言富商大贾竞相在郑白渠私建碾硙牟利，影响农田灌溉用水。唐高宗李治遂“遣祥等分拣渠上碾硙皆毁之”。

玄宗开元元年（713 年），亲王、公主等权贵之家“皆旁渠立硙，潴堨争利”。京兆少尹李元纮“敕吏尽毁之”。

开元二年（714 年），姜师度在华阴县（今华阴市）修敷水渠，以泄水害。

开元四年（716 年），姜师度在郑县（今华县）疏修利俗渠、罗文渠，分别引乔谷、小敷谷水以溉田，并建堤于渭水之滨，以防漫溢。

开元七年（719 年），同州（今大荔县）刺史姜师度，引洛水灌朝邑、河西二县，堰黄河水灌古通灵陂，泽地种稻田 2000 余顷，内置屯 10 余所。

开元二十二年（734 年）八月，京兆尹裴耀卿改革漕运，先将江淮租米运到太原仓（在今三门峡市西南），然后由渭水运到长安等地。3 年内运米 700 万斛，节省车钱 30 万缗。

天宝元年（742 年），韦坚率众在咸阳西“壅渭为堰，绝灞、浐河而东”，修一条与渭水平行的渠道，在华阴永丰仓附近入渭河，便利了水运（《新唐书·韦坚传》）。

天宝二年（743 年），韦坚自苑西引渭水至华阴入渭，水抵禁苑东面的望春楼下凿潭（在京城东 9 里）以聚漕舟，玄宗诏群臣到望春楼观新潭，见各郡 300 余船只满载宝物奇货，数十里不绝，甚为高兴，赐其潭名为广运潭。

代宗大历十三年（778 年），豪门势族私建碾硙之风又大增，代宗李豫下令废碾硙 80 余所。

宪宗元和八年（813 年）六月十一日，京兆大风雨，渭水暴涨，房毁屋塌甚多，并毁三渭桥，南北绝济一月。

敬宗宝历元年（825 年），高陵县令刘仁师以泾阳县独引郑白渠水灌田，依照条律《水部式》，几经上书争诉，终得诏令修成中白、中南、高望、隅南四渠及一堰，使高陵区得到灌溉之利。因四渠为刘公所修，又称刘公四渠；刘籍彭城，堰曰彭城堰。

文宗开成元年（836 年）七月，暴雨毁九成宫，冲毁民房 300 多间，死者百余人，牛马不计其数。开成二年（837 年），坊州（今黄陵县东南）城郭无水，城东北 7 里有上善泉，刺史张怡架水入城，缓解城内远地汲水之难。开成四年（839 年），刺史崔骈复增修之，民获其利。

宣宗大中元年（847 年）十一月十七日，枯竭多年的周公庙泉水复出。凤翔节度使崔珙上奏朝廷，以为祥瑞，宣宗李忱赐名“润德泉”。自唐代以来，润德泉干涸、复出达三四十次，它的丰枯变化与天气干旱、雨涝有关。

北宋 太祖乾德年间（963—968 年），由节度判官施继业主持整修三白渠，用稍穰、笆篱、栈木等材料筑成临时性建筑物，“缘渠之民，颇获其利”，但终不能固。宋真宗景德三年（1006年），派太常博士尚宾率丁夫治之。“工既毕而水利饶足，民获利数倍”（《宋史 · 河渠志》）。

仁宗嘉祐年间（1056—1063年），永寿县令吕大防引分水岭（永平乡北2.5千米）之三泉水至县城，解决人畜饮水困难，名曰吕公渠，后又屡废屡修。

仁宗嘉祐七年(1062年)，凤翔府签书判官苏轼，在原饮凤池旧地掘池筑堤，扩建成湖，占地70多亩，因在县城之东，故名“东湖”，既供游览，又可灌溉城东南风村一带农田300多亩。

神宗熙宁年间（1068—1077年），哲学家张载在眉县横渠镇置田分井，修建渠道，故名“井田渠”，灌田百余顷，民得其利。

神宗熙宁七年（1074年），殿中丞侯可自仲山旁凿石渠，引泾水东南与小郑渠合，下流合白渠。自秋至次年春，“渠之已凿者十之三，当时以岁歉弛役”。宋徽宗大观元年(1107年），秦凤路经略史穆京出使陕西，接受了宣德郎范镐、承直郎穆卞关于继续开修洪口石渠的建议，朝廷命提举常平使者赵佺主持施工，从大观二年（1108年）九月起到大观四年（1110年）闰八月，渠成，溉泾阳、礼泉、高陵、栎阳、云阳、三原、富平7县农田，赐名“丰利渠”。

元 元武宗至大元年（1308年），王琚为西台御史，建言于丰利渠上更开石渠51丈，阔1丈，深5尺（《元史 · 河渠志》）。此渠于延祐元年（1314年）兴工，至五年（1318年）建成，名王御史渠。

明 太祖洪武十二年（1379年），朝廷同意偏将军李文忠关于“陕西病碱卤，请穿渠城中，遥引龙首渠东注”的建议。英宗天顺八年（1464年），陕西巡抚都察院右副都御史项忠提出西安城西井泉碱苦，饮者辄病，应引西南皂河入城的意见，并先后东引龙首渠、西南引皂河水为京城供水。

宪宗成化元年（1465年），项忠奉朝廷指令，组织泾阳、礼泉、三原、高陵、临潼5县民工，凿洞穿越小龙山、大龙山引泾灌溉，工程艰巨。未几，项忠还朝。成化四年（1468年），项忠西征途经陕西，命陕西官员继续督工修建，并命渠曰广惠渠。成化十二年（1476年），右都御史余子俊巡抚陕西，继续开渠。成化十七年（1481年），陕西巡抚都察院右副都御史阮勤再次兴工修筑，直到成化十八年（1482年）工程才全部完成，溉5县农田8000余顷。武宗正德十一年（1516年）四月，陕西巡抚萧翀“凿山为直渠，上接新渠，直溯广惠，下入丰利”，正德十二年（1517年）五月完工，取名通济渠。

英宗正统十二年（1447年）十月，西安府所属州县河渠用水，多有争纷，屡相斗殴，水利通判黄镛遂令各州县对其灌溉田亩之数及用水时间，刻石铭碑，违者罪之。

神宗万历四十四年（1616年）六月二十二日，泾阳、三原等地大雨如注，泾阳口子镇大水东下，到三原越龙桥而过，淹没百里，漂70余村，白渠以北鲜有存者，数月之后平地积水始退完。

清 康熙六年（1667年），眉县县令梅遇率领士民在石头河峪口鸡冠石西凿渠引水至石龙庙，分东、西、中三渠，名“梅公渠”，灌田千余顷。

康熙九年（1670年），永寿知县张昆重新修宋时所建吕公渠，开山架槽，引水入城，用瓦桶连接，专人管理，渠成更名为“惠民渠”。

康熙二十九年（1690年），陕西关中白水、泾阳、高陵、临潼、咸阳、扶风、周至等数十县大旱。至次年，关中东西二府各县大旱，沣、渭断流，夏秋无收，饥疫并发，饿殍、流亡过半。

雍正七年（1729年）八月二十三日，改西安府管粮通判为水利通判，驻泾阳县王桥镇，专管泾阳、礼泉、三原、高陵、临潼5县堤浚事务。

乾隆二年（1737年）六月，署陕西巡抚崔纪奏请推广富平、蒲城井利，建议贷银两相助，3年后清还。十二月，崔纪强令推广凿井，自陇州至潼关，规定每10亩开井3孔，砖井贷银7两，土井贷银3两，限40日完成。民奔走竭蹶，穷于应付，往往井浅孔小，无收井利，百姓怨声载道。清廷令崔纪不可求速效而草率从事，听民自便而拂民情。至乾隆二年（1737年）十一月，上报陕西新开井6.898万口，而查实有利者3.29万口。因遇旱井效乃见，民亦自行凿井，岁岁增广。乾隆二年（1737年）十一月至四年（1739年）十月，由翰林侍读学士世臣建议，经陕西巡抚崔纪奏请核准，决定置坝龙洞北口，遏泾水勿令淤渠，引泉水灌溉礼泉、泾阳、三原、高陵4县农田7.4万亩，取名“龙洞渠”。史称“拒泾引泉”。

乾隆二十一年（1756年）八月，渭河溢岸，房倒屋塌，大荔、华阴、渭南尤甚。华州州牧席绍葆，劝民于沿河低洼处筑堤捍水，居然无恙。乾隆二十五年（1760年），渭河复涨，水从无堤处漫入，州牧闻讯亲赴华县侯坊、吴家桥和大荔胡村等处，与各村耆老共谋渭堤增新补旧事宜，荷锄负畚者达数千人，匝月工竣，计长50余里，高1丈，面宽如身，底视其面而三之。渭河大堤横贯赤水以东、方山河以西，民乐安堵，赞颂席功。

乾隆三十一年至四十一年（1766—1776年），陕西巡抚毕沅，治赈募民，开垦兴平、周至、扶风、武功荒地，得田48顷。修浚泾阳龙洞渠等渠堰，并向朝廷奏柬“足民之要，农田为上，关右大川如泾、渭、灞、浐、沣、滈、潦、潏、洛、漆、沮、泔、汭诸水，流长源远，若能就近疏引筑堰开渠，以时蓄泄，自无水旱之虞”（《清史稿·毕沅传》）。

嘉庆十八年（1813年），关中西安府、凤翔府、同州府等30余州县，夏雨稀少，秋禾被灾薄歉。岐山夏麦薄收，秋又大旱。米价腾贵，南山诸厂纷纷停业，爆发了岐山厢工起义。

光绪二十一年（1895年）十月十六日，护理陕西巡抚张汝梅奏报，设陕西水利总局，委派明干之员提调局务。

光绪二十三年（1897年）正月，陕西巡抚魏光焘奏准疏浚华州、华阴河道工程，饬令水利总局提调汪廷栋赴工地督修，七月底工竣，共费银14000余两。

光绪二十六年（1900年）夏大旱，灾区达67厅州县，饥民近200万人，渭北州县、大荔、蒲城为最重。

光绪二十七年（1901年）十一月二十六日，护理陕西巡抚李绍棻饬属劝办积谷，酌拟章程12条，筹办开渠兴修水利事宜。

光绪二十九年（1903年），关中、陕南30余州县发生大雨洪灾。五月二十二日，华阴县仙峪、瓮峪、罗敷峪等处连日大雨，洪水陡发，水头高约数丈。

中华民国

民国六年（1917年）

9月4日、5日，大雨倾盆，泾水泛滥，冲毁龙洞渠倒流泉石堤、水磨桥北石栏杆、琼珠洞、打鼓洞、野狐哨眼等5处石堤，石沙淤泥壅塞渠道长1800余丈。10月30日，陕西水利分局局长郭希仁赴龙洞渠复勘后，制定治标治本办法，治标之法为责成泾阳、三原、高陵、礼泉4县知事按地亩等摊集工款，尽快修复龙洞渠冲淤处；治本之法仍为引泾恢复郑国之业。 同年，长武县绅民胡蕴章捐款1300余元（银圆），在泾河支流胡家河修建广仁渠，并得到郭希仁协助。于民国十二年（1923年）建成，引鸭儿沟泉水灌地360余亩。

民国七年（1918年）

意大利人戴夏德在任高陵区通远坊天主教修道院院长时，设立了陕西省高陵区通远坊雨量站。这是陕西省最早利用现代仪器设立的降水量观测站。

民国十年（1921年）

秋，陕西靖国军总司令于右任，总指挥胡笠僧等倡议利用救灾余款，筹办引泾灌溉工程，成立渭北水利委员会，李仲三为会长。

民国十一年（1922年）

于三原设立渭北水利工程局，李仲三、柏厚福为正副总办，李仪祉任总工程师。 8月22日，陕西水利分局组建测量队。分陆、水二队，正式勘测泾河河谷、灌区地形，开展水文观测。民国十二年（1923年），李仪祉根据勘测资料，编写了《引泾第一期报告书》，次年又完成《引泾第二期报告书》，对引泾灌溉渠首工程提出了甲、乙两种规划方案。

民国十七年（1928年）

民国十七年（1928年）至二十年（1931年），连续3年大旱，遍及80余县，伴以蝗、风、霜、雹、疫等灾害。以长安、武功、凤翔、扶风、乾县、岐山、眉县、兴平、咸阳、临潼、渭南、周至、蒲城、合阳、宝鸡、陇县、澄城、淳化、长武、褒城等县灾情最重。赤地千里，饿殍遍野，十室九空。据不完全资料统计，全省共饿死250余万人。史称“十八年年馑”。

民国十九年（1930年）

12月7日，李仪祉主持在泾阳县筛珠洞举行引泾一期工程开工典礼。工程由张家山筑坝引水，设计灌溉泾阳、三原、高陵、临潼、礼泉5县农田60万亩。一期工程于民国二十一年（1932）春建成，4月6日，陕西省政府委员会命名为“泾惠渠”，6月20日举行了放水典礼。

民国二十年（1931年）

渭河设站测流 ，4月，渭河宝鸡、咸阳、交口镇、三河口设水准站，测得渭水常流量

100 ~ 300 立方米每秒，含泥量为 1‰ ~ 5‰，汛期流量 1000 立方米每秒以上，含泥量为 20‰ ~ 30‰。

民国二十一年（1932 年）

11 月 5 日，美国华灾协会会长白树仁博士来陕考察水利情况，参观泾惠渠工程，视察工赈效果。

民国二十二年（1933 年）

3 月，黄河水利委员会在西安成立导渭工程处，主要负责渭河及其主要支流泾、洛等河流的整治，许心武任代理处长。

入汛至 9 月初，全省 45 县不同程度发生暴雨洪水灾害，共损失 910 余万元。大荔县沿洛河东西 25 千米、南北 5 千米的禾苗尽淹，房屋倾颓。渭河洪水淹长安县秋田 40 余万亩，冲走居民行客 500 余人。临潼县东西 25 千米、南北 5 千米尽成泽国。泾河张家山洪峰达 9200 立方米每秒，水位涨至卧牛石脚。史称“33 型洪水”。

民国二十三年（1934 年）

1 月，西安绥靖公署主任杨虎城由陕西省水利局总工程师孙绍宗等陪同，巡视汉南及宝鸡以上导渭工程情况，察看黄河潼关险工的防御设施，往返 20 余日。

3 月 25 日，洛惠渠龙首坝正式开工，至民国二十四年（1935 年）10 月，大坝竣工。

4 月，全国经济委员会常务委员宋子文到陕西视察时，应允由中央拨款兴修洛惠渠。当月，全国经济委员会西北办事处主任刘景山偕同水利处顾问卜德利（荷兰籍）及技正朱光彩等到洛惠渠工地视察。

7 月 1 日，成立全国经济委员会泾洛工程局，［民国二十七年（1938 年）1 月改隶经济部，易名为经济部泾洛工程局］。主办洛惠渠工程，兼办泾惠渠未完工程。局址设于大荔县城内。

7 月 13 日，黄河水利委员会咨请陕西省派钻井工人 6 名，由技士郑士彦率领赴眉县钻探渭惠渠拦河坝基。

民国二十四年（1935 年）

1 月 13 日，国际联盟派水利专家沃摩度、高德、尼霍夫及助手萨道立、赫志摩等一行 6 人在汴视察黄河水性及埽垛工程后，偕全国经济委员会水利处顾问卜德利，技士章骏骑、张心源、张炯等来陕，征集陕西水利工程各项资料，视察泾惠渠、洛惠渠、引渭工程，26 日赴宝鸡峡视察拟建渭河水库工程。

3 月 1 日，陕西省渭惠渠工程处正式成立，省水利局局长李仪祉兼任处长，孙绍宗为总工程师，刘钟瑞为副总工程师［民国 27 年（1938 年）1 月，改为渭惠渠管理局，局址设于兴平县］。

4 月，渭惠渠工程正式开工，至民国二十六年（1937 年）12 月竣工。该渠自眉县魏家堡筑坝引渭河水。工程分两期完成，设计灌溉扶风、武功、眉县、兴平、咸阳 5 县农田 60 万亩。

5 月 19 日，全国经济委员会常务委员孙科率梁寒操、傅秉常等 11 人，视察洛惠渠工程。

民国二十六年（1937年）

7月，渭河洪水将大荔县西南乡南庄村的半个村庄冲没水中，塌岸不停，威胁沿河群众安全，陕西省水利局派技佐汪云峰前往查勘，采用沉梢挂淤办法防治。

民国二十七年（1938年）

3月8日上午11时50分，中国水利工程学会会长、陕西省水利局局长李仪祉病逝于西安，享年57岁。10日，省水利局隆重举行追悼大会，陕西省及西安市各界300余人参加。15日，省政府举行公葬，遗体安葬于泾惠渠两仪闸畔仪祉墓园。

6月，梅惠渠工程完成。该工程由经济部泾洛工程局主持修建，省水利局测量设计，民国二十五年（1936年）10月开工，从眉县斜峪关内鸡冠石处筑坝引石头河水，新开总干、北干、东干渠，并以原梅公旧渠为西干渠，设计灌溉眉县、岐山两县农田13万亩，命名为梅惠渠。

9月，黑惠渠工程动工。该渠从周至县黑峪口筑坝引黑河水8.5立方米每秒，干、支渠共长55.7千米，计划灌溉周至县农田16万亩。民国三十一年（1942年）4月放水，12月全部竣工。工程由经济部泾洛工程局主持兴修，民国三十二年（1943年）1月1日，由省水利局接管，3月1日设立黑惠渠管理局，张光廷任局长。

民国二十九年（1940年）

3月28日，陈嘉庚率南洋华侨15人参观渭惠渠工程。

民国三十年（1941年）

9月，沣惠渠灌溉工程开工，民国三十六年（1947年）5月竣工，于鄠邑区秦渡镇沣、潏二水汇流处筑坝，引沣河水，干、支渠长48.4千米，设计灌溉长安、咸阳、鄠邑区农田23万亩。

民国三十一年（1942年）

6月2日，省政府委员会通过并颁布《防止土壤冲刷及改造梯田实施方案》与《暂行办法》。

8月3日，黄河洪水泛滥，韩城、合阳、平民、朝邑、华阴、潼关等县沿河地区尽成泽国，酿成数百年来未有之奇灾。共有灾民5.45万人，死亡680人，无下落者350人，死伤牲畜1000多头，淹地50余万亩，农作物损失约值1.3亿元。

民国三十二年（1943年）

1月1日，省政府主席熊斌向全省公务员发表元旦训词，要求广兴农田水利，指出全省经济建设就自然环境而论，振兴水利实为因地制宜之先务。关中平原泾、洛、渭三河流域灌溉面积至少在二千方里。近十年来先后完成的泾、渭、梅、汉、褒、黑、织女各渠，连同旧有各县小型渠堰共灌田约230万亩，三年之内必须将湑、洼、定、牧、云、宁、泔、清、涝、千、榆、耀12渠工程继续完成，同时兴修各县小型渠堰及池塘，普凿机井，使引水、蓄水、汲水三种功用各尽其利。

5月22日，英、美、苏记者6人，中国记者9人，以及陕西省军政领导等赴大荔参观洛惠渠隧洞工程。

5月，沿惠渠灌溉工程开工。该渠自礼泉县姚家沟引沿河水，干支渠长5千米，灌溉礼泉县沿河一带农田约3000亩。

6月初，“行政院”顾问、美国水土保持专家罗德氏博士率视察团，赴大荔、黄龙考察大坝淤积及黄龙山垦区水土保持。

7月，涝惠渠灌溉工程开工，民国三十六年（1947年）9月放水。自鄠邑区涝峪口引涝河水，干支渠长22千米，计划灌溉鄠邑区农田10万亩。

10月，美国水利专家巴里德考察黄河上游、渭河下游、嘉陵江航道整理等，并察看泾河水库坝址、洛惠渠五号隧洞施工技术和泾惠、渭惠、汉惠、褒惠、湑惠5渠的灌溉工程等，称赞陕西灌溉事业从工程建筑形式到严密的用水管理，堪为全国之模范。

民国三十三年（1944年）

2月，沿惠渠灌溉工程竣工。

民国三十四年（1945年）

5月，黄河水利委员会关中水土保持实验区在荆峪沟之南寨沟娘娘庙建成留淤土坝1座，控制流域面积2.6平方千米。

民国三十五年（1946年）

8月，以美国加利福尼亚大学副校长赫济生为团长的中美农业技术合作团一行12人来陕考察农田水利。合作团认为，陕西农田水利事业，经李仪祉及全体水利工程人士的热心努力，长足进展，为全国之冠。

11月26日，洛惠渠五号隧洞贯通。该洞因流沙涌泉，施工艰巨，险情不断。先后采取压气工作法、钢板洞壳推进法、试开明渠、工作井工作洞法施工。召集大荔、朝邑、蒲城民工2400余名协助开挖。在日军沿陇海铁路西进的严重形势下，全体员工仍坚守工地照常施工。经艰苦努力，五号隧洞终于穿通。

12月，全国经济委员会治黄顾问、美籍水利专家雷巴德、萨凡奇、葛罗冈来陕，分赴禹门口、洛惠渠、泾惠渠、彬州市亭口、宝鸡峡、渭惠渠各处勘选水库坝址。

民国三十六年（1947年）

1月18日，成立以省建设厅厅长白荫元为主任委员的引水入城委员会。3月2日，龙渠整修工程开工，5月20日竣工，共用以工代赈款3.6亿元。龙渠由长安县水磨村碌碡堰设闸引水，经杜城庵、沈家桥、丈八沟、南窑头、糜家桥等，至西城门口绕城墙北行，于玉祥门南入城，沿西五台北侧至洒金桥入暗渠而达莲湖，渠长20.8千米，水源以潏河为主，皂河副之，最大引水量为0.5立方米每秒，除给西安城区补水外，还可灌溉农田40余顷。

12月12日，在大荔县义井村隆重举行洛惠渠放水典礼。

中华人民共和国

1949年

10月1日，洛惠渠工程处在西安成立，李奎顺任处长。10月11日迁往大荔县，23日开始办公。

10 月 7 日，由陕甘宁边区政府农业厅水利局局长刘钟瑞主持，在西安召开各渠局长首届联席会议，渭、梅、黑、沣各渠局长及浐、灞河堵复工程处主任汇报工作情况，研讨全省水利灌溉事业改进事项。

秋，陕西大部分地区秋雨连绵达 40 余日，河水暴涨，黄、泾、渭、沣、黑、汉等流域低洼地带，渍涝成灾，其中以平民、朝邑、华阴、华县、泾阳、三原、周至、长安等县较为严重。据关中平原、陕南及榆林地区统计，受淹耕地达 100 多万亩。

11 月，洛惠渠整修工程开工，1950 年春完成，4 月 10 日试水，5 月 22 日放水受益，当年灌溉面积 10 余万亩。

1950 年

12 月，西北军政委员会向西北各省区推广陕西制造的新式水车。从 1950 年年初开始，陕西省水利局委托西安人民机器厂，按照从北京引进的解放式、轻三轮和小五轮 3 种水车样品进行仿制、改进和试验，取得成功，很快投入批量生产，大力推广。

1951 年

8 月 9 日，农业部农田水利局参观团了解泾惠渠、洛惠渠灌溉管理情况以后，又和西北区、陕西省农林水等机关干部座谈，认为泾洛两渠灌溉管理经验值得在全国推广。

1953 年

1 月上旬，农业部、水利部邀请苏联专家安东诺夫，河北、山西、河南省农业、水利部门及陕西有关部门共 40 余人，分成农业、水利、土壤 3 组，重点考察泾惠渠灌区棉花减产原因，提出相应改进措施。

3—4 月，林业部部长梁希陪同苏联专家聂纳洛阔莫夫考察延河、洛河、无定河流域，并在考察报告中提出了水源林和水土保持林营造方案。

4 月 20 日至 7 月 15 日，由水利部副部长张含英和农业部、林业部、黄河水利委员会、中国科学院、西北军政委员会等单位领导、专家 36 人组成的西北水土保持考察团，对无定河、泾河、渭河流域水土流失严重的榆林、绥德、庆阳、平凉、兰州、天水等重点地区，进行为期 85 天的考察研究，强调这些地区急需搞好保原、保墒、打坝埝、水漫地及防沙造林等水土保持工作。

1954 年

3 月 26 日，省政府决定从 1954 年起整修 20 条河流，涉及渭河流域的有华县的石堤河、罗纹河、遇仙河，潼关和华阴间的磨沟河，周至县的渭河干流、芦河、沙河，鄠邑区与周至交界的界河，长安县的黑牛河以及西安市郊的浐河、灞河和沣河等。

8 月 17 日，渭河宝鸡市林家村水文站流量达 5030 立方米每秒，为历来实测最大洪水，宝鸡市区内洪水平均深达 1.3 米，最深处 2.7 米左右。北原洪水冲毁陇海铁路路基 100 余米。是年，关中各大小河流均暴涨，形成渭河“54 型”洪水。

1955 年

8 月 18 日 6 时 30 分左右，关中暴雨，宝鸡县卧龙寺乡刘家台村原坡分裂下滑，至 7 时 20 分方止，崩塌面积东西宽 650 米，南北长 645 米，体积 2000 多万立方米，将陇海铁路路基向南推移 100 多米。

1956 年

7 月 5 日，苏联水利考察团灌溉组考察泾惠渠灌溉试验站、重点斗、渠首、社树分水闸、总干渠及和平农业生产合作社、雪河滩排水工程等，俄罗斯联邦共和国农场部水利局局长鲍罗达夫倩柯和阿塞拜疆加盟共和国水利部副部长依兹马依洛夫等谈了灌溉试验的超前性和进行大面积机耕试验等意见。

1957 年

9 月 19—21 日，陕西省人民委员会召开关中 22 个水利重点县（市）长会议，专门检查和布置水利工作。会议决定在全省范围内开展秋冬季农田水利运动，并要求各县（市）研究制定 1958 年水利计划。

9 月 24 日，中共陕西省委根据中共中央、国务院《关于今冬明春大规模地开展兴修农田水利和积肥运动的决议》，发出《关于开展秋冬季节农田水利运动的指示》。10 月 28 日，省委又发出《大力开展冬春水利运动的通知》。

1958 年

3 月 28 日，岐山县高店人民公社五丈原引水渠开工，6 月 20 日竣工。群众投工 8.8 万个，奋战 70 天，一举渠成，引石头河水上塬，既供人畜饮水，又浇地 600 亩。省长赵寿山在全国人民代表大会介绍说："水上五丈原，稻田飞上山，千古奇闻。"12 月，高店人民公社社长出席全国农业社会主义建设先进代表会议，受到国务院嘉奖。

5 月 12 日，陕西省人民委员会在咸阳举行有两万多人参加的渭惠渠高原抽水灌溉工程开工典礼。全灌区设计建设 17 座大、中型抽水站，灌溉扶风、武功、兴平、咸阳、礼泉、泾阳、高陵 7 县（市）的 96 万亩耕地，使渭惠渠控制面积达到 153 万亩。工程于 1959 年 4 月竣工。为此，西安电影制片厂摄制出纪录片《渭水滚滚上高原》。

12 月 20 日，在宝鸡县太寅村举行宝鸡峡引渭灌溉工程开工典礼。该工程由省水利厅勘测设计院勘设，省渭河工程局负责施工，动员 12 个县 7 万多民工组成 10 个指挥部分片分段包干，到 1962 年春停建时，已完成部分重点工程及总土石方量的 40%左右。

1959 年

5 月，水利部副部长张含英同苏联专家考尔涅夫、布热津斯基赫等来陕审查宝鸡峡工程及冯家山水库工程设计。同时考察了宝鸡峡总干渠水倒虹和信邑沟水库大坝。

12 月 15 日，彬州市大佛寺水库正式开工。1961 年 9 月停建，先后完成土石方 384 万立方米，占总工程量的 18.1%；投入劳动工日 488 万个，占计划总用工数的 17.5%。

1960 年

1 月，永宁山水库工程正式开工。1961 年 3 月停建。总计完成土石方 93 万立方米，投资 520 万元。该库位于北洛河上游志丹县永宁山，设计总库容 3.436 亿立方米，控制流域面积 8530 平方千米，是全面治理洛河的主要工程项目之一。

2 月 23 日，交口抽渭灌溉工程正式开工。工程分为两期施工，1966 年 9 月建成一期工程，1970 年 4 月 1 日二期（扩大）工程全面建成。8 级抽水，累计最高扬程 86 米，设计灌溉临潼、蒲城、大荔、渭南、富平、阎良6县（区）耕地118万亩。

7月，陕西继1959年百日大旱之后又前后持续近8个多月大旱。泾、洛、渭、汉各大河流与历年同期比较，水量一般减少1/3 ~ 2/3，不少中小河道断流，大部分塘库干涸，水井水位下降。全省受旱面积达3000多万亩，占秋田作物面积的80%以上。西安、渭南、咸阳、安康等地市最为严重。

1961年

4月，在西北水科所韩瀛观的指导下，咸阳市杨凌区李台村打成1眼直径5米的大口井。

1962年

泾、洛、石工程局机构调整。1月11日，根据中央“调整、巩固、充实、提高”的方针，省政府确定永宁山、南城里、大佛寺水库、石泉水电站等几项大型水利、水电工程停建，分别撤销洛河工程局、泾河工程局、石泉水电工程局，同时成立大佛寺水库工程维护处，永宁山、南城里水库，石泉水电工程处，行政上由省水利厅直接领导。

1964年

5月27日，水利部副部长钱正英视察三门峡库区时指出，“渭河防护大堤按50年一遇洪水标准修建，毕家生产堤改为防护堤”。1965—1967年，华县毕家生产围堤改为方山河至罗夫河段的渭河防护堤。

8月28日至9月10日，黄河中游水土保持委员会在西安召开水土流失重点地区第三次会议。陕西、山西、甘肃、内蒙古、宁夏、青海、河南7省（区）的县（旗、市）以上负责人和水土保持先进单位代表共281人出席。会议确定延安地区的延安、子长、延长、安塞、志丹、吴起、延川、宜川、黄陵、洛川、富县、甘泉、宜君等13县为陕西省水土流失重点县。

12月，周恩来总理主持召开治黄会议，作出了“确保西安，确保下游”的指示，决定对三门峡枢纽进行改建并加强库区治理。

1965年

春，兴平县开展以平地改土为中心的“一平三端（直）”（地平，路端、渠端、树端）农田基本建设群众运动。至1970年，共平地改土24万亩，修梯田1.3万亩，修建渠道766条，改修道路1100条，路旁植树280多万株。

10月7日，中共陕西省委、陕西省人民委员会在澄城县召开农田基建现场会，参加会议的有关中3个专区的专员，23个县的县委书记、县长和余秋里、霍士廉、郝玉山、李启明、赵明甫等领导。会议将澄城县树为黄河中游水保建设的一面红旗。

1966年

7月27日，张家山水文站泾河洪峰7520立方米每秒，冲毁泾惠渠渠首拦河大坝。洪水过后，泾惠渠渠首工程指挥部组织修复。方案是在原坝址下游16米处建设混凝土溢流坝，10月下旬清基，1967年6月13日建成。

10月，乾县羊毛湾水库复工修建。该水库始建于1958年10月，1962年春停建。复工后于1969年12月关闸蓄水，1970年3月完成施工任务。坝高47.6米，总库容1.2亿立方米，设施灌溉面积 32.5 万亩。

1967 年

8 月，晋、陕区间连降大雨，黄河潼关以上北干流连续出现 4 次洪水，龙门水文站 11 日的洪峰流量达 20100 立方米每秒，是有实测记载以来黄河北干流发生的最大洪水。20 日、22 日再次出现 12400 立方米每秒和 13600 立方米每秒的洪峰流量，禹门口以下漫滩，淹没耕地 18.3 万亩，顶托渭、洛河水上滩，引起渭河局部改道，下游淹没秋田 6 万亩，倒房 652 间。

1968 年

3 月 22 日，水电部就三门峡库区严重淤积向国务院报告：潼关河床几年来已淤高 5 米，有壅水作用；正在施工的潼关铁路桥也受卡水影响。在黄河多年未有的 1967 年丰水、丰沙年中，造成黄河向渭河长时间倒灌顶托，大量泥沙淤落，总计流入三门峡库区 31 亿吨泥沙，经三门峡枢纽排出约 22 亿吨，留存库区高达约 9 亿吨，使渭河尾闾在洛河口以上 7000 米的河段全部淤塞。3 月 25 日，国务院批复，同意在渭河尾闾已淤塞的河段开挖引河，资金列入水电部投资计划，由陕西省军区组织施工。

1969 年

1 月 1 日，省革委会关于撤销、新设和调整一部分单位隶属关系的通知决定，将东方红抽渭灌溉管理局（交口抽渭局管理）、三门峡库区管理局、白水水保站、人民引洛局（洛惠渠管理局）、莲花寺鱼种场下放渭南专区革委会领导，人民引泾局（泾惠渠管理局）、人民引渭局（渭惠渠管理局）、彬州市水保站下放咸阳专区领导，宝鸡水保站下放宝鸡专区领导，陕西省水保研究所（延安）下放延安专区领导，燎原抽水管理局下放礼泉县领导，大佛寺水库维修处下放彬州市领导，陕西水保工作站下放耀州区领导。

3 月 1 日，宝鸡峡引渭工程渠首，王家崖、信邑沟、大北沟、南沟 4 座水库，韦水倒虹和 7 处隧洞等重点工程先后复工。5 月 26 日，省革委会决定成立陕西省宝鸡峡工程指挥部领导小组，吕祖尧任组长，张鹤、张维岳任副组长，下辖 18 个工区。经 10 多万人 2 年多的艰苦努力，于 1971 年 6 月 30 日建成。7 月 15 日在宝鸡峡林家村渠首举行放水典礼，中共陕西省委第一书记、省革委会主任李瑞山到会讲话并剪彩。

6 月 14 日，在三门峡水库枢纽现场召开晋、陕、鲁、豫 4 省会议，重点讨论三门峡水库工程改建和黄河近期治理问题，陕西省革委会主任李瑞山参加会议。会议确定，改建的原则是在“确保西安、确保下游”的前提下，“合理防洪，排沙放淤，径流发电”。改建规模为坝前水位 315 米时，下泄流量 10000 立方米每秒；汛期水位 305 ~ 300 米，非汛期水位 310 米，保持利用低水头和淤积不影响潼关高程的前提下径流发电。

6 月 16 日，桃曲坡水库动工兴建。1973 年 5 月 26 日主体工程竣工。由于严重漏水，1974—1982 年 5 次进行铺包防渗，1984 年 12 月 30 日交管理单位使用。大坝属均质土坝，坝高 61 米，总库容 5720 万立方米。灌溉耀州、富平两县（区）农田 31.83 万亩。

10 月 1 日，石堡川友谊水库工程动工，1976 年竣工。水库由省水电勘测设计院设计。大坝位于洛川县石头公社盘曲河村附近的石堡川河干流上，均质土坝，高 58.9 米，总库容6220万立方米，设计灌溉澄城、白水两县耕地31万亩。

10月，成立陕西省宝鸡地区石头河水库工程临时指挥部，弓升俊任指挥，筹建石头河水库工程。随后临时指挥部决定石头河水库工程由岐山、眉县负责施工。1971年8月10日转为省办工程，由省水电工程局承担施工任务。1974年成立陕西省石头河工程领导小组，下设指挥部，省计划委员会主任傅子和任总指挥，省水电局局长胡棣、省水电工程局局长王耿介任副总指挥。

12月，泾河干流上的长武朝阳水电站（装机容量2000千瓦）和彬州市枣曲水电站（装机容量3200千瓦）先后兴建，1975年建成投产，与永寿绛山电站（为1968年8月10日开工，1977年5月投产，装机容量3000千瓦），形成泾河干流上最早的3座水力发电站。

1970年

7月，冯家山水库一期工程正式动工。一期工程主要包括枢纽和自流灌区，由受益的宝鸡、凤翔、岐山、扶风4县包干完成，上劳高峰达10余万人，1981年主体工程基本建成。1982年1月14—17日验收并交付使用。水库坝址位于千河下游峡谷出口的宝鸡县桥镇乡冯家山村处，以蓄水灌溉为主，兼有防洪、发电、养殖等功能，总库容3.89亿立方米，设计灌溉宝鸡、凤翔、岐山、扶风、眉县、乾县和永寿7县耕地136.826万亩，其中自流灌溉65.605万亩，抽水灌溉71.221万亩。

1971年

5月5日凌晨3时20分，宝鸡峡工程卧龙寺塬边发生滑坡，东西长250米，南北宽450米，滑塌土方约100万立方米，埋没渠道256米，压埋陈仓公社南坡大队4户人家和河北保定放蜂农民2人，共死亡27人。事故发生后，宝鸡市革委会与宝鸡峡工程指挥部即组织人力、机械抢救被埋群众，并和社区协力做好善后处理。

7月15日，省委第一书记李瑞山由省革委会水电局局长胡棣陪同，现场察看了石头河、黑河水库坝址。

关中入夏以后直到8月，渭南、咸阳、宝鸡、西安等地区旱情严重，沣、灞、浐等河断流，不少塘库干涸，渭河魏家堡段流量仅有3.3立方米每秒。

8月25日—9月3日，省及咸阳、宝鸡地区水电、民政部门，召集武功、周至县革委会及水电、民政与沿渭河有关公社负责人，在武功县研究解决两县治渭纠纷和拆除违章工程。最后达成《协定》，并经省革委会生产组批准执行。

11月9日，省水电局批转《宝鸡峡工程实行大包干情况的总结报告》，要求凡列入国家基本建设的项目，如冯家山、石头河、石门、拓家河、龙眼寺、二龙山、石堡川、东风、桃曲坡等水利水电工程，都应采取“六包”（包政治、包任务、包投资、包工期、包质量、包材料）的办法进行施工。

6—12月，省水科所对渭南、宝鸡、咸阳、榆林、延安、汉中、安康、商洛等8个地（市）1969年以前建成的126座百万立方米以上水库淤积情况进行调查，除6座报废外，有120座已淤积3.43亿立方米，占总库容7.28亿立方米的47.2%，其中关中、陕北38座已淤满不能蓄水。

1972 年

10 月 8—9 日，省革委会主任李瑞山、副主任霍士廉在西安召集沿渭河 4 地（市）、18 个县（区）的行政和技术负责人会议，讨论并通过省水电局制定的《渭河中下游主河道治理规划报告》。会后省革委会农办将会议纪要和规划报告印发各地执行。

11 月，铜川市革委会动员驻地单位出劳、出机具，对北起纸坊，南至川口 18.5 千米的漆水河段进行较大规模治理，计划 4 期，4 年完成任务。西安电影制片厂曾摄制《战漆河》的纪录片。

1973 年

2 月 11 日，国务院副总理李先念在水电部工作组会同陕西省水电局共同完成的《关中水利调查》上批示："水重要，改土更重要，花工再大，要下决心逐步改。"

4 月，水电部部长钱正英在省水电局局长胡棣陪同下，先后视察了宝鸡峡、冯家山、石头河等水利工程，并原则同意修建石头河水库工程。

5 月 10 日，长安县石砭峪水库定向爆破筑坝成功。采用两岸爆破、左岸为主，共布 19 个药包，总装药 1589 吨。中共陕西省委书记、革命委员会主任李瑞山，兰州军区司令员皮定均等领导亲临现场指挥。爆破后，坝高由原设计 70 米增至 85 米，总库容 2810 万立方米。

1974 年

陕西省革命委员会主任李瑞山要求省水利部门对建设东庄水库进行调查研究，加快工程前期工作，争取尽快解决咸阳北部各县水资源紧缺问题。此后省水利部门先后两次派勘测单位进点实测，均因资金严重不足停止了勘测工作。

5 月 31 日，水电部检查组到库区检查防汛工作，在潼关、华县、华阴、渭南及大荔等地查看了防护堤、险工和支流河堤等。

1975 年

4 月，宝鸡峡引渭灌溉管理局与省人民引渭渠管理局合并，仍定名为陕西省宝鸡峡引渭灌溉管理局，隶属省革委会水电局。任命张鹤为管理局领导小组组长，祝健为第一副组长，张建丰为副组长。

8 月 30 日，陕西省关中东部抽黄灌溉工程指挥部在合阳县太里湾河滩召开万人誓师动员大会，宣布东雷抽黄灌溉工程破土动工，1988 年 9 月底竣工，设计灌溉合阳、大荔、澄城、蒲城 4 县农田 97.11 万亩。

1976 年

6 月，石头河水库工程经过两年多施工准备正式开工，1980 年主体工程基本建成，1994 年 10 月全面竣工验收。省水电工程局承担施工任务，采用综合机械化施工方法，1978 年 10 月水电部在工地召开水利施工综合机械化经验交流会，同年，荣获全国科学大会"土石坝综合机械化施工"奖。水库大坝高 114 米，长 590 米，为黏土心墙土石坝，总库容 1.47 亿立方米，规划灌溉面积 128 万亩（包括给宝鸡峡供水灌溉面积），兼有灌溉、发电、城镇供水、防洪等功能。1987 年 9 月成立石头河水库管理局。

1977年

7—8月，黄河中游连续出现3次洪峰。潼关站7月7日洪峰流量13600立方米每秒；8月3日，洪峰流量12000立方米每秒；8月6日，洪峰流量15400立方米每秒。其中15400立方米每秒和13600立方米每秒洪水是1933年以来实测最大值和次大值。这次洪水造成大荔县两宜、范家等地在黄河滩种地群众41人遇难溺亡。严重顶托渭、洛河下游河水下泄。

1978年

3月，省水文总站组织力量对渭河水系水质污染情况作了系统调查，结果显示水质有不同程度酚、氰污染，对两岸群众生活用水影响很大。其后布设108个水质污染断面进行了监测。

5月7日，宝鸡金陵河上游特大暴雨，中心在上玉乡谢家崖，最大降雨量320毫米，历时6小时，最大洪水流量1660立方米每秒，造成重大灾害。8日，宝鸡渭河支流好畤河水文站出现设站以来最大流量295立方米每秒。宝鸡千河千阳水文站出现大洪水，流量为1140立方米每秒。

8月20日15—20时，渭南大石槽突降暴雨，降水量339.9毫米，暴雨中心在大石槽，桥南、花园、河西三公社受灾严重。

1979年

1月，全省已查明肥水蕴藏面积为60万亩，大都分布在关中地区。肥水含有15%以上的硝态氮，灌溉农田增产效益显著。

9月9—23日，中国水利学会组织黄河中游查勘组一行40余人在陕考察榆林、延安、渭南3个地区21个县（市）的水土保持。查勘组认为陕北水保工作卓有成效，并对龙门水库工程作用和三门峡库区治理提出建议。

12月下旬，国务院召开全国劳动模范表彰大会，省泾惠渠管理局被评为“全国水利管理先进单位”，荣获国务院嘉奖和奖牌1枚。

1980年

1月1日，陕西省革委会水电局更名为陕西省水电局，局长胡棣，副局长黎岚、王耿介、毛光启、马学飞。

5月，省水电局组织省水电设计院及地、市水电部门，对全省水力资源进行普查。普查的102条河流总蕴藏量为1023万千瓦，水力资源已开发31.48万千瓦，年发电量12亿千瓦时。

1981年

1月7—8日，渭南地区行署召开陕西省三门峡库区七县治理专管机构交接工作会议。地区行署专员李天文、地委农工部副部长智敏、地区水电局局长乔文辉及有关县水电局局长、专管机构负责人共23人。会议确定以上年8月底正式职工人数为准，成建制移交给陕西省三门峡库区管理局（简称省三管局）领导。党的组织关系维持属地领导不变。

1月20日，省水利厅第012号文批复，将各县库区专管机构统一更名为陕西省三门

峡库区 × × 修防段。

7 月，渭河泛滥，华县 35 万亩农田受灾，塌房 6000 多间，损失 2000 多万元，县设生产救灾委员会，组织群众南迁。

8 月 18—22 日，泾、渭河流域连降大暴雨，暴雨中心在宝鸡，降水量 253 毫米，渭河咸阳站洪峰流量 6210 立方米每秒、临潼站洪峰流量 7610 立方米每秒、华县站洪峰流量 5380 立方米每秒。临潼秋田被淹 5.15 万亩，404 间房屋进水，130 间房屋倒塌；淹没抽水站 10 座，报废机井 357 眼，损失粮食 3.2 多万千克。

1982 年

3 月 15 日，黄河水利委员会向水电部报送了《1982 ~ 1990 年三门峡库区治理规划》，提出，根据水库现阶段运用的原则和水位，库区治理范围应该是 335 米高程以下及受水库蓄水回水淤积影响的地区。三门峡库区渭河下游及潼关至三门峡大坝河段总的治理规划目标是：渭河下游堤防达到 50 年一遇的设防标准，基本控制渭河耿镇桥以下河道，保证两岸堤防、村庄、扬水站的安全。

1983 年

7 月 21 日，陕西省副省长徐山林由渭南地区行署专员王双锡陪同，检查二华排水工程与防汛工作，要求迅速恢复渭河防护堤照明、通信设施。后由省三管局在华县防护段架设防汛照明线路 22.39 千米，并安装扩大机 6 台，线路通向赤水、辛庄、侯坊、下庙、毕家等沿河 5 个公社的防护堤段。

10 月，渭南市淫雨 20 多天，倒房塌窑 1.27 万间（孔），死 10 人，伤 101 人。

1984 年

8 月 8—13 日，在北京昌平召开的中国农村改水项目评估会议上，陕西蒲城、大荔、黄陵（含岐山）、定边（含靖边）被列入利用世界银行贷款进行农村改水项目，确定子项目共 676 个。项目从 1985 年开始实施，1992 年底全部竣工验收。

1985 年

5 月 8 日，中共中央办公厅、国务院办公厅印发《关于陕西省三门峡库区移民安置问题的会议纪要》，决定从地方国营农场、部队农场及华阴靶场划出 30 万亩耕地，安置返库移民。中央共分 4 年拨款 2 亿元，用于陕西省三门峡库区移民返库安置。1986 年 3 月底，划地工作基本结束，共安置返库移民近 10 万人。

12 月 5—6 日，陕西省副省长张斌、省人大常委会财经委员会副主任范云轩，省水利水土保持厅厅长曹廷甫及西安市、咸阳市、周至县、武功县人大常委会、人民政府、水利水保局等单位负责人，对周至、武功两县渭河清障工程进行验收，解决了两县长期存在的河道滩地纠纷和所建违章工程。

1986 年

2 月 19 日，中央防汛总指挥部把陕西省石砭峪、王瑶、羊毛湾 3 座水库列入全国重点危险水库，安排“七五”期间进行加固处理。

4 月，耀县水泥厂在采矿中乱剥坡土，乱倒石渣，造成严重水土流失，经陕西省、铜川市和耀州区水保部门立案调查决定，罚款 20 万元，并令其补救水保措施。

11 月 8 日，陕西省政府宣布成立黑河引水工程指挥部，省委书记张勃兴任总指挥，西安市副市长张富春、芦剑国，省计划委员会副主任白毅为副总指挥。该工程是解决西安城区缺水的重点项目，包括水利枢纽、引水渠道、净水厂、城市配水管网和农业灌溉工程五大部分。

12 月 5 日，中共陕西省委办公厅向中央报告黄河三门峡水库泥沙淤积给陕西造成的影响和危害：库区淤积已北到禹门口，加剧了禹门口至潼关段黄河主流摆动，同时造成渭河下游河床高出地面 2 ~ 3 米，成为“天河”，南山 12 条支流排水严重受阻，华县、华阴一带地下水位上升 2 ~ 3 米，内涝、盐碱化面积达 50 万亩。如遇特大洪水，将威胁渭南市和西安市的安全。

1987 年

1986 年 12 月至 1987 年 2 月，陕西省全省冬季干旱少雨，春旱持续，夏粮受旱面积达 1370 万亩。入秋以后，降水继续偏少，至 10 月上旬，陕北、关中大部偏少九成，全省农田受旱面积 1791 万亩，915 万亩秋播推迟。

5 月 3—7 日，由世界银行高级卫生工程师、中国农村供水项目负责人黄唯雄（加拿大籍华人）、顾问毛里求斯·阿尔博森、卫生工程师哲哈德·山内尔，世界粮食计划署项目官员梅米特·加法尔、联邦德国技术合作署官员韩里西·哈克等 5 人组成的中国农村改水项目中期评估代表团，由中央爱国卫生运动委员会办公室副主任张明昭、国家计委费彬陪同，来陕考察农村改水项目。重点考察了彬州市项目执行情况和已建成的赵寨、白家宫、罗店 3 个水厂，正在施工的新民、南堡子 2 个水厂和南王子乡水厂管理站，并访问用水农户。评估团对陕西省项目执行情况、工程质量和县、乡、水厂三级管理以及环境卫生等表示赞赏，提出加强施工质量监督，改进规划设计和加强水厂运行管理等建议。

5 月 15—31 日，水电部邀请新华社、《人民日报》社、《经济日报》社、《农民日报》社、中国新闻社、中国国际广播电台、《北京周报》、《中国食品报》社、《瞭望》杂志社、《中国建设》杂志社、《中国水土保持》杂志社等 11 个新闻出版单位的编辑、记者组成的新闻采访团，重点采访无定河流域水土保持治理及关中的宝鸡峡、泾惠渠、桃曲坡灌区及东雷抽黄等农田水利工程。

7 月 28 日、8 月 11 日，白水、淳化两县分别突降 175 毫米、124 毫米的大暴雨。暴雨洪水造成 516 万人受灾，293 人死亡，受灾农田 800 万亩，冲毁农田 57 万亩，损失粮食 2.3 亿千克，总计直接经济损失达 6 亿元。

1988 年

5 月 26 日至 6 月 1 日，以全苏水利工程勘测设计院副院长阿勒都宁为团长的苏联水利考察团一行 4 人来陕，先后参观了陕西省水科所及宝鸡峡、泾惠渠、交口抽渭灌溉工程，考察了西安市未央区六村堡田间渠道工程。

7 月 3 日，关中、陕南有 19 个县出现暴雨。7 月 15 日，华山 45 分钟降雨量 52.9 毫米，过程雨量达 97.1 毫米，进山道路 7 处、高压输电铁塔 5 座、山上通信设施全被雷电击毁，死亡 18 人，为清光绪十年（1884 年）以来最大洪灾。8 月 7—14 日，陕北、关中及宝鸡市、商州、柞水、蓝田县沿秦岭主脊一带降大暴雨，使陇海铁路宝天段、宝甘公路中断，黄河、渭河、北洛河先后出现 7 次洪峰。在大面积洪水暴雨期间，陕西全省共有 103 个县（市、区）1370 个乡镇 200 万户 800 万人受灾，死亡 516 人，伤残 198 人，受灾农田 1200 万亩，冲毁农田 26.6 万亩，倒房 5 万多间，经济损失达 6.8 亿元。

8 月 14 日凌晨 2—6 时，蓝田县葛牌乡遭受大面积泥石流灾害，蓝田县葛牌乡道路 86 千米、住房 910 间、农田 1.06 万余亩被冲毁，49 人丧生，3185 人无家可归。

10 月 5—16 日，陕西省政府农业办公室邀请省内外有关专家对淳化县微灌示范工程进行验收。示范工程是 1985 年省农业办公室立项，由省水利水土保持厅和水利部科技司、水利部西北水科所和淳化县水工队具体实施，当年冬建成韩家村微灌人饮联用示范工程，灌溉面积 120 亩。至 1988 年，示范点增加到 5 处，灌溉面积 1020 亩。

11 月 13 日，省政府召开常务会议，针对陕西农业后劲不足、粮食生产徘徊局面，提出抓好“双十”项目。其中水利项目有：东雷二期抽黄工程、宝鸡峡、泾惠渠和交口三大灌区的更新改造、渭北旱原中低产田改造、杏子河流域综合治理、6 万亩水库化肥养鱼和网箱养鱼等。

1989 年

5 月 15 日，水利部和中国水电工会召开表彰大会，陕西无定河流域治理领导小组和西安市沣惠渠管理局第三管理站为全国水利先进集体，陕西省水电工程局和西安市鄠邑区渭河管理站为全国水利先进单位。

6 月 23—26 日，由能源部水利电力规划设计院主持的陕西省三门峡库区渭、洛河治理规划（水文、泥沙部分）讨论会在西安举行。与会人员踏勘了西安市渭河草滩至下游重点河段、黄渭汇合及潼关卡口拦门沙等处，听取了陕西及黄河水利委员会的情况介绍。会议建议按黄河水利委员会设计院提出的洪水水面线成果抬高 1.0 米作为规划设计水面线；建议陕西省有关部门加强对渭河下游河床演变规律、渭河淤积末端和河道纵横向调整、渭河河口与黄河的关系等问题的研究。

1990 年

5 月 24 日，由陕西省水利水土保持厅组织并邀请水利部和山东、河北、山西 3 省水利厅、陕西机械学院、西北农业大学及省地有关部门的专家、教授和技术人员等，对蒲城、富平 30 万亩井灌区的挖潜配套进行验收。与会专家认为，此项工程规划合理，集中连片，规模宏大，标准较高，节能节水效益显著。

7 月 20—21 日，陕西省省长白清才到渭南地区检查三门峡库区防汛工作时强调，库区要治理，渭河要治理，黄河也要治理，这是关系子孙后代的大事，一定要搞好长期规划，一年一年地搞下去，确保渭南地区免受黄河、渭河洪水灾害。

7 月 22 日，陕西省水利水土保持厅和渭南地区行署在大荔县汉村隧洞举行东雷抽黄续建工程开工典礼，省长白清才、副省长王双锡、省人大常委会副主任刘力贞等党政领导出席大会并剪彩。国家计委农经司、黄河水利委员会、水利部计划司、农水司等部门负责人应邀出席。东雷抽黄灌溉续建工程是陕西利用世界银行贷款建设的农业综合开发项目的第一个子工程，设计灌溉大荔、蒲城、富平、渭南4县（市）农田126.5万亩，解决30万人口的饮水困难。

11月6—8日，由陕西省水利水土保持厅主持在咸阳市召开羊毛湾水库除险加固工程竣工验收会。参加会议的有国家防汛指挥部、水利部、黄河水利委员会、水利部大坝安全监测中心、黄河中游治理局和省地县有关部门等41个单位的领导、专家。验收会一致通过了《羊毛湾水库除险加固工程竣工验收鉴定书》，认为除险加固工程设计合理，施工质量符合要求，可以摘掉病险水库的帽子。

11月8日，水利部发出关于表彰全国先进灌区、排灌泵站的通报，陕西泾惠渠管理局、交口抽渭管理局、洛惠渠管理局、石门水库管理局被授予全国先进管理单位称号。

12月14日，省与渭南地区水利部门联合组织对港口抽黄灌溉工程进行竣工验收。该工程由省、地、县投资2442.88万元，群众投劳300万个，建成高扬程、大流量的多级抽水泵站，可灌溉潼关、华阴9.8万亩农田，解决5万人饮水困难。

12月17日，省水利水土保持厅、省财政厅、省物价局联合颁发《陕西省河道采砂收费管理实施办法》，开始对河道采砂实行统一规划、统一管理、统一发证、统一收费。

1991年

1月29日，陕西省第七届人民代表大会常务委员会第十九次会议通过《陕西省水资源管理条例》，标志着陕西水资源管理工作进入依法管理的新阶段。

3月25—30日，水利部水利水电规划设计总院会同陕西省水利水土保持厅、黄河水利委员会在西安召开泾河规划暨东庄水利枢纽工程前期工作讨论会，参加会议的有水利部计划司、上海水电勘测设计院、西北水电勘测设计院、西北水科所、陕西省计划委员会、陕西省水电勘测设计院和咸阳市水利局等单位的代表共65人。会议听取了省水电勘测设计院关于泾河（陕西段）规划和东庄大坝地质勘探工作汇报，查勘了东庄、湾里和大佛寺坝址，提出泾河干流（陕西段）的开发方式、东庄水利枢纽的开发目标、工程规模以及前期工作方面意见。

4月6—19日，全国政协副主席钱正英先后到西安、宝鸡、咸阳、榆林、渭南等5个市（区）进行视察，重点了解西安市缺水和供水工程、关中灌区、神府煤田开发区和榆林风沙滩区灌井工程情况。并提出“抢救西安、抓住关中、开发陕北”的意见。

7月2—9日，水利部水利水电规划设计总院在西安召开金盆湾水利枢纽工程初步设计审查会。专家们听取陕西省水电勘测设计院关于金盆湾水利枢纽工程初步设计汇报，并查勘了现场，初步确定金盆湾坝址，大坝为黏土心墙堆石坝，坝高由125米调整为130米，总库容由1.75亿立方米增加为2.0亿立方米，西安市日平均供水量由69万吨提高到73万吨。

8月27日，国务院副总理邹家华、全国政协副主席钱正英和水利部部长杨振怀、建设部部长侯捷、国家计划委员会副主任刘江等，在北京听取陕西省省长白清才、西安市市长崔林涛等关于西安城市严重缺水和水源工程情况的汇报。邹家华就水源工程与供水管网建设谈了意见，要求中央有关部门给予支持，并同意调石头河水库之水进西安。

1992 年

5 月 18 日上午，全国政协副主席钱正英一行在陕西省副省长王双锡、省水利水土保持厅厅长刘枢机陪同下，视察了陕西省沙棘食品实验厂，并为该厂题写厂名。下午，视察西安黑河引水工程，指出兴建黑河水库还有一个较长的过程，西安近 10 年供水要靠石头河水库。建议石头河水库西安供水工程的引水渠断面加大，年引水量按 0.9 亿立方米以上考虑。

5 月 19 日，由中国水利学会、陕西省水利水土保持厅和陕西省水利学会共同发起的纪念李仪祉诞辰 110 周年暨泾惠渠建成通水 60 周年的“双纪念”活动在三原县隆重举行。全国政协副主席钱正英、陕西省省长白清才、水利部副部长严克强、陕西省有关方面领导周雅光、梁琦、李焕政、王双锡、余明、沈晋及咸阳市、三原、泾阳、高陵、蒲城县的领导，部分省、自治区水利厅（局）和流域机构的负责人，中国灌区协会、有关大型灌区、水利院校的代表，以及各界代表群众万余人欢聚同庆。副省长王双锡主持开幕式，省水利和水土保持厅厅长刘枢机致开幕词，钱正英、严克强等讲话祝贺。钱正英、白清才为李仪祉雕像揭幕。

8 月 13—14 日，渭河、洛河洪水在三门峡库区的华阴、大荔、潼关一带漫堤决口，沿岸 3 ~ 10 千米一片汪洋，水深 1 ~ 5 米，13 日 14 时，渭河华县站洪峰 3600 立方米每秒，14 日 2 时洪峰 3950 立方米每秒，相当 3 年一遇。由于黄、渭、洛河汇流区顶托渭河、洛河和南山支流，使洪水位居高不下，造成洪水淹没农田 60 多万亩，大荔、华阴、潼关一带 38 个返库移民村庄约 5 万移民受灾，近 3 万人无家可归，经济损失达 3.5 亿元。

1993 年

5 月 6 日、7 日，蒲城县农民申志成、邓喜潮个人兴办的水利工程分别举行通水和开工典礼，省、地、县水利部门及蒲城县党政领导出席会议。申志成计划出资、贷款共 120 万元，修复韩河抽水工程在马湖乡境内的 35 千米渠道，全部衬砌，配套 280 座建筑物，扩灌 1.5 万亩。1992 年 11 月动工，采取边修建、边受益的滚动办法，已修通、衬砌 U 形渠道 13 千米，引水 8 万立方米，浇果园 800 多亩，计划两年完工。邓喜潮用多年承包建筑工程积累的 70 万元现金，又贷款 60 万元，计划更新改造韩河抽水工程在该乡范围的 19 千米渠道及建筑物，解决 8000 亩果园的灌溉问题。

11 月 22 日，西安引水工程的西线工程石头河水库西安供水工程正式开工。省水利厅负责建设西起石头河水库分水闸，东至黑河引水工程输水暗渠黑峪口，全长 57.3 千米，设计最大日供水量 52 万吨。

1994 年

6 月 21 日，国家防汛总指挥部副总指挥、水利部部长钮茂生对陕西省三门峡库区防汛工作和防御大洪水落实情况进行检查。察看三门峡库区的渭河口、渭河围堤、长涧河、罗夫河、雨林、华原等防洪度汛保安预警设施，听取了防汛工作情况汇报。钮部长强调，要把黄河小北干流作为防汛重点，抓紧解决返库移民防洪保安和生产生活困难问题，努力搞好河道清淤除障和水库安全管理。

8月31日，北洛河上游发生了1933年以来的最大洪水，刘家河水文站流量8030立方米每秒。

10月20日，由省计划委员会主持，对石头河水库枢纽工程进行竣工验收，同时交付管理单位运用。

10月26日，陕西省计划委员会、陕西省水利厅联合发出《关于调整宝鸡峡等灌区水利工程水费标准的通知》，决定自1995年冬灌开始对宝鸡峡、泾惠渠、交口抽渭等灌区水费作适当调整，实行斗口计量按时收费办法。综合平均水费宝鸡为0.088元每立方米，泾惠渠为0.073元每立方米，交口抽渭灌区为0.087元每立方米。抽水电费另价实收。

1995年

5月11日，经中华人民共和国专利局审查，陕西省水利厅与宝鸡峡引渭灌溉管理局研制的抗旱播种机获专利权，发给《实用新型专利证书》。该机设有播种、供水和电子监测系统，从开沟下种、灌溉到覆土一次完成，能按照土壤缺水程度调节灌水定额大小，保证种子周围30厘米直径范围内土壤含水率在18%～20%。

5月26—30日，由陕西省人民政府农业发展办公室负责，省政府办公厅、财政厅、计划委员会、审计厅、水利厅、农业厅、水利工程质量监督中心参加，对宝鸡峡、泾惠渠、交口抽渭三大灌区更新改造工程进行竣工验收。

5月30日，省长程安东视察石头河西安供水工程建设，并在现场办公会议上确定于1996年6月把石头河水引进西安。

10月15日，“引冯济羊”工程正式开工建设。工程从冯家山水库北干渠设闸，通过10.1千米的引水渠道、隧洞和渡槽，把冯家山水库之水引入羊毛湾水库，设计引水流量5立方米每秒，加大流量7立方米每秒，总投资3000多万元。由咸阳市负责组织施工，建成后每年可向羊毛湾水库调水3000～4000万立方米，扩大有效灌溉面积8.5万亩，改善灌溉面积23万亩。

10—12月中旬，省长程安东先后视察了东雷抽黄、泾惠渠渠首、东庄水库坝址、羊毛湾、冯家山、宝鸡峡渠首等水利工程。强调陕西基础设施建设的重点是水、路、电，把水要放在第一位。

1996年

5月30日，石头河水库西安供水工程建成通水。6月28日，在眉县汤峪镇举行竣工通水典礼，国务委员陈俊生、水利部部长钮茂生和陕西省委书记安启元、省长程安东等领导出席。

11月1日，国家防总秘书长、水利部副部长周文智在省水利厅洪小康副厅长陪同下，视察了太白山下的漫湾村水文站及水文干部培训中心。周文智察看了该站的测验设施及办公条件，听了局、站汇报，对水文工作讲了重要意见，对测站管理给予了赞扬。

11月19日，三原西郊水库奠基仪式在三原县举行。省长程安东、省人大常委会副主任唐绩初、副省长王寿森等参加。西郊水库位于三原县城西清河干流上，设计总库容3405.5万立方米。概算投资1.26亿元，计划3年建成。建成后可改善泾惠渠灌区13800公顷农田缺水状况，扩灌三原县 2160 公顷农田。

1997 年

5 月，国家防办领导李延龄、周文智、王志民和黄河水利委员会主任鄂竞平等来陕西三门峡库区检查防汛工作。

5 月 7 日，宝鸡峡魏家堡电站工程举行开工典礼，省长程安东、副省长王寿森等出席。工程位于眉县宝鸡峡塬上总干渠 K84+365 处，是利用现有工程和塬上与塬下干渠之间近百米落差进行发电的渠道径流式水力发电站。

7 月 3 日，省委、省政府在蒲城县下寨三级抽水站举行东雷抽黄续建工程试通水暨泾惠渠渠首加坝加闸竣工、“引冯济羊”全线贯通庆典大会。省委书记安启元、省长程安东等领导参加并讲话，水利部部长钮茂生出席大会。省政府对省水利厅以及在 3 项工程建设中作出突出贡献的铁三局三处、省水电工程局等 13 个单位进行了嘉奖。

12 月 20 日，宝鸡峡渠首加坝加闸工程开工。枢纽由大坝及坝后电站组成，大坝在原坝体基础上由原高程 615 米加高到 637.6 米，坝顶长度设计变更后为 208.6 米，加坝后最大坝高 49.6 米，总库容 5000 万立方米，有效库容 3800 万立方米。坝后电站机组 3 台。

12 月 24 日，马栏引水工程 11.49 千米长的老爷岭引水隧洞全线贯通。30 日，省政府在旬邑县马栏河引水隧洞建设工地举行祝捷大会并颁发嘉奖令。

12 月 27 日，省政府在大荔县洛河围堤举行渭洛河下游治理工程开工仪式。水利部部长钮茂生和省长程安东、副省长王寿森为工程奠基。该工程总投资 1.95 亿元。主要工程项目包括渭洛河防洪工程、渭河干流河道整治工程、防洪区排水工程、南山支流河道整治工程、南山支流水库加固工程、淤灌工程、防汛通信预警系统工程、水文测验设施更新改造工程及管理设施等 9 大工程。完工后可保护沿河 6.003 万公顷耕地和 40 万人的安全。

1998 年

5 月 30 日，省长程安东出席宝鸡峡林家村渠首加坝加闸工程建设动员大会并讲话，副省长王寿森主持大会。工程建设动员大会的召开，标志着该工程全面开工建设。

9 月 28 日，马栏河引水工程举行通水典礼。省长程安东以及王双锡、李焕政、刘枢机等省领导出席。该工程由枢纽、隧洞和出口渠道三部分组成，工程建成后年均可向铜川市供水 1200 万 ~ 1500 万立方米。

9 月 29 日，省水利厅在礼泉县石潭镇刀东村举行千亩喷灌工程建成通水庆典。工程以小坳、石泉两眼深机井联网供水，规划面积 100 公顷，预算总投资 186 万元。由澳大利亚、北京农业大学和礼泉县水利局合作建设。一期工程实施 46.67 公顷；其中果园微喷灌 33.33 公顷，半固定式喷灌 6.67 公顷，滴灌 6.67 公顷。

10 月中旬，投资 1.1 亿元的西安市护城河综合治理工程全面开工。整治工程包括清淤、截污、退水、引入净水等 4 个环节。驻陕某集团军工兵团承担施工任务。

10 月 29 日下午，黑河水利枢纽工程截流。省委书记李建国、省长程安东以及安启元、杜东海、白云腾、崔林涛、刘枢机等省、市领导和国家计划委员会、水利部、建设部领导参加截流仪式。水库大坝高 133 米，工程建成后，每年向西安市供水 3.05 亿立方米，灌溉农田 2.47 万公顷，发电 7308 万千瓦时。

11 月 25 日，世界银行贷款项目陕西省东雷抽黄续建工程开机试通水。该工程从黄河小北干流合阳县太里湾引水，设计流量 40 立方米每秒，共建 37 座泵站，总装机容量 11.3 万千瓦，概算总投资 14.35 亿元。灌溉大荔、富平等县 8.43 万公顷农田。

12 月 31 日，宝鸡峡魏家堡水电站并网发电。该电站投资 7071 万元，总装机容量 1.89 万千瓦，年发电量 9200 万千瓦时。

1999 年

4 月 9 日，桃曲坡水库溢洪道加闸工程开工。项目包括溢洪道加闸、高边坡处理、大坝裂缝处理、铁路护坡处理四部分，是利用世界银行贷款实施的灌区更新改造项目。建成后可提高水库水位 4.5 米，增加库容 1040 万立方米。

9 月 17 日，宝鸡市啤酒厂氧化塘退建工程全部完成。该厂 1997 年 9 月 12 日开始在宝鸡县渭河北岸光芒段渭河大堤护堤地内顺堤开挖污水处理氧化塘，侵占渭河护堤地 7 公顷。省、地、县三级水行政主管部门依据《中华人民共和国防洪法》等水法规制止其违法行为，省长程安东，副省长王寿森等领导多次批示，直到 9 月 1 日中央电视台《焦点访谈》再次曝光之后，宝鸡啤酒厂被迫拆除护堤地内氧化塘隔堤和退水闸 4 处，退建工程全部完成。

11 月 1 日，黄土高原水土保持二期世界银行贷款项目启动。二期世界银行贷款总额 1.5 亿美元，加上国内配套资金，项目总投资达 20.95 亿元。项目区总面积为 19489 平方千米，其中水土流失面积 18094 平方千米，分布在渭河、泾河、延河、汾河、乌兰克伦河、浑河、清水河等流域（片）。

12 月 1 日，关中九大灌区改造工程利用世界银行贷款《项目协定》《贷款协定》《开发信贷协定》生效。项目总投资 16.6 亿元人民币，其中利用世界银行贷款 1 亿美元，对灌区 7 大类 155 个项目进行全面改造，工程建设期 5 年。建成后年可调蓄和节水增加有效供水 3.87 亿立方米，新增灌溉面积 4.93 万公顷，改善灌溉面积 18 万公顷。

2000 年

1 月 9 日，省水文局研制的《陕西省三门峡库区洪水水位预报系统》技术成果通过了省科委委托省水利厅组成的鉴定委员会鉴定，并给予高度评价。

1 月 10 日，长安县石砭峪水库除险加固工程开工。该水库具有城市供水、农田灌溉、防洪等综合效益，总库容 2810 万立方米，1980 年大坝基本建成后，先后出现 3 次大的渗漏，成为全国重点险病库之一。这次除险加固工程总概算 3522 万元，其中一期工程投资 1500 万元。

5 月，由杨凌国家节水灌溉中心与礼泉县合作开发的远程自动化控制节灌系统工程建成。工程共投资 15 万元，分别在礼泉县城水管站、石潭镇刀东村部分田块设置主控服务器、电脑终端、土壤水分传感器、管道流量传感器等田间测控设备，是省内首创的电脑遥控灌溉装备技术。

8 月 6 日，洛惠渠 5 号隧洞扩大改造工程贯通。隧洞长 3467 米，是由渠首向大荔

33.33 千公顷农田输水的咽喉工程。因原引水隧洞老化，制约灌区的发展，工程于 1994 年 9 月开工建设。

5 月下旬至 6 月上旬，省人大常委会副主任刘枢机先后在宝鸡水文局、商洛水文局及林家村、益门镇、漫湾村、景村、丹凤、武关等水文站察看了水文设施及测站变化，对一线职工表示了慰问和关心。对水文事业发展提出了指导意见。

2001 年

6 月 8—9 日，黄河水利委员会纪检组组长冯国斌带领黄河防总防汛检查组一行四人，到陕西省三门峡库区检查防汛工作。检查组现场检查了黄、渭、洛三河汇流区河势、渭河华县滨坝护岸、临潼季家险工、渭河华县南山支流堤防、黄河大荔雨林上下段护岸、省三管局防汛物资仓库及防汛会商系统等防汛准备工作。两次召开会议听取了省防汛办、省三管局、黄河小北干流陕西河务局及渭南市水利局的专题汇报。省水利厅副厅长王保安、纪检组组长蒋学文及渭南、西安等市、县政府、防汛指挥部领导陪同并向检查组介绍了情况。

6 月 29 日，省军区司令员马殿魁少将、副司令员曹存正少将带领省军区抢险救灾指挥部的首长一行，在省水利厅副厅长兼防汛办主任洪小康，渭南市代市长王东峰、副市长岳万民等陪同下，实地勘察了三门峡库区防洪工程和防汛抢险地形，对渭南市有关县（市）和人民武装部今年的防汛准备工作进行了认真检查，就三门峡库区的军民联防抗洪工作作了进一步部署。

7 月 23—27 日，省政府副秘书长、省防汛抗旱总指挥部指挥长刘孝文带领省水利厅、省计划委员会、省财政厅、省防汛办等有关部门的负责同志，全面检查了渭河防汛准备工作。现场查看了 20 处渭河防汛工程设施，听取了宝鸡市、咸阳市、渭南市政府及有关单位防汛准备工作情况的汇报，就搞好渭河安全度汛作了进一步部署。

10 月 15—20 日，全国政协提案委员会与中国工程院组成考察团对渭河流域进行了全面考察，考察团深入到西安、宝鸡、咸阳、渭南等市 10 多个县的 56 个考察点进行实地调研，重点研究了渭河流域水资源及重大工程布局、水污染防治、城市工矿建设、生态建设与农牧业发展等问题。在考察结束后，钱正英指出：渭河流域的缺水、水污染以及由泥沙引发的洪涝灾害问题已经发展到十分严重的程度，对渭河流域进行综合整治十分必要……搞好渭河流域的综合治理，对于促进关中经济区可持续发展、实现西部大开发的整体目标、完成黄河流域的治理任务将起到积极的推动作用。随后，考察团向党中央和国务院报送了《关于渭河流域综合治理问题的调研报告》。12 月，国务院副总理温家宝同志对调研报告作了重要批示：渭河综合治理要列入重要议程，首先要充分论证，做好规划。

12 月 19 日，西安黑河水利枢纽工程大坝主体工程基本完成。坝高达到 600 米设计高程，受到省政府通令嘉奖。

12 月 19 日，由桃曲坡水库管理局负责建设和经营的铜川市新区供水工程项目正式启动。铜川市新区供水工程系统包括输水管道、净水厂和城市管网建设，其中净水厂是新建工程 。

2002 年

5 月，温家宝总理再次批示：渭河流域综合治理应统筹考虑环保和生态问题。

7 月 19 日，省政府召开三门峡库区暨渭河防汛工作座谈会。会议代表先后查看了黄渭汇流口河势、渭河陈村控导工程、渭河华县堤防工程、南山支流遇仙河倒灌淤积等现场。下午，贾治邦省长主持召开会议并作重要讲话，对进一步搞好防汛工作进行部署。省防总总指挥长、副省长王寿森传达了国务院黄河中下游防汛会议精神，省委常委、宣传部部长马仲平，渭南市、西安市、咸阳市、宝鸡市和杨凌区政府及省级有关部门负责同志参加了会议。省防总指挥长、省水利厅厅长彭谦同志作了汇报发言。

8 月 1—4 日，黄河水利委员会主任李国英、副主任石春先率领 10 位专家对渭河流域的水资源利用、防洪、水土保持等方面工作进行了考察。李国英指出，编制渭河流域综合治理规划要充分重视节水和治污工作，要通过加强渠道修护、优化灌溉方式、改变农作物种植结构、制定合理水价机制等方面工作实现对水资源的节约利用；同时，要进一步强化对治污工作的认识，规划中要制定各种有效措施，力保污染不超标，实现渭河流域水资源的可持续利用。渭河流域属于资源性缺水地区，在充分做好节水和治污工作的基础上，应从战略上研究跨流域调水的可行性方案。省人大副主任刘枢机，省水利厅彭谦厅长、王保安副厅长、田万全总工程师全程陪同。

8 月 26 日，省政府常务会议通过了《陕西省渭河流域综合治理规划》。

9 月 13 日，省政府邀请中国科学院、中国工程院的 5 位院士和水利部、国家环保总局等单位专家教授，在北京召开了《陕西省渭河流域综合治理规划》咨询研讨会。

9 月 28 日，陕西省决策咨询委员会召开渭河流域目前存在的主要问题及对策座谈会。省政府决策咨询委员会的老领导、老专家徐山林、李焕政、陈嘉桢、陈志勤、史鉴、张廉杰等，省政府副省长王寿森、副秘书长刘孝文以及省级有关部门负责同志参加了会议。

10 月 1 日，水利部总工程师何文垣和省人大常委会副主任刘枢机为荣获国家水利风景区桃曲坡水库管理局锦阳湖生态园揭牌，水利厅副厅长马卫东出席。

10 月 15 日，关中灌区改造工程世界银行贷款项目宝鸡峡漳水倒虹改造工程开工建设。水利厅厅长彭谦、副厅长李润锁出席开工典礼。

2003 年

4 月 4 日，省防汛抗旱指挥部副总指挥长、省水利厅厅长谭策吾带队在全省防汛的重点地区渭南检查时要求：认真总结经验教训，增强全民防汛意识，加强宣传，形成强大舆论声势，增强防汛紧迫感；强化防汛工作责任制，将责任层层落实到人，一抓到底；认真分析雨情水情，做好防汛预案工作。

8 月 20—25 日，受水利部委托，水利部水利水电规划设计总院在西安召开会议，对引红济石调水工程项目建议书进行审查。原则通过该项目建议书，并就有关技术问题提出了修改完善意见。副省长王寿森、副秘书长刘孝文及省级有关部门负责人参加了审查会。

8 月 27 日 下午，陕西省水利厅副厅长洪小康率领省防办、省防汛信息中心、省三管局、省交口抽渭灌溉管理局负责同志前往沙王、交口西楼抽水站、新丰、耿镇 、上马渡、泾河工业开发区、桃源水文站等地查勘工程险情，指导抗洪抢险。

8 月 30 日，黄河防总常务副总指挥、黄河水利委员会主任李国英带领黄河防总办及黄河水利委员会一行对陕西省渭河下游迎战渭河洪峰情况进行检查时指出，渭河防汛事关治黄大局，涉及数十万人民生命安危，要有打持久战的准备，立足防大汛，抢大险。

8 月 30 日，省委书记李建国冒大雨连夜奔赴渭南渭河大堤，查看渭河临渭、华县堤防工情及河道水情，提出确保渭南城区安全、确保渭河堤防安全、确保灾区群众安全撤离的防汛总要求。

8 月 31 日，副省长王寿森主持召开渭河干流汛情会商会议，进一步全面部署渭河的防汛抗洪工作。同日，省委、省政府派出由 5 名省委常委和 5 名副省长带队的 7 个工作组赴渭南、商洛、宝鸡、铜川等市，督察指导当地市委、市政府紧急组织开展抗洪救灾。省委副书记董雷、副省长潘连生带领省水利厅、民政厅、农业厅、卫生厅等部门有关同志赴华阴、华县，督察指导渭南市全力以赴投入渭河抗洪抢险。

9 月 3 日上午，中共中央总书记、国家主席胡锦涛和中共中央政治局常委、国家副主席曾庆红听取了省委书记李建国、省长贾治邦关于渭河汛情灾情汇报后，代表党中央对战斗在抗洪一线的干部群众、公安干警和解放军指战员、武警官兵表示慰问，希望全省上下发扬伟大的“98”抗洪精神和今年的抗“非典”精神，万众一心，众志成城，全力以赴抗洪抢险，确保人民生命财产安全。要求紧急动员灾区广大党员、干部全力以赴投入抗洪救灾斗争。确保灾民有饭吃、有水喝、有地方住。中央和省有关部门要迅速调运物资，给予大力支持。特别批准在北京学习的贾治邦省长返回陕西指挥防汛工作。

9 月 3 日，省长贾治邦，副省长潘连生、王寿森检查指导渭河抗洪救灾工作时强调，以实际行动实践“三个代表”重要思想，严防死守渭河大堤，确保人民群众生命安全。5 日，贾治邦经过连续 3 天在渭南抗洪救灾一线的调研后，主持召开抗洪救灾分析协调会，进一步明确抗洪抢险的部署和要求，强调抓住巡堤查险、封堵决口、抽排积水三个关键，确保灾区人民生命安全，早日重返家园。省政府秘书长、省防汛总指挥部指挥长、省水利厅厅长谭策吾、渭南市和省市水利、民政部门及临渭区、华阴市等负责同志参加了会议。

9 月 5—7 日，正值渭河防汛的关键时刻，受国家防总委托，水利部副部长陈雷率国家防总工作组奔赴陕西，看望慰问奋战在抗洪抢险一线的干部群众，实地查看渭河汛情，指导防汛抢险工作。陈雷强调，要做好抢大险、防大汛和连续作战的各项准备工作，加大巡堤查险力度，加强领导，落实责任，全力以赴，确保防洪安全、人民生命安全、重点城市的安全，并让转移的群众得到妥善安置，确保灾区稳定。陈雷强调指出，大水之后的水利建设工作，要按照可持续发展的治水思路，遵循自然规律和经济规律，努力做到人与自然和谐，给水以出路，同时也要注重雨洪资源的利用。在加强防洪工程建设的同时，要高度重视非工程防洪措施的建设，进一步完善防汛决策指挥系统和异地会商系统，加强水文站网建设。要处理好防汛与抗旱、除害与兴利、当前与长远等关系，以水资源的可持续利用支撑经济社会的可持续发展。

9 月 7 日，省长贾治邦、省委副书记董雷、副省长潘连生检查指导抢险救灾工作，研究部署华阴、华县70多个洪水淹没村的积水抽排问题。要求各级领导干部靠前指挥，周密部署，做好积水抽排工作，确保灾民早日重返家园，恢复正常的生产、生活秩序，发展经济。贾治邦强调，各相关部门要尽快制定完善的抽排积水方案。防汛部门安排400万元，及早购买相关设备，组织队伍，周密实施，争取每日排出1000万立方米。抽排工作力争从9月10日开始，10月10日结束。

9月9日，陕西省九届政协第十二次主席会议在西安召开。主席艾丕善在通报了陕西省洪水灾情后指出：一是提高对灾情严重性的认识，时刻把受灾群众的冷暖放在心上，用实际行动献爱心，有钱出钱，有物捐物，有计献计，帮助灾民尽快渡过难关。二是要运用多种渠道、多种形式，抓住机遇，视察调查，献计献策。要组织政协委员，对渭河治理特别是三门峡库区治理和汉江流域尤其是秦岭南麓生态环境保护问题进行视察，积极建言献策。要在河防工程建设、灾民安置、生产自救、重建家园、校舍修复、灾区教育以及卫生防疫等各方面贡献力量。三是以抗洪救灾中涌现出来的模范为榜样，加强自身建设。

9月15—16日，省水利厅召开党组会和专题会议研究部署渭河流域灾后重建前期工作。决定成立灾后重建前期工作领导小组，厅长谭策吾任组长，副厅长王保安、洪小康和总工程师田万全任副组长。领导小组下设灾后重建应急项目组、渭河流域综合治理规划修改意见编写组、洪水调查组和续建应急工程可研修编组。

9月16日，省防汛抗旱总指挥部总指挥长、副省长王寿森带领省水利厅副厅长洪小康，检查指导渭南市二华灾区排洪除涝工作。副省长王寿森先后来到罗夫河堤防、华阴渭河围堤破口处、省抗旱服务队抽水现场和长涧河堤防，查勘了堤防的水毁情况和破口处自流排水流量、流速、水位等，了解了罗夫河、长涧河排水站及二华干沟的排水情况，深入正在罗夫河西堤安装的临时排水站施工现场，详细询问了安装进度和存在的问题。现场查看结束后，副省长王寿森认真听取了渭南市排洪指挥部和省抗旱服务组织排水工作的汇报，研究分析了当前排洪除涝形势，进一步对下阶段工作进行部署。副省长王寿森强调指出，在省委、省政府的高度重视和果断决策下，经过省防总、省水利厅、渭南市各级党委政府共同努力和省内其他市县各方的大力支援，短时间内排洪除涝工作有序展开，采取了破堤加大自排流量等措施，取得了较好成绩，排水总量已经过半。下一步工作任务就是要加大抽排力度，争取在最短时间内排除所有积水，不误秋播。

9月20日，中共中央政治局委员、国务院副总理、国家防汛抗旱总指挥部总指挥回良玉专门就陕西迎战渭河4号洪峰作出重要批示：请国家防办高度重视渭河流域的防汛抗洪工作，继续强化督查指导和支持帮助工作，确保干堤和重要支流的堤防安全，确保水库不能垮坝和群众生命安全，及时转移和妥善安置危险地区群众，最大限度地减轻灾害损失。

10月1日，国务院总理温家宝、副总理回良玉亲率国家7部委领导赶赴渭南华县灾区，视察灾情，慰问抗洪一线的广大军民，对下阶段渭河防汛工作作出重要指示，极大地鼓舞了参战军民战胜洪灾的信心和斗志。

10月4日，省水利厅副厅长洪小康代表省防总前往支援排涝的关中5市（区）和省直5个灌区抗旱服务队抽排水现场，了解抽排水情况及存在的问题，深入各抗旱服务队临时驻地慰问、看望排涝队员。副厅长洪小康对各单位前一阶段超负荷奋战25个日日夜夜所取得的成绩给予了充分肯定，对参战的排涝服务队员坚忍不拔、吃苦耐劳、敢于胜利的精神风貌表示敬意和赞扬，勉励大家再接再厉，保持良好势头和饱满斗志，继续加大抽排力度，为在最短时间内排除积水作出更大贡献。同时，还要求进一步加强现场组织领导工作，保证人身和设备安全，合理安排好值班轮换，做好天气渐冷之后的后勤保障等工作。

10月5日，渭河5号洪峰抵达华阴、华县后第一时间，省军区司令员陈时宝、副司令员吕学泉、参谋长王怀明和政治部主任刘培庚等一行奔赴华县石堤河、华阴罗夫河和潼关县公庄村渭河段，了解当地的抗洪救灾情况，并现场办公解决难题。陈时宝指出天气越来越凉，各级领导干部一定要深入一线靠前指挥，充分发挥模范带头作用，广大驻军和民兵预备役人员要再接再厉，发扬不怕疲劳、不畏艰险、连续作战的作风，严防死守，确保渭河干支流堤防安全，为夺取抗洪抢险斗争的最后胜利作出贡献。

12月，水利部部长办公会议专门研究渭河治理规划等问题。此后，国务院副总理曾培炎、回良玉听取了水利部关于渭河治理等有关问题的汇报，指示要做好规划，同时要和南水北调西线结合起来，从根本上解决渭河水资源短缺问题。

2004年

6月3日，省长贾治邦深入去年遭受严重洪涝灾害的渭南二华地区，实地察看水毁修复情况，检查防汛工作。省政府秘书长、副秘书长刘孝文和省水利厅厅长谭策吾，省计划委员会主任李晓东、省财政厅厅长刘维隆等省级有关部门负责同志及渭南市领导随同检查。

10月30—31日，水利部副部长陈雷检查指导陕西省三门峡库区工作。副部长陈雷先后察看华县石堤河决口修复处、遇仙河口泥沙淤积悬河处、华阴围堤破堤排洪口水毁修复处和黄渭洛三河汇流区情况。省水利厅副厅长洪小康从三门峡库区问题的历史形成原因、泥沙淤积灾害现状、潼关高程抬升、防洪工程建设、治理对策研究和综合治理措施等方面向陈雷副部长做了汇报。

11月6日，宝鸡市举行渭河拦河闸下闸蓄水仪式，省委副书记杨永茂、省政府副省长王寿森等领导出席，水利厅副厅长洪小康及有关处室负责人参加了下闸蓄水仪式。

11月17日，省政府代省长陈德铭视察了南水北调“引乾济石”调水工程。省水利厅厅长谭策吾、陕西省投资集团公司董事长冯煦初陪同并作了汇报。省长陈德铭充分肯定了工程建设的重要性和必要性，要求加快工程建设进度。

2005年

1月22日，陕西省委副书记、代省长陈德铭带领省政府秘书长以及省发改委、财政、水利、扶贫和渭南市委、市政府等有关部门同志，先后深入潼关县的黄、渭、洛三河汇流区等，对陕西省三门峡库区防洪及渭河流域近期治理规划项目进行考察调研后指出：水是经济社会发展不可替代的宝贵战略资源，必须严格加强水资源的保护。渭河下游洪涝灾害频发，严重影响了两岸群众的生产、生活，我们必须积极争取国家财力的大力支持，加快库区防洪治理工程体系建设。要坚持以人为本，尽快实施渭河综合治理，加强两岸的生态治理，积极搞好渭河流域植树造林工作，改善渭河水环境条件，促进区域经济健康持续发展。谭策吾厅长在汇报中强调：渭河是陕西的母亲河，是八百里秦川的生命线。解决渭河存在的诸多问题，必须实施综合治理措施。

5月25—27日，国家防总派出由水利部党组成员、纪检组组长刘光和带队，水利部、国土资源部、农业部、国家防办、黄河水利委员会等部门负责人参加的检查组来陕检查防汛抗旱工作。检查组先后查看了宝鸡、西安、渭南等市的16处防洪抗旱点。27日下午，副省长赵德全在华阴市主持召开了防汛抗旱工作汇报会，省防总指挥长、省水利厅厅长谭策吾进行了全面汇报。刘光和组长听取汇报后作了重要讲话。

6月21日至8月20日，省委书记李建国、副省长王寿森牵头，对全省“十一五”和今后更长一个时期水资源的开发利用问题进行专题调研，省水利厅参与配合，先后深入关中、陕南、陕北，对引红济石、引乾济石、引汉济渭调水工程；李家梁、瑶镇、采兔沟、王圪堵水库及古贤坝址、南沟门坝址等重点水源工程现场进行实地考察，形成了《陕西省“十二五”水资源开发利用专题调研报告》，提出了“全面节水，严格保水，多方找水，科学治水，依法管水，努力建设节水型社会”的新时期水资源开发利用的新思路。

7月18—26日，由项目经理杰夫·斯宾塞等5人组成的世界银行考察团对陕西省关中灌区世界银行项目进行了第11次例行检查。考察团对2004年度的工作成果给予了高度评价，并与省项目办讨论了2005年工作计划。7月24日，王寿森副省长在西安金花饭店会见了世界银行检查团一行，与项目经理杰夫·斯宾塞以及考察团成员对项目的执行情况进行了讨论。省水利厅厅长谭策吾、副厅长李润锁以及财政厅、发改委的有关领导参加。

8月3—4日，省人大常委会副主任崔林涛、陈再生带领省人大检查组到咸阳市检查指导渭河水污染治理工作。省环保局领导，咸阳市委副书记、市长张立勇，市人大常委会副主任孟庆智，副市长李永民等陪同检查。

10月2日以来，针对第19号台风“龙王”和渭河发生的1981年以来、汉江发生的1983年以来的最大洪水，国务院总理温家宝、副总理回良玉多次作出重要批示。温家宝总理在批示中要求国家防总高度关注渭河、汉江防洪工作，及时给予指导和帮助，要求有关地方做好防范工作，确保群众生命安全和交通干线安全。

10月3日，省委书记李建国和省委副书记、省长陈德铭与省委常委、省军区司令员陈时宝，省委常委、省委秘书长李希，副省长王寿森一起，冒雨深入渭河堤坝，检查防汛抗洪工作。在听取了防汛抗洪工作的简要汇报后，李建国说，今年入汛以来，渭南市委、市政府未雨绸缪，组织得力，工作扎实，取得了抗洪斗争的阶段性胜利。眼下，要全力以赴，组织和动员一切力量，夺取抗洪斗争的全面胜利。同时，在停雨之后，要抓住晴好天气，搞好受灾地区的秋收秋播、受灾群众的救灾救济和卫生防疫工作，尤其要防止雨后渭北旱塬窑洞倒塌。他指出，要组织有关部门，在汛期实地查看水情和流向，掌握第一手资料，为今冬农田水利基本建设和水毁工程修复提供科学依据。李建国说，党中央、国务院十分关心陕西省渭河的安全度汛，我们要认真贯彻落实温家宝总理和回良玉副总理的重要指示精神，坚定信心，连续作战，夺取渭河防汛抗洪的全面胜利，确保人民群众生命财产安全、确保城市安全、确保交通干线安全。

下午，陈德铭查看了遇仙河和渭河的一些险段，在检查中他说，南山支流今年没有出现大的险情，得益于近年来的清淤疏浚，要坚持挖沙和疏浚相结合、加固堤防和河道清淤相结合，排水除涝、除害兴利，加强南山支流的全面综合治理，缓解渭河洪涝和泥沙灾害的发生，从根本上解决南山支流的防洪保安问题。省政府秘书长，省水利厅厅长谭策吾，渭南市委书记刘新文、市长曹莉莉等随同检查。

10月3—4日，国家防总副处长邓玉梅，黄河水利委员会副主任苏茂林、处长李跃伦等一行对陕西省三门峡库区渭河下游及其南山支流的防汛抗洪工作进行检查指导。10月3日上午，工作组在省水利厅总工程师孙平安、防汛办副主任翟大明，省三管局局长蒋建军、副局长郭岗以及渭南市人大常委会副主任郗怀亮、副市长岳万民、市长助理薛建兴等省市领导的陪同下，先后来到潼关公庄、华阴罗夫河、华县水文站、詹刘险工、渭南尤孟堤等险工险段进行了现场查勘，并对现场抢险和巡堤查险工作进行了指导。随后，检查组在渭南召开座谈会，听取了省市及三管局的工作汇报，对下一步的抗洪工作提出了明确要求。

12月16日，国务院办公厅批复《渭河流域重点治理规划》。规划针对渭河流域目前存在的中下游防洪形势严峻，水资源短缺严重、供需矛盾突出，水污染日趋加剧、水土流失尚未得到有效遏制等问题，提出了防洪、节水、水资源配置与保护、水土保持生态建设方面的治理措施。总投资229亿元，其中陕西省项目总投资155亿元（水利项目投资133亿元）。

2006年

1月7—10日，《陕西省延安市南沟门水库工程项目建议书》审查会在北京召开，会议由水利部水规总院副院长董安建主持，陕西省水利厅总工程师孙平安、副总工程师吴建民、程子勇等参加了会议，会议审查通过了该工程项目建议书。

1月15—17日，《陕西省引红济石调水工程可行性研究报告》审查会在西安召开，会议由省发改委权永生总工程师主持，省发改委、省水利厅、省国土资源厅、省交通厅、省环保局、汉中市政府、宝鸡市政府、太白县政府等派员参加。会议审查通过了该工程可行性研究报告。

1月17日下午，全国政协常委安启元在陕西宾馆接受英国《金融时报》记者采访时，再次呼吁改变三门峡水库运行方式，减轻渭河流域水患灾害。从2000年开始，安启元连续8次在全国政协会议上提出相关提案。

4月18日下午，全国人大常委会副委员长兼秘书长盛华仁率全国人大环资委主任委员毛如柏及国家环保总局、水利部相关领导视察陕西省渭河流域水污染及治理情况。在视察中，盛华仁强调，国家和省级相关部门要落实具体责任，加大渭河流域治理力度。省委副书记、省长陈德铭，省人大常委会副主任崔林涛、陈再生和西安市市长孙清云陪同视察。

4月19日，省政府在黄陵县举行了延安市南沟门水利枢纽工程奠基仪式，仪式由省政府副秘书长周玉明主持，省委副书记、省长陈德铭，省委常委、延安市委书记王侠，副省长洪峰及省政府副秘书长李明远，省发改委主任李晓东，延安市市长陈强等为工程奠基。省水利厅厅长谭策吾参加了奠基仪式。

5月5日，省委书记赵乐际深入华县渭河詹刘险工、遇仙河入渭口等地，对渭河下游防汛重点区域进行了检查。省水利厅厅长谭策吾和渭南市委、市政府主要领导陪同检查。

5月8日，副省长张伟带领省政府办公厅、省发改委、省财政厅等部门负责人，先后察看了黄河、渭河汇流区和三河口等防洪工程，检查渭河下游防汛工作并听取了省水利厅和渭南市备汛工作汇报。省水利厅厅长谭策吾、副厅长洪小康陪同视察。

6月8日，袁纯清代省长、主管副省长带领省发改委、省财政厅、省水利厅、省民政厅、省气象局等部门的负责同志，在渭南市委、市政府主要领导的陪同下，先后察看了黄、渭、洛三河汇流区、渭河公庄险工和华阴罗夫河口干支流堤防，详细了解了黄河、渭河泥沙淤积、水毁工程修复情况。在华阴市召开了座谈汇报会，分别听取了省防汛抗旱总指挥部和渭南市政府防汛工作汇报。

7月1日，全国第一家副厅级省设流域专管机构——陕西省渭河流域管理局在西安挂牌成立，同时成立了陕西省江河水库管理局，从体制上为实现流域统一管理与区域管理的有机结合奠定了基础。

7月19—23日，黄河水利委员会副主任廖义伟带领黄河水利委员会防办、水文局等有关人员，对渭河部分南山支流和洛河的备汛情况进行检查。就渭河南山支流河道管理、水文信息共享、水库群统一调度、渭河洪水错峰研究等与陕西省水利厅交换了意见，对今后的工作提出了明确要求。陕西省水利厅、省水文局、渭河流域管理局、三门峡水利枢纽管理局和故县水利枢纽管理局的有关领导陪同检查。

7月26日，省水利厅副厅长田万全带领河库处等有关处室负责人前往咸阳检查河道采砂管理工作。咸阳市水利局向田万全厅长一行汇报了河道采砂管理工作，针对咸阳沿渭河道采砂管理工作中存在的问题，田万全要求，一是要提高认识，真正按照国家法律法规和省委、省政府的要求，把河道采砂管理好。二是要落实责任，特别是落实各级政府领导责任人的责任。不仅要落实到市、区，还要落实到乡、镇、村、组，甚至河道堤防监督员。三是要加强政策法律法规宣传，真正做到家喻户晓。四是要严格执法，不能以罚代管。要通过执法解决长效问题。五是要加强管理队伍建设，结合咸阳经济发展实际加强管理，不能因噎废食。要借鉴宝鸡市清理整顿的成功经验，成立大型的采砂公司、建正规砂场等做法，制定采砂规划，研究一些制度、办法，逐步实现河道采砂管理规范化。

2007年

1月26日，三秦都市报发表《安启元：渭河清了我才心安》一文。

2月6日，省关中灌区改造工程世界银行贷款项目总结座谈会在西安市召开，会议对项目建设取得的成绩给予了高度肯定。省水利厅洪小康副厅长主持会议，李润锁副厅长对项目建设与管理工作进行了总结，王保安副厅长宣读了省政府嘉奖令，王寿森副省长到会并作重要讲话。省级有关部门、省水利厅有关处（室）、省九大灌区项目办有关负责人参加了会议。

3月9日 咸阳市市长千军昌调研渭河湿地资源保护工作

6月17—20日，陕西省首次启动实施渭河水量应急调度。2007年上半年以来，由于全省持续大面积干旱，渭河及其支流6月17日6时出现全年以来的最低水位，河道几近断流。时值夏灌高峰，省水利厅适时启动应急水量调度方案，6月20日8时，流量达53.6立方米每秒，避免了断流的发生。中央电视台及省内主流媒体对此均作了新闻报道。

7月30日，省长袁纯清带领省政府办公厅、发改委、水利厅等部门负责人，检查了西安市防汛备汛工作。省水利厅厅长谭策吾等陪同。

8月31日，陕西省保护渭河促进会在西安举行成立大会。省人大常委会副主任陈再生出席并讲话。

9月底，关中九大灌区世界银行贷款改造项目建成并通过验收。该项目历时6年多，总投资16.6亿元（其中省政府统贷统还世界银行1亿美元，国内1：1同比例配套），共新建改建水源工程15处，衬砌改造各级渠道6566千米，改造重要建筑物22座，更新改造泵站52座，改造中低产田293万亩，改制支斗渠4399条，节水增产效益显著。9月底顺利通过世界银行组织的竣工验收，被评为在中国实施最好的项目之一。

12月16—17日，水利部与陕西省人民政府联合在西安市召开陕西省“引汉济渭”工程项目建议书论证咨询会议。水利部副部长矫勇和陕西省副省长张伟出席会议并讲话。会议形成了专家咨询意见，确认了工程建设的必要性，同意按年调水15亿立方米规模立项、分步实施。水利部规划计划司、南水北调规划设计管理局、水利部水利水电规划设计总院、长江水利委员会、黄河水利委员会，省政府有关部门及特邀专家参加了会议。省政协副主席王寿森，省水利厅厅长谭策吾、副厅长王保安、副厅长田万全、总工程师孙平安参加会议。

2008年

1月7日，省政府第1次常务会议审议通过《陕西省渭河水量调度办法》，于2008年1月30日以省政府第130号令发布，自2008年3月1日起施行。

2月27日，副省长姚引良带领省政府办公厅、发改委、财政厅、水利厅负责人，对三门峡库区防汛准备工作进行了检查。现场听取了渭南市和有关县区、省江河局、省水利厅关于三门峡库区及全省防汛形势汇报，对做好三门峡库区及全省防汛准备工作提出了明确要求。省水利厅厅长谭策吾陪同。

4月1日，省长袁纯清、副省长姚引良带领省级有关部门的负责人，检查了渭河下游华县渭河詹刘险工、渭河堤防及河道防护工程，听取了省水利厅、渭南市关于渭河下游防汛形势的汇报。省水利厅厅长谭策吾陪同。

4月8日，《陕西省渭河流域综合治理五年规划（2008—2012年）》经省政府第8次常务会议审议通过，包含渭河污染治理、节水增水、修堤防洪、生态建设等5方面内容，并提出了到2012年将渭河沿线建设成为三秦大地的绿色长廊的目标。

7月2日，咸阳市长武县群众因甘肃省宁县在泾河省界河段违法修建堤防工程与宁县群众发生群体械斗。事件发生后，水利部和黄河水利委员会高度重视，省政府领导作出重要指示，省水利厅积极开展执法调查。按照陈雷部长的批示，由黄河水利委员会苏茂林副主任任组长、水利部政法司赵卫副司长任副组长的处理两省群众械斗事件的工作组，会同陕、甘两省水利等有关部门人员赴现场进行处理。经过多方努力，泾河长庆桥河段甘肃省宁县违规修建的护堤工程彻底拆除，这一水事违法案件得到妥善解决。

8月25日，省政府批复了《陕西省渭河流域综合治理五年规划（2008—2012年）》。

9月10日，省政府印发了《陕西省汶川地震受灾地区城乡供水设施灾后重建规划》，该规划涉及汉中、宝鸡、咸阳、安康、西安5市和杨凌区的37个县（区），项目1284处，恢复和改善供水人口136.9万人，投资2.1亿元。

11月17日，省政府第30次常务会议审议通过《陕西省石头河水库引水系统保护管理办法》并以陕西省人民政府第137号令公布，自2009年2月1日起实施。

11月29日，西安市重点水源项目李家河水库工程开工。水利部副部长胡四一，省水利厅厅长谭策吾，西安市领导等出席开工仪式。

12月23—28日，水利部水规总院在北京召开引汉济渭工程项目建议书技术审查会，会议原则通过项目建议书审查，同意工程一次立项建设、两期实施配水。省委常委、省政府副省长洪峰出席并致辞，省水利厅厅长谭策吾等厅领导参加了审查会。

2009年

1月24日，国家发展和改革委员会批复了延安市南沟门水库项目建议书，明确可研由陕西省审批。

2月8—9日，省委书记、省人大常委会主任赵乐际在省水利厅厅长谭策吾陪同下到宝鸡市凤县和眉县调研。赵乐际先后深入凤县凤州镇邓家台村和石头河水库察看土壤墒情、春耕生产、水库水情和引红济石调水工程进展情况 。强调要把抗旱春灌作为当前的重要任务，为夏粮取得好收成奠定基础。

5月17日，国家发展和改革委员会对咸阳市亭口水库项目建议书进行了批复，明确该项目可行性研究报告由陕西省审批，标志着该水库已在国家正式审批立项。

6月23日，水利部副部长鄂竟平带领建管司司长孙继昌、水保司副司长张新玉、农水司副司长顾斌杰、排灌中心主任李仰斌一行，对陕西省农村饮水安全工程建设与管理情况进行视察调研，先后到渭南市富平县、铜川市耀州区察看了农村饮水安全工程建设现场，深入农户详细查看了供水工程入户情况和水质，听取了陕西省汇报。省政府办公厅纪检组组长刘曙阳及省水利厅厅长谭策吾、副厅长管黎宏、副巡视员李永杰陪同调研。

10月29日，宝鸡市石头河水库引水工程开工仪式在眉县举行，姚引良副省长出席并宣布开工。该工程总投资5.6亿元，计划2011年建成并投入使用。宝鸡市市长戴征社、省水利厅副厅长洪小康及有关部门负责人 出席了开工仪式。

12月5日至6日，水利部副部长刘宁带领部水文局局长邓坚等一行在陕西省人民政府副秘书长刘曙阳、省水利厅厅长谭策吾等领导的陪同下考察了陕西水文工作，并为省、市共建宝鸡市水文水资源勘测局成立授牌， 宝鸡市市长戴征社、副市长王拴虎参加了授牌仪式。省水利厅与宝鸡市人民政府共同出台了《宝鸡市水文水资源勘测局实行省市共建共管暂行办法》。

2010年

2月3日，副省长姚引良在西安市临潼区和省泾惠渠灌区查看旱情，检查指导抗旱保苗工作。强调各级政府和有关涉农部门要加强组织领导，把抗旱保苗放在当前农村工作的首位，加大抗旱灌溉力度，确保今年夏粮增产丰收。省政府办公厅、水利厅、农业厅、气象局等省级有关部门负责人陪同。

6月22日，省防总总指挥长、副省长姚引良深入省泾惠渠灌区和三原县查看旱情，检查指导夏播夏灌工作。要求各地各部门充分认识当前抗旱的严峻形势，开动一切水利设施，昼夜抢灌保苗，为夺取秋粮丰产丰收奠定基础。省政府办公厅、水利厅、农业厅、气象局等部门负责人陪同。

8月23日，国务院副总理、国家防汛抗旱总指挥部总指挥回良玉来陕西考察指导防汛抗洪救灾工作，代表党中央、国务院看望受灾群众，慰问奋战在抗洪抢险救灾一线的广大军民。回良玉副总理一行先后到受灾严重的渭南华阴、商洛、丹凤等地实地察看汛情灾情和抗洪抢险情况，听取了陕西省汇报，对前阶段防汛抗洪救灾工作予以充分肯定。强调要加强对防汛抗洪救灾工作组织领导，最大限度地减少人员伤亡、减轻灾害损失。水利部部长陈雷，国务院副秘书长丁学东，武警部队副司令员潘昌杰等随同考察，省委书记赵乐际、副书记王侠，副省长姚引良等分别陪同考察。

10月13日，由省水利厅、省水利学会、省水伙伴协会、省渭河流域管理局主办的第四届“渭河论坛”在西安召开，本届论坛主题为“渭河安澜”。论坛围绕渭河防洪战略性对策措施，进行了多层面、多视角的充分探讨，就渭河现状及治理问题形成了专家建议。水利部部长陈雷发来贺信，水利部副部长刘宁、黄河水利委员会主任李国英出席会议并讲话，陕西省副省长姚引良在会上致辞。中国工程院院士李佩成、清华大学教授张红武等做了主题发言。全球水伙伴协会总部和中国区委员会、国家防总、水利部、黄河水利委员会、清华大学、中国水利水电科学研究院、有关厅局、沿渭市（区）水利部门负责人及有关专家学者130余人参加了论坛。

11月9—10日，水利部水规总院副院长兼总工程师刘志明在郑州主持召开泾河东庄水库技术咨询会议。会议明确了东庄水库项目建设修编及专题研究的工作任务，强调要充分利用好前期工作成果，加强设计单位之间的配合协作。这次会议对把握整个项目建设阶段工作方向，解决关键技术问题，最终通过国家部委审查具有重要意义。省水利厅总工程师孙平安和东庄办主要负责人参加了会议。

12月10日，李仪祉墓园整修开工暨李仪祉纪念馆建设奠基仪式在泾阳县王桥镇社树村隆重举行。省水利厅副厅长管黎宏主持奠基仪式，王锋厅长出席奠基仪式并致辞。厅领导、厅直各单位党政主要负责人、机关各处室负责人、咸阳市、泾阳县、蒲城县政府负责人和陕西文化界名人以及灌区群众代表100余人参加了奠基仪式。

12月29日，陕西省人民政府召开第23次常务会议，审议并原则通过了《陕西省渭河全线整治规划及实施方案》和《渭南市南山支流防洪工程规划方案》；决定成立渭河全线治理总指挥部，由姚引良副省长任总指挥，并设专职副总指挥；决定在省水利厅设立指挥部办公室。由此开始，陕西省正式启动了2011—2015年对渭河关中平原段全线的综合治理。

2011 年

1 月 14 日，省水利厅向省委、省政府报送《渭河全线整治规划纲要》。该规划纲要以党的十七大、十七届五中全会精神为指导，以科学发展观为统领，对沿渭市、县全面推进渭河防洪保安、生态治理、水污染防治建设，提高渭河防洪能力，带动沿线经济产业快速发展提出了原则要求。

1 月 19 日，省水利厅党组会决定，正式成立陕西省渭河综合治理办公室，要求春节不放假，全力推进开工准备工作，确保春节后渭河综合治理工程全线开工。

1 月 21 日，水利厅厅长王锋、副厅长张玉忠带领水利厅办公室、渭河治理办负责同志赴咸阳、西安市查看渭河沣渭新区段堤防加宽工程现场、咸阳城区至兴平段和西安渭河草滩段治理工程开工准备情况，确定把西安城防水流段作为渭河治理开工动员会现场，要求各级加班加点，全力以赴加快渭河治理开工准备工作。同日，张玉忠副厅长主持召开沿渭各市（区）水利局局长会议，听取各市（区）开工准备情况汇报，就春节前后各项工作进行详细安排，要求各级尽快组建工作机构，明确任务，落实责任，确保任务、工期、质量三落实。

1 月 22 日，省委常委会第二次会议审议并通过了《陕西省渭河全线整治规划及实施方案》，并要求相关部门和沿岸市县认真组织实施，确保渭河全线整治任务落到实处。《陕西省渭河全线整治规划及实施方案》于 1 月 23 日正式印发沿渭各市（区）和省级有关部门，作为规划实施的依据。

1 月 25—30 日，省水利厅相继审批下达渭河整治 2011 年度 9 处工程设计，9 处工程共涉及堤防加宽长 107.63 千米，占全年堤防加宽任务的 74.64%。

2 月 9 日，省编办批复同意成立陕西省渭河综合治理办公室，明确由这一机构承担渭河全线治理指挥部日常工作，全面推进渭河整治规划项目实施。办公室主任由水利厅厅长王锋兼任，内设 4 个处室，人员编制 30 名。

2 月 10 日，春节收假第一天，姚引良副省长、胡小平副秘书长赴水利厅慰问干部职工，在与处级以上干部座谈时强调，要动员全社会力量参与渭河治理工作，坚决打赢渭河综合治理总体战。

2 月 10 日，省发改委、水利厅联合下发《关于做好渭河全线整治水利项目前期工作的通知》，通知对规划设计阶段划分和文件编制、项目规划设计文件审批、中央资金项目衔接、既定防洪规划和项目建设方案衔接、切实加强前期工作的组织领导等作出明确规定。

2 月 12 日，省委书记赵乐际带领省委常委、省委副秘书长李兴旺，省水利厅厅长王锋、省农业厅厅长王宏深入泾惠渠灌区视察春灌抗旱工作。要求灌区管理单位切实发挥抗旱主力军作用，努力为灌区群众浇好地、服好务，全力保障灌区粮食安全。咸阳市委、市政府和省泾惠渠管理局主要负责人陪同。

2 月 15 日，副省长姚引良带领省级有关部门负责同志，赴西安市城区渭河堤防加宽施工段检查指导渭河综合整治工程前期准备工作，要求沿渭各市（区）切实加强组织领导，积极整合资金，形成集聚效应，强化整治措施，科学组织施工，迅速掀起建设高潮。

2月17日，省委、省政府在灞河入渭口隆重举行渭河陕西段综合整治开工动员大会。会议由省委常委、常务省长娄勤俭主持，省委书记、省人大常委会主任赵乐际宣布开工，省委副书记、省长作动员讲话，副省长、渭河陕西段综合整治总指挥姚引良作部署讲话。省政协主席马中平，省委常委和省人大、省政府领导和省军区、省武警总队，驻陕部队首长出席开工动员大会。沿渭各市县区党政负责人、各有关部门和驻陕部队、武警、民兵预备役等1000多人参加大会。

2月23日，省政府督查专员张祖培对兴平市渭河河道采砂整顿和滩区清障整治工作进行检查督导，要求兴平市政府认真落实省政府领导批示，确保滩区清障整治工作顺利进行。

2月24日，省政协主席马中平与部分驻陕全国政协委员视察渭河综合整治工作，查看了渭河西安市综合治理工程已完成河段、咸阳市泾渭新区综合整治堤段、渭南市城区堤防加宽施工段及华县詹刘险工段堤防，随后，召开专题座谈会，听取了省水利厅关于渭河综合整治和水利建设工作的汇报。

2月28日，副省长、渭河陕西段综合整治工程总指挥部总指挥姚引良在省政府主持召开第一次总指挥部全体成员会议。会议要求沿渭各市（县、区）今年都要有建设任务，务必按照省委、省政府总体部署，迅速、扎实推进前期工作，确保在3月底前全面掀起渭河整治工程建设热潮，力促超额完成年度治渭建设目标任务，省水利厅厅长王锋、省治渭办负责人及沿渭各市（区）政府分管领导、省级有关部门负责人参加了会议。

3月23日，省渭河全线整治工程总指挥部召开2011年渭河全线整治第一次工作会议。会议重点研究了工程建设中遇到的困难和问题，讨论了陕西省渭河综合治理委员会办公室制订的《渭河陕西段河道疏浚清障整治技术要求》《渭河陕西段综合整治项目建设管理办法》《渭河陕西段综合整治堤防工程施工技术细则》《渭河陕西段综合整治河滩地利用设施建设技术要求》4个制度性文件。省水利厅厅长王锋出席会议，要求各级治渭机构特别注重调查研究，弄清渭河整治主要矛盾，吃透情况，抓住要害，突出人水和谐，完善政策措施，促进工作创新，努力解决好工程建设中存在的实际困难和问题。会议由省水利厅副厅长张玉忠主持，沿渭市（区）治渭指挥部领导和水利（务）局、治渭工作机构负责同志等60多人参加会议。

4月1日，省水利厅副厅长张玉忠带领厅规计处、防汛办、治渭办、江河局和西安市水务局、省水环境工程勘测设计研究院负责同志，前往西安市高陵区、临潼区查看渭河无堤段河岸现状情况，调研无堤段堤路工程连接问题，并对两区渭河无堤段堤路工程连接工作做了详细安排。

4月7—8日，省水利厅副厅长张玉忠前往渭河下游库区，对赤水河、遇仙河、石堤河、罗纹河、方山河、罗夫河、柳叶河等7条河流的防洪工程进行了查看，调研检查南山支流治理情况，从全面建设、加快进度、保证质量、安全度汛等方面提出了具体要求。

4月20日，省渭河全线整治副总指挥、省水利厅厅长王锋赴宝鸡市检查渭河全线整治工作，他要求，加大宣传力度，解决好渭河治污问题，同时要充分发掘华夏始祖文化、周秦文化、秦岭文化，把宝鸡段打造成全省治渭样板河段。

5月17日，渭河综合整治2011年第二次工作会议暨工程建设现场会在渭南市召开。会议通报了治渭工程进度，水利厅厅长王锋传达了省委书记赵乐际在渭南调研渭河综合整治时的讲话精神，肯定了治渭成绩，要求沿渭市（县、区）突出抓好堤防建设、疏浚清障、南山支流整治三大重点工作，打好全年渭河综合整治攻坚战，确保安全度汛。

5月22日，副省长祝列克带领省政府办公厅、发改委、财政厅、水利厅、气象局负责同志赴渭南市检查备汛及治渭工程建设，要求各级牢固树立防大汛思想，进一步落实责任，完善措施，努力实现安全度汛。水利厅厅长王锋、省治渭办专职副主任党德才陪同检查。

5月27日，省委书记赵乐际检查渭河杨凌段堤防加固、河滩治理和河道整修工作，要求渭河综合治理工作要克服困难、锐意进取、提高认识、确保质量，尽快实现渭河安澜、造福百姓的目标。

5月30日，某部队援建的宝鸡市陈仓区段堤防建设工程顺利完工。某部队与宝鸡市政府举行了援建堤防工程交工仪式。水利厅厅长王锋代表省治渭总指挥部、水利厅发表了热情洋溢的讲话，对参建官兵的无私奉献给予了充分肯定。

6月1日，省委书记赵乐际深入咸阳市秦都区、渭城区调研，重点视察了渭河咸阳段综合整治工程和咸阳湖景区，强调要坚持统筹兼顾，把生态景观建设与休闲产业发展相结合，打造宜居宜业环境，确保渭河成为群众的幸福河。水利厅厅长王锋和省级有关部门主要负责同志陪同。

6月9日，副省长祝列克赴国家发展改革委员会专题汇报渭河治理及引汉济渭工作。国家发展改革委员会副主任杜鹰充分肯定了陕西省在水利建设方面取得的成绩，表示将一如既往地支持渭河流域治理项目建设，并在项目安排、资金补助方面给予重点支持。省政府副秘书长胡小平、水利厅厅长王锋参加会谈。

6月13日，省委副书记王侠、省政府副省长吴登昌先后检查渭南城区段和华阴市罗敷堤防加高加宽工程，要求沿渭各级政府按照防大汛、抢大险要求，把综合整治施工与安全度汛措施相结合，加快防洪工程建设进度，确保汛期施工安全、防汛安全。渭南市委书记庄长兴、省水利厅副厅长管黎宏陪同。

6月16日，省委常委、常务省长娄勤俭主持召开“贯彻落实赵乐际书记指示，支持杨凌示范区加快发展的具体措施”专题会议，对渭河杨凌段综合整治工作提出了新的更高的要求。

6月21日，省水利厅副厅长张玉忠专程到省人大农工委汇报渭河治理工作的进展情况，听取农工委各委员的意见和建议。省人大农工委各位委员对省委、省政府的治渭决策表示支持，对省水利厅、省治渭办的工作给予充分肯定，并纷纷建言献策，从渭河治理立法、吸收民间资本参与建设、工程建设质量、水生态环境保护等方面提出了具体意见。

6月28日，省水利厅厅长王锋主持会议，听取杨凌示范区渭河综合整治工作汇报，要求杨凌示范区认真贯彻赵乐际书记视察渭河杨凌段整治现场时的指示精神，全面加快建设进度，全力打造精品工程，确保年底以前基本完成杨凌段堤防加宽和绿化工程，同时要把杨凌段的渭河综合整治打造成渭河整治项目的样板工程。

7月1日，水利厅审查通过了《华阴南山支流应急分洪利用工程可行性研究报告》，渭河下游南山支流新的防洪治理工程进入启动实施阶段。应急分洪利用工程沿华阴排水干沟两侧或一侧分段布设的罗夫河、柳叶河、长涧河3个支流应急分洪区，工程建设总面积1366平方米，分洪蓄水面积1176万平方米，可分洪量1924万立方米。分洪工程实施后将与南山支流现有防洪体系相配合，有效提高支流防洪能力，并利用分洪蓄滞水面改善夹槽区人居环境，具有显著的防洪效益、环境效益和经济效益。

7月18日下午，渭水之央国家水利风景区规划通过了水利部国家水利风景区专家的现场考评。

7月26日，省政府举行渭河综合治理新闻发布会。新闻发布会由省政府新闻办公室主任李健主持。渭河陕西段综合整治副总指挥、省水利厅厅长王锋，省水利厅副厅长张玉忠，省治渭办专职副主任党德才出席发布会，王锋向到会的新华社、陕西电视台、《陕西日报》社等36家媒体通报了渭河综合治理工程进展、介绍了引汉济渭、泾河东庄水库、渭南南山支流治理等水利工程前期工作与建设情况。并和张玉忠、党德才共同就渭河综合治理工程质量、资金筹措、水污染防治等问题回答了记者提问。

8月3日，省水利厅厅长王锋带领省治渭办和厅机关有关处室负责同志赴西安市检查渭河西安段，调研综合整治和滩区清障工作，要求全省渭河综合整治工作在确保工程建设质量的前提下，全面加快工程进度，确保渭河堤防建设五年任务三年完成。

8月12日上午，渭河陕西段综合整治2011年第三次工作会议暨滩区清障现场会在咸阳召开。水利厅厅长王锋传达了中央水利工作会议及全省领导干部会议和省委书记赵乐际、省政府主要领导的重要讲话精神，分析了渭河综合治理形势，提出堤防建设五年任务三年完成的要求。

8月16—17日，省治渭办专职副主任党德才带领省水利厅工程质量监督站、省治渭办有关人员，检查渭河渭南城区段北大堤、大荔段、潼关移民围堤、华阴罗夫河、华县方山河等工程建设情况。党德才就进度、质量和加快南山支流、景观试验段工程建设进行了集中部署。省水利工程质量监督站站长吕景峰就工程建设中基本程序、质量管理、堤防检测、基础资料整理等方面提出具体要求。

8月22日上午，省水利厅厅长王锋带领省治渭办、水利厅办公室、厅质监站负责同志，检查宝鸡市扶风县、眉县、岐山县渭河堤防建设。王锋指出，质量是渭河堤防建设的生命线，要求省治渭办、厅质监站对宝鸡市在建堤防质量进行全面检查，分析原因、查找问题，并召开建设质量问题专题会，根据检查、检测数据，提出加强质量保障的办法和措施，对不合格堤防工程进行返工，对工作不负责任的建设单位、监理单位、法人单位和政府监管部门进行通报批评。

8月27日上午，渭河南山支流应急分洪利用工程开工仪式在华阴市高家村干沟北工地隆重举行。这项工程建设将显著提高渭河下游和南山支流防洪能力。

9月15—17日，省人大常委会副主任白阿莹带领部分在陕十一届全国人大代表专题调研渭河综合整治工作。代表们对渭河综合治理工作给予高度评价，对省水利厅、省治渭办和沿渭各市（区）要求国家加大对渭河综合治理的支持力度，增加土地占用指标，以及咸阳陇海铁路桥改建等问题，表示将在2012年全国人代会上提交议案，并将建议省人大将渭河流域管理条例列入省人大2012年立法计划。

9月22日，香港主流媒体团对渭河综合治理进行集体采访。媒体团对渭河灞桥段、草滩段堤防建设进行了实地察看。省治渭办专职副主任党德才就陕西水利建设总体思路与渭河综合整治工作向媒体团记者做了详细介绍，并接受记者采访。省治渭办总工程师巨安祥参与了这次采访活动。

10月18日上午，省水利厅、省治渭办与省广播电视台联合开办的《众志成城治渭河，治水兴陕惠民生》专题节目开播。省治渭办专职副主任党德才致开播词，总工程师巨安祥接受采访。

10月24日，渭河综合整治总指挥部召开2011年第四次工作会议。总结前三季度治渭工作，安排第四季度和省级新增投资建设任务，动员沿渭各级政府全力加快治渭工程建设，超额完成年度建设任务。副总指挥王锋出席会议并讲话。省总指挥部与新增任务市、县、政府三方签订了责任书。

10月24—25日，副省长祝列克带领省发改委、财政厅、水利厅、渭河综合治理办公室负责同志，考察渭河综合整治工程建设情况。祝列克强调，要加快建设进度，保证工程质量，整体推进治理，统筹推进河堤绿化、河滩清障工作，力争明年汛前建成一批达标治理堤段，为明年安全迎战大洪水做好准备，让沿渭河人民分享治渭工作成果。

10月26日，陕西省“双十双网”重点水源工程——延安南沟门水利枢纽成功实现截流，标志着南沟门水利枢纽工程全面进入主体工程建设的新阶段。省委常委、雅安市委书记姚引良、副省长祝列克、省政府副秘书长胡小平、省水利厅厅长王锋等领导出席揭牌仪式。

10月27日，省劳动竞赛委员会和渭河综合治理总指挥部，在渭河兴平堤防段举行劳动竞赛启动仪式。劳动竞赛以“六赛一和谐”（赛质量、赛进度、赛安全、赛管理、赛创新、赛廉洁，创建和谐团队）为主要内容，以年度目标任务和劳动竞赛考核标准为依据，进行竞赛评比。省人大常委会副主任、省总工会主席黄玮发布劳动竞赛动员令。

11月2日，省水利厅副厅长张玉忠检查渭河下游防洪工程修复建设及南山支流治理工作。要求各建设单位克服困难，加快前期设计工作；加快渭河下游防洪工程及南山支流堤防修复建设进度，掀起渭河及南山支流治理建设高潮。省治渭办专职副主任党德才、总工程师巨安祥，省江河局局长周峰等陪同检查。

11月23日，省政府主要领导、西安市委书记等主要领导以及省级有关部门负责人，赴西安、咸阳检查渭河综合整治情况。省政府主要领导主持召开省重大水利工程建设领导小组会议，强调渭河综合整治工程是一项功在当代、利在千秋的重大工程，是关系全省经济发展和民生改善的一件大事，一定要按照“百年大计、质量第一”的要求，努力把渭河综合整治工程建成经得起历史检验、人民满意的百年工程。会议听取了省水利厅厅长王锋及各市、杨凌示范区负责人的工作汇报。省委常委、常务省长娄勤俭，副省长祝列克出席会议。

11月23—24日，为了贯彻陕西省委、省政府关于“铁腕治渭”和“渭河三年变清”的要求，陕西省委常委、省政府副省长江泽林带领省级有关部门负责同志，对渭河源头及上游地区的环境保护情况进行系统调研。江泽林强调，要充分认识到治理好渭河生态环境的重要性，按照可持续发展的要求，紧密结合渭河沿岸各大中城市的城市规划，立足于大关中建设，加强渭河环境保护；要求沿渭各市通过加快治污项目建设，全力推进渭河水污染防治工作；要求沿渭各市组成渭河环境保护城市联盟，加强水污染防治的协调工作。省水利厅副厅长张玉忠带领河库处、治渭办有关同志陪同调研，并详细汇报了渭河陕西段基本情况和综合治理工作。

12月8日，引汉济渭工程建设动员大会在西安市周至县黄池沟口黑河之滨隆重举行，标志着陕西省有史以来投资规模最大、供水量最大、建设难度最大、受益范围最广、效益功能最多的战略性水资源配置工程引汉济渭工程建设准备工作进入全面施工阶段。省委书记赵乐际，水利部部长陈雷，长江水利委员会主任蔡其华，黄河水利委员会主任陈小江，省委副书记王侠等国家、省及有关市、县、区领导、工程设计单位、监理单位、施工单位、新闻单位、周至县的干部群众代表共1000多人参加了建设动员大会。

12月10日，中欧流域管理项目，参与式流域管理培训人员实地考察渭河综合治理西安草滩段堤防建设，学习观摩了参与式流域管理模式在西安段渭河综合治理中的实践应用和成功经验。工程办公室负责同志向考察人员一行详细介绍了西安段的规划总图、项目背景和规划布局，以及工程建设中各方参与情况。中欧流域管理项目水资源管理专家Johan Heymans肯定了此项目。

12月14日，省水利厅副厅长张玉忠赴宝鸡检查渭河综合整治工程建设。在深入宝鸡市陈仓区、高新区、眉县和扶风县堤防加宽工程施工现场，听取工程建设情况汇报后，详细询问了工程质量控制措施，对各县（区）采取的赶工措施、质量保证措施及工程进度给予了充分肯定，并强调要以对历史、对人民负责的态度，在确保工程质量的前提下争分夺秒加快工程建设进度。

2012年

1月10日，省治渭总指挥部召开2012年第一次工作会议，与治渭五市（区）、省江河局签订年度建设任务目标责任书。水利厅厅长王锋总结了2011年治渭工作，部署了2012年治渭任务，提出2012年要确保完成200千米堤防建设任务和160千米堤顶路面及绿化任务，统筹抓好滩面利用、南山支流治理、蓄滞洪区等工程建设。副省长、总指挥祝列克要求各市县要进一步加强领导、落实责任，确保三年基本完成堤防建设任务。会议由省政府副秘书长、总指挥部副总指挥胡小平主持。指挥部成员单位，沿渭各市（区）政府及各县（市、区）渭河综合整治工程指挥部负责人、水利（务）局局长、治渭办主任和省水利厅相关处室、省江河局负责同志参加。

2月13日，省水利厅厅长王锋现场检查福银高速和机场高速渭河桥段滩区清障绿化工作，与西安市、咸阳市、西咸新区负责同志研究市界衔接段堤防建设、滩区绿化及河道采砂管理等突出问题，要求争取4月底前完成该段绿化工作。省水利厅副厅长张玉忠、总工程师王建杰，省治渭办专职副主任党德才、总工程师巨安祥等同志陪同检查。

2月23日，省委书记赵乐际视察西安市、咸阳市渭河堤防建设，慰问治渭一线工人和基层干部。赵乐际强调，各地要高度重视工程质量，坚持安澜、污染治理、环境美化目标不动摇，争取更大更好效果。省委常委领导和省水利厅厅长、省治渭办主任王锋等同志陪同视察调研。

2月28日上午，省人大常委会副主任黄玮、白阿莹以及在陕全国人大代表、驻陕解放军全国人大代表现场视察渭河整治鄠邑区段施工现场，代表们对渭河综合整治工程给予了高度评价，并表示将呼吁国家进一步加大对渭河综合整治的支持力度。

4月6日下午，《中国日报》《今日中国》杂志社、《第一财经日报》等中央级媒体，《文汇报》、《商报》、《澳门日报》、澳门电视台等港澳媒体，以及越南通讯社、韩国通讯社、泰国中文电视台等媒体记者，对陕西省渭河综合治理工程建设情况进行实地采访。省水利厅副厅长张玉忠、魏小抗在现场分别介绍了省“十二五”重大水利工程布局和建设进展情况，现场回答了记者采访提问。省治渭办常务副主任党德才陪同。

5月14日，水利部副部长矫勇、黄河水利委员会主任陈小江一行，视察渭南市临渭区渭河右岸堤防工程、华县渭河詹刘险工、华阴市罗夫河口堤防等工程建设现场，要求各级政府和治渭机构要加快进度、确保质量，抓好施工安全度汛工作，建设好陕西人民的福祉工程。副省长、治渭总指挥祝列克，副总指挥、省水利厅厅长王锋，省治渭办常务副主任党德才等陪同视察。

5月24日，渭河综合整治工程总指挥部召开建设人水和谐新渭河研讨会暨渭河综合整治2012年第二次工作会议。会议梳理了建设人水和谐新渭河的科学理念，研究部署了渭河亲水、休闲、生态、文化、景观等功能的建设思路。副厅长张玉忠作主旨报告，厅长王锋对下一步治渭目标提出了要求。

5月25日，审计署农业与资源环保审计司副司长黄润中带领相关部门，在陕西省、西安市有关部门陪同下，调研西安市渭河草滩段的综合整治情况，对治渭工作提出四点要求：一要保护、利用好渭河水；二要确保水质达标；三要多方融资并确保用好每一笔资金；四要完善便民设施，更好地为群众服务。

6月6—7日，省水利厅厅长王锋带领省治渭办、厅办公室、规计处、质监站、宣传中心负责同志，检查宝鸡市治渭建设与防汛工作，要求宝鸡市总结经验、再接再厉，进一步提升亲水理念，充分发掘历史文化底蕴，尽快把渭河宝鸡段打造成全省治渭样板。省水利厅副厅长张玉忠陪同检查。

6月13日，省委书记赵乐际一行赴杨凌调研渭河综合整治工程建设情况。赵乐际一行沿竣工的渭河杨凌段北岸大堤察看堤防工程、堤顶道路及绿化景观建设情况，听取杨凌示范区专题汇报，对杨凌示范区在绿化景观建设中采取种植特色果树的做法给予了肯定，要求加快建设园林杨凌，让杨凌人生活在更加优美的环境里。

7月11—12日，省总工会副主席、省劳动竞赛委员会办公室主任毛新元，省水利厅巡视员、省水利工委主任廉泾南一行检查西安、咸阳、宝鸡、渭南等地渭河综合整治工程建设，慰问工程建设者。

8 月 22 日，李仪祉纪念馆开馆。省有关领导、中国水利学会理事长敬正书，中国水利职工思想政治工作研究会会长张印忠，黄河水利委员会主任陈小江，陕西省人大常委会副主任吴前进，陕西省副省长祝列克，省委、省政府相关部门主要负责人、咸阳市政府主要领导和社会各界人士出席了开馆仪式。省水利厅厅长王锋主持开馆仪式。

8月31日至9月1日，渭河南山支流普降中到大雨，华阴罗夫河应急分洪工程开闸蓄洪，标志渭河防洪向疏堵结合、以疏为主迈出重要一步，利用洪水资源、变水害为水利的治水思路开始显现。省治污办专职副主任党德才对工程运行管理进行了检查，强调要抓住降雨有利时机，继续蓄洪运行，及早发挥工程效益。

10 月 2 日，省人大常委会副主任张迈曾带领省级有关部门负责人参观考察李仪祉纪念馆，省水利厅厅长王锋陪同。

10 月 22 日，“喜迎十八大——千里走渭河”大型水利生态人文考察活动启动仪式在西安新城广场隆重举行。省水利厅副厅长张玉忠，省治渭办、省江河局党政主要负责同志和华商传媒集团负责人共同出席启动仪式。这次活动以“关注渭河生态，实现人水和谐”为主题，全面宣传渭河文化，展示渭河综合治理成效。

10 月 29 日下午，“千里走渭河”大型水利生态人文考察西安站高层论坛会召开。论坛会由省治渭办常务副主任党德才主持，省治渭办总工程师巨安祥、西北大学西北历史研究所教授李建超、西安丝路城市发展研究院院长范少言、省作协副主席冷梦等参加论坛发言。这次论坛为渭河综合治理融入文化元素，为推进人水和谐新渭河建设提供了新的思路。

10 月 30 日上午，灞河入渭口防汛交通桥工程开工仪式在灞河入渭口东堤上举行，省水利厅副厅长薛建兴、省治渭办常务副主任党德才，以及西安市水务局等相关部门负责同志出席开工仪式。

11 月 5 日，渭河综合整治 2012 年第三次工作会议在宝鸡市召开。会议要求，各级治渭部门深刻领会贯彻省委书记赵乐际视察治渭工程建设时的重要讲话精神，克难攻坚，迅速掀起治渭工程建设新高潮，打通渭河堤防关键点，实现堤防大贯通。省水利厅厅长王锋出席会议并作重要讲话，宝鸡市委常委、常务副市长乔军出席会议并致辞，省水利厅副厅长张玉忠主持会议，省治渭办常务副主任党德才通报全省治渭工程进展情况。

11 月 20 日，全国政协副主席万钢、水利部副部长蔡其华参观第 19 届杨凌农高会水利新技术专题展厅，观看东庄水利枢纽模型。省政协主席马中平，省委副书记孙清云，省委常委、常务省长娄勤俭，省委常委、省委秘书长刘小燕，副省长祝列克，省水利厅厅长王锋陪同。

11 月 29 日，陕西省第十一届人民代表大会常务委员会第三十二次会议审议通过《陕西省渭河流域管理条例》，自 2013 年 1 月 1 日起施行。

2013 年

2 月 22 日，副省长、治渭总指挥祝列克带领省级有关部门负责同志检查渭河咸阳段整治工程，对堤顶硬化、滩区绿化、水面景观、生态公园建设以及工程的施工质量等工作提出新的要求。祝列克强调，各市县要进一步夯实责任，全力以赴促进度，精益求精保质量，千方百计筹资金，加快支流口交通桥、无堤段、高坎段等工程建设，确保年底前实现渭河堤防全线贯通。

2月24日，泾河东庄水利枢纽工程建设动员会在咸阳市礼泉县叱干镇举行。省委常委、常务副省长江泽林主持，副省长祝列克对工程建设进行部署，黄河水利委员会副主任薛松贵讲话，咸阳市委书记姜峰表态发言。省人大、省政协、省军区、省政府办公厅及有关部门主要负责同志及省水利厅厅直单位和机关处室负责人、工程设计、施工、监理单位代表和周边自发前来的群众约600人参加了建设动员会。

3月21日，省渭河综合整治总指挥部召开2013年第一次工作会议，表彰先进集体和先进个人，与治渭5市（区）、省江河局签订2013年目标责任书。省水利厅厅长王锋总结了2012年渭河综合治理工作，部署了2013年的治渭建设任务，要求2013年确保实现630千米堤防全线贯通。会议由张玉忠副厅长主持。指挥部成员单位、沿渭各市（区）政府及各县（市、区）渭河综合整治工程指挥部负责人、水利（务）局长、治渭办主任和水利厅相关处室、省江河局负责同志参加会议。

4月1日，省长娄勤俭一行赴渭南市检查指导抗旱工作。副省长祝列克、省水利厅厅长王锋和副厅长薛建兴陪同。

5月15日，省治渭办主任、水利厅厅长王锋带队检查宝鸡市岐山、眉县段和西咸新区秦汉新城段渭河综合整治工程，要求有关各方抢抓当前有利时机，加快建设进度，加强质量管理，打造精品工程。同时对渭河防汛工作进行部署。省治渭办专职副主任党德才陪同检查。

6月15日，省水利厅党组成员、省水保局局长张秦岭带领水保局52名副处以上干部赴渭河西安草滩城市段综合治理区、渭南市北大堤综合治理工程建设现场和华阴罗夫河应急分洪利用现场，开展“学习渭河治理经验、促进水保生态建设”调研活动。省治渭办常务副主任党德才向水保局调研组介绍了渭河综合整治的基本情况。

7月25日，水利部副部长矫勇、总规划师周学文，黄河水利委员会主任陈小江一行在省政府副省长祝列克、省水利厅厅长王锋陪同下，深入礼泉县泾河峡谷视察东庄水利枢纽坝址，调研工程前期工作。水利部规计司常务副司长汪安南、水规总院副院长梅锦山、黄河水利委员会规计局局长张俊峰、黄河设计公司董事长李文学，省水利厅副厅长魏小抗、总工程师王建杰等一同调研。

7月29日，省长娄勤俭视察调研渭河杨凌段和秦汉新城段渭河综合整治工程，听取省水利厅厅长王锋的汇报后强调：要扎实推进渭河综合治理，确保安全度汛，进一步做好渭河治污，改善生态环境，建设美丽陕西。省委领导、西安市市长董军、省政府秘书长分别参加视察调研活动。

8月20日，副省长、治渭总指挥祝列克带队检查渭河综合整治和防汛工作，实地查看了渭河临潼段堤防加宽工程、灞河入渭口交通桥建设、渭南城区段北大堤路面硬化绿化工程、华阴罗夫河蓄滞洪区、柳叶河应急分洪工程、华县罗纹河支流堤防和防倒灌工程，对渭河治理取得的显著成绩给予肯定，强调进一步加快建设进度，落实防汛责任，确保安全度汛，实现年底前渭河堤防全线贯通。

9月12日，“美丽陕西行”大型主题采访组深入兴平市渭河阜寨段，观摩采访渭河“十里荷香”景观建设。景观区位于该市渭河堤防左岸，西起阜寨镇千佛上堤路口，东至阜寨渭河张耳桥东，全长5千米，规划总面积82公顷。景观区中心景观已基本形成，休闲、娱乐、观光、乡村旅游初见端倪。

9月23日，省水利厅组织申报的“陕西省渭河流域管理模式研究”项目，正式获得亚洲开发银行批准的援助资金35万美元。这是陕西省该年唯一也是水利系统获得的首个亚洲开发银行技术援助项目。

10月10日，省长娄勤俭主持召开会议，听取省水利厅厅长王锋关于重大水利工程建设情况汇报，研究确定加快引汉济渭、东庄水利枢纽、渭河综合整治、汉江综合治理等重大水利工程项目建设实施相关事项。副省长祝列克和副秘书长王拴虎、张光进及省重大水利工程建设领导小组成员单位负责人参加会议，省水利厅副厅长管黎宏、张玉忠和总工程师王建杰列席会议。

10月15日，省治渭办在西安市草滩堤段召开渭河堤顶路面管理工作现场会，推广西安市堤顶路面禁止机动车辆通行的有效措施，要求各地坚决落实王锋厅长在渭河综合整治工作座谈会上的讲话精神，让广大群众安全共享治渭成果。省水利厅副厅长张玉忠参加会议并讲话，省治渭办常务副主任党德才主持会议。省治渭办总工程师巨安祥，沿渭各市（区、县）水利（水务）局负责人、治渭办主任参加了会议。

11月15日，省水利厅在渭河西安段西安湖举行2013年渭河流域水生动物增殖放流活动。这是渭河全流域第一次，也是近5年数量最多的一次增殖放流活动。

2014年

1月28日，省防总总指挥长、副省长祝列克带领省级有关部门负责人深入西安市鄠邑区天桥镇水磨头村检查指导抗旱工作，副厅长魏小抗陪同。

3月26日，中国国际工程咨询公司党组书记、副总经理裴真一行在现场调研的基础上，与陕西省就东庄水利枢纽项目建议书评估工作进行座谈。祝列克副省长出席并主持座谈汇报会，省水利厅厅长王锋汇报东庄水利枢纽前期工作，省政府副秘书长王拴虎参加座谈会。

4月4日，副省长祝列克赴宝鸡市调研渭河综合整治工作，要求宝鸡市以规划为引领，统筹实施好堤顶道路、支流口交通桥、生态景观等各项工程，高质量、高标准完成渭河综合整治；加快渭河上游干流段防洪工程建设，提高城区防洪设防标准，确保防洪安全；加强湿地保护和渭河水系、景观公园建设，打造渭河综合整治新亮点。

4月13—18日，中国国际工程咨询公司在北京召开泾河东庄水利枢纽项目建议书评估会议，同意该项目建议书通过初步评估。陕西省副省长祝列克，省水利厅厅长王锋、副厅长魏小抗、总工程师王建杰参加会议。

4月23日上午，渭河综合整治工作会议在西安召开。水利厅厅长王锋部署2014年治渭工程任务，与沿渭各市（区）签订了2014年建设任务目标责任书。

4月23日下午，省长娄勤俭主持召开省重大水利工程建设领导小组会议，研究解决水利建设有关问题，要求有关各方相互配合、共同推动，全面加快渭河综合治理、引汉济渭等重点水利工程建设步伐。娄勤俭要求用发展的眼光规划关中地区水系，尽可能地聚集水、留住水，形成良性的水生态环境，让水资源真正成为造福人民群众的宝贵财富。副省长祝列克、省政府秘书长、省重大水利工程建设领导小组成员和省水利厅副厅长管黎宏、总工程师王建杰等参加会议。

5月28日，省长娄勤俭就推进大西安建设进行专题调研，检查渭河综合整治西安灞河入渭口堤防及桥梁工程建设。娄勤俭省长要求继续加强河道疏浚、河滩整治、水质保护和堤岸美化等工作，早日兑现省委、省政府将渭河建成安澜河、生态河和景观河的庄严承诺，为大西安建设贡献力量。

6月5日，秦汉新城渭河综合治理工程在“2014绿色中国——环保成就奖”评选中，经过层层遴选和专家评审，荣获“杰出环境治理工程奖”。该工程对于改善西咸新区基础设施和生态环境，提升城市品位，加快推进西安国际化大都市建设具有重要意义。

6月12—13日，省编办王绪刚主任一行在省水利厅副厅长管黎宏、省治渭办专职副主任党德才陪同下，深入西咸新区秦汉新城段、西安草滩段、渭河詹刘险工、渭南市南北大堤现场调研工程建设和管理工作。王绪刚主任对渭河综合整治取得的重大成效给予高度评价，指出治渭工程对推动全省可持续发展和增进群众福祉意义重大，建议尽快研究确定渭河流域管理体制机制，巩固来之不易的综合治理成效，保证工程稳固持续发挥效益。

6月29日，省水土保持科普宣传系列活动暨西安水土保持科普体验馆首日开放仪式在汉城湖举行。水利部水保司司长刘震，省水利厅厅长王锋，省水利厅党组成员、省水保局局长张秦岭等参加活动仪式。

7月3日，国办督查室第七督查组组长、水利部部长陈雷，副组长、人力资源和社会保障部副部长信长星一行赴渭河秦汉新城段堤防工程调研，强调渭河综合整治要加强质量监管，抓好安全度汛，提升治理理念，打造文化景观。陈雷部长表示，水利部对渭河综合治理将继续给予资金支持，要求陕西省、市、县各级要加大资金筹措力度。副省长祝列克，省政府副秘书长王拴虎，省水利厅厅长王锋，省治渭办常务副主任党德才、总工程师巨安祥等参加调研。

7月10日，省政府召开渭河综合整治专题会议，落实娄勤俭省长关于渭河综合整治的指示精神，安排渭河综合整治冲刺建设阶段工作任务，落实沿渭各级政府和省级有关部门工作责任。副省长祝列克要求沿渭各级要自觉担当渭河综合整治建设任务，善始善终、善作善成，加快工程建设，确保工程质量，提早谋划监管体制机制，确保2015年6月底实现渭河综合整治工程主体建成；要求沿渭各级政府、各有关部门要增强合力，保障资金需求，破解难点问题，确保如期完成建设任务，保证2015年6月的竣工仪式如期举行。

8月21日，陕西水利博物馆正式挂牌，省水利厅厅长王锋为陕西水利博物馆揭牌，副厅长张玉忠主持挂牌仪式。

9月15日，由水利部、中国产业报协共同组织的“碧水蓝天万里行”，中央级媒体记者现场参观采访、集中报道渭河综合整治西安草滩段，咸阳城区段，杨凌水面工程、宝鸡虢镇及城区段工程。

10月9日，省水利厅副厅长张玉忠、总工程师王建杰带领省治渭办、省水电设计院、宝鸡峡管理局负责同志对宝鸡市小水河进行了实地查勘，对3处拟选坝址的可行性进行了初步分析论证，认为建设宝鸡市小水河水源工程对补充渭河生态用水、提升综合整治成效、深化生态文明建设具有重要意义。张玉忠要求各有关部门尽快开展前期工作，尽快拿出小水河流域自行调节及引干入支方案，为领导决策提供依据。

10月17日，省水利厅副厅长张玉忠主持召开沿渭各市（区）治渭办主任会议。会议围绕2015年6月底完成渭河综合整治主体工程，部署了第四季度治渭工作，要求各市县突出重点、攻坚克难、倒排工期，集中力量打好冲刺会战；要求重点抓好泾河跨河大桥、咸阳铁路桥、宝鸡市开发区大桥、光纤通信、滩面整治和高压线路改建工程建设。沿渭各市（区）治渭机构、省江河局、省治渭办负责同志参加会议。

10月22日下午，第十八届海峡两岸水利科技交流研讨会的160多位代表，参观渭河综合整治西安草滩段、西咸新区段治理段工程。来自台湾大学、台湾联合大学、屏东科技大学、成功大学、中华大学等10多所高等院校以及台湾自来水公司、南区水资源局等单位的参会代表参加了这次活动。

11月10日，陕西省水利厅、渭南市人民政府联合举行渭河流域渭南段水生动物增殖放流活动启动仪式。在启动仪式主会场，农业部渔业环境水产品质量监测中心（西安）宣读了放流环境评估报告，陕西省水生动物防疫检疫中心宣读了检疫结果，随后进行了鱼种放流，渭南市公证处对整个放流活动进行现场公证。此次放流活动对巩固渭河治理成效、进一步维护和改善渭河水域生态环境，维系渭河生物多样性和生态平衡、净化水质、确保水生态安全、促进生态文明建设、实现人与自然和谐具有重要意义。

11月26—27日，水利部水利水电规划设计总院在北京组织召开泾河东庄水利枢纽可行性研究阶段地质勘察咨询会议。水利部水利水电规划设计总院副院长刘志明、中国勘察大师陈德基等11名全国知名地质专家参加会议。省水利厅厅长王锋出席会议并讲话，总工程师王建杰参加会议。

2015年

1月20日，省水利厅副厅长薛建兴主持召开《渭河综合整治志》编纂工作会议，对编纂工作进行部署，要求各参编单位提高认识，确保按要求完成资料收集与编纂工作。

2月4日，省水利厅厅长王锋深入渭河综合整治西安段进行检查调研，充分肯定了渭河西安城市段整治成果，要求有关各方再接再厉，从严从细管护，真正让治渭成果惠及广大群众。

2月28日，斗门水库建设动员会在西咸新区沣东新城举行。副省长祝列克主持动员会，省长娄勤俭作动员讲话，省委常委江泽林、刘小燕，省人大常委会副主任吴前进，省政协副主席郑小明出席会议，西安市委、市政府领导，省水利厅厅长王锋、副厅长薛建兴、总工程师王建杰，省林业厅和西咸新区等负责人参加动员会。

3月13日，省政府召开渭河综合整治座谈会，总结2014年工作，部署2015年工作。会议要求省级有关部门和沿渭各市（县、区）政府认真贯彻落实习近平总书记来陕视察重要讲话精神，紧紧围绕工作目标，周密部署，夯实责任，迅速掀起治渭建设高潮，确保今年6月全面完成主体工程。会前，祝列克副省长带领省级有关部门负责同志实地检查了泾河入渭口堤防和浐灞入渭口连接桥工程。省发改委、省财政厅、省国土资源厅和沿渭各市（区）政府主要负责同志，省治渭办、省江河局主要负责同志参加会议。

3月19日，宝鸡市在眉县霸渭生态区召开渭河百里画廊建设启动仪式暨渭河综合整治推进会议，贯彻落实全省治渭座谈会议精神，组织动员沿渭各县（区）以及有关部门加快推进渭河综合整治，同时启动百里画廊建设。

3月30日，省水利厅副厅长张玉忠带队赴渭河西安临潼段、渭南赤水河桥、遇仙河桥、华县和华阴段，检查治渭工程进展情况，要求统一认识，强化领导，积极筹资，克服困难，圆满完成今年6月渭河综合整治主体工程基本建成的目标任务。

6月23—24日，省长娄勤俭检查西安、咸阳、宝鸡三市渭河流域综合治理工作。副省长张道宏，省政府副秘书长徐春华、省水利厅厅长王锋、省环保厅厅长王成文陪同检查。

6月25日，省政府召开水利项目建设推进会。省长娄勤俭主持会议并听取省水利厅厅长王锋关于重大水利工程建设进展情况汇报。副秘书长王拴虎、张光进及省重大水利工程建设领导小组有关成员单位、省政府直属部门负责人，省治渭办、省引汉济渭公司及厅机关有关处室负责人参加会议。

8月24日，省长娄勤俭主持召开关中水系规划及“十三五”水利发展规划汇报会，要求切实转变治水理念，尽可能聚集水、留住水、用好水，加快推进关中水系和重大水利工程建设。省政府副秘书长王拴虎，省水利厅厅长王锋，副厅长管黎宏、魏小抗，总工程师王建杰、总规划师黄兴国参加会议。

10月13日，河南黄河河务局带领濮阳、郑州、开封、豫西、新乡、焦作6个黄河河务局工程管理主管领导及河南黄河勘测设计研究院领导一行对渭南河务局工程管理工作进行了实地调研。

2016年

1月13日，陕西省政府召开第8次专项会议，确定沿渭河两岸堤防向外侧划定一定范围设立渭河生态区，并成立省渭河生态区管理委员会和省渭河生态区管理局。省渭河生态区管委会主任由主管副省长兼任，省政府分管副秘书长、水利厅和沿渭各设区市政府主要负责同志任副主任。省渭河生态区管理局专门负责渭河生态区红线划定、规划编制、开发审批、保护利用、采砂许可、岸线用途管制等工作。

2月23日，省水利厅厅长王拴虎一行深入西安涝河流域，现场调研渼陂湖建设前期工作。

3月2日，省政府政研室主任杨三省一行到省水利厅就涝河渼陂湖水系生态修复开展专题调研。省水利厅厅长王拴虎出席，省水利厅副厅长管黎宏主持调研座谈会。

3 月 22 日 省委副书记胡和平赴东庄水利枢纽工程现场调研，省水利厅厅长王拴虎、咸阳市市长卫华、礼泉县委书记王强民陪同，东庄水利公司负责人肖宏武、东庄办主任雷春荣汇报东庄水利枢纽前期工作与准备工程进展情况。

4 月 6 日，省水利厅在白水县召开全省农村饮水安全巩固提升工作现场会，总结“十二五”成效和经验，部署“十三五”和 2016 年农村饮水安全工作。省水利厅厅长王拴虎出席会议并讲话。省水利厅副厅长席跟战主持会议。

4 月 27 日，省水土保持局党委书记张武俊一行检查宝鸡陈仓区在“百湖千池万顷水面”工程中修建的周原镇油坊村，慕仪镇第四村、慕仪村等三座涝池，确定这 3 座涝池为全省示范工程。

4 月 29 日，省水利厅厅长王拴虎赴国家发改委、水利部，重点就引汉济渭二期（输配水）工程建设、东庄水库可研审批、渭河岸线管控纳入国家试点及渭河生态区建设等工作进行衔接汇报，争取国家对陕西省重大水利工程和水生态文明建设的支持。副厅长管黎宏陪同。

5 月 18 日，副省长庄长兴对宝鸡虢镇污水处理厂运营情况进行专题调研。省发改委、住建厅、交通厅等部门负责人陪同调研。

6 月 1 日，省水利厅在省泾惠渠渠首郑国渠遗址组织开展“扮靓古渠，我为申遗做贡献”主题志愿服务活动。120 名青年志愿者在千年古渠渠首清扫道路、捡拾垃圾、清理杂物，志愿者用自己辛勤的劳动，精心装扮古郑国渠，启动仪式上，省水利厅副厅长魏小抗向志愿服务队颁授队旗。

6 月 4 日，省长胡和平在渭南检查防汛备汛工作时指出，要以对人民群众高度负责的态度做好防汛备汛工作，确保安全度汛。省政府秘书长、省水利厅厅长王拴虎、副厅长魏小抗陪同检查。

6 月 7—8 日，受国际灌排委委托，由国际灌排委荣誉主席、中国水利水电科学研究院总工高占义率领的专家组对陕西省申报的郑国渠世界灌溉工程遗产进行了现场评估。来自国家灌排委、水利部有关司局、中国水科院、中国水利史研究所、清华大学的各位专家，深入陕西水利博物馆、郑国渠遗址区和省泾惠渠灌区，参观陕西水利发展史展，实地踏勘遗址保护现状及省泾惠渠灌区发展、建设和管理情况，并召开座谈交流会提出意见建议。省水利厅厅长王拴虎接见了专家组成员，省水利厅副厅长魏小抗、副巡视员李新华陪同检查。

6 月 13 日，省水利厅副厅长张玉忠主持召开专题会议，研究西安市城市应急供水工程涝渭水源地（地下水）以及西咸新区沣西新城给水厂应急水源地工程水资源论证工作。

7 月 5 日，省水利厅在宝鸡召开全省农村涝池修复整治工作现场会。全省各有关市、县（区）水利（务）局局长、水保站站长 150 多人参加会议。

8 月 9 日，省委书记娄勤俭到灞渭桥车游湿地进行调研，了解渭河生态区建设总体规划，考察滩区整治、湿地景观建设等情况。强调要一张蓝图干到底，按照系统治理的要求，加快渭河生态区建设。西安市委领导，省委常委、省委秘书长刘小燕一同调研。省水利厅厅长王拴虎、副厅长张玉忠、省治渭办专职副主任党德才，省级有关部门负责同志参加了考察调研活动。

8月11日，省水利厅厅长、省防总指挥长王拴虎带领有关部门负责同志在石头河水库大坝枢纽检查防汛备汛情况，研判形势，安排陕西省水库安全度汛工作。

11月8日，省水利厅厅长王拴虎赴咸阳市调研高效节水灌溉工程和冬春基本农田建设项目，咸阳市委书记岳亮参加调研。

11月30日，水利部水利建设管理督察室专员祖雷鸣一行5人在省水利厅副厅长张玉忠等人陪同下，对渭河水域岸线及水生态空间工作进行了专题调研。

2017年

3月22日，省水利厅印发《江河库渠水系联通联控联调扩面增效方案》（简称《方案》），要求深化江河库渠水系联通联控联调，西咸新区区域雨水、地表水与地下水立体调节试点向秦岭北麓延伸，深化杨凌渭河流域汛期错峰调蓄试点向渭北延伸，深化水库主汛期安全运行调度试点向陕南延伸，深化涝池、塘坝、站窖涝时蓄水旱时取水枯丰调节试点向陕北延伸，确保江河库渠水系联通联控联调扩面增效取得实效，进一步促进全省水资源优化配置和时空均衡，不断提升全省水安全保障能力。

3月31日，宝鸡市印发《关于做好渭河沿线禁止采砂有关工作的通知》，全面开展渭河沿线禁止采砂工作，集中整治渭河生态区内砂石乱堆乱放和非法采砂反弹的现象，以实际行动推动河长制全面落实。

6月6—8日，中共中央政治局常委、全国人大常委会委员长张德江在陕西省委书记娄勤俭、省长胡和平等领导分别陪同下，在陕西检查固体废物污染环境防治法实施情况期间，考察渭河西安段、汉江汉中段综合治理。省委常委、西安市委书记、渭河西安段省级河长王永康，省水利厅厅长、省河长办主任王拴虎，西咸新区秦汉新城党委书记、管委会主任、渭河秦汉新城段区级河长杨占文在渭河西安段汇报了西安市利用综合治理固体废物防治利用、渭河治理及河长制推行情况。

6月23日，省水利厅厅长王拴虎先后来到咸阳市渭城区渭河滩区生态治理现场、咸阳湖二期水景观建设工地和东庄水利枢纽前期工程建设现场调研检查，咸阳市委书记岳亮一同调研。

8月1日，省渭河生态区管理局负责人与旅游发展委员会相关负责人座谈交流渭河生态区旅游产业发展工作。旅游发展委员会领导介绍了近年省旅游发展的情况，认为渭河生态区要借省全域旅游发展的东风，以文化、旅游、生态等产业融合发展为基础，通过重大项目引领，把渭河建成千里生态走廊。旅游发展委员会负责人表示，省旅游发展委员会将对渭河生态区旅游项目和基础设施建设提供支持与帮助，并欢迎省渭河生态管理局参加2017西安丝绸之路国际旅游博览会，宣传渭河综合治理取得的成就。渭河生态区管理局负责人介绍了渭河综合治理和渭河生态区规划建设项目情况，提出今后在渭河生态区建设上要实现产业融合发展，不断吸收旅游产业先进的经验，通过创新发展，把渭河打造成安澜河、生态河、景观河、文化河和致富河，并对省旅游发展委员会对水利事业多年的支持表示感谢。

8 月 4 日，省渭河生态区管理局与省自然资源厅相关负责同志座谈对接渭河水流产权确权试点工作。对试点工作中范围划定、勘界标准和经费筹集等具体工作进行了认真商讨，达成共识，并对下一步工作开展提出了思路和措施，为试点工作有序推进奠定了基础。

8 月 11 日，省渭河生态区管理局主要负责人专题调研渭河渭南城区段滩面整治及水景观工程建设情况，落实陕西省总河长调研渭南市提出的“完善防洪体系，重构生态自愈机制，突出人水和谐亲水理念，真正把渭河及其支流建成安澜河、生态河、景观河、文化河、致富河”的指示精神。要求尊重自然属性，因地制宜，因势利导，加快工程建设进度，早日让群众享受建设成果。

9 月 13 日，省水利厅、省自然资源厅联合召开渭河水流产权确权试点工作会，全面启动实施陕西省渭河水流产权确权试点工作，共同探索“渭河试点路径”协同推进“陕西试点实践”，省政府副秘书长薛建兴主持会议并讲话，省水利厅厅长王拴虎、省自然资源厅厅长杨忠武分别讲话，省自然资源厅副厅长卢勇和省渭河生态区管理局局长党德才分别对渭河水流产权确权试点和自然资源统一确权登记试点工作进行了部署。

12 月 25 日，陕西省渭河生态区管理局与大广天下投资控股集团有限公司签署战略合作框架协议。根据协议，双方将共同推进渭河生态区内生态农业的发展，通过“一带一路”农业与食品交易信息平台，以省农业品牌产品、“一带一路”共建国家农业产品为核心，在渭河生态区内布设生态农业馆，建设“一带一路”大宗农产品或绿色有机产品交易大数据中心，将渭河生态区打造为国内一流的农产品展示、仓储、销售、配送、物流中心。

2018 年

4 月 9 日，省渭河生态区管理局与利亚德光电集团公司签署战略合作框架协议。根据协议，双方将共同推进渭河生态区内文化旅游、体育运动产业的发展，依托陕西省渭河生态区建设总体规划，利用渭河生态区的资源优势，发挥利亚德光电集团在视听、文旅、科技、夜游经济等领域的优势和经验，共建渭河生态区幸福产业，打造特色文化旅游项目。省渭河生态区管理局将在项目准入、建设等方面，积极支持利亚德光电集团在陕企业的发展。

4 月 26 日至 27 日，省江河局负责人带领局计划处、执法处、信息中心、防汛办、养护公司相关人员，到渭河下游检查防汛准备工作。

5 月 17 日，宝鸡市召开《渭河“一河一策”方案》征求意见会，就该方案内容征求各有关县区、河长制责任单位意见和建议。

5 月 28 至 29 日，省水利厅副厅长张玉忠带领检查组，对陇县千河重要支流神泉大桥至新陇大桥段防洪治理工程、段家峡水库、天成镇老虎沟村山洪灾害防御、宝鸡市防汛物资仓库和杨凌区渭河综合整治工程、渭河堤防险工段、防汛物资仓库等防汛重点部位、防汛薄弱环节、水利投资情况进行了检查。

6 月 11 日，渭河河长湖长会议暨渭河生态区工作会议在西安举行。省委书记、省总河长、渭河省级河长胡和平出席会议并讲话。省委常委、渭河西安段市级河长王永康，西安市政协主席、渭河西咸新区段市级河长岳华峰出席。副省长、省副总河长、省渭河生态区管理委员会主任魏增军主持。会上，省水利厅厅长王拴虎总结和安排渭河生态区建设管理工作，副厅长魏小抗、厅有关处室、厅属有关单位负责人参加会议。

6月21日，省渭河生态区管理委员会办公室召开渭河生态区建设推进会，具体落实渭河河长湖长暨渭河生态区工作会议精神，加快推进渭河生态区建设管理工作。省水利厅副厅长张玉忠讲话，要求全面贯彻渭河河长湖长暨渭河生态区工作会议精神，切实强化建设管理好渭河生态区的使命感。要深刻领会习近平生态文明思想对渭河生态区建设管理的指导意义，充分理解省委、省政府设立渭河生态区对关中乃至陕西生态文明建设的重要意义，清醒认识当前渭河生态区建设管理工作面临的不足和问题。

7月11日16时，渭河干流魏家堡水文站实测流量达到4300立方米每秒，水势上涨。面对严峻的防汛形势，咸阳市于7月11日16时40分启动渭河Ⅲ级防汛应急响应。

8月22日，省水利厅副厅长张玉忠检查渭河渭南市城区段生态修复、华州区段堤防及绿化管理维护、华阴市长涧河蓄滞利用工程建设和潼关县三河汇流区生态修复情况。对渭河生态区建设取得的成效给予充分肯定，针对存在的问题与地方共同商讨对策，提出解决措施。

11月7日，省水利厅厅长王拴虎赴杨凌示范区调研渭河生态区建设工作，先后查看了杨凌示范区水面生态景观工程二期、标准砂石厂以及河湖联通联控联调工程现场。省渭河生态区管理局局长党德才、杨凌示范区党工委副书记刘天雄陪同调研。

12月19—22日，水利部副部长蒋旭光对省引汉济渭、东庄水利枢纽、渭河生态区建设和中小河流治理进行调研。省水利厅厅长王拴虎，副厅长管黎宏、席跟战、魏小抗分段参加调研。

2019年

3月19日，省水利厅厅长王拴虎赴西安市调研西咸新区沣西新城交大创新港段渭河滩面治理工程、周至县黑河沿线水生态修复利用工程、黑河108国道桥上游拦水坝工程和黑河坝后电站小水电清理整治工程。西安市副市长杨广亭、沣西新城管委会主任刘宇斌、省水利厅总规划师黄兴国陪同调研。

4月19日，省审计厅厅长赵宝田一行对省渭河综合治理及渭河生态区建设进行调研。副厅长席跟战、省渭河生态区保护中心主任党德才参加调研。

4月24日，省水利厅副厅长魏小抗现场调研督导渭河宝鸡段河湖“清四乱”专项行动工作。

4月26日，省河长办主任、省水利厅厅长王拴虎主持召开省河长制办公室暨渭河生态区管委会办公室主任办公会议。省检察院副检察长黄河，省河长办副主任、省生态环境厅副厅长李敬喜，省河长办副主任、省水利厅副厅长魏小抗，省公安厅环境与食品药品犯罪侦查总队队长、副厅级侦察员王明峰参加会议。

4月30日，渭河河长湖长暨渭河生态区工作会议在咸阳召开，省委书记、省总河长、渭河省级河长胡和平出席并讲话。副省长、省副总河长魏增军主持会议。副省长、渭河宝鸡段市级河长徐启方，西安市市长、渭河西安段市级河长李明远，西安市政协主席、渭河西咸新区段市级河长岳华峰参加会议。

5 月 5—7 日，水利部发展研究中心副主任李肇桀带领由水利部和自然资源部组成的评估调研组，对省渭河水流产权确权试点工作进行评估调研。省水利厅厅长王拴虎参加调研座谈会，巡视员张玉忠，省渭河生态区保护中心主任党德才陪同调研。

6 月 11 日，东庄水利枢纽工程初步设计报告获水利部批复。

6 月 14 日，省水利厅副厅长丁纪民检查指导交口抽渭管理局夏灌抗旱、灌区农业水价综合改革和全国农业水价综合改革座谈会筹备工作。

6 月 28 日，省首家以水文勘测为主题的专业博物馆在陕西水利博物馆开馆。总工程师王建杰宣布开馆，水利部水文司副司长张文胜讲话，黄河水利委员会水文局、长江水利委员会水文局、省水文水资源勘测局主要负责同志分别致辞。

7 月 3 日，省水利厅厅长王拴虎赴扶风县调研城乡供水融合发展工作。

7 月 8 日，引汉济渭二期工程环境影响报告书获生态环境部批复。

7 月 10 日，水利部副部长叶建春来陕调研渭河生态区建设工作，水利部规计司司长石春先、省水利厅厅长王拴虎、西安市副市长强晓安、西咸新区管委会副主任姚海军陪同调研。

7 月 12 日，省水利厅厅长王拴虎赴西安市调研城乡供水融合发展，水源保护、水保加强、水电退出等工作。

7 月 16 日，省水利厅厅长王拴虎调研咸阳城乡供水、引汉济渭二期工程输配水线路规划等情况。咸阳市市长卫华、副市长程建国陪同调研。

7 月 19 日，省水利厅在石头河水库组织开展 2019 年大型水库防汛调度演练。

7 月 31 日，省水利厅厅长王拴虎赴宝鸡市调研秦岭北麓水生态修复工作。宝鸡市副市长高建华陪同调研。

9 月 11—12 日，省水利厅厅长王拴虎赴宝鸡市陇县和千阳县调研城乡供水工作。宝鸡市副市长高建华陪同调研。

9 月 23 日，省水利厅厅长王拴虎赴郑国渠遗址和陕西水利博物馆调研水利文化宣传教育融合发展工作。副厅长魏小抗陪同。

10 月 8 日，省水利厅副厅长丁纪民赴西安市周至县督导秦岭区域小水电站有序退出工作。

10 月 9 日，省水利厅厅长王拴虎赴东庄水利枢纽工程现场，检查建设进展情况并慰问一线建设者。副厅长魏小抗陪同。

10 月 9—10 日，省水利厅副厅长丁纪民调研陕西省三门峡库区防洪工程调度管理工作。

10 月 16—18 日，长江水利委员会联合黄河水利委员会组织对宁西二线铁路（西安局段）水土保持设施自主验收进行核查。

11 月 5—6 日，省水利厅厅长、省河长制办公室主任王拴虎检查督导咸阳市、杨凌示范区河湖“四乱”清理整治和管理范围划定工作。咸阳市副市长程建国陪同。

11 月 7—8 日，省水利厅厅长、省河长制办公室主任王拴虎检查督导西咸新区、西安市河湖“四乱”清理及范围划定工作。西安市水务局局长吕强陪同。

11 月 23—24 日，水利部副部长陆桂华一行调研省黄河流域水土保持工作。省人大常委会副主任、榆林市委书记戴征社，省水利厅厅长王拴虎一同参加调研。

11 月 25 日，省水利厅厅长王拴虎深入淳化县城关街道办和相互塬村，调研农村饮水突出问题四级回访机制落实情况，看望相互驻村帮扶对象和省水利厅驻村干部。

12 月 1 日，由黄河上中游管理局、省发展改革委、省教育厅、省科技厅、省自然资源厅、省生态环境厅、省水利厅联合主办的落实“黄河流域生态保护和高质量发展”战略座谈会，在西安理工大学举行。省水利厅副厅长魏小抗致辞并为黄河研究中心揭幕。

12 月 5 日，水利部副部长陆桂华检查秦岭北麓及引汉济渭工程水土保持工作。副厅长管黎宏陪同。

2020 年

1 月 9 日，2020 年度世界灌溉工程遗产候选工程评审会在中国水科院召开，具备申遗资格的全国九大灌区依次作了汇报，陕西省“龙首渠引洛古灌区”在激烈竞争中脱颖而出，成为黄河流域唯一一家入围灌区。

3 月 9 日，省水利厅副厅长丁纪民赴大荔县检查农村饮水安全脱贫攻坚和氟病区改水工作。

3 月 11 日，省水利厅副厅长丁纪民赴彬州市、乾县专项核查群众网络反映“吃水难”问题。

3 月 12 日，省水利厅厅长王拴虎赴东庄水利枢纽工程建设现场调研指导疫情防控、复工复产和贫困劳动力就业工作，副厅长魏小抗陪同调研。

3 月 17 日，省水利厅厅长王拴虎带领厅第一调研督导组对蓝田县农村饮水工程建设管护运行问题排查整改落实、渭河生态区建设疫情防控、复工复产工作进行调研督导，西安市委常委、统战部部长杨广亭，省渭河生态区保护中心、西安市水务局主要负责同志陪同调研。

3 月 18 日，省水利厅厅长王拴虎带领厅第一调研督导组，对西安市农村饮水工程建设管护运行问题排查整改落实情况、水利项目疫情防控和复工复产进行调研督导。西安市委常委、统战部部长杨广亭，省渭河生态区保护中心、引汉济渭工程建设有限公司、西安市水务局主要负责同志陪同调研。

3 月 19 日，省水利厅厅长王拴虎带领厅第一调研督导组对咸阳市农村饮水工程建设管护运行问题排查整改落实情况和水利扶贫脱贫攻坚工作进行明察暗访，咸阳市副市长程建国、省渭河生态区保护中心主要负责同志陪同调研。

4 月 1 日，省水利厅厅长王拴虎主持召开黄河流域生态保护和高质量发展涉水工作专班会议，副厅长管黎宏参加会议。

4 月 16—17 日，省水利厅厅长王拴虎赴杨凌示范区调研督导河长湖长制实施、渭河生态区建设、农村饮水安全问题整改落实和城乡供水融合发展等工作，分别与杨凌示范区党工委书记李婧、管委会常务副主任李九红交流，杨凌示范区管委会副主任蒋展宏陪同调研。

4月23日，省水利厅厅长王拴虎调研督导西咸新区农村饮水安全问题整改落实工作。西咸新区管委会有关负责同志陪同调研。

4月27日，省水利厅厅长王拴虎暗访淳化县城关街道办相丁互塬村，推进农村饮水安全四级回访机制运行见效情况。

5月7日，省河长制办公室召开陕西省黄河“清河行动”推进和涉河违法建设项目整改推进会。省河长制办公室副主任、省水利厅副厅长魏小抗出席会议并讲话。

5月8日，省水利厅副厅长丁纪民赴淳化县城关镇丁互塬村检查。

5月12日，省水利厅厅长王拴虎赴宝鸡市调研江河洪水和山洪灾害防御、库坝安全度汛、农村饮水安全工作。

5月14日，省水利厅厅长王拴虎赴商洛市、西安市调研督导农村饮水安全问题整改落实工作。

5月25日，省水利厅厅长王拴虎赴西咸新区沣西新城大王镇梧南村、鄠邑区甘亭街办麦张寨村了解村民饮水安全状况并查看水量、水质、方便程度和供水保证率，实地调研“三排查三清零”进展情况。

5月25日，水利部专项稽查组在西安召开2020年重大水利工程（东庄水利）稽查启动会。稽查组组长赵勇主持会议，专家组组长孙宗海参加会议。省东庄公司党委书记、董事长肖宏武作工作汇报。

5月26日，省水利厅厅长王拴虎主持召开渭河流域水生态治理修复工作专题会议。副厅长席跟战参加会议。

5月27日，省水利厅厅长王拴虎赴渭南市调研督导氟改水工作和“三排查三清零”进展情况。

5月28日，省水利厅听取西安市水务局关于全域治水工作汇报，省水利厅厅长王拴虎主持会议并讲话，副厅长管黎宏出席会议。

6月3—5日，省水利厅厅长王拴虎带领工作专班，赴京向水利部汇报衔接淤地坝建设和除险加固、渭河水生态修复项目等相关工作。

6月4—5日，省水利厅副厅长魏小抗带队深入省石头河水库灌溉中心，调研水库大坝安全运行管理、河道及水利工程管理范围划定工作。

6月8日，省水利厅厅长王拴虎赴铜川市调研督导水旱灾害防御和农村饮水安全工作。铜川市副市长白崇军、省水利厅总规划师黄兴国陪同调研。

6月9日，省水利厅厅长王拴虎调研宜君县拟列入国家重点生态功能区涉水事项。铜川市市长李智远、铜川市副市长白崇军、省水利厅总规划师黄兴国陪同调研。

6月10日，省水利厅在西安市鄠邑区渼陂湖水系生态区（一期）水利项目施工现场召开全省水利工程质量安全提升现场观摩会。水利厅二级巡视员李国平出席活动并讲话。

6月30日，省水利厅厅长王拴虎在铜川市耀州区调研农村饮水安全工作。

7月1日，省水利厅副厅长魏小抗带队暗访检查西咸新区芋子沟水库安全运行管理工作。

7月7日，省水利厅厅长王拴虎深入咸阳市淳化县城关街道办丁互塬村检查水利脱贫攻坚工作，在泾阳县兴隆镇杨赵村调研督导农村饮水安全整改落实情况。咸阳市副市长程建国陪同调研。

7月13日，省水利厅厅长王拴虎赴西安市鄠邑区督导检查秦岭水生态修复保护工作。

7月16日，省水利厅副厅长魏小抗赴省泾惠渠灌区西郊水库及桃曲坡水库灌区红星、尚书水库检查指导水库及灌区防汛工作。

7月17日，省水利厅厅长王拴虎在咸阳市调研水灾害防御和农村饮水安全工作。

7月29日，省水利厅厅长王拴虎赴宝鸡市陈仓区、金台区调研农村饮水安全工作。

8月8日，省防总指挥长、水利厅厅长王拴虎赴宝鸡市调研江河超标洪水警戒、库坝安全度汛、局地山洪降水量、涨水水位等情况。

8月10日，省水利厅组织开展2020年陕西省黄河渭河流域水库联合调度演练。省防总指挥长、省水利厅厅长王拴虎做点评总结，省防总秘书长、省水利厅副厅长兼省应急管理厅副厅长丁纪民主持演练。

8月11日，省委书记刘国中到宝鸡市调研检查防汛工作。省委常委、省委秘书长卢建军，副省长魏增军、徐启方参加调研。省水利厅厅长王拴虎陪同调研。

8月12日下午，省委书记刘国中到渭南市调研检查防汛工作。省委常委、省委秘书长卢建军，副省长魏增军参加调研。省水利厅厅长王拴虎陪同调研。

8月19日上午，省水利厅二级巡视员李国平赴大荔渭河仓西控导工程，现场检查指导工程应急抢护工作。

9月8—9日，省水利厅厅长王拴虎深入宝鸡市麟游县调研农村饮水安全。

9月11日，水利部农水司副司长倪文进一行到西安市临潼区交口街办交口供水站现场调研苦咸水改水工程建设情况。省水利厅副厅长丁纪民陪同调研。

9月15日，省水利厅厅长王拴虎主持召开黄河流域生态保护和高质量发展涉水工作推进会。厅领导管黎宏、魏小抗、席跟战参加会议。

9月18日，召开黄河流域生态保护和高质量发展协作区第三十一次联席会议水利合作圆桌会。陕西省水利厅副厅长魏小抗主持会议。

9月25日，省水利厅与西安理工大学签署西北旱区生态水利国家重点实验室泾惠渠实验基地建设战略合作协议，省水利厅厅长王拴虎、西安理工大学校长、中国工程院院士邓铭江出席签约仪式并致辞，省水利厅副厅长丁纪民参加签约仪式，西安理工大学副校长梁淑华主持签约仪式。

10月12日，省水利厅一级巡视员管黎宏带领有关处室和单位赴石川河进行现场调研。

10月20—21日，省河长办主任、水利厅厅长王拴虎赴宝鸡市渭滨区、眉县调研河湖综合治理及保护工作。宝鸡市委常委、副市长时镇，省水利厅副厅长魏小抗一同调研。

10月21日，省水利厅副厅长、省河长办副主任魏小抗带领厅河湖运行处主要负责人沿渭河北岸暗访了渭河眉县段、杨凌段河道采砂和河道水域岸线利用项目专项整治情况，赴杨凌示范区城投集团标准化沙场了解沙场建设、运行和管理情况，查看了渭河杨凌段十四运水上项目场地建设情况。

10 月 29 日至 11 月 2 日，水利部、司法部第五监督组在水利部水保司张新玉一级巡视员带领下，深入西安市临潼区、渭南市临渭区，对黄河流域水行政执法开展了专项监督检查。省水利厅总经济师、省水保移民中心主任杨稳新陪同检查。

11 月 3 日，省水利厅厅长王拴虎赴西咸新区调研检查水生态修复工作。西咸新区沣东新城管委会党工委书记柳政一同调研。

11 月 6 日，省水利厅厅长、黄河流域生态保护和高质量发展涉水工作领导小组组长王拴虎主持召开领导小组会议。副组长丁纪民、魏小抗、张敏、席跟战参加会议。

11 月 10 日，省水利厅厅长王拴虎赴周至县调研督导秦岭小水电站清理整治、脱贫攻坚农村饮水安全和河湖范围划界“清四乱”工作。省水利厅副厅长丁纪民一同调研。

11 月 19 日，水利部水文司副司长、一级巡视员张文胜一行到渭河西安、西咸新区段调研渭河综合治理及生态区建设情况。省水利厅总规划师黄兴国陪同调研。

12 月 4 日，省水利厅厅长魏稳柱主持召开党组专题会，研究 2020 年中央水利发展资金提前下达部分预算分解建议意见和石川河生态补水有关工作。厅党组成员丁纪民、魏小抗、张敏、席跟战参加会议。

12 月 21 日，省渭河生态区保护中心召开陕西省渭河流域水生态修复规划专家咨询会。省水利厅总工程师王建杰、总规划师黄兴国、二级巡视员李新华出席会议。

附　录

一、法规、决议

（一）陕西省渭河保护条例

（2012年11月29日陕西省第十一届人民代表大会常务委员会第三十二次会议通过，根据2018年5月31日陕西省第十三届人民代表大会常务委员会第三次会议关于修改《陕西省实施〈中华人民共和国环境影响评价法〉办法》等十一部地方性法规的决定修正，2022年12月1日陕西省第十三届人民代表大会常务委员会第三十七次会议修订）

陕西省人民代表大会常务委员会公告

〔十三届〕第八十八号

《陕西省渭河保护条例》已于2022年12月1日经陕西省第十三届人民代表大会常务委员会第三十七次会议修订通过，现予公布，自2023年4月1日起施行。

陕西省人民代表大会常务委员会

2022年12月1日

目 录

第一章　总　则

第一条　为了加强渭河流域生态保护和治理，防治水灾害和水污染，推进水资源节约集约利用，改善水环境，保障水安全，推动高质量发展，保护传承弘扬渭河流域文化，根据《中华人民共和国黄河保护法》《中华人民共和国水法》《中华人民共和国水污染防治法》等法律、行政法规，结合本省实际，制定本条例。

第二条　本条例适用于本省行政区域内渭河流域的生态保护修复、水资源节约集约利用、防洪、水污染防治以及高质量发展和文化保护传承弘扬等相关活动及其监督管理。

本条例所称渭河流域，是指本省行政区域内渭河干流及其支流形成的集水区域所涉及的宝鸡、咸阳、西安、渭南、铜川、延安、榆林等设区的市的相关县级行政区域。

第三条　渭河流域生态保护和高质量发展应当遵循黄河流域生态保护和高质量发展的要求，加强污染防治，坚持生态优先、绿色发展，量水而行、节水为重，因地制宜、分类施策，统筹规划、协同推进的原则。

渭河流域实行流域管理和行政区域管理相结合、统一管理与分级负责相结合的保护治理体制。

第四条　省人民政府应当建立渭河流域统筹协调机制，落实黄河流域统筹协调机制的决策，统筹协调渭河流域生态保护和高质量发展工作，指导、监督渭河上下游、干支流、左右岸保护治理工作，审议渭河流域重大政策、重大规划、重大项目等，协调跨地区跨部门重大事项，督促检查相关重要工作的落实情况。

省渭河流域统筹协调机制应当加强与相邻省（区）渭河流域生态保护和高质量发展的沟通、协作。

第五条　省人民政府对渭河流域生态保护和高质量发展负总责；渭河流域设区的市、县（市、区）人民政府负责本行政区域内的渭河流域生态保护和高质量发展工作。

渭河流域乡（镇）人民政府、街道办事处依法做好辖区内渭河流域保护治理的有关具体工作。

第六条　渭河流域县级以上水行政主管部门负责渭河干流及其支流水资源管理利用、水旱灾害防御、水域岸线管理保护、水生态修复治理等工作；渭河流域县级以上生态环境行政主管部门负责渭河流域的水污染防治监督管理和生态保护修复的指导协调监督工作。

渭河流域县级以上发展改革、工业信息化、公安、财政、自然资源、住房城乡建设、交通运输、农业农村、文化旅游、应急管理、林业、气象、体育、文物等行政主管部门按照职责分工，做好渭河流域生态保护和高质量发展相关工作。

第七条 省水行政主管部门所属的省渭河流域保护治理机构依照法律法规规定和受黄河流域管理机构、省人民政府及其有关行政主管部门的委托，具体负责渭河流域保护治理工作，为渭河流域统筹协调机制相关工作提供支撑保障。

第八条 渭河流域实行河长制，省、市、县、乡分级分段组织领导本行政区域内渭河干流及其支流的水资源保护、水域岸线管理、水污染防治、水环境治理、水生态修复等工作。具体职责是：

（一）组织领导责任水域管理和保护治理工作，协调有关部门和单位按照职责分工推进各项工作；

（二）组织对责任水域内违法行为的清理整治，协调解决重大问题；

（三）协调明确跨行政区域水域的管理责任，协调上下游、左右岸实行联合防控；

（四）组织对有关部门和下一级河长履职情况进行督导，对目标任务完成情况进行考核。

各级河长应当依法履行河长职责，组织开展河流巡查调研，及时掌握河流健康状况，协调解决河流管理和保护重大问题。

第九条 省自然资源行政主管部门应当会同省级有关部门定期组织渭河流域土地、矿产、水流、森林、湿地等自然资源状况调查，建立资源基础数据库，开展资源环境承载能力评价，并向社会公布渭河流域自然资源状况。

省农业农村、林业行政主管部门应当按照国家规定，定期组织渭河流域野生动物及其栖息地状况普查，建立野生动物资源档案，并向社会公布渭河流域野生动物资源状况。

省水利、生态环境、林业行政主管部门应当依据职责，组织开展渭河流域水土流失、生态状况、土地荒漠化沙化等调查监测评估，并定期向社会公布调查监测评估结果。

第十条 省渭河流域统筹协调机制应当统筹协调省级有关部门在已经建立的台站和监测项目基础上，健全渭河流域生态环境、自然资源、水文、水土保持、自然灾害、气象等监测网络体系和监测信息共享机制。

省级有关部门和渭河流域县级以上人民政府及其有关部门按照职责分工，组织完善生态环境风险报告和预警机制。

第十一条 县级以上人民政府鼓励和支持开展渭河流域生态保护与修复、水资源节约集约利用、水沙运动与调控、防沙治沙、泥沙综合利用、水土保持、水文、气候、污染防治等方面的重大科技问题研究，推广应用先进技术。

第十二条 渭河流域县级以上人民政府及其有关部门应当深度挖掘弘扬渭河流域文化蕴含的精神内涵和时代价值，加强文物保护和文化遗产保护，研究文化发展脉络，保护传承发展渭河优秀传统文化，提供优质公共文化服务，丰富城乡居民精神文化生活。

第十三条 渭河流域县级以上人民政府及其有关部门应当加强渭河流域生态保护和高质量发展的宣传教育。

报刊、广播电视、新闻出版、网络媒体等应当加强渭河流域生态保护和高质量发展的公益宣传和舆论监督。

第十四条 鼓励、支持企业事业单位、社会团体、基层自治组织、志愿者等社会力量，参与渭河流域治理、生态建设和保护活动，推动高质量发展。

县级以上人民政府对在渭河流域生态保护和高质量发展工作中做出显著成绩的单位和个人，按照国家有关规定给予表彰奖励。

第二章　规划与管控

第十五条 省渭河流域综合规划应当符合省黄河流域生态保护和高质量发展规划、省国土空间规划，由省水行政主管部门会同省发展改革、自然资源、生态环境、农业农村、文化旅游、林业等行政主管部门和渭河流域设区的市人民政府编制，经省人民政府批准，报国务院水行政主管部门备案。

渭河干流及其支流水资源节约保护、防洪抗旱、水污染防治、水域岸线保护利用、河道采砂、渭河流域文化和渭河生态区保护利用等专项规划，应当符合省渭河流域综合规划，并相互衔接。

第十六条 渭河干流的水域岸线保护利用规划、河道采砂规划由省渭河流域保护治理机构组织相关设区的市水行政主管部门编制，经省水行政主管部门审核后，报省人民政府批准；属于黄河流域管理机构管理权限的，按照国家有关规定执行。

渭河支流的水域岸线保护利用规划、河道采砂规划由相关设区的市水行政主管部门组织编制，征求省渭河流域保护治理机构意见后，报本级人民政府批准；跨设区的市行政区域的支流需要编制的，由省渭河流域保护治理机构组织编制，经省水行政主管部门审核后，报省人民政府批准。

未编制水域岸线保护利用规划、河道采砂规划或者规划未经审批，不得进行水域岸线开发利用和采砂活动。

水资源节约保护、防洪抗旱、水污染防治等其他专项规划按照有关法律法规规定编制。

第十七条 省渭河生态区保护利用规划由省渭河生态区保护机构组织渭河沿岸设区的市渭河生态区保护机构编制，省水行政主管部门应当会同省发展改革、自然资源、生态环境、林业等行政主管部门和渭河沿岸设区的市人民政府审核，报省人民政府批准。

渭河沿岸设区的市渭河生态区保护机构根据省渭河生态区保护利用规划，组织编制本行政区域渭河生态区保护利用规划，经省渭河生态区保护机构审核后，报设区的市人民政府批准。

第十八条 在渭河干流及其支流河道管理范围内建设水工程，应当符合流域综合规划和相关专项规划，建设单位按照下列规定提出规划同意书申请：

（一）在渭河干流及其重要支流上建设水工程，属黄河流域管理机构审查权限范围的，报黄河流域管理机构审查；

（二）在渭河干流及其重要支流上建设其他水工程，报省水行政主管部门审查；

（三）在渭河其他支流上建设水工程的，按照管理权限报设区的市、县（市、区）水行政主管部门审查。

第十九条 经批准的规划应当严格执行，确需修改的，应当按照规划编制程序经原批准机关批准。

第二十条 省渭河流域综合规划的实施情况，由省水行政主管部门负责监督检查，并向省人民政府报告。

渭河生态区保护利用规划、渭河水域岸线保护利用规划、渭河河道采砂规划的实施情况，由省渭河流域保护治理机构负责监督检查，并向省水行政主管部门报告；其他专项规划的实施情况，由省级有关行政主管部门负责监督检查。

渭河支流专项规划的实施情况，由设区的市有关行政主管部门负责监督检查。

第二十一条 国民经济和社会发展规划、国土空间总体规划的编制以及重大产业政策的制定，应当与渭河流域水资源条件和防洪要求相适应，并进行科学论证。

渭河流域工业、农业、畜牧业、林草业、能源、交通运输、旅游、自然资源开发等有关专项规划和开发区、新区规划等，涉及水资源开发利用的，应当进行规划水资源论证。

未进行规划水资源论证或者经论证认定不符合水资源强制性约束控制指标的，规划审批机关不得批准相关规划。

第二十二条 渭河流域严格国土空间用途管制。渭河流域县级以上自然资源行政主管部门依据国土空间规划，对本行政区域渭河流域国土空间实施分区、分类用途管制。

渭河流域国土空间开发利用活动应当符合国土空间用途管制要求，并依法取得规划许可。

未经依法批准，禁止占用永久基本农田。禁止擅自占用耕地进行非农业建设，严格控制耕地转为林地、草地、园地等其他农用地。

第二十三条 渭河流域县级以上人民政府应当加强水域岸线保护，组织划定河道管理范围，实施水域岸线分区管理和用途管制。

渭河干流河道管理范围由省渭河流域保护治理机构会同设区的市水行政主管部门提出划定方案，经省水行政主管部门审查，报省人民政府批准并公告。

渭河流域重要支流和跨县（市、区）支流的河道管理范围，由设区的市水行政主管部门提出方案，报本级人民政府批准并公告。其他支流的河道管理范围，由县（市、区）水行政主管部门提出划定方案，报本级人民政府批准并公告。

县（市、区）人民政府应当组织水利、自然资源等行政主管部门根据批准的方案和河湖岸线划界技术要求划定河道管理范围，设置标牌界桩。

禁止违法利用、占用河道、湖泊水域和岸线。

第二十四条 渭河流域水电开发，应当进行科学论证，符合省国民经济和社会发展规划、流域综合规划和生态保护要求。对渭河流域已建小水电工程，不符合生态保护要求的，县级以上人民政府应当组织分类整改或者采取措施逐步退出。

第三章　生态保护与修复

第二十五条　渭河流域设区的市、县（市、区）人民政府开展生态保护与修复，应当坚持山水林田湖草沙综合治理，实行自然恢复为主、自然恢复与人工修复相结合的系统治理，采取水域岸线保护修复、入河口河道综合治理、滩区综合提升治理、水系连通、水源涵养、水土流失防治等措施，实施重大生态环境修复治理工程，统筹推进渭河流域生态保护治理与修复工作。

第二十六条　渭河流域县级以上人民政府应当采取植树造林、封山育林等措施，优化树种结构和林分结构，提高林草覆盖率，增强水源涵养能力。

第二十七条　渭河流域县级以上人民政府应当采取小流域治理、坡耕地综合整治、建设淤地坝等措施，防治水土流失。

渭河流域从事农作物、经济作物种植等农业生产活动，应当依法采取水土保持措施；可能造成水土流失的生产建设项目，生产建设单位应当依法编制水土保持方案，并按照经批准的水土保持方案，采取水土流失预防和治理措施。

第二十八条　省林业行政主管部门应当会同省水利、自然资源、生态环境等有关行政主管部门，按照湿地面积、生态区位以及维护生态功能、生物多样性的重要程度，确定省级重要湿地名录及范围，经省人民政府批准后公布。

设区的市、县（市、区）人民政府及其有关部门应当采取措施，恢复和保护湿地生态功能和生物多样性。

第二十九条　渭河流域县级以上人民政府应当组织开展渭河流域生物多样性保护管理，定期评估生物受威胁状况以及生物多样性恢复成效。

渭河流域农业农村、林业行政主管部门应当会同生态环境等有关行政主管部门按照职责分工，加强野生动物及其栖息环境的保护，依法建立自然保护区或者水产种质资源保护区、野生植物原生境保护区（点）、野生动物重要栖息地，设置保护设施和保护标志。

在渭河流域野生动物重要栖息地、野生植物原生境保护区（点）和水产种质资源保护区内，禁止新建、扩建严重影响野生动物及其生息环境的建设项目。

禁止在渭河流域开放水域养殖、投放外来物种和其他非本地物种种质资源。

第三十条　渭河干流及其支流沿岸设区的市、县（市、区）人民政府开展岸线治理修复，应当符合水域岸线保护利用规划，在确保防洪、供水安全的前提下，因地制宜，与河流沿岸的自然风貌相协调，融入水文化特色，建设集防洪、生态保护等功能于一体的绿色生态走廊。

岸线治理修复工程应当按照规定依法履行相关的审批手续。运行管理单位应当服从水行政主管部门的水资源调度和水旱灾害防御管理。

渭河流域县级以上人民政府应当严格控制以人工湖、人工湿地等形式新建人造水景观，渭河流域统筹协调机制应当组织有关部门加强监督管理。

第三十一条　省水行政主管部门应当会同省自然资源等行政主管部门组织划定渭河流

域地下水禁止开采区、限制开采区，经省人民政府批准后公布，报国务院水行政主管部门备案。

省水行政主管部门应当会同省自然资源、生态环境等有关行政主管部门根据国家划定的超采区，编制地下水超采综合治理方案，经省人民政府批准后，报国务院水行政主管部门备案。

第四章　水资源节约集约利用

第三十二条 渭河流域水资源节约集约利用应当坚持节水优先、统筹兼顾、集约使用、精打细算，按照以水定城、以水定地、以水定人、以水定产的要求，实行水资源开发利用总量控制、用水效率控制、水功能区限制纳污制度，统筹配置水资源，优先满足城乡居民生活用水，保障基本生态用水，统筹安排农业、工业和服务业用水。

第三十三条 渭河水量分配方案由省水行政主管部门制定，经省人民政府批准后，报黄河流域管理机构备案。

水量分配方案包括取用水量分配指标、重要控制断面最小流量指标等。

第三十四条 省水行政主管部门依法组织渭河流域水资源统一调度的实施和监督管理。

渭河水资源调度遵循总量控制、断面流量控制、分级管理、分级负责的原则，根据水情变化动态调整。具体办法由省人民政府制定。

重要控制水文断面、设区的市界水文断面的设定和流量控制指标，由省水行政主管部门商相关设区的市人民政府确定并公布，确定流量控制指标应当保证必要的生态流量；省界和渭河入黄河口水文断面流量控制指标，按照黄河水资源调度要求执行。

渭河流域设区的市、县（市、区）水行政主管部门以及渭河干流及其支流主要蓄水、引水、提水、调水工程管理单位，应当执行渭河水量分配方案和水资源调度指令，合理安排用水计划，确保相应控制断面流量符合规定的控制指标。

引汉济渭等跨流域调水工程入渭水量纳入渭河流域水资源统一调度管理，由省人民政府组织有关部门编制用水配置方案，合理安排居民生活、产业发展、生态环境用水需要。

第三十五条 省水行政主管部门应当综合考虑水资源条件、气候状况、生态环境保护要求、生活生产用水状况等因素，依法确定渭河干流及其重要支流生态流量的管控指标，并组织编制和实施渭河干流及其重要支流的生态流量保障实施方案。确定生态流量的管控指标，应当征求省生态环境、省自然资源、省林业等行政主管部门的意见，报黄河流域管理机构、黄河流域生态环境监督管理机构备案。

渭河干流及其支流蓄水、引水、提水、调水工程管理单位应当将生态用水调度纳入日常运行调度规程。

第三十六条 在渭河流域取水的，由有许可管理权限的水行政主管部门依法许可；属黄河流域管理机构管理权限的，按照国家相关规定执行。除生活等民生保障用水外，渭河流域水资源超载地区不得新增取水许可；水资源临界超载地区应当严格限制新增取水许可。

渭河流域严格限制高耗水项目建设。列入国家制定的高耗水产业准入负面清单和淘汰类高耗水产业目录的建设项目，取水申请不予审批。

第三十七条 在渭河流域与取用水相关的水利规划、水利工程项目，需开展水资源论证的相关规划，办理取水许可的非水利建设项目应当开展节水评价，评价取用水的必要性、可行性，分析节水指标的先进性，评估节水措施的时效性，合理确定规划和建设项目取用水规模。

第三十八条 省水行政主管部门应当会同有关部门按照深度节水控水要求，组织制定渭河流域高耗水工业和服务业强制性用水定额。

渭河流域用水单位应当严格执行强制性用水定额；超过强制性用水定额的，应当限期实施节水技术改造。

第三十九条 在渭河流域新建、改建、扩建建设项目或者产业园区，应当制定节水措施方案，配套建设节水设施。工业项目应当建设工业用水回收利用设施、再生水回用管网设施。节水设施和回收利用设施与主体工程应当同时设计、同时施工、同时使用。不符合要求的，主体工程不得投产、使用。

渭河流域已有工业项目不符合前款规定的，应当实施节水技术改造，降低用水单耗，提高水的重复利用率。

第四十条 县级以上水利、农业农村行政主管部门应当完善渭河流域农业节水社会化服务体系，加强农业节水技术的指导、示范和培训，加快灌区骨干灌排设施建设；运用科技手段规模化推进喷灌、微灌、滴灌、低压管道输水、集雨补灌等高效节水灌溉，优化调整作物种植结构，推广先进适用的畜牧渔业节水方式，提高农业用水效率。

第四十一条 城镇居民生活用水和具备条件的农村居民生活用水实行阶梯水价，高耗水工业和服务业水价应当实行高额累进加价，非居民用水实行超定额累进加价，推进农业水价综合改革。

对节水潜力大、使用面广的用水产品实行水效标识管理，限期淘汰水效等级较低的用水产品，培育合同节水等节水市场。

第四十二条 鼓励取水户之间、农业用水户之间、具备调水条件的行政区域之间，通过市场机制实现水资源使用权在地区间、流域间、流域上下游、行业间、用水户间流转。

省水行政主管部门应当依托水权交易平台，推动用水权安全、高效、规范交易。

第四十三条 渭河流域县级以上人民政府应当采取措施，加强再生水、雨水、矿井疏干水等非常规水管网设施建设，推行非常规水利用。

园林绿化、环境卫生、建筑施工、工业生产、消防等应当优先使用符合要求的非常规水。

第四十四条 渭河流域地下水开发利用应当落实地下水取水总量控制和水位控制制度。

省水行政主管部门应当会同有关部门，根据地下水取水总量控制指标，制定设区的市、县（市、区）地下水取水总量控制指标和地下水水位控制指标，经省人民政府批准后，报国务院水行政主管部门或者黄河流域管理机构备案。

第五章 防洪安全

第四十五条 渭河流域防洪坚持以防为主、防抗救相结合、局部利益服从全局利益，组织建设水沙调控和防洪减灾工程体系，完善水沙调控和防洪调度机制，建立潼关高程安全运行监督保障机制，加强水文和气象监测预报预警、水沙观测和河势调查，实施重点水库和河段清淤疏浚，提高河道行洪输沙能力，维持河势稳定，保障防洪安全。

第四十六条 省人民政府应当采取措施，加强防洪控制性工程建设和管理，加强标准化堤防、控制引导河水流向工程建设，实施病险水库除险加固和山洪、泥石流灾害防治，加强防洪工程体系和水文气象监测预报预警、抢险救援队伍、物资储备和洪水风险管理等非工程措施建设。

渭河流域城市人民政府应当统筹城市防洪和排涝工作，加强城市防洪排涝设施建设和管理。

第四十七条 省水行政主管部门组织编制渭河防御洪水方案，经省防汛抗旱指挥机构审核后，报省人民政府批准。

省水行政主管部门根据批准的渭河防御洪水方案和黄河流域管理机构确定的渭河洪水调度方案，组织编制本省渭河干流、重要支流、重要水工程的洪水调度方案，抄送省防汛抗旱指挥机构和省应急管理部门，按照职责组织实施。

渭河流域设区的市、县（市、区）人民政府组织编制和实施渭河其他支流、水工程的洪水调度方案，报上一级人民政府防汛抗旱指挥机构和有关主管部门备案。

第四十八条 省水行政主管部门应当利用渭河干支流水库、水电站调蓄洪水，实施渭河流域水工程防洪联合调度。

渭河流域有关工程主管部门、工程管理单位应当执行防洪调度指令。

第四十九条 渭河流域防洪工程建设应当符合防洪规划和相关技术规范的要求，河道堤防建设应当设置防汛抢险通道。

省水行政主管部门负责渭河干流防洪工程建设与运行的监督管理，渭河流域设区的市、县（市、区）水行政主管部门负责辖区内支流防洪工程的建设与运行的监督管理。

省渭河流域保护治理机构组织编制渭河防洪工程运行管理规程，为渭河流域防洪工程运行管理提供技术支持。

第五十条 县级以上水行政主管部门应当落实堤防管理职责，加强渭河干流及其支流河道堤防工程安全的日常巡查和监督管理。河道堤防上禁止下列行为：

（一）占用防汛抢险通道；

（二）与防汛抢险无关人员、车辆在防汛抢险期间上堤；

（三）车辆在因降雨雪等造成堤顶泥泞期间通行，但防汛抢险车辆除外；

（四）履带式机动车辆、影响堤防安全的载重车辆沿堤顶通行；

（五）其他影响堤防安全的行为。

旅游观光、农业生产车辆沿堤顶通行应当服从水行政主管部门的管理。

第五十一条 公安交通管理部门负责渭河堤顶道路交通安全管理；防汛抢险期间，应当按照防汛抗旱指挥机构的指令，对渭河堤顶道路实行交通管制。

交通运输行政主管部门应当在允许车辆通行的堤顶道路设置交通标志。

第五十二条 省渭河流域保护治理机构应当组织编制渭河干流及其重要支流堤防工程、河道控导工程、水闸工程、滩区治理工程维修养护运行管理规范，经省水行政主管部门审定发布。

设区的市、县（市、区）水行政主管部门及其所属机构按照维修养护运行管理规范做好本行政区域防洪工程的维修养护。

第五十三条 在渭河流域河道管理范围内新建、改建、扩建跨河、穿河、穿堤、临河的桥梁、道路、渡口、管道、缆线、取水、排水等工程设施，应当符合防洪标准和水域岸线保护利用规划要求。建设单位或者个人应当向水行政主管部门或者黄河流域管理机构提出申请，其工程建设方案按照下列权限和程序审查并取得审查决定书。

（一）渭河干流及泾河、洛河河道管理范围内建设项目，属黄河流域管理机构审查权限范围的，报黄河流域管理机构审查；其他建设项目，报省水行政主管部门审查；

（二）渭河其他支流河道管理范围内建设项目，小型建设项目由县（市、区）水行政主管部门审查；大中型建设项目，由设区的市水行政主管部门审查。

跨行政区域的，由共同的上一级水行政主管部门审查；涉及航道的，应当征求交通运输行政主管部门意见；涉及渭河生态区的，应当符合省渭河生态区保护利用规划。

项目建设单位或者个人应当按照审查决定书的要求施工，并接受项目所在地的县（市、区）水行政主管部门监督检查。

第五十四条 严格控制渭河干流及其支流采砂活动。

渭河干流及其支流河道采砂应当按照河道采砂规划要求，遵循总量控制、科学规划、有序开采、严格监管、确保安全的原则，编制年度实施方案，实施许可管理，禁止掠夺式、粗放式采砂活动。

渭河流域县级以上人民政府依法划定禁采区、规定禁采期，并向社会公告。

第五十五条 渭河干流年度采砂实施方案由省渭河流域保护治理机构编制，报省水行政主管部门批准。重要支流年度采砂实施方案由设区的市水行政主管部门组织编制，其他支流年度采砂实施方案由县（市、区）水行政主管部门组织编制，并报上一级水行政主管部门备案。

年度采砂实施方案应当包括可采区基本情况、可开采量、开采期限、范围、作业方式、清理修复方案、现场监管方式等内容。

第五十六条 在渭河干流及其支流河道管理范围内采砂应当按照下列规定取得采砂许可证，并按照采砂许可证载明的区域、数量、期限及作业方式开采，接受水行政主管部门的监督管理：

（一）在渭河干流河道管理范围内采砂的，向省水行政主管部门申领采砂许可证，属于黄河流域管理机构权限管理范围的，向黄河流域管理机构申领采砂许可证；

（二）在渭河重要支流河道管理范围内采砂的，向设区的市水行政主管部门申领采砂许可证；

（三）在渭河其他支流河道管理范围内采砂的，向县（市、区）水行政主管部门申领采砂许可证。

第五十七条 县级以上水行政主管部门应当加强对河道采砂的巡查，运用无人机、监控视频等现代化技术，加强河道采砂现场管理，及时发现、纠正、查处违法采砂行为。

第五十八条 在渭河干流及其支流河道管理范围内，禁止下列行为：

（一）破坏、损毁河道控导、堤防工程、水库大坝及其附属工程、支流入渭口桥梁、生态工程、堤顶道路、绿化及其附属的光纤、路灯等设施；

（二）移动、侵占、损毁测量标志、观测设备、标牌、界桩、里程桩等设施；

（三）围河造田、修池养殖、种植阻水林木；

（四）修建房屋、存放物料、倾倒垃圾、葬坟；

（五）在水库管理范围内开采地下矿藏；

（六）其他影响河道行洪安全的行为。

第六章　水污染防治

第五十九条 渭河流域水污染防治应当坚持预防为主、防治结合、综合治理、系统治理、源头治理的原则，优先保护饮用水水源，严格控制工业污染、城乡生活污染，防治农业面源污染，预防、控制、减少渭河水环境污染和生态破坏。

企业事业单位和其他生产经营者不得超过水污染物排放标准或者许可排放浓度和重点水污染物排放总量控制指标排放水污染物。

渭河流域实行水污染物排污权有偿使用和交易制度。

第六十条 渭河流域设区的市、县（市、区）人民政府应当合理规划工业和城乡建设布局，依法实行清洁生产，确保污水达标排放。

省发展改革行政主管部门应当会同省工业信息化等行政主管部门制定渭河流域产业发展目录。产业发展目录中禁止类的建设项目，不得批准建设；限制类的建设项目应当经省人民政府有关部门审核批准。

渭河流域内的饮用水水源保护区，国家公园，自然保护区，风景名胜区、森林公园等自然公园及其他需要特别保护的区域内建设项目管理，应当依照法律法规规定执行。

第六十一条 渭河流域新建、改建、扩建直接或者间接向水体排放污染物的建设项目和其他水上设施，应当按照国家规定进行环境影响评价。

建设项目的水污染防治设施应当与主体工程同时设计、同时施工、同时投入使用。

第六十二条 依法对水污染物实行排污许可管理的企业事业单位和其他生产经营者，应当按照国家有关规定取得排污许可证，执行排污许可管理制度的相关规定。

禁止无排污许可证或者违反排污许可证规定排放水污染物。

第六十三条 企业事业单位和其他生产经营者应当按照国家有关规定和监测规范，对所排放的水污染物自行监测，并保存原始监测记录。

实行排污许可重点管理的涉水排污单位，应当安装、使用、维护水污染物排放自动监测设备，与生态环境行政主管部门的监控设备联网，确保其正常运行。

第六十四条 渭河流域设区的市、县（市、区）人民政府应当统筹城乡和工业集聚区污水集中处理设施、配套管网以及污泥处理设施建设，加强对污水集中处理设施运营的监督管理，提高污水收集处理能力。

第六十五条 在渭河干流及其支流河道新建、改建、扩建排污口，应当符合渭河水功能区划、防洪规划、水资源保护规划、水域岸线保护利用规划和环境影响评价要求，依法报经有管辖权的生态环境行政主管部门或者黄河流域生态环境监督管理机构批准。可能影响防洪、供水、堤防安全、河势稳定的排污口，审批时应当征求县级以上水行政主管部门或者黄河流域管理机构的意见。

第六十六条 渭河干流及其支流沿岸的县（市、区）、乡（镇）人民政府应当根据省人民政府批准的城镇生活垃圾无害化处理设施建设规划，建设生活垃圾无害化处理设施，对生活垃圾进行无害化处理。

在渭河干流及其支流管理范围内禁止倾倒、填埋、堆放、弃置、处理固体废物。

第六十七条 渭河流域县（市、区）人民政府应当合理规划布局沿河周边水产养殖区域，划定畜禽养殖场的禁止建设区域，推广生态养殖技术，加强畜禽粪污资源化利用，减少养殖污染。

渭河流域农业农村行政主管部门应当加强农药、化肥等农业投入品使用总量控制、使用指导和技术服务，推广使用有机肥和安全、高效、低毒、低残留农药，推广病虫害绿色防控等先进适用技术，实施灌区农田退水循环利用，加强对农业污染源的监测预警。

渭河流域农业生产经营者应当科学合理使用农业投入品，减少化肥、农药施用量，科学处置农业投入品包装废弃物、农用薄膜等农业废弃物，综合利用农作物秸秆，加强农业面源污染防治。

第六十八条 省生态环境行政主管部门应当定期向社会公布渭河流域水环境质量状况和重点排污单位的水环境信息。

重点排污单位应当向社会依法披露本单位水环境信息。

第六十九条 渭河流域建立健全企业环境信用评价制度，按照规定将企业遵守水污染防治法律法规的情况纳入企业环境信用体系，并将环境违法信息记入社会诚信档案，及时向社会公布企业环境行为评价结果和违法者名单。

第七十条 渭河流域内禁止下列行为：

（一）向水体或者河道排放油类、酸液、碱液或者剧毒废液；

（二）在水体或者河道清洗装贮过油类或者有毒污染物的车辆和容器；

（三）向水体或者河道排放、倾倒工业废渣、城镇垃圾和其他废弃物，或者在最高水位线以下的滩地和岸坡堆放、存贮固体废弃物或者其他污染物；

（四）利用无防渗漏措施的沟渠、坑塘等输送或者存贮含有毒污染物的废水、含病原体的污水和其他废弃物；

（五）利用渗井、渗坑、裂隙和溶洞排放、倾倒含有毒污染物的废水、含病原体的污水和其他废弃物；

（六）将含有汞、镉、砷、铬、铅、氰化物、黄磷等的剧毒废渣向水体或者河道排放、倾倒或者直接埋入地下；

（七）向水体或者河道排放水温不符合环境质量标准的含热废水；

（八）向水体或者河道排放未经消毒处理或者经消毒处理后不符合国家有关标准的含病原体的污水；

（九）向水体或者河道排放、倾倒放射性固体废物或者含有不符合放射性污染防治规定和标准的放射性废水；

（十）法律、法规禁止的其他行为。

第七章　渭河生态区管控

第七十一条 渭河生态区保护应当以自然修复为主，辅以必要的人工措施，分区分类开展生态系统维持、改善和修复，建设生态廊道，维护重要栖息地，改善和提升渭河自然生态调节功能。

第七十二条 省渭河生态区保护机构负责渭河生态区保护治理、监督管理的具体工作。主要职责是：

（一）组织编制渭河生态区保护利用规划及相关专项规划；

（二）组织实施渭河治理及生态修复；

（三）负责划定渭河生态区界限；

（四）负责渭河生态区保护利用的监督管理；

（五）按照有关规定开展湿地保护、生态建设、野生动物保护、渔业捕捞等方面的服务工作；

（六）组织开展渭河生态保护、生态文化教育、流域保护治理技术研究；

（七）黄河流域管理机构及有关行政主管部门委托的其他事项；

（八）法律法规规定的其他职责。

渭河沿岸设区的市、县（市、区）渭河生态区保护机构负责管辖范围内渭河生态区的保护治理、监督管理工作。

第七十三条 渭河生态区范围，包括本省行政区域内渭河河道管理范围及河道管理范围边界向外延伸一定距离的区域。渭河生态区的外围边界，按照下列规定确定：

（一）城市核心区段从渭河河道堤坡脚向外延伸至 200 米；

（二）城市规划区段从渭河河道堤坡脚向外延伸至 1000 米；

（三）农村区段从渭河河道堤坡脚向外延伸至 1500 米。

渭河生态区分为河道管理区、一级管控区和二级管控区。河道管理区是指法律法规规定的河道管理范围。一级管控区、二级管控区的具体范围、界限，按照省渭河生态区保护利用规划确定。

第七十四条 河道管理区的管理，按照河道管理的法律法规和本条例的相关规定执行。

第七十五条 渭河生态区一级管控区应当以植被绿化和生态保护修复治理为主，其中城市规划区段、农村区段的一级管控区结合乡村振兴，在满足生态管控空间要求和产业准入清单的前提下，可以发展绿色有机农业、观光农业、乡村旅游等生态产业。

第七十六条 渭河生态区城市核心区段的二级管控区应当以生态保护修复治理为主，可以建设基础设施、体育健身设施；城市规划区段和农村区段的二级管控区应当以发展现代农业、生态旅游为主，可以发展必要的村镇、道路交通等基础设施建设和区域生态环境可承载的产业项目，限制房地产开发、控制各类开发建设活动的空间范围和规模。

第七十七条 渭河生态区一级管控区和二级管控区实行产业准入清单制度。省发展改革行政主管部门应当会同省自然资源、水利、工业信息化、生态环境、农业农村等行政主管部门，根据省国土空间规划和渭河生态区保护利用规划，制定渭河生态区产业准入清单，报省人民政府批准后向社会公布。

在渭河生态区范围内，建设桥梁、道路、管道、缆线等基础设施，应当符合渭河生态区保护利用规划，合理布设，作出相应的生态评价，提出生态修复措施，由省渭河生态区保护机构对修复措施进行论证并提出意见，有关部门按照规定审批。

第七十八条 渭河沿岸县（市、区）人民政府应当按照省、设区的市渭河生态区保护利用规划，划定本行政区域渭河生态区的界限，设置标牌、界桩等保护标志，并予以公告。

第七十九条 渭河生态区一级管控区、二级管控区内，禁止从事以下活动：

（一）新建、扩建化工园区和化工项目；

（二）采石、挖砂等影响生态环境的活动；

（三）建设畜禽水产养殖场、养殖小区；

（四）破坏野生动物栖息环境和野生植物生长环境；

（五）破坏生态治理修复工程和设施；

（六）损坏、擅自移动界桩、界牌及保护标志；

（七）法律、法规规定禁止的其他活动。

第八十条 设区的市、县（市、区）人民政府应当落实渭河生态区保护利用规划和分区管控要求，调整优化渭河生态区产业布局，严格执行产业准入清单制度，落实生态区保护治理责任。

县级以上人民政府及其有关行政主管部门，对不符合渭河生态区保护利用规划和产业准入清单的开发建设活动不得办理审批及相关手续。

渭河生态区范围内不得新建不符合生态区保护利用规划和分区管控要求的建筑物、构筑物和建设项目；对已有的建筑物、构筑物和建设项目，所在地县级以上人民政府应当分类处置，在修订国土空间规划、产业发展规划时予以调整，逐步退出。

第八十一条 渭河滩区治理与岸线利用应当因地制宜、以自然修复为主，符合渭河生态区保护利用规划要求和基本建设程序，保障河势稳定、行洪畅通，维护河流生态系统健康。

渭河滩区治理与岸线利用项目应当经省渭河生态区保护机构技术论证并提出意见后，依法办理洪水影响评价类许可手续。

第八章 促进高质量发展

第八十二条 促进渭河流域高质量发展应当坚持新发展理念，加快发展方式绿色转型，以生态保护为前提优化调整区域经济和生产力布局。

第八十三条 省人民政府有关部门和渭河流域各级人民政府应当按照省黄河流域生态保护和高质量发展规划、国土空间规划的要求，处理好生态保护与高质量发展的关系，改善渭河流域生态环境，科学、合理布局产业和建设项目，协同推进乡村振兴战略和新型城镇化战略的实施，促进渭河流域城乡融合发展。

第八十四条 渭河流域县级以上人民政府应当强化生态环境、水资源等约束和城镇开发边界管控，严格控制新建各类开发区，促进城市群生态环境共建共保、基础设施互联互通，推进节水型城市、海绵城市建设，提升城市综合承载能力和公共服务能力。

第八十五条 渭河流域县级以上人民政府及其有关部门应当科学规划乡村布局，统筹生态保护与乡村发展，加强乡村基础设施建设，支持乡村农牧业、旅游业和综合服务业，促进农村产业融合发展，鼓励使用绿色低碳能源，加快推进农房和村庄建设现代化，塑造乡村风貌，建设生态宜居美丽乡村。

第八十六条 渭河流域县级以上人民政府应当支持开展通信网络、数据中心、物联网等新型基础设施建设，推进智能市政、智能建造等新型基础设施建设，完善交通、水利、能源、防灾减灾等基础设施网络；推动制造业高质量发展和资源型产业转型，因地制宜发展特色优势现代产业，优化调整产业结构、能源结构、交通运输结构，推进碳达峰碳中和工作。

第八十七条 渭河流域县级以上人民政府应当实施创新驱动战略，推进农业现代化，促进传统产业转型升级，大力发展战略性新兴产业、文化旅游业和现代服务业，构建支撑高质量发展的特色优势现代产业体系。

渭河流域产业结构和布局应当与渭河流域生态系统和资源环境承载能力相适应。严格控制在渭河流域布局高耗水、高污染或者高耗能项目。

渭河流域煤炭、火电、钢铁、焦化、化工、有色金属等行业应当开展清洁生产，依法实施强制性清洁生产审核。

渭河流域县级以上人民政府应当采取措施，推动企业实施清洁化改造，组织推广应用工业节能、资源综合利用等先进适用的技术装备，完善绿色制造体系。

第八十八条 渭河流域县级以上人民政府及其有关部门应当落实国家粮食安全战略，组织调整农业产业结构，优化农业产业布局，发展区域优势农业产业，推广优质粮食品种种植，建设高标准农田、绿色优质瓜果产业基地、种质资源和制种基地以及现代农业园区，推动地理标志产品认证，发展现代农业服务业。

第八十九条 渭河流域县级以上人民政府应当鼓励和支持渭河流域科技创新，引导社会资金参与成果开发和推广应用，提升渭河流域科技创新能力；支持社会资金设立科技成果转化基金，完善科技投融资体系，综合运用政府采购、技术标准、激励机制等促进科技成果转化。

第九章　文化保护传承弘扬

第九十条 省文化和旅游行政主管部门应当会同省水利等有关行政主管部门编制并实施渭河流域文化保护传承弘扬规划，建立渭河流域文化资源基础数据库，推动渭河流域文化体系建设。

第九十一条 渭河流域县级以上水利行政主管部门应当加强古河道、古堤防、古灌溉工程等水文化遗址保护，深度挖掘其精神内涵，将渭河流域水文化融入水利工程等基础设施建设，传承弘扬优秀治水文化。

第九十二条 渭河流域县级以上人民政府及其有关部门应当发掘、整理、合理开发利用文化遗产，组织开展渭河流域文物资源调查认定，加强历史文化名城名镇名村、传统村落、历史文化街区，不可移动文物，农耕文化遗产，以及古道、关道、古渡口等交通遗迹和地名文化遗产保护。住房城乡建设、文化旅游、文物等行政主管部门应当按照职责分工，依照分级保护、分类实施的原则，加强监督管理。

渭河流域县级以上人民政府应当加强秦腔、皮影戏、剪纸等非物质文化遗产传承保护，完善代表性项目名录体系，推进传承体验设施建设，加强代表性项目保护传承。

第九十三条 渭河流域县级以上人民政府应当加强渭河流域具有革命纪念意义的文物和遗址、遗迹保护，开展革命传统教育、爱国主义教育，传承弘扬红色文化。

第九十四条 渭河流域县级以上人民政府应当将反映渭河流域地方特色、体现渭河流域文化精神、适宜普及推广的音乐、舞蹈、戏剧、曲艺、体育等纳入各级公共文化服务目录，创新提供优质公共文化服务，打造中华人文始祖发源地文化品牌，推动渭河流域优秀文化遗产活化利用和传承。

鼓励、支持单位和个人围绕渭河流域历史文化、风土民情、发展成就、时代风貌等创作优秀文艺作品，丰富城乡居民精神文化生活。

第九十五条 渭河流域县级以上人民政府应当加强黄帝陵、兵马俑、延安、秦岭、华山等中华文明、中国革命、中国地理的精神标识和自然标识保护，挖掘渭河流域中华优秀传统文化，构建渭河流域文化重要标识体系。

第九十六条 省文化旅游行政主管部门应当会同省级有关部门，统筹渭河流域文化、旅游、体育、生态、水景观等资源和博物馆、展览馆、治河工程等设施，培育渭河流域文化标志性的旅游目的地和文化旅游精品线路。

渭河流域县级以上人民政府应当根据渭河流域文化保护传承弘扬规划，支持渭河流域文化旅游融合，推动文化旅游高质量发展。

第九十七条 渭河流域文化建设应当融入“一带一路”沿线国家和地区的人文合作与文化交流，构建国际性渭河流域文化展示、交流、合作平台，提高渭河流域文化的国际影响力。

第十章　保障与监督

第九十八条 渭河流域县级以上人民政府应当将渭河流域生态保护和高质量发展纳入国民经济和社会发展规划，加大财政投入，将渭河流域生态保护治理修复、污染防治、水利工程等基础设施建设维护所需经费列入本级财政预算。

第九十九条 县级以上人民政府及其水利、生态环境、公安、财政、自然资源、农业农村、文化旅游、应急管理、林业等行政主管部门应当依法履行监督管理和行政执法职责，做好渭河流域生态保护治理的监督管理工作。

县级以上水行政主管部门应当会同公安、自然资源、住房城乡建设、交通运输、林业等行政主管部门建立定期会商、信息共享、联合执法、案件移交等制度和问题台账，开展河道采砂、水域岸线、生态保护修复专项整治行动，依法查处违法行为。

第一百条 县级以上人民政府应当将渭河流域生态保护和高质量发展工作纳入对所属有关部门和下一级人民政府年度目标责任考核的内容，实行自然资源资产离任审计和生态环境损害责任终身追究制度。

第一百零一条 县级以上水利、自然资源、生态环境等行政主管部门应当依照职责分工，对渭河流域各类保护、开发、建设活动进行监督检查，依法查处破坏渭河流域自然资源、污染渭河流域环境、损害渭河流域生态系统等违法行为。

根据渭河生态区保护的需要，设区的市、县（市、区）人民政府可以建立综合执法机构，或者依法委托有关保护管理机构进行执法。

第一百零二条 渭河流域总河长、上级河长对渭河流域保护工作不力、问题突出、群众反映集中的地区，可以约谈下一级河长，要求其采取措施及时整改。约谈和整改情况应当向社会公开。

第一百零三条 省人民政府应当根据国家有关规定建立健全渭河流域生态保护补偿机制，依法对本省行政区域内渭河干流及其重要支流源头和上游的水源涵养地等生态功能重要区域予以补偿。

鼓励、支持渭河流域上下游、干支流、左右岸之间建立生态保护横向补偿机制。

鼓励社会资金建立市场化运作的渭河流域生态保护补偿基金；鼓励相关主体之间采取自愿协商等方式开展生态保护补偿。

生态保护补偿具体办法由省财政部门按照国家有关规定会同省水利、生态环境等行政主管部门提出方案，报省人民政府批准后执行。

第一百零四条 省、设区的市人民政府应当组织实施生态环境损害赔偿制度，指定相关部门或者机构负责生态环境损害赔偿具体工作，依法追究损害渭河流域生态环境的单位和个人的赔偿责任。

对破坏、污染渭河流域生态环境的行为，检察机关、法律规定的其他机关和符合条件的社会组织，可以依法提起环境公益诉讼。

第一百零五条 鼓励支持企业事业单位、社会组织、社会志愿者和其他公民参与渭河流域保护治理工作，对渭河流域生态保护和高质量发展工作进行监督。

任何单位和个人有权对破坏渭河流域生态环境的行为进行检举和控告。渭河流域水利、生态环境行政主管部门和渭河流域保护治理机构，应当公布投诉、举报联系方式，方便公众监督。收到投诉、举报的机关或者部门应当及时依法查处或者移交相关行政主管部门依法查处，并将查处结果向投诉人、举报人反馈，向社会公开。

第一百零六条 渭河流域县级以上人民政府应当定期向本级人民代表大会或者其常务委员会报告本级人民政府渭河流域生态保护和高质量发展工作情况。

第十一章 法律责任

第一百零七条 国家机关及其工作人员在渭河流域生态保护和高质量发展工作中玩忽职守、滥用职权、徇私舞弊的，对直接负责的主管人员和其他直接责任人员依法给予处分；构成犯罪的，依法追究刑事责任。

第一百零八条 违反本条例第十八条、第五十三条、第八十一条规定，未经同意擅自建设工程项目的，由县级以上水行政主管部门依据管理权限责令停止违法行为，限期补办手续；逾期不补办或者补办未被批准的，责令限期拆除违法建筑物、构筑物；逾期不拆除的，强行拆除，所需费用由违法单位或者个人负担，并处一万元以上十万元以下罚款。

第一百零九条 违反本条例第三十六条规定，未经许可在渭河干流及其支流取水或者未按取水许可证规定取水的，由县级以上水行政主管部门依据管理权限，责令停止违法行为，限期采取补救措施，处五万元以上五十万元以下的罚款；情节严重的，吊销其取水许可证。

第一百一十条 违反本条例第五十六条规定，无证采砂或者在禁采期、禁采区采砂的，由县级以上水行政主管部门责令停止违法行为，没收违法所得和采砂作业设备、工具，处十万元以上五十万元以下罚款。

未按许可证规定采砂作业的，由县级以上水行政主管部门责令停止违法行为，没收违法所得，处五万元以上二十万元以下罚款。情节严重的，没收采砂作业设备和工具。

违法采砂造成河道防洪工程损毁的，承担民事赔偿责任；构成犯罪的，依法追究刑事责任。

第一百一十一条 违反本条例第六十二条规定，未依法取得排污许可证排放水污染物的，由县级以上生态环境行政主管部门责令改正或者责令限制生产、停产整治，并处二十万元以上一百万元以下的罚款；情节严重的，报经有批准权的人民政府批准，责令停业、关闭。

第一百一十二条 违反本条例第六十三条规定，有下列行为之一的，由县级以上生态环境行政主管部门责令限期改正，处二万元以上二十万元以下罚款；逾期不改正的，责令停产整治：

（一）未按规定对所排放的水污染物监测，或者未保存原始监测记录的；

（二）未按规定安装、使用水污染物排放自动监测设备并与生态环境主管部门的监控设备联网，或者未保证污染物排放自动监测设备正常运行的。

第一百一十三条 违反本条例规定的其他行为，法律、法规有处罚规定的，从其规定。

第一百一十四条 依据本条例规定对单位作出五十万元以上、对个人作出五万元以上罚款处罚决定的，当事人有权要求听证。

第十二章　附　则

第一百一十五条 本条例所称渭河的重要支流，是指跨省的泾河、洛河、千河，跨设区市的石川河、漆水河、沣河、凌河等一级支流。

第一百一十六条 三门峡库区河道管理，法律法规另有规定的，按照法律法规有关规定执行。

第一百一十七条 本条例自 2023 年 4 月 1 日起施行。

（二）

陕西省渭河水量调度办法

陕西省人民政府令第 130 号

《陕西省渭河水量调度办法》已经省政府 2008 年第 2 次常务会议通过，现予发布，自 2008 年 3 月 1 日起施行。

省长：袁纯清

二〇〇八年一月三十日

目　录

第一章　总　则

第一条 为了加强渭河水量统一调度，合理配置水资源，促进我省经济社会发展和生态环境的改善，根据《中华人民共和国水法》和国务院《黄河水量调度条例》等法律法规，制定本办法。

第二条 本省渭河流域内西安市、宝鸡市、咸阳市、铜川市、渭南市、榆林市、延安市和杨凌示范区的渭河干支流水量调度（以下统称渭河水量调度）和管理，适用本办法。

第三条 渭河水量调度按照保障城乡居民生活用水，合理安排农业、工业和生态环境用水，防止渭河断流的要求，遵循总量控制、断面流量控制、分级管理、分级负责的原则，实行统一调度。

第四条 省人民政府水行政主管部门和发展改革行政主管部门负责全省渭河水量调度的组织、协调、指导和监督工作。省渭河流域管理机构具体负责全省渭河水量调度的组织实施和监督检查工作，省水文机构具体负责全省渭河水量调度的水量监测和水情预报工作。

相关设区的市、县（市、区）人民政府水行政主管部门负责所辖范围内渭河水量调度的组织实施和监督检查工作。

渭河干支流主要蓄引提水工程管理单位负责所辖范围内渭河水量调度的实施工作。

相关设区的市、县（市、区）人民政府水行政主管部门应当明确渭河水量调度工作机构和人员，做好渭河水量调度工作。

第五条 渭河水量调度计划、调度方案和调度指令的执行，实行相关设区的市、县（市、区）人民政府行政首长负责制和渭河水量调度组织实施部门、机构、单位主要领导负责制。

第六条 相关各级人民政府应当加强渭河水量调度和管理的基础设施建设、运行维护管理。相关各级人民政府水行政主管部门应当做好水量调度管理系统、水量监控预报系统等渭河水量调度的基础设施项目前期和建设工作，并做好建设完成后的应用、维护和升级改造工作。

渭河水量调度和管理的基础设施建设、运行维护管理所需经费，应当列入各级人民政府基本建设投资计划和财政预算。

第七条 相关县级以上人民政府对在渭河水量调度工作中作出突出贡献的单位和个人，应当给予表彰或者奖励。

第二章　水量分配

第八条 渭河水量分配，由省渭河流域管理机构提出初步分配方案，由省人民政府水行政主管部门商相关设区的市人民政府制订，报省人民政府批准。水量分配方案应当抄送省人民政府发展改革行政主管部门备案。

渭河水量调度应当严格执行省人民政府批准的渭河水量分配方案。

第九条 制订渭河水量分配方案，应当遵循下列原则：

（一）依据渭河流域规划和水中长期供求规划；

（二）坚持计划用水、节约用水；

（三）充分考虑渭河流域水资源条件、取用水现状、供需情况及发展趋势，发挥渭河水资源的综合效益；

（四）统筹兼顾生活、生产、生态环境用水，维护合理流量；

（五）正确处理上下游、左右岸的关系。

第十条 渭河水量分配方案需要调整时，按照原审批权限和程序重新审批。

第三章　水量调度

第十一条 渭河水量调度实行年度水量调度计划与月、旬水量调度方案和实时调度指令相结合的调度方式。

渭河水量调度年度为当年 7 月 1 日至次年 6 月 30 日。

第十二条 相关设区的市人民政府水行政主管部门和省宝鸡峡引渭管理局、石头河水库管理局、桃曲坡水库管理局、交口抽渭管理局、泾惠渠管理局等单位（以下统称省属灌溉管理单位），应当按照规定向省渭河流域管理机构申报年度、月用水计划建议和年度水工程运行计划建议。

第十三条 渭河年度水量调度计划，应当依据经批准的渭河水量分配方案、黄河可供水量年度分配及非汛期水量调度计划、年度预测来水量和水库蓄水量，按照同比例丰增枯减的原则，结合年度用水计划建议和水工程运行计划建议，综合平衡制订。

第十四条 渭河年度水量调度计划，由省渭河流域管理机构商相关设区的市人民政府水行政主管部门以及省属灌溉管理单位制订，经省人民政府水行政主管部门批准后下达，同时抄送省人民政府发展改革行政主管部门。

经批准的年度水量调度计划是确定月、旬水量调度方案和年度用水量控制指标的依据。

渭河年度水量调度计划应当纳入全省国民经济和社会发展年度计划。

第十五条 省渭河流域管理机构应当依据经批准的渭河年度水量调度计划，结合申报的月用水计划建议，制订渭河月水量调度方案，经省人民政府水行政主管部门批准后下达；用水高峰期，应当根据需要制订并下达渭河旬水量调度方案。

第十六条 省渭河流域管理机构可以根据实时水情、雨情、旱情、墒情、水库蓄水量以及用水情况，对已下达的渭河月、旬水量调度方案进行调整并下达实时调度指令。

第十七条 相关设区的市、县（市、区）人民政府水行政主管部门和渭河干支流主要蓄引提水工程管理单位应当依据下达的渭河月、旬水量调度方案或者实时调度指令，组织、实施所辖范围内的渭河水量调度。

第十八条 渭河水量调度实行水文断面流量控制。省内各设区的市行政区界水文断面的设立和流量控制指标由省人民政府水行政主管部门确定并公布；省界和入黄水文断面流量控制指标按照黄河水量调度要求执行。

省人民政府水行政主管部门可以根据需要调整所确定的调度控制断面及其流量控制指标。

相关设区的市、县（市、区）人民政府水行政主管部门和渭河干支流主要蓄引提水工程管理单位应当确保相应调度控制断面流量符合规定的控制指标。

第十九条 渭河水量调度控制断面流量以国家和省水文机构监测数据为准。

第二十条 相关设区的市人民政府水行政主管部门、省属灌溉管理单位，应当按照规定向省渭河流域管理机构报送所辖范围内月、年度取（退）水量报表以及7月至10月的取（退）水量报表。

省水文机构应当按照规定向省渭河流域管理机构报送水情月报、水情预报、旬来水总量及其日平均流量。

第四章　应急调度

第二十一条 出现严重干旱、渭河干支流预警控制断面流量降至预警流量、水库运行故障、重大水污染事故等紧急情况，可能造成供水危机、渭河断流时，省渭河流域管理机构应当组织实施应急调度。

预警控制断面及其预警流量由省人民政府水行政主管部门确定。

第二十二条 省渭河流域管理机构应当商相关设区的市人民政府水行政主管部门以及省属灌溉管理单位，制订严重干旱、渭河干支流预警控制断面流量降至预警流量等紧急情况下的应急水量调度预案，经省人民政府水行政主管部门审查，报省人民政府批准。

应急水量调度预案需要调整时，按照原审批权限和程序重新审批。

第二十三条 相关设区的市人民政府水行政主管部门和省属灌溉管理单位，应当依据经批准的应急水量调度预案，制订所辖范围内的应急水量调度实施方案，并报省渭河流域管理机构备案。

第二十四条 出现严重干旱、渭河干支流预警控制断面流量降至预警流量等紧急情况时，经省人民政府水行政主管部门同意，省渭河流域管理机构应当组织实施应急水量调度预案，并及时调整相关流量控制指标，向相关设区的市人民政府水行政主管部门和省属灌溉管理单位发布应急调度指令。

必要时，省渭河流域管理机构可以直接向渭河干支流其他主要蓄引提水工程管理单位发布应急调度指令，并通知其上级主管部门。

第二十五条 相关设区的市、县（市、区）人民政府水行政主管部门和渭河干支流主要蓄引提水工程管理单位，应当按照应急水量调度预案及其实施方案和应急调度指令，合理安排用水计划，确保控制断面流量符合规定的控制指标。

第二十六条 应急水量调度期间，省水文机构应当每日向省渭河流域管理机构报送水文监测资料。相关设区的市人民政府水行政主管部门和省属灌溉管理单位应当每日向省渭河流域管理机构报送取（退）水和水库蓄（泄）水资料，同时抄报省防汛抗旱指挥机构和省人民政府水行政主管部门。

第二十七条 出现水库运行故障、重大水污染事故等紧急情况时，省人民政府水行政主管部门及其所属管理机构、相关设区的市、县（市、区）人民政府及其水行政主管部门、环境保护行政主管部门以及省属灌溉管理单位，根据需要，按照规定的权限和职责，应当及时采取压减取水量直至关闭取水口、实施水库应急泄流方案、加强水文监测、对排污企业实行限产或者停产等处置措施，有关部门和单位必须服从。

第五章 监督检查

第二十八条 省渭河流域管理机构应当定期将渭河水量调度执行情况向相关设区的市人民政府及其水行政主管部门、省水文机构、省属灌溉管理单位通报。重要情况应当及时向省人民政府水行政主管部门报告，并向社会公告。

第二十九条 县级以上人民政府水行政主管部门、省渭河流域管理机构和省水文机构，应当在所辖范围内实施巡回监督检查，在用水高峰时对主要取（退）水口实施重点监督检查，在特殊情况下可以对有关河段、水库、主要取（退）水口进行驻守检查，确保调度指令的执行。

第三十条 县级以上人民政府水行政主管部门、省渭河流域管理机构和省水文机构实施监督检查时，可以采取下列措施：

（一）要求被检查单位提供有关文件和资料，进行查阅或者复制；

（二）要求被检查单位就水量调度有关问题进行说明；

（三）进入被检查单位生产场所进行现场检查；

（四）对取（退）水量进行现场监测；

（五）责令被检查单位纠正违反本办法的行为。

第三十一条 监督检查人员在履行监督检查职责时，应当向被检查单位或者个人出示执法证件，被检查单位或者个人应当接受和配合监督检查工作，不得拒绝或者妨碍监督检查人员依法执行公务。

第六章 法律责任

第三十二条 违反本办法规定，有下列行为之一的，对负有责任的主管人员和其他直接责任人员，依法给予行政处分：

（一）不及时申报年度、月用水计划建议和年度水工程运行计划建议；

（二）不按规定下达年度水量调度计划和月、旬水量调度方案；

（三）不制订严重干旱、渭河干支流预警控制断面流量降至预警流量等紧急情况下的应急水量调度预案及其实施方案；

（四）虚报或者篡改上报的水文监测数据、取用水量数据或者水库运行情况等资料。

第三十三条 违反本办法规定，有下列行为之一的，对负有责任的主管人员和其他直接责任人员，依法给予行政处分；造成严重后果，涉嫌犯罪的，移送司法机关依法查处：

（一）不执行年度水量调度计划和月、旬水量调度方案；

（二）不执行严重干旱、渭河干支流预警控制断面流量降至预警流量等紧急情况下的应急水量调度预案及其实施方案；

（三）不执行水量调度指令和水量调度应急处置措施；

（四）不履行监督检查职责或者发现违法行为不予查处；

（五）其他滥用职权、玩忽职守等行为。

第三十四条 各行政区界或者重要控制断面流量不符合规定的控制指标的，由省渭河流域管理机构予以通报，并责令限期改正；逾期不改正的，按照控制断面下泄流量的缺水量，在下一调度时段加倍扣除；对控制断面下游水量调度产生严重影响或者造成其他严重后果的，本年度不再新增该地区的取水工程项目。对负有责任的主管人员和其他直接责任人员，依法给予行政处分。

第三十五条 违反本办法规定，相关法律法规有行政处罚规定的，从其规定。省人民政府水行政主管部门可以委托省渭河流域管理机构实施行政处罚。

第三十六条 在水量调度中，妨碍、阻挠监督检查人员、取用水工程管理人员依法执行公务，或者煽动群众闹事，构成违反治安管理行为的，由公安机关依法处理；涉嫌犯罪的，移送司法机关依法查处。

第七章　附　则

第三十七条 在渭河水量调度中，涉及水资源保护、防洪、防凌和水污染防治的，依照有关法律法规规定执行。

第三十八条 本办法自 2008 年 3 月 1 日起施行。

（三）

陕西省人民代表大会常务委员会
关于引汉济渭工程建设的决议

（2012 年 9 月 27 日陕西省第十一届人民代表大会常务委员会第三十一次会议通过）

省十一届人大常委会第三十一次会议听取和审议了省政府关于引汉济渭工程建设情况

的报告。常委会认为，引汉济渭工程是一项具有全局性、基础性、公益性、战略性的水利项目，对实现全省水资源优化配置，统筹解决关中、陕北发展用水问题，促进陕南发展循环经济，综合治理渭河水生态环境，推动我省实现区域协调和可持续发展，具有十分重要的意义。为了促进这项工程更好更快地建设，特作如下决议：

一、全力推进引汉济渭工程建设

引汉济渭工程建成并发挥效益，将大大缓解水资源短缺对我省发展的瓶颈制约，将为我省可持续发展奠定坚实基础。引汉济渭工程穿越秦岭，沟通汉江、渭河，连通陕南、关中，惠及陕北。工程建设投资大、周期长、涉及面广，同时面临诸多世界级的工程技术难题，是陕西水利建设发展史上具有里程碑意义的工程项目。各级政府要充分认识引汉济渭工程的重要性和艰巨性，并切实摆在全省基础设施建设的突出位置，坚持不懈地建设好、管理好这项事关全省长远发展的水利工程；要积极动员一切力量，从人才、资金、政策等方面给工程建设提供有力的保障；要切实加强舆论宣传，凝聚各方力量，努力形成全省上下共同关心、积极支持引汉济渭工程建设的社会氛围，全力保障工程建设顺利进行。

二、把引汉济渭工程建设成为现代化一流工程

要树立建设现代化一流工程的目标，按照数字化、自动化的要求进行设计、施工和运行管理，加强重大工程技术攻关，严格控制施工程序、材料准入、工序验收三个重要关口，切实保证工程建设质量。要在推进调水工程建设的同时，实施输配水工程建设，支撑构建关中供水管网；要支持陕南加强生态环境建设，发展循环经济；要通过工程建设运行，积极推动节水、治污和水生态环境建设，扶持发展节水高效产业，促进转变经济经济增长方式。

三、建立健全高效完备的管理体制与运行机制

要建立精干高效的工程管理机构，严格执行项目法人负责制、招标投标制和建设监理制，建立科学规范的质量管理体系；建立以政府投资为主体、积极吸纳社会投资的多元化投入机制，设立专项基金，加快水权制度建设，落实分水，水权置换方案和受水区市县资金分担投入责任；积极推进水价改革，实施“两部制水价”，提高工程建设的融资能力，实现工程良性运行；要加强工程资金监管，提高资金使用效益；要建立完善水资源统一管理制度，促进不同水资源优化配置和高效利用，减少地下水超采，归还挤占的农业和生态水，加快改善渭河水生态环境。

四、高度重视移民安置工作

移民安置直接关系到移民群众的生产、生活和发展，直接关系到工程建设顺利进行。各级政府要高度重视并切实承担起移民安置责任，认真实行“政府领导、分级责任、县为基础、项目法人参与”的管理体制；要统筹引汉济渭工程移民和陕南扶贫避灾移民，大力支持引汉济渭工程移民；各级政府和相关部门在移民安置工作中，要坚持以人为本、民生优先、精心安排、科学规划、合理布局；征地和移民安置工作要公开透明，接受群众监督，审计、监察等相关部门要加强监督，切实保障移民群众的合法权益；要广泛开拓就业渠道，加强对移民的就业培训，提高移民生存发展能力；对引汉济渭工程土地征占和移民安置要实行目标责任管理，确保移民安置顺利进行。

五、严格保护秦岭生态环境

各级政府和相关部门在工程建设过程中，要严格执行水土保持法、秦岭生态保护条例等相关法律法规，加强秦岭生态环境保护，在施工中切实保护好山体、水源、动物、森林、矿产以及文化遗址，使引汉济渭工程成为环保示范工程；要统筹协调水源区和受益区利益，通过财政转移支付、生态补偿基金等多种措施，逐步建立生态补偿机制，促进水源区可持续发展。

六、切实加强对引汉济渭工程建设的领导

引汉济渭工程需要各级政府和相关部门的相互协调、密切配合和全力推动。省人民政府要加强对工程建设的组织领导，进一步明确有关部门和市县政府的职责任务，充分调动各方面的积极性，共同做好工程建设的各项工作；工程所在地和受水区市县政府要做好本辖区有关引汉济渭的协调服务和保障工作，正确处理全局利益和局部利益、长远利益和当前利益的关系，为引汉济渭工程建设创造有利环境和条件。各级人大要关心、支持引汉济渭工程，加大检查监督力度，依法促进和保障工程建设顺利进行。

（四）

中共中央办公厅 国务院办公厅印发《关于陕西省三门峡库区移民安置问题的会议纪要》的通知

（1985年5月8日中办发29号）

中共陕西省委、省人民政府、国防科工委、兵器工业部、总后勤部：

《关于陕西省三门峡库区移民安置问题的会议纪要》，已经中央和国务院领导同志批准，现印发给你们，请遵照执行。

解决三门峡库区长期以来存在的问题，涉及移民和农工、军队和地方以及各部门之间的关系，干部和党员要模范地执行会议纪要精神，各有关方面都要以大局为重，互相支持，充分协商，认真细致地做好干部和群众的思想工作，求得问题的妥善解决，共同创造一个安定团结、长治久安的新局面。

陕西省三门峡库区移民安置问题的会议纪要

遵照中央领导同志的意见，五月六日晚，胡启立、田纪云同志主持会议，听取了陕西省李庆伟省长、徐山林副省长关于解决三门峡库区农场职工到西安闹事问题的汇报，并研究了解决三门峡库区移民安置问题的具体方案。纪要如下：

三门峡库区移民现有四十万人，其中十五万人生产、生活很困难，需要返回库区安置。目前库区共有土地五十八万亩，其中：地方国营农场使用三十万亩，部队农场使用二十二万亩，地方其他单位使用六万亩，另设有两个兵器试验靶场。

会议认为，为了解决当前库区存在的问题，既要妥善安置移民，保证靶场兵器试验的顺利进行，又要安排好国营农场职工的生产、生活，照顾到部队农场生产的需要。经过充分协商，议定以下意见：

一、从地方国营农场三十万亩土地中划出二十万亩或更多一些，安置返库移民。

二、从部队农场二十二万亩土地中划出十万亩，交地方安置将土地让给移民和国营农场工人。这些土地上已经建设的工厂、养殖场及其他生产、生活设施仍归部队农场所有。

三、国防科工委所属华阴试验场的场区宽度再压缩半千米，场区定为长三十五千米、宽四千米。兵器工业部所属〇五一靶场场区不变（长十四点七千米，宽二千米）。这两个靶场场区内的土地仍由部队农场和地方国营农场使用。场区内不得安置移民，也不得再建造居民住房。

四、地方国营农场的土地减少后，可把一部分农场职工转办工业和搞多种经营。

五、为了安置返回库区的移民和帮助部分国营农场职工转办其他生产项目，国家需要在财力上给予适当支持。具体数额和渠道由陕西省委同有关部门另行研究确定。

会议指出，在解决移民安置问题的过程中，要严格控制移民返库的人数，严格掌握返库移民的安置标准，分配土地要低于未返库移民的平均占有水平，住房自建，国家只帮助解决一些公用设施，如道路、学校、医疗机构等，以避免引起连锁反应。要充分考虑可能出现的问题，并制定出相应的处理办法，逐步加以解决。库区各有关方面都要顾全大局，互相支持，处理好军民关系、农场职工和移民的关系、兵器试销与工农业生产的关系，共同努力在库区创建一个安定团结的局面。要采取有效措施，建立必要的制度，加强库区和靶场的管理，保证库区生产建设和兵器试验的顺利进行。

国务院中央军委联合调查组

二、报告

（一）

“十一五”陕西省水资源开发利用调查研究报告（节选）

一、水资源紧缺已成为影响和制约我省经济社会持续发展的重大问题

在粮食、能源与水资源三大战略资源中，我省能源资源丰富，粮食基本自给，而

水资源短缺的矛盾十分突出，已成为当前和今后一个时期制约我省经济社会发展的重要因素。

（一）现有水资源十分紧缺

一是总量严重不足。全省水资源总量为445亿立方米，人均只有全国平均水平的一半。二是时空分布不均。70%分布在陕南，70%集中在汛期。关中地区水资源总量82亿立方米，人均只有全国平均水平的六分之一；三是水资源开发利用潜力有限。

（二）“十一五”及今后用水需求矛盾更加突出

据测算，到2010年我省需新增供水量39.3亿立方米（关中26.6亿立方米、陕北6.6亿立方米、陕南6.1亿立方米），其中城乡生活与工业生产需供水17.5亿立方米。到2010年需水138亿立方米；到2020年、2030年，在大幅度节水和提高用水效率的前提下，我省对水的需求将分别达到168亿立方米和176亿立方米。

（三）用水浪费和水质污染加剧了水资源短缺

关中和陕北甚至已达到有河皆污的程度。特别是渭河，以占全省16%的水量接纳了全省的80%的废污水，干流河段常流量基本丧失使用功能，同时造成傍河地下水严重污染。渭河、泾河、洛河、无定河干流评价河段水质全年都在V类以上。

二、加快我省水资源开发利用的指导思想和总体思路

“十一五”乃至今后一个时期，我省在水资源的开发利用上，要坚持开发利用和节约保护并重，优先确保城乡居民饮水安全，保证加快工业化、城市化进程用水，大力发展节水灌溉和旱作农业，统筹当前和长远用水，全面节水、严格保水、多方找水、科学治水、依法管水，努力建设节水型社会。

（一）全面节水，大力建设节水型社会

通过工程、旱作和生物三项措施，大力发展节水农业；全面推广工业循环用水技术，大幅度提高工业用水的重复利用率；城市建设中，节水设施应与主体工程同时设计、同时施工、同时投入使用。培养和增强全省人民的节水意识，切实采取行政的、法律的、经济的和技术的措施，不断增强全社会的节水意识。

（二）严格保水，遏制水环境进一步恶化

保水就是保护水资源。目前紧迫的任务是严格水功能区划目标管理，全面推行清洁生产，大力发展绿色经济，切实加强对水污染的源头控制和排污口管理。采取果断措施，加大工业废水、生活污水处理力度，大幅度减少废污水的排放。逐步增加河流生态用水，保证河流有维持水域、湿地和水沙平衡的基流。从长远讲，应坚持不懈地抓好水土保持，特别是保护好秦岭这一对全国和陕西供水极为重要的绿色水库。

（三）多方找水，不断提高水资源承载能力

立足当地水资源开发，抓紧建设一批蓄水、调水工程。发挥市场在配置水资源中的基础性作用，调整供水结构，优化水资源配置，统筹工程联合运用，充分挖掘现有蓄水工程潜力。广泛发动和支持群众大搞小型水源工程建设，统筹地表水、地下水和雨、洪资源开发利用，实现各类水资源的互调互补。从长远讲，应加快省内“南水北调”和黄河干流引水工程的建设。

（四）科学治水，确保人民生命财产安全和经济社会发展

防洪要以确保人民生命财产为首要目标，遵循自然规律，坚持统筹规划，实行综合治理。应高度重视工程设施建设，不断提高城市、乡镇和重要河段的防洪标准。结合蓄水工程和水能资源开发，加强河流控制性工程建设，进一步增强对洪水的调控能力。应不断强化非工程措施，落实各级政府和部门防汛责任制，强化洪水管理，在经济社会发展布局中主动防洪避险，实现人水和谐。应建立高效可靠的防汛抗洪指挥和管理体系，增强防洪抢险和抵御洪水灾害的能力。

（五）依法管水，千方百计提高水资源利用效率

落实各级政府责任，强化水行政主管部门对水资源的统一管理和监督工作，提高水行政社会管理能力和公共服务水平。加强综合协调，充分发挥各职能部门的作用，强化对水资源开发、利用、节约、保护、治污和中水回用等环节的全过程管理。要协调好产业发展与水源工程、输水工程布局，重点支持重大工业项目和城市化建设用水。

实现上述兴水思路，应加强区域统筹，实行分类指导。关中应坚持节水为先、治污为本、积极调水、多方开源。

三、“十一五”解决我省水资源问题的重点工作

（一）大力推进全社会节水

一是农业节水。要调整产业结构，全面推广渠道防渗和田间节水措施，积极发展高新节水技术，大力推广耐旱作物品种，重点实施灌区世界银行二期节水改造项目。二是工业节水。在水资源严重紧缺地区限制高耗水产业，全面推广节水的新工艺、新技术、新设备。三是建立节水器具指标体系和市场准入制度，基本普及节水器具。四是积极稳妥地推进水价改革。充分发挥价格的杠杆作用，不断提高水资源费在水价中的比重，按新的标准足额征收水资源费，增强全社会对提高水价的心理预期。五是加快建立水权、水市场和总量控制、定额管理、阶梯式水价等制度。

（二）切实加强水资源保护工作

一是各大中城市和关中 54 座县城必须全面建设污水处理厂。二是对污水严重的各类企业采取断然措施，并、转、改、关、停；各类新建企业必须同时建设污水处理设施。三是黑河、石头河等重要水源地和输水工程沿线，严格控制矿产开发、旅游餐饮等设施的建设；切实加强对通过水源地的危险物品的运输管理，严防水质污染事故的发生。四是搞好水土保持，巩固提高退耕还林成果。五是建立和完善水资源监测管理设施，核定水域纳污能力，落实各级政府责任，确保水资源保护的各项措施落实到位。

（三）开工建设“两引八库”工程

“两引”是从陕南向关中调水，建成“引红济石”，开工建设“引汉济渭”一期。“八库”是在关中建成黑河亭口、锕川李家河水库，开工建设泾河东庄水库；“十一五”期间可见建成项目连同目前在建工程，关中年增加供水 9 亿立方米。要以实施渭河重点治理规划为契机，推动防洪和水土保持建设。

（四）抓紧筹划“引汉济渭”二期和黄河干流引水工程

解决我省“十一五”以后的用水问题，关中必须进一步从陕南调水，建设“引汉济渭”二期（包括“引嘉济汉”）工程。

（五）依法强化对水资源的严格管理

一是2006年制定出台我省的水法实施办法，依法明确各级政府和相关部门责任。二是严格水资源规划管理，凡是不符合水资源开发利用规划和水功能区划目标的取水工程，一律不得建设。三是严格实施取水许可制度，所有取水的建设项目必须依法履行审批手续。四是水库、跨流域调水工程建设及水量丰枯调剂，必须由省级水行政主管部门审批。五是严格控制各行政区域污水排放总量，杜绝未经处理的工业废污水排放，在各主要河流严禁开设新的排污口。六是在地下水超采区通过价格杠杆和行政措施，加大城市取水井关闭力度。七是实行目标管理，把水资源开发、节约、保护的指标和水源地保护责任落实到各级政府，并进行严格考核。

（六）多渠道增加投入

说明：这项调查研究是在省委书记李建国和主管副省长王寿森同志的亲自领导下完成的。在广泛深入调研的基础上，杨耕读完成了调查研究报告的初稿，洪小康副厅长和省委、省政府研究室的岳亮、杨三省两位副主任主持进行了十多次讨论修改，最后依次经洪小康副厅长、谭策吾厅长、王寿森副省长、李建国书记亲自审定定稿。本次调查研究确定了“十一五”以至今后较长时期陕西水利发展的指导思想、总体思路和“两引八库”十大水源建设项目。

（二）

渭河2003年大水研究报告（节选）

今年8月24日至10月6日，陕西省渭河流域遭受了50多年来最为严重的洪水灾害。

一、全省洪水灾害及抗洪抢险救灾工作

在接到华县水文站可能出现超历史最高水位洪水的预报后，渭南市委、市政府组织有关县区，一天之内紧急转移群众20万人，确保了人民群众的生命安全。在渭河下游干支流堤防发生多处决口的重大险情后，驻陕部队和广大武警官兵冲锋在前，积极投身抗洪抢险战斗，先后动用兵力6万多人次，昼夜奋战10多天，赶在4号洪峰到来之前封堵了决口，避免了灾情的进一步扩大。渭南市组织沿渭河6县（市、区）5万多名机关干部，发动群众65万人次，分段包干，严防死守渭河大堤，加强支流巡堤查险，发现险情就及时排除，确保了渭河干堤没有发生问题。目前，渭河下游因灾转移迁出的30万灾民基本生活已得到妥善安置，10万名学生也已全部返校复课，恢复重建工作正在有序展开，灾区群众的情绪基本稳定，社会秩序总体良好。

二、渭河洪水灾害的特点和成因

渭河洪水过后，我们对这次洪水灾害的特点和成因进行了认真分析，感到洪峰流量不是很大，仅为三五年一遇的常遇洪水，但与历史上发生的洪水相比却有五个非常突出的特点：一是水位是历史最高。渭河华县站5次洪峰流量分别是1500立方米每秒、3570立方米每秒、2290立方米每秒、3400立方米每秒、2810立方米每秒，水位分别是341.32米、342.76米、341.73米、342.13米和341.30米，分别比1954年发生的7600立方米每秒实测最大洪峰高出2.51米、3.95米、2.82米、3.22米和2.49米。二是洪水总量是历史最大。40天时间，先后有5次洪峰接踵而至，洪水总量达到43.05亿立方米，占到华县站多年平均径流量的62%。三是洪水演进速度是历史上最慢。20世纪五六十年代，渭河同量级洪水通过临潼到潼关大致需要18小时，今年最长则达到71个小时。四是洪水历时之长是历史之最。渭河受泥沙淤积、比降变缓和河槽萎缩影响，洪水演进速度很慢，加之五次洪水首尾相连，淹没区群众住房和各类设施长时间泡在水中，极大地加重了灾害程度。五是渭河倒灌，支流决口，造成的洪水灾害是历史最重。洪水淹没、渍涝面积达到138万亩，有2个市县15个乡镇、30.2万亩农田遭受了灭顶之灾，淹没区平均水深达到2米左右，有18万群众家产损失殆尽。洪水在淹没区淤积了0.4米厚的泥沙，给灾后重建造成极大困难。造成这一严重灾害的直接成因，并不是渭河干堤溃决，而是由于渭河高水位洪水倒灌南山支流，支流堤防决口所致。

这次渭河洪水出现的这些特点，我们认为主要原因有四条：

第一，黄河潼关高程抬高，导致渭河洪水下泄不畅，是渭河下游地区遭灾的根本原因。历史上，渭河是一条冲淤平衡的地下河，在当时是不需要设防的，加之过去水量比较充沛，渭河还是经由黄河进入关中平原的水上通道。正是由于渭河得天独厚的自然条件，才造就了关中平原以西安为中心的城市群，造就了关中地区在陕西以至我国西部经济社会发展中的战略地位。

渭河下游频繁发生洪水灾害始于三门峡水库修建以后。20世纪50年代，国家为解决黄河下游的安澜问题，在黄河上修建了三门峡水库。1960年建成蓄水，到1962年3月水库坝前水位达到332.58米时，回水上溯影响到距水库187千米的渭南赤水。在短短一年多时间里，库区迅速淤积了22.5亿立方米的泥沙，由此导致了黄河潼关水位迅速抬高。据黄河水利委员会有关资料，在黄河潼关水文站出现1000立方米每秒的流量时，1962年3月的水位比1960年3月抬高了4.3米，这是广袤的关中平原东、中部地区严重灾难的开始。在后来的40多年里，随着潼关高程的抬高，渭河下游淤积加剧，这一地区的洪水灾害不断发生，且严重威胁到咸阳、西安、渭南三市的14个县、150多万人的生命财产安全，进而影响到整个关中乃至陕西全省的经济社会发展。

党中央、国务院对三门峡库区的灾害治理高度重视。在三门峡水库运用初期，面对库区淤积严重、潼关高程骤然抬升的实际问题，1964年12月周恩来总理主持召开治黄会议，确定了“确保西安，确保下游”的水库运用原则，决定对水库枢纽进行了第一次改建，增设了两洞四管，以加大泄洪排沙能力，但问题仍未得到有效解决。1969 年 6 月，根据国务院指示召开的四省（晋、陕、鲁、豫）会议决定：按照合理防洪、排沙放淤、径流发电的原则，对水库枢纽进行第二次改建，进一步增大泄洪排沙能力。同时提出“在不影响潼关淤积的前提下，汛期控制水位为 305 米，必要时降到 300 米，非汛期为 310 米”的水库运用原则。二次改建并降低运用水位收到良好效果，潼关高程一度下降了 1.8 米。但由于随后又增加了防凌前蓄水和春灌蓄水，水库运用水位没有按“四省会议”精神控制，致使已下降的潼关高程迅速恢复，并长期居高不下。据黄河水利委员会实测资料，2002 年汛后，三门峡水库的泥沙淤积量达到 61.5 亿立方米，其中潼关以上 46.2 亿立方米，黄河潼关断面在 1000 立方米每秒流量时水位达到 328.78 米，比建库前抬高 5.38 米，过水断面比建库前减少 2/3。受此影响，渭河入黄口水位也相应抬高，渭河咸阳以下河道比降明显变缓，平滩流量由建库前的 5000 ~ 5500 立方米每秒减少到 2003 年汛前的 1200 立方米每秒。渭河河势变化又进而导致 12 条南山支流河床不断抬高，逐渐演变为悬河。目前，渭河下游干支流堤防临背差已高达 2 ~ 4.7 米。潼关高程抬升，使渭河下游冲淤平衡条件丧失，这是渭河过去和今年洪水灾害的根本原因。

第二，20 世纪 90 年代以来渭河水沙条件发生了变化。渭河虽然是黄河最大的支流，但其流域范围却是一个资源性缺水地区。其中陕西境内自产水资源总量 70 亿立方米，加上入境客水，人均占有水资源量 317 立方米，占全国人均水平的 13%，比国际公认的绝对缺水线（500 立方米）还低。尤其近十多年来，渭河进入陕西境内的水量逐年减少。20 世纪 50 ~ 80 年代，渭河林家村断面年平均水量 24.55 亿立方米，90 年代平均水量只有 10.72 亿立方米，比过去减少 56.3%。其中 1995 年以后连续六年不足 10 亿立方米，最少的 1997 年只有 4.02 亿立方米。一方面是来水大幅度减少，另一方面是用水不断增加，两方面的原因导致渭河中下游多年处于严重缺水的状态。在渭河来水总量减少的同时，渭河的水沙组成出现了三大变化：一是大于 3000 立方米每秒洪水流量的概率减少。渭河华县水文站大于 3000 立方米每秒的洪水 1973 ~ 1984 年的 12 年为 17 次，1985 ~ 1997 年的 13 年则只有 5 次，减少 70.06%。二是出现高含沙洪水的概率在增加。渭河华县水文站小于 1500 立方米每秒的洪水 1973 ~ 1984 年共发生 24 次，占这一时段洪水次数的 34.8%，1991 ~ 1997 年则为 15 次，占这一时段洪水的 56%，两者相比增加了 21 个百分点。三是水沙比例发生变化。20 世纪 90 年代以来，渭河年来水量减少了 38.6%，来沙量只减少了 24%，降低了洪水挟沙能力和对河道的冲刷能力。在三门峡水库高水位运行，潼关高程居高不下的情况下，水沙条件变化的负面影响就显得更加突出。

第三，防洪设施建设滞后，设防标准太低。黄河小浪底水库建设以前，黄河下游的防洪压力很大，黄河流域防洪建设的重点在下游。1998 年大水以后，国家加大了防洪建设力度，支持陕西实施了渭洛河下游治理、移民防洪保安、黄河小北干流治理项目，总投入达到 5.6 亿多元，但仅占黄河下游每年防洪建设总投入的 1/7。受投入不足的影响，渭、洛河和南山支流的防洪设施建设严重滞后。在近些年的防洪检查时，黄河水利委员会的同志曾多次指出，渭、洛河下游三门峡库区的防洪设施“支离破碎，千疮百孔，不堪一击，一触即溃”。

在这样的条件下，渭河下游一直是“小水酿大灾”。在渭河出现大水并倒灌支流，或干流、支流同时发水，二水顶托时，极易引起支流溃堤、决口，造成严重伤害。前些年和今年发生的渭河洪水灾害大多是在这些情况下发生的，加之渭河及其南山之流下段已成为悬河，在遭受水灾时，一是决口封堵难度很大；二是所有堤防都将两面临水；三是抗洪抢险道路中断，这些都给群众的迅速撤离、抗洪救灾造成了很大困难。

第四，缺乏抗御中大洪水的实战经验。对今年渭河洪水，我们是有所预计的，在汛前做了大量准备工作，而且在洪水到来之前就成功地组织撤离了群众，避免了人员伤亡，但经过抗洪抢险的实战检验，也充分暴露了我们对抗御中常洪水的长期性、复杂性、艰巨性认识不足。特别是1981年以来，渭河流域一直处于枯水期，这期间虽然也出现过五次洪水灾害，多次造成支流和生产围堤决口，但都是小范围和短时间的，没有造成太大的灾害损失，使一些干部群众思想上产生了麻痹、侥幸心理，虽然省上每年都有防大洪、抢大险、救大灾的要求，但实际上人们对抗御长历时洪水的思想准备是不够的。再是一些新上任的基层干部没有遭遇大洪水的经历，在实施抗洪抢险指挥的各个环节有一个经受锻炼的过程。另外还有对悬河条件下抗洪抢险难度认识不足的问题。在多处支流决口，堤防四面临水，抢险道路中断，五次洪水连续发生的条件下，受投入不足限制，抢险物料、运输船只的准备是不够的。这些都需要我们在今后工作中认真加以解决。

三、彻底解决渭河问题的几点建议

多年来，渭河流域生态环境遭到严重破坏，上游来水量急剧减少，中游水质污染加剧，下游河段行洪不畅，三门峡库区1985年返迁的10万移民一直受到洪水灾害的严重威胁，渭河存在的诸多问题，已经成为区域经济社会可持续发展的“瓶颈”因素。采取综合措施，实行综合治理，从根本上解决渭河流域的重大问题，已经到了刻不容缓的地步。

（一）建议中央尽快解决黄河潼关高程问题

潼关高程问题是由兴建黄河三门峡水库引发的。应当肯定，三门峡水库的建设对保证黄河下游防洪安全，促进下游经济社会发展发挥了巨大作用。但也对陕西关中地区造成了灾难性的灾害。

第一，对关中地区的防洪安全造成严重影响。主要问题是，泥沙严重淤积，渭河成为悬河，主槽萎缩，挟沙能力和河流稳定性降低，主槽摆动加剧，斜河、横河、S形河湾增多，险点、隐患不断出现，防不胜防，使库区12个县（市、区）、150万人和220万亩耕地，特别是“二华（华县、华阴）夹槽”地带和返库安迁的10万移民频繁遭灾，影响了当地的社会稳定。

第二，库区的生态环境不断恶化。由于潼关高程居高不下，我省库区范围地下水位抬高了2～3米，加之受悬河影响，黄河、渭河两岸完全丧失自流排水能力，100多万亩农田受到渍涝盐碱危害，群众的居住环境和生产条件严重退化，使过去关中最富庶的地方变成了贫困地区。

第三，给关中以至全省的经济发展造成很大影响。渭河沿岸城市村镇密集，人口居住集中，工矿企业众多，经济的承载量很大。但是，目前在渭河防洪设施上，一没有可资利用的滞蓄洪水，二没有干支流水沙调控工程。如此薄弱的防洪设施，一旦出现黄、洛、渭、泾四水相遇，后果将不堪设想。

潼关高程问题很早就得到了水利部和黄河水利委员会的高度重视，也采取了一系列措施，试图解决这一问题。2002 年，水利部还成立专门机构，专题开展了“潼关高程控制及三门峡水库运用方式研究”工作。黄河水利委员会先后实施了东卢裁湾、河口拖淤等工程措施，特别是今年渭河前三次洪水期间，三门峡水库空库敞泄运行，坝前水位平均维持在 292.4 米左右，使潼关高程冲刷下降 0.5 米左右，对降低渭河洪水水位、减轻抗洪压力起到了十分重要的作用。实践证明，三门峡水库实行全年空库敞泄运用并采取综合治理措施，对有效降低潼关高程是可行的，也是做得到的。因此，我们提出三点建议：

第一，三门峡水库实现全年空库敞泄运行。黄河小浪底水库建成投入运用后，三门峡水库具备了空库运行的条件。根据小浪底水库的开发目标，原来由三门峡水库承担的黄河下游防洪、防凌减淤、灌溉、供水等任务，近期可由小浪底水库代替承担。按照黄河防御特大洪水预案，三门峡水库只是在特定条件时才进行控制运用；一是防洪方面，当黄河花园口站出现百年一遇以上的大洪水时，且小浪底水库已蓄洪 26 亿立方米并没有上涨趋势时，三门峡水库才考虑控泄运用；二是防凌方面，当小浪底水库预留的 20 亿立方米库容蓄满后，才考虑运用三门峡水库。据此，三门峡水库承担防洪、防凌任务的概率接近千年一遇。当前，三门峡水库应抓住小浪底水库运用初期 40.8 亿立方米死库容的有利时机，尽快实施全年空库敞泄的运用方式。在此基础上，对三门峡水库现有底孔进行扩孔改建，使坝前 300 米水位时的泄流能力由目前的 3633 立方米每秒增加到 6000 立方米每秒，做到中、小洪水不滞洪，以利三门峡库区排沙减淤和降低潼关高程，减轻渭河下游防汛的压力和洪涝灾害的损失。

第二，建设泾河东庄调洪调沙水库。尽快在渭河泥沙主要来源的泾河上建设以防洪减淤为主，具有调水、调沙功能的东庄水库，创造有利渭河下游冲刷的水沙条件，改善渭河河势，配合三门峡水库利用人造洪峰冲刷库区泥沙，促进降低潼关高程。

第三，实施洛河改道入黄工程。三门峡库区经常出现黄、渭、洛三河洪水相遇的情况，洛河出口段受黄河、渭河洪水顶托和潼关高程抬升影响，来自洛河的小水大沙常在渭河出口段形成拦门沙淤积，严重阻碍渭河入黄，急需将洛河直接改道入黄，恢复历史流路，减少三河洪水相遇概率，避免渭河尾闾段严重淤塞的情况发生。

（二）建议国家尽快批准实施渭河流域综合治理规划

新中国成立以来，党和国家对渭河治理十分重视，20 世纪 90 年代后期，国家组织实施了渭洛河下游治理、移民防洪保安等工程，解决了渭河下游防洪方面的一些紧迫问题。近年来，我省先后制定出台了渭河流域水污染防治条例、饮用水水源地保护条例、节约用水办法等法规，加大了水价改革力度，组织实施了关中九大灌区节水改造与续建配套，对污染严重的“十五小”和“新五小”企业实行了关停并转，建设了西安、宝鸡等城市污水处理厂，促进了节约用水和水污染防治。尽管如此，我省渭河流域存在的洪灾频繁、水源枯竭、水质污染，下游淤积的四大突出问题仍没有得到根本解决。2001 年 10 月，全国政协前副主席钱正英率领由两院院士、专家和国家计委、建设部、水利部、环保总局等部门有关人员组成的考察团，对陕西渭河流域进行了全面考察。考察团在充分肯定我省渭河治理工作成效的同时，针对存在的问题，提出必须尽早实施渭河流域综合治理，并就节约用水、防治水污染、跨流域调水、降低潼关高程、改善生态环境等提出了非常重要指导性意见。全国政协《关于渭河流域综合治理问题的调研报告》引起了党中央、国务院的高度重视，温家宝总理先后两次作出重要批示，要求将渭河综合治理列入重要议程，充分论证，做好规划，统筹考虑环保和生态问题。按照温家宝总理的批示精神，我省将渭河流域综合治理列为全省经济社会发展的重大战略项目，成立了由一名副省长任组长的规划工作协调指导小组，在水利部和黄河水利委员会指导下，组织有关部门，于2002年12月编制出台了《陕西省渭河流域综合治理规划》。

我省《规划》立足流域经济社会可持续发展，以改善生态环境为根本，以节水、治污、水资源优化配置和提高防洪减灾能力为重点，提出的治理目标是：通过20年努力，建立起水资源高效利用的节水型社会、科学有效的水污染防治体系、与社会经济发展相适应的城乡供水保障体系、科学完备的防洪减灾及生态环境保护体系，实现渭河流域内人口、资源、环境、经济社会协调发展。我省《规划》实施的重点建设项目有：①防洪减灾方面，建设泾河东庄水库、渭河中游干流防洪、三门峡库区渭洛河下游续建及河道疏浚淤背、渭河下游南山支流治理、库区返迁移民防洪保安、西安市等重点城市防洪工程及防汛非工程措施等。②水资源开发利用方面，建设黄陵南沟门水库、彬县亭口水库、西安李家河水库和引红济石、引乾济石、引汉济渭等跨流域调水工程，近期（2010年）新增年蓄调水能力10亿立方米，远期（2020年）达到20亿立方米。③节水方面，实施灌区节水改造工程，推行城市污水回用，近期新增节水灌溉面积603万亩，年污水回用量达到2亿立方米。④水污染防治方面，建设沿河5个大中城市和54个县城污水处理设施、12座垃圾处理场和水资源保护等项目，重要城市垃圾无害化处理达到95%以上。⑤水土保持方面，建设1万座治沟拦泥淤地坝，实施坡面治理工程，近期治理水土流失面积0.5万平方千米，累计达到2.18万平方千米，治理程度达到45%；远期治理1万平方千米，累计达到3.18万平方千米，治理程度达到66%。

我们了解到，经国家发改委和水利部审核的《渭河流域综合治理规划》近期将报国务院审批。针对这次渭河发生的超历史洪水灾害，我们痛定思痛，认识到国家将要审批的《渭河流域综合治理规划》还要做进一步补充完善，为此提出三点建议：一是全面提高渭河干支流堤防标准，新建南山支流防洪水库，增加河道疏浚与淤背工程，完善库区排水工程。二是将我省引汉济渭调水、彬县亭口水库、黄陵南沟门水库、西安李家河水库等项目纳入规划。三是将移民区避水楼建设标准提高到黄河、渭河50年一遇。我们恳请国家尽快批准该《规划》，使其及早付诸实施。2003年10月

（三）《渭河保护与治理研究报告》 洪小康

渭河是我省的重要河流，尤其对于关中地区而言，更是有着养育之恩的母亲河。由于渭河在我省的重要地位和作用，渭河的生命健康和治理得到了党和国家、省委、省政

府以及社会各界的高度关注。自1952年以来，毛主席、周总理等党和国家领导人就先后对渭河的治理做出了重要指示。进入新世纪，胡锦涛总书记、温家宝总理曾数次对渭河抗洪救灾做出了一系列重要批示。特别是2003年国庆节期间，温家宝总理冒雨亲临渭河洪区视察，他引用白居易“心中为念农桑苦，耳里如闻饥冻声”的诗句告诫我们：封建时代的人物尚且懂得老百姓的疾苦，我们是共产党人，立党为公、执政为民，就是要时刻把人民的疾苦放在心里。这些重要指示，是近些年我们治理渭河的重要精神动力。今天，省委中心学习组听取关于渭河及其治理情况的汇报，再次表明了省委、省政府对渭河的重视，也必将对我们办好渭河的事情产生强大的推动作用。

下面，我主要汇报三个问题：一是渭河是陕西人民的母亲河；二是渭河的生命健康及其重要作用面临严峻的挑战；三是落实科学发展观对渭河治理带来了新的重大机遇。

一、渭河是陕西人民的母亲河

（一）渭河的“前世今生”

渭河是黄河的第一大支流，是关中地区第一大河。她的发源地在甘肃省渭源县西南鸟鼠山的“品”字泉。《尚书·禹贡》和《水经注》中记载：“鸟鼠同穴之山，渭水出焉。”现在的“品”字泉只剩下了碗大的一个石穴，但因为这里有禹王庙、有经典可考，所以一直被人们尊为渭河的正源。据我们考察，其实渭河真正的源头应该是鸟鼠山10千米以外的清源河上游的南谷山。这里河源最长，山系发育，植被较好，水源丰富，应是当之无愧的源头。

渭河从发源地出发以后，流经陇西、通渭、武山、秦安、天水以后继续向东，在甘陕之间进入六盘山和秦岭夹缝，然后在宝鸡峡进入平坦开阔的关中平原，于潼关的港口注入黄河。渭河全长818千米，其中宝鸡峡以上的峡谷河段为上游，河长430千米；宝鸡峡至咸阳段为中游，河道较宽，多沙洲，河长180千米；咸阳至入黄口为下游，河道比降小，水流缓慢，河长208千米。

据地质学家研究，现在的渭河本是古黄河的主干道，黄河改道以后渭河则成了黄河的支流。在距今2000多万年前，黄河是一条真正滚滚东流的大河。我们现在看到的渭河宽阔的河床和巨大冲积平原，足以证明这是古黄河的功劳。后来，地质构造运动中，西秦岭榆中至鸟鼠山一带发生南北向长垣隆起，迫使古黄河于刘家峡改道向北，才逐渐形成了渭河。在后来的历史中，由于地壳运动，秦岭山地不断抬升和南山支流泥沙推移的共同作用，还造就了渭河河床不断北移。据有关考证，从秦汉时期至今，这一段渭河河道已经由南向北迁徙了5千米多。这应该就是渭河的“前世今生”。

（二）渭河的基本特点

与南方的河流比较，渭河是一条流域面积大、水量比较少、季节性强的河流。这一点与黄河基本相似。黄河是我国第二大河流，这只是从长度和流域面积来说的，但从水量看，黄河只有长江水量的1/18，甚至比长江一些支流的水量还要少。作为黄河第一大支流的渭河也具有这样的特点。

渭河流域面积相对较大，总流域面积为13.48万平方千米。在流域内西部最高点高程

3495 米，与入黄口高程相差 3000 米以上。区内的最高点为太白山主峰，海拔 3767 米。在渭河流域内，上游主要为黄土丘陵区，中下游北部为黄土高原区，中部为河谷冲积平原区，南部为秦岭土石山区。

渭河水系南北差异较大。在我省境内，渭河南岸支流数量多，发源于秦岭北麓，水系呈扇状分布，其中集水面积 1000 平方千米以上的支流有 14 条，重要支流有石头河、黑河、沣河、灞河；渭河北岸有集水面积 1000 平方千米以上的支流 9 条，多发源于黄土高原丘陵地带，重要的河流有泾河、北洛河、千河、漆水河等。在众多支流中，泾河为渭河第一大支流，总流域面积 4.54 万平方千米，占渭河总流域面积的 33.7%；洛河为渭河第二大支流，流域面积 2.69 万平方千米，占渭河总流域面积的 20%。在渭河总流域面积中，我省 6.71 万平方千米，占 49.8%；甘肃省 5.95 万平方千米，占 44.1%；宁夏回族自治区 0.82 万平方千米，占 6.1%。

与流域面积相比，渭河水量相对较少且分布不均。根据 1956 年至 2000 年系统计算，多年平均天然径流量 100.4 亿立方米，占黄河天然总水量的 17%。再加上地下水资源，渭河流域水资源总量为 110.56 亿立方米。其中我省渭河流域自产水资源总量 69.9 亿立方米。在我省境内，渭河干流林家村断面（宝鸡峡）以上水量 22 亿立方米，咸阳断面以上 54 亿立方米，华县断面以上 88 亿立方米。泾河、北洛河分别来水 17 亿立方米和 10 亿立方米。在时空分布上，首先是地区分布不均。渭河南岸集水面积占 20%，来水量占 48%；北岸集水面积占 80%，来水只占 52%。再是年内分布不均，汛期 7 ~ 10 月水量占全年的 60%，其中 8 月最多，占全年的 20% 左右，1 月最少，占全年的 2% 左右。另外还有年际间变化大的特点，最大年（1964 年）径流量 218 亿立方米，最小年（1995 年）径流量 43 亿立方米。时空分布不均带来的问题：一是加剧了水资源紧缺；二是洪水灾害频繁；三是水土流失严重。

（三）渭河的历史功绩和生态演变

渭河流域面积大、水量少、时空分布不均的特点，决定了渭河是一条负担很重的母亲河。渭河在孕育关中平原、养育三秦儿女、创造中华文明的过程中，以其羸弱的身躯支撑着流域内人口的繁衍、经济发展和文明的延续。

回顾历史，古代渭河的生态环境是很好的。6000 年前，中华民族的祖先就选择在渭河附近的浐河畔定居，开展了早期的种植、养殖和渔猎作业，创造了“半坡文化”。此后的 3000 多年前，周人在渭河的武功兴起，几经迁徙之后在岐山的周原建立了我国历史上的周王朝，并在数百年间逐步向东开拓，在渭河支流建立了沣、镐二京。沣、镐二京的建立对周的发展起了决定性的作用，并依据渭河良好的生态条件向西、向东不断扩大了领土范围。对此，《淮南子》对周代的渭河有“渭水多力而宜黍”的记载。春秋时代，晋国发生大旱，秦国援晋的粮食“船漕车载，自雍（今凤翔）相望至绛（今山西侯马）”（《史记·秦本纪第五》）。这说明地处渭河的秦国产出的粮食很多，也说明渭河的水运很发达。到公元前 246 年，秦始皇修建郑国渠，更有了“秦以富强，卒并诸侯”的结果，建立了统一的秦王朝。

汉唐时期，渭河的漕运、唐长安城的供水代表了当时我国水利发展的最高水平，为汉唐盛世奠定了灌溉、供水、舟楫之利，也促成了汉唐作为我国政治、经济、文化中心的地位。在这一时期，渭河的生态环境仍然是比较好的。渭河上运粮船的吨位达到30吨左右，这时的渭河处在青年时期，富有朝气和活力。白居易称渭河是“百里之清流”。冷朝阳有“晚来清渭上，一似楚江边；鱼网依沙岸，人家傍水田”的诗句。还有来自富春江的诗人李频，写了“秦地有吴洲，千樯渭曲头。人当及照立，水彻故乡流”的诗句，这足以说明，当时渭河的风光足以和富春江相媲美。这一时期，渭河的支流也是很美的，唐长安城因有泾、浐、灞、滈、沣、涝、潏八条河流环绕，故有“八水绕长安”之称。另外在城区内外还有曲江池、芙蓉园等人工水景和操演水军的昆明池。直到20世纪60年代，渭南还有航运公司，自黄河而上的船只可达渭南。

随着经济社会发展和人口的增加，自唐以后，大规模的毁林开荒也开始了。《新唐书》《资治通鉴》记载，“岁获大木以万计”，“宋代从岐陇以西的渭河上游采伐和贩运的木材，常是联成木筏，浮渭而下，一时竟使开封市场有堆积如山的木材”。乾隆、嘉庆年间，涌入秦地的外来客民“以数百万计”，由于毁林开荒，昔日“南山老林弥望，乾、嘉以还，深山穷谷，开凿靡遗，每逢暑雨，水挟泥沙而下，漂没人畜田庐，平地俨成泽国”。这说明渭河流域的生态环境已日趋恶化。加之随着我国政治、经济中心的逐渐南移，关中的地位逐渐衰落，关中的水利也日益凋敝，并一直沉寂了1000多年。

渭河演变的历史，充分说明了水利与经济社会发展相辅相成的辩证关系，充分说明了人与自然和谐相处的重大意义。

（四）古代渭河开发利用的几项重大水工程，对当时的经济社会发展产生了重大而深远的影响

第一，郑国渠的建设为秦始皇统一中国奠定了雄厚的物质基础。郑国渠始建于公元前246年，当时中国正处于战国时期，韩国因畏惧秦国的强大，便派水工郑国说服秦国开渠，用“疲秦之计”拖住秦国，使其无力东顾。工程建设过程中，秦国识破韩国的阴谋并欲杀郑国，但郑国的一席话又打动了秦始皇：“始，臣为间，然渠成亦秦之利也。臣为韩延数岁之命，而为秦建万世之功。”后历经10多年，终于建成“凿泾水自山中西邸瓠口为渠，并北山，东注洛，三百余里”的引泾灌溉工程，“灌田四万余顷，秦以富强，卒并诸侯”。郑国渠的建设“疲秦之计”只是外因，根本原因还在于秦国的本身，那就是增强国力，具备统一全国的物质基础。秦国的目的达到了，郑国渠也以自己的历史功绩，成为与四川都江堰、广西灵渠齐名的我国古代三大著名水利工程。

第二，渭河漕运工程的建设为汉唐盛世打造了成就伟业的大通道。西汉建都长安时曾有很大争议。当时张良建议：“关中沃野千里……河渭漕挽天下，西给京师，诸侯有变，顺流而下，足以委输，此谓金城千里，天府之国也”。张良的指导思想很明确，就是看中了渭水和黄河沟通全国的优势，既可以补给京师的供应，又可东进控制全国。杜笃在《论都赋》中回顾了长安当时航运的盛况：“鸿渭之流，径入于河；大船万艘，转漕相过；东综沧海，西纲流纱……”渭河航运的畅通成就了西汉王朝的生命线。到汉武帝时，仅运送的粮食就由最初的数十万石增加到600万石。渭河漕运到了盛唐时期，仍然发挥

了巨大作用。当时的陕郡太守、水陆转运使韦坚在咸阳附近筑兴城堰壅渭水，穿过浐、灞向东，直达华阴的永丰仓入渭以利漕运。渭河漕运又为盛唐的发展创造了极大的便利条件。

第三，盛唐长安城的供水系统解决了当时世界最大城市的供排水问题。据《唐两京城坊考》记载：盛唐时期，唐长安城“前直子午谷，后枕龙首山，左临灞岸，右抵沣水”，相当于明长安城的5倍，居住着百万人口。在当时的条件下，解决百万人口的供水问题，是一桩了不起的事情，但当时不仅建设了供水工程，还建设了连通漕运木材薪炭的运输通道和水上游乐工程。就供水工程而言，主要有三条明渠：一是龙首渠，从今西安马腾空附近引浐河水北流到永乐坡分为二渠，东渠进入禁苑，西渠经通化门入城，主要解决城东北的用水问题；二是清明渠。在今皇子坡引潏水在安化门入城，流入皇城、宫城，注入南海、西海、北海，解决外郭城西及皇城用水；三是永安渠，在今香积寺西南引洨水，在安化西门入城，北流至景耀门，北注入渭。这些供水系统，同时附带有排水功能，代表了当时我国以至世界的先进水平。

第四，关中“八惠”开创了我国近代水利建设的先河。在近代史上，1928—1930年，陕西三年大旱（号称民国十八年大旱），惨绝人寰、举世震惊，并被列为20世纪世界十大灾害之一。对这场灾害，《陕西干旱志》记载：“三年不雨，六料未收，赤地千里，十室九空，饿殍遍野，惨不忍睹。”据不完全资料统计，全省灾民多达600万人，饿死250万人，出逃40万人。面对如此严重的灾情，当时主持陕政的杨虎城将军，邀请李仪祉回陕任省政府委员兼建设厅厅长，主持陕西水利大计。李仪祉先生于1930年12月先从郑国渠遗址上修建泾惠渠做起，于1932年完成一期工程，共灌溉泾阳、三原、高陵、临潼、礼泉等5县农田4万公顷。在此之后，李仪祉改任省水利局局长，专职兴建“关中八惠”的宏大工程，于1934年开始兴建洛惠渠，1935年开始兴建渭惠渠，在渭河以南各支流相继建成梅惠渠、黑惠渠、涝惠渠、沣惠渠和泔惠渠，与前三渠合称“关中八惠”。这些工程，在当时的中国是具有开创性的，尤其是泾惠渠，是中国第一座应用现代水利工程技术建成的灌溉工程，也是20世纪上半叶最大的灌溉工程。这是渭河在近代为关中作出的重大贡献。

（五）新中国成立以后，渭河水利建设进入了盛况空前的新时代

总结历史的经验，“善治秦者必先治水”“善兴秦者必先兴水”。新中国成立以来，在党和国家的大力支持和历届省委、省政府的重视领导下，全省上下坚持不懈，大搞水利，已经累计建设了20多万处水利工程。仅在渭河流域就自西向东建设了段家峡、冯家山、石头河、黑河、羊毛湾、石堡川等大中型水库，建设或扩建了宝鸡峡、交口抽渭、泾惠渠、洛惠渠等大型的引水工程。关中九大灌渠区灌溉面积总计达到888万亩，使八百里秦川真正成了一片富饶膏腴之地。这些水利工程，首先是保证了全省的粮食安全。占全省1/7的耕地面积，可生产占全省1/3的粮食和大量果品蔬菜，提供的商品粮可占到全省的1/2。即使在严重干旱的年份仍可以保住全省粮食产量不致有大的跌落。其次是保证了占全省61%的人口、72%的灌溉面积、81%的工业产值的供水需求，并还将为人民生活和工业化、城镇化建设提供供水保障。最后是逐步建设起来防洪设施，包括通信预警系统，极大地保

障了防洪安全。这些都为关中经济社会的发展作出了重大贡献。

二、渭河的生命健康及其作用面临严峻挑战

渭河在为关中大地付出的同时自身却受到了极大的伤害。近千百年来，由于认识上的原因，人们无限度地向渭河索取，干了许多傻事：在水源涵养区毁林开荒，在用水上大肆浪费，在河道内乱挖乱建，在干流上大肆排污，不仅危及渭河的生命健康，也为自身的发展酿就了一杯苦酒。现在渭河干流已成了关中城市群的下水道、排污渠，加之严重的水土流失，如今的渭河可以说是“上游干了，中游臭了，下游满了”。

其主要问题可以归纳为 10 个方面：

（一）渭河流域人均水资源低于国际公认的绝对缺水线以下，是典型的资源性缺水地区

关于我省的水资源问题，省委、省政府在制定“十一五”规划时有一个基本判断：“在粮食、能源与水资源三大战略资源中，我省能源资源丰富，粮食基本自给，而水资源短缺的矛盾十分突出，已成为当前和今后一个时期制约我省经济社会发展的重要因素。”

就全省来说，水资源的现状：一是总量严重不足。全省水资源总量为 445 亿立方米，人均只有全国平均水平的一半。二是时空分布不均。70% 分布在陕南，70% 集中在汛期。三是水资源开发利用潜力有限。全省水资源可利用量 143 亿立方米，目前已用到 83 亿立方米，今后可开发利用量仅剩 60 亿立方米。其中陕南占 48 亿立方米，关中仅占 5 亿立方米。这三大问题，在渭河流域表现得更为突出。这里提供一组数据来说明渭河水资源紧缺的状况：全球人均水资源占有量 9360 立方米，我国是 2474 立方米，我省是 1380 立方米，我省渭河流域的人均只有 317 立方米，比国际公认的绝对缺水线（500 立方米每人）还少。

（二）20 世纪 90 年代以来，由于气候变化因素，渭河水量呈减少趋势

据相关资料分析，20 世纪 90 年代以来，由于气候变化、降水减少、用水增加、水土保持作用减少下泄等四大原因，渭河林家村水文站年平均径流量只有 10.72 亿立方米，较以前的 21.8 亿立方米减少 11.1 亿立方米，减少了 51%，1997 年只有 4.02 亿立方米。这一时期，渭河入黄水量年平均为 43.4 亿立方米，较以前减少 44.6 亿立方米，减少一半多。本来就是资源性缺水地区，来水减少更加剧了水资源紧缺的态势。

（三）我省渭河流域水资源开发利用的程度已经很高，生态环境制约今后的继续开发利用

来水减少，用水增加，已使渭河水资源的开发利用达到极限。就地表水来说，我省渭河流域水资源总量为 69.9 亿立方米，目前已利用到 51 亿立方米，开发利用的程度超过了 70%，今后可利用量已经十分有限。地表水严重不足，人们往往竭泽而渔，大量取用地下水，造成地下水严重超采（可开采量为 31 亿立方米，已开采 30 亿立方米。超采区超采近 5 亿立方米），并造成了地下水位下降、地面沉陷、地裂缝活动加剧等一系列地质灾害。上面是从理论数值分析的，实际上在来水减少的情况下，渭河已经无水可用。

（四）适应经济社会发展需要，区域内用水将继续大幅度增加

我省是一个对水资源依赖程度很高的地区。据对历史资料分析，从公元 2 世纪以来，

我省有旱灾记录的年份有 600 多个，其中全省范围的旱灾 234 次；对 1949—1995 年资料分析，全省性干旱年份 29 年次，大范围的干旱 22 年次，二者合计为 51 年次。其中 20 世纪 50 年代 7 年次，60 年代 11 年次，70 年代 12 年次，80 年代 14 年次，1991—1995 年 5 年次，呈不断增加的趋势。据对近 10 年干旱灾害的统计分析，年均因旱造成的损失多达 38.5 亿元。在发生大旱的情况下，造成的损失更大。1994 年 11 月到 1995 年 8 月旱灾，全省因旱灾造成的损失多达 66.75 亿元。

面对严重的干旱灾害，尽管我省在水利建设上付出了巨大努力，但缺水问题仍很严重。在现状条件下，全省年供水缺口多达 21 亿立方米。全省有 50 多座县以上城市、650 个乡镇缺水，有 1300 万人存在饮水不安全的问题，有不少工业项目建设因缺水受到影响。着眼“十一五”发展，随着人口的增加，城市化、工业化进程的加快，对水资源的需求将迅速增长，特别是国家批准建设陕北能源化工基地，大大增加了供水需求。据测算，到 2010 年我省在现状供水条件下，年缺水将达到 39.3 亿立方米（关中 26.6 亿立方米、陕北 6.6 亿立方米、陕南 6.1 亿立方米），其中城乡生活与工业生产将缺水 17.5 亿立方米。按照全面建成小康社会三步走战略目标要求，到 2030 年，我省对水的需求将达到现状供水能力的 2 倍。

按照黄委会规划，设想渭河全流域比较理想的状态是，到 2010 年，渭河水资源的需求将达到 152 亿立方米，超过流域内水资源量的 38%。其中：在渭河下游淤积不恶化的条件下，汛期输沙需要水量 45 亿立方米；非汛期维持河道内外生态平衡分别需水 6.1 亿立方米和 4.6 亿立方米；城乡人民生活用水需要 14.8 亿立方米；工业生产需水 15.3 亿立方米；农业在节水 5 亿立方米的前提下需水 60.8 亿立方米。这虽然包括了渭河上游的需求，但所占的份额不大，主要还是在关中地区。

（五）解决渭河缺水问题，面临着许多制约因素

一是受黄河用水总量控制的制约。根据国务院“八七分水方案”，我省黄河流域的用水份额是 38 亿立方米。我们认为这是指“径流量”，是“地表水的耗水量”，但黄委会认为 38 亿立方米的份额是包括地表水和地下水的耗水量。这两者在数值的计算上是有很大区别的。按我们的看法，我省黄河流域只用到 35 亿立方米，而黄委会认为我们已接近用完。同时按照黄河水量调度管理办法，丰增枯减。由于黄河近年来水量减少，实际利用也不能达到 38 亿立方米。要再建设新的水源工程已经很难得到许可。二是水源工程建设的难度越来越大，工程造价越来越高，相对应的是投资的比较效益越来越低。这是近些年我省水源工程很难得到国家批准和资助的重要原因。三是节水和治污缺乏有力的激励机制和监管机制。节水、治污有一个共同特点，就是投资的效益是错位的。这一特点在很大程度导致了人们认识上的偏差，就是在发展过程中，往往以牺牲生态环境为代价，盲目地追求个人的、局部的利益。在监管上，也由于违法成本低、守法成本高，污染水资源的问题屡查屡犯，甚至顶风作案。同时也有投入不足，政策不配套，工程设施建设滞后的问题。今后进一步解决这些问题，在水资源配置上需要有大思路，在工程建设上需要有大项目，在抓落实上需要有大举措。

（六）修建三门峡水库，潼关高程抬升，是渭河下游“小水大灾”、灾害不断的根本原因

历史上，渭河基本上是一条冲淤平衡的地下河，但在修建了三门峡水库以后，渭河的防洪形势发生了巨大变化，并迅速成为渭河下游的心腹之患。

关于渭河洪水灾害的成因，多年来我国水利界有过很大争论，但近年的认识基本趋于一致，就是三门峡水库的建设是最重要的原因。三门峡水库建设以前，渭河入黄口下游的潼关高程为 323.4 米，1960 年三门峡水库建成蓄水以后，由于大量的泥沙淤积，使这一高程迅速抬高到 329 米。在广袤的关中平原，渭河入黄口一下子抬高 5.6 米，这无疑等于在渭河入黄口形成了一座大坝，必然要导致渭河入黄受阻，水位抬高，溯源淤积。在黄河、渭河同时涨水的情况下，受黄河洪水顶托，渭河将产生倒灌现象，洪水灾害损失将更为严重，并已经危及西安市区的防洪安全。在这一严重的情况下，周总理亲自主持召开相关会议，确定了“确保西安，确保下游”的方针。此后，国家对三门峡水库进行了改建，并降低了运行水位，使渭河防洪形势极度恶化的趋势一度有所缓解，但问题并没有从根本上得到解决，并且逐步积累，最终导致渭河由地下河变成了地上悬河。渭河变成悬河，进一步导致了入渭河的 12 条南山支流也逐步变成了地上悬河，使渭河下游地区成为悬河网地带，年年遭灾就成为必然的现象，而且往往是“小水大灾”。

从 2003 年、2005 年的洪水可以充分看出渭河洪水灾害的严重性。

2003 年，渭河连续发生了 6 次洪峰量级不是很大但灾害很严重的洪水灾害。最大的二号洪峰，量级不到 5 年一遇，但洪水特性却创下了五项历史之最。一是洪水总量历史最大。咸阳、临潼、华县站洪水总量均大于历史最大年份。华县站洪水总量达到 62.36 亿立方米，占多年平均径流量的 71%，同 1954 年发生的渭河历史实测最大洪水相比，洪水总量多出 49.76 亿立方米，为其 5 倍。二是洪水位历史最高。二号洪峰在华县站的流量虽仅为 3570 立方米每秒，但其水位 342.76 米比该站 1996 年发生的历史最高水位 342.25 米高出 0.51 米，比 1954 年发生的 7660 立方米每秒洪水位整整高出 3.95 米。临潼站 5100 立方米每秒洪水的相应水位 358.34 米，比该站 1981 年发生的历史最高水位 358.03 米高出 0.31 米。三是洪水持续时间历史最长。如华县站，6 次洪水总历时长达 800 多个小时，为 1954 年洪水历时的 8 倍以上，且每次洪水历时均超过 1954 年洪水。其中一至三号洪峰首尾相连，洪水持续时间长达 432 小时。四是洪水演进速度历史最慢。20 世纪的 80 年代之前，渭河同量级洪水从临潼站演进到华县站大致需要 12 ~ 13 个小时，而 2003 年一号洪峰则在该区段演进了 52 个小时，慢了 3 倍以上，其他 5 次洪水的演进速度也不同程度地慢了 1 ~ 2 倍。五是灾情历史最大。2003 年渭河流域洪水灾害涉及渭河下游两岸咸阳、西安、渭南 3 市 12 个县（市、区），受灾人口达 56.25 万人，受灾面积达 137.8 万亩，其中绝收面积 121.96 万亩；倒塌房屋 18.72 万间，受淹地区大量基础设施被毁，直接经济损失高达 29 亿元。

2005 年 9 月 24 至 10 月 3 日，历时 10 天，全流域普遍降雨。降雨中心位于渭河以南秦岭北麓，向北逐步递减。秦岭主脊到渭河南岸地区降雨量达 200 毫米以上，点最大降

雨量（黑河水库）达到350毫米。渭河下游发生了1981年以来的最大洪水。渭河干流先后发生了2次洪水过程。临潼站于10月2日出现5270立方米每秒洪峰流量，相应洪水位358.58米，再创历史新高，华县站10月4日出现4820立方米每秒洪峰流量，相应洪水位342.32米，为仅次于“03·8”洪水的渭河历史第二高水位。2005年的洪水使渭河下游11个县（市、区）、120万人受灾，淹没滩地48万亩，紧急转移群众19万人，农作物受灾65万亩，直接经济损失10.2亿元。

（七）渭河治理状况与关中率先发展极不协调

为了解决渭河的防洪问题，我省在争取国家对三门峡水库进行改建并改变运行方式上做了大量工作，在渭河防洪设施建设上付出了巨大的努力。这方面我省的代价是十分沉重的。一是移民28.7万人，占全库区移民总数的82%，并且又组织了10万移民二次返迁库区的安置。二是当时淹没土地100万亩，其中耕地75万亩，占全库区淹没总耕地面积的83%。三是受库区洪涝问题影响，渭南市失去了经济发展的历史机遇。这是历史上的影响，但遗留下来的复杂繁重的库区防汛将是我省长期面临的重大问题。

第一是泥沙淤积不断发展，潼关高程居高不下。据实测资料统计，到2000年底，潼关以上淤积泥沙45亿立方米，占库区累计淤积的56%，其中渭河淤积13.65亿立方米，库区淤积泥沙总量的增加基本发生在潼关以上，潼关高程始终维持在328.2米左右。

第二是渭河河道比降变缓，河势变化加剧。潼关高程抬升，致使渭河纵向比降变缓，河势变化剧烈，弯道上提下挫频繁，横河、斜河、Ω形等不利的河势不断出现，工程险情时有发生。

第三是河道条件恶化，防汛形势严峻。泥沙淤积的发展，使堤防的临背差不断增大，悬河态势加剧。目前渭河下游堤防临背差达到2～4.5米，堤防一旦决口，将造成渭河改道，后果不堪设想。泥沙的不断淤积，河床不断抬高，过洪面积大幅度减小，同流量洪水水位大幅升高，堤防防御标准相对降低。渭河华县河段建库前平滩流量为5000立方米每秒左右，目前仅为1500立方米每秒。2003年，华县站实测3570立方米每秒洪水流量的水位，比1954年7660立方米每秒洪水流量的水位还要高3.95米。

第四是黄、渭、洛汇流区的河势恶化，洪水灾害频频发生。1970年以来，黄河主流西倒，使黄、渭河交汇点不断向渭河上游提升，目前上提达5千米，形成黄河夺渭的局面，加速了拦门沙坎的发展。黄河西倒加剧了黄河洪水对渭河倒灌顶托的影响，使渭河河势出现不利的变化。据不完全统计，三门峡建库40年来，渭河下游干支流有17个年份出现决口，决口达73次之多，累计淹没农田600多万亩，冲毁房屋21万多间，给库区人民带来了深重的灾难和巨大的损失。

第五是防洪建设的任务不断加重。近年来，我省累计在渭河上建设了大量防洪设施，包括渭河干流堤防600多千米，南山支流堤防的工程131千米，移民防洪围堤77千米，修建防洪抢险道路126千米，使城防段达到50～100年一遇标准，农防段达到10～15年一遇标准，其库区段仅在5年一遇洪水标准。同时还建设了相应的通信预警系统和防、抢、撤设施。但泥沙淤积、河势改变，常常使防洪设施的设防标准不断降低。

（八）水质严重污染，使渭河水资源的开发利用雪上加霜

在20世纪，人们对渭河的描述是：60年代淘米洗菜，70年代洗衣灌溉，80年代鱼虾不在，90年代水臭难耐。现在的渭河，是关中地区唯一的废污水承纳和排泄通道，以占全省18%的水资源量，接纳了占全省80%的工业废水和生活污水。目前排到渭河的废污水量接近10亿吨，是20世纪80年代初的3倍多。其实在非汛期，渭河宝鸡市区以下的河段流淌的基本上是城市污水，主要污染物为COD和氨氮。渭河干流宝鸡峡以下河段全部为V类或超V类水质，基本丧失了水的使用功能。近年来，由于污染水体的下渗和固体废物淋滤入渗等原因，一些重要城镇和重点工业区的地下水污染问题也日趋严重。

（九）渭河下游洪水灾害和生态环境引发的社会问题必须给予高度关注

渭河下游涉及咸阳、西安、渭南三市的12个县（区）和150万人口。多年来，这一区域一直面临着三大问题：一是移民防洪保安问题。当时这一地区迁出移民28.7万人，后来繁衍到48万人。自三门峡建库以来，移民大规模自发返库17次，移民集体上访经常发生，过去一直是我省不稳定的重大问题。后来经中央批准，1985年我省组织10万特困移民返回库区。但这些移民一直居住在原来水库的淹没范围以下，受洪水的影响，生存环境极为恶劣。二是库区严重的淹没、渍涝、盐碱问题造成生态环境的严重恶化。建库时我省淹没土地100万亩，其中耕地75万亩，现在这些土地虽然不再淹没，但年年受到洪水的侵袭，加之自流排水能力丧失，发生了大面积的渍涝和盐碱化问题，面积多达117万亩，排涝任务十分繁重（2003年的大水之后曾举全省之力支援当地排洪），农业的生产能力和人们的生存环境受到极大影响。三是频繁发生的洪涝灾害对下游的公共基础设施造成严重的损坏。主要是水利、交通、电力、通信、医疗、教育等设施，在遭遇洪水灾害之后都要修复甚至重建，给当地经济社会发展造成很大影响。

（十）水土流失问题是渭河各种灾害的基础性因素

我省是一个水土流失十分严重的省份。全省水土流失面积13.75万平方千米，占总面积的67%，年输沙总量9.2亿吨，占全国水土流失总量的1/5。黄河流域138个水土流失重点县中，我省占48个。其中渭河流域在我省的水土流失面积为4.8万平方千米。在这一地区，水土流失的主要特点：一是分布范围广，占到渭河在我省流域面积的71%；二是侵蚀形式多样，包括了水力侵蚀、重力侵蚀和风力侵蚀；三是流失模数高，每年每平方千米流失土壤高达0.5万~1万吨，最高的洛河上游地区高达2万吨。

严重的水土流失带来的问题是多方面的：一是水土流失区生态环境不断恶化，一些地方陷于越穷越垦，越垦越穷的恶性循环；二是大量泥沙淤积河道，造成了严重的防洪问题；三是严重影响了水工程的效益。新中国成立以来，我省曾累计建设了1725座水库，但因泥沙淤积等原因，目前已报废680多座，保持下来的只有1050座，总库容达到42.72亿立方米。另外由于泥沙淤积，使有效库容减少了34.2%。泥沙淤积一直是各种水害的基本原因。多年来，我省在治理水土流失方面做了大量工作，特别是实施“山川秀美”工程以来，已取得了巨大成效，但今后面临的任务仍然是十分艰巨繁重的。

三、落实科学发展观给渭河治理带来了新的重大历史机遇

近些年，渭河的问题已经引起党和国家、省委、省政府和社会各界的高度重视，尤其是贯彻落实科学发展观，为解决渭河的主要问题，实现关中以至全省经济社会的可持续发展带来了难得的重大机遇。为此，我省已经制定了渭河流域重点治理规划，并报经国务院批准。

（一）渭河综合治理得到了党和国家领导人的高度重视和支持

渭河综合治理是我省2001年提出来的，同年10月全国政协副主席钱正英带领国家有关部委的人员和一批两院院士对渭河流域进行了全面考察；2001年12月，温家宝总理批示："渭河治理要列入重要议程，首先要充分论证，做好规划。"2002年5月，温家宝总理再次批示："渭河流域综合治理应统筹考虑环保和生态问题。"2002年12月，我省将渭河综合治理规划上报水利部，此后规划进入艰难的协调报批过程，先是省与省的协调，接着是重大问题（我省的耗水量认定、水资源配置方案、三门峡水库运行方式等）协调，再是国家部委之间的协调。这一协调就是几年。这期间，省委、省政府领导做了大量工作，各相关部门紧密配合，积极开展工作，完成了各自任务，在不少重大问题上争得了国家相关部委的支持。2005年12月，规划得到国务院的批准。

（二）渭河流域重点治理规划的实施将使面临主要问题有所缓解

渭河综合治理规划总投资229亿元，其中陕西项目155亿元，用于水利项目的136亿元，重点是实施5大类18项工程。主要目标是基本解决渭河的防洪减淤、水资源配置与保护、水土保持生态建设等三个方面的突出问题，其中我省的重点治理目标：

一是通过建设渭河防洪减淤工程体系，完善防洪非工程措施，提高河道的防洪能力。重点是调整三门峡水库的运用方式和渭河汇流区入黄流路、潼关河段清淤、潼三河段的河道整治、北洛河改道和小北干流放淤及建设泾河东庄水库等综合措施，控制潼关高程不超过328米，并力争潼关高程降低1～2米。通过这些项目建设，使主要城市的防洪标准达到100年一遇；渭河下游耿镇、北田段的防洪标准达到20年一遇；其他堤段达到50年一遇，三门峡库区返迁移民防洪保安工程达到批准的设防标准。同时要加大南山支流治理力度，调整水沙关系，使渭河干支流的防洪能力得到显著提高。

二是缓解流域缺水的问题。这方面要节水、治污、拦蓄、调水多种措施并举，在重点保证生活和工业用水的前提下，保证河道内生态环境低限用水，使林家村、华县和洑头等主要控制断面的下泄水量分别达到15.1亿立方米、45.7亿立方米和5.4亿立方米，渭河干流宝鸡峡、咸阳、华县断面非汛期低限环境流量分别为10立方米每秒、15立方米每秒和20立方米每秒，入黄水量由20世纪90年代平均44.5亿立方米增加到51.1亿立方米，实现渭河干流不断流。缓解缺水问题的关键是建设蓄、调水工程。主要项目是建成引红济石、引乾济石和李家河水库三项水源工程，增加城市供水量2.03亿立方米，解决西安、咸阳、杨凌等重点城市的缺水问题。加快引汉济渭、延安南沟门和咸阳亭口水库工程的前期工作。

三是控制流域水土流失。一方面基本控制人为因素产生新的水土流失；另一方面实施沟道坝系工程，减少入河泥沙1.1亿吨，其中我省为4500万吨。通过小流域综合治理和生态修复，全流域新增治理水土流失面积2.37万平方千米，其中我省为1.08万平方千米，

在新增治理面积中，全流域多沙粗沙区治理面积1.35万平方千米，其中我省为0.57万平方千米。同时加快水土保持监测网络的建设步伐，形成较为完善的水土流失动态监测体系，为水土流失预防监督提供科学依据。

（三）总结历史的经验，解决渭河及其流域的水环境生态问题，保障流域经济社会可持续发展，必须抓好若干重大项目建设

第一，务必要加快实施省内南水北调工程。

渭河已经难以支撑关中经济社会发展对水的需求。经过多年研究论证，解决的途径一是挖掘流域内的潜力，二是从陕南调17亿立方米的水进入渭河水系。从陕南调水，不仅可以解决渭河缺水的问题，也是应对国家对黄河水量依法实施“总量控制”制度，我省采取“以下补上”的水资源配置方略，争取国家增加陕西黄河流域的用水权，以解决陕北能源化工基地建设的用水，同时也可以为改善关中的生态环境、控制地下水的过度开采、缓解因地下水超采导致的地质灾害作出重要贡献。从这几个方面的作用看，省内南水北调工程对我省是具有重大战略意义的项目。

省内南水北调工程共规划了三条线路：

西线是“引红济石”，这个项目是在太白县关山红岩河上做低坝引水枢纽，通过19.71千米的穿山隧洞，把汉江水系褒河支流的红岩河水自流引入渭河支流石头河的调水工程，年可引水0.92亿立方米，引水进入石头河水库调节后，向咸阳城区、杨凌、兴平和武功等中小城市供水。这项工程2008年已经开工，目前正在加紧进行。

东线是“引乾济石”，已经建成通水。引乾济石调水工程是借西安至安康高速公路秦岭隧洞施工的便利条件，在公路隧道外侧增设引水隧洞，将秦岭南麓的乾佑河水自流调入西安石砭峪水库，年调水量0.47亿立方米，全部向西安市供水。

中线是“引汉济渭”，省委、省政府要求2009年全面启动。

引汉济渭调水工程是将汉江干流及其支流子午河水调入黑河上游，经黑河水库调节后，进入关中地区的供水管网，年可调水15.5亿立方米。工程主要由汉江干流黄金峡水库、黄金峡水源泵站、黄金峡至三河口输水隧洞、三河口水库、穿秦岭63千米超长隧洞等组成。黄金峡水库坝址位于汉中市洋县，总库容1.9亿立方米，坝后电站装机10万千瓦。黄金峡水源泵站位于黄金峡水库库区东岸，抽水总扬程225米，设计抽水流量42.5立方米每秒，设计年抽水10.5亿立方米。经17千米隧洞至三河口水库。三河口水库坝址位于椒溪河、蒲河、汶水河交汇口下游2千米处，初拟为碾压混凝土重力坝，坝高136.1米，总库容6.8亿立方米，调节库容3.34亿立方米。三河口水库将黄金峡来水与子午河水统一调节后进入秦岭的超长隧洞。设计流量55立方米每秒。“引汉济渭”工程估算总投资105亿元，规划总工期6年。这项工程的建设，不仅将极大缓解渭河的缺水问题，同时也将为实现全省范围水资源配置起到重大作用。

第二，解决渭河的防洪问题，还必须建设泾河东庄水库。

东庄水库是《渭河流域重点治理规划》确定的骨干防洪水库，也是渭河流域治理项目中对我省最能发挥长远效益的骨干工程。这项工程与改变三门峡水库运行方式相结合，是解决

渭河下游淤积和防洪形势恶化的根本性和长远性措施。从2003年的洪灾和2005年的渭河大水的情况看，东庄水库对渭河下游的防洪作用是不可替代的。除防洪作用外，东庄水库在前30年运行期内，还可以利用拦沙库容发挥较大的蓄水功能，将对保障关中用水安全发挥重要的作用。因此，我省应抓住渭河治理这一历史机遇，加快前期工作，将其推上建设日程。

东庄水库的前期工作已有50年的历史。其开发规划和目标曾在防洪、减淤、灌溉、供水、发电等效益的基础上，在坝址、坝高、库容大小等方面进行过多次调整，我省先后完成了前山嘴坝址、西马庄坝址的开发建设方案。2002年，在渭河治理规划编制期间，根据国家新的治水思路，结合渭河综合治理的要求，对东庄水利枢纽工程的开发目标有了更新的认识。就是以有利于降低潼关高程、改善三门峡库区生态环境为目的，将开发目标调整为“以防洪减淤为主，兼顾供水、发电及生态环境”。现推荐的东庄水库坝址位于泾河下游峡谷末端咸阳市礼泉县东庄乡。其总库容为30.1亿立方米，其中调洪库容8.38亿立方米，防洪库容4.2亿立方米，拦沙和调水调沙库容20.2亿立方米，可拦沙22.8亿立方米。坝型为混凝土双曲拱坝，最大坝高228米，水库枢纽由砼双曲拱坝、排沙泄洪设施、坝后电站、放水建筑物等部分组成。

目前，东庄水库项目的建议书已经完成，并经过省内审查和黄委会咨询，我省根据咨询意见做了进一步修改后，于2009年年初，与省发改委共同上报国家发改委和水利部审批。计划今年启动该项目可研阶段的工作，落实勘测设计单位和勘测设计合同，确定工作大纲，启动地质勘测、水文及有关专题的研究工作，2008年上半年完成野外勘测、有关专题研究和主要设计工作，2008年底完成可研报告初稿，2009年初完成省内审查、咨询和上报工作。

第三，缓解渭河问题的根本出路是建设节水防污型社会。

节水的总体思路是：坚持依法管水，全面加强水功能区管理，强化经济调节手段，严格限制在水资源紧缺地区布局高耗水产业，全面推广、普及各项节水技术。目前，我省已经制定完善了各项水法规，制定了水功能区划和节水纲要，在西安市开展了节水型城市建设试点，初步形成了依法管理、政策引导、典型示范的工作机制。

在具体节水措施上， 一是农业节水。要调整产业结构，全面推广渠道防渗和田间节水措施，积极发展高新节水技术，大力推广耐旱作物品种，进一步实施灌区节水改造项目。二是工业节水。在水资源严重紧缺地区限制高耗水产业，全面推广节水的新工艺、新技术、新设备。三是建立节水器具的指标体系和市场准入制度，基本普及节水器具。四是积极稳妥地推进水价改革。充分发挥价格的杠杆作用，不断提高水资源费在水价中的比重，按新的标准足额征收水资源费，增强全社会对提高水价的心理预期。五是加快建立水权、水市场和总量控制、定额管理、阶梯式水价等制度。

抓节水的同时还必须切实加强水资源的保护工作。 一是各大中城市和关中54座县城必须全面建设污水处理厂，并确保其发挥作用。二是对污染严重的各类企业采取断然的措施，并、转、改、关、停；各类新建企业必须同时建设污水处理设施。三是黑河、石头河等重要水源地和输水工程沿线，严格控制矿产开发、旅游餐饮等设施建设；切实加强对通过水源地的危险物品的运输管理，严防水质污染事故的发生。四是搞好水土保持，巩固提高退耕还林的成果。五是建立和完善水资源监测管理设施，核定水域纳污能力，落实各级政府的责任，确保水资源保护的各项措施落实到位。

第四，建设好防洪设施是保障人民生命财产安全的最紧迫任务。

渭河流域防洪体系建设的总体目标是基本建成渭河防洪减淤工程体系，完善防洪非工程措施，控制潼关高程不超过328米，并力争有所降低。加强渭河防洪设施建设，主要包括了四大类项目：一是渭河中游干流堤防工程及下游河防工程建设；二是南山支流治理项目；三是三门峡库区返迁移民防洪保安和“二华地区”排水除涝工程；四是防汛指挥系统等非工程措施建设。其中解决三门峡库区问题的项目有下游河防工程建设、南山支流治理、三门峡库区返迁移民防洪保安和“二华地区”排水除涝工程建设。通过实施这些工程，渭河下游主要堤段将得到加强，堤防的高度、宽度基本达到设防要求，防洪能力满足防御的标准要求。防洪非工程措施主要包括建设现代化防汛指挥系统，研究制定科学可行的超标准洪水对策，完善机动抢险队和救生船队，及时、准确、快速地提供洪水预报，大大提高渭洛河下游的防洪调度指挥和防汛抢险能力，为防洪工程的正常运行打好基础。

总之，解决渭河存在的问题，有中央的大力支持，有省委、省政府的高度重视，有各部门的共同努力，目前已有了一个经国务院批准的规划，已经储备和开始实施了一些项目，相信渭河的问题能够得到比较好的解决。但这需要一个较长的艰苦的过程，需要在落实措施上有大的突破。实施渭河流域重点治理规划，国家发改委要求以地方投入为主，我省需要在自己力量的基础上加快发展，同时要抓紧抓好一批项目的前期工作，用项目争取国家支持。尤其要在省内南水北调、防洪设施、东庄水库、节水治污等方面办成几件大事，为渭河的生命健康、为全省经济社会的可持续发展、为建设西部强省提供可靠的支撑和保障条件。

说明：本文为2007年8月31日，由时任省水利厅党组成员、副厅长洪小康向省委中心学习组所作的专题报告稿。

（四）“西北水资源”项目组联合考察团赴陕西省渭河流域考察、调研意见

全国政协与中国工程院“西北水资源”项目组联合考察团

2001年10月14—20日，钱正英院士率全国政协与中国工程院“西北水资源”项目组联合考察团赴陕西省渭河流域进行考察、调研。“西北水资源”项目组顾问张光斗院士、项目组副组长潘家铮副院长、城镇课题组长周干峙院士、防污减灾课题组长钱易院士、项目组有关专家、部分全国政协委员，以及国家计委、建设部、水利部、国家环保总局等有关部委的领导五十余人参加了此次考察活动。这是“西北水资源”项目组今年组织的第8次赴西北考察与调研活动。

考察组认为：目前，渭河流域水资源相对短缺，城市、工业、农业相互争水，形成水资源的不合理配置和低效利用；水质污染严重，地下水过度超采，生态环境恶化；干流河道来水量锐减，河道萎缩、泥沙淤积严重，河床抬高，防洪负担日趋沉重。这些都是心腹之患，有些问题已经相当严重，直接影响到人民的生活，制约陕西省的可持续发展，应引起高度重视。为此，院士、专家们建议：

（1）切实做好渭河流域综合治理规划。大家认为，渭河流域综合治理十分必要，十

分重要，这也是渭河流域广大人民群众的迫切要求。做好渭河流域综合整治规划的关键是要改变观念、改变思路，以水资源的可持续利用支持社会经济的可持续发展战略作为规划的指导思想。要认真地、客观地分析流域内水资源量及其承载能力，按“以供定需”的原则对水资源进行合理配置，将提高用水效率和提高用水效益相结合，进行产业结构调整。

（2）坚持“节流优先、治污为本、多渠道开源”的原则，加大渭河流域污染防治的力度，把节水和防污纳入综合治理规划。节约用水是渭河综合整治的首要战略措施，防治污染是渭河综合治理的当务之急。目前，渭河流域的最大问题是水质污染问题，不仅渭河干流水质污染严重，灌溉用水也遭污染，其后果十分严重。恶劣的水环境将危害自己，危害子孙后代。同时，重视城市垃圾处理，利用水价杠杆，促进节水，减少、降低污染灾害。

（3）加强水土保持工作。渭北高塬沟壑区是渭河泥沙的主要来源区。该区要以小流域综合治理为龙头，把山、水、田、林、路统一规划，加强基本农田建设，发展旱作农业，狠抓结构调整，把发展畜牧业作为农业结构调整的突破口，大力发展果业和舍饲畜牧业，把林草植被建设与工程措施相结合，保塬固沟，控制土壤侵蚀，减少流域产沙量。渭河南岸秦岭北坡是渭河的生命线，对该区的水土保持应以增加森林面积、提高森林质量、培育水源涵养林，提供优质饮用水水源为主，加大退耕还林还草的力度，坚决制止陡坡开荒耕种，控制土壤侵蚀，保护与改善饮用水水源区的生态环境。

（4）研究降低潼关河床高程的措施与方案。专家们认为，在弄清问题的基础上，如确认潼关河床的抬高与三门峡运行方式有关，则充分利用目前小浪底水库已建成，三门峡水库的防洪、防凌、春灌等任务已大大减轻的有利时机，改变三门峡水库的运行方式。建议作为紧急任务深入研究，供国家决策参考。

（5）要把生态环境用水纳入近期和远景综合治理规划，确保生态用水，包括干流河道冲沙用水，以防止河床抬高。

（6）进行农业结构调整，因地制宜，发展节水高效农业和旱地雨养农业，同时，进一步改造、完善已有的灌溉设施，提高用水效率，不要盲目扩大灌溉面积。

（7）进一步研究、论证引洮济渭工程，取得甘肃的理解和支持，并报水利部审定。

（8）加强渭河流域水资源的统一管理和统一调度，包括地表水、地下水，工业、农业、生态环境、城市用水的统一管理和统一调度。（本文录于《渭河箴言》P96 ～ P98）

三、文献

（一）

周恩来在治理黄河会议上的讲话

（一九六四年十二月十八日）

这次会议是国务院召开的，我本来想用半个月到一个月的时间去现场看看，由于临时有国际活动，回国后又忙于准备三届人大，离不开北京。

对三门峡水利枢纽工程改建问题，要下决心，要开始动工，不然泥沙问题更不好解决。当然，有了改建工程也不能解决全部问题，改建也是临时性的，但改建后情况总会好些。

治理黄河规划和三门峡枢纽工程，做得是全对还是全不对，是对的多还是对的少，这个问题有争论，还得经过一段时间的试验、观察才能看清楚，不宜过早下结论。只要有利于社会主义建设，能使黄河水清为民兴利除弊，各种不同的意见都是允许发表的。旧中国不能治理好黄河，我们总要逐步摸索规律，认识规律，掌握规律，不断地解决矛盾，总有一天可以把黄河治理好。我们要有这样的雄心壮志。

黄河治理从一九五〇年开始到现在将近十五年了。但是我们的认识还有限，经验也不足，因此不能说对黄河的规律已经都认识和掌握了，我们承认现在的经验比十五年前是多了，比修建三门峡枢纽工程时也多了，但将来还会有更多的未知数要我们去解答。不管持哪种意见的同志，都不要自满，要谦虚一些，多想想，多研究资料，多到现场去看看，不要急于下结论。

改建规模不要太大，因为现在还没有考虑成熟。总的战略是要把黄河治理好，把水土结合起来解决，使水土资源在黄河上中下游都发挥作用，让黄河成为一条有利于生产的河。这个总设想和方针是不会错的，但是水土如何结合起来用，这不仅是战术性的问题，而且是带有战略性的问题。比如说，泥沙究竟是留在上中游，还是留在下游，或是上中下游都留些？全河究竟如何分担，如何部署？现在大家所说的大多是发挥自己所着重的部分，不能综合全局来看问题。任何经济建设总会有些未被认识的规律和未被认识的领域，这就是恩格斯说的，有很多未被认识的必然规律。我们必须不断的去认识，认识了一个，解决一个，还有新的未被认识。自然界中未被认识的事物多过人们已经认识了的。即使有那么多有关黄河的历史资料，当时也许看着比较好，现在再看就不够了，因为情况变了，沧海桑田，要变嘛！即使古书都查了，水文资料积累更多了，也还不能说我们对治理黄河的经验已经够了，这样说是不是永远无法做结论呢？那也不是。一个时期有一个时期内掌握得比较全面、比较成熟的东西，能够做结论的先做，其他未被认识的或未掌握好的，经验不成熟的，可以等一等，可以推迟一些时间解决。推迟是为了更慎重，更多地吸收各方面的意见，有利于今后 的规划工作。

治理黄河规划即使过去觉得很好，现在看到不够了，也要修改。农村工作六十条要修改，农业发展纲要四十条也要改。像这样摸熟的东西还要不断地改，何况黄河自然情况这样复杂，哪能说治理黄河规划就那么好，三门峡水利枢纽工程一点问题都没有，这不可能！因此，希望所有行政领导同志、专家要和群众相结合，做出符合实际的结论。允许大家继续收集资料，到下面去观察、蹲点、研究。大家可以分工从各方面用力。观察问题总要和全局联系起来，要有全局观点。谦虚一些，谨慎一些，不要自己看到一点就要别人一定同意。个人的看法总有不完全的地方，别人就有理由也有必要批评补充。要破也要立，不要急躁，慢一点做结论。这是不是调和的意见呢？当然不是。而是集中对的，去掉不对的，坚持真理，修正错误。这样，才能不断前进。

基于这个原因，我们对治理黄河规划和三门峡水利枢纽工程既没有全面肯定，也没有全面否定。至于设想，可以大胆些。我曾经说过，可以设想万一没办法，只好把三门峡大坝炸掉，因为水库淤满泥沙后遇上大水就要淹没关中平原，使工业区受到危害。我这样说，是为了让大家敢于大胆地设想，并不是主张炸坝。因为我不这样说，别人不敢大胆的想。花了这么多投资又要炸掉，这不是胡闹吗！我的意思是连炸坝都可以想一想。不过不要因为我说了，就不反对，就认为可以炸了。毫无此意。我也是冒叫一声，让人家想一想。如果想出理由来，驳倒它，就把它取消，不必顾虑。专门性的问题，就是要大家互相发现矛盾，有的放矢，这样，才能找出规律，发现真理。

三门峡水利枢纽工程，原来苏联专家是按正常高水位三百六十米设计的。我们把大坝高程和运用水位都压低了，施工时大坝高程改按三百五十米，初期蓄水位不超过三百三十五米。三百三十五米以下库容原为九十六亿立方米，现在已经淤了五十亿吨泥沙，只经过五年，已经淤了一半。仅一九六一年和一九六四年两年就淤积了三十多亿吨。如果再经过一个五年，又遇上两场大水，加上平常年度的淤积，三百三十五米以下库容即将淤满。到那时，回水不影响渭河、洛河是不可能的。过去我们曾设想三门峡水库堆沙年限至少维持二十多年到三十年，在这个时期内，大搞水土保持等各种措施。但是，五年已淤成这个样子，如不改建，再过五年，水库淤满后遇上洪水，毫无问题对关中平原会有很大影响。关中平原不仅是农业基地，而且是工业基地。不能只顾下游不看中游；更不能说为了救下游，宁肯淹关中。这不是辩证的说法。做不好，上下游都受害怎么办？为什么不从另一方面想想？如果三门峡水库淤满了，来了洪水，淹了上游，洪水还要下来，遇上伊、洛、沁河洪水，能不能保证下游不决口？即使不决口也有危险。我们看问题要有全局观点，要进行比较。

有的同志主张维持原状。但是，五年之内能不能把上中游水土保住？绝不可能！要求在五年内把西北高原上的水土保住，我看砍了头也没办法。要叫我去，也不能接受这个任务，因为这是不可能办到的。因此，三门峡工程总要改建。

当前的关键问题在泥沙。眼前五年、十年内这一关怎么过？即使二洞四管的方案批准后就施工，也要到一九六八年或一九六九年才能生效，而且四管只能泄1000立方米每秒，排沙有限。如果在这期间遇上像一九六一年和一九六四年的情况，库区再淤上三十亿吨，怎么办？这是燃眉之急，不能等。

本来三门峡工程改建的事，请计委批准就可以了，可是有些意见出入比较大，不征求大家的意见还不安心，因此挤出时间来参加这次会。听了大家的意见以后，情况清楚了。现在，大家都认为增加二洞四管还是需要的，对三门峡工程改建问题的争论少了。个别同志反对这个方案，主张上游修三个拦泥库，只拦泥，不综合利用。我看光靠上游建拦泥库来不及，而且拦泥库工程还要勘测试点，所以这个意见不能解决问题。即使说过去水土保持做得不好，上游勘察工作做得不好，黄河水利委员会、水利电力部工作上都有错误，但是眼前的这个病怎么治？要回答五年内怎么办这个问题。反对改建的同志为什么只看到下游河道发生冲刷的好现象，而不看中游发生了坏现象呢？如果影响西安工业基地，损失就绝不是几千万元的事。对西安和库区同志的担心又怎么回答呢？实施水土保持和拦泥库的方案还遥远得很，五年之内国家哪有那么多投资来搞水土保持和拦泥库，哪能完成那么多的工程。那样，上游动不了，下游又不动，还有什么出路！希望多从全局想一想。我也承认三门峡二洞四管的改建工程不能根本解决问题，而是在想不出好办法的情况下的救急办法。改建有利于解决问题，不动就没法解决问题，改建投资可能多一些，但即使需要八九千万元，也不能不花，哪能看着问题不去解决！看问题要有全局观点，要看到变动的情况。三门峡工程二洞四管的改建方案可以批准，时机不能再等，必须下决心。

今天，我只能解决第一步增建问题，其他问题我还要负责继续解决，不是光注意了中游，不注意上游，更不是不注意下游。绝无此意。现在成熟的方案只有这一个，其他的事情还要继续做。

再补充一点。一切问题都要到现场去实践，通过实践，不断总结，取得经验，然后再实践再总结。到现在我还担心二洞四管会不会有什么问题。不要把情况想得太满，还可能会遇到困难，还可能发生预料不到的新问题。设计方面要多研究，施工时要和工人多商量，要兢兢业业地做。如果发现问题，一定要提出来，随时给北京打电话，哪一点不行，赶快研究。不要因为中央决定了，国家计委批准了，就不管了。因为决定也常会出偏差，会有毛病，技术上发生问题的可能性更多。我再重复一句，决定二洞四管不是一件轻松的事，既然决定了，就要担负起责任。大家要时常多想想。因为，黄河的许多规律还没有被认识。这一点要承认。我还要再三说一下，不要知道一点就以为自己对其他都了解了。当时决定三门峡工程就急了点。头脑热的时候，总容易看到一面，忽略或不太重视另一面，不能辩证地看问题。原因就是认识不够。认识不够，自然就重视不够，放的位置不恰当，关系摆不好。一九五九年水电部修建了三百多座大型水库，这几年下马了一些，现在还有将近二百座，很大一部分工程没有完成，遗留问题很大。修水库不是一件容易的事，这几年的教训是应该深刻吸取的。

（二）

解放思想 实事求是 迎接 21 世纪对水利的挑战（节选）

三门峡可以算我们水利工作中的典型。说到三门峡，同志们回忆的时候，很少写最早的一段。当时黄河水利委员会研究解决黄河洪水的方案，不是三门峡，是叫邙山水库。那个时候考虑到黄河的泥沙非常严重，在邙山做一个低坝水库，主要是起滞洪的作用，这样能够保证泥沙不淤积。在苏联专家提出三门峡水库方案的时候，水利部的内部是有不同认识的。苏联专家的论点是：水土保持能很快生效，进入三门峡的泥沙能很快减少，因此可用三门峡的高坝大库全部拦蓄泥沙，使三门峡下泄清水来刷深黄河下游的河床，从而把黄河一劳永逸地变为地下河。当年水利勘测设计局的局长江国栋同志，查勘黄河回来以后就偷偷地跟我讲，水土保持能那么快起作用吗？但这个话他不敢大声讲，大声讲人家会给你戴一顶帽子，说你怀疑社会主义制度的优越性。当时他是有怀疑的，包括当时在水利部工作的苏联专家也是有怀疑的，中央领导中陈云同志也提出过怀疑，但是后来一片声音搞三门峡，赞成苏联专家搞三门峡的指导思想。我们自己的问题出在哪里呢？挖私心来讲，我们自己内部有一个小算盘：那时水电和水利是分开的，水电是电力部，水利是水利部，三门峡这个项目马上就要上，为了争三门峡的领导权，就是三门峡归水利部主管还是归电力部主管，我们的调子也高了，都赞成搞三门峡了。当然也有认识上的问题，尽管有些怀疑，但是大家都相信，所以也相信了。认为黄河下泄的清水可以刷深河床，下游也接着搞很多拦河枢纽。但在 1960 年三门峡蓄水后不久，就开始出问题了。到了 1962 年、1963 年，三门峡的淤积越来越严重。事实上由于很多人怀疑，三门峡的设计在 1958 年后经过总理主持修改，把三门峡蓄水位已经改低了，但还是发生了严重的淤积。到了 1964 年春天，由于三门峡库区末端的淤积严重影响渭河两岸，甚至威胁到西安的安全，当时我们的总书记邓小平同志带人察看西北，走过西安，在陕西省强烈呼吁下，黄河水利委员会同志仓促提出了三年修两个拦泥库的方案。黄河水利委员会同志这个方案拿到北京，中央书记处要我们表态，我们认为没有把握。会议要求水电部继续研究，提出方案。过了几天，周总理出国访问回来，晚上把我找到他的办公室，对三门峡忧心忡忡，说毛主席都讲了，三门峡要真不行就炸掉它。我说我在书记处会议上已经承担了到实地去考察研究修建拦泥库的方案。1964 年 4 月，到西北去看了两个拦泥库的坝址和以前修的拦泥库，结论是，拦泥库的方案不可行。最后还得到西安去交代啊，那时王林同志是西北局的书记，说你思想上可得准备啊。我说都准备了，我准备到三门峡库区去看，那时候库区把潼关以上渭河南岸的支流沟口都淤积了，被称为二华夹槽的地带，涝碱非常严重，我都要到现场去看，听取意见。王林说，他听陕西省委向下边交代了，说既然钱正英自己来看了，你们也别让她太过不去。我回来后，水电部开始研究三门峡的改建问题。1964 年的 12 月，周总理主持召开治黄工作会议，那次会议上周总理的总结讲话，在周总理文选中都有了。在这以后我们组织一大批专家，到黄河去研究问题。在周总理主持召开黄河工作会议的时候，制定了第一期改建方案，后边怎么改建还没有把握。一直到 1969 年，周总理已经抽不开身了，委托我们几个人到三门峡再去开会，那次开会定下来三门峡的整个改建方案。这个三门峡的改建方案一直到 1975 年完成，我们做了一次报道。当时周总理已经重病在身，要纪登奎同志打电话问我，究竟这个报道是真还是假。我跟纪登奎同志讲，这是真的，请示报告总理，这个问题已初步得到解决。从 1960 年三门峡开始发生淤积，1969 年最后决定改建，到 1975 年，一共经过了 15 年，才把三门峡的淤积问题初步解决，至今还在继续研究，解决遗留问题。

本文摘自钱正英院士 1999 年 9 月 24 日在水利部机关欢庆新中国成立 50 周年的讲话

原载于《中国水利》，2005 年第 1347 期。

（三）

千秋功罪话水坝——三门峡工程的故事（节选）

有人说，每一座建成或毁弃的水坝，都是一座纪念碑，只是有的碑上记载着人类征服和改造自然的丰功伟绩，有的却留下大自然报复人类的痕迹，像第三节中所记的瓦依昂坝，就是一座262米高的失败纪念碑。

按照这个说法，在60年代初修建于中国黄河上的三门峡大坝是座什么性质的纪念碑呢？这个问题比瓦依昂或玛尔帕塞要复杂得多，而三门峡工程的影响当然也绝非瓦依昂这种工程可比。40年来，也没有哪个权威单位或人士对它做出过全面客观的评价。我们也许只能含糊地说：在这座纪念碑上，刻下了中国人民要治理黄河的迫切愿望和坚定信心，刻下了为探索治黄所走过的曲折道路，刻下了打响治黄第一仗后遇到的巨大挫折，刻下了为挽回败局所进行的艰苦斗争，也刻下了留给人民的宝贵经验和光明前景。简要地说，按照最初的规划要求来衡量，三门峡工程无疑是失败的，而经过反复探索多次改造后，仍发挥了一定效益，更重要的是它留给我们极其可贵的经验。

现在让我们重温一下兴建三门峡工程的过程吧。

兴建三门峡工程的主要目的是防治黄河中下游的洪水灾害，它是根治黄河的系统建设中的第一期工程。“根治黄河”，光是这四个字就足以动天地泣鬼神。正如第一章中已讲过的：黄河是长达5464千米的中国第二大河，黄河流域是孕育华夏文明的圣地。黄河穿越并切割着千里黄土高原，每年要挟带天文数字的泥沙下泄，千百年来黄河在中下游并无固定河床，大变大迁，依靠人为筑堤挡水而逐渐形成今天这条远远高出地面的“悬河”，所以黄河既是中华民族的母亲河，又成为可怕的“中国的忧患”。数千年来黄河带来多少次毁灭性的灾难呀。哪一个封建王朝不设治河官吏，不叩天祀祖，想治理黄河？又哪里能够根治？年轻的共和国所接下的烂摊子中，最严重的问题莫过于黄灾了。中国人民开始以史无前例和史无前例的气魄，向黄龙开刀。不过也许理解到黄河的特殊复杂性，连欲与天公试比高的毛泽东，在1952年视察黄河后也只能写下“一定要把黄河的事情办好”的嘱咐，可没敢提一定要根治黄河的豪言。猜想他的心中，可能半是不服，半是无奈。

其实，早在本世纪20年代，李仪祉等一批老一辈水利专家（包括一些外国人）已经按现代科学理论探索治黄之道。他们考察黄河、查勘可能的坝址提出各种设想。而且在他们的研究中，都注意到如果建库调洪必会引起水库迅速淤积，要采取措施解决。在兵燹不断国力凋敝的旧社会，他们的努力当然是徒劳的。

新中国成立后，治黄问题才被真正放上政府的议事日程。从1949年到1953年，水利部黄河水利委员会和燃料部水电总局先后组队对黄河及支流进行查勘和整编资料。出于对苏联在政治和技术上的崇敬，1952年两部都向中央提出聘请苏联专家组来我国帮助制订黄河规划。经两国政府协定，决定将黄河综合规划列为苏联援助我国经济建设的重大项目之一。1954年1月，苏联政府派出的专家组到京，120多位中苏专家组成的庞大查勘团用了4个月时间从兰州查勘到入海口。同时，国家成立了黄河规划委员会，在苏联专家指导下，按苏联模式编制《黄河综合利用规划技术经济报告》（下面简称《技经报告》），于同年10月完成。按照这个规划，黄河干流上将建46座拦河坝，在支流上建座水库。黄河的洪灾将完全避免，泥沙被拦截，河床将刷深而且固定，河水从此变清，46座梯级还可以装机2300万千瓦，年发电1100亿千瓦时，引黄灌溉面积扩大到1.16亿亩，轮船可从海口通至兰州。规划实现之日，也就是黄河从中国的忧患变成中国的骄傲之时。

多么美好诱人的前景啊！如果黄河是条清水河或至少是条少沙河流，这个规划确是可以实现的，不幸的是，不论是中国人还是苏联人，不论是专家还是领导对于黄河所挟带的举世无双的泥沙妖魔这一特点是认识不足的。规划中根据少量“试点”成果，认为依靠大水库和支流上的拦泥库，以及实行水土保持措施，用上50年时间就能解决泥沙淤积和水库寿命问题。因此，这个以蓄水拦沙为指导思想的规划是注定要失败的，而失败的阴影首先笼罩在被选为第一期工程的三门峡枢纽上。

三门峡位于作为豫晋两省界河的黄河中游，南岸是河南陕州区，北岸是山西平陆县，河槽是从坚硬的玢岩中下切而成（传说这还是大禹的鬼斧神工）。河道中有两个小岛，将河道分为人门、神门、鬼门三道急流，还有闻名于世的中流砥柱石。千载以来，这里是行船险滩，洪水期中多少次舟毁人亡。三门峡控制着黄河流域92%的面积，在此修大库，确实足以吞下来自上游的特大洪水，即使暴雨降在下游（三门峡至花园口区间内），她也可以起错峰作用，解决洪灾威胁。加上有利的地质地形条件，难怪被苏联专家一眼看中，选为治黄的第一期工程。并初选水库正常蓄水位350米（相应总库容360亿立方米，移民达60万人），最大下泄流量为8000立方米每秒。在总库容中，预留了147亿立方米作为“堆沙库容”，另外就依靠支流拦泥库和寄希望于水土保持了。

从坝址溯黄河而上，西行114千米，就到陕晋豫三省交会的战略要地潼关，黄河在潼关以上是由北向南流（称为北干流，是晋陕界河），到潼关后转了90°大弯折向东流，穿过三门峡后进入河南大平原。发源于甘陕黄土高原的黄河大支流（也是泥沙的主要来源之一）泾河、渭河以及北洛河都在潼关附近汇入黄河。从潼关向上至龙门，河谷非常开阔，渭河、北洛河入黄河处的河床也宽达10余千米，而在潼关处河床突然缩到1千米，形成货真价实的“咽喉”。如果潼关处河床淤积，水位升高，将对上游特别是对泾河、渭河、北洛河流域带来巨大影响。

这个《技经报告》经中国政府各级审查同意，1955年7月在一届人大二次会议上表决通过。中方并委托苏联电站部水电设计院列宁格勒分院进行三门峡工程的设计，中方提出设计任务书、配合工作、提供资料。应该说苏方对这项国际任务是重视的，做了大量分析、设计、比较和研究试验工作，特别进行了淤积试验和冲淤计算。他们乐观地认为利用“异重流”可以排出入库泥沙的40%。

1956年，苏方提交了初步设计要点，主张为保持水库寿命50年以上，正常蓄水位要再提高到360米，最大下泄量则减到6000立方米每秒。淹没损失和移民量比《技经报告》更增加许多，引起中方的注意。1956年5月，清华大学黄万里教授就提出不同意见。最有意思的是，一位刚出校门的青年技术员温善章在1956年12月和1957年3月两次向水利部以至国务院提出他的研究意见，反对高水位蓄洪拦沙，主张低水位滞洪排沙。具体讲，他认为三门峡正常蓄水位不应高于335米，死水位要低到300米～305米，汛期不蓄水，只滞洪排沙，枯水期再蓄水供灌溉航运之需，这样移民只10万人～15万人，投资也大大降低。

两种对立意见引起多次争辩讨论。但反对派毕竟人少言轻，三门峡工程的初设还是在1957年2月审查通过，1957年4月破土开工。当周总理了解到在审查中出现不同意见后，十分重视，指示水利部要组织专家认真研究。这样，1957年6月，水利部又召开技术讨论会，可以预料的是，会上绝大多数专家支持苏方设计，认为修建高坝大库是迫切需要的，对于滞洪排沙方案，认为不能满足消除下游水害要求．也不能充分发挥水库综合利用要求（主要指发电），不宜采用。但建议在原方案中增设较低的泄水底孔，加大泄水量，并建议初期运行时试行汛期不蓄水的做法，反对意见以失败告终。

温善章们的败北是难怪的，当时的气候是从政治到技术向苏联一面倒。在双方地位上，一方是德高望重的大专家，提出的设计书和资料厚达半米，另一方是刚出校门的小技术员，提出的意见书是那么单薄数页，加上当时人们对根治黄河和综合利用水力资源的愿望是如此强烈，所以“胜负之数，无待蓍龟”。以后黄万里先生等被划成右派，就更不好说话了。

这样，1957年11月，水利部向国务院报告，强调黄河下游洪水威胁，修建三门峡水库刻不容缓，建议大坝蓄水位按360米设计，350米施工。为减少移民困难，可逐步抬高运行水位。这一方案震动了陕西省，他们强烈要求蓄水位改按350米设计，340米修建。对省政府的意见不能像对技术员那样来解决。1958年4月，周总理再次亲临已经热火朝天的工地，开现场会议，并做出了当时条件下最好的总结：三门峡水库以防洪为主，综合利用为辅，要上下游兼顾，确保西安、确保下游，并指示在国内再做研究和试验。这样，经过反复比较论证，最后决定三门峡枢纽按360米蓄水位设计，第一期按350米施工，初期运行水位则不高于340米，死水位和泄水孔都降低，初期拦洪水位不超过333米。这多少有些和稀泥的味道，但已向“温氏方案”靠近了一步。

但后来的实践证明，和稀泥方案也不可行。尽管温善章才出校门不久，对黄河的研究不可能全面和深入，在他意见书中也可找出不少漏洞，但是他对黄河泥沙问题的严重性以及对三门峡水库应采取的运行方式恰恰是击中了要害！有的时候，真理还真在少数“下等人”手里。

1958—1960年，三门峡工程轰轰烈烈地施工了。苏方也派了专家来当“设计代表”。代表们西装革履，戴上白手套下工地验收基坑——这在当时传为美谈。确实，靠了洋人的牌头，三门峡工程的质量是好的，事故是少的，很使其他工程的中国设计人员羡慕不已。全国人民为这座伟大工程的兴建欢欣鼓舞，我在自己的一本著作中写下：“黄河水清已经是很快必然出现的事实了。”1960 年 9 月，三门峡工程建成蓄水，投入运用。

谁都没有想到，大自然的报复竟是如此的无情和迅速！运行后仅一年多，水库内就猛淤 15.3 亿吨泥沙，94% 来沙都淤在库内，潼关河床高程一下子抬高了 4.31 米，渭河口形成拦门沙。回水和渭河洪水叠加，沿河两岸淹地 25 万亩，5000 人被水围困。如果按 350 米水位运行，则西安、咸阳和广阔的关中平原均将难保。1962 年 4 月，在人大会议上，受威胁最急的陕西省代表提出要降低三门峡水库水位的议案，有的人甚至向毛泽东上书告御状。为此，水利部在 1962 年 8 月和 1963 年 7 月两次开会讨论研究，但对是否要增建泄流排沙设施以及增建的规模仍难一致，只好继续做规划、研究和试验工作。

事情又拖了一年多，时间却毫不容情，库内淤沙已达 50 亿吨，直通西安。1964 年 12 月，国务院召开治黄会议。这次会议的民主气氛堪称空前，各种意见倾囊而出。有的主张仍按原规划节节蓄水分段拦泥，不必改建三门峡枢纽，有的认为黄土下泻人力难挽，他大吼道：黄河本无事，庸人自扰之，主张炸掉大坝、恢复原貌。斯语一出，满座皆惊。有的主张上拦下排，还有主张沿程放淤吃掉水沙……当时只有周恩来总理安详不动，耐心细听。当时正值苏联赫鲁晓夫下台和中国原子弹上天的风云大变幻时期，周恩来总理日理万机紧张不堪，但还是主持了会议，并使大家的认识统一到三门峡工程必须改建、增加泄流排沙能力、降低蓄水位、减少淤积、恢复潼关河段天然特性的认识上来。决定在左岸新打两条隧洞和利用 4 根钢管（原供发电用）排沙。这又向“温氏方案”更靠近一步。

但是周恩来的伟大之处，不仅在综合各方意见指出了正确方向，而且是在总结会和其他场合下说的下面那些话：

“底孔排沙，过去有人曾经提出过，他是个刚从学校毕业不久的学生……，当时会议上把他批评得很厉害。要登报声明他对了，我们错了，给他恢复名誉。”

“当时决定三门峡工程就急了点。头脑热的时候，总容易看到一面，忽略或不太重视另一面，不能辩证地看问题。”

……

讲得多好啊，这才是一个无私无畏的共产党人应该讲的话。可惜愿意和敢于这么讲的人太少了，而中国就一次又一次地重复犯着已犯过的错误。

改建工程在 1965 年开工，1966 年汛期启用。这“两洞四管”在洪水期开启后，由于泄量增大，确实把水库中的淤沙冲出一部分。1966—1969 年，潼关以下的水库中淤沙冲走了 2.7 亿吨，但潼关河床高程仍上升 0.7 米，其上的水库中继续增淤 20 亿吨，渭水的淤积继续发展，上延了 5.6 千米。冲下去的泥沙淤在下游河槽内，对防洪非常不利，看来问题还未解决，需要更多更低的泄水排沙孔，这也说明黄河的自然平衡状态一旦被打乱，会引起多么复杂和深远的影响！

但是，怎样再次加大泄放能力呢？人们想起施工时在大坝底部留设的 12 个导流底孔，这些底孔在大坝建成后已用混凝土密实地填塞了。是不是可以重新挖开，用它们来大量排沙？经过复杂的研究，认为可行，于是进行第二步改建。1973 年，这些底孔“重见天日”，投入运行，确实收到了较好效果：潼关河床高程下刷了近 2 米，330 米以下的库容增加了

10亿立方米，一批低水头径流发电机组投产发电。以后经过20多年探索，总结出较合理的运行方式。现在，三门峡枢纽能够发挥一定而有限的防洪、防凌作用，能维持水库内泥沙的冲淤大致平衡，能保持潼关河床不再淤高而威胁关中平原，提供了灌溉水源，还安装了40万千瓦机组可以径流发电，总之，取得一定的综合效益，“差强人意”吧。

这样看来，三门峡枢纽的历史非常曲折，当初的规划无疑未实现，原因是对黄河水沙运行规律认识不足，提出蓄水拦沙的治黄方略，搞高坝大库，对水土保持的作用过于乐观，对综合利用要求急于求成，对移民工作的艰巨性也估计不足，以致造成失误，被迫进行两次改建，才取得一定成果，教训是深刻的。

现在看来，当时苏联本来就缺乏在含泥量极高的大河上进行开发整治的经验，“所托非人”。再说，当时国际上的科技水平也就如此。我们毋宁自己承担更多的责任。周恩来总理曾说过：“三门峡工程苏联鼓励我们搞，现在发生了问题，当然不能怪他们，是我们自己做主的，苏联没有洪水和泥沙的经验。”可谓严于律己之论。

主要的问题是要在付出学费后取得经验。通过三门峡工程的反复，我们对“治黄”从认识水平到科技水平都有极大的提高。例如，整治含沙河流的基本思路，水库如何能保持长期运行，蓄清排浑调水调沙合理运行方式的实践，库区泥沙冲淤的规律等等。泥沙学科从泥沙运行的基本理论、模型试验技术、数学计算理论和方法、异重流排沙等以及高含沙的水力发电问题也都有了迅速发展。这为中国人民继续整治大江大河带来无比宝贵的知识和经验。

现在，治黄工程正在继续全面进行。上游已建成龙羊峡、李家峡、刘家峡、大峡、盐锅峡、八盘峡、青铜峡等发电、调蓄和灌溉枢纽，北干流上建成天桥和万家寨水利枢纽，三门峡下游黄河最后一个峡谷中正在兴建宏伟的小浪底水库。还有拉西瓦、公伯峡、黑山峡、碛口、龙门等大型枢纽和水库在设计待建。随着这些工程的陆续兴建，三门峡枢纽的任务将起变化，运用水位可适当提高，发电容量可扩至40万千瓦以上，库区百万亩滩地可以开发利用，前景将愈来愈美好。

我们必须用动态观点看问题，现在还远不能说我们已能根治黄河，而只能尽力“把黄河的事情办好！”所以，如果要在三门峡大坝上立一块纪念碑的话，最好还是仿照武则天女士的做法，立上一块无字碑，功过得失留待后人评定吧。

本文摘自《渭河箴言》P116～P123。原文来自院士科普书系潘家铮院士著的《千秋功罪话水坝》一书，该书于2000年5月第一次出版。

索 引

流域环境（85条）

流域治理（40 条）

水资源集约节约利用（141 条）

水土保持（34 条）

水生态保护修复（85条）

综合管理（59条）

渭河文化（232 条）

机构与人物（57 条）

编后记

河流是大地的血脉，生命的孕育者，文明的产生地。所以，人们常常把自己成长生活的河流以自己能给予的最崇高、最真实、最深厚的称谓“母亲”赋予她。一生能有机会为自己最心爱的母亲河立志，以她为轴、以水为线记录在她身上发生过的点点滴滴，达到资政、存史、教化的作用，真乃人生一大幸事也，这就是编者在编纂《渭河志》时的最真实感受。

2023年6月9日，陕西省水利厅成立了以厅党组书记、厅长郑维国为组长，厅党组成员丁纪民、张敏、党德才、宇涛、左怀理为副组长，厅设有关处室、厅属有关单位和各市水利部门主要负责同志为成员的《陕西省河流志丛书》编纂委员会，并设立编纂办公室，统筹协调推进编纂工作。6月25日，陕西省水利厅召开了全省水文化工作推进暨《陕西省河流志丛书》编纂工作启动视频会，厅党组成员、副厅长左怀理动员部署了《陕西省河流志丛书》编纂工作。会后，《陕西省河流志丛书》编纂办公室组织水文化专家反复研究，研讨制定了既规范又有特色的河流志编纂大纲，提出“河流志编纂要坚持山水林田湖草沙生命共同体理念，以河流为轴线，以水为核心，以流域生态保护为基准线，以河流文化为特色，突出记述治水治河、治山治沙”的总体要求，逐河流召开资料提供对接推进会、专题问题研讨会，为河流志丛书编纂工作顺利推进奠定了基础。2024年1月25日，陕西省水利厅组织有关专家、厅设有关单位负责同志对《渭河志（初稿）》进行了初审，并提出了补充完善意见。会后，编者及时组织宝鸡、咸阳、西安、渭南、铜川、杨凌等市（区）编写人员逐条进行了修改完善。4月8—20日，《陕西省河流志丛书》编纂委员会将《渭河志（征求意见稿）》下发宝鸡、咸阳、西安、渭南、铜川、杨凌等市（区）有关单位、县（区）和省级有关单位征求意见，同时征求了陕西省地方志办公室的意见。各有关市（县）、单位补充完善了有关内容，并提出了50多条修改意见，特别是陕西省地方志办公室李军副处长、陕西省住房和城乡建设厅倪坪同志、陕西省水利厅原二级巡视员杨耕读同志对志书编纂工作给予了充分肯定，并对志书定位、审定、图表、记述重点、人物入志等提出了明确要求。根据陕西省地方志办公室编志最新要求，编者及时修改完善，统一设置了英文目录和索引，取消了人物篇中人物事录节。2024年6月8日，陕西省地方志办公室在西安市蓝田县召开了《渭河志》复审会，陕西省地方志办公室李军副处长出席并主持了复审会议，与会专家充分肯定了《渭河志》的编纂成果，认为《渭河志》政治观点正确，体例规范，结构合理，资料丰富翔实，文风朴实，语言精炼，特色明显，会议一致同意将《陕西省河流志丛书》纳入《陕西省地情丛书》范畴，并同意《渭河志》通过复审。2025 年 2 月 22 日，水利部水文化研究工作指导委员会办公室在北京组织召开中国名水志文化工程 · 陕西省河流志丛书终审会。水利部办公厅、中国地方志工作办公室、中国水利水电科学研究院、中国社会科学院当代中国研究所、中国水利学会水利史与水利遗产专业委员会、黄河水利出版社、陕西省水利厅、陕西省地方志办公室的有关领导、专家、学者共计 17 人参加了会议。专家组一致同意将《陕西省河流志丛书》列入《中国名水志文化工程丛书》。

全书共 9 篇 45 章 145 节。总体突出记叙了渭河的以下特点：渭河和黄河流域其他河流一样，是古地质运动的结果，是黄河的古河道，在地质理论上是合理的。千百万年来，渭河平面形态上总体向北迁移、纵向立面上总体冲淤平衡，水沙异源。渭河流域是古人类最早的活动区域之一，在这里，可以看到我们远祖较为完整的进化过程；是中国仰韶文化遗址分布最为集中的区域，是中华民族文化最重要发源地之一；中华文明从这里和中下游东西流向的黄河组成核心轴，东进、西扩、南延、北展。人类利用渭河的历史悠久：泛舟之役开创了中华民族最早的内河航运史，漕渠为中国的大运河开凿奠定了基础，郑国渠是我国灌溉文明的肇始者，关中八惠是近现代水利治水文明的开创者；等等。可以说，渭河的治理，是"善治秦者先治水"理念形成的最重要方面。新中国成立后，渭河的治理进入了一个全新阶段。至 20 世纪六七十年代，渭河中游干流的堤防全面完成，而三门峡水库的建成，历史性的改变了渭河下游河道形态，在以后的几十年直到今天，渭河下游的问题和治理以及移民问题都成为中国的一个焦点、陕西的心腹之痛。

编者出生成长在渭河边的渭南长寿塬上。一生 40 年的工作中，28 年时间供职于直接为渭河的服务上。余下的 12 年更是为了渭河"母亲"的健康、丰润而修建的陕西最大的引水工程——引汉济渭而努力着。所以 2023 年 6 月当水利厅主管水文化工作、编者一直很敬佩的耿涛书记提出编纂《渭河志》一书时，编者由衷地感到高兴和自豪，并从内心有一种深深的感谢。

编者曾组织编纂过《陕西省三门峡库区志》《陕西省引汉济渭工程前期工作志》《陕西省水利志（1996—2015）》等。但要一手完成《渭河志》的编纂工作，感受还是完全不一样的，真真实实地体会到了编志人的艰辛、惆怅与喜悦；也真真实实地体会到了一本志书的成书不易。尤其这次打破传统编志的组织方式，以一个主编为主，在最短的时间里，编一本没有可借鉴成熟模式的河流志，困难是显而易见的。还好，天道酬勤，众手成书，最后的志稿，算是一份沉甸甸的成果，自己感觉尚可给"母亲"一个交代。

渭河综合治理是在进入新世纪，面对渭河的新老问题进行的一次全方位、立体式、大规模的治理，这是我们对渭河的救赎，更是对我们自己的救赎。今天的渭河"堤固、岸绿、滩美、水清"，已成为关中最长、最大的河滨公园，正在以崭新的面貌支持着沿线政治、经济、社会、文化、生态的高质量发展。

在这么短的时间里，能出这么一个成果，真正体现了"众手成志"的强大作用：耿涛书记提供了大量基础性资料，并对《渭河志》的编纂进行了全过程指导和排版工作。严伏朝、刘芳分别编纂了综合管理和机构人物篇初稿。冯普林对流域经济社会概况作了系统精准的整理和反复核定，孙少军对水文化作品存目进行了完善，龚裕凌在工作帮助之外和李军平一起提供了所需的照片。沿渭各市（县、区）的水利（务）局、厅直各相关单位、机关各处室等领导给予了大力支持和帮助。相关人员先后提供了大量资料、并参与了部分章节内容的编纂，他们是：潘登、孙少军、杨恒、康堂、雷华伟、魏超峰、薛文洁、任磊、范哲、雷莉、姚瑞婷、杨英、王亚东、陈景云、徐红林、徐海川、宁盼盼、陈保健、余永敏、雷晓虎、郑坤、申景涛、彭欣、高金友、杨康宁、刘晓燕、乔正胜、冯树斌、薛亚莉、陈燕、张晓峰、贺江龙、王保强、高思凡、朱步光、黄梦姣、李佩萍、卫文刚等。其中，咸阳杨恒还就白马川河进行了考证，渭南韩稳安推荐了“娘家河”歌曲等，还有好几位同志在提供资料时一再叮咛，有什么需要可随时打电话，充分体现了他（她）们对母亲河的深厚情谊和对《渭河志》的期待，令我十分感动。没有他们的辛苦付出，是不可能这么快成稿的。初稿完成后，水利厅原副巡视员杨耕读、二级巡视员许灏和耿涛、周亚歧、田晓强及其他河流志的主编等都从不同角度提出非常宝贵的意见和建议。在征求单位和地市意见时，陕西省江河水库（省三门峡库区）工作中心、陕西省水文水资源勘测中心、陕西水发集团及陕西省水利电力勘测设计研究院、西安市水务局等单位和地市都提出了中肯有用的意见。在终审时，省志办李军副处长和相关专家给予了准确的宏观把握和订正。这些对志书的质量提升有很大帮助，在此一并致以崇高的敬意和深深的感谢。

尽管在编纂的过程中，从主观上努力的用心、用情、用力的想给大家提供一本高质量的渭河志书，但由于本人的水平所限、时间所限、资料所限，书中的疏漏在所难免，恳请读者批评指正。谢谢！

编　者

2025 年 4 月

中国名水志文化工程丛书
陕 西 省 地 情 丛 书
陕 西 省 河 流 志 丛 书

无定河志

《陕西省河流志丛书》编纂委员会 编

黄 河 水 利 出 版 社
· 郑 州 ·

图书在版编目（CIP）数据

无定河志 / 《陕西省河流志丛书》编纂委员会编. 郑州 : 黄河水利出版社, 2025. 6. --（陕西省河流志丛书）. -- ISBN 978-7-5509-4119-9

Ⅰ. TV882.841

中国国家版本馆CIP数据核字第202502ZS05号

无定河志　WUDINGHE ZHI

《陕西省河流志丛书》编纂委员会　编

责任编辑	鲁　宁	责任校对	杨雯惠
封面设计	张心怡　孟周利	责任监制	常红昕
出版发行	黄河水利出版社		
	地址:河南省郑州市顺河路49号　邮政编码:450003		
	网址: www.yrcp.com　E-mail:hhslcbs@126.com		
	发行部电话：0371-66020550		
承印单位	陕西省水利印刷厂		
开　　本	787mm×1092mm　1/16		
插　　页	26		
印　　张	32.25		
字　　数	820千字		
版次印次	2025年6月第1版	2025年6月第1次印刷	
定　　价	3680.00元（全十卷）		

《无定河志》编纂委员会

主　任　左怀理

副主任　周文军　李宜然

委　员　史社刚　张永峰　李　荣　王　军　杨　耀　张　云
马爱龙　冯利波　李海洲　高　路　郭占彪　闫旭东
赵华岗

主　编　许　灏

审定单位

初　审　陕西省水利厅

复　审　陕西省地方志办公室

终　审　水利部水文化研究工作指导委员会办公室

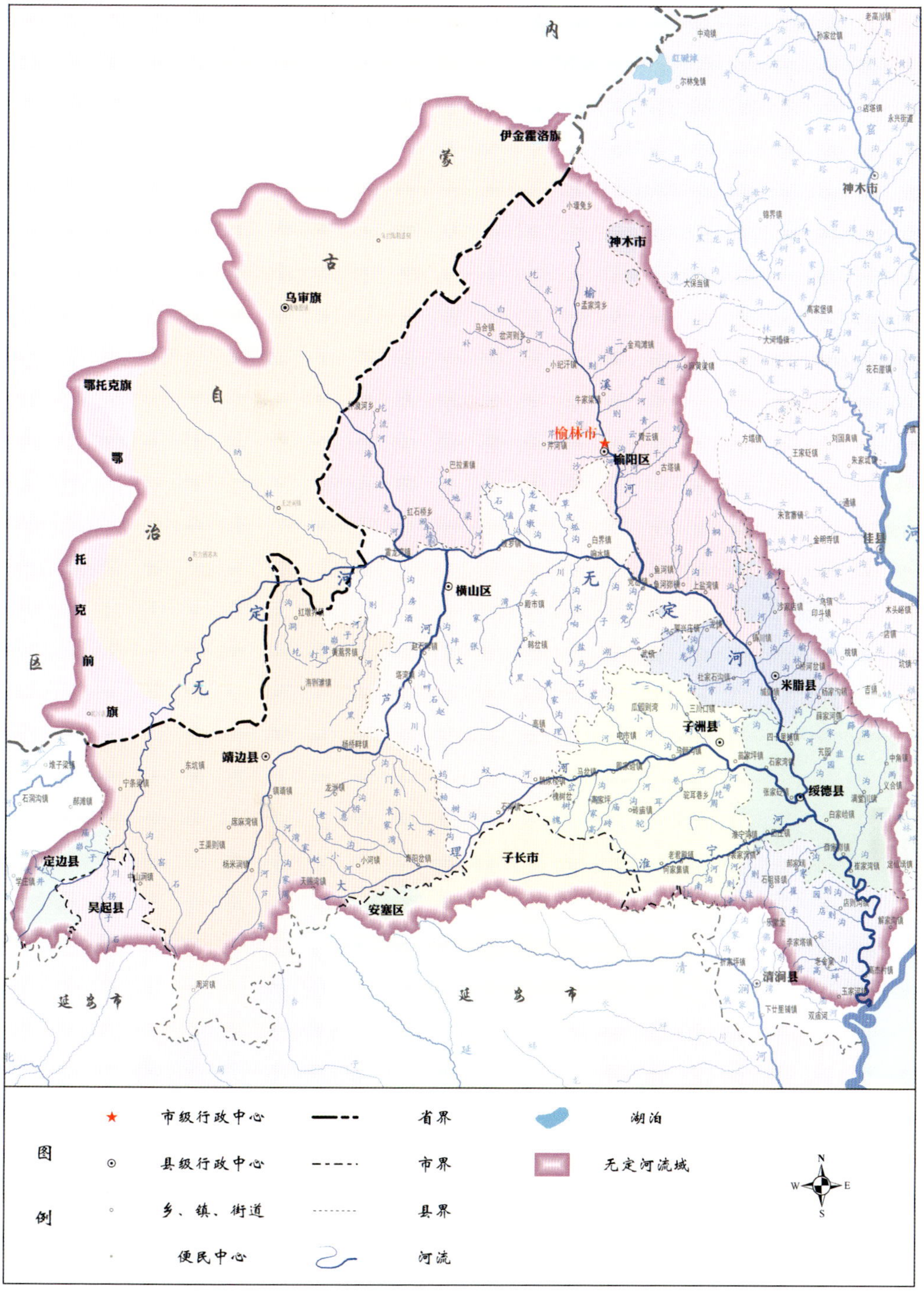

无定河流域行政区划及水系图

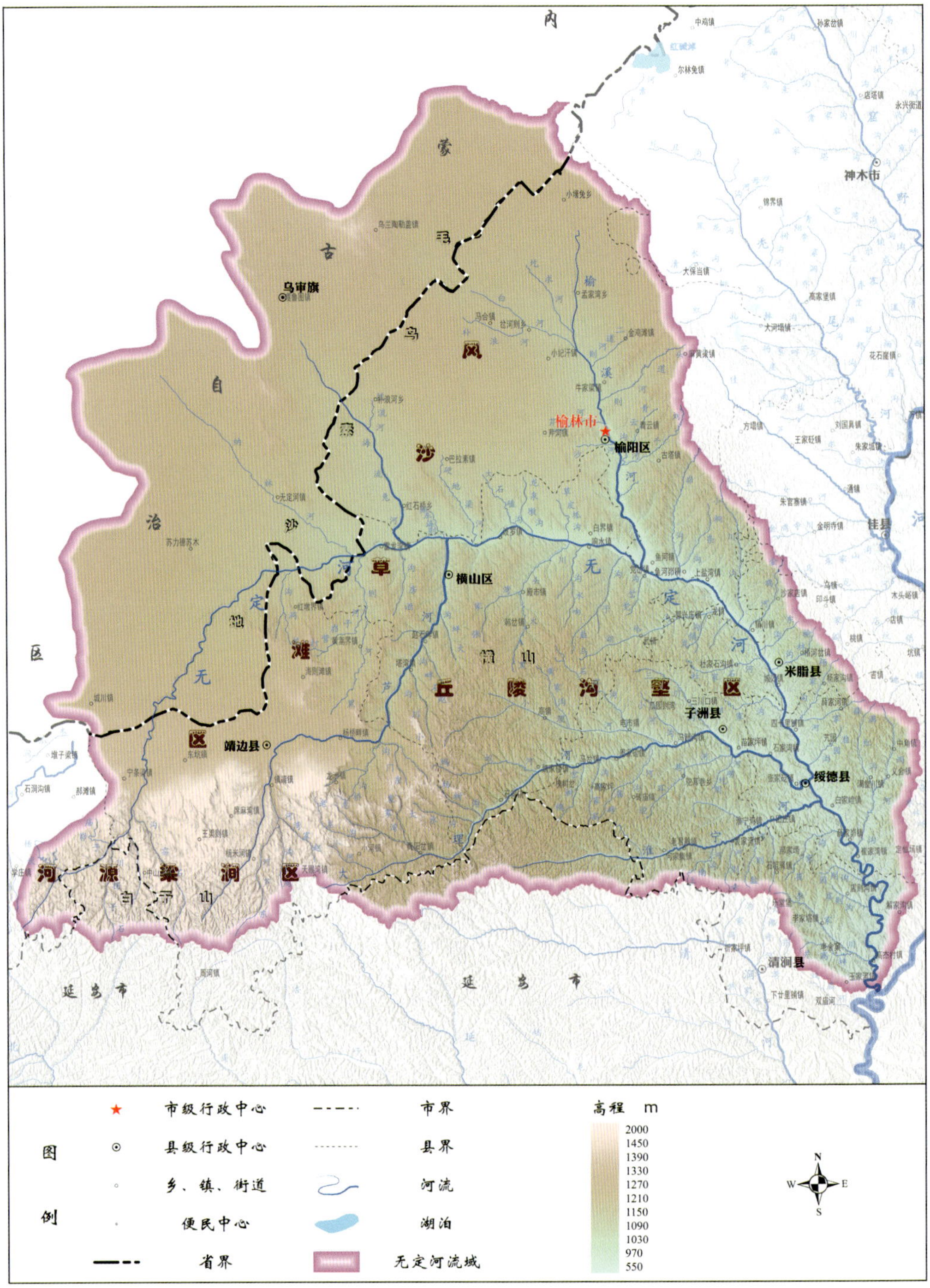
内蒙古自治区
毛乌素沙
风沙草滩区
丘陵沟壑区
河源梁涧区
白于山
横山
无定河
榆溪河
芦河
大理河
乌审旗
榆林市
榆阳区
横山区
靖边县
子洲县
米脂县
绥德县
清涧县
神木市
佳县
延安市
延安市
图例
市级行政中心
县级行政中心
乡、镇、街道
便民中心
省界
市界
县界
河流
湖泊
无定河流域
高程 m
2000
1450
1390
1330
1270
1210
1150
1090
1030
970
550
N
W
E
S

无定河流域地形地貌图

无定河源头碑（2017 年 10 月）

无定河源头地貌（2023 年 11 月）

源头红柳河

无定河沙漠大峡谷（2023 年 8 月）

长城沿线风沙草滩区

靖边县沙漠之水

横山区无定河乾坤湾

无定河冬雪（2023 年 2 月）

无定河晨曦（2019 年 9 月）

横山区无定河两岸湿地

靖边芦河湿地

无定河源头风貌

榆林明长城遗址

无定河横山区段

榆溪河红石峡段

子洲县大理河

芦河滋润靖边县城

清涧县鱼儿峁

无定河入黄口（2017 年 10 月）

无定河入黄口归来碑（2024 年 4 月）

榆林王圪堵水库

红石峡水库

金鸡沙水库

杨家湾水库

靖边新桥水库

吴起边墙水库（2023 年 11 月）

王圪堵水库水电站

米脂县织女渠引水口（2024 年 4 月）

民国时期米脂县县长为纪念织女渠放水题字

榆林定惠渠引水口

定惠渠党家岔渡槽

第二定惠渠引水口（2024 年 4 月）

红石峡古渠（2017 年 10 月）

靖边县芦河渠（2017 年 10 月）

靖边县洋芋田喷灌

沙土地覆膜滴灌

陕西延长中煤榆林能源化工有限公司公用工程节水零排放

榆阳区矿井疏干水西尧则调蓄水池（2024 年 5 月）

榆林科创新城水上运动中心（疏干水综合利用项目）（2024 年 5 月）

吴起县长城集中供水工程

农村自来水到户

无定河两岸稻田养鱼

榆溪河综合治理工程

榆林榆溪河湿地公园（2017 年 10 月）

横山区标准化堤防建设

无定河小流域综合治理工程

绥德县辛店国家级水土保持示范园三道防线建设

绥德县韭园沟淤地坝建设

子洲县绿色梯田建设

绥德退耕还林工程（2009 年 7 月）

绥德龙湾谷坊建设

保水梯田建设（2023 年 8 月）

无定河流域淤地坝系建设

全国治沙英雄牛玉琴

全国“七一勋章”获得者石光银（前左三）带领群众治沙

补浪河女子民兵治沙连基地

镇北台见证毛乌素沙地由黄变绿的逆转和榆林城的变迁

2017 年 2 月 10 日，陕西省河长制启动暨无定河综合治理动员大会
在西安渭河河畔和绥德无定河防洪工程施工现场同时举行

2014 年 4 月 22 日，陕西省人大常委会副主任张迈曾（左一）率队赴
无定河流域开展《陕西省水土保持条例》立法调研

2023 年 10 月 27 日，陕西省水利厅郑维国厅长（左二）检查定边盐环定供水工程

2023 年 9 月 22 日，陕西省矿坑（井）疏干水综合利用现场推进会在榆林召开

2017 年 10 月 11 日，榆林市委书记戴征社（中）检查防汛工作

2023 年 6 月 23 日，榆林市委书记、市级总河长张晓光（右一）检查河长制工作

2022 年 8 月绥德县委、县政府举行无定河、大理河超警戒洪水防御应急演练

防汛演练科目

2017 年绥德水文站开展“7 · 26”特大洪灾水文测报

绥德水文站测报“7 · 26”特大洪水事迹报告会

榆林市河长办开展水利部河湖遥感图斑复核工作会议

2021 年 3 月 22 日，榆林市举行第二十九届“世界水日”、
第四十三届“中国水周”宣传活动

水利普法进乡村

赵石窑水文站

黄河水土保持绥德治理监督局

黄河水利委员会晋陕蒙接壤地区水土保持监督局

延安市安塞区王家湾陈列馆（2023 年 11 月）

毛泽东主席书写的《沁园春·雪》手迹及藏雪楼

靖边县小河会议旧址（2023 年 11 月）

2017 年 10 月 11 日，陕西省水利厅组织“无定河溯源”水文化调研活动

中共绥德地委旧址（2024 年 4 月）

大夏都城——统万城遗址（2017 年 10 月）

“河套文化”萨拉乌苏遗址（2023 年 8 月）

榆林古城（2017 年 10 月）

横山区波罗古堡（2017 年 10 月）

横山区接引寺（2017 年 10 月）

榆林红石峡摩崖石刻（2017 年 10 月）

米脂县李自成行宫（2017 年 10 月）

绥德县石狮博物馆（2024 年 6 月）

绥德县秦公子扶苏墓（2024 年 4 月）

米脂县高西沟水保生态教育基地（2024 年 6 月）

陕西黄河文化博物馆（佳县）

陕北秧歌

横山老腰鼓

安塞腰鼓与陕北唢呐助力“节水中国行”宣传活动（2024 年 3 月）

陕北说书助力“节水中国行”宣传活动（2024 年 3 月）

大漠蜜桃熟了

沙漠喷灌区胡萝卜喜获丰收

无定河畔高速公路枢纽

榆林生态文明示范区建设

《陕西省河流志丛书》编纂团队合影
（前排左起赵西安、常崇信、许灏、蒋建军、雷保寿、耿涛，
后排左起田晓强、杨永平、权医平、王辛石、黄卫涛、于世宏、龚裕凌）

无定河流域水利事业发展数据（2020 年）

流域概况	流域涉及陕西省、内蒙古自治区 3 市 16 县（市、旗、区）100 个乡镇（街道办、苏木），流域总面积 30261 平方千米，其中陕西省 21615 平方千米，占流域总面积的 71.4%；内蒙古自治区 8646 平方千米，占流域总面积的 28.6%。河道总长 491 千米，其中陕西省 385 千米，占干流总长的 78.4%；内蒙古自治区 106 千米，占干流总长的 21.6%。河道总落差 880 米，平均比降 1.8‰。
水资源量	流域多年平均径流量 11.61 亿立方米，近期（2001—2010 年）多年水资源总量 21.81 亿立方米，其中地表水资源量为 10.73 亿立方米、不重复地下水资源量为 11.08 亿立方米。
节约用水	榆林市建成全国节水型社会建设示范市，流域建成县域节水型社会建设达标县 6 个。2020 年榆林市用水总量 2705 万立方米，控制在总量目标 3200 万立方米以内；万元国内生产总值用水量 43.03 立方米，万元工业增加值用水量 25.95 立方米，分别比 2015 年降幅 38.6% 和 15.88%；农业灌溉水利用系数由 0.35 提高到 0.46。
水源工程	陕西省无定河流域建成各类水库 77 座，其中大型 1 座，总库容 3.89 亿立方米；中型 25 座，总库容 13.04 亿立方米；小型 51 座，总库容 1.24 亿立方米。建成规模以上抽水泵站 91 处，供水能力达 8056.1 万立方米；机电井 16.12 万眼，设计供水能力 3.87 亿立方米。
灌溉工程	陕西省无定河流域建成自流引水渠道 82 条，有效灌溉面积 27.09 万亩，其中国营灌渠 18 条，有效灌溉面积 20.93 万亩。流域灌溉总面积达到 68.34 万亩，灌区多为中小型，其中万亩以上灌区 14 处，灌溉面积 30 万亩。
城乡供水	榆林市区供水管网 523.76 千米，年供水量 3244 万吨，供水普及率 98%，水质达标率 99.6%，水源保证率 100%。榆林建成农村饮水安全工程 5466 处，解决和改善了 184.02 万人饮水安全问题；延安市流域 6 镇建成农村饮水安全工程 373 处，解决和改善了 6.25 万人饮水安全问题。
水电水产	陕西省无定河流域建成保存农村小水电站 5 处，装机容量 1.835 万千瓦，年发电量 7090 万千瓦时，总收入 2214 万元，从业人员 410 人。水库网箱养鱼规模 1332 平方米，稻田养蟹 3.5 万亩，水库河蟹养殖 1000 亩，水产品产量 6570 吨。
江河堤防	陕西省无定河流域新建加固堤防 253.08 千米，其中达标堤防 50.09 千米，保护人口 50 万人、机关事业单位 1800 多个、耕地 2.73 万亩。除险加固水库 60 多座，7 个县（区）实施中小河流治理 19 处，新建加固堤防 90.51 千米。
水土保持	陕西省无定河流域累计治理水土流失面积 1.8 万平方千米，其中治理小流域 41 条、治理面积 6759 万平方千米；建设淤地坝 21481 座，其中库容在 50 万～500 万立方米的骨干坝 1834 座，500 万立方米以上大型骨干坝 15 座。榆林市退耕还林（草）84.78 万亩、延安市退耕还林（草）1077.46 万亩。累计治理沙漠 1023.95 万亩，860 万亩流沙得到固定或半固定，陕西绿色版图向北推进 400 千米。
流域管理	陕西省无定河流域核发取水许可证 393 本，审批水量 19053.975 万立方米，其中地表水 16288.085 万立方米，地下水 2765.89 万立方米。建立各级河长 1626 名，其中市级河长 4 名、县级河长 108 名、乡镇级河长 272 名、村级河长 1242 名，2 条河流被命名为“陕西省幸福河湖”。发布地方性法规 3 部、市级规范性文件 57 件，查处水事违法案件 99 起，行政处罚 254.5 万元。开展重大水利科技考察交流活动 62 起，获得部省级水利科技成果奖 85 项。
河流文化	陕西省无定河流域创建省级以上水土保持示范园 8 个，其中国家级 3 个；省级以上水利风景区 7 个，其中国家级 1 个；国家级水情教育基地 1 处。重点历史文化名胜 24 处、重点红色革命旧址 12 处，水文化遗产 24 处，自然景观 6 处，文化名胜 11 处。

序

陕西省位于中国中部，以地理分界，分陕南、陕北、关中三区，今人称其为三秦。三秦大地被两个山系——北山和秦岭分界。北山山系的黄龙山、子午岭、陇山诸山划出了陕西北部沟壑纵横的黄土高原和中部一马平川的关中平原。大地理的秦岭，西起昆仑，中经陇南、陕西中部，东至鄂、豫、皖，分出长江、黄河两大流域，以及中国南北方的地理、气候。而横贯秦地中部的秦岭，在此自西向东也成为渭水与汉水的分界，形成了黄河和长江两大流域最大的支流。山是水之依，水是山之魂。北山、秦岭和巴山造就了三秦河流，孕育了悠久的中华文明，见证了夏、商、周三代以后朝代的更替兴衰。

三秦河流自然环境差异极大，河流所经高原、山地、丘陵、盆地、平原交错其间，多年平均降水量从陕北的 340 毫米过渡到陕南的 1240 毫米。华夏先民进入三秦，水利便是他们生存和发展的必然选择。不算很优越的水资源条件，因他们卓越的水利创造，滋养出了灿烂的河流文化。

《陕西省河流志丛书》是所涉三秦河流的百科全书。丛书分为《渭河志》《汉江志》《无定河志》《泾河志》《丹江志》《北洛河志》《千河志》《延河志》《漆水河志》《褒河志》各卷。河流志各卷以河为轴，以水为主干，涵盖了河流的自然地理、发展利用、人文历史等。以水利凿通上下 5000 年及至当代，由此可见这部丛书作者们的担当。

陕西的河流保留了自上古时期至现代文明演替的历史印迹，其文化类型之丰富，在中国乃至世界江河中少有与之比肩者。中国水利史大致可以分为四个阶段，比照三秦尤其具有代表性。

第一阶段（距今约 10000 年—前 221 年），这是从部落氏族走向中国的文明生发期。近年考古发现证实了从农业的发端到秦帝国成立，没有中断的中华文明演变轨迹。距今 5000 年上下，黄河流域处于炎帝、黄帝、伏羲、女娲、尧、舜、禹的传说时代，华夏文化已经初具农耕社会形态，是为华夏文明的源头。约公元前 11 世纪，擅长农业的姬姓部族进入漆水河流域的周原，在岐山下经营出旱作、稻作农业，灌溉工程因此诞生。传说时代以禹治水而发生文明大转折。兴起于豳、岐的周人，经牧野之战，灭商建立了中国唯一的贵族王国——周，史称西周。西周先后建都丰、镐，建立了国家川衡、虞泽制度，为其后春秋战国各诸侯国水利兴起的先声。战国时期后起的秦国，经孝公时（前 381—前 338 年）商鞅变法迅速强大，兼并六国，建立起第一个王朝集权国家。强大的秦国在泾河上兴建了郑国渠，关中水利区由此历经汉唐至明清，支撑了区域农业 2000 余年。郑国渠亦开创了中央王朝经营水利工程的先河。

第二阶段（前 221—1279 年），经历了汉、唐、宋水利发展的高潮，水利支撑了古代中国最重要朝代的繁盛。自汉迄唐，渭河横贯的八百里秦川，从京畿的咸阳、长安，到华州、陕州两岸密集分布着具有灌溉、水运、水能（水磨、水碾）等功能的水利工程。在渭河的支流北洛河上兴建了中国最早的隧洞引水工程——龙首渠。汉兴之地的汉江及其支流褒河、丹江，由军事屯垦带来了区域性水利工程兴建，历经东汉、三国、两宋发展，形成了陕南汉中水利区。这一阶段可称道的还有唐代第一部国家水利法规《水部式》的颁布，强化了中央政府对关中灌溉工程、河西和西域屯田水利、运河工程和用水管理，从而确立了国家、地方不同的水利管理体制。

第三阶段（1279—1930 年），这一时期水利以陕北边镇水利为代表。陕北地处干旱和半干旱区，是农耕与游牧不同文化的分界线。北宋、西夏、明代在无定河与黄河支流清水河（今延河）流域先后涌现出大大小小的引水工程，营造出延安、榆林一带塞北稻作农业区。20 世纪三四十年代抗日战争期间，旱区水利继续发扬光大。陕北的古代水利工程中，以无定河支流榆溪河红石峡灌渠最为著名。引水渠或明或暗穿行于榆溪河两岸的山崖中，灌渠、榆溪河、对峙的山崖和摩崖石刻，营造出著名的“榆林八景”，这一于 15 世纪兴建的工程今天仍在发挥作用，并继续九边重镇的无限风光。

第四阶段（1931 年至今），这是传统水利步入现代工业文明的时期。水利技术逐渐取代传统工程技术，水资源开发利用超过了任何历史阶段。先是以泾惠渠、渭惠渠为代表的“关中八惠”等现代水利工程的兴建，带来了水权制度在灌区管理中的实践。在抗日战争期间，渭河边现代水利科学、教育发展起来；陕甘宁边区水利事业蓬勃发展。1949 年以后，现代水利在三秦大地得到全面发展，水利在城市供水、防洪减灾等方面发挥的作用日渐突出。近年来，引汉济渭工程、东庄水利枢纽工程的实施，为咸阳、西安及秦地的渭北地区开辟了新水源，城市供水安全、经济可持续发展得到了保障。但是，工业革命理念下的水利建设也留下了违反河流规律的后果，如 20 世纪 50 年代三门峡水利工程规划失误，造成河流自然环境不可逆转的蜕变，此后数十年，渭河平原洪水灾害频发，直到实施三门峡枢纽工程重大改造才得以控制。近 40 年来，水利可持续发展理念日益深入人心，陕西省数十年持之以恒的水土保持工程，改善了河流自然环境，使青山绿水重返陕北。

《陕西省河流志丛书》所志十河，每河皆为名水，以“水”而见三秦山川之美，而见治水与治世、治水与文化的交织。《诗经·鲁颂·閟宫》曰：“赫赫姜嫄，其德不回。上帝是依，无灾无害。弥月不迟，是生后稷。降之百福。黍稷重穋，稙稚菽麦。奄有下国，俾民稼穑。有稷有黍，有稻有秬。奄有下土，缵禹之绪，后稷之孙，实维大王。居岐之阳，实始翦商。”十河的历史与文化属于三秦，亦属于中国。

是以为序。

谭徐明

二〇二五年，乙巳岁旦之日

（谭徐明，中国水利水电科学研究院原副总工程师，教授级高级工程师、博士生导师，中国水利学会水利史与水利遗产专业委员会主任委员，水利遗产保护与研究国家文物局重点科研基地学术委员会主任）

凡　例

一、本志以马克思列宁主义、毛泽东思想、邓小平理论、“三个代表”重要思想、科学发展观、习近平新时代中国特色社会主义思想为指导，坚持辩证唯物主义和历史唯物主义的观点、方法，客观记述无定河流域历史发展与现状，坚持略古详今、略远详近，突出重点，力求体现专业特征和流域特色，达到思想性、科学性、资料性的有机统一。

二、本志为《陕西省河流志丛书》之一，编排体例遵循丛书编纂统一规范。全志设序、凡例、概述、大事记及志、传、表、录、图等，采取横排门类、纵述始末，依类叙事，以事系人。结构按篇、章、节、目、子目层次设置，节以下用一、（一）、1、（1）分层。以文字记叙为主，随文配以必要的表格、图片；照片集中置于卷首。具有存史价值的资料附录于后。表以篇、章为单位编号。

三、本志记事上限追溯至事物发端，下限截至2020年底，个别重要事项延至封笔。

四、本志采用语体文、记述体编纂，坚持公允、客观，述而不评，寓观点于记事之中。行文力求语言朴实、简练、流畅。引录原文放在引号内，一般注明出处，古文酌予诠释。历史朝代年号、政权机构、社会团体、官职及地名的称谓等均从原称，必要时加以括注；人名一般不冠褒贬和职称，注释采用脚注。文字使用以2000年10月31日发布的《中华人民共和国国家通用语言文字法》为准；标点符号使用以2011年12月30日发布的《标点符号用法》（GB/T 15834—2011）为准。

五、本志计量采用国家规定的通用单位。质量单位用克、千克、吨；长度单位用毫米、厘米、米、千米；面积单位用平方米、平方千米、公顷、万公顷，考虑到社会使用习惯，全志中亩、亩产、亩耗水量保留，未作统一换算；体积单位用升、立方米；流量单位用立方米每秒；电力单位用千瓦、兆瓦、千瓦时、千伏安等。数字书写按照2011年7月29日由中华人民共和国国家质量监督检验检疫总局、国家标准化管理委员会发布的《出版物上数字用法》（GB/T 15835—2011）执行。

六、无定河属跨省河流，流域涉及陕西省、内蒙古自治区3市16县（市、旗、区）。本志按照“概述全流域、简述外省区、重点记述本省”的原则，除在概述、流域概况、自然环境概况和主要章节中概括记述流域整体情况以及陕西、内蒙古简要情况外，坚持山水林田湖草沙生命共同体理念，以河流为轴线，以水为核心，以流域生态保护为基准线，以河流文化为特色，突出治水治河、治山治沙，重点记述陕西省流域内河流自然环境、水资源集约节约利用、防汛抗旱与河道整治、水保生态环境建设、流域综合管理、无定河文化、机构与人物等。

七、为了便于精准统计和记述无定河流域情况，参照《中华人民共和国黄河保护法》表述，本志所称无定河流域，是指无定河干流及其支流集水区域所涉及的陕西省榆林市、延安市和内蒙古自治区鄂尔多斯市的相关县（市、旗、区）的乡镇级行政区域。

八、本志遵循“生不立传”的惯例，不为生人立传。入志人物以对无定河流域治水、治沙、治山、治污和生态环境建设等作出突出贡献和有较大影响为标准。立传记述人物以卒年为序，省级及以上劳动模范、先进个人和高级工程师以上职称人员列表记述。

九、本志流域自然环境概述数据和流域水系图、地形地貌图均以水利部2020年8月25日批复的《无定河流域综合规划》（基准年2013年）为准，下延至2020年的数据和其他资料数据，一般采用统计年报数据，过程性数据采用流域内市、县有关部门提供的数据。

十、本志采用资料以各级档案、志书资料和流域内有关部门提供资料为主，也有经过考证和鉴别的口碑资料。对有关部门提供资料和照片的人在志书附录中予以记载。

目　录

第三篇　防汛抗旱与河道整治

第四篇　水保生态环境建设

第五篇　流域综合管理

第六篇　无定河文化

第七篇　机构与人物

Contents

Part II Water Resources Conservation and Efficient Utilization

Part III Flood Control, Drought Relief, and River Channel Management

Part IV Ecological Conservation and Soil Erosion Control

Part V Comprehensive Management of River Basin

Part VI Wuding River Culture

Part VII Institutions and Figures

概　述

无定河流域地处黄土高原北部和毛乌素沙地南缘，涉及陕西省的榆林市、延安市和内蒙古自治区的鄂尔多斯市共3市16县（市、旗、区），地势西南高、东南低，分为河源梁峁区、风沙草滩区和黄土丘陵沟壑区。无定河干流长491千米，其中陕西省385千米，内蒙古自治区106千米，分别占干流长的78.4%和21.6%；流域总面积30261平方千米，其中陕西省21615平方千米，内蒙古自治区8646平方千米，分别占流域总面积的71.4%和28.6%。河道总落差880米，平均比降1.8‰。流域内地形地貌复杂，梁峁沟塬纵横，生态环境脆弱，既是黄河多沙粗沙的主要来源区，又是国家重要能源化工基地和经济增长极之一，在陕北大地乃至中国版图上都是一块独特神奇而又复杂重要的区域。

一

无定河是一条流淌在陕北高原上特立独行的河流。它发源于定边县白于山区，这里地势高亢、梁塬宽阔，峁涧交错，土层深厚，干旱少雨，水土侵蚀严重，地表水和浅层地下水极为贫乏。就是如此干渴的山脉，不仅发育了无定河，还孕育了陕北另外两条著名河流——延河、北洛河。无定河发源之初虽然很“羸弱”，但独具个性、特立独行，不像它的两个“邻居”延河和北洛河那样向东南流去，而是执拗地向北流淌，穿山涧、越高原、过长城、入沙漠，流进了更加干渴的北方大漠。几经曲折迂回，越过毛乌素沙地和无数丘陵沟壑、梁源沟峁，两出两进陕西，从横山折向东南，流经米脂、绥德和清涧，在陕北黄土高原上画了一个优美的弧线，在东南部清涧县河口村汇入黄河。

在陕西省境内，无定河流经榆林市的定边、靖边、横山、榆阳、米脂、绥德、清涧等7个县（区），横贯榆林市全境，流域面积20302平方千米，占陕西省流域面积的93.9%，占榆林市总面积42920.2平方千米的47.3%，流域涉及定边、靖边、横山、榆阳、神木、米脂、绥德、子洲、佳县、清涧等10个县（市、区）86个乡镇、街道办，滋养着榆林市61%的人口，覆盖80%以上的粮食产地，地方国内生产总值（GDP）占榆林市的42%，是榆林市境内最大的河流，被誉为榆林人民的“母亲河”。延安市无定河流域面积1313平方千米，占陕西省流域面积的6.1%，占延安市总面积37037平方千米的3.55%，涉及吴起县、安塞区和子长市的6个镇，主要分布在河流源头区和南部黄土丘陵沟壑地带。

无定河流域水系分布不均匀，大小支流及沟道共计55470余条，基本为一风倒树状水系。左岸有大小支流 87 条，均经过风沙区，河流稀少，以地下水补给为主；右岸有大小支流 272 条，均流经黄土丘陵区，河流补给以地表径流为主。流域面积在 1000 平方千米以上的重要支流有纳林河、海流兔河、榆溪河和芦河、大理河、淮宁河等，且有左岸支流长、右岸支流短的特点。流域多年（1956–2000 年系列）平均水资源总量为 20.48 亿立方米，其中地表水资源量为 11.61 亿立方米、不重复计算地下水资源量为 8.87 亿立方米。

无定河流域属温带干旱、半干旱的大陆性季风气候，四季分明，春季干旱多风沙，夏季气温较高多阵雨，秋季短促而凉爽，冬季寒冷而漫长。年平均气温 7.8 ~ 9.6 摄氏度，极端气温最高 39.6 摄氏度，最低气温 –32.7 摄氏度。多年平均降水量 350 ~ 430 毫米，且时空分布极不均匀，降水由东南向西北递减，降水量年内分配很不均匀，7—9 月降水量占全年降水总量的 65% 以上。流域风沙大、气温低、无霜期短，旱、洪、雹、冻灾害频繁，其中以干旱、暴雨、大风、沙尘暴等灾害最为严重，是导致土地沙化和水土流失的主要自然因素，流传有“三年两头旱、一年不旱遭水患”“天旱枯了河、雨涝汪了滩”的谚语。

二

无定河是一条古老而神奇的河流。无定河因其河道不定、深浅不定、流量不定、清浊无常，也称“恍惚都河”。无定河流域古老而神奇，大漠风光与高原气象并存，沙漠海子与长河落日同在，三边村落与匈奴帝都相依，万里长城与黄土高原相偎，共同构成了无定河独具魅力的景观地标，积淀了厚重的文化。草原文化和农耕文化在这里交织，长城文化和龙山文化在这里交融，黄河文化和黄土文化在这里交集，治水文化与治沙精神在这里融合。它就像一条穿越时空的古老轴线，让中华文明的主框架变得更加坚固包容，从而彰显了其历史的悠久和人文资源的丰富多彩。

旧石器时代，无定河流域已有先民生活和活动。20 世纪 30 年代初，法国人德日进和我国古生物学家杨钟键先生曾沿无定河流域考察，发现了榆阳鱼河堡、横山油坊头、靖边杨桥畔等处旧石器时代遗址，采集到打制尖状器、刮削器等旧石器以及人类牙齿、下颌骨化石和同时期的动物化石。后经权威机构研究确认，这枚门齿为 3.5 万年前的晚期智人的牙齿。20 世纪 40 年代，考古学家裴文提出了“河套人”“河套文化”的概念，昭示了无定河流域在人类文明史上的夺目地位。位于内蒙古乌审旗大沟湾一带的萨拉乌苏古文化遗址，是无定河流域最早的文化遗址，即著名的河套文化遗址，这为人类多地区起源说提供了有力的佐证。

无定河流域北临内蒙古、宁夏，南接黄土高原，东入黄河与山西隔河相望，西连宁夏、甘肃，是陕西、甘肃、宁夏、内蒙古、山西五省（自治区）交界之处，自古就是西北少数民族进入关中平原的第一道防线。从夏至明清的约四千年间，流域内曾出现过以狁、白狄、龟兹、匈奴、鲜卑、突厥、党项等 20 多个民族，形成了无定河流域以多民族聚居为主体的多元文化共同繁荣的局面。

历史上，无定河流域是兵家必争之地。春秋为晋，战国归魏，秦统一六国后为上郡地，唐及五代时设夏州、银州、麟州、府州、绥州，均属关内道管辖，素有“九边重镇”之称。秦统一六国后，秦始皇长子扶苏、大将蒙恬驻上郡，并北逐匈奴三百多里，使胡人不敢南下而牧马。秦始皇死后，赵高、李斯篡改诏书，令扶苏、蒙恬自杀，扶苏当即自刎，蒙恬不从被囚禁，终被缢死。汉代名将李广北御匈奴，长期镇守于此为太守。东晋十六国时期，匈奴王赫连勃勃在统万城建立大夏国，后被北魏攻灭，改设夏州。唐代时，尉迟敬德、郭子仪等在无定河流域开阔川道多次与匈奴作战，流传下美好的传说故事。曾参加过征战安禄山的党项羌人拓跋思忠的后代李继迁（因功被李唐王朝赐姓为李）曾举兵反宋，其孙元昊在宁夏银川建立割据政权，是为西夏。在无定河川，西夏与宋代名将种谔、沈括、高永能等大战，互有胜负。宋熙宁五年（1072 年）九月，宋和西夏战于永乐城，宋惨败，徐禧、李舜举蕃汉官员 2000 多人战死，士卒役夫损失近 20 万人。从此，北宋放弃榆林地区，退守延安。明成化九年（1473 年），余子俊为防御北部日益强大的蒙古族，将延绥镇的镇治从绥德迁到榆林，增兵设防、柘城戍守。成化十年（1474 年）闰六月，余子俊征调民众修筑边墙长城，东起府谷清水营，西到定边花马池，全长 700 多千米。在这块英雄的土地上，曾涌现出宇文恺、杨继业、韩世忠以及近代李子洲、杜斌丞、李鼎铭、张季鸾等一大批有影响的人物，留下了他们珍贵的历史足迹。

从战国，历秦、汉、隋、金、明修筑的各代长城，全国最大的瞭望台——镇北台以及大大小小的城堡关寨、烽火墩台，都证明无定河流域自古即是金戈铁马、烽火弥漫的边陲重地；无定河流域佛院、道观众多，石窟石刻壁画艺术遗存丰富，诸如米脂万佛洞摩崖石刻、五龙山法云寺、横山石寺洼石窟、接引寺、鸿门寺响铃塔、石寺坬石窟、榆阳悬空寺等延伸了石窟艺术遗存的地域，填补了北方特别是长城以北石窟遗存的空白；屹立于沙海之中的大夏国都——统万城、历史文化名城榆林古城及城北摩崖石刻巨书宝库红石峡等，都反映了无定河流域的风雨历程和信仰习俗。

无定河流域具有光荣的革命传统。明末榆林爆发了规模较大的农民起义，涌现出高迎祥、李自成、张献忠等一大批农民起义领袖，经过十多年的艰苦奋斗，终于推翻了明王朝的统治。新民主主义革命时期，1924 年，李子洲、王懋廷在绥德师范建立了陕北第一个党团组织，1927 年 10 月 12 日以唐澍、谢子长、白乐亭、李象九、阎揆要等领导的清涧起义，打响了西北地区向反动派的第一枪，成为西北武装斗争的预演和尝试。从 1928 年 4 月中共陕北特委成立到 1934 年，随着武装斗争的开展，形成东起清涧、吴堡、佳县黄河沿岸，北至神木、府谷，西至保安、安塞一块红色根据地，1935 年中央红军到达陕北后，这里成了抗日战争的总后方。1936 年 2 月 7 日，毛泽东率领红军准备东征抗日，在清涧县高家坬塬上视察地形时，被风雪茫茫的北国风光所震撼，晚上回到驻地袁家沟村窑洞里，便写下了《沁园春·雪》，被世人誉为“盖世之精品，千古之绝唱”。1946 年 10 月 13 日，习仲勋在波罗古堡组织策划了“震撼西北、影响全国”的横山起义，解放了无定河以南 5000 多平方千米的土地和 12 万群众，缓解了陕甘宁边区的军事压力。解放战争时期，毛泽东、周恩来等领导同志率领中央机关，先后在榆林 8 个县 36 个村庄居住，领导和指挥了西北战场和全国解放战争，特别是在米脂县杨家沟，毛泽东主持召开了中央十二月会议，写下了《目前形势和我们的任务》等光辉著作，指挥了著名的沙家店战役，标志着中国革命由战略防御转为战略进攻，中国革命从此走向胜利。

三

无定河流域是生态环境脆弱但资源优势突出、区位优势明显的地区。历史上，无定河流域自然植被较好，生态环境优美，山林丰茂，鸟兽出没，河谷和低湿地带更是“多榛楉，多漆棕”。东晋时期，赫连勃勃在无定河畔修筑大夏国都城统万城时，曾赞美曰：“美哉斯阜，临广泽而带清流，吾行地多矣，自马岑以北，大河以南，未之有也。”说明当年这里还是水草丰美之地。然而，由于历代征战，滥垦滥伐及气候变化使植被严重破坏，生态失调，旱、洪、涝、风灾害频仍。宋代著名军事家、科学家沈括曾在无定河一带率兵抗击西夏，他所著《梦溪笔谈》中，对无定河作过这样形象生动的描写：“余尝过无定河，度活沙，人马履之百步外皆动，倾倾然如人行幕上，其下足处虽甚坚，若遇其一陷则人马拖车应时皆没，至有数百人平陷无孑遗者。”写出了无定河泥沙滚滚、飘忽无定、车陷人没的情景。无定河是陕西输出粗沙最多的河流，水土流失严重，生态环境十分脆弱，土壤平均年侵蚀模数7900吨每平方千米，年均输入黄河的泥沙达2.5亿吨，占黄河年输沙量16亿吨的15.6%。

然而，无定河流域却是我国煤、油、气、盐等矿产的主要富集地，而且组合配置好，国内外罕见，开发潜力巨大。榆林市无定河流域矿产资源丰富，煤炭预测储量2714亿吨，探明储量1447亿吨，埋藏浅，易开采；天然气预测储量4.18万亿立方米，探明储量1.18万亿立方米，为纯度高、品质好及杂质少、污染小的优质干气；石油预测储量6亿吨，探明储量3.6亿吨，是陕甘宁油田的核心组成部分；岩盐预测储量6万亿吨，约占全国岩盐总量的26%，探明储量8854亿吨，是已发现的全国最大的岩盐田。湖盐预测储量6000万吨，探明储量330万吨。无定河流域的鄂尔多斯市乌审旗境内煤炭资源储量丰富、品质优良，预测储量约1000亿吨，已探明储量520亿吨；天然气储量丰富，探明储量达8000亿立方米；天然碱储量在800万吨以上。此外，流域内高岭土、铝土矿、石膏、石灰岩、石英砂等矿产资源也很丰富。

无定河流域内的榆林能源化工基地、鄂尔多斯能源与重化工产业基地是国家重要的煤炭化工基地。鄂尔多斯和榆林地区属呼包鄂榆经济区的一部分，在国家主体功能区规划中被列为重点开发区域。目前已建设和规划有榆林高新技术产业园区、榆米绥盐化工区、榆横煤化学工业区、靖边能源化工综合利用产业园等。特别是榆林高新技术产业园区2012年获国务院批准升级为国家级高新技术产业开发区，重点发展新能源、新型加工制造、新材料、生物医药、现代服务和环保产业，是榆林乃至陕北重要的高新技术产业聚集区，也是带动陕西经济高质量发展的重要增长极。

无定河流域地处陕甘宁蒙晋五省（自治区）交界之处，承接东西南北，榆林市是流域内最大的中心城市，区位优势明显。包西、太中银、神朔等铁路以及包茂、青银等高速公路纵横交错，年货物外运能力超3亿吨。境内有“三横五纵”干线铁路网，总里程达到1369千米；高速公路总里程达到1157千米，实现县县通高速；榆阳4C级民用机场是陕西第二大航空港，直通国内26个主要城市，开通5条国际直飞航线，全国性综合交通枢纽已初步形成。

四

无定河历史是一部人们与干旱、洪魔、黄沙的搏斗史，也是人们治水治河、治山治沙的奋斗史。《汉书》记载，汉武帝元鼎六年（前111年）上郡、西河郡等即设“田官”，令戍守边卒60余万人垦田，并兴修水利，“皆引河及川谷河水溉田……”。自此以后，唐宋元明清历代均有开渠引水的历史，特别是民国期间，李仪祉先生倡导修建织女渠、定惠渠等，至1949年，流域修复扩修、新修中小型引水渠堰近百条，有效灌溉面积6万余亩。新中国成立70多年来，无定河流域各级党委、政府领导人民群众坚持自力更生、持续不懈地开展水利建设和水土流失治理，初步形成了地表水地下水结合，大中小结合，蓄引提结合，灌溉排水结合，防洪除涝结合的相互补充、协调运行的水利网络。大致经历了以下几个阶段：

1949—1968年，为初步发展阶段。新中国成立初期，百废待兴，无定河流域人民群众抗御水旱灾害、发展农业生产的热情高涨，在绥榆水利工程处紧密配合下，着重进行自流灌渠建设，对旧有的小型民营灌渠普遍进行疏修整建，对民国时期未修完或被洪水冲毁的织女渠、定惠渠工程先后进行扩建，并新修成榆惠渠、第二定惠渠、绥惠渠、周硷渠、芦惠渠等。北部风沙区和沟台滩地区大力兴建大口井、围盘井、管井，抽水站和蓄水库坝在一些地方开始兴建。水土保持耕作法、造林种草、兴修水平梯田等水土保持工程建设逐步由点到面在全区推广。1957年，随着社会主义改造和农村合作化的实现，流域各县市贯彻“利用为主，小型为主，社队自办为主”的方针，广泛开展蓄、引、提等小型水利工程建设，梯田、淤地坝等水土保持工程及防洪护岸、排碱造地和水电站工程也都得以兴建，先后建成了一批中小型水库、引水渠道、抽水站、水电站等水利工程，北部风沙区普遍开展打水泥管井、建淤地坝、修梯田、植树造林等水土保持建设，流域掀起了水利水土保持建设高潮。1966—1968年，水利水土保持建设基本处于停滞状态，靖边龙州水电站、惠桥水库和榆林城北郊抽水站等工程停工。同时，有不少坝库被洪水冲毁，得不到修复。

1969—1979年，为快速发展阶段。全国北方农业会议之后，随着农业学大寨运动深入，国家投资增加，物资设备供应改善，无定河流域各级干部群众除继续扩修、新建自流引水渠道外，大力兴建蓄水库、淤地坝、机井、抽水站、水电站、防洪堤坝及人畜饮水等水利水土保持工程。每年春秋两季各县都要开展轰轰烈烈数万群众参加的农田水利基本建设运动，参加人员除农村社队农民外，还动员组织党政机关干部、企事业单位职工、学校学生及城镇居民参加义务劳动。据不完全统计，这十年间流域建成各类水库、淤地坝、机井、渠灌、大小抽水站等各类农田水利水土保持工程3万多处，其中横山响水、清涧东风、绥德反修等水电站先后竣工，基本形成水利服务农业较为完整的工程体系。但这一时期在指导思想上追求高速度、高指标，在工程建设中推行“边勘测、边设计、边施工”的做法，造成一些工程盲目上马，预算无法控制，工程建设标准低、质量差、不配套，留下不少隐患。

1980—1999 年，为改革转型阶段。农村实行联产承包责任制后，一些地方出现忽视水利工作的倾向，水利工程建设受到影响，甚至出现人为破坏现象。1982—1984 年，组织开展了水利工程以“查安全、定标准，查效益、定措施，查综合经营、定发展计划”为主要内容的“三查三定”活动，并针对存在问题，认真贯彻国家提出的“加强经营管理，讲究经济效益”的方针，及时调整战略，把工作重点转向加强管理。国营灌区由单一的生产服务型转变为综合经营型，面向社会，积极开展工程配套、内涵挖潜。从 1986 年起，水利建设逐步走出低谷。至 1992 年加固水库 27 座，整修主要渠道 7 条，完成了响水、绥德、跌水崖水电站的配套。对扬程高、效益差的 9 处重点抽（排）水站采取了“关、停、并、转”的措施。小型渠、库、井、站按管理权属和分级管理原则承包给个户或联户管理。1989 年国务院作出《关于大力开展农田水利基本建设的决定》后，国家逐步加大水利建设投资。1990 年先后开工建设榆林北部风沙滩区 60 万亩井灌商品粮、副食品基地工程、定边引黄一期供水工程，1998 年这两项工程建成。城镇防洪、农村饮水“甘露工程”、集雨窖灌等工程也相继开工建设。特别是 1982 年 8 月全国第四次水土保持工作会议后，无定河流域被列为全国八大重点流域治理区之一，重点实施小流域综合治理。1983—2002 年，先后分两期实施了无定河重点小流域综合治理和米脂县“2744”项目等。流域内榆林、延安两市两期综合治理面积达 9516.86 平方千米，建设基本农田 194.9 万亩，新建淤地坝 2879 座。涌现出米脂对岔、高西沟、榆林沟，绥德龙湾、韭园沟，子洲高墕，清涧老舍古、白家川，横山元坪、李界沟，靖边海则滩、席芨滩，榆林峁沟、芹河等一大批规模大、质量高、效益好的小流域治理典型样板，成为无定河流域乃至全省水土保持生态环境建设的示范窗口。

2000—2010 年，为持续快速发展阶段。1998 年，榆林地区被列为国家能源化工基地。1999 年 4 月，陕西省人民代表大会颁布《陕西省农村集体五荒资源治理开发管理条例》，鼓励个人、联户对农村集体五荒资源（荒山、荒沟、荒滩、荒沙、荒水）实施承包、租赁、拍卖等措施进行治理开发。特别是国家实施西部大开发战略，启动以退耕还林（草）为重点的山川秀美工程建设，流域水利水土保持建设进入了快车道。先后建成榆阳李家梁、香水水库，子洲清水沟水库，定边引黄二期供水工程及榆林城区、清涧等 11 座县城和 60 个重点镇的供水水源工程，板块推进农村安全饮水工程建设，先后建成农村饮水安全工程 6075 处，解决了 214.43 万人安全饮水问题。无定河流域唯一的大型水库王圪堵水库开工建设，已完成总工程量的 98%。加大灌区节水改造、病险水库除险加固和防洪工程建设，先后对新桥、金鸡沙、红石峡等 20 座中型病险水库和 43 座小型病险水库进行了除险加固，完成了对榆高渠、定惠渠、雷惠渠、织女渠等干支渠渗漏严重的渠段的衬砌，建成榆溪河榆林城区段、无定河米脂城区段、绥德城区段、大理河子洲县城区段等城镇防洪工程，防洪标准达到 30 ~ 50 年一遇。2006 年 9 月，榆林市被水利部列为第二批全国节水型社会建设试点后，榆林市加强水资源、节约用水管理，建立健全节约用水管理机构和各项规章制度，加快推进节水农业、节水工业、节水城镇建设，2012 年 12 月榆林市节水型社会建设通过国家验收。深化“五小”水利工程股份合作、租赁、承包制等改革，盘活资产，规范管理，提高小型水利工程和淤地坝的综合效益。水土保持生态环境建设相继实施了国家重点水土保持工程、黄河水土保持生态工程、小流域坝系工程及沙棘、生态修复、退耕还林（草）等项目工程和 90 多条小流域综合治理项目，新建和加固维修淤地坝 1.8 万座，水土流失治理标准和质量不断提高。涌现出了石光银、牛玉琴和补浪河女子民兵治沙连等一大批治沙英雄和治沙先进集体，带动长城沿线风沙滩区植树造林治沙工作稳步推进，被联合国粮农组织称为世界奇迹。

2011 年特别是党的十八大以来，无定河流域治理保护进入生态保护和高质量发展新阶段。2011 年，榆林市委、市政府制定出台了《关于加快水利改革发展的实施意见》，重新修编“十二五”水利发展规划，水利投资力度加大，重点水利项目建设步伐加快。党的十八大后，流域各级党委、政府认真贯彻习近平生态文明思想和习近平总书记“节水优先、空间均衡、系统治理、两手发力”治水思路，全面落实黄河流域生态保护和高质量发展国家战略，紧紧围绕脱贫攻坚提升农村饮水安全质量，全面实施河湖长制，启动无定河综合整治工程，无定河流域保护治理取得长足发展。全面完成了王圪堵水库建设，加快实施榆林黄河东线马镇引水工程、盐环定扬黄定边供水提升改建工程和从王圪堵水库向绥德、米脂、子洲三县供水工程。灌区续建配套与节水改造和矿井疏干水综合利用示范工程加快实施，12 座病险水库进行除险加固，新建堤防护岸工程 70 多千米。流域内共设置环保考核的国、省、市控监测断面 21 个，其中无定河干流 13 个、支流 8 个，断面水质优良比例达 95%。持续推进无定河流域市、县（区）污水处理厂提升改造和农村生活污水及垃圾收集处理设施建设，治理黑臭水体 3 个，共计 28.4 千米。全面落实市县乡村四级河长湖长体系，实现了河湖长全覆盖管理；常态化高压推进河湖“清四乱”（乱占、乱采、乱堆、乱建）专项整治，累计清理整治各类河湖“四乱”问题 800 多个。全力推进国家水土保持重点建设、京津风沙源治理、三北防护林体系建设等工程，全面开展“塞上森林城”提质增效行动，继国家级节水型社会建设示范区、国家卫生城市、国家生态保护与建设示范市之后，榆林又获得国家森林城市称号，为陕西绿色版图向北推进 400 千米、实现“沙进人退”向“人进沙退”“绿进沙退”的历史性转变作出了历史性贡献。

五

无定河是一条肩负历史重任而未来可期的河流。无定河流域是榆林市的城镇人口聚集地、产业发展集中带、交通骨干枢纽区、生态平衡基准面、供水水源承载区、核心文化景观区，具有重要的战略地位。随着经济社会的快速发展，无定河流域水安全也呈现出新老问题相互交织的严峻形势，水量急剧减少、水质日趋恶化、防洪能力下降、水土流失严重、生态环境依然脆弱、岸线管理不规范等诸多问题，严重影响河流生命、流域生态、民生福祉和经济社会高质量发展。进入新时代，无定河流域保护治理迎来了难得的历史机遇，黄河流域生态保护和高质量发展被提升为重大国家战略，《中华人民共和国黄河保护法》已经全面深入实施，陕北国家级能源重化工基地正在按照新发展理念构建新发展格局，生态文明建设和水利高质量发展正在为流域保护治理注入新动能。面对机遇与挑战，榆林市委、市政府从实际出发，制定了建设“世界一流高端能源化工基地、黄土高原生态文明示范区、陕甘宁蒙晋交界最具影响力城市”的奋斗目标。

无定河是榆林人民的“母亲河”。流域各级党委、政府和有关部门应准确把握新发展阶段，深入贯彻新发展理念，着力构建新发展格局，紧紧围绕“三大目标”，坚持山水林田湖草沙生命共同体理念，坚持生态优先、绿色发展，以水而定、量水而行，统筹上下游、干支流、左右岸、地上地下，以生态保护为高质量发展的基准线，统筹发展和安全，共同抓好大保护，协同推进大治理，构建资源开发与生态保护相互协调的体制机制，为全国资源型地区生态保护和高质量发展作出示范，让无定河成为造福两岸人民的幸福河。

凡是过往，皆是序章；展望未来，“无定”可期。无定河，流淌在陕北大地上特立独行、饱经沧桑、哺育文明的生命之河，它万古不废，泽被千秋；它面朝大海，春暖花开，定会迎着新时代冉冉升起的朝阳、沐浴着改革开放的春风，蝶变为“河湖安澜、生态优美、环境宜居、管理智慧、文化繁荣、经济发展”的幸福河湖标杆，成为陕北大地水清河畅、景美人和的好去处。

无定河的明天一定会更加美好！

第一篇　河流自然环境

无定河是黄河中游右岸较大的一级支流，也是黄河中游多沙粗沙区面积及输沙量最大的一条支流，涉及陕西省和内蒙古自治区16个县(市、旗、区)，流域地形地貌复杂，毛乌素沙地与黄土高原相间，梁峁沟塬纵横，生态环境脆弱，是黄河粗泥沙的主要来源区之一，也是国家水土保持重点治理地区。同时，无定河流域内煤炭、石油、天然气、岩盐等矿产资源丰富，是国家呼包鄂榆地区能源、煤化工基地的重要组成部分，能源战略地位十分重要。随着我国能源产业发展和新时代西部大开发战略的深入推进，无定河流域工业化和城镇化进程加快，经济发展增长迅猛，但流域水资源供需矛盾、人为水土流失及水污染状况日益加剧，特殊的自然禀赋和特殊的经济发展格局，决定无定河流域经济社会的高质量发展必须以生态保护为基准线。

第一章 河流水系

无定河是一条跨省河流，流经陕西省、内蒙古自治区共3市16县（市、旗、区），两出两进陕西，干流似一张弯曲的大弓，流域河网发育，支流众多，左岸支流稀少，右岸支流较多。无定河横贯榆林全境，是榆林市境内最大的河流，被誉为榆林人民的“母亲河”。流域分布略呈正三角形，左岸面积约占总面积的四分之一，右岸面积约占总面积的四分之三。上游因多生长红柳树，当地人称其红柳河，内蒙古人多习惯叫萨拉乌苏河。流域西北部风沙滩区多天然湖泊，黄土丘陵沟壑区多有泉水出露，尤以榆林城普惠泉、官井泉泉水甘甜，素有“桃花水”之美称。

第一节 流域概况

无定河，古称奢延水，又名朔方水、朔水、生水。汉代一度由榆溪河直到入黄统称帝原水。唐五代以后，因流域内植被破坏严重，流量不定、深浅不定、清浊无常，故有恍惚（忽）都河、黄糊涂河和无定河之名。唐代下游沿用奢延水，上中游改名为无定河。宋代统称无定河。元代又称吃那河。明代上游称把都河，因河谷大量生长红柳，亦称红柳河，中下游称无定河。19世纪末，上中下游统称无定河。

无定河发源于榆林市定边县东南白于山北新安边镇的长春梁东麓红泥崾崄，东经108°12′，北纬37°12′，海拔1823米，东北流经靖边县西北，进入内蒙古鄂多克前旗，经乌审旗折向东流，于靖边县锁罗堡湾村、白城则村进、出榆林境后，复入乌审旗境内，在榆阳区与横山区交界处的雷龙湾复入陕西榆林境内，东行有海流兔河、芦河、榆溪河等汇入，经榆阳区鱼河镇改向东南流，经米脂、绥德县城，南偏东行纳大理河、淮宁河，南行在清涧县过川口至河口村注入黄河。无定河干流流经定边、吴起、靖边、鄂托克、乌审、横山、榆阳、米脂、绥德、清涧等10个县（区、旗），全长491千米，其中：陕西省385千米，内蒙古106千米，分别占干流总长的78.4%和21.6%。河道总落差880米，平均比降1.8‰。

无定河流域总面积30261平方千米，涉及内蒙古自治区的鄂尔多斯市和陕西省的榆林市、延安市共3市16个县（市、旗、区）100个乡镇（街道办、苏木），其中：陕西省21615平方千米，占流域总面积的71.4%；内蒙古8646平方千米，占流域总面积的28.6%。流域涉及榆林市横山区、子洲县全部及定边县、靖边县、榆阳区、米脂县、绥德县、清涧县的大部分地区和神木、佳县的局部地区，共计86个乡镇、街道办；涉及延安市吴起、安塞、子长等县（市、区）6个乡镇的局部地区。鄂尔多斯市包括乌审旗、鄂托克前旗和伊金霍洛旗的部分地区，共计 7 镇 1 苏木。流域位于东经 108° 12′ 至 110° 34′ 和北纬 37° 12′ 至 38° 44′ 之间。在陕西境内，榆林流域面积 20302 平方千米，占陕西流域面积的 93.9%，占榆林市总面积的 47.3%；延安流域面积 1313 平方千米，占陕西流域面积的 6.1%，占延安市总面积的 3.55%，主要分布在河流源头区和流域南部黄土丘陵沟壑地带。

2020 年无定河流域基本情况统计见表 1–1–1。

表 1–1–1　2020 年无定河流域基本情况统计

［根据县（市、旗、区）水利部门统计情况汇总］

省（自治区）	县（市、旗、区）	流域涉及的乡镇（名称）	流域涉及人口 / 万人	流域面积 / km^2	流域占县域面积比例 / %	流域内主要矿产资源及产量
内蒙古自治区	鄂托克前旗	城川镇、昂素镇	1.27	1015	8.24	
	乌审旗	嘎图鲁镇、无定河镇、乌兰陶勒盖镇、图克镇、苏力德苏木共 4 镇 1 苏木	8.59	7478	64.22	煤炭、天然气、方沸石、陶土、泥炭、石英砂、白垩土、膨润土
	伊金霍洛旗	札萨克镇	0.47	153	2.73	
陕西省	定边县	学庄乡、郝滩镇	1.28	23.34	5.8	
	靖边县	红墩界镇、黄蒿界镇、海则滩镇、张家畔街道、杨桥畔镇、龙州镇、青阳岔镇、小河镇、天赐湾镇、镇靖镇、东坑镇、宁条梁镇、中山涧镇、王渠则镇、席麻湾镇、杨米涧镇共 16 个镇	33.83	4354	86.5	石油产量 300 万 t/a 天然气产量为 3 亿 m^3/a，岩盐正在探矿阶段。煤正在开采前期阶段
	横山区	横山区全区（13 个乡镇、5 个街道办、1 个新区管委会）	38.4925	4333	100	煤炭储量 350 亿 t，石油储量约 2620 万 t。天然气储量约 1.453 万亿 m^3
	吴起县	周湾镇、长城镇	1.91	393.5	10.8	石油、天然气
	安塞区	坪桥镇王家湾社区 6 村、镰刀湾镇 1 村	2.13	165.2	17.3	石油、天然气
	子长市	李家岔镇、涧峪岔镇、南沟岔镇（含高台、石家湾便民服务中心）	4.1936	754.3	31.6	煤炭储量 10 亿 t

续表 1–1–1

省（自治区）	县（市、旗、区）	流域涉及的乡镇（名称）	流域涉及人口 / 万人	流域面积 / km^2	流域占县域面积比例 / %	流域内主要矿产资源及产量
陕西省	榆阳区	红石桥乡、鱼河镇、鱼河峁镇、上盐湾镇、镇川镇、长城路、鼓楼、新明楼、上郡路、青山路、崇文路、航宇路、驼峰路、金沙路、沙河路、明珠路、朝阳路共 5 个乡镇 12 个街道办	13.8	6355	90.1	煤炭储量 500 亿 t，岩盐储量 1.8 亿 t，天然气储量 820 亿 m^3
	神木市	大保当镇（贾明湾村）	0.0165	19.6	0.26	
	米脂县	龙镇、银州街道办、城郊镇	22.3	980	80.85	岩盐储量 1.3 万 ~ 1.8 万 t，天然气储量 9 万 m^3，煤炭储量 60 万 ~ 66 万 t
	子洲县	马岔镇、周家硷镇、马蹄沟镇、电市镇、双湖峪街道办事处、苗家坪镇、三川口镇、驼耳巷乡、何家集镇、老君殿镇、裴家湾镇、淮宁湾镇共 10 个镇 1 个乡 1 个街道办	28.8	2024	100	石油储量 1.5 万 t 天然气储量 9 万 m^3，煤炭储量 60 万 ~ 66 万 t
	绥德县	四十里铺镇、张家砭镇、名州镇、白家硷镇、薛家峁镇、崔家湾镇共 6 镇	11.73	1270.86	67.67	岩盐储量 1.3 万亿 ~ 1.8 万亿 t
	佳县	官庄乡、兴隆寺乡	0.13	23	1.13	
	清涧县	李家塔、郝家焉、石嘴驿、解家沟、高杰村、店则沟、玉家河	9.26	919.2	48.86	

第二节　干　流

无定河干流按其自然形态分为上、中、下三段，各段河道特征有明显差异。

一、上游段

定边县白于山河源至榆阳区鱼河镇（榆溪河汇入口）段为上游，河流缓急相间，宽谷与峡谷毗连，河道长 291 千米，平均比降 2.8‰。其中，定边至靖边的河源段，河谷宽 200 ~ 500 米，河床宽 30 ~ 50 米，河床切割剧烈，新桥附近的谷口地带切深 40 ~ 50 米；小滩子附近切深达 60 米以上，比降 1.0‰，河谷呈凹形，谷内发育有一、二级阶地。进入内蒙古乌审旗跌哨沟湾附近，河流切入基岩，形成高约 20 米的集中跌水。沿河崩塌严重，并多牛轭湖。巴图湾至芦河口段，河床切入基岩 20 ~ 30 米，总落差 131 米。芦河口至鱼河镇段，河谷开阔，谷底宽达 2000 米，水流分散。响水堡附近进入砂岩峡谷，落差 30 米。

二、中游段

榆阳区鱼河镇至绥德县崔家湾镇段为中游，河道长 108 千米，为河谷川地平原段，河道顺直开阔，曲度半径一般为 200 ~ 400 米，谷底宽一般为 300 ~ 2000 米，平均比降 1.43‰。特别是绥德到米脂及党岔、鱼河堡一带，形成狭长的宽谷平原，是陕北重要粮食产区。榆溪河汇入处形成沙洲，沿河有沙丘。沿河漫滩发育，滩面宽处 1000 ~ 1500 米，一般宽 300 ~ 500 米，高出河水面 0.5 ~ 6 米。一级阶地由厚 6 ~ 8 米的沙砾及黄土状土组成，米脂、绥德、镇川及主要村镇坐落其间。二级阶地在鱼河堡、党岔一带的北岸及上盐湾、四十里铺一带分布较广而完整，一般宽 200 ~ 300 米。

三、下游段

绥德县崔家湾镇至清涧县河口村入黄口为下游，该段为基岩峡谷，曲流发育，河道长 92 千米，平均比降 2‰。顶部残存有薄层黄土，岸高谷深，河床比降大，流水较急，流路曲折，阶地发育差。苏家塔至薛家沟段、安侧畔至崔家塔段以及王宿里至河口段最典型，曲流系数 2.5，滩险较多，谷底宽一般为 100 ~ 300 米，河道固定，水流较集中。

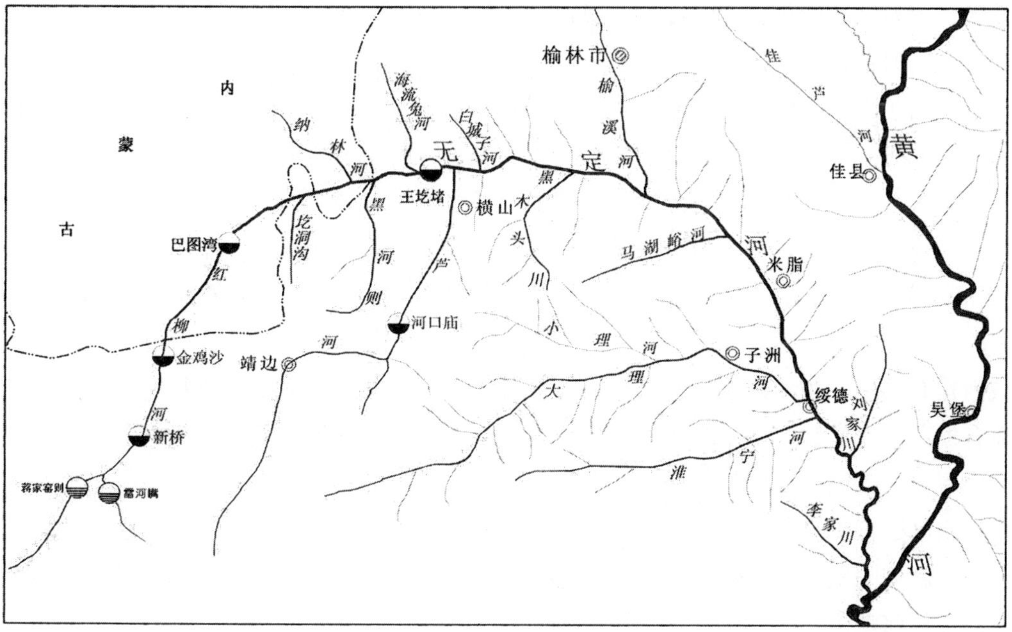

无定河流域水系示意

第三节　重要支流

无定河流域两岸沟道河网发育、支流众多，水系分布不均匀，基本为树枝状水系。左岸有大小支流 87 条，均经过风沙区，河流稀少而短小，以地下水补给为主；右岸有大小支流 272 条，均流经黄土丘陵区，河流补给以地表径流为主。左右岸流域面积 100 平方千米以上的一级支流 28 条、二级支流 30 条、三级支流 3 条，全流域大小支流及沟道共计 55470 余条。其中，流域面积在 1000 平方千米以上的重要支流有 6 条，左岸为纳林河、海流兔河、榆溪河，右岸为芦河、大理河、淮宁河，且有左岸支流长、右岸支流短的特点。

一、榆溪河

榆溪河为无定河最大的一级支流，西汉时称帝源水，宋代称明堂川，明代后称榆溪或西河、榆林河。上游有三条主要支流，即西支流白河，发源于内蒙古乌审旗银盖敖包；中支流圪求河、东支流五道河，源分别出榆林市榆阳区孟家湾乡赵家伙场沟掌和小壕兔乡刀兔海子西的水掌泉，以东支流五道河为主源头。河流由北向南流，五道河南流在王家圪堵西纳圪求河，又南流在岔河则乡白河庙与白河汇合南流纳二道河、头道河水，再向南绕镇北台，穿红石峡，过榆林城西，先后有芹河、榆阳河、沙河、青云沟、刘千河、花园沟、西沟、许家崖沟河注入，至鱼河镇王沙坬汇入无定河。干流流经榆林市榆阳区小壕兔、孟家湾、牛家梁、榆阳、刘官寨、鱼河 6 个乡镇，河道全长 154.7 千米，榆林市境内长 77 千米，全程落差 285 米，河道平均比降为 3.07‰。流域面积 5537 平方千米，榆林市内流域面积 3726.9 平方千米。榆溪河常年流量 11.75 立方米每秒（榆林站），多年平均径流量 4.21 亿立方米，下游平均含泥沙量 11.7 千克每立方米。径流主要由地下水补给，占总径流量的 97% 以上，河水清澈，含沙量少，水量稳定，有“清水河”之称。

流域面积大于 1000 平方千米的支流有五道河和白河，流域面积大于 100 平方千米的支流有圪求河、头道河、芹河等 7 条。河道上中游段流经毛乌素沙地及第四系梁岗区，部分河段河床切入白垩系及侏罗系砂页岩层中，谷岸低，水势缓，孟家湾以下两岸地势较为平坦，河道较宽。王则湾至红石峡段河谷 1000 余米，红石峡一带河流切入侏罗系砂页岩 20 ~ 30 米，形成峡谷。红石峡以下河谷又复宽坦，谷宽 1500 ~ 2000 米。红石峡至米家园则段有 5 处跌水，落差 1.5 ~ 7 米，水力蕴藏量较丰富。榆溪河水量稳定，含沙量小，流域内建有榆东、西沙、三岔湾、榆高等自流灌区，为榆阳区主要农业基地。流域干支流上建有榆溪河库坝群，河口水库建于支流白河上游，李家梁水库建于支流圪求河上游，尤家峁水库建于支流沙河上游，中营盘水库建于支流五道河上游，红石峡等水库建于干流，石峁等水库建于支流头道河上游。榆林市是流域最大城市，经过城市多次扩建，榆溪河已成为榆林新城的城中河，两岸生态景观优美，已经成为市民观光游览、休闲锻炼的最佳去处。

二、海流兔河

海流兔河为无定河左岸一级支流，晋代称黑水，发源于内蒙古乌审旗嘎鲁图镇特耐乌素，由北向东南流经内蒙古乌审旗巴彦柴达木乡（海流兔庙）、陕西省榆阳区补浪河乡和红石桥乡，在红石桥乡柳卜台汇入无定河，全长 120.9 千米，流域面积 2487 平方千米，其中榆林市境内河长 44.1 千米，流域面积 896.8 平方千米，分别占总河长和总流域面积的 36.5%、36%。河谷宽 50 ~ 100 米，河床平均比降为 3.56‰，年平均流量 3.4 立方米每秒，平均含沙量 5.6 千克每立方米。较大支流有补浪河。

三、纳林河

纳林河为无定河左岸一级支流，发源于内蒙古乌审旗南部苏力德苏木呼和芒哈北梁，流经乌审旗苏力德苏木和无定河镇，于大草湾汇入无定河，主河道长 67 千米，流域面积 2256 平方千米，河道平均比降 3.8‰。纳林河流域地处晋陕蒙宁四省（区）交会处，是著名的鄂尔多斯高原向陕北黄土高原过渡的洼地地带，平均海拔 1300 ~ 1400 米，年平均最高气温 15.6 摄氏度，最低气温 -9.9 摄氏度，年平均降水量 315.5 毫米，日照年平均 2957 小时，年沙尘暴日数 8 天。纳林河畔坐落有纳林河能源化工园区，规划面积 30 平方千米，重点项目以发展煤化工，以煤制甲醇，煤基烯烃、二甲醚等为主导产业链；同时也是中石油、中石化重要的天然气气源基地，乌审旗内已累计探明天然气储量近 1 万亿立方米。

四、芦河

明代称恍惚都河，为无定河右岸一级支流，发源于靖边县南部的白于山北坡的原新城乡柴崾崄村。上源有支流东、西芦河在镇靖乡汇合，由南向北流经靖边、横山两县（区），在横山区石马洼汇入无定河。河道长 165.8 千米，流域面积 2486 平方千米，河道平均比降为 2.94‰。流域面积大于 100 平方千米的支流和沟道有东芦河、西芦河、贾家沟等 6 条。两岸有宽窄不等的川台地，部分河段河床切入白垩系基岩，杨米涧以下河谷宽 200 ~ 1000 米，河床宽 20 ~ 60 米，切深 20 ~ 60 米。镇靖至桥沟湾段阶地比较发育。一级阶地阶面高出河水面 2 ~ 15 米，由全新统粉、细砂及黄土状土组成；二级阶地高出河水面 15 ~ 20 米，全为新统黄土状土。芦河在杨桥畔以东地段及支沟中，普遍切穿第四系，深入基岩数十米。顺河谷有多处瀑布，杨桥畔至贾家湾 15 千米内就有 3 处，瀑布一般高数米，高者达十余米。沿河普遍有下降泉出露，个别泉眼高出河床 5 ~ 10 米，形成悬挂泉，说明河道受地壳上升、河谷下切的影响是明显的。1957—1971 年平均流量为 3.52 立方米每秒（最大 5.46 立方米每秒，最小 2.66 立方米每秒）；1972—1985 年平均流量 1.65 立方米每秒（最大 2.29 立方米每秒，最小 1.18 立方米每秒），1964 年 7 月靖边测站最大洪水流量 472 立方米每秒，1983 年出现断流。1957—1971 年年平均输沙量 576 万吨，1978 年以来减为 366 万吨。在河流建有旧城、杨家湾、王家庙、河口庙、惠桥、土桥等水库和芦西渠。

五、大理河

大理河为无定河右岸一级支流，北魏郦道元《水经注》称之为平水，宋代称大里河，元代始称大理河。发源于靖边县白于山脉东侧乔沟湾乡老虎脑山的箭杆梁下屈家圪村，上游流至双城乡大合，汇北来的清水河再至青阳岔，与西来的小河、卧牛城沟水汇集后始称大理河。大理河流经靖边、横山、子洲、绥德 4 县（区）的 13 个乡镇，汇集马尾河、槐树岔沟、砖庙沟、小理河、三川沟（又称岔巴沟）、驼耳巷沟等支流，东流至绥德县城西北的清水沟村汇入无定河，河长 170.1 千米，总流域面积 3906.0 平方千米，其中榆林市境内流域面积 3391 平方千米，河道平均比降 2.57‰。流域面积大于 100 平方千米的支流有卧牛城沟、清水河、马尾河、小理河等 12 条。魏家楼以上，河道穿行于白垩系及侏罗系砂页岩中，以下为三叠系砂页岩，沿岸覆盖有深厚的黄土层。青阳岔以下河谷逐渐开阔，河道变宽。一级阶地沿河断续分布，前缘高出河水面 8 ~ 10 米，阶面宽 50 ~ 300 米；二级阶地不发育，前缘高出河水面 25 ~ 30 米，因遭后期破坏，多呈条楔状。河床宽约 75 米，多年平均流量 5.1 立方米每秒，最小流量 0.04 立方米每秒。最大洪水发生在 1919 年 8 月 6 日，调查断面为：绥德薛家畔 / 绥德张家砭乡，洪峰流量 9210 立方米每秒，沿河庄稼都被冲毁，淹死人畜无数。沿河建有石湾、大理、子洲、石家湾、绥惠等灌溉引水渠 5 条，支流上建有电市等水库。

六、淮宁河

淮宁河为无定河右岸一级支流，北魏郦道元《水经注》中称之为走马水，宋代后因其流经怀宁寨，又称怀宁河，后讹传为淮宁河。其上游称涧峪岔河，也叫重耳川。发源于子长市涧峪岔乡高柏山麓的枣树畔村，流经子长、子洲、绥德 3 县（市）的 10 个乡镇近百个村庄，流至绥德县邓家楼村汇入无定河，河道全长 94.8 千米，其中榆林市境内长 58.1 千米；总流域面积 1219 平方千米，其中榆林市境内流域面积 817 平方千米，河道平均比降 5.13‰。较大支流有淮宁湾沟、涧峪岔河。河道穿行于三叠系砂页岩之中，两岸黄土层深厚。南沟岔以下河谷逐渐开阔，谷宽 200 ~ 500 米，田庄以下又复变窄，河床宽约 50 米，流速 0.6 米每秒，多年平均径流量 0.61 亿立方米，多年平均输沙量 1140 万吨。多年平均流量 1.68 立方米每秒，实测最大洪峰流量 2020 立方米每秒。沿河修有淮宁渠、老殿渠等灌溉渠道 4 条，可灌溉农田 3300 多亩。

无定河干流及主要支流特征值见表 1–1–2，陕西省无定河流域面积大于 100 平方千米的河流特征值见表 1–1–3。

表 1–1–2　无定河干流及主要支流特征值

（摘自 2020 年 8 月水利部批复的《无定河流域综合规划》）

序号	河流名称	集水面积 / km^2	河流长度 / km	河道比降 / ‰	多年平均径流量 / 亿 m^3	年平均输沙量 / 万 t
1	无定河	30261	491	1.80	11.61	12470
2	纳林河	2256	67	3.80	0.60	19
3	海流兔河	2487	120.9	3.56	0.89	26
4	榆溪河	5537	154.7	3.07	4.21	369
5	芦河	2486	165.8	2.94	0.74	799
6	大理河	3906	170.1	2.57	1.44	3655
7	淮宁河	1219	94.8	5.13	0.61	1140

注：无定河干流、海流兔河、芦河、大理河为实测 1956—2000 年系列，其他支流为径流深、侵蚀模数推算成果。

表 1–1–3　陕西省无定河流域面积大于 100 平方千米的河流特征值

（根据 2018 年 12 月第 1 版《榆林市水利志》摘编）

序号	河名	一级支流	二级支流	三级支流	流域面积 / km^2	河长 / km	河道比降 / ‰	说明
1	无定河				21615.0 30261.0	385.0 491.0	1.80	陕西 全流域
2		红柳河			2060.0 4752.0	81.7 182.0	1.36	陕西 全流域
3			红山河		342.8 411.1	34.0 34.0	3.51	陕西 全流域
4			八里庄河		56.3 175.3	14.2 29.0	6.30	陕西 全流域
5			石窑沟河		402.8 411.4	39.0 39.0	6.94	陕西 全流域
6		黑河子			582.3 587.3	48.2 48.2	4.63	陕西 全流域
7			二道河		124.1	21.5	5.58	
8		九房沟			109.2	19.2	7.03	又名 沙峁沟
9		海流兔河			896.8 2487.0	44.1 120.9	3.56	陕西 全流域
10		芦河			2486.0	165.8	2.94	
11			西芦河		412.7	47.0	6.58	
12			东芦河		420.7	45.0	6.39	
13			贾家沟		301.4	23.0	3.33	
14			东门沟		113.7	18.2	8.03	
15			阳小川		153.2	27.0	7.50	
16			大坪川		134.1	19.5	9.65	又名 苦水沟
17		硬地梁沟			538.6	16.0	7.20	
18		二石磕沟			161.8	14.0	9.30	
19		狼儿沟			138.5	16.2	10.10	
20		草皮沟			148.3	16.3	8.50	

续表 1-1-3

序号	河名	一级支流	二级支流	三级支流	流域面积 / km^2	河长 / km	河道比降 / ‰	说明
21		黑木头川			462.0	40.5	5.34	
22		野支河			125.0	24.3	10.00	
23		马房街沟			163.4	30.4	7.59	
24		榆溪河			3726.9 5537.0	77.0 154.7	3.07	陕西 全流域
25			五道河		1585.8	24.0	3.90	
26			圪求河		129.7	31.0	3.40	
27			白河		809.7 1392.0	42.2 77.0	2.86	陕西 全流域
28			二道河		115.0	13.4	8.60	
29			头道河		262.0	33.0	6.04	
30			芹河		181.5	14.8	8.40	
31			沙河		104.1	8.1	4.70	
32			青云沟		115.0	27.8	7.18	
33			刘千河		144.8	27.7	8.44	
34		峁沟			324.9	41.3	6.28	
35		马湖峪沟			375.0	40.0	5.90	
36		小川沟			285.9	37.8	7.91	
37		金鸡河			102.2	19.9	10.62	
38		杜家石沟			128.7	20.0	7.55	
39		东沟			106.5	16.2	13.10	
40		四十里 铺沟			223.4	22.2	9.55	
41		大理河			3906.0	170.1	2.57	
42			卧牛城沟		246.9	27.0	4.20	
43			庄科湾沟		117.8	17.3	5.13	
44			清水河		289.7	38.8	7.48	
45				红河子沟	103.0	26.1	9.90	

续表 1-1-3

序号	河名	一级支流	二级支流	三级支流	流域面积 / km^2	河长 / km	河道比降 / ‰	说明
46			马尾河		210.0	29.5	12.06	
47			槐树岔沟		127.7	19.0	10.53	
48			小河子		148.2	23.7	9.11	又名三眼泉
49			小理河		820	64.5	5.10	
50				鲁家沟	114.5	21.0	8.09	
51				磨石沟	190.2	28.8	7.60	
52				石窑沟河	194	29.5	8.52	
53			岔巴沟		205.0	26.0	7.52	
54			驼耳巷沟		235.0	28.6	6.54	
55			砖庙沟河		142	21.2	10.60	
56		淮宁河			1219.0	94.8	5.13	
57			淮宁湾沟		127.6	17.5	6.58	
58			清水沟		130.5	20.0	7.80	
59		崔家沟			145.3	22.0	12.37	
60		义合沟			427.0	40.0	8.38	
61			满堂川		124.1	24.0	10.18	
62		李家川			322.4	32.0	13.53	

第四节　天然湖泊、泉

一、天然湖泊

榆林当地人习惯把天然湖泊称为海子，其主要分布在西北部风沙滩区，是古湖盆或废弃河床堆积残留的沙质低洼地汇集地下水渗入和天然降水而形成的。20 世纪 70 年代，榆林市风沙滩区共有大小湖泊 869 个，其中湖泊面积在 100 公顷以上的有 6 个，湖泊面积大于 5000 公顷的中型湖泊 1 个（红碱淖）。沙区湖泊总面积约 10535.732 公顷，榆林市湖泊总面积占全省湖泊面积的 99.6%，是陕西省唯一有内陆湖分布的地区。20 世纪 80 — 90 年代，由于气候干旱等，榆林市沙区湖泊总数锐减，湖泊分布也由20世纪70年代以前的广范围、大面积分布到90年代退缩为小范围零星分布。据2002年考察统计，榆林市沙区现有大小湖泊79个，总面积9809.832公顷（合147147.48亩），其中中型湖泊1个（红碱淖），100公顷以上湖泊11个。

无定河流域较大湖泊有以下几个：

（1）刀兔海子。明代称葫芦海子，位于榆阳区北部小壕兔乡刀兔村东南处，是榆溪河支流五道河的源头水区。1960年11月26日《关于刀兔海子检查报告》记载：刀兔海子南北长4华里，东南宽约2华里，估计蓄水量为900万立方米，水位最深达9米（在海子西北角）。由于近年来降雨量大，海子上涨得很快，从1957年至1960年水位约上涨3米（1957年最深处约达6米），水面面积比1957年增大约3/5。在1957年前公路比水面高1.5米，后因水位上涨，淹没公路后，将公路上移1.5米，但现在又被水淹没了，使汽车在该路段行驶不便。20世纪70年代湖泊水面减为81公顷，1985年普查仅存不足35公顷，之后随着井灌农业的发展，导致地下水位持续下降，至2003年保存面积约8公顷，减少了近90%。随着降雨量变化汇水面积有所波动，但总体上趋于萎缩，主要原因是风沙侵袭和水量补给大幅减少。

（2）松达浪海子。在榆阳区小壕兔乡五道河西的沙漠里，湖泊面积3.33公顷，周围被流动沙丘或半固定沙丘所包围，基本上保持了原始状态，是观察、了解沙漠湖泊变化的观察点。松达浪海子主要靠侧渗补给，在20世纪70年代水面曾达13公顷，由于周围沙漠广阔，下渗贮水条件较好，形成了比较有利的补给源。2003年以来，湖面虽有缩小但从未干涸过。海子周围树木旺盛，农作物长势良好，成群的野鸭在此栖息。

（3）闹牛海子。位于榆阳区红石桥乡闹牛海子村，由河道淤塞成湖。20世纪70年代湖水面积10～20公顷，2001年春一度干涸，这年秋后复积水，水深1米，水面约3公顷。闹牛海子周边开辟水浇地40～50公顷，20世纪90年代直接用海子水引流灌溉，后改用水泵抽水灌溉，2003年海子基本无水可抽，灌溉依靠机井。海子南部机井深22米，东部深达32米，致使地下水位严重下降，海子面临干涸。

（4）杨官海子。位于横山区白界乡杨官海子村西部，20世纪60年代水面曾达30公顷，海子周围洼地面积200公顷。20世纪80年代杨官海子周边大部分农田依靠海子引水灌溉。2003年后，枯水期湖底可见，村民挖湖底淤泥肥田。

（5）庙滩海子。位于靖边县海子滩庙村东处，20世纪70年代曾有广阔的水面，近年由于干旱，水面退缩，至2010年被切割成几个较小的海子，残存一些水面，现在面积约2公顷的海子，水深达3米以上，久旱不干，是保存比较完好的海子。

（6）何家大海子。位于靖边县城北8千米处，又称大海子，20世纪70年代水面面积7公顷，至2003年保存面积不足0.67公顷，可以清晰地看到湖水逐年退缩的痕迹，并遭附近沙丘逐年侵袭。此外，靖边县尚存双海子、古城峁、海子滩、四卜树等海子，现存水面面积0.1～10公顷。

二、泉

无定河流域水泉丰富，分布广，尤以丘陵沟壑区较多。流域北部风沙滩区多是沙质土壤，水位高，透水性好，加之受下垫面影响，有不少出露泉水，有的是河流的源头，有的就近流入沙漠海子，或流程很短消失在沙漠之中。流域东南部黄土丘陵沟壑区第四系松散岩类孔隙、裂隙潜水，因受地质构造和断裂活动的影响，以及地表水经过黄土层渗入地下，当其底部遇到红土隔水层或弱透水的基岩时，则以泉的形式排泄于沟谷中，泉水流量 86.4 ~ 1926.7 立方米每年。流域内水泉具有明显的季节性，涌水量小，流程短；少数水泉在枯水期往往断流。著名的水泉有榆阳区的普惠泉、官井泉、榆阳泉、大碾沟泉，横山区王家坬泉，绥德县鸣咽泉等。

（1）普惠泉。旧称龙王泉、南泉，位于榆林城内东北驼峰山麓，泉眼海拔 1080 米。1961 年 7 月 21 日，陕西省流行病卫生学研究所测量分析：水泉日流量 1440 吨，色度 0，pH 7.8，总硬度 728°。1980 年，解放军 00928 部队测量分析：日流量 1468.8 吨，矿化度 0.183 克每升，总硬度 743°。1985 年，陕西省地质局第一水文队化验分析：溶解性固体 182，有机耗氧量 0.7，pH 7.5，细菌总数 4，大肠菌群小于 3，属重碳酸钙镁型矿泉水，为国家标准饮用水。

（2）官井泉。又称北泉，位于榆林北城门。明成化年间，巡抚余子俊率军民筑榆林钟楼，在此处取土，“遇石发之，则清泉奔涌，古曰官井。”1985 年陕西省地质局第一水文队测量分析：pH 7.5，溶剂惰性固体 212，有机耗氧量 0.4，细菌总数 15，大肠菌群小于 3，为国家标准饮用水。普惠、官井泉水素有“桃花水”之美称。

（3）榆阳泉。旧称水掌泉，位于榆林城东北 4.3 千米的青云镇钟家沟村水掌沟，是榆阳河的源头，海拔 1110 米。1980 年解放军 00928 部队测量分析：泉日流量 5603.4 吨，矿化度 0.203 克每升，总硬度 7.57°。1985 年陕西省地质局第一水文队化验分析：溶解性固体 176，有机耗氧量 0.4，pH 7.7，细菌总数 14，大肠菌群小于 4。1987 年 7 月，经国家地质矿产部审定，该泉水为国家标准矿泉水。2013 年日涌水量为 4300 吨。

（4）大碾沟泉。位于榆林城东南 11.4 千米的色草湾大碾沟，是青云沟河源头，海拔 1160 米。1980 年解放军 00928 部队测量分析：泉日流量 26032.6 吨，矿化度 0.183 克每升，总硬度 743°，符合饮用水标准。

（5）王家坬泉。位于横山区党岔镇王家坬村，现有涌泉 4 眼，较大泉为王家坬前村的龙眼泉，日出水量 500 吨，供全村人畜饮用。北宋元丰四年（1081 年），宋将徐禧因这里泉水大，即在山上建“永乐城”，驻军把守。

（6）鸣咽泉。位于绥德县城东 1 千米处。相传，秦始皇长子扶苏因谏父皇焚书坑儒而被贬往北疆上郡监蒙恬军。后秦始皇出巡，归途染疾，便降诏召扶苏速返京都，因其病情加重，崩于归途。权臣李斯、赵高等人秘不发丧，伪诏赐扶苏、蒙恬二人就地自尽。扶苏接到诏令，见父皇所指斥之罪行均属乌有，知是听了奸佞小人谗言。但父皇之令，不敢违抗，于是他便策马出城，至城东五里卢家湾之石壁，拔剑自刎。卢家湾石壁之泉水则长年滴流，泉声鸣咽不绝，人们遂名之曰“鸣咽泉”。新中国成立后因炸石取料，泉毁消绝，现今遗址尚存。

第二章　自然社会环境

无定河流域地处黄土高原北部、毛乌素沙地南缘，地势西南高、东南低，总体属温带干旱、半干旱大陆性季风气候，植被随着干燥度从东南向西北逐渐增加，也从森林草原地带向典型草原地带、荒漠草原地带过渡，水平地带性明显。流域降雨稀少，多风沙，平均日照时数长，自然条件较差，生态环境脆弱，但流域富含煤炭、石油、天然气等矿产资源，储量大、品质优、易开采。随着国家能源化工基地建设持续推进，流域内经济结构和产业结构发生巨大变化，经济高质量发展，生态环境逐步改善，人民生活水平不断提高，已经成为陕西经济新的增长极。

第一节　地形地貌

无定河流域按地形地貌特征可分为河源梁墹区、风沙草滩区和黄土丘陵沟壑区三种类型。

一、河源梁墹区

河源梁墹区位于无定河流域西南部，主要包括定边、靖边、吴起等县的红柳河、芦河、大理河源头的白于山区，面积 3454 平方千米，占总流域面积的 11.4%。该区地表层为更新统厚层黄土及洪积、冲积物覆盖，基底为白垩纪砂页岩，出露较少，海拔 1450 ~ 1800 米，沟壑相对切割深 50 ~ 300 米。地形以梁、塬、峁状为主，宽缓的黄土长梁、残塬、沟涧交错起伏，在梁、塬之间的广阔地带，为古代发育而经后世堆积的沟谷地，又称墹。地势西北高、东南低，山势高峻，梁塬宽阔，梁长峁大，墹地平坦，河谷深切，土层深厚达 50 ~ 150 米。谷墹地内重力侵蚀活跃，年均侵蚀模数 13200 吨每平方千米以上，年均侵蚀总量 8849.98 万吨。在长梁、残塬之间夹有大小不等的墹地和塬地，墹地受洪水的长期侵蚀而成破墹。沟壑密度较小，每平方千米沟壑密度为 2.86 千米。该区气候寒冷，无霜期短（110 ~ 148 天），年平均气温 8 摄氏度，年降水量 400 ~ 450 毫米，风力一般 4 ~ 5 级，自然灾害较多。流域地下埋藏石油等资源。

二、风沙草滩区

风沙草滩区位于长城沿线以北，毛乌素沙地南缘，主要包括定边、靖边、横山、榆阳西北部及内蒙古乌审旗、鄂托克前旗、伊金霍洛旗部分地区，面积 16446 平方千米，占总流域面积的 54.3%。该区地表多为第四纪松散的粉砂、亚黏土、沙质黄土，基岩仅在局部河谷地段出露。该区地势平坦，风积沙丘绵延起伏，海拔在 1000 ~ 1300 米，沙丘一般高

3 ~ 5 米，水系网较少，部分为闭流区。每平方千米沟壑密度 0.68 ~ 4.3 千米，土地平均起伏度 17 米，平均坡度 3.2°，坡度组成 10° ~ 20° 占 88.8%，25° 以上的占 11.2%。本区除滩地外，沙地分流动沙区、固定半固定沙丘区和黄土梁岗盖沙区三大类型。该区沙丘面积约占 40%，其主要形态有新月形沙丘及新月形沙丘链、格状沙丘及沙垄等，以新月形沙丘和沙丘链最为常见。

该区主要特点是沙丘密布，地域广阔，植被稀少，干旱多风，降雨量少且分配不均，冬春季多风沙天气，时有沙尘暴，海子、滩地、沙丘交错分布，风蚀严重，水蚀较轻，年土壤侵蚀模数为 500 ~ 18000 吨每平方千米。风沙区土壤养分含量低，沙层深厚，支沟较少，河谷宽阔；可耕地面积较少，植被稀疏，多生长沙生植物。但地势平坦，地下水位高，储量相对较丰富，便于开发利用。湖泊滩地及河流两岸可大力发展灌溉农业，广阔的荒沙荒坡为半干旱沙地，适宜造林种草，可作为发展林牧业的良好基地。

三、黄土丘陵沟壑区

黄土丘陵沟壑区位于流域东南部，无定河中下游，其范围大致包括榆阳区、横山区南部，米脂、子洲县的全部，绥德、清涧县大部，以及安塞、子长部分地区，面积 10361 平方千米，占总流域面积的 34.3%。该区地表为更新统黄土层覆盖，厚 50 ~ 100 米，基岩主要是中生代砂页岩，在河谷出露。区内丘陵起伏，沟壑纵横，梁短峁小，是典型的峁状黄土丘陵沟壑地貌。峁顶海拔 1000 ~ 1300 米，山梁顶的平均密度为每平方千米 3.86 ~ 5.6 个。相对切割深度 50 ~ 250 米，该区地形破碎，坡陡沟深，切割严重，谷底多岩层裸露，沟壑密度约 5.5 千米每平方千米，地面坡度大于 25° 的占 60% 左右。地面植被稀少，土质多为疏松黄绵土壤，土壤侵蚀剧烈，坡面水蚀及沟谷边坡的重力侵蚀、潜蚀都较为活跃。土壤平均侵蚀模数 17200 吨每平方千米，年侵蚀总量达 18194.99 万吨。其中，绥德、清涧东部河口一带主要为土石山区，面积大约 20 平方千米，主要为基岩组成的梁地，上覆黄土较薄，俗称“石山戴土帽”，谷坡陡峻，水土流失严重。

该区年降水量 400 ~ 600 毫米，春季干旱少雨。年平均气温 8 ~ 10 摄氏度，多年平均蒸发量 906.5 ~ 1576.2 毫米，干燥指数小于 4，无霜期 157 ~ 214 天，干旱、洪水、冰雹等自然灾害频繁，地下埋藏盐岩、煤炭、石油等资源。

第二节　土壤植被

一、土壤

无定河流域地带性自然土壤有栗钙土和黑垆土。栗钙土主要分布在长城沿线两侧，黑垆土普遍分布于榆林市境内。由于长期的自然演变和侵蚀，栗钙土和绝大部分黑垆土腐殖层已经消失。现土壤大多为含有机质很低的风沙土和黄绵土，分别广布于风沙滩区和黄土丘陵沟壑区，少量的黑垆土零星分布于黄土丘陵地带、残塬顶部、墕、掌、埫和风蚀残丘处，其他多种非地带性土壤，呈斑状、条状散布于河川沟道、梁峁坡、陡崖沟坡和丘间洼地。

无定河流域两大类土壤性状见表 1–2–1。

表 1-2-1　无定河流域两大类土壤性状

（摘自 2018 年 12 月第 1 版《榆林市水利志》）

土壤	所占比例 /%	组成 /%			地质	有机质 /%	容重 /（g/cm^3）	孔隙率 /%	田间持水量 /%
		砂粒 1 ~ 0.05 mm	粗粉粒 0.05 ~ 0.01 mm	物理黏粒 <0.01 mm					
风沙土	30.0	77.03	10.32	12.65	粗砂	0.32	1.72	33.6	5 ~ 8
黄绵土	55.0	30.22	45.95	23.83	砂粉	0.51	1.30	51.0	16.4 ~ 18

二、植被

无定河流域地带性植被为温带草原植被，是整个欧亚草原区的一部分，随着干燥度从东南向西北逐渐增加，植被也从森林草原地带向典型草原地带、荒漠草原地带过渡，水平地带性明显。

长城以北是典型的草原地带，由于气候干旱，多风沙，植被以耐寒、耐旱、耐风蚀的沙生植物为主。沙丘地带生长着沙蒿、沙米、沙竹、沙柳、花棒、踏郎等。沙丘间的低湿滩地生境条件多样，形成了具有草甸、盐生草甸、草木沼泽化灌丛等多种植被类型，生长有寸草、盐蒿、芦苇、香蒲等。

长城以南地区具有明显的过渡性质，既有草甸草原、典型草原，也有部分温性绿叶、阔叶灌丛等，属陕北中部森林草原区。由于气候干旱，水土流失严重，现在植被已不能完全反映出地带性的森林草原植被类型，以草本、木本植被为主。局部残存小片卫茅、紫丁香、枸子木、胡枝子、柠条、沙棘、文冠果等落叶阔叶灌丛。在梁峁顶多为长芒草，高寒梁峁顶为百里香、冷蒿等；阴坡半阴坡多为铁杆蒿，阳坡半阳坡多为茭蒿。这些天然植被，稀疏零散分布，生长不良，退化严重，覆盖度极差。新中国成立以来，经过几代人坚持不懈植树造林种草、退耕还林（草）及禁牧实行牲畜圈养等措施，流域内林草覆盖率不断提高，实现了“人进沙退”，生态环境明显改善，陕西绿色版图整体向北推进 400 千米。

第三节　气候水文

无定河流域南部为温暖带亚干旱气候，北部为中温带亚干旱气候，总体属温带干旱、半干旱大陆性季风气候，冬季主要受西伯利亚极地大陆性气团控制，形成低温寒冷、降水稀少的气候特点；春季因冷暖气团交替频繁出现，气温日差较大，寒潮霜冻时有发生，并多有大风、干旱，间以沙尘暴；夏季暑热，受高温湿润的热带海洋性气团的影响，降水增多，不时有极冷空气的活动与太平洋暖温气流相遇，易产生暴雨和冰雹天气，同时有夏旱和伏旱；秋季多雨，降温快，早霜冻害频繁。总体来说，流域四季分明，春季干旱多风沙，夏季气温较高多阵雨，秋季短促而凉爽，冬季寒冷而漫长。由于受沙漠影响，一日之内，气温差异悬殊，故有“早穿皮袄午穿纱，晚围火炉吃西瓜”的民谚。

一、气温

无定河流域年平均气温 7.8 ~ 9.6 摄氏度，极端气温最高 39.6 摄氏度，最低气温 –32.7 摄氏度。气温四季明显，春季温度大于秋季温度，春季升温快、不稳定，秋季降温迅速，冬季受北方冷气团控制，气压高，天气晴朗，多高云，冬季平均气温 –7.8 ~ –4.1 摄氏度，气温变化梯度大。10 月下旬至次年 4 月上旬为大地封冻期，一般年份冻土深度 1 ~ 1.2 米，最大冻土深度可达 1.5 米。入春以后，气温明显回升，平均日增温 0.2 摄氏度左右。但由于西伯利亚极地干冷气团不断南下侵扰，使春季温度很不稳定，5 月中旬局部也可骤然降雪，到夏季受大陆气团和副热带高压西伸北抬的影响，气温高，天气炎热，平均气温在 20 摄氏度以上，日高气温大于或等于 30 摄氏度的日数年平均为 22 ~ 68 天。

流域无霜期偏短，由于空气干燥，“黑霜”较多，初霜日一般在 9 月 28 日至 10 月 12 日，最早定边曾在 9 月 14 日出现；终霜日一般在 4 月 25 日至 5 月 16 日，最迟可到 6 月 9 日。平均无霜期 134 ~ 169 天，最短仅 102 天。

二、降水

无定河流域多年平均降水量 350 ~ 430 毫米，且时空分布极不均匀，降水由东南向西北递减，大部分地区在 440 毫米以下。秋末到早春（10 月至次年 3 月），降水极少，春末至夏降水仍较少，而且降水以雷雨和雷阵雨为主，7—9 月降水量最多，且多暴雨，最大日降水量在 80 ~ 150 毫米，降水量占全年总降水量的 65% 以上。由于流域降水量总体偏少，且时空分布不均，降低了降水有效性，因而流域旱涝灾害频繁，尤以旱灾危害严重。流域初雪最早 10 月下旬，终雪最迟 4 月上旬，年均降雪日仅 11 ~ 16 天。

无定河水以降水和地下水补给为主。在沙漠区由于地面渗漏强烈，地下水补给占比较大，一般达 80% ~ 90% 以上，海流兔河可占到 77.6%。黄土丘陵沟壑区，以降水补给为主，地下水补给只占年径流的 30% 左右。

流域径流与降水变化基本一致，变异系数为 0.27 ~ 0.40。无定河多年平均径流量为 11.51 亿立方米，径流的区域差异明显，从东向西减小，最大月径流只占 12.1%，最小月径流也有 6.1%。黄土丘陵沟壑区的河流，径流年内分配很不均匀，夏季径流最多，占年径流的 46.2% ~ 53.4%；冬季径流最少，只占 8% ~ 10.7%；春秋径流比较接近。最大月径流可占到全年总径流的 25%，最小月径流还不到 3%。最大月径流一般出现在 8 月；最小月径流沙漠区在 6 月，黄土区在 1 月。

三、日照和风

无定河流域是全国日照高值区之一，是陕西省日照时间最长区域之一。年平均日照时数 2627 ~ 2886 小时，多年平均蒸发量 1683 ~ 2226 毫米。一年中 5—8 月日照较多，12 月至次年 2 月日照较少，平均日照百分率 59% ~ 66%。

无定河流域多大风天气，多年平均风速为 1.4 ~ 3.6 米每秒，最大风力可达 9 ~ 11 级，最大风速多为西北风。春季是大风最多的季节，年平均 5.4 ~ 20.1 天，大风年可达 49 天；夏季年平均 0.9 ~ 1.2 天，多大风年可达 28 天；冬季大风平均每年 0.5 ~ 8.5 天，最多可达 30 天。

无定河川道每年 8—10 月容易出现大雾天气，最高年份多达 54 天，每天到上午 7—10 时大雾才消散。大雾天气对航空、行车经常造成不利影响。

第四节　社会经济

历史上，无定河流域北部长城沿线风沙滩区以畜牧业为主，南部黄土丘陵沟壑区主要以农牧业为主，经济结构单一，受自然条件制约，经济发展缓慢，人民群众生活贫困。新中国成立以来，特别是改革开放后，流域内经济结构和产业结构发生了巨大变化，以煤炭、石油、天然气为主的新型能源基地建设，农村特色产业、现代旅游等产业迅速发展，流域经济社会发展迅猛，人民生活水平不断提高。

一、民族人口

无定河流域自古就是游牧文明与农耕文明过渡地带，游牧民族与汉族长期融合发展，形成了多民族聚居、草原文化与黄土文化融合发展的局面。历史上，无定河流域居住过的民族至少有华夏、戎、狄、匈奴、鲜卑、突厥、党项羌与折掘氏等。一族中又有若干部系，例如：戎族有大、小、之、犬、朐衍；狄族有白、赤；匈奴族有屠格、铁弗及南、北两系；鲜卑族有慕容、宇文、吐谷浑；羌族有拓跋、折掘、野利、烧当等。总而言之，史上多民族聚居、共同开发和建设了这块土地。其间由于阶级矛盾、民族矛盾，造成这一地区战乱频繁，使有的民族迁入，有的民族迁出，有的民族与汉族融合而消失。旧《米脂县志》所云“其地居民四千年来，历经蒙人游牧、华夷杂处和汉族殖民三大阶段”，是有一定历史事实依据的。现代无定河流域鄂尔多斯地区是以蒙古族为主体的地区，蒙古族人口约占总人口的 30%。陕西省无定河流域以汉族为主，还有回族、蒙古族、壮族、苗族、藏族、土家族、维吾尔族、满族、侗族等 9 个少数民族。但这些少数民族与古代民族不同，多数都是后来迁入的。

根据水利部 2020 年批复的《无定河流域综合规划》记载，无定河流域 2013 年底总人口 231.30 万人，其中城镇人口 95.57 万人，城镇化率 41.3%。受气候、地形、水土资源、矿产资源以及城镇分布等条件影响，流域内各地区人口分布不均，河川地、黄土丘陵区乡村人口较为密集，而风沙区人口密度较低，无定河中游以及支流榆溪河、大理河、纳林河沿岸人口分布相对集中。全流域平均人口密度为每平方千米 76 人，其中赵石窑至丁家沟干流区间人口密度较高，为每平方千米 637 人；芦河区人口密度为每平方千米 152 人；大理河区人口密度为每平方千米 139 人；位于西北部风沙区的金鸡沙至大草湾区人口密度较低，为每平方千米 14 人。

二、交通运输

秦代修筑了从咸阳淳化至内蒙古九原郡（今包头市）的秦直道，号称世界上最早的高速公路。经历代考证，秦直道穿越了无定河流域多个县区，其中古榆林涧道宽 80 米，长城以北宽达 164 米，路面厚度近 1 米，除穿过河谷地段为白垩泥铺筑外，其余均为黑垆土铺筑，现仍有保存完整的路面数千米，高出地面 9 ~ 11 米。元代从内蒙古往榆林到绥德间还开辟了一条蒙汉间联系的通道，这条道路到明代更为繁忙，成为一条贸易通道。当时延绥镇治所从绥德迁移到榆林，榆林成了蒙汉贸易中心。这条蒙汉通道的大体走向与现代的西包路相同。

新中国成立后，无定河流域交通运输发展迅猛，省与省之间的国道四通八达，县际之间的省道互联互通，特别是随着流域经济的快速发展，交通基础设施逐步完善，区域综合交通运输体系初步形成。内蒙古境内省道 S215 和 S313 在乌审旗交会，分别与鄂尔多斯市和陕西省靖边县相连。陕西省榆林市境内有包（头）西（安）铁路、太（原）中（卫）银（川）铁路和榆（林）神（木）铁路，境内铁路里程总数突破 1000 千米，开通直达北京客车，过境铁路客车超过 50 对；高速公路 G65（包茂高速）与 G20（青银高速）在靖边交会，国道 G210 和 G307 在绥德交会，境内高速公路里程突破 1000 千米，居全省第一，已形成联系晋蒙宁甘及关中的“三横两纵”综合交通运输通道和多元化运输综合立体交通体系。榆林机场为 4C 级民用航空机场，开通有榆林至西安、北京、上海、成都、深圳等大中城市航班，是陕西省第二大航空港。

三、经济发展

无定河流域北部为毛乌素沙地，南部为黄土高原。流域气候干旱，暴雨集中，水土流失严重，生态环境脆弱，水资源短缺，生产生活条件差，历史上是相对贫困的地区，2000 年人均 GDP 为 2326 元，不足黄河流域人均 GDP（5668 元）的二分之一。随着我国西部大开发战略的实施，当地充分利用丰富的资源优势，进行新型能源工业生产基地建设，目前已经形成以煤炭、天然气、岩盐、石油开采及加工为主的工业产业链，流域经济发展迅速。据统计，2000—2013 年，无定河流域 GDP 年均增长速度达到 31.9%，远高于全国平均水平；2013 年人均 GDP 为 41286 元，比黄河流域人均 GDP（33121 元）高出 24.65%。

流域种植的主要粮食作物有玉米、谷子、小麦、荞麦、高粱、水稻、糜子、各类杂豆等，经济作物主要有向日葵、油菜、小麻、黄芥、马铃薯等。陕北小杂粮、陕北洋芋等地方特色农产品产业初具规模。流域积极实施退耕还林（草），扩大林草种植面积，发展设施养羊、养猪、养鸡等畜牧产业，提高了林草覆盖率和生态环境效益。流域内红枣、苹果、梨、桃等经济林果业发展迅猛，红枣及其相关产品的生产成为沿黄县（区）新的经济增长点。2013 年，流域共有耕地总面积 521.77 万亩，人均耕地面积 2.3 亩，粮食播种面积 456.17 万亩，粮食总产量 124.50 万吨，人均占有粮食 538 千克。流域第一产业增加值为 78 亿元，占 GDP 的 8.1%。

无定河流域实际灌溉面积 106.06 万亩，从省区来看，陕西省实际灌溉面积 68.34 万亩，内蒙古自治区实际灌溉面积 37.72 万亩；从灌溉类型来看，农田灌溉面积 84.10 万亩，林草灌溉面积 21.96 万亩。灌区规模多为中小型，万亩以上农业灌区总面积约 40 万亩，其中陕西省约 30 万亩，内蒙古自治区约 10 万亩。陕西省万亩以上灌区有 14 处，主要分布在无定河干流两岸的定惠渠灌区、雷惠渠灌区、织女渠灌区和二定渠灌区等。各灌区历史悠久，已经成为粮食主产区和稳产区，保证了流域经济社会快速发展。内蒙古自治区成规模的灌区主要集中在无定河干、支流两岸，成规模的灌区有 6 处，分别为大沟湾水库灌区、萨拉乌苏灌区、小石砭灌区、河南灌区、堵嘎灌区和蘑菇滩灌区，各灌区农田灌溉主要以水浇地为主，兼有部分水田。

流域内矿产资源丰富，主要有煤炭、石油、天然气、岩盐、高岭土等，其中煤炭、天然气、岩盐储量大、品质优、易开采。无定河流域内的榆林能源化工基地、鄂尔多斯能源与重化工产业基地是国家重要的化工、煤炭基地。鄂尔多斯和榆林地区属呼包鄂榆经济区的一部分，在国家主体功能区规划中被列为重点开发区域，该区域是全国重要的能源、煤化工基地，农畜产品加工基地和稀土新材料产业基地。流域内以能源工业为主体的工业经济发展迅速，2013 年流域内工业增加值为 546 亿元，占 GDP 的 57.2%，火电装机容量 270 兆瓦。

无定河流域是榆林市城镇人口聚集地、产业发展集中带、交通骨干枢纽区、生态平衡基准面、供水水源承载区、核心文化景观区，占据着十分重要的战略地位。其沿岸涉及榆林市定边、靖边、横山、榆阳、米脂、绥德、清涧 7 个县（区），是榆林市“一轴一带一核三区多点”的产业发展格局的重要一带，无定河流域沿长城沿线重点发展煤炭、煤化工、石油、天然气、煤电、有色、新能源及装备制造业。沿无定河川道生态工业发展带，重点发展生态型特色农业和农副产品加工业。中心城区区域，打造以现代服务业为主、产业辐射面广、带动力强的现代产业核心区。榆阳、横山煤炭资源富集区，重点发展能源化工主导产业和现代农业、现代服务业，培育接续产业；流域内的定边、靖边，重点发展油、气及化工等产业，培育新能源、现代农业、物流、文化旅游等产业；米脂、绥德、子洲、清涧等县重点发展文化旅游、特色农业、农副产品加工、生物医药等产业。截至 2020 年底，陕西省无定河沿岸涉及 7 个县（区）（定边、靖边、横山、榆阳、米脂、绥德、清涧）户籍人口总数 250.93 万人，流域内 GDP 4089.66 亿元，比 2019 年增长 4.5%。其中，第一产业增加值 272.48 亿元，增长 2.3%；第二产业增加值 2555.64 亿元，增长 5.6%；第三产业增加值 1261.55 亿元，增长 2.6%；第一、二、三产业增加值占生产总值的比例分别为 6.7%、62.5% 和 30.8%。

榆林能源化工基地以矿产资源为依托，围绕集群化发展、园区化承载的思路，以发展能源化工产业为主导，集资源开发与加工转化为一体，经过十多年的建设，基地建设已初具规模，初步形成了“两区六园”的基本格局，累计完成投资近 1000 亿元。目前已建设和规划有榆林高新技术产业园、榆米绥盐化工区、榆横煤化学工业园区、靖边能源化工综合利用产业园等。特别是榆林高新技术产业园区 2012 年获国务院批准升级为国家级高新技术产业开发区，重点发展新能源、新型加工制造、新材料、生物医药、现代服务和环保产业，是榆林乃至陕北重要的高新技术产业聚集区，也是带动陕西经济高质量发展的重要增长极。

2020 年无定河流域主要工业园区规划布局见表 1-2-2。

表 1-2-2　2020 年无定河流域主要工业园区规划布局

（摘自 2020 年 8 月水利部批复的《无定河流域综合规划》）

工业园区名称		资源利用	主导产业及产品	建设情况
榆神煤化学工业园区	榆树湾煤化集中区	煤炭	甲醇、甲醇制烯烃	规划
榆神煤化学工业园区	麻黄梁工业集中区	兰炭	电石、石脑油等	已建
榆横煤化学工业园区	榆横煤化工区	煤炭	甲醇、甲醇制烯烃	已建
榆横煤化学工业园区	鱼河盐化工业区	岩盐	真空盐、烧碱	已建
榆横煤化学工业园区	横山区工业集中区	煤炭、卤水	联碱、聚氯乙烯	规划
定靖能源综合利用园区	靖边能源化工综合利用产业园	煤炭、油田气	甲醇、甲醇制烯烃	已建
南部盐化工工业园区	米脂盐化工集中区	岩盐	纯碱、氯化铵	已建
南部盐化工工业园区	绥德盐化工集中区	岩盐	纯碱、氯化铵	规划
南部盐化工工业园区	子洲盐气综合利用工业区	天然气、岩盐	乙炔、烧碱	规划
纳林河化工项目区	纳林河化工项目区	煤炭	甲醇、合成氨、尿素	规划

第三章　水沙资源

水资源指逐年可以更新和利用的地表水和地下水。无定河流域水资源量年际变化较大，一般用多年平均值说明流域水资源量的多少及其时间和空间的分布状况。2002—2009 年，陕西省开展了第三次全省水资源调查评价，历时 7 年，是全国水资源综合规划项目的组成部分。2020 年 8 月，水利部批复的《无定河流域综合规划》利用的就是陕西省第三次水资源评价成果，资料系列为 1956—2000 年。本章记述的地表水、地下水、水质评价、河流泥沙均以水利部批复的《无定河流域综合规划》为准。

第一节　地表水

无定河流域干旱少雨，属水资源贫乏地区。流域地表水主要包括河流和海子（湖泊），其径流年内、年际变化大，汛期径流主要以洪水出现，地表水利用难度较大。根据 1956 —2000 年系列水资源调查评价，无定河流域多年平均水资源总量为 20.48 亿立方米，其中地表水资源量为 11.61 亿立方米，不重复计算地下水资源量为 8.87 亿立方米。

干流白家川水文站（无定河入黄控制站）多年平均径流量 11.51 亿立方米，20%、50%、75% 和 95% 保证率年份径流量分别为 12.92 亿立方米、11.43 亿立方米、10.32 亿立方米和 8.85 亿立方米。

近期（2001—2010 年）无定河流域水资源总量为 21.81 亿立方米，其中地表水资源量为 10.73 亿立方米、不重复计算地下水资源量为 11.08 亿立方米。

无定河流域榆林市地表水径流主要由地下水补给，其次是降水补给。地下水补给值丘陵区在 10% ~ 30%，风沙区在 68% ~ 90%。源于且流经于风沙区的河流，径流补给量的 97% 以上是地下水。因雪期较长，且 11 月至次年 2 月的积雪深度可达 10 ~ 16 厘米，致融雪水补给也占一定比例。无定河流域 1956—2000 年多年平均地表水年径流深为 40 ~ 60 毫米，每平方千米产水量为 4 万 ~ 6 万立方米。无定河流域是陕西省地下水补给径流比重最高的地区。

无定河流域主要河流地下水补给数值见表 1–3–1。

表 1-3-1　无定河流域主要河流地下水补给数值

（根据 2018 年 12 月第 1 版《榆林市水利志》摘编）

水系	河名	站名	均值 /（m^3/s）		地下水补给径流占总径流百分比 /%	统计年份
			地下水补给流量	年平均流量		
无定河	无定河	赵石窑	17.40	21.20	82.1	1954—1964 1966—1970
	无定河	川口	33.20	48.80	68.0	1957—1970
	海流兔河	韩家峁	3.28	3.36	97.6	1957—1970
	芦河	横山	2.71	3.58	75.7	1957—1970
	榆溪河	榆林	11.40	11.70	97.4	1960—1967

根据 2007 年《榆林市水资源综合利用规划》，榆林市无定河 1956—2005 年多年平均地表水自产径流量为 8.65 亿立方米，20%、50%、75% 和 95% 保证率年份径流量分别为 9.36 亿立方米、8.61 亿立方米、8.05 亿立方米和 7.31 亿立方米。其中，多年平均入境径流量 3.87 亿立方米，20%、50%、75% 和 95% 保证率年份径流量分别为 4.66 亿立方米、3.74 亿立方米、3.14 亿立方米和 2.48 亿立方米；多年平均出境径流量 10.24 亿立方米，20%、50%、75% 和 95% 保证率年份径流量分别为 12.19 亿立方米、10.01 亿立方米、8.48 亿立方米和 6.74 亿立方米。

榆林市水资源区划可分为 6 个四级区和 10 个五级区，其中：无定河流域属于 6 个四级区之一，在 10 个五级区中又分为无定河流域榆溪区、无定河流域榆横区、无定河流域靖边区。无定河 1956—2005 年多年平均水资源量榆溪区地表水资源量 1.62 亿立方米，不重复计算地下水资源量 3.58 亿立方米，水资源总量 5.20 亿立方米；榆横区地表水资源量 4.96 亿立方米，不重复计算地下水资源量 1.56 亿立方米，水资源总量 6.52 亿立方米；靖边区地表水资源量 1.94 亿立方米，不重复计算地下水资源量 0.42 亿立方米，水资源总量 2.36 亿立方米。无定河流域地表水可利用量 4.50 亿立方米，地下水与地表水不重复可利用量 3.29 亿立方米，水资源可利用总量 7.79 亿立方米。

第二节 地下水

无定河流域多年（1980—2000 年）平均矿化度小于 2 克每升的淡水地下水资源总量为 15.49 亿立方米，其中山丘区地下水资源量为 3.07 亿立方米，平原区地下水资源量为 13.20 亿立方米，山丘区与平原区地下水的重复计算量为 0.78 亿立方米。

根据 2007 年《榆林市水资源综合利用规划》，无定河流域 1956—2005 年水资源五级分区中，榆溪区多年平均地下水资源量 4.59 亿立方米，可开采量 1.75 亿立方米，全部在风沙滩区。榆横区多年平均地下水资源量 4.55 亿立方米，可开采量 13071 万立方米，其中风沙滩区 2.49 亿立方米、可开采量 8943 万立方米；山丘区 2.06 亿立方米，可开采量 4128 万立方米。靖边区多年平均地下水资源量 2.18 亿立方米，可开采量 7603 万立方米，其中风沙滩区 1.62 亿立方米、可开采量 6484 万立方米；山丘区 0.56 亿立方米，可开采量 1119 万立方米。

第三节 水质评价

一、地表水水质

无定河流域现状地表水水质总体较差，Ⅳ类水质水体占全流域的 47%，Ⅱ ~ Ⅲ类水质水体占全流域的 43%，Ⅴ类及劣Ⅴ类水质水体占全流域的 10%。2013 年，无定河流域水功能区水质达标比例为 42%，主要超标因子为氨氮、COD、BOD_5、石油类等。

榆林市无定河 2001—2005 年两个断面的污染排序依次为米脂、辛店，整个河流的污染指数为 0.32，各断面的综合污染指数都小于 1。污染指数大于 1 的污染物为氨氮，污染分担率为 38.05%。氨氮 5 年均值超标 22%，主要是米脂断面超标引起的，米脂断面氨氮超标 97%。辛店断面各项指标均未超标。其间，无定河米脂断面 9 项指标达到水功能区划Ⅳ类水质标准，氨氮达到劣Ⅴ类水质标准，水质状况为重度污染；辛店断面 100% 的指标达到水功能区的Ⅴ类水质标准，污染最重的项目是石油类，属Ⅳ类水质，水质状况为中度污染。

不同水期无定河污染由重到轻的排序为枯水期、丰水期、平水期，三个水期的综合污染指数都小于 1。枯水期的主要污染物是氨氮，5 年均值超标 2.39 倍，综合污染指数为 0.67；丰水期 10 项监测指标的污染指数都小于 1，污染指数最高的是化学需氧量，污染指数为 0.53，综合污染指数为 0.32；平水期 10 项监测指标的污染指数都小于 1，污染指数最高的是化学需氧量，污染指数为 0.5，在三个水期水质最好。

二、地下水水质

无定河流域浅层地下水水质以矿化度小于 1 克每升为主，地下水 pH 多在 7.2 ~ 8.0。流域内部分地区地下水水质较差，一类为水体水质本底值较高，表现为总硬度、氟化物等指标超标；另一类为水体粪大肠菌群超标。

地下水污染主要是人类活动造成的，污染程度与人类活动的强弱、地下水赋存环境、所处地貌有直接关系。地下水污染有垂向入渗与侧向入渗两种，主要以垂向入渗为主，侧向入渗仅在污染河段及污染灌区发生。地下水遭受污染主要指标和成分有 COD（化学需氧量）、BOD（生物需氧量）、SS（悬浮性固体物）、汞、铅、砷、氰化物、挥发酚、硝酸盐、六价铬及石油类等 10 余种。

20 世纪 90 年代以来，受无定河流域能源化工基地因煤矿区顶板塌陷引发的地下水渗漏、油气井凿井过程未按规定封填隔水层、注水采油等因素影响，局部地下水水质下降。白于山区石油注水井凿井层位均已穿破下白垩系洛河组淡水层，导致咸淡水混合，加之所注的水多为水质严重超标的高矿化度水，直接污染了洛河组淡水层。南部山区的定边、靖边、横山、子洲约有 2 万眼油气开采井及大量的回注井，如此之多的油气井在凿井过程中所产生的有害泥浆废料未经处理随意堆放，气站分离出来的有害污水二次回灌至井中，对地下水水质造成严重污染。

第四节　河流泥沙

无定河是黄河中游多沙粗沙区面积及输沙量最大的一条支流。河流自上而下，由沙漠流经黄土区，水土流失由轻到重，河流含沙量由小到大。河流泥沙的动态与径流变化相一致，具有水大沙大、水小沙小的特点，泥沙的年内分配主要集中在汛期。根据 1956—2000 年资料统计，白家川水文站实测多年平均输沙量为 1.25 亿吨。无定河泥沙的主要特点如下：

（1）水流含沙量高，粗泥沙所占比例大。白家川水文站多年平均含沙量 103.9 千克每立方米，实测最大含沙量 1290 千克每立方米（1966 年），干支流经常有大于 1000 千克每立方米的高含沙洪水出现，支流绥德水文站实测最大含沙量 1420 千克每立方米（1964 年）。流域不仅输沙量大，而且粗沙所占比例大。据资料分析，粒径大于 0.05 毫米的粗沙量约占 46%。

（2）地区分布不均，水沙异源。泥沙主要来自赵石窑以下的黄土丘陵沟壑区，尤其是丁家沟以下区域。据资料统计，赵石窑至白家川区间多年平均来沙量 1.07 亿吨，占白家川水文站来沙量的 85.6%；来水量 6.37 亿立方米，仅占白家川水文站来水量的 55.3%。其中，丁家沟至白家川区间多年平均来沙量 0.82 亿吨，占白家川水文站来沙量的 65.6%；来水量 2.33 亿立方米，仅占白家川水文站来水量的 20.2%。赵石窑以上多年平均来水量 5.14 亿立方米，占白家川水文站来水量的 44.7%，而来沙量 0.18 亿吨，仅占 14.4%。

无定河干流站（区间）水量及沙量情况统计见表 1–3–2。

表 1–3–2 无定河干流站（区间）水量及沙量情况统计

（摘自 2020 年 8 月水利部批复的《无定河流域综合规划》）

水文站 / 区间		控制面积及比例		多年平均径流量及比例		多年平均实测沙量及比例	
		面积 / km^2	比例 %	径流 / 亿 m^3	比例 / %	沙量 / 亿 t	比例 / %
水文站	赵石窑	15253	51.4	5.14	44.7	0.18	14.4
	丁家沟	23422	79.0	9.18	79.8	0.43	34.4
	白家川	29662	100.0	11.51	100.0	1.25	100.0
区间	赵石窑以上	15253	51.4	5.14	44.7	0.18	14.4
	赵石窑—白家川	14409	48.6	6.37	55.3	1.07	85.6
	丁家沟—白家川	6240	21.0	2.33	20.2	0.82	65.6

注： 表中比例指水文站或区间占白家川站的比例。

（3）年内分配集中，年际变化大。无定河泥沙年内分配极不均匀，6—9 月来沙量约占全年来沙量的 92.5%，且主要集中在 7—8 月的几场暴雨洪水期间。无定河来沙的年际变化很大，白家川水文站实测最大年沙量为 4.40 亿吨（1959 年），实测最小年沙量为 0.24 亿吨（1986 年），年际变化悬殊，最大年输沙量为最小年输沙量的 18.3 倍。川口水文站最大年输沙量为 4.4 亿吨（1959 年），最小年输沙量只有 0.316 亿吨（1976 年），两者相差 13.9 倍。

1969 年以前人类活动影响较小，基本可代表天然情况，根据 1956—1969 年资料统计，白家川水文站实测年均输沙量约 2.18 亿吨。1970 年以后由于强降水减少，特别是可以产沙的强降水减少以及水利水土保持措施建设，无定河流域来沙量明显减少。白家川水文站 2001—2010 年实测多年平均输沙量为 0.34 亿吨，比 1956—2000 年实测年平均值 1.25 亿吨减少了 0.91 亿吨，减幅为 72.8%。

第四章　自然灾害

无定河流域风沙大、气温低、无霜期短，旱、洪、雹、冻灾害频繁，其中以干旱、暴雨、大风、沙尘暴等灾害最为严重，是导致土地沙化和水土流失的主要自然因素，流传有“三年两头旱，一年不旱遭水患”“天旱枯了河，雨涝汪了滩”的谚语。据史料统计，1470—2010 年榆林市发生旱灾、水灾共 414 年次，其中旱灾 257 年次，洪涝水灾 63 年次（占总灾年次的 15.1%），交替发生 94 年次（占总灾年次的 22.7%）。

第一节　旱　灾

无定河流域地处内陆，属大陆性季风气候，干旱常发，成为流域最主要、最常见的自然灾害，既有几十天、上百天乃至几个季度无雨、少雨的天气，又有几个县（区），甚至更大范围的旱情出现，素有“十年九旱”之说。干旱分为气象干旱、水文干旱、农业干旱、城市干旱缺水等。

无定河流域属于黄河流域干旱区（一级区）的陕北北部重旱区（二级区），又可分为两个三级区，即风沙草原重旱重灾区和黄土丘陵沟壑重旱重灾区。其干旱特征如下：

（1）发生频次高，受灾成灾面积大、灾情重。据《陕西省自然灾害史料》（陕西省气象局 1976 年编）记载，前 2 世纪至 20 世纪前半叶，陕北旱灾达 271 次，平均约 8 年一次。1470—1983 年的 514 年中，榆林共发生偏旱和干旱年 218 次，平均 2.4 年一次。其中，偏旱年 166 次，平均 3.1 年一次；干旱年 52 次，平均 9.9 年一次。1971—2000 年，榆林市轻旱 5 次，中旱 7 次，重旱 26 次，特旱 8 次。

（2）季节性强，分布差异大。无定河流域干旱几乎每个季节都会发生，但总体上多夏旱，春旱次之，两季以上干旱以春夏连旱最多，秋旱也有发生。流域北部长城沿线风沙滩区多重春旱和春夏连旱，南部黄土丘陵沟壑区则在春末夏初易发生春夏连旱。虽然各季干旱分布有差异，但均以春夏连旱最为频繁，造成的损失最大，其次是夏秋连旱。明建文三年（1401 年）至 1990 年，陕北地区共发生干旱 177 次，其中夏旱 33 次、冬春连旱 2 次、春夏连旱 80 次、夏秋连旱 36 次、秋冬春连旱 1 次、冬春夏连旱 10 次、春夏秋连旱 11 次、夏秋冬连旱 1 次、秋冬春夏连旱 2 次、冬春夏秋连旱 1 次。

（3）干旱灾害持续性增长，连旱几年屡有发生。据明洪武四年（1371 年）至 1990 年的灾情资料统计，陕北的干旱以连旱 1 ~ 2 年最多，有 93 次；连旱 3 ~ 4 年的有 10 次；连旱 5 ~ 6 年和 7 ~ 8 年的时段各有 2 次；连旱 1 年以上的次数共计 107 次，平均重现期为 5.79 年一遇。明崇祯元年至八年（1628—1635 年）的 8 年大旱和以后的 5 年连旱，致使陕北出现“绝粜罢市，树皮石面皆食尽，父子夫妻相剖啖，道殣相望，十亡八九”的惨状。1960 年 3—4 月，全省发生春旱，150 多天未下透雨，米脂、绥德、定边等县旱情严重。1962 年 1—6 月陕北干旱严重，降雨量陕北北部小于 50 毫米，南部 50 ~ 100 毫米，比历史同期偏少六至八成。1965 年 4 月至 1966 年 7 月，陕北连旱 440 天，无定河流域神木、横山、榆林、米脂、绥德等 7 县（市、区）为最重灾区，清涧、定边、靖边、子长等县（市）次之。陕北榆林、延安两地区当年受旱面积 931.5 万亩，成灾面积 618 万亩，其中绝收 52.5 万亩，粮食减产 9.36 万吨，直接经济损失 0.52 亿元。1997—2001 年，榆林地区连续 5 年出现区域性严重干旱，特别是 1998 年初秋至 1999 年 8 月上旬，连续 400 多天未降透雨形成秋、冬、春、夏、秋五季连续干旱，造成粮油减产 65.2%，产量下滑到 20 年来最低点，定边、靖边、横山、清涧等县（区）一些乡村出现水荒，发生人畜饮水困难。

第二节　水　灾

无定河流域洪水由暴雨形成。无定河流域内年最大 24 小时点雨量均值在 50 ~ 65毫米，由东北向西南减小，从流域上下游看，上游红柳河最小，为 50 毫米，红柳河以下干流右岸为 55 毫米，左岸在 55 ~ 65 毫米，干流白家川以下为 60 毫米。

洪水发生时间主要集中在 7—9 月。据赵石窑站实测洪水资料统计，洪水最早出现在 4 月，最晚出现在 10 月，年最大和次大洪水发生在 7—9 月的场次占 90% 以上。洪水年际变化大，干支流各站年最大洪峰流量系列 C_v 值都在 1.0 以上。以干流白家川水文站为例，20 世纪 70 年代以来最大洪峰流量为 3840 立方米每秒（1977 年 8 月 5 日），最小洪峰流量为 141 立方米每秒（2010 年 8 月 21 日），最大值与最小值比例高达 27 ∶ 1。洪水过程陡涨陡落，多呈单峰型。干流洪水历时一般在 5 天左右。

洪水地区分布很不均匀。流域下垫面条件差异很大，上下游、干支流的洪峰模数差别较大。无定河上游左岸支流均位于风沙区，虽处于高量级暴雨多发区，但洪峰模数较小。右岸支流位于黄土丘陵沟壑区，产汇流条件好，洪峰模数较大，是无定河洪水的主要来源区。

无定河全流域大面积发生暴雨洪水灾害的概率比较少，但局部暴雨洪水灾害发生还是比较多的，基本每年都有发生。流域暴雨洪水具有强度大、洪峰高、历时短的特点，暴雨不仅造成严重的水土流失，而且冲毁坝库、梯田、村镇，给群众生命财产安全造成严重危害。据不完全统计，1967—1997 年 31 年间，无定河有 14 年发生较大洪水，累计受灾人口 150.55 万人，直接经济损失 18.4 亿元。1958 年 8 月 8 日，绥德南窑沟一次降雨 36.7 毫米，其中最大降雨强度达到每分钟 3 毫米，平均冲刷深 15.2 毫米，土壤冲失量达 21257 吨每平方千米。1994 年 8 月红柳河发生约 50 年一遇暴雨，由于降水集中、强度较大，且水库泄水能力不足，造成红柳河、芦河流域的西郊、鲍家湾、西湾等 11 座中小型水库垮坝，受灾人口达 56.04 万人，损坏房屋 2.51 万间，农作物受灾面积 189.03 万亩，交通、通信、水利等基础设施毁坏严重，造成直接经济损失约 7.66 亿元。2001 年 8 月 18 日无定河流域上中游暴雨，绥德县城段无定河流量达到 2600 立方米每秒，造成绥德县城部分被淹，造成生命财产重大损失。2017 年 7 月 25—26 日榆林发生特大暴雨，降雨量约为当地半年的降雨总量，量级历史罕见，子洲、绥德灾情严重，县城部分被淹，基础设施和财产损失十分严重。

无定河流域还有雹灾和滑坡等自然灾害。冰雹往往伴随狂风暴雨而降。榆林市多年各县平均每年有雹日 1.6 天，冰雹影响次数最多的 1976 年，为 31 次，最少的 1975 年，为 8 次，相差近 4 倍，年际变化比较大。冰雹出现日期最早为 2 月 19 日（1966 年靖边县），早晚跨 10 个月。主要集中在夏季到初秋（6—9 月），占全年降雹总日数的 69%，最多 6 月占 21%，其次是 8 月、9 月，分别为 17% 和 16%。年内降雹分布也有差异，春季是降雹的初始阶段，占全年总次数的 25%，一般雹小，影响范围窄，造成的危害轻；夏季降雹占全年总次数的 53%，冰雹个大，范围较广，危害重；初秋降雹次数虽少，但成灾范围广，危害严重，造成的损失大。据资料统计，榆林市 1950—2010 年年均发生大风、冰雹灾害 3.4 场次。流域滑坡多发生在南部黄土丘陵沟壑区，这一区域群众历来习惯靠山堑坡修窑洞居住，往往因大暴雨、连绵阴雨或春季解冻时极易诱发山崖、陡坬崩塌、滑坡，造成压毁窑房、人畜死伤、财物毁灭等事故。

第三节　大风、沙尘暴

无定河流域风沙区地势高亢，植被稀疏，地面多松散物，受内蒙古高压控制，每年 3—5 月，常出现大风和沙尘暴，多西北风向，最大风速 40 米每秒，年均风速 1.4 ~ 3.6 米每秒，8 级以上大风日数，年均 3.4 ~ 48.5 天，最多年份达 70 余天，其中春季占到 41% ~ 50% 。大于 5 米每秒的起沙风日，年均 81 天。沙尘暴以长城沿线最多，年均 10 ~ 30 天，最多年份达到 82 天。

无定河流域地表组成松散，霎时风力达到 8 级以上，或瞬间风速大于 17 米每秒的大风，往往形成沙尘暴、扬沙、黄风天气，不仅影响航空、行车，而且易成灾害。2009 年，榆林市出现大风日数 21 站次，沙尘暴 6 站次，其中榆阳区 3 次、定边县 1 次，3 月 20 日，定边县出现 2009 年度第一次沙尘暴，与历年相比，榆林市沙尘暴日数属较少年份。2010 年，榆林市出现沙尘暴 6 次，其中榆阳区 3 次、定边县 1 次。2010 年春季，榆林风沙天气偏强，2 月 6 日定边县出现 2010 年度首次沙尘暴，最大风速达 27 米每秒，靖边、榆阳等县（区）出现扬沙；3 月 19—20 日，榆阳区出现沙尘暴，其余大部分地区出现沙尘天气，最大风速 30 米每秒；4 月 25—28 日，榆林市持续出现大风扬沙天气；11 月 11 日，榆阳区出现强沙尘暴。

第二篇　水资源节约集约利用

无定河流域历史上长期干旱少雨，因而历来普遍重视水资源的开发利用，史书典籍多有“引河及川谷水以溉田”“以潴蓄水灌地”的记载。自秦汉以来，流域各级政府和民众采取多种形式引水灌田，兴修水库，打井抽水，开发水力，兴办了一大批水利工程，初步形成了地表水地下水结合、大中小微工程结合、蓄引提调结合的水资源开发利用格局，为造福流域百姓、促进经济社会发展提供了保障。至2020年，陕西省无定河流域建成大中小水库77座，总库容18.17亿立方米；建设万亩以上灌区14处，灌溉面积68.3万亩；保存有水电站 5座，装机容量1.835万千瓦。

第一章 引水灌渠

无定河流域引水灌溉历史悠久。据史籍记载，汉武帝元鼎六年（前111年）上郡、西河郡等地即设“田官”，令戍守边卒60余万人垦田，并兴修水利，引河谷水发展灌溉。随后历朝历代各县引水灌溉均有发展，明清时期较为繁盛，无定河各县修筑小型渠堰达35处。民国时期，开始有计划地修筑较大的引水灌渠，成为陕北引水灌溉的重要标志。新中国成立后，流域内各级政府把兴修水利列入重要议事日程，在动员和组织群众修复、加固、扩建旧有引水渠道的同时，续建了定惠、织女、榆惠等渠，新修榆林的榆东渠、三岔湾渠、榆高渠，横山的芦惠渠、石湾渠，靖边的芦西渠，绥德的第二定惠渠、绥惠渠、石湾渠，子洲的子洲渠等一大批中小型引水渠，最多时引水灌溉面积达46.39万亩。之后，随着榆林市能源重化工基地建设，城市化建设步伐加快，能源化工企业、党政机关办公用房及民居的兴建，公路、铁路等基础设施的发展，征用了很大一部分水地，原有自流灌溉面积有所减少。但从20世纪90年代以来，既加大水利建设投资，又新建扩建、加固了一批蓄水引水工程，自流引水灌溉面积又有新发展。至2020年，无定河流域有自流引水渠道82条（含榆阳13条，横山58条、绥德2条、米脂1条、子洲5条、靖边1条、清涧2条），有效灌溉面积27.09万亩，其中国营灌区18条（含榆阳10条、横山3条、绥德2条、米脂1条、子洲2条），有效灌溉面积20.93万亩。

第一节 古代渠堰

古代流域各地在河川沟涧旁，因地制宜地兴修了许多小型引水渠堰，史书典籍多有记载。东汉顺帝永建四年（129年），尚书令虞诩在给汉顺帝上书的《议复三郡疏》中说：“雍州之域，厥田唯上郡，且沃野千里，谷稼殷积，又有龟兹盐池以为民利（上郡龟兹县有盐官）。水草丰美，土宜产牧，牛马衔尾，群羊塞道。北阻河山，乘阨据险，因渠以溉，水舂、河漕用功省少，而军粮饶足。”《新唐书·地理志》记载，唐贞元七年（791年）夏州“开延化渠，引乌水（今靖边统万城北纳林河）入库狄泽，溉田二百顷”。同时在盐州（治所在今定边县城）兴修有“特进渠”。明代，至明嘉靖年间（1522—1566年）境内除兴修有榆林红石峡渠、南渠、米脂流金堰渠外，各地在河、川、沟、涧广泛围堰蓄水，修渠引水灌田。明万历《延绥镇志》载：“芹河水，成化初巡抚吕公雯修西河及榆阳三桥，百户谢瑜于永安门桥南刳木为渠，跨大河（今榆溪河）而东入城。溉西廓镇巡诸衙门园田；又作支渠兼红石峡渠水溉城外园田。龙王庙水（今普惠泉水），成化年间开渠二，一自洗浴亭后绕大宁寺而南过鼓楼，再南西折溉旧廓西总府并副府园田；一自广有仓门北折经玄帝庙，西折溉按察司园田，再西出西廓溉镇巡抚园田。……扇马河，嘉靖初始浚，溉三岔川（今榆阳区三岔湾）田。刘官儿寨水，弘治年浚，溉夹寨园田、稻地。归德水，溉堡南田。鱼河潴水，溉堡南田。碎金驿水，溉驿西田。岔河水，溉常乐堡东园田。入边虏逌，溉边外田，利更溥。永利河，环溉高家堡川南、北、西稻田园田。大柏油水，溉堡南园田、稻田。黑河水，溉响水堡东北稻田。寺子沟水，溉响水堡城西园田。波罗水，溉堡西田。清平沙水，溉堡（在靖边县高家沟乡）东园田。”清代，各地群众因地制宜继续扩建增修小型引水渠堰。仅明清时期修有 50 多处，这些小型渠堰后来大多改建或扩建成为中小型灌区的组成部分，也有一些古代小型渠至今沿用发挥其功能。其中，无定河流域较大引水渠有红石峡渠、杨公南渠。

一、红石峡渠

红石峡渠引无定河支流榆溪河水，渠首在榆林城北榆溪河红石峡，始建于明成化八年（1472 年），由延绥镇巡抚余子俊、榆林城举人纪温主持修建。正德年间渠废，嘉靖年间巡抚张子立修复。明万历二年（1574 年）渠被洪水冲毁，巡抚张守中主持，由榆林城人刘勋等在红石峡石崖东侧的慈仁殿内“凿水洞为渠”修复。清初，渠淤泛溃又废。清康熙三十六年（1697 年），延绥镇中路兵备道佟沛年修复。清乾隆三十六年（1771 年）渠“辄复淤坏”，榆林县知县黄照等修复，并南拓 15 里，称广泽渠。清光绪六年（1880 年）在红石峡普渡桥西崖底开凿石壕，建成东西两道渠。经多次拓修，至 1949 年，西支渠经红石峡西岸石崖灌溉麻地湾滩地 300 余亩；东干渠在红石峡东红山寺北约 200 米处水磨梁引水，经东岸明代所凿石洞石壕，流经北岳庙三道沟至官井滩，灌田 800 亩。

1956 年红石峡水库建成，河床刷深，水渠引水困难。同年春，在原进水口处砌筑石滚坝，设进水闸、冲刷闸，扩大石渠石洞断面，引水 1.2 立方米每秒。1957 年，在废普渡桥基上建跨度为 3.8 米 2 孔桥涵式渡槽，长 30 米，引水西过麻地湾，扩浇农田 700 亩。由于桥基年代久长，浸润剥蚀严重，在施工时未做处理，渡槽运行 3 年，发生裂纹。河槽吊深后，东护岸崩塌，输水中断。1959 年，维修又建 13 米跨度涵洞 1 孔。1961 年两洞一齐塌毁，输水复断。1963 年春，在原桥址北 42 米处兴建 4 米跨度 4 孔涵洞渡槽。1967 年夏，加宽加高渡槽输水壕，东西两渠浇灌农田 4000 亩。从 20 世纪 90 年代起，由于红石峡中、下段灌区大部农田逐渐被榆林城市建设占用，至 2020 年该渠灌溉面积不到 1000 亩。

二、杨公南渠

明崇祯七年（1634 年），米脂县知县孙绳武倡导农民们在米脂县城东门外宋家硷筑堰蓄水，沿流金河北岸修渠引流，经南门外至城西灌田。清雍正元年（1723 年），延榆道宪杨文乾补修扩修渠道，浇地 160 余亩，群众立碑以记，命名杨公南渠。清咸丰二年（1852 年），渠道冲坏 30 多丈，知县杨煦主持补修。清咸丰六年（1856 年），知县文运熙第三次组织复修，投资 283 千文，两个月竣工。后南岸亦开渠，南北分别称背渠、阳渠，又合称南河渠或南河岔渠。中华民国年间，每年由受益农户公推壕头 2 人主持小修和用水。直到 20 世纪 50 年代，仍可灌溉。20 世纪 60—70 年代，因修筑公路和城市扩建，该渠消失。

第二节 民国时期灌渠

民国时期，新修靖边芦河沟、白城渠，横山雷龙湾渠、海流兔渠，绥德五里湾、延家岔渠，清涧宁川渠。民国二十八年（1939年）四月建成米脂织女渠、民国三十二年（1943年）九月建成横山定惠渠等。

民国初期，无定河流域各地水利灌渠建设仍沿用明清时期的办法，多由当地农民自发合股集资、组织劳力兴修，一方面对明清时期所修建的旧有堤坝、渠道、水田等水利工程进行加固维修、拓展，另一方面组织兴修新的灌渠，引水灌田。其中，较大的灌渠有：海流兔渠（在今榆阳区），民国六年（1917年）七月，曾由当地大户张风林、曹旺山、刘增华等倡办，集资30余股，至民国八年（1919年）修渠3里，因款尽力竭，加之所修木柴坝被大水冲毁，遂告终止，共耗银900余两，然劳而无效。白城渠（在今靖边县红墩界乡和横山区雷龙湾乡境），民国十三年（1924年）春，由当地农民李玉桂、冯云山等集资创修，至民国十五年（1926年）筑柴草堤坝，修石、土渠共长4余里，灌田1300余亩，耗资银洋3000余元。五里湾渠、延家岔渠（今绥德县张家砭镇、名州镇），民国七年（1918年）由五里湾、延家岔村民集资先后修成，两渠共灌田190亩。此外，兴修成的水渠还有靖边县芦河沟渠、横山雷龙湾渠、绥德义合楼沟渠、清涧县石台寺渠等。这些水渠大都由当地农民集资修成，每渠仅灌溉10 ~ 200亩。

民国十一年（1922年）十二月，绥德县乡绅梁凤山、文焕章、崔仰极先后呈文陕西省水利厅请求兴修大理河石家湾段、无定河四十里铺段渠，均未果。

民国十六年（1927年），应驻榆林时任国民革命军第九路军总司令井岳秀、时任陕北救灾会委员杜斌丞的约请，陕西省水利局局长李仪祉带领水利工程师孙绍宗等到榆林等地进行水利调查，并对无定河、榆溪河水利工程作详细勘测后，制订修建米脂织女渠和榆林鱼惠渠、黑海子渠等方案。李仪祉撰写了《兴修陕北水利初步计划》《无定河织女渠说略》《鱼河堡水利说略》等技术报告。民国十七年（1928年），陕北大旱，经李仪祉（时任华北水利委员会主席）提议，北平华洋义赈会以工代赈拨赈款修织女渠、鱼惠渠及扩修横山雷龙湾渠、靖边杨桥畔芦河沟等渠。至民国十八年（1929年），修鱼惠渠拨赈款3万余元，修成米家园则至李家沟土石渠和桥涵全长20里，随即引水试渠，结果所建桥涵全溃，加之停拨赈款，致修鱼惠渠中断；扩修雷龙湾东、西干渠长达15里，灌田可增5000亩；扩修杨桥畔芦河沟渠拨赈款3千元，筑成高3丈、宽5丈砖石坝一座，开渠引水，灌下游农田3000亩；兴修织女渠，因停拨赈款而中断。

民国二十六年（1937年）六月，陕西省政府以工代赈拨款8万元，开工修复织女渠，并由省水利局工程师李维第等技术人员组成水利勘测队到米脂县进行技术指导，织女渠修成通水。其间，应陕西省第二区行政督察专员何绍南呈请，省政府指令正在织女渠施工的省水利局工程师李维第等技术人员组成水利勘测队，于民国二十六年九至十月到绥德县先后对田庄渠、周家硷渠水利工程进行勘测。

民国二十八年（1939 年）二月，陕西省政府正式建立陕北水利工程勘测队，六月，由队长陈靖（字颖波，陕西泾阳人）率队进驻榆林县（今榆林市榆阳区）鱼河堡，重点对榆惠渠（原鱼惠渠）、横山定惠渠等水利工程进行勘测设计，并开展对陕北各县小型水利工程的指导与勘测设计工作。至民国二十九年（1940 年）冬，勘测队除对榆惠渠、定惠渠等水利工程勘测设计外，先后完成绥德县田庄、周家硷、三皇峁、淮宁渠等水利工程的勘测设计，并应陕北一些县呈请，先后派员到靖边宁条梁红柳沟等河流进行水利工程勘测。

民国二十九年冬，陕西省政府决定先修定惠渠、榆惠渠，即令第一区行政督察专员公署会同陕北水利工程勘测队筹备成立陕北水利工程处，制定工程处暂行组织规程，预算经费、管理费等。民国三十年（1941 年）三月一日，陕北水利工程处正式成立，即将陕北水利工程勘测队并入工程处。至民国三十四年（1945 年），政府出资，由陕北水利工程处实施修成的较大水利工程有定惠渠，未修成的有榆惠渠等。

从民国二十八年起，由陕北水利工程处勘测设计和指导，地方民众集资投工或贷款及政府拨赈济款新修、扩修的小型水利工程有：横山县（今横山区）的雷龙湾渠、海惠渠（海兔渠）、哈兔湾渠、白城渠、芦惠渠、谷家湾渠、硬地梁渠、胡石窑渠等；榆林县（今榆林市）的榆林城区榆溪河堤、二道河河堤、牛家梁榆溪河河堤、五道河河堤、十八墩渠、石山寺渠、小川沟渠等渠；米脂县（西区）的孟家园渠、园则坪渠；定边县的安边堡八里河渠坝等。至民国三十四年（1945 年），隶属陕西省第一行政督察区所辖的榆林、横山、米脂（西区）、定边（安边一带）等地新修、扩修、维修大小水利工程 90 余处，可灌田增达 10 万余亩，共投入各项工程款国币 6239.59 万元，其中投入定惠渠工程款国币 5801.1 万元。

至民国三十四年（1945 年），流域内复修、扩修、新修中小型引水渠堰共 108 条。1949 年流域内引水渠堰灌溉面积计有 8 万余亩。

第三节　陕甘宁边区和新中国成立后灌渠

抗日战争时期，陕甘宁边区政府号召边区各县兴修水利，发展水利事业。1939 年，靖边县政府动员杨桥畔农民新修水地 100 多亩。1941 年，中共靖边县委书记惠中权、县长王治邦亲自到杨桥畔实地勘测，解决了水利建设中的地权、资金、劳力等具体问题，加固坝堤、拓宽水渠，增修水浇地 1500 亩。1942 年，靖边县巴图湾、杨桥畔农民修筑拦水坝 6 座，修水地 5000 多亩、水漫地 1000 多亩，成为陕甘宁边区水利建设的模范县，受到毛泽东主席的表扬。1942 年底，在边区高干会议上，毛泽东主席提出把“兴修有效水利”列为提高农业技术首位的方针。在 1942 年写的《经济问题与财政问题》中甚至有这样具体的内容：“修水地的重要问题是地权分配问题，动员民力问题，组织领导问题与壕坝工程问题，四者有一不当，即不能成功。一九四二年靖边同志领导农民在巴图湾、杨桥畔等十处地方打了六个坝，依坝作壕，引水灌地。”1943 年，边区政府下拨边币 200 万元，兴修靖边杨桥畔等处水利工程。

新中国成立后，无定河流域各级政府大力发展水利事业，在动员和组织群众修复、加固、扩建旧有渠道的同时，续建了定惠渠、织女渠、榆高渠等老旧灌渠，加大投入力度，组织新修了一大批中小型引水渠，为流域农业发展和生态环境改善提供了水利保障。至2020年，无定河流域引无定河及其支流河水灌田5000亩以上的国营灌渠共20条，全部在榆林市，分布在米脂县的有织女渠，横山区的有定惠渠、雷惠渠、响惠渠、芦河渠、石湾渠，榆阳区的有榆高渠、三岔湾渠、榆东渠、石峁渠、榆西渠、西沙渠，靖边县的有芦西渠，绥德县的绥惠渠、第二定惠渠、石家湾渠、四十里铺渠，子洲县的大理渠、子洲渠。至2020年，陕西省无定河流域实际灌溉面积68.34万亩，灌区规模多为中小型，其中万亩以上灌区14处，灌溉面积约30万亩，主要分布在无定河干流两岸的定惠渠灌区、雷惠渠灌区、织女渠灌区和第二定惠渠灌区等。各灌区历史悠久，灌区已经成为粮食主产区和稳产区，保证了流域经济社会快速发展。

第四节　重要灌渠

无定河流域引无定河及其支流河水灌溉工程众多，既有上万亩的较大灌渠，也有能灌溉几十亩、上百亩的小微灌渠，大中小微并举，长藤结瓜，星罗棋布，造福两岸百姓生活。在陕西省无定河流域内，灌溉5千亩以上的灌渠有20处，其中引无定河水的有5处，引无定河支流水的有15处。

一、织女渠

民国十三年（1924年），米脂县县长王登甲接受绅民建议，集资开挖无定河西岸渠道，因测量不精，耗费万余元，没有成功。民国十六年（1927年），应驻榆林时任国民革命军第九路军总司令井岳秀及时任陕北救灾会委员杜斌丞的邀请，陕西省水利局局长李仪祉带领水利工程师孙绍宗等到米脂等地对无定河进行勘测，制订修渠方案。民国十七年（1928年），陕北大旱，经李仪祉（时任华北水利委员会主席）提议，北平华洋义赈会以工代赈拨赈款修织女渠等，次年因停拨赈款中断。民国二十五年（1936年）九月二十九日，国民政府陆军十三军军长兼绥榆地方清乡善后委员会主任汤恩伯主持召开清乡善后委员会议，作出《发展陕北实业、水利、造林、畜牧》及《修复织女渠》等决议案，随即呈报陕西省政府，经时任省政府秘书长杜斌丞和省水利局局长李仪祉多方斡旋，省政府以工代赈拨款8万元修复织女渠，并由省水利局派工程师李维第率技术人员到米脂指导施工。织女渠于民国二十六年（1937年）六月正式开工，民国二十八年（1939年）四月渠成通水。因当地有郭子仪七夕逢织女星的传说及织女庙，按李仪祉来米脂县时的提议，此渠命名为织女渠。引水口在米脂县无定河西岸五里沟村以北1千米处。渠首开凿1000米隧道穿岸边石崖，引入无定河水，经山坡明渠到镇子湾村，再进入土渠，至小桑坪村止，全长18千米。沿途筑涵洞5处、暗渠7处、跌水2处、倒虹1处、渡槽7座、排洪桥4座、斗门7座。工程总耗资12万余元，可浇地5000余亩。

行水一年后，织女渠被洪水冲毁部分渠段。民国二十九年（1940年）六月补修，次年灌溉面积可达11000多亩。民国三十一年（1942年）秋，渠道再度被山洪冲断，时值抗日战争时期，财力维艰，未能复修。

民国三十七年（1948年）秋，陕甘宁边区政府建设厅派出测量组对织女渠进行全面勘测，制定修复规划，编报预算。1949年，边区政府拨给8000石小米作为修渠经费，由边区农业厅领导，绥德分区水利工程处（后改绥榆水利工程处）设计，于2月27日动工修复，次年5月20日竣工放水，计实支小米8047石。到1952年10月，全渠干道修复并延伸0.42千米至窦家圪崂。渠首修建进水闸和拦河坝，引水量1立方米每秒。修复后灌地7000多亩。

1955—1957年，第二次扩建渠道，完善渠系建筑物，改修进水闸，渠首引水量增至4立方米每秒。1956年兴修东二支渠、东三支渠。东二支渠经姬家峁倒虹东渡无定河，灌溉吴家沟、艾家坪、十里铺、官家湾、李家沟、张家沟、赵家山、高二沟8个村庄川地。东三支渠由绥德丁兴庄东渡无定河至谢家沟，经四十里铺到延家岔止。1957年由干渠延长西支渠，从绥德王家砭至四十里铺对岸。

1964年，组织衬砌了镇子湾至蒋沟干渠，长4.7千米。1965年兴修东一支渠，由党家岔东渡无定河到雷家峁，至米脂城南小石砭。灌溉雷家峁、班家沟、北门川、南关等处川地。1974年改修杨家砭至姬家峁干渠，长4千米。1979—1980年，改修窦家圪崂至尚庄干渠，衬砌3.5千米。20世纪80年代初，灌溉面积增加到32000亩，以后渐有缩减。1989年，整修东一支渠，完成党家沟至榆林沟岔的1962米渠道内砌护。1999年对渠首进行改造。2008年榆林市财政投资960万元用于织女渠节水改造，2009年3月开工，2010年6月完工，共衬砌干渠1060米，改造干渠涵洞1420米、渠系建筑物24座。

织女渠经过多次维修改善，至2010年建有长200米、高2.63米拦河坝（砌石重力滚水坝）1座、进水闸及冲刷闸各2孔、防洪堤420米、丁坝7座、抽水站32处，加上溢流坝涵洞、倒虹等各类渠系建筑物共541座。渠道总长72.8千米，其中干渠长28.3千米、4条支渠总长44.5千米。国家先后投资995万元。渠首引水量为4立方米每秒。1993年灌溉米脂、绥德两县土地共2.5万亩，其中浇米脂43个村庄（或单位）的1.82万亩土地。2000年以来，由于灌区官庄及米脂县城郊一带兴建工厂、城区扩大和修筑铁道等占用灌田，至2013年灌溉总面积减为1.05万亩。

1966年，织女渠曾改名为红卫渠，1980年恢复原名。

二、定惠渠

定惠渠于民国三十年（1941年）九月，由陕北水利工程处完成施工计划和全部工程预算。随即，陕北水利工程处以以工代赈形式征调横山等地民工600多人，动工修筑渠进水闸、冲刷闸、隧洞石渠。总计开支国币5801.1万元，在横山赵石窑村无定河干流建成渠首拦水大坝1座，建成干渠渡槽20座、跌水14座、排洪闸3座、斗门15座、人行桥18座，土石主干渠8千米。同年九月二十五日，在横山马坊举行定惠渠放水典礼，国民党榆林党政军各机关要员二十二军军长高双成，国民党榆绥区党务办事处主任徐玉柱，八十六师师长徐之佳，一区专员刘学海，榆林、横山、神木、府谷县县长等及当地士绅和群众共约5000人参加放水典礼。这年十月至十一月二十一日，陕北水利工程处征调横山县波罗、响水和榆林县鱼河堡、上盐湾等地民工2000多人修定惠渠八里塔段土渠。民国三十三年（1944年）三月，又征调榆林、横山两县民工2000人进行扩修定惠渠，至5月使干渠长达20千米。

民国三十四年（1945年）曾试水一次，当引水至7千米处时金家沟就无法下引，只好在余家沟退水，后加固整修，于民国三十六年（1947年）才正式通水至余家沟，马坊1000亩滩地得以受益（仅受益一年）。次年夏季，渠系部分建筑物被洪水冲毁，金家沟以上引水渠全部淤塞。

民国三十七年（1948年）秋，陕甘宁边区政府建设厅提议修复定惠渠，并派测量队赴现场勘测。一个月后即拟订出计划报边区政府财政经济委员会，1949年2月中旬批准了计划，施工任务由绥榆水利工程处承担，3月下旬修复工程正式动工，经一年多的紧张施工，加固、加高了原有建筑，渠道全线清淤疏通，1950年6月上中旬即修复引水口以下7340米渠道，试放水成功，渠道控制受益面积达到0.9万亩，次年实际灌溉0.47万亩。1953年至1954年7月，完成渠道从横山泗源沟延长至米脂县龙镇马湖峪村，干渠长达19.78千米，设施灌溉面积达到2.9万亩。1955年增建了长4.9千米的“老38斗渠”。1958年3—7月新建无定河东岸三支渠。三支渠从横山祁寺分水，建倒虹穿无定河，经榆林县上盐湾，至镇川红柳滩村退水，总长21.9千米，扩大控制灌溉面积1.26万亩。三支渠道倒虹由解放军7299部队2分队（第102团第2营）承建。1988年、1991年国家两次投资对渠首和部分主渠道进行改造。2008年至2009年10月，中央财政投资200万元用于定惠渠灌区高效节水改造工程建设，主要对9+000 ~ 11+027的2.027千米主干渠段进行衬砌。

1949年以来，定惠渠先后多次整修改善和扩建，渠首工程在横山县赵石窑村筑高3.5米、长83米的重力砌石坝，右侧开凿隧洞260米，出口处设进水闸3孔，冲刷闸2孔，装平板式闸门。干渠起自赵石窑村无定河峡口终至米脂县马湖峪村，全长35.37千米，其中已衬砌17千米；三支渠长21.54千米；斗渠99条，总长76.6千米；渠系建筑物348座，其中隧洞2处共405米。渠道设计引水流量7.0立方米每秒，实际引水6.0立方米每秒。

至1990年，定惠渠引无定河水，灌溉横山、榆林（今榆阳区）、米脂三县沿无定河两岸滩地设计灌溉面积4.5万亩，有效面积4.3万亩，其中横山县2.25万亩、榆阳区1.56万亩、米脂县0.49万亩。灌区有2.0万余亩盐碱滩地，已有1.32万亩改良为良田。之后，由于灌区镇川一带支渠严重缺水及城镇扩展、修建铁道等占用大量灌田，至2013年有效灌溉面积减为3.9万亩，实际灌溉面积减为1.9万亩，实际引水量减为5.0立方米每秒，年取水量8370万立方米，年用水量4320万立方米，渠系水利用系数0.4，灌溉水利用系数0.5，渠道完好率50%，渠道建筑物完好率30%。受益区有横山县党岔、白界，榆阳区上盐湾、镇川，米脂县龙镇共5个乡镇32个行政村、4个国营农场和1个原种场，受益人口4.2万人。

三、雷惠渠

雷惠渠引无定河水，前身为雷龙湾渠。民国六年（1917年），横山县雷龙湾村民高奉五、魏兴才倡导引水灌田，当地群众积极响应，集资 40 股，在雷龙湾村西北 2 千米处的无定河右岸窑子湾跌水前凿石开渠，至民国八年（1919 年）凿通 795 米石渠、315 米石头隧洞和筑成 1 千米的土渠，耗银共计 8000 两，每股平均支 200 两。渠道原计划可灌 3000 余亩，次年实际灌溉面积仅 200 亩。民国二十九年（1940 年）渠道延长到王家沟东。民国三十五年（1946 年）灌溉面积增加到 562 亩。至 1953 年，渠道延长至庙圪堵，渠长达到 6.5 千米，灌溉面积达到 1337 亩。

1957 年决定在原雷龙湾渠的基础上新建雷惠渠，1958 年 9 月动工兴建，1960 年底竣工。渠首原为无坝引水，后因无定河径流减小，河床下切，引水困难，1979 年渠道增建拦河坝。1991 年国家以工代赈投资 130 万元对雷惠渠主渠道进行改造。1995 年，又对渠首枢纽进行改建。2004 年国家投资 100 万元，改造主渠 6 千米。至 2010 年，灌区累计国家投资 343.43 万元，雷惠渠在雷龙湾村西 1.5 千米处的石峡筑浆砌石重力滚水坝，坝高 1.2 米，长 34 米；坝右设进水闸、冲刷闸各 1 孔。干渠自坝头引水，经雷龙湾、沙峁、油房则、脑海圪堵、石马洼、寨城梁、波罗等地，至高家沟村东庙梁沟退水，总长 45 千米，其中石渠 7.6 千米、已衬砌 5 千米。建支渠 2 条，共长 13 千米。干渠设渠系建筑物 232 座，其中主要建筑物有渡漕 3 座、倒虹 4 座、退水闸 14 座、涵洞 44 座、跌水 15 座、排洪桥 47 座、分水闸 2 座、斗门 94 座。支渠设渠系建筑物 54 座。

2020 年，由于王圪堵水库蓄水，雷惠渠王沟台处渠道垮塌。由榆林市水务集团出资，在王圪堵水库内为雷惠渠灌区修建抽水泵站，保障雷惠渠灌区灌溉用水，并升级改造雷惠渠干渠 13 多千米。现雷惠渠分为两段：一段由原渠首取水，负责雷龙湾镇的灌溉任务；另一段由王圪堵水库泵站供水，负责城关镇、石马坬农场、波罗镇的灌溉任务。同年由横山区水利建设中心实施农业水价改革项目，为雷惠渠渠道安装 38 套计量设施，雷惠渠渠道现有 41 套计量设施，其中干渠 6 套、斗渠 35 套。

雷惠渠引无定河水，渠道设计流量为 4.3 立方米每秒，实际引水量 2.2 立方米每秒，年取水量 1869 万立方米，年用水量 1022.8 万立方米。设计灌溉面积 2.5 万亩，有效灌溉面积 2.2 万亩，实际灌溉面积 2.1 万亩，新增移民办 1.8 万亩、王圪堵支渠 0.45 万亩、市楼界高抽 600 亩、大川沟水库周边高抽 0.6 万亩。渠系水利用系数 0.65，灌溉水利用系数 0.55，渠道完好率 75%，渠道建筑物完好率 70%。受益区包括雷龙湾、横山、波罗的 3 个乡镇 25 个行政村，石马洼农场的 5 个分场、1 个林场，受益人口 4.5 万人。

四、响惠渠

响惠渠引无定河水，渠首枢纽建在横山响水镇蟠龙寺无定河干流上。该渠于 1958 年兴修，1960 年告竣。拦河大坝为重力砌石坝，总干渠长 4.7 千米，其东干渠修至枣湾沟，长 2 千米。西支渠修至党岔乡盐子沟，长 10.5 千米，设施灌溉面积 5000 亩，加上东干渠原设计面积 1500 亩，灌溉面积 6500 亩。

1975 年对响惠渠进行了延长、扩大，渠尾延至干柴沟，支渠流量由 0.5 立方米每秒增至 0.9 立方米每秒，渠长 14 千米，设施灌溉面积扩大到 6400 亩。1978—1979 年，石马洼农场为建万亩农场，将总干渠的进水流量扩大为 3.0 立方米每秒，可为东干渠供水 2 立方米每秒，支渠分水 1 立方米每秒。至 2010 年，渠道全长 19.8 千米。其中，干渠 1 条，长 16.5 千米；支渠 1 条，长 3.3 千米。渠道衬砌长 2.0 千米。设计流量 1.0 立方米每秒，实引流量 1.0 立方米每秒。年取水量 1560 万立方米，年用水量 864 万立方米。设计灌溉面积 0.74 万亩，有效灌溉面积 0.65 万亩，实际灌溉面积 0.62 万亩。渠系水利用系数 0.35，灌溉水利用系数 0.4。渠道完好率 50%，渠道建筑物完好率 30%。灌区包括响水、白界、党岔 3 个乡镇的 8 个行政村和农场、林场、原种场各 1 个，受益人口 1.5 万人。

五、芦河渠

芦河渠引无定河支流芦河水，渠首枢纽建于横山赵石畔乡王皮庄村，拦河坝长 50 米、高 4.3 米。该工程于 1956 年 6 月开工，到 11 月底建成，1958 年延长扩展，渠道全长 35.5 千米。其中，干渠 1 条，长 22.5 千米；支渠 3 条，长 13 千米。至 2010 年，渠道衬砌长 2.0 千米。设计流量 1.1 立方米每秒，实际引水流量 1.0 立方米每秒。年取水量 1560 万立方米，年用水量 864 万立方米，设计灌溉面积 0.87 万亩，有效灌溉面积 0.77 万亩，实际灌溉面积 0.6 万亩。渠系水利用系数 0.35，灌溉水利用系数 0.4。渠道完好率 50%，渠道建筑物完好率 30%，受益区有横山、赵石畔 2 个乡镇 18 个行政村 2.4 万人。

芦河渠，1990 年以前称芦惠渠，之后称芦河渠。

六、石湾渠

石湾渠由一、二两条干渠组成，均筑坝引无定河支流大理河水。一干渠于 1958 年兴修，1959 年建成。渠首位于靖边县青阳岔镇高石窑村，引大理河水灌溉石湾、魏家楼两公社土地 6149 亩及子长县（今子长市）土地 41 亩，共计 6190 亩。原设计引水量 0.6 立方米每秒，干渠长 16 千米，支渠 1 条长 1 千米。

1972 年因河水供应不足，横山县决定修筑第二条干渠，当年开工，1973 年建成，二干渠首位于石湾镇旋水湾村，干渠长 20 千米。设计灌溉面积 3410 亩，进水流量 0.6 立方米每秒，石湾一、二渠总设施灌溉面积 9600 亩，实际灌溉面积 7700 亩，未能达到设计能力，其主要原因仍然是水量不足。为了缓解这一矛盾，横山县于 1985 年在石湾小水沟村修筑一座库容量为 230 万立方米的小型水库，以给石湾渠补水。至 2013 年，石湾一、二两条干渠共长 35 千米，支渠 4 条，长 16 千米。渠道衬砌长 2 千米。设计流量 1.2 立方米每秒，实引流量 1.0 立方米每秒。年取水量 1560 万立方米，年用水量 864 万立方米。设计灌溉面积 0.98 万亩，有效灌溉面积 0.82 万亩，实际灌溉面积 0.4 万亩。渠系水利用系数 0.35，灌溉水利用系数 0.4。渠道完好率 50%，渠道建筑物完好率 30%。受益区有石湾、魏家楼 2 个乡镇 11 个行政村 1.2 万人。

2020 年 7 月，横山区决定将原芦河渠与原石湾渠合并为芦石渠灌区，组建芦石渠服务所管理。合并后芦石渠灌区全长共计 68 千米，设计灌溉面积 1.85 万亩，有效灌溉面积 0.85 万亩，实际灌溉面积 0.78 万亩（其中芦河渠 0.48 万亩，石湾渠 0.3 万亩）。芦石渠服务所属于榆林市横山区水利局，正科级建制，经费为财政差额补贴（财政补贴 70%，剩余部分自筹），主要负责辖区内水利工程的管理运行、防洪抗旱、灌溉、生态保护、水资源开发利用等工作，辅助渠道供水及维修管护工作。每年 4 月初开闸放水，10 月中旬结束。

辖区横山区城关街道办、赵石畔镇、石湾镇共1个街道办、2个乡镇的26个行政村，总人口3.6万人，劳力1.2万人，农业灌溉受益人口约2.2万人。主要种植作物有玉米、蔬菜、西瓜、豆类等。复种指数100%，粮食总产量0.66万吨，人均经济收入约4520元。

七、杨桥畔渠

民国四年（1915年），靖边县杨桥畔一带士绅樊士杰及当地农民集资合股修筑柴草坝堤，修建长1千米的渠道，引芦河水灌溉农田约百亩，当时称芦河沟渠。民国十八年（1929年），靖边县县长牛庆誉组织受灾难民，在杨桥畔新修筑引水渠1条，灌地150亩。民国三十年（1941年），惠中权任中共靖边县委书记时，发动杨桥畔农民拓宽了渠道，扩建水地1500亩。新中国成立后，杨桥畔渠陆续得到扩建，至2013年，干渠长11千米，灌溉面积5000多亩。

八、芦西渠

芦西渠引无定河支流芦西河水，1959年动工修渠，1960年建成。起自靖边县芦河旧城水库，直达杨桥畔公社许家沙畔大队。1975年张家峁水库建成后，将渠道又引到该库，干渠长28千米；斗渠31条，共长31千米；田间渠道98条，全长94千米。渠道有各类建筑物77处，整个工程投工221.3万个，挖垫土方82.7万立方米，投资45.3万元。设计灌溉面积1.5万亩，有效灌溉面积0.95万亩，实际灌溉面积4000多亩。1984年前，芦西渠实际利用干渠11千米。1989年对干渠扩建、维修，新筑干渠10千米，其中衬砌渠5.02千米，维修土渠14.98千米，用砖碹渠道1655立方米，并修筑公路桥2座、人行桥6座、斗门2座，总投资72万元。2000年以来，随着靖边县城建设规模的扩大，原有渠灌溉面积逐年减少。至2013年干渠总长20千米，支渠长8千米，年总引水流量80立方米每秒，设计灌溉面积2600亩，实际灌溉面积800亩。

九、榆高渠

榆高渠分高渠与低渠。高渠在榆阳区米家园则筑坝引榆溪河水，至上盐湾乡寨洼沟退水；低渠原名榆惠渠，在鱼河镇李家沟筑坝引榆溪河水，至上盐湾乡党家街小河退水。

低渠，于民国三十二年（1943年）十月由陕北水利工程处对原榆林县鱼惠渠重新勘测设计，并完成该渠第一期工程修正计划、工程预算等，呈报陕西省政府决定兴修榆惠渠。民国三十三年（1944年）三月，开工修筑渠首工程李家沟拦河坝。六月，因工程款等问题，榆惠渠全部工程停止。1950年复修榆惠渠，年底完成勘测、设计和工程计划。1951年3月动工兴建，1952年4月竣工。渠首在李家沟村西榆溪河干流筑浆砌石重力滚水坝，坝体表面浇筑0.25米混凝土以防冲蚀，坝高3.6米、长171米，大坝两端各设一孔进水闸、一孔冲刷闸。低渠灌溉工程又分东、西两条干渠。西干渠在坝右端引水，至杨家湾南退水入榆溪河，渠长4.5千米，灌溉面积0.1万亩。东干渠在坝左端引水，至鱼河堡柳巷退水，渠长7.93千米，灌溉面积0.35万亩。1955—1956年，东干渠延长到上盐湾乡的张渠沟退水。西干渠则因渠道位置太低，渠底比降小（1/2000），又处沙梁畔下，风吹沙入渠，淤积严重，每年清淤工作量特大，故于1959年报废。此后，低渠又经多次整修，渐趋完善。渠长17.81千米，已衬砌15.92千米。设计引水流量1.5立方米每秒，实际引水1.0立方米每秒。灌溉面积0.93万亩。渠系建筑物56座，其中渡槽2座、倒虹5座、涵洞2座、排洪桥5座、大车桥8座、退水闸9座、斗门25座。

高渠分两期建成，第一期于1958年3月25日动工，1961年竣工。在米家园则村西河段筑浆砌石重力滚水坝，长72.85米、高3.5米，坝左端设冲刷闸1孔，进水闸2孔。渠道经许家崖、高家洼，至鱼河堡引入低渠，渠长15.62千米。另于李家沟以上0.7千米处分水，在低渠拦河坝上游，与坝轴线平行距坝面8米处，建倒虹跨越榆溪河，新修渠道2.88千米，至王沙洼引入原榆惠渠的西干渠，建成全长7.0千米的西支渠，扩大控制面积0.25万亩，取代了西干渠。高渠一期工程完成后，提高了原灌区的灌溉保证率，同时扩大灌溉面积0.35万亩。

1971年8月28日，高渠扩建、延长工程动工，1972年8月15日竣工。高渠扩建、延长工程从鱼河堡干沟分水闸起，经郑家沟、西岔、陈兴庄、磨山村，至上盐湾寨洼盘沟退水，延长渠道19.90千米，全长达到35.52千米，衬砌21.08千米。扩大设施灌溉面积1.37万亩。延长工程在郑家沟建成榆林市第一座“无波双曲拱U形薄壳渡槽”，全长151米，拱桥跨度73米、宽4.04米、高32米，长跨比1/8，宽跨比1/18.7，细长比1/146，自重260吨，过水能力2.2立方米每秒。延长工程共投劳146.9万个工日，完成土石方181.9万立方米，国家投资工程费540.1万元。其间，榆林县组织全县劳力会战在榆高渠东干渠南拓延长工程上，并抽调上盐湾、鱼河、古塔、董家湾等公社基干女民兵140多名，组建“红色娘子军”。她们开山凿石，先后建成“三八”倒虹、郑家沟渡槽等主要工程，人们称她们为榆高渠的“女石匠”。

高渠延长工程完成后，灌渠正式更名为榆高渠。郑家沟“无波双曲拱U形薄壳渡槽”垮塌，又在郑家沟骨干坝坡上修渠道绕行通水。至2013年榆高渠高、低2条干渠总长56.5千米，支渠2条长9千米，斗渠149条长50千米，共有各种渠系建筑物259座，其中：石砌暗洞1处、长325米，渡槽4座，倒虹9座，涵洞33座，隧道1处（430米），排洪桥24座，桥42座，退水闸21座，斗门124座。灌区原设计引水总流量6.5立方米每秒，实际引水5立方米每秒，年总引水流量2980万立方米。设计灌溉面积2.8万亩，有效灌溉面积1.3万亩，2013年实际灌溉面积0.86万亩。

十、三岔湾渠

三岔湾渠引榆溪河水。1958年3月13日开工，在榆林县三岔湾村韦家湾榆溪河段筑坝引水，沿河东修建渠南下，经三岔湾村、赵庄沟、刘官寨、归德堡等村，至米家园则莲花沟退水，当年10月5日竣工，修通渠道14.2千米。三岔湾渠设计引水流量1.0立方米每秒，设施灌溉面积0.73万亩，因渠系工程建筑不完整，实际灌溉效益很小。1959年、1960年渠道输水0.7立方米每秒，下引仅10千米，灌地0.26万亩。其间，渠道淤积严重，引水困难，至1961—1963年三年输水流量为0.37 ~ 0.50立方米每秒，只能下引7.0千米，灌地只有0.16万亩。1964年对全线渠道及渠首输水建筑进行整修加固，并延长渠道至米家园则村南0.6千米处退水，渠长达到15.5千米。1973年为给赵庄抽水站引水，加大引水口至以下3.0千米渠道断面，增建赵庄抽水站支渠（过水能力1.5立方米每秒）0.5千米，沉沙池1个，长 168 米。3.0 千米段渠道，过水能力加大到 3.0 立方米每秒。

至 1984 年，三岔湾渠先后建浆砌石重力滚水坝 1 座，坝高 4 米，长 27 米；坝左设进水闸 1 孔，冲刷闸 2 孔；干渠 1 条，长 15.5 千米，衬砌 3.0 千米；支渠 1 条，长 5.0 千米，已全部衬砌；渠系建筑物 130 座，其中渡槽 1 座、石隧洞 1 处（长 340 米）、倒虹 4 座、跌水 4 处、涵洞 13 座、退水 6 座、桥 14 座、排洪桥 2 座、斗门 48 座。沿渠线建成抽水站 9 处，抽水能力 1.3 立方米每秒。国家累计投资 130.84 万元。至 2013 年，渠道设计引水流量为 3.0 立方米每秒，实际引水 2.5 立方米每秒，年总引水流量 1450 万立方米，设施灌溉面积 1.91 万亩，有效灌溉面积 1.91 万亩，2013 年实际灌溉面积 0.7 万亩。受益榆阳区所属古塔、鱼河等 4 个乡镇 5 个行政村和 4 个国营农林场 2 万多人。

十一、黑海子渠

黑海子渠是榆林市沙漠滩区兴建较早的民营渠道。民国十年（1921 年）三月，由当地大户农民刘岐、刘曾发起，投劳 50 多人动工挖成长 2 千米的一道渠道，因无经验，引水渠浇不上地，半途而废。民国十八年（1929 年）榆林大旱，本地李家伙场富户李五出资银洋发起修渠，结果用 3 个月仅挖了 2.5 千米长的渠道，修渠的农民即纷纷散去照顾自己的庄稼而修渠停止。1953 年，民办公助，于榆溪河上游牛家梁乡庙嘴导流，建成上段干渠，长 5.8 千米。1954 年南延干渠 6.6 千米。渠道经榆阳区赵元湾、黑海则、高家伙场、吴家湾、牛家梁等 15 个村，至牛家梁村南端退水。全长 12.4 千米，设施灌溉面积 1.5 万亩。2008 年投资 98 万元，在渠首新建拦河坝 1 座。2013 年实际灌溉面积 5000 亩。

十二、榆东渠（含石峁渠）

榆东渠（含石峁渠）位于榆溪河上游，原分建上、下 2 条干渠。上干渠于中营水库下游 7.5 千米处的孟家湾乡红伙梁村西筑坝引水，穿越四、三、二道河则，至牛家梁乡榆卜界退水；下干渠自牛家梁乡头道河石峁水库输水洞出口引水，至牛家梁乡马圈沟退水。

上干渠在红伙梁榆溪河道上筑坝引水。原计划引水至榆林城东七里沙，在榆阳河钟家掌沟退水，全长 70 千米。1958 年 3 月动工，由于施工前未经详细勘测设计，采取“边引水边开渠”的施工办法，修至七里沙方发现原计划灌溉土地高于渠道，且当时不具备提水条件，故停修七里沙地段渠道，已修成的渠道遂报废。当年 10 月修成渠首至榆卜界上段干渠，长 32.5 千米，引水量 1.5 立方米每秒。上干渠是在沙丘地中修建的，渠道蜿蜒沙漠腹地穿越沙丘 600 多座，过 4 条沟。原计划挖填沙方 485 万立方米，需投资 200 万元，两年方可竣工。在初期施工中，采取通常挖填做法，白天开挖沙渠二三尺（合 0.6 ~ 0.9 米）深，到夜间沙渠坍塌或被流沙埋压，修渠困难。时任农林水牧局局长杨增占与民工马柱才、高老八、张如则等组成开渠技术小组，在县委书记刘咸珠的支持下，总结经验，苦钻苦研，因地制宜，创造以引水拉沙开渠，采用“以水补水、长藤结瓜”“以沙补沙、冲填补夯”的方法，引水施工，以水定线，冲丘填洼，水到渠成，逐段延长。节时省力，进度迅速。整个主干工程 7 个月即完成，国家投资仅 30 万元。总结经验，沙地开渠，先引水开渠成毛坯，运行中逐渐巩固渠岸，不冲不淤。该渠是榆林市治理沙漠的骨干工程，为沙史上的创举。1958 年 12 月 26 日《人民日报》发表题为“在沙漠里修成百里运河——东渠”的文章颂扬榆林人民治沙修渠的事迹。至1960年全渠工程完善，沿渠建公路、退水、引水闸、倒虹、排洪涵洞等建筑36座。

下段干渠从石峁水库至榆卜界17.5千米的干渠也是1958年修成的。1961年10月石峁水建成后，下干渠经整修后即正式投入使用，至此形成上、下2条干渠。1961年9月至1964年，榆东渠工程的整修一直没有间断，渠首坝、渠道及各个渠系建筑物都进行了加固改善，又新建二道河则退水、倒虹等工程，使该渠道渐趋完善。1972年10月中营水库竣工，解决了渠道引水不足的问题。至1985年，榆东渠灌区先后建成主要工程有：中营、石峁两座水库，上、下两条干渠总长50千米，39条斗渠。渠道原设计引水流量3.0立方米每秒，实际引水流量2.0立方米每秒，其中：上干渠引水1.5立方米每秒，下干渠引水0.5立方米每秒。共建各种渠系建筑物36座，其中：公路桥5座，大车桥10座，退水6座，倒虹3座，排洪桥1座，拦沟防洪坝3座，涵洞6座，水闸2座。国家历年累计总投资184万元（不包括2座水库的投资）。至2013年，榆东渠（上干渠）干渠长32.5千米，支渠长3.5千米，年总引水流量2600万立方米，设施灌溉面积2.06万亩，有效灌溉面积1.2万亩，2013年实际灌溉面积0.93万亩。

2000年后，榆东渠下干渠分设，改称石峁渠。石峁渠主干渠长12千米，支渠长163米，年总引水流量350万立方米，设施灌溉面积1万亩，2013年实际灌溉面积0.23万亩。

十三、榆西渠

榆西渠在榆阳区岔河则乡排则湾村南引榆溪河支流白河水。渠道工程于1958年3月开工，1959年11月告竣，国家投资20万元，建成输水干渠19.1千米，斗渠9条总长7.3千米，退水、桥涵等建筑物11座。1993年后，上游白河河口水库年可调节供水70万立方米，渠道实际引水0.8立方米每秒，年均引水量200万立方米，渠系水有效利用系数0.5，设施灌溉面积1.05万亩，有效灌溉面积0.20万亩。受益榆阳区岔河则、小纪汗乡的8个行政村和马合农场、小纪汗林场共2万余人。2013年有效灌溉面积为0.2万亩。

十四、西沙渠

西沙渠在榆阳区牛家梁镇刀则湾村右岸导流建闸引榆溪河水。渠道沿榆溪河西沙畔南行2.5千米入沙漠，跨芹河南延至尤家峁水库，全程22千米。渠道工程于1972年9月16日动工，1978年10月告竣，先后投工105万个工日，完成沙土石方902万立方米，国家投资286万元。引水干渠全程砌护，其中砂块石砌护2千米、瓷板砌护20千米。渠堤左岸全程铺垫黄土，作简易公路，沿渠建水利工程建筑物50座，渠道引水流量设计4.0立方米每秒，设施灌溉面积4.8万亩。1981年在闸北700米处建倒虹穿榆溪河，引东岸陈家伙场阴壕水0.5立方米每秒，与原引转龙湾阴壕之水共计1.6立方米每秒。1982年之后，灌区逐渐开辟建成榆林西沙新城区。至2010年，年总引水流量2500万立方米，设施灌溉面积8559亩，有效灌溉面积4050亩，2010年实际灌溉面积1095亩。

修建渠道前期，榆阳区抽调5000多劳力，以大会战形式，边设计、边施工。当时工程指挥部领导人李巨才（榆林人，后任市人民代表大会常务委员会副主任）带领工程技术人员先后7次在20多千米长的渠程进行实地勘测设计。为解决沙地渠道防渗，工程指挥部建起瓷板厂，李巨才组织技术人员攻关，研制成抗压、耐冻大型瓷板砌护渠道，比用石料砌护节省资金60多万元。其间，抽调原榆高渠的“女石匠”120多名组成“西沙渠红色娘子军连”，完成全部渠道砌护及王则湾渡槽、郭家伙场涵洞等大型工程。西沙渠的建成，不仅使榆林城西10多平方千米的荒沙滩变成水浇田，而且为20世纪80年代以来开拓榆林西沙新城奠定了基础。

十五、红海渠

红海渠属民营渠道，在榆阳区红石桥乡马路湾引无定河支流海流兔河水，经红石桥、双红、王连圪堵、韩家峁至柳卜台，全程29千米，设计流量1.5立方米每秒，设施灌溉面积1万亩。工程始于1974年，由榆林县红石桥等公社组织受益大队联合会战，筑柴草坝引水，兴工开渠，到1975年底，建成退水2座，开渠19千米，引水至红石桥白渠。1978年，始建跨引进水坝闸，建成拦河坝和冲刷闸2孔、进水闸1孔。1979年，延长渠道2千米。1983年，延长渠道4.5千米。1984年，延长渠道3.5千米，建成退水渠4条、排洪桥涵6座、分水闸34座，兴修水浇地1100亩，有效灌溉面积达到3100亩。渠道工程先后投工29万个工日，完成沙土136万立方米，砌石0.75万立方米，国家投资76万元。20世纪90年代初，该渠进行混凝土U形断面砌护。至2013年实际灌溉面积4600亩。

十六、第二定惠渠

第二定惠渠（现名二定渠），渠首在绥德县名州镇强家砭村西北0.6千米的无定河筑坝引水。渠道工程于1956年7月动工，1957年8月竣工。渠道沿无定河左岸下行至薛家峁村下游0.8千米处后，建倒虹两次穿越无定河，到崔家湾村南退水，全程20.75千米。同时建成2条支渠，总长5.8千米，灌溉面积0.95万亩。1959年初，动工修建渠道延长工程，后因投资不足，建筑材料供应不上，于1960年春被迫停工缓建。1965年渠道延长工程再次上马，分两段施工，上段由绥德县负责，于1965年9月1日动工，下段由清涧县承担，于1966年3月20日开工，至这年10月底全段工程竣工，建成绥德县崔家湾至清涧县圪凹村段干渠，渠道建倒虹5次穿越无定河，延长21.25千米，建支渠2条（长2.2千米）。至2008年第二定惠渠修建渠首浆砌石重力滚水坝1座，坝高5米、长130米，坝左端设进水闸2孔，冲刷闸4孔；干渠全长42千米，已初砌13千米，支渠4条，总长15千米，已初砌1千米。共设渠系建筑物248座，其中倒虹12座、跌水5座、隧洞4处（总长4050米）、渡槽9座、涵洞76座。工程总投资270.43万元，其中国家投资167.12万元。投劳90.6万个工日，完成土石方7303万立方米。干渠设计引水流量8.5立方米每秒，最大可引9.0立方米每秒，实际引水6.0立方米每秒。灌溉绥德强家砭村以下至清涧县店则沟乡圪凹村以上沿无定河两岸35个村庄的滩地。设施灌溉面积2.18万亩，有效灌溉面积1.82万亩，其中绥德县1.65万亩、清涧县0.17万亩。2013年，设施灌溉面积2.1万亩，实际灌溉面积1.65万亩。

二定渠灌片为绥德县通惠河灌区的一部分，隶属绥德县水利局。二定渠灌片设有二定渠管理处，下辖3个管理站，从渠道上游至下游分别为强家砭管理站、胡家砭管理站、薛家峁管理处和崔家湾管理站。

灌片在小型农田水利实施方案中对部分渠道进行了维修，其中在《绥德县小型农田水利重点县2012年度实施方案》中，改造二定渠干渠2.17千米、三支渠2.5千米，改造斗门14座，新建量水堰14座。在《绥德县小型农田水利重点县2014年度实施方案》中，改造干渠2段，分别为0.7千米和2.86千米，共计3.56千米；改造二支渠379.6米。

2017年7月26日，无定河发生约30年一遇，给绥德县造成巨大损失。二定渠渠道防洪标准为10年一遇，渠道被淹没后泥沙沉积，使渠道淤积严重。绥德县水利局为保证灌区春灌，分别在2018年初、2019年初对渠道进行了部分清淤，但渠首以下几千米的渠道，淤积层仍有1米左右待清理。

2020年实施二定渠灌区节水配套改造项目，主要建设内容为：新建冲沙闸闸房1处，面积为56平方米；改造干渠1条（长19.40千米），改造支渠1条（长0.8千米），改造分支渠（长22.05千米）；渠系建筑物改造排洪桥15座，斗门改造62座，新建退水闸1座，改造穿渠涵洞1座，闸门加电动6处并配套闸房共计54平方米；新建用水量测设施10处，改造管理房300平方米；信息化工程建设1项；采取了环境保护和水土流失防治措施。工程概算总投资15.0万元。

十七、绥惠渠

绥惠渠引无定河支流大理河水，1952年3月动工，1954年1月竣工，国家投资58.27万元。渠首枢纽在绥德县张家砭镇五里湾村大理河建重力式滚水坝1座，冲刷闸和进水闸各1孔，渠道沿大理河东下行，绕县城沿无定河转向东南，经张家砭镇、名州镇的17个村庄，在名州镇郝家沟村退水，全长14千米。沿渠建有渡槽、涵洞、排洪桥等渠系建筑物62座。渠道设计引水流量0.5立方米每秒，设计灌溉面积5000亩，设施灌溉面积4950亩，有效灌溉面积4300亩。1965年因夏季水源不足，在县城东门滩增建抽水站1处，装40千瓦电动机和55千瓦柴油机各1台，抽水流量0.3立方米每秒。1985年后，由于绥德县城不断拓展、扩大而占去大量灌田，至1989年设施灌溉面积为4900亩，有效灌溉面积缩减为3607亩。至2013年干渠总长21千米，支渠5千米，设施灌溉面积缩减为4050亩，有效灌溉面积缩减为1500亩，2013年实际灌溉面积1200亩。

1986年，由于渠道运行年久失修，苏家沟暗洞内岩石塌方严重，堵塞渠道，致使芋则沟村以下农田无法灌溉，1989年在芋则沟建抽水站用以解决下游芋则沟和大柳村川地灌溉问题。在此期间先后有郝家沟、邓家楼、鱼池沟各村自建抽水站，均取淮宁河水进行灌溉。

2000年以来，随着城市化发展加快，五一村、呜咽泉村、县农场、清水沟村和落雁砭村等上游灌区农田被城市建设使用而脱灌。2008年因城市建设的需要，重建大理河桥，大理河渡槽被拆，使得雕山村100余亩水地脱灌。至此，呜咽泉以上的上游自流引水灌区的灌溉面积全部脱灌，呜咽泉以上渠道停止行水。

2015年中央财政小型农田水利重点县建设项目2014年度实施改造芋则沟、郝家沟、邓家楼、鱼池沟4处抽水站，设计灌溉面积为1760亩，其中芋则沟抽水站涉及芋则沟村和大柳村 2 个自然村（2017 年并为芋则沟行政村），由绥惠渠管理所管理。郝家沟、邓家楼和鱼池沟抽水站的灌区均为本村灌溉面积，故日常管理均由村委会管理。

十八、石家湾渠

石家湾渠（现名跃进渠），于 1965 年 5 月动工，1969 年 3 月竣工。渠道枢纽在子洲县苗家坪乡苗家坪村的大理河建重力式滚水坝 1 座，冲刷闸、进水闸各 1 孔。渠道沿大理河东下行，经绥德县石家湾、张家砭镇，在张家砭镇五里湾村南退水，途经 17 个村（其中绥德县 15 个村），干渠全长 25.5 千米，支渠 5 千米，沿渠建有渡槽、倒虹、涵洞、排水桥等渠系建筑物共 235 座。渠道设计引水流量 0.45 立方米每秒，加大流量 0.5 立方米每秒，设计灌溉面积和设施灌溉面积均为 6112 亩，有效灌溉面积 5800 亩（其中子洲县 40 亩）。1985 年之后，由于绥德县城区逐渐扩大，灌区不少水田被挤占等，至 2013 年设施灌溉面积减为 5550 亩，有效灌溉面积缩减为 4050 亩，2013 年实际灌溉面积 3760 亩。

2013 年小型农田水利重点县项目建设，改造灌区干渠长 17.9 千米，支渠长 8 千米，斗渠长 10 千米，由原土渠改为混凝土 U 形渠。灌渠管理单位所在地为石家湾镇石家湾村，占地面积 308.4 平方米，窑洞 10 孔，其中子洲苗家坪 3 孔、绥德县李家崖村 2 孔、石家湾镇 5 孔，总建筑面积 290.4 平方米。

十九、大理渠

大理渠由一、二干渠组成，位于大理河中游的川道地区，涉及横山、子洲 2 县（区）5 个乡（镇）的 34 个村民委员会。一干渠原名横洲渠，1956 年 7 月开工，1958 年 4 月竣工，在横山县石湾乡拐峁村筑坝引水，至子洲县马岔乡大堡岔退水，渠长 19.3 千米，设计引水流量 0.8 立方米每秒。二干渠原名周殓渠，于 1955 年 7 月开工，1956 年 4 月竣工，在子洲县马岔筑坝引水，至三眼泉乡郭家坟村退水，渠长 20.7 千米，设计引水流量 1.0 立方米每秒。两条干渠均引用大理河水，灌横山、子洲两县（区）沿大理河畔田地，设施灌溉面积 1.34 万亩，有效灌溉面积 1.24 万亩。

大理渠一、二干渠渠首分建 2 座浆砌石重力滚水坝。一干渠坝高 3.90 米、长 56.4 米，渠道引水口设进水闸、冲刷闸各 1 孔；二干渠坝高 3.06 米、长 66.2 米，渠道设进水闸、冲水闸各 1 孔。一、二干渠总长 40 千米，支渠 8 条（总长 13 千米）。渠系建筑物共 412 座，其中渡槽 10 座、隧洞 2 条（共长 390 米）。灌区建水库 2 座，总库容 645 立方米，为渠道补充水源。

该渠道自建成运行 60 多年，经过三次较大维修：1972 年，对一干渠渠道拦河坝进行了加固维修。1982 年，对二干渠拦河坝和一干渠拦河坝进行了加固维修。2012 年，加固改造大理渠一干渠渠首溢流坝 1 座，加固改造冲沙闸、进水闸各 1 座，安装变压器 1 台；改造干渠 9 千米，暗涵 2.879 千米，隧洞 0.421 千米，干渠建筑物 91 座；改造衬砌大理渠二干渠吴岔支渠 1.865 千米，拆除重建倒虹 1 座；衬砌改造 8 个村斗渠 30 千米，改造量水堰 30 座；恢复改造 5 座泵站，配套水泵机组 5 台套，改造进出水池及压力钢管，新建泵房 5 座 200 平方米，配套安装变压器 5 台，架设高低压输电线路 8 千米。截至 2020 年，共投资 2083.42 万元。实际灌溉面积 1.24 万亩，年取水量 469.3 万立方米，灌溉水有效利用系数 0.56。

二十、子洲渠

子洲渠分一、二干渠：一干渠原名小川渠，从小理河的电市乡庙坪拦河坝引水至马蹄沟镇姜家崖止，1953 年 5 月修成，渠道长 12.6 千米，设计引水流量 0.3 立方米每秒，灌溉面积 3290 亩；二干渠从三眼泉乡巡检司拦河坝引水至苗家坪乡焦渠村止，1958 年 12 月修成，渠道长 26.4 千米，设计引水流量 0.8 立方米每秒，灌溉面积 5910 亩。全渠设计灌溉面积 9200 亩，有效灌溉面积 8500 亩，共建 6 条支渠，有大小建筑物 182 座。截至 1985 年，国家共投资 112 万元，年总引水量 470 万立方米，灌溉水有效利用系数 3.8，实际灌溉面积 6000 亩。2013 年总引水 205 万立方米，设施灌溉面积 9150 亩，有效灌溉面积 6900 亩，当年实际灌溉面积 6900 亩。子洲县电市、三眼泉等 5 个乡（镇）的 35 个行政村 3 万多人口受益。

2013 年，子洲渠实施维修改造：加固改造一干渠渠首滚水坝 1 座，进水闸 1 座；配套小型泵站 13 座；改造子洲渠干渠长度共 13.268 千米；改造涵洞 0.484 千米，衬砌隧洞 0.25 千米；改造泵站干渠 8.342 千米；改造干渠建筑物共 136 座；支渠衬砌土渠长度 0.94 千米，改造渠系建筑物 16 座；改造泵站干斗长度 14.1 千米，改造泵站干斗建筑物 189 座，其中节制闸 126 座、量水堰 63 座。截至 2020 年，共投资 1909.26 万元，实际灌溉面积 0.94 万亩，年取水量 355.7 万立方米，灌溉水有效利用系数 0.56。

第二章　水库工程

自明清以来，无定河流域民众就在低滩洼地修浚涝池“以潴蓄水”灌田。明万历《延绥镇志》记载：“鱼河潴水，灌堡（鱼河堡）南田。”清代至民国年间，境内北部草滩地区群众为排除下湿滩地内涝，广泛浚沟挖壕修涝池、水塘、马槽井，以潴蓄水，浇灌旱作农田，解决人畜饮水困难。新中国成立后，各地充分利用地形修水库、打窖、挖池塘和马槽井，增加蓄水能力。1976 年底，榆林市累计建成中、小型水库共 477 座，其中蓄水能力在 100 万立方米以上的中型水库 118 座、小（1）型水库 99 座、小（2）型水库 260 座，总蓄水能力达到 15 亿立方米，年实际蓄水 12 亿立方米，形成了无定河上游支流红柳河、芦河、榆溪河三个密集的水库群，为流域内水库拥有最多的时期。1979 年以后，由于洪水冲毁、泥沙淤积等，水库数量逐年减少，到 1990 年，榆林市共有各类水库 111 座，总蓄水能力 13.73 亿立方米。此后，水库工程主要转为巩固、改造、配套、提高阶段，逐步向灌溉、防洪、养殖及城乡生活和工业供水综合利用的方向转化。至 2020 年底，陕西省无定河流域共有各类水库 77 座，总库容 18.17 亿立方米。其中，榆林市无定河流域有各类水库 75 座：大（2）型 1 座（王圪堵水库），总库容 3.89 亿立方米；中型水库 23 座，总库容 11.33 亿立方米；小型水库 51 座，总库容 1.24 亿立方米。延安市无定河流域建有中型水库 2 座，总库容 1.71 亿立方米。

第一节　大型水库

总库容在 1 亿立方米以上的水库称为大型水库，其中 1 亿～10 亿立方米的为大（2）型水库，10 亿立方米以上的为大（1）型水库。陕西第一座大型水库是 1961 年在无定河上游红柳河上建成的新桥水库，总库容 2 亿立方米，至 1974 年已拦截泥沙 1.56 亿立方米，1975 年经批准降为中型水库。截至 2020 年，王圪堵水库是无定河流域陕西段唯一一座大型水库，是榆林能源化工基地建设的重要水源工程。

一、工程概况

王圪堵水库位于黄河一级支流无定河干流芦河口以上河段，坝址位于横山区王圪堵村，是一座以供水、拦沙为主，兼顾防洪、灌溉、发电等综合利用的大（2）型水利枢纽。水库建设初衷是作为工业供水水源以满足榆林能源重化工基地建设的用水需求，但随着榆林经济社会的发展，王圪堵水库现已被市委、市政府确定为“东线引黄 + 西线引黄 + 王圪堵水库 + 矿井疏干水”榆林骨干供水体系的重要组成部分，将作为绥德、米脂、子洲、横山、靖边和榆林高新区、科创新城、横山新区、榆林城区生活饮用水主水源地，为全市 200 万以上人民群众提供生产、生活供水。水库枢纽工程于 2010 年 3 月开工建设，2013 年 10 月完工。

2006 年 11 月 17 日《陕西省人民政府关于榆林市王圪堵水利枢纽工程项目法人的批复》（陕政函〔2006〕162 号），确定已成立的榆林市水务有限责任公司为王圪堵水库工程项目法人。为便于工程管理，榆林市水务有限责任公司经市政府同意在此基础上成立了王圪堵水库有限责任公司子公司，授权管理王圪堵水库工程的建设和运营，单位性质定性为国有股份制企业。公司实行董事会领导下的总经理负责制，2020 年内设 9 个部门，分别为综合办公室、党群工作处、移民协调办、财务处、保卫处、安环处、宣教处、水库运行中心、坝后水电站，共计 85 人，其中领导班子成员 7 人、公司机关 40 人、水库运行中心 20 人（工程师 3 人、助理工程师 7 人）、坝后水电站 18 人。

（一）水库枢纽工程

1. 水库及大坝

王圪堵水库位于无定河干流芦河口以上河段，距横山县城 12 千米、榆林市区 60 千米，是无定河干流规划的最后一级水库，水库大坝控制流域面积 1.075 万平方千米，按 100 年一遇洪水设计、2000 年一遇洪水校核，正常蓄水位为 1046.00 米，设计洪水位为 1047.97 米，校核洪水位为 1050.89 米，死水位为 1027.00 米。水库总库容 3.89 亿立方米，调节库容 2.28 亿立方米，死库容 0.83 亿立方米，滞洪库容 0.78 亿立方米，淤沙库容 2.09 亿立方米。拦河大坝为碾压式均质土坝，坝顶长 949 米、宽 8 米，坝底最大宽度 265 米，坝顶高程 1054 米，最大坝高 46 米。

水库供水设计年工业及生活供水 1.56 亿立方米，生态供水 1.19 亿立方米。在流域水土保持综合治理的基础上和河流生态基流不受影响的前提下，水库调蓄无定河水资源，并经优化配置，以供定需，最终实现向绥德、子洲、米脂、科创新城、榆林高新区、靖边、横山新区、榆横工业园区、陕能赵石畔电厂供水，缓解相关县区的生活用水矛盾和工业区近中期用水矛盾，向下游现有的 14.6 万亩灌区灌溉补水 4440 万立方米，提高灌区灌溉保证率，改善农业生产条件。

2. 输、泄水建筑物

王圪堵水库输水建筑物为放水洞，泄水建筑物主要由泄洪洞和溢洪道组成，全部位于水库大坝右侧。放水洞进口与泄洪洞进口联合布置，进口底板高程 1020 米，其中压力隧洞长 298 米，洞径 2.6 米，设计流量 13 立方米每秒，洞身采用圆形压力洞形式。泄洪洞为塔式进水口无压隧洞，全长 861.5 米，其中洞身段 269 米，进口底板高程 1014 米，设计最大泄洪流量为 230 立方米每秒。溢洪道为开敞式，全长 652 米，堰顶高程 1046 米，设计最大泄洪流量为 330 立方米每秒。

3. 水电站

水电站位于坝后，在保证供水、拦沙、防洪、灌溉的前提下，王圪堵水库坝后电站充分利用水资源先发电再供水，提供清洁能源，确保资源不浪费。电站装有 3 台单机容量为

1250 千瓦的卧式混流水轮发电机组，总装机容量 3750 千瓦，发电最大引水流量为 13 立方米每秒，设计年发电量 1940 万千瓦时。坝后电站于 2014 年 9 月正式上网发电。

4. 灌溉工程

王圪堵水库灌溉范围为坝址下游现有的 14.6 万亩灌区，每年可向下游农田灌溉补水 0.444 亿立方米。改善了下游无定河沿岸村镇的灌溉引水条件，提高了灌区灌溉保证率。

雷惠渠补水泵站是水库枢纽的配套工程，为水库下游段雷惠渠灌区 1.8 万亩农田提供灌溉用水，干渠段长 30 千米，两条支渠长 13 千米，设计流量 2 立方米每秒，受益乡镇包括城关街道办、波罗镇和石马洼农场的 5 个分场、1 个林场。

（二）王圪堵水库供水工程

王圪堵水库供水工程是水库枢纽的配套工程，建设任务是：每年向榆横工业园区提供生产用水 1.50 亿立方米，供水保证率 95%。王圪堵水库供水工程概算总投资 12.13 亿元，主要包括输水工程、净水厂及北园区供水支线工程等三部分。

输水工程从电站尾水进水闸取水后，从无定河右岸穿越无定河主河道至左岸，沿左岸堤路、经过河漫滩行至曹家沟沟口下游，该段全长 5.62 千米，为重力流输水；经过加压泵站加压后，线路转向东北方向进入无定河北岸沙漠区，穿越硬地梁沟、付鲍公路后到达最高点，该段全长 8.9 千米，为加压输水；之后转为重力流输水管线，沿线穿越沙界沟、二石磕沟、沙河沟、付鲍公路、工业区专线铁路、经一路等交叉建筑物，进入位于园区西侧的净水厂，该段全长 14.12 千米。该输水工程由取水口进水闸、重力流输水管线、加压泵站、加压输水管线、交叉建筑物、运行维护道路等附属设施组成，线路全长 28.64 千米，双管线布置，管径 DN1200 ~ DN1600，根据压力等级，分别采用钢管、球墨铸铁管、钢筒混凝土管 3 种管材。加压泵站装机总容量 17350 千瓦，布置有 6 台抽水机组，是榆林市最大的抽水泵站。

净水厂位于榆横工业园区西侧，设计水处理规模为 40 万立方米每日，采用常规水处理工艺，即混合、絮凝、沉淀、过滤工艺，处理后水质达到石油化工类工业用水标准。主要生产及工艺建筑物有格栅配水间、絮凝沉淀间、滤站、反冲洗泵房及鼓风机房、清水池、送水泵房、加药间、污泥调节池、污泥浓缩池、储泥池、污泥脱水泵房、回流调节池等；其他建筑物包括综合楼、附属用房、门房等。工程占地总面积 170.4 亩，建筑总面积 24912 平方米，道路及广场占地面积 31000 平方米，绿化面积 5167 平方米。

北园区供水支线工程是为北园区陕西未来能源化工有限公司煤洁净综合利用项目提供生产用水，年供水量 1340 万立方米。管线从榆横工业园区净水厂加压泵站接出，沿 B 一路两侧向北布设，至现状 B 一路北端点转向西北方向，穿越榆靖高速公路后，到达北园区接管点。管线布置为双管线，总长度为 10 千米，设计为 DN600 球墨铸铁管。

二、工程建设

2004 年初，陕西省和榆林市政府决定兴建王圪堵水库工程，2005 年 10 月《王圪堵水库工程项目建议书》上报国家发展和改革委员会、水利部，当年 12 月 7—10 日，水利部水利水电规划设计总院在榆林市对王圪堵水库工程项目建议书进行审查，原则通过了该水库的建议书。随后陕西省水利水电勘测设计研究院按照审查意见对项目建议书进行了修编，并上报国家发展和改革委员会、水利部。《王圪堵水库工程项目建议书》通过水利部审查后，报国家发展和改革委员会批准。经中国水电工程顾问集团有限公司组织专家评估论证，2008 年 3 月 17 日，《王圪堵水库工程项目建议书》通过国家发展和改革委员会批准。从 2006 年 6 月至 2009 年 3 月，项目取水许可获得陕西省水利厅审批，库区压矿评估和地质灾害评估通过陕西省自然资源厅审批，水库枢纽及库区占用土地通过陕西省自然资源厅预审，水土保持方案通过陕西省水土保持局审批，移民安置规划大纲和移民安置规划通过陕西省政府和陕西省移民办批准，项目环境影响评价报告通过榆林市环保局批准。2009 年 5 月 7 日，王圪堵水库工程可行性研究报告通过陕西省发展和改革委员会审批；2011 年 12 月 31 日，王圪堵水库初步设计通过陕西省发展和改革委员会审批。

为了加快工程进度，经榆林市政府批准，水库枢纽泄洪排沙洞、放水洞、宿办楼工程提前开工。其中，泄洪排沙洞、放水洞工程于 2008 年 8 月 20 日开工建设，2011 年 5 月全部完工；宿办楼工程于 2008 年 9 月 15 日开工建设，2010 年 4 月完工。枢纽大坝、溢洪道、电站工程于 2009 年 10 月 26 日进场展开施工准备，2010 年 3 月 10 日破土动工，2010 年 12 月 1 日，大坝成功实现围堰截流。2012 年 10 月大坝填土达到了 1054 米设计坝顶高程，大坝主体提前完工。2012 年 10 月坝后电站完工，2014 年 5 月溢洪道工程主体完工，2013 年 11 月大坝上下游坝坡防护工程全面完工，2014 年 6 月坝顶栏杆工程完工，标志着枢纽工程全面完工。此后相继完成了大坝混凝土砌护、护栏、照明、道路等工程，并对库区环境进行了整治与绿化美化，为榆林市增添了一道亮丽的水利景观。

2013 年 9 月，王圪堵水库通过一期（死水位）蓄水安全鉴定，2013 年 10 月 16 日开始一期下闸蓄水，2014 年 4 月通过了一期蓄水影响范围内的库底清理及移民安置专项验收，2019 年 11 月库区 1047 米高程以下库底清理完成，2019 年 10 月制定了《榆林市王圪堵水库二期下闸蓄水方案》，并通过审查，2021 年 11 月通过了水库蓄水安全鉴定（正常蓄水位）。项目预计总投资 58.81 亿元。

王圪堵水库供水工程于 2009 年 7 月 8 日，由榆林市发展和改革委员会对项目可行性研究报告予以备案，2009 年 12 月 31 日榆林市发展和改革委员会批准了工程初步设计。供水工程于 2010 年 7 月 10 日开工，其中输水工程于 2012 年 5 月完工，净水厂工程于 2012 年 9 月完工。2013 年 10 月 25 日供水工程开始通水试运行并取得成功，并于 10 月 30 日开始向榆横工业园区企业供水。北园区供水支线工程于 2013 年 9 月开工，2014 年 6 月完工，并于 6 月 30 日试通水成功，具备供水能力。

王圪堵水库移民安置工程涉及横山、榆阳两区 3 个乡镇、10 个行政村、2 个农林场分场、1 个水文站，淹没影响总面积 17.307 平方千米，共有 19 处移民安置点，生产安置人口 8055 人。水库移民安置以后靠安置为主、远迁安置为辅，移民安置工程于 2008 年陆续启动，2020 年 10 月移民全部安居，2022 年 1 月全面进入移民后期扶持。

王圪堵水库从 2013 年开始蓄水以来，逐步向正常蓄水位蓄水，目前还未达到正常蓄水位。水库运行管理过程中根据水库蓄水状况及水情预报，制定科学的用水制度，在满足生活、工业用水的前提下，尽量提高灌溉、发电、防洪等效益，最大限度地发挥水库综合效益。水库主要建筑物和附属设施完好，达到正常运用条件，同时制定了水库调度运用原则、规程和各建筑物的运行规程。2021 年大坝安全评价为一类坝。

王圪堵水库投入运行后，发挥了较大的生态效益、社会效益和经济效益。水库设计年平均拦沙 318 万立方米，预计 60 年运行期共可减少入黄泥沙 1.91 亿立方米。截至 2021 年，水库共拦沙 360 万立方米，主要得益于黄河流域水土流失治理效果较好，减少了水库上游干流及支流泥沙含量，入库泥沙量远小于设计量，有效控制了无定河向黄河输沙。水库下游灌区建库前灌溉保证率极低，水库建成后通过水库调节补水，加上种植结构调整和节水措施，使灌溉保证率提高到 50% 以上，大大改善了下游灌区生产条件。水库建成以来大幅提高了下游河道防洪安全标准，确保下游群众生命财产安全，2016—2018 年汛期洪水较多，水库有效拦截了上游来洪，减轻下游防洪负担。2020—2022 年汛期每年为下游补水 6000 万 ~ 9000 万立方米，有效保障了下游群众生活生产和下游河道生态用水需求，确保了无定河不断流和下游湿地生态系统不断改观，呈现出人与自然和谐相处的新景观。

王圪堵水库从 2013 年开始蓄水并向榆横工业园区供水，2014 年开始并网发电，截至 2023 年底，累计供水 1.9 亿立方米，供水经营收入 13 亿元；累计发电 14169 万千瓦时，发电收入 1342.4 万元。

王圪堵水库位于陕北高原的生命之河——无定河上，地处毛乌素沙地与黄土高原交界处，北岸为毛乌素沙地边缘，南岸为黄土丘陵区，是边塞文化的汇集处，拥有多彩的民风民族资源，周边拥有波罗古堡、统万城等古迹景区，景区内有榉树、红柳、樟子松、油松、沙蒿等，水库里有鲤鱼、草鱼、鲫鱼、鲢鱼、螃蟹、鳖等水生动物，水域范围内有遗鸥、黑鹳、白肩雕、大天鹅、白琵鹭等野生保护动物栖息。水库以大坝为依托，将水利与地方特色结合起来，充分体现自然环境、水电工业、现代生态农业、实践教育、人文要素等因素，打造了左坝经济林区、水库观赏区、坝后绿植水景区、水力发电科普区、现代生态农业区、水土保持示范区等景区资源。水库开阔的地形、波澜壮阔的水域、湛蓝的水色、壮美的夕阳、翩翩起舞的飞禽构成王圪堵水库独特风情。水库于 2015 年 12 月被授予省级水利风景区。

第二节　中型水库

库容在 1000 万 ~ 1 亿立方米的水库为中型水库。1951 年，水利部黄河水利委员会与黄河西北工程局联合对无定河等河流进行了查勘，选择拟在无定河干流上绥德县薛家峁、龙湾，横山县响水堡，以及支流榆溪河上的红石峡、大理河上的沙滩坪等 14 处兴建大中型水库坝址。1955 年在无定河支流榆溪河上建成了陕西最早的中型水库——红石峡水库。1958—1960 年，相继建成旧城、新桥、石峁、河口 4 座中型水库；20 世纪 70 年代“农业学大寨”时期，又先后建成 23 座中型水库。至 1993 年榆林市共建成中型水库 28 座。之后因泥沙淤积等，旧城、姬滩、河畔等水库报废成淤地坝，靖边大桥畔等水库核减降为小型水库。从 2005 年起，对一些由中型水库核减降为小型水库的水库，组织进行了除险加固和修复建设。至2020年，无定河干支流上共建成中型水库25座，其中榆林23座，总库容11.33亿立方米；延安2座，全部在吴起县境内，总库容1.71亿立方米。在无定河支流榆溪河上所建属榆阳区管理的有红石峡、石峁、中营盘、河口、尤家峁、李家梁水库；在无定河支流红柳河上所建属延安市吴起县管理的有边墙渠、周湾水库，属榆林市靖边县管理的有新桥、水路畔、金鸡沙水库，属定边县管理的有营盘山、杨伏井水库；无定河支流芦河上所建属靖边县管理的有猪头山、大岔、张家峁、王家庙、杨家湾、姬滩、河畔、旧城、土桥、惠桥、柳匠台水库，属横山区管理的有河口庙水库。

一、红石峡水库

红石峡水库位于榆溪河红石峡原普济桥址，距榆林城北4.5千米。水库于1955年3月兴建，同年6月竣工，是一座以防洪为主，兼顾灌溉、水力发电、水产养殖、城市生活供水等综合利用的调节水库。水库大坝为白灰砂浆砌筑重力拱坝，坝高15米，坝顶宽4米、长37.4米，总库容1900万立方米。按50年一遇洪水设计，350年一遇洪水校核。1958后兴建红石峡水电站时，对水坝引水涵洞进行改建。除去该水库上游1960年后相继建成的石峁、河口、中营盘、李家梁4座中型水库控制面积，红石峡水库大坝实际控制流域面积514平方千米。2003年10月至2005年6月对水库进行坝体固结灌浆，大坝上下游面浇筑40厘米厚钢筋混凝土面层，坝基进行防渗帷幕灌浆，以及新建左右放水池、防洪塔等，实际完成总投资1295万元。这次除险加固后，总库容1900万立方米，相应校核洪水位1095.54米，兴利库容1100万立方米，设计洪水位1094.11米，防洪库容750万立方米，死水位1083.613米。洪水复核标准为100年一遇洪水设计，500年一遇洪水校核。设计洪峰流量为1268.6立方米每秒，洪量为1825.3万立方米；校核洪峰流量为1571.6立方米每秒，洪量为2250万立方米。

水库枢纽工程主要包括大坝、左右岸泄洪洞、左右岸输水洞和坝后电站及抽水站。大坝为浆砌石外包混凝土重力拱坝，坝高15米，坝顶高程1094.2米，坝顶长39.4米、宽12米，坝基深入河床石层2米，长19.3米、宽15.7米，坝中心线为弧形曲线，半径48.6米，石拱坝主体建筑物为3级，坝顶可溢流。坝左右两岸设泄洪、排沙、输水洞4座，均为钢筋混凝土衬砌，左岸泄洪洞采用塔式进水口，进口高程1080米，洞径3.2米，洞长86米，最大泄流量62.67立方米每秒；右岸泄洪洞进口高程1085.613米，洞径3.2米 ×5米，洞长46米，最大泄流量50.41立方米每秒；左岸输水洞进口高程1083.613米，圆形断面，洞长37.85米，洞径3.5米，出口接红石峡抽水站一级进水闸，设计引水量6立方米每秒，最大泄洪量78立方米每秒；右岸输水洞进口高程1086.513米，圆形断面，洞径3.5米，洞长291米，出口接红石峡发电站压力钢管，设计流量6立方米每秒。左岸输水洞进口高程为1083.613米，其出口接红石峡抽水站；电站输水洞进口高程为1086.513米。水库设计洪水最大泄量111.61立方米每秒，校核洪水最大泄量265.44立方米每秒。确保榆林城区防洪安全和水库综合效益的发挥，可保证水库年发电120万～150万千瓦小时和红石峡抽水站灌区3500亩农灌用水及下游农业补水。至2013年，年均实际供水量800万立方米，其中供榆林城区生活生产用水量达50%以上，供工业、农灌用水量分别为100万立方米、

280 万立方米。

二、石峁水库

石峁水库位于榆阳区牛家梁镇石村西 0.5 千米的榆溪河支流头道河则河道上。水库于 1958 年 6 月兴建，1961 年 10 月建成，为水力冲填沙土混合坝，坝高 28 米，坝顶宽 2.2 米，坝长 745 米，总库容 1400 万立方米。实际控制流域面积 111 平方千米，是一座以滞洪、拦沙为主，兼顾灌溉、供水、养殖等综合利用的中型水库。

经过多年运行，到 2002 年水库已淤积泥沙 809 万立方米，坝前淤泥沙面高程 1169.29 米。2006 年 4 月至 2007 年 11 月首次对水库进行加固加高坝体、放水设施改建及溢洪道和防汛道路改造等。这次除险加固后，大坝由原水力冲填沙土混合坝改为培厚加高碾压土坝，坝高 33.47 米，坝顶高程 1177.55 米，坝顶长 1160 米、宽 5.45 米，上游坝坡坡比 1∶3。放水建筑物位于坝左，为钢筋混凝土结构，由放水塔、放水涵洞、工作桥组成，放水塔高 14 米，内径 2.5 米、壁厚 0.5 米；放水涵洞为城门洞形尺寸为 1.5 米 ×1.8 米，长 90 米，进口高程 1163.4 米，最大泄水量 6.0 立方米每秒；工作桥 2 跨，长 40.58 米。非常溢洪道位于大坝左岸，敞开式，长 400 米，进口宽度 7.0 米，进口高程 1176.22 米。水库总库容 2509 万立方米，校核洪水位为 1176.22 米，防洪库容 684 万立方米，设计洪水位为 1175.56 米，设计防洪库容 529 万立方米，正常蓄水位（30 年后拦泥高程即死水位）1172.3 米，净兴利库容（30 年后拦沙库容、死库容）845 万立方米。水库设计洪水复核标准为 50 年一遇，洪水洪峰流量 300 立方米每秒，一日洪水总量 147 万立方米，三日洪水总量 206 万立方米；千年一遇校核洪水洪峰流量 539 立方米每秒，一日洪水总量 271 万立方米，三日洪水总量 361 万立方米。实际完成总投资 2021 万元。水库除险加固后，保证下游塌岸畔水库和沿河万亩农田的安全，以及石峁渠灌区 3000 亩农灌用水，并可提供工业供水近 800 万立方米。

三、河口水库

河口水库位于榆阳区岔河则乡河口村东榆溪河支流的白河河道上，1958 年 8 月兴建，1959 年 8 月建成，为均质沙坝，坝高 12.7 米，坝顶长 630 米、宽 8 米，总库容 9400 万立方米，兴利库容 3195 万立方米，控制流域面积 1400 平方千米，是一座以防洪为主，兼顾灌溉、养殖、治沙等综合利用的多年调节中型水库。

经多年运行，到 2002 年水库淤积泥沙 480 万立方米，坝前淤泥沙面高程 1217.5 米。2006 年 3 月至 2007 年 11 月对该水库实施大坝、溢洪道加固及防水建筑物、防汛道路等改造，实际完成投资 1729 万元。这次除险加固后，主坝为黏土心墙沙坝，坝高 12.7 米，坝顶高程 1228.20 米，主坝顶长 630 米，坝顶宽 8 米；副坝顶长 60 米，顶宽 3 米。放水塔位于坝中，钢筋混凝土结构，放水塔高 10.9 米，塔径 3.7 米，壁厚 0.6 米，在塔身 1217.53 米和 1220.50 米高程处各布设一个 1.2 米 ×1.5 米的进水口；放水涵洞为城门洞形，尺寸为 1.5 米 ×1.8 米，长 85 米，进口高程 1217.5 米，设计泄量 6.0 立方米每秒；工作桥 2 跨，总长 30 米，宽 2 米，溢洪道（1982 年建成）位于大坝右侧，宽浅式，进水口高程 1221.73 米，全长 550 米，设计洪水泄量 3 立方米每秒，校核洪水泄量 6 立方米每秒。水库总库容 9400 万立方米，校核水位 1222.38 米，调洪库容 745 万立方米，设计洪水位 1222.12 米，正常水位 1221.73 米，兴利库容 3695 万立方米，死水位 1220.23 米，防洪库容 3000 万立方米，防洪限制水位 1221.73 米。洪水复核标准为 50 年一遇洪水设计，洪峰流量为 106 立方米每秒，洪水总量为 391 万立方米；1000 年一遇洪水校核，洪峰流量 261 立方米每秒，洪水总量 702 万立方米。可确保水库下游沿河 3 乡镇 3.4 万多亩耕地的防洪安全，为下游近千亩农田提供灌溉补水水源。

四、中营盘水库

中营盘水库位于榆阳区孟家湾乡中营盘村北 1 千米的榆溪河河道上，1970 年兴建，1972 年建成。水库为水力冲填沙坝，坝高 27 米，坝顶宽 6 米，顶长 820 米（主坝长 650 米，副坝两处共长 170 米），水库控制流域面积 606.7 平方千米，是一座以灌溉为主，兼顾防洪、拦沙、供水、养殖等综合功能的中型水库。

截至 2001 年，水库已淤积 206 万立方米。2006 年 4 月至 2007 年 12 月，对大坝进行混凝土防渗墙浇筑，新建放水塔和放水涵洞，以及明渠、坝顶道路改建，增设大坝安全监测设施和水、雨情测报系统等。实际完成总投资 2017 万元。这次除险加固后，水库总库容 1900 万立方米，校核洪水位 1220.85 米，调洪库容 275 万立方米，设计洪水位 1220.40 米，设计调洪库容 171 万立方米，正常蓄水位 1219.1 米，兴利库容 1690 万立方米，死水位 1211.3 米，汛限水位 1218.00 米。洪水复核标准按 50 年一遇洪水设计，1000 年一遇洪水校核。

水库枢纽工程由大坝、防水建筑物两部分组成。主坝为均质沙坝，坝高 27 米，坝顶宽 6 米、长 755 米，坝顶高程 1223.50 米，上游坝坡坡比为 1∶8，下游坝坡坡比：坝顶至 1219.00 米为 1∶5、1219.00 ~ 1213.00 米为 1∶6、1213.00 米以下为 1∶7。副坝 2 座，总长 221 米，坝顶宽 4 米。放水建筑物位于坝左，放水塔高 15.2 米，外形尺寸为 6.0 米 ×6.0 米，钢筋混凝土结构，设工作闸门、检修闸门各 1 扇，进水口高程水位 1211.3 米；泄水涵洞为钢筋混凝土结构，城门洞形，尺寸为 1.5 米 ×1.8 米，涵洞底坡比降为 1/200，长 191.82 米，最大泄量 6 立方米每秒。工作桥为 8 跨，简支 T 梁，长 99.12 米、宽 2.0 米。输水明渠长 100.13 米。可保证水库综合效益的发挥，为榆东渠灌区 1.4 万亩农灌用水和下游农灌补水，并可为工业供水 1130 万立方米。

五、尤家峁水库

尤家峁水库位于榆阳区榆阳镇沙河村西 1 千米的榆溪河支流沙河河道上，距榆林城西 4 千米。水库工程于 1971 年 8 月在原建 9.1 米高的简易挡水沙坝上再建，1972 年 7 月完工。坝体为水坠沙坝，坝高 18.1 米，坝顶长 215 米，坝内左岸设输水泄洪排沙闸，总库容 241 万立方米，死库容 85 万立方米，滞洪库容 156 万立方米，灌溉面积 400 亩。完成土石方 11.08 万立方米，投工 2.1 万个，国家投资 7.3 万元。

鉴于原水库标准低，库容小，1985 年 6 月在原坝上游动工新建中型水库，1988 年 10 月建成，控制流域面积 97 平方千米。2003 年 4 月至 2004 年 7 月对水库进行坝体高压摆喷防渗灌浆、坝坡防护，坝后排水体、输水明渠、防汛道路改造，实际完成投资 1729 万元。由榆林高新技术产业开发区管理委员会投资改建了为水库注水的西沙渠，渠道改造为全封闭箱形结构，渠长 23 千米，每年可向水库最大注水 1500 万立方米。这次除险加固后，水库总库容 1584 万立方米，校核洪水位 1097.5 米，校核防洪库容 444 万立方米，设计洪水位 1096.58 米，设计防洪库容 297 万立方米，正常水位 1094.25 米，兴利库容 930 万立方米，死水位 1082 米，死库容 210 万立方米。水库已淤积库容 12 万立方米。洪水复核标准按 100 年一遇洪水设计，1000 年一遇洪水校核。

水库枢纽由大坝、放水涵洞、注水建筑物组成。大坝由主、副坝组成，主坝长 780 米，副坝总长 341 米，为水力冲填均质沙坝，坝高 29 米，坝顶高程为 1099.2 米。大坝迎水坡在高程 1080 米以下坡比为 1∶4，在高程 1080 ~ 1097.5 米坡比为 1∶8，在高程 1097.5 米至坝顶坡比为 1∶4，为混凝土块框架式护坡。1097.5 米高程处设宽 4 米平台 1 道，水库在高程 1097.5 米以下设高压摆喷混凝土防渗墙，长 760 米。背水坡在高程 1080 米、1087 米各设 3 米宽戗台 1 道，1087 米以上坡比为 1∶4，以下坡比为 1∶5，为混凝土块框架式护坡；在高程 1080 ~ 1076 米设贴坡排水体，长为 210 米。泄水建筑物位于大坝右侧与大坝垂直相交，由竖井、放水涵管等组成，放水洞进水口高程 1080 米，为直径 1.2 米钢筋管，管壁厚 0.25 米，长 231.5 米，设计泄流量为 4 立方米每秒，最大泄流量为 6.29 立方米每秒，出水口高程为 1076.45 米；水库设工作闸与检修闸，闸板为 1.4 米 ×1.4 米平面钢板，由 20 吨电动式启闭机和手动启闭机两种方式控制。注水建筑物位于左坝肩接西河渠渠尾，由引水渠、控制闸、注水陡坡组成，全长 235.6 米，设计流量 3 立方米每秒。除可保证水库综合效益的发挥外，每年为榆林市高新技术产业开发区供水 1200 万立方米。

六、李家梁水库

李家梁水库位于榆阳区孟家湾乡李家梁村北榆溪河支流圪求河上，坝址以上控制流域面积 848 平方千米，年平均径流量 5257 立方米。

早在 1979 年中共榆林县委、县革命委员会就上报陕西省革命委员会要求投资修建李家梁水库（时称圪求河水库），榆林市（1988 年 9 月榆林县改制为县级榆林市）又多次向省上报告要求投资兴修李家梁水库，但均未果。1996 年 2 月，在陕西省第八届人民代表大会第四次会议上，时为省人民代表大会代表、榆林市人民代表大会常务委员会主任张巨奎再次向大会提交《落实物资，使榆林市李家梁水库尽快上马》的代表议案。同年 6 月省水利厅以陕水发〔1996〕34 号文件答复："省上已按建议把兴建榆林市圪求河李家梁水库工程列入《陕西省水利"九五"建设计划》。"2002 年 8 月 6 日，历时 15 年之久运作，总投资 6708 万元的李家梁水库工程正式开工，2007 年 5 月 28 日建成运行。2009 年水库工程通过省水利厅验收，并被鉴定为优良工程。

水库设计总库容 2340 万立方米，有效库容 1690 万立方米，死库容 450 万立方米，滞洪库容 200 万立方米，年调节供水量 3117 万立方米。水库枢纽工程由拦河坝和引水建筑物组成，按中型Ⅲ等 3 级工程设计，防洪标准为 50 年一遇，抗震设防烈度为 6 度。拦河土坝为水力冲填式均质沙坝，坝高 25 米，坝长 874 米，坝顶宽 8 米，引水建筑物在沟道右岸，泄水洞采用钢筋混凝土拱形结构，长 135 米，拱径 1.8 米，矩形放水塔高 21 米，设计泄水流量为 14 立方米每秒。并安装有大坝安全检测系统，是一座以工农业供水为主，兼顾城市供水、防洪、养殖等综合利用的中型水库枢纽工程。水库每年可调节供水 3100 万立方米，其中向榆林银河发电厂供水 800 万立方米、向兖州矿业供水 1100 万立方米，并承担向尤家峁水库补水的任务。李家梁水库的建成除满足汛期防洪要求外，并且通过水库拦蓄调节水量，确保不断向榆溪河补水，可新增下游农田灌溉面积 2 万亩，改善灌溉面积 8 万亩。

七、新桥水库

新桥水库位于靖边县东坑镇宋渠村无定河上游支流红柳河上，原为陕西省较早建成的一座大型水库，总库容 2 亿立方米。坝址以上控制流域面积 1332 平方千米，剔除闭流涧地，实际径流面积为 861 平方千米。

1957 年陕西省水利局作出修建新桥水库的计划，并委托黄河西北工程局进行初步设计。1958 年 1 月黄河水利委员会勘测规划设计研究院提出《无定河流域规划报告》，推荐修建新桥、旧城等 6 座大中型水库和支沟堵坝方案，并进行坝址勘测工作，5 月提出设计要点，7 月提出设计任务书，随即“大跃进”式的边设计边施工仓促上马。

水库建设由榆林专署水利局负责，组织定边、靖边、榆林、米脂等县 4000 多民工及技工参加建设，于 1958 年 9 月 1 日开工修建，1959 年夏采取小断面度汛，当年 10 月 1 日竣工，完成土石方 293 万立方米。共投劳 141 万个工日，国家投资 420 万元。1960 年 9 月，水库蓄水位达到 1361.5 米高程，大坝两肩的坝体及岸坡发生滑塌，坝脚下游河床 30 米范围内发生泉涌和沙沸现象 20 余处。10 月，陕西省水利厅派工作组检查，提出了上游截渗、下游加戗，增设排水措施并立即实施。11 月，水利部水利水电规划设计总院副总工程师冯寅，黄河水利委员会副主任赵明，黄河水利委员会勘测规划设计研究院院长韩培诚、副总工程师沈崇刚，陕西省水利厅副厅长张寿荫，陕西省水利电力勘测设计研究院院长王耿介共同到水库现场检查，明确由黄河水利委员会勘测规划设计研究院承担加固设计工作。随后在补充勘探、摸清库区水文地质条件的基础上，于 1961 年 7 月提出水库加固方案。方案中提出拦河坝建筑物等级由 4 级提高到 2 级，按设计要求，修建内容有：上游坡培厚加高大坝 3 米，水渠下部采用水中倒土，水面上部分层夯实，坝体褥垫式排水延长，下游坝坡河床部分盖重加固，左岸台地增筑副坝，右岸增开引洪渠 1 道。这次工程除民工外，还有中国人民解放军 7203 部队指战员千余人参加，于 1962 年完工。

枢纽工程由大坝、副坝、输水洞、引洪渠等组成。大坝为均质土坝，坝高 47.1 米，顶宽 10 米，长 460 米，坝顶高程 1376.75 米，总库容 2 亿立方米，属大型水库。输水洞在右岸，为 2 米 ×2 米砖涵，顶为半圆拱形，进水高程 1359.5 米，引水流量为 10 立方米每秒，引洪渠进口在右岸坝前 250 米处，渠底高程 1371.6 米，底宽 25 米，无闸门控制渠长 2.5 千米，泄水量 100 立方米每秒。后因库内拦截大量泥沙，截至 1974 年原 2 亿立方米库容已淤积 1.56 亿立方米。1975 年经陕西省及当地水利部门审核降为中型水库，同一时期上游相继建成周湾、水路畔等 6 座中型水库，新桥区间控制面积核减为 795 平方千米，总库容核减为 4400 万立方米。

1994 年 8 月 5 日，红柳河上游发生了一次 50 年一遇的降雨，加上流域内有 11 座中小型水库全部垮坝，水库水位两次猛涨至 1157 米高程，致使新桥水库出现严重险情。为了降低库水位在退水时冲坏原输水明渠和排洪渠，经过广大军民奋力抢险，排除了险情。同年 10 月完成钢管退水，设计泄量 4 立方米每秒。

由于水库淤积严重，到 2003 年已淤积 4100 万立方米。2004 年 4 月至 2005 年对水库进行除险加固，在左岸新建放水塔和泄洪涵洞，放水塔高 23.41 米，安装平面铸铁闸门，高 2.5 米、宽 2.5 米，设计流量为 68.06 立方米每秒；泄洪涵洞包括进口压力洞段、闸室段、明流隧洞、陡坡段、消力池和退水渠段，总长 741.5 米，设计泄量 73.39 立方米每秒，并增建了大坝安全监测设施等，实际完成投资 1344 万元。这次除险加固后，总库容 4400 万立方米，调洪库容 527 立方米，兴利库容 680 万立方米。

八、金鸡沙水库

金鸡沙水库位于靖边县东坑镇金鸡沙村西无定河支流红柳河干流上。水库于 1970 年 10 月动工，1973 年 9 月建成，主坝为黏土心墙沙坝，坝高 50 米，坝顶高程 1337.55 米（心墙高 20 米，顶高程 1308.0 米），右岸建有砖砌混凝土结构的输水涵洞，末端为挑流式泄水洞 1 座，泄流量 6 立方米每秒，最大泄水量 8 立方米每秒。控制流域面积 205 平方千米，是一座以防洪、拦泥为主，兼有灌溉和养殖等综合利用的中型水库。

该库为年调节水库，总库容 7544 万立方米，死库容 1850 万立方米，最高洪水位达 1331.9 米，死水位 1324.42 米，相应蓄水量 1700 万立方米。1983 年，该水库发生沙坝背水坡流泥塌陷事故。1985 年 8 月先后在泄水涵洞进口、副坝及主坝上下游出现了 19 个塌坑，副坝背水坡产生集中渗漏。1989 年投资 240 万元对水库进行除险加固及观测设施建设等。2004 年 4 月至 2005 年 9 月再次对水库进行除险加固，工程完工后水库总库容达到 10487 万立方米，调洪库容 839 万立方米，坝高 55 米，坝顶高程 1342.55 米，坝顶长 600 米、宽 10 米，右岸新建放水塔和泄洪涵洞，最大泄量 6 立方米每秒，进水口底高程 1322.46 米。防洪标准可达到 100 年一遇洪水设计，1000 年一遇洪水校核。2011 年水库水位 1324.38 米，蓄水量 1423 万立方米。

九、水路畔水库

水路畔水库位于靖边县中山涧镇水路畔村东南红柳河支流石窑沟的河道上，下距新桥水库 36 千米。水库于 1976 年 10 月动工兴建，1979 年 10 月建成，总库容 6250 万立方米，兴利库容 1440 万立方米，死库容 560 万立方米，控制流域面积 105 平方千米，是一座以防洪、拦沙为主，兼有灌溉、养殖等综合功能的中型水库。

1992 年因原涵洞断裂不能泄水，对水库进行了除险加固，新建 12 级钢筋混凝土卧管，内径 1.4 米的钢筋混凝土涵洞与陡槽衔接，设计泄量 4 万立方米每秒。到 2003 年已淤积 2240 万立方米。2004 年 4 月至 2006 年 6 月，再次对水库进行除险加固，在大坝左岸新建放水塔和泄水隧洞，设计最大流量 84.8 立方米每秒，进水孔口底高程 1477.15 米，并对大坝培厚加固，增设监测设施，改造防汛道路等，实际完成投资 1851.85 万元。这次除险加固后，水库大坝为均质土坝，坝高 62 米，坝顶高程 1504 米，坝顶宽 8 米、长 165 米，总库容 6250 万立方米，调洪库容 432 万立方米，死库容 5386 万立方米（已淤积 3703 万立方米），防洪标准可达到 100 年一遇洪水设计，1000 年一遇洪水校核。2011 年水库水位 1485 米，蓄水量 520 万立方米。

十、营盘山水库

营盘山水库位于无定河上游红柳河支流红山河段的定边县胡尖山乡营盘山村，坝址以上控制流域面积112平方千米。胡尖山公社组织劳力曾在此筑淤地坝1座。1976—1983年在原淤地坝基础上，修建泄水工程和外坡高楞状的滤体工程，总投资81万元。水库主体工程有主坝和输水洞，主坝为土筑，坝基高程1405.1米，基长536米、宽60米；坝高52.47米，坝顶长306米、宽9米。输水洞以钢筋水泥筑成，闸门用手动启闭机控制。最大泄水量为2立方米每秒，进口底高程1438.9米。校核水位1455.51米，死水位1442.96米；总库容4740万立方米，兴利库容1000万立方米。

1973年农历八月十五夜和1978年7月22日夜，水库发生两次主坝外滑坡。2004年3月至2005年10月对大坝加高加固，坝上游采用塑料三维植被网内植草护坡，下游采用草皮护坡，并设PVC暗管排水贴坡排水，此外还增设大坝安全观测设施，铺设10千米的防汛道路，增设专用供电线路和备用发电机组等，实际完成投资3449万元。这次除险加固后，大坝高68.47米，坝顶宽6米、长388米，坝顶高程1468.47米，总库容8418万立方米，兴利库容1310万立方米，防洪库容855万立方米，防洪标准可达100年一遇洪水设计，1000年一遇洪水校核。

十一、杨伏井水库

杨伏井水库位于无定河支流红柳河上游定边县杨伏井村徐洼沟道上。1970年杨伏井大队在此修筑淤地坝1座，1980年在原淤地坝基础上修建水库，当年竣工。坝址以上控制流域面积49平方千米，大坝为水坠均质土坝，坝高56米，坝顶长245.6米、宽3.6米，总库容2400万立方米，淤积库容1902万立方米，属中型水库。输水洞用350立方米石块和60立方米混凝土筑成，分级卧管式，最大泄洪量0.4立方米每秒，进口底高程1387米。2004—2005年投资2904.5万元对水库大坝加高培厚，放水塔和放水涵管改造，增设大坝安全监测设施、专用供电线路和备用发电机组等。这次除险加固后，坝高66.6米，顶宽6米、长288.1米，总库容为3693万立方米，淤积库容为3372万立方米，调洪库容321万立方米，泄水流量3立方米每秒，可满足30年的拦泥，防洪标准可达100年一遇洪水设计、1000年一遇洪水校核。

十二、杨家湾水库

杨家湾水库位于靖边县张家畔镇杨家湾村无定河支流芦河河道上，距靖边县城8千米。水库于1972年动工兴建，1974年建成，坝高16米，总库容1080万立方米，兴利库容200万立方米，控制流域面积72.5平方千米，是一座以防洪、拦泥为主综合利用的中型水库。

2006年投资727.74万元对水库进行除险加固，在大坝右岸新建进水闸和泄水隧洞，设计最大流量5.5立方米每秒，进水孔口底高程1316米。此外，还增设大坝安全监测及水情预报系统等设施。这次除险加固后，大坝为水坠均质土坝，坝高20.5米，坝顶高程1322.5米，坝顶宽7.7米，坝顶长160米，放水建设物为卧管，共5级，输水洞长52米，设计最大泄洪量0.6立方米每秒；总库容2021万立方米，淤积库容1396万立方米，调洪库容328万立方米；防洪标准可达100年一遇洪水设计，1000年一遇洪水校核。2011年水库水位1314.8米，蓄水量240万立方米。

十三、王家庙水库

王家庙水库位于靖边县张家畔镇陈家畔村西芦河河道上，水库于 1977 年动工兴建，1979 年建成，大坝为水坠均质土坝，坝高 20.05 米，总库容 1134 万立方米，兴利库容 450 万立方米，控制流域面积 43 平方千米，是一座以防洪、拦泥为主，兼顾养殖、灌溉、交通等综合利用的中型水库。

2006 年投资 769 万元对水库进行除险加固，在大坝左岸新建放水塔和泄水隧洞，设计最大流量 5.5 立方米每秒，进水孔口底高程 1326.35 米。此外，还砌护坝坡，增设大坝安全监测设施及水情预报系统等。这次除险加固后，坝高 27 米，坝顶高程 1339.86 米，坝顶宽 7.5 米、长 118 米。输水洞长 105 米，总库容 2124 万立方米，蓄积库容 1146 万立方米，调洪库容 802 万立方米。防洪标准可达到 100 年一遇洪水设计，1000 年一遇洪水校核。2011 年水库水位 1327.5 米，蓄水量 270 万立方米。

十四、张家峁水库

张家峁水库位于靖边县镇靖乡张家峁村无定河二级支流东芦河河道上。该工程于 1972 年动工兴建，1975 年 9 月竣工，大坝为水坠均质土坝，坝高 32 米，坝顶高程 1360.2 米，坝顶宽 6 米、长 350 米，总库容 2850 万立方米，兴利库容 390 万立方米，控制流域面积 50 平方千米，是一座以防洪、拦沙为主，兼顾灌溉、养殖等综合功能的中型水库。

1998 年因水库无反滤体，加之库区开阔，库内水面在风力作用下，使坝体迎水坡坍塌，形成直坎，最高达 3 米，坝下游右侧产生流泥，直接影响大坝安全，即对坝面进行砌护，对坝后流泥进行加固处理。2006 年 4 月至 2007 年 10 月再次进行除险加固，在左岸新建放水塔和泄洪涵洞，最大泄量 7.2 立方米每秒，放水建筑物进水口底高程 1348.7 米。此外，还用混凝土预制块对大坝坡砌护，对副坝加高，增设大坝安全监测设施等。实际完成投资 1397.2 万元。这次除涝加固后，水坠均质土坝高 32 米，坝顶高程 1360.24 米，坝顶长 330 米、宽 7.5 米；副坝顶宽 3 米，平均坝高 3.2 米，长 400 米。总库容 2935 万立方米，兴利库容 390 万立方米，死库容 740 万立方米，防洪标准达到 100 年一遇洪水设计，1000 年一遇洪水校核。同时，解除了对下游水库的安全威胁，年拦截泥沙 35.5 万立方米，并可保证 1.2 万亩农田的灌溉需要。2011 年水库水位 1347.44 米，蓄水量 325 万立方米。

十五、姬滩水库

姬滩水库位于靖边县杨米涧乡姬滩村的无定河二级支流东芦河河道上，水库于 1972 年 10 月动工，1974 年建成。1980 年至 1985 年 10 月对大坝加高培厚，坝高 42 米，坝顶宽 10 米、长 118 米，总库容 2608 万立方米。控制流域面积 75 平方千米，是一座以防洪、拦泥为主，兼有交通等综合利用的中型水库。

经多年运行，水库淤积严重，1995 年被省水利厅核减为淤地坝。2006 年 5 月至 2007 年 11 月，投资 96.98 万元，对该水库大坝迎水坡培厚加高，在大坝右岸新建放水塔和泄水隧洞，设计最大流量 4.4 立方米每秒，进水孔口底高程 1406.5 米，并增设大坝安全监测设施，架设 10 千瓦低压输电线等。这次除险加固后，姬滩水库恢复为中型水库，均质土坝高 54.2 米，坝顶长 167 米、宽 5 米，总库容 4758 万立方米，调洪库容 573 万立方米。防洪标准可达到 100 年一遇洪水设计，1000 年一遇洪水校核。

十六、河畔水库

河畔水库位于靖边县杨米涧乡河畔村的无定河二级支流东芦河河道上。水库于1972年动工兴建，1974年8月建成，大坝为水坠土坝，坝高40米，总库容1228万立方米，兴利库容65万立方米，控制流域面积60平方千米，是一座以防洪、拦沙为主，兼顾灌溉、养殖等综合功能的中型水库。

1995年因水库严重淤积，被省水利厅核减为淤地坝。2006年实施除险加固，在大坝右岸新建放水塔和泄水隧洞，设计最大流量6立方米每秒，进水孔口底高程1448米。这次除险加固后，河畔水库恢复为中型水库，均质土坝坝高61.6米，坝顶高程1469.6米，坝顶宽6米、长296米，总库容3616万立方米，淤积库容1445万立方米，淤积高程1448米。防洪标准可达到100年一遇洪水设计，1000年一遇洪水校核。2011年水库水位1450米，蓄水量118万立方米。

十七、柳匠台水库

柳匠台水库位于靖边县杨米涧乡柳匠台村无定河二级支流东芦河上，水库于1976年动工兴建，1980年建成，为水坠土坝，坝高50米，总库容3900万立方米，控制流域面积58平方千米，是一座以防洪、拦泥为主，兼顾养殖、灌溉、交通等综合利用的中型水库。

2006年投资1202.79万元对水库实施除险加固，在大坝左岸新建放水塔和泄水隧洞，设计最大流量11.3立方米每秒，进水孔口底高程1418米。这次除险加固后，均质土坝坝高57.8米，坝顶高程1436.18米，坝顶宽7.5米、长262米，总库容3944万立方米，淤积库容1800万立方米，淤积高程1417.2米。防洪标准可达到100年一遇洪水设计，1000年一遇洪水校核。2011年水库水位1418米，蓄水量50万立方米。

十八、大岔水库

大岔水库位于靖边县镇靖乡大岔村无定河二级支流东芦河上，1977年动工兴建，1984年建成，水坠坝坝高52米，总库容9000万立方米，兴利库容8500万立方米，控制流域面积186平方千米，是芦河水库群中最大的一座以防洪、拦泥为主，兼顾灌溉、养殖等综合利用的中型水库。

1994年水库迎水坡出现裂缝，1996年进行除险加固。到2003年淤积量达到2060万立方米，淤积高程1369米。2003年10月至2005年投资1535.69万元，再次进行除险加固，在右岸新建放水塔和泄洪涵洞，最大泄流量13.1立方米每秒，放水建筑物进水口底高程1369米，还增建了防汛通信、大坝安全监测设施等。这次除险加固后，该水坠坝坝高52米，坝顶高程1395.2米，坝顶长330米、宽7米，总库容10220万立方米，兴利库容7260万立方米，防洪库容2400万立方米，防洪标准达到100年一遇洪水设计，1000年一遇洪水校核，可保护下游靖边和横山2.6万人、6万多亩耕地及库坝群的安全，减少入黄泥沙，并可保证1.3万亩农田灌溉。2011年水库水位1369.18米，蓄水量170万立方米。

十九、旧城水库

旧城水库位于靖边县镇靖乡镇靖村的无定河二级支流西芦河河道上。该工程于1958年动工兴建，1960年竣工，大坝为均质土坝，坝高53米，总库容7490万立方米，控制流域面积171平方千米。经多年运行，库内淤积严重，截至1993年已淤积6430万立方米。

1995年因该库已基本淤满，丧失水库功能，经省水利厅核减为淤地坝。2007年对大坝加高培厚等除险加固后恢复水库功能，总库容11086万立方米，防洪库容1912万立方米，淤积高程1349.1米，是一座以防洪、拦沙为主，兼顾灌溉等综合功能的中型水库。

水库枢纽工程由大坝和放水建筑物组成，大坝为均质土坝，坝顶高程1385.60米，坝高60.58米，坝顶宽8米、长295米。左岸新建放水塔和泄洪涵洞，最大泄量8立方米每秒，放水建筑物进水口底高程1363.5米。防洪标准达到100年一遇洪水设计，1000年一遇洪水校核，同时解除了对下游水库的安全威胁。

二十、猪头山水库

猪头山水库位于靖边县杨米涧乡小涧湾村无定河二级支流西芦河上。该工程于1973年10月动工兴建，1975年10月建成，大坝为水坠土坝，坝高38.6米，总库容3480万立方米，兴利库容400万立方米，控制流域面积216平方千米。1989年水库下游左岸大山滑坡，破坏了坝后泄水建筑物，坝体涵管接缝处多处开裂漏水，1990年报废。1992年对该坝进行了除险加固，土坝加高4米，坝高达到42.6米，坝顶高程1423.35米，校核水位1421.35米，死水位1411.75米，总库容增加到4340万立方米，新建了12级钢筋混凝土卧管，内径为1.4米的钢筋混凝土涵洞衔接矩形陡槽，设计泄量4立方米每秒。1994年水毁挑流段，1998年7月修复。2003年10月至2004年10月再次进行除险加固，对大坝加高培厚，并增设防汛、大坝安全监测设施等。这次除险加固后，总库容9530万立方米，淤积库容4300万立方米，淤积高程1422米，是一座以防洪、拦泥为主，兼有灌溉、供水功能的中型水库。

水库枢纽由大坝和放水建筑物组成。大坝为均质土坝，坝高53.62米，坝顶高程1431.47米，坝顶宽6米、长22.3米。放水建筑物由取水卧管、输水涵管和泄水陡槽三部分组成，最大泄水流量4立方米每秒，放水建筑物进水口底高程1411.75米。防洪标准达到100年一遇洪水设计，1000年一遇洪水校核，同时解除了对下游水库的安全威胁，年拦截泥沙143万立方米，并可保证0.45万亩农田灌溉需要。2011年水库水位1425.16米，蓄水量525万立方米。

二十一、土桥水库

土桥水库位于靖边县龙洲镇土桥村芦河支流惠桥沟上游。该工程于1966年动工兴建，1968年9月竣工，大坝为水坠土坝，坝高62米，总库容2635万立方米，兴利库容350万立方米，控制流域面积39平方千米，是一座以防洪、拦泥为主，兼顾养殖、灌溉、交通等综合利用的中型水库。

2006年投资1074.49万元对水库实施除险加固，在大坝左岸新建放水塔和泄水隧洞，设计最大流量6.68立方米每秒，进水孔口底高程1260米，并对大坝加高培厚，增设大坝安全监测设施等。这次除险加固后，均质土坝高62米，坝顶高程1276.3米，坝顶宽8米、长120米。总库容3151万立方米，淤积库容1635万立方米，淤积高程1253.54米。防洪标准可达到100年一遇洪水设计，1000年一遇洪水校核。

二十二、惠桥水库

惠桥水库位于靖边县高家沟乡胶泥墩村芦河支流惠桥沟河道上。该工程于1966年动工兴建，1972年竣工，大坝为水坠沙坝，坝高65米，坝顶长363.58米，总库容4460万立方米，控制流域面积144平方千米，是一座以防洪、拦泥为主，兼顾养殖、灌溉等综合利用的中型水库。

2006年7月至2009年5月对水库实施除险加固，在大坝右岸新建放水塔和泄水隧洞，设计最大流量10.12立方米每秒，进水孔口底高程1185米。这次除险加固后，水库大坝为均质土坝，坝高79.73米，坝顶高程1217.8米，坝顶宽8米、长363.58米。总库容6586万立方米，淤积库容2325万立方米，淤积高程1180.5米。防洪标准可达到100年一遇洪水设计，1000年一遇洪水校核。2011年水库水位1186.65米，蓄水量200万立方米。

二十三、河口庙水库

河口庙水库位于横山、靖边两县（区）接壤地的芦河河道上。1972年6月勘测设计，同年11月破土动工，1975年11月竣工投入使用。坝址以上控制流域面积1670平方千米，除了芦河上游靖边县的旧城、沙旋沟、张家峁、惠桥等5座中小型水库的控制流域面积1066平方千米，该水库实际控制流域面积604平方千米，是一座防洪、灌溉、发电、水产养殖、城市供水等综合利用的中型水库。水库为水坠均质沙坝，原大坝高39.5米，后吸取河南"75·8"型暴雨的教训，为提高该水库防洪标准，采用了加坝与降低溢洪道两项安保措施，将坝提高为43.5米，坝顶高程1157.5米，总库容达到6140万立方米，有效库容258万立方米，死库容1320万立方米。

2004年7月投资3730.93万元对水库实施除险加固，由于工程地质复杂，导流困难，工程变更较多，到2006年底完成主体工程，2007年由于配套资金未到位停工一年，2008年9月30日竣工。这次水库除险加固后，坝高47米，坝顶高程1161.0米，坝顶长330米，坝顶宽6米，内坡比2.5∶5.0，外坡比2.0∶2.5。总库容6140万立方米，调节库容1156万立方米，调洪库容2580万立方米。输水洞建在右岸红砂岩上，为直径1.6米和1.3米的钢筋混凝土圆管，总长310米，进口底部高程1136米，放水形式为坝后闸式，管径为1.6米，设计最大泄流量为10立方米每秒。溢洪道建在大坝右岸的红砂岩上，底部高程1147米。进水段为明渠，右侧为红砂岩，左侧为浆砌石，长17米，坡比1∶40。明渠与红砂岩拱形连接，洞高6米、宽4米、长16米，坡比1∶40。拱形洞与出口段陡槽相连，陡槽两侧均为红砂石岩，消能形式为底流式，陡槽长35米、宽4米，比降1∶2。出口缓坡段为红砂岩泄水槽，长134米、宽4米，坡比1∶30。溢洪道总长202米，原设计最大流量为123.5立方米每秒，无泄洪控制设施。排沙泄沙洞建在坝体右侧底部，由进口段、放水塔、洞身、出口闸室和出口消能段组成，全长341.3米，其中洞身300米，进口高程1131米，最大泄洪量81.73立方米每秒，放水塔内安装平板检修闸门1扇，孔口尺寸3米×3米，采用卷扬机式启闭机起吊。工作桥长60米，桥面宽3.6米。压力隧洞为内径3米圆形断面，采用钢筋混凝土衬砌，衬砌厚0.5米。出口设弧形工作闸门，孔口尺寸2.5米×2.5米，采用液压启闭机启闭，出口段设出水挑流鼻坎。

二十四、边墙渠水库

边墙渠水库位于无定河流域红柳河上游八里庄沟内，坝址坐落在吴起县长城镇边墙渠村附近的古长城脚下，距吴起县城65千米，属中型水库。该工程于1970年10月开工兴建，1978年11月竣工。水库控制流域面积93平方千米，防洪标准按100年一遇洪水设计，1000年一遇洪水标准校核。校核洪水位1460.20米，设计洪水位1459.25米，正常蓄水位1451.50米，死水位1446米；总库容7478万立方米，兴利库容315万立方米，死库容3900万立方米。开发目标以防洪、拦沙为主，兼顾灌溉、养殖等综合功能。

水库工程主要由大坝、塔式防水建筑物等组成。大坝为均质土坝（水坠坝），坝顶高程1462米，最大坝高72米，坝顶长300米、宽10米。溢洪道为正槽式，位于大坝左侧，进口宽140米，堰顶高程177.00米，最大泄洪量4946立方米每秒。放水洞由放水塔、涵洞、陡坡、消力池和二级陡坡出口挑流组成，全长1045米，混凝土结构。设计最大泄洪量为8立方米每秒。放水塔高度20米，洞身形式为（1.8米×1.8米）马蹄形隧洞，进口高程1446米。水库现有灌溉面积760公顷，年均供水量9880万立方米。

2004年对水库进行了除险加固，主要建设内容为：大坝加高加固，新建放水洞，增设大坝安全监测，改造防汛道路，坝区环境改造等。2006年竣工，总投资2021万元。水库除险加固时共移民178户886人。水库大坝历史最大入库流量35立方米每秒，发生于1992年9月10日；最高蓄水位1451.9米，发生于2017年8月。

二十五、周湾水库

周湾水库位于红柳河上游石拐子沟，坝址坐落在吴起县周湾镇的周湾村，属中型水库。大坝是1965年2月由坝址左岸山体滑塌堆积而成的，1970年和1974年对土坝进行了两次人工加高整修，1974年10月水库建成。水库控制流域面积119平方千米，防洪设计标准达到100年一遇洪水设计，1000年一遇洪水校核。校核洪水位1465.24米，设计洪水位1464.53米，正常蓄水位1458.30米，死水位1452.50米；总库容9651万立方米，兴利库容1381万立方米，死库容4280万立方米。开发目标以防洪、拦泥为主，兼有灌溉、养殖等综合利用。水库设计淤积年限为30年。

水库工程主要由大坝、放水洞、抽水站等组成。大坝为均质土坝，坝顶高程1466.83米，最大坝高90米，坝顶长196米、宽10米。放水洞为直墙圆拱式，规格为1.2米×1.8米，总长578米，位于大坝右岸黄土平台内，设计泄量8立方米每秒。灌溉抽水站为两级提水，实施节水灌溉，总装机容量为1300千瓦，设施灌溉面积达到1.5万亩，有效灌溉面积8760亩。

水库运行40年后，于2004年4月进行除险加固，主要建设内容为：大坝培厚加高、增设防浪墙、左坝肩充填灌浆、坝体迎水坡混凝土贴坡、防水洞进口改建、增设安全监测设施（包括垂直位移与水平位移观测、坝体浸润线观测、绕坝渗流观测、坝体下游渗水量观测）、管理房及库区环境改造、防汛路改造等，2006年6月竣工，总投资2083.5万元。水库开发时共移民372户1293人，采取就近原则，分别安置在周湾镇5个行政村中。水库大坝下游是榆林市靖边县新桥水库，约48千米处有太中银铁路和307国道以及青银高速公路穿过，同时肩负着下游陕蒙两省（自治区）8个县（旗）10多万人口、20多万亩土地的生命和安全的防洪保安任务，任务十分重要。

2020年无定河流域中型水库工程情况见表2-2-1。

表 2-2-1 2020 年无定河流域中型水库工程情况

（根据 2018 年 12 月第 1 版《榆林市水利志》摘编校核）

水库名称	所属县（市、区）	所在河道	建成时间（年–月）	控制流域面积 / km^2	坝高 / m	库容 / 万 m^3			灌溉面积 / 万亩		
						总库容	兴利库容	累计淤积	设施	有效	实际
红石峡	榆阳	榆溪河	1955–06	30000	15	1900	1100	600	0.60	0.55	0.55
石峁	榆阳	头道河	1961–10	111	33.47	2509	845	980	0.50	0.30	0.16
河口	榆阳	白河	1959–08	1400	12.7	9400	3695	480	0.70	0.50	0.10
中营盘	榆阳	榆溪河	1972–10	606.7	27	1900	1690	206	1.00	1.01	0.98
尤家峁	榆阳	沙河	1988–10	97	29	1584	930	12	0.88	0.50	0.30
李家梁	榆阳	圪求河	2007–05	848	25	2340	1690	45	5.33	5.33	5.33
新桥	靖边	红柳河	1958–10	778	47.1	4400	680	4100			
金鸡沙	靖边	红柳河	1973–09	205	55	10487	1100	1904	2.20	1.92	0.35
水路畔	靖边	红柳河	1979–10	105	62	6250	100	3703	0.20	0.06	0
营盘山	定边	红柳河	1973–11	112	68.47	8418	1310	1040	无效益		
杨伏井	定边	红柳河	1980	49	66.6	3693	0	1090	0.06	0.03	0
杨家湾	靖边	芦河	1974–04	72.5	20.5	2021	200	24	0.30	0.27	0.26
王家庙	靖边	芦河	1979–12	43	27	2124	450	173	0.98	0.70	0.63
张家峁	靖边	东芦河	1975–09	50	32	2935	390	400	0.77	0.13	0.03
姬滩	靖边	东芦河	1974	75	54.2	4758	50	2588	0.06	0.05	0
河畔	靖边	东芦河	1974–08	60	61.6	3616	65	1018	0.13	0.03	0
柳匠台	靖边	东芦河	1980	58	57.8	3944	2180	920	0.30	0.18	0.18
大岔	靖边	东芦河	1984	186	52	10220	7260	2060	0	0	0
旧城	靖边	西芦河	1960–10	171	60.58	11086	0	6430	无效益		
猪头山	靖边	西芦河	1975–10	216	53.62	9530	400	1159	0.60	0.40	0.37
土桥	靖边	芦河支流	1968–09	39	62	3151	350	1899	0.80	0.40	0.38
惠桥	靖边	芦河支流	1972–10	144	79.73	6586	1643	1214	0.10	0.08	0.02
河口庙	横山	芦河	1975–11	604	47	6140	2100	1393	给下游渠道供水		
边墙渠	吴起	八里庄沟	1978–11	93	72	7478	315	3800	1.14	0.93	0.78
周湾	吴起	石拐子沟	1974–10	119	90	9651	1381	5500	1.50	1.28	0.87

第三节　小型水库

库容在1000万立方米以下的水库为小型水库，其中库容100万～1000万立方米的为小（1）型水库，10万～100万立方米的为小（2）型水库。1956年1月25日，中共中央颁布《全国农业发展纲要》后，提出了“以蓄为主，小型为主，社队自办为主”的水利建设方针，激发了无定河流域各级政府和广大群众兴修水利的热情，掀起了兴办小型蓄水工程的热潮。1956年，流域内清涧县和米脂县先后兴建了宁寨则水库和榆林沟两座小（1）型水库。随后，流域内榆林县先后修建了塌崖畔、大塌沙、黑海则、吴家湾、柳巷、喇嘛滩水库；横山县修建了古水、石窑沟、油坊头、奶牛塔水库；靖边县修建了赵尔渠、佛殿庙、乔沟湾、八岔、杜庄、胶泥庄、屹坨河、青阳岔、黄家湾、泥家沟水库；米脂县修建了沙家店、崔家河底、党家坪、李家寺水库；绥德县修建了郝家坪、土地岔、义合沟、七里铺、延家沟、周家沟、卜家沟、邢家沟、刘家坪水库；清涧县修建了徐家河、马连岔、白家岔、王家崖则、台石沟、黑家山、玉家河水库；子洲县修建了何家沟、党家坪、幸福、冯家坪、牛家沟、吴家沟、周家岭、李家河水库等。到1984年，流域内共建成各类小型水库数百座，达到流域内建设水库高峰。此后，因泥沙淤积、山洪冲毁等，无定河流域小型水库锐减。至2020年底，陕西省无定河流域实有小型水库50座，全部在榆林境内，总库容13804.75万立方米、兴利库容4839.29万立方米、防洪库容28906.5万立方米，已淤积28377万立方米，设计灌溉面积7.26万亩，实际灌溉面积4.46万亩。其中，小（1）型水库22座，总库容11302.21万立方米；小（2）型水库28座，总库容2502.54万立方米。

2020年无定河流域小（1）型水库基本情况和2020年无定河流域各县（区）小（2）型水库统计分别见表2-2-2和见表2-2-3。

表2-2-2　2020年无定河流域小（1）型水库基本情况

（根据2018年12月第1版《榆林市水利志》摘编）

水库名称	所属县（市、区）	所在河道	建成时间（年－月）	控制流域面积/km^2	坝高/m	库容/万m^3			灌溉面积/亩		
						总库容	兴利库容	累计淤积	设施	有效	实际
油房台	榆阳	硬地梁	1976–10	210	28.2	493.3	217.3	102	4000	3000	3000
十八墩	榆阳	黑河则	1972–09	30	22	576.8	181	145	1300		
塌崖畔	榆阳	头道河则	1971–10	203.5	20.1	207	84.0	50	8000	5000	4900
圪流沟	榆阳	圪流沟	1973–11	207.30	24.5	216.5	94.20	26	2000	1100	1100
二墩	榆阳	头道河则	1975–06	28.4	15.00	112.83	51.05	21	600	270	270

续表 2-2-2

水库名称	所属县(市、区)	所在河道	建成时间（年－月）	控制流域面积/km^2	坝高/m	库容/万 m^3			灌溉面积/亩		
						总库容	兴利库容	累计淤积	设施	有效	实际
三卜树	榆阳	头道河则	1974–08	21.4	28.00	222.00	40.00	130	500	300	80
大川沟	横山	无定河	1982–11	70	42	963	370				
程家沟	横山	芦河	1974	20	20	396.3	111	110			
大台	靖边	大理河	1974	108.0	39.0	970	100	898	700		300
龙眼	靖边	芦河	1977	24.0	17.1	930	431	473	3000		2000
袁家湾	靖边	芦河	1977	39.0	5.9	522.9	86	365	1000		500
大桥畔	靖边	芦河	1979	13.0	11.0	413.7	111.73	120	1400		700
义盛号	靖边	芦河	1973	18.6	17.0	115	25.7	110.0	500		0
古峁	靖边	大理河	1975	9.0	33.8	500	320	335	700		200
大湾畔	靖边	惠桥沟	1974	11.0	22.9	831.00	50	201	3000		3000
二层河台	靖边	红柳河	1976	9.0	17.0	267	80	11.0	500		0
黄家畔	靖边	大理河	1977	4.0	32.8	167	30	101	400		300
胡坪	靖边	惠桥沟	1973	7.4	24.6	160	40	30	300		200
黑旺子沟	靖边	大理河	1973	12.0	36.0	123.00	29	17.54	0		0
村界	靖边	大理河	1973	13.0	50.5	182	500	108.55	500		0
山旺庄	米脂	龙镇沟	1976		45	800	632	366			
卧虎山	米脂	龙镇沟	1975		47.19	640	150	200			

表 2-2-3 2020 年无定河流域各县（区）小（2）型水库统计

［根据无定河流域所属县（区）统计］

县（区）	榆阳	横山	靖边	米脂	绥德	合计
座数	6	7	9	5	1	28
库容/万 m^3	527.37	720.09	669.93	496.15	89.00	2502.54

第三章　机井抽水站

无定河流域提水工程主要包括机井和抽水站。水井建设历史悠久，据绥德城郊、米脂官庄、横山党岔、榆阳走马梁等地汉代古墓葬群出土的一批陶制井、辘轳、滑轮冥器证明，早在汉代境内已用辘轳、滑轮提井水饮用、灌田。但机井建设是从新中国成立后逐步发展起来的，历经了打井饮水、凿井灌溉、深井配套等发展阶段。1958 年，流域各县（区）开始在傍河、傍渠兴建以锅炉机、柴油机为动力的抽水站；1960 年 6 月建成榆林城南郊一级电力抽水站。1964 年以后，掀起建设抽水站的高潮，并从四川引进水轮泵、水锤泵技术，横山、清涧等县有条件的地方兴建水轮、水锤泵站。20 世纪 70 年代，随着电力事业的发展，抽水站建设蓬勃发展，先后建成榆林城北郊，靖边县金鸡沙、三道湾、柳桂湾、龙州、王家庙等处灌溉面积 5000 亩以上的抽水站。南郊抽水站也经扩建成五级抽水，灌溉设施面积达到 1.3 万亩。另外，还完成了米脂县东山梁、吴堡县寇家源、榆林县姬家坡 3 处抽水站的主体工程。20 世纪 60 年代建成的水轮泵、水锤泵站相继淘汰。在抽水站发展过程中也走过一些弯路，一些抽水站相继停用，还有一批小型高扬程抽水站停建、缓建，或建成后因设备老化失修及运行成本过高等，致使大批抽水站报废。1980—1985 年共报废抽水站 3000 余处。至 2020 年，无定河流域共有规模以上（装机抽水流量≥ 1 立方米每秒或装机功率≥ 50 千瓦）泵站 91 处，当年实际供水能力 8056.1 万立方米。

第一节　机井建设

一、机井

自汉代以来，流域就有了打井的历史。《宋史 · 种世衡传》记载：北宋庆历元年（1041 年）知清涧城种世衡以“城处险无泉，凿地十五丈，遇石，世衡命屑石一畚，酬百金，卒得泉”。明清时期，榆林境内打井水灌田更为广泛。明弘治《延安府志》记载：绥德“城南五里石山下，民凿石为池，灌地”。清康熙三十六年（1697 年），准许汉民入居长城以北与蒙古人合伙垦种伙盘地之后，境内北部沙漠草滩地区地下水埋藏较浅，农牧民几乎家家户户打 1 ~ 5 米深的水井饮用或浇灌园田。井型有柳框围浅沙井、马槽形土井、圆形石砌井、椭圆形砖砌井等。

新中国成立后，榆林井灌事业逐步兴盛，先后引进和创制了大锅锥、冲击锤、冲抓锥和各种钻机打井，井深由 10 多米延伸到 100 多米，甚至 200 米、300 米，井型结构由各种土筒井、大口井、马槽井、多管井发展到混凝土压力管、钢管、硬塑料管等管井。提水机具由各种长轴泵发展到不同型号的潜水泵。起初，打井多以土筒井为主，截至 1959 年，全区打成各种土筒井 36373 眼。20 世纪六七十年代多在河道两岸滩地和北部沙滩地下水位高而丰沛的地区打大口井，这种井耗工巨大，效益甚微，日出水量 10 ~ 20 立方米，浇地 1 ~ 3 亩，旱象稍重，井即干枯，灌溉保证率很低。1976 年榆林地区保留有大口井共 1795 眼。多在北部地下水位较高的沙滩地区打马槽井，分提灌和自流引灌两种，每口马槽井可灌田 20 亩左右，管理方便，成本低，见效快。到 20 世纪 90 年代后期由于地下水位下降等，多数马槽井干枯而报废。

在流域北部地下水位较高、透水性好的沙滩地区，群众还打多管井，多管井是由多根有许多孔的塑料管组装的水井。1986 年榆林县小纪汗乡农民宋志华借鉴单管手压泵饮水井探索创制，首次试验成功多管井，当年推广建成 72 眼。每眼出水量 40 ~ 58 吨每时，可灌溉 40 ~ 60 亩，省工省投资，使用方便，见效快。截至 1993 年，仅榆林市沙漠滩地区的 13 个乡镇共建成多管井 1608 眼，年农灌供水量达 1150 万立方米，实际灌田 3.9 万亩。到 2005 年后，由于地下水位下降，这种井发展受到限制。

1956 年 11 月，陕西省水利局和榆林地区水利队在靖边县王家庙滩试打成第 1 口深 57 米的箍砖管井，12 月又在定边县贺圈打成 1 口深 50 余米的箍砖管井。1957 年又在定边贺圈、堆子梁、靖边郭家庙、沙石品等地试验打成这种管井 8 眼。随着打深机井技术不断成熟，无定河流域普遍开始打百米以上水泥管深井。1970 年全国北方农业会议后，国家和省上在财力、物力上对榆林打井事业给予大力支持。全地区先后组建成立打井队 88 个（其中县级 9 个），专业生产水泥井壁管厂 3 个，截至 1975 年，定边、靖边、横山、榆林分别打成百米以上深井为 207 眼、6 眼、13 眼、11 眼。截至 1979 年，全区水井达到 12098 眼，其中机电井 9253 眼、机电配套井 8744 眼，装机 8799 台，计 109240 马力，灌地 30.61 万亩，是 1970 年以前的 4 倍。1982 年榆林地区农村普遍实行家庭联产承包责任制后，农业生产以个户为单位经营，一些社队打井专业队也相继停办解体，灌井建设一度停滞。

1990—1998 年在风沙滩地区实施以井灌为主的 60 万亩商品粮、副食品基地综合开发项目工程建设，使井灌事业有了长足的发展。1956 年榆林专区有灌井 1826 眼，配人力、畜力水车共 241 部，灌溉面积共 11997 亩。截至 2013 年，榆林市机电灌井发展达到 16.12 万眼，年设计供水能力 38726 万立方米，本年实际供水能力达 33698 万立方米。

二、风沙滩区 60 万亩商品粮、副食品基地建设

1989 年国务院发布《关于加强农田水利基本建设的决定》后，经国家计委批准立项的榆林地区风沙滩区 60 万亩商品粮、副食品基地建设工程开始实施。该项目主要分布在无定河流域的榆林（今榆阳区）、神木、横山、靖边、定边和流域外的府谷等 6 县（市、区）北部风沙滩地区的 59 个乡镇、858 个行政村和 6 个国营农场，受益农民达 60 万人。该工程以灌井、方田建设为主，坚持“三直一平八配套”（路林渠直，地平，井、渠、田、林、路、电、排、科技八配套）的标准，建设农牧业商品基地。至 1999 年新打各类灌溉井 6461 眼，其中机电配套浅井 2073 眼、中深井 730 眼、多管井 1541 眼，其他马槽井、截潜流井、大口井等共 2067 眼；改建、扩建自流渠 51 条，衬砌田间 U 形防渗渠道 944 千米；建抽水站 109

处；营造网框防护林 3721 千米计 791 万株；修通田间主干路 843 千米；架设 10 千伏农电线路 2435 千米，380 伏线路 1771 千米；发展蔬菜基地 1.5 万亩。截至 1998 年底，建成粮副基地面积 57.5 万亩，其中高标准灌溉面积 48 万亩。这一项目的实施，使风沙滩区农业设施进一步得到改善，人均水地增加 0.62 亩，增加通电乡 13 个，通电村 208 个，乡、村通电率分别达到 100%、94%，实现村村通公路，年增产粮食 8 万吨，提供商品鸡 110 万只，商品猪 100 万头，商品蔬菜 3.3 万吨，有 9 个乡、129 个村人均产粮超过 1 吨，有 10 个乡、168 个村人均钱粮双过千，农民人均纯收入达到 1300 元，比 1990 年前净增 940 元。该项目共投资 3.25 亿元，其中国家补助 1.19 亿元，群众自筹 2.06 亿元。2000 年 10 月，经项目验收委员会实地考察和资料审核，该项目顺利通过验收。

第二节　抽水站

一、中型抽水站

无定河流域无灌溉面积 25 万亩以上的大型抽水站，有灌溉面积小于 25 万亩且大于 5000 亩以上的中型抽水站 12 座（榆林 10 座、延安 2 座），其中 2 座抽水站自建成后均未投入使用。

（一）榆阳区南郊抽水站（黄庄抽水站）

榆阳区南郊抽水站（黄庄抽水站）位于榆林城南 2.5 千米处，一级站建在黄庄村西榆溪河左岸，一级抽水站左侧榆溪河道上建浆砌石溢流坝 1 座，长 35 米、高 2.5 米，以抬高水位，引水入前池，站前榆溪河畔筑浆砌石护堤 128 米，引榆溪河水。1958 年 10 月动工兴建，1960 年 5 月建成一、二级站，随后又建成三、四、五级站，总扬程 125 米，一级站设计抽水流量 1.46 立方米每秒。主要受益单位有南郊农场、城关镇、青云乡的部分村，设施灌溉面积 1.3 万亩，有效灌溉面积 5700 亩。该站一级站装 12sh–13 水泵 3 台、14sh–13 水泵 2 台，配 2 台 100 千瓦、1 台 115 千瓦、2 台 225 千瓦电机；二级站装设 300sh–19 水泵 4 台，配 4 台 75 千瓦电机；三级站装设 12sh–13 水泵 2 台、12sh–13A 水泵 1 台，配 2 台 100 千瓦、1 台 75 千瓦电机；四级站装设 12sh–13 水泵 3 台，配 3 台 115 千瓦电机；五级站装设 12sh–13 水泵 1 台，配 115 千瓦电机。抽水站共设 16 套机组，装机容量 1645 千瓦；设变压器 7 台，容量 2280 千伏安。灌区修建输水干渠 17 千亩，衬砌 16 千米；支渠 6 千米，衬砌 2.5 千米。设施灌溉面积 1.2 万亩，有效灌溉面积 0.67 万亩。工程由国家投资 211.7 万元。

2010 年对该抽水站部分设施和渠道进行了改造。建设内容为：一级南干渠明渠改暗涵 2.2 千米，更换二级、四级压力管道 830 米，改造渠系建筑物 24 座，架设渠道刺丝防护网 4.4 千米。完成总投资 216.2 万元。

灌区担负着农业灌溉、工业供水、防洪保安等任务，涉及 2 个乡镇、办事处的 20 个行政村及 2 个科研院所、2 个农林场的灌溉用水，受益人口 1.6 万人。

（二）榆阳区北郊抽水站

榆阳区北郊抽水站位于榆林城北，一级站建在红石峡水库下游，榆溪河东岸，利用水库东泄水洞抽提引库水。一级站于1968年4月开工，1970年5月竣工；二、三级站分别于1976年、1981年5月建成，总扬程92.5米，总抽水流量0.98立方米每秒。

抽水站总装机4台，容量635千瓦。一级站采用2台14sh-13水泵，主电机进线电压6千伏。二、三级站分设12sh-9A、8BA-12水泵，电机进线电压380伏。全站装变压器1台，容量340千伏安，一级站配用电机由红石峡电站直接供电。灌区引水干渠长5.4千米，全部用瓷板砌护，支渠7条，总长10.8千米。设施灌溉面积0.6万亩，有效灌溉面积0.5万亩。工程总投资50.03万元，其中国家投资42.02万元。灌区受益范围在榆林城区七里沙、红山一带。

2011年，对该抽水站一、二级抽水机房和设备及二级引水渠进行了更新改造，工程完成投资219万元。

（三）赵庄抽水站

赵庄抽水站位于榆阳区三岔湾村东侧。在三岔湾干渠设闸输水供一级站抽引，三级抽水，最高提水至凤凰台，灌溉古塔乡赵庄西北塬农田。抽水站1976年秋开工，至1980年10月全部建成。总扬程104米，装机4台，容量920千瓦，一、二、三级站扬程分别为54米、25米、25米；设计抽水流量0.7立方米每秒，一、二、三级站抽水量分别为0.7立方米每秒、0.22立方米每秒、0.22立方米每秒；输水干渠5千米，设施灌溉面积0.9万亩，有效灌溉面积0.15万亩，主体工程由国家投资56万元。

（四）靖边县金鸡沙抽水站

靖边县金鸡沙抽水站位于靖边县东坑镇金鸡沙水库内右侧，提取金鸡沙水库水灌溉。1972年10月动工兴建，1973年6月竣工，该站扬程31.2米，抽水流量0.8立方米每秒。改建前为两级提水，一级站装设8sh-9A和10sh-13水泵各2台、10sh-9水泵1台，配套80马力和90马力柴油机各2台、135马力柴油机1台；二级站装设12sh-19水泵1台、10sh-9水泵3台，配套100马力柴油机1台、80马力柴油机3台。输水干渠长9千米，衬砌7千米；支渠长4千米，衬砌2千米。1981年抽水站改为电力浮船式一级泵站，型号12sh-9A-155kW，设计出水流量1.0立方米每秒。至2011年由于机组输电、配电线路老化，到了设计使用年限，基本报废停止运行。

受益区为金鸡沙、毛团圐圙、东胜等村，设施灌溉面积9000亩，有效灌溉面积8000亩，实际灌溉面积最高达8000亩。抽水站属东坑镇管理，管理所设在金鸡沙村。

（五）靖边县三道沟湾抽水站

靖边县三道沟湾抽水站位于靖边县东坑镇小桥畔村，提抽金鸡沙水库水。1973年10月动工兴建，1974年6月竣工，总扬程30.8米，抽水流量0.5立方米每秒。装设12sh-13水泵1台、10sh-9和8sh-13水泵各2台，配套柴油机135马力1台、90马力3台、80马力1台。输水干渠长13千米，已全部衬砌，支渠3千米。工程由国家投资15.1万元。

1985年改建为从艾家湾水库提水，并将柴油机改为电力带动水泵抽水，级数为1级泵站，型号 10sh-9A-75kW，出水流量 0.15 立方米每秒，工程主要由Ⅱ等建筑物组成，配电机房为砖混结构。装机容量 75 千瓦，机组为 1 组，输电线路长 380 米。受益单位为东坑镇东坑村，设施灌溉面积 5000 亩，有效灌溉面积 4200 亩。2008 年由于艾家湾水库淤积，加上抽水站年久失修，不能正常运行，由大桥畔村委会报废拆除。

（六）靖边县柳桂湾抽水站

靖边县柳桂湾抽水站位于靖边县镇宁条梁柳桂湾村。两级抽水，提取金鸡沙水库蓄水，一级站建在王沟畔村东，二级站建在子房滩村。1974 年 6 月动工兴建，1976 年 3 月竣工，总扬程 46.6 米，抽水流量 0.68 立方米每秒。一级站装设 10sh-9 水泵 3 台，配套 3 台 120 马力柴油机；二级站装设 10sh-19 水泵 2 台，配套 2 台 45 马力柴油机。1984 年 9 月改建为浮船式一级电动抽水站，装设 14sh-9B 水泵、260 千瓦电动机各 2 台，全部配装在浮船上，浮船为钢结构（长 12 米、宽 5 米）。电动机进线电压 380 伏，设 750 千伏安变压器 1 台，输电线路长 380 米。输水干渠长 20 千米，衬砌 12 千米；支渠长 18 千米，衬砌 8 千米。灌区内国家投资 30.8 万元建蓄水池 1 座，可蓄水 9 万立方米。受益范围为柳桂湾村所辖各自然村。1996 年设施灌溉面积 8200 亩，有效灌溉面积 7100 亩，实际灌溉面积最高达 6000 亩。

抽水站属柳桂湾村民委员会管理，由于年久失修等，泵站不能正常运行，1996 年由柳桂湾村委会报废拆除。

（七）靖边县王家庙抽水站

靖边县王家庙抽水站位于靖边县城南 2 千米的陈家畔村东，提取王家庙水库蓄水。1979 年 3 月开工，同年 4 月建成，采用分散建站、一级提水的形式，机组沿库区 600 米范围内布设。该站平均扬程 20 米，抽水流量 1.0 立方米每秒。安装 12sh-13 水泵 1 台、12sh-13A 水泵 2 台、10sh-13 水泵 5 台，配套柴油机 100 马力 2 台、90 马力 2 台、80 马力 1 台、75 马力 3 台，总装机 685 马力。抽水入同一干渠，其渠系均利用芦西渠原有建筑设施（芦西渠因新桥水库淤积严重，引水水源枯竭而废置）。1983 年由柴油机改为电动机配套，并改为人力移动浮船式。改电配后，装设 12sh-13A 水泵 2 台，配套 220 千瓦电机 2 台，浮船 1 艘（长 10.5 米、宽 5 米，重 6.7 吨）。输水干渠长 7 千米，初砌 3.4 千米；支渠长 8 千米，衬砌 2 千米。设施灌溉面积 0.96 万亩，有效灌溉面积 0.9 万亩。工程由国家投资 23 万元。

灌区受益范围为王家庙、郭家庙、新伙场、海侧畔、双伙场等村，并由这 5 个村委会联合管理。截至 2010 年，由于该抽水站所浇水地被城市建设占用，王家庙等村已成为城中村，加之抽水站机组及变配电设备已到设计使用年限，随即报废停止运行。

（八）靖边县龙州抽水站

靖边县龙州抽水站位于土桥水库右侧，是雅河沟、西河沟、土桥等抽水站的总称，均提取土桥水库水。1968 年 7 月动工兴建，相继建成。各个分站均为一级抽水，扬程最高 46 米、最低 32.5 米，抽水流量合计 1.2 立方米每秒，共装设 6 台水泵，配套动力 6 台 680 马力，渠道总长 9 千米，已衬砌 6 千米。工程总投资 28 万元，其中国家投资 9.2 万元。

灌区设施灌溉面积 9700 亩，有效灌溉面积 7000 亩。抽水站属龙州村民委员会管理。1986 年，龙州抽水站改为电力抽水，装机容量 135 千瓦，电动机组为 2 组。2010 年对抽水站设施进行全面配套改造。

（九）吴起县周湾抽水站

吴起县周湾抽水站以周湾水库为水源，始建于 1971 年，由一级抽水站、二级抽水站、高位水池和输水管网四部分组成，利用渠系输水。抽水泵站位于周湾水库坝址上游约 1 千米处的王沟畔。一级抽水站采用浮船式活动站，将库水从一级抽水站输送到二级抽水站前池。二级抽水站为固定式，扬程 88.7 米，流量 493 立方米每小时；在二级泵站侧上方 1530 米高程处修建 2000 立方米调节池 1 座，以满足灌区 1 ~ 5 片区喷滴灌服务水头；田间灌溉由主、干输水管道及田间管网组成。1984 年"柴改电"工程将一级抽水站的固定机房改为浮船机房，将提水设备以柴油机为动力改为以电力为动力，总装机容量 520 千瓦。2011 年，吴起县对周湾灌区实施节水改造。改造后的灌区实行节水灌溉，采用管道输水。该工程实施灌溉面积 1.5 万亩，分为 5 个片区，辐射周湾、阳洼、小口则和王树湾 4 个行政村 720 户 4120 人。抽水泵站采用两级抽水，装机容量 1300 千瓦；灌区采用管道输水，铺设输水管道 50 多千米；田间灌溉采用低压管道喷灌、滴灌等方式。工程完成投资 3000 余万元。

（十）吴起县长城抽水站

吴起县长城抽水站位于边墙渠水库上游 500 米处，以边墙渠水库为水源，于 1971 年动工兴建，1980 年竣工，干渠、支渠、斗渠、毛渠分 4 级输水，总长 100 千米，设计扬水能力 0.3 立方米每秒，总扬程 60 米。1985 年实施"柴改电"工程，将柴油机动力改为电动机动力，将一级抽水站的固定机房改为浮船机房。该灌区铺设 5 个行政村片区（长城镇双湾涧、榆树坪、孙畛岘、边墙渠、二道坝 5 个村），原设计灌溉面积 1.1 万亩，有效灌溉面积 0.48 万亩。2003 年，因设施严重老化失修，灌区全部失灌。2016 年，吴起县委、县政府实施了长城抽水站灌区改造工程。灌区枢纽主要由一级泵站、二级泵站、高位蓄水池、田间管网四部分组成。提水采用两级提水，高位水池蓄水自主排灌。总扬程 86.5 米，总装机容量 528 千瓦，单机容量 132 千瓦。设计灌溉总面积 1.14 万亩，有效灌溉面积 0.93 亩，灌区灌溉设计保证率达到 85%。灌区全部实行管道输水，田间全部采用滴灌、渗灌节水技术，运行管理全部采用智能刷卡水表管理，全面实现了节水灌溉农业。

（十一）姬家坡、东山梁抽水站

姬家坡抽水站，在榆阳区上盐湾镇姬家坡村以西的无定河左岸，直接提引无定河水。4 级抽水，扬程 189 米，设计抽水流量 0.5 立方米每秒，计划灌溉面积 5000 亩，装机 7 台，容量 1570 千瓦，国家投资 68.4 万元。工程于 1976 年动工，1979 年主体工程基本完成，试抽水成功。东山梁抽水站建在米脂县城南 1.5 千米处无定河左岸，直接提引无定河水。4 级抽水，扬程 239 米，设计抽水流量 0.8 立方米每秒，计划灌地 1.42 万亩，装机 8 台，容量 2510 千瓦，国家投资 159 万元。工程于 1978 年动工，1980 年主体工程全部完工，试抽水成功。

这 2 座抽水站主体工程建成后，田间工程均未配套，灌溉草地仅 300 ~ 1500 亩，加上扬程过高，灌地成本太大，一直没有兴利灌地。为了保护工程设施、机械设备，各站均曾派专人照看。20 世纪 90 年代，设备全部撤除。

二、小型抽水站

1958—1959 年，无定河流域先后建成以锅驼机为主要动力的抽水站有：定边马莲滩抽水站，绥德张家砭抽水站（抽绥惠渠水），米脂官庄抽水站（电力抽织女渠），子洲双湖峪抽水站（抽大理河水），清涧高杰村（抽无定河水）、折家坪（抽折家坪渠水）等。

20 世纪 70 年代，无定河流域兴起建设小型高扬程抽水站（简称小高抽）热潮，山区许多生产队购置抽水机械，修机房，安管道，引水上山，浇灌梯田塬地，抗旱增收。1976 年榆林地区建有抽水站共 9374 个（含 5000 亩抽水站），其中电灌站 422 个，配电动机 520 台，装机总容量 23654 千瓦；机灌站 8952 个，配柴油机 9731 台，装机总容量 179816 马力；抽水站有效灌溉面积达 35 万亩，保证面积达 20.52 万亩。20 世纪 80 年代以后，农村实行家庭联产承包责任制，许多抽水站管理混乱，责权不明，加之当初建站时带有一定的盲目性，有的河水干枯，有的运行成本过高，不少小型高扬程抽水站停办或报废。到 1985 年，榆林地区拥有各类抽水站 2479 处（含 5000 亩抽水站），其中电灌站 893 处，配电动机 1507 台，装机总容量 5.04 万千瓦；机灌站 1586 处，配柴油机 4797 台，装机总容量 8.77 万马力；共装设水泵 6072 台，灌地 30.65 万亩，其中电灌 12.56 万亩。进入 20 世纪 90 年代，多数抽水站设施被破坏或撤除。

2000 年后，在河旁、渠边多采取设临时流动性抽水站、点取水。至 2010 年，榆林市建有抽、排水站 2382 处（含 5000 亩抽水站），装机容量共 8.626 万千瓦，设计年供水能力 19463 万立方米，本年实际供水 8704 万立方米。2013 年榆林市有规模以上小型泵站共 101 处，装机容量 1.4764 万千瓦，设计年供水能力达到 13798 万立方米，本年实际供水 11023 万立方米。

第四章 城乡供水

无定河流域人畜饮水长期以来主要靠人挑、畜驮，取用井水、泉水、河水。定边、靖边县南部白于山区，横山、子洲等地山区人畜饮水则主要靠打水窖积蓄雨雪解决吃水困难问题。如遇持续大旱，则要到十多里甚至数十里外的地方驮水度日，有时因缺水而外出逃荒。还有一些地方，人们祖祖辈辈吃的是高氟水、苦咸水，城乡群众吃水十分困难。新中国成立后，党和政府高度重视城乡人民吃水难问题，尤其是20世纪80年代后，各级党委和政府把解决城乡饮水困难问题列入重要议事日程，加大城乡供水工程建设力度，在城镇以开辟新的供水水源工程建设为主，同时对原有各类供水工程不断进行改建、扩建；在农村先后实施了甘露工程、人饮解困、防氟改水、安全饮水等工程建设，城乡集中式供水占到了流域总人口的80%以上，城乡供水水质和保障率不断提高。

第一节 城市供水

陕西省无定河流域共设有市级城市1座（榆林市）、县级城市5座（靖边、横山、米脂、绥德、子洲）。城市人口聚集，工业商贸发达，各业用水量大，历朝历代备受关注。20世纪80年代以来，随着城市建设规模不断扩大，城市居民逐年增加及城区工业长足发展，城镇供水、用水矛盾日益突出，无定河流域各级政府把城市供水列入重要议事日程，采取拨付专款、贷款融资、以工代赈等方式，开辟水源，建设供水管网、供水站点、净化水厂等设施，加快解决城市居民生活用水困难问题，不断满足城市工业商贸发展用水需求。

一、榆林市城区供水

从明洪武二年（1369年）榆林庄建于普惠泉旁始，至1982年，普惠泉一直是榆林城居民生活用水的主要来源。明代至清康熙年间，普惠泉水分流两股，一股向西北流经城隍庙出西城，一股向西南流经鼓楼大街，绕延绥镇总兵府西，流经文庙（后建文庙）、青草湖（今世纪广场莲花池）出西城注入榆溪河。当时城内北部人们用水多取普惠泉水，南部人们多打井用水。清乾隆二十四年（1759年）榆林府知府赵铨开灵秀渠，沿引普惠泉水灌田，城北、城南人们普遍取用普惠泉水。

民国十八年（1929年）在普惠泉修蓄水洞，将蓄水洞口封闭安琉璃龙头，泉水从龙口流出，如龙口吐水。民国二十年（1931年），鉴于普惠泉水横流北街低洼土道，交通经常受阻，故从泉口至豆腐巷用砖砌暗渠，引流出西城，并在暗渠上多处开口、设井，以方便居民就近取水。民国二十四年（1935年）在鼓楼以南大街至镇署巷口及镇署砖砌暗渠 1 条，沿暗渠开井口 6 处，引普惠泉流用水（当时退水从镇署巷西注入莲花池）。民国三十年（1941 年）又筑大街南至四方台巷的砖砌暗渠，增修暗渠井口 14 个取水，暗渠接瓷管输水出城外。

1950 年，瓷管堵塞，取水渠井破烂，榆林县政府发动群众募捐资金，复修取水渠井。同年 6 月 10 日开工，11 月 5 日完工，修建取水井口 27 眼，增建污水井 18 眼，新修供水暗渠 1095 米、维修 1600 米，支费小米 190.2 石。1955 年，原有取水暗渠不能适应城市发展需求，计划新建城区供水管网，由绥榆水利工程处设计，省政府拨款 7.5 万元，同年 11 月 30 日动工，次年 6 月底完工。建成蓄水池 1 座，水位提高 0.7 米，安装铸铁输水干管 2210 米，支管 566 米，设自流供水点 20 个。1975 年，建成东山抽水站，并在东山红文昌楼下建成 600 立方米蓄水池，抽普惠泉水入池，使东山部分地区和城内楼房用上自来水。

20 世纪 70 年代末，城区供水日益紧张。在城东 4.3 千米处的钟家沟榆阳泉（水掌泉）动工建榆阳水厂，次年 11 月 15 日竣工。建成 633 立方米蓄水池（1 ~ 4 号水泉）1 座、84 立方米蓄水池（5 号水泉）2 座，水泵房 2 座，装配抽水机具 6 套，净扬程 57 米，抽水流量 49 升每秒，分别抽取 1 ~ 4 号水泉和 5 号水泉入池。在水厂北沙丘至城东山高位蓄水池安装输水管道 4428 米，日输水 4233.6 吨，基本缓解了老城区、东沙和红山新城区的供水困难问题。

1984—1986 年，榆林县供水公司投资 18 万元，在烈士陵园东侧建成 1000 立方米高位蓄水池 1 座，投资 40 万元铺设通至榆林羊毛衫厂的输水干管 4514 米，支管 2573 米。同时架设了 1 条通往榆阳水厂 6 千米长的供水专用输电线路，并在东城外增建 1000 立方米调节水池 1 座，实现水厂给南郊用户供水。

1986 年，投资 60 多万元建成西沙新城区独立供水系统，打深水井 2 眼，建机房 380 平方米，安装水泵等配套设备，单井日抽水量 1070 吨，建容积为 30 立方米的水塔 1 座，铺设输水干管 4420 米，使 70% 的住户用上了自来水。

1992 年，秦庄梁人民煤矿搬迁到常乐堡新矿，市供水公司盲目利用旧矿井投资 300 多万元建成秦庄梁水厂，抽矿井水供秦庄梁一带居民饮用，但水质不达标，群众多次上访请求解决。至 1994 年城区建有水厂 5 处，日供水能力 1.3 万吨，其中榆阳水厂日供水 4000 吨，普惠泉日供水 1200 吨，南郊水厂（用秦庄梁矿坑水）日供水 4000 吨，西沙水厂日供水 2300 吨，南沙水厂日供水 1500 吨。另有自备水井 110 眼，日供水近 1 万吨。铺设供水干、支水管总长 100 千米。

1995 年后，随着榆林城区规模扩大、人口增加、工业发展以及工业园区的建设，榆林城区供用水矛盾日益突出。1998 年 8 月 8 日由榆林市（榆阳区）水利局负责修建的红石峡水库水厂供水工程竣工，总投资 805.84 万元，新增日供水能力 1.5 万吨。2002 年红石峡水厂增加除锰处理系统，提高了供水质量。

2004 年开始筹建开发区供水工程，该工程包括尤家峁水库及从李家梁水库引水的原西沙渠改建为箱形结构工程，于 2005 年竣工供水，日供水规模 5 万吨，实际日供水 1.5 万吨。

截至 2020 年，榆林城区有普惠泉、红石峡、榆阳泉、南郊水厂、尤家峁等为主的 5

处供水水源地，供水管网长达523.76千米，年供水量3244万吨，供水普及率达98%，水质达标率99.6%，水源保障率100%。

二、县（区）城市供水

（一）横山区城市供水

20世纪70年代前，横山县城区居民生活用水全靠取井水和汲泉水。1972年铺设供水管道1500米，建成部分供水工程设施，日供水40吨。1978年在城区芦河西岸建成集水廊道180米，日可积水150吨，在西沙山上建成容积200立方米高位水池1个，建抽水站1处，铺设输水管道5000米。1984年扩建原集水廊道长达250米，输水主管道更换为6吋钢管，支管道更换为4吋钢管，铺设输水管网总长达到8000米。同时，在高抽站更换了单机容量55千瓦电机和65sh-6水泵各1台。

1985年城区供水范围扩大到1.7平方千米，城区内设供水房6个（总占地面积508.13平方米）。各机关企事业单位用水统一安装水表，计量收费；城区居民用水实行水票制，凭票在供水点上取水。累计供水工程共投资25.26万元，受益人口达9700人，基本上满足了县城人口生活用水。

1997年后，县城规模逐渐扩大，人口增多，供用水矛盾日益严重。1998—2000年各年日均供水量分别为1070吨、1070吨、1100吨。2001年投资700万元，在无定河畔陈圪堵村开工建设新水源工程，于2002年10月竣工，日供水增至5000吨，缓解了县城供用水矛盾。2003年国家投资430万元，开工建设供水厂，2004年竣工。至2013年有水源井8眼，泵站11座，装机容量366千瓦，供水6120户计8.2万人，供水普及率90%，水质达标率100%，水源保障率90%。

2014年后，先后建设了王圪堵取水泵站，魏墙（明长城东南侧）净化水厂，东山、西沙、大古界三处加压泵站，大川沟水库有限公司，中水站等工程。其中，王圪堵取水泵站取水规模为每天1.95万立方米，将水源水加压提升至魏墙净化水厂。魏墙净化水厂日处理水能力2万立方米，经混凝、沉淀、过滤、消毒后，由清水池以自重压力方式向城区以及沿途村庄、魏墙煤矿、魏墙保障房小区供水。西沙加压泵站日供水量4000立方米，向整个西沙区域及惠民小区、兴丰安居小区供水。大川沟水库有限公司位于横山区波罗镇鲍渠村，为榆林能源集团横山煤电有限公司生产供水，供水泵站设计年供水量450万立方米，每小时最大供水量为600立方米。城区供水管网75毫米以上输配水管网共计123千米，供应各类用水户8000多户，供水人口约9万人，年供水量达230多万吨，供水范围为横山城区企事业单位、居民以及周边7个行政村、1个农场。

（二）靖边县城供水

20世纪70年代前，靖边县城机关、学校、居民饮水靠自家打井解决，含氟量较高，卫生条件极差。为了解决县城饮用水问题，1973年在王家庙钻水井1眼，供部分居民用水。1978年在西街头修筑高25米水塔1座，容积50立方米，并建300立方米蓄水池1座。后因井水水质差改为工业和建筑用水。1981年，在城区芦河东钻机井1眼，水质仍不够理想。1985年在郭家庙村东钻机井1眼，水质基本符合国家饮用水标准，铺设输水管6000米，抽水至西街头水塔。又铺设用水户输水管10000米，供城内机关、学校、居民共300多户用水。1986年城区铺设输水管6000米，建立3个供水点，又使80余户用上自来水。1987年，铺设供水主管道2100米，延长供水支管道3200米，增加供水89户。1988年，铺设主管道1100米、支管道6000米，扩大用户450户。1989年，延伸支管道6000米，增加供水207户。截至1989年底，县城河东、河西两区1200户计9500人用上了自来水，县城供水网络基本形成。

1998年贷款200万元，完成县城河西水源钻探机井配套、建成水厂和北大街供水管网工程。1999年投资2805万元，新建水源井6眼，并完成管网改造工程，日供水能力增加2000吨。2001年贷款300万元，新建机井2眼，日供水能力增加1000吨，铺设管道4.7千米。2002年自筹18万元建成307国道城区段供水管道工程。2003—2004年，投资384万元，先后建成县自来水公司综合办公楼及5号井配套等工程。1998—2003年，各年日供水量分别为6000吨、6115吨、6115吨、6115吨、9840吨、10840吨。

2005年以来，随着靖边县城区规模不断扩大，人口增多，城区用水量急剧增长，供需矛盾十分突出。从2007年起，利用旧县城改造及新区开发建设，先后完成供水管网改造、新水源地建设，建成自来水厂等工程，使靖边县城区用水基本得到保障。截至2020年，建成水源井21眼、水厂1处、加压站1处、管理站6个，日均供水量1.8万立方米。铺设直径100毫米以上供水管道150千米，用水人口达19.5万人，供水面积达27平方千米，用水普及率达到96%，水质综合合格率达100%。

（三）米脂县城供水

元代，米脂县城居民主要以泉水、河水为饮用水。明代，上城城隍庙旁（今北街小学附近）打深井，下城西街掘官井，枣园巷开井，供居民吃水，但仍有不少百姓饮用河水。上城井和西街官井在清代已废弃、填埋，枣园巷井至今一直使用。清代，在地藏庵（今米脂县印刷厂）后西偏院、圁川书院北端（今东街小学操场）、杨秃子湾先后打井，供饮用或作灌溉。民国初年（1912年），杜沛功主持在五龙洞砌一井，其水质较好。东街小巷子马家、安巷子常家、西街张家院内有水井。民国十二年（1923年），北街群众集资在财神庙院内（今米脂县幼儿园）打井，命名“醴泉”。民国十七年（1928年）大旱，流金河和饮马河干涸，城防局和里民局向居民、商户筹款，在翔凤桥北、城墙根掘井取水，命名“流金泉”（俗称南门井）。初期水质甘洌，后渐渐转咸。文屏山麓（小东门里）打一公用井，供南关居民使用。冯社臣在流金河北（今米脂饭店附近）打一浇地用井。凉水沟南寺渠住户用龙山泉水，水质极佳。

1959年3月，米脂县委、县政府动员机关、事业单位干部，从三里楼书案塌到东街小学门前铺设地下陶瓷管1230米，引泉入城，依靠自流压力供水（日供水250吨），东街居民就近担用。因安装技术不精，管道破裂漏水，仅使用4个多月。同年10月进行二次施工，引泉水供城内部分群众使用。

1973年，米脂县财政投资17万元，在文屏山北麓修建200立方米高位水池和银河渗水井，城内埋设直径106毫米输水管400米，设4个供水点。1975年开始供给机关单位和部分群众用水，日供水能力 200 吨，用水户占全城的 20%。1983—1985 年，陕西省建设厅拨款 55 万元，用于改善供水，在北门川猫卧梁修建 300 吨高位水池，铺设北门川新的输水、配水管道，引原火电厂渗井水供城内机关、居民用，输水能力提高到 800 吨每日，用水户占到 65%。1986 年改善东街、宋硷供水管道，去旧换新。1989 年在银河口建成新水井，铺设新水井至商业局输水管和东城区等新管道。截至 1990 年，县城有文屏山、北门川、银河口 3 个自来水水源井、2 座蓄水池，7 台抽水泵，配套动力总功率 250 千瓦。输水管道 10830 米，供水能力达到 1500 吨每日，城区用水得到满足。枣园洼、南寺坡、凉水沟距水井较近的居民仍使用辘铲提取井水。

随着县城规模不断扩大，人口增多，用水需求不断增加，供需矛盾日益突出。2000 年由县自来水公司贷款筹资 500 万元，于 2001 年 7 月建成榆林沟水源井（集水廊道）和水厂，使县城日供水能力由 2000 吨提升至 5000 吨。2003 年国家投资 100 万元，进行了城区供水管网改造建设。2006 年投资 1000 余万元，在米脂县银州镇镇子湾村新建日产 5000 吨水源工程（集水廊道）1 处，完成电力专线架设、主管道铺设及配套工程，基本结束了米脂城区间歇性供水的历史。2008 年投资 415.79 万元，完成总长 7116 米二期配水管网改造工程。2010 年投资 400 万元，对榆林沟水源工程进行了渗管扩建，日产水量达到了 7000 多吨；投入 10 万元，装配了水厂二氧化氯原水消毒处理设备，使出厂水水质明显优化，水质合格率达到国家生活饮用水卫生标准；投入 20 多万元，建成水厂运行控制中心，实现了设备运行自动化。截至 2013 年，米脂县城区有水源井 2 处、净化水厂 1 座。水源井水厂完善了水质化验、加氯消毒、运行自动化设备。形成了制水、供水、安装、维修等一整套服务管理体系，铺设供水主管长 55 多千米，日供水能力最高达 10000 吨，供给米脂县城区 5660 户计 4.6 万人，供水普及率 90%，水质达标率 92%，水源保障率 80%。

2017 年绥德“7·26”暴雨洪灾后，榆林市政府决定由榆林市水利局组织实施，以王圪堵水库为水源，建设绥德、米脂和子洲“三县供水工程”。三县供水工程由集中净水厂、输水管道和泵站 3 个单位工程组成，总投资 14.56 亿元，设计年水库引水量为 2597.9 万立方米，净水厂日处理能力为 9.6 万吨，输水线路总长 132.32 千米，年可供居民用水量为 2300 万立方米。工程直接供水对象为无定河两岸的绥德县、米脂县及无定河支流大理河沿岸的子洲县 3 个重点县和沿线所辖 12 个乡镇 55 万人的生活用水和第三产业用水。2021 年 5 月 28 日，三县供水工程率先向米脂县城区供水，原榆林沟、镇子湾水源井转为米脂县城区供水备用水源井。2020 年，米脂县自来水公司实现全年供水 203 万立方米，为县城 6 万多人口、8000 多户居民和百余家企事业单位提供用水服务，供水普及率 97%。

（四）绥德县城供水

20 世纪 70 年代前，绥德县城区居民生活用水取井水、石崖泉水和河水。水井有 10 多口，分布在城内和城外大理河沿岸，水源为地下水第四系松散层孔隙潜水，水质以城内的上井和南城墙外的屹堵井的井水较好，其他井的水质均差，属苦咸水。石崖泉水分布在城外的砭上石砭、马鞍山石砭、落雁砭石砭和龙湾石砭等处，水质均较好，尤其是砭上石砭的神井（泉）、马鞍山石砭的和尚（泉）、龙湾石砭的龙泉水质极佳，甘洌爽口。河水主要是大理河和无定河水，水质均差，主要用于洗衣物，冬季也有少数凿冰洞汲取饮用者。

1971 年县城开始兴建自来水工程，到 1983 年先后建成 3 处大口井和 3 处高位水池供水工程，总投资 80 多万元。3 个供水工程，日可产水 1123 吨，高位水池水塔总容积 873 立方米。输水管道总长 13 千米，设供水点 27 处，供水普及率 80%。1985 年供水总量约 30 万吨，其中工业、建筑用水和漏水约 11 万吨，生活用水 19 万吨，用水人口 2.5 万人。

20 世纪 90 年代初，县委、县政府决定建设十里铺供水工程。经过 3 年艰苦奋战，工程于 1992 年竣工，投资 420 万元，建成十里铺水源井 3 口，日产水量 2000 吨，设加压泵站 1 处，永乐路修建水厂 1 处，调节水池 3 个，新铺设供水管道 12 千米，增设公共取水点 17 个，日新增供水能力 2000 吨，城区 80% 的居民用上了自来水。

1998 年，县自来水公司出资 10 万元，邀请陕西省地质勘察设计院、水文专家对城区地下水资源状况进行普查勘测，编制了《丁家沟水源可行性报告》。2000 年丁家沟水源工程动工兴建，在无定河畔建集水廊道 400 米，工程总投资 200 多万元，新增供水能力 4000 吨。同时利用铁路补偿资金，铺设 DN300 主管道 2 千米，改进了原 3 号抽水站和新建了东门焉、职中两个加压站，关闭了原 1 号、3 号两个水质较差的水源井。

2003 年，陕西省水利厅投资 430 万元，开工建设五里店供水工程。该工程采用廊道打辐射孔取水的形式，于 2004 年 12 月竣工，日产水量 4552 吨。2007 年 7 月，在丁家沟建成应急取水工程，总投资 106 万元，铺设卧式渗管 1000 米。2009 年 4 月 12 日，开工建设韭园一体化净水工程作为县城供水补充水源工程，7 月中旬建成供水。工程总投资 1561 万元，净水厂占地面积 15 亩，日净水能力 5000 吨，日供水能力 220 吨，极大地缓解了城区供用水矛盾。同时，对五里店水源井进行了扩建渗管工程，使渗管的总长度达 1250 米，渗管南端接入集水井，日产水量 2000 ~ 5000 吨。2018 年榆林王圪堵水库三县供水工程向绥德供水工程开工建设，绥德专线 16.63 千米，2021 年 7 月 9 日实现向绥德县供水。绥德县自来水公司建有水源井 6 眼，日平均供水量为 13000 多吨，服务用户 22000 多户，输水管网 41 千米，配水管网 54.5 千米，管网服务范围 17 平方千米，承担着城区 15 万人口的生产、生活和消防供水，以及绥德县农村饮用水水质量安全检测的任务。

（五）子洲县城供水

子洲县城区自来水供给始于 1972 年。1971 年在县城东基建局院内打出第一口日产水 40 吨的机井，并兴建丰家沟沟口西山峁容积 40 立方米的 1 号高位水池。1972 年铺设水井至 1 号高位水池管道 417 米，同年 5 月开始供水，供水人口不足千人。1979 年陕西省建设厅拨款 8 万元，于第一口机井南大理河北岸建成 1 处日产 150 吨的截潜流井，并更换 4 吋铸铁管道，供水紧张之势稍有缓和。1985 年陕西省建设厅拨款 50 万元，在武装部东南再建 1 号、2 号、3 号机井，在小河沟建 4 号机井。这 4 口井日产水 1055 吨，并建 2 号高位水池、清水池各 1 个，供水点 15 个。新旧管道联网，城区内机关单位均可饮用自来水，多数居民也可就近到供水点取用。至 1990 年有 6 口井，高位水池 2 座（容积 400 立方米），清水池 1 座，泵房 4 间，机房 1 间，全年供水总量 25.26 万吨。

1998—2000 年，投资 1060 万元，先后建成清水沟、张寨、苏渠等水源工程，日供水能力达4000吨。2001年贷款11万元，进行管网延伸建设；2002年贷款269万元，进行净水厂工程建设；2003年贷款100万元，自筹26万元，进行管道延伸续建工程建设。

2017年绥德"7·26"暴雨洪灾发生前，清水沟水源工程和张寨1号水源井、清水沟2号水源井为主水源，其他苏渠、小河沟、三河沟3口为应急水源井。供水范围为西城区姚家砭村至城东苗家坪镇王庄村，马蹄沟镇供水任务于2020年接管，城区供水普及率96%，用水户达5792户，其中非居民用水户361户，居民用水户5431户，管网总长102千米（其中供水管网61千米，配水管网41千米），2021年总供水量125万立方米，涉及用水人口4.5万人。

2017年绥德"7·26"洪灾，造成子洲县净化水厂受淹，清水沟水源工程漫溢决口，县城供水瘫痪。在榆林市委、市政府的关心支持下，2017年8月，由榆林市水利局组织实施子洲专用工程，供水主要水源为无定河廊道水，经绥德县物流园区净化水厂净化后向子洲县城供水，2017年11月底竣工通水，日供水能力为2000立方米。1号、2号水源井日取水700立方米，新建高渠集水廊道日取水600立方米，清水沟调蓄工程于2020年底恢复使用，取水900立方米，经子洲净化水厂净化后供入县城供水管网。榆林王圪堵水库向子洲供水专线长22.4千米，设计流量0.21立方米每秒，日最大供水能力1.8万立方米，年设计供水662.26万立方米。2022年5月27日建成通水，子洲专项工程实现由王圪堵水库供水。子洲县城日供水规模为4200立方米。

第二节　农村供水

无定河流域是陕西最为干旱的地区之一，农村人畜饮水历来非常困难。1949年前，农村人畜饮水多由群众自己解决或人担畜驮河水泉水，或打井、打窖、修涝池。1955年、1957年春夏，定边、靖边等地持续大旱，白于山区人畜饮水出现严重困难，定边县姬塬区各党政机关及学校因吃水困难曾两次临时迁至外地。陕西省、榆林专区供水部门即派凿井队到白于山区踏勘、设计，开展打人畜饮水管井，同时定边、靖边县政府要求山区群众在1957年平均每户拥有1.25眼水窖的基础上，于1958年平均每户增打至2.5眼水窖，以解决山区人畜饮水困难问题，从而拉开了各级政府组织群众大规模解决人畜饮水困难的序幕。

一、甘露工程

1970年中央北方农业会议后，陕西开始把解决农村饮水问题正式纳入农田水利基本建设内容，人畜饮水工程建设经费列入农田水利基本建设专项。从此，各级政府及其水利部门把解决人畜饮水困难列入重要议事日程，有计划、有组织地领导群众兴修饮水工程。1984年以后，农村供水工程普遍展开，工程建设严格实行各种形式的承包合同制，一批新的乡镇、村饮改水工程相继动工，特别是严重缺水区、重病区优先规划建设饮改水工程，加快了解决农村人畜饮水困难问题的步伐。到1993年，榆林全区已解决人、牲畜饮水困难分别为55.76万人、27.89万头，分别占当年需解决96.57万人、106.29万头牲畜的57.74%、26.24%。

1996 年 3 月，陕西省省长程安东带领有关部门负责人在榆林白于山区进行人畜饮水专题考察后，4 月 18 日，省政府作出《关于实施“甘露工程”的决定》。随后，榆林地区水利局编制了《榆林地区“甘露工程”规划项目》，地、县两级政府都成立“甘露工程”建设指挥部，在 1507 个行政村开展“甘露工程”建设。到 2001 年，榆林市建水窖 15.88 万眼，打井 2.64 万眼，建成管网供水工程 223 处，泵站 555 处，手动泵站 926 台，总投资 2.8 亿元，其中省补资金 5339 万元，使农村 76.82 万人口、16.75 万头家畜的饮水困难问题得到解决。

二、农村人畜饮水解困工程

2000—2005 年，国家把农村人畜饮水列入农村基础设施建设的“六小工程”，逐年加大专项资金投入力度。流域各级政府抢抓机遇，不断加快农村饮水解困工程建设步伐，使人畜饮水解困工作取得突破性进展。截至 2005 年，国家累计安排榆林农村饮水解困国债资金 11828 万元，建成各类饮水工程 2085 处，使农村群众 0.23 万人（占农村人数的 20.5%）基本摆脱了饮水困扰。之后，农村人畜饮水解困工程纳入农村饮水安全总体工程建设。

三、防氟改水工程

1980 年 3 月，陕西省水电局投资 20 万元，由陕西省地下水工作队、榆林地区水电局、定边县水电局及榆林地区卫生局等部门 30 余人组成的防氟改水调查组，对定边县进行历时半年的调查，结果显示定边县有 18.95 万人受氟水危害，占当年全县总人口的 71.6%，地方性氟中毒发病率高达 81.3%。截至 2005 年，榆林市饮用高氟水、苦咸水、污染水的群众分别为 53.16 万人、6.66 万人和 13.43 万人，分别占榆林市农村总人口的 18.09%、2.27% 和 4.57%。

解决农村防氟改水问题刻不容缓。1984 年 8 月 8 日至 9 月 13 日，在北京昌平召开的中国农村改水项目评估会议上，定边、靖边被确定为世界银行农村改水项目的受援县。1985 年 7 月至 1992 年 3 月，定边、靖边两县按照省、市改水办要求，组织实施了农村改水项目建设，工程总投资 2205.986 万元，其中世界银行贷款 701.626 万元（183 万美元），国内各级配套和群众自筹 1504.36 万元，使 197 个行政村的 19.84 万人饮用上了安全卫生水，自来水入户率达 65%。1992 年 3 月 10—15 日，改水项目通过世界银行监督团终期考察验收。

2000—2005 年，国家为解决地方病困扰问题，对榆林市 6 个重氟区的 222 个乡镇 1869 个村分两批进行防氟改水，共建成饮改水工程 1941 处（其中集中供水工程 1192 处，单户供水工程 749 处），完成工程总投资 1.49 亿元（其中国家补助资金 9101.3 万元，群众自筹 5799.6 万元），受益人口 62.32 万人。之后防氟改水工程纳入农村饮水安全总体工程建设。

四、农村饮水安全工程

2005 年，国家实施农村饮水安全工程，重点解决农村饮水困难和饮高氟水、苦咸水、污染水、水量不达标、水源保证率不足等饮水不安全问题。2006 年，榆林市水务局编制《榆林市农村饮水安全工程规划》，并采取多渠道筹集资金，科学规划、精心组织，强力推进农村饮水安全工程建设，并决定以解决白于山区群众饮水困难为突破口。2007 年 6

月1日，在榆林市委、市政府的倡导下，榆林市农民饮水协会举行了“白于山区人饮解困百家企业恳谈会”，引导依托榆林能源化工基地建设发展起来的优秀国营、民营企业，主动承担社会责任，当场即有神东公司、陕煤公司、长庆油田、东洲公司等60家企业踊跃捐款5000余万元。同时，在榆林市慈善协会的倡导下，有更多的企业慷慨解囊，加入帮助农村群众尽快摆脱吃水困难的工程建设中，全市各级党员干部也纷纷伸出援助之手，为饮水困难群众捐款，到年底筹集到捐款180余万元。

2008年，按照陕西省政府《关于进一步加快解决农村饮水安全问题的意见》精神，榆林市在总结以往实施“甘露工程”“人饮解困”“防氟改水”等项目的基础上，根据本市地域地貌条件，全市划分为西部白于山区、黄河沿岸土石山区和南部丘陵沟壑区三大板块，采取“板块推进”措施，确定以县为单元集中财力、物力整县推进，一次性彻底解决吃水困难问题。同时，制定了优先解决水质性缺水，农村集镇、居民聚居点、农村学校等饮水困难的方针。

根据不同的地理地貌类型，建立了与之相适应的科学化、规范化、标准化的工程模式及典型，树立精品意识，强化精品观念，给后续工程总结经验。在资源型缺水的白于山区除建设高标准集雨场外，还在人口相对集中的乡镇所在地打深井解决水源问题；在南部丘陵沟壑区因地制宜修建自流引水和小型泵站相结合的工程；在风沙草滩区主要采取水源污染防治措施和氟水改造工程。通过以上措施，建成一大批标准高、规模大、使用年限长的农村饮水工程，效果显著。

2005—2013年，榆林市共建成农村集中式饮水工程6716处，分散式供水工程212056处，完成投资112892.79万元，累计解决了259.06万人饮水安全问题。特别是在西部白于山区通过硬化集雨场和建设3.11万眼高标准水窖，铺设1.92万千米管道，基本解决了这一地区近40万人民群众的吃水难问题。截至2013年，榆林市农村饮水安全达标人口259.06万人，占全市农村总人口的87.17%；集中供水达标人口235.34万人，占农村饮水安全达标总人口的90.84%；分散供水达标人口23.71万人，占农村饮水安全达标总人口的9.16%。

五、农村饮水安全巩固提升工程

农村实施脱贫攻坚工作以来，无定河流域各级党委、政府把解决农村饮水问题摆在与解决群众温饱问题同等重要的位置来抓，按照“精准扶贫水利先行、精准脱贫水利保障”的思路，不断加大资金投入力度，加快饮水工程建设步伐，使农村群众饮水实现了历史性跨越，为榆林市实现全面脱贫摘帽提供了水利保障。2016—2022年，榆林市无定河流域累计完成投资136329.3万元（中央资金7415万元、省级资金30625万元、市县配套98289.3万元），巩固提升农村饮水安全工程5466处，解决和改善了184.02万人饮水安全问题；延安市吴起、安塞、子长无定河流域6镇累计投资10894.6万元，巩固提升农村饮水安全工程373处，解决和改善了6.25万人饮水安全问题。

无定河流域各县（市、区）着眼建立长效机制，均组建了农村饮水安全专管机构，出台了运行管理办法，建立了维修养护基金制度，制定了农村供水应急预案。“千吨万人”规模以上的供水工程全都组建了专业管理机构，其他供水工程也都落实了管理责任和管理人员。建立了水利行业自控和卫生部门监控相结合的水质安全保障制度，千人规模以上集中供水工程都设有水质化验室；县级农村饮水安全水质监测中心按照年度检测计划，定期开展水质检测。规模以上工程水源地，由生态环境局明确保护范围，划定保护区域，插标亮界，设置隔离防护围栏，有条件的设立视频监控系统，从源头上保证了水质安全。

2016—2022 年无定河流域主要县（区、市）饮水安全建设任务见表 2-4-1。

表 2-4-1　2016—2022 年无定河流域主要县（区、市）饮水安全建设任务

［根据无定河流域各县（区、市）水利部门统计］

县（区、市）	投资/万元	中央/万元	省级/万元	市级/万元	县级/万元	工程处数/处	解决人数/万人	贫困村/个	贫困户/个	贫困人数/万人
榆阳区	23652.8	333	6597	2422.6	14300.2	735	26.32	190	1085	1.44
横山区	18145.9	362	850	1119.5	15814.4	496	11.56	111	3866	1.12
靖边县	19010.3	586	8602	2630.1	7192.2	1014	26.96	80	2558	0.84
定边县	11164.9	429	959	1580.0	8196.9	499	11.84	60	4148	2.26
绥德县	13507.5	2027	4760	1534.6	5185.9	794	26.86	89	19213	5.23
米脂县	12758.2	891	1553	1059.8	9254.4	489	18.37	138	12519	3.26
清涧县	19657.5	2447	3607	2393.1	11210.4	630	24.08	195	15868	4.9
子洲县	18432.3	340	3697	2056.5	12338.8	809	38.03	119	19012	6.01
吴起县（2个镇）	2954.6	315	562	110	1967.6	39	1.6	5	801	0.19
安塞区（1镇）	1140	376	285	106	373	38	0.56	4	247	0.07
子长县（3镇）	6800	1190	910	500	4200	296	4.09	20	1443	0.395

注：子长县于 2019 年 7 月撤县设市。

六、无定河流域农村集中供水典型案例

（一）靖边县宁条梁镇庙畔村防氟改水典型案例

靖边县宁条梁镇庙畔村位于靖边县城西 40 千米，镇政府东南 2 千米处，属红柳河西岸滩地区，全村总土地面积为 25.1 平方千米，辖 16 个村民小组 1065 户 4093 人。该村饮用水水源全部采用地下水，水质含氟量极高，根据 2012 年卫生健康部门出具的丰水期水质检测报告氟含量达 2.9 毫克每升，枯水期氟含量远高于此。为了解决宁条梁镇大滩村、西园则村两个脱贫攻坚退出村饮水安全问题，靖边县政府超前谋划，打破行政区域界限，实施宁条梁镇“北水南调”供水工程，从宁条梁镇政府北的黄蒿塘村将砂质沙漠地下水通

过18千米主管网输送、四级加压泵站加压的方式，送至大滩村、西园则村两个贫困村。在该项目设计之初，就将庙畔村整村饮水型氟超标治理问题一并纳入实施，当年将黄蒿塘村优质水源通过庙畔村原供水设施调配送入全村农户，通过水源置换的方式解决了该村饮用水水质不达标问题。随后工程管护暴露出两个问题：一是原供水设施管网跑、冒、滴、漏现象严重；二是整村缺乏计量装置，粗放式收缴水费村民怨声高且收缴难度大。2020年，靖边县争取省级专项资金1300万元，累计安排庙畔村233.03万元用于改造老化供水设施，同时考虑安排计量装置，累计全村更换管网9000米，建主管道闸阀井5座，建入户闸阀井850座，安装DN15智能水表850块，维修水塔1座、水厂2处，使庙畔村居民饮水实现水质、水量双达标。

（二）榆阳区牛家梁镇“板块推进”的典型案例

2008年，榆阳区根据本区域实际情况，制定了“树立一个样板、解决一个部位、突出三个优先、实现一个目标”的“1131”工作思路；指树立牛家梁镇为自来水入户镇的典型样板；突出优先解决城乡接合部城市自来水管网，延伸盲区一个部位；突出优先解决饮水极度困难乡村的吃水问题，解决集镇供水问题；突出优先解决水质性缺水问题，实现惠泽千家万户的一个根本目标。榆阳区牛家梁镇以村为单位坚持板块推进，不到两年时间，全镇12个行政村建成16处集中供水工程，解决了全镇1.69万人的饮水安全问题，自来水入户率达95%以上，成为全市第一个实现家家吃上安全卫生自来水的乡镇。

（三）榆阳区鱼河集镇供水典型案例

鱼河集镇供水公司成立于2014年，位于陕西省榆林市榆阳区鱼河镇鱼河村，是榆阳区国有企业水务有限公司的全资子公司。鱼河集镇供水工程总投资878万元，占地3575平方米，于2014年11月建成并投入运行，供水范围为鱼河集镇、鱼河村、鱼河农场、鱼河林场、王新庄村、南沙村、兰空医院及鱼河镇周边企事业单位，水厂采用双电源高压入户，4台水泵机组实现24小时恒压供水，日供水能力为1200吨，为鱼河集镇2.28万人提供安全饮水服务，是一家集引水、供水、销售、维护等一体化的“千吨万人”级现代化农村集中式供水公司。供水范围内已全部安装智能IC卡水表、物联网水表等，水费收缴率达到95%以上。供水对象93%为农村居民用水，政府、学校、医院等企事业单位占7%。农村用水执行水价3.1元每吨的收费标准。该水厂于2022年被陕西省水利厅评选为“省级农村供水工程标准化水厂”。

（四）横山区三镇规模化供水典型案例

横山区三镇供水工程依托榆林市重点项目“三县供水工程”，利用途经白界镇黑峁墩村预留的分水口，解决黑木头川沿线村民饮水水质差、水量不足的问题，管线向南穿越无定河后，沿黑木头川河道左右岸布设，至韩岔镇东南侧山梁的高位水池止。工程涉及3个集镇（殿市镇、韩岔镇、响水镇）11个行政村，解决黑木头川沿线6000多户2.16万人饮水水质差、水量不足的问题。该工程设计输水管总长30.4千米，工程设计流量0.069立方米每秒。沿途设加压泵站3座，其中一级站设计扬程171米，装机容量160千瓦；二级站设计扬程 109 米，装机容量 75 千瓦；三级站设计扬程 175 米，装机容量 75 千瓦。沿线设置分水口 12 个，其中响水镇 2 个、殿市镇 7 个、韩岔镇 3 个。工程设计水平年为 2030 年，供水保证率不低于 95%，设计日引水量 6000 立方米。工程计划总投资为 9642.3 万元，其中一期工程批复投资 1850.71 万元，二期工程批复投资 7791.59 万元。一期工程于 2020 年 11 月动工，完成主管道铺设 1.92 千米、一级加压泵站以及村级管网工程；二期工程于 2021 年 11 月动工，完成管道铺设 28.48 千米、二级加压泵站、三级加压泵站以及检查井等附属工程，于 2022 年 10 月底主体工程完工。横山区三镇供水工程的建设彻底解决了黑木头川两岸群众饮用水不足和水质差问题，让群众真正地吃上了来自王圪堵水库的自来水和放心水。

（五）子洲县农村饮水安全工程建设案例

子洲县位于陕北黄土高原丘陵沟壑区腹地，榆林市南缘，境内有大小河流 807 条，以大理河、淮宁河两大水系为主要河流，然而，难吃水的尴尬是外人难以想象的，很多村民祖祖辈辈挑水吃，靠天吃水是当地群众的最大心病。2015 年以来，子洲县把饮水安全作为农村脱贫攻坚的重中之重，尤其把解决贫困户的饮水安全问题作为头等大事来抓，全面普查摸清底数，因地制宜全面铺开，规范实施达标提质，强化管理夯实责任，分类施策确保服务，建成集中式供水工程 528 处，分散式供水工程 1100 余处，累计解决 24.18 万人饮水问题（其中贫困人口 3.24 万人）。对照农村饮水安全“生活饮用水水量、水质、用水方便程度、供水保证率”的四项指标，全县 20 万人常住人口安全饮水 100% 达标、88 个建档立卡贫困村 100% 达标。

（六）吴起县长城镇集中供水工程案例

长城镇集中供水工程始建于 2001 年，2017 年实施改扩建工程，属于吴起县第一批规模化政府驻地改造提升的项目，是以洛河组层地下水为水源的供水工程，主要供水设施包括水源井、高位蓄水池、供水管网三大部分，采取自流入户，建成以边墙渠水库为水源的反渗透净化处理厂，主要供水设施包括提水泵站、反渗透净化设备、清水池，日供水能力达 826 立方米，供水范围涉及长城镇政府驻地及周边 10 个自然村，解决了 424 余户 1360 人的饮水安全问题。2019 年、2023 年，对长城镇集中供水工程进行了两次延伸改造，按照“宜大不宜小”的建设思路，打破行政区域界限，推进“大网”建设，形成北接双湾涧、东至孙嵝岘、西至二道坝镇村一体化供水工程。经过三次建设，长城镇集中供水工程从工艺和供水规模上都处在领先地位，对吴起县农村饮水安全工程的规模化建设起到了重要的引导作用。

（七）吴起县周湾镇集中供水工程案例

周湾镇集中供水工程始建于 2001 年，是以华池组、环河组为水源的浅层地下水供水工程，主要供水设施包括水源井、高位蓄水池、供水管网三大部分，采取自流入户。2019 年开始改造提升，建成以洛河组地下水为水源、配置反渗透净化设备的供水工程，主要供水设施包括水源井 1 眼、反渗透净化设备、清水池，日供水能力达 480 吨，实际约 260 吨，供水范围为周湾镇政府驻地及周边 8 个自然村，解决 3527 人的饮水安全问题。2020 年进行管理提升，在水厂配置了“智慧云”可视化系统，实现了“机电运行、管网运行”等运行的全程监控。安装了物联网智能水表，实现了自动缴费，提高了用户满意度。2023年对水厂进行了提升改造，并对王沟畔组进行了管网延伸改造，基本达到周边村全覆盖。

第三节 工业供水

20世纪80年代前，无定河流域工业基础薄弱，工业用水量小，且多由企业采用自备水井或抽取河水、水库水来解决。进入20世纪90年代后，随着榆林能源化工基地建设的发展，工业经济快速增长，工业用水量日益增加，工程性缺水成为能源化工基地建设的重要瓶颈，各级政府加大对工业供水工程建设投入力度，加快解决重要工业园区供水工程建设。无定河流域先后建成的重要工业园区供水工程主要有以下几个。

一、榆阳区工业供水工程

（一）李家梁水库输水管道工程

李家梁水库供水工程主要有给陕西银河榆林发电有限公司和兖州煤业榆林能化有限公司供水的两条输水管道工程。陕西银河榆林发电有限公司输水管道工程于2003年8月开工建设，2004年7月竣工。铺设内径600毫米输水管道2条，各长18.6千米，其中每条钢筋混凝土管6.8千米，钢管11.8千米。建加压泵站1座，年可输水800万吨。兖州煤业榆林能化有限公司输水管道工程于2006年7月开工建设，2007年6月竣工，铺设钢管内径700毫米双管道，长31.9千米，建加压泵站1座等，年可输水1100万吨。

（二）石峁水库输水管道工程

（1）石峁水库向陕北乾元能源化工有限公司输水管道工程：该工程于2005年春开工建设，11月底完工，铺设单管内径300毫米塑钢管2.2千米，建加压站1座。

（2）石峁水库向麻黄梁工业园区输水管道工程：该工程于2007年4月开工建设，10月底完工，铺设单管内径400毫米塑钢管7千米，建加压站1座。

（三）红石峡水库输水管道工程

该工程于2006年3月开工建设，12月底完工，铺设红石峡水库至榆林城北郊热电厂单管内径900毫米玻璃钢管5千米，建加压站1座。

（四）香水供水工程

该工程分两期建成。一期工程于2006年4月开工建设，2008年10月完工，先后在榆阳区大河塔乡红柳沟香水梁村段建成香水水库和红柳沟滚水坝。香水水库为混凝土心墙均质土坝，坝高22.36米，坝顶长207米、宽6米，总库容88.4万立方米。红柳沟滚水坝为浆砌石重力坝，附设冲沙闸等建筑物，坝高6米，坝顶长102米，堰顶宽0.5米，总库容20.76万立方米。一期工程总投资2534.87万元。二期工程包括后方家畔盐化厂供水工程和香水水库至陕西有色金属工业园区供水管线工程。后方家畔盐化厂供水工程于2010年6月20日开工，10月30日竣工，先后建成沉淀池1座、进水前池1座、加压泵站1座、防洪墙等。香水水库至陕西有色金属工业园区供水管线工程于2011年4月20日开工建设，

12 月底完成。先后建成引水枢纽 1 座、引水管道 93.1 米，加压泵站 2 座（分为一级加压泵站、二级加压泵站），输水管道 20.23 千米，以及高压输电线路、配电设备等。总投资 7500 万元（其中财政拨款 2000 万元，陕西有色垫支 5500 万元），年供水能力 760 万吨。

（五）中营盘水库输水管道工程

该工程于 2011 年 4 月开工建设，2013 年 12 月完工，先后建成中营盘水库向陕西有色工业园区输水枢纽工程，设加压泵站 1 座，双管铺设内径 600 毫米球墨铸铁输水管道 2 条，长 23 千米。

二、榆横工业园区供水工程

（一）硬地梁应急水源工程

该工程是榆横工业园区应急供水工程，包括输水工程、一期净水厂和供水站，工程总投资 1 亿元。工程于 2007 年 10 月底开工，仅用 5 个月时间就完成了堤坝、引水、抽水和 30 千米的输水工程。于 2008 年 4 月通水运行，设计取水量 1.93 万吨每日，年向榆横工业区供水 706 万立方米。一期净水厂工程于 2009 年 8 月投入运营，设计日水处理能力为 2 万吨。供水站工程 2008 年 7 月起采取边建设边供水的方式，保证了落户企业开工项目的基建施工、生活、初期生产用水，至少为榆横工业区的经济开发提前两年供水。2011 年、2012 年、2013 年该供水工程向榆横工业园区分别供水 410 万吨、285 万吨、316 万吨，供水收入分别为 1972 万元、1366 万元、1519 万元。

（二）王圪堵水库供水工程

该工程是王圪堵水库配套工程，包括王圪堵水库输水工程、净水厂工程及北园区供水支线工程，工程概算总投资 12.13 亿元。王圪堵水库输水管线工程于 2010 年 7 月 10 日开工，2013 年竣工。先后建成水库输水管线总长 28.64 千米，双管线布置，管径 DN1200 ~ DN1600，设计流量 7 立方米每秒，年输水能力 1.5 亿立方米，供水保证率为 95%。管线分为三部分：第一部分从坝后电站取水穿过无定河到曹家沟加压泵站，长 5.62 千米，是重力流输水管线；第二部分从加压泵站穿越无定河北岸沙漠区沙界沟、长城等村到高位水池，长 8.9 千米，是加压输水管线；第三部分从高位水池到榆横工业园区净水厂，长 14.12 千米，为重力流输水管线。

净水厂位于榆横工业园区西侧 A13 区，于 2010 年 7 月开工，2013 年 9 月建成，并于 10 月 25 日通水试运行成功，开始向榆横工业园区供水。净水厂占地总面积 170.4 亩，建筑总面积 24912 平方米，绿化面积 5174 平方米，分为生产、生活两个区域。生产区布设水处理工艺建筑物、构筑物共 15 座，设计日供水规模为 40 万立方米，采用混合、絮凝、沉淀、过滤等常规水处理工艺；生活区布设综合楼、附属用房、门房等。内设中央控制室，对全厂各工艺设备运行进行远程监控。

北园区供水支线工程是为北园区陕西未来能源化工有限公司煤洁净综合利用项目提供生产用水。支线工程于 2013 年 9 月开工，2014 年 6 月完工，并于 6 月 30 日试通水成功，年可供水量 1340 万吨。管线从榆横工业园区净水厂加压泵站接出，沿 B 一路两侧向北布设，至 B 一路北端点转向西北方向，穿榆靖高速公路后，到达北园区接管点。管线布置为双管线，总长度 10 千米，采用 DN600 球墨铸铁管输水。

榆横工业园区供水工程从 2013 年 10 月开始供水，至 2020 年底，累计供水 17740.27 万吨，实现供水收入 19.13 亿元。

三、榆林黄河东线马镇引水工程

榆林黄河东线马镇引水工程是纳入《黄河流域综合规划（2012—2030 年）》和陕西省“十三五”规划的重大基础设施项目，也是榆林推进落实黄河流域生态保护和高质量发展战略的重大举措。工程任务为城镇生活和工业用水，供水范围为神木市窟野河河谷区、榆神工业区锦界工业园、榆神工业区清水工业园、榆阳区榆溪河以东工业园。建成后能有效解决该片区工业园区的供水问题，对榆林市经济社会高质量发展起到强有力的水资源支撑作用。

该工程为Ⅲ等中型引调水工程，初步设计批复核定概算总投资为 150.58 亿元（不含神木支线），设计引水规模 2.9 亿立方米，引水流量为 27.0 立方米每秒，年取黄河地表水 2.2 亿立方米，计划分两期实施。工程建设资金由政府投资和银行贷款来解决。一期工程包括取水口至黄石沟水库（入库段）、黄石沟水库、黄石沟水库至燕梁湾四级泵站（出库段）及榆神支线四部分，均位于神木市境内；二期工程为燕梁湾四级泵站至石峁水库榆阳区段引水工程。

2017 年 10 月一期工程全面启动，概算总投资 112 亿元，建设总工期 48 个月，主体工程共划分 9 个施工标段，主要由取水工程、5 级泵站、1 座沉沙调蓄水库及输水管线等四部分组成。干支线全长 161.33 千米，其中输水干线长 101.93 千米、榆神支线长 23.6 千米、神木支线长约 35.8 千米（由神木市自主实施）。设计在黄河右岸神木市马镇葛富村上游约 1.5 千米处取水，提水后往西，经百雨沟二级泵站输水进入黄石沟水库。水库引水后，设北、西两条线：向北设神木支线，向窟野河河谷区供水；向西穿窟野河至高家塔三级泵站、秃尾河至燕梁湾四级泵站后，向北给清水工业园、锦界工业园供水。2024 年 1 月，一期工程随着最后一段长约 11.6 千米的隧洞顺利贯通，实现了东线引水工程隧洞全线贯通。二期工程将根据受水区需求情况适时启动。

第五章　节约用水

无定河流域属于极度缺水地区，水资源总量严重不足，人均占有量和亩均占有量均仅占全国平均水平的三分之一左右。自古以来，流域人畜饮水极度困难，人们对节约用水有着天然习惯，“宁给一个馍、不给一碗水”是对生活在这一流域民众生活的真实写照，一水多用、重复利用、循环使用等节水措施得到普遍推广。新中国成立后，党和国家加大水利基础设施建设，农业灌溉面积不断扩大，农村人畜饮水安全问题逐步得到解决，人们用水方便程度和用水量大幅度提升。但随着经济社会快速发展，水资源紧缺与用水粗放的矛盾越来越突出，一方面水资源可利用量越来越少，另一方面公众节水意识淡薄，用水方式较为粗放，水资源利用效率也不高。农业用水多采用畦灌方式，灌溉水有效利用系数仅为0.35左右，加之原有的灌溉工程多建于20世纪六七十年代，工程老化失修，渗漏严重，远远满足不了农业用水要求；工业生产工艺落后，节水措施不力，工业用水重复利用率仅为18%；城镇节水器具与设备推广应用不普及，供水管网年久失修，跑、冒、滴、漏现象严重，平均管网漏损率约20%。特别是随着煤炭、石油等资源开采不断加大和经济社会的快速发展，水资源供需矛盾日趋突出，水资源紧缺和水环境脆弱日益成为流域经济社会全面、协调发展的重要瓶颈。

2006年9月，流域内榆林市被水利部列为第二批全国节水型社会建设试点城市，市委、市政府坚持把节水型社会建设作为解决本市水资源问题的根本性、战略性措施，举全市之力开展节水型社会建设试点，探索出不同类型地区、不同行业节水型社会建设的实践途径。2014年3月14日，习近平总书记提出“节水优先、空间均衡、系统治理、两手发力”治水思路后，流域内各级政府用系统思维统筹推进水的全过程治理，从观念、意识、措施等各个方面把节水放在优先位置，全面实施最严格水资源管理制度，进一步加大农业节水、工业节水、生活节水、社会节水等一系列创建示范活动，有力地促进了水资源的节约集约利用，为流域生态保护和高质量发展提供了水利支撑和保障。

第一节　节水型社会建设

2002年，水利部下发《水利部印发关于开展节水型社会建设试点工作指导意见的通知》（水资源〔2002〕558号），2003年10月，水利部在甘肃张掖召开全国节水型社会建设试点会议后，无定河流域各级政府及其水利部门按照陕西省部署，先后组织编制了四个节水型社会建设五年规划，2006年榆林市被列为全国第二批节水型社会建设试点，各县（区）

也拉开了实施节水型社会建设创建工作的序幕。截至 2022 年，流域内共有榆林市和榆阳、靖边、安塞、定边、横山、米脂等 6 县（区）分别荣获“全国节水型社会建设示范市”和县域节水型社会建设达标县（区）称号。

一、榆林市节水型社会建设试点

2006 年 9 月，榆林市被水利部列为第二批全国节水型社会建设试点，11 月市政府成立了“榆林市节水型社会建设领导小组”，由市长任组长，办公室设在市水务局。2007 年 7 月，又改设为榆林市节约用水办公室专门机构，负责指导全市节约用水工作，贯彻落实节约用水相关政策和节约用水项目的实施、水权转换的市场管理等。无定河流域各县（区）相继成立由县（区）长担任组长的节水型社会建设领导小组，责成各县（区）水资源办公室协调推动节水型社会建设工作。

2007 年，榆林市政府委托北京中水新华国际咨询公司编制完成了《榆林市节水型社会建设规划》，结合榆林市社会经济发展目标和生态环境保护目标，明确了节水型社会建设的指导思想、目标、主要任务和措施，提出了水资源合理开发、优化配置、高效利用、有效保护和综合治理的总体布局及实施方案。《榆林市节水型社会建设规划》报经水利部审查，陕西省人民政府于 2008 年 12 月 8 日正式批准实施。同时，制定了《榆林市节水型社会建设实施方案》，先后修编了《榆林市水资源综合利用规划》《榆林市水生态环境治理保护规划》《榆林市节水灌溉规划》《榆林市城市供水水源地保护规划》等一系列规划，这些规划和实施方案成为榆林市节水型社会建设的支撑性文件与工作依据。

2007 年，榆林市节水型社会建设领导小组向各成员单位下发了《关于分解落实榆林市节水型社会建设试点工作目标任务的通知》（榆节水领办〔2007〕1 号），对试点方案制定的目标任务进行了细化分解，明确了各成员单位的责任。同时，通过定期召开会议、纳入部门年终考评，检查和监督目标任务完成情况。流域内各级各部门节水管理机构建立节水责任制和绩效考核制，层层落实责任，逐级抓好落实，定期召开节水型社会建设联席会，协调解决试点建设的重大问题，督促协调，全力推动。

2001 年，榆林市水利局更名为榆林市水务局，全市除榆阳区外的 11 个县的自来水公司统一划归市水务局管理。相继成立了榆林市城乡供水管理办公室和由水务局控股的开发区供排水公司及榆林市水务集团公司（业务上隶属市水务局），在全市基本实现了水资源和供水的统一管理。2007 年成立了榆林市农民用水户协会，负责协调农业用水的管理工作。以政府为主导，相关部门联动，省、市、县（区）互动，公众广泛参与的节水型社会建设运行机制基本形成。

节水型社会建设试点以来，榆林市在全面调研水资源利用、节约和保护现状的基础上，根据有关法律法规规定，结合实际，制定了《榆林市节约用水管理办法》《榆林市水权转换管理办法》《榆林市节水单位考核管理办法》《榆林市计划用水考核管理办法》和《榆林市工业企业水量平衡测试规定》。为加强取水审批和计划用水管理，市政府转发了市发展和改革委员会、市水务局《关于加强水资源宏观调配和实行计划用水管理的意见》，适当上收了取水审批权限，严格了水资源论证与准入管理。市政府明确规定：农业户引水流量在 0.3 立方米每秒以上和工业用户日取水 100 立方米以上的，由市级水行政主管部门审批和管理，并对新建、改建、扩建的用户实行水资源论证制度，无论证报告或经论证不合格的不予审批。同时，市政府组织实施水权转换管理办法，明确了水权转换条件和程序，指导依法取得水使用权的单位和个人在一级市场进行水权转换，探索出农业向工业有偿转换水权、工业反哺农业的节水新机制，推动了城乡统筹发展。

从 2004 年开始，榆林市实施城镇供水价格改革方案，2006 年明确提出运用经济手段推进节水型社会建设，2007 年完成了城镇供水水价改革任务。城镇供水水价每吨平均提高到 3 元，其中特殊行业水价平均提高到 5.37 元；工业水价按照国家经营性用水水价核定办法，基本达到成本加利润水平，平均每吨 4.01 元。对用水最大的水稻种植及高耗水、重污染的小电厂、土炼焦等企业进行调整和淘汰。通过进一步转变观念，创新体制机制，建立起节约用水的长效机制，使节水成为全体公民的自觉行为，形成了农业节水以高效节水为重点，工业节水以调整结构、节水改造为重点，城市节水以改造管网、降低损耗、污水处理与回用等为重点的全方位节水新局面。

截至 2010 年，榆林市生态环境、生活、工业、农业用水量分别为 344 万立方米、6700 万立方米、12966 万立方米、49199 万立方米，全市各行业总用水量为 6.92 亿立方米。万元 GDP 用水量降至 40 立方米，农业灌溉水利用系数由 0.40 提高到 0.46；工业万元增加值用水量一般工业为 16 立方米，火电工业为 97 立方米；供水管网漏损率降至 15%。节水型社会建设试点工作取得阶段性成效。2012 年 2 月 27—29 日，榆林市节水型社会建设试点在榆林市通过水利部专家组技术评估，并指出：榆林市初步探索出了资源型缺水地区发展能源化工产业、建设国家能源化工基地的节水模式，对陕西省乃至全国节水型社会建设起到了良好的示范和带动作用。2012 年 10 月 31 日，水利部、黄河水利委员会和陕西省水利厅在榆林市召开节水型社会建设试点验收会，同意榆林市节水型社会建设试点通过国家验收，授予榆林市“全国节水型社会建设示范市”称号。

二、县域节水型社会达标建设

2009 年，陕西省水利厅组织开展了省级节水型社会建设试点，至 2013 年有 6 个县（区）获“陕西省节水型社会建设示范区”称号。2017 年开始在全省范围开展县域节水型社会达标建设工作，2018 年有 20 个县（区）达到省级县域节水型社会达标建设标准，被命名为省级县域节水型社会达标建设县（区），其中无定河流域的榆林市靖边县、延安市安塞区榜上有名。2018 年，水利部组织开展县域节水型社会建设达标创建工作，无定河流域各县（区）高度重视，均成立了以县政府主要领导或分管领导为组长，县发展改革、财政、水利、住建、教育、经贸等部门负责同志为成员的节水型社会建设领导小组，制定创建工作实施方案，召开动员部署会议，全面部署推动节水型社会建设工作。各县（区）加大节水宣传力度，全面落实水资源总量强度双控制度，深入推进建设项目节水“三同时”制度，计划用水、农业水价综合改革、节水精准奖补机制，大力推进节水型农业、节水型工业、节水型城镇建设，加大节水型载体创建力度，严格落实河湖长制，依法保护水生态环境，县域节水型社会建设创建工作取得显著成效。2021 年 12 月，《水利部关于印发县域节水型社会达标建设管理办法的通知》（水节约〔2021〕379 号）。经陕西省水利厅组织专家技术评估、现场检查、查验资料、组织验收，水利部复核公示，2018—2022 年，无定河流域榆林、延安两市共有 6 个县（区）被水利部命名为县域节水型社会建设达标县（区），其中 2018 年第一批是榆林市榆阳区，2019 年第二批是榆林市靖边县、延安市安塞区，2020 年第三批是榆林市定边县，2021 年第四批是榆林市横山区，2022 年第五批是榆林市米脂县。

第二节　农业节水

无定河流域农业灌溉是用水大户，农业灌溉用水量约占水资源总用水量的 80%。在 20 世纪 70 年代以后，流域普遍推行引水干支渠道防渗衬砌，采用瓷板浆砌石（砖）、预制混凝土板、现浇混凝土衬砌渠道，推广混凝土 U 形渠防渗技术。1976 年起开始实施节水喷灌，1990 年后随着榆林风沙滩区 60 万亩商品粮、副食品基地综合开发项目工程的建设，通过渠道防渗、暗管输水、喷灌、滴灌、渗灌及集雨节灌等节水技术的综合利用，有效地提高了水资源的利用效率。无定河流域延安市吴起县周湾、长城两大灌区全部实行管道输水和节水灌溉措施，工程运行良好，为灌区玉米、胡萝卜等农作物丰产丰收奠定了基础。

一、渠道防渗

（一）渠道衬砌

1971—1972 年，榆林市先后对正在兴建的榆高渠、西沙渠、织女渠及定惠渠等部分干支渠道进行防渗衬砌。至 1976 年仅榆高渠、定惠渠、芦西渠、织女渠、二定渠、大理渠等 13 个万亩以上中型灌区的干支渠道用瓷板、水泥板衬砌共 123.74 千米。1993 年榆林市万亩以上灌区干渠衬砌 160.4 千米，占干渠总长的 38.6%；支渠衬砌 68 千米，占支渠总长的 52.3%；斗渠衬砌 56 千米，占斗渠总长的 6.5%。

2001 年，榆阳区石峁水库灌区发展节水灌溉面积 0.85 万亩，采用混凝土 U 形断面衬砌渠道，长 7.2 千米，完成总投资 234.18 万元，其中国家投资 100 万元，群众自筹资金 134.18 万元。2003 年，横山县雷惠渠灌区发展节水灌溉面积 1.088 万亩，采用渠道梯形断面预制混凝土板块衬砌，长 8.87 千米，完成工程总投资 198.88 万元，其中国家投资 90 万元，自筹资金 108.88 万元。2004 年，榆阳区榆高渠发展节水灌溉面积 1.86 万亩，采用渠道开敞式断面衬砌，渠底混凝土弧度现浇，渠坡采用混凝土预制板块衬砌，衬砌渠道 13.5 千米，完成总投资 141.6 万元，其中国家投资 70 万元，自筹资金 71.6 万元。2005—2010 年，先后对米脂县织女渠、横山县定惠渠等灌区渠道退水闸、斗门等进行高效节水改造。截至 2010 年，织女渠、定惠渠、石峁渠、雷惠渠、榆高渠等灌区投资衬砌干渠共 310 千米，改造干渠涵洞 1.42 千米、倒虹 1 座、退水闸 5 座、斗门 173 座、排洪桥涵 28 处，使全市渠系水利用系数由原来的 0.4 提高到 0.55，轮灌期平均缩短 1 ~ 2 天。

20 世纪 80 年代，榆林、横山、靖边等县田间渠道多采用瓷板衬砌。20 世纪 90 年代，普遍推广田间混凝土 U 形断面衬砌田间渠道，至 2010 年榆林市共衬砌田间渠道 3350 千米，田间水的利用系数达到 0.90 左右。2005 年渠道防渗面积 23.49 万亩，到 2010 年发展为 31.64 万亩。

（二）管道输水

1991 年，流域首先在榆林风沙滩地区 60 万亩商品粮、副食品基地综合开发项目工程建设区推广低压暗管输水，至 1999 年共铺设低压暗管输水管道 72 千米，低压管灌面积达 2916 亩，到 2005 年发展低压管灌面积达 9 万亩，至 2013 年发展低压管灌面积达到 57.44 万亩。

无定河流域吴起县周湾、长城两灌区均建于 1971 年，属于抽水灌区，20 世纪 80 年代经过“柴改电”改造，经 30 多年的运行，工程老化失修严重，灌区几乎失灌。2011 年，周湾灌区投资 3000 多万元实施节水改造，采用管道输水，敷设输水管道 50 余千米，田间采用低压管道喷灌。该工程实施灌溉面积 1.5 万亩，分为 5 个片区，辐射周湾、阳洼、小口则、罗涧和王树湾 5 个行政村 720 户 4120 人。2016 年，长城灌区实施节水改造，管道主要布设在长城镇的二道坝、边墙渠、孙崾岘、榆树坪、双湾涧村。设计灌溉总面积 1.14 万亩，有效灌溉面积 0.93 亩，灌区灌溉保证率达到 85%。在工程运行管理上采用智能刷卡水表，灌区全部采用滴灌、渗灌节水技术。

二、喷灌、微灌

（一）喷灌

1972 年榆林地区农业科学研究所、榆林县苗圃、定边县城关镇西园子生产队、米脂县园艺场等，开始进行喷灌节水试验。1976 年在榆林地区 7 个县建成喷灌站 82 处，其中无定河流域的清涧、米脂、靖边、子洲等分别建成喷灌站 8 处、5 处、3 处、2 处。随后，定边、绥德等县也兴建喷灌站，至 1979 年榆林全区共建成固定、移动喷灌站 214 处，设施灌溉面积达 8622.9 亩。1980 年后，由于不少供喷灌的抽水站、机井报废及喷灌成本高等，到 1984 年这些喷灌站几乎都停用或报废。1991 年随着实施榆林风沙滩地区 60 万亩商品粮、副食品基地综合开发项目工程建设，节水喷灌再度兴建，到 1999 年榆林地区发展喷灌面积 2700 亩，到 2005 年全市喷灌面积达到 1.2 万亩。2006 年在靖边红墩界等乡进行大田马铃薯节水移动、固定式喷灌，面积达 8250 亩。至 2013 年全市发展喷灌面积 3.8 万亩。

（二）微灌

微灌包括滴灌、渗灌。1976 年，在吴堡县樊家坨大队始建千亩滴灌试点工程，由陕西省水利科学研究所协助，1978 年建成。同年，在子洲县驼耳巷公社高墕大队也建成滴灌试点工程。所建这些滴灌试点工程使用不久即于 1982 年停用报废。1994 年榆林大漠蔬菜公司引进以色列全自动滴灌设备，开展节水滴灌。2006 年 9 月，榆林市被水利部列为第二批全国节水型社会建设试点城市，在全市逐步开展大面积节水微灌。2006 年在靖边县红墩界、黄蒿界等乡进行大田马铃薯节水膜下微灌；在米脂县孟岔山地进行矮化密植红枣节水滴灌 980 亩工程建设，其滴灌技术主要采用山地提水技术，由管上式滴灌、管间式滴灌及涌泉灌溉三部分构成。2005 年无定河流域榆林市微灌面积 2850 亩，至 2013 年发展为 4350 亩。

三、集雨节灌

1996—1998年，榆林地区在实施人畜饮水的“甘露工程”建设中，横山、榆林等县提出“水窖建设上山、进田、连路，大力发展窖灌农业，改善生态环境”的口号，一度走入不切合实际的误区。在年降水量只有400毫米的榆林余兴庄、横山韩岔、子洲等地干旱山梁上大规模兴建大面积水泥集雨场和高标准集雨窖的“集雨窖灌大田农业”工程，致使建成这样一个“窖灌”工程花费四五万元，每年仅集一二立方米的雨水，到三四年后，这些工程即无效报废，大面积水泥集雨场还破坏了植被，荒废了大量的土地。

1998年8月7日，陕西省财政厅、水利厅将《榆林地区1998年集雨窖灌农业工程实施方案》改为《榆林地区1998年集雨节灌工程实施方案》给予批复，这个批复方案即在定边、靖边、横山、清涧等6县55个村实施。总投资3125.48万元，其中省财政补助749万元、地县财政配套220万元、群众自筹2156.48万元，共新建集雨水窖10930眼，容积52.96万立方米。同时，建成集雨场和田间节水设施配套的集雨节灌面积2.2万亩。1999年又在10县（市）40个乡镇140个行政村进行二期集雨节灌工程建设，实际完成总投资3030.15万元，共建集雨水窖10196眼，容积45.82万立方米，完成集雨节灌3.15万亩。到2005年市集雨节灌面积发展28.14万亩。之后，由于不少窖灌工程和田间节水设施损坏，2020年集雨节灌面积降为13.54万亩。

四、节水灌溉示范建设

在农业节水灌溉示范建设方面，从2006年起，全市调整农业种植结构，大幅度减少了用水量大的水稻种植面积。截至2010年，将原有13万亩水稻面积调整为2.57万亩，年节水3100万立方米。

榆林市节水社会建设试点期间，全市先后投入40多亿元，建成38个高效农业节水园区。这些园区采用微喷、滴灌、喷灌及温控微机自动化控制技术得到广泛应用，2010年灌溉水的有效利用系数达到0.51，至2011年全市发展节水灌溉面积达96.57万亩，占总灌溉面积的56.4%。加快节水灌溉工程建设，先后对西沙、榆东、榆高、榆低、三岔湾、红花、定惠、织女、雷惠、跃进等10个国营灌区完成灌区节水改造工程，同时调动农民用水积极性，加强用水计量管理，使农田灌溉用水总量得到有效控制，至2012年全市农田灌溉用水量4.5亿立方米，占全年总水量的59.7%，较试点前2005年减少0.4亿立方米。

在县域节水型社会创建中，各县（区）大力实施农业节水，加快实施农田节水配套改造。靖边县加大高效节水灌溉投资，集中建成一批高效节水灌溉工程，2017年发展高效节水灌溉面积23.09万亩，占全县灌溉总面积的51.57%。定边县加大高效节水灌溉投资，先后在白泥井镇、种羊场集中建成了一批高效节水灌溉工程，截至2018年共发展高效节水灌溉面积38万亩，占总灌溉面积41.44万亩的91.7%，农业灌溉用水计量率达到82.7%。横山区2019年投资1477.85万元，先后在塔湾镇、赵石畔镇、雷龙湾镇等地集中建成了一批高效节水灌溉工程，农业灌溉用水计量率达到83%。米脂县投资2100万元对织女渠干渠进行改造，实施小型水源工程更新改造和田间沟渠工程配套工作，形成布局合理、协调一致的农田灌排工程体系。加强渠道防渗，积极推广建设低压管道输水灌溉工程，大力推广高效农业节水技术，农田灌溉水有效利用系数提升为0.56。

第三节　工业节水

从2006年起，榆林市无定河流域针对境内能源化工项目多、用水量大的特点，以全面落实节水“三同时、四到位”和用水大户煤业、化工、油气、建材行业节水减排为重点，加大产业结构调整，开展水平衡测试，开展节水技术改造，大力推进工业节水各项措施的全面落实。下决心淘汰了一批高耗能、高耗水、重污染的土炼焦、小电石、小硅铁、小造纸企业。过去榆林土炼焦年产能曾高达1亿多吨，年用水量3000多万立方米，平均吨焦耗水0.3立方米，经过整顿、重组和技术改造，保留产能5000万吨，吨焦耗水降至0.15立方米以内。选择锦界工业园区开展节水“三同时”制度研究，通过深入园区调研，召开座谈会等方式，制定了节水“三同时”制度实施方案及工作流程，并在榆林市范围内进行推广。开展了水平衡测试工作，有针对性地选择6户有代表性的工业企业进行水平衡测试工作。实施用水工艺改造，不断提高工业用水重复利用率。以中国长庆油田公司第一采气厂、陕西国华锦界能源有限责任公司、陕西延长石油（集团）有限公司榆林炼油厂、陕西金泰氯碱化工有限公司、陕西恒源投资集团煤化工有限公司等为试点，积极开展节水技术改造，提高水的重复利用率。陕西国华锦界能源有限责任公司采用直接空冷技术，加强工业和生活废水回收利用，每年可节约水量304万立方米。陕西恒源投资集团煤化工有限公司开发出内热式低温干馏兰炭技术，并用于生产，吨兰炭耗水降至0.12立方米，年用水量由原来每天840立方米降为200立方米，每年节水19万立方米，节水率达76%。陕西金泰氯碱化工有限公司投资1588万元，建设工业废水处理站，采用气浮除油、酸碱中和、絮凝沉淀、过滤反渗透等工艺，将废水处理后回用于生产，年可节水40万立方米。2010年全市平均工业用水重复利用率已达72.3%，比2005年提高了40.6个百分点。同时，大力推广节水新技术、新工艺、新设备。火力发电空冷技术的采用，将电厂用水降低了80%以上。甲醇企业推广国际节水技术，每吨甲醇耗水量降低到5立方米左右。2011年全市工业实际用水量为1.29亿立方米，工业万元增加值用水量为10.4立方米，比2010年的目标值降低了20立方米。

在县域节水型社会达标建设中，流域各县区加大工业节水技术改造，积极开展水平衡测试和工业用水标准化计量，大力开展节水型企业创建，拓宽非常规水利用领域，创建成功的县区工业企业用水计量率均达到100%。靖边县重点用水企业共37家，已建成节水型企业20家，其中省级命名2家，市级命名1家，县级命名17家，建成率达到54%。陕西延长中煤榆林能源化工股份有限公司利用工业废水循环再利用，提高水资源利用率；投入巨资引进先进技术，做到工业废水、生活污水零排放。横山区重点用水企业6家，已建成节水型企业6家，县级命名6家，建成率达到100%。定边县重点用水企业共23家，已建成节水型企业12家，其中县级命名12家，建成率达到52.17%。米脂县重点用水行业企业2家，均已成功创建为节水型企业。辖区内陕西金泰氯碱化工有限公司组织开展水平衡测试，实施 17 项节水技术改造，建成了 350 立方米每升工业污水、40 立方米每升生活废水、150 立方米每升有机废水三套污水处理装置，使用再生水代替原有常规水源用于生产设备冷却、道路降尘和绿化浇灌，大大提高了企业生产用水重复利用率，达到污水零排放。2020 年，榆林市用水总量为 2705 万立方米，控制在省上下达的总量目标 3200 万立方米以内；万元国内生产总值用水量为 43.03 立方米，较 2015 年降幅 38.62%；万元工业增加值用水量为 25.95 立方米，较 2015 年降幅 15.88%。

第四节 社会节水

一、节水宣传

流域各县区充分利用“世界水日”“中国水周”“城市节水宣传周”“法制宣传日”等，开展水法律法规宣传活动，制作固定节水宣传广告牌、节水公益广告栏及宣传标语，向民众发放印有节水宣传标语的海报、围裙等物品；利用电视、新媒体平台等多媒体平台开展节水知识宣传。在学校、社区、居民中开展了各种形式的节约用水活动，每年组织开展“节水进校园”“节水进社区”“节水进住户”主题宣传教育示范活动。选择条件较好的榆阳区和顺雅苑小区开展了节水试点，制定节水制度，落实节水管理人员，实施节水管理。在各县（区）的城区中小学校试点推广自动感应节水龙头。通过广泛的节水宣传和示范活动，在全流域形成了良好的节水氛围。

二、城市供水管网改造

2006—2010 年，先后完成了榆林城区及 11 个县城供水管网的改造，累计改造和新建管网 150 多千米，推广使用插卡式水表，降低了水量漏损，提高了供水保证率和计量水平。2010 年，流域内城市水管网漏损量下降为 15%。县域节水型社会建设以来，流域各县（区）持续加强对城市供水管网的漏水监测和维修改造工作，定时巡查检漏，最大限度减少跑、冒、滴、漏情况发生；制订供水管道维修和更新改造计划，加大新型防漏、防爆、防污染管材的更新力度。2020 年，靖边县、定边县、横山区、米脂县城区公共管网漏损率分别降低至 10.09%、10.68%、9.78%、6.52%。

加强建设项目节水“三同时”管理，严格执行新建、改建、扩建项目节水设施与主体工程同时设计、同时施工、同时投入使用的节水“三同时”制度，加强节水设施“三同时”落实和验收管理工作，对违反节水“三同时”制度的建设项目责令停止取用水并限期整改。

三、节水单元建设

大力推广节水型洁具，严控高耗水产业。对洁具实行市场准入管理，严禁任何单位和个人销售、安装设计水量大于 9 升每次的非节水型冲便器，提倡经销、安装设计水量小于 6 升每次的节水型冲便器，并在各县（区）开展“节水器具进万家惠民活动”。至 2012 年流域节水器具普及率已达 85.2%。严格控制高耗水的洗浴、洗车行业的发展，鼓励使用再生水洗车，鼓励安装节水型用水装置，大众浴池有条件的安装智能淋浴器。

在政府机关、学校、居民小区、医院等开展节水单元创建工作，提高节水型社会载体建设水平。特别是在县域节水型社会创建中，流域各县（区）筹集节水专项资金，对创建节水型单元表现突出的给予奖励。米脂县制定了《关于开展节水型小区创建工作的通知》，在各居民小区设立节水宣传牌、发放节水器具，增强居民节水意识，住户节水器具使用率及生活水表安装率均为100%，城市花园、水景家园、滨河景苑3家居民小区被评为节水型居民小区，节水型居民小区建成率21.43%。定边县县财政投资181.72万元，对定边县第一小学、第五小学、第二中学及定边县中医院进行节水设施改造。全县公共场所、居民家庭使用生活节水器具推广普及率达到100%，公共机构节水型单位建成率达到62.5%，节水型居民小区建成率达到20.54%。横山区和靖边县均实行事业单位集体办公，其中横山区政府大楼和农垦事业大楼两处办公场所共有事业单位65家，靖边县党政办公区和党政第二办公室两处办公场所共有事业单位105家，均建成节水型单位，建成率分别达到79.26%和78.35%。

四、非常规水利用

无定河流域按照"适度开发地表水，合理利用地下水，充分利用再生水、矿井水"的原则，严格控制地下水的开采规模，关闭了自来水覆盖区自备井800余眼。严格执行"风沙滩区生态环境脆弱，不宜集中连片开发地下水，不宜以地下水作为工业和城镇供水水源，只可作为农村饮水与零星灌溉水源"的规定，风沙滩区地下水位基本保持稳定。

随着城镇化步伐加快，城市再生水已成为工业与生态环境很重要的水源。至2012年榆林市污水处理厂、靖边县污水处理厂等先后分别与榆林热电厂、靖边工业园区达成供水协议，榆林市再生水利用逐渐起步。全市年产煤炭2.8356亿吨，矿井排水量4500多万立方米，除煤矿自用外，还有约1200万立方米可以作为工业水源，从2010年起陕西国华锦界能源有限责任公司等企业已将矿井水作为主要的供水水源。

截至2020年底，无定河流域榆林市共建成污水处理厂14座，污水处理量达到3950.18万吨每年，处理率达到77.8%，处理后要求达到国家污水处理一级A水质标准；中水回用量302.37万吨每年，回用率6.2%。横山区污水日处理量为1万吨，经过深度处理并再次利用的污水量供给陕西榆林能源集团横山煤电有限公司用于生产用水，污水再生利用率达到100%。延安市子长市涧峪岔、南沟岔、李家岔三镇建成投运污水处理站5座，污水处理能力380吨每日，镇区污水实现收集全覆盖。列入考核的无定河、榆溪河等，按河长、断面评价，水功能区达标率达100%以上。榆林市原确定2010年国民经济各部门总用水量10亿立方米，实际用水量6.92亿立方米；原定水资源开发利用率35%，实际为17%，均实现预期目标。2021年8月和10月，榆林市先后两次召开矿井疏干水综合利用推进会，研究部署推动矿井疏干水综合利用。2023年9月，陕西省水利厅在榆林市召开全省矿坑（井）疏干水利用现场推进会，学习推广榆林经验，推进矿井疏干水利用进度。

第六章 水电水产

无定河流域总体水能资源贫乏，水产养殖多有发展。最早利用水能资源是清康熙年间，主要利用形式是凿石开渠、安置水磨。民国期间至新中国成立初期，无定河流域发展了一大批水磨坊、水碾房、水力发电站，最多时达66处，民众利用水能磨面、碾米、造纸、发电。20世纪70年代后，农村小水电站逐渐兴起，建设了一批小型水电站。但随着国家大电网覆盖，加之水源断流、运行管理不善等，水磨坊、水碾房停用，绝大多数小水电站废弃。至2020年流域保存小水电站仅5座。流域水产养殖主要利用天然湖泊、水库、池塘、河流等水面养殖，多集中在靖边、横山和榆阳3县（区），可养鱼水面面积约8万亩，占无定河流域可养鱼面积的90%以上，有利于渔业发展和经营管理。王圪堵大型水库蓄水面积达2.3万亩，是水产养殖最好的水域，发展潜力很大。

第一节 水能开发

一、水能资源普查

1949年冬，陕甘宁边区政府农业厅绥榆水利工程处对无定河支流榆溪河水力资源进行了全面调查，当年底编制出《榆林红石峡水力发电工程初步计划书》。1950年，绥榆水利工程处组织水利技术人员多次到榆林红石峡、横山响水堡等地对榆溪河、无定河的水力资源进行调查和实地勘测，当年8月编制出《榆林红石峡水力发电工程计划书》和《横山响水堡水力发电工程研究计划书》，并上报陕西省水利局。1951年1—8月，黄河水利委员会与黄河水利委员会西北黄河工程局联合组成查勘队对无定河、清涧河进行实地查勘，选择出在无定河干流的薛家峁、龙湾、响水堡及支流大理河沙滩坪、榆溪河红石峡等14处为兴建发电站和大中型水库坝址。

1954年5月，水利部副部长李葆华同苏联专家一行12人到榆林、吴堡等地考察水土保持工作。当他们来到拟建的红石峡水库大坝选址考察时，李葆华说："这是一个很好的天然水库坝址，应结合根治黄河工作及早拟出计划。"并指示黄河水利委员会西北黄河工程局局长李赋都重视这项工作。6月，黄河水利委员会第一钻探队到红石峡进行坝址钻探，9月派陕西省勘测队到红石峡进行设计勘测。

1978年，榆林地区革命委员会水电局依照陕西省革命委员会水电局和西北电业管理局的安排，组织地、县水利技术人员对全区水力资源进行普查。之后将普查所得资料交由陕西省水电勘测设计院进行理论蕴藏计算，并协调跨地（市）河流的规划和整编普查成果。

1979 年 9 月，陕西省水电勘测设计院汇编成《中华人民共和国水力资源普查成果·第 22 卷 陕西省》。

1985—1986 年榆林地区水利水保局抽调技术人员进行全区小水电建设规划工作，通过普查和资料收集，基本搞清了全区水力资源的理论蕴藏量、可开发量、水力资源开发利用现状等，并编制完成《榆林地区小水电建设规划报告》。2003 年，按照陕西省水利厅统一安排，榆林市水务局组织人员对全市河流水能资源进行了复查。

1986 年编制的《榆林地区小水电建设规划报告》记载，无定河流域水力资源蕴藏量 20 万千瓦，可利用量 7.2 万千瓦，已开发利用 1.43 万千瓦（占可利用量的 19.86%），开发潜力仍然较大。1979 年水能资源普查中，审定列入规划的小型水电站工程有 63 处，可装机 4 万千瓦（单站规划最大装机容量 1 万千瓦），年发电量 1.67 亿千瓦小时。

二、小水电建设

1958 年先后开工建设榆林红石峡、流水沟和米脂杨家砭水电站，当年米脂杨家砭榆林流水沟小水电站建成发电，次年 10 月 1 日红石峡水电站建成发电。20 世纪 70 年代初大兴发展小水电站，先后建成榆林香水、中营盘、李家沟、米家园则等 500 千瓦以下小水电站，至 1976 年，无定河流域建成小水电站共 52 座，总装机容量达 15537 千瓦，电站输电线路总长 1225.4 千米，其中高压电路长 772.2 千米，配电变压器共 390 台，总容量达 44990 千伏安，年总发电量 7987.51 万千瓦小时。之后，由于水源断流、管理不善和大电网输入供电等，绝大多数小水电站废弃。截至 2020 年，无定河流域保存有小型水电站 5 处，装机容量共 1.835 万千瓦。2020 年，全年发电量 7090 万千瓦小时，实现发售电总收入 2214 万元，从业人员 410 人，其中技术人员 103 人。

（一）红石峡水电站

红石峡水电站位于榆林城北 3 千米处的榆溪河红石峡，于 1957 年由陕西省政府投资 100 万元并进行勘察设计，1958 年 4 月正式开工。它是无定河支流榆溪河上的一座坝后式水电站，坝址以上流域面积 4260 平方千米，年均来水量 0.94 亿立方米；同时为水坝涵洞引流式电站，水头 8 ~ 10.5 米，引水流量 6.4 立方米每秒，装有 1 台 400 千瓦水轮发电机组，于 1959 年 10 月 1 日竣工投运，1960 年即发电 177 万千瓦小时。1963 年 10 月又扩建投运 1 台 400 千瓦 2 号水轮发电机组，总装机容量为 800 千瓦。1973 年发电量 414.4 万千瓦时。1977 年 9 月该电站联网运行，1978 年因境内联网供电充足而停运，1990 年又恢复生产，当年发电 260 万千瓦时。2004 年该水电站全部设备进行了一次大修，2013 年投资 470 万元进行了增效扩容改造，改造后电站总装机容量 900（500+400）千瓦，平均设计水头 17 米，设计引水流量 5.91 立方米每秒，多年设计年发电能力 400 万千瓦时，年利用小时数 3839 时。

1961 年 9 月，红石峡水电站与榆林发电厂合并，成为电厂所辖水电车间。1973—1979 年 8 月曾隶属榆林地区电业局管理，之后下放隶属榆阳区水务局管理，由榆阳区红石峡水库服务中心具体负责管理，从业人数 15 人。

（二）响水电站

响水电站位于横山区响水堡的无定河干流上。设计水头 29.7 米，引用流量 17.6 立方米每秒，总装机容量 3600（2000+1600）千瓦。国家投资 416 万元，群众投劳折资 10 万元。1970 年 9 月 9 日动工，11 月 26 日因冰凌阻塞冲毁导流洞，1972 年 3 月又改利用 1958 年建成的响水坝引水，按照动力渠道与灌溉相结合的方案，进行边设计边施工。先后修建的主要工程有引水渠（全长 2207 米）、压力前池、退水渠、压力管道 2 支（全长 130.5 米，其中钢管 101.5 米，钢筋混凝土管 29 米）、地面式厂房、防洪墙及 35 伏开关站等。共完成土方 34.7 万立方米、石方 9.7 万立方米、混凝土 18 万立方米，投劳 91 万个工日。1975 年 10 月和 1977 年 8 月，2 台机组先后投产，单机运行。1979 年 10 月与榆林电网联网后，双机运行。

1991 年至 1995 年底，累计发电 6074 万千瓦时，营业收入 524.9 万元，实现利税 65 万元。2010—2013 年，年均发电 1800 万千瓦时。

2015 年 3 月，响水电站进行了增效扩容改造，装机规模维持 3600 千瓦不变，主要是更新 2 号机组及相应附属、辅助设备及电气设备。改造后年发电量 1800 万千瓦时。2020—2022 年年均发电量 1200 万千瓦时，多年平均年利用小时数 5139 时。电站隶属榆林市响水水电站股份有限公司，为国有股份制企业，从业人数 139 人。

（三）东风水电站

东风水电站建于清涧县高杰村镇白家塔村无定河段，距黄河入河口 1 千米、清涧县城 42 千米，该站为中水头无调节径流、隧道引水式水力发电站。坝址以上流域面积 30222 平方千米，多年平均流量为 17.9 立方米每秒。电站引水枢纽拦河坝为重力坝，坝顶长 80 米，坝高 7.2 米。电站初始装机容量 6000（3×2000）千瓦，设计水头 29.8 米，平均引水流量 30.57 立方米每秒，年平均发电量 3326 万千瓦时。

该电站建成后，由于资金缺乏，未能及时架设高压输电线路，电能资源长期处于供大于求的状况，不能满负荷生产，造成效益低下、长期亏损、严重浪费。1989 年 9 月，清涧县同榆林地区联网后，发电量增加，效益良好。截至 1990 年，东风水电站累计运行 128280 小时，发电 10488.63 万千瓦时，供电 8414.73 万千瓦时，收入总额 315.69 万元，累计利润 35.82 万元。2006—2010 年，东风水电站投资 308 万元，先后对机组设备、拦河坝、压力钢管、调速器、机组自动化保护设备等 21 项进行改造。2011 年发电量 3200 万千瓦时、供电量 3025 万千瓦时。2013 年 10 月增容扩机 1600（1×1600）千瓦，扩机后总装机容量 7600 千瓦，设计多年平均发电量 3326 万千瓦时，2021—2022 年年均发电量 3237 万千瓦时，多年平均年利用小时数 4565 时。

1974 年 7 月电站建成初期隶属清涧县水利水保局管理，1978 年改隶属清涧县电力局管理；从 1990 年起又变更隶属清涧县水利局管理，从业人数 156 人。

（四）绥德水电站

绥德水电站原名绥德县反修水电站，位于绥德县苏家岩乡梁家川村的前石畔上，引无定河水发电。1969 年动工修建，1972 年首台机组投入生产，蓄水发电，1974 年 5 月 3 台机组全部投产运行。由引水枢纽、引水系统和厂区三部分组成。引水枢纽由浆砌石滚水坝、冲沙闸、进水闸组成。大坝为浆砌石重力坝，坝顶长 37.4 米，坝高 7.3 米。1980 年更名为绥德水电站，注册资金800万元，固定资产700万元，主营产业为水力发供电。2005—2011年年均发电量900万千瓦时，营业收入220万元。2013年水电站进行了增效扩容改造，改造后电站装机扩建容量为2500（2×1000+1×500）千瓦。电站设计水头12.9米，压力管道为混凝土管，平均引水流量22.5立方米每秒。设计年平均发电量1388万千瓦时，年有效发电小时数5550时。电站为国有企业，1985年交由绥德县电力局管理，1999年又划归绥德县水利局管理，从业人数74人。

（五）王圪堵坝后水电站

王圪堵坝后水电站位于榆林市横山区城关街道办事处王圪堵村，属王圪堵水库综合利用型坝后式水电站。水库坝址以上流域面积10751平方千米，多年平均流量10.4立方米每秒，水库总库容3.89亿立方米。电站于2010年3月开工，2014年建成并网发电，装机容量3750千瓦（3×1250千瓦），水轮机额定流量4.98立方米每秒，额定水头29米，最大水头35米，最小水头14.6米。设计年发电量1940万千瓦时，2020—2022年年均发电量457万千瓦时。电站隶属榆林市水务集团王圪堵水库有限责任公司管理，为国有企业，从业人数30人。

第二节　水产养殖

一、苗种生产

1957年5月，榆林县商业局从浙江地区调回花鲢鱼、白鲢鱼鱼苗35万尾，经7天运回仅剩1.2万尾，投入城内莲花池3亩水塘，秋季出塘大规格鱼苗1.1万尾，投放榆林城北官井滩海子5.5亩水面（同年10月将官井滩海子整修成30亩水面的鱼池，1959年扩大到90亩），雇两名浙江师傅管理饲养。1958年7月，榆林县在牛家梁榆卜界成立鱼种场，开展鱼种繁殖。1959年榆卜界鱼种场从宁夏贺兰县调鲤亲鱼40尾，1960年首次人工繁殖成功，产水花鱼苗60万尾。1964年开展鲢、镛、草鱼人工繁殖试验，1968年试繁见卵而未成苗，产水花鱼苗46万尾，到1980年共产水花鱼苗4108万尾。同年由于繁殖期晚，育不成大规格鱼种，生产经济效益差而停止。1970年先后建立靖边县掌高兔鱼种场、横山县梁家湾鱼种场，到1985年又先后成立榆林县牛家梁王则湾鱼种场、刘官寨鱼种场，子洲县殿市鱼种场，定边县郝滩河草洞鱼种场，靖边县龙洲、杨米涧、杨家湾鱼种场。1987年全区共有国营、集体鱼种场、繁殖点共33个（户），其中国营鱼种场9个，集体鱼种场5个，中营、河口、猪头山、金鸡沙等水库配套鱼种繁殖点9个，个体鱼种繁育户10户；鱼种池共429个，面积共1885亩，年产水花鱼苗1500万尾、鲤鱼夏花500万尾。在陕西省科学技术委员会的支持下，在榆林榆卜界等鱼种场恢复鲢鱼、鳙鱼苗人工繁殖试验，到1987年初步取得成果，草鱼较历史最早出苗时间提前10天，当年育成10厘米以上大规格鱼苗。

2000年以后，随着市场经济的发展、水产养殖技术的全面推广普及，使鱼苗、鱼种生产经营逐步走向市场。家庭养鱼、承包养鱼所需苗种有自繁自育的，也有专业生产的。

二、成鱼养殖

1953 年，榆林农业学校校长姬伯勋倡导开始在榆林城官井滩海子试验人工养鱼。1957 年以后，各县陆续建起一批水库、池塘，人们开始在水库、池塘、天然湖泊兴起人工养鱼。到 1963 年，榆林县刀兔海子、中营盘和河口水库等养鱼面积达 11.8 万亩，养殖产量 87 吨。1976 年榆林全区养殖面积 15.42 万亩，养殖产量 186.96 吨，其中国营产量 116.3 吨。

1980 年以后，横山、榆阳、靖边等县（区）兴起个体承包挖塘养鱼热潮，开始建设商品鱼基地，完善配套水库、池塘水产养殖设施，逐步形成国家、集体、个人一齐发展的渔业新格局。到 1987 年，榆林全区发展个体养鱼户 832 户，承包经营水面共达 17620 亩，其中榆林、横山、靖边 3 县（市）池塘养殖水面分别为 2746 亩、2279 亩、7000 亩，池塘平均亩产鲜鱼 7 千克。

1990—1994 年，榆林市实施“菜篮子工程”渔业项目建设，涉及神木、榆林、横山 3 县（市），1991 年由农牧渔业部投资 200 万元，地方匹配投资 217 万元兴建鱼池工程。在榆阳区五道河则，横山县王圪堵、二道峁等地建设和改造了 4000 多亩专业池塘。同时建成榆林中营盘水库渔场、横山王圪堵、道佛渔场等共计养鱼水面 1000 亩（水泥村池 300 亩）。其中，榆林中营盘水库渔场和横山二道崩渔场分别各有鱼池 300 亩，王圪堵渔场 100 多亩。1995 年 3 月 14—15 日，陕西省水利厅会同省财政厅对榆林“菜篮子工程”渔业建设项目进行验收，核定实际完成投资 516.63 万元，形成固定资产 502.03 万元。到 2000 年，全市池塘养殖面积发展到 2.49 万亩，其中专业池塘 5940 亩；水产品产量达 1939 吨，其中专业池塘 703 吨；池塘、专业池塘亩产分别为 65.07 千克、118.3 千克。同年，开始实施“陕北高寒地区池塘养鱼优质高效技术推广项目”和风沙区池塘生态渔业技术，使池塘养殖的产量逐年提高。

2000 年 1 月，榆林地区行政公署出台《关于加快榆林地区渔业发展的意见》，8 月榆林市政府出台《榆林市渔业发展“十五”计划及到 2010 年的设想》，加快推动水产产业快速发展。从 2003 年 3 月起，榆林市政府制定了《榆林市养殖水域滩涂规划》，立足资源优势，注重规模发展，积极培育产业，加强基地建设，突出品种优化，突出生态渔业。这一阶段，随着市场经济的发展、水产养殖技术的全面推广普及，使鱼苗鱼种生产经营也逐步走向市场。家庭养鱼、承包养鱼所需苗种有自繁自育的，也有专业生产的。先后实施“陕北高寒地区池塘养鱼优质高效技术推广项目”，在横山、榆阳、靖边推广“工程化稻田养鱼技术”，在全市风沙区推广“池塘生态渔业技术”和“湖库渔业移植增殖技术”三大渔业骨干项目，实施面积分别达到 245 亩、2500 亩和 5000 亩。到 2010 年，基本形成了以榆阳区池塘养殖、横山县小水库养殖、靖边县水库网箱养殖，其他各县各有侧重发展的新格局。

2011 年以后，无定河流域大力推广水库网箱养鱼、水库河蟹养殖、稻田工程养鱼等新技术，水产养殖规模和效益持续增加。在陕西省渔业局、陕西省水产工作总站的支持指导下，横山县 2001 年率先开展工程化稻田养鱼试验示范取得成功后，稻田养鱼示范面积从 20 亩扩大至 2004 年的 245 亩。随后，在横山县波罗、白界以及榆阳区、靖边县等沿无定河滩地稻田逐步推广稻田养鱼。2012 年，榆林百川生态农业有限公司通过在辽宁盘锦实地考察学习，在横山县白界乡党庄村进行河蟹养殖和稻田养蟹试验，其中稻田养蟹试验用地 5 亩，平均亩产有机稻谷 796 千克，平均每亩收获单个体重在 125 克以上成蟹 27.5 千克，亩产值接近 10000 元，亩均纯收入 5000 元以上。稻田养殖河蟹成功注册了"螺蛳沟"大闸蟹商标，在榆林市场上供不应求。2013 年，榆林百川生态农业有限公司在横山县白界乡色草湾村实施"优质水稻（有机大米）及稻田养蟹产业开发"项目，与当地农民共同成立了"横山县益民特色农业专业合作社"，一期开发稻 1200 亩（其中稻田养蟹面积 350 亩、直播水稻面积 850 亩），建成了年加工能力万吨级的现代化系列大米加工及包装厂。生产有机稻谷 21 万千克（蟹稻共生水稻）、无公害稻谷 51 万千克（直播水稻）、优质螃蟹 8700 千克。稻谷经精深加工后生产有机大米 13.6 万千克、无公害大米 33 万千克，产值约 320 万元，优质螃蟹 8700 千克，实现总纯利润约 210 万元，取得了显著的经济效益。2013 年 9 月 23 日，全省稻田生态养鱼示范现场会在榆林市横山县召开，水稻种植主产区的汉中、安康、商洛、榆林等市（县）渔业部门负责人和科技人员等 70 余人参加了会议。

2013 年以后，无定河流域大力发展河蟹养殖、稻田养蟹、虹鳟、鲟鱼等特色水产品养殖和水库网箱养殖，引进试验新品种，发展健康养殖，特色渔业成效不断显现。2013 年网箱养殖规模达到 25000 平方米，发展池塘健康养殖 1260 亩、水库健康养殖 2.33 万亩，水产品产量达 8260 吨。2014 年发展稻田养蟹 1200 亩，产河蟹 1.2 万千克；水库网箱养殖面积达到 3 万多平方米，产量约 4000 吨，平均产量达到 130 千克每平方米左右；靖边县河蟹养殖 2 万亩，在不影响常规鱼类养殖的情况下，增产河蟹 3 万多千克，增加产值 180 万元以上，水产品产量达到 8200 吨。2015—2018 年，无定河流域水库网箱养殖、稻田养蟹、水库河蟹养殖面积不断扩大，产值和效益增加，水产品产量稳定在 8900 吨左右。2019 年机构改革后，水产养殖职能由水利部门划转至农业农村部门管理。2021 年，无定河流域发展水库网箱养鱼规模达到 1332 平方米，稻田养蟹面积达到 3.5 万亩，水库河蟹养殖面积 1000 亩，完成水产品产量 6570 吨。

三、渔政管理

新中国成立初期，无定河流域渔业生产由榆林专署工商科管理实施；1958 年 7 月，移交榆林专署农林水牧局管理，并设水产专职管理人员；1970 年，划归榆林地区革命委员会水电局管理。1984 年，地区水利水保局设立水产科和水产工作站。1991 年 11 月，将水产科改设为榆林地区水产工作总站，事业编制 14 人。1992 年初，榆林地区水产工作总站改设为水产开发办公室、水产开发公司，一套机构两块牌子，负责全区水产管理和养殖技术推广及水产经营。1995 年，将水产开发办公室恢复为榆林地区水产工作总站，并在地区水利局设渔政管理办公室，负责渔业行政执法。2000 年，榆林地区撤地改市后，更名为榆林市水产工作总站。2002 年市渔政管理办公室改为渔政监督管理站，与榆林市水产工作总站一套机构两块牌子。到2013年榆林市水产工作总站与榆林市渔政监督管理站为一套机构两块牌子，实有工作人员20人，其中高级职称4人、中级职称4人。2019年机构改革后，渔业由各级水利部门交由农业农村部门管理。

1986年《中华人民共和国渔业法》颁布实施后，无定河流域各级水利部门逐步建立渔政监督管理机构，实施依法治渔、依法兴渔，加大对破坏渔业设施、渔业资源的查处打击力度。1989年，靖边县渔政监督管理站率先办理渔业捕捞许可证、水面养殖使用证和水产品临时贩运证，并开征渔业资源增值保护费。2002年《榆林市养殖水域滩涂规划》出台后，榆林市开始发放新养殖使用证，渔政管理机构配备渔政监理执法人员，统一着标志服装，调查处理渔事纠纷，保护渔业资源，维护渔业生产秩序工作。从2001年10月至2010年，靖边县渔政监督管理站先后查处靖边水路畔水库偷捕鱼案、芦河酒厂污染杨家湾水库案、长庆油田采油四厂白于山联合站污染河畔水库案等类案件共15件，依法逮捕3人，拘留审查4人，罚款及赔偿损失262.68万元。2013年开展渔用药品、饲料等渔用投入品专项检查，强化了水产品质量安全监督管理。2018年全面落实水产品质量安全责任，市水务局与各县（区）水务局签订渔业安全目标责任书，制订水产品质量安全专项整治实施方案，印发水产品质量安全手册3000多册，完成506家养殖场（户）信息普查，完成水产品产地抽检350个，未出现禁用药物超标情况。开展水产健康养殖示范场创建、无公害农产品认证活动，试行产地水产品质量合格证制度，有9家养殖场荣获农业农村部水产健康养殖示范场，2家养殖场通过无公害农产品认证。开展水产养殖现场执法检查60多次，责令整改完善水产养殖生产记录3家，清理非法养殖渔船12艘。

第三篇　防汛抗旱与河道整治

无定河流域“十年九旱”，但每到汛期，洪涝灾害也给沿河人民带来严重灾害。明代至民国年间，榆林地方志和历史文献对洪涝给人民带来的重大灾害损失和民众防汛抗灾的史实多有记载。新中国成立后，无定河流域各级党委和政府带领人民群众与洪涝、干旱灾害进行了持续不懈的搏斗，加快河道堤防工程建设，开展河道综合整治，推进防汛非工程措施和水文站网建设，使得流域防洪抗旱工程建设和管理工作步入规范化、法治化轨道。2000年以来，榆林市建成集防洪、生态、景观、文化等为一体的榆溪河榆林城区段高标准、高质量的达标河堤，不仅提高了城市防洪标准，而且成为榆林市生态最优美、最具活力的地带，成为人们休闲娱乐的首选场所。2017年正月十四，陕西省委、省政府启动无定河综合整治工程，全线拉开了无定河综合整治工程建设，使无定河流域生态环境和综合治理有了质的飞跃。根据水利部批复的《无定河流域综合治理规划》，2013年无定河干支流河道治理工程总长度为95.91千米，其中堤防78.16千米，护岸17.75千米。干流河道治理工程长度为39.43千米，其中堤防35.33千米，护岸4.10千米，主要分布在米脂、绥德等县城段及部分农防河段；纳林河、榆溪河、芦河、大理河、淮宁河等5条重要支流建成河道治理工程 56.48千米，其中堤防42.83千米，护岸13.65千米，主要分布在榆阳、靖边、横山、子洲、绥德等城市段及重要乡镇段。无定河干流上游的巴图湾水库和支流榆溪河上的红石峡水库承担一定的防洪任务，能够对洪水调节、削减洪峰、保障河流中下游的防洪安全起到积极作用。

第一章　防洪工程建设

无定河历史上长期为无堤防河流，明代至民国时期，只在无定河支流榆溪河上修过几段河堤。新中国成立后，在修建织女渠、定惠渠时，曾在无定河修筑过一些堤坝，以控制无定河部分段河道河势。1970 年起，地处无定河中游段的米脂、绥德、榆林三县沿河村镇为控制河势保护农田，开展以修丁坝为主的防洪工程建设，至 1985 年，先后建成丁坝 56 座。1975 年绥德县成立无定河治理指挥部，修建河堤护岸造田工程，分两期实施。一期工程为绥德、米脂两县交界处的高二沟至大理河入无定河口段，二期工程为大理河入无定河口至绥德电站大坝段，均按 20 年一遇洪水标准设防。1977 年 7 月，无定河发生罕见洪水，将在建的二期工程全部冲毁，一期工程大部分被冲毁，仅保留堤防不到 9.5 千米。其间，在无定河支流榆溪河、芦河、大理河两岸沿河村镇，投入大量劳力、财力，动辄数千人甚至上万人进行治河防洪工程建设。从 2010 年起，无定河流域市（县）政府抓住国家对防洪工程建设加大投资力度的机遇，积极开展新建和加固各类堤防工程建设。至 2020 年，无定河流域新建和加固各类堤防共 253.08 千米，其中 2 ~ 3 级堤防 50.09 千米；城区段堤防工程按“政策引导、多元融资”的做法，完成总投资 10 多亿元，城镇防洪标准普遍由 10 年一遇提高到 30 年一遇以上，保护人口 50 多万人，保护党政事业单位及工矿企业共 1800 多个，保护耕地 2.73 万亩。同时，组织开展了病险水库除险加固、中小河流治理和山洪灾害防治建设，提高了无定河流域水旱灾害防御能力和水平。

第一节　干流堤防工程

一、无定河横山区段堤防工程

无定河横山区段河道较宽，河道不能固定，每当无定河洪水暴发，往往淹没两岸农田和村庄。1976 年春，横山县委、县政府组建成立无定河河堤治理基建团，从全县调集民工、配备抽水机等设备，在横山县无定河上游右岸开工修建芦河口至硬地梁段河堤。至 1979 年建成高出河床 5 ~ 6 米、长 8.5 千米、顶宽 5 米的防洪护堤，堤身用引水拉沙填筑，迎水面以柴梢柳桩护岸，在芦河汇入无定河口处筑铅丝笼干砌石防护堤。堤外植乔灌林带，堤内拉沙造田，高出河床 1.5 米，可防御 20 年一遇（980 立方米每秒）洪水。工程总投资 60 万元，完成砌石 1 万立方米，植树 17 万株，造田 5300 多亩。另外，还在沙峁、王圪堵、鲍渠 3 处修建河堤 4.5 千米。

2013—2020 年，国家和陕西省先后 6 批下达横山区无定河堤防建设资金 94476 万元，新建加固堤防和护岸工程 16.5 千米，使防洪标准达到 10 年一遇。

二、无定河榆阳区堤防工程

无定河在榆阳区境内流程总长 61.6 千米，经过榆阳区红石桥、鱼河、鱼河峁、上盐湾、镇川 5 个乡镇，流域面积 5900 平方千米，占全区总面积的 83.7%。支流多以羽状或树枝状汇入，境内较大支流有榆溪河、海流兔河、硬地梁河、峁沟河、小川沟河、金鸡河等。全线 61.6 千米河段已治理 10.886 千米（其中堤防 2.91 千米、护岸 7.976 千米），总投资 4378 万元，结构采用生态护岸。其中，鱼河镇境内河道已全部治理，已治理河段长 9.616 千米；镇川镇境内已治理 1.27 千米。未治理河段长 47.614 千米，位于榆阳区鱼河峁镇、上盐湾镇、镇川镇境内，已纳入《榆林市无定河全线综合治理规划》。

三、米脂县城区无定河堤防工程

米脂县城区在县境中部，无定河穿城区而过。2002 年 6—9 月，在城区无定河左岸无定河大桥至银河口段建成堤防 1180 米。2011 年在城区无定河右岸建成河堤 750 米。至 2013 年无定河米脂县城区段共建成防洪护堤 3.4 千米，防洪标准为 30 年一遇设计、50 年一遇校核。

2014—2020 年，米脂县加大投资力度，加快无定河干流堤防工程建设，先后完成了榆林沟水源井至文昌桥左岸、采气二厂北挡墙至南挡墙右岸、陕西金泰氯碱化工有限公司北挡墙至南挡墙右岸、翔凤桥至官庄村地界右岸、九龙桥至翔凤桥右岸、文昌桥至九龙桥右岸、污水处理厂北挡墙至南挡墙左岸、吴家沟村至高速路出口左岸、银河出口至小石贬桥左岸、文昌桥至银河出口左岸等 10 处堤防工程建设，新建砌石堤防 9782 米，其中右岸 5 处 3196 米、左岸 5 处 6586 米，形成了比较完善的城区堤防体系。

四、无定河米脂县段堤防工程

无定河流经米脂县境内的王沙沟、南河岔、官家湾等地段，河床不稳定。数十年内东西移道，一侧侵蚀，另一侧淤积，俗语有“三十年河东，三十年河西”。遇特大洪水，这些地段的洪水漫溢河床，吞没农田、村镇。1958 年以来，政府多次对这些地段的河道进行治理：2005 年和 2010 年，先后在银州镇班家沟左岸、城郊镇左岸和城郊镇镇子湾右岸修筑堤防 2.5 千米、1.5 千米和 0.367 千米；至 2020 年修筑浆砌石、铅丝笼干砌护岸 4.582 千米，排坝、丁坝 25 座，总长 3420 米，稳定了河床，保护了两岸农田。

五、绥德县城区堤防工程

绥德县城区位于无定河和大理河交汇处，2000 年城区总面积 15 平方千米，人口 10.5 万人，街道和建筑物沿河依山而建。历史上，无定河和大理河每发大洪水，洪水即在这里通汇，易形成陡涨陡落，因而使绥德城屡遭洪水灾害。从 20 世纪 70 年代开始，绥德县委、县政府组织城区单位、居民对绥德城区大理河段、无定河段进行治理。1974 年，绥德县汽车运输公司、河西粮站、消防队等单位，对大理河西岸分段进行砌石帮畔护岸工程建设。1977 年，修筑南关大理河东岸外贸楼至旧电影院段 375 米河堤。截至 1979 年，县城防洪河堤总长度有 2 千米。

1980 年，县政府投资 4.5 万元对水门街沿河砌石帮畔，并投资 4.2 万元延长西门街河畔河堤 40 米；10 月在修建电影院时，修筑大理河畔河堤 44 米。1981 至 1982 年 6 月，县财政出资 6 万元，沿岸地区五金站、县麻业社、县五金厂、县百货批发部等 15 个单位及当地居民共集资 23.5 万元，建成大理河东岸南关大桥至电影院段防洪护堤 288 米。1984 年又拓宽原来的公路，投资 2.5 万元，对“天下名州”石砭段河堤进行砌石帮畔建成一条环河街道。1986 年投资 15.5 万元，对西门街至旧车站大桥段大理河岸进行砌石帮畔。至此，城区大理河东岸防洪护堤全线建成。

1986—1995 年，实施绥德县一期防洪工程，先后拓宽大理河城区二中到军民桥段河床，砌石筑河堤 1100 米；建成大理河西岸原地区运输公司至白家湾村一段防洪河堤工程，全长 155 米，堤高 13 米；补修县城河西粮站处坍塌河堤 41 米；增高大理河体育场段河堤，提高了防洪能力；维修了大理河东岸南关大桥至电影院段被洪水冲毁的河堤 80 米。

从 2000 年起，绥德县委、县政府创新投资机制，采用“国家无补助，财政不拿钱，以地换堤”的做法，在城区大理河、无定河进行大规模河堤建设。在设计上不仅充分考虑防洪护岸功效，而且超前设计，建设大道式河堤。至 2020 年建成城区大道式河堤总长 18.53 千米，均为浆砌石承重式挡土墙断面，设计防洪标准均为 30 年一遇。这些大道式河堤的建成，不仅保护了两岸日益繁荣的城市设施，而且给县城增加了一道道亮丽的风景，提高了县城品位，增强了城市总体服务功能。其中，较大河堤有：①滨河大道河堤：在城区无定河右岸五一村，于 2001 年 4 月 9 日动工，同年 11 月 16 日竣工。全长 1222 米，堤高 11 米，投资 1300 万元。②神龙大道河堤： 在城区无定河左岸龙湾村，与滨河大道河堤隔河相对，于 2002 年 3 月 16 日开工，同年 11 月 8 日竣工。全长 1366 米，堤高 12.5 米，投资 1400 万元。③学子大道河堤：在城区无定河右岸呜咽泉等村，与滨河大道河堤相连接，于 2002 年 3 月 16 日开工，同年 11 月 18 日竣工。全长 2058 米，堤高 12.5 米，投资 2600 万元。④永乐大道河堤：在无定河与大理河交汇处的无定河、大理河右岸，与滨河大道河堤相接，于 2003 年 3 月 16 日开工，同年 11 月中旬竣工。全长 1566 米，其中无定河右岸段长 328 米、大理河右岸段长 1238 米，堤高均为 13 米。⑤辛店段大道河堤：在无定河左岸辛店，于 2007 年 4 月 8 日动工，2008 年 7 月 20 日建成，与神龙大道河堤连接。全长 1934 米，堤高 10 米。⑥裴家峁段大道河堤：在无定河左岸裴家峁，于 2009 年 5 月 1 日动工，当年建成，与神龙大道河堤连接，全长 1593.5 米。⑦薛家畔段大理河左、右岸大道河堤：左岸大道河堤在大理河左岸薛家畔村，1999—2005 年分段建成，堤长 1050 米，该段河堤是薛家畔村委会为改变村容面貌，发动当地居民投资建成的一条大道河堤。右岸大道河堤在大理河右岸薛家村，于 2000 年 7 月开工，2001 年 10 月竣工，全长 350 米，投资 160 万元。⑧清水沟段大道河堤：在城区大理河与无定河交汇处大理河左岸的清水沟村，于 2002 年 5 月开工，同年 8 月竣工。全长 400 米，投资 208 万元。⑨白家湾段大道河堤：在城区大理河左岸白家湾村，于 2002 年 4 月动工，同年 10 月竣工。堤长 140 米，投资 80 万元。⑩子洲陵至体育场段大理河左、右岸大道河堤：在城区大理河子洲陵至体育场段左、右岸，于 2003 年 4 月动工，至 2005 年各分段工程全部竣工，左岸堤长 966 米，右岸堤长 976 米，左、右岸堤均高 12 米，总投资 510 万元。⑪五里湾段大理河左、右岸大道河堤：2012—2013 年，在城区大理河五里湾段左、右岸各建成河堤长 980 米。⑫无定河右岸张家砭镇清水沟村委会下畔堤防工程：在城区无定河右岸张家砭镇清水沟村委会下畔，2018 年建成，长 600 米。⑬无定河左岸名州镇龙湾大道堤防工程：在城区无定河左岸名州镇龙湾，2019—2020 年建成，长 1500 米。⑭张家砭镇分洪洞大理河左岸堤防工程：在城区张家砭镇薛家畔社区辖区，2020 年建成，长 550 米。

六、无定河、大理河绥德县段堤防工程

1970—1977 年，绥德县动员群众在无定河、大理河两岸开展了声势浩大的砌石帮畔护岸工程的群众运动。仅无定河东西两岸工程，国家投资 100 多万元，群众投工 104 万多工日，补助口粮 50 多万千克。由于受当时“左”思想的影响，工程只重进度而轻视质量，特别是对洪水的冲击力量估计不够，结果第二期工程还未竣工，即被 1977 年的两次大洪水将正在修建中的二期工程全部冲毁，第一期工程全长 28 千米被洪水冲毁 12.5 千米。保留下来的护岸堤 38.9 千米，其中大理河 29.4 千米、无定河 9.5 千米。所保留的护岸工程共增加滩地 2150 亩，防护农田 5000 亩。到 1989 年，两河护岸堤仅存 19 千米，保护耕地 2900 亩、人口 14000 人。

1977—1986 年，绥德县在无定河沿岸还先后修建了 7 座护岸丁坝，分别建于薛家峁乡赵家渠村和辛店乡童家山、裴家峁、芋则沟等村的无定河沿岸，总长约 450 米，共淤地 1150 多亩，保护农田 3800 多亩。

第二节　重要支流堤防工程

一、榆林城区堤防工程

历史上，榆溪河榆林城区段河床往往因泥沙淤积，洪水泛滥，致使河流改道，如遇特大洪水屡屡冲垮堤岸淹没农田，殃及榆林城。明代至民国时期，历代地方官员带领军民在榆林城区段的榆溪河岸屡次筑堤整治河道，保护农田、城镇，但因资金不足，只是填填补补，大害小治，事倍功半，成效不大。明万历四十八年（1620 年），《延绥镇志》记载：嘉靖十七年（1538 年）延绥镇总兵周尚文修榆林城“南堤，障水溉田”，又载：“万历戊戌（1598 年）之六月，白崖河（今榆溪河上游支流头道河）伏水泛滥，从大河（榆溪河）桥梁南下，树木田园都为垫溺，望之如泽国，迩且水势侵薄城垣，相去不数武矣。”明万历三十二年（1604 年），延绥镇巡抚郑汝璧即领军民“徙移河身而西，障河流而南，为堤则曲折得五百三十五丈，复田则新旧得三顷有奇。继自今无灌城之患，有沃野之利，不庶几乎沉犀投马之伐哉！”清康熙五年（1666 年），延绥镇总兵韩应琦领兵民在榆林城西的榆溪河两岸筑堤扩田，使“昔之狂潦奔沙成田，旱禾虽不甚茂，却宜种稻”。嘉庆十三年（1808 年），榆林城西农田“殁于水，弥望淼漫”。知府雒昂令榆林城居民筑堤护田，堤成，农田复耕，“屡年旱肠”而傍河水四倍收。清光绪元年（1875 年）十月，榆溪河堤岸北岳庙段因冰封河流决堤，河奔故道，溢漫农田，水势冲撼榆林城，加之普惠、官井两泉无道排泄，溢浸屋舍，危及居民。榆林总兵刘厚基亲领军民积薪伐木，从北岳庙河段筑堤至榆阳河口，逼河西流，保护农田、城池，计长1400丈。民国二十五年（1936年），榆林行政督察专员富文鉴于榆溪河水屡毁河堤、淹没农田，在北岳庙至榆阳河口段，整修河堤5.5千米，除将北部刘家公壕段旧堤修复外，其余段向西略推移筑堤，新增农田2400亩。民国三十年（1941年）三月，榆林县农会会长刘如愚等倡修榆溪河堤，得到邓宝珊、高双成及榆林专员刘学海的支持，成立河堤管理委员会，通过“以水利生产合作社农贷款15.25万元，余均由受益地户自行筹备”的办法，开工修筑榆林城西榆溪河东岸南部4段柴草沙土河堤。同年六月十五日又开工修筑北部段河堤，至十月这段全长335丈河堤修成。民国三十一年（1942年）冬，榆溪河堤全部竣工，堤防总长4500米。同时于红石峡南至榆阳河口修筑引水、退水渠3条，筑堤逼水，引水拉沙造地，新增农田1300亩。两次整治河道，虽有成效，但无全局规划，西岸王家楼、芹河口原有500亩耕地渐被冲毁；上游拉沙造地，下游河床淤积，造成榆溪河三岔湾段河床高出河滩耕田，青云沟水难注榆溪河，田内涝水无排，滩里积水如湖，使号称“日出斗金赛扬州”的小江南——三岔湾农田大幅度减产，群众抱怨：“治河治好西门滩，坑苦下游小江南。”

1950年，政府拨粮10多石，筑榆阳河滚水坝，并加固榆林城西榆溪河河堤。1952年榆林市（后改为榆林城关镇）农会干部李元义、尤德领导榆林城区农民贷款8750万元（旧币）修榆溪河西岸麻地湾段河堤时，“为多修水地，不听农会农民将河堤修直的正确建议，而主观盲目将河堤修了一个大湾，结果到11月榆溪河水漫壅塞、水位抬高，不仅把大湾河堤全部冲毁，而且造成这项贷款也无法收回”。次年7月11日，陕西省水利局就工程失败和贷款不能收回问题发函绥榆水利工程处，要求查处负责人。随后李元义被榆林县政府免职。

1954年春，国家投资7.5万元，对红石峡南口至永济桥7.5千米河段进行整治，7月工程告竣。9月2日榆溪河发大洪水，洪峰流量达800立方米每秒，因河床高于田面，河槽断面窄小，致河堤冲毁，洪水涌入榆林城西城门。次年修复整治，城西4500亩农田得以保护。

1968年，河床刷深，榆林县城关镇接受农民杭买则等的建议，从西城门口至榆阳河口段，补筑河堤3900米，增田650亩。

二、榆阳区榆溪河、峁河沟、小川沟等堤防工程

（一）榆溪河堤防工程

榆溪河纵贯榆阳区南北，是无定河最大的支流。早在清道光三年（1823年）榆林知县赵宜炜协助知府沈相彬、兵备道颜伯焘整饬地方，兴修水利，在境内榆溪河上游一、二、三、四道河则一带及山区沟道小溪，筑河堤，垒坝截流，开壕引灌兴修水利。

民国三十三年（1944年），河东乡杨彩丞、王生荣等倡修二道河则河堤。民国三十四年（1945年）夏，县政府从榆林农行贷款20万元（旧币），治理榆溪河上游白河河道，裁弯取直，洪水得以畅泄。民国三十五年（1946年）春，归德堡合作社经理陈光让，倡修榆溪河刘官寨段、归德堡段等河堤及排灌渠道，从榆林农行贷款23万元（旧币）当年开工，当年建成这些地段的河堤及排灌渠道，不但保护了河岸农田，水地也新增不少。

新中国成立后，政府统一规划，因地制宜，全面治理河道护岸，提高抗洪能力，扩大农田面积，逐步建成主要河道堤防设施。1952 年，在普济桥（今红石峡坝）西侧上游，以人工开挖和引水拉沙开渠 500 多米，解除榆溪河与头道河汇流不畅的弊害。1954 年 9 月 2 日榆林境内西北部地区大雨，榆溪河上游支流白河泄洪 320 立方米每秒，沿河两岸 6000 多亩农田被洪水冲刷溢漫，许多地段河槽和农田淤积泥沙成丘。同年 9 月 20 日，榆溪河白河段等治理工程开工建设，动员白河段 30 千米内受益区民工 3000 多人，投工 7 万余个，国家资助 2 万元，用柴草 30 多万千克，疏导河道水流，建成简易护田河堤。次年 5 月 5 日，对头道河以上榆溪河兴工修筑沙堤、柴草护岸，至 6 月 25 日完工，共投工 3500 多个，用沙蒿、麦秆柴草 16 万千克，柳柴 20.8 万千克，柳椽 0.7 万根，国家资助 1.84 万元，植护岸树 3400 多株，恢复农田 0.29 万亩。1957 年，修筑榆溪河三岔湾段护田河堤 2 千米，国家投资 3.6 万元，于 1958 年告竣。1966 年，榆溪河洪水又毁漫三岔湾段农田 0.17 万亩，次年国家资助 3.7 万元，群众自筹 1.37 万元，用 17.5 万千克柴梢、柳椽 0.6 万根，拉垫沙土 3 万立方米，筑成榆溪河三岔湾段 1.5 米高的护田河堤。

1974 年秋，刘官寨公社组织 500 多个劳力，整治榆溪河三岔湾至刘官寨河道，筑堤 4 千米。1975—1980 年，采取专业队与突击会战形式，完成这一段河堤续建、绿化工程，河堤全程沙土筑堤，木桩柴梢护岸，堤高 4 米，顶宽 4 米，临水坡 1∶1.5，背水坡 1∶1，沿堤建铅丝笼干砌块石丁字坝 5 座，修建引洪漫地闸 1 座，开挖排水渠 6 千米，防治滩地盐渍化。整个工程用柴梢 150 万千克，木桩 4.5 万条，拉垫沙土 123 万立方米，用工 13.8 万个，自筹 27.9 万元，国家资助 21 万元，造田 5000 多亩，建成高产稳产基本农田 3000 亩，堤岸植树 0.9 万株，两侧种植紫穗槐、沙打旺、草木樨，形成长 7.5 千米、宽 15 米的乔灌草护堤护岸林带。

此外，为防护河道堤岸冲刷，国家以工代赈 20 万元，在榆溪河下游李家沟至鱼河段建木框羊圈挑坝 10 座；投资 12 万元在榆溪河左岸梁渠至甘沟段 2 千米范围内，筑铅丝笼干砌块石挑坝 10 座。1970—1988 年，榆林县每年投 3 万元左右，修筑主要河道护岸挑坝，在无定河左岸鱼河至镇川段，先后建成浆砌石挑坝 30 座。

（二）峁沟河堤防工程

1950 年，峁沟河水冲刷危及鱼河村庄，当年在该村西北峁沟左岸开工修筑高 6 米、长 200 米护岸和穿越护岸长 40 米的排水涵洞，1951 年竣工。后因河水淘刷，存在破坏护岸问题，1953 年国家投资 0.5 万元，又筑浆砌石挑坝 3 座，稳定这一河段主河道。1973 年，峁沟西岔段河道改直造田，动用推土机等，筑成高 6 米、宽 10 米、长 130 米截流坝 1 座，滩中开挖新河道 1 千米，投劳 17.7 万个工日，完成土石方 16.5 万立方米，国家投资 43.2 万元，结果移河造地不成，良田开渠为河，滩地粮食产量下降，民生艰困，又投资 3 万多元，将河道复归旧路。

（三）小川沟堤防工程

1971—1972 年，为配合修建镇川飞机场，治理小川沟河葛村至五里坪段河道，筑浆砌石块砌护岸 2.5 千米、挑坝和丁坝 18 座，稳定河势，保护农田 300 多亩。

三、横山区芦河、小理河、黑木头河等河段堤防工程

2008 年，在横山县城区环城公路小河口以上建成不足 1 千米的防洪护堤。2012 年 6 月开工建设芦河横山县城区南段堤防工程，至 10 月建成，浆砌石堤长 3.5 千米，堤高 4 ~ 6 米，设计标准为 30 年一遇，保护人口 3.5 万人，耕地 0.1 万亩。2011 年 4—10 月，还加固和新修了无定河支流黑木头川韩岔、殿市两个集镇堤防共长 6 千米，保护人口 1.94 万人、耕地 2600 亩。

2016—2020 年，国家和陕西省先后 4 批下达横山区堤防资金 9174 万元，新建加固芦河堤防 11.88 千米，防洪标准达 20 年一遇。

2011—2020 年，国家和陕西省下达横山区堤防建设资金 1182.77 万元，新建加固小理河堤防 4 千米，防洪标准达 10 年一遇；榆林市投资 328 万元，新建加固黑木头川河堤防 522 米，防洪标准达 10 年一遇。

四、米脂县马湖峪等重要支流堤防工程

郭兴庄沟与龙镇沟在合流嘴村汇流，经马湖峪注入无定河，马湖峪与无定河之间形成扇形冲积台地。受无定河洪水顶托，注入马湖峪河水往往冲路毁田。1972 年，国家投资整治马湖峪一带河道，修挑坝 8 座，砌石堤 1100 米，保护数百亩农田，并增加水地 40 亩。2012 年 4—7 月，投资 1600 万元新建了马湖沟村、丁家沟村两段堤防 2.83 千米。此外，截至 2013 年米脂县境建成石沟河石沟镇段堤防 300 米，金鸡河沙店镇段堤防 300 米，银河银州镇段堤防 2000 米，小河沟杨家沟镇段堤防 400 米，饮马河银州段堤防 2000 米，共保护人口 3 万多人、耕地 1000 多亩。

2013 年后，米脂县先后在马湖峪沟、东沟、小川沟、杜家石河、龙镇沟、姬家峁河、官家湾河等支流修建了 53 处堤防工程，共计建成砌石堤、土石堤等堤防工程 28.104 千米，有效保护了两岸村庄、集市和基本农田。

五、子洲县城区堤防工程

子洲县城位于大理河中游川道地区，城区东西长 5.2 千米，南北宽 1 千米，总面积 5.5 平方千米。据文献记载，清同治九年（1870 年）大理河双湖峪段（今子洲城区）河道右岸山体滑坡，堵塞河道，河道向左岸推移近 400 米，使这段河道变为 S 形走向。每当大理河发大洪水，经常造成城区段一些机关单位被洪水淹没，造成人员财产损失。据不完全统计，1978—1998 年，县水利水保局、物资局、医院、宾馆、第二中学、外贸公司等单位遭洪水灾害，直接经济损失达 3000 多万元。其中，1994 年的一次洪水冲走县物资局木材 50 多立方米。

2001—2002 年，县政府决定在大理河县城区段河道修筑防洪护堤，将原 S 形河道裁弯取直，使这段河道由 1315 米缩短为 800 米，建成河堤总长 800 米，采用复式断面，下部为浆砌石挡土墙连接护坡，挡土墙高 1.6 ~ 4.4 米；开挖土石方 65.42 万立方米，填筑土石方 22.23 万立方米，浇筑混凝土 3130 立方米；总投资 1307.05 万元，扩增城区面积 2.8 万平方米，保护农田 1200 亩。

2005—2006 年，在县城南部苏渠大桥至杜家沟村大桥的大理河道建成堤防 600 米，

使县城的防洪标准由5年一遇提高到30年一遇，保护人口3.2万人、耕地500亩。

此外，2012年，先后在子洲淮宁河何家集、老君殿、裴家湾、淮宁湾4个集镇段，共建成堤防4.77千米，保护人口1.2万人、耕地0.8万亩；在驼耳巷沟驼耳巷段建成堤防2.26千米，保护人口0.6万人、耕地0.5万亩。2013年，在子洲县小理河巡检司段建成堤防2.6千米，保护人口0.28万人、耕地0.98万亩。

2014—2019年，子洲县先后实施5处堤防工程建设：① 2014年实施县城堤防工程长3363米，其中左岸（峨峁峪至张家湾段）工程长580米、右岸（峨峁峪至张家湾段）工程长650米。设计防洪标准为20年一遇，工程级别为5级。② 2015年实施县城石沟大桥至颐和小区段堤防工程长3348.04米，其中石沟大桥至苏渠大桥段堤防长758.8米、滨河公园至高速公路大桥左岸段堤防长1105.08米、育才小学至高速公路大桥右岸段堤防长484.61米、高速公路大桥至保障房新建桥左岸段堤防长466.8米、高速公路大桥至保障房新建桥右岸段堤防长532.75米。新建下河踏步5处，新建排水涵管15处，新建坡道路1处，新建污水井2处，新增高速护栏418米。设计防洪标准为20年一遇，工程级别为5级。③ 2017年实施县城堤防工程长3363米，其中左岸（张家湾至王庄段）工程长2001米、右岸（焦渠至苗家坪段）工程长1362米，2处排洪涵管。设计防洪标准为20年一遇，工程级别为5级。④ 2018年新建子洲县城高渠段大理河左岸堤防工程长1.294千米，工程范围上起307国道跨三川口沟桥，下至高渠下游307国道高岸坎处；右岸护滩460米，工程范围上起青银高速现状穿路涵洞，下至青银高速跨大理河右岸桥头；左岸堤顶硬化长1294米；左岸新建护基坝3座。左岸堤防工程防洪标准为30年一遇，工程级别为3级；右岸护滩工程防洪标准为5年一遇，工程级别为5级。⑤ 2019年实施子洲县宋家沟沟口至石沟大桥堤防工程，新修护岸工程2.636千米，其中左岸新修护岸工程2.186千米、右岸新修护岸工程长0.45千米；拆除碍洪漫水桥2座；新修高速公路涵洞口围堰4座；修筑C20混凝土排水渠2.2千米。堤防左岸防洪标准为30年一遇，工程级别为3级；右岸护岸工程防洪标准为20年一遇，工程级别为4级。

六、子长市淮宁河涧峪岔镇堤防建设

2014年国家中小河流治理项目投资1980万元，在子长市淮宁河涧峪岔镇段修建河道治理项目，工程涉及范围为涧峪岔镇机关及刘家坪村，建设浆砌石堤防工程2245米，设计防洪标准为20年一遇。工程于2014年6月动工建设，10月底建成。堤防工程建成后，保护了2500多人、500多亩耕地的安全。

第三节　其他防洪工程

一、病险水库除险加固

20世纪50年代后期至70年代，榆林地区共建成中小型水库347座，各类防洪堤150千米。为了确保水库安全，1976年按照水利部发布的安全度汛标准对全区水库进行了安全度汛复核计算，对达不到度汛标准的160余座水库，从1977年起进行整修加固或扩建，至1985年病险水库已减到10座以下。

1983—1997 年，防洪工程按照“一般洪水不垮坝、不决堤、不淹城镇，不死人”的基本要求，每年汛前都进行安全大检查，对查出的问题分类排除，按系统负责包干进行妥善治理。

1998 年“三江大水”后，国家加大了对防洪工程的投入力度。1999 年汛前，针对流域内不少堤防大量水毁，断面破损，河道垃圾、废弃物成堆等情况，开展了堤防整修和河道大清障。榆林地区主河道共清障 16 处，清理弃渣 8 万立方米，新修河堤 25 千米，整修加固河堤 42.9 千米。组织开展水库大坝安全鉴定、水库注册登记、病险水库普查、水库淤积调查等工作。普查结果全区 94 座水库中有病险水库 48 座，其中中型水库 13 座，小（1）型水库 15 座，小（2）型水库 20 座。同时，完成 94 座水库注册登记、46 座水库大坝安全鉴定及 28 座重点病险水库除险加固工程可行性研究和初步设计。

2000 年，榆林市防汛抗旱总指挥部办公室组织有关技术人员编制完成了《榆林市病险水库治理规划》，市、县（区）政府和水行政主管部门把病险工程治理列入重要议事日程，设立机构，工程款单列账户，分期分批开展除险加固工程建设。截至 2013 年，对全市列入《全国病险水库治理规划》的尤家峁、河口庙、暖渠山、十八墩等 71 座病险水库先后分批进行了除险加固治理，总投资 5.73 亿元，其中中央投资 4.3 亿元。全市有 56 座中小型病险水库的除险加固工程完工验收，病险问题得到有效治理，新增库容 2 亿多立方米，水库的安全运行和管理条件有了极大改善。

2013—2020 年，无定河流域持续加大病险水库除险加固力度。2013 年通过对 2011—2012 年实施的黄花沟、麻家沟等 15 座小（2）型水库除险加固验收。2014—2015 年，完成榆阳区东河、米脂胡麻等 7 座小（2）型水库除险加固工程，通过蓄水验收；完成 68 座中型、重点小（2）型水库泥沙淤积测量工作。2018 年，完成了米脂县柳家洼、磨石沟、中山峁水库除险加固建设任务；完成横山区旋水湾、杏条梁、东方红水库，靖边二层台、义盛号水库除险加固招标投标工作。截至 2020 年，无定河流域共有 60 座水库先后实施除险加固治理，完成了 58 座水库除险加固验收工作，提高了水库安全运行等级和效益。

二、中小河流治理

2009 年，财政部、水利部利用财政专项资金，在全国范围内开始对洪涝灾害易发、保护区人口密集、保护对象重要的中小河流重点段进行集中治理，从整体上提升了流域保障水平。2011—2020 年，国家和陕西省先后 13 批下达榆林市中小河流治理资金 46853.56 万元，其中中央水利发展资金 10 批 43983.56 万元，省级财政水利发展资金 3 批 2870 万元，先后对榆林市除清涧县外的 11 个县（市、区）的 17 条中小河流重点段进行了集中治理，新建加固堤防 90.51 千米，有效地保护了两岸村庄、学校、耕地及基础设施安全。其中，涉及无定河流域 7 个县（区）：榆阳区 4 批投资 7568.78 万元，在小川河、白河 2 条河流上布设治理项目 4 处，新建加固堤防 22.55 千米；横山区 7 批投资 6611 万元，治理中小河流 3 条，新建加固堤防 18 千米；定边县 1 批投资 1666.92 万元，治理中小河流 1 条，对无定河源头区实施了综合整治；靖边县投资 2 批 3000 万元，治理中小河流 2 条，新建加固堤防 3.7 千米；米脂县投资下达 3 批 1219 万元，治理中小河流 1 条，新建加固堤防 3.58 千米；绥德县 6 批投资 18285 万元，治理中小河流 4 条，新建加固堤防 12.41 千米；子洲县 10 批投资 20320.36 万元，先后对驼耳巷沟河、岔巴沟河、淮宁河、小理河 4 条中小河流实施综合治理，治理河长 34.79 千米，新建加固堤防 30.27 千米。

三、山洪灾害防治建设

2010 年 11 月，水利部、财政部、国土资源部、中国气象局共同召开全国山洪灾害防治县级非工程措施建设启动视频会议，并联合下发了《关于开展全国山洪灾害防治县级非工程措施建设工作的通知》（水汛〔2010〕481 号），要求先期开展非工程措施建设，计划用 3 年时间（2010 年起），初步建成山洪灾害防御非工程措施体系，尽快提高基层防御山洪灾害能力，最大程度减少人员伤亡和财产损失。榆林市从 2010 年开始三年分 3 批实施了山洪灾害县级非工程措施，完成了山洪灾害普查、危险区划定、预警指标确定和预案编制、组织责任体系建立，建立起了覆盖大部分区域的水雨情监测站、县级预警平台和县乡两级视频会商系统，乡镇和大部分村建立配发了简易雨量站、简易水位站、无线预警广播、手摇报警器、手持扩音机、应急照明灯及铜锣、口哨等。2013—2015 年，国家启动了山洪灾害防治二期项目，主要任务是开展山洪灾害调查评价、已建非工程措施补充完善、重点山洪沟防洪治理试点。

无定河流域市（县）水利部门抢抓历史机遇，在加大山洪沟防洪治理的同时，每年都要积极争取国家和陕西省财政水利发展资金，重点实施山洪灾害防御非工程措施建设，强化预警预测预报，加强群防群测体系建设，提高各级防御山洪灾害信息化能力和水平。2017 年，争取国家和陕西省资金 520 多万元，对各县（市、区）视频会商系统设备进行更新改造，特别在无定河“7・26”特大暴雨洪涝灾害中，各县（市、区）共接收雨水情信息 4850 条，发布预警 55 次、预警短信 18974 条、预警信息 107685 条，启动预警广播 2482 次，电视播报预警 232 次，及时通知群众撤离，最大限度减少了群众生命财产损失。2018 年，加强对山洪灾害监测预警平台设施检查维修，确保汛期发挥作用。据统计，各县（市、区）共收集雨水情信息 129323 条，发送预警短信近 77800 条，启动无线预警广播 5716 次，发送预警信息 20331 条，利用手摇报警器、喊话器、铜锣和口哨等人工预警设备成功转移山洪灾害危险区群众 3609 人 。2019 年，争取中央水利发展资金 205 万元，用于榆林市级山洪灾害监测预警信息管理及共享系统完善和宣传培训工作，12 个县（市、区）群测群防体系建设；下达市级财政资金 100 万元，用于山洪灾害防治设施设备运行维护。2020 年，争取中央水利发展资金 652 万元，用于开展山洪灾害调查评价和总结评估、监测预警系统维护完善；开展市级网络平台升级完善；按照技术规范统一对部分县预警指标进行检验复核；简易观测设施完善和群测群防体系建设等非工程措施项目；开展子洲县重点山洪沟防洪治理。下达市级财政资金 100 万元，用于山洪灾害防治设施设备运行维护。

第二章　河道综合治理

河道综合治理是一项集水资源开发利用、防洪工程建设、水污染防治、湿地保护、滩涂整治及水生态景观建设等为一体的系统工程，是需要各级党委、政府统筹考虑上下游、左右岸、地表水与地下水、水域岸线等关系，协调有关职能部门，协同经济、法治、工程、技术、生物等不同措施，共同推进的水流空间综合治理项目。长期以来，无定河流域各级党委、政府对无定河干流及其支流的防洪工程、水资源开发利用等进行了持续不懈的建设，取得了显著成效。但由于治理模式单一，治理手段分割在不同职能部门，治理方式单一，难以统筹考虑及统一规划。进入 2000 年以后，榆林市、靖边县等先后在无定河支流城区段开展河道综合整治，治理成效显著。2011 年开始，陕西省委、省政府启动全方位、大规模河流综合整治工程，连续多年在农历正月十五前后举行重大水利工程建设开工典礼，相继拉开了渭河、汉江、延河、无定河、泾河等重要河流陕西段全线综合治理。2017 年 2 月 10 日（农历正月十四），陕西省河长制启动暨无定河综合治理动员大会在西安渭河河畔和榆林绥德无定河防洪工程施工现场以视频会议形式同步举行，全面拉开了无定河综合治理工程建设。

第一节　重要支流城区段整治

一、榆林城区榆溪河段综合治理

2000 年，榆林市委、市政府鉴于长期以来榆溪河榆林城区段防洪护堤为柴草、柳桩沙土堤坝，防洪标准偏低，而且河水污染，行洪不畅，成为威胁榆林城区人民生命财产安全的隐患，决定对城区榆溪河段进行综合治理。规划建设集防洪、生态、景观、休闲娱乐为一体的高标准、高质量堤防工程。榆林市水务局从 2000 年起，用两年时间完成了榆溪河榆林城区防洪规划和项目建议书及榆溪河榆兴桥至胜天桥段两岸堤防工程勘察设计任务。

榆林城区榆溪河段综合治理工程分三期建设，分别由榆林市水利局、榆林市住房和城乡建设局建设。第一期榆溪河胜天桥至榆兴桥长 1513 米，两岸防洪护堤主体工程于 2002 年 5 月 1 日开工，到 2003 年主体工程建成。第二期榆溪迎宾桥以北 1500 米处，南至榆兴桥南 100 米处新建河堤及改建一期工程段，全长 7 千米，两岸建有景观、园林、休闲娱乐场所，河道建拦河橡胶坝工程，于 2004 年动工，2008 年建成。第三期包括榆兴桥以下 100 米至永济桥 3 千米和迎宾桥以北 800 米处至红石峡 2.7 千米的南北两段共长 5.7 千米的水利、园路、截污、过渡带景观等工程，于2009—2011年完成。截至2012年，榆林城区榆溪河段综合治理工程建成东西两岸共长16.8千米、50年一遇复式断面河堤；河堤总高7～10米，其中重力式挡土墙高4米，埋入河床以下3米护坡为浆砌块石砌筑，堤顶宽8米，布设人行道、栏杆、观赏楼亭等，并在河堤上植树造林，绿化美化。不仅建成达标防洪护堤，而且成为榆林城区风景亮丽的河滨公园和人们休闲娱乐的好去处。榆溪河城区以下至鱼河村入河口33.3千米综合治理工程已经完成批复，总投资5.69亿元，主要包括防洪保安工程、生态修复提升工程、水环境改善工程。

从2013年起，榆林市分两期对榆溪河进行了生态治理和保护。榆溪河城区规划段总长约17千米，北接红石峡景区，南至三岔湾与旧过境线交会处。截至2020年，完成生态长廊一期，二期北段、二期南段的规划建设，建成生态长廊总长11.8千米，完成投资约12.5亿元。榆溪河生态长廊一期建成面积96.68公顷，南北长4.8千米，北起迎宾大道，东临城市新建主干道滨河路，南与长城南路、富康路相接，项目于2013年开工建设、2015年全部完工并向市民开放。2016年启动了榆溪河生态长廊二期暨榆溪河生态长廊南、北延伸段。北延伸段东岸项目，南起迎宾大道、北接红石峡景区，南北长2.2千米，建成面积45公顷，2018年全部完工向市民开放。南延伸段项目位于榆溪河东岸，北接已建成的榆溪公园城区段，南至规划建业大道，自北向南横穿永济桥、开光桥、朝阳桥和规划榆溪大道、建业大道五处城市交通干道，全长4.8千米，建成面积90公顷，项目于2018年开工建设、2020年主体全部完工并向市民开放。

榆溪河生态长廊二期北段西岸项目，北接红石峡景区，南邻迎宾大道，用地约29.8公顷，全长2.8千米，项目概算总投资约2.1亿元。项目设计方案已确定，正在征收土地和办理前期工程审批手续。“十四五”期间，榆溪河生态长廊将全部建成，建成后公园面积290万平方米，新增绿地面积232万平方米，榆溪河生态长廊将成为一个集城市休闲、人文展示、生态景观、健身娱乐于一体的综合性生态长廊。

二、芦河靖边县城区段综合治理

长期以来，靖边县城区芦河河道行洪不畅，两岸边坡塌陷，河床下切，加之城区污水直排，河道垃圾成堆，污染严重。2005年开始对芦河靖边县城区段防洪、河道污染、两岸景观等进行综合治理。治理工程分别由靖边县生态环境局、靖边县水利局、靖边县住房和城乡建设局建设。靖边县生态环境局于2006—2008年建设堤防工程3.6千米，总投资为0.6亿元，主要建设内容为堤防及景观护岸，工程级别为4级，防洪标准为20年一遇。至2012年芦河靖边县城区段综合治理工程先后建成50年一遇防洪标准、东西两岸共长8.34千米河堤；挡土墙河堤高6.8米，挡墙上为6.5米平台，平台底部为0.25米浆砌石，表面环保地砖铺设，间隔10米分别设置花池、树池，平台前沿设防护栏杆；平台以上为堤顶道路，宽4～6米，其内坡坡比为1∶1～1∶1.5，采用六角混凝土砖铺设，外坡坡比为1∶1.5，用网格砖草皮防护，并在防洪平台及堤顶道路上安装太阳能路灯486盏。同时，建成水泥砂浆砌石潜坝1座、拦河坝2座、排污水渡槽1座，铺建排污水管道网共长7400米。

2013—2016年，靖边县水利局衔接上游生态环境局实施的防洪工程，先后分二期实施了芦河城区段防洪工程，综合治理河道 3.7 千米，总投资为 0.3 亿元，主要建设内容为堤防工程，工程级别为 4 级，防洪标准为 20 年一遇。2018—2020 年，靖边县住房和城乡建设局实施了芦河水环境综合治理项目，综合治理河长 7.3 千米（将县生态环境局和水利局实施的工程进行升级改造），总投资 7.65 亿元，工程级别为 4 级，防洪标准为 20 年一遇。

第二节 干流综合治理

无定河流域是榆林市城镇人口聚集地、产业发展集中带、交通骨干枢纽区、生态平衡基准面、供水水源承载区、核心文化景观区，具有十分重要的战略地位。随着经济社会快速发展，无定河流域出现了水量急剧减少、水质日趋恶化、防洪能力下降、水土流失严重、岸线管理不规范等诸多问题，严重影响河流生命、流域生态、民生福祉和经济发展，迫切需要综合整治。在制定“十三五”规划过程中，榆林市委、市政府把生态建设作为立市之本，提出了协调绿色发展、建设生态美丽家园的总体设想，作出了无定河全线综合整治的重大决策，同时开始了《榆林市无定河全线综合整治规划》的编制工作。陕西省委、省政府把无定河综合整治列为全省“十三五”十大水生态工程之一。

一、榆林市无定河全线综合整治规划

（一）规划总体思路

规划以创新、协调、绿色、开放、共享的新发展理念为指导思想，坚持“节水优先、空间均衡、系统治理、两手发力”治水思路，贯彻落实全省“聚集水、留住水、涵养水、用好水”的治水方略，以“安全、生态、景观、文化、产业”为主线，按照“一河两岸筑安澜、三带四区兴产业、六城九域美景观、生态文化写山川”的总体布局，坚持“政府主导、社会参与、部门联动、县（区）负责、系统治理、统筹推进”的原则，用 5 ~ 10 年时间，投资 178 亿元，实施水资源开发利用、水污染防治、水灾害防治、水环境提升、水流域管控五大工程，对无定河干流及其 5 条重要支流重点段实行综合整治，使流域内水资源供需矛盾得到有效解决、开发利用科学高效；水污染有效遏制，水体水质明显改善；水灾害防治能力明显提升，防灾减灾体系更加完善；水环境得到极大改善，生态系统实现良性循环；水文化得以充分展现；水流域管控更加规范有序，科学管理体系进一步健全完善；产业结构布局更加科学合理，沿线群众生活殷实富足，“水清、岸绿、景美、人富”的目标全面实现，有力助推美好幸福榆林建设。

（二）总体布局

根据流域自然特性和经济社会发展规划，围绕“安全、生态、景观、文化、产业”五条主线，实现五大目标。

一河：以无定河干流及主要支流为重点，通过综合整治，打造“水清、岸绿、景美、人富”的无定河。

两岸：建设集防洪、交通功能于一体的两岸堤防与沿河生态、自然人文和滨水景观相结合的防洪保安体系，铸就宜居和产业发展的安澜屏障。

三带四区：通过全线整治，引领带动全河产业差异化和创新协调快速发展。以西部油气综合利用带、中部国家能源化工基地核心带、东部特色生态产业带为重点，通过对无定河河源梁涧区、风沙草滩区，丘陵沟壑区、土石山区四种地貌类型区的综合整治，促进产业错位发展，助推榆林转型腾飞。

六城：指榆林市区及靖边、横山、米脂、绥德、子洲5个县（区）。以榆林中心城区为核心，靖边、绥德副中心城市为两翼，辐射无定河沿线横山、米脂、子洲联动发展，着力打造亲水宜居生态城市，助力无定河城镇带建设。

九域：针对无定河不同区段特色，形成9个风格鲜明的生态人文区，即河源标志区、金鸡沙水库景区、统万城历史人文及大漠景观区、无定河百里画廊、黑龙潭水文化景区、绥（绥德）米（米脂）黄土民俗文化区、无定河乾坤湾特色旅游景区、清涧无定河曲流群地质公园、红石峡镇北台人文水利大景区。

生态：生态优先、水为基本，增水提质、保障生态。通过综合整治，进一步合理利用流域水资源，加快推进盐环定扬黄提升改建工程、榆神城镇供水工程、东线黄河引水工程等流域外引水工程建设。通过提高水资源承载能力，保障供水安全，置换补充生态用水，增强流域纳污能力，打造榆林河流生态治理样板。

文化：充分展现无定河流域文化特质，增强文化自信，使无定河成为榆林文化的载体和集中展示区、宜居兴业的生态乐园和饱含故土乡愁的精神家园。

（三）整治措施及布局

二层河滩以上河段：以源头区水土流失治理为重点，继续实施以小流域为单元的综合治理，加强天然林保护，开展封山禁牧和育林育草，实施保土耕作，治理农村生活污染源和畜禽养殖污染源；建设沟道坝系工程，并与自然修复结合，建立水土流失综合防治体系。修建蒋家窑、雷河嘴等拦沙水库工程，保障库坝群安全运行。结合当地农牧业发展需要，实施高效节水灌溉工程，严格控制地下水开采，建立地下水监测网络，加强地下水超采区治理，逐步缩小超采区面积。结合河段自然人文条件和已建成水库等蓄水工程，建设特色景区，发展生态旅游。

二层河滩至鱼河镇河段：重点做好王圪堵水库水源涵养、保护及综合利用。以统万城和王圪堵水库水利风景区为支点，打造展现“逐水草而徙”“逐水草而居”的游牧文化与农耕文化相碰撞的生态人文旅游综合景区。王圪堵水库以下河段，加大灌区节水改造力度，加快外流域引水，治理城市河段水污染，完善防洪工程建设，适度开发沿河宜农土地，实施水环境提升工程，打造无定河最美的“百里画廊”，同时助力建设陕西第二粮仓；完善干支流城市及村镇防洪设施，疏浚整治河道，进行山洪与病险水库治理，保障县城、园区、集镇、农田防洪安全；结合水土保持示范园及示范工程建设河流两岸生态景观林带；实施水系生态工程，利用滩涂资源，建设集河流、水田、湿地为一体的生态系统，发展特色观光农业；合理划定岸线功能分区，制定不同分区建设项目准入条件，出台相关条例、办法，加强流域和岸线管理。

鱼河镇至崔家湾河段：重点实施水污染防治和水源地保护工程，加大灌区节水改造力度，扎实推进绥德、米脂、子洲县城供水工程建设，完善城镇防洪体系，突出无定河自然、人文特色，建设水文化、黄土文化、民俗文化和历史人文景区，提升水生态环境，打造宜居水岸城镇和特色乡村；完善干支流城市及村镇防洪措施，清淤、疏浚河道，治理山洪沟与病险水库，保障县城、园区、集镇、农田防洪安全；在城市河段适度建设水面景观和亲水设施，建设黑龙潭水文化景区、米绥文化广场等，提升城市品位与亲水宜居环境，促进沿河文化旅游和观光农业等产业发展。

崔家湾至入黄口河段：这一河段峡谷陡峻，岸高谷深，河势蜿蜒，水流湍急，蕴藏水能资源，结合国家重点水利工程建设和当地发展需求，合理布局水电梯级开发工程，并依托河流山势特色打造别具一格的水利风景区。

（四）规划项目清单

规划报告中列出的水源工程项目 16 项；水能开发项目 3 项；水污染项目 100 项，其中主要有工业园区污水治理项目 7 项等，城镇生活污水处理项目 22 项，入河排污口整治项目 12 项，畜禽养殖污水处理项目 8 项，农村生活污水垃圾处理项目 8 项，水产养殖污染治理项目 8 项，河道垃圾、污染底泥等漂浮物治理项目 2 项，饮用水水源地保护及安全达标项目 16 项，河源区水体保护项目 7 项，其他治污项目 10 项；防洪工程项目 124 项，其中堤防护岸工程 66 项，坡面整理项目 3 项，病险水库除险加固项目 13 项，河道清淤疏浚项目 8 项，水面工程项目 5 项，穿堤建筑物及接通桥项目 11 项，沟道山洪治理项目 5 项，支流汇入口防洪工程项目 12 项，分洪项目 1 项；水生态环境提升项目 70 项，其中生态补水置换项目 9 项，湿地保护项目 21 项，人工湿地建设项目 28 项，生物多样性保护项目 10 项，地下水超采区治理项目 2 项；水土保持项目 27 项；土地整理项目 33 项；水景观及水文化项目 20 项；流域智慧化管控项目 20 项。

二、榆林市无定河全线综合整治规划的实施

2017 年 2 月 10 日（农历正月十四）上午，陕西省委、省政府在连续六年于正月十五前后举行重大水利工程开工典礼的基础上，第七次举行陕西省河长制启动暨无定河综合治理动员大会，会议以视频连线方式在西安渭河河畔和榆林市绥德县无定河防洪工程施工现场同步举行。省委书记娄勤俭宣布启动和开工，省长胡和平作动员讲话。省委常委、常务副省长梁桂在绥德现场主持无定河综合治理动员大会，榆林市委、市政府和无定河流域各县委、县政府及其有关部门负责同志参加了开工仪式。开工仪式之后，无定河综合治理工程便在挖掘机的轰鸣声中拉开了序幕。

无定河综合整治工作启动以来，无定河流域各级党委、政府坚持以习近平生态文明思想为指导，全面贯彻落实习近平总书记在黄河流域生态保护和高质量发展座谈会上的讲话及来陕考察重要讲话精神，积极践行“节水优先、空间均衡、系统治理、两手发力”治水思路，按照规划确定的项目，加大项目实施力度，全面推进综合整治。先后编制了《无定河全线综合整治规划》，并于 2020 年取得一期工程可行性研究批复。在编制水利行业生态文明建设“一规划四方案”时，榆林市按照“节约为主、保护优先、自然恢复”新要求，及时调整思路，压缩投资盘子，分类梳理项目，治理措施以生物措施为主、工程措施为辅，治理重点突出防洪保安、污染防治、水土保持，科学规划建设堤防，河流两岸植树种草，河道宜直则直、宜弯则弯，尽量保证河流蜿蜒曲折的自然风貌，全面改善流域环境，还河流以自然、宁静、和谐、美丽的生态体系。重新编制的《无定河生态治理实施方案》于2021年9月9日通过技术审查。将项目总投资由原来的178.4亿元调整为97.5亿元，其中：水资源开发利用工程投资23.68亿元，水污染防治工程投资20.8亿元，水灾害防治工程投资34.2亿元，水环境提升工程投资10亿元，水流域管控工程投资2.92亿元，示范工程投资5.9亿元。截至2022年底，按照原规划确定的工程，累计完成投资38.91亿元，其中原规划项目完成投资34.65亿元，未纳入新实施方案；新实施方案中确定的项目，完成投资4.26亿元。

（一）水资源开发利用及优化配置

榆林黄河东线马镇引水工程，黄石沟水库导流放空洞、溢洪道主体完成，干线工程共13条主隧洞，累计掘进洞深56千米。盐环定扬黄定边供水工程，陡沟调蓄池和充放水管道主体工程完工，实现试蓄水、通水目标，泵站更新改造工程正在加紧推进。绥德、米脂、子洲三县供水工程，全线132千米管道已贯通，净水厂设备安装调试全部完成，供水水质检测合格，2021年5月已供水到户。靖边蒋家窑水库工程，初步设计报告正在编制中，靖边坪庄、五合、绥德石家沟3座水库已完成主体工程建设。矿井疏干水综合利用示范工程，榆神矿区金麻片区主体管网已基本建成，供水管网已实现通水试运行。灌区节水改造工程，无定河流域灌区续建配套与节水改造项目可行性研究报告已取得榆林市发展和改革委员会批复（榆政发改审发〔2022〕7号），绥德县通惠灌区、横山区定惠灌区、芦殿灌区续建配套与节水改造工程已完成，正在实施米脂县织女灌区续建配套与节水改造工程，累计改善灌溉面积6.7万亩，恢复灌溉面积1.73万亩，灌区灌溉条件得到改善，有效提高了灌溉保证率。

（二）水灾害防治

榆林市组织实施了重要支流、中小河流治理和山洪沟治理项目，总体上按照城区和园区30年一遇、乡村河段20～30年一遇、农防10年一遇的标准，累计新建堤防护岸72.4千米。李家梁、义盛号和二层河台等12座水库除险加固工作已启动，正在开展尤家峁水库除险加固工程前期工作。邀请国家和陕西省专家就定边、靖边县城内涝，绥德、子洲两县城区分洪洞建设进行踏勘论证，优选优化方案。

（三）水污染防治

榆林市人民代表大会常务委员会先后出台了《榆林市无定河流域水污染防治条例》《榆林市节约用水条例》，市政府制定了《无定河流域水污染补偿办法》《榆林市水资源管理办法》。无定河流域内共设置环保考核的国、省、市控监测断面21个，其中无定河干流13个、支流8个，断面水质优良比例为95%。榆阳、横山、定边等8县（区）畜禽养殖场污染防治工程已全面完工；取缔了榆林城区52个直排口，治理黑臭水体3个共计28.4千米。榆林市城区第三污水处理厂已建成并投入运行。榆阳、横山（闫庄则）、神木、绥德、佳县、清涧6个县（市、区）污水处理厂完成提标改造，横山、定边、靖边、米脂、子洲5个县（区）污水处理厂正在改造。榆阳、横山、定边、靖边、绥德、米脂和清涧7个县（区）农村生活污水及垃圾收集处理设施建设初显成效；榆阳区红石峡、榆阳泉及普惠泉水源地保护项目持续推进。

（四）水环境提升

全力推进国家水土保持重点建设、京津风沙源治理、三北防护林体系建设等工程，全面开展“塞上森林城”提质增效行动，流域内累计治理水土流失面积5540平方千米。榆溪河综合整治工程（北段）、榆溪高新水土保持主题公园建成投用。靖边县芦河水环境综合整治工程完成了主体工程建设。绥德裴家峁、乾坤湾、榆阳黑龙潭、赵家峁4个水土保持示范园获得省级命名。继国家级节水型社会建设示范区、国家卫生城市、国家生态保护与建设示范市之后，榆林又获得国家森林城市称号。

（五）水流域管控

严格河湖管理，河湖长制全面推进，市县乡村四级河长湖长体系全面建立，实现了河湖长全覆盖管理，各级河湖长认真履职，深入一线，巡河查湖，发现问题，及时督促整改。全面完成238条河流、5个湖泊的河湖划界工作。严格开展水行政执法，对3户涉嫌非法用水单位进行了调查取证，对高新区自备井进行日常监管和执法封闭自备井2眼。高压推进河湖“清四乱”专项整治，全面完成上级明察暗访发现河湖“四乱”问题整改，结合市县自查自纠，累计清理整治各类河湖“四乱”问题近800个，用法治力量守护河湖，维护了河湖健康生命。

第三章　排涝治碱

无定河流域的榆林市定边、靖边、横山、榆阳等县（区）长城以北风沙滩地区的一些古河道、闭流区和盐湖周围洼地因地形封闭，地表水、地下水排泄不畅，加之受极地气团控制时间长，干旱少雨多风，土壤水分蒸发极强，使地表积聚了大量盐分。据 1959 年 12 月 9 日印发的《十年来榆林专区农田水利建设的辉煌成就》记载，1957 年榆林专区有下湿易涝滩地和原生盐碱地共达 200 万亩，主要分布在定边县的安边、石洞沟、堆子梁、郝滩，靖边县的宁条梁、东坑、张家畔、红墩界、海子滩、杨桥畔，榆林县的巴拉素、马合、小纪汗、金鸡滩、芹河，神木县的尔林兔、大保当等风沙滩地区及无定河及其支流的一些河谷川地。这些风沙滩地区，历史上风蚀沙化严重，田地碱湿薄瘠，既不耐旱又不耐涝，天旱“白茫茫”，雨涝“水汪汪”，俗称“麻雀放屁风滚田，蛤蟆尿尿汪了滩”。旱涝频繁，民生艰困，人们多以“倒滩种田”，广种薄收，流传着“生在沙区种滩地，又旱又涝无收成，炕上没席没铺盖，受苦人常年吃糠菜，老羊皮袄白天穿来黑夜盖，六月天还要翻穿皮袄毛朝外”的民谣。民国三十五年（1946 年），榆林县政府筹划治理风沙滩地，从榆林农业银行贷款 40 万元（旧币），拟在建安乡大保当滩（今神木）试验开挖南北纵向排水干渠和东西向支渠，以排水治涝降碱，因战事未能实施。

新中国成立后，榆林风沙滩地区人民在流域各级政府的领导下，在修渠打井开发水资源、扩大水浇地的同时，根据多年积累的实践经验，因地制宜，全面规划，采取挖壕排涝、垫沙压碱、灌水排碱，以及引洪漫灌、种草植树、防风固沙等措施不断进行涝碱地综合治理，到 1976 年，榆林地区耕地中有盐碱地 30.33 万亩，累计改良盐碱地 8.6 万亩。1991 年渍涝盐碱地调查情况显示，榆林地区耕地中有易涝地 17.87 万亩，已治理 8.51 万亩；有盐碱地 34.91 万亩，已治理 12.21 万亩；有渍涝、盐碱并存地 26.89 万亩，已治理改良 3.27 万亩。1993 年全区耕地中有易涝耕地 31.89 万亩，累计治理 28.7 万亩（其中达到 3 ~ 5 年标准的 22.72 万亩，达到 5 ~ 10 年标准的 5.98 万亩），有盐碱地 31.72 万亩（其中次生盐碱地 14.85 万亩），累计治理改良盐碱地共 18.19 万亩。到 2004 年，榆林市累计治理除涝耕地 28.14 万亩，累计改良盐碱地共 22.94 万亩。至 2010 年榆林市有易涝耕地 34.23 万亩，累计治理 29.06 万亩，其中除涝面积达到 3 ~ 5 年标准的 23.56 万亩，达到 5 ~ 10 年标准的 5.49 万亩。

第一节 排水治涝治碱

1954年，榆林县金鸡滩乡发动群众开展排水治涝治碱工程建设，至1956年修成排水干支、毛沟渠共长2.5千米，除涝治碱耕地1000多亩。1957年，榆林专区先后在神木县大保当、榆林县金鸡滩、横山县党岔、定边县安边、靖边县海子滩等易涝盐碱滩地兴建排水工程，采取开挖纵横贯通的干支渠壕，排水治涝治碱。1957年5月，榆林专区水利局在神木县、榆林县相继成立大保当、金鸡滩排水工程工务所，分别负责修建这两地的排水工程。大保当排水工程于当年8月17日开工，11月4日完工。其间，神木县政府先后动员高家堡、西沟、麻家塔、瑶镇等区乡民工720多人投入工程建设，工程用工3.37万个工日，移动土方11.28万立方米，铺植草皮4.25万平方米，建成排水干渠5.8千米、支渠13条，跨度4.5米砖拱桥1座、木桥7座，除涝治碱下湿盐碱滩地7683亩。截至1958年6月，金鸡滩、党岔、安边排水防涝治碱工程相继完工。金鸡滩排水工程，开挖排水干渠3条共2.87千米，支渠24条共5千米，除涝治碱下湿耕地4411亩；党岔排水工程开挖排水干、支渠共35条，除涝治碱下湿滩地1.6万亩；安边排水工程开挖排水干支渠共长8千米，除涝治碱下湿盐碱滩地4000亩。

1958—1959年，将排水除涝治碱工程改称为“河网化”工程。榆林县马合，神木小保当、尔林，定边县城滩、安边，靖边县海子滩、蓆芨滩等公社先后成立“河网化委员会”，在制定“沟河纵横、河河相通、沟沟相连、河网化工程”规划的同时，动员广大群众在各地下湿易涝盐碱滩地区大规模进行以排水为主的河网化工程建设。1959年，榆林专署下达榆林、神木、定边修建河网化任务分别为4万亩、4万亩、7万亩；下达榆林、神木、靖边、定边治理排涝任务分别为4万亩、3万亩、1万亩、3万亩。1959年，榆林县在补浪河、马合、巴拉素、岔河则、小纪汗、刀兔、孟家湾、牛家梁等10个公社（农场）动员男女劳力2797人，组成55个专业队、138个专业组，在下湿易涝盐碱滩地开挖修成渗、排水河网化工程大小阴壕共16410道，平均每3亩地有1道阴壕，使3.6万亩下湿滩地排出阴水（渍水），4800亩耕地得到灌溉，857亩盐碱地种上了水稻，1.88万亩泥泞地开挖了犁沟，实行鱼脊式“耕种法”。1959年，定边县在安边、石洞沟、堆子梁、郝滩及县城马莲滩等下湿盐碱滩区开展以排水为主的“人造河”“人造海子”工程，仅在安边下湿滩地开“人造河”56条，除涝治碱1万余亩。截至1959年底，榆林专区累计除涝改良下湿盐碱地共31万亩。

1960—1962年，榆林、神木两县3年共完成下湿滩地壕网化治理60万亩，占这两县共有下湿滩120万亩的50%。其间，定边、靖边两县在大面积的下湿盐碱地开渠排水，降低地下水位和土壤含盐量，使原来不能种植或产量很低的盐碱地变为产粮田或高产田。1964年秋，靖边县淫雨成灾，新农村公社的新伙场、海子畔、胡伙场、张伙场及杨桥畔公社的九里滩等生产大队的下湿滩地大量积水，农作物严重减产。此后数年积水不退。1967

年夏，靖边县生产指挥部组织这两个公社部分社员，并动员机关干部、学校师生、城镇居民，从海子畔至沙石峁挖掘了1条宽3～4米、深4～5米、长10千米的排水渠，排除了盐碱滩积水，使白茫茫的盐碱地变为产粮地，亩产由原来的30余千克增至100多千克。其间，定边县安边、石洞沟、堆子梁、郝滩4个公社和定边县种羊场、蒙海子农场，有290平方千米的土地盐碱化程度严重，特别是1964年雨季后，堆子梁公社仓房梁大队东北低洼地带，形成了很多积水坑，2万多亩农田被淹没，居民迁徙70多户，有近10万亩农田盐碱化。1969年，定边县又提出东滩自流排碱工程方案，因内蒙古方面不允排碱入境，未付诸实施。1975年，定边县再次提出兴建东滩排碱工程。这年春，陕西省水利电力局和陕西省水利电力勘测设计研究院派工程技术人员在定边县东滩勘测后，提出抽水排碱方案，完成工程设计。工程于1975年8月5日正式破土动工，由受益区4个公社和2个场抽调劳力，进行5年多的修建工作，于1981年竣工。主体工程包括田间排水沟、支渠、南北干渠及总干渠的4级排水渠系。北干渠起安边东门外，经石洞沟公社的钟坬、羊圈坬、西堆梁，全长23.3千米；南干渠起石洞沟公社的乔圈梁，东北经蒙海子、三十里井、堆子梁公社的白土岗子至仓房梁北，全长17.7千米。两道干渠开口宽12米、深2米、底宽2米，至堆子梁公社王滩子西汇入总干渠。总干渠东经王滩子村沿蒙陕边界南侧出靖边县黄蒿塘村，全长7.5千米。支渠由南、北干渠向两边辐射，间距250米，共400道，全长410多千米。在干渠上建有4处抽水站，分4级抽水，总扬程27.6米，其中第一级扬程7.8米、第二级扬程7米、第三级扬程6.5米、第四级扬程6.3米。4处抽水站共安装抽水机组10套，配套动力为120马力、135马力柴油机，总装机容量1200马力，水泵型号20SK-28双吸离心泵，累计投资180万元，可把南北干渠流来的碱水排入总干渠末端沙窝内。该工程建成后，各抽水站试抽水两次，因定边东滩区水位下降，干渠无汇集碱水，1985年后各抽水站抽水机具逐渐废弃。现存南、北干渠用作排渍、排洪。

1971年榆林县开工修建金鸡滩下湿盐碱地排水治碱工程，于1972年5月建成。此项排水治碱工程控制排水面积1.43万亩。

第二节　引洪淤灌治碱

无定河流域的靖边县山涧区的王渠子、榆沟地等河流发源于山区，每年夏秋季大雨过后这些沟河山洪高含泥沙水挟裹着牛羊粪直泻淤灌下游风沙下湿盐碱滩地，每淤灌一次可使下湿盐碱地沉积泥沙达4～25厘米，耕种三年庄稼均可丰产，故有“洪漫来年富”“洪漫地、刮金板”的美誉。因此，历来人们引洪不仅漫灌庄稼，亦在淤灌治碱。到清光绪二十七年（1901年），仅安边东滩引八里河洪水漫灌荒沙碱滩地达1万多亩，这里成为盛产粮油的“粮仓油库”。

民国四年（1915年），定边县堆子梁天主教会在堆子梁盐碱滩地区开挖主壕渠10余里、支壕2道，还在仓房梁开挖长壕1道，八里河引洪淤灌发展达2.7万亩。由于安边东滩引八里河洪水漫灌面积扩大，洪水时有不足，遂屡发生安边东滩农民与堆子梁教民争水纠纷，直至民国二十三年（1934 年）双方发生大规模械斗，缠讼不已。至民国三十三年（1944 年），定边县仅安边八里河引洪漫灌 3.5 万亩，靖边县席麻湾、王渠子、榆沟壕等地引洪漫灌达 1.59 万亩。

新中国成立后，定边、靖边两县把引洪淤灌作为治理风沙盐碱滩地、发展农业的重要措施，组织群众大力修筑堤坝、渠壕，拦洪引洪淤灌盐碱滩地，截至 1959 年，定边、靖边两县引洪淤灌共达 30.1 万亩，其中靖边县 13.46 万亩、定边县 16.64 万亩（其中八里河引洪淤灌 7.5 万亩）。1960 年后，由于定边、靖边两县引洪淤灌区上游山区筑坝修梯田，水土流失逐年得到治理，因而使下游引洪淤灌地逐渐减少。截至 1989 年，靖边县引洪淤灌地减为 4600 亩，定边县安边八里河引洪淤灌地减为 3 万亩，有 3 万多亩耕地复为盐碱地而弃耕。2000 年起，八里河引洪灌区修复引洪渠道，至 2008 年引洪漫地面积恢复到 5 万亩。

无定河流域河流均为高含泥沙河流。1974 年前，渠道引水含泥沙量超过 12%，即停止引水灌溉，往往造成农作物在用水关键期时，不能灌溉，影响农业生产。1974 年水管单位学习外地先进经验，打破引水含沙量的限制，引用高含泥沙洪水灌溉，不仅解决了这一矛盾，而且由于洪水中泥沙含有大量的氮、磷等肥料，增加了土壤肥力，有利于低产农田改造。横山县党岔定惠渠灌区群众，修建沟道拦洪控制闸，引洪淤灌，结合渠道引用高含泥沙水灌溉，种植水稻，治理盐碱荒地，成绩显著，亩产高达 400 ~ 500 千克。1985—1990 年，榆林全区自流灌溉渠道平均每年引高含泥沙水 800 万立方米，灌地近 10 万亩，为农业生产作出了贡献。

第三节　综合措施治涝治碱

从 1959 年起，榆林专区各风沙滩地区因地制宜，在大面积易涝盐碱滩采取挖渠壕排水与打水井灌溉进行上灌下排除涝治碱；在小块低洼盐碱地多采取垫沙压碱或改种水稻等冲洗办法综合治理盐碱地。截至 1962 年，榆林、神木、定边、靖边、横山等县在下湿低洼盐碱滩通过挖排水渠壕、打水井、挖马槽、修渠引水灌溉、垫沙压碱、改种水稻、引水冲洗盐碱地等综合治理，改良下湿低洼盐碱地 17.2 万亩。

1971 年，推广榆林县芹河莽坑村经验，基本农田建设以排涝、改土入手，田、渠、林、路结合，排灌相结合的综合措施治理下湿盐碱滩地，初步达到林渠路成网、地平田成方、排灌相结合的滩区水利化。1973 年，榆林县马合公社组建起以插队知识青年为主的“姑娘治滩连”，挖壕排水栽柳树，建设万亩人工草原，为大面积治滩取得了经验。西安电影制片厂以此为生活原型拍摄了《长城脚下新愚公》纪录片，在各地宣传推广。1974 年榆林县补浪河公社各生产大队和该社所组建的“长城姑娘治沙连”，共同在 21 平方千米的下湿低洼盐碱滩地挖壕排碱，植柳 190 万株，使大面积盐碱地实现了绿化。截至 1976 年，榆林全区采取垫沙压碱、挖壕排水治碱等措施改良盐碱地 2.98 万亩，其中靖边、神木两县改良易涝耕地分别为0.27万亩、0.58万亩，改良盐碱地分别为0.61万亩、1.38万亩。

20世纪80年代初，榆林县鱼河、上盐湾公社开辟盐碱地种植水稻，使4000多亩盐碱滩地变为水稻田，亩产在300千克以上。靖边县黄蒿涧公社组织劳力，引黑河之水冲洗盐碱地，种植水稻，使大片的盐碱滩变为水稻田，稻子生长旺盛，亩产225千克左右。至1985年，榆林县在下湿低洼盐碱滩地区开挖、排涝壕200多条，总长970千米，打机井、马槽井2189眼，水浇地发展到21.18万亩，人均2.2亩。靖边县在下湿低洼盐碱地分布较多的红墩涧、黄蒿涧、海子滩、杨桥畔、新农村等地打井700眼，既降低了地下水位，又解决了灌溉问题，使许多盐碱地改良为水浇地。1979年，定边县在石洞沟公社邹寨子利用东滩防涝治碱排水工程南干渠，选择弃耕多年的盐碱地240亩，开挖了支、毛渠，打机井6眼，将地下水水质含盐度、含碱度降到临界浓度以下，进行排水抗盐碱种植试验，效果较好。种植的向日葵由过去的亩产15千克提高到亩产122.5千克。这项技术在全区得到推广。

第四章　防汛非工程措施

暴雨洪水是无定河流域仅次于干旱的自然灾害，多集中在每年7—9月，具有强度大、洪峰高、历时短、危害重的特点。面对洪水灾害，除加强河道堤防与调蓄水库建设等工程措施外，还需要坚强有力的非工程措施，包括防汛指挥调度、防汛责任制及预案、抢险队伍及物资储备、水文站网建设、抢险社会管理、通信预警等非工程措施。

第一节　防汛指挥机构

一、市级指挥机构

（一）榆林市防汛抗旱指挥部

新中国成立初期，无定河流域的榆林、绥德专区都没有成立防汛指挥机构，防汛工作由各专员公署建设科与绥榆水利工程处负责。每逢较大水灾，则由各级党委和政府组织水利、民政等有关部门负责人成立临时领导机构，下设救灾办公室处理日常事务。

1959年6月29日，成立榆林专区防汛指挥部，专员杨在清任指挥。指挥部下设办公室，办公室设在专署水利局。防汛指挥部属临时机构，每年汛前成立，由专署任命指挥、副指挥、指挥部成员，指挥部办公室主任、副主任，汛期过后撤销。

1968年4月至1971年，防汛指挥部的日常工作由榆林地区革命委员会生产组农业办公室负责。1972年5月15日，成立榆林地区防汛抗旱指挥部，指挥部办公室设在榆林地区革命委员会水利水电工作队，1974年办公室移设在榆林地区革命委员会水电局，处理防汛抗旱事项。

1983年，榆林地区防汛抗旱指挥部改为常设机构，设在榆林地区水利水保局。办公室工作人员从地区水利水保系统各单位借调10余名，常年办理防汛抗旱事务。1988年10月，榆林地区防汛抗旱指挥部办公室改设为科级常设机构，编制工作人员12人。1989年1月，防汛抗旱指挥部办公室由原科级单位升为副县级事业单位。

2000年6月，榆林地区撤地设市，7月启用“榆林市防汛抗旱指挥部”印章，市长任榆林市防汛抗旱指挥部指挥。之后，每年汛前由市政府办公室发文调整市防汛抗旱指挥部组成人员，由市政府主管防汛工作的副市长任总指挥，市政府一名副秘书长、水务局局长任副总指挥，主要成员为市政府办公室、榆林市军分区、市水务局、住房和城乡建设局、民政局、国土资源局、交通局、安全生监督局等30多个部门的负责人。2019年机构改革，各地纷纷将防汛抗旱指挥职能交由应急管理部门，榆林市委结合实际，决定防汛抗旱工作仍按照原有机制运行，即防汛抗旱总指挥部及其办公室仍设在各级水利部门，由水利部门统筹协调指挥各成员单位，坚决做到思想不乱、队伍不散、工作不断、干劲不减，全面提升防汛抗旱能力和水平，确保了防汛抗旱工作的有序高效运转。2020 年 4 月，榆林市成立水旱灾害防御中心，负责水情监测预警工作，组织编制重要河流和重要水工程的防御洪水调度方案并组织实施，承担河湖水库防汛抢险、水旱灾害防御技术支撑工作。

（二）榆林城区防汛指挥部

榆林市是无定河流域最大的城市。榆林市城区防汛工作一直由城市建设部门负责。1987 年 5 月成立榆林城区防汛指挥部，由主管防汛工作的一名副市长任总指挥，由市政府一名副秘书长、住房和城乡建设局局长任副总指挥，榆阳区政府、市安全生产监督管理局、发展和改革委员会、财政局、水务局、国土资源局、公安局、气象局、卫生局、民政局、教育局、广播电视局、经济贸易委员会、工商局、榆林日报社、供电局、交警支队、消防支队、中国电信集团榆林分公司及榆阳区对应单位和各街道办事处等 51 个单位负责人为防汛指挥部成员。榆林城区防汛指挥部下设城区防汛办公室，为常设机构，承担城区防汛日常工作。办公室设在市住房和城乡建设局，配备工作人员 2 ～ 4 人。

二、县级指挥机构

无定河流域所辖各县（区）防汛抗旱指挥机构随市级防汛抗旱指挥机构的设置、改变而组建。1959 年 7 月，榆林、神木、靖边、定边、绥德、米脂等各地防汛指挥部相继成立，并启用印章。1972 年 5 月，榆林地区防汛抗旱指挥部重新成立后，流域各县均重建防汛抗旱指挥部。1989 年，各县（区）防汛抗旱办公室相继改变为常设机构，配备工作人员 3 ～ 8 人。

各县（区）防汛抗旱总指挥部指挥由主管副县长（副区长）担任，副指挥由各县（区）人民武装部部长和各县（区）水务局局长担任。2012 年，绥德县还成立淤地坝（骨干坝）防汛指挥部，具体负责本县淤地坝的防汛工作。

2012 年，榆林市各乡镇成立防汛抗旱指挥所，由乡镇党委书记、乡镇长分别任政委、指挥，主管副职任副指挥，有关单位、有关人员和村委会负责人为指挥所成员，统一指挥、统一号令本乡镇范围内的防汛抗洪抢险工作。此外，各村委会、各居委会也分别成立防汛领导小组。

2019 年，在机构改革中，榆林市县级防汛指挥机构根据市级机构要求，仍按照原有机制运行，即防汛抗旱总指挥部及其办公室仍设在水利部门，由水利部门统筹协调指挥防汛抗洪工作。县（市、区）水利局负责辖区内水旱灾害防御工作的组织、协调、指导、监督。组织开展辖区内雨水情监测预报预警，按照权限调度水工程，提供防汛抗旱抢险技术支撑。

第二节　防汛责任制及预案

防汛工作实行“安全第一，常备不懈，全力抢险”的方针，遵循团结协作和局部利益服从全局利益的原则。根据《中华人民共和国防洪法》和《陕西省实施〈中华人民共和国防汛条例〉细则》等法律法规规定，各级人民政府实行行政首长负责制，实行统一指挥，分级分部门负责，各有关部门实行防汛岗位责任制。任何单位和个人都有参加防汛抗洪的义务，中国人民解放军和武装警察部队是防汛抗洪的重要力量。

一、防汛责任制

1995 年以来，无定河流域防汛工作实行岗位责任制，严格执行以各级行政首长负责制为主的各项防汛工作责任制。全市防汛工作由榆林市政府主要领导负总责；县（区）、乡（镇）防汛工作，由各县（区）各乡（镇）主要领导负总责，层层落实责任，实行包区域、包河道、包水库、包险病工程、包滑坡的防汛岗位责任制。汛前深入包干地区调查研究，掌握情况，发现问题及时解决，制订度汛防、抢、撤方案；汛期出现汛情、险情后，要迅速上岗，组织指挥防洪抢险救灾。大汛期（7—9 月），每天至少有一名领导在防汛办公室值班。因故不能上班时，要委托同级领导代班，不能空班。各水库、水电站、河道堤坝、渠、闸等工程管理单位的主要领导也是本工程的防汛负责人，要组织所有职工坚守岗位，及时掌握水情。工程出现汛情、险情后，要立即抢险，并逐级向上级防汛指挥部速报险情，确保工程安全。1996 年 5 月，榆林地区防汛办公室制定了《榆林地区防汛值班工作制度》《防汛办工作职责》《防汛办考勤制度》等工作制度；由地区防汛指挥总指挥部办公室、地区气象局等有关部门组成无定河洪水会商预报小组，承担汛期无定河雨情、水情、工情会商研究判断预报事项，为地区防汛指挥部及时准确预报传递汛情、制订抢险方案、提供科学决策依据。

2010—2020 年的每年 2—3 月，榆林市防汛指挥部都要下发当年有关防汛准备工作的文件，落实市内主要水库、城镇、河道防汛责任人。同时，市、县（区）两级防汛指挥部分别召开会议，与各主要防汛责任人签订防汛抗旱目标责任书，并在汛前登报公告。2020 年，各级水利部门主动承担水旱灾害防御和防汛抗旱日常值守双重使命，全力应对应急和水利两项工作。严格落实各级各部门职责职能，建立市级领导分片联系县（市、区）防汛抗旱工作责任制和人民代表大会防汛工作监督制，继续实行水利局督导各县（市、区）防汛和派驻工作组督导机制。落实 94 座水库、8157 座中型以上淤地坝“三个责任人”（行政责任人、技术责任人、巡查责任人）5372 人，“五河四川”行政和技术责任人 58 名。

二、防汛责任追究

2004 年，陕西省人民政府发布了《陕西省重大防汛安全事故行政责任追究办法》，在全省范围引起震动，使各级防汛责任人履行防汛职责的意识和自觉性显著增强。2006 年 5 月，榆林市防汛指挥部根据陕西省政府颁发的规定，结合实际制定了《榆林市防汛责任追究办法》。明确规定有下列行为者，视其情节予以处罚，造成严重后果者，由司法机关追究其刑事责任：（一）玩忽职守，造成防洪安全事故、人身伤亡、经济重大损失者；（二）出现汛情、险情后不到岗位或防洪抢险指挥不力造成后果者；（三）迟报、错报、贻误汛情造成后果者；（四）对防汛工程管理不善、违反经批准的防汛调度方案，造成工程失事者；（五）消极怠工，不服从防汛指挥部的命令造成损失者；（六）其他违反本规定，其情节恶劣、损失重大、后果严重者。《榆林市防汛责任追究办法》的颁布实施，为防汛责任追究提供了依据。

三、度汛方案

1986年，榆林地区防汛指挥部开始组织编制《榆林地区防汛抗旱方案》。无定河流域各县（区）随之也对重要城镇、水库、河道、堤防逐步开展编制防汛抗旱方案。绥德县城按防洪标准，规定防洪警戒线，制订应急措施，划出安全范围，建立了报警系统，一旦出现险情，可能遇险群众即可及时撤离险区，抢险人员迅速进入抢险现场，进行防洪抢险。水库工程编制运行计划，确定汛期限制水位，明确洪水调度方式，中型水库还进行了涉坝流量演示，绘制不同水位淹没范围和有关图表。汛期或出现险情时，上下游水库之间以及与上级防汛指挥部门，均可及时通过电话、电台取得联系，按预定方案采取防汛措施，减少灾害损失。

1999年，榆林地区防汛抗旱指挥部根据陕西省防汛抗旱总指挥部的要求，编制审查了无定河流域红柳河、芦河库坝群的度汛应急方案和12座县城、21座重点中型水库的度汛计划及主要河道的“防、抢、撤”方案。

四、防洪预案

2009—2010年，榆林市防汛抗旱指挥部先后完成了以堤防护岸建设、河道清淤疏浚等防洪工程措施为主的《榆林市重点地区中小河流近期治理建设规划》和《榆林市中小河流（2000～3000平方千米）现状基本情况调查》。同时重视各类防洪预案修编工作，每年2—3月市防汛抗旱指挥部都要下发有关修编各类防洪应急预案和做好防汛准备工作的文件。2012年2月，市防汛抗旱指挥部下发了《关于抓紧修编各类防洪应急预案做好2012年防汛准备工作的通知》和《2012年汛期水库调度运用计划》等文件，要求各县（区）严格按照编制大纲和防汛重点，及时修编重点城镇、水库、通信、山洪灾害防御、抗旱等应急预案，并在汛前上报市防汛抗旱办公室审查、备案。截至2012年6月，榆林市先后审查了《榆林城区防汛应急预警方案》及各县河道洪水防御方案、在建工程度汛预案等共28个。2019年，修编完善县（市、区）城防、通信等应急预案12个，水库调度运用方案和防洪抢险应急预案94个。2020年，汛前修订各类应急预案2291个。2020年，组织编制了无定河、大理河、芦河等4条重要跨县河流及芦河、红柳河2个库坝群防御洪水和超标准洪水预案，编制并印发《榆林市水利局水旱灾害防御应急响应工作规程》。

第三节　水文站网建设

民国二十六年（1937年）五月，黄河水利委员会在绥德城区建立了无定河流域第一个水文站——绥德水文站，开始对无定河的水位、流量等进行测验。当年七月，抗日战争全面爆发，绥德水文站停办。民国三十一年（1942年）六月二十二日，陕北水利工程处奉陕西省水利局第370号训令，在横山县响水建立赵石窑水文站，配设观测员1人、测工4人，首任站长李应太。民国三十二年（1943年）春，又在榆林城西布设榆溪河水标站、横山县城设芦河水标站，分别由榆林县、横山县政府指定专人，对榆溪河、芦河进行水位等项测验和水情记录。民国三十五年（1946 年）十月上旬，因解放军进攻镇川、响水、横山等地，赵石窑水文站停办。

新中国成立后，无定河流域水文事业得到较快发展。1951 年，绥德、赵石窑水文站相继恢复；1953 年，又在无定河支流大理河建立子洲水文站；1954 年，将 1952 年 8 月建立的榆林红石峡雨量站改建为榆溪河红石峡水文站，绥德水文站撤销。到 1959 年，无定河流域建有赵石窑、绥德丁家沟、川口水文站，以及榆溪河红石峡、岔河则、大理河子洲、李家河、亲窑台、青阳岔、芦河横山、靖边、黑木头川殿市、海流河韩家、沟河果子坪、红柳河白城子等水文站，并建有清水堡、孤山堡、子洲张家沟、绥德田庄、赵家砭 5 个水位站，鱼河堡 1 个专用流量站和 33 个雨量站。1958—1960 年，一度掀起“全民办水文，社办水文站”的热潮。据 1959 年《榆林专区水文规划及水土保持试验研究会议总结》记载：“全区发展水位站、水文站、雨量站、地下水位观测站等群众站网共达 600 多个，其中群众社办雨量站 43 个、径流站 1 处、流量站 11 处。”由于这些群众社办水文站技术水平低，资料不合规定，不能使用，不久大都停办撤销。

1959 年 6 月，为加强对水文研究工作的领导，榆林专署水利局成立无定河观测研究领导小组，专区水利局副局长李赋丰任组长、黄河水利委员会无定河工作组工程师蒋德耀、绥德水土保持科学试验站站长于先进、吴堡水文总站站长贾华芳、子洲水文站张广道、榆林气象中心站站长王殿库任副组长。领导小组下设办公室在专署水利局，对无定河的洪水、泥沙、径流等项水文进行观测和资料整编工作。

1960—1962 年，在国民经济困难时期撤销部分水文站，至 1962 年底，无定河流域仅有赵石窟、川口等 2 处水文站。1978 年后，水文体制进行“站队结合”改革，经过整顿提高，至 2010 年榆林市发展有水文站 22 处，其中省水文水资源勘测局管 3 处，黄河水利委员会水文局管 19 处； 雨量站 128 处，其中省水文水资源勘测局管 24 处，黄河水利委员会水文局管 104 处；省水文水资源勘测局管墒情站 4 处。无定河赵石窑、大理河绥德水文站为省水文水资源勘测局管水文站，其中赵石窑站为国家重要水文站；省水文水资源勘测局管水文站、雨量站均由延安水文局具体管理。

无定河流域建有黄河水利委员会所管辖的榆林水文水资源勘测局。其前身是黄河水利委员会横山水文中心站，成立于 1963 年 4 月，初设于横山县，1984 年 6 月更名为黄河水利委员会榆林水文勘测队，1985 年迁至吴堡县柏树坪村，1989 年更名为黄河水利委员会榆林水文水资源勘测队，并迁址至榆林城区红山西路 1 号，1992 年 12 月更名为黄河水利委员会榆林水文水资源勘测大队，1996 年 10 月更名为黄河水利委员会榆林水文水资源勘测局。其主要职能：担负着测区内基本水文资料的观测、收集、整理、汇编、审定；承担本区域内实时水文信息的收集、处理与分析，参与区域内水情信息自动系统的建设和运行管理；担负着向国家、地方防汛抗旱指挥部提供重要水情的工作任务，为黄河防汛、地方经济建设提供科学依据以及水资源监测、评价和论证等。2013 年全局有在职职工 66 人，其中中高级职称人员 8 人。局机关设办公室、技术科和财务科，下设国家基本水文站二类站 3 个、三类站 9 个、雨量站 104 个、蒸发站 3 个。测站分设在窟野河、秃尾河、无定河、大理河、小理河、黑木头川、芦河、海流兔河等河流上。其主要负责各河流的水位、流量、单沙、输沙率、颗分、降水、冰凌、水温、气温、比降、水文调查、水质监测、水情报汛等工作。所辖测区地跨陕西、内蒙古的 16 个县（市），控制面积 37967 平方千米。测区报汛站 43 个（其中水文站 8 个，委托雨量站 35 个）。测区内设站观测始于 20 世纪 50 年代，收集的水文资料系列均在 45 年以上。

2021 年之前，延安水文水资源中心（2019 年事业单位机构改革时水文机构统称中心）负责延安、榆林两市的水文水资源勘测业务。2011 年，陕西省委、省政府《贯彻中共中央、国务院关于加快水利改革发展的决定的实施意见》提出，要“按行政区域增设水文水资源监测与管理机构”。陕西省水利厅与榆林市水利局积极推进共建共管，双方共同投资 2000 余万元，在榆林市高新（南）区富源路南侧，征占建设用地 7.58 亩（净用地面积 5.61 亩），建设榆林水文巡测基地和水质监测分中心，主体工程于 2018 年 11 月完工，附属工程于 2022 年 7 月完工。榆林红石峡水文站省市水文共建共管建设项目于 2019 年完工，2020 年 6 月正式开展水文测报工作。2021 年 12 月，陕西省机构编制委员会批复成立榆林水文水资源中心，负责榆林市水文水资源勘测业务。2022 年 7 月，榆林水文水资源中心正式揭牌投入使用。

截至 2020 年底，无定河流域共设有国家基本水文站 12 处，渠道站 1 处（赵石窑响水渠），其中专用水文站 3 处、专用水位站 5 处、雨量站 93 处、墒情站 3 处。具体为：

①黄河水利委员会水文水资源勘测局在无定河流域设有国家基本水文站 9 处，分别是丁家沟、白家川、韩家峁、横山、殿市、马湖峪、青阳岔、李家河、曹坪水文站，雨量站 9 处。②省级水文机构榆林水文水资源中心在无定河流域设立水文站 6 处，其中基本水文站 3 处，分别是无定河赵石窑站、榆溪河红石峡站、大理河绥德站；专用水文站 3 处，分别是淮宁河淮宁湾站、芦河塔湾站、镇川沟镇川站。③专用水位站 5 处，分别为白河岔河则站、马湖峪沟郭新庄站、黑木头川韩岔站、驼耳巷沟郭家沟站、小理河水地湾站。④雨量站 84 处，其中基本雨量站 7 处、中心河流专用站 77 处。⑤墒情站 3 处，分别是绥德、米脂、榆林墒情站。由国家流域机构和省级水文机构共同设立的水文监测网站，共同形成了覆盖面广泛、测验项目完整、测验设施比较先进、管理比较规范的无定河流域水文网站体系。

第四节　防汛信息化建设

新中国成立初期，无定河流域的榆林、绥德专区、乡镇农村仍多沿用过去白天挂旗、鸣号、鸣锣、鸣气枪，晚上点红绿信号灯、放烟火、发射信号弹等办法，传递约定的汛情，部分城镇配备了电话预报预警汛情。

1955 年起，榆溪河榆林水文站、无定河横山赵石窑水文站、大理河子洲水文站，按照陕西省水利局要求严格执行《全国水文测站暂行规范》，在大汛期间每 3 个小时用电话或电报向上级有关部门报告汛情一次。

1963年，榆林地区防汛办公室通过黄河水利委员会、陕西省水文总站与流域内各水文站建立了定期快电报汛关系。1978年，榆林地区防汛抗旱办公室率先使用无线电台。到1988年，先后在靖边、定边、榆林、横山、府谷、绥德、子洲等7个县和常家沟、高阳湾、河口、中营盘、石昂、河口庙、营盘山、韩岔、杨伏井、金鸡沙、亲桥、惠桥、大台、大岔、猪头山、电市16座中型水库架设了无线电台，全区共设24个站（点），安装电台共26部，其中150瓦1部、15瓦5部、10瓦20部。1994年达到30部，其中25部属15瓦以下小功率电台，收发效果很差，遇到云层较厚的雷雨天气，根本无法收发。1994年8月2—5日，靖边县2次普降大暴雨，新桥水库上游有11座中小型水库垮坝，地、县一些电站因无法收到电台报汛，毫无准备，直到新桥水库水位急剧上涨，给下游防汛工作造成极大被动。

1995年，榆林地区防汛抗旱指挥部自筹资金建成超短波局域通信网，建立中继站1个，基地台2处，手持机8部，运行3年后配发横山定惠渠管理处。1996年，靖边县自筹资金建成了超短波局域网。1998年长江、嫩江、松花江发生特大洪水后，无定河流域各县区防汛抗旱指挥部办公室和部分中型水库共布设短波大功率电台17部。2001年，榆林市防汛抗旱指挥部办公室布设台式卫星电话1台，主要用于应急抢险。2002年，榆阳区、靖边等重点县布设了手持卫星电话9部。2003年开始建设红柳河、芦河雨水情况自动测报系统，至2004年共建成自动测报点27处，其中县级工作站4处，集合转发站1处，中心站1处，雨量站2处，雨量水位站19处。

2010年以来，加大了防汛信息化基础设施建设力度，至2013年，靖边、清涧、米脂、横山等6县先后完成山洪灾害防治非工程措施建设。①建成网络设备：路由器2台、交换机1台、服务器9台、专用工作站8个、应用计算机108台；②建成视频会议设备：MCU 1个、终端设备13台、机关局域网络1个、防汛信息网络1个、监控调度指挥中心1个；③建成布设防汛通信设备：程控交换机1台、短波电台32台、超短波电台4台、卫星电话9部；④布设信息采集系统，设雨量监测站42个、水位监测站8个、13座水库洪调信息化系统，设2座大坝安监信息化系统、视频监控站6个。榆林市从事信息化技术人员31人，基本形成以短波、超短波、光纤、卫星电话、GSM综合办公自动化为一体的多方位防汛通信网络。

2013年，建成水利信息化平台，主要包括计算机网络机房，集计算机应用、服务器集群管理、数据高效储存和交换的网络基础平台和防汛抗旱指挥视频会商系统。2018年，建成榆林市水位监控与雨情监测系统，其中：雨情监测系统包括68处视频监控站点（河道30处、水库17处、淤地坝21处）和117处雨情自动监测站点，主要围绕“四河四川”、库坝群、南部山区等防汛抗旱重点区域建设；水位视频监控系统能够对全市68个河道、水库、淤地坝监控站点进行视频监控，实时掌握水情动态；雨情监测系统是对水情信息的重要补充，对灾害性天气，特别是暴雨天气的观测具有重大意义。2020 年，建成榆林市山洪灾害防治项目县级监测预警系统 12 套（包含各类雨水情监测预警站点 8761 处，其中简易雨量站 4569 处、简易水位站 1287 处、自动雨量站 142 处、自动水位站 77 处、视频监测站 35 处、无线预警广播 2651 处），县级计算机网络系统 12 套，县级视频会商系统 12 套，县级预警监视显示系统 12 套，县级监测预警平台软件 12 套，乡级视频会商系统 193 套。

无定河流域市、县两级依托山洪灾害防治项目成果，利用雨水情监测系统为防汛提供决策依据，利用会商系统实行调度，利用预警系统进行人员转移疏散，利用群测群防系统开展避灾转移演练，增强群众防灾意识，避免了人员伤亡，取得了较好的防灾减灾效果，实现了从传统防汛向科技防汛的转变。

第五章　抗洪抢险

无定河流域局部暴雨洪水频繁。据《陕西省各世纪洪水（灾）等级统计表》记载，清光绪二十六年（1900 年）至 1990 年榆林市境内发生 4 级以上洪涝灾害共 50 余年次。1949 年前，人与洪水搏斗多为自防或灾后因害设防，缺乏统一规划和综合治理。从 1950 年起，流域各级党委和政府高度重视防汛抗洪工作，投入大量财力、物力和人力，在无定河及其重要支流、重要城镇修建了大批防洪工程，有效地保护了城乡人民群众生命财产安全。每当暴雨洪水灾害发生时，各级政府便组织调动人力、财力、物力，全力开展抗洪抢险救灾，有力有效应对暴雨洪涝灾害，最大限度地减少人员伤亡、减轻自然灾害造成的损失。

第一节　防汛准备工作

无定河流域一般每年 6 月 1 日进入主汛期，10 月 1 日汛期结束，个别年份秋淋连绵，引发秋汛洪水灾害。新中国成立之前，无定河流域各级政府对防汛指挥调度缺乏超前性，往往在灾害发生前或发生后才紧急动员，撤离群众，临时从供销、商业物资部门征调物资，组织应急抗洪抢险。新中国成立后，特别是《中华人民共和国防洪法》《中华人民共和国防汛条例》《陕西省实施〈中华人民共和国防洪法〉办法》等法律法规实施以来，流域各级政府靠前指挥，开展汛期检查，落实防汛抢险队伍、物资，加强预测预报预警，实施依法防汛、科学防汛，使防汛工作逐步走上了正规化、规范化、法治化的轨道。

一、汛前检查

自 20 世纪 80 年代开始，每年汛前，陕西省政府、省防汛抗旱指挥部和陕西省水利厅都要通过召开各种会议，全面部署安排防汛工作任务。无定河流域各级政府也会逐级召开防汛工作会议、水库防汛工作会议、淤地坝防汛工作会议等，分类部署防汛工作，落实防汛责任，对堤防、河道、水库、淤地坝、山体滑坡地段、蓄滞洪区等进行全面检查，对可能受到暴雨洪水及滑坡、泥石流等威胁的工厂、学校、机关、村镇、仓库等落实防汛预案和防汛物资、抗洪抢险队伍。

汛前检查是贯彻防汛以防为主方针的重要举措，无定河流域各级均已形成制度，长期坚持。每年入汛前，除省防汛抗旱指挥部组织的汛前大检查外，流域各级政府都要动员辖区机关、学校、事业单位和街道、村组开展一次防汛安全大检查。水利、应急管理、自然资源等部门也要派出检查组，深入对重点水库、淤地坝、城镇、河道险工、防汛物资仓库及碍洪清障现场等逐个检查，发现问题，责令限期整改。各级防汛指挥机构、水文机构还要对值班值守、通信联络设备、水文测验设施等进行检查，组织重点区域、重点防御对象开展模拟实战演习，发现问题，堵塞漏洞。2018 年，无定河流域市、县组织开展隐患排查整改行动 85 次，排查隐患数量 250 多处。子洲、绥德、靖边等县先后举行大规模防汛应急演练，提高了应急指挥、应急处置能力，增强了全民防灾减灾意识。

二、防汛物资储备

1954 年 9 月 1 日，无定河支流榆溪河发大洪水，当洪水从榆林西城南角排水洞灌进城内时，榆林县政府才动员群众去砍树背草，到街上店铺取电池、蜡烛或到粮食公司取麻袋应急抗洪。1973—1988 年，榆林地区防汛指挥办公室每年筹资 1 万 ~ 3 万元，采购抢险物资，储藏于地区水利队物资仓库备用。一般要采购储备铅丝 10 多吨，麻袋、草袋 2 万多条。另外要采购汽油、柴油 30 多吨，储藏于地区石油公司油库。每当发生重大险情时，便从水利物资仓库调用抢险物资，不足部分及时协调征用。大汛之后，要及时采购补齐防汛抢险物资。

1999 年后，无定河流域市、县（区）两级政府逐年增加防汛物资储备的投资。2012 年汛前，市、县（区）两级防汛抗旱指挥部和水库管理单位对辖区的防汛物资进行了更新补充，基本达到最低限额标准，对所有物资登记造册，明确抢险物资的存放地点、管理人员、联络方式，以备抗洪抢险的需要。榆阳区水务局筹建了防汛抗旱指挥服务中心和物资储备库。榆林市共储备草袋 1.8 万条，麻袋 11 万条，编织袋 47 万条，铅丝 15.5 吨，救生衣 3500 件，救生圈 1100 个，储备防汛抢险物资共计 176 万元。此外，下达榆林军分区购置防汛抢险器材费 200 万元，用于防汛抢险器材、物资购置，储备于榆林军分区仓库。

三、抢险队伍

新中国成立初期，每当出现汛情，流域各级党委、政府便组建抢险队伍，组织群众撤离或抢险。从 1959 年起，每年各县（区）在汛前组建抢险队伍。全区各县先后组建防汛小组 1236 个、防洪抢险队共 19 个，人员达 2 万多人。20 世纪 60—80 年代，各县抗洪抢险队伍由基干民兵和驻军及武警部队组成。一旦出现洪灾，即调动这些抢险队伍投入抗洪抢险斗争中。1990 年，榆林地委、行政公署和军分区根据国家有关规定，以基干民兵和预备役部队为主，在全区组建抢险队 264 支，人员达 3.6 万人。至 2011 年，全市组建专业抢险队 186 个，共 23216 人。2019 年，榆林市（县）组建防汛抢险队 332 支，共 12275 人。2020 年，榆林市（县）组建防汛抢险队 257 支，共 10685 人，建立市级防汛抗旱抢险专家组，涵盖水利、交通、资源规划、住房和城乡建设、气象等部门防汛专家 23 名，在迎战暴雨洪水袭击中，抢险队伍和专家组成督导组分赴一线，开展洪涝灾害隐患排查，168 处风险点汛前已经整改到位，为夺取防汛抗洪胜利奠定了基础。

第二节　抗洪抢险典型案例

一、榆绥“54 · 8”大洪灾

1954 年 8 月 30 日至 9 月 2 日，榆林、绥德专区连降暴雨，使榆林、绥德两个专区遭受重大洪灾。9月2日下午，榆溪河上游刀兔、脑峁等5处海子决堤，傍晚蹲守在红石峡观察红石峡蓄水坝水情的榆林县副县长叶旺元等发现蓄水坝有溃坝险情时，急忙发射三枚信号弹向榆林城区报警。这时榆林县委书记刘咸珠正在县政府会议室召开防洪抢险动员会，发现信号弹信号，当即安排全体与会人员分头动员城内外群众向安全地带转移，并用电话命令榆溪河下游的鱼河、镇川区委区政府组织群众撤离危险地带。榆林专署、县政府连夜动员组织军民近万人投入抗洪抢险。榆林西城墙上抗洪人员用草编沙袋堵实城门洞。许多抗洪人员砍树背草运送抗洪物资。天黑红石峡坝溃坝，榆溪河榆林城区段洪峰流量达800立方米每秒，洪水将这年春季刚修的防洪河堤全部冲垮，淹毁城西3000多亩农田，洪水水位猛涨至榆林西城墙达2米多，从西城南角两个排水洞灌入城内。驻军骑兵营官兵经过1个多小时奋力抢险，用草编沙袋将两个排水洞堵塞。此时城区降倾盆大雨，由于两个排水洞已经堵死，积水不能外泄，城西莲花池周围一片汪洋，地势低洼处积水一二尺，加之广播人员不知实情播出洪水灌入城内的错误消息，一时靠西城居住的群众纷纷带着贵重物品，扶老携幼冒雨蹚水仓皇向城东山逃移，场面一片混乱。这天夜里，镇川、鱼河、米脂等地居住在无定河川滩地区的群众也带着较值钱的东西，扶老携幼纷纷逃移山畔人家借住。这次榆林、绥德两专区抗洪抢险前后历时4个昼夜，虽然榆林城区无人员伤亡，但其他地区共死亡25人、伤11人，洪水淹没大牲畜41头、猪羊1216头（只），冲毁窑房4920孔（间）、水渠3.5万米、桥涵9座及农田3万多亩。

二、榆林“59·7”暴雨洪水

1959年7月20日晚至23日、8月2—5日、8月20日，榆林专区普降暴雨，全区大小河流都多次暴发洪水。7月21日榆溪河榆林城区段洪峰流量达112立方米每秒，芦河靖边县城段洪峰流量达208立方米每秒，大理河子洲县城段洪峰流量达1033立方米每秒，无定河赵石窑段洪峰流量达306立方米每秒，川口段洪峰流量达1840立方米每秒。榆林地委、专员公署、防汛指挥部立即召开紧急电话会议，要求各级党委书记要亲自挂帅，组织所有干部包干负责，动员群众迅速投入防汛抗洪抢险。榆林县委书记刘咸珠、县长高文鸿等领导分头带领40多名科级干部奔赴受灾区石峁、河口、龙眼、三矿台等水库指挥抗洪抢险。8月2日，石峁水库上游头道河连续两次暴发400立方米每秒的洪峰，使石峁水库左坝体出现险情。榆林县农林水利部部长杨增占指挥380多名抗洪抢险人员连夜突击抢筑增高坝体1米，并迅速开挖泄洪道200多米泄洪，保证了石峁水库安全。同日，榆溪河牛家梁段洪水涨至96立方米每秒，牛家梁东沙湾堤坝内积水达250万立方米，这些河段堤坝大部出现险情，榆林专署和榆林县委、县政府紧急增派干部30多人，动员牛家梁一带群众和榆林城的机关干部、学校师生共8100多人，在有险情的堤坝拉运柴草柳梢打桩固堤，抗洪抢险。同时在牛家梁、吴家梁等村腾出好房子安排王则湾、高家伙场等灾区转移来的群众暂住。同日夜晚，榆溪河洪水冲入红石峡水电站，专区防汛总指挥杨在清带领抗洪抢险队，拉着麻袋、抽水机半夜赶到红石峡水电站，突击堵沙袋、抽排灌入电站机房的洪水。靖边县委书记张德本、县长马安国等领导分头带领抗洪抢险队到新桥、旧城、杜庄沟水库和芦西、石湾渠等重点工程工地，与当地群众突击加固病险坝，抢修排洪渠376条，并在全县组建防洪抢险巡护队 236 个，组织 40 多名老农成立 16 个“看天组”，对各类水利工程进行昼夜防护和观察气象情况。米脂、绥德、定边等县县级领导都带领抗洪抢险队分别下到受洪水灾害严重的米脂榆林沟、金鸡河、李家寺库坝，绥德韭园沟、刘家坪、黑泉沟库坝，定边城滩、马莲滩等地突击挖排洪渠，日夜抢修加固病险堤坝，加高井台，转移被洪水围困群众。洪灾后，各级党委、政府发放救灾粮，安抚灾民，拨发荞麦、蔬菜籽种，抢种晚秋作物。同时积极组织群众开展修复被毁渠道、水库堤坝、桥梁道路、窑房，在水汪滩地挖排水沟排涝及抚苗补苗，至 1959 年 9 月，全区共修复渠道 136 条、水库 3 座、淤地坝和桥梁 5 座、道路 622 条，补修窑房 4880 孔（间），开挖排水沟 1540 条，秋田排涝 16.2 万亩，使灾害损失减少到最低程度。

三、榆林“77 · 8”暴雨洪灾

1977 年 8 月 4—5 日，榆林 10 个县连降暴雨，涉及无定河流域的绥德、清涧、子洲、榆林等县（区），其中 24 小时降雨量分别达到：绥德韭园沟 248.9 毫米，子洲 150 毫米，神木 130 毫米，府谷孤山川洪峰流量高达 10300 立方米每秒；古坨塔沟流域面积虽仅 60 平方千米，但因上游小型水库垮坝，洪峰也高达 2500 立方米每秒；绥德韭园沟流域面积 70 平方千米，上游红旗沟水库（库容 104 万立方米）垮坝，洪峰达 2200 立方米每秒；子洲南川封家岔沟流域面积 17 平方千米，上游武家湾等 4 座库坝连续垮坝，洪峰达 2600 立方米每秒。这几次水灾使全地区冲毁中型水库 1 座、小（1）型水库 15 座（其中正建的 9 座）、小（2）型水库 54 座（其中正建的 3 座）、塘池 565 个、淤地坝 7971 座、堤防护岸 82 千米、洞造田工程 21 千米 2 千亩地、抽水站 302 处、机井 438 眼，破坏、淤积灌溉输水渠道 135 千米，洪水冲走毁坏柴油机 304 台、电动机 87 台、水泵 402 台、发电机 3 台、架子车 2200 余辆、各类农机具 94 台，受灾区域涉及 12 个县 136 个公社，其中重灾区有 74 个公社 1417 个大队、1 万多户 45 万余人，农田受灾面积 30 多万亩，其中冲毁水田、坝地 12.2 万亩。水灾致死人 67 名、家畜 880 头，倒塌房屋 4340 间。榆林地委、地区革命委员会在暴雨前根据预报进行了具体部署，及时通知各县、社、队组织群众开展抗洪救灾行动。暴雨洪水期间，全区各级党政机关全力以赴组织干群抗洪救灾。同时，地、区抽调一批领导干部，组成 8 个工作组，分赴 8 个重点县，帮助抗洪抢险，组织生产救灾。各县、社、队各自为战，抢修库坝、渠道驻榆部队和各地基干民兵组成抢险队分工负责抢修桥梁、公路，很快恢复了全区的公路干线通行。灾后各县及时安排灾民生活，解决吃、穿、住、医疗问题。国家下拨了防洪抢险经费、救灾款，支援抗灾，安排灾区群众生活，恢复生产。

四、榆林“89 · 7”洪灾

1989 年 7 月 21—22 日，榆林、府谷、神木、佳县与毗邻的内蒙古边境突降暴雨，榆溪河洪水暴涨，皇甫川皇甫站洪峰流量 11600 立方米每秒，窟野河神木站洪峰流量 11000 立方米每秒，黄河吴堡站洪峰流量 12400 立方米每秒。一些煤矿、油井被淹，受灾农田 16.5 万亩，成灾 1.5 万亩，倒塌房屋 2025 间，受灾人口 9.27 万人，死亡 52 人，水毁堤防 18.1 千米、公路 200 千米。直接经济损失 10625.9 万元。灾情发生后，榆林地委、行政公署抽调 120 多名干部，组成 7 个抗洪救灾工作组，由地委、行政公署主要领导人带队，与各县党委、政府共同指导群众抗洪抢险，修复水毁库坝、水渠、桥梁、公路。行政公署筹集50余万元，解决灾民住房等问题，抽调16辆汽车为灾区运输救灾物资，灾区各乡镇党委、政府积极组织劳力及时修复水毁设施，抢种农作物，开展生产自救，力争减少灾害损失。

五、无定河流域1994年暴雨洪灾

1994年7月6日至8月10日，子洲、绥德、横山、靖边、定边、榆林、吴堡、佳县清涧等县屡降暴雨。据不完全统计，全区共发生大小洪灾20多起，其中特大洪灾4次，使2座小（1）型水库、2座小（2）型水库垮坝；毁坏淤地坝3432座，造成病险库30座；毁坏渠道178条计788.1千米（其中淤积623千米，毁坏渠系建筑物333座），冲毁水地1.86万亩，堤防84处计38.9千米，抽水站40处；毁坏农用和人畜饮水水井3625眼（其中机井1587眼，毁坏水窖398眼），造成4466户2.2万人缺水，冲毁淤积鱼池20个（143亩），冲走鱼苗150万尾、成鱼1900千克，造成直接经济损失1.65亿元。针对这几次雨洪灾害来势猛、时间长、范围广、危害大，特别是水利水保工程受损极为严重的特点，地、县两级防汛抗旱指挥部及时传递雨情、水情，下达防汛抢险命令。同时，榆林地委、行政公署组织水利、民政、农业、公安、交通、城建等有关部门干部成立7个抗洪抢险工作组，由专员、书记带队分头下到受灾严重的定边、靖边、横山、绥德、吴堡、子洲、佳县、清涧8个县开展抢险救灾工作。地区水利局对各县水毁水利工程进行专项检查。各县（市）也派出了大量的查灾救灾人员，深入灾区检查灾情，检查水利工程水毁和病险情况。

8月5—10日，横山河口庙、韩岔、米脂磨石沟、神木常家沟、榆林中营盘等10多座重点水库先后出现险情，各县防汛指挥部立即组织抢险队投入水库抢险，经各抢险队连续奋战多日，终于战胜洪水，排除了险情。建于1976年的无定河石马洼段河堤，因运行多年，河床淤积严重，河水面距堤顶仅0.2～0.5米，险情比较严重，横山县防汛指挥部组织抗洪抢险队突击加高河堤1～2米，保证了堤内5000多亩稻田和300多亩鱼池的安全。8月10日横山县定惠渠遭受暴雨、洪水袭击，水毁倒虹14米、浆石砌干渠100米、排洪桥3座，淤积涵洞6座。灾情出现后，横山、榆林两县（市）防汛指挥部现场确定抢修方案，采取群众分摊集资的办法，抢修水毁工程。子洲县采用柴草护堰的办法，对水毁严重的大理渠、子洲渠临时通水，使部分因灾得不到及时灌溉的水地及时得到灌溉。同时，其他县组织群众及时对全区20多条国营渠道进行清淤，保证了各灌区旱水地的灌溉。对在这几次雨洪灾害造成不同程度毁坏的全区3000多座库坝进行抢修，并对防洪标准低的险坝进行加高加固，使大部分库坝在这几次百年罕见的暴雨、洪水过程中得以安全度汛。

在这年抗洪抢险中，尤以靖边县新桥水库抢险任务重。1994年8月2日，新桥水库上游普遍降雨100毫米左右，1500多万立方米洪水入库，大坝出现严重险情，行政公署副专员、防汛总指挥贾建文带领地区水利局副局长贾玉贵及时奔赴现场，制订抢险方案，组织地县乡村干部群众开展抗洪抢险工作。当时水库输水涵洞出水9立方米每秒，水行至输水明渠（原设计为农业灌溉引水渠）150米处，因渠道淤积严重，渠水溢出左岸渠顶，冲毁渠道，以每天近 10 米的回淘速度通过大坝，而进水口启闭机年久失修、退水闸启闭机丝杠被连根锯断盗走，进水闸无法关闭，退水闸无法开启，为阻止引水渠继续回淘殃及大坝，故采用直径 1.3 米的铁芯棉球水下堵塞进水口，阻断涵洞出水。3 日晚贾建文组织现场抢险人员破副坝预备排洪，次日用沙袋加高坝体 1 ~ 1.3 米，以防洪水再次侵袭。8 月 5 日，红柳河上游又降 50 年一遇的暴雨，加之水库上游中型水库 1 座（延安西郊）、小（1）型水库 3 座（鲍家湾、西湾、柳树涧）、淤地坝 1 座（牛沟畔）垮坝，水库水位再次上升，距坝顶左肩最低处 0.7 米，库水从副坝破口处出水，开始泄洪，流向梁镇方向的低洼农田处，同时右岸排洪渠出水，水深约 1.3 米。当日晚 10 时左右，库水位高出引洪渠约 0.7 千米处左岸渠顶约 0.5 米，洪水溢出漫过耕地，约 20 立方米每秒水流直泄而下，直冲退水闸闸台、泄流陡槽两建筑物几分钟后被彻底摧毁，排洪渠出水流量逐渐加大，致渠内形成两个回淘面。下游第 1 个回淘面开口处沟深 8 米左右，出口处抵水库大坝坝体后河床；第 2 个回淘面坎高 1 米左右。8 月 6 日，采用挂梢等方法以减小回淘速度，未能获得预期效果。次日晚 9 时左右，第 1 个回淘面回淘至 307 国道跨引洪渠桥梁下游 70 余米处，第 2 个回淘面回淘至桥上游 20 米处，地县水利部门提出在引洪渠入口下游 30 米处筑坝堵截，未能实施。现场指挥部领导决定堵塞公路桥洞，动用 30 吨吊车 1 部，抛投重物，推土机 10 多台推运土石、树木等填堵，均未奏效。后半夜采取入口处筑坝，经省市县乡、人民解放军绥德驻军及石油钻探单位共同努力，动用吊车 2 部、推土机 10 余台、人力数百，于 8 日下午获得筑坝堵水方案的成功，新桥水库抢险告一段落。新桥水库抢险成功，使下游 7 个县的 7 万群众和 12 亿元财产免遭损失。抢险及后期维修加固历时 18 天，陕西省水利厅，榆林地委、行政公署，有关县乡主要领导亲临现场指挥、参与抢险，参加抢险人员 9800 多人次。其中：干部职工 3000 人次，解放军、武警官兵 3800 人次，农民 3000 人次（民兵 800 人次）；共计用麻袋 13 万条、编织袋 4 万条、铅丝 5 吨、木材 4 立方米、钢丝绳 3600 米、麻绳 2000 米，汽油、柴油 400 吨；动用推土机 15 台、机动车辆 150 多辆、四轮拖拉机 4 台、架子车 50 辆，发电机、变压器、邮电应急通信车各 1 台；投用的大量柴草、分洪区青苗淹没赔偿，以及施工电费、邮电费、抢险民工补助费和新设 1 号、2 号退水管、宋渠公路桥修复等费用，共计支出 291.7 万元。

新桥水库抢险中，靖边县宁条梁镇、东坑乡分洪区 7 个村委 54 个村民小组 1474 户计 5982 人被迫搬迁撤离；淹没农田 8110 亩，用材林 6000 亩、经济林 1710 亩受损，毁坏机井 72 眼，饮水井 569 眼，抽水站 6 处，防渗渠道 28 千米，乡村公路 68 千米，倒塌房屋 55 户计 326 间，形成危房 435 户计 2579 间。造成直接经济损失达 3317 万元。

六、榆林“12 · 7”暴雨洪灾

2012 年 7 月 14—15 日、20—21 日、26—28 日榆林市出现了 3 次强降雨过程，致使榆阳、横山、靖边、绥德、米脂、子洲等 10 个县（区）受灾。受灾人口 38.98 万人，紧急转移 2.41 万人；倒塌房屋 0.1 万间，农作物受灾面积 4.529 万公顷，成灾面积 3.093 万公顷，减产粮食 10.46 万吨，死亡大牲畜 1431 头，停产企业 61 家，公路中断 81 条次，供电中断 28 条次，通信中断 18 条次；损坏堤防 14 处计 3.46 千米，损坏护岸 26 处，损坏水闸 3 座，损坏机电井 395 眼，损坏抽水站 22 处。因洪涝灾害造成的直接经济损失 11.9526 亿元，先后造成绥德、府谷榆阳等 3 县（区）共 13 人死亡、13 人失踪。暴雨洪灾发生后，市、县（区）两级防汛抗旱指挥部即启动防汛应急预案，市气象台 3 次发布红色警报，1 次发布蓝色警报；市防汛抗旱指挥部先后启动三级、二级应急响应，并派出工作组，奔赴受灾严重的县（区）指导防汛抢险工作。市防汛抗旱指挥部积极贯彻落实省防汛抗旱总指挥部和市委、市政府指示，及时下达强降雨区人员撤离转移命令。据不完全统计，全市转移撤离群众 8000 余人。抗洪抢险期间，市委、市政府主要领导分别带队奔赴抗洪抢险一线指挥抢险救灾，各县加大重点工程、重点部位的巡查力度，进一步落实防汛措施，开展重大洪涝灾害区水毁工程调查，对部分水毁工程进行抢修。

七、吴起周湾、长城“6·13”暴雨冰雹灾害

2011 年 6 月 13 日 18 时，无定河流域吴起县周湾、长城两镇局部地区遭受暴雨洪涝和冰雹灾害袭击。暴雨持续时间长达 1 个多小时，降雨达 61 毫米，冰雹持续时间 40 多分钟，直径约 2 厘米，暴雨过后部分地方冰雹堆积厚度达 30 ~ 40 厘米。暴雨和冰雹导致大面积农作物绝收，房屋、道路、桥涵等基础设施严重损坏，给群众生产生活造成了极大损失。据统计，暴雨冰雹灾害造成直接经济损失 4500 多万元，其中农业经济损失约 1820 万元。

八、榆林“7·26”特大暴雨洪灾

2017 年 7 月 25 日 8 时至 26 日 8 时，无定河流域中北部出现区域性大暴雨，最大为：子洲县水地湾 234 毫米、李家河 224 毫米，绥德县赵家砭 210 毫米。受强降雨影响，无定河干流丁家沟站 26 日 4 时 48 分洪峰流量 1600 立方米每秒（警戒 2000 立方米每秒）；小理河李家河站 26 日 5 时出现超警戒洪峰 997 立方米每秒（警戒 500 立方米每秒）；大理河绥德站 26 日 5 时 5 分出现最大洪峰 3160 立方米每秒（保证 1350 立方米每秒），相应水位 823.10 米，超过历史实测最大水位 4.11 米；大理河青阳岔站 26 日 4 时出现超警戒洪峰 1840 立方米每秒（警戒 500 立方米每秒）。

榆林“7·26”特大暴雨、特大洪水引发严重灾害造成 9 县（区）43.25 万人受灾，因灾死亡 12 人（绥德县 6 人、子洲县 6 人），失踪 1 人（子洲县）；紧急转移安置 8.45 万人，紧急生活救助人口 11.34 万人；农作物受灾面积 6.812 万公顷，其中绝收面积 2.117 万公顷，毁坏耕地 126 公顷，因灾死亡大牲畜 562 头、羊 3362 只；倒塌房屋 517 户计 1196 间，严重损坏房屋 3502 户计 8318 间，一般损坏房屋 4550 户计 12392 间；青银高速吴靖段、榆商高速榆绥段及 210 国道米脂至绥德段、307 国道绥德至靖边段严重受损，32 条县乡公路交通中断；1 座小（2）型水库（清水沟）漫溢决口，淤地坝受损 167 座；损坏堤防 26 处计 2.83 千米、水井 320 口、供水管道 7000 多米；通信、电力设施受损 120 千米；直接经济损失 69.33 亿元（其中农业损失 6.18 亿元、工矿企业损失 12.48 亿元、基础设施损失 27.13 亿元、公益设施损失 6.4 亿元、家庭财产损失 17.14 亿元）。

灾情发生后，国家防汛抗旱总指挥部派出工作组现场指导抗洪救灾。省、市、县防汛

指挥部人员通宵达旦会商研判，组织开展抗洪抢险。省防汛抗旱总指挥部 26 日 6 时启动无定河流域防汛四级应急响应，榆林市 26 日 3 时 30 分启动防汛二级应急响应，绥德县启动防汛一级应急响应。陕西省减灾委员会、省民政厅迅速启动省级自然灾害应急预案四级、三级响应，先后派出 6 个工作组赶赴灾区，指导救灾工作。会商省财政厅紧急向灾区拨付救灾资金 1000 万元，调拨毛巾被 1.5 万条、救灾棉被 5000 床、移动厕所帐篷 200 顶，同时向民政部上报灾情，争取中央资金和物资支持。29 日 13 时，国家减灾委员会、民政部紧急启动国家救灾应急四级响应，并派出工作组，赶赴灾区查核灾情，慰问受灾群众，了解救灾工作进展情况及灾区需求，帮助指导灾区开展救灾工作。8 月 3 日，财政部、民政部向陕西省下拨中央财政自然灾害生活补助资金 1 亿元，用于暴雨洪涝灾害受灾群众紧急转移安置、过渡期生活救助、倒损民房恢复重建和向因灾遇难人员家属发放抚慰金，支持陕西做好抗灾救灾各项工作。

第六章　抗旱救灾

无定河流域地处内陆，属大陆性季风气候，干旱少雨，是陕西省降水最少的地区之一，干旱是流域最主要的自然灾害，不仅发生频次高，受灾成灾面积大、灾情严重，而且极易形成两季、多季或跨年、多年连旱，持续时间长，给人民群众生产生活造成严重影响，灾害损失巨大。新中国成立以来，流域各级党委、政府坚持把抗旱救灾作为保稳定、促发展的重要战略任务，列入重要议事日程常抓不懈，发动干部群众与干旱搏斗，利用一切抗旱水源，加大抗旱灌溉保苗、应急供水保人饮，最大限度地减轻了干旱灾害损失。

第一节　干旱灾害

农业干旱是指供水不足而对农作物所带来的影响。陕西省气象部门通常采用综合指标，即降水量距平百分数、无透雨日数（又称旱期）、土壤含水率 3 项指标综合评价旱情。划分农业干旱灾害，涉及农作物种类、降雨量、时空分布、水利条件、耕作技术等诸多因素。综合指标法将农业干旱灾害划分为 5 个等级：成灾率小于 10% 的为正常，10% ~ 30% 的为轻度干旱（轻旱），成灾率 30% ~ 50% 的为重度干旱（重旱），成灾率 50% ~ 70% 的为特大干旱，成灾率大于 70% 的为极端干旱。

无定河流域干旱特征是发生频次高，受灾、成灾面积大，灾情严重，以春夏连旱为主要干旱类型。据历史文献统计，1470—1949 年的 480 年间，陕北发生轻旱、重旱、极端干旱分别为 167 年次、85 年次、18 年次，频率分别为 34.8%、17.7%、3.8%，重现期分别为 2.9 年、5.6 年、26.3 年；发生轻旱、重旱、极端干旱共计 270 年次，频率为 56.3%，每 1.8 年一次，持续两年至十多年的重大性旱灾 19 次。在这一历史时期，干旱有明显的阶段性。例如：1470—1649 年的 180 年中陕北共发生各种等级干旱 125 年次，其中轻旱 61 年次、重旱 51 年次、极端干旱 13 年次，各种级别旱灾发生年次占总年数的比例为 69.4%，各级旱灾所占比例分别为 33.9%、28.3%、7.2%。而 1650—1899 年的 250 年中，陕北共发生各种等级的干旱 110 年次，其中轻旱 91 年次、重旱 17 年次、极端干旱 2 年次，各种级别旱灾发生年次占总年数的比例仅为 44%，比前 180 年间发生率减少三分之一，其中轻旱、重旱、极端干旱发生年次占总年数的比例分别为 36.4%、6.8%、0.8%，与前 180 年间发生率相比，轻旱发生频率增加 7.4%，重旱及极端干旱发生率分别减少 76%、89%，下降幅度很大。1900—1949 年的 50 年中，陕北共发生各级旱灾 35 年次，其中轻旱 15 年次、重旱 17 年次、极端干旱 3 年次，各级旱灾发生年次占总年数的比例为 70%，轻旱、重旱、极端干旱发生率分别为 30%、34%、6%，接近 1470—1649 年的发生率。这表明在 1900 年以后，干旱发生次数又呈增加趋势，进入了一个新的相对干旱时期。

1949—2010 年 62 年间，榆阳、定边发生各级旱灾分别是 41 年次、48 年次，分别占总年数的 66.1%、77.4%。其中，榆阳极端干旱发生 10 年次，占 16.1%；重旱发生 16 年次，占 25.8%；轻旱发生 15 年次，占 24.2%。定边极端干旱发生 20 年次，占 32.3%；重旱发生 16 年次，占 25.8%；轻旱发生 12 年次，占 19.4%。

1950—1990 年 41 年间，榆阳、定边受旱年数分别为 31 年、29 年，年受旱率平均分别为 29.1%、33.5%，最大值分别是 90.2%（1962 年）、86.6%（1982 年）；受旱率小于 20% 的有旱天灾年分别为 23 年次、17 年次，受旱率 20% ~ 40% 的轻灾年分别为 2 年次、4 年次，受旱率 40% ~ 60% 的重灾年分别为 7 年次、9 年次，受旱率大于 60% 的极端旱灾年分别为 9 年次、11 年次。

第二节　抗旱措施

针对无定河流域干旱少雨、“十年九旱”的自然特征和禀赋，抗旱救灾是流域各级党委、政府每年都要持续抓好的一件大事。每当出现严重旱情，流域各级党委、政府总要发出抗旱工作紧急通知，召开紧急视频会议，动员各方面力量，加大投入力度，采取多种抗旱措施，实施抗旱减灾救灾行动，力保城乡居民生活用水、农业灌溉用水，兼顾工业生产用水和生态环境用水，确保正常经济秩序和社会和谐稳定。

一、加大抗旱资金投入力度

每当干旱发生特别是持续干旱灾害发生后，无定河流域各级党委、政府都会通过召开抗旱动员会、现场会等，专题研究部署抗旱工作，发出抗旱保苗保供水的通知，派出工作组深入灌区和旱象严重的地区检查督促指导抗旱工作。积极争取上级抗旱资金，协调落实市县配套资金，支持流域各县（区）、乡镇开展抗旱救灾工作。新中国成立以来，国家、陕西省和榆林市几乎每年都要给无定河流域投入抗旱资金，主要作为抗旱油料、电费补贴和临时性抽水站等水利设施建设费用，以及定边、靖边等县人畜饮用水特困区远距离拉水运费。仅 1949—1985 年和 1997—2001 年国家就分别投入榆林市抗旱资金 2577.97 万元和 5690 万元，有力地支持了流域市、县（区）抗旱救灾工作。2008—2020 年，榆林市累计投入人数约 71.34 万人次，投入抗旱资金 7391.42 万元，累计抗旱灌溉面积 25.503 万公顷，解决临时饮水困难人口 23.74 万人，减少农业经济损失 33517.79 万元，减少粮食损失 26156.26 万千克，取得了显著的经济效益和社会效益。

二、挖掘水源潜力抗旱灌溉保供水

自古以来，无定河流域都有修渠引水灌溉的历史。每当干旱时机，流域各级党委、政府抓旱动快，及时部署、全民动员，开展声势浩大的群众性抗旱减灾斗争。在抗旱斗争中，一般以大中型灌区为主力军，各开足马力，日夜抢灌；同时，充分发挥小型水利设施的抗旱作用，渠、库、塘、站、井、窖一齐上，各类小型水利设施齐开动，全力投入抗旱。在旱情持续发生，河流水库来水蓄水锐减的情况下，也会发动各级干部职工、老师学生和农民群众发扬“千里百担一亩苗”的抗旱精神，采取“人担、畜驮、车拉”和“点浇点灌”等抗旱补灌办法，全力扩大补灌面积，千方百计抗旱保苗。特别是在大旱之年，在充分发挥已建成饮水工程作用的前提下，市县有关部门都要采取应急措施，为严重缺水地区群众拉水送水；或组织动员厂矿企业利用自备水源和车辆为群众送水，确保群众生活用水。据统计，在抗御榆林1997—2001年五年连旱斗争中，每年都要组织动员干部职工、群众60万～80万人投入抗旱斗争，动用200～2000辆运水车，解决定边白于山区人畜饮水水荒问题。其中，在奋战1999年历史罕见的春夏秋连旱斗争中，榆林市开动2000多个抽水站、760条灌渠、90余座水库，全力灌溉保苗12.99万公顷。2020年，无定河流域开动各类水利设施10余万处，启用临时抗旱设施9.4万台，全年累计灌溉面积1979.46万亩次。

三、加强抗旱服务队建设

从1996年开始，无定河流域各市、县（区）按照陕西省统一部署和要求，加大投入力度，组建抗旱服务队，历经20多年的建设和发展，已经形成了一支制度完善、管理规范、服务优良的抗旱服务组织队伍。2011年，中央财政下达榆林市各县（区）特大抗旱补助费项目，为县级抗旱服务队配备了拉水车44辆、汽油自吸泵220套、柴油自吸泵304套、喷灌机365套、水泵625套、管带121993米、钻井洗井设备16台、净水设备41套、发电机62台，总价值2400万元。

各级抗旱服务组织坚持把“服务农业、服务农村、服务农民”作为工作重点，通过采取一系列行之有效的措施，积极开展流动浇地、拉水送水和设备维修租赁等服务活动，有效解决了群众面临的抗旱难题，成为抗旱减灾的突击队和服务农民的排头兵。1998年，榆林市各级抗旱服务队帮助群众维修机泵2000多台（套），架设临时性抽水设施400多处，为群众流动浇地1.85万亩。从1998年开始，陕西省防汛抗旱总指挥部与省水利厅精神文明建设委员会联合开展创建“文明服务队”活动，一批县级抗旱服务队被授予“文明抗旱服务队”称号。2011年至2013年底，各级抗旱服务队共出动抗旱设备10586台（套），应急打井423眼，有效解决了部分地区临时饮水困难及“渠边旱”“水中旱”和“小高地”等浇地难问题，挽回粮食损失17.7万吨。

截至2019年，无定河流域各县（市、区）（除榆阳区外）均根据自身情况，设有专业的抗旱服务组织。在遭受旱情时，为所属区域内提供抗旱应急服务。编制抗旱预案，为有效防御干旱提供分级操作的准则和规范，确保抗旱机构在应对干旱斗争中，明确职责、优化行动、以防为主，有效防御干旱。2019年机构改革后，流域不再设立专业抗旱服务组织。

四、加强抗旱技术推广、人工增雨和抗旱应急水源建设

面对“十年九旱”的基本水情，无定河流域市、县（区）始终把发展旱作农业作为抗旱的基础性工作来抓，大力推广耐旱品种、地膜覆盖技术、秸秆还田等农业新技术，提高农业抗旱能力。加大“黄腐酸旱地龙”宣传推广力度，使这一非工程生化抗旱技术不断应用于抗旱实践之中，减轻干旱威胁。积极实施飞机、火箭、高炮人工增雨作业，不同程度地缓解旱情。1998 年，榆林市积极推广使用“黄腐酸旱地龙”6 吨，投资 53 万元购置增雨设施，开展人工增雨。2010 年 6 月旱情严重时，榆林市利用高炮发射碘化银弹 500 余发，并与驻榆空军等有关部门积极配合抗旱，进行飞机人工降雨 10 多架次，收到良好增雨效果。同时，在列入《全国抗旱规划实施方案（2014—2016）年 》中的 16 座陕西抗旱小型水库建设，无定河流域的靖边县坪庄水库、五合水库和绥德县石家沟等 3 座水库相继建成投入使用，不仅有效解决了贫困群众旱期饮水安全问题，而且极大地提升了流域抗旱应急减灾能力。

第三节　抗旱救灾典型案例

一、背冰上山抗旱保苗

1958 年 10 月至 1959 年 6 月，无定河流域的绥德、子洲、清涧等县持续干旱。1959 年 1 月，榆林地委、专署提出“解放思想打破常规、冲破冬季不能施工的保守思想”，在全区开展“背冰上山保润冬麦的抗旱运动”。据资料记载：“这年春节的腊月三十至正月初三，绥德、子洲、清涧等县动员 70 多万人次或背或担冰雪上山保护冬麦 10 万亩。”1959 年春，全区开展了“担水点种、抢种抗旱运动”。至这年 5 月，全区担水点种、抢种旱地 20 多万亩。

二、1965 年机关学校支援抗旱

1965 年 1—9 月，榆林全区降水偏少六至七成，其中 2—5 月，榆林、横山、神木、米脂、绥德等县干旱严重，无定河及其支流来水锐减。5 月，流域各级党委、政府组织党政企事业单位干部职工、学校学生、城镇市民下乡，与当地农民群众一同抗旱，打“坑田”、担水点种抢种庄稼。当时形容农村抗旱的“盆端肩挑”“百人千担”等场景屡见于报端。同时，数次组织工业交通、供销商业部门，开展清仓扫库活动，动员把柴油发动机、水泵、架子车、水桶、麻绳等抗旱物资送到农村抗旱一线，支农抗旱保苗，极大地支持和鼓舞了农村社员群众的抗旱斗志。

三、1972 年榆林抗旱大会战

1972 年 3—10 月，榆林全区持续干旱少雨，旱灾严重。地区主要领导抓抗旱工作，抽调各部门领导和干部组成抗旱工作组，分赴各县发动群众指导抗旱。各县都召开了驻地厂矿、机关负责人抗旱协作会议，动员各方面力量，从人力、技术、物资上积极支援所在县的抗旱。地、县厂矿企事单位，共组织支农小分队 160 余个，有 690 多名技工、技术干部深入抗旱现场，帮助社队安装检修各类提水机械 2650 台，支援柴油机、电动机、发电机、水泵、变压器等 286 台，各种配件 1120 多件和一批水管、电缆线等，有力地解决了农村抗旱中的实际困难。横山、榆林、靖边、定边等县组织灌区开展抗旱抽水会战。经过两个多月的抗旱，榆林当年实际灌溉面积为 112.8 万亩，比 1971 年减少 5.7 万亩，粮食总产量为 101.85 万吨，与 1971 年的 103.6 万吨基本持平。

四、抗御榆林 1997—2001 年五年连旱

1997—2001 年，榆林市出现了罕见的连续 5 年大旱。1997 年 4 月初至 7 月 28 日，长达 110 多天，没有一次有效降雨，8 月中旬至 9 月下旬的 40 多天大部分地区无降雨，形成了春、夏、秋三季连续干旱，旱地作物减产八成以上，年产粮食只有 6 亿千克，较 1996 年减产 52%。从 1998 年 8 月至 1999 年 10 月，干旱持续时间达 400 天，无定河流量锐减，大理河等河流多次出现断流。一些湖泊、库坝、深井干涸，山区新建的 20 多万眼水窖基本未蓄雨水，北部风沙区 15 米以内的多管井基本吊空，一些地方干土层超过 15 厘米。山旱地作物减产九成以上，林、牧业生产也受到严重损失。仅 1999 年草场枯死 130.05 万亩，草产量减少 63%；红枣一项损失 6000 多万元，使山区 41 个乡镇 30 多万人、120 万头牲畜饮水困难。2000 年 4—6 月，多数地方持续干旱达 50 多天，7 月以后，气温一直居高不下，旱情再度严重，致使夏粮减产 34.1%。大秋作物有 100.05 万亩未入种，种进去的山旱地减产五成以上，川水坝地减产三成以上；畜牧业减产 60% 以上，直接经济损失 5000 万元；经济林果损失达 3.75 亿元。2001 年 5—7 月，平均降水量只有 15.6 毫米，出现持续 60 多天的高温干旱，农作物受旱面积 600 万亩，其中枯死 256.95 万亩，直接经济损失 2.8 亿元，草场受灾面积 892.5 万亩，直接经济损失 5000 万元；经济林果损失 4000 万元。

面对持续的严重干旱，榆林市每年组织 60 万 ~ 80 多万人，开动 1.1 万 ~ 1.6 万眼机井、2100 多处抽水站、760 ~ 800 条渠道、90 ~ 100 余座水库、400 ~ 1.5 万套流动抽水设备，投入抗旱斗争；动用 200 ~ 2000 辆运水车，解决定边白于山区人畜饮水水荒问题。投入抗旱抢种保苗，每年保灌面积达 115.5 万 ~ 130.05 万亩。1999 年全区遭受历史罕见的春、夏、秋三季连续干旱，榆林市组织全区干部群众开展抗旱斗争，投入抗旱资金 800 万元，充分发挥 2000 多个抽水站、760 条灌区、90 余座水库调水灌溉作用，保灌面积 12.99 万公顷。全区各级抗旱服务队设流动抽水站 400 多个，灌溉川台地 1.95 万亩。

五、迎战 2020 年春夏连旱

2020 年，无定河流域榆林市发生历史罕见的春夏连旱，持续干旱少雨，致使农业受旱面积达 35.867 万公顷，受灾面积为 19.951 万公顷，成灾面积为 13.038 万公顷，绝收面积为 4.55 万公顷，是 2008—2020 年旱情最为严重的年份。面对持续干旱，流域各级政府坚持把稳定粮食生产作为头等大事来抓，加大资金投入，科学调配水源，专项下达市级抗旱应急资金 1000 万元，协调王圪堵水库向下游河流抗旱泄水 500 万立方米，及时下派 480 名科技人员，深入基层开展助农抗旱保苗和人畜饮水工作，成功抗御了 1995 年以来最严重的春夏连旱。

第四篇　水保生态环境建设

春秋战国时期，无定河流域自然植被较好，生态环境优美，山林丰茂，鸟兽出没，河谷和低湿地带更是“多榛楛，多漆棕”。从秦代起，由于历代征战，滥垦滥伐及气候变化使植被严重破坏，生态失调，旱、洪、涝、风灾害仍频。据史料记载，陕西治理水土始于西周时代，由“区田法”、“沟洫”治理、引洪漫地等措施逐步发展到修梯田等，这些早期做法都是以发展农业生产和治理江河为目的。到民国时期，治理水土流失开始纳入治黄的范畴，正式有了“水土保持”一词，并逐步成为一门专门学科，开始由一般的农业增产措施，发展到治山治水、改善生态环境，成为越来越多的人关注的社会事业。新中国成立以来，无定河流域水土保持工作经历了由试验示范到重点推广、由单项治理到综合治理的发展过程。从 20 世纪 50 年代初起，无定河流域就开始实施水土流失防治工作，50—70 年代，流域水土保持主要以兴建库坝为主、坡面治理为辅，兴建了大量淤地坝，短期内发挥了较大的拦沙作用。80 年代改革开放以后，坚持“预防为主、全面规划、综合防治、因地制宜、加强管理、注重效益”的方针，大力开展小流域综合治理、退耕还林、土地整理、封育治理等项目，实施造林种草、坡改梯、打坝淤地、防风固沙、封禁等综合措施，防治水土流失，取得了显著的治理成效。

第一章 水土流失

无定河流域北部为毛乌素沙地南缘，风蚀沙害突出，风力侵蚀严重。中部为盖沙丘陵区：中北部地势平缓，固定、半固定、流动沙丘连绵广布；中南部梁峁广布、丘陵起伏、沟壑纵横、地形破碎，水力与风力复合交错侵蚀。流域南部为黄土高原区，梁峁起伏，沟壑纵横，坡陡沟深，地形破碎，沟壑密度 4.18 千米每平方千米。流域内气候干旱，暴雨集中，土壤以黄绵土和风沙土为主，林草覆盖率低，水土流失严重。1964 年 8 月，无定河流域被确定为黄河中游水土流失最严重的区域，所涉及的榆林、延安 15 个县（区）均为全国水土流失重点县。根据《第一次全国水利普查水土保持普查成果》，无定河流域水土流失主要有以下特点：一是水土流失范围广，强度大。无定河流域水土流失面积 16005.19 平方千米，占流域总面积的 52.89%。全流域多年年平均土壤侵蚀模数高达 0.97 万吨每平方千米（白家川站 1954 —2007 年系列），局部地区高达 2 万 ~ 4 万吨每平方千米，自西北向东南逐渐加剧，是黄河流域土壤侵蚀最严重的地区之一，也是黄河粗泥沙的主要来源区之一。在各类侵蚀强度中，强度以上面积占总侵蚀面积的近 50%，其中：强度侵蚀面积 6407 平方千米，占 21.4%；极强度侵蚀面积 5882 平方千米，占 19.7%；剧烈侵蚀面积 2206 平方千米，占 7.4%。二是粗沙含量高，产沙、输沙集中。无定河流域涉及多沙粗沙区 13753 平方千米，占流域总面积的 45.4%。涉及粗泥沙集中来源区 5253 平方千米，占流域总面积的 17.4%。据白家川水文站实测资料分析，6—9 月来沙量约占全年来沙量的 92.5%，输沙主要集中在汛期的几场暴雨洪水。产沙区域主要集中在中下游的黄土丘陵区，年输沙量为 1.07 亿吨，占流域总输沙量的 85.6%。三是土壤侵蚀类型多样。流域土壤侵蚀类型主要有水力侵蚀、重力侵蚀、风力侵蚀。其中，流域南部黄土丘陵区以水力侵蚀为主，主要表现为击溅侵蚀、面蚀、沟蚀等侵蚀形式；重力侵蚀主要分布于沟坡、沟岸、沟头，侵蚀强度大，侵蚀形式主要为崩塌、滑坡。流域北部风沙区以风力侵蚀为主，以滚动、跳跃、吹扬等方式进行，多分布于梁峁坡地等；水力侵蚀次之，坡面产沙多于沟道。四是人为水土流失时有发生。无定河流域是中国能源资源富集区，资源开发带动流域经济快速发展。流域内人口较集中，城市化建设速度较快，在修路、开矿等生产建设和资源开发活动中，对原有地表和植被生态系统的干扰破坏，导致人为水土流失时有发生。

第一节 流失类型区

根据陕西省水土保持区划和榆林、延安相关规划，无定河流域主要分为河源梁墹强度流失区、黄土丘陵沟壑极强度流失区和长城沿线风沙草滩中度流失区 3 个水土流失类型区。

一、河源梁塬强度流失区

河源梁塬强度流失区主要包括榆林市定边、靖边县南部和延安市吴起县北部河源地带。面积 6554.72 平方千米，占黄土丘陵沟壑区面积的 26.48%。区内地形长梁、残源、沟壑、塬地交错，以白于山为中心，西北高、东南低，地势高峻，梁源宽阔，土层深厚，为无定河、芦河、大理河发源地。北部靠近风沙区有零星片沙覆盖。梁源顶部海拔 1500 ~ 1800 米，相对切割 150 ~ 300 米，沟谷地与沟地之比为 32 ： 68，沟谷地重力侵蚀尤为活跃。沟壑密度 2.86 千米每平方千米。干沟多呈 V 形，谷坡 40° ~ 50°，沟谷切割由沟头 20 ~ 30 米向下游递增到 60 ~ 80 米，沟床窄而弯曲发育极不稳定，纵坡比降 6% ~ 8%，沿途多跌水。多数塬已成破塬，较大塬地上有十至数百米次生性沙黄土。部分有梁状沟壑地形，地面坡度 0° ~ 5° 占 16.11%，5° ~ 15° 占 29.23%，15° ~ 25° 占 26.66%，25° ~ 35° 占 17.45%，35° 以上占 10.55%。多年平均气温 8 摄氏度，年降水量 328.8 ~ 399.1 毫米。土壤多为细沙黄绵土，年均侵蚀模数 1.32 万吨每平方千米以上，年均侵蚀总量达 8849.98 万吨。

二、黄土丘陵沟壑极强度流失区

黄土丘陵沟壑极强度流失区主要包括榆林市榆阳、横山两区南部，米脂、绥德、子洲、清涧县全部，延安市安塞区、子长市的部分地区。面积 10339.52 平方千米，占黄土丘陵沟壑区面积的 41.77%。区内山丘起伏，沟壑纵横，梁短峁小，是典型的黄土地貌。地貌单元由沟涧地和沟谷地组成，沟涧地与沟谷地之比为 52：48。峁顶平均密度每平方千米 3.86 ~ 5.6 个，梁峁顶坡度 3° ~ 5°，海拔 1000 ~ 1500 米。区内地形破碎，切割严重，沟壑密度 4.28 千米每平方千米，地面坡度为沟缘线以上梁坡度 10° ~ 25°，沟沿线以下沟谷边坡 30° 以上，其中 0° ~ 2° 占 2.94%，2° ~ 5° 占 10.82%，5° ~ 15° 占 14.57%，15° ~ 25° 占 23.89%，25° ~ 30° 占 23.51%，35° 以上占 24.27%。地貌层状地形特征十分明显，沟床继续下切，沟头不断延伸。多年平均气温 8.6 ~ 10.9 摄氏度，年降水量 403.1 ~ 507.9 毫米，年平均风速 1.7 ~ 2.4 米每秒。土壤多为黄绵土，地面植被少，以水力侵蚀为主的各种侵蚀类型活跃，年均侵蚀模数 1.72 万吨每平方千米，年均侵蚀量 18194.99 万吨。

三、长城沿线风沙草滩中度流失区

长城沿线风沙草滩中度流失区地处毛乌素沙地南缘，长城沿线风沙区中段，属流动沙区，西起靖边宁条梁，东至神木考考乌苏沟西岸，包括靖边、横山、榆阳、神木北部地区，面积 12733.33 平方千米，占风沙区的 71.25%。区内沙丘、湖盆、草滩交错分布。长度在 0.5 千米以上的沟道有 5112 条，地下水丰富，风沙天气多，涝灾风灾频繁，区内以风蚀为主，伴有部分水力侵蚀。沟壑密度 0.65 千米每平方千米，年均侵蚀模数 2600 吨每平方千米，年均侵蚀总量达 3310.67 万吨。

第二节 流失成因

无定河流域水土流失的原因主要有自然因素和人为因素。自然因素主要是坡陡沟深、地形破碎、土质疏松、暴雨集中、植被稀少等。人为因素主要是不合理的人类活动。这些都是导致流域水土流失严重的主要原因。

一、自然侵蚀

（一）地形地貌影响

无定河流域沟壑纵横、沟道发育，特别是黄土丘陵沟壑区，地形破碎，地面坡度大部分在15°以上，一般沟道切割深度达100 ~ 300米。沟道切穿了黄土，部分区域已切入基岩，使得地形日趋破碎，沟壑密度达3 ~ 8千米每平方千米。这种坡陡沟深的地形，使径流在汇集过程中具有较大的能量，而且容易使降雨径流从梁峁顶向沟坡、沟道汇集的过程中能量不断加大，冲刷侵蚀力不断加强，造成水土流失十分严重。同时沟道两岸高差大，土体稳定性差，使得滑塌等重力侵蚀频繁发生。这些重力侵蚀物质，又为水蚀提供了侵蚀物质，被较大的洪流直冲下游。流域内坡度大的悬谷陡崖，年均侵蚀模数27980吨每平方千米，坡度小的农耕地为16190吨每平方千米。

（二）土壤因素

无定河流域丘陵区多为黄土性土壤，质地疏松，湿陷性较强，垂直节理发育，在一定的降雨条件下，因地形部位的不同，易发生各种形态的侵蚀。下部的老黄土黏性大，较坚硬，只有鳞片状侵蚀、沟蚀和重力侵蚀出现。风沙区主要是风沙土壤，其结构松散、颗粒粗（大于0.05毫米的占90%左右）、孔隙大、透水性好，不易产生地表径流，易在风力作用下形成风蚀。一般当风速达5米每秒时，即可出现风蚀，风力超过5级（风速8 ~ 10.7米每秒）时，土粒就按照颗粒大小不同，大体由小到大，以扬失、跃移、蠕移的方式，顺风向前推移。

（三）风雨影响

暴雨和大风是形成无定河流域土壤侵蚀的最主要动力。流域内降雨集中，6—9月降雨量占全年降雨总量的60% ~ 90%，且多雷暴雨，暴雨历时短、强度大，超渗产流量大，形成的水力侵蚀外动力很强，极易造成严重水土流失，发生高含沙洪水。1958年8月8日，绥德南窑沟一次降雨36.7毫米，其中最大雨强达到每分钟3毫米，平均冲刷深15.2毫米，土壤冲失量为21257吨每平方千米。相关实测资料表明，流域内土壤侵蚀产沙多集中在汛期（6—9月），来沙又往往集中于几场大的暴雨洪水，许多地方一次暴雨的侵蚀量占全年总侵蚀量的60%以上，部分地方可达到70% ~ 80%。

大风易引起飞沙走石，形成沙尘暴。子长、安塞、吴起以北地区8级以上大风年均达10—50天，是风蚀的主要地区。无定河流域大风和沙尘暴盛行于春季，与春旱相伴而生，加之植物生长伊始，阻风力弱，助长了风沙侵袭，土地沙化，是风沙区土壤侵蚀的基本因素。此外，流域温度的年、日较差均较大，季节性的冻融、干湿交替作用，致使土壤疏松、土体崩解和岩石风化，助长了风雨侵蚀。

（四）植被影响

历史上，无定河流域天然植被稀少，人工植被生长状况差、保存率低、树种单一。仅有的植被没有形成乔灌草或灌草立体结构，枯枝落叶保存量也较少，不能有效保护地表。2008 年长城沿线风沙区及无定河流域部分地区林草覆盖率为 30% ~ 40%，其他地区林草覆盖率都在 25% 以下，大部分地区荒山秃岭，地表裸露，暴雨径流直接冲刷土层，是造成严重水土流失的一个重要原因。

二、人为因素

人类不合理的生产活动，尤其是历史上长期的农垦樵伐、战争焚烧及过量畜牧破坏植被，是加速侵蚀的主要原因。新中国成立后，虽然水土流失治理工作取得了明显成效，但随着人口增长，经济活动愈趋频繁，人为加剧的水土流失依然普遍存在，出现“边治理、边破坏”的现象，尤其是无定河流域的煤炭、石油、天然气等能源大开发，一些地方甚至是破坏大于治理，造成了新的水土流失。

（一）乱垦滥牧破坏植被

历史文献记载和历史文物证实，西周至春秋战国时期，由于流域内先后牧居的是猃狁、白狄等游牧民族，他们的生产生活方式是以畜牧和游猎为主。畜牧业对自然生态环境虽有破坏，但毕竟人口密度很小，且畜牧业不发达，自然植被保存较好，河谷、草滩“春日迟迟，卉木萋萋”，疏林灌丛相当繁茂。秦汉时期，实行“移民实边”，向流域内大量移民屯垦。秦始皇帝三十三年（前 214 年），秦始皇命蒙恬率兵 30 万屯驻上郡，抵御匈奴，并征役大量民工修筑长城。秦始皇帝三十六年（前 211 年），秦始皇徙民于“榆中（今榆林市及鄂尔多斯地区）三万家”。汉元朔二年（前 127 年）夏，汉代募民徙于上郡等地 10 万人，屯田戍边。汉元狩四年（前 119 年），汉代徙关东等地贫民于北地郡、上郡、西河郡等地 72 万人，进行大规模开垦屯田。汉元鼎六年（前 111 年）在上郡、西河郡设“田官”，令戍边军民 60 余万人开垦种田。到汉征和年间（前 92—前 89 年）上郡人口达 60.66 万人，西河郡人口达 69.88 万人。由于徙入大量实边之民大规模开垦种植，加之连年征战不断，植被屡受破坏，从而加剧了水土流失，自然环境日趋恶劣，到汉平帝元始四年（4 年），由于黄河中上游流域水土流失严重，黄河“河水浊重，号为一石水而六斗泥”。

东汉至南北朝时期，流域内先后为匈奴、羌、胡等游牧民族占据，他们对自然植被人为破坏相对较少，局部自然环境短时期得到好转。东晋义熙九年（413 年），当大夏大单于赫连勃勃来到无定河边的统万城时，看到这里自然环境优美，叹曰：“美哉！临广泽而带清流。吾行地多矣，自马岭以北，大河以南，未有若斯之美。”北魏太和十八年（494 年），著名地理学家郦道元到夏州等地考察后，在其《水经注》中记载：“所谓榆溪旧塞者，自溪（今榆溪河）西去，悉榆柳之薮矣。”

从北魏起，历经隋、唐、宋、明，流域内长期兵戎相争，敌对双方往往为抵御敌方，放火把林草烧光。加之历代乱垦滥牧，宋代横山（白于山脉）已是“随川去道，夹以峻山，暑雨之期，湍流石泥”的水土流失情况（《宋会要辑·方域》）。明天顺元年至成化七年

（1457—1471 年），明军为禁止鞑靼人入侵孳牧，屡将延绥镇等地长城一带“沿边三百余里，野草焚烧绝尽”。到明嘉靖年间（1522—1566 年）榆林南部山地区已是“锄山为田，虽悬崖偏坡，天地不废……地力渐竭，种者无收，而垦者复荒，屡垦屡荒”（庞尚鹏《清理延绥屯田疏》），从而导致了本来脆弱的生态环境遭到进一步恶化，黄河中上游流域水土流失更为严重，使黄河“黄流最浊，以斗计之，沙居其六，若至伏秋，则水居二矣”（明潘季驯《河议辨惑》）。清康熙三十六年（1697 年），清廷准许汉民入居榆林长城以北地区与蒙古牧民合伙垦荒耕种“伙盘地”后，越来越多的大批汉民定居榆林长城以北地区垦种“伙盘地”，使该地区植被耕翻破坏，地表裸露，涵固力减弱，沙漠化日益扩大。到清道光年间（1821—1850 年）“榆林镇城百里之内一望沙漠，不生五谷，多系不毛，边墙（长城）风拥沙迹，高者超边墙五、七尺，低者也为大堤，墩台多被流沙埋没”。

近现代随着流域内人口不断增长，吃饭问题长期困扰着人民。人们认为“不种百地，难打百石粮”“掏个坡坡，多吃个窝窝”，广种薄收已成为人们习惯性的看法，致使对土地形成不合理的掠夺式经营，加剧了水土流失。1960—1962 年，一度强调“以粮为纲”，在一些地区毁林开垦耕种。榆林县海流兔河两岸，过去天然沙柳、臭柏丛布，是闻名的“臭柏巴拉”，由于开荒耕种，不到 3 年，沿河 5000 米成为明沙一片；靖边县席麻湾东草山原有草荒地 3 万多亩，仅靖边县各党政机关开荒耕种 5000 多亩，加上当地群众开荒使东草山成为“冷沙梁”。20 世纪 70 年代，地处风沙区的榆林县补浪河乡昌汗敖包村，总土地面积 16.3 万亩，迫于人口增长，过度垦牧樵柴（其中过垦占 56.4%，过牧、樵柴及其他分别为 17.9%、23.1%、2.6%），植被严重破坏，加剧了土地沙化。1978—1981 年，绥德县基本农田和林草建设共 11.8 万亩，而同期开荒竟达 3 万亩，仅此一项，每年流失土壤达 67 万吨。1950—1986 年，榆林市因开荒、樵柴等活动，增加新的水土流失面积 362 万亩，占新增水土流失面积的 60%。

（二）剥离土石

从 20 世纪 80 年代起，随着流域内煤炭、石油和天然气大规模的开采开发及配套基础设施建设，大量不合理利用土地，一方面破坏植被，使地面失去了保护，另一方面扰动地表，剥离土石，使原有土壤结构更加疏松、抗蚀能力降低，加剧了水土流失。1980—1986 年，神府煤田多为露天开采，场地多在河床沟道，约有 50 万吨的弃土、弃石、废渣就近堆放。2005—2009 年，榆林市矿产资源开发，公路、铁路等基础设施建设，大量弃土渣就近堆放，每年达 1500 万吨左右，汛期则被洪水挟带，经各河流输入黄河。据统计，1950—1986 年，榆林市因采矿、发电、修路、建筑等增加水土流失面积 195 万亩，占新增水土流失面积的 32%。

第三节　流失危害

无定河流域是全国水土流失最为严重的区域之一，为全国水土流失重点治理区。流域水土流失面积 16005.19 平方千米，占流域总面积的 52.89%；无定河流域是黄河粗泥沙的主要来源区，特别是无定河中下游的黄土丘陵区，年输沙量为 1.07 亿吨，占流域总输沙量的 85.6%。水土流失给流域生态环境、群众生产生活和经济社会发展带来严重危害。

一、流失土壤、削弱地力，蚕食耕地

坡耕地是无定河流域过去农耕地的主体，1988 年榆林市坡耕地占总耕地面积的 72.2%，其中大于 25° 的占 16%。榆林市长度在 0.5 千米以上的沟道 88601 条，主要集中在黄土丘陵沟壑区。该区沟壑平均密度 4.0 千米每平方千米，最大达 5.14 千米每平方千米。多年来严重的水土流失，使坡耕地成为跑水、跑土、跑肥的“三跑田”，导致土地日益瘠薄，加剧了干旱的发生，农业产量低而不稳。据 1981 年榆林地区土壤普查测定，坡耕地年均水土流失冲刷深度 1 ~ 3 厘米，一般 5° 左右的坡耕地，每年每亩流失土壤 1 ~ 2 吨；25° 左右的坡耕地，每年每亩流失土壤 8 ~ 10 吨。每吨土壤中含全氮 0.8 ~ 1.5 千克，全磷 5 千克，全钾 20 千克。一般年景，坡耕地实际亩产 30 ~ 50 千克，灾年更低。

水土流失不断侵蚀破坏地面，地块破碎性有增无减。径流冲刷和黄土区沟道侵蚀主要表现为沟底下切、沟岸扩张、沟头前进等常见的三种形式。强烈的水土流失，特别是沟蚀，造成大部分地区沟头平均每年前进 1 ~ 3 米，有的地方一次暴雨就使沟头前进 20 ~ 30 米，使沟壑日益扩大，形成沟壑纵横、支离破碎的地面，严重破坏了人们赖以生存的耕地资源。

二、严重淤积水库、河道

水土流失导致径流、泥沙汇流下泄，淤积水库、抬高河床、淹没农田，冲毁或威胁水利、交通等设施。尤其是库坝的淤积、冲毁往往给下游造成更大的洪水灾害。1966 年 7 月 17 日的暴雨，仅在绥德、米脂、横山县冲毁库坝 444 座，占调查数的 64%。1959—1980 年，靖边新桥水库淤积了 1.56 亿立方米，占库容的 78%。截至 1984 年，榆林地区水库淤积已占总库容的 34%。

史籍记载，历史上陕北黄土高原的水旱灾害与黄河下游溢、决、改道的波动变化是一致的。黄河下游的水患与包括无定河流域在内的陕北黄土高原的水土流失情况有着一定的依附关系。黄河三门峡以上平均每年输沙总量 16 亿吨，20 世纪 50 年代，榆林地区年均输入黄河 5.13 亿吨泥沙，据分析，每年淤积黄河下游 4 亿吨的粗沙中，有 1.4 亿吨来自榆林市，即占黄河中游不到十分之一的面积，粗沙占到三分之一以上，如此大的份额，严重威胁着黄河干支流中下游地区生产建设与人民生命财产安危。

三、风力侵蚀，土地沙化

在风沙区，风力侵蚀使土地沙漠严重沙化，甚至形成流动沙丘埋压农田、村庄，破坏草原，土地沙漠化不断扩大。1958 年，横山县沙漠化土地面积占总土地面积的 20.1%，1976 年扩大到 25.0%。1981 年第二次土壤普查，横山县风蚀流沙地面积竟达 30.8%，沙化扩展速率，由 1962 年以来 18 年的平均 0.27% 上升为 0.96%，增加了 2.56 倍。流域内长城以北地区，土地沙漠化程度严重的占 74.7%，强烈发展的占 13.9%，正在发展的占 11.4%。

沙化土地的物理性质严重恶化，肥力急速下降，变成不毛之地。1949 年以前，流域濒临沙漠地区的沙丘，每年以 3 米左右的速度向东南移动，埋压了大量土地；有的固定沙丘或半固定沙丘遭到破坏后，很快变成流动沙丘，流沙活化，严重威胁着流域的生产建设和人民正常生活。在风沙危害范围内，每年风暴日数 20 ~ 30 天以上，风力达 7 ~ 8 级，特别在春季播种出苗时间，风暴出现较多。大风过后，一部分农田连种子带土肥被刮走，另一部分土地被外来沙土埋压，影响农作物出苗。许多地方一年要播几次，才能出苗。榆林市在 1949 年前 100 年间，由于沙漠南移被流沙埋没和沙化的农田至少有 100 万亩。新中国成立后，土地沙漠化逐步得到控制，但沙化土地治理的任务仍十分艰巨。

四、生态失调，自然灾害频仍

严重的水土流失，破坏了生态平衡。随着气候干燥，生态环境进一步恶化，干旱愈趋严重。在沟壑纵横深切，梁峁、沟坡陡立的地貌条件下，有限的降水，经过日常蒸发和汛期流失，仅有少量就地蓄用。绥德、米脂一带峁状丘陵区约 450 毫米的年降水中，小于 10 毫米的“无效”降水占 35% 以上，夏季径流占 33%，只有 27% 左右的降水对土壤有水分的补充作用。而地下水极为贫瘠，且埋藏深，利用困难，致使土壤含水率低，造成作物低产，林草生长不良，植被不易恢复，丘陵沟壑区泉水和沟道水量减少，人畜饮水也很困难。据相关资料记载，1951—1984 年，榆林持续 100 天以上的干旱年有 11 年，60 天以上的有 21 年，其中全区性的大旱年 4 次。1953—1983 年的 31 年中，有 23 年因干旱减产，国家调拨救灾粮累计 85.5 万吨。1997—2001 年连续 5 年大旱，榆林市粮食减产 25 亿千克。

第二章　治理防护

自明清以来，无定河流域的人们就在山坡耕地上沿等高线或斜着开挖截流沟、地畔筑埂，拦截雨水，减轻土壤流失，促进农业增产。新中国成立后，无定河流域开始试验推广沟道筑坝淤地，坡耕地修筑坡式梯田，种植柠条、草木樨、苜蓿；20 世纪 50 年代后期至 60 年代，淤地坝建设形成高潮，水平梯田修筑得到推广，同时加强小流域综合治理；70 年代，突出基本农田建设和大面积造林种草，水力冲填筑坝技术的应用使淤地坝建设得到快速发展；党的十一届三中全会后，坚持“防治并重、治管结合，因地制宜、全面规划，综合治理、除害兴利”的方针，以建设基本农田为主，坚持小流域山、水、田、林、路综合治理，工程措施与生物措施同时并举，以及“五荒”（荒山、荒沟、荒滩、荒沙、荒水）资源承包、拍卖治理和以小流域为单元的综合治理，取得巨大成就。1997 年后，国家在无定河流域又进行了水土保持重点项目、黄河水土保持生态建设、淤地坝系工程、农田水利、退耕还林、口粮田项目、煤油气补偿费，以及水土流失治理项目等水土保持工程建设，使水土保持生态治理防护迈上新台阶。

第一节　坡耕地治理

坡地治理主要是修建水平梯田，辅之以修埝窝、水簸箕、水平沟、水平埝地、谷坊等，有效拦截雨水，减轻地表径流，达到蓄水保土、促进农业增产的目的。同时通过改进耕作方法，在田坎地埂上栽植经济林草，发展地坎经济，以建设优质、高产、高效的生态农业。

一、水平梯田

在坡地上，沿等高线采用半挖半填方法，修成一层层田面水平、埂坎整齐的台阶式块地称水平梯田。梯田埂有人工或机械拍打、切削、碾压成的硬埂梯田，也有靠自然安息角稳定的软埂梯田。从 1983 年开始，明确提出了修水平梯田防洪及规格标准，即水平梯田防洪标准为 20 年一遇降雨，减少径流 90% 以上，减少泥沙 95% 以上，田面宽不得小于 6 米，埂坝高不超过 3.5 米。

无定河流域是兴修水平梯田较早的地区之一。1956 年在绥德、米脂等县修水平梯田 2000 亩。1957 年春，榆林专区水土保持站和米脂农业技术推广站指导米脂县杜家石沟村修水平梯田 16.69 亩，一般田面宽 7 ~ 15 米，埂高 2 ~ 4 米。当年虽遭旱灾，糜子亩产比坡式梯田增产 75%。这年榆林专区共修水平梯田 6571 亩。

1958 年，在群众性水土保持运动中，榆林专区在米脂杜家石沟村召开现场会，推广兴修水平梯田经验。米脂县高西沟村人到杜家石沟参观后，所修梯田的质量、道路规划等都超过了杜家石沟村，至 1961 年，高西沟村累计修筑水平梯田 246 亩。20 世纪 60 年代，米脂县杜家石沟的水平梯田建设在全区乃至全省都起到了示范作用。截至 1965 年，除定边县外，榆林累计修水平梯田 46.48 万亩。1969—1977 年，榆林地区在“农业学大寨”中，广大人民群众以毛泽东主席《给延安人民的复电》为精神力量，自力更生，艰苦奋斗，出现了农闲时全面会战、专业队常年坚持的喜人场面。1976 年，榆林全区修水平梯田 13.37 万亩，累计达到 209.39 万亩。

20 世纪 80 年代，各县结合无定河流域第一期治理，大力兴修梯田，至 1989 年全区累计兴修水平梯田达 272.2 万亩，人均 1 亩。1989 年米脂县拥有水平梯田 29 万亩，人均 1.5 亩，呈现出“山山有梯田，如锦带环绕”的景象。联合国农业专家阿伦斯博士和哥尔莫等来米脂县考察时，对梯田工程赞不绝口，将它比作埃及的金字塔、中国的万里长城。

1991 年，横山、榆林、绥德等县（市）先后使用推土机兴修水平梯田，此后其他各县普遍采用推土机集中连片大面积兴修水平梯田，水平梯田建设由过去面宽 3 ~ 5 米的窄条梯田，向面宽 10 米以上的宽台梯田发展。“八五”和“九五”期间（1991—2000 年），榆林市各县（区）结合无定河流域世界银行贷款水土保持项目和国家债券水土保持项目治理，大搞基本农田建设，兴修宽排机修梯田。1990 年，绥德县新修 50 亩以上的水平梯田 200 多处，其中 100 ~ 200 亩集中连片点达 30 余处，300 亩以上的连片点 8 处。1994 年，靖边县兴修 500 亩以上的连片水平梯田 91 处，千亩以上有 6 处。1996 年，绥德县义合镇思家沟流域大干春、秋两季，组织 20 多个村劳力集中会战，治理总面积 1 万亩，其中修宽排梯田 7000 亩；横山县东门沟流域治理 1 万亩，其中机修梯田 3000 亩。2000 年，榆阳区在古塔、余兴庄、董家湾、桐条沟、上盐海等 5 乡镇铺开 20 多处治理工程，其中董家湾乡沙塌村一秋冬机修梯田 3000 亩，人均达到 3 亩；榆林市形成千亩以上会战点共 142 处，综合治理面积 28 万亩，其中宽排机修梯田达 8 万亩。截至 2000 年，全市兴修水平梯田累计达到 381.58 万亩，人均 1.35 亩。2001—2013 年，榆林市水平梯田建设水平又上一个新台阶，不仅做到集中连片，而且达到水、田、林、草、路、园、村、院综合治理。截至 2013 年底，榆林市兴修水平梯田保有面积达到 325.05 万亩，人均 1.4 亩，其中宽排机修梯田达 100 万亩。

2013—2020 年，榆林市无定河流域的绥德、子洲、横山、米脂、靖边、定边等 7 县（区）实施坡耕地水土流失综合治理，完成坡改梯面积 37.8 万亩，完成总投资 5.88 亿元。

二、坡式梯田、隔坡梯田

（1）坡式梯田。在坡面上沿等高线修成一条条地埂（坡面仍保持原坡度），以拦截雨水，减轻冲刷。一般在坡度 10° ~ 25° 的耕地上，每隔 10 ~ 30 米修一道高 1 ~ 1.5 米的地埂。按照“大弯就势，小弯填高取直”的原则，挖沟取土培埂，每层铺土 29 厘米厚，用脚踩实或杵子夯实，然后进行拍畔。民国初期，无定河流域米脂、绥德等地修有不少坡式梯田。20 世纪 50 年代初期，流域各县所修梯田多为坡式梯田。1953 年 8—11 月，绥德专区水土保持委员会抽调专区、县、区干部 12 人组成水土保持工作队，在米脂县杜家石沟、善学坪、善家沟、艾好湾、杜辛庄、张家畔 6 村修坡式梯田 1361.5 亩。1954 年，杜家石沟村的典型经验在陕北黄土丘陵沟壑区普遍推广。1956 年，杜家石沟村 700 多亩坡式梯田平均亩产 63 千克，比坡地增产 14.5%。

（2）隔坡梯田。沿原自然坡面隔一定距离修筑一水平梯田，在梯田与梯田间保留一定宽度的原山坡植被，使原坡面的径流进入水平梯田面中，增加土壤水分以促进作物生长。20 世纪 50 年代初，米脂县高西沟村就推行这种做法，对后来全区的沟坡整治起到了一定的示范作用。后期，不再提倡修隔坡梯田。

三、水平埝地、水簸箕、埝窝

（1）水平埝地。水平埝地主要在无定河流域定边、靖边等县残塬区塬地修筑，其幅宽比一般水平梯田宽且直，群众沿等高线修成波浪状间距 30 ~ 50 米的土埂。2013 年，定边县保存面积 1.59 万亩，靖边县保存面积 0.705 万亩。

（2）水簸箕。在起伏不平的坡耕地汇流低凹处，垂直于水流方向从上而下每隔 2 ~ 5 米筑坎或开挖长 2 米、宽 1 米、深 0.5 米的截流蓄水拦泥坎窖，前者称水簸箕，后者称水窖。1951 年，在绥德、米脂、清涧、子洲、榆阳、横山等丘陵沟壑区，推广米脂县杜家石沟、高西沟经验，大兴打水簸箕，保持水土。1958 年，仅绥德县就修筑水簸箕 97549 个。后来，兴修水平梯田和打埝窝，逐渐取代了修水簸箕。

（3）埝窝。在梁峁或沟坡地间，延伸侵蚀地面的沟头形成三面高、一面低的谷形洼地，在洼地垂直水流方向，由上而下每隔 50 ~ 70 米，修筑高 2 ~ 3 米的挡水土埝，滞洪淤地或辅以人工削畔填平成耕地，这种地叫埝窝地。埝窝地一侧挖排洪沟，与谷坊的溢流口相接，上下两台埝窝的溢流口左右交错排列。其主要分布在榆阳、横山、绥德、米脂、清涧、子洲等县（区）。至 1958 年，仅绥德、子洲等县累计修筑埝窝 20048 座。随着农田基本建设机械化施工程度的提高，埝窝的治理逐渐改为谷坊工程。

四、水土保持耕作法

水土保持耕作法，是在尚未修成水平梯田的坡耕地上拦截降水，减少径流，保持水、土、肥的耕作措施。主要有等高耕种等高带状间作、垄田耕作、坑田耕作、水平犁沟覆盖耕作、少耕免耕等，这些耕作能就地拦截雨水，加厚土壤的活土层，增加孔隙度和通气状况，改善土壤的热容量和导热性。据 20 世纪 50 年代各地水土保持试验站观测，在中等坡度的坡耕地上，采用水土保持耕作技术和措施后，多年平均拦蓄径流 53% ~ 79%，减少冲刷 51% ~ 85%。

无定河流域常用的水土保持耕作法有六种：一是水平沟种植法。主要适宜于山地、梁地、坡洼地，即在山坡地上沿等高线耕作，用山地犁开沟，然后在原犁沟的内侧再耕 1 次，故又称套二犁耕法，深耕松土起垄，改变小地形，增加地面糙率，形成水平沟垄，以垄拦水，以沟蓄水，保水保土，一般比坡地增产 30% 以上。二是垄沟种植法。适宜于川、源、台、沟、坝地和缓坡地。基本原理与山地水平沟相似，由于沟深垄宽，多在春播作物上推广应用。一般是在秋耕保墒的基础上，次年春季前，用拖拉机或畜力深耕起垄，开沟深达 25 ~ 30 厘米（畜力开沟 20 厘米左右），集中施肥（农家肥和化肥）于沟中，再顺沟浅犁一次，随后播种，深种（种在20厘米深处）浅覆土（盖土5 ~ 7厘米），采取顺行镇压，注意保留沟垄。三是丰产沟种植法。通过翻耕或施工，修成约1米宽的小型台状地块，生土培埂，熟土铺盖田面，丰产沟呈交错排列。四是坑田种植法。一般深翻0.3 ~ 0.45米，生土培在坑外，熟土填在坑内，坑与坑等高成行，上下交错，每亩挖坑600 ~ 1800个。这种种植法在20世纪60年代盛行。五是间作套种法。利用高秆与族生、禾本科与豆科或播种与收获期不同步的作物进行套种作业。这种耕作法一直沿用，只是作物品种进行调配而已。六是草田轮作法。改粮食作物轮休倒茬为粮食轮作，或粮草（或灌木）间隔种植，数年后再轮换播种。1979—1982年，榆林地区按照上述“六法” 种田面积达960万亩，累计增产粮食3亿千克。年平均总产7.5亿千克，比1978年增产22.6%；亩产78.51千克，比1978年增长12.3%。

五、植物护埂

地埂一般占总耕地面积的10% ~ 15%，坡度大的耕地，地埂占耕地面积达20%以上。截至2004年底，榆林市共修“四田”（水平梯田、水平埝地、坝地和河滩造地）458万亩，加上水地168万亩，共有基本农田626万亩，地埂面积约达108.4万亩。1990—2013年，流域内水土保持重点项目治理区多数田埂栽植桑树、枣树、花椒等经济作物和杞柳、沙柳、沙棘、紫穗槐、红柳等灌木，对发展地坎经济、保护田埂、促进增收和改善农业生态环境等有着多重效益。

第二节 沟壑治理

无定河流域东南部黄土丘陵沟壑区和定边、靖边县南部黄土高原沟塌区，千沟万壑，沟蚀活跃。沟壑治理措施主要有封沟埂、沟头防护、谷坊、淤地坝等工程措施。

一、封沟埂、谷坊工程

（1）封沟埂。又叫“沟边埂”“原边埂”“锁沟畔”，是新中国成立后黄土旱原梁塌地区群众，在保原固塌实践中创造的一种治理沟壑方法。封沟埂工程，是在沟岸上缘修筑一条围绕沟边阻止原面和涧面径流下沟的土埂。配合林带，是黄土高原塌地区治理原面和塌面的最后一道防线，也是治理沟道的第一道防线。建设中，与原面、塌面农田、集流槽治理和沟头防护工程结合，与植物防护带结合，因地制宜，因害设防。沟边以上治理程度高，沟岸又比较稳定的地段，封沟埂的断面稍小；沟岸陡峭，滑坡、崩塌严重的地段，封沟埂距离沟岸最少3米以外，埂外的灌木带也较宽；村庄临近沟头，又有径流汇集的地方，封沟埂则与沟头防护工程结合，施工断面较大。这种工程主要在定边、靖边梁原塌地区实施。

20世纪50年代，流域内广泛修建封沟埂，到1958年榆林共建修封沟埂99881道，其中定边县、靖边县、横山县分别修有49869道、1088道、7716道。2000—2012年，定边、靖边两县在黄河水土保持生态工程建设中，大力兴修这种保塌工程，人们又称之为“保塌坝”。

（2）谷坊工程。在沟底正在下切的小支毛沟中，为巩固沟底侵蚀基点，筑高不超过5米的土、石挡水建筑物称作谷坊，一般顺沟边自上而下修成谷坊群，每座谷坊留有溢流口。在沟道中顺水流垂直方向密集栽植数排柳树或灌木，或在柳、灌木林间充填柴草乱石以拦阻河谷下切的，称为植物谷坊。无定河流域各县多在丘陵沟壑区修建谷坊。1955年榆林县叶家沟、米脂县高西沟、子洲县铁龙山等地修建谷坊28座，1957年榆林全区发展为1619座，1958年全区推广修建谷坊2889座，到1960年全区修建谷坊4000座，到1998年发展到1.2万座。进入21世纪，随着机械化施工的发展，谷坊建设又兴起高潮，新建的谷坊普遍标准高、面积大、效益好。在2004年秋冬农田基本建设大会战中，仅子洲县在屈家山、佛店堂、朱阳湾、小常昂、杜家沟等5个会战区兴修大谷坊330座，造地450亩；米脂县大王山、磨石沟法殿塔、后马家园则等3个会战区兴修大谷坊260座，造地441亩。截至2008年，仅米脂县、绥德县、子洲县兴修谷坊达1000多座，群众称之为“衣食窖”。

二、劈山填沟、箍洞造田

（1）劈山填沟造田。多在流域面积较小的沟畔或支毛沟内修建，采用人工爆破、引水拉土等方法，削陡扩宽沟谷或填平抬高沟床，使支毛沟变为台阶式沟台地。

（2）箍洞造田。多在流水沟道修建，用石料干砌或浆砌成拱形流水、行洪水的涵洞，隔一定距离留一竖孔。洞顶上部采取劈山填沟或冲淤造田，这种箍洞造田防止了盐碱化，涵洞水还可以引灌所造农田。20世纪70年代“农业学大寨”高潮时期，米脂县杨家、印斗、对岔、桥河岔、沙家店、姬岔，绥德县马家川、义合、土地岔、吉镇柳湾等地，都进行箍洞造田工程建设。但多数工程由于规划不合理、质量标准低，修成后不久即出现行洪涵洞坍塌或被洪水冲毁情况。绥德、米脂等地暴雨，仅绥德县洪水冲毁箍洞造田工程21千米，所造农田被冲毁。此后，这种违背自然规律的箍洞造田就很少再出现。据1999年调查，米脂县对岔村箍洞造田工程多次进行维修加固，使其保存完好，发挥效益也很好。绥德县土地岔等地箍洞造田工程虽然还在利用，但已多处出现洞顶坍塌、田面下沉，发挥效益不佳。

三、淤地坝

淤地坝属谷坊工程的发展与提高，坝高5米、库容0.5万立方米、淤地3亩以上的，以拦泥淤地为目的沟道拦蓄工程，称淤地坝，是治理沟壑的主要工程措施。明隆庆三年（1569年）淮宁河上游黄土堰村（在今子洲县裴家湾镇）九牛山崩塌形成天然聚湫，后整修成大型淤地坝，坝高60米，淤地800多亩。清乾隆八年（1743年）陕西道监察御史胡定在上奏乾隆皇帝的《河防事宜条奏章》中主张：在三门峡以上黄河中游地区，筑坝淤地，即可“汰沙澄源”，又可使沟壑变良田（《续行水金鉴·卷十一》）。胡定之所以提出如此措施，表明当时榆林等地黄土高原人们已经修筑“汰沙澄源”之类拦泥淤地的沟道工程，且效益明显。

新中国成立后，淤地坝在群众自发兴建的基础上，通过试验、示范，逐步发展。1952年，米脂县水土保持科学试验站站长陶克在米脂县杜家石沟支沟水草沟试建第一座8米高的土坝。1953年，黄河西北工程局在无定河流域较大支沟绥德韭园沟，米脂榆林沟，横山苦水沟、野人沟，榆林青云沟等20多条沟道，组织群众兴修淤地坝，多由坝体、泄水涵洞和溢洪道三部分组成。与此同时，群众打小坝的经验得到推广。1957 年秋至 1958 年，榆林分成 12 个战区，群众提出“干沟打坝聚湫滩，荒沟变成米粮川”“沟壑川台化”等口号，掀起兴修淤地坝等水利建设高潮，新建淤地坝 1 万座。截至 1958 年底，全专区建成淤地坝 16614 座，其中库容 70 万 ~ 235 万立方米的土坝 38 座。在 1959 年 7 月下旬至 8 月上旬暴发的几次洪水灾害中，全区有 3979 座淤地坝被洪水冲毁，其中库容 50 万立方米以上的土坝 37 座。1961—1962 年，全专区大部地区淤地坝建设处于停顿状态。1963 年 4 月榆林专区被国务院列为黄河中游水土流失重点地区之后，随着“农业学大寨”运动的深入开展，各地再度掀起兴修梯田、坊田、打淤地坝的高潮。至 1965 年，全区新修、维修淤地坝 6034 座，淤地 6 万亩。1966 年榆林县创造了水坠法筑坝技术，随后这一技术在全区推广，加快了淤地坝的建设。至 1969 年全区坝地面积达 12 万亩。

从 1970 年起，在中共中央给延安复电和北方农业会议精神的推动下，榆林地区掀起“农业学大寨”的新高潮，群众修建淤地坝的积极性高涨，许多社队提出“公社打群坝，大队打大坝”的口号，出现了冬春大会战、专业队与群众运动相结合的新局面，淤地坝建设的规模、进度、数量等都超过以往任何时期。至 1978 年，榆林建设淤地坝共 15209 座（其中水坠坝 4300 座）。

进入 20 世纪 80 年代，由于农村生产体制变革，淤地坝建设速度减缓，原建成的淤地坝维修管护问题也越来越突出。1987 年，横山等县首先结合拍卖“五荒”资源实行股份制形式投资的做法修建淤地坝。1991 年，榆林地委、行政公署在总结经验的基础上，出台了《关于鼓励和扶持发展民办水利的若干意见》《股份制建设淤地坝办法》，对淤地坝产权制度改革作出一系列政策规定，进一步明确了淤地坝建设、管理、经营的责、权、利，广泛吸引社会投入，形成以经营投入为主体的多层次投入机制建设淤地坝。截至 1995 年，在国家扶持下，全区购买或租赁淤地坝经营者自筹资金 2800 多万元，普遍对病险土坝进行了维修加固，一批经营者出资新修了不少淤地坝。

1986—2000 年，水利部和黄河水利委员会给榆林安排水土保持治沟骨干坝工程 236 座（其中新建 159 座，加固配套 77 座）。截至 2001 年底，这些工程全部竣工验收。同时，在绥德县韭园沟、米脂县榆林沟和横山县的元坪、赵石畔、野人沟等流域进行坝系试点建设。

2001 年起，水利部、黄河水利委员会加大淤地坝建设投资力度，并把小流域坝系建设列为水利工程的三大亮点工程之一，以坝系建设为龙头，再次掀起淤地坝建设新高潮。榆林市在韭园沟、榆林沟、野人沟等 15 条小流域坝系建设成功经验的基础上，分期分批实施了横山电渠、靖边阳塌沟、定边李坨、榆阳区间庄沟、绥德赵家铺、子洲驼儿巷等 29 条坝系工程。至 2013 年总投资 4.26 亿元（其中中央投资 2.35 亿元），实施建设淤地坝 1355 座（其中骨干坝 237 座、中型坝 415 座、小型坝 703 座），增加总库容 3.215 亿立方米（其中拦泥库容 2.181 亿立方米），可淤地 4.9 万亩，控制水土流失面积 1270 平方千米。截至 2020 年，无定河流域榆林市共有淤地坝 21481 座，淤地面积 54.6 万亩。其中，库容在 50 万 ~ 500 万立方米的骨干淤地坝 1834 座，总库容 204999.30 万立方米；库容在 500 万立方米以上的骨干淤地坝 15 座，总库容 8342.5 万立方米。

无定河流域延安市吴起、安塞、子长3县(市、区)6镇依托无定河流域综合治理项目，建设了一批淤地坝工程，为治理沟壑、保持水土、促进农民致富奠定了基础。安塞区坪桥镇共有淤地坝79座，其中小型坝47座、中型坝17座、骨干坝15座。至2020年，10座淤地坝还有大量蓄水，其余均已淤满为耕地。子长市涧峪岔、南沟岔、李家岔镇共有淤地坝17座。吴起县周湾、长城镇共有淤地坝82座，其中周湾镇有骨干坝4座、中型坝12座、小型坝1座，长城镇有中型坝56座、小型坝9座。

四、拦沙水库

无定河流域水土流失严重，修建拦沙水库蓄水拦沙，是拦减入黄泥沙的主要措施之一。从1951年无定河流域治理开始，就提出修建拦沙水库，蓄水拦沙，减少入黄泥沙，1959年和1961年在红柳河和芦河上分别建成新桥和旧城水库；1970年以后，由于农业生产的需要和水坠法筑坝的推广，加快了建坝速度；到1980年两条河上共建成大中型水库21座（红柳河8座、芦河13座），并建成小（1）型水库40余座，形成了红柳河、芦河两大库坝群。两大库坝群的形成时间大约20年，治理速度快，投资较少，经济效益较好，成为治理多沙河流的典型。

经过多年的运用，水库不断淤积，多数水库已无法满足蓄水拦沙的要求。后来对有加高条件的水库进行了加高加固，继续发挥蓄水拦沙作用，部分水库无加高条件采用滞洪排沙运用。2013年无定河流域大于500万立方米的水库有41座，其中以拦沙为主的水库有29座，占水库总数的70.7%，主要集中在红柳河（7座）和芦河（15座）上，大理河和部分支流上也有零星分布。

从多年的运用实践经验看，无定河流域拦沙水库在拦减入黄泥沙方面取得了明显的成效。现有29座拦沙水库，控制面积3800平方千米，已拦蓄泥沙10.7亿吨，其中红柳河及芦河库坝群拦蓄泥沙9.7亿吨，实现了对红柳河及芦河两条支流泥沙的有效控制。拦沙水库在拦减泥沙的同时，还发挥了灌溉供水和防洪的作用，有效灌溉面积约16.44万亩，水库滞洪拦沙的运用，有效减少了水库下游洪水灾害。

第三节　荒山荒坡治理

植树造林种草是治理荒山、荒坡、荒沟和荒滩的主要措施之一。自古以来，无定河流域就有植树种草的习惯，植树造林历史源远流长。秦公子扶苏、大将蒙恬统兵30万镇守上郡时即“垒石为城，树榆为塞”。北魏太和九年（485年），孝文帝曾下诏：“男夫一人给田20亩，课时余种桑五十株、枣五株、榆三株……限三年种毕，不必夺其不毕之地。”明、清两代有关榆林人植树造林的记载屡见于史籍。民国二十六年（1937年），绥德县政府印发了《劝民众种树歌》《栽树要领》，并组织民众“在无定河、大理河沿岸栽树十一万余株”。民国二十七年（1938年），绥德县种植有刺槐、杨树、柳树、枣树、梨树、苹果树、松柏等树木29.6万余株。新中国成立以来，流域各级党委、政府组织群众通过长期植树种草、封禁治理以及“五荒”资源拍卖、小流域治理、退耕还林（草）、山川秀美工程、黄河水土保持生态建设等，绿化美化荒山，防沙治沙，减少水土流失，改善生态环境，创造了绿色版图整体向北推进、“人进沙退”的历史性变革局面。

一、 植树造林

陕甘宁边区时期，边区政府发动群众开展以植树造林为主的林业生产运动，在定边、靖边等县广泛栽种柳树、沙柳、柠条等树种；在绥德分区栽植刺槐、柳树、杨树、榆树、桃树、杏树、梨树、苹果树、松柏等树木。从1941年起，靖边县委书记惠中权带领全县人民进行植树造林，1942年、1943年、1944年靖边县各年植树分别为84059株、235007株、307334株。1942年，中共中央专门通报表扬了靖边县委书记惠中权和杨桥畔人民治沙造林的成绩，强调指出“发动群众种柳树、沙柳、柠条，群众是欢迎的。政府的任务是调剂树种，劝令种植”。截至1949年，榆林全区共有林63万亩，占总土地面积的0.9%。

1950—1956年，榆林、绥德两专区坚持“因害设防、因地制宜、适地适树”的原则，开展植树造林。在荒山荒坡，采取“先下坡、后上坡”“前高档后短拉”“高山戴绿帽”“陡坡立垭种柠条”“沟旁、渠路栽杨柳”等方式，植树造林绿化荒山荒坡，造林面积逐年增加，1950年植树造林1万亩，1956年增加到50万亩。这7年共完成造林面积95万亩，平均每年造林13万多亩；栽植“四旁”树1685万株，平均每年240万株。1953年，榆林市设立了无定河造林局，各县先后均建立了林业工作站。国营造林比例由1950年的20.5%增加到1956年的23.3%，集体、民营造林由1950年的1万亩增加到1956年的38.35万亩。

1956年，毛泽东主席发出“绿化祖国”的号召，榆林地区迅速掀起植树造林新高潮。1957年，国有林场、农业社、个人造林共59万亩，同时推广了引种成功的沙枣、箭杆杨、紫穗槐等林木。从1958年开始，各县（区）坚持每年春、秋两季都要进行造林大会战，1958年造林面积达107万亩。1961—1962年，植树造林面积有所减少。1962年全区造林21万亩。1963年开始强调“以林为主、多种经营”方针，并从关中、东北、新疆等地调运苗木，造林速度逐年加快。至1966年春，榆林全区保存造林面积399万亩，为全区总面积的6.2%，其中防护林350.7万亩，水保林33万亩，经济林15.3万亩；造林保存率52.5%；造林固定、半固定流沙300万亩，恢复农田52万亩，减轻水土流失面积300万亩。涌现出定边郝滩，横山杜羊圈，榆林金鸡滩、海流滩，绥德满堂川等公社治沙和水保造林的先进典型。1967—1969年，榆林地区造林速度显著下降，1970年得到恢复，造林77万亩，比1969年增加1倍多。

1970年全国北方农业会议后，榆林地区在深入开展“农业学大寨”运动中，再度掀起植树造林高潮。1970—1978年，各县每年在春秋两季动员城镇党政机关企事业单位干部职工、学生、居民，采取大会战形式进行大规模植树造林。1973年春，靖边县委书记赵兴国任总指挥，亲率机关干部、城镇居民、学校师生1800多人在县城东南2.5千米处的五台山连续植树造林7天，植杨树2000余亩。此后年年栽植，至1978年共植树19000余亩，形成大面积固沙林。昔日荒山沙梁不见草木的五台山已披绿戴翠，成为城郊的绿海。榆林县从1974年起，每年动员榆林城区机关干部、企事业单位职工、城镇居民、学校师生5000 ~ 10000人到城西大墩梁、麻黄梁等荒山进行植树造林，至1978年使昔日荒山沙坬的大墩梁、麻黄梁分别变成郁郁葱葱的 5 万亩的大墩梁油松林、3.2 万亩的麻黄梁油松林。至 1976 年，榆林地区营造农田防护林 13.7 万亩，保护农田 74 万亩；营造水土保持林 227.6 万亩，红枣林带 17 万亩，果林带 29.6 万亩，万亩以上成片用材林有 62 块。1978 年，国家开始实施东北、华北、西北“三北防护林”建设一期工程。1982 年，在榆林开始个体户承包“五荒”资源绿化治理和小流域水土流失治理。至 1985 年，承包“五荒”资源面积达 830 万亩，占全区“五荒”资源总面积的 80%，承包户数达 40 多万户，承包造林面积占全区造林面积的 80% 以上。同时开展全民义务植树活动等，使榆林地区的植树造林面积大幅增长。1977 年起，连续 6 年造林面积超过百万亩，1983 年、1984 年都达到 225 万多亩，1985 年突破 300 万亩。至 1985 年，全区 9 年造林 1655 万多亩，平均年造林近 184 万亩；造林保存率 53.8%，保存面积 890 万亩，其中国营造林保存面积 106 万亩，占全区保存面积的 11.9%。

从 20 世纪 90 年代起，随着 1993 年开始实施建设无定河二期重点小流域综合治理工程，1996 年开始实施建设“三北防护林”体系三期工程，1999 年开始实施还林（草）建设山川秀美工程，2003 年开始实施黄河水土保持生态建设工程，榆林神府矿区，定靖横油、天然气开采区重点水土保持生态林工程等项目工程的实施建设，植树造林面积不断扩大。

2013—2020 年，榆林市无定河流域榆阳、横山、定边、靖边、绥德、米脂、子洲、清涧等 8 个县（区）共完成营造林面积 705.292 万亩，其中新造林（人工造林、封山育林）面积 393.854 万亩，营林（退化林修复、森林抚育）面积 311.438 万亩。

二、种草

历史上，无定河流域在荒山荒坡或耕地上主要以种植苜蓿为主，作为农作物轮作和保持水土的措施之一。种植苜蓿面积占农耕地总面积的 5% ~ 10%。新中国成立以后，学习苏联经验，大力推广草田轮作，并不断从国内外引进新的草种，使种草成为改善荒山荒坡生态环境和水土保持综合治理重要的植物措施之一。20 世纪 50 年代初，绥德水土保持试验站从天水地区引进草木樨，开展草木樨、毛苕子、苜蓿等豆科牧草的轮作或套种试验，证明草木樨有保持水土、肥地增产的良好效果。1955 年，绥德、榆林专区都推广试种，到 1959 年全榆林专区种草木樨 9.84 万亩、沙蒿 14.7 万亩。榆林地区广泛种植草木樨，到 1985 年全区草木樨保留面积达 73.8 万亩。

1969 年，榆林草原工作站从江苏省淮阴县引入沙打旺种子，因榆林无霜期短、气温低，种植后结实率不高。1979 年起，首先在丘陵沟壑区进行风土驯化，采用精细整地、沙窝穴播、早种稀植、增施肥料、中耕除草、花序打顶、蜜蜂授粉等措施，提高了结实率。到 1983 年，建立种子基地 2.1 万亩，亩产种子 15 ~ 30 千克。1985 年，榆林全区沙打旺保存面积 103.3 万亩。1974 年由美国引进小冠花种子，在榆林地区推广。

在所有草种中，以苜蓿适口性好、产草量高、饲料利用价值大、提高土壤肥力效果好而深受群众欢迎。1983 年，榆林地区人工种草保留面积 354.57 万亩，到 1985 年全区保留面积达 398 万亩。20 世纪 90 年代后，随着实施各类水土保持项目工程及退耕还林（草）工程建设，人工种草面积逐年增加，特别是 2000 年以后榆林市大力推行舍饲养羊，无定河流域牧草保存面积不断扩大，种草已成为榆林农牧业的主导产业之一。

三、封山育林

1950 年 5 月 6 日，西北军政委员会发布《关于保护森林严禁滥伐的通令》；同年 8 月 1 日西北军政委员会与西北军区司令部又联合发布《关于禁止滥伐山林及盲目开荒的指示》，对保护森林、减少水土流失提出明确要求。无定河流域各级党委、政府按照通令指示精神，严格管理和保护现有森林，严禁放火烧山和开垦陡坡山地，广泛开展森林保护与水土保持宣传教育。但在 20 世纪 60 年代初，由于经济困难，各地曾出现过开荒种地现象，不少群众大种路边、沟边、池塘边等耕地之外的“十边地”，荒山植被遭到一定破坏。

1972 年，榆林地委批转了《榆林地区林业工作纪实》，要求加强林木管护，推行封山（沟）封沙育林育草，尽快实现林业上“纲要”。由于当时强调抓粮食上“纲要”，封山育林工作没有实质性进展。1983 年起，随着无定河流域综合治理的开展，各级党委和政府逐步重视封山育林工作。1983 年 7 月，榆林县政府印发了《关于加快峁沟流域林草建设座谈会纪要》，要求峁沟流域内余兴庄、董家湾、桐条沟 3 个公社改放牧为舍饲养畜；所治理的沟道和坡地划给社员进行治理，只能造林种草、打坝淤地和搞其他治理工程，不能开荒种地。1984 年 12 月 17 日，榆林县人民代表大会常务委员会作出《关于大力造林种草限期治流沙的决议》，规定：“在封沙造林种草区域内，禁耕、禁牧、禁止乱砍滥伐乱采，确保天然植被和人工种植林草的生长。”到 1985 年，榆林地区封山育林面积达 69 万亩。1988 年，全区开展户包小流域治理，使封禁治理得到长足发展。1999—2006 年，无定河流域实施以退耕还林（草）为主要内容的山川秀美工程建设，全面实施封山禁牧；各县（区）开展封山育林的规划目标、签订责任状、抓典型、检查评比、奖惩办法“五落实”，加强林木管理，提高了封山育林效果。

第四节　退耕还林（草）

1997 年 6 月，国务院副总理姜春云来延安、榆林调研，向党中央、国务院呈报《关于陕北地区治理水土流失建设生态农业的调查报告》。同年 8 月 5 日，中共中央总书记、国家主席江泽民在报告上作出“再造一个山川秀美的西北地区”的重要批示。1999 年 6 月，江泽民总书记视察陕西，向全党和全国人民发出了西部大开发的动员令。同年 8 月 5—6 日，国务院总理朱镕基来延安考察水土流失治理和生态环境建设情况，在宝塔区燕沟流域治理区，朱镕基总理提出“退耕还林（草）、封山绿化、个体承包、以粮代赈”的重要措施，提出要把革命战争年代的“兄妹开荒”变成“兄妹造林”，并要求延安在退耕还林（草）上先走一步，为全国做出榜样。

2000 年 3 月，经国务院批准，国家林业局、国家发展计划委员会、财政部联合发出《关于开展 2000 年长江、黄河上中游地区退耕还林（草）试点示范工作的通知》，退耕还林（草）试点示范工作正式启动，范围涉及 17 个省（市、区）和新疆生产建设兵团。初步明确退耕还林（草）的有关政策，每亩退耕地每年补助粮食为：长江上游地区 150 千克，黄河上中游地区 100 千克，每千克粮食按 1.4 元折算，由中央财政负担；每亩地给农民补助现金 20 元，用于退耕后维持医疗、教育等开支；国家向退耕户无偿提供种苗，由林业部门统一组织采种育苗，种苗每亩 50 元，补助给种苗生产单位。2000 年 9 月 10 日，《国务院关于进一步做好退耕还林还草试点工作的若干意见》，进一步明确了补助年限，即经济林 5 年，生态林 8 年，并规定生态林面积一般应占到 80% 以上。

为了贯彻中央领导关于"再造一个山川秀美的西北地区"的重要指示精神，抢抓西部大开发的历史机遇，陕西省委、省政府决定从 1999 年开始，用两年时间在全省组织实施以水土保持和生态环境建设为主要内容的山川秀美工程。随后，陕西省委、省政府成立了山川秀美工程领导小组，编制了《陕西省山川秀美工程规划纲要》，在全省迅速掀起坡耕地退耕还林（草）高潮。

一、延安市退耕还林（草）

1999 年延安市吴旗（2005 年 10 月更名为吴起县）、子长、延川、宝塔 4 县（区）列入试点，10 月 16 日延安市委、市政府作出《关于实行封山绿化舍饲养畜的决定》《关于实施天然林保护工程的决定》，决定在全市全面禁止天然林采伐工作。10 月 24 日，延安市在吴旗县召开秋冬山川秀美工程建设现场会，全面启动退耕还林（草）工作。吴旗县 1998 年率先作出"封山禁牧、舍饲养畜"的决定，当年淘汰散养山羊 23.8 万只，1999 年秋冬，除人均留下 3 亩口粮田外，一次性将 155.5 万亩坡耕地全部退耕还林（草），占全县耕地面积的 84%。2001 年，延安市将 13 个县（区）全部纳入退耕还林（草）试点范围。1999—2010 年，延安市共完成退耕还林（草）面积 896.76 万亩，其中涉及无定河流域的吴旗、安塞、子长分别完成 183.47 万亩、116.86 万亩、93.04 万亩。2007 年 8 月，吴起县被授予"全国退耕还林先进县"称号。2006 年国家退耕还林指标暂停下达后，2013 年延安市委、市政府出台《关于进一步实施退耕还林的意见》，决定多方筹措资金，在全市范围内实施新一轮退耕还林工程，用 4 年时间完成剩余 224 万亩 25° 以上坡耕地退耕还林。2014 年 8 月，国家决定启动新一轮退耕还林，延安市经过积极争取，2014—2016 年完成退耕还林 62.4 万亩。截至 2016 年底，延安市完成退耕还林（草）面积 1077.46 万亩，占全市总面积的 19.4%，植被覆盖率达到 67.7%。

2008 年，吴起县编制的《巩固退耕还林成果基本口粮田建设项目实施方案》经陕西省水利厅审核批准，任务为新建改造口粮田 54300 亩，其中新建口粮田 1600 亩，改造提高口粮田 24850 亩，田间设施配套 11558 亩，土壤改良 16292 亩；总投资 3605.12 万元，其中中央投资 2172.00 万元，地方配套 1433.12 万元。按照"先示范、后全面"的要求，经过详细规划和实地勘察，吴起县确定以建设护涧坝作为改造提高口粮田的重要措施，规划在无定河流域周湾镇的杨家湾、阳洼、慕新庄、小口子、同河村和长城乡的榆树坪、孙蟃岘、二道坝、安门、双湾涧、西郊、黄涧、马新庄、墩洼、小河畔等 15 个行政村建设口粮田项目护涧坝工程综合示范点，先后建设护涧坝 92 座和小型淤地坝 5 座，完成投资

928.84万元，全部为国家投资。

二、榆林市退耕还林（草）

1999—2006年，榆林市在全市范围内实施了国家退耕还林（草）项目。1999年，首先在榆阳、神木、定边、靖边4县（区）25°以上坡耕地进行国家退耕还林（草）试点工作，到2000年4县（区）试点按照生态林和经济林8∶2的比例要求，退耕还林（草）17.1万亩。2001年10月16日，榆林市委、市政府作出《关于实行封山（沙）绿化舍饲养畜的决定》，要求榆阳、定边、靖边、横山从2002年1月1日起实行，米脂、绥德、清涧、子洲等其他县从2002年4月1日起全面实行封山封沙绿化，舍饲养畜。2001年在榆林市进行大规模第二轮国家退耕还林（草），至2006年全市进行了五轮国家退耕还林（草），涉及全市12个县（区）222个乡镇4225个行政村28.97万户127.12万人；累计完成退耕还林（草）658.32万亩；落实国家退耕还林（草）补助政策，兑现粮食1.589亿千克、生活补助费3178万元、种苗费1643万元、退耕还林补助资金39046万元。2007年，市、县（区）共组织150多名技术干部，对全市国家退耕还林（草）项目进行了“查面积、查保存率、查政策兑现”的抽查，其中退耕还林（草）合格保存率99%。

2013—2020年，国家共下达榆林市无定河流域县（区）[榆阳、横山、定边、靖边、绥德、米脂、子洲、清涧等8个县（区）]退耕还林（草）工程建设任务84.78万亩，其中退耕还林67.98万亩、退耕还草15万亩、荒山造林0.8万亩、封山育林0.5万亩、沙化耕地治理0.5万亩，均超额完成了任务。

在实施退耕还林（草）项目建设中，无定河流域涉及的延安、榆林两市12个县（市、区）全部完成了退耕还林（草）任务，植被覆盖率大大提高，陕北大地实现“由黄到绿”的历史性转变，走出了一条黄土高原生态修复之路。

第三章　重点治理项目

自明清以来，无定河流域治理就受到各界广泛重视。明代学者周用在向嘉靖皇帝上书的《理河事宜疏》中指出："治河垦田事实相因，水不治，则田不可治；田治则水当益治，事相表里。"民国十一年（1922 年）李仪祉先生在《黄河之根本治法商榷》中明确提出"治黄应移其目光于上游"，道出了治水治土的基本方略，也就是说治理黄河，必须首先搞好上游特别是黄土高原水土流失的治理。新中国成立后，党和国家历来高度重视无定河流域治理，1952 年，在政务院《关于发动群众继续防旱、抗旱运动并大力推行水土保持工作的指示》中，即将无定河列为"黄河治本和山区生产"的全国重点。1955 年，第一届全国人民代表大会第一次会议审议通过的《根治黄河水害和开发黄河水利的综合规划》更加明确和具体地提出了要首先搞好无定河等上游支流的治理。在国家的大力支持下，无定河流域治理经历了规划试验、研究探索、总结推广、试点治理、重点治理等阶段，特别是 20 世纪 80 年代后，陕西省政府将流域治理经费列入财政预算，国家将无定河流域纳入全国八大片水土保持重点治理区，小流域治理范围扩大到无定河流域所有县区，治理规模由几平方千米、十几平方千米发展到几十平方千米、上百平方千米，流域治理进入高标准、大规模、集中连片、综合治理开发的新阶段，至 2020 年，无定河流域共治理小流域 41 条，治理面积达 6759 万平方千米，治理水土流失面积达 12579 平方千米；涌现出绥德韭园沟、龙湾，米脂对岔、高西沟、榆林沟，榆阳沟河、芹河，子洲佛堂墕、高墕，清涧老舍古、白家川，横山元坪、李界沟，靖边海则滩、蓆芨滩等一大批规模大、质量高、效益好的水土保持典型样板。

第一节　规划与试点

1952 年，陕北绥德水土保持工作站选定在水土流失严重的黄土高原丘陵沟壑区绥德韭园沟进行小流域综合治理规划与试验，拉开了无定河流域综合治理的序幕。1953 年，农业部、林业部、黄河水利委员会、中国科学院、西北军政委员会等单位领导、专家 36 人组成西北水土保持考察团，抽调 500 多名科技人员参加，对无定河流域的水土流失情况进行了详细考察。1953 年 10 月，在绥德韭园沟召开水土保持观摩大会，组织与会代表参观考察了韭园沟小流域综合治理的初步效果。1954—1957 年，绥德、榆林水土保持试验推广站相继在绥德辛店沟、王茂沟、牛皇沟、义合沟、延家岔沟，米脂县榆林沟、杜家石沟、高西沟，子洲岔巴沟、水地湾、南丰寨沟，榆林县青云沟、色草沟、叶家沟、郑家川、钟家沟，横山县赵石畔乡野人沟、卷曹湾、高镇乡八道沟，靖边高家沟、三岔渠等流域，开展重点小流域综合治理试验推广。

1958 年，榆林专区对由黄河水利委员会勘测规划设计研究院、陕西省水利厅所编制的《无定河流域治理规划》进行修编，同时坚持“全面规划、综合开发，坡沟兼治、集中治理”的方针，在各县（区）26 条重点小流域开展综合治理。无定河流域综合治理的做法，得到省政府的充分肯定。1959 年 2 月，在陕西省第二届人民代表大会第一次会议上《陕西省人民委员会工作报告》中明确指出：“无定河流域治理规划的经验，各地都应学习，本着兴利与除害相结合，综合利用水土资源的原则，边规划，边行动，展开大规模的流域治理工作。”时任陕西省副省长谢怀德、中共榆林地委第一书记鱼得江还分别发表了《把无定河流域治理规划经验迅速在全省推广开来》《为快速根治无定河而斗争》等文章。

榆林专区在修订由黄河水利委员会勘测规划设计院、陕西省水利厅所编制的《无定河流域治理规划》时认为基数不实，立即组成工作组于 1959 年 5 月 1 日至 6 月 7 日进行了实地勘测与调查。同年 8—11 月，榆林专区水利局会同黄河水利委员会、水利水电科学研究院水文研究所等单位编制完成了《无定河流域治理规划》。这个规划包括榆林专区的榆林、横山、米脂、绥德、清涧、子洲、靖边、定边等 8 县（区）总面积约 2.9 万平方千米。主要将原规划 1962 年计划完成的进度延迟到 1967 年，规划内容分土地利用、水利工程、水土保持措施三部分，但该规划没有得到实施。

20 世纪 60 年代初，榆林水土保持试验站对榆林县的青云沟及米脂县的榆林沟、杜家石沟、高西沟等小流域综合治理措施进行了研究，为大规模治理提供经验和科学依据。1970—1974 年，榆林地区水利水保局抓住绥德郝家桥、榆林蟒坑等小流域治理典型，总结经验，作为治理样板在榆林地区推广。1979 年 11 月 20—28 日，陕西省水利电力局在子长县召开全省重点小流域治理经验交流会，会议讨论修订《小流域治理管理条例》，明确小流域治理任务和分区治理标准。

1980 年 5 月，水利部开展黄河中游水土保持小流域治理一期试点，共安排榆林、延安两市 12 条小流域，流域面积 452.5 平方千米，涉及无定河支流大理河流域的靖边畔沟、横山杨化渠、子洲岔巴沟、绥德郝家桥、安塞王家湾、子长贺家湾等 6 条小流域，流域面积 277.6 平方千米，治理试点经费 40 万元。1983 年开展黄河中游水土保持小流域治理二期试点，涉及无定河二级支流芦河流域面积 181 平方千米。以上两期治理试点涉及无定河流域 7 条小流域，水土流失总面积 458.6 平方千米。

第二节　无定河重点治理工程

无定河流域水土保持重点建设工程，是陕西省第一个由国家安排专项资金，在水土流失严重的革命老区和贫困地区，有计划、有步骤、集中连片开展水土流失综合治理的重点工程。自 1983 年开始，财政部、水利部把陕西省无定河、皇甫川流域列入国家八大片水土保持重点治理区之一，到 2022 年先后实施了七期项目。前三期实施范围主要在无定河流域实施，随着国家对水土流失治理的重视，投资逐步加大，项目建设区域从无定河流域逐步扩展到渭河流域，再到陕西省黄河流域，年度投资规模从最初的 2000 万元增加到近 3 亿元，治理标准也从原来的 1 万元每平方千米，发展到 50 万元每平方千米。实施范围从原来的 11 个县（区），扩展到 62 个县（区）。

项目建设以小流域为单元实施水土流失治理，主要措施是兴修梯田，营造水土保持生态林、经济林，开展人工种草，实施生态修复，配套以谷坊、水窖、截（排）水沟、涝池等小型水利水土保持工程，以及生产道路和小型灌溉设施。通过近 40 年的连续治理，跨越了两个世纪，累计治理小流域 1010 条，治理水土流失面积 21323.94 平方千米，累计完成投资 326615 万元，其中中央投资 253857 万元。重点工程的实施，不仅控制了水土流失，还减少了入黄泥沙，治理区生态环境和农业生产条件明显改善，促进了农业产业结构调整，增强了抗御自然灾害的能力，加快了重点治理区产业化、商品化进程，用治理促进了致富，重点项目治理已成为农村经济快速、持续发展的重要增长点和支撑点，在陕西省水土保持生态建设中发挥了重要的示范和带动作用。

一、项目总体情况

（一）组织管理

1983—2002 年，项目名称为“全国八大片水土保持重点治理工程”，从 2003 年第三期起，项目名称改为“国家水土保持重点建设工程”。为了加强项目建设管理，陕西省成立专门机构，专职负责重点项目管理工作。项目实施初期，榆林市成立了无定河流域领导小组及办公室。项目区各县（区）分别成立了由主管县长任组长、相关部门为成员的项目领导小组或项目指挥部，把项目实施纳入各级政府的目标考核任务，实行了领导包抓责任制，签订目标责任书，层层分解任务，夯实项目管理责任。

（二）前期工作

项目前期工作分为规划和小流域实施方案两个阶段。省级牵头按照国家总体要求做好 3—5 年期总体规划编制审批工作，已先后完成了七期规划编制工作。县级按照省级规划和年度投资规模编制小流域实施方案，作为项目计划安排、实施验收的依据。为了指导各地做好小流域实施方案编制工作，依据每期规划要求，省级制订下发小流域实施方案编制大纲，同时严把审查、批复关，做到因地制宜、因害设防、突出重点，提高综合治理成效。

（三）工程管理

陕西省重点工程建设管理，严格执行水利部、财政部下发的《国家水土保持重点建设项目管理办法》，省级制定下发了《陕西省水土保持重点工程管理办法》《陕西省国家水土保持重点建设工程检查验收办法》等配套文件，项目区各市县也制定了工程建设与管理办法、施工技术质量标准、资金使用管理办法等一系列的管理制度，规范项目建设管理、施工、验收，以及资金使用各个环节管理，建设程序比较完善。省市项目管理部门每年开展加强督促检查工作，协调解决重大问题，促进度、抓质量，全面推进项目实施。

项目检查验收一般按照县级自查验收、省级抽查复验方式进行。检查验收结果作为下年度编制建议计划的依据。2013 年新一期水土保持工程实施以来，项目管理发生较大变化，水利部不再进行年度验收，而以年度两次督查为主。同时从2014年开始，项目管理纳入财政资金绩效评价范围，每年开展绩效评价工作。

按照水利部对项目信息化管理的总体要求，省级安排专项资金，配置项目信息化管理设备，对人员进行现场培训，大力推进图斑精细化管理，提高水土保持工作的科技含量和工作效率。

项目资金管理按照《水利基本建设财务管理规定》和财政部、水利部印发的《农田水利设施建设和水土保持补助资金使用管理办法》，各县基本实行县级报账制。

（四）以奖代补试点

2018年，水利部、财政部印发《关于开展水土保持工程建设以奖代补试点工作的指导意见》，陕西省水利厅、财政厅联合下发了《陕西省以奖代补试点工作实施方案》，在无定河流域的榆阳区开展了3年以奖代补试点工作，为全省以奖代补工作开展探索积累了经验。

（五）示范区建设

示范区建设是新时期国家对水土保持项目建设提出的重要要求和举措。陕西省提出"以抓典型示范工程为突破口，推动项目高水平发展"的思路，要求每个县要抓1 ~ 2条示范流域，每条流域每年都要建设2 ~ 3个示范工程。集中资金、集中力量，进行高标准规划、高标准建设，提升治理效果。通过多年的努力，项目区建成了米脂县高西沟、清涧县笔架山、榆阳区韩家梁、绥德县龙湾、宝塔区张天河、安塞区南沟等一大批规模大、标准高、效益好、各具特色的精品流域。米脂县高西沟、延川县梁家河流域被评为国家级水土保持科技示范园，榆阳区黄家圪流域被评为省级水土保持示范园。

二、项目组织实施

1982年8月16—22日，在北京召开的全国第四次水土保持工作会议上，该项目被列为全国八大重点流域治理区之一。1983—2002年，先后分两期对无定河重点小流域进行综合治理。

（一）无定河第一期重点小流域综合治理

1983—1992年，实施国家水土保持重点防治工程无定河第一期重点小流域综合治理。榆林市列入第一期重点治理的小流域共142条，面积8084.9平方千米，占榆林市无定河流域面积的39.8%，其中水土流失面积7285.27平方千米。其中，定边县4条，流域面积172.4平方千米；靖边县39条，流域面积1625.38平方千米；横山县22条，流域面积1430.51平方千米；榆林市（今榆阳区）22条，流域面积2210.9平方千米；米脂县12条，流域面积643.06平方千米；绥德县21条，流域面积608.04平方千米；子洲县9条，流域面积1037.00平方千米；清涧县13条，流域面积357.61平方千米。涉及8县（区）136个乡镇1356个行政村5317个自然村。

项目实施初，榆林地区成立无定河流域治理指挥部，下设办公室，办公室设在地区水利水保局，地、县两级抽调300多名技术干部到各重点小流域进行调查研究，在认真总结过去30多年水土流失治理经验教训的基础上，确定了"南治土，北治沙"的方略，坚持治理水土流失与治穷致富结合，以建设基本农田为突破口，建立综合防护体系，控制水土流失，改善生态环境。一期榆林市完成总投资 33510.02 万元，其中国家投资 8556.85 万元、地方自筹 875.45 万元、群众投资 24077.72 万元 。群众共投工 8366.84 万工日，移动土石方 8018.29 万立方米，新建淤地坝 2103 座，整修加固各类水土保持工程 1050 处。兴修基本农田 100.73 万亩，造林 359.59 万亩，人工种草 50.26 万亩，修筑等高灌木带 16.08 万亩，可控制坡耕地水土流失面积 74.68 万亩，共新增水土流失初步治理面积 4013.53 平方千米，占水土流失面积的 55.1%，超过新中国成立到 1982 年 33 年累计治理面积总和的 128%，年平均治理进度为 5.5%，比项目实施前提高 5 倍多。1993 年 4 月 19—28 日，水利部组织国家验收小组对无定河第一期重点小流域进行了国家验收。验收组认为，无定河流域第一期重点小流域的治理是成功的，已完成第一期重点治理规划任务，治理数量、质量均达到部颁验收标准，通过国家验收。同时，创造了许多好的经验和富于地方特色的做法，在黄土高原水土保持工作中，具有重大的现实意义和推广应用价值。

无定河流域在延安境内涉及子长、安塞、吴起 3 个县（市、区），区内地形破碎，水土流失非常严重，年均侵蚀模数高达 1.6 万吨每平方千米。无定河流域一期治理 ，延安市完成国家投资 1195 万元，地方投资 121 万元，开展重点小流域治理 29 条（1988 年减少为 26 条），经验收，26 条重点小流域新增基本农田 3.26 万亩、淤地坝 18 座、经济林 0.83 万亩、灌木林 17.88 万亩、灌木带 10.33 万亩、种草 2.21 万亩，期末累计治理程度达到 74.3%。

（二）无定河第二期重点小流域综合治理

1993—2002 年实施国家水土保持重点防治工程无定河第二期重点小流域综合治理，分两个阶段进行建设。

1. 第一阶段综合治理

1993—1997 年，无定河第二期第一阶段重点治理小流域共 252 条，流域面积 6109.37 平方千米，涉及 10 个县（区）140 个乡镇 1206 个行政村。榆林市重点治理小流域 219 条，流域面积 5779.05 平方千米，全部是水土流失面积，占榆林市无定河流域面积的 28.4%。在榆林市重点治理小流域中，河源梁塌区有 28 条，面积 611.68 平方千米，占榆林市重点治理流域面积的 10.6%；风沙草滩区有 56 条，面积 2352.68 平方千米，占榆林市重点治理流域面积的 40.7%；黄土丘陵沟壑区有 135 条，面积 2814.69 平方千米，占榆林市重点治理流域面积的 48.7%。涉及 8 县（区）132 个乡（镇）1129 个行政村，有农户 10.74 万户，农业人口 43.82 万人（1992 年），其中：定边县 8 条，流域面积 187.64 平方千米；靖边县 63 条，流域面积 1568.22 平方千米；横山县 28 条，流域面积 584.28 平方千米；榆阳区 40 条，流域面积 1928.2 平方千米；米脂县 21 条，流域面积 324.14 平方千米；绥德县 25 条，流域面积 444.51 平方千米；子洲县 25 条，流域面积 494.66 平方千米；清涧县 9 条，流域面积 247.40 平方千米。

在小流域综合治理开发中，榆林市建立健全各级政府水土保持任期目标责任制和定期向人民代表大会常委会汇报制度，并将重点治理纳入各县（区） 国民经济发展规划，形成了“一把手亲自抓，主管领导全面抓，五套班子配合抓，技术部门具体抓”的工作格局。根据不同流域的立地条件，确定建立4个大会战区、50个大样板。榆阳区在古塔、青云、刘官寨、鱼河4个乡镇6条流域内铺开了10个会战点，经过5年连续苦战，形成了相互衔接、集中连片、规模宏大的综合治理样板区。横山县人机结合，会战东门沟流域，使4山18峁得到治理，并修通10千米的环山公路，集中治理面积达12平方千米。米脂县采取强有力的措施狠抓典型样板，所开展的21个会战点有7个在千亩以上。第一阶段榆林市完成总投资31459.31万元，其中国家投资4963.5万元、地方自筹1050万元、群众投资投劳25445.81万元。新建淤地坝270座，整修加固各类水土保持工程3218处；兴修基本农田55.89万亩，营造水土保持林26.85万亩，发展经济林32.59万亩，实施坡耕地等高灌木带8.3万亩，控制水土流失面积46.54万亩；人工种草21.44万亩，封禁治理6.73万亩。5年共完成水土保持初步治理保存面积2877.9平方千米，新增治理度49.8%，年平均治理进度达10%，综合措施保存率为82.4%，人均治理面积14.4亩，累计治理程度达76.5%。

第二期第一阶段延安涉及吴起、子长两个县8个乡镇77个行政村，开展重点小流域治理33条，实施治理面积329.87平方千米，保存治理面积212.6平方千米，占实施治理面积的64.4%，其中基本农田4.42万亩，水土保持林11981.9公顷，灌木带控制面积4149.2公顷，种草433.7公顷，新建淤地坝10座，维修加固15座。完成自筹资金204万元。

2. 第二阶段综合治理

1998—2002年，榆林市列入无定河第二期第二阶段重点治理的小流域共127条，面积2290.42平方千米，全部是水土流失面积，占榆林市无定河流域面积的11.27%，其中：河源梁塌区15条，面积231.2平方千米，占第二期第二阶段重点治理面积的10.1%；风沙草滩区19条，面积548.8平方千米，占第二期第二阶段重点治理面积的24%；黄土丘陵沟壑区9条，面积1510平方千米，占第二期第二阶段重点治理面积的65.9%。涉及8个县（区）85个乡镇509个行政村，农户51888户，农业人口20.6万人（1997年），其中：定边县10条，流域面积153.00平方千米；靖边县24条，流域面积410.40平方千米（其中风沙区136.7平方千米，丘陵区273.70平方千米）；横山县20条，流域面积350.11平方千米（其中风沙区190.00平方千米、丘陵区160.00平方千米）；榆阳区24条，流域面积435.00平方千米（其中风沙区222.07平方千米、丘陵区212.93平方千米）；米脂县12条，流域面积230.00平方千米；绥德县16条，流域面积339.91平方千米；子洲县12条，流域面积214.00平方千米；清涧县9条，流域面积158.00平方千米。

在第二期第二阶段重点小流域综合治理中，流域各市县坚持以江泽民总书记的重要批示和朱镕基总理的重要指示为指针，坚持以小流域为单元，以村为单位，山水田林路统一规划，集中连片综合治理；确立因害设防、优化配置的方略，坚持工程、植物、耕作三大措施并举；按照突出生态效益、注重经济效益、兼顾社会效益，实现三大效益相统一的原则，坚持治理与开发主导产业、发展区域经济相结合，尽快实现群众脱贫致富。榆林市流域各县区群众投工2609.6万工日，移动土石方6910.7万立方米（其中土方6634.3万立方米，石方 276.4 万立方米），新建淤地坝 478 座，整修加固各类水土保持工程 10660 处，新修基本农田 27.30 万亩（水地 7.17 万亩、坝地 1.31 万亩、水平梯田 17.57 万亩、引洪漫地 1.25 万亩），占新增治理面积的 13.9%；营造水土保持生态林 113.52 万亩（乔木林 13.76 万亩、灌木林 99.76 万亩），占新增治理面积的 57.7%；发展经济林 20.52 万亩，占新增治理面积的 10.4%；实施坡耕地等高灌木带 1.59 万亩，控制水土流失面积 3.71 万亩，占新增治理面积的 1.9%；人工种草 25.04 万亩，占新增治理面积的 12.7%；封禁治理 6.76 万亩，占新增治理面积的 3.4%。5 年共完成水土流失初步治理面积 1312.33 平方千米，占计划任务的 105%，新增治理度 57%，年平均治理进度达 11.4%，综合措施保存率 82.4%，累计治理程度达到 76.7%。2005 年 10 月，无定河第二期第二阶段重点小流域治理工程通过国家验收。第二期第二阶段，延安市涉及吴起、子长两县 7 个乡镇，开展重点小流域治理 18 条，新修基本农田 3.3 万亩，营造水土保持林 1607 公顷、灌木带 3050 公顷、经济林 1536 公顷，种草 2365 公顷，封禁 768 公顷。

第三节　国家水土保持重点工程建设

2003 年起，全国八大片水土保持重点治理工程更名为国家水土保持重点建设工程，其战略重点由小流域综合治理转变为水土保持重点工程建设，先后在无定河流域布设了国家水土保持重点建设工程、黄河水土保持生态工程、省级财政专项资金水土保持项目、黄土高原土地利用治理等项目，加快了无定河流域综合治理进程。

一、国家水土保持重点建设工程第三期项目［7 个县（区）］

2003—2007 年，无定河流域实施了国家水土保持重点建设第三期工程，包括靖边红墩界、横山东山、榆阳李家沟、绥德龙湾、米脂城北、子洲三川口、清涧川口 7 个项目区、65 条小流域，涉及 7 个县（区）28 个乡镇 522 个行政村，5.69 万户，总人口 23.96 万人（农业人口 23.68 万人）。项目区总土地面积 2225.22 平方千米，其中水土流失面积 2201.52 平方千米。有农耕地 111.45 万亩，人均 4.65 亩，其中基本农田 25.35 万亩，人均 1.06 亩。

经过 5 年坚持不懈的努力，无定河流域 7 个项目区国家水土保持重点建设工程完成总投资 35589.7 万元，其中：中省资金 6725 万元（中央 5900 万元，省级 825 万元），占总投资的 19%；地方财政配套 104 万元，占总投资的 0.3%；群众自筹和投劳折价 1.357 亿元，占总投资的 38%；农、林、水、牧、农业综合开发等部门在项目区安排资金 1.519 亿元，占总投资的 42.7%。按治理保存面积计算，每平方千米投资 31.34 万元。项目区 65 条小流域，群众投工 1516.77 万工日，移动土石方 5347.39 万立方米，新修生产道路 613 千米，新建淤地坝 1064 座，小型水利工程 3134 处，新修基本农田 12.89 万亩，占计划任务的 104.6%，营造水土保持林 67.38 万亩，占计划任务的 101.8%，发展经果林 17.19 万亩，占计划任务的 103.9%；人工种草 33.46 万亩，占计划任务的 100.5%；封禁治理 41115 万亩，占计划任务的 101%；5 年共新增综合治理面积 1147.13 平方千米，占计划任务的 101.77%，占水土流失面积的 52.10%；累计治理程度达到 74.6%，顺利通过了国家验收。

二、国家水土保持重点建设工程第四期项目［6个县（区）］

2008—2012年，无定河流域组织实施项目国家水土保持重点建设第四期工程，主要包括榆阳区南沟、横山大川沟、靖边黑河则、绥德静草岭、米脂城西、子洲王岔6个项目区的62条小流域，涉及6个县（区）30个乡镇613个行政村，6.85万户，总人口27.3万人（农业人口26.9万人），项目区总面积2579.65平方千米，其中水土流失面积2540.4平方千米。

在项目实施中，各县（区）按照《榆林国家水土保持重点建设工程无定河项目区2008—2012年建设规划》要求，采取“重点突出、分步实施、全面推进、板块式建设、规模化发展、全方位优化整合”的办法，坚持把重点建设工程与培育主导产业相结合，与发展区域经济相结合，与脱贫致富奔小康相结合，尽快实现重点工程由水土保持领域向高效农业延伸、向非农产业延伸、向市场延伸。米脂县城西项目区积极打造孟岔、高兴庄、朱兴庄、高庄流域，形成了170平方千米的集中连片规模治理示范区，不仅治理规模大，还在产业发展闯出了新路。绥德县青草岭项目区，按照功能划分思路，建设基本农田、经济林果、林草畜牧、生态保护区，经过连续拓展，将崖马沟、王家坪、张家沟、马家渠140平方千米4条小流域连成一片，形成了各具功能的规模治理区。横山县按照“规模一次搞大，措施一次到位、质量一次达标”的要求，实施集中综合治理，石窑则、杨家湾、芦家畔、蔡家沟、小嘴沟、柳家沟6条小流域基本连成一片，形成了近200平方千米规模的综合治理区。积极实施精品带动战略，5年先后建成米脂孟岔、高兴庄、官庄，横山石窑则、杨家湾，靖边柳树湾、野麻渠、小界则，清涧笔架山，榆阳刘小沟、郭兴庄，子洲驼巷、园则平，绥德崖马沟、王家坪、张家沟等一大批各具特色的精品流域。

无定河6个项目区62条小流域国家水土保持重点建设工程总投资29633.48万元，其中：中央21376万元，占总投资的72.1%；省级1633万元，占总投资的5.5%；市级财政配套796万元，占总投资的2.8%；县级及群众5828.48万元，占总投资的19.6%。群众投工782.22万工日，移动土石方5569.41万立方米；新修生产道路618.9千米，新建小型沙棘柔性坝1134座，谷坊2961座，小型水利工程1264处，植物护埂542.3千米，沟头防护296.8千米；新修基本农田11.17万亩，占计划任务的103.4%，营造林35.66万亩，占计划任务的99.9%，发展经果林15.47万亩，占计划任务的102.4%；人工种草24.03万亩，占计划任务的100.7%；封禁治理74.49万亩，占计划任务的100.4%。5年共新增治理面积1072.2平方千米，占计划任务的100.7%，占水土流失面积的42%。5年新增基本农田11.17万亩，人均增长0.48亩，人均达到2亩。丘陵区1°以下坡耕地的3%变成了梯田。机耕梯田、沟坝地、沟台地、埝窝地已成为丘陵山区粮食生产的主要基地；风沙区通过推沙改土造地，初步形成了以灌溉高效农业为基础，以商品粮、副食品和畜牧业生产为主体的绿洲农业新格局。经过治理，项目区的小流域基本形成了层层设防、节节拦蓄的综合防治体系，坡面和支毛沟措施的水土保持功能大为增强，有效地发挥了蓄水保土作用，拦泥减沙效益明显，特别是一些典型流域基本达到“水不下山、泥不出沟”的目标，综合治理程度累计达到72.3%。2013年7月，无定河流域6个项目区国家水土保护重点建设工程通过国家验收。

三、黄河水土保持生态工程

（一）定边、靖边县黄河水土保持生态工程

2001年秋至2007年，实施了定边、靖边县黄河水土保持生态工程。该工程区有9条小流域，总面积275.3平方千米，其中靖边32.3平方千米、定边243平方千米。治理区面积为38.68平方千米，涉及靖边县东坑、王渠则、中山涧、新城和定边县学庄、郝滩6个乡镇27个行政村，2001年总人口2843万人，其中农业人口2823万人。

在工程建设中，流域各级政府坚持“政府主导、群众参与，统一规划、综合治理，部门联合、资金捆绑，典型示范、整体推进”的做法，在各县项目区乡村实行统一规划，集中连片，综合治理，对土地使用权进行了调整，采取“先分后治”或“先治后分”因地制宜的办法，重新确定土地使用权属。一般“五荒”资源造林、种草使用权归集体，基本农田和效益突出的草地、经济林归个人所有，无论是集体所有还是个人所有，都建立严格的管护责任，并以给粮、补钱或以地待酬、以坝养坝等形式落实了管护人员的报酬。首次在水土保持生态工程中推行项目法人责任制、招标投标制、建设监理制、承包合同制和工程质量终身责任制，创建示范样板工程，提高了工程建设质量。市、县两级共抓了20个样板示范工程，其中定边县有刘渠、后湾、桥庄、路天池、乔洼、场峁则、邓兴庄、杨伏井、挡庄、崔井，靖边县有李家洼、上王渠则、燕家洼则、西桥涧、菜家峁、西湾、水口则、桃树峁、江赵渠、大阳湾。在实施过程中，坚持领导蹲点挂帅负责制和技术人员承包责任制，坚持治理水土流失与群众脱贫致富相结合，与主导产业培育相结合，与生态环境建设相结合，与农村产业结构调整相结合，充分发挥典型样板工程的龙头带动作用，实现了生态效益、经济效益、社会效益共赢。

项目区计划下达总投资8556.71万元，其中中央投资3426.3万元、地方政府配套2407.77万元、群众自筹2722.64万元。截至2007年12月30日，中央资金拨付定边、靖边两县项目区3426.3万元，其中靖边2175.17万元、定边1251.13万元。地方配套资金仅到位554.71万元，群众自筹4575.7万元。通过5年的综合治理，截至2007年，15°以下坡地新增基本农田4.92万亩，配合节水灌溉、发展高产稳产基本农田，区内人均基本农田达0.23亩；25°以上坡耕地全部退耕还林种草。已完成治理面积310.75平方千米，占计划任务的100.67%。植被覆盖率由治理前的18.18%提高到54.3%。保水量达到1018.66万立方米，保土量359.51万吨，年土壤侵蚀模数由治理前的12200吨每平方千米下降到现在的4902吨每平方千米，土地利用率由51.23%提高到80.67%。

（二）定边县黄河水土保持生态修复试点二期工程

2004—2007年，在无定河流域源头定边县学庄乡，组织实施了定边县黄河水土保持生态修复试点二期工程。项目涉及学庄乡5个行政村，总面积84.20平方千米，总人口2530人，人均占有土地49.9亩，人均占有耕地7.31亩，耕地总面积1.85万亩，其中基本农田5584.5亩，坡耕地12915.5亩。

工程开始建设，定边县即成立了由主管县长为组长的定边县生态修复工程领导小组，

下设项目办公室；乡镇成立了封育工作队，乡长任队长，成员由林业、畜牧、公安派出所、财政所、土地所的领导组成。县工程领导小组与各有关部门签订了项目目标责任书，制定了《定边县生态修复项目实施组织管理机构和职责》《定边县生态修复项目管护监测人员奖惩办法》和《定边县生态修复项目管理管护办法》，完善了项目区村规民约，为项目顺利实施奠定了基础。在工程建设中，定边县积极调整农业产业结构，将原来的小杂粮为主的单一种植改变为以种植洋芋、油料为主的经济作物，增加了土地的利用率，提高了人均纯收入；大力发展科学养殖，将原来的放牧养殖转变为舍饲养殖；建立县、乡、村三级监督管理网络，县上配专职水土保持监督人员 12 人，乡上配林草管护人员 5 人，村组配林草抚育管护人员 22 人，确保了各项法规政策和管理办法落到实处。县水土保持监督站还会同县封山（滩）禁牧办公室等相关部门和单位进行定期与不定期的联合执法大检查，村级管护人员由村委会组织村民选举产生，县项目办给每人每月补贴 200 元。在生态修复治理方面，实行大面积封山禁牧，依靠生态的自我修复功能，使植被在短期内迅速恢复，并加以人工补植、补种措施。

截至 2007 年，完成封禁治理面积 68.67 平方千米、工程围栏 19.59 千米，标志碑 1 座、建标志牌 12 座、边界标志桩 300 根，人工补植林木 1383.5 亩（其中沙棘、柠条灌木林 1085 亩、乔木林 298.5 亩），建植被监测点 6 个、径流小区 6 个、典型农户调查 6 户，制定颁发相关管护政策制度 4 个，并开展了植被监测、动物监测以及典型农户调查、径流泥沙监测。该生态修复工程经过 4 年建设，区内林草覆盖率达到 22.20%，比项目实施前的 2003 年增加了 3.1%。野兔数量成倍增加，多年不见的山鸡、野鸡成群，狐狸、刺猬、蛇也经常出现。项目实施前，农、林、牧土地利用面积分别是 1.85 万亩、2.89 万亩、0.3 万亩。项目实施后，草地面积增加为 7.51 万亩；粮食种植面积减少为 1.03 万亩，但粮食单产每亩增加了 12.5 千克，每亩达到 100 千克。

该工程总投资 138.00 万元，其中中央投资 78.00 万元、地方投资 60.00 万元。用于工程措施 51.68 万元，用于管护、宣传、监测等措施 60.00 万元，其他费用 10.84 万元。2007 年，该工程竣工，榆林市水务局组织有关专家进行了初验，2009 年 6 月陕西省水土保持局组织省市专家进行了终验。

（三）土桥梁小流域坝系工程

2006 年 12 月，土桥梁小流域坝系工程开始为期 5 年的建设。土桥梁小流域位于靖边县高家沟乡境内，属无定河流域的二级支流，流域总面积 84.08 平方千米，全是水土流失面积。涉及高家沟乡 6 个行政村，总人口 3800 人，总耕地 1.78 万亩，人均基本农田 0.75 亩。土桥梁流域坝系计划实施骨干坝 17 座（其中加固 5 座）、中型坝 13 座（其中加固 5 座）、小型坝 14 座，控制流域面积 58.98 平方千米，综合治理面积 32.95 平方千米，其中新修基本农田 0.59 万亩，种植水土保持林 2.79 万亩，种草 2.1 万亩。

工程计划总投资 4085 万元，其中中央投资 2405 万元、市县配套 1680 万元。截至 2011 年 10 月已下达 2602.89 万元，其中中央投资 1644 万元、地方配套 958.89 万元。由于相关技术支撑得不到保障，不能很好地服务于工程建设，又因淹没赔偿问题没有得到解决，阻拦事件时有发生，造成人为延误工期和投资计划下达滞后，超过批复建设期限，致使材料价格、人工工资等涨幅较大。截至 2011 年 10 月，完成骨干工程 10 座，在建工程 2 座，完成中小型坝 14 座，综合治理面积 13.9 平方千米。2010 年 10 月，榆林市水务局组织有关专家对土桥梁小流域坝系已竣工的 10 座骨干工程和 14 座中小型坝进行了单坝初步验收。2012 年工程建成并进行了竣工验收，建成中小型、骨干淤地坝 105 座，工程建成后，骨干工程的控制面积 82.40 平方千米，占项目区坝系总面积的 98%，项目区坝系的整体防洪能力将提高到 300 年一遇以上的洪水标准，泥沙控制率达 98%。坝系工程拦泥效益为 9004.54 万元，种植效益 9286.12 万元，灌溉效益 118.5 万元，小流域坝系经济净现值 3337.3 万元，经济效益费用比 1.99，投资回收年限 8 年。项目的建设将淤出大量优质坝地，增大基本农田面积，进一步促进项目区的退耕还林（草）工作，减少水土流失，改善农业生产条件和生态环境条件，对土桥梁小流域的经济发展起到积极的推动作用。

（四）无定河流域崔家沟工程

2007 年 10 月无定河流域崔家沟工程开始为期 4 年的建设。该项目区是黄河粗泥沙集中来源区，总面积 248.64 平方千米（其中水土流失面积 239.52 平方千米），涉及绥德县庄镇、辛店乡、白家硷乡、薛家峁镇等 4 个乡镇 146.98 平方千米，清涧县郝家墕乡 101.66 平方千米。项目区分为 4 个小流域片，其中崔家沟 112.97 平方千米、淮宁河 84.57 平方千米、慕家沟 30.17 平方千米、吴家沟 20.93 平方千米。

核定无定河流域崔家沟项目计划新增水土流失综合治理面积 69.65 平方千米，其中基本农田 701.4 亩，经济林 5226 亩，水土保持乔木林 3839.4 亩、灌木林 22400 亩，种草 16300 亩，封禁治理 56008.2 亩；建设淤地坝 38 座，其中新建骨干坝 15 座，加高加固骨干坝 4 座，总库容 2228.7 万立方米，拦泥库容 1779 万立方米；新建中型坝 13 座，加高加固中型坝 6 座，总库容 435.34 万立方米，拦泥库容 327.11 万立方米；骨干坝控制流域面积 60.04 平方千米。工程总投资 4379 万元，其中中央投资 2662 万元、市县配套 1717 万元。截至 2011 年 10 月已下达 1939.71 万元，其中中央投资 1230 万元、市县配套 709.71 万元。截至 2011 年 10 月，完成骨干工程 2 座，在建工程 6 座，完成中型坝 2 座，在建工程 1 座。崔家沟工程建成后，绥德县黄河水土保持生态工程相继实施了 2014 年知州墕项目综合治理工程、义合镇党家沟村绵羊嘴、白家硷乡老庄沟村黄峁沟、韭园乡蒲家洼村前大沟中型淤地坝 4 项工程，截至 2020 年已全面完成建设任务，共完成总投资 387.29 万元。

四、省级财政专项资金水土保持项目

（一）无定河高西沟、后任家山小流域治理工程

2008 年起，用陕西省省级财政专项资金在无定河流域先后实施了米脂高西沟、绥德后任家山小流域综合治理，以及靖边井沟、子洲淅滩等淤地坝项目工程。米脂县高渠高西沟小流域治理工程总面积 4.0 平方千米，全是水土流失面积，计划综合治理面积 1.5 平方千米，其中新修水平梯田 151.5 亩，种植水土保持林 205.5 亩、经济林 85.5 亩，种草 276 亩，封禁治理 1531.5 亩，新修生产道路 1.0 千米，水窖 3 眼。绥德县马家川乡后任家山小流域治理工程总面积 3.0 平方千米，全是水土流失面积，计划综合治理面积 1.5 平方千米，实际完成情况是：新修梯田 120 亩，种植水土保持林 420 亩、经济林 450 亩，种草 89 亩，

封禁治理411亩，新建谷坊5座，新修生产道路1.3千米。到2009年底，项目全部完成各项治理任务，其中高西沟项目工程总投资39.99万元（其中省级财政投资20万元），后任家山项目工程总投资39.99万元（其中省级财政投资20万元）。2010年1月，由榆林市水务局，榆林市水土保持生态工程处，米脂县、绥德县水务局等单位的有关人员组成的验收组，分别对高西沟、后任家山小流域综合治理实施情况进行了验收。

（二）榆林无定河流域淤地坝工程

2008—2011年，用省级财政专项资金在无定河流域先后建成的水土保持淤地坝项目的工程有：靖边县井沟淤地坝1座、庙沟淤地坝1座（共投资10万元），锁草峁淤地坝1座（投资30万元），绥德县崔家湾镇蒲家圪崂村淤地坝1座（投资10万元），子洲县清水湾中型坝1座（投资15万元）、冯家沟中型坝1座（投资10万元）、湫滩沟淤地坝1座（投资100万元）。省财政投资项目均验收。

（三）延安无定河流域省级财政专项资金水保项目

2008—2017年，省级财政安排专项资金2480万元，在延安市13个县（区）［含无定河流域吴起、安塞、子长3个县（区、市）的6个镇］开展水土流失治理项目，10年共完成治理面积612.7平方千米，其中沟头防护7处，涝池4处，新建淤地坝9座，加固淤地坝4座。

五、米脂县黄土高原土地利用治理实验项目

1985年10月至1989年9月，米脂县承担了中国政府与联合国世界粮食计划署合作的"陕西省米脂县黄土高原土地利用治理"实验项目（项目代号为2744号，简称2744项目）。该工程与米脂县水土保持综合治理同步进行，相得益彰。

米脂2744项目实施区域包括米脂县东南部地区，辖城关、城郊、十里铺、杨家沟、桃镇、印斗、桥河岔、高渠、杜家石沟、姬家岔10乡镇235个村，面积815.32平方千米，1984年有农户2.85万户，11.69万人，劳动力4.03万人。项目主要内容是：联合国世界粮食计划署无偿援助小麦45640吨、汤料粉50吨（总价值1127.62万美元），中国政府投入配套资金517.36万美元，组织项目区群众开展以基本农田建设为主，配套建设淤地坝、水利设施、林草措施等，实施水土保持综合治理。

1985年10月，国家农牧渔业部、陕西省分别成立2744项目领导小组及办公室；米脂县成立2744项目指挥部，10个乡镇成立2744项目指挥所，项目区各村都成立了项目执行小组。米脂县坚持"统一领导、统一规划、统一标准、统一治理，农闲时集中劳力、集中时间施工"的办法，将项目任务按年度计划落实到各村各户，治理后的土地归原承包户经营，坚持谁治理谁受益；对不按期完成任务者罚收延误费。林木牧草谁种谁有，谁管理谁受益，长期使用，允许继承。农田工程（梯田、坝地）由耕种、受益农民维护巩固。村制定护林护草制度和乡规民约，确保水地、梯田、坝地和林草的效益发挥。

米脂县项目指挥部坚持工程措施与生物措施相结合、林草措施与技术措施相结合、治坡与治沟相结合、治理与管理相结合，坚持长远利益与当前利益、生态效益与经济效益相结合，以建设基本农田为基础，指导农民严格按标准兴修梯田、水地和淤地坝，整修加固原有土坝，新修蓄水池，续建配套抽水站，种草、改良草场，整地造林（先修鱼鳞坑、水沟、反坡梯田，后造林），促进土地资源合理利用和农村产业结构升级。加强基层技术培训，先后举办县级农、林、水、牧、果技术培训班 13 期，培养农村技术骨干 1400 人。在工程进行期间，县级领导和一批县乡干部深入第一线指导施工，逐级签订合同保证任务落实。项目区广大农民群众继续发扬艰苦创业的建设热情，苦干加巧干，超额完成了项目治理任务。艾好湾、对岔、泉家沟、后马家园则、冯渠、孙家沟等 26 个村率先闯路，为其他村树立了良好榜样。

经过 4 年的艰苦努力，到 1989 年 9 月 30 日，原规定治理指标超额完成。4 年间，项目区内完成治理面积 394519 亩，治理面积由原来的 277617 亩增为 673136 亩，达到区内总面积的 55%。农田开发 93792 亩（新修水地 2839 亩、坝地 8602 亩、水平梯田 82351 亩），建蓄水池 20 座、抽水站 19 座，修土坝 333 座，加固土坝 143 座；退耕造林种草 132006 亩（种苜蓿 106417 亩，建果园 18989 亩，植树造林 6600 亩）；改良草场 104852 亩，荒山造林 63869 亩，建苗圃 600 亩。区内"三田"增加 7.7%，林草覆盖率提高 24.6%，减轻了水土流失；农林牧用地比例由原来的 4.69：1：1.67 调整为 1.79：1：1.46，为农林牧副各业协调发展奠定良好基础。与 1984 年比较，1988 年在大幅度退耕情况下，加强科学种田，单产提高 49.2%，总产增长 28.9%，人均占有粮和口粮分别增长 24.2% 和 20.9%；新增人工草地和改良草场使区内载畜量提高 79.8%，家畜存栏量增加 43.8%；农业总产值由 2154 万元增加到 2984 万元，增长 38.5%，人均纯收入由 202 元增加到 321 元，增长 58.9%。1990 年，联合国世界粮食计划署委派莱卡多率 2744 项目验收组到米脂县进行了验收。

2013—2020 年，无定河流域相继实施了国家水土保持重点建设第五期、第六期工程，项目涉及无定河流域榆林市的定边、靖边、榆阳、横山、米脂、绥德、子洲、清涧和延安市的子长、吴起、安塞等 11 个县（市、区）。连续 8 年榆林市累计治理水土流失面积 8204.75 平方千米，其中 2013 年治理 1216.53 平方千米，2014 年治理 1115.7 平方千米，2015 年治理 1100 平方千米，2016 年治理 1132.02 平方千米，2017 年治理 1153.5 平方千米，2018 年治理 1130 平方千米，2019 年治理 670 平方千米，2020 年治理 687 平方千米。持续推进病险淤地坝除险加固，连续 8 年共新修、维修、加固淤地坝 5554 座，其中 2013—2015 年各 850 座，2016 年 876 座，2017 年 828 座，2018 年 819 座，2019 年 307 座，2020 年 174 座。2013 年启动黄河粗泥沙集中来源区拦沙工程前期工作，2016 年完成一期工程环评批复，13 项前置条件办理完毕，2020 年列入国家 150 项重大建设项目，榆林市按照黄河水利委员会、陕西省水利厅要求变更编制项目实施方案，并上报水利部、国家发展和改展委员会。在绥德、子洲、靖边、定边等县持续实施坡耕地水土流失综合治理项目建设，重点累计完成投资 3.47 万元，实施坡改梯 25.74 万亩。2018 年国家水土保持重点建设工程"以奖代补"榆阳区试点项目涉及青云和古塔 2 个乡镇 8 个行政村，完成水土保持措施面积 38 平方千米，占规划治理面积的 84.44%。2020 年"以奖代补"试点项目涉及榆阳、靖边、横山、米脂、子洲 5 县（区），治理任务 114.5 平方千米。2019 年启动榆林市黄土高原生态文明示范区建设项目，搭建组织领导机构，聘请专家学者团队，研讨制定专项规划及实施意见，统筹推进 31 个重点示范项目，无定河流域水土保持生态环境建设向更高层次迈进。

第四章 防沙治沙

无定河流域定边、靖边、横山、榆林等县（区）长城以北地区属毛乌素沙地南缘。历史上，这里曾森林广袤，水草丰美，沃野千里，牛羊成群，但随着历代战火弥漫，加之人口增多，人们长期乱垦滥牧，从而导致气候干燥，生态环境日趋恶化，北部风沙区土地沙漠化不断扩大。清末至新中国成立前，榆林沙区农田被沙吞没 100 余万亩，沙漠化牧场 400 多万亩。新中国成立后，流域各级党委、政府带领人民展开了一场声势浩大的防沙治沙战争。1950—1953 年，西北军政委员会防沙林场围绕沙区设计 3 条大型基干林带，开始围歼沙漠。20 世纪 50 年代中期，根据沙丘、沙滩、沟道 3 个不同地貌类型区，推广靖边县杨桥畔引水拉沙经验，采取引水拉沙造田、植树种草等措施相结合的办法进行治理，在沙丘区以营造草灌防风固沙林为主，长期坚持不懈地在坡脚、沟坡水分条件好的地方营造乔灌混交林，并实行封禁荒沙育林育草。1960 年，国家和陕西省将榆林沙漠治理列为改造利用的重点，在沙滩地和河流两岸，采取开渠引水拉沙造地，引洪漫地，建设以水地为主的基本农田，并结合渠系、道路、农田，营造以乔木为主的护田林网，群众创造了引水拉沙造田和造林种草固沙等治沙经验，出现了许多风沙治理的先进典型。1970 年以后，榆林沙区开展大规模的治沙活动。20 世纪 80 年代初，榆林推广“五荒”资源承包、拍卖治理， 30 多万户群众承包荒沙 770 万亩，5 年治理 400 多万亩。到 1985 年，已建成防风固沙林带 898 千米，万亩以上成片林 159 处，沙区林地面积 1053 万亩，初步形成了防护林体系，共固定流沙 400 万亩，半固定流沙 150 万亩。1991—1995 年，沙区实施开发性综合治理，在水源丰富的沟道、沙窝、沙滩建水库、机井等蓄水、抽水工程设施，平沙改土，兴修水利，开展绿洲农业，大搞植树种草及防护林草建设。1991 年，国家投资 2 亿元，实施榆林沙区粮副基地综合开发项目，以建设 60 万亩商品粮、副食品生产基地为龙头，带动绿洲农业上新台阶。实行林草水利综合治理，相对集中连片，形成整体规模效益。截至 2020 年，无定河流域风沙区共营造沙区林 1460 万亩，森林覆盖率由新中国成立初的 1.8% 提高到 38.9%；沙区建成总长 1500 千米、林木面积 175 万亩的大型防风固沙林带。在沙漠腹地营造起 1 万 ~ 30 万亩的成片林 165 处，受风沙危害的 145 万亩农田全部实现林网化，流入黄河的泥沙减少一半以上。特别是通过引水拉沙、机械平整、治沙造地，新开辟农田 130 万亩（其中水地 86 万亩），发展养鱼水面 18 万亩，恢复改良草场 310 万亩，大家畜由新中国成立初的 7.6 万头增加到 26 万头，羊由 36 万只增加到 400 万只，流域 860 万亩流沙有 620 多万亩得到固定、半固定，治理程度达到 72.1%，沙区已成为榆林市重要的粮食、副食品生产基地，有 12 万多农户 70 多万人在流沙中重建家园。无定河流域已形成完整的防风固沙、保护农田的生态防护体系，沙漠化趋势得到有效控制，陕西绿色版图整体向北大幅度推进，取得了“沙进人退”为“人进沙退”的历史性治沙成效。

第一节　治沙造田

一、引水拉沙造田

民国五年（1916 年），靖边县杨桥畔群众在芦河右岸临时筑坝，开渠引水拉沙，沙丘被水拉平后，引洪漫淤，变沙地为良田。民国三十年（1941 年），榆林县农会会长刘如愚等，在驻榆军政官员邓宝珊、高双成、刘学海的支持下，兴修榆林城北二里畔至榆阳河口河堤 4.5 千米，次年河堤修成即引水拉沙，新增榆林城西门滩农田 2500 亩。

新中国成立后，在榆林风沙区以兴修水利为重点，治理沙漠，综合开发沙区。1950 年靖边县杨桥畔村党支部书记詹立武带领群众在芦河修建 3 座拦河坝，修干渠 12 千米、支渠 15 千米，至 1956 年引水拉平沙丘 1000 多个，造良田 1 万多亩（其中国营农场经营 4500 亩）。同年，榆林专署总结杨桥畔引水拉沙经验，在榆林、横山、靖边、定边等县沙区推广。榆林县于 1958 年 3 月 20 日开工修建榆东渠，从榆溪河上游孟家湾乡红河梁筑坝，引水入沙漠腹地，至榆林县牛家梁的榆卜界，全长 32.5 千米。在榆林县农林水牧局局长杨增占倡导下，民工马柱才、高老八、张如则等组成引水拉沙技术小组，边研究，边实践，以水定线，水到渠成，创造了以水补水、长藤结瓜、以沙补沙、冲填不夯的拉沙新方法。其经验是：当流量为 0.1 立方米每秒，拉沙壕的比降为 1/200 ~ 1/5000 时，即可拉沙；当流量为 0.4 立方米每秒，拉沙壕比降为 1/200 ~ 1/500 时，即起到良好的冲沙效果，冲沙水流量以 0.3 ~ 0.5 立方米每秒最好。榆东渠按此经验引水拉沙修渠，仅投资 30 万元，7 个月全渠通水，引渠水拉沙丘造水地 1.05 万亩。相继在兴修榆林黑海子渠、榆西渠、靖边芦西渠、海生渠等灌区中开展引水拉沙造田，至 1960 年榆林专区风沙区水拉沙造田共达 78 万亩。20 世纪 70 年代，在兴修扩修榆林县的榆高、西沙渠，横山的响水、芦河渠，靖边县的杨桥畔、金鸡沙等渠，进行大规模引水拉沙造田中，群众根据沙丘地形、引水水源、冲刷部位不同等，在驼峰形沙丘地推广“抓沙顶”法，在波浪沙丘地形推广“劈沙畔”法，在新月形沙丘地推广“旋沙腰”法，在馒头形沙丘地推广“梅花瓣”法及“串沙窝”“羊麻肠”等引水拉沙造田的好方法。至 1978 年榆林风沙区开渠引水拉沙造田累计 92.3 万亩。

二、拉沙筑坝

拉沙筑坝和黄土高原地区水坠筑坝技术基本相似。1958 年修建的榆林县石峁水库，沙坝高 28 米，库容 1500 万立方米，为沙区筑坝闯出了新路。这项经验很快在沙区推开，相继又建成中营盘水库、河口庙水库、十八墩水库、靖边县金鸡沙水库、惠桥水库等。到 1990 年，风沙区建成中小型水库 37 座，自流渠道 270 条，抽水站 265 处，机井近万眼，新发展水地 64 万亩，发展养鱼水面 16 万亩。这些工程措施，在沙区开发治理中发挥了十分重要的作用。

三、机械平整荒沙地造田

1984 年起，随着政府将各类沙丘、荒沙地划拨到户，实行谁修地、谁种草、谁植树、谁受益，允许转让和继承的承包治理荒沙的政策，激发了群众建设基本农田的积极性，不少农户在承包的荒沙地上，动用推土机平整，经过土壤改良，使荒沙地变为耕地，有的还引河水、提井水浇灌，变为水地。靖边县东坑镇金鸡沙村牛玉琴与丈夫张家旺，于1985—1998年先后承包荒沙地18.32万亩，在所承包的荒沙地除大量植树造林种草外，还动用推土机推平沙丘造田达2000亩，并打井使之变成水浇田。定边县海子梁乡石光银，于1984—1998年先后承包荒沙地22万亩，组织127户贫困户，除在他所承包的荒沙地植树造林种草外，还用推机推平沙丘及打机井兴修水地1万多亩。榆林风沙区仅1990—1993年群众投劳823万个工日，动用推土机2.4万台班，推平沙丘平整荒沙地29.88万亩，其中受益水地达25.53万亩。涌现出靖边县新农村乡新庄用推土机推平沙丘造水地10万亩，海则滩乡糜地湾治沙造田14万亩等先进典型。同时在风沙区实施“60万亩商品粮副食品基地综合开发”项目建设中，机修荒沙地15万亩，变成高标准水浇地。截至2020年，无定河流域在风沙区通过多年引水拉沙，机械平整沙丘、荒沙地造田累计48万亩，其中水地32万亩。沙区仅存的50万亩流动沙地得到有效投资治理，沙化土地治理率达93.24%，沙区植被覆盖率达到60%。

四、引洪漫地

历史上，定边、靖边两县就有引洪淤灌治碱治沙的经验。清嘉庆《定边县志》载：嘉庆七年（1802年）定边知县郑永江指导乡民在定边县城南20里的干沟沟口处“迎口接筑东西两墙，迴绕二十余里，中留水道，……每于夏秋之间，雨连水涨，即引水西北出，经王来家滩及小巨滩之沙窝，绕庙儿、韩家楼抵七墩滩，出边墙，计五六十里旷野下湿之区”，使王来家滩、小巨滩一带沙窝变成“膏腴之地”。到民国三十三年（1944年），定边县仅安边八里河引洪漫灌3.5万亩，靖边县仅席麻湾、王渠子引洪漫地1.59万亩。

新中国成立后，定边、靖边两县把引洪淤灌作为治理风沙盐碱滩地、发展农业生产的重要措施，组织群众大力修筑堤坝、渠壕，拦洪引洪淤灌盐碱荒沙滩。1954—1958年，定边、靖边两县各年漫地分别达3.74万亩、4.11万亩、4.67万亩、4.85万亩、10.51万亩。1959年，定边、靖边两县引洪淤灌共达30.1万亩，其中靖边县13.46万亩、定边县16.64万亩。1960年后，由于定边、靖边两县引洪淤灌上游山区筑坝修梯田，水土流失逐年得到治理，使下游引洪淤灌地逐年减少。截至1989年，靖边县、定边县引洪淤地分别减为4600亩、3万亩。

第二节　造林种草治沙

明清时期，无定河流域人们对风沙埋没城垣、农田无可奈何，只是动用人力肩挑车推铲除埋压榆林城头及长城城垣上的流沙。到清末民国时期，地方官员开始带头在风沙滩区植树，鼓励农户大力植树种草治理荒沙。民国年间，靖边宁条梁等地农民坚持常年种树防沙，在10年内植树成活树木200万株，使靖边宁条梁地方，远望万木千嶂，林木森森，一片绿茵，蔚然成林，并形成了三边植树的良好风气。但民国三十六年（1947年）七月，国民党驻榆二十二军因解放军攻打榆林城构筑防御工事，即将榆林“城区三里内树木悉数砍伐殆尽”。抗日战争时期，隶属陕甘宁边区的靖边、定边等县响应边区政府的号召，大力开展植树造林。1942—1944 年，靖边县在时任县委书记惠中权的带领下，掀起造林热潮，3 年累计植树造林 62.64 万株。新中国成立后，无定河流域各级政府带领群众，根据风沙区不同地貌类型区，在沙丘区以营造草灌防风固沙林为主；在坡脚、沟坡水分条件好的地方，营造乔灌混交防风固沙林带，并结合渠系、道路、农田营造以乔木为主的护田林网。通过 70 多年不懈的艰苦努力，至 2013 年，无定河流域沙区营造防风固沙林 1460 万亩，860 万亩流沙有 620 多万亩得到固定、半固定，治理达到 72.1%，初步形成防风固沙、保护农田的生态防护体系。

一、营造固沙林

1950 年，西北军政委员会在榆林成立陕北防沙林场，1953 年改为榆林专区防沙造林局，并建立 6 个县林业站、6 个区林业分站，开展植树造林。在风沙区采取“先固沙、后造林”“先沙湾、后沙丘”“先坡下、后坡上”“前高档、后短拉”，以及封育与利用相结合的办法，大量营造与经常养护相结合，长期建设与当前生产相结合等措施，营造防风固沙林，并于 1953 年开始搭设防风沙障蔽（简称沙障）。

1950年春，陕北防沙林场在榆林城组成“合作造队”“兵工造林队”“机关义务植树队”，到榆林城郊的榆溪河两岸、七里沙、西门外共栽植柳、杨（水桐）短栽子和试栽青杨 88184 株，成活率 65%；费用 2962.43 万元（边币），折合小米 22107.5 千克，到 1952 年，仅榆林县营造小型成片林 0.24 万亩。1953 年榆林县金鸡滩村马柱才互助组营造成片林 300 亩。1955 年榆林县海流滩合作社组建青年造林突击队，开展治沙造林。1956 年 3 月共青团中央在延安召开西北五省（区）青年造林大会，把植树造林推向高潮。会后，榆林专署在全区推广金鸡滩、海流滩两个绿化重点村的经验，并于当年 6 月和 9 月分别召开全区“林业经验交流会”和“治沙绿化现场会”，涌现了社社育苗、人人造林的好局面。在草滩周围沙丘、河谷川道和沙丘荒沙地区营造小型成片林，相继办起榆林鱼河、小纪汗、靖边冯家、定边长茂滩等国有林场。1957 年，中国北部沙地考察队对榆溪河流域、牛家梁、青云等沙地进行考察规划后，1958—1960 年在风沙区开展大规模的治沙造林运动。每年以 32 万亩的进度植树造林，3 年造林 96 万亩。1963 年后，造林速度逐渐加快，到 1966 年春，累计造防风固沙林达 300 万亩，保存率 52.5%，出现了榆林金鸡滩、海流滩，靖边柳桂湾，定边小滩子等治沙造林先进典型。

1972 年，榆林地委批转了《榆林地区林业工作纪要》后，全区迅速掀起造林高潮。风沙区几乎所有公社、大队都办了林场，每年春秋两季，各公社抽调青年民兵集中到社办林场进行植树造林，至 1978 年，全区造防风固沙林达 400 万亩，其中万亩以上成片林 159 处。

1978 年党的十一届三中全会后，榆林地区行政公署实施“北治沙、南治土”战略，将各类沙丘、荒沙地划拨到户，实行承包限期治理荒沙地的政策，把风沙区发展绿洲农业、建设 60 万亩商品粮副食品基地列为全地区的重点开发项目，充分调动了群众治沙的积极性，使风沙区荒沙治理和开发得到快速发展。靖边县金鸡沙村牛玉琴 1985 年与丈夫同乡政府签订承包治理1.8万亩荒沙的合同，全家吃、住在沙漠，到1991年已治沙1.31万多亩，其中造林1.1万多亩。此后，牛玉琴又承包治理荒沙地11万亩，先后荣获全国三八绿化奖章及陕西省劳动模范等称号。定边县海子梁乡石光银从1984年至2005年先后承包荒沙地22万亩，通过植树造林、种草及修水地，所承包的22万亩荒沙地基本得到治理。石光银荣获"全国治沙英雄"称号。1984—1990年，风沙区共有30多万户群众承包荒沙地770万亩，完成治理荒沙地400多万亩。截至2013年，榆林市风沙区造防风固沙林达620多万亩，1万～30万亩的成片林有165处（其中5万亩以上的25处，10万亩以上的17处），治理度达72.1%。

二、营造防风固沙林带

1950—1953年，陕北防沙林场完成榆林及陕蒙边界毛乌素沙地2862万亩风沙区综合考察，并设计3条大型基干林带：第一条沿陕蒙边界，东起神木县大柳塔三不拉村，西至靖边张家畔，全长561千米，称北绿林带；第二条东起府谷大昌汉，西至定边盐场堡，全长650千米，称长城林带；第三条东起靖边张家畔，西至定边红柳沟，全长349千米，称环山林带。总设计造林面积165万亩。榆林专署在沿长城一带先后建立了26个国有林场，大规模营造防风固沙林带。从1956年春起，榆林风沙区各县共青团响应共青团中央的号召，组织青少年在长城沿线开展大规模植树造林活动。

1957年春，靖边县委书记张德本带领干部、学生、市民在张家畔附近的新伙场村下湿滩地造林1000多亩，命名为"青年林"。这年春、秋两季，榆林县共青团组织榆林城内青少年学生和团员到城郊七里沙等地植树共28万株，定边县共青团组织定边城内学生和团员到乱井子等地植树20多万株。1959年秋，榆林地区动员23万人，组成各个造林突击队到沙漠腹地、丘陵山地、黄河两岸，7天造林58万亩，零星植树134万株，种沙蒿14.7万亩，幼林抚育37万亩。

1969年后，随着开展"农业学大寨"运动，风沙区再次掀起植树造林治沙高潮。1970—1978年，每年春、秋两季各县组织青年、民兵，动员机关干部、企事业单位技工及学校学生城镇居民，采取造林大会战形式植树造林。同时组织青年民兵采取野营拉练等形式，突击完成植树造林攻坚任务。1977年，风沙区29个重点造林会战工程，上马实施24个，投入14.5万人，造林33.8万亩。到1978年，风沙区防风固沙林带林木保存面积达155万亩。

1978年国务院决定在东北、华北、西北（简称"三北"）地区建设"绿色长城"，将榆林风沙区列为三北防护林体系工程建设国家级示范区，从资金上予以支持。第一阶段工程为1978—2000年，分三期建设，一期工程为1978—1985年，二期工程为1986—1995年，三期工程为1996—2000年。这期间绿色长城工程与其他沙区治理项目建设、全民义务植树相结合进行。到1983年，全民义务植树成为主要形式，当年义务植树974万株，人均10株；1984年，参加义务植树人数达110万人，共植树856万株，人均8株。经过23年的建设，风沙区建成三条防护林带，长1500千米，造林面积达175万亩。其中，"绿色长城"工程在全长486.87千米的古长城沿线两侧1～5千米范围内，营造以樟子松为主的防风固沙林带 100 万亩，形成多林种结合、多树种配置的绿色屏障。整个工程实际完成总投资 32328 万元，其中：中央投资 7328 万元，占总投资的 22.7%；地方配套 2000 万元，占总投资的 6.2%；群众投工投劳折资 2.3 亿元，占总投资的 71.1%。

2001—2008 年，实施榆林市三北防护林第二阶段工程建设，至 2008 年，完成造林任务 54.95 万亩，投资 5400 余万元。此外，从 1981 年起全市开展全民义务植树运动，至 2008 年，全市共有 3450 万人（次）参与植树造林，栽植树木 28 亿株。特别是从 2003 年起，在全市范围内开展的“三个百树”义务植树工程（即自 2003 年至 2013 年 10 年内，全市各级干部职工每人植树 100 株，居民和农户每户植树 100 株，鼓励在外工作、创业的榆林籍人士每人为家乡植树 100 株，简称“三百”工程）活动，取得了显著成效。到 2008 年，“三百工程”完成植树 6000 多万株。

三、营造农田防护林网

1959—1966 年，榆林专区先后在风沙区靖边县宁条梁、东坑、杨桥畔、海子畔，榆林县马哈、芹河等地开展农田防护林网规划与建设。1972 年，榆林地委根据中央 1970 年、1971 年先后召开的北方地区农业会议和全国林业会议精神，总结经验教训，调整农林牧产业结构，对农林牧进行统一规划，打破公社行政区域界限，实行山（沙）、水、田、林、路综合治理，田、渠、林、路四配套，达到“三端一平”（林端、路端、渠端、地平）。成立地、县农田林网化指挥部，动员全区人民全面治理荒沙、荒滩、荒山，开展以建设农田林网为主体、四旁植树为主要形式的植树造林。

到 1976 年，风沙区 59 个公社 6 个国营农场共营造农田防护林 13.7 万亩，保护农田 74 万亩。1970—1981 年，榆林县芹河公社蟒坑大队推平沙丘 62 座，造地 810 亩，移动沙土 120 多万立方米，埋旧土壕 94 条，开挖新渠 134 条（总长 44.5 千米），营造护田林 21 条（总长 23 千米），栽植乔木树 13.5 万株；营造用材林 265 亩、经济林 88 亩、固沙林 6400 亩，粮食产量逐年提高，成为治沙造林先进典型大队，其农田防护林网建设的先进经验在省内外广泛推广。截至 1998 年，风沙区营造护田林网 1000 多千米，140 万亩农田实现林网化，占风沙区农田总面积的 96.6%；林带、林网使 150 多万亩草场减轻了风沙的危害。

四、飞播种草、搭沙障

（一）飞播种草

长期以来，在各固沙林和沙丘荒沙地除群众零星进行人工种草外，主要是进行大规模的飞播种草。1958 年 7 月 10 日至 8 月 11 日，榆林专区林业畜牧局组织榆林治沙站、水土保持试验站等有关单位用安二型飞机首次在榆林城北七里沙、西沙、红石峡、牛家梁等固沙林地和沙丘荒沙地进行飞播种草试验。先后飞播沙蒿籽共 44022 千克，飞播面积 31.47 万亩，1958 年发芽率 74.0% ~ 92.0%，1959 年风季后保存率为 4.0% ~ 12.0%。1960 年 7 月 5 日至 8 月 26 日，仍在七里沙、西沙、红石峡及杨官海子一带沙丘荒沙地进行飞播种草试验。这次先后起飞安二型飞机 576 架次，空中飞行共 209.31 小时，飞播草种共 46.88 万千克，其中草木樨 35.83 万千克、牛荆子 4.02 万千克、沙蒿籽 4.74 万千克、扫茨子 1.1

万千克、苜蓿 0.47 万千克、柠条 0.72 万千克，飞播面积 64.28 万亩，1961 年风季后保存率 1.00% ~ 12.86%。

1974 年，由黄河水利委员会、陕西省农业林业局主持，组织全国、省、地、县 10 个科研单位、高等院校的科技人员成立“榆林沙区飞播试验协作研究组”，进行飞播试验研究，8 年后取得成效。1981 年，该项成果通过国家鉴定，其研究的深度和广度，在全国无先例。1983—1986 年，在本区各类沙地设点推广示范，4 年共飞播 29 万亩，两三年后保存率 54.4% ~ 83.6%，比 1974 年前保存率提高 9.4% ~ 8.1%。用种量降低 43.3%，成本降低 46.7%。

1980—1985 年，榆林县草原站会同中国民航局科研所第三室开展“榆林县盖沙黄土区飞播牧草试验”研究。1985 年 8 月，由陕西省农业畜牧厅和中国民航局科技教育司主持，聘请国内有关科研教学等 28 个单位的 30 名专家学者对该项研究进行实地考核和审验后，所制定的技术鉴定书认为：该研究成果超过了国家北方飞播暂行标准，达到了国内先进水平，具有推广价值。同时完成了“飞播小粒牧草种子适宜播幅”研究，也通过了鉴定，认为该成果具有较高的科学性，达到了国内先进水平，可在类似条件下推广。

1986 年 8 月 24 日，国家农牧渔业部和中国民航局专业航空公司，联合在榆林召开了全国飞播草现场观摩经验交流会，全国 24 个省（市、区）农牧渔业部门负责同志及民航北京、兰州、沈阳等 7 个管理局的有关负责同志共 130 多人出席会议。会议代表们参观了榆林市麻黄梁等乡飞播牧草现场，对榆林市飞播牧草工作给予了高度评价。此后，飞播种草扩大到定边、靖边、横山、神木、府谷等县风沙滩区。到 2020 年，风沙区飞播种草保存总面积达 89 万亩，有苗面积达 70% 以上。到 2013 年，全市风沙区飞播种草、人工种草共达 310 万亩。2000—2015 年实施飞播造林 78 万亩（含复播 12.5 万亩、人工模拟飞播造林 15 万亩），提前完成了陕西省政府治理荒沙工程，北部沙区流动沙地得到了彻底治理。

（二）搭沙障

搭沙障是在沙丘、荒沙地配合植树造林种草以搭设稻草、麦草等柴草障蔽的一种治沙措施，且多在未治理流动沙丘上搭设障蔽。风沙区早在 1953 年就普遍开展了这项工作，20 世纪 70 年代形成高潮，1974 年仅榆林县风沙区搭沙障 20 多万亩。如今，搭沙障已成为治沙最基础的工作，得到普遍推广。

第三节 封禁治理

在沙漠中实施封禁治理，是巩固和培育沙漠植被的一项有效措施。1972 年，榆林地委批转了《榆林地区林业工作纪要》，要求各县推行封山封沙进行育林育草。但由于当时风沙区群众建房、烧火做饭都要砍用沙荒林灌，加之长期广种薄收的耕作习惯，群众砍伐荒沙地林木、开荒种地没有得到有效禁止。1980 年后，无定河各级政府把封禁治理沙漠作为一项重要举措，建立地方性法规、规章制度，逐步加大治理沙漠的力度。1982 年 4 月 14 日，榆林县人民代表大会常务委员会通过了《榆林县林木草原保护管理实施办法》，规定“严禁毁林开荒，毁草耕种，毁林搞柳编等。已开垦的荒沙地要退耕还林……”1984年12月17日，榆林县人民代表大会常务委员会又作出《关于大力造林种草限期治理流沙的决议》，规定对本县“现有300多万亩荒沙地，用几年时间，分期治理，全部绿化；实行封沙育林育草。在封沙造林种草区域内，禁耕、禁牧，禁止乱砍滥伐滥采”。至此，风沙区封禁治理逐步开展。

2001年10月16日，榆林市委、市政府作出《关于实行封山（沙）绿化舍饲养畜的决定》，从2002年1月1日起，榆林市在北部榆阳、横山、靖边、定边4县（区）全面实行封禁治理，牛羊改放牧为舍饲，各级政府建立护林组织，划分护林责任区，督促各地群众订立护林公约，并切实做好林区各种固沙林草的管护工作。2017年，榆林市政府颁布了《榆林市封山禁牧管理办法》，市委组织部、市林业局等七部门联合出台了《榆林市封山禁牧监督管理办法》，全力推动封山禁牧工作。至2013年风沙区封禁治理面积达700多万亩。

从2013年起，榆林市榆阳、神木、府谷、横山、靖边和定边6县（市、区）列入京津风沙源治理二期工程建设范围，规划期10年，该工程在榆林规划总投资27.1亿元，其中中央投资27.1亿元，地方配套12.75亿元。“十二五”以来，榆林市依托京津风沙源治理二期、三北防护林带、新一轮退耕还林等国家林业重点工程，持续开展了“三年植绿大行动”“生态建设绿化大行动”“全面治理荒沙行动”“林业建设五年大提升”和“塞上森林城”提质增效等活动，大片荒沙荒山得到绿化，生态建设取得显著成效。全市林木覆盖率由0.9%提高到34.8%，1.8万平方千米水土流失面积得到初步治理，年入黄泥沙量由5.13亿吨减少到2.9亿吨；860万亩流沙全部得到固定或半固定，使陕西的绿色版图向北推进400千米，成为中国第一个完全“拴牢”流沙的省份，创造了世界治沙奇迹。实施了大理河子洲段绿化、无定河南岸横山段绿化等水系流域治理项目，绿化面积3万多亩。2019年，榆林成功创建了“国家森林城市”。2010—2020年，榆林市共完成防沙治沙任务1023.95万亩。“十二五”期间累计完成防治任务512.8万亩，其中林业措施治理441.7万亩、农业措施治理49.1万亩、水利水土保持措施治理22万亩；“十三五”期间市级财政累计投资25亿元，县（市、区）财政投资10亿元，煤炭、石油、天然气等资源开采企业筹集资金近10亿元，全部用于防沙治沙建设，共完成防治任务511.15万亩，其中林业措施治理429.18万亩、农业措施治理32.24万亩、水利水土保持措施治理49.73万亩，均超额完成了五年规划目标任务。依托森林资源，榆林市建成16个城郊森林公园、生态公园，为居民提供良好的休闲环境，绿色惠民效益凸显。2018年6月14日，在榆林举行的“第24届世界防治荒漠化与干旱日纪念大会”上，原国家林业和草原局局长张建龙对榆林的治沙造林工作给予了高度评价和肯定。2019年12月12日，榆林生态文明干部学院揭牌成立，为全国第二家、陕西省首家生态文明干部学院。学院下设榆阳区女子民兵治沙连基地、定边县石光银治沙基地等7个培训基地，为进一步传承弘扬榆林治沙精神、探索解决地下资源开发与地表植被保护矛盾、持续推动黄河流域生态保护和高质量发展提供技术培训和干部智力支持。

第五章　水生态环境治理

随着经济社会快速发展，特别是陕北能源化工基地建设，无定河流域水资源紧缺、河流枯竭、地下水位下降、水质污染和供水安全问题日趋突出，已成为制约无定河流域高质量发展的重大问题。无定河流域各级党委、政府和水利、生态环境、自然资源、农业农村、林业等部门高度重视，以无定河综合治理为龙头，积极实施水功能区管理和入河排污口整治，加强饮用水水源地、地下水和湿地保护，加大水生态环境修复和水生态文明建设，无定河流域水污染得到有效控制，水生态环境明显改善。

第一节　水资源保护

一、水功能区管理

水功能区划是核定水域纳污能力、提出限制排污总量意见的基础。2000年3月，陕西省水利厅根据水利部统一部署，开始组织编制陕西省水功能区划，经过反复讨论修改，2004年8月陕西省政府常务会议审议通过，省政府办公厅以陕政办发〔2004〕100号文件印发实施。根据《全国重要江河湖泊水功能区划》《陕西省水功能区划》，无定河干流在榆林市境内共划分一级水功能区5个，包括吴起源头水保护区、靖边开发利用区、蒙陕蒙缓冲区、横山至绥德开发利用区和绥德缓冲区，其中二级水功能区6个，见表4-5-1。

表4-5-1　陕西省无定河干流水功能区及水质监测统计

（摘自2020年8月水利部批复的《无定河流域综合规划》）

一级水功能区名称	二级水功能区名称	起止断面		长度/km	水质目标
		起始断面	终止断面		
吴起源头水保护区		源头	新桥	55.9	Ⅱ
靖边开发利用区	靖边工业、农业、渔业用水区	新桥	金鸡沙	33.0	Ⅲ
蒙陕蒙缓冲区		金鸡沙	雷龙湾	115.5	Ⅲ

续表 4-5-1

一级水功能区名称	二级水功能区名称	起止断面		长度 /km	水质目标
		起始断面	终止断面		
横山至绥德开发利用区	横山饮用、工业、农业用水区	雷龙湾	榆溪河口	72.4	Ⅲ
	米脂工业、农业用水区	榆溪河口	米脂	45.3	Ⅲ
	米脂排污控制区	米脂	十里铺	5.5	Ⅳ
	绥德工业、农业用水区	十里铺	绥德	27.9	Ⅲ
	绥德排污控制区	绥德	淮宁河入口	7.2	Ⅳ
绥德缓冲区		淮宁河入口	入黄口	115.2	Ⅲ

2013 年，陕西省水利厅组织编制完成了《陕西省国家重要江河水功能区纳污能力核定和分阶段限排总量控制方案报告》，于 2015 年以陕水函〔2015〕28 号文件函告陕西省生态环境厅，作为国家重要江河水功能区排污控制的依据。为满足河流水质管理要求，榆林市设置国控 / 省控水质监测断面 7 条，根据《2020 年榆林市环境质量公报》，除辛店断面于 2020 年 1 月、6 月、8 月、11 月水质未达标（主要超标因子为化学需氧量、高锰酸盐指数、生化需氧量、石油类、总磷等）外，其他断面均达到《地表水环境质量标准》（GB 3838—2002）要求的不同级别水域标准，经过多年努力，无定河水质有了较大改善。

2020 年榆林市无定河干流国控 / 省控水质断面设置情况见表 4-5-2。

表 4-5-2 2020 年榆林市无定河干流国控 / 省控水质断面设置情况

（摘自《2020 年榆林市环境质量公报》）

序号	断面名称	所属区县	断面级别	断面类型	现状水质	目标水质
1	大沟湾	靖边县	省控	控制断面	Ⅱ	—
2	蘑菇台	靖边县	省控	控制断面	Ⅱ	—
3	庙畔	横山区	国控	控制断面	Ⅱ	Ⅱ
4	党家沟	米脂县	省控	控制断面	Ⅱ	Ⅲ
5	米脂	米脂县	省控	控制断面	Ⅱ	Ⅳ
6	辛店	绥德县	国控	控制断面	Ⅲ	Ⅲ
7	王家河	清涧县	省控	控制断面	Ⅲ	Ⅲ

二、入河排污口管理

长期以来，按照部门职责分工，入河排污口设置与管理由各级水利部门负责，排污口排放水质由各级生态环境部门负责，两个部门密切配合，共同做好水污染防治工作。

2005 年 11 月，陕西省水资源管理办公室与黄河流域水资源保护局签订合同，启动了陕西省黄河流域入河排污口普查登记项目，普查登记工作由陕西省水文局负责。2006 年 2 月，无定河流域市县工作人员参加了陕西省水资源管理办公室组织的入河排污口普查培训班，重点学习了排污口监督性监测、检查技术要点和 GPS 定位系统应用培训，为做好普查工作奠定了基础。2008 年 1 月 9 日，陕西省水文局编制的《陕西省黄河流域入河排污口普查登记报告》，通过黄河流域水资源保护局、陕西省水利厅审查验收。2008 年 1 月 15 日，黄河流域水资源保护局印发了《陕西省黄河流域入河排污口普查登记报告》审查验收意见（黄护管〔2008〕1 号）。普查登记结果显示，陕西省黄河流域 9 市 68 县（区）共有入河排污口 606 个，年排放废污水量 8.56 亿立方米。涉及无定河流域共有入河排污口 35 处、混合排污口 34 处。其中，横山区入河排污口 24 处、混合排污口 4 处；榆阳区入河排污口 0 处、混合排污口 11 处；米脂县入河排污口 10 处、混合排污口 3 处；绥德县入河排污口 1 处、混合排污口 15 处；清涧县入河排污口 0 处、混合排污口 1 处。

2009 年以后，无定河流域各市、县水利部门严格执行水利部《入河排污口监督管理办法》（水利部令第 22 号）、《陕西省入河排污口监督管理细则》等法规精神，以及陕西省水利厅《关于加强全省河流入河排污口监督管理的通知》的要求，严格控制入河污染物排放，要求结合建设项目水资源论证开展入河排污口设置论证工作，严格控制入河排污口设置，建设项目新增的废水需进入城市或工业园区污水系统处理后达标排放；对新建的化工类项目，积极推行“零”排放，减少了废污水排放对水体的污染。2014 年 3 月，陕西省政府将入河排污口设置和扩大审批权限下放后，无定河流域市、县水利部门积极对接审批工作，进一步优化流程，从严控制入河排污口设置，加强监督管理，并开展了入河排污口监测、定标、立碑、亮界工作，为入河排污口监督管理奠定了基础。

2019 年机构改革后，入河排污口的设置管理职能交由各级生态环境部门负责，实现了从设置到排污的一体化管理。陕西省生态环境厅下发了《关于规范入河排污口设置审批工作的通知》，进一步明确了国家流域机构、省级、市级、县级审批权限及流程规范。榆林市政府制定了《榆林市入河排污口监督管理工作实施方案》，连续两年持续组织开展入河排污口排查整治和排查溯源整治活动，重点解决“污染在水里、问题在岸上”，摸清污染源家底，有效管控入河污染物排放，为精准治污、科学治污、综合治理提供了科学依据。

三、饮用水水源地保护

1999 年以来，无定河流域各级政府加大对重要水源地保护，依法划定水源地保护区，明确保护范围和保护措施，确保人民群众饮水安全。1997—2007 年，陕西省政府先后 4 批共批复 73 个城市饮用水水源保护区，其中 2002 年 12 月 20 日以陕政函〔2002〕292 号文批复了榆林市 5 处水源地保护区，涉及无定河流域 4 处：红石峡水库水源地、子洲县大理河张寨和清水沟水源地、米脂西县榆林沟水源地、绥德县丁家沟至十里铺水源地。2007

年 9 月 11 日以陕政函〔2007〕125 号文批复了榆林市 2 处水源地保护区，即绥德县无定河四十里铺水源地、横山县王圪堵村水源地，调整了榆林市城区红石峡水库水源地。

2020 年 10 月 28 日，陕西省生态环境厅以《关于同意榆林市乡镇集中式饮用水水源保护区划定方案有关意见的函》（陕环函〔2020〕179 号），批复了榆林市 9 个县（区）42 个乡镇集中式饮用水水源地和靖边县宁条梁镇甘露源地下水源保护区划定方案，要求榆林市有关县（区）和乡镇政府要切实落实饮用水水源地监管责任，严格按照《中华人民共和国水污染防治法》和《饮用水水源保护区标志技术要求》（HJ/T 433—2008）等相关法律法规、规范要求，对饮用水水源地进行依法保护，规范设置界牌和标识，加强水源保护区管理，确保水源、水质安全。

2023 年 9 月 12 日，陕西省生态环境厅以陕环函〔2023〕156 号文批复同意撤销榆林市榆阳区镇川集镇和米脂县城郊镇镇子湾地下水饮用水水源地保护区，要求榆林市和相关县、镇政府要确保原饮用水水源地供水范围内居民饮水安全。

榆林市无定河流域集中式饮用水水源保护区划定方案见表 4–5–3。

表 4–5–3　榆林市无定河流域集中式饮用水水源保护区划定方案

（根据陕西省生态环境厅陕环函〔2020〕179 号、〔2023〕156 号文件摘编）

序号	所在县（区）	水源地名称	保护范围
1	定边县	白泥井镇衣食梁民区地下水水源地	一级保护区：分别以 1# 水源井、2# 水源井、5# 水源井、6# 水源井、7# 水源井、8# 水源井为中心，各外扩 50 m 的圆形区域，面积 0.0471 km²。 二级保护区：以 1# 水源井、2# 水源井、5# 水源井、6# 水源井、7# 水源井、8# 水源井连接线为中心，外扩 550 m 但不包括一级保护区的范围，7# 水源井西侧外扩 389 m，面积 19.43 km²
2	定边县	白泥井镇衣食梁地下水水源地	一级保护区：1# 水源井、2# 水源井、4# 水源井、5# 水源井连接线外扩 50 m 的范围，面积 0.0421 km²。 二级保护区：1# 水源井、2# 水源井、4# 水源井、5# 水源井连接线为中心，外扩 350 m 但不包括一级保护区的范围，面积 0.5643 km²
3	定边县	安边镇河脑地下水水源地	一级保护区：各水源井（1#、2#、3#、4#、5#、6#、7#）为中心，外扩 50 m 的范围，面积 0.05495 km²（含供水站）。 二级保护区：各水源井（1#、2#、4#、5#、6#、7#）连接线为中心，外扩 350 m 但不包括一级保护区的范围，面积 0.907237 km²
4	定边县	石洞沟镇张寨子村地下水水源地	一级保护区：分别以 1# 水源井、2# 水源井、3# 水源井、5# 水源井、6# 水源井、7# 水源井为中心，1# 水源井、3# 水源井、6# 水源井各外扩 50 m 的圆形区域。2# 水源井、5# 水源井、7# 水源井东北方向外扩 30 m 区域为一级保护区，面积 0.032028 km²。 二级保护区：以 1# 水源井、3# 水源井、5# 水源井、7# 水源井连接线为中心，外扩 350 m 但不包括一级保护区的不规则区域，南部以水厂南侧围墙为界，面积 1.1209 km²

续表 4-5-3

序号	所在县（区）	水源地名称	保护范围
5	靖边县	天赐湾镇房窑地下水水源地	一级保护区：以水源井为中心半径 30 m 的不规则区域，北侧外扩 30 m，南侧至水井所在台塬外缘（7 m），东、西两侧各外扩 30 m 的范围，面积 0.001453 km^2
6	靖边县	杨桥畔镇沙畔地下水水源地	一级保护区： 1# 水源井：以水源井为中心半径 30 m 的不规则区域，西侧以 10 m 处的通村道路为边界、南侧以 15 m 处通村道路为边界，东侧、北侧各外扩 30 m 的范围，面积 0.0016 km^2； 2# 水源井、3# 水源井：以 2# 水源井、3# 水源井为中心，半径 30 m，用平滑曲线连接的区域，北侧、南侧、东侧以井房围墙为界，西侧外扩 30 m 的区域，面积 0.002378 km^2。 二级保护区： 1# 水源井：以 1# 水源井为中心半径 330 m，但不包括一级保护区的范围，面积 0.350377 km； 2# 水源井、3# 水源井：以 2#、3# 两个水源井为中心，半径 330 m，用平滑曲线连接但不包括一级保护区的区域，面积 0.364528 km^2
7	靖边县	海则滩镇地下水水源地	一级保护区：以水源井为中心半径 30 m 的区域，其中东侧以水厂围墙为界，面积 0.002639 km^2
8	靖边县	黄蒿界镇五合地下水水源地	一级保护区：以水源井为中心半径 30 m 的不规则区域，北侧以 43 m 处的通村道路为界，东侧以水厂围墙为界，南侧、西侧外扩 30 m，面积 0.002769 km^2
9	靖边县	宁条梁镇甘露源地下水水源地	一级保护区：各水源井（2#、3# 和 4#）取水口为中心，半径为 40 m 的圆形区域，面积 0.0151 km^2。 二级保护区：各水源井连线为中心，向外径向距离为 360 ~ 800 m，但不包括一级保护区的多边形区域。东至农业开发公司西边界 660 m，南至庆元环保公司北边界 650 m，西距 2# 水源井 360 m，北距水源井连线 500 m。面积 2.0306 km^2
10	横山区	响水镇响水村地下水水源地	一级保护区：以水源井为中心，北侧至村道（距离 117 m），南侧外延 10 m，东、西两侧各外延 50 m，面积 0.01411 km^2。 二级保护区：一级保护区边界外延 100 m 的区域，其中南侧以无定河对岸为界，面积 0.0807 km^2
11	横山区	石湾镇史家坬村地下水水源地	一级保护区：以水源井为中心，北侧至坝梁坡底（距离 7 m），西侧至山坡坡脚（距离 5 m），南侧向下游外延 50 m 为界，东侧至村道（距离 60 m），面积 0.003659 km^2。 二级保护区：以水源井为中心，径向外扩 300 m 范围（一级保护区除外），面积 0.2790 km^2

续表 4-5-3

序号	所在县（区）	水源地名称	保护范围
12	横山区	党岔镇杨口则村地下水水源地	一级保护区：以 1# 水源井、2# 水源井、3# 水源井外接多边形为边界，东北侧外延 10 m，北侧至灌渠边界，南侧至地垄边界，西南侧至边坡坡脚，面积 0.001714 km^2。 二级保护区：一级保护区向外径向距离为 200 m 的距离与 S204 省道所形成的区域，面积 0.1205 km^2
13	横山区	波罗集镇地下水水源地	一级保护区：以 1# 水源井、2# 水源井为中心，向外径向 30 m 的距离，其中西北侧、西南侧均以村道为界，面积 0.001623 km^2。 二级保护区：一级保护区向外径向距离为 100 m 的区域，其中西北侧以沙畔坡脚为界，面积 0.03484 km^2
14	横山区	波罗镇樊河村地下水水源地	一级保护区：以水源井为中心，北侧至沙畔坡脚（距离 17 m），西侧至台塬边界（距离 65 m），南侧至台塬边界（距离 10 m），东侧以现有围栏为界，面积 0.002061 km^2。 二级保护区：一级保护区边界向西、南、东侧各外扩 100 m 形成的区域，北侧与一级区边界重合，面积 0.02734 km^2
15	横山区	波罗镇双河村地下水水源地	一级保护区：1# 水源井、2# 水源井为中心，向外径向 30 m 的距离，其中北侧至村道（距离 22 m），西侧至边坡坡脚（距离 17 m），面积 0.003529 km^2。 准保护区：以 1# 水源井、2# 水源井为中心，向外径向 130 m 的范围（除一级保护区外）作为准保护区，面积 0.05608 km^2
16	米脂县	城郊镇镇子湾地下水水源地	一级保护区：水域长度为取水口上游 1000 m、下游 100 m 范围内的河道水域，水域宽度为平水期水域宽度，面积为 1.32 hm^2；陆域沿岸长度与水域长度相同，陆域沿岸纵深与河岸的水平距离为 50 m，左岸以乡村道路用地为界，右岸以山脚线为界，面积为 3.03 hm^2。 二级保护区：水域长度从一级保护区上游边界向上游延伸 2000 m，一级保护区下游 200 m，水域宽度为平水期水域宽度，面积为 2.58 hm^2。陆域长度为取水口上游 3000 m，下游 300 m，陆域沿岸纵深与相邻陆域一级保护区或水域二级保护区的水平距离为 100 m，两侧不超过山脊线，总陆域面积为 65.44 hm^2
17	绥德县	张家砭镇五里湾地下水水源地	一级保护区： 1# 取水井：以现有围栏为界，总面积约 1.81 hm^2； 2# 取水井：以现有围栏及井房所组成区域为界，总面积约 249 m^2。 二级保护区：以 1# 取水井一级保护区及 2# 取水井一级保护区边界外延，东侧至乡村道路，西、北、南侧至分水岭，总面积约 31.34 hm^2

续表 4-5-3

序号	所在县（区）	水源地名称	保护范围
18	绥德县	田庄镇鱼池湾地下水水源地	一级保护区：以现有围墙为界，总面积约 200 m^2。 准保护区：一级保护区边界外延，以泉水集水池为中心北侧至 200 m、东侧到分水岭，西、南侧至谷底所组成的区域，总面积约 7.90 hm^2
19	绥德县	白家硷镇海满坪地下水水源地	一级保护区：以集水池边界为界，总面积约 20 m^2。 二级保护区：以集水池为中心东、西侧 100 m 范围，南侧至分水岭，北侧至沟谷所组成的区域，总面积约 3.79 hm^2
20	榆阳区	鱼河镇郑家沟地下水水源地	一级保护区：1#、2# 和 4# 水源地以取水井为中心，半径为 30 m 的圆形区域，面积均为 0.002826 km^2； 3# 水源地以取水井为中心，东侧以庙宇西边界为界（20 m），其他方向半径为 30 m 的范围，面积为 0.002602 km^2。 二级保护区：一级保护区外延 300 m 的范围，面积为 11.3552 km^2
21	榆阳区	鱼河峁西岔地下水水源地	一级保护区：以水源井为中心，北侧以乡村道路为界（11 m），西侧以农田灌溉渠为界（12 m），东南侧半径为 30 m 的范围，形成的不规则扇形区域，面积为 0.00174 km^2。 二级保护区：以东侧支沟左岸南北向通村道路为边界，其他方向为一级保护区外延 300 m 的范围，面积为 0.2785 km^2
22	榆阳区	榆阳区镇川集镇地下水水源地	一级保护区： 水域：地下渗水廊道向上游 1080 m 处至杨正沟桥下，地下渗水廊道向下游 90 m 处至拦水坝处，水域总长度 1300 m，水域宽度为多年平均水位对应的高程线下的全部水域，面积为 0.09972 km^2； 陆域：无定河右岸为水域一级保护区与西侧乡村道路所形成的区域，无定河左岸为水域一级保护区与榆蓝高速路基线所形成的区域，一级保护区陆域长度为一级保护区水域长度，面积为 0.2033 km^2。 二级保护区： 水域：一级保护区的上游边界向上游延伸 920 m 至包西铁路跨河桥下，一级保护区下游边界向下游延伸 150 m，二级保护区水域总长度为 1070 m，宽度为多年平均水位对应的高程线以下的水域；面积为 0.08521 km^2； 陆域：无定河右岸以第一条山脊线与北侧包西铁路路基线、西侧村道所形成的区域为界；无定河左岸以包西铁路西侧路基（不包括包西铁路）为界，二级保护区陆域长度为保护区（一级和二级）水域长度。面积为 2.2535 km^2

续表 4-5-3

序号	所在县（区）	水源地名称	保护范围
23	榆阳区	鱼河镇地下水水源地	一级保护区： 1# 水源井以目前围栏为界，面积为 0.000955 km^2； 2# 水源井以其径向 30 m 的范围，南侧以通达路（距离水源井 10 m）为界形成的不规则区域，面积为 0.001998 km^2； 3# 水源井以其径向 30 m 的范围，北侧以干沟（距离水源井 17 m）、东侧以鱼河镇集中供暖公司彩钢房（距离原井 23 m）为界形成的不规则区域，面积为 0.002291 km^2； 4# 水源井以其径向 30 m 的范围北侧与村（距离水源井 16 m）为界形成的不规则区域，面积为 0.002437 km^2。一级保护区总面积为 0.007681 km^2。 二级保护区：北侧以鱼河超限检测站南侧边界及村道为界，西侧以 G242 国道东侧路基（不包括 G242 国道）为界，南侧以 2# 水源井一级保护区向南外扩 100 m 为界，东侧以 1#~4# 水源井一级保护区向外径向 300 m 的距离与干沟左岸、位于 3# 水源井东侧 150 m 的居民房屋、水源地南侧农田的东边界形成的区域为界，面积为 0.1615 km^2
24	榆阳区	牛家梁镇什拉滩地下水水源地	一级保护区：分别以 1# 水源井、2# 水源井为中心，径向外延 30 m 范围的区域，面积为 0.0056 km^2。 准保护区：1# 水源井一级保护区外延 150 m 的范围与 2# 水源井一级保护区外延 150 m 的范围形成的区域，面积为 0.1329 km^2
25	榆阳区	牛家梁镇地下水水源地	一级保护区：以 1# 水源井为中心，径向外延 30 m 范围与南侧引水渠边界组成的区域，面积为 0.0021 km^2；以 2# 水源井为中心，径向外延 30 m 范围与北侧住户墙体边界组成的区域，面积为 0.0025 km^2；以 3# 水源井为中心，径向外延 30 m 范围与东侧村道边界组成的区域，面积为 0.0021 km^2。一级保护区面积合计 0.0067 km^2。 二级保护区：1# 水源井一级保护区外延 300 m 的范围与东南侧沧榆高速边界组成的区域，面积为 0.2135 km^2；2# 水源井一级保护区外延 300 m 的范围与西北侧沧榆高速、西侧 204 省道及东南侧铁路线边界组成的区域，面积为 0.0593 km^2；3# 水源井一级保护区外延 300 m 的范围与东南侧沧榆高速边界组成的区域，面积为 0.3330 km^2。二级保护区面积合计 0.6058 km^2
26	榆阳区	牛家梁镇边墙地下水水源地	一级保护区：以水源井为中心，径向外延 30 m 范围的圆形区域，面积为 0.0028 km^2。 二级保护区：一级保护区外延 300 m 的区域，面积为 0.3391 km^2

续表 4-5-3

序号	所在县（区）	水源地名称	保护范围
27	子洲县	马岔镇校场坪村半沟地下水水源地	一级保护区：取水口为中心半径 30 m 的圆形区域，北侧以坝梁为界，东侧以乡村道路为界，西侧以山坳走向为界，距离 20 ~ 30 m 不等，面积为 0.0015 km^2。 二级保护区：一级保护区向南沿沟道延伸 300 m 为南界，西北侧以山体边坡山脚线为界，东南侧以乡村道路为界，面积为 0.011 km^2
28	子洲县	马岔镇牛家沟村阳湾沟地下水水源地	一级保护区：取水口周边的山体山脚线为界及取水口向南 30 m 的范围，面积为 0.0012 km^2。 二级保护区：一级保护区南界向南延伸 300 m 的范围，其中西南以 300 m 包络的第一重山脊线为界，东南至距取水口 300 m 处，西北以 300 m 包络的第一重山脊线为界，面积为 0.033 km^2
29	子洲县	周家砭镇桥沟地下水水源地	一级保护区：水井房护栏为界，护栏距离取水井 4 m，面积为 0.000016 km^2。 二级保护区：水源井为中心向外扩展 300 m 的扇形区域，其中西北侧以山脊线为界，东侧以乡村河流为界，面积为 0.11 km^2
30	子洲县	周家砭镇营盘村地下水水源地	一级保护区：1# 取水口为中心半径 30 m 的扇形区域，其中东北侧以取水口所在山体边坡为界，面积为 0.0018 km^2；以 2# 取水口为中心半径 30 m 的扇形区域，其中东北侧以取水口所在山体边坡为界，面积为 0.0018 km^2；以 3# 取水口为中心半径 30 m 的扇形区域，其中西侧和南侧以取水口所在山体边坡为界，面积为 0.0016 km^2。一级保护区总面积为 0.0052 km^2。 二级保护区：1# 取水口、2# 取水口、3# 取水口连接线形成的三角形的重心为中心外扩半径 300 m 的范围，其中西侧以取水口所在沟壑的第一重山脊线为界，东北侧以取水口所在沟壑东侧第一重山体山脚线为界，面积为 0.52 km^2
31	子洲县	电市镇庙台沟地下水水源地	一级保护区：以取水口为中心半径 30 m 的扇形区域，东侧以取水口所在山体边坡上边缘为界，面积为 0.0016 km^2。 二级保护区：取水口为中心半径 300 m 圆形区域，其中东侧以取水口所在山体边坡下边缘为界，西侧以取水口西侧第一重山体边坡下边缘为界，面积为 0.042 km^2

续表 4-5-3

序号	所在县（区）	水源地名称	保护范围
32	子洲县	电市镇吴园村地下水水源地	一级保护区：以 1# 取水口为中心半径 30 m 的扇形区域，西北侧和东北侧以取水口两侧山体边坡山脚线为界，面积为 0.0001 km^2；以 2# 取水口为中心半径 30 m 的扇形区域，西北侧、西侧和东侧以取水口两侧山体边坡山脚线为界，面积为 0.00046 km^2；以 3# 水源井水井房护栏为界，护栏距取水口边界 2 m，面积为 0.000004 km^2。一级保护区总面积为 0.000564 km^2。 二级保护区：以 1# 取水口、2# 取水口、3# 取水口连接线形成的三角形的重心为中心外扩 300 m 的范围，其中东侧、西侧、北侧均以山体边坡山脚线为界，总面积 0.0097 km^2
33	子洲县	驼耳巷镇暖泉湾地下水水源地	一级保护区：以取水口为中心，井房护栏为界，护栏距水源井边界 4 m，面积为 0.000016 km^2。 二级保护区：以水源井为中心半径 300 m 的扇形区域，西北侧和东北侧以乡村道路为界，面积为 0.0098 km^2
34	子洲县	苗家坪镇杜家沟地下水水源地	一级保护区：以 1# 水源井井房护栏为界，护栏距水源井边界 1 m，面积为 0.000001 km^2；以 2# 水源井井房护栏为界，护栏距水源井边界 1 m，面积为 0.000001 km^2。一级保护区总面积为 0.000002 km^2。 二级保护区：1# 水源井、2# 水源井的连接线的中点为中心上下游延伸 300 m 的范围，东侧以水源井所在山体的边坡山脚线为界，西侧以乡村道路为界，面积为 0.0018 km^2

四、地下水超采区治理

榆林市水资源匮乏，局部地区出现地下水位持续下降和水质恶化现象。为了加强地下水保护与管理，榆林市加大地方性法规建设和规划编制力度，2012 年市政府出台《榆林市地下水资源保护管理办法》，2020 年制定了《榆林市水资源刚性约束实施意见（2021—2025）》，2023 年编制完成了《榆林市地下水保护与利用规划》，加强地下水位、水量、水质常态化监测，严格地下水取水审批，关停城市管网覆盖区自备水井，强化地下水保护与管理。

根据《陕西省地下水超采区划定与保护方案》，全省划定地下水超采区共 15 处，其中西安市 5 处、宝鸡市 2 处、咸阳市 4 处、渭南市 3 处、榆林市 1 处。榆林市地下水超采区为靖边县，超采区面积 207 平方千米，涉及东坑镇、宁条梁镇、新桥农场 18 个行政村

12966 户 80592 人，占全县总面积的 4%、常住人口的 21%。靖边县认真贯彻省市关于治理地下水超采区的意见，按照《陕西省地下水条例》规定，严格实施地下水总量强度双控制度，制定了《靖边县地下水超采区治理方案（2021—2025）》《靖边县取用水压减方案》，组织实施了靖边县地下水超采区高效节水灌溉项目，通过节水灌溉、种植结构优化、水旱轮耕、工业节水等节水压减工程，加大矿井疏干水利用力度，持续压减地下水开采量，解决地下水超采、超指标问题，实现地下水合理开发利用。

第二节 水污染防治

2017 年，榆林市启动实施无定河综合整治工程，将水污染防治列为重要内容，加大投资力度，持续开展“蓝天碧水净土”保卫战，全力推进水污染防治。榆林市人民代表大会常务委员会先后出台了《榆林市无定河流域水污染防治条例》《榆林市节约用水条例》，市政府制定了《无定河流域水污染补偿办法》《榆林市水资源管理办法》《榆林市无定河流域水资源保护工作意见》。加强最严格水资源管理制度国考断面建设，无定河流域内共设置环保考核的国、省、市控监测断面 21 个，其中无定河干流 13 个、支流 8 个，断面水质优良比例达到 95%。加快农村养殖场污染防治，榆阳、横山、定边等 8 个县（区）畜禽养殖场污染防治工程已全面完工。加快黑臭水体治理和污水处理厂提升改造，取缔了榆林城区 52 个直排口，治理黑臭水体 3 个共计 28.4 千米；榆林市城区第三污水处理厂已建成并投入运行，榆阳、横山（闫庄则）、神木、绥德、佳县、清涧 6 个县（市、区）污水处理厂完成提标改造，横山、定边、靖边、米脂、子洲 5 个县（区）污水处理厂正在改造。推进农村污水垃圾收集处理设施建设，加大水源地保护力度。榆阳、横山、定边、靖边、绥德、米脂和清涧 7 个县（区）农村生活污水及垃圾收集处理设施建设初显成效。榆阳区红石峡、榆阳泉及普惠泉水源地保护项目持续推进。2019 年，榆林市环境空气质量综合指数平均为 5.83，二级以上优良天数共计 295 天，空气质量指数连年位居陕西省前列。

无定河流域水污染最大威胁是石油开采过程中原油泄漏造成水污染事件。流域各级政府及有关部门始终关注水污染事件，制定应对突发水污染事件应急预案，根据水污染危害大小，将突发性水污染事件划分为特别重大水污染事件（Ⅰ级）、重大水污染事件（Ⅱ级）、较大水污染事件（Ⅲ级）和一般水污染事件（Ⅳ级）。2007 年 8 月 29 日，靖边县输油管线断裂，原油泄漏，造成延安市水源王瑶水库库尾部分水面污染。陕西省环保局、水利厅等有关部门与当地政府派员迅速赶赴事故现场，研究处置方案，跟踪、监测污染水体，采取封堵拦截措施，使污染得以有效控制。延安市紧急启动了城市供水应急预案，停止王瑶水库供水，启动城市备用水源，保证了延安城区供水安全。

2023 年 6 月 27 日夜间，榆林高新区突降暴雨，短时间强降雨造成高新污水处理厂东侧、榆溪河西侧的山体滑坡，导致污水处理厂进出管线均断裂，厂区东南侧总排口周边墙体坍塌。事故发生后，榆林市委、市政府主要领导连夜赶赴现场指挥，成立应急指挥部，其他 4 名市级领导分工负责，及时启动突发性水污染事件应急预案，组织开展应急抢险和处置工作。对污水处理厂进、出水管线及垮塌区域进行抢修，将无法接纳的污水送至榆林市第三污水处理厂，能源路前端的截污管网污水通过雨水系统排放至榆溪河干流截污坝内。经榆林市应急局统一调度，榆林市住房和城乡建设局 10 月 28 日将榆溪河干流处的截污坝拆除，污水应急解除。在此期间，高新污水处理系统进水量波动剧烈，冲击生化系统，容易造成出水水质超标。榆林市采取一系列措施紧急应对此次应急事件，未造成环境危害，榆溪河刘官寨、鱼河断面 6—10 月水质稳定达标。

第三节　水生态文明建设

一、湿地保护

2017—2018 年，榆林市组织开展了湿地资源普查调查，编制完成了《榆林市湿地保护利用规划》。据调查，榆林市湿地面积稳定在 69 万亩以上，居全省第二位，湿地保护率为 11.56%。湿地植物 72 科 216 属 347 种，湿地野生脊椎动物共计有 22 目 45 科 112 属 184 种，其中属于国家一级重点保护的野生动物有 2 种，国家二级重点保护的野生动物有 14 种，陕西省重点保护的野生动物有 20 种。

无定河湿地省级自然保护区是陕北最大的湿地保护区。2009 年 12 月 16 日，由陕西省人民政府批复成立（陕政函〔2009〕207 号），位于横山区北部的无定河流域，原湿地总面积 11480 平方千米，其中核心区 1433 平方千米、缓冲区 3166 平方千米、实验区 6881 平方千米。保护区穿越横山无定河段约 60 千米，保护区范围西起包茂高速公路无定河大桥（王圪堵水库断面）下约 2 千米，东至横山区党岔镇韩石畔村（马坊村）附近，涉及横山区的党岔、白界、响水、波罗、横山等 5 个乡镇，白界、雷龙湾、二石磕 3 个国有林场及石马坬农场，榆阳区局部地域。该保护区是以保护湿地生态系统为主要对象的自然保护区，其建立对于保护湿地珍稀水禽、陕北黄土高原风沙区湿地景观及水源地具有重要作用。

2020 年 2 月，自然资源部、国家林业和草原局印发了《自然资源部 国家林业和草原局关于做好自然保护区范围及功能分区优化调整前期有关工作的函》（自然资函〔2020〕71 号），要求自然保护区范围及功能分区优化调整与生态保护红线评估调整同步开展。2020 年 3 月，陕西省人民政府印发了《陕西省人民政府关于调整陕西新开岭等 5 个省级自然保护区范围及功能区划的批复》（陕政函〔2020〕32 号），对陕西无定河湿地省级自然保护区范围及功能区划进行调整，调整后自然保护区的面积、范围和功能区划图由陕西省林业局予以公布。

二、黄土高原生态文明示范区建设

2019 年 10 月，榆林市委、市政府作出《关于加强生态文明建设打造黄土高原生态文明示范区的决定》，提出紧紧围绕建设黄土高原生态文明示范区目标，以节约优先、保护优先、自然恢复为基本方针，以绿色发展、循环发展、低碳发展为基本途径，以深化改革和创新驱动为基本动力，探索不同区域生态治理的模式，构建资源开发与生态保护相互协调的体制机制，为全国资源型城市高质量发展作出示范。力争2025年示范区建设取得重大突破，2035年示范区基本建成。重点实施八大行动：水资源供给保障行动——构建完善的水保障体系；造林绿化攻坚行动——推动林草产业高质量发展；水土流失综合治理行动——每年治理水土流失面积650平方千米以上；重要生态区域环境保护行动——实现区域生态功能总体提升；生态环境整体质量提升行动——实现环境空气质量智能化监管；绿色发展行动——打造生态环保产业链；美丽宜居乡村建设行动——加强农村基础设施建设；全民生态文化培育行动——构建生态文化体系和生态文化阵地。无定河流域各市县紧紧围绕这一宏伟目标，多措并举，精准施策，持续开展植树造林、防沙固土、修坡治水、改善生态、美丽乡村建设等，推动八大行动落地见效，黄土高原生态文明示范区在无定河流域取得实质性突破。

2021年12月，榆林市无定河流域列为全国第二批流域水环境综合治理与可持续发展试点，试点期限为3年。榆林市组织编制了开展流域试点实施方案，坚持生态优先，绿色发展，立足生态系统完整性，因地制宜，精准施策，统筹推进无定河流域水资源利用、水环境治理、水生态保护修复，以改善无定河流域水生态环境质量和经济社会发展为目标，探索黄河中上游资源型城市水环境综合治理与可持续发展模式，推动无定河流域经济绿色循环低碳发展，为北方半干旱地区资源型城市水环境综合治理和高质量发展提供示范。

第五篇　流域综合管理

无定河流域自古少雨缺绿，水资源紧缺，水土流失严重，先民们为了满足生存、生活、生产的需要，自发组织引水灌溉、植树种草、治理沙漠，展开了战天斗地的治山治水运动。明清以来，流域内各级官吏开始引导群众开展河道治理、潴水灌溉、植树绿化，治理水土流失。但流域内真正实施大规模治理开发活动是在新中国成立之后，水资源开发利用、城乡供水、防汛抗旱、河道整治、水保生态、防沙治沙、水电水产等事业蓬勃发展。随着流域内水利事业的快速发展，流域综合管理工作逐步被提到重要议事日程上来，规划管理、水资源管理、灌溉运行管理、工程建设管理、资金质量管理、依法监督管理、科技创新管理等一系列管理逐步走上法治化、规范化、科学化轨道，特别是进入新时代之后，最严格水资源管理制度普遍建立，“四水四定”（以水定城、以水定地、以水定人、以水定产）刚性约束；河长制全面实施，幸福河湖建设持续推进；水利法治建设更加规范，依法监督管理更加严格；科技创新力度不断加大，科技合作与交流更加深入。由于流域管理涉及内容较多，加之一些管理工作在其他篇章中已有记述，本篇仅从水资源管理、河长制、法治建设、科技创新四个方面予以记述。

第一章 水资源管理

无定河流域水资源供需矛盾突出，尤其是随着 20 世纪 80 年代煤炭、石油、天然气的开发，陕北能源化工基地建设用水需求迅速增长，从而导致水资源盲目开采和水资源浪费的现象屡禁不止，水事纠纷也时有发生。1988 年《中华人民共和国水法》颁布实施后，流域市、县先后成立了水资源管理机构，制定了一批水资源管理法规规章，特别是 2012 年后，流域实行最严格的水资源管理制度，建立健全用水总量控制、用水效率控制和水功能区限制纳污三项制度，实施最严格的考核问责机制，使水资源管理更加科学、规范、严格，为流域经济社会持续发展提供了水资源引领和水安全保障。

第一节 水资源配置

20 世纪 50—70 年代，由于水资源分割管理，政策规定不统一，水利部门对水资源的规划评价调查研究，大多围绕一些水利工程建设和河道治理等需要而展开，很少涉及流域性、区域性的社会、经济方面的综合规划。1988 年《中华人民共和国水法》颁布实施以后，无定河流域的榆林、延安地区水资源规划评价及优化配置工作逐步走上正规化，取得了许多重要成果。

1992 年，榆林地区水资源办公室组织完成了《县级水资源开发利用现状分析报告》，并由地区水利水保局组织专家进行评审；同年 3—12 月，又参与了由陕西省地下水工队组织开展《榆林地区北部风沙滩区的地下水资源评价》，完成其野外调查、动态观测和资料整编工作；9 月，开展了无定河、秃尾河、芦河和红柳河 4 条河地表水利用平衡计算工作，并协助地矿部九〇八水文地质大队开展了《榆林榆溪河水资源规划》编制工作。

1993 年，榆林地区水资源办公室完成了《无定河、秃尾河、芦河和红柳河 4 条河地表水资源评价报告》的编写；参加了陕西省水工程勘察规划研究院组织的《榆林地区水资源及重点水利工程规划》的外业工作。1995 年 5 月，《榆林地区水资源及重点水利工程规划报告》经省地专家评审通过。此外，完成了《榆林地区水资源中长期供水计划》的编制。1996 年，榆林地区水资源办公室编写了《无定河干流水量及其主要支流分配方案报告》。1997 年，完成了《榆林市供水水源地普查报告》；同年，还参与了《榆林能源重化工基地规划》中水资源部分的编写、中国华能集团府谷发电公司可行性研究、中国长庆油田公司靖边天然气发电厂预可行性研究等 10 余项水资源前期工作。

1998 年，榆林地区水资源办公室组织部分县水资源办公室、供水公司完成了横山、定边、靖边、米脂等县的《县城供水水源规划》，参与了榆林市能源重化工开发区划、头道河则长城电厂预可行性研究等 20 余项水资源前期工作。2001 年，完成了《榆林市城市饮用水水源地保护规划》和《21 世纪初期榆林市水资源可持续利用规划》，经陕西省水利厅审查通过，榆林市人民代表大会常务委员会和榆林市政府审议批准实施。

2011 年 8 月，黄河水利委员会组织黄河水利委员会有关部门和陕西、内蒙古两省（自治区）着手编制《无定河流域综合规划》，由黄河勘测规划设计有限公司技术总负责，历经近三年努力，形成了《无定河流域综合规划》（送审稿）。2014 年 7 月 7—9 日，水利部水利水电规划设计总院在北京组织召开了无定河流域综合规划审查会，后根据专家意见经反复修改并征求陕西省、内蒙古自治区政府意见，形成《无定河流域综合规划》（修改稿）。2020 年 8 月，水利部以水规计〔2020〕180 号文件批复了《无定河流域综合规划》，要求黄河水利委员会和流域各省（自治区）人民政府及有关部门密切协作，落实规划确定的各项任务和措施。

2013 年后，无定河流域市、县水利部门加大水资源规划评价和优化配置研究力度。2014—2018 年，组织开展了《榆林市城市及工业园区水资源配置研究》《榆林市水资源承载能力研究》和《水资源承载能力预警机制水质水量调查评价》等研究编制工作。2015—2018 年，组织编制《榆林市水资源综合利用规划》，经陕西省水利厅组织专家咨询后，修编稿通过市级审查和榆林市政府审批。2019 年，制订榆林市工业园区水资源配置及高端能源化工项目用水方案，协调落实 2019 年高端能化确定开工项目用水指标；开展无定河生态基流水量调度，完成了国控一期在线监测数据的采集核对，国控二期项目在线监测工程建设进展顺利。2020 年，紧盯重大能源化工项目建设，制定《新开工重点建设项目用水方案》，完成榆神工业区等重点区域能化工程水资源配置。

2011 年 7 月，水利部启动跨省江河流域水量分配方案编制工作。随后，陕西省组织有关技术单位研究制订了陕西省无定河流域水量分配方案，并上报黄河流域管理机构和水利部。2019 年 7 月，水利部以水资管函〔2019〕214 号文印发了《无定河流域水量分配方案》。2021 年 11 月，陕西省水利厅以陕水资函〔2021〕185 号文印发了《无定河流域水量分配方案》，分配意见为：根据水利部批复的陕西省无定河流域 2030 年河道外地表水多年平均分配耗水量 32300 万立方米的指标，本次核定陕西省无定河流域榆林市耗水量指标为 31750 万立方米，延安市耗水量指标为 550 万立方米。

第二节　取水许可管理

1988 年，无定河流域首先在榆林、米脂等县试行取水许可制度，对直接从天然水域取水或开采地下水的单位和个人须经当地水行政主管部门批准，办理取水许可证，按规定缴纳水资源费，并从 1989 年起全面推行。1992 年 4 月，榆林地区行政公署制定了《榆林地区取水许可证制度暂行办法》和《榆林地区水资源管理及征收水资源费暂行办法》，并发布实施。这次榆林有9个县制定了县级水资源管理和取水许可办法，为推动取水许可制度全面实施奠定了基础。

1993年8月和1994年6月，国务院和水利部分别颁布了《取水许可制度实施办法》和《取水许可申请审批程序规定》，为推行取水许可制度提供了法律依据。1996年5月，陕西省人民政府发布了《陕西省取水许可制度实施细则》，具体细化了实施取水许可制度的标准、程序和措施。无定河流域严格执行陕西省政府《陕西省取水许可制度实施细则》，取水许可实行分级限额审批、发证和监督管理的办法，即地表取水口设计流量3立方米每秒的农业取水、日取水量2万立方米以上的工业与城镇生活取水、省政府批准的大中型建设项目取水、地下水（含群井，下同）日取水量1万立方米以上的取水，均由省水行政主管部门审批、发证和管理；地表水取水口设计1万～3万立方米每秒的农业取水、日取水量1万～2万立方米的工业与城镇生活取水，以及地下水日取水量0.5万～1万立方米的取水，由地（市）水行政主管部门审批、发证和管理；地（市）水行政主管部门审批管理限额以下的取水，由县级水行政主管部门审批、发证和管理；跨行政区域的取水，由所跨行政区域的共同上一级水行政主管部门审批、发证和管理。1996年组织开展取水许可年审工作，年审率达95%。

2000年，无定河流域加强水政水资源基础资料管理，建立健全水资源信息库，并开展了地下水超采区划定及管理保护工作。2002年新修订的《中华人民共和国水法》颁布实施后，无定河流域市、县（市、区）水行政主管部门以实施取水许可制度为重点，不断强化水资源统一管理。除对城市生活用水、工业用水的新建、改建工程项目严格执行审批手续外，逐步开展对农业用水和水利工程建设的登记工作。

2002年榆林市共发放取水许可证230本。对新建、改建、扩建项目没有取水许可审批意见的，计划部门一律不予立项：对建设项目无水资源论证报告的，水行政主管部门一律不予审批取水。2002年靖边县出台了《关于贯彻陕西省取水许可制度实施细则的具体意见》，明确要求全县所有机井、坝库、抽水站办理取水许可证，推行一井一证、一站一证、一库一证的取水管理，狠查城乡新打机井不按程序办证，乱凿、乱采地下水的不良风气，使县域取水许可工作步入法治化、正规化。

从2007年起，全面推行取水许可管理制度，严格执行水资源论证制度，完善和规范取水许可审批程序，同时加强水利、环保等相关部门配合协作，全面开展水源地保护工作，使水资源管理工作步入法制轨道。此外，根据国务院和陕西省关于水资源费征收管理办法，结合榆林实际，全面开征了煤炭、石油开采水资源费，走在了全省的前列。通过广泛深入调研，积极开展政府宏观调控下的行业之间、区域之间水权市场转换制度，初步确定水权转换办法，为调整用水比例，实现水资源优化配置奠定基础，为开展工业反哺农业，全面推进榆林能源重化工基地建设均衡发展创造条件。积极推进水务一体化建设，组建成立了榆林市水务集团有限责任公司和重点能源县（区）水务公司，使榆林市能源、重化工基地建设的水资源开发利用更加高效，用水保障更加安全。

2012 年，国务院《关于实行最严格水资源管理制度的意见》下发后，榆林市政府先后制定了《关于实行最严格水资源管理制度的实施意见》《榆林市取水许可管理实施办法》《榆林市水资源管理办法》等规章文件，严格执行建设项目水资源论证制度，推进取水许可台账建设，严格取水许可审批和监督。2013—2017 年，先后审查建设项目水资源论证报告 30 多个，累计依法关闭自备井 132 眼。2018 年，榆林市水务局制定了《关于加强水资源管理工作的通知》和《关于下达 2018 年度取用水计划的通知》，进一步规范取水许可管理工作，强化取水许可监督。同时，根据“放管服”改革要求，市级取水许可审批进驻市政府服务中心办理，当年共受理审批取用许可 22 户，其中办理延续取水 7 户、新办取水许可 15 户。2019 年，榆林市加强督促沙地内开发建设项目办理取水许可手续和开展地下水动态监测，有效预防地下水位下降、生态功能降低等潜在的生态环境风险。采取“双随机、一公开”的形式对市级管理用水单位进行取水量核验，接收了陕西省水利厅下放的 37 家省级取用水户，其中 21 家已发放取水许可证并录入国家取水许可台账系统，16 家出具取水决定书。2020 年，组织开展取用水管理专项整治行动，共核查登记取水口 39631 个，涉及取水项目 22621 个，依法封闭高新区自备井 2 眼。不断深化“放管服”改革，简化政务大厅办理程序，当年累计出具取水许可决定书 9 份，发放取水许可证 3 份，下放各县（市、区）市级取用水户 18 家。

截至 2020 年，陕西省无定河流域核发取水许可证 393 本［含黄河水利委员会、省、市、县（区）四级］，审批水量 19053.975 万立方米，批准地表取水量 16288.085 万立方米，批准地下水取水量 2765.89 万立方米。其中，榆林市无定河流域累计发放地表水许可证 289 本，核发水量 18567.48 万立方米，批准地表取水量 16158.42 万立方米，地下水取水量 2409.06 万立方米；延安市无定河流域 3 县（市、区）6 镇核发取水许可证 104 本，审批水量为 486.495 万立方米，批准地表取水量 129.665 万立方米，地下水取水量 356.83 万立方米。

第三节　水资源费征收

从 1988 年开始，无定河流域按照《中华人民共和国水法》要求，开始试点开征水资源费。但由于缺乏统一部署、统一政策，仅有榆林县等个别县征收水资源费，每年也仅征收水资源费 30 多万元。

1992 年 4 月，榆林行政公署发布《榆林地区水资源管理及征收水资源费暂行办法》，对区内水资源管理、使用、征收费标准等方面作出明确规定，除农田灌溉和人畜饮水暂缓征收水资源费外，其他取用水单位和个人均必须按水行政主管部门计量征收水资源费。从 1993 年起，全面推行水资源费征收制度，并在榆林市（今榆阳区）召开水政水资源工作现场会，参观学习了榆林市水资源费征收的经验做法，部署开展水资源费征管工作。1993

年，榆林地区水资源费征收52万元，占年度任务的121%。1997年开展了基建用水水资源费征稽工作，并开征了开采石油水资源费和补偿费。2007年，根据国家和省政府关于水资源费征收管理办法，结合榆林实际，全面开征了煤炭、石油开采水资源费。2010年6月，财政部驻陕专员办公室会同陕西省水利厅组成检查组，对榆林市水资源费征收、管理、使用以及煤炭开采水资源费征缴入库情况进行监督检查。2012年7月，榆林市水务局组织开展了2006—2012年水资源费征收管理使用情况专项检查，加强了水资源费征收使用管理工作。2013年，榆林市征收水资源费达1.39亿元（不含征收煤炭水资源费）。

2014—2017年，水资源费征收工作连创新高，累计征收8.106亿元，均超额完成年度目标任务。这些水资源费全额缴入省级财政库，同时按规定返还市（县、区）一定比例。返还水资源费主要用于市（县、区）开展水资源调查、评价、规划、供求计划、水资源监测、节水、跨地区调水及其他水资源保护措施，以及水资源的开发利用、管理保护，新技术的推广宣传等。

2018年，国家实行水资源费改税试点，陕西省全部列入试点范围，实行水行政主管部门核定用水量，税务部门统一征收水资源税的办法。从此以后，无定河流域水资源税征收进入了水利部门核查核定取用水户水量、审核取水许可台账，税务部门依法征税的新阶段。

第四节 水资源管理考核

2013年以后，国家实行最严格水资源管理考核机制，国务院办公厅以国办发〔2013〕2号文印发了《实行最严格水资源管理制度考核办法》，从2014年起，国务院对省政府、省政府对市政府、市政府对县政府落实最严格水资源管理制度情况实行自上而下的逐级考核，考核结果向社会公布，并作为各级政府主要负责人和领导班子综合考核评价的重要依据。

无定河流域榆林市、延安市按照国家和陕西省政府要求，均制定了最严格水资源管理制度考核办法和考核实施细则，在接受省政府对市政府落实最严格水资源管理制度考核的基础上，对所属县（市、区）政府和工业区管理委员会实行最严格水资源管理考核工作。考核水资源管控指标为3大类6个指标，即用水总量控制指标、用水效率控制指标和水功能区限制纳污指标，其中用水总量控制指标包括用水总量、重点区域地下水位2个指标；用水效率控制指标包括万元工业增加值用水量、农田灌溉水有效利用系数2个指标；水功能区限制纳污指标包括重要水功能区水质达标率、集中饮用水水源地水质达标2个指标。成立由市政府组织，由市水务局、市发展和改革委员会、市工业和信息化局、市监察局、市财政局、市国土资源局、市环境保护局、市住房和城乡建设局、市农业局、市审计局、市统计局为成员单位的考核工作组，负责具体组织实施。考核工作组办公室设在市水务局，承担最严格水资源管理制度考核日常工作。随后，考核指标又陆续增加了节约用水、河长制、水土保持等考核内容。2018 年因机构改革未进行考核，机构改革后，考核工作组成员单位名称也随之变化。每年初，市级考核工作组成员单位都要对照上级考核评分标准开展自查，形成上年度最严格水资源管理考核自查报告和技术复核报告并上报；配合省政府完成对所在市政府年度实行最严格水资源管理制度考核工作。同时，要分组对所管辖县（市、区）和工业区管理委员会实行最严格水资源管理制度考核进行全面考核，量化打分，提出考核等次。

2014—2020 年（2018 年因机构改革未考核），无定河流域在陕西省政府组织对市政府落实最严格水资源考核中，考核结果：2014 年延安市、榆林市为良好等次；2015 年榆林市、延安市为良好等次；2016 年榆林市、延安市为合格等次；2017 年榆林市、延安市为合格等次；2019 年榆林市、延安市为良好等次；2020 年延安市为良好等次，榆林市为合格等次。

榆林市对所属县（区）政府和榆横、榆神工业区管理委员会考核结果如表 5-1-1 所示。

表 5-1-1 2016—2021 年无定河流域榆林主要县（区）水资源考核结果

（根据榆林市水务局统计结果）

县（区）名称	2016 年	2017 年	2019 年	2020 年	2021 年
榆阳区	良好	合格	良好	良好	良好
横山区	良好	良好	良好	良好	合格
定边县	良好	良好	良好	合格	合格
靖边县	良好	良好	良好	合格	合格
米脂县	良好	合格	良好	良好	良好
绥德县	良好	合格	合格	良好	良好
子洲县	良好	合格	合格	合格	合格
清涧县	良好	合格	良好	良好	合格
榆神工业区	合格	合格	良好	良好	良好
榆横工业区	合格	合格	良好	良好	良好

第二章　河长制

2016年11月、2017年12月，中共中央办公厅、国务院办公厅先后印发了《关于全面推行河长制的意见》《关于在湖泊实施湖长制的意见》，在全国拉开了全面推进河湖长制的序幕。2017年2月和2018年2月，陕西省先后印发《陕西省全面推行河长制实施方案》《关于实施湖长制的意见》，并先后举行了陕西省河长制启动暨无定河综合治理动员大会、陕西省湖长制启动暨泾河综合治理动员大会，标志着陕西省实施河湖长制工作全面启动。无定河流域各级党委、政府认真贯彻党中央决策部署和省委、省政府的工作要求，迅速制订实施方案，建立健全市、县、乡、村四级河湖长工作体系，全面落实河湖长巡河查河责任，加大河湖"四乱"问题整治力度，持续促进河湖面貌发生根本性改变。由于无定河流域无规模以上湖泊，故本章仅以河长制记述之。

第一节　河长制建立

2017年2月10日上午，陕西省河长制启动暨无定河综合治理动员大会在西安渭河河畔和榆林绥德无定河防洪工程施工现场以视频会议形式同步举行。陕西省委书记娄勤俭宣布启动，省长胡和平作动员讲话。陕西省委常务委员、常务副省长梁桂在绥德现场主持无定河综合治理动员大会，榆林市委、市政府和无定河流域各县委、县政府及其有关部门负责同志参加了开工仪式。开工仪式之后，无定河综合治理工程在挖掘机的轰鸣声中拉开了序幕。

一、组织体系

2017年3月和4月，无定河流域延安市委办公室、市政府办公室和榆林市委办公室、市政府办公室分别印发《延安市全面推行河长制实施方案》《榆林市全面推行河长制实施方案》，明确了河长制工作的总体要求、主要目标和重点任务，建立健全了区域与流域相结合的河长制组织体系，市级设立"总河长""副总河长"，并在主要河流设立市级河长；各河流所在县、乡分级分段相应设立河长，村级设河道专管员、保洁员或巡查员。延安市总河长由省委常务委员、市委书记担任，副总河长由市长担任；在11条主要河流设立11名市级河长，分别由市委、市人大、市政府、市政协领导干部担任。榆林市设立双总河长，分别由市委书记、市长担任，双副总河长分别由常务副市长、分管副市长担任；在8条主要河流设立11名市级河长（含3名市级副河长），分别由市委、市人大、市政府、市政协领导干部担任。同时，两市均成立了市级河长制工作领导小组，市委书记、市长分别任组长、副组长，各主要河流市级河长和相关部门主要负责同志为成员。领导小组下设办公室，办公室设在市水务局，办公室主任由市水利（水务）局主要负责同志担任，副主任由市水务局、市环保局分管领导同志担任。各市县乡镇快速行动，2017 年 5 月底所有县均出台了全面推行河长制实施方案，8 月底前所有乡镇实施方案全部出台，落实了河流所在地县、乡、村河长，实现了市、县、乡、村四级河长全覆盖。

陕西省无定河流域共设立市、县、乡、村四级河长 1626 名，其中市级河长 4 名、县级河长 108 名、乡镇级河长 272 名、村级河长 1242 名。按市来分，榆林市共设立市级河长 4 名、县（区）级河长 102 名、乡镇级河长 228 名、村级河长 1185 名，其中 4 名市级河长涉及无定河及其支流榆溪河、大理河、芦河，分别由市级总河长、市委书记和市级总河长、市长，以及 1 名市委常务委员、副市长和 1 名市人民代表大会常务委员会副主任担任，同时在无定河、榆溪河还各配备了 1 名副市长担任副河长，在这 4 条河均配备了由有关部门主要负责人担任的协调人；延安市涉及无定河流域吴起、安塞、子长 3 县（市、区）6 镇，共设立县（区）级河长 6 名、镇级河长 44 名、村级河长 57 名，河长名单已通过榆林和延安市政府门户网站、市水务局网站，以及《榆林日报》《延安日报》向社会公布。同时设立河长公示牌，对河长姓名、职责、河湖概况、管护目标、监督电话等重要信息进行公示。

2020 年无定河流域河长设置情况统计见表 5-2-1。

表 5-2-1　2020 年无定河流域河长设置情况统计

（根据榆林市、延安市河湖长制办公室统计）

市（县、市、区）名称	市级河长	县（区）级河长	乡镇级河长	村级河长
榆林市	4			
榆阳区		22	46	140
横山区		25	55	153
定边县		1	2	6
靖边县		17	52	155
米脂县		7	24	130
绥德县		7	24	250
子洲县		15	16	255
清涧县		8	9	96

续表 5-2-1

市（县、市、区）名称	市级河长	县（区）级河长	乡镇级河长	村级河长
延安市				
吴起县		2	9	12
安塞区		1	2	6
子长市		3	33	39
合计	4	108	272	1242

二、主要任务

根据中央部署和省委、省政府的要求，推行河长制主要有六大任务：一是严格水资源管理。落实最严格水资源管理制度，严守水资源开发利用控制、用水效率控制、水功能区限制纳污三条红线，构建水资源合理配置和高效利用体系。二是加强水域岸线管理。坚持柔性治水理念，严格水域岸线等水生态空间管控，依法划定河流水域及其水利工程管理范围和保护范围，科学编制岸线利用规划，严格划定岸线保护区、保留区、限制开发区、开发区，打造健康自然的河流水域岸线。三是加强水污染防治和监测评价。严格治理工矿企业污染、城镇生活污染、畜禽养殖污染、水产养殖污染、农业面源污染，加强水质水量标准化、规范化监测和评价，改善水环境治理。四是加大水源地保护力度。加快市、县两级饮用水水源保护区划定，对饮用水水源保护区、自然保护区和水源涵养区依法实施强制性保护，严格控制水源地上游及周边地区开发活动。五是推动水生态环境治理与修复。强化山水林田湖草沙系统治理，加大水土流失治理和生态修复力度，开展黑臭水体治理和水系连通、水美乡村建设。加强水文化示范基地和水生态科普基地建设，构建以水文化、水科技、水生态、水景观、水民俗等为主要内容的文化传播平台。六是严格实行综合执法监管。探索推行行政执法与刑事司法有效衔接，建立联合执法机制，加大对涉河违法行为查处力度，用法治力量守护好江河。

榆林市结合实际，将河长制六大任务细化分解为 10 大类 27 项，确立了组织领导、机制体制、资金投入、目标考核、宣传引导等方面的保障措施。同时，确定县水务、生态环境、住房和城乡建设、发展和改革、农业农村、畜牧等 27 个单位为河长办成员单位，并明确了具体职责，业务由上述六个部门牵头落实，其他部门相互配合实施。

三、规章制度

根据水利部和省河长办要求，无定河流域市、县先后印发出台了河长制工作信息共享制度、工作会议制度、督查考核制度、问题清单制度、信息报送制度、检查验收制度、举报投诉受理制度、问责激励制度等 8 项制度，制定了《河长制工作考核管理办法》和年度考核细则，探索建立全面推行河长制的制度保障。

榆林市2021年修订完善河长制工作会议制度，明确每年召开1次全市河长制工作会议，此外还可逐河召开市级河长工作会议、市级河长制联席会议和河长制工作调度会。建立完善监督检查机制，市河长办组织开展两次常态化暗访督查，不定期组织现场督导检查、督办通报。建立河长湖长及其联系人动态调整机制、河长办与生态环境部门“月通报”机制，确保不出现责任真空现象，形成部门协作、打防结合、处置高效、河湖共治的铁腕护水新格局。完善上下游、左右岸、干支流联防联控联治机制，制定了《榆林市、鄂尔多斯市跨界河湖管理保护联动机制实施意见》。2019年，榆林市水利局联合榆林市检察院建立河湖管理保护长效机制，在全省率先制定了《关于检察机关与水利行政机关在“携手清四乱、保护母亲河”专项行动中加强协作配合形成长效机制的意见》，强化行政执法活动的监督制约，形成保护河湖生态环境新机制。在此基础上，全面建立健全“河湖长+检察长+警长”协作机制，提升河湖管理法治化水平，为幸福河湖建设增添司法“利剑”。建立榆林市河湖长制智慧管理中心，强化河湖管理各环节信息化手段运用，建立河湖长制日常数据统计报送机制，实现河湖长信息、河湖问题整改、河湖情况监测、考核监督问效、投诉监督举报等重要数据信息全过程动态管理。

无定河流域榆林、延安两市均编印了《河长制工作手册》，主要包括河长制概念、河长制工作目标、主要任务、组织形式、河长名单、责任分解、保障措施、主要河流情况等，使各级河长对治水目标、存在问题、自身责任一目了然，成为各级有关成员单位和责任人的治水进度“自查表”“任务表”“责任状”，为更好地推动河长制管理工作奠定了基础。

无定河流域组织编制了河湖名录，深入推进“一河一策”方案编制工作。2017年，榆阳区编制了无定河榆阳段、榆溪河的“一河一策”方案；子洲县编制了河流名录，完成了流域面积50平方千米以上15条河流“一河一策”方案，指导部分乡镇完成了50平方千米以下河流“一河一策”方案。延安市吴起县、安塞区、子长市也积极开展调研，指导所属无定河流域六镇编制 “一河一策”方案。截至2020年底，无定河及其主要支流均编制完成了“一河一策”方案，并严格执行“一河一策”方案，促进河长制工作从“有名”向“有实”转变。

第二节　河长履职

一、河长履职规范和要求

2019年和2021年，水利部先后印发《关于进一步强化河长湖长履职尽责的指导意见》和《河长湖长履职规范（试行）》；2021年，陕西省河长制办公室印发《关于进一步强化河长湖长履职尽责的实施意见》《陕西省河湖长履职规范（试行）》，对巡河调研提出明确要求。

无定河流域各级党委、政府认真贯彻落实水利部和省河长办要求，进一步压实各级河长以及有关部门责任，建立健全“河长挂帅、河长办协调、成员单位协同、责任单位履职、社会各方共治”的河长制组织体系。明确市级河长每年巡河不少于 3 次（每半年不少于 1 次），县级河长每季度巡河不少于 1 次，乡级河长每月巡河不少于 1 次，村级河长每周巡河不少于 1 次。

河长巡河调研的重点：市、县级河长巡河重点看是否建立健全部门联合执法机制，建立河湖日常监管巡查制度，实行河湖动态监管，落实执法监管责任主体、人员、设备和经费以及打击涉河湖违法行为，治理非法排污、设障、捕捞、养殖、采砂、采矿、围垦、运输、侵占岸线等活动的情况。乡、村级河长巡河重点是巡查生产经营活动频繁的河段，重点检查河湖日常管护情况，及时劝阻、制止涉河湖违法违规行为，不能解决的要及时报告上级河湖长或河长制办公室、有关部门（单位）。

二、河长巡河履职

2017 年 2 月 3 日，春节收假第一天，榆林市委即召开常务委员会，专题研究了全面推进河长制工作。3 月和 4 月，无定河流域的延安市、榆林市分别召开政府常务会议、市委常务委员会专题研究部署河长制具体工作。5 月上旬、7 月中旬，榆林市先后 2 次派出专项督查组督导检查各县（区）河长制推进情况；11 月下旬，榆林市河长办联合市生态环境局第三次对 2017 年水污染防治工作落实情况进行督导；12 月上旬，榆林市对河湖“采砂石、倒垃圾、排污水、设障碍”及河湖专项执法行动进行全面督导检查；12 月下旬，榆林市河长制办公室联合市生态环境局再次派出 4 个工作组，对各县（区）河长制工作进行全面考核与评估督导。自 2018 年后，各级总河长带头组织开展巡河工作，召开河长工作会议，签发总河长令，督促各级河长积极履职尽责。其他河长多次深入所负责的河道开展巡河调研，对河长制落实、河湖“四乱”问题整治、水污染防治等工作进行督促检查，发现问题及时整改，协调解决河湖管理保护中的突出问题。2019 年 8 月 12 日，榆林市委四届七次全会审议通过《关于加强生态文明建设打造黄土高原生态文明示范区的决定》，把对榆林生态环境有重大影响的一河（无定河）一湖（红碱淖）纳入其中，作为水生态文明建设重点，制定了专项行动实施方案。据统计，2019—2022 年，无定河流域市级河长平均每年巡河 37 次，县级河长平均每年巡河 1409 次，乡级河长平均每年巡河 9413 次，村级河长平均每年巡河 92997 次。同时，强化各级河长办工作效能，发挥各级河长办组织、协调、分办、督办等职能，通过建立河长制配套制度、印发年度工作要点、常态化监督检查、“月考核 + 年评价”、联合督查督办、开展明查暗访、建立问题清单、组织志愿者服务等形式，协调推进河长制重点工作。特别是 2021 年以来，连续两年召开河湖长制工作会议，坚持问题导向，会前通过明察暗访拍摄反映河湖重点问题的专题片，会议期间先播放专题片，由各级总河长认领问题，会后发布总河湖长令，督促各地加大问题整改力度。各级总河长快速反应，坚持查事与查人相结合、查问题与追责问效相结合，既促进河湖问题得到及时整改，又夯实了各级巡河管河的主体责任。

三、河湖清“四乱”

河湖清“四乱”是推行河长制工作一项重要而常态性的工作。2018 年 7 月，榆林市组织开展了为期一年的河湖“清四乱”专项整治行动，在调查摸底、集中整治、巩固提升3个阶段，市、县两级累计派出2705人进行督查工作及6739人开展巡查执法工作，发现问题，及时督促整改。2019年，榆林市深入开展河湖“清四乱”“携手清四乱、保护母亲河”专项行动以及“采砂石、倒垃圾、排污水、设障碍”专项整治，建立问题清单制度，统一编号管理，限期督促整改，重点问题定期跟进督办，并将问题清单报送各相关市级、县级河长。2018—2019年，共清理整治河湖“四乱”问题244个，累计投资7000多万元，清理非法占用河道岸线80.82千米，清理生活垃圾、建筑垃圾132.8万吨，拆除违法建筑36531平方千米。2020年以来，榆林市常态化、规范化推进河湖“清四乱”，全面开展碍洪突出问题排查整治、河湖“清四乱”、河道非法采砂打击整治等专项行动，全市累计清理整治河湖“四乱”问题近1400个，清退非法占用岸线376.01千米，清理建筑和生活垃圾145.01万吨，清理固体废物5.42万吨，清理违章建筑14.49万平方米，清除围堤1.79千米，清除违规种植大棚1.30万平方米。延安市吴起县、安塞区、子长市的6个镇党委、政府，按照“常态全域排查，动态整治清零，长效依法管控”要求，聚焦河湖突出问题，持续推进河道“四乱”问题清理整治工作，组织开展了水生态环境“三清一净”、违规“小菜园”清理、河道碍洪整治等专项行动，不断强化水行政执法，加大查处力度，加强对水质波动区域油气开发、涉河养殖场、涉河建设项目等企业排查和监管，取缔涉河非法取水，推动了河流水质持续改善提升。

无定河流域各级党委、政府在开展河湖“清四乱”中，始终坚持目标统领与问题导向相结合，坚持高位推动与发动群众相结合，使河道面貌发生了显著变化。一是河长履职担当有效推动。市委、市政府将河湖长制工作作为推动全市高质量发展和年度目标责任考核的重要内容，召开市委常委会、市政府常务会议、市河长制工作会，层层压紧压实各级河长、部门和县（市、区）守河护河政治责任，持续推进河流生态环境治理。二是联动整治持续发力。为确保河湖突出问题动态清零，成立了河湖长制常态化工作督查组，定期联合市委督查室、市公安局、市交通局、市水利局、市应急局、市政府督查办等单位部门开展督查督办、不定期开展暗访督查，对问题频发、进度滞后的县（市、区）重点督办，形成了“发现问题、交办问题、督办问题、考核问效”的闭环管理体系，部分县（市、区）开展每月进驻一个乡镇的进驻式督查考核，有效解决了一批痛点、堵点、难点问题。三是铁腕整治河湖由“乱”变“治”。按照坚决清存量、遏增量的要求，重拳出击，限期整改河湖“四乱”问题。面对数量多、涉因复杂、整改难度大的河湖历史遗留问题，敢于动真碰硬，多次召开会议、派出工作组、定期通报调度，有力依托河湖长制制度优势，全面完成上级交办河湖问题整改。同时，深入开展自查自纠，持续不断推进河湖管护常态化、规范化。四是建设河湖长制智慧管理中心，强化河湖管理各个环节信息化手段运用，对重点河道、问题易发河段运用视频监控、无人机等现代化手段监管，实现了河湖长信息、河湖问题整改、河湖实时监测、考核监督问效、投诉监督举报等重要数据信息全过程动态管理，提升河湖监管水平。五是组织发动全社会参与守水护河行动，大力宣传河长制的政策措施、重要意义、取得的重大成果，畅通公众反映问题渠道，不断增强社会公众的河湖保护意识，营造全社会共同守护河湖的浓厚氛围。

四、专项执法行动

加强执法监督是推行河长制六大任务之一。2017年以来，按照水利部和陕西省水利厅部署，先后组织开展了河湖专项执法三年行动、河湖陈年积案“清零”行动、防汛保安专项执法行动、黄河流域地下水超采治理专项执法检查等，特别是与公安机关联合开展了河道非法采砂打击整治行动，依法查处了一大批水事违法案件。加强公安、生态、水利、资源规划等部门联合执法、同步上岸工作格局，对非法采砂行为保持严打高压态势。2020年横山区检察院成立全省首家“水利公益巡回检查室”，定期召开联席会议、开展联合检查，对水利资源全面主动监督。2021年编制《榆林市无定河采砂规划（2021～2025年）》，持续推进河道非法采砂打击整治，对重点水域、敏感河段加大巡查频次和力度，建立以水行政执法巡查为主、无人机航拍为辅、群众监督为补充的“三位一体”监控模式，坚决杜绝河道乱象，清理非法砂石量6596立方米，县级立案15起，行政处罚16次，通过行刑衔接机制，依法查处无定河非法采砂案1起，移送司法机关3人。

五、河长制考核

强化考核奖惩是推进河长制的指挥棒。2021—2022年，在陕西省河长制工作考核中，延安市连续两年获得优秀等次，榆林市连续两年获得良好等次。无定河流域各级党委、政府从一开始就建立了严格的考核制度，制定了《河长制工作考核问责与激励制度》和年度考核细则，实施量化赋分，自上而下进行考核评价和激励问责。2020年，榆林市累计派出4982人次开展了763次河长制监督检查，先后多次对相关责任人、部门进行约谈、问责。2021年5月，修订完善了《榆林市河湖长制工作考核办法》，以总河长令发布，建立“月考核＋年评价＋差异化”的考核机制，坚持月考核与年度评价相结合、共性与个性相结合、激励与问责相结合、考核与结果运用相结合，对河长制工作“一月一考核一排名、一季度一调度一督导、一年一总结一安排”，累计召开会议16次、印发督办函20次、督办单10次、监督检查23次，通报考核结果3次，推动河长制工作向纵深推进。2022年，榆林市对2021年度推进河长制工作6个先进集体、7名优秀河长和16名先进工作者进行了表彰奖励。

第三节　河流基础管理

依托河长制平台，无定河流域各级党委、政府切实加强河流基础管理工作，扎实推进河流管理范围划定、岸线保护利用规划编制、示范河湖和示范县乡创建等工作，维护河流生命健康，推动河长制从“有名”向“有实”、“有能”向“有效”转变取得实质性成效。

一、河流管理范围划定

从2019年开始，无定河流域各级党委、政府按照水利部和省河长办部署，组织开展了河湖管理范围划定工作。榆林市成立市级河湖管理范围划定领导小组，制定了《榆林市河湖管理范围划定工作方案》《榆林市河湖管理范围划定技术导则》及《榆林市河湖管理范围划定工作实施方案》，召开各县（区）党委、政府主要领导参加的划定工作紧急调度会，组建划界工作组和技术专家组，多次组织技术培训和审查，及时督导约谈、实时跟进划界进度。经过三年努力，累计投资 1.94 亿元，截至 2021 年 10 月，全面完成了河湖名录内 238 条河流、5 个湖泊的划界公告及成果上图工作。其中，无定河流域完成规模以上（流域面积大于 1000 平方千米以上）河流 6 个（无定河、榆溪河、海流兔河、芦河、大理河、淮宁河）、规模以下（流域面积 50 ~ 1000 平方千米）河流 73 条的管理范围划定工作。延安市吴起县、安塞区、子长市内的 6 镇完成规模以下 11 条河流管理范围的划定工作。

二、岸线保护利用规划编制

随着河流管理范围划定工作的开展，无定河流域组织开展河流水域岸线保护利用规划编制工作。其中：榆林市共有 45 条（段）河湖需要编制岸线保护利用规划，涉及河流 24 条、水库 17 座、盐湖 4 个。从 2020 年开始，榆林市及所属各县（市、区）组织有关设计单位和技术力量，编制实施方案，同步开展相关技术论证工作，截至 2021 年底，45 条（段）需按要求编制岸线保护利用规划的河湖库，均完成了规划编制、本级审核和上级意见征求工作，正在按程序报批实施。其中，市级河长负责的无定河等 7 条河流岸线保护利用规划已于 2021 年 12 月获批实施。持续强化河湖划界、岸线保护利用规划、市级河长负责的无定河等 7 条河流“一河一策”方案等成果运用，严格涉河建设项目和活动审查，加强河湖水域岸线空间分区分类管控，推动岸线有效保护和合理利用。

三、幸福河湖创建

根据陕西省总河长令（2022 年第 1 号）要求，陕西省河长制办公室在全省范围内组织开展示范河湖建设活动，力求通过系统治理、综合治理、源头治理，打造一批河湖长制责任体系完善、制度机制健全、基础工作扎实、管理保护有序、水域岸线空间管控严格、河湖管护成效显著、河湖长制工作有亮点、人民群众满意度高的幸福河湖示范样板。榆林市动态更新“一河一策”，持续推进示范河湖和示范县乡创建工作，编制完成了无定河、榆溪河示范河湖建设实施方案，各县（市、区）通过夯实基础工作、规范机制运行、采取有效治理措施、创新河湖长制工作等举措，同步开展示范河湖和示范县乡创建，制作《打造人民满意的幸福河湖工作纪实》宣传片，榆林市榆溪河、无定河绥德米脂段顺利通过陕西省河长制办公室实地验收，2022 年 12 月被命名为“陕西省幸福河湖”。

四、智慧河湖管理系统

2020 年 9 月启动河湖长制管理信息系统一期工程，2021 年 6 月上线试运行，2022 年在一期系统提档升级的基础上，启动二期智慧水资源管理信息系统建设。系统采用“互联网 +”的模式，整合河湖治理资源，建立以“人”为对象的行政管理系统、以“河”为载体的业务应用系统、以“网”为基础的智能服务系统，全面建立河湖管理数据库，在市级河湖长制信息化管理系统上线试运行的基础上，县级河长制信息化系统同步开展建设，在榆林市重点河道及敏感问题易发段新安装河湖长制视频监控 40 个，并将持续进行补充新增，运用视频监控、无人机等现代化手段开展河湖监管工作，实现市县信息共享和河湖管理智慧化。

第三章　法治建设

自1988年1月21日《中华人民共和国水法》颁布实施以来，无定河流域水利法治建设从普法宣传开始，逐步走上制定配套文件、组建执法机构、建立健全执法队伍、加强执法人员培训、开展执法监督检查，到依法查处水事违法案件、依法调处水事矛盾纠纷的依法治水管水道路。特别是2014年10月党的十八届四中全会后，榆林市人民代表大会常务委员会和市政府先后制定了榆林市无定河流域水污染防治条例、榆林市节约用水条例和榆林市水资源管理办法等地方性法规、规章，使流域依法管理具有更加有针对性的法律基础，水利法治建设走上了高质量发展的轨道。

第一节　普法宣传

1988年，围绕第一部《中华人民共和国水法》的学习宣传贯彻，无定河流域市、县举行了一系列声势浩大的学习宣传活动。4月下旬，榆林地区水利水保局举办水利系统《中华人民共和国水法》学习班，组织各县（市）水利水保局局长、水资源办公室和地直水利单位负责人参加学习。5月23—25日，延安地区举办各县（市）水利局局长水法学习班，地区行政公署、农业委员会、司法局、公安处等单位领导参加学习。5月26日至6月6日，延安地区水法宣传车巡回在安塞、子长等8个县（市）25个乡镇、12个重点库区、渠道、厂矿、村庄、集市等地进行宣传。6月初，榆林行政公署召开常务会议，决定在全区开展《中华人民共和国水法》宣传月活动，并成立了以行政公署专员为组长的地区学习宣传《中华人民共和国水法》领导小组，负责领导全区的《中华人民共和国水法》宣传工作。榆林行政公署办公室转发了地区水利水保局、司法局《关于宣传贯彻〈中华人民共和国水法〉的安排意见》。无定河流域榆林各县（市）根据地区的安排，均成立了以主管县（市）长为组长的宣传贯彻《中华人民共和国水法》领导小组，组织开展形式多样的宣传活动，共翻印《中华人民共和国水法》16880份、《水法知识问答》2000册、《水法广播讲座》1000册、《水法宣传材料》500多份；举办《中华人民共和国水法》学习班54次，参加学习2700人次；出动宣传车200辆次，宣传覆盖面达80%以上；举办《中华人民共和国水法》知识竞赛和测验活动15次，参加人数达3000多人。各县（市）还利用刷写标语、绘制宣传画、出黑板报和办展览等形式进行宣传。《榆林报》、榆林电视台开辟《中华人民共和国水法》学习专栏。通过学习宣传，《中华人民共和国水法》和水资源知识在干部群众中得到普及，使地、县（市）主要领导成员对依法强化水资源的统一管理有了初步认识。

1989年7月，在《中华人民共和国水法》实施一周年之际，榆林地区开展了第二次《中华人民共和国水法》学习宣传活动。榆林地区水利水保局对8个地直单位和局机关的职工进行了《中华人民共和国水法》再教育和考试。8月初，榆林地区水利水保局发出通报，对成绩优秀的地区水政水资源管理办公室、地区水利水电勘测设计队、地区地下水工作队、地区水土保持工作队等单位和85名个人给予奖励和通报表彰。1991年7月，榆林各县相继举行大规模的水法宣传游行活动。截至1994年，每年7月1—7日为全国“水法宣传周”，集中开展水法宣传。为此，全市各级水利部门和单位，每年都要具体安排、精心组织，通过报刊、电视、广播以及《榆林报》召开纪念会、座谈会，印发学习宣传材料、举办水法知识竞赛、书写标语、出动宣传车、上街咨询等形式，开展声势浩大的宣传活动，以增强城乡广大群众节约用水、依法用水的意识。

1993年联合国第四十七届大会确定从1993年开始，每年3月22日为“世界水日”。为了使水法宣传与国际“世界水日”接轨，水利部决定从1994年开始，把“水法宣传周”改为“中国水周”，时间为每年3月22—28日。1994年以来，无定河流域各市、县根据宣传主题，集中开展纪念“世界水日”“中国水周”宣传活动，每年组织宣传队伍上街集中宣传，设立宣传站50多处，出动宣传车数十辆，散发宣传材料10多万份，并在报刊发表纪念文章、新闻报道30多篇。1995年1月，榆林地区各县水利水土保持部门开展了水利政策法规年活动，确定每月第一周星期三为水利职工“政策法规学习日”，并在“世界水日”和“水法宣传周”期间开展大规模宣传活动。1997年7月中旬，陕西省人民代表大会常务委员会组成执法检查团，对榆林、横山、靖边等5县（市）贯彻执行《中华人民共和国水法》情况进行了实地检查，对榆林水法学习宣传工作给予了肯定。

2002年10月10日新《中华人民共和国水法》颁布实施后，流域各级水利部门进一步加大学习宣传力度。2003年3月22日“世界水日”，榆林市水务局和榆阳区水务局联合组织1000多名水利系统职工列队到榆林城进行新《中华人民共和国水法》宣传游行活动。2009年3月22日，在“世界水日”和“中国水周”期间，榆林市水务局在榆林世纪广场举行“跨界水——共享的水、共享的机遇”为主题的宣传活动，发放《中华人民共和国水法》《中华人民共和国防洪法》《中华人民共和国渔业法》等水利法规宣传资料4000多份。2010年6月29日，榆林市水务局在榆林世纪广场举行《中华人民共和国水土保持法》颁布实施19周年大型宣传活动。2011年3月22日，榆林市水务局和黄河水利委员会晋陕蒙水土保持监督局、榆阳区水务局在榆林市中心广场共同举办纪念第十九届“世界水日”暨第二十四届“中国水周”宣传活动和新《中华人民共和国水土保持法》颁布实施宣传启动仪式及万人签名活动。榆林市政府分管领导出席活动并讲话。活动现场发放宣传材料18000份，展出宣传展板60块，接受群众咨询300余人次。2017—2018年在“世界水日”“中国水周”“科技之春”宣传月活动中，分别以“落实绿色发展理念、全面推进河长制”“实施国家节水行动、建设节水型社会”为主题进行了集中宣传活动，累计发放印有节水标语的纸杯、抽纸和宣传资料1万多份，在广播电台播放节约保护水资源口号2000余次。

截至2020年，无定河流域各级水利部门每年投入10万～20万元经费，组织实施了水利普法宣传教育七个五年规划，重点普及宣传宪法、行政法规和涉水法律法规，组织开展“法律进机关、进乡村、进社区、进企业、进学校、进单位”活动，每年都要设立宣传站50多处，出动宣传车30多辆，发放宣传材料20多万份。同时在报刊、电视台等新闻媒体报道宣传、发表纪念文章，在全社会营造了节水意识、水危机意识和水法治意识的浓厚氛围。

第二节　法规制度建设

一、规范性文件

1985年7月，横山县人民政府率先发布《关于加强水利水保工程设施管护的通告》后，无定河流域各级政府及其有关部门围绕贯彻执行涉水及生态文明建设有关法律法规，先后制定了一大批与治水、治沙、治山有关的法规相配套、操作性较强的规范性文件。截至2020年，市、县两级政府及其有关部门共制定规范性文件100多件，其中市级制定57件（见表5-3-1），使流域内水资源管理、水土保持、河道管理、河湖长制、污染防治、防沙治沙等工作基本做到有章可循。

表5-3-1　1990—2020年榆林市政府及其有关部门制定规范性文件统计

（根据2018年12月第1版《榆林市水利志》摘编整理）

<table>
<tr><th>市/部门</th><th>地方规范性文件名称</th><th>发布机关</th><th>发布时间</th></tr>
<tr><td rowspan="9">榆林市</td><td>榆林神府地区煤炭水流失防治费征收和使用管理规定</td><td>榆林地区行政公署</td><td>1990年4月</td></tr>
<tr><td>实行农田水利基本建设劳动激励制度的实施意见</td><td>榆林地区行政公署</td><td>1990年5月8日</td></tr>
<tr><td>榆林地区行政公署批转地区水利水保局关于贯彻实施《陕西省水资源管理条例的意见》的通知</td><td>榆林地区行政公署</td><td>1991年</td></tr>
<tr><td>榆林地区取水许可制度暂行办法</td><td>榆林地区行政公署</td><td>1992年4月13日</td></tr>
<tr><td>榆林地区水资源管理及征收水资源费暂行办法</td><td>榆林地区行政公署</td><td>1992年4月13日</td></tr>
<tr><td>关于进一步加强水利建设的决定</td><td>中共榆林地委
榆林地区行政公署</td><td>1992年4月13日</td></tr>
<tr><td>榆林地区拍卖“五荒”资源经营使用权的实施办法</td><td>中共榆林地委
榆林地区行政公署</td><td>1993年7月15日</td></tr>
<tr><td>关于鼓励和扶持发展民办水利事业的若干意见</td><td>榆林地区行政公署</td><td>1994年12月30日</td></tr>
<tr><td>榆林地区建设项目水土保持管理办法</td><td>榆林地区行政公署</td><td>1995年5月5日</td></tr>
</table>

续表 5-3-1

市/部门	地方规范性文件名称	发布机关	发布时间
榆林市	榆林神府地区吨煤水土流失防治费征收和使用管理规定	榆林地区行政公署	1995 年 8 月 28 日
	关于进一步加快农村“五荒”资源使用权拍卖治理工作的意见	中共榆林地委、榆林地区行政公署	1996 年
	关于征收农田水利建设补偿费的实施意见	榆林地区行政公署	1996 年 6 月 18 日
	榆林地区小型水利工程产权制度改革实施办法	榆林地区行政公署	1998 年 7 月 7 日
	榆林地区水土保持设施管护办法、榆林地区水土保持法律法规贯彻执行情况督查办法、榆林地区建设项目水土保持管理办法	榆林地区行政公署	1999 年 6 月 15 日
	榆林地区加快渔业发展的意见	榆林地区行政公署	2000 年 1 月 27 日
	榆林市钻井市场管理办法	榆林市人民政府	2000 年
	榆林市农村集体“五荒”资源治理开发管理办法（试行）	榆林市人民政府	2003 年 11 月 11 日
	榆林市防汛责任追究办法	榆林市人民政府	2006 年
	榆林市大中型水利水电工程建设征地补偿和移民安置条例宣传方案	榆林市人民政府	2006 年
	关于加快推进节约用水工作的实施意见	榆林市人民政府	2006 年
	榆林市农村饮水工程建设管理暂行办法	榆林市人民政府	2007 年
	榆林市煤炭开采水资源费征收使用办法	榆林市人民政府	2007 年 9 月 10 日
	关于印发王圪堵水库建设实施方案的通知	榆林市人民政府	2008 年
	榆林市节约用水管理办法	榆林市人民政府	2010 年 8 月 31 日
	榆林市水权转换使用办法	榆林市人民政府	2011 年 1 月 12 日
	关于加快水利改革发展的实施意见	榆林市委、市政府	2011 年 10 月 13 日
	榆林市工业企业水量平衡测试规定	榆林市人民政府	2011 年 12 月 1 日
	榆林市地下水资源保护管理办法	榆林市人民政府	2013 年 1 月 17 日
	榆林市扶持沙棘产业发展实施意见	榆林市人民政府	2013 年 7 月 23 日
	榆林市创建省级生态园林城市实施方案	榆林市政府办公室	2013 年 12 月 15 日

续表 5-3-1

市/部门	地方规范性文件名称	发布机关	发布时间
榆林市	关于加强全市绿色长廊工程建设的意见	榆林市政府办公室	2014 年 3 月 14 日
	榆林市关于实行最严格水资源管理制度的实施意见	榆林市人民政府	2014 年 3 月 18 日
	榆林市实行最严格水资源管理制度考核办法	榆林市人民政府	2014 年 6 月 13 日
	榆林市河道管理办法	榆林市人民政府	2014 年 8 月 26 日
	榆林市水利风景区管理细则	榆林市人民政府	2014 年 9 月 4 日
	关于进一步加强饮用水水源保护工作的实施意见	榆林市人民政府	2015 年 11 月 25 日
	榆林市水资源管理办法	榆林市人民政府	2016 年 8 月 30 日
	榆林市林业建设五年大提升实施方案	榆林市政府办公室	2017 年 1 月 5 日
	榆林市创建国家森林城市实施意见	榆林市政府办公室	2017 年 3 月 3 日
	榆林市建设项目节约用水暂行管理办法	榆林市政府办公室	2017 年 3 月 23 日
	榆林市全面推行河长制实施方案	榆林市委办公室、市政府办公室	2017 年 4 月 13 日
	关于创建国家森林城市建设绿色榆林的意见	榆林市人民政府	2018 年 3 月 6 日
	关于推进农业水价综合改革的意见	榆林市政府办公室	2018 年 4 月 27 日
	榆林市无定河流域水污染补偿办法（试行）	榆林市人民政府	2018 年 9 月 8 日
	榆林市取水许可管理实施办法	榆林市人民政府	2019 年 7 月 8 日
	关于加强生态文明建设打造黄土高原生态文明示范区的决定	榆林市委、市政府	2019 年 10 月 25 日
榆林市水务局等部门	关于加强水土保持行政执法工作的通知	榆林地区中级人民法院、榆林地区水利水保局	1994 年 3 月 25 日
	榆林地区贯彻执行水土流失预防监督“一票否决”暂行规定	榆林地区水利水保局	1995 年 4 月 13 日
	关于矿山企业贯彻执行《榆林地区水土保持方案审批管理暂行规定》的通知	榆林地区水利水保局、矿产资源管理局	1995 年 6 月 9 日
	关于贯彻执行《榆林地区水土保持方案审批管理暂行规定》的通知	榆林地区水利水保局、环境保护局	1995 年 6 月

续表 5-3-1

市/部门	地方规范性文件名称	发布机关	发布时间
榆林市水务局等部门	关于印发《榆林地区水土保持监督人员行为规范》的通知	榆林地区水保监督总站	1999 年 6 月 3 日
	榆林地区水土流失违法案件行政处理处罚程序	榆林地区水利水保局	1999 年 10 月 6 日
	榆林地区水土保持监督人员任命管理办法	榆林地区水利水保局	1999 年 10 月 6 日
	关于水利水电工程执行水土保持法规政策的通知	榆林地区水利水保局	2000 年 5 月 12 日
	关于贯彻落实水资源管理控制目标的意见	榆林市水务局	2013 年 2 月 6 日
	关于贯彻落实《榆林市人民政府关于实行最严格水资源管理制度的实施意见》的函	榆林市水务局	2014 年 6 月 5 日
	榆林市实行最严格水资源管理制度考核工作实施细则	榆林市水务局、发展和改革委员会、财政局、国土资源局、农业局等	2014 年 11 月 3 日

二、地方性法规

党的十八届四中全会将立法权延伸到设区市后，榆林市人民代表大会常务委员会和榆林市政府从生态文明建设高度出发，科学选定涉水立法题目，加大立法调研力度，先后审议颁布了《榆林市无定河流域水污染防治条例》《榆林市节约用水条例》和《榆林市水资源管理办法》三部地方性法规和政府规章，为全面加强无定河流域水资源节约集约利用、水资源管理和水污染防治提供了法律武器。

（一）《榆林市无定河流域水污染防治条例》

2018 年 12 月 25 日榆林市第四届人民代表大会常务委员会第二十一次会议审议通过，2019 年 3 月 29 日陕西省第十三届人民代表大会常务委员会第十次会议批准，自 2019 年 10 月 1 日起施行。《榆林市无定河流域水污染防治条例》分总则、监督管理、污染防治、饮用水水源和水生态保护、法律责任和附则共六章六十三条，为加强无定河流域水污染防治，保护水环境，改善水生态，保障饮用水安全，维护公众健康，推进生态文明建设，促进经济社会可持续发展提供了法规依据，是无定河流域第一部地方性法规。

（二）《榆林市节约用水条例》

2019 年 10 月 30 日榆林市第四届人民代表大会常务委员会第二十八次会议审议通过，2020 年 3 月 25 日陕西省第十三届人民代表大会常务委员会第十六次会议批准，自 2020 年 8 月 1 日起施行。《榆林市节约用水条例》分总则、节约用水管理、节约用水措施、非常规水利用、法律责任和附则共六章四十四条。《榆林市节约用水条例》的颁布实施，标志着包括无定河流域在内的榆林市节水管理工作纳入法治化的轨道，对规范全社会的用水行为，提高节水管理水平，使有限的水资源发挥最大效益，加快推进节水型社会建设，推动榆林高质量发展具有重要意义。

（三）《榆林市水资源管理办法》

2021年12月8日榆林市政府第十六次常务会议研究通过，自2022年1月1日起施行。《榆林市水资源管理办法》分总则、水资源规划、水资源开发利用、水资源保护、取水许可和计划用水、水资源节约利用、水事纠纷的处理与执法监督、法律责任、附则，共九章六十一条。《榆林市水资源管理办法》以榆林市政府榆政发〔2021〕18号文件印发，有效期从2022年1月1日至2026年12月31日止。

第三节　执法机构队伍

1988年《中华人民共和国水法》颁布实施后，无定河流域水政执法机构和队伍开始组建。1988年10月，榆林地区水利水保局增设水资源管理办公室，1989年1月改为副县级事业单位，1990年6月改名为地区水政水资源管理办公室。1991年1月榆林地区行政公署批准成立了榆林地区水利水保执法领导小组办公室，办公室设在地区水政水资源管理办公室。1998年12月9日，经地区编委批准，榆林地区水政监察支队成立，与地区水政水资源管理办公室合署办公，内设水政科、水资源科、征管科、综合科。1998年8月下旬至9月下旬，榆林地区举办了为期1个月的水政监察员集中上岗培训班，236名水政监察员培训合格后颁发了陕西省政府行政执法证和水利部水政监察证。2001年6—9月，榆林市水政监察支队分批对全市301名水行政执法人员进行了全员执法培训，提高了基层执法人员执法技能和水平。

1988年经国务院批准，国家计划委员会、水利部联合颁布《开发建设晋陕蒙接壤地区水土保持规定》，榆林专署即在地区水利局设立水土保持监督科，到1990年，6个县（市）成立水土保持检查监督站，开展水土保持监督检查工作。1991年6月《中华人民共和国水土保持法》颁布后，11月成立榆林地区水土保持监督总站，取代了原水利局所设水土保持监督科，相继地区行政公署和各县（市）两级政府都成立水土保持监督执法领导小组。至1993年先后成立子洲、米脂、靖边、绥德、横山、定边等县水土保持监督站，地、县两级监督机构共配备了专职执法人员212名，依法全面开展了水土保持监督检查工作。截至1995年，全区各乡镇先后都成立了监督组，行政村配备了监督员，形成了一支共有4285名的水土保持监督执法队伍。

此后，榆林市水土保持执法机构历经了四次大的改革：第一次是1999年9月，成立榆林地区水土保持监测总站和榆林地区水土保持生态环境监察支队，与榆林地区水土保持监督总站一套机构三个牌子。2000年统一更名为榆林市水土保持监督总站、榆林市水土保持监测总站、榆林市水土保持生态环境监察支队。到2001年各县（区）先后都成立了水土保持监测站和水土保持生态环境监察大队，都与各县（市）水土保持监督站一套机构三个牌子。至此，全市建立健全水土保持监督、监测和执法机构，水土流失预防监督、监测工作走上规范有序的发展轨道，预防监督、监测体系规范化建设不断得到加强。第二次是2007年依据榆林市人事局《关于转发〈陕西省人事厅关于批复榆林市政府工作部门所属事业单位参照公务员管理的通知〉的通知》（榆政人发〔2007〕728号）精神，转为参照公务员管理事业单位。第三次是2011年依据市委编办《关于市水土保持监督总站升格的通知》（榆编发〔2011〕141号）升格为副县级参照公务员管理事业单位；榆林市水土保持监督总站下设5个副科级科室。第四次是2020年事业单位改革后依据《中共榆林市委机构编制委员会关于〈榆林市水利局所属事业单位改革方案〉的批复》（榆编发〔2020〕30号），更名为榆林市水利水保综合执法支队，将市水利局下属各单位执法职能并入榆林市水利水保综合执法支队，核定参公事业编制31名，领导职数1正3副，内设办公室、法制科、征管科、技术科、执法一科、执法二科，主要职责是负责本行政区域内水土保持监督管理和行政执法工作，行使水土保持行政处罚和行政征收工作，参与水利、河道等方面违法行为查处工作，参与指导水利普法工作。2022年4月，榆林市政府办公室下发《关于进一步加强和规范水行政执法工作的意见》，要求各县（市、区）参照市级组建水利水保综合执法机构。无定河流域的8县（区）中，榆阳、靖边、横山、绥德、清涧等5县（区）已成立水行政综合执法机构，其余县（定边、米脂、子洲）正在积极推进中。

第四节　水事纠纷调处

清代至民国初期，无定河流域一般水事纠纷由地方绅士或乡约处理；涉及两个县较大的水事纠纷则由知县（县长）乃至巡抚（省长）出面调处。民国后期，水事纠纷多由县长或建设科出面调查处理，涉及两个县以上的水事纠纷，则由省建设厅派员会同两县县长和临时参议会调查处理。新中国成立以来，无定河流域水利事业蓬勃发展，水事纠纷也随之多了起来。水事纠纷处理，涉及省与省之间的，由行政公署和地区水行政主管部门会同省级水行政主管部门调查处理。涉及两个县的，由行政公署和地区水行政主管部门会同有关县、乡领导调查处理。属于一个县范围内的，则由县政府和县水行政主管部门会同有关乡、村或工程单位调查处理。《中华人民共和国水法》颁布实施后，各级均建立了以预防为主、预防与调处相结合的水事矛盾纠纷调处长效机制，及时协调化解了一大批水事矛盾纠纷，依法维护了正常水事秩序。2012年7—9月，榆林市、延安市水务局按照陕西省水利厅的部署，组织开展了水事矛盾纠纷排查化解活动。无定河流域各级水行政主管部门建立健全水事纠纷调处工作机制，对各流域、河段、水库、渠站等进行认真排查，对排查出的矛盾纠纷，逐一进行登记建档，逐件落实责任单位和责任人，采取切实可行措施及时协调化解，先后排查化解水事矛盾纠纷66件，确保了正常水事工作秩序，依法维护了社会和谐稳定。

无定河流域典型水事纠纷调处案例如下。

一、榆林县河口水库淹没内蒙古黄陶勒盖公社耕地、牧场纠纷案

1958 年榆林专区在榆林县白河河口村修建水库，到 1961 年基本完成，坝高 12.7 米，坝顶高程 1250.2 米。设有两级泄水洞，第一级高程为 1242 米，最大泄水能力为 6 立方米每秒；第二级高程为 1244 米，最大泄水能力为 10 立方米每秒。设计溢洪道底高程 1246 米，泄洪流量 40 立方米每秒（溢洪道工程没有完成），设计最高洪水位 1248.2 米，总库容 0.94 亿立方米，计划引水改造沙漠地 10 万亩。按年径流 50% 保证率计算，引水拉沙造田 5 万亩，并根治白河川道水灾。1965 年水库承担灌溉面积 12000 亩，其中新改造沙漠地为水地 2500 亩。水库工程国家投资累计达 114.5 万元。

1959 年，发生建库以后的最高水位（1245.36 米），淹没总面积为 2.27 万亩，其中有内蒙古自治区乌审旗黄陶勒盖公社土地面积 6548 亩，内有耕地 600 亩，牧场和海子 5948 亩，社员成材树 100 株；冲失已割青草 4.5 万千克。1964 年淹没黄陶勒盖大队集体栽植的树苗 2000 株。1959 年以来，由于地下水位升高影响该大队社员住房而拆修改建 93 间。水库开工以前陕西方面没有和内蒙古方面取得协议，建库以后处理淹没问题也不合理，在水库运用上偏于多蓄少放，致使黄陶勒盖公社两个生产队受到很大损失。1965 年 1 月，黄陶勒盖大队向中央华北局反映了这些情况，5 月内蒙古和陕西成立了联合工作组，调查研究了有关问题，陕西方面进行了检查，遵照两省（自治区）领导指示精神，本着有利民族团结、共同发展生产的原则，以互谅互让的精神，经过协商达成《陕西省河口水库淹没内蒙古黄陶勒盖社耕地、牧场问题协议》。其协议包括限制河口水库水位 1243.5 米，限时完成溢洪道工程，淹没乌审旗黄陶勒盖公社土地、耕地、房屋补偿金等共 8 条协议，纠纷得到有效解决。

二、靖边采气一厂在靖边掌高兔打井取用地下水与当地村民纠纷案

1993 年，中国长庆油田公司第一采气厂（以下简称采气一厂）在靖边县掌高兔一带先后打 350 ~ 450 米深水井 5 眼，采气一厂打井初始，当地村民即前往阻拦。1993 年 12 月 12 日，正当掌高兔村民阻挡采气一厂打井时，靖边县土地局、公安局、水利水保局、海则滩乡政府等六部门工作人员赴现场以政府与采气一厂达成协议为由，向群众做出解释，将阻挡打井村民驱散。1997 年靖边采气一厂、天然气净化厂、甲醇厂等单位开始抽用掌高兔地下水，使掌高兔一带地下水位逐年下降，到 2004 年水位下降 12 米左右，掌高兔一带村民饮水井、农田灌井普遍吊空，出现水荒。为此掌高兔村民多次上访要求有关部门予以解决，但均未有结果。2005 年 4 月 28 日，掌高兔 150 多个村民冲进采气一厂抽水泵站，强行拉断电闸，停止抽水 4 天。此后掌高兔村民曾到榆林市政府、陕西省政府上访，要求解决这一问题。

2006 年，靖边县政府投资 150 万元，给掌高兔村架设农用输电线路，并打机井解决了部分群众的吃水和农田灌溉问题。靖边县水务局还作出彻底解决掌高兔村饮水、灌溉规划，随着农村脱贫攻坚步伐加快，掌高兔村饮水、灌溉问题得到有效解决。同时，加强了地下水管理和超采区治理，靖边县地下水位下降问题得到扭转，掌高兔村与采气一厂的纠纷得到彻底解决。

三、无定河靖边县白城则供水工程纠纷案

靖边县白城则供水工程于2008年经陕西省发展和改革委员会备案，2010年经靖边县经济发展局备案。水资源论证报告于2009年2月由陕西省水利电力勘测设计研究院编制，2009年3月经陕西省水利厅批复，水土保持方案报告于2010年9月经陕西省水土保持局批复，无定河白城则取水枢纽防洪评价报告评审意见于2010年12月经榆林市水务局批复，环境影响报告书于2010年11月经靖边县环境保护局批复。项目施工许可于2011年11月经陕西省水利厅批复。在该供水工程办理相关开工手续期间，内蒙古水利厅即向黄河水利委员会提出不同意陕西延长石油集团榆林能源化工有限公司在无定河白城则河段新建取水工程。黄河水利委员会于2011年9月8日提出处理意见，要求陕西省水利厅责成靖边县立即停止新建取水工程，并按照国家有关规定办理相关手续。取水许可于2012年4月经陕西省水利厅批复，同意该项目年取地表水2590万立方米，其中从无定河白城则断面年取地表水1500万立方米，从红柳河金鸡沙水库取地表水1090万立方米。榆林市水务局多次与内蒙古自治区水利部门沟通协商，双方共同赴现场实地勘查，本着互谅互让，照顾上下游、左右岸的原则，使得该件省际水事纠纷得以圆满解决。

四、内蒙古自治区鄂尔多斯市在纳林河修建水库影响王圪堵水库纠纷案

2008年，内蒙古自治区鄂尔多斯市在纳林河修建水库对下游陕西省榆林市王圪堵水库造成影响，从而引起两省（自治区）取水许可纠纷。2008年12月4日，水利部政策法规司、水资源司、安全监督司和黄河水利委员会、黄河上中游管理局等单位领导，深入内蒙古自治区鄂尔多斯市对在纳林河修建水库影响王圪堵水库问题进行了调研。2009年3月27日，水利部在北京主持召开了关于内蒙古乌审旗新能源化工基地供水工程与陕西省榆林市王圪堵水库工程在无定河上的取水矛盾协调会议。会议由水利部政策法规司司长赵伟主持，陕西、内蒙古两省（自治区）水行政主管部门的领导及相关市县政府主管领导参加了会议。陕西省水利厅副厅长洪小康一行4人参加了协调会。在水利部的协调下，初步达成协议，并签订了协议书。至此，两省（自治区）水事边界纠纷圆满解决。

第五节　水政执法

1988年《中华人民共和国水法》颁布实施后，无定河流域各级水行政主管部门积极实行预防为主的方针，在做好水事矛盾纠纷排查化解的同时，健全完善水政执法规章制度和程序规范，逐步加大执法力度，以制止河道内违章建设、乱采乱挖、人为造成水土流失、盗窃破坏水利设施等现象为重点，依法查处了一大批水事违法案件，依法维护了水利工程安全和正常水事秩序。1991年3月18—29日，榆林地区水资源办公室到靖边县查处长庆油田在猪头山水库、新桥水库坝体及保护范围内进行地震勘探爆破造成两库坝体裂缝案，依法作出罚款2万元，并处以经济赔偿32.6万元。1992年12月，榆林地区水土保持监督总站立案查处长庆油田管理局在靖边、横山、定边勘探生产作业过程中造成人为水土流失案件，征收水土流失防治费100万元。1994年8—10月，榆林地区水土保持监督总站联

合公安、司法等部门，以查处兰州军区后勤部驻靖边石化指挥部、榆林地区石油助剂厂筹建处等单位“五大水土保持违法案”为主，排除干扰、敢于碰硬、秉公执法，开展了水土保持执法专项行动，先后依法向兰州军区后勤部驻靖边石化指挥部、榆林地区石油助剂厂筹建处等单位下达处理处罚决定书，向天赐湾乡政府发出责令停止违法通知书，并对拒不履行法律义务违反《中华人民共和国水土保持法》立案查处的中国石化集团华北石油局第三普查大队、陕西省地质局第八地质队、佳县邮电局、榆林市林业工作站等单位申请法院强制执行。1998 年 7 月，榆林地区人民代表大会联络组组织地区直属 51 个单位、行政公署负责人现场观摩了地区水土保持监督总站推行行政执法责任制的实施情况。2009 年 12 月 3 日，榆林市综合执法局组织人员将尤家峁水库水源保护区内的 15 处违章建筑依法强行拆除。

无定河流域依法查处的其他较大水事案件还有：1993—1995 年陕西榆林能源集团横山煤电有限公司拒缴水资源费案；1993—2005 年中国长庆油田公司第一采气厂先后有 8 条天然气管线未经审批擅自穿越无定河、海流兔河违法案；2000 年 11 月 12 日榆阳区沙河口村民基建毁坏尤家峁水库区近百亩生态林案；2005 年榆林市烟草专卖局未经批准违法在榆横开发区打井取水案；2005 年中国长庆油田西安油田公司第五采油厂在定边开采石油拒缴水资源费案；横山县苗圃擅自向芦河倾倒石料违法案；2007 年 6 月榆阳区吴家梁村民违法在红石峡水库水源保护区建 600 立方米的化粪池案；2010 年 1 月靖边县九里滩、沙畔村李占军等村民在芦河袁家湾违法围河侵占河道造地案。截至 2013 年，全市累计查处水事纠纷 34 起，查处水事违法案件 81 起，挽回直接经济损失 437 万元，有力地遏制了违反水资源管理规定和破坏水利设施的行为，使水资源的配置、节约和保护工作走上了依法管理的轨道。

水土流失预防监督与执法是无定河流域水行政执法工作的重点。1988 年国家《开发建设晋陕蒙接壤地区水土保持规定》颁布实施后，榆林市就着手组建水土保持监督管理机构，配备专兼职水土保持监督人员，不断加大水土保持监督管理各项工作。截至 2012 年，榆林市共建立市、县两级水土保持监督机构 13 个，配备专职监督员 560 个、兼职监督员 61 个。1993 年被列为水利部第一批水土保持执法监督试点县的清涧县、靖边县通过水利部验收。截至 2012 年，12 个县（区）水土保持监督管理能力建设均通过水利部的验收。《中华人民共和国水土保持法》颁布实施后，榆林市各级水土保持监督机构认真贯彻“预防为主”与“依法管理”相结合的原则，加强水土保持方案审查，加大水土保持监督执法力度，截至 2013 年，榆林市累计审批水土保持方案 1548 个，立案查处水土保持违法案件 2865 件，其中重大典型案件 20 多起。

从 2011 年起，无定河流域各级水利部门根据陕西省水利厅统一部署，先后组织开展了河道管理、水资源管理、河湖管理、水土保持管理等一系列专项执法行动，加大水政执法力度，取得了较好的社会效果。2012 年 5 月 10 日至 6 月 30 日，榆林市水务局、公安局联合，在全市范围内集中开展清除河道障碍、确保行洪安全执法整治活动，共整治河道

17 条，组织执法活动 145 次，参加人数 839 人，共查处违法案件 85 件，扣押设备 72 台，取缔非法采砂点 32 处，扣押采砂设备 37 台，清除碍洪障碍物 40.3 万立方米。2015 年和 2017 年组织开展了水土保持专项执法检查活动，配合省、市人民代表大会常务委员会对水土保持法律法规执行情况进行了执法检查。2016 年对违法煤矿建设项目开展了专项核查，对无定河流域涉及的大海则、曹家滩、神树畔 3 个煤矿的水土保持方案、水资源论证、取水许可等情况进行了全面核查。2018—2020 年，配合推进河湖长制，组织开展了河湖执法三年行动和河湖执法陈年积案“清零”行动，依法清理整治了一大批河湖“四乱”问题，查处了一批重点违法案件。2020 年实行水利综合执法改革后，榆林市水政监察支队统一实施水土保持、水资源、地下水、河道等执法工作，进一步加大了执法办案力度，办案数量和质量明显增加。

据水利部水政执法直报系统统计，无定河流域市、县两级 2017—2020 年，共立案查处水事违法案件 99 起，其中河湖管理案件 32 起、行洪安全案件 9 起、水资源案件 4 起、地下水案件 4 起、河道采砂案件 50 起，行政处罚 254.5 万元。

第四章　科技创新

无定河流域在陕甘宁边区政府时期，靖边县领导农民在杨桥畔等地利用水坠坝技术打了6个坝，依坝作壕，引水灌地，受到毛泽东主席表扬。新中国成立后，无定河流域各级水利部门坚持依靠科技进步、科技创新，促进治水治沙事业快速发展。

第一节　试验研究

一、水土保持试验研究

无定河流域是黄河流域生态环境脆弱区和多沙粗沙主要来源区，加强水土保持试验研究历来是科技试验研究创新的重头戏。1950年米脂官庄建立榆绥水土保持示范站，开展了修建水平梯田、沟坡地植树种草等项目的试验研究。1952年9月，黄河水利委员会西北黄河工程局派水利水土保持查勘队来到绥德县，筹建陕北水土保持工作推广站（黄河水利委员会绥德水土保持科学试验站前身）。11月25日，将米脂示范站并入绥德水土保持科学试验站，正式成立陕北水土保持工作推广站，站址设在绥德。1953年，在辛店村征地225亩筹建站部，在辛店沟流域征地2100多亩（占地面积1.44平方千米），建立水土保持试验基地——辛店试验场，同时考察确定韭园沟为水土保持综合治理流域，开展水土流失规律观测、林草引种、草田轮作、水保耕作、柠条绿化、淤地坝建设等试验研究。

1954年9月成立榆林水土保持工作推广站（1957年改为榆林专区水土保持工作站）后，到1958年又先后在榆林大梁、靖边、米脂石沟等地建立水土保持科学试验站，这些试验站根据本地不同地形地貌，开展了不同项目防治水土流失的水土保持科学试验研究。榆林大梁水土保持科学试验站先后在榆林城东南4千米的大梁、古城滩头道河下游、横山县杜羊圈设3个试验点，开展水平梯田、沙坝修筑、沙丘移动规律、水蚀风蚀、土壤熟化、沙地植树造林种草及农作物高产技术等项目试验研究。靖边水土保持科学试验站先后在于家坬、跑马泉、响水设3个试验点，开展水蚀风蚀与崩塌泻溜问题、草田轮作制、引洪漫地、固定治坡、营造防风林等项目试验研究。米脂石沟水土保持科学试验站先后在杜家石沟、高西沟设2个试验点，开展水平梯田、沟坝修筑养护、退耕陡坡植树造林种草、支毛沟水土流失治理等项目试验研究。至1961年这些试验站停办，黄河水利委员会绥德水土保持科学试验站和榆林专区各水土保持科学试验站先后取得“水平梯田几种主要农作物增产措施”“水平梯田与坡地土壤水分状况与拦蓄效益”“水平梯田荞麦土壤熟化”“水平梯田增产”“梯田埂的养护与利用”“运用爆破方法兴修水平梯田和定向爆破筑坝”“不同树种从冠承接雨水效果”“不同树种在不同地形上风蚀情况比较”“飞机播种植树种草”“农牧区径流观测”“引水治沙方法”“榆林地区水土流失有效治理措施”等 40 多个项目水土保持研究成果。

1959 年 5—8 月榆林专署水利局、黄河水利委员会无定河工作组，组织榆林大梁、靖边水土保持科学试验站及黄河水利委员会绥德水土保持科学试验站和中国科学院地理研究所、吴堡水文站等单位，对无定河流域水利建设、水土流失治理等进行实地查勘和调查，编制了《无定河流域水利、水土保持研究调查初步报告》。

从 1962 年起，无定河流域水土保持试验研究工作主要在黄河水利委员会绥德水土保持科学试验站进行。该站先后在水土流失规律研究、不同类型区小流域综合治理、水土流失治理措施及其效益、水力冲填筑坝技术等方面，开展了 600 多项试验研究。1980 年以来，逐步注重和加强新技术的运用，使科研成果向定量化、标准化、模式化方向发展。根据暴雨特性、洪水泥沙产生、输移和沉积规律，建立小流域产汇流模型、次洪水输沙预报模型和产流产沙模型。利用航空摄影技术对土地利用现状进行研究，利用放射性同位素测定小流域不同地貌单元的产沙量，利用抗旱药物提高造林成活率和保存率，应用“3S”技术和系统工程理论进行小流域调查、规划和黄河流域（陕西片）遥感普查，建立小流域治理优化模型。采用现代信息技术、计算机技术研究淤地坝信息管理系统，利用土地资源评价、土壤生产力估算等方法，评价水土保持经济效益及土地合理开发利用途径。截至 2020 年，累计取得 130 多项科研成果，其中：国家级科研成果 6 项、省（部）级科研成果 40 多项；先后撰写水土保持科技论文、报告 1623 篇，公开发表论文 420 多篇，参加国际国内学术交流论文 270 多篇；先后编写出版《水平梯田》《淤地坝》《引水拉沙》等 10 多本科普手册，出版专著 12 部，汇编成果集 5 册。这些重大成果为黄土高原的治理与开发提供了成熟的技术措施和成功经验，在水土流失治理实践中得到了广泛的推广和应用，取得了显著的经济效益、社会效益和生态效益，为我国水土保持事业的起步、发展，黄河流域的治理与开发作出了重要贡献。

二、灌溉试验

（一）水地春播谷子灌溉试验

1954—1964 年，米脂官庄灌溉试验站（今榆林市水土保持科学研究所）在官庄冲积沙壤水地试验田，进行以“九根齐”谷子品种为主的灌溉制度、合理用水试验。经 10 年的试验研究总结其成果：5 月下旬播种，9 月底或 10 月初收获，生长期 130 天左右；谷子生育期总耗水量为 400 立方米每亩左右；干旱年份谷子应灌水 5 ~ 6 次，分布在拔节—抽穗（1、2）~ 4 次；一般年灌水 3 ~ 4 次，分布在拔节—抽穗 1 ~（2、3）次；湿润年灌水 1 ~ 2 次，分布在拔节期；谷子的灌水定额为 30 ~ 40 立方米每亩，即播前土壤湿度应在 14% 以上（占干土重），头水灌前土壤湿度应在干土重的 10%，谷子生长期不能使土壤湿度低于 10%，经常保持在 10% ~ 20%，灌水间隔为 15 天左右；灌水应掌握先浅后深再浅的原则，沙土上可适当增多灌水次数，减小灌水定额；灌水结合中耕、追肥及其他农业措施，以充分有效地发挥水的利用能力。

1973—1982年官庄灌溉试验站在其试验田里进行，以“延谷二号”“忻春谷”“长农十号”谷子品种为主的春播谷子灌溉试验研究，经多年试验总结其成果：播种土壤水分不足需灌播前水或“盖头水”；结合较好的栽培技术措施，亩产八九百斤，总耗水量为270 ~ 360立方米每亩，需水系数在700左右；拔节—抽穗期对水分敏感，本区该期又多出现缺雨，就是湿润年最少也得灌一水；给水下限指标一般在田间持水量的55% ~ 60%，灌水定额在20 ~ 40立方米每亩，灌水前小、中大、后小较好。

（二）糜子（回茬）播种灌溉试验研究

1954—1964年，在官庄试验田进行回茬糜子灌溉试验研究。糜子是一种生长期短的高产作物，复种糜子一般为7月上中旬播种，9月下旬至10月上旬收获，生长期80 ~ 83天。试验田一般前茬作物为春大麦、春小麦、豌豆，试验品种为红硬糜、黄硬糜，经多年试验总结其成果：产量在150千克每亩以上，总耗水量为250 ~ 280立方米每亩；干旱年份灌水3次，一般年份灌水2次，不包括盖头水，每次灌水定额25 ~ 35立方米每亩，分布在拔节、抽穗期；头水在拔节开始后立即进行，以后保持土壤湿度不低于干土重的12%；为抢时间，一般在前茬作物收获前2 ~ 8天灌水，或是前茬作物收后先播种，然后灌溉盖头水，使得土地坚实以利种子与土壤紧密结合，保证幼苗顺利出土，防止烧芽。

（三）冬小麦灌溉试验研究

1955—1976年，在关庄试验田进行冬小麦灌溉试验研究，试验品种为“中苏68号”，9月中旬播种，次年6月底或7月初收获，生长期283天。经多年试验研究及对照灌溉实践中适宜的典型年份综合对比，同时兼顾与追肥的配合，本区冬小麦生长期灌溉制度及其特点为：播种水，一般含水率在60% ~ 80%时不需进行；冬灌水具有增墒平温预防春旱的作用，一般年份，应在10月下旬至11月中旬前，争取提早进行，灌水量以40立方米每亩为宜，若此时土壤含水率在70%以上，可不冬灌；早春时期，一般在冬灌的基础上，返青期土壤含水率常在60% ~ 70%或以上，不必灌“返青水”；只有在返青期特别干旱少雨时，可在4月下旬提早灌“拔节水”，灌水量为35立方米每亩；拔节期至乳熟期是耗水量最大的时期，该期耗水246立方米每亩，应在拔节初灌水后，孕穗、抽穗期分别灌一水，开花期一般也需灌一水，乳熟期达20多天，不可少于二水，灌水量均为40立方米每亩以上。

（四）春小麦灌溉试验研究

1955—1974年，在关庄试验田和定边高原风沙滩地井灌区进行春小麦灌溉试验研究。在其试验田小麦品种以“碧玉麦”为主，3月底播种，7月初收获，生长期100天左右，田间总耗水量为320 ~ 400立方米每亩，全生长期降水量在150毫米以上时，应灌水4 ~ 5次，灌溉定额为160 ~ 200立方米每亩，总降水量在150毫米以下时，应灌水6 ~ 8次，灌溉定额为240 ~ 320立方米每亩。头水在分蘖期进行，灌水35立方米每亩，二水即为拔节水，一般灌水40立方米每亩；开花灌浆期水应达到45立方米每亩；其余各灌水一般在40立方米每亩以下。从拔节期至成熟期，土壤湿度维持40%，收获期土壤湿度维持在30% ~ 35%。

在定边高原风沙滩地井灌区以本地白小麦为主，4月初入种，7月初收获，生长期105天左右。在250千克每亩产量的基础上，春小麦总耗水量近300立方米每亩，穗花期为最高峰，生长期平均日耗量2.8立方米；灌水6～8次，拔节期2～3次，穗花期2次，灌浆期2次，黄熟期0～1次，拔节期和灌浆期每8天灌1次水，穗花期每6天灌1次水，灌水定额为30立方米每亩。

（五）春玉米灌溉试验研究

1957—1980年，在关庄试验田进行春玉米灌溉试验研究。试验田属于沙粉土。经过多年试验，玉米在全生育期（142天）的总耗水量最大为482立方米每亩，最小为252.2立方米每亩，相差很大，但玉米生长期内每亩必须由灌水和降雨提供340～400立方米的水量，以满足其生育需水要求。根据陕北冬春干旱的气候特点和玉米种子发芽需水较多的特性，一般于播前2周进行灌水，灌水定额为35～41立方米每亩，使播种土壤湿度保持在70%左右。幼苗期不需要灌水。在干旱年份拔节、穗花、乳熟期各灌水2次，一般年份拔节、穗花、乳熟期各灌水1次，多雨年份拔节期灌水1次，穗花、乳熟期以雨量分布情况灌水1次，一般在乳熟期灌水1次，各阶段灌水的土壤湿度指标：拔节、穗花、乳熟期分别为50%、60%、55%，灌水定额以35～40立方米每亩为宜。具体灌水时间以看天、看地、看庄稼为原则，根据各阶段的土地湿度适宜指标灵活决定。

（六）高原干旱风沙井灌区谷子灌溉试验研究

1972—1973年，在定边井灌区试验基地进行谷子灌溉制度和需水量试验研究。试验结果：谷子生长期灌水量180立方米每亩左右，拔节期在干旱年需灌水3～4次，拔节后期将要抽穗时对水分敏感，要特别注意灌溉；谷子总耗水量370立方米每亩左右，耗水量最高阶段在抽穗开花时，要及时灌水；拔节期和抽穗开花期的土壤湿度以8%～10%为宜。

（七）蚕豆套种春谷省水试验研究

1975—1977年，在关庄试验田等地进行试验研究。蚕豆套种春谷试验，证明是一种高产、稳产、省水的增产技术措施。试验田为沙壤土自流灌溉水地，试验品种为"延谷二号"和"长农十号"；种植方法为垄沟式作业，按2行蚕豆、9行谷子小区顺序排列；施肥方式为每亩施猪圈肥4000～6000千克，过磷酸钙30～35千克，一次作基肥翻入，提前5日每亩施尿素12.5千克，拔节期至抽穗期节灌一水或二水，追施尿素12.5～15千克。蚕豆套种春谷较单作春谷增产11.9%，其特点是互相影响小，蚕豆生长期短，有利后作春谷生长。

（八）水稻节水灌溉试验研究

1985—1986年，在榆高渠灌区鱼河堡稻田进行试验。小区面积0.3～0.5亩，小区间用塑料薄膜隔渗，试验采用随机法排列，共5种不同处理设计，较常规灌法，用相同的水量（约600立方米每亩）常规灌溉只能灌1亩，生产稻谷475千克；按此种灌水技术模式可灌1.5亩，产稻谷769.5千克，净增产294.5千克。

三、丘陵沟壑区山地玉米、高粱、谷子喷灌试验研究

1976—1981年，在米脂县宋砭大队，采取移动式和半固定式自压喷灌，喷灌设施是摇臂式中射程 DZ4 型喷头和 3B-33 水泵，配套 7 千瓦电动机机组，对山地玉米、高粱、谷子进行喷灌试验研究。试验结果：喷灌可以控制灌水定额，不产生径流和渗漏；喷灌山地玉米、高粱分别比畦灌省水 43.7%、41.8%；喷灌玉米、高粱分别较畦灌增产 4.5% ~ 21.6% 和 12.7%；保持表土疏松，减轻土壤板结，据测定喷灌的容重比畦灌的小 0.08 ~ 0.09 克每立方米，孔隙率达 3.3% ~ 5.0%；可以调节田间小气候，改善作物生育环境。

四、无定河灌区次生盐碱地改良试验研究

1979—1982 年，由榆林地区灌溉试验站与横山县水利局、横山定惠渠管理处、横山党岔乡政府共同组成的试验区盐碱地改良工作组进行试验研究。实验区位于党岔乡境内的定惠渠灌区，采用定点、定位、定时观察测验的方法在实验区布设了 21 眼动态观察井和取土点、简易气象观察场，经几年的试验研究，其研究成果为：①盐渍化土壤水、盐动态季度规律是：积盐（春）→次积盐（夏）→脱盐（秋）→稳定（冬）。②种水稻改良盐碱地：采用深浅结合的半活水式灌溉法，采取定时、定点、定位、冲洗研究法，研究水稻插秧前的挖盐技术，使稻田盐分控制在 0.15% 以下；在返青期采用活水灌溉技术，淡化秧田水质，保证秧苗能顺利返青成活；必须注意水、旱田的合理布局和做好排盐排水工作，严防地下水位回升。③引洪漫淤改良盐碱地：引洪淤灌可以拦截泥沙，保持水土，减轻泥沙对下游的危害，而且投资少、见效快，改良面积容易掌握。由于洪水中含有大量的细质泥沙和丰富的氮、磷、钾，所以经洪淤后盐荒地（一般厚 0.5 米左右）可连续种植 5 年以上，亩产玉米可达 300 ~ 350 千克，其关键要配套好引、排水工程，巩固漫淤效果。试验区累计改良面积为 2133.04 亩，占该试验区盐碱地总面积的 85.9%。1985 年获陕西省政府科学技术进步奖三等奖。

五、土壤水分动态研究

1980—1984 年，榆林地区灌溉试验站在无定河川道冲积性沙土上进行了土壤的基本水分特征，以及土壤的水分物理常数与土壤水分年、季、月的变化规律研究，并进行了冬小麦、春小麦、回茬糜子、谷子、玉米在自然条件下，灌水与不灌水情况下，不同土壤水分变化规律与土层水分垂直分布结构的试验研究。经过几年设置多个处理试验研究，取得以下成果：取得土壤理化性状与水分常数的基本数据：地下水强烈上升高度为 1.2 ~ 1.9 米；一般水文年冬小麦应在穗花—成熟期灌水 7 次，灌水定额为 194.30 立方米每亩；谷子应在拔节期和穗花期灌水 3 次，灌水定额为 92.00 立方米每亩；春小麦应在分蘖、穗花和灌浆期灌水 4 次，灌水定额为 151.62 立方米每亩；玉米应在穗花—熟乳期灌水 3 次，灌水定额为 110.00 立方米每亩；土壤水分分为 3 层，即不稳定层 0 ~ 100 厘米，过渡层 101 ~ 170 厘米，稳定层 171 厘米到地下水位；地下水位变幅在 0.4 ~ 0.8 米，最高水位出现在 8—9 月，最低水位出现在 3—4 月，年内绝对水位下降 0.01 ~ 0.28 米；影响地下水位升高的主要因素是干渠的行水渗涌补给。

六、治沟骨干工程新型反滤排水材料的应用研究

1990—1995 年，榆林地区水土保持科学研究所进行了“治沟骨干工程新型反滤排水材料的应用研究”项目，主要研究土工织物透水反滤性能、布设工艺及经济效益。在缺乏传统反滤材料的定边县胡尖山乡黄伙场村大寨沟土坝进行试验研究。该坝于1968年修建，为均质土坝，属小（2）型水库，由于该坝体填筑质量差，坝轴外坡有一条平行于坝轴线的滑坡裂缝，又无泄水反滤排水等设施，使坝背坡出现了渗水散浸，随着渗水散浸的逐渐发展，坝体渗漏形成了集中渗流，发生了严重的流泥现象。根据这种情况，研究所进行了土工织物反滤层和土工织物设计，通过设计实施，经3年的观测，其成果为：反滤体的运行效果良好，且坝体保持密实；能有效地降低浸润线，使该坝浸润线高度由1435.12米降低至1433.02米，渗透水流的水力坡降由0.09增至0.15；省工、省料、省投资。使用土工织物反滤体砂石总用量、投工、投资分别是棱柱式反滤体的22.4%、34.4%、22.2%，是贴坡式反滤体的50.2%、64.1%、38.5%。与传统反滤体相比，经济效益高，施工操作简单，便于掌握。该项目的试验成功，对于一些缺乏传统反滤排水材料的地区已建成没有反滤排水设施的大中型土坝工程，解决运行多年来出现的坝背坡渗漏、管涌、滑坡等问题，具有较高的应用和推广价值。

第二节　推广应用

一、水坠法筑坝技术推广

1958年，榆林县群众用“水拉沙”办法，建成库容1250万立方米的石峁水库大坝，土方25万立方米。同时一些渠道、涵洞填方也开始采用水力填冲法施工。由于当时施工设备、动力条件的限制，只是在有自流引水条件的地方采用，土料以沙壤土为主。1970年，米脂县群众在米脂县榆林沟、杜家石沟用黄土为材料筑坝，获得成功。之后随着动力设备和提水机械的增加，水坠法筑坝技术迅速推广。水坠法筑坝，一般每工可完成土方6 ~ 12立方米，每立方米造价只有人工夯实坝的1/3 ~ 1/2。由于泥浆具有液态的性质，施工中无孔不入，与崖壁接合良好。固结过程中，土体仍具有一定的可塑性，能适应地基或坝身的沉陷变形，因此减少了坝体裂缝、钻洞等现象。1973年以后，无定河流域修建的库、坝工程均采用了水坠法筑坝施工技术。截至1984年，用水坠法筑坝技术建成库、坝达1.2万座，其中中型水库22座。另外，用“水拉沙”也取得了巨大的成绩，仅榆林县西沙渠灌区用“水拉沙”平地5000多亩。

二、上拦泥沙下蓄清水，库坝联合运行

20世纪50年代后期，无定河流域兴建了一批大中型水库工程，由于缺乏经验，对水库泥沙问题研究认识不足，没有采取防沙减淤措施，水库淤积严重。靖边县旧城水库，原设计总库容3500万立方米，施工期间（1958年4月至1960年12月），库容损失超过一半。后虽经几次加高，库容增大到7500万立方米，1974年后终因水库继续淤积，兴利库容损失殆尽，无法蓄水，致将水库改为淤地坝运用。外省区虽有底洞排沙、机械清淤等解决水库淤积的经验，但未能取得令人满意的效果。无定河流域地表径流洪水比例大，水大沙大，无沙也就无水。水沙利用矛盾突出，排沙的办法难有“上策”。20世纪70年代，由于水坠坝施工技术的出现，打坝土方降低，用工少。子洲电市水库、横山大川沟水库采取

在水库上游修建拦泥坝，配以库、渠支毛沟的小坝群，以大小坝容纳全部水沙，只向下游水库泄放清水，以坝保库、坝库联合运用的办法解决水库淤积，运用效果良好，不仅有效地解决了水库淤积问题，而且使宝贵的水沙资源得到充分利用。这种模式，在无定河小流域综合治理中得到广泛应用。

三、引洪淤灌改造低产农田

无定河流域河流均为多泥沙河流，过去含沙量超过12%即停止灌溉，往往农作物在用水关键时刻严重缺水，影响农业生产。1974年以来，水管单位学习外地的先进经验，冲破引水含沙量的限制，引用高含沙水灌溉，不仅解决了这一矛盾，而且由于洪水中泥沙含有大量的氮、磷有机质等肥料，增加了土壤肥力，为改造低产农田创造了有利条件。横山党岔乡定惠渠灌区群众，修建沟道拦洪控制闸，引洪淤灌，结合渠道引用高含沙水灌溉，种植水稻，治理盐碱荒地，成绩显著，亩产高达400～500千克。20世纪80年代，流域各渠道平均每年引高含沙洪水800万立方米，灌溉近10万亩，为农业生产作出了积极贡献。

四、软基挑流消能

无定河流域北部风沙区和西部沟原梁峁区，河流覆盖层较厚，泄水建筑物过去习惯采用修建消力池的方式消能。工程造价大，基础处理困难。1981年，在靖边金鸡沙水库泄水建筑物建设中，学习外地经验，采用桩柱处理软基和挑流消能。之后，榆林河口水库溢洪道和定边四沟门水库放水涵洞所衔接泄水陡槽出口均采用挑流消能方式。

五、U形渠道防渗

1982年，榆林地区水利部门从外地学习U形渠道施工技术，在榆林、靖边、定边等县风沙滩地田间斗、分、引渠配套工程中推广应用。斗渠U形渠道半径按控制面积分为60厘米、55厘米、40厘米、35厘米四级，分、引渠U形渠道分为30厘米、25厘米、15厘米三级。渠道混凝土厚度：斗渠6～8厘米，分、引渠4～6厘米；每10米有一伸缩缝。1990年后，分、引渠U形渠道多由现浇改为预制。

六、风沙滩地区多管井

风沙滩地区多管井是由多根塑料管组装的水井，在口径15厘米的集流铁管上连接多根口径4厘米、长15米左右的塑料管，将集流铁管、各塑料管埋置在距地表0.4米以下沙地里，使各塑料管潴水流入集流铁管，安装水泵用动力机械抽水灌田。1986年小纪汗乡农民宋志华在区内首先试验成功多管井，当年推广建成72眼。每眼出水量40～58吨每小时，可灌溉40～60亩，较打机井省工、省投资，使用方便，见效快。截至1998年，全区风沙滩地区共建成多管井3670眼，年农灌供水量达2150万立方米，实际灌田6.9万亩。

第三节　科技活动

一、技术培训

新中国成立后，无定河流域市、县水利部门高度重视水利系统职工的业务技术培训。

通过举办学习班、讲习班、培训会，聘请专家、教授讲授各类专业技术知识，推荐或考人大专院校带职学习及出外考察等方式，掌握科技信息，更新业务知识，提高业务素质。

1951—1965 年，榆林专区水利主管部门每年都要在冬春季举办 1 ~ 3 期水利系统职工业务技术培训班，主要学习农田灌溉、渠道养护、打机井、水土保持措施等技术。此后学习培训内容不断增多，截至 1990 年，累计举办灌溉管理、灌溉试验，机电操作与管理，水土保持工程、规划，无线电报话机操作、维修，水利、水土保持资源调查与区划，池塘养鱼等各种培训班 48 期，培训人员 2400 人次；派人员参加陕西省水利厅（局）举办的各类学习班 12 次，完成学习 144 人次；派人员出外考察学习灌区建设与管理、机井建设、水库减淤排沙、小流域综合治理、养鱼等 22 次，完成考察学习 220 人次；推荐或考入大专院校学习农田水利、机电管理坝系工程、水土流失治理 38 人次。

1991 年以来，无定河流域市、县水利部门认真贯彻干部培训教育政策，每年制订年度培训计划及要点，采取多种形式开展业务知识培训，提高干部职工业务技术能力。2019 年 5 月 21—24 日，榆林市在河海大学举办“提升河长湖长履职能力培训班”，研学河湖长制基础知识，提升河湖长履职能力。榆林市各级河长、河长办公室人员 60 多人参加了培训。据不完全统计，截至 2020 年，无定河流域累计举办防汛通信、城市供水、水利管理、监理工程师培训、水利新技术宣讲、水政执法、乡镇水利员培训等各类培训班 600 多期，参加培训的达 26000 多人次。此外，榆林市有近 500 名职工先后参加了西北农林科技大学、西安理工大学等举办的农田水利专业函授教育。

二、科技交流

民国十六年（1927 年），应井岳秀约请，著名水利专家李仪祉、孙绍宗等来到榆林、米脂、横山等县进行水利调查，并对无定河、榆溪河详细勘测后，制订了米脂织女渠及榆林鱼惠、黑海子、刘官寨渠等水利工程建设方案。李仪祉还撰写了《兴修陕北水利初步计划》《无定河织女渠说略》《鱼河堡水利说略》等。1950—2020 年，陕西省无定河流域有关部门先后派人员参与国内水利科技考察、学术交流活动 60 次，其中国际 5 次、国内 55 次。此外，黄河水利委员会绥德水土保持科学试验站先后与北京师范大学、西北农林科技大学、中国科学研究院水土保持研究所等大专院校和科研所建立协作关系，适时聘请知名专家教授作为技术顾问，开展学术交流与协作。先后接待荷兰、澳大利亚等国内外知名专家、学者考察交流 1000 多人次，绥德水土保持科学试验站被南京师范大学、北京师范大学选为教学试验基地。先后有 50 多人次参加“黄河国际论坛”等高层次学术研讨会，进行了水土保持学术交流。

1950—2020 年无定河流域重大水利科技考察学术交流情况见表 5-4-1。

表 5-4-1 1950—2020 年无定河流域重大水利科技考察学术交流情况

（根据 2018 年 12 月第 1 版《榆林市水利志》摘编整理）

时间	单位或会议	地点	考察、交流内容	参加成员
1950 年 10 月 16—25 日	西北土地利用工作队、绥榆水土保持工作站	绥德、榆林专区	考察水土流失治理、防沙造林	西北土地利用工作队成员及绥榆水土保持工作站站长陶克等 10 多人
1951 年 1—8 月	黄河水利委员会、黄河西北工程局、绥榆水利工程处	无定河、清涧河流域	考察兴修水库、发电站	参加单位工程技术人员及记者等 30 余人
1952 年 5 月 27 日至 6 月中旬	西北军政委员会农业部赴陕北防沙造林勘测队	榆林专区	考察、勘测防沙造林	西北军政委员会农业部赴陕北防沙造林勘测队成员及靖边防沙林场等 50 多人
1953 年 2 月 23 日至 3 月 22 日	水利部黄河水利委员会、黄河西北工程局	无定河流域	考察、交流水土流失治理	水电部专家高博文，黄河水利委员会主任王化云、总工程师刘钟瑞，西北工程局副局长邢宣理等 20 多人
1953 年 3—4 月	国家林业局、陕北防沙造林站	榆林专区	考察、交流水源林、营造水源林、水土保持林及推广苏联“防沙板”技术	林业部部长梁希、苏联专家聂纳洛阔莫夫等 50 多人
1953 年 4 月 20 日至 7 月 15 日	水利部、中国科学院、黄河水利委员会、西北军政委员会	榆林、绥德专区	考察无定河水土保持持及防沙造林	水利部副部长张含英等领导、专家 36 人
1954 年 5 月	水利部、榆林专署、绥榆工程处	绥德、榆林专区	考察水土流失治理及兴建红石峡水电站	水利部副部长李葆华、苏联专家等 12 人，绥榆水利工程处技术人员
1956 年 7 月	水利部、黄河水利委员会、绥德水土保持科学试验站	榆林、绥德专区	考察水土流失治理在韭园沟进行人工降雨试验	水利部、苏联专家及绥德水土保持科学试验站等单位技术人员 50 多人

续表 5-4-1

时间	单位或会议	地点	考察、交流内容	参加成员
1957 年 6 月	中国科学院黄河中游水土保持综合考察队、榆林牛家梁综合治沙试验站	榆林县	考察、交流沙漠综合治理	中国科学院黄河中游水土保持综合考察队成员、苏联专家及牛家梁综合治沙试验站等单位 30 多人
1958 年 4 月	水利部	甘肃省武山县	交流水利工程建设经验	包括榆林专区 12 个县的代表共 300 余人
1958 年 10 月 5—10 日	林业部、中国北方 9 省区绿化沙漠现场会议	榆林专区	参观、交流榆林县飞播造林、榆东渠引水拉沙及靖边柳桂湾固沙林	会议代表 200 余人
1958 年 12 月	中国科学院黄河中游水土保持综合考察队总结报告会	榆林专区	考察绥德韭园沟等地水土流失治理、榆林治沙经验及入黄河泥沙对三门峡水库所造成的影响	中国科学院黄河中游水土保持综合考察队成员、苏联专家及榆林专区水利水土保持部门有关技术人员等 50 余人
1960 年 3 月中旬至 5 月	西安交通大学学术报告会	榆林专区	考察论证石峁水库引水拉沙筑坝施工方法，并做了“用水拉沙原理技术”等 5 场学术报告	西安交通大学水利系首届毕业生 60 余人及榆林专区水利部门有关技术人员
1960 年 4 月	由中国科学院、陕西省科学院等单位组成的沙漠改造利用考察队	榆林专区	考察、交流沙漠改造利用，并编制了《榆林地区沙漠改造利用方案综合规划》	中国科学院、陕西省科学院等单位 150 余人
1960 年 9 月 26—29 日	陕西省、内蒙古自治区、宁夏回族自治区榆林县治沙协作会议	榆林县	考察、研究《毛乌素沙漠改造利用规划草案》及有关协作治沙措施等	国务院农林办公室、国家科学技术委员会、中国科学院，以及陕西省、内蒙古自治区、宁夏回族自治区等有关领导、专家共 45 人

续表 5-4-1

时间	单位或会议	地点	考察、交流内容	参加成员
1963 年 12 月 20—30 日	黄河流域水土保持科学研究工作会议	郑州市	交流黄河流域水土保持科学试验研究经验	黄河中游各重点水土保持专区有关领导、专家 120 多人
1978 年 7 月 10—15 日	全国治沙造林训练班	榆林地区	考察、交流榆林治沙经验，并作学术报告	林业部专家及东北、西北、西北有关县旗 125 人
1979 年 9 月 9—13 日	中国水利学会黄河中游查勘组	榆林地区	考察、交流水土流失治理经验	中国水利学会会员 40 余人及榆林地区水利水土保持部门有关人员
1979 年 9 月 22—25 日	全国水轮机抗磨蚀试验研究会议	榆林地区	考察、认证红石峡等水电站水轮机抗磨蚀问题	有关专家 50 余人
1980 年 3 月 29 日至 4 月 7 日	黄土高原水土流失综合治理科学试验讨论会	西安市	研究讨论黄土高原水土流失综合治理问题	国家科学技术委员会、农业委员会、中国科学院，以及陕西、山西等省区领导及有关专家、代表 157 人
1983 年 9 月中旬	陕西省水利厅、水利学会	榆林地区	考察、交流水库防淤排沙问题	水利部、黄河水利委员会及山西省水利厅等单位科技人员 40 多人
1984 年 9 月 3—7 日	中国水利学会、陕西省水利学会等单位	榆林地区	考察、交流小流域综合治理和神府工矿区水利水土保持措施及其减泥减沙效果	中国水利学会，以及陕西省、山西省水利学会等单位 26 人及榆林地区水利水土保持部门有关技术人员
1985 年 6 月下旬	黄河中游水土保持治沟骨干工程规划技术交流会议	榆林地区	考察、交流小流域治理、淤地坝建设经验等	有关专家、会议代表 120 余人
1986 年 7 月 20—24 日	“三北”地区治沙造林经验交流会议	榆林地区	考察、交流治沙造林经验	会议代表 200 余人

续表 5-4-1

时间	单位或会议	地点	考察、交流内容	参加成员
1986 年 8 月 20—24 日	全国飞播牧草现场观摩经验交流会议	榆林地区	现场观摩、交流飞播牧草经验	有关专家及会议代表 130 余人
1992 年 8 月 4—8 日	沙地开发利用国际学术研讨会议	榆林地区	考察、交流沙地开发利用经验	日本、以色列、中国等专家、学者共 98 人
2004 年 9 月 6—8 日	中国工程院院士专家考察团	榆林专区	考察、研究榆林能源化工基地建设与榆林水资源问题	中国工程院院士李佩成等专家 11 人及榆林市水利水土保持等部门有关技术人员
2004 年 10 月	国家地下水信息网、陕西省水利厅、榆林市政府	西安市	研究讨论陕北能源化工基地建设与水资源可持续的问题	有关专家 60 余人
2011 年 3 月 23—24 日	中能榆阳煤矿对榆林红石峡—牛家梁水源地影响的专家咨询会	榆林市	勘查、讨论、咨询中能榆阳煤矿对红石峡—牛家梁水源地的影响及榆林城供水安全问题等	陕西省水利厅、长安大学、榆林市水务局等单位及有关专家、技术人员 30 余人
2012 年 7 月 26—27 日	榆林市保护地下水资源研讨会议	榆林市	研究、讨论榆林市地下水资源保护问题	陕西省地下水管理监测局、神东煤炭集团、榆林市水利部门等技术人员 40 余人
2012 年 9 月	榆林淤地坝建设调研	榆林市	对靖边县水毁淤地坝情况调研	中国科学院院士刘昌明一行人
2012 年 11 月 6 日	榆林学院院长赵红星一行人到榆林市水务局调研	榆林市	商讨产学研合作、学生实践见习基地建立，签订产学研合作框架协议	榆林学院院长赵红星、院长助理刘晓光、科研处处长张雄、生命科学学院院长亢福仁等一行 4 人

续表 5-4-1

时间	单位或会议	地点	考察、交流内容	参加成员
2013 年 6 月 19—20 日	榆林市水库网箱养殖及病害防治技术培训班	靖边县	水库网箱养鱼及病害防治技术，适合网箱养殖的名优品种介绍	榆阳区、横山县、靖边县水产技术推广骨干人员和渔业养殖从业人员 85 人
2013 年 8 月 14—15 日	榆林市池塘健康养殖和渔业病害防治技术培训班	横山县	池塘健康养殖示范场建设、渔业病害防治技术、渔业安全生产知识	榆林市水产（渔政）站技术骨干及池塘养殖从业人员 100 多人
2013 年 8 月 26 日至 9 月 2 日	水利部、陕西省专家对榆林水利风景区发展总体规划编制进行调研指导	榆林市	专家深入无定河鱼儿峁，横山无定河湿地、王圪堵水库等水利风景区调研，对绥德龙湾水土保持生态型水利风景区、无定河城区段城市河湖型水利风景区建设工作进行交流探讨，对榆林市编制中长期水利风景区规划提出指导性意见	水利部、陕西省水利厅专家 11 人，榆林市县 20 多人参加调研座谈
2014 年 6 月 11 日	清华大学	绥德桥沟流域	考察桥沟原型观测项目	傅旭东教授等有关学者 6 人
2014 年 8 月 11 日	中国科学院地理科学与资源研究所	绥德韭园沟流域	考察流域水土保持综合治理、淤地坝发展历史和建设规模、坝地淤积以及流域水沙变化等	“黄河水沙变化研究”考察团

续表 5-4-1

时间	单位或会议	地点	考察、交流内容	参加成员
2014 年 9 月 1 日	黄河勘测规划设计有限公司、黄河水文水资源科学研究院以及黄河上中游管理局	绥德韭园沟、辛店沟流域	探讨水土保持工程作用以及水沙测验方法、过程和结果等	陕西省、榆林市、绥德县水行政主管部门，黄河流域泥沙设计成果修订项目组
2014 年 9 月 19 日	2014 年榆林市全国科普日主题活动	榆林市	榆林市水利局开展以“节水在我身边”为主题的生活用水节水小常识等宣传，发放宣传资料 4000 余份	榆林市节约用水办公室等 10 多人，社会各界 1000 多人参与咨询
2015 年 3 月	榆林市派人员参加水利部水文化工作委员会调研江西水文化建设工作	江西	参加江西水文化建设座谈会，东南西北水文化研讨会	由水利部水文化工作委员会常务副主席王经国、会长靳怀堵、秘书长李宗新带领，榆林学院、浙江水文化研究所、河北省水利水电勘测设计研究院、《东西南北水文化》杂志社等单位组成的调研组参加
2015 年 10 月 19 日	黄河水利科学研究院、清华大学、中国海洋大学等	绥德韭园沟流域	考察韭园沟流域治理过程和经验	黄河水利科学研究院处长余欣，美国、英国等专家学者
2015 年 11 月 18—21 日	中国水博览会——水利风景区促进生态文明建设展	北京	展示交流榆林市水利风景区建设成就	中国水利学会理事长（水利部原副部长）胡四一、法兰克福展览（上海）有限公司董事会主席曹建生及各界群众 500 多人次参观

续表 5-4-1

时间	单位或会议	地点	考察、交流内容	参加成员
2017 年 10 月 21—23 日	水土保持科学考察	榆林市	考察榆林水土保持及淤地坝建设情况	中国水利水电科学研究院院士陈祖煜、黄河上中游管理局巡视员王文善、清华大学教授王兆印、西安理工大学主任李炎隆等 10 人
2017 年 11 月 30 日	西北大学专家组就榆林市中心城区水土保持生态建设规划交流座谈	榆林市	座谈交流榆林城区水土保持生态建设宏观规划概念，对规划愿景、区位分析、规划构思、重点布局、投资估算、进度安排、同步研究课题等 8 个方面进行了探讨	西北大学专家组、榆林市水务局技术人员 10 多人
2018 年 6 月 4 日	第 24 个世界防治荒漠化与干旱日纪念大会	榆林市	防治土地荒漠化，助力脱贫攻坚	全国政治协商会议副主席郑建邦等中央、陕西省和榆林市领导，有关省区、有关治沙英雄等 200 多人
2018 年 7 月 14—16 日	西安理工大学考察调研黄土高原生态文明示范区建设	榆林市	总结交流榆林生态文明建设经验，推广榆林生态文明建设模式	西安理工大学副校长李占斌等 7 位教授及 2 名研究生组成考察组，榆林市县 30 多人参与调研
2019 年 1 月	“美丽榆林与水土保持生态文明建设理论与实践”系列讲座	榆林市	邀请国内知名专家、学者，从城市生态景观规划、生态文化与乡村旅游、黄土高原综合治理及“放管服”改革创新与发展等方面，举办系列专题报告	榆林市水务局属系统，县（市、区）水土保持监督管理、补偿费治理与示范园创建及在榆有关单位、企业的水土保持从业人员共计 130 余人

续表 5-4-1

时间	单位或会议	地点	考察、交流内容	参加成员
2019 年 11 月 23 日	水利部	绥德韭园沟、辛店沟流域	调研韭园沟小流域水土流失观测站、辛店沟水土保持示范园	水利部副部长陆桂华等一行人
2019 年 12 月 12—13 日	《榆林市打造黄土高原生态文明示范区水利专项规划》咨询会	榆林市	研究榆林水利水土保持工作思路、对策，为榆林打造黄土高原生态示范区建言献策	中国科学院院士邵明安、水利部水利水电规划设计总院教授杨晓茹及陕西省水利水电工程咨询中心教授田万全、刘海江等 14 位中央和陕西省专家及市县有关部门、单位技术人员 60 多人
2020 年 4 月 19 日	陕西省林业局	绥德韭园沟、辛店沟流域	韭园沟小流域的基本情况、观测内容等，“三道防线治理模式”，水土保持高效植物园，育林沟观测网及生态湿地等情况	陕西省林业局黄河流域水沙调节机制调研组
2020 年 5 月 11 日	陕西省委政策研究室	绥德韭园沟流域	韭园沟水土保持试验研究、示范、推广等基本情况	陕西省委政策研究室副主任宫曦岭、陕西省水土保持和移民中心副主任王浩等
2020 年 6 月 2 日	黄河勘测规划设计研究院有限公司	绥德韭园沟、辛店沟流域	调研淤地坝研究和坝系建设情况、辛店沟“三道防线”等	黄河勘测设计研究院研究中心付健等
2020 年 6 月 16 日	陕西省水土保持和移民工作中心、陕西省水利厅规计处、榆林市水务局等	辛店沟流域	调研黄河水土保持绥德治理监督局辛店沟水土保持示范园工作	陕西省水土保持和移民工作中心主任杨稳新,陕西省水利厅、榆林市水务局、绥德县水务局有关负责同志和技术人员

续表 5-4-1

时间	单位或会议	地点	考察、交流内容	参加成员
2020 年 7 月 1 日	榆林市科学技术委员会	辛店沟流域	调研绥德局辛店沟水土保持示范园工作	榆林市科学技术委员会主席薛占山等
2020 年 8 月 24 日	水利部水土保持司、水利部水土保持监测中心	绥德辛店沟流域	调研水土保持监测工作	水利部水土保持司副司长陈琴、水利部水土保持监测中心副主任乔殿新等
2020 年 8 月 30 日	中国科学院学部咨询评议项目黄土高原淤地坝建设和风险防控调研与建议专家咨询会	榆林市	共商黄土高原淤地坝建设，共谋水土保持良策，共同推动黄河流域生态保护和高质量发展	8 位中国科学院院士与来自全国的 80 多位专家、学者
2020 年 8 月 30 日	九三学社中央黄河课题组	绥德辛店沟流域	调研黄河流域水资源管理及农业高质量发展情况	九三学社中央黄河课题组
2020 年 9 月 26 日	陕西省委党校	绥德县辛店沟流域	调研黄河水土保持绥德治理监督局辛店沟水土保持示范园工作	陕西省委党校秋季学期中青年干部培训班
2020 年 11 月 25 日	黄河水利委员会信息中心	辛店沟流域	调研“智慧黄河”信息化建设	黄河水利委员会信息中心
2020 年 12 月 10 日	国家黄河立法第二调研组立法调研活动	榆林市	全面了解黄河流域生态保护和高质量发展情况，为黄河立法提供依据	水利部总工程师汪安南带领国务院有关部委负责同志、市县有关部门人员 50 多人

三、科技下乡

2000年以来，无定河流域组织水利系统开展科技下乡服务工作，连年组织科技干部下到乡、镇、村和各灌区管理站，推广易于学习掌握、能够增收、效益显著的实用水利技术，解决农业灌溉、农村饮水、水产养殖等方面存在的技术问题。截至2020年，累计组织1900多名科技人员下乡，完成抽水机具、水产、水土保持和农业综合方面的科技项目104项。同时举办节水节能灌溉技术、池塘养鱼等技术培训60多期，培训3420人次。每年在“世界水日”“中国水周”“科普宣传日”等开展科普宣传，向群众宣传保护和科学开发利用水资源，介绍水利新技术、新设备、新工艺等。累计科普宣传90多次，进行技术指导咨询服务3088人次，印发技术资料8.6万份。

四、获奖成果

新中国成立以来，随着水利水保建设的迅速发展，无定河流域水利水保科学技术工作也得到较快发展。特别是全国科学大会后，水利水保科技的开发、试验、推广、应用不断加快，取得了显著成果。截至2020年，无定河流域有84项水利科技成果获奖。其中，国家级3项、部省级59项、市厅级22项，见表5-4-2。

表5-4-2　1977—2020年无定河流域荣获水利水保科技成果奖

（根据2018年12月第1版《榆林市水利志》摘编整理）

成果名称	完成单位及（或）主要参加人员	获奖时间	获奖等级
水坠坝试验	黄河水利委员会绥德水土保持科学试验站	1977年	陕西省科技奖
陕清LS-14型冲土高压水枪	清涧县农机厂	1978年	第一机械工业部科技成果奖
榆林沙区飞机播种造林研究	榆林水土保持科学试验工作站、西北水土保持所金兆寺等	1978年	陕西省科技成果奖
引水拉沙	靖边县杨桥畔大队	1978年	陕西省科学大会奖
水坠坝技术研究推广	榆林地区水利局葛承春	1981年	陕西省“水坠坝”成果推广三等奖
靖边县水坠坝建设经验	靖边县水利局韩夫庆	1982年	陕西省农业科技推广一等奖，并在第32届国际大坝会议（西班牙马德里）作专题介绍

续表 5-4-2

成果名称	完成单位及（或）主要参加人员	获奖时间	获奖等级
“77・8”乌审旗、榆林县特大暴雨分析	陈伯让	1982 年 3 月	水利部三等奖
水土保持试验研究成果推广	黄河水利委员会绥德水土保持科学试验站徐乃民等	1982 年	国家科学技术委员会、农业委员会推广奖
水土保持试验研究成果汇编（上下册）	黄河水利委员会绥德水土保持科学试验站周建文、王培元	1982 年	黄河水利委员会二等奖
王茂沟坝系规划布设和利用研究	黄河水利委员会绥德水土保持科学试验站张永轩、雷三锁	1982 年	黄河水利委员会三等奖
火炬树引种试验	黄河水利委员会绥德水土保持科学试验站潘铭等	1982 年	黄河水利委员会四等奖
沙打旺种子繁育及其在陕北发展前途	黄河水利委员会绥德水土保持科学试验站王笃庆等	1982 年	黄河水利委员会五等奖
延安地区小流域治理	孟庆增	1982 年	陕西省农业委员会一等奖
引洪漫地及坝地盐碱化改良技术的推广	孟庆增	1982 年	陕西省水土保持局二等奖
1979—1981 年推广沙打旺及生物埂技术	榆林县水利水保局	1982 年 11 月	陕西省水利水保局二等奖
辛店试验场水土保持治理实践	黄河水利委员会绥德水土保持科学试验站于德广、赵志普	1983 年	黄河水利委员会四等奖
清涧县南塬移动抽水站建设技术	榆林地区水利水保局朱有信、清涧县水电队白录昌等	1984 年 5 月	陕西省科学技术进步奖三等奖
无定河灌区次生盐渍化土壤改良	榆林地区水利电力局吴锦国等	1985 年	陕西省科技成果三等奖
淤地坝成果推广	黄河水利委员会绥德水土保持科学试验站	1985 年	水电部自然科学进步奖

续表 5-4-2

成果名称	完成单位及（或）主要参加人员	获奖时间	获奖等级
小流域综合治理	黄河水利委员会绥德水土保持科学试验站	1985 年	国家自然科学进步奖
2 号、4 号沙打旺引种试验示范	黄河水利委员会绥德水土保持科学试验站王笃庆等	1985 年	黄河水利委员会五等奖
柠条栽培技术研究	黄河水利委员会绥德水土保持科学试验站潘铭、王福林	1985 年	黄河水利委员会五等奖
小冠花引种栽培试验	黄河水利委员会绥德水土保持科学试验站王笃庆等	1985 年	农牧渔业部自然科学进步奖二等奖
早熟沙打旺选育和应用	黄河水利委员会绥德水土保持科学试验站王笃庆等	1986 年	农牧渔业部三等奖
坝地盐碱化防治	黄河水利委员会绥德水土保持科学试验站荆振民、于法周	1986 年	黄河水利委员会四等奖
淤地坝坝地盐碱化改良试验	黄河水利委员会绥德水土保持科学试验站荆振民、于法周	1986 年	黄河水利委员会四等奖
黄河流域小流域综合治理和大面积水土保持措施的研究推广	黄河水利委员会绥德水土保持科学试验站徐乃民等	1986 年	国家二等奖
榆林流动沙地飞机播种造林试验及示范区建设	黄河水利委员会绥德水土保持科学试验站	1987 年	陕西省科学技术进步奖二等奖
子长县水土保持区划报告	张峰	1987 年	陕西省区划委三等奖
延安地区有效灌溉面积调查	袁金升	1988 年	陕西省水利水土保持厅一等奖
黄河中游机械修梯田试验研究	黄河水利委员会绥德水土保持科学试验站尹增斌等	1989 年	水利部四等奖

续表 5-4-2

成果名称	完成单位及（或）主要参加人员	获奖时间	获奖等级
黄丘一副区水土流失规律及减水减沙试验研究	黄河水利委员会绥德水土保持科学试验站 史景汉、郝建忠	1990 年	水利部三等奖
陕北水平梯田断面问题研究	黄河水利委员会绥德水土保持科学试验站	1990 年	黄河上中游管理局五等奖
黄丘区造林树种苗期抗旱指标研究	黄河水利委员会绥德水土保持科学试验站孟晓棠等	1990 年	黄河上中游管理局五等奖
榆林地区水保林草产品及常用饮料营养成分分析	黄河水利委员会绥德水土保持科学试验站王笃庆、白慧山	1990 年	黄河上中游管理局五等奖
延安地区水土保持区划	刘开文	1990 年	农业部三等奖
陕北高寒地区池塘养鱼增产技术	榆林地区贺继斌等	1991 年	陕西省水利科技二等奖
榆林市沙区芹河小流域综合治理技术	无定河流域治理指挥部、榆林地区治沙所、刘博学、孙忠堂、叶兴山等	1992 年	陕西省科学技术进步奖二等奖
黄丘一副区土壤水分运动对牧草生长的影响	黄河水利委员会绥德水土保持科学试验站白志刚等	1992 年	黄河上中游管理局四等奖
陕北黄土丘陵沟壑区坡耕地几种豆科牧草轮作试验	黄河水利委员会绥德水土保持科学试验站王笃庆、白慧山	1993 年	黄河水利委员会二等奖
黄土高原坡耕地等高灌木带技术试验研究	陕西省水土保持局、榆林地区无定河流域治理办公室和王正秋等	1994 年	陕西省科学技术进步奖二等奖
黄土高原地区土壤侵蚀区域特征及其治理途径	黄河水利委员会绥德水土保持科学试验站史景汉等	1994 年	国家科学技术委员会科技成果奖
靖边县金鸡沙水库沙坝管涌处理措施研究	榆林地区水利局、李应树等	1995 年	陕西省科学技术进步奖三等奖

续表 5-4-2

成果名称	完成单位及（或）主要参加人员	获奖时间	获奖等级
黄土高原主要水土保持灌木研究	黄河水利委员会绥德水土保持科学试验站潘铭等	1995 年	水利部三等奖
黄土高原抗旱造林技术	黄河水利委员会绥德水土保持科学试验站潘铭等	1996 年	林业部一等奖
黄河中游多沙粗沙区快速治理模式研究及试点	黄河水利委员会绥德水土保持科学试验站徐乃民、田永宏、刘立斌等	1997 年	水利部三等奖
多沙粗沙区水沙变化原因分析及趋势预测	黄河水利委员会绥德水土保持科学试验站白志刚等	1998 年	黄河水利委员会一等奖
芹河小流域综合治理模式	榆林市（榆阳区）水利局胡宏飞等	1998 年	陕西省人民政府科学技术进步奖三等奖
晋陕蒙接壤区砒砂岩分布区综合治理研究	黄河水利委员会绥德水土保持科学试验站丁加林等	1998 年	黄河上中游管理局三等奖
晋陕蒙接壤区新的水土流失及防治措施研究	晋陕蒙水土保持监督局白凤林	1998 年 12 月	黄河水利委员会三等奖
陕西省黄土高原水土保持综合技术规划与推广	榆林地区水土保持队常治国、牛岗、苗盈等	1999 年	陕西省农业技术推广成果二等奖
晋陕蒙接壤区新的水土流失规律研究	黄河水利委员会绥德水土保持科学试验站徐乃民、张金柱	1999 年	黄河水利委员会三等奖
陕西省大中型水域银鱼移植增殖技术推广	榆林地区水利局、神木县水利局、雷永飞等	1999 年 12 月	陕西省农业技术推广成果一等奖
陕北高寒地区池塘养鱼综合技术示范推广	榆林市水产工作站	2002 年 11 月	陕西省人民政府 2001—2002 年农业技术推广二等奖
黄河中游多沙粗沙区综合治理方略研究	黄河水利委员会绥德水土保持科学试验站刘立斌等	2003 年	水利部大禹水利科学技术奖二等奖

续表 5-4-2

成果名称	完成单位及（或）主要参加人员	获奖时间	获奖等级
榆林黄土丘陵旱地窖灌农业综合开发试验区建设研究	榆阳区水务局胡宏飞、刘春林、马惠、王焱、陈晨等	2003 年 3 月	陕西省科技成果三等奖
国家“948”水土保持优良植物引进	黄河水利委员会绥德水土保持科学试验站、黄河水利委员会西峰	2003 年 12 月	黄河水利委员会一等奖
无定河流域风力侵蚀综合防治体系试验研究	榆阳区水务局胡宏飞等	2004 年 5 月	榆林市科学技术进步奖一等奖
陕西省盐碱滩地及风沙地区池塘生态渔业技术推广	榆林市水产工作站	2005 年 3 月	陕西省人民政府 2003—2004 年农业推广成果二等奖
小流域坝系监测方法及评价系统研究	黄河水利委员会绥德水土保持科学试验站党维勤、王晓、马三保	2007 年	中国水土保持学会三等奖
黄河中游地区开发建设项目新增水土流失预测研究	黄河水利委员会绥德水土保持科学试验站白志刚等，黄河水利委员会晋陕蒙接壤地区水土保持监督局蔺明华、杜靖澳、刘宝红、尹增斌、王志意等	2007 年	陕西省二等奖
黄土丘陵沟壑区小流域坝系相对稳定及水土资源开发利用研究	黄河水利委员会绥德水土保持科学试验站郑宝明、王煜等	2008 年	陕西省二等奖
黄河多沙粗沙区坝系工程安全评价方法研究	黄河水利委员会绥德水土保持科学试验站郑宝明、金孝华、党维勤	2008 年	黄河上中游管理局二等奖
水土保持实用技术示范与推广	黄河水利委员会绥德水土保持科学试验站王福林、马三保	2008 年	黄河上中游管理局二等奖

续表 5-4-2

成果名称	完成单位及（或）主要参加人员	获奖时间	获奖等级
韭园沟示范区工程建设综合防治措施体系与管理运行机制研究	黄河水利委员会绥德水土保持科学试验站郑宝明、白志刚、王煜	2008 年	黄河上中游管理局二等奖
黄河粗泥沙集中来源区治理方向研究	黄河水利委员会绥德水土保持科学试验站张金慧等	2010 年 10 月	陕西省三等奖
黄土高原小流域可持续综合治理探讨	黄河水利委员会绥德水土保持科学试验站党维勤	2010 年	陕西省三等奖
黄河上中游水政水资源管理系统建设	黄河水利委员会晋陕蒙接壤地区水土保持监督局张平	2011 年	黄河上中游管理局创新成果一等奖
水土保持优良植物新品种繁育及利用技术研究	黄河水利委员会绥德水土保持科学试验站党维勤	2012 年	陕西省三等奖
黄河水土保持生态工程辛店沟科技示范园建设	黄河水利委员会绥德水土保持科学试验站郑宝明、党维勤、刘晓军、白东晓	2012 年	黄河上中游管理局一等奖
黄土丘陵一副区典型小流域水土流失试验与分析	黄河水利委员会绥德水土保持科学试验站冯光成、马三保、白平良	2012 年	黄河上中游管理局一等奖
陕北地区库坝生态养鱼技术推广	榆林市水产工作站等单位	2012 年 1 月	陕西省人民政府农业技术推广成果三等奖
黄河上中游水土保持措施研究	黄河水利委员会晋陕蒙接壤地区水土保持监督局喻权刚	2015 年	黄河水利委员会二等奖
黄河中游多沙粗沙区孤山川等重点支流水土保持监测	黄河水利委员会绥德水土保持科学试验站马三保	2015 年	黄河上中游管理局一等奖
黄土高原重力侵蚀及其生态治理研究	黄河水利委员会绥德水土保持科学试验站党维勤	2018 年	中国水土保持学会科学技术二等奖

续表 5-4-2

成果名称	完成单位及（或）主要参加人员	获奖时间	获奖等级
泾河北洛河上游重点治理区吴起县 2013—2017 年水土流失动态监测	黄河水利委员会绥德水土保持科学试验站李小兵、田金梅、马三保、党维勤等	2019 年	黄河上中游管理局二等奖
快速普查次暴雨淤地坝泥沙淤积量技术	黄河水利委员会绥德水土保持科学试验站马三保、郝鲁东、王腾、郭玉梅、苏芸	2019 年	黄河水利委员会“三新”成果
黄土高原常见地类遥感影像样本库建立方法	黄河水利委员会绥德水土保持科学试验站田金梅、李小兵、马三保、刘立峰、张瑞	2019 年	黄河水利委员会“三新”成果
生产建设项目重点弃土弃渣航空遥感动态监测	黄河水利委员会绥德水土保持科学试验站党维勤、刘姗姗、白云、李小兵等	2020 年	黄河上中游管理局一等奖
高含沙悬浮液静态泥沙沉降规律研究	黄河水利委员会绥德水土保持科学试验站李平、侯芳、杜雪、朱凡、杨磊	2020 年	黄河水利委员会“三新”成果
黄土高原小流域淤地坝系输移沉积特征研究	黄河水利委员会绥德水土保持科学试验站惠波	2020 年	黄河水利委员会“三新”成果
淤地坝柔性溢洪道技术	黄河水利委员会绥德水土保持科学试验站郭玉梅、雷欣、杜雪	2020 年	黄河水利委员会“三新”成果
自然坡面径流场建设技术标准	黄河水利委员会绥德水土保持科学试验站刘姗姗、张金柱、郭玉梅、刘思君、崔乐乐	2020 年	黄河水利委员会“三新”成果
坡沟系统侵蚀耦合机制与泥沙输移比研究	黄河水利委员会绥德水土保持科学试验站马三保、冯光成、李平	2020 年	水利部黄河水利委员会科学技术进步奖一等奖

第六篇　无定河文化

无定河流域历史厚重悠久，文化璀璨丰富。历史上，无定河流域长期处于北方游牧民族与中原汉民族争夺割据的交替地带，也是游牧文明向农耕文明的过渡地带，经过长期战争与和平发展，从而形成了游牧文明与农耕文明、草原文化与农业文化、少数民族文化与汉民族文化的融合发展，遗留下丰富多样的历史名胜古迹、自然人文景观和民俗文化遗产，特别是以河流为主线，以流域为单元，以红色革命、治水治河、治山治沙为重点，形成了丰富多彩的红色文化、草原文化、沙漠文化、边塞文化、黄土文化、河流文化、治水文化、治沙文化等具有明显地域特色和时代特征的无定河文化。无定河文化既是黄河文化的重要组成部分，又是典型的陕北文化。本篇以历史文化名胜、红色革命旧址、自然人文景观、流域民俗文化、水文化建设等为重点，记述流域丰富多彩的历史文化和水文化建设情况，以期保护、传承、弘扬无定河文化，守护好老祖宗给我们留下的宝贵遗产，讲好“黄河故事”之无定河篇章，延续历史文脉，坚定文化自信，为奋力谱写中国式现代化建设陕西新篇章而凝聚精神动力。

第一章　历史文化名胜

无定河流域历史文物古迹数量众多、涉及种类繁多、文化旅游价值巨大、分布范围广泛。据不完全统计，无定河流域共有各类历史文化名胜120多处，除神木、佳县无定河流域面积小且为杳无人烟的荒漠地带外，其他县（区）均有分布。从古迹种类上看，主要包括三大类：一是军事设施类，如榆林明长城、镇北台、波罗古堡、威武堡、响水堡等；二是都城、古城、行宫、庄园类，如统万城遗址、榆林古城、李自成行宫、米脂窑洞古城、镇靖古城、米脂姜氏庄园、绥德党氏庄园等；三是宗教佛寺道观和古墓类，如米脂万佛洞摩崖石刻、五龙山法云寺、石寺洼石窟、鸿门寺响铃塔、横山接引寺、石寺坬石窟、榆阳悬空寺和扶苏墓、蒙恬墓等。这些历史文化名胜古迹，都矗立在无定河干支流及其流域上，与河流文化、治水文化密切相关，奠定了无定河独特的历史文化底蕴。

第一节　军事设施类

一、榆林明长城

明成化十年（1474年），延绥镇巡抚余子俊率领将士4万余人，在秦、隋长城的基础上，修筑起延绥镇长城，时称“边墙”。明长城东起清水营（今陕西府谷县东北），横穿府谷、神木、榆阳、横山、靖边、定边6县（区），西至花马池（今宁夏盐池县东北），绵延1700千米，总计建筑城堡11座、边墩15个、小墩78个、崖栅819个。

在榆阳境内的城墙自东接神木县高家堡边墙入境，经由建安堡、双山堡、常乐堡、保宁堡，西接横山县波罗古堡出境，蜿蜒100多千米，有烽火台210多座。这一段明长城因紧靠榆林城，明万历年间曾重新修整，每隔5千米左右筑设一小军城，供驻防军队居住。在小军城上还筑有凸起于城墙的台子，用于巡逻、放哨、瞭望。

横山古长城是榆林明长城的中段，东起波罗镇的孔墩，西到塔湾的树梁，呈东北向西南走向，由榆林市向西南延入横山县，经波罗、横山折向南，再经雷龙湾、赵石畔、塔湾后进入靖边县，全长107千米。其夯筑墙体多被毛乌素沙地覆盖，地表呈现出断续隆起的沙龙。一些段落被销毁，现残存于地面的墙段高1～3米，宽2～4米，夯层10～15厘米。全线现存城墩99座。城墩以条石为基础，夯筑方形，大青砖砌表，墙边长8米左右，残高3～8米。今砖大部分被拆除，四周散布砖块、石渣等。1984年3月，横山县人民政府将其公布为县级重点文物保护单位，1997年10月成立了横山县长城保护领导小组，并将长城两边外延150米划为保护范围，2000年6月竖立了保护标志碑。

靖边县明长城主要分布在黄蒿界、海则滩、杨桥畔、龙洲、镇靖、杨米涧、王渠则、中山涧、天赐湾等乡镇，全长 81 千米，烽火台 70 余座。现存城堡遗址主要有宥洲城遗址、黄花城遗址、龙洲堡遗址、镇靖堡遗址、清坪堡遗址、镇罗堡遗址、宁寨营堡遗址、新城遗址、李家城遗址、西门台城遗址、芦子关遗址和烟墩山烽火台遗址，保存较好的长城遗址有 307 国道五台段长城和镇靖明长城。该段遗址为陕西省文物保护单位。

定边县明长城保存较好，也颇具代表性，是在隋长城的基础上大规模修筑的长城。定边县隋、明两代所修筑的长城位于县城以东 45 千米处的安边境内，共计 6 道，修筑 5 次，总长 125 千米（不计复线），途经 13 个乡镇 50 多个村，现有墩堠遗址 200 余座。五里墩古长城在陕西、宁夏段是保留较完整、气势最壮观的长城遗址，属国家重点文物保护单位。

延安市吴起县境内长城遗址有两道，白于山以北为明长城，县城南为战国时期的秦长城。明长城位于吴起县白于山以北无定河流域的周湾、长城两镇，长 13.25 千米。东起靖边县中山涧乡方滩，在驻陀涧入吴起县境长城镇至宋沟畔跨红柳河经二道坝、双河涧两个行政村，继而西行跨石拐子沟入周湾镇，经王树湾、罗涧于东湾村青杨山跨罗涧河入定边县境。长城遗迹蜿蜒于山岭，部分土墩夯层清晰可见，高 15 ~ 20 厘米。2001 年 6 月 25 日，该段长城被国务院公布为全国重点文物保护单位。

二、镇北台

镇北台位于榆林市北约 5 千米处红山上款贡城西南角，无定河支流榆溪河穿红石峡从镇北台西约 1 千米处流过。镇北台东隔款贡城与东梁相望，北越长城为东西梁，西隔 210 国道连老爷庙梁，南为沙窝。镇北台始建于明万历三十五年（1607 年），由延绥镇巡抚余子俊在长城南北显要处、红山之上修筑，居高临下，以便观察敌情和互市情况。

镇北台呈正方形，分四层叠起，外砌砖石，内筑夯土，台高 30 余米，占地面积 5056 平方米。一层为基座，内墙高 5.5 米，外墙高 10.5 米，东墙南侧置城门，东南内侧置砖石马道。二层高 16.6 米，台南墙中开设券洞，内砖石踏步直通三层，券洞横额石刻“向明”二字，北面石刻“镇北台”（已毁），均为万历年间延绥巡抚涂宗浚所书。现“镇北台”三字为当代书法家魏传统所题。三层高 4.1 米，台东外砌砖石踏步达四层。四层高 4.4 米，顶层台面积 225 平方米，四边各进深 2 米，正中原建砖木结构方形瞭望哨棚 1 间，清末坍塌。各层四面均围以女儿墙及垛口，台地面铺青砖。第一层城垣内建有守台戍卒营房，现仍存部分遗址。镇北台的每层有石台阶可登，台依山据险，巍峨挺拔。站在镇北台之顶远眺，能看到金沙蓝天、碧澄水库、逶迤长城、绿色林带和榆林古城的城郊。镇北台东侧有同期所建的“款贡城”，周长 668 米，占地约 2 公顷，为蒙汉官方敬献贡物、赠送礼品、洽谈贸易的城池。1992 年陕西省政府公布其为省级文物保护单位。城池险要，与镇北台构成了完整的榆林长城建筑体系。台西南 800 米处有明代易马城遗址，面积约 6.5 公顷，是蒙汉民间自由贸易的城池，也是蒙汉民族和睦相处的历史见证。

镇北台据险临下，控南北之咽喉，如巨锁扼边关要隘，是明代长城遗址中最为宏大、气势最为磅礴的建筑物之一，为明长城上最大的军事瞭望台，素有中国长城“三大奇观之一”（东有山海关、中有镇北台、西有嘉峪关）和“万里长城第一台”之称，为世界文化遗产、全国重点文物保护单位，迄今已有 400 多年的历史。站在镇北台之上，极目远眺，西北一派塞外风光，那无数绿化山峁和沙丘环抱着绿洲；东南那片片农田林网，纵横渠道，杨柳成行，以及那历尽沧桑的榆林古城风貌、波光粼粼的榆溪河和那西沙楼房林立的新型现代化城市；近观台下，易马城、款贡城，还有红石峡和高峡平湖尽收眼底。

三、波罗古堡

波罗古堡位于横山县城东北 25 千米的无定河南岸，始建于北魏，盛于明代，距今有 1400 多年的历史，是一座雄踞大漠边关、弥漫佛光灵气、蕴集天地精华、神秘而又富有传奇的塞上古堡。波罗梵语就是渡达彼岸的意思。相传如来游历东土返回的路上，经此地在石崖上留下了一对足迹，人称“如来真迹”，始得名“波罗堡”，因而这里也被喻为“佛掌上的明珠”“来自天国的地方”。

波罗古堡历来为军事要塞，晋、隋、唐、宋时都在这里设营建寨，明正统元年（1436 年）在北魏、隋代建设的基础上开始兴建古堡，历经 10 年建成，万历六年（1578 年）重修扩建成现存遗迹规模。堡城东南高、西北低，总面积约 20 公顷，设有四门，东门凝紫、南门重光、大西门凤翥、小西门通顺。建有南瓮城、三官楼、玉帝楼、望胡台和木石牌楼各 1 个，形成了四楼骑街两牌楼的奇丽景观。清顺治十年（1653 年）设波罗营，辖归德、鱼河、怀远等十营堡，为边塞长城沿线三十六堡之最。康熙、雍正、乾隆年间，古堡先后增设守备署、州同署、参将府。民国初年（1912 年）裁撤其他建制改设为镇。堡内有大小庙宇 20 多座，其中“三寺一庵”最为著名。北魏时有高僧云游到此，发现这里山势雄浑、林木繁盛、佛光隐隐，便凿石成洞诚心礼佛，建成卧佛寺；唐贞观年间，堡西石壁惊现天然巨大石佛，一时传为佳话，康熙帝西征时慕名来此，为石佛题“接引寺”匾额，乾隆帝特赐“慈悲千古”，嘉庆帝用红绸赐“奇佛一座，万古流芳”八个大字。堡内有大雷音寺、指月庵以及“如来真迹”、凌霄塔、来世井等众多遗存，每个遗存也都有着神奇美丽的传说。明清时波罗古堡最为繁盛，人口逾万，店铺林立，作坊众多，被誉为“小扬州”“小北京”。

波罗古堡文化积淀深厚，在千年历史变迁中，波罗古堡形成了独特的民俗文化、丰富的边塞文化、神秘的宗教文化和红色革命文化。1992 年，波罗古堡建筑群被陕西省人民政府批准为陕西省重点文物保护单位。

四、威武堡

威武堡位于横山县塔湾镇塔湾村威武村东北约 200 米处，杨小川沟口的东山畔上，西与塔湾隔河相望，相对高约 70 米。城址所在的山体，平面呈长条状，地势平缓，东、西、北三面环沟，只有南部与其他山体相连，城址平面呈长方形分布，东西长约 250 米，南北宽约 200 米，面积约 50000 平方米。现城墙砖石虽已拆除，但土基尚存，从残存城墙可见，墙体为土石夯筑，现存西城墙长约 200 米，高 0.5 ~ 3 米，宽约 3.5 米；北城墙长约 250 米，高 0.3 ~ 2.5 米，宽约 2 米；东、南墙已毁，南、北城门尚在，破损严重；城址内尚存东、西两处墩台，黄土夯筑，夯层厚 11 ~ 13 厘米。现城址内植被茂密，种植豆子、荞麦、土豆等，城址内外分布 4 座庙宇，地表瓦片遍地，散见大量砖块、瓷片、骨骸。据史载，该古堡始建于明成化五年（1469 年），巡抚王锐设置，撤大兔鹘堡守军移驻这里，隆庆六年（1572 年）加高，万历六年（1578 年）增修砖砌牌墙垛口，城周 1000 米许，有南、北、东三门，分别叫威武、镇朔、震福，楼铺 14 座。该城址与杨小川烽火台形成统一的防御体系，现已收录《中国文物地图集·陕西分册》。2008 年 9 月 16 日，被陕西省人民政府公布为第五批陕西省重点文物保护单位。

五、响水堡

响水堡位于横山县响水镇响水村西南部，与镇政府的相对高度为 78 米，古堡北临 204 省道。明正统二年（1437 年）设置响水寨，属绥德卫。明成化二年（1466 年）巡抚王复迁往黑河山，改名平邑堡。明成化七年（1471 年）平邑堡泉水干涸，用水困难，延绥巡抚余子俊又迁回响水寨，改为响水堡。城堡平面略呈长方形，明万历六七年间重修，砖砌牌墙垛口。据榆林府记载，“响水堡有东、南、西三门，楼铺 14 座和砖砌牌墙垛口”，清代在响水堡设都司，乾隆三十四年（1769 年）知县胡绍祖重修城垣，城周三里许，东门叫岳山寺门，南为望斗门，西为渊亭门，另有小西门。据《横山县志》记载：城内原有建筑祖师庙、九龙堡、城隍庙。响水堡占地 14.48 万平方米，现存夯筑南墙长 218 米、高 8 米、宽 11.7 米；西墙长 663 米、高 8 米、宽 7.5 米。1983 年，横山县人民政府批准响水堡为县级重点文物保护单位；2008 年 9 月 16 日被陕西省人民政府公布为第五批陕西省重点文物保护单位。

第二节　古城庄园类

一、统万城遗址

统万城遗址位于靖边县城北 58 千米处的红墩界乡白城子村，为东晋时南匈奴贵族赫连勃勃建立的大夏国都城遗址，因其城墙为白色，当地人称白城子；又因为赫连勃勃所建，故又称为赫连城。始建于东晋义熙九年（413 年），竣工于义熙十四年（418 年），距今已有 1600 多年的历史，是匈奴族在人类历史长河中留下的唯一一座都城遗址，也是中国北方较早的都城，更是陕西十四个王朝中唯一不在长安建都的都城。

匈奴首领赫连勃勃建立大夏国时，一时被无定河畔“临广泽而带清流”的美景所吸引，遂下令在这里修筑都城，后定名统万城，意为君临天下，统领万邦。统万城由叱干阿利调秦岭以北民众 10 万余人，用“蒸土筑城法”建造，即把白石灰、白黏土用糯米搅拌，蒸熟进行注灌，类似于今天的浇筑法，城墙坚固可抵刀斧。统万城城池由外廓城和内城组成，内城又分为东城和西城。外廓城平面呈长方形，周长 4700 米。东、西城中间由一道墙分开，东城周长 2566 米、西城周长 2470 米，遗址全部为夯土建筑遗存。西城为当时的内城，四面各开一门，城垣外侧建马面，四隅角楼的台基用加宽做法。城内中部偏南有一长方形宫殿建筑台基，附近出土有花纹方砖。廓城南北垣情况不详，东西垣相距 5 千米，但遗迹、遗物很少。后来在北魏太武皇帝拓跋焘一统北方期间，统万城被攻克，灭大夏国，统万城由都城沦落为统万镇，历经隋、唐、宋数代，在唐以后逐步被风沙淹没，到北宋淳化五年（994 年）被废。统万城作为大夏都城仅存 15 年，而作为北方军事重镇却延续了近

600年的历史。统万城凭借其文化特质，具有极其重要的历史研究价值和人文旅游价值。1992年被陕西省政府公布为省级重点文物保护单位，1996年被列为国家重点文物保护单位。2012年11月，列入中国世界文化遗产预备名单。

二、榆林古城

榆林自古就是塞北名城，地处毛乌素沙地与黄土高原交会处，因“北瞰河套、南蔽三秦”而位居要津，成为明代边境上的军事重镇、长城“九寨”之一。早在商周时代，榆林这块土地就是著名的古战场。秦代大将蒙恬率领驻守在北部边疆的将士在这里种植榆树，形成了一条庞大的榆树林带。到汉代，大将卫青又营造了“广长榆”林带。由于多种榆树，边寨也称榆寨。榆树适宜于北方水土，一经种植，边寨周围绿树成林，所以古人就把这块地方称为“榆林”。

榆林古城始建于明成化年间，东依驼山，南凭榆阳河，西临榆溪，北踞红山。据《延绥镇志》《榆林府志》记载：明洪武二年（1369年）建榆林寨。明正统二年（1437年）明王朝命驻守绥德延绥镇都督王祯在榆林庄（今普惠泉处）始筑榆林城堡，“城座不过百矩”。明成化八年（1472年）延绥镇巡抚余子俊在城北（今官井滩）增筑城垣，明成化九年（1473年）将延绥镇治所由延绥移驻榆林城堡，延绥镇因此也称榆林镇。在其后曾多次扩建，其中比较大的有三次：第一次是明成化二十二年（1486年）巡抚黄献向北展筑城廓，南城至今上帝庙一带，俗称北城；第二次是弘治五年（1492年）巡抚熊绣展筑南城廓（原名怀德门，正德末年巡抚都御史姚摸改为此名），俗称中城；第三次是正德十年（1515年）总制邓璋扩筑建成南关外城，推至榆阳河沿，俗称南城。此即历史上所称“三拓榆林城”。从明嘉靖十九年（1540年）至明万历十年（1582年）历代驻榆官员对榆林城垣屡加修筑，除增高加厚外，并相继完成全部明城墙外部的青砖包砌。明万历三十年（1602年），榆林城垣建有东城门2座，即威宁门、振武门；南城门1座，即镇远门；西城门4座，即广榆门、宣武门、龙德门、新乐门；北城垣无城门；中部建有镇北楼，加上各城门楼，城墙四角楼及东城上的巡敌楼、观远楼，全城墙上共建有城楼14座，城周长5354步，东门、南门有瓮城，并设千斤闸，与城墙构成完整的防御体系。在数百年的发展中，榆林形成了独特的历史风貌、深厚的文化传统和众多的文物古迹。此城已历经600余年沧桑，虽屡遭战火，迭经风雨侵蚀，但大部完好，不失为“塞上明珠”。1986年，榆林被国务院命名为历史文化名城；2008年，被评为中国最具潜力的十大古城之一。

榆林又称驼城。一进榆林城，便可看见有负重跋涉的石雕骆驼。其说法有二：一是因为榆林城东有驼山；二是因为榆林城处在沙漠之中，其形状像一头行进的骆驼。骆驼是榆林的城徽，也是榆林人不畏风沙的象征。榆林古城不但历史上名楼林立，而且古寺遍布，城内城外名胜古迹萃集，其中较著名的就有四五十处之多。位于城内南北大街中心点的星明楼（陕北最大的全木结构古建筑）与北大街钟楼、南门口万佛楼，形成榆林全城的中轴线，显示出榆林城的光华风貌。榆林人住的四合院，遍布全城，多为明代遗物，高墙低檐，造型各异的门楼，青砖砌筑的院墙、照壁上，有青砖磨刻的山水、人物、花鸟虫鱼图案，素有“小北京”之称。城北梅花楼、城南凌霄塔、城东戴兴寺及近郊的青云山庙，也是很有特色的古迹。现存榆林古城墙周长约 6.5 千米，是全国唯一由皇帝钦定城墙高度可以超过北京的城市，是我国保存较为完好的古城墙之一。远近闻名的榆林桃花水，源于城东驼峰山麓普惠寺，冬天泉涌气蒸，“寒泉冬蒸”成为榆林一景。

三、李自成行宫

李自成行宫位于米脂县城北盘龙山南麓、无定河东岸，始建于 1643 年，是西北地区现存完整的一组明清古建筑群，具有很高的历史、艺术、科学价值。行宫占地面积 11385 平方米，建筑面积 4600 平方米，主要建筑由乐楼、梅花亭、捧圣楼、二天门、览胜楼（后改玉皇阁）、启祥殿（正殿）、兆庆宫（寝殿）七大部分组成。整个群体建筑依山造势分台而筑，层层叠叠，鳞次栉比。行宫布局严谨和谐、排列变化有序，玲珑的山，陡立的石阶，巍峨的殿堂，远处眺望，犹如巨龙腾飞，雄伟壮观。从乐楼顺坡而上，过梅花亭、捧圣楼、石牌坊、二天门台阶高耸，庄重威严，登上台地，玉皇阁巧夺天工，凌空峙立，登阶穿洞，至行宫院内，对面牌楼相迎，瑰丽无比，富丽堂皇的启祥殿气势雄伟，兆庆宫蔚为壮观，钟鼓二楼等建筑错落有致，回廊配殿将其主体建筑巧妙地连为一体。

盘龙山原名马鞍山，行宫前身为明嘉靖年间的一座小庙。明崇祯十六年（1643 年），李自成在西安建立大顺政权后，令其侄儿李过回家乡米脂修建行宫。李过登上马鞍山，见山环水绕，虎踞龙盘，气势非凡，便申报李自成在此拆小庙、建行宫，以备闯王返乡时使用，行宫院原留有一通李过修建行宫的碑记，毁于战争年代。据《明史》记载，李自成先后于明崇祯九年（1636 年）五月底和明崇祯十六年（1643 年）十一月上旬两次返故乡，在此宴请乡绅和县衙官署。闯王兵败后，清政府对与大顺政权有关的一切遗迹进行彻底铲除，米脂民众便将行宫改为“真武祖始庙”之名进行保护。清乾隆五十六年（1791 年）、光绪二十一年（1895 年）两次维修，并增添了许多神像，当时香火不断，甚为热闹。如今，行宫内设立了李自成纪念馆，馆名匾额由姚雪垠先生亲书。馆内以文字、图片、实物等详细介绍了李自成将军高擎闯旗，叱咤风云，推翻明王朝的光辉业绩。同时设有“李自成评述馆”“东汉画像石精品展”“米脂婆姨史迹展”等。

毛泽东曾高度评价李自成：吾国自秦以来，两千余年推动社会向前进步者主要是农民战争，大顺帝李自成将军所领导的伟大的农民战争，就是两千多年来几十次这类战争中极著名的一次。这个运动起自陕北，实为陕人的光荣。2006 年 5 月 25 日，李自成行宫被国务院公布为全国重点文物保护单位。

四、米脂窑洞古城

米脂窑洞古城位于米脂县城东南，总占地面积达 2.4 平方千米。古城始建于北宋初年，后经历朝修缮扩建，是一座逾越了千年的历史文化名城。整个古城山环水抱，两山俯瞰，符合传统聚落选址的风水学说。古城以东、南、西、北四条大街为主骨架，儒学巷、石坡和寺口巷等十三条小巷分布于大街两侧，构成形若凤凰展翅的“两山围三水、四街串古韵”的整体格局。

米脂窑洞古城由最初的宋元古城，扩大到明清古城，最后又兴建了民国新城，最终形成了现在三套古城的总体格局。第一套为宋元古城，俗称上城。北宋初，现城址出现小村落，之后成为寨，后由寨改城。俗传“先有惠家砭，后有毕家寨”“先有毕家寨，后有米脂城”。遗址为观澜门南北小城畔一线，后扩大至东城圪崂。元泰定三年（1326 年），县令吕东主持修葺米脂城。夯土加宽加高旧有寨墙，局部段落砌石垒门。明成化五年（1469 年），知县陈贵进一步扩大城郭范围。第二套为明清古城，俗称下城。明嘉靖二十五年（1546 年），知县丁让修筑下城。将东、西关至华严寺湾等全部围在城垣之内。明万历元年（1573 年），知县张仁覆将上下城连为一体，城墙加高到 9 米，从流金河、饮马河畔一直盘蜒到凤凰岭上，周长 2.5 千米，建 3 座城门，附设瓮城、城楼。东为迎旭门，南为化中门，北为柔远门。为防水患，未设西门，在西角城墙上修一方亭。至此，古城格局基本形成。第三套为民国新城。城垣东段靠文屏山麓，北段沿银河畔，西段面临无定河，南段对小石砭，城墙周围 1.5 千米，面积约 0.2 平方千米。1935—1937 年，由县长楼铿声主持兴工。因经费不足，在城墙内侧修窑洞出售。这一创举，成为中国城防与民用结合的城郭建筑典范。窑洞古城充分发挥了本地自然材料特性，具有低成本、低能耗、低污染的特点，具有很强的生态意义和“天人合一”的哲学思想，是最符合当代社会所倡导的生态建筑文化范畴的典范。中央美术学院靳之林教授称誉古城为“中华民族之瑰宝”。

五、镇靖古城

镇靖古城位于白于山区北麓，无定河上游，距靖边县城张家畔 8 千米。镇靖古城最初为唐夏州节度使李佑所筑，又称乌延城，唐长安至夏州的通道经城而过。1472 年，明派延绥巡抚余子俊移兵驻守镇靖。明隆庆到万历年间，曾两次加高城垣，砌上砖墙垛口，知县联邦干曾奉命补修过一次。1867 年，靖边县衙由新城搬迁到镇靖。经历任知县修筑，县城衙门府库、房舍屋宇渐成规模。县城以“十”字布街设巷，东、南、北街各通城门。城中还建有武圣、城隍等庙宇，其建筑工艺精湛，画栋雕梁，规模宏大。城西北处的九龙壁，用琉璃瓦装饰，上有九龙飞舞图案，色彩绚丽，形态逼真。现留有古长城、中山台、北城门等遗址，城东有芦靖湖生态旅游区、水上旅游、生态农业种植园、山野度假村，城西有靖边县爱国主义教育基地——白文焕纪念馆、惠中权旧居。1935 年 5 月 29 日，革命先烈刘志丹率红军解放了镇靖城。1937 年，中共靖边县委、靖边县抗日民主政府定居镇靖城。1943 年，县城由镇靖移往现在的张家畔，后镇靖古城一直为镇靖乡人民政府所在地。镇靖古城是靖边县重点文物保护单位。

六、米脂姜氏庄园

米脂姜氏庄园坐落于米脂县城东 15 千米的桥河岔乡刘家峁村，是陕北大财主姜耀祖于清光绪年间投巨资，历时 16 年亲自监修的私宅。庄园占地 40 余亩，由下院、中院、上院和寨墙、井楼等部分组成。主体建筑为陕西地区最高等级的“明五暗四六厢窑”式窑洞院落。庄园三院暗道相通，四周寨墙高耸，对内相互连通，对外严于防患，整个建筑设计奇妙，工艺精湛，布局合理，浑然一体，是全国最大的城堡式窑洞庄园，也是汉民族建筑的瑰宝之一。

姜氏庄园由山脚至山顶分三部分组成。第一层是下院，院前以块石砌垒，高达 9.5 米的挡土墙，上部筑女儿墙，外观犹若城垣。寨门上镶嵌着姜耀祖手书“大岳屏藩”的石刻，穿寨门过涵洞即到达下院管家院，其建筑为三孔石窑，坐西北向东南，两厢各有三孔石窑，底座是木屋架、石板铺顶的房屋。正面窑洞北侧设通往上院的暗道。在下院外，寨墙北有一石拱窑式井楼，井深 33 米，井壁皆用石块盘旋垒砌而成，水源引至山脚，水甜美爽口。寨墙最高处砌有炮台，形若马面，用来扼守寨门，可谓“一夫当关，万夫莫开”。中院通往上院有垂花门楼，拾级而上可至上院。上院为主宅，阔 19.2 米、深 17.10 米，布局为明五暗四，坐东北向西南，正面一线有五孔石窑，顶部穿廊抱厦，檐头砌十字花墙，每孔窑阔 11 尺、进深 25 尺，室内每孔窑都有过洞相通，均有火炕，设有暖阁、壁橱，菱形石板铺地，甚为讲究。两侧为对称双缩小院。前为三孔窑，后为深四丈二尺的大“枕头窑”作为粮仓用，每窑有大石仓 12 个，每仓能储粮 12 石，上院东到书院、西去厕所，各院均相互连通，这部宅院实为陕北罕见的窑洞庄院建设。整个建设格局与地理环境较好地保存了历史原貌，有着较高的历史、建设价值。1999 年 10 月 25 日，米脂县人民政府公布其为县级重点文物保护单位；2003 年 9 月 24 日，陕西省人民政府公布其为第四批省级重点文物保护单位；2006 年 5 月 25 日，国务院公布其为第六批全国重点文物保护单位。

七、绥德党氏庄园

绥德党氏庄园坐落在无定河支流白家碱乡贺家石村，始建于清嘉庆十九年（1814 年），经党氏六辈人的逐步完善，历时近百年建成竣工，据传先后修筑了七十二院相互连通的以窑洞为主要建筑的宅院。山庄是典型的陕北大户民宅，窑洞建筑鳞次栉比、错落有致地分布于山坡之上。各院相对独立却互相连通，每个院落棱门院墙、穿廊挑石，院内正面石窑、左右厢房、倒座马棚、碾磨俱全。大门、内外影壁、厢房、门窗上配有精美的石雕、砖雕和木雕。整个山庄功能完整，山上有庙宇，沟里有水井，自成体系。在浩如烟海的中国传统居民建筑中，绥德党氏庄园被人们称誉为“陕北印象”。以其规模较大、气势壮观、装饰精微、构思巧妙，散发出黄土高坡传统文化的精神、气质、神韵。

党氏庄园山环水抱，目前能够看到院落大致有 14 处，石窑洞 126 孔，大门 17 座，厢房 4 间，库房、碾磨房、马棚、草房各 1 处，建筑群占地 100 余亩，整个建筑群分布在三道缓缓的小山岭和两条浅浅的小山沟。综观庄园布局严谨，设计精巧，建筑考究，砖瓦磨合，精工细作，斗拱飞檐，彩饰金装，砖石木雕，工艺精湛，是陕北窑洞建筑的典型代表，是绥德县清代以来第一座地主大庄园。2008 年被陕西省人民政府公布为省级重点文物保护单位，2013 年被公布为第七批全国重点文物保护单位。

第三节　宗教寺观古墓类

一、米脂万佛洞

米脂万佛洞又称万福洞，位于米脂县城北 8 千米的无定河右岸悬崖上，由迦蓝护法殿（大雄宝殿）九天圣母洞、无量寿佛殿、观音阁、白衣洞、灵王洞、地藏菩萨殿、福禄寿神殿、三星殿以及孙氏坐化娘娘庙洞等 22 个石窟组成，万佛洞多洞相连，巧夺天工，浑然天成，是陕北洞窟最多、规模最大的石窟群。其中：大雄宝殿是万佛洞石窟中最大的殿堂，距离地面高30米，进深11.7米，宽10.24米，洞高4.62米，正中的如来佛像高3.7米，周围石壁和巨型方柱雕刻佛像近万尊。窟顶有浮雕神龙、仙狮、福麒、天马和八卦，花卉藻井图案，石壁佛像群雕刻始于明嘉靖、万历年间，是由绥德卫和一些富甲送雕，形态各异，栩栩如生，碑记清咸丰年间有一次较大的维修。殿内有记事碑多通，其中两通置于与石室一体的两石龟背上，感慨石窟打凿人别具匠心的思维。这对石龟分置于石门两通，驮碑已有数百年。2008年被公布为陕西省重点文物保护单位。

二、五龙山法云寺

五龙山法云寺俗称五龙山庙，位于距横山县城30千米的殿市镇五龙山村的五龙山支脉上。寺庙始建于唐代，明万历、崇祯和清康熙、乾隆、嘉庆年间对法云寺进行过扩建和维修。法云寺占地面积9600平方米，坐东北朝西南，主体建筑分两部分组成。前部分经山门、五龙照壁进入，由大雄宝殿、真武祖师殿、五佛殿、文昌殿等12座建筑组成。山门为洞式，两侧各踞石狮。五龙照壁距山门后2米的正中，壁面砖石，上雕刻五龙盘踞。真武祖师殿为主体建筑，面阔三间，进深一间，为枕头窑洞式砖木结构，顶为卷棚硬山单檐勾连搭灰瓦顶。大雄宝殿与真武祖师殿相连接，内立数通庙志碑。寺内现存明嘉靖二十二年（1543年）、清雍正三年（1725年）铁钟各一口。清康熙四十年（1701年），重建法云寺关帝楼碑。乾隆嘉庆年间修寺碑三通。舍利塔群为法云寺方丈墓塔，位于五龙山法云寺内，现存4座，均为宝瓶式砖喇嘛塔，建于明代至清康熙、乾隆年间。2008年9月，被陕西省人民政府公布为省级重点文物保护单位。

三、石寺洼石窟（石佛寺）

石寺洼石窟（石佛寺）位于横山县白界乡陈家沟村北的半山坡上，石窟坐西南向东北。营造时代据推测为北魏晚期。石窟呈方形，平顶微拱，进深1.47米，宽1.48米，高1.68米。窟内三壁环坛，坛高0.15～0.2米，坛上方三壁各凿一拱形大龛（俗称三壁三龛），龛高1.1～1.28米。龛内凿刻一佛二菩萨，佛像通高1.28米，高肉髻，身着交领右衽衣或通肩衣，结跏趺坐于仰莲须弥座或呈舒相坐式，衣裙遮蔽台座。菩萨袒胸露臂，胸饰璎珞，璎带绕身，下着羊肠大裙，裙脚外展，跣足全力于高低仰莲座上，多呈双手合十或两手交拢于胸前。窟外对刻二力士，头戴毡帽或束髻，身披战裙，大眼圆睁，两耳垂肩，相对应的一手叉腰，另一拳高举，左力士踩牛，右力士踩象，神态威严凶猛。20世纪90年代，村民炸石筑窑，将石窟前室炸毁。后石窟前原有石雕斗拱，窟檐被敲掉，石窟造像也因人为与自然的破坏，保存现状较差。

石寺洼石窟是榆林市最早营造的石窟之一，它的发现为进一步寻找榆林市长城沿线北朝古迹提供了重要线索。1999年4月，横山县人民政府将其公布为县级重点文物保护单位，并划定了保护范围。

四、鸿门寺响铃塔

鸿门寺响铃塔位于横山区塔湾镇塔湾村西南500米处的芦河东岸，原名为鸿门寺响铃塔，因建塔时塔上有风铃，风吹铃响，故名响铃塔，如今塔上的铃铛早已无影无踪。响铃塔的整体色彩呈红褐色，共计十一层（传说是十二层），残高27米，塔体外观呈八边形，密檐阁式砖石塔，内部空心由木棒支撑，一至三层由石板砌成，四至十一层由红褐色的砖垒砌而成。塔身下部开有门洞，内室响铃塔壁画保留较为完整和精美，现存 22 身画像，壁画的人物背景都有一个光环，但光环大小不等，表现形式形态不一，壁画的主题主要表现的是罗汉礼佛的场景，可惜现在这些壁画的剥落现象十分严重。

响铃塔修建年代有争议，有说建于元泰定年间，也有说建于明成化年间，后者说法可能性较大。响铃塔只是鸿门寺的组成部分，鸿门寺位于塔身下的石崖底部，寺院现在保留着一处紧贴石崖的观音殿。从公路可以沿小路下到崖底，寺庙同时也是石窟寺，在塔下巨石的西面及西南面石壁上，凿有六孔石窟，里面的造像因常年风雨碱蚀已经不甚清晰。观音殿旁边有一处较大的洞窟，为了防止坍塌特地用两根木柱顶住石窟顶。石窟内墙面和顶部目前仅残存了一些壁画，而南侧墙壁上还保留着革命年月的标语，和石窟内残留的壁画形成不同年代的历史记录。1992 年被公布为陕西省重点文物保护单位，2013 年被公布为第七批全国重点文物保护单位。

五、横山接引寺

接引寺位于横山县城东波罗镇无定河边，始建于唐贞观二十二年（648 年），由高僧智远创建，相传为唐玄奘法师取佛经返回经留处。唐宣宗大中四年（850 年），天竺释子不空三藏法师缘显重葺，增辟石窟，塑造佛像，修筑大殿，造就一代梵宇，美轮美奂，被称为石佛寺。后到了宋代，西夏李元昊称帝，陕北成了宋和西夏征战之地，每年二月初二李元昊亲来接引寺敬香还愿以保佑其奏凯。西夏视佛教为国教，石佛寺成为国寺，后来李元昊的子孙尊祖训亦常来接引寺上香。明末李自成的侄儿李过在此建闯王碑一座。清代时，康熙帝亲征准噶尔在接引寺驻跸，亲笔题写“接引寺”牌匾，乾隆赐“慈悲千古”匾额一块，嘉庆帝钦赐御用红绸子书写“奇佛一座、万古留传”扯檐，于是闻名遐迩，誉满四方。石佛是接引寺最重要的古迹，据说石佛是天然形成的，但因年长日久，风化严重，佛像只能依稀辨认。香火旺盛的接引寺见证了无定河畔连年不断的战争，也被裹挟进战乱中数次被毁。除石佛外，接引寺其余建筑均是改革开放后复建的，包括乐楼、禅楼、钟鼓楼，以及大雄宝殿、华严殿等，还有道家祖师三皇殿，寺院建筑群气势恢宏，红墙琉璃瓦，雕梁画栋，庄严肃穆。1992 年被公布为陕西省重点文物保护单位。

六、石寺垭石窟

石寺垭石窟位于横山县白界乡陈家沟村北 400 米处的石寺垭半山坡上。石窟现存一窟，始建北魏，坐西南面东北。窟平面呈方形，平顶微拱，面阔 1.48 米，进深 1.47 米，高 1.68 米。窟内三壁环坛，坛上方三壁三拱龛，三龛造像各三尊，均为一佛两菩萨，门外立两天王，共有造像十一尊。造像为砂岩质，剥蚀严重，面目、手臂多残。造像与窟连为一体，正龛阔 1.24 米、深 0.1 米、高 1.27 米，佛像通高 1.28 米，高内髻，身着交领右衽衣，两耳垂肩，结跏趺坐于仰莲须弥座上。菩萨均袒胸露臂，发披两肩，缨带绕身，披锦在腹前打结，下着羊肠裙，裙角外展，双手合十，跣足站立于仰莲座上。左龛阔 1.2 米、深 0.12 米、高 1.1 米，佛像通高 1.13 米，两耳垂肩，身着交领右衽衣，屈右臂，右手似施无畏印，结跏趺坐于束腰长方台座上；菩萨皆穿衣着裙，右菩萨袒右臂，横屈右肘于胸际，左手下垂似提一物，跣足立于仰莲座上；另一菩萨双手交拢于胸腹间。右龛阔 1.28 米、深 0.18 米、高 1.26 米，佛像通高 1.2 米，身着交领右衽衣，屈右臂，右手似施无畏印，左手扶膝，呈舒相坐式，跣足踩于绞梗印莲座上；菩萨皆袒右臂，斜披络腋，下着裙，双手交拢于胸际，跣足立于印莲须弥座上。门外两天王通高 1 米，均头大，瞪眼，两耳垂肩，身长腿短，握拳高举，双足踩于伏牛、伏象上。刻技以直平刀法为主，圆刀较少，刻线多是阶梯式，线条较密集。佛菩萨座多为高低仰莲须弥座，造像头大身短。2003 年 9 月，陕西省人民政府公布其为第四批省级重点文物保护单位。

七、靖边清凉寺石窟

清凉寺石窟位于靖边县小河镇巨浪村，兴建于北魏孝文帝年间，已有 1500 多年的历史，是靖边县最古老的文化圣地。山下有绿色的龙眼清泉绕寺而流，山上有千仞峭壁天然凹进形成石壳，寺院就建在石壳上，距地面数十米。内凿石窟、外砌砖木、飞檐挑金、金碧辉煌，窟内壁画流彩，栩栩如生。清凉寺现有石窑洞 15 孔，塑像 69 尊，上层有玉皇大帝、披头祖师、天官太白金星、药王；下层有灵官、圣母娘娘、关帝、齐天大圣、黄龙、黑龙、阎君、眼光山神、土地、十八罗汉、老佛爷等全唐神祖。在悬崖峭壁上，刻有“清凉福地”“清凉胜境”“万法朝宗”“古刹神韵”“恩泽千秋”“佛光普照”“高山仰止”“道法自然”等石刻书法，多为绿描楷书，笔力雄健挺拔。每逢四月初八庙会，方圆百里的香客、百姓、商人蜂拥而至，祈福许愿、买卖交易，人山人海，热闹非凡。清凉寺石窟现为国家 AAA 级旅游景区。

八、榆阳青云寺

青云寺位于榆林市榆阳区东南 6 千米的青云乡青云山上。青云寺始建于明代，三迁而至今址。民国八年（1919 年）重修扩建，总占地面积 40 余亩，是合道、佛教于一体的寺观，青云寺依山傍水，绿树环绕，楼台殿阁，此起彼伏，朱柱彩棚，泥塑砖雕，堪称“榆溪胜境”，是陕北最大的仿古建筑群。寺内有大小殿院 14 处，牌楼两座，楼台殿阁，此起彼伏布局严谨，铺排得宜。东部道观有祖师、三清、三宫、圣母殿和玉皇阁、真人洞、龙王庙等，西部佛寺建有大雄、菩萨、弥勒、金刚、东西罗汉殿及讲经堂、禅堂等。全寺庙建筑约 300 间，均为砖砌拱窑。真武殿居于正中，高大雄伟，立柱重檐，彩凤金龙，飞阁流丹，对面纯木结构牌楼：四柱三楼，层斗叠拱，玲珑剔透，巧夺天工。真武闪身崖泥塑，造型奇特逼真，四壁饰以木雕、壁画，人物栩栩如生，鸟兽欲飞。1966—1976 年，青云寺曾遭严重破坏。1981 年后，当地群众自筹资金得以修复扩建。1984 年榆林县人民政府公布其为县级重点文物保护单位。

九、榆阳金刚寺

金刚寺位于榆林市城东 1.5 千米的榆阳河南山峁上，建于明万历三十二年（1604 年），由延绥镇总兵杜文焕创建，为道、佛、儒三教于一体的寺庙。寺院有殿宇 33 间，依山就势修建，占地面积 5500 平方米。台阶式通道由沟底直通正殿三教殿。通道两侧排列 3 层建筑：一层离沟底 15 米，砖拱洞 3 孔，中为山门，左右为配殿；二层两侧方形平台有殿宇；三层建钟、鼓楼。三教殿，坐南向北，两层建筑，一层一枕 5 孔砖拱窑洞，内塑释迦、老子、孔子像。二层楼阁为 3 孔一通砖拱窑洞硬山顶配檐廊建筑。紧靠寺西辟筑密屋一院，院门上书有“桃林山庄”的匾额，所刻字迹乃依于右任手书镌成。寺院另存明万历四十八年（1620 年）铸造的大铁钟一口。1937 年抗日战争爆发后，邓宝珊任晋、陕、绥边区总司令进驻榆林时即居此寺，曾在该寺设司令部。2018 年被公布为陕西省重点文物保护单位。

十、横山宝山寺

宝山寺原名为空山寺，位于横山县东北 25 千米的无定河中游波罗镇烂泥湾村旁。寺庙占地 60 亩，有原石佛像五尊，大雄宝殿、天王殿、地藏王殿、无量佛殿、观音阁、三官楼、弥勒佛殿、真武祖师殿、关羽庙、娘娘庙、龙王庙、大仙庙等主要建筑，分前、中、后、左、右五个院，上、中、下三层，有楼、亭、阁、台四处。左侧有马王庙，寺前有镇寺大石一个，正殿面前有占地面积 140 平方米的高大乐楼一座，下侧旁有禅堂会窑两院，背面有泉井一口和禅堂会窑形成一线。1994 年横山县人民政府公布宝山寺为县级重点文物保护单位。

十一、绥德合龙山道观

合龙山道观位于绥德城西 2.5 千米处的五里湾村。其山形酷似一条巨龙，龙头伸向无定河、大理河的交汇处，左右两条河流弯弯曲曲，又像两条小水龙，故而得名“合龙山”。传说合龙山上自古就有庙宇，供奉北极玄天上帝。碑刻记载，合龙山祖师庙建筑群始建于明万历十七年（1589 年），原为玄帝行宫，历代增建和重修，遂成规模，是绥德县首屈一指的道观名山。

合龙山自下而上有石牌坊、五百台阶的石神磴、灵官庙、头天门（上有乐楼）、二天门（上有钟、鼓楼）、关帝庙、观音庙、三天门、玄天大帝殿（正殿），两旁有五祖殿、七真人殿、圣母殿、小殿、九级宝塔、佛庙、玉皇阁等，全寺共有庙堂 15 座、神像 97 尊。合龙山有 8 棵古柏，树龄均在 400 年以上，依据它们所在庙堂，分别取名为摇钱树、送子柏、金刚柏、忠义柏、接引柏、福祉柏。1930 年，中共陕北特别委员会在合龙山召开了第三次特别委员会扩大会议。1982 年 12 月 27 日，绥德县人民政府批准合龙山为县级重点文物保护单位。

十二、扶苏墓和蒙恬墓

扶苏墓位于绥德县城西南约 0.5 千米的大理河北岸疏属山。扶苏为秦始皇长子，贤良明达，颇得众望，后因反对焚书坑儒等政策而触怒秦始皇，遭贬谪于上郡监蒙恬军。前 210 年，秦始皇在巡游途中病逝，中车府令赵高和丞相李斯等害怕扶苏登基后对他们不利，于是伪造诏书，扶持胡亥登基，并逼令扶苏自刎而死。扶苏死后，葬于绥德城疏属山顶，后人建祠敬奉，为陕西省重点文物保护单位。

蒙恬墓位于大理河西岸绥德县第一中学校园内，与扶苏墓隔着大理河遥遥相对，墓冢呈“馒头”形。蒙恬是秦始皇手下最出众的名将，曾北逐戎狄征匈奴，筑长城，修直道，立下丰功伟业。公子扶苏被赐死后，蒙恬将军也被一道赐死。蒙恬死后，部下将士含泪用战袍盛土为他筑成此墓。原有清代石碑两通（其中一通断为两截），碑高 1.42 米，为清乾隆年间知州张元林所立，镌刻“秦将军蒙恬墓”，为知州江士松手书。

第二章 红色革命旧址

无定河流域红色革命圣地，主要来源三个方面：一是毛泽东主席在延安时期，指挥红军强渡黄河东征，开赴抗日前线的征程。二是党中央在延安十三年岁月中，陕甘宁边区政府管辖陕西、甘肃、宁夏三省（自治区）边界地区23个县及神府特区，面积12.9万平方千米，人口约200万人。边区政府管辖涉及无定河流域的吴起、安塞、子长、定边、靖边、米脂、绥德、神木等县，留下了许多红色文化基因和革命圣地旧址。三是1947年3月18日至1949年3月23日，毛泽东主席和党中央转战陕北期间，依次途经延安、延川、清涧、子长、绥德、子洲、靖边、安塞、横山、米脂、佳县、吴堡等12个县（市、区），住过38个村庄，行程1000多千米。按当时行政区划看，在延安所属4个县停留10天（延川1天、子长9天），其余时间均在榆林度过，在当时属于榆林靖边，以后划转到延安安塞的王家湾度过了56天。毛泽东主席转战陕北370个日夜中，360天在榆林度过，其中绝大多数时间是在无定河流域的山沟和窑洞里度过的，为新中国的诞生运筹帷幄，留下了荡气回肠的英雄诗篇。现选取无定河流域几处重要的红色革命旧址分三节予以记述。

第一节 红军东征旧址

1936年2月5日，毛泽东主席率领东征红军总部，冒着严寒，翻山越岭，从川口过无定河，行程30多千米，到达清涧县高杰村镇北10千米的袁家沟村。在这里，毛泽东主席发表了著名的《东征宣言》，号召“一切爱国志士，革命仁人，不分新旧，不分派制，凡属同情于反抗日本帝国主义者，本军均愿与之联合，进行民族革命之伟大事业”。毛泽东主席等在袁家沟住了18天。2月20日晚，红军抗日先锋队在高家洼塬下面的辛关渡口强渡黄河成功。23日早，毛泽东、周恩来等先后乘坐木船在辛关渡口渡过黄河，踏上抗日东征的路程。

袁家村东临黄河，西近无定河。毛泽东主席到达的当晚下了一场大雪，第二天毛泽东主席等踏着积雪，来到毗邻黄河的高家洼查看地形，站在白雪覆盖的黄土高原，极目远望，一片苍茫。毛泽东主席诗兴油然而生，打好腹稿后，晚上回到他居住的窑洞里，一挥而就，写就著名的《沁园春·雪》：“北国风光，千里冰封，万里雪飘。望长城内外，惟余莽莽；大河上下，顿失滔滔。山舞银蛇，原驰蜡象，欲与天公试比高。须晴日，看红装素裹，分外妖娆。江山如此多娇，引无数英雄竞折腰。惜秦皇汉武，略输文采；唐宗宋祖，稍逊风骚。一代天骄，成吉思汗，只识弯弓射大雕。俱往矣，数风流人物，还看今朝。”当年填写诗词时所用小方桌，如今还安放在他居住过的那间窑洞里。

1978 年 12 月，袁家沟毛泽东旧居正式开放，1994 年被列为榆林市爱国主义教育和革命传统教育基地。清涧县以“北国风光、领袖风采”为主题，在高家洼村打造了北国风光景区，主要由藏雪楼、毛泽东诗词馆等板块组成，成为一个集红色传承、革命教育、诗词研讨、艺术创作、旅游休闲于一体的 AAA 级景区。

第二节 陕甘宁边区政府旧址

一、中共绥德地委旧址

中共绥德地委旧址位于绥德老城北街西北角明末清初道观九贞观内，1940 年绥德解放后，中共绥德地委办公地址迁入此处。中共绥德特别委员会（中共绥德地区委员会）书记张秀山、代理地委书记李景波、地委书记习仲勋、李井泉等先后在此任职办公。1943 年 2 月，习仲勋任中共绥德地区委员会书记后，在此领导了分区的大生产运动、整风运动和文化教育运动，全面推进了绥德地区的政治、经济、文化建设，为把绥德分区建成陕甘宁边区模范的抗日民主根据地作出了突出贡献。布展主要分为场景复原、专题呈现、文献展陈等三个单元，重点凸显革命教育、文化研究、历史传承功能，全力打造了绥德红色文化的重要承载地和传播地。2021 年 12 月被命名为“陕西省爱国主义教育基地”。

二、波罗横山起义

1946 年 10 月 13 日，在时任中共中央西北局书记习仲勋的策划和指挥下，时任国民党陕北保安指挥部副指挥官胡景铎率领 5000 余名官兵，在横山县波罗古堡发动起义。在有力的领导和周密部署下，起义在数日内就取得重大胜利，解放了包括横山县城在内的 18 个市镇，人口 12 万人，陕甘宁边区扩大了 2 万多平方千米，为中共中央转战陕北，指挥全国解放战争，夺得了极为宝贵的有利条件。

三、绥德郝家桥习仲勋旧居

1943 年清明节刚过，中共绥德地区委员会书记习仲勋在普遍调查的基础上，带领调查组进驻位于绥德县城西南 10 千米的郝家桥村蹲点深入调查 1 月有余，了解到该村村民在刘玉厚的带领下，在有限的土地上，有组织、有计划地安排生产，并通过精耕细作、改善土地条件、选择优良品种提高单产等办法，使农业生产水平得到很大提高，农民生活水平也明显高于其他地区。通过在郝家桥村的深入调研，习仲勋思路顿开：绥德地区只有采取郝家桥村的办法才能将农业生产搞上去。于是，他帮助刘玉厚认真总结郝家桥村的经验，并召集地委会议，研究决定在全区范围内推广刘玉厚和郝家桥村的生产经验。通过“村村学习郝家桥，人人学习刘玉厚”活动，很快便在绥德地区掀起了大生产热潮，刘玉厚被授予“模范党员”“劳动英雄”称号。2003 年，绥德县将郝家桥村委会阵地作为纪念室，室内陈列了习仲勋同志革命生涯的部分图片，室外竖立了习仲勋纪念碑。2008 年，该纪念室被列为爱国主义教育基地。

第三节 党中央转战陕北革命旧址

一、枣林则沟会议旧址

枣林则沟会议旧址位于陕西省榆林市清涧县枣林则沟村。1947 年 3 月 29—31 日，中共中央和毛泽东主席转战陕北期间，在此居住 3 天。其间，3 月 29 日，中共中央召开了著名的枣林则沟会议。这次会议是在中共中央撤出延安后的重要时刻召开的，会议根据形势的要求，确定了中央书记处的工作分工，既保障了中共中央和人民解放军总部继续留在陕北，对全国各解放区实施不间断的指挥，又做好了应对各种突然事变的准备，在转战陕北途中具有里程碑的意义。枣林则沟会议旧址是一座独立的大院，正房有 5 孔石窑，各窑内有革命文物和会议介绍。

二、青阳岔革命旧址

青阳岔革命旧址位于距靖边县城 50 千米的青阳岔镇。1947 年 4 月 5—13 日、8 月 1—3 日，中共中央和毛泽东主席转战陕北期间，先后两次在此居住 11 天。其间向全党发出了关于暂时放弃延安和保卫陕甘宁边区的两个文件，极大地鼓舞了当时各解放区军民的斗争意志和胜利信心。旧居为 5 孔土窑洞，总占地面积 25700 平方米，有毛泽东旧居、周恩来旧居以及毛泽东主席雕像一尊。2003 年 9 月，陕西省人民政府将其列为省级重点文物保护单位。2004 年被榆林市委、市政府确定为爱国主义教育基地。

三、王家湾革命旧址

王家湾革命旧址位于延安市安塞县王家湾乡王家湾村。1947 年 4 月 13 日至 6 月 8 日，中共中央机关和毛泽东、周恩来、任弼时转战陕北期间，在此居住 56 天。旧址为 1 排 5 孔坐北面南的土窑洞。东起 2 孔窑洞由房东居住，其余 3 孔窑洞为套洞，任弼时住第 3 孔窑洞。毛泽东在此撰写了关于西北战场的作战方针和蒋介石政府已处在全民的包围之中等文章。其间，中共中央先后就中央城市工作部的任务，开辟国民党统治区第二战场，对反内战、反迫害、反饥饿的群众运动等问题作出重要指示，还领导西北野战军取得了羊马河战役和蟠龙战役的胜利。1991 年 4 月 13 日，安塞县人民政府公布王家湾革命旧址为县级重点文物保护单位。

四、小河会议旧址

小河会议旧址位于陕西省榆林市靖边县小河镇小河村，是民国三十六年（1947 年）毛泽东和中国人民解放军总部转战陕北时生活和战斗了 48 个昼夜的地方。其间召开了中共中央（前委）扩大会议，史称“小河会议”，吹响了全国解放战争由战略防御转入战略进攻的号角。小河会议旧址总占地面积 120492 平方米，建筑面积 1240 平方米，包括中共中央扩大会议（小河会议）旧址、毛泽东旧居、旮旯沟会议旧址、小河会议纪念馆。小河会议旧址不仅是人们缅怀革命先辈的纪念地，更是集爱国主义、国防教育为一体的教育基地。2019 年 10 月 7 日，被国务院公布为第八批全国重点文物保护单位。

五、肖崖革命旧址

肖崖革命旧址位于横山县城南 102 千米处的魏家楼乡肖崖村。1947 年 8 月 4—8 日，毛泽东、周恩来等率领中央机关、解放军总部转战陕北期间，在此居住 4 个昼夜。旧址是由 4 孔土窑接石头面组成的独院，当时，毛泽东、周恩来、任弼时、彭德怀就住在这 4 孔接口窑内。窑院对面不远有一座小山犹如屏风，将旧址掩蔽起来。从山上俯视可见蜿蜒东去的大理河水缓缓流过，307 国道像一条带子一样环山而过。1983 年肖崖革命旧址被横山县人民政府公布为县级重点保护单位。

六、杨家沟革命旧址

杨家沟革命旧址位于陕北米脂县城东南 23 千米的杨家沟村。1947 年 11 月 22 日至 1948 年 3 月 21 日，毛泽东主席和党中央转战陕北期间，在此居住了 4 个月。旧址原先称马氏庄园。在此期间，毛泽东主席撰写了 40 余篇光辉文献，为新中国的建立制定了政治、军事、经济等一系列纲领性文件。特别是党中央召开了具有划时代意义的中共中央十二月会议，毛泽东主席作了题为《目前形势和我们的任务》的重要报告，确定了中国革命的解放战争从战略防御转入战略进攻的重大决策。

杨家沟革命旧址内建有“毛泽东转战陕北纪念馆”，保存有毛泽东、周恩来等老一辈革命家旧居、中共中央十二月会议旧址、西北野战军高级干部军事会议旧址、东渡黄河动员大会旧址、劳动人民翻身纪念大会旧址等，以及中央有关机关、中共中央西北局、陕西省委等重要革命旧址。杨家沟革命旧址占地面积 12 万余平方米，建筑总面积为 63000 平方米。毛泽东主席率领中央机关离开杨家沟后，结束了党中央转战陕北的历史，经吴堡川口东渡黄河到西柏坡，从此踏上了解放全中国的胜利大道。1992 年被陕西省人民政府公布为陕西省重点文物保护单位，2001 年被国务院公布为全国重点文物保护单位，2009 年被中共中央宣传部公布为全国爱国主义教育示范基地。

第三章　自然人文景观

无定河流经高山、沙漠、丘陵沟壑，流域地形地貌复杂。大自然的鬼斧神工，造就了许多诸如沙漠峡谷、天然湿地、丹霞地貌等奇特的自然景观，赋予了流域自然名胜、文化名胜，成为传承历史文化、观光旅游的胜地。特别是具有地域特征和时代特色的各类博物馆、纪念馆类，如陕北民歌博物馆、绥德石狮博物馆、牛玉琴治沙展览馆、补浪河女子民兵治沙连展览馆等，反映出流域人民治水治河、治山治沙的精神风貌。

第一节　自然景观

一、无定河沙漠大峡谷

无定河沙漠大峡谷又称鄂尔多斯沙漠大峡谷，是无定河给世人留下的第一个自然奇观。在沙漠里，无定河与沙漠纠缠抗争，顽强地游走着，并不断吸收汇聚着来自沙漠里的地下水和沙泉溪流，壮大着自己闯荡沙漠的洪流，竟冲刷出了一道道罕见的“峡谷”，留下了巨大而执拗的河曲。这个“峡谷”群从陕西省靖边西北部与内蒙古鄂托克前旗交界处的二层河台村起，至内蒙古乌审旗巴图湾水库的坝口止，全程长50千米，横穿毛乌素沙地南缘。两岸沙山连绵，崖陡壁立，千回百转，已不是“九曲十八湾”可以形容的。从高处俯瞰，一个个巨大的蛇形大转弯深深地嵌入大地，数得上的就有清水沟湾、滴哨沟湾、杨树沟湾、大沟湾、范家沟湾、杨四沟湾、米浪沟湾、三岔沟湾等8个大湾，尤以大沟湾最为壮丽。在近乎360°的大湾里，河谷长15千米，沟深达70多米，湾壁陡峭，直上直下，一眼望不到边，被誉为中国最大的沙漠峡谷。在无定河碧水的滋润下，沟内有与流水缠绵的沙岛，有静谧平缓的湖面，有滋润肥沃的田野，盛产苹果和鲤鱼，农家掩映，牛羊成群，鸡犬相闻，柠条、沙柳和绿树成荫，恍若塞上桃源。举目仰望，漫漫黄沙与碧波蓝天交相辉映，既有北方辽阔之壮美，又有江南水乡之静谧。无定河沙漠大峡谷历史文化积淀丰厚，自然风光神奇瑰丽，“左手沙漠右手绿洲”，是世界少有、亚洲仅有的沙漠奇观，被专家称为“小九寨”，是第七批国家水利风景区。

二、无定河湿地省级自然保护区

无定河湿地省级自然保护区位于横山县北部的无定河流域，总面积11480公顷。其中，核心区面积1433公顷，缓冲区面积3166公顷，实验区面积6881公顷。保护区河谷平均宽约1300米，最宽处达2200米，一级阶地河道、漫滩等宽500～1500米。区域内滩涂面积大，河流两侧地形开阔，水体污染较轻，水质良好，具有典型沙漠河流湿地的特征。

保护区是我国候鸟迁徙的中转、越冬和繁殖地之一，现分布有各类野生动植物350余种。每年春秋在此歇息的水鸟数量可达5万多只，夏季居留湿地的鸟类数量可达3万多只，其中有国家一级重点保护野生动物遗鸥、黑鹳、白肩雕等，有国家二级保护野生动物大天鹅、鸳鸯、水獭等。

无定河湿地省级自然保护区是以保护湿地生态系统为主要对象的自然保护区，对于保护湿地珍稀水禽、陕北黄土高原风沙区湿地景观及水源地具有重要作用。2008年8月6日，无定河湿地被陕西省人民政府列入《陕西省重要湿地名录》，2010年被陕西省政府正式列为省级自然保护区，也是榆林市第一处被列入省级自然保护区的湿地。

三、子洲县黄土坬天然淤地坝

黄土坬天然淤地坝地处子洲县裴家湾镇黄土坬村，当地人称其为“湫滩”。清道光八年（1828年）《清涧县志》记载，明“隆庆三年（1569年），黄土坬二山崩裂成承。相传有龙居，大旱，取水即雨”。说明此坝已经有450多年的历史了，堪称淤地坝鼻祖。此坝有许多神奇的自然现象，平时干涸，遇暴雨山洪，无论积水多深，随即渗入地下，不知去向，数百年来坝体完好无损。多年来，水利部、黄河水利委员会、中国科学院，以及新西兰等数十位国内外专家来此考察，因无法看到洪水渗漏的真实情况，对诸多奇异现象无法做出解释。

该坝位于无定河支流淮宁河中游右岸的沟掌流域内，据黄河中上游管理局实测，沟掌流域积水面积2.72平方千米，湫滩控制面积2.58平方千米，湫滩坝高61.22米，坝内淤地面积0.44平方千米，湫滩坝顶与坝地最低处相对高差5.6米，坝库面积大，坝地渗水能力强，进入坝库的暴雨洪水全部拦蓄于坝内就地入渗。奇怪的是，随着山洪淤地，坝体会自然增高，且坝内山洪不知流向哪里，也未对坝体造成损害。据当地村民说，湫滩内还能经常听到“呜呜”似牛叫一般的声音，当地群众称为“土牛嚎”。这一地理奇观至今尚未解开，称为世界自然之谜。2022年8月14日，子洲县媒体记者有幸实地拍摄到山洪就地入渗的场景，记录和证实了这一神奇的自然现象。

四、靖边波浪谷

靖边波浪谷位于靖边县东南22千米处龙洲乡的闫家寨子，俗称闫寨子。这里曾是北宋时期陕西经略副使范仲淹抗击西夏的前线阵地，俗称石堡寨或范仲淹哨马营。龙洲堡丹霞地貌俗称“靖边波浪谷”，可与美国西部的波浪谷相媲美，绵延几千米的丹霞地貌景观是一处集摄影、探险、旅游于一体的绝佳胜地，被当地人称为“红砂峁”。这里的红砂岩大都被厚重的黄土所覆盖，经风力和雨水的冲刷显露出孤立的山峰和形态各异的奇岩怪石。有的如波浪，有的如兽首，有的如流水，有的如云朵，有的如陀螺……万千姿态，千奇百怪，美轮美奂。沟底是大湾畔水库，坐船游览水上丹霞更具魅力，那种水波纹与红砂岩风蚀纹灵动萦绕，给人以视觉上的强烈冲击，让人无不感慨大自然的鬼斧神工、妙趣天成。

五、清涧鱼儿峁

清涧鱼儿峁位于清涧县高杰村镇8千米东风水电站上游。无定河在注入黄河前，在清涧境内的石山峭壁间画出了一幅美丽的太极图。因为酷似一条巨大的锦鲤，当地人便把这一景观称为“鱼儿峁”。“鱼儿峁”就是这幅太极图中的阳极，覆盖在“鱼儿”脊背上的枣林遒劲挺拔，绿荫如盖，仿佛为这条肥胖的“大鲤鱼”披了件厚重碧透的外衣。河流、山峦、枣林所形成的鱼儿峁，是枣乡一道奇特且亮丽的风景。2015 年，鱼儿峁被评为陕西省水利风景区。

第二节 文化名胜

一、河套文化遗址

河套文化是中国华北地区旧石器时代晚期文化。20 世纪 20 年代，一名法国神父在无定河畔一堆古脊椎动物化石里捡起一枚门齿，后经权威机构研究确认，为 3.5 万年前的晚期智人的门齿。20 世纪 40 年代，考古学家裴文提出了“河套人”“河套文化”的概念，昭示无定河流域在人类起源和文明史上的夺目地位。河套文化，是中国境内最早发现的旧石器文化之一。前后共发现“河套人”化石 23 块，以及大量以细小石器为特征的文化遗物。地质年代为晚更新世，文化年代距今 3 万 ~ 5 万年。

最早发现的河套文化遗址，是位于内蒙古乌审旗大湾沟一带的萨拉乌苏遗址。史学界原将萨拉乌苏遗址与宁夏银川水洞沟发现的旧石器文化统称河套文化，定为旧石器时代中期，后将“河套人”创造的物质文化称为“萨拉乌苏文化”，或称“大沟湾文化”。另一个单独命名为“水洞沟文化”，也属旧石器时代晚期。河套文化为人类多地区起源提供了有力佐证，是中华文明发展历史上的一个重要组成部分，河套文明的进程与中华文明共生共荣。

二、榆林红石峡

红石峡又名雄石峡，位于榆林市城北 3 千米处，距离榆林市区仅 5 千米。红石峡谷长约 350 米，峡谷东崖高约 11.5 米，西崖高 13 米，东西对峙，峭拔雄伟，长城穿峡而过，榆溪河奔腾不息，被称为万里长城第一胜景。东崖为雄山寺，西崖为书法石刻。在东西石壁上参差着大小不一的 25 处石窟。西岸壁上的书法石刻颇为著名，旧时边将、文人来榆林，多在雄山寺豪饮唱和，留下 160 多幅宝贵的书法艺术作品，字大者约 6 米，小者寸许，篆、隶、楷、行、草齐全，笔力雄健、挺劲。红石峡又是长城书法艺术一大宝库。从题字的内容可以看出榆林古时“九边重镇”的地位。此外，还可以欣赏到宋元时期的石窟艺术。晴天夕阳之下，如同晚霞一般绚丽的红石峡风光，被称为“红山夕照”，是著名的“榆林八景”之一。

关于红石峡的起源，有两种说法：一是《榆林府志》记载，宋代时，榆林这一带归西夏国管。当时红山有股泉水自穴中涌出南流。西夏国王李继迁看中了这块风水宝地，派人障水别流，凿石为穴，埋葬祖先，复引水其上。因此，在红石峡水库的普济桥东侧原立碑一座：“西夏王李继迁葬乃祖彝昌于此”，现碑已毁。二是，1472 年，余子俊任延绥巡抚都御史，准备修长城。当时，红山北边，清水河的水汪了个大海子。海子中间的水寨中住着一伙抢夺蒙汉人民牛羊、粮食、衣物的水贼。为消灭这伙强盗，余子俊便派人在此凿石为渠，引海子的水从榆林城西南流入无定河。水退后，余子俊派大军消灭了这伙强盗。当时，把凿开的石峡叫红石峡，引入的渠水叫榆溪河，两岸凿修的灌溉渠叫广泽渠。

红石峡分南、北两段。北峡两壁中分，上边是榆溪河聚集而成的天然湖泊，一股清流溢出湖面，形成一道飞流直下的瀑布，然后穿越西壁石窟而南下，洞口刻的“蛟窟龙窝”四个大字赫然醒目。南峡，东崖高 12 米、长 250 米，西崖高 18 米、长 284 米，两壁双峰对峙，依壁凿石成窟。现仅存大小石窟 33 处，大多分布在东崖，西崖仅有 5 窟，但多已被毁坏。东崖有宋元古刹雄山寺。庙门在峡南，内有石台阶。雄山寺依山傍水，复道飞檐，楼、阁、亭相望。殿宇都是悬崖上凿的石窟，约十多个。有“天门”“地门”各一，都是隧道。“天门”从雄山寺通至峡顶，中间有一阁叫“翠然阁”。“地门”从雄山寺内通到峡底榆溪河岸边，人们通行时须弯腰行走。寺内有石刻佛像，工艺精巧。红石峡两岸普渡桥飞架东西，势若长虹。峡内树木青翠，群花争艳，流水清冽，景色宜人。其他较大的石窟还有圣母殿、大雄殿、观音堂、石佛殿、圆觉殿、睡佛殿、慈仁殿、小须弥殿、园沁殿等，除个别重新塑像外，壁画、碑记等荡然无存。

在峡东西除石窟外，存在自明成化年以来大小摩崖石刻字幅 185 块，其中东崖 126 块，刻字大的有 4 米见方，小者仅有 0.03 米见方，字幅有 1.8 ~ 44.8 平方米不等。石刻有题诗、记功、纪游、喻景、抒怀等，书法真、草、隶、篆俱全，并兼有蒙文，笔法各异，镌刻有别，今存有巨幅题记 84 幅（其中东崖 54 幅、西崖 30 幅）。有为庆功题刻的，如明嘉靖十五年（1536 年）十月延绥镇兵备副使张在东崖上刻记出击挞谈获胜“褚将振赈凯旋大会于红峡”的战功；有赋诗题刻的，如明嘉靖二十六年（1547 年）三边总督曾铣《山墩望套》诗；有铭记题刻的，如明万历九年（1581 年）巡抚王汝梅题刻的“龙蟠虎踞”、明万历十四年（1586 年）兵备副使李春光题刻“万里长城”、明万历二十七年（1599 年）巡抚陈性学题刻的“雄石封关”、明万历四十四年（1616 年）巡抚刘敏宽题刻的“华夷天堑”等。此外，还有赞颂红石峡境地优美的，如“禹迹摩崖”“中华天柱”“天外奇峰”“潮海蓬莱”“开元图画”“天成雄秀”等；也有形容军事地位之险要的，如“大漠金汤”“长天铁垛”“天边锁钥”“雄镇三秦”“榆关雄山”“威震九边”等；还有表示国家统一、民族团结的，如“还我山河”“中外一统”“蒙汉一家”等；更有蒙文石刻，为红石峡摩崖石刻瑰宝一绝。尤其是大革命时期（1924 年 1 月至 1927 年 7 月）杜斌丞、刘志丹等榆林中学师生题刻的“力挽狂澜”和抗日民族英雄马占山驻榆时亲笔写的“还我河山”，抒发了爱国志士誓保国土、振兴中华的豪情壮志。晚清将领左宗棠所题“榆溪胜地”及对联“白云初晴如月之曙，黄唐在独与古为新”也颇有文采。著名教育家、书画家刘志丹的老师王森然先生书写的“红石峡”三字刻镶于峡亭之上，为古迹增辉。红石峡的石刻碑记，虽久经风雨剥蚀，但其雄姿英貌经久未衰，向来被人们誉为“塞上小碑林”，陕北书法艺术的一座宝库。

三、榆溪河生态长廊

榆溪河是穿越榆林新城的一条城中河。为全方位推进榆溪河水环境治理工作，榆林市委、市政府自2000年启动实施榆溪河综合治理工程，先后分四期实施了集防洪、生态、景观、娱乐休闲为一体的高标准、高质量堤防工程建设，至2011年，榆溪河公园基础建设工程全面完工；2014年，榆溪滨河公园工程建成投用；2018年，中心城区59个河道污水直排口全部完成治理；2019年，被评定为第二批全国黑臭水体治理示范城市；2023年开始申报国家AAAA级景区。

榆林在生态长廊绿化建设中，科学布设树木花卉、绿地草坪、亲水平台、行人步道、观景廊桥和现代化的游乐场所、高大的摩天轮、过山车等设施，积极引进牡丹、重瓣芍药、树桩月季等花卉、乔木以及地被花镜植物，并对部分花卉建立相应的繁殖培育基地；建设湿地岛屿；为各类树木悬挂标示牌，以植物科普培养游人知绿爱绿的游览习惯；节假日期间，增加绿雕、举办花展，营造出欢腾喜庆的节日氛围，以园林造景，为城市增添了浓烈明艳的色彩。园区既有水质优良的不同水体的湖、溪流、泉、瀑、葱郁的园林、璀璨的岛屿等自然景观，又有大型实景文艺演出高科技声光电等展示水景舞场、圣都乐园、沙滩浴场、九曲广场、亭台楼榭、廊桥栈道、地方民俗和名人雕塑、文化墙等历史人文景观。如今，榆溪河两岸“一池清水、两条绿带”，犹如一幅美丽的绿色长卷把榆林新老城连接起来，城在林中藏，水在城中流，人在画中行，成为无定河流域最重要的网红打卡地。

四、余子俊纪念馆

余子俊纪念馆位于榆林市高新区沙河公园中心喷泉西北处，是一座以榆林历史人物余子俊主政延绥、兴建榆林“边墙”为主题的纪实性人文纪念馆。余子俊（1429—1486年），四川青神人。前后在陕西任职17年之久，1471年任延绥巡抚，为明代名臣之一。余子俊在榆林任职期间除修筑绵延1700千米的长城，增兵设防，柘城戍守外，他还“徙镇、移民、办学、凿渠”，对榆林发展影响深远。“徙镇”和“移民”就是将治所从绥德迁往榆林并留住人民，建起最初的榆林城。“办学”和“凿渠”则开设学校，派遣老师支边，解决教育问题，而后在榆林市郊的红石峡半山腰开凿广泽渠，用以农业灌溉，切实解决边关民生大计，稳住了榆林城的根基。他对延绥边防和发展的重大贡献足以彪炳史册，许多学者称他为“榆林之父”。

余子俊纪念馆面积约800平方米，分为“重边疆防卫、御游牧侵扰”“锻长天铁垛、铸大漠金汤”“立三边雄镇、建塞上江南”“忧边塞防务、彰肃敏精神”“阅历史沧桑、绽文化内涵”等五个展区。该馆采用纪实性方式，以翔实的历史文献、立体的布展，兼具诗史、影像、多媒体展示、场景模拟等功能，图文并茂地讲述了榆林这座城和余子俊这位能臣的功德。

五、绥德石狮博物馆

绥德素有“中国石雕之乡”，不仅雕刻出了千狮大桥、天下第一石牌楼、永乐大道石版画、摩崖石刻等一幅幅闻名中外的巨著，更是建设了黄土文化风情园石魂广场。石魂广场位于绥德县城无定河东岸，主要有三部分石雕群：一是有一对高19.5米、风格迥然、气势磅礴的巨型石狮巍然屹立在石魂广场。二是在广场建有 34 尊高 6.6 米的垒石底座式石狮，其阵容严谨、错落有致，形成了集中展示的石狮群雕。著名黄土派画家为石狮题词："天下第一狮"。三是在两座巨型石雕狮腹内建有石狮博物馆，收集有 300 多只神态各异的石狮子，有炕头石狮、镇宅石狮、镇山石狮等，是一个自然、人文、建筑、民俗与石狮相结合的雕刻艺术博物馆。狮作为吉祥瑞兽在我国有着 2000 多年的文化历史，上至皇宫、官衙庙宇，下至民间住宅院落，起着驱邪除恶、镇宅的守护作用。

六、陕北民歌博物馆

陕北民歌博物馆位于榆林市榆阳区金沙路和红山东路十字东北角，总建筑面积约 12000 平方米，2018 年 5 月 23 日正式对外开放。博物馆建设立足"全国性、唯一性、权威性"的基本定位，是一个以传承陕北文化精神、展示陕北民歌成果、普及陕北民歌知识、培养陕北民歌音乐人才、交流民歌艺术和繁荣文创事业为目标的综合性音乐类博物馆。随着一声高亢悠扬的信天游，游客将被引领到博物馆进行参观体验。博物馆展陈分为千年老根黄土里埋、山丹丹开花红艳艳、满天星斗一颗颗明、信天游永世唱不完、陕北民间音乐艺术展区、陕北民歌研究专题展区等六个篇章，运用图片文字、视听体验和场景复原等手段，全面展示了陕北民歌的发展脉络和故事，对陕北民歌的艺术内涵进行空间升华，从而永久延续了她的生命之光、艺术之光。

陕北民歌博物馆以现代文化产业运营为依托，同步规划建设有陕北民歌数据中心、陕北民歌培训中心、陕北民歌体验中心、陕北民歌交流中心、陕北民歌录音制作中心、文创产品销售区、书吧咖啡休闲区、陕北民歌大舞台等相关配套功能区，通过深度发掘陕北文化潜力，不断推动文化事业和文化产业同步发展，是陕北民歌艺术发展展示的崭新窗口、市民深入了解陕北民歌的广阔平台、专家学者交流研究创作陕北民歌的主会客厅、大中专艺术院校及中小学生学习传承陕北民歌的重要场所、广大党员干部革命教育培训的基地、陕北文化旅游的重要目的地、全国最大的陕北民歌文化产业发展中心。

七、牛玉琴治沙展览馆

牛玉琴治沙展览馆位于全国劳动模范、治沙英雄牛玉琴的家乡——靖边县东坑镇金鸡沙村。1984 年牛玉琴与丈夫张家旺将村北毛乌素沙漠 1 万多亩荒沙地承包后，她们带领全家老少，提着水壶和干粮，背着草籽树种，在茫茫沙原开始种草植树。1988 年夏，丈夫张家旺病逝后，她忍着失去亲人的痛苦继续常年坚持在黄沙原种草造林，并不断扩大治沙面积，使造林面积达到 11 万亩，林草覆盖率达 80%。同时创建了加玉林场、靖边县绿源治沙有限公司，养猪养羊、生产饲料。在她的带动影响下，周边 1904 户农民在毛乌素茫茫沙漠里植树 2000 多万株，将 10.95 万亩荒沙变成了绿洲，使当地农林牧业得到较大发展。她致富不忘乡亲，通过加玉林场、靖边县绿源治沙有限公司，带动和扶持近百户群众进行造林治沙发展养殖业，实现了脱贫致富。牛玉琴因此被誉为"治沙女杰"。1993 年 10 月，她出席在泰国曼谷举行的联合国粮食及农业组织颁奖大会，并获得"拉奥博士奖"。2009 年荣获中国生态贡献奖。她的治沙事迹，已被拍成电视专题片《牛玉琴和她的树》《西北治沙一家人》和电影《一棵树》，在全国各地播映。从 1988 年起，牛玉琴先后获得中国十大女杰、“全国三八绿化奖章”、“全国三八红旗手”、全国劳动模范、全国优秀共产党员等国家及省、市级87项表彰奖励，先后受到江泽民、胡锦涛等党和国家领导人的多次接见。1988年起当选为陕西省第七届、第九届、第十届人民代表大会代表，1998年起当选为第九届、第十届全国人民代表大会代表。

展览馆分五个部分：沙患肆虐，世世代代难以破解的自然“诅咒”；植树造林，为了生存和发展的绿色理想；沙海绿洲，牛玉琴战天斗地的治沙传奇；全民植绿，实现“沙进人退”的生态逆转；绿水青山，建设美丽中国的时代华章。展览馆全面展示了以治沙英雄牛玉琴治沙事迹为核心的靖边县治沙历程，已成为靖边县治沙教育基地。展览馆中最引人注目的是，从1棵树到2800万棵树，从昔日的茫茫荒漠变成“人造绿洲”，牛玉琴用汗水和信念筑起了11万亩的“绿色长城”，用无声的语言诠释了一家三代人矢志不渝坚持植树，半个世纪驰而不息治沙的风雨历程和艰苦奋斗、战天斗地的治沙精神，谱写出一曲人类征服自然环境的赞歌。

八、石光银治沙展馆

石光银治沙展馆位于榆林市定边县十里沙村，是以石光银治沙造林的光荣事迹为主要内容的主题展馆。石光银，1944年出生于定边县海子梁乡四大壕村。1964年，20岁的石光银担任村生产大队党支部书记、大队长。1967—1969年，他带领全村劳动力在村西南植树造林，3年时间栽植网框林1.4万亩，栽种的乔灌木330万株（丛），成活率达90%。1974年他被调到公社林场当场长。1983年，政府鼓励社员承包“五荒”资源，种草、种树治理荒沙。1984年他辞去了林场场长职务这个“铁饭碗”，与海子梁乡政府签订了承包治理350亩荒沙的合同。为了解决劳力问题，他联络6户人家成立全国第一个股份形式的治沙联合体——新兴林牧场。为了凑齐买树苗钱，他把家里的84只羊和1头骡子全部卖掉买了树苗。1983年春、秋两季，石光银带领7户人家男女老幼起早贪黑，在所承包的荒沙地上都栽种了树苗，成活率达85%。1985年初，石光银又承包了长茂滩林场5.8万亩荒沙地，并在海子梁乡政府门前贴出了昭告四方乡亲参与治理荒沙的“招贤榜”，先后有邻近5个乡8个村200多户近500人报名参加。在承包这片荒沙地中，最难啃的是叫“狼窝沙”的6000多亩荒沙地。石光银抱着“明知山有虎，偏向虎山行”的坚定决心，1986年、1987年他两次带领100多名治沙员工吃住在“狼窝沙”栽种树苗，结果辛苦栽下的大部分树苗不是被沙埋压就是被风沙连根吹掉。1988年春，石光银又带着这伙治沙人第三次向“狼窝沙”开战，采取在迎风沙丘上搭设沙障，在沙障间种沙蒿、栽沙柳，在沙丘间栽植杨柳树的“障蔽法”植树种草，当年树苗成活率达80%，到1990年所承包的5.8万亩荒沙全部得到有效治理。此后，石光银带领他的团队承包治理了海子梁乡同心干村、坨塔套村5万亩盐碱滩地，长茂滩林场12671亩荒沙地，承包治理定边县盐化厂湖区苦湖地7万亩，国营长城林场50829亩荒沙地，石油钻采公司油区高秆绿化等工程。截至2012年，石光银领导的治沙公司共承包治理荒沙、盐碱地25万亩，反复造林面积35万亩，累计投入劳力100多万个，直接投入资金2000多万元，植树4000多万株（丛），在毛乌素沙漠南缘营造了一条绿色屏障。此外，1997 年石光银在承包长城林场“十里沙”的荒沙地上平整出 500 亩水浇地，打机井 10 眼，架设电路，建成十里沙移民新村，将白于山区杨井、白马嘤等 12 个乡镇的 50 多户 272 人的贫困人口搬迁到新村生活。石光银曾 10 多次受到党和国家领导人的接见，2002 年 10 月 14 日被联合国粮食及农业组织授予“世界杰出林农奖”和“国际跨世纪人才奖”；先后获得全国绿化先进工作者、全国劳动模范、全国治沙英雄等中央、省、市、县 61 个荣誉称号及奖项。石光银的治沙基地从 2002 年以来先后被国家及省、市、县确立为 21 项示范教育基地。2012 年石光银光荣当选为党的十八大代表。2021 年在庆祝中国共产党成立 100 周年之际，石光银在北京人民大会堂金色大厅接受了习近平总书记亲自颁发的“七一勋章”，成为为党和人民作出杰出贡献的共产党员，被授予党内最高荣誉。

石光银治沙展馆通过图文、视频、实物展出等形式全方位、多角度讲述了共产党员石光银生命不息、治沙不止的故事。40 多年来，石光银累计承包治理荒沙、荒滩、盐碱地近 30 万亩，在毛乌素沙地南缘构筑起一道长百余里、宽十多里的绿色屏障。石光银以坚韧的意志、顽强的精神，艰苦创业、治沙不止，将数十万亩荒沙变成绿洲，既谱写了一部可歌可泣的奋斗史，也成就了一部波澜壮阔的创业史，成为陕北黄土高原生态文明建设的一面旗帜。

九、榆阳区补浪河女子民兵治沙连展览馆

榆阳区补浪河女子民兵治沙连成立于 1974 年 5 月 14 日，初名为补浪河公社 “长城姑娘治沙连”，由平均年龄只有 18 岁的 54 名姑娘组成。54 名姑娘打起背包，扛着红旗，迈着坚实的脚步，向风沙侵蚀最严重的毛乌素沙漠南缘黑风口——补浪河进军。“洒尽浑身千滴汗，走进沙漠战恶狼”，开启了治沙造林的艰难征程。40 多年来，历经 14 任连长，380 多名女民兵一代又一代赓续传奇，鏖战沙海，筑起绿色屏障，铸就“对党忠诚、服务于民，自力更生、艰苦创业，乐观向上、无私奉献，敢于担当、持之以恒”的治沙连精神，树起了一座塞北大漠生态文明建设的历史丰碑。连队累计推平沙丘 800 多座，营造防风固沙林带 35 条，修建引水渠 35 千米，让 14425 亩荒沙地披上了绿装。连队先后被团中央、林业部、全国妇女联合会评为“新长征突击队”“三八红旗单位”和“绿化祖国突击队”，被兰州军区评为“学雷锋先进集体”，被陕西省委、省政府、省军区授予“治沙英雄女民兵连”等荣誉称号。

补浪河女子民兵治沙连不仅是全国治沙造林的典型，也是延安精神见诸实践的重要成果、榆林治沙精神的重要组成部分。2016 年 7 月 29 日，补浪河女子民兵治沙连展览馆建成开馆。补浪河女子民兵治沙连现已建成“爱国主义红色教育基地”“军事拓展训练基地”“生态观光旅游基地”三大基地和“红色教育区”“打靶训练区”“拓展训练区”“生态园林景观区”“设施农业观光区”“生态特色养殖区”“观光旅游区”“拥军爱民示范区”八大功能区。每年接待参观拓展研学、观光休闲团队 3000 多个，总接待量突破 20 万余人次。2018 年 5 月，以女子民兵治沙连感人事迹为原型的红色电影《大漠巾帼情》在北京上映。

第四章　流域民俗文化

无定河流域民俗文化是边塞文化与黄土文化交融的产物，集中反映在当地老百姓的衣食住行及其生活习俗、民风民俗等方方面面，是久负盛名的陕北民间艺术之乡。过大年、闹社火、合龙口、转九曲、祈福、放赦……古老而浓郁的传统习俗在这里生生不息。

第一节　民间说唱艺术

几千年来，无定河流域人民口口相传的陕北民歌，如劳动号子、信天游，以及小曲、道情和说书等优秀的非物质文化遗产都是人类文明鲜活的载体，生动地记录了人类社会的发展历程，具有丰富的文化底蕴和深厚的人文内涵。流传无定河流域的民间说唱艺术，主要包括陕北民歌和榆林说书两大类。

一、陕北民歌

陕北民歌是流行于陕北黄土高原上的各类民间歌曲的统称，直接产生于日常的生产生活之中，与当地人的语音腔调、地域性格、生存环境、生活情感等联系紧密。它高亢粗犷、质朴率真而又委婉悠扬，展现出黄土高原独具的地域风格特点。陕北民歌代表性曲目《东方红》《兰花花》《三十里铺》《赶牲灵》等传遍大江南北，被大量改编移植，在新中国音乐史上占有一定的地位。2018 年 5 月，位于榆林城区的陕北民歌博物馆开馆。这是全国首个陕北民歌生态博物馆，集陕北民歌创作、传播、研究、学习、交流于一体，也是目前国内内容最丰富、功能最完善、规模最大的专题民歌博物馆。

（一）劳动号子

在农耕时代，凡是需要相互协作、相互配合或节奏规整的劳动事项，都需要有号子相伴，从而发挥它统一劳动节奏、鼓动劳动者情绪、缓解疲劳的特殊功能，大多数号子都采用“一领众合”的歌唱形式，或即兴编词，或仅有呼喊性衬词。节奏、速度依劳作事项而有变化。陕北的劳动号子主要有打夯号子、打硪号子、绞煤号子、锄地号子、吆牛号子和船工号子等。比如，民众在修渠、打坝、建房时，就会经常用到打夯号子；砸地或修淤地坝时，人们就会喊打硪号子，或唱打硪歌。

（二）信天游

信天游又称顺天游，也称山曲，是陕北黄土高原民间生产生活中常见的一种即兴歌唱的山歌体裁。形式自由灵活，具有浓郁的地方特色和鲜活的文化生命力。信天游唱词沿用《诗经》的“赋比兴”手法，特别是兴和比的运用，达到了十分成熟的地步，即使仅有一对上下句，也可借助“兴”或“比”手法，塑造出一幅生动的生活画面或一个鲜明活泼的形象，唤起人们的种种联想和感情波澜，令人难忘。

信天游在黄土高原流传了几个世纪，这里幅员辽阔，绵延起伏，有无数的沟壑和丘陵。无边无际的高原给游客留下凄凉和悲伤的印象，但也使其居民变得非常坚定、豁达和坚强。信天游深受独特的黄土高原文化的影响，虽然听起来忧伤、庄严，但嘹亮且高亢。黄土高原过去贫穷且偏僻，因此唱信天游已成为陕北人民表达情感的最佳方式。

信天游中的歌词基本上是即兴的、口语化的，但它们能给观众留下强烈、生动和艺术的印象。歌词主要反映了当地人民的爱情、婚姻以及他们如何反抗压迫和争取自由。陕北人唱信天游不仅是为了描述他们的幸福生活，也表达了他们个人的担忧和关心。信天游听起来既浪漫又现实。它是当地人用来寻求生活中美好事物和表达情感的方式。

信天游有着自由的节奏和旋律，这些特征与陕北的地形密切相关，那里到处都可以看到沟壑、山脊和丘陵。人们经常不得不大声喊叫，并将他们说话的声音拖得更长时间，以便让站在山坡、山顶或沟壑底部的同伴或家人听到。人们相互交谈的方式对信天游产生了极大的影响。因此，信天游具有悠扬、洪亮、大胆、豪放、朴实的特点。可以说信天游不仅体现了黄土高原的自然景观和社会特征，也体现了陕北人民的精神世界，其中《兰花花》是一首广为流传的信天游。

（三）榆林小曲

榆林小曲是一种介于曲艺和民歌之间的艺术形式，又名榆林清唱曲，以明清俗曲与当地民歌、小调融合，并结合本地语言演唱，流行于榆林县城内。榆林小曲是清代康熙年间由随军塞上的江南艺人传于榆林，到现在已有 300 多年的历史。这些江南艺人不断地吸收当地流行的一些民歌小调。江南乐曲也就逐渐地被榆林人所了解、熟悉和欢迎，久而久之就形成了一种有鲜明江南民歌风味的曲艺曲种——榆林小曲。

榆林小曲是我国南北民间曲艺和音乐文化互相交流融合的产物，它的艺术风格既委婉缠绵、华丽细腻，又高亢激昂，南韵北声融为一体。榆林小曲取坐唱形式，既不化妆，也不登台，一个人单唱，间有对唱或对白，男扮女装，真假嗓结合，伴奏乐器以扬琴为主，另加琵琶、筝、三弦等弹拨乐器，有时也加用月琴或京胡，打击乐器用一只小瓷碟。

榆林小曲的唱词多出于文人之手，讲究平仄音韵，结构严谨，辞藻华丽，含蓄隐晦。榆林小曲的唱段多为带叙述性的抒情小曲，具有明显的江南民歌风味，配以榆林城内方言演唱，听起来是那样的优美悦耳，令人沉醉。2005 年 9 月，榆林小曲研究会正式成立。2006 年，榆林小曲被列入第一批国家级非物质文化遗产曲艺类名录。2008 年，王青、林玉碧被文化部认定为第二批国家级非物质文化遗产（曲艺类）榆林小曲代表性传承人。

（四）陕北道情

陕北道情在子长、延川、清涧集中流传，并辐射至山西西北、内蒙古河套及甘肃、宁夏邻近陕北的地区。它源于唐代道教徒诵经的经韵，明清时期发展成形，至今已有千余年的历史。

陕北道情有曲艺性和戏剧性两种形态，既可在舞台上演出大型剧目，又可在田间地头、家庭院落即兴演唱；既可化装彩唱，又可便衣清唱，在群众中普及度很广。陕北道情以唱腔为主，有时也会间以宾白的方式。表演时，男角身着道袍，手执拂尘，女角身穿五彩服，一手持扇一手持帕，生旦相对，阴阳相配，边扭边唱，有时也有一问一答的传统方式。曲调有平调、十字调、耍孩调、西凉调、一枝梅等，其易学易演也是道情所广为流传的原因。至今沿用的道情伴奏乐器有板胡、二胡、低胡、四音胡、三弦、笛子、管子、铰铰、碰铃、简板以及枣树梆子等。2004 年，清涧县被陕西省文化厅命名为“道情之乡”，全县有道情传承人 44 人，其中国家级传承人 1 人、省级传承人 1 人、市级传承人 3 人、县级传承人 39 人。传统曲目有《十万金》《闹书馆》《牡丹亭》等 20 余种。2008 年，陕北道情被列入国家级非物质文化遗产保护项目名录。

二、榆林说书

榆林说书是陕北地区十分重要的传统曲艺说书形式，流行于陕西省北部、榆林等地。最初是由穷苦盲人运用陕北的民歌小调演唱一些传说、故事。后来吸收眉户、秦腔以及道情、信天游的曲调，逐步形成榆林说书。榆林说书的演唱形式是由艺人手持三弦或琵琶自弹自唱、说唱相间，分为“三弦书”与“琵琶书”两种。榆林说书唱词通俗流畅，有浓郁的地方特色，一般采用五字句或七字句，但又不受字数的局限。

榆林说书与宋元话本及民间的《莲花落》有关。起初，只是乞丐行乞时敲打的一种极简易的打击乐，边敲边打边信口唱上几句以博取人们的同情。在旧社会，说书是盲人的一种谋生的手段，虽与打莲花落也差不了多少，但不再是干唱或随便唱，而配有乐器伴奏和故事情节。榆林说书借用了宋元话本以及其他演义小说的故事，采用了莲花落唱的形式，再添了一件乐器（三弦或琵琶），从而便发展成了一种榆林地区特有的传统民间艺术。

榆林最早的说书人，十有八九是盲人或半盲人，俗称先生或书匠。随着时代的变化，明眼人也加入盲人说书的行列中来，给古老的榆林说书注入新的血液和活力。榆林说书在形式上也发生了较大变化，由原来的一人说唱变为两人对唱或多人走唱。使用的乐器也不再是单一的曲项琵琶或三弦，二胡、板胡、笛子、扬琴等也参与其中。说书种类分为单人说书、双人说书和多人群口说书三种，曲调也有“九腔十八调”之说，以平调为主，辅以欢音、苦音、武调等调式，音乐曲调的变化在说书的过程中显得尤为重要。

榆林说书的传统表演形式是艺人采用榆林方言，手持三弦或琵琶自弹自唱、说唱相间地叙述故事。根据伴奏乐器的不同，或称之为“三弦书”，或称之为“琵琶书”。到 20 世纪三四十年代，陕北说书在著名说书人韩起祥等的改造下，发展成一人同时操用大三弦（或琵琶）、梆子、耍板、名叫“麻喳喳”的击节木片和小锣（或钹）五种乐器进行伴奏的曲艺说书形式。

榆林说书的唱词通俗流畅，有浓郁的地方特色；曲调比较丰富，风格激扬粗犷，素有“九腔十八调”之称，其中常用的有单音调、双音调、西凉调、山东腔、平调、哭调、对对调、武调等。榆林说书是说唱艺术，唱占了很大的比例，艺人们说：“说是骨头唱是肉。”

演唱风格更加贴近于本土特色。在民间，人们又把榆林说书称为说神书，而老百姓也常常用说书或听书的方式来敬献神灵。榆林说书来源于民间，本质上是一种农业文化的产物，决定了榆林说书的草根身份和“俗”的本质特点，也正是由于“俗”，才会为纷繁复杂的社会注入一丝清新的山野气息，才会如此受广大群众的欢迎。2006 年 5 月 20 日，陕北说书经国务院批准列入第一批国家级非物质文化遗产名录。

第二节　民俗文化

在数量众多的非遗项目中，国家级非遗代表性项目可谓是“非遗界的天花板”。自 2006 年第一批至 2021 年第五批，国务院共公布 1557 项国家级非遗代表性项目。无定河流域共有 11 项入选，其中榆林市有 10 项、延安市安塞区有 1 项。此外，榆林市还有省级 66 项、市级 211 项、县级 565 项非遗代表性项目。这些“国字号”非遗项目，是无定河流域最具代表性的民俗文化。除陕北民歌、榆林小曲、陕北道情、榆林说书等在本章第一节记述外，这里就其他 7 种国家级非遗项目记述如下。

一、陕北秧歌

陕北秧歌是流传于陕北高原的一种具有广泛群众性和代表性的传统舞蹈，又称“闹红火”“闹秧歌”“闹社火”“闹阳歌”等。它主要分布在榆林、延安、绥德、米脂等地，历史悠久，内容丰富，形式多样。绥德是陕北秧歌的中心，当地农村至今仍保留传统的秧歌表演程式、礼俗和风格特色。秧歌表演者常有数十人，有的多达近百人，在伞头的率领下，踏着铿锵的鼓点，和着嘹亮的唢呐声，做出扭、摆、走、跳、转的动作尽情欢舞。秧歌吸收当地流传的水船、跑驴、高跷、狮子、踢场子等形式中的艺术元素，组成浩浩荡荡的秧歌队。陕北秧歌表现了陕北群众质朴、憨厚、乐观的性格，具有突出的历史文化价值。2006 年陕北秧歌入选国家第一批非物质文化遗产“民间舞蹈”门类名录。

二、横山老腰鼓

鼓舞形制多样、分布广泛，舞蹈姿态各异，种类千差万别。横山腰鼓是一种传统的民间舞蹈，按表现形式可分为小场腰鼓、四人腰鼓、老腰鼓、新腰鼓几种类型。横山老腰鼓又称文腰鼓，是现存唯一的老腰鼓，其产生可追溯到明代中期，它主要分布于横山的芦河川、小理河川、大理河川、黑木头川流域。横山老腰鼓通常以舞队方式出现，表演形式包括单人打、双人打、四人打、八人对打、全场打等，长期保持着原生态的打鼓技法，在服装、道具、扮相、舞蹈动作等方面都极具特点，显示出豪放、粗犷、激越、诙谐的传统风格，具有重要的历史文化和艺术研究价值。2008 年，横山老腰鼓入选国家第二批非物质文化遗产“传统舞蹈（民间舞蹈）”门类名录。

三、靖边跑驴

靖边跑驴是靖边社火中的一种歌舞形式，在民间有“骑毛驴”“耍驴儿”“拉犟驴”“赶毛驴”等俗称，主要流传于靖边的柠条梁、东坑、镇靖等乡镇。据清光绪《靖边县志》记载，跑驴在清代的靖边已相当盛行。靖边跑驴表演技巧丰富、风格独特，充满生活情趣，具有浓郁质朴的乡土风情和生活气息，体现了当地独特的地理环境和悠久的历史，是陕北地区的代表性艺术表现形式，曾多次参加各种演出活动，在国内外产生了较大影响。2008 年，靖边跑驴入选国家第二批非物质文化遗产“传统舞蹈（民间舞蹈）”门类名录。

四、绥米唢呐

唢呐是阿拉伯语“surna”（祖尔纳）的音译，古称“琐嘹”“苏尔奈”，在亚非欧的多个国家广泛流传，至迟于金元时期传入中国。绥米唢呐是民间鼓吹乐种类之一，主要流传在绥德、米脂及其周边的子洲、清涧、吴堡、佳县、横山及与绥德隔黄河为邻的山西省柳林西部乡镇等地。其渊源可追溯至明代，至今已有 600 多年的历史。绥米唢呐乐班由多人组成，其中唢呐演奏者分为上、下手，上手吹高音，下手吹低音，鼓手、镲手、锣手分别击打牛皮鼓、小镲、包锣。唢呐曲牌丰富、风格多样，乐曲主要来自民歌小调、戏曲音乐和宗教音乐，具有多元文化特征。此外，听觉的震撼力、广泛的群众性，以及反映黄土地人民精神、情感生活构成了陕北绥米唢呐的艺术特征。2008 年入选国家第二批非物质文化遗产“传统音乐（民间音乐）”门类名录。

五、陕北民谚

陕北民谚是一种口头文学形式，是陕北人民群众用简单易记的口语在与自然环境相抗衡的过程中总结出来的经验，是记录陕北社会历史最详细、最真实的“无字书”“活化石”，对生产和社会生活具有重要的指导意义。陕北民谚内容丰富、形式灵活，遍及生产和日常生活的各个领域，有一句、两句的，也有多句的，有六言、八言、十言的，也有多言的。陕北民谚从语音、词汇、语法到结构都使用陕北方言，大量运用比喻、拟人、对比、夸张等修辞手法，使得陕北民谚既形象生动便于记忆，又琅琅上口便于传播，代代相传至今。2014 年，陕北民谚入选国家第四批非物质文化遗产代表性项目名录扩展项目“民间文学”门类名录。

六、绥德石雕

石雕是用各种可雕、可刻的石头，创造出具有一定空间的可视、可触的艺术形象，借以反映社会生活和表达艺术家的审美感受、审美情感、审美理想的艺术。绥德有“石雕之乡”的美称，城内遗留的人文景观、摩崖石刻以及民间广泛流传的石雕艺术品数量众多。凭借着得天独厚、天然优质的山石资源和精湛的技术力量，当地开拓了石雕工艺的新天地，石雕艺术品远销海外。绥德石雕以现实主义和浪漫主义相结合的艺术手法，用象征、含蓄、寓意深刻的笔触，精雕细刻的刀法和博大磅礴的气势，受到广泛瞩目。2014 年，绥德石雕入选国家第四批非物质文化遗产代表性项目名录扩展项目“传统美术”门类名录。

七、安塞腰鼓

腰鼓是陕北各地广泛流传的一种民间鼓舞形式，尤其是延安地区的安塞县，榆林地区的横山、米脂等地最为盛行，是陕西民间舞蹈中具有较大影响的舞种之一。安塞腰鼓起源于榆林横山，在明代后期，由于灾荒与农民起义，安塞已经人烟稀少，现在的安塞人多由榆林横山迁来，也把横山的腰鼓带到了安塞。安塞腰鼓是一种独具特色的民间大型舞蹈艺术形式，具有2000多年的历史。安塞腰鼓可由上千人一同表演。1986年，安塞腰鼓荣膺首届中国民间舞蹈大赛最高荣誉大奖；1996年，安塞县被文化部命名为中国腰鼓之乡。先后在第11届亚运会开幕式、香港回归庆典、2009年国庆典礼等大型活动中表演，并赴日本、德国等国家巡回表演。2006年，安塞腰鼓入选国家第一批非物质文化遗产“传统舞蹈（民间舞蹈）”门类名录。

第三节　饮食文化

无定河流域因特殊的地理位置和地域文化，造就了丰富多元的饮食文化。榆林人的饮食烹饪习惯以熬食为主，其中手抓羊肉、风干羊肉、羊杂碎、腌酸菜、大烩菜、熬豆角、熬土豆、炸油糕、油馍馍、煎饼、荞剁面、荞面圪坨等历史上有名的地方传统风味小吃，多与在陕北居住的游牧民族饮食习惯有关。榆林南、北饮食习惯也不一样。靠近内蒙古的草滩地区群众爱吃炒米、奶茶、酪丹子、酥油、黄米饭、猪肉熬酸菜，与蒙古族习惯相同。西面的三边人爱吃燕麦炒面、荞剁面、羊羔肉、黄鼠肉，这与契丹、女真及其后满族的饮食习惯传入有关联。东南面人爱吃豇豆钱钱饭、揪面片。特色饮食有：羊肉系列，如烤全羊、烤羊肉、炖羊肉、羊杂碎等；荞面系列，如剁面、饸饹、搅团、圪饦、凉粉、碗饦等；豆制品系列，如豆腐宴、水煮豆腐等；土豆系列，如土豆宴等。民间还有许多风味小吃，如子洲“果馅”、米脂“驴板肠”、绥德“黑粉油旋”、镇川“干炉”、榆林“炸豆奶”、清涧“煎饼”等，都有其独特风味。另外，还有羊杂碎、粉浆饭、拼三鲜、黄酒、麻汤饭等，都是在别处难以吃到的。

（1）老榆林十二件。每一座城都有独属自己的“味道”，对于许多老榆林人来说就是“十二件”：拼三鲜、菠菜焖肉丝、清蒸丸子、炸糕丸子、蛋羹汤、八宝饭、户辣鸡、白面子、肚丝汤、红面子、黄花汤、海带汤。这十二件有荤有素、有甜有咸，营养丰富、醇香味美。食材包罗万象，荟萃了丰富的内容，并将南方的口味、蒙古族的习俗和黄土风情恰到好处地融合在一起。

（2）铁锅炖羊肉。是榆林一道豪华大菜，被誉为“肉中人参”。在陕北地区，人们往往把羊肉招待当作最高规格和礼仪。在陕北流传着这样一句话：陕西最好的羊肉在陕北，陕北最好的羊肉在榆林，榆林最好的羊肉在横山。横山羊肉肉质鲜嫩、肥瘦相间、高蛋白低脂肪，无膻味、风味独特，是横山人迎宾待客的主餐。2018年，“横山区炖羊肉制作技艺”被列入陕西非物质文化遗产。2019年，铁锅炖羊肉被列入中国菜——陕菜经典名菜目录。

（3）榆林豆腐。被誉为“榆林第一名菜”，因白嫩细腻、味香可口、营养丰富、价廉物美广受人们喜爱，有黄、活、利、细、绵、嫩、韧、虚八个特点。榆林豆腐历史悠久，据传明代时就成为人们桌上的一道美味佳肴。榆林豆腐以黑豆为原料，经过炕晒、脱皮、浸泡、磨浆、过滤、煮浆、点浆、压制八道工序制作而成。独到之处是用酸浆“点”

豆腐，而不用卤水和石膏，保持了豆香和桃花水的原汁原味，并有微微甘甜留唇。“点豆腐不用卤水和石膏”“沙比城墙高”“水在当街跑”并称榆林“三大怪”。相传清康熙微服私访榆林时，吃了榆林的菠菜烩豆腐，情不自禁吟出“清香白玉板，红嘴绿鹦哥”的诗句。榆林豆腐传统制作技艺已列入陕西省第二批非物质文化遗产名录。

（4）羊杂碎。是陕北名小吃之一，是由羊血、心、肝、肺、肠、肚等混合而成的，故得此名。制作讲究“三料”“三汤”“三味”。“杂碎三料”又分主料和副料，正宗的全羊杂碎主料（又叫心、肝、肺），下锅时要切成碎丁或薄片；三副料（又叫三白）是汤（生油的）、肚（生味的）、头蹄肉（架碗充数的），下锅时要切成细丝和长条。一碗羊杂碎地道与否，看的就是主副料全不全。2019 年，羊杂碎被列入中国菜——陕菜经典名菜目录。

（5）羊肉面 。陕北人每逢重大节日、红白事、满月生日等都会吃上一碗羊肉面，这是千百年留下来的风俗。其中，最负盛名的是绥德四十里铺的羊肉面，连陕北民谣都有提到，“米脂的婆姨绥德的汉，清涧的石板瓦窑堡的炭，四十里铺的羊肉面”。地道标准的羊肉面要满足“五色”标准：一清（汤）、二白（面）、三绿（葱、香菜）、四红（辣子）、五黄（黄萝卜丝）。陕北羊肉面还融合了内蒙古、银川等地的西北肉面特色，鲜、香、柔、韧、辣兼备。

（6）靖边剁荞面。是定边、靖边人待客、逢年过节和喜庆时必吃的一道美味佳肴。荞麦高蛋白、低脂肪、维生素含量高、营养十分丰富，用荞面制成的食品食疗价值较高，被誉为“长寿食品”。靖边剁荞面的功夫全在一个“剁”字上，剁面时提臂悬肘，双手持握两柄，刀下见面、准确匀称，剁好的面条细若粉丝，整齐如机制挂面，堪称“陕西一绝”。

（7）拼三鲜。是陕北美食里的一道名菜，以猪肉、羊肉、鸡肉为主料，辅以片粉及其他蔬菜，加调料制成水丸子、炸丸子、酥肉、烧肉等投入三鲜汤中，再配以鱿鱼、海参、木耳、黄花等，味道鲜美，色香味俱全。据说清乾隆皇帝私访榆林时曾吃过此菜，赞不绝口，后被带入宫中，作为招待外国使臣的压轴菜。也有说，清康熙皇帝征讨北疆叛匪，凯旋来到榆林后，有位名厨特献此菜得到赞赏，后命宫中御厨把此菜列入满汉全席菜系。2019 年，拼三鲜被列入中国菜——陕菜经典名菜目录。

（8）驴板肠。是米脂县一种著名的风味食品，不仅肉质细腻香醇、麻辣可口，还有滋阴补肾的疗效。其用整副驴大肠做原料，制作的过程极为复杂，反复用醋水搓洗干净，放入清水锅煮半熟，捞出再入卤汤锅，加酱油汤、辣椒、花椒、葱花、姜片炖煮至绵软，吃时切小段、加原汤汁即可。这道“其名粗俗、其味鲜美”的著名风味食品在当地极受欢迎，口味麻辣咸嫩，香味袭人，可谓小吃一绝。

（9）米脂干炉。干炉历史悠久，制作工艺独特，深受当地人喜爱，有“干炉红点点，爱的娃娃眨眼眼”的说法。干炉在米脂能如此盛行，与当地民俗风情有关。米脂旧时有“旱码头”之称，是商贾驼队往来必经之地，而便于储放的干炉成了商旅长途跋涉携带的最佳食品，赶脚人整袋整袋地购买，干炉生意非常红火，干炉制作手艺也在这里广为传播。

米脂干炉烤制技艺已经被列入榆林市级非遗代表性项目。

（10）绥德油旋。因其外表有一层层的旋涡状纹理，故得名“油旋”。绥德油旋外酥里嫩、脆软相间，是陕北有口皆碑、老少皆宜的小吃。绥德当地人吃“肉夹馍”不同于关中，是用油旋夹肉。刚出炉的油旋最好吃，绥德人一般夹上猪头肉或卤猪肉，名为“狮子大张口”，咬一口肥美解馋。

（11）清涧煎饼。是清涧县最具代表性的地方特色食品，状若朗夜之圆月，薄如蝉翼、晶莹剔透，柔韧绵冽、爽滑筋道，过口难忘。早在元代，王桢就在《农中》卷七中记载了荞麦“治去皮壳，磨而成面，摊作煎饼，配蒜而食”。2012 年，清涧煎饼传统制作技艺被列为榆林市第二批非物质文化遗产保护项目。

（12）陕北八碗。指上菜时清一色八个大海碗，盛着不同的丰盛菜肴。在陕北，传统八大碗常被用于宴客，农家人婚丧嫁娶、逢年过节都会邀请亲朋好友、乡里乡亲一起“坐席”，又叫“吃八碗”。陕北八碗有软八碗和硬八碗之分，软八碗是四碗荤菜和四碗素菜，硬八碗则是八碗荤菜，包括酥鸡、土豆丸子、烧肉、炖肉等，都是陕北的传统美食精华。

第五章　水文化建设

水是生命之源、生产之要、生态之基，人类在开发利用河流和治水过程中，以水资源利用、水灾害防御、水生态改善、水工程建设、水科技创新、水法治保障等为轴线，不断形成并丰富发展水文化，进而从治水理念、科学技术、政策法规等层面形成推动水利高质量发展的强大动能。无定河流域治水历史悠久，形成了以河流文化、治水文化、治沙文化为核心的水文化体系。进入新时代，无定河流域各级水利部门加强无定河流域水文化遗产调查与发掘，加大水文化研究与展示，加强水文化宣传与交流，打造以水利风景区、水土保持示范园、水情教育基地为重点的水文化载体，讲好“无定河故事”，促进文化与旅游融合发展，为无定河保护治理和高质量发展注入了新的活力。

第一节　无定河科考探源

无定河是陕北高原上一条重要河流，其流程就像一副张开的巨弓，源头干涸，北流入大漠，两进两出陕西省境，横穿榆林全境，最终汇流入黄河。历史上，这条河流就因飘忽不定、深浅难测、清浊无常而神秘莫测，加之连年战乱，更显苍凉悲壮厚重，不少名士将相都在这里留下了珍贵的历史行踪和灿烂诗篇。北魏地理学家郦道元考察无定河后，在《水经注》中详细描述了无定河水文特征及周边概况。

无定河的科考探源从未间断，特别是近现代以来，围绕无定河的开发治理，各级组织开展了一系列考察勘测活动，形成了一大批水利发展战略、项目设计和治理规划等成果。民国十六年（1927年），时任陕西省水利局局长李仪祉带领水利工程师孙绍宗等对无定河、榆溪河进行了全面考察，撰写了《兴修陕北水利初步计划》《无定河织女渠说略》《鱼河堡水利说略》等技术报告，促成了陕北“三渠”建设。1949年冬至1950年，陕甘宁边区政府绥榆水利工程处对无定河、榆溪河水力资源进行了全面调查和实地勘测，编制了《榆林红石峡水力发电工程初步计划书》及红石峡、响水堡水电站研究计划书。1951年1—8月，黄河水利委员会与西北黄河工程局联合组成查勘队对无定河进行了实地查勘，选择无定河干流的薛家峁、龙湾、响水堡及支流大理河沙滩坪、榆溪河红石峡等14处兴建发电站和大中型水库坝址。1953年，农业部、林业部、黄河水利委员会、中国科学院、西北军政委员会等单位领导、专家36人组成西北水土保持考察团，抽调500多名科技人员参加，对无定河流域的水土流失情况进行了详细考察，制定了《无定河流域治理规划》，促进了无定河小流域综合治理。

2011 年 9 月至 2014 年 9 月，黄河水利委员会组织有关专业技术机构和陕西、内蒙古两省(自治区)对无定河进行了多次考察调研、实地勘测和收集资料，先后多次召开咨询会、协调会、审查会，开展《无定河流域库坝群治理及运用方式研究》《无定河流域综合规划环境影响报告书》等专题研究，反复征求各界意见，编制完成了《无定河流域综合规划》。2014 年 7 月，水利部水利水电规划设计总院组织审查了无定河流域综合规划；2020 年 8 月 25 日，水利部以水规计〔2020〕80 号文件正式批复了《无定河流域综合规划》，为无定河流域生态保护和高质量发展提供了规划依据。随后，陕西省水利厅、榆林市政府组织有关专业技术单位编制完成了《无定河全线综合整治规划》《榆林市无定河岸线保护与利用规划》等，为无定河全面整治和岸线保护利用奠定了基础。

2013 年 8 月 22 日，横山县民间户外探险人员组成无定河探源队，从横山出发溯源而上，在定边县白于山区樊井沟脑发现一汪湫池，聚湫成泉，泉源汇流，涓涓向北而去，遂立一通 1 米多高的石碑予以记述，正面书写“无定河之源”，背面刻有“无定河简介”，记述了无定河源头的海拔、经纬度、流域面积、流经的县（区）等情况，成为民间确定的“无定河之源”第一碑。

2015 年 7 月，定边县政府组织有关专业技术人员，对无定河源头实施了科学考察，对横山县无定河探源队所立碑石处的山势、自然环境、沟壑走势和湫泉高程等进行了考察，正式确定定边县白于山樊井沟脑为无定河之源，遂在横山县探源队所立小石碑之北 100 多米处的公路旁，耸立巨石，邀我国著名书画人家、陕西黄土画派创始人刘文西书写“无定河源头”，成为官方确认的“无定河源头”之碑。

2017 年 10 月 11—17 日，陕西省水利博物馆发起，组织省内有关领导、水文化专家、专业技术人员参加，邀请有关高校著名水文化学者、省内外著名作家参与，开展了无定河溯源考察活动，从陕北的白于山区开始，寻源头，穿沙漠，上高原，越峡谷，看古迹，访民俗，巡河道，跑流域，与当地水利部门探讨无定河保护治理成效，与干部群众交流治山治水治沙经验，一直到清涧入黄口，历时 7 天，跨越陕西、内蒙古两省（自治区）8 县（市、区、旗），行程 5000 多千米，完成了无定河文化考察之旅。这次考察，得到中国水利报社、水利部《江河》杂志社的高度重视，派记者全程参与并报道。参与专家、学者纷纷拿起手中的笔和照相机，拍摄照片，撰写文章，记录反映了无定河流域的风土人情和经济社会发展。组织者还专门聘请无人机驾驶员用无人机全程记录了文化探源考察活动。据不完全统计，考察团成员共拍摄珍贵照片上万张，撰写各类文章 20 多篇，在不同报刊媒体发表。《江河》杂志 2017 年第 6 期专刊报道了这次溯源考察活动，共发表文章 8 篇，配以精美照片，图文并茂，从不同视角介绍了无定河的自然风貌、历史古迹、人文胜景和治理保护成效，以及通过治山治水而展现出治水理念、治水智慧、治水经验和干部群众的精神风貌等丰厚而灿烂的水文化成果，在社会各界引起强烈反响。

2020 年，榆林市斥资 1666.92 万元对无定河流域源头区进行了综合治理，治理水土流失面积 334.5 公顷，修筑水平梯田 23 公顷，成品软体水窖 45 个，集雨场 1 处，蓄水池 1 座，沟头防护5676米，营造经果林7.97公顷、水土保持林275.42公顷，人工种草28.11公顷，封禁治理28.79公顷。经过2021—2023年连续实施，对源头进行了系统整治保护，聚水成湫，引泉为流，让人们站在高处远远就能看到源头之水。在治理过程中，在源头竖立了“无定河之源”工程标志碑，建设了文化墙和宣传牌等，修建了观景平台和下沟观赏源泉的人行台阶。

第二节 水文化遗产

一、水文化遗产调查与发掘

从2013年开始，无定河流域榆林、延安两市水务局根据中省水利部和陕西省水利厅关于开展水文化调查的要求，成立水文化遗产专题调查小组，对无定河流域水文化进行系统研究，在市域内开展水文化遗产普查工作，实施物质水文化、非物质水文化遗产的挖掘、修复、研究和保护。通过水文化遗产调查，全面掌握了无定河流域现存的水文化遗产的数量和分布情况，遗产的本体特征、基本数据及其保存情况，初步建立了水文化遗产信息管理系统和保护名录，为构建科学有效的水文化遗产保护体系提供了基础条件和基本依据。

在深入调研的基础上，无定河流域榆林市整编水利文献与档案，编辑出版了《榆林水利60年》《红石峡水利史与碑刻》，完成了《无定河流域水文化价值评估体系研究》的编写，编制了《榆林市水文化建设保护与利用实施方案》，编撰《无定河流域水文化遗产名录》等成果；完成了红石峡古灌渠申报世界灌溉工程遗产的建议、工作计划和任务书，为申遗工作积极准备。延安市编辑出版了《延安市水利志（1991—2018）》，组织对全市水文化遗产进行了系统调查，发掘整理33处水文化遗产成果。在陕西省水利厅编辑出版的《陕西省水文化遗产名录》中，共记录榆林市水文化遗产38处，延安市水文化遗产33处。

二、水文化遗产分类与介绍

无定河流域列入《陕西省水文化遗产名录》的水文化遗产24处。其中，古灌渠4处，即红石峡古灌渠、织女渠、定惠渠、雷龙湾渠；古桥7处，即普渡桥、榆阳桥、归德堡桥、永济桥、龙凤桥、盘龙桥、无定河石拱桥；名潭古泉5处，即黑龙潭、官井泉、普惠泉、榆阳泉、呜咽泉；古堡1处，即响水堡；古碑1处，即雄石峡张公创新水磨碑记；古遗址1处，即统万城遗址；古水文水利管理机构2处，即赵石窑水文站、榆阳区榆阳镇水利管理委员会；传说3则，即无定河的传说、月儿泉的传说、庙海湾的传说。

因古泉4处、古灌渠4处、古堡1处、古遗址1处已在第一篇第一章河流水系、第二篇第一章引水灌渠、第六篇第一章历史文化名胜中分别予以记述，这里不再赘述。绥德千狮桥虽未列入水文化遗产名录，但由于其桥身上有千余座石狮而成为无定河上一座名桥。现就其他14处水文化遗产和千狮桥记述如下。

（一）古桥7座

（1）普渡桥。原为3孔石拱桥，位于榆林市城北1.5千米处的红石峡，建于清雍正二年（1724 年）。该桥后被大水冲毁。据红石峡西崖石刻“重修普渡桥记”记载，清道光十三年（1833 年），代理郡守白维德“爰请道宪汪捐廉筹办，命县令胡明府鸠工庀料，举士绅之能当事者董其事”，予以重修。清光绪六年（1880 年）开凿普渡桥西崖底石壕，建成西渠。1954 年，普渡桥被洪水冲毁，仅存 2 个残破的桥墩。1957 年，在废普渡桥基上建 2 孔石桥，后又被毁。1963 年春，在原桥址以北 42 米处，建 4 米跨度的 4 孔涵洞渡桥。原桥遗迹尚存。

（2）榆阳桥。位于榆林市南门外榆阳河上，始建于明成化年间。明嘉靖初修城南渠时又在此桥东增设渡槽，后历代屡加修葺。现桥为砖砌 3 孔拱洞，洞各宽 3.2 米、高 6.2 米。桥体高 8.3 米、长 42 米，桥面宽 8.4 米，东西边砌砖墙栏。桥腿建石砌三角形辟水墩，东辟水墩上建渡槽，引水西流灌城西南百亩菜园，称之“水上桥、桥上水”。

（3）归德堡桥。位于榆林市城南 20 千米的榆溪河上，该桥为乾隆年间归德堡人卜子孝及其子僧慧县、慧清相继募资，历时 20 余年建成。清光绪二十九年（1903 年），延榆绥兵备严镜清在桥东石畔架铁链桥 1 座，清光绪三十三年（1907 年）又遭大水冲毁，复建砖石结构 10 孔拱桥。民国年间增建 2 孔。1949 年后，又续建 2 孔，形成现在规模。归德堡大桥全长 152 米，桥面宽约 6.8 米，高 5 米，桥通体均为砂岩砌筑。此桥一直是榆林通往横山、宁夏的交通要道，也是陕北历史上最早、最大的一座桥，已于 2007 年被列为榆林市文物保护单位。

（4）永济桥。原名响岔桥，位于榆林市城西南 2.5 千米的榆溪河上，始建于明成化年间。清康熙十年（1671 年）、乾隆三十一年（1766 年）、嘉庆二十二年（1817 年）三次修葺。清咸丰十年（1860 年）将此桥移建稍南之高埠，清同治元年（1862 年）二月告竣，更名永济桥。此桥基为大石砌筑，桥身用砖砌拱洞，共 3 孔，总长 36 米，桥面宽 7.7 米，总高 8.8 米。现桥石板栏拆毁，1990 年被列为榆林市文物保护单位。

（5）龙凤桥。原名永定桥，位于榆林市绥德县城东，为银川—太原公路跨无定河通道。民国二十五年（1936 年）秋开始筹建，民国二十六年（1937 年）10 月 1 日竣工通车。该桥用水泥砌石灌浆筑成，桥长 238 米、宽 6.4 米、高 7.4 米，拱洞 19 孔，每孔跨径 10 米。1942 年夏，洪水冲垮 2 孔桥洞，随后修补完好。1947 年，为防国民党胡宗南军队进犯河东，曾炸断 1 孔桥洞，胡军退后修补完好，同时在墩柱及栏杆上精雕细刻着千姿百态的龙凤图案，晚霞辉映，犹如龙凤飞戏彩虹。

（6）盘龙桥。又称饮马河桥，位于陕西省榆林市米脂城北饮马河上，原为盘龙山古建筑群组成部分。明万历年间初建，清康熙年间和民国二十年（1931 年）两次重修。民国三十四年（1945 年）旧桥、石坊拆除，向下移百余米新建，正对米脂中学校门。1983 年改修，增加宽度，改进造型。新桥长 12.4 米、宽 7.2 米、高 3.6 米；单孔、跨径 7 米。桥沿置龙、狮石雕及刻花青石栏板，美观大方。

（7）无定河石拱桥。位于榆林市绥德县城南 4 千米处的新店，是绥德至榆林、绥德至宋家川公路上的一座重要桥梁。桥下部为石砌重力式墩台，上部由 19 孔、跨径 9.5 米的圆弧拱组成，全长243.5米。民国二十五年（1936年）初，陕西省政府拨款3万元以“陕西清乡善后委员会”为主，咸榆公路工程处和当地政府参加，组成无定河桥梁委员会负责建桥工作。施工现场设监工处，由国民党陆军八十四师四四九团一营营长刘世礼和清乡善后会军事组技术干部高治德任总监人员，抽调连排长10余人任监工员，负责现场施工。施工从第八十四师抽调5个连，征集绥德、清涧、吴堡、米脂、佳县全部石匠共2000余人，分编成石工队和普工队，石工队负责采选石料和砌筑，普工队和军工队负责运料和开挖基坑。基础施工由东往西进行，当进行到河主流处第9号墩时因河水上涨，材料短缺，施工陷于停顿，后经陕西省建设厅派工程师陈泰毓到工地指导，在上游筑坝改水，引主流水东移，并由山西调来抽水机、水泥，才使下部工程得以顺利进行。大桥于民国二十六年（1937年）2月开工，历经8个月，至10月1日建成通车。

（二）名桥1座

无定河上的千狮桥，坐落在绥德县城区，始建于1987年，桥长300余米，因桥上两边护栏柱上及桥两端凉亭周围共有1008个神态各异、栩栩如生的石刻狮子而得名。这里是国内规模最大的石刻狮群，因而千狮桥成了绥德县一处史诗级地标性建筑，也是210国道西安—包头段的咽喉之地，为绥德城内最重要的交通枢纽。

千狮桥拓宽改造工程，规划拓宽千狮桥15米，新建桥梁采用公路－Ⅰ级标准建设，净跨每跨20米，共13跨，为钢筋混凝土结构。新桥在下游与老桥平行相依，新旧桥之间为宽度3～4米的绿化隔离带，工程于2012年10月10日开工，于2013年10月31日竣工。改造后，整桥宽度达到30米，实现双向四车道的通行目标，通行能力比原来增加了几倍。实施千狮桥拓宽改造工程，对畅通城区交通、方便群众出行、加快物流运输乃至副中心城市建设都有十分重要的意义。

（三）名潭1处

黑龙潭位于榆林市米脂县镇川镇红柳滩村东山谷，始建于明正德年间（1506—1521年），清光绪十年（1884年）、民国二十一年（1932年）均有维修。古庙建筑主要有黑龙大王祠、过厅、钟鼓楼等。庙祠东西有9眼山泉，分别注入9个小石潭中，故又称之为“九龙潭”，其中庙北30米山崖处有一卵形泉口，俗称“海眼”。庙前48级石阶左右竖石旗杆1对，各高6米，杆顶置两层四方石斗，石雕精致。石阶下有石牌楼1座，由28块精雕细刻的条石砌合而成。

（四）古碑1处

雄石峡张公创开水磨碑记碑：清康熙年间，水磨已很发达，在南方的应用十分广泛。陕西岐山人张建来到榆林红石峡，见水自东向西川流不息，可建水磨。于是带领工匠障水填基，凿石开渠安置水磨。至此，水磨在陕北开始应用。清康熙十八年（1679年），为纪念张建引进水磨，得水泽之利，王祯以楷书撰写《雄石峡张公创开水磨碑记》，刻于红石峡观音堂窟门外南壁上，其碑圆首，竖长方形，高121厘米、宽55厘米。现保存完好。

（五）古水文水利管理机构2处

（1）赵石窑水文站。位于榆林市横山县响水乡，设立于民国三十年（1941年）8月

23 日，为国家重要水文站，属无定河流域控制站。该站现隶属陕西省水文水资源勘测中心延安水文水资源分中心。

该水文站控制流域面积 15253 平方千米，距河口 217 千米，主要收集无定河该站断面以上河流水位、流量、泥沙、冰情及本地区降水、蒸发、土壤墒情等基本水文资料，掌握本河段水、沙量变化过程及规律。初设时，由陕西省陕北水利工程处领导。民国三十一年（1942 年）5 月 11 日迁至定惠渠河大坝下游 900 米处，成为赵石窑（二）站，由陕西省水利局领导。民国三十五年（1946 年）9 月 1 日停测。1950 年 4 月 7 日恢复观测并上迁 1317 米，成为赵石窑（三）站，由陕西省水利局领导，1964 年改由陕西省水文总站领导。1965 年 1 月 1 日下迁 1117 米成为赵石窑（四）站，由陕西省水文总站领导。2004 年 1 月 1 日上迁 5000 米成为赵石窑（五）站，由陕西省水文水资源勘测局领导。该站通过历史洪水调查，无定河最大洪峰流量为 2240 立方米每秒，发生在 1932 年。实测最大洪峰流量为 1150 立方米每秒，发生在 1942 年 8 月 2 日。最高洪水位为 101.49 米，警戒流量为 500 立方米每秒，保证流量为 800 立方米每秒。该站成立多年来，积累了大量的水文资料，为当地社会经济的发展和防汛减灾作出了积极的贡献。

（2）榆阳区榆阳镇水利管理委员会。位于榆阳区红石桥村，成立于民国末年，最早为大坝头管理委员会，是榆林地区最早的灌溉管理机构。20 世纪 50 年代初更名为榆阳区榆阳镇水利管理委员会，是灌区村民自发组织的民营管理组织。榆阳区榆阳镇水利管理委员会成员由灌区内 10 个村组村民公开选拔，管理委员会主任又称“壕头”，主要负责农田灌溉，其经费来源主要是灌溉水费及区域内的经济林收入。迄今为止，榆阳区榆阳镇水利管理委员会仍负责榆林红石峡灌区近万亩农田的灌溉管理工作。

（六）传说 3 则

（1）无定河的传说。相传很早以前，榆林市无定河上游是一片汪洋。后来，由于天上十个太阳的烘烤，海水不断枯竭，只有东南面的沙滩里留下一片小海子。一天，月亮姑娘发现了海子，便经常下凡洗澡。有一次，月亮姑娘洗完澡，来到一片绿草地里，一脚踩下去，听到“哗哗”的声音，拔出脚一看，竟冒出一股泉水，泉水顺着草地流到海子里，不一会儿，海子里的水位愈来愈高，为阻止泉水淹没草原、沙滩，她便拿起了旁边的红柳棍在地上划，一直划到黄河里，地面上立即出现了一条沟壕，海子里的水便顺着沟壕流了出来，地面上就出现了一条由西向东蜿蜒曲折的河流。月亮姑娘怕海子里的水流完，每次洗完澡，就用一块大青石将泉眼盖住一大半，再洗澡时就搬开大青石，河水就会不定期地时涨时落、时浑时清，人们根据其特点取名“无定河”。

（2）月儿泉的传说。榆林市米脂县柳家洼村的貂蝉洞前有一条沟，名曰“南沟”，亦称“黄龙洞”。沟里有一山泉，古称“月儿泉”。相传，柳家洼一户柳姓人家，为给儿子办婚礼，去向黄龙洞里的小黄龙借来金碗玉盘银勺大摆宴席，其父滋生贪念，将所借金碗玉盘银勺作为本金交付儿子他乡经商。此事惹怒了小黄龙，小黄龙便将大山垮塌压住黄龙洞以及清泉水。从此，柳家洼人无法在此取水。其女月儿姑娘得知详情后，替父赎罪，每天早出晚归，用尽一生在黄龙洞的山沟泉址上挖土寻泉，终于挖出一条山沟，沟底流出了清泉，为柳家洼人挖出了吃水的泉井。为纪念这位姑娘，便将这股水泉叫作“月儿泉”。

（3）庙海湾的传说。传说，有一天西海王母娘娘下凡到鄂尔多斯游玩，路过榆林市靖边县城南 24 千米的海则滩，看到了海则滩波光粼粼，一望无际，倒映着蓝天白云，成群的牛羊在海边吃草，百鸟欢歌，鱼翔浅底……海则滩美丽的景色深深吸引了王母娘娘，她看着看着不觉就在云端里睡着了，鞋子里的沙粒掉了出来，撒在了浩渺的海子上，把一个大海子分成了七七四十九个小海子。王母娘娘醒来之后，看到海子变成了碎块，有些后悔，遂将广袖一舒，在东南边上划出了几块良田，作为对自己过失的补偿。人们为纪念王母娘娘的恩惠，便在东南面的海子边上修建了一座娘娘庙，此处也被叫作“庙海湾”。

第三节　水文化展示

无定河流域围绕创建水土保持示范园、水利风景区、水情教育基地三大载体，在水利工程建设、水土流失治理、河道综合整治等方面，突出水文化元素，集中展示水科技、水法治、水生态、水情教育等内容，丰富和提升了水工程的科技文化内涵、生态旅游功能和水情教育作用。截至 2023 年底，无定河流域共创建省级以上水土保持示范园 8 个，其中国家级水土保持科技示范园 3 个；省级以上水利风景区 7 个，其中国家级水利风景区 1 个；国家级水情教育基地 1 个。在这些园区创建中，米脂县高西沟村是唯一获得三大殊荣最高等级的景区，即国家级水土保持科技示范园、国家级水利风景区、国家级水情教育基地。

一、米脂县高西沟国家级水土保持科技示范园

该示范园位于米脂县城东北 20 千米的高西沟村，全村总面积 4 平方千米，有 3 个村民小组，属典型的黄土丘陵沟壑区。昔日这里地形破碎，土地贫瘠，山上光秃秃，沟里泥水流，年年遭灾害，十种九不收。

从 20 世纪 50 年代开始，高西沟村党支部团结带领群众治山治水，按照“宜林则林、宜草则草、宜粮则粮”的原则，三分之一土地植树造林，三分之一土地种草养牧，三分之一土地种粮务农，创造了“三三制”模式，形成了著名的“高西沟精神”。70 多年来，四届村党支部充分发挥战斗堡垒作用，一个党员一面旗，一届接着一届干，一张蓝图干到底，实现了主导产业从农牧型转向多元化，实现了跨越式发展。进入新世纪，水土保持仍然是高西沟不变的主题。围绕山青、水秀、村美、人富的目标，在 40 架山、21 条沟，按照“山上缓坡修梯田，沟里打坝聚湫滩，高山远山森林山，近村阳坡建果园，退耕坡地种牧草，荒坡烂坬种柠条”的布局进行综合治理，修梯田、打坝堰，退耕还林，封山禁牧，植树种草，防治水土流失，改善生态环境，用心血和汗水谱写了改天换地的壮丽篇章。该村党支部坚持党建引领，积极组织群众发展粮、果、菜、牧等多种经营，引导农民科学种田，发展“公司 + 基地 + 农户”的经营模式，组织农民走产业化道路。同时，开发乡村休闲旅游，建起了全国第一座村级水土保持成果展览馆，将一个穷山沟治理成“陕北小江南”，

创造了生态建设的奇迹。如今，高西沟村建有660亩松柏林、200亩苹果园、200亩大扁杏园和60亩水库，有山有水、有林有田，有坝有园，通过住土窑洞、登土山坡、吃农家饭、干农家活等活动，既可体现厚重的黄土风情，又可感受江南青山绿水风光。2004年以来，高西沟村先后被授予全国文明村、全省文明村，被誉为黄土高原水土流失治理的典范；村党支部被授予全省综合示范先进村党组织，被誉为农村基层党组织建设的一面旗帜。2015年被水利部评为国家水土保持科技示范园，2016年9月入选水利部第十六批国家水利风景区名单，2022年3月被陕西省水利厅公布为首批省级水情教育基地，2023年3月被水利部公布为第5批国家水情教育基地。

二、榆阳区黄家圪崂国家水土保持科技示范园

该示范园位于榆林市榆阳区古塔镇黄家圪崂村，距榆林城区东南10千米，属黄土丘陵沟壑地貌区，总面积11平方千米。2007年以来，黄家圪崂村依托国家水土保持重点建设工程与省级水土保持补偿费项目，围绕建成集新型村镇建设、科技示范、产业开发、休闲旅游为一体的综合性水土保持科技示范园的目标，在本村回乡企业家、村党支部书记张文堂的带领和直接投资下，采取“公司土地流转、建设统一规划、分区综合治理”的模式，在土地流转、资金投入、试验示范等方面进行了大胆探索。同时，示范园建立“政府引导、政策支持、个人参与、多方受益”的水土流失治理长效机制，一是大力发展高标准基本农田，为产业开发打好基础；二是充分挖掘水资源潜力，打坝建库，引水上山，集雨利用，污水处理，既保障了农业与生态用水，又兼顾水景观效果；三是大面积绿化荒山、美化环境，种植经济林，发展林果产业；四是统一规划，高标准建设美丽乡村，建成具有中西结合风格的新农村，为发展乡村旅游奠定了基础。

黄家圪崂村将水土保持与新农村建设紧密结合，全方位开发园区资源，统筹谋划，科学布局，分区推进，倾力打造了水土保持助推美丽乡村建设的示范工程。治理后，黄家圪崂村新增措施直接经济总产值2520万元，年直接经济效益增值170万元，农民年人均收入增加2600元，治理程度由15.4%提高到86.1%，林草覆盖率由14.1%提高到83.4%，人均基本农田3.2亩。全村呈现出“梯田层层绿、房屋家家美、清水上山岗、花果满园香、绿树绕山梁”的景象，成为榆阳区“杏树文化旅游”产业带上一颗璀璨的明珠。园区也是榆林市第一中学、榆林市第十二小学、古塔镇中学、古塔镇中心小学等关于水土保持、新农村、节水示范工程的科普教育综合实践基地。2017年，被水利部评为国家级水土保持科技示范园。

三、绥德县辛店沟国家级水土保持科技示范园

该示范园是由黄河水利委员会绥德水土保持科学试验站在其科研试验基地的基础上建成的，位于无定河左岸绥德县辛店沟村。流域内梁涧起伏，沟壑纵横，地形破碎，总面积1.44平方千米，属典型的黄土丘陵沟壑区第一副区，也是黄河粗泥沙集中来源区腹地。

黄河水利委员会绥德水土保持科学试验站成立于1952年，主要开展黄土高原水土流失观测试验、水土保持科学研究、水土保持措施示范推广等工作。经过长期努力，建成了韭园沟、辛店沟黄土丘陵沟壑区水土保持小流域治理示范样板，探索出黄土丘陵沟壑区第一副区水土流失治理“三道防线”、韭园沟坝系等多种综合治理体系。党的十九大以来，绥德水土保持科学试验站积极践行习近平生态文明思想，坚持绿水青山就是金山银山的理念，依托省级水土保持补偿费项目，建成了具有水土流失观测试验区、坝系集雨节水灌区、科普交流示范区、高效水土保持植物展示区、高效农业示范区和生态自然修复区六大功能区的水土保持示范园。园区内植被覆盖率达75%，水土流失治理度达86%，拦沙率高达98%。园区已成为集党性教育、水土保持示范、监测试验、成果展示、科普教育、休闲观光为一体的综合示范园区。

园区自建成以来，吸引了院士山仑、陈祖煜以及科研院所专家前来开展科研合作、课题研究，先后与西北农林科技大学、西安理工大学、中国科学院水利部水土保持研究所等各大院校和科研院所合作，建立了13个长期学术交流和野外教学基地，开展了600多个专题的试验研究，取得130多项成果，其中国家级科研成果6项、省（部）级科研成果40多项，公开发表3000余篇论文；建立了水利部黄土高原水土流失过程与控制重点实验室、黄土保持与生态修复国家林业局（现为国家林业和草原局）重点实验室、中国科学院遥感所绥德真实性检验站。2020年被评为省级水土保持示范园，2022年入选国家级水土保持科技示范园。此外，园区还被榆林市委、市政府授予黄土高原生态文明建设水土保持示范区、榆林市专家工作和党员干部培训基地。

四、绥德县龙湾水土保持示范园

该示范园位于绥德县名州镇境内，西部紧邻无定河与绥德县城东开发区，距县城1.5千米，总面积23.86平方千米，属典型的黄土丘陵沟壑区。昔日曾因陡坡开荒、滥垦滥伐、过度放牧、顺坡耕作等不合理的土地利用方式致使地面植被破坏，水土流失严重。

围绕水土保持示范园建设，绥德县委、县政府积极调整发展和治理思路，采取“政府主导、群众参与，统一规划、综合治理，部门联合、资金捆绑，集中连片、整体推进”法，大力开展水土流失综合治理，新增造林种草1.19万公顷，林草覆盖率由过去的7.13%增加到46.8%；新增基本农田2666.67公顷，人均基本农田增加0.04公顷；开展沟道治理，现有淤地坝417座，塘坝22座；配套水利设施，建设抽水站3处、蓄水池106座、水窖174眼；建设山地日光温棚，大力发展设施农业和观光农业；改善园区交通条件，新修道路223.3千米；还建成水上乐园、水土保持文化广场、景观小品、山上农家乐、水土保持科普展板、宣传导视等设施，向社会提供优质安全的无公害水果、蔬菜、禽类等农产品，已成为当地及周边群众休闲、旅游、观光、度假的好去处。2019年被评为省级水土保持示范园。

五、榆阳区赵家峁水土保持示范园

该示范园位于榆阳区古塔镇余兴庄办事处赵家峁村，为典型的陕北黄土丘陵沟壑地貌，总面积12.6平方千米。

2013年以来，赵家峁村抓住小流域综合治理契机，以国家水土保持重点工程建设为抓手，全面实施山水林田路综合治理，在项目实施中融入文化水土保持概念，以“杏花溪谷、峁上人家”及“老家记忆、难忘乡愁”为主题，实施集休闲农业时令水果采摘、水上乐园和旧农居体验于一体的“一山、一水、一片绿，宜居、宜业、宜旅游”的水土保持示范项目。同时，在各级党组织的指导和村党支部的主导下，赵家峁村确定了“确权确股不确经营地块”的改革思路，实质性推进了资源变股权、资金变股金、农民变股民的“三变”，逐步形成了归属清晰、权能完整、流转顺畅、保护严格的现代农村产权体系。

园区已建成农业产业开发区、杏树生态景观区、山水文化旅游区、黄土风情体验区四个一级功能区，其中：农业产业开发区是以设施种植和设施养殖为主，发展高效农业；杏树生态景观区以赵家峁大梁为中心栽植大扁杏，开展绿化美化，打造“春赏花、夏品果、秋观叶”的杏树文化旅游地；山水文化旅游区以沟道水系治理为重点，打造水景观，建造“塞上小江南”，开发水上旅游；黄土风情体验区以建设新农村为核心，配套建设老年幸福院、卫生室、幼儿园、健身广场等基础设施，同时发展具有陕北饮食文化特色的农家乐和乡村旅游。2019 年，被评为省级水土保持示范园。

六、榆阳区黑龙潭水土保持示范园

该示范园位于榆林市榆阳区城南 55 千米处的镇川镇红柳滩村，区域内的黑龙潭道观是陕北著名的道教圣地，属无定河流域，地貌类型是典型的黄土丘陵沟壑地貌。园区有 3 条主沟道，总面积 23.86 平方千米。治理前黑龙潭沟壑纵横，梁峁起伏，坡陡沟深，植被稀少，水土流失严重。

按照榆林市提出的“宗教 + 生态”建设理念，当地政府统筹水利水土保持资金，大力开展水土流失治理。园区总框架由文化旅游区、商业服务区、生态观光区、水土保持措施展示区、生态自然修复区等五个一级功能区组成。共治理水土流失面积 8.3 平方千米，其中：新建谷坊 6 座，新修沟边 0.6 千米，新修青石踏步 0.4 千米，修建水窖 7 座，护坡 1.9 千米，新建停车区 1 处，道路绿化 4 千米，营造水土保持林 160 公顷，营造经果林 16 公顷，疏林地封禁治理 580 公顷，布设导视工程 1 套，打造水土保持文化广场 2 处。园区年直接经济效益可达 113 万元，年拦蓄径流 76 万立方米，拦减泥沙 14 万吨，年土壤侵蚀量由每平方千米的 1.2 万吨减少为 6000 吨。经过多年的综合治理，园区生态环境得到很大改善，荒山秃岭、支离破碎的黄土高原已经变得绿荫成片，郁郁葱葱。2016 年，被评为省级水土保持示范园。

七、绥德县无定河乾坤湾水土保持示范园

该示范园位于绥德县城南 25 千米处的崔家湾镇，是以民营资本投资为主，由省级能源水土保持补偿费项目扶持而打造的水土保持综合示范园。该示范园由水土保持林示范区、生态修复区、科技示范区、休闲娱乐区等 4 个功能区组成。示范园区总面积 19.07 平方千米，水土流失面积 18.02 平方千米。涉及崔家湾镇苏家岩村、圪凸村、王家川村、山榆洼村等 7 村，权属明确，2012 年已实现了土地经营权的集中流转，土地使用手续齐全、合法、完备，实现了村企合作、双方互赢的新局面。示范园共有 519 户 1683 人，年人均纯收入 7326 元。园区于 2012 年开工建设，目前已完成投资 2600 万元，通过承包集体山地、租包农户的承包地、农户土地入股等土地流转方式，按照“公司＋合作社＋流动党支部＋基地＋农户”的产业化经营模式，目前已完成整个园区台地开垦、坡改梯、生态治理、道路修建等工程措施和林草措施，实现土地经营合作面积达 8755 亩，建成了以苏家圪凸核桃标准示范园 500 亩、山榆洼山地有机农业示范区 2200 亩和育苗面积达 3000 多亩的育苗基地“三大板块”格局。2016 年 11 月，被评为省级水土保持示范园。

八、子洲县佛殿堂水土保持示范园

该示范园位于子洲县县城以北 1.5 千米处，是子洲县响应榆林市委、市政府建设“三个百树”工程号召，结合国家退耕还林政策而建设的集生态示范和休闲旅游于一体的综合示范园区。子洲县依托国家水土保持重点治理工程、省级水土保持补偿费使用项目、坡耕地水土流失综合治理项目、淤地坝坝系工程及社会资本的参与，加大资金投入力度，加快流域治理步伐，通过工程、林草、封育措施的综合整治和清洁流域的实施建设，实现雨水径流就地蓄渗、沟道泥沙全面拦截、暴雨洪水顺利排导、坡面植被明显改善，全面提升蓄水防洪能力，培育出了一批山绿、水清、人富的水土流失治理典型，特色产业兴旺发展。按照优先生态，系统治水、柔性治水理念，以控制水土流失、改善生态环境为手段，以小流域为单元，山水林田湖草沙，统一规划，综合治理，实现水土资源的可持续利用和生态环境的可持续维护，努力打造黄土高原丘陵沟壑区生态综合治理试验示范县。佛殿堂示范区完成综合治理面积 18 平方千米，造林 2.3 万亩，兴修梯田 3000 亩，修建环山道路 23.5 千米。2023 年创建为陕西省省级水土保持示范园。

九、横山王圪堵水库水利风景区

该风景区位于无定河干流中游、毛乌素沙地南缘，距横山县城 12 千米、榆林市区 60 千米，是一处典型的“水库型”水利风景区。王圪堵水库是一座以供水为主，兼顾防洪、拦沙、灌溉、发电等综合利用的大（2）型水利枢纽工程。水库总库容 3.89 亿立方米，调节库容 2.28 亿立方米，滞洪库容 0.78 亿立方米，死库容 0.83 亿立方米。水库枢纽工程主要由拦河坝、放水洞、泄洪洞、溢洪道、坝后电站五部分组成。王圪堵水库年可供水 1.39 亿立方米，向无定河下游 14.6 万亩农田灌溉补水 0.444 亿立方米，是榆林国家能源化工基地建设的重要水源工程，是陕北水利建设史上规模最大、等级最高、调蓄能力最强、效益最好的水利枢纽工程。

水库北岸属风积沙丘，南岸多为黄土丘陵盖沙。特别是在王圪堵水库正常蓄水时期，回水长度达 13.5 千米，形成水域面积 2.3 万亩，是陕北最大的人工湖，水面宽阔，烟波浩渺，是无定河流域不可多得的水利旅游资源。2015 年，被陕西省水利厅评为省级水利风景区。

十、横山圁水圣境水利风景区

该风景区是集休闲娱乐、垂钓观光为一体的综合农家乐项目，位于白界镇黑峁墩村无定河之滨，环境优美，风景秀丽，湖岛相抱，亭台楼阁，周围绿野环绕，塞北风情和江南水韵在这里得到了有效的融合，是休闲度假的好去处。

圣境湖是由发源于项目区北部草皮洼的黑峁墩河人工打造形成的湖泊，周长 2.3 千米，面积 0.2 平方千米。圣境湖湖面宽阔，岸线绵长，水草丰茂，芦苇丛丛，湖畔峰岭绵延，沃野千里，候鸟翩飞，野鸭游荡。风景区内设有水上娱乐项目，主要配备冲锋艇、小游艇、摩托艇、手划船等多种船械，并设有专用码头，游客可以在水面上划船戏水，尽情享受水上乐趣。在风景区东侧设有黑峁墩广场，广场上有小型喷泉，并设有休闲亭和休闲廊道，是附近居民日常休闲娱乐场所和重大活动场地。风景区还设有农耕文化体验区和绿磨坊，可让游客充分体验耕作乐趣、乡村文化。2016 年，被陕西省水利厅评为省级水利风景区。

十一、米脂貂蝉故里水利风景区

该风景区位于榆林市米脂县西北 18 千米处，依托石沟镇柳家洼水库工程而建，属于工程型水利风景区。景区面积 4.2 平方千米，其中水域面积 0.2 平方千米。柳家洼水库是一座以灌溉为主，兼有防洪、供水、旅游等综合利用的小型水利枢纽，水库集水面积 3 平方千米，总库容 81.1 万立方米，最大坝高 22 米，坝顶长度 100 米，灌溉面积 0.03 万亩。柳家洼是典型的黄土高原丘陵沟壑区，地貌主要以峁、梁、沟、川为主，这里有独特黄土峭壁山崖险要的地理环境，有丰富优质的地下水资源，号称“黄土高原小山峡”。景区内有高峡平湖、危崖峭壁，水土流失形成的沟壑被退耕还林后形成的植被所覆盖，黄土高原的生态壮美和山川秀美景观尽收眼底，令人叹为观止。景区内空气清新，空气质量优良率达 100%，植被覆盖率达到 95%，空气质量达到一类区标准，水土流失综合治理达到 95%，柳家洼水库水质常年为 Ⅲ 类水。景区有陕北窑洞 29 孔，游泳池 1 处，观光休息厅 5 处，150 米的文化长廊 1 处，其内容有貂蝉在民间流传的故事画像 40 幅，有米脂妇女各代、各条战线作出贡献的人物图像 44 幅，以发扬米脂婆姨精神，激励米脂妇女向模范人物学习，发扬继承米脂婆姨的正能量。景区各项基础设施的建设，有效促进当地城镇化进程，进一步改善了当地居民的生活环境。旅游业的发展将会促进当地居民经济水平提升和物质条件、生活质量的改善。同时，水利风景区的建设有利于地方大气水循环，改善人文及生态环境。柳家洼村是榆林市政府授予的市级生态村，被中央精神文明建设指导委员会办公室授予“全国文明村镇”称号，2015 年，被陕西省水利厅授予省级水利风景区。

十二、榆阳区红石峡水利风景区

该风景区位于无定河水系榆溪河中游的榆阳区榆阳镇吴家梁村，地处榆林郊区，距榆林城北 4.5 千米。榆溪河红石峡水库上游有白河、圪求河、头道河、三道河、四道河；南邻镇北台、生态园、摩崖石刻、沙地植物园等，均在 1.5 千米的范围内。红石峡水利风景区是依托红石峡水库而建设的景区，属于水库型风景区。红石峡水库是一座以防洪为主，兼顾农灌、水力发电、城市供水、工业供水等为一体的综合利用的中型季节型调节水库，水库水面面积 750 亩，正常水位库岸线长 6 千米，库容量 1900 万立方米，兴利库容 1100 万立方米。

景区水资源比较丰富，整体生态环境优良，由较长的岸滩、大片的林地以及水中多样的鱼类和林中各种鸟类等共同构成。红石峡水库旁边有一个沙漠绿化示范区，对水土保持和节约用水意义重大。白天鹅、鹭鸟在冬天迁徙过程中会在此暂作停留，成为水库一道美丽的风景，堪称沙漠中的碧玉。紧挨着红石峡水库的就是有“万里长城第一台”美誉的镇北台，为水库增加了一道独特的风景。在大坝下游有著名的摩崖石刻，红石峡谷林木青翠、群花争艳、景色优美，著名石刻众多，是石刻的宝库，有“塞上碑林”“榆溪胜地”之称，具有很高的历史文化价值。2012 年，被陕西省水利厅评为省级水利风景区。

十三、靖边金鸡沙水利风景区

该风景区位于靖边县东坑镇金鸡沙村，距靖边县城 35 千米，距吴定高速、307 国道北 15 千米，从县城驱车 40 分钟可达，距全国劳动模范、治沙英雄牛玉琴的全国农业旅游示范区 3 千米。景区依托金鸡沙水库而建设，属于典型的水库型水利风景区。从 2007 年开始，景区凭借“蓝天、碧水、金沙”的天然生态环境，多方面筹集资金 3000 多万元用于旅游开发及库区基础设施建设，打造出景区服务区、水上娱乐区、沙漠娱乐区、蒙古风情餐饮区等项目，完善了景区绿化和道路设施，已逐渐成为靖边县一处集吃、住、游、娱于一身的休闲娱乐的好去处。2012 年，被陕西省水利厅评为省级水利风景区。

十四、清涧鱼儿峁水利风景区

该风景区位于清涧县高杰村镇李家崖村无定河东风水电站上游。清涧县柴家畔到河口区间是无定河流域风景最佳的河段，在黄土残塬梁峁丘陵沟壑区和黄河沿岸蚀余黄土丘陵沟壑区，蜿蜒 14 千米，分布着 16 个大小各异的曲流，形成密集的曲流群。曲流群景区以鱼儿峁和王宿里曲流最为典型，已被申报建设成为无定河曲流群地质公园，最重要的地质遗迹是嵌入式曲流群地质遗迹。该公园规划总面积为 47 平方千米，北起柴家畔湾，南至惠家河入黄口，西从川口东达高家坬村，南北长约 20 千米，东西平均宽约 4 千米。该公园是以无定河下游壮丽的曲流群地质遗迹景观、古生物化石和黄土地貌景观为主体，融入特色人文景观，集科学考察、科普教育、游览观光于一体的多功能地质公园。该公园内地质遗迹有曲流地质遗迹、古生物化石、古河相遗迹、河流冲积沉积地质遗迹；有柴家畔湾曲流、高杰村湾曲流、邢家塔湾曲流等曲流和湾。该景区有五大明显特征：地质遗迹成群密集出现、多级别曲流、曲流的曲率大、曲流发育形态完整典型、能展现曲流形成的不同阶段序列。鱼儿峁水利风景区为无定河曲流群地质公园的核心区域，2015 年，被陕西省水利厅评为省级水利风景区。

第四节　水文化宣传与交流

无定河流域水文化的宣传与交流，是随着流域治山治水、治河治沙事业的发展而不断得到加强的。特别是 1988 年我国第一部水法颁布后，各级水利部门充分利用“世界水日”、“中国水周”和全国科普日等时节，组织开展声势浩大的水法律法规宣传、水工程建设成效宣传、节水爱水护水宣传，增强全社会的水忧患意识、水法治观念。同时，积极组织各级媒体开展集中采风报道活动，扩大水文化社会宣传面。

一、水文化宣传

1994 年 6 月，全国人民代表大会环境与资源保护委员会组织首都 12 家新闻单位记者组成的新闻采访团，深入无定河重点治理区进行采访，集中向社会宣传报道了陕西无定河流域治理取得的成效。同时，由陕西省水土保持局副局长王正秋主编、梁西平摄影的《无定河流域治理》画册，由香港大地出版印刷公司出版。

1999 年 7 月 6—7 日，由全国人民代表大会常务委员会组织的“中华环保世纪行——爱我黄河”采访团，深入绥德县义合镇胡家沟村、绥德水土保持科学试验站实地采访了流域治理和水土保持工作等情况，在全国范围内宣传报道了黄土高原治理给黄河生态环境带来的可喜变化。

2006 年 3 月 22 日，在“世界水日”和“中国水周”期间，榆林市水务局统一组织，抽调工作人员在榆林市中心广场举行以“转变用水观念，创新发展思路”为主题的大规模的水法律法规宣传活动，现场设彩门，采取散发传单、悬挂横幅、摆设展板、设立咨询点等方式，广泛宣传水资源知识和水法律法规。

2007 年 12 月下旬，陕西电视台发起捐助榆林缺水地区的“朝阳行动 2008 年——水窖寄深情”大型公益活动。

2009 年 3 月 22 日，在“世界水日”和“中国水周”期间，榆林市水务局在榆林世纪广场举行“跨界水——共享的水、共享的机遇”为主题的宣传活动，发放《中华人民共和国水法》《中华人民共和国防洪法》《中华人民共和国渔业法》等水利法规宣传资料 4000 多份。同年 6 月 29 日，榆林市水务局在榆林世纪广场还举行《中华人民共和国水土保持法》颁布实施 19 周年大型宣传活动。

2010 年 5 月 14 日，陕西省水利厅组织媒体记者到定边等地开展农村安全饮水工程建设采风活动，向社会介绍了白于山区安全饮水取得的显著成效。

2011 年 3 月 22 日，榆林市水务局和黄河水利委员会晋陕蒙水土保持监督局、榆阳区水务局在榆林市中心广场共同举办纪念第十九届“世界水日”暨第二十四届“中国水周”宣传活动和新《中华人民共和国水土保持法》颁布实施宣传启动仪式和万人签名活动。活动现场发放宣传材料 18000 份，展出宣传展板 60 块，接受群众咨询 300 余人次。

2011 年 10 月初，榆林电视台《点击榆林——政风行风大家谈》栏目举办“解读中央一号文件，关注榆林水利”专题访谈，榆林市水务局负责同志就榆林市水资源、水利设施，以及如何贯彻落实中央和陕西省《关于加快水利改革发展的决定》及实施意见精神进行了访谈。同时在《榆林日报》开展了“榆林水利工程大家谈”征文活动。

2014 年 9 月 19 日，榆林市水利局组织积极参加榆林市全国科普日主题活动，开展了以“节水在我身边”、生活用水节水小常识等宣传，社会各界 1000 多人参与咨询，发放宣传资料 4000 余份。

2018 年 12 月 26 日，由陕西省团委、省青年联合会与省委宣传部、省精神文明建设指导委员会办公室、省委网络安全和信息办公室、省委科学技术工作委员会、省国有资产监督委员会等 10 家单位共同主办的“将改革开放进行到底”百姓宣讲活动省级宣讲会暨 2018 年陕西好青年颁奖典礼在西京学院举行。陕西省水文水资源勘测局绥德水文站荣获“陕西好青年集体”奖。

2020 年 3 月 22—28 日，榆林市水利局适应新冠疫情防控形势，组织开展了以网络宣传为主的有奖知识答题活动。活动由榆林市水利局与市城市创建工作协调服务中心组织，以“坚持节水优先，建设幸福河湖”为主题，面向陕西省内群众，发布涉及水利法律法规、节水用水护水知识、河湖长制、城市创建等上百个知识点的题目，有6669人通过微信参与，答题次数超10万人次。参与人员涉及榆林、西安、延安、咸阳、渭南、铜川、商洛、宝鸡、安康、汉中等地市，其中榆林本地参与比例为92%。

二、水文化交流

在强化水文化宣传的同时，各级各有关部门注重采取“走出去、请进来”的办法，加强无定河水文化对外合作与交流。

1992年8月4—8日，林业部、国家科学技术协会发起组织的沙地开发利用国际学术研讨会和全国治沙暨沙业学会成立大会在榆林召开，应邀参加学术交流的有日本、以色列、中国专家学者共98人。

1994年4月27日，日本鹿儿岛中国同人馆“绿色遣唐使访华团”一行42人，在陕西省人民代表大会常务委员会副主任任国义等陪同下来榆林参加中日友好植树绿化活动，并在榆林市牛家梁乡大伙场举行“中日友好治沙林纪念碑”的揭幕仪式和植树造林。

1996年9月5日，靖边县治沙女英雄牛玉琴出席在美国纽约召开的联合国防止沙漠化公约组织大会，向与会的70多个国家的数百名代表讲述了她十多年来历尽的苦难、失去丈夫后仍不屈不挠带领全家治沙的事迹和建立生态农业示范区的打算，受到热烈欢迎。

2005年10月19日，荷兰王储威廉·亚历山大受邀前来榆林对绥德石家沟、韭园沟等小流域治理情况进行了考察，向世界宣传了中国黄土高原治理取得的显著成效。

2020年8月30日，中国科学院学部咨询评议项目黄土高原淤地坝建设和风险防控调研与建议专家咨询会在榆林召开。8位中国科学院院士与来自全国的80多位专家学者齐聚榆林，共商黄土高原淤地坝建设，共谋水土保持良策，共同推动黄河流域生态保护和高质量发展。

三、水文化弘扬发展

利用国家和省级水土保持科技示范园、水利风景区和水情教育基地建设，充分展示水科技、水法治、水生态、水情教育等内容，丰富和提升了水工程的科技文化内涵、生态旅游功能和水情教育作用。

2013年8月26日至9月2日，水利部、陕西省水利厅专家组一行11人，深入无定河鱼儿峁，横山无定河湿地、王圪堵水库等水利风景区调研，对绥德龙湾水土保持生态型水利风景区、无定河城区段城市河湖型水利风景区建设工作进行交流探讨，对榆林市编制中长期水利风景区规划提出指导性意见，为加快水利风景区建设、提高水文化展示质量提供了依据。

2015年3月，榆林学院派人员参加由水利部水文化工作委员会常务副主席王经国、会长靳怀堾、秘书长李宗新带领的赴江西水文化调研活动，出席了江西水文化建设座谈会和东南西北水文化研讨会，学习交流了水文化建设经验和做法。

2015年11月18—21日，榆林市积极参加中国水博览会——水利风景区促进生态文明建设展，以榆林水利风景区精美的图片、优美的文字，向世人展示了融大漠风光与黄土风情为一体、边塞特色与陕北文化交相辉映的无定河水利风景区的魅力，受到中外观众的一致好评。

2017 年 11 月 3 日，中国水利职工思想政治工作研究会水文化专家走基层咨询服务活动在榆林市举行。河海大学教授尉天骄、云南省社会科学院研究员郑晓云、南京市水利局原局长王凯和华东师范大学教授符全胜，分别从生态文明和文化自信建设、水文化的内涵与建设、水文化建设的时代意义和作用、滨水空间的景观文化等方面进行了全面的解读与阐释。

2019 年 1 月，榆林市举行“美丽榆林与水土保持生态文明建设理论与实践”系列讲座，邀请国内知名专家、学者，从城市生态景观规划、生态文化与乡村旅游、黄土高原综合治理及“放管服”改革创新与发展等方面，举行了系列专题报告，榆林市水务局属系统，县（市、区）水土保持监督管理、补偿费治理与示范园创建及驻榆有关单位、企业的水土保持从业人员共计 130 多人参加了讲座，为水利水土保持工作人员上了一堂先进水文化理念课。

第五节　水文化作品

无定河流域历史悠久，文化源远流长，是历史上“北阻河套、南屏乌延、东控山西、西扼甘宁”的兵家必争之地。自古以来，无数文人墨客、封疆大吏和无定河流域劳动人民、水利建设者及文学艺术工作者，在长期戍守边关、治理山河的活动中，创作出许多丰富多彩的反映边塞风貌、戍守报国的边塞诗词，以及治山治水的诗词、歌赋、散文等水文化作品，现分类择要予以选录。

一、古诗词

出塞二首

〔唐〕王昌龄

一

秦时明月汉时关，万里长征人未还。
但使龙城飞将在，不教胡马度阴山。

二

骝马新跨白玉鞍，战罢沙场月色寒。
城头铁鼓声犹震，匣里金刀血未干。

注释：王昌龄（698—756），盛唐著名边塞诗人，后人誉为“七绝圣手”。龙城飞将，指抗击突厥扬威边地的名将。《汉书·武帝纪》：“元光五年（卫）青至龙城，获首虏七百级。”又，李广曾为上郡（今陕西绥德）太守，匈奴称为“汉之飞将军”。这里说“飞将”而冠以“龙城”，是把两个典故化合在一起。

塞上曲三首

〔唐〕李白

一

大汉无中策，匈奴犯渭桥。

五原秋草绿，胡马一何骄。

二

命将征西极，横行阴山侧。

燕支落汉家，妇女无华色。

三

转战渡黄河，休兵乐事多。

萧条清万里，瀚海寂无波。

注释：李白（701—762），唐代著名诗人。这三首是诗人以乐府旧题创作反映唐代五原（今陕西定边）一带边塞战事的军旅诗。

经杀子谷

〔唐〕陶翰

扶苏秦帝子，举代称其贤。

百万犹在握，可争天下权。

束身就一剑，壮志皆弃捐。

塞下有遗迹，千龄人共传。

疏芜尽荒草，寂历空寒烟。

到此尽垂泪，非我独潸然。

注释：陶翰，唐开元十八年（730年）进士，官至礼部员外郎。诗中所咏“杀子谷”，在今绥德县城附近。《经杀子谷》应为作者亲临其地的一首怀古之作，属五言古诗。前六句追忆扶苏贤而不遇，大兵在握，束身自刎的悲剧；后六句描写杀子谷荒草寒烟的凄凉景象，抒发了作者潸然泪下的悲伤之情。

塞芦子

〔唐〕杜甫

五城何迢迢，迢迢隔河水。

边兵尽东征，城内空荆杞。

思明割怀卫，秀岩西未已。

回略大荒来，崤涵盖虚尔。

延州秦北户，关防犹可倚。

焉得一万人，疾驱塞芦子。

岐有薛大夫，旁制山贼起。
近闻昆戎徒，为退三百里。
芦关扼两寇，深意实在此。
谁能叫帝阍，胡行速如鬼。

注释：杜甫（712—770），唐代伟大的现实主义诗人。芦子，即芦子关、芦关，在今陕西靖边县天赐湾乡。唐天宝十五年(756年)六月，安禄山叛唐攻占潼关，唐玄宗仓皇奔蜀。杜甫携眷由白水北逃到鄜州（今陕西富县）；七月，肃宗即位灵武，杜甫只身欲出芦子关投奔灵武，但在途中被安禄山掳至长安，即作这首诗。

边笳曲

〔唐〕温庭筠

朔管迎秋动，雕阴雁来早。
上郡隐黄云，天山吹白草。
嘶马悲寒碛，朝阳照霜堡。
江南戍客心，门外芙蓉老。

注释：温庭筠（约812—866），唐代诗人。边笳，即胡笳。朔管，指北方的一种管乐器。雕阴，即隋唐时雕阴郡，在今陕西绥德一带。此诗通过对荒凉的塞外之景的描绘，烘托了背井离乡的边关戍客内心的凄凉，抒发了戍客对江南家乡亲人的思念之情。

绥州作

〔唐〕韦庄

雕阴无树水难流，雉堞连云古帝州。
带雨晚驼鸣远戍，望乡孤客倚高楼。
明妃去日花应笑，蔡琰归时鬓已秋。
一曲单于暮烽起，扶苏城上月如钩。

注释：韦庄（约836—910），晚唐诗人。绥州、扶苏城，指今陕北绥德县，此诗为作者身处绥州城时望乡怀远而作。毛泽东主席很欣赏韦庄的这首《绥州作》。1947年8月13日，他转战陕北途经绥德时在黄家沟村居住，曾挥笔手书《绥州作》一诗，原稿现存于国家档案馆。

呜咽泉

〔唐〕胡曾

举国贤良尽泪垂，扶苏屈死戍边时。
至今谷口泉呜咽，犹似当年恨李斯。

注释：《呜咽泉》，题又名《杀子谷》。呜咽泉，在今陕西省绥德县城附近，相传为秦始皇长子扶苏自尽处。胡曾，邵阳（今湖南邵阳）人，试进士不第，曾从军边塞，唐咸通十二年（871年），为剑南节度使，著有《安定集》《咏史》。

陇西行四首·其二

〔唐〕陈陶

暂扫匈奴不顾身，五千貂锦丧胡尘。

可怜无定河边骨，犹是春闺梦里人。

注释：陈陶（约812—885），字嵩伯，自称三教布衣，鄱阳剑浦人。工诗，以平淡见称。屡举进士不第，遂隐居不仕，自称三教布衣。853年左右，避乱入洪州西山。相传他后来白日升天而去。貂锦，指战士。春闺，这里指战死者的妻子。

无定河

〔唐〕无名氏

无定河边暮角声，赫连台畔旅人情。

函关归路千余里，一夕秋风白发生。

注释：这首诗在后蜀韦縠《才调集》卷第十中为无名氏作；在明弘治《延安府志》卷四中署名为唐陈祐作。赫连台，指统万城，即唐代夏州城。函关，在今河南省灵宝市西。

塞上

〔宋〕寇准

春风千里动，榆塞雪方休。

晚角数声起，交河冰未流。

征人临迥碛，归雁别沧洲。

我欲思投笔，期封定远侯。

注释：寇准（961—1023），北宋政治家，诗人。字平仲，汉族，华州下邽（今陕西渭南）人。宋太平兴国五年（980年）进士，官至中书侍郎同中书门下平章事，封莱国公。有《寇忠愍公诗词》。榆塞，即今榆林一带长城边塞。

督运宿明堂川

〔宋〕李复

督运晚宿明堂川，凿冰饮马沙冈窟。

风沙正面立不得，骁骑轻兵忽驰突。

密雪拥渡无定河，河带血流浸人骨。

帐中令下星骑来，半夜促行更仓猝。

注释：李复（1052—？），字履中，号潏水先生，长安（今西安市）人，宋神宗元丰二年（1079年）进士，五年摄夏阳令。哲宗时，知潞、亳等州。元符二年（1099年），为熙河路经略安抚使军幕机宜文字。徽宗崇宁初年，迁河东转运使，崇宁三年（1104年）

知郑州，崇宁四年（1105 年）改知冀州。明堂川，即今无定河支流榆溪河。星骑，骑马传令的官员。

渔家傲·麟州秋词

〔宋〕范仲淹

塞下秋来风景异，衡阳雁去无留意。
四面边声连角起，千嶂里，长烟落日孤城闭。
浊酒一杯家万里，燕然未勒归无计。
羌管悠悠霜满地，人不寐，将军白发征夫泪。

注释：范仲淹（989—1052），北宋杰出思想家、政治家、文学家。宋仁宗康定元年（1040 年），担任陕西经略安抚招讨副使，挂帅延州（今陕西延安），采取“屯田久守”的方针，巩固西北边防。孤城，即麟州城（今神木城）。燕然未勒，诗人借汉窦宪追逐匈奴，登燕然山刻石记功而还的典故，自责戍边无功。

闻捷

〔宋〕苏轼

闻说官军取乞訚，将军旂鼓捷如神。
故知无定河边柳，得共中原雪絮春。

注释：苏轼（1037—1101），北宋杰出的文学家。宋神宗元丰四年（1081 年），宋廷调集大军出击西夏，种谔将军率部自绥德城出塞，在米脂川大败西夏军，取得了米脂川大捷，苏轼闻讯后作此诗表达其喜悦之情。

款塞来享

〔宋〕黄庭坚

前朝夏州守，来款塞门西。
圣上开皇极，降书付狄鞮。
毡裘瞻日月，剺面带金犀。
殿陛闲干羽，边庭息鼓鼙。
永输量谷马，不作触藩羝。
声势常相倚，今闻定五溪。

注释：黄庭坚（1045—1105），北宋著名文学家、书法家。夏州守，指西夏。塞门，宋代的重要边塞，在今陕西靖边县天赐湾乡。“来款塞门西”，是说宋哲宗元祐二年（1087 年）宋夏再次议和后，西夏人来到塞门西所设的保安军榷场与宋边民进行贸易。在西夏立国的近 200 年间，榆林市靖边、横山、米脂、子洲等大部分区域，成为宋夏战与和的“边地”，演绎了一场场“战争与和平”的悲喜剧。

扶苏

〔宋〕孔平仲

天下精兵掌握间，便宜长啸入秦关。

奈何拂剑区区死，不辨书从赵李奸。

注释：孔平仲（1044—1111），江西人，他和兄文仲、武仲与苏轼、苏辙并称为“二苏三孔”。宋徽宗崇宁年间（1102—1106），孔平仲曾知延安府。扶苏，即秦始皇长子扶苏，在绥德县城东有扶苏墓。

范公祠

〔明〕余子俊

文武才名重古今，严祠何幸观缨簪。

闻风曾破羌戎胆，向日常悬忧乐心。

故鼎有烟香篆续，断碑无字雨苔侵。

枝头鸟弄春声好，似共人间颂德音。

注释：余子俊（1429—1489），字士英，四川青神县人，明景泰二年（1451年）进士。明成化八年（1472年）出任延绥镇巡抚，十二年（1476年）改任陕西巡抚，二十三年（1487年）为兵部尚书。缨簪，指整理衣冠。香篆续，延续盘香。

无定河

〔明〕曹琏

一派银潢碧汉来，半空飞响势如雷。

烽墩迢递连沙漠，树色微茫绕钓台。

风猎旌旗兵旅振，月明楼阁画图开。

何当学得张骞术，也泛仙槎览公垓。

注释：曹琏，湖广永兴（今湖南永兴）人，明景泰六年至天顺三年（1455—1459年）以大理寺少卿参赞军务驻守绥德卫。银潢，指天上的银河。碧汉，指青天。这句是说无定河如天上的银河从碧空而来。钓台，指绥德城，城内有扶苏台。唐韦庄《绥州作》：“扶苏城上月如钩。”张骞，即汉武帝时出使大宛、大月氏等西域国的张骞。公垓，此指阻困鞑靼军的地方。

柳河秋色

〔明〕王越

黑山南畔几经过，秋色偏惊古柳河。

山影瘦分黄叶少，水光寒浸白云多。

物逢晚景犹如此，人到衰年可奈何。

莫向天涯赠离别，西风愁听渭城歌。

注释：王越（1425—1498），河南浚县人，明景泰二年（1451 年）进士。明成化七年（1471 年）出任延绥镇总兵官，建议“搜套”，兵部不准。成化九年（1473 年）乘机袭红盐池（在今内蒙古伊金霍洛旗），将鞑靼赶出河套。成化十年（1474 年）为延绥、宁夏、甘肃三边镇总制，封威宁伯。明弘治十一年（1498 年）卒于军中，赠太傅，谥襄敏。柳河，指今榆林城西榆溪河，也有说指今榆溪河支流西沙河。黑山，指榆林城西大墩梁山。渭城歌，即乐府《渭城曲》。

呜咽泉

〔明〕王琼

城东五里卢家湾，寒泉迸出石垒山。

泉声似泣还似诉，仿佛公子遭谗奸。

昔人已矣恨未已，无情却作有情比。

题名呜咽万古传，恨在人心不在水。

注释：王琼（1459—1532），字德华，号晋溪，山西太原人，明成化二十年（1484 年）进士，明正德十年（1515 年）升为兵部尚书，正德十六年（1521 年）被弹劾，谪戍绥德，寓居晋溪洞。明嘉靖七年（1528 年）再起，次年以兵部尚书兼三边总督。著有《晋溪杂咏》《北边事迹》等。呜咽泉，在绥德城附近。

游红石峡

〔明〕傅津

绿水穿红峡，青山卧白云。

潭深鱼自若，沙阔鸟成群。

罄响滩声落，香燃梵语闻。

临流拼剧饮，回首夕阳熏。

注释：傅津，字龙渊，榆林卫人，武举，明万历八年（1580 年）为延绥镇总兵官。

响水桥

〔明〕马希龙

山形嵯峨傍城隈，滚滚河流面面回。

云窦惊看三峡险，石梁疑是五丁开。

浪掀虹影从空落，雷撼鳌声涌地来。

坐向此间磨洗剑，风涛深处斩鲸腮。

注释：马希龙，字大化，榆林城人，明嘉靖三十七年（1558 年）领乡荐，试进士不第，五十岁出任乾州训导。晚年回榆林参加编写万历《延绥镇志》。响水桥，在今横山区响水镇。

响水桥遇刘将军说龙门诸胜

〔清〕谭吉璁

西北诸源水，独能通中国。
激峻从高注，扬奔下流急。
清澄六斗泥，千里还一曲。
混混圁谷流，欲与黄河敌。
东迳鸿门亭，天封井火出。
云泄复雷淬，湍沙浩难测。
北过响水城，野渡名谎忽。
幸有三门险，关防似禹迹。
信哉水非凿，而能穿入石。
中门水交冲，素沫随风发。
旁流二门深，浚波浮竹疾。
我来一问津，窥临真悸魄。
若非此安流，不然将大溢。
何必登龙门，神工怀巨阨。

注释：谭吉璁，字舟石，浙江嘉兴人。清康熙九年（1670 年）出任榆林城堡同知。编纂《延绥镇志》，著有《守榆纪略》等。刘将军，指当时任响水堡守备刘有谦。诸源水，指无定河，北魏时无定河称圁水；《山海经》曰："诸次之水。"鸿门亭，汉代今榆林曾建有鸿门县。天封井火，汉代鸿门县曾设有牧马之天封苑，这里地层冒有"火"（似天然气），并建有火井祠。谎忽，一作慌忽，即指古代无定河的支流芦河。

无定河

〔清〕白寿宸

两岸冰如积，中流势正豪。
伤心看鸟渡，容易过洪涛。

注释：白寿宸，清涧高杰村人，清顺治十一年（1654 年）中举，后屡试不第。清顺治十八年（1661 年）参与纂修《清涧县志》。晚年以著书、教学为业。

无定河古渡

〔清〕师奖

落日亭亭两岸幽，悬崖危石系孤舟。
迢迢古道千年渡，滚滚常川万里流。
暮笛不闻山色渺，晚林唯见水烟浮。
等闲风雨翻层浪，无限秋声使客愁。

注释：师奖，清涧人，清代岁贡。

无定洪涛

〔清〕程炳然

自昔河无定，奔腾势不留。
衔来山水恨，洗尽古今愁。
雪浪千层立，霜涛百丈流。
当年征战处，云影共沉浮。

注释：程炳然，鄱阳（今江西波阳）人。清道光十一年（1831 年）举人，清涧知县。今存有咏清诗 41 首。

二、水利民谣、民谚、陕北说书选录

祈雨歌

一

佛祖老爷雨薄哟，玉皇老爷出了令。
观音老母杨柳梢，圣水飘，
叫龙神老爷哟，早下海雨哟——救万民！
南无——阿弥陀佛（万民托福）！

二

龙王爷老早下雨，瓜菜葫芦晒死了！
龙王爷老早下雨，拦羊小子烧死了！
龙王爷老早下雨，毛脑女子饿死了！
龙王爷老早下雨，寡妇老婆后走了！

——（以上两首祈雨歌流传于绥德、清涧一带）

三

晒坏了，晒坏了，五谷苗子晒干了！
龙王老家哟，救万民！
杨柳梢、水上漂，清风细雨洒青苗。
龙王老家哟，救万民！
刮北风，调南风，玉皇老家把雨送。
玉皇老家哟，救万民！
水神娘娘水门开，二位神灵放水来。
龙王老家哟，救万民！
佛的雨簿，玉皇的令，观音老母的圣水瓶。
玉皇老家哟，救万民！

——（流传于靖边、安塞一带）

扫天歌

扫天媳妇扫天啦，淫雨下得多了遭灾啦！
先扫阴，后扫晴，三扫扫得满天明，
四扫小媳妇穿花鞋，五扫老婆子烧干柴。

注释：旧时逢淫雨连绵天气，绥德、米脂、清涧等县有些妇女即向“老天爷”祷此《扫天歌》，盼雨停天晴。

流传旧歌谣选五首

榆阳区流传歌谣（之一）

风刮黄沙难睁眼，庄稼苗出不全，
房屋沙压人移走，万恶的黄沙害人苦。
春季干旱风沙大，秋季雨涝落霜早，雹灾年年少不了。
睡在炕上看星星，端起饭碗照影影，
老羊皮袄白穿晚盖，天阴下雨毛朝外，虱子咬起墙头晒。
风刮满嘴沙，打得眼难睁开，行人迷方向，鸟兽没窝藏，
富人家中坐，穷人地里忙，光种不收粮，饥饿逃四方。

米脂一带流传歌谣（之二）

一道道山来一道道沟，我家就住在沟里头；
山顶顶都是和尚头，沟里到处乱石头；
地主老财高利贷，洪涝干旱是祸害；
广种薄收老习惯，十年就有九年旱；
天旱苗子掉线线，洪水一冲根朝天；
春天撒籽一大片，秋后只收一胳卷；
一年四季忙到头，粮食银钱到不了手；
早上吃菜晌午糠，晚上喝的“照月汤”；
四季衣裳换不齐，伏天反穿羊皮袄；
羊肚子手巾三道道兰，十有三四把工揽；
平常年景难吃饱，遇上年馑走西口；
提起那个走西口，石人人眼里把泪流；
老爹老妈谁收留，婆姨娃娃怎分手；
青杨柳树活剥皮，亲生骨肉活分离；
金钵钵银钵钵，累死累活保不住饭钵钵。

横山县流传歌谣（之三）

怀远县，灾年年，
十年九灾旱，一年不旱被水推。
山沟沟泉水一点点流，提起那个担水心里愁，
十里路上吃水贵如油，不如带上老婆娃娃走南路。

注释：怀远县，民国二年（1913 年）怀远县改称横山县。

定边县流传歌谣（之四）

三边山高尽秃头，滩里没河流，
风沙常年刮，灾害年年有。

靖边、定边县南部山区流传歌谣（之五）

山梁高，山梁低，吃水要比吃油香，
只要亲家有水窖，不论女婿丑和脏。

赞建水窖

修池建窖打水井，清水甘甜润民心；
饮水解困及时雨，喝口甘泉颂党恩。

注释：从 2006 年起，榆林市通过“板块推进”形式，解决了白于山区 153.73 万农村人口的安全饮水问题。定边县白于山的群众即传唱此歌谣。

水利农谚十句

一滴春雨一滴油，春雨贵如油。雨少用水浇，淫雨挖排壕。
旱地改水地，一年顶三年。水是禾苗娘，无娘命不长。
水足禾苗旺，无水苗不旺。行船防浅滩，种田防天旱。
锄头上有雨，一荒三不收。奶好娃娃胖，水好庄稼旺。
不怕旱不怕涝，兴修水利头一条。开渠挖壕，气死龙王。河坝不修，田变沙丘。
兴修水利劲头足，一年辛苦万年福。人能治水水利人，人不治水水害人。
积谷防饥，蓄水防旱。修渠打坝，旱涝不怕。
千里堤防，溃于蚁穴。一尺不坚，万丈不牢。水养一条线，旱荒一大片。
种不好庄稼一年穷，治不好水害穷上穷。
粮是人的命，水是庄稼的命。水利是农业的命脉。

水土保持农谚十句

植树造林，造福后代。前人栽树，后人乘凉。

家有三百柳，吃穿不用愁。现在人养树，来日树养人。

山坡多种树，水土不下流。要想风沙住，地上多栽树。

山上多栽树，等于修水库。雨多它能吞，雨少它能吐。

荒山变林山，不愁吃和穿。治水先治山，治山先栽树。

绿化秃头山，浊水变清流。山上绿油油，泉水不断流。

陌头高地种榆桑，杨柳宜植水流旁。阳坡果树阴坡柳，沙杨泥柳才茂盛。

山上毁林开荒，山下必定遭殃。山上树木光，山下流泥浆。

引水拉沙，造田治沙。树木成林，雨水均匀。绿了荒山头，河沟清水流。

山青青，黄土变成金；山荒荒，良田打饥荒。

陕北说书：赞节水

山青水清人更亲
弦子一弹唱乡音
我们都是说书唱曲的人
说一段保护水资源大家听

脚踩黄河头顶天
陕北的水来陕北的山
小河里唱来大河里喊
一嗓子吼了几千年

黄土高原多干旱
这四季的风沙难睁眼
走过西口逃过难
想一想咱先辈们多可怜

水是万物生命源
有了水 才能有 生存空间
有了水 地高产 才叫良田
有了水 城镇乡 安居乐业

农业想 高效能 滴水灌溉
又节水 又省肥 也无公害
工业化 需改造 节能减排

天也蓝 云也白 少有雾霾

水资源 绿之源 生命之源
人人守 人人护 责任当先
水滋润 万物生 命运相连
山也青 水也绿 良性循环

坝里沟里常存水
溪里河里水常流
居安思危意识常有
旱涝严防咱不发愁

总书记治水思路 要践行 节水优先
一盆水 多处用 记在心间
随手关 水龙头 就是节俭
保护好 每滴水 坚持久远

沉甸甸 保护资源 这张牌
喜盈盈 四水四定 指示来
齐刷刷 响应号召 行动开
雄赳赳 功在当今 利后代

一条条的河流养一片片青
一汪汪绿水养一方人
一滴滴甘露润人心
一辈辈节水留美名

中华大地几千年
勤俭节约代代传
一滴滴水汇成泉
细水长流万万年

三、碑记、散文

霍公渠记

〔明〕白壁

清人素不通水利，兴之，自邑侯盂阳霍公始。公下车，百废丛举，尤轸我甿。务时谂于众曰："清多泓洁之流，而无灌溉之田者，由未疏，疏之无法故也，吾为尔导之。"每于案牍之暇，携一仆，荷一锸，循行郊陌间，相其可田可渠者，手自经画焉。邑之南疃开南渠，西疃开西渠，悉引巨津之派，平其硗确，四峰架壑，迤逦相属，潺潺然，极其所注，灌沃野之田，可数十亩。其于岑寂之乡，一线之水，俾课为蔬圃。而于高田之可汲者，又制为转轮之式，日是可激之在山也。捐俸易嘉稻数斛，命家佣之善稻者，计亩给种，莳秧布法。公出省，必召余侪与焉。绿云盈畴，清流括括，林峦依稀，怿心畅目。其馌者，畦者，伛偻而从事者，依回而眺望者，举沾沾然有生色，恍不识为旧壤也。噫嘻！昔之高亢不田者，俄成膏腴之区；昔之涓滴勿汲者，顿溥沃灌之利。岂地灵之有待，抑公之卓识，汪泽无适，不底异绩也哉！昔汉赵大夫白公，穿关中故渠，民用以饶，史称其"举锸为云，决渠成雨"，颂之者不衰。今公黜道傍之见，收霖雨之功，以无所因之迹，垂不世之利，其贻我后人者，何如耶！清人恐后人之湮斯渠也，故志之于壁。

注释：该碑文录自2004年《清涧县志·艺文编》。白壁，清涧县倒吊柳人，明隆庆元年（1567年）举人，曾任山西绛州知州。

雄石峡张公创开水磨碑记

水磨之兴，中州、南国建之者多。延疆边地，人性惟鲁，其于水泽之利罔闻。壬子春初，有客从晋至榆，姓张讳健字浮真者，乃汾州狐岐山人也，见镇之东西川流不息，仅可建磨。而雄石峡中更易成焉。爰命工匠为障水填基，凿石开渠安置水磨。一时水力可当十数人工，何水为工力最易而获利至巨也。于是榆中诸君子相为则效，遂开十数处焉。嗟乎！张君创之于前，诸公效之于后，凡食水泽之利者，必知其功自张君始，是为记。

时康熙十八年岁次已未季夏谷旦

住持僧：洪道，徒：广写立。榆庠博士弟子生员王祯撰书。

注释：该碑记存刻在红石峡观音堂窟门南侧处石壁上。

清涧供水工程碑记

清涧城建史，即一部找水史。北宋康定元年（1040），陕西经略安抚范仲淹因清涧为"全秦要户"之要地，令鄜州守将种世衡领兵到清涧筑城。城成而无水，"凿地百五尺，遇石而不及泉"。乃重赏工匠数金，深凿数尺，始得泉水涌出。故诏命其城曰："青涧"。1371年改称"清涧"。以此为例，掘井自沿袭几近千年。1993年牛家湾引水工程告竣，然150方日供水远不能满足民众生活之需求。二十世纪末，终因人口日增而供水不足酿成水荒，县城生活、生产为之所困。1999年，新一届县委、县政府不敢稍懈，将解决县城吃水难列为首要而四处奔波。幸得省、市水利部门鼎力，彭谦厅长及省厅领导、专家数次来清勘测指导，列清涧县城供水为省水利厅形象工程。当年动工，12月24日，一期丁家沟引水工程竣工，汩汩清泉入县城。257方日供水大大缓解了县城需水矛盾。2000年10月，城南13千米的老柳卜库区，又拉开城区供水二期工程之决战。2001年10月31日，历时一年的老柳卜引水工程竣工，日供山泉、库水860方，似甘露及地，老百姓不再为吃水而呼号，如枯木逢春，清涧城不再因缺水而煎熬。

清涧县城供水工程，各级政府大力倡导，水利系统通力合作，有关部门倾力支持，沿途民众尽力相助，其情感人，其德昭后。特勒石以志。

注释：该碑由中共清涧县委、清涧县人民政府于2001年11月1日立。

榆林赋

田斌

锦绣榆林，上郡故地，延绥新府。北控河套，东扼雁并，西卫甘宁，南连延秦。襟四塞之要冲，盛衰攸系；凭五路之枢机，治乱必据。表里山河，九边重镇。

维我榆林，两千载之延续，六百年之岁痕。溯至秦皇一统，归天下三十六郡，肤施所定。郡处要塞，关险地重。自汉唐后，烽火迭起，攻守频仍，郡为漠边河套之固屏。当年汉武扫北，宋夏争锋。弓满箭密时，金戈铁马阵。郡地得失系中原之安危，天下同凝。兴自明初，然因村寨东山普惠泉流，榆树成林民依栖之而衍生。故曰今称，榆阳雅风。由此沧桑数尽，长城重现雄浑；榆垣三拓，宏碁永固坚郡。接至清时，圣祖巡北骑历驼城，冰河饮马略输才情，吟《出塞》，题御碑，临孤城下，两守忠勇。至近现代，从辛亥义举而龙旗坠帝制终，共和创立；最至长征向北而落足延河之滨养息聚生，革命转战伟业传薪，红土锦织斧镰簇拥。从此雄师浩发东去，史卷翻新。

维我榆林，从来风物殊佳，居然山川形胜。南望无定水色白于山景；北依沙海湖淖麟府河涧。寺左葭芦，山右边关。黄河涛，长城韵。秦北如此秀灵，隽美红石峡悬壁刻词，墨浓碑丰；恢宏镇北台高墙铁垛，峰墩奇雄。凌雷塔风骨依然，古城墙历久弥新。六楼骑街，亭阁牌榭，尽染江山风采；八景冠榆，三山拱翠，凝结古今奇胜。四合庭院似晋院；栋栏柱廊比京廊。才游寺庙，又趋殿宇，心旷神怡，念潮如涌。往年老舍感赋，于今名流频莅。浮光跃金，看莲花池鸳鸯湖，堪人画卷；雨鸟沙燕，望驼峰涛西河水，波撼榆阳。杨柳葱，榆槐旺，菠菜绿，稻米香。秋冬雨雪，黄土草地，长河落日，大漠孤烟。神奇之宝地，绚丽之吾郡。

维我榆林，武不乏披坚执锐之豪杰，文几多椽笔洵学之才俊。杨继业边关抗辽，韩世忠板荡破金。甲申起疾风，李自成策马进京，踏碎一代王朝，斯年曾乱雨，张献忠鏖兵蜀城，史册落埋怨功。川中余子俊柘城图治，湘南刘厚基勤政榆兴。民元始新学，张季鸾长安折桂，东瀛潜心，终成一代报人；“五四”开新风，杜斌垂学堂执鞭，潮头独弄，破封建羁笼。李鼎铭倡言精兵简政边区兴，高锦德学攀北大清华题榜金。常念柳青创业史，传承不断；难忘路遥写人生，精灵永存。抚今追昔，土热旗红。多少志士际会地，无数英杰留芳名。独吟《沁园春》，伟人毛泽东畅抒情怀，写千古词；一曲《东方红》，农夫李有源放歌领袖，引万民颂。

今我榆林，霞蔚云蒸，日新月异。正谱能源生态城市区域经济建设之歌，正圆国内一流世界知名发展跨越之梦。厚厚黄土生黑炭，名跃世界第七，堪称煤都；道道坡梁泛石油，媲美科威特国，乃是油乡。天然气供京沪津；岩矿盐生产品上乘。中国能源新都，西部化工名城。越关山，火车连通四方；穿大漠，宽路驶向八面。陶冶精英，百年榆中学子摇篮；开发宝藏，两区六园托起辉煌。河畔枣甜，坡底羊肥，窑前谷丰，滩头草美。民歌信天游，风情靡环宇。米脂婆姨美而慧，绥德汉子灵而艺。牛玉琴立志播绿，乃巾帼风姿；石光银执着治沙，是好汉壮举。高西沟满眼绿原景观，杨家沟存留红色记忆；尔德井显农村新风，万丰泉映乡间美景。须看今日吾榆，无不春风艳阳。桃花水美生丽女，峰翠泉纯出俊男。纯绿之米豆薯荞，神州誉响；嫣红之剪雕鼓唱，四海名扬。华灯竞放于长街，霓裳争艳于广场。庭院美雅，窑洞清爽。民风淳朴，人情和畅。安居而乐业，市强而民康。

锦绣榆林，于斯益彰，流彩溢金。满眼百业兴盛，思之前程光明。展红旗，达成三大目标拓展四大经济之东风劲吹；凝众志，科学发展有序跨越和谐稳定之图略弘扬。上承先人之潜德幽光，务实求真，传递千年盛名；下启来者之聪明睿智，与时俱进，谱写万世华章。

注释：该赋书写悬挂于榆林市人民政府会议室。

王圪堵水库赋

秦邑神皋，大美西北之神湖；斯阜广泽，塞上榆林之瑶池。横贯东西，重合无定，地跨两镇，势接三边。巨浸东驰承处灌溉、阻沙、防洪、发电之功用，背负瀚海维系榆林、横山、鱼河、绥米之能化。大漠万顷直照孤烟，长河绵亘常映落日。天衢纵横，通北上之广深；原隰旷野，引无定之余润。鱼米丰旺，集江南水乡之灵秀；风景如画，聚大漠明沙之雄浑。

自然造化弄物，唯独钟情于此。王圪堵水库，若其二十千米之澄澜，广袤而无边；几近四亿立方之天池，郁乎之苍茫。西沙东水，大漠平湖，千里圣水，沙水相衬，湖屿成趣，无尽碧波，吞衔银沙。长桥行车，高空览胜，惊险刺激，胜似大浪淘沙；长堤筑澜，碧波垂钓，悠闲自在，胜似闲庭信步。无定湿地，苇荡迷津，碧水蓝天，鸟飞鱼跃；万亩绿林，飞禽乐园，翱翔起舞，出没其里。大漠平湖，景异四季，千里天池，绮丽东西。沙流湖西，百顷明沙耀金光；湖漾沙东，十里银波结瑶镜。水柔沙细，远近而湖沙偎依；沙明水净，上下而金碧分明。三春九秋之日，任候鸟之栖飞；风和景明之时，听锦鳞之潜跃。鸥鸣鹭飞，风和日丽，既集江南之灵秀；高岭广漠，水旷山荒，更兼塞北之雄浑。湖南有一天然小沙渚，形若谷场，崎岖不平，上有杂树，郁乎苍苍，疏影横斜，绿水隽永，水环岛绕，岛屿随生。雨过天晴之际，尔若伫立堤上，极目远眺，烟波浩渺，水光接天，水天共长，彩霞一色，异景奇峰，海市蜃楼，粼光闪耀，身置其中，我中有画，画中有我，恍如仙境，不辨西东。尤其是在夕阳西下之时，流金西坠，落日熔金，银沙西泄，铺天卷地，煞有“大漠孤烟直，长河落日圆”之感。嗟夫！！不禁追记毛泽东“截断巫山云雨，高峡出平湖”之诗句。

大石畔神瀑，羊跳深洞；大石畔飞瀑，美瀑交集。峡门一开，瀑布飞悬，虎啸龙吟，丹霞夹岸，水帘挂曼，点滴惊魂，飞流急下击万浪，一缕波光自天降，如若银河倾泻，又若巨龙汲水。东西两岸红岩侧立，巍然峭立，高达百尺，宛若猛兽奇鬼，森森然欲搏人。

涧底晶莹透彻，细水潺流，水落石出，激越有声，泠泠入耳，动静相成，妙趣横生。涧后有穴窈然，可容一人通过，入之愈深，觉之甚寒，风水相互吞吐，大声发于水上，噌吰如钟鼓不绝，发出窾坎镗鞳之声。远看西南之万亩沙柏，盘根错节，任意舒卷，捭阖纵横，森束丛倚，金沙灿然，烟纷雾合，成堆成束，时聚时分，或凌虚抱影，若青荷之簇集。一览芦川悠悠之山川，窥视西岸明明之沙漠，鸟瞰无定淘淘之河谷，眺望西坡朵朵之翠绿，真可谓“塞北之靓丽、横山之大观”也！

大美横山，魅力横山。物华天宝，人杰地灵，旅游胜地，物阜民熙。红色文化，革命圣地，百业俱兴，经济腾飞，集中优势，科学发展。王圪堵水库，汇集风景游览、观光娱乐、休闲度假为一统，聚集度假、商业、别墅三区为一体，幸得无定湿地与芦河两涘十里之利势，大展生态、景观、渔副、文化旅游之蓝图。噫吁嚱！无定下而芦河流，泥石聚而天湖成，闯王走而仲勋出，古堡峙而银州横。一脉相承，昔为建业之雄州；一衣带水，今作江山之如画。

呜呼！巍巍古长城，悠悠无定河，赫赫波罗堡，郁郁王圪堵。长河常悲咽，似诉兴衰事，日月如梭逝，亘古常思新。乾隆三年，苏氏县令，孑然独骑，踏遍山川，选出怀远之八景。时逢新世，时过境迁，雅士云集，酌榷遴选，横山之新八景。抚今追昔，感今怀古，沧海桑田，山川巨变，八景更迁，胜迹无常，物是人非，伟人安在哉？坐看流水汤汤，静瞰浪花滔滔，孤舟遥泛无影，不挂世俗凡尘，不禁哀叹吾生之须臾，悲悯命途之多舛，惊羡无定之无定，惊叹波罗之波罗！

注释：该赋刻于巨石，立于王圪堵水库大坝上。

兴修无定河织女渠水利记

刘学海

昔刘献廷有言：“西北非无水利也，有水利而不能用也。不为民利，乃为民害，旱则赤地千里，潦则漂没民居。”甚哉！其言之痛切也。稽考史迹，陕西十年一小旱，二十年一大旱，饥馑频仍，禾稼不登。固云天灾流行使然，殆亦人谋不臧。

余于二十六年（注：民国二十六年，下同）春奉命由同官调任米邑，捧檄之日，省政府秘书长、邑人杜公斌丞即谆谆以兴修无定河水利为嘱。下车伊始，遍访绅耆，博考志乘，周巡四境，躬历陵川，视察民间疾苦，熟审地方兴革，诚以开发水利，溥厚民生为当务之急，遂锐意自任。

考无定河源远流长，水势浩荡，为陕北最大川流，即古之奢延水，以其溃沙急流，深浅无定，固自昔人民锢守旧习，罔知利用，徒感望洋兴嗟。

鼎革后，邑中贤俊曾谋引水灌溉，集资兴筑。惜以束水无如（疑未知），水准不确，洪汛崩溃，徒耗数万金，未能有成。迨十六夏，海内水利专家李仪祉及陕西省水利厅局长孙绍宗先生应邑绅之请，莅米亲履勘测，厘定规划，选定水口，嗣因地方扰攘，国家多故，亦终于未果。察往知来，鉴于工巨费繁，既须专门技师，必采科学方法，绝非地方之力所克有济，乃商同士绅屡请上宪，遂邀省政府主席孙公蔚如批准，拨款兴修；并于二十六年夏，蒙水利局长孙公绍宗派李工程师维第莅县董其事。

施工之始，勘察渠道，测量水准，开山凿石，建桥修道。土渠则征集民工服役，石渠则觅工分掌，易于集事。导引地点仍以前选定榆属小五里沟，此处河流逼近山根，自然跌水，流势湍急。进水口置闸门，可启闭调节水量。外砌石栏，以防沙石冲积。引水口由石岸凿穿山腹，隧洞长一千公尺，至大五里沟始转入山坡明渠；长二千五百公尺，达镇子湾乃流入土渠；计十三公里，至小桑坪出口，仍归无定河。干渠全长十六公里有半，流经榆林、米脂、绥德三县辖地。经过大小山沟十六道，建筑涵洞五处，暗渠七处，跌水两处，倒虹吸管一处，排洪渡槽四处，渡槽七处。尤以镇子湾、孟家岔两渡槽，虹跨大川，工程奇伟，洵称壮观。共有斗渠七处，可灌溉面积约两万亩有奇。两易寒暑，费款十二万余元，全部工程乃告蒇事。

于二十八年春开始放水溉地。适逢旱魃为虐，斗米七元。他处则野无青草，赤地相接，独河西一带菽麦芃匕。收效之速，初未逆料。唯工程建筑适当“七七事变”空前国难期中。陕北处边防要冲，濒临河防，烽火频传，一夕数惊；工程繁难，工费不济，民众观望，社会怀疑。工人以百物昂贵支绌而停工，员司以环境危迫骇惧而中止，阻碍百出，因窘多端。

余两年来跋涉河干，督工筹款，力任奔走，悉心维护。幸赖杜公力请政府倡导于上，李君之精勤擘画，地方耆彦之协力赞助，卒底于成。深感创造之不易矣！睹今日数十里周川，泽流洋溢，化斥卤为膏沃，变无用为益（无定河俗名无用河）。桑麻盈野，麦浪迎风，岁歌大有之年，怀来牟之感，农人欣悦，牧童唱和。语云：“人民可与乐成，难于图始。”益信而有征。陕北山多沙碛，平原绝少，地寒土瘠，俗俭民劳。人民终岁勤动，所获仅饱。一经凶岁，众庶流亡。噫！此一渠之惠也，能悉免吾民于冻馁之虞乎！

周官遂人有陂蓄之法，近世有梯田之方，如何利用水力（利），讲求农事，变童山为沃壤，蓄水分无溢流。人定胜天，生灵普惠，是又有待于后之守斯土者相继奋也。

城北里许，相传为唐郭汾阳王七夕逢织女处，故干渠成竣也，而赐以今名：所以志盛，亦寓耕织之意云尔。

余于炮火声中，得乐观厥“成，借以充实抗战国力，增加后方生产，虽属壤流之助，不禁抚衷怿然”。爰述颠末，用志纪念，是为记。时维民国二十八年仲秋下浣。

注释：刘学海，字啸波，安徽合肥人，1937—1939 年任米脂县县长，1940—1943 年任榆林行政专员公署专员，兼陕北水利工程处处长。

劳动创奇迹　沙漠运河行（节录）

——记英雄的榆林人民大兴“榆东渠”引水灌沙漠

常君毅　胡丕恩

思想插红旗 大兴“榆东渠”

在总路线的光辉照耀下，榆林县今年（1958 年）春季掀起了空前规模的农田水利高潮，

“能不能引水灌沙漠变沙漠为良田？”成为大搞农田水利辩论的议题之一。“观潮派”认为沙漠流动性大，变化无常。在大沙漠里开渠引水是“瞎胡混”、是“枉费心机”，一句话“不可能”。但解放了思想的人们却是另外一种看法，他们认为“只要依靠群众，发掘群众的无穷智慧和潜力，沙漠完全可以被征服”。况且，在 1953 年到 1955 年，经过 3 年的奋战，榆林县人民在沙漠边缘名叫“黑海子”的地方已经修成一条长达 20 华里的渠道，这就更加坚定了人们进军沙漠的信念。他们说：“既然沙漠边缘能开渠，为什么沙漠心脏不能引水？”经过一场辩论，思想上树起了“沙漠能够开渠的红旗”，榆林县委决定向沙漠全面进军，“榆东渠”是榆林人民向沙漠进军的第一面红旗。

失败中学到本领 引河水固沙开渠

1959 年 3 月 20 日，以县农林水牧局局长杨增占同志为首的治沙队伍来到工地上，他们从坝址到三道河子约 30 里的渠道上分兵三路挖渠、治沙，确实是件不容易的事情，要有钢铁般的意志，要有顽强战斗的精神。当他们煞费心机每挖下一段段沟壕小坑的时候，高处的流沙不停地往刚挖下的沟壕里流，就这样翻来覆去挖（固然可以挖出去一些）。往往辛苦一天刚挖好一道小沟渠，一夜风吹，沟渠就填平了。一连战斗半个月，大伙累的确实够受，但工程进度呢？简直和开工前一样。

困难并没有吓倒英雄的人民，他们总结经验后，认为集中兵力，先开渠后引水，这些在黄土地区惯用的开渠方法是不适用于沙漠的。在实践中，他们找到了窍门：“边开渠、边引水，以水固沙，用水开渠。”他们从失败中找到了引水治沙的新方法。

4 月，塞北还是冰雪封冻的时候，在“天冻人不冻，地冻心越硬”“地冻如铁，心硬似钢”的口号鼓吹下，大战红河梁的战斗打响了，洋镐折断了，尖镢磨秃了，80% 多人的手被磨破了，这些并没有使他们感觉到苦。为着逼水进渠，勇士们脱掉衣服，跳进三尺深的河水背沙袋筑堤，经过两天一夜的苦战，终于逼使河水进渠。

“阎王壁”诸葛献计 “木板洞”水穿沙山

跨过四道河子，渠水来到“阎王壁”前。“阎王壁”这是人们送给大沙山的绰号，4 丈多高、26 丈多宽的大沙山横挡在渠道的前面。让渠水过大沙山的意志坚如钢，150 多个铁汉在沙山上顽强的战斗，山顶挖渠 4 丈多宽，人没走到山脚下就被流沙埋压成一二尺的小沟了，再继续挖，两旁的流沙又大批大批的流下来。怎么办？开头渠水就碰上了沙高水低的大沙山，拦住修渠路。真的就在“阎王壁”上止步吗？总指挥号召人人献计，工程师们四次开会，打洞吗？不成，挖壕吧？又不行。高家伙场刘小高的技术好。当渠挖到最低限度的时候，他把木板打进两旁的沙里，中间用木棒撑住，上面再盖上木板，此时流沙下来，越压木板越下陷；然后，再从中间挖，“木板洞”就形成。就这样在“阎王壁”的北边搭木洞十多丈，渠水穿过木板洞流向南面，大量的沙子也随水南流。经过两天两夜的冲流，渠洞越冲越大，最后的“阎王壁”中间打开十多丈宽的大口，使渠水顺利的进入沙漠心脏。

流沙湾里摆战场 “引水拉沙”筑堤堰

穿过“阎王壁”，便是像海浪一样一波又一波一连16个大沙梁，这些大沙梁西边又是几丈深一个接连一个的流沙湾，水渠的西堤就筑在这些流沙湾上。高家伙场的赵堂堂、高命娃等青年在流沙湾里采用“引水拉沙”法，用水的冲力，将沙梁由外到里一层一层地冲到沙湾，拉沙梁填平沙湾，他们又叫这是“以沙补沙”。经过一月零两天的艰苦战斗，终于在这高低起伏长达6里的流沙湾里填成15丈到18丈宽的一条平地，渠道就筑在这条平坦地上。“蛟龙”长驱大沙漠。

斗争中增长才干 实践里创造经验

劳动改变着沙漠的面貌，治沙的斗争也锻炼了人本身。“沙漠可以改变、可以根治”，这在人们的思想上坚信不疑，人们的思想获得了解放。“榆东渠”就是思想解放的产儿，它给根治沙漠指出了新途径，战斗在“榆东渠”上的英雄，虽然他们是普通的农民，就连总指挥杨增占也是扛长工出身，但是他们敢于破陈规，敢于大胆的独创，所以在短短的六个月中，为根治沙漠提供了有益的经验。现在他们都由外行逐渐变成了内行，他们掌握了在沙漠中，利用水作动力，引水开渠，用水验渠（定比降）；引水治沙；用水开过山，过沟；他们按照当地多西北风的特点，一般的多开南北渠，既可避免渠被沙埋，又可借风力开渠……这是多么可贵的独创。

七十里长龙沙漠行 树草湖泊到处生

“榆东渠”像长龙一样弯弯曲曲地向沙漠心脏延伸了70多华里。几个月来，流水缓缓前进，沙堤安然无恙，尤其是上游，因渗漏较久而愈是结实，并基本上停止了渗漏。

引水灌沙虽然没有多长时间，但沙漠中的面貌已经发生了深刻的变化。在渠堤周围的沙湾里，小湖像葡萄串一样一个连着一个，一直要蔓延到离渠几里远的地方。渠水进入沙漠，沙漠变良田就在眼前。过去，大沙漠中是寸草不生，寸木不长；现在情况大变，在渠道的旁边，在湖泊的周围，凡是稍有湿气的地方，树木、野草自然的长了起来。在“阎王壁”的大沙漠里，虽然渠水仅仅流了五个月，而那些水深二三尺的小湖里，便长起了密密的芦草、蒲草，有的已经长的三尺多高；被水渗透的下湿湾，自生柳长到五至七寸高；水很深的湖泊里，还出现了小的鱼。不久以前是一片荒凉的沙漠，很快就会变成绿洲了。

引水灌沙漠，群众喜洋洋，渠道修到海流滩，男女老少笑颜开。群众就像迎接久别了的亲人一样在渠道旁欢呼若狂，一位姓屈的老大爷，在病床上听得人们都去看水，内心难受至极，他咒骂疾病的折磨，但急于看水的心情胜过名医去病，终于叫家人背着他看水。就连渠道几十里外的群众也跑来为渠道通水贺喜，向治沙修渠的英雄们致敬。

人们这样热情的迎接沙漠水，是因为这水带来了永久幸福，沿渠道的焦家海子、海流滩、薛家庙滩等村庄已经从干旱风沙的威胁中走了出来，祖老三辈没想到会产稻子，今年在沙滩上种了二百多亩水稻。

注释：这篇文章选自1960年5月《榆林专区以水治沙经验简报》。常君毅，米脂人，1956年11月至1965年曾先后任中共榆林地区委员会秘书长、副书记。胡丕恩，横山县胡石窑人，1965—1979年先后任中共榆林地区委员会农村工作部副部长、榆林地区农业局局长。

无定河抒怀

霍世春

无定河，古称奢延水，陕北高原最大的一条河流。它发源于陕西省定边县境内的白于山脉胡尖山，一路接纳百川，奔腾北泻内蒙古乌审旗毛乌素沙漠，萦回折而滔滔东流，冠河套而襟陕北，割峡谷而奔三边，开榆横而吐米绥，出清涧而入黄河，曲折回环490余公里，流波普惠陕、蒙两省近4万平方公里土地，在中国黄土高原的腹部，拓出了一片神奇热土。

千里无定河，网络东西川原，缝合南北河山，汇流荡漾千里黄金地，开辟了一条造物者的画廊。其间：三边高原宽广无垠，北部草滩、沙丘、湖泊交错分布，南部黄土山梁此起彼伏，山川形胜；地下宝藏宏富，得天独厚；地上物产丰富，风情灵美。白于山崇高而超迈，长城内外山川滩塬雄浑而深远；定边盐湖碧水映天，千年不竭；三边大地蕴藏的石油、天然气，为祖国源源输供着“黑色血液”；神府煤藏如山似海，不尽滚滚乌金输送祖国四面八方；更有绥米岩盐，蕴藏著称世界。无定河两岸，稻花飘香；南北山川，水草丰美，牛羊绕道；黄土坡梁，枣林果园；层层梯田，盛产五谷杂粮。天鹅、遗鸥翔集于红碱淖春林芳岸，繁衍高贵的家族；长城塞上“沙海子”，湖光潋滟，渔歌唱晚……叹不尽天地缘凑赋大美，河山呈奇观，古人赞之为“水草丰美地，藏龙卧虎兴”，今人则誉之为“物华人杰嘉秀地，塞上江南聚宝盆”。

无定河，古老而神圣的陕北母亲河，她与黄河、长江同是中华民族的摇篮之一，共同哺育了千万年的华夏文明。早在五万年前，无定河的初民“河套人”便在上游的红柳河、榆溪河两岸劳作生息。在小桥畔、鱼河堡的沙土下，埋藏着“河套人”的遗物和灵魂。当长江以南还处于草莽丛生的蛮荒时代，华夏民族的祖先轩辕黄帝便率领北方部落在无定河下游两岸的山川上逐猎、牧畜、垦荒莽、播谷物，开创了中国历史上最早的农牧文明。悠悠数千年岁月，无定河以滔滔不息一河浓情，“临广泽而带清流”，泽灌出丰腴的片片滩田和道道川亩，两岸稻麦青青，菽豆田田；南北山川沃野，水草丰美，禾黍云合，牛马衔尾，群羊塞道……恩泽无量的无定河，为神州大地营造了一处巨大的粮仓和牧苑；无定河又如一条奔腾剽悍的巨龙横亘陕北高原，天堑南北山川，沟通八方咽喉要道，做出争雄势，北控河套，南屏乌延，吸引历代的帝王将相及枭雄，争来虎踞龙盘；一派河山成为历史的主宰们挥师用武、雄踞建邦的必争之地，上演了一幕幕“可怜无定河边骨，犹是春闺梦里人”和“甲士解鞍休战马，农儿持券买耕牛”的悲喜剧。造就了多少彪炳史册的英雄俊杰！

蒙恬、扶苏、李广、赫勃、梁都、李迁、李元昊、范仲淹、司马光、种谔、沈括、韩世忠、李显忠、余子俊、杨一清、曾铣、李自成、张献忠、洪承畴……众多的风云人物，都曾蒙受无定河的膏泽，在这片土地上策马征战，或成就他们各自的功业。

千里无定河与万里长城横纵相交，宛如一个巨大的坐标，在这个巨大的坐标上，一代代无定河的儿孙们创造了无数个灿烂的文化坐标点。装点着她煌煌容光、彬彬凤仪。

榆横山岭蜿蜒的万里长城，展示着中华民族坚强的脊梁。白于山“堑山烟谷”的直道，揭示着人类交通史上的奇迹。无定河川出土众多的汉墓画像石，刻绘着陕北历史上绚丽的风情画卷。统万城垣矗立的崇高城台楼墩，印证着当年大夏国的猎猎雄风。匈奴巴拉素白城台废墟沉埋的陶埙、羌笛，仿佛鸣奏着古代胡汉和谐的埙篪之音。西夏党岔银州古城遗址散落的战器，诉述着这里曾是铁马金戈的古战场。榆溪河石畔开凿峡摩崖石刻，镶嵌着书法艺术的瑰宝。古城榆林流光溢彩的古建筑和座座古色古香的四合院民居，素以“小北京”著称……星罗棋布的文化遗存沿无定河纵横陈列，组成一座不朽的无定河历史博物馆，证明着昔日的辉煌。还有唱醉全中国的信天游、榆林小曲及矫迈的横山“踢鼓子秧歌”，都无不令人惊叹、仰慕。

雄浑的无定河，情怀坦荡而敦魄，荡荡粼波涵漾着一河灵气，塑造或化育了千古风流人物：古代大夏国将作大匠叱干阿利设计营建雄奇壮丽的国都统万城于无定河畔；秘书监胡义周在统万城写下绝唱千古华章《统万城铭》；宇文恺设计建造西都大兴城（唐改为长安）、东部洛阳城而被隋炀帝受封为将作大匠；而历史进入现代，革命仁人志士杜斌丞、李子洲、刘志丹、谢子长、高岗、刘澜涛、马文瑞、安子文、马明芳、杨虎城、邓宝珊、杜丰明……一代报人张季鸾，著名学者王森然，著名作家柳青、路遥，科技人才高景德，以及共和国的领袖毛泽东、周恩来、彭德怀、习仲勋等，或生于无定河或曾养于无定河。无定河的一脉精魂，凝成了多少旷世奇才。

曾有古人吟唱道：“黄河清，圣人出。”无定河——黄河一支重要的河，挚爱她的千千万万牛玉琴、石光银式的儿女们已将昔日浊流滚滚的她，装扮成清清丽丽的流彩溢金的她。新时代的风云从无定河上呼啸而过，千里长波回响着新时期的阵阵潮音，无定河两岸又涌现出簇新的能源重化工基地景观。与无定河同生共存、共荣共辱的儿女们，怎能不守护她的辉煌和挚爱她的美丽，怎能不尽情放歌她撩人的信天游，怎能不赞颂她正在崛起“大风歌”的新篇章。

注释：原载《榆林日报》2007年3月3日第8版。霍世春，曾任《榆林市水利志》主编。

榆林红石峡记

梁衡

每个城市都有自己的名片，如巴黎之大铁塔、北京之天安门、上海之黄浦江。在榆林则是红石峡。峡在城北三里。正大漠北来，浩浩乎平沙无垠，忽巨峡断野，黄绿两分，奇景突现。

峡之奇有三。一是沙中见河，曰榆溪河。此大漠之地，人常以为黄沙漫漫，旱象连连。

殊不见，却有一河无首无尾涌出沙中，绿波映天，穿峡而过。二是山色全红。大漠有峡已自为奇，而石又赤红，每当晨曦晚照之时，两岸峭壁危岩，就团团火焰，接地映天。三是峡中遍布石刻。刀凿斧痕，题刻满山。这是它的迷人之处。

自秦汉以来，榆林即为北疆要塞，红石峡天险其北，镇北台雄视其上，历代征战以此为烈。古诗云："屯兵红石峡，斩将黑山城。血染芹河赤，氛收榆塞清。"想当年，鼙鼓震天，马嘶镝鸣。将军战罢归来，弹剑呼酒，分麾下炙，长烟落日，悲笳声声。于是便削石为纸，振河为墨，铁钩银划，直抒胸臆。个中人物，最知名者有二。一是清代名臣左宗棠。清朝后期，列强瓜分中国，英、俄染指西北，左于同治五年（1866）受命陕甘总督。其时，朝中正起"海防""塞防"之争。投降派谓塞外不毛之地，不值经营，更欲放弃新疆，任其存亡。左力排谬说，以陕督之职筹粮备饷，又领钦差之命，提兵西进，一举收复新疆，固我中华万世之基业。其用兵之时更植树千里左公柳，春风直度玉门关。他的老部下刘厚基时任榆绥总兵，就向他为红石峡求字。他即大书"榆溪胜地"。左宗棠在陕甘经营十多年，雄图大略，边情难舍。这四字虽赞榆溪，却更赞西北。观其书法，用笔沉着，结字险劲，雄踞壁上，隐隐肱股之臣，浩浩大将之风。还有一位，是抗日名将马占山。马曾任东北边防军师长，黑河警备司令。1931年率部在黑龙江打响第一枪，后受排挤，移驻西北，一腔热血，报国无门。他1941年来游此地，眼见祖国河山破碎，愤而连刻两石"还我河山"。其字笔捺沉重，深陷石中，说不尽的臣子恨、亡国痛。石峡中这类慷慨激昂文字还有许多，如"巩固山河""威震九边""力挽狂澜"等，皆横竖如枪戟，点撇响惊雷。今日读来仍虎震幽谷，风卷残云。

中国之大，何处无峡，峡多刻石，何处无字？然红石峡正当中原大漠之分，蒙汉农牧之界。北望牛羊轻牧而白云落地，南眺稻粱初熟又绿浪接天。天老地荒，沉沉一线，地分绥陕，史接秦汉。呜呼，收南北而融古今，唯此一峡。其全长三百米，南北走向，东西两岸，一川文字，满河经典。除上述边关豪情，还有写风光之秀，如"蓬来仙岛""塞北江南"；写地势之险，如"天限南北""雄吞边际"；有感念地方官吏的治民之德，如"功在名山""恩衍宗嗣"；有表达民族团结之情，如"中外一统""蒙汉一家"等，各种汉、满文字题刻凡二百余幅。好一部刻在石壁上的地方志，一枚盖在大漠上的中国印。正是：

赤壁青史，铁铸文章。大漠之魂，中华脊梁。

注释：这篇文章录自《人民日报》2009年9月25日第8版。梁衡，1946年出生，山西霍州人。1968年毕业于中国人民大学。历任《内蒙古日报》记者、《光明日报》记者、国家新闻出版署副署长、《人民日报》副总编辑等职。著有《梁衡文集》九卷。

追寻貂蝉

陈忠实

米脂的婆姨绥德的汉。

在陕北，婆姨既指妻子，也泛称女性。这民谣说米脂县出美女，绥德县的男子是最俊俏的。至于米脂的婆姨怎么美，美到如何程度，陕北人一般都缺乏耐心具体地为你描述皮肤如何白嫩细腻，脸腮怎样艳若桃花啦；或是根本不屑于用这些惯常的陈词滥调去涂抹他们心目中的米脂婆姨，干脆随口反诘一句：貂蝉什么样？貂蝉就是米脂婆姨！

貂蝉就成为米脂婆姨的象征，令一切男人崇拜，也成为陕北人可资骄傲的一个无可匹敌的象征。

受这样的广泛流传的民谣的诱惑，踏上北去米脂的人，心里便跃跃着一种追寻貂蝉的企盼，企图阅尝米脂婆姨的风姿。记得是十二年前的一个夏天，黄土高原恰逢十年不遇的好年景，雨水充沛，连绵着的漫坡台田和蜿蜒着的河川里，被各种田禾覆盖得密不透风郁郁葱葱，大豆摇铃，稻子扬花，高粱吐红，谷子抽穗，热风挟裹着醉人的五谷气味灌进车窗，文人们一个个都情不自禁，约好到米脂县城先找一个貂蝉看看。

我和一位朋友在县城转了大街又走了背巷，不仅没有看到貂蝉般美丽的女子，连民谣里传诵的漂亮婆姨也未遇见，便对一位坐在廊阶上摇着扇子乘凉的老汉问话："人说你们这儿婆姨好，怎么一个都不见？"老汉摇着扇子直冲冲一句："还问哩！都给你们城里人勾引跑了。"我一愣，朋友却调侃说，城市对乡村的野蛮"掠夺"，以至貂蝉。

虽然失望，却仍不怀疑民谣有任何伪诈。米脂水好，虽然粗粮布衣，却有好水溢润，所谓一方好水养一方好婆姨。米脂以北历来为边塞驻军之地，戍边的将军谋士的家属家眷，多是女人中的人尖儿，她们遗散民间，百朝千代下来，米脂的婆姨便独秀于黄土高原了。这是陕北人推论米脂婆姨的自然的和历史的两大原因。同行的陕北作家证实，米脂的好婆姨都留不住，有本事的去上学、去革命了，本事不强脸腮儿好的都给有本事的男人引走了；搞活了、开放了，女婆姨更是像蜂儿搬家一样飞出去了，近的到延安，远的到西安，再远就是北京、深圳。你去饭店宾馆看看，凡是长得像貂蝉的，不用问，准是米脂的婆姨。

十二年后的又一个夏天，我从榆林返回时夜宿米脂，宾馆里的服务员一个个水灵灵的，操着生硬的、夹生的普通话。我便可以想到，可能仅仅在三个月顶多半年以前，她们还在田峁上点瓜种豆，浇水除草，放羊喂鸡，一张招工启事就把她们"掠夺"到县城里来了。我们同行的朋友说，这儿的服务员个个赛貂蝉，比大会堂里的漂亮多了。我似乎难以附和，美则美矣！然而具体为貂蝉，似乎又不甘于此。这就是貂蝉吗？

晚上看歌舞团演出。朋友指点说，那个细高条儿独唱的女孩，才是名噪陕北的貂蝉。深圳一家演出团开价多少多少月薪要把她"掠夺"南去，整个米脂整个榆林地区整个陕北高原都骚动起来了，自发自觉开始了保卫挽留小貂蝉的捐款捐资行动，资助经济拮据的歌舞团，一定要把这个好婆姨留下来。"这婆姨走了，我们到哪儿还能听到这么好听的信天游？"这个好小婆姨留下来了。

我被这个生活故事深深地感动了，人人都在追寻自己的貂蝉。

貂蝉的诞生源于民间神话故事，一位在天宫主司百花的牡丹仙子私自下凡，与米脂一个勤劳诚实的后生结为夫妻，女儿出生那天，有一只千娇百媚的银貂蝉蹿进屋院，便取名为貂蝉。这个千篇一律到平庸的神话，有两个不同凡响之处，一是牡丹仙子"采撷百花精英孕育胎儿”，二是牡丹仙子被勒令绑架回天宫之前，在小院里化出一丛牡丹，并嘱丈夫以牡花露养育女儿。这样孕育和成长起来的貂蝉会是怎样的仙骨仙姿呢？任你去想象去创造去追寻吧！你是永远也想象不尽的，你是永远也不可能完成那种创造的，你是永远也追寻不到的。

然而，你却无法中止想象，无法停止创造，更无法断绝追寻的欲望。人对貂蝉的追寻，似乎沟通着寓示着关于美的创造和追求的精神？

注释：陈忠实，陕西省西安市人，中国当代著名作家，曾任中国作家协会副主席、陕西作家协会主席。本文选自陈忠实散文集《记忆》（中国社会出版社），略有删节。

米脂婆姨记

贾平凹

走头头的骡子三盏盏的灯，
挂上那铃儿哇哇的声，
白脖子的哈巴朝南咬，
赶牲灵的人儿过来了，
你是我的哥哥你招一招手，
你不是我的哥哥你走你的路。

在米脂县南的杏子村里，黎明的时候，我去河里洗脸，听到有人唱这支小调。

歌唱的，是一位村姑。在上岸的柳树根下，她背向而坐；伸手去折一枝柳梢，一片柳叶落在水里，打个旋儿，悠悠地漂下去了。

这是极俏的人，一头淡黄的头发披着，风动便飘忽起来，浮动得似水中的云影，轻而细腻，倏乎要离头而去。耳朵一半埋在发里，一半白得像出了乌云的月亮。她微微地斜着身子，微微地低了头，肩削削的，后背浑圆，一件蓝布衫子，窕窕地显得腰段。她神态温柔、甜美，我不敢弄出一点响动，一任儿让小曲摄了魂去。

这是一首古老的小调，描绘的是一个迷人的童话。可以想象到，有那么一个村子，是陕北极普通的村子。村后是山，没有一块石头，浑圆得像一个馒头，山上有一二株柳，也是浑圆的，是个绿绒球。山坡下是一孔一孔窑洞，窑洞里放着油得光亮的门箱、窑窗上贴着花鸟剪纸，窑门上吊着印花布帘，羊儿在岸畔上啃草，鸡儿在场埝上觅食。从门前小路上下去，一拐一拐，到了河里，河水很清，里边有印着丝纹的石子，有银鳞的小鱼，还有蝌蚪，黑得像眼珠子。少女们来洗衣，一块石板，是她们一席福地。衣服艳极了，晾在草地上，于是，这条河沟就全照亮了。

有那么一个姑娘，该叫什么名字呢？她是村里佼佼者。父母守她一个，村里人爱她，见过她的人都爱她。她家在大路口开了饭店，生意兴旺，进店的，为了吃饭，也为看见她。她却最是端庄，清高得很，对谁也不肯一笑。

姑娘有姑娘的意中人，眼波只属于清风，只属于他。他是后山的后生，十八或者二十岁，每天要从这里路过县上赶脚。进得店来，看见她，粗茶淡饭也香，喝口凉水也甜，常常饥着而来，待会儿便走，不吃不喝也就饱了。她给他擀面，擀得白纸一张，切面，刀案齐响，下到锅里莲花转，捞到碗里一窝丝。她一回头，他正看她，给她一笑，她想回他个笑，但她却变了脸。他低了头，连脖子都红了，却看见桌布下她露出的两只鞋尖，她看出他的意思了，却更冷了脸儿，饭端上来，偏不拿筷子。他问："筷子呢？"，她说："在筷笼，你没长手？"他凉了心，吃得没味，出去了。她得意地笑，终又恨他，骂他"孱头"。

"他几天竟不来了。"她坐在家里等。等得久了，头也懒得梳，她说："不来了，好！"但哭了。

天天却听见门外树上的喜鹊叫。她走出来，却是他在用石子打那鸟儿。她愣了，眼泪都流了出来。他瞧着她喜欢，向她走来，她却又上了气："为什么打鸟？""我恨！""恨鸟儿？""它住在这里。""那碍你什么了？""也恨我。""恨你？""恨我不是鸟儿！"她想了想，突然笑了。他一看她，她立即缄默不语，他向她走进来，她却又走了，一直走到窑里，只想他会一挑帘儿进来，回头一看，他没有进来，走出窑看时，他却走了，边走边抹着眼泪。

她盼他再来，再盼他来。他却再也没来。每天赶脚人从门口来往：三头五头的骡子，头子缠着红绸，绸上系着铜铃，铜铃一响，她出门就看，骡子身上架着竹筐，一边是小米、南瓜、土豆，一边是上布、羊皮、麻线，他领头前边走，乜她一眼，鞭儿甩得"叭叭"地响，走过去了。

一次，两次，眼睁睁看他过去了，她恨自己委屈了他，又更恨那个他！夜里拿被子堆一个他，指着又骂又捶又咬，末了抱住流眼泪。等着他又路过了，她看着他的身影，又急切切盼着他能回过头来，向她，招一招手……

注释：贾平凹，陕西丹凤人，当代著名作家，陕西作家协会主席。本文选自《贾平凹散文选》（百花文艺出版社），略有删节。

写意横山

方英文

最早知道横山地名，是那首红色民歌：对面介沟里流河水，横山里下来些游击队。介字听上去，可能是语气词，也可能是方位词。由此望文生义：横山地势高，横山英雄多。

可是几次路过横山，仅从车里检阅了几眼半沙漠半植被的风景滑过，未曾驻轮细赏，每觉遗憾。日前受了青年作家秦客的撺掇，北飞榆林，配合书店大王吕文经先生操办的雅集活动，主题是签名交流与文学讲座。正事一完，主人当即宣布任由客人胡浪。我说逛横山吧，就近。

向导樊瑛，诗人，横山妇联副主席，敞亮干练，写实带夸张，几句话就提纲挈领了横山的风物人情，似见穆桂英风采。"横山人直率，一是一、二是二，从不吵架。"这就奇了怪，英雄的土地居然不吵架？“解决矛盾纠纷就一个字——打！”满车人笑了。

横山外观单调地下钱多，一不小心羊圈旁就发现个煤矿。只是办理开采手续与日常管理实在麻烦，不如几十万数百万上千万卖给南方人经营去省心；自个钱麻袋一甩肩膀后，阔步进城购大房、买豪车、换老婆，眨眼间富贵人生喽。只是，很快又光蛋穷了。这么闹法我并不一概赞赏，然其一掷千金全散尽，管他钱复来还是不复来的派头，倒让我几分眼红呢。

远望一土山，楼台殿宇蓝天下，城郭女墙耸其梁。眼前尚不知其来历究竟，心间就发作了咏怀凭吊的酸毛病。近前一看，原来是波罗古堡，始建于北魏，正值佛风西来时。只因地理特殊，党项人匈奴人鲜卑人胡人羌人汉人，咕嘟嘟炖作一锅大火锅，常常就为了一碗饭一口水，一个女人一只羊甚至一句不恭敬的话，便纵马飞刀砍肢削头，顷刻间佛光暗淡剑影旋风，可怜无定河边骨——于是打杀出八九个皇帝来，纵然多半如阵风吹过，也终究男人了一把。其中最有名的是西夏开国帝李元昊、大顺帝李自成。

伫立望胡台，毛乌素沙漠南缘。环视天际，草木尽脱，无边的阳光泼洒着雄浑苍茫的开原阔地。初冬的流风撕耳刮脸、掀襟灌袖，一股天地间独我一人的野生豪气顿时萦回通体。是的，唯这野生二字，是何等的血脉偾张，不生称帝之想也实在由不得人了！

俯瞰无定河冲积的宽阔膏腴的良田，套用信天游模式此且捏造两句：天下黄河富银川，无定河偏爱横山县。满眼收割后的稻茬，浅黄翠黄复金黄，胡姬耳环般风尘黄。稻茬纵横笔直，如同只待攻伐号令的勇士阵势。若是早来俩月，你会恍然以为这是苏轼年代的江南田野。

北方大米少，入口分外香，只因生长缓慢，昼暖采阳气，夜寒绣月光。此般干旱世界，那根须吸了水分必然无限珍惜，不酿出一腔至味绝不放任自流。至于春夏时节那漫坡遍原的草毯，杂生了多味中草药，铁杆蒿啊多根葱啊，沙蒜啊香艾啊啥的。尤以名叫地椒草的最是神奇，羊们吃饱了肚子个个健壮欢实追逐递搭跳驼爱情，宛若下凡的云朵们大开运动会闹腾得没完没了哟。

……

进了横山城，地方男女文士们早迎候在羊肉馆门前，簇拥着进了特大包间。斜阳穿透两面落地玻璃，如同泼进温暖的金色酒浆。次第端上桌来一盘盘、一碗碗、一碟碟羊头羊蹄羊烤串羊炖汤，其色其味，其酥其软，恨无吕布张飞胆，只好每样来个野酸枣大一丁儿，细细品味，不能暴殄了天物是吧。当然也顾忌一旦放开了咥，氤氲煽动出阳刚匪气来不能把持，呼啸一竿子游击队扰乱治安，岂不悖逆了太平盛世！

注释：方英文，镇安人，当代著名作家，陕西省作家协会副主席。该文写于2019年11月19日，略有删节。

无定河记

高建群

散散漫漫，铺铺张张，一股清澈的碧水，自沙漠之中摇曳而出。土人说，此无定河也。

两岸皆是沙山，一座座相挤，一座座相挨。那沙太阳一耀，明光锃亮，闪闪烁烁。有陕北民歌曰：三十里明沙四十里水，五十里路上瞧妹妹。这歌中的“明沙”当是指的这种沙子，至于为何发明，又明得这般奇异，就不得而知了。

无定河欲出未出沙山时，突遇两岸青岩。岩石光滑、齐整，且有不知名的树木将其遮得郁暗。于是代代墨客骚人，便在此题诗作字，勒石纪雅。那字有的遒劲，有的细腻，有的飞扬跋扈，有的龟缩一团。蛮荒之地，平添一景，人唤“红石峡”也。

再行一程，便见一危楼，拔地而起，扼十万沙山，镇北方一隅，威赫赫，雄赳赳，成吞天吐海之势，这就是“镇北台”了。镇北台乃砖石结构，棱角分明，登台而远眺朔方，似有羌笛鼙鼓，湍湍而来。台上空地方围十丈，中有一小小哨所。夜来歇息期间，梦中忽闻鬼哭人啼，刀戈相击，醒来乃是南柯一梦。此时此地，忽令人想到李华的《吊古战场文》，于是，不胜古今兴亡之感。又记起“可怜无定河边骨，犹是春闺梦里人”一句，非身临其境，不能体味诗中滋味也。沈德潜评价曰：作苦语无过此者。当是精辟之言。

随河流再前行，一片锦绣繁华之地，便是榆林城了。榆林城上，无定河称为榆溪河，以下才称无定河。

为行文方便，统而称之，是我牵强了。陕北地面，人烟稀少，每平方公里多者三四十人，少者不足十人，独这块地方，人头涌涌，人声嚷嚷，每平方公里，竟达数万之众。徜徉于榆林城中，不抬眼去看那三座古楼，不留神去逛那新街旧街，单注目于这一街行人，于是，便从他们的眼睛上、鼻子上、嘴巴上、身段上、说话的拖腔上，看出一部陕北的民情风俗图，一部陕北人种的变异史来。

陕北的人种来源有三，榆林城中尤见明显。

榆林有小北京之称。你看那城垣之中，个个四合院十分齐整，酷似北京的四合院儿。榆林人的话语中，也常吐出一些至今在北京已不多见的土语来。姑娘小伙，穿着虽显粗糙，但言谈举止，极有气度。细细追查，几百年前，当有一群北京名门显贵，被刺配充边，来这塞上古城定居。第二代既已出生，脸上金字便已褪去，成为自由人了，一直繁衍至今。榆林城建城在明代，这些人当是建城不久后来的。

第二种人，相信是来自江浙一带。新兴资产阶级在沿海地区的发展，引起封建统治者的恐慌，于是一个手谕，这些昨日还处在温柔富贵中的商门大贾，便被遣送到这蛮荒之地了。粗犷的陕北信天游和细腻的吴歌俚调结合，便极大地增加了信天游的表现力，《好一朵茉莉花》这支流传久远的江南名曲，经高原洗礼，竟变成了一曲带着拖腔的响遏行云的咏叹调。至于每年春节秧歌的“坐旱船”，有理由相信是江南移民对他们昔日生活的一种怀念。

陕北历来是民族杂居区，无定河一带更是因为战争的缘故，尤为混杂。此一去南下五百里，富县的一个村子可以称羌村，说明少数民族势力曾伸展于此；此一去北上三百里，长城脚下的一个公社又可称镇羌村，说明汉人的势力范围也曾伸张至此。民族战争之间的拉锯战，便造成无定河流域尤其是榆林城中的人种混杂。

榆林城中，细细观察，可以看见许多有少数民族血统而履历上填写着汉族的行人。甚至扩而充之，那骑马走北京的李自成，那挎枪打天下的刘志丹，相貌上也明显有少数民族痕迹。自然，三个来源之外，剩下的，便是那些炎黄时期就在这里游牧的土著居民了。

于是便有这样一座城市，依无定河而生存，随无定河而迁徙。男儿强悍，多雄赳赳夫，女儿娇媚，多蜂腰桃腮。每年中央歌舞团总要来此物色些许学员，而新的更为娇美的人才，又像韭菜一样割过一茬重长一茬。军事重镇的位置虽因民族和睦而失去作用，作为镇沙的桥头堡，榆林儿女又屡建功勋。

过榆林城，无定河便进入黄土高原丘陵沟壑区了。经绥德，接纳呜咽泉水。那呜咽泉却是一个典故。秦时，太子扶苏镇守塞上，赵高假传圣旨，赐扶苏死。

扶苏既死，大将蒙恬亦被药死。

于是这扶苏陵、蒙恬墓间，便呜呜咽咽，流出一眼泉水，千年不湮。水滴珠珠是泪，水声丝丝如哭。

再往下，便绕过米脂闯王行宫、貂蝉故里，一路喧哗，直入黄河去了。

是为无定河记。

注释：高建群，西安临潼人，当代著名作家，陕西省文联副主席，陕西省作家协会副主席。该文选自 2023 年 7 月 24 日《文化艺术报》。

惊涛骇浪中的坚守

——陕西延安绥德水文站迎战“7·26”特大暴雨洪水侧记

本报记者 刘艳芹

“能够用我们四个人的劳累换来群众的生命安全，我觉得很值得。”躺在病床上的陕西省延安市水文水资源勘测局绥德水文站站长马锋说出这句话时，一脸轻松，而这背后的故事却充满了凶险。

7 月 25—26 日，陕西榆林市无定河流域发生特大暴雨，霎时，惊天的响雷炸开浓云，骇人的闪电撕破长空，瓢泼的大雨倾盆而泻，滔天的洪水奔涌而至。上游的一道道紧急信息，记录本上一个个直线上升的数据，让水文站的四名职工清楚地意识到步步逼近的危险，但他们却一次次放弃撤离的时机，坚守岗位，认真测报，及时上传，为迎战特大洪水提供了准确的决策依据，为群众的安全撤离赢得了宝贵的时间。

水不停涨 我们就不停测

绥德水文站是黄河流域无定河一级支流大理河下游的入口控制站，多年平均年降雨量 460.2 毫米。7 月 25 日上午，省、市水文局发来“超强暴雨”的通知，让水文站职工意识到一场恶战即将来临。站长马锋立即组织全站人员对所有仪器设备进行全面检查，开展测洪演练：两人观测水位、实测流量，一人处理泥沙，一人对外联络、拍发情报。

25日晚8时，暴雨来袭。全站人员按照分工，一边密切监视着河水的变化，一边分析着一组组数据。站外风雨交加，站内忙碌有序。

“那天晚上的雨很大，水不停涨，我们就一直不停测。先是登上吊箱，在河道里借助探照灯抢测洪水。后来洪水涨势迅猛，吊箱无法使用，我们就到公路上采用中泓浮标施测。再到后来，上游放浮标的道路也被洪水阻断，浮标测流不能实施，我们又利用洪水中的漂浮物作为天然浮标施测。”马锋说。

26日0时，水位达到811.83米；1时06分，水位814.14米。1个小时，120多米宽的河道，水位上涨了2.31米。抬头，浓密的雨水浇泼得人睁不开眼；低头，翻滚的波涛一浪高过一浪。

雨在下，水在涨，马锋他们施测的节奏也越来越紧密。半小时，20分钟，10分钟，8分钟……就在大家全身心投入紧张的战役中时，接到绥德县政府的命令：迅速拉响警报，通知沿街两岸的群众尽快撤离。

危险近在咫尺，但水文站所有人员没有一个撤离。他们在广播里一遍遍反复催促着群众赶紧撤离，却全然忘了自己也身处生死关头。

2时15分，暴雨声、洪水声叠加而来，齐头高的洪水像一堵墙一样黑压压向水文站扑来。刹那间，铺天盖地的洪水冲毁了吊箱，冲毁了供电线路，沿河两岸漆黑一片，身后的街道也被洪水围堵，只听见轰隆隆翻滚的洪水在街道、河道奔涌的声响。

“大家不要慌，无论如何我们都要把汛情报出去，测报工作不能停止。”马锋一边说一边启动了发电机。

警报再次拉响，他们用话筒大声喊话，让沿河两岸群众赶紧撤离。可他们，依然坚守阵地继续战斗。

咆哮的洪水像无数匹脱缰的野马横冲直撞而来，淹没了水文站的一楼，又顺着楼梯迅速上蹿，站上的职工从一楼转战到二楼，当二楼急促的脚步被浑浊的黄泥水淹没时，马锋又带着大家顺天窗爬上楼顶。空旷的楼顶四面临风，洪水将测流的设施冲毁，挣脱的钢丝绳击中马锋的头部，又划伤他的左腿。

狂风在呼啸，暴雨在猛打，大地在颤动。楼顶上全身湿透了的四名职工稍不留神，就有被洪流卷走的危险，站房在巨大的漂浮物撞击下也岌岌可危。但是，他们依然牢记自己的使命，1530立方米每秒、2450立方米每秒、2880立方米每秒、3160立方米每秒……一个个准确的数据从这里传了出去。

一线奋战 后方火线支援

“绥德水文站的四名职工都是好样的，但那天晚上我的心一直纠结万分，一边需要测报数据，一边又十分担心我们职工的安危。”见到延安市水文局局长祁盘军时，已经三天三夜没有休息的他说到自己的职工时有骄傲，也有歉疚。

据抢险队队长纪登前介绍，得知绥德水文站上游出现较大洪水后，祁盘军立即派出抢险队前往绥德水文站支援。凌晨1时从延安出发，5时抵达绥德县。当纪登前带领抢险队赶到绥德县城时，雨下得正大，暴雨如注，洪水漫过堤防，淹没河上长约200米、宽约20米的千狮桥，又冲到沿河街道，水文站近在眼前，却迟迟不能展开营救。

心急如焚的抢险队时刻担心着站上职工的安全。抢险队副队长高鹏是当地人，他带着抢险队翻过两座山到达水文站对岸的山坡上，从高处察看远处水文站被困的情况。

26日7时，水势渐渐回落，抢险队第一时间火速蹚过大水。

“你们当时没有意识到自己也有生命危险吗？不害怕吗？”记者问暴雨中翻山越岭的抢险队队长纪登前。

“当时心里只是焦急，只是担心，只想尽快赶到水文站营救我们的战友，根本就没想到害怕。”他说。

狂风暴雨中因为着急赶路，一路小跑，还摔了好多跤，身上多处擦伤。“我们的战友在一线誓死奋战，我们这点苦又算什么呢？”纪登前这样说。

6月26日早上9时，当抢险队赶到绥德水文站时，站上的两名职工马成伦和王宏飞已经在当地群众的帮助下，通过钢索抵达安全地带。看到自己的战友都没有生命危险，抢险队员悬着的心终于放下，赶紧和群众一起，把剩下的两名同志转移到安全地带。

在这次生死存亡的考验中，在与暴雨洪水搏命的决斗中，四名水文人终于取得了胜利！

确保人民群众生命安全

来到洪灾后的绥德县，狼藉一片，满目疮痍，穿着雨靴深一脚浅一脚走在泥泞不堪的街道上，两边堆积淤泥中不时可见只剩顶盖的汽车，男男女女、老老少少正在挥锹抡镐，清理自己家满屋子的淤泥。

“我要感谢水文站的人，没有他们，我们就都没命了。”水文站对面杂货店的老板史占宝非常激动地说，“虽然是对门，以前还真不清楚水文站上的人是干什么的，他们的工作有什么意义，有什么价值。通过这次洪灾，才真正知道了他们肩上担着的责任有多大。”史占宝说。

从水文站的记录本上可以看到，当天晚上的洪水从26日0时开始起涨，5时05分涨到最高，6时20分后，洪水开始回落。数据显示，险情发生在人们沉睡之际。

“当时睡得正香，突然听见尖利的警报声，让我们撤离。我这店里存着十来万元的货物，就不想撤。后来他们一次次喊话，我才撤到高处。洪水来时，我才暗自庆幸，幸亏水文站的人，要不然我这条命就没了。”史占宝说。

街道上与水文站一条窄巷之隔的便利店老板娘，见到水文站的人，十分感激：“你们就是我的救命恩人哪！”原来，险情发生那晚，她店里刚好有4万块钱的货款，通知撤离时，她迟迟不肯撤离，在水文站职工的再三劝说下，她才勉强撤离，竟捡了一条命回来。

据统计，“7·26”暴雨洪灾中，绥德水文站出现了自1960年有实测资料以来的最大洪水，正是有了水文人的坚守，民众的生命安全才得到了真正保障。

8月3日，中央电视台焦点访谈栏目播出了《洪水中的生命之舟——未曾间断的测报》专题节目，重点报道了绥德水文站四名职工在此次暴雨洪水中不畏艰险、坚守岗位进行测报的事迹。

8月4日，陕西省委书记娄勤俭作出重要批示："绥德水文站的四位同志临危不惧，忠于职守，为群众避险转移发挥了重要作用，应充分报道宣传，传递正能量。"

注释：选自《中国水利报》2017年8月10日要闻版。

第七篇　机构与人物

河流是人类生存和社会发展的“孪生姐妹”。在漫长的历史长河中，无定河流域人类社会发展经历了无数刀兵战火的洗礼，也经过无数朝代政权的更迭，深刻地影响和改变着流域经济社会发展、生态环境变化、治山治水事业的发展，甚至生活在这片土地上的人们生活方式的改变、民风民俗的演进、民族文化性格的养成。无定河流域有其特立独行的历史烙印，曾多次被北方游牧民族统治，又历经多次战争回归中原王朝，也曾出现过除周、秦、汉、唐等十三个王朝在长安建都外，第十四个在陕西建都的大夏王朝；既有鄂尔多斯高原的毛乌素沙地、草原，也有陕北黄土高原的丘陵沟壑、梁峁残塬，生活在这片土地上的人们，与大自然展开了气壮山河的顽强抗争，绿荒山，战沙漠，治河流，取得了可歌可泣的历史功绩，涌现出了一大批先进集体、劳动模范、先进工作者与有突出贡献的专家，甚至有人献出了宝贵的生命，为推动无定河流域保护治理发展作出了突出贡献。

第一章　流域历史

无定河流域历史悠久，历史沿革变化频繁，曾长期被北方游牧民族统治，周、秦、汉、唐等强盛王朝回归中原管辖。历史证明，大凡中原王朝统治动荡或发生内乱时期，北方游牧民族就乘机占领或割据无定河流域。东晋时期，匈奴人在无定河流域建立了大夏国，成为无定河流域唯一建都的政权。陕甘宁边区政府管理期间，流域多数县区归边区政府管辖。1949 年 6 月 1 日，榆林城和平解放，流域各县区都回到了人民的怀抱。本章在全面系统记述流域历史沿革的基础上，将大夏王朝作为流域内特殊历史阶段，设专节予以记述。

第一节　历史沿革

无定河流域在旧、新石器时代，就有河套人在此生息繁衍。

夏商时期（约前 2070—前 1046），夏属雍州，商属鬼方。据考古认定，清涧县李家崖古城遗址为商代鬼方都城遗址。

西周时期（前 1046—前 771 年），先后被熏育、猃狁、戎狄等游牧民族占据。

春秋、战国时期（前 770—前 221 年），早期被白翟族牧居。周敬王八年（前 512 年）晋国灭白翟属晋。战国周安王二十六年（前 376 年），韩、魏、赵三国灭晋，无定河流域大部属赵国。周显王四十一年（前 328 年），秦国打败赵国，无定河流域大部为秦国上郡地，定边等地属秦国北地郡。

秦代（前 221—前 206 年），前 221 年，秦始皇统一中国，天下分 36 郡，无定河流域大部属上郡。

两汉时期（前 206—公元 220 年），西汉，榆林东部属西河郡，中部属上郡，西部定边属北地郡。延安属上郡高奴县，新朝元年（9 年）改高奴县为平利县。东汉末期至三国，榆林成为南匈奴、乌桓等羌胡人的牧居地；东汉恢复高奴县名。

三国时期（220—280 年），上郡、西河郡为匈奴占据，未设置郡县。

东晋时期（317—420 年），匈奴王赫连勃勃在统万城（今靖边白城子）建立大夏国。427 年，北魏灭大夏，设立统万镇，北魏孝文帝太和十二年（488 年）改设夏州。

隋代（581—618 年），开皇三年（583 年），设夏（治统万）、长（治长泽，今靖边境内）、绥（治龙泉，今绥德县城）、银（治儒林，今横山境内）四州；大业元年（605 年）将绥州改称上州，大业三年（607 年）撤销州制，设立朔方、雕阴二郡。

唐代（618—907年），隋末唐初，榆林被地方豪族梁师都占据，自称梁国，僭皇帝位。贞观二年梁师都被灭，唐复设银、绥、夏三州，均属关内道管辖。玄宗天宝元年（742年）撤州设上郡（今绥德）、银州郡（今党岔）、朔方郡（今白城子）、新秦郡（今杨城）。肃宗乾元元年（758年）撤郡，复设绥、夏、银、长四州。

五代时期（907—960年），无定河流域设有夏州（领朔方、德静、宁朔三县，均在今靖边境内）、银州（领真乡、开光、儒林三县，在今米脂、佳县境内）、绥州（领绥德、龙泉、延福、城平、大斌五县，在今绥德、清涧、吴堡、子洲境内）。

宋代（960—1279年），北宋时属永兴军路（初名陕西路），绥州、宥州被西夏占据，未设郡县，熙宁三年（1070年）收复，绍圣三年（1096年）后，得失无常。南宋后，沦为金国占有，属鹿延路的一部分，设绥德州，金大定二十二年（1182年）撤军设绥德州。

元代（1271—1368年），至元十二年（1275年）置延安路，辖绥德州、葭州及鄂尔多斯南部和延安市区域，无定河流域的米脂、绥德、清涧三县归绥德州领辖。

明代（1368—1644年），洪武四年（1371年），改延安路为延安府，下辖州、县行政建置基本沿袭元代州、县。同时设置了军事建置绥德卫、延安卫和所辖之千户、百户所。正统二年（1437年），置绥延镇，并在绥德城设镇守绥延总兵都督府，委都督总兵官统辖延安、绥德、庆阳卫驻军和军屯户。成化七年（1471年），在长城一带增置榆林卫（治所在榆林城），孝宗弘治十八年（1505年）九月设立东路神木道，领佳州、府谷、神木二州县，中路榆林道领绥德、米脂、清涧、吴堡四州（县），西路靖边道领保安（今志丹）、安定（今子长）、安塞三县和榆林市的定边、靖边、横山三县。

清代（1644—1911年），康熙十七年（1678年），裁撤榆林卫、绥德卫、延安卫。雍正年间，设榆林府和绥德直隶州两个省辖行政区。

民国时期（1912—1949年），1913年废府州制度，设陕北道（治所设榆林城），1914年5月改称榆林道。原榆林、绥德府所属各县及原延安府所属安塞、延长、保安及靖边县均属榆林道管辖。民国十七年（1928年）撤道制，省直辖县。

1935年，安塞县解放，成立革命政权。

1937年9月6日，陕甘宁边区政府成立。榆林除榆阳区外，其他各县先后解放，在原苏维埃政权的基础上建立人民政府，设置绥德、三边两个分区，分别管辖绥德、米脂、佳县、横山、清涧、吴堡和靖边、定边、安边（后撤销）。

1944年1月10日，从绥德、米脂、清涧、横山及延属分区的子长五个县各划出一部分地方，成立子洲县，属绥德分区。

1949年6月1日，榆林城和平解放，撤销三边分区，设榆林分区，管辖榆林、定边、靖边、横山、神木、府谷六县。

1949年10月1日，中华人民共和国成立，榆林、延安隶属陕甘宁边区陕北行政区。

1950年1月19日，西北军政委员会在西安成立，陕甘宁边区结束使命，5月，榆林成立绥德、榆林两个专区，延安设延安专区，延安、安塞、延长、志丹四县归延安专区管辖。

1956 年 10 月撤销绥德专区，将所辖绥德、米脂、佳县、吴堡、清涧、子洲六县并入榆林专区，子长、延川并入延安专区。

1958 年，榆林专区将十二个县合并为六个县，1961 年所合并各县恢复原制。

1968 年，榆林专员公署改为榆林地区革命委员会。

1979 年，榆林地区革命委员会改为榆林地区行政公署，为陕西省人民政府的派出机关。

1988 年 9 月 2 日，榆林县改为县级榆林市。

2000 年 7 月 1 日，榆林地区行政公署撤销，设立地级榆林市，原县级榆林市改为榆阳区。

2005 年，延安市吴旗县改名吴起县。

2016 年，延安市安塞县撤县设区。

2019 年，延安市子长县撤县设市。

第二节　大夏王朝

大夏国是东晋时期匈奴人在无定河流域唯一建都的政权，也是陕西十四个王朝中唯一不在长安建都的政权。

西晋灭亡、东晋在南方建立的时候，黄河流域各族统治者进入相互混战时期，匈奴、鲜卑、羯、羌、氐等少数民族先后建立了十几个政权，史称“五胡十六国”。306 年，匈奴大单于冒顿的后代从山西五台山西走渡河，居朔方。经过几代人五十多年的浴血奋战，终于在无定河以北的鄂尔多斯高原站住了脚。然而，由于其首领刘卫辰在与北魏的战斗中，轻敌妄动，加之内部矛盾复杂，故在兵力十几倍于敌人的情况下，大败身亡，子弟宗党五千多人被投之于河，仅有他的小儿子勃勃一人只身逃脱。

391 年勃勃十一岁逃出虎口投奔薛干部，该部帅为计好北魏，欲把他送献之，因得他人救助才从半路逃脱而幸免于难。勃勃到十五六岁已经相当成熟，英俊而勇武，被后秦的姚兴赏识，封为安远将军配以部属，帮助莫奕于镇守高平（今宁夏固远）。莫奕于还把女儿嫁给他为妻。406 年勃勃率兵以打猎为名，攻杀其岳父莫奕于。407 年即东晋义熙三年六月勃勃自称天王大单于，建元龙升设置百官。勃勃认为微赫实与天连，故改姓为赫连氏。

417 年赫连勃勃攻入咸阳，当年底又攻入长安，418 年赫连勃勃登坛霸上即位皇帝，改凤翔元年为昌武元年，置长安为南都（陪都）。当年十一月回到统万城正值宫殿落成，故建碑城南颂纪功德。这时是大夏的全盛时期，其版图“南阻秦岭，东戍蒲津，西收秦陇，北薄于河”。占有今陕北关中陇东及河套一带。此后几年由于赫连勃勃诸子抢夺太子位，杀伐，夏逐渐衰落。425 年赫连勃勃病死于统万城，享年四十五岁。

赫连勃勃死后赫连昌继位，北魏乘乱西伐。426 年北魏世祖拓跋焘由平城西进，于冬至时接近统万城。此时赫连昌饮宴正酣，突然听到敌兵已经一片慌乱。到北魏军距统万城仅三十里，赫连昌才仓促出城应战，被击败退至西宫。赫连昌反身拼搏，北魏主拓跋焘几乎不能走脱，当即退兵。427 年拓跋焘再次攻伐赫连昌，赫连昌败北，率数百人逃往今甘肃天水。北魏主入城获公卿将校后妃等数千人，获马三十余万匹，牛羊数十万头（只），他自己则以赫连勃勃的三个女儿充实了后宫。赫连昌继续抗魏在平凉被魏军生擒。

此后，赫连定在平凉即皇帝位，在西方的西秦乞伏慕末却想趁火打劫。431 年正月，赫连定在甘肃陇西县境破之，杀乞伏慕末，西秦被定一举击灭。

为摆脱北魏的逼迫，赫连定遂向西发展，欲渡河攻取北沮渠蒙逊地，至今甘肃临夏西北黄河南岸正渡河时，突遇吐谷浑首领慕璝率领的三万骑兵突然袭击，赫连定被俘，大夏至此灭亡。

从 407 年赫连勃勃称帝到 431 年赫连定被俘，大夏历二代三王共 25 年。

第二章　治水机构

无定河流域涉及陕西省榆林、延安 12 个县（区），因延安市仅涉及吴起县、安塞区、子长市 6 个乡镇的局部地区，因而本章以榆林市涉及的市、县两级治水机构为主记述。

第一节　市级机构

一、古代机构

自古以来，治水都是治国安邦的大事，均由朝廷钦选或地方行政长官主持进行。明成化年间（1465—1487 年），榆林城设延绥镇巡抚都察院，由延绥镇巡抚统管屯田、水利等事项。之后相继设立西路（靖边道）、中路（榆林道）、东路（神木道）3 路兵备道，西路兵备道管理靖边、定边各营城堡及安定（今子长县）、保安（今志丹县）、安塞 3 县，中路兵备道管理榆林卫各营城堡及绥德、米脂、清涧 3 县，东路兵备道管理东路各营城堡及神木、府谷、子洲、吴堡 4 县（州），各道及所辖县（州）均统管屯田、水利等事项。

清代前期沿用明代水利管理机构。清雍正九年（1731 年）建置榆林府及榆林、怀远（今横山）、靖边、定边县后，榆林府、绥德州同知及所属各县知县管理水利。

二、民国机构

（一）建设科

民国二十四年（1935 年）七月，设立陕西省第一区（榆林）、第二区（绥德）行政督察专员公署，两公署内都设建设科（又称四科），所属各县政府亦设建设科（又称科），兼管水利。

民国二十六年（1937 年）十月、民国二十九年（1940 年）三月，陕甘宁边区政府先后设三边（定边、靖边、安边地区）、绥德分区行政督察专员公署，两公署内都设建设科（又称四科），所属各县抗日民主政府亦设建设科，兼管水利。

（二）陕北水利工程处

民国二十八年（1939 年）春，陕西省政府设立陕北水利勘测队。这年夏，陕北水利勘测队长陈靖（泾阳县人）率队员 16 人进驻榆林县鱼河堡，先后开展鱼惠渠、定惠渠、云惠渠的勘测工作。

民国二十九年（1940 年）冬，第一区（榆林）行政督察专员公署奉陕西省政府和陕西省水利局的命令，在陕北水利勘测队基础上筹建陕北水利工程处。民国三十年（1941 年）

四月一日，正式成立陕北水利工程处，驻地在横山县马坊村，主要职责是兴修第一行政督察区（榆林）所属各县水利工程。工程处首任处长由第一行政督察区（榆林）专员刘学海兼任，首任副处长由原陕北水利勘测队队长陈靖担任，并兼任工程处主任工程师。工程处下设技术科、总务科、会计科，以及定惠渠工务所、赵石窑水文站、试验农场、员工消费合作社、医务所等。民国三十一年（1942 年），工程处有工作人员共 48 人，其中主任工程师 1 人、工程师 3 人、副工程师 3 人、助理工程师 4 人。民国三十二年（1943 年）三月，工程处会计、总务科迁榆林城办公。

民国三十五年（1946 年）十月九日，解放军开始进攻横山武镇、响水堡、榆林镇川等地，工程处下设的定惠渠工务所、技术科等大部分工作人员迁往榆林城。民国三十六年（1947 年）九月，陕北工程处撤销。

三、当代机构

1949 年 2 月，边区政府建设厅决定成立绥德分区水利工程处。3 月抽调米脂镇川等地干部和延安大学、绥德师范学校毕业学生共 48 人，正式成立绥德分区水利工程处，归陕甘宁边区政府建设厅领导，下设技术、行政、总务股（科），驻米脂县镇子湾村。1949 年 6 月 1 日榆林城和平解放后，绥德分区水利工程处改称绥榆水利工程处。1950 年 3 月，绥榆水利工程处归陕西省水利局领导，机关搬驻米脂县城，人员增至 54 名，科室未变。

1956 年 10 月，撤销绥德专区，除将子长、延川两县划归延安专区外，其余 6 个县并入榆林专区。1957 年 1 月，绥榆水利工程处与原绥德、榆林专区水利工作队（均于 1954 年 3 月成立）合并，成立榆林专区水利局，受陕西省水利厅和榆林专员公署双重领导。水利局下设政治科、灌溉管理科、工程管理科、计划财务科，以及直属单位勘测设计队和水利工程队。2 月，成立 5 个分驻各县的水利工作队（各队均分设有水利工作组），加强各县民营渠道的兴修和管理。其中：第一水利工作队驻绥德负责绥德、清涧、子洲、吴堡县水利事项；第二水利工作队驻米脂，负责米脂、佳县水利事项；第三水利工作队驻榆林县，负责榆林、横山县水利事项；第四水利工作队驻神木，负责神木、府谷县水利事项；第五水利工作队驻靖边，负责靖边、定边两县水利事项。1958 年 3 月，榆林水土保持工作推广站（1954 年 1 月成立，隶属黄河水利委员会西北工程局领导）并入榆林专区水利局。5 月隶属陕西省水利厅领导的榆林专区水利局划归榆林专署领导，改名榆林专员公署水利水土保持局，下设办公室、政工科、灌溉管理科、工程管理科、水土保持科、机电管理科和计划财务科，有职工 66 人，其中行政干部 42 人、工程技术干部 22 人、工人 2 人。同时，将原专区水利局派驻各县的水利工作队（工作组）及原榆林水土保持推广站派驻米脂、绥德、神树、靖边等 9 县的水保组合并，分别组成各县水利工作队，由各县政府领导。10 月，原专区水利局直属的水利工作队并入直属的水利勘测设计队。专署水利局与专署农林局合署办公，办公地址在榆林城原二街地区水利局、林业局大院。1960 年 3 月，与农业林业局分署办公。1966 年 4 月，撤销榆林专署水利局，改设陕西省榆林专区水利水保工程处，交陕西省直管；6 月，改名为陕西省榆林专区水利水保局。

1967 年 10 月，成立榆林地区水利局革命领导小组，取代了榆林专区水利水保局。

1968 年 8 月，撤销该领导小组，水利水土保持工作由榆林地区革命委员会生产组下设的水电组主管。1972 年 6 月，撤销水电组，改设榆林地区革命委员会水电局。工作范围包括工务、机电、灌溉、计划财务、农田基建、防汛等事项。1979 年 12 月，榆林地区革命委员会改为榆林地区行政公署。1980 年 1 月，榆林地区革命委员会水电局更名为榆林地区水电局，设办公室、工务科、水管科、小型水利科、水保科。

1983 年 10 月，榆林地区水电局更名为榆林地区水利水保局，设政秘、计财、水保、水管、工务、水产 6 个科室，行政编制 22 人。1985 年 9 月，撤销政秘、计财科，合并为办公室，新成立科技科。实有职工 38 名，财务人员 2 名，工人 11 名。1988 年 10 月增设水资源管理办公室，1989 年 3 月增设水保监督科，1990 年 5 月成立地区风沙区井灌建设领导小组办公室，9 月增设治沟骨干工程办公室，11 月增设保卫科。1991 年 11 月，机构编制进行调整，内设机构调整为计划财务、水利水产、水保、科教、水利公安科和办公室、监察室，行政编制 23 人。1996 年 2 月机构改革，局机关设政秘、计划财务、水利、水保、科教、水利公安 6 个科和机关事务管理所、水利工程质量监督办公室、渔政管理办公室 3 个科级事业机构，行政编制 18 名，事业编制 17 名。

2000 年 6 月，榆林撤地设市，榆林地区水利水保局更名为榆林市水务局。2002 年 10 月机构改革，局机关设政秘、政策法规、计划财务、水利、水保、科教 6 个科，行政编制 20 名。2012 年增设建设与管理科，至 2013 年共设 8 个科室，有工作人员 53 人，辖直属事业单位 20 个。

2019 年机构改革后，榆林市水务局更名为榆林市水利局，正县级建制，核定行政编制 16 名，实有人员 21 人；核定领导职数 1 正 3 副，实配 1 正 2 副；内设科室 7 个，分别是政秘科、规划计划科、河库管理科、水资源科、水利水电科、水土保持科、建设监督科。核定内设机构领导职数 10 正 2 副，其中：含机关党支部（总支）专职副书记 1 名，总规划师 1 名，总工程师 1 名。实配 8 正 2 副，其中河库科科长职位和总工程师职位空缺。榆林市水务局是榆林市政府水行政主管部门，统一负责全市水资源、河道、湖泊、水利工程、水旱灾害防御、水土保持、水电等工作。其主要职责为保障全市水资源的合理开发利用，负责生活、生产经营和生态环境用水的统筹和保障，按规定制定水利工程建设的有关制度并组织实施，指导水资源保护工作，负责节约用水、水文、水土保持、农村水利、水利工程移民管理工作，指导水利设施、水域及其岸线的管理、保护与综合利用，指导监督水利工程建设与运行管理，负责重大涉水违法事件的查处，协调跨流域、跨县域的水事纠纷，指导水政监察和水行政执法，开展水利科技和外事工作，负责落实综合防灾减灾规划相关要求，负责对职责范围内有关行业、领域的安全生产工作实施监督管理。

榆林市水利局机关原地址：20 世纪 50 年代设在榆林新建南路（原二街），20 世纪 60 年代末 70 年代初设在榆林地区行政公署，1978 年底设在榆林城南上郡北路 23 号，建有三层办公楼 2 座及车库等 30 间，总建筑面积 5958.56 平方米。2012 年 3 月 29 日，榆林市水利局搬迁至榆林开发区圣景路新建水利大楼，占地面积 4 亩，总建筑面积 13904 平方米。

第二节 县级机构

1949—1956年，榆林、绥德专区各县人民政府都设建设科，兼管水利。1956年10月，绥德专区并入榆林专区后，各县相继撤销建设科，水利工作主要由专区水利局派驻各县水利工作队或工作组负责。1958年5月，专区水利局派驻各县的水利工作队（工作组）和原榆林水土保持工作推广站所辖分驻米脂、绥德、清涧、子洲、佳县、神木、府谷、横山、靖边县9个水保组合并，分别组成各县水利工作队，负责各县水利水保建设。

1958年10—12月，各县相继成立农林水牧局，内设水利（水电）股，专管水利、水电、防汛事项。1961年各县分设水利局。1962年夏各县水利局又合并为农林水牧局。1965年各县再次分设为水利水保局。1968年，各县均成立了水电局革命领导小组，取代了县水利水保局。1970年，各县撤销水电局革命领导小组，水利工作归各县革命委员会下设的生产组主管。1971年，无定河流域各县均改设水电局。到1976年，无定河流域各县水电局工作人员共95人，其中榆林16人、横山7人、靖边8人、定边25人、绥德8人、米脂8人、清涧12人、子洲县11人。1984—1985年，各县水电局先后更名为水利水保局。1988年9月2日，榆林县撤县设市，原榆林县水利水保局改称榆林市水利水保局，管理职能不变。

2000年7月，榆林撤地改市，原县级榆林市改设为榆阳区，即将原县级榆林市水利水保局改称榆阳区水务局，继续管理区水利、水保、水产、水电事业。其他各县亦先后将水利水土保持局改称水务局（水利局），各县（区）水务局职权范围同前。2019年机构改革后，县级水利机构职能随着市级水利机构职能的调整有所调整。

第三节 市直单位

新中国成立后，榆林市水行政主管部门为发展水利水保事业，相继设立水利、水保、水文等事业单位，这些事业单位的隶属、职能、名称多次进行调整变化。1959—2006年曾先后被撤销的单位有：榆林专区公署水利局机械修配厂、水利仓库、陕西省米脂水利学校、榆林专区水保专业队、榆林地区水利水保施工队、榆林地区风沙区60万亩商品粮副食基地建设办公室等。2019年机构改革后，先后有榆林市水利工作队、市水保生态工程建设处、市水土保持科学研究所、市地下水管理监督总站、市国家水土保持重点建设工程领导小组办公室、市防汛抗旱指挥部办公室、市水政水资源办公室、市水利经济事业管理中心、市水土保持监督总站、市水利工程建设管理总站、市水产工作总站、市治沟骨干工程办公室、市水利工程质量监督站、市水务局机关事务管理所、市城乡供水管理办公室、市节约用水办公室、市水库移民管理办公室、市沙棘开发服务中心、市水文水资源勘测站、市水利与农田基本建设指挥部办公室等20个事业单位，因职能调整或机构归并被撤销或更名，榆林市引黄工程建设管理局由市政府直管变为市水利局直属事业单位。截至2020年，榆林市水务局有直属事业单位11个，分别是市引黄工程建设管理局、市水旱灾害防御中心、市水利水保综合执法支队、市城乡供水安全中心、市水资源中心、市水利工程质量安全工作中心、市水土保持生态工程建设中心、市水利工程建设中心、市河湖水库与移民工作中心、市水利信息与水文勘测中心、市淤地坝建设中心。

一、榆林市引黄工程建设管理局

1988年12月，经原榆林地区行政公署批准成立了地区盐环定抽黄项目领导小组，领导小组下设办公室，办公地址设在地区水利水保局。1989年2月，经原榆林地区行政公署批准成立榆林地区盐环定抽黄工程指挥部，为正县级事业单位。6月，原榆林地区行政公署决定撤销榆林地区盐环定抽黄工程指挥部，成立榆林地区定边供水工程建设管理局，为正县级事业单位，隶属地区水利水保局，与榆林地区定边供水工程领导小组下设的办公室两块牌子，一套人员。12月，原榆林地区行政公署研究，同意将原榆林地区定边供水工程建设管理局改名为榆林地区引黄工程建设管理局，办公地址仍设在定边县城。1991年6月，中共榆林地委组织部研究决定成立榆林地区引黄工程建设管理局党组。2000年11月，原榆林地区引黄工程建设管理局更名为榆林市引黄工程建设管理局。2011年10月，经榆林市委研究，按照榆林市机构编制委员会榆编发〔2011〕125号文件《关于印发〈榆林市引黄工程建设管理局主要职责内设机构和人员编制规定〉的通知》精神，将榆林市引黄工程建设管理局调整为市政府直属事业单位，内设机构8个。2016年3月28日，按照榆编〔2016〕3号文件《关于市引黄工程建设管理局体制调整的通知》，又将榆林市引黄工程建设管理局由榆林市政府直属事业机构调整为榆林市水务局下属正县级事业单位，原机构规格、编制、财政供养关系等不变，增设东线引黄管理处、西线引黄管理处。2016年11月，榆林市委组织部撤销了原局党组，批准成立了榆林市引黄工程建设管理局支部委员会。按照榆编办发〔2018〕102号文件规定，人员编制为53人，领导职数为局长1人，副局长4人，总工程师1人，总经济师1人，科级职数为19正16副。2020年4月9日，榆编发〔2020〕30号文件核定事业编制50名，领导职数1正4副，总工程师（正科级）1名，机构建制、单位名称均未变化。

2023年，榆林市引黄工程建设管理局为正县级建制事业单位，核定事业编制50名。实有人员47人，公益性岗位1人；核定领导职数1正4副，实配0正4副。内设科室共19个，分别是办公室、计划科、技术科、建设管理科、保障科、质量监督科、运行科、调度科、机电科、财务科、资产科、东线引黄管理处、西线引黄管理处、辛圈水厂、板窑水厂、砖井水厂、牛家口子泵站、宋家堡泵站、王家厂泵站。内设机构领导职数19正16副，实配10正6副（另正科领导职位9人，副科5人是改革前任命的，改革后未重新任命），其中副科长职位空缺5名。榆林市引黄工程管理局主要工作职能是重大引水工程项目前期工作、项目建设过程中监管服务和运行指导；主要职责是负责全市黄河引水规划、建设管理和黄河引水工程水量调配、为运行安全监管提供技术支撑和服务保障；参与榆林重大引调水及供水骨干网络工程前期和建设指导工作。

二、榆林市水旱灾害防御中心

榆林市水旱灾害防御中心为副县级建制（参公）事业单位，核定事业编制 13 名，实有人员 12 人，离岗待退 0 人，公益性岗位 6 人；核定领导职数 1 正 2 副，实配 1 正 2 副。内设科室共 4 个，分别是办公室、防汛科、抗旱科、通讯科，内设机构领导职数 4 名（副科级），实配 4 名。主要工作职能是水旱灾害防御应急值守、山洪灾害及防汛抗旱应急项目；主要职责是承担河湖水库防汛抢险、水旱灾害防御技术支撑和应急值守、服务保障工作。

该机构经历了两次改革：事业单位改革前，原单位名称为榆林市防汛抗旱总指挥部办公室，下设 3 个正科级，6 个科室，共核定事业编制 20 名。2020 年事业单位改革后依据《中共榆林市委机构编制委员会关于〈榆林市水利局所属事业单位改革方案〉的批复》（榆编发〔2020〕30 号）更名为榆林市水旱灾害防御中心。2021 年事业单位改革后依据《关于进一步理顺应急管理指挥机制的批复》（榆编办发〔2021〕67 号）文件将 7 名事业编制和防汛抗旱应急救援职责调整至市防汛抗旱防灭火服务中心。

三、榆林市水利水保综合执法支队

榆林市水利水保综合执法支队为副县级建制（参公）事业单位，核定参公事业编制 31 名，核定领导职数 1 正 3 副，内设科室共 6 个，分别是办公室、法制科、征管科、技术科、执法一科、执法二科，实配 6 正。市水利水保综合执法支队主要工作职能有 4 块，分别是：负责本行政区域内水土保持监督管理和行政执法工作；行使水土保持行政处罚和行政征收工作；参与水利、河道等方面违法行为查处工作；参与指导水利普法工作。

该机构前身是榆林市水土保持监督总站，先后经历了 4 次改革：第一次是 1999 年依据榆林地区机构编制委员会《关于成立"榆林地区水土保持监测总站"和"榆林地区水土保持生态环境监察支队"的通知》（榆地编发〔1999〕9 号）组建机构，三套班子一套人马，2000 年依据榆林市机构编制委员会《关于榆林市直属事业单位名称变更的通知》（榆市编发〔2000〕3 号），单位更名为榆林市水土保持监督总站、榆林市水土保持监测总站、榆林市水土保持生态环境监察支队；第二次是 2007 年依据榆林市人事局《关于转发〈陕西省人事厅关于批复榆林市政府工作部门所属事业单位参照公务员管理的通知〉的通知》（榆政人发〔2007〕728 号）转为参照公务员管理事业单位；第三次是 2011 年依据榆林市委机构编制委员会《关于市水土保持监督总站升格的通知》（榆编发〔2011〕141 号）升格为副县级参照公务员管理事业单位，总站下设 5 个副科级科室；第四次改革为 2020 年事业单位改革后依据榆林市委机构编制委员会《中共榆林市委机构编制委员会关于〈榆林市水利局所属事业单位改革方案〉的批复》（榆编发〔2020〕30 号）更名为榆林市水利水保综合执法支队，将榆林市水利局各单位执法职能并入榆林市水利水保综合执法支队。

四、榆林市城乡供水安全中心

榆林市城乡供水安全中心为副县级建制事业单位，核定事业编制 31 名，实有人员 30 人，离岗待退 0 人，公益性岗位 4 人；核定领导职数 1 正 3 副，实配 3 副。内设科室共 6 个，分别是办公室、农村供水科、城镇供水科、工程技术科、水质监测科、质量安全科，内设机构领导职数 6 正，实配 6 正。其主要职责是：承担全市城乡供水建设项目的前期工作；

参与全市城乡供水工程建设项目的组织实施和饮水型地方病防治改水工作；承担全市城乡供水工程运行管理的技术服务；承担城乡供水技术推广、业务培训等工作；承担全市城乡供水水质、净化消毒设备质量监（检）测业务指导工作。

该机构先后经历了 5 次改革。2007 年 6 月 21 日，榆林市委机构编制委员会《关于成立榆林市城乡供水管理办公室的批复》（榆编发〔2007〕29 号），同意将原挂靠榆林市水政水资源管理办公室的榆林市城乡供水管理办公室和榆林市水务局内设机构水利科挂牌的农村供水管理办公室合并成立榆林市城乡供水管理办公室，正科级建制，核定事业编制 14 名，科级职数 1 正 2 副；2011 年 10 月 8 日，榆林市机构编制委员会《关于市城乡供水管理办公室升格的通知》（榆编发〔2011〕135 号），该机构规格由正科级升格为副县级，核定领导职数 1 正 2 副；2013 年 8 月 30 日，榆林市机构编制委员会《关于市城乡供水管理办公室设置内设机构的通知》（榆编发〔2013〕125 号），同意内设农村供水科、县城供水科、综合科 3 个科室，核定副科级职数 3 名；2015 年 6 月 11 日，榆林市机构编制委员会办公室下发《关于撤销市水利经济事业管理中心的通知》（榆编办发〔2015〕109 号）、《关于原市水利经济事业管理中心人员分流的函》（榆编办函〔2015〕69 号），给榆林市城乡供水办公室调整 17 名编制，调整后榆林市城乡供水办公室共有事业编制 31 名，领导职数 1 正 3 副，内设科室 5 个，分别是农村供水科、县城供水科、综合科、水利景区科、工程科，并将榆林市水利经济管理中心 16 名在职职工、13 名退休人员，承担的水利风景区建设与管理、水电站建设与管理和水文建设研究等人员和职能调整至市城乡供水管理办公室；2020 年事业单位改革后，依据《中共榆林市委机构编制委员会关于〈榆林市水利局所属事业单位改革方案〉的批复》（榆编发〔2020〕30 号），将榆林市城乡供水管理办公室更名为榆林市城乡供水安全中心。

五、榆林市水资源中心

榆林市水资源中心为副县级建制（参公）事业单位，核定事业编制 36 名，实有人员 35 人，离岗待退 2 人，公益性岗位 6 人；核定领导职数 1 正 3 副，实配 1 正 3 副。内设科室共 7 个，分别是办公室、调查评价科、取水管理科、水资源保护科、用水监测科、非常规水利用科、节约用水科，内设机构领导职数 7 正，实配 7 正。其主要职能是：水资源调查评价、取水管理、水资源保护、用水监测、非常规水利用以及节约用水工作。其主要职责是：为全市水资源合理开发利用和节约保护提供技术性保障；负责生活、生产经营和生态环境用水的统筹和保障；承担水资源调查评价、规划配置、取水论证和节水方案技术审查；承担地下水取水工程登记管理工作；承担全市矿井疏干水综合利用规划编制、组织实施和中水、再生水利用指导工作；承担煤炭、石油、天然气开发中的水资源保护和监管工作；参与推进节水型社会建设和最严格水资源管理制度考核工作。

该机构先后经历了 5 次改革：① 1989 年，根据榆林地区行政公署办公室文件（榆署办发〔1989〕18 号）文件升格为副县级事业单位。② 1999 年根据榆林地区机构编制委员会《关于成立“榆林地区水土保持监测总站”和“榆林地区水土保持生态环境监察支队”的通知》（榆地编发〔1999〕9 号），将水资源管理办公室与新成立的两个水土保持机构合署办公，一套机构三块牌子；2000 年依据榆林市委机构编制委员会《关于榆林市直属事业单位名称变更的通知》（榆市编发〔2000〕3 号）文件，更名为榆林市水政水资源管理办公室、榆林市城乡供水管理办公室、榆林市水政监察支队。③ 2005 年，根据榆林市委机构编制委员会办公室《关于核定市水务局事业单位行政领导职数、内设机构、人员结构比例的通知》（榆编办发〔2005〕40 号），加挂榆林市城乡供水管理办公室牌子。④ 2007 年，依据榆林市人事局《关于转发〈陕西省人事厅关于批复榆林市政府工作部门所属事业单位参照公务员管理的通知〉的通知》（榆政人发〔2007〕728 号），转为参照公务员管理事业单位。⑤ 2020 年事业单位改革后，依据榆林市委机构编制委员会《中共榆林市委机构编制委员会关于〈榆林市水利局所属事业单位改革方案〉的批复》（榆编发〔2020〕30 号），更名为榆林市水资源中心，将榆林市节约用水办公室职能并入榆林市水资源中心。

六、榆林市水利工程质量安全工作中心

榆林市水利工程质量安全工作中心为副县级建制参公事业单位，核定事业编制 32 名，实有人员 30 人，公益性岗位 2 人；核定领导职数 1 正 3 副，实配 1 正 3 副。内设科室共 6 个，分别是办公室、水利质量监督科、水保质量监督科、安全监督科、工程稽查科、造价管理科。其主要职能是：水利工程质量监督和水保工程质量监督。其主要职责是：参与全市大中型水利水保工程、市属水利工程和县（市、区）部分中小型水利水保工程的质量安全监督技术工作；参与监督水利工程单位工程验收、阶段验收和竣工验收，核备工程质量结论；参与水利水保工程质量检测单位资质认定的评审工作；组织开展水利工程质量的抽样检测；承担中省市投资水利建设项目稽查的具体事务性工作；参与水利水保工程较大质量事故和安全生产事故的调查处理；协调开展水利工程质量监督、项目稽查和安全监督相关培训和交流工作。

该机构前身为 1996 年成立的“榆林市水利工程质量监督办公室”，为局内设机构，与计财科一套人马两块牌子。2002 年机构改革时，按照政技分开的要求，榆林市机构改革领导小组（市编委会）以榆市编发〔2002〕10 号文改设为榆林市水利局下属科级事业单位，全额拨款，成立了榆林市水利工程质量监督站，编制 12 人。2007 年 12 月 30 日，榆林市人事局以榆政人发〔2007〕728 号文批准为实行参照《中华人民共和国公务员法》管理的事业单位。2020 年机构改革后，榆林市委机构编制委员会以《关于中共榆林市委机构编制委员会〈榆林市水利局所属事业单位改革方案〉的批复》（榆编发〔2020〕30 号）成立了榆林市水利工程质量安全工作中心，由原榆林市水利工程质量监督站、原榆林市水利工程建设管理总站、原榆林市节约用水办公室合并而成，为全额拨款、参照《中华人民共和国公务员法》管理的事业单位，副县级建制，核定编制 32 名，现有专业技术人员 30 名。具体承担市级实施监督的水利工程建设项目质量与安全监督的技术工作。

七、榆林市水土保持生态工程建设中心

榆林市水土保持生态工程建设中心为副县级建制事业单位，核定事业编制 46 名，实有人员 42 人，离岗待退 5 人，公益性岗位 1 人；核定领导职数 1 正 3 副，实配 1 正 3 副。内设 8 个科室，分别是办公室、项目规划科、工程建设科、流域治理科、恢复治理科、沙棘开发科、流域整治科、信息监测科，内设机构领导职数8副科，实配6副科，其中流域治理科、恢复治理科，科长空缺。其主要职责是：参与全市水土保持规划、实施方案的技术审查；参与开展全市水土保持规划、项目实施效果评估；承担中省市水土保持重点工程、重点小流域项目前期工作和水土保持工程建设管理工作，水土保持新技术的应用和推广工作；参与无定河流域综合整治规划实施和综合协调工作。

该机构先后经历了6次改革：1989年由科级升为副县级，2000年榆林撤地设市后，更名为榆林市水土保持工作队；2005年，榆林市委机构编制委员会办公室以榆编办发〔2005〕40号文，核定领导职数1正3副，内设4个副科级科室，分别为办公室、综合科、规划设计科、项目管理科；2006年，榆林市委机构编制委员会以榆编发〔2006〕24号文件调整该机构编制为46名；2007年再次调整编制为50名；2008年，根据榆编发〔2008〕30号文件要求将榆林市水土保持工作队更名为榆林市水土保持生态工程建设处；2020年事业单位改革后，依据榆编发〔2020〕30号文件更名为榆林市水土保持生态工程建设中心，并撤销榆林市沙棘开发服务中心，其职能并入榆林市水土保持生态工程建设中心。

八、榆林市水利工程建设中心

榆林市水利工程建设中心为副县级建制事业单位，事业编制48名，领导职数1正3副，财政全额预算。设置副科级内设科室8个，分别是办公室、项目规划科、农村水利社会化服务指导科、水电发展科、农灌保障科、工程建设指导科、水利景区文化服务科、城镇供水科；核定副科级领导职数8名。其主要职责是：为水利水电工程提供技术支撑和服务保障；承担水利设施更新改造、运行管护指导、灌溉排水技术推广和服务工作；参与水利风景区、水电站建设管理、技术服务工作，水文化建设研究工作；参与全市农村小型水利水电和农田水利项目建设指导工作；参与全市基层水管站的建设和业务指导工作。

该机构先后经历了7次改革：1989年，榆林地区行政公署办公室以榆署办发〔1989〕18号文件批复将榆林地区水利勘测设计队由正科级建制升为副县级；1990年更名为榆林地区水利勘测设计院，共核定事业编制108名；1991年事业单位改革后，依据榆地编发〔1991〕002号文件仍更名为榆林地区水利勘测设计院，实有编制80名；1998年6月更名为榆林地区水利工作队，2000年地改市后更名为榆林市水利工作队，下设5个科室；2006年榆林市水利工作队编制为95名，下设7个科室；2007年榆林市水利工作队编制为87名；2008年榆林市水利工作队编制为77名；2020年依据榆编办发〔2020〕30号文件，撤销榆林市水利工作队、榆林市水利工程建设管理总站，设立榆林市水利工程建设中心。

九、榆林市河湖水库与移民工作中心

榆林市河湖水库与移民工作中心为副县级建制事业单位，核定事业编制33名，财政全额预算，实有人员46人，离岗待退2人，公益性岗位5人；核定领导职数1正3副，实配1正3副。内设科室共7个，分别是办公室、河长制工作科、移民服务科、产业扶持科、采砂科、河湖科、水库科，科长空缺2人。其主要职能是：河长制工作、水库管理、河道湖泊管理、采砂管理、移民安置服务工作和移民后期产业扶持工作。其主要职责是：

为全面推行河长制工作提供技术支撑和服务保障；参与全市河湖水库保护规划、治理规划、安全监管工作；承担市内水库大坝安全实施监督；指导全市病险水库除险加固工作；参与全市河湖、水库等水域、岸线的开发利用、划界与保护，采砂和涉河水利工程建设、管理、保护及防洪安全工作；承担市级河湖水库涉河事务技术服务咨询工作；为全市大中型水利水电工程征地、移民安置、中小型水库移民后期扶持提供相关服务；承担中小型新建水库移民人口核查。

该机构是 2020 年事业单位机构改革时，由榆林市地下水管理监测站和榆林市水库移民管理办公室整合组建而成。原榆林市地下水管理监测站（正科级建制）最初名称为榆林地区地下水工作队，成立于 1975 年 12 月，单位驻地在定边县曹园则路 13 号，隶属榆林地区水利水保局，是财政全额预算事业单位。2000 年 6 月，榆林地改市后更名为榆林市地下水工作队；2007 年 8 月，更名为榆林市地下水监测总站；2011 年 8 月，更名为榆林市水文水资源勘测站；2013 年 8 月，更名为榆林市地下水管理监测站。其主要职责是：贯彻落实中央、陕西省有关地下水资源监测和地下水取水工程建设监督管理的法律法规和技术标准，为全市地下水资源合理开发利用和节约保护提供服务；负责全市地下水监测站网、监测设施和信息化系统的规划、建设和管理工作；负责全市地下水位、水温、水质、水量等有关监测工作，收集、审查和汇编地下水资料；承担全市地下水资源调查评价、地下水开发利用规划的拟定工作；开展地下水科学技术研究、推广应用机井灌溉技术，为合理开发利用、保护地下水资源提供技术指导；负责全市机井施工单位的资质认证等管理工作；负责全市地下水取水工程建设的管理和监督工作；对在地下水取水工程建设中破坏、危害全市地下水资源，损坏地下水资源监测设施及机井施工活动中的违法行为作出行政处罚；承担地下水工程勘察及凿井等任务。原榆林市水库移民管理办公室（副县级建制），成立于 2008 年，核定事业编制 12 人，领导职数 1 正 2 副，是财政全额预算事业单位。单位主要职能：负责草拟全市水库移民相关配套政策；负责全市水库移民的调查、核实工作；负责水库项目的实施和检查验收、项目资金管理监督；指导协调县区水库移民工作等。

十、榆林市水利信息与水文勘测中心

榆林市水利信息与水文勘测中心为副县级建制，核定事业编制 40 名，实有人员 55 人，其中离岗待退 3 人，公益性岗位 3 人；核定领导职数 1 正 3 副，实配 1 正 3 副。内设科室共 8 个，分别是办公室、水情预报科、水文勘测科、化验科、网络信息科、水保监测科、项目建设科、地下水监测科。核定副科级领导职数 8 名，实配 6 名，其中水情预报科和水文勘测科科长空缺。其主要职能是：负责省市水文共建共管工作和榆林市水利信息化工作。其主要职责是：负责榆林市所有基层测站；负责地下水监测站网、旱情测报分析与研究、全市水土流失动态和防治成效重大建设项目的监测工作；负责网络大数据工作；承担防汛通信设施、雨水情测报系统和山洪灾害防治非工程措施设备的建设管理和运行维护工作；开展水利水土保持工程建设项目新技术的试验研究及推广应用。

该机构由榆林市水文水资源勘测站、榆林市国家水土保持重点建设工程领导小组办公室、榆林市水土保持科学研究所整合组建而成。2020 年机构改革前，榆林市水文水资源勘测站为正科级建制事业单位，核定事业编制 8 名，实有人员 11 人，1 正 2 副，公益性岗位 1 人。榆林市国家水土保持重点工程建设领导小组办公室为副县级建制事业单位，核定事业编制 16 名，1 正 2 副，内设 3 个科室，分别是业务科、综合科、计划财务科。榆林市水土保持科学研究所为正科级建制事业单位，核定事业编制 30 名，实有人员 31 人，1 正 3 副，公益性岗位 1 人。事业单位改革时，这 3 个单位被撤销，职能和人员均并入新组建的榆林市水利信息与水文勘测中心。

十一、榆林市淤地坝建设中心

榆林市淤地坝建设中心为副县级建制事业单位，核定事业编制 23 名，实有人员 22 人，离岗待退 3 人，公益性岗位 4 人；核定领导职数 1 正 2 副，实配 1 正 2 副。内设科室共 5 个，分别是综合科、项目规划科、工程建设科、信息监测科、公共运行科。其主要职能是：黄河粗泥沙集中来源区拦沙工程项目组织实施工作、中型以上淤地坝除险加固工作；其主要职责是负责全市淤地坝工程前期规划、建设指导、安全运行监督工作。

该机构由榆林市淤地坝建设办公室、榆林市机关事务管理所和榆林市沙棘服务中心整合组建而成。榆林市淤地坝建设办公室为正科级建制，核定事业编制 16 名，2020 年事业单位改革时该机构被撤销，职能并入榆林市淤地坝建设中心；榆林市机关事务管理所为正科级建制事业单位，核定事业编制 5 名，改革时该单位被撤销；榆林市沙棘服务中心为正科级建制事业单位，核定事业编制 5 名，改革时该单位被撤销。

第四节 榆林市政府直管单位

榆林市水务集团有限责任公司是榆林市政府 2005 年 12 月成立的国有功能类骨干企业，注册资本 1 亿元。其主要职能是：对全市能源化工基地建设开发区域内水资源进行勘测、开发、利用和经营管理；负责王圪堵水库工程建设和运营管理；对全市能源化工基地开发区域内的经营性用水项目以控股、参股等方式参与开发经营。

榆林市水务集团有限责任公司内设综合办公室、党委办公室、规划发展部、人力资源部、财务资产部、生产管理部、审计法务部、文化宣传部、群团工作部、纪检监察室 10 个工作部门。现有榆林市水务集团榆横工业园区供水有限公司、榆林市水务集团检验检测有限公司、榆林市泰泽水利水电工程有限公司 3 个全资子公司；榆林市水务集团王圪堵水库有限责任公司、榆林科创新城供水有限公司、榆林市榆横矿区煤矿疏干水综合利用有限公司、榆林市水务集团靖边供水有限公司 4 个控股子公司；府谷县惠泉水务有限公司、子洲县水务有限公司、中国水利水电第四工程局榆林水务建设管理有限公司、榆林市正泰民爆物品专营有限公司 4 个参股公司。

榆林市水务集团有限责任公司先后建成了硬地梁应急供水工程、王圪堵水库枢纽工程及其供水工程、科创新城供水工程、榆横矿区煤矿疏干水综合利用工程。王圪堵水库被榆林市政府确定为高新区、科创新城、横山新区和绥德、米脂、子洲三县饮用水水源地，目前主要向榆横工业园区、科创新城、横山区、高新区和绥德、米脂、子洲三县供水。先后荣获 2008 年“陕西省十佳诚信经营示范单位”、2009 年“陕西省水利厅先进集体”、2010 年“全省水利工程劳动竞赛先进集体”、2010 年陕西省“十一五”水利建设管理工作先进集体，以及榆林市 2010 年“安全生产工作先进单位”、2010 年“企业文化建设先进单位”。

第五节　黄河水利委员会、陕西省驻榆单位

一、黄河水利委员会驻榆单位

黄河水利委员会驻榆单位共有 4 个，分别是黄河水土保持绥德治理监督局（绥德水土保持科学试验站）、晋陕蒙接壤地区水土保持监督局、榆林水文水资源勘测局、府谷水文水资源勘测局。其中，属于无定河流域的单位有 3 个，现记述如下。

（一）黄河水土保持绥德治理监督局（绥德水土保持科学试验站）

黄河水利委员会绥德水土保持科学试验站，是黄河水利委员会设在黄土高原丘陵沟壑区的一个水土保持研究机构。1952 年 11 月，黄河水利委员会西北黄河工程局将原绥德、米脂两县水土保持科学试验站合并，成立陕北水土保持工作推广站，站址设在绥德县辛店。1954 年 8 月，更名为绥德水土保持工作推广站，1956 年收归黄河水利委员会领导，改名为黄河水利委员会绥德水土保持科学试验站。1958 年 1 月，黄河水利委员会又将绥德水土保持科学试验站下放西北黄河工程局管理。同年 12 月，又划归黄河水利委员会水土保持处领导。1960 年，绥德水土保持科学试验站在神木、靖边两县分别建立分站。1964 年 8 月，绥德水土保持科学试验站又划归新成立的黄河中游水土保持委员会领导。1968 年 10 月，成立了黄河水利委员会绥德水土保持科学试验站革命委员会。1969 年 3 月，根据黄河中游水土保持委员会通知，黄河水利委员会绥德水土保持科学试验站试验场移交绥德县管理。1972 年 2 月，根据水电部军管会的通知，黄河水利委员会绥德水土保持科学试验站下放榆林地区管理，改名为榆林地区水土保持工作站，同时撤销神木、靖边两分站。1978 年 7 月，榆林地区水土保持工作站撤销革命委员会，并收归黄河水利委员会管理，仍恢复原名称，同时收回了绥德县管理的试验场。1988 年 3 月，黄河水利委员会下发了《关于绥德、天水、西峰水土保持科学试验站委托中游治理局领导的通知》，绥德水土保持科学试验站隶属黄河中游局领导。1998 年，绥德水土保持科学试验站有职工 204 人，其中专业技术人员 60 余人。2000 年 4 月，经黄河水利委员会批准，成立黄河水土保持绥德治理监督局，负责黄土高原子午岭以东、吕梁山以西、榆林市以南、铜川以北地区水土流失治理及预防监督工作的组织、协调与管理工作，与黄河水利委员会绥德水土保持科学试验站一套机构两块牌子，合署办公，赋予绥德站水政水资源管理、预防监督、水土流失动态监测、生态工程建设等新职能。根据新的职能和工作需要，2003 年 8 月，经黄河水利委员会批准成立绥德水政监察（水土保持监督）大队和黄河水土保持生态环境监测榆林分中心，隶属黄

河上中游管理局。2008年8月，绥德水政监察（水土保持监督）大队升格为水政监察（水土保持监督）支队。在授权范围内，积极开展水土保持监督管理、河道巡查、水量调度、取水许可、省际水事纠纷协调处理等工作。2014年10月，黄河水土保持绥德治理监督局机关由绥德县迁至榆林市高新开发区。至2020年，绥德治理监督局下设水政水资源科、水土流失预防监督科等12个科室部门，现有职工232人，其中在职职工125人，退休107人。拥有专业技术人员92人，其中教授级高级工程师3人、高级工程师11人、工程师40人。专业涉及水土保持、水工、水文、测量、林学、计算机应用等20多个。

绥德水土保持科学试验站建站70年来，先后在水土流失规律研究、不同类型区小流域综合治理、水土流失治理措施及其效益、淤地坝筑坝技术等方面开展了600多项试验研究，取得130多项具有实用价值的科研成果，其中国家级科研成果6项、省（部）级以上科研成果40多项。先后在28条流域布设径流观测站和径流小区，建立了全国第一个未治理流域的大型坡面径流场——桥沟径流场。全国最早试验成功水力冲填筑坝技术，并在陕北大面积推广淤地坝，修建了陕北第一座淤地坝、第一块水平梯田和第一片山地果园。成功建立了韭园沟、辛店沟等小流域综合治理典型样板，创造性地提出了“以小流域为单元，山水田林路统一规划，工程措施与生物措施相结合，治沟与治坡相结合”的综合治理方略，率先总结出“黄土高原典型治理——小石沟‘三道防线’治理模式”。总结提出了“因地制宜、全面规划、大小结合、骨干控制、蓄种相间、轮蓄轮种、计划淤排”和防洪、拦泥、生产相结合的坝系建设与坝系利用原则，先后在韭园沟流域修筑淤地坝110座，实现了韭园沟拦泥50多万立方米，粮食平均亩产提高4倍左右。1956年、1971年《人民日报》分别在显著位置以《韭园沟不再向黄河送泥沙》《响应毛主席伟大号召，一定把黄河的事情办好》为标题，报道了韭园沟的治理经验和成效，1964年韭园沟流域的治理经验被国家确定为“全国农业十大样板之一”，将其治理模式向全国示范推广。辛店沟、韭园沟的成功治理经验先后在黄土高原地区8条小流域30多个试验点开展综合治理推广试验，引导带动了米脂高西沟、清涧红旗沟等一批治理典型因地制宜地发展起来，把水土保持与发展生产紧密结合，不仅拦蓄了泥沙，增加了植被，显著改善了区域生态环境，而且为这些地区增加了良田，改善了生产条件，提高了粮食产量，提升了老百姓的经济收入，受到了群众的拥护。较早地将“3S”、计算机、系统工程等先进的技术和成果应用到了小流域规划中。这些成果为黄丘一区综合治理与开发提供了成熟的技术措施和经验模式，在水土流失治理实践中得到了广泛的推广和应用，取得显著的经济效益、社会效益和生态效益，为黄土高原水土流失治理和水土保持事业发展作出了应有贡献。单位先后两次被国务院水土保持委员会树立为“全国水土保持先进典型”，先后被陕西省、黄河水利委员会、榆林市授予“文明单位”“治黄先进集体”，曾120多次被上级单位和地方政府授予各类先进单位、先进集体荣誉称号。先后有20余人获得“全国水土保持先进个人”“全国水土保持先进工作者”“全国水利技术能手”“治黄劳动模范”等荣誉。

（二）晋陕蒙接壤地区水土保持监督局

晋陕蒙接壤地区位于晋西北黄土高原、陕北黄土高原与鄂尔多斯高原的交接地带。该区矿产资源种类多、储量大，尤以煤炭、石油、天然气蕴藏丰富而闻名，被称为中国“黑三角”。区内开发建设项目众多，为我国重要的能源重化工基地。但该区干旱少雨、旱涝不均，生态环境脆弱、自然灾害频发，是黄河流域水土流失最严重的地区和黄河粗泥沙的主要来源区，属国家级水土流失重点治理区。

20 世纪 80 年代初，晋陕蒙接壤地区以煤炭开采为中心的大规模开发建设拉开了序幕，因无序开发而引发的严重水土流失灾害事故和生态问题层出不穷，并因此引起了党中央和国务院的重视。为了有效防治水土流失，保护生态环境，1988 年 10 月，经国务院批准，国家计划委员会和水利部联合发布《开发建设晋陕蒙接壤地区水土保持规定》。1989 年 3 月，为落实该规定，国务院有关部门成立了晋陕蒙接壤地区水土保持工作协调小组（该小组于 1994 年 3 月升格为 14 个部委和三省区政府组成的晋陕蒙接壤地区资源开发与环境保护领导小组）。1992 年 9 月，水利部正式批复黄河水利委员会在陕西省榆林市成立黄河水利委员会晋陕蒙接壤地区水土保持监督局，规格为副厅局级行政事业单位，由黄河上中游管理局代管，黄河上中游管理局副局长兼任该局局长，单位职责为依法统一管理和监督该区的水土保持工作。1993 年 12 月，国务委员宋健同志在晋陕蒙接壤地区能源开发与环境保护检查现场会上，明确黄河水利委员会晋陕蒙接壤地区水土保持监督局作为领导小组的日常办事机构。

2002 年 11 月，黄河水利委员会重新批复晋陕蒙接壤地区水土保持监督局“三定方案”，在依法统一管理和监督晋陕蒙接壤地区的水土保持工作职能基础上，增加负责授权管辖河段的水行政执法、水事纠纷调处、水资源管理和水量调度督察工作职能，单位的职能和管辖范围进一步扩大。2003 年 8 月，黄河水利委员会批复晋陕蒙接壤地区水土保持监督局成立晋陕蒙接壤地区水政监察（水土保持监督）支队，开始正式履行水行政执法、河道监管、水资源管理职能。2014 年，晋陕蒙接壤地区水土保持监督局开始承担全国水土流失动态监测与公告项目晋陕蒙接壤地区重点治理区动态监测任务，正式履行水土保持生态环境监测职能。2016 年 9 月，上级批复在晋陕蒙接壤地区水土保持监督局设立黄河流域水土保持生态环境监测晋陕蒙接壤地区分中心（正科级）。2019 年 11 月，黄河水利委员会成立万家寨水政监察支队，批复在晋陕蒙接壤地区水土保持监督局组建水政监察第一大队，负责黄河万家寨和龙口库区河段的水行政执法工作。

晋陕蒙接壤地区水土保持监督局是水利部黄河水利委员会在黄河流域内蒙古及晋陕蒙接壤地区的派出管理机构，在所管辖的范围内依法行使水行政管理职责，为具有行政职能的副厅级事业单位（暂定公益一类）。根据 2010 年批复的“三定方案”，其主要职责：①贯彻执行《中华人民共和国水法》《中华人民共和国水土保持法》《开发建设晋陕蒙接壤地区水土保持规定》等法律法规，并根据上级授权，拟定有关配套政策和规章制度。②指导、协调、监督晋陕蒙接壤地区水土流失防治工作。根据授权，对晋陕蒙接壤地区大型生产建设项目水土保持方案实施情况进行监督检查，并定期公告。③负责晋陕蒙接壤地区水土保持生态环境监测，组织编制该地区水土保持生态环境监测规划，并组织实施。④负责组织建立晋陕蒙接壤地区开发建设项目水土保持工程典型示范区。⑤负责授权管辖河段的水资源管理和水量调度督察工作；负责职权范围内的水政监察和水行政执法工作，查处水事违法行为；负责管辖范围内黄河水事纠纷的调处工作。⑥负责本单位安全生产工作；根据授权，开展管辖范围内中央投资的水土保持工程建设项目监督管理工作。⑦完成上级授权与交办的其他任务。

晋陕蒙接壤地区水土保持监督局三大块职能管辖范围分别为：①水土保持监督管辖范围包括山西省忻州市河曲县、偏关县、保德县和吕梁市兴县，陕西省榆林市榆阳区、神木市、横山区、府谷县，内蒙古自治区鄂尔多斯市东胜区、康巴什区、准格尔旗、达拉特旗、伊金霍洛旗和呼和浩特市托克托县，共3省（自治区）5市14县（区、市、旗）5.44万平方千米。②水政水资源和河湖监管工作管辖范围为内蒙古黄河流域，涉及内蒙古呼和浩特市、包头市、鄂尔多斯市、巴彦淖尔市、乌海市、阿拉善盟、乌兰察布市等7市（盟）40县（旗、区）31万平方千米，黄河干流内蒙古河段（843.5千米）、一级支流窟野河内蒙古河段（99.1千米）、皇甫川内蒙古河段（88.4千米）。③生态环境监测工作范围包括内蒙古、山西、陕西3省（自治区）7市18县（区、市、旗），监测面积为6.57万平方千米。2020年，晋陕蒙接壤地区水土保持监督局内设办公室（人事劳动处）、计划财务处、监督处、水政水资源处等4个正处级部门（内含9个科级机构），编制40名，在职职工38人，退休职工11人。

（三）榆林水文水资源勘测局

黄河水利委员会榆林水文水资源勘测局的前身是黄河水利委员会横山水文中心站，成立于1963年4月，初设于横山县，1984年6月更名为黄河水利委员会榆林水文勘测队，1985年迁至吴堡县柏树坪村，1989年更名为黄河水利委员会榆林水文水资源勘测队，并迁至榆林市红山西路1号，1992年12月更名为黄河水利委员会榆林水文水资源勘测大队，1996年10月更名为黄河水利委员会榆林水文水资源勘测局。2020年，全局有在职职工66人，其中具有高、中级职称技术干部8人。榆林水文水资源勘测局机关设办公室、技术科、财务科3个科室，下设国家基本水文站二类站3个、三类站9个、雨量站14个、蒸发站5个。测站分设在窟野河、秃尾河、无定河、大理河、小理河、芦河、黑木头川、海流兔河等河流上，主要负责各河流的水位、流量、泥沙、输沙率、颗分、降水、冰凌、水温、气温、比降、水文调查、水质监测、水情报汛等工作。所辖测区地跨陕、蒙两省（自治区）16个县（市），控制面积37967平方千米。测区报汛站43个（其中水文站8个、委托雨量站35个）。测区内设站观测始于20世纪50年代，收集的水文资料系列均在45年以上。榆林水文水资源勘测局主要职能：担负着测区内基本水文资料的观测、收集、整理、汇编、审定；承担本区域内实时水文信息的收集、处理与分析；参与区域内水情信息系统的建设和运行管理；担负着向地方防汛抗旱指挥部、国家防汛抗旱总指挥部提供重要水情的工作任务，为黄河防汛、地方经济建设提供科学依据；地表水水量监测、地下水水量监测、水质监测、水文调查、水文测量；水文水资源情报预报；水文分析与计算；水资源调查评价等。该机构在无定河流域设有国家基本水文站 9 个、雨量站 9 个。

二、陕西省驻榆单位

（一）西北农林科技大学米脂试验站

1979 年 10 月，经国务院农牧渔业部和陕西省人民政府批准，中国农业科学院陕西省分院（陕西省农业科学院）在米脂县城关建立陕西省黄土高原综合治理米脂试验站。1980—1981 年，陕西省黄土高原综合治理米脂试验站接受联合国世界粮食计划署提供仪器设备和技术援助，以米脂县泉家沟村为基地，开展“黄土高原土地资源合理利用”合作试验，取得成功。为了进一步验证这一成果的可行性，有关专家认为必须扩大区域再做试验示范。而米脂这一典型的黄土高原丘陵沟壑区是理想的试验场所，即于 1986 年更名为陕西省黄土高原治理研究所，驻地在米脂县城盘龙路。先后进行了包括中国政府与联合国世界粮食计划署合作的“2744 项目工程”“节水农业综合技术研究与示范”“陕西半干旱区山地特色果品综合节水技术研究与示范”项目的试验研究。曾承担国家及省部级项目 9 项，承担联合国粮食及农业组织、开发计划署等国际组织涉外合作项目 4 项。先后获国家级、省部级等成果 44 项，其中国家科学技术进步奖三等奖 1 项、农业部二等奖 1 项，发表学术论文 400 余篇，出版专著 10 余部。

从 1999 年起，陕西省黄土高原研究所并入西北农林科技大学资源环境学院，2007 年 6 月划归场站管理中心后更名为西北农林科技大学米脂试验站。现有在职职工 3 人，离退休职工 28 人；有各类房屋 5354 平方米；有土地 223.46 亩，其中远志山基地 71 亩、陈家坡基地 124.4 亩、站部基地 6.5 亩、办公生活区 21.56 亩。开展的科研项目有“陕北现代农业节水技术集成与示范”“陕北生态桑高值化利用关键技术研究与示范”“山地高效用水研究”及“果树逆境生物学研究”等 4 项。在校地合作方面，在西北农林科技大学米脂试验站先后挂牌成立了“榆林市山地苹果试验示范站”和“米脂小米试验示范站”，成为校地资源统筹、优势互补、协同发力实施乡村振兴战略的重要举措。西北农林科技大学米脂试验站以服务教学、科研和乡村振兴为宗旨，改革创新，不断探索发展新思路，力争将西北农林科技大学米脂试验站打造成集山地苹果、小杂粮、生态桑等为一体的旱区农业综合试验站。

（二）榆林水文水资源勘测中心

榆林水文水资源勘测中心由陕西省委机构编制委员会办公室于 2021 年 12 月批复设立，为陕西省水文水资源勘测中心的分支机构，副处级规格，2023 年 9 月实现省市水文工作共建共管。榆林水文水资源勘测中心内设综合科、技术科、水质科、装备科 4 个科室，现有职工 28 名，其中管理岗位 4 人、专业技术岗位 24 人。主要承担榆林市水文勘测、水资源分析评价、水环境监测、水文情报预报等工作，为榆林市水旱灾害防御、水资源管理、水生态保护、应急抢险、水利建设和经济社会发展提供水文数据支撑。管理水环境监测分中心 1 个，国家基本水文站有赵石窑、神木、绥德、红石峡 4 个，其中属于无定河流域的有赵石窑、绥德、红石峡水文站，下设自动水文站 4 个、自动水位站 8 个、自动雨量站 174 个（国家基本雨量站 24 个）。

（1）赵石窑水文站。建于 1941 年 8 月，位于横山县响水镇。该站主要收集无定河干流上游段各项水文资料，为当地和下游地区国民经济建设服务。该站测验项目有水位、流量、含沙量、输沙率、水温、冰情、降水、蒸发等水文动态测量。承担向国家防汛抗旱总指挥部、黄河水利委员会、陕西省抗旱总指挥部办公室、榆林市抗旱总指挥部办公室等单位报送水情汛情任务。至 2023 年，赵石窑水文站有职工 4 人，其中专业技术人员 2 人。

（2）绥德水文站。始建于 1959 年 6 月，当时为水位站，1960 年 1 月改为水文站，位于陕西省绥德县名州镇薛家畔村。主要收集大理河各项水文资料，为当地和下游地区国民经济建设服务。该站测验项目有水位、流量、含沙量、输沙率、降水、蒸发、墒情、水文动态调查等。承担向国家防汛抗旱总指挥部、黄河水利委员会、陕西省抗旱总指挥部办公室、榆林市抗旱总指挥部办公室、绥德县抗旱总指挥部办公室、黄河水利委员会白家川水文站等单位报送水情汛情任务。至 2023 年，绥德水文站有职工 4 人，全部为专业技术人员。

（3）红石峡水文站。始建于 2011 年 1 月，当时为水位站，于 2020 年改为水文站，位于榆阳区牛家梁镇。主要收集榆溪河干流各项水文资料，为榆溪河流域两岸防洪抗旱提供科学依据；为榆溪河流域综合治理、流域内水利工程建设、水土保持、水资源开发利用、生态环境建设等提供数据支撑。主要测验项目有水位、流量、降水、蒸发、墒情等。承担向国家防汛抗旱总指挥部、黄河水利委员会、陕西省抗旱总指挥部办公室、榆林市抗旱总指挥部办公室等单位报送水情汛情任务。至 2023 年，红石峡水文站有职工 3 人，全部为专业技术人员。

第三章　治水人物

自古至今，无定河流域人民围绕兴水利、除水害，建设了一大批水利水土保持治沙工程，涌现出一大批治水治河、治山治沙的先进人物。他们或运筹帷幄、科学决策，或精心规划、勘测设计，或潜心研究、著书立说，或治水治河、征山战沙，为无定河流域保护治理和经济社会发展作出了突出贡献，有的甚至献出了宝贵的生命。据不完全统计，1958—1978 年因修建水库、土坝、水渠、打井等农田水利工程而牺牲的，仅靖边、横山两县就有 402 人，其中妇女 98 人。从无定河流域浩繁的人物群星中，本章选择在无定河流域治水治河、治山治沙和生态环境建设等方面作出突出贡献和有较大影响的著名人物予以记述，按照国家志书编纂最新要求，卒者立传，其他获得省级及其以上劳动模范、先进工作者和高级工程师以上技术人员等列表记述。

第一节　人物传略

（1）余子俊（1428—1489）。四川青神人，明景泰年间进士。明成化八年（1472 年）由西安知府升右副都御史，巡抚延绥。明成化九年（1473 年），他将延绥镇治由绥德迁至榆林。他莅任当年，即向朝廷上疏创办榆林卫学，开延绥一代学风；同年他率将士 4 万余人，历时 3 月余，补修旧有长城，使东起清水营、西至花马池全长 1770 里的旧长城连成整体，沿线扩修增建城堡 36 座。余子俊在榆林 4 年，屯垦戍边、整饬边备，将具有军籍和罪谪者迁移到榆林以充实边防，使蒙古鞑靼不敢轻举妄动，边境军民相安。

余子俊历来重视农田水利建设，早在明成化六年（1470 年）任西安知府时，为解决西安城缺水问题，于城东南开龙首渠，西南引皂河水入城，改善居民生活用水。出任延绥镇巡抚后，开凿红石峡渠，引榆溪河水灌溉榆林城内外农田。同时，教民众种植果蔬，以农养战，以战卫边。在他苦心治理下，绥榆人口大增，屯田岁得粮 6 万多石，社会安定承平。成化十二年（1476 年）离开榆林，后升迁兵部尚书。逝世后，榆林官民建余肃敏公祠，以资纪念。

（2）纪温（生卒不详）。字宗直，祖籍安徽凤阳蒙城。明成化年间举人。明初，其高祖戍守绥德卫。成化七年（1471 年），纪温举家由绥德迁居榆林城后，与巡抚余子俊在红石峡相地势，凿石开渠，修成红石峡渠，引榆溪河水溉田，榆林人因此获利不少。余子俊创设榆林卫学，礼聘纪温主持教事。他规格严整卫学，训导生员有方，经他教授的门生多有成就，由此榆林文教大兴。纪温乐善好施，遇不能婚、丧则出资相助，或贫困不能归者济资遣发，人皆赞其功德。官至太仆寺少卿。

（3）李仪祉（1882—1938）。又名协，字宜之，陕西省渭南市蒲城县人。清宣统元年（1909年）毕业于京师大学堂，当年由西潼铁路筹备处派赴德国皇家工程大学土木工程科攻读铁路专业，辛亥革命爆发后决然回国加入革命党，并在西安倡办三秦公学。民国二年（1913年）再赴德国求学，考察欧洲法国、比利时、荷兰、英国、瑞典等国江河渠闸堤防，深感祖国水利的颓废，遂改业专攻水利。民国四年（1915年）学成回国后任南京河海工程专门学校教授、教务长。民国十一年（1922年）秋任陕西水利分局局长，后兼任陕西教育厅厅长，倡办水利道路工程专校，民国十三年（1924年）兼国立西北大学校长。民国十七年（1928年）任华北水利委员会委员长，民国十八年（1929年）任导淮河水利委员会总工程师，民国十九年（1930年）任陕西省政府委员兼建设厅厅长，民国二十一年（1932年）八月任陕西省水利局局长，民国二十二年（1933年）九月兼任黄河水利委员会、扬子江水利委员会顾问，并被推荐为中国水利工程学会会长直至去世。

民国十一年（1922年）任陕西水利分局局长兼渭北水利工程处总工程师，筹划开发引泾工程，并著有《引泾论》《再论引泾》《陕西渭北水利工程局引泾第一期报告书》《考察龙洞渠报告》《陕西渭北水利工程引泾第二期报告书》《引泾第一期工程计划大纲》等，为泾惠渠工程的具体实施奠定了基础。民国十六年（1927年）离开陕西。民国十九年（1930年）杨虎城特邀李仪祉再度返陕，任陕西省政府委员兼建设厅厅长和渭北水利工程处总工程师，民国十九至二十一年（1930—1932年）主持兴建了泾惠渠一期工程。民国二十二年（1933年）李仪祉辞去陕西省建设厅厅长职务，专任陕西省水利局局长，规划了泾惠渠、洛惠渠、渭惠渠、梅惠渠、黑惠渠、涝惠渠、沣惠渠、泔惠渠（简称关中八惠）和陕南的汉惠、褒惠、湑惠等渠，相继于新中国成立前基本建成。特别是李仪祉高度重视无定河治理开发，民国十六年（1927年），时任陕西省水利局局长李仪祉带领水利工程师孙绍宗等对无定河、榆溪河进行了全面考察，撰写了《兴修陕北水利初步计划》《无定河织女渠说略》《鱼河堡水利说略》等技术报告，促成了陕北织女渠、定惠渠、鱼惠渠等三渠建设。他高度重视陕北水土流失治理，是第一个提出黄河综合治理的专家，要求治河先治坡，开创了水土流失治理先河。李仪祉重视教育，倡导办学，为陕西省培养了大批水利科技人才，译著甚多。著有《五十年来中国之水利》等水利专著200余篇，对治理黄河、淮河、海河、钱塘江和扬子江等提出了许多颇有见地的方略与论述。民国二十七年（1938年）三月八日病逝于西安，享年57岁，陕西省政府公葬于泾阳县泾惠渠畔。2012年，陕西省斥资整修墓园，建设了李仪祉纪念馆。2015年在此基础上，建成陕西省水利博物馆，成为全国水情教育基地。

（4）马海旺（1890—1944）。陕西省榆林市横山县人。1905年因逃兵荒，举家迁到保安县（今陕西省志丹县）后仓沟（今属永宁镇）居住，与父亲合力持续开荒并租种了十几亩地。到1935年，他家已有地500多亩，自己种不完，以低足额租给别人种，成了永宁山四方有名望的农户。

马海旺是中国共产党的忠实朋友。1926年，他担任永宁乡民团总司令，却支持革命，曾三次帮刘志丹从延安购买武器，修理坏枪 30 多支。1930 年 6 月，三道川事件（谢子长、刘志丹的部队被国民党打散）发生后，马海旺及时保护刘志丹渡过了难关。1933 年红二团南下失败，刘志丹等同志返回陕北，到马海旺家，又得他的周旋与帮助。

1930 年，马海旺开始购买农具，钻研技术，着手在本村一条梢沟里打坝修水地，当年修得水浇地 1.5 亩。此后，他连续 3 年雇人持续修水地，共修成水地 7 亩。陕北闹起革命后，马海旺打坝修地的积极性更高了，历年共打成淤地坝 2 座、修成水地 18 亩多。有了水地，马海旺开始试种水稻，获得成功。水稻种植面积逐年增加，收成稳步提高。从 1938 年后，他年年种水稻 12 亩，其余的地租给同村人耕种。1943 年收稻子 11 石 6 斗 1 升。他不仅自己修水地种水稻，还帮助别人修水地，先后帮助周围几个村子十多户人家修成水地六七十亩。1940 年陕甘宁边区开生产展览会时，马海旺荣获铜质奖章 1 枚；1941 年选为县议员，1943 年 5 月被选为劳动英雄，1943 年 12 月 16 日以水利劳动英雄的资格参加了边区第一届劳动英雄代表大会，受到表彰奖励。

（5）鱼继尧（1892—1944）。字鉴塘，陕西省榆林市榆阳县人。出生于榆林县（今榆阳区）鱼河堡，儿时随父学习《三字经》《百家姓》《千字文》《论语》等经史子集。1913 年，他考入陕北殖边学校（榆林中学前身）。毕业后于 1917—1918 年在销川堡高等小学任教。1919—1921 年，经井岳秀推荐被陕西当局任命为陕北禁烟总局局长。1921—1925 年，改任定边县佐（县长）。在此期间，他赞助安边群众引八里河洪水漫淤盐碱滩地，使安边盐碱滩地连年粮油丰产，受到当地百姓的广泛赞誉。在他卸任时，当地士绅及百姓送他“万人伞”。1927 年，他参与《榆林县志》（稿本）编纂。1928 年陕北大旱，经李仪祉（时任华北水利委员会主席）提议，北平华洋义赈会捐助拨以工代赈款 3 万元兴修鱼惠渠，鱼继尧即被聘为主持，修建鱼惠渠工程。至 1928 年 8 月，修石渠 4 里、土渠 20 里，“惜以工程不固，甫经试水，而桥涵立溃，工款无继，遂致中辍”。1941 年，陕北水利工程处兴修定惠渠，他被聘为定惠渠工程参事，协助陕北水利工程处征集民工、采购粮食等。1944 年 3 月，陕北水利工程处开工修建榆惠渠工程——榆溪河李家沟拦河坝，他同工程技术人员实地踏勘，确定坝址及渠道路线。1944 年 6 月，榆惠渠因工程款问题，全部工程停止，他被聘为鱼河堡粮食仓库主任。1944 年秋，不幸与世长辞，终年 53 岁。

（6）刘存信（1892—1956）。字子实，陕西省榆林市佳县人。1917 年考入榆林中学后，深受校长杜斌承体恤民情思想的影响，1919 年考入北京法政考门学校。1922 年毕业后任靖边县县长，这年正值靖边大旱，禾苗枯焦，沿河川地农民昼夜不惜用人力浇灌。杨桥畔天主教堂控制着 1 座水坝，不许当地农民放水，一时群情激愤。刘存信闻知大怒，亲领当地农民将水坝刨开，引灌旱田。百姓感激涕零，刘存信却因此“闯祸”，不久被撤职。临行之日，靖边各界人士和群众 100 多人赶来为他送行。靖边县小学校长高吉祥特意摆下一张方桌，并放上笔墨纸砚。刘存信即应前来送行的高吉祥等众人之邀，思绪万千地挥笔写下辞官诗：“何必名利苦缠绵，找个山庄住几年。盖两三间临水阁，置它几亩种花田。当为清风明月主，时结仙花野鹤缘。从此跳出三界外，逍遥诗酒即神仙。”

（7）谷莲舫（1886—1959）。陕西省榆林市靖边县人。早年从民国洛阳军官学校毕业后经商，曾任柠条梁镇商会会长。杨虎城率部进驻三边不久，谷莲舫弃商从军，任杨虎城部警备旅副旅长。1934 年，升任警备旅旅长，驻防三边一带。在此期间，曾营救过陕北红军创始人刘志丹，与共产党人习仲勋等关系密切，暗中不断给陕北革命根据地以物资援助。1937 年，陕西省国民党政府任命谷莲舫为伊克昭盟及榆林、神木、府谷、靖边、定边、横山六县视察团领事。1937 年前后，他积极为鄂托克旗游击司令章文轩提供军需物资，支援其抗击进犯内蒙古的日本侵略者。

1942 年谷莲舫任陕甘宁边区政府参议员。1943 年赴延安开会，受到毛泽东主席的接见。1944 年，任延安联防军司令部少将参议，正式参加革命，这期间他带动柠条梁一带农民大兴植树造林、防风固沙。1944 年 4 月 24 日，国民党榆林督察专员傅云在《陕北日报》发表《向靖边几位造林英雄致诚挚敬意》文章，表彰了谷莲舫、张润民、马步高、程奎生、杜月希带动当地农民，长年坚持不懈“种树防沙，在 10 年内成活树木 200 万株，使靖边柠条梁地方远望万木千嶂，林木森森，一片绿荫，蔚然成林，并形成了三边植树造林的良好风气”。1948 年，谷莲舫探家时，在柠条梁镇被国民党军队逮捕，后被转送银川军法处监禁。1949 年，银川解放，谷莲舫出狱，还乡养病。1952 年，陕西省人民政府任命谷莲舫为陕西省政府参议。谷莲舫晚年立志植树造林绿化家乡，数年间，亲手植树近万株。

（8）张仲成（1887—？）。原籍陕西省榆林市横山县，是一名石匠，以手艺谋生。横山一带，沙多地少，百姓世代在饥寒中挣扎。面对连绵不绝的沙丘，张仲成常常慨叹不已，于是逐渐产生了以水治沙的念头。1930 年，为摆脱饥寒，他决定迁居到濒临芦河的靖边县杨桥畔去实现夙愿。当时妻子竭力反对，两人大吵一场后，张仲成只身来到杨桥畔，开始了艰辛曲折的引水拉沙造田试验。经过 4 年苦干，张仲成将面积 50 亩、遍布丈余高沙丘的沙滩，改造成亩产 1 石（约 200 千克）粮食的上等水田。消息震动四乡，村民纷纷效仿，引水拉沙的经验很快在杨桥畔推广开来。妻子为其精神所感动，将全家迁到杨桥畔落户。1941 年，张仲成领导了 500 亩沙地的引水拉沙的改造工程，当年竣工。1942 年，他又承修了 1 条长约 6 千米的水渠。修筑这段水渠，须越过 200 多米长的一段石头地带和一条 600 多米长遍布高达 7 米沙丘的沙带。工程浩大，很多人认为没有六七十万元（边币）无人承包。张仲成认真勘察研究后，以 55000 元（边币）大胆地承包下来。经过 1 年苦战，水渠基本告成，芦河水被提上岸来。陕甘宁边区政府曾授予这位引水拉沙造田的先驱者“水利劳动英雄”称号。他的事迹曾在《解放日报》上登载。（注：经多方求证，张仲成已去世多年，其子也已去世，其孙无法确定祖父去世年月。）

（9）杨增占（1918—1964）。陕西省榆林市横山县人。1936 年加入共青团，1939 年入党。1945 年参加革命工作。先后在横山县担任过乡长、指导员、公安助理员、区长。1949 年 6 月榆林城解放后调至榆林县，历任小纪汗、牛家梁区委书记、榆林县建设科长、农林水牧局局长、牛家梁农场场长，被群众誉为征沙治水的“土专家”“硬汉”。

1957 年，杨增占任榆林县农林水牧局局长后，在总结经验的基础上，提出“兴修水利、治理沙漠，开发榆东渠”的方案。为了提供可行性依据，他多次深入榆溪河上游东岸沙漠腹地，徒步勘察，调查研究，创造性地提出“引水拉沙，开渠造田”的计划，得到当时榆林县委书记刘咸株的大力支持。他经常身背电话机，手执测量标杆，带领民工深入沙漠腹地勘测。他与工人们披星戴月，风餐露宿，以苦为乐，知难而进，与农民技术员共同发明了“以水补水，以沙补沙，边开渠，边拉沙，引水拉沙”的新方法。经历一年多，修成了一条陕北历史上罕见的“沙漠运河”——榆东渠。该渠长达 35 千米，修渠治理了 600 多个沙丘，形成500多个自然海子、200多个人工池塘，造田43万多亩。1958年6月25日，《陕西日报》以《征沙治水的硬汉》为题，报道了他的先进事迹。1958 年，他出席了全国群英会，被誉为征沙治水的“土专家”，受到毛泽东主席的接见。1959 年，又出席了全国农业社会主义建设先进分子代表大会。1960 年，作为中国农业代表团成员，出访了苏联、匈牙利、捷克斯洛伐克、波兰等国。1964 年当选为全国人民代表大会代表。1964 年 3 月 25 日，因长期积劳成疾病逝，被省政府追认为“革命烈士”。

（10）张玉珍（1911—1965）。陕西省榆林市靖边县人。1935 年参加革命，1937 年加入中国共产党。20 世纪 40 年代初，在他任镇靖区二乡指导员时，有几户移民种地没装种，牲畜无草料，处境困窘。张玉珍从自己家里拿出部分草料籽种，同时四处奔走，向全乡较富裕的人家借粮借草，彻底解决了移民们生活和生产上的困难。镇靖小学住宿学生吃饭烧柴困难，他发动群众义务为学校种地、栽沙柳 100 多亩。1942 年解放区大生产运动中，张玉珍带领全家人修水漫地 30 亩，年产粮 3500 多千克，创造了全县亩产的最高纪录。1943 年又修水漫地 40 亩，同时领导本乡榆沟壕村 6 户农民修水漫地 200 多亩，获得了大丰收。1944 年，张玉珍又领导榆沟壕一带农民修成 1 条长 1 千米的土坝，引洪漫地 2900 亩，大大地提高了粮食产量。修水漫地的经验由此在全乡乃至全县推开。张玉珍被评为靖边县模范党支部书记，出席了陕甘宁边区劳动模范代表大会，被授予特等工作模范、水利劳动英雄称号，受到毛泽东主席的接见。

（11）李赋丰（1918—1966）。陕西省渭南市蒲城县人，一代水圣李仪祉的侄子，著名水利专家。李赋丰从小就读于南开中学和辅仁大学附中，受叔父李仪祉的影响考入西北农学院水利系攻读水利专业，1941 年毕业后赴陕南城固参加胥惠渠修建工程，1948 年夏到台湾考察，1948 年冬到陇县测量汧惠渠，1949 年 9 月任洛惠渠工程处工程科科长。

1952年3月，李赋丰来到榆林，任绥榆水利工程处总工程师后，参与了定惠渠、织女渠、榆惠渠、云惠渠、绥惠渠勘察设计工作。1958 年秋榆林连降大雨，长城以北的刀兔海子有决口危险，当时红石峡水库尚未经过洪水考验，一旦溃决，榆林城西就有被淹没的危险，为了掌握情况，他日夜守在电话机旁。1959—1961 年“三年困难时期”，他在新桥水库工地，每天工作到深夜，饿得实在睡不着，就煮洋芋吃。一次他从新桥水库工地回榆林汇报工作，专员杨在清看他裤子开了个大洞，特批给他一块布料让他做条裤子。1958 年在甘肃省武山县引洮工程的影响下，榆林各县也想引水上山，榆林县确定从双山公社的龙眼处引水上山，浇灌青云山沟和赵庄沟分水岭到三岔湾村顶，榆林地区水利局派了两位技术员去勘测，结论是水源不足，渠线长，还得越过几条大沟，工程十分艰巨。他知道后，立即找到榆林县委书记刘咸珠汇报，制止了这个引水计划。清涧县委动员 3000 多人在几处不宜打坝的地方修筑高坝，技术员屈有林多次提不同意见，均被拒绝，李赋丰下到实地详细查看了每个坝址，否定了县委的意见，从而减少了损失。李赋丰主持榆林地区水利局技术工作期间，全区共修了灌溉面积5000亩以上的渠道20多条，有效灌溉面积达74.33万亩，水土保持初步治理面积5427.2平方千米，打水井6137眼，其中机井811眼，川地基本实现了水利化，水地上的粮食产量约占全区的一半。

李赋丰是一个严格要求自己的知识分子，对榆林艰苦的工作环境他从没叫过苦，多年住在办公室，全部家当是一床铺盖、两只破箱子。1965年在北京上学的女儿患病住院，当时他正在西安开会，会议结束后立即连夜赶到北京，看到女儿病情缓解，只住了一天即返回榆林。1966年11月10日，李赋丰去世。1978年8月8日在榆林地委礼堂为李赋丰补开了追悼会。1984年7月23日，李赋丰的家人在沣河边举行了一个简朴的仪式后，把李赋丰的骨灰撒到沣河里，让他永远和水为伴。

（12）陶克（1921—1966）。原名陶匡仪，浙江省绍兴人。1944年从重庆辗转到达延安，投奔革命。西安解放后，历任陕北行政公署农业处督导员、副科长，陕西省农业厅绥德水土保持科学试验站主任、黄河水利委员会绥德水土保持科学试验站站长、黄河水利委员会水利科学研究所水土保持室副主任、黄河水利委员会水土保持处推广科科长、中国科学院西北水土保持生物土壤研究所农业研究室副主任等职。

陶克自幼曾涉足浙江、江西、湖南、贵州等省广大山区，亲历了因水土流失带来的灾害与痛苦，对江河治理和水土保持产生浓厚兴趣，并着力钻研相关领域专业知识。1946年，他在陕甘宁边区建设厅工作期间，受边区政府委派到陕西米脂县筹建水土保持站，是该站主要创始人。1949年5月，陕甘宁边区政府建设厅进驻西安市，他要求继续留在陕北从事水土保持工作。经组织批准后，安排他在陕北行政公署农业处任督导员、副科长。1949年秋，他与另一位干部在米脂县完成一项土坝试验工程。此后，他坚持不懈地推广打坝技术，经常带着行李吃住在老乡家中，带领农民群众打坝淤地，以致在陕北群众中流传着“陶克不死，打坝不止”的说法。他通过刻苦自学、潜心钻研以及长期实践，积累了大量的水土保持专业技能和丰富的实践经验。从1939年起，他耗费12年撰写的《中国水利建设论》，提出河流梯级控制和山地绿化的构想。20世纪五六十年代先后发表了《论陕北地区的土地冲刷与土地利用问题》《陕北沙漠发展现状与改造利用问题》《略论陕北水土保持事业》《我对黄土丘陵区沟壑治理争论中的意见》等10余篇论文。这些论文不仅在当时水土流失防治工作中起到非常重要的作用，而且对于当前水土保持工作也有一定的指导意义。1966年夏，陶克在佳县去世，终年仅45岁。临终前仍念念不忘水土保持，在遗书中写道：“水土流失是一个有限的数字，我们中国共产党领导下的劳动人民的创造力则是无限的，今天一点、明天一片地吃（治理），我们终将吃（治理）完吃（治理）净，最后完全澄清黄河。对今天极为严重的水土流失现象抱悲观失望和怀疑的观点，都是没有根据的。”寥寥数语展现出一位水土保持工作者对本职工作的热爱和信心。

（13）惠中权（1916—1968）。化名秤锤儿，陕西省榆林市清涧县人。1929年考入清涧县第一高级小学，受地下党组织影响，开始接触马克思列宁主义，涉足革命。1933年夏毕业回村，任小学教员。1934年3月，由惠庆祺介绍加入中国共产党。先后历任村团支部书记、黄陵县区团支部组织干事、团延水县委书记、团陕北省委巡视员兼吴堡县委书记，1937 年 4 月任甘（泉）洛（川）县委书记，10 月兼任甘泉县参议会议长。时甘泉属统战区，国共两个政府并存，国民党经常制造事端，肆意破坏。惠中权坚定执行毛泽东主席的路线，领导全县人民同国民党进行有理有节的斗争，壮大抗日队伍，孤立顽固势力。

1940 年 11 月至 1943 年 8 月，惠中权任靖边县委书记、县参议长，他领导群众开展大生产运动，引水拉沙，引洪淤地，修水地 7000 亩，实行复种、套种、单产提高八九倍；修水漫地 1000 亩，产量大增。1942 年，全县粮食实现基本自足。同时，他倡导"栽活一棵树，养活一只羊"，1942 年全县植树 23 万株，建立人工草园 1000 余亩，种苜蓿 2000 亩，当年繁殖羊羔 6 万只。面对国民党的经济封锁，他提出了"一驮盐一匹布，一斗盐二斗麦"的口号。1943 年，全县运盐 3.5 万驮，获利 8750 万元（边币）。1942 年 12 月，毛泽东主席在陕甘宁边区高干会上作《经济问题与财政问题》的报告时表扬了惠中权，指出："特别是靖边同志这种认真努力实事求是的精神，值得各县效法。"1943 年 1 月 14 日，毛泽东为惠中权题写了"实事求是，不尚空谈"八个大字的题词。

1943 年 8 月，惠中权调任中共三边地委组织部部长。1944 年 2 月，调任中共西北局政策研究室研究员兼任毛泽东秘书，1945 年 1 月任陕甘宁边区建设厅副厅长，4 月被选为中共七大代表。1947 年春胡宗南进攻陕北时，中共中央决定暂时放弃延安。惠中权参与延安疏散工作，勇敢沉着，不畏艰险。敌人已到城南二十里铺，其还在城内指挥饲草抢运，直到后半夜才撤离。1947 年，陕甘宁边区天灾人祸，40 万人大饥，中央命令山西太岳解放区接济粮食 10 万石。时值隆冬，敌军封锁，运输条件十分落后，惠中权被任命为运粮前线总指挥后，沿途设站，分段运送，动众 10 万人，跋涉千里，将 9.34 万石粮食安全运回，受到中共西北局和陕甘宁晋绥联防军贺龙司令员的表彰。他还担任过西北财经委员会委员和西北财经办事处副主任。

1950 年 1 月，就任西北军政委员会农林部部长后，主持成立榆林地区防沙造林局，营造防护林，对该地治沙起了初步示范作用。1952 年 8 月后，历任华南垦殖局副局长、海南党委书记兼海南垦殖局局长，协助叶剑英开拓新中国橡胶事业。1954 年 4 月，任林业部副部长、党组副书记，在推动林业发展方面作出了突出贡献。1966 年 2 月向中央建议成立西北林业建设兵团，兼任兵团司令员，推动了西北防护林营造和黄河中游水土保持工作。1967 年夏，受党中央委托，主持起草《关于加强山林保护管理，制止破坏山林树木的通知》，9 月 23 日经毛泽东批示下发执行。1968 年 4 月 1 日逝世，骨灰安放于北京八宝山革命公墓。

（14）田树楠（1912—1970）。字蜀泉，陕西省榆林市人。一生从事水利事业，为陕北水利事业作出突出贡献。1928 年以优异成绩考入榆林职业中学，1932 年毕业后被校方保送到河北省立工业学院市政水利工程系学习。1938 年毕业获得学士学位。历任四川省水利局助理工程师，陕西省水利局测量队队长，陕北水利工程处技术科长、主任工程师，甘肃省水利局灌溉科科长，榆林地区水利局工程师等职。1940 年，他回到家乡，致力于榆林水利事业。

1941 年，田树楠与冯大鑫、孙克绍等工程师，直接参与了贯穿无定河南北的当时陕西第一大型水利灌溉工程——定惠渠的兴建。在拦河大坝总体设计审定和施工过程中，田树楠发挥重要作用，特别是水坝合龙之际，由于土坝围堰渗水严重，投石堵口失败，他提出在龙口两端砌石槽、顺槽投放木板，闸住渗水再在龙口中间河底上用石料砌暗渠，排除空水的建议，获得成功。1943 年 10 月，定惠渠上段（赵石崖至马坊）工程告竣，素称“无用河”的无定河水被引入渠道，灌溉良田。1944 年至 1946 年秋，以田树楠为主，与董振业、冯大鑫、孙克绍等工程师共同主持续建了定惠渠下段沟冲刷闸、八里塔土渠、党岔渡槽等工程，灌溉面积达 3.8 万亩。施工前大部分外地技术人员外调，严重影响工程进度。为此他提出就地培训技术人员，主办了为期半年的陕北水利工程人员训练班。他亲自担任讲师，传授灌溉工程、材料力学、测量绘图、施工管理等技术知识，为陕北水利事业培养了第一批初级技术人才。

1949 年后，田树楠承担了榆惠渠、云惠渠、雷龙湾及红石峡排水闸、石峁永久性防洪坝、榆林河滚水坝等工程的设计。1970 年，田树楠去世。临终前，他叮嘱儿女将生前珍存的水利书刊和资料，全部捐给了榆林地区水电局。

（15）王秉印（1897—1979）。陕西省榆林市靖边县人。青年时家境贫寒，以打零工度日。1935 年家乡解放后分得土地，是务农种庄稼的一把好手。1941 年，响应陕甘宁边区大生产运动，他带领全家人开荒 200 多亩，打引洪漫地坝 6 道，造出高产洪漫坝地 150 多亩，年产粮食两三万斤，向国家交售“救国公粮”近一万斤，成了全边区出名的劳动英雄。1943 年，王秉印出席了陕甘宁边区劳动模范代表大会，受到毛泽东主席的接见。

王秉印不仅是种田能手，对植树造林和养猪养羊也很在行。农业合作化前他家共植树 1 万多株，饲养大家畜 10 多头、羊 100 多只，除经济收入可观外，每年还可出厩肥 100 多万斤。农业合作化后，王秉印虽已年过半百，但仍坚持参加集体生产劳动。1951—1960 年，他先后出席了陕西省劳动模范代表大会、陕西省农业先进生产者代表大会和陕西省建设社会主义先进集体、先进生产者代表大会。1979 年离世，享年 82 岁。

（16）李生旺（1915—1987）。陕西省榆林市绥德县人。出身于农家，解放战争中，出生入死，积极支前。1949 年后在基层粮站等单位工作，1953 年调至国营鱼河堡农场任场长。1954 年春天，他奉命率领先遣队，跋沙涉水，开赴榆溪河与无定河交汇的毛乌素沙漠南缘王沙坬治沙造田。他身先士卒、风餐露宿、以苦为乐、鏖战风沙，以坚韧不拔的毅力引水拉沙，车推筐背，修田造地，并逐步使粮食产量逐年增加，直到亩产发生巨变，林茂粮丰，房舍幢幢，畜禽满圈，机声震野，出现了“塞上江南”的兴旺景象。他与征沙治水英雄杨增占齐名，有“北杨南李”之称，更有“沙漠中的两颗绿色铆钉”的美誉。《榆林报》专题报道了李生旺领导群众征服沙漠、大办农业的先进事迹，并发表社论，号召全区干部群众向他学习。新闻纪录制片厂还专门为他及农场生产建设拍摄了纪录影片，在各地放映。

（17）张家旺（1948—1988）。陕西省榆林市靖边县人。1984 年冬，中共靖边县委、县人民政府作出决定，将全县荒山荒沙一次承包到户，分户治理。张家旺与妻子牛玉琴顶着“吹牛”“想出头”“要套弄公款”等冷嘲热讽，将东坑乡金鸡沙村北 1 万多亩荒沙地承包治理。1985 年春节前后，张家旺深入荒沙实地勘察，绘制出万亩荒沙规划图，将整片荒沙划为 3 段：北段主种沙蒿、沙芥，中段种柠条，南段植杨柳，并提出“一年铺开，二年摆上，三补齐”的设想。春季造林黄金季节来临之际，张家旺左腿患了骨质增生，不得不去医院进行手术治疗。未等痊愈，他便离开了医院，带领全家老少，提着水壶干粮，背着草籽树种，在茫茫沙漠里开始了艰苦的劳动。因过度劳累，他的腿病时常发作，仅 1 年多时间，就在医院七进七出。由于长期得不到妥善治疗，病情恶化，只得做了左腿截肢手术。这条刚烈的庄稼汉在失去左腿后，仍念念不忘他改造万亩荒沙的宏伟计划，每到植树种草季节，他硬是要骑上骡子到工地，拄上拐杖拼命地干。在他和家人的共同努力下，万亩荒沙终于全部种上草和树，昔日的不毛之地出现了盎然生机。1988 年夏，张家旺患脑出血病逝。按照他的遗嘱，家人将他埋葬在他亲手栽起的万亩林里。靖边县绿化委员会于 1989 年清明节为他立了墓碑。碑文为：“含辛茹苦治沙造林，为国为民献身四化。”1992 年，他的事迹被拍摄成电视连续剧《一棵树》在全国播放。

（18）安牡丹（1915—1988）。陕西省榆林市榆阳区人。出生在榆林县（今榆阳区）小壕兔村，长大后嫁到本乡东奔滩村。1952 年为了改造家乡东奔滩村的盐碱地，她将家中仅有的几只羊卖掉，买回了改造盐碱地所需的生产工具，日夜苦干，从很远的地方挑回沙土，垫在盐碱地里。1952 年她正怀着身孕，经常挑着百来斤的担子走在高低不平的地里，到第二年春，她挑断了 15 根扁担，改造了 6 亩盐碱地。1953 年秋天获得丰收后，她接着又改造了 8 亩盐碱地。1957 年，实行农业合作化，她将改造的良田交归了集体。1958 年，安牡丹被省政府授予“陕西省劳动模范”称号。安牡丹一生从事农业生产，1988 年因病去世。

（19）高万富（1915—1989）。陕西省榆林市米脂县人。从小随父亲在米脂县高西沟村放羊干农活，有编席子的手艺。1942 年加入中国共产党，担任米脂县民丰区自卫军的排长，常年在陕甘宁边区政府设在民丰区白家硷的“物资管制哨卡”巡查。1946 年随自卫军编入解放军绥德军分区警备第 4 团。1947 年，随军先后两次参加解放榆林城的战斗，被提升为营代理教导员。1949 年 6 月 1 日，榆林城和平解放，随军进驻榆林城。1951 年复员回乡务农，任高西沟村第一任党支部书记。1954 年，被选送参加了绥德专区互助合作骨干分子训练班。回村后，耐心说服 7 户群众组成高西沟农业生产合作社，被选为社主任、书记。1957—1959 年，在高万富的带领下，高西沟的山山沟沟兴修水平梯田、打坝、打旱井，开展水土保持综合治理，取得显著成绩。1957 年，高万富被评为全国农业劳动模范，到北京参加全国农业劳动模范表彰大会，受到毛泽东、朱德、周恩来等党和国家领导人的接见。1959 年，中共榆林地委、专署将高西沟树为高标准水土流失治理的典型样板，在全区推广。1962 年 1 月 18 日《人民日报》发表文章和社论，充分肯定了高西沟水土流失治理的成功经验。1963 年，高万富辞去党支部书记后，继续同高西沟的群众一道坚持不懈地征山治水，为高西沟持续治理和高质量发展开创了良好局面。1989 年 4 月因病辞世。

（20）李守林（1927—1992）。祖籍陕西省榆林市神木县，其父年轻时因家贫流落到靖边县韩家河乡揽工，入赘成家。李守林 3 岁丧母，父亲带领他们兄弟两人逃荒到定边县堆子梁镇小滩子村落脚，靠揽工为生。12 岁就开始给地主放牛牧羊，后来与一逃荒到小滩子村的米脂姑娘婚配成家。新中国成立后，李守林担任小摊子村村长，1951年加入中国共产党。1955年担任了初级社社长，同年被评为陕西省劳动模范。1958年担任大队党支部书记后，带领社员群众苦干数十年，将荒沙滚滚、盐碱白茫茫的小滩子变成了沙漠绿洲，给一片片“种一葫芦打一瓢”的“跑沙地”栽植上网框林，使全村4800多亩耕地全部实现林网化。粮食产量成倍增长，不仅摘掉了小滩子生产大队吃返销粮的帽子，而且给国家卖余粮。1964年，他组织了打井队，经过数年奋斗，打机井27眼，可灌溉农田1500多亩。同时引水拉沙造地，搬掉沙丘100多个，发展水地6396多亩，使原来亩产50多千克的玉米提高到206千克。他还为村上建起了50千瓦的发电站，购置了55马力（约41千瓦）的拖拉机，购买柴油机10部、水泵33部、电动机20部，以及粉碎机、磨面机、碾米机等各种机械多部，改变了小滩子的贫穷面貌。

李守林曾被评为全国林业生产劳动模范，1964年被评为全国劳动模范，同年当选第三次全国人民大会代表并出席了会议。1968年9月，定边县革命委员会成立时他被任命为革命委员会副主任。1969年，当选为中共第九次全国人民代表大会代表，被选为中央候补委员，并连任第十次全国人民代表大会、第十一次全国人民代表大会中央候补委员和第十二次全国人民代表大会代表。1983年3月，他被增选为定边县人民代表大会常务委员会副主任，历任第九届、第十届人民代表大会常务委员会副主任，到1987年5月退居二线，担任县政府调研员。1985年转为国家正式干部。1992年6月10日因病逝世。

（21）蒋德麒（1908—1994年）。江苏省昆山县人，民国二十三 年（1934年）毕业于金陵大学农学院。民国二十六至二十七年（1937—1938年）在美国明尼苏达州立大学研究院学习，获农学硕士学位。新中国成立前曾任上海银行西安分行农业课主任、全国稻麦改进所技士、中央农业实验所技正兼农林部天水水土保持试验区技正、联合国粮食及农民组织编辑等职。民国三十六至三十七年（1947—1948年）赴华盛顿州立学院研究院和水土保持试验站学习、工作。新中国成立前夕，毅然回到祖国，历任华东农业科学研究所农业技师兼土壤系主任，西北水土保持委员会技师，西北黄河工程局水土保持技师，黄河水利委员会水利科学研究所水土保持研究室主任，陕西省水土保持局革命委员会主任、总工程师，第三届全国人民代表大会代表，第五届、第六届全国政治协商会议成员，九三学社陕西省委顾问，中国水土保持学会暨陕西省水土保持委员会名誉理事长等。

民国三十二年（1943年），他根据对青海、甘肃、陕西等省水土流失严重地区的考察结果，提出建立水土保持科学试验区的实施计划，开展径流小区试验和水土流失治理措施示范。1953年参加黄河流域水土保持规划及中苏专家组综合考察队，深入陕、甘、宁、青等省（自治区）进行全面考察，参加编写了《黄河中游黄土地区水土保持手册》。还与苏联专家合编了《黄土原区、丘陵区农业土地分级及土地利用规划》，与黄河水利委员会专家一起完成了《黄河中游小流域径流泥沙来源初步分析》等研究报告。20世纪70年代以来，指导拍摄了《引水拉沙》《水平梯田》《草木樨》《柠条》《淤地坝》等科教影片，主持编写了《中国水土保持概论》《水土保持》《水坠坝》《陕西省水土保持区划》等著述，1980年在英国国际土壤保持学术讨论会上发表了《无定河流域水土流失与水土保持》论文。组织主持的水坠坝研究与推广，1982 年获国家科技推广二等奖，1985 年获国家科学技术进步奖二等奖。主编的《陕西省水土保持区划》获 1985 年国家农业区划二等奖及 1988 年陕西省科学技术进步奖三等奖。荣获全国水土保持先进个人、全国水利系统劳动模范、陕西省先进科技工作者的称号。1994 年于西安病逝，享年 86 岁。

（22）刘玉厚（1908—1995）。陕西省榆林市绥德县人。1908 年出生在绥德县郝家桥村，自幼随父亲劳动。土地革命时期，他经常为中共党组织、游击队传递消息，1936 年加入中国共产党。1943 年春，刘玉厚带领郝家桥村民开展大生产运动，他们在有限的土地上，有组织、有计划地安排生产，通过变工互助，挖水窖、打坝堰，实施水土流失治理，精耕细作，选择优良品种，提高单产等办法，使粮食产量和村民生活水平明显提高，圆满完成了减租保佃、征收救国公粮等各项任务，被评为乡级劳动英雄。习仲勋同志在郝家桥村蹲点调查后，提议绥德地委批准授予刘玉厚模范党员、劳动英雄称号，迅速掀起了“村村学习郝家桥，人人学习刘玉厚”的大生产热潮，为保障边区粮食和物资供给作出重大贡献。当时，《解放日报》先后刊载了《绥德刘玉厚受奖》《劳动人民的旗帜》《刘玉厚春耕完毕》《刘玉厚的光辉》《刘玉厚明年生产计划》等大篇幅报道，在群众中形成了“劳动光荣，受人尊敬”的观念，为全区大生产运动树立了一面旗帜。

新中国成立时，两次被授予陕甘宁边区特等劳动模范的刘玉厚作为主席团 89 位成员之一，参加了第一届全国政治协商会议。1949 年 10 月 1 日，刘玉厚参加了中华人民共和国开国大典，这是新中国给予陕甘宁边区劳动英雄的至高荣誉。晚年的刘玉厚，依然保持劳动模范的本色，坚持做干休所的义务清洁工，想方设法为家乡人民服务。1995 年刘玉厚因病去世，习仲勋得悉后写下了“刘玉厚同志是陕甘宁边区著名农业劳动英雄，优秀共产党员”的题词。

（23）王笃庆（1933—1995）。江苏省睢宁县人，1954 年从江苏旬容农业学校毕业后分配到绥德水土保持科学试验站。曾任黄河水利委员会绥德水土保持科学试验站主任工程师。1995 年 5 月因病去世。

王笃庆一生扎根陕北，钻研水土保持林草措施、工程技术，为促进陕北黄土高原水土流失治理作出了突出贡献。刚到陕北，面对黄土高原水土流失严重、生态环境恶化的现状，为了尽快掌握水土保持和牧草方面的技术，他大胆探索、勇于实践，边学边干，先后进行了牧草干草调制、牧草青储、牧草轮作绿肥、牧草栽培技术及水土保持高产“三田”试验，不断总结“三田”的高产稳产经验，推广优良品种，写出了《三田稳产调查报告和水坝地间套种技术》，解决了牧草栽培、加工、饲养技术，并迅速推广到群众中，不仅对水土保持工作起到了促进作用，而且有力地推动了当地养殖业的发展。1964 年，他在榆林地区 6 个县开展草木樨栽培调查，系统地总结了草木樨种植和轮作经验，写出调查报告，并发表论文，引起了学术界专家和领导的高度重视，有力地推动了陕北地区水土保持牧草事业的开展，从而也形成了水土保持牧草的第一个高潮，创造了可观的经济效益、社会效益和生态效益。1980 年，他相继开展了牧草引种选育、沙打旺种子繁育、数种豆科牧草、草田轮作试验研究，取得了丰硕的研究成果。收集了紫花苜蓿品种达 168 个、小冠花品种 46 个、草木樨品种 10 多个、红豆草品种 28 个、草坪草品种 10 多个等大量的耐干旱、耐瘠薄草种。为了提高研究水平，先后与中国科学院畜牧研究院、陕西农业科学院土肥研究所、辽宁省农业科学院土肥研究所等单位进行协作攻关，经过六代选育，育成了牧草绿肥新品种——早熟沙打旺，在国土治理、水土保持、环境绿化、牧草饲料、养地肥田等方面具有广泛的推广价值。据统计，截至 1989 年累计推广种植面积 67 万公顷。

在他主持科研攻关下，1981 年多变小寇花引种和栽培研究，荣获水利部黄河水利委员会科学技术进步奖四等奖；1983 年多变小寇花培育利用技术研究，荣获农牧渔业部二等奖；1985 年二号、四号沙打旺引种试验示范，荣获黄河水利委员会重大科技成果五等奖；1986 年早熟沙打旺品种选育及应用，荣获农牧渔业部科学技术进步奖三等奖；1987 年牧草绿肥新品种早熟沙打旺，获国家发明四等奖；1990 年早熟沙打旺品种由全国牧草品种审定委员会评审通过、经农牧渔业部批准，定为育成品种准予在适应地区推广应用；1990 年水土保持试验方法总结项目，荣获水利部黄河水利委员会科学技术进步奖四等奖；1993 年陕北黄土丘陵沟壑区坡耕地几种豆科牧草、粮草轮作研究荣获水利部黄河水利委员会科学技术进步奖二等奖；1993 年黄土丘陵一副区坡耕地土壤水分运动对牧草生长影响研究，荣获黄河水利委员会黄河上中游管理局科学技术进步奖四等奖；1993 年，被黄河水利委员会授予“劳动模范”光荣称号；1994 年陕北黄土丘陵沟壑区坡耕地几种豆科牧草、粮草轮作研究，荣获黄河水利委员会黄河上中游管理局科学技术进步奖二等奖；1995 年 3 月被收入中国发明协会编著的《当代中国发明大辞典》中。

（24）白玉堂（1906—1996）。陕西省榆林市定边县人。青少年时，在家务农。1937 年参加革命工作，1938 年任城区五乡副乡长，1943 年升任乡长。城区五乡境内井沟、赵大沟、干沟等几条大沟，每逢雨季山洪暴发，水土流失严重，给滩区人民群众带来灾难。为了发展农业生产，他发动全乡群众，对这几条大沟进行治理，修渠打坝、引洪漫地，并制定了每年每村轮流引洪漫地的计划和制度，使山洪得到利用，提高了滩区土地的肥力，增加了粮食产量。在陕甘宁边区大生产运动中，他响应毛泽东主席“自己动手，丰衣足食”的号召，动员群众，纺织毛线，把自己家中的木料做成纺车发给群众。他还带领全乡人民以延安劳动模范吴满有和南泥湾开荒英雄郝树才为榜样，大兴植树造林，防风固沙，家家栽种地界林，掀起了植树造林的热潮，取得了很大成绩。1943 年 11 月，白玉堂被评为陕甘宁边区模范工作者，到延安出席了陕甘宁边区劳动英雄大会，受到毛泽东、周恩来和朱德等中央领导接见，边区政府授予他“三边劳模”光荣称号，并颁发了奖状、奖品（奖章、毛巾、肥皂、粗毛呢帽子一顶、青布三丈三尺）。新中国成立后，白玉堂长期在定边县供销社系统工作，工作兢兢业业，多次被评为先进工作者。1996 年在家中病逝，享年 90 岁。

（25）徐尚德（1921—1997）。陕西省榆林市榆阳区人。出生于榆林县（今榆阳区）徐庄则村，后随父母搬迁到榆溪河对岸的西沟村，1953 年担任西沟村生产互助组组长，同年加入中国共产党。1955 年他任西沟村农业合作高级社社长后，带领群众征沙治水、修地造田，使西沟村不足 60 亩的贫瘠土地，发展成 1000 多亩肥沃土地，使原来寸草不生的茫茫沙海，变成 160 平方千米的绿洲。同时，他兴办鹿场、牛场、猪场和羊场，建花果园，修小电站，办粉坊、磨坊，解决了群众生活中的实际困难，壮大了集体经济，使西沟村成为榆林地区农业的一面红旗。

从 1956 年开始，徐尚德每年都被地、县评为优秀共产党员、先进工作者。1964 年，被陕西省政府评为“陕西省劳动模范”。1977—1979 年，担任陕西省革命委员会委员。1997 年 6 月去世。

（26）郝延寿（1924—2000）。陕西省延安市延川县人，1941 年 1 月参加工作，历任延川县小学教员，清涧县委副书记、书记，榆林县委书记，榆林行政公署副专员，延安地委书记等职。1961—1966 年，郝延寿在清涧县任县委副书记、书记期间，为改变清涧县贫穷落后状况，他下到山洼沟岔、河川坝梁，与百姓一块交谈，蹲场院、坐炕头、拉家常、谈农事，他的旱烟锅在乡民们的嘴上轮流地抽着。1965 年他发动干部围绕“清涧县的生产为什么搞不上去？”“群众生活为什么不能彻底改变”及“关于水利建设”的大讨论，通过长期调查研究，结合多年的实践经验，写成《奋发图强，自力更生迅速改变清涧地区的低产面貌》的文章，文章不仅提出了实现亩产百斤县的措施，还重点从大修水平梯田、打淤地坝、保土蓄水、狠抓小型水利（工程）建设，实现川道水利化、沟条（台）水利化等方面提出努力的方向，从改进领导作风和工作方法提出了具体要求。这篇文章也成为当时清涧县委施政纲领，相继作出《关于实现亩产百斤县的决定》《关于发展大家畜的决定》《关于大力栽桑养蚕的决定》等 6 个决定，在清涧县掀起农田水利建设高潮，1965 年全县修水平梯田 2.21 万亩，打坝 494 座，营造水土保持林 2.2 万亩，新修水渠总长 400 千米，新增水地 1.76 万亩，受到榆林地委和陕西省委的表扬，并在全省推广清涧县的经验，《陕西日报》予以专题报道。

1970 年 2 月，郝延寿调任榆林县革命委员会副主任，至 1977 年 2 月，还先后担任榆林县委副书记、书记。这期间，他先后主持兴修了榆高渠、西沙渠、榆溪河刘官寨段改河造田，榆林县北部荒沙盐碱地治理等农田水利工程。在这些工程建设中，他亲自进行调查研究，几乎踏遍榆林县的山山水水，运筹于山川田野、运筹于村舍工地，带领工程技术人员实地勘测，现场设计，并亲临到施工第一线指挥群众进行修建，现场解决各种困难和问题。他高超的领导艺术和奉献精神，像一面旗帜召唤着各工程全体施工人员，加快了工程建设步伐，为榆林县农业彻底翻身奠定了坚实的基础。

1978 年 12 月起，郝延寿历任榆林行政公署副专员、地委副书记、延安地委书记。不论是担任县委书记还是地委书记，他的发言稿及调查报告多为自己动手，少有秘书代写。1985 年 6 月退休后，他坚持读书写字，作诗赋词，他的诗歌、散文频频发表在《延安诗报》和《延安报》上，还整理编写了《陕北长期贫穷的历史原因》《陕北民间故事》《歇后语集》《笑话集》等。2000 年 11 月 15 日因病逝世。2007 年 6 月，著名延安作家刘凤梅等通过大量采访和收集的资料，撰写出版了郝延寿长篇人物传记——《平民书记》。

（27）孙克绍（1914—2006）。字绳武，山西省万荣县人。1941 年毕业于西北农学院水利系，1942 年 4 月被分配到陕北水利工程处工作，先后任助理工程师、副工程师及技术科代理科长，参与了定惠渠各工段工程的勘测、设计与施工建设，以及榆惠渠、云惠渠等水利工程的勘测、设计工作。新中国成立后，历任汉中市水利局工程师、绥榆水利工程处工程师、绥德专区水利工作队队长、榆林专署水利局工程管理科科长、榆林地区水利水保局副总工程师及榆林县政治协商会议第七届、第八届副主席等职。1984 年 1 月退休，2006 年 2 月在榆林病逝。

1952—1984 年，孙克绍先后参加了绥惠渠、第二定惠渠、定惠渠（延长工程）、云惠渠、红花渠、大理渠、三岔湾渠、榆东渠、雷惠渠、榆高渠等水利工程的勘测、设计与施工建设，为榆林水利建设事业作出重要贡献。1986 年被中国水利电力部授予“献身水利水保事业三十五年”荣誉证书，1986 年榆林地区行政公署授予“在榆工作二十年以上”荣誉证书，1989 年中国水利学会授予“为水利事业发展辛勤工作三十余年”荣誉证书，2001 年中国水利学会又授予他“从事水利工作五十年”金质奖章。

（28）马柱才（1915—2008）。陕西省榆林市榆阳区人。1950 年加入中国共产党，当选为金鸡滩村农民协会主任，组织农民成立 14 个造林小组，在全村开展植树造林，制定《造林公约》，当年植树 3460 株。1951 年，他带领农民采用成片、零星地块一齐造林的方法，植树 6000 株，营造灌木林 100 亩。1952 年，马柱才当选县人民代表大会代表，他将周围几个村的劳力分成 3 个造林组，在长达 6.5 千米的沙丘上栽植沙柳、种沙蒿，成活率达 90% 以上。1955 年，政府组织 2000 多人在金鸡滩植树造林治理沙漠大会战，18 天内，植树种草，治理明沙 2 万多亩。1954 年，马柱才带领全村群众新修了 2.2 千米的排水主干渠，500 多条支渠，形成上排下灌的水利工程，降低水位，治理下湿盐碱地，使水浇地面积扩大到 129 亩。接着他们又开挖 3 条长 9.5 千米的干、支渠，使 150 亩旱地变成水浇地。同时，积极开挖沙井、马槽井发展水浇地。1959 年，马柱才被评为全国林业劳动模范，并到北京出席国庆十周年庆典活动，受到毛泽东主席等党和国家领导人接见。1960 年，陕西省政府授予他“劳动模范”称号。

20 世纪 70 年代，马柱才利用国家林业建设投资，继续开展植树造林，兴建防风固沙工程，造林面积达 3 万亩。1982 年，68 岁的马柱才当选为县政治协商会议成员。1983 年，金鸡滩实行生产责任制。马柱才虽然年老体弱，因与治沙造林结下了不解之缘，毅然承包了 400 多亩荒沙地，带领儿孙们继续治沙造林，使这 400 多亩荒沙地都长出了一人多高的沙柳，并栽上了 2000 多株经济林。2008 年农历十一月初二，马柱才因病去世。

（29）张守明 （1919—2008）。陕西省榆林市米脂县人。少年时，开始接触马克思列宁主义，涉足革命。1938 年 2 月后，先后在神府特区青年救国会、延川县抗日民主政府、延安市抗日民主政府建设科、陕甘宁边区政府建设厅工作，1940 年加入中国共产党。1948 年 12 月至 1957 年 1 月任绥榆水利工程处处长。1957 年 2 月后，历任榆林专署水利水保局局长、榆林地区行政公署农林水办公室党组副书记、榆林地委农村工作部副部长等职。1983 年 11 月离休。

张守明任绥榆水利工程处处长及榆林专署水利水保局局长达 30 年，亲自领导参与了织女渠、定惠渠、云惠渠等渠的修复扩建，领导兴修了红石峡水库、中营盘水库、河口水库，榆林城南郊抽水站、北郊抽水站，靖边金鸡沙抽水站及红石峡水电站，响水水电站，清涧东风水电站等水利工程。他一贯工作勤奋，任劳任怨，认真负责，重视水利工程实地调查，几乎走遍全市有水利工程的乡镇村庄，为榆林的水利发展作出突出贡献。他离休后仍然关心榆林的水利水土保持事业，经常咨询水利水土保持建设情况，人们誉称他“张水佬”。

（30）李守愚（1927—2009）。陕西省渭南市富平县人。1944 年毕业于庄里镇仪祉中学，1947 年加入中国共产党，同年，被组织派到延安大学经济建设系水利水保班学习。毕业后，1949 年 8 月被分配到榆林工作，历任榆林县政府建设科干事、榆林专署水利局工程管理科科长、榆林县水利水保局副局长及榆高渠工程指挥部副指挥等职。1980 年被评为水利工程师。

李守愚先后参加了三岔湾渠、榆东渠、红石桥渠、榆高渠、西沙渠、海流兔河团结水库、峁沟赵家峁水库等水利工程的测量、设计、施工建设。1972 年在修建榆高渠双曲拱渡槽时，因长期带病工作，有次心脏病复发突然晕倒在工地上，民工们把他送往医院，经及时抢救脱离危险。他醒来后，第一句话就问：“双曲拱渡槽建得怎么样？”前来看望他的工作人员回答说：“工程很顺利。”他才安下心来。待他身体刚好转，便不顾医生劝阻，带着药品又回到了工地。李守愚先后参加了榆林三岔湾水泥制品厂、榆溪河南大桥等 10 多处工程设计与施工。他在 40 多年水利水土保持工作中积累了丰富的工作经验，先后撰写了《水坠坝》《沙漠修渠技术》《沙漠运河——榆东渠修建经验》《水力治沙经验》等共 10 多万字的学术论文。

（31）彭谦（1943—2009）。陕西省杨陵农业高新示范区人，中共党员，高级工程师，西北农林科技大学兼职教授，陕西省第九届全国人民代表大会代表。早年学习水利专业，后又在陕西省委党校中青年干部培训班学习。1964 年参加工作后，曾担任岐山县五丈原公社党委书记、县水利局局长、副县长，陕西省水利厅办公室主任、副厅长，1996 年 12 月至 2003 年 2 月任陕西省水利厅党组书记、厅长，后调任陕西省人民代表大会常务委员会农业农村工作委员会任主任委员。出版有《陕西水利的实践与思考》《陕西治水思路与实践探索》等专著。

1996年担任陕西省水利厅厅长以后，彭谦同志带领厅党组一班人，锐意改革，顽强拼搏，果断地实行了水利工作重心的转移，加快重点水利工程建设步伐。完成和开工建设了东雷抽黄二期、铜川马栏引水、延安王瑶供水、黑河水利枢纽、宝鸡峡加坝加闸、关中灌区改造、渭洛河下游近期治理等 17 项续建新建重点工程，新增年供水能力约 15 亿立方米，形成了陕西水利发展史上的第三次水利工程建设高潮，13 次受到水利部和陕西省政府的通令嘉奖。1997 年陕西省水利厅被水利部评为全国水利先进单位，被陕西省委、省政府和水利部命名为文明单位，1997 年、1999 年两次被陕西省政府评为全省先进行政单位。

彭谦同志高度重视无定河流域城乡供水、水源工程和水土保持生态环境建设。1996 年 3 月，他陪同陕西省省长程安东深入榆林严重缺水的白于山区调查后，作出 3 年内在全省范围实施“甘露工程”的决定。1997 年 8 月，他又主持在榆林召开了陕西省“甘露工程”

建设现场会，全面启动实施“甘露工程”，极大地促进了无定河流域农村饮水工程建设。多次深入清涧、子洲、绥德、米脂等县调研解决县城供水问题，促使清涧县丁家沟引水工程、老柳卜水库二期供水工程建成投用，极大缓解了清涧县城供水问题，清涧县委、县政府专门立碑予以纪念。持续推进无定河流域重点治理，是彭谦同志一直牵挂的事情，他几乎每年都要到无定河流域检查水土流失治理工作，组织开展“振兴杯”劳动竞赛，召开现场推进会，特别是启动山川秀美工程，实施退耕还林（草）项目，为无定河流域水土保持生态环境建设作出了突出贡献。

（32）陈登慧（1956—2011）。陕西省榆林城区人，中共党员，水土保持高级工程师。1972 年参加工作，先后在榆林县三岔湾渠管理处、县水电队、水土保持工作站工作，1989 年 11 月调入榆阳区水土保持监督站工作，历任副站长、站长。

陈登慧曾承担陕西省、黄河中游局、水利部水土流失预防监督规范化试点市（县）项目，并通过验收；参与评估陕京输气管线、济银光缆、210 国道、银河电厂等大型建设项目水土保持方案，提出独到的见解和建设性意见，得到与会专家的认可；主持试验总结的“五个五工程”在榆林市推广。先后撰写学术著作及论文 20 多篇（部），其中《水土保持法学习指南》一书是陕西省水土保持监督工作人员必读书籍；《水保执法项目目标竞争岗位责任制的形成与效益分析》《水保执法宣传工作略析》《试论水保监督补偿治理》3 篇论文在全国水土保持学术会上交流，并入选《水土保持监督执法论文选》；他提出的“水土保持补偿理论”被中央、陕西省认可，写进有关水土保持法律法规。在他的带领下，榆阳区水土保持监督站被水利部评为全国水土保持监督先进集体、全国水土保持监督规范化建设示范县。他先后 20 余次被评为水利部和陕西省、榆林市水土保持监督先进个人，并入编《中国科技大典》（陕西卷）和《中国英才大典》。

（33）潘铭（1939—2021）。北京市人，中共党员，水土保持教授级高级工程师，1959 年 9 月于北京林学院水土保持专业学习。1964 年 2 月入职黄河水利委员会绥德水土保持科学试验站，历任绥德水土保持科学试验站试验场场长、生物措施研究室主任、绥德水土保持科学试验站副站长（主持工作）、站长和党委副书记、黄河中游治理局副总工程师。1996 年 8 月评聘为教授级高级工程师。2000 年 2 月退休。

潘铭同志忠诚于党的水利水土保持事业，长期扎根基层，奋战在水土保持第一线，在小流域综合治理、农田基本建设、林草措施研究等领域做出突出成绩。独立完成定边南山地区农田基本建设规划，主持小石沟水文测验、子洲南川小流域规划、无定河流域治理、兰州军区 301 工程、榆林西沙区引水渠道设计以及柠条林试验等工作。他具有广博的专业基础理论和专业技术知识，能够解决专业领域内的重大科研课题和技术难题，学术上有独到见解，成果显著。利用径流林业技术和施用药物造林技术为提高干旱地区造林成活率找到新途径，《利用药物提高黄土高原造林成活率研究》荣获 1991 年度黄河水利委员会科学技术进步奖二等奖；主持的“七五”攻关课题《黄土高原抗旱造林技术》通过国家级技术鉴定，并荣获林业部科学技术进步奖一等奖和国家科学技术进步奖二等奖。在《人民黄河》《中国水土保持》《陕西林业科技》《草与畜杂志》《沙棘》《山西水土保持科技》等期刊发表科技论文 20 多篇，出版专著 2 部，其中《黄土高原主要水土保持灌木研究》获水利部三等奖。《以小流域为单元建设水土保持林体系》一文，至今依然指导着黄土丘陵沟壑区乃至整个黄土高原地区水土保持林建设工作。在任绥德水土保持科学试验站主要负责人期间，深化科研体制改革，形成科研、管理、服务既独立又协调的新格局，加强水土保持科研工作，促进科研成果不断涌现。在他的带领下，绥德水土保持科学试验站 1993 年荣获黄河水利委员会先进集体。

（34）高祖玉（1928—2022）。陕西省榆林市米脂县人。1947 年加入中国共产党，1953 年起，历任米脂县高西沟村初级社社长、生产大队队长、党支部书记，1976 年 9 月转为国家干部，1981 年后被提拔担任县级领导。在高西沟村时期，他敢想敢干、科学规划、雷厉风行，带领全村群众填沟打坝，修梯田，植树种草，实现“三三制”治理目标，是高西沟整山治水的带头人之一。1965 年荣获全国劳动模范称号，出席全国“农业学大寨”会议，赴北京参加国庆节天安门观礼，受到毛泽东、周恩来等党和国家领导人接见。

第二节　人物表录

一、全国劳动模范、省部级劳动模范（先进工作者）

1950—2020 年，无定河流域在水利水土保持生态建设中获得全国劳动模范、省部级劳动模范（先进工作者）称号的 160 人次（包括治沙英雄石光银 2021 年荣获“七一勋章”，高西沟村党支部书记姜良彪 2021 年和 2023 年先后获得全国优秀党务工作者、“三秦楷模”、全国农业农村劳动模范等 4 项超出记述下线的先进人物事迹），其中 1958 年、1983 年较多，多为生产一线的劳动者。已经在人物传略中记述的不再表录。

1950—2020 年无定河流域全国劳动模范、省部级劳动模范（先进工作者）名录见表 7-3-1。

表 7-3-1　1950—2020 年无定河流域全国劳动模范、省部级劳动模范（先进工作者）名录

（根据 2018 年 12 月第 1 版《榆林市水利志》整理）

姓名	性别	获奖所在单位及职务	获奖称号	授予单位	表彰时间
李堂佐	男	靖边县乔沟湾乡	全国劳动模范	全国劳动模范代表大会	1950 年
王德彪	男	绥德吉镇王家坪村	全国劳动模范	全国劳动模范代表大会	1950 年
贺锡贵	男	绥德县田庄乡张家沟村	陕西省劳动模范	陕西省政府	1950 年
王存	男	榆林县牛家梁乡古城滩村	农业劳动模范	陕西省政府	1951 年
万元吉	男	定边县堆子梁乡白吐岗村	农业劳动模范	陕西省政府	1951 年
萧居仁	男	清涧县师家园则村	农业劳动模范	陕西省政府	1951 年

续表 7-3-1

姓名	性别	获奖所在单位及职务	获奖称号	授予单位	表彰时间
王丕林	男	子洲县苗家坪乡董家湾村	农业劳动模范	陕西省政府	1951 年
屈应清	男	子洲县瓜则园乡农民	农业劳动模范	陕西省政府	1951 年
李生武	男	子洲县李孝家河乡农民	农业劳动模范	陕西省政府	1951 年
马士宗	男	子洲县双湖峪镇干部	水利劳动模范	陕西省政府	1951 年
赵志普	男	黄河水利委员会绥德水土保持科学试验站	治黄劳动模范	黄河水利委员会	1955 年、1983 年
李守智	男	黄河水利委员会绥德水土保持科学试验站	治黄劳动模范	黄河水利委员会	1955 年 12 月
杨丙成	男	黄河水利委员会绥德水土保持科学试验站	治黄劳动模范	黄河水利委员会	1956 年
李国梁	男	子洲县电寺乡李家河村	水利劳动模范	陕西省政府	1951 年、1958 年
郭万礼	男	定边县姬塬乡郭崾崄村	全国劳动模范	国务院	1953 年
韩继绪	男	横山县高镇乡旗峰村	陕西省劳动模范	陕西省政府	1953 年
谢牛圈	男	榆林县牛家梁乡谢家坬村	陕西省劳动模范	陕西省政府	1955 年
聂广明	男	定边县水利干部	陕西省劳动模范	陕西省政府	1955 年
刘直亮	男	靖边县张家畔乡新农村农民	西北五省区造林模范	林业部	1955 年
边万余	男	榆林县红石桥乡油房湾村	农业劳动模范	陕西省政府	1956 年
闫秀英	女	榆林县马合乡补兔村主任	农业劳动模范	陕西省政府	1956 年
白振兴	男	榆林县芹河乡谷地峁村	农业劳动模范	陕西省政府	1956 年
张久怀	男	定边县油房庄乡张坬村	先进工作者	国务院	1956 年
李明德	男	定边县砖井乡丈房湾村	农业劳动模范	陕西省政府	1956 年
吴成业	男	绥德县韭园沟乡吴家畔村	全国劳动模范并获“爱国丰产”金质奖章	全国劳动模范代表大会	1956 年

续表 7-3-1

姓名	性别	获奖所在单位及职务	获奖称号	授予单位	表彰时间
吴兴旺	男	绥德县韭园沟乡吴家畔村	西北五省区水土保持青年造林积极分子	共青团中央	1956 年
惠思恭	男	清涧县双庙河乡惠家塬村	模范林业员	林业部	1956 年
王永碧	男	横山县赵石畔乡郭家湾村	西北五省区水土保持青年造林积极分子	共青团中央	1956 年
刘汉明	女	绥德县崔家湾乡铁茄坪村	农业劳动模范	全国劳动模范代表大会	1957 年
张德	男	榆林县青云乡草色湾村	全国劳动模范	全国劳动模范代表大会	1957 年
马兴惠	男	榆林县大河塌公社马家梁村生产大队队长	农业劳动模范	陕西省政府	1958 年
王伍明	男	榆林县孟家湾公社恍惚兔生产大队队长	农业劳动模范	陕西省政府	1958 年
杭天堂	男	榆林县古塔公社王昌沟村生产大队队长	农业劳动模范	陕西省政府	1958 年
米玉和	女	榆林县小壕兔公社忽缠户生产大队妇女主任	农业劳动模范	陕西省政府	1958 年
侯占玉	男	榆林县城关镇流水沟村综合厂党支部书记	陕西省劳动模范	陕西省政府	1958 年
高鹏月	女	定边县堡子湾公社杨塬村	农业劳动模范	陕西省政府	1958 年
白茹芳	女	靖边县梁镇公社宁条梁生产队	农田水利建设“铁姑娘”	中华全国妇女联合会	1958 年
李怀青	男	横山县双城公社柏树渠村生产大队队长	农业劳动模范	陕西省政府	1958 年
李世元	男	横山县城关公社兴峰村生产大队队长	农业劳动模范	陕西省政府	1958 年
白崇杰	男	横山县赵石畔公社杜羊圈生产大队队长	农业劳动模范	陕西省政府	1958 年
拓玉玺	男	横山县高镇公社马鞍山生产大队队长	农业先进工作者	全国农业先进工作者代表大会	1958 年
贺振清	男	清涧县郝家塌公社西沟生产大队党支部书记	农业劳动模范	陕西省政府	1958 年
贺兰英	女	清涧县石嘴驿公社拓家湾村生产大队妇女主任	农业劳动模范	陕西省政府	1958 年

续表 7-3-1

姓名	性别	获奖所在单位及职务	获奖称号	授予单位	表彰时间
杨应珍	男	子洲县水地湾公社	农业劳动模范	陕西省政府	1958 年
李富英	男	子洲县水地湾公社水地湾村大队	全国青年社会主义建设积极分子	共青团中央	1958 年
高善喜	男	子洲县农民	全国青年社会主义建设积极分子	共青团中央	1958 年
詹立武	男	靖边县杨桥畔公社杨桥畔大队党支部书记	全国农业先进生产者	国务院	1959 年
王志祥	男	黄河水利委员会绥德水土保持科学试验站	治理黄河先进个人	黄河水利委员会	1960 年、1964 年、1980 年
白振山	男	榆林县芹河公社谷地峁生产大队党支部书记	农业劳动模范	陕西省政府	1960 年
张三女	女	榆林县马合公社掌高兔生产大队	农田水利建设先进个人	陕西省政府	1960 年
王玉兰	女	定边县油房庄公社	“三八红旗手”	中华全国妇女联合会	1960 年
张志光	男	定边县宁拧梁公社柠条梁生产大队	先进生产者	陕西省政府	1960 年
郭秀英	女	定边县农民	先进生产者	陕西省政府	1960 年
常秀英	女	米脂县高渠公社高西沟生产大队妇女主任	“三八红旗手”	中华全国妇女联合会	1960 年
高清河	男	绥德县张家砭公社高家崄村生产大队	劳动英雄	全国群英会	1960 年
朱安德	男	靖边县红墩界公社	农业劳动模范	陕西省政府	1962 年
樊炳义	男	榆林县巴托素公社三场滩生产大队队长	农业劳动模范	陕西省政府	1963 年
陈登林	男	榆林县归德堡公社花园沟生产大队大队长	农业劳动模范	陕西省政府	1963 年
李德元	男	定边县农民	农田水利建设先进工作者	陕西省政府	1963 年
王永贵	男	横山县塔湾公社芦沟生产大队队长	劳动模范	陕西省革命委员会	1968 年

续表 7–3–1

姓名	性别	获奖所在单位及职务	获奖称号	授予单位	表彰时间
杜良才	男	横山县塔湾公社石井生产大队书记	劳动模范	陕西省革命委员会	1971 年
谷万通	男	定边县郝滩公社许连圈队	农业劳动模范	陕西省革命委员会	1977 年
阎振雄	男	黄河水利委员会绥德水土保持科学试验站	治理黄河先进个人	黄河水利委员会	1979 年
郑合英	男	黄河水利委员会绥德水土保持科学试验站	治理黄河先进个人	黄河水利委员会	1979 年
谭节升	男	黄河水利委员会绥德水土保持科学试验站	治理黄河先进个人	黄河水利委员会	1979 年
申孝顺	男	米脂县城郊公社孙家山生产大队	农业先进工作者	陕西省政府	1980 年
张玉旺	男	横山县赵石畔公社杜羊圈生产大队	新长征突击手	共青团中央	1980 年
何翠英	女	定边县姬塬公社辽阳村生产大队	“三八红旗手”	中华全国妇女联合会	1982 年
张德	男	榆林县青云乡草色湾村	农业劳动模范	陕西省政府	1982 年
郑兰珊	女	定边县白弯子公社白弯子村生产大队	“三八红旗手”	中华全国妇女联合会	1983 年
李巨厚	男	榆林县瑶镇公社姚黎沟村生产大队书记	农业劳动模范	陕西省政府	1983 年
韩桂清	女	清涧县李家川生产大队妇女主任	“三八红旗手”	中华全国妇女联合会	1983 年
贺福英	女	清涧县任寨沟村生产大队妇女主任	“三八红旗手”	中华全国妇女联合会	1983 年
程益民	男	黄河水利委员会绥德水土保持科学试验站	治黄先进个人	黄河水利委员会	1983 年
金进隆	男	黄河水利委员会绥德水土保持科学试验站	治黄先进个人	黄河水利委员会	1983 年
周建文	男	黄河水利委员会绥德水土保持科学试验站	全国水土保持先进个人	水利部	1984 年
孔德常	男	靖边县水利水保工作队	全国水土保持先进个人、陕西省农业科技推广先进个人	水利部、陕西省政府	1984 年

续表 7-3-1

姓名	性别	获奖所在单位及职务	获奖称号	授予单位	表彰时间
马万山	男	榆林县芹河乡	农业劳动模范	陕西省政府	1984 年
吕志亮	男	定边县红柳沟镇肖沟村	新长征突击手	共青团中央	1985 年
冯学富	男	榆林县委副书记	全国治沙造林劳动模范	林业部	1986 年
于德广	男	黄河水利委员会绥德水土保持科学试验站	治理黄河劳动模范	黄河水利委员会	1987 年
刘汉雄	男	清涧县老舍窠乡党委书记	全国水土保持重点治理区先进工作者	全国水土保持工作协调小组	1988 年
王菊周	男	靖边县新农村乡水利员	全国优秀水利水土保持员奖	水利部	1988 年
张鹏举	男	横山县雷龙湾乡沙峁村党支部书记	劳动模范	中共陕西省委、省政府	1989 年
李永清	男	横山县高镇万家畔村离休干部	模范离休干部	中共陕西省委、省政府	1989 年
徐乃民	男	黄河水利委员会绥德水土保持科学试验站	陕西省先进工作者，全国水利系统劳动模范（3 次），全国水土保持先进个人	陕西省政府、水利部	1960 年，1989 年、1991 年、1992 年，1992 年
刘志远	男	清涧县玉家河乡北山里村团支部书记	青年黄河防护林工程建设先进工作者奖	水利部，共青团中央、林业部、水利部	1990 年、1993 年
赵秉正	男	榆林地区行政公署副专员	全国治沙造林劳动模范	林业部、人事部	1991 年
石海原	男	榆林地区党校校长	全国治沙造林劳动模范	林业部、人事部	1991 年
马治刚	男	定边县水土保持站副站长	黄河流域四大片水土保持第一期重点小流域治理先进工作者	水利部、黄河水利委员会中游管理局	1991 年
高玉山	男	榆林市（今榆阳区）古塔乡赵庄村党支部书记	劳动模范	陕西省政府	1992 年

续表 7-3-1

姓名	性别	获奖所在单位及职务	获奖称号	授予单位	表彰时间
尚康乾	男	榆林地区水利水保局	全国水土保持先进个人	水利部	1992 年
薛成孝	男	清涧县水土保持监督站站长	全国水土保持监督执法先进个人	水利部	1993 年
刘耀武	男	榆林无定河流域治理办公室干部	全国水土保持先进工作者	水利部	1993 年
牛玉琴	女	靖边县东坑镇金鸡沙村	中国十大女杰、“全国三八红旗手”、“全国三八绿化奖章”、全国劳动模范、全国优秀共产党员、世界“拉奥博士奖”、世界优秀林农奖等 87 项	国务院、中华全国妇女联合会、全国绿化委员会、中共中央组织部、联合国粮食及农业组织等	1988—2020 年
王笃庆	男	黄河水利委员会绥德水土保持科学试验站	黄河水利委员会劳动模范	黄河水利委员会	1993 年
张宏伟	男	榆林地区水政水资源办公室	全国水资源管理先进工作者	水利部	1996 年
王振铎	男	榆林地区水政水资源办公室	全国水资源管理先进工作者	水利部	1997 年
宋锦华	男	榆林地区水利水保局局长	全国水土保持先进工作者	人事部、水利部	1997 年
王福林	男	黄河水利委员会绥德水土保持科学试验站	全国水土保持先进工作者、劳动模范	水利部、国务院	1992 年、1997 年
刘开章	男	榆阳区鱼河峁镇刘小沟村党支部书记	劳动模范	中共陕西省委、省政府	1997 年
沈为备	男	中国农业银行总行驻子长县涧峪岔乡宽墕村蹲点扶贫干部	全国扶贫先进工作者、第五届全国十大“扶贫状元”	中国扶贫基金会、新华社《半月谈》杂志社	1999 年
王煜	男	黄河水利委员会绥德水土保持科学试验站	劳动模范	黄河水利委员会	2000 年

续表 7–3–1

姓名	性别	获奖所在单位及职务	获奖称号	授予单位	表彰时间
石光银	男	定边县海子梁乡四大壕村	全国劳动模范，全国治沙英雄，世界杰出林农奖和国际跨世纪人才奖，“七一勋章”获得者等 60 多项荣誉	国务院、联合国粮食及农业组织、中共中央	2000 年、2002 年、2021 年
金绥庆	男	黄河水利委员会绥德水土保持科学试验站	全国水利技术能手	水利部	2002 年 4 月
罗金祥	男	榆林市水务局局长	全国水土保持先进个人	水利部	2003 年
高立爱	男	榆林市防汛抗旱指挥部办公室主任	陕西省水库管理先进个人	陕西省防汛抗旱总指挥部	2003 年
李文知	男	榆林市水政水资源管理局办公室	全国水资源管理先进工作者	水利部	2004 年
常治国	男	榆林市水土保持生态工程建设处	黄土高原水土保持世界银行贷款项目工作先进个人	水利部、黄河水利委员会	2004 年
贾玉贵	男	榆林市水务局副局长	黄土高原水土保持世界银行贷款项目工作先进个人	水利部、黄河水利委员会	2004 年
牛岗	男	榆林市水土保持生态工程建设处	黄土高原水土保持世界银行贷款项目工作先进个人	水利部、黄河水利委员会	2004 年
苗盈	男	榆林市水土保持生态工程建设处	黄土高原水土保持世界银行贷款项目工作先进个人	水利部、黄河水利委员会	2004 年
白志刚	男	黄河水利委员会绥德水土保持科学试验站	黄河水利委员会劳动模范	黄河水利委员会	2005 年
王煜	男	黄河水利委员会绥德水土保持科学试验站	黄河水利委员会劳动模范	黄河水利委员会、中国农林水利工会黄河委员会	2005 年
李向阳	男	黄河水利委员会晋陕蒙接壤地区水土保持监督局	黄河水量统一调度先进个人	水利部	2005 年

续表 7-3-1

姓名	性别	获奖所在单位及职务	获奖称号	授予单位	表彰时间
高子鹏	男	榆阳区鱼河镇寺伙沟村党支部书记	劳动模范	中共陕西省委、省政府	2007 年
郭玉梅	女	黄河水利委员会绥德水土保持科学试验站	劳动模范	黄河水利委员会	2009 年
李琦	男	榆阳区水务局副局长	陕西省大中型水库移民后期扶持政策实施工作先进个人	陕西省政府	2009 年
李向阳	男	黄河水利委员会晋陕蒙接壤地区水土保持监督局	2007—2008 年度省级“两联一包”扶贫先进个人	陕西省扶贫开发领导小组	2009 年
张永江	男	黄河水利委员会晋陕蒙接壤地区水土保持监督局	中国水土保持学会先进工作者	中国水土保持学会	2010 年
白丽平	男	榆林市城乡供水管理办公室主任	陕西省“十一五”地方病防治工作先进个人	陕西省政府	2011 年
寇启平	男	榆林市水利工程质量监督站站长	全国水利工程建设质量管理先进个人	水利部	2012 年
张立强	男	靖边县绿源治沙有限公司总经理	全国第六届“母亲河奖”	共青团中央、全国绿化委员会等	2013 年
姜良彪	男	米脂县高西沟村支部书记	全省优秀共产党员、中国乡村旅游致富带头人、全国优秀党务工作者、“三秦楷模”、全国农业农村劳动模范	中共陕西省委、国家旅游局、中共中央、中共陕西省委、农业农村部	2006 年、2015 年、2021 年 6 月、2023 年 2 月、2023 年 5 月

二、市厅级先进个人

1990—2020 年，无定河流域获得陕西省水利厅，榆林市委、市政府等级别的先进工作者、先进个人称号 113 人次，见表 7-3-2。

表 7-3-2 1990—2020 年榆林市水利系统获市厅级先进工作者名录

（根据无定河流域市、县水利部门和有关单位统计）

姓名	性别	获奖所在单位及职务	荣获称号	授予单位	表彰时间
王局洲	男	靖边县芦河渠管理处	优秀水利水保员	陕西省水利水土保持厅	1991 年
蒋耀军	男	靖边县水利水保局	无定河第二期重点小流域规划汇总工作二等奖	榆林地区无定河流域治理指挥部领导小组	1992 年
马增富	男	榆林市（榆阳区）水利水保工作队队长	陕西省水利水土保持系统先进个人	陕西省水利水土保持厅	1992 年
鱼功远	男	榆阳区水利局	榆林市“科技兴榆”先进工作者	榆林地区行政公署	1993 年
王振泽	男	榆林地区水政水资源办公室主任	陕西省水资源管理先进个人	陕西省水利厅	1993 年、1996 年
任建文	男	榆林市（榆阳区）水政水资源办公室主任	陕西省水资源管理先进个人	陕西省人事厅、水利厅	1993 年
高智义	男	定边县水保站站长	无定河第一期水土保持重点工程做出优异成绩先进个人	陕西省水利厅	1993 年
王志圣	男	黄河水利委员会绥德水土保持科学试验站	抗洪抢险先进个人	中共榆林地委、行政公署	1994 年
薛耀理	男	定边县水利水保局局长	抗洪抢险先进个人，先进工作者	中共榆林地委、行政公署，省人事厅、水利厅	1994 年、1995 年
戴志中	男	定边县水利水保局	抗洪抢险先进个人	中共榆林地委、行政公署	1994 年
刘云浩	男	定边县城市防汛办公室主任	抗洪抢险先进个人	中共榆林地委、行政公署	1994 年
张振和	男	定边县农村防汛办公室主任	抗洪抢险先进个人	中共榆林地委、行政公署	1994 年
张德英	男	定边县杨伏井水库电台发报员	抗洪抢险先进个人	中共榆林地委、行政公署	1994 年

续表 7-3-2

姓名	性别	获奖所在单位及职务	荣获称号	授予单位	表彰时间
赵鹏飞	男	榆林市（榆阳区）水务局副局长	1993 年度无定河流域二期重点治理工作先进个人	陕西省水土保持局	1994 年
段巧梅	女	榆林市（榆阳区）水务局科员	1993 年度无定河、皇甫川流域二期重点治理工作先进个人	陕西省水土保持局	1994 年
纪生保	男	榆林市（榆阳区）监督站站长	陕西省水土保持监督执法先进个人	陕西省水利厅	1994 年
王保英	男	榆林市（榆阳区）水务局副局长	陕西省水土保持监督执法先进个人	陕西省水利厅	1995 年
李国宝	男	榆林地区水利水电勘测设计院	科技兴榆先进工作者	榆林地区行政公署	1995 年
高牛发	男	榆林地区（市）水土保持生态工程建设处	榆林地区（市）水利与农田基本建设先进工作者（个人）	榆林地区行政公署（市人民政府）	1995—2004 年累计 10 次表彰
姚庆福	男	榆林市水资源管理办公室主任	陕西省水政水资源工作先进工作者	陕西省水利厅、人事厅	1995 年
高智义	男	定边县水利局副局长	水利水保执法先进个人	陕西省水利厅	1995 年
崔志忠	男	定边县水利局粮副基地办公室主任	以工代赈先进工作者	陕西省计划委员会、水利厅	1995 年
朱绪光	男	米脂县流域办公室	水利与农田基本建设先进工作者	陕西省水利厅	1996 年
李国宝	男	榆林市水利工作队	小康建设先进工作队员	榆林地委、行政公署	1996 年
杨思炯	男	榆林地区无定河流域治理指挥部办公室	水利与农田基本建设先进个人	陕西省水土保持局、榆林行政公署等	1997 年、1998 年、2003 年、2009 年
辛锡爱	男	靖边县水利局农村改水项目办公室	改水先进生产者	陕西省水利厅	1996 年

续表 7-3-2

姓名	性别	获奖所在单位及职务	荣获称号	授予单位	表彰时间
白利平	男	榆林地区水利局水利科	包村扶贫先进工作者	榆林地委、行政公署	1999 年
李保国	男	榆林市水利工作队	“双万工程”优秀下派干部	榆林地委	1999 年
郑宝明	男	黄河水利委员会绥德水土保持科学试验站	劳动模范	榆林地委、行政公署	2000 年
李文如	男	榆林市水政水资源管理办公室	陕西省水资源管理先进个人	陕西省水利厅	2001 年
高玉平	男	榆林市水政水资源管理办公室	陕西省县城供水先进工作者	陕西省水利厅、人事厅	2001 年
刘培金	男	靖边县水政水资源管理办公室主任	陕西省水资源管理先进工作者	陕西省水利厅	2001 年、2003 年
李振林	男	榆阳区水政水资源管理办公室主任	陕西省水资源管理先进个人	陕西省水利厅	2003 年
王局洲	男	靖边县自来水供应安装公司	陕西省县城供水先进工作者	陕西省水利厅	2003 年
聂继荣	男	榆林市无定河流域治理指挥部办公室	陕西省国家水土保持重点防治二期二阶段工程先进个人	陕西省水利厅	2003 年
訾中田	男	榆林市地下水监测总站副站长	陕西省地下水动态监测先进个人	陕西省水利厅	2003 年
马瑞	男	榆林市地下水监测总站职工	陕西省地下水动态监测先进个人	陕西省水利厅	2003 年
雷永飞	男	榆林市水产工作总站	榆林市有突出贡献中青年拔尖人才	榆林市委、市政府	2003 年
刘竹林	女	榆林市防汛抗旱指挥部办公室	榆林市有突出贡献中青年拔尖人才	榆林市委、市政府	2003 年
高丽琴	女	榆林市水政水资源管理办公室	陕西省县城供水先进工作者	陕西省水利厅	2003 年

续表 7-3-2

姓名	性别	获奖所在单位及职务	荣获称号	授予单位	表彰时间
高玉祥	男	榆阳区水务局工程师	陕西省水利工程“仪祉杯”劳动竞赛先进个人	陕西省水利厅	2004年、2007年
薛孝霞	女	榆林市水政水资源办公室	陕西省水资源管理工作先进个人	陕西省水利厅	2004年
胡宏飞	男	榆阳区水务局副局长	榆林市有突出贡献中青年拔尖人才	榆林市委、市政府	2004年
辛锡爱	男	靖边县农村供水管理服务站	先进工作者	榆林市政府	2005年
思希忠	男	靖边县农村供水管理服务站	陕西省农村改水先进工作者	陕西省水利厅	2005年
杨瑞忠	男	靖边县农村供水管理服务站	陕西省农村改水先进工作者	陕西省水利厅	2005年
王晓	男	黄河水利委员会绥德水土保持科学试验站	劳动模范	榆林市委、市政府	2005年
刘敏	女	榆林市水务局计财科会计	陕西省水利系统财务审计工作先进个人	陕西省水利厅	2006年、2012年
郑军飞	男	靖边县水产服务中心	陕西省水产技术推广先进个人	陕西省水利厅	2006年、2007年
史社刚	男	榆林市水利局	陕西省水利系统先进个人（1次）、陕西省水利工程建设管理先进个人（2次）	陕西省水利厅	2006年、2007年、2009年
安林生	男	靖边县自来水供应安装公司	陕西省取用水管理先进个人	陕西省水利厅	2007年
王志意	男	黄河水利委员会晋陕蒙接壤地区水土保持监督局	2003—2007年水政监察工作先进个人	黄河上中游管理局	2007年
徐林	男	黄河水利委员会晋陕蒙接壤地区水土保持监督局	2003—2007年水政监察工作先进个人、黄河上中游流域取水许可管理工作先进个人	黄河上中游管理局	2007年

续表 7-3-2

姓名	性别	获奖所在单位及职务	荣获称号	授予单位	表彰时间
牛建勋	男	靖边县水政监察大队	陕西省水政执法先进工作者	陕西省水利厅	2008 年
尚晓伟	男	榆林市河务水库管理站	水库管理先进工作者称号	陕西省水利厅	2008 年
冯学梅	女	米脂县水利局	陕西省水利水保先进工作者	陕西省水利厅	2008 年
王建元	男	榆林市水库移民管理办公室	榆林市水利与农田基本建设先进个人	榆林市人民政府	2008 年
高建保	男	榆阳区水务局局长	榆林市水利与农田基本建设先进个人	榆林市人民政府	2008 年
党维勤	男	黄河水利委员会绥德水土保持科学试验站	榆林市有突出贡献拔尖人才	榆林市委、市政府	2008 年
高怀明	男	榆阳区水务局局长	榆林市水利与农田基本建设先进个人	榆林市人民政府	2009 年
李鹏程	男	榆阳区水土保持监督站副站长	陕西省水利系统“五五”普法先进个人	陕西省水利厅	2010 年
李洵	男	榆林市水务集团有限责任公司	陕西省重点工程建设劳动竞赛先进个人	陕西省劳动竞赛委员会	2010 年、2014 年
刘加强	男	王圪堵水库公司副总经理	陕西省水利工程“仪祉杯”劳动竞赛先进个人	陕西省水利厅	2010 年、2012 年、2013 年
杨旭东	男	榆林市水政水资源管理办公室	陕西省水资源管理先进个人	陕西省水利厅	2009 年
杨逸群	男	靖边县水产工作站	陕西省水产技术推广先进个人	陕西省水利厅	2009 年
常春	男	米脂县水利局	陕西省水利系统先进工作者	陕西省水利厅	2010 年

续表 7-3-2

姓名	性别	获奖所在单位及职务	荣获称号	授予单位	表彰时间
罗列战	男	靖边县水产服务中心	陕西省渔业工作先进个人（2 次）	陕西省水利厅	2010 年、2011 年
赵世业	男	榆林市水利工程建设管理总站	陕西省水利工程管理体制改革工作先进个人	陕西省水利厅	2010 年
赵春涛	男	榆林市水利工程建设管理总站	陕西省水利工程管理体制改革工作先进个人	陕西省水利厅	2010 年
徐林	男	黄河水利委员会晋陕蒙接壤地区水土保持监督局	黄河上中游管理局“五五”普法工作先进个人	黄河上中游管理局	2011 年
张平	男	黄河水利委员会晋陕蒙接壤地区水土保持监督局	黄河上中游管理局“五五”普法工作先进个人，黄河上中游管理局创新成果一等奖（黄河上中游管理局水政水资源管理系统），2011—2012 年黄河上中游流域取水许可管理工作先进个人	黄河上中游管理局	2011 年
常在清	男	榆林市水政水资源管理办公室	陕西省水利系统水政工作先进个人	陕西省水利厅	2012 年
刘元亮	男	榆林市水库移民管理办公室副主任	陕西省水库移民工作先进个人	陕西省库区移民领导小组	2012 年
丁小雄	男	榆林市水利工程质量监督站	陕西省水利宣传工作先进个人	陕西省水利厅	2012 年
党维勤	男	黄河水利委员会绥德水土保持科学试验站	榆林市有突出贡献拔尖专家	榆林市委、市政府	2012 年、2016 年、2020 年
王有贵	男	榆林市水务集团有限责任公司	“五一”劳动奖章	榆林市委、市政府	2013 年

续表 7-3-2

姓名	性别	获奖所在单位及职务	荣获称号	授予单位	表彰时间
乔正耀	男	榆林市河湖水库与移民工作中心	“五优”共产党员	中共榆林市直属机关工作委员会	2013 年 7 月
党维勤	男	黄河水利委员会绥德水土保持科学试验站	榆林市优秀科技工作者	榆林市委、市政府	2013 年
姜良彪	男	米脂县高西沟村党支部书记	陕西省生态文明推动力“领军人物”	陕西省环境保护厅、陕西省社会科学院	2013 年
刘兴	男	清涧县水利局	陕西省水利风景区建设与管理先进个人	陕西省水利厅	2016 年 8 月
钟贝	男	黄河水利委员会晋陕蒙接壤地区水土保持监督局	黄河上中游管理局“六五”普法工作先进个人	黄河上中游管理局	2016 年
王康	男	黄河水利委员会晋陕蒙接壤地区水土保持监督局	黄河上中游管理局“六五”普法工作先进个人	黄河上中游管理局	2016 年
			2014—2016 年度取水许可管理工作先进个人	黄河上中游管理局	2017 年
李安林	男	榆林市河湖水库与移民工作中心	2016 年度创建工作“先进个人”	中共榆林市委、市政府	2017 年 3 月
马锋	男	榆林水文局绥德水文站站长	首届“陕西省最美水利人”	陕西省水利厅精神文明建设指导委员会、陕西省农林水利气象工会委员会	2017 年 12 月
尹海军	男	黄河水利委员会晋陕蒙接壤地区水土保持监督局	2018 年度精准扶贫工作突出贡献先进个人	黄河上中游管理局	2019 年
雷洋	男	榆林市水利工程建设中心	2019 年度榆林市招商引资先进个人	榆林市政府	2019 年
			2020 年陕西省重点项目建设先进个人	陕西省发展和改革委员会	2020 年

三、高级工程师以上技术人员

1985 年、1987 年和 1988 年先后三次对长期在榆林地区水利水土保持部门工作的 30 名工程师评定晋升为高级工程师，随后技术干部职称评定转入正常，截至 2020 年底，陕西省无定河流域水利系统共评定晋升高级工程师以上人员 389 名，其中高级工程师 382 名，三级教授和教授级高级工程师 7 名（黄河水利委员会绥德水土保持监督局 4 名、黄河水利委员会晋陕蒙接壤地区水土保持监督局 3 名），见表 7–3–3。

表 7–3–3　1985—2020 年无定河流域水利系统高级以上工程师名录

单位名称	人数	高级工程师	教授级高级工程师
榆林地区	30	孙克绍、赵建都、朱有信、曹天祉、耿法端、薛景龙、姬仲华、侯顺吉、阎西京、吴宗全、屈有林、艾绳武、吴锦国、杨秀杰、柴养栋、吴善潜、乔志栋、薛喜林、孔德常、贾泽民、张满堂、赵治安、刘耀武、刘忠、胡志新、孟怀倍、贺继斌、阎新民、尚康乾、许志明	
榆林市水利局	7	李应树、郭建彪、杨思炯、马和平、王建元、王宏、武斌	
榆林市引黄工程建设管理局	10	张发、李怀志、高俊岩、苗野青、李怀成、陈伟、李娅、陈江红、张月辉、张贵德	
榆林市水旱灾害防御中心	2	纪元新、刘竹林	
榆林市水利水保综合执法大队	1	侯铭	
榆林市城乡供水安全中心	7	乔建国、曹东宏、冉美霞、康建新、贾建平、吴瑜、张慧	
榆林市水资源中心	7	冯太蔚、王振泽、高玉平、郝广成、柴乃建、马江、鱼淼	
榆林市水利工程质量安全中心	9	赵世业、李文如、梁怀明、王根东、王小瑞、盛小燕、刘双琴、雷斌、黄焱	
榆林市水土保持生态工程建设中心	15	常治国、魏秉中、李树宏、陈子靖、高志春、苗盈、高丽、刘红旗、李玲、雷建飞、冉林生、李宝林、蒲飞、张宏斌、刘正旺	
榆林市水利工程建设中心	13	李国宝、曹锦军、付明岗、高明祥、张丽英、魏亚梅、白晓丽、尚娟利、王利云、王晓燕、薛建国、李俊珍、冯艳	
榆林市河湖水库与移民工作中心	6	刘元亮、马应洲、李安林、孙海峰、刘爱霞、蔡红霄	

续表 7-3-3

单位名称	人数	高级工程师	教授级高级工程师
榆林市水利信息与水文勘测中心	12	党玉丁、张艳梅、武文章、姬春来、屈遥、惠大海、孙维银、王润宁、许志明、张克来、张胜利、刘晔	
榆林市淤地坝建设中心	8	张红卫、姜纯伟、屈蒲生、李倩、魏秉中、窦玉芳、刘飞、袁成平	
榆林市水产工作总站（2020年机构改革划入农业局）	4	胡志元、马爱雄、蔚冬、马海霞	
榆林市水务集团公司	3	马彦喜、胡宏飞、王有贵	
黄河水利委员会绥德水土保持科学试验站	22	白东晓、郝凤毕、艾绍周、苏芸、刘立峰、王秦湘、徐乃民、于法周、史景汉、康清海、任建斌、丁加林、贾树年、张金柱、王宏兴、王福林、王志雄、郭玉梅	党维勤（三级教授）、马三保（三级教授）、王晓（教授级高级工程师）、付明胜（教授级高级工程师）
晋陕蒙接壤地区水土保持监督局	8	王煜、张永江、徐林、白凤林、王志意	曹炜（三级教授），王白春（教授级高级工程师）、蔺明华（教授级高级工程师）
榆林市水文水资源勘测中心	1	王健	
榆阳区水利系统	65	梁海奇、李歌东、祁凤飞、李丰景、刘斌、刘春林、薛小曼、常子平、高玉祥、李凡、李耀、张培林、任艳芳、吴飞、谢春荣、尹艳芳、胡占军、王玉佳、苏广平、谢海军、张成福、任强、王志宏、李彦平、辛胜、刘城兵、张乒、高晓宁、胡建武、罗艳芝、胡高翔、罗瑾、马丽、高玲霞、徐建明、刘晓艳、姜昺、王美丽、陈晨、高尚荣、侯婷、温世喜、刘美丽、高攀、渠海奇、李歌东、周玲、刘军林、王升宇、吴生华、刘兆虎、黄克平、郭林、张琪、孙世斌、刘建平、张锐、纪咏贵、任艳芳、白焕军、高启茂、张亚飞、王焱、崔世忠、马慧	

续表 7-3-3

单位名称	人数	高级工程师	教授级高级工程师
横山县水利系统	31	李生权、姜世东、白志东、张慧勇、施军、白凤羽、马艳霞、韩建伟、曹琼、王森、孙飞、杜芳梅、黄贵龙、杜治明、史香玲、管生江、陈小莉、曹丰泽、刘成军、拓宏梅、王萍、陈文波、何艳霞、刘锦翠、刘锦惠、石锦涛、马海艳、王军瑞、曹斌、李华孝、梁德俊	
靖边县水利系统	32	恩希忠、辛锡爱、乔树忠、耿建东、刘晓英、刘军琦、袁媛媛、杨树梅、贺治利、刘晓燕、张宇、谷灵霄、杨俊琴、赵喜梅、王晓艳、陈敏、陈静、俞彩梅、陆宇烨、马旭华、哈梅、邢美华、刘英、苗绿平、卢菊梅、贾维军、白宇峰、张彦杰、刘宗艳、徐红梅、白咏梅、王茹	
定边县水利系统	9	田雨升、周德王、张涛、赵青、刘小梅、牧东、郑高峰、吴海霞、宋小平	
米脂县水利系统	18	崔文琪、杜承仁、刘立孝、刘信章、安娜、马翻娥、李翻林、赵琴、郭亚慧、李宏景、张勇、李素云、常东飞、钱晓娜、常军、马红兰、姬春兰、杜勇	
绥德县水利系统	43	张友龙、张正林、谢菊英、黑润莲、刘世林、宋永样、丁春萍、林守山、郭喜绪、梁新民、高绥利、李永锋、李凡红、郝利军、马晓惠、黑东平、白东霞、延改红、马小娜、李春霞、李晴、张亚玲、刘萍、米晓明、任红艳、薛绥娥、闫晓东、袁宏伟、霍彦雄、马晓利、郝艳丽、李小妮、刘红梅、王晓华、刘建平、马彩玲、郝丽娜、郭雪莲、张修文、高鹏、安阳、张晓琼、董朝阳	
清涧县水利系统	4	李世文、刘兴、刘春阳、申候高	
子洲县水利系统	22	刘德清、高提斌、钟国让、赵永红、王国清、马忠和、高亚、乔东、王建、拓艾、柴岗、叶芸、张营、钟海洋、高荣、申翠莲、叶玉娥、高晓芬、张成、梁海东、王振飞、高毅峰	

大事记

旧石器时代晚期

据在无定河流域河谷发现的一批动物、人类化石考证，约3.5万年前，榆林境内气候温暖湿润，分布着许多河流、湖泊和茂盛的草原、森林，栖息着诸如河套扁角鹿、赤鹿、披毛犀、纳玛象、诺氏驼、马鹿、羚羊、盘羊、野马、野驴、原始牛、狗獾、鬣狗、狼、虎、五趾跳鼠、兀鹰、翘鼻麻鸭、巨鸵鸟、毛腿沙鸡等许多野兽和禽类，并在无定河流域的两岸生活繁衍着考古学称之为“河套人”的古人类。

新石器时代

约4000年前，在无定河流域广泛生活着“河套人”的后裔，考古发现了他们大量的文化遗址，诸如定边白泥井明水湖村猫尾巴梁细石器遗址、乌审旗的萨拉乌苏遗址、榆阳区红石桥乡郑家窑子仰韶文化遗址、小纪汗乡下高墩龙山文化遗址等。

古代

周赧王九年（前306年），秦昭襄王扩筑上郡长城（此段长城经今甘肃省镇原、环县，陕西省吴旗、志丹、安塞、靖边、横山、绥德等县）。

周赧王十一年（前304年），秦昭襄王将上郡治所从雕阴（今陕西省富县一带）迁至上郡所属肤施县治城（今陕西省榆阳区鱼河一带），并相继延伸扩筑长城至黄河（此段长城经靖边、横山、榆阳、神木等地到达内蒙古准格尔旗东北的黄河岸边，即《汉书》所称“榆溪旧塞”）。

秦始皇帝三十三年（前214年），始皇命蒙恬率兵30万人镇守上郡，抵御匈奴，并征民工修筑长城。

秦始皇帝三十五年（前212年），蒙恬发兵卒和刑徒40万人，修从九原（今内蒙古包头）经上郡至云阳宫（今陕西省淳化县西北甘泉村）的“秦直道”。

汉武帝元鼎六年（前111年），汉代在上郡、朔方、西河郡等地设“田官”，令戍守边卒 60 余万人垦田，并兴修水利，“皆引河及川谷以溉田……”。

汉顺帝永建四年（129 年），东汉尚书令虞诩在给汉顺帝上书的《议复三郡疏》中说：“厥田唯上郡，且沃野千里，谷稼殷积，又有龟兹盐池以为民利（上郡龟兹县有盐官），水草丰美，土宜产牧，牛马衔尾，群羊塞道；北阻河山，乘阨据险，因渠以溉，水舂河漕，用功省少，而军粮饶足。故孝武皇帝及光武筑朔方、开西河、置上郡，皆为此也。”

东晋安帝义熙九年・夏赫连勃勃凤翔元年（413 年），大夏大单于刘勃勃改姓赫连氏，游至契吴山（在今陕西靖边一带），叹曰：“美哉斯阜！临广泽而带清流。吾行地多矣，自马岑以北，大河以南，未之有也。”于是赫连勃勃任命叱干阿利为将作大匠，征发岭北稽胡、汉等族夏民 10 万人，修筑都城（今陕西靖边统万城）。义熙十四年（418 年）竣工，取名统万城。大夏国秘书监胡义周即作著名的《统万城功德颂》，并刻石树碑于统万城南。

北魏孝文帝太和十二年（488 年），北魏连年大旱，牛疫，民多饿死。太和十二年五月，孝文帝诏令“六镇、云中、河西及内六郡（包括夏州各郡县），各修水田，通渠灌溉。”太和十三年（489 年）八月，孝文帝又令：“诸州、镇有水田之处，各通灌溉，遣匠者所在指授。”

北魏孝文帝太和十八年（494 年），北魏尚书郎、著名地理学家郦道元随孝文帝北巡到夏州等地考察。之后，他在北魏孝明帝正光年间（520—525 年）所著的《水经注》中记载：“奢延水（无定河）西出奢延县西南赤沙阜，……东北流，迳其县故城（即大夏时统万城）南，……又东历沙陵。”又载：“上郡诸次山，《山海经》曰：‘诸次之山，诸次之水（今陕西省神木县秃尾河）出焉。是山多木无草，鸟兽莫居，是多像蛇。’其水东迳榆林塞，世又谓之榆林山，即《汉书》所谓榆溪旧塞（秦长城）者也。自溪西去，悉榆柳之薮矣。缘历沙陵，届龟兹县（在今陕西省榆林市境）西北，故谓广长榆也。”

北魏宣武帝景明四年（503 年），夏州等地，“连年灾旱，高原陆野，不任营殖。唯有水田，少可菑亩。然主将、参僚专擅腴美，瘠土荒畴给百姓，因此困弊，日月滋甚”。之后，北魏朝廷罢夏州等地牧马“苑封”，将苑封牧马地划分给从事农耕贫民垦殖。

北魏宣武帝永平五年（512 年），夏州北部地震，地陷裂。延昌二年（513 年）四月，夏州东北又大地震，至延昌三年（514 年）二月地震几未止。

唐德宗贞元七年（791 年），夏州“开延化渠，引乌水（今陕西靖边统万城北纳林河）入库狄泽，溉田二百顷”。同时在盐州兴修有“特进渠”。

唐宣宗大中三年（849 年）十月，夏州地震，房屋倒塌压死数十人。

元成宗大德七年（1303 年）八月初六，绥德州、吴堡等地大地震，将新建长春观（在今陕西榆阳镇川河上村北）上下四处庙宇尽毁。此后至大德十年 （1306 年） 绥德等地连年有大地震。

元明宗天历二年（1329 年），米脂、绥德、清涧等地连年大旱，至七月，“麦苗槁死，秋田未种，饥馑荐至秦，饿殍枕藉，民庶遑遑，流移者众”。

元顺帝至正二十五年（1365 年），米脂、绥德、清涧等地连年大旱，饿殍枕藉。这年，米脂县农民贺洪、高庆先后聚众造反，与元军作战。

明宪宗成化八年（1472 年）三月，余子俊出任延绥镇巡抚后，率军民 4 万人，大规模扩筑榆林城等 36 座城堡及两边边墙（长城），历时 3 个月告成。这年，明代将“勾清”的云南、浙江等地军丁，编发榆林卫充军。延安知府罗谕巡视米脂，劝民开辟无定河河滩种稻。成化九年（1473 年）种稻成功。

明宪宗成化九年（1473 年），延绥镇巡抚余子俊开凿红石峡渠，引水灌田。这年，延绥镇治所从绥德城迁至榆林城。

明宪宗成化二十一年（1485 年），清涧县石台寺村民引本村南沟水灌溉农田。

明武宗正德六年（1511 年），清涧知县赵铬沿县城西城墙增筑外罗城，以防水患。

明世宗嘉靖七至九年（1528—1530 年），延绥镇连年大旱或水灾，民大饥，人相食。

明世宗嘉靖四十三年（1564 年）八月，大洪水淹镇靖堡。嘉靖四十四年（1565 年）七月，大洪水淹没清涧县城南关。

明穆宗隆庆三年（1569 年），黄土埛九牛山（在今陕西省子洲县）崩塌成湫，成为天然淤地坝，史称淤地坝鼻祖。

明神宗万历三年（1575 年），清涧知县霍文玉浚开清涧城西、南二渠（后世称霍公渠），修水田数十亩，种水稻。

明神宗万历十六年（1588 年）六月，守榆林城士兵挑除掩埋红石峡边墙的积沙。

明神宗万历二十八年（1600 年）春，榆林红石峡西崖山崩，堵塞红石峡河流，次日堵塞决口。万历二十九年（1601 年）延绥镇巡抚孙维诚率军民挑除埋压在榆林城墙上的积沙。

明神宗万历三十年（1602 年）十月，榆林城内延绥镇守府门墙西、东栅口等处涌出泉水。

明思宗崇祯二年（1629 年），延绥镇连年大旱，四至七月不雨，各地饥民纷纷起事造反。崇祯三年（1630 年）五月，李自成与米脂饥民结伙投奔西川（今陕西省子洲县大理河川）农民起义军首领张存孟。

明思宗崇祯四年（1631 年），延绥镇连年大旱，民大饥，人相食。这年十一月至崇祯五年（1632 年）正月，大雪不止，雪深丈余，人畜死者过半。城中辟径以行，樵采逐绝，民咸撤屋材以炊，盗贼麻起，转掠求食。

明思宗崇祯九至十五年（1636—1642 年），延绥等地灾害不断。崇祯九年（1636 年）大疫；崇祯十年（1637 年）四月下大雨雹，“平地数尺”；崇祯十一年（1638 年）大旱。崇祯十二年（1639 年）蝗灾；崇祯十三年（1640 年）二月风霾雨土（沙尘暴），民大饥，人口“十亡八九”；崇祯十五年（1642 年）二月，又“雨土（沙尘暴）”。

清世祖顺治八年（1651 年），榆林、绥德等地地震。顺治十年（1653 年）又地震。

清世祖顺治十六年（1659 年）六月，镇靖堡（在今陕西省靖边县）、清涧县等地降大暴雨，城垣、房屋损毁严重。

清圣祖康熙七至九年（1668—1670 年），绥德、米脂等地连年大丰收。

清圣祖康熙十一年（1672 年）春，山西省汾州（今山西省汾阳市）人张健来到榆林，看到红石峡川流不息，可建水磨，于是，他令“工匠为障水填基，凿石开渠，安置水磨。

一时水力可当数人工,何水为功最易而获利至巨也。于是榆中诸君子相为则效,遂开十数焉”。

清圣祖康熙十九年（1680 年），榆林、绥德等地接连三年大旱，民逃亡过半。

清高宗乾隆三年 （1738 年）十一月二十四日，清涧、绥德等地地震如雷，这夜连震八九次，房屋震塌不少。乾隆四年（1739 年），米脂、怀远等地大旱，民饥病死不少。

清高宗乾隆十四年 （1749 年）夏，榆溪河发大洪水，冲塌榆林城西城墙。

清高宗乾隆十六年 （1751 年）六月二十日，大理河发洪水，冲入绥德城南门内。

清高宗乾隆二十四年（1759 年），米脂、清涧等地大旱，正月至闰六月不雨，民大饥，饿死人事时有所闻。这年榆林府知赵铨在榆林城内修成灵秀渠。

清高宗乾隆三十二年（1767 年），无定河洪水泛滥改道，冲毁榆林县上、下盐湾盐田。

清高宗乾隆三十七年（1772 年），拓引红石峡渠至榆林城西南，称广泽渠。

清高宗乾隆四十二年 （1777 年），榆林遭大旱，十月赈济灾民。

清高宗乾隆四十八年 （1783 年），绥德、榆林等地连续两年大旱，村民因饥饿而死者众多。这年绥德城设粥厂济民，乾隆四十九年（1784 年）榆林县免历年积欠田赋。

清高宗乾隆五十四年（1789 年），延榆绥道台杨寿南以“榆林北城墙将陷于沙，为刷沙卫城计”，动员榆林城人们“引头道河水环城而西注之榆溪河”。由于此项工程不合实际，最终“工半未遂”。

清仁宗嘉庆五年（1800 年）夏，无定河大水冲毁榆林县上、下盐湾盐田。

清文宗咸丰十年（1860 年），榆林府知刘廷因榆林城西南榆溪河原永济桥建在“势纡曲平行处，不能使河水挟沙以行”，使河床“沙愈淤愈高，而致城西民田、学宫、官署半陷于沮洳之中”。即移建永济桥于下游处，并在东、西“地形洼下凿石疏水，桥成而北来之水疾趋而下，沙之积者自坠水去，而学宫、官署、居民田亩之在城内外者可由是以安，故而增益”。

清穆宗同治三年（1864 年）七月，大理河洪水冲入绥德城西门。

清穆宗同治十二年（1873 年）六月，无定河洪水暴涨，冲毁沿岸田地，冲走家畜无数，淹没响水堡西关街市。同时，榆溪河洪水将榆林城西堤岸树木荡然冲走。

清德宗光绪元年(1875 年)夏,榆溪河洪水泛滥,冲毁榆林城西城墙及西城外农田。十月，榆溪河水于榆城北北岳庙决堤，改道流抵榆林西城根，“积水丈余，拥城门莫救，城内普惠、北海子两泉无从排泄，汇为巨浸，市衢屋舍宛在中央”。随即总兵官刘厚基率军民筑河堤1500 丈，以保护农田和榆林城。

清德宗光绪三年（1877 年），榆林、米脂、绥德、清涧、横山、定边等地大旱成灾，饥民载道，饿殍遍野，人相食。米脂四乡饥民数千聚于杨家沟“吃大户”；定边盐场堡300 余盐户拥向花定盐务总局，要求借贷度荒。各地官绅“剿抚兼施”，办粥厂施粥济灾民。这年冬，榆林等地降大雪，深二尺余，人畜冻死无数。

清德宗光绪八年（1882 年），榆林县衙将榆林城西榆溪河两岸由官兵筑堤新修的2000 多亩田地分给 200 多户农民领种。

清德宗光绪十三年（1887 年）七月上旬， 怀远县东南连降暴雨，响水堡方家河发大洪水拥塞无定河河道，使响水堡以西50里无定河川内弥漫汪洋数月。

清德宗光绪二十一年（1895年），绥德吉征店（今吉镇）大雨，山洪暴涨，河道洪水高数丈，街道铺面、房屋多被淹没冲毁。

中华民国

民国四年（1915年）

靖边、横山两县地方绅士樊士杰等合股集资始修芦河沟渠（在靖边县杨桥畔乡和横山县赵石畔乡），并在两县交界地区修水地1000余亩。这年，榆林、米脂、横山等地大旱，灾民饥民逃荒，卖儿鬻女。

民国五年（1916年）

靖边杨桥畔村民在许家沙畔东芦河筑土坝，引水灌田。这年，榆林、横山、神木等县大旱成灾。

民国六年（1917年）

春，井岳秀将榆林城内文庙前泮池改修为莲花池，从关中引进莲子种植。

七月，横山县雷龙湾大户高奉五、魏兴才等集资修雷龙渠；魏家峁等地村民张凤林、曹旺山等集资30余股修海流兔渠（在今榆阳区红石桥乡）。

民国七年（1918年）

绥德县五里湾、延家岔村民集资先后修成五里湾渠、延家岔渠，两渠共灌田190亩。这年夏，绥德等地3次降冰雹成灾。

民国八年（1919年）

七月八日（农历六月十一日），靖边、横山、米脂、绥德等地降倾盆大雨，大理河洪水骤涨，洪水冲毁川道田地及三皇峁等村镇，淹没人畜无数。据记载，这次洪水水位升至绥德城外石崖刻有“天下名州”四字处，后经专业人员调查计算其洪水流量达7650立方米每秒。

民国九年（1920年）

夏，榆林、绥德、横山等地大旱成灾。十二月十六日（农历十一月初八）夜，宁夏海原大地震，波及榆林地区，震塌不少窑房，仅定边县压死有100多人。

民国十二年（1923年）

夏，榆林、横山、米脂等县亢旱成灾。

九月三日，榆林、横山两县暴雨冰雹成灾，榆林县鱼河堡、常乐堡两地有53个村灾情最为严重，冰雹打死儿童4名。

民国十三年（1924年）

榆林、横山、定边、米脂等县大旱，“春初以至秋末亢阳，禾苗枯槁，秀实不生，致戾灾祸频仍，牛羊病瘟倒毙殆尽”，粮价飞涨。

民国十五年（1926 年）

三月二十七日，定边、靖边、横山等县整日刮“大黑风”（沙尘暴），路无行人，刮死鸦雀无数。

民国十六年（1927 年）

驻榆林时任国民革命军第九路总司令井岳秀和时任陕北救灾会委员杜斌丞，约请陕西省水利局局长李仪祉带领水利工程师孙绍宗等人，到榆林、米脂、横山等县进行水利调查，并对无定河、榆溪河详细勘测后，制订了兴修米脂织女渠和榆林鱼惠、黑海子、刘官寨渠等水利工程建设方案。李仪祉还撰写了《兴修陕北水利初步计划》《鱼河堡水利说略》《无定河织女渠说略》。

民国十七年（1928 年）

春至秋，榆林、横山、定边、绥德等县久旱无雨，河流干涸，草木枯槁，颗粒不收，牛羊大多饿死，灾民大批外出逃荒。

五月，经时任陕西省水利局局长李仪祉提议，华洋义赈会拨以工代赈款 3 万元开工修筑鱼惠渠，至当年八月修石渠 2 千米、土渠 10 千米。“后以工程不固，工款不继，中辍”。

十月，中共党员朱侠夫等组织五六百饥民聚集在镇川“吃大户”，先后吃了申、艾、罗等家财主。

陕北救灾会会长李蕴华（米脂县人）与杜斌丞等，常驻北平（北京）经办筹募赈款、赈粮。至 1929 年七月，他们先后两次到东北将华洋义赈总会所拨赈灾高粱、玉米共 30 余万千克转运回佳县螅蜊镇，分配给榆林、横山、靖边、米脂、绥德、清涧等县救济灾民。

民国十八年（1929 年）

1928 年冬至 1929 年二月榆林、米脂等地降大雪 6 次，积雪 1 米多，气候严寒，百年未有，不少人被冻死。

春至六月榆林全境大旱，点雨未落，河水干涸，并刮大风百日，禾苗尽被大风刮没，赤地千里，饿殍遍野，饥民吃尽糠又挖吃草根，卖妻卖儿女者甚多，“仅横山县因奇旱饿死者在 2000 人以上，人口卖出者 3000 人左右，次为米脂县西北乡，大约亦在 500 人以上”。有成千上万饥民逃亡山西、延安等地。

民国二十一年（1932 年）

夏至秋，米脂、绥德、清涧等地淫雨成灾，房屋倒塌，田地多被淹没。

民国二十二年（1933 年）

六月十七日，榆林、横山、米脂、绥德等地暴雨成灾，无定河洪水暴涨，两岸田地多被冲毁，并将榆林下盐湾一带房屋淹没，人们用门板、笸箩漂水逃命；大理河洪水涨至绥德城大南门。

七月至八月，横山、米脂、绥德、清涧等县迭降冰雹，庄稼尽被摧残。

民国二十四年（1935 年）

八月中旬，榆林、横山等县淫雨成灾，草滩地区庄稼尽浸水中腐烂。

八月三十日至三十一日，榆林三岔湾、归德堡，横山响水堡、波罗堡，定边堆子梁等地多次降大雨冰雹，田禾多被摧残，“秋收绝望，农民均呼天叫地，厥壮甚惨”。

九月，榆林县政府派员到保宁堡长海子、金鸡滩等地组织农民疏挖排水道，将涝地积水泄引入大河。

民国二十五年（1936年）

四月，榆林测候所在榆林城建立。

九月四日、六日，榆林、神木、横山等地连降冰雹成灾，秋收无望，灾民哭泣。

九月二十九日，国民政府陆军第13军军长兼绥榆地方清乡善后委员会主任汤恩伯主持召开清乡善后委员会议，作出《发展陕北实业、水利、造林、畜牧》及《修复织女渠》等决议案。

民国二十六年（1937年）

三月至五月十六日，榆林、米脂、横山、绥德、清涧等地亢旱成灾，饥民塞道。五月上旬，绥德城开办粥厂救济饥民；米脂县以工代赈修筑南关城垣，救济灾民；清涧县“饿毙者已不在少数，东乡胡家湾、大岔一带村民，凡较壮之男子均逃往外区觅食，只留妇孺老弱者不能远走，每日来城乞食，沿街哀号，惨不忍闻”。

五月，陕西省水利局在绥德建立绥德水文站。

六月，米脂县织女渠正式开工修建，至民国二十七年（1938年）十二月二十三日竣工，全渠长18千米。民国二十八年（1939年）四月三日，在米脂县五里沟村举行了织女渠放水典礼，引无定河水可灌农田5000亩。

六月二十二日，靖边、横山、米脂、绥德等县降大暴雨、冰雹8个小时，无定河水大涨，将正在修建中的绥德无定河大桥工程冲毁。

六月至十月，陕西省水利局工程师李维第带领水利勘测队，先后到绥德、榆林等县对田庄渠、周家渠、榆林城西榆溪河透水丁坝等工程进行勘测。

七月，榆林城区农会以榆溪河东岸各地主佃户组成“榆溪河筑堤工程委员会”，采取合股集资形式开工修建长0.55千米（北起北岳庙南至榆阳河口）的榆溪河东岸河堤。修筑中由于财力、人力不足，只在榆溪河东岸用木桩柴草沙土修筑了数处丁字坝。后因沙底坝基，全被大水冲毁。

民国二十八年（1939年）

二月，陕西省政府正式组建陕北水利工程勘测队，由队长陈靖（字颖波，陕西泾阳人）率队进驻榆林县鱼河堡，重点对榆惠渠（原鱼惠渠）、横山定惠渠、神木云惠渠水利工程进行勘测设计，并开展了陕北各县小型水利工程建设的指导与勘测设计。

春至夏，榆林、横山、靖边、定边等地亢旱成灾，饥民食野菜草根，竟以牛粪为食。

七月下旬至十二月，陕北水利勘测队在横山进行定惠渠工程勘测。

九月二十六日午，榆林、横山等地降冰雹，庄稼损失甚大。

民国二十九年（1940年）

春，榆林、横山、神木等县亢旱。

七月二十六日，米脂县降大暴雨，山洪将织女渠多处渠段冲毁，随后补修通水。

秋，榆林、横山等县发生严重涝灾，草滩地区没有收成。

冬，陕西省政府决定兴修定惠、榆惠等渠，即令第一区（榆林）行政督察专员公署同陕北水利工程勘测队筹备成立陕北水利工程处，制定工程处组织规程、预算经费等。

民国三十年（1941年）

二月至五月，榆林、横山、绥德等地“云霓不生，每日狂风怒吼，飞沙走石，夏苗枯死，一般居民相率逃亡，掘苜蓿、挖苦菜之妇孺成群结队，途为之塞”。

三月，榆林县政府组织榆林城区农民以“水利生产合作社借贷农贷款15.25万元，其余均由受益地户自行筹备”的办法，开工修筑榆林城西榆溪河东岸南部4段柴草沙土河堤。六月十五日又开工修筑北部段河堤，至十月，这段全长1116.7米河堤修成。1942年冬，榆溪河堤全部竣工，计总长4.5千米，新增水地2500多亩，费用共72万元。

四月一日，陕北水利工程处在横山县马坊村正式成立，即将原陕北水利工程勘测队并入工程处，处长由一区督察专员刘学海（字啸波，安徽合肥人）兼任，原勘测队队长陈靖任副处长兼主任工程师。

九月十三日，定惠渠隧洞石渠工程正式开工。

这年，隶属陕甘宁边区的靖边县兴修水利，中共靖边县委书记惠中权、县长王治邦来到杨桥畔实地勘测，解决水利建设中的地权、资金、劳力等问题，组织当地群众加固坝堤、拓宽水渠，增修水浇地1500亩。

民国三十一年（1942年）

二月至五月初，米脂、绥德、清涧等地大旱，“榆林、神木、府谷点雨未降，夏季收成无望，伤寒症流行甚烈，几遍及各乡镇，患者亦多，惟医药缺乏，患多听天由命，任其自然传播，死亡者时有所闻。惟民众负担过重，灾民流离失所，期待设法抚恤”。

四月二十三日，横山县政府派灾民250名、驻横山县石湾镇国民党保安12团派兵100多名到马坊一带修筑定惠渠，陕北水利工程处均以包工价发给工资。

五月七日，横山、靖边等地降大雷雨，无定河暴发洪水，将定惠渠土坝冲毁，并冲没木材、麻绳、毛袋等物甚多。

七月九日，陕北水利工程处在横山县赵石窑建立水文站。

七月二十六日，榆林、横山、靖边、米脂、绥德等地普降大暴雨，无定河及各支流暴发特大洪水，将定惠渠朱家沟排洪渠槽、杨海沟土坝、许渠沟土渠冲毁，并冲去盐沟之石料、石灰、木材及韩石沟渡槽毛石40余立方米；同时将米脂织女渠多段冲毁。

八月十二日、二十四日，靖边、横山、米脂等地两次降暴雨，靖边大理河洪水先后淹没马蹄沟（在今陕西省子洲县）盐井46口，冲毁炭窑2处；无定河洪水先后冲毁定惠渠韩石沟渡槽、1号渡槽、挡水墙等。

八月二十六日，定惠渠采石场岩石崩塌，凿石工人冯荣茂被压死。

九月二十日，陕西省水利局派工程师田鸿宾、张儒玲，到榆林会同陕北水利工程处技术员复勘定惠渠拟改修新隧洞，并实地复核云惠、鱼惠渠工程设计。

这年，陕甘宁边区的靖边县巴图湾、杨桥畔农民修筑拦水坝6座，修水地5000亩、水漫地1000多亩，成为陕甘宁边区水利建设的模范县，受到毛泽东主席表扬。

民国三十二年（1943年）

三月十五日，奉陕西省水利局电令，陕北水利工程处会计、总务科迁榆林城办公。

三月十八日，《解放日报》发表专题报道，褒扬中共靖边县委书记惠中权、县长马万里领导镇靖、榆沟两乡农民修渠引洪水漫地2万亩，增产粮食24万千克的先进事迹。

三月中旬，榆林区督察专员公署先后在河道设立水标站6个，其中在无定河支流设立3个水标站，分别为榆林城西、米家园则榆溪河水标站，横山县城芦河水标站。

六月二十九日，定惠渠拦河大坝竣工，陕西省水利局致电嘉奖陕北水利工程处主任工程师张殿卿、工程师田树楠、副工程师冯大新，并对助理工程师孙克绍、工程员王尚德予以提升奖励。

九月二十五日，在横山县马坊村举行定惠渠放水典礼，榆林党政军各机关要员及第22军军长高双成、国民党榆绥区党务办事处主任徐玉柱、第86师师长徐之佳、榆林督察专员刘学海，榆林、横山、神木、府谷各县县长等，以及当地士绅和群众共5000多人参加了放水典礼。

秋，榆林、横山、靖边、定边等地淫雨冰雹成灾。

十月至十一月二十一日，陕北水利工程处会同榆林县、横山县政府，征调两县民工2000多人，修筑定惠渠八里塔一带水渠。

民国三十三年（1944年）

三月，陕北水利工程处开工修筑榆惠渠渠首工程——榆溪河李家沟拦河坝。六月初，因工程款等问题，榆惠渠工程全部停工。

四月十二日至二十二日由榆林区专员公署与榆林县政府联合组成的“榆林造林委员会”，动员榆林城各党政机关、学校、军队、居民共1.2万人到榆林城外南峁庄、镇北台、七里沙等地植树造林，并将城南五里墩至城东无量殿一带划为“宝珊林造林区”，将无量殿以北至镇北台西的榆溪河畔一带划称“双成林造林区”。这次宝珊、双成两造林区共植树15万株。

四月至五月，陕北水利工程处征调榆林、横山两县民工2000人扩修定惠渠。

七月上旬，榆林、神木等地连降大暴雨数日，“尤以五日至七日，雨雹甚急，昼夜未停，河水高涨，堤坝决口，洪水四流，田禾淹没，沿榆溪河所有稻田麦地尽皆一片汪洋，其余低洼滩地皆因水无出路汇聚成海。复于九日下午天降冰雹，大若鸡卵，小如鸽蛋，夏禾悉被打伤，匍匐于地，尤以榆溪河东各乡雹灾损失更重。夏禾收成十不足一，秋收预料只有十分之三，灾情惨重，空前未有”。这次雨雹灾害还使榆林城东城墙及东山孟良寨等处土窑崩塌，共有6人被压死。

七月十八日，榆林县政府鉴于多年来榆溪河上游头道河至五道河榆溪河两岸农民，为争坝河道修田“随意改移榆溪河河道或逐水驱沙修田，以致东岸与西岸相互争执，纠纷时起，河道废弛”，特发布政令：“近因连日暴雨，河水徒涨，堤坝决口，泛滥成灾，县府除派员实地勘察，限期修竣外，嗣后按本县政府所出示布告：非经呈准政府，不得任意改移河道或逐水驱沙修地。如有违抗，即从严惩办。”

八月十六日，绥德等地突降冰雹，庄稼损失严重。

民国三十四年（1945 年）

五月至七月初，榆林、横山、米脂、绥德等地“久旱未雨，亢旱成灾，夏收绝望，秋禾多半枯槁，下余少数田禾复起谷虫咬伤，灾情惨重，民心异常恐慌。迩来人民纷纷逃往靖（边）、定（边）、蒙地避灾”。

七月八日，榆林、横山、米脂等地“大雨连绵、冰雹交加，所有川田尽成泽国，房屋倒塌，牲畜击毙，山洪暴发，沿河水田禾苗全被淹没，人民叫苦连天，纷纷逃往他乡”。

七月二十二日，榆林县仁德乡合作社经理陈克让以其提出的“为绿化陕北，呈请专署转令各县扩大种植沙蒿、柠条，并乞出示严禁采伐，以限荒沙南移的计划”，受到榆林区督察专员傅云的通令嘉奖。

十一月，榆林县河东乡成立“榆溪河河堤保护管理委员会”，并组织当地农民开展修筑榆溪河上游河堤。

民国三十五年（1946 年）

三月，隶属陕甘宁边区的绥德、子洲等县兴修水利。子洲县周家崄区一乡牛棚山村农民张兴仁干沟打坝获得成功，在全县推广。

四月八日至十八日，榆林、横山、米脂、清涧等地刮大黄风数日，昼昏如夜。

五月三十一日，榆林、横山、神木等地降冰雹成灾。六月一日，榆林县“三皇等乡民代表三百余人携带被冰雹打毁禾苗、树枝前往专署、县府呼吁请救”。

十月十三日，镇川、武镇等地解放，陕北水利工程处驻横山马坊全体定惠渠施工人员即撤到榆林城，1947 年九月陕北水利工程处撤销。

民国三十六年（1947 年）

榆林、绥德、三边等地春夏亢旱，秋早霜冻，加之战争，粮食歉收，人民大饥。

冬，边区政府发布救灾紧急指示，号召边区各级政府全力救灾，绥德、三边等分区各县政府立即领导和帮助灾区群众开展生产救灾，发动组织群众开展互助互济，调集粮食、籽种，将土改没收和征收地主富农多余的粮食，以及没收的银洋、银元宝、黄金、大烟土兑换成粮食，均散发救济贫苦灾民。

民国三十七年（1948 年）

春、夏，榆林、绥德等地大旱成灾，加之上年天灾人祸，造成陕北饥饿大年馑。据《陕甘宁边区支前工作概述》记载：“上年（1947 年）胡宗南等部在陕北抢劫细粮 50 万石，践踏庄稼耕地荒芜 415 万亩，致使今春（1948 年）边区绥德、三边、延安等地区 40 万人陷于饥饿线上，其中 2 万人饿肿，800 人饿死；因饿成病，瘟疫复乘之而起，染疫者达 10 万余人，其中有 2 万人因疫病致死。这期间，边区政府从陇东及山西晋西北等地调运大批粮食救济绥德、延属分区各县灾民。同时组织重灾区米脂、绥德、横山、子洲、清涧等县灾民 43000 人迁移到延安、甘泉、志丹一带开荒耕种，并发放贷款，支持群众兴修水利，发展生产。此外，还以工代赈组织灾民到山西等地运救灾粮。至民国三十八年（1949 年）

五月，陕西行政公署所管辖的各县共计群众互助互济调剂粮食 19768 石、籽种 1770 石，散发土改没收地主富农粮食 11328 石，边区党政机关部队节约捐助救济粮 4904 石，政府贷粮 1140 石、贷棉 50 万斤、贷款 60 万元，从陇东、山西晋西北等地运回粮 17343 石救济灾民。”

秋，边区建设厅派测量组到米脂勘察织女渠损坏情况，制订修复计划。

民国三十八年（1949 年）

二月初，由米脂、横山县抽调干部及从延安大学、绥德师范学校分配毕业生组建绥榆水利工程处，驻米脂镇子湾村，属陕甘宁边区政府农业厅主管。

二月二十七日，米脂织女渠修复工程动工，1950 年 5 月 20 日竣工放水，计实收小米 8047 石。

三月二十四日，定惠渠修复工程动工，1950 年竣工放水，支费计小米 1787.9 石。

四月至五月，横山、靖边、子洲等地大旱，大理河子洲段河流一度断流。

六月一日，榆林城和平解放，榆林专署建设科分管水利事项。

七月二十三日至二十四日，米脂、横山、榆林等地连降大雨，榆溪河水猛涨冲毁河堤，洪水由西城门洞灌入榆林城，西城外 4000 余亩良田被淹；无定河洪水水位在织女渠五里沟进水闸处，比平时水位高出 6.6 米，在镇子湾洪水高出渡槽 0.5 米，洪水将已挖通的隧洞 1425 米、旧渠土壕 6100 米淤塞，淤泥厚 0.5 ～ 1 米，造成损失计小米 82 石。

秋，榆林、绥德专区大部分地区秋雨连绵达 40 余日，河水暴涨，低洼地带渍涝成灾。

中华人民共和国

1949 年

绥德、榆林分区及所属各县先后成立水利委员会，各分区水利委员会主任由本分区专员兼任，各县水利委员会主任由本县县长兼任。

1950 年

1 月，绥榆水利工程处归陕西省水利局主管，驻米脂县城。之后绥榆水利工程处在官庄建立米脂农场，下设绥榆水土保持示范站、病虫防治站、农具站。

2 月 1 日，榆林榆阳河滚水坝动工，11 月 8 日水坝建成，费用共计小麦 500 石。

3 月，陕北防沙林场在榆林成立。

5 月 31 日，陕北防沙林业委员会在榆林成立。

6 月 22 日，在靖边熟地畔设陕北防沙林场靖边分场。

6 月 29 日、7 月 13 日，榆林、横山、靖边、定边、绥德等县两次降冰雹，雹灾涉及 29 个区、78 个乡，夏田成灾 29 万亩。定边白泥井一带两次冰雹，大如鸡蛋，积地盈尺，雹打水淹有 6 人死亡。

8 月 12 日，绥榆水利工程处经多次实地查勘，编制出《榆林红石峡水力发电工程计划书》和《横山响水堡水力发电工程研究计划书》，并上报陕西省水利局。

8 月 16 日，西北军政委员会发布命令，要求各专署、县政府和县级以下行政人员要深入基层，随时检查，认真处理争水事件，预防村与村、乡与乡、县与县因争水而发生大规模群众冲突的可能。

10 月 16 日，西北土地利用工作队，赴榆林调查规划水土保持、防沙造林。

11 月，绥榆水土保持示范站站长陶克首次提出榆林、绥德专区治理措施，即榆林专区以防沙造林与发展畜牧业为主，绥德专区以水土保持为主。

1951 年

1 月，米脂农场绥榆水土保持示范站改称为黄河水利委员会陕北水土保持推广站（后为黄河水利委员会绥德水土保持科学试验站），站长陶克。同月，陕甘宁边区劳动模范绥德县王家坪村互助合作带头人王德彪赴苏联考察农林集体化。

1—8 月，黄河水利委员会与黄河西北工程局联合组成十余人的查勘队，对无定河及其支流进行实地查勘，选择出无定河干流上的薛家峁、龙湾、响水堡及支流大理河沙滩坪、榆溪河红石峡等 14 处大中型水库坝址。

3 月，榆惠渠（低渠）动工兴建，1952 年 4 月竣工。

5 月至 7 月上旬，榆林、靖边、定边等县大旱成灾，严重的地方夏田颗粒不收。

7 月下旬，定边、靖边、横山、榆林等县普降暴雨冰雹成灾，榆林专区有 1022 个自然村遭受雹灾，受灾面积 14940 亩，损失粮食产量 50% 以上。定边、靖边两县被洪水淹没 13 人、毛驴 12 头、羊 1107 只。榆林县水毁水淹田地 29053 亩。

12 月 13 日，绥榆水利工程处举办为期一个月的“水利训练班”，参加训练的来自榆林、绥德专区各县水利干部共 23 人。

1952 年

2 月，陕西省水利局派遣陕西省水利第二测量队来榆林，开展水利勘测工作。

3 月初，榆林市（后改为榆林城关镇）商建科科长兼榆林市农民协会主任李元义（原榆林县李官沟农民）组织榆林城区官井滩 63 户农民贷款 1 千万元（旧人民币）动工引红石峡处榆溪河水至官井滩北畔沙湾，用水拉沙填平官井海子（今榆林城鸳鸯湖）造田。开工后 10 多天，榆林县政府以官井海子可建为风景区及引水渠道过长，如渗漏危及榆溪河河堤安全等，即派员阻止停工。随后此项引水拉沙填官井海子造田工程贷款被分发给各贷款农民挪作他用，不能收回。此外，这年李元义和榆林市农民协会干部尤德领导农民贷款 8750 万元（旧人民币）修榆溪河河西麻地湾段河堤时，“为多修水地，不听农会农民将河堤修直的正确建议，而主观盲目将河堤修了一个大湾，结果到 11 月榆溪河水漫壅塞，水位抬高不仅把大湾河堤全部冲毁，而且造成这项贷款也无法收回”。1953 年 7 月 11 日，陕西省水利局就这两项工程失败和贷款不能收回问题发函绥榆水利工程处，要求查处。随后李元义被榆林县政府免职，去党校学习。

3 月，绥德渠动工兴建，1954 年 1 月竣工。

5 月 27 日，西北军政委员会农业部赴陕北防沙造林勘测队一行 39 人来榆林开展勘测工作。

7 月，清涧、绥德等地连遭雹灾 3 次，殃及清涧县 13 个乡计 100 余村，绥德二区郭家坪等 22 个自然村遭受雹灾最为严重，西瓜、棉花、高粱等作物尽被摧残。

1953 年

1 月，陕西省第二测量队移交绥榆水利工程处领导，即改名为绥榆水利勘测设计队。

2 月 23 日至 3 月 22 日，黄河水利委员会主任王化云、总工程师刘钟瑞等一行考察山西晋西地区后，渡黄河由吴堡到榆林考察无定河，又途经绥德、延安、西安等地去天水考察，写有《1953 年陕北、陇南水土保持区考察报告》。

3—4 月，林业部部长梁希同苏联专家聂纳洛阔莫夫等，考察延河、洛河、无定河流域，并在榆林县鱼河南沙推广苏联的“防沙板”挡沙技术。之后又在其《1953 年陕北、陇南水土保持区考察报告》中提出水源林和水土保持林营造方案。

4 月 12 日至 10 月 11 日，绥榆水利工程处在定惠渠工程中开展以加强民主管理、保证工程质量、提高劳动效率、确保安全生产为主要内容的“满堂红”竞赛活动。

4 月 20 日至 7 月 15 日，由水利部副部长张含英带队，农业部、林业部、黄河水利委员会、中国科学院、西北军政委员会等单位领导、专家 36 人组成的西北水土保持考察团，抽调 500 多名科技人员参加，对无定河、泾河、渭河流域水土流失严重的榆林、绥德、庆阳、平凉、兰州、天水等重点地区进行为期 85 天的考察研究，提出这些地区急需搞好保塬、保墒、打坝、水漫地及防沙造林等水土保持工作。

5—12 月，由黄河水利委员会牵头，中国科学院、农业部、林业部、水利部等有关部门组成 500 人的查勘队伍，分赴渭河、延河、无定河、清涧河及湟水等 20 多条黄河主要支流，逐条进行查勘，并分别写出查勘报告。

7 月 7 日，定惠渠三皇庙采石场发生大石从山坡滚下致人员伤亡事故。

夏，扩修定惠渠时，在张家兴庄工地发掘出汉代砖砌古墓 1 座，出土文物有汉画像石墓门 2 扇、门框 3 块、陶罐 1 件、铁头（木匠工具）1 件、五铢铜钱 3 枚，其中除汉画像石 4 块运回绥榆水利工程处保管外，其余散失。绥榆水利工程处工程师李赋丰到西安西北历史博物馆参观时，看到该馆所陈列绥德西山寺出土的东汉王得元墓汉画像石，与张家兴庄工地出土的古墓石刻大致相同，即将张家兴庄工地出土古墓文物的情况告诉博物馆的工作人员。8 月 25 日，西北历史博物馆致函绥榆水利工程处，请求将张家兴庄出土的古墓石刻等文物转绥德城子洲图书馆馆长王万升代征收。9 月 6 日，绥榆水利工程处将张家兴庄工地古墓出土的汉画像石墓门 2 扇、墓门框 2 块运绥德子洲图书馆馆长王万升代收。

8 月 15—17 日，榆林、横山、靖边、定边等县连降 3 次大暴雨，先后将榆林县新修的鱼河挑水坝，定边县马房掌、张家沟畔土坝，靖边县冷窑子、清水沟桥全部冲毁；横山县有 8 个区遭灾，受灾区减产七成。

9 月 23 日，陕西省政府颁发《陕西省地方国营渠道 1953 年水费厘定与征收办法》，规定泾惠、洛惠、渭惠等 11 渠按此办法执行，陕北的织女、定惠、榆惠、云惠、绥惠 5 渠及陕南新建的党惠渠 1953 年暂不征收水费。

10 月 28—29 日，陕北水土保持推广站在绥德韭园沟召开水土保持观摩大会。

11 月，陕北最大的渠道——定惠渠建成，全长 37.5 千米，可灌溉 4 万余亩。

12月5日夜，无定河上游坝崩溃，冰凌打坏横山赵石窑运石料船只1只，冲走船只1只。

1954年

1月，绥榆水利勘测设计队划分组建为绥德专区水利工作队、榆林专区水利工作队。同时成立榆林水土保持工作推广站，隶属黄河水利委员会西北黄河工程局领导。

3月10日至8月，榆林、绥德专区水利工作队先后对本专区各县水利重点区进行小水利普查，普查内容有现有水渠、灌地亩数、发展水利对象、引水源、发展方法等。

3月26日，陕西省政府决定从1954年起对全省20条河流进行整修，其中榆林城西榆溪河防洪工程于3月28日动工，至8月底竣工。

5月，水利部副部长李葆华陪同苏联专家一行12人，到榆林考察水土保持工作。当他们来到拟建的红石峡水库大坝选址考察时，李葆华说："这是很好的天然水库地址，应结合根治黄河工作及早拟出计划。"并当面授意黄河水利委员会西北黄河工程局局长李赋都重视这项工作。6月，黄河水利委员会第一钻探队即到红石峡进行坝址的钻探，9月又派陕西省勘测队到红石峡进行设计勘测。

8月12日，榆惠渠的鱼河堡和定惠渠的党岔、孙家园则等地移民因与当地农民争灌水发生冲突，党岔移民集体向政府请愿。

8月29日至9月2日，榆林、绥德专区连降暴雨，受灾面积62万多亩，冲毁水渠3.5万米、桥涵9座、窑房4920间，死亡25人，伤11人，洪水冲走大牲畜41头、猪羊1216只。9月1日6—20时榆林城西榆溪河洪水流量由当日5时的71立方米每秒猛增至105立方米每秒。9月2日傍晚，榆溪河上游刀兔海子、红石峡蓄水坝先后决堤，榆溪河下游洪峰流量达800立方米每秒，洪水将本年刚修的防洪河堤全部冲垮，淹毁城西3000亩农田，水位涨至榆林西城墙2米，专署、县政府动员军民近万人抗洪抢险4昼夜。

秋，横山县内首座土坝——高镇沙河坝建成。

12月，榆林、绥德专区普降大雪，大寒最低气温降到 –32.7 摄氏度，大雪封地，牲畜缺草，死亡严重，到1954年2月，仅榆林县冻饿死亡大牲畜达9270头。

1955年

3月10日，榆林红石峡水库工程正式动工，同年6月11日竣工。水库总库容1900万立方米。

4月28日，米脂班家沟柴油机带动水泵灌溉工程正式开工，6月20日建成抽水灌田，开榆林地区用机泵灌田的先例。

5月，榆林、绥德专区持续亢旱成灾，夏收严重减产，政府从外地调运莜麦等救济粮，供济城乡灾民。定边县姬塬、张崾、武峁子、白湾子等区发生人饮水荒，姬塬区公所、学校等单位临时迁移他地"度水荒"。

7月1日，榆惠渠建成通水。榆惠渠鱼河堡至上盐湾赵家畔延长工程动工，1956年5月完工。

11月，榆林城内自来水管工程动工，1956年6月开始供水。

1956 年

3 月 1—11 日，陕西、甘肃、山西、内蒙古、河南等五省（自治区）青年造林大会在延安举行。陕西省委副书记白治民向大会致贺词，中共中央向大会发来贺电。大会通过了《关于绿化黄土高原和全面开展水土保持工作的决议》。大会给中共中央、毛泽东主席发了致敬电，表达全国青少年向大自然进军、绿化祖国的宏大志愿和决心。

3 月 22—24 日，清涧县青年植树造林水土保持动员大会在县城召开，240 人出席。

6月，黄河勘测设计院无定河查勘队，在榆林县规划青云沟色草湾水土流失治理典型区。同月，第二定惠渠动工兴建，1957 年 8 月竣工。

7月8日至8月，榆林、绥德专区多次遭受冰雹洪水袭击，榆林县古城滩头道河子拦河坝、镇川小川沟滚水坝等被洪水冲毁；米脂桃镇、印斗等区 105 个村庄遭受雹灾、水灾袭击，农作物损失七成以上；清涧县 5 次遭受冰雹袭击，15 乡 153 村受灾，秋田和红枣被打光；子洲徐家沟煤矿 2500 吨煤被洪水冲走。

7 月 21—28 日，共青团陕西省委在绥德召开全省青年水土保持造林护林积极分子大会。共青团陕西省委第一书记白纪年主持大会，绥德、米脂、子洲、延长等县代表介绍治沙造林经验。

7 月，苏联专家一行 5 人，到绥德韭园沟进行人工降雨试验和水土流失治理规划，开展水土保持考察工作。子洲大理渠一干渠动工兴建，1958 年 4 月竣工。

10 月 31 日，绥德、榆林两个专区合并。

11 月 25 日，榆林专区水利工作队在靖边县王家庙滩成功打成 1 口深 57 米的水泥管井，用水车抽水 1 天可灌 20 亩地，靖边县组织人民代表前来参观，当地农业社在放水典礼会上给管井工作组送了锦旗。12 月中旬又在定边县贺圈农场成功打成 1 口深 50 米的甜水管井。

1957 年

1 月，撤销绥榆水利工程处，人员与绥德、榆林专区水利工作队合并，成立榆林专区水利局。黄河水利委员会西北黄河工程局领导的榆林水土保持推广站交地方管理，改设为榆林专区水土保持工作站和水土保持工作队。

5 月 25 日，靖边县杨桥畔乡农业社在沙石村南芦河岸成功打成“透河井”2 口，每口井用水车提水日可灌田 30 亩。10 月 14 日，榆林专区水利局下发文件在全区推广杨桥畔乡打“透河井”灌田的经验。

6 月初，在榆林县牛家梁建立治沙综合试验站。

6 月 8 日，中国科学院黄河中游水土保持综合考察队同苏联科学院阿尔曼德等 6 名专家来榆林进行治沙、水土保持等项考察。至 1958 年，在近两年考察工作中，先后完成了绥德韭园沟、高舍窝沟等地水土保持和土地合理利用规划，榆林 4 处重点风沙区规划，察访了府谷、吴旗、富县等县开展专业性和综合性的治理情况，对三门峡泥沙问题、群众性水土保持工作提出许多意见和建议，并撰写出《沙漠地区的综合调查研究报告》。

7 月 8 日至 8 月 24 日，榆林、横山、靖边、定边、子洲等县亢旱成灾，定边县白湾子、姬塬等山区发生人饮水荒，群众要到 15 多千米的地方驮饮用水。榆林县成立抗旱备荒指挥部，指导全县抗旱备荒。

7月，横山县黑木头川红光渠建成通水。

10—12月，榆林地委、专署在全区开展了以兴修水地、梯田、打旱井、植树造林、积肥为主要内容的农田水利建设突击运动。

1958年

2月10—11日，榆林专区在子洲县召开清涧、横山、米脂、绥德等县打旱井会议。

2月中旬，在榆林专区“兴修农田水利和积肥运动”中，大年初一（2月18日）子洲、绥德、米脂等县群众背冰上山抗旱润麦、积肥、打旱井（水窖），声势浩大，轰轰烈烈。

3月4日，农历正月十五日元宵节，中共榆林地委和榆林县委在榆林城举行大力开展农田水利运动万人誓师大会。

3月13日，榆林县三岔湾渠动工兴建，10月5日竣工。

3月，榆林县榆东渠动工兴建，10月1日建成通水，12月26日《人民日报》发表题为《榆林县人民要沙漠让路，河水听话，在沙漠里修成百里运河——榆东渠》的文章。

4月6日，解放军7299部队2分队（第102团第2营）来到榆林县镇川堡参加定三渠小川沟和上盐湾无定河倒虹工程建设，受到当地干部群众的欢迎。

4月10日，陕西省政府投资100万元兴建的榆林红石峡水电站工程正式开工，1959年10月1日竣工投入运营，装机容量400千瓦。

4月12日，榆林县下放346名干部到农村参加农田水利建设等劳动锻炼。

4月，榆林县将城北鸳鸯湖修成十多个养鱼池，首次培育鱼种苗。

4月下旬，靖边县旧城水库动工兴建，10月下旬竣工。

5月，榆林专区水利局所属驻县5个水利工作队撤销，改建为各县水利工作队。

6月1日，陕北地区水土保持基建突击队青年代表大会在米脂县杜家石沟村召开。延安、榆林2专区26县的296名代表出席。

6月8日，榆林县流水沟水电站建成发电。

6月21日，靖边县委召开第六届党员代表大会期间，组织全体代表前往旧城水库工地考察，并慰问筑坝民工。

6月，榆林县石峁水库动工兴建，1961年10月竣工。

7月1日，米脂杨家砭小水电站建成发电，米脂首次用电。

7月9—11日，中国民航公司派1架“安二”型农用飞机飞抵榆林城，首次在榆林进行飞机播种沙蒿试验，受到榆林各界万人盛大欢迎。

7月，榆林专区兴办群众性水文测验，绝大部分区、乡建立治理沟道径流测验站和雨量站，全区共新建径流站16个、雨量站412个，配备培养农民观测员847名。

9月10日，靖边新桥水库正式开工，首批征集靖边、定边县1000多民工分班昼夜施工，于1959年10月1日大坝全部建成。

9月中旬，雷惠渠在原雷龙湾渠的基础上动工兴建，1960年底竣工。

10月5日，林业部在榆林召开北方九省区绿化沙漠现场会。会议期间，颁发了由周恩来总理签发授予靖边县和柳桂湾大队植树造林奖状。还参观了榆林县飞播造林、榆东渠引水拉沙及柳桂湾、海流滩的固沙造林。

10 月 9 日，榆林县河口水库动工兴建，1350 名民工分班昼夜不停修建，于 12 月土坝竣工，1959 年 8 月建成蓄水。

10 月 12 日 10 时，榆林县谢家洼东沙海子溢决，洪流水头高丈许，冲淹井石湾村，毁房 36 间，9 户农家经及时抢救脱险。

1959 年

2 月 25—27 日，内蒙古鄂托克、乌审旗和陕西定边、靖边县 4 县（旗）及部分公社代表共 27 人在安边举行会议，制定了协作治沙协议。

3 月 16 日，榆林黄庄电力抽水站动工修建，1960 年 5 月一、二级站建成抽水。

3 月下旬，甘肃兰州工兵部队一个连来到横山支援雷惠渠工程建设，7 月完成援建任务。《榆林报》发表了《杀敌的英雄，建设的能手》文章赞扬他们。

3 月，榆林专员公署水利局先后成立水利仓库和机械修配厂。

6 月 18 日，榆林专区成立无定河流域观测研究工作领导小组，榆林专区水利局副局长李赋丰任组长，加强无定河洪水、泥沙、年径流观测研究的工作。

7 月 20 日晚至 23 日、8 月 2—5 日，无定河流域多次降大暴雨，榆林专区先后共动员 75000 人投入抗洪抢险，暴雨洪灾造成巨大损失，全区冲毁窑房棚圈 8697 间，压死冲殁 71 人、牲畜 204 头、羊 2887 只、猪 410 头，冲毁库坝 23 座、桥涵等 109 座、淤地坝 692 座、水平梯田 12240 亩，冲走粮食 42212.5 千克、大小树 7232 株。农历七月十五日榆林县镇川石崖底悬空寺庙会，赶庙会群众在坐船渡过无定河洪水时沉没，淹死 10 多人。

8 月 22 日，榆林专署在米脂县召开水利水土保持建设现场会。与会代表参观了高西沟、姜兴庄、张士沟、惠家沟、对岔、马家铺梯田和淤地坝工程。

8 月 28 日，靖边县席麻湾等地连续 4 小时降暴雨 152.5 毫米。

10 月上旬，红石峡电站建成发电。

10 月 20 日，定边县人民委员会颁布《定边县固沙护林暂行办法》，共 5 章 18 条。

10 月，米脂县城在本年 3—7 月引自来水失败后，再次完成引自来水工程，城关居民用上了自来水。

12 月 11 日，靖边县旧城水库开闸放水，民工、社员、机关干部和学生 5000 多人集会庆祝芦西渠通水。榆林地委、专署发来贺电。

这年，米脂县杜家石沟生产大队被评为全国水土保持先进单位，荣获国务院奖励锦旗 1 面。

1960 年

3 月中旬，陕西省委作出西安交通大学长期支援榆林专区工业“四化”、农业技术建设决定，西安交通大学水利系首批 60 余人分派到榆林、米脂、靖边县参与水利建设，先后完成了杏焉、鱼河等 7 座水电站、2 座抽水站、3 处灌溉工程的勘测设计，试验推广爆破黄土筑坝，调研石峁水库引水拉沙施工方法，并于 5 月 18 日，举行学术报告会，作了“拉沙原理技术”等5个专题学术报告。

3月21日，在延安参加陕西省青年绿化黄土高原跃进大会的山西、河南、青海、新疆、甘肃、宁夏等7省（自治区）204名代表到榆林，参观了全国造林先进单位——牛家梁农场海流滩造林。

4月，由中国科学院、陕西科学院等33个单位组成的150人考察队到榆林考察，并制定了《榆林地区沙漠改造利用综合规划方案（草案）》。同月，榆林县干部杨增占在榆林县修渠治沙中做出显著成绩，被国务院授予“全国治沙英雄”称号。

5—7月，米脂、定边等县大旱，8月初榆林等县降雹后，至9月下旬又旱50多天。定边县持续干旱140多天，山区居民因饮水水荒，不少人临时转移，姬塬中学停办，并入定边县中学。全区因各种灾害成灾1070万亩，减产粮食2.2亿千克，死亡36人、大牲畜431头、猪121头、羊738只，倒塌房屋1975间。

7月，陕西省米脂水利学校在米脂县城成立，1961年9月撤销。

9月26—29日，国务院农林办公室、国家科学技术委员会、中国科学院联合在榆林专署召开陕西省、内蒙古自治区、宁夏回族自治区治沙协作会议，讨论通过了《毛乌素沙漠改造利用规划（草案）》及有关协作治沙措施等，并成立协作委员会，由榆林地委书记姚进贤担任协作委员会主任，办公地址设在榆林县牛家梁治沙综合试验站。

1961年

4月初，榆林专署从定边、绥德、米脂县抽调民工1200名，支援靖边县新桥水库工程建设。至8月，因饥饿难耐，来自米脂、绥德等县大批民工逃离工地。

4—6月，榆林专区北部地区遭风、冻、旱灾，有170.6万亩农田成灾。

7月20—22日、8月1日，榆林、米脂等县遭受暴雨、冰雹袭击，榆林县两次降暴雨分别为83.2毫米、28.5毫米。榆林专区共有112个公社计990个生产大队受灾，成灾农田面积66万亩，死亡10人、大牲畜169头，倒塌房屋925间，冲毁库坝48座，河堤决口60多处。

9月2日，中国人民解放军7203部队奉命参加新桥水库排洪工程建设。至10月，搬运土方27.195万立方米，提前完成2473.5米长的排洪渠道修筑任务。

9月18—21日，榆林、靖边等县遭冰雹袭击。

9月28日至10月上旬，榆林专区阴雨连绵，造成减产3067.5万千克，死亡43人、大牲畜410头，倒塌房屋4216间，损坏水利工程建筑物681处。

1962年

1月18日，《人民日报》头版刊载《山区生产的生命线——陕西省米脂县高西沟大队水土保持工作调查报告》和社论《群众自办水土保持的范例》，高度赞扬了高西沟大队治山治水的事迹。

6月，榆林专区从1961年持续205天仅降雨18.3毫米，旱灾严重，灾民饥荒，有不少人因饿浮肿。镇川、米脂等地农民纷纷抬“龙王爷楼子”祈雨。

9月，榆林专区水土保持站对靖边席麻湾、横山张台等公社群众开荒问题进行专题调查，对为解决粮食问题而过度开荒造成水土流失问题进行了分析研究，提出“不能在集体轮荒地上开，不能在集流线上开，不能在沟畔、地畔等草皮多的地方开，不论集体和个人凡超过规定开荒数量的在今冬明春必须坚决无偿收回”等 8 条防止过度开荒的意见。

11 月 6 日，榆林专署指示各县检查整顿开荒垦种，要求凡影响防风固沙、水土保持的均应封耕还林还牧。

1963 年

4 月 18 日，国务院决定将榆林专区所辖 12 县除定边县外，全部列为黄河中游水土流失重点县。1964 年 8 月 29 日定边县也被列入水土流失重点县。

6 月 3 日，榆林、米脂、横山、子洲等县遭冰雹大风袭击，使 32.66 万亩夏田、48 万亩秋田受灾。

7 月，榆林县鱼种场首次鲤鱼孵化试验成功，孵化鲤鱼苗 60 万尾。

1964 年

3 月 4 日，榆林县委在青云公社叶家沟村召开综合治山治沟水土保持现场会。

4 月 23 日，子洲县王家岔土坝溢洪道工程正式开工建设。在溢洪道工程快要建成时，王家岔突发 257 立方米每秒的洪水，将正在建设的溢洪道工程全部冲毁，损失 12.72 万元。子洲县追究事故责任，对工程负责人——榆林专区水利局工程师田树楠进行了长达 1 年多的审查，最终于 1966 年 2 月定性为反革命分子有意破坏，将田树楠判刑治罪。

4 月，子洲县 1500 人在锁川畔修水渠，治理沙石河滩，新增水地 652 亩。

8 月 11 日，榆林等县降大暴雨，榆溪河洪水涨溢河道，堤岸决口 80 多处，冲坏水库 2 座、大小渠道 133 条，两岸 3500 亩农田被淹，倒塌房屋 288 间。

8 月下旬至 9 月，靖边、定边、榆林等县阴雨连绵，水涝成灾，粮食减产。

这年，全国评选农业生产十大样板，绥德韭园沟村被评为“陕北水土保持农、林、牧综合试验样板”。

1965 年

1 月，内蒙古自治区乌审旗黄桃劳盖公社，因 1959 年、1964 年榆林县河口水库水位两次升高致使该公社先后 93 间民房受损，2100 余株树木、6.5 亩耕地、45 万千克青草淹没而向华北局反映。5 月，内蒙古自治区和陕西省联合组成工作组，进行调查处理。两省（自治区）本着有利于民族团结、共同发展生产和互谅互让的原则，议定了限制水位、增修溢洪道等设施，并补偿耕地、树木、房屋等淹没损失费 5.27 万元。6 月 10 日，陕西省与内蒙古自治区达成《关于陕西省河口水库淹没内蒙古自治区黄桃劳盖公社耕地牧场问题的协议》。

4 月至 7 月初，榆林地区大旱，各县组织干部、学生、城镇居民下乡帮助部分生产队打坑田，担水点种抗旱。

5 月，绥德县石湾跃进渠开工建设，渠首在子洲县田家坪村，至绥德县五里湾村止，渠全长 24.5 千米，可灌溉 5800 亩。

7 月 6 日，榆林、清涧等县遭受雹灾，清涧县因雹灾有 6 人死亡。

9月，榆林因干旱、雹灾有400万亩秋田颗粒无收。陕西省委派专门工作组赴榆解决群众生活困难问题，并抽调辽宁、天津等省（市）汽车队为榆林专区运送救济粮、红薯干等。救灾工作至1966年底结束。

10月，米脂高西沟大队被国务院命名为全国大寨式生产队，高西沟事迹用模型图片在北京展出。榆林地委号召全区掀起“远学大寨、近学高西沟”的农田基本建设高潮。

11月5日，《人民日报》发表清涧县委书记郝延寿的《群众帮助我们挖出了保守思想》的文章。这篇文章主要说了清涧县群众兴修水利促进县委领导干部解放思想，带领群众大力发展水利建设的事情。

1966年

1月14日，米脂县高西沟大队在西北地区农业经验交流会上被评为红旗单位。

1月23日，榆林县在巴拉素公社用锅锥式打井机打成本县第一眼大机井。

4月，榆林、横山、靖边等县刮5级以上大风多次，其中一次昼晦如夜，飞沙走石，风力达7级以上。

7月17—18日，榆林专区普降暴雨，无定河水暴涨，丁家沟最大洪峰流量3630立方米每秒，川口水文站洪峰流量4980立方米每秒，为历史实测最大流量。无定河、榆溪河沿河地带损失严重，近百万亩秋田减产，全区冲毁淤地坝及水库共4000余座。

7月23—28日，榆林、米脂、子洲等县连降4次大雨，造成农田冲毁，粮食减产五成以上。

8月15日，子洲县降暴雨，双湖峪镇小河沟大桥冲毁，死亡2人。

9月上中旬，榆林、横山、米脂等县先后遭受多次冰雹和暴雨袭击，全区受灾面积80多万亩，冲毁淤地坝及水库共1800座、桥9座、船3只，死亡42人，倒塌窑房160间。

10月，榆林城北郊抽水站动工兴建，1970年10月一级站竣工。

11月，靖边县土桥水库动工兴建，1968年9月竣工。

1967年

10月，成立榆林地区水利局革命领导小组，组长为王淑卓，副组长为杨秀杰。

11月15日，凌晨定边县东滩八里河灌区群众2000余人为争水，聚集到杨山涧夏梁坝头挖坝放水，即与上游武峁子公社护坝群众发生械斗，打伤数人，上游护坝群众伤1人。1968年4月5日，八里河群众再次冲向夏梁大坝，砸毁抽水机具，将大坝挖毁。

1968年

1月上旬，绥德二定渠清涧延伸段竣工通水，新增有效灌溉面积600亩，倒虹穿越无定河。

1月27日，榆林县河口水库冰下一网捕鱼0.9万千克。

4月，清涧李家村（今属玉家河乡）引进鱼苗，开始池塘淡水养鱼。

7月，靖边县龙洲抽水站动工兴建，1976年4月竣工。

8月，撤销榆林地区水土保持试验站，人员并入地区水利水电工作队。同时成立榆林地区水电工作队革命委员会。

10月，靖边县惠桥水库动工兴建，1972年竣工。

1969 年

3 月 25 日，清涧县东风水电站开工，由 1000 余名民兵和干部组成的工程建设兵团开赴工地。8 月下旬，完成附属工程，转入枢纽工程大会战。

4 月 17 日，陕西省革命委员会生产组发出关于撤销水土保持专业队的通知，随即榆林地区水土保持专业队撤销。

5 月 11 日、15 日，横山、子洲、靖边、绥德、米脂、榆林、清涧县先后有 39 个公社遭暴雨、冰雹灾害，横山最为严重，子洲次之。

5—6 月，榆林地区普遍干旱，降雨比正常年少四成以上。

9 月中旬，榆林、横山等县召开“农业学大寨”誓师大会，开展大规模农田水利建设。

10 月 1 日，绥德水电站（时称反修电站）动工兴建，1975 年 1 月竣工。

10 月，定边县营盘山水库动工兴建，1973 年竣工。

1970 年

1 月 18 日，清涧县东风水电站建设中，民兵副排长张捍卫为保护他人安全排除隧道巨石而英勇献身。

3 月，榆林县中营盘水库动工兴建，1972 年 10 月竣工。

4 月 4 日 7—9 时，定边、靖边、横山、榆林等县刮大沙尘暴，一时天昏地暗，不辨路径，室内靠点灯照明。

8 月 1—2 日，米脂、榆林等县部分地区降暴雨，米脂沙家店等 6 个公社连降暴雨 2 天，洪水冲垮大小土坝 70 多座，淹没 2 人；榆林县桐条沟公社刘小沟石坝泄洪 480 立方米每秒。

9 月，横山县响水电站动工兴建，1974 年 10 月第一台机组建成，试发电成功。

10 月 26 日，在毛泽东主席给延安人民复电发表 21 周年纪念日，榆林地区革命委员会在横山县召开学大寨讲用会，榆林等县参加农田水利建设的劳力占到总劳力的 60% 以上，全区有 40 万劳力参加农田水利建设。

10 月，定边县杨伏井水库动工兴建，1973 年 11 月竣工。

1971 年

2 月 5 日，《人民日报》在“响应毛主席伟大号召，一定把黄河的事情办好”的通栏标题下，报道了米脂高西沟大队、绥德韭园沟公社及延安小寺大队 3 个治山治水典型。

5 月 18 日，清涧县八斗岔大队农田基建队长、21 岁的姑娘贺桂梅在打坝工地为抢救集体工具被山洪冲殁。县委号召全县青年开展向贺桂梅学习活动。

6 月至 7 月上旬，榆林地区严重干旱成灾，榆林、横山、定边等县从 1970 年冬开始连旱 200 多天，河干地裂夏粮无收，各县都发生饥荒，绥德、米脂、子洲等县农民纷纷外流逃荒，仅米脂县外流逃荒人口有 5139 人。

7 月 23—25 日、30 日，榆林、横山等县多次降暴雨，横山县波罗、石湾等 18 个公社成灾，毁土坝 379 座、窑房 720 孔，死亡 7 人。

8 月 28 日，榆林县举行榆高渠延长工程动工誓师大会，会后全县动员各单位组成 5000 多人的民工、民兵队伍投入修渠工程。1972 年 8 月 15 日全干渠建成通水。

10月11—18日，陕西省“农业学大寨”工作会议在榆林召开，省委书记李瑞山出席会议并讲话，推广学习榆林大搞农田基本建设经验。

10月，靖边金鸡沙水库动工兴建，1973年9月竣工。同月，榆林县香水水电站建成发电。

12月30日至1972年1月1日，陕西省革命委员会在榆林召开无定河流域治理工作会议，确定无定河流域为黄河流域治理的重点，绥德、子洲为重点治理县。

1972年

1月，吴堡县辛家沟引水工程开始建设，于1976年停止修建。

5月，撤销榆林地区革命委员会生产组以及水电组，改设榆林地区革命委员会水电局，任命张守明为局长。

6月至8月中旬，无定河流域各县严重干旱成灾，8月17日无定河（白家川水文站）流量0.75立方米每秒，为历史实测最小流量。

8月上旬，榆林县以民兵大会战形式始修西沙渠，并对榆林城西沙区开展全面治理。1974年10月5日西沙渠建成通水。

10月1日，绥德城钟楼山高位水塔和1号抽水站建成交付使用，县城内部分机关、居民用上了自来水。

10月，靖边县1座抽水站、3座水库相继动工兴建，其中金鸡沙抽水站1973年6月竣工、姬滩水库1973年7月竣工、杨家湾水库1974年4月竣工、张家峁水库1975年9月竣工。

11月，横山县河口庙水库动工兴建，1975年11月竣工。

1973年

1月3日，榆林地委召开“农业学大寨”先进单位代表会议，会议表彰了95个“农业学大寨”先进单位。会议围绕“昔阳能办到，我们为什么办不到”等问题进行讨论，提出了以打好100万亩水地高产攻坚战为重点的目标任务。

3月，成立榆林地区水利机械施工队。

4月1日，陕西省黄河流域水土保持工作会议在榆林召开，宝鸡、咸阳、渭南、延安、榆林5地47县有关领导参加了会议，会议参观了子洲寺家沟等地的农田水利建设，讨论修订了陕西省黄河流域重点支流治理规划。

5月10日，榆林县委召开全面治理风沙滩地进军大会。同时将芹河公社蟒坑园田林网建设树作为样板红旗，在榆林县北部风沙滩地区广泛开展园田林网化建设。

8月，绥德、清涧等县遭暴雨、洪水、冰雹、大风灾害，绥德县有11个公社部分淤地坝被洪水冲毁，清涧县一些树木被大风暴雨摧毁，河口等地倒折枣树近百株。

9月中旬，子洲县电市水库动工兴建，1974年9月竣工。

10月6日，国务院副总理陈永贵在陕西省委书记霍士廉陪同下，到榆林检查指导工作，参观了芹河公社蟒坑大队田园林网建设、鱼河公社新农村建设等，出席榆林地区贫下中农第一次代表大会并讲话。

10月，靖边县1座抽水站、2座水库动工兴建，其中三道河湾抽水站1974年6月竣工、河畔水库1974年8月竣工、猪头山水库1975年10月竣工。

11月21日，米脂县牛鼻山水库动工兴建。

1974年

3月，水电部部长钱正英来子洲裴家湾公社寺家沟大队视察农田水利建设。

4月，榆林县以插队女知青和农村姑娘组成的“长城姑娘治沙连”在补浪河公社成立。

6月，靖边县柳桂湾抽水站动工兴建，1976年3月竣工，1983年改为船浮式抽水站。

10月下旬至11月初，陕西省水利电力局在吴堡县召开陕北地区农田基本建设现场会，参观了吴堡、绥德、米脂、子洲、子长等县21个先进单位的农田水利建设现场。

10月14日，中华人民共和国水利电力部根据外事有关协定，筹办出国展览，要求陕西省准备靖边县杨桥畔、定边县小滩子和神木县窝兔采当3个大队治山治沙典型照片等材料，于1975年在马里展出。

12月10日，米脂县杨家沟公社和高西沟大队被陕西省委、省革命委员会树立为“农业学大寨”先进单位。

1975年

1月1日，为避免清涧县东风水电站对水文观测的影响，黄河水利委员会撤销川口水文站，设白家川水文站。

1月4日，《人民日报》发表“千里冰封访榆林”的专访，对榆林人民大干快上改变山河的行为大加褒扬。

1月18日午夜，清涧县东风电站前池泄水设施被冰凌拥堵，前池漫顶溢水，水流经压力管道顶部泄入厂区，致厂区被淹，厂房屋顶部分掀起，水流从防洪堤防溢出，防洪堤决口，厂房内淹没2人。

3月，横山县韩岔水库动工兴建，1980年10月竣工。

5月，榆林县清泉公社石窑坪大队开挖引水渠发生滑塌，8人死亡。

10月，靖边县红河则水库动工兴建，1979年11月竣工。

11月3日，子洲县双湖峪改河道工程开工，于1976年9月完工。

11月18日，子洲县电市公社南沟坪改河道工程开工，工程于1978年7月完工。

11月16日，陕西省水利电力局召开的全省水枪水坠坝和流域治理经验交流会在延安开幕，25日在子洲县闭幕。

1976年

2月，横山县组成数百人的无定河河堤治理基建团，在无定河石马洼至硬地梁河口段开始进行移河改道造田建设。至1979年，坝水移河道于北沙缘，造田5000多亩，河堤植树10余万株。

7月，清涧县宁寨则河水库竣工，总库容330万立方米。

10月，靖边县水路畔水库动工兴建，靖边柳匠台水库动工兴建，1980年10月竣工。

1977年

5月，靖边县王家庙水库动工兴建，1979年12月竣工。

6月16日，定边县委、县革命委员会做出《关于解决人畜饮水问题的决定》，提出用打窖蓄水、挖水井、打深机井、拦蓄河泉水、发展小高抽等办法，实现“三年内山区有窖水，滩区不饮高氟水”的奋斗目标。

8月1—2日，榆林县小壕兔公社与内蒙古乌审旗交界处的毛乌素沙漠一带降特大暴雨，经国家气象局、黄河水利委员会和蒙、陕气象、水利部门调查核定，暴雨中心乌审旗木多采当（东经109°30′、北纬38°53′）8小时雨量达1400毫米，小壕兔公社达600～1050毫米。雨前，闷热异常，西北狂风大作，黑云密布，电闪雷鸣，当风突然变小转为南风后，大雨倾盆，洪水怒吼，死雀遍地，一片汪洋。

8月5—6日，绥德、子洲、米脂、清涧等县连降大雨和暴雨，雨量100～200毫米，部分公社达300毫米以上，清涧县有14个公社420个大队严重受灾。加上1977年7月5日暴雨，全区冲垮淤地坝5881多座（包括清涧县淤地坝3200座）、水库16座、抽水站82处，冲走柴油机和电动机199台、各种胶管8386米、大牲畜11头、羊396只，毁坏淹没窑房6260孔（包括清涧县5007孔），水毁坝地8.2万亩。

1978年

4月，榆林县水利建设模型和引水拉沙治沙造田画板在北京全国农业展览馆水利建设馆展出。

7月10—15日，全国治沙造林训练班在榆林举行，三北地区（东北、西北、华北地区）的125个县、市、旗派员参加。

7月27日至8月31日，无定河流域多次降大暴雨。其间，7月27日，清涧县宁寨则河和天沟（马家岔沟）流域降雨277.5毫米，洪水冲毁水浇地、坝地、梯田共2876亩，淹农田11194亩，死亡11人，经济损失118.7万元；8月16日，靖边县中山涧公社马家坬村3小时降雨量为476毫米；8月20日，榆林县降大暴雨，洪水冲毁水库8座、池塘7座、淤地351座、滚水坝15座、籦洞4800米、河堤7500米、渠道设施4处、房屋1370间，榆高渠有10多处决口，造成粮食减产1500万千克；8月29日，米脂县降暴雨，洪水冲垮淤地坝329座，冲毁坝地5038亩。

8月上旬，榆林县长城姑娘治沙连荣获全国“新长征突击队”称号。1979年9月19日治沙连又在共青团中央召开的全国新长征突击手命名表彰大会上被命名为全国“十面新长征突击队红旗”之一。

8月，榆林县从上海崇明岛调回螃蟹苗4万余只，投放刀兔海子、榆卜界养鱼场试养。

9月中旬至11月，黄河水利委员会横山中心水文站抽调人力在1977年对子洲县岔巴沟流域全面普查的基础上，又对该流域400多座库坝本年的拦泥、蓄水数量及水土保持水利工程变化等情况进行了全面调查，探讨水文变化规律，为农田水利工程规划设计提供较科学的依据。

10月，米脂县委决定推广高西沟大队农林牧用地“三三制”经验。

1979年

3月，榆林县委决定本县风沙草滩地区11个公社给每户社员划拨5～10亩荒沙地让社员造林种草（地权属国有或集体所有，林草归社员），这月有7个公社给社员划拨荒沙地共1.6万亩。

7 月，榆林县开始开展地下水动态观测。

8 月 7 日晚 11 时至 8 日凌晨 3 时，榆林县岔河则降雨 210 毫米，孟家湾降雨 159.2 毫米，牛家梁、孟家湾、岔河则等 7 个公社农田受灾共 7.56 万亩。

9 月 9—13 日，中国水利学会组织黄河中游查勘组一行 40 余人考察了榆林地区 7 个县的水土保持和农田水利建设。查勘组认为榆林水土保持工作成效显著，对龙门水库工程起到很好作用。

9 月 12 日，榆林县赵庄抽水站一、二级站建成抽水。

9 月 22—25 日，全国水轮机抗磨蚀试验研究会议在榆林召开。

10 月，陕西省黄土高原综合治理试验站在米脂城北建立。

1980 年

1 月 19 日，在全省农业战线先进集体和先进生产者表彰会上，榆林县获陕西省造林治沙先进县奖；靖边县龙州、常塔、羊圈滩、二层河台生产队、国营沙石峁林场、金鸡沙抽水站及米脂高西沟等大队受奖。

3 月，陕西省地下水工作队对定边县氟病区改水试点进行实地考察。该县高氟水区有 12 个公社近 10 万人，氟病患者高达 1.5 万人。考察组提出西部盐湖区以调水为主，榆定公路两侧以井为主，东部八里河灌区以试打深层水的办法改水防氟。

5 月，榆林地、县水电部门，对全区水利资源进行普查。

7 月上旬，中央新闻记录制片厂来榆林县拍摄长城姑娘治沙连治沙纪录片。

7 月，在榆林县大河塔公社半固定沙区进行牧草飞播试验，一次飞播沙打旺、草木栖 1 万余亩，并获得成功。

8 月 8 日下午，米脂县城关、城郊、沙家店、杜家石沟、李家站、高渠 6 个公社 46 个村 4 万亩秋季作物遭冰雹袭击成灾。

9 月中旬，林业部在山西大同召开的“三北”治沙造林现场经验交流会西线参观组代表来榆林参观治沙造林和林网化建设。

9 月下旬，榆林县中营盘水库始设无线电防汛电台。

10 月 1 日，榆林县从眉县调青虾投放刀兔海子试养。

10 月 4 日，榆林地区水利电力局水机抗磨喷涂试验站成立。开展“水力机械抗磨试验”项目，进行环氧砂浆、复合尼伦涂料试验取得了成果，并在抽水站水泵、水电水轮机叶轮喷涂使用。

10 月中旬，榆林县中营盘水库捕鱼 4.85 万千克，亩产 48.6 千克，创全省中小型水域养鱼亩产最高纪录。

10 月，清涧县老柳卜水库竣工，库容 720 万立方米。

11 月，榆林县姬家坡抽水站建成抽水。

1981 年

春，榆林县桐条沟等小流域列为陕西省重点流域治理工程，至 1989 年完成。

7 月，榆林县河口水库设无线电防汛电台。

8 月初，榆林县在水掌泉（榆阳泉）兴建榆林城区补充水源工程。

8月，榆林县榆东渠管理处被评为陕西省水库养鱼先进单位。

10月，榆林县制定出峁沟河流域8年治理规划。

11月至1985年1月，按照水利部统一部署，榆林对已建成水利工程进行“三查三定”（查安全、定标准，查效益、定措施，查综合经营、定发展计划）工作，基本摸清了全区已建成的各中小型水库，黄河、无定河堤防，国有灌区、抽水站、小水电站工程的安全、效益、综合经营情况。

1982年

2月，榆林县政府发布了《加强水利水保工程管理通知》，榆林县人民代表大会常务委员会颁发了《林木草原管理试行条例》。

3月24日，共青团中央书记处书记周鹏程来到榆林县，与补浪河公社长城姑娘治沙连一起植树时说：“你们是沙窝窝里飞出来的金凤凰。”

5月5日，榆林北部地区遭受大风袭击，风速25米每秒，相当于9～10级大风，并有霜冻。

8月16—22日，在北京召开的全国第四次水土保持工作会议上，将无定河、皇甫川流域列入全国水土流失8个重点治理区之列。

9月25—30日，榆林地区召开水土保持工作会议，中共十二大代表、陕北建设委员会副主任冯怀亮传达了党的十二大精神，行政公署副专员屈宽海传达了全国第四次水土保持工作会议精神，专员李焕政作了《大力搞好水土保持工作，为开创我区农业建设的新局面而奋斗》的报告，榆林、米脂等县的12个公社的负责人在大会上介绍了经验，地委书记霍世仁作大会总结讲话。

11月15日，横山县沙漠学会成立，40名会员开展沙漠治理研究学术活动。

11月，榆林县水利局获“陕西省沙打旺及生物技术推广二等奖”。

12月24—27日，榆林地委、行政公署召开全区农村科技户、专业户、重点户代表会议。会上表彰了在种植、养殖、编织、加工、运输、水利水保等方面的行家、能手300名，选出66名致富标兵。

1983年

1月，榆林地区无定河流域治理指挥部成立，下设办公室，行政公署副专员屈宽海任指挥。6月指挥部创办《无定河治理动态》简报。

3月3日，陕北建设委员会第三次会议代表到榆林县古塔岭、红山、赵庄、青云、西沙等地参观水利水保建设。

3月，榆林地区无定河流域治理指挥部制定《榆林地区无定河流域治理资金管理暂行办法》和《榆林地区流域治理各措施补助定额标准》。同月，陕西省煤田勘探队协助榆林县牛家梁公社在马家堵打成1眼深370米自喷井，喷水头达15米，可灌100亩。

4月5—7日，榆林地委、行政公署召开无定河、皇甫川流域治理工作会，参加会议的有榆林、横山、靖边、定边、绥德、子洲、米脂、清涧、府谷9个县和141个公社的领导及有关部门的负责人。陕西省水土保持局副局长景清波、榆林地委副书记李焕政、行政公署副专员屈宽海分别作了重要讲话。

4月27日17时37分，定边、靖边县刮起大沙尘暴，沙尘暴由西北方向铺天盖地而来，霎时天昏地暗，直至4月28日5时24分。当晚降雨33毫米，气温下降11.9摄氏度（最低到–4摄氏度），最大风力达11级。这次沙尘暴造成定边县死亡6人、失踪10人、伤29人，死亡大家畜32头、羊828只，靖边县在野外耕作、放牧、迷路失足者跌撞死伤数十人。

6月20—25日，榆林地委、行政公署召开无定河、皇甫川流域治理汇报会。水利部农水司司长屈健、陕西省水土保持局总工程师石丁、榆林地委副书记李焕政、行政公署副专员屈宽海参加会议并作了重要讲话。

8月，榆林县政府决定在桐条沟、董家湾、余兴庄、古塔4个公社试行羊只放牧改舍饲，以保护山区植被，发展造林种草。

9月10日，榆林县委、县政府作出《“五划一放”承包小流域治理的决定》，把“五荒”（荒山、荒坡、荒沟、荒沙、荒滩）资源划拨到户，限期治理，明确规定“谁治理、谁管护、谁受益，长期不变，允许继承”，县政府统一发给荒地使用证。

9月14日，榆林县补浪河公社作出《关于严禁在海流兔河西沙和昌汉敖包境内砍沙蒿、沙米的决定》和《关于封禁海流兔河东沙的决定》。

9月中旬，陕西省水利水土保持厅、陕西省水利学会联合组织水电部、黄河水利委员会、山西省水利厅水利科技工作者，来榆林考察水库防淤排沙工作。

10月23—28日，全国水轮机抗磨蚀中间试验现场技术总结会在榆林召开。

12月，无定河流域承包治理小流域户达到76200户，承包治理面积达260万亩。

1984年

1月6日，榆林地区水利学会成立。

1月，榆林县被评为陕西省水土保持农田基建先进县；5月又被评为全国水土保持先进县。

3月，榆林地委、行政公署进一步放宽林业政策，开放“五荒”资源，进行小流域治理，承包期限可达50年。

4月22日，榆林县补浪河乡史不扣村降冰雹，粒重150克，历时半小时。

4月24日，横山县小水沟水库工程修建中，发生山体滑塌，造成8名民工被压死。

4月，榆林县政府给17个乡1.6万亩水面发放水面使用证，明确水面使用权。

6月，榆林县政府作出《关于禁止滥伐沙柳停止柳编生产的决定》。

8月8—13日，在北京昌平召开的中国农村改水项目评估会议上，定边、靖边县被列入利用世界银行贷款进行农村改水项目。该项目从1985年开始实施，1992年底全部竣工验收。

8月23—26日，榆林、子洲等县先后遭严重冰雹灾害，榆林县受灾面积21.5万亩，子洲县槐树岔、高家坪乡有4.5万亩农田成灾，5人死亡。

9月3—7日，中国水利学会同陕西、山西省水利学会等16个单位26人考察了榆林地区10多个小流域治理和神府工矿区水利水保措施及其减泥减沙效果。

10月，横山县城安装改建自来水管近万米，县城居民用上自来水。

11 月 2 日，中央政治局委员宋任穷在陕西省委副书记周雅光的陪同下，来榆林视察红山等地治沙造林和农田水利建设。

11 月 30 日，子洲县委、县政府作出《关于全面推行以户承包治理小流域的决定》。

1985 年

2 月 10 日，榆林县政府颁发《榆林县水利工程供水收费标准和使用管理办法》。

3 月 28—30 日，榆林地委、行政公署召开无定河、皇甫川流域治理工作会议。2 条流域 9 县 140 多人参加会议，会议表彰奖励了在无定河、皇甫川重点流域治理工作中做出显著成绩的 13 个先进集体和 25 名先进个人。黄河中游治理局局长王廷仕到会讲话。

5 月 11 日至 6 月 15 日，延安行政公署安塞县镰刀湾、王家坪等 11 个乡镇两次遭受暴雨、冰雹袭击，死亡 5 人，260 户农民住宅进水，冲毁粮食 6 万千克，冲走羊 111 只、大家畜 9 头、猪 12 头，倒塌房屋 17 间，冲毁 10 万立方米以上库坝 10 座、小坝 64 座。

5 月，榆林地区首次在黄土丘陵沟壑区绥德定仙焉实施飞播造林，飞播沙打旺、酸刺共 1 万亩。

6 月下旬，黄河中游水土保持治沟骨干工程规划技术交流会在榆林召开，会议期间参会人员对榆林县峁沟、米脂东沟等流域治理、淤地坝建设情况进行了调研考察。

8 月 20 日，联合国世界粮食计划署援助米脂县的黄土高原综合治理项目（代号 2744）协议书在北京签字。

8 月 22 日至 9 月 17 日，榆林地区阴雨连绵，降雨量 220 ~ 238.8 毫米，是常年同期平均降雨量的 2.3 倍，秋田作物减产四成以上。仅靖边、定边县倒塌房屋 16890 间（孔），死亡 7 人，受伤 37 人，压死大家畜 981 头（匹）、羊 11413 只、猪 1514 头。

9 月 22 日下午 5 时，子洲县高家坪、砖庙、何家集、老君殿、裴家湾、驼耳巷、杜案湾 7 个乡（镇）145 个村遭到冰雹袭击，成灾面积达 18 万亩，多数作物几无收成，104 孔（间）房屋倒塌，5 人死亡。

10 月 16 日，陕西省陕北种草种树经验交流会 200 多名代表，参观了靖边县防护林带、冯家峁防风固沙林、东坑乡网框林以及机关、居民义务造林成果。

10 月 22 日，靖边县水路畔水库渡船因超载发生沉船事故，死亡 8 人。

11 月 3 日，陕西省黄土高原综合治理考察队来榆林考察农林水牧生产现状和布局。

11 月 12—14 日，榆林地委、行政公署在子洲、清涧、绥德、米脂召开样板小流域治理和农田基建流动现场会。

1986 年

1 月 9 日，联合国世界粮食计划署援助“2744”项目一期工程的 1000 吨小麦在米脂 6 个粮站发放，至 1 月 24 日发放完毕。

3 月 28 日，陕西省沙棘开发研究协作会在驻米脂的省黄土高原治理研究所召开，宝鸡、延安、榆林 3 个地区有关专家参加。

6 月 7—10 日，国际泥沙研究培训中心高级工程师丁联臻一行，来米脂县考察丘陵沟壑区土壤侵蚀情况及水土保持工作。

6 月 11 日、7 月 24 日、8 月 19 日，绥德等县 3 次遭受暴雨、冰雹袭击，每次降雹历时 20 ~ 40 分钟，冰雹小如杏粒，大似鸡蛋。绥德县有 27 座淤地坝被洪水冲垮，3 座桥梁被冲毁，15 人被冰雹打伤。

7 月 20—24 日，林业部“三北”地区治沙造林经验交流会在榆林召开，12 个省（自治区）的 200 余名代表参加大会，会议代表参观了定边、靖边、横山、榆林 4 县的治沙区现场，并观摩了榆林地区飞播牧草。

8 月 9 日，新华社陕西分社、陕西日报社、陕西省广播电台、陕西省电视台等 6 家新闻单位，应陕西省水土保持委员会邀请，专程对无定河流域重点治理进行为期一个月的专题采访。

8 月 20—24 日，全国飞播牧草现场观摩经验交流会在榆林举行，24 个省区 130 多人参加会议。与会代表到榆林县罗硷、古墓梁等 7 个飞播牧草区观看了飞播现况。

8 月，靖边县所生产的沙棘饮料在北京召开的全国沙棘饮料产品评比会上，被评为全国第一。

9 月上旬，靖边县在无定河流域推广沙棘种植，使该县后来沙棘年产量达 50 万千克。

9 月 29 日，陕西省农业科学院和瑞典国际农业开发中心在西安签署了《关于在中国陕西省米脂县进行中瑞水土保持合作研究项目的协议》。

10 月 1 日，米脂县泉家沟村农业综合治理列为国家“七五”期间重点科研项目，由中国科学院主持实施。

10 月 11—16 日，全国水土保持重点治理区第四次会议在榆林举行，北京、山西、甘肃、内蒙古、河北、辽宁、湖北、江西等九省（自治区、市）代表共 130 多人参加。会议期间，代表们参观了米脂和榆林县的 11 个无定河小流域治理现场。

10 月 19 日，联合国粮食计划开发署高级专家组组长约翰·巴里顿前来米脂检查“2744”项目，历时 20 多天。

1987 年

5 月 17—21 日，中华人民共和国水利电力部邀请新华社、《人民日报》、《经济日报》、《农民日报》、中国新闻社、中国国际广播电台等 11 个新闻媒体编辑、记者组成的中央新闻采访团，对清涧、米脂、榆林县的无定河流域水土流失治理进行了为期一周的专题采访。6 月 6 日《人民日报》发表了新华社记者王云峰和人民日报社记者陈满正合写的报道：《千家万户承包治理，千沟万壑换了新颜——陕北五十万农户治理小流域成效显著》，同时配发了短评：《小流域成功的启示》。

5 月 26 日，榆林县被列为全国黄土高原综合考察重点县。

6 月 24 日，中国科学院、国家计划委员会黄土高原综合科学考察团，在榆林地区进行科学研究考察。

10 月 31 日，榆林地区降了 10 多年罕见的大雪，南部县积雪厚达 60 ~ 70 厘米。

10 月，自 1986 年 9 月至 1987 年 10 月，延安地区大部分县市降雨量偏少，出现持续严重干旱，尤以吴旗、志丹、安塞、子长 4 县为重，受旱时间长达 13 个月，成灾面积达 272.2 万亩，其中绝收面积 82.24 万亩。

12 月 15 日，榆林地委号召全区推广米脂县泉家沟治理水土流失经验：“以兴修基本农田为突破口，实现退耕和种草种树、林草和畜牧两个同步发展，建设农林牧种养加协调发展的农业经济结构，达到生态、经济、社会效益良性循环、综合提高。”

1988 年

4 月 27 日，在湖北召开的全国八大片流域治理工作会上，榆林地区无定河流域治理指挥部办公室、榆林县人民政府、清涧县老舍古乡、绥德县薛家峁乡、米脂县杜家石沟乡被评为全国水土保持先进单位，榆林县副县长冯学富、米脂县后马家园子村党支部书记等 10 人被评为全国水土保持先进个人。

5 月 23—25 日，延安地区举办各县市水利局局长水法学习班，地区行政公署、农业委员会、司法局、公安处等单位领导参加学习。5 月 26 日至 6 月 6 日，延安地区水法宣传车巡回在安塞、子长等 8 个县市 25 个乡镇、12 个重点库区、渠道、厂矿、村庄、集市等地进行宣传。

6 月 26、27 日，横山、靖边等县降雹成灾。

7 月 5、6 日，定边县 18 个乡镇部分村庄遭受冰雹，个别地方冰雹直径达 10 毫米，地面堆积达 100 毫米，造成 1 人死亡、2 人失踪、5 人受伤、9 头大家畜和 595 只羊死亡，农作物受灾面积 31.95 万亩。

8 月 2 日，榆林县榆阳泉水经国家地质矿产部及有关部门专家鉴定为国家级优质饮水矿泉水。

9 月 20—22 日，陕北地区农村水利建设暨无定河、皇甫川流域治理工作会议在榆林召开，陕西省水利水土保持厅厅长刘枢机出席并讲话，榆林行政公署专员刘壮民作了专题发言。

11 月 21 日，水利部副部长侯境到米脂县视察对岔村水土流失综合治理工作。

1989 年

4 月 25 日，榆林行政公署下发《关于对已成水利工程划定保护范围和经营管理范围做好定权发证工作的意见》，标志着全区水利工程“划界、定权、发证”工作拉开序幕。

9 月 8 日，清涧东风水电站与地区电网并网。

9 月 17—20 日，绥德、米脂、清涧等地遭雹灾，绥德石家湾、四十里铺、满告川、薛家、田庄等 8 个乡镇计 113 个村，两次遭受冰雹袭击，受灾面积 8.8 万多亩，粮食减产 180 多万千克，苹果及经济作物损失约 410 万元。

9 月 27 日，黄河中游水土保持小流域综合治理试点清涧县红旗沟流域治理工程，经水利部黄河水利委员会中游治理局和陕西省水土保持局验收合格。

12 月，榆林地区河流、环境污染严重，环境质量持续下降。行政公署召开全区环境保护工作会议，研究讨论本区在 20 世纪末环境保护工作的奋斗目标、地区污染源治理规划及地区工业污染源管理办法等。

1990 年

3 月中旬，陕西省无定河流域治理领导小组在榆林召开全省无定河、皇甫川流域等高灌木带现场会暨 1990 年度流域治理工作会议。

4 月 6 日，陕西省政府根据国务院批准由国家计划委员会、水利部颁发的《关于开发建设晋陕蒙接壤地区水土保持规定》，结合榆林地区实际情况，颁布了《陕西省开发建设神府榆林地区水土保持实施办法》，规定凡在神木、府谷、榆林3县（市）从事采矿、筑路或利用地面、地下水资源进行生产建设活动的单位和个人必须遵守执行。

4月，陕西省无定河流域治理领导小组办公室发出《关于停止扶持及黄牌警告部分重点小流域的通知》，榆林地区陈石畔等18条小流域被停止扶持，芦草沟等18条小流域被黄牌警告。

5月8日，榆林行政公署转发地区水利局《关于实行农田水利基本建设劳动积累工制度的实施意见》的通知，规定农村男劳力每年投劳30个劳动日，男半劳、女全劳每年投入15个劳动日。

7月12日，引黄定边供水工程在定边县举行开工典礼。1984年，陕、甘、宁3省（自治区）联合报请中央批准，决定修建3省（自治区）共用的盐环定扬黄工程，将黄河水分别引入盐池、同心、环县、定边。定边供水工程是盐环定扬黄工程陕西的专用供水工程，由陕西负责筹资并组织施工。

8月28—30日，受水利部委托，陕西省水土保持局在清涧主持老舍窠流域水土保持综合治理验收鉴定，认定各项指标均达到或超过部颁或省颁标准，通过验收。

9月21—25日，陕西省政府在榆林召开全省农田水利基本建设会议，副省长王双锡出席并讲话。会议提出今后10年的水利建设要围绕建设两个2000万亩基本农田，重点抓好泾惠渠、宝鸡峡、冯家山水库等一批重点灌区的更新改造、挖潜配套，以及定边供水、榆林北部风沙滩区井灌等开发项目。

9月，榆林市（今榆阳区）在无定河重点小流域实施的“沙地多管井技术”研究推广项目，经陕西省科学技术委员会组织专家技术鉴定，认为该技术在同类试验项目中属国内先进水平。

11月上旬，陕西省暨榆林地区农田水利基本建设流动现场会在靖边、横山、榆林召开。

12月，榆林地区夺得陕西省第一座“水利振兴杯”奖杯。

1991年

1月11日，水利部副部长王守强来靖边检查红柳河、芦河水库群。

1月20日，榆林地区行政公署办公室以榆署办〔1991〕57号文批准成立了榆林地区水利水土保持执法领导小组办公室，办公室设在地区水政水资源管理办公室。

3月18—29日，榆林地区水资源办公室到靖边县查处长庆油田在猪头山水库、新桥水库坝体及保护范围内进行地震勘探大爆破两案，依法作出处罚2万元，并处以经济赔偿32.6万元。

4月11—13日，陕西省无定河、皇甫川流域春季治理暨柠条育苗造林现场会在清涧县和榆林召开。

4月12—13日，全国政治协商会议副主席钱正英来榆林视察，先后到榆林金鸡滩乡和牛家梁乡视察群众打多管井和引水拉沙造田。她强调，在榆林地区经济开发建设中，一定要坚持不懈地搞好环境治理，防止新的水土流失。

6月5—10日，米脂、子洲、横山等县降大暴雨、冰雹。米脂县总降雨量137.3毫米，造成直接经济损失1500多万元；子洲西庄三川口、电市等乡受灾面积17万亩，死亡3人，毁坏民房57间，毁坏桥涵38处、坝库5座、渠道6条、道路145千米，冲走树木1.8万株、家畜201头。

6月中旬至8月26日，子洲、绥德等县持续干旱。

6月9日，国家科学技术委员会主任宋健到榆林市金鸡滩乡、牛家梁林场、榆林沙生植物园等处视察，并题词“科学治沙，功在千秋”。

7月11日，世界银行、水利部等部门官员专家对米脂县对岔小流域治理情况进行了视察，认为“对岔小流域治理堪称世界级典范”。

7月27日晚，清涧县师家园则等10个乡（镇）遭受严重洪灾，县城尤其严重，造成4人死亡，直接经济损失993.5万元。7月28日，陕西省省长白清才莅临清涧，查看灾情，指导抗洪救灾工作。

7月，榆林各县相继举行大规模的水法规宣传游行活动。

8月2日，全国绿化委员会、林业部和人事部授予榆林市“全国治沙先进单位”称号。

8月中旬，国务委员陈俊生视察榆林地区治沙造林和扶贫工作。

9月1日，陕西省政府和榆林地委、行政公署给靖边县东坑乡金鸡沙村村民牛玉琴挂“治沙模范”金匾，并奖励1000元。牛玉琴在丈夫去世后，带领全家在距家7.5千米的黄窝，坚持不懈治流沙1.22万亩。

9月，榆林地区首次召开榆林地区水资源会议，并举办水资源开发利用现状分析培训班。

10月6—8日，榆林地区秋冬农田基建暨流域治理现场会在横山、榆林召开，绥德、榆林两县市获“优胜红旗”。

12月，榆林地区第二次夺得陕西省“水利振兴杯”奖杯。

1992年

3月8日，榆林地委、行政公署在榆林召开无定河、皇甫川流域治理工作会议。

4月，陕西省无定河流域治理领导小组办公室在榆林举办无定河、皇甫川第二期小流域规划培训班，参训人员50名。

春、夏，榆林地区大旱，至1992年7月仅降水38 ~ 194.9毫米。伏旱，多年罕见。定边县持续大旱350多天。子洲县6月21日至7月底连续40天高温干旱，7月降水量仅为14.5毫米，为历年平均值的14%，干土层达30厘米以上，河水干涸，人畜饮水困难。

6月1日、19日，定边县人工影响天气办公室与宁夏回族自治区人工影响天气办公室联系，先后两次实施人工增雨作业，分别降水20 ~ 38毫米、22毫米，使旱情有所缓解。

8月4—8日，由林业部、国家科学技术协会发起组织的沙地开发利用国际学术研讨会和全国治沙暨沙业学会成立大会在榆林召开。应邀参加学术交流的有日本、以色列、中国专家学者共98人。

8月16—19日，国务院副总理朱镕基等领导人到榆林考察，赞扬榆林人民治沙治土取得伟大成就，并题词“向榆林地区人民学习致敬”。

8月，陕西省水土保持局组织联合验收组，对榆林地区无定河、皇甫川第一期重点治理的 148 条小流域进行全面验收。

10 月，国务院授予榆林地区水利水保局科技教育科科长吴锦国“国家突出贡献专家”称号，并每月发特殊津贴 100 元。

10 月 17 日，召开榆林地区秋冬农田基建、流域治理工作动员会。

11 月 11 日，榆林市自来水公司和西安普惠食品厂联办的西榆普惠矿泉水公司共同投资 380 万元开发生产“普惠”牌矿泉水，一次试产成功。

11 月，国家水土保持重点治理区无定河流域项目区吴旗县 19 条重点小流域通过验收，其中 14 条被评为优秀、5 条被评为良好。

12 月，榆林地区水土保持监督总站立案查处长庆局在靖边、横山、定边勘探生产作业过程中，造成人为水土流失案件，征收水土流失防治费 100 万元。

12 月，榆林地区连续第三年夺得陕西省“水利振兴杯”奖杯。

1993 年

1 月 13 日，榆林地委发出《关于拍卖“五荒”资源经营使用权的若干政策规定（试行）》的通知，至 1998 年，全区累计出让“五荒”资源面积 44.8 万公顷。

4 月 19—28 日，由水利部组织的国家验收组，对榆林地区无定河、皇甫川第一期重点小流域治理进行竣工验收。验收组对无定河流域重点治理给予“重点治理，成效显著，黄土高原，大有希望”的评价。

5 月，无定河、皇甫川流域二期一阶段重点治理工程开始实施，共列入重点治理的小流域 225 条。

6 月 26 日，陕西省委、省政府、省军区在榆林隆重举行命名大会，授予榆林补浪河乡治沙女民兵连“治沙英雄女民兵连”的荣誉称号。

6 月，榆林地区水政水资源工作现场会在榆林市召开，与会人员到榆林市水资源办公室学习参观他们加强管理、积极开征水资源费的工作经验。至 1993 年底，全区征收水资源费 52 万元，完成全年任务的 121%。

7 月 1—26 日，定边、榆林、绥德、清涧等县多次遭冰雹、暴雨、大风袭击。绥德县先后有 17 个乡（镇）245 个村受灾最重，暴雨冲塌窑房 8 孔、成危窑 130 孔，洪水冲殁 6 人，山体滑坡压死 5 人，死亡大家畜 9 头、猪羊 373 头（只），冲垮淤地坝 64 座、桥涵 34 座、公路 139 处，造成 500 千米的通信、照明线路中断。定边县先后有 21 个乡镇成灾，因灾死亡 1 人、重伤 81 人、轻伤 301 人，打死大牲畜 96 头、羊 4601 只、猪 824 头。清涧县有 9 个乡受灾严重，洪水冲走羊 367 只，损坏枣树 68152 株，冲毁土坝 36 座、渠道 2000 米、桥梁 3 座、窑洞 34 孔等。

9 月，榆林地区无定河流域治理指挥部办公室和地区农财处被评为全国八片水土保持重点治理先进集体。贾建文、崔凌峰等 13 人被评为全国八类水土保持重点治理先进个人。

10 月 7 日，陕西省无定河、皇甫川重点流域治理工作会议在西安召开，陕西省政府副省长王双锡、省水利厅副厅长彭谦出席会议并分别讲话。

11 月 3 日，榆林地区秋冬农田基建、流域治理现场会在绥德召开。

12月6日，榆林地区水土保持监督总站荣获水利部先进集体称号。

12月，由陕西省水土保持局副局长王正秋主编、梁西平摄影的《无定河流域治理》画册，由香港大地出版印刷公司出版。

1994年

3月15日，《榆林报》载：已探明陕甘宁盆地14.4万平方千米储藏天然水资源11.4万亿立方米，相当于133.5个青海湖的蓄水量，其中淡水储量达6.95亿立方米，主要储藏在榆林市（今榆阳区）及邻县无定河以北毛乌素沙地地下，面积约1万平方千米。

3月，榆林、横山、靖边、定边、米脂、绥德、子洲、清涧、府谷9县（市）被列入全国第二批水土保持监督执法试点县（市）。

4月27日，日本鹿儿岛中国同人馆“绿色遣唐使访华团”一行42人，在陕西省人民代表大会常务委员会副主任任国义等陪同下来榆林参加中日友好植树绿化活动，并在榆林市牛家梁乡大伙场举行“中日友好治沙林纪念碑”的揭幕仪式和植树造林。

6月，全国人民代表大会环境与资源保护委员会组织首都12家新闻单位记者组成的新闻采访团，深入无定河重点治理区进行采访。

7月25日至8月10日，榆林、定边、靖边、横山、绥德等8县（市）多次降特大暴雨。8月2、5日，无定河上游新桥等水库出现险情，新桥水库水位两次上升共11.57米濒临垮坝。国家防汛抗旱总指挥部、省地县各级政府组织解放军、民兵、干部、群众共1000多人进行抢险，并动员转移下游鱼河、镇川、米脂等危险地段群众3033户。绥德县先后有14个乡镇250多个村受灾严重，大理河洪水暴涨（流量达2700立方米每秒），冲断了薛家畔军民桥护栏，冲垮了护城河堤，全县倒塌房窑214间（孔），形成危房危窑1340间（孔），死亡12人，伤28人，冲走大牲畜127头、猪羊940头（只）、大货车1辆等，直接经济损失1.65亿元。榆林市（今榆阳区）先后有13个乡镇受灾严重，损坏农用输电线路2000米，死猪、羊150多头（只），冲毁公路60多千米、桥梁6座、坝田540亩，直接经济损失6000多万元。

8月23日6时15分至12时，榆林市遭受特大暴雨袭击，降雨量103.8毫米，冲毁淤地坝540座、河堤18.2千米、抽水站3座等。榆林城区有160多间房屋倒塌、3000多户居民住宅进水，冲毁道路30多千米、桥梁17座、菜地1500亩，淹没榆阳水厂、长城地毯厂、市酿造厂等单位。

11月9日，榆林地区秋冬农田基建、流域治理现场会在榆林、横山召开。

11月16日，榆林地区水土保持队队长艾绳武获中国水土保持学会“愚公奖”。

12月30日，榆林地区行政公署发出《关于鼓励和扶持发展民办水利事业的若干意见》，之后全区兴起民办水利热潮，至1998年全区兴建民办水利工程20233处。

1995年

1月，榆林地区各县水利水土保持部门开展了水利政策法规年活动，每月第一周星期三为水利职工“政策法规学习日”，并在“世界日”和“水法宣传周”期间开展大规模宣传活动。

2月，由王正秋、陈谦、刘利年、崔凌峰等完成的《陕西省无定河流域水土保持综合技术推广》获陕西省政府农业技术推广成果一等奖。

3月27日，榆林地区春季农田基建、流域治理现场会在清涧县召开，会议期间参观了延安的治理典型。

5月16日，定边、靖边、横山等县出现沙尘暴。

5月，榆林地区行政公署发布《榆林地区水土保持方案审批管理暂行规定》。

6月中旬，定边、靖边、横山等县，自1994年9月中旬起连续249天没有出现大于5毫米的降水过程，10个月累计降水15.4毫米，旱情十分严重。

6月30日，横山县人民法院强制执行兰州军区驻横山陕北石化开发总指挥部破坏地貌植被、造成严重水土流失一案。

6月，陕西省水土保持局印发了《关于表彰奖励1994年度无定河、皇甫川流域一期重点治理工作先进集体的通报》，榆林、清涧、靖边、绥德4县（市）被评为先进县（市）；榆林市太平沟等6条小流域被评为先进流域；榆林市古塔等4个乡镇被评为先进乡镇；清涧县解家沟镇白家川村及府谷县古城村被评为先进村。

7月，自1994年冬起，延安地区遭遇冬春夏持续连旱220多天的严重干旱。7月上旬测定，吴旗、子长县0～50厘米土层土壤相对湿度仅为5%～6%，安塞王家湾、子长高台、吴旗吴仓堡等山地干土层厚度已达50厘米以上。干旱使135万亩小麦减产2250万千克，经济作物损失1400万元；秋作物有40万亩绝收，80万亩缺苗，50万亩翻种，共减产1.25亿千克。河流大部分断流，31座小型水库、226处塘坝的蓄水量减少一半多，有9座水库和115处塘坝干涸，日均灌溉缺水量80万立方米，日均城乡供水缺10万立方米，农村60万人和30万头大家畜饮水困难。吴旗、安塞、子长等县饲草奇缺，导致牲畜死亡、出境牧养或宰杀现象的发生。

9月1日晚，绥德县田庄乡一带遭受百年不遇的暴雨袭击，淮宁河流量高达2200立方米每秒，洪水高出公路面6米多，致使8人死亡，60多头大家畜被洪水卷走；水毁桥涵7座，农电、广播、电话线杆100多根；淹没田400余亩，160个自然村受灾，直接经济损失923万元。1996年6月21日，因在这次洪灾中奋力抢救集体现金及各种仪器而牺牲的田庄加油站职工陈玉德、李玉林（女）被绥德人民政府追认为革命烈士。

10月27日，榆林地区秋冬农田基建、流域治理现场会在榆林市召开。

11月，榆林地区无定河流域办公室等单位完成的《黄土高原坡耕地等高灌木带技术试验研究》获陕西省政府科学技术进步奖二等奖。

12月，榆林地区再次夺得陕西省“水利振兴杯”奖杯。

1996年

3月，陕西省省长程安东深入榆林严重缺水的白于山区调查后，作出3年内在全省范围实施“甘露工程”的决定。榆林地区把甘露工程列为全区经济工作的十件大事之一，全面启动实施。

6月12日，榆林地区行政公署发出《关于征收农田水利建设补偿费的实施意见》，并下达全区年征收任务为1717万元。

8月2—10日，榆林地区有96个乡镇792个村暴雨成灾，损坏和倒塌窑房2万孔（间），死亡 41 人，受损水库 4 座、淤地坝 2536 座、渠道 123 条，造成直接经济损失 6.57 亿元。

9 月 5 日，靖边县治沙女英雄牛玉琴出席在美国纽约召开的联合国防止沙漠化公约组织大会，向与会的 70 多个国家的数百名代表讲述了她十多年来历尽苦难和失去丈夫后仍不屈不挠带领全家治沙的事迹和建立生态农业示范区的打算，受到热烈欢迎。

9 月 19 日，陕甘宁盐环定扬黄工程竣工典礼在定边县五里坡泵站隆重举行。李鹏总理题写“陕甘宁盐环定扬黄工程”碑名。国务委员彭珮云、水利部副部长朱登铨及陕西、甘肃、宁夏三省（自治区）党政领导参加庆典。

10 月 7—9 日，陕西省国家水土保持重点防治工程工作会议在靖边、横山县召开。陕西省政府副秘书长黄广文、陕西省水土保持局局长张利铭、榆林地区行政公署副专员李涛出席会议并分别讲话。同时，在横山县召开榆林地区秋冬农田基建、流域治理工作会议。

12 月 6 日，榆林地区“甘露工程”建设流动现场会在横山、靖边、定边召开。

12 月，榆林地区夺得陕西省“水利振兴杯”奖杯。

1997 年

3 月 16 日，横山雷惠渠渠首以下石渠垮塌（石方 5000 多立方米），地、县两级政府及时组织力量进行了抢修，用 1 个月时间新修石渠 60 米，确保了下游的灌溉。

4—6 月，榆林地区持续干旱。绥德县从 1 月至 6 月降雨量仅为 65.1 毫米（与大旱的 1965 年同期相比减少 42.8 毫米），有 30 多万亩农田因大旱无法下种，94 个村 6.4 万多人、8 万多头大家畜饮用水发生严重困难，其中 4 个乡（镇）的 26 个村断水。

6 月 16—21 日，中共中央政治局委员、国务院副总理姜春云在陕西省委书记安启元、省长程安东的陪同下，视察了延安、榆林等县（市）重点流域水土流失治理和生态农业建设，形成了《关于陕北地区治理水土流失建设生态农业的调查报告》。8 月 5 日，江泽民总书记在这个报告上批示，强调要大抓植树造林，绿化荒漠，治理水土流失，再造山川秀美的西北地区。8 月 12 日，李鹏总理也在这个报告上批示，强调要切实加强植树种草，治理水土流失，并争取十五年初见成效，三十年大见成效。

7 月中旬，陕西省人民代表大会常务委员会组成执法检查组，对榆林、横山、靖边等 5 县（市）贯彻执行《中华人民共和国水法》情况进行了实地检查。

7 月 28、30 日，米脂、定边等县降暴雨。米脂县姬家流域山洪暴发，冲垮姬家渡槽，使下游 0.107 万公顷农田无法灌溉。定边县定张公路石涝川赵塌堀山体滑坡，石涝河被堵塞，形成约 10 千米水坝，毁坏、沉陷路基 8 千米、桥和涵洞 21 座，交通中断。

7 月，无定河、皇甫川流域二期一阶段重点治理工程通过国家验收。

8 月 8 日，中国农业银行干部沈为备为其蹲点扶贫的延安市子长县涧峪岔乡筹资修建“为公楼扶贫医疗中心”。

8 月 12—14 日，陕西省“甘露工程”现场会在榆林召开，省长程安东出席会议并作重要讲话。

8 月 29 日至 9 月 1 日，国务院在榆林、延安召开全国治理水土流失、建设生态农业现场经验交流会，会议代表参观了榆林七里沙、镇北台、沙地植物园、元大滩、红墩、李家沟、米脂对岔等治理典型，中共中央政治局委员、国务院副总理姜春云出席会议并作重要讲话。陕西省委书记李建国、省长程安东参加会议。

11 月上旬，榆林地区秋冬农田水利建设流动现场会在神木、佳县、榆林召开。

12 月，榆林地区连续三年获陕西省“水利振兴杯”奖杯。

1998 年

7 月 12—13 日，延安市子长县无定河流域的涧峪岔、南沟岔连续遭两次特大暴雨和洪水袭击，降雨量达 54 ~ 88 毫米，洪水超过历史最高水位，71 个村 4667 户 21000 人受灾，其中重灾民 128 户 576 人。

7 月 14 日、8 月 23 日，定边、靖边、米脂等县普降暴雨。7 月 14 日定边县短期内降水 90.4 毫米，杨伏井水库溃坝险情告急，经县、乡组织人员抢修脱险。8 月 23 日米脂织女渠渠首引水渠被洪水冲垮 100 米，有关部门用 40 天的时间修复。

7 月，榆林地区人民代表大会联络组组织行政公署及其直属 51 个单位负责人现场观摩了地区水土保持监督总站推行行政执法责任制的实施情况。

7 月，陕西省水土保持局下发《关于榆林地区无定河、皇甫川流域二期第二阶段国家水土保持重点防治工程项目的批复》，同意榆林地区 137 条小流域列入二期二阶段重点治理，其中无定河流域 127 条，总面积 2290 平方千米，5 年新增治理面积 1510 平方千米。

8 月下旬至 9 月下旬，榆林地区 236 名水政监察员进行了为期 1 个月的集中上岗培训，并给水政监察员颁发了陕西省政府“行政执法证”和水利部“水政监察证”。

11 月 5—11 日，在榆林地区召开秋冬水利与农田基本建设流动现场会，佳县、横山夺得“优胜红旗”。

11 月 9—12 日，全国人民代表大会常务委员会委员、全国人民代表大会农业与农村委员会副主任杨振怀率全国人民代表大会水土保持法执法检查组，深入榆林检查榆林大漠蔬菜公司、马营沟流域窖灌农业示范点、镇北台治理区、靖边天然气净化厂和安塞县侯家沟流域治理区，检查组认为陕北地区在水土保持和生态环境建设方面取得了可喜的成就，希望在生态环境建设上应有新思路、新规划，进一步把水土保持和发展经济结合起来，探索出一条与当地人民近期利益与长远利益相结合的新机制。

12 月 9 日，经榆林地区机构编制委员会批准，榆林地区水政监察支队成立。

12 月，榆林地区夺得陕西省“水利振兴杯”奖杯。

1999 年

3 月下旬至 6 月中旬，榆林地区出现 18 次沙尘暴日，全区大旱，累计降雨仅 40 ~ 60 毫米，无定河流量锐减，大理河等河流多次出现断流，干旱造成66.6万亩小麦收成不到一半。

6 月 23—25 日，全国水土保持生态环境预防保护与监督管理第三次工作会议在榆林召开，水利部副部长朱登铨出席会议并作重要讲话。会议期间，与会代表参观了锦大公路水土保持工程、榆林七里沙治沙成果。神木县等 15 个单位被评为“全国水土保持生态环境建设先进单位”，并将神木县锦大公路和石圪台水源工程水土流失治理确定为全国水土保持生态环境建设示范工程。

7 月 6—7 日，由全国人民代表大会常务委员会组织的“中华环保世纪行——爱我黄河”采访团，在绥德县义合镇胡家沟村、绥德水土保持科学试验站实地采访了流域治理和水土保持工作等情况。

7 月 10—13 日，定边、靖边、横山等县下大暴雨。

8 月 4 日，牛玉琴获“全国绿化标兵”称号。

8 月 5 日，红石峡供水工程建成通水，并在红石峡水厂举行了通水剪彩仪式。

8 月 5—9 日，中共中央政治局常委、国务院总理朱镕基在陕西省委书记李建国、省长程安东陪同下，对陕西的水土保持和生态环境建设工作进行了考察，提出了“退耕还林（草）、封山绿化、以粮代赈、个体承包”的水土保持生态建设主要措施。

9 月 20 日夜，绥德县部分乡（镇）遭受特大暴雨、冰雹袭击，县城葡萄梁居民区被洪水卷走 4 人，1 人幸免于难，3 人死亡。

11 月 12—15 日，陕西省城市防洪工程建设暨水土保持生态环境建设现场会在榆林召开。与会人员参观了榆林、神木两县（市）水土保持生态建设工程和城市防洪工程，神木县城防洪工程建设成绩显著，奖励 100 万元。

11 月 13 日，榆林地区秋冬水利与水土保持生态环境建设现场会在榆林、神木召开，表彰了 1998 年在水利与农田基本建设中做出显著成绩的集体和个人，榆林、佳县、子洲 3 县（市）夺得“优胜红旗”。

11 月 30 日，清涧县城供水丁家沟泉水一期工程试通水成功。

12 月，榆林地区夺得陕西省“水利振兴杯”奖杯。

2000 年

1 月 9 日，榆林地区行政公署批转了陕西省水利水土保持厅出台的《关于加快渔业发展的意见》的通知，确立了榆林渔业发展指导思想、总体思路和优惠政策。

4 月 12—13 日，水利部副部长翟浩辉一行来榆林考察米脂、神木等地水土保持生态建设情况后指出，榆林要明确“西部大开发，水利必先行”的指导思想，建立自给型农业、防护型林业、商品型畜牧业，以建设山川秀美大西北为目标，全面实行山水田林路综合治理。

4 月 15—19 日，陕西省水利厅厅长彭谦深入清涧、子洲、绥德、米脂等县调研解决县城供水问题。

4 月 19—20 日，国务院副总理温家宝来榆在榆林、米脂、绥德等县（区）考察流域综合治理和退耕还林生态建设。

4 月 30 日，定边县治沙造林英雄石光银获“全国劳动模范”称号。

5 月 31 日至 6 月 2 日，水利部抗旱检查组到清涧、绥德、米脂、榆林 4 县（区）检查指导抗旱工作，并对下拨 400 万元抗旱经费的使用管理提出要求。

6 月上旬，榆林市部分县从 1999 年 10 月起连续长达 250 多天的冬、春、夏干旱，定边县三季总计降水量仅 28.2 毫米，全市大面积的农作物无法入种。

6 月 28 日至 7 月 3 日，陕西省水土保持局局长周万龙一行 16 人到榆林考察山川秀美建设情况。

7 月 4 日下午 3 时，清涧县老舍窠乡、店则沟镇遭暴雨袭击，35 分钟内降雨 50 毫米，致使 4 人死亡，受灾人口 1.2 万人，直接经济损失 500 万元。

7 月 16—18 日，国务院研究室调研组来榆林考察水利与水土保持生态环境建设情况。

10 月 19—21 日，榆林市委、市政府召开全市秋冬农田基建、生态环境、山川秀美建设工作会议，与会人员参观了无定河流域重点治理区的子洲高墕、绥德龙湾、榆阳沙墕等治理典型。榆林市委书记马铁山、市长张智林分别作了重要讲话。

10 月 22 日，榆林市风沙滩区 60 万亩粮副基地综合开发项目通过陕西省项目验收委员会验收。

12 月，榆林市夺得陕西省“水利振兴杯”奖杯。

2001 年

5 月 21—22 日，陕西省水利厅在榆林举行尤家峁水库风景旅游区发展规划开发项目可行性研究报告评审会。该项目规划区 5.6 平方千米，保护区为 11.28 平方千米，总投资达 11692 万元。

6—9 月，榆林市水政监察支队分批对全市 301 名水行政执法人员进行了执法培训。

8 月 16 日至 18 日晚 8 时，榆林市各县普降暴雨，榆阳区、定边、米脂、子洲 4 县（区）降雨量达 100 毫米。

9 月 21—24 日，在榆林市林草建设暨舍饲养羊流动现场会上，决定榆阳、神木、定边、靖边 4 县（区）在本年内，其他县在 2002 年 4 月 1 日前，全面实行封山封沙禁牧，舍饲养羊。

9 月 27 日，陕西省无定河、皇甫川国家重点水土保持工程建设工作会议在延安市吴旗县召开，会议回顾总结了 20 年来取得的成效和经验，安排部署了无定河二期二阶段的竣工验收工作。陕西省水土保持局局长周万龙出席会议并讲话。

10 月 30 日，由陕西省水利厅筹资援建的清涧县城供水老柳卜二期引水工程竣工，总投资 520 万元，日供水能力 860 立方米。

11 月 4—15 日，陕西省省长程安东在考察陕北生态环境建设时强调，黄土高原丘陵沟壑区要走“大面积封育、小流域治理”的路子，提高生态环境建设的质量和标准，在实现山川秀美的同时，带动农村经济发展。

11 月，榆林市第一个由国债投资建设的榆阳区石峁灌区节水灌溉增效示范项目开工建设。

12 月，榆林市夺得陕西省“水利振兴杯”奖杯。

2002 年

3 月 26—29 日，江泽民总书记来榆林视察，先后视察了榆阳区七里沙防沙治沙综合治理示范区、镇北台、红石峡、沙地植物园、锦界开发区、神木黄土庙村、神木县城、大柳塔矿区等，并会见治沙英雄牛玉琴、石光银和长城姑娘治沙连的全体人员。

5 月 1 日，榆溪河榆林城区防洪堤防工程榆兴桥—胜天桥段开工建设，2003 年 9 月 28 日竣工，总投资 1500 万元。

6 月 21—23 日，水利部纪检组组长刘光和等考察榆阳、米脂、绥德等县（区）水土保持生态治理。

8 月 6 日，陕西省“十五”重点工程——榆阳区李家梁水库开工建设，陕西省省长贾治邦出席开工仪式并讲话。该工程于 2006 年 12 月 4 日建成验收，累计投资 6708 万元。

9月22—24日，全国人民代表大会农业与农村委员会、环境与资源保护委员会、水利部、农业部、国家林业局、中国科学院、陕西省人民政府在延安召开加强生态建设再造秀美山川座谈会。中共中央政治局委员、全国人民代表大会常务委员会副委员长姜春云应邀出席并讲话，全国人民代表大会农业与农村委员会主任委员高德占，环境与资源保护委员会主任委员曲格平，陕西省委书记李建国，代省长贾治邦及省委常委、延安市委书记王侠，省人民代表大会常务委员会副主任刘枢机、副省长王寿森等参加。9月23日下午，陕西省人民政府、水利部、中国科学院在延安联合举行了“陕北水土保持生态建设示范区”启动仪式，姜春云、李建国、贾治邦为启动仪式剪彩。

10月，无定河二期二阶段重点治理工程通过国家验收。

11月，榆林市政府批准市水务局编制的《榆林市养殖水域滩涂规划》。全市开始发放水产养殖使用证。

12月，榆林市夺得陕西省“水利振兴杯”奖杯。

2003年

4月16日，“保护母亲河行动——武警西部万亩林”启动仪式在榆林举行，武警部队副政委中将隋绳武、陕西省委副书记张保庆等出席启动仪式。

8月7—10日，陕西省委副书记袁纯清带领陕西省水利厅厅长谭策吾、省水土保持局局长周万龙来榆林市米脂、横山、靖边等县进行淤地坝建设调研。

8月，水利部、财政部联合下发的《关于全国水土保持重点建设工程实施规划的批复》中，榆林市榆阳、靖边、横山、绥德、子洲、米脂、清涧7个县（区）列入国家水土保持重点建设工程项目区。

10月17日，榆林市秋冬水利与农田基本建设现场动员会在清涧县召开，各县（区）主管书记、县（区）长、水利局局长、重点项目办公室主任、市级直属有关部门负责人参加会议，市委常务委员王建领、副市长白玉仁到会并讲话。

10月23—24日，水利部水土保持司司长刘震一行来到榆林市榆阳、靖边、横山、米脂等县（区），对淤地坝建设、水土保持监督返还治理、重点流域治理、生态修复项目工程建设进行调研指导。

11月11日，榆林市人民政府出台《榆林市农村集体“五荒”资源治理开发管理办法（试行）》。

11月20日，榆林市水利与农田基本建设现场会在子洲县召开，陕西省水利厅副厅长马卫东、榆林市副市长白玉仁等出席会议并讲话，会上给子洲县颁发“优胜红旗”，奖励现金1万元，给李海琦等19名先进个人各奖现金1000元。

12月，榆林市及绥德、子洲县获得陕西省“水利振兴杯”奖杯。

2004年

2月24日，红柳河、芦河库坝群雨、水情自动化测报系统开工建设，建成投入使用。

3月24日，榆林市政府召开全市防汛工作会议，部署防汛工作。

4月30日，陕西省省长贾治邦、副省长洪峰率领省计划委员会、省水利厅等有关部门负责人在榆林市委书记周一波等陪同下，视察王圪堵水利枢纽工程坝址。省长贾治邦指示，给王圪堵水库解决前期工作费1000万元。

5月25日，榆林市水务局局长罗金祥与陕西省水利电力工程咨询有限责任公司经理刘海江签订《王圪堵水库项目建设设计合同书》，标志着王圪堵水库前期工作正式开始。

6月23日，水利部决定将榆林市列为陕西省首个节水型社会建设试点市。

7月15日，陕西省防汛可视会商系统榆林会商系统建成，提升了榆林市防汛抗旱决策快速反应能力。

7月25日至8月2日，横山、靖边、定边等县多次降暴雨，造成横山县韩岔乡部分公路被冲毁，定边县556间房屋倒塌、13.13万亩农作物受灾。

8月5—8日，黄河上中游管理局副局长陈伯让一行8人检查榆林淤地坝防汛工作。

9月6—8日，中国工程院院士、长安大学教授李佩成带领院士专家考察团一行11人，对陕北能源化工基地建设与榆林水资源问题进行了考察。

9月，子洲、靖边县获陕西省“农村供水建设先进县”称号。

10月11—14日，黄河水利委员会、黄河上中游管理局陈伯让、邓盛明、张彦军、罗万勤、史学建等13人，赴榆林市对榆阳区南沟、子洲县西庄、绥德县赵家铺、清涧县红旗沟、定边县大涧湾等6条坝系工程建设的可行性进行了研究审查。

10月20—21日，陕西省人民代表大会常务委员会副主任高宜新带领省水土保持局局长周万龙等8人，深入榆林开展流域坝系工程建设调研，先后对横山县石老庄、元坪、赵石畔流域3条坝系工程和米脂县榆林沟流域坝系工程建设进行调研指导。

10月，由国家地下水信息网、陕西省发展和改革委员会、陕西省水利厅、陕西省科学技术学会、榆林市政府共同主办的陕北能源化工基地建设——水资源可持续研讨论证会在西安召开。

11月4—5日，陕西省政府在榆林市绥德县召开全省冬春农田水利基本建设工作会议。会议由陕西省政府副秘书长刘孝文主持，陕西省水利厅厅长谭策吾和省水土保持局局长周万龙分别安排部署了农田水利基本建设和淤地坝建设工作。副省长王寿森出席会议并作重要讲话，要求全省学习推广榆林市“政府主导，群众参与，统一规划，综合治理，部门联合，资金捆绑，规模建设，整体推进”的经验和做法。

12月，榆林市夺得陕西省“水利振兴杯”十连冠，陕西省政府给予水利与农田基本建设特等奖，奖励100万元；子洲县夺得陕西省“水利振兴杯”五连冠，绥德县、榆阳区夺得陕西省“水利振兴杯”。

2005年

1月30日至2月1日，陕西省水利厅组织有关专家在西安召开《榆林市王圪堵水库项目建议书》审查会。当年底，水利部水利水电规划设计总院在榆林主持召开了《王圪堵水库工程项目建议书》审查会，原则通过了该工程项目建议书的审查。

5月13—14日，国务院西部开发办公室副主任段应碧一行到榆林调研退耕还林情况。

春夏以来，榆林市遭受近5年少有的春夏大旱，全市12个县区230个乡镇先后不同程度受旱。沙尘天气40余天，累计降雨量仅有14.4 ~ 27.5毫米，每次降雨不足5毫米。无定河、榆溪河、大理河等相继断流，累计断流时间45天，北部风沙区地下水位下降1米左右，造成各灌区无水可抽引，水库、塘坝等水源工程的蓄水量比历年同期减少90%。

6月21日至8月20日，陕西省委书记李建国、副省长王寿森带队，先后深入陕北、关中、陕南，对全省“十一五”和今后更长一个时期水资源的开发利用问题进行专题调研，形成了《陕西省“十二五”水资源开发利用专题调研报告》，提出了“全面节水、严格保水、多方找水、科学治水、依法管水，努力建设节水型社会”的水资源开发利用新思路。8月8—10日，李建国书记先后在榆林市视察了榆阳区李家梁水库、神木县瑶镇水库、采兔沟水库、横山县王圪堵水库坝址、神府经济开发区、锦界工业园区等，要求以科学发展观为统领，以建设节约型社会为目标，坚持开发与保护并重的方针，认真搞好水资源的勘探、开发和水源地建设，为陕北能源化工基地建设和人民生活提供充足的水源保障。

7月16日，国家林业局“西北华北东北防护林建设局”局长陈凤学到榆林调研治沙造林情况，提出要把榆林治沙造林经验推向全国。

9月中旬至11月中旬，榆林市水务局先后对尤家峁、杨伏井、营盘山、猪头山、大岔病险水库除险加固工程进行初步验收。

10月18日，榆林市委、市政府在子洲县召开全市水利与基本农田建设现场会议。

10月19日，荷兰王储威廉·亚历山大到榆林对绥德石家沟、韭园沟等小流域治理情况进行了考察。

11月，榆阳区红石峡供水二期工程开工建设，2006年7月完工，总投资2125万元。

12月13日，榆林市政府出台《榆林市水利工程管理体制改革实施方案》。

12月，榆林市夺得陕西省“水利振兴杯”十一连冠，子洲县、榆阳区夺得陕西省“水利振兴杯”。

2006年

4月21日，陕西省政府在横山县举行了榆林市王圪堵水库枢纽工程奠基仪式，仪式由陕西省政府副秘书长周玉明主持，省长陈德铭、副省长洪峰、副秘书长李明远及周玉明、省发展和改革委员会主任李晓东、榆林市委书记周一波、省水利厅厅长谭策吾等为工程奠基。

8月1日，榆林市政府在榆林召开《榆林市水资源综合利用规划》工作会议，部署规划编制工作任务。2007年7月规划报告编制完成。

8月，陕西省水利厅在榆林市召开全省淤地坝建设工作会议。

10月，榆林市政府批准实施《榆林市节水型社会发展纲要》《榆林市节水型社会建设规划》和《节约用水实施办法》。

11月下旬，黄河中游管理局、陕西省水利厅联合检查黄河水土保持生态工程无定河、窟野河项目实施工作。

11月30日，《王圪堵水库工程项目建议书》通过水利部审查，报国家发展和改革委员会核准。

11 月，榆林市被水利部列为全国节水型社会建设试点市。

12 月 14 日，榆林市民政局以榆政民组发〔2006〕21 号文件批准成立“榆林市农民用水户协会”。

2007 年

3 月，定边县秀海荒治理有限责任公司经理杜芳秀荣获“全国防沙治沙十大标兵”称号。

4 月 9 日，陕西省水土保持局总工程师刘利年等一行 5 人来榆林验收国家水土保持重点治理工程。

5 月 23 日，中国科学院和中国工程院院士、中国农业大学校长陈章良到榆林考察长城沿线风沙区保护性耕作实施效果。

6 月 1 日，榆林市委、市政府在榆林召开“白于山区人饮解困工程百家企业恳谈会”，会上 60 家企业捐款 5000 万元。

6 月 2 日，陕西省水利厅和榆林市委、市政府在定边县白湾子镇姚台村举行“白于山区人饮工程启动仪式”。

6 月 7 日，国务院参事王秉诚一行 11 人赴榆林视察水利水土保持工作。

6 月 20 日，陕西省水利学会、省水利厅、省妇女联合会等部门在定边县联合召开“水窖与扶贫现场会议”。

7 月，水利部和陕西省水利厅组织有关专家审查通过《榆林市节水型社会建设规划》。

8 月 11—12 日，陕西省委书记赵乐际在定边白于山区调研扶贫开发工作及山区人饮困难情况。

10 月 23 日，榆林市秋冬水利与农田基本建设动员会在榆林召开，安排部署了全市秋冬水利与农田基本建设任务。

11 月，榆林市水务局编制完成《榆林市 100 万人农村安全饮水工程可行性研究报告》。

12 月 7—12 日，无定河流域水土保持重点建设工程通过国家验收。

12 月下旬，陕西电视台发起捐助榆林缺水地区的“朝阳行动 2008 年——水窖寄深情”大型公益活动。

2008 年

3 月 16—20 日，陕西省水利厅副厅长王保安、巡视员左占清分别带领陕西省水利厅有关技术人员到榆林，就榆林水资源可持续发展规划进行调研。

8 月 2 日，水利部水资源司司长高而坤一行到榆林进行水资源调研。

8 月 4 日，水利部在榆林市召开全国节水型社会建设试点工作检查和 2007 年度试点专题验收会。

9 月 10 日，陕西省水利厅厅长谭策吾一行赴榆林开展水资源开发利用调研。

10 月 28 日，胡锦涛总书记视察榆林，并到榆阳区考察治沙生态建设情况。

12 月 4 日，水利部政策法规司、水资源司、安全监督司和黄河水利委员会、黄河上中游管理局等单位领导，调研内蒙古自治区鄂尔多斯市在纳林河修建水库影响王圪堵水库问题。

2009年

3月22日，在“世界水日”和“中国水周”期间，榆林市水务局在榆林城世纪广场举行“跨界水——共享的水、共享的机遇”为主题的宣传活动，散发《中华人民共和国水法》《中华人民共和国防洪法》《中华人民共和国渔业法》等水利法规宣传资料4000多份。

3月27日，由水利部组织的关于内蒙古乌审旗新能源化工基地供水工程与陕西省榆林市王圪堵水库工程在无定河上的取水矛盾协调会议在北京召开。会议由水利部政策法规司司长赵伟主持，陕西、内蒙古两省（自治区）水行政主管部门的领导及相关市县政府主管领导参加了会议。陕西省水利厅副厅长洪小康一行4人参加了协调会。在水利部的协调下，初步达成协议，并签订了协议书。至此，两省（自治区）水事边界纠纷圆满解决。

4月3日，治沙英雄牛玉琴荣获“中国生态贡献奖”。

5月，榆林市南部地下水勘查项目由西安地质矿产研究所中标承担，2010年12月编制完成《榆林市南部地下水勘查报告书》。

10月22日，陕西省水利厅下达王圪堵水库建设开工令。2010年12月1日围堰截流成功。

10月23—25日，水利部部长陈雷，水利部党组成员、办公厅主任陈小江，水利部总规划师兼规划计划司司长周学文一行来水利部对口帮扶的延安市安塞县调研考察，重点检查了安塞县农村饮水、水土流失综合治理、县城供水、雨水集蓄利用等项目建设，与安塞县进行了座谈，对安塞水利改革发展提出了重要指导意见。陕西省水利厅厅长谭策吾、省水土保持局局长张秦岭、省水利厅总工程师孙平安等陪同考察。回到西安，陕西省委书记赵乐际到驻地看望，陕西省省长袁纯清、副省长姚引良等与陈雷一行进行了座谈。

10月，榆林市节水型社会建设通过水利部中期评审。

12月3日，榆林市综合执法局组织人员将尤家峁水库水源保护区内的15处违章建筑依法强行拆除。

12月17日，榆林市政府与水利部水土保持植物开发中心在北京举行新闻发布会，全面展示榆林市水土保持生态建设成果。同日，《榆林市水土保持植被建设规划》通过评审。

12月18—19日，由陕西省国土资源厅和中国地质调查局西安地质调查中心承担完成的《陕北能源化工基地地下水勘查研究》成果评审会在西安举行，与会专家评审鉴定通过这个研究成果。榆林北6县（区）地下水可采资源总量每年1035亿立方米，现状利用量2.16亿立方米。

12月，榆林市再次夺得陕西省“水利振兴杯”，累计实现15次夺冠。

2010年

3月10日凌晨1时30分，子洲县双湖峪镇双湖峪村石沟发生山体滑塌灾害，滑塌土方9万立方米，共25间房屋被埋压，经各方大力抢救被埋压群众44人，有17人获救，其余27人死亡。

3月18日，榆林市副市长刘建胜、艾保全深入榆林城区就城市片区改造、榆溪河北段整治改造项目等问题进行考察调研。

4月，陕西省国家水土保持重点建设工程现场会在米脂县召开。

5月13—15日，陕西省水利厅在榆林召开“榆林市农村饮水板块推进促进会”，陕西省水利厅厅长王锋出席并讲话，陕西省水利厅副巡视员李永杰主持会议。会议期间，厅长王锋先后到榆阳区赵家湾、定边学庄等地调研农村饮水情况。

5月14日，陕西省水利厅组织媒体记者到定边等地进行农村安全饮水工程的采风活动。

6月29日，榆林市水务局在榆林世纪广场举行《中华人民共和国水土保持法》颁布实施19周年大型宣传活动。

10月，榆林市除佳县外其余11县（区）农村安全饮水水质监测中心工程通过陕西省水利厅、省财政厅的审查验收。

11月，定边县牧区水利项目工程正式启动实施，开榆林市牧区水利建设的先河。

12月1日，王圪堵水库围堰截流成功。同时水库工程放水洞、泄洪排沙洞建成。

2011年

3月22日，榆林市水务局和黄河水利委员会晋陕蒙水土保持监督局、榆阳区水务局在榆林市中心广场共同举办纪念第十九届“世界水日”暨第二十四届“中国水周”宣传活动和新《中华人民共和国水土保持法》颁布实施宣传启动仪式和万人签名活动。活动现场发放宣传材料18000份，展出宣传展板60块，接受群众咨询300余人次。

5月24日，财政部综合司、国家发展和改革委员会价格司和水利部水土保持司有关人员组成国家水土保持补偿费政策专题调研组来榆林调研考察。

6月13日18时，延安市吴起县周湾、长城两镇局部地区遭受暴雨洪涝和冰雹灾害袭击。暴雨持续时间长达1个多小时，降水61毫米；冰雹持续时间40多分钟，直径约2厘米，雨后部分地方冰雹堆积厚度达30 ~ 40厘米。灾害造成直接经济损失4500多万元，其中农业经济损失1820万元。

6月23—24日，榆林市水务局邀请陕西省水利厅、长安大学等单位有关专家，就中能榆阳煤矿对红石峡—牛家梁水源地的影响问题进行了考察、讨论，并形成了《榆林市水务局关于中能榆阳煤矿对榆林红石峡—牛家梁水源地影响报告》。

7月12日，清华榆林生态水文试验站落成仪式在榆林生态产业科技园园区举行。该试验站位于榆林市榆阳区小纪汗乡井克梁村，是榆林生态产业科技园区落户的首家科技院校项目。

7月14日，榆林市淤地坝防汛工作座谈会在米脂县召开，参会人员观摩了在米脂县石沟镇艾山淤地坝进行的防汛抢险应急实战演练。

8月16日，陕西省水土保持局局长张秦岭对榆林市煤炭、石油、天然气资源开采水土流失补偿费征收使用管理进行了专项调研。

10月13日，榆林市委、市政府制定《关于加快水利改革发展的实施意见》，提出了新形势下加快水利改革发展的指导思想、战略布局和政策举措。

11月4日，榆林市政府召开全市水利工作会议，市级各部门及各县区主要领导共400多人参加会议。市委副书记、代市长陆治原出席会议并讲话。会议全面安排部署了榆林水利改革和发展重点工作。

11月4日，榆林市委、市政府召开全市“三年植绿大行动”启动仪式，印发了《榆林市三年植绿大行动实施方案》，规划用3年时间完成造林面积300万亩。

12月15—19日，陕西省水利厅厅长王锋带领省水利厅有关处室负责人，先后到定边、靖边、府谷、榆阳、米脂等县（区）的黄河引水工程现场进行考察调研，并主持召开了“陕北黄河引水工程推进工作座谈会”。

2012年

2月27—29日，水利部黄河水利委员会与陕西省水利厅组成的专家组对榆林市节水型社会建设试点进行了评估验收。陕西省水利厅副厅长洪小康参加验收。同年11月1日，榆林市节水型社会建设试点通过国家验收，并授予“全国节水型社会建设示范市”称号。

6月9—10日，水利部黄河水利委员会主任陈小江到榆林市考察黄土高原水土保持工作。陕西省水利厅厅长王锋、榆林市市长陆治原等陪同考察。

6月12—13日，由陕西省政治协商会议委员会副主席刘新文、原副主席张伟带队的省政治协商会议委员会经济委员会调研组，在靖边县调研农村饮水安全情况。

7月28日，榆林市市长陆治原主持召开全市防汛紧急会议，听取全市积极应对暴雨侵袭，全力做好防汛工作的汇报，对全市防汛工作进行再部署、再动员。随后，他深入榆阳区检查指导抗洪救灾工作，强调各级领导干部要恪尽职守，立足防大汛抢大险救大灾，科学部署规划，严格责任落实，严明组织纪律，确保人民群众生命财产安全。

7月26—27日，榆林市召开保护地下水资源研讨会，陕西省地下水管理监测局、中国辽河油田公司、神东煤炭集团有限责任公司及榆林市气象局、环境保护局、水务局等单位专家交流论文，并组织开展了深入而广泛的研讨。

9月上旬，中国科学院院士刘昌明率队到榆林考察，对靖边等县淤地坝水毁情况进行了调研。

11月21—23日，水利部水土保持司副司长蒲朝勇、水土保持监测中心副主任张长印和陕西省水土保持局局长张秦岭、总工程师刘利年等到榆林，对国家水土保持重点工程及坡改梯项目区进行检查调研。

12月17日，榆林市政府以榆政发〔2012〕89号文印发《榆林市地下水资源保护管理办法》，该办法共30条，为加强地下水保护管理提供了法规依据。

2013年

2月19日，榆林市市长陆治原主持召开榆林城区绿化工作会议，研究部署榆林城区绿化工作。

3月，榆林市国家水土保持第三期重点项目工程通过水利部验收。

4月1—2日，陕西省重点水利工程建设管理工作会议在榆林召开。陕西省水利厅副厅长席跟战出席并讲话。

5月10日，榆林市政府召开常务会议，原则通过《无定河综合治理规划初步方案》和《榆林市河流水系绿化工程规划设计》，并责成榆林市水务局具体负责相关前期工作。

5月13日，黄河流域淤地坝防汛工作会议在榆林召开，会议期间水利部副部长刘宁、水土保持司司长刘震等领导到米脂县考察了孟岔小流域治理、榆林沟坝系工程、高西沟水土保持生态环境建设。

5月30日，陕西省防汛抗旱总指挥部在榆林市召开全省淤地坝安全度汛专题会议，陕西省水利厅副厅长薛建兴主持会议，省水利厅党组成员、省水土保持局局长张秦岭专题部署淤地坝防汛工作。

7月16日，榆林市市长陆治原到榆林市水务局、榆林市防汛抗旱指挥部检查全市防汛工作落实情况。

7月23日，榆林市政府以榆政发〔2013〕58号文印发《榆林市扶持沙棘产业发展实施意见》，大力扶持榆阳、府谷县、神木县、横山县、靖边县集中连片发展沙棘产业。

7月27—28日，陕西省委常务委员、省委政法委书记安东到榆阳、横山、靖边等县（区）检查调研防汛、扶贫移民工作。

8月16日，榆林市地下水保护协会成立，榆林市地下水监测总站党支部书记李玲当选为协会会长。

8月18日，陕西省副省长祝列克来到榆林检查防汛工作，榆林市市长陆治原等陪同检查。

9月23日，陕西省稻田生态养鱼示范现场会在榆林市横山县召开，陕西省水利厅副巡视员左占清出席并讲话，对全省稻田养鱼工作进行安排部署。

12月5日，榆林市政府办公室以榆政办发〔2013〕101号文件分别下达了各县区2015年水资源管理控制目标，分用水总量控制目标、用水效率控制目标、水功能区水质目标、饮用水水源地水质达标控制目标和重点区域地下水位控制目标五个方面，全面落实最严格水资源管理制度。

12月15日，榆林市政府办公室印发《榆林市创建省级生态园林城市实施方案》，按照“政府组织、全民参与、统一规划、科学布局、因地制宜、协调发展、生态优先、功能完善”的原则，开展省级生态园林城市创建，计划2014年10月底完成创建任务，并通过验收。

2014年

3月13日，榆林市委常务委员、常务副市长高中印带领市水务局、市住建局、榆阳区政府等有关负责人，深入红石峡水库、红石峡供水站、色草湾水库、榆阳水厂、尤家峁水库等地，调研理顺水务管理和供水体制工作。

3月14日，榆林市政府办公室以榆政办发〔2014〕27号文印发《关于加强全市绿色长廊工程建设的意见》，决定将绿色长廊工程建设列入“三年植绿大行动”，以包茂、青银、榆神、神府、榆绥、榆佳6条高速公路为重点，建成高标准的千里绿色长廊景观。

3月18日，榆林市政府制定以榆政发〔2014〕4号文印发《关于实行最严格水资源管理制度的实施意见》，全面启动最严格水资源管理制度实施工作。

3月27日，榆林市市长陆治原主持召开全市环境保护工作紧急调度会议，安排部署污水处理厂建设运营整改及污染减排工作。

5月14日，榆林市市长陆治原调研榆林西南新区建设和王圪堵水库及其移民安置项目建设工作。

6月13日，榆林人民政府办公室印发《榆林市实行最严格水资源管理制度考核办法》，考核办法共16条，为全面落实最严格水资源管理制度考核工作提供了依据。

7月9日，榆林市市长陆治原冒雨深入榆阳区尤家峁水库、榆林市防汛抗旱指挥部等地，调研指导防汛工作。

8月26日，榆林市政府以榆政发〔2014〕22号文制定印发《榆林市河道管理办法》，办法共7章60条，为依法治河管河提供了法规依据。

9月4日，榆林市政府制定以榆政发〔2014〕23号文制定印发《榆林市水利风景区管理细则》，该细则共23条，为水利风景区建设、管理和保护提供了法规依据。

2015年

3月19日，榆林市人民政府办公室以榆政办发〔2015〕26号文件分别下达各县区2020年和2030年用水总量及重要水功能区水质控制目标，要求严格贯彻执行。

5月25—28日，陕西省水利厅副厅长薛建兴带领检查组到榆林市检查防汛备汛工作。

6月27日，榆林市委副书记、代市长尉俊东带领市防汛抗旱指挥部成员单位有关领导一行，到榆林市水务局检查调研防汛备汛工作。

11月25日，榆林市政府办公室以榆政办发〔2015〕67号文制定印发《关于进一步加强饮用水水源保护工作的实施意见》，对加强县城及村镇饮用水水源保护区划分及报批工作作出安排，要求2016年底前实现饮用水水源保护“全覆盖”。

2016年

2月28日，榆林市政府办公室以榆政办发〔2016〕5号文印发《首都各界支持榆林生态文明建设“北京林”公益旅游活动实施意见》，由宜居城市（中国）研究中心与榆林市政府共同发起“北京林”公益旅游活动，旨在动员首都各界积极参与榆林治沙造林活动，带动社会各界掀起植树造林、美化家园的新高潮，加快推进京津冀地区风沙源头治理工作，把榆林建成“中国沙漠绿洲城市宜居典范”和“中国能源开发城市宜居典范”。

7月15日，榆林市市长尉俊东主持召开榆林市政府专题会议，研究无定河综合整治规划初步方案和陕甘宁盐环定扬黄定边供水提升改建工程建设工作。

8月30日，榆林市政府以榆政发〔2016〕31号文印发《榆林市水资源管理办法》，该办法共9章47条，为全面加强水资源开发利用、节约保护提供了法规依据。

12月13日，榆林市市长尉俊东来到榆林高新区在建一小区工地，现场督导关闭该小区的违规自备水井。他强调要落实最严格水资源管理制度，加大水务执法力度，强化自备水井监管，尽快关闭榆林城区所有违规自备水井。

2017年

1月5日，榆林市人民政府办公室以榆政办发〔2017〕1号文印发《榆林市林业建设五年大提升实施方案（2016—2020年）》，要求2016—2020年，全市林业发展按照“三带三区”格局，实施“十大工程”、建设“五个百万亩基地”，为建设“大美榆林、幸福榆林”提供强有力的生态保障。

2月10日（正月十四日），陕西省河长制启动暨无定河综合治理动员大会，以视频连线方式在西安渭河河畔和榆林绥德无定河防洪工程施工现场同步举行。陕西省委书记娄勤俭宣布启动和开工，省长胡和平作动员讲话。陕西省委常务委员、常务副省长梁桂在绥德现场主持无定河综合治理动员大会，榆林市委、市政府和无定河流域各县委、县政府及其有关部门负责同志参加了开工仪式。开工仪式之后，无定河综合治理工程在挖掘机的轰鸣声中拉开了建设序幕。

3月23日，榆林市政府办公室以榆政办发〔2017〕26号文印发《榆林市建设项目节约用水暂行管理办法》，该暂行管理办法共17条，对建设项目落实节水优先战略作出制度规定。

4月5—6日，国家林业局副局长彭有冬一行来到榆林，调研林业建设工作，并接见了牛玉琴、石光银两位治沙英雄模范代表。陕西省林业厅厅长李三原，榆林市市长尉俊东、副市长马秀岚等陪同调研。

4月13日，榆林市委办公室、市政府办公室以榆办字〔2017〕36号文印发《榆林市全面推行河长制实施方案》，全面启动河长制工作。

7月25日，榆林市市长尉俊东来到因暴雨受灾的红山路、延寿路和开发区东环路榆林职业技术学院坍塌区域，查看灾情，看望受灾群众，现场指导救灾行动。随后，来到市防汛抗旱指挥部调度指挥，强调要提高认识，紧盯薄弱环节，强化各级责任，加强雨情舆情报送，防大汛抢大险，确保安全度汛。副市长马秀岚一同视察。

7月26日，榆林市委书记戴征社、市长尉俊东坐镇市防汛抗旱指挥部指挥调度防汛抗灾工作，随后深入子洲县、绥德县检查指导防汛抗灾工作。

9月30日，陕西省委办公厅、省政府办公厅通报表彰“7·26”榆林抗洪抢险救灾工作先进集体和先进个人，对榆林市气象局等30个先进集体、李明等100名先进个人予以通报表彰。

10月11日，榆林市委书记戴征社、市长尉俊东带领市发改、规划、水务、国土等部门负责人，深入子洲、绥德两县调研指导灾后重建工作，强调坚持科学规划引领，扎实有序全面推进灾后重建工作，努力建设生态、宜居、现代、文明的新子洲、新绥德。

10月21—23日，中国水利水电科学研究院陈祖煜院士、黄河上中游管理局王文善巡视员、清华大学王兆印教授、西安理工大学李炎隆主任等一行到榆林调研考察水土保持及淤地坝建设情况。陕西省水土保持勘测规划研究所总工程师袁瀛、榆林市水务局副局长马彦喜、榆林市淤地坝建设办公室主任刘飞等陪同。

11月28日，榆林市王圪堵水库三县供水子洲专用工程建成通水，解决了灾区群众过冬用水问题。

12月7日，榆林市副市长杨东明带队调研中心城区河道治理情况。

2018年

1月22日，陕西省水利厅厅长王拴虎与榆林市代市长李春临主持召开座谈会共商榆林水利发展工作。陕西省水利厅副厅长管黎宏、总工程师王建杰、总规划师黄兴国，榆林市副市长马秀岚参加座谈。

3月6日，榆林市政府以榆政发〔2018〕4号文印发《关于创建国家森林城市建设绿色榆林的意见》，决定以“三带三区”为重点，创建国家森林城市、建设绿色榆林。其中，在无定河流域定边、靖边、横山、榆阳、米脂、子洲、绥德、清涧8县（区）建设防护景观带。

4月27日，榆林市政府办公室以榆政办发〔2018〕21号文印发《关于推进农业水价综合改革的意见》，对全面推进农业水价综合改革工作进行部署。

5月24日，榆林市副市长马秀岚到子洲县调研大理河河道清理整治工作。

6月4日，榆林市委书记戴征社到榆林市防汛抗旱指挥部检查指导防汛抗旱工作。副市长马秀岚一同检查指导。

6月14日，由国家林业和草原局、全国政协农业和农村委员会、陕西省政府主办的第24个世界防治荒漠化与干旱日纪念大会在榆林举行，全国政协副主席郑建邦出席会议并讲话，联合国副秘书长、《联合国防治荒漠化公约》执行秘书长莫妮卡·巴布发来贺信。国家林业和草原局局长张建龙、全国政协农业和农村委员会副主任马中平讲话，陕西省省长刘国中致辞，陕西省人民代表大会常务委员会副主任、榆林市委书记戴征社，全国政协常委马志伟，陕西省政协副主席李晓东等领导出席会议。国家林业和草原局副局长刘东生主持会议。国家林业和草原局局长张建龙对榆林的治沙造林工作给予了高度评价和肯定。

6月20日，水利部黄河水利委员会副主任薛松贵带领11人到榆林调研无定河生态水量调度实施情况。

7月12—13日，陕西省副省长魏增军带领省级有关部门在榆林市调研脱贫攻坚工作，检查黄河陕西段非法采砂整治以及河长湖长制落实情况。榆林市委书记戴征社、副市长马秀岚一同调研检查。

8月31日，榆林市市长李春临主持召开全市防汛工作紧急视频会议，对防范应对强降雨天气及秋汛工作再次作出安排部署。

9月8日，榆林市政府第五次常务会议研究通过《榆林市无定河流域水污染补偿实施办法（试行）》，该办法共15条，为无定河流域地表水生态环境污染补偿提供了标准和依据。

10月26日，榆林市四届人民代表大会常务委员会第十九次会议批准榆林市树为榆树、市花为桃花。

12月26日，由共青团陕西省委、陕西省青年联合会与省委宣传部、省委精神文明建设指导委员会办公室、省委网络安全和信息化委员会办公室、省委科学技术工作委员会、省国有资产监督管理委员会等10家单位共同主办的“将改革开放进行到底”百姓宣讲活动省级宣讲会暨2018年陕西好青年颁奖典礼在西京学院举行。陕西省水文水资源勘测局绥德水文站荣获“陕西好青年集体”奖。

2019年

3月6日，榆林市政府办公室以榆政办发〔2019〕20号文印发《榆林市抗旱应急预案》，为科学、规范、有效防抗干旱灾害提供了预案。

5月21—24日，榆林市河长制办公室在河海大学举办榆林市提升河长湖长履职能力专题培训班。

6月13日，榆林市政府办公室以榆政办发〔2019〕21号文印发《榆林市防汛应急预案》，为做好洪水灾害突发事件的防范与处置提供了科学预案。

6月21日，榆林市委书记戴征社在市防汛抗旱指挥部调研，并召开全市防汛抗旱工作会议，副市长马秀岚等出席会议。

6月23—24日，陕西省委常务委员、延安市委书记徐新荣一行赴甘肃省兰州市考察对接白龙江引水工程，与甘肃省委常务委员、省政府副省长周学文等进行座谈。甘肃省原则同意将延安市吴起、志丹、安塞、宝塔4县（区）纳入受水范围，并就工程前期等工作达成共识。

6月26日，榆林市市长李春临在市防汛抗旱指挥部检查调研防汛工作，并召开中心城区防汛工作会。

7月8日，榆林市政府第六次常务会议研究通过《榆林市取水许可管理实施办法》，该办法共32条，为加强取水许可管理提供了法规依据。

8月11日，榆林市委四届七次全会第一次会议结束后，市委书记戴征社、市长李春临在榆林市人民大厦会客厅，会见了牛玉琴、石光银、张应龙、杜芳秀、姜良彪、席彩娥6位治沙造林英模代表。

8月12日，榆林市委四届七次全会审议通过《关于加强生态文明建设打造黄土高原生态文明示范区的决定（讨论稿）》。10月25日，市委、市政府印发《关于加强生态文明建设打造黄土高原生态文明示范区的决定》，重点实施八大行动，力争2025年示范区建设取得重大突破，2035年示范区基本建成。

8月14日，榆林市委书记、榆林市总河长、无定河市级河长戴征社开展巡河，并对横山区和靖边县无定河流域生态治理以及河长制落实情况、河湖清“四乱”等问题进行了调研。

10月14—16日，黄河水利委员会副主任周海燕一行7人赴横山、子洲、绥德3县（区）对黄土高原旱作梯田、淤地坝建设有关情况开展调研。榆林市副市长马秀岚陪同调研。

11月15日，榆林市获得“国家森林城市”称号。榆阳区巴拉素镇大旭吕村、米脂县银州街道高西沟村等17个村庄被评定为“国家森林乡村”。

11月23—24日，水利部副部长陆桂华一行到榆林市米脂、绥德等地就黄河流域水土保持工作进行调研。榆林市委书记戴征社，陕西省水利厅厅长王拴虎，榆林市副市长马秀岚、王国忠等陪同调研。

12月12日，榆林生态文明干部学院揭牌，为全国第二家、陕西省首家生态文明干部学院。

12月23日，榆林市市长李春临主持召开市政府第二十三次常务会议，专题研究全市河湖管理范围划界等提案。

2020年

3月30日，榆林市水利局派出工作组对榆阳、横山、靖边、定边、子洲、绥德、米脂、佳县、神木、府谷10县（市、区）的水土保持工程和无定河全线综合整治工程开工复工、疫情防控、安全防范、工程进度等方面工作进行调研督导，督促尽快复工复产。

6月1—2日，陕西省防汛抗旱总指挥部秘书长、省水利厅和省应急管理厅副厅长丁纪民带领省级有关部门负责同志组成的省防汛抗旱总指挥部第七检查组，对榆林市防汛抗旱安全工作进行了检查。

6月15日，陕西省水利厅厅长王拴虎检查榆林库坝防汛备汛和农村饮水安全工作，榆林市水利局主要负责同志陪同检查。

6月30日，榆林市副市长马秀岚前往子洲、绥德两县调研防汛抗旱工作并主持召开座谈会。

7月1日，时任陕西省副省长赵刚到榆林市检查指导防汛抗旱工作。榆林市市长李春临和陕西省水利厅副厅长丁纪民等陪同调研。

7月2日，榆林市市长、榆溪河市级河长李春临赴榆溪河等地调研全市落实河长制湖长制工作情况，并参加榆溪河河长制工作会议。

7月3日，榆林市市长李春临主持召开市政府第九次常务会议，研究部署了榆林市河湖长制重点工作和防汛抗旱等工作。

7月17日上午，榆林市人民代表大会常务委员会召开新闻发布会公布《榆林市节约用水条例》已经被陕西省人民代表大会常务委员会批准，于2020年8月1日起施行。

8月11—12日，水利部水土保持司副司长张文聪一行到榆林市榆阳区，就国家水土保持重点建设以奖代补试点工作开展情况进行调研指导。陕西省水土保持和移民工作中心主任杨稳新、榆林市副市长马秀岚等陪同调研。

8月15日，榆林市市长、市总河长李春临带领市级有关部门和榆阳区政府主要负责人，赴榆溪河开展河长制巡河并检查城市防汛工作。

8月27日，陕西省人民代表大会常务委员会党组书记、副主任刘小燕带领陕西省人民代表大会调研组调研榆林治沙工作。

10月29日，榆林市第四届人民代表大会常务委员会第三十六次会议听取了关于榆林市“塞上森林城”提质增效行动及防沙治沙工作情况的报告。

11月5日，陕西省委书记刘国中在榆林市调研黄河流域生态保护和高质量发展工作。

11月11—12日，陕西省水利厅在吴起县召开全省苦咸水改水工作推进会暨水质监测现场培训会，陕西省水利厅副厅长丁纪民、延安市副市长张强出席会议。

12月7日，榆林市委常务委员、常务副市长李博现场督导子洲县周家硷镇、马岔镇大理河河长制工作问题整改和河湖划界工作进展情况。

12月10日，水利部总规划师汪安南带领国家黄河立法第二调研组来榆林开展立法调研。榆林市副市长马秀岚陪同调研。

附　录

一、重要文献选录

兴修陕北水利初步计划

（一九三四年十月十四日载于《西京日报》）

李仪祉

一、榆溪河之水利

榆溪河，一名清水河，俗称西河，为无定河支流。源出长城以外，入城后绕榆林城西，略向东南流，经归德堡，至鱼河堡入无定河。此河水利榆绅李子菁，曾集民资兴办，其工程自普惠桥（北桥）下游凿洞，由崖中引河水出洞，经黄土峁，渠身入沙湾，转折作弧形，受小水二道，沿弧弦坝水为田，约数十亩。渠身接弧之下端，复凿山行，或明或暗，凡成石渠一百二十尺。山石俱为砂岩，渠宽四尺，埝顶高于渠底二尺五寸。石渠下复接土渠，长五十丈，水即由此出地灌溉。计工完之日，有坝成之田七百余亩，未坝可成之田，数亦相若。此渠当调查时已成功十之八九。或疑水利不能入田，经以水准仪测验，渠底再加深三寸许，即可畅流。

二、归德堡之水利

此亦引榆溪河。榆溪河自榆林而下，右岸概为高沙，左岸沙地低平，可以耕种。因沙中乏水，地多荒废，故民生甚苦。三汊湾亦为沙地，因得榆溪水利，遂有稻田百余亩，生产丰富，比之此无水利之沙田，实有陶朱（范蠡，引为大富）乞儿之感。民国八年（一九一九年），曾由榆林筹款，自刘官寨下游凿渠引水，已通至归德堡，因款绌停工。兹将此渠测量大概节述如下：①由水口上七十步起，施测水准，以水面为零，则水口处水面为零下六寸一分，渠底为零上六尺六寸五分，归德［堡］附近已成渠之末端，为零上五尺余，过此地势渐低自零上二尺至零下三尺许。沿渠中间有高至零上三四尺者，有高至一丈七八尺者，水实不能入渠。②若欲继续为之，唯有在水口下五百步处河中，筑一柴石混合之坝。此处河宽十二丈，两岸石质坚固，水亦甚浅，坝高六尺，渠底一律加深，所过旧筑之桥落低，归德堡附近之沟须横跨一桥，则可溉及下游。计刘官寨、归德堡可溉之田，约千亩以上。③工费共五千五百元。浚渠十里，每里以三百元计，需三千元。坝工长十二丈，需一千七百元。桥工需八百元。④此处沙地荒芜，高下不一，水利若兴，非齐加修治不可。修治之费每亩以三元计，即需洋三千元以上。土著甚少，又皆无此财力，应由公家提倡也。李子菁处存有计划。

三、黑海子之水利

榆溪河在长城以北，有广漠之地，为汉人所耕种。山沟之水，概用以灌田，水田甚多。尤家梁一带，经井松生提倡开渠，水益畅旺，人民食利无穷。黑海子在榆溪河上游四十里二道河之长，若由此处开渠，引水沿沙丘之脚下行，可溉至尤家梁以下，长可二十里，成田二万［亩］左右。黑海子居民曾集资开渠三四里，水未入渠，因无款接济废止。兹将此渠大概分述如下：①调查河床，在此处甚高，两岸须筑堤以防水。用水准仪测得水口处水面低于堤内平地四五寸，冬至沙丘过水木槽面，低于水口面五寸许。沿沙丘之脚而行至米家村，经村背走陈家村前，地势较低。若绕村背，则须穿一沙梁，渠底须挖深一丈三尺。此处沙质疏松，须用铁皮水管通过，约一里。超过沙梁，即为平地，渠须入地三尺以下。则沿沙丘边际而行，可无障碍。②渠身共长二十里，每里以二百元工费计，共需四千元。水口处设备需五百元，铁皮管需九百元，共需五千四百元。③榆林水利，此处为最可行，惟居民涣散，人心不一，须由官方提倡，士绅负责督办，则工必易进行。

四、月牙河之水利

月牙河即古圆水，俗名芦河，源出定边县东境，入靖边境，即东北流，绕经长城，东行注入无定河。民国十八年（一九二九年）春夏之交，靖边县县长牛庆誉，曾以五百元开阳强畔月牙河水利。计自三月三十一日开工，至六月三日竣工，用夫一千二百零八名，修筑一千三百四十八丈八尺，渠宽六尺、深六尺，灌田二百五十亩。其工程大概系借用旧开之利民渠。利民渠工程系于米家庄下游，阳强畔庄上游之处，筑以坝堤。坝堤之内面左方，挑一退水渠，右方即开为渠口。由渠口引渠东行，与河身并入长城，达横山县境。新工程除疏浚旧渠外，并于阳强畔庄东南部旧渠之中间，开引新渠。新渠长二百丈，宽八至九尺，深七至八尺。据牛县长报告，渠成以后，渠水只可灌集南之地。渠北以抵月牙河右岸之地，约一千四百亩尚未普灌。因只有二百亩成田，其余仍系荒沙。若能将荒沙开成沙田，亦可引水灌溉。渠之下游。已入长城，可开左、右二支渠。左渠向东北流，可溉伏龙潭地一千五百亩；右渠向东南流，可溉西海之地七八千亩。伏龙源地已开拓者只四五十亩。西海之地较渠水高二丈，尚须计划修理。至此渠所以未能如愿大修者，则财力所限，别无问题。

五、尧民村之水利

黄河流至府谷县东北八十余里处，成一大弯，形如反面S。该处尧民村冯家汇等村，有河川田三千余亩，可引河水以灌溉。民国十九年（一九三〇年）五月，府谷县县长赵璧曾有开修新渠计划，其大概如下：①黄河水面（参看附图）（原文缺图）（1）至（5）之差为七丈余。冯家汇川地，比黄河水面高二丈上下，若于（1）处凿河，以通至（2）处，再于（3）处大梁小沟，筑一渡水桥，由洞口引河水穿洞，过渡桥即可引以灌冯家汇等三村之田（图缺）。②灌溉地域，长七里，宽一里又二十五丈，共地约四千亩。平年只种五谷一次。如治成水田，年可增粮五千石以上。③石洞长二里，石质坚硬，色红白相间，洞高五尺、宽六尺，上圆下方，出入口均以砖砌，并设水闸。出口外有大梁小沟，须做砖渡桥，长五十丈。水引入地，须做长约五里之石灰和土水道。洞凿成后，用过二三年，须用条砖石灰砌成砖拱。④各项工料费用，计需洋二万二千二百八十元。拟采公私合办方法，田改水地，每亩暂出洋二元，共筹八千元。砖洞工费六千四百八十元，暂不计入，尚短洋七千八百元，拟由赈款项下开支。⑤凿洞工程每日以二百工计算，约需半年完成。其他露天工程，每日用工人五百，一月即可修竣。

二、地方性法规选录

榆林市无定河流域水污染防治条例

（2018 年 12 月 25 日榆林市第四届人民代表大会常务委员会第二十一次会议通过，2019 年 3 月 29 日陕西省第十三届人民代表大会常务委员会第十次会议批准）

第一章　总则

第一条　为了加强无定河流域水污染防治，保护水环境，改善水生态，保障饮用水安全，维护公众健康，推进生态文明建设，促进经济社会可持续发展，根据《中华人民共和国环境保护法》《中华人民共和国水污染防治法》和有关法律法规，结合本市实际，制定本条例。

第二条　本条例适用于本市行政区域内无定河流域的河流、湖泊、渠道、水库等地表水体以及地下水体的污染防治。

本条例所称无定河流域指向无定河干流及其海流兔河、芦河、榆溪河、大理河、淮宁河等支流汇水的区域。

第三条　无定河流域水污染防治坚持预防为主、防治结合、综合治理、公众参与、损害担责的原则。

第四条　市、县（市、区）人民政府应当将无定河流域水环境保护工作纳入国民经济和社会发展规划，调整经济结构，优化产业布局，严格限制高耗水和高污染的建设项目。

市、县（市、区）、乡（镇）人民政府对本行政区域的水环境质量负责，应当及时采取措施防治水污染。

街道办事处在县（市、区）人民政府的指导下，开展水污染防治工作。

第五条　市、县（市、区）人民政府应当加大对无定河流域水污染防治的财政投入，加强水污染防治资金使用的监督管理，提高资金使用效益。

鼓励和引导社会资本参与无定河流域水污染防治。

第六条 市、县（市、区）人民政府生态环境主管部门对无定河流域水污染防治实施统一监督管理。

市、县（市、区）人民政府发改、财政、水行政、自然资源和规划、住房和城乡建设、交通运输、卫生健康、农业农村、林业和草原等部门，依照各自的职责，对无定河流域水污染防治实施监督管理。

第七条 无定河流域的市、县（市、区）、乡（镇）建立河（湖）长制，分级分段组织领导本行政区域内河流、湖泊的水资源保护、水域岸线管理、水污染防治、水环境治理等工作。

第八条 本市实行水环境目标责任制和考核评价制度，将水环境保护目标完成情况作为对县（市、区）、乡（镇）人民政府和市、县（市、区）人民政府有关部门及其负责人考核评价的内容。

第九条 市人民政府建立无定河流域水污染联合防治协调机制，组织流域内县（市、区）人民政府开展水污染联合防治、检查会商、应急处置等跨行政区域的水污染防治工作。

第十条 市人民政府根据流域内县（市、区）出入境断面水质优劣状况，以水环境质量改善目标的要求为标准，对流域内县（市、区）实行奖惩。

具体办法由市人民政府制定。

第十一条 任何单位和个人都有义务保护水环境，并有权对污染损害无定河流域水环境的行为向市、县（市、区）人民政府生态环境主管部门和其他负有无定河流域水污染防治监督管理职责的部门进行举报。

市、县（市、区）人民政府生态环境主管部门和其他负有无定河流域水污染防治监督管理职责的部门应当公布举报方式，方便公众监督。

接到举报的部门应当对举报人的相关信息予以保密，对举报线索及时查处，或者移交有处理权限的部门及时处理，处理结果向举报人反馈。

第十二条 鼓励单位和个人参与无定河流域水环境保护活动。

提倡无定河流域内的村（居）民委员会将水环境保护纳入村规民约、居民公约，动员村（居）民参与水环境治理。

第二章　监督管理

第十三条 市人民政府应当根据依法批准的无定河流域水污染防治规划，组织制定本市的无定河流域水污染防治规划。县（市、区）人民政府制定具体实施方案。

第十四条 市、县（市、区）人民政府根据无定河流域水污染防治规划确定的水环境质量改善目标要求，制定限期达标计划，采取措施按期达标。县（市、区）人民政府的限期达标计划应当包括乡（镇）人民政府、街道办事处的达标要求。

县（市、区）人民政府的限期达标计划应当报市人民政府备案。

第十五条 市人民政府或者受市人民政府委托的生态环境主管部门对超过重点水污染物排放总量控制指标或者未达到水环境质量改善目标的县（市、区）人民政府，可以约谈县（市、区）及其有关乡（镇）人民政府、街道办事处的主要负责人。

第十六条 市、县（市、区）人民政府审计部门应当将无定河流域水污染防治情况列为对县（市、区）、乡（镇）人民政府主要负责人和市、县（市、区）人民政府相关部门主要负责人审计的重要内容。

第十七条 市人民政府生态环境主管部门应当定期组织开展无定河流域河流断面水质监测，并将监测结果及时通报市水行政主管部门和流域内的县（市、区）人民政府。

第十八条 直接或者间接向无定河流域水体排放工业废水和医疗污水以及其他按照规定应当取得排污许可证方可排放的废水、污水的企业事业单位和其他生产经营者，应当取得排污许可证；城镇污水集中处理设施的运营单位，也应当取得排污许可证。排污许可证应当明确排放水污染物的种类、浓度、总量和排放去向等要求。

禁止企业事业单位和其他生产经营者无排污许可证或者违反排污许可证的规定向水体排放前款规定的废水、污水。

市、县（市、区）人民政府生态环境主管部门按照管理职责与权限，负责排污许可证核发。

实行排污许可管理的企业事业单位和其他生产经营者应当按照国家有关规定和监测规范，对所排放的水污染物自行监测，并保存原始监测记录三年。重点排污单位还应当安装水污染物排放自动监测设备，与生态环境主管部门的监控设备联网，并保证监测设备正常运行。

第十九条 向无定河流域水体排放水污染物的企业事业单位和其他生产经营者，应当按照法律、行政法规和国务院生态环境主管部门的规定设置排污口；在河道、湖泊设置排污口的，还应当遵守国务院水行政主管部门的规定。

市、县（市、区）人民政府生态环境主管部门应当会同有关部门对排污口进行登记造册、设置公示牌，明确排放水污染物的种类、浓度、监管单位、监督电话等信息，接受社会监督。

向无定河流域排放国务院生态环境主管部门公布的有毒有害水污染物名录所列水污染物的企业事业单位和其他生产经营者，应当对排污口和周边环境进行监测，评估环境风险，排查环境安全隐患，并公开有毒有害水污染物信息，采取有效措施防范环境风险。

第二十条 市、县（市、区）人民政府及其有关部门应当通过政府网站、新闻媒体和其他便于公众知晓的方式，公开以下无定河流域水环境信息：

（一）省人民政府划定的水功能区划中的保护区；

（二）集中式饮用水源、供水单位供水和用户水出水水质等饮用水安全状况；

（三）县（市、区）限期达标计划；

（四）纳入国家重点监控的城镇污水集中处理设施、涉水排放的工业企业的污染物实时排放情况，包括检测时间、监测点位、污染物种类、标准限值、达标情况、排放方式及排放去向等；

（五）约谈情况；

（六）其他应当依法公开的信息。

第三章　污染防治

第二十一条　禁止向无定河流域水体排放油类、酸液、碱液或者剧毒废液。

禁止在无定河流域水体清洗装贮过油类或者有毒污染物的车辆和容器。

第二十二条　禁止向无定河流域水体排放、倾倒放射性固体废物或者含有高放射性和中放射性物质的废水。

向无定河流域水体排放含低放射性物质的废水，应当符合国家有关放射性污染防治的规定和标准。

第二十三条　向无定河流域水体排放含热废水，应当采取措施，保证水体的水温符合水环境质量标准。

第二十四条　含病原体的污水应当经过消毒处理；符合国家有关标准后，方可排放。

第二十五条　禁止向无定河流域水体排放、倾倒工业废渣、城镇垃圾和其他废弃物。

禁止将含有汞、镉、砷、铬、铅、氰化物、黄磷等的可溶性剧毒废渣向无定河流域水体排放、倾倒或者直接埋入地下。

无定河流域内存放可溶性剧毒废渣的场所，应当采取防水、防渗漏、防流失的措施。

第二十六条　禁止在无定河流域河流、湖泊、渠道、水库高水位线以下的滩地和岸坡堆放、存贮固体废弃物和其他污染物。

第二十七条　无定河流域内禁止利用渗井、渗坑、裂隙、溶洞，私设暗管，篡改、伪造监测数据，或者不正常运行水污染防治设施等逃避监管的方式排放水污染物。

第二十八条　无定河流域内化学品生产企业以及工业集聚区、矿山开采区、尾矿库、油气开采区、危险废物处置场、垃圾填埋场等的运营、管理单位，应当采取防渗漏等措施，并建设地下水水质监测井进行监测，防止地下水污染。

加油站等的地下油罐应当使用双层罐或者采取建造防渗池等其他有效措施，并进行防渗漏监测，防止地下水污染。

禁止利用无防渗漏措施的沟渠、坑塘等输送或者存贮含有毒污染物的废水、含病原体的污水和其他废弃物。

第二十九条　市、县（市、区）人民政府应当组织开展无定河流域地下水污染状况调查，根据地下水水文地质结构、环境状况、水资源禀赋及其使用功能等因素，建立地下水污染防治区划体系，划定地下水污染治理区、防控区和一般保护区。在地下水污染严重的固体废物堆存、垃圾填埋、矿产开采、化工生产、农业面源污染等区域，组织开展地下水污染治理和修复。

第三十条 无定河流域新建排放水污染物的化工项目应当进入工业集聚区。

工业集聚区应当配套建设相应的污水集中处理设施，安装自动监测设备，与生态环境主管部门的监控设备联网，并保证监测设备正常运行。

向污水集中处理设施排放工业废水的，应当按照国家有关规定进行预处理，达到集中处理设施处理工艺要求后方可排放。

第三十一条 无定河流域煤炭开采单位应当建立废水处理设施，对采煤废水和生产废水进行处理。处理后的废水应当综合利用，确需排放的，必须达到国家或者省规定的排放标准。

市人民政府应当鼓励和支持煤炭开采集聚区的县（市、区）人民政府和煤炭开采单位对采煤废水实行综合利用，提高重复利用率，实现采煤废水资源化、节约化利用。

第三十二条 无定河流域石油开采单位应当对原油脱出的废水进行处理，达到标准后回注，不得外排。

天然气开采单位应当收集处理天然气加热、分离、调压过程中产生的液态烃和气田水。气田水经处理达标后排放，液态烃不得外排。

第三十三条 禁止无定河流域新建的氯碱工业企业使用含汞催化剂。已建成的氯碱工业企业应当采用低汞催化剂的清洁工艺，减少含汞水污染物的产生。氯碱工业生产废水应当优先回用于生产，确需排放的，应当进行处理，达到国家或者省规定的排放标准。

第三十四条 无定河流域石油开采单位应当加强输油管线的安全管理，合理设置输油管道设施标识，对使用期满的输油管线及时更换，对输油管线经过的地质灾害易发区域做好防范，防止输油管线断裂、穿孔导致石油渗漏、泄漏。

运输石油、酸液、碱液和其他有毒有害物品的单位和个人，应当采取安全防范措施，防止渗漏、溢流和散落。

市人民政府生态环境主管部门应当对石油开采单位及重点防护的输油管道周边土壤进行监测。

第三十五条 城镇污水应当集中处理。

市、县（市、区）人民政府建设污水处理收集系统和城镇污水集中处理设施，实行雨污分流。对未实行雨污分流的地区，应当按照城镇排水与污水处理规划要求，进行雨水、污水收集设施分流改造。雨水、污水分流改造可以结合市政改造、道路建设同时进行。

第三十六条 无定河流域城镇污水集中处理设施维护运营单位或者污泥处理处置单位应当安全处理处置污泥，保证处理处置后的污泥符合国家有关标准，对产生的污泥以及处理处置后的污泥去向、用途、用量等进行跟踪、记录，并向市、县（市、区）人民政府城镇排水主管部门、生态环境主管部门报告。

任何单位和个人不得擅自倾倒、堆放、丢弃、遗撒污泥。

市人民政府科技、发改、住房和城乡建设、生态环境等主管部门应当引进与推广污泥源头减量化、资源化利用技术。

第三十七条 无定河流域城镇污水处理设施维护运营单位不得擅自停运城镇污水处理设施，因检修等需要停运或者部分停运城镇污水处理设施的，应当在90个工作日前向市、县（市、区）人民政府城镇排水主管部门、生态环境主管部门报告。

第三十八条 市、县（市、区）、乡（镇）人民政府应当统筹规划建设无定河流域农村生活污水和垃圾集中处理设施，并保障其正常运行。对未纳入集中处理的农村生活污水和垃圾，鼓励采用资源化、低成本、易维护、高效率的处理技术和工艺进行分散治理，并保证建设及运行资金。

第三十九条 无定河流域县（市、区）、乡（镇）人民政府指导村（居）民委员会、村（居）民小组建立村庄保洁制度，按照村收集、乡（镇）转运、县处理的模式，做好农村生活垃圾治理工作。

第四十条 市、县（市、区）人民政府农业农村主管部门和其他有关部门，应当采取措施，指导无定河流域农业生产者科学、合理施用化肥和农药，推广使用测土配方施肥技术和高效低毒低残留农药，控制化肥和农药的过量使用。

乡（镇）人民政府、街道办事处建立农用残膜、果袋、废弃农药、化肥及农药包装物等废弃物回收奖励制度，减少对土壤和水体的污染。

第四十一条 市、县（市、区）人民政府应当科学确定养殖规模，合理优化养殖布局，促进畜禽养殖废弃物资源化利用。

规模化畜禽养殖场、养殖小区、动物屠宰加工场所、动物和动物产品无害化处理场所，应当按照国家规定收集、贮存、利用或者处置养殖、屠宰和无害化处理过程中产生的畜禽粪便、废弃动物产品，做到达标排放污染物。

处置染疫动物和动物产品、病死或者死因不明的动物尸体，依照《中华人民共和国动物防疫法》有关规定执行。

第四十二条 在无定河流域从事水产养殖应当保护水域生态环境，科学确定养殖密度，合理投饵和使用药物，防止污染水环境。

第四十三条 无定河流域农田灌溉用水应当符合相应的水质标准，防止污染土壤、地下水和农产品。

禁止向农田灌溉渠道排放工业废水或者医疗污水。向农田灌溉渠道排放城镇污水以及未综合利用的畜禽养殖废水、农产品加工废水的，应当保证其下游的灌溉取水点的水质符合农田灌溉水质标准。

第四章　饮用水水源和水生态保护

第四十四条 无定河流域按照法律法规的规定，实行饮用水水源保护区制度。

饮用水水源保护区分为一级保护区和二级保护区。必要时，可以在饮用水水源保护区外围划定一定的区域作为准保护区。

市、县（市、区）人民政府应当依法提出饮用水水源保护区划定方案，报省人民政府批准。

第四十五条 饮用水水源保护区所在的县（市、区）人民政府应当在保护区的边界设立饮用水水源保护区界桩（标），并在保护区周边的显著位置设立警示标志、宣传标牌和责任公示牌，必要时可以设立护栏围网。

第四十六条 市、县（市、区）人民政府交通运输、公安等有关部门应当加强在流域饮用水水源保护区内的运输管制措施，严格管理可能威胁饮用水水源安全的物资运输，避免运输过程中污染物的产生、排放或者泄漏。

第四十七条 禁止在饮用水水源保护区内设置排污口。

第四十八条 禁止在饮用水水源一级保护区内新建、改建、扩建与供水设施和保护水源无关的建设项目；已建成的与供水设施和保护水源无关的建设项目，由市、县（市、区）人民政府责令拆除或者关闭。

禁止在饮用水水源一级保护区内从事网箱养殖、旅游、游泳、垂钓、烧烤或者其他可能污染饮用水水体的活动。

第四十九条 禁止在饮用水水源二级保护区内新建、改建、扩建排放污染物的建设项目；已建成的排放污染物的建设项目，由市、县（市、区）人民政府责令拆除或者关闭。

在饮用水水源二级保护区内从事养殖、旅游、烧烤等活动的，应当按照规定采取措施，防止污染饮用水水体。

第五十条 禁止在饮用水水源地保护区内新建、扩建对水体污染严重的建设项目；改建建设项目的，不得增加排污量。

第五十一条 在无定河流域开发、利用和调节、调度水资源时，应当统筹兼顾，维持河流的合理流量和湖泊、水库以及地下水体的合理水位，保障基本生态用水，维护水体的生态功能。

第五十二条 市、县（市、区）人民政府根据生态环境功能需要，因地制宜建设人工湿地、水源涵养林、沿河沿湖植被缓冲带和隔离带等生态环境治理与保护工程，整治黑臭水体，提高流域环境承载能力。

第五章 法律责任

第五十三条 生态环境主管部门或者其他依法行使监督管理权的部门，不依法作出行政许可或者办理批准文件的，发现违法行为或者接到对违法行为的举报后不予查处的，或者有其他未依法履行职责的行为的，对直接负责的主管人员和其他直接责任人员依法给予处分。

第五十四条 违反本条例规定，有下列行为之一的，由生态环境主管部门责令限期改正，处二万元以上二十万元以下的罚款；逾期不改正的，责令停产整治：

（一）未按照规定对所排放的水污染物自行监测，或者未按照规定保存原始监测记录的；

（二）未按照规定安装水污染物排放自动监测设备，未按照规定与生态环境主管部门的监控设备联网，或者未保证监测设备正常运行的；

（三）未按照规定对有毒有害水污染物的排污口和周边环境进行监测，或者未公开有毒有害水污染物信息的。

第五十五条 违反本条例规定，有下列行为之一的，由生态环境主管部门责令改正或者责令限制生产、停产整治，并处十万元以上一百万元以下的罚款；情节严重的，报经有批准权的人民政府批准，责令停业、关闭：

（一）未依法取得排污许可证排放水污染物的；

（二）超过水污染物排放标准或者超过重点水污染物排放总量控制指标排放水污染物的；

（三）利用渗井、渗坑、裂隙、溶洞，私设暗管，篡改、伪造监测数据，或者不正常运行水污染防治设施等逃避监管的方式排放水污染物的；

（四）未按照规定进行预处理，向污水集中处理设施排放不符合处理工艺要求的工业废水的。

第五十六条 有下列行为之一的，由生态环境主管部门责令停止违法行为，限期采取治理措施，消除污染，处以罚款；逾期不采取治理措施的，生态环境主管部门可以指定有治理能力的单位代为治理，所需费用由违法者承担：

（一）向无定河流域水体排放油类、酸液、碱液的；

（二）向无定河流域水体排放剧毒废液，或者将含有汞、镉、砷、铬、铅、氰化物、黄磷等的可溶性剧毒废渣向水体排放、倾倒或者直接埋入地下的；

（三）在无定河流域水体清洗装贮过油类、有毒污染物的车辆或者容器的；

（四）向无定河流域水体排放、倾倒工业废渣、城镇垃圾或者其他废弃物，或者在河流、湖泊、渠道、水库高水位线以下的滩地、岸坡堆放、存贮固体废弃物或者其他污染物的；

（五）向无定河流域水体排放、倾倒放射性固体废物或者含有高放射性、中放射性物质的废水的；

（六）违反国家有关规定或者标准，向无定河流域水体排放含低放射性物质的废水、热废水或者含病原体的污水的；

（七）未采取防渗漏等措施，或者未建设地下水水质监测井进行监测的；

（八）加油站等的地下油罐未使用双层罐或者采取建造防渗池等其他有效措施，或者未进行防渗漏监测的；

（九）未按照规定采取防护性措施，或者利用无防渗漏措施的沟渠、坑塘等输送或者存贮含有毒污染物的废水、含病原体的污水或者其他废弃物的。

有前款第三项、第四项、第六项、第七项、第八项行为之一的，处二万元以上二十万元以下的罚款。有前款第一项、第二项、第五项、第九项行为之一的，处十万元以上一百万元以下的罚款；情节严重的，报经有批准权的人民政府批准，责令停业、关闭。

第五十七条 违反本条例第三十六条第一款规定，城镇污水集中处理设施维护运营单位或者污泥处理处置单位对产生的污泥以及处理处置后的污泥的去向、用途、用量等未进行跟踪、记录的，或者处理处置后的污泥不符合国家有关标准的，由城镇排水主管部门责令限期采取治理措施，给予警告；造成严重后果的，处十万元以上二十万元以下的罚款；逾期不采取治理措施的，城镇排水主管部门可以指定有治理能力的单位代为治理，所需费用由当事人承担；造成损失的，依法承担赔偿责任。

违反本条例第三十六条第二款规定，擅自倾倒、堆放、丢弃、遗撒污泥的，由城镇排水主管部门责令停止违法行为，限期采取治理措施，给予警告；造成严重后果的，对单位处十万元以上五十万元以下的罚款，对个人处二万元以上十万元以下的罚款；逾期不采取治理措施的，城镇排水主管部门可以指定有治理能力的单位代为治理，所需费用由当事人承担；造成损失的，依法承担赔偿责任。

第五十八条 违反本条例第三十七条规定，城镇污水处理设施维护运营单位擅自停运城镇污水处理设施或者未按照规定事先报告的，由城镇排水主管部门责令改正，给予警告；逾期不改正或者造成严重后果的，处十万元以上五十万元以下的罚款；造成损失的，依法承担赔偿责任。

第五十九条 违反本条例第四十七条规定，在饮用水水源保护区内设置排污口的，由县级以上人民政府责令限期拆除，处十万元以上五十万元以下的罚款；逾期不拆除的，强制拆除，所需费用由违法者承担，处五十万元以上一百万元以下的罚款，并可以责令停产整治。

第六十条 有下列行为之一的，由生态环境主管部门责令停止违法行为，处十万元以上五十万元以下的罚款；并报经有批准权的人民政府批准，责令拆除或者关闭：

（一）在饮用水水源一级保护区内新建、改建、扩建与供水设施和保护水源无关的建设项目的；

（二）在饮用水水源二级保护区内新建、改建、扩建排放污染物的建设项目的；

（三）在饮用水水源地保护区内新建、扩建对水体污染严重的建设项目，或者改建建设项目增加排污量的。

在饮用水水源一级保护区内从事网箱养殖或者组织进行旅游、垂钓、烧烤或者其他可能污染饮用水水体的活动的，由生态环境主管部门责令停止违法行为，处二万元以上十万元以下的罚款。个人在饮用水水源一级保护区内游泳、垂钓、烧烤或者从事其他可能污染饮用水水体的活动的，由生态环境主管部门责令停止违法行为，可以处二百元以上五百元以下的罚款。

第六十一条 违反本条例规定，排污单位有下列情形之一，受到罚款处罚，被责令改正，拒不改正的，依法作出罚款处罚决定的生态环境主管部门可以自责令改正之日的次日起，按照原处罚数额按日连续处罚：

（一）超过国家或者地方规定的污染物排放标准，或者超过重点污染物排放总量控制指标排放污染物的；

（二）通过暗管、渗井、渗坑或者篡改、伪造监测数据，或者不正常运行防治污染设施等逃避监管的方式排放水污染物的；

（三）排放法律法规规定禁止排放的污染物的；

（四）违法倾倒危险废物的；

（五）城镇污水处理设施维护运营单位擅自停运城镇污水处理设施的；

（六）其他违法排放污染物行为。

第六十二条 违反本条例规定的行为，法律法规有处罚规定的，从其规定。

第六章 附 则

第六十三条 本条例自 2019 年 10 月 1 日起施行。

榆林市无定河流域水污染补偿实施办法（试行）

（经榆林市政府第五次常务会议研究同意，2018年9月8日
市政府榆政〔2018〕20号印发）

第一条 为强化各县区无定河流域区域水环境保护的属地责任，持续改善无定河流域水质，促进上下游协同治水，特制定本办法。

第二条 本办法适用于无定河干流、支流流域内的定边县、靖边县、横山区、榆阳区、米脂县、绥德县、子洲县和清涧县地表水生态环境污染补偿。

第三条 各县区政府是本行政区域水环境保护的责任主体。考核因子暂定为化学需氧量、氨氮两项基本污染因子和除基本污染因子外的指标中，超标最严重的一项污染因子。

第四条 污染补偿工作由市环保局牵头，会同市财政局共同实施。其中，市环保局负责划定各县区断面、监测断面水质、核算污染补偿资金，并商市财政局提出污染补偿资金使用方案；市财政局负责污染补偿资金的管理。

第五条 流域水质补偿依据为跨县区河流交界断面、市界出境断面的水质目标和监测数据。（考核补偿断面，污染物控制指标见附件 1，污染物浓度由市环保局手工监测校核后确定，校核方法见附件 2。）

第六条 根据“谁污染，谁补偿；谁保护，谁有奖”的原则，以达到水环境控制要求为基准，经监测考核确认，县区出境断面水质劣于控制要求的予以经济处罚。对出境断面水质达到Ⅲ类水质且同比明显改善的县（区）由市政府根据实际情况年底予以经济奖励。

第七条 县区出境断面水质达到控制要求的，若入境断面水质也达到控制要求时，要

扣除入境腾出的环境容量相对应的污染物量；若上游入境断面为处罚断面时，要将入境断面超过控制要求输入的污染物量计入下游县（区）水质改善范畴。

第八条 县区出境断面水质劣于控制要求的，其入境断面水质也劣于控制要求的，补偿量要扣除入境超过功能区要求输入的污染物量，若结果为负值，则不予处罚；其入境断面水质达到控制要求的，腾出的环境容量和相应的污染物量将作为下游的惩罚量。

第九条 各县区考核断面水质监测数据按月进行统计，污染补偿资金按月为单位进行核算、每半年结算一次。

第十条 各县区需缴纳的补偿金，由市环保局会同市财政局核定，报市政府审定后下达缴款通知。相关县区政府在收到通知后 15 日内完成缴款。

第十一条 市政府建立流域水质考核奖惩专项资金账户，用于管理水污染补偿金的缴纳。收缴的款项用于奖励对水质改善作出突出贡献的县（区）与河流断面的监测，也可用于全市水环境治理、监控及水源地保护等。

第十二条 县区政府获得的奖励性补偿金，可用于本行政区的水环境治理、监控及水源地保护等，也可用于支付来年惩罚性补偿金。

第十三条 强化对流域水质考核奖惩工作的责任考核，考核结果与领导干部实绩考评挂钩。年度考核总体水质达不到控制要求的，下一年度实行区域限批，停止审批、核准增加排放超标污染物的建设项目和新的大宗取水项目，停止设置新的入河排污口；连续 2 年出境水质达不到控制要求的，要严肃问责。

第十四条 对于遭受重大自然灾害（如干旱、洪涝、地震等）或重大工程建设、调度等，对上下游、左右岸水环境质量产生重大影响及其他特殊情形的，可免于补偿。

第十五条 本办法自 2018 年 11 月 1 日起施行，具体由市环保局、市财政局负责解释。

附件（略）

榆林市节约用水条例

（2019年10月30日榆林市第四届人民代表大会常务委员会第二十八次会议通过，2020年3月25日陕西省第十三届人民代表大会常务委员会第十六次会议批准）

第一章 总 则

第一条 为了促进全社会节约用水，提高水资源利用效率，保护和改善生态环境，保障经济社会可持续发展，根据《中华人民共和国水法》和有关法律法规，结合本市实际，制定本条例。

第二条 本条例适用于本市行政区域内取水、供水、用水、排水等各环节的节约用水及其监督管理活动。

第三条 节约用水应当坚持统筹规划、总量控制、合理配置、全程监管、提高效率的原则，建立政府主导、市场调节、公众参与的节约用水机制。

第四条 市、县（市、区）人民政府对本行政区域内节约用水工作负总责，将节约用水工作纳入本级国民经济和社会发展规划，保障节约用水项目及工作经费，制定节约用水政策和措施，推进节水型社会建设。

乡（镇）人民政府、街道办事处应当做好本辖区节约用水相关工作。

第五条 市、县（市、区）人民政府水行政主管部门负责本行政区域内节约用水监督管理工作，履行下列职责：

（一）组织编制并监督实施节约用水规划和年度计划，实施水资源消耗总量和强度双控管理、计划用水和定额管理等制度；

（二）指导和推动节水型社会建设；

（三）指导煤炭矿井水、再生水等非常规水开发利用工作；

（四）组织开展节约用水宣传教育、科学研究和技术推广；

（五）法律法规等规定的其他职责。

市、县（市、区）发展和改革、住房和城乡建设、生态环境、工业和信息化、农业农村、财政等部门，应当依照各自职责共同做好节约用水相关工作。

第六条 市、县（市、区）人民政府应当建立健全节约用水投入机制，构建多元化投融资渠道，引导、鼓励社会资本投入节约用水工作；对节水改造、节水示范和非常规水开发利用等项目，可以给予政策和资金扶持。

第七条 市、县（市、区）人民政府及其水利、住房和城乡建设、生态环境、工业和信息化、农业农村、教育等有关部门和乡（镇）人民政府、街道办事处应当组织开展节约用水宣传教育活动，普及节约用水知识，提高全社会节约用水、保护水资源的意识。

报刊、广播电视、网络等媒体应当开展节约用水公益性宣传和舆论监督。

第八条 本市实行节约用水目标责任考核评价制度。市、县（市、区）人民政府应当将节约用水工作纳入对所属有关部门和下一级人民政府年度目标责任考核评价的内容。

第九条 任何单位和个人都有节约用水的义务，对浪费水资源的行为有权劝阻或者投诉、举报。

市、县（市、区）水行政主管部门和其他有关部门应当公布投诉、举报方式，方便公众监督。收到投诉、举报的部门，应当依法调查处理，并向投诉人、举报人反馈处理结果。

第十条 市、县（市、区）人民政府应当落实水资源生态保护补偿制度，建立节约用水奖励办法，对在节约用水工作中做出显著成绩的单位和个人给予表彰和奖励。

第二章 节约用水管理

第十一条 市、县（市、区）水行政主管部门应当会同同级有关部门，根据上一级人民政府节约用水规划以及本行政区域经济社会发展需要和水资源综合规划，编制区域、行业节约用水规划和年度节约用水计划，报本级人民政府批准后执行。

编制节约用水规划应当坚持减少水资源消耗，优先利用地表水，限制开采地下水，鼓励利用非常规水的原则。

节约用水规划应当严格执行，不得擅自变更。确需变更的，按照规划编制程序报原批准机关批准。

第十二条 编制城市总体规划，重大建设项目的布局规划，电力开发、石油化工、煤炭等矿用水行业的专项规划以及法律法规等规定的其他规划，应当依法进行水资源论证，保证规划的布局和规模与当地水资源条件相适应。

直接从江河、湖泊或者地下取用水资源的单位和个人，在依法申请取水许可时应当一并提交建设项目水资源论证报告书，作为取水许可审批的重要依据。

第十三条 对于与取用水相关的水利规划、水利工程项目、需开展水资源论证的相关规划、办理取水许可的非水利建设项目等规划和建设项目，应当依照有关规定开展节水评价。

第十四条 市、县（市、区）发展和改革行政主管部门应当会同同级水行政主管部门，根据节约用水规划、用水定额以及年度可用水量，制定本行政区域的年度用水计划，对年度用水实行总量和强度控制。

第十五条 纳入取水许可管理的单位和其他用水大户（以下统称计划用水单位）实行计划用水管理。

计划用水单位应当于每年十二月三十一日前提出下一年度用水计划建议；新增计划用水单位应当于用水前三十日内提出本年度用水计划建议。

计划用水单位的用水计划由年计划用水总量、月计划用水量、水源类型和用水用途构成。具有管理权限的水行政主管部门应当自收到建议之日起二十日内书面下达用水计划；新增用水单位的用水计划，应当自收到建议之日起十日内下达。计划用水单位应当遵照执行，不得擅自变更。

第十六条 计划用水单位调整计划用水总量的，应当向水行政主管部门提出用水计划调整建议，并提交计划用水总量增减原因的说明和相关证明材料。

水行政主管部门应当自收到计划用水单位的用水计划调整建议之日起十日内核定，并书面通知计划用水单位。

第十七条 计划用水单位有下列情形之一的，水行政主管部门应当核减其年计划用水总量：

（一）用水水平未达到用水定额标准的；

（二）使用国家明令淘汰的用水技术、工艺、设备或者产品的；

（三）具备利用雨水、再生水等非常规水源条件而不利用的；

（四）未按规定进行水平衡测试或者不接受水行政主管部门监督管理的；

（五）其他严重浪费水行为的。

因重大旱情或者突发水污染事件等无法满足正常供水的，市、县（市、区）人民政府水行政主管部门应当制定应急用水方案，经本级人民政府批准后，可以核减计划用水单位的计划用水量。影响解除后，应当及时恢复原用水状况。

第十八条 计划用水单位月实际用水量超过计划用水量 10% 的，水行政主管部门应当给予警示。计划用水单位月实际用水量超过计划用水量 50% 以上，或者年实际用水量超过计划用水总量 30% 以上的，水行政主管部门应当督促、指导其开展水平衡测试，查找超量原因，制定节约用水方案和措施。

日均用水量五百立方米以上的工业企业应当每三年开展一次水平衡测试，水平衡测试结果报送水行政主管部门。

第十九条 新建、扩建、改建的建设项目，应当制定节约用水方案，安装使用节水型设备和器具，配套建设节水设施。节水设施与主体工程应当同时设计、同时施工、同时投入使用。节水设施竣工后，验收合格方可投入使用。

已建成的建设项目，未安装、使用节水型用水器具的，应当逐步更换，有条件的应当建设再生水回用等节水设施。

第二十条 用水单位和个人应当按照法律法规和有关技术标准要求安装计量设施，并保证计量设施正常运行。

用水单位和个人有两个以上不同水源或者两类以上不同用途用水的，应当分别、分类计量。

第二十一条 工业生产的主要用水车间和用水设备应当单独安装用水计量设施。

农村居民生活用水和农业灌溉用水应当安装计量设施。灌区改造、新建泵站或者泵站技术改造等农业灌溉项目建设，应当同时安装灌溉用水计量设施。

城镇新建居民住宅应当分户安装用水计量设施。已建成的城镇居民住宅未分户安装用水计量设施的，应当限期安装。

第二十二条 用水依法实行计量收费制度，禁止实行包费制。

对城镇居民生活用水实行阶梯式计量水价制度，对非居民用水单位超计划用水或者超定额用水实行累进加价收费制度。

第二十三条 市、县（市、区）人民政府应当依法保护地下水并严格控制地下水的开采。地下水的保护、开发利用、管理依照《陕西省地下水条例》和有关法律法规的规定执行。

市、县（市、区）人民政府应当依法加强地下取水管理，城市公共供水管网覆盖范围内的自备水源井，应当限期关闭。在城市公共供水管网覆盖范围内，不得批准新建自备水源井。

第二十四条 市、县（市、区）人民政府应当开展水资源确权登记。建立健全水权交易市场机制，依照有关规定实现水资源使用权在区域间、流域间、流域上下游、行业间、用水户间流转。

第二十五条 市、县（市、区）人民政府应当推广合同节水管理模式，鼓励节约用水服务企业与用水单位或者个人签订合同，为其提供节约用水融资、诊断、改造、管理等市场服务，并以节约用水效益分享、节水效果保证、用水费用托管等方式回收投资和获得利润。

第三章 节约用水措施

第二十六条 市、县（市、区）人民政府应当根据本行政区域水资源自然禀赋和经济社会发展需要，调整优化产业结构、产业布局和产业规模，严格限制高耗水产业，推进水资源高效利用。

市、县（市、区）人民政府开发、利用和调节、调度水资源，应当统筹兼顾，保障基本生态用水，维护水体的生态功能。

第二十七条 工业企业应当建立节约用水管理制度，采用先进、适用的节水技术、工艺和设备进行节水技术改造；采取循环用水、综合利用以及废水处理回用等措施，降低用水消耗，提高水的重复利用率。

鼓励工业园区的企业间推行串联用水、分质用水，一水多用和循环用水。

第二十八条 供水企业应当加强制水环节的管理，采用先进制水技术，减少制水水量损耗。制水水量损耗应当符合国家规定的标准。

以水为原料生产纯净水、矿泉水、饮料的企业，应当采用节约用水工艺和技术，生产后的尾水应当回收利用，不得直接排放。

第二十九条 市、县（市、区）人民政府应当根据本行政区域水资源利用状况和经济发展水平，合理调整农作物种植结构以及农林牧渔业用水结构，支持现有水利工程的节水改造，大力推广节约用水技术、工艺和设备，提高用水效率，发展节水型农业和生态农业。

第三十条 农业灌溉方式应当因地制宜，采用渠道防渗、管道输水、喷灌、滴灌等节约用水技术和措施。已建成的农业灌溉设施不符合节水灌溉标准的，应当逐步进行更新改造。

市、县（市、区）水行政主管部门会同有关部门加强农业、水产养殖业、畜禽养殖业节约用水技术指导、示范和培训，建立、完善节约用水技术推广和社会化服务体系。

第三十一条 供水企业和自建供水设施的单位应当制定和实施供水管网等供水设施改造计划，加强供水设施的改造、检查、维护，降低漏损率。供水企业应当逐步建设供水漏损监测预警设施。

市、县（市、区）人民政府应当推进公共供水设施改造，逐步开展城镇供水管网分区计量管理，建立精细化管理平台和漏损管控体系。

第三十二条 城镇园林绿化鼓励选用适合本地的节水耐旱型植被，采用喷灌、滴灌等节水灌溉方式。

园林、环卫和消防部门应当对绿化、环卫、消防用水设施加强管理，防止水的渗漏、流失或者取作他用。

第三十三条 经营餐饮、宾馆、洗浴、水上娱乐等服务行业，应当采取节约用水措施。

洗车业应当安装和使用循环用水设施，禁止一次性使用清洁水冲洗车辆，推广无水环保洗车技术。

第四章 非常规水利用

第三十四条 市、县（市、区）人民政府应当编制本行政区域的非常规水利用专项规划，将煤炭矿井水、城镇再生水、集蓄雨水等非常规水纳入水资源统一配置和管理。

第三十五条 市、县（市、区）人民政府应当对煤炭矿井水进行统一规划配置，建设和完善煤炭矿井水综合利用设施，推进煤炭矿井水综合利用。

采煤企业应当根据非常规水利用规划，制定本企业煤炭矿井水综合利用方案，配套建设煤炭矿井水处理、防渗蓄水、在线监测等设施。

煤炭矿区的补充用水、周边地区的工业用水、生态用水、农灌用水应当优先使用煤炭矿井水。矿区洗煤废水应当闭路循环不得外排。

第三十六条 新建、扩建、改建的污水处理厂，应当配套建设再生水利用设施，采用先进的污水处理技术、工艺，提高再生水利用率。

工业园区应当统筹规划建设集中式污水处理设施和再生水利用系统，区内企业应当优先使用再生水。

第三十七条 建设城镇生活污水集中排放和处理设施时，应当配套建设再生水、雨水输配水管网等设施。

新建小区、城镇道路、公共绿地等因地制宜配套建设雨水集蓄利用等设施。

鼓励有条件的农村集体和个人兴建集蓄雨水设施，增加有效水源。

第三十八条 园林绿化、环境卫生、建筑施工等用水，有条件利用非常规水的，不得使用自来水。

鼓励优先使用非常规水建设人工湿地和湖泊等。

第五章　法律责任

第三十九条 水行政主管部门或者有关行政主管部门及其工作人员未按规定履行职责的，在节约用水管理和执法工作中玩忽职守、滥用职权、徇私舞弊的，由其主管部门或者监察机关依法对该部门负责人和有关责任人给予处分；构成犯罪的，依法追究刑事责任。

第四十条 违反本条例第十九条规定，新建、扩建、改建的建设项目的节水设施没有建成或者没有达到国家规定的要求，擅自投入使用的，由有关行政主管部门责令停止使用，限期改正，处五万元以上十万元以下罚款。

第四十一条 违反本条例第三十八条第一款规定，园林绿化、环境卫生、建筑施工等用水，有条件利用非常规水而使用自来水的，由有关行政主管部门责令限期改正。

第四十二条 对个人作出五千元以上、对单位作出三万元以上罚款等行政处罚的，应当告知当事人有要求举行听证的权利。

第四十三条 违反本条例规定的其他行为，法律法规已有处罚规定的，从其规定。构成犯罪的，依法追究刑事责任。

第六章　附　则

第四十四条 本条例自 2020 年 8 月 1 日起施行。

三、重要公文选录

中共榆林地委　榆林地区行政公署
关于加快造林种草全面治理沙荒的决定

榆地发〔1988〕27号

为了贯彻落实中央领导同志来榆林视察的重要指示，加快治沙造林步伐，力争实现五年初步治理现有流沙，十年全面绿化沙区的目标，特作如下决定：

一、提高认识，增强治沙造林的责任感和紧迫感。

要认真传达学习中央领导同志的指示，在全区城乡广泛开展宣传、讨论，教育广大干部群众统一思想认识，提高认识，克服“流沙难治”的畏难情绪，树立积极改造沙漠、造福子孙的雄心壮志和治沙不止的愚公移山精神；破除满足现状不求进取的思想，树立全面治理开发沙区，加快治穷致富、振兴经济的责任和紧迫感。通过宣传教育，总结历史经验，进一步解放思想更新观念，实现四个转变；由单纯治沙向综合开发利用转变；由“重林轻草、重乔轻灌”向草灌乔一齐上，以草灌为主转变；由重造轻管、单一经营、产品经济向集约经营、重效益、发展商品经济转变；由单靠行政手段布置任务向全面推行承包责任制转变。全党动员，全民动手，开创全区治沙造林新局面。

二、坚持综合开发，层层制定规划。

要把生态效益同经济效益结合起来，把治沙造林同群众脱贫致富结合起来，治理、保护同开发利用结合起来，从实际出发，因地制宜，统一规划，分期实施。全区现有流沙四百一十万亩，从一九八九年开始，先用五年时间基本种上林草。采用人工种植、飞机播种相结合的办法，前三年每年完成一百万亩，后两年每年完成五十五万亩。再用五年时间完善、提高，沙区实现绿化，林木覆盖率达到50%以上。在完善提高有四条大型防风固沙林带的同时，重点抓好“五带百个基地”建设，即红柳河、榆溪河、海流兔河、秃尾河、五条河流沿岸防风固沙林带和百片万亩以上固沙林的建设；在干旱沙地上，广植花棒、刺槐（灌木作业）、紫穗槐等灌木，扩展灌丛草原，促进畜牧业发展，建成皮毛肉奶生产基地；在水滩地区大栽旱柳、杨树、油松、樟子松，建成民用材基地；在适宜地方栽植葡萄、苹果、沙棘等建成经济林基地；在继续扩大沙柳资源的同时，有计划地发展柳编生产，建成柳编外贸出口基地。各县、乡、村都要根据这个总目标，层层制定长远规划和年度实施计划，把任务落实到沙丘地块，落实到千家万户。

三、深化改革，稳定和完善治沙造林政策。

要坚持个户、集体、国家一起上，以户为主的方针，继续划拨荒沙，承包治理。坚持实行分户承包，大力鼓励个户、联户承包，提倡和扶持进住远山造林种草，兴办适度规模的林牧场，谁承包、谁治理、谁受益，允许继承和转让，坚决维护其合法权益。对原少数承包大户出现的问题，要认真帮助解决，包而不治的，要收回承包荒沙，并征收绿化贻误费。对于个户无力治理的大沙、远沙，乡、村要建立治沙造林义务建勤工制度，每年每劳投十个工，采取“四统一”（统一规划、统一组织、统一施工、统一检查验收）、“两集中”（集中时间、集中领导）的办法，进行集体治理。对于联户承包治理大沙、远沙的优先列入工程造林计划，优先给予投资扶持，优先提供种子苗，优先技术服务。国营荒沙可采取国、群合作办法，加快造林绿化治理。沙区的机关、学校、厂矿，各行各业都要划定治沙责任区，限期包干治理。采取多种形式发展横向联合，吸引外资和人才来沙区兴办林牧场和林牧产品加工企业，在贷款和税收上给予优惠。

四、科学治理，保证治沙造林质量。

为了提高治沙造林种草质量，必须依靠科学技术，全面推行工程造林，实行按规划设计，按设计施工，按项目投资，按工程管理，坚持宜草则草，宜灌则灌，宜乔则乔，适地适树，适地适草，做到栽种一亩，成活一亩。要加强治沙科研工作，注重科技成果和群众经验，积极推广障蔽固沙造林、飞播造林、封沙育林育草和抗旱造林技术。要充分发挥科技人员治沙造林的积极性，鼓励和支持他们承包治沙开展各种技术服务。可以带职带薪下去，也可以辞职、调离、停薪、留职承包、领办、承租国有林场、乡镇林场和沙区开发项目。对到沙区第一线工作的科技人员，要实行“三不变、六优先”，即政治待遇、干部身份、户籍关系不变，晋级、评定职称、评选先进、解决住房、子女就业、家属农转非优先。对于治沙做出突出贡献的科技人员，给予奖金或晋级、提职。要采取多种形式，培训各类治沙技术人才。建立健全乡镇林业分站，加强治沙造林第一线技术指导。榆林林校要适应大规模治沙需要，增设治沙造林专业。

五、依法护林，强化沙区植被管理。

现在林草植被是我区经济发展的雄厚资源，也是开展大规模治沙造林的重要基础。要坚持治理和管护并重，防止边治、边破坏，引起新的沙化。要深入开展造林、爱林、护林教育，把护林草变成广大群众的自觉行动。大张旗鼓地宣传贯彻《森林法》和《草原法》，严肃查处毁林草案件。要制定乡规民约，落实林草管护责任制，建立健全护林机构，林区建立林业公安派出所，村设立护林员，切实搞好林草管护工作。要加强沙区林地占用林木采伐的管理，严格审批制度。有计划地搞好封沙育林育草，实行以草定畜，轮封轮放，保护和恢复植被。

六、转变作风，切实加强对治沙造林的领导。

各级党委和政府要把治沙造林当作一件大事，动员全区各方面的力量，有钱的出钱，有力的出力，有物的献物，切实打好治沙总体战，以治沙造林带动整个农业生产的发展，推动全区经济的振兴。沙区县乡政府要把治沙列为干部任期目标制和岗位责任制的重要内容和考核政绩的重要依据。每个领导干部至少亲自抓好一两个治沙造林点，一般干部也要承包一两个村的治沙造林。推广榆林县的经验，层层签订承包治沙合同，每年检查验收一次，每届任期进行全面考核，完成任务好的表彰，成绩突出的授予劳动模范称号，并给予奖励工资或解决农转非；完不成任务的，要就地免职或不予聘任。县、乡政府不能因为人事的变更而影响治沙造林，要一任接一任坚持不懈地干下去。各行各业要密切配合大力协作，用于沙区建设的各项资金、贷款，要统筹安排合理使用，管好用好的同时，要建立育林基金征收制度，沙区林木采伐、开矿、产品加工，都要按照国家规定交纳育林基金，并要通过多渠道，多种方式为治沙造林筹集资金。地、县林业部门要全力抓好治沙造林，每年抽调三分之二以上的干部深入基层具体指导。地区成立治沙工作协调领导小组，负责组织协调，各县、各部门的治沙工作，并聘请一批有实践经验的治沙专家组成治沙技术咨询小组，为全区治沙当好参谋。

榆林市扶持沙棘产业发展实施意见

（榆政发〔2013〕58号）

为了认真贯彻落实中省一系列加快水利改革发展的政策措施和《榆林市水利发展与改革实施意见》精神，加快我市生态建设步伐，充分发挥沙棘生态及经济效益，做大做强沙棘产业，带动农民增收致富，结合我市实际，现提出如下实施意见：

一、充分认识发展沙棘产业的重要意义

我市是黄河中游地区水土流失最为严重的区域。北部风沙草滩区沙丘绵延，植被稀疏，下垫面裸露，风吹沙移，风蚀严重。南部丘陵区梁峁起伏，沟壑纵横，地形破碎，土质疏松，水蚀严重。坚持不懈地治理水土流失是实现全市经济社会持续发展的重大战略性任务，在半个多世纪的治理实践中，沙棘以其耐干旱、抗风沙、易生存等特性，成为大面积治理水土流失的先锋树种。沙棘的根、茎、叶、花、果，特别是沙棘果实含有丰富的营养和生物活性物质，可广泛应用于食品、医药、轻工、航天、农牧、渔业等国民经济的许多领域，沙棘产品市场前景相当广阔。目前，我市沙棘保存面积190多万亩，挂果面积已达20多万亩，区域化、规模化栽植沙棘的格局开始形成，沙棘产品深度开发稳步推进，大力发展沙棘产业的主客观条件开始成熟，各级各部门务必从国家实施主体功能区战略的高度，充分认识加快沙棘产业发展在全市“五位一体”建设中的重大意义，把握机遇、突出重点、整合资源、有序推进。

二、总体要求和主要目标

（一）总体要求。

以邓小平理论和“三个代表”重要思想为指导，坚持科学发展观，深入贯彻落实各级水利政策措施，以产业化、规模化、标准化、精品化的思路统领沙棘产业发展。坚持以改善生态环境为基础，结合区域自然条件，集中连片栽植沙棘，建立高标准沙棘原料林；坚持以市场为导向，大力研发适宜各类消费市场的沙棘产品；坚持以政府投入为主导，加大招商引资力度，引导企业开发沙棘产品，动员农民积极投身沙棘栽植，衍生沙棘产业链，全面推进我市沙棘产业快速发展，为改善水生态环境、促进农业农村经济发展，带动农民增收致富，为全面建成小康社会夯实产业基础。

（二）主要目标。

建立稳产、高产、优质沙棘原料林和原料基地，加大招商引资力度，培植 1 ~ 2 户沙棘产品开发生产龙头企业，健全市场流通体系，提高市场集聚功能；建立“农户 + 基地 + 企业”的产供销“一体化、一条龙”沙棘产业发展链条，使沙棘产业成为促进农民增收、地方财政增长和推进经济发展的重要力量。

三、区域布局和建设重点

（一）加快沙棘资源建设。

坚持以项目带动为主导，生态与经济效益兼顾，基地与零星种植互济的原则，坚持抓住国家生态建设的有利时机，将沙棘建设与黄河水土保持生态建设、小流域治理等水保项目紧密结合起来，依托水利部在榆阳区已建设的沙棘系列产品加工厂，把榆阳区、府谷县、神木县、横山县、靖边县作为重点区域，建设原料林和原料基地，沙棘原料林建设要严格按照《水利部沙棘原料林基地建设技术规程》执行。同时，选择立地条件较好的区域发展稳产、高产、优质沙棘采果园，并充分发挥示范带动作用，引导农民积极发展以农户为单元的小型沙棘果园，为农民增收致富开辟新途径。

（二）优化沙棘种植品种。

要坚持立足实际、因地制宜、择优选种、适度引进的原则，选用优良的沙棘杂交新品种。重点推广水利部沙棘开发管理中心培育的杂雌优 1 号、10 号、12 号等丰产品种，小面积种植杂雌优 54 号、太阳，试验种植杂雌优 2 号、5 号、28 号、31 号等新型品种。

（三）加快沙棘产业开发。

要把沙棘作为防治水土流失、发展经济的主导产业之一，加快沙棘产业开发步伐。要把龙头企业建设作为实现沙棘产业化的突破口来抓，大力扶持和发展有市场竞争能力、与农民结成利益共同体的沙棘产品开发生产龙头企业。切实加大沙棘产业招商引资力度，引进规模大、品牌知名、实力雄厚、科技含量高、自主创新能力强的骨干企业。大力推广沙棘种植新技术，确保广大农民群众在种植沙棘中获得较好的经济效益。同时，积极鼓励引导企业、单位等社会力量，以承包、入股、转包、租赁等形式获取宜林地使用权，对依法获取宜林地面积达到 1 万亩以上的集体或个人，在安排水保生态项目时给予倾斜支持。企业或农民自主种植的沙棘林，经林业、水土保持等部门验收合格后，可按同类造林标准给予补贴或奖励。

（四）加强沙棘资源管理和保护。

实行沙棘原料林、生态林管护制度，落实专（兼）职护林员，并给予一定补贴。各主管部门、监督执法机构要加强巡查，对随意砍伐、放牧、推地等破坏沙棘林的行为要严肃查处。对企事业单位、社会团体、造林大户及农牧民营造的沙棘原料林，各县区林业主管部门要按照有关规定，及时核发林权证，保障沙棘原料林建设者权益。

（五）加强沙棘产业技术研发工作。

以沙棘工业园区为平台，依托沙棘加工企业，聘请国内外沙棘产业高级技术人才，成立市沙棘产业技术研发中心，实行市场化运作，并加强同大专院校、科研院所合作，开展沙棘新品种选育、新产品开发、新工艺研究、新技术推广和沙棘病虫害防治。凡纳入全市科技和人才引进的沙棘科研项目，给予一定的财政补贴，并对沙棘新产品、新技术、新工艺进行认定，申请申报专利产品，加大知识产权保护力度。

四、保障措施

（一）政策扶持，促进沙棘产业开发。

紧紧抓住国家大兴水利、增加投入的有利时机，认真解读国家产业发展的有关政策，积极争取上级资金用于沙棘产业开发。市政府将逐年加大对沙棘产业专项资金的投入力度，并列入财政预算，有效整合土地整理、农业等各类资金，集中力量支持沙棘产业开发。要充分发挥农村信用社作用，重点用于扶持管理水平高、市场潜力大、经济效益好、带动能力强的龙头企业、专业合作社和专业大户的发展，为沙棘产业开发提供信贷资金保障。不断加大招商引资力度，吸引外来资金，重点引进大企业、大集团到我市投资建设基地。

（二）强化服务，为沙棘产业开发提供有力保障。

大力推进农业信息网络化工程，加强沙棘生产、技术、流通等信息网络化建设。全面提高农民素质，重点抓好沙棘种植大户、农民专业合作社骨干、龙头企业经营者的现代农业知识技能和沙棘种植技能培训。围绕沙棘产业生产、加工和市场流通，加快新技术、新成果的推广应用，促进产业尽快走上科技含量高、经济效益好、资源消耗低、环境污染少、人力资源优势得到充分发挥的发展道路，推进循环农业发展。

（三）广泛宣传，推动沙棘产业深入发展。

加快沙棘产业开发，全面提升农业农村的经济、社会和生态功能，是解决“三农”问题，缩小城乡差距，实现城乡互补、协调发展和共同繁荣的内在需要。各级各有关部门要充分利用电台、电视台等新闻媒体，开设专题栏目，制作专题片、举办专业讲座等，广泛宣传，让社会各界更加了解沙棘，认识沙棘，并积极投身到沙棘产业开发中来。

中共榆林市委 榆林市人民政府
关于加强生态文明建设打造黄土高原生态文明示范区的决定

（2019 年 8 月 12 日中国共产党榆林市第四届委员会第七次会议通过）

（节选）

……

三、主要任务

（一）实施水资源供给保障行动

以“保民生、保生态、保增长”为目标，通过外引内调、节流增效，破解水资源短缺瓶颈，为打造黄土高原生态文明示范区提供强有力的水支撑。重点建设东线马镇黄河引水工程，提升改造西线盐环定扬黄工程，完善南线延川向清涧供水设施，加快推进王圪堵水库向绥德、米脂、子洲三县供水工程进度，着力构建以东线、西线和南线引黄工程为骨干，以王圪堵水库为核心节点，联通已建大中型水库为支撑，小型水源工程和应急后备水源工程为补充的水土保持障工程体系。有效利用地表水，合理开采利用地下水，高效利用中水、矿井疏干水和雨水等非常规水资源。力争将全市年用水量控制在14亿立方米以内，万元工业增加值水耗下降10%，农田灌溉水有效利用系数提高到0.57以上，优化生产、生活、生态用水结构，形成配置合理、利用高效、管理科学的水资源管用体系，为经济社会发展提供强有力的水土保持障。

（二）实施造林绿化攻坚行动

按照绿化为民、绿化惠民的思路，以大地增绿、生态增彩、群众增收为主要目标，坚持“造管并重、保治补用”的方针，不断拓宽林草建设投资渠道，完善林草资源监管机制，健全林草建设经营主体，建立造林抚育专项资金，加快林草生态经济发展，深化全民义务植树活动，推动林草业高质量发展。围绕“六区三带+多线骨架+多点绿化”布局，组织实施生态宜居城市建设、生态廊道建设、森林质量提升、草原生态修复、美丽乡村建设、林草产业建设、农田防护林网建设、矿区复绿等八大林草工程。加大新一轮退耕还林（草）、退化林分提升修复、防护林改造建设、林牧生态区建设等工程，建成防沙固沙、水土保持、护坡护岸、通道绿化、涵养水源的防护林体系。扩大人工种草面积，改良羊子品种，以草定畜，实行封山禁牧、封山育林，运用行政、经济、法律手段，严厉打击偷牧、夜牧、散牧等破坏生态植被行为。打造河湖水系、道路沿线、重要矿区、产业园区、城镇村庄等为重点区域的生态综合治理和植被恢复示范点。每年完成造林种草100万亩，改良退化草场10万亩，林草总产值突破100亿元，形成区带片相连、点线面结合的绿化美化生态版图，全市林草建设支撑生态文明的能力显著提升。

（三）实施水土流失综合治理行动

坚持“山水林草、田园路村”系统治理，有效遏制水土流失。南部区以小流域为单元，沟坡兼治，综合运用生物措施、工程措施、耕作措施，形成层层设防、节节拦蓄的多功能防治体系，重点实施国家水土保持重点建设、坡耕地水土流失综合治理、黄土高原淤地坝除险加固、水利基金水土流失治理等工程，争取启动黄河粗泥沙集中来源区拦沙、砒砂岩区沙棘生态减沙等工程。北部区植物、工程措施并重，防沙、治盐碱两手抓，乔灌草结合防风蚀，改土排涝治盐碱，重点实施京津风沙源治理、三北防护林建设、高效节水灌溉等工程，启动矿井疏干水综合利用、盐碱地治理工程。坚持预防为主，避让与治理相结合，加强山体滑坡、泥石流、地面沉陷等地质灾害防治。全市每年治理水土流失面积650平方公里以上，实现水土资源可持续利用，生态系统良性发展。

（四）实施重要生态区域环境保护行动

以增强生态服务功能，构建区域生态安全屏障为主要目标，做好自然保护区、河湖湿地、水源保护区、风景名胜区等各类主体功能区的保护、建设与管理。深刻汲取秦岭北麓违建别墅问题教训，违建别墅问题全面清理整改到位。加大红碱淖、无定河湿地保护区保护力度，保护率提高到15%以上。加强榆阳刀兔海则、神木秃尾河源头、榆溪河、黄河和中营盘水库等重要湿地保护，增加湿地面积。抓好榆阳、横山2个市级臭柏自然保护区和神木臭柏、府谷杜松2个县级自然保护区划界保护工作。严格保护王圪堵、红石峡、尤家峁、芹河等水源地，防止污染物渗入。严格水利风景区管理，巩固提升神木红碱淖等2处国家级水利风景区和9处省级水利风景区，建设一批精品水利风景区，力争新创建国家级水利风景区1处、省级水利风景区3处。全面开展古树名木普查保护工作，保护率达到90%以上。强化生物多样性保护，完善珍稀濒危野生动植物就地、迁地、立地保护系统，实现区域生态功能总体提升，人与自然和谐共生。

（五）实施生态环境整体质量提升行动

打好“蓝天碧水净土”保卫战，扎实推进大气、水、土壤污染防治。落实减煤、控车、抑尘、治源、禁燃、增绿等责任，严格实施重点行业污染治理升级改造，开展柴油车污染防治、VOCs综合治理等重大专项行动。编制大气污染源排放清单，开展大气污染物来源解析，形成污染源动态溯源能力，实现环境空气质量智能化监管。严格落实河（湖）长制，加快编制“一河（湖）一策”，建立“一河（湖）一档”，启动河湖划界确权工作，开展河湖水系综合整治，提升河湖湿地等水体的联通自净能力。制定点源废水和污染物排放指标，执行水功能区排污总量控制和污染物削减指标管理。推进饮用水水源地规范化建设，加强无定河、榆溪河、窟野河等主要河流水质管控和城市污水收集处理能力建设。加快提升工业“三废”处置能力，严防矿产资源开发污染。加强农业面源污染防治，大力推行种植养殖废弃物无害化处理和资源化利用，秸秆、禽畜粪污综合利用率分别达到90%、80%。建立废旧农膜、农药包装废弃物等回收和集中处理体系，农膜回收率达到80%，区域环境风险得到有效控制，生态环境整体质量实现根本好转。

（六）实施绿色发展行动

以构建绿色发展产业体系为目标，调整产业结构，促进资源节约循环高效利用。加强“五小工业”治理，改造提升火电、化工等高耗能高耗水产业，推广以微灌为主的农业高效节水灌溉技术。大力推行绿色建造、新能源公共交通，创建节约型公共机构，推进城镇低效用地再开发和工矿废弃地综合整治再利用。探索推广保水采煤、采空区充填开采、地下气化等新技术，煤炭资源综合回采率达到80%以上。打造以生物质综合利用为主体的农业循环经济产业链，以城市污水、垃圾等再生资源利用为主体的生态环保产业链。深化产业园区循环经济试点示范，推广锦界工业园区国家循环经济试点经验，创建国家级循环经济园区2个。加快推进大宗固体废弃物综合利用产业集聚发展，工业固体废弃物综合利用率达到80%，建成国家大宗固体废弃物综合利用基地。加快对电石、兰炭、金属镁、铁合金等传统产业升级改造，发展新能源等战略性新兴产业。大力发展生态产业，重点打造苹果、蔬菜、马铃薯、羊子四个百亿级产业，着力发展红枣、银杏、核桃等特色经济林，全面推广使用“榆林尚农”区域公用品牌，启动地域森林生态产品品牌建设。加快发展休闲农业、乡村旅游、森林旅游等产业，实现生态与产业良性互动、经济发展与资源环境相互协调。

（七）实施美丽宜居乡村建设行动

按照“产业兴旺、生态宜居、乡风文明、治理有效、生活富裕”的总要求，加快推进美丽宜居乡村建设。加强生态环境系统修复整治，优化乡村水系、林网、绿道等生态空间格局，保护好乡村自然风光和田园景观，推动美丽乡村建设提档升级。深入实施乡村振兴战略，北部县（市、区）与矿区移民搬迁有机结合，南部县与整村整组避灾、生态移民搬迁有效融合，结合传统古村镇保护修复工程，深挖乡村历史文化资源，精心打造一批示范样板。加强农村基础设施建设，开展农家庭院整治、农村垃圾污水治理和卫生厕所改造，净化美化村容村貌。大力开展乡镇、村庄绿化，引导农民在房前屋后、道路两旁植树增绿，每年重点绿化乡镇30个、村庄200个，建成一批乡土气息浓郁、生态环境优美、宜居宜业的美好家园。

（八）实施全民生态文化培育行动

深入学习贯彻习近平生态文明思想，广泛开展生态文明宣传教育和知识普及，引导全社会树立正确的生态意识、环保意识、节约意识。将生态文化知识和生态意识教育纳入国民教育和继续教育体系，纳入党政干部、企业培训计划，培育生态道德和行为准则。从榆林的黄土文化、边塞文化、农耕文化、游牧文化中挖掘优秀生态文明资源，弘扬榆林“治沙精神”时代内涵，构建以生态价值观念为准则的生态文化体系和融生态科普、生态体验、生态实践于一体的生态文化阵地。广泛开展绿色生活行动，推动全民在衣、食、住、行、游等方面加快向勤俭节约、绿色低碳、文明健康的方式转变。健全举报、听证、舆论和公众监督等制度，形成全社会关心、支持、参与和监督生态文明建设的强大合力。

四、重点区域和系统生态治理

根据榆林自然条件、生态治理重点和经济社会发展等情况，将全市划分为“六区一河一湖和城镇体系”，即风沙草滩区、黄土丘陵沟壑区、黄河沿岸土石山区、白于山河源梁涧区、矿区、产业园区、无定河、红碱淖以及市中心、县城、重点镇。按照区域特点、功能定位和目标设置，实施差异化治理，走山水林田湖草综合治理的路子，使榆林生态建设得到全面提升。

（一）风沙草滩区生态治理

该区沙丘连绵、海子散布，植被退化趋势严重，土地沙漠化普遍，地下水位不稳定，防护效益低下，生态环境脆弱。立足自然承载能力，借鉴库布其集团化治理和塞罕坝规模化经营模式，鼓励治沙大户、合作社、企业集团承包治理，项目列入中省市项目库，给予治理补贴。注重原生天然植被、荒漠地表结皮保护和自然修复，原则不再实施耕地占补平衡项目。加大网框林建设，强化封育措施，以沙棘、沙打旺等适生灌草植物为主，优化乔灌草结构，实施沙区林分质量提升、退化草原修复等工程，重点打造长城沿线、陕蒙宁边界两条宽幅1000米以上大型防护林带，每年新栽樟子松20万亩。依托“小海子”周围滩地和河流两岸，围绕农田草场，以栽代育，以草定畜，合理利用水资源，改造提高沙区农田，营造防护林网，加大粮改饲力度，发展经济林和林草结合的养殖业。实施排涝压碱、土壤改良工程，有效治理盐碱地。示范推广神木秃尾河源头、榆阳白舍牛滩、横山黑峁墩、定边城北盐碱地等治理经验，从根本上防治风沙危害，形成稳定的生物群落，建设草场基地，实现以林保牧、以林保农的目标。

（二）黄土丘陵沟壑区生态治理

该区地形支离破碎、沟壑密集、林草总量不足、水土流失严重、流域综合防控能力差、产业规模小效益低。以小流域为单元，以退耕还林（草）政策为引导，结合扶贫攻坚，将小流域治理与河流水系综合整治、生态农业建设、人居环境改善、乡村振兴等紧密结合，重点实施淤地坝、坡改梯等工程措施，植树种草等生物措施和等高、少耕、覆膜等保护性耕作措施，发展特色生态产业，推动区域生态环境持续好转，农民生产生活水平不断提高。在 25° 以下坡耕地大力发展以特色小杂粮、中药材等为主的生态产业，因地制宜推进山地苹果、“两杏”、核桃、小杂果等经济林建设。25° 以上及荒山荒地营造油松、侧柏、柠条、苜蓿等水保林草。川道平缓地区以发展和培育高质高效现代农业和特色林果业为基础，做大做强特色农业与生态文化休闲旅游。打造推广米脂高西沟、榆阳赵家峁、绥德赵家坬、子洲白家沟等试点，提高植被覆盖度，改善土壤生态系统，构筑完整的水土保持生态防护体系，实现农业增值、农民增收、乡村振兴。

（三）白于山河源梁涧区生态治理

该区山大沟深、干旱少雨、植被稀少、土壤侵蚀严重、自然条件恶劣，为无定河、洛河等多条河流的河源区。按照梁峁沟涧地貌特点、水土资源承载能力、林草覆盖率和人口居住密集度，实施流域山顶到沟涧分层次治理，以涵养水源、治沟保涧为重点，通过植物、工程措施综合施治，促进区域生态修复改善。建设以集雨水窖为主的小型水利工程，充分收集雨水，解决生产生活用水问题。25° 以上梁峁坡，实施退耕还林（草），重点栽植油松、沙棘、枸杞、柠条、文冠果、山桃、山杏等混交林，扩大林草面积，实行全面封禁，涵养水源，提高生态自然修复能力。实施移民搬迁，“人退林进”，分步推进规模化林场建设。25° 以下坡耕地及沟涧地，实施坡改梯及沟涧综合治理工程，治理水土流失。发展农林牧结合的生态经济林，推行林粮间作、林草间作方式，助力生态环境改善。村落、河道周边，加强农田水利建设，发展林、果、菜、药等价值较高的庭院经济，打造无定河河源区生态治理试点，建成靖边杨米涧、定边铁角城生态景观型干杂果和木本油料产业基地。

……

（七）无定河流域生态治理

无定河涉及 10 个县（市、区），流域滋养全市 61% 的人口，河流水污染严重、水生态退化、防洪体系不完善、岸线管理不规范。总体治理思路是围绕安全、生态、景观、文化、产业五条主线，重点整治无定河干流全线两岸第一山脊线以内，以及海流兔河、芦河、榆溪河、大理河、淮宁河等 5 条重要支流的县城、乡镇及产业园区等重点段，实施水资源开发利用、水污染防治、水灾害防治、水环境提升、水流域管控五大工程，形成“一河两岸筑安澜，三带四区兴产业，六城九域美景观，生态文化写山川”总体格局。

二层河台以上河段。重点实施以水源涵养、水污染防治为主导的河源区及沟涧地综合治理工程。推进蒋家窑水库等拦沙库坝工程建设，拦蓄泥沙，治理水土流失，改善生态环境，打造金鸡沙水库风景区，拉动区域经济发展。

二层河台—鱼河镇河段。以王圪堵水库水源地保护、无定河湿地有效保护、无定河川地有效保护和合理利用为重点，通过水污染防治、水灾害防治、水环境提升、水资源开发利用等工程建设，实现保生态、兴产业目标。充分利用北沙南土中间水的自然优势以及王圪堵水库、波罗古堡等景观资源，稻田养蟹的特色经营方式和游牧文化与农耕文化交错的文化资源，水、岸、滩、山综合整治，打造生产发展、生态优良、环境美好的无定河“百里画廊”。

鱼河镇—崔家湾河段。重点推进绥德、米脂、子洲县城供水工程建设，全面解决三县县城水资源短缺问题。推进堤防、护岸等工程建设，构建沿河两岸防洪保安体系。点面结合持续开展水污染防治，确保水质达标，水生态环境良好。科学高效利用两岸耕地，实施灌区节水改造、土地开发整理、绿色廊道、城市河段水面及亲水设施工程建设，打造黑龙潭水文化和绥米黄土民俗文化景观区带，带动沿河文化旅游、特色农业发展。

崔家湾—入黄口河段。依托河流山势特色资源，实施水能资源开发利用建设工程，打造无定河乾坤湾水保示范园及鱼儿峁水利风景区，美化生态环境，带动产业发展，促进当地群众脱贫致富。

水利部关于北洛河、无定河流域综合规划的批复

（水规计〔2020〕180号）

黄河水利委员会，内蒙古、陕西、甘肃省（自治区）水利厅：

依据《中华人民共和国水法》，黄河水利委员会商流域内有关省（自治区）水行政主管部门和有关部门，编制完成《北洛河流域综合规划》《无定河流域综合规划》，并上报我部。水利水电规划设计总院组织对规划进行了审查，并提出审查意见。根据国务院关于流域综合规划审批授权，经征求国家有关部门意见，现批复如下：

一、北洛河、无定河流域综合规划实施要以习近平新时代中国特色社会主义思想为指导，全面贯彻党的十九大和十九届二中、三中、四中全会精神，牢固树立新发展理念，落实黄河流域生态保护和高质量发展战略要求，坚持“节水优先、空间均衡、系统治理、两手发力”的治水思路，践行水利工程补短板、水利行业强监管，全面建设节水型社会，加强水资源保护、水生态修复和水环境治理，增强城乡供水保障能力，完善防洪减灾体系，强化流域综合管理，协调好上下游、左右岸、干支流的关系，统筹解决水资源、水生态、水环境、水灾害问题，保障流域和区域水安全。

二、要深入贯彻中央关于大力推进生态文明建设决策部署，全面落实河长制湖长制，强化河湖水域岸线保护和涉水活动监管，促进河湖面貌根本好转。加强水土流失治理，强化水土保持监测和监督管理。高度重视生态环境保护，严格落实规划环境影响报告书审查意见，依法依规严守生态保护红线，进一步增强生态环境保护的责任意识、红线意识、法律意识。加强流域水资源优化配置和水量统一调度，确保重要断面生态水量符合流域综合规划和已批复的水量分配方案要求。

三、规划是流域开发、利用、节约、保护水资源和防治水灾害的依据。黄河水利委员会和流域内相关省（自治区）人民政府及有关部门要密切协作，落实规划确定的各项任务和措施。加强与水利改革发展相关工作有机衔接，涉及的建设项目要深入做好前期论证，按规定程序报批，不得存在重大生态环境影响制约因素。根据生态保护红线划定和国土空间规划等有关工作进展和要求，加强衔接和协调。密切跟踪监测和评估规划实施情况，遇重大问题及时反馈。

2020 年 8 月 25 日

索 引

防汛抗旱与河道整治（37 条）

水保生态环境建设（40 条）

流域综合管理（31 条）

无定河文化（79 条）

机构与人物（60 条）

提供资料、照片人员名单

（排名不分先后）

省级有关部门：景长春　刘　琛　毛兆民　杨康宁　范　宇　王战峰
黄河水利委员会驻榆单位：杨　磊　张娅琪
榆林水利系统：
陈永东　李国宝　刘爱霞　王　峰　王星云　武　斌　高　玲　沈　韬　刘文静
雷　洋　白　倩　刘姗姗　乔小瑜　吴　瑜　刘艳丽　郭学峰　刘树平　艾美霞
常　莎　曹　磊　郭雄雄　刘　洋　魏　星　张志强　常晓燕　姜　铎　李云飞
陈文波　田雨升　高文学　白宇峰　白亚强　常东飞　刘　兴　李春霞　谢亚卫
高冬冬　折亚龙　贾　伟　李枝成　王　涛　白　飞　张存飞　马红丽　苗　平
曹　瑜　杨　涛　郑琼瑶　刘　华　房　泳　常　琛　贾　伟　刘　兴　张飞飞
延安水务系统：崔江波　孙亚宁　韩　杰　齐生虎　贺建平　薛爱国　高尚升
榆林市外协单位：
曹　娜（榆林市文学艺术联合会）
李　艳、王海龙、王建秦（榆林市文化和旅游局）
李　帅、折　伟（榆林市民族宗教事务局）
王　维、王　丹、田彩红（榆林市农业农村局）
艾先立、陈晓凡（榆林市生态环境局）
万　帅（榆林市林业和草原局）
高彩玲（榆林市委宣传部）
王旭峰（榆林市水务集团有限责任公司）

编后记

为河流写志立传，是一项极具挑战性、开创性的事业，而且是一次性选择10条河流，组织10名水文化专家牵头主编，在两年内完成10本志书的编纂出版工作。这是陕西有史以来最为重大的水文化工程，在全国也罕见，不仅规模宏大、时间紧迫、任务繁重，而且几乎没有现成的规范可循和范本可参考。起初，编者是因为热爱水文化而积极投身其中，而后因职务变动协助分管这项工作，组织编纂《陕西省河流志丛书》便变成了分内工作。

常言道，盛世修志，志述盛事。陕西省水利厅党组高度重视《陕西省河流志丛书》编纂工作，2023年6月9日成立了以厅党组书记、厅长郑维国为组长，厅党组成员丁纪民、张敏、党德才、宇涛、左怀理为副组长，厅设有关处室、厅属有关单位和各市水利部门主要负责同志为成员的《陕西省河流志丛书》编纂委员会，并设立编纂办公室，统筹协调推进编纂工作。6月25日，陕西省水利厅召开全省水文化工作推进暨《陕西省河流志丛书》编纂工作启动视频会，厅党组成员、副厅长左怀理动员部署了《陕西省河流志丛书》编纂工作。为了加快志书编纂进度、确保编纂质量，陕西省水利厅创新编纂工作机制，实行主编负责制，由水文化专家任主编，全权负责志书资料收集、实地考察、内容编纂和征求意见、修改完善等各项工作。会后，《陕西省河流志丛书》编纂办公室组织水文化专家反复研究，研讨制定了既规范又有特色的河流志编纂大纲，提出“河流志编纂要坚持山水林田湖草沙生命共同体理念，以河流为轴线，以水为核心，以流域生态保护为基准线，以河流文化为特色，突出记述治水治河、治山治沙”的总体要求，逐河流召开资料提供对接推进会、专题问题研讨会，为河流志丛书编纂工作顺利推进奠定了基础。2024年1月25日，陕西省水利厅组织有关专家、厅设有关单位负责同志对《无定河志（初稿）》进行了初审，并提出了补充完善意见。会后，编者及时组织榆林、延安有关市（县）编纂人员逐条进行了修改完善。4月8—20日，《陕西省河流志丛书》编纂委员会将《无定河志（征求意见稿）》下发榆林、延安有关单位、县（区）和省级有关单位征求意见，同时征求了陕西省地方志办公室的意见。榆林、延安有关市（县）、单位补充完善了有关内容，并提出了50多条修改意见，特别是陕西省地方志办公室李军副处长、陕西省住房和城乡建设厅倪坪同志、陕西省水利厅原二级巡视员杨耕读同志对志书编纂工作给予了充分肯定，并对志书定位、审定、图表、记述重点、人物入志等提出了明确要求。根据陕西省地方志办公室编志最新要求，编者及时修改完善，统一设置了英文目录和索引，取消了人物篇中人物事录节。2024年6月8日，陕西省地方志办公室在西安市蓝田县召开了《无定河志》复审会，陕西省地方志办公室李军副处长出席并主持了复审会议，与会专家充分肯定了《无定河志》的编纂成果，认为《无定河志》政治观点正确，体例规范，结构合理，资料丰富翔实，文风朴实，语言精炼，特色明显，会议一致同意将《陕西省河流志丛书》纳入《陕西省地情丛书》范畴，并同意《无定河志》通过复审。2025年2月22日，水利部水文化研究工作指导委员会办公室在北京组织召开中国名水志文化工程·陕西省河流志丛书终审会。水利部办公厅、中国地方志工作办公室、中国水利水电科学研究院、中国社会科学院当代中国研究所、中国水利学会水利史与水利遗产专业委员会、黄河水利出版社、陕西省水利厅、陕西省地方志办公室的有关领导、专家、学者共计17人参加了会议。专家组一致同意将《陕西省河流志丛书》列入《中国名水志文化工程丛书》，同意通过终审。

众手成志是《无定河志》编纂工作顺利进行的最大秘诀。全志由序、凡例、概述、大事记和志、传、表、录、图以及附录三大部分组成，共设7篇33章106节，约82万字。在编纂过程中，无定河流域的榆林市、延安市水利部门及其所属的榆阳、横山、定边、靖边、米脂、绥德、子洲、清涧、吴起、安塞、子长等县（市、区）水利部门给予了极大支持，明确领导负责，确定专人联络，多次召开会议部署推进，从资料提供、数据核对、图片选择到陪同实地考察调研，给予了热情关注和帮助。还有黄河水利委员会驻榆有关单位及榆林市林业草原、生态环境、自然资源、文化旅游等部门也提供了不少宝贵资料。省、市、县、乡先后有80多人参与了志书编纂、资料提供与调研服务等工作，《无定河志》微信群中经常活跃的人数就多达50多人，在此对大家的辛勤劳动和艰苦付出表示衷心感谢。这里还要特别感谢榆林市水务局史社刚总工程师和榆林市水利中心雷洋副主任、白倩同志，延安市水利局张永峰副局长和吴起县崔江波副局长、子长市孙亚宁副局长、安塞区韩杰同志，陕西省水土保持和移民工作中心杨康宁处长，以及《陕西省河流志丛书》蒋建军、王辛石、耿涛、权医平、常崇信、赵西安、雷保寿、杨永平、黄卫涛等9位亦师亦友的主编对《无定河志》编纂工作的关心、鼓励和帮助。照片除编者拍摄外，陕西省水利信息宣传教育中心和有关市（县）、单位提供了大量照片，让志书达到了图文并茂的效果，在此一并表示感谢！

由于时间仓促，加之编纂经验不足，对有关资料的收集、挖掘、考证还不够充分，不当之处在所难免，敬请各位专家学者、广大读者批评指正。

编　者

2025年4月

中国名水志文化工程丛书
陕 西 省 地 情 丛 书
陕 西 省 河 流 志 丛 书

北洛河志

《陕西省河流志丛书》编纂委员会 编

黄 河 水 利 出 版 社
· 郑 州 ·

图书在版编目（CIP）数据

北洛河志 / 《陕西省河流志丛书》编纂委员会编. 郑州 : 黄河水利出版社, 2025. 6. --（陕西省河流志丛书）. -- ISBN 978-7-5509-4119-9

Ⅰ. TV882.841

中国国家版本馆CIP数据核字第2025807V83号

北洛河志　BEILUOHE ZHI

《陕西省河流志丛书》编纂委员会　编

责任编辑　郭　琼　　　　责任校对　鲁　宁

封面设计　张心怡　孟周利　　　　责任监制　常红昕

出版发行　黄河水利出版社

地址:河南省郑州市顺河路49号　邮政编码:450003

网址: www.yrcp.com　E-mail:hhslcbs@126.com

发行部电话：0371-66020550

承印单位　陕西省水利印刷厂

开　　本　787mm × 1092mm　1/16

插　　页　10

印　　张　33.75

字　　数　808千字

版次印次　2025年6月第1版　　2025年6月第1次印刷

定　　价　3680.00元（全十卷）

《北洛河志》编纂委员会

主　任　左怀理

副主任　原晓军　李宜然　周文军　何建平

委　员　王　军　杨　耀　赵华岗　徐志雄　王冀川
任宏江　王延彬　赵华宁　赵世昌　杨　军
潘新虎　党晓军　党向阳　李丙军　贺海滨
车永红　李遂宁　魏永强　张引平

《北洛河志》参加编写人员

主　编　权医平　（渭南市水资源工作中心）

副主编　田晓强　（渭南市水资源工作中心）

成　员　高　明　东大鹏　许小海　（渭南市洛惠渠管理中心）
朱炫静　田钰婕　（西北政法大学 渭南师范学院）
董水利　雷　刚　（渭南市水资源工作中心）
张文龙　（陕西省河流工程技术研究中心）
杨　鹏　（渭南市水保移民中心）

审定单位

初　审　陕西省水利厅

复　审　陕西省地方志办公室

终　审　水利部水文化研究工作指导委员会办公室

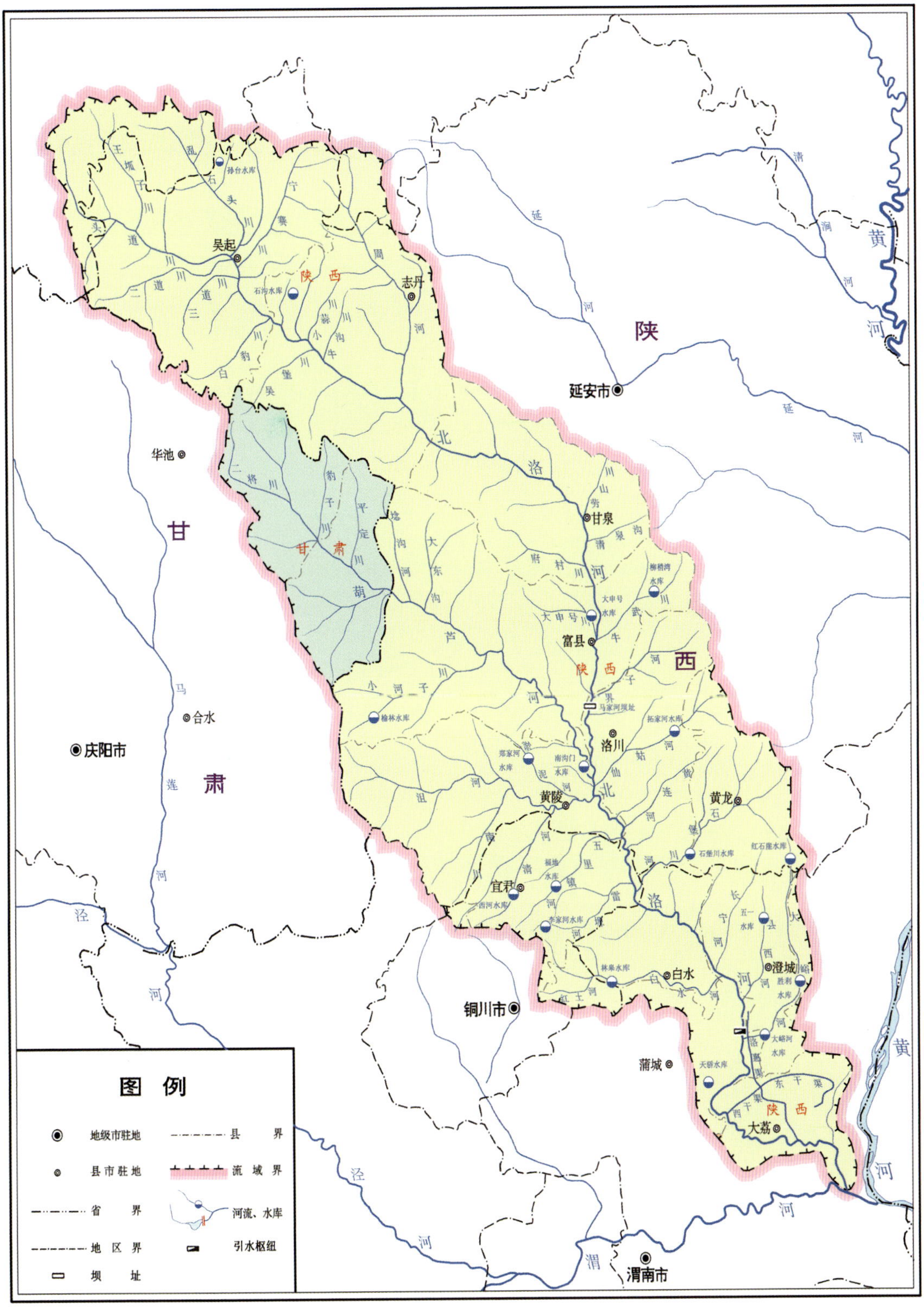

陕
西
甘
肃
陕西
甘肃
吴起
志丹
延安市
华池
甘泉
富县
洛川
黄陵
黄龙
宜君
白水
澄城
铜川市
蒲城
大荔
渭南市
庆阳市
合水
北洛河
延河
黄河
泾河
渭河
马莲河
葫芦河
沮河
孙台水库
石沟水库
柳梢湾水库
大申号水库
马家河坝址
拓家河水库
榆林水库
郑家河水库
南沟门水库
石堡川水库
红石崖水库
西河水库
李家河水库
林皋水库
五一水库
大峪河水库
天桥水库
东干渠
西干渠
图例
地级市驻地
县市驻地
省界
地区界
坝址
县界
流域界
河流、水库
引水枢纽

北洛河流域行政分区图

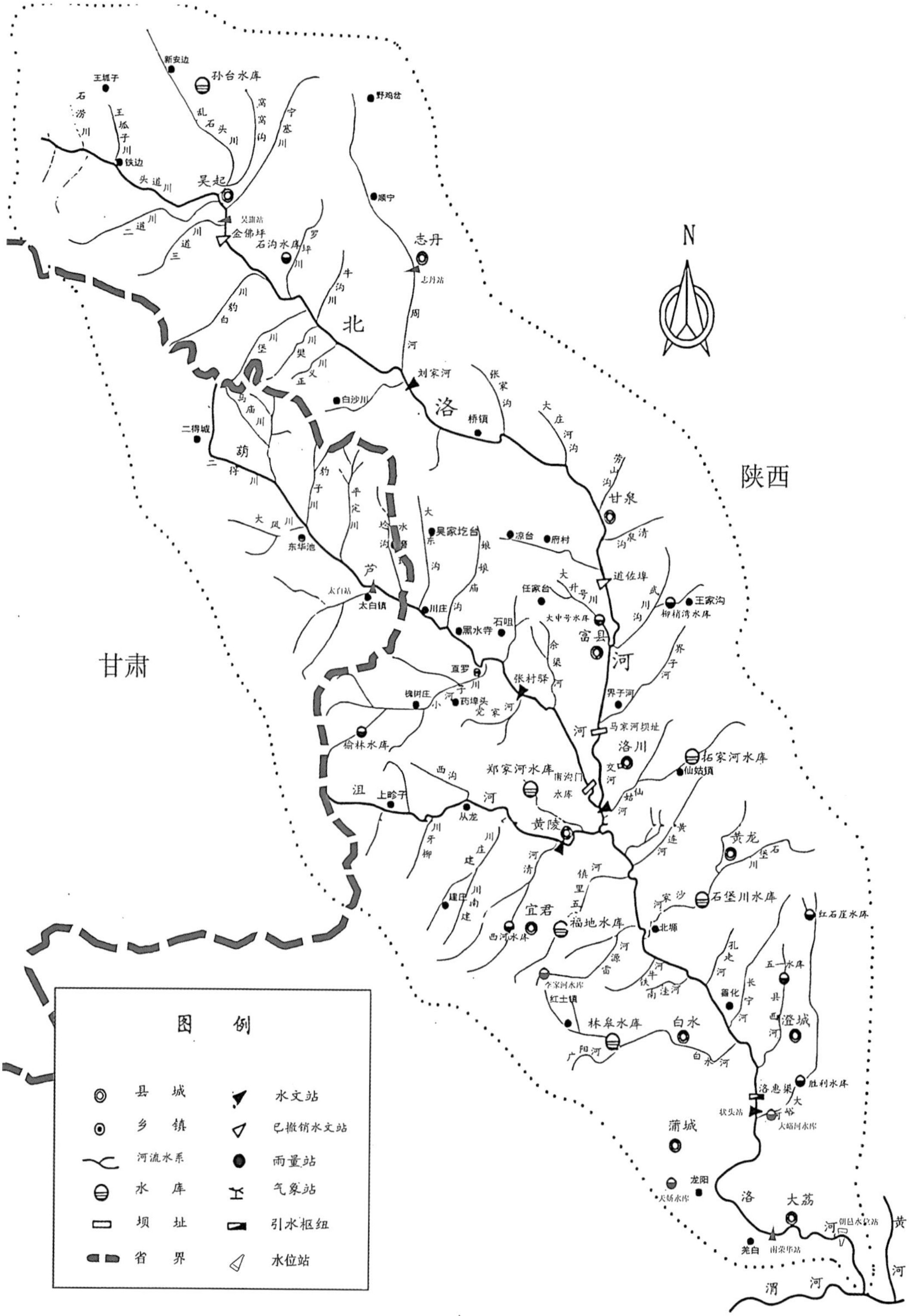
N
陕西
甘肃
北
洛
河
吴起
志丹
甘泉
富县
洛川
黄陵
宜君
黄龙
白水
蒲城
澄城
大荔
孙台水库
石沟水库
郑家河水库
榆林水库
拓家河水库
石堡川水库
福地水库
林皋水库
红石崖水库
胜利水库
刘家河
张村驿
黄河
渭河
图例
县城
乡镇
河流水系
水库
坝址
省界
水文站
已撤销水文站
雨量站
气象站
引水枢纽
水位站

北洛河水系及站网图

北洛河源头定边县白于山（2024 年 4 月，雷梦刚拍摄）

洛河源头白于山（2014 年，钟子俊拍摄）

北洛河源头之一定边县石涝川（2018 年，定边县水利局提供）

北洛河志丹县永宁山古城堡（2019 年，志丹县水务局提供）

北洛河富县城区段（2020 年，富县水务局提供）

北洛河支流沮河（黄陵县国家森林公园，2019 年，黄陵县水务局提供）

黄帝陵全景（2015 年，张会文拍摄）

洛川县北洛河与洛河特大桥（2017 年，洛川县水务局提供）

北洛河最大支流葫芦河（葫芦河湿地公园，2017 年，富县水务局提供）

北洛河白水段乾坤湾（2018 年，高新峰拍摄）

大荔县乾坤湾（2023 年，石月拍摄）

龙首坝附近的北洛河（2018 年，许小海拍摄）

大荔北洛河鸟瞰（2018 年，大荔县水务局提供）

蒲城北洛河跌水（2018 年，雷定邦拍摄）

洛岸桃花（大荔）（2018 年，杨鹏拍摄）

南沟门水库（2018 年，延安市水务局提供）

北洛河入渭口（2018 年，杨鹏拍摄）

石堡川水库鸟瞰（2018 年，渭南市石堡川水库管理中心提供）

林皋水库鸟瞰（2022 年，白水县水务局提供）

洛惠渠平之洞（五号隧洞）（2020 年，许云生拍摄）

洛惠渠龙首大坝全貌（2018 年，冯健拍摄）

洛惠渠曲里渡槽（2021 年，许云生拍摄）

汉代龙首渠大荔义井村段遗迹（2010 年，许云生拍摄）

1934 年，李仪祉（左）与杨虎城（右）在洛惠渠工地

石堡川水库大坝施工（1970 年，李剑锋提供）

石堡川水库长宁河倒虹施工（1973 年，李剑锋提供）

时任水利部计划司司长陈雷（中）考察洛惠渠灌区（1999 年，李忠亭提供）

北洛河三眼桥水电站（2015 年，澄城县水务局提供）

大峪河流域水平梯田（2018 年，杨鹏拍摄）

蒲城县永丰镇柏树护埂水土保持（2018 年，杨鹏拍摄）

澄城县石家坡淤地坝（2018 年，澄城县水务局提供）

鱼鳞坑（2019 年，吴起县水务局提供）

澄城县吴坡水土保持科技示范园（2017 年，澄城县水务局提供）

蒲城县大峪河水利风景区（2017 年，张天良拍摄）

《陕西省河流志丛书》编纂团队合影

（前排左起赵西安、常崇信、许灏、蒋建军、雷保寿、耿涛，

后排左起田晓强、杨永平、权医平、王辛石、黄卫涛、于世宏、龚裕凌）

北洛河流域水利事业发展数据（2020年）

水资源量	全流域年水资源总量10.45亿立方米，2020年全流域年总供水量4.523亿立方米，其中地表水供水量约2.8528亿立方米（由东雷抽黄工程和交口抽渭工程供水0.7亿立方米，本流域供水2.1528亿立方米）。
水源工程	全流域现有水库77座，其中大型水库1座，中型水库4座，小型水库72座；总库容量3.6亿立方米；已建成机电井16241处。
灌溉面积	全流域灌溉面积达到29.2万公顷。其中，有效灌溉面积13.1万公顷，节水灌溉面积1.342万公顷；万亩以上灌区12处，50万亩以上灌区1处。
城乡供水	全流域建成城乡集中式供水工程283处，其中水厂29处，千吨万人以上供水工程31处；全流域农村饮水安全达标人口164万人。
水力发电	全流域建成农村小水电站8处，装机容量2.9万千瓦，年发电量0.9亿千瓦时。
江河堤防	全流域建成江河堤防248千米，其中干流堤防139.81千米，堤防保护人口21万人、耕地1.5万公顷；建成分洪闸44座。
水土保持	全流域水土流失面积174.64万公顷，累计治理水土流失面积134.2万公顷。
从业人员	全流域水利系统从业人员0.32万人，在岗职工年均工资4.8万元。
流域管理	全流域有水利管理机构72个，乡（镇）水务管理站32个，农民用水者协会28个；大型灌区2个，中型灌区15个。
水文化建设	流域内国家水利风景区2处，省级水利风景区4处，国家级湿地公园4处，水文化遗产46处，人文景观27处，自然景观12处，湖泊5个，泉水15处。

序

陕西省位于中国中部，以地理分界，分陕南、陕北、关中三区，今人称其为三秦。三秦大地被两个山系——北山和秦岭分界。北山山系的黄龙山、子午岭、陇山诸山划出了陕西北部沟壑纵横的黄土高原和中部一马平川的关中平原。大地理的秦岭，西起昆仑，中经陇南、陕西中部，东至鄂、豫、皖，分出长江、黄河两大流域，以及中国南北方的地理、气候。而横贯秦地中部的秦岭，在此自西向东也成为渭水与汉水的分界，形成了黄河和长江两大流域最大的支流。山是水之依，水是山之魂。北山、秦岭和巴山造就了三秦河流，孕育了悠久的中华文明，见证了夏、商、周三代以后朝代的更替兴衰。

三秦河流自然环境差异极大，河流所经高原、山地、丘陵、盆地、平原交错其间，多年平均降水量从陕北的340毫米过渡到陕南的1240毫米。华夏先民进入三秦，水利便是他们生存和发展的必然选择。不算很优越的水资源条件，因他们卓越的水利创造，滋养出了灿烂的河流文化。

《陕西省河流志丛书》是所涉三秦河流的百科全书。丛书分为《渭河志》《汉江志》《无定河志》《泾河志》《丹江志》《北洛河志》《千河志》《延河志》《漆水河志》《褒河志》各卷。河流志各卷以河为轴，以水为主干，涵盖了河流的自然地理、发展利用、人文历史等。以水利凿通上下5000年及至当代，由此可见这部丛书作者们的担当。

陕西的河流保留了自上古时期至现代文明演替的历史印迹，其文化类型之丰富，在中国乃至世界江河中少有与之比肩者。中国水利史大致可以分为四个阶段，比照三秦尤其具有代表性。

第一阶段（距今约10000年—前221年），这是从部落氏族走向中国的文明生发期。近年考古发现证实了从农业的发端到秦帝国成立，没有中断的中华文明演变轨迹。距今5000年上下，黄河流域处于炎帝、黄帝、伏羲、女娲、尧、舜、禹的传说时代，华夏文化已经初具农耕社会形态，是为华夏文明的源头。约公元前11世纪，擅长农业的姬姓部族进入漆水河流域的周原，在岐山下经营出旱作、稻作农业，灌溉工程因此诞生。传说时代以禹治水而发生文明大转折。兴起于豳、岐的周人，经牧野之战，灭商建立了中国唯一的贵族王国——周，史称西周。西周先后建都丰、镐，建立了国家川衡、虞泽制度，为其后春秋战国各诸侯国水利兴起的先声。战国时期后起的秦国，经孝公时（前381—前338年）商鞅变法迅速强大，兼并六国，建立起第一个王朝集权国家。强大的秦国在泾河上兴建了郑国渠，关中水利区由此历经汉唐至明清，支撑了区域农业2000余年。郑国渠亦开创了中央王朝经营水利工程的先河。

第二阶段（前 221—1279 年），经历了汉、唐、宋水利发展的高潮，水利支撑了古代中国最重要朝代的繁盛。自汉迄唐，渭河横贯的八百里秦川，从京畿的咸阳、长安，到华州、陕州两岸密集分布着具有灌溉、水运、水能（水磨、水碾）等功能的水利工程。在渭河的支流北洛河上兴建了中国最早的隧洞引水工程——龙首渠。汉兴之地的汉江及其支流褒河、丹江，由军事屯垦带来了区域性水利工程兴建，历经东汉、三国、两宋发展，形成了陕南汉中水利区。这一阶段可称道的还有唐代第一部国家水利法规《水部式》的颁布，强化了中央政府对关中灌溉工程、河西和西域屯田水利、运河工程和用水管理，从而确立了国家、地方不同的水利管理体制。

第三阶段（1279—1930 年），这一时期水利以陕北边镇水利为代表。陕北地处干旱和半干旱区，是农耕与游牧不同文化的分界线。北宋、西夏、明代在无定河与黄河支流清水河（今延河）流域先后涌现出大大小小的引水工程，营造出延安、榆林一带塞北稻作农业区。20 世纪三四十年代抗日战争期间，旱区水利继续发扬光大。陕北的古代水利工程中，以无定河支流榆溪河红石峡灌渠最为著名。引水渠或明或暗穿行于榆溪河两岸的山崖中，灌渠、榆溪河、对峙的山崖和摩崖石刻，营造出著名的“榆林八景”，这一于 15 世纪兴建的工程今天仍在发挥作用，并继续九边重镇的无限风光。

第四阶段（1931 年至今），这是传统水利步入现代工业文明的时期。水利技术逐渐取代传统工程技术，水资源开发利用超过了任何历史阶段。先是以泾惠渠、渭惠渠为代表的“关中八惠”等现代水利工程的兴建，带来了水权制度在灌区管理中的实践。在抗日战争期间，渭河边现代水利科学、教育发展起来；陕甘宁边区水利事业蓬勃发展。1949 年以后，现代水利在三秦大地得到全面发展，水利在城市供水、防洪减灾等方面发挥的作用日渐突出。近年来，引汉济渭工程、东庄水利枢纽工程的实施，为咸阳、西安及秦地的渭北地区开辟了新水源，城市供水安全、经济可持续发展得到了保障。但是，工业革命理念下的水利建设也留下了违反河流规律的后果，如 20 世纪 50 年代三门峡水利工程规划失误，造成河流自然环境不可逆转的蜕变，此后数十年，渭河平原洪水灾害频发，直到实施三门峡枢纽工程重大改造才得以控制。近 40 年来，水利可持续发展理念日益深入人心，陕西省数十年持之以恒的水土保持工程，改善了河流自然环境，使青山绿水重返陕北。

《陕西省河流志丛书》所志十河，每河皆为名水，以“水”而见三秦山川之美，而见治水与治世、治水与文化的交织。《诗经·鲁颂·閟宫》曰：“赫赫姜嫄，其德不回。上帝是依，无灾无害。弥月不迟，是生后稷。降之百福。黍稷重穋，稙稚菽麦。奄有下国，俾民稼穑。有稷有黍，有稻有秬。奄有下土，缵禹之绪，后稷之孙，实维大王。居岐之阳，实始剪商。”十河的历史与文化属于三秦，亦属于中国。

是以为序。

谭徐明

二〇二五年，乙巳岁旦之日

（谭徐明，中国水利水电科学研究院原副总工程师，教授级高级工程师、博士生导师，中国水利学会水利史与水利遗产专业委员会主任委员，水利遗产保护与研究国家文物局重点科研基地学术委员会主任）

凡　例

一、本志以马克思列宁主义、毛泽东思想、邓小平理论、“三个代表”重要思想、科学发展观、习近平新时代中国特色社会主义思想为指导，坚持辩证唯物主义和历史唯物主义的观点、方法，客观记述北洛河流域历史发展与现状，坚持略古详今、略远详近，突出重点，力求体现专业特征和流域特色，达到思想性、科学性、资料性的有机统一。

二、本志是《陕西省河流志丛书》之一，编排体例遵循丛书编纂统一规范。全志设序、凡例、概述、大事记及志、传、表、录、图等，采取横排门类、纵述始末，依类叙事，以事系人。结构按篇、章、节、目层次设置，节以下用一、（一）、1、（1）分层。以文字记叙为主，随文配以必要的表格、图片；图片置于卷首，具有存史价值的资料附录于后。表、图以篇、章为单位编号。

三、本志记事上限追溯至事物发端，下限截至2020年底，个别重要事项延至封笔。

四、本志采用语体文、记述体编纂，坚持公允、客观，述而不评，寓观点于记事之中。行文力求语言朴实、简练、流畅。引录原文放在引号内，一般注明出处，古文酌予诠释。历史朝代年号、政权机构、社会团体、官职及地名的称谓等均从原称，必要时加以括注；人名一般不冠褒贬和职务职称，注释采用脚注。文字使用以2000年10月31日发布的《中华人民共和国国家通用语言文字法》为准；标点符号使用以2011年12月30日发布的《标点符号用法》（GB/T 15834—2011）为准。

五、计量采用国家规定的通用单位。重量单位用克、千克、吨；长度单位用毫米、厘米、米、千米；面积单位用平方米、平方千米、公顷，考虑到社会使用习惯，全志中“亩产”“亩耗水量”保留，未作统一换算；体积单位用升、立方米；流量单位用立方米每秒；电力单位用千瓦、兆瓦、千瓦时、千伏安等。数字书写按照2011年7月29日中华人民共和国国家质量监督检验检疫总局、国家标准化管理委员会发布的《出版物上数字用法》（GB/T 15835—2011）执行。

六、本志坚持“概述全流域、简述外省区、重点记述本省”的原则，坚持山水林田湖草沙生命共同体理念，以河流为轴线，以水为核心，以文化为特色，以流域生态保护为基准线，突出治水治河、治山治沙，重点记述陕西省流域内河流自然环境状况、水资源集约节约利用、防汛抗旱与河道整治、水保生态环境建设、流域综合管理、北洛河文化、机构与人物等。

七、为了便于精准统计和记述北洛河流域情况，参照《中华人民共和国黄河保护法》有关表述，本志所称北洛河流域，是指北洛河干流、支流和湖泊的集水区域所涉及的榆林市、延安市、铜川市、渭南市相关县（区、市）的乡镇级行政区域。

八、遵循“生不立传”的惯例，入志人物以对北洛河流域治水、治沙、治山、治污和生态环境建设等作出突出贡献和有较大影响为标准。立传记述人物以卒年为序。省级及以上劳模、先进个人和教授级及高级工程师列表记述。

九、流域自然环境概述数据以水利部2020年批复的《北洛河流域综合规划》以及陕西省水利厅2021年12月编制的《陕西省北洛河综合治理规划及实施方案》为准，下延至2020年的数据和其他资料数据，一般采用统计年报数据，过程性数据采用流域内市、县有关部门提供的数据。

十、本志采用资料以各级档案、志书资料和流域内有关部门提供资料为主，亦有经过考证和鉴别的口碑资料。对有关部门提供资料的人员，在志书附录中予以记载。

目　录

第一篇　流域自然环境状况

第二篇　水资源节约集约利用

第三篇　防汛抗旱与河道整治

第四篇　水保生态环境建设

第五篇　流域综合管理

第六篇　文化保护传承弘扬

第七篇　机构与人物

Contents

Part II Water Resources Conservation and Efficient Utilization

Part III Flood Control, Drought Relief, and River Channel Management

Part IV Ecological Conservation and Soil Erosion Control

Part V Comprehensive Basin Management

Part VI Protection and Transmission of Cultural Heritages

Part VII Institutions and Figures

概　述

北洛河，是《山海经》中唯一被称作洛水的河流，也是陕西最长的河流。它从定边县“陕北屋脊”白于山南麓魏梁发源，自西北向东南，穿过千壑百岭的黄土高原，一路上多在峡谷中高歌低吟，滔滔奔流，河谷幽长，崖岸千姿。最终穿铁镰山，在关中平原上蜿蜒曲流、落淤沉沙，投入渭河怀抱，恰如《诗经·小雅·瞻彼洛矣》所描述：“瞻彼洛矣，维水泱泱”。北洛河流域历史悠久，遗存丰厚，文脉赓续，弦歌铮鸣，是中华民族文明的重要发源地，是河洛文明的核心区之一。

一

北洛河全长 680 千米，干流经定边、吴起、志丹、甘泉、富县、洛川、黄陵、宜君、白水、澄城、蒲城等县，在大荔县西寨乡东南的三河口附近入渭河。有支流 581 条，集水面积在 100 平方千米以上的有 68 条。较大的支流有乱石头川、仙姑河、石堡川、孔走河、长宁河、白水河、大峪河等；集水面积在 1000 平方千米以上的有周河、葫芦河、沮河。在众多支流中，葫芦河为北洛河第一大支流，河流全长 235.3 千米（省内长度 143.8 千米），流域面积 5449 平方千米（省内面积 3237.7 平方千米）。

北洛河流域地理坐标为东经 108°34′05″~110°10′05″，北纬 34°39′29″~37°09′49″，北洛河流域面积 26905 平方千米，形似上古恐龙，上游支流密集，下游进入关中平原后几乎无支流汇入。涉及陕西省榆林、延安、铜川、渭南 4 市，甘肃省庆阳 1 市。

北洛河流域属黄土阶地，地势西北高、东南低，地面平缓。上、中游是典型的黄土高原，沟壑纵横，黄土深厚，植被稀疏，水土流失严重。北洛河流域大部分地处暖温带，属大陆性气候，降水集中在夏、秋两季，雨热同期，四季分明，春季温度回升快，秋季多霖雨，初冬多雾，后冬干燥。上游多年平均年降水量 440 毫米，下游多年平均年降水量 550 毫米，年平均气温 12.5 摄氏度。

二

北洛河流域是史前人类活动的重要区域，也是中国仰韶文化遗址相对集中、存续完整的地区之一。距今 15 万 ~ 20 万年前，大荔人在段家塬的北洛河阶地上，狩猎捕鱼，采集野果，从旧石器时代向新石器时代艰难进化。距今6000多年前，北洛河流域的甘泉、富县、黄陵、白水、澄城、蒲城、大荔等县，出现了多个龙山、仰韶文化时期的人类定居部落。史家湾（龙山文化）遗址位于甘泉城南20千米处道镇乡北，洛河沿岸史家湾村北山坡面台地上。富县的交道遗址，主要分布在交道镇洛河与葫芦河沿岸，采集陶片多为泥质彩陶，器型和纹饰皆佳，器型有尖底瓶、罐、杯、钵等，纹饰有黑彩圆点勾叶纹、弧线纹及线纹，属仰韶文化庙底沟类型。

数千年前白水的“下河西人”修建半地穴式房屋，以草拌泥，再烘烤为墙壁挡风遮雨，房屋地面上层由料礓石烧制的白石灰抹成，质地坚硬且粗糙，这是目前所见最早的白石灰地面，开创了我国古代使用白石灰的先河。有了固定住所后，他们长期摸索实践，将水和黏土相混合烧制成陶器，方便取水、煮饭、储物，提升了生活品质，也完成了从母系氏族向父系氏族社会的过渡。与下河西人相距不远的白水县大雷公村，相传是中国陶器业之祖——雷祥的埋葬地。雷祥创制陶器，发明创造了碗。

我国北方著名的民间窑场——尧头窑在北洛河流域发端兴盛，更是把普通劳动活动上升到艺术的高度。尧头陶瓷传承了中华仰韶文化彩陶传统，古朴厚重，经济实用，深受百姓喜爱，上百座窑场依北洛河支流县西河与后河而建，窑火上千年不息，被称为“中国原生态陶瓷活化石”。

相传陶器业之祖雷祥和黄帝是同时代人，就像大多数史前人类部落一样，在中国历史上影响最大的黄帝部落，也经历了一个从小河到大河的发展历程。黄帝本姓公孙，后改姓姬，最初生活的北洛河支流沮水也被称为姬水。所以，史书上有“黄帝以姬水成，炎帝以姜水成”之说。传说黄帝因敬畏生活在脚下的这片黄土，为了便于输送，就发明了车，所以称其为轩辕黄帝。后世为纪念黄帝，在沮河畔的桥山之巅修建了黄帝陵。时至今日，国家每遇清明节都要举行公祭大典，追根拜祖，奠念黄帝的丰功伟绩，祈愿国家统一和民族的伟大复兴。与黄帝同时期的史官仓颉故里位于白水县史官镇，仓颉庙古柏群与黄帝陵齐名，位列中国三大古柏群。

华夏民族最后一位部落联盟首领大禹创立了夏朝，自此夏、商、周三个王朝被称为三代，《史记·封禅书》卷二十八载“昔三代之居，皆在河洛之间”，意思就是夏、商、周三代的首都，都在黄河和北洛河之间，北洛河人文历史得以薪火相传。

西周初，周武王把卿士芮伯良夫封在芮邑。刘家洼东周遗址位于澄城县王庄镇刘家洼村西北，分布于洛河支流长宁河上游的鲁家河两岸，被确认为芮国都邑遗址，出土了大量青铜器以及金器、玉器、铁器、陶器和漆木器等珍贵文物，一时轰动世界。2019年3月29日，刘家洼遗址被国家文物局公布为2018年度全国十大考古新发现。

东周战国时期，北洛河也曾短暂扮演过政治边界的角色。秦穆公成就霸业以后，秦国上层长期争权夺利，国力日渐衰退，在日益强大的魏、韩、赵三国蚕食下，丢城失地，步步退守至北洛河以西。至今，北洛河沿岸的宜君、洛川、富县、大荔、蒲城、澄城等地还保留着多处秦魏长城遗址。商鞅变法后，秦国国力迅速强大，收复河西之地，结束了秦魏隔北洛河长期对峙的局面，骤然变为“战国七雄”之首。

北洛河及其上游的黄土高原因天然的地理特点，成为拱卫千年古都长安的天然屏障。秦汉统治者修城筑垒，驻军戍边，为抵御匈奴等游牧民族南犯，修建了古代“高速公路”秦直道。在北洛河流域的定边、甘泉、富县、黄陵等县秦直道遗址至今尚存，在甘泉县境就曾发现过为渡过洛河修桥时所留下的引桥桥墩痕迹，历经2000多年，夯土层历历可见，表明了秦代对北部边防建设的重视。

秦朝统一后的数百年时间里，为了争夺北洛河上中游这块宜耕又宜牧的区域，中原王朝与北方游牧民族进行了无数次战争或割据，或建立政权，加速了彼此间的交流和融合发展，为中华多民族国家的形成作出了重要贡献。

唐王朝统一北方后，采取了包容开放的民族政策，国力鼎盛，多民族融合进一步强化，外来的佛教、本土的道教和强大的儒家文化相互交融，在北洛河流域留下了大量的摩崖石刻、壁画、寺庙等人文遗产。如北洛河流域的玄奘翻译佛经的宜君县玉华寺、富县石泓寺石窟，洛川县寺家河石窟、志丹县石堡庄石窟、大荔县太白庙（道观）等。其中，志丹县石堡庄石窟外石壁的镌刻，记载有明嘉靖四十一年（1562年）至清道光元年（1821年）北洛河六次泛涨的珍贵水文资料。北洛河流域不仅留下了上述宝贵遗产，作为中华文明的根脉所在地之一，地上地下蕴藏了极为丰富的文物国宝，有唐代帝王陵，以及元、明、清时期的庙宇、殿堂、书院和官商宅第，无不彰显出流域文化的厚重和久远，也成为今天人们览胜怀古、抒发感情、游览祖国大好河山的胜地。

三

北洛河流域有着悠久的农耕历史，下游地区更是中国农耕文明发祥的重要区域，但流域内绝大部分地区处于半湿润半干旱气候带，雨量偏少，在农业生产史上，旱作农业成为当地赖以生存的主要方式。靠天吃饭终究难以掌握自身的命运，历史上该地区多次发生旱灾、蝗灾，庄稼绝收，民不聊生，饿殍遍野，人口锐减，社会动荡。最为严重的有明万历十四至十五年（1586—1587年）的两年连旱、清光绪二至三年（1876—1877年）的600多天无有效降雨、民国十八年（1929年）的大旱，以及20世纪60年代初的三年困难时期。

灌溉农业是农耕文明的精华所在。北洛河流域灌溉较为发达，古渠堰密布，富县、洛川县、宜君县，古时就有灌溉的记载。渭南市是北洛河流域灌溉工程起步最早、受益面积最大的区域。早在西周时，下游一带就出现了沟洫农业的记载。西汉时期，北洛河及支流开始使用水车。汉代以后，流域内官办、民办自流灌溉工程逐步兴起。据《晋书·食货志》记载，公元233年，司马懿屯兵渭河以北，且耕且守，并修建了临晋陂，引洛水灌溉改良盐碱地3000余顷，强国强军，抵御蜀汉北伐。又据《旧唐书·良吏传》载，同州刺史姜师度在临晋陂基础上，以洛水和黄河为源，开垦了通灵陂，种稻2000多顷。同时，流域内还出现了多处筑堰挡水、抬高水位的自流灌溉工程，在新中国成立前后，仍然发挥作用的有白水田家渠、澄城大峪河渠、蒲城漫泉渠、大荔白马池渠等。

说起北洛河灌溉工程，最著名的当数洛惠渠，该工程不仅是流域最大的灌溉工程，而且从初建到最终受益，几起几落，时间跨度长达2000多年，而且在世界水利建设史上也极为罕见。汉武帝采纳庄熊罴的建议，欲引北洛河之水灌溉商颜山（今铁镰山）以南的万余亩[①]盐碱地，虽发士卒万余人，历经10余载，开凿了龙首渠，却因土质疏松，隧洞塌方不断，终未长期受益，但首创了中国井渠法施工工艺。当初，参加工程建设的士卒，大部分留在当地娶妻生子，演变为今天的义井、西汉、中汉、东汉等村落。2020年12月8日在摩洛哥召开的国际灌排委员会第71届执行理事会大会上，陕西龙首渠引洛古灌区成功入选世界灌溉工程遗产名录。

北周保定二年（562年），周武帝宇文邕重新疏浚龙首渠，仍未能长期受益，说明当时的施工技术、建筑材料仍然不能解决隧洞过水后的塌方难题。1934年，洛惠渠灌溉工程重新上马，受抗日战争等战事的影响，加之地质条件复杂，工程进展十分艰难，直到1947年9月试水，12月全部竣工。但建设者严谨负责，从德国进口罐装水泥，洗沙去土、精选石料，所建的渠首溢流坝虽经70年水流持续冲刷，一直到21世纪初仍然坚固如初。新中国成立初期，人民政府拨粮拨款，续建洛惠渠，于1950年4月正式全面通水，开始大面积受益。此后，又多次扩建改建，发展了洛西灌区，形成了今天的灌溉规模。

新中国成立后，北洛河流域的水利工程建设迎来了快速发展时期。20世纪六七十年代，在经济基础十分薄弱的条件下，凭借着自力更生、艰苦奋斗的精神力量，建成了拓家河、郑家河、福地、石堡川、林皋等中型水库和50多个小型水库以及一批沿河抽水站、机井抽水站，几千年的黄土旱塬第一次有了规模较大的现代水利工程。20世纪80年代后，东雷抽黄、东雷二期抽黄、交口抽渭大型灌溉工程相继建成，受益范围覆盖到北洛河流域。大旱期间，东雷二期抽黄还能通过义井分水闸为洛惠渠灌区补水，缓解了洛灌区水源不足的矛盾。进入21世纪以后，南沟门水利枢纽工程上马兴建，该工程位于洛河流域黄陵境内，由葫芦河南沟门水库枢纽、洛河“引洛入葫”工程两部分组成，于2009年3月开工建设，2017年7月通过下闸蓄水验收。这些工程不仅为农业灌溉供水，还能为工业、社会供水提供服务。

今天，星罗棋布的北洛河流域的水利设施为我们提供了丰富、优质的农产品，并对我们每个人的生活产生了很大影响。日趋完善的灌溉系统推动了种植结构的不断调整优化，定边靖边的荞麦、马铃薯，黄陵、富县、志丹、洛川、白水的苹果，洛川的红枣，蒲城的西瓜及酥梨，大荔冬枣，澄城樱桃，直罗贡米，宜君、志丹、黄龙的核桃等产品，成为“地理标志性农产品”，丰富了城乡居民的餐桌，让早餐一杯奶、饭后一个果成为健康生活的一部分。为适应社会发展的需要，洛河不仅为蒲城、黄陵煤化工基地生产、延安炼油厂和卤阳湖生态建设提供服务，而且通过南沟门水库将供水对象扩大到延安城区。更为重要的是灌区粮食产量大幅提高，解决了长期以来北洛河流域粮食短缺矛盾，有效遏制了因人口

① 1亩≈666.7平方米。

增长导致的开垦拓荒问题，改变了“越垦越穷，越穷越垦”的现象，从根本上促进了流域内生态环境的持续好转。

北洛河流域各项水利设施的兴建，不仅解决了工农业用水问题，还解决了困扰流域数千年的城乡饮水问题。北洛河流域地下水位深，雨量少，城乡缺乏饮水，自古就有“水贵如油”之说，生活用水主要靠人工土井及窖蓄天雨，或下沟下塬汲取河水、泉水。土窖蓄水有限，水井极少，饮水获取十分困难。在北洛河流域的白水、蒲城县流传着“龙山、马湖，渴死寡妇”的民谣。新中国成立后，人民政府通过“甘露工程”“西部农村人饮解困工程”、氟病改水工程等项目基本解决了城镇、农村人口和大家畜的饮水困难问题。

诚然，通过不懈努力，北洛河流域修建了很多水利工程，初步解决了工农业和社会用水问题。但是，不可否认的是，北洛河流域依然是一个水资源匮乏的地区。2011 年中央一号文件明确提出《关于加快水利改革发展的决定》，随后国务院相继印发了《国务院关于实行最严格水资源管理制度的意见》《实行最严格水资源管理制度考核办法》等规范性文件。2016 年 10 月，国家发展和改革委员会、水利部等 9 部门联合印发了《全民节水行动计划》，明确将在农业、工业、服务业等各领域，生产、生活、消费等各环节，开展全民节水行动，以高效的水资源利用支撑经济社会可持续发展。洛河流域各市（县、区）也相继出台了实行最严格水资源管理的相关制度，明确水资源管理的目标、措施和重点工作，建立了覆盖市（县）的“三条红线”考核指标体系。采取水资源论证、取水许可、计划用水、水量核定、用水统计、水量调度等贯彻最严格水资源管理制度，落实节水优先方针，强化用水需求管理，加大节水力度，增强用水效率和公众节水意识，促进水资源高效利用，建设节水型社会。

农业节水上，在对大型灌区进行大规模节水改造的同时，微喷灌自动化控制、水肥一体化等节水灌溉和现代农业技术，在高效经济作物上的广泛应用，不但节约了宝贵的水资源，又能根据作物生长需要改善小气候、小环境，农民种地再也不用看“老天爷”的脸色。

工业节水上，加快北洛河流域工业节水设备更新改造进程，积极鼓励企业节水技术和工艺改进，特别是高耗水行业。现在北洛河流域工业绝大多数集中在石油、化工及煤炭行业，针对这两种不同行业耗水特点，提出对应的节水改造途径。鼓励企业进行节水改造，加快淘汰耗水量大以及废水排放量大的落后工艺和落后产品；对于煤矿开采洗选行业，推动节水型选煤工艺、装备应用，进一步降低选煤单位用水量。对于煤化工行业，发展节水型煤化工，降低煤化工产品水单耗，优化技术工艺装备和流程。

社会节水上，北洛河流域城镇通过实施老旧供水管网改造，最大限度地减少渗漏，严控高耗水服务业用水；做好城市园林绿化节水改造；推广普及生活节水器具并逐步落实阶梯水价，充分利用中水、城市再生水、煤矿疏干水等非常规水资源。不断地巩固节水型城市创建成果，并提升新的节水工程。持续深化节水宣传教育，推进节水型社会建设，沿北洛河有 14 个县城达到了县域节水型社会评价标准。

四

北洛河流域降水较少，还集中在夏季，给北洛河流域带来了严重的水土流失，水土流失切割农田，破坏土地，让土壤肥力衰退，还能引发山崩、泥石流等更大的自然灾害。

如何防止水土流失，保水蓄墒，抵御干旱灾害，是洛河流域面临的首要问题。在长期的生产实践中，流域内的老百姓因地制宜，总结出很多治理经验。发展出植树造林、梯田、植物护埂等生态治理方法。同时，又根据不同季节的降水多少、土壤水分特征和贫瘠程度，采取休耕、轮作、间混套种等措施，种植谷子、糜子、高粱、荞麦、豆类等耐旱作物历史悠久，养育了一代代勤劳、智慧的中华儿女。

当地人民还利用封沟埂、沟头防护、谷坊等方式治理沟壑，这些治理措施既防止了水土流失，又增加了耕作面积，一举两得。新中国成立后，水土保持工作得到进一步发展，由修地埂、坡式梯田很快发展到水平梯田；塬面治理，由地埂、软埝很快发展到水平埝地。治沟由小淤地坝发展到大型沟壑土坝。澄城县广泛用椽帮埝开展水土保持，其保水、保土、保肥效果显著，在澄城境内有 100 多年的历史。1965 年冬，陕西省在澄城召开了“陕西关中旱塬地区农田基本建设现场会”，把澄城县的水土保持工作推向了高潮。澄城县椽帮埝得到国家农业部的重视，得以在全国推广。现今在国家农业展览馆，特别展出“澄城县水土保持工程椽帮埝”版面，1989 年澄城县还因椽帮埝，被水利部命名为全国水利建设先进县。

旧时，我们祖辈就知道植树造林能防止水土流失，但是迫于生存，不得已毁林开田，向大自然索取更多的土地。进入 21 世纪后，北洛河流域开展大面积的退耕还林活动，十多年来，成绩卓越，流域内大地的颜色明显变绿变深，植被覆盖度上升趋势尤为显著，水土流失现象得到遏制。北洛河 2010—2019 年输沙量更是降到每年 1000 万吨，只有 20 世纪五六十年代的十分之一。

五

北洛河流域频发洪灾，特别是“92 · 8”和“94 · 8”两次全流域的大洪水，影响巨大，但在各级政府机构努力下，取得了战胜洪水的卓越功绩。为解决防洪问题，北洛河流域在重点地段修建堤防与蓄水工程，增强了对洪水的调控与削峰能力；加之逐步形成的防汛通信预警系统、防汛应急预案、防抢撤方案、山洪灾害防御等非工程措施，基本保证了设防标准内的防洪安全。

富县古称鄜州，曾是北洛河流域遭受水灾最多的城市，北洛河穿城而过，史书上鄜州遭受水灾的记录比比皆是，现在富县修建了拱卫城市防护大堤，健全了防洪措施，城市抵御洪水能力大大提高。

但是潜在风险不能被忽视，北洛河下游铁镰山至河口，为黄河、渭河冲积平原，河曲发育，河床不稳定。特别是陕西省三门峡库区朝邑移民防洪围堤，每到汛期塌地塌岸，危及沿河耕地和群众生命财产安全。近年来随着下游沿河县城、工业园区、乡镇规模的快速发展，人口密集度越来越高，流域防洪问题也越来越突出，防洪压力不断增大。北洛河堤防需加固改造和提升防护标准。

六

21世纪前后，随着流域内经济社会的快速发展，水土资源开发过度，出现了水多、水少、水脏的水生态问题。近年来，在习近平生态文明思想的全面普及实践中，北洛河流域生态环境持续好转，北洛河变清了，山原变绿了，环境变美了，百姓变富了，成为新时期的洛河颂歌。在黄河治理成绩卓著，渭河综合治理初见成效，北洛河水库工程也于近期开工建设的大背景下，北洛河流域综合治理也呼之欲出，未来可期。

洛河三千星，不独照月明。有着黄土高原、渭北旱塬和关中平原多地貌的亘古滋养，有着轩辕黄帝和字祖仓颉人文初创精神的祥和福佑，有着儒、佛、道三教众多文化遗存的千年浸润，有着大河上下红色革命精神的照耀，有着大禹、姜师度和李仪祉等诸多贤达治水精神的无限激励，北洛河，这条中国历史上伟大的河流，必将在新时代绽放出更加耀眼的光芒。

第一篇　流域自然环境状况

北洛河流域地处中国西北地区东部，属于黄河流域中游。北洛河流域地跨陕西、甘肃两省；流域涵盖5个省属地级市，陕西省有榆林、延安、铜川、渭南等4市，甘肃省有庆阳1市；18个县（区），陕西省有16个县（区），分别是定边、靖边、吴起、志丹、甘泉、富县、洛川、黄陵、黄龙、宜君、印台、白水、澄城、合阳、蒲城、大荔等县，甘肃省有华池、合水等2县；105个镇（含街道办事处）。流域内总人口251万人（截至2020年）。

第一章 河流水系

北洛河古称温水、洛水，20 世纪 50 年代为了与河南境内的洛河相区别，故改称北洛河。北洛河是陕西最长的河流。北洛河为黄河二级、渭河一级支流，河长 680.3 千米，全都位于陕西境内。渭河全长 818.0 千米，陕西省境内仅长 502.2 千米；泾河也为黄河二级支流，但全长仅为 455.1 千米；汉江属长江流域，全长 1577 千米，但陕西省境内仅长 652 千米。故北洛河为陕西境内最长的河流。同时，也是境内唯一一条从北流向南的、跨两大地形区的河流。

第一节 流域概况

北洛河流域面积 26905 平方千米，其中陕西省境内流域面积 25205 平方千米，占流域总面积的 93.68%，甘肃境内流域面积 1700 平方千米。它发源于榆林地区定边县西白于山最高处魏梁（海拔 1907 米）之南麓，东经 107° 36′，北纬 37° 13′，初名石涝川，东南向流至铁边城合王坬子川后叫头道川，至延安市吴起县城关合乱石头川后始称北洛河。北洛河地处黄河中游，位于关中平原北部，形似一鸡毛掸子，上游支流密集，下游进入关中平原后几乎无支流汇入。流域东北与延河及金水河流域相邻，西北和西部是泾河流域，西南隔宜君岭是石川河流域，涉及延安和渭南两市。河流自西北流向东南，干流经定边、吴起、志丹、甘泉、富县、洛川、黄陵、宜君、白水、澄城、蒲城、大荔，至三河口入渭河。北洛河河道平均比降 1.98‰，流域面积内平均宽度 80 千米，呈明显的条带形。

北洛河流域径流的年内分配很不均匀，不均匀程度自上游向下游减小。上游金佛坪，夏季径流量最大，6—8 月径流量占年径流量的 66.8%；冬季径流量最小（占年径流量的 3.8%）；春季径流量占年径流量的 16.1%，略大于秋季径流量（13.3%）。最大月径流量（占年径流量的 29.5%）等于春、秋季径流量之和，而最小月径流量只有年径流量的 0.7%。从上游到下游，夏季径流量所占比例逐渐减小，春、秋及冬季的径流量所占比例逐渐增加；最大月径流量逐渐减小，最小月径流量逐渐增大；最大月径流量出现在 8 月，最小月径流量出现在 1 月。支流葫芦河及沮水，由于森林的作用，使洪水径流量减小，枯水径流量增加，径流量的年内分配相当均匀，如张村驿站秋季径流量占比最大，占 37.1%，夏季径流量占比略大于春季，冬季径流量占比高达 12.5%，接近于上游金佛坪站的春季径流量占比，相当于金佛坪冬季径流量的 3 倍多。最大月径流量（占年径流量的 16.2%）比上游支流周水志丹站（占年径流量的 39.7%）二分之一略少，也比干流要小，而出现的时间推迟到 9 月。最小月径流量所占比例比干流大，比支流志丹站大 7 倍，出现的时间都在 1 月。

洑头水文站是北洛河流域研究区的出口控制性水文站，其径流量、输沙量能反映全流域的水沙变化。1937—2019 年北洛河流域年径流量变化特征见表 1-1-1，可以看出北洛河流域 1937—2019 年的多年平均径流量为 7.48 亿立方米，径流量总体呈减少趋势。

表 1-1-1　1937—2019 年北洛河流域年径流量变化特征（洑头水文站）

单位：亿 m^3

时 间	平均值	年最大值	年最小值
1937—1949 年	8.92	14.70（1940 年）	5.15（1939 年）
1950—1959 年	7.60	11.65（1958 年）	5.15（1957 年）
1960—1969 年	10.12	20.15（1964 年）	5.83（1960 年）
1970—1979 年	6.08	10.33（1975 年）	3.09（1974 年）
1980—1989 年	7.39	13.09（1988 年）	3.29（1980 年）
1990—1999 年	7.11	10.3（1994 年）	3.5（1995 年）
2000—2009 年	6.22	12.47（2003 年）	4.04（2009 年）
2009—2019 年	5.78	7.81（2011 年）	3.47（2016 年）
1937—2019 年	7.48	20.15（1964 年）	3.09（1974 年）

北洛河流域洪水灾害较多，由于上游山大沟深，河床比降大，洪水过程线尖瘦，峰高量大，如吴起站实测最大洪峰流量 7040 立方米每秒（1994 年 8 月 31 日），刘家河水文站达 8030 立方米每秒。中下游河谷比较开阔，河道坡度比上游平缓，洪水涨落的猛烈程度有所降低，洪峰流量也减小了，交口河站洪峰流量为 6630 立方米每秒。葫芦河张村驿站流域面积比北洛河上游金佛坪大 900 多平方千米，而实测洪峰流量比金佛坪小得多。1977 年 7 月 6 日，北洛河流域发生较大洪水，张村驿站的洪峰流量（466 立方米每秒）也要比刘家河站（6430 立方米每秒）小九成多，也与葫芦河流域植被好有关。从历史洪水调查资料来看，1855 年北洛河发生了特大洪水，其洪峰流量均较实测洪水大得多，洑头水文站比实测最大洪水大 2.4 倍。

第二节　干　流

北洛河按地貌区可分为三段：甘泉以上为上游段，甘泉至白水河入北洛河口为中游段，白水河至北洛河入渭河口为下游段。

一、上游段

北洛河从河源（石涝川源）至甘泉为上游段，河长 275 千米，比降 1.6‰。山海经云“白于之山，洛水出其阳者也”。北洛河源头有二：其一为石涝河，发源于定边县王盘山乡石涝寨页豪，南流至定边县张崾之白浪岔转向东南入吴起县境之头道川河，流至吴起镇；其二为源于定边县杨井乡张元峁梢头之新安边河（亦称白河或白鹰河），流经新安边乡汇集双鹊等河之水，东南流至吴庄注入吴起县境，又称页水、川水，为吴起县之乱石头川河，流至吴起街道与头道川水交汇迅速南下，谓之北洛河。过吴起县烈士陵园有二道川水自西而入，经宗圪堵有宁塞川河水自东北来汇，流经石碑湾有杨青川水自东北而入，流经鸭儿圪有三道川水自西南来汇，流经土河院有土河院沟水汇集 22 条大小支流自西南而入，过袁嘴子，又有白豹川水纳脚札川水自西南而入，流至金汤出吴起县境。北洛河在吴起县境内流长 22.1 千米，流域面积 3388 平方千米，吴起县北洛河段多年平均径流总量 11775.7 万立方米，平均径流量 3.734 立方米每秒。

图 1-1-1　北洛河源头（2019 年 8 月，詹牧拍摄）

北洛河从吴起县流入志丹县金鼎镇，至永宁镇的石猴子出志丹县境入甘泉县，志丹县境内北洛河流长 82.4 千米，流域面积 2005 平方千米。志丹县北洛河流经金鼎、旦八、义正、永宁 4 乡（镇），主河道蜿蜒曲折，志丹县境内主要支流有马子川、罗坪川、小蒜川、吴堡川、牛沟川、樊川、义正川、周河川、白沙川、瓦子川等。河床宽 100 米左右，多为石质。

北洛河志丹境内，从河谷的横剖面来看，除旦八白叶沟至周河川口一段有长约 25 千米的石质峡谷，较狭窄，谷宽仅 40 米外，其余河谷宽度大都在 400 米左右，金汤至白叶沟之间河道宽阔，最宽处可达 1500 米。有大块的川台地，河谷近似呈 V 形，河床组成物质主要为冲积沙砾，周河川口至石猴子之间河谷逐渐宽阔，断面呈梯形，有川台地。河谷坡度一般在 30° 左右。

二、中游段

甘泉至白水河入洛河口为中游，河长 251 千米，比降 1.2‰。北洛河在甘泉县北志丹县界石猴子入甘泉县，呈西北至东南向，流经桥镇、下寺湾、石门、高哨、城关等乡镇至道镇兰家川出甘泉境入富县。北洛河甘泉段长 95 千米，流域面积 2292 平方千米。北洛河入甘泉处海拔 1090 米，出甘泉处海拔 950 米，落差 140 米，平均比降 1.47‰；北洛河甘泉段河谷宽 500 ~ 1000 米，常流水河槽宽 100 ~ 200 米，槽深一般在 5 米左右。甘泉段枯流量 1.5 立方米每秒，常流量 3.25 立方米每秒。据刘家河水文站测：最枯流量 0.4 立方米每秒，最大流量 5130 立方米每秒。枯洪悬殊，含沙量大，水常浑浊。汛期暴涨暴落，破坏性大，良田冲毁，偶使河床改道，灾害严重。枯期可蹚水而过，冬季结冰，人车可履冰而过。

北洛河出甘泉县后，于富县茶坊镇黄甫店行政村入富县境，自北而南，穿越富县城区后于洛阳乡石门子村出甘泉入洛川界。甘泉段北洛河流长 26 千米，流域面积 1124.57 平方千米，河床平均比降 1/250；年平均径流量 35822 万立方米；多年平均流量 18.91 立方米每秒。最大洪峰流量（1966 年）4500 立方米每秒，最小流量（1969 年）0.46 立方米每秒。多年平均过境输沙量 6147 万吨。封冻期，每年 12 月上旬至翌年 2 月中旬，大约 70 天，冰厚 0.3 米。

北洛河由富县石门子东入洛川县境，流经洛川县西部边缘，在洛川县堡乃村出境入白水县，洛川县境流长 114.7 千米。北洛河在洛川县的交口河处先汇合葫芦河，再在黄陵县河口汇合了沮河，北洛河在洛川有 40 千米长为黄陵、洛川两县的界河。北洛河出黄陵界，为宜君县与洛川县的界河，长 37.5 千米。北洛河洛川段河床深陷，比降 1/350，多跌水，流急滩险，两岸昔日往来困难，故人谓：“隔山不算远，隔河不算近。”

三、下游段

白水河至北洛河入渭河口为下游，河长 154 千米，比降 0.8‰。北洛河从宜君、洛川入白水县西北王家河村，流经白水县北原、收水、纵目、史官、雷牙等乡（镇），由狄家河进入白水、澄城两县交界处，北洛河在此段为白水和澄城两县界河。北洛河于西固镇河滩村三眼桥出白水县境，白水段流长 59.5 千米，河道比降 2.9‰，河床平均宽度 25 米，在中部王莽寨处年平均径流量 7.29 亿立方米，流速为 3.2 米每秒。年平均输沙量 0.92 亿吨。北洛河入渭口附近，更加平缓。河宽一般为 50 ~ 90 米，枯水最窄仅 20 米，洪水最宽可达 1000 ~ 1500 米。水深，常水位 2.5 米，枯水位最小为 1 米，洪水最深可达 11.6 米（军镇—船舍河段）。常水位为 332 米左右。

北洛河在蒲、白、澄三县交界的三眼桥北入蒲城县境内，沿蒲城县境东侧和澄城县境西侧蜿蜒南下，为两县界河，经过蒲城的蔡邓、西头、永丰以及澄城的尧头、交道，在永丰南一段单独流经蒲城县，在孙镇黎起村和大荔县北党村起北洛河为大荔县、蒲城县界河，在蒲城县钤铒镇城南村出蒲城入大荔县境内。北洛河在大荔县铁镰山西端以北切穿于深厚的黄土层并深入基岩之中，形成宽约 100 米、深 100 ~ 200 米的峡谷，深切曲流相当发育，河道纵比降平均约 0.7‰。河流从西面绕过铁镰山，呈 S 形进入平原区，北洛河到大荔县老朝邑城南折向东南，朝邑以南岸低谷宽，在三河口注入渭河，此段流路曲折，为弯曲性河段，常有局部截弯现象，平均比降 0.18‰，河面宽度一般为 2000 米，河槽宽 100 米，平槽过洪能力约 1000 立方米每秒。北洛河也受渭河拦门沙和滩槽淤积的影响，其下游的淤积也是很严重的。至 1981 年，累计淤积量已达 1.55 亿立方米，淤积末端上延至蒲城庙底一带，一般淤积厚度 4 米左右，80％淤积在大荔县阿河村以下，促使水位大幅度抬高，平槽过洪能力由三门峡水库建库前的 2000 立方米每秒，降至 200 ~ 300 立方米每秒。

北洛河河口段受黄河洪水倒灌影响和黄河河道的大幅度摆动及洪水冲淤变化的影响，使得下游河道游荡不定，有时入渭，有时入黄。北洛河河口段游荡于孝义镇与黄河之间。成书于公元 1 世纪的《汉书•地理志》就记载洛水的终点一说为入渭水、一说为入黄河。另据史料记载：明成化年间，朝邑河岸崩溃，北洛河直接进入黄河，至清嘉庆年间，又由大庆关溃出后复入渭河，后又直接入黄河。1933 年黄河东移后，北洛河在黄河、渭河之间的三角地带徘徊 10 余年，时而入黄、时而入渭，直到 1947 年之后才固定入渭河。

第三节 重要支流

北洛河支流共581条，集水面积在100平方千米以上的有68条，集水面积在500平方千米以上有13条，集水面积在1000平方千米以上的有周河、葫芦河、沮河共3条。在此仅对流域面积200平方千米以上的支流作介绍。

一、乱石头川

乱石头川为北洛河左岸一级支流，为洛河源头之一，发源于白于山南坡定边县杨井乡张元峁村，主沟长55千米，流域面积942.2平方千米，占总面积的61.44%。乱石头川经定边县琉璃庙，过新安边镇入吴起县境。至吴起县城北汇合头道川称北洛河，为北洛河上源之一。流域内最大宽度300米，最小宽度50米，平均宽度175米。

上游名为新安边河，旧称白鹰河，河谷狭窄，河床深陷。《定边县志》载："洛源出县东琉璃庙石缝中"，即定边古"八景"之一，名曰"石峡流长"。

乱石头川年均径流量3200万立方米，径流深度30毫米，年均降水量430毫米。地表水资源量为2722.7万立方米，地下水资源量为1101.3万立方米，可开采量为191.22万立方米。

乱石头川上游土壤为黄土性土壤，土层深厚、土质肥沃，耕性良好，土地适宜马铃薯、葵花、荞麦、胡麻等农作物的生长，拥有丰富的农作物资源和石油资源，是定边县粮油生产区和石油开发区之一。

乱石头川主要支流有颗颗川、窝窝沟。

颗颗川源于定边县胡尖山乡张崾崄，主沟全长34.7千米，流域面积193平方千米，平均沟道比降5.48‰。窝窝沟为乱石头川左岸一级支沟。窝窝沟发源于学庄乡贾崾先村，于陈渠汇入乱石头川，流域面积194平方千米。

二、头道川

头道川为北洛河左岸一级支流，河源于定边县白于山之南坡王盘山乡石涝沟，流域面积为1578平方千米。主沟全长83.4千米，在吴起县后街入北洛河，亦是北洛河源头之一。流域内最大宽度500米，一般宽度200米，最小宽度20米，平均宽度275米。河源高程1506.12米，至吴起县总落差206.12米，河段比降为2.51‰。河谷平面形态呈S状，曲流发育，其弯曲系数为1.22，水质均为咸水，且色常浊，无利用价值。主要支流有石涝川河、方西沟、王洼子川。

石涝川河，发源于定边县杨柳沟，在吴起县铁边城附近与头道川汇合，全长18千米，流域面积93.5平方千米，多年平均径流量0.22亿立方米。

方西沟水源于定边县白马崾崄乡梁树村，主沟全长23千米，流域面积133.1平方千米。定边县境内主沟长12.9千米，河段比降8.81‰，县内面积75.21平方千米，占总面积的46.95%，流经铁边城镇曹渠入头道川。

王洼子川，亦称海螺河，源于定边县王盘乡范崾岘，主沟全长45千米，流域面积523.9平方千米；定边县境内长30千米，流域面积274.16平方千米。流域流经王洼子，在铁边城汇入头道川。

头道川上游属于陕甘宁油气沉积地带，位于已探明的我国最大油气田杨井油气和姬塬气田的中心地带，蕴含着丰富的石油、天然气资源，目前正在合理有序地开发当中。

三、宁塞川

宁塞川为北洛河左岸一级支流，源于吴起县白于山南麓五谷城镇白崾岘，流经五谷城、洛源乡（镇），在宗圪堵汇入北洛河。

宁塞川主沟长47.6千米，流域面积529.2平方千米，平均沟道比降6.27‰。流域内最大宽度400米，最小宽度20米，平均宽225米。主要支流有寨沟水和大路沟水，均在宁塞川左岸。主要支流有马连城水和大路沟水，均在宁塞川左岸。

马连城水发源于吴起县高新庄白阳塔，于蔡砭汇入宁赛川。马连城水主沟长14千米，流域面积83.6平方千米。

大路沟水发源于吴起县杨庄科，于沙集汇入宁赛川。大路沟水主沟长16千米，流域面积有106.63平方千米。

四、王坬子川

王坬子川为北洛河左岸一级支流，发源于定边白湾子镇王畔子村范崾岘，于吴起县铁边城镇汇入北洛河。王坬子川河道全长45千米，定边县境内河道长14.72千米，总流域面积526.8平方千米，下游终点以上控制流域面积为186.94平方千米，河道长14.72千米。

五、二道川

二道川为北洛河右岸一级支流。二道川发源于吴起县庙沟乡窦掌，流经吴起县庙沟乡窦掌，流经庙沟、洛源乡在吴起镇漩水湾汇入北洛河。主沟长54千米，流域面积375.9平方千米，流域内最大宽度300米，最小宽度40米，平均宽度170米，平均河道比降5.01‰。主要支流有南窑沟、梁安沟、黄秋沟岔。

六、三道川

三道川为北洛河右岸一级支流，发源于吴起县长官庙乡白沟村，流经长官庙、洛源两乡，在鸭儿圪汇入北洛河。主沟长34千米，流域面积262平方千米，平均沟道比降6.62‰。流域内最大宽度300米，最小宽度20米，平均宽度160米，主要支流有黄岔沟、李沟。

七、白豹川

白豹川为北洛河右岸一级支流，发源于甘肃省华池县桥河乡田掌，流经吴起县白豹、楼房坪两乡，在新庄科汇入北洛河，主沟长36.5千米，流域面积437.08平方千米，其中陕西境内面积405.3平方千米，平均沟道比降8.38‰。流域内最大宽度600米，最小宽度50米，平均宽度325米。多年平均径流深31毫米，平均径流量0.304立方米每秒，平均年径流总量为957.9万立方米。主要支流有吴河沟水、小涧川和脚札川。

吴河沟水主沟长10.3千米，流域面积44.13平方千米，在白豹自西北汇入白豹川。

小涧川为白豹川左岸支流，发源于白豹镇清林沟，于杨洼洼汇入白豹川。主沟长 15 千米，流域面积 61.1 平方千米，在石湾自西南汇入白豹川。

脚札川为白豹川右岸支流，发源于甘肃省华池县，自西南向东北流经白豹镇，在楼坊坪村处汇入白豹川河。河长 24.8 千米，流域面积 87.5 平方千米。主沟全长 31 千米，流域面积 114.28 平方千米。

八、周河

周河，又名周水河，北洛河左岸一级支流，发源于白于山南麓的靖边县周河镇白天赐，流经野鸡岔、巡检司、东坪到土墩湾出境入志丹县，在志丹县永宁镇的川口汇入北洛河，周河总长 85.1 千米，流域面积 1334 平方千米，多年平均径流量 0.46 亿立方米。周河流量小，含沙量大。志丹县水文站实测，周河最大洪峰流量 2610 立方米每秒，最小流量 0.004 立方米每秒。主要支流有丁岔沟、驸马沟、保娃沟、纸坊沟、孙岔沟、麻子沟、土墩台沟、康家沟等。主干河道上至土墩湾，下至康家沟，两岸有整块川台地。由于河流比降平缓，又是砂砾石河床，没有固定式河槽，河水来回倒置淘刷两岸台地，在刘坪至川口一段特别严重。年侵蚀模数 12000 吨每平方千米，从志丹水文站测验资料看，周河输沙量年际变化大、年内分配不均。经统计，多年平均输沙量 749 万吨。

周河主要支流有厂岔沟、驸马沟、保娃沟、纸坊沟、孙岔沟、麻子沟、土墩台沟、康家沟等。

孙岔沟为周河一级支流，发源于志丹县大路崾崄村北部，流经大路崾村、深崾岘村、后冯坡村和王庄，于志丹县城南部汇入周河。河道位于志丹县中心，南邻曹家沟，西邻西阳沟，孙岔沟流域总面积 83.8 平方千米，河流全长 23.3 千米。主要支流有毛项沟、瓦窑沟等。

麻子沟为周河一级支流，又名树头川沟，发源于志丹县寨科，流经榆树湾村和大湾村，于志丹县寺台村汇入周河。流域总面积 135.4 平方千米，河流全长 27.0 千米。

九、崂山川

崂山川为北洛河左岸一级支流，发源于九沿山南侧，流经甘泉县劳山乡苏家河、林沟、崂山、小崂山、白土坡、臭河子至城关镇红旗行政村入北洛河。

崂山河全长 22 千米，流域面积 2049 平方千米，平均比降 10.6‰，多年平均径流量 676.2 万立方米。河沟深切，沟谷堆成阶地，为沟滩平地，沟谷断面多呈 U 形，沟谷内坝地比较平缓，地面坡度一般在 1°~ 2° 。

崂山河流域农业经济形成了以设施蔬菜为主，蔬菜、畜禽两大产业互为补充、齐头并进的发展格局。“甘泉豆系列、隋唐美水酒、绿色放心菜、崂山土鸡蛋”成为享誉省内外的“四张名片”。

十、府村川

府村川为北洛河左岸一级支流，发源于剪子条梁东南侧，流经府村、东沟至道镇乡纸房入洛河。府村川全长 36.4 千米，流域面积 395.7 平方千米，平均比降 8.9‰。府村川主要支流有袁庄沟、乔庄河、史家庄沟等。府村川上游一级支流凉台沟上建有小（1）型水库凉台水库。

乔庄河为府村川一级支流，位于府村川左岸。乔庄河位于甘泉县南部，流域总面积 70.9 平方千米，河流全长 18.6 千米。此次划界长度为乔庄河 13.475 千米及其支沟 4.913 千米。

十一、牛武川

北洛河为北洛河左岸一级支流，发源于牛武镇四家岔山脉南麓富县宜川界分水岭，流经牛武镇和鄜城街道办注入洛河。

牛武川流域地处黄土丘陵沟壑地带，河长 35.0 千米，平均比降 9.8‰，流域总面积 428 平方千米。河道终点坐标东经 109° 23′ 06″，北纬 36° 00′ 16″。牛武川西连甘肃省，东与宜川县相接，北与甘泉县毗邻，南与洛川县相接；经过牛武镇 27.7 千米，流经安子头、管头、牛武村、清泉寺、申家沟；流经鄜城街道办 7.3 千米，流经史家坪、川口。左岸有史家岔河支流汇入。年径流量约 1044 万立方米，年输沙量约 58.6 万吨。

十二、厢寺河

厢寺河为北洛河左岸一级支流，位于富县和洛川县之间，别名界子河，又称厢西河，发源于洛川县旧县镇洪福梁村，向西穿行洛川县普堤镇、富县茶坊街道境内，先后有龙义河、开封沟、土门子沟、王家河、吴家河等支流汇入，于旧县镇陈家洼村汇入北洛河。

厢寺河长 53.3 千米，流域面积 574.6 平方千米。河流比降 8.2‰，流经洛川县旧县镇、普堤镇和富县茶坊街道共 2 县 3 个镇。

厢寺河上游为林区，属于旧县镇辖区，干流自源头北流至青兰高速边，拐向北流，左纳龙义湾，右纳开封沟后，至相思河景区，河流较为清澈，长流水。

厢寺河中游从相思湖景区进入，属于菩提镇辖区，西偏南流至王家河村，右纳王家河支流，支流内建有小（1）型水库孙家河水库。拐向西南向左纳吴家河支流，支流内建有吴家河水库，过厢西堡至高速路枢纽，右纳张家河出中游。

厢寺河下游从张家河河口，西南向沼宜河村，左纳院夫沟，建有李家河水库。至河夫村出洛川县界，进入富县县界，过峪口村入北洛河。

厢寺河流域无实测水文资料，参证站选用仕望河大村站，采用水文比拟法计算得出其多年平均年径流量为 1936 万立方米。输沙模数 836 吨每平方千米，输沙总量 31.2 万立方米，河道水质良好。

十三、葫芦河

葫芦河为北洛河右岸一级支流，发源于甘肃省庆阳市华池县子午岭紫坊畔镇齐腰岘，葫芦河别名华池水。因流域地势平坦，植被良好，流水清澈见底而呈黑色，故又名黑水。《鄜州志》载："水黑曰卢，故名卢河。"因卢河而演变为葫芦河。一说，其发源地之河水流迹屈曲迂回若葫芦状，故名葫芦河。

图 1-1-2　富县葫芦河（2020 年，富县水务局提供）

葫芦河全流域面积5449平方千米，河道全长291千米，干流平均坡降2.37‰，属于跨省河流。葫芦河经甘肃合水县后，于张家湾镇雷家角村入陕西富县境，自西北向东南，流经直罗、张村驿、吉子现等乡（镇），于寺仙镇兴民村出县境入黄陵县界。后于交口河注入北洛河，甘肃省境长74.5千米，陕西省内河长144.5千米，流域面积3164平方千米。多年平均径流量1.80亿立方米，常水流量4立方米每秒，最大流量530立方米每秒。南沟门水利枢纽工程坝址位于北洛河支流葫芦河河口上游约3千米处，为大（2）型工程。

葫芦河流域地形复杂，流经富县、黄陵地段全属山区峡谷，河流下切，断谷较多，河谷深，河岸高，未发生改道和泛滥现象。葫芦河流域为桥山（子午岭）林区，植被茂密，河水清澈，含沙量小，多年平均输沙量仅占北洛河输沙量的0.7%，河边稻田连片，是一条清水河，可供人畜食用。流域水资源相对充沛，水质良好，年平均降水量523毫米，年平均水资源总量5881.96万立方米，其中地表水资源量5854万立方米，地下水1621.92万立方米，重复量1593.96万立方米。人均水资源量1899立方米。葫芦河灌溉农田5.1万亩，被人们视为“益河”。平均含沙量7.8千克每立方米，多年平均输沙量35万吨。水质为Ⅱ类，矿化度402毫克每升。

葫芦河主要支流有埝沟、小河子川、姜家川、党家河、龙头河。

小河子川为葫芦河右岸一级支流，亦名直罗南川，又名清水河，为延安市富县境内河。干流发源于富县与甘肃宁县界分水岭兴隆岭东北麓，自西南向东北流经直罗镇的药埠头、屈家沟、小河子、新寨子、胡家坡、直罗6个行政村后，于G22青兰高速出口东侧700米处汇入葫芦河。河长62千米，流域面积857.3平方千米，平均比降5.75‰。河道从起始至蒿巴寺梁为陕西子午岭国家级自然保护区，保护区的保护对象主要是黄土高原稀有的天然次生林森林生态系统及野生动植物资源。

十四、仙姑河

仙姑河为北洛河左岸一级支流，是一条多沙河流。因该河流经仙姑河村而得名，又名仙宫河。其在洛川县境又称刘家河、屈家河，位于延安市黄龙县和洛川县两县之间，发源于黄龙县嵝崄镇嵝崄乡河碾盘梁山麓官庄沟，东北向西南流向，沿流经贺家沟、北崖子、拓家河水库、仙姑河、屈家河，至仙鸡河村下游1千米，汇入北洛河。仙姑河发源于黄龙县，向西南流经白城镇、仙姑镇，于仙鸡河以下1千米处注入北洛河。仙姑河全长52.7千米，流域面积605平方千米，河流平均比降11.7%，流经延安市黄龙县、洛川县2县。

仙姑河多年平均年径流量0.21亿立方米，年平均流量0.67立方米每秒，属于季节性河流，径流与降水同期，非汛期易断流，因水量不稳定，满足不了用水的需要，在洪水期容易发生洪涝灾害。

十五、沮河

沮河为北洛河右岸一级支流，古称姬水，又叫沮水、祖水河、长祥河、擅台川，为黄陵县境内河。沮河发源于子午岭（陕甘界）东麓沮源关（又名兴隆关）南侧，自西向东横跨黄陵县境，流经上珍子农场和双龙、店头、康崖底，在桥山至龙首乡的河口入北洛河。

沮河全长128千米，流域面积2420.4平方千米，落差1022米，河道平均比降3.06‰。

多年平均年径流量 1.13 亿立方米。水面平均流量 3.59 立方米每秒，平均输沙量 84.9 万吨。沮河年均输沙量 126 万吨，年均侵蚀模数为 507 吨每平方千米。流域地形较为复杂，河道弯曲，个别河段落差较大；河流比降为 1%。据黄陵水文站资料载：5 年一遇的丰水年径流量 14750 万立方米，2 年一遇的平水年径流量 10310 万立方米。4 年一遇旱年径流量 6000 万立方米，20 年一遇旱年径流量 4590 万立方米。汛期为 7 月、8 月、9 月 3 个月。

图 1-1-3　沮河黄陵段(2020 年，黄陵县水务局提供)

沮河绕流桥山而过，黄帝陵位于桥山之巅，1961 年被国务院列为第一批全国重点文物保护单位。

沮河支流的流域面积在 50 平方千米以上的支流共 16 条，其中主要支流 5 条，分别为柳芽川、西沟、建庄川、淤泥河、清河等。

建庄川为沮河右岸一级支流，为黄陵县店头镇境内河，发源于店头镇老庄子曹河西南分水岭，流经三十亩地、三岔河、瓦窑坪、腰坪、洪家院子，于店头镇厚子坪村附近汇入沮河。河道全长约 44.2 千米，流域面积 464 平方千米，比降 10.7‰，多年平均径流量 2647.0 万立方米。

清河为沮河右岸一级支流，位于铜川市和延安市两市之间，发源于铜川市印台区金锁关镇凤凰山东麓，名曰西河，流经宜君县西河水库后，称清河；于黄陵县瑞城花园西北角入沮河。河长 53.6 千米，流域面积 485.8 平方千米，河床比降 13.6‰。

淤泥河为沮河左岸一级支流，位于延安市富县和黄陵县两县之间，发源于黄陵、富县分界线回军岭一带的双嘴梁东麓附近，富县寺仙镇钟家窑子上游，流经桃咀入黄陵县，自西北向东南流经隆坊镇、桥山街道办事处，在黄陵县龙首村附近汇入沮河。河道全长 31.8 千米，流域面积 176 平方千米，河流平均比降 10.3%。

十六、黄连河

黄连河为北洛河左岸一级支流，古名古鄜水，又名黄莲河，位于延安市洛川县和黄龙县两县之间，发源于洛川县烂柯山桃花洞，经武石、槐柏、石泉、土基、秦关等乡（镇），在秦关乡范家塬村北沟流入洛河。干流全长 38.6 千米，平均比降为 12.9‰，流域面积 245.8 平方千米，多年平均径流量 836 万立方米，流域平均径流深 34.1 毫米。

十七、五里镇河

五里镇河，黄陵县境内又名慈乌河，是北洛河右岸一级支流，位于铜川市宜君县和延安市黄陵县之间，因流经五里镇镇区外而得名，起源于宜君县哭泉镇料石坡村，流经棋盘镇、宜阳街办，于福地水库汇合流经五里镇后，于咀头村汇入北洛河干流。

五里镇河河长 55 千米，流域面积 439 平方千米，河床平均比降为 13.4‰，常流量为 0.75 立方米每秒，年平均径流量 1803 万立方米。五里镇河流经延安市、铜川市共 2 个市。

十八、雷塬河

雷塬河是北洛河右岸一级支流，位于铜川市宜君县境内，发源于棋盘镇南沟庙山北麓，流经棋盘镇、李家河、雷塬村，于杨柳塬村石板川汇入北洛河。雷塬河棋盘镇段又称西沟、棋盘河。雷塬河全长 58 千米，河床平均比降 15‰，流域面积 353.38 平方千米，年均径流量 1696 万立方米。干流流经宜君县棋盘镇、尧生镇。

十九、石堡川

石堡川是北洛河左岸一级支流，位于延安市和渭南市两市之间，古称聿津河，别名沙家河、史家河，发源于黄龙县白马滩镇冢子梁（1745 米）西南侧，西南流过黄龙县、洛川县、白水县，于洛川县石头镇堡乃村处汇入于北洛河。

图 1-1-4　石堡川沙家河（2017 年，杨鹏拍摄）

石堡川干流全长 81.1 千米，流域面积 960 平方千米，多年平均年径流量 4600 万立方米，年均输沙量 35 万吨。流域涉及陕西省洛川、黄龙、白水、宜君 4 个县。河水主要来源于降水，降水分布的特点是上游山区多、下游塬区川道少。气候较干旱，降水稀少，蒸发强烈，水源短缺。上中游植被好，水土流失最轻微，河流含沙量只有 1 ~ 2 千克每立方米。水化学类型为碳酸盐钙质水，总盐量为 300 ~ 500 毫克每升，适用于灌溉、工农业用水及人畜饮用水。

二十、长宁河

长宁河是北洛河左岸一级支流，古名云门谷水，名称来自古县城名称，位于延安市和渭南市之间，发源于黄龙县界头庙镇武帝庙南麓，流经红罗义、进入澄城县县境内，作为冯原镇与王庄镇、安里镇的界河，于安里镇刘家坡西汇入于北洛河。河长 44.3 千米，流域面积 229.6 平方千米，河道平均比降 1.6%，流经延安市黄龙县、渭南市澄城县 2 县。

长宁河多年平均径流量 1662 万立方米，河流水系呈树枝状，上游左右岸。河流上游为石质林区，工矿企业分布少，河水清澈，水质良好。

二十一、白水河

白水河为北洛河左岸一级支流，位于铜川市印台区和渭南白水县之间。古时曾称白水，发源于宜君县云梦山南麓，名曰阿庄河；纳广阳河后称白水河，进入蒲城县名为南河，于三眼桥汇入洛河。白水河长 88.9 千米，流域面积 762 平方千米，多年平均年

图 1-1-5　白水河（2017 年，高晓军拍摄）

径流量5715万立方米，平均流量1.812立方米每秒，河道平均比降0.73%，河床平均宽7米。主要支流有广阳河、南河、林皋河、杜康沟等。流域上游为灌木林区，植被较好。沿河耕地可引水灌溉。1970年在上游建成林皋水库，1973年在下游建成故现水库。

二十二、县西河

县西河为北洛河左岸一级支流，渭河二级支流，位于渭南市澄城县境内，发源于赵庄乡社公山南麓崖畔寨东西沟中，左岸流经赵庄、罗家洼、庄头、城郊等，右岸流经刘家洼、王庄、安里、尧头等，在索村汇入北洛河。县西河为澄城县境内河，全长41.9千米，总落差545.0米，流域面积304.48平方千米，多年平均流量0.708立方米每秒，平均比降1.30%，属常流河；年平均径流量约为2325.0万立方米，占澄城县水资源总量的20.6%。

二十三、大峪河

大峪河为北洛河左岸一级支流，位于延安市黄龙县和渭南市合阳县、澄城县、蒲城县等4县之间，发源于黄龙山脉佛爷岭林家山，经合阳、澄县、蒲城3县，在蒲城县永丰镇西固村汇入洛河。河流全长87.8千米，总落差588米，比降6.7‰，流域总面积479.2平方千米，常流量为1.139立方米每秒，多年平均径流量3594.0万立方米。大峪河由北向南，流经黄龙、合阳、澄县、蒲城4县。其中，合阳境内长度54千米，澄城县境内长度59.6千米，蒲城县长度11.03千米。

第四节　天然湖泊、泉

一、湖泊

北洛河流域把天然滑坡形成的小湖泊称为湫。

（一）侯庄湫、贾塬湫

侯庄湫、贾塬湫，分别位于黄陵县侯庄乡的侯庄村和贾塬村。经调查，侯庄湫形成于清道光六年（1826年）；贾塬湫形成于1910年。贾塬湫蓄水面积120亩，最深处8米。1976年汛期，贾塬湫因原区暴雨，洪水注入湫内，湫内水量超过库容，溢越坝顶而泄。坝身部分被冲成槽。同年，当地受益社员对以上两处湫湖，在滑体后各加修了一条长40米、高3米、底宽30米的土坝，并各开了一条小溢洪道。贾塬湫、侯庄湫的水源主要靠地下水补给，因而两湫淤积轻微，长期存留。

（二）桃坡湫

桃坡湫位于洛川县，于1955年前后因山坡滑塌自然形成。面积100亩，蓄水44万立方米。

（三）圆桌湫

圆桌湫位于洛川县，清光绪二十七年至三十年（1901—1904年）年间形成，面积100亩。从清光绪二十八年（1902年）至今，曾先后3次决口，动员群众抢修，现蓄水约100万立方米。

（四）珊瑚湫

珊瑚湫位于洛川县，于1964年形成，面积30亩，蓄水29万立方米。

（五）卤阳湖

卤阳湖位于渭南蒲城国家湿地公园内。北距蒲城县城 15 千米，南距西安 78 千米。是一个天然内陆型湖泊湿地，东西长 30 千米，南北宽 1.5 ~ 7 千米，海拔 372 ~ 400 米，水体总面积 1470 公顷。杨爵拜水、板桥古渡、关中道情、宣帝游猎、笑纹石等遗闻轶事彰显着卤阳湖深厚的历史文化底蕴；湖区水天一色、波光荡漾、芦苇摇曳，生物多样性特色鲜明，是各种珍稀生物栖息、繁衍的理想区域。

二、泉

（一）美水泉

美水泉又名甘泉，甘泉县因此泉得名，以水盛名，素称“美水之乡”。《太平寰宇记》记载，县南谷崖有泉水，飞流直下，甘甜味美，故名甘泉。据史书记载，607 年，隋炀帝北巡突厥牧场，途中到此游历，偶饮此水，厥味甘美，顿觉心旷神怡，遂赐名美水泉，后为隋唐两代皇宫专用，是陕西的四大名泉之一。唐天宝元年（742 年）因美水泉故，改伏陆县为甘泉县。从此甘泉县名沿用至今，千年未变。美水泉现为一排 12 孔窑洞式蓄水池，泉旁有明代“修复甘泉碑记”、民国“重修甘泉县甘泉碑记”和 2007 年甘泉县政府所立“美水泉碑记”石碑三统，以及罕见的刺榆树两株，榆刺似针，枝繁叶茂。美水泉泉水清冽，甘甜可口，经科学检测，其为优质高钙矿泉水，富含对人体有益的多种微量元素。

图 1-1-6　美水泉（2019 年，宜君县水务局提供）

（二）玉女泉

据《鄜州志》记载，泉出龟山下。据《雍胜略》记载，泉水甚甘。玉女泉位于富县城西，清水从石缝中流出，顺二尺多高的石壁缓缓流入直径一尺左右的石窝中。此泉遇旱不干、逢涝不溢，水稀缺且质优，用泉水蒸煮的食物分外好吃，尤其熬的粥、煮的茶入口后唇齿留香，回味无穷。

（三）暖泉

暖泉位于黄陵县东三里，泉边林木茂盛，青竹郁郁。泉上筑有观音阁，暖泉下池塘，池水清澈，池鱼繁多，游荡其间。明代黄陵县人刘儒有《暖泉》五律诗：“山泉抱村曲，小径岭岩斜。蔬园穿松过，柴门傍柳遮。流觞依密叶，飞絮点新芭。结社陶情意，从来发兴赊。”

（四）寒氿泉

寒氿泉位于黄帝陵西侧聂洼村东北侧的龙王庙旁。古代天旱的时候，老百姓便到此祈雨，由周边村庄组成八大祈雨筹备社每年轮流举办祈雨活动，并负责提供祭祀的用品。寒沆泉传说是求雨必应的神泉。故《中部县志》载：“山寺之旁，祷雨辄应。”

（五）宜君哭泉

哭泉岭海拔1674米，岭顶有哭泉镇，是关中通往陕北的西（安）包（头）公路的必经之地。在哭泉镇北，公路西侧有一山泉叫哭泉，水质甘甜。古代民间传说孟姜女去陕北找修长城的丈夫，到此伤心痛哭，泪落地下，裂开一口，涌出清泉，故名哭泉。

唐代为纪念孟姜女，在泉边兴建了姜女庙，占地10亩。明末著名学者马理为哭泉立碑。民国初年，又在此建立了孟姜女庙，规模很小。1975年，从该庙遗址中挖出高达2米的孟姜女铁像，可见当年庙宇规模可观。戏剧家、诗人田汉游此，曾写下了“古城荒祠断碣眠，当年孟姜女走三边。关城万里功千古，莫忘民间有哭泉”的赞诗。

（六）杜康泉

杜康泉位于距白水县城西7.5千米的杜康镇杜家壑村，白水河一级支流杜康河东侧。泉水清冽甘爽，经寒冬而不结冰，传说杜康用此泉造酒。泉水是受杜康沟逆断层控制的砂岩裂隙水，流量86.4立方米每天，水温13摄氏度，为低矿化度碳酸－钙、镁型水，是酿酒最佳泉水。为缅怀杜康，故取名杜康泉。1975年9月，省、市、县先后投资350万元，在杜康酿酒的遗址建成杜康酒厂，产品远销德国、日本、新加坡等国家。2002年12月30日，白水杜康曲酒成功搭载中国自行研制的神舟四号飞船遨游太空。

图1-1-7　白水县杜康泉
（2022年9月，赵俊昌拍摄）

（七）蒲城温汤

蒲城温汤位于蒲城县永丰镇温汤村，村以泉名，属岩溶低温热水泉。温汤由11个温泉组成，北起温汤四组南泉，南至汤里村汤里泉，南北延伸1千米。泉水出露于北洛河河床至二级阶地部位上，受下伏岩溶水补给，水量稳定，流量大，单泉流量68 ~ 6290立方米每天，总流量7.3万 ~ 8.9万立方米每天。泉水水温26 ~ 34 ℃，清澈透明，无色无异味，属重碳酸、硫酸－钠、钙、镁型水，酸碱度7.3左右。矿化度0.76 ~ 6.80克每升，氟化物含量1毫克每升。温汤水用作工厂水源和灌溉。

（八）袁家坡泉

袁家坡泉位于蒲城县东陈镇袁家坡村东，北洛河河床与河漫滩及一级阶地上。北洛河在此切割了袁家坡地垒构造，岩溶水沿断裂带上涌，于河谷形成泉群。水温27 ~ 31摄氏度，水质为重碳酸、硫酸－钠、钙型，矿化度0.7克每升。流量较稳定，平均流量17.28万立方米每天。泉水主要用于灌溉、生活和工业用水。

（九）常乐温泉

常乐温泉位于蒲城县平路庙乡常乐村东，为岩溶中温热水泉，泉水出露在北洛河右岸二级阶地上，高程 380 米。常乐温泉水源来自深部的岩溶水，水温 43 摄氏度，流量 36.5 立方米每天，属氯化物、硫酸、重碳酸－钠、钙型水，矿化度 1.054 克每升，泉水用以灌溉和育苗。20 世纪 90 年代，此地开凿深井办了浴室，供人们休闲沐浴。

（十）五眼泉

五眼泉位于澄城县城东北 25 千米大浴河上游白家河河东 100 米基崖处。突出一块巨石，长约 3 米，宽 2 米，东北—西南走向；面如龟盖，表面水槽纵横 11 条。前一石槽，槽基石面有“马蹄印”两个。相传隋炀帝于白家河避暑时曾饮马于此。有五眼八水三稍和“饮马槽”之说。龟石右上角为第一泉眼，左上角为第二泉眼，西南 5 米处为第三泉眼，东南 30 米处为第四泉眼，南 30 米处为第五泉眼。五眼泉由北向南呈 V 形布局，汇合而流，潺潺有声，四季不断。泉水总流量 5.56 升每秒。民国时期村民李月法、高二娃等 9 户农民，修渠引水，自流灌地 1.2 公顷。

图 1-1-8 洗肠泉
（2024 年 7 月，权贵忠拍摄）

（十一）洗肠泉

洗肠泉位于澄城县西河村河岸东侧，传说是古代高僧佛图澄开肋洗肠之地。《高僧传》记述：佛图澄左乳房的旁边起先有一个小洞，直通腹内，平常小洞用棉絮堵塞着，读书时把棉絮拔掉，洞内发出的光亮，使一室通明；逢到斋戒之日时，佛图澄来到河边，把肠子从洞口掏出来，洗去在尘世带来的痛苦和忧伤、尘垢和污秽、是非和杂念，然后装进腹中。关于洗肠泉，西河人还另有传说：附近寺院的住持傍晚骑着一根芦苇远赴京城长安吃荤，天明前返回时，在泉边将肠子掏出洗净再装回肚，然后才进寺院开始一天的生活。据说洗肠泉旁原有一亭，亭内立一碑石记述洗肠的故事。

图 1-1-9 澄泉（2024 年 7 月，权贵忠拍摄）

（十二）温泉

温泉位于澄城县交道乡西塘村西坡下，距澄城县城 18 千米，系北洛河东滨之天然泉水。涌流量 1.43 立方米每秒。泉水清澈透明，长年不变，水温 29 ℃，故名温泉。1976 年 11 月该泉处建设抽水站，1983 年 10 月竣工。

（十三）澄泉

澄泉位于西河村，据说澄城县名的来历就与此泉有关。原县名徵县，后改为澄城，一是徵澄音相近，二是因此泉清澈见底而称澄泉。过去澄泉旁曾有一石碑，对此详细记述。

（十四）龙首泉

龙首泉位于大荔县城西北23千米的铁镰山北麓洛河一级阶地段家乡育红村北。1985年发现优质矿泉水，相继打4眼自喷井，日涌水量为5.6万立方米，其流量之大甚为罕见。经陕西省水土保持局张骅建议，大荔县人民政府审议，定名龙首泉。龙首泉水经科学鉴定为优质天然矿泉水，4项指标（矿化度、偏硅酸、锶、溴的含量）已达到饮用天然矿泉水的国家标准。同时又是温泉，水温41摄氏度，有利于直接饮用、沐浴，是很理想的沐浴疗养区。龙首泉涌水量大，流量稳定。在联合国粮食计划署的援助下，1985—1990年，利用龙首泉水源，建成全县城乡供水工程，使全县36万人民用上矿泉水，结束了几千年来氟水危害人民健康的历史。

（十五）苦泉

苦泉位于陕西省渭南市大荔县铁镰山南今双泉镇西，因水的颜色呈赤色，味道别样苦涩而得名苦泉。“苦泉羊，洛水浆”（《全唐诗》），在苦泉周围放牧的羊群饮此泉水，不但体型肥美肉味，而且也没有一点膻气。隋代在苦泉置丰羊牧，唐代建牧羊庄，明代设苦泉镇，明万历时，苦泉镇更名蒙泉镇，清人朱斗南《蒙泉灌亩》赞曰：“阡陌盈畴画井疆，蒙泉美丽说西庄。滨河籍润来源远，阻洛分滋沛泽长。亩荷涵濡歌岁稔，田资源溉咏年康，镰山造福符天数，岂独甘肥置牧场。”

第二章 自然环境

北洛河流域地处我国内陆中纬地带，地质构造跨越 3 个构造单元。北部属陕甘宁盆地地层分区和陕甘宁盆缘地层分区，南部是汾渭地堑渭河断陷区。全区呈北部隆起，南部断陷的阶梯状地堑构造。地势北部高（白于山），东西高（子午岭与黄龙山），南部低（北洛河下游关中平原）。海拔在 330 ~ 1800 米。山、川、原、滩、沟皆有。气候属暖温带半湿润半干旱季风气候区。年平均气温 8.4 ~ 14.4 摄氏度，年平均降水量 330 ~ 730 毫米。土壤资源主要有黑垆土、褐土、黄绵土。植被属温带落叶阔叶灌丛区。川原区以人工植被为主，西部子午岭、东部黄龙山山区有部分天然林。矿藏资源丰富，以煤、石油、天然气为主。

第一节 地质地貌

一、地质

北洛河流域跨南北纬度为陕西省所有河流之最，形成丰富的地质地层。几乎囊括陕西所有地层系统。

北洛河流域属华北地层区，跨 3 个地层分区，分别是陕甘宁盆地地层分区、陕甘宁盆缘地层分区、汾渭地堑渭河断陷区。区内出露的地层有奥陶系、石炭系、二叠系、三叠系、侏罗系、白垩系、第三系及第四系。以陆相中生代地层及第四纪黄土最为发育，缺失志留系和泥盆系。区内大部分地区被厚层黄土所覆盖，在一些山地和流域内的一些深切沟谷中，出露着不同时期的地层。奥陶系仅出露中统海相灰岩。石炭系有中统、上统，为海陆交互相沉积之灰岩、砂页岩，含煤、铁、铝土矿等。二叠系及三叠系下为湖泊、沼泽相含煤砂泥岩沉积及河湖相红色碎屑岩。三叠系中、上统至白垩系在区内的一些地段连续出露，以内陆河湖相为主，部分为内陆盆地边缘山麓堆积。三叠系中、上统为红色砂泥岩及灰绿色含煤、油页岩及少量火山碎屑之砂泥岩。侏罗系由红色砂泥岩、煤系地层，过渡为含泥灰岩、油页岩的红色砂泥岩及砾岩。白垩系仅有下统志丹群，为红色砂岩、砾岩、泥岩及少量泥灰岩，第三系为河湖相含石膏的红色碎屑沉积。第四系以黄土为主，另有零星的河流、冲积、洪积、湖相等沉积。

二、地貌

（一）地貌类型

北洛河流域地形总体上是西北高、东南低。按地形地貌大致分为以下 8 种类型。

1. 黄土梁塬

黄土梁塬主要分布在北洛河流域的定边县安边镇、吴起县的铁边城镇等地河沟上游，白水县白水河下游，塬地海拔 1100 ~ 1500 米，是由厚层黄土覆盖的缓梁宽谷。黄土梁宽缓，多呈凸形坡，坡面有细沟、浅沟发育，坡面下部常有陷穴、小暗洞和梭形沟槽，坡脚处局部有堆积现象。塬地平展宽阔，宽 10 ~ 300 米，长达 1000 ~ 2000 米。侵蚀强烈的谷段，被分割成零星的坪地，称为破塬。

2. 黄土梁状丘陵

图 1-2-1　白水县黄土梁塬（2017 年，白水县文联提供）

图 1-2-2　甘泉县劳山镇黄土梁状丘陵（2001 年）

黄土梁是黄土沟谷之间的长条状高地，是黄土丘陵的基本形态之一。梁长可达几百米、几千米到几十千米，宽仅几十米到几百米。顶面平坦或微有起伏，其脊线起伏较小，但横断面呈明显的穹状。脊线两侧坡度一般在 20° 左右。塬被沟谷分割，常形成平顶梁等。

黄土梁分布在定边白于山南侧北洛河上游，吴起县西北、志丹县西南和甘泉县的大部分地区，是白于山、子午岭和崂山等山地的延续部分，以梁状丘陵为主，在较大流域内出现少量的黄土峁。海拔 1400 ~ 1600 米，沟壑密度为 3 ~ 5 千米每平方千米。

在崂山一带，植被生长较好，现代侵蚀缓慢，水土流失轻微。其他梁坡，植被破坏严重，面蚀、细沟、切沟侵蚀均较强烈。冲沟、河沟相对切割深度 70 ~ 100 米。

白于山、崂山为厚层黄土覆盖，基岩出露很小，但沟谷大部切入基岩，谷坡多属复式坡。梁长且宽，由西北向东南延展，构成北洛河与延河的主分水岭。

图 1-2-3　志丹县顺宁镇刘老庄黄土梁峁状丘陵（2000 年）

3. 黄土梁峁状丘陵

黄土梁峁状丘陵分布于北洛河流域的

志丹和子午岭东部，海拔 1300 ~ 1600 米，地貌形态以梁为主，间或有大型的孤立峁。接近主分水岭部位，宽梁长梁居多；沟谷下游，切割严重，短梁居多，面蚀、细沟、浅沟侵蚀均较强烈，冲沟、干沟、河沟深切。冲沟横剖面多呈 V 形，滑坡、泻溜普遍，纵剖面常具石跌水。有曲流发育的河沟，堆积一、二级阶地，称为坪地。

4. 黄土塬

图 1-2-4 洛川塬（洛川县杨舒镇）

黄土塬指在第四纪以前古地形（如山前盆地、山前地带）的基础上，被黄土覆盖，面积较大的台地。黄土塬一般地表宽广平坦，面积在数平方千米以上，侵蚀较弱，周围多被沟谷环绕。主要分布在北洛河中下游的富县、洛川、黄陵、宜君、澄城、大荔。如富县的交道塬、羊泉塬、寺仙塬、钳二塬、吉子现塬、北道德塬；洛川县的永乡塬（即狭义的洛川塬）、老庙塬、旧县塬、槐柏塬、土基塬、秦关塬；黄陵县的隆坊塬、太贤塬、侯庄塬、田庄塬；宜君县的武家塬；白水县的史官塬；大荔县的许塬。黄土塬按其保持完整情况，可分为完整黄土塬、破碎黄土塬（残塬）。洛川塬是北洛河流域最大的塬，仅次于泾河流域的董志塬，为黄河流域第二大塬。

完整黄土塬如洛川塬、槐柏塬。从塬面形状来看，呈较大的块状或串珠状，其塬面宽广平坦，长、宽均在数千米至数十千米，面积达 20 ~ 30 平方千米以上。塬面坡度一般小于 2°，塬边 3° ~ 5°，很少超过 8°，局部地段有宽浅的湿陷性或侵蚀洼地分布，沟谷密度一般不超过 1.2 千米每平方千米。破碎塬分布较广，在定边和靖边等县均有分布，由于沟谷强烈侵蚀，使塬面不断被分割、蚕食，呈小块状分布，面积仅数平方千米至十数平方千米。一般塬面坡度 2° ~ 5°，塬边 8° ~ 10°，有的达 10° ~ 15°，沟壑密度 2 ~ 4 千米每平方千米。

在黄土塬区（包括残塬），由于黄土深厚，一般厚达 100 ~ 200 米，加之黄土垂直带节理的影响，因而沟谷深切，谷坡陡峻，多达 35° ~ 70°，重力作用活跃，崩塌、滑坡较多，其中滑坡密度一般为 15 ~ 21 个每百平方千米。一些大型的崩塌和滑坡往往阻塞沟道，积水成湖，群众称为聚湫，如洛川县的桃坡湫（蓄水 44 万立方米）、圆桌湫（蓄水 100 万立方米）、珊瑚湫（蓄水 29 万立方米）、车王湫（蓄水 6.3 万立方米），黄陵县的侯庄湫、贾源湫等。

5. 黄土覆盖的低山

北洛河流域低山主要分布在蒲城北部，金粟山、五龙山、东山、老山等地的低山，主体由灰岩构成，上覆薄层黄土（厚 5 ~ 15 米）。山势低矮，海拔 700 ~ 1050 米，相对高差 100 ~ 300 米。山顶浑圆，山坡不对称，南陡北缓，坡面沟谷发育，且多切入基岩之中。由于它们散布于黄土台塬之上，犹如黄土海洋中的孤岛。

6. 黄土覆盖的中山

北洛河流域的中山，主要有白于山、崂山、子午岭、黄龙山，其中以白于山和崂山为典型。海拔在 1300 ~ 1600 米，山峰主体缺乏连续的黄土覆盖，有的区域石质还直接裸露在外，高出附近黄土塬梁 300 ~ 500 米，是古剥蚀准平原的残存部分。山上林木覆盖较好，是黄土高原中的绿岛。

（1）白于山

白于山位于陕北黄土高原西北部，近东西走向，长 120 余千米，宽 10 ~ 20 千米，最宽达 35 千米，黄土厚一般为 50 ~ 70 米，最厚达 100 米以上。山势较高，形态呈梁状，顶面海拔 1500 ~ 1800 米，相对高差 300 ~ 400 米，是北洛河、清涧河、无定河等较大河流的发源地。山脊起伏和缓，南、北坡呈不对称状，南陡北缓，南坡比北坡沟谷切割强烈，地面破碎。次一级山梁由主脊向南、东、北三面呈波浪阶梯状递降，构成大河及其支流的分水岭。梁长 1.5 ~ 3 千米，沟谷多套谷，下部狭窄，谷坡 45° ~ 75°，基岩裸露，巉岩峭壁，上部开阔，谷坡 15° ~ 25°，披覆有厚层黄土，坡面冲沟、切沟发育，片蚀、沟蚀活跃，水土流失严重。地貌应力以流水作用为主，风力侵蚀和潜蚀次之。

图 1-2-5 定边县安边镇白于山（定边县水务局提供）

（2）崂山

崂山位于延安宝塔区南部与甘泉、富县接壤处。山体由西北向东南延伸，为洛河与延河、汾川河（云岩河）、西川河的分水岭。山体由砂岩、页岩、三趾马红土和厚层黄土组成，地势低矮舒缓，海拔 1400 ~ 1550 米，主脊两侧受河沟分割，又形成许多短斜梁，河沟断面多呈 V 形，部分切入基岩，较大河流谷地开阔，常发育有两级阶地。崂山地区植被较好，以梢林、灌丛为主，覆盖度达 70% 以上，土壤侵蚀微弱。目前，部分梁地被开垦，流水侵蚀有所增强。

（3）子午岭

子午岭为陕西、甘肃两省的界山，涵盖北洛河流域的定边县、吴起县、志丹县、富县黄陵县、宜君县。山体沿北北西—南南东向延伸，构成北洛河和泾河的分水岭。北接山西段，东北部与白于山、崂山相望，南部与渭北高原相连，其北部从甘肃华池以北北西 - 南南东方向延展至黄陵境内以南分成东西两支，伸入北洛河和径河源地。

子午岭还是著名的林区，子午岭自然保护区位于延安市南部的富县境内，西靠子午岭主脊，北临毛乌素沙地，南界渭北大平原，地处世界上最大的黄土高原的腹地、黄河流域水土流失最严重地区。总面积 40621 公顷，森林覆盖率 88.3%。保护区处于中国暖温带落叶阔叶林的西端，形成关中平原的天然屏障，既缓解了西北季风的入侵，又阻挡了风沙南移。保护区的保护对象主要是黄土高原稀有的天然次生林生态系统及野生动植物资源。保护区植被属暖温带半湿润落叶阔叶林带的北部西段，是森林草原向草原植被的过渡地带。植被分为森林、灌丛、草地、森林湿地4个类型、20个群系。保护区有维管植物104科344属633种；有国家及陕西省重点保护的珍稀濒危植物紫斑牡丹、核桃楸、刺五加、杜松、陕西鹅耳枥、文冠果等6种。脊椎动物有27目59科188种，保护区分布有国家重点保护动物19种，其中国家一级保护动物有豹、黑鹳和金雕等；二级保护动物有豺、水獭、鸳鸯、灰鹤、大天鹅、红脚隼、燕隼、红隼、长耳号鸟等16种。保护区有省级重点保护动物73种。保护区有丰富的野生动、植物资源且生态具有多样性，被称为黄土高原上的天然物种“基因库”和陕北生态安全的“桥头堡”。作为黄土高原中部面积最大、保存最完整、最具代表性的一片次森林，它对维持陇东乃至陕、宁毗邻地区的生态平衡，保持水土、涵养水源，增加雨量、调节气候，促进当地经济健康发展发挥着巨大的作用，被当地人誉为“陇东经济的天然屏障”。

图 1-2-6 富县子午岭自然保护区

（4）黄龙山

黄龙山位于黄龙县及宜川县的南部、韩城市的西部，海拔1400～1700米，相对高度为300～500米，最高点海拔1788米，沙页岩，低缓坡段有黄土分布，为土石山地，海拔1500米以上，多为基岩及风化碎屑，1400米以下的梁顶及缓坡有黄土分布，尤其在西、北面形成黄土梁状丘陵，山地森林茂盛，是陕西重要林区之一。

陕西黄龙山国家森林公园地处陕西省中部偏北，延安地区东南缘，境内黄龙山脉绵亘。公园规划总面积9913公顷，位于陕西省黄龙县城东北，由瓦子街景区和无量山景区组成。其中，瓦子街景区面积9660公顷，无量山景区面积253公顷。

7. 河谷阶地（川台地）

北洛河及其一级支流，有两级冲积阶地。一级阶地高出河床5～10米，由沙砾石、亚黏土组成，保存完整，多分布于河流的凸岸，呈微倾的枝状或长条形。二级阶地下的基岩，面积较小，高出河床15～25米。

8. 冲积平原

冲积平原位于铁镰山至北洛河入河口处。形态由河漫滩、河流阶地、槽形洼地、低缓土梁和风积沙丘、沙滩、山前洪积扇等中、小地貌组成。地面平坦宽阔，土质肥沃，地下水丰富，灌溉方便，是北洛河流域主要的粮、棉、油生产基地。河漫滩北洛河流经北洛河流域，洪水挟带大量泥沙，到下游大部沉积，洪水过后露出水面而成的，沿河呈带状分布，地面平坦，地下水位埋藏浅，蓄水性良好，地下水储量丰富，引水抽灌方便，灌溉历史悠久，水利事业发达。由于灌溉渠系发展和三门峡水库回水影响，不少地方水位上升，土壤出现盐渍化。风沙地貌主要分布在大荔县沙苑。

（二）北洛河河谷地貌

北洛河发源于定边县白于山西南侧，由西北向东南流经吴起县、志丹县、甘泉县、富县、洛川县、黄陵县、宜君县，至白水切穿北山进入渭河盆地，于大荔县果园南部注入渭河，全长680.3千米。北洛河纵贯陕北黄土高原，谷地大部分河段切入基岩，由于各地岩性差异甚大，致使河谷宽谷与峡谷相间出现，在一些宽谷段，河谷呈宽V形或槽形，谷底宽一般为500 ~ 1500米，形成河谷平原，具有河谷平原地貌形态的宽谷段有30余处，其中以甘泉张槐湾、富县袁家村等河段的河谷平原最宽广。河谷平原主要由一、二级阶地组成，多呈条块状分布于河流凸岸，甘泉县至富县一带宽度多在700 ~ 1500米。一级阶地为堆积阶地，高出河床5 ~ 10米；二级阶地属基座阶地，高出河床10 ~ 15米；此外北洛河还有三、四级阶地，分别高出河床50 ~ 60米、70 ~ 110米，呈零星分布，均属基座阶地，阶面披覆厚层黄土，由于流水强烈切割，地形破碎，水土流失严重。北洛河河谷可明显地分为3段。

图1-2-7　北洛河上游志丹峡谷段
（2012年，志丹县水务局提供）

1. 上游段

河源至甘泉为上游，这里为黄土丘陵沟壑区，地质基础以白垩系及侏罗系的红色砂岩互层为主，质地疏松，极易崩塌，山大沟深坡陡，植被差，水土流失极为严重，是北洛河泥沙的源地。本河段基本是峡谷与川地相间，从志丹县川口到旦八镇，有25千米长的白垩系志丹群的峡谷，河谷曲折多弯，谷宽平均40米，河床切入基岩20米。其余河段谷宽100 ~ 400米，最宽处达1500米，如甘泉房家坪以下河段。比降为2.1‰。

2. 中游段

甘泉到白水为中游，为北洛河流域沟壑区，地质基础为三叠系灰色砂页岩互层，上覆深厚的黄土，河岸上多为梢林分布，草深林密，塬面较为平坦，水土流失轻微，各支流清水长流，古有漆沮（水青色白）之称。富县以下深切基岩，河谷变窄，交口河以下又进入宽约100米的峡谷。比降为2.4‰。

3. 下游段

白水至河口为下游，穿铁镰山进入关中平原。白水至洑头，谷深坡陡，河流切入基岩100米，一般河谷宽200多米，最宽达500米，多石质跌水，以蒲城三叠状最为有名，落差可达19米，是洛惠渠渠首引水处。洑头到大荔，河流绕铁镰山形成一个大弯，谷深

40 ~ 100 米，谷宽 1000 ~ 1400 米，两岸阶地平坦，为石质河床。铁镰山至河口，为冲积平原，河曲发育，河床不稳定，从 1947 年起，一直沿现在河道入渭河。

三、矿产资源

（一）石油

北洛河流域石油资源丰富，志丹油区储油面积 154 平方千米、吴起油区储油面积 51.2 平方千米、直罗油区（富县）储油面积 64 平方千米、下寺湾油区（甘泉县）储油面积 132.9 平方千米。

（二）煤炭

北洛河流域煤炭资源分布广，除志丹、洛川两县外，11 个县（区）均有煤炭资源。煤质优良，构造简单，煤层稳定。

定边县白于山区一带地下，探明煤层最厚达 3.5 米，最薄约 1.2 米。定边县地下煤田属于优质长焰煤。这里煤层埋藏深，在 1300 ~ 1600 米，其岩煤层稳定，有 5 ~ 6 层可采煤层。北洛河流域靖边和定边县的煤田，在地质储藏上同属于侏罗纪煤田，是一个整块。预测定边煤矿总储量超过 400 亿吨。

富县和黄龙县煤田属于三叠纪煤田，具有分布广、埋藏浅、煤层薄、易开采等特点；煤种属国内少有的 44 ~ 45 号气煤，是配焦、气化、液化、煤化工综合利用的优质用煤，是国内稀缺的配焦煤。

甘泉县煤田也属于三叠纪煤田，是陕北三叠纪湖盆已进入衰亡后期，湖滨相沉积层中形成的煤层，分布在炭窑沟、道镇乡焦庄、柴窑及蒲家沟一带。地质储量 1650 万吨，采厚 0.5 ~ 0.7 米。

黄陵煤田属于侏罗纪煤田，分布于黄陵西部，面积 1990 平方千米，资源储量 27 亿吨，其中查明资源储量 24.11 亿吨，预测资源储量 2.8 亿吨；煤层厚度在 0 ~ 7.39 米，平均厚度 2.0 米，煤层赋存状况属近水平煤层；煤层平均厚度 2 米。

宜君县地处渭北煤田北缘，普遍有中生代侏罗纪煤层储存。全县煤炭储量为 4380 万吨，煤发热量为 5800 ~ 6500 千卡每千克。其中，储藏量最大的为龙玉煤田的柴沟（在焦坪矿区西北端），储藏量达 3040 万吨；其次为南塔地区和太安煤田，储藏量分别为 600 万吨和 740 万吨。

白水县已投产的煤矿均分布于杜康沟逆断层以南地区，属渭北石炭二叠纪煤田蒲白矿区的北部。

蒲城县煤炭主要分布县北部处于“渭北黑腰带”中段，罕井、东党、大孔、高阳、蔡邓等乡（镇）山谷沟壑纵横，煤藏丰富，呈东西带状分布。据蒲白矿务局地质测量处测量，蒲白矿区地下煤总蕴藏量为 7.78 亿吨，煤质多为半烟煤，少部为无烟煤。

澄城县煤炭分布西至北洛河，东至大浴河，南以露头，北以 800 米等高线计界，勘查面积 234 平方千米，储量达 39.78 亿吨。

（三）天然气

石油产区伴生有天然气，分布在定边县、靖边县，富县葫芦河上游及直罗和甘泉县王坪已控制油气区30多平方千米，储量33亿立方米。至2010年底发现石千峰组、石盒子组、山西组等气藏。探明含气面积1286.49平方千米，地质储量1063.15亿立方米。

（四）泥灰岩

泥灰岩俗称羊肝石，呈红色或灰色，薄层状，中硬度，氧化钙含量30%，属高硅、高镁、低钙矿石。泥灰岩分布在甘泉县王坪、下寺湾、府村及富县葫芦河流域张村驿、直罗，黄陵西部沮水河北岸的李章河等地。

（五）石灰岩

石灰岩是分层状料石和结核状料石，是生产水泥、白灰的上等原料，主要分布在甘泉县崂山、姚店、清泉及高哨一带；澄城县尧头镇三眼桥至交道乡沿北洛河地带；蒲城县西北自太白山、尧山、金粟山东至五龙山、卧虎山、石马山一带；白水县西固镇一带，该地区是中国历史上最早用白灰岩作建筑材料的地方。

（六）紫砂土和陶土

紫砂土按其自然类型分为紫红色和含青灰色黏土团块的紫红色黏土。紫砂土是一种质地细腻、含铁量高的特种陶土，它的分子排列与一般陶瓷原料的颗粒结构不同，紫砂器是紫砂土经1200摄氏度的高温烧成的。紫砂土主要分布在甘泉县六里峁一带。矿石总储量322468.86吨，总剥采比1.5:1。

陶土分布于澄城县尧头镇沟涧石崖中，夹生白、紫两色，是烧制陶瓷、砂器的原料。

（七）白云石

在志丹县金鼎乡多处储藏有大量的白云岩，又叫白土矿。其中，陈子沟、白土沟储量尤为可观。其成分除以白云岩为主外，还有相当多的棒土（一种具有层链结构的含水镁铝硅酸盐矿物），与闻名全国的江苏盱眙白云石凹凸棒黏土的组成晶体结构基本相同。金鼎镇白土沟就有储藏面积1000平方米，厚度16～18米，储量1200多万立方米的白云岩矿（相对密度2.5%～2.8%，合3000多万吨），且沟头部分大都裸露于地表，易开采。

第二节　土壤植被

一、土壤

（一）黑垆土

黑垆土是本区的古老耕种土壤。它所分布的地区属暖温带半干旱森林草原和草原化森林草原景观。黑垆土具有50～70厘米的腐殖质层，但有机质含量却很低，为1%左右，土壤黏化作用微弱，而钙化作用较强。黑垆土剖面深厚，生物活动强烈，根孔、动物穴暗色垆土与蚯蚓粪等可延到3米深度。原地黑垆土剖面由耕种熟化层、腐殖质黏化层、石灰淀积层和母质层组成。黑垆土分为两个亚类，即黑垆土和黏黑垆土。

1. 黑垆土

黑垆土主要分布在富县以北黄土丘陵地区的各个县，分两个土属，即沙质黑垆土和壤质黑垆土。

（1）沙质黑垆土。沙质黑垆土又叫轻黑垆土、淡黑垆土，群众称为黑焦土、黑夹土或沙盖垆，分布在靖边、定边、吴起、志丹等县的残原、涧地、平缓梁面、分水鞍部、崾岭、塌弯等地形部位。沙质黑垆土主要发育在沙黄土母质上，小于0.01毫米粒径的物理性黏粒含量不超过25%，且含量自腐殖质层往下减少。

（2）壤质黑垆土。壤质黑垆土又称普通黑垆土或典型黑垆土，零星散布在志丹、吴起等县的平梁地、残塬地、梁峁的塌部和高阶地上。较为典型的壤质黑垆土，呈灰黑色、拟棱柱状，中壤或轻壤质地的古耕层和腐殖层，厚度可达七八十厘米，呈浅黄棕色、碎块状。

2. 黏黑垆土

黏黑垆土分布在北洛河流域以南的洛川、甘泉、富县、黄陵、宜君、澄城、白水、大荔等县的黄土残塬和平坦梁地，洛川塬、富县交道塬都有大面积分布。群众称为黑紫土或垆土，是黑垆土向褐土过渡的土壤类型，其自然景观为森林草原，在土壤形成上既有森林土壤的淋溶黏化过程，又有草原土壤的钙化过程。土壤性质接近于褐土，但仍保留黑垆土所固有的主要特征，是北洛河流域南部地区的重要农业土壤。

（二）褐土

褐土曾称为石灰岩棕色土或森林棕钙土，是暖温带半湿润夏绿针叶阔叶混交林或旱生夏绿林与灌丛植被下发育的土壤，北洛河流域主要分布在黄龙山及其余脉等石山土戴帽及黄土丘陵山麓，大部分为次生梢林覆盖，只有少部分褐土为农田占据。

（三）黄绵土

黄绵土是北洛河流域的一个主要土类，占北洛河流域的60%左右。黄绵土又称黄土性土壤，是在黄土上直接耕种熟化形成的，无明显剖面发育。北洛河流域南部地区群众称为黄墡土、白墡土，北部地区称绵黄土、绵沙土。黄绵土广泛分布于北洛河流域的梁峁丘陵水土流失比较强烈的地区，原区边缘或起伏较大的坡地也有分布，常和黑垆土、褐土交错出现。

（四）盐碱土

盐碱土是指土壤中集聚了一定数量的易溶性盐，并对植物生长发育产生危害的土壤。碱土含易溶性盐较少，土壤胶体被钠离子饱和且溶液中含有一定数量的苏打（碳酸钠盐），土壤呈强碱性反应，并引起土壤物理性质恶化。因为这两种土壤在发生、形成上有联系，并都含易溶性盐，所以称为盐碱土。一般群众所指的实际上包括了盐土和碱土。

北洛河流域的盐碱土是指盐土和一些盐渍化的土壤，如盐化草甸土和盐化沼泽土。主要分布在北洛河下游的低阶地和一些涧地、沟坝地上。

二、植被

北洛河流域面积辽阔，南北横跨纬度3°多，境内地形比较复杂，气候和土壤的空间变化明显。各种自然地理因素及其复杂的组合，不仅给植物提供了多种多样的生存环境，而且它们还按照一定的顺序，形成依次更替的空间结构形式，使本区的植被无论在水平空间还是垂直方向上都产生一定的带状分化现象。也就是说，本区各主要植被类型遵循着一定规律，在地理空间上表现出有序的变化。

首先从本流域东南向西北方向，年平均温度和最冷月平均温度逐渐降低，年平均降水量也具有同样的递减现象。水热条件的梯度变化导致植被的分布表现出明显的水平地带性规律。在垂直方向，本区山地虽不及秦岭、大巴山那样具有很大的海拔和相对高差，但在南部从黄土台塬川道区经过黄土残塬区到石质山区，降水量由少而多，温度和人类活动强度逐渐降低，使植被也有规律地呈带状排列。

尽管由于海拔较低，山地本身还没有大的植被垂直带的分异，即从山麓到山顶同属于一个植被带，但却有垂直亚带的分化。至于因坡向不同导致植被类型表现出有规律的分布则是很普遍的现象。

（一）植被水平地带的排布

前已述及，北洛河流域南北跨度较大，地势的平均海拔由东南向西北逐渐升高，年平均温度从 14 摄氏度 降至 8 摄氏度 左右，年平均降水量由 600 ~ 700 毫米减少至 380 毫米，即由暖温带半湿润气候递变为温带干旱气候，土壤则由褐土、黑垆土而至淡栗钙土。生态环境的水平地带分异，使其与之相应的各种地带性植被类型也由东南向西北依次排列，形成显著而较为完整的带状分布结构，这是本区植被在空间排布方面的基本格局或主要规律，它决定和影响植被的其他局部分布规律和特点，并且成为本区植被分区和对农、林、牧业进行规划管理的基础。

由于北洛河流域处于植被过渡地带，根据占优势的地带性植被型、亚型或群系的不同，并考虑植物区系与生态环境的差异，将北洛河流域的植被划分为 3 个带。

1. 暖温带森林草原带

本带北界西起定边县境的白于山魏梁，沿分水岭向东北到长城，再经靖边县的杨桥畔、横山。本带境内既有草原群落分布，也有森林存在，属于植被景观上的森林草原地带。植被的这种分布特点与其年均气温 7.8 ~ 11.3 摄氏度 ，大部分为 8.5 ~ 9.0 摄氏度 ，大于 10 摄氏度 积温 2830 ~ 4051 摄氏度，大部分为 3100 ~ 3500 摄氏度，无霜期 140 ~ 211 天，大部分为 150 ~ 175 天，年降水量 427 ~ 527 毫米，部分为 440 ~ 500 毫米的暖温带半干旱气候相符合。

在其植物区系组成中华北成分仍占有一定地位，但以草本植物为主，木本植物明显减少。相反草原植物显著增多，并出现前一植被带中没有或仅个别生存的植物，如冷蒿、百里香、克氏针茅、短花针茅、大针茅、糙隐子草、星毛委陵菜、二裂委陵菜、兔唇草、柠条、小叶锦鸡儿等。作为草原植被建群种的长芒草、铁杆蒿、茭蒿、达乌里胡枝子等植物的分布更加普遍。

白于山地有椴树、楮、檀等生长。杨、柳、桦、榆、杜梨、山桃、山杏等阔叶树种遍布许多沟谷中，在有些沟谷中尚可形成小面积森林。到唐宋时期，栎类已趋消失，明清以来，各类植被均遭到严重摧残，而森林被破坏尤其彻底，以致现在本带大部分地面植被覆被率很低，水土流失剧烈，环境明显旱化，形成黄梁秃峁景象。

2. 暖温带北部落叶阔叶林带

植被带西起樊川河，向东到志丹县的旦八、双河。本带面积广大，地形比较复杂，除有子午岭与黄龙山的中、北部和崂山等山地外，其他为黄土残塬、梁峁丘陵沟谷地形。与南部植被带相比，温度和降水量普遍有所降低，年均气温 8.6 ~ 10.6 摄氏度，大于或等于 10 摄氏度积温 2813 ~ 3889 摄氏度，大部分地区为 3000 ~ 3500 摄氏度，无霜期 157 ~ 199 天，多数为 170 ~ 185 天，东部降水多于西部，年降水量大部分为 500 ~ 600 毫米，其中宜君降水量达 710 毫米，是北洛河流域降雨量最多的地方。

本带的植物种类已不及南部那样丰富，在南部植被带中所列举的几十种植物在本带已不复出或数量十分稀少，其中华中成分尤少出现，而以华北植物占优势，内蒙古草原成分由南向北逐渐增多。森林类型比前带贫乏，主要有辽东栎林、油松林、侧柏林和小面积山杨林、白桦林。其中，辽东栎林为暖温带落叶阔叶林区域北部具有代表性的植被类型，在本带遍布于子午岭和黄龙山等地，其分布的北界可达志丹县的南部。在本带内由南往北辽东栎林分布的海拔逐渐降低，林内植物种类减少，而且林木高度、胸径、密度等都在逐渐变小。油松林在本带偏南山地，如黄龙山北部、葫芦河以南的子午岭分布面积较大，生长发育良好，林相比较整齐，向北除有人工幼林外，天然油松林已不复存在或仅有个体出现。耐旱的侧柏林则有较大面积的分布。森林破坏后多形成中生灌丛，生长茂密，盖度较大，如黄蔷薇灌丛、连翘灌丛、沙棘灌丛等。这些灌丛再遭破坏，便形成以荆条、酸枣、河蒴荛花、黄蔷薇、狼牙刺与白羊草、黄背草、铁杆蒿、茭蒿、茵陈蒿、中华落芒草、本氏木兰、截叶铁扫帚、委陵菜、阿尔泰狗娃花等为主构成的各类灌草丛。

3. 暖温带南部落叶阔叶林带

本植被带位于北洛河流域最南部，其南界为陕西黄土高原的南缘和关中渭河平原北部，北界西起宜君云梦山向东止于黄龙大岭省界。它与关中盆地和秦岭均属于我国暖温带落叶阔叶林区域南部栎林地带的一部分。境内多土石山地、黄土台塬和残塬、冲积平原，热量资源比较丰富，年均气温 9.9 ~ 14.4 摄氏度，大于或等于 10 摄氏度积温 3382 ~ 4458 摄氏度，无霜期 203 ~ 248 天，年降水量 548 ~ 590 毫米。本带植物种类繁多，总种数为各植被带之冠，其中木本植物近 200 种，也是北洛河流域最多的。

在本带范围内，占优势的地带性植被为落叶阔叶林，类型远较其他植被带丰富，共计有 10 余个群系。例如麻栎林、栓皮栎林、槲栎辽东栎林、辽东栎槲树锐齿栎林、辽东栎林、槲树林、板栗林、杂木林、山杨林、白桦林等。它们大都形成茂密葱郁、高大整齐的林分，并有一些藤本植物绕生于林木间，如华中五味子、盘叶忍冬、三叶木通、穿龙薯蓣、勾儿茶和几种蛇葡萄与野葡萄。针叶林有油松林、白皮松林、侧柏林、杜松林以及针阔叶混交的松栎林和松杨林等。这些森林在本带的深山区具有较为明显的垂直分布现象。其他森林类型，尤其栓皮栎林、麻栎林、杂木林、侧柏林、油松林和白皮松林主要分布在 1400 米以下。可见本带山地海拔虽不算很高，植被仍有垂直亚带的分化。

（二）植被垂直分布

在陕西北洛河流域境内所有的山地都没有超过海拔 2000 米，从它们的山麓到山顶就其分布的主要植被类型而言，与各山地所在水平地带中的显域植被类型是一致的，这就是说整个山地是处于基带植被范围内，没有垂直带的分化现象。但是从山麓到山顶相对高差一般都在400 ~ 600米，子午岭主峰海拔1687米，是洛河流域西部最高峰，是沮河左侧源头。大岭海拔1783米，是洛河流域东部和南部最高峰，为黄河左岸支流与北洛河右岸支流的分水岭，是北洛河支流石堡川的发源地。北洛河流域北部的白于山主峰1823米，是北洛河的源头之一。这些是北洛河流域最高的几个山地，相对高差达800米以上。因此从下而上，各种自然条件仍有一定差异，植被也相应地出现了垂直亚带的分化。例如大岭，以海拔1400 ~ 1500米为界，分为下部的栎林、杂木林、油松林亚带和上部的辽东栎林亚带，它们同属于一个植被垂直带，即山地落叶阔叶林带。本区植被除上述山地本身所具有的垂直亚带表现外，在南部地区，从河谷川道起向上经过黄土台塬和黄土残塬沟壑而至较高的土石山地，随着海拔的增加，出现了温度逐渐下降、生长期缩短、年降水量略有增多的梯度变化，以及由于人类活动强度逐渐减弱等原因，现状植被呈带状依次排列格局，这也是本区植被垂直分布的原因。

北洛河流域内森林主要分布于山地，也就是垂直分布于高海拔地区，即志丹、甘泉、富县、黄陵、黄龙、宜君等县，涉及子午岭、崂山、乔山、黄龙山四大林区，林特资源丰富。森林面积83.05万公顷，其中天然次生林56.68万公顷，人工造林26万公顷，是陕西省黄土高原地区唯一片林区。

1. 台塬川道栽培植被带

本带包括河流川道和黄土台塬地区，海拔为600 ~ 800米，地面比较平坦，土层深厚肥沃，气候温暖，年均气温10 ~ 12摄氏度，年降水量550毫米左右，生长期200天以上。由于地势低平、交通便利、人口稠密、农业生产活动十分频繁，长期反复的耕垦使原生天然植被受到彻底破坏，代之以大田农业与蔬菜为主的人工植被。主要农作物有冬小麦、夏玉米、水稻、红薯、油菜等，蔬菜的种类很多，白菜、甘蓝、油菜、萝卜、芹菜、茄、辣椒、豆类、葱、韭、蒜、洋葱、西红柿、黄瓜、菠菜、莴苣、胡萝卜和冬瓜、南瓜等，系二年三熟耕作区，局部川道区为一年二熟制。部分地势较低、土地平整的地方尚可引水灌溉，农业产量较高。

在河道局部地方有小面积草甸分布。台塬区被流水切割的陡坡上零星生长着酸枣、枸杞、杠柳、本氏木兰、蒿类、白羊草等植物，局部缓坡上分布着由上述植物构成的稀疏灌草丛，覆盖度多在15%以下。

2. 黄土残塬沟壑灌草丛与栽培植被带

在土石山地与台塬区之间常有被流水切割成条状分布的黄土残塬存在，顶面微斜，海拔800 ~ 1200米。残塬之间为相对高差50 ~ 100米的沟谷，两坡陡峻。年平均气温10摄氏度左右，年降水量与前带基本相同。塬面与部分沟坡梯田种植冬小麦、春玉米、豆类、油菜等，一般都是无灌溉的旱田，产量较上带低。

在沟谷底部有杂类草草甸分布，面积很小。向阳沟坡上分布着由酸枣、本氏木兰、蒿类、白羊草、委陵菜、长芒草等组成的灌草丛。阴坡以酸枣、小叶悬钩子、河蒴荛花、茭蒿、中华落芒草灌草丛为主，偶有小片胡枝子灌丛与黄蔷薇灌丛分布，群落的高度与盖度均比阳坡高，在靠近山地而海拔较高的黄土沟坡上，阳坡以由酸枣、荆条、黄蔷薇、狼牙刺分别与蒿类、白羊草、黄背草、杂类草构成的灌草丛分布最多。阳坡下部水分条件稍好，出现了酸枣、荆条、对节木灌丛、荆条灌丛、杠柳灌丛等。阴坡多分布黄蔷薇或子梢、连翘与蒿类、大油芒构成的灌草丛以及虎榛子灌丛、连翘灌丛等。此外尚有人工刺槐林、小面积油松幼林分布，长势良好。

3. 浅山灌丛植被带

子午岭等土石山地的边缘地带，为海拔800（沟谷底部）~ 1500米的低山区或浅山区，山坡一般比深山区平缓，常有较厚的土层覆盖，裸露的石质山坡较少出现。气温较前一带低而比深山区高，降水量则与此相反。人为活动依然强烈，长期砍伐使天然森林几无存留，仅于个别陡岩坡地或行走困难的山顶部位残存小片栎林、山杨林和油松林。广大山坡被次生落叶阔叶灌丛所占据，类型很多。阳坡多为狼牙刺灌丛、狼牙刺酸枣灌丛，狼牙刺黄蔷薇灌丛，在陡峻的岩崖上多分布稀疏的对节木灌丛。阴坡以黄栌黄蔷薇灌丛、连翘灌丛、黄蔷薇连翘陕西荚莲灌丛、虎榛子灌丛等较普遍。

组成上述各灌丛的植物种类多为30 ~ 60种，其中不少是林下或林缘种，并在许多灌丛中还残存着灌木状栎类树种，因此本带广泛分布的各类灌丛大都是在近代森林破坏后的产物。值得注意的是，现在本带的面积继续向深山区蚕食扩展，林线迅速后退，这是一种破坏植被、减少生物资源、加剧水土流失、导致生态平衡失调的不利之举，应予以坚决制止，并应根据山区不同条件采取适当措施，以保护森林，防止灌丛面积继续扩大和进一步破坏灌丛的行为。当地条件宜林地方应封山育林和人工造林。

在本带土层较厚、坡度较缓的山坡和村舍周围都有小面积坡田或梯田，常有灌丛草坡插花分布，某些河谷底部也有农田分布。作物以冬小麦、春玉米、马铃薯、谷子、豆类为主，产量较低。

4. 深山森林植被带

深山区与前述浅山区并无固定划分标志和严格含义，在黄龙山区、子午岭山区，把那些山高谷深、地形复杂、裸岩耸立、交通不便、人烟稀少并有较大面积森林覆盖的山区称作深山区，海拔从谷底1000米到山顶1700 ~ 1800米。年平均气温约8摄氏度，年降水量超过600毫米，空气湿度较高，有利于植物生存，加上人类活动明显减少，自然植被保存尚好。因此，该带野生植物种类最多，植被类型比较复杂，除草甸和灌丛外，以森林面积最大，主要类型有辽东栎林、槲栎辽东栎林、麻栎林、槲树林、杂木林、山杨林、油松林、侧柏林、杜松疏林以及松栎林、松杨林等。这些森林的分布除有垂直亚带的分化外，还受坡向与水分等因素的影响，表现出一定的分布特点。例如，油松林、栎林、山杨林等主要分布于阴坡和半阴坡。侧柏林多分布于海拔较低的阳坡或基岩裸露的陡崖上。落叶杂木林则沿着阴湿的沟谷底部伸延成带，有的绵延十多千米，林木种类繁多，阴生蕨类植物和长达七八米的藤本植物多有出现，林内显得深远幽静。而杜松辽东栎林和杜松疏林分布于山顶平坦处和向阳地方，呈疏朗开放状态。

深山区栽培植被面积很小，主要作物仍以冬小麦、春玉米为主，也种植春小麦、谷、糜、马铃薯、荞麦、黑豆、小豆等，以一年一熟为主。

第三节　气　候

北洛河流域面积辽阔，南北横跨纬度2°，海拔高差也有1300多米，造就了变化多端的气候类型，是陕西所有河流中气候类型最丰富的一条。

一、日照

北洛河流域是全国日照时数较多的地区之一，年日照时数在2300～2800小时。以定边县为例，年日照时数为2743小时，较上海约多620小时，较广州约多720小时。

年日照时数的分布，具有南少北多、西少东多的特点。南部一般在2400小时以下，如黄龙为2393小时，大荔为2385小时，蒲城为2282小时；北部在2500～2800小时，如靖边为2700小时，定边为2743小时。西部子午岭一带因受云量较多的影响，日照时数偏少，如吴起与延安市延川两地纬度位置相近，但前者比后者的年日照时数少200小时左右。

一年中，春、夏两季各月的日照时数明显较多，特别是4—8月各月一般都在200小时以上，北部各县6月可达280小时以上。春、夏两季的日照时间长，有利于长日照作物的生长和发育。

北洛河流域的平均年日照百分率在50%～66%。其分布一般表现出南低北高的特点，但子午岭一带受地势较高的影响，云量多，使日照百分率偏低。

黄龙、宜君、志丹、吴起、白水、澄城、大荔等地，日照百分率小于55%；洛川、富县、甘泉等地日照百分率均在55%～60%。定边和靖边日照百分率在60%～66%。

二、气温

（一）年平均气温与气温年较差

地球表面与大气的热量来源是太阳辐射地处中纬度，太阳对地表和大气的加热一般符合随纬度的增加而减少的规律，即总体来说南热北冷。但是地势起伏和气流又使气温的分布复杂化。全区西部有自北而南的子午岭，北部有大致呈自东而西的白于山，东南有自南而北的黄龙山。从地势来看，海拔愈高的地区年平均气温愈低，山地气温低于丘陵及河谷。北洛河流域的许多县城和村镇均坐落在河谷、沟道内，由于背风，其气温往往比高原面高。北洛河流域西部和北部，受西北冷气流影响较大，因而气温相对较低；东南部受东南暖气流影响较大，因而气温相对较高。

北洛河流域年平均气温在8.4～14.4摄氏度，以东南部最高，西北部最低。等温线大致呈东北—西南向延伸。该区最南的大荔，年平均气温也较高，达14.4摄氏度。位置愈往西，年平均气温也愈低，均在8～10摄氏度，如甘泉9.5摄氏度，宜君8.9摄氏度。最西部的志丹、吴起气温最低，均为8.4摄氏度左右。

（二）冬、春、夏、秋各季平均气温

北洛河流域 1 月是一年中的最冷月，7 月是一年中的最热月，4 月和 10 月是两个冷热居中的月份，这几个月的月平均气温可以分别代表四季的平均气温状况。

冬季北洛河流域气温较陕南汉水谷地要低 2 ～ 10 摄氏度，甚至更多，1 月平均气温集中代表了冬季的气温状况，全区气温在 –2 ～ –10 摄氏度。由于北部纬度较高，受北方寒冷气流影响也较大，所以气温表现出南高北低的特点。1 月最暖的是最南部的大荔、蒲城，月平均气温为 –2.8 ～ –3.8 摄氏度；南部的宜君、黄陵、洛川、黄龙、白水各地 1 月平均气温在 –4 ～ –6 摄氏度，偏北的富县、甘泉、志丹、吴起等地 1 月平均气温在 –8 ～ –6 摄氏度；再向北的定边、靖边冬季最冷，1 月平均气温在 –10 ～ –8 摄氏度。

春季该区气温上升十分迅速，3 月至 4 月气温可升高 6 ～ 8 摄氏度，4 月至 5 月气温可升高 6 摄氏度左右。如富县 3 月至 4 月，平均气温升高 6.9 摄氏度，4 月至 5 月平均气温升高 5.5 摄氏度，5 月平均气温达 16.9 摄氏度；洛川 3 月至 4 月平均气温升高 6.5 摄氏度，4 月至 5 月平均气温升高 5.1 摄氏度，5 月达 15.7 摄氏度。

4 月平均气温集中代表了春季气温状况，在 9 ～ 13 摄氏度，各地相差不大，西北部略偏低，如志丹县平均气温 9.9 摄氏度，吴起县平均气温 9.7 摄氏度。

夏季，该流域连续 5 天平均气温高于 25 摄氏度的炎热天气一般可达 70 ～ 80 天。7 月平均气温集中代表了夏季气温状况，全流域在 21 ～ 26 摄氏度，各地相差甚少，受地势高度影响，气温具有东高西低的特点，等温线大致呈南北走向，仅在南部才有向东西走向过渡的趋势。从甘泉县至洛川县一带均在 22 摄氏度左右，如洛川县 22.3 摄氏度、甘泉县 22.0 摄氏度、黄龙县 21.9 摄氏度；偏西的吴起县、志丹县略低，均为 21.5 摄氏度；南部的蒲城县、大荔县因纬度偏低，7 月平均气温也较高，为 26 摄氏度。

秋季凉爽，是气温逐渐下降的季节，且下降得极为迅速，9 月普遍降至 18 摄氏度以下，10 月降至 12 摄氏度以下，11 月降至 4 摄氏度以下，以后便进入冬季。秋季常常发生霜冻。

10 月平均气温集中代表了秋季气温状况，全区在 8 ～ 13 摄氏度，各地相差不大。东部地区多在 10 ~ 12 摄氏度，如黄陵县等地；向西各地均在 8 ～ 10 摄氏度，如富县、洛川县、志丹县、吴起县等地。

（三）极端气温

极端气温包括多年气象记录中极端最高气温和极端最低气温。

全年极端最高气温均出现在夏季，气温之高可以超过或接近人体正常体温，不但影响人们的正常劳动和生活，而且对农作物也可造成危害，特别是在空气湿度较低的情况之下，危害尤其严重。有正式气象记录的地点（各地记录时间长短不等），出现 40 摄氏度的地点只有最南部的大荔、蒲城等地。有些地点极端最高气温在 37 ～ 38 摄氏度，如吴起、志丹；海拔比较高的地方全年极端最高气温不足 37 摄氏度，而在 34 ～ 37 摄氏度，如甘泉、洛川、黄龙、黄陵、宜君等地。

全年极端最低气温均出现在冬季。极端低温天气不仅使人们感到寒冷，需要增加取暖，耗费较多的能源，更重要的是对越冬作物（如冬小麦）和果树都有重要影响。当气温

低于 –22 摄氏度时，冬小麦便可能有部分冻死或冻伤，影响其产量；当气温低于 –20 摄氏度时，便对暖温带果树，如苹果、梨等有所伤害，需要提前采取保护措施。

北洛河流域有记录的全年极端最低气温，最低者属北部边缘的定边县、靖边县白于山地区，均出现过低于 –28 摄氏度的极端最低气温。北部志丹县、甘泉县、富县、黄陵县等地气象站有 –22 ~ –28 摄氏度的极端最低气温记录，南部地区的极端最低气温高于 –22 ~ –20 摄氏度，有黄陵县、宜君县，最南部澄城县、大荔县、蒲城县等地，不会低于 –18 摄氏度。

（四）气温日较差

气温日较差较大，是北洛河流域气温特点之一。气温日差较大，白天温度高，有利于植物通过光合作用制造糖分，夜间温度低可抑制植物的代谢过程，糖分消耗少，有利于糖分的积累，因而可使作物籽粒饱满，可使水果甘甜。北洛河流域产出的苹果、梨等水果，个大味甜，品质极佳，与气温日较差有极大关系。

北洛河流域各地年平均气温日较差介于 9 ~ 15 摄氏度，高于我国南方各地。定边县、靖边县、甘泉县、富县都是年平均气温日较差的高值区，分别为 14.9 摄氏度、14.4 摄氏度、14.3 摄氏度、13.5 摄氏度。此外绝大部分地区都在 11 ~ 14 摄氏度，仅南部地区略低，在 9 ~ 11 摄氏度。

在一年的各月中，作物和果树生长期间的月平均气温日较差尤其重要。4—6 月的月平均气温较差均大于全年平均值 2 ~ 4 摄氏度，而这一期间正是冬小麦等作物的生长成熟期，对增加小麦产量起着重要作用。7—10 月各月的平均气温日较差，略小于全年平均值，但也都在 10 ~ 14 摄氏度，仍不减其积累糖分的意义。

三、降水

（一）年平均降水量

北洛河流域年平均降水量在 300 ~ 700 毫米，但绝大部分区域在 400 ~ 600 毫米，仅局部地区多于 600 毫米或少于 400 毫米，全流域平均约 550 毫米，年降水量明显多于其北的我国内蒙古草原区。人们常把 400 毫米等降水量线作为我国西北部牧业区同东南部农业区的分界线，本流域除局部地区以外，几乎都在其东南，属于旱作农业区，由于年降水量相对较多，再加上有较优越的热量条件，牧草生长条件优于内蒙古草原区，相对较多的降水量对北洛河流域的牧业发展十分有利。

年降水量分布的最主要特点是南部多于北部，如南部的大荔 583 毫米，最北定边是全流域年降水量最少的，仅 324 毫米，靖边也不足 400 毫米。南至吴起以北，年降水量 400 ~ 500 毫米，如吴起 495 毫米。其余广大地区年降水量普遍在 500 ~ 600 毫米。因子午岭纵贯西部，受其影响，北洛河流域大部分地区表现出年降水量东部少于西部的特点，如黄龙为 589 毫米，而其西的黄陵为 630 毫米。北洛河流域仅子午岭南段及南部的洛川、宜君一带年降水量超过 600 毫米，最多在宜君，达 711 毫米，是全流域年降水量最多的地方。

（二）降水的季节分配

北洛河流域降水年内分配不均匀，降水量多集中在夏季季风盛行期间，仅有少量降水分配在冬季等季风盛行期间，这充分反映出大陆性季风气候的特点。降水量变化的突出特点是夏多冬少，秋多春少。对于农业生产来说，即使年降水总量能满足作物要求，但降水时间分配却很难与作物生育阶段的需水相吻合，因而采取水利措施调节农作物季节性供水，乃是各地农业生产的普遍需要。

春季（3—5月），正当长江以南地区进入雨季的时候，北洛河流域却正是干旱时期，自北而南降水量50 ~ 120毫米，仅占全年的15% ~ 20%。由于春季承继了冬季少雨季节的特点，加上气温回暖快，土壤蒸发很强烈，因而春季农田水分不足是该区农业上存在的重大问题。

夏季（6—8月）是多雨季节，自北而南降水量为250 ~ 350毫米，占全年降水量的40% ~ 60%。如富县降水量304毫米，占全年的55%。夏季3个月中6月降水仍十分有限，而7—8月是夏季风极盛时期，降水集中程度甚高，短时间内的较多降水常造成严重水土流失。夏季由于气温高，蒸发旺盛，农作物需水量大，在此期间如降水量稍不足，或无降水天数略多，便会出现旱象，常严重影响作物产量。

秋季（9—11月）时夏季风南退，9月降水量仍然较多，而10月降水量则显著减少，秋季降水自北而南90 ~ 180毫米，占全年的20% ~ 35%。秋季3个月中，9月降水量最多，10—11月则较有限。对于作物，秋季处于生育后期，土壤中也保留有夏季的水分，因而农业一般不大缺水。

冬季（12月至翌年2月），全区受寒冷干燥的冬季风所控制，降水十分稀少，自北而南降水量仅10 ~ 20毫米，占全年不足5%。冬季降水以降雪为主，积雪对冬小麦安全越冬起保护作用，冬季平均绝对最低气温低于 -22 摄氏度的地区，积雪对冬小麦安全越冬起重要作用。同时冬雪春融后可增加土壤水分，为春季作物生长提供有利条件，因而冬季降水稀少，但有无降水或降水量多少，对第二年作物生长影响很大。

北洛河流域的雨季开始较晚，而结束较早，雨季多于7月上旬开始，9月中、下旬结束，前后不过2 ~ 3个月。因此，一年中7月、8月、9月3个月降水尤为集中，表现出夏秋雨型的特点。

（三）降水强度

降水强度指在单位时间内的降水量，它直接影响降水农业利用的有效性及水土流失。对作物来说，小雨（日降水量0.1 ~ 9.9毫米）和中雨（日降水量10.0 ~ 24.9毫米）一般可为土壤较充分吸收，造成的水土流失也轻；大雨（日降水量25.0 ~ 49.9毫米）和暴雨（日降水量 >50 毫米）则超过土壤和农作物吸水能力，往往破坏土壤、毁坏农作物、造成水土流失。降水强度大是北洛河流域气候的重要特点之一。

冬、春雨季降水量少，降水强度也小。尤其在冬季，降水量很少超过10毫米，降水强度最小，春季开始有中雨出现，但很少有暴雨，在降水集中的夏季，降水强度大，北洛河流域是我国北方降水强度大的地区之一。夏季的7—8月，中雨、大雨时有出现，夏季的降水量往往集中在几天之内降完，暴雨在很多年份都会出现。北洛河流域的暴雨最早发生在4月，最迟出现在10月，但强度较大的暴雨一般发生在7—8月。暴雨一般分为锋面雨和雷暴雨两种。锋面雨历时长，强度均匀，笼罩面积大；雷暴雨笼罩面积小，强度大，历时短。近30年来，极端恶劣天气时常发生，许多地方一日降水量突破历史极值，除少数地方以外，各地7—8月均出现过一日降水量超过100毫米的特大暴雨，如洛川县1978年7月10日降水量为118.0毫米，黄陵县1975年7月25日降雨量135.8毫米，甘泉县1971年9月2日降水量104.4毫米，吴起县1994年8月30日降水量383毫米。

（四）降水日数

流域年降水日数为70 ~ 100天。该区北部边缘各地，如定边县、靖边县一带年降水日数在70 ~ 80天，南部的黄龙县、黄陵县、大荔县和西部子午岭及其邻近地区年降水日数均在90 ~ 100天，降水量日数最多的是宜君县，为105天。

（五）降雪与积雪

北洛河流域年降雪日数甚少，大部分区域一般年平均降水日数在10天以下。其中，定边县、靖边县一带尚不足5天，富县以南的洛川县、黄龙县、黄陵县、宜君县等地年平均降水日数在10天以上，然而全区年平均降雪日数最多的宜君也只不过13天。

北洛河流域冬季降水量十分有限，因而降雪后不易形成积雪，即使形成积雪，保留时间也十分短促，历年最大积雪深度多在10 ~ 20厘米，仅局部地方最大积雪深度略超过20厘米，如宜君县曾出现过24厘米的最大积雪深度。

四、蒸发

蒸发量是由气象站用20厘米直径蒸发皿测得的蒸发数量，其大小可以标志干湿程度。北洛河流域平均蒸发量在1500 ~ 2500毫米。各地的年蒸发量约是降水量的数倍，反映出气候相当干燥。因为北部接近内蒙古高原区，较南部更干燥，西部为地势较高的子午岭，较东部湿润，所以年蒸发量有北大南小、东大西小的特点。在定边县、靖边县等地，年蒸发量为1700 ~ 2500毫米，在吴起县、志丹县以南各地年蒸发量为1500 ~ 1700毫米。

一年中冬季气温最低，是蒸发量最低的季节。春季气温上升迅速、湿度低，风速增大，是蒸发量高的季节。夏季气温高，蒸发增加，尤其在6月，雨量尚少，气温却相当高，蒸发量极大，春末夏初的5月、6月两月是全年蒸发量多的月份。秋季气温降低，蒸发量大为减少。

第三章 水沙资源

北洛河流域水资源总量为11.25亿立方米。2005年，流域实际用水量45234.7万立方米，流域内水资源条件限制和用水矛盾突出，地下水用量偏大，流域内蓄水工程设施不足造成供水保证率不高、再生水利用不足。

北洛河年均输沙量6110万吨，是一条多泥沙的河流。

第一节 地表水

北洛河多年平均地表水资源量9.32亿立方米（1956—2000年径流系列），其中陕西省北洛河流域地表水资源量8.97亿立方米。水利部批复的陕西省北洛河流域2030年河道外地表水多年平均分配耗水量为30300万立方米。在此基础上，本次陕西省北洛河流域各市耗水量指标分配结果为：榆林市79万立方米，延安市10875万立方米，铜川市2104万立方米，渭南市17242万立方米。

第二节 地下水

陕西省北洛河流域地下水贫乏，其分布规律是南部多、北部少。地下水资源量56433万立方米，地下水可开采量30122万立方米。2005年流域地下水实际开采量16200万立方米，其中浅层地下水7580万立方米、深层承压水4456万立方米，另有岩溶水4164万立方米。浅层地下水开采率为13.4%。

陕西北洛河流域地下水的补给主要来源于大气降水，在局部地区还有地表水、地下水以及人工补给等。补给量的多少与当地的自然地理因素密切相关。

降水补给遍及高原各地，有自南向北减少的分布特征。由于地形的影响，山区虽然降水多、蒸发量少，而山区地面坡度大、土层薄，降水入渗补给地下水的水量却很少；平原区地面平坦、土层深厚，降水入渗补给的水量比山区丰富得多。所以，河谷平原、山间盆地得到降水的补给量多，其次是黄土塬区，而黄土丘陵区最少。

地表水补给包括河流、渠道、湖库中水的补给。北洛河进入下游平原后，地表水可大量渗入地下补给地下水。平原区可得到河流的侧向补给，使地表水转变为地下水。汛期河水位上涨，可得到较多的补给水量。地下水由高处向低处，由河谷上游向下游流动。因此，低处或下游地区，可以得到高处或上游地区地下水的补给。

北洛河流域内低山丘陵的基岩裂隙水及岩溶水，可顺山体向南北两侧流动，补给黄土区的地下水。流向北侧的地下水，沿着向西北倾斜的岩层层面，继续深入转化成深层承压水的补给水源。黄土层中的孔隙、裂隙水的渗入，可以成为下覆基岩裂隙水的补给水源。地下水的补给可用入渗系数来表示。富县以北黄土丘陵沟壑区，地面切割破碎梁峁沟谷发育，坡陡沟深，降水集中且多暴雨，水土流失严重，入渗系数只有 0.03 ~ 0.04；北洛河流域的子午岭、黄龙山区，植被较好，蒸发强烈，入渗系数 0.05；黄土塬区，地面平坦，黄土的孔隙、裂隙及孔洞是黄土储水导水空间，入渗系数可达 0.05 ~ 0.10。

洛河流域地下水储存状态与岩层有关，可分为 3 个含水岩类。

（1）松散覆盖层孔隙水或孔隙裂隙水含水岩类：分布在渭北及洛河流域广大地区，主要由第四系松散堆积层及局部地区成岩作用差或松散的第三系地层所组成。地下水主要在非黄土类土的孔隙及黄土类土的裂隙或孔洞间运动，其特点是含水性的均一性规律较强。

（2）层状基岩裂隙、孔隙水含水岩类：主要出露于北洛河流域的黄龙山等地，并埋伏于黄土塬、梁、峁的下面。地下水主要沿裂隙及孔隙运动，其特点是具有相对成层性，受褶皱构造的明显控制，并随裂隙发育的不同程度而很不均一。

（3）岩溶水含水岩类：分布于洛河流域南部低山丘陵地带，包括碳酸盐沉积岩及其变质岩（大理岩）和碳酸盐岩层厚度大于 50%以上的地层，其特点是地下水主要沿岩溶管道运动，受岩溶发育程度控制，故富水性极不均一。因岩溶水的位置在海拔 380 米的高程上，又被称为“380” 岩溶水，它是洛河流域南部最主要的地下水资源。

“380” 岩溶水主要形成在 2 亿年前，就是寒武纪时期，洛河流域有一古湖名为鄂尔多斯湖，湖面积巨大，北到阴山，南到秦岭，东到吕梁山，西到贺兰山。到奥陶纪时期，湖水蒸发，湖底露出，开始风化剥蚀，再加些构造运动，形成一些岩溶和裂隙，与其他一些河流、湖泊等大的水体相连接，再加之人类的一些活动，如灌溉等，形成水源，历经多年，在北洛河流域下游就形成了“380”水系。“380” 岩溶水过去是自然利用，在洛河河谷以泉的形式自然流出。专门开发利用已很晚，大体从 20 世纪 80 年代初开始，以井的方式开采为主，开采量巨大，由于过度开采，很多自喷泉已经干涸，如蒲城袁家坡温汤泉群。为了保护“380” 岩溶水，渭南水利部门对其限制开采，对洛河流域下游最主要地下水资源加以保护。

第三节　水质评价

一、地表水评价

据北洛河洑头测站 1965—2010 年观测、分析，北洛河径流平均离子总量 709.6 毫克每升，平均硬度 4.99 毫克当量每升，平均年离子径流总量 46.22 万吨，pH 7.9，属弱碱性微硬水。上游支流头道川、乱石头川、颗颗川流水硬度 46.56 ~ 68.91（德国度），矿化度 2.41 ~ 6.15 克每升，属极硬咸水，大多不宜灌溉和饮用。

水利部门和环保部门最近几年以来的水质监测情况表明，北洛河下游基本上属不达标河段，为Ⅳ或Ⅴ类水质状况，主要超标项目为化学需氧量、氨氮和石油类，这说明了北洛河下游河道的水质污染较为严重，给当地的工农业生产的发展和水生态环境带来了不利的影响，北洛河上中游石油开采、洗煤、石油化工、煤化工是造成水体污染的主要因素。

二、地下水评价

（一）农业用水

北洛河流域地下水大部分适宜灌溉，矿化度小于2克每升，灌溉系数（K_a）为5.9 ~ 18。少部分不太适用和不能用的灌溉水，分布在关中的蒲城县至大荔县一带的卤泊滩、盐地洼，北洛河上游陕北定边西部、西南部和东南部。矿化度大于2克每升，灌溉系数小于1.2。

（二）工业用水

北洛河流域的地下水工业用水分布在陕北富县以南，大荔县、蒲城县以北，沉淀物极少，锅垢总量HO <125；软沉淀，锅垢系数 K_n <0.25；非腐蚀性水，腐蚀系数 K_k+0.050 3Ca<0；不起泡，起泡系数 F<60。差的工业用水分布在陕北吴起县、定边县北部。沉淀物少，锅垢总量HO >125；中等沉淀，锅垢系数 K_n=0.25 ~ 0.50；半腐蚀性水，腐蚀系数 K_k<0；半起泡，起泡系数 F=60 ~ 200。差的工业用水还分布在蒲城县、大荔县、澄城县、韦庄等地，锅垢总量HO>500；硬沉淀，锅垢系数 K_n>50；腐蚀性水，腐蚀系数 K_k>0；起泡，起泡系数 F>200。

（三）饮用水

在北洛河广大地区，地下水饮用水质为无色、无味、无臭味、透明、矿化度绝大多数地区小于1克每升，硬度小于25（德国度），pH一般在5.5 ~ 8.0，主要为重碳酸钙、重碳酸钙镁和重碳酸钙钠型水，宜于饮用。不宜饮用地下水，主要是大荔、蒲城等县部分地区高氟水，以及城市附近的地下水，由于生活污水及工业废水的污染，局部地段的地下水中，汞、铬、酚、砷、氰等有毒物质超过标准数倍，不宜饮用。

北洛河流域地下咸水，主要分布在北洛河上游陕北定边县西部、西南部和靖边县东南部，下游的蒲城、大荔等4县。蒲城县咸水面积最大，集中分布在卤泊滩周围和龙山、马湖、保南、孙镇一带。大荔县断续分布在洛河以北地区。

北洛河流域的人饮的地下水对人危害最大的高氟水，主要分布北洛河下游。1976—1980年，大荔县卫生部门对氟水危害进行了跟踪调查，共测定水样1146份。其中，90%的水样含氟量高于国家规定的1毫克每升标准，最高值达11.19毫克每升。调查发现，氟骨症患者身体酸痛无力，甚至骨骼变形，关节僵直，瘫痪残废。1980年，渭南地区地方病防治领导小组对全区地方性氟中毒进行全面普查，北洛河流域的氟水主要分布在西起蒲城，东至大荔长约80千米、宽约40千米的带状地域，多位于350 ~ 600米的富平县西南部、渭南北部，大荔县中部、蒲城县、澄城县。重病区主要分布在大荔县、蒲城县。在791个病区大队，查出氟骨症患者249499人（丧失劳动力1006人），氟斑牙患者722107人。澄城县次之，白水县较轻。

第四节　河流泥沙

北洛河年均输沙量 6110 万吨（洑头水文站，1937—2019 年），占陕西省全年输入黄河沙量的 12.1%，因此产沙能力很高。其中刘家河水文站 1956—1999 年年均输沙量 7755 万吨，2000—2016 年年均输沙量 1795 万吨（2010—2016 年年均输沙量 931 万吨），占全流域输沙量的 90.1%。刘家河水文站测得北洛河最高含沙量可达 440 千克每立方米，含沙量与输沙模数有自上游向下游减小的规律，这说明刘家河以上流域及周水流域是北洛河泥沙的主要来源地。

输沙量的年内分配极不均匀，高度集中于雨季汛期，6 月、7 月、8 月 3 个月占全年输沙量的 93% ~ 97%。最大年输沙量为 1994 年的 26300 万吨（当年发生“94・8”北洛河特大洪水），最小年输沙量为 2015 年的 100 万吨。断面实测最大含沙量为 1954 年的 1340 千克每立方米，多年平均含沙量 122 千克每立方米，泥沙平均粒径 0.043 毫米。

北洛河 1956—2019 年输沙量变化（洑头水文站）见表 1-3-1。

表 1-3-1　北洛河 1956—2019 年输沙量变化（洑头水文站）

单位：亿 t

时　间	年平均输沙量	年最大输沙量	年最小输沙量
1956—1969 年	1.00	2.05（1964 年）	0.18（1965 年）
1970—1979 年	0.79	1.61（1977 年）	0.30（1974 年）
1980—1989 年	0.47	1.32（1988 年）	0.16（1982 年）
1990—1999 年	0.89	2.63（1994 年）	0.37（1995 年）
2000—2009 年	0.14	0.70（2001 年）	0.01（2008 年）
2010—2019 年	0.10	0.28（2013 年）	0.01（2015 年）

第四章 社会经济

北洛河流域共涉及陕西、甘肃两省 18 个县（区），北洛河流域中游支流葫芦河上游位于甘肃的华池、合水两县。陕西境内共涉及 4 市 16 个县（区），榆林市涉及定边、靖边两县。延安市涉及吴起、志丹、甘泉、富县、洛川、黄陵、黄龙等 7 县，铜川市涉及宜君、印台两县（区），渭南市涉及白水、澄城、合阳、蒲城、大荔等 5 县。

第一节 区域概况

截至 2017 年底，陕西省洛河流域内总人口 249 万人，其中农业人口 148.86 万人，非农业人口 102.14 万人；常用耕地面积 440 万亩，其中川台地 303.65 万亩农田，有效灌溉面积 195.44 万亩。

北洛河流域按地理可分为陕北和关中两部分，近年来国民经济发展迅速，工业、农业、交通、能源等行业不断壮大和发展，经济结构也随不同地域的自然条件和资源形成各自独立的格局。北洛河上游石油、天然气、原盐等矿产资源丰富，开发潜力巨大，具有独特的资源优势。位于定边县的陕甘宁气田属世界级气田，累计探明储量 1727 亿立方米。志丹县矿藏主要有石油、天然气、矿泉水和白土，其中石油为大宗，可供开发面积 2916 平方千米，探明储量约 1 亿吨。富县天然气储量 14.6 亿立方米，紫砂陶土储量 500 万吨，石灰石储量 140 万吨。中下游煤炭资源丰富，黄陵、黄龙、白水、蒲城、澄城等县是北洛河流域煤炭主产区。

国家在北洛河布局了石油和煤化工工业。陕北以其石油资源为龙头，在葫芦河与北洛河相汇的交口河镇，建成了交口河镇工业园区，是流域内最大的化工能源基地。陕西黄陵煤化工有限责任公司位于黄陵矿区腹地——黄陵县店头镇。渭北煤化工业园区位于北洛河下游蒲城县东南地区。

北洛河流域黄土台塬区和下游平原区土地平坦，人口密集，土地肥沃，引灌和井灌并举，农牧业生产实力雄厚，发展了洛惠渠、石堡川等大型灌区。靖边县是马铃薯主产区，年产马铃薯 50 多万吨。定边县与靖边县是陕北白绒山羊主产地，以其产绒量大、绒色洁白、强度大、纤维细长、繁殖性能强等优点，被国家畜禽品种审定委员会命名为“陕北白绒山羊新品种”地标产品。吴起县山杏面积达 2 万公顷，沙棘面积达 8 万公顷，是全国沙棘基地县。苹果是流域最重要的经济作物，这里是世界最佳苹果优生区和中国苹果优生区的核心地带。志丹、富县、甘泉、洛川、黄陵、黄龙、白水、澄城、蒲城县都有大面积种植。2009 年，洛川县苹果种植面积已达到 4 万公顷，人均 0.2 公顷，总产量达到 65

万吨，总产值超过 15 亿元。这里的苹果以其“个大、色艳、细脆、香甜、耐贮藏、无污染”六大特点享誉中外，多次在全国果类品评会上获奖。白水县苹果栽培历史有 30 多年，有“中国苹果之乡”的美誉。

黄龙县是“中国核桃之乡”“中华蜜蜂之乡”，全县核桃总面积 16.9 万亩，产量 1.1 万吨；中蜂养殖规模突破 9.2 万箱，年产蜂蜜 1430 吨；苹果面积 11.8 万亩，产量 9.8 万吨；大闸蟹养殖连续 3 年荣获全国河蟹大赛“金蟹奖”。

澄城县盛产国家优良牛种——秦川牛，是国家级渭南生态农业科技园区秦川肉牛育肥基地。澄城县还是年产百万头生猪大县。澄城县樱桃、大荔县冬枣、蒲城县酥梨入选国家地理标志名优农产品，大荔县盛产黄花菜、花生、红萝卜，大荔、蒲城西瓜以其沙甜适口畅销全国。大荔县和蒲城县还是北洛河流域粮棉主产区，借助丰富的棉花资源，在大荔县建设了国营陕西第十三棉纺织厂（简称陕棉十三厂）和许庄棉纺织厂，进入 21 世纪后，这两家大型纺织企业分别破产改制。

据 2020 年统计，北洛河流域 GDP（国内生产总值）1332 亿元（见表 1-4-1），人均 GDP 5.3 万元。

表 1-4-1　陕西省 2020 年洛河流域社会情况

地、市	县	乡（镇）	流域面积 / km^2	县域面积 / km^2	耕地面积 / 万亩	流域人口 / 万人	GDP/ 亿元
榆林市	定边	3	592	6920	23.01	3.11	24.1
	靖边	1	259	5088	6.52	1.87	17.4
延安市	吴起	8	3351	3793	37.98	12.6	150.1
	甘泉	4	2276	2276	9.03	7.7	28.8
	富县	8	4182	4182	15.00	15.42	72.37
	洛川	9	1804	1804	15.21	22.96	241.6
	黄陵	6	2292	2292	13.86	11.91	169.1
	志丹	7	3070	3790	36.71	11.89	107.3
	黄龙	4	895	2752	5.74	1.62	7.5
铜川市	印台	2	267	629	6.14	9.5	17.75
	宜君	7	1353	1531	27.83	7.0	36.0
渭南市	白水	8	986	986	39.25	22.4	84.1
	澄城	10	1121	1121	70.33	30.4	103.5
	蒲城	11	725	1583	60.56	34.39	105.2
	大荔	10	1241	1800	77.58	51.43	153.0

续表 1-4-1

地、市	县	乡(镇)	流域面积 / km^2	县域面积 / km^2	耕地面积 / 万亩	流域人口 / 万人	GDP/ 亿元
渭南市	合阳	2	144	1437	9.63	4.88	15.0
合计	16	100	24558	35758	454.38	249.08	1332.82

注：县域面积、乡（街道）数目按照 2020 年陕西省区域规划，已经撤除的乡（镇）数量不再统计，如甘泉县 20 世纪 90 年代在北洛河流域有 9 个乡（镇），经过撤乡并镇后，2020 年有 4 个乡（镇）。人口、GDP 数值采用 2021 年《榆林年鉴》、2021 年《延安年鉴》、2021《渭南年鉴》。

第二节　交通运输

一、公路

（一）国道

G244 国道陕西段，在北洛河流域经过定边、吴起等 2 县，全长 62 千米。

G341 国道陕西段，在北洛河流域经过志丹、吴起等 2 县，全长 130 千米。

G210 国道陕西段，在北洛河流域经过富县、洛川县、黄陵县、宜君县、印台区等 5 县（区），全长 210 千米。

G242 国道陕西段，在北洛河流域经过黄龙县、澄城县、大荔县等 3 县，全长 112 千米。

G108 国道陕西段，在北洛河流域经过大荔、蒲城县等 2 县，全长 60 千米。

（二）高速公路

国家高速公路网在北洛河流域有包茂高速、青兰高速、京昆高速。

G65 包茂高速公路陕西段，于 2000 年 11 月始修，2006 年 10 月建成通车。在北洛河流域经过甘泉、富县、洛川、黄陵县、宜君等 5 县（区），北洛河流域建成康崖底（黄陵县境内）、淤泥河、连达沟、葫芦河、洛河、老庄河（洛川县境内）等特大桥梁。

G22 青兰高速公路陕西段，于 2010 年 11 月建成通车，建成洛河大桥、仕望河 1# 大桥、毛家沟大桥、党家河大桥等大桥 208 座。在北洛河流域经过黄龙、洛川、富县等 3 县，止于富县张家湾镇雷家角（陕甘界）。

G5 京昆高速公路陕西段，在北洛河流域经过澄城、蒲城等 2 县。

省内高速铁路网，北洛河流域有榆林—蓝天高速、荷宝高速、潼商高速。榆林—蓝田高速公路，简称榆蓝高速公路，在北洛河流域经过黄龙、白水、蒲城等 3 县。

图 1-4-1　G5 京昆高速与洛惠渠洛西倒虹（2017 年，杨鹏拍摄）

二、铁路

北洛河流域主要铁路线路有西延铁路、西延高速铁路、侯西铁路、大西高速铁路。

西延铁路南起西安枢纽新丰镇编组站，北抵延安市北站，全长332.972千米，于1973年正式开工，1991年12月铺轨至延安，后又向北延伸至延安北站（杨山），历时19年。西延铁路在北洛河流域主要车站有甘泉、富县、洛川、黄陵4个。

西延高速铁路南起西安东站，北抵延安新区站，于2020年1月开工，预计2028年竣工。西延高速铁路在洛河流域经过车站有印台、宜君、黄陵、洛川、富县、甘泉。西延高速铁路全长约291.7千米，总投资600亿元，设计时速350千米。

侯西铁路西韩段，是连接西安与韩城的一条重要铁路线，从阎良起，抵韩城，全长209.5千米，属国家干线，在北洛河流域的车站有醍醐、韦庄、坞坭、大荔、蒲石5个站。

大西高速铁路由大同南站至西安北站，全长859千米。在北洛河流域的车站有1个，即大荔站。

三、航运

洛渭漕渠是汉代引北洛河入渭河的漕运水道和水利灌溉工程。目前详细资料尚不明晰，仅在临渭区、蒲城县、大荔县境内发现该漕渠的部分遗址。在今蒲城县西头村北洛河右岸三级台地曾发现秦汉以前的陶器、瓦当残片，其中有一篆字组成的“澄邑漕仓”瓦当，当为漕运仓库遗物。可见北洛河的航运历史也是相当悠久的。明清时期，沿北洛河各县县志均有北洛河渡口及航运史料的记载。

如清雍正十一年（1733年）正月，关中闹饥荒，兵部尚书署理陕西巡抚史贻直奏准，拨豫、楚二省米各10万石，水陆并进运至陕西。令豫米在潼关接收，楚米在龙驹寨接收。豫米由河南府洛阳陆运至陕州，再沿黄河水道运至潼关三河口，由于草料价格上涨，陆运费用每石每百里增为1钱6分。水路运费为每石每百里4分。存放于三河口的粮食，分发至黄、渭、洛（北洛河）沿岸各地仓库。

民国时期的北洛河，在大荔大王庙至潼关间，可通行载重2万斤以下的河南条船。运入货物多为食盐、煤炭、石油、百货等；运出货物多为大荔的皮货，澄城、朝邑的棉花、小麦。《大荔县续志稿》记载，清代末年，河南商船经常由黄入渭，再转北洛河到大荔购买麦、豆。山西的盐、铁船，亦经常入北洛河至大荔太山码头停泊卸货。民国年间，山西的盐船、铁船持续不断在北洛河、渭河口、黄河间往返。

民国三十一年（1942年）前后，行于北洛河中的83只条船，系河南帮所有。当时曾组织有帆船联合营业处，上行给三十四兵站装运军用品；下行由陕西省煤炭统制运销处利用运煤，由大荔县大王庙至三河口，往返需7天左右。

由北洛河转运的煤炭多为澄城煤，矿区位于澄城县西南12.5千米处的华字沟，每日产煤2100余吨，除销往近邻各县约百吨外，其余均供给西安。其运西安的路线，由矿区至大荔县的大王庙为第一段，计程47.5千米，系马车道，往返至少需4日。大王庙至三河口利用北洛河水道，计程50余千米，为第二段。陕西煤炭统制运销处经常利用帆船联合营业处的条船和未组织起来的载重30 ~ 40吨的瓢船14只装运，往返需7天左右。三河口至西安一段，多利用火车转运。

1959年至1962年初，为北洛河新中国成立后航运业的鼎盛时期。运输物资除农产品外，新增加了移民物资。由于三门峡水库即将蓄水，北洛河流域—大荔、朝邑等县库区农民将迁移至外地，粮食、家具、拆房木料等搬迁物资数量巨大，原有木船难以承担，于是，将潼风渡停业的渡船也调来参加移民物资运输。1962 年 3 月，三门峡水库开始蓄水，移民工作告一段落，移民物资运输逐渐停止。加上同期道路修建及汽车运输迅猛发展，渭河以北各地的农产品运输采用汽车运输，北洛河的航运业立即衰落。1962 年，三门峡库区蓄水后，泥沙迅速淤塞河道，北洛河下游形成了一大片淹没的淤泥地，停泊于北洛河的船只无法运行，航运业完全停止，只有各渡口渡船运转。白水县境内有张家渡、狄家渡、田家渡 3 处；澄城县境内有船头渡、洞子崖渡、蒋家河渡、李村渡、下段村渡以及尧头渡、蔡邓渡等 7 处；蒲城县境内有晋城渡、石羊渡、南湾渡、车渡、蒲石渡、晋王渡、常乐渡、黎起渡、直社渡、温汤渡、曲里渡等 11 处；大荔县境内有船舍渡、石槽渡、太山渡、北阳洪渡等 4 处，其中蒲城过往澄城的蔡邓渡、过往大荔的晋城渡，大荔过往渭南的船舍渡和县内石槽渡、北阳洪渡都曾设官渡口，其余为民间渡。过去韩城、山西的煤、铁、盐等物资从龙门启航或从汾河进入黄河运至潼关，进入渭河转入洛河，逆行至朝邑北阳洪码头或太山头码头卸货，再由车载陆路运往周边地区。解放战争时期，人民解放军曾在北洛河船舍渡用木船架设浮桥，渡河西进。1963 年，由于三门峡库区回水影响，北洛河河道淤积，航运停止，但各摆渡渡口仍然营运。随着洛河建成多处公路桥梁，人车通行方便。20 世纪 90 年代，除少数渡口有小型渡船外，多数渡口废弃。

第五章　自然灾害

北洛河流域是自然灾害多发区。从古至今，曾发生过很多次洪涝、干旱、冰雹、霜冻、大风、地震、塌方等自然灾害，尤以干旱最为严重，是古代造成死亡人数最多的一种灾害。北洛河流域自然灾害频繁发生，主要是受气候环境、地形特点和区域地质构造等自然因素的制约、影响与综合作用的结果。长期以来，人类活动对自然生态环境及地表植被造成的破坏，在某种程度上，也成为发生自然灾害的一种诱因。这些自然灾害对全区经济、社会发展和人民生命财产安全造成严重的破坏，但随着经济实力的增强和科学技术的发展，人们逐步认识自然灾害的发生原因和发展规律，抵御能力日益增强，虽然灾害强度未变，但灾情大为减少。

第一节　水　灾

北洛河流域洪涝灾害多由暴雨造成， 暴雨形成主要是蒙古低压和太平洋热带海洋气团相互作用的结果。加之地形因素的影响，在各地表现不同。一般海拔较高的地带发生暴雨的次数较多，如吴起县、黄陵县、黄龙县、宜君县，低洼地带则正好相反，大暴雨发生概率较小。发生暴雨型雨涝灾害的时间一般集中在每年的7—8月，占年暴雨总数的85%以上。总的特点是，历时短，来势猛，雨量大，次生的泥石流、洪水等灾害多，流域内暴雨多系单日性暴雨，持续性暴雨很少。单日性暴雨，一般持续时间多为半小时到1小时。

图 1-5-1　龙首坝段北洛河洪水
（2024年8月，冯健拍摄）

北洛河流域洪枯水量相差悬殊。由于流域上游属于黄土丘陵沟壑区，山大、沟深、坡陡，河床比降大，因此洪水具有来势迅猛、历时短、暴涨暴落，峰高量小，峰型尖瘦的特点。对于农田水利设施有害的及引起强烈水土流失，甚或造成严重灾害的降水强度，通常只出现在7—8月。洛河洪水主要是上游型洪水，洪水主要发生在刘家河水文站以上，下游是沿程递减的；交口河至洑头区间汇流对一般大洪水演进影响不大，洪峰流量由上游到下游仍呈递减趋势，但区间洪水的汇入对干流特大洪水演进有一定影响，洪峰流量由上游到下游沿程呈递增趋势。

水灾实录如下：

水灾记录民国后发生的洪灾，民国前的洪灾列入大事记中。

1918 年 7 月，大荔县大雨如注 4 昼夜，洛水涨至大荔城南崖下。

1932 年 8 月 12 日，北洛水暴涨，出现 5540 立方米每秒的最大洪水流量。8 月 27 日甘泉大雨 8 小时，洛水暴涨，大石移动，房屋被毁，城被水占据，为近 90 年所未有。鄜县城附近水涨 5 丈①。大荔县附近河身增至 7 华里②之宽，被淹区 240 余平方千米，沿北洛河东西 25 千米、南北 5 千米的禾苗尽淹，房屋倾颓，两岸村落均被淹没，财产、农具冲走甚多，木材、人畜沿流漂下。

1933 年夏，陕西连降大雨，三河并涨。6 月 18 日，北洛河暴涨，入大荔县沿北洛河南北 5 千米内禾苗尽淹，房屋倾颓。

1934 年夏，吴起镇（今吴起县）大水成灾，周围墹地淹没。志丹县乱石头川一天发 6 次山洪。河水泛滥，房舍、秋田被水冲毁。今富县大雨 8 天，溪涧水暴涨，田禾淹没，房屋倒塌。洛川厢西、菩提等地 10 余村（镇）8 月 11 日、12 日暴雨，洪涝成灾，房屋、禾地冲毁。

1944 年 6 月 11 日、20 日、30 日，暴雨成灾，北洛河支流白水河暴涨，利济桥的石栏杆和桥旁的油房、庙宇均被大水冲毁。南井头一带水深数尺，房屋倒塌甚多，不少农田被冲坏。董家窑头董增林，赶四大套车行至南井头村北，大水聚至，车辆牲畜全被冲入牙沟。

1955 年 7 月 27 日 3 时，暴雨成灾，澄城县尧头河口街被淹，洪水淹没工商摊点与农户 74 户，死 22 人，倒塌房屋 73 间、窑 6 孔。

1964 年 7 月 16 日黄陵县发生暴雨，日降雨量达 68.8 毫米，当日沮河流水量达 240 立方米每秒，洪水冲垮沿河大小工程 80 多处，冲毁农田 2000 多亩，损失粮食 200 多万公斤。据黄陵水文站资料记载，全年降雨量达 750.1 毫米，比历年平均量偏多 32%，这年全县受灾面积 8.3 万亩，重灾面积 7.23 万亩。

1966 年 7 月，北洛河流域吴起、志丹、甘泉、黄龙 4 县暴雨。吴起县冲走 18 人，9 座水利工程被毁。黄龙县冲毁农田 1418 亩，小型水坝 7 座，淤地坝 68 座；倒塌窑房 28 孔（间）。甘泉县淹没农田 1 万余亩。7 月 27 日，北洛河暴涨，源头出现 2700 立方米每秒洪峰，大荔县域北洛河洪水漫溢，水深一二米。大荔县组织干部、教师和非灾区群众 6.6 万多人，赶赴灾区抗洪抢险，使沿河 21 个受灾村庄无人、畜伤亡。

1976 年 8 月 26 日，黄陵县日降雨量达 106.8 毫米，加之宜君县老虎沟水库垮坝后，当日 13 时左右洪峰流经黄陵，沮河水流量从 174 立方米每秒猛增到 606 立方米每秒。洪水冲毁各类水利工程 54 处，淹没农田 1.2 万亩，冲毁农田 2000 亩，河岸坍塌 20 多千米，河流改道 10 多处，县城沮河善桥被冲垮，西延公路交通中断，通信线路受损，造成经济

① 1 丈 =3.33 米。

② 1 华里 =500 米。

损失达 100 万元以上，粮食损失约 320 万公斤。

1977 年 7 月 5—6 日，延安地区遭受历史上罕见的特大暴雨袭击，北洛河流域，干流、葫芦河、周河等均发生洪水。由于雨量集中，引起山洪暴发，加之库坝溃决，洪水对志丹县城基础设施进行大面积破坏，志丹人民几年辛勤修筑的城南大堤被冲毁。北洛河刘家河水文站 7 月 6 日 3 时 54 分测得洪峰流量 5900 立方米每秒。

1984 年 6 月 5 日，蒲城降雨 127 毫米；9 月 15 日，澄城突降暴风雨和冰雹。辖区先后有 19.99 万公顷庄稼受灾，倒塌房窑 1.21 万间（孔），死亡 29 人，死伤牲畜 140 头。

1987 年 7 月 27 日 21 时至 28 日 10 时，白水县城及西北部 9 个乡（镇）遭受特大暴雨袭击，杜康沟一带降水量 214.2 毫米，原面洪水流量 100 立方米每秒。倒塌房屋、窑洞 467 间（孔），毁坏树木 10 万余株，冲毁农田 4266.7 公顷，损失粮食 52 万公斤。

1992 年 8 月 13—14 日，渭河、北洛河洪水在三门峡库区的华阴、大荔、潼关一带漫堤决口，沿岸 3 ~ 10 千米一片汪洋，水深 1 ~ 5 米。由于黄、渭、北洛河汇流区顶托渭河、北洛河和南山支流，使洪水位居高不下，造成洪水淹没农田 60 多万亩，大荔、华阴、潼关一带 38 个返库移民村庄约 5 万移民受灾，近 3 万人无家可归，经济损失达 3.5 亿元。

1994 年 8 月 30—31 日，北洛河上游地区吴起、志丹一带突降大暴雨。暴雨形成两个中心，一个中心位于吴起县北部的吴仓堡乡、五谷城乡及薛岔乡一带，另一个中心位于志丹县北部周河及北洛河支流杏子河上游区域。降雨从 8 月 30 日 20 时开始，31 日 8 时结束，历时 12 小时。吴起中心最大降雨量位于薛岔乡沙集村，最大 12 小时降雨量 383 毫米，降雨主要集中在刘家河站以上 7300 余平方千米的流域内，100 毫米以上雨区面积 6000 余平方千米。此次降雨过程，历时短、强度大，雨量时程比较集中，暴雨移动的方向呈西北向东南方向，与北洛河汇流方向基本一致，干支流洪峰叠加，北洛河出现百年一遇洪水，形成刘家河站特大洪水。8 月 31 日 7 时，吴起站出现流量为 7040 立方米每秒洪峰，31 日 12 时刘家河站到达峰顶，流量为 8030 立方米每秒，为两站建站以来实测最大流量。刘家河以下区域雨量锐减，甘泉以下基本无雨。9 月 1 日 1 时，交口河站出现 6630 立方米每秒洪峰，1 日 8 时洑头站到达峰顶，洪峰流量 6280 立方米每秒。交口河、洑头洪峰均为建站以来实测最大，交口河洪峰相当于百年一遇洪水，洑头洪峰相当于 50 年一遇洪水。

北洛河流域，定边、靖边、吴起、富县、甘泉等县城进水。吴起县降 139 年以来未有的特大暴雨。最大降雨量 214 毫米，洪水冲垮围墙 2000 多米，半个县城遭淹，4285 户受灾，165 户无家可归；59 个单位进水深 1 ~ 3 米，直接经济损失 1895.10 万元；冲毁基本农田 3700 亩，道路 215 处，桥涵 340 座；冲走淹死大家畜 1158 头，冲走成品粮 195 万公斤，农作物受灾 50.2 万亩；农村倒塌房窑 1258 间（孔），造成危房窑 2800 间（孔），465 户遭水灾，155 户无家可归，直接经济损失 1720 万元；全县 17 所中小学遭灾，870 名学生无法上课，直接经济损失 120 万元。富县县城、洛川县交口镇被淹。北洛河洪水从吴起至大荔冲淹农田 40 万亩，其中 10 万亩农田积水近 2 米，蒲城县 4 处大型供水水源地、白水县王莽寨电站、洛惠渠倒虹和 130 处沿河抽水站遭到严重损失。

1996 年 7 月 31 日，葫芦河支流小河子川及其上游地区降特大暴雨，降雨时间从 7 月

31 日 20 时至次日 8 时，12 小时降雨量达 93 毫米，长时间的高强度降水造成山洪暴发，山体滑塌，直罗南川河水暴涨。最大洪峰流量 1210 立方米每秒。由于这次洪水来势猛，流量大，暴涨快，行洪时间长，致使小河子川、葫芦河沿岸农作物大面积被淹没，部分村庄、单位和居民农户家进水。一些道路、房屋、桥梁和水利、电力、邮电、通信等设施被冲毁，造成了极其严重的经济损失和人员伤亡。这次洪灾造成 4 个乡（镇）、30 个行政村受灾，14 人死亡，2 人失踪，7 人受伤，261 户进水，倒塌房窑 183 间（孔），14 个机关单位进水，部分围墙倒塌，因灾造成无家可归的 131 户 550 人，直接经济损失 6941.41 万元。

1998 年 7 月 12 日，富县降水量 90.6 毫米，1 小时最大降水量 45 毫米，部分地方山洪暴发、通信中断、交通阻塞，直接经济损失 909.6 万元。8 月 1 日，富县发生暴雨山洪并伴有大风冰雹，导致倒塌房屋 15 间，损坏房屋 261 间，直接经济损失 896 万元；玉米等农作物受灾面积 15205.67 公顷。

1999 年 7 月 9—11 日，甘泉县暴雨洪涝伴冰雹，4 乡镇 34545 人受灾，农作物受灾面积 1118.5 公顷，损坏公路 10 千米、桥梁涵洞 6 座。吴起县普降大雨至暴雨，暴雨中心薛岔乡，降水量 120.8 毫米，倒塌房屋 60 间、损坏 567 间，农作物受灾面积 25341 公顷，成灾 18049 公顷，水利经济损失 86 万元、交通 249.84 万元。

2002 年 6 月 17—27 日，甘泉县 7 个乡（镇）受灾 1.56 万人，死亡 2 人。7 月 4 日，甘泉县发生暴雨山洪灾害。

2003 年 8 月 25—26 日，甘泉县发生暴雨洪涝，受灾 8890 人，倒塌房屋 11 间，农作物受灾面积 621 公顷，大棚损坏 3945 座。翌年 6 月 11—30 日，甘泉县发生暴雨洪涝。8 月 18 日，吴起县 5 个乡（镇）暴雨洪涝，受灾 8523 人，死亡、受伤各 1 名，倒塌房屋 102 间、损坏 272 间，农作物受灾面积 1857.05 公顷，成灾 1335.03 公顷，洪水淹没铁边城变电所，损坏公路 390 千米、桥梁涵洞 18 座。

2005 年 4 月 27 日至 9 月 29 日，甘泉县发生暴雨洪涝，倒塌房屋 124 间、损坏 68 间，农作物受灾面积 637.2 公顷。7 月 19 日，吴起县庙沟乡遭受洪涝灾害，农作物成灾面积 2300 公顷，绝收 1286 公顷；冲走粮食 4000 吨；损坏公路 80 千米、桥梁涵洞 15 座。

2006 年 7 月 2 日，甘泉洪涝受灾 6411 人，倒塌房屋 26 间，损失粮食 290 吨，大棚损坏 115 座，水毁塘坝 3 座，损坏公路 12.73 千米、桥梁涵洞 11 座，电力线路 4.5 千米。志丹县暴雨洪涝并伴有冰雹袭击，吴堡、义正等乡（镇）农作物绝收，损坏房屋 121 间。

2009 年 7 月 23—24 日，黄陵县降雨量达 199.8 毫米，被淹农田 3300 亩，倒塌房屋 1 间、进水 82 间，冲毁鱼池 4 个、温室大棚 196 个；30 条公路受损，公路损失 1055.53 万元。富县房屋倒塌 82 间，水毁农田 3674 亩，砂石路 42.46 千米。黄龙县圪台乡 7 千米乡村道路被水冲毁。8 月 11—13 日，黄龙三岔和黄陵县吴家庄降水量超 100 毫米；志丹县保安镇 1856 人受灾。

2011 年 6 月 13 日 18 时，吴起县周湾、长城两镇局地出现短时强降雨和冰雹天气。冰雹持续时间 40 多分钟，直径约 2 厘米。暴雨和冰雹导致周湾和长城两镇 14 个行政村 6300 人受灾，造成 411 户村民 1802 多间（孔）房窑不同程度受损，19302 亩农作物全部绝收（其中玉米6136亩，马铃薯8376亩，杂粮作物及其他4790亩），死亡家禽157只（头），125座大棚和68座弓棚受损严重，冲毁自来水管5850余米、水井窖45眼（口）、桥涵4座、围墙1497米、畔3216平方米、护涧坝7座，17座坝体受损严重，水毁乡村道路91千米。周湾镇政府驻地镇属11个单位和街道门面房全部受灾。据统计，这次灾害造成直接经济损失4500万元，其中农业经济损失1820万元。

第二节　旱　灾

北洛河流域由于地处内陆腹地，大陆性气候特点明显，流域属半干旱半湿润地区，年平均降水量380～730毫米，明显少于其以东地区，水分蒸发量远大于降水量，地下水位深，因而发生干旱的概率较高。一年干旱最少1个月，最长7个月，平均4个月，多发生在冬、春、夏三季，农作物生长水分供应不足，危害较为严重。北洛河流域，春季干旱月分布呈纬向型，北多南少，干旱月最多为定边县、靖边县、吴起县，最少为黄陵县、黄龙县、宜君县。夏季称之为伏旱，分布呈纬向型、经向型跳跃式，志丹以北为多发区，志丹以南到富县之间为少发区；富县以南的洛川县、黄陵县、白水县、蒲城县、大荔县塬区又为多发区；东西山区，如宜君县、黄龙县为少发区。

从干旱发生的地域分布来看，一般是平地多，山区少（地势高，容易降雨）。但由于平地农业水利基础设施建设较好，干旱对农业生产的危害程度反而比山区小。根据渭南地区发生的干旱灾害资料，以春旱、伏旱危害最大，严重时可致夏收、晚秋作物颗粒无收。伏旱主要发生流域南部，伏旱主要是与西太平洋副热带高压的西伸强度有关。在副高特强年份，流域南部澄城县、合阳县、蒲城县、大荔县为其笼罩，容易发生伏旱；在副高表现特别弱的年份，流域南部完全不受其控制，则易出现伏天多雨凉夏气候。

旱灾实录如下：

旱灾仅记录民国后发生的洪灾，民国前旱灾列入大事记中。

1915年，北洛河流域大旱，颗粒未收，夏秋田绝收，卖妻鬻子层出，逃亡者无数。

1921—1922年，北洛河流域各县连续干旱，灾情惨重。

1925年，北洛河流域志丹、甘泉、洛川、富县、黄陵等县干旱，春夏无雨，秋田禾枯。

民国十七至十八年（1928—1929年），全区春夏秋皆无雨，井泉枯竭，大树枯萎，百姓逃亡。

1928年，自春到秋，北洛河流域大旱，滴雨未沾，井泉干涸，北洛河断流，老树枯萎，夏秋收成不到二成，秋季颗粒无收，粮食缺乏，树皮草根采掘殆尽，赤地千里，遍野苍凉，大旱之际，陕北、关中20余县又遭巨雹之灾。秋，麦未下种，至冬，灾民饥寒交迫，关中发生灾民自缢、扑火、投井等惨剧。

1929年，北洛河流域又大旱，二麦无收成，秋收不及二三成，日毙饥民累百盈千。8月和9月间，天仍亢旱不雨，种麦又复失时，人心惶恐，危急万分，举村逃亡者不一而足，村庄成墟，户绝烟火。

1930 年春，北洛河流域旱。连续 3 年六料未收，人民乏食，草木树皮剥掘殆尽，后则裂啖死尸，食生人，卖儿鬻女，贩人成市，男女老幼逃往甘肃、山西，流离失所，悬梁坠井者甚多，十室九空，户绝烟火，一片凄凉景象。

1940 年，北洛河流域吴起、志丹、洛川等县春夏干旱，粮食无收，人食草根、树皮。边区政府拨粮款救济。

1941 年，今吴起、黄陵等县干旱，百姓食草，饿殍遗尸。

1945 年，北洛河流域普遍干旱，夏粮未收，秋禾枯萎。

1948 年，吴起县干旱，荞麦收获不足籽种；志丹县旱灾，边区政府拨 500 石粮、一亿元边币救济百姓。

新中国成立后，1951—1957 年，延安地区春夏连旱，粮食大面积歉收，群众生活困难，各县成立抗旱、生产救灾委员会，发放救灾款和救济粮。

1959—1963 年，北洛河流域春夏连旱。吴起、洛川等县干旱持续 110 ~ 140 天，粮食减产，小河断流，库塘干枯。

1966 年，吴起春夏干旱，夏粮减产 70% ~ 80%。小溪干枯，大河枯水，长城、王洼子地无庄稼，山无野草。

1972 年，延安全区连旱 190 天。吴起县粮食严重减产。

1974 年，吴起县春夏连旱，作物枯死，粮食减产一半。

1979 年，延安全区春夏干旱 120 天，北部降水偏少七成至九成，南部降水偏少四成至六成。粮食减产 50%。

1981 年，北洛河流域陕北地区春夏旱象持续 90 多天，气候反常，出现 35 摄氏度高温天气。次年，春夏持续干旱 100 多天。

1986 年，北洛河流域陕北地区春、夏、秋持续少雨干旱 190 天。富县麦田受旱，秋田缺苗；洛川县受旱面积 10 万亩；黄龙县部分乡镇秋粮减产 40%。

1995 年，北洛河流域陕北地区春夏干旱 130 天，吴起、志丹等县连续干旱 200 天，山地土壤 0 ~ 50 厘米含水量仅 6%，50 平方千米流域的河流枯竭或断流。吴起、黄龙县城供水严重不足。甘泉县遭受严重热风、干旱灾害，持续 154 天未降雨。1—6 月降水总量仅为 80.5 毫米。

1997 年， 北洛河流域持续干旱。年初至 7 月中旬，各县（区）降水量比历年同期平均减少四成至九成，一些地方 3 个月滴雨未降，境内北洛河流量不足 0.6 立方米每秒，粮食产量比 1996 年减少 36%；成灾人口 131 万人，直接经济损失 11.2 亿元。

1998 年，春季降雨又比常年偏少，土壤失墒不断加剧，并发严重旱生性病虫害，小麦严重减产。秋播后，大部分县区干旱持续 160 ~ 200 天，北洛河一度断流。干旱最为严重的北部县区，10 月至翌年 7 月，降水量仅为 50 毫米左右，较正常年份偏少近 70%；夏粮减产 13%，其中北部县区减产幅度达 50% ~ 60%。吴起、志丹玉米过早枯死，糜谷未能出穗，马铃薯不开花，豆子不结果，造成秋粮严重减产甚至绝收。

1999 年 10 月至 2000 年 5 月，北洛河流域北部降水量为 40 ~ 140 毫米，其中北部白于山区比历年同期减少64%。土壤失墒严重，北部山区0 ~ 50厘米土壤含水量为7% ~ 8%，川地土壤含水量为8% ~ 9%，大部分农田干土层达20厘米左右。继伏旱近1个月。

2001年2月至7月中旬，北洛河流域北部干旱严重，早秋作物无法播种，地下水位下降10 ~ 15米，甘泉县、富县出现水荒。

2006年底至2007年初，北洛河流域吴起、甘泉、洛川、黄陵、黄龙5个县（区）受到旱灾。

2009年1—3月，吴起县干旱，造成42084人受灾，3671人和3689头牲畜饮水困难，农作物受灾面积9712公顷，成灾面积4856公顷；黄龙县和甘泉春旱6.489万人受灾，受灾面积2万公顷，直接经济损失2849.4万元。

第三节　雹　灾

自古以来，北洛河流域均有冰雹发生，基本发生在流域上中游，上中游年冰雹发生概率为69% ~ 90%，发生时间为3—11月，6月发生概率最大，7月次之。一般沿地面固定路径自西北向东南推移。常由靖边县入境，沿北洛河流域吴起、志丹、甘泉、富县、洛川、黄陵、宜君、黄龙县一线降雹。

1919年，大荔降雹。

1925年，今志丹县西部、富县西南罗家坪等地及黄陵县发生雹灾，粮食严重减产甚至绝收。大荔边张营等村雹伤禾苗。

1928年，鄜县、黄陵2县降大雨雹，房瓦被冰雹打碎，秋禾被冰雹击死。

1930年，鄜县、黄陵县亦发生雹灾。蒲城东南乡、澄城县北各乡冰雹成灾，田无禾苗。

1932年，吴起、鄜县、黄龙县遭受一线冰雹路径。

1933年，今甘泉、富县、洛川、黄陵、蒲城等县降冰雹，小如枣杏，大到拳头，严重遭灾。

1936年7月4日、7月23日，鄜县两次遭雹灾，粮食绝收。

1944年7月，吴起、黄龙等县均降冰雹，轻灾区秋苗被冰雹击伤，粮食减产；重灾区牲畜被冰雹打死，百姓逃亡。

1946年8—9月，黄龙县小寺庄、崾崄、圪台、石堡、界头庙降冰雹，秋田受灾7万多亩。

1949年7—10月，志丹遭雹灾，粮食减产；吴起县金佛坪一带12个村庄夏田作物被冰雹打光。

1950年，志丹、洛川、黄陵、黄龙等县均遭雹灾。洛川县秦关乡6个村庄584亩秋禾全部被冰雹打光。

1951年夏，志丹县油坊涧一带降罕见大冰雹，冰粒大如碗，厚积33厘米，农田作物全部被冰雹打光；油房涧近处降一大冰柱，直径60厘米，长130厘米，6天未化。

1952年夏、秋，洛川县遭雹灾，夏秋作物严重减产。洛川县旧县、洪福梁一带发生11次冰雹。

1961年，黄陵县店头、田庄、隆坊等8个乡（镇）90个村庄遭雹灾，倒塌房窑24间

（孔），伤亡 7 人。

1963 年 9 月，黄龙县范家卓子降冰雹，糜谷、荞麦颗粒无收。

1964 年 6 月 12 日下午，大荔县八鱼乡麦城村麦场遭雷击起火。8 月 1 日，大荔县城关、许庄等 4 乡降雹，历时 15 分钟，近 5000 亩棉田遭灾。

1966 年 6 月 11 日，吴起县吴仓堡、城关、薛岔、五谷城等乡（镇）降大冰雹，大的如拳头，粮食绝收。

1967 年 5 月 21 日午后，白水云台乡降雹，伤 11 人，损失夏粮 30 多万公斤。

1970 年 6 月 28 日至 7 月 1 日，吴起县周湾、长城等地连遭 3 次冰雹袭击，雹粒大的如鸡蛋，小的如山杏，持续 30 分钟，冰雹打死 1 人、打伤 82 人。

1972 年 6 月 18 日，吴起县长官庙、白豹、薛岔等乡（镇）6 个行政村降冰雹，长官庙附近冰雹厚积 10 ~ 20 厘米，近万亩粮田遭灾。同年 6 月 23 日，吴起县五谷城、薛岔、周湾、长城 4 个乡（镇）26 个行政村降雹，农作物受灾 2.7 万亩。

1973 年 5 月 25 日，吴起县吴仓堡、周湾、五谷城、薛岔等乡（镇）降冰雹，冰雹积 20 厘米厚，夏田受灾近两万亩。

1974 年 7 月 2 日，黄龙县圪台、柏峪、白马滩降冰雹，大的如拳头，小的如桃核、玉米，3 天消完。

1976 年 9 月 21 日，吴起县吴仓堡、张崾崄等地遭冰雹袭击，雹粒小的如杏核，大的如鸡蛋，最大的 15 公斤，8 人被打伤，20.4 万亩农作物遭灾。

1977 年 5 月 29 日，大荔、白水降雹，数万亩麦田、棉田、早玉米田被打。

1982 年 8 月 12 日，吴起县城关附近 18 个村庄降冰雹，最大的如鸡蛋，打死小孩 2 人，1996 亩农作物绝收。

1984 年夏，黄陵县境内 9 次降冰雹，受灾 5.7 万亩，粮食减产 162 万公斤。

1985 年 5 月 11 日至 8 月 20 日，吴起县降冰雹 8 次，小的如山杏，大的似鸡蛋。

1988 年 6 月 24—27 日，吴起县 12 个乡（镇）465 个自然村遭受冰雹袭击，伤 24 人，死 8 人，受灾农作物 26.2 万亩。

1989 年 5 月 18 日，蒲城县降雹，大者直径 40 毫米，损害夏田 10 余万亩。5 月 23 日，蒲城降雹。5 月 31 日午后，澄城县北降雹，26 万多亩农田受灾，减产粮食 76 万公斤，经济损失 22 万元。6 月 28 日澄城 7 个乡降雹，损害农田 53536 亩，经济损失 839 万元。6 月 30 日晚，澄城县降雹。6 月 28 日、30 日，志丹县永宁、旦八、义正、双河、纸坊等乡（镇）遭冰雹袭击，雹粒最大的如鸡蛋，打伤 2 人，受灾粮田 19.7 万亩。同年，洛川县降冰雹 5 次，受灾 2.3 万亩，粮食减产 75 万公斤。8 月 26 日，澄城县冰雹和暴雨交加，10 个乡（镇）受灾，倒房 300 余间（孔），死 1 人，近 4 万亩农田受到损失。

1990 年 5 月 23 日 13 时 30 分左右，白水县林皋、云台两乡降雹，历时 10 分钟，4 万亩麦田受损。7 月 30 日 18 时，蒲城降雹，并伴狂风、暴雨，折树 12000 余棵、电杆 37 根，损害秋田 5000 余亩。

1990 年 4 月 22 日，9 月 21 日、23 日，志丹县纸坊、金丁、旦八、义正、周河、双河、杏河、侯市等乡（镇）遭冰雹袭击，最大雹粒如鸡蛋，农作物受灾面积 19.5 万亩，冰雹打伤 13 人。

1997 年 5 月 3 日，富县局地降雹，造成 260 多公顷农作物受灾；8 日、9 日，黄龙县降雹，受灾农田 603.1 公顷，成灾 435.7 公顷。翌年 5 月 27 日，富县富城、北道德和黄龙县崾崄等地降雹，受灾农田 2522 公顷；8 月 1 日，富县和黄龙县局地遭受冰雹、暴雨、大风袭击，黄龙县 5 乡（镇）800 公顷农作物受灾；绝收 145 公顷。

1999 年 5 月 23 日，黄龙县和富县遭受冰雹袭击，673 公顷农作物受灾。7 月 9 日，黄陵县局地降雹，经济损失 654 万元，18 日，黄陵、黄龙甘泉、富县等县局地降雹，黄龙县三岔乡受灾农田 267 公顷，核心区粮食、经济作物几乎绝收，冰雹打死羊 30 余只。

2000 年 6 月 16 日，洛川县 1 万公顷苹果、227 公顷烤烟遭受冰雹灾害。7 月 10 日，洛川县 4 个乡（镇）353 公顷苹果受雹灾。

2001 年 6 月 12 日，洛川县 266 公顷农田遭受冰雹灾害；黄陵县受雹灾，成灾面积 3500 公顷，最大雹径 20 毫米；黄龙县 2 个乡受雹灾，成灾面积 162 公顷。6 月 23 日，洛川县受雹灾，受灾面积 200 公顷；黄龙县 156 公顷农田受雹灾；次日，黄龙县 1531 公顷农田受灾；黄陵县受灾农田 190 公顷，经济损失 7403 万元。7 月 3 日，吴起县降雹，成灾面积 1172 公顷；甘泉县降雹，受灾农田 239 公顷；黄陵县隆坊镇 1578 公顷农田受灾；洛川县 67 公顷农田受雹灾，重灾 53 公顷。

2002 年 5 月 15 日，黄陵县、黄龙县遭受冰雹袭击，冰雹如山楂大小。5 月 15 日、16 日，洛川 9 乡（镇）遭受雹灾，雹径 10 ~ 20 毫米，受灾农田 4000 多公顷，苹果、小麦绝收；富县降雹，雹径 25 毫米，1333 公顷农田受灾，绝收 667 公顷。6 月 24 日、25 日、28 日，洛川县遭受冰雹，受灾农田 1867 公顷。25 日，黄龙县受雹灾，受灾农田 290 公顷。7 月 2 日，黄陵县雹径 20 毫米，持续时间 10 ~ 20 分钟，1300 多户 5000 多人受灾，受灾农田面积 1318 公顷；洛川县 600 公顷农田受雹灾。7 月 24、25 日，志丹县金鼎、旦八镇降雹时间 6 ~ 40 分钟，雹径 3 ~ 20 毫米，成灾 443 公顷。8 月 17—18 日，洛川县局地遭受冰雹袭击，雹径 5 ~ 21 毫米，受灾面积 200 公顷。

2003 年 6 月 5 日，洛川县降雹，受灾面积 2666 公顷；黄龙县降雹，近 200 公顷苹果、桃、核桃受灾；志丹县降雹，持续时间 40 分钟左右，最大雹径 30 毫米，受灾农田 189 公顷。7 月 6 日，黄陵县降雹，受灾面积近 1000 公顷；富县受灾，直接经济损失 4000 万元。7 月 19 日，富县、黄陵县局地降雹，经济损失约 723 万元。7 月 21 日，黄陵县降雹，562 公顷农作物受灾。

2004 年 6 月 16 日，富县降雹，冰雹最大直径 20 毫米，受灾面积 666 公顷，重创苹果种植，经济损失达 2000 多万元；洛川县降雹，冰雹直径 3 ~ 25 毫米，持续时间 2 ~ 10 分钟，2000 公顷苹果受灾。6 月 20 日，甘泉县东沟乡、黄陵县田庄镇降雹，受灾面积 341 公顷。7 月 4 日，富县交道镇降雹 15 分钟，苹果受灾 118 公顷，果面平均伤点 10 个。7 月 6 日，黄龙县界头庙、崾崄、瓦子街、三岔等乡（镇）局地降雹达 10 分钟，530 公顷作物受灾。8 月 3 日，黄龙县崾崄、瓦子街、三岔乡遭受冰雹袭击，降雹 30 分钟左右，80 多公顷农作物受灾。

2005 年 5 月 21 日，洛川降雹；5 月 27 日 0 ~ 2 时，志丹县出现雷阵雨冰雹天气，冰雹最大直径 30 毫米，降雹持续约 30 分钟，受灾农作物 1550 公顷，近 200 公顷绝收，受灾林木面积 1333 公顷；5 月 30 日，富县、洛川、吴起、志丹等县（区）相继遭受风雹袭击，雹径 3 ~ 30 毫米；6 月 24 日，黄陵县降雹，直径 10 ~ 20 毫米，持续时间 20 ~ 30 分钟，受灾面积为 757 公顷；6 月 25 日，富县纪路、高池、雷丰、雨家塬及照八寺林牧场受灾最重，吉子县苹果受灾面积 1000 余公顷，成灾面积 300 公顷；6 月 29 日，吴起县白豹镇遭受冰雹袭击，农作物受灾面积 196 公顷； 7 月 24 日，黄陵县田庄镇社地和南、北巨头等村遭受风雹灾害，持续时间 15 分钟左右，冰雹直径 8 ~ 10 毫米，受灾苹果 188 公顷。2006 年 8 月 1 日，志丹县遭受雷雨、冰雹袭击，受灾农作物面积 768 公顷；黄龙县受灾农作物面积 53.3 公顷；子长县（今子长市）李家岔镇冰雹持续约 25 分钟，最大直径约 30 毫米，农作物和经济林果作物受灾面积约 275 公顷。

2007 年 6 月 6 日，黄龙县界头庙乡发生雹灾，历时 15 分钟。6 月 24 日、25 日，富县遭雹灾，其中钳二乡降雹 20 分钟，最大冰雹直径约 40 毫米，苹果受灾面积 1 303 公顷。6 月 25 日，富县北道德乡遭雹灾，雹径 6 ~ 10 毫米，持续时间 15 分钟左右，受灾面积 407 公顷。6 月 29 日，吴起县白豹、铁边城、新寨等乡（镇）遭受冰雹袭击，受灾面积 695.87 公顷。7 月 22—24 日，富县南道德、寺仙、茶坊、牛武、北道德 5 乡（镇）相继遭受冰雹袭击，受灾面积 3212.35 公顷，直接经济损失 3879.19 万元。7 月 24 日，志丹县吴堡乡暴雨、冰雹持续约 45 分钟，农田受损 924 公顷，死亡 1 人；义正乡冰雹最大直径 20 毫米，受灾农作物 487 公顷。同日，吴起县吴起、周湾、长城、吴仓堡 4 乡（镇）遭受冰雹灾害，农作物受灾面积 278 公顷，7 月 25 日、26 日，吴起县连续遭受冰雹袭击，农作物受灾面积 734 公顷。9 月 1 日，吴起县遭雹灾，农作物受灾面积 1584 公顷。

2011 年 7 月 13—21 日，北洛河流域连续 9 天多次遭受强对流天气的袭击，整个过程中时常伴有短时大风和局地冰雹天气。7月 14 日下午 3时左右，志丹县杏河镇遭受冰雹袭击。冰雹最大直径 10 毫米；降雹范围 5 千米，降雹持续 10 分钟，据调查，冰雹造成 3 个行政村共 4280 亩农田受灾，以玉米、豆子、马铃薯为主。7 月 16 日晚 10 时 10 分，黄陵县阿党镇出现冰雹大风天气过程，冰雹持续时间 5 分钟左右，雹径约 10 毫米，瞬间风力大，使唐呼、阿党村、丁村等 6 个苹果主产村组受灾。

2008 年 7 月 19 日 17 时许，吴起县发生冰雹灾害，冰雹直径约 30 毫米，持续时间 20 分钟，约 1733 公顷农作物损毁，绝收 833 公顷。7 月 25 日，甘泉县遭受冰雹袭击，造成经济损失约 800 万元，同日晚，吴起县五谷城、周湾、吴仓堡 3 乡（镇）受冰雹袭击，持续时间 15 分钟，农作物受灾面积 1000 余公顷。6 月 26 日 17 时 50 分钟左右，黄陵县遭受短时强降水、大风和冰雹灾害，冰雹最大直径 35 毫米，持续时间 10 分钟左右；黄龙县瓦子街镇、圪台乡局地降雹，310 公顷农田受灾。10 月 2 日，黄陵县遭受狂风、暴雨、冰雹袭击，其中仓村乡受雹灾最重，降雹持续 32 分钟，最大雹径 12 毫米，160 公顷苹果绝收。

2010 年 5 月 4 日 18 时 40 分，洛川县遭受冰雹袭击，受灾面积 17216 公顷，其中果园 16355 公顷，经济损失约 7 亿元。5 月 29 日甘泉、延长降雹；甘泉石门乡乱柴沟村受灾最重，冰雹直径绝大多数 8 毫米左右，最大 20 毫米。6 月 3 日，富县、黄陵降雹，苹果、农作物受灾。6 月 16 日，黄陵县局地持续降雹，密度较大，颗粒直径多在 5 毫米左右，最大 10 毫米，1000 公顷苹果受灾，直接经济损失约 1500 万元。9 月 3 日吴起县降雹，农作物受灾 950.6 公顷，其中绝收 589 公顷。

第四节　地震灾害

北洛河流域地震主要发生在下游白水县、澄城县、合阳县、蒲城县、大荔县，境内南北均有深大断裂带，东西又有活动断裂带和邻区相接，为北东向和北西向活动断裂带的交汇点，地应力容易积累，发生大震的地段。

地震实录如下：

明弘治十四年十二月十五日（1502 年 1 月 17 日），震中位于朝邑城西，发生 5 级地震，有声如雷，震撼大地，摇斜房屋，震裂墙壁，鸡飞犬吠，马奔牛惊。翌年四月，朝邑、同州又震，声如雷鸣，以至弘治十八年二月、九月，又发生两次地震。

正德五年（1510 年）四月十一日，朝邑发生 5 级地震，烈度Ⅴ度，波及山西蒲州各地，震声如雷。

嘉靖九年（1530 年），大荔发生 5 级地震，烈度Ⅴ度，震声如雷，数日方止。

嘉靖十一年（1532 年）五月十六日，大荔发生 5 级地震，烈度Ⅴ度，波及西安府，有声如雷。

嘉靖十三年（1534 年）五月二十二日，大荔发生 5 级地震，烈度Ⅴ度，波及朝邑等县，震声如雷。

嘉靖十九年九月二十日亥时（1540 年 10 月 21 日），同州地大震。震中位于城西冢刘村，东经 109° 09′，北纬 34° 08′。震级达 5.5 级，烈度Ⅶ～Ⅷ度。初时地声犹如狂风怒吼，既而迅雷轰鸣东来，人惊畜叫，禽鸟四飞，顷刻，墙倒屋塌，毁伤殆尽，压死人畜无数。以至嘉靖二十年（1541 年）七月，同州、华州余震不已，有声如雷，灾害严重。

嘉靖二十九年（1550 年）九月二十日，同州三更大地震，有声如雷，自东方来，须臾墙倒房塌，死伤多人。

嘉靖三十四年十二月十二日（1556 年 1 月 23 日），华州发生 8 级大地震，震中烈度Ⅺ度，重灾面积达 28 万平方千米，分布在陕西、山西、河南、甘肃等省，大半个中国被震撼，有感范围远达福建、两广等地，死亡 83 万多人，伤亡人数冠世界震灾之首。震时山崩地裂，泉水涌出，间有鱼物，城郊房屋陷入地中，平地突兀成山，一日连震数次，黄河、渭河等暴涨，华岳、终南诸山齐鸣。

万历十四年（1586 年）冬，澄城（35.2° N，109.8° E）发生 5 级地震，震中烈度Ⅴ度，地震有声。

万历三十四年（1606 年）六月十九日，白水发生 5 级地震，震中烈度Ⅵ度，地震波及三原、洛川等地。

清顺治六年（1649 年）四月，澄城发生 5 级地震，震中烈度Ⅳ度。

清顺治十六年（1659 年）正月，朝邑发生 4 级地震，震中烈度Ⅳ度。

清乾隆四十一年（1776 年）四月十二日，白水发生 5 级地震，震中烈度Ⅳ度，地震有声。

清光绪六年（1880 年）二月十二日，大荔发生 4 级地震，震中烈度Ⅳ度。

清光绪十二年（1886 年）六月十四日，朝邑发生 4 级地震，震中烈度Ⅳ度。

1957 年 4 月 21 日，韩城县发生 3.4 级地震。

第五节 塌 方

北洛河流域，历史上水土流失严重，阶地破坏形成高陡边坡失稳，滑塌地带分布较广，数量较大。

塌方实录如下：

黄陵县侯庄乡，据娘娘庙“楠封板”载，清道光六年（1826 年），西边山原滑塌，聚水成湫。

洛川县黄章乡元桌村，清光绪二十年（1894 年），东西两侧山崖滑塌形成天然聚湫。

黄陵县侯庄乡贸原村，清宣统二年（1910 年）因滑塌形成滑塌湫。

1965 年 2 月 27 日，吴起县周湾公社与长城公社之间三座大山滑塌，形成一座天然水库。滑塌平均长 830 米，宽 300 米，高 90 米，滑塌土方 1332 万立方米，库容 2100 万立方米。

1987 年 7 月 9 日，因骤降暴雨，洪水泛滥，志丹县侯市乡井沟岔大山滑塌，造成交通中断及改线；40 户村民迁居露宿，死亡 1 人，财产损失 6000 余元。

1988 年夏季，因连降暴雨，义正至南梁路 4 处，长 200 米滑塌，旦八火烧嘴至纸坊山滑塌 4 处长 420 米，塌方 4600 立方米。是年，志丹县杏河阳山发生大山滑塌，一家 6 人死亡；侯市乡山坡坍塌，死 2 人。

1989 年，志丹顺宁乡村民建窑塌方，死 2 人；永宁镇关庄湾大山崩裂，一家 5 人死亡。

1993 年 5 月 3 日，志丹县周河乡二道河村发生山体滑坡，塌毁村民张家宏家 3 孔石窑，压死 1 人。5 月 19 日，志丹县周河乡城关村磷磺地台刘丕有砖厂发生塌方，死亡 3 人。

1996 年 7 月 9—16 日，榆林地区连降大到暴雨，吴堡到定边公路线 12.4 千米处石砭裂缝，山体滑塌，阻车 15 小时，171.3 千米处 2 孔跨径 3 米石拱涵洞冲毁，交通中断。

1997 年 7 月 30 日，定边县王盘山、樊学一带暴雨。定张公路石涝川赵塌坬山体滑坡，石涝河被堵塞，形成约 10 千米水坝，浸泡小桥 3 座、涵洞 18 处，路基 5 千米，毁坏、沉陷路基 3 千米，交通中断。

2009 年 7—8 月，多次降水及暴雨天气造成神木、榆阳区、吴堡、子洲、靖边等县（区）山体滑塌和公路路面下陷，1 人受伤。

2020 年 8 月 4 日 15 时至 5 日 8 时，榆林定边县普降大到暴雨，局地大暴雨。8 月 5 日上午，强降雨造成定边县闫铁线 53 千米处山体滑坡，塌方量 5000 余立方米，致使道路堵塞。

第二篇　水资源节约集约利用

北洛河流域内汉代兴修大型水利工程龙首渠。唐代引洛灌“通灵陂”，惜未获长久效益。此后千年时间，北洛河流域水利工程以小型为主，水资源利用率很小，直到1934年，北洛河流域开始修建现代第一处大型水利工程——洛惠渠，北洛河流域水资源开发利用才进入新的阶段。新中国成立后，北洛河水资源利用获得了高速发展，北洛河流域在其具有开发利用的支流上广泛修建蓄水工程及配套的引水工程，如林皋水库、石堡川水库，支流的水资源能力得到了充分开发。在提水利用方面，新中国成立后，北洛河流域水井和抽水站建设得到重视和发展；提水工具也由水泵替代辘轳、水车；提水动力由蒸汽锅机、柴油机发展到电力，除了少数电力难以达到地段，北洛河流域已经全部普及了电力抽水。在引水和提水等水利工程协助下，北洛河流域城市、农业用水问题得到初步解决。

1978年改革开放后，北洛河流域经济社会高速发展，对供水的需求快速增长，特别是工业化、城市化进程加快，也对水的供给提出了更高的要求，需要新的水源工程以缓解缺水危机。在此后的40年间，北洛河流域先后建设了一批水源工程：如20世纪80年代后期，利用世界银行贷款建设的大荔洛北、蒲城袁家、定边、靖边、黄陵等改水工程；1996年，开始实施解决农村人畜饮水困难的“甘露工程”；南沟门大型水库及一批应急水源水库。北洛河流域内先前修筑的水库除险加固工程还提高了利用效率，并引入东雷抽黄、交口抽渭等流域外水源补充北洛河流域水源。北洛河流域的农业灌溉、工业供水、城乡供水能力有了极大提高。

第一章 引水灌区

北洛河流域发展农业灌溉有着悠久的历史。北洛河流域内引水开发始于汉代著名的龙首渠（现洛惠渠），凿竖井若干，于井下开隧洞10余千米，是中国历史上第一条地下水渠。隋唐在继承、巩固前业的基础上，出现了不少引水工程，如隋开皇三年（583年），司农少卿崔仲方奉命修筑直罗城，开渠溉田，教民禾秧，人皆德之。唐玄宗开元年间，同州刺史姜师度在朝邑、河西二县界，引洛水及堰黄河水浇灌古通灵陂（今盐池洼）以种稻田，内治屯十余所，收获万计。宋、元、明、清时期，由于政治、经济等原因，北洛河流域小型水利虽有发展，但整个灌溉事业日趋衰落，至清末仅有少数引水灌溉区域。

北洛河流域现代灌区建设始于民国时期的洛惠渠工程。1934年，在杨虎城倡导下，由李仪祉主持修建洛惠渠，1949年完成修复，1950年4月10日正式开闸放水灌溉，灌区开始受益。新中国成立后，北洛河流域在修复、加固、扩建小型引水工程，续建洛惠渠灌溉工程的同时，积极兴建新的引水工程，如陕北的宁塞渠、富张渠、甘泉渠、龙首渠（黄陵），北洛河下游的石堡川、跃进渠等引水工程。这些引水工程改变了长期以来北洛河流域以旱作农业为主的面貌，人民不再靠天吃饭。

第一节 古代渠堰

一、龙首渠

龙首渠，引北洛河水灌溉农田。《史记·河渠书》载："其后庄熊罴言：'临晋民愿穿洛，以溉重泉以东万余顷故卤地。诚得水，可令亩十石。于是发卒万余人穿渠，自徵引洛水至商颜山下。岸善崩，乃凿井，深者四十余丈，往往为井，井下相通行水。水颓以绝商颜，东至山岭十余里间。井渠之生自此始。穿渠得龙骨，故名曰：龙首渠。作之十余岁，渠颇通，犹未得其饶。'"大荔县贺志载：汉武帝元狩年，庄熊罴请开临晋渠，成名曰："龙首"。

龙首渠是公元前122年（汉武帝元狩元年）开始开挖的，当时大荔县（临晋）人民开凿渠道，引北洛河的水灌溉农田，改良1万多顷古老盐碱地。为兴修这一工程，朝廷动员民工1万多人，从澄城县（古徵地）境，把洛水引到铁镰山（古商颜山）下，再凿洞穿山，把水引到山南。由于土质疏松，在凿洞时经常塌方，施工困难。因此，便打了许多井，最深的井40多丈，井与井相通（历史上采取打工作井凿通隧洞的施工方法，就是这时创造的）。渠修到山岭以东10多里[①]的地方。施工中挖出了龙骨，便命名这条渠为"龙首渠"。工程

① 1里=500米。

共搞了 10 多年，渠修通了，终因铁镰山下的隧洞塌方，没有得到长久灌溉受益。

西汉之后，虽亦有沿袭龙首渠的历史，相继开挖，如北周武帝生于同州，时来巡视，保定二年（562 年），“同州开龙首渠，以资灌溉”（见《北周书 · 武帝本纪》），但都没有成功受益。而今的洛惠渠，仍是沿袭古龙首渠故道开挖兴建的。

二、临晋陂渠

临晋二陂，《晋书》载：三国时司马懿屯兵渭北，为“就地积谷，大积军粮”，于青龙元年（233 年）筑临晋陂，引洛灌溉。临晋为秦汉时县名，其地唐代为朝邑县。《新唐书 · 地理志》载：同州朝邑县北四里有通灵陂，开元七年（719 年）刺史姜师度引洛堰河溉田百余顷。经调查考证，临晋陂与通灵陂故址，为今大荔县城东 3 千米处的盐池洼，东西长 15 千米，南北宽 3 ~ 5 千米，槽形封闭，低于周围二级阶地 15 米左右，洼地西高东低，东段无排水出口，常年积水，用以晒盐。引洛渠道遗址在大荔县城东南畅家村至长安屯，俗称旱河，渠口宽 42 米，深 4 ~ 5 米，从盐池洼西端的长安屯至北洛河北，共长 2.5 千米。

三、通灵陂渠

开元七年（719 年），姜师度调任同州（今陕西大荔）刺史。当时在同州朝邑县以北有一大片叫通灵陂的洼地，长期废置，盐碱遍地。姜师度组织人力依势对通灵陂进行修整和挖掘，同时修水渠引洛水、筑河堰导黄河水入通灵陂，蓄积水源。利用这一水源，周边农田广种水稻，“凡二千余顷，内置屯十余所，收获万计”。

四、长宁河渠

长宁河渠在澄城县西北四十里，云门、红罗二谷水为长宁河，居民引流灌田数十亩。

五、大峪河堰

大峪河堰，一名扑地河堰，在澄城县东二十里与郃阳分渠灌田，共灌本县田三百余亩。

六、玉泉渠

玉泉渠，在澄城县西北十五里，泉下有蔬圃、药畦引流灌溉。

七、漫源渠

漫源渠，在蒲城县西十五里，漫泉发源董家村，至贾曲镇散入田间，灌苇十七顷。

八、半坡寨渠

半坡寨渠，在蒲城县东十里，引泉水灌田八十亩。

九、常乐渠

常乐渠，在蒲城县东南十里，引泉水灌田百余亩。

十、白马泉渠

在蒲城县东陵寨村，灌田六十亩。

十一、三郎泉渠

在蒲城县东平路村，灌田三十亩。

十二、北庄泉渠

北庄泉，在大荔县西二十里，泉水发源北庄，经流北胡村、苏村等处灌田二百余亩。

十三、葫芦河直罗渠

葫芦河为洛河一级支流，川面开阔平坦，具有较好的灌溉条件。隋开皇三年（583年），太守栏仲方奉命修筑直罗城，又开直罗渠灌田，人皆称颂。该渠现位于陕西省富县境内。以后的10多年间，葫芦河流域引水灌溉不断发展，陕甘宁边区大生产运动期间亦十分重视水利设施，仅1942年，葫芦河川修水地73公顷。新中国成立后，对旧式拦水工程及直罗渠进行维修扩建，目前水稻种植面积360余公顷，米质极佳。

第二节 洛惠渠灌区

洛惠渠地处关中东部北洛河下游，是以北洛河为水源的大型自流引水灌溉工程。其历史悠久，文化灿烂，最早可追溯到汉代的龙首渠，首创井渠法技术，被誉为中国历史上第一条地下渠。龙首渠引洛古灌区于2020年12月8日入选“世界灌溉工程遗产”，是一项具有国际辨识度的标志性工程；2022年2月10日入选陕西省首批水情教育基地。现代洛惠渠是在古龙首渠基础上建成的，是著名的“关中八惠”之一。近代开创的计划用水、高含沙淤灌、盐碱地改良、灌水技术等影响巨大，荣获水利部“部一级管理单位”“全国先进灌区”称号。

一、工程概况

洛惠渠是运用近代科学技术兴建和管理的大型引洛灌溉工程。1933年，在爱国将领杨虎城倡导下，由著名水利科学家李仪祉主持规划，于1934年春动工兴建，在北洛河洑头筑坝引水，先后建成拦河大坝、引水渠、进水闸、总干渠、干渠和隧洞、渡槽、涵洞、分水闸、退水道等主体工程。唯第五号隧洞施工遇流沙、潜泉，严重受阻，虽经五易施工方案，终于1946年打通，但未能灌溉受益，1948年工程停顿。

1949年10月1日，中华人民共和国成立，人民政府立即组织洛惠渠复工，于1950年5月22日引水灌田。1952年完成40万亩灌区建设任务，在转入灌溉管理后，又对第五号隧洞和干支渠道进行了大规模的加固改善和扩建，并扩建了洛西灌区，使设施面积发展到77.69万亩，其中建成小型抽水站68座，扬水面积18.24万亩，惠泽大荔、蒲城、澄城3县的31个乡镇和1个大型农场，涉及69万人，属大（3）型灌区。

二、规划设计

民国十八年（1929年），陕西关中大旱，三年不雨，六料不收，炊烟断绝，村舍丘墟。民国十九年（1930年），陕西省政府主席兼西安绥靖公署主任杨虎城将军，为解救桑梓百姓于水火之中，决定兴修水利，恢复生产，邀请近代水利大师李仪祉先生再次回陕主持水政。

1933年2月，命孙绍宗筹建引洛工程处于大荔，组织人员进行勘测设计。

1933年2月19日，孙绍宗率测量队，进行总干渠测量。灌区测量完成后，孙绍宗又编制了《陕西引洛灌溉工程计划书》。

1934年夏，全国经委会水利处选派工程专家来工地视察后，经反复研究讨论，决定由李奎顺工程师于当年9月将拦河坝设计为弧形拱坝。进水闸及排洪闸、隧洞、渡槽、分水闸等均完成设计。

三、工程建设

1934年3月25日，在澄城县交道乡洑头村老状瀑跌上游60米处，开工建设拱坝拦河坝。为了抢在1935年汛前完成坝体施工，组织民工，搭设工棚、昼夜施工。1935年6月20日，坝体砌竣，坝为石拱滚水坝，坝轴为弧形，坝面为渥奇式，顶长187.6米，顶宽5米，坝基最大宽22.5米，坝顶高程404.41米。大坝由李奎顺具体设计，总工程师孙绍宗率队勘测并负责施工。

1935年2月，李仪祉将拦河坝命名为龙首坝，国民政府主席林森亲笔题写坝名。后将题词刻石树碑，修建龙首亭，以示纪念。

总干渠于1934年5月开工，1936年10月基本建成，修筑过沟土坝7座，各类建筑物34座。渠线尾端五号隧洞因遇流沙潜泉受阻，经五易施工方案，同流沙潜泉搏斗13个春秋，殉难48人，终以工作井工作洞法于1946年11月26日穿通，但直至新中国成立，工程未能实际受益。总干渠共有穿塬隧洞5座，由北到南分别是一号澄源洞、二号甫田洞、三号大有洞、四号朝川洞、五号平之洞，洞名取自所灌溉的澄城、蒲城、大荔、朝邑、平民5县之名，由国民政府要员汪兆铭、孙科、宋子文、蒋介石、孔祥熙等题写。

1935年至1937年8月，完成东、中（中干渠长家坡以下又设中东、中西两条渠）、西3条干渠建设。

1947年12月12日，水利部部长薛笃弼亲临五号洞，举行通水典礼。

1949年5月西安解放，西安军管会接管泾洛工程局。10月1日，成立陕甘宁边区政府农业厅水利局洛惠渠工程处，李奎顺任处长。

1950—1955年，灌区掀起续建高潮，先后完成西一支渠、东干一支、东干二支、东一干渠延长段、东干三支、西一支一分渠共61.68千米。

1956年11月23日，开始实施灌区排水工程。1957年9月完成中干排水沟1条、支排水沟5条、分排沟2条、试验毛沟1条，全长32千米，建筑物49座，完成土泥方49.58万立方米，完成工程费23.13万元。后陆续建成西干排、盐池洼干排及洛西排水系统。

1966年12月24日，洛西灌区的洛西倒虹工程动工，1970年5月1日，正式通水，扩灌、淤灌面积20余万亩。

洛东灌区方面，1968年12月，全长68米的东干三支渠堤浒渡槽建成，横跨于堤浒村深达26.4米、宽达64米的盐池洼排水干沟之上。

至1978年，洛西灌区干支渠系统框架基本形成，并最终完成了洛惠渠77.69万亩灌区的最后一块拼图。

四、干支渠道

（一）总干渠

总干渠由拦河坝向南沿北洛河东岸，穿山越沟，至义井分水闸，共长21.73千米。渠道断面：底宽5米，渠深3米，水深2米，边坡1 ∶ 1。民国二十三年（1934年）5月，总干渠土方工程分段开工，至民国二十五年（1936年）10月基本建成，修筑过沟土坝7座，各类建筑34座。

总干渠过沟填方原设计外坡比为1 ∶ 1。渠水浸润线在渠坡出露，极易产生滑坡和决口。1950年进行加固，外坡比改为1 ∶ 1.5 ~ 1 ∶ 2，共培厚土方15万立方米。阳泉沟与石马南北沟堵口土坝形成水库，经含沙量15%以下的渠水通过，至1951年淤满，流水槽已具渠道雏形，即整理成正规渠道，高含沙过水淤沟便成为过沟填方加固改善的重要措施，以后应用于其他过沟填方渠。

图2-1-1 洛惠渠总干渠夸村段（2020年，高智拍摄）

1972年洛西灌区建成后，灌溉面积扩大到62万亩，而总干渠实际引水能力只有13.5立方米每秒，满足不了下游用水要求。为了缓解用水矛盾，进一步挖掘灌区潜力，洛惠局提出总干渠扩建工程计划，在陕西省水利局及蒲城县领导的大力支持下，由洛惠局进行设计。根据洛河多年平均流量25立方米每秒，非汛期9个月平均流量19立方米每秒左右，确定设计流量17立方米每秒，加大流量18.5立方米每秒，即大荔设计流量10立方米每秒，洛西设计流量7立方米每秒，其余为总干渠抽水。计划造价200万元，其中国家投资110万元，受益群众负担90万元。该计划经中共渭南地委审查批准，除一号洞改开明渠，调整渠底比降，进水闸不再改建外，其他各项工程按设计施工。1974年3月20日，在曲里成立由蒲城县革委会副主任刘登荣、洛惠局革委会主任蔡树森任正副指挥的工程指挥部，工程技术由王永富负责。工程于1974年5月15日开工，至1975年先后完成扩建进水石渠190米，改底宽为6米，边坡1 ∶ 0.5，全部混凝土衬砌；进水闸后渠道混凝土板衬砌775米，渠底宽4.8米，边坡1 ∶ 1，衬砌高2.5米，板厚10厘米。进水闸后跌差为0.44米；改一号隧洞为270米明渠；二号隧洞旁增开新洞，改为双洞输水。原二号洞长779米，拆除进口26米，洞长缩为753米，与新洞等长，进口高程400.62米。新洞进口高程400.78米，断面为上圆下方，高宽均为2.8米；改建方孔桥5座，桥孔断面与渠道横断面同；一至二号隧洞间渠道改线109米；拆除曲里小渡槽，填沟改为明渠。分别加长曲里、夸村渡槽进出口4 ~ 6米，槽底比降由1/1000调整为1/600，加大流速，流量增大至18.5立方米每秒；混凝土衬砌洛西分水闸以上渠道。至此，扩建13千米总干渠工程全部完成。共计完成土方38.53万立方米，石方0.74万立方米，混凝土1.54万立方米，投工57.33万个，投资200万元，其中群众投资96.9万元。

（二）洛东渠系

根据设计，总干渠义井分水闸以下，设中、东、西三条干渠，民国二十四年（1935年）8月开工。中干渠长家坡以下又设中东、中西两条干渠，民国二十五年（1936年）2月开工，至年底相继完成，共计土方98.3万立方米，投劳17.3万个工日，建筑物144座。当时，渠线多沿等高线布置，为减少工程量，尽量多挖少填，修建不必要的跌水多处，造成较大水头损失，加之地形图的差错，渠成后一些渠底高程偏低，致使一些地块不能受水。民国三十四年（1945年）为灌溉朝邑7万亩耕地，曾应第八区专员公署要求，延长中东干渠11千米，因高程有误半途而废，仅有3千米渠道作为中东干渠尾段加以利用。

1950年春季，人民政府采取以工代赈的办法，组织劳力进行支渠开挖及干渠清淤。3月成立洛惠渠灌溉区工作委员会，驻工地指挥施工。3月中旬日上劳工达5230人，其中职业工人850人（包括久居义井一带的老工人350人）；大、蒲、澄三县度荒农民1000人；山东、河南逃荒难民1600人；受益区农民1780人。1950年4月10日，洛惠渠试水。此时渠系已作调整，即总干渠延长到长家坡分水闸，取消了中干渠，改东干渠为东一干渠，西干渠为西一干渠，中东干渠为东二干渠，中西干渠为西二干渠。输水渠道包括总干渠、西一、西二两条干渠，东一、东二干渠的一段和斗分渠道15条。当日9时，大荔分区地委书记刘文蔚偕同有关部门及县政府领导等50人集体赴义井、长家坡等处参观，沿渠参观群众，络绎不绝。

渠系配套至1951年2月，先后建成支渠3条，即西一支渠自西干渠冯村分水，南流至游家斜汇入西二干渠，长9.52千米；东一支渠由东一干渠龙门村分水，东流经安仁镇北至南湾，退水入黄河滩，长9.56千米，东二支渠由东二干渠西坊村设闸门分水南行，经婆合至畅家村退水入洛河，长10.96千米。1952年发现东一支渠5斗不能满足灌溉朝邑7万亩耕地要求，又从东一支渠5+616处设闸分水南行，经小荀村、堤浒至王玉村入洛河，长16.69千米，称东三支渠，10月22日开工，12月6日竣工。至此共配套支渠4条，共完成土方143.6万立方米，用工72.2万工日。

1954年，因东一干渠12斗灌溉面积达17800亩，东一支渠1斗灌溉面积14000亩，存在两斗相邻面积过大、渠线长、分引渠过多、下游用水困难等问题，需为东一干渠寻找退水出路，决定从龙门村跌水下，延长干渠4.65千米，向西偏南退水入东二干渠。

1955年冬季为解决西干渠11斗，西一支2斗、4斗渠线过长、弯曲多、灌溉面积过大、下游有近2万亩地受水困难的问题，经洛惠局与大荔县政府研究，决定增建西一支分渠。土渠由民工修建，建筑物由国家负担。在西一支渠1.8千米处引水1.5立方米每秒，西行约800米，折向南至北高迁村，再转向东南至游家斜退水入原西二干渠，全长10.319千米，完成土方129833立方米，建成建筑物26座，于1956年春季完成。国家投资4.5万元，修斗渠7条，改善面积22113亩。

西干渠系统现有干渠1条，长12.622千米；支渠1条，支分渠2条，计长25.613千米；

设施面积 12.4 万亩。

（三）洛西渠系

洛西干渠在总干渠 13+089 处设闸分水，最大过水量 7 立方米每秒，过洛河后沿塬脚西南行至小寨，长 22.117 千米，灌溉平路庙公社 3.57 万亩耕地。在小寨村北设闸分水，一支走内府滩北缘，沿 386 ~ 382 米等高线向西长 7.97 千米，面积 2.39 万亩；二支沿内府滩南缘向西长 11.29 千米，面积 3.97 万亩。合计灌溉面积 9.93 万亩。

1961 年 9 月，蒲城县提出建设洛西灌区，随后由陕西省水利勘测设计院规划，几经考察讨论，于 1966 年 8 月 24 日由洛惠局编报工程设计任务书送审。规划按五号隧洞加固后，过水流量减小到 10.7 立方米每秒，与总干渠过水量 15 立方米每秒相比，尚有余水可用。拟在五号隧洞上游总干渠 13 千米处，设闸向西分水，过洛河至蒲城塬下阶地，开发自流灌区近 10 万亩。同时结合排水工程对卤泊滩 10 万余亩原生盐碱地进行放淤改良，裨益较大。陕西省水利厅 9 月批复同意。当年 10 月蒲城县与洛惠局组建工程指挥部，11 月开工。1970 年 5 月 1 日洛西通水，1971 年洛西干渠全部竣工，1972 年移交给洛惠局管理。

1972 年蒲城县又将一支渠延长 12.37 千米至荆姚。渠底宽度为 1.2 米，渠深 2.2 米，边坡为 1 ∶ 1，比降为 1/3000，流量 2 立方米每秒。扩大自流灌溉面积 16434 亩，扬水 19184 亩。工程于 1972 年 6 月开工，1973 年 8 月完成。群众投资 12 万元。1977 年蒲城县应群众淤灌改造卤泊滩的要求，在洛西一支渠与西韩铁路交点南侧 25 米处建闸分水西流至航空俱乐部，长 9.35 千米，建放淤渠（现称洛西一支分渠）可淤灌一支 3 至 6 斗下段及卤泊滩部分盐碱地 4 万 ~ 5 万亩。设计渠底宽 1.5 米，渠深 2 米，内坡比 1 ∶ 1，外坡比 1 ∶ 1.5，渠岸宽 2 米，比降 1/2000，流量 5 立方米每秒，完成土方 30.8 万立方米，建成建筑物 26 座，所有工程均于 1978 年底完工。

五、重点建筑

灌区渠系有建筑物 1255 座，种类繁多，形式各异。其中，重点建筑物 38 座，多数建于 20 世纪 30 年代，其工艺造型美观，建筑结构雄伟，质量优良。

（一）隧洞

总干渠共有穿塬隧洞 5 座，由北到南分别是第一号隧洞即澄源洞，位于老南沟北侧，长 264.5 米；第二号隧洞即甫田洞，位于老南沟南侧，长 777.4 米；第三号隧洞即大有洞，位于张三沟以南，长 577 米；第四号隧洞即朝川洞，位于阳泉沟以北，长 184.6 米；第五号隧洞即平之洞，横穿铁镰山，长 3467 米。因渠道灌溉澄城、蒲城、大荔、朝邑、平民 5 县而冠以洞名，五号隧洞命名，还兼有纪念张平之工程师，为测量总干渠线，殉难于阳泉沟之意，洞名均由李仪祉命名。

（二）渡槽

夺村渡槽：为总干渠过夺村沟而建。1935 年 5 月由李奎顺设计。

曲里渡槽：系总干渠过大峪河的建筑物，槽身长 116 米，高 24 米。1935 年由李奎顺设计，为单拱排架式钢筋混凝土结构。

曲里小渡槽：位于曲里到永丰镇的路壕上，槽身与夺村渡槽相同，长20米，下部为石礅板拱结构。1974年总干渠扩建时拆除，改路填沟为土渠。

堤浒渡槽：是东干三支渠跨越盐池洼排水干沟，灌溉下游4.25万亩耕地的咽喉工程。1968年由段志仁、陈敏虹等担任设计和施工。

图2-1-2　夺村渡槽（2019年，许小海拍摄）

（三）倒虹

洛西倒虹：位于洛西干渠1.5千米处，是横跨洛河的输水咽喉工程。于1966年10月边设计、边施工，至1970年5月1日建成通水。该工程由陕西省水利勘测设计院设计，蒲城县洛西灌溉工程指挥部组织施工，建筑物采用桥式倒虹、双管排架钢筋混凝土结构，单管输水量3.5立方米每秒，预应力钢丝网水泥管内径136厘米、壁厚5 ~ 6厘米。进口高程395.95米，出口高程393.95米，水头差为2米，桥上管底高程369.83米，桥高16米。进口起自洛西干渠1+441.77至出口1+952.77，倒虹水平全长511米，中部桥长为216米，分11跨，前10跨每跨长20米，末跨长16米；进出口管段顺山坡埋于地下，进口段长237米，出口段长67.9米，实际全长520.9米。双柱排架，排架柱为外径仅0.6米，内径0.32米的空心混凝土预制管，安装施工未经复核，原设计未考虑地震影响且伸长比不符合规范，抗弯强度不能满足要求，1970年不得不作加固设计，把立柱加粗至顶端直径1.3米、柱脚直径1.7米。10个排架计划全部加固，实际只对3号、5号、7号有固定支座的排架进行上述加固。1978年又加固了1号排架。1980年，为便于管道内部清理，在倒虹桥首尾装设带有检修孔管道4节。

（四）总干渠分水闸

义井分水闸：位于总干渠21+738处，义井村东南角，是洛东灌区的分水枢纽，东、西、中三干渠由此分水。民国二十四年（1935年）由李奎顺设计，11月开工，翌年10月完工。

洛西分水闸：1966年11月由段志仁设计，蒲城县施工。

（五）退水道

各退水道因所处位置和地形不同，形式多种多样，有喷嘴式如合什、党川退水道；有跌井式如蔡村、苇子沟、南湾退水道；有多级跌水式，如东三支八跌浪及夺村退水道；有直落式与陡坡相结合的曲里、阳泉沟、南荣华退水道。退水道大多数直接退水入北洛河，亦有经排水沟退入北洛河的。

（六）五号隧洞

第五号隧洞，简称五洞，是总干渠最后一个输水隧洞。洞身横穿铁镰山。北口在阳泉沟南端，南口在义井村北。

1936 年 3 月，龙首渠穿越铁镰山隧洞工程开启，随着近现代西方先进的施工技术和材料，一至四号隧洞顺利贯通，唯五号隧洞遇流沙潜泉所阻，掘进受挫，先后五易施工方案，多次改线，殉难 48 人，耗费银圆 300 万之巨，历经艰辛 13 年，终以工作井工作洞法于 1947 年贯通全洞。龙首渠铁镰山隧洞建成后，国际联盟水利专家沃摩度称“在世界水利工程上隧洞之长，以铁镰为第一”。民国时期洛惠渠工程之艰、牺牲之大举世罕见，主要原因是与两千多年前比，北洛河河床下切，隧洞相同位置的高程要比汉代降低将近 20 米，不幸穿过最厉害的含水流沙层。

五号隧洞施工过程中多次改变施工方法，第一次用洞室压气工作法，第二次用钢板洞壳推进法，第三次实行改线挖渠方案，第四次采用工作井工作洞方法。1944 年 4 月在开挖 13 号、16 号、18 号工作井过程中，在工作洞顶以上 2 米处，发现深埋黝黑的柏木人字形支架，高 2 米左右，经考证系西汉龙首渠的遗迹。

六、更新改造

洛惠渠经过半个多世纪的建设运行，骨干工程严重老化，渡槽裂缝，倒虹倾斜，设备陈旧，渠道破损，处于带病运行的危险状态，成为提高灌区效益的瓶颈。为解决工程老化失修问题，1990 年 6 月 7 日，渭南地区行署在大荔县召开了洛惠渠灌溉工程更新改造规划技术经济论证会，与会专家向省政府呈送了《关于洛惠渠灌溉工程老化严重，亟待更新改造的建议书》。10 月，陕西省水利厅、地区水利局和洛惠渠管理局向水利部作了汇报，水利部部长杨振怀作具体批示。12 月 4 日，副省长王双锡主持召开省长办公会议，同意从 1991 年起，开始进行洛惠渠更新改造。

1991 年 1 月，陕西省水利厅召开了第二次论证会和曲里渡槽改建方案审查会，通过了《洛惠渠灌溉工程更新改造总体规划及近期实施目标》。2 月，渭南地区行署决定成立渭南地区洛惠渠更新改造工程领导小组，行署副专员张宗良任组长，下设更新改造工程指挥部，洛惠局局长李东明任指挥。随即进行规划设计。10 月 14 日，陕西省计委批复了《洛惠渠更新改造工程计划书》，核定工程投资 2940 万元。其中，中央和地县各投资 1000 万元，群众集资 940 万元。1992 年，陕西省委省政府决定将洛惠渠更新改造工程列为 20 项兴陕重点工程项目。8 月，曲里夺村渡槽改造及总干渠扩大工程先后开工，分别由铁道部工程三局三处、中国有色六建、泾惠渠水利建筑公司和石堡川水库管理局工程队承建，洛惠渠更新改造工程指挥部监理。1994 年底，上列 3 项工程相继完成。工程审计核准决算 1272 万元。总干渠引水能力由 18.5 立方每秒扩大到 25 立方米每秒。

1994 年 9 月，五号隧洞扩建工程开工，由洛惠渠管理局水利专业队施工。此次扩建是在隧洞不停水的情况下，从其两端利用原放弃的旧隧洞进行“搭桥手法”。因施工难度大，至 1996 年成洞 370 米后停工。1997 年 5 月，管理局经过反复考察论证，决定采用盾构机械施工，并筹集 400 万元购买了设备。1998 年 12 月，完成了深度近百米的竖井施工，解决了新旧隧洞两头连接和阻隔的难题，完成了盾构机的运输、吊装、下井、拼装和调试。

12 月底从原工作面塌方层中穿过；1999 年 1 月底完成竖井吊盘、洞内轨道的配套安装。技术人员和工人对机械操作已经熟练，开始进入正常推进，日进尺 1.5 ~ 2.0 米，有时可以达到 3 米。

2000 年 8 月，五洞岔洞全线贯通，9 月 19 日成功试水。成洞后，由单洞输水变成两洞同时输水，输水能力由 9.8 立方米每秒提高到 15 立方米每秒。新建岔洞命名为鑫源洞，由时任省长程安东题写，寓意从五洞奔涌而出的洛水，似金似银，助推一方经济腾飞，成为灌区群众迈向小康生活的滋根之源。

1997 年 11 月，世界银行官员对关中 9 大灌区改造项目开始进行考察。1999 年 4 月，双方签订了贷款协议。工程项目涉及洛惠渠的子项目包括渠首大坝加闸、五号隧洞、洛西倒虹、洛西干渠、东干流泥段、总干衬砌、方田建设、灌区排水续建等，总投资 1.77 亿元。其中，世界银行贷款及国内配套资金各半项目建设期为 5 年。

七、洛惠渠渠首加固工程

洛惠渠渠首位于北洛河干流下游澄城县交道乡洑头村，距澄城县城 15 千米。原渠首大坝于 1934 年动工，1935 年建成，为浆砌石拱形重力坝，坝顶高程 404.41 米，最大坝高 16.2 米，坝轴线长 177.7 米，设计引水流量 22 立方米每秒，设计洪水 3000 立方米每秒（不足 10 年一遇）。

原渠首大坝设计防洪标准偏低，经过近 70 年的运行，坝体出现 40 余条危害性深长裂缝，坝面风化、冲刷、气蚀现象严重，多处渗漏，抗滑、抗震均不能满足规范要求，防洪标准严重不足，存在很大的安全隐患；由于渠首无调蓄能力，加之上游用水量的增加及水电站运行，洛河时常断流，流量波动很大，灌区用水极难操作，用水效率急剧下降，缺水问题日益严重，直接影响正常灌溉。

1998 年，该项目作为主要的水源工程列入关中灌区改造工程世界银行贷款项目，并顺利通过世界银行评估；陕西省计委于 2003 年 11 月 13 日以陕计农经〔2003〕985 号文件批复了可行性研究报告，主要建设任务是：以消除大坝隐患，保证引水枢纽安全为主，适当兼顾平抑稳定引水流量，改善渠首引水条件。2004 年 3 月 16 日以陕计项目〔2004〕180 号文件批复了初步设计。

渠首加固改造工程由拦河主坝、进水闸坝段、左副坝 3 部分组成，其中拦河主坝由中部溢流坝段、左右冲砂底孔坝段以及右岸挡水坝段等组成。拦河主坝坝型为拱型混凝土结构，坝段轴线总长 206 米，坝顶高程 415.00 米；坝体设 132 米泄洪溢流坝段，堰顶高程 405.00 米；3 孔 4.0 米 ×6.0 米泄洪排沙底孔，堰顶高程 398.00 米；挡水坝段轴线长 47 米，最大坝高 16 米，拦河坝最大高度高 26 米。左副坝为均质土坝，坝轴线长 71.5 米，最大坝高 15 米，坝前防护与导流涵洞结合，与 415 米高程塬体相接。进水闸孔口尺寸 4.0 米 ×3.0 米，设计引水流量 25 立方米每秒。该工程设计洪水标准采用 30 年一遇，洪峰流量为 5580 立方米每秒，校核标准采用 100 年一遇，洪峰流量 8610 立方米每秒。总投资 4880 万元，工程分为辅助工程与主体工程两个标段实施。

辅助工程由渭南市洛惠渠管理局设计室设计，渭南水利建筑工程有限责任公司中标承建，合同价 451.5 万元，由陕西省水利建设监理公司监理。主要建设内容包括：土建施工进场道路 9.2 千米（其中修缮道路 2.5 千米），架设场外 10 千伏输电线路 12.08 千米，安装变压器（S9–100/0.4）1 台；铺设场外输水主管道 2.67 千米，支管道 1.0 千米；建设生产管理用房 1162 平方米等。工程于 2004 年 3 月 15 日开工，2004 年 9 月底完成了除道路修缮、沥青混凝土路面铺设以外的所有建设内容。2005 年 7 月 22 日进行了沥青混凝土路面铺设。累计完成土方 11.81 万立方米，混凝土 90 万立方米，完成建安投资 423 万元。

主体工程由陕西省水利电力勘测设计研究院设计，陕西省水电工程局（集团）有限公司中标承建，合同价 3698.891 7 万元，陕西省水利建设监理公司对施工全过程进行监理。主要建设内容为：对原溢流坝体外包混凝土加固；增设三孔冲沙底孔；上移引水渠进口，增设进水闸；增设右岸挡水坝段和左岸副坝；增设坝后交通桥、左岸护岸等工程。2004 年 8 月 3 日开工建设，2006 年 7 月 30 日完工。累计完成土方 21.62 万立方米，石方 4.84 万立方米，混凝土浇筑 3.75 万立方米，完成投资 3931 万元。

渠首加固改造工程完成后，渠首大坝的防洪标准将由原来不足 10 年一遇提高到 100 年一遇，彻底消除了工程安全隐患，改善了渠首引水条件，保证了渠首引水安全，虽未能彻底解决洛惠渠水源短缺问题，但在一定程度上提高了灌区供水保证率。同时，也解决了当地群众出门难及生活饮用水困难问题，下游交通桥亦成为沿河两岸群众互通的连心桥，为繁荣当地经济，提高当地群众的生活水平起到有力的促进作用。

八、管理和效益

洛惠渠由汉代的龙首渠引洛灌区已发展成为灌排体系完整的大型灌区，工程由大坝、灌排渠系及配套设施组成，分设洛东、洛西两大系统，包括总干渠 1 条、干渠 4 条、分渠 13 条，总长 248 千米，灌溉渭南市澄城、蒲城、大荔三县 74.3 万亩农田，惠及人口 69 万，累计引洪淤灌、改良盐碱地 23 万亩，控制了土壤盐碱化的发展，使大片不毛之地得以改良，引水 114 亿立方米，消纳入黄泥沙 2 亿吨，灌溉面积上亿亩次，生态效益、经济效益、社会效益显著，先后荣获全国科学大会奖、全国先进灌区等殊荣。“大旱何须望云至，自有长虹带雨来”。灌区粮食亩产量由开灌初的 79 千克提高到 470 千克，相当于开灌前的 5.9 倍；棉花亩产量也由开灌初的 15 千克提高到 82.6 千克，相当于开灌前的 5.5 倍。灌区粮丰林茂，瓜果蔬菜飘香，成为陕西省重要的粮食、优质棉油、蔬菜瓜果基地。而今洛惠渠正向着惠及农业、工业、生态多维的现代化灌区迈进，在延续黄河历史文脉、展示陕西水文化底蕴的同时，已经成为更加丰美宜人的“千里河西地，秦东米粮川”。

洛惠渠灌区布置示意图见图 2–1–3。

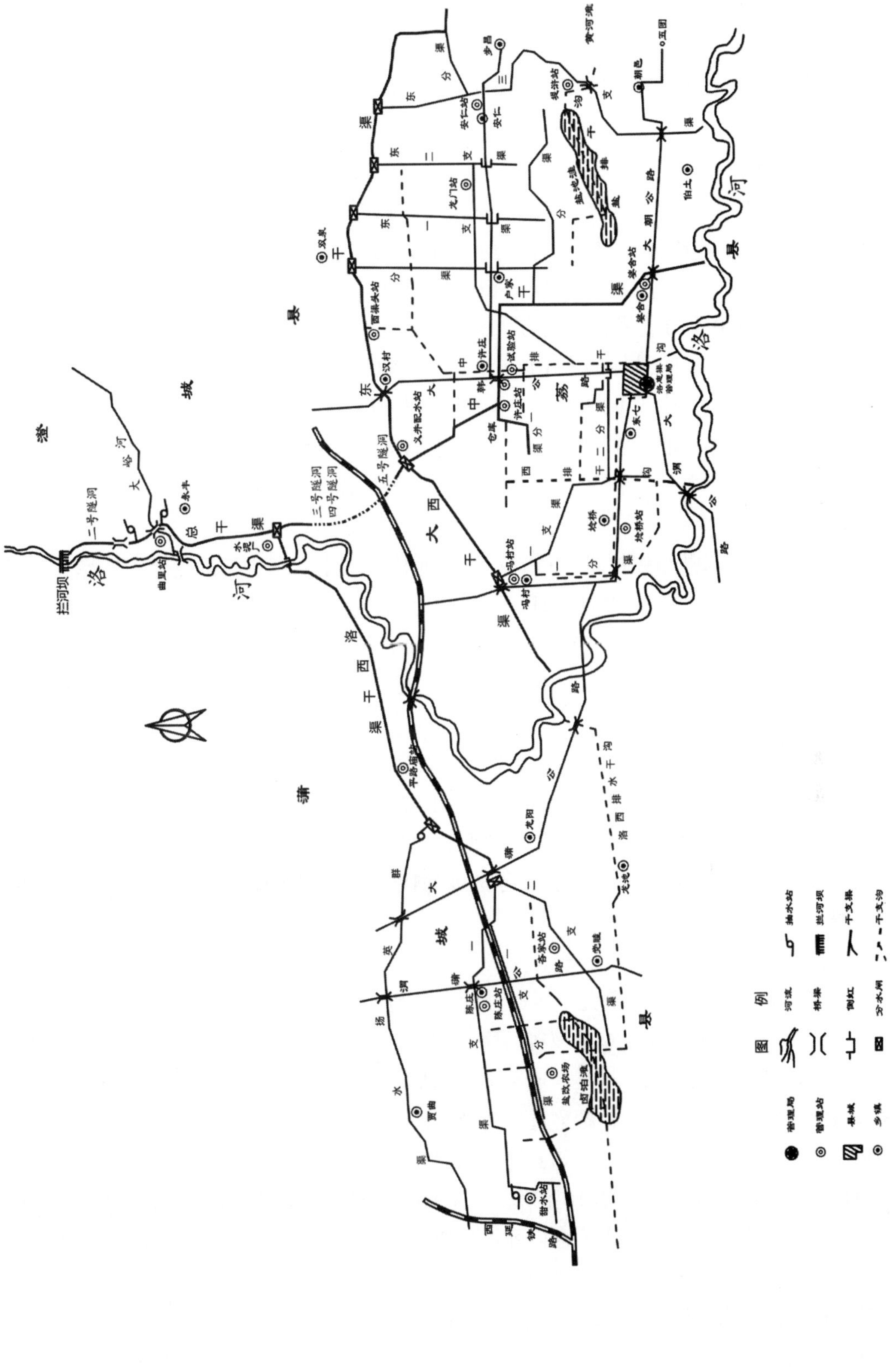

图 2-1-3　洛惠渠灌区布置示意图

第三节 石堡川灌区

石堡川水库位于延安市洛川县，地跨延安、渭南两个地市，是渭南市最大的水库，被誉为陕西的红旗渠。

一、工程概况

石堡川灌区位于关中东部黄土高原沟壑区，北靠黄龙山，东临大峪河，西、南至北洛河，东西长45千米，南北宽28千米，地形南北倾斜，沟壑纵横，原区8块，海拔600 ~ 900米，设计灌溉白水、澄城2县耕地31万亩，建于1973年。水库正常库容为3200万立方米，集雨面积为820平方千米，海拔为923米。灌区主要工程有水库枢纽、灌溉渠道以及隧洞、渡槽、倒虹等。防洪标准为100年一遇，1000年校核。设计洪水位936.91米，校核洪水位939.95米，死水位920.00米，正常蓄水位936.00米；总库容6185.3万立方米，兴利库容3111.7万立方米，净死库容957.7万立方米，调洪库容（主汛期1217.3万立方米、次汛期1446.3万立方米），水库淤积量为1315万立方米（2015年测定）。

二、规划设计

1958年秋，白水县组织技术人员对石堡川河建库引水灌溉进行勘测后，选择了界子河和艾曲河两处坝址。同年10月8日，黄龙、白水、澄城3县代表就有关建库等问题达成协议，后因县制变更等原因，未予实施。1966年8月，渭南地区重新提出建库意见后，由省水电勘测设计院先后完成了《水库工程规划意见》《地质勘察报告》《水库设计任务书》。

三、工程建设

1969年7月，陕西省革命委员会批准修建石堡川水库灌溉工程，渭南地区成立了以鱼都、冯庄为副指挥的工程指挥部，并于同年10月在洛川县史家河召开了白水、澄城2县2000多人参加的开工典礼。1973年，陕西省建设委员会又批准了《石堡川水库灌溉工程扩大初步设计》，采用投资包干，工程进度加快，1976年水库主体完成，1982年水库灌区工程全面完成。

纪实：

1969年10月，随着地处黄龙山区深处的史家河河畔一声炮响，石堡川水库灌溉工程正式开工建设！两县人民无不欢欣鼓舞，摩拳擦掌，把潜藏于内心深处改变命运的渴望化成投身工程建设的火热行动。于是，成千上万的群众赶着牛车、马车，推着小推车，拉着锹镢和铁锤、钢钎等劳动工具，翻梁过峁奔赴工地，开始了誓牵蛟龙到旱塬的壮举。

水库选址在石堡川河下游的洛川县盘曲河村，这一带村落疏散、人烟稀少，先期进驻大坝的数千民工，在沿河两岸的山崖沟坡上，一镐一锨挖出了数千口窑洞。缺乏建筑材料，没有门窗，他们因陋就简将出入的窑口开得只能容纳一个人的出入，或者干脆挂上破草席或牛毛毡遮风挡雨。尽管夏天窑洞内闷热难耐、冬天寒冷彻骨，甚至睡在窑口的人常常被雨雪淋湿被褥，但大家还是乐观地称它为“延安窑”。

住的问题解决了，沉寂的黄龙山顿时热闹起来，先期到达的1000多名白水县民工迅速投入大坝清基工作中。此后一年多时间，他们用铁锹铲除杂草、荆棘和灌木，用手推车清理运走积土和碎石14万多立方米。1970年秋收后，石堡川水库建设指挥部召开动员大会，要求澄城县、白水县两县动员劳力，大规模投工上劳，力争在1972年12月26日完成高程930米以下工程建设任务。随后整个工地实行军事化管理，数以万计的民工展开了劳动竞赛。

在石堡川水库建设期间，适逢白水县跃进渠和西韩铁路建设如火如荼，白水县克服劳力短缺困难，组织上万名劳力投入水库枢纽工程建设当中来，劳力最多时达到1.6万名。1971年9月，导流工程结束，围堰合龙，由于水流湍急，缺乏抛投的巨型钢筋混凝土块，第一次合龙失败了。9月18日进行第二次合龙，铁丝扎成捆的树枝、块石和黄土堆放两边。一声令下，大量的梢料抛入龙口，但迅即被湍急的水流冲走。危急时刻，石堡川指挥部副指挥齐国庆和白水县指挥部副指挥王录元、技术员王新仓率先跳进龙口，40多名白水民工组成的突击队纷纷跟进下水，组成人墙缓解水流冲力。岸上的民工一边向人墙后的河道抛梢料，一边向河里递石头，河里的突击队员用石头沉压固定梢料。经过数个小时紧张有序的工作，长300多米、宽近70米的龙口顺利合龙。

1972年初，大坝枢纽工程拉开帷幕。大坝主体由黄土填筑夯实而成，大坝高程930米以下由白水县组织劳力拉土填压，高程930米以上由澄城县负责完成。指挥部机械队用水泥制作出七八吨水泥碌碡，用拖拉机拖着进行碾压。为了尽快完工，两县人民三伏天再热也不停工，三九天再寒也不歇息，就连一年一度阖家团圆的春节，工地上也是热火朝天。1972年春节，澄城上劳超过两万人，为了提高劳动效率，民工分成4班倒，6小时一拨人，取土、拉土、铺土、碾压井然有序。一年多时间里，近万辆架子车穿梭如飞，像水流一般，从相对高差近百米、直线距离3里多的山体上，运送黄土总量超过337万立方米。

1972年冬天，黄龙山里气候十分寒冷，最低时达到零下17 ℃。如何顶住数九寒天，不耽搁工期？群众的智慧是无穷的，大家根据实践经验研究出了“四快”夯坝法，在挖土、运土、铺土、碾坝4个环节，组织青壮劳力，争分夺秒，与寒冷赛跑，快挖快运快铺快碾，不等土结冻就碾压过来。空气因寒冷而凝滞，大干中的工地却一派热火朝天，挖好的土遇冷蒸腾着气，架子车快速拉来的土也冒着余气，铺土时一组占一绺，不等气散尽，碌碡就碾压过来。为了碾压均匀，民工们在碌碡上制作刮板，滚上粘到了一定厚度就铲掉，保证了碌碡面始终平整。随后技术人员立即进行干容重施测，保证了大坝的填筑质量。

当时农村粮食短缺，尚不能满足温饱，国家就给每个民工每天4角钱的口粮补贴，这极大地调动了群众上工投劳的积极性。“吃杠子馍”成了民工们上石堡川水库工地的口头禅。当时工地人来人往，上工地习以为常。有的人上劳时把驴套在架子车上，人往车上一睡，驴拉上架子车轻车熟路就来到了石堡川工地。上工的人打趣说：“去的次数多，驴都认识了路。”在工地，开饭时吃白蒸馍，蘸白盐，喝白开水，大家称之为“三白”。休憩之余，大家坐在一起，多谈的是什么时候能过上“三高（糕）”的日子——咥油糕，尝晋糕，日头睡到一杆杆高。大家不仅期盼手中能有麦面杠子馍，还盼着能窝在家里热炕上睡个踏踏实实的午觉。

拉土挑土是工地上的主要工作，活也很重。好多人腿跑肿了，脚跌伤了，肩膀脊梁磨烂了，甚或流出脓血，仍然坚持在工地，轻伤不下火线。大家形容说：“架得辕辕（拉架子车），吃的是椽椽（杠子馍），睡的是秸秸（小麦秸秆），枕的是砖砖（半截砖或瓦片）。”等到晚上下工，指挥部为活跃大坝工地文化生活，戏台子有省、地、县各级秦腔剧团名家演唱拿手的折子戏，放映队隔三差五来工地放映电影，工地上的文艺宣传兵也自编自演，剧目多是反映工地上的劳动英雄。台下掌声欢声此起彼伏，激发的斗志一波高过一波，广大民工在欢乐中消除了一天的疲劳。

在工地，凡是民工干劲大、工程进展快的营连，一般都有一个作风过硬的带头人。多数营长指挥战斗在第一线，带头大干在第一线，解决问题放在第一线，一般活经常干，重活脏活主动干，困难危险冲在前，大家称他们不像办公室司令，是和大家同壕作战的一员兵。在他们带领下，工地上有家里门户上锁全家上阵的，有夫妻争上游、父子比干劲的，有青年突击队和铁姑娘战斗组对阵的，有不服老的“高龄老将”，也有志比山高的英雄少年，还有刚结婚就奔上工地的新婚夫妇，把大坝工地变成了人民群众大会战的战场。

水库设计蓄水位 936 米，高程 936 米以下水库淹没区群众搬迁安置成了确保水库正常蓄水的关键。移民涉及黄龙县和洛川县境内两个公社、3 个大队和 11 个生产队，搬迁人口 165 户 775 口人。这些移民先后搬迁到白水县史官镇和澄城县冯原镇等地分田置业，安家落户。延安、渭南两地群众因水库建设融为真正的一家人。

1973 年 2 月，一座坝高 58.9 米、坝顶长 380 米、坝顶宽 8 米的拦水大坝展现在渭北旱塬。同年 5 月截流蓄水，6 月 8 日水库蓄水投入运用。大坝下游坝坡用 600 多立方米片石砌成的宽高各 5 米的“石堡川友谊水库大坝”9 个字格外醒目，站在山顶远望熠熠闪光，满库清水碧绿如镜，宛如镶嵌的明珠，福佑着这一方热土的物阜民丰。

四、干支渠道

设有干、支、斗、分、引渠 5 级。有干渠 1 条，全长 37.91 千米，自水库枢纽放水洞口起，沿石堡川河左岸东行，跨越聿津河、枣园沟渡槽，经 1 号隧洞，穿过黄龙山，连接 2 号、3 号、4 号隧洞，为石渠段，长 4.9 千米，自 4 号隧洞至干渠末尾 6 号退水口为土渠段，长 33 千米，均已衬砌，共有各类建筑物 141 座。干渠以下共设支渠 8 条，总长 197.1 千米，分支渠 11 条，各类建筑物 1435 座；共有斗渠 349 条，分引渠 2820 条，各类建筑物 20519 座。总计设施灌溉面积 31 万亩，其中澄城县 19 万亩，白水县 12 万亩。石堡川灌区建成初期，由于农村体制变化和管理不善等原因，工程破坏比较严重，灌溉效益很低，至 1985 年，年均实灌面积只有 8 万亩，占设施灌溉面积的 26%。20 世纪 80 年代后期，重点查处了一批破坏水利设施案件，并加强领导，深化改革，使灌区逐步走上规范化、制度化。至 1995 年，共完成灌区配套斗渠 352 条，长 436.5 千米；分引渠 4229 条，长 914.73 千米；完成土方 810.14 万立方米；建成渠道建筑物 23611 座；配套面积 23.6 万亩，建设方田 1 万亩，设施、有效灌溉面积分别为 31 万亩和 19.43 万亩，成为白水县、澄城县 2 县粮、果、菜等农副产品生产的重要基地。

五、重点建筑

水库枢纽由拦河坝、输水洞、泄洪洞、排沙底洞等组成，总库容6220万立方米，有效库容3235万立方米。拦河坝为均质土坝，坝高58.9米，坝顶高程941.9米，坝顶长380米，顶宽4.9米。输水洞位于大坝左岸，为圆形压力隧洞，洞径2.4米，洞长171.1米，出口高程905.12米，隧洞比降闸前1/300，闸后1/500，设计输水流量15立方米每秒，加大输水流量56立方米每秒。放水塔高36.8米，内径4.8米，闸门长、宽各2.4米，设有工作和检修平板钢闸门各1扇、50吨单螺杆启闭机2台。

渠系重点建筑物有隧洞5座（共长12187米）、渡槽9座、倒虹2座、退水工程6座。在支渠上建有路长、尧禾等抽水站2处，共装机6台，容量1110千瓦，抽水流量1.18立方米每秒，灌溉面积3.4万亩，占灌溉面积的11%。

六、管理及效益

石堡川水库由石堡川水利管理局管理，灌区设计灌溉面积31万亩，惠及延安市的洛川和渭南市的白水、澄城3县10个乡（镇）。现在石堡川水库还是白水县、澄城县两县县城以及洛川县石头镇居民生活用水的主要水源地。水库大坝下游9.3千米处有西延铁路、8.9千米处有渭清公路，下游群众1.5万人，耕地11.91万亩，防洪保安任务十分重要。

自1975年开灌运行以来，累计引水13.96亿立方米，灌溉农田1300多万亩次，共增产农作物310多万吨，创造经济效益超65亿元，为灌区的农业增产、农民增收和区域经济社会发展充分发挥了大型灌区水利工程抗旱减灾功能。

七、更新改造

石堡川灌区建成初期，由于农村体制变化和管理不善等，工程破坏比较严重，灌溉效益低。

自开灌以来，先后实施了世界银行中低产田改造、续建配套与节水改造、病险水库除险加固三大工程，消除了部分骨干设施的安全隐患，完善了部分田间配套。

1999年年底，石堡川水库被列入关中灌区改造工程世界银行贷款项目，涉及水源工程、输水设施改造、配水系统改造与扩大、运行和管理设施改造四大类19个子项目。工程于2000年4月开工建设，2006年6月底完成建设任务。世界银行贷款项目的实施改善了工程设施状况，与同步实施的体制改革，为灌区发展注入了新的活力。

续建配套节水改造项目从1999年实施，至2013年底，累计衬砌渠道120.10千米，改造建筑物908座，生产管护设施3738.3平方米，有效改善了灌区工程设计标准低、建设质量差以及多年运行造成的安全隐患，灌溉水利用系数由0.486提高到0.5，灌溉周期从改造前的52天缩短到40天，保证率由原来的40%提高到50%，大大促进了灌区产业结构调整和农业增产增收。

渭南市石堡川水库灌区工程布置示意图见图2–1–4。

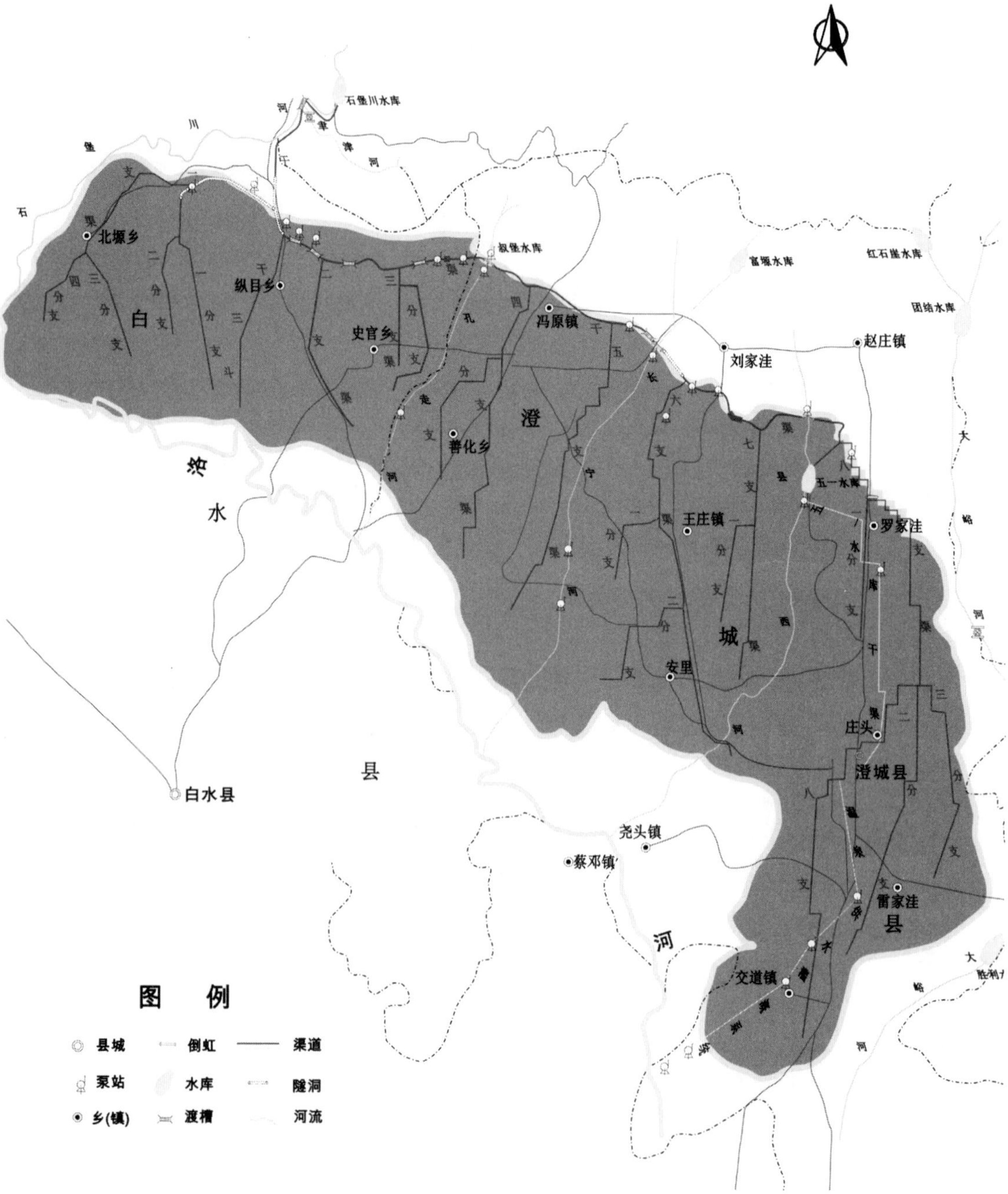

图 2-1-4 渭南市石堡川水库灌区工程布置示意图

第四节　新中国成立后的重要灌渠

新中国成立后，北洛河流域掀起了灌溉渠道修建热潮，本节列举 12 条重点灌渠。

一、宁塞渠

宁塞渠位于吴起县城东南北洛河川上游，1957 年由当时的宁赛区指挥部勘测设计，于 1958 年 3 月 5 日破土兴建。经过一年零八个月的时间，完成了土石方量 500 多万立方米，建成了渠道砌石重力坝 1 座（坝高 4.5 米，坝址在宁塞川走马台前村），三道川配水坝 1 座（坝高 50 米，坝址在二道川刘河湾村前），三道川石坝引水渠 1 条（渠道在姚沟门村后 0.5 千米处），0.94 千米梯形锯齿渠道。经过运用，效果良好，基本解决了淤积问题。

宁塞灌区经过不断配套、维修、改建，截至 1987 年底，干渠至洛源乡马湾村，共长 14 千米。三道川配水渠长 3.3 千米。二道川配水渠长 1.6 千米（已不能给宁塞干渠配水，渠至大吉沟口）。宁塞灌区包括二道川、三道川渠、石湾及陈湾水轮泵站和土河院渠，灌区建成大小建筑物 141 座，其中倒虹 2 座、渡槽 19 座、涵洞 19 座、排洪桥 70 座、跌水 4 座、退水闸 27 座。干渠引水流量 0.5 万立方米每秒，比降 1/1500，两条配水渠流量均为 0.2 立方米每秒。受益区辖洛源乡的 6 个行政村 16 个村民小组，吴起镇的 1 个行政村 2 个村民小组。设施面积 6000 亩，有效灌溉面积 5134 亩（其中宁塞干渠自流灌溉 4164 亩，二道川自流灌溉 150 亩，土河院自流灌溉 200 亩，石湾水轮泵站灌溉 120 亩，陈湾水轮泵站灌溉 500 亩）。

1988 年 8 月 4—7 日，洪水冲毁宁塞渠砌石重力坝。1989 年早秋，作物灌溉受到影响，为减少损失，在上级投资未到之前，群众投工，挖潜备料，于 4 月初正式开工，采取昼夜施工，6 月初竣工，重建砌石重力坝 1 座，完成土方 1500 立方米，砌石 595 立方米，完成总投资 11.08 万元，其中国家投资 10.2 万元，群众自筹资金 0.88 万元，恢复有效灌溉面积 2500 亩。

宁塞渠从 1958 年破土兴建到 1989 年底，共投资 219.08 万元，其中国家投资 200.2 万元，共计灌溉面积 5134 亩。

二、八一渠

八一渠位于吴起县东南方向北洛河支流白豹川下游，于 1958 年 3 月 5 日破土动工，1959 年 8 月 1 日竣工，故称八一渠。八一渠为石坝引水，渠道在楼房坪榆树嘴。工程竣工后，建成木渡槽 4 座，并通渠道 9 千米至巴扎坪。1960 年投入灌溉。1964 年改石坝为木桩坝，高 3 米，在灌区建木渡槽 2 座，清理了 8.5 千米渠道，引水至巴扎坪，春灌 450 亩。1989 年人民政府投资 4000 元，在八一渠首次安装闸门 1 座，控制渠道水量适度，有效灌溉面积 600 亩。

三、石沟渠

石沟灌区引水渠道于 1976 年动工，1977 年建成。石沟渠从石沟水库引水，灌溉北洛河两岸的金汤、马子川、金鼎 3 个村委会，13 个村组农田 2152 亩。渠道设干渠 2 条，斗渠 16 条，支渠 30 条，各种引水建筑物 60 座，干渠总长 11.3 千米。一干渠从石沟水库起，沿北洛河东岸绕山下行。经王嘴子、刘圪、胡新庄到赵石坬，全长 6.9 千米。渠道断面为矩形。均用块石砌筑，最大引水量 1.5 立方米每秒，有引水建筑物 55 座，灌溉农田 1561 亩。二干渠从王嘴子起经倒虹 155 米到北洛河西岸，设一级抽水站 1 处，安装 6-13 水泵 2 台。渠长 4.4 千米，渠道断面为梯形，混凝土预制板衬砌。有引水建筑物 5 座，引水量 0.3 立方米每秒。灌溉芦子坪、清水坪、石沟等 5 个村组农田 591 亩。

四、幸福渠（吴起县）

幸福渠（吴起县）引下寺湾乡雨岔沟水，沟道流长 24.9 千米，集水面积 175.70 平方千米，属北洛河一级支流。幸福渠于 1958 年 7 月开工，建成石筑滚水坝 1 座及引水渠道 1460 米，行经史家河滩、程家纸坊、西县城、阎家沟至下寺湾后入北洛河。全灌区土地 2000 亩，可引灌 1800 亩，浇灌 200 亩。幸福渠于 1959 年春停用。1973 年重建后，因土地未平整等故，仍未灌溉土地；至 1979 年，被水轮泵站浇水工程替代。

五、富张渠

富张渠位于富县张村驿，以葫芦河为水源，1955 年冬，由延安地区水利队勘测设计，工程分两期完成。

第一期工程于 1956 年 3 月动工兴建，在张村驿镇桌子村附近，建成长 47 米、高 3.5 米石坝 1 座，主体工程有 5 孔石拱大渡槽 4 座，进水闸 5 座，公路桥 3 座，排洪桥 2 座，涵洞 3 座，跌水 8 座，斗门 11 座，人行桥 7 座，便道 1 座，渠长 8.7 千米，引水流量 1.5 立方米每秒。共开挖土方 683 万立方米，砌石 354 立方米。灌区通过张村驿镇 5 个行政村、26 个自然村。

第二期工程是在第一期工程的基础上，由延安地区水利局勘测设计，陕西省水利厅对设计方案进行了审定，于 1957 年 3 月开始施工。工程由原渠尾罗儿山跌水处引水，分为东、西两条干渠。东干渠由罗儿山退水闸引水，经过阎西门、榆树、姜家沟村尾退水止，渠长 5 千米，引水流量 0.5 立方米每秒。西干渠由原工程跌水上游引水经倒虹吸洞，穿葫芦河底，通过平水沟、杨家、马家沟、寺峪等村，将水退入葫芦河，渠长 4.4 千米，引水量为 0.3 立方米每秒。东、西干渠共设有进水口 2 座，渡槽 2 座，斗门 11 座，便桥 16 座，倒虹吸洞 2 座，涵洞 8 座，公路桥 4 座，排洪桥 9 座，退水闸 4 座。石渠工程共分为 4 段，东、西干渠各两段。共砌石渠 1246 米，开挖土渠 7910 米。

全长 18.1 千米的富张渠于 1957 年 12 月 12 日全面竣工，总投资 87 万元。主体工程以张村驿、直罗、张家湾 3 个乡（镇）的民工为主，羊泉、北道德、南道德、寺仙等乡民工支援，上劳最多时达 4400 人。共投入工日 172 万个，挖土方 12350 万立方米，砌石 787 立方米。富张渠为县属工程，县人民政府委托张村驿镇代管，镇组建有 7 人渠道管理委员会，下设富张渠管理站。渠道各段均根据行政村区域划分，负责管理、维修。总设施灌溉面积 5540 亩，有效灌溉面积 3907 亩。1963 年最大灌溉面积达到 5397 亩，玉米平均亩产达 500 公斤，小麦平均亩产 300 公斤。

六、双联渠

双联渠，因连接富县张家湾、直罗两乡镇，故名。该渠以葫芦河水为水源，在黑水寺鹰嘴山石砭下筑长 20 米、宽 4.2 米、高 2.7 米石坝 1 座，设冲刷闸、进水闸各 1 处。主体工程建有跌水 1 座，排洪桥 2 座，涵洞 2 座，公路桥 2 座。工程于 1963 年 7 月动工兴建，渠道总长 9.5 千米，引水流量 1 立方米每秒。灌区通过安家川、贺家坪、直罗 3 个行政村，11 个自然村。设计灌溉面积 1500 亩，有效灌溉面积 1000 亩，工程总投资 43 万元，挖土方 18634 立方米，石方 1432 立方米，砌石渠 350 米，共投入工日 5.2 万个。

1964 年 11 月至 1966 年 10 月，对双联渠龙王庙一带石渠和安家川村前退水闸与张家沟渡槽石墩进行维修、砌护等，三处共投资 4246 元。其中，砌石 1908 立方米，投入工日 1180 个。

工程自投入灌溉使用以来，由直罗镇负责管理，各受益村进行分段管理。多年平均灌溉面积 800 亩，1973 年达到 1150 亩，2010 年达到 1500 亩。

七、胜利渠

胜利渠位于富县直罗镇上游，引葫芦河水。工程由富县革命委员会水电组勘测设计，直罗人民公社成立的胜利渠道施工委员会负责施工。工程于 1969 年 7 月 14 日开工兴建，1970 年 11 月 23 日竣工。

主体工程是在距直罗镇上游 5 千米引水处筑长 25 米、高 26 米石坝 1 座（当时命名为反修坝），枢纽工程共建筑斗门 3 座，便桥 2 座，55 千瓦水电站 1 处，公路 2 座，跌水 2 座，退水桥 2 座。2010 年灌溉面积 2500 亩。

八、甘泉渠

甘泉渠引北洛河水自流灌溉，曾是甘泉县境内最大的清浑两用自流灌区。渠首位于县城西北 3 千米处关家沟村。干渠由北向南，全长 25.1 千米，最大引水流量 2.5 立方米每秒，控制有效灌溉面积 1.45 万亩。工程于 1975 年 10 月 22 日开工兴建，1990 年 10 月 1 日竣工。工程分 3 期，总投资 631 万元。

1994 年 8 月 31 日特大洪水冲毁北洛河沿岸泵站 5 座。甘泉渠受损 23 处，总长度 1.175 千米，田间渠系配套支渠 30 千米被冲毁。1995 年，对水毁干渠、支渠逐一进行修复，恢复了灌溉功能。

2000 年后，随着国家投资减少，渠系设施受暴雨、洪水损毁，石油开发污染，以及铁路、公路建设等多种因素影响，灌区农业用水功能开始萎缩，只在抗旱应急时部分渠段发挥作用。2003 年，清淤疏渠时有进行，之后灌溉中断，渠系处于废弃状态。2010 年后已完全报废。

九、龙首渠（黄陵县）

龙首渠地处沮河下游龙首乡龙首村，始建于 1948 年，系堆石坝，曾屡毁屡修，一度由自流引水改为提水。1976 年，该渠在沮河涨水中遭到严重破坏，1979 年 10 月重新复建，坝址由原沮河入泗河口上移至狄家川村前，新修了 50 米浆砌石拦河坝 1 座，250 米土坝 1 座，倒洪两处，块石砌渠 4 千米。复建工程于 1980 年 9 月完工。共计砌石 13500 立方米，填土 4.20 万立方米，投资 30 万元，使设施灌溉面积达到 2000 亩，其中提水灌溉改自流灌溉 700 亩，扩灌 800 亩。此外，造地 132 亩，改良沙板地 1200 亩。

黄陵县龙首渠于 20 世纪 80 年代扩建多次，截至 1990 年末，干渠长 3.60 千米，有效灌溉面积 87.80 公顷。

1998 年 4 月，龙首灌区自流引水修复工程开工，7 月 20 日竣工。投资 20.09 万元，修复加固浆砌石溢流坝 1 座、倒虹 1 座，安装启闭机 2 台，整修干渠 1.50 千米（衬砌石渠 400 米），配套各类水建筑物 10 座，新修干支渠 1 千米、田间输水渠道 600 米，恢复灌溉面积 40 公顷。6 月，翟庄灌区修复工程开工，8 月底竣工。投资 36.55 万元，修复拦河坝 1 座，安装启闭机 2 台，修复干渠 2.50 千米，其中衬渠道 1 千米，配套各类引水建筑物 10 座，恢复灌溉面积 73.33 公顷。

1999 年 4 月 1 日，呼家湾渠系配套工程开工，7 月 31 日竣工。投资 25.80 万元，筑腰渠 130 千米，浆砌石矩形渠 5 条 560 米，配套渠系建筑物 24 座，平整耕地 26.67 公顷，扩大有效灌溉面积 33.33 公顷。工程消耗水泥 51 吨、砂 178 立方米、石子 9 立方米、块石 445 立方米。2001 年 6 月，刘家川灌区综合治理工程开工，8 月底竣工。投资 51.61 万元，维修加固引水枢纽 1 座，浆砌石河堤 153 立方米，修引水渠渠道 2.40 千米，改造进场道路 350 米，安装闸门 2 座、闸板 7 个，筑防洪堤 4300 平方米，水毁鱼池回填土方 6388 立方米。渠系综合治理后，刘家川行政村 53.33 公顷农田灌溉用水和官庄鱼种场 13.33 公顷水面养用水（官庄鱼种场年渔业用水交换量 30 万立方米）得到保证。2006 年 6 月，投资 46.40 万元，对刘家川段进行维修，10 月竣工。维修改造溢流坝 1 处，更换进水、冲砂闸门 2 个，安装启闭机 2 台，加固维修引水渠 437 米，新修浆砌石河堤 45 米，整修防洪堤 430 立方米，恢复灌溉面积 120 公顷，养殖水面 13.33 公顷。2007 年 6 月 5 日，投资 44.53 万元，对龙首寺沟灌区进行修复，9 月底竣工。修复改造渠道 1.68 千米，修复倒虹、涵洞各 1 处，安装闸门 3 个，恢复灌溉面积 56.60 公顷。2008 年 5 月 3 日，龙首枢纽修复工程动工，8 月 30 日竣工。投资 51.26 万元，修复加固枢纽 1 座，维修跨路涵洞 1 座，修复浆砌石矩形退水渠 1 条 30 米，渠道清淤 900 立方米，安装启闭机 1 台，闸门 1 个，恢复灌溉面积 33.33 公顷。

十、幸福渠（黄陵县）

幸福渠渠首位于店头镇白石村前，始建于 1952 年，灌溉面积不足 300 亩。1957—1958 年，改堆石坝为浆砌石滚水坝，扩建了一支渠、二支渠以及两支渠横跨沮河的渡槽。1972 年，将白石村以下沿沮河右岸的山根的渠线改到沮河左岸至白石林场，并增设了林场倒洪，扩大灌溉面积 478 亩，避免了山坡下滑而毁渠的危险。

幸福渠干渠长 5000 米，有效灌溉面积 1344 亩。

1977 年，葫芦沟台改河时，幸福渠渠系遭受严重破坏，致使灌溉能力降到 1979 年的 60 多亩。1981 年 11 月 15 日至 1982 年 3 月 3 日，又投资 13.71 万元再次复建，使本区的灌溉面积恢复到原来的 1726 亩。在这次复建中，新砌干支渠 4000 余米，砌石 6000 立方米。

十一、跃进渠（黄陵县）

跃进渠的枢纽工程位于阿党乡杰沟村的葫芦河川道，是黄陵县内最大的一座浆砌石坝引水工程。工程于1958年10月16日开工，属“三边”工程，即开工后边勘测、边设计、边施工。到1961年修通干渠15千米，完成土方155064立方米，石方5104立方米；投工29万个；建成大小建筑物67座，其中建成拦河坝1座，大渡槽10座，涵洞12座，退水闸12座。累计完成投资66万元，有效灌溉面积2246亩。

1962年，在国民经济调整中，跃进渠停修，以后未再续建。

1983年，黄陵县水利水保局统计，跃进渠有效灌溉面积1450亩。

十二、榆五川渠

榆五川渠于1965—1968年修建，由国家投资，包括干渠8条、支渠7条，利用福地水库水灌溉。一干渠直接从水库取水，二至八干渠由河道取水。榆五川渠全长20.65千米，是宜君县最大的自流灌区。全灌区包括五里镇和西村乡川道地区，共7个行政村，5610人，总耕地面积1.75万亩。其中，灌溉面积4693亩，有效灌溉面积2133亩。除八干渠外，其余干渠设施均被水冲毁、滑塌而损坏。1981年，对该灌区重新进行整修配套，一干渠（福地水库至雷声村）全部使用灰浆衬砌。该灌区属黄土沟壑区，川道狭窄，五里镇河从中经过，将川道切割为两半，这里土地肥沃，土层深厚，玉米和小麦是主要种植作物。20世纪60年代末至70年代，灌溉利用率较高，粮食产量显著提高，正常年份玉米亩产350 ~ 400千克，最高产量达600多千克；小麦100 ~ 150千克，最高产量达250 ~ 300千克。

第二章 水库工程

新中国成立前，北洛河流域不少地方，在谷口筑建山塘、平地挖塘（涝池），在庭院修水窖，以拦蓄雨水，供生产和生活之用。著名的陂池有通灵陂。后经历代兴衰交替，大型陂池逐渐废涸，小型塘池、涝池历代相沿。有时发生山体滑坡，堵塞沟道，形成小型水库，人们称其为湫。如清道光六年（1826 年），中部县（今黄陵）侯庄塬边缘滑塌蓄水成塘。清宣统二年（1910 年），中部县贾家塬形成贾塬湫。清光绪三十一年（1905 年），洛川形成元桌湫。

新中国成立后，实行了土地改革和对农业的社会主义改造，为发展北洛河流域水利事业创造了有利条件。1953 年春旱，志丹县三区（今永宁镇）63.3 亩水稻缺水，群众在腰子川筑 1 米高的土坝蓄水灌田。1954 年，建成北洛河流域第一座水库——腰子川水库。水库坝高 8 米，有效库容 20 万立方米，控制流域面积 162 平方千米，灌溉面积 150 亩。水库运用了 40 年，到 1993 年淤满。1957 年，按照“蓄、小、群”的水利方针，各地广泛修建蓄水工程，1958 年形成高潮，富县的大申号和柳梢湾、澄城县五一等水库是北洛河流域这一时期的典型水库。

三年困难时期，水利建设速度减缓，除小型水库续建配套工程外，永宁山水库等大、中型水利工程被迫停用。1969—1978 年，按照北方农业会议要求，北洛河流域组织百万劳动力，兴修水利工程，修库建坝热潮又起，建起甘泉县蛇河沟、龙嘴沟、柳峪沟、府君店，富县寺庄、川口水库，黄陵县阎庄、小兴、史家河、车厢塬、吴家河，志丹县架子沟、卧水坪、贾沟岔，宜君县西河、李家河，澄城县胜利、永内、红石崖等小型水库。同一时期，北洛河流域还建设了洛川县拓家河、黄陵县郑家河、宜君县福地、黄龙县石堡川、白水县林皋水库 5 座中型水库。

1978 年后，北洛河流域新建水库比较少，以应急水源水库为主，如吴起县大树梁水库、洛川县李家河水库、甘泉县府村川水库，富县大麦桔水库，铜川市印台区后河沟水库，白水县厚义水库、彭衙水库等应急水源水库。2017 年修建成北洛河流域唯一的大型水库——南沟门水利枢纽工程。

第一节 南沟门水利枢纽工程

南沟门水库属大（2）型水库，是新世纪修建的北洛河流域最大的水库工程。

一、工程概况

南沟门水利枢纽工程位于黄陵县北洛河支流葫芦河下游，是一个以防洪、供水为主，兼顾灌溉和发电等综合利用的大型水利工程，由南沟门水库枢纽、引洛入葫工程两部分组成，引洛入葫工程由马家河低坝引水工程和输水隧洞两部分组成，每年从洛河向南沟门水库调水 4424 万立方米，可有效解决葫芦河水量不足的问题。

南沟门水利枢纽工程是陕西省“十一五”重点水利项目，是延安市实施“引水兴工，产业转型”发展战略的重要支撑，是延安南部能源化工基地、城乡生活和现代农业用水的可靠水源。水库总库容 2 亿立方米，设计年供水量 1.2 亿立方米，建设工期为 51 个月。水库建成后，每年可向延安石油化工基地、黄陵县城及交口河镇工业及生活供水 11675 万立方米，向黄陵县隆太塬灌区供水 707 万立方米。

二、规划设计

1966 年 10 月，陕西省编制《洛河支流葫芦河、沮水水库灌溉工程规划意见》，提出了引干入支、联合运用的水资源开发利用方式，即南沟门水库除调蓄本支流的径流外，还将洛河干流非汛期含沙量小于 3% 的清水引入南沟门水库进行调蓄；2001 年完成了《陕西省洛河水资源开发利用规划》，基本得到行政主管部门和各方面的确认，陕西省水利厅同意规划的南沟门水库和引洛入葫工程。

延安市南沟门水利枢纽工程项目建议书设计工作于 2004 年开始，2006 年 1 月在北京水利部水利电力规划总院进行了审查。2009 年 1 月 24 日，国家发改委对《陕西省延安市南沟门水利枢纽工程项目建议书》进行了批复。2010 年 3 月 30 日，陕西省发改委批准《陕西省延安市南沟门水利枢纽工程可行性研究报告》。2012 年，陕西省发改委批准《陕西省延安市南沟门水利枢纽工程初步设计报告》。

三、工程建设

2009 年 3 月，导流泄洪洞开工，11 月引水发电洞开工。2010 年 11 月，大坝工程开工，2011 年 10 月 26 日枢纽成功截流，2012 年 3 月 25 日开始大坝填筑，2014 年 6 月 8 日大坝封顶。2014 年 8 月，水利部南京水科院完成大坝安全鉴定，实现蓄水。2014 年 12 月 24 日，水库试验性下闸蓄水。2015 年水位蓄至 837 米高程，2016 年水位蓄至 837 米高程，2017 年 7 月通过陕西省水利厅下闸蓄水验收。

2014 年，大坝填筑至设计高程 65 米，到 2017 年，南沟门水利枢纽和南北线供水工程建成投运，2017 年 7 月通过下闸蓄水验收，完成蓄水 1.32 亿立方米。

四、供水管线

南沟门水库供水工程由北线、南线、西线 3 条供水管线组成。

（一）北线供水工程

南沟门水库北线供水工程是向延安煤油气资源综合利用项目以及华能延安电厂输送原水的长距离调水工程，其水源为南沟门水库可利用水源，工程为亚等中型输水工程，设计最大年供水能力 3210 万立方米。输水线路主要由输水隧洞组成，洞总长 25.96 千米，其中压力洞段长 5.6 千米，明流洞长 20 千米。工程设加压泵站 2 座，一级加压泵站设计流量 1.44 立方米每秒，二级加压泵站设计流量 1.38 立方米每秒。主要建筑物为 3 级，次要建筑物为 4 级，临时建筑物为 5 级。防洪标准为 30 年一遇洪水设计，100 年一遇洪水校核。工程主要泵站 2 座，输水隧洞 1 条分 5 段，过沟倒虹 1 座，明涵 1 座，衔接池 2 座。

（二）南线供水工程

南线供水工程为Ⅲ等中型工程，位于陕西省延安市黄陵县，是南沟门水利枢纽工程配套供水工程之一，主要由管线及隧洞组成，承担着向延安炼油厂、延安石化厂、洛川县城及杨舒化工新区等供水任务，对延安老区地方经济和社会发展起着水资源支撑保障作用。设计年供水量 7964 万立方米， 2016 年 6 月 29 日，南沟门水库南线供水工程实现全线通水。

（三）西线供水工程

西线供水工程为Ⅲ等中型工程，设计年供水量 666 万立方米，工程概算总投资 1.04 亿元，取水口位于南沟门水库大坝右岸坝址以上 1.2 千米处，于 2017 年 7 月 1 日建成供水。西线供水工程主要向隆太塬灌区、黄陵县城供水。

五、重点建筑

南沟门水库枢纽主要建筑物由水库大坝、泄洪排沙洞、溢洪道、引水发电洞、坝后电站、引洛入葫枢纽工程等 6 部分组成。

（一）水库大坝

水库大坝为均质土坝，总库容 2.006 亿立方米，最大坝高 65 米，坝顶高程 852 米，坝顶长 507.9 米，坝顶宽 10 米，坝底最宽 351 米。水库正常蓄水位 848.00 米，死水位 824.00 米，设计洪水位 848.68 米，校核洪水位 851.02 米，最大下泄流量 769.4 立方米每秒。

（二）泄洪排沙洞

泄洪排沙洞布置于大坝右岸，为塔式进水口无压隧道，主要由进口段、洞身段和出口消能段 3 部分组成，全长 846.44 米，最大下泄流量 468.4 立方米每秒。放水塔塔体高 68 米，为矩形塔筒结构，长 20.3 米，宽 11.6 米，底板高程 803 米，塔内布设事故检修平板钢闸门和弧形工作钢闸门各 1 扇；放水塔工作桥长 36 米，桥面宽 3 米，为 3 跨 T 形梁简支结构。洞身段长 795 米，比降 1%，断面为圆拱直墙型，断面尺寸 6.0 米 ×8.0 米；出口采用挑流效能，挑流鼻坎为 C25 钢筋混凝土结构，长 20.25 米，鼻坎顶高程 797.55 米；鼻坎后设 0.3 米厚 C25 钢筋混凝土护坡，长 14 米。

（三）溢洪道

溢洪道布置于左坝肩，为岸坡敞开式溢洪道，由进口引水明渠、溢流堰、泄水陡槽、挑流鼻坎、护坦 5 部分组成，全长 472 米，最大泄量 301.1 立方米每秒。引水明渠为弯道梯形渠，底板高程 840.0 米；堰顶高程 843.0 米，堰顶宽 7 米，堰顶布设 7 米 ×8.0 米平面检修闸门和 7 米 ×5.5 米平面工作闸门各 1 扇；泄水陡槽底坡 1:100、1:2.5，断面为矩形，断面尺寸分别为 7 米 ×5 米、7 米 ×3.8 米；挑流鼻坎为 C40 钢筋混凝土结构，鼻坎顶高程 802.77 米；鼻坎后设 0.5 米厚 C25 钢筋混凝土护坦，长 12 米。

（四）引水发电洞

引水发电洞布置于导流泄洪洞右侧，由放水塔、洞身段、出口闸室段、消力池、汇流池、退水渠以及发电岔洞等部分组成。放水塔底板高程 818.0 米，塔体高 44 米，塔内设拦污栅 1 道、事故检修闸门 1 扇，放水塔工作桥长 48 米，桥面宽 3 米，洞身段长 1317.6 米，直径 2.2 米，放水洞设计流速 2.48 米每秒；出口工作闸室内设 2.2 米 ×1.8 米工作弧门 1 扇；闸室后陡坡明渠长 6.0 米，坡降 1:4，底宽由 2.2 米渐变为 4.5 米；消力池为 C25 钢筋混凝土结构，长 7 米、宽 4.5 米、深 1 米，消力池后接 5 米长明渠段至汇流池；汇流池为直径 10 米的圆形钢筋混凝土池，池深 2.61 米，汇流池设入水口 2 个，分别接引水洞和电站尾水，设出水口 2 个，分别接退水渠道和引水渠道。

（五）坝后电站

坝后电站位于葫芦河右岸的大坝下游侧 1.2 千米坡脚处，主要由压力管道、主副厂房、尾水池等组成。总装机容量 2500 千瓦，选用 2 台卧式混流水轮发电机，电站最大水头 33.0 米，每台机组额定流量为 4.52 立方米每秒，电站总设计流量 9.04 立方米每秒。电站最大发电水头 35.8 米，最小发电水头 16.0 米，加权平均水头 30.34 米。

图 2-2-1　南沟门水库移动抽水站
（2021 年，延安市水务局提供）

（六）引洛入葫枢纽工程

引洛入葫枢纽工程由马家河低坝引水枢纽和输水隧洞两部分组成，每年从洛河干流向南沟门水库调水 4424 万立方米，可有效解决葫芦河水量不足问题。马家河低坝引水枢纽由冲沙闸、溢流坝、副坝和生态放水管道组成。

第二节　中型水库

一、郑家河水库

（一）工程概述

郑家河水库位于黄陵县城西北淤泥河上游郑家河村，总库容 1250 万立方米，是以城镇供水为主，兼有防洪、灌溉功能的中型水库。

郑家河水库枢纽工程由拦河大坝、溢洪道、塔式放水建筑物 3 部分组成。主要建筑物为 3 级，次要建筑物为 4 级。拦河大坝为均质土坝、重力坝。最大坝高 28 米，坝顶高程 1035 米，顶宽 7 米，坝顶长 463 米；防洪标准按 50 年一遇洪水设计，200 年一遇洪水标准校核。溢洪道为开敞式，底宽 5 米，梯形断面，边坡 1:1，高 4 米，全长 265 米，最大泄流量 38 立方米每秒。输水洞由卧管和涵洞组成，进口高程 1017 米，洞长 96 米，最大放水泄量 0.84 立方米每秒。水库于 2002 年实施除险加固工程，加固后总库容 1250 万立方米。校核洪水位 1033.7 米，对应库容 1175 万立方米；正常水位 1031.3 米，对应库容 785 万立方米；死水位 1017 米，对应库容 125 万立方米；汛限水位 1025 米，对应库容 460 万立方米。

郑家河水库以上控制流域面积 73 平方千米，占全流域面积的 41%，坝址以上干流长 13.8 千米，河道平均比降 15.6‰，坝址以上流域黄土林区占 53%，沟壑区占 47%，流域内植被良好，水土流失轻微，平时水流清澈。

郑家河水库水质断面监测数据显示，郑家河水库水温 2.8 ~ 4.2 摄氏度，pH 7 ~ 9，溶解氧 9.42 ~ 10.48 毫克每升，氟化物 0.35 ~ 0.46 毫克每升，砷 0.005 ~ 0.008 毫克每升，化学需氧量 14.3 ~ 13.4 毫克每升，生物需氧量 2.56 ~ 2.76 毫克每升，粪大肠菌群 37 ~ 96 个每升，水质符合《地表水环境质量标准》（GB 3838—2002）Ⅱ类标准。

（二）水库施工建设

水库于 1970 年 10 月开工建设，1973 年 11 月完工。由于工程建设时属典型的“三边”（边勘测、边设计、边施工）工程，各类资料已经遗失，无法核对原始数据资料。水库运行 49 年后，2002 年，陕西省水利水电勘测设计院完成该工程除险加固初步设计报告。2002 年 4 月，郑家河水库除险加固开工建设。除险加固的主要建设内容包括：坝基高压旋喷、坝体铺设复合土工膜防渗处理、放水涵管改为直径 600 毫米钢管内衬、水泥浆灌注。2003 年 6 月全面完竣工，2004 年 12 月由延安市水利局组织验收。

（三）管理及效益

水库的主管部门是黄陵县水利局，管理单位、调度单位均为黄陵县水库管理处。按照大、中型水库管理相关要求，每年汛前，由黄陵县水库管理处编制、编报水库调度运用计划、度汛预案、调度规程等文件，报请市防汛办批复同意后，在汛期严格执行，确保水库的运行安全。

为了解决黄陵县城供水紧张问题，2000 年 12 月 28 日开工建设县城供水工程，2001 年 12 月 3 日主管道通水，2002 年 7 月 1 日建成投入试运行，2003 年 11 月通过竣工验收，并被评为优良工程。该工程从距县城以北 33 千米的郑家河水库取水，采用自流式重力供水。工程由千米隧道、20.5 千米输水管道、1 座净化水厂及运行管理设施 4 部分组成。

郑家河水库县城供水工程为黄陵县城、仓村和黄帝陵古柏防火供水，设计年供水能力为 200 万立方米，供水区域人口近 6 万。2018 年，黄陵县城南沟门水库供水工程建成后，郑家河水库除仍为隆坊、仓村的 1.6 万人提供水源外，还灌溉面积 4 万亩。多年来水库蓄水量正常，水库保护下游约 5000 口人、5800 亩农田及西延铁路、210 国道的防洪安全。

为了彻底解决黄陵县城区居民长期饮用透河污染水的历史，依据《陕西省城市饮用水源环境保护条例》的规定，将郑家河水源保护区划分为一级保护区、二级保护区和污染控制区（准保护区）3 个区域。其中，一级保护区、库区全部水域，水库设计水位线向外水平延伸 100 米，总面积 0.96 平方千米；二级保护区、从流入库区的河流入口延伸 2 千米的水域，水库一级保护区外缘向外延伸 200 米的陆域以及二级保护区水域河岸两侧外延 200 米的陆域，总面积 4.58 平方千米；污染控制区、从流入水库的河流二级保护区上界起上延 5 千米的水域，涉及富县太平村北沟水域面积 0.30 平方千米，烧火沟水域面积 0.10 平方千米，从二级保护区上界向外延伸 300 米的陆域以及污染控制区水域河岸两侧外延 300 米的陆域，面积 18.70 平方千米，其中富县太平村烧火沟 0.75 平方千米、北沟 0.90 平方千米，污染控制区总面积 20.70 平方千米，其中富县 2.05 平方千米。

2002 年，陕西省水利厅以陕水计发〔2002〕326 号文件批复了工程补充初步设计，增设了防汛专用公路、库区绿化、枢纽管理设施改造等工程项目。2004 年 4 月竣工，总投资 1183.05 万元。2002 年，经陕西省人民政府批准，确定郑家河水库为饮用水水源地，划分一级保护区。

2007 年，黄陵县实施了郑家河水源保护工程，投资 46 万元对郑家河一级保护区 4.7 千米陆域实施拦网围栏，设立水源保护区标志牌、警示牌，截断人畜便道，制作栏栅门、大门，修建宣传栏和围墙等，有效保护了水质。加之库区内人烟稀少，无工业污染，基本保持着自然风貌，使水库成为工业生产和城镇生活用水的理想水源地。

二、拓家河水库

（一）工程概述

拓家河水库为中型水库，位于洛川县武石乡拓家河村，距县城 20 千米。水源为仙姑河。该河流域面积 295.2 平方千米，上游河长 22.5 千米，河道常流量 0.4 立方米每秒，中洪期约 50 年一次，洪峰流量 37 立方米每秒，洪量 577 万立方米。大洪期约 200 年一次，洪峰流量 485 立方米每秒，洪量 805 万立方米。其形体及各项设施均已达到原设计标准。

水库枢纽由大坝、溢洪道、输水建筑物 3 部分组成。

大坝为碾压均质土坝，坝高 43.3 米，坝顶长 478 米，底宽 238.35 米，坝顶宽 6 米，坝顶高程 1090.3 米，迎水坡坡比 1 ∶ 2.5 ~ 1 ∶ 3.5，背水坡坡比 1 ∶ 2 ~ 1 ∶ 3.0。下游排水棱体顶宽 2 米，高 8 米，内外坡比分别为 1 ∶ 1、1 ∶ 1.5。

溢洪道位于大坝右侧，为岸边开敞式溢洪道，全长 308.5 米，将原溢洪道轴线向左侧（靠坝侧）平移 1.5 米，底挖深 7 米。挖深部分两侧边坡 1:1，进口段长 47 米，喇叭口；控制段长 12 米，采用宽顶堰，堰顶高程 1079.0 米，梯形断面，底宽 6 米，边坡 1:1，底板采用 10 厘米 C20 混凝土衬砌，下设 30 厘米厚 M7.5 浆砌块石；泄槽段长 243.18 米，纵坡 i=0.002。

输水洞位于大坝左侧，洞长 64.9 米，其中无压洞长 55 米，断面高 1.8 米、宽 1.8 米，设计流量 2.5 立方米每秒，加大流量 3.0 立方米每秒，最大过流能力 5 立方米每秒。进口高程 1077.0 米，洞身为马蹄形浆砌石无压隧洞，高宽均为 1.8 米，采用放水塔控制流量，塔高 13.3 米。启闭机为 1.5 吨螺杆式启闭机。库内设抽水站 1 座，装机容量 88 千瓦，取水高程 1070.00 米，最大抽水能力 0.56 立方米每秒。水库建成运行以来，历史高蓄水位 1081.706 米，发生于 1998 年。

（二）水库施工建设

该水库于1970年10月20日动工兴建；1971年10月20日大坝合龙蓄水；1973年11月大坝完工；1974年8月整个枢纽工程及总干渠建成；1975年7月1日全线通水。之后，开始灌区配套建设，1978年12月灌区干渠修成，主体工程全部竣工。1979年8月，水库内蓄水1982万立方米，水位稳定在33米以下。至1981年10月，灌区渠道控制面积达4万亩。

该水库主体工程由洛川县18个乡（镇）参与施工，投劳116.5万个，历时8年余，是洛川县有史以来最大的水利工程。

（三）管理及效益

拓家河水库运行管理单位为拓家河水库管理处，行政主管单位为洛川县水务局，防洪调度单位为洛川县防汛抗旱指挥部办公室。每年汛前由水库运行管理单位组织编制水库应急预案，报洛川县防汛抗旱指挥部办公室备案，同时编制汛前防洪调度运用计划，经洛川县防汛抗旱指挥部办公室审查后报延安市防汛抗旱指挥部批复。

拓家河水库上下游均无水文监测站和水库。拓家河水库作为洛川县唯一一座中型水库，是洛川县防汛工作的重中之重，为了保证拓家河水库安全度汛，拓家河水库管理处接受洛川县防汛抗旱指挥部的指挥和领导。每年汛期，拓家河水库管理处工作人员负责水库日常监测工作，汛期24小时坚守工作岗位，及时向库区管理站的工作人员反映全县水文、气象等防汛信息。库区管理人员平时每天对大坝及主要水工建筑进行检查并记录，大暴雨等重要天气随时进行监测，每月对大坝沉陷、位移、渗漏、水位等项目观测1次。通过监测与巡查随时掌握雨情、水情和险情。为提高水雨情测报的准确性，当前拓家河水库已通过多方筹措资金实现了水雨情的自动测报。

水库主要承担槐柏、老庙、杨舒3个乡（镇）（便民服务中心）6000余户2.5万人饮用水和拓家河水库灌区果园的灌溉用水任务。拓家河水库灌区设计灌溉面积10.09万亩，有效灌溉面积9.535万亩。

三、林皋水库

林皋水库位于白水县城西北20公里的林皋镇，又名林皋湖，是白水县重要的水源地。它拥有省级水利风景区、国家级湿地公园、4A级景区、陕西十大魅力湖泊，以及与云台山、方山森林公园共同组成的西北地区第一个国际慢城体验区等诸多名片。

（一）工程概况

林皋水库位于白水县林皋镇白水河与林皋河交汇处以下200米的白水河干流，以灌溉为主。坝址区为二、三叠纪砂页岩层。水库控制流域面积330平方千米，防洪标准按50年一遇洪水设计、1000年一遇洪水校核，校核洪水位842.77米，设计洪水位840.37米，正常蓄水位837.5米，死水位82.0米；总库容3300万立方米，兴利库容1650万立方米，滞洪库容1350万立方米，死库容300万立方米。

水库工程主要由大坝、溢洪道、放水设施3部分组成。大坝为碾压式均质土坝，坝顶高程844.10米，最大坝高34.10米，坝顶长450米、宽6米。溢洪道位于大坝右岸，放水洞右侧，为开敞式溢洪道，进口控制泄流形式为无坎宽顶堰自由泄洪，堰宽25米，进口底板高程 837.5 米，最大泄量 423 立方米每秒，溢洪道全长 273.65 米。放水设施位于右坝肩与溢洪道之间，由放水竖井、放水洞、引水明渠组成，放水洞长 218 米。洞进口高程 815.0 米，洞底比降 1/300，最大放水量 31 立方米每秒。

（二）水库施工建设

水库建设之前，1958 年 2 月至 1960 年 4 月，白水县建成引白水河上塬的跃进渠，白水县跃进渠工程号称陕西的红旗渠，是辉煌壮举的人工天河，从 1958 年 4 月动土开工，在林皋河口与焦段河交汇处至城郊乡北汕头村战线上展开，上工人数达万余人。1960 年 5 月，终于完成了引水上塬的跃进渠工程。这项工程全长 38.5 千米，途经 16 个村庄，跨越大杨、鸭洼、杜康 3 条大沟和数十条小沟，筑起大小水坝 114 座，打通隧洞 95 处，架桥 12 座，完成土方约 324.1 万立方米，投工约 332.25 万个，投资 375 万元。看到河水上塬，白水县人民群情激奋，欢欣鼓舞。由于工程前期准备不足，属于典型的“三边”（边动员、边设计、边施工）工程，在使用过程中，渠道和涵洞不断出现坍塌事故，使渠水断流。1962 年，白水县委不得不作出决定：暂停跃进渠工程的使用，提出了在跃进渠工程基础上，兴修林皋水库灌溉工程的新方案。

1966 年 4 月 16 日，跃进渠塬边干渠改线工程正式开工。跃进渠改线工程自林皋水库至郭家道村出水口，全长 17.29 千米，于 1968 年 7 月 25 日全线竣工。其中，地下隧洞 10 处总长 13 千米。改线后的工程比 1958 年修建的跃进渠缩短了 21.21 千米。

陕西省水电勘测设计院提出建设林皋水库的初步设计方案，得到陕西省计委批准。1968 年 11 月，白水县成立林皋水库工程指挥部，组织受益区 1 万多名群众投入建设，于 1971 年完成了枢纽和干支渠道工程，1972 年投入灌溉。枢纽和渠道配套工程累计投资 1523.16 万元。

（三）管理及效益

林皋水库担负着农田灌溉供水任务，兼有防洪、生活、工业供水和水产养殖等综合效益。其中，灌区为自流灌区，以林皋水库为主水源，兼有地下水补充的中型灌区；涉及白水县中部的西固镇、雷牙镇、杜康镇、城关镇等 4 个乡（镇）1 个街道办事处，65 个行政村 304 个村民小组。灌区设有干渠 1 条，支渠 8 条，分支渠 6 条，总长 121.07 千米。林泉水库担负着 4 个镇 11.23 万亩农田，年均供水量 2100 万立方米的灌溉任务；同时兼有下游白水河川道内的 38 个自然村、0.83 万亩耕地、7 个国营厂、1 所学校、4 座煤矿和 2 座渭北环形铁路桥、0.71 万人的防洪保安任务。林皋水库大大增加了白水县农业灌溉面积，基本结束了白水人民靠天吃饭的历史，为全县农业生产增收奠定了坚实的基础。据荒地灌溉试验站测试，该工程完工前，小麦亩产仅 250 斤①，完工实施灌溉后，小麦亩产达到了 527 斤。产量翻了一番，增产效果非常显著，彻底结束白水大地十年九旱的历史。林皋水库每年为农业灌溉供水 1100 万立方米，为工业生产供水 200 万立方米，同时解决 5 万多人和 0.8 万头大家畜的饮水问题。

① 1 斤 = 500 克。

第三节 小型水库

一、重点小型水库

（一）雨岔水库

雨岔水库是甘泉县最大的Ⅳ等小（1）型水库，坝高28.96米，总库容722.86万立方米，为省级水源地保护区。坝址在雨岔沟硷滩窑子村北200米处，距县城44千米。雨水库于2006年申请立项，2008年11月开工建设，2010年9月大坝主体、放水洞、溢洪道、管理用房全部完成。

图2-2-2 雨岔水库（2020年，延安市水务局提供）

大坝为均质土坝，坝顶高程1143.10米，坝顶长241.50米、顶宽6米，最大坝高33.8米；放水涵洞在大坝左岸，塔式进水，涵洞长70米：泄洪洞在大坝左岸总长383.34米；溢洪道在大坝右岸，为开敞式正槽，总长275.65米，梯形断面，底宽由18米渐变至15米。淹没总面积103平方千米，其中淹没库区内耕地252亩，林地282亩，宅基地19亩，简易公路3.5千米，拆迁房屋4989平方米，搬迁人口456人，永久占地30亩。枢纽工程投资为4146.26万元，其中建筑工程2245.59万元，安装工程61.72万元，金属结构37.18万元，临时工程270.01万元，预备费314.18万元，水库淹没补偿690.27万元。总投资5594.3万元。

（二）岳屯水库

岳屯水库是北洛河一级支流岳屯沟上的小（1）型水库，坝址位于延安市甘泉县城关镇岳屯村，地处西包铁路、210国道及G65包茂高速沿线，距县城12千米，以供水为主，兼有防洪等综合效益，为省级水源地保护区。水库坝址以上控制流域面积81.5平方千米，总库容218.8万立方米，其中防洪库容107万立方米、调度库容58.91万立方米、兴利库容75.04万立方米、死库容37立方米（死水位1058.29米以下已全部淤平）。枢纽工程由土坝、放水洞、溢洪道3部分组成。大坝为碾压式均质土坝，坝顶高程1070米，坝长133米，坝顶宽5.0米，最大坝高21.6米。

图2-2-3 岳屯水库（2020年，延安市水务局提供）

（三）安生沟水库

安生沟水库位于甘泉县槐柏镇后仙姑河村，距拓家河大坝下游4千米，于2000年9月21日开工建设，2001年9月29日投入使用，总投资760万元，是一座以补充拓家河灌区用水和县城供水为主，兼具防洪、养殖等综合功益的小（1）型水利工程。水库拦河坝为碾压式均质土坝，坝高31.7米，坝顶长185米、宽5.2米，总库容176.0万立方米，控制流域面积36.3平方千米，年可调节供水量68万立方米。防洪标准为30年一遇洪水设计，300年一遇洪水校核。

（四）大申号水库

大申号水库位于富县县城北6千米处，大申号水系下游，莲花行政村嘴头自然村附近，是一座以蓄水灌溉为主，兼作防汛、养鱼、工业等综合效益的小（1）型水库，属水利部黄河水利委员会（简称黄委会）所建拦泥沙工程之一，是省级水源地保护区。大申号水库总库容314.0万立方米，有效库容173万立方米，控制流域面积198.0平方千米。枢纽工程包括大坝、溢洪道和放水洞。坝体均为黄土，高16米，顶宽3.5米，底宽104米。溢洪道位于大坝右侧，宽12米、高3.5米、长174米，卧管为铸垫楼体组合式，最大泄洪量为1.0立方米每秒。水库右侧修筑自流引水灌溉沿山渠道1条，通至南教场，长8.5千米，库下渠上曾建水磨、小电站各1座。

水库于1958年3月开工兴建，富县人民政府组建了大申号水库工程指挥部，抽调干部，动员了城关、茶坊、岔口、北道德、张村驿、直罗、张家湾、牛武、交道等地民工1.4万人，于1959年5月完成主体工程。设计灌溉面积1000亩，其中稻田400亩。1962年，由于水库坝体单薄，基础及接合部处理不实，绕坝渗漏严重。尤其在左侧，当库水超过8米时，即有成股水溢出。1963年，当水库最大蓄水深达11米时，卧管曾出现断裂使水库带病运行，国家投资13万元用于该库防汛除险，加高了坝顶，使坝高由18米增加到19.7米，加固和改造了卧管，增修了溢洪道。由于底子不清，资金不足，未能彻底消除渗漏。1982年，地区水利水保局拨款，由富县水利水保局设计，对水库进行了土坝加固，溢洪道开挖砌筑，管涵整治及鱼池防洪除险加固工程，总投资48万元。加固后的坝高20米，坝顶长195米、宽4米。溢洪道总长212.5米，底宽20米，高4.5米，最大泄洪流量为184立方米每秒。共完成土方量5.3万立方米，开挖石方1.9万立方米填土3.5万立方米，浆砌石0.33万立方米，钢筋混凝土0.01万立方米。改造除险工程于1983年10月全部竣工。

（五）柳梢湾水库

柳梢湾水库位于富县牛武镇管头村附近，属牛武川水系，1958年由延安地区勘测设计兵团勘测设计，于1959年开始动工，后遇到国民经济困难时期，原材料供不应求，于1960年停建。1966年3月，富县成立柳梢湾水库作战指挥部，重新勘测设计，重新上马。1967年，工程被迫再次停建。当时仅完成土方7万立方米及卧管、反渗层等工程。1969年再次成立富县柳梢湾水库施工指挥部，第三次动工续建。富县水电局对原设计方案进行了部分更改。经过4年奋战，水库于1972年正式建成运行。总库容230万立方米，有效库容124万立方米，死库容36万立方米，可调洪库容70万立方米，控制流域面积159平方千米。坝高17米，长388米，底宽70米，顶宽5米，溢洪道宽32米，长150米，共完成土方量20万立方米，石方量7万立方米，混凝土0.2万立方米。共计投入工日13万个，国家总投资45万元。设施灌溉面积5000亩，其中稻田1200亩。

（六）川口水库

川口水库位于富县张村驿镇西1千米处的川口村，是一座以灌溉、养鱼为主的年调节水库。水库于1974年动工修建，属县重点工程，先后抽调8个公社（乡镇）民工1.8万人，历经3年，于1976年11月竣工。工程规模为4级建筑物，库区集流面积105万平方千米，沟长20千米。总库容375万立方米，有效库容200万立方米，调洪库容151万立方米。坝体均属黄土，坝高26米，顶宽6米，底宽141米，坝顶长252米，溢洪道位于大坝右侧石岩处，为开敞式明渠泄洪，底宽20米，长100米，泄洪流量为93立方米每秒。放水洞位于大坝左侧，单排内径100厘米，管壁厚7厘米的钢筋混凝土管。平均放水量1.5立方米每秒。工程总投资110万元，共开挖土方40万立方米，石方8万立方米，投入劳力46万工日。水库可直接灌溉张村驿农田750亩。其中，自流引灌570亩，抽灌台地160亩。水库可供张村驿镇至南道德乡之间1.5万亩耕地灌溉用水，保证抗旱时日50天左右。

（七）尧门河水库

尧门河水库位于黄龙县石堡川河上游支流尧门河华塔村，距下游黄龙县城7.5千米，于1975年5月开工建设，1977年10月投入运行，是一座集防洪、灌溉及供水等多种功能和综合利用的水利工程。坝址以上控制流域面积65.0平方千米，河道长12.9千米，多年平均径流量为216万立方米，年平均来沙淤积1.1万立方米。水库设计总库容177.5万立方米，其中兴利库容119万立方米，死库容16万立方米，滞洪库容42.5万立方米。

（八）福地水库

福地水库位于宜君县五里镇河上游原福地村下，距县城15千米，于1958年10月动工兴建，1965年10月建成。水库主体工程有大坝、溢洪道、输水洞3部分。水库建设共移动土方29万立方米，用石料1.2万立方米，沙子4800立方米，水泥1003吨，钢材160吨，木材288立方米。土坝高30.0米，顶长163米，宽5米。初建成时，总库容为1050.0万立方米。因多年来淤积严重，1982年水利工程“三查三定”时，核定总库容为820万立方米，其中有效库容487万立方米，死库容135万立方米。水库控制流域面积120.0平方千米。坝上游河长25千米，多年平均径流量600万立方米，可供榆五川4600亩川台地和西村塬1.2万亩地灌溉用水。该库是全县由国家投资、群众投工、建设最早、库容最大的水库，县办县管。水库共投劳工47万个工日，总投资144.9万元，其中：国家投资136.5万元，群众自筹8.4万元。

（九）五一水库

五一水库位于澄城县庄头镇，于1958年5月1日破土动工，建均质土坝1座、深槽陡坡溢洪道、卧管式放水洞。设计总库容300万立方米，设施灌溉面积7000亩，有效灌溉面积5000亩，沟壑干渠7.04千米，输水流量1立方米每秒，加大1.5立方米每秒，至罗家洼乡下车盖村东上塬。灌区布设东、西两条支渠。东支渠经西马店、东马店和家村至庄头乡庄头村，长 9.1 千米；西支渠由下车盖村南至庄头乡永内村，长 4.4 千米。另于东支渠末端庄头村，布设 3 条人畜用水渠道：一条至城郊乡埝村，长 9 千米；一条至雷家洼乡堡城村，长 7 千米；一条至庄头乡西夏村，长 4 千米，由澄城县出工修建，上劳 1.2 万余人。水库于 1959 年 1 月竣工放水。由于当时经济、技术条件差，水库土坝数十万立方米土，全由人力挖土肩挑上坝，人工夯打。“人海战术”施工，质量管理难度大，水库建成后，土坝不均匀沉陷严重，坝面裂缝，多年蓄水量仅 100 万立方米左右，占设计容量的 1/3，1985 年最多才达 170 万立方米，溢洪道从未过水。沟壑干渠原设计绕沟峁开明渠，由于人们引水上塬心切，急于求成，改凿隧洞，过沟筑土填方。澄城梁原多属黄土性土壤，易水解，土渠受水浸润，沉陷裂缝，土填方决口，常常中断行水，连年劈洞，补修土填方。1975 年冬，时任中共澄城县委书记孙天锡组织灌区社队并亲临工地指挥，改善沟壑干渠，大劈土隧洞，塌方基本控制。随后全渠衬砌，但时值隆冬，防寒困难，衬砌效果不佳。1986 年，决定由五一水库为县城供水。省、县投资将沟壑干渠现浇混凝土渠槽，并加盖板，覆土 50 厘米。土填方铺设钢筋混凝土管道，共长 10.4 千米，基本根除了输水渠道病患。

二、小型水库

北洛河流域小型水库见表 2-2-1。

表 2-2-1　北洛河流域小型水库

水库名称	水源河名	库坝所在地	控制流域面积 / km^2	坝高 /m	总库容 / 万 m^3	有效库容 / 万 m^3
大树梁	乱石头川	吴起县	14.3	13.9	10.02	1.26
石沟	石沟	志丹县	51.3	42.0	400.0	270.0
黄地台	黄沟	志丹县	31.6	14.5	11.6	2.4
川口	党家河	富县张村驿镇	144.0	24.0	268.0	244
柳梢湾	牛武川	富县牛武镇	185.0	17.3	317.0	277
大申号	大申号川	富县莲花村	198.0	16.0	314.0	173
沙西沟	沙西河	富县富寺路桥	58.0	29.9	297.3	285
榆林	小河子川	富县直罗镇	108.0	15.0	135.0	95
大麦桔	大麦沟	富县大麦沟	29.2	28.5	98.5	
漩水湾	余渠河	富县羊泉镇	12.55	14.0	90.46	56.85
府村川	府村川	甘泉县道镇	275.0	35.0	992.0	
凉台	凉台沟	甘泉县道镇		26.0	144.3	137
岳屯	岳屯沟	甘泉县城关镇	81.5	21.6	237.0	198

续表 2-2-1

水库名称	水源河名	库坝所在地	控制流域面积 / km^2	坝高 /m	总库容 / 万 m^3	有效库容 / 万 m^3
雨岔	雨岔沟	甘泉县下寺湾镇	143.6	29.0	722.9	422
安生沟	安生沟	洛川县槐柏镇	36.3	31.7	176.0	128
吴家河	吴家河	洛川县旧县镇		18.0	126.0	103
李家河	院夫沟	洛川县凤栖镇	16.7	42.7	691.0	
两水河	马茹沟	洛川县石头镇	112.2		50.8	30
公寨沟	石堡川	黄龙县石堡镇		46.0	525.6	
阎庄	南川	黄龙县店塔镇	24.5	21.0	117.0	100
尧门河	尧门河	黄龙县石堡镇	65.0		177.5	159
大岔	高台子沟	黄陵县双龙镇	21.0	15.0	23.0	10
西沟	西沟	黄陵县双龙镇	15.0	19.0	20.0	15
党沟	寺沟	宜君县彭镇	12.1	23.0	140.0	122
马沟	后安沟	宜君县彭镇	15.0	16.0	28.4	35
西河	前清河	宜君县丁家沟村	107.5	33.0	785.0	480
福地	哭泉梁	宜君县五里镇	120.0	30.0	1050.0	670
东舍	支毛沟	宜君县尧生镇	5.0	13.9	12.0	8
南寨	南寨沟	宜君县尧生镇	12.08	20.0	60.0	45
西舍	西舍沟	宜君县尧生镇	5.0	20.0	12.1	8.68
王家坪	五里镇河	宜君县宜阳街道	40.0	35.0	488.9	340.0
后河沟	南河	印台区红土镇	21.0	30.0	291.0	200.0
铁牛河	铁牛河	白水县尧禾镇	50.9	31.1	278.2	210
故现	白水河	白水县雷村乡	409.0		585.0	440
中塬		白水县林皋镇			30.1	18.1
武子	林皋河	白水县林皋镇		12.6	43.6	
西洼河	西洼河	白水县尧禾镇		21.6	52.6	28.6
后洼	杜康沟	白水县杜康镇		14.8	24.1	
富塬	鲁家河	澄城县王庄镇		33.5	320	

续表 2-2-1

水库名称	水源河名	库坝所在地	控制流域面积 / km^2	坝高 /m	总库容 / 万 m^3	有效库容 / 万 m^3
五一	县西河	澄城县王庄镇	72.0	31.0	390	237
永内	县西河	澄城县庄头镇	57.2		144	38
红石崖	大峪河	澄城县赵庄镇	49.8	36.0	380	240.3
胜利	大峪河	澄城县庄头镇	210	38.0	662	
雷村沟	雷村沟	澄城县赵庄镇		21.6	112.9	
定国	大峪河	合阳县金峪镇	44.3	34.5	606.6	350.0
大峪河	大峪河	蒲城县永丰镇	52.5	23.6	529	325.0
团结	河城沟	蒲城县永丰镇		21.9	104	94.0
会清	高阳北沟	蒲城县高阳镇	11.9	25.0	171	59.0
洼里	加录沟	蒲城县高阳镇		21.0	103.2	83.2
红旗	左侧支沟	大荔县许庄镇		16.0	96.3	77.6

第三章 城乡供水

城乡供水，是指城镇生产、生活和农村人畜用水。从西周到民国时期，北洛河流域的城乡人畜饮水靠水泉、水井、水窖、涝池等解决。不少地方缺乏饮水，有的地方水质苦咸、含氟高，流域内普遍饮水困难。

北洛河流域的上中游，属于黄土高原丘陵沟壑区，近 1/3 的人口和家畜生活用水极为困难。山区农民一般要往返五六千米下沟挑水或用牲口驮水。据 1973 年调查，黄陵县田庄乡生活取水劳力占到全乡总劳力的 1/3 左右。在黄土高原丘陵沟壑区南部次生林区，因水质恶劣，5 万余人长期受到地方克山病、大骨节病、甲状腺肿大和氟中毒的折磨。

北洛河流域下游渭北旱塬的澄城、白水、合阳、蒲城、大荔等县（市）的大部或部分乡（镇）地下水埋深 100 ~ 130 米，自古就有“水贵如油”之说，生活用水主要靠人工土井及窖蓄天雨。天旱时节井枯窖干，需要下沟下塬汲取河水、泉水。蒲城县蔡邓、上王、马湖等乡（镇），取水水井均在百米以上，采取双下索辘轳汲水，需 4 ~ 6 个强劳力协作，流传着“龙山、马湖，渴死寡妇”的民谣。合阳县和家庄等乡，原高水深雨量少，土窖蓄水有限，水井极少，生活用水主要从 100 多米深的大浴河汲取。后来河水污染严重，又靠建造坑塘、涝池蓄水，人畜共用。

新中国成立后，党和人民政府把解决人畜饮水列入重要议事日程，采取拨付专款、贷款融资、以工代赈等资助方式，打井、挖窖、修池、建站，解决人畜饮水困难。1973 年，国家把饮水、改水工作纳入农田基本建设，下达专款，单列科目使城乡供水工程出现新的转机。从 1984 年 3 月开始接受外援多方集资，城乡兼顾，集中连片，先后建成定边和靖边、黄陵、洛北、袁家 5 项大型供水工程，使定边、靖边、黄陵、大荔、蒲城 5 县（区）的一百多万人口用上了安全、卫生的自来水。1996 年 4 月，国家开始实施“甘露工程”，2004 年开始实施 “西部农村人饮解困工程”、氟病改水工程等项目，在这些工程项目的带动下，截至 2020 年，北洛河流域基本解决了城镇、农村人口和大家畜的饮水困难问题。

北洛河流域内主要供水工程包括水库、流域内引水工程、流域外提水工程、流域内取水工程。陕西省北洛河流域主要供水工程见表 2–3–1。

表 2-3-1　陕西省北洛河流域主要供水工程

序号	类型	工程名称	供水所在区（县）	主要用水户	现状年供水量 / 万 m^3	平均日供水量 / （万 m^3/d）
1	水库	石堡川水库	洛川、黄龙县	农灌、生活	3186	8.73
2		林皋水库	白水县	农灌、生活	450	1.23
3	水库	拓家河水库	洛川县	农灌、工业	407	1.12
4		郑家河水库	黄陵县	农灌	110	0.3
5		南沟门水库	黄陵县	工业、生活	1825	5
6	流域内引水工程	洛惠渠	澄城县	农灌、工业	13162	36

第一节　城镇供水

北洛河流域涉及县城 16 个，其供水情况按陕西省统一规划实施。1996 年，陕西省政府在决定实施“甘露工程”的同时，决定将县城供水由城建部门交由水利部门建设管理。随即，陕西省水利厅组织开展了县城供水工程可行性研究报告和初步设计的编制工作，并对设计报告进行了批复，保障了县城供水的科学性、规范性和安全性。此后，北洛河流域 16 个县城完成供水改造扩建工程。2004 年，吴起、志丹、富县、甘泉 4 县供水列入国债计划。

一、吴起县城市供水

吴起县城市供水主要由吴起县供水公司负责，公司拥有两套供水水源系统，即薛岔水源地供水系统和县城应急水源供水系统，供水人口 7.4 万人，年供水量达 410 万吨，水质综合合格率 100%，供水普及率为 98%。管网延伸东至柴沟沟口、西至刘河湾、南至芦角、北至白石咀，管网总长度 102.9 千米，形成贯穿县城的树枝状管网。薛岔水源地供水系统共计投资 2.66 亿元，始建于 2014 年，2015 年 7 月建成并投入运行，共有水源深井 21 眼，1500 吨水源集水调蓄站 1 个，供水能力为 12000 吨每日的供水厂 1 座，DN110 ~ 450 输水管网 51.5 千米。目前向县城供水约 9000 吨每日，能够充分保障县城居民的生产生活用水，使吴起县城自来水水质低劣的问题得到根本性解决。县城应急水源供水系统主要为原县城供水的北苑水厂、刘渠子水厂和杨青川口供水站，在薛岔水源地供水工程投入运行后，即作为县城应急后备水源使用，在应急时期可充分保证县城供水。2016 年 11 月，吴起县与陕西省水务集团签订县城供水合作协议。

二、志丹县城镇供水

志丹县地下水资源丰富，深度一般在 10 ~ 15 米。新中国成立前，城区居民用水主要以河水为主，街道只有 1 口水井（称为官井），靠手扳辘轳从水取水。新中国成立初期，随着居民的增加，水井也相应增加，但取水仍然靠人工。20 世纪 60 年代，县城机关单位打浅水层土井，安装潜水泵抽水饮用。1979 年，由中国人民解放军驻延安 724 部队选定井位，县水利钻井队筹建城区饮水供水工程。1980年秋，建成150米和110米自流深水源井各1眼，静水位17米，管道与机泵也安装完毕，同年10月试产成功。

1980年，成立志丹县自来水厂，总设计抽水能力单井每日400吨，实际给水能力每日300吨，日最大供水量500多吨，人均日用水量50公斤，供水范围1平方千米，饮用自来水的人口6320人，占城区总人口的70%以上。

1990年扩建自来水工程，总投资127万元。至1992年，新建成400立方米高位调水池1座，200立方米调节清水池1座，泵房1座，水质化验室3间，配装直径200～250毫米配水管道702米，总装机容量133千瓦，日供水能力提高到2000吨。饮用自来水人口1.3万余人，占城区总人口的90%以上。

1996—1999年，安装管道16.13千米，年供水量31.5万吨，供水人口1.79万人。2001年完成一道街供水管网改造，年供水量达到50万吨。2003—2005年，投资172万元完成了3号水源建设，并进行管网改造，年供水量达到149万吨，平均日供水量4097吨。2006年完成县城灵皇地台输水管道穿河工程，2008年在东武沟新打6号水源，全年安全供水180万吨。2010年全年供水200万吨，县城供水扩建工程获国家发改委批复立项。2012年县城供水230万吨，开工建设县城供水扩建工程。2014年县城供水282万吨，日均供水7800吨，供水人口5.5万人。2015年12月，志丹县与陕西省水务集团签订县城供水合作协议，移交县城供水全部业务。

三、甘泉县城镇供水

1974年，甘泉县革命委员会主任乔尚法，为改善城镇人民生活用水，根治地方病，决定将锢死的美水泉开掘出来，引美水进城。经过3年的施工，共开发泉眼7个，日产水150吨，兴建蓄水池2座，总容量900立方米，架设管道3400米，于1977年7月1日试运通水。1984年，在县城瓦窑沟开泉眼14处，日产水200吨，建成蓄水池1座，总容量270立方米，与美水相通形成供水网。城镇供水人口为12000人，用水普及率70%。县城区月平均生活用水量8000吨，生产用水量5—9月为最多，月平均2000吨。

1997年，县城供水管网延伸扩容，主要沿关家沟净化水厂至主城区布设，在主城区连接成环状管网。县城以北至丈子沟，以南至麻子街，以西至曲里、太皇山，干管以树枝状布设。总投资2398.82万元，设计水平年为2025年，日供水规模提高到12000立方米，当年年供水量438万立方米，可满足5万人用水需求，居民用水标准达到每年150升每人。其间，先后向县城供水工程管网进行4次投资，总计3833.52万元。关家沟净化水厂始建于1995年7月，由87.6千米输水管道（其中：岳屯12.8千米，雨岔44千米，县城配水及管网延伸30.8千米）、1万立方米调节池、高位调节池、净化车间、二级泵站等附属设施组成。主要工程设施设备有：反应池、沉淀池、滤池、加药间、加氯间、化验室、锅炉房、净水车间、泵房、吸水井、工艺管道、直径280UPVC原水直供管道、10千伏变配电设备、输配水管网、监控设备、电子设备、变频设备、锅炉及热力管网、厂区照明、厂区排水、泵站阀滤设备，总投资为2195.68万元。1996年投资建设岔沟河1号坝及低坝取水配置的10千米输水暗管，2001年投资建设的岳屯2号坝取水配置的2.8千米输水暗管，均未满足逐年增加的县城用水需要，2008 年开工建设雨岔水库以补充不足。

2003 年 6—12 月，自来水厂供水扩建工程管网改造，投资 6.43 万元，完成城区管网改造工程 14 千米。新增日供水能力 4000 吨，全县日供水能力达到 550 吨，彻底解决城乡供水不足问题。2006 年 11 月，兴建容积 10000 立方米调节池以及输水管道改造、净化水厂扩建、城区管网扩建等工程，总投资 1434.7 万元。2012 年 4 月 1 日，开工建设雨岔水库供水工程，概算总投资 7802.4 万元，2013 年 7 月主管道全线完工，进入试水阶段，2014 年 6 月全面完工投入运行。与此同时，2012 年实施县城供水管网改扩建工程，总计完成投资 2030 万元。2016 年 6 月，甘泉县与陕西省水务集团签订县城供水合作协议，资产已划转，由陕西省水务集团接管县城供水业务。

四、富县城镇供水

富县城地下水非苦即咸，人畜不能饮用。民国十七年（1928 年）曾用铁丝悬吊铁桶的办法将圣佛峪泉水引至北洛河西岸。1957 年，富县人民政府组织人力对圣佛峪引水工程进行了恢复，用钢丝绳、橡胶管等材料，再次将泉水从北洛河上空接过，并筑高 3.5 米、直径 2 米蓄水窖 1 个。1965 年，动员机关干部、师生员工从贺家沟经中学挖渠至后街，埋 30 厘米瓷管，在城关小学与旧街交接处，建蓄水池供机关单位和居民饮用。

1972 年，筹集 3 万元资金，在北教场修建自来水厂，盖厂房 10 间，安装深井抽水泵 1 台，铺设送水管道 4500 米，在寺坡建水窖 1 个，将自来水引至县城。1977 年，在太和山修建高水位蓄水池，容量 250 立方米，又在居民比较集中的城内十字街口、寺坡等地修了 3 个放水站，各机关用上了自来水。

1984 年，省地驻县单位共投资 40 万元，将自来水管从北洛河底引至沙梁、茶坊等地。

1986 年，兴建容量为 350 立方米的高位蓄水池，并与旧水池相通，总容量为 600 立方米。水网运用 4 寸①、6 寸插式铸铁和 4 寸钢管，形成供水网。

1990 年，富县政府决定将大申号水库水引入县城作为给水源，成立水源扩建领导小组。1992 年，给水扩建工程立项，启动投资 260 万元，修复延安市桥北林业局车队院内一眼大口井，作补充水源。1993 年，投资 10 万元，在大申号钻 DN8 井，日出水 800 立方米，铺设 DN250 预应力钢筋水泥管 1 千米。1995 年，改造自来水公司 1 号、2 号井和延安市桥北林业局院内大口井，统一向自来水公司清水池蓄水，改变原来深井泵向太和山高位水池送水状况，减少生产成本。1996 年，自来水公司由富县城建局移交县水利局，投资 270 万元，铺设大申号水库至净化水厂供水管道 4.2 千米，大申号水库正式向城区供水。

2000 年，县长办公会议专题研究县城供水工程事项，与陕西省自然资源厅、陕西省九〇八地质水文大队达成开采洛河渗流井工程设计方案协议，工程总投资 230 万元，其中省政府投资 180 万元。2001 年旱情严重，大申号水库濒临干涸，原有供水设施简陋，设计管径细小，流量不足，城区供水管道腐蚀老化，经常发生大面积漏水，难以保证居民用水。富县自来水公司投资 300 万元，改造城区供水管网。随着县城人口增长、面积扩大，工业

① 1 寸 = 0.0333 米。

和生活用水矛盾日显突出，2004年县政府决定彻底解决县城供水事项，完成了《富县县城供水工程可行性研究报告》《富县县城供水改造扩建工程输水管线净化水厂工程设计方案》。2005年，城区净化水厂工程建设破土动工，总投资960万元，其中：运用国债资金400万元，市财政配套100万元，县财政及企业自筹80万元，建设日供水5000立方米的净化水厂，布设100米输水管线及1700米配水管线，2006年投产运行。经陕西省饮用水产品监督检验站检验水质，符合《生活饮用卫生标准》，水压稳定，管网运行平稳满足城区居民生活和工业生产用水需求。2008年投资460万元，改造沙梁、茶坊给水管网，铺设配套水管8.8千米，建设给水跨桥1处，解决沙梁、茶坊区域单位及居民生产生活用水问题。2009年，改造茶坊遗留区域和古州峁山上管网，解决茶坊85%用户及古州峁80多户共2000多人的饮水困难问题。2014年9月与省水务集团签订供水合作协议，陕西省水务集团接管富县县城供水业务。

五、黄陵县城镇供水

1990年，黄陵县自来水厂利用透河井从沮河取水，抽升至高位水池消毒后通过供水管网直供用户。同年，县城区有大口井2眼、高位水池2座、供水主管道12千米、支管道15千米，日供水能力500吨，年供水量15万吨，供水人口0.68万人，居民生活用水价格1.40元每吨。

1991年，陕西省、黄陵县共投资300万元（陕西省100万元、黄陵县200万元），新建大口井4眼、高位水塔1座，安装闸阀8个，铺设供水管道2千米，县城区供水范围扩大至3.20平方千米，供水人口增加至1.50万人。

1998年，黄陵县自来水厂在张寨村河滩地建大口井1座，每小时出水3吨，有效缓解了县城缺水问题。同年12月10日，《郑家河水库引水可行性研究报告》通过市、县和专家评审。

2000年，黄陵县自来水厂有大口井8眼、供水车间1座，装机总容量184.50千瓦；有二级提水站2处、高位水池4座，容积750立方米；有清水池1座，容积600立方米；管网总长度16.20千米，日供水能力1300吨：全城用户1291户供水缺口为每日500吨。全城实行定时供水，上城区域每隔3天间断供水1次，居民人均日用水量仅为41.95升。为解决城区居民饮水困难，县政府决定从30千米以外的水源保护较好、水质未被污染的郑家河水库跨境向县城引水。同年12月28日引水工程开工，翌年12月3日主管道通水，2002年6月28日全线竣工运行。供水能力5500吨，年供水总量154万吨，供水人口2.50万人，供水保证率97%。该引水工程由引水管线、马家源隧洞、净化水厂和配水管道4部分组成，共计投入资金2081.41万元。完成的主要工程项目有马家山隧洞894.38米，跨河倒虹21处，石拱桥2座，输水管道17.82千米，600立方米蓄水池1座，净化水厂1个，配套设施1套，入网连接管道1.76千米。

2003年11月21—22日，陕西省水利厅专家组对黄陵县城供水工程进行竣工验收，认为工程建设符合设计标准，属优良工程。新建的净化水厂严格按照国家规范要求，通过“加药→沉淀→澄清→过滤→消毒→化验→出厂”等一系列先进的净化工艺流程，保证出厂水质达到国家饮用水标准，为城区居民提供安全优质的饮用水。同年，完成制水产量 86.13 万吨，改造延伸管网 3.58 千米，全县关闭自备水源井 29 眼，新增用户 79 户。黄陵县自来水公司被陕西省人事厅、水利厅评为陕西省县城供水十佳企业。

2004 年，黄陵县自来水公司完成制水产量 88.68 万吨，改造延伸管网 1.50 千米，全县新增用户 132 户，被中国城镇供水协会县镇供水委员会评为全国优秀县镇供水企业。2005 年 7 月 25 日，黄陵县城市管网改造一期工程开工，2006 年末竣工投用。改造工程完成高阳路、土德路、上城、东关、北街、西商业街、轩辕大道、鼎湖路、马山、北坡底管道改造铺设和更换。累计完成投资 428.80 万元，铺设管道 920 千米，安装各类管件 435 个，砌闸阀、排气、消防井 104 座，土方开挖 1.48 万立方米，土方回填 9.56 万立方米，开挖石方 440 立方米、泥方 1102 立方米，并建成北坡底倒虹工程。同年，黄陵县自来水公司完成制水产量 90.80 万吨，改造延伸管网 1003 米，新增用户 110 户，同时建成总投资 28 万元的纯净水厂，进一步缓解了供水压力。

2007 年 5 月，黄陵县城市管网改造二期工程开工，当年年末竣工。改造工程完成西商业街、张寨、文渊街管道改造任务，累计完成投资 220.38 万元，铺设主管道 3.17 千米，安装消防栓 6 套，开挖、回填土方 0.87 万立方米，砖砌阀井 57 座。2008 年 5 月 7 日，黄陵县实施供水管网续扩建工程，当年年末竣工投用。续扩建工程完成暖泉沟、张寨、黄陵中学的管道铺设和印台山、上城、杨沟村、水文站居民区供水配套设施改造，完成投资 203 万元。开挖、回填土方 2.5 万立方米，安装管道 14.57 千米，砖砌阀井 20 座、过河倒虹 1 座。同年，黄陵县自来水公司完成制水产量 111 万吨，新增用户 914 户。

2009 年，黄陵县自来水公司完成制水产量 115 万吨，新增用户 1100 户；完成阳光小区二期，龙翔佳苑小区和县委常委家属楼，老干楼，糠醛厂 1 号、2 号、6 号楼的户表改造任务。同时投资 43 万元，完成石山村饮水改造工程，安装 PE（聚乙烯塑料）管道 8.79 千米，砌筑阀井 182 座，实现龙头入户 216 户。至此，县城区供水范围（东至石山村，西至肖家川，北至上城，南至马山）达到 4.83 平方千米，实现县城区供水全覆盖。同年末，县城区有供水主管道 66 千米、支管道 19 千米，日供水能力 5500 吨，年供水量 115 万吨，供水人口 5215 户 280 万人，居民生活用水价格 3.20 元每吨。

六、洛川县城镇供水

洛川县境内沟壑纵横，水源不足，《洛川县志》记载洛川是“山原无林，川沟无水，十有九旱，小旱薄收，大旱大饥”。人人都知道洛川县是苹果大县，却不知道洛川县还有一个“旱塬”的帽子。20 世纪 60 年代，洛川人民还是以土井、沟泉为主要水源，饮水全靠人担牲驮。1988 年，陕西省水利水土保持厅、陕西省建设厅、陕北建设委员会、地县财政投资 540 万元，由洛川县水利、城建两局共同负责兴建以仙姑河为水源地的县城供水工程，当年 4 月动工，1990 年 10 月全面完成，县城供水工程的建成使洛川旱塬水资源贫乏的难题得到缓解。

工程主要包括谷咀沟抽水站、谷咀净水厂、输水管道、配水厂、城市供水管网 5 部分。抽水站位于县城东南谷咀沟，总扬程 260 米，总装机 450 千瓦，配 DA150 × 9 多级泵 3 台，单机每小时出水量160吨，一级送至塬上净水厂。净水厂包括沉淀池、过滤池、回收池、清水库、蓄水池等设施，日处理水2500吨。净化后二次加压，经4.5千米输水管道送至城区配水厂，经消毒、加压送水至城区管网。

供水工程除可供县城2万多人的生活及工业用水外，还解决了沿途8个村3500多人的饮用水和3000多亩的农田灌溉。

工程建成后，洛川县政府成立城乡供水公司，实行抽、供、销一条龙统一管理。1993年，洛川县政府决定将洛川县自来水公司划归城乡供水公司管理。

2016年11月，陕西省水务集团公司确定南沟门水库洛川县城供水工程建设计划，并于2018年9月14日正式开工建设，2024年9月2日完成了泵站试水，国庆前夕开始供应县城及周边区域。该工程总投资1.23亿元，工程主要由取水口、输水管线和二级泵站组成，年供水量519万立方米，日最高供水量2万立方米，工程的建成和投入使用将对洛川县民生改善和县域经济发展起到积极的推进作用。

七、宜君县城镇供水

宜君县城位于山巅。亘古以来，县城饮用水主要靠南山峁的泉水和常年从山间小溪汲取，水质清而质差。若遇干旱之年泉水断流、小溪干涸，常发生水荒，居民只得下沟取水。人担、骡驮，往返数里，实为艰辛。1956年，宜君县建成抽水站，在县城东沟抽水，在县城设几个自来水龙头，主要给县级机关供水。20世纪70年代初，许多机关单位用汽车到彭村川、铜川拉水。

1972年，宜君县成立供水公司，兴建供水工程。1996年，对原供水设施进行改建维修。1999年，新建供水塔1座，扩大供水管网，维修、改造了部分供水设施。2000年延伸南山开发区供水干管3450米。2001年，扩建县城广场供水管网，扩大供水范围，提高供水质量。2002年，安装城市供水净化设施2台，维修1台，更新一级站供水管道280米、主管道870米，新铺支管道2000米。2003年，完成二级泵站、净水车间、加药、加氯车间安装，建房318平方米，安装钢管8.87吨。2005年，续建2003年县城供水工程。2006年，厂区绿化植树种草，改造管网76千米，建成消防设施5套。2007年，铺设供水管网5300米，改造净水厂，增设水质化验设施。2018年，新建龟山制水厂，制水能力5000立方米每天，铺设DN250钢管13.1千米，新建制水车间1座。2019年，完成彭镇供水工程铺设DN250钢管6.2千米，PE250管道5.3千米，建成800立方米蓄水池1座，铺设配水管网PE250–PE50管道17.6千米，建成加氯间1座。

八、白水县城镇供水

白水县按照陕西省村镇集中供水实行“三个一”管理模式制定了《农村饮水工程管理办法》和《维修养护基金管理办法》，落实了管理机构，已建成工程管理模式如下：

现有北塬、彭衙、雷牙、林皋、尧禾、杜康西片、西固、雷村8处千吨万人以上规模化供水工程，实行独立运行、自负盈亏。日常运行包括水源维护、水质检验、机电设备运行、水费收缴和主支管道的巡查、保护、维修等。

“引石济白”是一项缓解境内水资源短缺矛盾，解决县城用水困难，从石堡川水库向县城引水的跨区域、长距离重力自流工程，由 29.5 千米的直径 800 毫米引水管道、总库容 35 万立方米两个调蓄池和日净水规模 4.5 万立方米的刘家卓水厂 3 部分组成。建设总投资 2.43 亿元。工程于 2013 年 4 月开工建设，2015 年 11 月竣工运行，日输水能力 7.65 万立方米，不仅满足了县城、工业园区和沿途村镇生活用水，也能解决部分果园灌溉缺水问题。

九、澄城县城镇供水

新中国成立后，党和政府便将县城用水摆上重要议事日程，投入了更大的人力和财力。1950 年 5 月 10 日，澄城县政府第二次行政会议专题研究县城生活用水问题，紧接着就在城内大操场（今县政府所在地）打了两眼水窖，修复了城隍庙西湖和北庙的水井。1962 年9月，用电力提水的西河抽水站开工建设，历时9个月投入运营，日供水能力达到2000吨，命名为地方国营澄城县水电供应站。次年在县城建成了第一座水塔，为城区机关单位拉水和居民担水提供了更大的方便，彻底改变了去西河担水的历史。

改革开放后，随着县城人口的快速增加，西河抽水站难以满足县城用水需求。1987 年 9 月，澄城县投资 84 万元建设了五一水库城市供水工程的第一水厂，利用地形高差重力把五一水库的水引入县城。同时，在县城东边的杨家庄建成了引水工程净化站，对五一水库引来的水进行沉淀、加氯处理，有效缓解了县城供水短缺的困境，从而开创了陕西省水库向城市供水的先例。

这样的情况维持了七八年后，因为五一水库农田灌溉与县城供水、争水矛盾日益突出，第一水厂已难以保证县城飞速发展的工商企业以及城区不断扩大的需要，24 小时供水更是无从谈起。后来，为解决五一水库缺水问题，澄城县又实施了调水工程，从相距 40 多千米的石堡川水库向五一水库调水。石堡川水库由澄城、白水两县人民共同修建，主要用于两县近 40 万亩农田的灌溉，而且总库容只有 6000 万立方米左右，每到冬春和夏季伏旱期，水源十分紧张。加之渠道渗漏损耗，从石堡川调水仍不够及时，县城一度面临断水局势。

1992 年开始，经陕西省水利厅批复，澄城县政府以原交道乡兴办的小型抽水站为基础，通过修复、扩建原一、二、三级站，新建四、五级站，于 1994 年建成集农田灌溉供水于一体的温泉供水工程，日供水能力达到 2.3 万吨，并解决了沿线原交道镇、雷家洼乡、城关镇和庄头镇 4.6 万人的饮水困难。同年 6 月，位于县城九路南的澄城县第二水厂也随即投入使用，基本上满足了 2010 年前县城的生产、生活用水，县城企事业单位的用水环境得到了有效改观，城区居民的用水条件得到进一步改善。

进入 21 世纪后，为满足县城居民对供水保障率的更高要求，2010 年，投资 5000 万元在赵庄镇东马店村建成了澄北水厂，设计供水能力 3 万吨，不仅较好地解决了城区用水，而且随着城北水厂供水能力的不断提升，澄城县城周边十多个村子也用上了城区的饮用水，同时也保证了城区 24 小时供水，结束了县城每天定时供水的窘境。

近几年，随着城区规模的急剧扩展和城区居民的成倍增加，为了提高城区供水能力，实现“双水源”供水保证，从 2016 年开始，澄城县委、县政府超前谋划，着眼于发展，着眼于未来，大胆提出了实施澄南水厂供水工程的构想，经过水利部门紧锣密鼓的工作和创新融资模式，该工程于 2017 年 7 月全面开工建设，设计日供水能力 4 万吨，开启了县城供水的崭新局面。

十、蒲城县城镇供水

蒲城县地处渭北旱塬，属贫水地区，人饮水源均为地下水。全县农村饮水工程已建成袁家坡供水、桥陵节水、韩河农村供水、日光供水、大孔供水、罕井供水等 6 处千吨万人以上供水工程和 21 处联村、单村集中式供水工程，覆盖解决了全县 17 个乡（镇）275 个行政村 69 万农村人口的饮水问题。其中，县中南部及县城由袁家坡供水工程覆盖，解决县城及中南部 13 个乡（镇）231 个行政村共 45 万人的饮水问题；县东北部由韩家河供水工程覆盖，解决洛滨、孙镇、尧山 3 个乡（镇）32 个行政村 4.9 万人的饮水问题；县中西部由桥陵供水覆盖，解决桥陵镇 12 个行政村 2.44 万人的饮水问题；县中北部由罕井供水站覆盖，解决尧山、罕井 2 个乡（镇）35 个行政村 6 万人的饮水问题；县西北部由两个民办水利（大孔供水站、日光供水站）覆盖，解决桥陵、高阳 2 个乡（镇）22 个行政村 4.98 万人的饮水问题；其余村组采用单村单井或联村的小型供水工程解决。

蒲城县人饮工程分为防氟改水工程和农村饮水安全工程，防氟改水项目于 2003 年 4 月动工，2004 年 12 月全部完工，完成投资 3085.54 万元，其中中央投资 1995.46 万元，解决了蒲城县中南部氟病区 18 乡 101 个村 92815 人和 28469 头大家畜的饮水困难问题。

农村饮水安全项目从 2005 年开始，完成投资 30087.41 万元，其中中央投资 16871 万元，累计解决 242 个村 69.97 万人的饮水问题。

十一、延安市引洛济延工程

延安市引洛济延工程为江河湖库水系连通项目，属于北洛河综合治理工程子项目，是市政府重点建设水利项目。老袁沟、桥沟两座骨干坝于 2017 年 2 月由延安市发改委对拦蓄调节水生态修复保护工程的初步设计报告进行了批复。项目于 2017 年 5 月前完成招标投标工作，随后开工建设，于 2019 年 10 月完成全部建设工程任务，目前已完成竣工资料的整理工作，正进行内审工作，准备进行审计工作。

老袁沟骨干坝位于延安市宝塔区枣园镇王皮湾村老袁沟沟内，距延安市 21 千米。工程建设内容主要包括大坝、溢洪道、放水卧管、充库建筑物（拦水低坝、泵站、充库管线等）等 4 部分。工程设计洪水位 1087.27 米，校核洪水位 1088.78 米，总库容 92.62 万立方米，淤积库容 62.76 万立方米，工程为Ⅴ等小（2）型水库工程。主要建筑物为 5 级，次要和临时建筑物为 5 级。

桥沟骨干坝位于延安市宝塔区枣园镇温家沟村，工程由坝体、溢洪道、放水卧管、充库输水管线等 4 部分组成。桥沟骨干坝总库容为 61.3 万立方米，淤积库容 47.92 万立方米，大坝高 36.0 米，坝顶宽 5 米，坝顶长 122.50 米，洪水重现期按照 30 年一遇标准设计，300 年一遇标准校核。

第二节　农村供水

图 2-3-1　白水县农村人饮龙山村蓄水池
（2016 年，白水县水务局提供）

北洛河流域农村在 20 世纪 80 年代之前，主要供水方式是各村分散式自备井、窖等。1996 年之后，根据农村饮水实际，北洛河流域先后实施了农村饮水解困工程的“甘露工程”、氟病区改水项目、农村饮水安全工程、村组联村集中供水项目。甘露工程涉及北洛河流域的铜川市印台区、宜君县，以及志丹、靖边两县的部分供水项目。项目涉及北洛河流域的志丹、靖边、吴起 3 个县部分供水工程。

一、吴起县农村供水

2005 年，按照水利部、卫生部《农村饮用水安全卫生指标评价体系》标准核查，吴起县 9.1 万农村人口中，饮水不安全人口为 3.37 万人，占农村总人口的 37%，涉及 164 个行政村。全县饮用高氟水 1.1 万人，主要集中在县周湾、长城两镇；饮用细菌学指标超标严重、未经处理的地表水 1.17 万人，涉及 9 个乡（镇）108 个行政村，用水方便程度不达标人口为 1.1 万人。为了解决 3.37 万人的安全饮水问题，2005—2010 年，中省共下达吴起县 9 个批次 29 个单项工程，中央补助项目资金 265.8 万元，省级资金 278.3 万元已到专户，吴起县自筹资金 6886.5 万元，共计 7430.6 万元。总受益人口 9.1 万人。截至 2010 年底，全县农村饮水安全普及率达到 89.5%，农村自来水普及率达到 58%。

2011 年，按照水利部饮水安全新标准，吴起县重新核定农村饮水不安全人口，2011—2020 年先后争取到农村饮水安全项目中央预算内资金项目和省级农村饮水工程专项资金项目 8 个批次 26 处单项工程的建设计划。全县累计完成 101 处集中供水工程，完成新打机井 43 眼，新建水厂 9 座，蓄水池 45 座，新建管理用房 2592 平方米，架设输电线路 9.8 千米，安装变压器 36 台，配套机泵及电气设备 43 套，铺设输配水管网 315.8 千米等其他设施，共计完成投资 13855.6 万元。

通过“十二五”工程建设内容的实施，农村饮水安全人口达到 8.9 万人，饮水安全达标率达 99.8%；集中式供水工程受益人口 3.9 万人，占农村总人口 8.9 万人的 43.8%，自来水普及率达 95% 以上。

二、志丹县农村供水

塬区黄土覆盖较厚，水位深，一般井深均在 100 米以上，有的井深在 150 米以上。交道塬、羊泉塬、寺仙塬等比较大的村庄在 1970 年以前靠深井辘轳吃水。一般村庄没有深井，只好吃窖水或下沟挑水吃。各村大都在村中央挖有涝池，用来蓄雨水供洗衣服和牲畜饮用。有的村庄在麦场边挖有土窖集蓄雨水，待澄清后饮用。境内涉及 7 个塬区（乡、镇）居民人畜饮水十分困难，自古有“水比油贵”之说。

在陕甘宁边区，人民政府组织群众在塬区开挖水井，解决塬区人畜饮水困难。原陕甘宁边区劳动模范、太乐区（羊泉）区长同万明于 1941 年春季带领全区群众掏井打窖，利用 3 个月的时间掏旧井 41 眼，打成新井 4 眼，打水窖 20 孔，解决了全区吃水困难，每日省去担水工 500 个，每年增产粮食 2250 石。延安《解放日报》发表社论《学习同万明同志》。太乐区的群众称颂“同区长为咱办了一件大好事”“是子子孙孙都忘不了的大好事”“共产党真是老百姓的大恩人”。

新中国成立后，从 1970 年开始在原区发展机井。县钻井队、延安地区地下水工作队先后在交道、羊泉、北道德、吉子现、钳二、寺仙、南道德等地开凿百米以上机井 23 眼。1973 年以后，原区发展机井配套，并建设三联泵抽水站。随着打井机具、箍井材料和抽水机具的改善，原区人畜饮水、农田灌溉迅速发展。至 1989 年，全县共兴建机井和三联泵人畜饮水工程 161 处，其中机井 104 眼，配套 50 眼。

1990 年 1 月至 2020 年，志丹县农村供水工作主要实施了以工代赈供水工程、农村人畜饮水、甘露供水工程、西部人饮解困、比利时援陕供水工程、联合国儿基会供水工程、国家农村饮水安全等建设项目，完成了全县 12 个乡（镇、管区）的农村饮水工作，共投资 3 亿元新建成各类饮水工程 598 处，其中集中供水工程 240 处，新打机井 152 眼，浅机井或土井 4200 多眼，建水窖 6000 多眼，解决了 10.1 万人、3 万头大家畜的饮水困难问题，全县农村人口基本告别了饮水困难的历史，2007 年 11 月被国家发改委、水利部评为全国农村饮水安全示范县。志丹县完成了县城驻地的供水保障工作，实现了县城全自动供水，被省市评为“全省十佳企业”荣誉称号，先后对全县有条件的川台地进行了灌溉设施配套，共新增灌溉面积 1.7 万亩，发展节水灌溉面积 2.2 万亩，共发展水产品 700 多吨。

三、富县农村供水

唐开成二年（837 年），“坊州中部县治所（今黄陵县隆坊一带），州廓无水，东北七里有善上泉，刺史张怡架水入城，以纾远汲。开成四年（839 年），刺史崔骈复增修之，民获其利。”（《新唐书 · 地理志》）

清同治年间（1862—1874 年），洛川县土基、石头等地修水窖，沿用至今。清末，中部县杏树嘴、四圣、太贤、田庄、南韩塬、上官坪等地修建涝池，今尚存 23 处，单池容积 600 ~ 4000 立方米，其中太贤涝池容积最大，为 5000 立方米。

民国十七年（1928 年），鄜城官泉、小泉两处水量甚小，不敷民用，圣佛峪水量甚充，开渠引水至河岸，将水由河接过，筑池于西岸上。

1941 年春，鄜县太乐区（今羊泉）掏旧井 41 眼，打新井 4 眼，修水窖 20 口。

1979—1985 年，采取民办公助的办法，富县财政每年拨付一部分专款，按照工程投资多少和建设单位负担能力，给予适当补贴，水利部门进行技术指导，为吃水困难的村户打井框泉，改修水路，修建三联泵抽水站，到 1982 年年底，建成三联泵站 24 处，水井 68 眼，水窖 26 眼，解决了 30 个大队、74 个生产队的 7549 人、3100 头大家畜的饮水困难，分别占总数的 28% 和 26%。到 1989 年底，全县共建各类引改水工程 417 处，其中三联泵站 22 处，水井 276 眼，水泉 119 个，改修水路 23 千米，解决了 28300 人、12500 头牲畜的饮水问题。1990—1995 年，全县投资 300 万元，新建集中供水工程 27 处，解决了 46000 人、12000 头牲畜的饮水困难。

2000—2004 年，建成牛武镇赵家塬、八条硷小高抽，总装机容量 50 千瓦，解决 2 个行政村 6 个自然村 1200 余人的生产生活用水。2009 年，建成交道镇老寨子小高抽，解决 5 个行政村 2400 余人的生产生活用水。

2010 年，农村管网供水未辐射到的塬面村组，以机井供水为主，共有机井 140 眼，为 139 个村组 5.67 万人提供饮用水。农村饮水在水源较分散的边远独立村组，以小高抽供水为主，共有小高抽 29 处，为较分散和边远的 49 个村组 1.04 万人提供饮用水。川道农村人饮在集中供水、管网供水未辐射到的村组，以管道自引泉水为主，共有自引泉水设施 195 处，为 195 个村组 4.69 万人提供饮用水。截至 2010 年底，全县农村各类饮用水设施 364 处，含机井 140 眼，提抽站 29 处，自流引水 195 处，为全县 240 个行政村 538 个自然村组 2.87 万户 11.4 万人提供饮水。

截至 2020 年底，富县累计建成农村饮水工程 378 处，塬面乡（镇）的 73 个行政村以机井抽水供水为主，川道乡（镇）的 64 个行政村以自流泉水供水为主。乡（镇）集中供水站 7 处、单村供水工程 369 处、分散式供水工程 2 处，实现了农村饮水安全全面达标。目前，自来水入户率达到 99%，供水保障率达到 95% 以上，水费收缴率 90%。

四、甘泉县农村供水

1990 年，甘泉县农村供水工程，由县水工队负责规划设计和组织施工。全县共有农村人畜饮水工程 265 处，其中集中式供水工程 171 处，产权归所在村组集体所有；分散式供水工程 94 处（包括柴关山、牛蹄圪坨、榆树沟、封河岔水窖），均实行受益户自管，产权归个人所有。

2003 年，全县农村供水设施基本完好、正常运行的村组 151 个，部分损坏可运行的 93 个，损坏严重难以运行的 16 个，报废的 12 个。供水设施可满足的村组有 89 个，不足的有 155 个，枯竭的村组有 3 个，污染的村组有 25 个。供水人数 3.0 万人，公共供水人数 1.42 万人，自来水入户人数 1.63 万人，饮水困难人数 2.09 万人。

2005 年，开始实施农村饮水安全项目尾留工程，以解决农村饮水不安全人口 2.23 万人问题。实施各类饮水工程 265 处，其中采用集中式供水工程 171 处，分散式供水工程 94 处。

2007 年，国家累计下达甘泉县饮水安全项目计划 10 批次，安排工程建设 140 处，以解决饮水人口 3.29 万人。

2007—2008 年，完成饮水工程 50 处，解决饮水人口 1.28 万人。截至 2009 年底，全县共完成饮水工程 137 处，解决饮水人口 3.15 万人。在完成工程中，自流引水工程 73 处，提水 26 处，自备井 35 处，打机井 786 眼，水窖 3 处，关闭 45 眼；尾留 25 处，其中在建工程 15 处。

五、黄陵县农村供水

黄陵县农村人畜饮水工程多数是20世纪七八十年代设计建成的，80%工程服务年限到期，设备老化，带病运行，无法正常供水，需要维修改造或重建。2005年，黄陵县委、县政府根据党中央、国务院关于安全饮水工作要求，从实际出发，出台政策，制订规划，积极实施安全饮水工程。

2006年3—9月，全县修复建设太贤乡、侯庄乡、桥山镇、隆坊镇、田庄镇、街道办事处6个乡（镇）20个村组安全饮水工程。工程总投资201万元，维修机井29眼、水塔2座、水池4座，更换水泵3台，铺设各类输水管道8.63千米，修缮机井管理用房800平方米，龙头入户21个村组，受益村民5450口人。2007年，全县实施桥山镇、店头镇、隆坊镇、仓村乡、侯庄乡3镇2乡30个村组及隆坊街安全饮水工程。工程总投资726.80万元，修复建设安全饮水工程30处，受益村民28097口人。2008年3—11月，全县实施隆坊镇、阿党镇、腰坪乡、店头镇、桥山镇5个乡（镇）46个村组安全饮水工程，投资764.20万元，修复建设农村安全饮水工程46处，受益村民18850口人。2009年3—11月，全县投资2092.70万元，对11个镇132个村组的安全饮水工程进行维修和建设。工程建设高位水塔14座，维修高位水塔28座，打深水井7眼，新建、维修、改造管理房1200平方米，铺设各类管道330千米。工程使67个村组实现集中供水，1个村组实现龙头入户供水，13个中小学校安全用水得到保证，全县人畜饮水困难及安全问题基本解决。

六、白水县农村供水

白水县的地下水源贫乏，水位深埋。长久以来靠集雨窖解决人饮，只有少数地区群众打了一些水井，解决人畜用水。1968年开始打机井，由于当时设备简陋，只能打覆盖层水，井的涌水量为3～7立方米每小时。1974年起，县打井工作队成立，打井事业有了较大发展。截至1983年底，白水县共打用于解决人畜饮水的机井62眼，工业井4眼，共解决53216人及4255头牲口的饮水困难。从20世纪70年代起，各地相继建设各种类型的人饮抽水站，到1983年全县共建成人畜饮水抽水站34个，解决了37578人和6446头牲口的饮水。

20世纪80年代以后，白水县启动实施了“甘露工程”“防氟改水工程”，标志着有规模的农村饮水工程建设开始。21世纪以后，按照“统一规划、集中连片、分区整合”的原则，采取新建、扩建、配套、改造、联网等方式，实施了农村饮水安全和饮水安全巩固提升项目，将供水工程整合到79处，其中包括8处千吨万人以上规模化集中供水工程和71处联村单村集中供水工程。截至2017年末，白水县农村集中式供水工程设计受益人口25.11万人，农村自来水供水人口24.73万人，自来水普及率达到98.5%，农村集中供水率100%。农村集中式供水工程设计年供水量795.77万立方米，实际年供水量643.57万立方米。截至2018年，饮水安全巩固提升工程建设任务主体已全部完工，并完成县级对贫困户饮水安全达标核查认定工作，贫困村达标核查申请市级认定。

七、澄城县农村供水

澄城县地处渭北旱腰带，井水埋藏深，河水距离远，取水费时费力，世代生活用水困难。当地有“祖祖辈辈住澄县，吃水还比吃油难”之说。

2005 年，按照水利部、卫生部《农村饮用水安全卫生指标评价体系》标准核查，澄城县 32.37 万农村人口中，饮水不安全人口为 11.37 万人，占农村总人口的 35%，涉及 137 个行政村。全县饮用高氟水 2.66 万人，主要集中在县南部寺前、韦庄两镇；饮用水细菌学指标超标严重、未经处理的地表水 7.42 万人，涉及 13 个乡（镇）108 个行政村用水方便程度不达标 1.1 万人，为了解决 11.37 万人的安全饮水问题，从 2005—2010 年，省（市）共下达澄城县 19 个批次 145 个单项工程，总投资 5356.58 万元，总受益人口 10.98 万人。截至目前，共建成冯原惠民供水工程、东庄供水扩建工程、姬家庄供水工程、韦庄中心供水续建工程等农村饮水工程 144 处，累计新打修复水源井 26 眼，新建水厂 24 座，新修水塔 41 座，蓄水池 55 座，维修水塔 5 座，铺设输配水管网 1188.45 千米，完成投资 5356.58 万元，解决了 10.98 万人的饮水问题，总供水能力达 0.69 万吨每天，至 2010 年底，全县农村饮水安全普及率达到 90.5%，农村自来水普及率达到 78%。

2011 年，按照水利部饮水安全新标准，澄城县重新核定 14.61 万农村饮水不安全人口，2011—2015 年，澄城县先后争取到农村饮水安全项目中央预算内资金项目和省级农村饮水工程专项资金项目 16 个批次 136 处单项工程的建设计划，旨在解决 20.73 万人的饮水问题（包括“十二五”规划内 14.61 万饮水不安全人口）。累计完成杨家陇集中供水工程、良周集中供水工程等 9 处大型联村集中供水工程，以及柏东、李家河、叩卓、贺家河等 127 处单村集中供水工程，完成新打机井 42 眼，新建水厂 43 座，新修水塔 49 座，蓄水池 50 座，新建生产、管理用房 3351.3 平方米，架设输电线路 12.15 千米，安装变压器 11 台，配套机泵及电气设备 42 套，铺设输配水管网 1721.4 千米，完成投资 11145.98 万元。

通过“十二五”工程建设内容的实施，农村饮水安全人口达到 31.74 万人，饮水安全达标率达 99.2%；集中式供水工程受益人口 31.62 万人，占农村总人口 31.99 万人的 98.8%，自来水普及率达 95% 以上。

八、蒲城县农村供水

蒲城县东、县北土厚水深，历来靠打深井汲取地下水，挖窖蓄天降水，供人畜饮用。故有“龙山马湖，渴死寡妇”之说。蒲城县西、南，水埋藏较浅，但含氟量高，久饮致病。

新中国成立后，国家十分关心人民生活用水，县政府曾组织群众修渠、建站，打井打窖，建设库塘，在解决农业缺水的同时，积极解决人畜饮水。比较突出的有 3 次：①1976 年冬到 1978 年，夏季连续大旱，北部旱塬的库塘、水窖干涸，夏粮严重减产，省、地、县领导动员各行各业，大打抗旱总体战，派出汽车 128 辆给 11 个缺水公社远距离拉水。有关社队也出动各种车辆 785 台，共拉水 6 万多吨，解决了 15 万亩红苕点浇播种和 11 个公社的人畜吃水困难。② 1979 年 10 月到 1980 年 4 月，长时间干旱无雨，夏田作物大量死苗，省、地、县出动汽车 152 辆，拖拉机 42 台，手扶拖拉机 176 台和大量架子车，共拉水 13 万吨，解决了北部 11 个公社、290 个生产队、6 万多人、4 万多头牲畜猪羊的用水。③ 1986 年，全年降雨 271.8 毫米，比历年平均降水量少 262 毫米。到 1987 年春，北部 15 个乡（镇）的 97 个村、590 个村民小组、15 万人、5 万多头家畜，生活严重缺水，村民大闹水荒，有的到数十里外拉水，没劳动的买高价水，每吨水费高达 7 ~ 8 元，一些户光买水就开支 200 ~ 300 元。县、乡两级组织干部 4500 多人次，深入基层，帮助群众抗旱，同时国家拨出专款 7.5 万元，投放汽油、柴油 175 吨，支持缺水乡（镇）车辆拉水。

蒲城县北部和东北部人畜饮水拉运垂直高度 100 米以上和运距 1 千米以上的缺水困难地区，约有 15 万人、6000 多头牲畜。从 20 世纪 60 年代开始，采取多种措施加以解决。截至 1978 年底，已建成小型抽水站 26 处，三联泵站 3 处，打配人饮机井 28 眼，新打和维修水窖 19396 眼，解决了 9.59 万人、4.1 万头牲畜的用水。1978 年后，县上陆续建成韩家河、石羊两处人畜饮水抽水站和一批水窖、蓄水池工程，打配机井 37 眼，装机容量 797 千瓦，打成衬砌水窖 38720 眼（集体 4900 眼，私人 33820 眼），加上其后袁家改水项目的兴建，基本解决了人畜用水。

截至 2020 年，蒲城县农村饮水工程已建成袁家坡供水、桥陵节水、韩河农村供水、日光供水、大孔供水、罕井供水等 6 处千吨万人以上供水工程和 21 处联村、单村集中式供水工程，覆盖解决了全县 17 个乡（镇）275 个行政村 69 万农村人口的饮水问题。其中，县中南部及县城由袁家坡供水工程覆盖，解决蒲城县中南部 13 个乡（镇）231 个行政村共 45 万人的饮水问题；县东北部由韩家河供水工程覆盖，解决洛滨、孙镇、尧山 3 个乡（镇）32 个行政村 4.9 万人的饮水问题；县中西部由桥陵供水覆盖，解决桥陵镇 12 个行政村 2.44 万人的饮水问题；县中北部由罕井供水站覆盖，解决尧山、罕井 2 个乡（镇）35 个行政村 6 万人的饮水问题；其余村组采用单村单井或联村的小型供水工程解决。

蒲城县人饮工程分为防氟改水工程和农村饮水安全工程，防氟改水项目于 2003 年 4 月动工，2004 年 12 月全部完工，完成投资 3085.54 万元，其中中央投资 1995.46 万元，解决了蒲城县中南部氟病区 18 个乡 101 个村 92815 人和 28469 头大家畜的饮水困难问题。

农村饮水安全项目从 2005 年开始，完成投资 30087.41 万元，其中中央投资 16871 万元，累计解决 242 个村 69.97 万人的饮水问题。

九、大荔县农村供水

大荔县农村饮水安全工程分为洛北、洛南与黄河滩 3 个片区。洛北地区水源短缺，中部及北洛河以南地区水质性缺水矛盾突出。20 世纪 80 年代末，建成了洛北供水工程，工程受益区涉及蒲城县中部和南部 683 平方千米范围内的城关、孙镇、东阳、陈庄、党睦、龙阳、钤铒、兴镇等 21 个乡（镇）182 个行政村，日供水量达 3.6 万吨，解决了 35.1 万人和 3.81 万头大家畜饮水问题，解决了洛北地区和县城生活用水问题，而洛南地区和黄河滩区基本靠自备井饮水。

21 世纪初，在洛南地区和黄河滩区新建了 73 处供水工程。其中，洛南地区的羌八、张家、下寨集中式供水工程有水源井 101 眼，水厂 67 处，管道 3080 千米，设计规模 4732 立方米每天，受益范围覆盖 6 镇 52 村，受益人口接近 9 万。“十二五”期间，对洛北农村改水工程进行了大规模的更新、扩容改造，更新了育红水源地泵站、配电设备，修缮了各站管理房，新建 200 立方米水池 2 座，维修水塔 25 座，改造输水管道 120 千米、配水管道 73.2 千米、村网 611 千米，日供水规模达到 5 万立方米。目前，全县已形成了以洛北、张家、西苑等供水工程为骨架，其他供水工程为辅的农村供水体系，解决了 16 个镇办 270 个村 63 万人的饮水问题。

第三节　重点引改水工程

一、黄陵县改水工程

黄陵县位于陕北黄土高原南部，是大骨节病、甲状腺肿大、克山病等地方病多发区，加之一些地区水源受到工业、生活废水等污染，全县大部分村镇饮水困难。

1985 年，成立黄陵县农村改水项目领导小组及办公室，负责项目的规划设计与组织实施。工程建设实行公开招标，择优选定施工单位。至 1991 年底，全县完成项目投资 1146.12 万元，全县共建设 103 个改水子项目，其中泉水工程 41 项，深井工程 37 项，浅井工程 25 项。全县共建成水厂 103 个，输配水干、支管道 41.2 千米，输电线路 12 千米。全县 12 个乡（镇）103 个行政村、8.85 万人受益，其中农村 7.5 万人。

店头水厂是全县最大的子项目工程，1985 年由黄陵县饮改水办公室勘察设计，1986 年 9 月动工修建，1987 年底建成，1988 年 7 月正式运营。项目总投资 120 万元，其中世界银行贷款 30 万元，自筹资金 90 万元。工程主要包括直径 5 米、深 9 米的大口径浅井 2 眼，400 立方米钢筋混凝土高位蓄水池 1 座，Dg40 ~ Dg150 输水管道 9 千米，入户配水管道 14 千米，水厂日供水量 680 立方米，供水范围为 2 个行政村、4 个居民委员会、45 个机关、企事业单位及 2 个农贸市场，总受益约 2 万人。

二、大荔县洛北改水工程

1985 年 5 月 28 日，世界粮食计划署批准了《陕西省农村改水工程粮食援助项目》，给大荔县无息贷款和无偿援粮，并由德国联邦技术合作署为改水项目提供 150 万美元的培训设备。1986 年 8 月 15 日，陕西省地质部门在大荔县段家乡育红村北洛河旁打成自喷井 4 眼，日涌水量 5.39 万吨，水温 41 摄氏度，经鉴定为优质矿泉水，被确定为工程水源地。工程规划水塔 69 座，高位水池 6 座，加压站 10 处，气压站 7 处，输水管道干线 2 条，支线 5 条，共长 452.86 千米。工程于 1987 年动工修建，1990 年全部完成，总投资 4548.2 万元，其中世界银行无息贷款 840 万元人民币，受援粮食 8171.65 吨，折款 323 万元人民币，省、地、县配套资金 612.5 万元，移民拨款 163.4 万元，水源专项资金 15 万元，乡村群众自筹资金 2594.3 万元。

洛北供水工程由中国市政工程华北设计院设计。整个供水项目分为 5 部分、195 个单项工程。水源地工程 6 项，包括 4 眼自喷井及水源地护岸工程等；输水管道工程 86 项，包括主管道 7 条长 126.5 千米，支管道 79 条长 100.4 千米；调节构筑物工程 83 项，包括加压站 9 座，水塔 64 座，高位水池 7 座，气压站 3 座；乡、镇配水干、支管线工程 18 项；指挥系统工程 2 项。整个配水管网 2000 余千米，集中供水站 567 座，入户率达 95%以上。工程于 1985 年 5 月 20 日开始实施，1991 年 6 月 30 日全面竣工，1992 年 1 月 28 日至 2 月 1 日通过竣工验收，投入运营。参加施工的有中国有色二建八公司、西安市莲湖区环城建筑公司汉唐二队、西安市政二公司、陕西省设备安装公司、韩城矿务局综合工程处、东雷抽黄水利安装队等30多个单位。工程总投资5621.86万元，其中世界银行贷款2244万元，援粮折款323.61万元，总投工2804662个。

铁镰山下远志山隧洞是输水的咽喉工程。隧洞全长1648米，宽2.9米，高2.87米。张长胜、刘文清负责技术指导，段家乡远志山村委会组织施工。自1987年3月17日开挖，经过71天的日夜奋战，于5月27日竣工，被陕西省改水办公室评为优质工程。

大荔县改水办为洛北供水系统主管单位，1995年11月，被列为县政府直属单位，并把原自来水总站划归县改水办直接领导。改水工程自1991年7月至1995年底，累计供水2107.85万吨，售水1765.97万吨，使洛北18个乡（镇）、270个村庄、35.3万人用上了清甜卫生的矿泉水。据卫生部门追踪调查，1400名儿童氟斑牙患病率由66.4%降至27.87%，320名氟骨病人病情得到控制、缓解和康复，年平均节约医疗费270万元。

工程受益区涉及该县北洛河以北786平方千米18个乡（镇）、270个行政村、72633户、35.3万人，其中氟病区32.17万人。每年供水650万立方米，除饮用外，还可解决洗浴问题。截至2002年，累计供水6000万立方米。

大荔县农村改水项目办公室（简称大荔县改水办）成立于1985年10月，差补事业单位，为大荔县洛北农村改水工程项目建设运营管理单位。自1990年进入运行管理以来，经过近30多年的正常运行，相继实施了水源和总站改造、远志山隧洞输水干管改造和新建调蓄池设施等工程，不断规范经营管理，提高供水效益，有力地保障了大荔县洛北48.45万城乡群众的生产、生活用水需求。2017年，大荔县改水办共向城乡群众供水11652270吨，售水9350138吨，产销差率19.76%，收缴水费17400793元，水费回收率98.09%，水质综合合格率100%。

三、蒲城县袁家改水工程

1985年5月28日，世界粮食计划署批准蒲城县袁家改水工程接受世界银行无息贷款390万美元（折合人民币1094.86万元）和无偿援助改水用粮11179.75吨（折合人民币369万元）。1986年，蒲城县将水源地选在北洛河右岸的西头乡袁家坡，1989年12月基本建成；总投资2737.16万元，除世界银行、世界粮食计划署援助外，省、地、县配套资金547.44万元，受益区群众自筹资金1094.86万元；共计移动土石方300万立方米，建成水源井6眼，配套水泵6台（套），抽水流量0.415立方米每秒，并在尧堡、万兴、孙镇、郭庄等地设加压站6处，黄家、马家、花王等村修建调节池7座，容积5600立方米；井泵及加压站总装机容量2389.2千瓦，架设10千伏输电线路8.6千米；输水总扬程276.81米，输配水干、支管道及村级给水管网总长度1214.36千米，其中主干管道112千米；同时修建水厂、管理站。

项目工程由陕西省水利电力土木建筑勘测设计院设计，西安红旗水泥制品厂等8个施工单位中标承建。整个工程包括水源井4眼，加压站7处，调节池10座，输配水干、支管道14条，村级配水管网740千米，以及供电通信设施等。1991年12月全部建成，共投工346万个，完成总投资5627万元，解决了县城及21个乡（镇）35.1万人的饮水困难。

根据“建成一处，管好一处”的原则，从 1986 年 4 月起，先后成立尧堡、孙镇、党木、兴镇 4 个供水管理站。1986 年 6 月，又成立蒲城县供水管理局，接收了蒲城县自来水公司，形成了“四站一司”的专管机构。1994 年 10 月，蒲城县供水管理局更名为蒲城县城乡供水总站。水厂自 1986 年 10 月开始运营，至 1995 年底，累计供水量 2506.31 万吨，售水量 1954.92 万吨。

工程受益区涉及蒲城县中部和南部 683 平方千米范围内的城关、孙镇、东阳、陈庄、党睦、龙阳、钤铒、兴镇等 21 个乡（镇），182 个行政村，日供水量达 3.6 万吨，解决了 35.1 万人和 3.81 万头大家畜的饮水问题。

四、引石入白供水工程

白水县引石入白供水工程是渭南市委、市政府和白水县委、县政府确定的“十二五”重点民生工程。工程通过输水管网接引石堡川水库水自流至白水县城，以解决县城、园区、沿线群众及部分农田灌溉缺水问题。

（一）工程概况

工程由输水管网和净水厂两部分组成，分布于刘家卓净水厂。管线总长 39478 米，管径 DN1000，总输水量 7.63 万立方米每天。主管道沿途设置 5 个出水口，主要用于解决管线沿途一些村组群众的饮水和灌溉困难问题。净水厂位于刘家卓村县自来水公司净水厂北邻，设计近期净水规模每天 2 万立方米，远期每天 4.5 万立方米。南彭衙水库位于史官镇南彭衙村，主要用于供水过程的调蓄。项目预算总投资 2.43 亿元，建设周期 3 年，严格按照项目工程“四制”原则建设。县政府成立工程建设指挥部，下设办公室，由满俊杰任主任，具体负责工程前期规划、论证、设计、资金争取、建设及运行管理等工作。工程分两期，一期主要是管道铺设工程，二期为调蓄水库和净水厂工程。

（二）工程效益

引石入白供水工程是白水县改革开放以来投资规模最大、输水主管网最长的跨区域引水战略性水资源配置工程，是一项功在当代、利惠千秋的重大民生工程。建设引石入白供水工程，可以大大缓解白水县水资源短缺的矛盾，加快全面建成小康社会和新型工业化、城镇化的步伐。工程投运后，白水县县城的 8 万多人和管线沿途 2 万多人的生产生活用水得到彻底解决，同时使城区生态环境得到改善，宜居指数提升，还可以充分满足苹果科技产业园区和雷公循环工业园区及工程周边 8 万多亩农田的灌溉用水。

第四节　工业供水

北洛河流域围绕石化、煤化工工业项目完成了一批供水工程建设，为北洛河流域的工业化提供了供水保障。本节仅记述几项典型工程。

一、南沟门水利枢纽工程

南沟门水利枢纽工程与配套供水工程承担着向延安炼油厂、杨庄河石化厂、华能延安电厂、延能化项目等延安南部重点能化企业供水的重任，是延安市水资源配置“南蓄北引”

重大部署之一，对破解延安经济社会发展水资源瓶颈制约问题意义重大。

南线供水工程已先后于 2015 年 9 月、2016 年 7 月向延安炼油厂、延安石化厂供水，北线供水工程于 2017 年 9 月向延能化项目供水。北线供水工程作为延能化项目和华能延安电厂的专线供水工程，输水距离长、扬程高、投资大，需两级加压输水。

南沟门水库设计年供水量为 1.2 亿立方米，但由于延安石油化工基地建设尚未达到原规划规模，其需水量远远未达到原设计水平。根据各用水户提供的用水量，确定近期供水量为 4736 万立方米（其中南线 2300 万立方米，北线 1895 万立方米，西线 541 万立方米），只占水库年设计供水量的 40%。目前，南线供水水价暂按 10 多年前洛川县拓家河水库供水价格（3.30 元每立方米）结算，北线供水水价暂按 5.00 元每立方米结算，黄陵方向供水水价暂按 1.2 元每立方米结算。

二、延安炼油厂供水工程

延安炼油厂位于洛川县交口河镇。1994 年 3 月，延安炼油厂向洛川县政府提出申请，由拓家河水库向延安炼油厂提供生活用水。同年 9 月，经陕西省政府批准，同意拓家河水库利用灌溉以外的水库余水，向延安炼油厂和新建化工厂提供水源。同年，陕西省水利厅组织厅处领导现场考察和专家会议进行论证，完成立项、设计、批复。该工程通过拓家河总干渠将水引至杨舒乡六分干隧洞出口（上尧雪村），沿居生梁管道将水送至马家湾村开始分水，一端引至仙鸡河供水厂向炼油厂供水，一端引至杨庄给石化厂供水。供水工程分两大部分：一是新建压力输水管道（从杨舒乡六分干居生村至仙鸡河延炼二泵站），全长 8.7 千米，工程项目有管道安装、分水闸、减压池、1 号、2 号桥和马家湾头 5000 立方米调节池，工程总投资 393 万元。工程由延安地区水利队设计，1994 年 9 月由陕西省水利厅审查批复。二是由陕西省水利厅负责，陕西省水利咨询公司和陕西省水电设计院设计的拓家河原总干渠改造工程自水库放水洞出口起经 22.04 千米总干渠至杨舒乡六分干渠（28 号洞）出口，全长 24.45 千米，其中隧洞 29 条 17.77 千米，明渠 2.77 千米，渡槽 12 处 0.85 千米，填方渠 13 段 1.06 千米。供水规模：日供水 13 万立方米。其中：1995 年 7 月至 1997 年 6 月，日均供水量 5000 立方米，最高日供水量 7000 立方米；1997 年 6 月后日供水量 1 万立方米，最高日供水量 13 万立方米。工程总投资 976.33 万元，资金来源：由延安油厂预交工程投资费 350 万元，洛川县水务局从国家以工代赈解决 80 万元，水资源费中解决 46 万元，贷款 500 万元。

三、渭北煤化工业园区供水

渭北煤化工业园区位于蒲城县城东南 15 千米处，投资 1.3 亿元建成了园区专用道路；投资 3000 万元修建了园区主干道路；投资 2 亿元建成园区专用铁路，北依西禹高速孙镇出口、南邻侯西铁路蒲石火车站、西接渭蒲高速、东至北洛河沿岸。园区规划面积 22.32 平方千米，分南区和北区，南区规划建设面积 19.56 平方千米，其中煤制烯烃核心区约占 10 平方千米，下游产品深加工、中小企业配套服务区占 5.9 平方千米，黄河水处理区、综合建材区占 3.36 平方千米。北区规划建设面积 2.74 平方千米，已储备建设用地 1150 亩，并投资 2000 余万元修建了主干道。蒲城县不仅有北洛河水和二期抽黄两处地表水资源，而且还有浅层地下水和深层的“380”岩溶水两处地下水资源，是渭北地区水源条件最好的地区。4个供水工程有：北洛河、石羊等4个抽水站，二期抽黄工程，袁家坡水源地和温汤水源地等大型水源工程，取水能力为19077万立方米。渭南市政府牵头成立水务公司，总投资8亿元，建设引黄工程年可引水1亿立方米，供园区使用。园区供排水条件完善。现已铺设了10千米的供排水管网。

2014—2020年，洛惠渠累计向蒲城煤化工工业园供水7500万立方米。本着“水质达标，安全运行，专业管理，合作共赢”的理念，目前煤化工企业蓄水水库交由洛惠局代管，负责供水、库区管理、安全监测等，开辟了多元供水的新局面。

第四章 机井、抽水站

井：远古时，“黄帝穿井”“伯益作井，尧民凿中而饮”“汤旱七年，伊尹教民田头凿井以溉田”，故有“井养而不穷”之说。春秋时期，用桦杆提取地下水灌溉园圃。秦、汉时期，土井、砖井、木井和比较省力的提水工具——辘轳相继出现。三国时，马钧发明了能连续提水的龙骨水车。唐太和二年（828年）闰三月，朝廷“出水车样，令京兆府造水车，散给缘郑白渠百姓，以溉水田”。明代以来，特别是清代和民国时期，北洛河流域的井灌有了较大发展。据史志记载，清康熙二十八年（1689年），名儒王丰川（鄠邑区人）见“大旱中井汲灌田可少获升斗之粟”。他在《井利说》中讲道：“如旱之日久，则江且落，河且竭，泉亦且微而涸，取水之路穷，而生民之旱饥将何济？惟地下之水泉终无竭理。（然）井养而不穷，实补于天道雨泽之缺。”并指出，“五口（人）必须一园井，灌地五亩，十口则须二园井，灌地十亩，二十口外行一水车方井，井深三丈，地中不带砂，须用砖包砌，才可为水车之井”。

明嘉靖二十四年（1545年），澄城知县徐效贤，择城中隙地凿井4眼。清乾隆二年（1737年），崔纪巡陕上疏提出“民以农为本，农事以水为要”，要兴“凿井溉田之利”，奏准借银给贫民大量凿井。清光绪三年（1877年），陕西大旱，大荔知县周铭旗在沙苑地区教民打井抗旱，百姓纷纷响应。民国十八年（1929年），大旱，大荔县沙苑区群众修旧井，打新井，提水灌田。同时使用了铁木合制木斗水车汲水，工效提高三四倍。

新中国成立前，民众多在村头的小支毛沟岸边修小块菜地，拨水沟引水至蓄水坑内，于地畔支三角木架系一活动木棍，木棍一端吊水桶，一端坠石头，一起一落汲水灌田。地块较高分两级架设（桔槔），群众称“二仙传道”，因其费工而少采用。地下水位较高且距河较远的田块，亦有凿井提水者。

新中国成立后，水井建设得到重视和发展。20世纪60年代，成立了延安地区打井队、渭南地区打井队，随后，各县亦成立了打井队。一些宜井地方的公社也成立了打井组，并给打井队、打井组配备了钻机、空压机及大、小型锅锥等打井机械。20世纪70年代，打井由平川区逐渐向台原区扩展，主要打百米以上的深井和辐射井，提水工具也由水泵替代了水车。此后，水井水位有所下降。20世纪80年代后期，一方面继续新打、配套机井，另一方面对废、旧机井进行测试和改造。

抽水站：1957年，北洛河流域开始建设小型抽水灌溉工程。当时主要在河、渠旁修建低扬程小型泵站，先后用锅驼机、柴油机、电动机作动力抽水，每个抽水站设计灌溉面积几百亩至上千亩。1960年开始修建中型电力提灌工程，先后在北洛河流域修建了拓家河、郑家河、下王村、马湖等中型电力提灌工程。

第一节　机　井

一、井灌机具

1957 年，洛河流域的大荔、蒲城等县开始使用农用离心水泵进行井灌。型号有单级单吸的“K”形和单级双吸的“凸”形水泵。1961 年以后，改用新型号“BA”形和“S”形水泵和适用于提取较深水位的深井泵，深井泵级数在两个以上亦称多级泵。扬程从 20 米增至 100 多米。洛河流域渭南地区主要采用沈阳水泵厂生产的 SD 系列和上海水泵厂生产的 NJ 系列两大类以及咸阳水泵厂生产的 3NJ30 水泵。

1972 年，渭南地区通用机械厂生产 JD56x4 深井（56 吨每小时，4 吋管长，扬程 8 米），群众称为 488。蒲城县东方红机械厂生产的 NJ 系列长轴 0 号井泵，型号有 NJ330、NJ350、NJ370，管径 3 吋，扬程分别为 30 米、50 米、70 米。渭南县水泵厂生产的 QJ 型系列水泵，将电动机改装在水下，直接驱动水泵叶轮，取消了长轴传动装置，效率高，适应性强。1980 年以后，潜水泵已经广泛应用。使用的型号有渭南潜水泵厂生产的 QJ 系列，石家庄水泵厂和运城解州潜水泵厂生产的 150QJ、200QJ、300QJ，3500QJ 系列产品。

二、北洛河流域重点井灌区建设

（一）周河机井灌区

周河机井灌区地处黄土丘陵沟壑区的北洛河支流周河河谷阶地，分布于志丹县城南北 35 千米。温凉半干旱气候。灌区有周河、顺宁、双河 3 乡（镇）的 15 个村民委员会、1575 户，7939 人。总耕地面积 77419 亩，川台地 20576 亩。河谷阶地多为近代河流冲积地，地下水埋藏深 7 ~ 12 米。卵砾层上伏中细砂，透水性好。

20 世纪 70 年代，机井建设蓬勃发展。1970—1975 年，周河川 17 个生产队联合打大口井 13 眼，修复土井 12 眼，水浇地面积由 80 多亩增加到 1800 多亩。到 1979 年，全县已打各类水井 120 眼，配套 116 眼，其中百米以上深井 64 眼，中深井 10 眼，大口井 42 眼；在配套井中，电配 22 眼，144 千瓦，灌溉面积 915 亩；柴油机配套 94 眼，2703 马力①，灌溉面积 5147 亩。

20 世纪 80 年代初，由于农村经营体制改变，管理制度没有跟上，水利设施损失严重。94% 的机井关闭，使用的只有 6%。20 世纪 80 年代后期，志丹县把机井建设作为水利工程建设的重要内容，把恢复和建设周河川井灌区作为志丹县经济开发的主要项目来抓，取得了显著成绩，1989 年底，建成机电井 199 眼，已配套 170 眼，灌溉面积达 5449 亩。1990—1994 年，志丹县投资 310.4 万元，加快周河川万亩井灌工程和北洛河川双万亩井灌工程建设，新打机井 245 眼，恢复机井 30 眼，新增有效灌溉面积 13000 亩，恢复有效灌溉面积 4000 亩。至 1995 年底，机电井达到 370 眼，其中已配套 366 眼，

① 1 马力≈ 735 瓦。

机电井灌溉面积达到 16500 亩。

（二）洛川塬机井群

1970 年，北京、延安打井队来洛川支援时打井 7 眼。1971—1980 年，洛川县共打机井 254 眼，其中成井 197 眼，报废 57 眼。近 20 年来，机井为全县人畜饮水发挥了巨大作用，机井为洛川城乡居民主要饮水来源。自 1970 年，机井和三联泵在洛川县使用以来，人畜饮水略有好转。1975 年，陕西省地质队及西北水保所等专业队来洛川县勘探，并依据勘探结果，提出洛川县人畜饮水规划：中部及北部南边以机井建设为主；南部及北部北边以三联泵建设为主。据此规划，至 1981 年底，全县共钻机井 192 眼，兴建三联泵站 200 处。其中，1974—1977 年 4 年间钻井最多，年均 45 眼；1979—1981 年 3 年间，建三联泵最多，年均 37 处。至 1989 年，全县共有简易自来水设施 70 处，机井 184 眼，三联泵 224 处，抽水站 14 处，设有机井 193 眼，配套机电设施 191 眼。随着地下水的长期开采、水位下降，部分机井出水量减少，供需矛盾突出。1995 年起，加大以地表水为主的集中供水工程建设，地下水逐步由开发转入管理，机井由供水主体水源变为辅助水源。2010 年，全县共有机井 198 眼，能正常运行 119 眼，其中规模以上机井 57 眼、规模以下机井 62 眼，实际供水人口 7 万余人，年取水量 760 万立方米。

（三）沙苑井灌区

沙苑井灌区位于大荔县以南，渭河、北洛河之间，东西长 35 千米，南北宽 6 ~ 10 千米，面积约 250 平方千米。唐代以来，沙丘起伏、荒草婆娑。明代后始有平沙造田之举。清代至民国年间，群众打井挖池以桔棒、户戽、辘轳转水灌田。新中国成立前夕，沙苑地区有土水井 4456 眼，井灌面积 4.02 万亩，新中国成立后，当地群众依靠社队集体力量，植树造林，推沙造田，凿井灌溉位多选在沙丘较小的中心地段。井打成后，配套解放式新型水车等水工具。每亩地修成 200 个或 240 个小方格田。两排畔子中间修一道小水渠。1969 年以后，随着农村电网的建成；以电力和柴油机为动力的中深井，逐渐代替了以桔棒、辘轳为提水工具的土浅井，单井出水量达 20 吨每小时以上。1975 年开始，大搞渠道衬砌；到 1979 年，衬渠道长度已达 161.4 千米；1990 年，沙苑区共有机电井 3722 眼，面积达 1.9 万亩，使沙苑成为初具规模的井灌农业区和盛产花生、红枣、黄花菜的经济作物基地。

（四）洛惠渠井渠双灌区

随着洛惠渠灌溉用水量的增加，每年都有大量的渠水入渗变为地下水，造成地下水质发生变化。按照试验资料，入渗量 3 克每升以内可以农用灌溉，3 ~ 5 克每升可作为抗旱救急用水。在洛惠渠灌区宜打井地区打井，开发利用地下水，是缓解灌区供需矛盾的一条重要途径。从 1957 年开始，洛惠渠灌区灌溉面积已超过原设计面积，达到 40 万亩以上。1960 年增加到 52 万亩以上，供需矛盾渐突出。为了缓解供需水的矛盾，抑制地下水位上升，广大群众在宜井地区开始试打水井，补充渠道水源不足。20 世纪 70 年代，洛惠渠灌区累计机井已达 4149 眼，以后逐年减少。到 2012 年下降为 3000 眼左右，机井减少的原因是多种因素造成的，与以井补渠、以渠养井的良性循环意识淡薄是分不开的。有些地方一个时期出现了以井代渠进行灌溉，结果地下水形成漏斗趋势。井灌水源不足，又恢复渠灌这一折腾，给洛惠渠灌区渠井双灌带来了很大损失。洛惠渠灌区在渠井双灌、灌水方面有些做法值得坚持和借鉴。

（1）坚持冬春用渠水，力争多灌。这样一方面满足作物需求，另一方面补充地下水源。

（2）渠道停水期间，对距井较远的田块，可采取邻近几口井同时开动，群井并流远浇。

（3）渠浇秋，井浇棉，渠井合流搞冬灌。井水源，浇棉花，可减少蕾铃脱落。棉田灌水方式采取“先用渠水促早发（头水），后用井水座疙瘩（二水）”。

（4）井先灌，渠后灌，淡化盐分防地碱。

第二节　抽水站

本节列举北洛河流域 8 个有代表性的中型抽水站。

一、洛川县拓家河抽水站

洛川县拓家河抽水站位于洛川县武石乡，由拓家河水库干渠取水，设 4 站，共 8 级抽水，安装机组 22 台，装机容量 2020 千瓦，灌溉石泉、槐柏、老庙、杨舒 4 乡，设施面积 3.5 万亩，实灌 2.7 万亩。1970 年，由陕西省水电勘测设计院规划，地、县水电局的刘志全和何向前、高雄飞作出《仙姑河引水上塬灌溉工程设计任务书》，包括水库、灌溉渠网和 4 座抽水站，灌溉面积 6 万亩，其中抽水 3.5 万亩。1970 年水库开工，于 1974 年建成，4 座抽水站于 1975 年先后建成，开始为柴油动力，1984 年改成电动抽水。

二、黄陵县郑家河提水工程

2000 年 3 月 15 日，郑家河维修改造工程动工建设，同年 9 月 28 日竣工投用，工程由陕西省水利水电咨询中心勘测设计，工程将原三级提水改为二级提水，设计总抽水量为 0.15 立方米每秒（540 吨每小时），灌溉面积 1333.33 公顷；总扬程 276 米，一、二级站安装水泵 6 台（套），总容量 660 千瓦。工程投资 235.76 万元，新修矩形石渠 120 米，维修压力前池 1 座，新建二级站泵房 5 间，建筑面积 131 平方米；整修拆除 DN300 钢管 2.80 千米，旧设备 17 台（套）；架设 10 千伏安输电线路 4 千米，安装 S9-500 千伏安主变压器 2 台，S9-10 千伏安站用变压器 2 台，新建 300 立方米调节池 1 座，安装 DN300 闸 4 个、DN200 闸阀 1 个，修建闸阀井 3 座；铺设各类管道 4.18 千米，其中上水压力主管道 4 千米，吸水管道 54 米，排水管道 126 米。6 月，投资 17.26 万元，对放水涵洞进行加固处理，在原城门洞型涵洞中安装直径 660 毫米 ×8.70 毫米焊接钢管 92 米，修筑挡水围堰 1 条，完成土方 1175 立方米，放水涵洞进口土方挖填 750 立方米，拆砌石 70 立方米，混凝土浇筑 37 立方米。2002 年 5 月，在郑家河水库大坝除险加固时，采用高压旋喷灌浆，对出流涵洞钢管与原涵洞之间空隙进行填充，涵洞出口安装放水控制闸阀 1 个。4—6 月，郑家河提水站为隆坊镇段塬片供水 45 天，提供灌溉用水 12 万立方米。

三、黄陵县下王村提水工程

黄陵县下王村提水工程于 2002 年 6 月 1 日开工建设，10 月竣工投用，投资 121.03 万元，修建泵站 1 座，铺设抽水管道 1.70 千米，其中钢管 800 米、PE 塑料管 900 米。工程一级抽水至新建的300立方米蓄水池内，利用蓄水池调节输水。设计总扬程195米，安装水泵2台（套）装机总容量110千瓦，泵站总抽水流量为0.03立方米每秒。规划发展节水灌溉面积266.67公顷，解决2700人的饮水问题。

四、蒲城县马湖抽水站

蒲城县马湖抽水站位于蒲城县马湖乡韦村南面北洛河西岸，取北洛河水，灌溉马湖乡9村84组农田1.12万亩，实灌0.7万亩，并解决1.2万人的生活用水。1975年，经蒲城县委批准，由蒲城县水电工程队勘测设计，马湖乡负责施工，群众集资，完成了6级抽水工程。1980年，又续建七级站和八级站，总扬程294.4米，抽水量0.44立方米每秒，安装水泵13台，装机容量2112千瓦，架设高压线6.15千米。灌区有干渠1条，长7.43千米；支渠4条，长20.3千米；斗渠43条，长29.6千米；渠系建筑物800余座，其中隧洞8处，长1128米。累计投资125万元，移动土石方20万立方米。属乡管站，有职工26人。

工程投入运行后，4级站以下机埠及主要渠道工程修建在第四纪红土结核裂隙地层上，6年之内发生了8次较大塌方、滑坡。其中，1号大填方前后加固5次，2号、3号、4号填方均开挖重新捣筑加固；支渠5处填方、4处挖方均修复两次。由于管理不善，田间配套工程差，浇地费用高，群众只愿浇救命水，不愿浇增产水。1984年以后一直停灌，设备锈蚀、丢失，建筑物破坏严重，严重影响农业生产。1995年2月，马湖乡政府提出用贷款进行恢复，计划分3期进行，第一期一级至四级，第二期五级至六级，第三期七级至八级。

4站在24号隧洞出口，灌溉老庙、杨舒2乡农田0.7万亩，实浇0.12万亩。一级抽水，扬程50.2米，安装2台10sh-6A水泵，配2台100千瓦电机，出水量0.26立方米每秒。

五、龙阳抽水站

龙阳抽水站位于蒲城县城东南20千米的龙阳镇南湾村洛河右岸，是在“大跃进”时期党睦区修建的远征渠基础上，经过两次改建发展起来的。1958年，党睦区负责人惠东虎、曾庆信发动组织群众在晋城、杜家、邵家、南湾、北湾分别修建了5处抽水站，采用锅驼机、柴油机抽水。5条干渠名曰远征一、二、三、四、五渠，设施灌溉面积3.6万亩，有效灌溉面积0.64万亩。1959年成立龙阳抽水站，统一进行管理，属集体所有制性质。后因三门峡水库回水影响，北洛河河床抬高，淤积严重，遂于1965年将五站合并为南湾、北湾两站四级，改为电力浮动钢船抽水，装机容量1375千瓦，抽水能力2立方米每秒。改建灌区干支渠9条，长18千米，修渠道建筑物59座，灌溉面积达到6万亩。1971年，龙阳抽水站收归县级管理，全民所有制。

1973年，为解决南湾站洛河主流左移后抽水困难问题，国家投资13万元，修建了长800米、高2米的河心导流顺坝。1976年，将南湾站改为竖井式取水，撤销北湾站，将其归由南湾站取水。

龙阳抽水站现设两级三站，总装机容量1945千瓦，机泵17台，大扬程41.3米。一级（南湾站）抽水能力3.12立方米每秒，扬程14米。二级分南北两站，南站扬程20.04米，抽水流量2.73立方米每秒；北站扬程27.3米，抽水流量0.15立方米每秒。灌区有干渠1条，长3.9千米；支渠4条，长22千米；斗渠22条，长65千米；各类建筑物555座。灌龙阳、龙池及临渭区官路3个镇、19个行政村、121个村民小组5.5万亩耕地。1982年，实行财务包干，以八项技术经济指标进行考核管理。1985年，落实水管责任制，设立水利专管户，推行水费分户结算，被评为省、地先进灌区。1987年3月至1990年3月，针对灌区设备老化问题，改建了南北二站机埠工程和机电设备更新，将管理站由南湾村迁址到龙阳镇南街。

20世纪90年代初，完成了灌区方田建设，调整了不合理渠线，并对斗分渠进行U形衬砌，改建和配套了各类建筑物，使灌溉水利用系数由0.68提高到0.78。2000年，为确保竖井安全，修建了河道护岸工程。

近年来，随着农业生产结构的调整，复种指数提高，灌溉需水量增大，而洛河水量日趋短缺，用水矛盾突出，灌区群众大量发展机井灌溉，致使渠灌效益锐减。加之管理单位自收自支，原有工程设施难以为继。为解决水源，规划实施引洛和抽黄串灌工程，以补充灌区水源之不足。

六、下寨抽水站

下寨抽水站位于蒲城县平路庙乡下寨村境内，从洛西干渠17+880外取水，扬程24.9米，设计流量4立方米每秒。工程于1974年11月动土，1975年4月1日竣工通水，始称英抽水站。1978年10月更名为下寨抽水灌溉管理站。1975年工程竣工后，为解决补充水源，在温汤洛河西岸洛西倒虹北修建了1、2级提水站，扬程分别为12.5米和29.8米。1989年，改1级站浮动钢船为固定式竖井站。抽水流量1.2立方米每秒。水入洛西干渠后，流经15千米输入下寨站。下寨抽水站3级抽水，总扬程66米，装机2420千瓦，机泵13台。设干渠1条，长25千米；斗渠22条，长62千米。沿干渠建有东杨、李家油房、王窑、庙坡、三义、贾曲、西贾曲、北郭村、宣化、板桥渡、唐村等12处小型抽水站。灌区东西长20千米，南北宽3千米。下寨抽水站辖东杨、陈庄、贾曲、兴镇、甜水井、荆姚、苏坊等7乡（镇）85个行政村，设施灌溉面积7.91万亩，有效灌溉面积5.6万亩；下设井村、贾曲两个管理站，分别负责东杨、陈庄和贾曲、甜水井4个段的用水管理。1994年进行挖潜扩灌及配套工程建设，1998年列入节水灌溉项目，对11.25千米干渠进行了衬砌及建筑物维修。1999年，将总站从下寨村搬迁至东杨乡双酒村渭清公路东侧。2003年，国家投资210万元，对3级站变电站及配电设施进行了更新改造。随着二期抽黄工程南扩和西禹高速公路的建成，灌区灌溉面积有所减少，2005年有效灌溉面积5.5万亩。

七、石羊抽水站

石羊抽水站，取水于蒲城县东陈镇石羊坡下的洛河右岸，是为解决县东中部塬区5乡（镇）人畜饮水兼农田灌溉而兴建的抽水工程。工程于1979年11月动工，1980年5月建成通水。石羊抽水站为4级提水，总扬程163.4米，装机容量2920千瓦，共15台，抽水能力0.96立方米每秒。

1983—1984年，完成1级机埠枢纽工程改造，改露天移动式为竖井，并完成35千伏变电站工程。1987—1988年，完成1、2级站设备更新。1997年，4级设备更新改造后，抽水流增加到1立方米每秒。

灌区设总干渠1条，长10.2千米；干渠2条，其中南干渠长18千米，北干渠长

22 千米。总干渠建有跨西延铁路的马泉沟悬索式渡槽，1988 年改建为钢筋混凝土渡槽。南干渠建有长 450 米、高 6.8 米的万兴混凝土型渡槽。两座渡槽分别由工程师周家德和张柏青设计。

管理总站设在孙镇街西禹公路南侧，在曹村、敬母寺、椿林设有 3 个分站。曹村站分管抽水，总站及敬母寺、椿林站分别负责总干渠、北干渠和南干渠的灌溉管理。1987 年，袁家坡供水工程建成后，工程设施主要用于农田灌溉。灌区设斗渠 38 条，长 113 千米，灌溉面积 2.8 万亩。1998 年，在孙镇东冯家庄建节水灌溉站 1 处，喷灌面积 2663 亩。2002 年，在椿林乡汉村建成 5000 亩节水示范工程。东雷二期抽黄配套受益后，灌区相互串灌。2002 年，基层管理体制由原来的以块为主，改为以条为主，条块结合。

八、韩家河抽水站

韩家河抽水站，由蒲城县城东北 40 千米的蔡邓北韩家河村洛河右岸取水，是在解决五龙山、尧山以北地区 5 乡（镇）人畜用水的同时进行农田灌溉的高扬程抽水工程。设计抽水流量 1 立方米每秒，分 10 级抽水，总扬程 450.6 米。其中，7 ~ 10 级抽水站均建筑在地下 20 米处，采用竖井或窑洞式抽水。干渠由洛滨镇的蔡邓向西，途经白水县雷村乡及上王、罕井至大孔乡的晓光村北，总长 39.18 千米，设施灌溉面积 5 万亩。该工程是在 20 世纪 70 年代严重干旱缺水，人畜饮水极其困难的情况下，由公社、大队自筹资金和国家补助修建的。该工程于 1976 年 8 月动工，1979 年基本建成通水；先后完成 10 处机埠工程和干渠工程；开挖隧洞 7 处，长 2974 米。修建各类建筑物 63 座；架设高压线路 12.3 千米，低压线路 3 千米；安装变压器 11 台，安装机组 35 台，总装机 5665 千瓦。

1978 年 2 月，1 ~ 5 级抽水站试水上塬。1979 年 3—5 月两次试水至东党村。1980 年春，抽水 167 万立方米。行水至大孔 38 千米时，因东党大填方和西线干渠多次决口，另从干渠 28 千米处经东党川道流入大孔南沟金光水库，供群众拉水，灌溉农田 105 万亩次。

韩家河抽水站由于是靠群众运动大兵团作战修建起来的“三边”（边设计、边施工、边受益）工程，工程质量差，配套预留任务大。1979—1988 年，共修成支渠 4 条，长 22.66 千米，衬砌 8.5 千米；斗渠 74 条，长 130 千米，宽 5 千米。1985 年，8 ~ 10 级抽水站废弃，保留 7 级抽水，总扬程 293.7 米。

20 世纪 80 年代后期，蔡邓、上王、马湖优质苹果种植面积逐年扩大，群众需水迫切。1993—1994 年，马湖乡申志诚，上王乡邓喜潮，分别投资百万元以上修复韩家河渠道工程。1995 年，多方筹集资金 650 万元，衬砌干渠 6 千米，修复建筑物 5 座，出水池 6 座及管坡排水工程 6 处；改建 2 ~ 6 级抽水机房面积 785 平方米，同时对机电设备进行了更新改造；改装变压器 15 台，使抽水能力达到 1.14 立方米每秒，有效灌溉面积达到 2.5 万亩。

第五章　节约用水

北洛河流域水资源贫乏，沿河各县资源型、工程型、水质型缺水并存，沿河各县人均用水量（延安市沿洛各县2020年人均用水量不足140立方米，渭南市沿洛各县2020年人均用水量不足160立方米）均远远低于全省人均用水量（2019年全省人均用水量238.8立方米）和全国人均用水量（2020年全国人均用水量412立方米）。由于缺水，沿河吴起、志丹、甘泉、白水、蒲城等县地下水普遍超采，地下水位持续下降，有的村庄甚至靠开采深层承压水保障饮水。在面临日益匮乏的水资源局面下，为让北洛河水资源发挥最大的作用，节约用水是必须实行的。北洛河流域相关部门通过行政、技术、经济等管理手段加强用水管理，调整用水结构，改进用水方式，科学、合理、有计划、有重点地用水，提高水的利用率，避免水资源的浪费，并通过在全民中做好宣传，利用世界水日等活动教育每个人，引领全社会形成“知水、爱水、惜水、节水、护水”的良好风尚，达到节约用水，人人有责的目的。

第一节　节水型社会建设试点

水利部于2002年发布了《开展节水型社会建设试点工作指导意见》（水资源〔2002〕558号），陕西先后编制完成了陕西省“十一五”“十二五”节水型社会建设规划。城市以加大供水管网更新改造步伐，城市新建区管网做到雨污分流，进一步推动公共建筑、生活小区中水回用设施建设，加大节水设备与器具的推广普及为主。

一、国家级节水型社会试点实践

北洛河流域的榆林、延安2个城市在2006年、2008年先后成为国家级节水型社会建设试点城市，并全部通过试点验收。

二、县域级节水型社会建设情况

为落实2017年中央一号文件提出的“开展县域节水型社会建设达标考核”要求，水利部自2017年起在全国范围内部署开展了县域节水型社会达标建设工作，并于2018年开始组织有关单位对各地达标建设情况进行了总体核查和现场检查，截至2023年，先后公布了6批年度建设达标县（区）名单。根据核查检查结果，北洛河流域14个县（区）达到了节水型社会评价标准。

第一批（2017年）年度建设达标县（区）名单：蒲城县。

第二批（2018年）年度建设达标县（区）名单：志丹县、靖边县、合阳县。

第三批（2019 年）年度建设达标县（区）名单：白水县、黄陵县、定边县。

第四批（2020 年）年度建设达标县（区）名单：洛川县。

第五批（2021 年）年度建设达标县（区）名单：铜川市印台区、黄龙县、富县。

第六批（2022 年）节水型社会建设达标县（区）名单：宜君县、澄城县、甘泉县。

第二节 农业节水

北洛河流域水资源面临日益紧张、耕地面积逐年缩小的不利局面，只有通过大规模普及灌区节水灌溉技术来解决。通过积极开展灌区节水改造，因地制宜，优化调整种植业结构，不断提高灌溉利用效率。节水灌溉技术是比传统的灌溉技术明显节约用水和高效用水的灌水方法、措施和制度等的总称。北洛河流域的节水灌溉工程技术主要包括渠道防渗技术、管道输水技术、喷灌技术、微灌技术、改进地面灌溉技术。直接目的是减少输配水过程的跑漏损失和田间灌水过程的深层渗漏损失，提高灌溉效率。

一、渠道防渗

渠道防渗是减少渠道输水渗漏损失的工程措施，不仅能节约灌溉用水，而且能降低地下水位，防止土壤次生盐碱化；防止渠道的冲淤和坍塌，加快流速以便提高输水能力，减小渠道断面和建筑物尺寸；节省占地，减少工程费用和维修管理费用等。

（一）渠道衬砌

在北洛河流域，很多地方使用渠道输送的灌溉方式，这种灌溉方式很容易造成水资源的渗透和蒸发，尤其是在夏天比较炎热的时段，水资源的流失问题比较严重。实践证明，渠道采取防渗措施之后，可减少输水损失 70% ~ 90%。混凝土衬砌是洛惠渠灌区输水渠道广泛采用的节水工程措施，渭南市洛惠渠管理中心，在结合实际考察分析的基础上，当地建设的混凝土 U 形渠道在灌溉使用过程中节水效果良好，其防渗防漏效果在渭南地区的田地灌溉当中得到了很好的检验。

1973 年，中共陕西省委书记李瑞山提出“灌区在三年内，要把渠道衬砌完”的号召，洛惠渠灌区掀起大搞衬砌的群众运动。大荔、蒲城两县分别成立了衬砌工程指挥机构，国家供应水泥，其他工料由群众自筹。为保证灌溉、衬砌两不误，采取灌季预制混凝土板，停水期间大搞衬砌。1973—1977 年，大荔县衬砌干支渠 66.305 千米，蒲城县衬砌干支渠 58.678 千米（包括总干渠 11.388 千米），此后零星衬砌 0.976 千米，总计 139.678 千米，占干支渠总长的 59%。经过多年的使用观察，防渗后渠道水利用系数由 0.85 提高到 0.95。

混凝土 U 形渠道建设投资与效益分析，以渭南市洛惠渠管理局在施工建设的一个工程为案例：混凝土 U 形渠道建一条可覆盖 2000 亩地的斗渠，共有斗、分、引渠道 10 千米左右，每年灌地约 4000 亩次，年引水总量 40 万立方米，10 千米渠道衬砌后需投资 20 多万元，其中材料费、运输费约 15 万元，人工费 5 万元。在渠道衬砌后每年减少渗漏水量 8 万立方米，这些大量的水资源得到充分利用，U 形混凝土渠道的使用期限也比较长，一般地形下的渠道使用年限都能达到 30 年。在实际修建后节约了土地有 30 多亩，这些土地资源是很有价值的，对投资效益的提高起了很大作用，而更重要的还是节省了水，多浇了地，农民增加了收入，社会效益更大。

（二）管道输水

利用管道输水灌溉，水的有效利用率可高达 95% ~ 97%，比土渠输水灌溉节水 30% ~ 40%，同时节能 30%左右，缩短灌水周期，省工 50%左右，增产 15% ~ 20%。管道灌溉按管道形式可分为移动式、半移动式和固定式 3 种。移动式管灌机灵活，一次性投资少，但移管用工多，管道易破损，使用寿命短；固定式管道埋入地下易于保护，使用寿命长，但一次投资较大；半移动式灌溉是将主要管道埋入地下，末级管道可在地面移动，投资介于移动式和固定式之间，是目前较适宜发展的一种形式。固定管一般采用 PVC 硬塑料管、预制或现浇水泥管等经济实用、耐久性较好的管材。移动管道一般采用塑料薄膜管、涂塑管等轻便的软质管材。

北洛河流域管道输送农业供水典型案例——南沟门水库至双店区域引水工程。

供水工程从南沟门水库取水，采用加压和重力相结合的输水方式将水送至黄陵县店头镇和双龙镇。年引水量 4574 万立方米每年，设计取水流量 1.60 立方米每秒。工程线路总长度 46.55 千米，其中隧洞长 11.50 千米（含 1.75 千米穿管隧洞），输水管线长 36.80 千米，管线为单管敷设，输水管径 DN1400、DN1000 和 DN800。该工程主要建筑物包括取水泵站 1 座，扬程约 213 米；二级泵站 1 座，扬程约 94 米；调蓄水池 2 座，店头镇调蓄水池总库容 30 万立方米，双龙镇调蓄水池总库容 16 万立方米；双龙镇生活水厂 1 座，规模 1500 立方米每天。

二、喷灌、微灌

（一）喷灌

喷灌技术是喷洒灌溉技术的简称，该技术目前是农田节水灌溉的主要技术。它通过水泵、动力机等动力设备将水加压，并通过具有一定高度的喷灌设备利用自然落差将水灌溉到其所覆盖的区域地段。喷头将水喷洒到空中，使水在空中分散成细小的水滴落到所灌溉的地面上，其不仅能够实现节约水资源，还能够使灌溉变得更加均匀，从而使农作物都能够得到灌溉。根据喷灌设备的灵活性程度，可以将喷灌技术分为固定式、半固定式和移动式 3 种类型。其类型不同应用的范围也不尽相同。固定式喷灌设备除喷头以外，其余部分都不能动，该设备适用于农田范围较大的地区；半固定式喷灌设备除喷头可以移动以外，喷头支管也可以移动，相对于固定式喷灌设备而言，其机动性相对较好，适用于灌溉范围较大的农田区域；移动式喷灌设备所有部分均能够移动，三者之中其机动性最好，更适用于山区或灌溉环境相对恶劣的农田地区。

北洛河流域的喷灌范例如下。

1. 页庄酥梨微喷试验

1987—1989 年，在水利部西北水利科学研究所董文基及陕西省水利厅贺正中的协助下，由蒲城县东杨乡水管站长冯兴运组织实施了页庄村酥梨微喷工程试验。利用机井水源，建微喷枢纽工程，以泵加压，在100亩酥梨园内，布设干、支、毛塑料管网，一树一喷头，进行微喷灌溉。主要管道材料为沈阳塑料厂生产的高压泵乙烯管材。国家扶持资金6万元。1990—1992年，西北水利科学研究所3人驻村进行微喷数据处理，1993年工程通过验收，被陕西省政府授予科技推广二等奖。

2. 冯家庄节水示范工程

该工程由蒲城县节水喷灌总公司和石羊抽水站组织实施，利用石羊抽水站水源，在孙蔡公路与石羊干渠交叉处的孙镇冯家庄，修建二级加压站，配套大田喷灌2663亩。工程总投资105万元，其中国家补助35万元，贷款50万元，自筹20万元。共铺设输水管道6032米配套 ϕ76、ϕ65铝合金管3252米，购置喷灌设备16套，建闸阀井8座，出水保护桩107座。1998年，工程建成验收后，交石羊抽水站管理。

（二）微灌

微灌是通过管道系统将水输送到灌溉地段，利用安装在末级管道上的灌水器，将作物所需的水以小流量均匀地直接输送到作物根部附近土壤的一种灌溉技术。与传统的地面灌相比，微灌是以较小的流量湿润作物根部区域的部分土壤，属于局部灌溉。微灌技术作为现代最重要的节水灌溉工程技术之一，具有显著的节水、节地、节能、省工、增长、适应性强、保持水土和提高作物品质等优点。根据灌水器出水形态，微灌一般分为滴灌、微喷灌和小管出流灌等类型。其中，滴灌是利用滴头、滴灌管（带）等灌水器，以滴水或细小水流的方式，湿润作物根区附近部分土壤的灌水技术，滴头流量一般不大于12升每小时；微喷灌是利用微喷头、微喷带（管）等灌水器，将压力水以喷洒状的水流形式喷洒在作物根区附近土壤表面的一种灌水方式，常用微喷头流量为20 ~ 240升每小时；小管出流灌是利用稳流器稳流和小管分散水流，以小股水流灌到土壤表面的一种灌水方法，流量与微喷灌相当。

北洛河流域的滴灌范例如下。

1. 红土坡渗灌工程

1995年，蒲城县上王乡红土坡村郭顺昌学习山西经验，在该村引进推广实施渗灌技术。依托果园内较高地形修建渗灌池，沿树行在地下60厘米深处埋设渗灌管道，每20厘米留一出水口，利用渗灌池与地面高差产生压力，将水通过渗灌管引入果树周围进行灌溉。当年年底发展到10余户，配套果园节灌面积60亩。随后，大孔东党、罕井等乡（镇）引进该项技术并推广。该项技术适宜于严重缺水地区采用。其优点是省水、方便，但缺点是难维修、易产生堵塞等。

2. 龙阳大棚滴灌工程

该项目属国家三期节水示范重点县子项目，位于蒲城县龙阳镇东王村科技示范园区，由该村党支部书记张六三牵头实施。项目包括新打机井1眼，配套200QJ30-121潜水泵1台，埋设 ϕ90PVC管道580米、ϕ32管道1200米，铺设滴灌管带3474米，配套70亩大棚滴灌9座，完成工程总投资20万元，其中国家投资5万元工程，于2003年4月动工，同年6月完工。通过对示范园种植的金寿杏、雪里红桃和芦荟进行试验，节水效果明显。

三、节灌措施

地面灌溉是古老的田间施水技术，但它是目前北洛河流域广泛采用的一种灌水方法，鉴于北洛河流域经济实力不足、广大农村地区的技术管理水平较低的现实，大面积推广喷、微灌等先进灌水技术还受到很大的限制，因此在今后相当长的一段时间内，仍须加大田间工程的建设力度，大力研究和推广节水型地面灌水技术。北洛河有下列节水灌溉措施。

（一）平整土地

平整土地是提高地面灌水技术和灌水质量，缩短灌水时间，提高灌水劳动效率和节水增产的一项重要措施。结合土地平整，进行田间工程改造，划长畦（沟）为短畦（沟），改宽畦为窄畦，设计合理的畦沟尺寸和入畦（沟）流量，可大大提高灌水均匀度和灌水效率。

洛惠渠的研究表明，当入畦单宽流量为 3 ~ 5 升每秒时，灌水定额随畦长而变；当畦长由 100 米改为 30 米时，灌水定额减少 150 ~ 204 立方米每公顷；当畦长 30 ~ 100 米时，畦单宽流量从 2 升每秒增加到 5 升每秒，灌水定额可降低 150 ~ 225 立方米每公顷。

（二）局部湿润灌溉

局部湿润灌溉通过改进地面灌溉方式，进行隔沟（畦）交替灌溉或局部湿润灌溉，不仅减少了田间土壤蒸发占农田总蒸散量的比例，使田间土壤水的利用效率得以显著提高，而且可以较好地改善作物根区土壤的通透性，促进根系深扎，有利于根系利用深层土壤储水，该措施兼具节水和增产双重特点，值得大力推广。洛惠渠实践证明，春小麦与春玉米套种隔畦灌，棉花、玉米等宽行作物隔沟灌或隔沟交替灌，湿润面积可减少 50%，节水高达 30% 以上，增产幅度 5% ~ 10%。玉米坐水种，可节水 900 立方米每公顷，节电 90 ~ 105 千瓦时，增产幅度约 16%，增收幅度约 28%。

（三）发展间歇灌溉

洛惠渠改进放水方式，把传统的沟、畦一次放水改为间歇放水，进行间歇灌（又称波涌灌），被称为 20 世纪 80 年代地面灌水技术的一大突破。间歇放水使水流呈波涌状推进，由于土壤孔隙会自动封闭，在土壤表层形成一薄封闭层，水流推进速度快。在用相同水量灌水时，间歇灌水流前进距离为连续灌的 1 ~ 3 倍，从而大大减少了深层渗漏，提高了灌水均匀度，田间水利用系数可达 0.8 ~ 0.9。

（四）改进沟畦放水设施

洛惠渠改进沟畦放水设施，采用虹吸管（用于明渠输水）或地面移动闸门孔管（用于管道输水）放水，与人工开口放水相比，田间水利用率可提高 5% ~ 10%。目前，这些设施在国内仍处于试验阶段，尚未批量生产。因此，有必要开展联合攻关，对这些设施的材料和加工工艺进行深入研究，向着技术标准化、生产规模化、推广应用普及化方向去发展。

（五）节水保墒膜上灌

膜上灌是在地膜覆盖栽培技术的基础上发展起来的一种新的地面灌溉方法。它是将地膜平铺于畦中或沟中，畦、沟全部被地膜覆盖，从而实现利用地膜输水，并通过作物的放苗孔和专用灌水孔入渗给作物的灌溉方法。由于放苗孔和专业灌水孔只占田间灌溉面积的1% ~ 5%，其他面积主要依靠旁侧渗水湿润，因而膜上灌实际上也是一种局部灌溉。膜上灌形式有开沟扶埂膜上灌、培埂膜上灌、膜孔灌、沟内膜上灌、膜缝灌、格田膜上畦灌、膜侧膜上灌等多种。膜上灌作物有棉花、蔬菜、玉米、小麦等。地膜栽培和膜上灌结合后具有节水、保肥、提高地温、抑制杂草生长和促进作物高产、优质、早熟等特点。生产试验表明：膜上灌与常规沟灌相比，棉花节水40.8%，皮棉增产5.12%，霜前花增产15%。

四、典型节水灌溉工程

（一）侯庄节水灌溉工程

侯庄节水灌溉工程地处黄陵县侯庄乡侯庄村，于2000年4月开工，10月竣工，11月通过县、市验收投入运行。工程由黄陵县水利局负责设计，黄陵县改水办组织实施。工程覆盖范围涉及侯庄塬区侯庄、都村、塬畔、寇家湾、桥沟、闫塬、店子湾和贾塬8个行政村，辖区耕地826.60公顷，投资300万元，铺设PVC直径250毫米干管4.48千米，PVC直径180毫米支管8条20.40千米。水源是侯庄湫抽水站500立方米蓄水池蓄水，将水引至灌溉范围内各灌溉小区，利用蓄水池与灌溉小区地形高低差，辅助局部加压实施滴灌，发展有效滴灌面积166.67公顷，年增收144万元。此前，在2003年8月，侯庄农业综合开发灌溉工程开工，2004年4月竣工。工程涉及侯庄、都村、畔、桥沟等8个村，辖区耕地面积576公顷，其中苹果园面积454.60公顷、粮食作物面积121.30公顷；投资160万元，安装管道45千米，修筑闸阀井28座，龙头墩388座，打集雨50眼，发展灌面2000公顷。

（二）仓村节水灌溉工程

黄陵县仓村节水灌溉工程地处仓村乡沟西村，于2000年7月开工，12月竣工，2001年5月通过市、县验收投入使用。范围涉及小寨、沟西、上常、下常、房寨子5个村，辖区耕地面积309.40公顷。工程由输水管道和滴灌、微喷及龙头入园组成。输水管网由主干管、一级分干管、二级分干管、支管、毛管五级管道组成。总干管从示范区建成的200立方米蓄水池取水，沿公路输水至滴灌区末端，设计总流量87.08立方米每小时。工程投资259万元（省投资130万元、县投资109万元、群众自筹20万元），铺设直径110 ~ 250毫米PVC主管道6.30千米、分干管8.40千米、支管10.70千米、毛管21千米，配套节水灌溉面积139.30公顷，其中滴灌82.90公顷、微喷0.60公顷、龙头入园55.80公顷，安装水表闸阀479个。同时，在沟西、房寨子两个人畜饮水困难村组修建50立方米蓄水池2座，以解决2000余人的饮水困难。工程年节水33.40万立方米，节地2.86公顷，增加苹果生产能力193吨，净收益8340万元。

（三）隆坊节水灌溉工程

黄陵县隆坊节水灌溉工程，于2001年5月开工建设，11月底竣工。范围涉及隆坊塬区回乐堡、强村、官庄、丰乐塬4个村，耕地186.60公顷。工程由输水管网和滴灌水管及龙头入园组成；输水管网由主干管、一级分干管、二级分干管、支管、毛管五级管道组成。工程投资183.88万元（国债资金80万元、县投资57万元、群众自筹46.88万元），铺设总干管 3.70 千米，一、二级分干管 28 千米，支管 4.30 千米、毛管 55 千米，完成土方 1.92 万立方米、混凝土 50 立方米，安装水表闸阀 387 个，修筑闸阀井 305 个。工程年节水 30 万立方米，节约土地 2.66 公顷，增加苹果生产能力 1800 吨，净收益 70 万元。工程配套节水灌溉面积 153.33 公顷，其中龙头入园 133.33 公顷、滴灌 20 公顷。此前，在 2002 年 5 月，黄陵县在隆坊镇规划实施农业综合开发灌溉工程，翌年 5 月竣工。范围涉及强村、官庄、丰乐塬、回乐堡、梁塬子等 7 个行政村 20 个村民小组，辖区地 3479 公顷。设计微灌、集雨窖灌面积 466.67 公顷（其中微灌设计控制面积 333.33 公顷），铺设干管 3.70 千米、支管 4.29 千米、输水管道 3.50 千米，打混凝土 122.40 立方米，打集雨窖 306 眼，安装移动式柴油机水泵 28 台，总装机容量 47.30 千瓦，安装喷头 140 个，配套灌溉面积 553.33 公顷。

（四）田庄节水灌溉工程

黄陵县田庄节水灌溉工程于 2004 年 9 月开工建设，2005 年 5 月完工。工程涉及 5 个行政村 9 个村民小组，辖区耕地 408 公顷，其中苹果园 28 公顷、粮食作物 140 公顷；控制灌溉总面积 233.56 公顷，配套灌溉面积 200 公顷。工程投资 149.0 万元，安装管道 38 千米，修筑闸阀井 570 座、龙头墩 531 座，打集雨窖 100 眼。2007 年 3 月，田庄节水灌工程动工，8 月竣工。范围涉及田庄镇西王河、南巨头、北巨头、社地、田庄街、南联、东村、西石狮、东石狮、洞咀、杨尧科、月子塬 12 个村。工程投资 362.90 万元，修建 100 立方米清水池 1 座，安装一体化净水器 1 套，修建供水房 73 间，配套节水灌溉面积 233.33 公顷。

（五）桥陵节水灌溉工程

1997 年，由蒲城县水利局组织，以机井工作队为框架，组织专业技术人员，着手实施桥陵节水灌溉工程。1997 年 11 月，编制了《蒲城县桥陵节水灌溉示范区可行性报告》，规划喷灌面积 2 万亩，投资 997.25 万元，11 月全面动工。工程位于唐桥陵以南，以坡头乡桥陵村为中心，沿桥陵路向两边延伸，利用新打或改造旧机井，布设田间输水管网，通过多井汇流，集中加压，建设移动式喷灌系统。至 1998 年 3 月，完成新打机井 2 眼，建成固定式喷灌示范园 50 亩，配套移动式喷灌面积 1500 亩。1998 年 6 月 23 日，由陕西省水利厅主持，在蒲城县盛源酒店召开了项目论证会，与会专家对项目的可行性和必要性给予肯定。1998 年 12 月 7 日，陕西省水利厅以文件批复工程全面动工。2000 年 6 月 19 日，设计报告经陕西省计委批复立项。

1998—2002 年，实施了二期节水贷款项目和三期高标准节水灌溉增效示范项目，完成投资 952 万元，其中国家水利专款 310 万元，节水贷款 440 万元，自筹资金 202 万元；新打 400 米机井 4 眼，配套 250QJ100–198/11 型潜水电泵 4 台套，单井出水量 100 吨每小时；新打浅井 2 眼，改造旧井 26 眼，建造千吨蓄水池 2 座，加压站 7 座，安装变压器 3 台（套），架设高、低压线路 10.8 千米，铺设 ϕ75－250UPVC 塑料管道 68 千米，购置喷灌机组 78 台（套），建设高标准节水示范园 50 亩，配套喷灌面积 2.5 万亩。

由于产业结构调整未到位等原因，自 2007 年 5 月开始，桥陵节水示范区由农灌单位逐渐转为单一型的供水单位，节水喷灌技术推广限于景区和园区实施。

第三节 工业节水

北洛河流域工业主要依托良好的油煤气储备，以高端能化引领工业高质量发展，北洛河流域工业用水水平在陕西省较为先进，但工业节水潜力仍有较大挖掘空间。

按照《延安市节水型社会建设规划》《渭南市“十四五”节水型社会建设规划》等规划，北洛河流域持续推进工业园区水循环梯级利用，提高水重复利用率，加快实施工业节水技术改造，提高工业用水效率及废水处理水平，强化对产能过剩行业取用水的刚性约束，对高耗水产业进行用水限制，建立智能化工业用水管理平台并优化工业节水激励机制，加强计划用水管理，深挖北洛河流域工业的节水潜力。

一、推进园区水循环梯级利用

工业园区水循环利用主要包括水资源的直接循环利用和中水处理后的再生循环利用。通过对各用水企业的用水量、水质要求及排放水质进行全面分析和评估，构建园区内分质供水、串联补水、梯级排水、循环利用的水资源高效利用体系，提高水资源利用效率和效益。对洛川交口河镇工业园区及甘泉、志丹、蒲城区县的工业园区实施节水改造工程，争取到 2035 年末，中小企业工业用水重复利用率得到较大幅度的提升。

二、分行业推进工业节水技术和工艺改进

加快北洛河流域工业节水设备更新改造进程，积极鼓励企业节水技术和工艺改进，特别是高耗水行业。现在北洛河流域工业绝大多数集中在石油、化工及煤炭行业，针对这两种不同行业的耗水特点，提出对应的节水改造途径。对于采油厂、炼油厂以及化工厂，鼓励企业进行节水改造，加快淘汰耗水量大以及废水排放量大的落后工艺和落后产品；对于煤矿开采洗选行业，推动节水型选煤工艺、装备应用，进一步降低选煤单位用水量。对于煤化工行业，发展节水型煤化工，降低煤化工产品水单耗，优化技术工艺装备和流程。

2021—2035 年，北洛河流域吴起县及甘泉县的两家延长石油集团采油厂、吴起县两家长庆采油厂通过更新使用节水设备、全面实施采油污水处理的高效水质净化与稳定、反渗透水处理等污水深度处理回用等技术，完成节水项目改造；到 2035 年末，实施志丹、吴起、黄陵、蒲城等县重要能源化工基地产业链技术改造。

三、推动企业转变用水方式

减少新鲜水直接取用量，转变企业用水方式，提高工业用水综合利用率。减少废水排放，构建“取水少、排放低、效益高”的新型工业体系。继续推动保水采煤技术的研发和推广，从煤炭开采源头减少矿井水外排量；由于工业冷却水占工业用水的比重较大，且对水质要求不高，因此首先考虑将再生水回用于补充循环冷却水，通过预处理、废水减量、深度浓缩、结晶分盐等技术来处理工业废水，处理后的水可作为新水循环使用，真正实现废水近零排放；此外，采用空气冷却技术替代常规循环水冷技术，进一步减少用于补充循环冷却水的新鲜水水量。

四、全面搭建科学化工业用水管理平台

强化用水计量器具监督和检测，加大节水计量检测能力投入，定期开展行业水平衡测试，实行企业达标验收制。

尝试建立工业智慧用水管理系统，通过在用水管道上安装用水计量设备，对单位用水数据进行实时计量，利用数据网关存储并传输数据，采用云端服务器对数据进行云计算，以结构化形式存储并展示于智慧用水管理平台，进行全方位的精细化用水管理，并实时诊断管网漏损状况，有效挖掘用水潜力，工作人员可在任何时间（Anytime）、任何地点（Anywhere），获取用水数据的任何事情（Anything），实现“3A”用水管理。

五、建立并优化工业节水激励机制

为确保形成规范化、长效化的工业节水机制，针对高用水行业，基于用水总量和用水效率约束机制，以市场准入、税收优惠的政策导向和水价机制的经济激励促进节水。

纪实：

蒲城清洁能源化工有限责任公司节水典型案例。

为大幅提高工业用水重复利用率，蒲城清洁能源化工有限责任公司在设计建设取用水设施阶段，根据生产水消耗结构，采取多种措施，降低新鲜水消耗。

（一）配套建设污水处理回收利用装置

项目污水处理回收利用装置包括污水处理装置、回用水装置处理装置，污水处理装置规模1300立方米每小时，回用水装置规模2500立方米每小时，产品水作为循环补充水用。出水达到《黄河流域（陕西段）污水综合排放标准》一级标准后通过装置区浓盐水管网（9a线）排出。

全厂污水系统实现“分类收集，分级处理，梯级回用”，所有的回用水达到《炼油化工企业污水回用管理导则》优质再生水，年节水约500万立方米。

（二）循环水装置节水设计

全厂3个循环水场，设计规模12万立方米每小时，循环水旁滤采用节水型过滤器，传统的砂滤料过滤器，其耗水率为5%，该工程采用高效纤维球滤料，采用机械搅拌加压缩空气进行滤料擦洗，最后用水进行漂洗，其耗水率为1%～2%；循环水系统排污水、旁滤器反洗水、脱盐水站超滤化学清洗水及反洗水、污水处理站处理后的污水作为水源通过曝气生物滤池、混凝沉淀、过滤、超滤、反渗透等工序处理后回收大部分废水资源，回收水作为循环水系统补充水使用，大大降低了原水补充量，回用水量1120～1480立方米每小时。

（三）蒸汽冷凝液尽可能全部回收

各生产装置所产生的工艺冷凝液和透平冷凝液，分别经过工艺冷凝液和透平冷凝液处理装置进行处理，达到除盐水水质要求后进入除盐水系统再利用。

（四）余热“能用尽用”节约循环水消耗

工艺系统和热动系统在热量利用上进行了优化和整合，根据余热位能的高低采取副产不同等级蒸汽、加热脱盐水等不同方式实现余热资源合理、有效回收，同时达到降低循环水消耗的目的。如蒸汽凝液回收后均与出除盐水站的除盐水进行换热，在回收蒸汽凝液中

热量的同时，又降低了循环水的使用量。

（五）近几年节水改造项目

（1）锅炉装置锅炉定排扩容器、热回收装置除氧器乏汽进行技术改造，对排放泛起进行回收，减少蒸汽排放损失，年回收凝结水 5 万吨左右。

（2）甲醇中心氢气压缩机冷却水采用粗脱盐水进行冷却，冷却后直接排入生产废水管线，改造后将冷却水回收至循环水回水管线，每小时节约水量 15 吨左右。

（3）甲醇中心变换装置废锅连排污水进行改造，改造后排污直接进入循环水集水池，每小时节约水量 10 吨左右。

（4）SC2 凝液系统增加气动泵回收系统，每天回收凝结水量 450 吨。

（5）正在实施的脱盐水站超滤反洗水回收作为新鲜水使用项目，投用后可回收水资源 320 立方米每小时。

（6）回用水站中间水池水替代气化装置生产水改造，每小时节约生产水 110 立方米。

（7）装置区清洁水回收改造项目，将清洁水回收至循环水集水池，每小时节约生产水 140 立方米，降低外排水量 55 立方米每小时。

通过以上措施的推进，2023 年单位产品水耗为 18.37 立方米每吨，较 2022 年度下降 5.26%。在生产运行过程中蒲城清洁能源化工有限责任公司不断地寻找节水点，通过持续的节能改造及生产工艺优化调整，努力降低水耗，在节水型企业创建中起到示范作用。

第四节　社会节水

城镇化是现代化的必由之路，是推动经济高质量发展的重要抓手。北洛河流域城镇化进入成熟期，常住人口的城镇化率达到 70% 左右。随着新型城镇化发展的需要及人们生活质量的提高，城镇生活用水量呈现逐年上升趋势，生活用水将逐渐成为用水总量重要的组成部分。北洛河流域城镇通过管网改造、节水器具更换等措施降低管网漏损率，提高节水器具普及率，从而深度挖掘城镇生活节水潜力。

北洛河流域城镇通过进一步地实施老旧供水管网改造，最大限度地减少“跑、冒、滴、漏”，降低供水管网漏损；进一步地推进节水载体建设，按照已有的节水示范载体，如学校、机关、节水型小区创建成功的案例，推广辐射到其他的小区、机关等；严控高耗水服务业用水；做好城市园林绿化节水改造；推广普及生活节水器具并逐步落实阶梯水价，不断地巩固节水型城市的创建成果，并提升新的节水工程。强化水情教育，在全流域牢固树立水是稀缺资源的理念，持续深化节水宣传教育，营造全市爱水惜水节水的良好氛围。加快形成节水型生产、生活方式，有效实现水资源节约集约利用，推进节水型社会建设。

一、持续降低供水管网漏损

现状年延安市管网漏损率为 9.45%，渭南市管网漏损率为 8.01%，满足“水十条”及《陕西省实施国家节水行动方案》中 2020 年供水管网漏损率控制在 10% 以内的要求，还需要以村镇引水、城乡水源一体化等为契机继续加大供水管网改造，特别是管网漏损率在10%以上的区（县），逐步降低管网漏损率。同时，通过进一步提高用水计量，并建立物联网平台，加强公共供水系统运行监督管理，建立精细化管理平台和漏损管控体系，协同推进二次供水设施改造和专业化管理，最大限度地降低管网漏损率。以分区计量和漏损管网改造为重点，全流域城镇供水管网漏损率降到10.0%以内。

二、加快推进节水载体建设

在巩固北洛河流域节水型城市创建成果的同时，继续加大节水型机关、节水型企业、节水型学校、节水型小区等节水载体的创建，同时推进县域节水型社会达标建设。

各区县积极创建节水型小区，并推广小区住宅循环用水技术，鼓励居民使用节水型器具；实行分质供水，污水经处理水质达标后的中水用于绿化、冲厕、洒水等。将持续完成机关及学校用水器具改造升级，包括更换面盆式可调型自闭节水龙头、墙式可调型自闭节水龙头、纳米免冲水小便器、节水型智能蹲便冲水阀、纳米节水蹲便器，同时建设用水管网流量远程监测系统，对用水情况进行实时监测，及时发现并处理“跑、冒、滴、漏”等浪费用水问题；建设雨水收集池等措施收集利用雨水。

从严控制洗浴、洗车、人工滑雪场、洗涤、宾馆等高耗水服务行业用水定额，合理实行特种用水价格。洗车、人工滑雪场等特种行业推广循环用水技术、设备与工艺，优先利用再生水、集蓄雨水等非常规水源。到2035年末，通过对高耗水服务业实施节水器具及管网改造，极大地提高水资源利用率。

三、推广节水器具的使用

北洛河流域城镇继续大力推广应用节水型设备和器具，鼓励居民家庭选用节水器具，引导居民淘汰现有不符合节水标准的生活用水器具，安装节水龙头、节水型便具、节水型淋浴器和洗涤器具等设施。公共建筑和新建民用建筑必须采用节水器具，限期淘汰公共建筑中不符合节水标准的用水器具，推进节水产品企业质量分类监管，加大节水器具监管。对实行水效标识管理的水产品加强监督管理，限期淘汰水效等级较低的用水产品，培育合同节水等节水市场，建立节水型生活用水器具补贴机制，对通过节水认证、符合规定用水效率等级的生活用水器具实行节水财政补贴。

四、逐步落实阶梯水价

进一步细分城市及乡镇居民生活用水、行政事业用水、一般商业用水和洗浴用水，采取“小步快跑”的方式，逐步提高各类供水价格水平，在各个价格体系内部采用阶梯定价，制定特定行业用水水价，同时调整各类水价的比价关系，达到水费支出占居民家庭总支出的合理比例，促进节约用水。

第五节　非常规水资源利用

非常规水资源利用具有增加供水、减少排污、提高用水效率、实现区域水资源循环利用等多重作用，可以有效缓解北洛河流域缺水地区水资源短缺的状况，优化区域供水结构，减轻地表与地下水资源压力，改善水生态环境，是实现用水总量控制、落实最严格水资源管理制度的重要抓手。北洛河流域非常规水源利用涉及城市再生水和雨水。

一、城市再生水利用

再生水利用是指污水经无害化处理达到特定水质标准，作为再生水替代常规水资源，用于工业生产、市政杂用、居民生活、生态补水、农业灌溉、回灌地下水等以及从污水中提取其他资源和能源，对优化供水结构、增加水资源供给、缓解供需矛盾具有重要意义。现状北洛河流域再生水利用量较小，利用潜力较大。

北洛河流域城镇通过加大污水处理力度，配套建设再生水回用设施，加强再生水管网建设，合理确定再生水价格等措施，不断扩大再生水供给能力。完善污水处理再生利用技术标准，满足潜在用户对水质水量的要求，因地制宜实施差别化分县（区）提标改造，推广再生水在工业、农业、城市绿化、道路清扫、车辆冲洗、建筑施工、生态景观、空调冷却等行业以及公共建筑生活杂用等方面的扩大使用，积极推动工业废水资源化利用和园区内企业间用水系统集成优化，完善工业企业、园区污水处理设施建设，稳妥推进农业农村再生水利用，采用以用促治的方式，逐步提高再生水利用率。具备条件的县（区）可以采用分散式、小型化的处理回用设施，对市政管网未覆盖的住宅小区、学校、企事业单位的生活污水进行达标处理后实现就近回用。火电、石化等高耗水行业项目具备使用再生水条件但未有效利用的，要严格控制新增取水许可。

二、雨水集蓄利用

雨水集蓄利用工程是指通过集雨设施，下雨时吸水、蓄水、渗水、净水，需要时将蓄存的水“释放”并加以利用，主要包括城镇雨水利用工程和农村雨水利用工程。城镇雨水利用工程主要是结合海绵城市，根据北洛河流域的实际情况，建设分散式雨水收集利用设施，用于城市景观、绿化及厕所冲洗等，通过因地制宜的规划设计减少用于以上用途的自来水用量，节约水资源。农村雨水利用工程主要包括雨窖、塘坝、涝池等雨水集蓄设施。就农村而言，雨水集蓄利用主要用于缓解水资源紧缺、解决农村生活用水问题，实施补充灌溉，提高农作物产量，改善生活生产条件，促进农村经济发展。

三、煤矿疏干水利用

煤矿疏干水是指在煤矿采掘过程中，由于地层构造在井下涌出的废水。这种水主要来自地质性涌渗水，以及井下采煤生产过程中洒水、降尘、灭火灌浆、消防及液压设备产生的废水。对煤矿疏干水进行处理并加以综合利用，不但可以避免对水环境造成污染，还可以防止水资源浪费。处理后的水可回用于矿区生产、绿化、防尘等，还可以作为矿区周边企业的工业补充用水，矿区周边农田灌溉用水等，经深度处理甚至可作为居民生活用水水源。北洛河流域的澄城县充分利用尧头斜井、二矿、董东煤矿等煤矿疏干水资源。

纪实：

澄城县董家河煤矿矿井水（疏干水）处理站（三期）于 2020 年 10 月开工建设，12 月竣工并进入试运行阶段，项目总投资费用 973 万元，系统处理设计处理能力 600 立方米每小时。矿井水处理工艺采用新型磁分离为主的处理工艺，即“预沉调节（利用原一期调节池）+ 磁混凝 + 磁分离 + 转鼓精密过滤”的处理工艺，该工艺主要是针对矿井水中悬浮物（SS）14 污染因子进行去除。退水执行《陕西省黄河流域污水综合排放标准》（DB61/224—2018）B 标准，退水目前作为下游农业灌溉及生态补水，随着退水水质的提升，对解决澄城县工业园区取水提供了有力保证，进一步提高了水资源的利用效率。

第六章 水能开发

洛河平均流量29立方米每秒，源头至河口落差1314米，可利用落差133米，理论蕴藏量18.28万千瓦，可开发量为4.32万千瓦。

1987年前，北洛河只有一些装机容量小于500千瓦的小型发电站，此后北洛河水力发电得到长足发展，建设一批千瓦级别水电站。主要包括下列水电站：党家湾水电站、王莽寨水电站、三眼桥水电站、五峰水电站、槐沟河水电站、下湾水电站、张家船水电站。

第一节 水能资源

一、资源普查

1965年，渭南专署水电局把发展农村小水电列入第三个五年计划内容，随即组织技术人员对南山支流和洛河干流境内段的水力资源进行调查，制定开发规划。

1977年10月，渭南地区革委会水电局依据陕西省革委会水电局和西北电业管理局的安排，组织地、县水利技术人员开始对全区水力资源进行普查。后将普查所得资料交由陕西省水电勘测设计院进行理论蕴藏计算，并协调跨地（市）河流的规划和整编普查成果。

1984年底，为了尽可能地开发利用小水电这一廉价能源，从1985年4月起，地区水利局在陕西省水利厅和地区能源办公室领导下，抽调地、县33名技术人员完成了小水电能源区划工作，于1986年10月完成《渭南地区小水电资源区划报告》。

二、资源分布

据《延安地区志》记载，北洛河上中游蕴藏水能11.62万千瓦，可开发水电装机容量1.97万千瓦。据《渭南地区小水电能源区划报告》记载，水力资源理论蕴藏量，北洛河干流下游为7.79万千瓦，可开发量北洛河干流2.35万千瓦。

第二节 小水电站建设

一、小（2）型水电站（500千瓦以上）

（一）东王河水电站

东王河水电站位于陕西省黄陵县田庄镇东王河村洛河干流上，是一座坝后径流式水电站。其大坝上游流域面积2.08万平方千米，年平均径流量6.4亿立方米，电站装机总容量为3750千瓦。电站总建筑面积4000平方米，东王河水电站为小（1）型，电站采用3台HLA244-LJ-120型水轮机，设计水头高21米，单机设计流量7.74立方米每秒，3台

SF1250–20/2600 发电机（单机容量 1250 千瓦，输出电压 6.3 千伏），主线采用单母线，以 35 千伏线路 7.2 千米并入田庄变电站。电站设计保证出力 1152 千瓦，年利用 4827 小时，设计年平均发电量 1810 千瓦时，2017 年 8 月并网发电。

图 2–6–1 白水县明珠（原王莽寨）水电站（2020 年，白水县水务局提供）

（二）明珠水电站

明珠（原王莽寨）水电站于 1990 年 10 月开工建设，工程属引水径流式电站，工程主要由溢流坝、明渠、隧洞、前池、压力管道、厂房及机电设备、变电场、35 千伏输电线路等组成。水电站于 1997 年 10 月建成投运，设计水头 23 米，引水流量 17.32 立方米每秒，装机容量 2×1600 千瓦，设计年均发电量 2200 万千瓦时。工程完成总投资 3800 万元，是白水县第三批农村水电初级电气化县建设的骨干电源工程，2009 年 3 月 21 日通过市级竣工验收。2016 年 12 月，明珠（原王莽寨）水电站增效扩容项目开始实施，2017 年 5 月 20 日完成机组启动验收并投入试运行，通过对水电站原有机电设备进行改造，电站装机容量由原来的 3200 千瓦提高到 3600 千瓦，年新增发电量 500 万千瓦时，目前增效扩容项目建设内容已全面完成，累计完成投资 850 余万元。

（三）五峰水电站

五峰水电站工程于 1998 年 5 月开工建设，工程为引水径流式电站，工程主要由溢流坝、隧洞、明渠、前池、压力管道、厂房及机电设备等组成。2004 年 8 月投产，设计水头 22.4 米，引水流量 24.6 立方米每秒，装机容量 4800 千瓦（3×1600 千瓦），设计年发电量 2600 万千瓦时。工程投资 5100 万元，是白水县“十五”水电农村电气化县建设的骨干电源工程。工程于 2013 年 3 月通过市级竣工验收。

（四）槐沟河水电站

槐沟河水电站位于白水县尧禾镇槐沟河境内，是规划的洛河梯级开发中最大的一座水电站。工程是一座引水径流式电站，由溢流坝、引水洞、前池、进水闸、压力管道、厂房、尾水渠及高压输电线路组成。设计坝高 15.5 米，坝长 142 米，引水隧洞长 1040 米，水头 28 米，引水流量 30 立方米每秒，装机容量 3×2200 千瓦，年发电量 3400 万千瓦时。工程设计总投资 7477.76 万元。2007 年 12 月完成全部工程及事项并网发电。工程累计完成投资 4300 万元。工程于 2009 年 5 月通过省级竣工验收。

（五）张家船水电站

张家船水电站于 2016 年 6 月开工建设，2018 年 7 月建成投运，工程属引水径流式电站，工程主要由溢流坝、隧洞、前池、压力管道、厂房及机电设备、变电场、35 千伏输电线路等组成。设计水头 12 米，引水流量 24.6 立方米每秒，装机容量 2400 万千瓦，设计年均发电量 1135 万千瓦时，累计完成投资 3200 余万元。该电站是白水县第一座农村小水电扶贫项目。

（六）澄城县三眼桥水电站

三眼桥水电站位于澄城县尧头镇辖区的北洛河左岸东经 108° 46′、北纬 35° 10′处，属北洛河水能资源梯级开发中的一级。电站距县城 23 千米，澄白公路、西延铁路从电站附近经过，交通十分便利。它是利用河道自然落差兴建的小型水力发电工程——无调节径流式水电站，属北洛河水能资源梯级开发中的一级。工程等级为Ⅴ等小（2）型水电站。

图 2-6-2 澄城县三眼桥水电站（2020 年，澄城县水务局提供）

三眼桥水电站工程由陕西省水利电力设计院设计，1988 年经陕西省水利厅批复，1992 年 5 月开工建设，电站原设计水头 20.2 米，受当时经济条件制约，实际竣工水头只达到 17.6 米，安装 3 台立式轴流式水轮发电机组，装机容量为 3750 千瓦，1998 年 12 月建成后投入运行，总投资 2277 万元。2011 年，根据财政部、水利部实施的农村小水电增效扩容改造项目计划，三眼桥水电站被列入陕西省第二批 53 个项目计划。2012 年 12 月陕西省水利厅以陕水规计发〔2012〕740 号文批复了《澄城县三眼桥水电站增效扩容改造工程初步设计报告》。三眼桥水电站通过增效扩容后，毛水头增至 19.62 米，净水头 18.5 米，发电用水流量 30.9 立方米每秒，装机容量由原 3750（3 × 1250 千瓦）千瓦提高到 4800（3 × 1600 千瓦）千瓦。设计年发电量可达 2280 万千瓦时，年利用 4960 小时。

三眼桥水电站枢纽工程主要包括挡水建筑物、引水建筑物、前池及压力管道、发电厂房、升压变电站和 35 千伏输电线路以及房屋建筑等 7 部分。

三眼桥水电站建设伊始，即成立独立法人企业——澄城县三眼桥水电有限公司，主要建设并管理三眼桥水电站，并坚持谁建设、谁管理，谁投资、谁受益的经营模式。电站运营 20 余年来，不仅填补了澄城县水电事业的空白，也为县域经济特别是水利产业经济作出了突出贡献，解决职工就业 50 余人，上缴税费 700 多万元。

（七）蒲城县党家湾水电站

党家湾水电站位于蒲城县洛滨镇党家湾村东北洛河干流处，由陕西省水电设计院设计，于 1984 年 7 月开工建设，1987 年 5 月建成并网发电，2014 年 9 月实施了增效扩容改造，主管部门为蒲城县信息化管理局。党家湾水电站为Ⅴ等小（2）型水利工程，设计水头 20.0 米，设计引水流量 16.0 立方米每秒，安装两台 HL551-LJ-120 水轮发电机组，总装机容量 3200 千瓦，年发电量 1148 万千瓦时。主要建筑物有浆砌石溢流重力坝、引水渠道、前池、厂房及生活楼。

（八）蒲城县下湾水电站

下湾水电站位于洛滨镇下湾村北洛河干流，是蒲城县北洛河水能梯级开发的Ⅴ等小

（2）型水利工程，由陕西懿雷实业有限责任公司投资建设，蒲城县下湾水力发电有限公司管理。该站于 2008 年 3 月开工建设，2010 年 3 月投产并网发电，设计水头 13.8 米，引水流量 31.44 立方米每秒，安装轴流定桨式水轮发电机组 3 台，装机容量 3000 千瓦，年均发电量 1500 万千瓦时，年均上网电量收入 450 万元。常设运行、检修、后勤及财务 4 个班组，编制 15 人。主要建筑物有溢流坝、引水渠、前池、发电厂房、尾水渠、变电站及生活楼。

二、规模以下（装机容量 <500 千瓦）小水电站

（一）关家沟水电站

关家沟水电站位于甘泉县城西北 3 千米处关家沟村头。1971 年建成滚水坝，以北洛河水为动力，安装 125 瓦、75 瓦发电机组各 1 台。1973 年投入运行，年最多发电 5280 小时，发电量 9 万千瓦。1984 年，并入大电网，以发电量的 25% 上网，至 1989 年底运转正常，年发电在 30 万 ~ 40 万千瓦时，收入 1.5 万元。

2004 年更新改装为 125 千瓦 2 套水轮发电机组，总装机容量升级为 250 千瓦，变压器升级为 400 千伏安 1 台，年均发电量 50 万千瓦时。水电站有固定资产 237 万元。2008 年 8 月，库渠管理处被评为“陕西省水电综合经营先进集体”。甘泉县水利局也被评为“陕西省水利系统创佳评差最佳单位”。樊福旺被评为“陕西省水利综合经营先进个人”。

（二）王家湾水电站

王家湾水电站位于甘泉县桥镇乡 3 千米处阎家湾村北洛河岸边。水头跌差 3 米，引水流量 25 立方米每秒；安装 125 千瓦发电机组 1 台，1971 年 8 月投入运行。

（三）下寺湾水电站

下寺湾水电站位于甘泉县下寺湾乡程家纸坊村头，于 1969 年建成。装机容量 75 瓦，水头跌差 4 米，引水流量 4 立方米每秒。初建投资 26 万元，1974 年扩建，投资 4 万元，装机容量 125 千瓦。1984 年，机组经维修后并入大网运行，至 1989 年底，运转正常，保证了下寺湾乡附近村队照明、加工、灌溉用电。

（四）曹村水电站

曹村水电站位于富县张村驿镇 10 千米处，利用葫芦河水流经曹村弯道处右岸的骆驼脖巷山腰，开凿石质低山改河形成落差 11 米，引水流量 3.5 立方米每秒；安装 HL260–WJ–50 型水轮机 1 部，TSWH74/29、125 千瓦发电机两台，360 千伏安变压器 1 台，架设 10 千伏输电线路 13 千米。工程于 1974 年动工兴建，1977 年建成投入运行，总投资 28.5 万元，装机容量 250 千瓦，向张村驿镇及 13 个行政村输送电力。电站于 1996 年遭受“7·31”洪水侵袭，水工建筑物和设施损坏严重，发电中断；2002 年恢复建设并投入运营，现装机 3 台（套），原设计安装 HL260–50 型水轮机 2 台，125 千瓦发电机 2 台（包括输配电系统），400 千伏安升压变压器 1 台；后加装 JP502–80 型水轮机 1 台，320 千瓦发电机 1 台（包括输配电系统），500 千伏安升压变压器 1 台。

第七章　水产养殖

北洛河流域渔业资源比较丰富。自唐代以来，由于自然条件的变化，加上朝廷禁食鲤鱼，使捕捞和水产养殖渐绝。新中国成立前夕，只有少数农民在洛河水域从事季节性捕捞。

北洛河流域养鱼始于1959年，在富县大申号水库开始养鱼，养殖水面120亩。此后，养鱼在北洛河流域推广。20世纪60年代起，有富县北教场、任台农场、槐树庄神灵寺，洛川县黄连河，宜川县南关，黄龙县范家卓子、红石崖等地开始池塘养鱼。1963年人工繁殖鱼苗获得成功。20世纪70年代，林皋水库建成鱼种场。

1978年以后，随着社会经济的发展，北洛河流域渔业围绕“提升经济效益、增加农民收入”这条主线，落实惠渔政策，夯实发展基础，发挥资源优势，优化产业结构，完善产业体系，渔业经济开始从规模数量型向质量效益型转变，由传统渔业向现代渔业转变，由施肥养殖向无公害健康养殖转变；养殖品种由传统品种向名、优、新、特转变；养殖水域由温水养殖向温水、冷水和地热水养殖转变，并实现了垂钓、餐饮和休闲渔业的异军突起。为实现渔业可持续发展，天然渔业资源、水生野生动物保护也得到不断加强。

第一节　水产资源

北洛河流域鱼类品种有6目10科46属76种。水域自然生长的浮游植物，以及浮游动物、底栖动物为渔业生产提供了丰富饵料，加上棉籽饼、菜籽饼、花生饼、花生粕、麸皮等人工饵料资源，构成了得天独厚的渔业资源。

重点育苗场：

黄陵县官庄鱼种场，位于黄陵县官庄村，1986年建成。2009年，鱼种池0.05平方千米。2010年，生产夏花鱼苗22万尾，大规格鱼种2100万尾。

富县鱼种场，位于富县城关镇大申号水库之下，1973年建成。鱼种池20000平方米。2010年，生产水花鱼苗225万尾，鱼种145万尾。

第二节　养　殖

一、池塘养鱼

北洛河流域历代养鱼，多是利用园圃中的沼、池、湖和民间的涝池、壕沟、陂塘等水面，专门养鱼池塘为数极少。20世纪70年代初期，特别是党的十一届三中全会以后，国家重视城郊养鱼和商品鱼基地建设，以及渔业技术的普及和推广，北洛河流域大量兴建规范化、标准化的专养鱼池，一般每池水面 10 亩，池深 2 ~ 2.5 米，并有较好防渗衬砌、进出水口及增氧机等设施。

北洛河流域池塘养鱼形成两种模式：其一以草鱼为主，养殖以投草为主，投喂颗粒饲料为辅；其二为鲤鱼，适当搭配其他鱼类，以喂颗粒饲料为主，投草、肥为辅。1997 年，进行池塘养鲤、种草养鱼、成鱼池套养鱼种、鱼鳖混养等。

纪实：

黄陵县地处延安市南端，气候温暖、水质较好、水资源丰富的黄陵县历来有养鱼的传统。目前，黄陵县池塘水产养殖面积 6700 余亩，其中无公害健康养殖面积 2500 余亩，全年渔业产值达 5300 万元，并建成了市级现代生态示范园区和省级水产良种场。养殖的水产品主要是鲤鱼、鲢鱼、草鱼、鳙鱼等鱼类。

二、中小型水库养鱼

北洛河流域，在水库中投放鱼种，主要利用天然饵料养鱼的渔业生产方式，成本较低。

1995 年，宜君县水利局在福地、西河等水库周边建鱼池 1.3 公顷，发展水产养殖。到 1997 年，共生产水产品 353 吨，实现产值 172.6 万元，创利润 13.31 万元。

纪实：

（1）北洛河流域林皋湖大面积生态散养鱼。

图 2-7-1　林皋湖鸟瞰图

（2020 年，白水县水务局提供）

林皋湖年平均气温偏低，最低温度只有 12 摄氏度左右，最高温度 25 摄氏度，持续时间很短。通过调查研究，结合实际，林皋湖生态水产养殖模式定位为大水面生态散养。投放鱼种的规模与品种逐年增多，呈螺旋上升发展。2006 年 11 月开始，适量试投放鱼种，规格 50 ~ 500 克，各类鱼种投放约 2.5 万千克；2008 年 10—11 月，在水面大规模投放鱼种（250 ~ 800 克）3.5 万千克；2012 年冬季投放（50 ~ 800 克）鱼种 5 万千克；2013 年大规模鱼种投放（400 ~ 800 克）7.5 万千克。通过实践，林皋湖生态水产养殖鱼种投放时间以 11—12 月为最佳时期。每年 10—11 月是成鱼及大规格鱼种大量上市时间，鱼种价为当年最低，投放鱼种成本低，经过环境适应，开春会迅速进食，快速生长。在养殖中，严禁使用抗生素药物。不在水产饲料中添加抗菌药物。因地制宜选用天然、高效、毒副作用小的中草药来防治鱼病，既省钱，又安全、环保、药物残留少，更有利于提高水产品质量。严格使用杀虫杀菌药。通过近十年大水面生态散养，不投饲料和饲料添加剂喂养，养殖中很少用药。十年间，因为外部因素、养殖密度和鱼种等原因，用药仅仅 3 次。水面生态散养投入品仅使用少量国家正规厂家生产且经过安全论证的绿色生态肥或生物水质激活剂，养殖用药也坚持使用绿色高效无残留产品，除确保能为滤食性鱼类提供浮游生物和动物等饵料外，还可有效净化水质，使有害物质转化为有用成分，为鱼类提供丰富饵料。做到养殖与生态保护兼顾，确保水资源的可持续利用。

（2）林皋湖大轮捕捕捞模式。

按照鱼类消费经验，每年8—9月，市场成鱼价格最高，适时捕捞，可以提高经济效益，也可为投放新鱼种留下生活空间，提供可靠的饵料场所环境。2006年开始适量投放鱼种，2008年实施大轮捕捕捞模式，即集中捕捞。2009年捕捞成鱼25万千克左右；2010—2013年，每年捕捞成鱼25万千克左右。同时，每间隔2年时间，适时适量投放一次20～150克鱼种，投放鱼种时气温低，好运输，损伤少，成活率高，以减少投放成本。根据市场情况，鱼价相对较高时，调整大轮捕计划，安排1～2次捕捞。每年稳定大规模投放400～800克鱼种7.5万千克左右，捕捞成鱼25万千克左右，现在，已经形成林皋湖生态水产养殖的基本规律。

（3）林皋湖多鱼种生态养殖。

鱼和水生植物共同生长，鱼类很少生病，因为植物可利用鱼的粪便和残饵做肥料并加以吸收，消除了病原体的繁殖场所，净化了水质；同时在光合作用下，植物释放出的氧气又增加了水体的含氧量，因而减少了鱼类的发病率。如果养殖品种较少，单一品种的比例达50%以上，往往该品种易生病。反之，生物品种越多越复杂，生态系统越健全，则鱼的抗病力越强，鱼的发病率就越低。林皋湖渔业资源丰富，天然鱼类主要有鲫鱼、青鱼、鳝鱼、马口鱼、泥鳅、中华鳖、螃蟹、河虾、河蚌等；养殖鱼类主要有鲤鱼、草鱼、鳙鱼、鲢鱼；以鳙鱼、白鲢鱼为主，套养鲤鱼、草鱼、鲫鱼。

（4）林皋湖养鱼良好的综合效益。

林皋湖生态水产养殖，经过几年探索实践，经济效益明显。湖区生态鱼价格比同期上市肥水池塘价格高出0.2～0.5元，直接增加了养殖收入，形成了一套适合当地的水产养殖方法。白水县水产、渔政站总结出的林皋湖生态水产养殖方法和经验，在县域及周边石堡川水库、故县水库、铁牛河水库及池塘，得到推广。不但发展壮大了水产养殖，还解决了剩余劳动力就业问题。优质的水产品既丰富了百姓的菜篮子，备受消费者青睐，又为县域经济发展作出了重要贡献。林皋湖生态水产养殖场先后被评为部级休闲渔业示范基地、陕西省健康养殖示范场、陕西省生态水产基地。

三、库坝养鱼（淤地坝前期水面）

延安市一直探索推行库坝生态养殖模式。1960年，洛川安民沟水坝放武汉混合鱼苗6.0万尾，20世纪60年代共产鱼7.26吨。水坝鱼产量，1984年为21.75吨，1996年为52.0吨。2006年，陕西省渔业局、省水产总站将陕北库坝生态养殖推广项目列为延安市重点骨干项目，形成以鱼、禽、畜和垂钓多位一体的良性生态循环模式，即以鲢、鳙滤食性鱼类为主，配合养猪、养鸡多种经营的生态循环养殖模式；以草鱼为主，以投草为主，投喂颗粒饲料为辅的养殖模式；以鲤鱼为主，以颗粒饲料精养为主，搭配少量草鱼、鱼和雒鱼的养殖模式；以休闲渔业为主，融养殖、休闲、娱乐、垂钓和餐饮于一体的多元化综合开发模式。

四、湫潭（天然湖泊）养鱼

北洛河流域洛川县桃坡、元桌和黄陵县侯庄、贾塬湫，水面共 340 亩。桃坡湫，1958 年投放 5 万尾鱼苗，侯庄湫 1959 年放进武汉鱼苗 15.0 万尾，其他两湫 1960 年放进武汉混合水花鱼苗和银川鲤、鲫鱼苗。1960—1965 年，湫潭养鱼产量居于延安地区养殖产量的首位，1966 年产鱼 1500 公斤。20 世纪 70 年代后，由于管理不善，产量逐年下降。

五、稻田养鱼

2000 年，黄陵县腰坪乡进行稻田养殖试验，亩产稻谷 400 千克，产鱼 20 千克。2001 年，黄陵县腰坪乡、双龙镇选择相对连片的 213 亩 83 块稻田示范推广，平均亩产鱼达 67 千克，每尾重 0.42 千克，稻谷增产 8% 以上，稻田亩均增收 300 元以上，实现鱼稻双丰收。8 月，陕西省渔业局在黄陵县召开全省工程化稻田养鱼现场会。2003 年，黄陵、富县推广面积达 1015 亩。

第三节　渔政管理

据史志记载，自汉代以来，州、县均有管理渔政、捕鱼等的官员。新中国成立后，地、县先后建起渔政专管机构和产、供、销相配套的渔业管理体系。北洛河在榆林市没有渔业相关产业，故此榆林市渔业不加以介绍。

一、延安市水产工作站

延安市水产工作站成立于 1984 年，为科级事业单位建制，财政全额拨款，2005 年成立延安市水生动物防疫检疫站。两块牌子，一套机构。2020 年 5 月 18 日，延安市水产工作站（延安市水生动物防疫检疫站）由延安市水务局管理调整为延安市农业农村局管理，2023 年 2 月 22 日，延安市人力资源和社会保障局批复延安市水产工作站岗位设置总数 14 个，其中管理岗位 3 个，专业技术岗位 11 个。

二、渭南市水产工作站

1969 年 12 月，陕西省水产研究所与陕西省渔业工作队合并，下放渭南地区，成立渭南地区水产工作站，负责全区渔业技术推广和鱼种生产工作。1979 年，撤销渭南地区水产工作站，归陕西省水电局管辖。1984 年 3 月 13 日，重新成立渭南地区水产工作站，管理全区渔业行政、生产技术、供销服务工作。1989 年 3 月 15 日，中共渭南地委批准，撤销渭南地区水产站，成立渭南地区水产建设管理处。

1992 年 11 月 1 日，渭南行政公署编制委员会批准，成立渭南地区渔政监督管理站，与渭南地区水产建设管理处合署办公。

1995 年后，渭南地区水产建设管理处，渭南地区渔政监督管理站改称渭南市水产建设管理处和渔政监督管理局。2000 年，渔政监督管理站又改称渔政监督管理处，为渭南市水务局直属单位。2019 年，水产建设管理处和农业局相关部门，合并成立渭南市畜牧和渔业发展中心。

第三篇　防汛抗旱与河道整治

北洛河流域洪水灾害频繁，防洪的重中之重是北洛河经过的城区地段和北洛河下游三门峡库区，为解决防洪问题，在北洛河流域重点地段修建堤防与蓄水工程，增强了对洪水的调控与削峰能力；加之逐步形成的防汛通信预警系统、防汛应急预案、防抢撤方案、山洪灾害防御等非工程措施，基本保证了设防标准内的防洪安全。干旱是北洛河流域另一大灾害，在历史上造成的损失远超过水灾，是造成死亡人数最多的灾害。凭借逐年建设的灌溉和节水设施，以及形成的抗旱服务体系、人工增雨措施、全社会动员的抗旱减灾，基本保证了农业灌溉、工业生产、城乡居民生活供水，保证了北洛河流域的经济社会可持续发展。

第一章 堤防建设

北洛河很多城镇临北洛河或其支流而建，如吴起县、甘泉县、志丹县、富县、黄陵县、大荔县，防洪安全对经济社会发展和人民生命财产安全关系重大。城区防护更是防洪的重中之重，因为黄河三门峡水库建设的历史原因，洛河下游库区则更是防洪的重中之重。截至目前，北洛河干流已建堤防 139.81 千米，护岸工程 26.9 千米，北洛河流域防洪压力大为减轻。

第一节 干流堤防建设

北洛河干流不同于渭河，渭河流经宝鸡峡后，干流地处渭河平原上，全段需要设大堤防护。而北洛河干流绝大部分地处高原峡谷，人迹罕至地段属于无堤防的河道。北洛河干流堤防数量较少，主要集中在少数城镇及工业园区段，如甘泉县、富县、大荔县等地。部分河段防洪标准较低。上中游部分城镇及工业园区段还未系统设防；下游铁镰山至河口为黄河、渭河冲积平原，河曲发育，河床不稳定。已建护岸工程规模小，局部河势得到控制，但总体河势摆动频繁，每到汛期塌地塌岸，危及沿河耕地和群众生命财产安全。近年来，随着沿河县城、工业园区、乡（镇）规模的快速发展，人口密度越来越大，流域防洪问题也越来越突出，防洪压力不断增大。大荔县城区段部分堤防仅为 10 年一遇设防标准。朝邑移民防洪围堤保护着赵渡镇、鲁安镇、榆林乡近 6 万移民 20 万亩耕地，按国家防洪标准设防标准应为 20 年一遇防洪标准，但现状仅上段 10 千米设防标准为 20 年一遇，下段 25 千米设防标准仅为 5 年一遇。由于现状工程标准低，断面单薄，加上维修养护不够，每遇洪水极易出险。

一、吴起段

吴起县洛河工业园区段、泥胡沟段、宁赛川建材市场段防洪工程内容包括：新修堤防 2883.54 米，新修支沟涵洞 2 处，全部为 M7.5 浆砌石结构，堤顶设 20 厘米 C20 混凝土压顶；宁赛川段堤防断面顶宽 0.8 米，迎水坡坡比 1 ∶ 0.4，背水坡坡比 1 ∶ 0.1，堤防高度 11.07 ~ 12.38 米；洛河泥胡沟段堤防断面顶宽 0.8 米，迎水坡 1 ∶ 0.4，背水坡坡比 1 ∶ 0.1，堤防高度 10.47 米；洛河工业园区段堤防断面顶宽 0.8 米，迎水坡 1 ∶ 0.4，背水坡坡比 1 ∶ 0.1，堤防高度 10.84 ~ 13.32 米。

二、甘泉段

甘泉县境内北洛河两岸建成防洪堤防 9.83 千米，其中左岸 5.99 千米，右岸 3.84 千米，基本达到应建全建，大大提高了县城防御洪水的能力，20 年一遇洪水基本能够顺利通过县城。

三、富县段

根据富县防洪工程建设总体规划，从 1996 年至今，先后投资 1.59 亿元，建成了城区沙梁、北教场、圣佛峪、吉子湾、开元路、茶坊入河口、川口、史家坪、监军台、北教场过水桥、大申号段等堤防工程约 14.23 千米，城区防洪堤防总长度达到 17.15 千米，县城总体防洪能力基本达到 30 年一遇标准。

四、大荔段

北洛河大荔段，因受三门峡水库淤积的影响，河床相应抬高。1966 年汛后，朝邑附近河床抬高 6 米，大荔县附近抬高 5 米，船舍村附近抬高 3 米。尽管两岸滩面也被过洪泥沙淤高，但出槽流量由建库前后 1000 立方米每秒，下降为 300 ~ 400 立方米每秒。由于河道主槽面积缩小，稍遇洪水即上岸漫滩，使两岸农田长时间被洪水浸泡难以耕种。受灾群众渴望在洛河两岸适当筑堤御水，缓解洪水对生产的威胁。自 1963 年开始，沿河群众修建土堤两段（ 18.85 千米和 9.76 千米）共长 28.61 千米，完成土方 30.8 万立方米。到 1965 年，共有土堤 72 千米，保护耕地 5 万余亩，保护村庄 30 多个。1966 年 7 月 27 日，洑头水文站 3700 立方米每秒洪水，冲毁 72 千米土堤，损坏土方量 25.2 万立方米。

1969 年，渭南地区革命委员会协同大荔县成立北洛河规划治理小组，开始治理北洛河。工程于 1969 年 12 月动工修建防护堤，1970 年春完成；共修堤 16 处，全长 63 千米，完成土方 64 万立方米；堤高平均 2 米，堤顶宽 2.5 ~ 3 米，临水侧坡比为 1 ∶ 2，背水侧坡比为 1 ∶ 1.5；保护农田 3 万亩，可防 20 年一遇洪水流量 2500 立方米每秒。

1998—1999 年，对洛河堤防进行加高培厚。1997 年，渭南市水利局以渭地发〔1997〕26 号文《关于呈报洛河下游城南、石槽堤段施工设计报告的请示》向上级请示，经陕西省水利厅陕水计发〔1998〕09 号方案批准，由渭南市水利水电设计院设计。设计防御标准为防洛河 2010 年水平年 10 年一遇洪水。设计堤线：城南堤上段西起洛河左岸南荣华村崖下，东至城南村洛惠灌区中排水沟西侧洛河老岸，长 10.8 千米。下段西起泰山村洛河老岸，东至伯士乡蔡邓村洛河老岸，长 8.10 千米。石槽堤段在洛河右岸，西起新桥村洛河老岸，东至张家庄村东老坎，长 9.76 千米。设计堤顶高程：城南堤段为 347.387 ~ 341.98 米，石槽堤段为 347.22 ~ 342.94 米。堤顶宽 4 米，临水侧坡比为 1 ∶ 2.0，背水侧坡比为 1 ∶ 1.5。

1998 年，陕西省水利厅安排对洛河下游左岸南荣华至城南村（上段）、泰山村至畅家村（下段）和右岸新桥村至张家庄老坝防护堤共 26.53 千米进行加高培厚。大荔县渭洛河项目办为建设单位，组织沿河各乡（镇）进行施工，由大荔县防汛指挥部监督。1998 年春开工，汛前竣工。共加高培厚堤防 26.53 千米，完成土方 53 万立方米，投资 287 万元。

1999 年 2—6 月，对西起畅家村，东至蔡邓村防护堤 2.75 千米进行加高培厚。大荔县渭洛河项目办为建设单位，由大荔县渭河工程指挥部施工，渭南监理公司监理。工程完成土方 9.11 万立方米，投资 93 万元。

经过两年的加高培厚，至 2005 年，大荔境内北洛河河段有防护堤 28.62 千米，堤防高程达到了设计要求，可保护 29 个村庄、4.06 万人口、1.49 万亩耕地的安全。

2021 年 10 月 7—9 日，受强降水影响，朝邑移民防洪围堤发生两处决口，赵渡镇、鲁安镇、榆林乡 3 个街（镇）13 个村庄及省农垦朝邑农场、兰空基地农田约 50 万亩农田被淹，2.5 万人受灾，直接经济损失约 5.36 亿元，沿河各县也多处发生塌岸、交通中断。

2022 年，大荔县对水毁工程进行了修复，利用省级水利救灾资金 500 万元，对朝邑围堤紫阳、乐合 2 处决口堵口复堤 242 米，堤顶泥结石道路硬化 327 米。大荔县还用中央水利救灾 600 万元，对北洛河新桥堤防、朝邑围堤堵口复堤，新桥堤防堵口复堤 9 处 358.9 米，堤顶泥结石道路 358.9 米；朝邑围堤堵口复堤 4 处 210.1 米，堤顶泥结石道路 210.1 米。

大荔县对北洛河孙家堤防决口隐患 4 处 130 米、城南下堤防决口隐患 10 处 304 米进行堵口复堤，实施了北洛河大荔段泰山村至蔡邓村左岸治理工程。项目工程总投资 6002.97 万元，主要为城南堤下段加高培厚，防洪标准为 30 年一遇，相应洪峰流量 3550 立方米每秒。治理河道长度 8.1 千米，加高培厚左岸堤防 7.1 千米，堤顶硬化 7.1 千米，改造箱涵 2 处，迁建渠道 1.83 千米，改造上堤路 28 条等。工程永久占地总面积 190 亩，临时占地 361.5 亩。保护人口 7800 人、耕地 6755 亩。

洛河大荔段堤防现状情况见表 3–1–1。

第二节　重要支流堤防建设

一、吴起县三道川堤防

三道川为北洛河右岸一级支流，三道川堤防有两处，监所至河口段防洪标准为 30 年一遇，长官庙乡政府驻地段 20 年一遇，堤防全长 3.446 千米。

二、志丹县周河堤防

周河为北洛河左岸一级支流，志丹县县城中部位于周河的左岸。周河是县城的主要河流，由北向南穿越县城而过，志丹县于 2007—2009 年投资 3 亿多元在周河两岸修筑堤防 7.1 千米，堤防采用 30 年一遇洪水设计，使得县城区抵御洪水的能力大大加强。

三、甘泉县崂山河堤防

崂山河为北洛河左岸一级支流，近年来崂山河实施陕西省中小河流治理项目，使崂山河流经各村区段堤防均达到 20 年一遇，红旗村县城段堤防达到 30 年一遇。崂山河现有堤防工程 11.87 千米，主要位于崂山至县城红旗村段，以浆砌石挡墙和浆砌石护坡形式为主。崂山河沿岸有 G210 国道甘泉段，崂山段内公路长 17.95 千米。旧延西铁路（废弃）及新延西铁路沿崂山河而建，跨河建筑物主要为延西铁路跨河大桥以及通崂山河支沟道路交通桥。河道内已建成拦河坝 1 座，位于红旗村，拦河坝为混凝土溢流坝，坝高 2 米，坝长 30 米，现已淤满。

四、富县牛武川堤防

牛武川河道已修堤防总长12960米，左堤6483米，右堤6483米，从与洛河分岔口开始修，上游两岸几乎为滩地或农田，不需要修建堤防。已经划界河道长度为7.5千米，共分为3段：第一段为柳梢湾水库一、二级保护区，长度为4.8千米；第二段为牛旧路至高速收费站，长度为0.9千米；第三段为川口村至入洛河口，长度为1.8千米。剩余27.5千米河道尚未划界。

五、黄陵县沮河堤防

1990年前，沮河堤防建设没有统一规划和标准要求，单位、个人等根据修建、居住情况，建筑沿河堤防某段，高低不一，质量较差，防洪泄洪能力有限，遭遇洪水即垮而重修。1990年，店头矿区和县城区沮河沿岸建成堤防护岸5.92千米。

1999年，黄陵县委托陕西省水利水电工程咨询中心编制了《黄陵县县城防洪规划报告》。2000年5月，编制了《黄陵县县城防洪工程可行性研究报告》（简称《可研报告》）。同年9月，水利部黄河水利委员会对《可研报告》进行审查，原则同意实施。2000年12月，陕西省发展计划委员会批复《可研报告》。2001年，黄陵县城防洪工程申报立项和地质勘探等前期准备工作完成。2002年4月，《黄陵县城防工程初步设计方案》出炉，初设建设堤防7.39千米（西起张察村，东至县消防中队），设计防洪标准为30年一遇350立方米每秒。2002年5月20日，县城防洪工程（黄帝庙前广场至黄花沟桥段）开工建设，11月底竣工。工程总投资702.56万元，修筑坡式护岸567米，新修堤防509米，加高堤防1.05千米，加固堤防352米。新修、加高、加固的堤防工程，在2003年黄陵遭遇百年不遇的“8·26”“8·29”洪灾中安然无恙。

2005年9—10月，黄陵县城区街道办事处河北小组自筹资金53.45万元，修筑河北村段堤防护栏100米。2007年6月，县城西区河人行铁桥至帝景桥段堤防工程开工，11月底竣工，投资430万元，新修堤防287.85米，加高加固堤防414.15米。2008年6月15日，县城西区景秀苑小区至阳光小区段堤防工程开工，10月12日竣工，投资734.90万元，新建堤防683.78米。2009年4月20日，县城西区河北新村段堤防工程开工，11月底竣工，投资612万元，新筑堤防672.90米。

六、大峪河蒲城段堤防

大峪河蒲城段现有防洪工程2.8千米，位于蒲城县东部永丰镇曲里、固村境内。工程起点位于洛惠渠曲里渡槽退水渠，终点位于大峪河入洛河河口处。工程于2015年12月完成竣工验收。治理段河道防洪标准为10年一遇，工程级别5级。

表 3–1–1　洛河大荔段堤防现状情况

堤防起止点及长度	控制站	岸别	桩号	历史最高水位“94 · 9”洪水 /m	堤顶高程 /m	地面高程 /m		堤顶宽度 /m	堤防防洪标准及级别
						临河	背河		
自大荔县羌白镇新桥村至大荔县官池镇西里村，全长 9. 765 千米	南荣华水文站	右	0+000	345.54	347.22	343.36	341.98	4	防御 10 年一遇洪水，4 级堤防
		右	2+000	344.64	346.35	342.96	341.64	4	
		右	4+000	343.64	345.47	342.56	341.26	4	
		右	6+000	342.84	344.59	342.16	340.88	4	
		右	9+765	341.14	342.94	341.39	340.18	4	
自大荔县城关镇南荣华村至城关镇城南村，全长 10.75 千米		左	0+000	345.24	347.39	343.86	341.70	4	
		左	2+000	344.57	346.71	343.39	341.40	4	
		左	4+000	343.90	346.03	342.96	341.06	4	
		左	6+000	343.23	345.43	342.51	340.76	4	
		左	8+000	342.56	344.75	342.08	340.48	4	
		左	10+750	341.65	343.75	341.36	340.12	4	
自大荔县城关镇太山村至官池镇蔡邓村，全长 8.10 千米	朝邑水位站	左	0+000	341.40	343.69	340.78	339.96	4	
		左	2+000	340.95	343.27	340.36	339.54	4	
		左	4+000	340.50	342.85	339.94	339.01	4	
		左	6+000	340.05	342.43	339.52	338.66	4	
		左	8+100	339.59	341.98	339.06	338.31	4	

第二章　河道综合治理

1988年《中华人民共和国河道管理条例》发布以后，陕西省河道管理逐步进入法治化轨道。2000年12月2日，陕西省第九届人民代表大会常务委员会第十九次会议修订通过的《陕西省河道管理条例》，总结历年来河道管理的经验，进一步明确并细化了河道管理的规则。河道管理制度不断完善，机构逐步健全，河道堤防管理、采砂管理、涉河项目管理进一步规范化。北洛河流域各级水利部门及其河道管理机构依据《陕西省河道管理条例》的规定，既分工又协作，在河道整治、河道工程保护、河道清障、河道内建设项目及河道采砂等方面实施了全面有效的管理，河道堤防安全得到维护，河道输水、防洪、生态等功能得以充分发挥。

第一节　干流河道综合治理

一、干流河道特点

北洛河上、中游河段位于陕北黄土高原，河谷多呈U形，谷底平缓开阔，河流蛇曲发育，河滩两岸呈不对称的河谷一、二级阶地，其宽窄不一，高低不同。一般上部为黄土状，下部为砂砾石，河谷两岸为黄土塬边斜坡。洛河上、中游河段按工程地质性质，地层一般划分为4层，自上而下依次为耕作土、黄土状土、圆砾（砂砾）、基岩。

二、干流河道治理、管理方法

（一）采取生物措施和工程措施相结合的全面治理

在干、支流源头，布置退耕还林工程。林地作为重要的生态资源，不仅能涵养水源、净化水质和空气，为人类提供美好的生产、生活环境，还能防风固沙、防止水土流失，对减少河道泥沙具有重要意义。结合沿河城镇自然条件、社会经济状况和空间布局确定合理的防洪标准。按照建设生态河流的要求，要与沿河工农业发展相配套，建设防洪工程；进行全面规划，分期实施，确保重点。统筹考虑上下游、干支流、左右岸的关系；根据干支流汇流以及河洪、山洪并存的特点，将不同区域连为一个整体，形成一个完整的防洪工程体系；工程规划要因地制宜，充分利用已建成的工程和地形，最大限度地节约工程投资；拓宽河道和清除泄洪障碍，确保排洪畅通。

（二）采用非工程措施建立河道管理和完善流域的防洪预报系统

2020年，北洛河流域所在4个地级市均成立了专门的河道管理机构，负责河道管理工作。陕西省北洛河流域16个县（区）均有河道管理机构，进一步提高了防汛指挥系统能力，发挥防洪体系的整体作用，最大限度地减少洪灾损失。

三、河道管理法规及制度

陕西省人民代表大会常务委员会于1999年9月审议通过的《陕西省实施〈中华人民共和国防洪法〉办法》中规定了河道管理范围内建设项目审查制度和采砂许可制度。2000年12月，陕西省人民代表大会常务委员会审议通过的《陕西省河道管理条例》系统地规定了河道管理范围划定的标准、划定的权限和程序；河道管理范围内建设项目审查批准的权限、条件和程序；河道采砂许可及缴纳采砂管理费制度；河道管理范围内限制和禁止的活动等。2004年，陕西省人民政府令第100号发布的《陕西省河道采砂管理办法》中具体规定了河道采砂规划编制和审批职责，禁采区、禁采期的划定依据，申请采砂许可的条件和程序，采砂活动应当遵守的行为规范，水行政主管部门及有关部门的监督管理职责等。该办法于2012年又经陕西省人民政府根据实际做了修订。为贯彻落实有关河道管理的法律法规和规章，陕西省水利厅于1997年12月27日印发了《陕西省城镇堤防工程建设管理办法》，1999年8月31日印发了《陕西省堤防工程建设管理办法》；陕西省财政厅、陕西省水利厅2005年11月15日印发了《陕西省河道砂石资源费征收使用管理办法》；陕西省水利厅2006年11月5日印发了《陕西省入河排污口监督管理细则》，2010年4月20日印发了《陕西省占用毁损河道工程及防洪影响补偿办法》（陕水〔2010〕33号）。这些规范性文件对堤防建设和管理、砂石资源费征收使用管理、入河排污口的设置与监督管理、河道及其工程设施被占用损毁和影响的补救、赔偿和补偿等，作出了更为详细具体的规定，对管理各类涉河活动，维护河道安全和管理秩序，维护河道两岸民众及管理部门的合法权益具有重要意义。进行北洛河上中游河道的治理，不仅能极大地增强沿河城镇及农村抗御洪灾的能力，保护和提高粮食生产、增加农民收入，而且还能有效地改变流域生态环境。

四、北洛河河道存在的主要问题

（1）两岸防护工程少，抵御洪水能力差，目前洛河两岸除了部分城镇及有重要工矿企业的地段有堤防、护岸等防洪工程外，绝大多数河段无任何防护工程，且现有防护工程高度和强度达不到防御洪水的标准，部分防洪工程年久失修，已成为防洪隐患。

（2）河道断面小，泄洪能力不足。洛河上、中游河道长约547.3千米。现有河道特别是城镇河段，有的河段堆积垃圾较多，有的河段人为地侵占了河道，造成河道行洪断面严重不足。这既加重了防洪部门的压力，也使防洪形势日趋严峻。

（3）管理机制不完善，现有的防洪管理方式粗放，防洪管理手段和管理技术还处于相当低的水平。管理设施也满足不了现代化管理要求。

（4）防洪预报系统不健全，现有的测报设施数量少，性能差，总体上尚未形成能为防汛调度指挥和各项防汛工作提供信息处理、技术支持的信息系统，特别是信息采集、处理，虽然改变了以往传统的人工处理方式，但北洛河干流大部分河段信息自动化程度低，缺乏自动化体系，系统性、及时性、实时性很差，远不能满足防汛各项工作的需要。

第二节　重要支流城区段综合治理

2010—2018年，延安市中小河流治理项目共投资12.49亿元，涉及洛河流域5个县（区）的沮河、牛武川、永坪川、头道川（吴起县）、仕望河、周河、大申号川（富县）、石堡川（黄龙县）、乱石头川（吴起县）、仙姑河、宁塞川（吴起县）、云岩河、崂山川（甘泉县）等中小河流。

2013—2017年，重要支流治理项目防洪工程完成投资3.48亿元，涉及北洛河志丹县、甘泉县、富县、洛川县；北洛河支流葫芦河涉及张村驿镇、直罗镇、张家湾镇。

泄湖河，又名洩湖河，是沙曲河右岸一级支流，石堡川右岸二级支流，为延安市黄龙县境内河，位于黄龙县崾崄镇与石堡镇之间。泄湖河流域治理项目水土保持按防洪工程和沿河生态修复工程两部分实施，其中防洪工程包括治理河道长6.82千米，新建复式断面堤防3710米（左岸1855米，右岸1855米），草坡驳岸6540米（左岸3270米，右岸3270米），重力式挡墙护岸1618米（右岸1194米，左岸424米），配套下河踏步12处，排水涵管11处；沿河生态修复工程包括新建道路941米，挡墙220米，休闲广场361平方米，茅草屋3座，沿岸景观绿化31000平方米。流域内无蓄水工程分布，河滩地村民零星抽水。

第三章 排涝治碱

北洛河流域的盐碱地主要分布在下游，形成年代久远。因地势南北高仰，中部低平，形成多处低洼易涝和片状盐碱封闭地带。流域内有盐碱地 27 万亩，其中大荔县 17.28 万亩，蒲城县 10.16 万亩。

卤泊滩位于蒲城县西南部的古卤阳湖遗址，古为咸水湖。明末，湖水缩渗没成滩，全属原生的盐碱地。滩区面积 15.95 万亩，其中盐碱地 4 万亩，荒地 1.5 万亩。滩区四周高，中间低，呈封闭洼地。地面坡比 1/500 ~ 1/1000，矿化度 3 ~ 5 克每升。历代人民只能在这里熬盐、捞硝，连生活用水也靠外运。

盐池洼位于大荔县城东北，界于朝邑镇、安仁镇和伯士、步昌、婆合诸乡村之间，东西长 10 千米，南北宽 3 ~ 5 千米。东南两岸向西北倾斜，地盐碱，不宜农耕。大壕营洼槽位于大荔县汉村、户家、双泉 3 乡之间，东西长 5 千米，南北宽 2 ~ 4 千米，碱蓬丛生，长期弃荒。矿化度 1 ~ 10 克每升，最高达 50 克每升。水体含盐量大，抗日战争期间，当地群众曾在盐池洼与大壕营村北修建盐厂，熬制锅板盐。

盐碱对农作物危害很大。低洼盐碱地区由于土壤中的盐分上升，土质变坏造成农作物减产甚至农田被弃耕。卤泊滩、盐池洼的盐荒地不长庄稼。已经耕种的重度盐碱地也因冬春返盐影响种子发芽，出苗不齐。1975 年前，卤泊滩区到处呈现出“夏秋水汪汪，冬春白茫茫，只长盐蓬草，不长庄稼苗”的荒凉景象，大多数社员吃粮靠返销，花钱靠贷款。

自古以来，劳动人民就和渍涝、盐碱灾害进行了不懈的斗争，汉武帝元狩三年至元封六年（前 120 年至前 105 年），开龙首渠“以溉重泉以东（今大荔县）万余顷故卤地”。《新唐书 · 姜师度传》载，姜师度“徙同州刺史，又堰黄洛灌朝邑（今为镇）、河西（今合阳县东南，临黄河）二县，阙河以灌通灵陂，收弃地二千顷为上田。”人们创造了“下田则进淤”的洗盐压碱法。新中国成立以后，水利和农业部门更是协同运作，广泛应用现代科学技术，以开挖排水沟为主，实施排（挖沟建站，排水除碱）、灌（灌溉淋洗，砌渠防渗）、淤（引洪淤灌，改土治碱）、肥（平整土地，秸秆肥田）、草（种植绿肥，改善土壤）、树（植树造林，降低盐碱）相结合的综合治理方略，持之以恒，变害为利。

第一节 排水治碱

排涝治碱工程的建设，有效地抑制了地下水位的上升，调节了水量平衡关系，减轻了渍涝盐碱对农业的危害。排水工程改良土壤耕作层，地下水水质由咸变淡的趋势比较明显，有利于粮、棉、油和多种经济作物的综合发展，使灌区农业生产水平和群众生活质量均有较大提高。

一、洛灌区排水系统

洛惠渠灌区受益后，地下水位上升，次生盐碱化发展。到 1965 年，地下水位上升 2 ~ 8 米，盐碱地增加到 54 万亩。于是开始建设洛东排水工程，1971 年又动工兴建了洛西排水工程。

图 3-3-1　大荔安仁镇排碱渠
（2021 年，大荔县水务局提供）

洛惠渠洛东灌区开灌前，原生盐碱地面积 4200 亩；开灌后，地下水位上升，次生盐面积扩大，1956 年增至 27428 亩。为了抑制地下水位上升，从 1956 年开始建设洛东排水工程，分 4 期施工。1956 年 11 月至 1962 年 9 月建成沟 1 条，支沟 5 条，总长 33.5 千米；配套分毛沟 86 条，总长 148 千米。排水量共计 4272 万立方米，排盐量达 35.5 万吨。1963—1966 年，拓宽加深干支沟 19.5 千米；新开分毛沟 111 条，总长 166.6 千米。排水量共计 4668 万立方米，排盐量达 33.1 万吨。1967 —1972 年，建成盐池洼十沟 1 条，总长 9.9 千米；新开分毛沟 13 条，总长 15 千米。排水量共计 6.154 万立方米，排盐量达 49 万吨。1973—1984 年，建成东、西干沟 2 条，支沟 2 条，总长 38 千米；新开分毛沟 34 条，总长 58 千米；排水量共计 14329 万立方米，排盐量达 110.6 万吨。至此，洛东灌区排水工程共建成干沟 3 条，总长 36.4 千米；支沟 10 条，总长 64.5 千米；分毛沟 244 条，总长 388 千米；修建各类建筑物 929 座，其中干支沟建筑物 488 座，分毛沟建筑物 441 座；控制排水面积 49.42 万亩。1985 年以后，多次组织群众进行清淤，使其保持良好排水效果。

洛惠渠洛西灌区西邻卤泊滩，滩区潜水埋藏浅，局部可见积水。1971 年开工建设洛西排水干沟，至 1974 年，建成干沟 1 条，长 3112 千米配套支沟 6 条。干沟从钟家向东到杜家北注入北洛河。由于干沟长，比降缓，下段 5.8 千米干沟比降仅为 1/3500，深达不到临界深度的要求，不能满足地面径流排泄，排水地区地下水位以年均 0.6 米的速度回升。1984 年降雨量为 815 毫米，西灌区出现明水面积 4 万亩，耕地 0.5 万亩。1985 年，蒲城县会同洛惠局重新对洛西排水工程进行规划，按南部、北部、北洛河沿岸分散排水 3 个排水系统。

二、沙苑排水系统

新中国成立后，在党和政府的关怀支持下，1953 年，大荔县政府便着手解决沙苑地区的内涝排水问题。特别是 1960 年三门峡库区投入运行之后，排水问题更加迫切需要解决。大荔县先后在沙苑地区新开挖和疏通清淤原有排水沟 7 条，长 60.89 千米，新建排水站两座。

图 3-3-2 沙苑排碱沟（2019 年，大荔县水务局提供）

（一）老庄排水沟

老庄排水沟北起下寨地区的南潘驿村，经龙池、清池、老庄村至李家村南入渭，长 14.8 千米，控制面积 1.2 万亩。排水流量 6.55 立方米每秒，沟渠口宽 6 米，底宽 1 米，深 1.5 米，沿渠建筑物 15 座。多年以来，风沙淤积，排水作用渐失。

（二）八鱼排水沟

八鱼排水沟西起金家村，东至羌白镇新桥村背坡流入北洛河，全长 9.9 千米。控制面积 3.3 万亩，排水流量 6.53 立方米每秒。沟底宽 2 米，拖拉机桥、大车桥、架子车桥共 18 座。1980 年后，因灌区机井抽水，地下水位下降，排水渠渐失作用。

（三）白马营排水沟

白马营排水沟北起八鱼地区小庄村东南，南行至苏村地区陈村南抽排流入渭河，全长 14.36 千米；排水流量 1.8 立方米每秒，控制面积 4.5 万亩；口宽 8 米，底宽 1 米，深 2 米，沿途有建筑物 16 座。目前淤积严重，失去排水作用。

（四）西王排水沟

西王排水沟西起下沙洼村南，东至苏村地区的西王村排水站，全长 4.6 千米；控制面积 1.64 万亩，排水流量 1.53 立方米每秒。上口宽 3 米，底宽 1 米，渠深 1 米，设计标准为 5 年一遇。1 日暴雨径流 3 日排完。1984 年因原沟渠被风沙淤填，排水困难，且因碱化面积增大，经陕西省三管局批准，对其渠段 1795 米做了改线重建。1986 年又因同样的原因，由库区勘测设计队设计，对排水站入口前 3026 米沟渠做了改线重建。排水面积为 8300 亩，设计标准为 10 年一遇。1 日暴雨径流 1 日排完。排水流量 1.57 立方米每秒，当年完工。沿途设有生产桥 8 座、涵洞 1 座，投资 6.48 万元。

（五）陈村排水沟

陈村排水沟西起苏村，东至陈村排水站，全长 8.25 千米。控制面积 1.5 万亩，设计标准为 3 年一遇。1 日暴雨径流 1 日排完。排水流量 1.25 立方米每秒，底宽 1.5 米，沿途大车桥 7 座，公路桥 3 座。至 1983 年运行 20 年，淤积严重，排水不畅，需对马家社路至苏村排水沟 7 号桥段 2700 米做改线重建。1983 年开工，当年完工，设计标准为 10 年一遇，1 日暴雨径流 3 日排完。排水量 2.1 立方米每秒，沟底宽 1 米，深 1.5 米。沿途设汽车桥 2 座、大车桥 5 座，渡槽 2 座，投资 5.95 万元。

（六）麻子池排水沟

麻子池排水沟位于大荔县北洛河右岸，南起梁家园村北，至朝邑连三城村南入北洛河，长 5.53 千米，控制面积 12.52 万亩，设计标准为 5 年一遇，1 日暴雨径流 3 日排完，排水流量 0.88 立方米每秒，1965 年由当地群众投劳开挖而成。

（七）太白池排水沟

太白池排水沟位于大荔县移民围堤保护区，西起官池地区的帖家村，经太白池村，南至渭河仁义弯，东入渭河，干沟长 6.19 千米，控制面积 0.55 万亩，设计标准为 10 年一遇，1 日暴雨径流 1 日排完，排水流量 3 立方米每秒。沟深 2 米，底宽 1.5 米，投劳 3.15 万个，投资 3.39 万元。有支沟 5 条，总长 2.07 千米，支沟挖深 1.5 米，底宽 1 米，投劳 0.65 万个，投资 0.7 万元。

第二节　治碱措施

一、引洪淤灌治碱

北洛河流域境内引洪淤灌由来已久。古代，劳动人民创造了洗盐压碱法。“下田则进淤”，就是这一经验的最早总结。北洛河每年都有 700 ~ 800 千克每立方米的高含沙浑水出现。洛惠渠灌区从 1950 年开始利用洪沙填沟改渠，平地填壕。1964 年起引入含沙量 398 千克每立方米的浑水淤地治碱。1977 年，引沙量达 964 千克每立方米，输送距离 50 千米，开创了改良盐碱地的新路。1969—1981 年，共计引入高含沙浑水 16946 万吨。其中，引入泥沙 10641 万吨，累计淤地 10.1 万亩次，改良盐碱地 5.58 万亩，亩产量 100 ~ 200 千克。这一成果引起国内外的关注，4 次在国际河流泥沙学术会议上交流经验。

引洪淤灌，由于夏季气温高，淤地灌水量大，一般脱盐率为 46.6% ~ 48.7%，最高可达 75.9%，改善了土壤结构，使重壤土淤后变成沙壤土，物理性粉粒减少 41.5%。据洛惠局 1977 年在洛东灌区杨家庄观测，0 ~ 20 厘米土层的有机质增加率为 36.6% ~ 43.7%；全氮增加率为 48.2% ~ 34.6%。以后，洛惠局又在洛西灌区富王三队先用畦长 300 米、畦宽 80 米、面积 35 亩，临界水深 H_K=1.4 米、含沙量 42.0% ~ 52.5%、淤灌定额 192 ~ 512 立方米进行试验。淤灌后观测，淤层不含碳酸根，只含少量重碳酸根。脱盐率为 36.9% ~ 74.6%。总碱度在 0 ~ 30 厘米土层下降 24.9% ~ 63.6%，在 0 ~ 100 厘米土层下降 11.0% ~ 48.0%。由于引洪淤灌水肥兼得，有效地改善了土壤质地和土壤、水、肥、气、热条件，增产显著。

二、 耕作措施治碱

北洛河流域下游，成片低洼易涝、盐碱滩区，土地大平小不平，高处蒸发量大，为低处蒸发量的 6 倍，盐分向高处积聚。加之盐碱地具有瘦、死、板等不良性状，土壤含盐量呈 T 形分布。因此，要平整、深翻土地，增施肥，秸秆还田培肥壤，增加土壤团粒结构，促使土壤形成良好的耕层结构，改变土壤物理性状，巩固脱盐效果。1958 年以来，洛惠渠大搞灌区园田化建设，采取“倒桄子”“拉槽子”等方法，平整土地加深翻，逐步改变“高处阻水水不去，低处积水水围城”的状况，将含盐大的土壤翻在下面，减少盐碱对庄稼的危害。

改革耕作制度，一年多熟，集约经营，提高经济效益。大荔县的玉米套大白菜、棉田套洋葱、玉米或棉花套大蒜等，都获得较好收成。大荔县石槽乡的苏明、马一两村，实行两粮一菜，小麦、玉米、白菜套种 1100 亩，平均亩产小麦 265 千克、玉米 274 千克、白菜2000千克，亩产值641元，比纯种粮食增值400元。推广农田地膜，增加时、空、土地利用率，促进耕作制度改革。地膜技术在盐碱地上有着良好的效果，覆盖后改善了水、盐、热状况，具有增温保墒，改善土壤物理性能，促进棉株根系发达、壮苗早发、伏前桃多，早熟高产的作用。该技术于1981年开始使用推广，1984年达2万余亩耕地运用该技术。

第四章　非工程防汛措施

江河堤防与调蓄水库建设是防御洪水灾害的工程设施，面对洪水灾害，工程措施包括江河防洪、水库防洪、城市防洪与山洪防洪，还需要坚强有力的非工程措施，包括指挥机构、防汛预案（含物资储备）、抢险救灾、社会管理、通信预警等。

第一节　防汛指挥机构

防汛事关大局，北洛河流域历来十分重视，每年都要召开专门会议进行安排部署，在汛前由各级党政领导亲自带队检查度汛准备工作，督促各项工程与非工程措施落实到位。这些已经成为惯例。同时在指挥机构、领导责任、防汛预案、通信预警等方面积累了行之有效的规章制度与通行做法，北洛河流域所在地级市、县（区）人民政府都设立了防汛抗旱指挥机构，在上级防汛指挥机构和本级人民政府的领导下，负责组织和指挥本辖区防汛抗旱工作。有防汛任务的乡（镇、街道办事处）政府也都设立防汛指挥机构，负责本行政区域防汛及山洪灾害防御应急工作。有关部门和单位可根据需要设立防汛指挥机构，负责本部门和本单位防汛工作。

市(地)级防汛抗旱指挥部由市(地)委、市政府(行署)分管领导分别任政委指挥,市(地)级相关部门为成员单位，办公室主任一般由市（地）水利水保局局长兼任。县（区）相同。

一、榆林市水旱灾害防御中心

新中国成立初期，榆林、绥德专区都没有成立防汛指挥机构，防汛工作由各专员公署建设科与绥榆水利工程处负责。每逢较大水灾，则由各级党委和政府组织水利、民政等有关部门负责人成立临时领导机构，下设救灾办公室处理日常事务。

1959年6月29日，成立榆林专区防汛指挥部，专员杨在清任指挥。指挥部下设办公室，办公室设在专署水利局。防汛指挥部属临时机构，每年汛前成立，由专署任命指挥、副指挥、指挥部成员，以及指挥部办公室主任、副主任，汛期过后撤销。1968年4月至1971年，防汛指挥部的日常工作由榆林地区革命委员会生产组农业办公室负责。1972年5月15日，成立榆林地区防汛抗旱指挥部，指挥部办公室设在榆林地区革命委员会水利水电工作队，1974年办公室移设在榆林地区革命委员会水电局，处理防汛抗旱事项。

1983年，榆林地区防汛抗旱指挥部改为常设机构，设在榆林地区水利水保局。办公室人员从地区水利水保系统各单位借调10余名，常年办理防汛抗旱事务。1988年10月，榆林地区防汛抗旱指挥部办公室改设为科级常设机构，编制工作人员12人。1989年1月，防汛抗旱指挥部办公室由原科级单位升为副县级事业单位。

2000 年 6 月，榆林地区撤地设市，7 月启用“榆林市防汛抗旱指挥部”印章，市长王登记任榆林市防汛抗旱指挥部指挥。之后，每年汛前由市政府办公室发文调整市防汛抗旱指挥部组成人员，由市政府主管防汛的副市长任总指挥，市政府 1 名副秘书长、水务局局长任副总指挥，主要成员为市政府办公室、军分区、市水务局、住建局、民政局、国土资源局、交通局、安监局等 30 多个部门的负责人。2020 年，榆林市防汛抗旱指挥部办公室更名为榆林市水旱灾害防御中心。

榆林市水旱灾害防御中心主要职责及内设机构如下。

（一）主要职责

开展河湖水库防汛抢险、水旱灾害防御技术支撑和应急值守、服务保障工作。

（二）内设机构

设置副科级内设科室 4 个，分别是办公室、防汛科、抗旱科、通讯科，核定副科级领导职数 4 名。

二、延安市水旱灾害防治监测中心

1991 年 3 月，地区防汛领导小组办公室由地区水利水保局分出，为地区水利水保局管理的事业单位，县级建制。各县防汛机构也相继成立完善。中型以上水库和重点企业、单位也相应成立防汛机构。1997 年 1 月，延安地区防汛抗旱指挥部办公室更名为延安市防汛抗旱指挥部办公室（简称市防汛抗旱办）。2023 年 7 月，延安市防汛抗旱指挥部办公室更名为延安市水旱灾害防治监测中心（延安市水保生态治理中心）。

单位职责：

（1）指导编制洪水干旱防御规划和防护标准、重要河流和重要水工程防御洪水抗御旱灾调度及应急水量调度方案，并按程序报批和组织指导实施。

（2）指导河道采砂规划编制、报审，日常监督检查。

（3）负责防凌规划、预案编制、墒情监测、预警预报、信息传输工作。

（4）负责水旱灾害防御信息化建设、水情旱情监测、预警预报、雨情水情上传下达、水工程调度、日常检查、宣传教育、信息统计报送工作。

（5）负责水旱灾害防御工程建设、涉河工程项目监管、山洪灾害防御工作；负责防洪保护区洪水影响评价的技术支撑和事中、事后监管工作。

（6）负责水库调度和干旱影响评估工作。

（7）负责提出水毁水利工程修复经费的安排意见。

（8）负责洪水风险图的编制应用、水旱灾害防御预案编制、水旱灾害损失调查。

三、渭南市防汛抗旱保障中心

市级防汛机构成立于民国时期。民国三十一年（1942 年）8 月 3 日，黄河暴涨，韩城、合阳、平民、朝邑、华阴、潼关 6 县受灾。陕西省第八区行政督察专员公署成立了水灾救济督导组。民国三十四年（1945 年）7 月，第八区行政督察专员公署成立了防水指挥处，负责黄河防汛工作。

新中国成立初期，专区没有成立防汛指挥机构，防汛工作由渭南专员公署建设科负责。

1956 年 9 月，撤销渭南专区后防汛工作交由各县农林水牧局具体负责。1961 年 8 月 30 日，复设渭南专署，专署设立农林水局，分管水利和防汛工作。

1962 年 5 月，成立渭南专区防汛办公室，配备干部 3 人，由渭南专署农林水牧局副局长石生光负责。1963 年 5 月，成立渭南专区防汛指挥部，副专员刘治平任指挥，电力局局长胡文任指挥部办公室主任。防汛指挥部属临时机构，每年汛期前成立，由专署任命指挥、副指挥、指挥部成员，指挥部办公室主任副主任，汛期过后撤销。

1968—1970 年，防汛指挥部的日常工作由渭南地区革命委员会生农业办公室负责。1971—1972 年，渭南地区防汛指挥部办公室设在渭南地区三门峡库区管理局，1973 年改设在渭南地区革命委员会水电局。

1976 年，渭南地区防汛指挥部改为常设机构，与渭南地区抗旱指挥部和渭南地区农田基建指挥部合署办公，办公室设在渭南地区革命委员会水电局。1980 年 6 月，渭南地区行政公署决定将渭南地区防汛、抗旱与农田基本建设合并为一个指挥部。为便于工作，刻制使用“渭南地区防汛抗旱指挥部”“渭南地区农田基本建设指挥部”两枚印章。渭南地区行署水电局内设防抗旱农田基建办公室，1981 年 6 月，渭南地区编制委员会批准事业编制 6 名。渭南行署副专员李宏轩任渭南地区防汛抗旱指挥部指挥，渭南地区水电局局长乔文辉任办公室主任。

1986 年，防汛、抗旱、农田基建分开办公，地区水利局内设防汛、抗旱、农田基建 3 个办公室。1990 年，渭南行署副专员张宗良任渭南地区防汛抗旱指挥部指挥，地区水利局局长白润峰任副指挥兼办公室主任，地区水利局副局长王增发任办公室副主任。1992 年，渭南行署专员郝景帆任渭南地区防汛抗旱指挥部指挥。

1995 年，渭南地区撤地设市，同年 5 月 23 日启用“渭南市防汛抗旱指挥部”印章，市长王志伟任渭南市防汛抗旱指挥部指挥。之后，每年汛前由市政府办公室发出调整市防汛抗旱农田基建指挥部组成人员的通知，指挥全市的防汛抗旱农田基建工作。

渭南市防汛抗旱指挥部办公室长期以来设在渭南市水务局内，2019 年，渭南市防汛抗旱指挥部办公室移交渭南市应急局，同时更名为渭南市防汛抗旱保障中心。

渭南市防汛抗旱保障中心主要职责：①承担市防汛抗旱指挥部办公室日常工作；②贯彻执行陕西省有关防汛的方针、政策和法规，开展防汛抗旱减灾工作；③承担全市防汛抗旱监测预警、分析研判和旱汛灾情会商、调查评估、统计上报等工作；④负责防汛抗旱通信网络、视频会商、指挥决策以及应用平台系统的建设管理和运行维护；⑤参与全市防汛抗旱基础资料、技术资料管理，参与拟定防汛抗旱规章制度、技术标准和规范；⑥协助做好主要江河湖泊、城市防御洪水方案、抗旱方案、重要水工程防汛抗旱调度以及应急水量调度工作；⑦完成上级交办的其他工作任务。

内设机构如下。

综合科：负责单位文秘与公文管理、重要文稿草拟审核、政务公开、机要、保密、档案、会务、接待、信访及后勤事务、退休人员服务管理等工作；负责制定单位工作制度；负责单位党建、思想政治建设、干部队伍管理等；负责防汛抗旱应急值班值守；负责防汛抗旱物资设备更新采购工作。

防汛抗旱科：依照法律法规开展防汛抗旱减灾工作；承担全市防汛抗旱监测预警、分析研判和旱汛灾情会商、调查评估、统计上报等工作；负责全市防汛抗旱基础资料、技术资料管理，拟订防汛抗旱方案、技术标准和规范；负责防汛抗旱项目建设管理工作。

通讯信息科：负责防汛抗旱通信网络、视频会商、指挥决策以及应用平台的建设管理和运行维护；负责防汛抗旱网络信息、新闻宣传发布工作；负责单位财务、资产登记管理、审计等工作。

河道水库科：负责主要河流、城市防御洪水预案修订审批工作，协调做好重要水工程防汛抗旱调度以及应急水量调度工作；负责河道行洪区障碍物清理的督导督查；负责协调做好河道、水库应急抢险救援；负责指导防汛抗旱应急抢险队伍建设；组织开展防汛抗旱应急抢险演练工作。

第二节　防汛责任制

从1996年开始，陕西省政府坚持每年与北洛河所在地级市签订防汛目标责任书，并在《陕西日报》公示主要江河和重点水库防汛责任人，各市（县）也采取相应措施促进各项责任制的逐级落实。在北洛河流域坚持推行各级领导干部包区域、包江河、包水库、包城镇、包重点滑坡的防汛包干责任制。从2001年开始，在陕西省推行水库防汛责任卡制度，一库一卡，责任人签字认领。2004年，陕西省政府发布了《陕西省重大防汛安全事故行政责任追究办法》，在各级领导干部中引起震动，使各级责任人履行防汛职责的意识和自觉性显著增强。

一、榆林市防汛责任制

防汛工作实行“安全第一，常备不懈，全力抢险”的方针，遵循团结协作和局部利益服从全局利益的原则。根据《中华人民共和国水法》防治水害的有关规定，各级人民政府实行行政首长负责制，实行统一指挥，分级分部门负责，各有关部门实行防汛岗位责任制。任何单位和个人都有参加防汛抗洪的义务，中国人民解放军和武装警察部队是防汛抗洪的重要力量。

1995年以来，榆林市防汛工作实行岗位责任制，严格执行以各级行政首长负责制为主的各项防汛工作责任制。全市防汛工作，由榆林市政府主要领导负总责，县（区）、乡（镇）防汛工作，由各县（区）、各乡（镇）主要领导负总责，层层落实责任，实行包区域、包河道、包水库、包险病工程、包滑坡的防汛岗位责任制。汛前深入包干地区调查研究，掌握情况，发现问题及时解决，制定度汛防、抢、撤方案，汛期出现汛情、险情后，要迅速上岗，组织指挥防洪抢险救灾。在大汛期（7—9月），每天至少有1名领导在防汛办公室值班。因故不能上班时，要委托同级领导代班，不能空班。各水库、水电站、河道堤坝、渠、闸等工程管理单位的主要领导也是本工程的防汛负责人，要组织所有职工坚守岗位，及时掌握水情。工程出现汛情、险情后，要立即抢险，并逐级向上级防汛指挥部速报险情，确保工程安全。1996年5月，地区防汛办公室建立健全了《榆林地区防汛值班工作制度》《防汛办工作职责》《防汛办考勤制度》等；由地区防汛办、地区气象局等有关部门组成洪水会商预报小组，承担汛期全区雨情、水情、工情会商研究判断预报事项，为地区防汛指挥部及时准确预报传递汛情、制定抢险方案、提供科学决策依据。同年，地区防汛抗旱指挥部举办了水库度汛计划编制培训班。2010—2013年，每年2—3月，市防汛指挥部都要下发当年有关防汛准备工作的文件，落实市内主要水库、城镇、河道防汛责任人。同时，市、县（区）两级防汛指挥部分别召开会议，与各主要防汛责任人签订防汛抗旱目标责任书，并在汛前登报公告。2012年，汛前全市落实防汛责任人2968人，其中市级领导21人，县级领导159人，部门领导252人，乡（镇）领导724人，技术员551人，一般干部1284人，并于5月31日在《榆林日报》进行公告。

二、延安市防汛责任制

2006年印发《延安市防汛安全工作管理暂行办法》，防汛工作实行行政首长负责制和"属地管理，分级负责"的原则，市、县两级每年度都落实党政领导包片［县、乡（镇）、库坝］，负责防汛工作。

三、渭南市防汛责任制

1980年以来，全市防汛抗旱工作均实行岗位责任制，特别是防汛工作严格执行以各级行政首长负责制为主的各项防汛工作责任制。全市防汛工作，由渭南行署主要领导负总责。县（市）、乡（镇）防汛工作，由各县（市）各乡（镇）主要领导负总责，层层落实责任，实行包区域、包河道、包水库、包险病工程、包滑坡的防汛岗位责任制。汛前深入包干地区调查研究，掌握情况，发现问题及时解决，制定度汛方案；汛期出现汛情、险情后，要迅速上岗，组织指挥防洪抢险救灾。大汛期（7—9月），每天至少有1名领导在办公室值班。因不能上班时，要委托同级领导代班，不能空班。各水库、河道堤坝，渠、闸等防洪工程管理单位的主要领导者也都是该工程的防汛负责人，要组织所有职工坚守岗位，及时掌握水情。工程出现汛情、险情后，要立即抢险，向所在县（市）防汛指挥部速报险情，确保工程安全。

四 、防汛责任追究

（一）榆林市

2006年5月，榆林市防汛指挥部颁发了《榆林市防汛责任追究办法》。办法规定：有下列行为者，视其情节予以处罚，造成严重后果者，由司法机关追究其刑事责任。①玩忽职守，造成防洪安全事故、人身伤亡、经济重大损失者；②出现汛情、险情后不到岗位或防洪抢险指挥不力造成后果者；③迟报、错报、贻误汛情造成后果者；④对防汛工程管理不善、违反经批准的防汛调度方案，造成工程失事者；⑤消极怠工，不服从防汛指挥部的命令造成损失者。

（二）延安市

延安市政府2005年印发了《延安市重大防汛安全事故行政责任追究办法》。

（三）渭南市

1990年5月19日，地区防汛指挥部颁发了《渭南地区防汛责任制若干规定》，明确规定：有下列行为者，视其情节予以处罚，造成严重后果者，由司法机关追究其刑事责任。

（1）玩忽职守，造成防洪安全事故、人身伤亡、经济重大损失者；

（2）出现汛情、险情后不到岗位或防洪抢险指挥不力造成后果者；

（3）迟报、错报、贻误汛情造成后果者；

（4）对防汛工程管理不善，违反经批准的防汛调度方案，造成工程失事者；

（5）消极怠工，不服从防汛指挥部的命令造成损失者；

（6）其他违反本规定，且情节恶劣，损失重大后果严重者。

第三节 防汛预案

为了保证防汛抢险救灾高效、有序、规范实施，根据《中华人民共和国防洪法》和《陕西省实施〈中华人民共和国防汛条例〉细则》等法律法规，每年汛期前，各级水行政主管部门须制定防汛预案，并经省防总审查报同级人民政府批准后实施。

北洛河防汛预案包括 3 个方面：

（1）河流按分级负责的原则由各设区市与县（市、区）防办编制并负责实施。

（2）中型水库汛期调度运用计划，包括 1 座大型水库、4 座中型水库，由省防办逐库汇编度汛预案。

（3）北洛河流域城市防洪预案，由省防办负责汇编，由各市（县）负责实施。

一、榆林市度汛方案

1986 年，榆林地区防汛指挥部编制了《榆林地区防汛抗旱方案》。之后，各县（区）对重要城镇、水库、河道、堤防逐步开展编制防汛抗旱方案。府谷、吴堡、绥德县城按防洪标准，规定防洪警戒线，制定应急措施，划出安全范围，建立报警系统，一旦出现险情，可能遇险群众即可及时撤离险区，抢险人员迅速进入抢险现场，进行防洪抢险。水库工程编制运行计划，确定汛期限制水位，明确洪水调度方式，中型水库还进行了溃坝流量演示，绘制不同水位淹没范围和有关图表。当汛期出现险情时，上下游水库之间以及与上级防汛指挥部门，均可及时通过电话、电台取得联系，按预定方案采取防汛措施，减小灾害损失。

1999 年，根据陕西省防汛抗旱总指挥部（简称省防总）的要求，榆林地区防汛抗旱指挥部编制审查了境内度汛应急方案和 12 座县域、2 座中型水库的度汛计划及主要河道的防、抢、撤方案。

二、延安市北洛河不同级别洪水量级下的防汛方案

（一）小洪水（小于 5 年一遇）

当北洛河吴起水文站流量达 1000 立方米每秒，刘家河水文站流量达 3000 立方米每秒，交口河水文站流量达 2000 立方米每秒时，沿北洛河各县水务局发布防洪预警信息，协助政府对沿北洛河滩区进行清理，撤离在滩区生产、施工和滞留的人员。当北洛河吴起水文站、刘家河水文站、交口河水文站发生 5 年一遇以下洪水（即吴起水文站流量 1810 立方米每秒，刘家河水文站流量 2230 立方米每秒，交口河水文站流量 1430 立方米每秒）。

（1）市防汛抗旱指挥部及时启动Ⅳ级防汛应急响应，要求做好相应的汛情预测预报预警、水工程调度、山洪灾害防御、堤防巡查和抢险技术支撑等工作。

（2）市防汛抗旱指挥部、市水务局将启动应急响应、水旱灾害防御情况及时上报市委、市政府，视情况报省水利厅、省防总。

（3）市水务局会同黄委会延安水文水资源勘测局、延安水文水资源勘测中心、局属相关单位和相关县（市、区）水行政主管部门，做好水工程调度和调度情况汇总统计。

（4）市水务局与市气象局、黄委会延安水文水资源勘测局、延安水文水资源勘测中心联席会商，提供雨水情监测预报信息，保障系统平台信息畅通。

（5）市水务局负责做好水利工程运行、调度、监管及相应应急处置等工作。市水旱灾害防御专家随时提供技术咨询和指导。

（二）中洪水（5 ~ 20 年一遇）

当北洛河发生 5 ~ 20 年一遇洪水时（即吴起水文站流量 1810 ~ 4180 立方米每秒，刘家河水文站流量 2230 ~ 6130 立方米每秒，交口河水文站流量 1430 ~ 3470 立方米每秒时），市防汛抗旱指挥部及时启动Ⅲ级防汛应急响应。

（1）市防汛抗旱指挥部及时向相关县（市、区）发出汛情预测预报预警信息，做好水工程调度、山洪灾害防御、堤防巡查和抢险技术支撑等工作。

（2）市防汛抗旱指挥部将启动应急响应及水旱灾害防御情况及时上报市委、市政府，视情况抄报省水利厅、省防总。

（3）根据需要，市水务局派出工作组赴各县（市、区）开展防汛抢险救灾技术指导。

（4）市水务局统一审核水情、汛情、旱情及水旱灾害防御工作动态，必要时向社会发布洪水预警信息。

（5）根据汛情、险情及地方需求等，市防汛抗旱指挥部做好抗洪抢险及险情处置等工作。

（6）北洛河沿河各县（市、区）负责通知涉河单位做好防范工作，撤离洪水可能威胁区域的所有人员，县级防汛指挥部启动应急响应并将防、抢、撤情况上报市防指。

（7）市水务局会同黄委会延安水文水资源勘测局、延安水文水资源勘测中心、局属相关单位和相关县（市、区）水行政主管部门，做好水工程调度和调度情况汇总统计。

（8）市水务局加强与市气象局、黄委会延安水文水资源勘测局、延安水文水资源勘测中心联席会商，提供雨水情监测预报信息，保障系统平台信息畅通。市防汛抗旱指挥部启动应急宣传机制，滚动报道汛情和工作部署及成效，及时回应社会关切的问题。

（9）市水务局负责做好水利工程运行、调度、监管及相应应急处置工作。市水旱灾害防御专家随时提供技术咨询和指导。

（10）沿北洛河各县（市、区）防汛抗旱指挥部及时组织可能受洪水威胁区域人员全部撤离。

（11）相关县（市、区）水行政主管部门根据相关规定，及时启动相应应急响应，做好相关工作，及时向市水防中心报送值班信息和工作开展情况。

（三）大洪水（20 ~ 50 年一遇）

当北洛河发生 20 ~ 50 年一遇洪水时（即吴起水文站流量 4180 ~ 5880 立方米每秒，

刘家河水文站流量 6130 ~ 8610 立方米每秒，交口河水文站 3840 ~ 5510 立方米每秒），由市防汛抗旱指挥部及时启动Ⅱ级防汛应急响应。

（1）市防汛抗旱指挥部组织会商作出部署，及时向相关县（市、区）发出汛情测预报预警信息，做好水工程调度、山洪灾害防御、堤防巡查和抢险技术支撑等工作。

（2）市防汛抗旱指挥部将启动应急响应及水旱灾害防御情况及时上报市委、市政府，抄报省水利厅、省防总。

（3）根据需要，市水务局赴各县（市、区）开展防汛抢险救灾技术指导。

（4）市水务局统一审核水情、汛情及水旱灾害防御工作动态，报市政府，必要时向社会发布洪水预警信息。

（5）根据汛情、险情及地方需求等，市防汛抗旱指挥部做好抗洪抢险及险情处置等工作，商市财政局紧急下拨水利救灾资金。

（6）市水务局会同黄委会延安水文水资源勘测局、延安水文水资源勘测中心、局属相关单位和相关县（市、区）水行政主管部门，做好水工程调度和调度情况汇总统计。

（7）市水务局加强与市气象局、黄委会延安水文水资源勘测局、延安水文水资源勘测中心联席会商，提供雨水情监测预报信息，保障系统平台信息畅通，启动应急宣传机制，滚动报道汛情和工作部署及成效，及时回应社会关切。

（8）市水务局负责做好水利工程运行、调度、监管及相应应急处置等工作。

（9）沿北洛河各县防汛抗旱指挥部及时组织撤离受洪水威胁区域的人员，特别是易涝低洼及易受洪水威胁的区域（重点撤离吴起县城老城区沿线居民、中小学、个体户、二道川饲养厂小区、交通局、农机学校等住户和甘泉县城金庄沟口、西门坪、北关区域住户及富县城区 210 国道沿线居民、延安炼油厂交口河段等低洼地带受洪水威胁人员全部撤离），并根据情况对部分有洪水威胁地段实行交通管制。

（10）关闭沿河漫水桥、取水点、涉河景区等。

（四）特大洪水（大于 50 年一遇）

当北洛河发生超 50 年一遇的洪水时（即吴起水文站流量超 5880 立方米每秒，刘家河水文站流量超 8610 立方米每秒，交口河水文站流量超 5510 立方米每秒），由市防汛抗旱指挥部及时启动Ⅰ级防汛应急响应。

（1）市防指及时向沿北洛河各县（市、区）防汛指挥机构、市防汛抗旱指挥部成员单位发布启动Ⅰ级防汛应急响应命令，沿北洛河各县（市、区）和市防汛抗旱指挥部成员单位分别启动县和部门相应级别应急响应。

（2）市防汛抗旱指挥部总指挥长主持召开市防指成员单位参加的紧急视频会议，对防汛抗洪抢险作出部署。

（3）市防汛抗旱指挥部启动应急响应并将防汛抗洪情况迅速上报市委、市政府和省防总。市防汛抗旱指挥部发布北洛河各县（市、区）以全面撤离为主的防汛指挥命令。

（4）市防汛抗旱指挥部领导带领有关成员单位负责同志组成的工作组赴一线指导防汛抢险工作，根据需要派出专家组赴一线进行技术指导。

（5）根据县防汛指挥机构请求，市防汛抗旱指挥部调拨防汛物资，市财政局下拨防汛补助经费支援抢险。必要时调驻延部队和武警部队支援抗洪抢险工作。

（6）市、县防汛抗旱指挥部成员单位按照分工赶赴一线协助开展抗洪抢险等工作，及时向市、县防汛抗旱指挥部汇报本部门防汛抗洪抢险情况。水文部门密切监视汛情发展变化趋势，及时向市防汛抗旱指挥部提供重要河段水情预测预报意见，重要测站监测信息每小时提供一次，情况紧急时随时提供。气象部门及时监测、分析和预报天气形势，及时向市防汛抗旱指挥部提供精细预报。市防汛抗旱办公室及时将汛情、工情、灾情及防汛抢险工作部署等情况通报市防汛抗旱指挥部成员单位和省防总，市、县防汛抗旱办公室随时与各水文、报汛站的联系，及时掌握汛情。

（7）市防汛抗旱指挥部统一审核和发布汛情、工情、灾情和防汛动态。

（8）市防汛抗旱指挥部在市级新闻媒体发布《汛情通报》，及时报道汛情灾情、抗洪抢险动态。

（9）沿北洛河各县防汛指挥机构及时启动相应应急响应，向市防指报告防汛抗洪工作情况。

（10）沿北洛河各县防汛抗旱指挥部依据《中华人民共和国防洪法》，可以宣布进入紧急防汛期。

（11）沿北洛河各县防汛抗旱指挥部领导成员全部进入各自的防汛抢险岗位，市、县党政主要领导迅速对防汛指挥调度命令的贯彻执行作出安排部署。

（12）立即撤离北洛河沿线及洪水可能威胁区域的全部人员。

（13）调集驻军、武警、民兵预备役和抢险队伍全力以赴抢险排险。

（14）启动灾区卫生防疫、救灾安置等应急援助机制。

三、渭南市北洛河不同级别洪水量级下的防汛方案

北洛河发源于定边县，于白水县收水乡王家河村进入渭南市，于大荔县雨林附近汇入渭河。流域较为狭长，大部分为黄土丘陵沟壑区，水土流失较为严重，其上、中游为暴雨多发区。洛河洪水多由上游暴雨形成，沿程常有削减或增加现象，取决于中游或下游的降雨情况。

（一）洛河1号警戒预案

当预报洛河洑头站出现800立方米每秒左右洪峰流量时，沿河蒲城、大荔两县进入警戒状态；或当预报北洛河洑头站出现1000立方米每秒左右洪峰流量时，沿河白水、澄城、蒲城、大荔4县全线进入警戒状态，启动北洛河1号警戒预案（Ⅳ级响应），由县防汛指挥部负责指挥并组织实施。

应急措施：

（1）县防汛抗旱指挥部领导立即进入工作岗位。县、镇领导和县级分片包干的领导要迅速进入第一线组织实施。

（2）迅速组织巡护人员上堤上坝加强巡护和防守。

（3）各级人民政府随时和水文部门加强沟通联系，密切注视水文部门发布的水情、雨情，及时向沿河村庄和水电站、抽水站、水源地等单位通报水情，在洪水到来之前清理滩区临时生产人员。

（4）撤出各类工程设施可能受淹的管理和生产人员，同时加强对各类设施巡查、巡护。

（二）北洛河 2 号防抢预案

当预报北洛河洑头站出现 2500 立方米每秒左右洪峰流量（10 年一遇）洪水时，北洛河下游全河段漫滩，堤防临水，漫滩水深 1 ~ 2 米。大荔北洛河堤防面临设防标准洪水，可能发生滑塌、漏洞等险情，甚至可能发生决口等重大险情。此时，北洛河沿岸将淹没土地 12.67 万亩，蒲城县望溪村受洪水威胁。沿河应进入防守抢险状态，启动北洛河 2 号防汛抢险预案（Ⅲ级响应），北洛河防汛处于紧急状态，由县防汛指挥部负责指挥并组织实施。

应急措施：

（1）县防汛抗旱指挥部领导立即进入工作岗位。县、镇领导和县级分片包干领导迅速进入第一线组织实施。市上由牵头部门负责，包县的部门领导赴沿河各县现场检查指导抗洪抢险工作。

（2）组织巡查人员迅速上堤上坝铲除工程杂草（高草），并加强巡护、观测，及时给沿河单位、村庄通报水情，撤出滩区内的临时生产人员。

（3）迅速组织抢险队伍、物料上堤，遇有险情立即组织抢护，大荔县要重点加强三河湾险工段的巡查、防守，力保堤防工程在设防标准内不决口。

（4）加强对沿河水电站、抽水站、水源地等设施的防御工作。

（5）撤出沿河水电站、抽水站、水源地等各类工程设施可能受淹范围的管理和生产人员，同时加强对各类设施巡查、防护。

（6）启动市防指新闻中心，及时宣传报道抗洪抢险情况。

（三）北洛河 3 号抢撤预案

当预报北洛河洑头站出现 4010 立方米每秒（20 年一遇）以上洪水时，洪水将全线漫滩，漫滩水深 1.5 ~ 2.5 米。大荔北洛河堤防面临超标准洪水，将可能全线失守，大荔滩区全部被淹。沿河处于撤退和抢险相结合方案，实行防抢撤并重。此时，北洛河沿岸将淹没滩区土地 15.58 万亩，人口 3.725 8 万人。启动北洛河 3 号抢撤预案（Ⅱ级响应），北洛河防汛处于非常紧急状态，沿北洛河各县进入紧急防汛期，由市防指负责指挥，县防汛指挥部负责组织实施。

应急措施：

（1）市、县防汛抗旱指挥部领导立即进入岗位，县级领导迅速进入第一线指挥组织防守、抢险和撤退。

（2）启动市防指各专业指挥部（或相关专业指挥部），市级包县领导及部门领导赴沿洛各县，督促检查各县的防汛抢险组织实施工作。

（3）白水、蒲城、大荔 3 县 4 镇的 4 个村的被淹群众在洪水到来之前全部撤出，沿河可能被淹的单位及临时生产人员全部撤出。

（4）组织巡堤查险人员按责任区段迅速上堤铲除杂草（高草），并加强巡查，抢险队伍、物料立即上堤，遇有险情立即上报并组织抢护，大荔县要重点加强三河湾险工段的巡查、防守，力争围堤不决口，减少淹没损失。

（5）白水、澄城、蒲城和大荔县撤出沿河水电站、抽水站、水源地等各类工程设施可能受淹范围的管理和生产人员，同时加强对各类设施巡查、防护。

（6）及时通知有关部门和单位，对所属沿河水电设施、公路桥梁等重点工程全力抢护，保证安全。

北洛河洪水传播时间示意图见图 3-4-1。

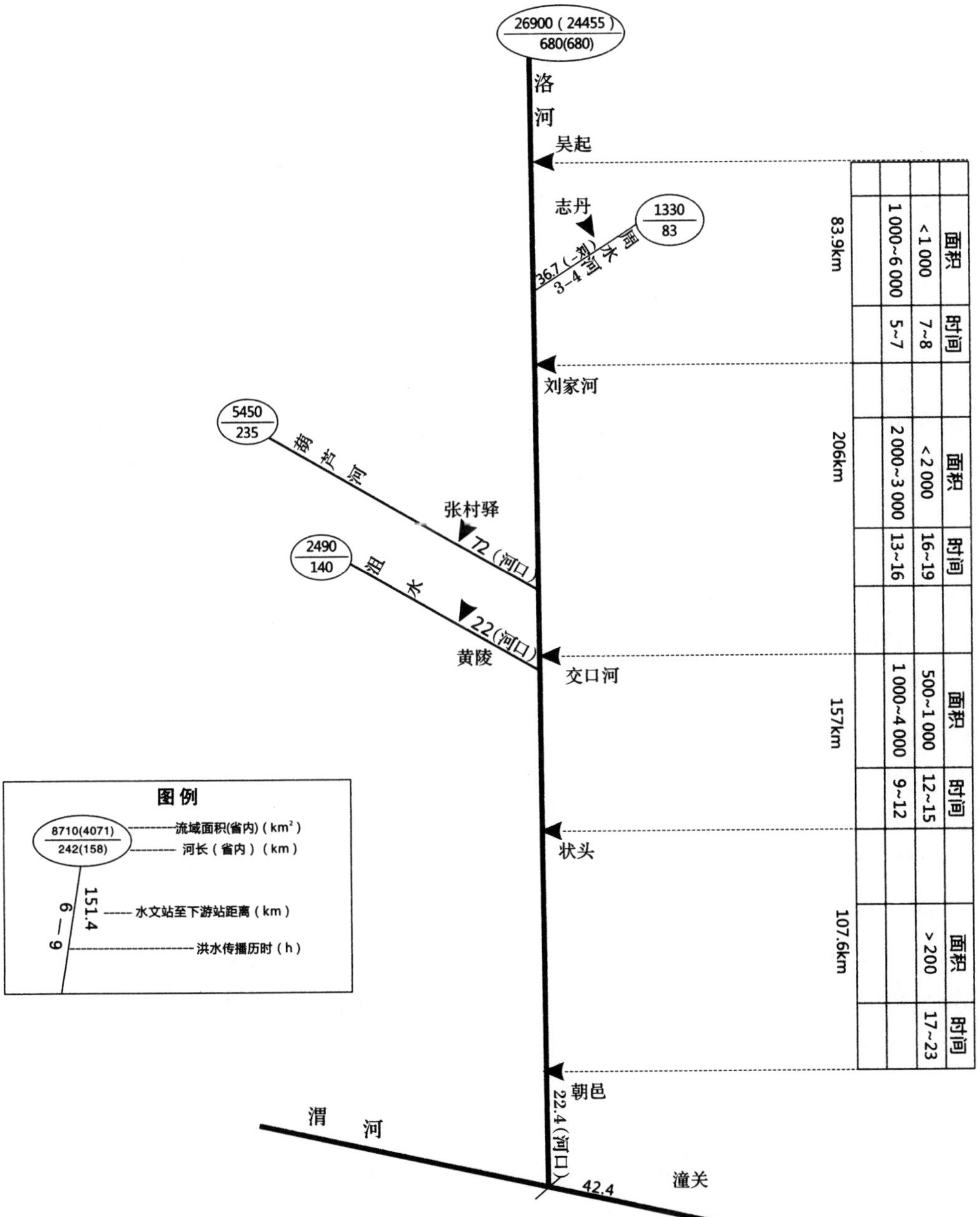

图 3-4-1　北洛河洪水传播时间示意图

第四节　防汛信息化建设

一、榆林市信息化建设

新中国成立初期，榆林、绥德专区，乡镇农村仍多沿用过去白天挂旗鸣号、鸣锣、鸣枪，晚上点红、绿信号灯、放烟火、发射信号弹传递约定的汛情，部分城镇配备电话预报预警汛情。

1963年，地区防汛办公室通过黄委会、陕西省水文总站与府谷、吴堡、榆林、神木、赵石窑等水文站建立了定期快电报汛关系。1978年，地区防汛抗旱办公室率先使用无线电台。

1988年，先后在靖边、定边等7个县城和16座中型水库架设了无线电台，全区共设24个站（点），安装电台共26部，其中150瓦的电台1台、15瓦的电台5台、10瓦的电台20台。1994年达到30部，其中25部属15瓦以下小功率电台，收发效果很差，遇到云层较厚的雷雨天气，根本无法收发。同年8月2—5日，靖边县2次普降大暴雨，新桥水库上游有11座中小型水库垮坝，地、县一些电站因无法收到电台报汛，毫无准备，直到新桥水库水位急剧上涨，才知缘由，让大家措手不及。

1995年，地区防汛抗旱指挥部自筹资金建成超短波局域通信网，建立了中继站1个，基地台2处，手持机8部。1996年，靖边县自筹资金建成了超短波局域网。1998年，“三江大水”后，全区12县（市）防汛办和部分中型水库共布设短波大功率电台17部。2001年，榆林市防汛办布设台式卫星电话1台，主要用于应急抢险。2002年，榆阳区、靖边等重点县布设了手持卫星电话9部。

二、延安市信息化建设

延安市辖区内气象部门、水文部门及市、县水利、防汛部门所属雨、水情测报设施，组成延安市汛情信息测报基本网络。

1998年，市级投资6万元，在黄陵县店头、子长县寺湾、安定增建报汛站3处，加强沮河、北洛河上游报汛能力。同年5月，组织成立由城建、气象、水文、水库、防汛办等107个单位参加的雨、水情联测联报网络，投资5万元，实现与省通讯信息中心计算机联网；为各县区防汛办配备传真机。

1999年，由防汛、水文、气象部门共同制定的《重大雨情水情会商方案》，完善了北洛河监测预警系统（更新改建7个雨量站、5个水位站、2个中继站和1个中心站），使市区上游雨水测报由原来的50多分钟缩短为3分钟，市、县财政投资8.5万元，为富县、吴起等5个县配备100瓦短波电台5部。汛期市防汛办短波电台开机1436小时，收雨水情电报623份，发报83份，电传收报481份，发报135份，收发传真218份，做到随收随发。

2002年，进行卫星地面站的安装调试，给富县、黄龙等5个县防汛办配备专用计算机，出色完成“七四”“七五”洪水测报通信。

雨水情监测全市安装完成简易雨量站2982处，简易水位站1176处，自动化雨水情预警系统；完成13套县级监测预警平台软件安装调试试运行；完成13套小流域进站134处，自动雨量水位一体站113处。水预警分析系统软件安装调试，购置安装短信网关13台、应急值守系统14套、网络管理系统14套、上网行为管理13套、磁盘阵列13套、交换机44台、移动巡查设备接转发平台13台。当雨量、流量达到预警指示时，系统自动告警，系统以短信、传真或无线广播方式向相关部门或责任人发送预警信息，实现实时预警。

视频监控：在13个县（区）建设视频监控站32处；在延安市北洛河干流等河流设置视频监控站90个；在北洛河等其他河流及辖区内重点水库等区域设置视频监测控制站110个，实现实时查看河道、水库水势情况。会商系统建成1个市级视频会商系统、13个县级视频会商系统和133个乡（镇、街道办事处、社区）级视频会商系统，可及时组织会商，处理各种突发情况。预警设施安装GSM无线预警广播2255套，配备铜锣、哨等简易报警设备4964个，配备手摇警报器1888台、应急照明5660个、手持扩音器1409个，形成县、乡、村组无线警报和应急通信网络。

三、渭南市信息化建设

江河上游水文部门及时把洪水信息传递给江河下游防汛单位，以防汛准备，谓之汛情预报。市内汛情预报、传递由来已久。但在古代多时的、局部的与短距离的，主要靠步行、马跑或者鸣枪、放火等。

新中国成立初期，汛情的预报虽有很大发展，但仍然没有形成制度化、规范。北洛河沿岸各县大都给沿河河滩各村庄设有报汛点。大荔县在沿河设有多处报汛点，对没有报汛点的生产队和农场，由农场抽调专人和马匹固定值班传递。

新中国成立后，汛情预报逐步发展。1953年，由湫头水文站首次向洛惠渠管理局传递水情。1966年后，北洛河上游相继建交口河、刘家河水文站，开始采用5位数密码电报，向沿途报汛情，渭南地区列为报汛地区之一。每遇北洛河涨洪，即由上游水文站通过邮局，将洪水信息电报传递至渭南地区防汛办及地区下属县（市）防汛办，县防汛办遂电告沿途各公社（乡、镇）和有关单位，组织防洪抢险。

1963年，地区防汛办公室通过黄委会省水文总站、省三管局水文测验队，先后与洛川、湫头和朝邑等北洛河流域水文站建立了定期快电报汛关系。1978年，地区办公室率先使用无线电台。1979年，北洛河流域2座中型水库（林皋水库、石堡川水库）各架设10瓦单边波电台1部。20世纪80年代，全区利用流动电台、手持机、警报器等进行信息传递。这些现代化通信设施传递汛情便利快捷，大大提高了指挥效能。

全省统一规定汛期为5月1日至10月20日。防汛期间，防汛办坚持24小时值班制，乡（镇）亦坚守岗位，以保证汛情传递畅通。1994年8月31日至9月1日，北洛河出现了100年一遇的洪水（湫头站实测洪峰流量5400立方米每秒），防汛办接到北洛河上游洛川交口河水文站报汛后，并迅速向沿河乡镇及有关单位通报汛情，沿河单位及相关部门组织防汛抢险。由于报汛抢险及时，财产损失减少到了最低限度，无人员伤亡。

2007年6月10日，“渭南市防洪电子预案系统”软件建设全面完成，并投入安装使用。该系统由渭南市级、临渭、华县、华阴、大荔、潼关、韩城、合阳7县（市、区）8部分组成，加载了黄河、北洛河、渭河主要防洪区域的水位线、淹没区、南山支流倒灌、河道断面、河道工程、水库工程、责任区段、监测站、物料库、安置点、撤离路线等防汛基础信息，实施了渭河六级、黄河五级、洛河三级防洪预案。

第五节 水文站

水文站网是运用近代科学技术进行水文测报所形成的测站网点布局体系。北洛河流域最早设立的水文测站是蒲城县洑头水文站，于民国二十二年（1933 年）由泾洛工程局设立。1949 年新中国成立后，随着陕西水利工程建设的迅速发展，北洛河流域水文站网发展很快，截至 2020 年，北洛河流域拥有水文站 8 处（见表 3-4-1）。

表 3-4-1 北洛河流域水文站

序号	河名	站名	测站位置	距河口距离 / km	集水面积 / km^2	设立时间 / 年
1	北洛河	吴起	吴起县城关宗石湾村	582	3408	1980 年 1 月
2	北洛河	刘家河	志丹县永宁镇刘家河村	493	7325	1958 年 9 月
3	北洛河	交口河	洛川县交口河镇桐树底	287	17180	1952 年 1 月
4	北洛河	洑头	蒲城县东陈镇尧堡村	130	25645	1933 年 5 月
5	北洛河	南荣华	大荔县城关街道	75	26538	1965 年 6 月
6	周河	志丹	志丹县城关镇	31	774	1959 年 7 月
7	葫芦河	张村驿	富县张村驿镇旗杆沟村	72	4715	1952 年 7 月
8	沮河	黄陵	黄陵县城关镇	22	2266	1966 年 6 月

第六节 流域综合治理规划

民国二十四年（1935 年），黄委会郑士彦等人踏勘北洛河三跌（洑头以上 10 千米）至白水县马家船 70 千米中游下段河道，编写了《踏勘北洛河水库报告》，提出在三跌上游 500 米处建石坝的意见，坝高 100 米，估计库容 1.0 亿立方米。

1951 年，西北黄河工程局查勘队提出《北洛河查勘初步报告》，1953 年水土保持查勘队提出《北洛河流域水土保持查勘报告》，1964 年陕西省水利厅勘测设计院配合黄河水利委员会查勘，提出《北洛河干流洑头至南城里段及永宁山坝段查勘报告》，查勘重点为洑头、党家湾、南城里等坝址及永宁山坝段。

1956 年，黄河勘测设计院派出北洛河、延水项目组踏勘后，1957 年提出《北洛河、延水流域踏勘报告（初稿）》及《北洛河流域水利资源普查报告》，提出 11 个坝址，比较选出以永宁山、六里峁、马家河、南城里、弥家川为主要对象，干流上选择三叠和头两处径流电站为开发对象。同年，水利部下达了《北洛河流域规划任务书（草稿）》，黄委会、陕西省水利局及气象局协作编制了《北洛河流域规划初步意见（草稿）》，提出以土壤改良为基本措施，配合修建水库工程。1958 年，黄委会编制的《黄河综合利用三大规划草案》中，在北洛河上规划的有永宁山、南城里、三叠 3 座大型水库，总库容 8.73 亿立方米，灌溉面积 287 万亩，电站装机 8000 千瓦。

1958 年，陕西省水利厅勘测设计院编制《北洛河高原灌溉工程查勘报告（提纲）》《洛河高原灌溉工程规划书》《洛河流域轮廓规划》，提出了兴建永宁山、南城里和洑头 3 个水利枢纽的梯级开发规划。1960 年，陕西省洛河工程局在上列规划的基础上，编制了《洛河流域水利工程规划》，提出兴建永宁山、南城里、洑头、万善村 4 个水利枢纽，总库容 12.5 亿立方米，灌溉面积 300 万亩。1961 年，陕西省水利厅勘测设计院查勘白水河，编制了《白水河流域规划》，规划林皋水库为跃进渠的配套水源工程。1965—1966 年进行葫芦河、沮水、石堡川干流库坝工程查勘，编制了《洛河支流葡萄寨及埝村水库灌溉工程规划意见》及《石堡川盘曲河水库灌溉工程规划意见》。

1974 年编制的《洛河流域重点水利水电工程规划》及《洛河干流近期灌溉工程开发方案比较规划报告》，提出远期规划灌溉面积达到 650 万亩，对现有灌区做必要调整，实行高水高用。北洛河干流近期开发，查勘选点为南城里、槐沟河、党家湾、洑头加闸抽水及支流上的南沟门 5 个方案，建议近期实施南沟门水库与洑头加闸抽水工程。

1985 年根据黄河开发规划，编制了《陕西省北洛河开发治理规划报告（初稿）》，规划重点项目是对洛惠渠灌区进行整修改善，续建东雷抽黄工程，新建太里湾抽黄工程，流域内有效灌溉面积达到 181.6 万亩，同时治理低洼易涝及盐碱地面积 21.3 万亩。规划远期工程有葫芦河南沟门水库及引洛高干渠工程，解决白水、富平、蒲城 3 县 72.3 万亩农田灌溉及生活、工业用水，建界子河水库和五交地水库，抽灌 8.5 万亩。

陕西省水利厅为了落实《黄河流域生态保护和高质量发展规划纲要》及水利部以水规计〔2020〕180 号批复的《北洛河流域综合规划》，加快北洛河综合治理步伐，按照省委、省政府的战略指示，水利厅迅速组成工作班子，全面开展调研活动，征集沿洛各市县意见，短时间提出规划草案，并邀请省委、省政府有关政策研究部门和大专院校专家进行深入咨询，经过多次反复修改，形成了《陕西省北洛河综合治理规划及实施方案》。

第五章　防汛救灾

洪涝灾害是北洛河流域仅次于干旱的主要自然灾害之一，流域水灾频繁。雨涝洪灾的记载，在历史文献中比比皆是。北洛河大部分地区虽属于半干旱大陆性气候，但每年夏季，因受西太平洋副热带高气压和低气压的影响，仍常有暴雨、洪涝灾害发生。暴雨主要出现在盛夏和初秋，其突发性和局地性很强。而雨涝灾害在夏、秋二季均可出现，多由暴雨造成，有时因长期连阴雨所致，连阴雨多出现在秋季，短则 4 ～ 5 天，长则半月以上。防汛抗旱一直是北洛河流域水利建设与管理长期而艰巨的任务。

第一节　病险水库除险加固

水库是农业灌溉、生活供水与水能开发利用的基本依托，也是洪水调蓄削峰的重大举措。但病险水库大多不能正常发挥效益，又成为防洪保安的重大隐患。为此，北洛河流域坚持不懈地开展了对病险水库的除险加固工作。

一、岳屯水库除险加固

岳屯水库为北洛河一级支流岳屯沟上的小（1）型水库，坝址位于延安市甘泉县城关镇岳屯村，地处西包铁路、210 国道及 G65 包茂高速沿线，距县城 12 千米，以供水为主，兼有防洪等综合效益。

水库坝址以上控制流域面积 81.5 平方千米，总库容 218.8 万立方米 ，其中防洪库容 107 万立方米、调度库容 58.91 万立方米、兴利库容 75.04 万立方米、死库容为 37 立方米（死水位 1058.29 米以下已全部淤平）。枢纽工程由土坝、放水洞、溢洪道 3 部分组成。

大坝为碾压式均质土坝，坝顶高程 1070 米，坝长 133 米，坝顶宽 5.0 米，最大坝高 21.6 米，最大坝基宽 108.25 米，上游坝坡坡比为 1 ： 2.5，下游坡比自上而下依次为 1 ： 2.0、1 ： 2.5，草皮护坡。

溢洪道位于大坝右岸，为开敞式正槽宽顶堰，全长 162.6 米，分为进口引渠段、宽顶堰段、泄槽段。进口为开敞式梯形宽顶堰明渠，堰顶高程 1065.2 米，底宽 14 米，深 4.4 米，设计最大泄流量 270 立方米每秒。

放水设施位于大坝左岸，由防水卧管、消力池、放水涵管、集水池、泄水槽组成。卧管采用单孔进水方式，阶高 0.3 米，坡比 1:2.5，孔径 16 厘米，卧管共计有 41 台阶；放水涵管全长 112.2 米，放水涵管采用直径 800 毫米现浇 C20 钢筋混凝土管结构， 设计最大输水量 0.072 立方米每秒。

水库由甘泉县水务有限公司成立基层单位（岳屯水库管理）处管理，负责水库的日常管理、生产、运行以及设施（备）维护保养，库区安全巡视、防汛、水源保护等工作，年供水量约 30 万立方米。

2010 年 1 月，陕西省水库大坝安全管理监测中心组织有关专家对大坝进行了安全鉴定，确定为三类病险水库。2010 年 11 月，陕西省水利厅对甘泉县岳屯水库除险加固工程初步设计进行了批复。批复的主要建设内容为大坝加固工程、坝基及坝肩防渗、溢洪道加固、增设安全监测设施、新建管理房等。2011 年 3 月 21 日，岳屯水库除险加固工程开工建设，2011 年 9 月 25 日完工。

2022 年 4 月，再次对水库进行除险加固，主要建设内容包括坝顶上游侧增设防浪墙、完善下游坝坡排水、溢洪道加固改造、放水设施改造、增设大坝安全监测设施等。

二、甘泉县凉台水库除险加固

凉台水库位于甘泉县东沟乡，始建于 1972 年 5 月，是一座综合利用小（1）型水库。2009 年 3 月至 2010 年 12 月，进行除险加固，投资 536 万元，石方工程量 4.59 万立方米，灌浆 814.4 米，旋喷防渗墙 1983.15 米。水库控制面积 61 平方千米，河道比降 13‰，大坝为均质土坝，原设计总库容 204 万立方米，死库容 3 万立方米，兴利库容 110 万立方米，设计灌溉面积 4050 亩。坝顶高程 1168 米，坝长 178 米，坝底宽 144 米，顶宽 4 米，坝高 26 米。高程 1160 米以上采用机械碾压填筑，高程 1160 米以下为水坠坝结构。溢洪道位于大坝右端，底宽 7 米，进口高程 1164 米，全长 135.5 米，设计最大泄流量 53 立方米每秒。放水洞位于坝体左端，卧管下涵洞全长 133 米，设计最大放水流量 1 立方米每秒。坝址河床高程 1143 米。凉台水库于 2007 年 5 月被确定为三类坝。

加固后的水库特性指标改变为：坝高 26 米，顶长 180 米，顶宽 4.8 米，底宽 144 米，总库容 144.3 万立方米，兴利库容 103.76 万立方米，滞洪库容 33.88 万立方米，死库容 6.66 万立方米，正常蓄水位 1164 米，设计水位 1164.74 米，校核水位 1165.32 米。

三、洛川县拓家河水库除险加固

拓家河水库位于境内北洛河支流仙姑河上游的拓家河村，距县城 34 千米，于 1970 年 10 月开工建设，1973 年 11 月竣工，控制流域面积 296 平方千米，是一座兼具防洪、灌溉、供水、养殖等综合功能的中型水库。水库由坝体、放水塔和溢洪道 3 部分组成，坝高 43 米、长 478 米，总库容 2750 万立方米，有效库容 1052 万立方米，死库容 1200 万立方米，滞洪库容 5.3 万立方米。水库于 2002 年列入国家病险水库除险加固项目，投资 1259 万元，采用坝基帷幕灌浆、坝体劈裂灌浆、坝面整修等措施，使坝基渗漏由原每日 1586 立方米降至 253 立方米，同水位降低 76%。实施除险加固后，水库采用低水位运行，设计总库容 1550 万立方米，有效库容 510 万立方米，同时增加库内抽水站，总装机容量 88 千瓦。

四、郑家河水库除险加固

郑家河水库属中型水库，主要功能是灌溉、供水，兼有防洪、调节气候等功能。1990 年，水库总库容 1175 万立方米，有效库容 785 万立方米。2000 年 8 月，水库溢洪道不畅，跨溢洪道石拱桥断裂，坝体明显渗漏，翌年被陕西省列入病险水库，立项加固。2001 年 8 月，水库跨溢洪道、石拱桥修复工程开工，10 月底竣工，投资 12.60 万元，动用土方 1500 立方米，石方 319 立方米，完成水库跨溢洪道石拱桥建设，桥面长 14 米、宽 6 米、高 3.0 米，跨度 8 米。2002 年 3 月 15 日，水库坝体除险加固工程开工，翌年 9 月 28 日开工。工程投资 997.44 万元，对坝基坝体钻孔 39 个，进尺 9586 米，坝基坝体高压旋喷灌浆 9005.80 立方米，坝体铺设复合土工膜 2.30 万平方米，进行防渗处理；对坝顶（长 463 米、宽 7 米）浇筑混凝土 570 立方米，预制混凝土块 1250 立方米，进行硬化。同时，对溢洪道、上坝防汛砂石公路（全长 3.10 千米）进行改造，其中上坝公路铺筑柏油 3.10 千米。2003 年 11 月，水库坝体除险加固工程通过陕西省水利厅、延安市水利局验收，被评为合格工程。水库除险加固后，总库容增至 1252 万立方米，有效库容增至 850 万立方米。

五、阎庄水库除险加固

1990 年，阎庄水库总库容 127.50 万立方米，有效库容 86.10 万立方米。水库自建成使用后，在防洪、灌溉方面发挥了重要作用，但由于年久失修，坝基坝肩渗漏严重，溢洪道设施不完善，功能发挥受限。2008 年，阎庄水库被陕西省列入中小型病险水库，立项除险加固。2009 年 4 月 28 日，水库除险加固工程开工建设，工程由陕西省富源水利水电工程公司承建，主要工程为大坝防渗加固、新建溢洪道、拆除卧管、新建放水洞、放水塔，增加观测管理设施。工程总投资 630 万元（其中市专项补助资金 519.11 万元），加固围堰 2.06 万立方米，抽水 65 万立方米，动用土石方 30843.27 立方米，M10 浆砌石 538.78 立方米，干砌石 2307 立方米，浇筑 C25 混凝土 189.33 立方米，筑混凝土防渗墙 841 立方米，防渗墙成孔进尺 6871.49 立方米。至 2009 年末，主体工程竣工。

六、黄龙县尧门河水库除险加固

尧门河水库位于石堡川河上游支流尧门河华塔村，距下游黄龙县城 7.5 千米，2002 年 6 月至 2004 年 7 月，对水库进行除险加固。加固项目主要包括新建溢洪洞、大坝加固、输水洞回填灌浆、增建大坝安全监测设施、完善供电通信设施及枢纽区环境改造工程。工程总投资 752.21 万元，其中中央投资 380 万元、省级资金 110 万元、市级资金 158 万元、县级配套资金 104.21 万元。工程完成土方 1.3 万立方米，干砌石填筑 0.3 万立方米，浆砌石方量 3603.67 立方米，混凝土 2868.12 立方米，金属结构制作安装 130 吨，大坝帷幕灌浆 368.09 米，大坝劈裂灌浆 764.99 米，回填灌浆 747.93 立方米。除险加固后，对距水库 7.5 千米的县城防洪安全起到保护，使县城 1.7 万人、3500 间房屋、12.5 千米道路、486.7 公顷耕地及部分企业免受洪涝灾害的威胁；每年向县城供水 22 万立方米，为企业生

图 3-5-1　尧门河水库除险加固大坝迎水坡
（2018 年，黄龙县水务局提供）

产提供用水 3 万立方米。供水可产生直接经济效益 54.8 万元；可恢复灌溉面积 100 公顷，直接灌溉效益为 22.5 万元；水库蓄水位的提升，水量的增大使库区生态环境得以恢复。

七、吴家河水库除险加固

吴家河水库位于黄龙县境内北洛河支流的吴家河中游，是以灌溉、供水为主的小（1）型水利枢纽工程，距县城 30 千米。工程于 1975 年 1 月开工建设，1976 年 4 月竣工。水库由土坝、溢洪道和放水工程 3 部分组成：上游平均坡比 1 ： 2.25，下游平均坡比 1 ： 1.75，坝址以上流域面积 41.5 平方千米，多年平均径流量 105.4 万立方米，总库容 125.54 万立方米，兴利库容 71.9 万立方米，防洪库容 39.44 万立方米，死库容 14.2 万立方米，年输沙量 1.7 万立方米；供水范围为永乡、黄竟、旧县 3 个乡（镇）59 个行政村，受益人口 2.73 万人；年供水量 36 万立方米，设计灌溉面积 333.33 公顷。2008 年 9 月至 2009 年 8 月，投资 460 万元，实施除险加固工程，加高坝体 2.38 米，改造溢洪道 129 米，新筑上坝道路、跨溢洪道交通桥 20.4 米，增设大坝放水和观测设施，解决防洪设施不规范、坝面无排水、溢洪道无砌护、放水设施老化淤堵等问题。

八、福地水库除险加固工程

福地水库位于铜川市宜君县，于 1962—1965 年相继进行大坝加高，处理裂缝、绕坝渗流、卧管漏水和加固溢洪道等工程。1988 年 4 月，对大坝迎水坡进行大面积干砌石护面修缮，维修加固输水洞出口明渠，加高坝基背水坡棱柱排水体，整修坝顶道路、背水坡排水沟等。1998—1999 年，新修河堤 310 米、出水明渠 162 米，建成桥涵 1 座，维修放水暗渠 53.5 米、土堤 510 米及溢洪道消力坎。

1999 年 10 月 15 日，铜川市水利局组织专家对福地水库工程进行全面系统的鉴定，结论为Ⅲ类病险水库。2002 年，福地水库被列为铜川市唯一由国家投资的中型病险水库治理工程，总投资 1308.73 万元，由西安理工大学水利水电工程土木建筑研究设计院设计，陕西省水电工局（集团）有限责任公司进行除险加固。工程于 2002 年 8 月 10 日开工，2003 年 12 月 29 日主体工程完工，2008 年 12 月 17 日通过市级竣工验收为合格工程。工程共完成土方 6541.50 立方米，石方 8905.40 立方米，干砌石 641 立方米，浆砌石 299 立方米，铺垫层料 404.20 立方米，喷护 C15 混凝土 26 立方米、C20 混凝土 68.50 立方米，加固锚杆 135 根，帷幕灌浆 160.70 立方米。新建城门洞型泄洪排砂洞 243.62 米；加固处理溢洪道 322 米；加固维修大坝；维修补强输水洞；设置大坝安全监测设施；坝区环境改造。后逐年实施清淤工程，解除病险。结合除险加固工程的完成，并完成库区绿化任务，共栽植毛白杨 60 亩，刺槐 40 亩，风景树 2000 株。经过几年的除险加固，福地水库真正起到防大洪、抗大旱的拦蓄作用。2016 年，实施放水渠维修改造工程：投资 15 万元，清理放水渠内淤泥，对放水渠破损、下沉的浆砌石进行拆除，并重新砌筑，对放水渠重新进行勾缝、渠顶进行混凝土压顶，对渠体两侧杂草进行清除。右岸迎水坡水毁修复工程投资 80 万元，新建砌石护坡 120 米。

2020 年，福地水库维修养护工程总投资 21.8 万元。建设内容：清理杂草 1800 平方米，浆砌石 34 立方米，修补混凝土 185 立方米，抹面 2085 平方米，维修管理站大门、房顶，更换电线 1800 米，更换摄像头 3 个。

九、西河水库除险加固工程

宜君县西河水库于 1975 年被列为病险水库，1976 年 5 月开始加固处理，1979 年 11 月竣工，投资 395.9 万元，实施土坝加高培厚至 33 米；翻覆反滤坝处理下游渗水点；铺设土坝迎背水坡干砌石反滤垫层护面达相对坝高 20 米；泄水洞由原来的吊球放水改为卧管加底孔放水形式；溢洪道按可能最大降水复核由右岸移至左岸；建坝顶防浪墙；营造库区绿化经济林 150 亩。1983 年，宜君县水利水保局投资 1.5 万元，对水库涵洞出水口进行加固。

1996 年，治理大坝裂缝。1998 年，维修泄水洞出口陡坡坍塌隐患。1999 年，由于铜黄公路施工弃渣堆放，大面积滑坡，实施卸载反压稳定滑坡体、迎水坡铺设土工布防渗、干砌石护面及裂缝高压灌浆等。2000 年 2 月 24 日，宜君县水务局组织专家对西河水库大坝进行安全鉴定，鉴定大坝类别为三类坝。2003 年，争取除险加固工程项目资金 825 万元。2004 年 2 月 25 日，陕西省水利厅批复了宜君县西河水库除险加固工程实施方案，同意大坝、溢洪道等主要建筑物按 4 级、次要建筑按 5 级设计，防洪标准按 50 年一遇设计、500 年一遇洪水校核。主要建设内容有溢洪道加固、右岸滑坡处理、上坝道路改造、大坝及滑坡体观测设施等。总投资为 729 万元（其中国债资金 550 万元），加固工程由国家电力公司西北勘测设计研究院设计，西安市水利建设工程总公司施工，2004 年 5 月 18 日，施工单位进驻工地，2005 年 6 月 12 日工程竣工。工程共完成土石方 10.21 万立方米，混凝土浇筑 914.68 立方米，钢筋混凝土 37.17 吨。2005 年 8 月 10 日，铜川市水利工程质量监督站对工程质量作出综合评定，12 月 12 日进行竣工验收。2005 年 12 月 12 日，由市水务局主持召开西河水库除险加固工程竣工验收会议，工程通过竣工验收。病险问题得到彻底解决，提高水库城镇供水和防洪能力。2009 年 3 月，结合植树造林，完成库区绿化 60 亩。2014—2015 年，投资 10 万元完成退水坡修复工程。2015 年，有效库容仅剩 124 万立方米。

2020 年，西河水库维修养护工程，总投资 30.87 万元。建设内容：大坝坝体防护栏杆刷漆 188.50 平方米，更换刺绳 88 米，刺绳刷漆 3410 平方米，围栏 927.8 米，放水洞口修补抹面 45 平方米，背水坡除草 2300 平方米，修补背水坡干砌石 400 平方米，挡车栏杆 1 个，坝顶路沥青灌缝 1500 米；清理杂草 200 平方米；增加摄像机、喇叭、探照灯 11 个（台），架设电线、光缆、钢丝绳 2425 米；修补混凝土地面 18 立方米；污水治理应急工程，场地 620 平方米，挖集水坑 85 立方米，围挡 345 米，土方 896 立方米，安装排水管 36 米。

十、林皋水库除险加固

白水县林皋水库位于北洛河一级支流白水河中游的林皋乡林皋村西南 1 千米处，距白水县城 20 千米，是一座以灌溉为主，兼有城市及工业供水和防洪保安任务的中型水利工程。林皋水库于 1968 年冬动工兴建，1970 年底开始蓄水，1971 年投入使用，属典型的“三边”（边勘察、边设计、边施工）工程。林皋水库建成投运后，存在很多隐患，一直低水位运行。1975 年经省水利厅组织专家会诊，确定林皋水库为二级病险库。1998 年 12 月，渭南市水务局成立了林皋水库大坝安全鉴定专家组和现场检查专家组，对林皋水库大坝进行了安全鉴定。2000 年 9 月，水利部大坝安全管理中心对林皋水库大坝鉴定成果进行了核查，确认大坝为三类坝。2002 年，林皋水库被列入国家第二批病险水库除险加固中央预算内专项资金（国债）项目。2003 年 1 月至 2004 年 6 月，通过各参建单位的共同努力，全面完成了批准的除险加固项目内容。2005 年 6 月 2 日，白水县林皋水库除险加固工程通过了竣工验收。

项目累计完成投资 851.97 万元，主要完成如下建设任务：

（1）大坝及溢洪道加固工程，回填土方 49729 立方米，坝顶 2 ∶ 8 灰土 377 立方米，溢洪道、人行便桥填土 443 立方米 ，溢洪道砌石 101.2 立方米，防浪墙 884.9 立方米，挡墙、高边坡 365 立方米，人行便桥 135 立方米，下游排水沟 720 立方米，下游草皮护坡 27237 平方米，下游排水体碎石垫层 1081.7 立方米，坝顶碎石垫层 377 立方米，下游排水体砂垫层 1205 立方米，上游坝面干砌石 26604 立方米，下游排水体抛石护基 914 立方米，堆石棱体 997 立方米，人行便桥 37.96 立方米，溢洪道加固 60 立方米，灯座基础 13.9 立方米，排水沟、艺术字 99.3 立方米，坡面整修种草 13723 平方米，沥青路面 2718 平方米。

（2）大坝防渗工程，塑性混凝土（墙厚 0.3 米）长 109 米，面积 2940.28 平方米，防渗墙内预埋钢管 1635.91 米，钻孔进尺 4917.87 米，帷幕灌浆进尺 3452.94 米，M5.0 浆砌石 16.58 立方米，M5.0 机砖墩墙衬砌 27.47 立方米，M5.0 机砖拱墙衬砌 13.09 立方米。

（3）大坝观测及环境工程：完成观测孔 20 个，观测柱 24 个；坝区照明设施改造 104 台（套），坝区绿化工程绿化 1620 平方米。

主要工程完工后，2003 年秋末，水位达到了 836.00 米，持续时间 145 天，坝体未出现异常。大坝左肩渗流工程加固前渗流量为 40 升每秒，工程加固后为 5.2 升每秒。渗漏量减少了 34.8 升每秒。

通过除险加固，水库的效能得到进一步发挥，年可多增加蓄水量 720 万立方米，增加灌溉面积 5500 亩，为下游 0.71 万人、0.83 万亩耕地及 13 个厂矿企业共 1.28 亿元财产提供了可靠的安全保障。

十一、蒲城大峪河水库除险加固

大峪河水库位于蒲城县永丰镇北 3 千米处，距蒲城县城约 27 千米，以建于大峪河而命名，是以灌溉供水为主的小（2）型水库。大峪河上游，建有澄城县胜利水库和合阳县定国水库。大峪河水库流域面积 52.5 平方千米，多年平均径流量 360 万立方米，设计总库容 360 万立方米，其中兴利库容 230 万立方米。水库始建于 1974 年，1976 年蓄水。工程由大坝、溢洪道、放水卧管、放水洞、抽水站组成。大坝为均质土坝，坝高 23.60 米，坝顶长 130 米、宽 13.5 米。溢洪道位于大坝右岸，为开敞式溢洪。进口段和陡坡段均为梯形断面。进口段长 18 米，槽深 7 米，底宽 8 米，边坡比 1 ∶ 1，陡坡泄流槽长 81.3 米，末段无消力设施。放水卧管位于大坝左岸共 12 级 24 孔。放水洞为直径 100 厘米的钢筋管，长 50 米，比降 1 ∶ 200，设计流量 1.5 立方米每秒。水库建成后，永丰公社先后在水库周边建成抽水站 3 处。其中，大坝下游放水洞出口处建成 1 座主抽水站，装机容量 225 千瓦，扬程 18 米，抽水流量 1 立方米每秒，为永丰抽水站补充水源。其余两座抽水站建于库内，由水库直接抽水，合计装机容量 145 千瓦，抽水流量 0.24 立方米每秒，灌溉面积 700 亩。

大峪河水库是由永丰公社组织受益区群众修建的，属典型的“三边”（边勘测、边设计、边施工）工程。水库建成后，成立了大峪河水库管理站。1979 年 10 月，永丰公社组织群众对大坝进行了加高，并在溢洪道上增建了 3.6 米高的砌石堰，以增加蓄水量。1996 年，永丰镇以水库为水源，建成年产 2 万吨的造纸厂。为管理方便，水库暂交造纸厂承包管理，1998 年收回，交由永丰镇水管站管理。2004 年，蒲城县水务局委托渭南市水电设计院完成了《大峪河水库除险加固工程设计》，并逐级上报，被列为“十一五”水利重点项目。2007 年，国家发展和改革委员会及水利部联合发文，正式列入第二批病险水库除险加固工程，项目总投资 975 万元，其中中央投资 650 万元，地方投资 325 万元，完成大坝加固、坝体防渗处理、溢洪道改造及新建放水闸等，总库容达到 584 万立方米。

第二节　防汛准备工作

防汛准备工作由汛前检查、防汛预警机制、防汛物资储备与抢险队伍组成。

一 、汛前检查

延安市每年汛前安排 4 次防汛安全检查，及时发现和处理有碍河道行洪和防汛安全的各种违法行为。第一次由市防汛办组织到各县（区）、水库、城镇、工矿、主要河段进行防汛检查；第二次由市水务局（水利水土保持局）领导带队分县（区）检查；第三次由市防办成员单位领导带队分片检查；第四次由市委、市政府领导带队重点检查。

渭南市每年汛前，水务局开展工程安全大检查、安全生产检查、水工程防灾调度情况调查、包联领导检查、防汛安全大检查、备汛暗访督查等，配合黄委会及省、市领导做好防汛检查，全面查漏补缺。

二、防汛预警机制

当预报洛河干流在警戒流量以下时，即吴起金佛坪水文站流量 2000 立方米每秒以下，刘家河水文站流量 3000 立方米每秒以下，交口河水文站流量 2000 立方米每秒以下，由沿线吴起、志丹、甘泉、富县、洛川、黄陵等县防汛抗旱指挥部负责指挥并组织实施。当遇超保证流量洪水时，即吴起金佛坪水文站流量 2000 立方米每秒以上，刘家河水文站流量 3000 立方米每秒以上，交口河水文站流量 2000 立方米每秒以上，由延安、渭南市防汛抗旱指挥部负责指挥，吴起、志丹、甘泉、富县、洛川、黄陵、白水、澄城、蒲城、大荔等县防汛抗旱指挥部负责组织实施。

三、 防汛物资储备与抢险队伍

（一）榆林市抢险队伍与物资储备

新中国成立初期，防汛物资往往是在发生汛情后，才紧急从供销、商业、防汛物资储备部门征调供应。

1973—1988 年，榆林地区防汛抗旱指挥办公室每年筹资 1 万 ~ 3 万元，采购抢险物资应急抗洪。物资储藏于地区水利队物资仓库备用。主要物资有铅丝 10 多吨，麻袋、草袋共 2 万条。另外，汽油、柴油共 30 多吨储藏于地区石油公司油库。

1999 年以后，市、县（区）两级政府逐年增加防汛物资储备的投资。2012 年汛前，市、县（区）两级防汛抗旱指挥部和水库管理单位对辖区的防汛物资进行了更新补充，基本达到最低限额标准，对所有物资登记造册，明确抢险物资的存放地点、管理人员联络方式，以备抗洪抢险的需要。榆阳区水务局开始筹建防汛抗旱指挥服务中心和物资储备库。全市共储备草袋 1.8 万条，麻袋 11 万条，编织袋 47 万条，铅丝 15.5 吨，救生衣 3500 件，救生圈 1100 个，储备防汛抢险物资共计 176 万元。此外，下达榆林军分区购置防汛抢险器材费 200 万元，用于防汛抢险器材、物资购置，储备于榆林军分区仓库。

新中国成立初期，当境内出现汛情时，各级党委、政府组建抢险队伍，组织群众撤离或抢险。

从 1959 年起，每年各县在汛前组建抢险队伍。全区各县先后组建防汛小组 1236 个、防洪抢险队共 19 个，人员达 2 万多。20 世纪 60—80 年代，各县抗洪抢险队伍由基层民兵和驻军及武警部队组成，一旦出现洪灾，即调动这些抢险队伍投入抗洪抢险斗争中。1990 年，中共榆林地委、行署、榆林军分区根据中共中央、国务院有关规定，以基干民兵和预备役部队为主，在全区组建抢险队 264 个，人员达 3.6 万。至 2011 年，全市组建防汛抢险队 186 个，人员 23216 人。2013 年，全市组建专业抢险队 46 支，共计 3600 人；群众抢险队伍 391 支，共计 18000 人。

（二）延安市抢险队伍与物资储备

组建防汛抢险队伍、储备防汛物资是防汛工作的常规要求和重要组成部分。防汛抢险队伍由部队、公安、武警、基干民兵、预备役、企业、单位、社区等组成，明确人员、负责人，进行演练；防汛物资主要包括袋类、铅丝、铁丝、钢材、木材、水泥、油料、工具、照明、发电、运输设备等，要求每年储备一定数量的防汛物资，并适时更新替换，随着国力和地方财力的增强，防汛物资设备也不断发展进步。

2016 年，延安市各级投入 1081.5 万元，储备袋类 153.2 万条，编织布 83.03 万平方米，铅丝 71.21 吨，桩木 182 方，橡皮舟 47 只，冲锋舟 15 艘，救生衣 10739 件，水陆两栖车 1 辆，气吊车 1 辆，应急子堤 1000 米；主要依托驻延部队、武警和预备役，并积极发展社会化服务组织和志愿者队伍，共组建抢险队 500 多个，共计 1.3 万余人。

2017 年，延安市累计储备 2500 余万元防汛物资，其中市级 1400 余万元。市级投 600 多万元建成市级防汛物资库，新购置挖掘机、装载机、搬运车等大型防汛抢险设备，增加大功率水泵、管道、船舶及发电机、帐篷等常规物资，专库专人管理。联合驻延部队、县（区）人武部组建防汛抢险队伍 260 支，共计 1.5 万余人，其中市级 134 支 8290 人、县 126 支 7126 人，并组建充实防汛抢险技术专家队伍。加强技术培训和演练，提升应急能力。

2018 年，市财政落实 35 万元用于市级物资储备，全市累计储备 2580 余万元防汛物资。王瑶、红庄、南沟门水库都充实更新了防汛物资。全市共开展防汛抢险演练 50 次，有效提升了防汛抢险队伍实战能力。

（三）渭南市抢险队伍与物资储备

新中国成立前，渭南地区内出现汛情，各级政府组建抢险队伍，帮助人、畜、物撤离，排除险情。民国三十一年（1942 年）8 月 3 日，洛河流域受灾，陕西省第八区专员公署立即动员沿河各县抽调精干壮丁，组成抢险队伍，配合船户水手，打捞被淹灾民 5000 余人。

新中国成立后，渭南地区防汛抢险队伍由部队、公安、武警、基干民兵、预备役、企业、单位、社区等组成，明确人员、负责人，进行演练。当地驻军在白水县林皋水库和华阴县渭河险工段驻有舟桥部队，一旦有事，召之即来。

1994 年，全区组织抢险队 327 个，共计人员 35 万人，储备袋 20 万条，铅丝 70 吨，木桩 380 立方米，柴油 350 吨，落实抢险车辆 603 辆。8 月 31 日至 9 月 2 日，北洛河出现 100 年一遇的特大洪水，沿河白水、澄城、蒲城、大荔、华阴、潼关 6 县（市）出动抢险队 72 个，人员 5988 人，动员抢险车辆 254 辆。有 150 名县级以上领导干部和 565 名武警官兵公安干警参加了抗洪抢险斗争。

第三节　典型抗洪抢险案例

一、北洛河“8 · 10”洪水

1992 年 8 月 9 日，北洛河上游普降小到中雨；8 月 10 日 4—6 时突降暴雨，以吴起县长官庙为中心，暴雨覆盖面积达 1700 平方千米，中心降雨量 159.2 毫米。8 月 10 日 6 时，吴起县城河段达到保证流量 1700 立方米每秒；6 时 44 分，最大洪峰流量 3750 立方米每秒；13 时 18 分洪水到达刘家河，洪峰流量 6300 立方米每秒；18 时洪水到达甘泉，洪峰流量 4100 立方米每秒。8 月 11 日凌晨 2 时，洪水到达交口河水文站，洪峰流量 3680 立方米每秒，这次洪水频率相当于 20 年一遇洪峰。从吴起到交口河水文站，总里程 289.6 千米，历时 19 小时，平均流速 15.24 千米每小时。

10 日 6 时 6 分，地区防汛办接到吴起县出现洪峰流量 2200 立方米每秒汛情后，立即上报陕西省防汛办、行署办，下传志丹、甘泉、富县、洛川县防汛办，并命令吴起县防汛指挥部，按原定“防、抢、撤”方案进行调度。根据金佛坪、刘家河水文站报汛，地区防汛办于 8 时 30 分、13 时 55 分、14 时 15 分，3 次向下游发布洪水预报，使下游险区有更多时间做好抢险准备。吴起县防汛办电台被雷击坏，地区防汛办立即派人送去电台，保证通信畅通。

10 日 10 时 30 分，行署副专员刘孝文在地区防汛办召开会议布置紧急防汛措施。11 时 20 分，地区防汛指挥部向各县发布迎战大洪水的紧急通知。13 时 55 分，行署专员贾清邦赴富县现场指挥，行署副专员、防汛指挥部指挥孙志明赶赴延安炼油厂部署“防、抢、撤”方案，随后又赶赴富县现场指挥。行署副专员刘孝文在行署，地委副书记防汛指挥部政委姚代明、副指挥崔振和等在地区防汛办坐镇指挥。北洛河一号洪峰安全通过富县县城后，孙志明立即赶到交口河炼油厂，参加抗洪救险。洪灾一发生，各级领导亲临一线指挥。8 月 10 日 5 时，吴起县城开始降暴雨，副县长、副指挥樊国才立即进入指挥岗位；

5 时 42 分，吴起至延安电话线路中断，和地区失去联系；6 时 6 分，通过榆林线路接通电话，吴起防汛办主任报告河道达到最大洪峰 3750 立方米每秒，地区防汛办副主任刘宏勤强调组织好抢险，保证人民生命安全。吴起县六套班子领导现场指挥抢险，组织淹没区 6300 人安全撤离，1.23 万件国家、集体和个人财产被抢救出。甘泉县 7 时 6 分接到地区防汛办通知，立即向北洛河沿岸 6 个乡（镇）发出紧张通知，安排部署防抢撤方案，指挥部领导成员深入险区，组织群众撤离，命令正在施工的铁路 510 队和太皇山大桥施工工地强行撤离，使工地 200 多工人和主要设备物资安全转移，在钢丝桥被水冲毁，桥上 7 名群众落水的紧急时刻，公安干警奋不顾身打捞，除 1 名下落不明，6 名群众获救。富县 14 时接到地区防汛办通知，洪峰将于 19 时 30 分到达富县的紧急汛情，县委、县政府立即召开会议部署，要求决不能死亡一个人，组织淹没区群众向山上撤离，机关工作人员搬迁公文档案和公共财产，贾治邦专员和孙志明总指挥来到富县县城，和富县干部群众并肩抢险。

19 时整，淹没区沙梁所有群众和主要财产全部撤离。20 时 30 分，流量 3800 立方米每秒洪水到达县城，进入沙梁区时为 21 时 50 分，最大洪峰流量 4100 立方米每秒通过富县县城。洛川县 9 时 15 分接到地区防汛办通知，迅速向延安炼油厂和北洛河两岸乡（镇）通报汛情。

14 时 20 分，县委、县政府领导在孙志明指导下，召开紧急会议安排部署，县委书记张智林、副县长张郡清带队前往沿北洛河 5 乡（镇）巡回指挥，孙志明副专员与县长陈朝君、县防汛办主任李忠俊前往延安炼油厂督战指挥，县委副书记，指挥部政委吴向林、副书记樊喜印，武装部政委来成丰，副县长周国祥坐镇指挥。

15 时 20 分，孙志明、陈朝君会同炼油厂主要领导召开紧急会议重新部署，由陈朝君担任炼油厂抗洪总指挥，李忠俊负责通信联络。炼油厂组织 500 人抢险队，用 1000 条麻袋、2000 条草袋，加固河堤 200 米，比洪水位高 0.5 米，保住了家属院 40 多间房子，没被洪水淹没，为防止洪水倒灌，堵死了 7 处下水道口。19 时，家属区 3500 人按要求安全转移。

11 日午夜 1 时 12 分，北洛河流量达到 3240 立方米每秒。陈朝君立即发布抢修水厂河堤和搬迁会战命令。在整个抗洪抢险期间，各级领导和干部群众并肩战斗，沉着指挥，直到 11 日 13 时，长达 20 多小时未合一眼，未进粒餐，坚持到洪水安全通过。

这次北洛河大洪水使沿河吴起、志丹、甘泉、富县、黄陵、洛川 6 个县 30 个乡（镇）242 个行政村 10 余万人受灾，2 人下落不明，农田受灾面积近 20 万亩，河堤、渠道、桥涵、公路、供电、通信设施大量受损。灾害发生后，陕西省委书记张勃兴作出指示，地委行署 8 月 13 日召开有水利、供电、邮电、交通、城建和防汛部门参加的“四通”会议，要求有关部门全力搞好各自分管的水毁设施抢修，保证做到“四通”。各县也迅速召开抗灾自救会议，部署救灾工作。

二、北洛河“8・31”洪水

1994 年 8 月 30 日，气象分析由于副高突然东移，当降水系统移至吴起县境内时受到白于山地形抬升作用，云团垂直运动加剧，造成这次暴雨。此次暴雨有两个降雨中心，一个在吴起县北部吴仓堡乡、五谷城乡、薛岔乡一带，另一个在志丹县北部周河（北洛河支流）及杏子河（北洛河支流）上游，降雨从8月30日20时开始至31日8时结束，历时12小时，点最大降雨量为薛岔乡沙集村383毫米，6小时最大降雨量251毫米，12小时最大降雨量383毫米，均为实测历史特大暴雨。

这场历史上罕见的特大暴雨，造成北洛河前所未有的特大洪水，位于吴起县城下游5千米处的吴起水文站，8月30日23时30分洪水猛涨，31日2时出现第一个洪峰，流量6870立方米每秒。第一个洪峰尚未落平，由于降雨自西向东发展，左岸支流宁塞川山洪接踵而来，汇入北洛河，使吴起站洪水复涨，5小时后出现洪峰流量7040立方米每秒的建站以来最大洪水。在洪水向下游刘家河水文站演进过程中，恰与区间支流周河洪水相遇，两峰叠加为单峰，于31日12时到达刘家河水文站洪峰流量为8030立方米每秒，仅小于1855年9940立方米每秒的调查洪水，为建站以来最大洪水。

由于刘家河水文站到北洛河中游的交口河水文站区间降雨量少，河道两岸多为林区，河槽蓄水量较大，调节能力较强，致使洪峰流量沿程有规律地递减，经13小时204千米的演进，于9月11时洪峰以6630立方米每秒的流量出现在交口河水文站。

8月31日零时，延安地区防汛指挥部接到吴起县防汛办报告北洛河涨水的消息后，立即通知沿河各县防汛办，要求严密监视水情变化，按照“防、抢、撤”方案做好一切防御准备工作。甘泉、富县、延安炼油厂接到汛情后，一方面组织人力上堤，加高河堤；另一方面强行撤离低洼区群众。地委书记、行署专员得到报告后立即到地区防汛指挥部坐镇指挥调度，并随即召开地区防汛指挥部全体领导成员紧急会议，发布一、二号命令。两名副专员分赴延安炼油厂和吴起县指挥抗洪抢险，地区防汛指挥部其他领导成员分别到甘泉、富县等地抢险救灾。地区防汛办全体人员严阵以待监视汛情变化。

据刘家河水文站紧急通报，8月31日中午12时，北洛河洪峰流量已达到8030立方米每秒，超过50年一遇大洪水，预计洪峰将于16时到达甘泉，24时到达交口河炼油厂。地区防汛抗旱指挥部发出第二号令，命令指出，北洛河沿岸防汛抢险已到非常时刻，必须采取一切措施确保人民生命财产安全，交口河炼油厂要在确保人员安全的同时，尽最大努力保护生产设施。8月31日当天，转移群众15000多人，出动抢险救援车辆500多辆（次），组织抢险队30000余人，果断转移群众和人民财产，做到了无一死亡。8月31日23时30分，地委书记、行署专员联名向灾区发出慰问电。8月31日，在北洛河发生特大洪水同时，延安市有9个县（市）7个乡（镇）535个行政村26.78万人，房屋进水4900间，倒坏4590间，6万人吃饭困难，3645人无家可归，农作物受灾面积110万亩，成灾37.8万亩，其北洛河流域绝收面积14.5万亩，全市减产粮食约6250万千克，河堤、水利、电力、通信、交通、油井等设施大量损毁，西延公路、延定公路多处中断，延安支柱工业交口炼油厂水淹，被迫停产1个多月。全市经济损失约3.16亿元。

9月1日，地委、行署主要领导分赴重灾区和企业察看灾情，慰问群众。9月3日，听取全区灾情汇报后，再抽调9名县级干部和15名科级干部组成工作组，分赴4个县和延安炼油厂，帮助开展抗灾自救。地委、行署安排500万千克救灾粮和153万元救灾款集中解决重灾区群众衣食住行问题，发动机关、厂矿和城镇干部职工捐款捐物，帮助群众渡过难关。组织医务人员深入灾区查病治病，防止疫情发生。组织各有关部门尽快修复受损设施，部署动员广大干部群众以“三抢一补”（抢收、抢种、抢修，以副补农）为重点，抓好农业生产，不失时机抓好秋播，力争来年第一茬作物丰收。同时向省政府和省级有关部门请求支持救灾。

在整个洪水演进过程中，相关部门根据刘家河站报出的汛情，在超过预报方案适用范围的情况下，采用多种方法，进行综合分析，及时预报甘泉、富县、交口河等站的洪峰流量与出现时间，为及时实施“防、抢、撤”方案提供科学依据，并争取了宝贵的3～20小时。

灾后，省长白清才在延安慰问受灾干部群众时，充分肯定这次防洪抢险工作，他说：“在这样大的洪水面前，延安地区各级干部，能够正确决策、果断指挥，虽然受到一定损失，但没有死亡一个人，这就是一个大胜利。其次是预报准确及时，为各级政府实施正确决策提供了科学依据和可靠基础。”

三、“94·9”北洛河大荔抗洪抢险

1994年，北洛河先后出现3次超警戒流量洪水。7月8日12时，北洛河洑头站出现750立方米每秒一号洪峰；8月11日7时，洑头站出现2580立方米每秒二号洪峰；9月1日8时36分，北洛河洑头站最高出现6280立方米每秒三号洪峰。这次洪水来势十分凶猛，水量之大时间之长，是百年来罕见的。

三号洪水于9月1日凌晨5时30分进入大荔县域；6时洪水到达育红水源地；6时20分，1号井房全部淹没（井房高3.9米）；11时35分，水源地水位开始下降；21时，洪峰到达大渭公路桥（南荣华村旁），水位达346.95米，漫过大桥南段50米，路面水深分，大渭公路交通被迫中断。9月2日零时，洪峰到达大华公路石槽桥，滩面水2米，桥南的1200米路面被洪水漫顶，淤泥厚1035厘米，桥北400米路面漫顶30厘米，大华公路交通中断；14时，朝邑水文站出现1800立方米每秒洪峰，水位338.69米，16时25分，洪峰到达三合湾，水面距围堤堤顶0.9米；20时洪峰流入渭河；21时汇入黄河。

接到市防指汛情通知后，大荔县防汛指挥部立即召集县级领导和有关部门负责人参加紧急会议，县防汛指挥部指挥雷志锋负总责，副指挥朱焕文、韩龙、张杰明等坐镇指挥，安排部署防汛工作。为了确保北洛河洪水行洪的安全，指挥各领导成员兵分多路，深入一线组织开展抗洪工作。县指挥部各成员、沿河各乡（镇）单位广大干部群众和部队共同努力，全区生产人员1130人，撤离小型水利设施1320台（套）。在特大洪水面前，实现了安全度。其特点是：①组织严密，指挥得当；②传讯及时，紧张有序；③责任明确，行动迅速；④重点突出，措施得力。

据统计，这次洪水造成沿河源13个乡（镇）、5个单位、74个行政村受灾，受灾人口13.49万人，受灾面积13万亩，水利、电力、通信、交通道路等基础设施损毁严重，经济损失达7713.01万元。

第六章 抗旱救灾

北洛河流域，由于受大陆季风性气候特点影响及降水时空分布不均，每年都有不同程度的旱情发生，特别是冬春连旱及局地夏伏旱发生频次较高，是“三年一小旱，十年一大旱”，大规模长时间的两三年连旱大致20年一次，局部性旱灾几乎年年都有。给人民群众生产生活造成严重影响，灾害损失大。旱灾是给北洛河流域带来苦难最多的灾害，古时，大的干旱，带来颗粒无收，树皮草根食尽，鸡犬牛羊宰杀殆绝，饿殍载道，甚或人相食局面，古诗中“白骨露于野，千里无鸡鸣。生民百遗一，念之断人肠”正是这种凄惨局面的写照。

新中国成立后，随着各项灌溉工程的兴建，使数百万亩耕地受益，从根本上解决了流域内粮食产区的干旱问题。因为有了水，旱地变成水浇地，农作物品种也由原先单一的以小米、糜子为主而变为以小麦、棉花为主，粮食产量较前期有了大幅度增加，但北洛河流域旱灾仍时有发生。北洛河流域各级水利部门始终坚持以人为本的思想，把确保人民群众生活生产用水安全放在首位，尽力减轻旱灾损失。国家在抗旱工程设施方面投入不断加大，各类抗旱应急设施不断增建完善。2011—2012年两年时间，国家重点扶持北洛河流域16支县级抗旱服务队，每个服务队平均配备200万元抗旱应急设施设备。截至2020年，为提升抗旱减灾能力，修建7座抗旱小型水库、12处引调提水工程，对于确保人民群众饮水安全和粮食稳产增收，提升抗旱应急能力水平，起到至关重要的作用，是一项惠及民生的伟大工程。不断发展完善的各类抗旱应急水源工程和设施设备在历年的抗旱减灾工作中发挥显著成效，对北洛河流域经济社会稳定发展起到了积极作用。

第一节 旱 灾

一、旱灾等级

（一）农业干旱灾害

1. 判定指标

农业干旱评价指标如下：

（1）连续无雨日数。

（2）降水距平值。

（3）受旱面积。

（4）土壤相对湿度。

（5）农田水分盈缺值。

（6）人畜饮水困难率。

（7）河道径流距平值。

（8）成灾面。

（9）减产成数等。

2. 等级划分

农业干旱等级划分为轻度干旱、中度干旱、严重干旱和特大干旱 4 个等级（见表 3-6-1）。

表 3-6-1　农业干旱等级划分指标

评价指标			轻度干旱	中度干旱	严重干旱	特大干旱
主要指标	连续无雨 / 天	春秋季	15 ~ 30	31 ~ 50	51 ~ 75	>75
		夏季	10 ~ 20	21 ~ 30	31 ~ 50	>50
		冬季	20 ~ 30	31 ~ 60	61 ~ 80	>80
	降水距平 / %	月尺度	−40 ~ −60	−60 ~ −80	−80 ~ −95	≤ −95
		季尺度	−25 ~ −50	−50 ~ −70	−70 ~ −80	≤ −80
		年尺度	−15 ~ −30	−30 ~ −40	−40 ~ −45	≤ −45
	土壤相对湿度 / %		60 ~ 50	50 ~ 40	40 ~ 30	<30
参考指标	成灾面积比例 / %		5 ~ 10	10 ~ 25	25 ~ 40	>40
	减产成数 / 成		< 一	一 ~ 三	三 ~ 五	> 五
	农田水分盈缺值 / mm		<50	50 ~ 100	100 ~ 200	>200
参考指标	受旱面积比例 / %		10 ~ 20	20 ~ 40	40 ~ 60	>60
	人饮困难率 / %		10 ~ 20	20 ~ 40	40 ~ 60	>60
	河道径流距平值 / %		−10 ~ −30	−30 ~ −50	−50 ~ −80	≤ −80

注：在作物关键生长期连续无雨日相应干旱等级指标上调一级。

（二）城市干旱灾害

1. 判定指标

城市干旱评价指标有缺水率、水源工程蓄水量距平值、地下水埋深下降值。

2. 等级划分

城市干旱等级划分为轻度干旱、中度干旱、严重干旱和特大干旱 4 个等级（见表 3-6-2）。

表 3-6-2 城市干旱等级划分指标

评价指标		轻度干旱	中度干旱	严重干旱	特大干旱
主要指标	缺水率 / %	5 ~ 10	10 ~ 20	20 ~ 30	>30
参考指标	水源工程蓄水量（河道来水量）距平值 / %	−10 ~ −30	−30 ~ −50	−50 ~ −80	≤ −80
	地下水深埋降值	0.5 ~ 1.0	1.0 ~ 2.0	2.0 ~ 3.0	≥ 3.0

注：出现连续 3 个中度干旱年时第三年干旱等级划分为特大干旱；出现连续 2 个严重干旱年时第二年干旱等级划分为特大干旱。

二、典型旱灾

（一）光绪二至三年北洛河流域大旱

光绪二年（1876 年）闰五月以后，天气亢热，土地干燥，未下透雨，凡已种秋禾未能及时长发。至光绪三年（1877 年），历冬经夏不雨，为百年来未有之极。《黄陵县志》载："大旱，大饥，草木树皮皆食尽，人相食。"

白水县死于饥寒者达百分之六七十，北乾村 400 余户减少到 70 多户。澄城县人口由 18 万余口锐减至 8 万余口。《蒲城县志》载："大饥、人相食、饿死者三分之二""七月十五日，东北乡敬母寺、山西村、潘庄一带屯聚数百人，沿村抢索食粮。十月，县城内设粥场两处赈济，城隍庙设慈幼堂收养婴孩，又设赈济总局于文昌宫，四乡设分局"。《蒲城乡土教材》载："清乾隆时全县人口二十八万二千六百七十三人，到光绪三年大旱之后减少了十万八千零三十九人。"大、朝大旱，亢阳逾年，先年糜、谷薄收，翌年麦、豆亩仅数升，秋又无收，麦未下种。粮价奇贵，人民大饥。树皮草根，秕糠为粥，鸡犬牛羊，宰杀殆尽，饿殍载道，人相食。城（大荔）东掘有万人坑，灾情连续两年。人民死亡过半，以致人口剧减，大、朝两县，由 41 万多人减到 19.2 万多人。于 1936 年出版的《凶荒》对大旱后惨景作了这样描述："郊原骸骨满，庐舍主人稀；四境无鸡犬，千门绝子孙。"

（二）1928 年、1929 年（民国十七年、十八年）旱灾

1928 年，北洛河流域夏季小麦、大麦歉收，秋未下种，冬小麦亦因没有透雨无法下播。1929 年旱象更加严重，春至秋滴雨未沾，井涸泉干，洛水断流，很多地方赤野千里，春种愆期，夏季收成不过二成，秋季颗粒无收。

白水县草根树皮早已被剥食干净，每天大路上东来西往的尽是饥饿的灾民，随处都有饿死的人。县城北马家堡有个叫陈老六的，因为饥饿痛苦实在难熬，有意在饭食中放了毒药，把全家六口全部毒死。天津《大公报》调查，白水灾后被弃不耕之地占总耕地的 50%。澄城县当时资料说，县内"壮者逃亡四方，老弱填于沟壑"。

澄城县每石小麦由平常的 3 元猛涨到 1929 年的 50 元左右，其他资产却一再贬值，一亩地贱卖到一两块钱，三间大房的木料也只卖到十几块钱。一些穷困的乡下人靠卖产业度日子，土地卖完了卖房卖庄基。

大荔县饥民遍野，草木为食，乃至树无完肤，草无完叶，田园荒芜，农民全都失业，城内成群的乞丐已由乞食转为“抢食”，乡村里的灾民不等饿死，就已经开始寻死。《蒲城县志》载，蒲城赤地百里，饿死2.1万人，西门外“万人坑”尸满，复掘数次。《大荔县志》载，大荔县麦多无收，秋又歉收，粮价暴涨，朝邑每石小麦由10元涨至35元。饥民遍野，草木为食，乃至树无完肤，草无完叶。

第二节　抗旱措施

新中国成立以来，北洛河流域内水利事业蓬勃发展，修建了大批的水利工程，基本上改变了历史上大雨大灾，无雨旱灾的局面，在控制洪水、调节径流、抗旱减灾方面取得了显著的社会经济效益。

北洛河流域抗旱采取下列主要措施：

（1）利用自流引灌工程大面积抗旱灌溉。

（2）利用河岸、河沟抽水泵站抗旱灌溉。

（3）利用深水井泵、大口井、机井分散抗旱灌溉。

（4）利用围堰潜水泵应急抗旱灌溉。

（5）利用水库、淤地坝、谷坊、池塘蓄水抗旱灌溉，并新建抗旱水库和引调提水工程。

北流河流域在2015—2020年新建7座抗旱应急水库。

吴起大树梁水库可向县城每年供水18.44万立方米，有效缓解了县城供水压力，并能够在干旱县城供水不足时发挥应急水源作用，有效维持了区域水资源供需形势基本稳定，有着较大的经济效益和社会效益。

洛川李家河水库可向凤栖镇、黄章乡、旧县镇、永乡乡等4个乡（镇）供水，每年供水效益为5645万元。延川袁家沟水库工程建成后，可解决文安驿镇区居民基本生活用水和工业用水。

甘泉县府村川水库工程为向甘泉工业园、道镇居民生活及工业供水，抗旱应急任务为解决道镇及工业园区居民生活用水，剩余水量供给工业园区生产。

富县大麦桔水库，其常规任务是作为张家湾镇区2020年1.5万人安全饮水及镇区工业用水的补充水源，抗旱应急任务是保障严重干旱情况下张家湾镇镇区1.5万居民的基本饮用水，确保社会稳定。

铜川市印台区后河沟水库是陕西省2014—2016年抗旱应急水源建设项目之一，也是印台区主抓的重点水源工程。工程于2015年10月开工，2017年5月31日水库大坝填筑完成，水库主体完工。2019年3月，随着防汛进场道路扫尾结束，水库全面竣工。工程总投资13310.67万元，蓄水194万立方米，项目累计完成投资12100万元。

白水县厚义水库，设计总库容117万立方米，兴利库容38.8万立方米，滞洪库容36万立方米，淤积库容42.2立方米。主要建设内容为大坝、溢洪道、放水设施、管理站、上坝道路5部分，解决雷牙镇1.63万人的人饮供水和1100亩农田灌溉问题。

白水县彭衙水库，设计总库容 74 万立方米，兴利库容 30 万立方米，滞洪库容 20 万立方米，淤积库容 24 立方米。主要建设内容为大坝、溢洪道、放水设施 3 部分，解决史官镇 1.12 万群众人饮。

（6）采用车辆机械拉运抗旱灌溉。

（7）组建发展抗旱服务组织。

初步形成了以市、县为主体的抗旱服务组织，还组织建立各类专业协会和村组群众抗旱协会。

（8）建设旱情监测站网。

气象和水文部门基本建成了水雨情监测网络，并能将信息及时传送应急局、水利局。农业农村局在各县内布设墒情监测站，形成墒情监测网络。

（9）新建抗旱引调提水工程。

① 延安市 2014—2016 年在北洛河流域建设抗旱调提水工程 4 处。

建设内容为吴起县吴起镇大树梁水库抗旱应急管道输水工程、洛川县石头镇抗旱水源应急供水管线工程 6 个项目；洛川县槐柏镇畔里抗旱应急水源工程、洛川县土基镇南月合抗旱应急水源工程、宜君县福地水库—罗坪一级泵站应急供水工程、抗旱应急引调提水工程属公益性事业。

Ⅰ. 吴起县吴起镇大树梁水库抗旱应急管道输水工程项目实施可提供方便足量、优质的生活生产用水，能够有效改善县城居民生活用水困难，从而提高居民的生活质量和健康水平。项目可向县城每年供水 18.44 万立方米，有效缓解县城供水压力，能够在县城供水不足时发挥应急水源作用。

Ⅱ. 洛川县 2015 年度抗旱应急引调提水石头镇管线工程，解决了石头、百益两乡（镇）23 个行政村 16915 人，镇政府机关单位及商户 1900 人、中心小学学生 670 人的饮水问题。

Ⅲ. 洛川县 2016 年度抗旱应急引调提水槐柏镇畔里抗旱应急水源工程，工程范围北至石泉社区，南到西村，东到黄连河右岸，西至田家河左岸，为一南北狭长的带状地形，南北长 9 千米，惠及洛川县槐柏镇 7 个行政村 0.41 万人以及石泉社区 0.14 万人，合计 0.55 万人的饮水问题。

Ⅳ.2016 年，由于降雨量减少，宜君西河水库出现水源性干枯，水库存水量已不能满足县城居民及建设用水，影响居民正常生活及建设发展，为早日解决此种情况，恢复县城正常供水，10 月初，经宜君县政府同意，宜君县水务局实施了县城应急供水工程，从福地水库向罗坪一级泵站进行引水，解决县城用水问题。宜君县福地水库—罗坪一级泵站应急供水工程总投资 844.33 万元。

② 渭南市 2014—2016 年度的抗旱应急提水水源项目涉及北洛河流域的有 8 个项目。

2014 年度共计 2 个项目：

Ⅰ. 白水县铁牛河—西洼河连通工程批复总投资 600.77 万元，下达资金 481 万元。主要建设内容为：新建取水建筑物 1 座、放水建筑物 1 座，输水管道全长 3.91 千米，年最大调水量 13.56 万立方米。

Ⅱ. 蒲城县东雷二期抽黄向龙阳镇供水工程批复投资 468.04 万元，下达资金 369 万元，计划新建 6421 米渠道，年供水量为 240 万立方米，解决 3.29 万亩农田灌溉用水。

2015 年度共计 3 个项目：

Ⅰ. 白水县北塬乡抗旱应急供水工程批复总投资 1192.47 万元，下达资金 953 万元，新建溢流坝和 1.5 万吨蓄水池 1 座，新修渠道 2.28 千米，年供水量为 53.9 万立方米。

Ⅱ. 蒲城县东雷二期抽黄向龙池镇供水工程批复投资计划 620.66 万元，下达资金 496 万元，新建 9.98 千米渠道，年供水量为 267 万立方米，解决项目区 1.4 万亩农田供水。

Ⅲ. 蒲城县椿林镇山西村供水工程批复投资 568.61 万元，下达投资 454 万元，新建 4.1 千米渠道，年供水量为 210 万立方米，解决项目区 1.1 万亩基本口粮田应急用水。

2016 年度共计 3 个项目：

Ⅰ. 蒲城县高阳镇清泉项目批复投资 452.09 万元，下达资金 361 万元，新建 20.5 千米管道，年供水量为 25 万立方米，灌溉农田 2100 亩。

Ⅱ. 蒲城县高阳镇会通项目批复 459.73 万元，下达资金 367 万元，新建 20.4 千米管道，年供水量为 27 万立方米，灌溉农田 2200 亩。

Ⅲ. 蒲城县永丰镇峪北村抗旱应急水源项目批复投资 495.2 万元，下达资金 396 万元，新建泵站 2 座、进水池 1 座、400 吨蓄水池 1 座，铺设压力管道 2765 米，年供水 51 万立方米，灌溉农田 2880 亩。

（10）实施人工增雨支援抗旱。

各级人工影响天气部门充分利用空中水资源，积极实施飞机、火箭、高炮人工增雨作业，不同程度地缓解旱情，在北洛河流域农业生产、经济建设和生态环境建设中发挥了极大的作用。

（11）充分发挥抗旱服务队机动灵活优势。

北洛河流域各级抗旱服务组织以抗旱减灾为己任，主动出击，急群众抗旱之所急，想群众抗旱之所想，人员齐出动，设备一齐上，深入田间地头，开展流动浇地、设备维修租赁、修复抗旱设施、推广抗旱技术等多项抗旱服务（见图 3–6–1）。北洛河流域抗旱服务组织从 1996 年建立，经历 24 年的建设和发展，已经形成了一支制度完善、管理规范、服务优良的抗旱服务组织队伍。至 2020 年，北洛河流域市级队 5 支，县级队 18 支（其中灌区 2 支，县级 16 支）。各地抗旱服务组织坚持把“服务农业、服务农村、服务农民”作

图 3–6–1　黄龙县抗旱服务队在界头庙镇抗旱（2012 年，黄龙县水务局提供）

为工作重点，通过采取一系列行之有效的措施，积极开展流动浇地、拉水送水和设备维修租赁等服务活动，有效解决了群众面临的抗旱难题，成为抗旱减灾的突击队和服务农民的排头兵。

第三节 典型抗旱救灾案例

一、1995 年洛川抗旱

1995 年 7 月，洛川县大旱，洛川县开展抗旱保秋抢种工作，组织水泵 60 多台、输水管 3000 米，出动油罐车 15 辆，完成夏灌 1.13 万公顷。

二、1997 年黄陵县抗旱

1997 年 5 月中旬至 6 月底，黄陵县境内平均降雨量较历年同期偏少七八成，持续干旱 50 天，造成 5200 公顷早秋作物受灾，4.30 万人及 2.60 万头大牲畜饮水困难。6 月 26 日，黄陵县从 108 个单位抽调领导和干部 386 名，指导、参与开展抗旱救灾工作。抗旱救灾采取引灌、点灌、提灌等形式进行，黄陵县投入抗旱资金 156 万元，投劳 5.30 万人次，动用汽车、拖拉机 1365 台、水泵 980 台；修复水利工程 86 处，整修渠道 28 条 36 千米，修配机电井 6 眼，启用固定式抽水站 8 处，移动式抽水站 33 处，工业供水工程 11 处恢复灌溉面积 40 公顷。至 7 月 2 日，浇灌农作物面积 2800 公顷。7 月 3 日，全县普降小到中雨，平均降雨量 20 毫米，旱情得到缓解。

三、1999 年黄陵县抗旱

1999 年 11 月至 2000 年 5 月，黄陵县境内降雨量不足 200 毫米，干旱持续 120 天，20% 水源干涸，2 万余人饮水困难，川道水浇地干裂，庄稼幼苗大面积枯死，黄陵县 6666.67 公顷农作物、5333.33 公顷果树受旱严重。黄陵县抗旱服务队抽调业务骨干，深入旱情严重的龙首、康崖底、侯庄、街道办事处 4 个乡（镇）指导开展抗旱工作。抗旱历时 40 天，投资 40 万元，上劳 1.20 万人次，动用水泵 50 台、大小拉水车 120 辆；洒、埋旱地龙 2 吨增设供水点 35 处，浇地 200 公顷，局部旱情得到缓解。黄龙县也遭遇了严重旱灾，黄龙县委、县政府组织涉农、涉水等部门采取措施，在首先保证人畜饮水的基础上，努力做好农作物的抗旱保产工作，把灾害损失减小到最低程度。

四、2006 年延安市抗旱

2006 年，延安市北洛河流域发生严重旱灾，受旱面积占播种面积的 71.6%。延安市政府、市防汛抗旱指挥部立即启动抗旱预案，开动 600 多处抽水站、700 多眼机井，架设 400 多处临时抽水设施，组织 13 支县级抗旱服务队和 56 支乡村抗旱服务队，投入 25 万人次，投入抗旱资金 480 多万元，累计灌溉田地 1 亿平方米。

第四篇　水保生态环境建设

北洛河流域是中国水土流失严重的区域之一，水土流失面积 19332.34 平方千米。北洛河洑头水文站测定，1956—1969 年，年平均输送泥沙 1 亿吨，是黄河泥沙主要来源之一，最主要的原因是北洛河流经黄土高原沟壑区，北洛河流域土质（黄绵土）疏松导致水土流失入河。造成土质疏松的主要原因是历史上北洛河流域内人类大规模砍伐森林。如果没有森林，遇到大雨，水分得不到涵养，雨水迅速流失殆尽，黄土高原的黄绵土容易发生滑坡、泥石流等。而有森林存在则可以涵养水分，使水慢慢流出，河流常年有水，不至于干涸。

新中国成立后，经过多年治理，北洛河流域的水土流失恶化的趋势得到有效控制，流域通过实践研究出了“山顶山坡退耕造林、山腰兴修梯田、沟底筑坝淤地”的治理模式。大量的研究表明，流域内水土保持是北洛河流域水沙减少的主要原因，不同水土保持措施的减水减沙作用也各不相同。水平梯田的应用可改变坡面侵蚀角，改良土壤结构，拦蓄降雨，梯田田埂上栽培的植物也能起到延长地表雨水汇流的作用，保留大量的土壤在梯田内。淤地坝具有拦沙作用，拦沙后所形成的坝地抬高侵蚀面，避免沟谷遭受进一步侵蚀。通过这些措施，1980—1989 年十年间，北洛河平均每年输沙量 4700 万吨，较 20 世纪五六十年代下降了一半。

20 世纪 90 年代，我国开展了大规模退耕还林（草），封山育林以及荒山造林工程，使北洛河流域输沙量发生断崖式下跌。2000—2009 年，平均每年输沙量只有 1400 万吨，2010—2019 年输沙量下降到每年 1000 万吨，只有 20 世纪五六十年代的十分之一。

北洛河流域水土保持工作对促进经济社会持续发展起到了十分重要的作用，对减少入黄泥沙与促进黄河下游治理也作出了重要贡献，黄河整体的输沙量由年均 16 亿吨降为 21 世纪的年均 3 亿吨左右，北洛河流域水土流失治理功不可没。

第一章 水土流失

北洛河是黄河中游的多沙粗沙支流，发源于陕西省定边县，流域面积 2.69 万平方千米（其中：甘肃省面积 2326 平方千米，陕西省面积 24574 平方千米），陕西水土流失面积 17434.81 平方千米。

该流域上游为黄土丘陵沟壑区，中游两侧为子午岭和黄龙山，均为次生林区，中部为黄土高原沟壑区，下游进入关中冲积平原地区，是黄河流域水土流失最为严重的流域之一，部分地区受土壤、地形、植被等因素的影响，土壤侵蚀强度大，水土流失严重。历史上受黄河小北干流和渭河下游河道冲淤变化影响，北洛河交替汇入黄河干流和渭河，1947 年汇入渭河。

北洛河流域水土流失严重，多年平均输沙量 6110 万吨（1939—2019 年平均值字），是黄河泥沙的主要来源区之一。北洛河长期严重的水土流失造成植被破坏，农田退化，河道大量淤积，旱涝灾害频繁发生，成为制约区域经济社会可持续发展的主要因素，历来是黄河治理开发的重点区域。

近年来，北洛河流域突出抓好水土保持，实施黄土高原塬面保护、新型淤地坝建设、坡耕地综合整治、小流域综合治理等水土保持重点工程，全面启动粗泥沙拦沙减沙设施建设；开展黄河流域国土绿化行动，持续巩固退耕还林还草成果，科学选育人工造林树种，建设沿北洛河生态带；以洛川塬、渭北台塬为重点，实施黄土高原固沟保塬项目；开展旱作梯田建设，推进雨水集蓄利用；指导规范淤地坝建设，推广高标准新技术新工艺，完善淤地坝风险信息监测预警体系，及时除险加固和改造提升，水土流失治理成效显著。

第一节 流失类型区

一、北洛河上游白于山南侧极强度侵蚀类型区

该区分布在北洛河流域西北部的白于山南侧一带，包括北洛河上游定边、靖边等县，该地为北洛河的发源地。该区西北高东南低，海拔 1100 ~ 1780 米，地形特点为梁长峁大，梁峁相间，以梁为主。植被以灌丛和草本植物为主，西部有梢林零星分布，植被较好。土壤以黄绵土为主，其特点是水土流失极为严重，土壤侵蚀模数达每平方千米 20000 吨以上。沟狭坡陡，沟谷坡度在 35° ~ 75° 。沟壑密度达 5 ~ 7 千米每平方千米，切割深度多在 200 米以上，梁峁兼备，地形破碎，受蚀面广。沟间地与沟谷地之比为 4 ∶ 6 或 5 ∶ 5。荒山秃岭，植被稀少，坡面流水侵蚀及沟谷坡重力侵蚀、沟蚀均较活跃。治理应以林草为主，

综合治理，沟坡兼治。当前应将陡坡弃耕，大力封山封沟，育草育林，尽快恢复植被；荒沟因地制宜修筑谷防，打淤地坝，控制泥沙下泄；坡耕地逐渐退耕，还林还草，做到以发展林牧业为主。

二、北洛河上游强度侵蚀区

该区分布在吴起、志丹等地区。其特点是水土流失严重，年土壤侵蚀模数1000 ~ 20000吨每平方千米。沟壑密度4 ~ 7千米每平方千米。切割深度北部为100 ~ 150米，南部为150 ~ 350米，地形破碎，受蚀面广，沟间地与沟谷地之比为4 ∶ 6或1 ∶ 1。该区基本上是荒山秃岭，植被稀少，流水的面状和线状侵蚀、沟蚀、潜蚀等比较发育。北洛河上游地区采取综合措施，沟坡兼治，以治坡耕地为主，当前应弃耕陡坡，狠抓农田基本建设，争取粮食自给有余，逐步退耕多余坡耕地，还林还草。坡耕地修梯田或采取耕作措施，荒地荒沟因地制宜植树种草、修谷防、打坝淤地，控制泥沙下泄，同时大河两岸应修防洪堤和营造护岸林，确保川台地。北部接近风沙区以林草为主，防风固土，一般不宜发展耕作业。

三、北洛河上游中等侵蚀区

该区包括志丹县南部、甘泉等县境。年土壤侵蚀模数在1000 ~ 10000吨每平方千米，甘泉残塬沟壑区为1000 ~ 5000吨每平方千米。该区梁峁起伏，相对切割深度200 ~ 250米，河谷下部多为基岩，上部为黄土，沟谷坡度多在35° ~ 70°，梁峁坡度在10° ~ 25°，植被稀少，梁峁坡面多农耕地，水保措施不多，坡面及沟谷流水侵蚀、重力侵蚀均较活跃，沟壑密度4 ~ 6千米每平方千米，应弃耕陡坡，停止乱垦轮荒，荒坡荒沟因地制宜种树种草恢复植被，梁顶耕地采取田间措施，做到基本农田相对固定。

四、北洛河中游洛川、富县、黄陵黄土塬沟壑轻度侵蚀区

该区位于丘陵区以南，渭北旱原以北，东、西、北三面为子午岭和黄龙山环抱，为洛川、富县、黄陵一带的黄土塬地区。土壤侵蚀模数为500 ~ 1000吨每平方千米。塬面平坦，坡度在3° ~ 5°。塬边为5° ~ 8°，海拔1000 ~ 1200米，相对切割深度200米左右，沟塬之比为4 ∶ 6，沟壑密度1 ~ 3千米每平方千米。塬面被沟谷切割，呈不规则长条形，沟为典型的V形谷，沟壁45° ~ 75°。重力崩塌、滑坡、沟底下切、侧蚀、沟头前进等都比较活跃，且不断蚕食塬面，在水土流失治理方面，应以保原固沟为目标，塬面大搞平整改土，修地边埂、水平埝地，塬边、沟头应造防护林和修防护工程，荒沟植树种草等。

五、北洛河中下游子午岭、黄龙山、崂山基本不流失区

该区占有北洛河流域中下游子午岭、黄龙山和崂山地区，属石质山地或薄层黄土覆盖的石质山地，海拔1300 ~ 1800米，相对切割深度300 ~ 500米，植被为森林、梢林和幼林灌丛，覆盖度80% ~ 90%以上，不少地方有厚层枯枝落叶层，现代各种侵蚀均不活跃，应加强护林，严禁毁林开荒，有计划地采伐更新。在黄龙山西北坡和崂山山区的局部地区植被稍差，也有被垦为农田的地段遇暴雨有少量泥沙流失，应保护现有植被，禁止毁林开垦，对小块农田应采取田间工程措施和耕作措施，防止水土流失。

六、北洛河下游渭北旱塬沟壑轻度水土流失区

该区位于洛川塬以南，渭河阶地以北，包括白水、澄城、蒲城等县的全部或一部分，该区原高沟深，塬沟相对高差百米左右，最大可达 200 米。年平均降水量为 550 ~ 600 毫米，变率较大。每逢暴雨，洪水集中，经由道路泄流沟谷，塬面受到强烈蚕食，致使塬面不断缩小。一些地方的地面已成为起伏的丘陵，沟壑密度已高达 2 ~ 4 千米每平方千米。全区平均侵蚀模数 2000 ~ 5000 吨每平方千米每年，个别地方高达 5000 ~ 10000 吨每平方千米每年。

七、北洛河下游沙苑风沙地水土流失区

该区位于北洛河下游，渭河、北洛河之间，为一条东西长 35 千米，南北宽 6 ~ 10 千米的狭长沙漠地带，面积 436 平方千米。区内风力侵蚀比较严重，沙漠流动频繁，为中度风蚀地区。

八、北洛河下游河口平原阶地水土基本不流失区

该区位于河流阶地，包括大荔城关、许庄、婆合、埝桥、羌白等 13 个乡（镇），地面坡度一般小于 3° 。年侵蚀模数 55 吨每平方千米，年侵蚀量 33034 吨，水蚀微弱，属基本不流失区。

第二节 流失成因

一 、水文气象影响

水文气象对土壤侵蚀的影响主要是降雨及其产生的径流、大风及温度变化等。北洛河流域水土流失气象影响主要降雨。降雨是形成土壤侵蚀的主要动力。一是雨滴击溅地表土粒形成浅蚀；二是径流侵蚀和搬运地表物质。北洛河流域降雨量主要集中在 6—9 月这 4 个月中，而水土流失也相应地集中发生在这一段时期。

降雨产生的土壤侵蚀主要是由暴雨产生的，暴雨的强度越大，水土流失也愈严重。北洛河流域全年的产沙量，往往是由几场或一场暴雨洪水造成的。降雨量大且时间长的暴雨，则会产生更大的土壤流失。

二、 地质地貌影响

北洛河流域除子午岭、黄龙山土石山地、下游平原段外，广大地区沟壑纵横，梁峁起伏，地面破碎，相对切割深度 100 ~ 300 米。甘泉以北，志丹和吴起等，为梁峁丘陵沟壑地貌，梁长、峁大、沟深。沟壑密度 6 ~ 8 千米每平方千米，沟谷地与沟涧地之比大体是 1 ： 1，大于 25° 的地面占 35% ~ 75%，地面坡度较大。甘泉以南多梁塬沟壑地貌，塬面或梁面较平缓，一般小于 10° ，多在 5° 以下。沟壑地与沟谷地之比为 1 ： 1 或 6 ： 4，沟谷较深，多在 150 ~ 200 米，沟坡较陡，多大于 35° 。沟壑密度 1 ~ 3 千米每平方千米。

三 、地面物质影响

黄土在北洛河流域分布广泛。洛川、富县等塬区厚 100 ~ 150 米，澄城、蒲城、大荔厚 50 ~ 150 米；黄土由粉砂（0.05 ~ 0.005 毫米）组成，质性疏松，具有较多的大孔隙，富含碳酸钙（占 10% 左右），抗蚀性差，遇水易于崩解，形成土壤侵蚀。据测定，中更新世黄土 5 厘米 ×5 厘米 ×5 厘米的土体浸水后 1 分 58 秒至 5 分 16 秒全部崩解，晚更新世黄土浸水后 2 分 8 秒至 4 分 9 秒全部崩解。同时，由于碳酸钙的溶蚀破坏黄土微结构，发生湿陷，常形成陷穴，进而产生潜蚀。黄土速溶性质是北洛河流域水土流失的一个重要因素。

四、 植物被覆影响

植被是控制土壤侵蚀的重要因素。如果地面有较好的植被，暴雨时径流少，流速小，土壤基本上不产生冲刷，水土流失就很轻微。子午岭和黄龙山森林区及土石山区的有林部分属此。黄龙水保站 1960—1967 年对寺沟流域内的油松林、山杨林、灌木林和草坡进行了对比观测，共产流 61 次（缺 1961 年资料）。1964 年观测，在降雨相当的情况下，仙姑河上游寺沟林区比中游南沟非林区，削减径流 78.4%，减少冲刷 94%，削减洪峰 70%。在森林茂密的子午岭、黄龙山、劳山，土壤侵蚀量每年 200 ~ 300 吨每平方千米；在植被稀少的吴起、志丹的北部丘陵沟壑、白于山南侧低山丘陵、子长峁梁沟壑等区域，土壤侵蚀量则每年高达 15000 ~ 18000 吨每平方千米。

五、人为因素

历史上北洛河流域林草植被好。上游原始森林茂密，牧草丰美，塬阜平阔，到处都覆盖着一层厚厚的植被，是适宜农牧的好地方。直到东汉以前，陕北仍存在大量森林、草原、动物，有虎、熊、猴、野猪、黄羊、野骆驼、狐、兔、鹤、鹭等。

北洛河流域从原始人的渔猎活动开始逐步发展到畜牧、农垦，直到现代生产，随着越来越频繁的经济活动和徭役、迁徙、战争等社会活动，产生了水土流失，即人为水土流失。特别是一二百年来，科学技术、机械动力、能源工业的迅速发展和人口的急剧增加，在对水土草木矿产资源加紧开发利用的过程中，由于普遍存在急功近利思想，多施以短期行为，投入少，索取多，破坏和浪费了资源，加剧了水土流失。

从北洛河源头到洛川县北的丘陵沟壑区，整个地貌由于受到严重的侵蚀，完整的塬面已经很少，到处是千沟万壑，陡坡崖坬，梁峁起伏，光山秃岭。广大群众千百年来靠广种薄收、乱垦滥伐、掠夺自然资源生存。长期以来，“三张大口”（人口要吃粮——广种，牲口要吃草——滥牧，灶口要烧柴——乱伐）把这里的林草植被“啃光了”，使人们陷入了“越垦越荒，越荒越穷，越穷越垦，越垦流失越严重，越严重越荒，越荒越垦”这样一个恶性循环的死圈子里，地貌越来越破碎，坡地越来越陡峭。土地养分大量流失，地表拦蓄径流的能力下降，造成和加剧了干旱、洪涝、冰雹、风沙等自然灾害的危害。水土流失也愈演愈烈，许多地方达到极强度侵蚀，为世界所罕见。

北洛河流域黄土高原人为破坏植被的状况大致分为 4 个时期：

（1）从远古到战国末年（前 221 年），以游牧为主，当时黄土高原上是郁郁葱葱的森林和肥美的草原，植被很好，水土流失轻微，黄河很少决口泛滥。

（2）从秦代至西汉，移民屯垦，开始破坏植被。秦国注重农业和战争，大量移民开农田，商鞅变法，大搞兴农开荒。在陕北实行“移民实边”政策，到处开垦种地，破坏林木，加剧了水土流失。汉武帝时，向陕北移民，较大的有三次：一次是元朔二年（前 127 年），“募民数 10 万口”（《汉书》）；一次是元狩四年（前 119 年），迁徙函谷关以东贫民 70 余万口；一次是元鼎六年（前 111 年），又北移 60 万口（这些移民除在陕北外，还分布在陇东、宁夏等地）。军屯垦荒，大量砍伐林木，造成严重水土流失。北洛河开始逐渐由清变浊。

（3）从东汉初年（25 年）到隋代（581—618 年），南匈奴等少数民族内迁至陕北、关中一带，以牧为主，迫使当地农民弃涯或离家出走，由于土地荒芜，牧区扩大，使黄土高原上的植被得到恢复，水土流失减轻，黄河决口次数减少。

（4）从唐代（618—907 年）到近代，农业垦殖有了很大发展，各民族互相融合，牧业民族向农耕民族转化，农田面积又得到扩大，林草地缩小，水土流失发展。到明代（1868—1644 年），北洛河流域森林遭到越来越严重的破坏。清代中叶到中华民国建立时，森林已基本毁掉。至今除小部分次生林和人工林外，大部分是荒山秃岭，一片黄色景观。

民国时期，毁林开荒亦很严重，除各地群众开荒外，抗日战争时期，沦陷区的难民相继入陕，为了安置难民，成立了垦委会，建立了黄龙垦区。在此期间，在中共中央所在地的陕甘宁边区，为了战胜国民党的经济封锁，开展开荒种地的大生产运动。虽然在当时对革命战争的胜利起了重要的作用，但却使部分森林遭到破坏，带来了水土流失的危害。

新中国成立后，在共产党和人民政府的领导下，经过广大群众的努力，北洛河流域的水土流失防治工作取得了很大成绩；但由于人口剧增，建设迅速发展，人为水土流失并没有得到有效控制。

第三节　水土流失危害

北洛河流域强烈的水土流失，给该区带来下列严重后果。

一、分割地面

高原沟壑区，由于长期的径流冲刷和沟岸崩塌，原面不断缩小，分割地面，蚕食耕地。周长涧地口崩塌、泻溜严重。沟床下切，沟头延伸，沟岸扩张。新的沟壑不断出现，把地面分割得支离破碎。丘陵区的农耕地主要分布在梁峁中上部，因长期侵蚀，沟壑面积不断扩大，沟间地日益减少，致使农田逐渐减少，加之人们盲目垦荒，破坏植被，而水土流失又不断蚕食造成损坏耕地的恶性循环。

分割地面即分割沟蚀。北洛河流域支离破碎的地貌主要是由沟蚀造成的，沟蚀是黄土高原最主要的侵蚀形态。按沟的大小和分布，沟蚀可分为浅沟、切沟和冲沟等侵蚀。

浅沟，是细沟的进一步发展。在土层较厚的坡面上，随着多种面蚀的发展，地表径流进一步集中，由小的股流合并为较大的股流，从而冲刷力增大，形成横断面宽浅的浅沟，深度为几十厘米到 1 ~ 2 米，宽度和深度大致相等。浅沟的沟头极不明显，沟口常与切沟相通。这种侵蚀沟非犁耕所能消失，机耕也感困难。

切沟，是由浅沟（或细沟）发展而来的。坡面侵蚀继续强化后，特别是凹形坡面上，较小浅沟的径流集中到较大浅沟中，下切力量增大，沟身切入黄土母质，且有明显的沟头。

切沟深度多在1米以上，并逐渐发展到10～20米，主要分布在黄土梁峁坡的下部和黄土塬的边缘地区，它使耕地破碎，坡面和塬面缩小，是沟间地土壤侵蚀最严重的地方，而且坡度越大，切沟越多。子长县一带，26°～35°的坡地上，平均每10米有切沟2～4条，16°～25°的坡地上有切沟1～2条。切沟不断蚕食坡地，使其割裂成条块，且日益破碎，是沟谷扩展的前沿。

冲沟是由切沟发展而来的。沟身断面比较大，水流更集中，一般深度和宽度可达到30～70米，大者在100米以上，长度达数百米至数千米不等。现代冲沟多是在人类历史时期发育起来的，较大冲沟底部可见于一般洪积阶地。由于冲沟下切、侧蚀、溯源侵蚀比较活跃，冲沟的谷坡上常有切沟，加之边坡重力侵蚀所形成的小块体分布普遍，因此冲沟是黄土地区侵蚀最强烈、水土流失最严重的地方。

图 4-1-1　大荔县水土流失切割冲沟
（2017 年，杨鹏拍摄）

纪实如下：

北洛河流域志丹县金鼎镇石沟流域面积51.3平方千米，由于长期水土流失，造成沟壑面积占全流域面积的54%。25°以上坡地占46%。1977年7月6日下暴雨，周河山洪暴发，使城南滩1500亩良田变成了石子滩，不能耕种。全县冲毁坝地3530亩。

在甘泉，切割冲毁田地。全县耕地多是未经改造的山坡地，1975年坐落在15°～25°坡地的耕地共有222972亩，其中坐落在25°以上坡地的耕地120841亩。这些耕地土质差，植被率低，遇到大暴雨不但冲刷坡耕地、沟台地，而且各支沟洪流冲击，与北洛河汇集，形成一股强大的泛滥曲流，致使洛河两岸河道逐年拓宽，川道耕地遭到破坏。1977年7月6日，洪水淹没19000余亩土地，冲毁良田200余亩，每亩按150千克计产，损失粮食达285万千克。1981年，王坪乡北沟支流洪水冲毁农田180亩。

洛川塬本来有较为完整的塬面，因沟谷发展，现已被分割成6个较小的塬，受到1200多条支毛沟的蚕食，塬边参差不齐，而且沟谷两侧经常出现滑塌，农田受到破坏和威胁。洛川县朱牛乡备村自1980年以来，因塌陷先后两次迁居。

二、土层变薄、肥力衰退

坡耕地严重侵蚀，使得耕层渐次变薄，大量有机质和有效肥分被冲走，破坏了土壤结构，降低了土壤的腐殖质含量和有机质养料，使土壤中的水、肥、气、热失调，物理性质恶化，板结生硬，有益生物作用降低，肥力减退，直接影响农业增产。北洛河流域丘陵区和塬区每年流失土层厚以1厘米计，则每亩流失土壤8吨，每吨土壤中含全氮0.8～1.5千克，全磷1.5千克，全钾20千克，则每亩每年流失氮磷钾181.2千克。

三 、淤积库渠、冲毁坝库等水利设施

土壤侵蚀形成的大量泥沙进入水库、渠道等水工建筑物后，由于水流挟沙能力降低，输沙平衡遭到破坏，致使大量泥沙淤积水库，水库失去调蓄能力，渠道由于河水含沙量高，大量泥沙淤积在渠道中，经常需要清淤，有时河水含沙量过高，还得停止引水灌溉，每年夏季农作物生长用水高峰期，各灌区往往因水流含沙量太大而关闭停水，这就加剧了供需水矛盾，加重了旱情，常形成“卡脖旱”，致使作物受害减产。这样会使水利设施寿命缩短。

纪实如下。

（一）淤积水库

孙台水库位于吴起县吴仓堡乡丈方台沟原孙台村前，坝址距乱石头川 25 千米。经历 1994 年北洛河大洪水后，孙台水库淤满泥沙，转为淤地坝，失去水库功能效益。

石沟水库地处志丹县北洛河支流石家沟河上，于 1975 年 12 月建成，1976 年正式投入运用，是一座发展农田灌溉为主的小（1）型水库，石沟水库，总库容 400 万立方米，仅用 3 年，就淤积库容 132.57 万立方米，平均每年淤积 44 万立方米，使水库寿命大幅缩短，原设计灌溉面积 2279 亩，实灌面积只有 520 亩，只占设计灌溉面积的 22.8%。

1960—1970 年，甘泉县兴建的 10 座水库已有 7 座水库被淤塞。下寺乡蛇河沟水库实地调查表明，总库容 64 万立方米，有效库容 12 万立方米，控制流域面积 71.6 平方千米，计划灌溉面积 1600 亩，经 5 年则淤积泥沙 18 米，淤地 100 亩，降低了灌溉能力。

1976 年，国家投资 3.4 万元，农民投工 3.6 万个，在富县羊泉乡鹿首村建成库容 10 万立方米水库 1 座，到 1980 年 4 年时间淤为平地，未能发挥灌溉效益。

（二）在三门峡库区形成拦门沙

北洛河洪水含沙量高，而且颗粒粗。这样特征的洪水，其灾害防不胜防。多年来，淤积已使下游河床抬高 3 米以上，三门峡库区泥沙淤积达 50 亿吨，在潼关以上“翘尾巴”，每遇洪水 ，洛河、渭河宣泄不畅，多次造成“小洪水、大灾害”，使三门峡库区人民吃尽了苦头，影响了社会安定，成了全省乃至全国的心腹大患。

（三）淤积灌溉设施

淤积水渠会严重影响到农田灌溉。据洛惠渠管理局多年灌溉统计资料，北洛河每年出现含沙量在 15% 以上的时间为 350.3 小时，其中含沙量在 1% ~ 25% 的时间为 120.4 小时，含沙量在 23% ~ 35% 的时间为 159.3 小时。既影响灌溉，又淤积渠道。多年灌溉实践表明：含沙量在 15% 以上，抽水灌溉就得停水，近 1.33 万公顷农田不能灌溉；当含沙量大于 25% 时，自流灌溉就得停止；当含沙量大于 35% 时，只有个别灌区可以灌溉。因淤积严重，曾发生洛西倒虹淤积和西干渠溢岸等险情，每年要投入 1 万多个工日进行清淤。

四 、生态环境恶化、自然灾害频繁

由于水土大量流失，造成该区生态环境严重恶化，气候失调，自然灾害频繁发生。

纪实如下。

1966 年，北洛河水暴涨，富县城区断面洪峰流量高达 4500 立方米每秒；交口河水文站实测泥沙含量 1408 立方米每秒，如不挟带泥沙，则洪峰流量 3092 立方米每秒，损失将

大为减少。1977 年 7 月 6 日，北洛河、葫芦河同时暴涨，洛河洪峰流量 3800 立方米每秒，仅次于 1966 年。富县沿河两岸灾情严重，死亡 3 人，摧毁农田 3 万余亩，冲毁渡槽、滚水坝 8 座。恢复水毁工程耗资 28 万余元，同年北洛河洪水冲坏甘泉县农田 1735 亩、土坝 20 座、石坝 8 座、公路桥 1 座，冲毁大小水利设施 74 处、水电机具 158 台件，总计损失近百万元。

1982 年，甘泉县城关镇瓦窑沟洪水泛滥，冲毁农田 316 亩、塘池 26 座。同年 6 月 18 日，石门乡北沟洪水冲毁农田 180 亩、桥梁 1 座、土坝 34 座、堤岸 4000 余米。北洛河 20 年一遇、洪峰流量 5000 立方米每秒以上的洪水危害更大。1966 年 6 月、1977 年 7 月，两次洪水包围甘泉县汽车站，水位与涝山河渡槽平，回水至臭河子，道镇公社拖拉机站、六里峁供电所被水淹，淹没水轮泵站 6 处、发电站 2 处，淹没土地 3 万余亩，冲毁良田 600 余亩，损失达 100 余万元。

第二章 治理防护

北洛河流域悠久的旱作农业为水土保持的产生和发展创造了客观条件，也为悠久的水土保持历史提供了无可辩驳的依据。其突出的表现是，水土保持耕作措施和引洪漫地措施的产生、发展以及在农业经济中的重要地位，把陕西的水土保持起源延伸到了春秋以前。从夏禹平治水土创造“沟洫”治理和“畎田”法到现在已有5000年历史。尽管战国以后，北洛河流域农田水利有了很大发展，但更大面积的仍是以旱作为主的沟洫农业。

第一节 历史沿革

从春秋战国时代推行“沟洫”、“畎田”（又叫甽田）、“区田”法以来，对当时农业生产的发展起了有力的促进作用。在以后的年代里，又经过不断改进、提高和发展，虽叫法不同，但都属于长期以来所推行的水土保持耕作法，其最基本的做法为穴播和沟垄种植。先秦以后，“代田法”在流域内推广。魏晋时期，流域内普遍推行犁耕和出现铁齿耙，垄作法由过去的“掩地表亩”发展到耕地作垄、耧耩作垄，保土蓄水的效益更为显著。这种耕作技术到明代又叫“亲田法”，现在，北洛河流域从南到北，这种与干旱作斗争的水保耕作法一直还在应用和推广。

民国十六年（1927年），陕西省政府建设厅拟文指出：“凡垦之地均须督令农人修治平整，三畔高仰，中部略低，中间再设纵横十字沟洫，并沿畔植树。如此，则降雨时土地余水，下地承受，节节收容，使肥之质不消失。”1940年，“水土保持”一词正式产生，被社会所接受。1942年，陕西省政府建设厅长拟文指出：“增进粮食生产实为当务之急，而保持土壤尤为增进农产之本，于是制定防止土壤冲刷办法，通令全省遵照实施，期将所有倾斜地面，依照古代沟洫方法，一律改筑梯田。”社会上一些有识之士和专家学者，也越来越多地关心水土保持的发展，撰文发表自己的见解和主张。例如李仪祉、张含英、任承统、蒋德麒、曹树道、陶克以及美籍专家罗德民等，在民国时期为水土保持事业的发展，都做了一定的探索工作。

新中国成立后，水土保持始终伴随着农业生产的发展而发展和政治形势的起伏而起伏，随着人们认识的深化和社会水保意识的增强而不断完善和提高，随着各项经济建设发展的需要、生态环境恶化、人为水土流失加剧而产生了一系列水保法规和制度，增强了预防保护意识和法治观念。

1957年以前，北洛河流域广大农村完成了土地改革，农民分到了土地，生产积极性空前高涨，加上政治形势稳定，各级政府重视，为水土保持的试验、示范和宣传推广创造了良好的社会基础。北洛河流域先后建立了一批水保试验站和推广站，并通过一系列扎实细致的工作，使水土保持由点到面，由试验、示范到推广，由单项措施到综合治理，得到迅速的发展。随着各项试验的成功，北洛河流域各地级市、县成立了水保站。农业上，由修地埂、坡式梯田很快发展到水平梯田；塬面治理，由地埂、软埝很快发展到水平埝地。治沟由小淤地坝发展到大型沟壑土坝。荒山荒坡造林种草也有一定的发展，特别是一些水保站通过试验示范，引进和推广了一批优良经济林、果、草种。

1980年，改革首先从农村开始，逐步推行了家庭联产承包责任制，从根本上解决了“吃大锅饭”的问题，调动了群众的生产积极性。在这个基础上，北洛河流域的群众首先创造了户包治理的经验，由于把治理中的修、管、用和责、权、利结合了起来，极大地调动了千家万户治理千沟万壑的积极性，大大加快了治理速度。一些承包户在三五年里就可治理好自己所承包的一面坡、一座山、一条沟或一片小流域。

农村推行家庭联产承包责任制，为广大农民群众所拥护，但各地一度又出现了乱砍滥伐林木、主毁坏水利水保设施、乱占耕地的现象。各级部门及时发出关于加强农田水利基本建设的“通知”和“决定”，增加农田基本建设投资，省、地、县各级成立了农田基建指挥机构，加强了对农田水利和水土保持的领导。水土保持工作又得到了迅速、全面的发展。进入20世纪90年代后，特别是退耕还林政策推行后，水土保持工作作为脱贫攻坚的重要内容，调动了各方面的积极性，开展了更加广泛的持续不断的治理荒山荒坡活动，许多地方治理开发一面山坡、消灭一片荒山、建成一处园林、带动一批产业、致富一方群众，达到山青、水绿、粮丰、林茂、人脱贫的目的。

北洛河流域上游地区包括定边、靖边南部和吴起、志丹等县，地广人稀，自然条件恶劣，水土流失极为严重。据有关资料，这一带面积仅占全流域的30%，而输沙量却占88%。因此，这一地区是北洛河流域治理的重中之重。以固沟保堋、引洪漫地、大力营造水土保持林、发展畜牧业为主；同时结合大搞基本农田建设，做到粮食自给。在定边、靖边建立50万只羊繁育基地；在吴起、志丹建立3.33万公顷沙棘和3.33万公顷用杏基地。发展旱井、涝池及其他小型蓄水工程，解决人畜饮水困难。

中游的黄土丘陵沟壑区和高原沟壑区，土地资源丰富，光热充足，以小流域为单元，综合治理开发在人机结合修建高标准基本农田的基础上，逐步实现陡坡退耕还林还牧，推广节水灌溉技术，做到少种、优质、高产。积极开发沟坡资源，在南部高原沟壑区的洛川、富县、白水、澄城、合阳、蒲城等县建立13.33万公顷优质苹果基地、1.33万公顷地埂花椒基地、0.67万公顷酥梨基地。

在下游阶地平原区，以发展水利、洪水淤灌、改善灌溉条件、建立高产稳产的粮棉油生产基地作为重点，同时注重大荔沙苑4万公顷风沙地的综合开发利用，建立0.067万公顷花生、黄花菜基地。

洛惠渠近年来利用高含沙洪水淤灌改造盐碱地10万亩，1992年7月29日洛河洪水含沙量高达57%，洛惠渠及时把洪水引进常年荒芜的卤泊滩，一次改造良田2000多亩，还利用泥沙落淤后的清水解除了4600多亩庄稼的旱情。现在不仅在洛河下游，而且在陕北上游和中游，都在利用山洪、塬洪、路洪等进行引洪漫地。

1949年以来，通过国家八大片治理、坡耕地综合治理、小流域坝系工程、退耕还林还草、土地整治、封禁等项目的实施，截至2010年底，北洛河流域水土流失综合治理面积累计达到7700平方千米，其中兴修基本农田19.2万公顷，营造水保持林32.06万公顷，经济林果10.8万公顷，人工种草11.25万公顷，封禁治理3.75万公顷；建成中、小型淤地坝1880座，骨干坝70余座，水土流失治理程度由1995年的25.74%提高到2010年的46.1%。北洛河流域内各市（县）水土保持局（工作站）2017年统计结果表明，截至2017年底，陕西省北洛河流域水土流失面积为17434.81平方千米，累计水土流失治理面积10277.73平方千米，水土流失治理程度为58.95%。

第二节　坡耕地治理

一、梯田

北洛河流域很早就有了梯田耕作技术，西汉末年（前30年），《汜胜之书》中记载归属三辅的北洛河下游地区，“区田以粪气为美，非必须良田也。诸山陵近邑高危倾阪及丘田上，皆可为区田”。把作沟、分区、精耕、密植和灌溉施肥应用在北洛河流域的山、陵、坂、丘田上，是梯田作物技术上的一个显著进步。《汜胜之书》还述及“始种稻欲温，温者缺其塍，令水道相直，夏至后大势，令水道相错”，令稻田“水道相直”和“水道相错”，反映因田块不等高而使田水流动，从高一阶流向低一阶。1957年，万国鼎的《汜胜之书辑释》认为，这是中国“梯田的萌芽”。石声汉所著《汜胜之今释》认为这是“起点形式的梯田”，即原始型梯田。

这些建立在山坡的田面，“自下登徙，俱若梯磴，故总曰梯田”。至明代，北洛河流域的梯田已经连片分布。1949年以后，坡式梯田、水平梯田建设逐步纳入农业发展总体规划，实行水、田、林、路统一规划，综合治理，按20年一遇24小时最大暴雨的防洪标准建设，由分散发展到集中连片，并向高质量、高标准、高效益、大规模的方向发展。

（一）坡式梯田

坡式梯田，即在坡面上沿等高线修成一条条地埂（坡面仍保持原坡度），以拦截雨水，减轻冲刷。20世纪50年代中期以前，各地修梯田多为坡式梯田。

（二）水平梯田

20世纪50年代中期，水保部门着手研究将北洛河流域的坡式梯田改为水平梯田，一般水平梯田田面宽7～15米，坡高2～4米，比坡式梯田增产75%。1956年，在北洛河流域的甘泉、富县等县开始修建水平梯田。

20世纪60年代末，北洛河流域的水平梯田基本取代了坡式梯田。进入20世纪90年代，陕北水平梯田建设由面宽3～5米的窄条梯田向面宽10米以上的宽台梯田发展。“八五”期间（1991—1995年），延安地区实施“以工兴水”战略，规定征用耕地实行“征一修五”（征

1 亩旱地修 5 亩梯田）、“征一修十”（征 1 亩水地修 10 亩梯田）的补偿政策，在吴起、志丹等县实行“以油兴水”“以煤兴水”等返还治理政策。1990 年，志丹县周河乡组织群众会战 2 个月，率先把过去几十年来兴修的 5 ~ 6 米宽的窄梯田拓宽到 10 米以上的宽台梯田，削平两道梁的 20 多个山头，修通 18 道湾，修成高标准连片梯田 800 多亩，谷子平均亩产 300 多千克，玉米 400 多千克，有的亩产达千斤。宽台梯田建设逐步推广到北洛河流域其他地区。

坡耕地改水平梯田可以让人均增加基本农田 0.6 ~ 1.9 亩，同时配套实施截排水沟、蓄水池窖等措施，遇到暴雨，大部分降雨都被梯田层层拦蓄，没有造成明显的水土流失和洪涝灾害。坡耕地变为水平梯田，每亩梯田粮食产量可以达到 2 ~ 3 亩坡耕地的产量，实现了少种多收，是退耕还林“退得下、还得上、稳得住、不反弹”的有效保证措施，加快了区域植被的快速有效恢复。

图 4-2-1　宜君县哭泉镇水平梯田
（2023 年，田晓强拍摄）

二、水平埝地

在黄土塬区，群众在塬边修成的有埂畔，田面平展，蓄水又保土、保肥，能高产的基本农田称为埝地。埝地田块整齐，地面水平，易于灌溉，便于机耕，在一般情况下，水平埝地能把全部降水拦蓄在土壤里，不致产生径流和冲刷。据陕西省林业设计院观测，埝地园田化区域的风速比未园田化地区降低 22.9% ~ 36%，夏季高温期降温 5.5%，冬季低温期温度升高 16.9%，空气相对湿度提高 1%，小麦增产 15.6% ~ 25.7%。特别在遇到干热风的年份，林网区域要比无林网区域小麦产量高出 37.9%。20 世纪 80 年代末期以来，各地又推广地膜覆盖、配方施肥等先进经验，使水平埝地的旱作玉米亩产上千斤，小麦亩产 200 多千克。水平埝地是在塬面或缓坡地上，基本上沿等高线修建的较大面积的水平条形农田。水平埝地修建方法是，沿等高线在规划好的地埂处夯打土墙（埝），其高度稍高于平整后的地面，起挡土和分割田块的作用。

图 4-2-2　澄城县水平埝地
（2017 年，澄城县水务局提供）

纪实如下：

1955 年，洛川县黑木村修埝地总长 10473 米，修地边埂 1519.5 米，沟边埂 103.5 米。1957—1964 年，洛川县武石公社上花园队，修塬地软埝（平均高 1.6 米）总长 140 千米，锁住 11 个走水梁峁，夷平 6 个“鳌背”塬（塬面上突起的馒头形峁头）。1964 年，塬地治理由软埝转向椽帮埝，这是水平埝地的起源。同年，黄陵县在隆坊塬白村搞椽帮埝试点，成为塬区水平埝地建设之开端。20 世纪 70 年代，水平埝地大发展。田面宽 15 米，“三端（方言，“端”是直的意思）一平”（林直、路直、埂直、地平）。20 世纪 80—90 年代，水平埝地整修技术大大提高，统一规划，集中连片，宽在 20 米以上，有些达 40 ~ 50 米，但多数未保留表土，修好地后多用拖拉机深翻，又增施肥料，保持新修埝地当年不减产。

20 世纪 50 年代，北洛河流域下游渭南地区渭北各县塬坡治理初期，群众沿等高线修成波浪状间距 30 ~ 50 米不等的土埂，名叫软埝，能起到一定的蓄水保土增产作用，但经两三年耕作便被拉平，而后被水平埝地代替（群众把塬面修成的宽幅梯田称为水平埝地）。20 世纪 60 年代初，澄城县群众创造的椽帮埝（修水平埝地时用木椽修筑地埂）经验推广到渭北各县，水平埝地得到很大发展。进入 20 世纪 80 年代后，渭北夏季农田基建形成制度，并采取集中连片搞会战的形式加快修田平地。

三、水保耕作法

水保耕作法，是在尚未修成水平梯田的坡耕地上拦截降水，减少径流，保持水、土、肥的耕作措施，主要有垄田耕作、坑田耕作、水平犁沟、覆盖耕作、少耕免耕等。它能就地拦截雨水，加厚土壤的活土层，增加孔隙度和通气状况，改善土壤的热容量和导热性。据 20 世纪 50 年代各地水土保持试验站观测，在中等坡度的坡耕地上，采用水保耕作技术和措施后，多年平均拦蓄径流 53% ~ 79%，减少冲刷 51% ~ 85%。水保耕作法又分为水平沟种植法、垄沟种植法等。

水平沟种植法，主要适宜于山地、梁峁地、坡塬地，即在山坡地上沿等高线耕作，用山地犁开沟，然后在原犁沟的内侧再耕 1 次（故又叫套二犁耕法），深耕松土起垄，改变小地形，增加地面糙率，形成水平沟垄，以垄拦水，以沟蓄水，保水保土，一般比坡地增产 30%以上。

垄沟种植法，适宜于川、塬、台、沟、坝地和缓坡地。基本原理与山地水平沟相似，由于沟深垄宽，多在春播作物上推广应用。一般是在秋耕保墒的基础上，翌年春季前，用拖拉机或畜力深耕起垄，开沟深达 25 ~ 30 厘米（畜力开沟 20 厘米左右），集中施肥（农家肥和化肥）于沟中，再顺沟浅犁一次，随后播种，深种（种在 20 厘米深处）浅覆土（盖土 5 ~ 7 厘米），采取顺行镇压，注意保留沟垄。

四、 植物护埂

植物护埂（地埂利用）在北洛河流域具有悠久的历史，但在新中国成立前没有多大发展，只是群众自发在一些田坎上零星地栽一些树，效益也不显著。新中国成立后，水保部门通过调查研究，总结群众经验，抓点示范，进行宣传推广。20 世纪 80 年代以后，已经把植物护埂当作提高农田基本建设效益、群众脱贫致富和水土保持重要措施，有计划、有步骤地抓了起来。北洛河流域的甘泉、富县发展枣树、桑树护埂，澄城、白水等县发展花椒、柿子护埂，已成为这些县发展水保经济的主导产业。

植物护埂具有很多优越性，其中主要的如下：

（1）可以挖掘土地潜力，缓解人地矛盾。

从大量调查来看，地埂一般占总耕地面积的10% ~ 15%，坡度陡的地占地可达20%，是一项巨大的土地资源。

（2）可以改善农业生态环境。

北洛河流域各类土地中坡耕地是水土流失的重点，经过坡改梯之后，虽然水土流失大大缓解了，但是没有植物措施的配合和防护，很难达到高效功能。地埂植物的建立，把基本农田的工程埂变成生物埂。生物护工程，工程养生物，给光秃的地埂上披上绿装，使大面积光秃秃的丘陵山峁、塬面沟坡的梯田上增加了绿色植被，改善了农业生态环境，如果再科学地配置上农田防风林网和沟边、峁边、峁顶防风林带，山地的生态环境就会发生根本变化，山川变得更加秀美，特别是基本农田就能得到绿色屏障的保护，提高防御各种自然灾害的能力。由于增加了绿色屏障的保护，使地埂和基本农田大大减轻暴雨的直接冲刷，降低动能，减轻侵蚀。植物护埂还能减轻风灾危害，据观测，1米高的地埂密植桑树，可降低风速25% ~ 30%。花椒护埂，树高7倍范围内可降低风速28%，七八月可降低气温0.5 ~ 1摄氏度。如果再配合上农田林网，效果更佳。植物护埂还有减少蒸发，增强保水功能，据西北农林科技大学测定，柿树护埂，在同段地埂上，有柿树处在前期（3—6月）和后期（9—12月）土壤水分均比无柿树处高0.5% ~ 2.2%；花椒护埂土壤水分提高2.9%，蒸发量降低28.77%。

（3）有利于发展多种经营。

北洛河流域上中游各地适宜在地埂上发展的林草有沙柳、乌柳、沙棘、桑树、葡萄、柠条、紫穗槐等；下游渭南高原适宜在地埂上发展的林草有花椒、柿树、泡桐等；这些都是当地发展多种经营、发展商品生产的重要资源。越是土地少的地方，群众越重视植物护埂，利用地埂栽植经济林果发展当地“拳头”产品，取得了十分显著的经济效益。

五、椽帮埝

椽帮埝，用木椽修筑地埂的水平埝地。澄城的传统民居以窑洞为主，自古就有打帮箍窑、缠窑背、筑土墙的经验，借鉴这项技术，开始有部分农户用椽帮埝，修筑水平埝地或梯田，用以保水、保土、保肥，增加作物产量。

纪实如下：

据澄城新编县志记载，明朝中期，窑头镇锁子村一户农民为留住地边坡路上流下来的雨水，用椽帮埝300多米，将一块5亩大小的走水地变成葫芦瓢形，路上的雨水从瓢把流入，全渗入地里，尽管每年种麦整地时，低洼田块总会有不能及时分墒的现象，但迟种的庄稼却年年丰产，而且用这种方式所筑的埝历经数代，从未冲垮漏水，故取名“金盆”埝地。清代光绪年间，王庄西洛城村有9户村民，在西沟的簸箕掌用椽帮埝900多米，连筑抬田14块，内低外高，膛实坡缓，进水有渠，退水有路，逢水入田，遇旱保墒，百余年不垮，村民称为“粮食屯”。

虽然这种保水、保土、保肥效果显著的水保措施在澄城境内有百多年的历史，但过去仅在局部地区零星应用。

经历了20世纪60年代初“低标准”困难时期的考验，干部和群众更加深切地认识到，求生存、奔富裕，必须抓好高标准农田的建设。1963年，澄城城郊公社的埝村和寺前公社的吴坡村总结前人的经验，以及合作化后修地的实践，把打窑帮、缠窑背、打墙的办法用在造田修地中，把折埝提升为“椽帮埝”。1963年，澄县委、县政府因势利导，在尧头公社锁子头四队召开了高产田块现场观摩会，向全县推广“椽帮埝”经验。

在澄城县“农业学大寨”的热潮中，原陕西省委第一书记霍士廉在醍醐公社汤家坡大队蹲点时，率先做出样板。此后，县、社都插标布点、树立样板，选了14个县点、16个社点、47个大队点、88个生产队样板埝和坝点，组建起1400多个农田基本建设专业班子，到处红旗招展，热火朝天。

澄城县“椽帮埝”的成功经验，受到上级党委、政府的重视。1964年，苏忠民县长应邀赴京参加了水利部举办的黄河流域水土流失治理论证会。与会的有国务院副总理谭震林、水利部部长钱正英以及有关领导和专家20余人，周恩来总理在百忙之中也参加了这次论证会。当时在参会的人员里，苏忠民年纪较轻，而且个子比较低。开会休息期间，周总理走过来亲切地拍着他的肩膀，称他为“娃娃县长”。苏忠民曾经回忆说：“那一刻，我的心里非常激动、温暖，一辈子也忘不了。”

1964年，黄陵县在隆坊公社白村搞了椽帮埝地试点工作，收效很大，因而先后在白村召开过多次椽帮埝地现场会，水土保持工作由沟谷治理又转入塬面治理，由折软埝转入椽帮埝为主阶段。

1965年冬，陕西省在澄城县召开了“陕西关中旱塬地区农田基本建设现场会”，把澄城县的农田基本建设推向了高潮。同年12月，西北局召开了西北地区农业经验交流会。澄城县县长苏忠民、农牧局副局长王保洲参加大会，苏忠民在会上介绍了经验，澄城县还被西北局树为“农业战线四十面红旗单位”之一。澄城县委、县政府领导全县人民进行了大面积、高质量的农田基本建设，3年时间，使旱塬面貌发生了巨大变化，60%以上的水土流失面积得到初步控制，把70万亩塬、坡地建成了水平梯田。1965年的粮食总产量比1962年增长1倍。当时的中共中央书记处候补书记、西北局第一书记刘澜涛在14县负责人座谈会上说：“西北地区有309个县、市，要争取在几年之内能有六七十个县成为皮山、澄城那样的先进单位。”

图4-2-3 澄城县椽帮埝施工
（20世纪80年代，澄城县水务局提供）

随后，澄城县椽帮埝得到国家农业部的重视，在国家农业展览馆展出“澄城县水土保持工程椽帮埝”版面。

1966年1月，国务院原副总理余秋里到澄城县视察，在省、市、县领导的陪同下，徒步登上旱塬，放眼眺望蔚为壮观的椽帮埝工程。在阿銮寨的田间地头，余秋里用手摸了木椽在新土上留下的清晰印痕后感慨不已：

“这是要用多少时日、花费多少劳力、流多少汗水才能完成的工程！这里的领导真能干，这里的群众大干社会主义的劲头很足。”

椽帮埝具有坚固耐久、保水、保土、保肥，埝埂窄、埝坡直、占地少和施工不受季节限制的优势，迅速在渭北地区推广。进入20世纪80年代后，渭北兴修水平埝地，普遍采取集中连片搞会战的形式，大大加快了治理的速度，出现了一个夏季完成全年治理任务的新局面。

六、引洪漫地（水土保持）

引洪漫地就是引用暴雨产生的洪水漫灌川地、台地、坝地等，它有控制水土流失、减少泥沙下泄、淤地造田、增肥保墒、提高产量等好处。

富县塞子峁生产队从1972年开始利用沟坡洪水漫地40亩，5年淤土23210立方米，做到泥土不出沟。

甘泉县关家沟大队，1973年开始利用水轮泵抽北洛河洪水漫灌川地650亩，4年淤泥35351立方米。

洛川县杨舒乡杨庄河大队，连续三年利用坡、沟洪水漫地和抽北洛河洪水淤灌400亩沙板地，粮食亩产逐年提高，一般比未灌地亩产高一倍多。

第三节　沟壑治理

北洛河流域地处黄土丘陵沟壑区和黄土高原沟壑区，千沟万壑，沟蚀活跃。沟壑治理措施主要有封沟埂、沟头防护、谷坊、淤地坝等工程措施。

一、封沟埂

封沟埂，又叫“沟边埂”“塬边埂”“锁沟畔”，是新中国成立后黄土旱塬群众在保塬固沟实践中创造的一种治理沟壑方法。

封沟埂工程，是在沟岸上缘修筑一条围绕沟边阻止塬面径流下沟的土埂，配合林带，是黄土高原治理塬面的最后一道防线，也是治理沟道的第一道防线。建设中，与塬面上农田基建、集流槽胡同治理和沟头防护工程结合，与植物防护带结合，因地制宜，因害设防。沟边以上治理程度高，沟岸又比较稳定的地方，封沟埂的断面稍小；沟岸陡峭，滑坡、崩塌严重的地方，封沟埂距离沟岸最少3米以外，埂外的灌木带也较宽；村庄临近沟头，又有径流汇集的地方，封沟埂则与沟头防护工程结合，施工断面较大。

澄城县自1984年以来建成封沟埂1000多千米。1986年，陕西省水利水土保持厅在澄城县召开封沟埂经验交流会，推广澄城等地的经验。

二、沟头防护

沟头防护工程在北洛河下游渭北地区有悠久的历史。渭北塬区沟头防护的主要形式分为排水式和封闭式两大类。

沟头以上集水面积大，来水不能完全拦蓄，则在沟头建设排水设施。排水式沟头防护有悬臂式和陡坡式两种。渭北许多地方采用青砖或块石浆砌成直立跌水式、陡坡排水式或草皮护坡式的沟渠防护工程。

沟头以上集水面积小的地方采取修涝池、打水窖等拦蓄措施，全部拦截来路水，或在沟头上部修筑土埂、土墙或浆砌砖墙等，将入沟径流全部切断。这种形式多和生物护埂、封沟埂、涝池、水窖等工程相结合。

三、谷坊

谷坊是指在支毛沟修建的高度在5米以下的小淤地坝，既可拦泥固沟，又可淤地种田。按其所用材料，谷坊可分为土谷坊、柳谷坊、石谷坊、土柳结合谷坊等。谷坊起稳定坡脚，防止沟底下切，抬高沟道侵蚀基点，防止沟岸扩张的作用。谷坊大部分设在毛沟上，有极少数在小支沟或冲沟上，自上而下节节布设，构成支、毛沟治理的谷坊群。

图4-2-4 甘泉县石门镇谷坊（甘泉县水务局提供）

民国九年（1920年），李仪祉在《黄河治本规划概要》中提出，去河之患，在于防洪，必须防沙，防治之法分两种：①防止冲刷，以减少泥沙来源；②设置谷坊及堵其去路，山谷之间设横堵，既可节节拦洪流，且可淀出淤沙，平丘壑。

北洛河流域基本为土谷坊，是用土料填筑而成的，也有少数石谷坊。修筑方法和规格、效益等要求与淤地坝基本相同，这项工程，由于工程量比较小，多是群众自发兴修的。1955年，吴起县洛源乡麻地沟筑起了全县第一座谷坊。坝高10米，库容8万立方米。1957—1958年，洛川县黑木村修柳谷坊150多座。

以北洛河流域甘泉县为例，2010年底，甘泉县共有31座谷坊（坝），分别为桥镇2座、下寺湾3座、石门3座、高哨2座、崂山2座、城关镇5座、道镇7座、东沟7座。谷坊大多为乡（镇）在农田大会战中平整农田时根据地形，自行设计的封沟拦泥、蓄水简易工程。在国家项目建设中，均未注册登记备案。

四、淤地坝

水土流失严重的地区，群众在沟道里修筑土坝，拦蓄洪水泥沙，使大量的肥土淤积在坝内，变成沟底平地，群众称为“坝地”，水利工程上称为淤地坝。淤地坝属谷坊工程的发展与提高，坝高超过5米，是治理沟壑的主要工程措施。建设淤地坝有巨大的经济效益、社会效益和生态效益。

淤地坝工程有效地防止沟道下切和沟岸扩张，减少沟岸崩塌、泄溜，使侵蚀基点平均抬高5.35米，有效地减少了河流泥沙，确保黄河安澜。淤地坝是防止泥沙下泄的最后一道防线，分布于沟沟壑壑的淤地坝从源头上把泥沙就地拦截，减少了北洛河的淤积，保护了下游安全，为下游节省了大量的清淤加堤费用。

淤地坝提高土地产出率，改良土壤、改变生产条件，增加耕地面积，使粮食产量大幅度提高，增加农民收入。一方面，淤地坝坝地主要由山坡表土随坡径流汇入沟道淤积而成，水分充足，土地肥沃，抗旱能力强，在坝地上引进优质品种，通过地膜覆盖、温室大棚技术的使用和推广，大力发展核桃、苹果、烤烟、茶叶、蔬菜等高效产业，促进了种植结构的调整，提高了农业集约化经营程度、土地生产利用率和产出率，促进了农业和农村经济的持续增长，加快了群众脱贫致富奔小康的步伐。另一方面，在平坦坝地上农业机械的广泛使用，解放了生产力，结束了肩挑背扛的繁重劳动，使群众有更多的时间外出打工增加收入。有的群众直接参与项目建设增加收入，有的通过土地流转租赁土地增加收入，使当地群众得到了“一份土地、两份收入（土地租赁、企业打工）、三方兼顾（种地、就近打工、照顾家庭）”的实惠。三是促进退耕还林改善当地生态环境。坝地是稳产高产的基本农田，每亩坝地可促进 6 ~ 10 亩坡地退耕造林，减少水土流失。

（一）北洛河流域的淤地坝建设

淤地坝在黄土高原地区有着悠久的历史，距今 400 多年前就已在黄土高原丘陵沟壑区的沟道中出现。

淤地坝的真正大发展是在新中国成立后才开始的。在发展过程中，走过了由小坝到大坝，从单坝到坝系联合运用的复杂过程。经历了试验、示范、推广普及、大发展、巩固完善等几个阶段。

图 4-2-5　志丹县孙岔罗子沟骨干淤地坝
（2015 年，志丹县水务局提供）

新中国成立后，淤地坝首先在陕北通过试验、示范，逐步发展。1953—1954 年，群众打小坝的经验得到推广。1955 年，吴起县在薛岔乡卧虎梁沟打起了该县第一座中型人工淤地坝，坝高 20 米，库容 20 万立方米，可淤地 90 亩。从此以后，打中大型坝淤地在流域内推广。

1957 年以后，群众提出“干沟打坝聚湫滩，荒沟变成米粮川”“沟壑川台化”等口号，淤地坝在黄土丘陵沟壑区得到迅速发展。在 1970 年北方农业会议和中共中央给延安复电精神的推动下，黄土丘陵沟壑区群众修建淤地坝的积极性空前高涨，许多社队提出“大队打群坝，小队打大坝”的口号，出现了冬春大会战，专业队与群众运动相结合的新局面，淤地坝建设的规模、进度、数量等都超过以往任何时期。

20 世纪 50 年代，淤地坝建设的主要施工工具以小土车、木夯为主。后发展到推土机等机械碾压，大大提高了工效和碾压质量。20 世纪 60 年代，陕北群众创造了水坠法筑坝技术，1969 年北洛河流域吴起县湫头首次进行了水坠坝试验。具体试验项目为：水力冲填、水中倒土。试验证明，水坠筑坝，具有速度快、质量高、投资低的优点，很快被群众接受。1971 年，陕西省水保局在总结推广水坠坝经验的基础上规范筑坝施工技术。之后，群众又创造水枪冲土筑坝施工技术，进一步提高工效，加快了淤地坝的发展。

1. 黄土高原小流域淤地坝系工程

2003 年，水利部在黄土高原地区实施了以小流域淤地坝系建设为主要内容的淤地坝建设工程。截至 2015 年，陕西省北洛河流域共实施小流域坝系 18 条，其中延安市志丹县、富县、甘泉县共 5 条，铜川市印台区、宜君县共 2 条，渭南市白水县 1 条。

（1）志丹县保娃沟、门牛沟 2 条坝系。

保娃沟、门牛沟属于北洛河周河水系。2 条坝系共建设淤地坝 76 座，其中骨干坝 28 座、中型坝 18 座、小型坝 30 座，总库容 3813.01 万立方米，拦泥库容 2573.11 万立方米，可淤积土地 273.91 万平方米，总投资 4387.62 万元。

（2）甘泉县岳屯坝系。

岳屯沟为北洛河一级支流，位于北洛河右岸，河流全长 24.2 千米，岳屯沟流域总面积 103.9 平方千米。岳屯坝系共建设淤地坝 41 座，其中骨干坝 9 座、中型坝 10 座、小型坝 22 座，总库容 1108.24 万立方米，拦泥库容 471.83 万立方米，可淤积土地 87.22 万平方米，总投资 1230.44 万元。

（3）富县余渠河、沙西沟 2 条坝系。

余渠河为北洛河支流葫芦河左岸支流，亦名鱼溪河，为富县境内河，河流长度 27.5 千米，总流域面积 149 平方千米。沙西沟为北洛河右岸一级支流，为富县境内河，沙西沟河流长度 17.5 千米，流域面积 70.3 平方千米。余渠河、沙西沟 2 条坝系共建设淤地坝 44 座，其中骨干坝 11 座、中型坝 13 座、小型坝 20 座，总库容 1621.66 万立方米，拦泥库容 727.69 万立方米，可淤积土地 147.94 万平方米，总投资 1901.72 万元。

（4）宜君县下雨沟坝系。

下雨沟为北洛河雷塬河水系。下雨沟坝系共建设淤地坝 5 座，其中骨干坝 4 座、中型坝 1 座，总库容 532.27 万立方米，拦泥库容 236.07 万立方米，可淤积土地 31.11 万平方米，总投资 821.25 万元。

（5）铜川市印台区车房沟坝系。

车房沟位于北洛河支流白水河上游。车房沟坝系共建设淤地坝 2 座，其中骨干坝 2 座，库容 107.15 万立方米，拦泥库容 43.85 万立方米，可淤积土地 8.31 万平方米，总投资 270.97 万元。

（6）白水县雷牙沟坝系。

雷牙沟为北洛河支流南洼河水系。雷牙沟坝系共建设淤地坝 32 座，其中骨干坝 9 座、中型坝 11 座、小型坝 12 座，总库容 1069.45 万立方米，拦泥库容 460.2 万立方米，可淤积土地 80.85 万平方米，总投资 1987.2 万元。

2. 北洛河流域淤地坝渭南项目区

2006 年 6 月，黄河水保生态工程北洛河流域渭南项目区可行性研究报告获批准。项目区地处北洛河下游，总面积为 491.85 平方千米，分为 13 个项目治理小区，涉及渭南市的合阳、蒲城、澄城和大荔 4 县。建设项目以淤地坝为重点，新建骨干坝 9 座，总库容 718.1 万立方米，坝控面积 53.1 平方千米，中型淤地坝 9 座，总库容 246.34 万立方米。同时进行坡面治理及生态修复，治理水土流失，减少流入黄河的泥沙量，改善当地生产生活条件和区域生态环境。该项目总投资 4992 万元，新增水土保持坡面治理措施面积 199 平方千米，水土流失初步治理程度达到 75%。

（二）北洛河流域的典型淤地坝

1. 刘家河淤地坝

刘家河淤地坝位于黄陵县侯庄乡刘家河境内，沟壑属北洛河Ⅲ级支流，沟道支离破碎，水蚀及重力侵蚀严重，是典型的黄土高原沟壑地形，控制流域面积 33.40 平方千米。工程采用 20 年一遇 37 立方米每秒洪水标准设计，200 年一遇 63 立方米每秒洪水标准校核，设计坝高 17 米，总库容 34 万立方米，拦泥库容 16 万立方米，淤地面积 2 公顷，淤积年限 16 年。该淤地坝 2000 年 5 月 12 日开工建设，翌年 4 月 27 日竣工，投资 60.24 万元。该淤地坝年拦蓄泥沙量 2.60 万立方米。

2. 西王河淤地坝

西王河淤地坝位于黄陵县田庄镇西王河流域内，属黄土高原沟壑区黄河Ⅴ级支流，流域辖 9 个行政村 3745 口人，控制流域面积 3.33 平方千米。坝高 22 米，总库容 40.05 万立方米，拦泥库容 28 万立方米，淤地面积 3.09 公顷，淤积年限 20 年。该淤地坝于 2001 年 8 月 25 日开工建设，11 月 28 日竣工，总投资 46 万元。

3. 下王村淤地坝

下王村淤地坝位于黄陵县桥山镇下王村沟内，属黄土高原沟壑区黄河Ⅳ级支流，流域内辖下王、上王、道南、道北 4 个行政村 512 人。工程控制流域面积 3.04 平方千米，坝高 16 米，总库容 31.60 万立方米，拦泥库容 8.40 万立方米，淤地面积 1.83 公顷，淤积年限 15 年。该淤地坝于 2001 年 8 月 4 日开工建设，翌年 4 月 28 日竣工，总投资 31.02 万元。

4. 裢达沟淤地坝

裢达沟淤地坝位于黄陵县阿党镇裢达沟流域，属北洛河Ⅰ级支流，流域总面积 44.56 平方千米，涉及隆坊、太贤、阿党 3 个乡（镇）19 个行政村。工程控制流域面积 35.89 平方千米，由坝体、放水工程和溢洪道 3 部分组成；采用 30 年一遇洪水标准设计，300 年一遇洪水标准校核，坝高 28 米，总库容 157 万立方米，拦泥库容 102.50 万立方米，淤积年限 20 年，淤地面积 13.26 公顷。该淤地坝于 2003 年 3 月 10 日开工建设，2006 年 7 月竣工，总投资 260 万元，其中国家投资 70 万元、地方配套资金 91 万元、群众自筹资金 99 万元

5. 石家坡淤地坝

石家坡淤地坝位于澄城县北洛河长宁河下游一级支沟上，坝高 24.5 米，坝顶长 38 米，顶宽 4 米，控制流域面积 1.55 平方千米。该坝为砌石坝，在淤地坝中较为少见。

第四节　荒山荒坡治理

一、植树造林

（一）人工造林

民国二十三年（1934 年），陕西省林务局成立后，组织群众在北洛河流域植树造林。

1938年2月，陕甘宁边区政府建设厅发动边区党、政、军、民、学大力开展春季植树造林活动，并于8月颁发了《为保护森林严禁滥伐事》的通令。

新中国成立初期，除国有林场造林外，还组织群众开展各种形式的植树造林活动。

在北洛河上游，1956年，经陕西省林业厅批准，建立吴起县铁边城、周湾，志丹县高家湾3个国营造林林场；1958—1968年，陆续建立洛川县黄连河、史家河和吴起县五谷城、杜大岔等4个国营造林林场，取得较好效果。因宜林地及退耕还林地，多为集体所有，采用“国社合造”办法。

在北洛河下游，1952年，渭南专区有组织有计划地在大荔、澄城等县都开展整片造林。整片造林的树种，山区主要是松类、栎类和刺槐，平原和滩地主要是杨、桐、旱柳、刺槐、苦楝、榆树等。

1981年6月，中共陕西省委、省人民政府发出《关于贯彻执行〈中共中央、国务院关于保护森林、发展林业生产若干问题的决定〉的具体规定》，解决了治理中责、权、利和治、管、用的脱节问题，大大调动了广大群众治理荒山荒坡的积极性。1990年以后，北洛河流域在营造水土保持林中，十分重视经济林的发展，人工栽培花椒、仁用杏、苹果、枸杞、核桃、红枣等经济林列入水土保持措施。延安地区洛川县、渭南地区的白水县从塬面到沟坡，到处是苹果园。

北洛河流域的沙棘栽培始于20世纪50年代初，主要以水土保持为目的。吴起县沙棘面积最大，达130万亩，挂果面积90万亩，堪称全国之最。

（二）飞播造林

20世纪50年代末期，开始在陕北和三门峡库区周围等地进行飞播造林试验。1975年，延安地区飞机播种造林种草试验列入陕西省科学技术发展计划。在中国科学院西北水土保持研究所、延安地区林业局等单位组成的飞播协作组努力下，在北洛河流域吴起县做试验，吴起县供试树种、草种有白榆、臭椿、刺槐、山杏、杜梨、柠条、沙棘、狼牙刺、紫穗槐、连翘、白芨梢、马茹刺、荆条、苜蓿、草木樨、沙打旺、席芨、马梢钱等18种。

二、封山育林

1950年5月6日，西北军政委员会发布《关于保护森林严禁滥伐的通令》。同年8月7日，西北军政委员会、西北军区司令部联合发布《关于禁止滥伐山林及盲目开荒的指示》，要求严格管理和保护现有森林，严禁放火烧山和开垦陡坡山地，广泛开展森林保护与水土保持的宣传教育。

1953年，黄龙县封山育林取得了显著成效。严禁烧山、乱垦、滥伐。采取分区轮流封禁与开放，禁止刨草根，严禁破坏幼树。

封山育林采用春夏秋3季封，冬季开放，划出砍柴区、放牧区及封育区，定期轮换，便于群众修枝和割干草。对应封的山区，议定封育期通常为5 ~ 15年。

1996年，中共吴起县委副书记、县长郝骏组织开展发展农村经济调研，提出改变广种薄收、损坏植被的种植业传统生产模式，逆向开发以种草养畜、恢复植被、增加农民收入为主要内容的农村经济发展思路。1997年，全县调整山羊养殖模式，改舍饲饲养小尾寒羊，改自由放牧为季节性放牧，即“羊子生产双改”措施。1998年5月，吴起县委、县政府决定确立以“封山浪耕植树种草、舍饲养羊、林牧主导、强农富民”为基本内涵，以建设集约高效型农业、保护效益型林业、商品致富型畜牧业为结构特征的生态型特色农业发展战略。1998年6月1日，中共吴起县委、县政府做出《关于实行封山禁牧大力发展舍饲小尾寒羊的决定》和《关于动员全县党政干部扶持发展舍饲小尾寒羊的实施意见》，开启延安市封山禁牧的先河。当年，全县淘汰散牧山羊23.8万只，实现整体封山禁牧。

第五节　退耕还林（草）

一、流域退耕还林

20世纪90年代初期，北洛河流域开展大规模水土流失、生态环境综合治理，由毁林开荒、广种薄收，变为退耕还林还草、精种多收；由单一发展粮食生产，变为因地制宜，农林牧副渔全面发展，由单项治理，变为综合治理，发挥机械作用，推广先进实用技术，提高治理水平，收到良好成效。

2000年3月9日，经国务院批准，国家林业局、国家计委、财政部联合发出《关于开展2000年长江上游、黄河上中游地区退耕还林（草）试点示范工作的通知》，明确提出“退耕还林（草）、封山绿化、以粮代赈、个体承包”的措施，确定在全国17个省（自治区、直辖市）进行退耕还林（草）试点工作。同年9月10日，国务院发布《关于进一步做好退耕还林还草试点工作的若干意见》，进一步明确退耕还林粮食和现金的补助年限，国家退耕还林政策基本成型。

北洛河流域所在3个地级市（榆林、延安、渭南），确立以生态环境建设统揽农村工作全局的指导思想，坚持以小流域为单元，生物措施、工程措施和管护措施并重，梁市沟坡洼统一规划，山水田林路综合治理。

（1）大面积退耕还林。先从公路沿线、河流两岸和城镇村庄周围实施退耕还林，随后，按照25°以上的坡耕地先退、人均达到2.5亩基本农田的先退、致富产业形成规模效益的地方先退的原则，即创新性的“三先退”原则，依靠国家以粮代赈政策，调动群众退耕还林的积极性。

（2）封山禁牧，舍饲养畜。1999年10月，延安市总结吴起县经验做出《关于封山绿化，舍饲养畜的决定》；2002年做出在全市范围内全面禁止放牧的决定，并且大力倡导舍饲养畜；2004年，又出台封山禁牧管理暂行办法，封山禁牧工作得到进一步加强。

（3）全面实施天然林保护工程。北洛河流域涉及地级市全面停止林木采伐，林业职工变伐木为育林种树，落实天然林管护责任，下岗职工分流安置，广开经营门路，增加收入。

（4）改善燃料结构。给群众划定自留柴山，让群众自造自育林木，利用修枝打杈解决烧柴问题。在产煤的地方和交通便利的乡村，提倡烧煤；在城镇周围，推广使用液化气和天然气；发展沼气，每新建一口沼气池，财政补助500元。实行生态移民，对深居在生态环境恶劣、生存条件极差的农户实行生态移民搬迁。

（5）严格控制征用占用退耕还林地。因资源开发和基本建设确需征用占用退耕还林地的，严格履行审批手续，处理好有关补偿事宜，并按照“占一还一”原则重新营造与被占地面积相等的林地，确保退耕还林面积不减少。

（6）产业开发。引导群众调整产业结构，发展苹果、蔬菜大棚，建立稳定可靠的收入来源，农业主要产业收入占到全市农民人均纯收入的57%。制定加快农村小城镇建设和户籍制度改革的有关政策，鼓励和引导农民劳务输出，发展二、三产业。北洛河流域退耕还林的创举受到全国关注，涌现一批先进工作者。2007年8月，国家林业局授予吴起县全国退耕还林先进县称号，授予延安市退耕办主任薛九富、洛川县退耕办主任雷成全等全国退耕还林先进个人称号。

图4-2-6 白水县方山次生林
（2016年，白水县林业局提供）

二、退耕还林的成果

退耕还林使延安的林草植被明显恢复，高原大地实现了由黄到绿的转变，生态和人居环境显著改善。退耕还林后延安的森林覆盖率达到46.35%。据陕西省农业遥感中心提供的数据显示，实施退耕还林以来，全市的植被覆盖度由2000年的46%提高到2017年的81.3%，提高35.3%。通过2000年以后逐年的卫星遥感图对比，可以清晰地看到，延安实施退耕还林区域的颜色明显变绿变深，植被覆盖度上升趋势尤为显著。气象资料显示，退耕还林后，延安的沙尘天气明显减少，城区空气“优、良”天数从2001年的238天增加到2018年的315天。全市水土流失综合治理程度达到68%。退耕还林前入黄泥沙与2010年以来的7年相比，由每年的2.58亿吨降为0.31亿吨，降幅88%。土壤侵蚀模数由每年9000吨每平方千米降为1077吨每平方千米，降幅为88%。国家林业和草原局《退耕还林工程生态效益监测国家报告2014》提供的数据显示，2014年，全市退耕还林生态效益价值总量达218.4亿元，其中水源涵养能力达到4.04亿立方米，仅涵养水源一项的生态效益价值量就为48.41亿元。每年还可吸收污染物6120.13万吨，滞尘641.16万吨，吸滞TSP（PM_{10}和$PM_{2.5}$）521.93万吨。随着生态环境的逐步改善，境内生物多样性也日渐丰富，进入21世纪后，大荔朝邑、白水林皋水库一带发现一大批珍禽异鸟，不仅种类多，而且数量大。1997年11月，蒲城县发现一群数量达百万余只的候鸟（灰椋鸟，俗称燕扎拉），在永丰烈士陵园的柏树林里，早出晚归，生活4个多月，随着季节的转变才再次迁徙。在这数月里，鸟群成了蒲城县的一大奇观，每天吸引国内外上万人前来参观、考察研究，最多一天有4万余人，两千多辆车前来观鸟；1998年3月，黄龙县野生动物站工作人员发现至少1500余只国家一级重点保护珍禽褐马鸡转移定居黄龙林区，分布区面积达3万多公顷，后经陕西省野生动物管理站组织专业调查组，深入现场考察，证实了这一发现。褐马鸡是我国特有的濒危珍禽，被誉为国宝。这些动物的发现对研究北洛河流域的治理水土流失、增加林草植被、气候变化及动物区系变迁具有重要意义。2018 年 6 月，在子午岭林区发现了我国特有的珍稀濒危野生动物金钱豹，是迄今为止最大的野生种群。

纪实：北洛河最大的林区——桥北林区。

桥北林区位于延安南部的富县境内，西靠子午岭主脊，北临毛乌素沙地，南界渭北大平原，地处世界上最大的黄土高原腹地、黄河流域水土流失最严重地区，可谓陕北地区生态安全的“桥头堡”。桥北林业局建局 30 余年来，在培育森林资源上实行飞、封、造、育、管相结合的经营管理措施，使林地面积增加，林分质量不断提高，活立木蓄积稳步增长，累计完成造林 86 万亩，其中荒山造林 20.5 万亩，更新造林 32.9 万亩，营造丰产林 0.9 万亩，飞播造林 37.5 万亩，完成育苗 676 亩。全局有林地面积由建局初的 269.5 万亩提高到现在的 322.6 万亩，森林蓄积量由建局初的 937 万立方米提高到现在的 1093 万立方米，全局森林覆盖率由建局初的 61.7% 提高到现在的 76%，提高了 14.3 百分点，实现了面积、蓄积、覆盖率三增长，其中公益林建设质量通过了国家、省、市验收，实现了精品化，曾多次获得上级的表彰。由于森林资源不断增长，林分质量逐年提高，森林调节气候、保持水土、涵养水源的作用越来越大，防护效能明显增强，生态效益日益显现。

第六节　管理机构

北洛河流域所在各地级市、县（区）水利（水电）局于 1995 年前基本设立了水土保持科（办公室、股），行使水土保持行政管理职责；另设立了独立的事业单位水土保持工作站（队），从事水土保持规划、预防和治理等业务工作。至 1996 年初，北洛河流域共有地级市、县（区）水土保持站（队、所）20 个，其中地（市）水土保持站（队）4 个，县（市、区）水土保持站（队）16 个。二十多年来，陕西省市（地、区）、县（市、区）水土保持机构的变化主要是在水土保持监督管理机构和水土保持监测机构的设立方面。

北洛河流域市县级水土保持监督管理机构主要成立于 20 世纪 90 年代，发展于 21 世纪初期。1996 年，流域内所有地级市、县两级监督管理机构得以建立。

一、榆林市水土保持生态工程建设中心

职能：为水土保持工程提供技术支撑和服务保障；参与全市水土保持规划、实施方案的技术审查；参与开展全市水土保持规划、项目实施效果评估；承担省市水土保持重点工程、重点小流域项目前期工作和水土保持工程建设管理工作，水土保持新技术的应用和推广工作；参与无定河流域综合整治规划实施和综合协调工作。

机构设置：设置副科级内设科室 8 个，分别是办公室、规划项目科、工程建设科、流域治理科、恢复治理科、沙棘开发科、河流整治科、信息监测科。

二、延安市水土保持监督管理站

职能：贯彻执行《中华人民共和国水土保持法》等有关法律法规，负责全市水土流失预防监督工作；承办全市开发建设项目的水土保持方案的审核工作，并负责监督实施；负

责对全市开发建设项目进行水土保持方面的检查；对违反水土保持法规的行为依法作出处罚或提出采取其他措施的建议；负责对全市水土流失防治费、补偿费的收缴和管理；承担全市城市水土保持工作。

机构设置：设综合科、预防保护科、监督管理科、修复治理科4个科室。

三、渭南市水土保持和移民工作中心

职能：贯彻执行水土保持、水库移民安置有关方针政策、法律法规，承担全市水土保持及水利水电工程移民安置和后期扶持规划、计划、实施方案的技术审查；拟定水土保持、水库移民有关技术规范、标准；组织开展水土保持科学研究、试验示范和技术推广；组织开展水土流失动态监测和水土保持规划、项目实施效果评估；承担市级水土保持和水库移民信息基础平台建设与运行管理；参与重大生产建设项目水土保持监督检查，为违法案件调查和水土保持行政执法提供技术支持；承担水库移民人口核查任务，为全市水电工程征地移民安置、水库移民后期扶持提供相关服务。

根据以上职能，中心共设9个内设机构，分别为综合科、规划财务科、保护治理科、生态建设科、项目监督科、监测评价科、移民安置科、扶持开发科、科技推广科。

第七节　水土保持示范园

2012年，陕西省全面启动水土保持示范园区建设，成立了领导小组及其办公室，制定出台了《陕西省水土保持示范园区建设实施方案》《陕西省水土保持示范园区评定办法》两个指导性文件。各市、县也成立了相应领导小组和工作班子组织落实。同时，紧扣陕西省实际，确定示范园建设实行分级管理。先开展省级水土保持示范园评审，再择优上报水利部评定，并明确提出按照水保科技、特色产业、清洁生态、休闲旅游等4个类型，建设水土保持示范园。

一、吴起县退耕还林森林公园（水土保持示范园）

吴起县退耕还林森林公园以吴起退耕还林建设成果为基础，以灌乔植被建设和生态文明建设为主题，集生态展示、休闲旅游、科普教育、绿色人居于一体。它既是我国唯一一个展示退耕还林成果的森林公园，又是一个体现吴起生态景观和人文景观的生态文化公园。

该公园于2007年12月26日批准设立，总面积100平方千米，总投资1.9亿元。森林公园以林为基，以水为韵，以城为邻，实现了林、水、城三种景观的完美结合。同时，森林公园依托现有的革命遗址，达到了继承长征精神、缅怀历史的主题。度假园区为人们提供了一个娱乐、休闲的场所。沙棘产业化种植示范园、饲料林草高效种植模式示范园、退耕还林生态修复完善区，又以巩固和完善退耕还林成果、促进生态系统修复和近自然演替为目的，为黄土高原同类地区建立生态修复提供了一个展示样板。森林公园总体布局结构分为1个景观轴、6个分区，以城市十里森林长廊为主轴，布局了长征胜利纪念公园、大吉沟公园、袁沟休闲度假园、沙棘产业化种植示范园、饲料林草高效种植模式示范园、退耕还林生态修复完善区6个景观区块，入口服务区、长征纪念公园、大吉沟公园、树木园、退耕还林展览馆等 11 处景观节点。俯观北洛河，犹如一条银河，紧紧将各个景区连为一体，8 个景亭似北斗七星指向北极星，指明了前进的方向，保佑吴起儿女走向生态文明和富裕富强。

天权阁建筑面积 698 平方米，底座直径 25.8 米，高 17.8 米，造价 520 万元，钢筋混凝土全现浇结构，三层重檐三滴水仿唐式建筑。它的底层四面有抱厦，各角有环廊交接，二层有外回廊，屋面为重檐攒尖做法，铺黑色无光琉璃瓦。天权阁效法天象，顺得天意，占天时地利之灵气，又与中国工农红军二万五千里长征到达了吴起建立红色政权相结合，有为中国人民的解放事业指明方向之寓意。

二、富县直罗水保产业示范园

该项目区位于富县宽坪村、胡家坡村 2 个行政村。为加快发展现代水稻种植，使“直罗贡米”成为该区域群众增收的支柱产业，2018 年，宽坪村稻田恢复工程落地生根，项目投资 600 万元，恢复稻田面积 660 亩，新修梯田 160 亩，新修滚水坝 1 座，配套溉渠系，拓宽了生产道路。2023 年，在陕西省水利厅的支持下，规划治理水土流失面积 10 万平方千米，稻田土地整治 13.34 公顷，新修混凝土道路 3.5 千米，维修灌排渠道 0.9 千米，新修观景平台 1 座，宣传导视牌 1 套，休闲广场 3 处 3500 平方米，青砖围墙 1600 米，道路绿化 1.5 千米，节点绿化 2 处，绿化带 2.52 千米。工程总投资 553.06 万元，省级资金 414 万元。工程于 2023 年 5 月 10 日开工，预计 11 月 30 日完工。

项目区水土流失得到有效控制，生产条件有所改善，增加了土地生产力，年水稻产量 330 吨，年产值 236 万元。不仅为农业增产、农民增收奠定基础，而且促进了农业产业转型升级， 为“直罗贡米”产业发展提供基地，使项目区贡米产业、乡村面貌、乡村旅游业得到更大发展，提升了直罗万亩稻田区生态环境，促进直罗胡家坡—宽坪稻田田园综合体建设，打造乡村旅游、观光农业，以示范园为核心，全力构建田园综合体，吸引更多游客观光休闲，为当地群众带来更多收益，打造省级生态产业型水土保持示范园区，同时宣传了水土保持生态理念，使全县水稻产业向生态、优质、高效方向发展。

三、宜君县福地湖水土保持生态观光示范园

该示范园位于宜君县城东南方向，土地总面积 7.46 平方千米，涉及五里镇榆舍村、棋盘镇韦家河及宜阳街道办事处牛家庄村 3 个行政村。工程建成后园区水土流失得到有效治理，治理期末累计治理程度达 74.13%；效益计算期内年可蓄水 968.75 立方米，年可拦泥 28.16 吨，林草覆盖率达到 54.69%。

2017 年工程建设规模：治理水土流失面积 1.55 公顷，其中治理园区生态停车场建设约 5300 平方米，生态停车场绿化美化 1060 平方米，福地湖游园绿化面积 200 平方米；完成高边坡鱼鳞坑整地并栽植水保林 2000 平方米，新建人工草地 1600 平方米，对邻水渠道、现有园区主干路进行绿化美化 1500 米，完成环湖路绿化 4100 平方米，新建微景观 1 处，对现状排洪渠实施加盖板 770 平方米，完成高边坡坡脚干砌石护坡 58.9 米，新建砌石谷坊 2 座及园区导视系统 1 套，工程总投资 358.93 万元，建设工期 7 个月。

2018 年，实施区域位于福地湖水库周边及下游，采石场整治 3376 平方米，水库下游河道边坡防护 720 平方米，配套景观绿化 6 处 2.34 万平方米，环湖路绿化 1500 米，标识标牌 135 个，总投资 156.08 万元。建设期限：2018 年 6—10 月。

四、澄城县吴坡水土保持示范园

澄城县吴坡水土保持科技示范园位于澄城县东南部的寺前镇，距离县城 21 千米，园区地貌属典型的渭北黄土台塬沟壑区。

示范园由吴坡生态农业开发有限公司建设管理，规划面积 8.45 平方千米，于 2012 年开始建设，目前共流转土地 7710 亩，投入资金 7833 万元（水土保持补助 4003 万元，民营资本 3830 万元）。2016 年 11 月，示范园被命名为省级水土保持示范园。2019 年 11 月，示范园被命名为国家水土保持科技示范园。

吴坡水土保持示范园共分生态清洁践行区、水保科技示范区、特色产业展示区、绿色养殖实验区 4 个功能区。水保科技示范区通过修建梯田，撂荒地栽植水保林，台塬地发展特色经济林果，植被覆盖率明显提高，水土流失得到有效治理。示范园年增加蓄水 4.05 万立方米，年增加保土能力 1.46 万吨。2022 年，园区经营总产值 1570 万元，纯收入 706 万元，与治理前相比增收 1120 万元，全年参与园区劳务的周边村民达 170 余人，入园农户年人均收入 17000 元。

“十四五”期间，吴坡水土保持示范园以落实习近平生态文明思想为指导，继续扩大治理范围，壮大治理规模，持续用力用功推动园区形成集农、科、旅于一体的黄土高原田园综合体，充分发挥示范引导作用，并辐射带动周边区域水保生态环境治理，推动澄城水保事业实现高质量发展。

五、澄城县北洛河生态水保生态示范园

北洛河水保生态示范园位于县城东南的直乐村，紧邻重泉古镇。示范园依托北洛河沿岸自然风貌，将水保措施和休闲旅游相融合，形成了宣传展示、垂钓养生、绿色休闲、封育保护 4 个区，总面积 1500 亩。

六、大荔县槐园国家水土保持科技示范园

槐园国家水土保持科技示范园区位于大荔县南部、渭洛河交汇三角地带的沙苑腹地，属典型的内陆平原风沙地貌区，土壤侵蚀以风力侵蚀为主，侵蚀模数 4000 吨每平方千米每年，在大荔沙苑风沙区建设水土保持示范园，可以更好地展示内陆平原沙区水土流失治理的各种特色，具有一定的典型性。

园区先后平沙造田 540 亩，栽植水保林 480 亩，经济林 320 亩，种草 20 余种，植物种类 100 余种，对园区及周边疏林地实施了封育措施，建成了无公害果蔬采摘园、节水灌溉示范园、经济林栽培园等，建设了水土保持科普长廊、沙苑水保文化园、科普教室、小沙湖及环园路导视系统。

随着示范园品位的不断提升，大荔县周边、渭南甚至西安人都慕名而来，游玩观赏的同时了解了水土保持知识。特别是经过多年的持续建设，周边群众对水土保持的认知度大大提高。随着 2016 年 10 月全省水土保持生态文明现场会在园区的顺利召开，水保工作进一步得到了全社会的认可。

园区在引进新品种的试验推广中，能与当地产业结构调整相结合，实现一二三产融合发展。园区每年经济收益达 300 万元以上，增加农民就业 50 多人。新品种试验成功的有蟠桃等桃树 5 种、沙地莲菜、优化改良的枣树及芦笋、防风固沙树种樟子松等，已向周边辐射种植 2000 多亩，促进了农民增收致富和新农村建设的协调发展。

七、大荔县花城水保示范园

大荔县花城水保示范园位于段家镇打虎村和花城村，总面积 1150 亩，分水土流失治理、高效设施农业、休闲、科技示范和养殖 5 个区。2014 年，示范园被陕西省水土保持局命名为省级示范园。

第三章　流域治理

历代治理江河经验说明，治河必治源，治理大江大河的同时应治理以小沟、小河为单元的小流域。这种治河的思想早在古代夏商时期就有人提出来了。到了明代，学者周用提出了“天下人人治田，则人人治河”的思想，特向嘉靖皇帝上《理河事宜疏》，考证黄河中上游垦田和下游治河有互相制约的辩证关系，不应孤立筹划这两大攸关国计民生之事，并提出：“治河垦田事实相因。水不治，则田不可治；田治则水当益治，事相表里。”周用的思想，从下游的治河扩大到全流域的土地治理，从修堤防御洪水发展到将洪水消除在农田之中，把单纯治河扩大到面上治理，按流域统一考虑，这是流域治理的萌芽思想。

第一节　概　况

1922年，著名水利学者李仪祉的“治黄应移其目光于上游”、治“源”、治理“上游”，都比较明显地形成了流域治理的基本思想。

1933年，黄河水利委员会成立后，提出了水土保持的勘察、规划、试验、示范以江河流域为基础思想。1952年12月，中央人民政府政务院发布的《关于发动群众继续开展防旱、抗旱运动并大力推行水土保持工作的指示》中提出：“对于已经冲刷的山溪沟壑，即先支沟后干沟，自上而下，由小到大修筑拦沙坝和缓流坝，以改变沟壑纵向的坡度，延缓洪水下泄的速度，截留其夹带下泄的泥沙，淤出的土地并可增加生产”，并确定了以“黄河的支流无定河、延河及泾、渭、洛诸流域为全国水土保持重点”。根据这一精神，北洛河流域从20世纪50年代初期就在不同类型区选定了一批有代表性的小流域，开展了水土保持综合治理的科学试验、示范工作。1952年，黄河水利委员会协助陕西在水土流失严重的黄土高原丘陵沟壑区进行了规划、观测、试验示范、综合治理和研究工作，在北洛河流域选择了洛川的上下黑木沟进行了试点。

1958年后，由于种种原因，北洛河流域治理工作处于低潮。到了20世纪60年代，先后又开展了白水凤凰沟、澄城茨沟等一批综合治理样板。按照“全面规划，集中治理，连续治理，综合治理，沟坡兼治，治坡为主”的方针，做了不少工作，为面上大规模治理提供了经验和科学依据。

1972年，《陕西省第四个五年农田水利基本建设规划》明确提出：“各地必须抓好当地的支流治理，无论抓水、抓土，都必须和当地的支流治理紧密结合，以根治水害，改变流域面貌为指导思想”。从1972年起，对北洛河流域进行了规划，并以“改土治水为中心，实行山、水、田、林、路综合治理”方针为指导，开展了流域治理工作。

小流域治理主要有以下几个优点：一是小流域是一个完整的自然集水单元，能合理利用和开发水土资源，最大限度地发挥其效益；二是能够由坡到沟，由支沟到干沟，各种水保措施能一次摆上，层层设防，使降水就地拦蓄，有效地控制水土流失；三是便于把塬坡沟滩、上中下游、左右两岸作为一个整体，打破了行政界限的制约，有利于全面、统一、合理地进行规划；四是小流域也多是一个行政单元，有利于加强领导，集中人力、物力和财力打歼灭战，开展规模治理，取得规模效益，发挥资金使用效果，能尽快办成经济实体，发展流域经济。

现今，北洛河流域的水保事业进入了一个以小流域治理为基础，以重点治理为依托，以效益为核心，保护治理成果，治理促开发，开发促发展，紧紧围绕发展农业生产，治理河流，全面为振兴北洛河流域经济服务的新阶段。几十年来，水土保持在北洛河流域发展农业生产、发展山区、保护平川、改善生态环境和振兴国民经济中都起过重要作用，一些经验已经在各地推广。长期低产的北洛河流域旱塬，不少地方实现了方田林网化，初步改变了面貌，改善了农业生态环境，高水平埝地粮食亩产最高突破双千斤；北洛河流域治理，有力地促进了农业生产的发展和生态环境的改善。

1997 年 6 月 26 日，姜春云副总理在陕北进行考察后，写了调查报告，江泽民总书记、李鹏总理看后作了重要批示。江泽民总书记认为：“陕北地区治理水土流失，改善生态环境的措施和经验是好的”，“再造一个山川秀美的西北地区，应该是可以实现的”。李鹏总理要求“提出一个治理黄土高原水土流失的工程规划，争取十五年初见成效，三十年大见成效”。同年，8 月 29 日至 9 月 1 日，国务院随即在陕北召开了全国治理水土流失、建设生态农业现场经验交流会，来自全国各省、自治区、直辖市和国家有关部门的负责人通过现场参观和经验交流，大家深受启发、教育和鼓舞。

第二节　水土保持综合规划

一、北洛河流域水土保持区划

根据《全国水土保持规划（2015—2030 年）》，北洛河流域进行水土保持区划。北洛河流域涉及 1 个一级区、4 个二级区和 5 个三级区，划分结果见表 4-3-1。

表 4-3-1　北洛河流域水土保持国家分区

一级区	二级区	三级区	县（区）	面积 / km^2
Ⅳ西北黄土高原区	Ⅳ -2 晋陕蒙丘陵沟壑区	Ⅳ -2-4jf 陕北盖沙丘陵沟壑拦沙防沙区	定边县、靖边县、吴起县	4617
		Ⅳ -2-5jt 延安中部丘陵沟壑拦沙保土区	志丹县	3073

续表 4-3-1

一级区	二级区	三级区	县（区）	面积 / km^2
Ⅳ西北黄土高原区	Ⅳ -5 甘宁青山地丘陵沟壑区	Ⅳ -5-1xt 宁南陇东丘陵沟壑蓄水保土区	甘肃省华池县、合水县	2341
	Ⅳ -4 晋陕甘高塬沟壑区	Ⅳ 4-1tx 晋陕甘高塬沟壑保土蓄水区	甘泉县、富县、洛川县、黄陵县、黄龙县、印台区、宜君县、白水县、澄城县、合阳县	14988
	Ⅳ -3 汾渭及晋城丘陵阶地区	Ⅳ -3-3tx 秦岭北麓—渭河陕西省中低山阶地保土蓄水区	蒲城县、大荔县	1886

根据《全国水土保持规划国家级水土流失重点预防区和重点治理区复核划分成果》，北洛河流域上游的华池县、合水县、靖边县、定边县、吴起县、志丹县为黄河多沙粗沙国家级水土流失重点治理区，面积为 10031 平方千米；中游的甘泉县、富县、洛川县、黄陵县、黄龙县、印台区、宜君县为子午岭—六盘山国家级水土流失重点预防区，面积为 12761 平方千米。随后，澄城县、合阳县、蒲城县和大荔县也被陕西省划分为渭北高塬沟壑省级重点治理区，面积为 3193 平方千米 。北洛河流域规划重点预防区包括甘泉县、富县、洛川县、黄陵县、黄龙县、印台区和宜君县；重点治理区范围包括华池县、合水县、靖边县、定边县、吴起县、志丹县、澄城县、合阳县、蒲城县和大荔县。

二、北洛河流域水土保持总体规划

根据北洛河流域水土保持区划结果，实施分区防治战略；坚持预防保护优先、因地制宜、突出重点，上游和下游综合治理与封禁并重，中游以封禁为主，局部治理；加强水风蚀交错区、子午岭林区预防保护，实施封山禁牧，巩固退耕还林还草成果，保护和建设林草植被，防风固沙，促进水源涵养林建设，改善生态环境；建设以坡改梯田和侵蚀沟治理为核心的拦沙减沙体系；实施小流域综合治理、土地整治工程，发展农业特色产业，促进农村经济发展；努力实现流域从生态型到生态经济型或生态景观型的大转型。

（一）陕北盖沙丘陵沟壑拦沙防沙区

该区水土保持主导基础功能为拦沙减沙和防风固沙，社会经济功能为发展农牧业生产，减少河湖库淤积，保障粮食生产，提高土地生产力。主要防治措施布局：修建水平梯田，建设高标准农田；大力营造防风林带、水保林，减轻坡面和梁峁顶部的水力、风力侵蚀；扩大人工草场，建立高产牧场；沟底修建淤地坝及小型蓄水工程，整治沟台地，营造沟底防冲林；在治理程度和植被覆盖率较高的地区，主要实施封育治理、封山禁牧，以恢复植被；适度发展经济林、水保林和人工草地，改善区域生态环境，促进农村经济发展。

（二）延安中部丘陵沟壑拦沙保土区

该区水土保持主导基础功能为拦沙减沙和土壤保持，社会经济功能为减少河湖库淤积，发展综合农业及牧业生产，保障粮食生产，提高土地生产力。主要防治措施布局：该区只涉及志丹县，经过多年的治理，植被覆盖率有所提高，基本农田已能满足当地农民的需求，不再需要修建梯田，因此应以退耕还林还草为主，在坡度较小或荒地中条件较好的区域营造经济林和人工草场；在坡度较大的坡面和可利用荒地营造水保林，减轻土壤侵蚀；在植被覆盖率较高的地区，采取封育治理，并加大宣传力度，增强群众的生态保护意识和生活标准；在支毛沟沟底建设淤地坝和小型蓄水工程，拦沙保土。

（三）宁南陇东丘陵沟壑蓄水保土区

该区水土保持主导功能为蓄水保水和土壤保持，社会经济主要功能为保障粮食安全及农业综合生产，提高土地生产力；确保饮水安全，减少河库淤积，保护河湖沟渠边岸。主要防治措施布局：大力修建水平梯田，建设高标准基本农田；建设经济林、水保林，改善农村经济状况，减轻坡面土壤侵蚀；积极开展退耕还林还草、封育治理，恢复植被，推行封山禁牧，发展人工种草，推行舍饲养殖，巩固和扩大退耕还林还草成果；在沟头布设沟头防护措施，在支毛沟修建淤地坝和小型蓄水工程，营造固沟护坡防冲林。

（四）晋陕甘高塬沟壑保土蓄水区

该区水土保持主导基础功能为土壤保持和蓄水保水，社会经济功能为保障粮食生产安全，发展农业综合生产，提高土地生产力，确保饮水安全，保护河湖沟渠岸边，减少河库淤积。主要防治措施布局：在高原沟壑地带以保塬护坡固沟为基本原则，塬面修筑梯田埝地，充分利用地埂栽植经济植物：塬边修筑沟头防护工程：塬坡条田台田化，营造经果林；沟坡大力营造水土保持林；支毛沟修筑小型蓄水工程和防冲林：子午岭林区以保护天然次生林和人工林地为主，采取封山、封沟育林育草，结合次生林改造，提高林草覆盖率。

（五）秦岭北麓—渭河中低山阶地保土蓄水区

该区水土保持主导功能为土壤保持和蓄水保水，社会经济功能主要为保障粮食生产安全，发展农业综合生产提高土地生产力，确保饮水安全，保护河湖沟渠岸边减少河库淤积。主要防治措施布局：实施以坡改梯、经果林、水土保持林和小型水利水保工程为主的综合防治体系，发展农业，保障粮食生产；加大坡面植树造林和次生林封育，提高植被覆盖度；加强预防保护，强化对生产建设项目及人类活动的监测、监督管理，有效控制新增人为水土流失。

三、水土保持重点项目

《国家水土保持重点建设工程陕西省 2013—2017 年建设规划》涉及北洛河流域铜川市宜君县，延安市的黄龙县、黄陵县、富县、甘泉县、志丹县、吴起县、洛川县，渭南市的白水县，涉及 3 个市 9 个县（区），规划区域内 2013—2017 年综合治理水土流失面积 1392.81 平方千米，其中基本农田 1875.6 公顷，水土保持林 8184.3 公顷，经果林 3047.6 公顷，水土保持种草 690.7 公顷，封禁治理 22554.7 公顷，新修生产道路 96.4 千米，完成投资 22758.75 万元，其中中央投资 16635 万元，省级配套 1935 万元，市级及其他配套 4188.75 万元。在国家水土保持重点建设工程实施过程中，各级水行政主管部门和水土保持机构按照国家有关建设项目管理的规定实施管理。一是严格按照基建程序管理，从项目前期可研、设计、审批、施工管理、竣工验收等各个环节严格遵守有关管理办法和规定。二是积极推行项目建设“四制”，水土保持工程建设全面推行了项目法人制、监理制、合同制和招标投标制。三是严格资金管理，对水土保持项目建设资金实行专户专账，专款专用，杜绝挪用和浪费。四是实行工程质量终身责任制，确保了水土保持工程的质量。

第三节 小流域治理

一、小流域治理综合规划项目

黄河水土保持生态工程北洛河流域延安项目区，地处陕西省西北部北洛河上游，流域总面积 844.3 平方千米，水土流失面积 824.2 平方千米，项目区涉及吴起、志丹两县。一期为 2000—2005 年，建设项目主要为重点支流治理和骨干工程建设。建设项目涉及 21 条小流域，综合治理面积 209.61 平方千米。2005 年，新增治理面积 284.54 平方千米，其中建设基本农田 17.46 平方千米，乔木林 10.78 平方千米、灌木林 90.49 平方千米、经济林 15.89 平方千米，果园 0.08 平方千米，种草 77.28 平方千米，封山育林（草）81.51 平方千米。配套建设治沟骨干工程 59 座，淤地坝 166 座，谷坊 17 座，水窖 212 眼。该项目完成投资 2752.6 万元。

二、小流域治理典型

（一）吴起县丈方台流域治理

丈方台流域属洛河水系，主沟长 16 千米，流域面积 58.4 平方千米，是一个全流失区，年侵蚀模数为 1.69 万吨每平方千米。流域内有 3 个行政村，15 个村民小组，215 户，1326 人，418 个劳力。1975—1979 年，吴起县将丈方台流域列为重点流域进行综合治理。1986 年，方丈台流域又被列为省重点流域。流域采取统行规划，综合治理、联户治理和分户治理 3 种治理形式。到 1985 年，共投资 167.68 万元，累计造林 30289 亩，种草 8753 亩，修水平梯田 2606 亩，新建淤地坝一座，加固维修淤地坝 4 座，建成坝地 1900 亩，新修公路 15 千米。

（二）吴起县榆树沟流域治理

榆树沟流域位于洛河二级支流宁塞川左岸，主沟长 7.5 千米，流域面积 9.9 平方千米，是全流失区，年侵蚀模数为 1.63 万吨每平方千米。流域内有 2 个生产队，50 户、210 人，62 个劳力；有淤地坝 2 座，可淤地 608 亩。1979—1982 年，流域为县重点流域，新建拦水坝 1 座，维修加固淤地坝 2 座，造林 100 亩。1983 年，榆树沟流域又列入黄河中游区 100 个试点流域之内，由县水保队配合流域所在村委会，进行统一规划。县水保队发动群众采取综合和集中连续治理的办法，共投资 12.6 万元，累计造林 7500 亩，种草 1053 亩；建成基本农田 130 亩，改造盐碱坝地 300 亩；开挖排洪渠 1856 米，排洪降碱支渠一条，长 80 米，动用土石方 6.31 万立方米；完成治理面积 5.87 平方千米，占总面积的 59.3%，已通过黄河中游局、省水保局验收合格，并发了证书。

（三）甘泉县北沟小流域治理

北沟小流域位于石门乡境内，属洛河支流，流域面积 127.3 平方千米，其中水土流失面积 85 平方千米，占总面积的 67%。河道长 20 千米，是黄土高原丘陵沟壑区，水土流失较严重。

流域内有7个行政村、24个村民小组，627户，有耕地34763亩，基本农田5088亩，人均1.61亩。1979年，流域被陕西省水保部门列入重点治理流域，于1985年终止治理，投资8.9335万元，其中省、地水保部门投资8.21万元，占总投资的3.4%，群众投工9.41万个，新增基本农田1409亩，新增林地10360亩，新增草地4060亩，各项措施治理面积10.55平方千米，累计治理面积16.41平方千米，占流失面积的19.3%。

治理初期，由于缺乏经验、方法不当，走了不少弯路，将国家投资补助给各行政村，用行政命令分配任务，加之规划工作跟不上，结果质量差、效益低，既浪费了人力，又浪费了财力。后来随着农业生产责任制的不断完善，治理工作本着先上游后下游的原则，采取集中连片治理的办法，重点治理许寨、大庄河、杨家河、高家河行政村。1985年底，新增治理面积8.15平方千米，占全流域总治理面积的77.3%，其中新增基本农田999亩，造林8233亩，种草300亩，造林成活率在80%以上。流域内的群众治理积极性高，每年秋冬季大搞农田基本建设，春季开展植树造林。截至1990年，新增基本农田1779亩，草地4060亩，各项措施治理面积11.63平方千米，累计治理面积17.49平方千米，治理程度为0.5%。

（四）富县北河沟流域治理

北河沟流域位于富县县城以西15千米处的“中指原”地区，属于高层沟壑中度流失固沟保原区。流失面积63.6平方千米，沟道水文属北洛河的一级支流。主沟长20.5千米。1～2千米支毛沟25条，径流模数2900立方米每平方千米每年，侵蚀模数1913立方米每平方千米每年。流域呈南北走向，其南北长19.6千米，东西宽4.74千米，海拔875.5～1266.7米，相对高差390.2米。地形北高南低，两头窄中间宽，流域由塬、梁、峁、坬、坡、沟等地形组成。塬面以主沟为界分东西两岸，东岸较短，塬面线比较顺直。西岸较宽，塬边为不规则锯齿形。坡面东侧短而陡。西侧长而缓，流域涉及钳二、羊泉、吉子现、洛阳4个乡，16个行政村，1868户，8674人，平均每平方千米136人，人均土地面积11亩。经济特点以农业为主，林牧业次之。

1984年，富县水利水保局抽调7人对北河沟流域进行了全面普查摸底。1985年，编制了《富县北河沟小流域治理规划》，制定了1986—1990年五年治理规划。1986年6月，经省水利水保厅审批后，北河沟小流域被列为陕西省重点治理小流域之一。富县成立了北河沟流域治理领导小组。流域地区二、羊泉乡也相应成立了领导机构。于1986年8月开始，按规划分段逐年实施治理。治理本着工程、生物、耕作措施相结合的治理原则，按塬、沟、坡3个地形特点，布设3道防线。

塬面以平整土地为主，辅以椽帮埝、沟头防护、涝池、营造塬边防护林和四旁（村旁、路旁、地旁、院旁）植树，达到水不下塬，形成第一道防线。

坡面实行陡林缓牧，阴林阳牧，远林近牧的治理原则，采取反坡条带、水平沟、鱼鳞坑、造林种草，达到拦蓄径流、减小冲刷的目的，形成第二道防线。

沟道以修筑拦洪坝，支毛沟布设土谷坊、柳谷坊，沟底营造防冲林，形成第三道防线。

历经4年连续治理，截至1989年，完成总投资28万元，新修“四田”7600亩，造林 1.1 万亩，种草 850 亩，修建拦洪水坝 4 座，谷坊 3 座，沟头防护 24 处，治理水土流失面积 23.89 平方千米。水土严重流失的局面得到改观，使农林牧副业生产取得了很好的收益。

（五）洛川县安民沟流域治理

当年据苏联专家规划，在安民沟两侧治理 4.5 平方千米。1960 年 5 月，安民沟流域规划小组制定了《安民沟流域水土保持综合规划》，对安民沟流域治理作了全面的规划和布局，提出了具体的治理措施。1982 年，省地确定安民沟流域为重点治理区，大抓土地平整和农田基本建设，累计治理面积 8469 亩，粮食总产由 1980 年的 177.3 万千克增至 248.5 万千克，比 1980 年增长了 40%。粮食连年增产，重点治理发挥了明显效益。同年，安民大队造林 6500 亩，育苗 300 亩，使道路树遮阴，田间林网化，沟头成林带，开创了安民沟流域治理的新局面。

（六）杜康沟流域治理

杜康沟位于白水县城西北 7.5 千米处，属白水河流域一级支流。主沟西北、东南走向，沟头位于尧禾公社恒寨大队东南 1.5 千米处，沟口南接白水河，沟长 9.75 千米，总流域面积 30.7 平方千米。沟壑密度 1.24 千米每平方千米。沟状南坡陡、北坡缓，沟直深 70 米左右。流域包括尧禾、大杨、北井头、城郊 4 个公社、13 个大队、53 个生产队，总耕地 26521 亩（其中宜林地 8193 亩，宜牧地 5166 亩，水面 50 亩，非生产用地 570 亩）。沟下有杜康河水，有杜康庙、杜康墓，下游有林皋水库干渠倒虹 1 座，白水县城通往大杨、林皋的公路 1 条，沟口有罕东铁路过沟填方 1 座。沟东建有杜康酒厂，沟西有凉水泉煤矿主井口和矿部，沟下有出煤斜井口，煤输东原建有煤厂。沟下西坡还有大杨公社煤矿。

杜康沟流域未治理前，沟坡到处一片空旷，小雨遍地流，大雨遍地沟。1961 年春起，大杨、北井头公社从杜康沟桥以南缓坡地开始治理，沟东坡地挖鱼鳞坑植树，沟西台阶地打埝、筑埂、修梯田。1975 年作出初步规划，1980 年修订规划，成立径流观测站。1981 年 3 月成立流域治理指挥部，全面进行治理。1981—1983 年，在沟堰以上 27.5 平方千米修“四田” 15241 亩；建小型抽水站 4 处，打机井 12 眼，发展水浇地 2294 亩，打窖 733 眼，修沟头防护工程 8 处，打淤地坝 11 座，修地边埂 29 条、长 9800 米；整片造林 8325 亩，四旁植树 3.5 万株，营造防护林带 7 千米，育树苗 203 亩，建果园 635 亩，种草 615 亩，压种苇子 145 亩。累计治理流域面积 17.3 平方千米，占总流域面积 56.25%。总计移动土 4.58 万立方米、石 290 立方米，投工 4.13 万个。总投资 11.35 万元，其中国家投资 6.16 万元。治理后水土流失减少，粮食产量提高，由每年平均亩产 90 斤提高到 213 斤，产量提高了 137%。

（七）澄城县西河小流域治理

澄城县西河上游流域治理被列为省级重点工程。到 1984 年底，建设“四田”治理面积累计达到 3.84 万亩；流失区造水地 5570 亩。筑沟边埂，东沟堰从赵庄乡的关则口至庄头乡永内的呼家庄；西沟堰从刘家洼的霍家斜至安里乡的光录村，全长 140 千米，营造水土保持林 1.39 万亩，封山育林 1600 亩；建淤地坝 13 座，面积 239 亩。总计完成土石方 18.5 万立方米，投工 8.31 万个，总投资 45.76 万元，其中国家投资 20.08 万元。户包小流域治理，治理速度快，经济效益高。长期承包农民舍得投资，促使综合治理转向开发性生产阶段。据县西河上游4个乡重点调查8户，到1984年底，8户共47人、30个劳力，承包小流域面积2805亩，在不到两年的时间，治理面积1050亩，占承包面积的38%，人均治理22.3亩，劳均30亩。修小淤地坝3座，筑小谷坊21个，可淤地24亩；植树163亩，户均为20.3亩。8户两年共投工8950个，投资5650元，两年向集体上缴9600元，净收入16070元。1984年，产粮食24125千克，人均514千克。1985年，全县修筑沟边埂584千米，新修“四田”0.8万亩。澄城县连续两年被省、地区评为农田基本建设先进县，受到表彰和奖励。到1987年，小流域治理面积累计达到85.6平方千米，营造水保林4.28万亩，种植水保草2.34万亩。

（八）沙苑风沙区治理

沙苑位于大荔县境内北洛河下游，东西长35千米，南北宽6～10千米，面积约45万亩，是由河床沉积泥沙经风吹扬作用形成的一块独特的风沙区。隋唐时期，沙苑绿茵如毯，牧人举鞭歌唱，处处都是“风吹草低见牛羊”的景象，内有鹅鹳池、李公池等湖镶嵌其中，林木也多见，可以临湖垂钓，也可以入林狩猎，史称“豢养陇右牛羊诸畜，以供尚方之用”，后来成为皇家牧马场。气候环境变化加上人为破坏，明代成了“今皆没于沙”，后来成了内地最大平原沙漠，槽形洼地与薄沙平地间为沙丘带，以新月形沙丘和新月形沙丘链为主，沙丘一般高数米，最高达十多米。每年冬春，风沙弥漫，压埋农田和作物，受害面积平均5万亩以上。

新中国成立后，经不断治理，现已营造防风固沙林10余万亩，形成宽2～3千米、长5～20千米规模不等的10条防风林带。其中，70%以上的沙地已被改造为农田，有棉花、花生、黄花菜等经济作物和苹果、冬枣、酥梨等果木。

第四章 水保监督

21世纪以来，随着西部大开发战略的全面深入推进，北洛河流域工业化、城镇化和基础设施建设步伐加快，加剧了人为因素造成的水土流失，使得上游水土流失严重，生态建设和水土保持监督管理工作面临着巨大挑战。在北洛河流域水土保持监督管理工作中，北洛河流域各级政府及水行政主管部门认真贯彻落实《中华人民共和国水土保持法》（简称《水土保持法》，1991年6月29日第七届全国人民代表大会常务委员会通过并实施，2010年12月25日第十一届全国人民代表大会常务委员会修订，自2011年3月1日起施行）、《陕西省实施〈中华人民共和国水土保持法〉办法》和《陕西省水土保持条例》（2013年10月1日起施行，简称《条例》），面向全社会广泛动员宣传，努力提高各级水土保持监督管理机构依法治理水土流失的能力和水平，严肃查处造成水土流失的违法行为，依法保护北洛河流域的生态环境，有效控制了人为水土流失加剧的局面，实现了“整体恶化、局部好转”向“总体好转、局部良性循环”的历史性转变。

第一节 预防监督

1980年以来，随着工矿、交通乡（镇）企业及群众开发性生产的蓬勃发展，人为造成的水土流失日趋严重。为制止人为水土流失，北洛河流域4个地级市分别成立了水土保持监督（总）站，其中榆林市为副处级；延安、铜川、渭南三市水土保持监督站均为正处级建制，全流域共设立县级监督机构16个，多数乡镇和村都配备了专兼职水保监督管护员。

水土保持监督站主要职责是：认真贯彻国务院《水土保持工作条例》和陕西省政府颁发的《关于制止开荒和在采矿、筑路等基本建设中做好水土保持工作的暂行规定》；制定监督检查实施办法；对人为水土流失进行普查，提出对策；违法案件查处；做好预防监督和提出管护方案；对人为造成水土流失的征收补偿费和罚款；培训和健全水保监督队伍。

现今省、市、县、乡、村五级水保监督执法管护网络体系已基本健全。同时，加强对监督执法队伍的培训，严格按照《陕西省水土保持监督行政执法人员管理暂行办法》，对执法人员坚持先培训，后上岗制度。2000年以来，北洛河流域累计举办各种培训班定期培训，所有专职人员和大多数兼职人员都程度不同地接受了培训。建立持证人员定期考核制度，对全省执法人员进行了专业法律知识的培训考核，统一换发省级行政执法证件。

第二节 案件查处

北洛河流域市、县二级水土保持机构每年开展年度生产建设项目水土保持专项检查，全面督促建设单位落实水土保持方案，切实做好水土保持工程设计、施工及监理、监测等工作，确保工程建设质量。同时，严厉查处了一批水土保持违法案件，起到了惩一儆百的作用。

典型案例如下。

一、蒲城发电厂洛河岸边施工水土流失案

（一）立案

蒲城发电厂位于蒲城县东部北洛河西岸的东陈镇和孙镇地区，该区属黄土台塬中度流失区和北洛河沿岸沟壑次强度流失区，侵蚀模数 1150 ~ 3850 吨每平方千米每年。1988 年以来，该厂在这一地区大面积征用土地，在厂区、专线铁路、排灰场、水源地以及道路等建设过程中，损坏了大量水平埝地、梯田、人工林草及其他地貌植被，特别是在水源地及公路、排灰场等建设施工中，将大量弃土随意推入沟道、河床和水库，造成人为水土流失。

对于此种情况，蒲城县水保监督站自 1994 年 5 月起，多次与其交涉，未果。1995 年 5 月 11 日，陕西省水保局监督站副处长苗光忠到蒲城检查执法工作，认为薄城县监督站反映的情况基本属实，责成渭南市监督站立案查处，并向该电厂提出 1 个月内补报水土保持方案，提供有关资料；交纳水土流失补偿费。5 月 17 日，陕西省水保局正式下达书面授权委托书，委托渭南市水保监督站查处此案。限定期限已过，该电厂毫无表示。7 月 5 日，渭南市水保监督站正式立案查处。

（二）调查

7 月 5—9 日和 9 月 26—30 日，渭南市、蒲城县监督部门两次深入现场，对蒲城发电厂建设过程中征用土地、损坏地貌植被、乱排弃土等情况进行了详细勘验调查。该厂自 1988 年以来共征用土地 4464.22 亩，租用耕地 263.7 亩，总计占地 4727.92 亩。涉及范围为蒲城县东陈镇、孙镇、永丰、平陆庙 4 个乡（镇）。在征用的土地中，耕地为 3003.2 亩（其中水平埝地 1914 亩），非耕地 1461.01 亩。所征土地用于生产区、福利区、厂前区、专线铁路、进厂公路、水源地、道路排灰场及道路等建设，共侵占、毁坏地貌、植被及水土保持设施面积 3312 亩，降低了水土保持功能。弃土情况：输水管道埋设弃土 1 万立方米；水源地建设及其道路施工中将 6.66 万立方米弃土倒入北洛河右岸支沟内；将 2.4 万立方米弃土直接倒入北洛河右侧河床，造成直接水土流失。自渭南市、蒲城县监督部门立案查处以来，多次上门宣传水保法规，督促制作水保方案，但厂方仍以种种理由进行推脱，拒绝提供有关资料和编制水保方案。

（三）处理

该案自 1994 年 5 月查处以来，渭南市、蒲城县监督部门按水保法规的规定“谁开发，

谁保护，谁造成水土流失，谁治理，谁损坏水土保持措施，谁补偿”，多次与电厂交涉。1994年9月11日，蒲城县水保监督站下达“关于西北电管局蒲城发电厂建设公司于1994年10月16日前交纳水土流失补偿费110万元”的通知，1994年9月21日又下发了《关于西北电业管理局蒲城发电厂建设公司补报水土保持方案的通知》，要求该电厂在11月30日前补报水土保持方案。电厂以建厂在先、水土保持法颁布在后，概算中没有补偿费款项，厂方无权支付，要请示西北电管局等种种理由，分别向西北电管局、陕西省计委打了请示报告，把问题推到主管机关。对此，1995年8月1日，渭南市水保监督站向蒲城电厂作出了《关于蒲城发电厂建设公司人为水土流失防治问题通知》，要求电厂对其造成的水土流失按有关规定自行整治或按有关规定交纳水土流失防治费，并要求在8月12日向渭南市水保监督站作出明确的回复。9月26日，渭南市水保监督站到蒲城电厂向其发出最后通报：①水土流失补偿费必须缴纳；②根据水利部〔1995〕5号令规定，水保方案建议由省水土保持勘察规划研究所负责编制；③如果电厂仍置法律于不顾，视为无力治理，向其下达处罚决定书，将通过司法程序解决。10月6日，省计委副主任杨光英召集省水保局负责执法工作人员商量，提出了初步处理意见。10月5日，黄河上中游管理局、省水保局、市（县）监督部门的领导人员组成联合检查组，到蒲城电厂进行了现场检查，并向省计委做了汇报。在此基础上，1995年10月30日，省计委副主任杨光英又召集西北电管局、省电力投资开发公司、省市县水保部门、蒲城电厂等单位的负责人，在蒲城电厂召开了蒲城电厂建设过程中水土保持问题协调会议，会上蒲城电厂就贯彻《水土保持法》，努力做好水土流失防治工作，进行了详细的汇报；渭南市、蒲城县水土保持监督部门，经过现场勘察调查分析，着重报告了蒲城电厂建设以来，造成水土保持设施和原地貌植被破坏，以及水土流失等情况。会议学习了国家及地方有关水保法律法规文件，省水保局就《水土保持法》有关条款作了解释，西北电管局也表示依据法律，认真做好水土保持工作，并形成纪要：

（1）蒲城电厂是陕西重点建设项目，建设过程中困难重重，在各方面的共同努力下，经过长达19年的建设，今年尚可争取1台机组发电，该项目的建成，对加快陕西基础设施，促进经济发展具有举足轻重的作用。水保部门十分理解蒲城电厂的困难，愿意积极协助认真做好水保工作。

（2）按照国家及地方有关水保法律法规文件要求，蒲城电厂应委托有资格编制水土保持方案的单位，补作水土保持方案，于今年12月底前按提出的防治措施自行治理。水土保持方案编制费由蒲城电厂负责解决。

（3）蒲城电厂自1993年8月1日至今征用的2769亩土地，按照陕水发〔1994〕69号文件收取水土流失补偿费的最低标准，于12月5日前向省水土保持局委托的渭南市水保监督总站一次性交纳水土流失补偿费40万元，该费用作为专项投资进入概算。

会后，1995年11月17日，省计委以陕计项目〔1995〕726号文件下发了《关于印发〈蒲城电厂水土保持问题协调会议纪要〉的通知》，要求各有关单位遵照执行。至此，蒲城电厂建设过程中的水土流失防治问题初步得到了解决。

二、连霍与京昆高速联络线水保监督案

国家重点建设项目韦庄至罗夫高速公路，是连霍高速与京昆高速之间的联络线之一。该工程起于国家高速公路京昆线的蒲城县坡底村，终点位于连霍高速公路的华阴市沙道村。路线全长54千米，采用双向四车道高速公路标准。设计车速100千米每小时，路基宽26米，总投资35亿元。该项目在建设中，水保监督部门多次进入施工现场监督检查水土保持方案落实情况，发现水土保持措施不到位，改变施工程序，未变更水保方案，未开展水保监理、监测工作，未缴纳水土保持补偿费，待问题提出后，施工方及时整改，并按照大荔县水保监督站提出的整改意见落实专人，现场整改，减少了人为水土流失损害，完善了水土保持相关手续。

第五章　生态环境治理

随着北洛河流域经济社会的快速发展，北洛河及其支流河流枯竭、地下水位下降、水质污染、水质性缺水和供水安全问题日趋突出，成为制约北洛河流域经济社会发展的重大问题。对此，流域实施水功能区管理和入河排污口管理，加强了饮用水水源地保护和地下水保护，开展了水生态系统保护与修复和水生态文明建设。

第一节　水资源保护

一、水功能区管理

依据《全国重要江河湖泊水功能区划（2011—2030年）》，北洛河设置代表断面有6个，分别是：吴起源头水保护区，代表断面是吴起；延安保留区，代表断面是富县；延安农业用水区，代表断面是交口；延交、渭南农业用水区，代表断面是石堡川入口和洑头；大荔农业用水区，代表断面是北洛河入渭口。6个断面出水水质目标均为Ⅲ类。

根据2017年北洛河逐月水质监测数据，北洛河吴起山区段、志丹山区段、甘泉山区段、富县山区段、蒲城塬区乡村段5个评价河段水质优劣程度赋分全部为0，北洛河干流3个一级水功能区和3个二级水功能区全部不达标，达标率为0。根据《陕西省水资源公报》成果，自2010年以来，北洛河干流水质略有改善，但改善不明显，仍是Ⅴ类为主。主要超标污染物是化学需氧量、氨氮和石油。

二、入河排污口管理

根据调查统计资料，北洛河干流全线共设置排污口48个，主要是城市生活污水排放、企业综合污水排放及污水处理厂排放，尤其是目前延安市境内石油的大量开采，产生的污染最为严重，污染物种类多，处理不当，是水体污染的主要污染源。

北洛河在渭南市境内排污口有14个，其中工业排污口包括陕西海升果业发展股份有限公司渭南分公司综合入河排污口等6个，生活污水口包括大荔县城区污水处理厂入河排污口、大荔县经开区污水处理厂入河排污口等5个，另外还有退水口4个。

渭南市严格入北洛河排污口设置审批，对未经水行政主管部门及环保部门审批的排污口一律封堵。实行入河排污口标志管理，对经批准设置和登记的排污口，设立入河排污口标志牌，实行入河排污口动态管理。严格控制入洛支流水质不低于Ⅲ类。

2022年5月，陕西省生态环境厅对北洛河干流入河排污口开展为期1个月的专项排查，加快推进入河排污口突出环境问题解决。

此次专项排查是陕西省2022年生态环境领域专项执法一号行动的重要内容之一，在各市开展自查的基础上，抽调省级执法、监测业务骨干组成3个排查组，按照“有口皆查，应查尽查”的要求，采取沿河流两岸徒步数排口的方式对北洛河干流进行全面排查，将所有向水里排污的“口子”全部纳入排查范围，全面摸清掌握各类排污口的分布及数量等信息。

三、饮用水水源地保护

（一）国家级饮用水水源保护区

《黄河流域重要饮用水水源地名录》是为加强饮用水水源地保护，保障人民群众饮水安全，根据《中华人民共和国黄河保护法》，水利部会同国务院有关部门组织制定于2023年11月28日印发的名录，涉及北洛河流域的有如下两处：

（1）渭南市大荔县育红水源地。

（2）渭南市蒲城县袁家坡水源地。

（二）省级水源地保护区

依据《中华人民共和国水污染防治法》《陕西省城市饮用水水源保护区环境保护条例》《饮用水水源保护区污染防治管理规定》等法律法规规定，1999—2007年，陕西省政府先后分4次集中批复城市饮用水源保护区，后以分散审批批复，北洛河流域共有9处水源地保护地。

1999年6月18日，陕西省人民政府批复第一批饮用水水源保护区。涉及洛河流域的有澄城县五一水库1处水源地保护区。

2002年12月20日，陕西省人民政府批复第三批饮用水水源保护区。涉及洛河流域的有黄龙县尧门水库、富县莲花池大申号水库、洛川县拓家河水库、洛川县银河水库、黄陵县郑家河水库、甘泉县高哨乡岳屯村水库等6处水源地保护区。

2007年9月11日，陕西省人民政府批复第四批饮用水水源保护区。涉及洛河流域的有宜君县西河水库1处水源地保护区。

2007年以来，饮用水水源保护区采取分散审批，省级批复的北洛河流域水源地有延安市甘泉县岳屯水库水源地保护区（调整方案）。

南沟门水库是北洛河流域重要水源地之一，是延安市市级水源地。延安市启动了南沟门水库饮用水水源地保护工程。该工程主要建设内容为生态护岸工程、边坡土堰阻流工程、面源污染治理工程、水源涵养林工程、围栏工程、标识标牌、无线监控设备、水上应急措施、流动污染源防治等工程。

（三）县级水源地保护区

县级水源地保护区见表4–5–1。

吴起县是北洛河源头所在地之一，有保护源头水源的责任。2023年5月，吴起县从北洛河入境源头开始，沿头道川流域逐河段、逐厂（站）、逐排口进行“拉网式”摸排；重点排查沿线污水处理厂（站）达标排放、临时污水收集池清运及维护、重点排污企业污水处理设施运行、河道环境整治等情况，并对发现问题建立管理台账、制定整治措施、跟踪限时整改。同时，将实地巡查与水系地图紧密联系，对北洛河沿线乡镇污水收集管网铺设情况进行全面调查了解。

表 4-5-1 县级水源地保护区

序号	地级市	区县	所属流域	所在水体名称	水源地名称	水源地类型	服务人口/万人
1	延安市	黄陵县	北洛河	淤泥河	郑家河水库	水库	5
2	延安市	黄龙县	北洛河	石堡川	尧门水库	水库	1.4
3	延安市	洛川县	北洛河	仙姑河	拓家河水库	水库	18
4	延安市	洛川县	北洛河	仙姑河	银河水库	水库	—
5	延安市	富县	北洛河	大申号川	莲花池大申号水库	水库	4.2
6	延安市	甘泉县	北洛河	雨岔沟	雨岔水库	水库	—
7	延安市	甘泉县	北洛河	岳屯沟	岳屯水库	水库	1.1
8	延安市	志丹县	北洛河	周河	城关地下水	地下水	5.5
9	延安市	吴起县	北洛河	北洛河	城关地下水	地下水	7
10	铜川市	宜君县	北洛河	清河	西河水库	水库	—
11	延安市	黄龙县	北洛河	石堡川	石堡川水库	水库	—
12	渭南市	澄城县	北洛河	北洛河	樊家川温泉	地下水	—
13	渭南市	澄城县	北洛河	县西河	五一水库	水库	15
14	渭南市	白水县	北洛河	白水河	耀卓地下水	地下水	5
15	渭南市	蒲城县	北洛河	北洛河	袁家坡泉	地下水	35.1
16	渭南市	大荔县	北洛河	北洛河	育红泉	地下水	35.2

四、地下水超采区治理

地下水超采区严重的渭南、榆林落实划定地下水超采区、建立地下水取水总量和水位“双控”指标，切实遏制地下水位持续下降的趋势。针对超采区地下水位下降的主要原因，明确地下水压采量，提出治理保护措施，并将其纳入最严格水资源考核。按照“节水优先、空间均衡、系统治理、两手发力”的治水思路，以地下水资源开发能力为基础，以保障供水安全、粮食安全和生态安全为目标，坚持节水压减、水源替换的治理方针，强化各项保障措施，控制地下水超采，治理修复超采区地下水生态环境。

第二节　水污染防治

一、“碧水蓝天净土”保卫战

通过碧水保卫战，促进水环境质量得到阶段性改善，污染严重水体大幅减少，饮用水安全保障水平持续提升，地下水超采得到严格控制。北洛河国控断面水质达到考核要求；城市建成区内基本消除黑臭水体；县级及以上集中式饮用水水源地水质全部达到或优于Ⅲ类。

通过蓝天保卫战，确保一年中优良天数达到 269 天，细颗粒物浓度不高于 55 微克每立方米，重污染天数明显减少，大气环境质量明显改善，人民群众蓝天幸福感明显增强。

通过净土保卫战，完善土壤污染防治体系，夯实土壤环境管理责任；制定受污染耕地安全利用计划，开展受污染耕地和污染地块安全利用工作，全面完成各项年度重点任务；突出重点区域综合治理、强化土壤污染源头防控，确保土壤环境质量总体保持稳定，土壤环境风险得到基本管控。

延安市“碧水蓝天净土”保卫战北洛河干流、支流沮河、葫芦河、石堡川重点项目见表 4–5–2 ～表 4–5–5。

二、水污染事件应急处置

2000 年，水利部以水资源〔2000〕251 号文发布实施了《重大水污染事件报告暂行办法》，使突发水污染事件应对工作开始走向制度化。2008 年 4 月 3 日，水利部对《重大水污染事件报告暂行办法》进行了修订，以水资源〔2008〕104 号文印发了《重大水污染事件报告办法》，进一步规范了重大水污染事件报告制度。

2010 年 3 月 1 日，陕西省水利厅制定印发了《陕西省水利系统应对突发水污染事件应急预案》（陕水发〔2010〕12 号）（简称《预案》），建立了水污染事件快速反应机制，明确了有关部门的职责，规范了处置程序，为做好突发水污染事件应急处置工作提供了依据。《预案》根据水污染危害大小，将突发性水污染事件分为特别重大水污染事件（Ⅰ级）、重大水污染事件（Ⅱ级）、较大水污染事件（Ⅲ级）和一般水污染事件（Ⅰ级）。

典型案例：

2010 年 3 月 31 日，陕西长大石油化工产品有限公司洛川污油泥处理厂，因污油泥收集池地基发生塌陷导致 1000 余吨污油泥外泄，经沿途耗损后进入北洛河水体约 250 吨，污染带长度约 2 千米。接到报告后，陕西省水利厅王锋厅长连夜召开厅长办公会，研究部署应急处置措施，并派出工作组，赶赴现场开展应急处置工作。延安、渭南、铜川沿河有关市县政府全面动员，水利部门配合环保部门采取打捞、栏栅及洛惠渠龙首大坝下闸截蓄上游来水等措施，确保污染物没有进入渭河，保障了下游用水水质安全。

表 4-5-2　延安市北洛河流域深入打好“碧水蓝天净土”保卫战行动计划拟建重点项目

序号	县（市、区）	目标任务	项目名称	具体内容	责任单位	完成年度	投资/万元
（一）吴起县							
1	吴起县	完善城镇污水管网建设	城区雨污分流改造工程	东园子、后大桥片区雨污分流工程；新建污水管网总长 2108 m，管径为 DN400 ~ 600；环城路片区雨污分流工程：新建污水管道总长 3230 m，检查井合计 88 个，管径为 DN400 ~ 600；长征街、洛滨路、迎宾大道雨污分流工程：新建污水管道总长 3355 m，管径为 DN400 ~ 600	吴起县人民政府	2022 年	4238.39
2	吴起县	提升城镇生活污水处理能力和水平	园区工业污水处理厂建设项目	金马工业园区新建日处理工业污水 500m^3 污水处理厂	吴起县人民政府	2022 年	800.00
3	吴起县		吴起县第二污水处理厂工程	吴起县第二污水处理厂一期设计规模 10000m^3 每天，新建管网 1.4km	吴起县人民政府	2022 年	11500.00
4	吴起县		周湾镇污水处理站	污水处理设施及管网建设，处理规模约 100t/d	吴起县人民政府	2023 年	200.00
5	吴起县	强化农业农村面源污染治理	丈方台生猪养殖基地粪污处理与资源化利用项目	在丈方台生猪养殖基地新建改造发酵池 400m^3，有机肥生产设备 5 台	吴起县人民政府	2022 年	200.00
6	吴起县	加强水生态保护与修复	头道川流域水环境治理工程	头道川流域水域生态保护修复 654300m^2。缓冲带生态保护修复河道两岸植树造林面积 318000m^2，生态护坡面积 254455m^2，新建生态堤坝 6 座	吴起县人民政府	2024 年	790.00

续表 4-5-2

序号	县（市、区）	目标任务	项目名称	具体内容	责任单位	完成年度	投资 / 万元
7	吴起县 志丹县 甘泉县	加强水生态保护与修复	延安市北洛河中上游人工湿地水质净化工程	吴起县污水处理厂排污口人工湿地 2.14 万 m^2，志丹县污水处理厂排污口人工湿地 3.84 万 m^2，甘泉县污水处理厂排污口人工湿地 1.98 万 m^2	市生态环境局	2024 年	10178.20
8	吴起县	加强饮用水水源地保护	吴起县镇级饮用水水源地划定与保护达标建设项目	对各镇水源地进行达标建设，设置界桩 45 个，栅栏 700m，警示牌 17 个等	吴起县人民政府	2022 年	83.00
9	吴起县	加强林业生态建设	陕西省延安市陕北地区退化生态系统治理与修复项目	吴起县 2022—2023 年完成人工造林、封山育林、退化林修复共计 24.6 万亩	吴起县人民政府	2023 年	14475.00
10	吴起县		陕西省黄土高原水土流失综合治理飞机播种造林项目	2022—2025 年完成飞播造林 4.0 万亩	吴起县人民政府	2025 年	640.00
吴起县		小　计					43104.59

（二）志丹县

序号	县（市、区）	目标任务	项目名称	具体内容	责任单位	完成年度	投资 / 万元
1	志丹县	完善城镇污水管网建设	志丹县城区雨污分流管网改造项目	新建污水管网 30312m，雨水管道 45119m 及相关配套设施建设等	志丹县人民政府	2024 年	1100.00
2	志丹县	提升城镇生活污水处理能力和水平	志丹县建制镇污水处理项目	本项目共涉及 7 个镇（便民服务中心）新建污水管网 30.2km；新建污水处理站 11 座；新增中水回用水池 11 座；新建污泥堆肥处理系统 11 套；新增智慧水务系统 11 座	志丹县人民政府	2022 年	6497.41

续表 4-5-2

序号	县（市、区）	目标任务	项目名称	具体内容	责任单位	完成年度	投资/万元
3	志丹县	提升城镇生活污水处理能力和水平	志丹县工业园区污水处理工程	主要建设米 BR 膜处理车间、巴氏计量槽、生化处理系统、预处理系统、污泥处理、配电控制系统，厂区臭气生产点的收集和除臭建设，以及相关配套设施的建设。处理工艺采用改良 A2O 生物处理 +MBR 膜处理，深度处理系统为“水力澄清器 + 纤维转盘滤池”	志丹县人民政府	2022 年	3513.45
4	志丹县		志丹县第二污水处理厂及配套污水管线建设项目	建设 MBR 膜处理车间、巴氏计量槽、生化处理系统、污泥处理、配电控制系统等。总处理规模为 6000m^3/d。建设污水管线长 6.6km，管径 800mm，检查井 86 座，提升泵站 1 座	志丹县人民政府	2022 年	8905.48
5	志丹县	提高再生水利用率	黄河流域志丹县中水利用工程	主要包括干流引水工程、支流引水工程、中水利用工程、淤地坝雨洪利用工程，合计年供水量为 350.4 万 m^3。具体内容:（1）调蓄池工程：新建 2000m^3 调蓄水池 2 座、用户取用水系统管道、蓄水池引水、溢水、排水系统管道等；并配套周边设施。（2）输水工程：①新建输水管道 26.68km; ②新建临槽防护段 650m; ③新建管道附属构筑物: 设置排气阀井 9 座，泄水阀井 10 座（其中干井 5 座，湿井 5 座），检修阀井 6 座，计量检修阀井 1 座，镇墩 73 个。（3）场外供电设施工程：新建 10 千伏输电线路 0.5km。（4）配套生产管理设施工程、信息化工程、交通工具工程及其他。该项目实施后，年节约地下水 350.4 万 m^3	志丹县人民政府	2025 年	4843.37
6	志丹县	加强水生态保护与修复	志丹县周河流域水生态治理项目	在县城东南方向保安街道办事处和川口周河入洛河处，建设人工湿地水质净化面积 9.2 万 m^2，河滨缓冲带建设生态防护林 1.5 万 m^2	志丹县人民政府	2024 年	1000.00

续表 4–5–2

序号	县（市、区）	目标任务	项目名称	具体内容	责任单位	完成年度	投资 / 万元
7	志丹县	加强水生态保护与修复	志丹县周河流域保安至双河段河道	志丹驾校至永宁镇三台山段进行生态清淤、清污泥 2.6km，河道滩涂整治及生态修复 50.46 公顷，新建湿地 13.56hm^2，湿地防护 2.3km，新建潜坝 3 座，河堤堤脚种植爬山虎 8.7km，提升工业园区污水处理厂泵站附属建筑物及沿线居民雨污分流管网配套设施 5.66km	志丹县人民政府	2024 年	1100.00
8	志丹县		北洛河水环境综合治理一期工程	县城污水处理厂至志丹驾校段进行综合治理长度 3.52km。规划种植水草面积 7.17hm^2，新建湿地 7.17hm^2，新建潜坝 9 座，湿地防护 1.69km，右岸漫滩绿化 4.17hm^2，堤脚种植爬山虎 3.52km；修建道路 3 段 2.09km，敷设中水管道 1.71km	志丹县人民政府	2023 年	800.00
9	志丹县		志丹县孙岔流域水环境综合整治工程	水污染综合治理 10.5km，孙岔沟水域和缓冲带生态修复 31.5hm^2；孙岔河道水源涵养林 9.5km，净化水质湿地 2 处，生态护坡 4.5km	志丹县人民政府	2024 年	2681.06
10	志丹县	加强林业生态建设	陕西省延安市陕北地区退化生态系统治理与修复项目	志丹县 2022—2023 年完成人工造林、封山育林、退化林修复共计 11.5 万亩	志丹县人民政府	2023 年	6525.00
11	志丹县		陕西省黄土高原水土流失综合治理飞机播种造林项目	2022—2025 年完成飞播造林 6.0 万亩	志丹县人民政府	2025 年	960.00
志丹县		小 计					37925.77

续表 4–5–2

序号	县（市、区）	目标任务	项目名称	具体内容	责任单位	完成年度	投资 / 万元
（三）甘泉县							
1	甘泉县	完善城镇污水管网建设	甘泉县城镇污水管网建设项目	新建城区雨污分流管网：包含城区 3 条主路雨污分流，即瓦窑沟凤凰山庄管网；丈子沟管网；北关街荣江尚品管网；总建设管网长度 8.7km。污水管网延伸：关家沟曲里管网口、姚店污水处理厂主管网、龙首酒厂门口管网、县屯村曲里污水管网，共计管网长度 6.4km；洛河流域段增设 3 处污水预处理系统。采用管径 600mm 双壁波纹管，共计铺 15.1km 污水管网	甘泉县人民政府	2025 年	5915.00
2	甘泉县		甘泉县中心街老旧小区室内基础设施建设项目	增设外墙保温、坡屋顶，改造小区绿化、道路，改造雨污分流管网 1000m	甘泉县人民政府	2025 年	1900.00
3	甘泉县		甘泉县城区排水防涝建设项目（一期）	新建雨污分流管网 1030m，其中污水分 3 处排入既有污水管网，雨水分 1 处排入既有雨水渠道中	甘泉县人民政府	2023 年	948.21
4	甘泉县	提升城镇生活污水处理能力和水平	甘泉工业园区污水管网及污水处理厂应急工程项目	一期已建成 5.4 千米污水管网和处理能力 500t/d 污水处理站 1 座；二期新建设计处理能力 5000t/d 污水处理厂 1 座，污水管网 1km；污水处理厂设计规模按照近期 2000t/d，远期 5000t/d。其中，征地按照 5000t/d 规模一次建成，设备按照 2000t/d 规模安装	甘泉县人民政府	2023 年	8000.00
5	甘泉县	提高再生水利用率	甘泉县城镇中水回用建设项目	新建中水回用管网建设 34km，新建泵站 4 座	甘泉县人民政府	2024 年	13 280.00

续表 4-5-2

序号	县（市、区）	目标任务	项目名称	具体内容	责任单位	完成年度	投资 / 万元
6	甘泉县	强化农业农村面源污染治理	延安市甘泉县农业面源污染治理项目	①建设有机肥替代化肥示范区 6000 亩，建设菜畜沼、果畜沼现代循环农业示范区 5000 亩。②具体建设 100m³ 沼气池 18 个，购置干湿分离设备 18 套，运输车辆 18 台。③农业废弃物综合利用：建设秸秆有机肥厂，建设厂房 8000m²。④建设农膜反光膜回收站 6 个，配套农膜、反光膜回收打包设备 18 个。⑤建设垃圾无害化综合处理站 1 座	甘泉县人民政府	2025 年	8600.00
7	甘泉县	强化农业农村面源污染治理	甘泉县城乡垃圾中转站建设项目	建垃圾中转站 8 座，总建设规模 9600m³，日转运垃圾量 248t/d。附属配套公厕、垂直压实机、除臭系统和自动化控制系统	甘泉县人民政府	2024 年	1968.00
8	甘泉县	加强水生态保护与修复	水生态保护与修复项目	新建湿地 35038m²；新建污水处理站出水口与人工湿地连接管网 0.5km；新建生态护坡 4.3km；新建格宾石笼挡墙 2.7km	甘泉县人民政府	2024 年	4600.00
9	甘泉县	加强饮用水水源地保护	雨岔饮用水水源地规范化建设	完成围挡保护工程、坝体修复工程、监测预警系统等工程建设	甘泉县人民政府	2022 年	150.00
10	甘泉县		岳屯饮用水水源地规范化建设	完成围挡保护工程、坝体修复工程、监测预警系统等工程建设	甘泉县人民政府	2022 年	150.00
11	甘泉县	加强林业生态建设	陕西省延安市陕北地区退化生态系统治理与修复项目	甘泉县 2022 年完成人工造林、封山育林、退化林修复共计 1.0 万亩。劳山国有林管理局（甘泉县）2022—2023 年完成人工造林、封山育林、退化林修复共计 16.4 万亩	甘泉县人民政府、劳山国有林管理局	2023 年	8005.00
甘泉县		小 计					53516.21

续表 4-5-2

序号	县（市、区）	目标任务	项目名称	具体内容	责任单位	完成年度	投资/万元
（四）富县							
1	富县	完善城镇污水管网建设	富县县城雨污分流改造工程（北教场片区）	对北教场片区主管长度约 9320m 的雨污水管网进行开挖及顶管施工，以及实施路面破除和恢复工程建设	富县人民政府	2022 年	3180.00
2	富县		富县县城雨污分流改造工程（老城区及南教场片区）	对南教场片区主管长度约 8292m 的雨污水管网进行开挖及顶管施工，以及实施路面破除和恢复工程	富县人民政府	2022 年	3578.00
3	富县		富县县城雨污分流改造工程（茶坊片区）	对茶坊片区主管长度约 8165m 的雨污水管网进行开挖及顶管施工，以及实施路面破除和恢复工程建设	富县人民政府	2023 年	2310.00
4	富县	完善城镇污水管网建设	富县县城雨污分流改造工程（吉子湾片区）	对吉子湾片区主管长度约 6247m 的雨污水管网进行开挖及顶管施工，以及实施路面破除和恢复工程建设	富县人民政府	2024 年	1626.00
5	富县		富县县城雨污分流改造工程（监军台片区）	对监军台片区主管长度约 4616m 的雨污水管网进行开挖及顶管施工，以及实施路面破除和恢复工程建设	富县人民政府	2025 年	779.00
6	富县		富县污水管网维修改造工程	维修改造污水管道 8.5km，改造加高检查井 96 座，改造截污井 146 个，清理、维修穿河段旋流沉沙井 5 处	富县人民政府	2022 年	1000.00
7	富县		富县县城污水主管网建设工程	建设内容包括：新建贺家沟至火车站、九年制义务教育学校至北高速污水管网 6km	富县人民政府	2023 年	2000.00

续表 4-5-2

序号	县（市、区）	目标任务	项目名称	具体内容	责任单位	完成年度	投资/万元
8	富县	提升城镇生活污水处理能力和水平	牛武川河水环境综合治理项目	牛武镇污水处理站二期管网和牛武镇生态河堤建设	富县人民政府	2023 年	1057.50
9	富县		富县县城污水处理厂扩容提标改造（一期）工程	扩建内容包括：扩容规模 10000t/d，从一级 A 标提标改造到准地表Ⅳ类。主要建设内容有：新建细格栅及旋流沉砂池、多段多级 AO 生物池 1 座、二沉池 1 座、二次提升泵房及回流污泥泵房 1 座、深度处理间 1 座（包含高密度沉淀池 1 座、反硝化深滤池 1 座）、紫外线消毒渠及巴氏计量槽 1 座、污泥浓缩池 1 座、锅炉房 1 座、除臭生物滤池、监测用房等；改造鼓风机房及变配电室 1 座、污泥脱水机房 1 座	富县人民政府	2022 年	8386.00
10	富县	入河排污口规范化建设	富县入河排污口排查整治及规范化建设项目	主要针对入河排污口偷排漏排问题，全面排查入河排污口，建成区内入河直排口全部封堵；开展重点入河排污口监测和溯源分析，实现排污口监测全覆盖	富县人民政府	2024 年	1309.97
11	富县	提高再生水利用率	富县污水处理厂中水回用工程	压埋管道 6km、建取水点 4 处、高压泵房 2 处。污水处理厂日处理污水 8000m^3，中水回用 10% 大约 800m^3/d。中水回用主要用于园林绿化、降尘除尘，既美化了环境，又节约了资源	富县人民政府	2025 年	2500.00
12	富县	强化农业农村面源污染治理	农村人居环境综合整治建设项目	农村饮用水水源地保护 20 处、农村生活垃圾处置 3 处、农村环保宣传。无害化卫生厕所改造 5300 个、村容村貌整体提升工程	富县人民政府	2023 年	13000.00
13	富县		废旧农膜回收利用	在县域内建设县镇村三级废旧农膜回收网点 15000m^2、废旧农膜加工处理厂房 3500m^2，购置打包机 120 台、农膜处理设备 1 套和运输车辆 2 辆等	富县人民政府	2024 年	800.00

续表 4-5-2

序号	县（市、区）	目标任务	项目名称	具体内容	责任单位	完成年度	投资/万元
14	富县	加强饮用水水源地保护	重要水源地达标项目	6处（小河子、川口水库、大申号水库、沙西沟水库、柳梢湾水库、漩水湾水库）水源地1级保护区设置隔离网25.9km	富县人民政府	2024年	2000.00
15	富县	加强水生态保护与修复	重点山洪沟防洪治理项目	史家岔川山洪沟治理项目治理河长2.72km，新修护岸2.92km	富县人民政府	2022年	1062.00
16	富县		富县小流域综合治理	治理水土流失面积75km^2	富县人民政府	2024年	4000.00
17	富县		富县洛河、葫芦河流域防洪工程项目	北洛河治理工程布置长度7.353km，新建堤防5.551km，加高堤防0.526km，新建护岸1.276km，新建下河踏步2处，新建排水涵管13处；葫芦河张家湾至张村驿段防洪工程，新修护岸24.38km，其中张家湾村段长度4.738km，王家角村至炮楼村段长度8.2km，黑水寺村段长度3.612km，直罗镇段长度4.266km，张村驿镇段长度3.565km，新建排水涵管10处，下河踏步6处。小河子川综合治理10.12km	富县人民政府	2024年	30000.00
18	富县	加强林业生态建设	陕西省延安市渭北地区固沟保塬生态保护修复项目	富县2022—2025年完成人工造林、封山育林、退化林修复共计9.8万亩。桥北国有林管理局（富县）2022—2025年完成人工造林、封山育林、退化林修复共计16.00万亩	富县人民政府、桥北国有林管理局	2025年	11710.00
富县		小计					90298.47
（五）洛川县							
1	洛川县	完善城镇污水管网建设	老城区片区雨污分流管网改造工程	改造府前街、东关大街、双拥街污水管网2145m，雨水管网1850m；改造中心大街北段雨水管网1800m	洛川县人民政府	2025年	4800.00

续表 4–5–2

序号	县（市、区）	目标任务	项目名称	具体内容	责任单位	完成年度	投资 / 万元
2	洛川县	提升城镇生活污水处理能力和水平	洛川县第二污水处理厂及配套管网工程	新建 $500m^3/d$ 污水处理能力的厂外压力污水管道：全长 4150m，其中管径 DN200 长度 1600m，管径 DN250 长度 950m，管径 DN300 长度 1600m；新建一体化提升泵站：桥西村一体化提升泵站规模 $650m^3/d$，第二污水处理厂一体化提升泵站规模 $1850m^3/d$	洛川县人民政府	2022 年	1500.00
3	洛川县		洛川县乡镇污水处理站及配套管网工程	永乡、石头、槐柏 3 个镇（街道）新建污水处理站；杨舒、朱牛、黄章、菩堤、4 个镇（街道）建设小型污水处理设施，总设计规模为 500t/d，配套管网 22200m；老庙、旧县现有污水站改造	洛川县人民政府	2025 年	2577.00
4	洛川县		洛川县交口河镇污水处理厂扩建及提标改造工程	新建 BBR 池建筑面积 $82.45m^2$，高密池建筑面积 $24.1m^2$，地下泵井建筑面积 $11.31m^2$，改造生化池、二沉池及混凝沉淀池建筑面积 $538.08m^2$，加药间、污泥脱水间及污泥池建筑面积 $155.5m^2$。扩建后处理规模达 $3000m^3/d$	洛川县人民政府	2022 年	1181.48
5	洛川县	提升城镇生活污水处理能力和水平	新建污水处理厂迁址扩建工程	新建 $15000m^3/d$ 的污水处理能力，处理后一级 A 出水采用反硝化深床滤池工艺，出水水质达到《陕西省黄河流域污水综合排放标准》（DB 61/224—2018）A 标准	洛川县人民政府	2022 年	17900.00
6	洛川县	提高再生水利用率	洛川县污水处理厂中水回用工程	洛川县污水处理厂建设中水回用管网 16.2km	陕西省水务集团	2025 年	5000.00

续表 4-5-2

序号	县（市、区）	目标任务	项目名称	具体内容	责任单位	完成年度	投资/万元
7	洛川县	强化农业农村面源污染治理	洛川县畜禽粪污资源化利用整县推进项目	全县规模养殖场户畜禽养殖设施配套及粪污资源化利用。完成规模以上养殖场清粪工艺及设施改造；新建液体肥田间输送及使用管网；改造或新建有机肥加工车间并配套补齐有机肥加工生产线及其他加工生产设备；完成规模以下养殖大户项目建设	洛川县人民政府	2022 年	5334.00
8	洛川县	加强水生态保护与修复	仙姑河河道二期（园子河支流）生态修复工程	园子河支流生态湿地修复工程包括 A、B、C、D 4 个分区，总占地面积约为 29000m^2，湿地配套道路总长度 5921m	洛川县人民政府	2023 年	4927.80
9	洛川县		洛川县吴家河、黄连河、吴家庄、两水河四处水源地保护工程	水库周围安全防护网封闭治理，配套滚龙式双螺旋不锈钢刀片刺绳，360° 高清监控系统，远程喊话器，饮用水水源保护区界标，界桩、道路交通警示牌（双面）等内容	洛川县人民政府	2022 年	160.00
10	洛川县	加强林业生态建设	陕西省延安市渭北地区固沟保塬生态保护修复项目	洛川县 2022—2025 年完成人工造林、封山育林、退化林修复共计 13.7 万亩	洛川县人民政府	2025 年	2960.00
11	洛川县	加强林业生态建设	陕西省黄土高原水土流失综合治理飞机播种造林项目	2022—2025 年完成飞播造林 3.5 万亩	洛川县人民政府	2025 年	560.00
洛川县		小计					46900.28
（六）黄陵县							
1	黄陵县	完善城镇污水管网建设	秦家川村污水分流工程	铺设 DN200 聚乙烯双壁管道 998.15m、DN300 聚乙烯双壁 613.72m、铺设 DN150 聚乙烯双壁（入户管）240m，修建检查井 57 座	黄陵县人民政府	2023 年	200.00
北洛河流域		总计					271945.32

表 4-5-3　延安市沮河流域深入打好“碧水蓝天净土”保卫战行动计划拟建重点项目

序号	县（市、区）	目标任务	项目名称	具体内容	责任单位	完成年度	投资 / 万元
1	黄陵县	完善城镇污水管网建设	黄陵县店头镇雨污分流及污水收集管网项目	七里坡新建管网 380m、瓷窑沟新建管网 356m、五队沟新建管网 1000m	黄陵县人民政府	2022 年	1166.00
2	黄陵县		呼家湾组帝陵湾段雨污分流网工程	铺设污水管网 800m，拆除原有破损毛石水渠并新建混凝土排水渠 418m，及其他附属设施	黄陵县人民政府	2023 年	100.00
3	黄陵县		秦家川村污水分流工程	铺设 DN200 聚乙烯双壁管道 998.15m、DN300 聚乙烯双壁 613.72m、铺设 DN150 聚乙烯双壁（入户管）240m。修建检查井 57 座	黄陵县人民政府	2023 年	200.00
4	黄陵县		隆坊镇雨污分流管网建设工程项目	镇区中心区域 6km 污水管网雨污分流改造	黄陵县人民政府	2025 年	2800.00
5	黄陵县	提升城镇生活污水处理能力和水平	北洛河流域户村段至下翟庄段污水处理工程	项目选址位于桥山街道办事处户村段东侧，项目主要建设内容为污水处理站规模 150m^3/d、铺设管网 2400m、户村 150 户村民生活污水收集入户管道及其他附属工程	黄陵县人民政府	2022 年	747.82
6	黄陵县		沮河流域双龙段水污染治理工程	新建日处理能力为 400m^3 的处理站，安装 1 套 400m^3/d 处理量的生活污水处理设备，新建 200m^3 化粪池 1 座	黄陵县人民政府	2022 年	1361.00
7	黄陵县		县城污水处理厂二期扩容工程	设计规模 6000m^3/d	黄陵县人民政府	2022 年	5461.00
8	黄陵县		黄陵县科技产业园双创区（一期）冷链物流产业基地及配套设施项目两站建设项目	建设污水处理站 1 座，占地面积 1 亩，污水处理能力 200m^3/d；建设园区垃圾转运站 1 座，占地面积 1 亩，设计运转量 45t/d，属小型 V 类垃圾转运站	黄陵县人民政府	2023 年	1010.00

续表 4-5-3

序号	县（市、区）	目标任务	项目名称	具体内容	责任单位	完成年度	投资 / 万元
9	黄陵县	提升城镇生活污水处理能力和水平	黄陵县新区初级中学污水处理站	建设污水处理站 1 座，占地面积 1.5 亩，污水处理能力 $200m^3/d$	黄陵县人民政府	2022 年	500.00
10	黄陵县	强化农业农村面源污染治理	平天村农村生活污水治理工程	老村村民离网单户型污水处理设备及新村管网单元型污水处理设备的现场勘查、设备供应、土建施工、设备运输、设备安装、系统调试、试运行等	黄陵县人民政府	2022 年	100.00
11	黄陵县		有机肥厂建设项目	固体粪便收集池、除臭系统、固体粪便运输设备、固体粪便处理系统；配置固体粪便发酵槽、曝气设备、有机肥翻抛机、自动控制设备、生物菌剂添加设备、粉尘和臭气收集处理等设备	黄陵县人民政府	2022 年	2200.00
12	黄陵县		果沼畜水肥循环利用项目	养殖场新建粪污收集池、沼气池、沼液储存池等各 1 座，购置干湿分离设备 1 套。田间地头液态有机肥暂存设备、果园铺设液态有机肥输送管道等	黄陵县人民政府	2022 年	3000.00
13	黄陵县		养殖场粪污收集处理设施提升改造项目	新建沉淀池 $200m^3$、沼气池 $60m^3$、沼液收集池 $200m^3$、场区排污渠道 150m，购置沼液运输车 1 辆	黄陵县人民政府	2022 年	3200.00
14	黄陵县		农药减量控害项目	应用杀虫灯 120 台、高空测报灯 5 台、虫情测报灯 5 台、诱虫黄板 180000 张、性诱捕器 60000 个、生物农药 120000 元、先进施药器械 3 台、迷向丝 10000 条	黄陵县人民政府	2022 年	150.00
15	黄陵县		化肥减量增效项目	2022—2024 年连续 3 年在黄陵县主要粮食作物玉米种植上建立 6 万亩化肥减量增效示范区，每年 2 万亩，每年减少化肥用量 3% 以上，化肥利用率提高到 40% 以上，每年投资 100 万元，累计投资 300 万元	黄陵县人民政府	2024 年	300.00

续表 4-5-3

序号	县（市、区）	目标任务	项目名称	具体内容	责任单位	完成年度	投资/万元
16	黄陵县	强化农业农村面源污染治理	水肥一体化项目	连续3年在黄陵县新建果园实施推广水肥一体化6000亩，每年2000亩，每500亩为一个灌溉单元，包括滴灌设施、1个100m^3的蓄水池、1个100m^3的调节池和1间智能控制室及设备；每年2000亩苹果园施溶肥补贴80t，3年连续补贴240t；每年投资615万元，3年累计投资1845万元。项目区节水30%、节肥20%	黄陵县人民政府	2024年	1845.00
17	黄陵县	加强水生态保护与修复	黄陵县户村河道治理工程	建设地址位于沮河入洛河口至上翟庄村沮河的两侧。该湿地面积约为71.91亩，设计处理规模为15000m^3/d，该项目分为3期进行。其中，一期建设湿地面积约为17.4亩，处理规模2000m^3/d，二期建设湿地面积约为27.97亩，处理规模5000m^3/d，三期建设湿地面积约为26.6亩，处理规模8000m^3/d。由河流段引出，经湿地系统处理后去除水中COD（化学需氧量）、BOD（五日生化需氧量）、氨氮、TP（总磷）、TN（总氮）等主要污染物，水体得以有效净化之后再全部引入沮河，达到稳定水质、提高标准的目的	黄陵县人民政府	2024年	5154.00
18	黄陵县		田家河村至南城村北洛河河道治理工程	建设河道－湿地－前置库净化系统，面积30亩，生态涵养林面积100亩	黄陵县人民政府	2022年	3000.00
19	黄陵县		黄陵县沮河流域双龙镇水环境综合治理项目工程	主要内容包括：①沮河生态护坡工程：实施水磨村沮河两岸1.9km生态护坡建设。②污水处理提升改造工程：对索罗湾污水处理厂和双龙镇污水处理厂进行提标改造；西沟截留工程。③索罗湾叕沮河河道水体提升工程	黄陵县人民政府	2023年	1800.00

续表 4–5–3

序号	县（市、区）	目标任务	项目名称	具体内容	责任单位	完成年度	投资 / 万元
20	黄陵县	加强水生态保护与修复	沮河流域双龙段水污染综合治理项目	主要内容包括：对沮河流域双龙段 40 余 km 河道以及 10 余 km 支沟支渠进行全面的疏通、打捞、清理和弃物清运，种植水生植物，建设人工湿地，对水环境进行修复、治理、保护；结合实际在河流双龙段部分区域实施河道防护工程建设、缓冲带建设、河道湿地建设、安全防护设施及警示标志建设等；规范建设检查井、设置监测采样点、计量设施，安装在线监控、显示屏、标识牌，对排污口进行提升改造	黄陵县人民政府	2023 年	6200.00
21	黄陵县		延安市黄陵县沮河河滨缓冲带生态修复工程	建设河湖生态缓冲带约 10km，总面积约 20 万 m^2	市生态环境局	2024 年	4760.16
22	黄陵县	加强饮用水水源地保护	延安市南沟门水库饮用水水源地保护工程	南沟门水库饮用水水源保护区整治工程、饮用水水源污染防控工程、水源隔离防护工程	市生态环境局	2022 年	1924.00
23	黄陵县	加强林业生态建设	陕西省延安市渭北地区固沟保塬生态保护修复项目	黄陵县 2022—2025 年完成人工造林、封山育林、退化林修复共计 6.5 万亩。桥北国有林管理局（黄陵县）2022—2025 年完成人工造林、封山育林、退化林修复共计 9.4 万亩	黄陵县人民政府、桥山国有林管理局	2025 年	7690.00
沮河流域		总 计					54668.98

表 4-5-4　延安市葫芦河流域深入打好“碧水蓝天净土”保卫战行动计划拟建重点项目

序号	县（市、区）	目标任务	项目名称	具体内容	责任单位	完成年度	投资 / 万元
1	富县	提升城镇生活污水处理能力和水平	富县张家湾镇污水管网及污水处理站工程	张家湾镇新建污水处理站 1 座并建设配套管网	富县人民政府	2022 年	850.46
2	富县		富县直罗镇生活污水处理站项目	建设 1 座污水处理站并配套管网	富县人民政府	2022 年	398.00
3	富县	加强水生态保护与修复	延安市葫芦河流域生态保护修复项目	葫芦河 4 处河滨缓冲带修复，水生态治理长度 25.68km	富县人民政府	2024 年	9174.31
葫芦河流域		总 计					10422.77

表 4–5–5　延安市石堡川流域深入打好“碧水蓝天净土”保卫战行动计划拟建重点项目

序号	县（市、区）	目标任务	项目名称	具体内容	责任单位	完成年度	投资/万元
1	黄龙县	完善城镇污水管网建设	黄龙县防洪排三期基础设施建设项目	新建污水管道总长 2486m 天然气燃气公司至车站，其中主管采用Ⅱ级钢筋混凝土承插管，长度为 1718 米，管径为 DN300、DN400、DN500、DN600、DN800，走向为由北至南；支管采用 HDPE 双壁波纹管，长度为 768m，管径为 DN300、DN400，走向为由西向东和由东向西，砌筑检查井 87 座，道路破除及恢复 $8701m^2$ 沥青路面。人行道破除及恢复 $2486m^2$，路缘石拆除恢复 2217m	黄龙县人民政府	2022 年	2500.00
2	黄龙县	强化农业农村面源污染治理	黄河流域面源污染治理项目	购置安装 1600 户农户生物质燃料取暖设备，建成 25000m 污水管网，降解地膜覆盖 12000 亩，建成全县集土肥、畜禽、水源等于一体的现代化监测系统一套	黄龙县人民政府	2022 年	2500.00

续表 4–5–5

序号	县（市、区）	目标任务	项目名称	具体内容	责任单位	完成年度	投资 / 万元
3	黄龙县	强化农业农村面源污染治理	黄龙县面源污染整治工程	完成有机肥替代化肥示范区 7000 亩，其中测土配方示范区 5000 亩，果沼畜循环示范区 2000 亩，建设农用化学品包装物回收处置中心 50 个，小型配肥站 2 个。采取悬挂粘虫板、诱捕器、捆绑诱虫带、安装杀虫灯等措施，建设绿色防控示范区 5000 亩。完成正能养殖场等肥水灌溉管道 5000m，污水灌溉管道 20000m，120m^3 沼气池 3 个，封闭式污水贮存池 7 个，堆粪棚 3 个，购置水肥一体化及物联网系统 1 套，自动清粪机 10 个，喷雾除臭设备 10 台，清粪铲车 2 辆，干粪运输车 10 辆，车辆定位仪 10 个，新建粪污无害化处理厂房 1200m^2，土肥化验室、实验室 600m^2，库房 500m^2，翻抛机 2 台，撒肥机 10 台，固液分离机 2 台，自动包装机 2 台，铲车 3 个，装载机 3 台，传输机 3 台，烘干机 2 台，养殖场畜禽粪污资源化利用设备 5 套。加快农业废弃物综合利用。新建厂房 8000m^2，配套有机燃料介质生产线 1 条，购置秸秆运输车辆、秸秆还田机、玉米秸秆自动打包缠膜机、玉米秸秆揉丝机各 10 台（辆），拖拉机 5 辆，枝条粉碎机、打捆机各 2 台、大田残膜回收机 10 台，果园残膜回收机 5 台，残膜清运车 3 台。在白马滩镇、崾岘乡、圪台乡等重点水域开展了智能监测设备，及时将相关数据进行整理汇总，同时将县域内已经建成的 56 套物联网体系进行统一整合，对全县综合治理成效进行分析	黄龙县人民政府	2022 年	5000.00

续表 4–5–5

序号	县（市、区）	目标任务	项目名称	具体内容	责任单位	完成年度	投资 / 万元
4	黄龙县	加强饮用水水源地保护	黄龙县界头庙水源地综合治理修复项目	主要建设内容：①对全镇原有的 9 处水源地进行淤泥清除；②对水源地周围 4500m 进行生态修复，投放鱼苗、紫花梭鱼草净化水质，栽植行道树，形成天然隔离网，保护水质，建设水源地围网，设立保护水源警示牌；③在 9 处水源地建设人工湿地共 600 亩，栽植绿化苗木，并在水面栽种挺水、浮水、沉水等水生植物	黄龙县人民政府	2023 年	1400.00
5	黄龙县		黄龙县石堡镇饮用水水源地保护项目	修建边坡导流渠 8000m，路边集水井 800 个，导流槽 4000m；实施河岸生态修复 8000m；种植水生美人蕉、紫花梭鱼草等净化能力强的水生植物；依河沿路安装隔离桩 3100 个，设立标识牌（桩）1300 个，大理石与混凝土混砌界碑 2 个，道路警示牌 10 个	黄龙县人民政府	2023 年	1800.00
6	黄龙县	加强水生态保护与修复	黄龙县石堡河县城污水处理厂下游生态保护修复建设项目	①加固生态河堤 4000m；高 4m，宽 2.5m；②实施河岸生态修复 4000m；③在县污水处理厂至南窑河段种植芦苇、水生美人蕉、紫花梭鱼草等净化能力强的水生植物约 7000m^2，恢复水生植被；④建设人工湿地 300 亩；⑤沿河建生态隔离缓冲带 80000m^2，长 4000m，宽 20m	黄龙县人民政府	2022 年	1600.00
7	黄龙县		黄龙县三岔镇李家河流域生态修复建设项目	主要建设内容：①新建 4.5km 河道两侧河岸水生植物护坡 223 亩；②生态修复 145200m^2，在河两岸植树造林 319 亩，栽植绿化苗木，补种乡土树种、草种等；③种植过滤水生植物 130 亩，水面栽种挺水、浮水、沉水等水生植物	黄龙县人民政府	2024 年	1900.00

续表 4–5–5

序号	县（市、区）	目标任务	项目名称	具体内容	责任单位	完成年度	投资/万元
8	黄龙县	加强水生态保护与修复	黄龙县白马滩镇生态环境整治修复项目	一是河道清淤，清淤量 15870m^3；二是采用石块砌筑生态缓冲带，建设面积大约为 6210m^2；三是生态修复工程，在河道内栽植挺水、浮水、沉水等水生植物，总种植面积为 46049m^2；四是结构工程：生物好氧塘 1 座，容积为 5213.11m^3，出水池 1 座，容积为 1737.70m^3	黄龙县人民政府	2023 年	3701.00
9	黄龙县		黄龙县泄湖河流域治理项目	主要建设内容：治理河道长度 5.6km。该项目对 5.6km 河道进行挺水、浮水、沉水等水生植物栽植，对河道两岸进行网格生态护坡，总长 11.2km，以泄湖河为中心沿两岸进行生态绿化治理，面积 33600m^2	黄龙县人民政府	2024 年	7167.03
10	黄龙县	加强林业生态建设	陕西省延安市渭北地区固沟保塬生态保护修复项目	黄龙县 2022—2025 年完成人工造林、封山育林、退化林修复共计 5.5 万亩。黄龙山国有林管理局（黄龙县）2022—2025 年完成人工造林、封山育林、退化林修复共计 10.0 万亩	黄龙县人民政府、黄龙山国有林管理局	2025 年	6855.00
石堡川流域		总计					34423.03

2019 年 5 月 27 日 9 时，北洛河富县段水体出现大面积黑色污染物，并向下游移动。污染事件发生后，在延安市委、市政府和省（市）生态环境部门的指导下，富县、洛川、黄陵县政府立即启动突发环境事件应急响应，积极开展应急处置工作，成功将污染源控制在洛川县境内，水质均稳定达标。延安市生态环境局连夜调集 13 县（区）分局骨干人员，分组分片排查，经过两昼夜连续奋战，快速查明了事实。

经调查，中石化华北油气分公司延能联合作业部富平探 2 井由胜利油田富邦实业有限责任公司 50167 钻井队承钻。因该井多次发生钻井事故，导致工期过长，钻井废液超出泥浆坑的容量，随钻井队项目经理董某某将部分钻井废液委托周某某、李某、张某某进行拉运处理。

5 月 26 日 23 时，周某某 3 人利用罐车将 2 车钻井废液拉运至富县茶坊镇杨家湾过水桥处，排入河道，导致北洛河富县段水体污染。环境执法人员、公安人员通过现场检查、调查询问、调查讯问、调阅资料、取样监测、拍照视频等方式落实了证据。

富县分局召开案件审查委员会会议，认定该公司违反了《中华人民共和国水污染防治法》第三十三条的规定，违法行为事实清楚、证据确凿。5 月 29 日，延安市生态环境局富县分局以“北洛河富县段水体污染”为由，对该公司进行立案调查。6 月 17 日，下发“责令改正违法行为决定书”，责令该公司 15 日内整改违法行为。

针对北洛河“3 · 31”“5 · 27”两起违法排污引发的水体污染事件，陕西省对相关责任人及责任领导分别予以免职、降职、记过处分、诫勉谈话、罚款、撤职等处分。“5 · 27”事件的处置结果是，处罚 138 万元，中石化华北油气分公司的 7 名人员分别予以警告、记过、记大过、降级、撤职等处分，同时延安市生态环境局组织召开磋商会，由华北油气分公司延能联合作业部承担此次污染事件产生的应急处置、环境损害评估、生态环境损害等费用 462.73 万元，“5 · 27”北洛河污染环境损害赔偿案入选全国“十大典型案例”。

第三节 水生态修复保护

一、湿地保护

北洛河流域有 4 个国家级湿地公园，在各级政府努力下，湿地保护取得很大的成果。

（一）陕西省白水县林皋湖湿地公园

林皋湖湿地公园规划总面积为 769.7 公顷，公园湿地面积为 287.2 公顷，湿地率为 37.3%，公园范围内白水河水系长约 6.5 千米，林皋河水系长约 21.5 千米，分为 5 个功能区：生态保育区、生态恢复区、合理利用区、科普宣教区及管理服务区。公园是黄土台源沟壑区典型的河流、库塘型湿地生态系统。温地公园内生物资源较为丰富，现有种子植物 59 科 201 种，陆生脊椎动物 29 目 57 科 162 种。其中，国家一级重点保护动物黑鹤 1 种，国家级重点保护动物 15 种，有白琵鹭、鸳鸯、灰鹤、红隼等；省重点保护动物 14 种，有苍鹭、白鹭、池鹿等。尤其值得注意的是，该湿地已经成为黑鹤种群的重要栖息地，具有重要的保护意义。近年来，白水县委、县政府不断加强对林皋湖的综合治理，加大湿地生态修复力度，已投资 1.1 亿元对林皋湖周围山体坡面和湖岸护坡进行绿化，同时对环湖路进行硬化、绿化。周边群众对湿地公园建设支持力度大，配合湿地公园建设的积极性和主动性非常高。林皋湖国家湿地公园申报成功，将为白水县优化生态环境、开发生态旅游、打造旅游胜地起到积极的促进作用。

该湿地公园今后的发展将以生态型社会公益建设项目为导向，以保护和恢复自然生态系统为目标，以发展湿地生物多样性、维持区域生态平衡为重点，以坚持保护优先、科学修复、合理利用、持续发展为基本原则，使建成后的林湖国家湿地公园成为我国西北黄土台塬沟壑区生态恢复示范基地、陕西省生态文明建设的示范点。

（二）陕西蒲城洛河湿地公园

陕西蒲城洛河湿地公园位于陕西省渭南市蒲城县东北部。湿地公园以洛河河道为主体，兼顾河道两侧林地和湿地鸟类等动物栖息地，总面积 441.18 公顷，其中湿地面积 159.58 公顷，湿地率 36.17%。湿地公园以天然河流湿地为主、兼有少量库塘的复合湿地生态系统，湿地类型包括河流湿地和库塘湿地两种。湿地公园以天然河流湿地为主、兼有少量库塘的复合湿地生态系统。洛河湿地公园野生动植物资源丰富，根据调查统计，现有国家一级重点保护野生植物 1 种、国家二级重点保护野生植物 3 种、国家一级重点保护野生动物 2 种、国家二级重点保护野生动物 16 种、陕西省重点保护野生动物 14 种。湿地公园的建立将对黄土高原特别是关中平原野生动植物及其栖息地的保护起到积极作用。

蒲城洛河湿地公园自 2017 年 12 月经国家林草局批准试点建设以来，以保护洛河湿地资源、营造关中鸟类天堂为目标，大力开展水土保持和造林绿化，逐步形成了古朴秀丽、林木茂盛的自然景观。2020 年 12 月 25 日，国家林业和草原局下发了《关于 2020 年国家湿地公园试点验收结果的通知》，蒲城洛河国家湿地公园通过验收，跻身国家级湿地公园。

（三）陕西蒲城卤阳湖国家湿地公园

陕西蒲城卤阳湖国家温地公园是 2008 年 12 月经国家林业局批准试点的渭南市第一个国家湿地公园，北距蒲城县城 15 千米，南距西安 78 千米。该公园是一个天然内陆型湖泊湿地，东西长 30 千米，南北宽 1.5 ~ 7 千米，海拔 372 ~ 400 米，总面积 1470 公顷，包括湿地保育区、湿地科普教育区、湿地管理服务区、湿地新家园区和湿地生态旅游区 5 个区域。其中，湿地生态旅游区具有丰富的人文与自然环境资源，杨爵拜水、板桥古渡、关中道情、宣帝游猎、笑纹石等遗闻轶事彰显着卤阳湖深厚的历史文化底蕴，湿地保育区水天一色、波光荡漾、芦苇摇曳，生物多样性特色鲜明，是各种珍稀生物栖息、繁殖的理想区域，是八百里秦川难得的一处水乡泽国。

卤阳湖国家湿地公园的建立是蒲城县委、县政府构建“渭北明珠”“绿色蒲城”“生态和谐蒲城”的重要组成部分，也是实现“生态立县、工业强县”的重大举措。蒲城的卤阳湖国家湿地公园每年都会有大量的候鸟在此栖息。

卤阳湖湿地属天然兼人工型内陆湖泊湿地，涉及蒲城县陈庄、党睦、原任、荆姚共 4 个乡（镇）26 个行政村。整个滩区分为东西两滩，东滩为“内府滩”，西滩为“泊滩”，统称为“卤泊滩”。其中，天然湿地主要为水域、沼泽地 2 种，总面积为 900 公顷，占湿地总面积的 61.2%；人工湿地主要为晒盐碱及捞硝池、排盐碱渠和湿地农田 3 种，总面积为 570 顷，占湿地总面积的 38.8%。

保护区内有植物 26 科 35 属 36 种，主要乔灌树种有旱柳、杠柳、枸树、苦楝等，主要草本植物有芦苇、碱蓬、蒿类等。保护区内有野生动物 5 纲 22 目 47 科 87 种。其中，鸟类中有国家一级保护动物黑鹳、大鸨，国家二级保护动物大天鹅、灰鹤、红隼、长耳鸮等 8 种，有省重点保护鸟类苍鹭、赤麻鸭、绿头鸭等 8 种；兽类有黄鼬、刺猬等；水生动物有草鱼、白鱼、鲤鱼、螃蟹等；两栖爬行类有蟾蜍、青蛙、蜥蜴、蛇类等。

（四）陕西朝邑国家湿地公园

陕西朝邑国家湿地公园位于大荔县城以东 5 千米处，西起东城街道办长安屯村，东至朝邑镇堤浒村和安仁镇通润村，北连许庄镇的西坊村和安仁镇的永安村、阿石村、下秦村、通润村，南接朝邑镇高城村、平罗村、民主村、官庄村、堤浒村。东西长 8.7 千米，南北宽 1 ~ 1.6 千米，涉及大荔县境内的东城、许庄、朝邑、安仁 1 个街道办事处 3 个镇的 12 个行政村，规划总面积 1185.3 公顷。公园形状如微弯的断牛角，尖头向西，角根在北，与周围地形比较相对下陷 15 米左右。公园富含盐、碱、硝等矿物质，遍地盐碱，不宜耕种。

公园内野生动物 57 科 159 种，主要有大天鹅、灰鹤、红脚隼、苍鹭、白鹭等；植物有 55 科 164 种，主要有芦苇、碱蓬、杠柳等。植被群落主要有芦苇沿泽群落、碱蓬群落、浮萍群落等。公园集湖泊湿地、沿泽湿地和人工湿地于一体，具有永久性咸水湖、内陆盐沼、盐田、库塘湿地等多类型湿地资源。陕西大荔朝邑国家温地公园水天一色，郁郁葱葱，飞鸟成群，野鸭满池，公园生态系统完整，动植物众多，植被群落类型多样，在生态、科研、文化、教育、休闲等自然景观和历史文化方面具有较高的研究价值。陕西大荔朝邑国家湿地公园的建立，对于加强保护湿地和生物多样性具有重要意义。

史料记载，此处古称通灵陂，因产盐而得名盐池洼，形状为微弯的断牛角，尖头向西，角根在北，东南两岸壁立，西北倾斜而下，遍地盐碱，不宜耕作。境内地势较低，日照充足，水域宽阔，有两万多亩湿地，一万余亩水面。湿地内丰富的水草、鱼虾、河蟹构成的自然生态环境，为珍稀候鸟觅食、栖息提供了理想的场所，成群的天鹅、丹顶鹤、大鸨来此过冬，而灰鹤、白鹭、野鹅、鸳鸯则是常年栖息于此，形成了一道珍稀鸟类观光风景线。

二、生态补水

黄河水利委员会以“保障江河生态基流”为目标，推进了北洛河流域水库的联合调度。首次实施北洛河流域生态补水，促进黄河生态功能修复与恢复。

依据旱情发展和北洛河水情，2021 年 6 月 4 日，发布北洛河实时水量调度指令，精准调度延安市南沟门水库向渭南市洛惠渠灌区和下游河道生态补水；6 月 5 日 8 时至 6 月 25 日 8 时，南沟门水库下泄流量加大至 5.0 立方米每秒，洛惠渠灌区采取轮灌、加大渠首下泄流量等有效措施，确保洑头水文站实测流量达到 1.0 立方米每秒以上；沿河下游党家湾、三眼桥、王莽寨等电站落实电调服从水调的原则，不得截流南沟门水库的下泄水量抬高水头发电。在各方共同努力下，6 月 4—6 日，交口河水文站流量从 4.5 立方米每秒增加到 8.94 立方米每秒，洑头水文站流量从 0.84 立方米每秒增加到 5.45 立方米每秒，实时调度收效良好。

第五篇　流域综合管理

流域综合管理内容较多，其中一些内容在相关篇章已有记述，本篇只记述北洛河流域水资源管理、水利风景区、河湖长制、法治建设、科学创新等管理工作。

第一章　水资源管理

2000年北洛河流域基本实现了地表水与地下水、城市与乡村水资源的统一管理。2001—2012年，流域全面开展了水资源配置、取水许可、水资源费征收、节约用水、水资源保护等水资源管理工作。其间，省、地级市、县（区）先后颁布或批准了水资源管理的法规、规章、规划、方案等管理法规或文件，水资源管理工作逐步法治化、规范化。2013—2020年，水资源管理部门全面贯彻落实《国务院关于实行最严格水资源管理制度的意见》，确立水资源开发利用控制、用水效率控制、水功能区限制纳污“三条红线”，积极探索实践新形势下推进和加强水资源管理工作的新思路、新举措。经过北洛河流域水资源管理部门的不懈努力和探索，水资源管理工作已经全面步入法治化、规范化管理的新阶段。

第一节　管理机构

北洛河流域各市、县水资源管理机构经过1994年、2000年两次机构改革，水资源管理职责日趋规范和加强。据不完全统计，截至2020年底，全流域共有水资源局（工作中心）、科、办机构20个，行使水资源开发、利用、节约、保护的管理职责。

一、榆林市水资源中心

榆林市水资源中心是榆林市水利局直属单位，为全市水资源合理开发利用和节约保护提供技术性保障；负责生活、生产经营和生态环境用水的统筹和保障；承担水资源调查评价、规划配置、取水论证和节水方案技术审查；承担地下水取水工程登记管理工作；承担全市矿井疏干水综合利用规划编制、组织实施和中水、再生水利用指导工作；承担煤炭、石油、天然气开发中的水资源保护和监管工作；参与推进节水型社会建设和最严格水资源管理制度考核工作。

二、延安市水资源管理局

根据延安市编办发〔2009〕27号文件《关于给延安市水资源管理局增加内设机构和人员编制的通知》的要求，延安市水资源管理局单位内设5个科室，分别为办公室、水政检察科、资源管理科、规费稽征、水资源配置科，人员编制25人，后成立水行政执法支队，带编带人调整人员编制为22人。主要职责：贯彻执行《中华人民共和国水法》《陕西省水资源管理条例》等法律法规；负责对全市水资源的开发、利用、保护并进行统一管理，参与编制水资源规划及有关预案，组织、指导全市节约用水工作；承办全市水资源税征收管理工作；负责全市计划用水工作，对全市年度用水实行总量控制和定额管理；负责全市水资源保护工作，监测水库、河流的水质，审定水域纳污能力，提出限制排污总量的意见，制定水源保护措施、保护办法并负责组织实施。

三、渭南市水资源工作中心

渭南市水资源工作中心是渭南市水务局下属全额事业单位，负责实现水资源的高效利用和合理配置、水资源管理制度考核、节水型社会建设、饮用水水源保护、水资源有偿使用制度和水资源税征收水量核定及统计、水量分配、水资源调度、水资源管理信息化建设等工作。

1986 年 3 月 14 日，成立渭南地区水资源办公室，事业编制 5 人，办公地址设在区水利局办公大楼。实行“一套人员，两个牌子”，对内为地区水利局一个科室，对外为独立事业单位。1997 年 11 月 12 日，渭南市机构编制委员会决定将市建委下属渭南市城区水资源管理办公室整体移交市水利局管理，与渭南市水资源办公室合并，办公地址设在渭南市人民街 8 号，行政级别为副县级。2019 年，渭南市水资源办公室更名为渭南市水资源工作中心，兼挂渭南市节约用水中心牌子，单位迁至临渭区民生街 86 号。

渭南市水资源工作中心设 5 个内设机构：综合科、水资源科、节水科、征管科、水政科。

第二节　水资源配置

一、水资源分配

依据《中华人民共和国水法》《中共中央　国务院关于加快水利改革发展的决定》要求，在《水利部关于印发北洛河流域水量分配方案的通知》（水资管函〔2019〕213 号）基础上，陕西省水利厅组织制订了《陕西省北洛河流域水量分配方案》（简称《方案》），有关要求如下。

（1）《方案》的实施要以习近平新时代中国特色社会主义思想为指导，坚持“节水优先、空间均衡、系统治理、两手发力”治水思路，坚持新发展理念，河流上下游、左右岸系统开发利用，以生态环境改善为前提，全面加强水资源节约保护与高效利用，加快推进生态文明建设与节水型社会建设，为流域经济社会高质量发展提供水资源支撑和保障。

（2）北洛河流域内各级政府要切实加强组织领导，将《方案》的实施纳入地方经济社会发展规划，按照《方案》确定的水量份额，合理配置水资源，实行水资源消耗总量和强度双控。加强水资源保护，优化水利工程调度，确保流域主要控制断面下泄水量和流量。

（3）陕西省水利厅将把水量分配工作纳入全面推进河长制、实行最严格水资源管理制度考核的重要内容，组织制定北洛河流域水量调度方案以及年度水量调度计划，加强流域水资源统一调度管理，强化《方案》的组织实施和监督检查。

（4）分配方案。水利部批复的陕西省北洛河流域 2030 年河道外地表水多年平均分配耗水量为 30300 万立方米。在此基础上，此次陕西省北洛河流域各市耗水量指标分配结果为：榆林市 79 万立方米，延安市 10875 万立方米，铜川市 2104 万立方米，渭南市 17242 万立方米。

（5）主要断面控制指标。陕西省北洛河流域国控入境控制断面选取太白断面，国控出境控制断面选取洑头断面，市界控制断面选取交口河断面，水利工程控制断面选取南沟门水库出库断面。北洛河主要断面年度下泄水量根据当年来水情况确定。近 20 年资料分析表明，北洛河太白、洑头、交口河断面月均最小生态流量指标满足保证率 90% 的要求。主要断面控制指标见表 5–1–1。

表 5–1–1　主要断面控制指标

断面名称	多年平均下泄水量 / 亿 m^3	月均最小生态流量 / （m^3/s）
太白	0.49	0.2
洑头		1.3
交口河		3.0
南沟门水库出库断面		0.4
备注	月均最小生态流量保证率为 90%	

二、取水许可管理

（一）1996 年版《陕西省取水许可制度实施细则》

1996年5月1日，陕西省政府依据国务院颁布的《取水许可证制度实施办法》，发布了《陕西省取水许可制度实施细则》，为全面实施取水许可制度提供了法规依据，推动了全省取水许可制度的全面实施。

陕西省取水许可实行分级限额审批、发证和监督管理。《陕西省取水许可制度实施细则》第五条对取水许可分级审批限额做了规定：

（1）地表水取水口设计流量 3 立方米每秒的农业取水，日取水量 2 万立方米以上的工业与城镇生活取水，省政府批准的大中型建设项目取水，以及地下水（含井群，下同）日取水量 1 万立方米以上的取水，由省水行政主管部门审批、发证和管理。

（2）地表水取水口设计流量 1 ~ 3 立方米每秒的农业取水，日取水量 1 万 ~ 2 万立方米的工业与城镇生活取水，以及地下水日取水量 0.5 万 ~ 1 万立方米的取水，由地市水行政主管部门审批、发证和管理。

（3）地市水行政主管部门审批管理限额以下的取水，由县级水行政主管部门审批、发证和管理。

（4）跨行政区域的取水，由所跨行政区域的共同上一级水行政主管部门审批、发证和管理。

（5）属于国务院水行政主管部门审批和发放取水许可证的，按国家有关规定办理。

（二）2004 版《陕西省取水许可制度实施细则》

2004 年 2 月 25 日，陕西省人民政府颁布了《关于修改陕西省取水许可制度实施细则的决定》（省政府令第 94 号），对 1996 年省人民政府发布的《陕西省取水许可制度实施细则》的相关条款做了修改。修改后的《陕西省取水许可制度实施细则》第五条规定，县级以上人民政府按照以下管理权限，对单位和个人取水实行分级发放取水许可证和监督管理。取水许可分级审批限额规定如下：

（1）地表水取水口设计流量合计 3 立方米每秒（含 3 立方米每秒）以上的农业取水，设计日取水量合计 2 万立方米（含 2 万立方米）以上的工业与城镇生活取水，地下水设计日取水量合计 1 万立方米（含 1 万立方米）以上的取水，大型工业企业取水及省政府批准的大中型建设项目取水，由省人民政府水行政主管部门发放取水许可证和监督管理。

（2）地表水取水口设计流量合计 1 ~ 3 立方米每秒的农业取水，设计日取水量合计 1 万 ~ 2 万立方米的工业与城镇生活取水，地下水设计日取水量合计 0.5 万 ~ 1 万立方米的取水和设区市人民政府所在地城市规划区内的取水，由设区市人民政府水行政主管部门发放取水许可证和监督管理，但由省人民政府水行政主管部门发放取水许可证的除外。

（3）设区市人民政府水行政主管部门管理限额以下的取水，由县级人民政府水行政主管部门发放取水许可证和监督管理。

（4）跨行政区域的取水，由所跨行政区域的共同上一级人民政府水行政主管部门发放取水许可证和监督管理。

（5）属于国务院水行政主管部门管理、发放取水许可证的取水，按国家有关规定办理。

（6）取水单位和个人同时取用地表水和地下水，依据以上分级管理权限属两级人民政府水行政主管部门管理的，由较高一级人民政府水行政主管部门发放取水许可证和监督管理。

（三）2019 版《陕西省取水许可管理办法》

2019 年 1 月 25 日，陕西省人民政府颁布了《陕西省取水许可管理办法》（省政府令第 218 号），办法自 2019 年 3 月 1 日起施行。2004 年 2 月 25 日，陕西省人民政府发布的《陕西省取水许可制度实施细则》同时废止。《陕西省取水许可管理办法》第十一条，取水许可实行分级审批。规定如下：

（1）属于国务院水行政主管部门所属流域管理机构审批的取水，按国家有关规定办理。

（2）跨设区的市级行政区域取水和省属大型灌区农业灌溉取水由省人民政府水行政主管部门审批。

（3）除本条第（1）项、第（2）项规定以外的取水许可审批权限，由设区的市人民政府确定。

三、北洛河流域取水许可事项的办理

（一）省级取水许可办理

陕西省水利厅审批的北洛河流域主要取水工程项目见表 5-1-2。

表 5-1-2 陕西省水利厅审批的北洛河流域主要取水工程项目

序号	取水项目	审批时间	审批意见
1	延安电厂 4×600MW 工程	2004 年 6 月 14 日	取用南沟门水库地表水 1524 万 m^3/ 年
2	蒲城电厂三期工程	2006 年 6 月 14 日	取用袁家坡水源地地下水 447 万 m^3/ 年
3	华能延安电厂一期 2×600MW 工程	2007 年 9 月 24 日	取用南沟门水库地表水 355.6 万 m^3/ 年
4	陕西延长石油延安能源化工有限责任公司延安煤油气资源综合利用项目	2011 年 8 月 19 日	在延安南沟门水库年取水 1781 万 m^3

（二）市级取水许可办理

渭南市审批的北洛河流域主要取水工程项目见表 5-1-3。

表 5-1-3 渭南市审批的北洛河流域主要取水工程项目

序号	取水项目	审批时间	审批意见
1	渭南市洛惠渠管理中心	工程始建于 1934 年，1950 年建成运行，工程主要用于大荔县、蒲城县、澄城县农业灌溉，2016 年给蒲城县清洁能源化工有限公司工业供水	取用北洛河地表水 18015 万 m^3/ 年
2	渭南市石堡川水库管理中心	工程建设于 1969—1974 年，1975 年正式运行，工程主要用于澄城县、白水县农业灌溉，随着灌区所在区域城镇化进程加快，石堡川水库承担了澄城县、白水县两县县城供水任务	取用石堡川水库地表水 4420 万 m^3/ 年

第三节　水资源费征收管理

1992 年 10 月 10 日，经陕西省政府同意，省物价局、省财政厅、省水利厅印发了《陕西省水资源费征收、管理和使用暂行办法》（陕水政资〔1992〕26 号），陕西省北洛河流域水资源费征收工作进入依法管理的轨道。

资源费征管工作大体上经历了以下四个阶段。

一、第一阶段（1992 年 10 月至 2004 年 4 月）

水资源费由水行政主管部门负责征收，上缴同级财政开设的“农业发展基金专户”储存，专款专用。1995 年 4 月，国务院办公厅下发的《关于征收水资源费有关问题的通知》（国办发〔1995〕27 号）明确规定：“在国务院发布水资源费征收和使用办法前，水资源费的征收工作暂按省、自治区、直辖市人民政府的规定执行”。1995 年 11 月 10 日，陕西省水利厅、省财政厅、省物价局印发了《关于进一步加强水资源费征收管理工作的通知》（陕水发〔1995〕73 号），明确了 1992 年制定印发的《陕西省水资源费征收、管理和使用暂行办法》，符合《中华人民共和国水法》和国务院有关文件精神，是陕西省开展水资源费征收管理工作的唯一合法依据。要严格执行《陕西省水资源费征收、管理和使用暂行办法》的各项规定，由水行政主管部门依法统一征收水资源费，全面加强陕西省水资源费的征收管理工作。该阶段水资源费征收主要集中在县级，省、市、县分成比例为 2 ∶ 2 ∶ 6。全省每年水资源费征收额不足 3000 万元，每年上缴省级水资源费不足 100 万元，主要用于水资源管理日常经费补助。

二、第二阶段（2004 年 4 月至 2008 年 10 月）

水资源费由地税部门代收，缴入当地银行国库，全额纳入省级财政收入。2004 年 2 月 25 日，陕西省人民政府以第 95 号令发布了《陕西省水资源费征收办法》（简称《办法》），自 2004 年 4 月 1 日起施行，1992 年印发的《陕西省水资源费征收、管理和使用暂行办法》同时废止。《办法》规定水资源费实行分级征收、地税部门代收和省财政专户储存管理，扩大了水资源费征收范围，对除农业灌溉以外的所有取用水全面开征水资源费，使水资源有偿使用制度得到全面落实。2004 年 9 月 22 日，陕西省水利厅、省财政厅、省物价局和中国人民银行西安分行联合发布了《陕西省水资源费征收管理实施细则》（陕水发〔2004〕27 号）（简称《细则》），自 2005 年 1 月 1 日起施行。《细则》根据《陕西省水资源费征收办法》规定，对水资源费分级征收、地税代收、缴入当地银行国库、全额纳入省级财政作出了详细的规定。2005 年 8 月 1 日，经陕西省政府同意，省物价局、省财政厅、省水利厅联合印发了《关于重新核定水资源费征收标准的通知》（陕价行发〔2005〕139 号），自 2005 年 9 月 1 日抄见水量起执行，原 1992 年《陕西省水资源费征收、管理和使用暂行办法》规定的水资源费征收标准同时废止。2005 年 11 月 21 日，陕西省财政厅、省水利厅印发了《陕西省水资源费使用管理办法》（陕财办农〔2005〕118 号），自 2005 年 9 月 1 日起实施。《陕西省水资源费使用管理办法》规定，水资源费作为省级专项收入，纳入财政预算管理，收入全额上缴财政国库，支出通过财政预算安排，专款专用，结余资金结转下年继续使用等。该阶段水资源费由地税代收，实行“分级征收、分级管理，就地入库、按比例返还”的原则，由省、市、县三级征收，直接缴入当地财政国库，定期按规定比例返还市（县）。

三、第三阶段（2008 年 11 月至 2017 年 12 月）

水资源费取消地税代收，由水行政主管部门负责征收管理，水资源费就地缴入财政国库水资源费专户。2008 年初，为解决水资源费征管体制不畅等问题，陕西省水利厅积极与陕西省财政、地税和中国人民银行西安分行沟通，并向陕西省政府报送了《关于取消地税代收进一步加强水资源费征收管理的请示》。2008 年 9 月 16 日，经陕西省政府第 26 次常务会议研究决定，取消水资源费地税代收体制，从 2008 年 11 月 1 日起由水利部门直接负责征收。2008 年 10 月 17 日，陕西省水利厅、省财政厅、省物价局和中国人民银行西安分行联合印发了《陕西省水资费征收管理实施细则》（陕水发〔2008〕94 号），自 2008 年 11 月 1 日起施行，原陕水发〔2004〕27 号《陕西省水资源费征收管理细则》同时废止。根据国务院《取水许可和水资源费征收管理条例》的规定，2008 年 10 月 20 日，陕西省政府令第 136 号发布了《陕西省人民政府关于修改〈陕西省水资源费征收办法〉的决定》，自 2008 年 11 月 1 日起施行。2008 年 11 月 10 日，财政部、国家发改委、水利部印发了《水资源费征收使用管理办法》（财综〔2008〕79 号），明确规定水资源费属于政府非税收入，全额纳入财政预算管理，水行政主管部门征收的水资源费，按照 1 ∶ 9 的比例分别上缴中央和地方国库，水资源费使用由财政部门按照批准的部门预算统筹安排。《水资源征收使用管理办法》自 2009 年 1 月 1 日起执行。2009 年，陕西省水利厅联合省物价局对陕西省煤炭、石油开采企业取用水情况进行了专题调研，核定了矿产资源开采产量折算水量标准。陕西省水利厅联合省物价局、财政厅向省政府上报了水资源费征收标准调整方案，新标准于 2009 年 12 月 14 日经省政府第三十次常务会议研究通过，2010 年 1 月 1 日起实施。新标准在提高自备水源水资源费征收标准的基础上，将自来水管网覆盖区自备井水资源费标准提高到与城市自来水基本水价持平，利用价格杠杆有效控制城市地下水过度开采；进一步明确了煤炭、石油开采水资源费的征收标准和计量、核算方式，使之符合国家按水量计征水资源费政策。2010 年 1 月 8 日，经陕西省政府同意，省物价局、财政厅、水利厅联合印发了《关于调整水资源费征收标准的通知》（陕价行发〔2010〕4 号），自 2010 年 1 月 1 日抄见水量起施行，2005 年《关于重新核定水资源费征收标准的通知》（陕价行发〔2005〕139 号）文件规定的水资源费征收标准同时废止。2011 年 11 月 13 日，陕西省财政厅、物价局、水利厅和中国人民银行西安分行联合印发了《陕西省水资源费征收使用管理实施办法》（陕财办综〔2011〕84 号），自 2012 年 1 月 1 日起施行，原陕水发〔2008〕94 号《陕西省水资源费征收管理实施细则》、陕财办农〔2005〕118 号《陕西省水资源费使用管理办法》同时废止。《陕西省水资源征收使用管理实施办法》规定各级征收的水资源费就地按 10%、90% 一票分解中央和省国库。水资源费全额纳入各级财政预算管理，由财政部门按照批准的部门预算统筹安排等。

四、第四阶段（2017 年 12 月至 2023 年 12 月）

陕西省人民政府根据《财政部、税务总局、水利部关于印发〈扩大水资源税改革试点实施办法〉的通知》（财税〔2017〕80 号）、《陕西省水资源税改革试点实施办法的通知》（陕政发〔2017〕61 号），制定印发了《陕西省水资源税征收管理办法（试行）》，自 2017 年 12 月 1 日起，水资源费改为水资源税，由税务部门征收，水行政主管部门只负责核定水量。

第二章　水利风景区

2001 年，水利部启动国家水利风景区评审工作，同年成立水利部水利风景区评审委员会。2004 年 5 月 8 日，水利部颁布施行《水利风景区管理办法》；2004 年 8 月 1 日，水利部颁布施行《水利风景区评价标准》。在此过程中，陕西省水利厅成立了陕西省水利风景区建设与管理领导小组，同时决定厅经济处作为下设的办公室，负责全省水利风景区建设与管理日常工作；成立了水利风景区专家评审委员会，建立了相关学科的专家库；11 个设区市（区）也成立了相应机构，基本形成了水利风景区建设与管理体系。在各地各水管单位的共同努力下，利用现有水利工程，结合重要河流综合治理、水生态环境治理与水土保持建设，突出水文化特色，持续推进了水利风景区建设。

截至 2023 年 10 月，陕西省在北洛河流域批准设立了水利风景区 7 处，有国家级水利风景区 2 处，其中渭南市 2 处；有省级水利风景区 5 处，其中渭南市 4 处、延安市 1 处。

第一节　国家级水利风景区

一、友谊湖休闲度假山庄国家水利风景区

该景区地处黄龙山北麓，西北距华夏始祖黄帝陵 25 千米，西南距文字始祖仓颉庙 10 千米，东北距黄河壶口瀑布 30 千米，距洛川县国家级地质公园 20 千米，正北距革命圣地延安 50 千米。景区既有山高沟深、雄浑广袤的黄土地貌和高原风光，又有崖居石窑、震天锣鼓的民风民俗。充满神话和传说的两棵铃、淤泥城、将军寨、壶梯山、牛刨泉等景点是景区文化积淀深厚的历史见证。山峦叠翠、林海巍巍、草木茂盛的自然环境是种类繁多的野生动植物的安居家园。总库容 6375 万立方米、水域面积 6000 多亩的友谊湖恰似镶嵌在千古旱塬的一颗熠熠闪亮的璀璨明珠，水质清醇，碧波荡漾，点缀得山有魂魄，土有灵气，如入仙境。水库海拔 1350 米，夏季凉风习习，蚊虫罕至，为避暑休闲之佳地。灌区农产品资源丰富，

图 5-2-1　友谊湖水利风景区（2010 年，成相忠拍摄）

是苹果和大红枣的优生区。景区可以说是自然景观与人文景观水乳交融，现代文化与黄土文化交相辉映，湖水神韵与黄河文明一脉相承。

二、卤阳湖国家水利风景区

卤阳湖国家水利风景区依托空域资源和盐湖湿地资源，按照保护生态性、体现亲水性、追求高端性的要求，以绿色、生态、现代为基本内涵，加快实施精品景区开发战略，着力打造集关中民俗文化、航空飞行特色体验和滨水休闲娱乐于一体的生态休闲旅游景区。这里有 1123 平方千米的地表水汇入卤阳湖，丰富的地下水和地表水资源及其较高的含盐碱量造就了景区悠久的晒碱历史，可以追溯到汉朝，晒盐业至今仍然是当地居民的一项产业；同时，大片的湿地也使本地成了候鸟迁徙的中转站，形成一道亮丽的风景，在每年的 3 月、4 月及 9 月、10 月会招来大量的候鸟爱好者前来观看。该地区地下水位较浅，便于形成以休闲娱乐为目的的人工湖。同时，人工湖的建设不但可以降低当地在雨季形成水灾的风险，也可治理开发区内土壤盐碱化，具有一举三得之效。丰厚的水利资源、宽广的空域资源、悠久的历史文化为景区发展休闲旅游提供了充足的条件。为了加强景区管理和开发区旅游经营，于 2011 年 9 月成立了渭南卤阳湖旅游开发有限责任公司，负责开发区内文化旅游景点的宣传、推介、管理及经营，逐步实现对景区的科学化、规范化管理运营。2013 年初，管理委员会成立了渭南卤阳湖开发区文化旅游局，负责开发区文化旅游的行业管理、市场开拓、对外宣传。

第二节　省级水利风景区

一、延安龙栖湖水利风景区

2010 年 11 月，编制了《延安南沟门水库休闲度假圈建筑策划研究》，对工程建设、资源保护、水土保持、景观打造进行初步统筹，充分利用土场、弃渣弃土进行整治开发，在后续工程建设中得到实施。2014 年 7 月，编制了《南沟门水利枢纽工程河道景观规划设计》，结合水土保持方案实施，统筹工程、水保、环保项目资金，对大坝左右岸、上下游进行综合治理，到 2017 年上半年，初步完成管理用房周边园林化工程、大坝右岸休闲观光广场、大坝下游湿地公园、上坝公路绿化、大坝上游岸坡绿化美化等景观工程。附近交口工业园区、周边县乡的群众每到节假日纷纷前来观赏。

2017 年 3 月，把水利风景区建设列为年度重点工作。3 月 7 日，延安市水务局副局长冯仁杰陪同陕西省水利厅景区办领导到南沟门水库勘察，提出建成省级水利风景区的意见。4 月编制景区规划，6 月 7 日在延安召开南沟门水库省级水利风景区规划审查会，规划原则通过审查，风景区初步定名为延安龙栖湖水利风景区。

二、大峪河省级水利风景区

大峪河省级水利风景区位于北洛河支流的大峪河下游永丰镇北 3 千米，距北洛河入口 2 千米，距蒲城县县城 25 千米。西禹高速已通车多年，孙镇高速路出口距景区 15 千米，韦庄高速路出口距景区 8 千米，商榆高速（商洛至榆林）路出口距景区东门仅 0.5 千米，

图 5-2-2 大峪河水利风景区
（2021 年，蒲城县水务局提供）

省道西禹路距景区 2 千米，景区周边交通十分便利。

大峪河水利风景区依托大峪河水库而形成的水利风景区，景区总面积约 5 平方千米，其中水域面积 1 平方千米。2012 年在永丰镇政府的支持下，成立了蒲城县大浴河综合开发有限责任公司。从此，大浴河下游沿岸及库区旧貌换新颜，发展旅游业前景十分可观。

景区景色秀丽，空气清新，水质纯净，茂密的植被和不同季节的树木花草，形成了四季常绿，季季有花的景象。景区湿地面积达千亩，生态环境治理开发潜力大，大峪河水资源丰富，以自然水源为主。洛河水源通过洛惠渠自流补给，确保了水量充足，加之旅游服务设施齐全，地理位置优越，资源丰富、多样。组合效果观赏性强，是一个以小康思维设想规划的好景区，所以前景符合人们向往和需求，吸引更多的旅客来此休闲度假，将有力带动地方旅游经济的大发展，成为渭北亮丽的水利风景区。

三、西河省级水利风景区

西河省级水利风景区位于渭南市澄城县县城西 1 千米处。西河风景区在 2014 年被评选为陕西省第三批水保示范园，西河省级水利风景区总面积 10.5 平方千米，有长 8 千米、形态各异的 8 座拦水坝，50 多种、16.8 万株树木、花卉，分为乐楼古文化、迎宾道路、水面景观、滨水休闲、生态养心、休闲娱乐、生态农业观光、人文宗教文化等 8 个区，配套服务设施齐全。

西河省级水利风景区南北为永内水库—西河新大桥，东西为西河流域两岸沟道及塬台临河区域。景区地处亚热带向暖温带过渡地区，属于过渡带特殊的森林生态环境，是多种植物交会地带。境内气候温和，土壤肥沃，宜于各类植物生长繁衍，是南北动植物资源的天然“基因库”，汇集了丰富的南北动植物资源，保存着过渡带特有的生物群落。景区横跨两个植被带，即北亚热带常绿、落叶阔叶林带和暖温带落叶阔叶林带，植物种类繁多。据初步统计，共有高等植物 150 多科（除苔藓外）2000 余种，占全省高等植物总数的 86%。其中，木本植物 68 科 540 余种（包括变种），仅国家重点保护植物有香果树、天竺桂、山白树、八角连、青檀、天麻、野杜仲（绵木）、紫茎、桢楠、厚朴、野大豆等 17 种，省内重点保护植物 13 种。古树名木，稀有树种较多，主要森林类型为天然次生林和人工林。森林覆盖率高，植物景观好，季相变化丰富，登临高处，放眼眺望，远处高低，树木枝缠藤绕，密不分株。

景区实施了水利中小河流治理项目、煤气油水保生态治理项目、水保示范园项目、农村饮水安全项目等水利基础设施项目，进而奠定基础，创造条件，聚集各部门力量，吸引社会各方共同参与开发建设西河水利生态风景区，打造山水西河、生态西河、人文西河、休闲西河、和谐西河，使之成为县城绿色之肺、天然氧吧，是澄城人民休闲娱乐的后花园，为“关中水乡”画卷添上“山水澄城”的亮丽美景。

四、蒲城县北洛河水利风景区

北洛河水利风景区位于县城东南的直乐村，紧邻重泉古镇、巴黎岛温泉会所。风景区依托北洛河沿岸自然风貌，将水保措施和休闲旅游相融合，形成了宣传展示、垂钓养生、绿色休闲、封育保护4个区，总面积1500亩。

图5-2-3 蒲城县北洛河水利风景区
（蒲城县水务局提供）

第三章 河湖长制

新中国成立后，随着经济社会的发展，河道管理任务越来越重，涉及的部门越来越多，统筹管理、协调各方是新时期河道科学管理的需要。2016 年 12 月 13 日，中国水利部、环境保护部、发展改革委、财政部、国土资源部、住建部、交通运输部、农业部、卫健委、林业局等十部委在北京召开视频会议，部署全面推行河长制各项工作，确保如期实现到 2018 年年底前全面建立河长制的目标任务。强化落实河长制，从突击式治水向制度化治水转变。加强后续监管，完善考核机制；加快建章立制，促进河长制体系化；狠抓截污纳管，强化源头治理，疏堵结合，标本兼治。

2018 年 1 月，中共中央办公厅、国务院办公厅印发了《关于在湖泊实施湖长制的指导意见》。

2017 年 2 月，陕西省委办公厅、省政府办公厅印发了《关于全面推行河长制的实施方案》（陕办〔2017〕8 号），要求地方各级党委和政府要把推行河长制作为推进生态文明建设的重要举措，切实加强组织领导。水利部于 2019 年 12 月印发了《关于进一步强化河长湖长履职尽责的指导意见》（办河湖〔2019〕267 号）。2020 年 3 月，陕西省河湖长办公室印发了《关于进一步强化河长湖长履职尽责实施意见》（陕河湖长发〔2020〕1 号），明确了省、市、县、乡、村五级河湖长职责，要求夯实层级责任。

各级河长负责组织领导相应河湖的管理和保护工作，包括水资源保护、水域岸线管理、水污染防治、水环境治理等，牵头组织对侵占河道、围垦湖泊、超标排污、非法采砂、破坏航道、电毒炸鱼等突出问题依法进行清理整治，协调解决重大问题；对跨行政区域的河湖明晰管理责任，协调上下游、左右岸实行联防联控；对相关部门和下一级河长履职情况进行督导，对目标任务完成情况进行考核，强化激励问责。河长制办公室承担河长制组织实施具体工作，落实河长确定的事项。各有关部门和单位按照职责分工，协同推进各项工作。

第一节 体制机制与制度建设

一、延安市河长制建设

延安市从 2017 年开始施行河湖长制。2017 年 3 月 24 日，延安市委办、市政府办印发《延安市全面推行河长制实施方案》（简称《河长制实施方案》），主要目标是到 2020 年年底，全市水资源得到有效保护，水污染得到全面遏制，水环境得到明显改善，水生态得到显著修复，主要河流水域水质初步实现稳定达标，饮用水水质100%达标，重要区域（延安城区）地下水位控制达标率达到80%。《河长制实施方案》规定，市级设“总河长”“副总河长”，北洛河、延河、清涧河、仕望河、云岩河、周河、渠水河、葫芦河、沮河、黄河延安段、杏子河等主要河流设立市级“河长”，各河流所在县、乡分级响应设立河长，村级设河道专管员、巡查员或保洁员。延安市总河长由省委常委、市委书记徐新荣担任，副总河长由市委副书记、市长薛占海担任，北洛河、延河、清涧河、仕望河、云岩河等主要河流河长由11名市级领导担任。成立延安市河长制领导小组，市委书记任组长，市长任副组长，各主要河流市级河长和相关部门主要负责人为成员。领导小组下设办公室，办公室设在市水务局，由市水务局局长任办公室主任，市水务局和环保局分管领导担任副主任。

2017年4月21日，延安市水务局组建设立“延安市河长制领导小组办公室”（简称市河长办），人员从水务系统各单位抽调，由市水务局党委书记、局长张拴林兼任办公室主任，市水务局副局长马建民、市环保局副局长郝明建兼任办公室副主任，成立综合信息科和业务科2个科室，设立由市水资源管理局、市区河道管理处、市水行政执法支队15名工作人员组成的3个督导队。2017年3—5月，市河长办通过两次普查，对全市河流基础资料进行整编，编制流域面积50平方千米以上237条河流名录。

2017年4月25日，延安市委、市政府在安塞区召开全市河长制工作暨北洛河流域综合治理现场推进会，省委常委、市委书记、总河长徐新荣，市委副书记、市长、副总河长薛占海等领导出席会议并讲话。5月15日，全市13个县区县级《推行河长制实施方案》全部制定印发；6月底，全市114个乡镇级《推行河长制实施方案》全部制定印发。全市共确定县级河长154名、湖长76名，乡级河长844名、乡镇级湖长248名，村级河长1661名、湖长258名，村级河道巡查员2567名，保洁员2580名。

2017年，延安市河长办制定印发了《延安市河长制工作会议制度》《延安市河长制督查考核制度》《延安市河长制信息共享制度》《延安市河长制问责制度》等12项工作制度，全市河长制组织、责任、制度三大体系得以建立健全。

二、渭南市河长制建设

2017年2月10日，渭南市委常委会研究通过了《关于全面推行河长制的意见》。2017年3月9日，渭南市委办、市政府办印发了《关于全面推行河长制的意见》。2017年4月25日，渭南市政府印发了《河长制实施方案》。自此，河湖长在渭南市全面展开。渭南市的13个县（市、区）、126个街（镇）已经全部出台了县、镇两级河长制实施方案，明确了市、县、镇三级总河长、河长，确定了工作重点和工作任务，覆盖了全部68条河流、2个湖泊、102座水库以及排碱干沟、灌区渠系。

渭南市由市委、市政府主要领导担任全市总河长，由市委、市政府相关负责同志担任重要河湖库渠市级河长，明确了河长、河道警长、市级河长制办公室以及市水务局、环保局等21个相关联席单位的职责。

2017年8月，市级各联席单位负责人员、县级河长办工作人员及镇级河长共200多人参加了渭南市组织的河长制培训班。渭南市在全面落实各级河长的同时，由公安部门配备河道警长，为河长履职提供有力保障。

市河长制办公室设在市水务局，水务局局长任办公室主任，水务局副局长、环保局总工、黄河陕西河务局副局长、省三门峡库区管理局副局长任办公室副主任，启用河长制办公室印章。各县（市、区）河长制办公室设在县（市、区）水务局，办公室主任由水务局局长担任，办公室副主任由水务局、环保局主管领导担任。

渭南市河长办、各县（市、区）河长办已经出台了《河长制市级会议制度》《河长制信息共享制度》《河长制工作督办制度》《河长制工作考核办法》《河长、警长巡查制度》《河长工作职责》《河长制问题清单制度》《河长制工作验收制度》《河长制工作信息报送制度》《河长制办公室内部工作细则》等10个管理制度。

第二节　河长巡河履职

一、延安市各级河长巡河

截至2017年11月底，延安市市级河长巡河46次，县级河长巡河444次，乡级河长巡河20167次，河流管理保护取得阶段性成效。全市投入河流综合治理资金33.4亿元，治理水土流失面积620平方千米，治理河道208千米，实施河道修复绿化面积58万平方米。

2018年3月12日，延安市委、市政府召开全市河长制暨水污染防治工作视频会议，制定了“市级河长每季度巡河一次，县级河长每月巡河一次，乡镇级河长每周巡河一次”的定期巡河制度，确定由市河长办对各县区河长制暨水污染防治工作进行“一月一考核，一月一排名，一月一通报”按月考核制度。

二、渭南市各级河长巡河

渭南市河长、警长巡查制度（试行）如下：

（1）各级河长、警长每人1本《河长日志》，市级河长、警长每月1～2次巡查，县级河长、警长每周1次巡查，镇级河长、警长每周2次巡查，村级河道巡管员每天1次巡查。

河长巡查内容：在建河道工程建设情况；河道采砂情况；河中漂浮废弃物情况；河中违法障碍物、构筑物情况；河道管理范围内垃圾堆放情况；河道管理范围内新建违法建筑物、构筑物情况；河道淤积情况；河道保护范围内是否有爆破、打井、钻探、开矿、采砂采石、取土、挖塘、修坟等破坏水工程安全的行为；河道沿岸是否有污水直排行为等。

警长巡查内容：河湖库渠日常治安巡查；河道违法采砂行为破坏河湖库渠水环境资源的违法犯罪活动；向河湖库渠非法排放、倾倒、处置污染物；盗窃破坏治污、排水、供水设备等公共设施的违法犯罪行为。

（2）要求将巡查发现的涉及河湖库渠的各类事项形成文字材料并记录在日志本上。

（3）在日常巡查中，需要详细记录巡河时间、地点、发现的问题、建议处理意见等。

根据巡查情况，各级河长、警长需要将“河长巡查情况处置交办单”第一时间发送至下级责任河长、警长，下级责任河长、警长须在 3 个工作日内将办理结果反馈至上级河长、警长。

（4）市河长办要对河长日志的记录情况进行抽查，并在年底进行统一检查，工作日志记录的完整度、翔实度将作为年终考核的重要依据。

（5）各级河长、警长要妥善保管《河长日志》，县、镇河长及村级河道巡管员日志于每年 12 月统一上交上级河长办存档。

从 2017 年 3 月渭南市全面推行河长制意见出台后，市、县、镇三级河长通过认河、巡河，渭南市各县市区各级河长积极跟进，加强巡查，落实属地管理责任。各级河长制办公室联席单位根据《意见》职责分工合作，协同推进河长制各项工作。对于各级河长在巡河中发现的各类问题，由各责任联系单位主要督办，各级河长办协同督办下级河长办，分级分类、纵横结合，确保发现的问题整改落实到位。全市各级河长巡河次数达到 12.3 万人次，其中县级以上河长巡河 382 人次。

渭南市按照全覆盖、抓重点、明责任的要求，加大巡查力度，及时发现问题，及时交办问题、及时处置问题。市级河长带头履职。市委、市政府主要领导分别 8 次巡查渭河、黄河、北洛河，就渭河生态治理作出明确指示，要求“挖沙成湖、堆沙成岛，增加自然湿地，修复渭河生态”；对渭河滩面整治、垃圾清理、环境卫生提出整改要求；就大荔、蒲城两县县城污水处理厂及工业园区污水达标排放整治提出具体时限；组织黄洛渭有关沿线县市、区、县级河长对黄河、洛河、渭河三条河流生态治理项目开展专项观摩推进。其他市级领导也分赴各自担任河长的河流开展调研巡查工作。

第三节　河湖清“四乱”

2018 年 11 月，水利部办公厅印发了《关于明确全国河湖“清四乱”专项行动问题认定及清理整治标准的通知》（办河湖〔2018〕245 号）。乱占主要包括：围垦湖泊；未依法经省级以上人民政府批准围垦河道；非法侵占水域、滩地；种植阻碍行洪的林木及高秆作物。乱采主要包括：河湖非法采砂、取土。乱堆主要包括：河湖管理范围内乱扔乱堆垃圾；倾倒、填埋、贮存、堆放固体废物；弃置、堆放阻碍行洪的物体。乱建主要包括：河湖水域岸线长期占而不用、多占少用、滥占滥用；违法违规建设涉河项目；河道管理范围内修建阻碍行洪的建筑物、构筑物。

2020 年 3 月，水利部办公厅印发了《关于深入推进河湖“清四乱”常态化规范化的通知》（办河湖〔2020〕35 号），要求地方各级河长制办公室、水行政主管部门以及各流域管理机构深入推进“清四乱”常态化、规范化。之后，水利部、黄委会、陕西省水利厅、延安市水务局、渭南市水务局通过进驻式暗访、遥感监测、遥感图斑核查等方式查找问题，确认后列入核查交办问题清单移交属地河长办监督整改，基本做到了问题全覆盖，实现了动态监管。

一、延安市河湖清“四乱”

2018 年 7 月 24 日，市河长办印发了《延安市河湖“清四乱”专项行动实施方案》，在全市范围内开展乱占、乱采、乱堆、乱建等河湖管理保护突出问题专项清理整治。

同年 10 月，延安电视台以“坚决打赢碧水蓝天保卫战”为主题，对延安市全面推行河长制管护体系和开展水污染防治工作所取得的成效进行专题采访报道；全市各级主流媒体以“环保督察回头看”为主题，对河长制暨水污染防治工作持续开展采访报道。

同年 11 月，市河长办对全市河长制暨水污染防治重点工作进行专项检查。

2018 年，全市在河湖执法监管和治理保护中累计发出“责令停止违法通知书(表)”2500 余份，查处涉河案件 63 起，行政司法拘留 23 人。

二、渭南市河湖清“四乱”

渭南市根据“一河一策”和因地制宜的原则，市河长办公室组织指导有关县（市、区）并抽调专业技术人员对设立市级河长的 11 条主要河湖、3 座水库及 2 条干沟进行实地勘察调研，重点排查水源开发利用、河道污染、垃圾堆积、河道采砂、岸线侵占、河道行洪排涝能力等内容，针对河流存在的突出问题，以问题为导向，提出治理目标及解决对策，编制出了《河长制工作手册》，进一步明确每个河长的具体职责、任务和目标。同时积极加快“一河一策”编制，针对每条河湖突出问题，明确问题、目标、任务、措施、责任 5 个清单，提出治理措施和治理时限。

渭南市以突出问题为导向，开展综合整治和专项执法。2017 年，渭南市开展河湖库渠采砂石、倒垃圾、排污水方面突出问题综合整治行动。一是制定了《整治河湖倒垃圾排污水采砂石专项行动方案》，确定重点河湖和重点整治内容，明确时间节点。二是全面摸底排查，对发现的问题造册登记，形成问题清单，共排查登记河湖库倒垃圾问题 49 处，排污水问题 59 个，采砂石问题 71 处。三是制定措施，开展集中整治。至 2017 年 11 月中旬，全市已清理河湖管理范围内垃圾堆 52 处，取缔河湖管理范围内违法排污口 37 处，取缔违法采砂点 67 处，清除采砂设备 63 台，拆除临时房屋 60 处。

第四章　法治建设

北洛河流域水利法治建设经历了从突出法规制度建设到注重法规制度宣传实施，再到全面加强水利法治建设的飞跃。省、地级市、县（区）制定了一大批水利地方性法规、决议、规章，各级水利部门把立法、普法、执法、监督与法治政府建设结合起来，深化行政许可制度改革，精简下放取消了一批涉水许可项目，优化提升了水利营商环境，依法治水管水进程明显加快，成效显著。

第一节　普法宣传

每年 3 月 22 日是“世界水日”，3 月 22—28 日是“中国水周”。联合国和水利部每年都要确定不同的宣传主题，开展丰富多彩的宣传纪念活动。

榆林市、延安市、渭南市，沿洛河流域区（县），结合“世界水日”“中国水周”，通过悬挂横幅，制作各种节水、水利法规宣传牌，协调市（区、县）广播电视台播放相关节目开展大规模的水利普法宣传活动。

洛河流域所在区（县），充分发挥本地主流媒体和“三微一端”等新媒体作用，集中开展内容丰富、形式多样的宣传活动。围绕河长制、水资源保护、水域岸线管理保护、水生态修复和水行政执法监管等主题，在市区人流密集场所和河湖岸线投放推介水资源管理和节水护水公益广告和宣传画册等。组织开展节水科普教育、水政法律进校园、送法下基层、爱水节水、水保科普教育、渔业科普宣传和绿色健康养殖技术下乡等活动，各市（区、县）水务局和局属各单位也结合实际，积极开展法律进机关、进乡村、进社区、进学校、进企业、进单位活动，大力宣传水利法治知识，营造了水法治建设的良好氛围。让群众了解所在县的水情、水资源状况，以及国家地方相关水政法律法规，增强了群众惜水、爱水、护水和水利法规意识。

第二节　水利立法

2009 年 7 月，延安市颁布了《延安市水资源管理办法》，为加强水资源管理，防治水害，合理开发、利用、节约和保护水资源，充分发挥水资源的综合效益，适应社会经济发展和人民生活的需要，根据《中华人民共和国水法》、国务院《取水许可和水资源费征收管理条例》《陕西省实施〈中华人民共和国水法〉办法》等有关法律法规，结合延安市实际，制定该办法。该办法自 2009 年 8 月 27 日起施行。

2019 年 12 月，渭南市政府颁布了《渭南市水资源管理办法》，加强水资源管理和保护，科学合理开发、利用、节约水资源，实现水资源的可持续利用，落实国家节水行动，建设节水型社会，根据《中华人民共和国水法》《取水许可和水资源费征收管理条例》《中华人民共和国资源税法》《中华人民共和国水污染防治法》《陕西省地下水条例》《陕西省取水许可管理办法》《陕西省节约用水管理办法》《陕西省水资源税征收管理办法（试行）》等法律法规，结合渭南市实际，制定该办法。该办法自 2020 年 2 月 1 日起施行。

2019 年 12 月，渭南市人民政府颁布了《渭南市地下水管理办法》，为加强地下水保护和管理，科学合理开发利用地下水，实现地下水安全和可持续利用，根据《中华人民共和国水污染防治法》《陕西省实施〈中华人民共和国水法〉办法》《陕西省地下水条例》《陕西省地下水取水工程管理办法》《陕西省地下水监测工作细则》等法律法规，结合本市实际，制定该办法。该办法自 2020 年 2 月 1 日起施行。

第三节　机构队伍

北洛河流域水利系统为切实解决流域经济社会发展面临的水资源紧缺、水旱灾害严重、水环境污染、河道内乱采乱挖乱建和水土流失等突出问题，强化依法治水管水工作，各级水行政主管部门和具有行政执法职责的单位，确认或组建执法机构，明确并落实执法责任；建章立制，进行水政监察规范化建设；实施综合执法改革，提高水政执法的质量和效率；水行政执法机构逐步健全和完善，全省水资源管理、防汛抗洪、水工程建设、河道管理、水土保持监督等执法工作得到进一步加强，维护了正常的水事秩序，促进了北洛河流域水利的改革和发展。

北洛河流域涉及的地级市、县（区）均有水利（水务）局，负责本行政区域范围内的水行政执法。其内设的规划计划管理、水资源管理、建设管理、农村水利管理、城乡供水管理、防汛抗旱管理等机构，分别负责各自职责范围内的水行政执法；另外，各设市、县（区）的水土保持机构、渔政机构以及市管灌区灌溉管理单位也分别由法规授权或受水行政机关委托，负责相应业务及地域范围的水行政执法。

市级水利行政执法机构如下。

一、榆林市水利水保综合执法支队

职责：负责本行政区域内水土保持监督管理和行政执法工作；行使水土保持行政处罚和行政征收工作；参与水利、河道等方面违法行为查处工作；参与指导水利普法工作。

二、延安市水利行政执法支队

职责：贯彻和宣传《中华人民共和国水法》《中华人民共和国防洪法》《中华人民共和国水土保持法》《中华人民共和国渔业法》《陕西省河道管理条例》《陕西省水资源管理条例》等相关法律法规和规章。负责依法查处管辖范围内的各类水事违法案件，组织实施管辖范围内的重大专项执法行动，督促指导先期水事违法案件查办。负责依法保护水资源、水域、河道和水利、水保、防汛抗旱等相关工程设施。负责水事违法行为的检举、控告、来信、来访；制止水事违法行为，调解水事纠纷。负责对水事活动进行监督检查，维护水事秩序。对公民、法人或其他组织违反水事秩序的行为实施行政处罚及采取其他行政措施。配合公安和司法部门查处水事治安和刑事案件。

三、渭南市水政监察支队

职责：草拟水利方面地方性法规和政府规章草案；负责规范性文件起草、合法性审查备案；指导水利行政许可工作并监督检查；指导水利普法工作；承办行政应诉、行政复议和行政赔偿等工作；组织指导水政监察和水行政执法，协调跨流域、跨县（市、区）的水事纠纷，组织查处重大涉水违法事件；承担水利改革协调工作；负责行政审批事项的监管协调工作；承担最严格水资源管理制度工作；组织水资源调查、评价、论证等工作；指导水量分配、资源调度、有偿使用和取水许可；指导河湖生态流量水量管理；组织编制水资源保护规划，并指导实施；指导和推动节水型社会建设工作；组织编制并协调实施节约用水规划，参与编制水功能区划，实施用水总量控制、效率控制、计划用水和定额管理制度；指导城市污水处理回用等非常规水源开发利用工作；负责指导全市水文、地下水工作；发布水资源公报、水文水资源信息、情报预报；参与指导入河排污口设置管理工作。

第四节　行政执法

2011—2012年，延安市水务局、公安局按照全省统一安排，开展河道安全管理联合执法，坚决查处打击在河道内乱挖、乱建、乱围、乱倒等违法行为。

2015年，延安市水务局开展“河道专项整治执法年”活动，年内组织河道执法案件105起，清理河道弃土弃渣、碍洪物45处、32.2万立方米。

2017年4—5月，延安市防汛抗旱指挥部、市河长办联合开展为期40天的河道专项整治活动。

2020年，渭南市严格落实河道巡查报告制度，开展河道常规巡查、夜间突查199次，制止违法水事行为13起，立案2起，其中1起移交公安机关，取缔非法采砂场4家，拆除违章建筑5处1100平方米。常态化开展“清四乱”专项行动，加大未销号问题督促整治。

吴起县石油开采分布在各个山沟、拐岔，取水点多，用水量大，易污染，同当地农业生产和农民生活矛盾十分突出。县水资局每月组织全体水政干部在宣传政策的同时，对全县的水资源情况及取用水户用水情况进行排查，把全县水资源状况（地表水、地下水的取用量，水质、时空分布以及各用水户用水情况）摸清吃透，做到心中有数。几年来，县水资源局共查出212个打井队未办理取水手续，经过说服教育和政策引导，均补办了取水手续。对全县的纯净水厂、洗浴中心、洗车点、排污口进行了登记并规范管理。邀请延安市水资局、市机井管理站和县公安局、县法院多次协助，有重点地整顿水事秩序。确立了“关口前移、以防为主”的水资源管理方式。每个水政监察员每周汇报 1 次所分管区块的水事活动情况，随时掌握水事动态，保证良好水事秩序。

2005 年以前，甘泉县沮河河道采砂处于无序状态，群众私开乱采情况严重，时有毁围采砂现象。2006 年，县河道站依照《中华人民共和国水法》和《陕西省河道管理条例》规定，对桥山镇 10 个村组、城区街道办事处 1 个村组私开乱采河砂进行清理整顿。编制颁发《黄陵县河道采砂规划》，规范河道采砂秩序，发放采砂许可证 11 份。11 家砂场分别是桥山镇六家河砂场、刘家河砂场、秦家川砂场、户村砂场、肖家川砂场、翟庄砂场、上官川砂场、刘家川砂场、龙首砂场、长墙砂场和街道办张寨村砂场。2009 年末，全县 11 家砂场累计采砂 33 万立方米，缴纳采砂费 3.50 万元。其中，当年采砂 1.10 万立方米，收取采费 110 万元。

第五章　科技创新

新中国成立以来，北洛河流域水利科学技术研究、标准化、对外技术合作等方面取得了很大成绩，展现出前所未有的新局面，为流域内水利建设持续、快速、健康发展作出了积极贡献。农田水利及工程建设、水土保持、防洪减灾、河道整治、饮水安全、水产养殖等领域科技研究硕果累累，成效斐然，诸多项目获得奖励，科技创新水平显著提升，并破解多项技术难题，同时积极开展对外技术合作交流，扩展了北洛河流域水利对外合作的空间，增进了与相关国家的友谊。

第一节　试验研究

洛惠渠灌溉试验站是渭南市唯一的灌溉科研单位，成立于 1956 年，原名盐碱地改良试验站，主要研究方向是水 – 土 – 作物关系、水分高效利用、水环境保护、盐碱地改良、旱情测报和地下水平衡监测等。

该试验站在盐碱地防治试验研究方面总结出了“水、土、草、林、淤、排”的六字经验，研究成果多次在国际国内学术研讨会上交流。《盐碱地综合治理试验研究》《粮食作物高稳低灌溉制度试验研究》分别获陕西省科技进步二等奖，地下水动态监测两次被陕西省水利厅评为先进单位。

洛惠渠灌区高含沙淤灌，始于 20 世纪 50 年代总干渠过沟大填方的引洪淤沟。20 世纪 60 年代初为抗旱，突破 15% 的用水沙限，又开展了田间淤灌。特别是 1964 年引洪放淤改良盐碱地取得了成功，促成了 20 世纪 70 年代的淤灌高潮。1973 年，灌区通过系统的调查研究，发表了《人民引洛灌区 1973 年引洪淤灌调查报告》，引起各界重视。1974 年 3 月，灌区的《高含沙量浑水灌溉经验总结》被列为“黄河中上游用洪用沙经验总结”的研究项目之一。1978 年，灌区获得全国科学大会奖。

一、渠道输沙试验

1950 年，在总干渠石马南、北沟进行引洪淤沟工程，为掌握渠道输沙和落淤的情况，张建丰、李崇吉等带领渠工，自制戥子、铅筒，沿程取浑水称重，探量渠道淤积状况，取得高含沙引水的经验。灌区转入管理阶段后，每年夏灌均组织人员对洛河沙情与渠系输沙状况进行监测，积累了大量资料，并于 1964 年 8 月写出《洛惠渠配水资料整理》一文，初步掌握了渠道输沙能力与流量、流速、渠道比降、糙率的关系，为高含沙引水提供了依据。1974 年以后，在洛灌区高含沙实验小组领导下，渠道输沙部分由万兆惠（水电部 11 局）、杨文海（黄委会）、迟耀瑜（西北农学院）、赵乃熊（陕西机械学院）、杨廷瑞（陕西省水科所）等14位专家、教授参与并指导工作。洛惠局先后抽调了泥沙专职技术干部徐义安、段葭和兼职干部10人，雇请专职群众观测员40余人和段、斗农民技术员200余人参与试验工作；先后在总干渠、4条干渠、3条支分渠上布设观测断面35个，设立中干二斗试验斗，在西干三斗等20条斗渠上布设观测断面31个；在东干义井至分渠口和西干渠义井至杨家庄退水闸设纵断面两个，以后由洑头、洛西闸口、平路庙断面、小寨闸、汉帝、蒋吉断面联合进行沿程观测工作。为配合渠道、田间观测工作，创建了义井泥沙试验室，进行含沙量、颗粒级配、黏滞性、泥沙沉降等分析工作。

在科研、教学与生产部门的协作下，现场观测与室内紧密配合获得了丰富的资料，仅1977年，渠道上就取得观测资料3684个。1977年，曾将54%以上的高含沙浑水输送到50千米远的卤泊滩，并创造引水含沙量60%的纪录。灌区高含沙引水试验和生产实践证明，引洪渠道均处于冲、淤的过程，所以以“冲淤平衡”代替“不冲不淤”的概念来进行渠道规划设计。适当加大断面，作为冲淤平衡的回旋余地。灌区各级渠道设计中，渠堤都留有超高，在淤积严重时还要临时加筑子埝防止溢流；在有条件的地方，增设必要的退水闸，拉淤助冲；渠道断面以窄深式有利于输沙；建筑物切忌阻水；在管理运用中，加大流量，集中用洪，防止干支渠尾部细水长流；在田间渠道组织必要的拉淤踩淤；在已发生淤积的渠道采取开槽清水冲淤，一般可冲去淤积量的32.6% ~ 73.9%。

二、田间淤灌试验

洛河汛期悬沙平均粒径为0.0399 ~ 0.0431毫米，中值粒径为0.0353 ~ 0.0420毫米，河水可溶盐含量较低，含全盐1.056克每升以下，pH为7.9。在灌区缺水严重、土壤次生盐碱化又不断扩大的情况下，1960年突破15%的引水沙限第一次超泥沙灌溉，1964年夏季开始，洛惠渠盐改试验站相继在叶家寨、下吕曲、大荔农场二连、平原村、陈庄乡农场、蒋吉、高密等村和洛惠渠设置盐改试验农场，进行淤灌方法、田间工程和放淤后效的试验，并进行长期定点定位观察和面上的调查研究，积累了大量的科研资料和实践经验，主要成果如下。

引洪放淤改良盐碱地：1964年，张春茂工程师根据陕北引洪压沙治碱的经验，提出在叶家寨村西、省水电厅农场进行放淤改良盐荒地的计划，受到延学诚局长的支持，报省水电厅批准后，即于7月14日开工，修引洪围堤727米，渠道178米，建水闸、渡槽各一座，投资7200元。7月31日引洪放淤，张春茂坐镇指挥，渠首段、配水站、盐碱试验站及排水指挥部配合，由雷天锡和李克家等分别负责渠道输沙和田间放淤的资料观测和收集，试验成功。初步显示了引洪放淤提高地面，相对降低地下水位，有效控制土壤返盐，建立淡水层，淋洗淤淀的作用，并获得了亩产小麦98.8 ~ 224千克的好收成。随后又给许庄公社叶家大队放淤1000亩，也获得成功。从此引洪放淤改良盐碱地，迅速地在灌区推开，20世纪70年代形成高潮。每到汛期，灌区到处是争先恐后的用洪放淤场面。据1969—1981年13年的统计，引洪1.69亿立方米，年均1304万立方米，占夏灌引水量的17.9%；引入泥沙1.06亿吨，年均818.5万吨，占北洛河洑头年输沙量的

9.82%；淤地 10.1 万亩次，年均 7770 亩次；累计改良盐碱地 55836 亩；高含沙灌溉秋田 96.9 万亩次，年均 7456 亩次。既缓和了灌区缺水矛盾，又改造了盐碱低产田，也为减少入黄泥沙创造了有益的经验。农村推行家庭联产承包责任制后，因生产单位划小，难于统一搞格田围堤，放淤工作暂时受到影响。1990 年，在卤泊滩盐荒地上又开始统一搞格田围堤，并放淤 1761 亩。

引洪放淤由于夏季气温高，淤地灌水量大，脱盐率一般在 46.6% ~ 48.7%，最高可达 75.9%。土壤结构得到改善，放淤前的重壤土，放淤后成为沙壤土。物理性黏粒减少了 41.5%，有利农作物的生长发育。同时，淤灌可增加肥力，据 1977 年在大荔杨家庄观测，淤灌后 0 ~ 20 厘米土层有机质增加 0.16% ~ 0.21%（增加率 36.6% ~ 43.7%），全氮增加 0.014% ~ 0.019%（增加率 34.6% ~ 48.2%）。由于引洪淤地水肥兼得，又改善了土壤质地和土壤水、肥、气、热条件，所以增产显著，过去的盐碱滩变成了米粮川，高产典型到处涌现，如大荔县许庄公社下吕大队，1969 年排碱放淤，加强耕作管理，农业连年增产，1975 年粮食亩产 561.1 千克，约为 1969 年 189.5 千克的 3 倍，其中小麦亩产 390 千克，为 1969 年 129.5 千克的 3 倍。

第二节　推广应用

一、咸水养鱼推广

为了开发利用盐碱地资源，发展渔业生产，渭南市地、县水产部门开展了咸水养鱼试验和推广。

1983 年 3 月，大荔县华原鱼种场进行碱地池塘养鱼试验，在 30 座池塘投放鱼种 55.3 万尾。由于池塘未加注新水，水中含盐量 3% ~ 7%，pH 8.4 ~ 8.9，硬度 60 度左右。5 月上旬出现鱼苗死亡，6 月死鱼面积猛增，鱼种池达 17.6 亩，成鱼池达 28.3 亩。7 月下旬，在省、地方主管部门帮助下，找出其原因，系施肥过于集中，水土发酵所致。随即加注渠水 1 万立方米，基本制止了死鱼现象。

1985 年，在陕西省水产研究所的帮助下，试验水花发塘，采取加注新水淡水，以高磷肥水压抑小三毛金藻，造成其他生物活动优势等措施，保证了水花的正常生长获得成功。为渔业基地培育了 4 寸、5 寸大规格鱼种 6500 千克，3 寸鱼种 6000 千克。

1987—1988 年，突破小面积试验范围，在全县不同地区的 1096.9 亩盐碱地池塘进行大面积养鱼高产试验。针对土壤盐碱程度严重，青饲料不足特点，适当压缩草鱼比例，提高耐盐碱的鲤鱼比例的放养模式，即投放的鲢鱼占 60%，鲤鱼占 20%，草鱼占 12%，鲂鱼占 5%，鳙鱼占 3%。在措施上配备叶轮增氧机，每 10~15 天加注新水 10~20 厘米，注意投放颗粒饵料或混合饵料占年总投喂精饲料的 10%~30%，总产量达 40.11 万千克，平均亩产 365.6 千克。亩均毛收入 1325 元，扣除各种费用，亩均纯利 508 元。

而新开挖的池塘，因池塘底层没有形成一定厚度的有机质，水质较瘦，加大草鱼比例的放养模式，即投放的鲢鱼占 55%，草鱼占 25%，鲤鱼占 10%，鲂鱼占 5%。通过试验，获得成功。

二、U 形渠道防渗

1980 年，洛惠渠学习 U 形渠道施工技术，随即推广应用于田间斗分引渠配套工程。斗渠 U 形渠槽半径按控制面积分为 60 厘米、55 厘米、40 厘米、35 厘米 4 级；分、引渠 U 形渠槽分为 30 厘米、25 厘米、20 厘米、15 厘米 4 级。渠槽混凝土厚度，斗渠 6 ~ 8 厘米。分引渠 4 ~ 5 厘米；每 10 米有一伸缩缝。

U 形渠槽防渗技术在区内得到普遍应用，效果良好。已经衬砌的渠道，水力条件好，增加流速 15%，有利于缩短灌溉周期和引用高含沙量浑水。减少了地基冻胀破坏，且占地少。比梯形渠道衬砌节约土地 73%，减少渠系建筑物工程量 30%，减少衬砌工时 40%，减少土方量 22%。

三、洛惠渠五号隧洞手掘网格式盾构机应用

结合手掘网格式盾构机在洛惠渠灌区五号隧洞扩建工程施工应用实例，总结了该施工机械具有经济合理、结构简单、掌子面稳定性好、人工开挖、便于观察断面地质情况、便于纠偏等优点；同时提出了存在的问题及改进意见，以便推动这一施工技术的进一步推广应用。

盾构技术是利用刚性壳体，并配备相应机械来完成洞室掘进和衬砌的综合性技术，经过一百多年的应用发展，它已成为人们进行隧洞施工的一项主要先进技术。手掘盾构是依靠盾壳和掌子面简易支撑机构稳定工作面，采用人工开挖成洞的盾构形式。网格盾构则是在盾构前端增设支撑网格，盾构向前推进时，使泥土从盾前网格挤出而形成洞室，通过控制网格开孔面积大小来维持工作面稳定。手掘网格盾构既有手掘盾构结构简单、人工开挖、便于观察断面地质条件、便于纠偏和造价低等优点，又有网格盾构掌子面稳定性好的特点。

（一）手掘网格盾构机的结构及工作原理

1. 手掘网格盾构机的结构

手掘网格盾构机的结构主要包括以下 5 部分。

（1）盾前支护：盾构前端设钢板支护网格，网格分为主、次两部分，主网格固定，次网格可拆卸；盾壳前端上部为伸出支护网格的帽檐，对掌子面形成超前支护。

（2）推进系统：主要由数台液压千斤顶，贴盾壳四周均匀分布组成。

（3）拼装机：设于盾构后部，拼装机由油马达驱动，具有 360° 回转能力，同时可进行径向、洞轴向移动，以利于隧洞混凝土管片安装。

（4）盾尾密封：为防止管片外注浆液和地下水进入盾构，盾尾设置钢板密封 1 道。

（5）液压系统和电气控制部分。

2. 手掘网格盾构工作原理

盾构的基本工作原理是，利用刚性筒体支撑开挖后尚未衬砌的洞室，同时用适当的机构来维护掌子面的稳定，在筒体内完成衬砌，以确保施工安全。手掘网格盾构的工作原理是：在盾壳的保护下，人工开挖成洞，网格支撑开挖面。开挖过程中，视土层的稳

定条件，灵活调节网格。当土层坚硬时，开挖后掌子面稳定，取掉次网格，直接在主网格的大开孔内开挖；当土层软弱或为流沙、流泥时，用次网格将开挖面分若干小孔，各孔分别开挖；必要时，亦可将网格完全封挡。每开挖一定进尺即开启千斤顶，推动盾构，使之克服外围土体的摩擦力向前推进。当推进尺寸累计达到可以安装一环衬砌拱片时，即在盾壳内拼装拱片。随着盾构的推进，拼装好的衬砌环从盾壳内脱出，再灌浆充填衬砌外盾壳留下的间隙。

（二）工程应用实例

1. 工程概况

洛惠渠五号隧洞是洛惠渠大荔灌区 50 万亩农田的输水咽喉，位于大荔县汉村乡义井村，全长 3467 米。该洞在五十多年的运行中多次发生洞身塌陷事故，被迫对其尾段 1442 米洞身进行加固处理，隧洞断面由原设计 3.0 米 ×2.7 米的马蹄形，缩小为 2.2 米 ×2.2 米的马蹄形，从而使过流量骤减，灌区缺水问题日益严重。五号隧洞扩建工程是从洞身加固缩小段以上另开衩洞，与原加固隧洞共同输水，以恢复其过水能力。

五号隧洞从大荔县西北部的铁镰山底部穿过，通过地层为下更新统河湖相冲积层。其岩性为粉质壤土夹 1 ~ 2 层细沙、极细沙层，沙层呈不规律的透镜体分布。地下水位高于洞底 5 ~ 9 米，局部高达 16 米。土层扰动后，极易形成流沙、流泥，造成塌方。根据长期以来五号隧洞工程施工、加固、运行的经验，新开隧洞用人工开挖、支护成洞的常规法很难完成，结合五号隧洞的地质特点，并考虑建设单位的经济承受能力，经过外出考察和充分论证，认为用手掘 – 网格盾构是完成五号隧洞扩建工程的最佳施工技术方案。

经有关部门批准，五号隧洞扩建工程盾构施工方案于 1998 年初开始实施准备，至 1998 年 12 月，先后完成了盾构机的设计制造、盾构就位、竖井施工、衬砌拱片预制生产线建立、盾构机拼装调试后转入正常运行。采用盾构机的主要结构为：盾构壳体由 40 毫米钢板制造而成，总长 4.8 米，外径 3.62 米，内径 3.54 米。推进系统由 12 台液压千斤顶组成，每台千斤顶的设计推力 100 吨，最大推力 120 吨，总推力 1440 吨。盾构后部设转盘式管片拼装机，拼装机由油马达驱动，具有 360° 回转能力，同时可进行径向、洞轴向移动，最大位移分别为 430 毫米和 300 毫米，最大拼装重量 1000 千克。推进千斤顶和拼装系统共用一个液压站，配置 25cy–14–1B 油泵，总功率 15 千瓦，并配备相应电气控制。盾尾设置钢板密封 1 道。盾构机总重 40 吨。

2. 主要施工工艺

五号隧洞盾构法施工的主要工艺过程可分为以下 4 步。

（1）挖掘：在盾构前端上部帽檐和中部工作平台的保护下，在盾前进行人工洞室开挖。开挖过程中，视掌子面的地质情况，调整网格间距和封挡板开口面积并控制开挖进尺。

（2）推进：在掌子面挖掘一定进尺后，立即开启千斤顶，向前推进盾构，及时对新挖洞进行支护。当掌子面为软硬相间土层时，只开挖局部硬土，靠推力把软土挤入盾构。在推进过程中，随时监测方向，及时通过调节千斤顶组合对局部超挖或欠挖措施进行纠偏，确保盾构前进方向与设计洞轴线一致。

（3）拱片拼装：预制的混凝土拱片，每环宽 50 厘米。在盾构推进累计达到一环宽度后，即在盾尾开始拼装拱片。拼装的顺序为先拼标准块，再拼邻接块，最后拼封顶块。转弯段，在外弧侧加垫调节板，其几何尺寸根据转弯半径确定。

（4）灌浆：推进和衬砌到一定长度后，即对衬砌外形成的 8 厘米建筑空隙，及时进行回填灌浆。灌浆材料为水泥和粉煤灰。

图 5-5-1　五号隧洞手掘网格式盾构机
（1999 年，洛惠渠管理中心提供）

3. 施工效果

五号隧洞实施盾构施工方案后，累计成洞 560 米，于 2000 年 9 月底实现洞线贯通，取得了预期效果。

（1）一年多来，盾构施工经历了穿越大塌方体、流泥流沙层、高水头大水量地层等多种复杂地质条件的考验，实现了安全稳步持续推进。2000 年初以来，在地质复杂、运距日渐加大的不利条件下，成洞速度仍稳定达到预计的 1.5 ~ 2.0 米每天。

（2）盾构的设计功能得到了正常发挥。首先，满足了恶劣地质条件下施工的需要，并具有较高的可靠性。其次，也较好地解决了方向控制、隧洞转弯问题。

（3）以开挖—推进—拼装拱片—灌浆为核心的主要工序能够均衡运转，其他各辅助工序诸如水平运输、垂直运输、衬砌拱片生产等，也能与之良性衔接。施工中不断优化了劳力、机械设备等方面的配置，施工效率较高。

第三节　洛惠渠科技活动

民国时期，即有许多国际水利专家来洛惠渠工地视察，进行学术交流。先后有全国经委会水利顾问荷籍专家卜德利、行政院水利顾问美籍专家巴里特、治黄顾问美籍专家萨凡奇及雷巴德等来工地视察并指导工作，日本内务技师后藤宪一等来工地参观学习。

1935 年 1 月，国际联盟水利专家沃摩度、尼霍夫、高德等一行视察总干渠，对拦河坝工程异常赞许，对已建成的各段隧洞（用料石砌成，美观坚固）甚为满意，对曲里渡槽的设计与工程表示赞同。其视察后与孙绍宗等工程负责人曾几次进行讨论，交换意见，并表示愿以个人所知，在蓄水库上寻找解决灌溉面积增加或遇旱年、水源不足的严重问题。1936 年 1 月，泾洛工程局撰写的《洛坝之设计与施工》学术论文，呈送全国经委会水利处，拟参加在华盛顿召开的世界动力学会第二次巨坝大会。

1950 年开灌以后，积极参与国际学术交流活动。1956 年，局长傅健赴北京将《陕西省泾、洛、渭灌区灌溉工作经验》在中国、苏联、越南灌溉系统新建和改建问题的科学技术会议上作了交流；1957 年 3 月，《陕西省洛惠渠灌溉系统建筑物技术资料初稿》和《陕西省洛惠局系统的经营管理（初稿）》作为中方资料，参加中国与捷克斯洛伐克和中国与波兰技术交流。1958 年 10 月，苏联专家纳塔尔丘克来灌区进行考察并作了学术报告。1960 年 4 月，张建丰局长加入水利部援助蒙古国水利工程专家组并任组长；技术干部潘喜成和农民技术员赵新喜、刘炳生作为成员，赴蒙古国传授灌溉管理、灌溉试验、抽水发电等技术，历时一年多，圆满地完成了援外任务。20 世纪 80 年代，灌区在高含沙输水技术方面取得重大进展。1980 年 3 月，徐义安出席了在北京召开的河流泥沙国际学术讨论会，其参与撰写的《高含沙浑水利用问题的研究》论文参加了大会交流；1984 年 4 月，徐义安与万兆惠合写的《洛惠渠高含沙浑水的利用及处理》论文在由万兆惠参加的在泰国召开的国际力学协会亚太地区第四次会议上交流；1985 年 5 月，徐义安参加在北京召开的高含沙水流国际学术讨论会，他与万兆惠合写的《洛惠渠高含量浑水的输送及利用》论文参加了交流；1989 年，蒋柏森参加了在北京召开的第四届河流泥沙国际学术讨论会，交流了由徐义安、万兆惠、史宏庆、蒋柏森合写的《洛惠渠灌区泥沙资源的利用》论文。

20 世纪 80 年代后期至 90 年代初，先后有埃塞俄比亚灌溉考察组一行 4 人，美国访问学者一行 2 人，苏联中亚灌溉技术科研所 4 位专家，亚洲开发银行考察组来灌区考察，其中以埃比帝为组长和斯摩尔、盛世赞以及中国专家徐达等参加的亚行考察组，在 1988 年对灌区进行了详细的考察，并对考察成果进行分析研究，写出书面报告。这项工作，前后历时一年。对考察的各项内容，均进行了圆满的解答。埃比帝称赞洛惠灌区是在“高水平地进行着有效管理和维修”的灌区，从而增加了对中国水利投资环境的了解，并赠送计算机 1 台，为灌区培训了微机使用人员。参与这次考察工作的洛惠局专职人员高文祥高级工程师，于 1989 年 2 月应邀参加水利部专家组，赴日本考察。

洛惠渠灌区在国内的科技交流，范围广泛。1951—1989 年，编写刊印灌溉管理经验单行本 9 种，在省级以上专业杂志发表论文 39 篇，使灌区管理经验和科技成果得以广为传播。此外，还多次参加全国和全省的水利、土壤、水利经济等学术活动。仅 1974—1990 年，就参加全国性科技交流会议 19 次。

洛惠局曾受上级委托或兄弟省、市灌区的邀请，多次派出技术干部外出授课。1965 年起先后有徐义安、罗天录、彭正发等人，给北京市、山东省临沂县、山西省遵村抽黄灌区、青海省、西北五省（区）灌溉管理干部培训班、水利部灌溉管理培训班和黄河中下游灌溉管理培训班授课，介绍洛惠渠灌溉管理的经验，使洛惠渠的计划用水、高含沙引水、灌溉管理和盐碱地改良经验，在北方灌区传播。

由于灌区渠系配套，建筑物齐全，形式多样，管理经验丰富，所以自 20 世纪 50 年代以来，一直被一些大专院校作为教学实习基地。先后有武汉水利电力学院、西北农学院、成都工学院、太原工学院、西安交通大学、北京机械化学院、华东水利学院、清华大学、内蒙古农牧学院、陕西机械学院以及山西水利学校、陕西水利学校等大专和中专院校组织学生来灌区进行教学实习。

20世纪30年代，洛惠渠作为国内重点水利工程，聚集了一批水利专家学者，如郑肇经、张光斗等，他们多次来工地视察指导，为工程出谋献策，或直接参加施工。新中国成立后，先后有30余名老专家、老工程师被选调到省内外水利建设战线，在工作中发挥了重要作用。陆士基参加20世纪50年代治淮工程，李奎顺到西北水利勘测设计院，何量在官厅水库，蔚济仁参加宁夏的水利工程建设，李赋丰和张春茂支援榆林水利工程建设，黄朝建等支援了延安水利工程建设，王旭瀛、原树贤等人选调到陕西省水电勘测设计院和省工程局，分别负责重要的技术工作，为新中国水利事业建功立业。

第六篇　文化保护传承弘扬

水作为生命的依托，在开发利用与节约保护过程中形成了丰富的水文化，并逐步上升为与水相关的文学、美学、哲学，进而推动科学技术、治水理念等方面的发展。北洛河流域水文化有工程类的，如洛惠渠、石堡川水库风景区、古涝池、宜君水平梯田，还有许多非工程水文化遗产，北洛河沿岸的石窟，北洛河流域的古长城、秦直道、红色文化旧址，以及与水相关的自然、人文景观，民俗文化，风物特产。历代文人雅士写下很多与水相关的文艺作品，如诗歌、散文、碑刻等，都是灿烂的北洛河水文化的一部分。

进入21世纪后，这些水文化传承弘扬与水利建设、水生态治理、水景观开发、历史遗产保护、城市品位提升、美丽乡村建设、人居环境改善等紧密结合，水文化事业日趋繁荣。2012年，党的十八大做出经济建设、政治建设、文化建设、社会建设、生态文明建设“五位一体”的总体部署后，水文化建设得到各级水利部门与社会各界的更大支持，水文化从物质精神层面进入了凝聚社会共识，助推水利发展的新阶段，为水利与水生态建设注入了新的活力。

第一章 历史文化名胜

北洛河流域历来为兵家要地，有很多和战争相关的军事设施。战国时秦魏都在这里修建长城，秦统一六国，在流域内修建了军事要道——秦直道，历经两千多年的历史沧桑，秦直道遗迹赫然可见。北宋时，北洛河流域北部地处宋夏战场前线，双方在此修建很多军事城堡，如石城子、铁边城、石门子。明代继承前代基础上也在这里修建了城堡。

历史上北洛河流域佛教昌盛，在北洛河干流和其支流两岸山崖修建了很多石窟。流域内石窟始凿于北魏，盛行于唐宋，至金元明清，皆有遗存。

洛河流域历史文化名胜只列举与洛河及其支流紧密相关的名胜。

第一节 军事设施类

一、秦、魏长城（洛川、宜君、澄城、蒲城、大荔）

（一）秦国堑洛长城

秦简公时，面对晋国西渡黄河攻占秦关中渭北东部领土的局势，采取了修筑防御工程的措施。按照当时人力稀少、施工工具落后、军队征战以车骑为主的实际，秦国在洛河下游晋军容易穿越的两岸地带，堑削山崖。有些重要的平缓地方，则夯筑土墙，同时在重要地点修筑城垣，驻军防守。简公“堑洛”是后来长城的雏形，工程线路距离遥远，时断时续，施工容易，质量低劣。《陕西省文物志》载：秦简公为防御魏国而在洛河西岸修筑长城，自华阴县城以东的华山脚下起，北过渭河，沿洛河两岸至白水境的黄龙山麓有堑洛长城。华阴庙以东残存一小段夯土墙体。《中国文物地图集 · 陕西分册》载：秦灵公九年至秦简公七年（公元前 416 年至前 408 年）间秦国修筑的长城，在今合阳县和家庄、新池、东王 3 乡（镇）境内发现残存遗址全长约 30 千米，澄城县城关、雷家洼两乡（镇）台塬地上残存 8 千米，蒲城县西头、钤铒两乡（镇）内残存长约 50 千米。

（二）魏长城

《史记 · 秦本纪》载：孝公元年（前 361 年），魏筑长城，自郑滨洛以北至少梁，即从今渭南市华阴山脚起，向北经大荔，沿少梁山的澄城、白水、合阳、黄龙等县境，再向东延伸至韩城市黄河西岸芝川镇瓦头村一带。黄龙段魏长城及烽燧城堡分布情况：长城从澄城县孙堡西北，即黄龙县界头庙乡牛堡泉东南一带，向东延入范家卓子乡驮原上村西北，经张家沟、红罗义、柏树峁，进入澄城县翟尚村，又向东北延入范家卓子乡高俭、石曲、前河等村庄，伸入合阳县，直到韩城的黄河边沿。

魏惠王十九年(前351年),魏国对西河长城进行了延伸。“魏筑长城,自郑滨洛以北,有上郡”。据《中国历史地图集·战国韩魏图》标注，新修长城从澄城、黄龙、白水交界处西河长城起，沿黄龙山、洛川县、黄陵县，入富县进入西北洛河和葫芦河山梁原始森林区。

魏国为加强防御，从今黄陵县魏长城延长一支修至今宜君县。宜君战国魏长城遗址位于陕西宜君县北部的山梁上，形成一条纵贯南北的天然原始屏障。现存长城遗址总长9594.5米，由夯土筑成，东北接黄陵魏长城。

魏国在长城沿线及其他地方修筑城邑隘障，今富县城北15千米黄甫店洛河西岸雕阴邑修筑了雕阴城（今富县李家村）。传说李家村西南依山带水，山多雕巢，故名雕山，雕阴城位于山之阴。

二、秦直道遗址

秦直道建于秦始皇三十五年（前212年），由秦将军蒙恬监修。工程十分浩大。堑山堙谷，全长1800里。直道南起林光宫（陕西淳化县北梁武帝村），北至九原郡（今内蒙古自治区包头市西）。北洛河流域的秦直道，跨越黄陵、富县、甘泉、志丹4县。

发现的秦直道最宽达50余米，转弯处最大半径50 ~ 60米，一般路宽30 ~ 40米，路基坚实且夯打坚硬，坡度平缓，部分路面坡度仅为7°。陕北境内的直道，基本上是沿山梁而行，形成所谓的垭口，有的地方为取直接则“堑山堙谷”修建道路，在甘泉县境就曾发现过为渡过洛河修桥时所留下的引桥桥墩痕迹，夯土层历历可见。

在直道沿途有众多的驿站馆舍，基本上接近于十里一亭的记载，同时为配合秦始皇出巡的需要，还建有供其停驻的离宫别馆。黄陵县境内秦直道全长约16.70千米，路面宽约15米。沿线发现夯筑或堑山路面、土桥及人工开凿的垭口等遗址10余处，其中垭口3处，均为南北方向。两侧的高地上有秦汉时期烽燧遗址7座。

富县境内秦直道长约125千米。由防火沟门、八面窑起，到达墩梁（富县、甘泉、志丹3县分水岭），于八卦寺的分水梁出县境，路基一般在15 ~ 35米，其中桦树沟梁、车路梁等处为保存最好、最典型的路段。白马驿兵站遗址位于白马驿南侧二级台地上；有绳纹板瓦等秦汉遗物，沿途有垭口7处。

甘泉境内秦直道全长34.80千米，其中北洛河以南20千米，以北14.80千米，由甘泉境内的墩梁进入富县槐树庄，至安家沟过北洛河圣马桥，北经方家河、榆树沟进入志丹县境内；最宽处58米，平均宽度30米。方家河村西圣马桥处，北洛河两岸直道遗址南距河床高约30米，北为20米。北洛河北面上坡处为石山，傍沟回填土方高达35米左右，夯层厚9 ~ 12厘米，依山部分凿石成路基，显示“堑山堙谷”的工程规模。北洛河北存有宽82米、高72米、长56米的土墩，夯层厚10 ~ 15厘米，原认为是秦直道引桥桥墩，经开挖勘探，认定为上山的盘山路基。

志丹县境内秦直道全长约74千米，由甘泉县榆树沟进入志丹县永宁镇柏树畔村南，经曹老庄村北进入安塞区王窑乡境内。路面宽20 ~ 60米。志丹县境内有行宫遗址1处，位于永宁镇任窑子村直道东侧5米处，面积约2.80万平方米；夯筑台基平面略呈长方形，南北长约350米，东西宽约80米，高15米；断面及台基上有云纹瓦当、绳纹板瓦和筒瓦、菱形几何纹空心砖、陶水管、陶井圈、石柱础等大量遗物；还存有白杨树湾、白草湾、柠条湾、杨崖根4处烽燧遗址。

直道修建的主要目的是北御匈奴，其次是促进南北间经济的交流。它从秦始皇三十五年（前212年）开始修建，到三十七年（前210年）秦始皇死时已基本完工，在长达千余里的复杂的地形基础上，用简单的工具，在仅仅两年半的时间内，要完成这样浩大的工程，其难度是可想而知的，因此有人把它与举世闻名的长城相提并论并不过分。

第二节　古　城

一、石涝池堡

石涝池堡位于今陕西省榆林市定边县城南50千米的石涝川河源头，王盘山乡东南，城南为洛河发源地。《延绥镇志》记载，石涝池堡“东至新兴堡四十里，西至三山堡六十里，南至庆阳府三百里，北至定边营一百里”。今测堡城东至两边不到10米。明成化十一年（1475年），巡抚余子俊在宋石涝池寨旧址筑堡，分砖井成兵驻守；于万历三年（1575年）加高，周长“三里一百八十四步”楼铺3座。清时裁，石涝池堡并于定边营。

石涝池堡建在山顶，四面深沟环绕，周围峰峦突兀、沟壑纵横，地势特别险要。城依自然地形呈不规则圆形，周长440米，面积1.1万平方米，是次冲上地。目前，该堡仅存墙体及其部分附属设施，城内残存建筑台基，明代石涝池堡驻军情况：军工及守瞭军共442名，马、骡219匹，设操守、坐堡、把总各1名，辖“边垣长九里零二百七十四步，墩台一十四座”。

二、新安边城

新安边城位于定边县东南白于山区腹地，定边县城东南75千米的新安边乡附近。东靠定边县学庄乡，南接吴起县吴仓堡乡、新寨乡，西与吴起县王洼子乡毗邻，北与杨井镇接壤，处于两市（延安市、榆林市）两县七乡交界处。地貌特征“南北一道川、东西两道岭”，是北洛河和无定河流域发源地，城外有西北东南走向的“新安边河”沿川道长年流淌，新安边河是北洛河源头之一，旧志载：“洛源出县东琉璃庙石缝中”，即定边古“八景”之一，名曰“石峡流长”，盖安边古时曾有琉璃庙建于山沟之中，沟中石缝有水流出，古人认为此水为北洛河源头。遂将琉璃庙流水赋名“石峡流水”。水流始自琉璃庙古寺，漫道中涓涓流淌不绝，迂回蜒，似山间蒙带，成滋养一方之态，而更添传奇色彩。琉璃庙也因此更享香火之盛。

《读史方舆纪要》记载，新安边堡东至永济堡“三十四里”，西至新兴堡“七十里”，北至旧安边营堡“八十里”。今测距两边30千米。明成化九年（1473年），巡抚余子俊将堡南迁至中山坡，遂称新安边堡，撤旧安边营堡驻军守之，分守西路参将府驻扎于此，统辖14座城堡；于隆庆六年（1572年）加高。《延绥镇志》记载，新安边堡设在山坡，系极冲中地，“周围凡四里三十五步，楼铺十四座，墩台十七座”。新安边堡依自然山势建在北高南低的山坡上，占据了整个山头，规模宏大，南北高程落差 175 米。营堡四面环沟，周围峰峦突起，沟壑纵横，洛河的上游新安边河从堡南沟内流经。堡平面形似簸箕，南大北小。城墙轮廓清楚，墙体大部分保存一般，少数较好。周长 2110 米，占地面积约 25 万平方米。堡城设东、北、南 3 座城门，均外筑瓮城。堡城有西南角楼和东南角楼可辨。西南角楼，残存夯土台，破坏严重。东南角楼，破坏严重。护城台 1 座，位于城北，南至北城 180 米。《九边考》记载，西路参将驻新安边营，分守 12 个营堡，驻兵 1404 名，马 782 匹，守备 1 名，都司 1 名，千总、把总各 1 名。明新安边营驻军丁及守瞭军共 591 名，配马、骡 152 匹，守瞭二边长“一十二里，墩台一十七座”。《延绥镇志》记载了新安边堡额地屯田情况：“实熟屯地一百四十顷四十一亩，征粮一百六十八石四斗九升二合，均徭、银八两六钱一分九厘零。”城堡砖石早已被拆光，夯土墙体除北门向西那段大致存有原规模外，其他均残塌得七零八落。北城墙中部墙上旧筑有魁星楼已毁。今只存一个 30 多米见方的夯土基座。

三、石城子遗址

石城子遗址是西夏城防遗址，位于定边县樊学镇城子梁村北一里的向阳山坡上，北洛河源头之一石涝河围绕城西南而过，东临深沟，北依山陵。城北面距县城约 110 千米。

石城子依山顺势，铲筑结合而成，北高南低，平面呈不规则三角形，城垣保存基本完整，残高 0.4 ~ 3.5 米，夯层厚 9 ~ 10 厘米。城内遗存大量石头和少量宋代耀州窑瓷片，灰陶器物残片及唐、宋货币等。城北约 50 米处，有一面积约 6 万平方米的小山丘，全部用人工挖掘成纵横交错的多道互通堑壕，深 1 ~ 3 米，宽 5 ~ 10 米。堑壕内可以藏兵伏马、出奇制胜，这种城防设施犹如迷宫一样神奇。

清《定边县志》记述：“在县城南 220 里有石家城，暗达城西。”石家城即石城子。《宋史·地理志》记载：“朱台堡，本朱灰台，政和三年（1113 年）筑，赐名。东至鸡嘴堡十八里，西至木瓜堡约五十里，南至阿原堡四十里，北至蕤毛嘴约二百步；东至罗沟堡十五里。”石城子的地理位置与《宋史·地理志》中记载的朱台堡四邻城堡方位一致，应是宋时的朱台堡，蕤毛嘴即城北的城防设施。

石城子是榆林地区保存比较完整的一处西夏军事城堡，它对我们研究宋、西夏时期的军事、经济等方面有着重要价值。定边县人民政府于 1983 年公布石城子为县级重点文物保护单位；陕西省人民政府于 1992 年 4 月 20 日公布其为第三批省级重点文物保护单位，同时划定了保护范围，其重点保护区为石城子城墙及城内建筑。一般保护区为城墙外延 10 米内。建设控制地带为一般保护区外延 90 米内。

四、铁边城遗址

铁边城遗址是国家重点文物保护单位，位于延安城西北吴起县城西北 45 千米处，地处陕、甘、宁 3 省交界处。铁边城为西夏毅宗鞞都二年（1058 年）所建，初名定边城，明英宗正统二年（1437 年）改名铁边城；背靠东山，西、东、南三面临北洛河，开有三门，周长 2500 米。遗址夯筑城墙最高处残高 9 米，最宽处 7 米，城墙北面大部分有窑洞，保存完整。城东北角有水牢一座，现只留残垣断壁，长 39 米，宽 15 米。城东南角有一完整的烽火台，宽 6 米，高 9 米。北城墙外有校场和点将台，占地近 1 公顷。古城内文化堆积层厚 2 米，地面有大量砖石、骨头、瓦片、宋瓷片等。

十六国时期，夏国的创建者赫连勃勃在吴起境内修了许多城池，铁边城即其中之一。传说，赫连勃勃征战频繁，3 个女儿为替父分忧，分别管理琵琶城、山丹城和铁边城，守铁边城的赫连铁为大女儿。

如今的铁边城所在铁边城镇，是延安市统筹城乡发展的试点镇，2013 年 3 月，铁边城遗址被国务院核定公布为第七批全国重点文物保护单位。铁边城以“千年古镇，民间宋城”定位，按照“再现历史风貌，展示黄土风情，追踪红军史迹，构建和谐古镇”的要求，围绕“复古、显山、露水、透绿、依路”的思路，以商贸旅游为特色的陕北名镇已初具规模，千年古镇焕发出新的活力。

五、石门子故城

石门子故城又名藩延堡，在志丹县西北 20 千米北洛河之滨，与石门村隔河相望，河东马超洞历历在目。该碑为城门横额“藩延堡”，石长 130 厘米、宽 60 厘米、厚 15 厘米是明嘉靖三十二年（1553 年）重修城时题记。

嘉庆《延安府志》载:“马超洞与青州城对峙，道通边塞。”藩延堡最早为“青州城”，宋、元时更名“石门城”，明代嘉靖年间又改名为“藩延堡”。此城三面环水，依山势建城，呈三角形。崇山峻岭，两山坚立如门，道通边塞，故曰“石门”。北魏置石门县即以此为名。

此城，北魏初（447 年）置石门县，北周（公元 557—580 年）废，入因城县（今西县城），属上郡。省通志载：“石门古为延庆二州往来捷径，戎羌出入之路，明套虏出没之地，以巡抚张衍清于此据守备边。保安石门镇、甘泉野猪岭与延川禅梯岭均属古代战略要塞。”

马超洞与藩延堡，相传为三国时（公元 220—265 年），羌族名将马超抗击夷人屯兵备边所修，但马超洞处有金代皇统四年（1144 年）题记，载此洞为金代打凿，与传说不一。

石门城土筑，东西城门均已倒塌，城墙大部分保存完好，残高 4 米，有明显夯土层，城南北长 300 米，东西宽 350 米，总面积 105000 平方米。城内秦汉细纹瓦片较多，部分建筑遗迹明显，街道两旁残留整齐排列的石条，城内现为石门村果园。

六、金鼎山寨

在今志丹县金鼎镇罗坪川河与洛河交汇的东南方，洛河环绕。寨基部为天然石峁，上用红砂石砌墙，凿石窑洞。寨北门洞首砌锲镌刻“洛中山”三字，南门洞首砌锲镌刻“无量洞”三字，下方刻有“凌云”二字。寨上有石窟窑 35 孔，其中明代石窟两处，其余均为居室。寨顶置道教“祖师庙”“玉皇宫”，均系明清建筑，残存石窑 1 孔，断碑 1 通。寨西一窑内凿井一口，深 30 米，用以汲水；另一窑内凿深 5 米、宽 1.2 米地窖，用以储存食物。全寨呈长方形，东西长 90 米，南北宽 70 米，距北洛河水相对高约 50 米，是志丹县古代防御设施比较险要堡寨之一。太平天国最后一支捻军部队（西捻军）袁大魁部曾屯兵于此，后迁志丹县永宁镇老崖窑。

七、旦八寨

旦八寨是志丹境内洛河川上三大险寨之一，位于志丹县旦八镇石洼庄村北之阳峁梁上，地处洛河与其支流樊川河交汇处，与旦八镇街市隔河相望，可瞭瞰洛河川南北形势，西控左翼樊川要道。旦八寨地势险要，依山顺势夯筑寨墙，夯筑而成，外用条石砌筑，四周被红褐色的岩石所包嵌，地形极为险要，易守难攻。整个寨址平面呈三角形，南北长约 120 米，东西宽约 80 米，面积约 9600 平方米，寨西制高点为一墩台，高 8 米，宽 3 米。

此寨建于清末，是县级重点文物保护单位。1916 年，当地富豪曹俊章创建此山寨，经数次修筑，具有规模，即依山势周边用条石高砌寨墙，留出入寨门。寨子南北绝壁，西连山脉，岿然险要，易守难攻。1935—1936 年，国民党地方团总曹俊章盘踞于此，负隅顽抗，成为远近闻名的“土围子”。1936 年 12 月初，寨子内的敌人因为缺水，曹俊章带残部逃出寨子，1936 年 12 月 4 日，旦八寨子获得解放。

八、雕阴古城

雕阴县城：春秋战国时期，魏惠王十二年（前 358 年），魏国大将龙贾奉命在今富县茶坊镇黄甫店与维摩寺（东红）之间的洛河沿岸修建雕阴城池，位于洛河岸边，也就是现在富县与甘泉县交界处，并驻军 10 万御秦。《鄜州志》载：雕阴，州北 30 里，洛河西南为阴，山多雕穴，故名雕阴。秦惠文王八年（前 330 年），秦魏“雕阴之战”，魏败，龙贾被擒，魏献黄河以西 15 座城池予秦，秦设雕阴县。汉安帝永初五年（前 111 年），雕阴县废，地入羌胡。后来水毁雕阴古城。

九、刘家洼芮国都邑遗址

刘家洼芮国都邑遗址位于澄城县王庄镇刘家洼村西北，分布于洛河支流长宁河上游的鲁家河两岸，被确认为芮国后期都邑遗址，该遗址出土了带铭文的青铜器，其中有“芮公”“芮太子”铭文。此次发现为研究东周时期关中东部诸侯国的存灭概况，与北方其他民族的交流，政治格局变迁，人群流动和地方管理模式提供了绝佳的资料，对推动关中东部周代考古乃至周代历史社会的研究具有重要意义。2019 年 3 月 29 日，刘家洼芮国都邑遗址被国家文物局公布为 2018 年度全国十大考古新发现。2019 年 10 月 7 日，刘家洼芮国都邑遗址被国务院公布为第八批全国重点文物保护单位。

第三节　宗教佛寺道观类

一、龙泉寺塔林

龙泉寺塔林位于志丹县龙泉寺遗址内。塔林三面环山，义正水从西流过。现存 11 座塔，沿山麓一字形摆开，多为 3 ~ 7 层仿木构六角楼阁式，塔刹均为 3 ~ 7 枚圆鼓状摩尼珠堆叠而成，错落有致。塔身整体风化严重。据清嘉庆本《延安府志》卷三六《祠祀志》记载：“龙泉寺，在保安县西南百里，内有清泉。”龙泉寺遗址存留有两层由块石砌筑而成的钟楼、鼓楼和寺门建筑，残留部分石雕佛像和罗汉造像。寺内一口古井保护完好，清泉涌流。

二、石坬庄石窟

石坬庄石窟坐落在今志丹县旦八镇石坬庄村，宋建明、清重修。窟宽 6.35 米，进深 6.25

米，高 3.15 米。窟门两侧各置方柱，门首列身高 1.2 米、宽 0.6 米四大天王浮雕造像，各执兵器分立两旁，形象粗犷威严。窟内置坛基和泥塑台阶，正中下置供桌并镌刻莲花、牡丹花四方。藻井中间为宝相花，周围棋盘格，内雕马、鸟、花卉、兔、鹿、羊等图案。坛基正中为主像，已毁。主像右壁为自在观音浮雕造像座麒麟，头戴僧冠，面相丰满，两耳下垂，袒胸饰瓔珞，宝冠下垂，腕戴镯子；左壁为千手千眼观音赤足站于仰莲台，头戴化佛高冠，双目微睁下视，大耳袒胸饰瓔珞，披帛下垂着大裙，两侧雕 31 只手，手心均有一只着彩眼睛。两座造像比例匀称，形象自若。另外，窟外左壁有镌记，载明嘉靖四十一年（1562 年）六月三十日和清康熙二十五年（1686 年）六月二十八日、康熙四十八年（1709 年）六月初四日、雍正八年（1730 年）七月初二日、乾隆二十五年（1760 年）六月、道光元年（1821 年）六月北洛河泛涨的珍贵水文资料。

三、城台石窟

城台石窟坐落在今志丹县旦八镇城台村下，濒临北洛河。石窟分内外两层，各 3 门。内窟进深 8.26 米、高 4.35 米、宽 10.5 米，置左右门高 2.2 米、宽 1.9 米，中门高 2.65 米、宽 2.4 米。内存造像 25 尊，正中设坛基高 1 米，上有一佛二弟子（已残缺）；后壁正中浮雕三世佛，左右两壁各浮雕一佛二菩萨。外窟为厅，宽 24.2 米、进深 6.54 米、高 4.35 米，内存佛、菩萨、小莲佛座 70 尊和题刻 36 方、石碑 1 通，严重风化。其中，厅前置四根廊柱，中廊两柱左右侧浮雕日月二菩萨；厅后主厅三门置两廊柱，门侧透雕面目威严、体魄魁奇四大天王造像（身高 2.2 米、肩宽 0.8 米、比例匀称），天王像上首壁台圆雕佛莲座 23 尊、题刻 23 方。后来，该石窟重遭破坏，1982 年县政府拨款清整维修。

四、千佛寺石窟

千佛寺石窟坐落在志丹县义正乡老君崖村与旦八镇何家坬村交界处，樊川河南崖畔上。石窟进深 3.8 米，宽 4.4 米，高 3.2 米。内存一佛二弟子二龛，供养人 10 尊，天王像 4 尊，罗汉 16 尊，小千佛 999 尊，题刻 4 方。窟内八角彩绘藻井，造像全部浮雕，中央坛基主造像残毁，后壁、左壁小千佛严重风化，少数造像头部残损。

五、大佛寺石窟

大佛寺石窟坐落在今志丹县顺宁乡顺宁村西山腰，于不足 50 米内排列 6 个窟龛。其中，6 号窟进深 4.9 米，宽 4 米，高 2.9 米，造像无存；5 号窟为主窟，进深 9.7 米，宽 12.5 米，高 4 米。

六、卧龙寺石窟

卧龙寺石窟坐落在今志丹县永宁镇纸坊台村西南，有大小石窟 4 个。从东向西编号：1 号窟 6.6 米 ×6.5 米，坛基高 90 厘米，主雕像 3 尊，头部残损，其中中佛高 1.77 米坐须弥莲花，左右二菩萨高 1.77 米，两壁雕置十八罗汉均头残损。2 号窟 3.1 米 ×2.9 米，内无造像。3 号窟最小，无造像。4 号窟 4.7 米 ×4.7 米，坛基高 98 厘米，正中雕自在观音，左文殊、右普贤二菩萨，残高 87 厘米。窟内现存石碑四通，石碣两块。窟外铸钟一口，通高 60 厘米，口径 52 厘米，钟钮龙首，铸于清康熙年间。据清道光二十四年（1844 年）碑记：卧龙寺于明万历年间始建，嘉靖年间复修。

七、金山寺石窟

金山寺石窟坐落在今志丹县永宁镇榆树坪东南，凿石成二窟龛。1号窟平面呈正方形，进深5.3米，高2.5米，内有石雕造像7尊，头残损。坛基高75厘米，上有主像残高82厘米，仰莲座像残高76厘米。坛基前有3尊身着袈裟饰璎珞，另两尊斜披袈裟。2号窟平面呈正方形，进深1.65米，内无造像，坛基残高51厘米。窟外石碑3通，其一载明弘治三年（1490年）建造。

八、马家河石窟

金山寺石窟坐落在今永宁镇马家河村寺梁山西侧。凿石成一窟三室，平面呈长方形，进深5米，宽8米，窟内造像系泥塑。正室正中石雕坛基上主佛坐须弥莲花座，通体1.75米，文殊、普贤二菩萨站立于佛旁，通高1.4米；左室有造像3尊，通高1.6米；右室存造像2尊，主佛像高1.47米。窟内四壁密布泥塑小千佛，大部分造像头、胸被毁。窟外存石碑6通、石碣3块，左右有飞阁，下临绝涧，北有二砖塔，现存其一五层八角，高7.5米。石碣记载最早年代为明万历四十六年（1618年），清乾隆二十二年（1757年）十一月石碣载："粤稽佛洞始于明万历年间盖……"

九、白沙川石窟

白沙川石窟坐落在今志丹县永宁镇白沙川村北，依山凿大小石窟5个。自东西向编号：1号窟平面呈长方形，进深3.1米，宽1.7米，内有造像1尊，通高1.2米，头加冠，腰系玉带。2号窟平面呈正方形，内凿坛基，造像已毁。3号石窟规模较大呈长方形，进深4.6米，宽2.4米。窟内正中置佛像3尊束腰坐莲花座上，其中中佛高2.6米，头戴高髻冠，双手合十，双目微闭，身披双领袈裟；左佛高2米，头挽高螺髻，身披袈裟；右佛高2米，头梳螺髻，身披袈裟，手施无畏印。窟内后壁浮雕罗汉像26尊，左壁浮雕造像20尊，右壁浮雕造像22尊，每壁两侧存供养人造像各5尊。4号窟平面呈正方形，内有造像3尊，主佛像已残。另两尊均高1.1米，一尊头梳发髻、留长须、系玉带，一尊戴官帽、披朝服、系玉带。5号窟平面形状正方，存造像两尊，高1.35米，道教服饰，保存完好，窟外石碑残块记"白沙川龙运寺观音禅院碑记"，正文无存。

十、云山寺石窟

云山寺石窟坐落在今志丹县永宁镇柏树畔村南将台山，依山凿两窟。1号窟平面呈长方形，进深3米，宽5.3米，高2.8米。窟内正中塑佛像1尊，束腰须弥莲花座，旁立二弟子，高1.5米。另有文殊和普贤菩萨像、天王像、罗汉像、道教天尊像等塑像。2号窟平面呈长方形，进深5.2米，宽5米。内存塑佛像7尊，高3.25米，菩萨7尊，高1.6米。碑文载："药师七，八大菩萨"。

十一、石泓寺石窟

石泓寺石窟又称川子河石窟，位于延安市富县城西65千米直罗镇川子河北岸，石窟建于东西长约70米的山崖上，始建于隋代大业年间（605—617年），唐、宋、元、明历代断断续续建造了一千余年，最后建成石如刀切，分布于东西长约70米、一字排列的大小7个洞窟。主洞前有木结构三开间二层楼房。楼前接寺院，院门正上方雕刻有"石泓寺"

匾额。石泓寺位石窟是陕北四大石窟之一，国家重点文物保护单位。

1号窟，窟平面呈长方形，近窟后壁及左右两壁处辟有坛基，坛基正面为释迦、老子、孔子造像，窟壁有明嘉靖年间（1522—1566年）题记，记载此窟为“三教洞”。2号窟，窟平面为长方形，坛基上为一佛二弟子像，窟东壁开龛，内雕一佛二菩萨，龛旁有题记：“宋开宝二年，李庭宝造释迦牟尼佛、菩萨共三尊”。西壁有宋开宝二年的造像铭一处，窟口左右两侧各浮雕一尊天王像。3号窟，窟平面为长方形，内壁上为一佛二菩萨二弟子像，东侧菩萨背屏上刻有宋开宝元年（968年）敦士元等3人共造菩萨像题记。东壁有两龛相连，内有佛、菩萨五尊，旁有唐咸通五年（864年）郑君雅造像题记，并有唐咸通三年（862年）陈公造像题记一处。4号窟，平面呈方形，中央佛坛上有文殊骑狮圆雕造像一尊，狮道前有一驯狮昆仑奴。

石泓寺石窟前有三开间两层木构大殿一座，窟平面略呈方形，窟宽10.4米，进深10.65米，高5.35米。窟中央凿石成基，坛基四角各有1根连顶接地石柱，坛基正面造像为一佛二弟子，释迦佛结跏趺坐于束爷莲须弥座上。佛通高3.45米，其中座高1.59米。释迦佛上方窟顶藻井装饰华丽，刻有“释迦如来”“秀花供养”8字。释迦佛左侧侍立弟子迦叶，右侧侍立弟子阿难。坛其东侧石柱间，为文殊菩萨，结跏趺坐于仰莲束腰须弥座上，须弥座中央刻狮首。石柱四壁均满刻佛、观音、罗汉及小千佛像，数目达3305尊，主要造像均妆彩。窟内所见题记有唐贞元元年（785年）、二年（786年），金皇统元年（1141年）、二年（1142年）造像题记。7号窟，平面呈梯形，内坛基上有佛像20尊，窟顶有八角藻井，浮雕有二龙戏珠纹图案，另有龙蛇凤麟及花草纹图案，此窟为明、清时开凿。石泓寺石窟年代之久、规模之大、造像之多、雕刻之细远近闻名。明嘉靖延安知府刘汝作诗赞曰：“丹崖双绿水，梵室倚苍峰”。

窟两壁开二龛，共造像三尊，龛旁有后周显德元年（954年）造像题记3处，窟口左右两侧各浮雕一尊金刚力士像。5号窟，平面呈长方形，窟内结构与2号窟、3号窟基本相同，西边与6号窟相通，内有隋大业二年（606年）、唐景龙年间（707—709年）、唐贞元二年（786年）造像题记。6号窟，规模最大，雕像最多，为主窟。

十二、石门石窟

石门石窟位于甘泉县石门镇石门村西山悬崖上，坐北向南，背靠石门山，面临北洛河。窟由西向东排列。1号窟深1.8米，高2.5米。窟中央坛基坐释迦牟尼，阿兰、迦叶站立两旁。右壁上方题记为：敷政县大琭保官庄社石门子乐人王德仙女夫□□同法心，打摆游州，以堂供养国家□□□等人□元祐二年（1087年）五日（下残）。2号为正殿，长4.2米，宽3.75米，高2.85米。有石刻像23尊，两壁罗汉造像15尊。窟内立有明代重修石碑1通，高1米，宽0.5米，厚0.18米。碑文记：大明国陕西安塞区纯仁里石门寺古迹，时弘治六年秋季七月十五日丁未吉日立。从石刻艺术辨认为宋代石窟。

十三、三仙洞石窟

三仙洞石窟位于富县武石乡烂柯山南麓，依山傍水。窟外有金海陵王“天德三年（1151年）”题记，凿于宋金时期，高2米，深4.7米，宽3.4米。洞内原有二仙人对弈，王樵持斧旁观造像，即民间传说“王樵遇仙”故事，今已无存，仅留棋盘。近些年，善男信女将别处之孔子、老子、释迦牟尼造像移于洞内供奉。洞内西侧有小龛二，分别雕弥勒佛、老子、关帝像。东侧有石碑一通，字迹漫涣，可辨者有“重修烂柯山蒲掷观三仙洞记”字样。洞外数米处石崖有线刻虎、马、文官等纹样崖画。

十四、福地石窟

位于宜君县五里镇福地水库的中心岛断崖之下，距水面 1 米左右处。窟为方形平顶，进深 1.25 米、宽 1.78 米、高 1.29 米。开凿于西魏大统元年（535 年），为佛、道石窟。

石窟后壁中央开尖拱形大龛，龛中释迦牟尼佛结跏趺坐，佛像高 0.56 米，面相呈长方形，内髻饰绞，双颔下垂，衣质厚重，阳刻繁密平行线，中饰以阴刻线。左下方雕一供人在博山炉前跪拜礼佛，旁镌“香火口”。中央大龛左侧壁面有浮雕造像三层，由下至上：第一层为伞盖下供养人骑马，马前侍立手捧盘盖和持伞盖的二侍女。女侍足前放一大水罐，似迎接供养人归来，旁镌“像主抚军将军石保合王洛生乘马时”，“妻贺兰”。第二层正中一堂屋中男女供养人端坐，男供养人旁镌“王洛生坐”。左右侍立手持伞盖男女侍者。第三层雕有鹿、鸡、蝉、双鹤、鹤衔蛇戏玩等动物。

浮雕左侧上雕有两龛坐佛，下雕供养人立像，旁镌“化主孟真莲化主盖口生邑主□□□□”，下刻“香火（残缺）典录……典录……”佛龛右侧镌“大代大统元年岁次乙卯七月九日”的开窟纪年和佛道造像铭文。

窟右壁中央大龛中造像已塌毁，其余雕饰尚存。尖块形火焰纹龛楣上饰蛟龙和 4 朵莲花，周围雕 12 个小佛龛，右侧较大佛龛上雕山峦和走鹿、蹲猴。

左壁中央尖拱形大龛中，雕手持芭蕉的老君像。老君盘膝端坐，道簪束发，络腮胡须，内穿密裙长衣外披袍服，左右道士捧笏侍立。龛楣浮雕 10 个半身像，上为 7 个手持箜篌、笙、琵琶、箫、长笛、腰鼓、长鼓的伎乐飞天。

大龛左侧浮雕造像共四层，由下至上：第一层，三个捧笏供养人立像，旁镌“道士吕贵里道民功曹孟永兴妻白颜安”。第二层，左为二挽手侍女，手执团扇，谈笑风生；右侧二人裸体角触，第三、四层为两龛双人坐像。

浮雕左侧门壁镌有：功曹孟永兴、主簿雷元知、录事孙元显、西曹椽白万年、户曹椽孟善（民）、金曹椽盖天和、知曹椽似先道录、兵曹椽龙祖、西曹椽未平睹。

十五、黄陵紫峨寺石窟

黄陵紫峨寺石窟于北宋时开凿，是陕西省第七批文物保护单位。

紫峨寺位于黄陵县腰坪乡潮塔村西北五华里，紫峨寺与轩辕黄帝陵遥相呼应，为黄陵县正在开发建设的景点。紫峨寺是佛教圣地，创建于北魏时期，兴盛于唐宋，毁灭于清末，距今已有 1500 年的历史。主要景点有大雄宝殿、朝阳洞及悬空寺。唐宋年间，佛教兴盛，大雄宝殿也按照皇家寺院的标准进行过多次修葺。大雄宝殿最大的特色之一就是其地理位置绝佳，坐落于中国的本初子午线上，是一座具有相当规模的寺院。1981 年，文物普查发现该寺存石窟 7 个，分布在长约 250 米的石崖壁，最大窟 60 平方米，其余窟 20 ~ 30 平方米不等。各窟造像组合均为一佛二弟子，共有石雕佛造像 16 尊，均残。石窟开凿于金贞佑四年（1216 年），明永乐二十年（1422 年）、明成化四年（1468 年）、明正德十年（1515 年）均有重修，并有明宣德泥塑像“五世佛”3 尊，高 1.7 ~ 2.1 米。

十六、黄陵银洞沟石窟

黄陵银洞沟石窟于北宋时开凿，位于延安市黄陵县双龙镇杜洛尾村，是陕西省第七批文物保护单位。银洞沟造像位于上畛子柳牙镇银洞沟口的石崖上。于 1988 年文物普查时被发现，该石窟距地面约 10 米，坐北向南，东为公路，南有小河，西为银洞沟，北靠山梁。石窟内四壁均有摩崖雕刻佛像，小佛像约 12 厘米，主佛坐仰莲基上，残高 90 厘米，两边各有二弟子高 75 厘米，造型逼真、清晰、形态丰满，线条流畅，保存基本完好，属宋代雕刻。

石窟门外两侧各有一石刻造像，已毁。

十七、黄龙小寺庄石窟

黄龙小寺庄石窟为陕西省重点文物保护单位，位于延安城东南黄龙县城北 35 千米小寺庄东山下，也称圣寿寺石窟，高 2.6 米，宽 2.7 米，深 3.5 米，内雕一佛、二弟子、二胁侍菩萨、二天王及二供养人像，共九尊石刻。正中坛基上为释迦牟尼佛，结跏趺坐于束腰形仰莲须弥座上。佛袒胸，外着通肩大衣，双手作法界定印，背后为高浮雕火焰形背光，背光上雕一佛二弟子，下雕二飞天。佛两侧侍立迦叶、阿难及菩萨、天王、供养人，分立坛基下两侧。座前刻有一对石狮和一尊香炉。窟门外西侧有一座弥勒佛坐像，东壁有一块题刻，有咸平三年等字。据此可知，此窟开凿于北宋初期。

十八、秦家河摩崖造像

秦家河摩崖造像位于宜君县城关镇秦家河村西南 250 米的蔡家山断崖石壁上，蔡家山呈西南至东北走向，山下秦家河东北环绕流经造像脚下，距造像高约 30 米，通往刘家河的便道，沿山脚下南北而过，距造像高约 50 米，造像北距宜焦公路约 0.5 千米，南距刘家河村约 2 千米，东与新修的铜黄公路、秦家河村相望约 40 米。

该石窟现存 4 龛一窟，下距河面约 30 米，4 龛分布总长约 5.44 米，每龛高 0.35 米，进深 0.96 米。1 号、2 号龛平面呈长方形，其内造像组合均为一佛二菩萨，两侧壁浮雕供养人像及题名，为北魏开凿。3 号、4 号龛内造像组合均为一佛二菩萨二天王，为唐代开凿。石窟位于龛南 100 米，平面长方形，覆斗形顶，面宽 1.92 米，高 1.9 米，进深 2.72 米，藻井雕双龙莲花，后壁长方形佛坛上浮雕一佛二弟子二菩萨，前壁题刻有记载玉华寺当年迎接玄奘西天取经归来时盛大的礼佛图。

秦家河摩崖造像开凿于北魏、隋唐时期，以唐代居多，该摩崖造像形态各异，呈现出唐代造像所具有的体态丰硕、面部富态华贵、服饰繁缛的艺术风格，尤其珍贵的是石窟内的线刻图，再现了玉华寺当年迎接唐代高僧玄奘西天取经归来时盛大的礼佛图生动画面，它为研究唐玉华寺玄奘的译经活动提供了珍贵的实物资料。新修的铜黄公路沿此摩崖石刻之下而过，一路遥望颇为壮观，它为发展陕西省旅游，增加了一道亮丽的风景。

十九、花石崖石窟

花石崖石窟位于宜君县彭镇花石崖村东北 1000 米玉华川西石崖底下部。花石崖石窟（含彭村石窟）现存四窟，分布在长约 10 千米的范围内，自东向西编为 1 ~ 4 号窟，1 ~ 3

号窟各高 1.2 米，宽 1 米，深 0.9 米。每窟均为方形平顶窟，浮雕尖拱形门楣，每窟造像均为三壁三龛一佛二菩萨，佛均高肉髻，通肩式大衣，面相清瘦。1 号窟东壁上方浅浮雕飞天及供养人若干。窟外两侧浮雕力士像。2 号窟东西两壁浅浮雕小佛像。3 号窟东壁浅浮雕像 3 排，西壁 4 排。4 号窟为方形穹窿顶，东西壁及后壁雕一佛二菩萨，窟顶雕飞天，龛下雕供养人。石窟内外有题刻 13 则，因石质较粗，风化严重，每行字多已漫漶。此石窟群从造像风格来看，其时代应为北朝时期，它处在关中通向陕北的交通要道上，为研究北朝时期陕北佛教活动提供了重要的实物资料。花石崖石窟于 2003 年 9 月 24 日被陕西省人民政府公布为第四批省级重点文物保护单位。

二十、唐开元寺塔

唐开元寺塔位于富县城西北 500 米左右西山（亦名龟山）坡上，也名西山塔。塔建于唐玄宗开元二十八年至二十九年（740—741 年），为四角楼阁式砖塔，原建 13 层，现残存 11 层，残存通高 41.8 米。塔底层边长 8.14 米，底层塔壁厚 2.81 米，底层高 7.13 米。塔门向东，高 2.75 米，宽 1.46 米，塔内有方形小室直通顶层，原筑有木梯可以攀登。塔 2 层以上均四面辟有券门，第四层正东塔门两侧各有一直棱假窗。第一、二层转角及补间两处均饰一朵斗拱，为把头绞项，即一斗三升；第二层大斗斗口出要头，作批竹昂状；第三层饰一大斗也作批竹昂状要头；第四、五层仅各饰一大斗，上承檐枋；第六层以上无斗，塔刹已毁，形制不详。

20 世纪 50 年代曾进行过一层塔身维修，20 世纪 90 年代又对塔基进行过加固处理。塔下台地上有清代《重修准提庵碑记》一块，上书，在此“俯视山水，豁然在目。啸月吟风，披襟选胜……” 2009 年 6 月，开元寺塔体维修过程中在塔体五层的塔龛中发现的宋代经卷，经卷全长 1910 厘米，宽 27.8 厘米，折叠成页共 137 页。据记载，该经卷属于佛教陀罗经，为宋代祥符六年（1013 年）和绍兴元年（1131 年）开元寺塔维修时藏在塔龛中的两部合璧经卷。它的发现，对研究古代佛教文化和书法艺术具有重要意义，填补了富县馆藏文物中宗教纸质文物的空白。

二十一、宝室寺铜钟

国家一级文物宝室寺铜钟，收藏于陕西省延安市富县文物局，原为古鄜州（今陕西省富县）宝室寺梵钟，铸造于唐贞观三年（629 年），有以诞生最早而享誉天下第一古钟的美称。铜钟高 1.55 米，腰围 4.20 米，重三千斤（折现在 1800 千克）。大钟的肩部镂饰象征佛教清净界的展瓣莲花。几何纹和葵文组成的宽带条纹把钟体分为三部分。由上至下，上部三面各铸一飞天。中部每面铸一朱雀。底部三面，两面各铸一青龙，另一面铸有 318 字的阴刻正书铭文一方。

二十二、八卦寺塔林

八卦寺塔林位于富县张家湾镇八卦寺村北台地。相传此地原为八塔寺，因八座塔而得名。寺院毁，仅存 3 座砖塔，间距 5 ~ 15 米，由北至南依次为：1 号塔，仿木结构八角楼阁式实心砖塔，残存 8 层，高 9.70 米，塔底边长 1.43 米；塔身每层以砖叠涩出檐，檐下均砌出砖雕滴水、枋头和斗拱；一、三层南面各辟一奎角形龛，其余各面均为素面；塔顶以砖叠涩收纷呈锥形，顶有球形塔刹。2 号塔，方形九层实心砖塔，残高 8.50 米，底边长 2.80 米，底层东面辟一券龛；各层檐下饰有砖雕壶门、兽头或对称形的花卉图案一周，塔顶以平砖叠涩收分成攒尖，塔刹无存。3 号塔，八边九层楼阁式实心砖塔，残高 8.65 米，二、三层东面各辟一奎角形龛，其余各面均为素面；第九层修至一半辍工。1985 年，富县文物部门对 3 座塔的塔基及底层进行加固维修。

二十三、香林寺

香林寺又名弘门寺，位于甘泉县城西北 40 千米的下寺湾镇香林寺坪村北的奇峰之上。据《延安府志》记载，香林寺始建于唐玄宗开元二年（714 年），因满山翠柏飘香而得名。

寺院依山而建，山势奇峻，古柏森然。俯瞰山下，洛水环绕，沃野千里，千年敷政古城屹立对岸，周围美景尽收眼底。唐代寺院已毁，山间遗留废墟多处，瓦砾、残石随处可见。现存寺院为明成化年和清道光年重修，环山而建的有真武祖师殿、玉皇庙、九天玄女殿、观音阁、龙王庙等。

寺院西侧的悬崖峭壁上石窟密布，有大小 70 多处，窟窟相通，洞洞串联，设计奇巧，十分壮观。金轮圣王祠的摩崖题刻记载了一些元、明时期的自然灾害，是研究北洛河上游地区古代气候的珍贵资料。

传说古时香林寺西侧山崖上悬挂着一口巨大的铁钟，每逢初一、十五日，寺内僧人便将其敲响，钟声可传遍整个北洛河川。2007 年，县文物旅游局对香林寺进行维修保护时，在寺内西侧出土了一块巨铁钟残块，印证了香林晨钟名不虚传。2007 年，下寺湾民众筹集款项，开辟道路，竖立山门，建筑神道，建钟楼、鼓楼，立文化碑廊，使香林寺恢复了昔日的恢宏。每逢农历四月十八，这里有传统庙会，群众云集，热闹非凡。

二十四、玉华宫

玉华宫属唐代帝王四大避暑行宫之首，距离宜君县城 40 千米。玉华宫，在今天西安北面铜川市玉华乡凤凰谷中，玉华河由西向东流经谷地，进入北洛河。

玉华山，属陕甘子午岭南端桥山山系，海拔 1671 米，面积约 14 平方千米。区内群山叠嶂，林木葱郁，玉华川及众多溪泉穿流其中，景色优美秀丽，气候宜人，有“夏有寒泉，地无大暑”的美称。据文献记载，唐武德七年（624 年）在这里建仁智宫，贞观二十一年（647 年）扩建，改名玉华宫。玉华宫为唐李渊、李世民及其亲近臣僚避暑游猎胜地和唐玄奘翻译佛经及居住之地。正宫遗址百米黛色，石崖如削，面南呈半圆形，有细流自崖上泻下，四周松林环绕。西宫遗址，谷内平地开阔，崖顶泻瀑，称“水帘”，为玉华山一大奇观，悬崖、石窟、瀑、溪、林、泉颇具特色。东宫遗址的悬崖峭壁呈大环形，崖顶瀑布垂泻，状如飞雨，下有一泉，自古有名。

玉华宫占地九顷，建有五门十殿，气势恢宏。据考察，唐代玉华宫具有中轴线和左右对称的平面布局，与周围自然环境结合十分完美。整体建筑以“玉华殿”“排云殿”为中轴线，根据河谷走向，因地制宜，同东侧“晖和殿”、西侧“别殿”构成东西对称的布局。同时，宫殿建筑与周围悬崖峭壁、蜿蜒流水、葱郁林木等幽雅景物紧密结合，壮观雄伟的青瓦白墙宫殿与千峰翠色互相辉映。北部“肃成殿”，建筑物与峭壁结合，成为广殿式后歇山式窟檐建筑。玉华宫也是唐太宗晚年处理朝政的中心之一。唐朝贤相房玄龄病逝于此，葬于昭陵。唐高宗永徽二年（651 年），玉华废宫为寺。玉华宫从兴到衰经历了一百多年的时间。直至安史之乱，玉华宫沦为废墟。

玉华宫曾是当时中国和世界佛门圣地，法相宗之祖。玉华宫改名为玉华寺后，于显庆四年（659 年），闻名于世的玄奘法师奏请高宗皇帝恩准，带门徒移居玉华寺翻译印度佛经，并在玉华寺住了 4 年，译完了长达 20 万颂的辉煌大典《大般若经》，之后因劳累过度而一病不起，于麟德元年（664 年）二月五日夜半圆寂于玉华寺肃成院。玄奘大师在玉华寺译经期间，除随同大师的 4 位高足外，还有大德弘彦、释诠等一代佛界名流，还有大学者沈玄明等也一起参加了译场工作。佛界名流汇集玉华寺，在国内外佛学界影响极为深远。他们都把玉华寺看成世界上又一处佛门圣地，国外不少高僧纷纷来玉华寺求学。

二十五、无量山莲云寺

莲云寺处于黄龙县 G327 国道、G242 国道交会处，此山古名“仙鹤山”，以群鹤绕山旋飞而得名，海拔 1250 米。明嘉靖三年（1524 年），山上建立了无量山莲云寺，从此，仙鹤山定名为无量山。据载：该寺正殿两旁木柱上刻有对联“寺院有尘清风扫，山门无锁白云封”。寺院占地面积 19 亩，有大雄宝殿、圆通宝殿、天王殿和地藏殿，内设佛像 59 尊。寺院中有 6 棵挺拔的古松和 1 棵古柏，为庙修成后所植，树龄已达 480 多年，远观其势，犹如一条蛟龙盘卧在林海之中，呈现“六松抱柏”的奇特景观。

无量山莲云寺从建立到清同治年间，香火极盛，每年七月初三庙会，演戏、社火特别热闹，善男信女上山朝拜，也是骡、马、牛、羊、药材和生产生活日用品的繁荣交易市场。同治年间因回民起义逐渐衰落。该寺到清代，曾于乾隆二年重修，嘉庆、咸丰年间又两次重修。咸丰年间重修时，增设了三圣洞，洞顶修建了砖木结构的凉亭 4 间。1939 年 5 月，黄龙山垦区管理局朱庆澜先生拨款 2 万元翻修重塑金身，使庙宇焕然一新。来自山西、甘肃、合阳、澄城、韩城等邻省、邻县及本地的众多信教群众，使得该寺香火不断，朝拜者络绎不绝。“文化大革命”时期，寺院各种建筑严重破坏，佛教活动一度中断。2002 年，县民政局批准恢复无量山莲云寺，经过十余年的开发建设，现有大雄宝殿 1 座、千手观音殿 1 座及庙门 1 座，并设有东西厢房，庙宇群初见规模。无量山景区规划面积 74 公顷，2014 年以来投资近 6000 万元，建设了景区大门、游客服务中心、广场、停车场、人工湖、汉阙、彩绘浮雕等项目，为全县首个文化底蕴深厚、设施设备完善、生态特色鲜明的核心景区。2016 年 2 月，无量山获批为国家 AAA 级旅游景区。

二十六、万凤塔

万凤塔位于洛川县土基镇富城村南 1000 米左右。富城村是故富城所在地，所以又称万凤塔为富城古塔。万凤塔平面为八边八角，塔身系砖砌成，底边长 3.2 米，塔高 40 余米，分为 13 层。塔正面门额上刻有“万凤塔”三字。塔身外每层均着唐宋门窗斗拱装饰。塔的用砖中，亦见有唐代手印砖。塔身处每层又造有小龛，内置各种石刻雕像。雕像多为佛像，但第三层小龛中，分别置有西游记中人物唐僧、孙悟空、猪八戒和沙和尚一组雕像。万凤塔的建造形式与富县直罗柏山寺塔极为相似，其建造年代应也相同。万凤塔系唐代建成，宋、明两代均有重修，因而留下各时代特点。

2013年3月5日，万凤塔被中华人民共和国国务院公布为第七批全国重点文物保护单位。

万凤塔东2500米处有富台1座。在此眺望，更觉万凤塔壮观。相传富台为宋代县令本纯右建造。有《富台》诗赞道：两载低眉着小冠，一台高筑地平宽。向阳花木齐教放，天下无春似此间。

二十七、飞泉寺

飞泉寺坐落于白水县城雷牙镇南纪庄（原名腰家河），飞泉寺北倚山势，悬崖岑岑；寺左东山数道瀑布，悬挂于山崖，喷洒于林木，水汽蒸腾，四季不竭。清乾隆时期，知县梁善长将其命名为“飞泉”，寺名也随之改为“飞泉寺”。飞泉寺始建于明代，寺庙依山势构筑。寺内原有观音像一尊，俗称“观音寺”。清乾隆十八年（1753年）由僧人寂瑞扩修。寺前以石为阶。下有石砌小池，引水主流。其左，飞瀑数道，高挂山腰，洒之林木，四时若霜。泉水清澈甘甜，煮茗清香可口，明清诗人多有吟咏。清知县邓珏在《南纪庄飞泉》中有句：“却喜在山清若此，暗流地穴绝渣滓，呼僧汲水煮山茶，其味甘胜城北水。”乾隆年间，志载崖石已崩塌，泉飞受遇而流势减弱，无瀑布状。但群峰环抱，洛川晴光，飞泉爽朗，亦堪为风景优美之所在，《中华旅游大辞典》《辞海》中均有记载。

二十八、净业寺

净业寺位于白水县城东1.5千米处（今董家尧头村），以供奉释迦牟尼佛、观世音菩萨而负盛名，始建久远，靡可稽也。据史料记载，该寺早在两晋南北朝时期就有僧众住寺。隋唐时期，香火尤盛。经查询大量史书典籍和专家考证，武则天曾在唐都城东偏北三百里处净业寺（今白水净业寺）隐居修行，精通古今，博闻中外，虽为女子，却终成一代帝王，肇千古之伟业。千百年来，该寺在宋、元、明、清均有重修，是陕西佛教发祥地之一，与京都广通寺、长安永庆寺齐名，堪称秦东“四圣”故里，一颗璀璨的明珠。正如诗圣所云：“自古秦北千古寺，龙山圣地佛最真。”

二十九、蔡侯伦庙遗址

蔡侯伦庙位于白水县尧禾镇太香村（行政）北约两千米槐沟河村（自然村）的洛河右岸，区域地貌属于关中平原向黄土高原的过渡地带，此处地处偏远，山高路险，交通不便，较为封闭。

蔡侯伦庙遗址是洛河流域重要的人文遗存，是白水四圣之一蔡伦造纸传说的见证。庙址在槐沟河村东200米的北洛河二级台地上，南离北洛河水面60米，高出水面约15米，西距西延铁路500米。遗址地表散落有大量明清时期的砖块、瓦片，文化层厚度约60厘米。崖背早期冲积层中夹有仰韶时期泥质红色陶片和商周时期文化遗留。

三十、玄武庙青石殿

玄武庙青石殿位于陕西省渭南市合阳县王村镇南王村，创建于明万历四年（1576年），万历三十二年（1604年）竣工，历时28年，占地面积64平方米。玄武庙青石殿北为道教名山武帝山，西有大峪河萦绕，朝南远望为太华五峰，近瞻为渭北著名道教建筑武帝庙。

其平视如城堡，仰望似仙宫，登临御风，放目四野，大有远离红尘之感。玄武庙大门一字排开 5 孔南向砖箍窑洞。窑门上方均有石额，分别供奉玉皇、三官、三清、雷神、药王诸神。西行沿石砌台阶向上，有一小平台，左右两侧分祀黑虎、灵官二神。拾级而上，穿过石砌甬道，即登上冈顶。享殿遗址前的两株柏树依然苍翠挺拔。殿高约 9 米，重檐歇山顶，面阔和进深均为 8 米。殿基为 4.5 米见方，高出地表 12 米。殿门南向，券形，两侧抱框刻升龙，额框上有一单龙戏珠，头在门外，尾藏于内，由一整块石头刻成。玄武庙青石殿正面进殿门，四壁全用石条垒作，纵向 3 米高处起券，至殿顶结成八卦形藻井，中央有一大垂莲柱，四周转角处均有小垂莲柱。殿内北面原有神龛，神座犹在。2006 年 5 月 25 日，玄武庙青石殿被中华人民共和国国务院公布为第六批全国重点文物保护单位。 玄武庙青石殿殿前东侧树有《玄帝庙记》石碑一通，记载青石殿建筑经过。碑高 2.72 米，厚 0.31 米，碑额圭篆“玄帝庙记”四字，两边浮雕二龙戏珠，下有石质碑座。殿门两侧浮雕牡丹、鹭鸶、麒麟等图案，上部刻八仙人物及道教神仙形象。围绕殿行，可见殿外东、北、西三面均刻“老子八十一化生”故事。每幅均刻编号，人物高不盈尺。

三十一、樊哙庙

樊哙庙坐落在澄城县冯原镇什二村雷家河樊哙山之巅，山下即滔滔洛水，登临绝顶，四野眺望，山田梯次，绿树环郭，洛水潋滟，白云悠悠。

樊哙庙建筑十分独特，为一砖箍石砌窑洞，窑洞庙门东向，北侧一青柏孤立。庙门上方安一方窗，窗之上方，镶嵌砖雕四字：忠勇佐主。入庙，一断碑当门而立，有如萧墙，人需左右绕碑入内。庙内可观可赏者，唯余壁画。正面墙上画一彩绘麒麟，回首吐舌，栩栩如生。左右墙上绘画人物，为樊将军鸿门宴上闯帐救主等场景，壁画多遭破坏。

庙、墓、山均以樊哙命名。据说，过去山上柏树众多，且有几搂粗者，可见樊将军庙史久远。其陵墓位于山下，保存完整，墓冢硕大，犹如山丘，肃穆壮观。

三十二、澄城县城隍庙

澄城县城隍庙位于县城西门口，最早建于唐德宗贞元十三年（797 年），庙前旧有神楼 3 座，俗称钟鼓楼。元末战乱焚毁，明嘉靖年间复修，后又被 1556 年的关中大地震震毁。明万历十年（1582 年）重修。神楼又称乐楼，一主楼二侧楼，共立于高台之上，均为梁柱式木结构建筑。中间主楼高 17 米，用 32 根柱子架梁叠木而成，其中 10 根为通天柱，内顶为八卦藻井，绘饰“火焰宝珠”图案，重檐三滴水歇山顶，面宽五间，有平座栏杆，楼内下有楼梯，上有空中回廊，登楼可观四方。东西两侧各有十字歇山顶方形楼一座，各用 16 根柱子构建立体，比主楼矮小，秀丽精巧，如翼凌空。三座楼顶均施碧琉璃瓦，飞檐下有斗拱，各楼回挑角有风铃。2001 年 6 月 25 日，乐楼被国务院正式确立公布为第五批全国重点文物保护单位。它已成为澄城县的标志和象征。

三十三、精进寺塔

精进寺塔位于陕西省渭南市澄城县城东大街文化馆，始建于唐代，据明嘉靖三十年（1551 年）石道立编的第一部《澄城县志》记载，元代将军郭思德（合阳人）当年路过澄城时，曾游览过精进寺，他见景生情，曾写诗一首刊登于《县志》，标题是《过精进寺》，诗曰：

“离离禾黍起秋风，马踏晴川气最雄。武帝水深没汉鼎，肃宗寺古坠唐钟。漫天秀色梁山麓，一带清流洛水浓。前去西洲望不远，塞烟连草有寒峰。”精进寺占地面积10余亩。精进寺塔坐北朝南，有前、后大殿，建筑宏阔、瑰丽。现塔实测通高33.12米，底层每边长6.5米。塔身底层较高，西向辟券门，底层壁厚2.2米。二层以上每面作坊木结构3间，以砖隐出倚柱、阑额，上承斗栱，次间各砌一假卧棂窗，券门为二、四、六、八层南北开，三、五、七、九层东西开。倚柱、券门、假券及假窗均有涂朱痕迹。2006年5月25日，精进寺被中华人民共和国国务院公布为第六批全国重点文物保护单位。

第二章　红色革命旧址

洛河流域留下了中国革命深深的红色印迹。北洛河流域大部分地区曾是陕甘宁革命根据地。吴起县，在 1942 年由靖边、定边、志丹等县析置，县城在吴起镇，即中国工农红军二万五千里长征的终点。1935 年 10 月 19 日，中央红军到达吴起镇与陕北红军胜利会师，从此结束了举世闻名的二万五千里长征，开辟了中国革命的新天地。吴起县现有毛泽东旧居、革命烈士纪念碑、“切尾巴”战役遗址等，是进行革命传统教育的基地。位于支流周水河上的志丹县，是无产阶级革命家、陕北革命根据地和中国工农红军第二十六军创建者之一刘志丹的故乡，原名为保安县。1936 年 4 月，刘志丹率红军东征抗日到山西，遭国民党军队阻击，在中阳县三交镇壮烈牺牲。为纪念刘志丹烈士，1936 年改保安县为志丹县。1936 年 7 月至 1937 年 1 月，党中央先后在此召开了 21 次政治局和政治局扩大会议，作出了一系列重要决定，对第二次国共抗日战争统一战线的形成和全国解放战争的最终胜利起到了奠基作用。位于中游的洛川县，是洛川会议会址所在地。1937 年 8 月 22—25 日，党中央在洛川召开了具有重大意义的政治局扩大会议，通过了著名的“抗日救国十大纲领”。洛川会议纪念馆保存有当年的会议室、毛泽东同志的办公室，以及张闻天、周恩来、朱德等领导人的旧居。洛河流域下游是解放战争中的陕西主战场，爆发了多次战役，许多革命烈士长眠在此，重大的战役有瓦子街战役、壶梯山战役、荔北战役、永丰战役。

第一节　革命旧址

一、吴起中央红军长征胜利纪念园

吴起中央红军长征胜利纪念园位于县城中街胜利山脚下，总占地面积 4.5 平方千米，纪念园以纪念中共中央和中央红军经过举世闻名的二万五千里长征胜利到达吴起为主题，以弘扬长征精神、回顾长征历史、保护长征战场遗址地为主要内容，是一个兼有教育、旅游、休闲功能，具有国家重点红色旅游目的地意义的纪念性主题公园，同时也是吴起县精神文明建设和对外宣传的一个重要窗口。

1934 年 10 月，中共中央、中革军委高举抗日救亡旗帜，率领中央红军从江西瑞金、于都等地出发，粉碎国民党军队的围追堵截，战胜无数艰难险阻，历时一年零两天，行军二万五千余里，于 1935 年 10 月 19 日进入陕北苏区的大门——吴起镇，胜利地结束了长征，开创了中国革命的新局面，吴起在中国革命史上留下了重要的一笔。

吴起既是中央红军长征的落脚点，又是中共中央保卫与扩大西北苏区、领导全国革命的出发点。为了向广大干部群众特别是年轻一代深入进行革命传统、革命理想和信念的教育，激励和鼓舞人民传承伟大的长征精神，弘扬民族精神和时代精神，2005 年经中共中央办公厅批准，由中国城市规划设计研究院设计，在吴起县委、县政府两届领导人共同努力下于 2009 年 9 月建立吴起中央红军长征胜利纪念园。

吴起中央红军长征胜利纪念园主要建筑有五大广场（入口广场、转移转折广场、雪山草地广场、会师广场、胜利广场），中央红军长征胜利纪念馆、纪念碑，西南入口景区，寨子梁战争演练区，遵义会址，滨河公园，森林公园等，其中遵义会址是根据遵义会议旧址，按照 1:1 的比例复制修建。

二、张湾子毛主席旧居

铁边城镇张湾子毛泽东主席旧居位于吴起县头道川，距吴起县城 30 千米。1935 年 10 月 18 日晚上，毛主席行军到张湾子村村民张廷杰家里，就住在这排窑洞里。

20 世纪 70 年代，跟随毛主席长征的警卫员陈昌奉从江西南昌市千里迢迢来到张湾子，确认毛主席住在张廷杰家左起第三孔窑洞里，从此，这孔窑洞作为毛主席的故居保存下来。

三、抗大旧址

“抗大”的前身是土地革命战争时期的中国工农红军大学。1936 年 2 月，在瓦窑堡建立了新的红军大学。同年 6 月，中共中央在此基础上创办了“中华苏维埃共和国西北抗日红军大学”，校址在保安。1937 年 1 月 20 日，红大第二期开学之际，校名改为“中国人民抗日军政大学”，校址迁到延安。

中国抗日红军大学旧址位于志丹县城南端桥沟口。依红石崖而凿教室、岗哨、办公室，地势峭拔隐蔽，令人叹为观止，亦能防空。现存有原校长、教育长罗瑞卿等人的旧居和大杨树下的“露天讲堂”。中国抗日红军大学第一期学员在这里学习，人数达 1063 人。毛泽东曾给学员讲课。

四、下寺湾毛泽东旧居

下寺湾毛泽东旧居位于甘泉县城西北约 37 千米处的下寺湾镇下寺湾村。旧居分前后两院，后院一排四孔石窑洞，1935 年 11 月 2—4 日，毛泽东、张闻天住在这里；前院有 5 孔石窑洞，除中间 1 孔较窄为通道外，两边 4 孔均住中央机关工作人员。在这里居住期间，毛泽东参与处理了一系列重大问题。

五、洛川会议纪念馆

洛川会议纪念馆位于洛川县城以北 10 千米处的永乡镇冯家村。1937 年 8 月以前，这里为一所私塾小学，1961 年经萧劲光、肖克等同志确认，国家档案局曾三局长提供洛川会议有关资料，确认这里为洛川会议旧址。1966 年，成立了“洛川会议旧址管理筹备处”并对外开放。1980 年更名为“洛川会议纪念馆”。馆舍占地面积 19869 平方米，建筑面积 940.6 平方米。

洛川会议旧址现存小院 1 座，内有坐北朝南砖窑两孔。左侧窑洞为当时的会议室，右侧为毛泽东旧居。此外还有张闻天、朱德、周恩来、彭德怀、徐向前、萧劲光、警卫排总务处等旧址 12 个院落 25 孔窑洞。27 间瓦房均已被纳入国家“一号工程”建设范围。

洛川会议会址及毛泽东同志旧居：会议室悬挂有出席洛川会议的领导人照片、会议原物、八仙桌、马鞍凳、条桌、太师椅等，再现了当时开会的历史场景。

洛川会议史实陈列室：通过图片、文字资料、文献、革命文物等，全面展示洛川会议召开的时代背景及洛川会议的重要事实，突出表现了指导全民族抗战的重要意义和历史地位。旧址现藏等级文物 20 件，其中二级 4 件、三级 16 件，另有一般文物 290 件。

纪念馆于 2001 年被中宣部命名为“全国优秀爱国主义教育示范基地”，同年被国务院公布为第五批“全国重点文物保护单位”，是全国红色旅游重点景区之一。近年来，作为革命传统教育和爱国主义教育基地，纪念馆通过举办展览、现场教学等多种形式的活动，充分发挥了基地作用。目前，纪念馆与延安干部学院、西安陆军学院、西安空军工程大学等二十多所院校建立了共建教育基地关系。

六、保安中共中央机关旧址

保安中共中央机关旧址位于志丹县城东炮楼山下， 中共中央于 1936 年 7 月 3 日从瓦窑堡迁往志丹县城内炮楼山下，借用当地石洞居住办公。中共中央机关旧址坐东面西，由北向南分为上、中、下三大院，占地面积 70 米 ×15 米。上院为中央军委旧址，有红砂石窟洞 5 孔，北起第一孔为周恩来旧居，第三孔为军委会议室旧址。中院北起第一孔为中央和军委机要科旧址；第二孔为军委机要科长叶子龙旧居；第四孔为毛泽东旧居，室内陈列毛泽东在此撰写的《中国革命战争的战略问题》《关于蒋介石声明的声明》两篇著作和桌凳、油灯、扁担、铁皮文件箱等用具，正面墙中央悬挂美国作家埃德加・斯诺于 1936 年在此给毛泽东拍摄的半身照片；第五孔为毛泽东夫人贺子珍旧居。下院北起第二孔为张国焘旧居；下台阶一孔小窑为王稼祥旧居。

七、壶梯山战役遗址

壶梯山战役遗址位于渭南市澄城县冯原镇孙堡村南，为黄龙山脉向南突出并延伸到澄城县境内的一座独立山头，山顶海拔 1200 米，是澄城县北部沿山一带的制高点，地势险要，是兵家必争之地，因形似水壶、状若阶梯而得名。壶梯山地势高突，黑柏森然，一片蓊郁，是澄城唯一的天然松柏林基地。1948 年 8 月，西北野战军发起了澄合战役，因壶梯山是澄合战役主战场，当地人也称之为壶梯山战役。壶梯山战役一举歼灭了进犯延安的国民党军第三十六师主力，牵制了国民党对华东等其他战场的兵力增援，有力地配合了淮海战役和陈赓、谢富治兵团进军中原，实现了党中央和中央军委的战略意图。同时，亦巩固扩大了黄龙新区，积累丰富了平原攻坚作战经验，为继续发展外线进攻，继而进军关中并解放西安、解放大西北，创造了有利的条件。

1994 年，壶梯山战役遗址被确定为全县青少年爱国主义教育基地，1999 年被确定为全县重点文物保护单位。2018 年 7 月，壶梯山战役遗址被列入陕西省第七批重点文物保护单位。壶梯山战役成为我们弥足珍贵的红色革命记忆。

第二节　革命烈士陵园

一、刘志丹烈士陵园

刘志丹，名景桂，字志丹，陕西保安县人，陕北红军的主要创始人之一，后任西北革命军委员会副主席、红军北路军总指挥、红28军军长等职，1936年4月率部东征时在山西中阳县三交镇战斗中中弹牺牲，年仅33岁。为纪念刘志丹，中共中央将保安县改名为志丹县，1940年在县城北修建了刘志丹烈士陵园，1947年3月遭胡宗南部破坏。1952年5月，中央人民政府拨款重修陵园，1953年竣工。

刘志丹陵园坐北面南，面积3.3万平方米。整个陵园建筑富有民族特色，庄严肃穆。园内宽大的纪念亭中央矗立的石碑上刻着毛泽东题词。小亭四周分布着党、政、军领导人的题词碑，共计50座。园内还有造型独特的地球碑1座，上刻陕甘宁边区图示，并镌刻"陕甘宁边区的创造者"几个大字。陵园深处是烈士纪念堂和刘志丹将军之墓。陵园内还辟有烈士纪念馆，展出各类文物及烈士生平简介。

刘志丹是陕甘边革命根据地的主要奠基者，陕北成为第二次国内革命战争中唯一保存下来的革命根据地。远在万里长征途中的毛泽东及中央红军，正是从这些报道中获悉了消息作出进军陕北的历史性选择，经过二万五千里长征到达陕北，与西北红军会师，使陕北最终成为中央和中央红军长征的落脚点，刘志丹对中国革命所做的贡献以及他同人民群众息息相通的革命精神，为革命人民树立了楷模，深受人民群众爱戴，群众编成民歌小调歌颂他。

1986年，刘志丹烈士陵园被国务院列为首批全国重点烈士纪念建筑物保护单位，慕名而来的游客络绎不绝，历年参观、祭奠的国内外游览者已达百万人次。

二、直罗烈士陵园

直罗镇战役，是1935年11月党中央和毛泽东主席长征到达陕北后，亲自决策部署和指挥红一方面军与红十五军团进行的。这次战役的胜利，彻底粉碎了国民党对陕甘革命根据地的第三次"围剿"，给党中央把全国革命大本营放在西北的任务举行了一个奠基礼。

直罗烈士陵园始建于1954年春，位于富县西部，距县城53千米，占地面积60亩，以栽植松柏为主。陵园内有纪念碑1座（高21米），纪念馆1栋（建筑面积719.6平方米），纪念亭7个，接待室7间，唐代宝塔1座（柏山寺塔）。安葬有中共中央候补委员、红一军团四团代政委黄苏，红二团团长李英华和聂荣臻同志的警卫员孙启峰以及12名小战士等325名有名烈士，无名烈士630名。1986年4月16日时任中央总书记胡耀邦为直罗烈士陵园题词"直罗战役烈士永垂不朽"，1985年8月24日，时任中央军委副主席的杨尚昆同志为陵园题词"直罗战役烈士纪念碑"。

直罗烈士陵园于1987年8月被陕西省人民政府命名为"省级重点革命文物保护单位"；2006年被延安市人民政府命名为"市级爱国主义教育基地"； 2007年被富县人民政府命

名为“县级廉政文化教育基地”；2011 年申报该陵园晋升国家级烈士陵园；2012 年被陕西省人民政府命名为“陕西省国防教育基地”； 2016 年入选民政部第六批国家烈士纪念设施；2017 年被中宣部命名为“全国爱国主义教育示范基地”；2022 年入选《陕西省不可移动革命文物名录》。

三、瓦子街战役烈士陵园

瓦子街战役烈士陵园始建于 1949 年 4 月，当时占地 17 亩。园内安葬着在宜瓦战役中牺牲的包括七一四团团长任世鸿、参谋长武治安在内的 5287 名烈士的遗骸。一直是黄龙县重要的革命传统和爱国主义教育基地。

1981 年 4 月，黄龙县委、黄龙县人民政府为继承和发扬革命传统，缅怀革命烈士丰功伟绩，首次对陵园进行了较大规模的扩建和维修，新修烈士纪念碑 1 座，同时修建了围墙等基本设施，扩建后整个陵园占地 24 亩。

1987 年 11 月，瓦子街战役烈士陵园被陕西省人民政府批准为“陕西省重点烈士纪念建筑物保护单位”。

1990 年，陵园又增建了展览室和接待厅 10 间，并落实专门机构人员进行管理工作。2000 年，瓦子街烈士陵园被命名为陕西省爱国主义教育基地。

四、永丰革命烈士陵园

永丰革命烈士陵园坐落在陕西省蒲城县以东 25 千米处，永丰镇西北洛河东岸。陵园占地面积 50 亩，建筑面积 1450 平方米，基础设施有烈士纪念碑、烈士纪念馆、烈士纪念雕塑墙，墓区现有烈士墓 515 座，以永丰战役烈士为主。

陵园内松柏成荫、四季常青，主要建筑有纪念厅、纪念碑等。陵园坐北向南，大门正面由王震亲笔题写的“永丰革命烈士陵园”八个大字嵌刻在黑色大理石上。

永丰战役是解放战争中，中国人民解放军西北野战军在彭德怀副总司令和王震将军亲自领导和指挥下的一次战役，是冬季攻势中的重大步骤。此役全歼敌七十六军，活捉了军长李日基、参谋长高宪岗等主要军官，全歼伪军 15600 余人，缴获大量军用物资。从而彻底粉碎了胡宗南的所谓“机动防御”“新战术”，有力地配合了淮海战役，获得了解放战争的重大胜利。

第三章 自然人文景观

北洛河流域地跨南北长五百多千米，且干流多在高山、峡谷中奔腾，山河相依，形成许多壮丽的自然景观。

北洛河流域也有许多著名的人文景观，如黄陵县有闻名世界的中华民族始祖黄帝陵墓；北洛河左岸史官乡有中华文字始祖仓颉庙和墓冢，庙内古柏苍翠，历史悠久，与黄帝陵古柏、曲阜孔庙古柏号称中国三大古庙古柏群。相传蔡伦也是在白水马家船北洛河边看到河滩漂浮物沉积受到启发，发明了造纸术。白水县大杨乡康家卫村，三山环抱，风景秀丽，松柏常青，附近的杜康沟，是被誉为酒林“元老”的杜康美酒的产地。流域蒲城县内还有全国重点文物保护单位桥陵，省级文物保护单位南寺唐塔和北寺宋塔、光陵、景陵等。大荔县境内有宋代建筑杰出代表岱祠岑楼，又名东岳庙戏楼。在大荔县城东朝邑镇南寨子村有慈禧太后朱笔御批的“天下第一粮仓”——丰图义仓。

第一节 自然景观

一、北洛河志丹大峡谷

北洛河志丹大峡谷位于志丹县境内，长约百里（最具峡谷奇观段为永宁镇川口村至旦八镇界湾村），丹霞地貌，地质景观奇特壮美。远望如卧龙饮涧深水，风光旖旎，变化神奇；近观群峰环绕，河谷幽长，崖石千姿。原始野趣，奇峡绵延，以险崖、奇石、幽谷、秀水而著称。春夏鸟语花香，万紫千红收眼底；青山绿水，五光十色荡人间。秋冬花黄树赤，层林尽染一片红；银装素裹，冰清如镜漫山白。四季景色多样，堪称人间仙境。峡谷尤以象咀闻名，因该地形酷似象的躯体而得名。

北洛河峡谷地段不仅自然风光独特壮观，人文历史久远厚重，尤以象咀村老崖窑著名。清同治年间，西捻军残部袁大魁部两进保安，坚持斗争一年多，最后在老崖窑全部遇难，留下一曲英勇悲壮的历史挽歌。

1934 年，赤安县苏维埃政府为了更广泛地普及文化，在苏区实施了新的苏维埃教育，在槐树庄对面的老崖窑大窨子里开办了列宁小学。当时的负责人张策对县委驻扎地一毛姓人家正在读高等小学的儿子毛应时格外看好，觉得这个青年有文化、有头脑，做事精干机灵，所以把一些革命书籍送给毛应时。渐渐地毛应时受到了熏陶，高小毕业就加入了共产党组织。列宁小学开办后，毛应时当了教员，学校有二十多个学生，大多十岁左右，主要教学识字、算术和革命道理。同时利用农闲对附近群众开展革命宣传，为红色势力的壮大发挥了重要作用。

北洛河峡谷风景秀丽，远近驰名，具有很高的旅游开发潜力。如今的象嘴，不仅是来自全国各地人们释怀的净地，更以大自然赐予他的姿态吸引着影视、媒体的眼球，是摄影家、美术家、文学家外出写生创作的极佳场所，吸引众多影视剧组来此取景拍摄，如电视剧《盘龙卧虎高山顶》《千里雷声万里闪》先后在这里取景拍摄。

二、九吾山

九吾山是一个天然的森林公园。九吾山因其形似马头，民间俗称马头山。马头山又名云雾山、龙首山、药王山，按弘治本《延安府志》，其名为九吾山。九吾山地处子午岭山系，位于志丹县东南 40 余千米处的永宁镇境内，周围 40 多平方千米全被茂密的原始森林覆盖，山谷里满目是数丈高的红石崖，流水下切，溪沟曲折幽闭，只闻流水叮咚，不见碧波荡漾。山坡上松柏郁闭成林，橡树等杂木点缀其间，春夏时节，满眼青绿，绿树成荫，各类花朵竞相开放，各种飞禽走兽随时可见。进入秋季，群山连绵，层林尽染，美不胜收。宜人的气候，清新的空气，迷人的景色，幽雅的环境，是人们休闲避暑的乐园、游览观光的胜地。

九吾山是一个红色革命根据地。在大革命陕北闹红时期，刘志丹、高岗等曾在这里休养生息，曾经是刘志丹将军的兵工厂，是陕北红军的一块重要军事基地，为陕北革命胜利起到了重要作用。

九吾山是陕北的一座宗教名山。据旧志记载，九吾山在 1120 年的宋徽宗宣和二年时就开始有庙宇建造，到明末清初已成为陕北著名的宗教圣地。从弘治本《延安府志》看，这里最早供奉着宋末名将李显忠（谥顺惠王）。从出土的万历四十五年（1617 年）碑文看，至万历时期这里已经有玄天上帝宫、龙首山庙、二元灵官黑虎殿等 5 座大殿。在志丹县进行九吾山（马头山）森林公园开发之际，民间宗教组织也对道教庙宇进行了修建，新建了玄天上帝宫、惠王殿、圣公圣母殿、戏楼等，雕塑塑像 34 尊，绘制壁画 310 平方米。

2007 年以来，志丹县提出了构建文化名县发展战略，把开发九吾山（马头山）森林公园列为县上的一项重点建设项目，先后投资 5000 多万元，分四期对九吾山森林公园进行了开发，先后修筑了进山二级公路 10.8 千米，铺设了风景区攀山台阶 1.5 千米，修复了部分古建筑，实施了供水、供电工程，对真身坐化泥塑彩绘像进行了修复、保护。基础设施建设趋于完善。

三、永宁山

永宁山位于志丹县永宁镇，北洛河东侧，嵕子川口对岸，海拔 1312 米，东西走向，长 2.2 千米，宽 1.5 千米，全为红砂石质，山梁向北洛河突起一山嘴，洛水环绕东、西、南三面，山嘴巍然独立，峭崖绝壁，早在宋代就建为防范古寨。寨分 3 层，上层雄居突兀的山顶，中层微向倾十分陡峻，下层通北洛河供汲饮，可容千人，清同治年四乱，避者百户，依恃天险，久攻不克。据光绪《保安县志》载，宋代以前，其山按山质为石，酷似楼，上凿有台，而得名“石楼台”，后世凭其天险为屏障，建古寨以避战乱，土著者认为“永远安宁”，便又称为永宁山。解放前，曾一度成为保安县民国政府驻地。民国十六年（1927 年）八月，县长贺耀武在山的西侧摩崖题刻“洛上奇峰”四个大字，宽 1 米，长 4 米，字体遒劲有力。永宁山高小曾是刘志丹将军的母校，也是志丹县最早的党团支部诞生地。

四、黄陵国家森林公园

黄陵国家森林公园位于黄陵县城西南部40千米的桥山林区，沮河（古称姬水）上游，总面积4358.5公顷，最高海拔1547米，年平均温度9.4摄氏度。公园境内森林茂密葱郁、环境清雅宜人，地貌奇特典型，气候湿润；以黄帝文化为主脉的人文景观资源源远流长，令世人瞩目。公园成立于2002年，2005年经陕西省林业厅批复，建为省级森林公园。2010年10月，通过招商引资，由陕西紫来发实业有限公司投资建设。2012年1月，经国家林业局批准为国家级森林公园。

百药沟被称为黄土高原上的“药谷”，中草药资源丰富，相传是黄帝播种百谷草木的地方，谷内有中草药200余种，据说药王孙思邈经常在此采集草药，扶救苍生。谷内的“降龙峡”传说是轩辕黄帝出生的地方。“万卷书”又称“内经石”，是当年黄帝与岐伯谈医论道编写内经的地方。十里松廊、蝴蝶谷等自然景观奇特诡异，神奇壮观。“秦直道”从公园西部穿境而过，历经2000多年的风雨，部分路面仍保存完好。

景区南谷有千年古刹、紫峨寺遗址，其大雄宝殿中轴线正好在“本初子午线”上，属于皇家寺院。寺内有开凿于北魏年间的石窟，其佛像造型逼真，唐代朝阳公主曾来此降香。临近紫峨寺的孟家台、杨家庄、水担坪、烧锅院等北宋杨家屯兵练军遗址与公园景区相互依托、交相辉映。到公园游玩，既可欣赏自然风光，观赏珍稀动植物，又可领略古代劳动人民的伟大创举，尽情饱览沿途文物古迹。

五、尧山

尧山风景旅游区距蒲城县城15千米，那里青山叠翠，古柏盘崖，泉清如镜，奇石遍山，殿宇古朴典雅，历代石碑林立，摩崖题刻述古，文物古迹罕有，自然景观奇特。那里空气清新，鸟语花香，站极顶南望，平野辽阔，太华峥嵘，立觉心旷神怡，疲劳顿消，真可谓渭北黄土高原上的“蓬莱仙境”。

尧山是关中名山，山脉西南东北走向，总长18千米，主峰海拔1080多米，尧山居中偏东。“昔尧时，洪水为灾，诸山尽没，唯此山若浮”，因而得名“古浮山”，又因尧王在山上治水有功，因而又称其为尧山。

尧山属一山谷，形似圈椅，三面侧柏环绕，南与华山相望，椅掌小平坝中建有灵应夫人祠，常年游客不断，景色宜人，紫烟萦绕，殿堂生辉，是一块令人神往的风水宝地。

尧山侧柏林大约170亩，据说属唐代所植，经2007年4月14日尧山小学师生多点测量计算，总数多达17.76万棵，最粗的直径为48厘米。“尧山古柏”是蒲城有名的八景之一。尧山的山门，原建有两层楼阁，砖木结构，一对雄狮横卧两边，气势肃穆壮观。门前正中地面铺设一块长方形石头，叫作“世面”，就是人们常说的“你见过世面没有”里的“世面”。

尧山祠庙群立，古朴典雅，具有唐宋风格，十分壮观，可惜毁于一旦。踏上11个台阶（代表11个社）便是“前殿”，2002年修复。后面是“圣母大殿”，复建于1993年，虽简易修复，但对尧山圣母庙会二次恢复举办起着决定性的作用。传说中的“尧山圣母”，属尧王之女，能呼风唤雨、祛病助产，从善扶正，解忧排险。有关她的传奇故事在民间广为流传。

尧山有名的“尧山十一社”，成立于明代天启年间，山南六社，山北五社，占蒲城行政区域的三分之一。依照习俗，每年轮流举办庙会，其间以抬神、接神为主，有大社火助兴。为期 3 ~ 5 天，清明节以在山上活动为主。这天，从凌晨开始，人流愈来愈多，到午时，山上山下，人山人海，高达十万之多，昔日的圣母大殿，两边“神棍”林立，威武森严，保佑着朝拜者依序上香跪拜。清明期间，在村间活动，时间按各社的大小、实际情况而定。11 年轮 1 次，人们紧抓机遇家家户户齐动员，男女老少皆参加，释放出民俗文化的热量，尽情施展才华，主要表现在民间社火上，气势宏大壮观，规模空前。村与村比赛表演，社火越打情绪越高，社火的种类主要有“尧山大鼓”“八仙板”“花鼓”“秧歌”“高低跷”“信子”等。由于尧山圣母庙会的历史悠久，规模宏大，民俗文化种类繁多，气势罕见，因而已被列入陕西省非物质文化遗产首批名录，加以保护。

六、卤阳湖

卤阳湖，又称卤泊滩，位于西禹高速公路以南，渭清公路以西，富平县刘集镇以东，横跨蒲城、富平两县，东西长 30 千米，南北宽 1.5 ~ 7 千米，总面积 109.14 平方千米，海拔 377 ~ 380 米，是一个封闭式构造洼地。其南距渭南 40 千米，西至西安 78 千米，至阎良 20 千米，距咸阳国际机场 92 千米。

据地质学家勘察测定，距今万年前，卤阳湖属古三门湖的一部分。后来，由于地壳构造作用，随着渭河的形成，卤阳湖分离，独立成湖，面积约为现在的数十倍。由于卤阳湖属地表水和地下水汇集区，沉积物含盐碱多，水质矿化严重，加之受气候、人为活动等因素影响，于明朝末年逐渐退缩成滩。滩地多碱，无以为耕，因而人烟一直稀少。解放后，水利部门建设了排碱工程，改良出一些耕地。

滩地组成物质为第四纪松散堆积物，下部是含高盐分的河湖相沉积物，由古湖泊退化而成。这里的水质属硫酸盐氯化型水，矿化度最高可达 43 克每升，pH 最高可达 10.1，是为强碱性水，不能饮用或灌溉。由于地势四周高、中间低，形成槽型封闭式洼地，洼地南缘和渭河三级阶地相接，洼地内开阔平缓，由西北向东南方向倾斜，土壤的盐碱程度自然是各不相同。这里属大陆性干旱气候，全年蒸发量为 1000 ~ 1300 毫米，是降雨量的 2 ~ 3 倍。

七、沙苑

沙苑地处渭北洛河夹槽地带，东西 80 里，南北 30 里。西周秦汉时期，灌草植被丰富，动物种类繁多，为历代的牧马场所。面积 400 多平方千米，自古以来，林湖相依、草木茂盛、人文荟萃、神秘神奇，是唐文化的重要承载地，是我国内陆平原最大的沙漠沙丘地带。《同州府志》载：“沙苑在县南洛渭之间，亦名沙海，沙泽其中盆起者曰沙阜。东跨朝邑，西至渭南，南连华州。广八十里，其沙随风流徙，不可耕植。”凡提及大荔县时，都知道沙苑，它包括现在的苏村镇、羌白镇、韦林镇、官池镇等地区。

由于沙苑面积广，变化大，到处凸凹不平，遍地水、碱、草、沙，因而群众对这种复杂的地形变化，又各有其不同的称谓：高的地方叫沙阜，低的地方叫沙洼，有水的地方叫沙地，有碱的地方叫沙卤，有草的地方叫沙滩，平坦的地方叫沙板，黄沙一片叫沙漠，沙砾大的叫沙碛。据文献记载，1956 年考古中发现沙苑文化是中石器时代的典型代表，它佐证了大荔沙苑是黄河流域原始农业和原始畜牧业萌芽之地，沙苑地区，汉代养畜植树，唐为皇家园林，明时变牧为农，明末山西、河南迁来大量移民，沙苑进入大面积农桑时代，植被退化，逐渐演变成沙漠。

第二节 人文景观

一、黄帝陵

黄帝陵是中华民族始祖轩辕黄帝的陵寝，位于陕西省黄陵县城北 1 千米处桥山之巅。以黄帝陵与桥山为主体，包括东湾、马山、印台山、黄花沟、桥山镇等景区，面积约 22 平方千米。桥山脚下沮水绕流，山上古木参天，庄严肃穆。1961 年，国务院公布其为第一批全国重点文物保护单位，古墓葬第一号，号称“天下第一陵”。

黄帝姓公孙，名轩辕，有熊氏，是我国远古时期的伟大人物。他率先民制衣冠，造舟车，营蚕桑，创文字，建医学，定音律，演算术，平定战乱，统一华夏，奠定了中华民族的最初文明，被尊称为“人文初祖”。

据《史记》记载：“黄帝崩，葬桥山。”黄帝陵所在的桥山，总面积为 8500 余亩，下有沮水环绕，南与印台山相望，山上有古柏 8 万余株，千年以上古柏 3 万余株，是我国最大的古柏群。陵园入口处有“汉武仙台”，为汉武帝征朔方返回途中经黄陵时，祭祀黄帝、祈天求仙的地方；高数十米，拾级而上，黄陵县城、东湾尽收眼底。

黄帝陵陵前设有祭亭，立郭沫若亲书“黄帝陵”碑。陵冢高 3.6 米，陵园周长 48 米。园内古柏参天，一派庄严肃穆的气氛。每年清明节、重阳节，海内外炎黄子孙聚集桥山，举行隆重的祭祀大典。桥山东麓有轩辕庙，庙内沿南北轴线依次排列有山门、诚心亭、碑亭、“人文初祖”大殿。大殿神龛内有用墨玉刻制的黄帝浮雕像。院东碑廊内竖历代古碑 50 余通，多是北宋以来的“御制祝文”与重修碑记。庙内有古柏 13 株，有高 18 米的被誉为“世界柏树之父”的“黄帝手植柏”和群柏之奇的“汉武帝挂甲柏”，院内还有“黄帝脚印”和“夸父追日石”等景观。碑亭中陈列着 50 余通历代皇帝祭祀轩辕黄帝的“御制祝文”和记载修葺陵庙的碑石。

1992 年 8 月，大规模的黄帝陵整修一期工程正式破土动工，投资 8000 万元的一期工程已于 1997 年清明节竣工。新建的庙前广场、山门、印池、轩辕桥等掩映在绿树红花、湖光山色间，使黄帝陵更显庄严、肃穆、古朴、典雅。

二、仓颉庙景区

仓颉庙景区位于陕西省白水县史官镇境内，是为纪念中华汉字始祖仓颉而建的。景区内有仓颉庙和中华仓颉碑林。

仓颉庙距今已有 1800 余年的可考历史，现存有以元、明、清为主的古建筑群，精美壁画 19 幅，珍贵碑刻 16 通。尤其是被专家誉为“绿色国宝，活着的文物”的 40 余棵千年古柏环绕于庙，与山东曲阜孔庙、桥山黄帝陵的古柏群并称为中国三大古庙古柏群。

中华仓颉碑林位于仓颉庙东侧，内有碑亭 6 座，碑廊 4 道，立有仓颉鸟迹书 28 个字和常用字衍化碑及全国著名书法家为仓颉庙题词碑。碑林内最引人注目的是中华汉字史馆，再现了当年仓颉造字的过程，展示了汉字的演化史。

三、尧头窑遗址

尧头窑遗址位于澄城县尧头镇，面积达 4 平方千米，制瓷历史长达千年。清代、民国时期，尧头制瓷业达到鼎盛，“尧头窑”烧制的碗、盆、罐、瓮等民间陶瓷器具粗朴耐用，行销多省，声名远扬。时至今日，尧头窑遗址仍有保存较完整的古窑 129 座、制瓷作坊 78 处、瓷片堆积层 3 处、古民居 75 处、庙宇祠堂 17 座，是目前发现的保存最完整的原生态古窑址遗址群，被称为“中国原生态陶瓷的活化石”和“中国现存最大的天然民窑博物馆”。2013 年 5 月，遗址被国务院公布为第七批全国重点文物保护单位，现为国家 AAAA 级旅游景区。

尧头窑从唐朝至今已有 1300 余年的历史。尧头窑遗址，历史悠久，文化底蕴浓厚，对研究中国古窑陶瓷文化有着重要的意义。中国民俗民间文化保护工程专家委员会委员、中央美院博士生导师靳之林称尧头陶瓷为“黄河之精、华夏之灵”。

四、丰图义仓

丰图义仓位于陕西省大荔县城正东 17 千米处朝邑粮站大院内。

丰图义仓是建于清光绪八年（1882 年）的一座民办仓库，是我国目前所剩无几的清代大型粮仓之一。该仓由晚清朝邑赵渡人、清朝著名理财家“救时宰相”阎敬铭倡议修建，历时 4 年建成，于清光绪九年（1883 年）正式投入使用，开始存粮；当时被慈禧太后朱批为“天下第一仓”；解放后一直由大荔县朝邑粮站使用。

丰图义仓的主体建筑是一座以砖结构为主的窑群式仓城，外观酷似一座古城。仓库建于仓城墙体之内，环内城一周排列窑洞 58 面，每窑可储粮 90 吨，共可储粮 5200 吨。仓城外又围有土筑寨墙，墙外有城壕。仓寨占地 4.5 万平方米。北仓城上中部建有仓楼 1 座，为紫阳仓祖朱文公祠。城内所有建筑均为清光绪年间所建。

丰图义仓是一座以储粮为主要功能的建筑，又具有坚固的安全防御系统，从某种意义上可以说是具有防御性质的军事建筑。在利用地形和仓城建筑设计方面，确有许多独到之处：将仓置于城墙墙体之中是仓库建筑上的创新，既利用了城墙墙体的厚实，便于恒定粮温，又节约了建筑材料。丰图义仓的高厚寨墙在保证储存粮食安全的同时，又理所当然地成为地处该仓东面崖下朝邑城的卫城。因为其北与东岳庙相对，共同扼守南、北两个寨子之间的历史著名驿道——朝坂古道，体现了储粮和安全防御的双重功能。

丰图义仓的完好保存和继续储粮，为研究我国古代仓政、仓储历史、仓储文化、粮仓建筑艺术提供了翔实的历史资料，同时为研究封建社会后期关中东部的经济发展、军事攻防提供了重要的参考资料。

2006 年，丰图义仓作为清代的古建筑，被国务院列入第六批全国重点文物保护单位。

五、岱祠岑楼

岱祠岑楼位于大荔县城东 17.5 千米处的朝邑镇大寨子村东，东西宽 119 米，南北长 169 米，占地总面积 20311 平方米（包括原金龙寺部分面积）。地理坐标为北纬 34° 47′，东经 110° 06′。

岱祠，亦名东岳行祠，又名岱祠行宫、崇佑观、东岳庙。相传为春秋时期鲁班所建，《朝邑县志》和清乾隆六年（1741年）碑石《东岳庙重修汉关夫子并总嗣圣母二祠碑记》载：唐贞观元年（627年）重修，宋政和八年（1118年）敕赐崇佑观额，明隆庆六年（1572年）增修殿宇。祠内原建和增建后的规模是：沿中轴线，前为山门，中岑楼（乐楼），东歌楼、西戏楼、广场、石牌教坊、左钟楼、右鼓楼、香亭、长春楼（阁）、献殿、正殿、寝殿；寝殿东、西、北三面连13间围廊环绕，拓基砌台，并有东、西耳房陪衬。东庑药王殿、温神殿；西庑有关圣帝祠、圣母祠；东、西庑并有七十二山神。由于历遭破坏，目前惟岱祠岑楼孑然屹立。

岱祠岑楼，亦名岱祠楼，位于岱祠中偏南方向，始建于宋代，历代多次重修。坐北面南，筑于16米×11米×1.8米的砖砌石镶台基上，高约17米。面阔，进深均为三间。四周廊深2.8米，内有支撑楼板的柱子两根，径0.54米，高6米。内四侧有高10米的通柱12根。内东南角有木楼梯可上二层，二层置楼板，周有格子门窗，出门可沿周外廊环绕游览。

屋面为三重檐歇山顶，有吻兽。楼面覆盖琉璃筒、板瓦。砖砌山墙，并施琉璃彩绘龙虎斗纹浮雕，配有水波纹、云纹、蔓草纹等图案。上层楼顶举折较高、中、下层举折平缓。

室内梁架为三架梁四椽屋带单步梁。檐下四周有斗栱。上层为五铺作，分布于向外檐两部分，北面有明间补间铺作各二朵，东、西、南面各一朵。中层为四铺作，南、北两面有明间补间铺作各二朵，其余各一朵。下层每间补间铺作均为一朵。九斗栱上有要斗，拱雕饰成“三幅云”式样。二、三层斗拱均出有批竹昂，四挑角下除有挂垂外，还有单头旗杆（为清代所加，起支撑作用）。

岑楼古建艺术是我国古代劳动人民智慧与辛勤劳动成果的结晶，是我们今天研究古代建筑学的宝贵财富。我国著名的建筑学家梁思成先生对岑楼建筑艺术推崇备至，早于1934年就摄存照片，作为供学者研究的宝贵资料收藏。过去的北平剧馆也珍藏有此楼的图样。

第四章　流域民俗文化

第一节　民间艺术

一、吴起泥塑艺术

吴起泥塑是一项传统而常见的传统民间艺术，主要以佛像、工艺品为主，特别是佛像，形象生动地反映着每尊佛像的特征和威仪。吴起泥塑色彩鲜艳，稳重大方。与其他泥塑相比，吴起泥塑更注重于色彩的搭配，特别是佛像，色彩鲜艳而不失庄重、威严，能够做到体与神的统一。吴起泥塑棱角分明，形影相映，不仅要塑出真形，而且连其相隐相映的地方都要以形影相映的方式塑出来。吴起泥塑主要作品有真武祖师塑像、关公塑像、龙王塑像、财神塑像、土神塑像、娘娘塑像、药王塑像、十二美女塑像、四大天王塑像、风伯雨司塑像、五谷天明塑像、龙虎及小工艺品等优秀作品。

二、吴起纯羊毛地毯

吴起纯羊毛地毯原料选自西北优质绵羊毛，其毛色正，纤维细，韧性强，弹性好。该地毯由手工加工而成，经过纺纱、印染、编织、平面、清洗、剪花、刨光等工序，产品纹路清晰，色泽鲜艳，手感柔软，富有弹性，美观大方，隔潮防湿，冬暖夏凉，深受用户青睐。该地毯分仿古、美术两大类，有地毯、舞毯、壁挂、沙发、汽车坐垫等20多个品种，是现代居室、豪华轿车、高级宾馆、会议室、接待室最佳装饰品，已远销海内外。1998年，清明节黄帝陵祭祖时，吴起县社会福利总厂生产的“中华民族圣地——黄帝陵”地毯作为香港回归一周年纪念品，由吴起县人民政府赠予香港特区政府。

三、洛川蹩鼓

洛川蹩鼓主要流传于陕西省洛川县黄章、永乡、旧县等乡村。陕西方言称“蹦跳”为“蹩”，鼓手以蹦跳为特征，在蹦跳中完成各种舞蹈动作，故称“蹩鼓”。表演时，鼓手腹前挎直径50厘米的扁圆鼓，边击鼓边蹦跳。每逢春节，村村组队，家家出人，组成社火队伍，游村转乡，挨门拜年，庆贺丰收和欢度佳节。此外，每年农历正月二十三黄章乡的黄章庵庙会、二月二望头村的高村庙会、三月三永乡镇的阿寺村庙会、七月七的北谷庙会，也常有蹩鼓作为“鼓乐前导”社祀仪仗，是庙会祭祀中不可缺少的一部分。

四、黄陵黑陶

古黑陶起源于5000年前的“桥山文化”时代，据古记载，制陶最早由轩辕黄帝身边一个名叫宁封的能工巧匠发明，故又称为轩辕黑陶，有着悠久的历史。

目前，黄陵县烧制的“轩辕”牌黑陶系列产品，已达6大类、60余种。“轩辕”黑陶以弘扬“轩辕黄帝”功德和“轩辕黄帝”文化为宗旨，以“轩辕黄帝”人文资源为核心，取“古、近、现代”黑陶之长为一体，具有时代、区域、景点、民俗民风四大特点。产品古朴典雅、黝黑发亮、精致美观，体现了仿古与现代之美，具有极高的收藏、观赏及实用价值，是旅游纪念、馈赠亲朋、居室陈列的理想之品。特别是在“第六届中西部经贸洽谈会”首次亮相后，受到了中央、省、市领导及新闻媒体和各界客商的极大关注与高度赞赏，先后在中央、省、市、县电视台多次播放，产品远销省内外及港澳地区。全国书协副主席钟明善教授亲笔题词“中国黄陵陶艺”。2004 年 8 月在文化部、全国青联联合举办的首届中国青年文化周活动中，该产品以独特的民族特色、鲜明的艺术风格、精美的造型荣获“中国青年民族文化优秀传承特别贡献奖”。

五、澄城尧头窑制作技艺

澄城尧头窑历史悠久，扬名一方，堪称我国陶瓷艺术的瑰宝。它与声名中天的古官窑景德镇于 2006 年同时列入首批国家级非物质文化遗产名录。窑场问世，规模宏大，传说神奇，佳话连篇；窑货古色古香，朴实可爱，绝妙无比，价值颇高；古往今来，朝朝代代，庶民百姓，使着用着，摆着放着，收藏着澄城尧头窑的产品，价值远甚于赞赏之美，真是名不虚传。

据有关资料和“仰韶文化”考古推断，尧头窑始于汉代（前 206—8 年）。另据明朝《澄城县志》载，“澄城瓷砂”始于唐（618 年）。明天启五年刻印的《同州府志》也记载“澄城窑（尧）头产陶瓷器”。可见澄城尧头窑迄今至少已有千余年烧制陶瓷的窑火延续历史，属我国北方黄河流域著名的民窑之一。

澄城尧头窑的可贵之处还在于民间需用什么就烧制什么，老祖先遗留下什么，就延续着什么，不受任何达官贵人的意志所影响。因此，种类繁多，器型大小不同，丰富多彩，独树一帜。它以典雅朴实和遒劲雄浑的风格，反映出历史的原貌和时代气息，博得众人的喜爱。因而，它的烧瓷技术才得到长期的传播而生生不息，成为我国乃至世界陶瓷史上少有的民瓷代表之一。在黄河流域的西北地区东部遗存着大量的澄城尧头窑的器皿和器具，祖祖辈辈就这样传承下来了。

尧头窑处在澄城、白水、蒲城三县交界，西临北洛河水系，县境内几条支流经尧头汇入北洛河，水量充沛。这里曾经山清水秀，森林茂密，植被完整，存有大量的古生物、动物化石，是澄城先民们最早居住繁衍生息的地方之一。这里矿藏资源丰富，主要有煤炭、石灰石、坩土（高岭土）、硫铁、铝土和铁矿等。优质的水源、大量坩土（高岭土）和煤炭资源，为古往今来烧制陶瓷提供了原料保证。制作陶瓷就地取材，用料用水用煤十分方便。这里的窑工个个心灵手巧，多才多艺。他们的制瓷艺术基本上都是跟着老祖先学来的，子承父业，父承祖业，至于传承了多少代、多少人，他们谁也说不清楚。据李氏家谱记载，其家祖业相承，已有 500 多年的历史。

民俗专家认为，澄城尧头地区许多古老的传说、民谣都与瓷器有关。在渭北一带广为流传的民谣“收秋不收秋，等到五月二十六，只要此日滴一点，快到尧头买大碗，买来大碗吃米饭”，足以反映旧时人们对丰收景象的期盼，也印证了尧头瓷器是人们生活中不可缺少的必备用具。澄城人从小孩坐的“懒婆娘”，到死亡之后的土葬，无不与尧头窑陶有着千丝万缕的联系。人们为了使死者得到世间的光明，在棺木前点燃黑釉瓷碗的“长明灯”。在墓穴内放置装有酵面、饭菜、石榴等食物的黑釉瓷罐，寓意让死者不会饥饿，使后人日子大发，后继有人。

近年来，随着党和政府对非物质文化遗产的重视，澄城尧头窑陶瓷烧制技艺已列入国家级保护范围。澄城县委、县政府对尧头窑的挖掘、保护、传承极为关注，成立组织，拨出专款，力保古窑址和古民居不再被破坏；鼓励老艺人恢复生产；征集流散在民间的陶瓷精品；筹备澄城尧头窑陶瓷博物馆；建立制瓷、旅游、实习基地。澄城个体瓷窑也逐步恢复，显示出勃勃生机。

六、澄城县鼓吹乐

澄城县的鼓吹乐主要分布和流传于以王庄镇为中心的广大区域。演奏形式多样，既溶又分的相互依变而形成了各具特色的演奏风格。以海笛、笛、管、笙等乐器为主的曲牌连缀形式演奏一些大型的鼓吹乐套曲，乐曲情绪委婉而细腻，以唢呐为主的曲牌，演奏风格粗犷而豪放，且历史悠久，风格独特，深受广大人民群众的喜爱。

七、蒲城花炮

中国花炮之乡——陕西蒲城县，是闻名全国的“焰火之乡”和陕西省三大传统花炮产区之一，也是西北五省（区）最大的花炮产销基地。今天，蒲城花炮得到了长足的发展，仅就业人员就 3 万余人，可生产千余品种。蒲城焰火曾作为中国人民的友好使者，赴法国巴黎、日本等国施放，得到“焰火放异彩，海外灿光华”的赞誉；也曾先后 7 次赴京为国庆大典施放焰火、为深圳“荔枝节”、西藏和平解放四十周年大庆及国内多项重大活动锦上添花，在国内外享有一定的声誉。

蒲城花炮地理标志产品保护产地范围为陕西省蒲城县兴镇、荆姚镇、坡头镇、苏坊镇、三合乡、贾曲乡、大孔乡、翔村乡、高阳镇、洛滨镇、罕井镇、永丰镇、上王乡等 13 个乡（镇）现辖行政区域。

第二节　民俗民风

一、黄陵县黄帝陵祭典

黄帝开启了中华民族灿烂文化的先河，被尊为中华民族人文初祖，是中国古代文明的象征。从秦至当代，黄帝祭祀千年不衰，反映中华民族文化“报功崇德”“慎终追远”“民德归厚”的民族精神和情操。黄帝陵祭祀对中华民族和中国社会政治生活产生重大影响，与儒家思想、道家思想及其当时的政治、军事、文化、科技、建筑、艺术、教育、音乐的传统密切相关，蕴藏着丰富的历史文化内涵。

二、雷公庙会

雷公，名祥，白水县冯雷镇大雷公村人，华夏文明的缔造者之一，黄帝时任处方（医药官），能医善陶，既是中国医学的创始人之一，也是中国陶器的发明者，因其对人类的伟大贡献，几千年来一直受到人们的怀念和敬奉。雷公墓位于大雷公村东凤凰沟畔，距白水县城仅 3 千米之遥，专线贯通，十分方便。墓地 3 亩，内有雷公亭雷公碑和唐宁石柱、瓦当。雷公庙在雷公村内，曾被毁，后村民集资重建。每年农历十月二十二日为雷公庙会日，千人万众，云集这里，进行祭祀活动。

三、白水杜康庙会

杜康庙会于每年正月二十一开始，正月二十四结束，是当地群众纪念酿酒始祖杜康的民俗活动，有渭北三大庙会之美誉。正月二十一是庙会最为热闹的一天，四面八方的游客和群众，携带祭品祭祀酒神杜康，观光游玩，庙会上人山人海，地方小吃香飘，各种商品琳琅满目，并有丰富多彩的民间社火表演。

四、蒲城石羊道情

石羊道情历史悠久，起源于唐教坊之法曲，初为戏剧鼻祖唐玄宗李隆基所创，因李隆基笃信道教，故称道情。唐代后期，道情艺人散落于蒲城北洛河水陆码头石羊一带，在千百年的演进过程中，形成了现今的曲调有清江引、金线吊葫芦、高腔等九腔和大红袍、苦相思、哭板、笑板、落句子等 18 调，其“帮腔”是区别于其他剧种。伴奏乐器以丝竹弦乐为主，由 8 人共掌 9 样乐器，而渔鼓、简板、三才板为独有，有“排山倒海的渔鼓，降龙伏虎的简板”之称。2002 年，中央电视台录制了《缝袍子》《秃儿闹房》《拜寿》等传统剧目。石羊道情是散落在北洛河岸边古代音乐的“活化石”，为省级非物质文化遗产。

第三节　特色小吃

一、吴起荞麦香醋

吴起荞麦香醋，个体生产已有 30 多年的历史，真正成为名优产品，应从 1984 年副食品加工厂开发的荞麦香醋算起。

荞麦香醋以陕西省吴起县特产的优质荞麦为原料，采用科学的方法，运用微生物学发酵的基本原理，经过粉碎荞麦、润水、蒸熟、摊冷过筛、加麸曲和水拌匀、糖化、酒精发酵、醋酸加麸皮发酵、后熟、熏醋、过滤、陈酿、澄清、灭菌、装坛（瓶）等工艺而成。其色泽棕褐鲜亮，醋香浓郁纯净，醋味醇厚微甜，体态浓稠适当，风味独特，不仅是消食开胃、消积解滞、增进食欲、降温解毒之上等调味品，还具有较高的药理价值。

荞麦香醋曾获延安地区 1985 年新产品开发三等奖、延安地区县办工业产品一等奖、陕西省调味产品第一名，1989 年荣获陕西省优质产品奖。

二、吴起剁荞面

剁荞面，顾名思义是用刀剁的荞麦面。荞麦是陕北的上等杂粮之一。它高蛋白，低脂肪，维生素含量高，营养相当丰富，陕北当地人用它做出许多好吃的传统食品。剁荞面就是其中最受欢迎的一种。

这种食品有较高的食疗价值，被誉为“长寿食品”。

制作方法：剁荞面，贵在一个“剁”字，把荞面揉成面团，放在面案上用擀杖逐次擀开，擀至比白面条略厚一点时，操刀剁面。剁面刀形制特别，刀身长约 2 尺，寸宽，薄厚如菜刀，刀刃向下，刀背两端装有两个木柄。剁面时，提臂悬肘，双手持握两柄。刀下见面，准确匀称，刀落面案“噔噔噔噔”急如雨点，面条翻动，若银丝飞舞。面，若细粉丝，整齐如机制挂面，堪称“陕西一绝”。

在吴起，新媳妇进厨房，第一道关口就是看剁荞面的熟练程度。民谣称：“媳妇强不强，先看荞面剁得长不长；媳妇利不利，先看荞面剁得细不细。”剁荞面宜用臊子汤，民歌唱道：“羊肉臊子剁荞面，开店婆姨赶脚汉”，道出事物双方的内在关系及亲密程度。此为荤食。素食以洋芋为主，去皮切作绳头小方块，加调料炒煮酥绵，有时还配以豆腐丁，制成臊子汤，食时佐以葱花、小菜。剁荞面汤香味美，面条滑爽，为地道的北方风味美食。

三、志丹糜子黄酒

志丹糜子黄酒是陕西省延安市志丹县的特产。志丹糜子黄酒以软糜子和麦曲为原料，有浓郁的糜子香气，酒色黄里透红，清澈透亮、入口微甜、后味醇厚，有很高的营养价值，兼有一定的药用价值。

糜子是盛产于黄土高原的一种粮食作物，籽粒比谷子大，属五谷之首。有粳性和黏性两个品种，粳性又称稷，黏性又称黍。软糜子是糜子中的黏性品种，其蛋白质和钙、镁、磷等微量元素含量普遍高于小麦、大米和玉米，有很高的营养价值，兼有一定的药用价值。

陕北地区盛产软糜子，这里的人们世世代代用软糜子酿造黄酒。1936 年，中国工农红军二万五千里长征到达陕北，以刘志丹为首的陕北红军和劳苦大众除坚决拥护、支持和服从党中央领导外，还把陕北农户自己酿造的米酒（糜子做的黄酒）捧给党中央的亲人喝。一曲唱响大江南北的《山丹丹开花红艳艳》中的歌词“热腾腾的油糕摆上桌，滚滚的米酒捧给亲人喝”，道出了当时的情景。毛泽东等老一辈无产阶级革命家在延安生活和战斗的岁月里，与陕北人民结下了鱼水深情。如果说小米的情更深，那么也可以说糜子黄酒的意也浓。

糜子黄酒是志丹县的劳动人民在整理、挖掘、继承民间酿酒工艺的基础上，采用最新技术和现代理化分析手段研制开发的一种风味独特的新型保健酒。该酒以软糜子和麦曲为原料，有浓郁的糜子香气，酒精度一般在 8 ~ 14 度，比啤酒酒精度普遍高 3 ~ 4 倍，酒色黄里透红，清澈透亮、入口微甜、后味醇厚，有很高的营养价值，兼有一定的药用价值。

四、白水豆腐

白水豆腐以窑头村最为出名，其口感细腻嫩滑、劲道爽口，其质劲道，切丝不断、汤煮不烂，2015 年被列入陕西省非物质文化遗产名录。

黄豆是豆腐的根本，水是豆腐的灵魂，制作工艺是豆腐的精气神，窑头豆腐出名的原因正是三者的完美结合。村子特有的气候和土质造就了这里出产的黄豆具有生长周期长、无污染的特点。所用地下水清冽、质纯，富含钙质、性硬。今天，以窑头豆腐为代表的白水豆腐成为白水人民逢年过节的美味佳肴，也成了过往白水的官吏商贾宾客的餐桌美味，甚至成为馈赠佳品。

五、澄城麦子泡

麦子泡属于陕西澄城县的本地小吃，仅限于澄城本地，不为外人所知。

麦子泡以大麦籽入锅熬汤，里面放上豆腐、凉粉、大肉、木耳等、上面一层红油辣子，最不可缺者得有一些猪下水，撒上香菜。大肉鲜美，豆腐香辣，麦子汤醇厚，极美味。但这多是澄县街上卖的麦子泡，与最原生态的麦子泡相差颇大。

以前农村过事，第二天早上，必是一顿热气腾腾的麦子泡。煮肉的腥汤水熬上一大锅大麦籽，放上大油辣子，然后将昨天扯席中的大肉、豆腐悉数拣出，逐渐放到锅里。而在麦子泡里放猪下水，实在不是刻意为之，而是这些礼物不上台面，用不到正席上，只能用到第二天的麦子泡中。来得早的，肉多汤少，来得晚的，汤多肉少，到了最后，大肉豆腐用完了，只能上些麦子汤、辣子水，泡上馒头，也能混个肚子圆。帮忙的村里人，圪蹴下一院子，一人掂个瓷碗。碗里是红油辣子，热气腾腾，吃的人是满脸冒水，满头大汗。看院里，有如紫气祥云，缭绕不绝。无形中又增添了红白喜事的喜气，热闹气。不论事大事碎，第二天这一顿麦子泡下来，皆能吃个干干净净，盆光碗净，没有丝毫浪费。澄城人的节俭在此表现得最为充分。

六、澄城水盆羊肉

羊肉富含蛋白质、脂肪、维生素及钙、铁、磷等多种营养物质，具有温胃养胃，滋养心肺、益脾理气、疏肝补肾、强骨健身等功效。

水盆羊肉是由商周时代的“羊臐”演变而来的，秦汉时称为“羊肉臐”，唐宁时又叫“山煮羊”。《山家清供》一书中，记述了煮羊肉汤的技巧，指出“羊肉脔，置砂锅内，除葱椒外有一秘法，槌真杏仁数枚，活水煮之，至骨亦糜烂。”《宋书》讲道，南北朝时，有个叫毛修之的人被俘，由于他有烹调手艺，向宋武帝献羊肉汤，味道鲜美，由俘虏变为太官令，以致后来高升至南郡公。相传明朝末年，闯王李自成率领农民起义军，准备离开西安攻打北京之际，关中的老百姓纷纷用水盆羊肉慰劳义军，将士们食后精神焕发，士气大振，一鼓作气攻入北京，推翻了明王朝的腐朽统治。

澄城饭店水盆羊肉，又叫羊肉汤，大碗汤，羊肉泡馍，起源于20世纪五六十年代，是澄城县城最早烹制经营的水盆羊肉，主要以优质羊肉、羊骨加十余种辅料经多道工序烹制而成，食用时加以新鲜香菜，具有料重汤鲜，肉烂味醇，筷触骨离，香气四溢等特点，配以镇店菜——“羊肉墩子”“羊杂墩子”等以及月牙烧饼、大蒜，脍炙人口，后味无穷，在渭北一带群众中久负盛名。澄城饭店水盆羊肉经几十年的烹制改进发展，已成为澄城水盆羊肉的标志，成为澄城传统风味小吃的名片，成为澄城饮食行业的独特品牌，成为澄城饮食的一种文化，广大群众用“传统风味，香醇古徵，澄城一绝，誉满渭北”一说对澄城饭店水盆羊肉给予了高度赞美。

七、蒲城高力肉

高力肉是陕西省蒲城县的一道名菜，蒲城县人爱吃高力肉，酒席宴会，常常离不了这道菜。

高力肉的做法是：用精瘦肉，切块，约胡桃大小，裹蛋清、淀粉，先过油，再蒸制。

蒸时加精盐、味精、葱、姜、大料及酱油。高力肉呈酱红色，酥而不烂，味略咸而香，老少咸宜。

为什么蒲城人如此偏爱高力肉呢？原来这高力肉，是因高力士这位唐玄宗李隆基的大总管而得名的。唐玄宗埋葬于蒲城县城东北 15 千米的金粟山，叫作泰陵。高力士也埋葬于此，作为陪葬。据传高力士酷爱吃这样的肉菜，所以这菜就叫作高力肉。大概又因为高力士埋在了蒲城县，所以高力肉就成了蒲城的名菜。

八、大荔带把肘子

大荔带把肘子源远流长，是陕西大荔传统名菜，为明朝弘治年间同州（今大荔县）城里厨师李玉山创制。陕西大荔带把肘子属蒸菜类，在秦馔筵席上久负盛名，《中国菜谱》秦菜部分把其列为第一名菜。其作酒菜、饭菜均可。大荔带把肘子色泽枣红，如把柄，故称“带把肘子”。

它的用料别致，不同于其他肘菜。肘子带骨带蹄，成菜如丘，造型别致、丰满，堪称“盘中一王”。

基本制作工艺是：将带脚爪的猪前肘刮洗干净，肘头朝外，肘把（肘爪）朝里，肘皮朝下放在砧板上，用刀在正中由肘头向肘把沿着腿骨将皮刨开，剔去脚骨两边的肉（三面离肉），底部骨与肉相连，使骨头露出，然后将两节腿骨由中间用刀背砸断，入汤锅煮至七成熟捞出，碾干，趁热用红酱油涂抹肉皮。取蒸盆，底放八角、桂皮等调料，再把骸骨用手掰断，不伤外皮，将肘皮朝下装入蒸盆，整成图形，撒入精盐，用消过毒的净纱布盖在肉上，再将甜面酱、葱、红豆腐乳、红豉油、白酱油、姜、蒜等在纱布上抹开，上笼蒸熟蒸烂取出，揭去纱布，扣入盘中，拣去八角，上桌时另带葱段和甜面酱小碟。

其风味特点是：肘肉酥烂不腻、肘皮胶黏、香醇味美，是一道富含蛋白质、钙质的菜肴。

第四节　风物特产

一、吴起沙棘

吴起沙棘是陕西省延安市吴起县的特产。吴起县沙棘资源十分丰富，种植面积 180 万亩，属全国沙棘建设示范县。

沙棘，素有“沙漠黄金”“高山绿色银行”之称，它以顽强的生命力扎根于干旱的沙漠与高山之中。

二、志丹荞麦

荞麦含有 10% ~ 15%的蛋白质和芸香素，且这些蛋白质黏性差，类似于豆类蛋白质。其质优于禾本科粮食，含 19 种氨基酸，人体必需的 8 种氨基酸均齐且丰富，还含有对儿童生长发育有重要作用的组氨酸和精氨酸，丰富的维生素 B_1、B_2、B_6、C、P 和胆碱，还有丰富的无机元素磷、镁、铁、钾、钙、钠。

志丹素以“荞麦之乡”著称，所产荞麦、苦荞麦品质优良无污染，纯属天然绿色食品。据中国医科院测定，荞麦粉中含蛋白质 10.6%，脂肪 2.5%，明显高于大米和白面。

三、甘泉红小豆

陕西省甘泉县位于延安市中部，位于鄂尔多斯盆地陕北斜地东南，为陕北台凹中部的黄土高原丘陵沟壑区，属风积黄土，上层深厚，具有耕作熟化层、心上层和田质层等，养分含量较高，非常适宜红小豆作物所需各种营养成分，全年均≥ 10 摄氏度积温平均为 3047 摄氏度，80%的保证率为 2970 摄氏度，无霜期 150 天，完全能够满足豆类作物生产期积温需要，利于红小豆的生长。加之全县水资源丰富，水质优良，宜于灌溉和人畜饮用，为红小豆生长提供最为优质的水源，所产出的红小豆富含多种矿物质和微量元素，出产的红小豆颗粒硕大，结实饱满，色泽鲜艳，出成率、出沙率及产量较高。

由于甘泉县地理位置独特，自然条件优越，形成了独特的小气候，非常适宜红小豆等豆类作物的生长，产品长年质量稳定、畅销不衰，在国内外市场上享有很高声誉，被誉为“红玛瑙”。红小豆的种植已成为甘泉县农民一项重要的经济来源，也成为陕西兴银国际贸易有限公司出口贸易的重要农产品。

四、洛川苹果

洛川是渭北黄土高原苹果优生带的核心地段，这里昼夜温差大、土层深厚、质地疏松，富含钾、钙、镁、锌、硒等多种微量元素，具有得天独厚的苹果生产自然资源条件，是全球完全符合苹果最适宜生产区 7 项气象指标的生产区之一，被国内外果树专家一致评为世界苹果最佳优生区。

洛川全县苹果种植面积 50 万亩，农民人均 3.1 亩，居全国之首，是全国唯一整县通过绿色认证的苹果基地县，也是全球苹果连片种植面积最大的区域。洛川县先后被确定为国家级出口食品农产品质量安全示范区、全国优势农产品（苹果）产业化建设示范县、全国优质苹果标准化生产示范县、全国无公害农产品出口示范县和全省“一县一业”示范县。2016 年，全县苹果总产量 88 万吨，苹果总收入 40 亿元。

洛川苹果自 1947 年引进栽植以来，累计荣获国家及省部级各项大奖 170 多项；先后获得上海世博会、2010 年广州亚运会、博鳌亚洲论坛 2013 年年会服务产品等 30 多项冠名权；在首届中国农产品品牌建设推进会上被评为“中国最具影响力的区域公用品牌”，2016 年品牌评估价值达到 65.9 亿元；在中国果品流通协会首届品牌年会上，“延安·洛川苹果”荣获 2015 中国果品区域公用品牌 50 强。

面向未来，洛川将积极顺应全球农业一体化发展潮流，按照“果乡强、果农富、果乡美”的要求，进一步扩大果业开放与合作，积极探索新常态下果业发展新模式，推动特色果业走向品牌果业。

洛川苹果甲天下。洛川苹果集中产在渭北黄土高原，以洛川为中心的延安、铜川、淳化、礼泉、白水等县（市）一带，果园分布，绵延千里。

五、白水苹果

白水县地处关中平原与陕北高原的过渡地带，土层深厚，光照充足，雨热同季，无霜期长，昼夜温差大，是国内外专家学者公认的世界苹果最佳优生区之一，得天独厚的自然条件，非常利于苹果糖分和有机物的积累。白水苹果最早栽植于西汉，历史悠久。

白水苹果，果个硕大，果形圆正，色红艳丽，酸甜适口，营养丰富，纯天然无公害。经权威专家鉴定，可溶性固形物含量、糖分含量、硬度、果形指数等指标均优于全国其他产区和日本。

近年，白水县先后荣获“中国苹果之乡”“中国有机苹果第一县”等多项荣誉。白水县被授予“国家级出口苹果质量安全示范县”。全县栽植苹果 55 万亩，通过国家绿色食品基地认证 40 万亩，年产优质果 50 多万吨。白水苹果系列产品多年来不仅畅销于全国，还远销东南亚、欧盟、南美洲等多个国家和地区，近年每年外销 15 万吨左右，连续 3 年列全国苹果类出口第 1 名。

2005 年，西北农林科技大学苹果实验站落户白水，致力于打造有机、生态、安全、健康的绿色生态品牌，为白水苹果的标准化发展提供了有力的科技支持。全县现拥有涉果企业 114 家、苹果专业合作社 360 个，已形成了集科研、包装、加工、仓储、物流于一体的陕西省现代果业交易集散中心。白水县委、县政府高度重视苹果的提质增效和转型升级，确立了建设中国现代苹果产业示范区战略，2020 年全县苹果面积达到 60 万亩。

白水苹果不仅是名副其实的亿万中国人的口福，以苹果采摘为主题的“苹果人家”体验旅游，年均接待游客 20 万人次以上，成为白水旅游一道亮丽的风景线。

六、澄城樱桃

澄城县地处陕西省渭北高原东北部，陕西关中盆地东部，位于北纬 35° 的黄金地带，属暖温带半湿润季风气候，下有黄土土壤深厚、上有季风温差适中，年均气温 12 摄氏度，降水量 680 毫米，无霜期长达 204 天，完全满足樱桃喜光、喜肥、喜温的特点。因此，这得天独厚的自然条件为澄城发展樱桃赋予了天然而坚实的基础。

因此，澄城樱桃品种丰富，色泽鲜艳，晶莹美丽，红如玛瑙，肤如凝脂，真称得上是渭北高原的明珠。

明明可以靠颜值的澄城樱桃偏要靠实力，其果实硬度大、品质好，含糖量高，富含蛋白质、维生素及钙、铁、磷、钾等多种元素。每百克樱桃中含铁量多达 5.9 毫克，居于水果首位；胡萝卜素含量比葡萄、苹果、橘子多 4 ～ 5 倍。

然而澄城并非天然有樱桃。以前，作为农业县，澄城虽地理优势明显，但产业经济效益却没那么明显，是国家级贫困县。那时，澄城百姓种苹果，后来因为效益差，澄城果农便四处寻找新产业，调整农业产业结构，在烟台一眼“相中”大樱桃。后来，经过论证和试种，大樱桃很快落户澄城，并且一发不可收拾。因为樱桃产业效益好，加之澄城气候条件适合樱桃生长，樱桃遂成果商和澄城果农的“新宠”。

由于是新产区，因此澄城樱桃产业可谓是“赢在起点上”：澄城拥有全国最大的樱桃合作社和樱桃现代企业；澄城邀请中国樱桃产业技术权威、北京林业科学院张开春教授领衔，创建了陕西唯一的“樱桃试验站”。同时，渭北黄土高原独特的地理气候，造就了澄城樱桃的甜度高、成熟早的商品性，是业内公认的“国产优质樱桃”。

渭南市澄城县则把樱桃产业作为首位产业，大力推进“一县一业”，深化全产业链建设，优化供应链体系，“澄城樱桃”获得国家地理标志证明商标。“我们将樱桃产业作为助力乡村振兴、服务高质量发展、创造高品质生活的朝阳产业和民生产业，强龙头、补链条、兴业态、树品牌，举全县之力打造中国樱桃第一县。”澄城县副县长杜占利说。2022年，全县樱桃产值达到21.5亿元，人均增收3000元以上，已经成为乡村产业振兴、群众增收的“金果果”。

面对不同地域消费者的新需求，澄城县全面推广“智慧大棚、提前休眠、钢构暖棚、连栋冷棚、露地大田”与早中晚熟品种搭配的梯次种植模式，面积规模已达10万亩，其中设施面积5000亩，逐步实现了鲜果从每年1—6月底错峰上市，进而实现优质优价。2023年，挂果面积突破7万亩，产量超过7万吨。“澄城樱桃甜蜜蜜”愈唱愈响，生动演绎了“小樱桃也是大产业”的发展理念，实践证明澄城樱桃是潜力果，是生态果，更是致富果。

七、蒲城酥梨

蒲城县中部土质肥沃，水源丰富，光照充足，昼夜温差大，是酥梨的最佳生产区之一。经过40多年的发展，种植面积已达27万亩，年产量47.5万吨，产品远销国内20多个省（自治区、直辖市），以及30多个国家和地区，广受消费者青睐，年创收入11亿元，被农业部评为“中华名果”。

蒲城酥梨具有形美色艳、果大质脆、皮薄爽口、耐贮耐运的优势。除鲜食外，还可加工成梨酒、梨膏、梨糖和罐头等，是食品工业的重要原料。梨汁、梨膏具有清热清火、止咳润肺等药用价值，是人们日常十分喜爱的辅助药剂。

近年来，蒲城积极实施优果工程和品牌战略，推广“四大技术”，走出了一条绿色发展之路，逐步确立了以品牌经济为主导的新型果业发展模式。蒲城酥梨连续九年获陕西省优质果品奖，1997年经国家绿色食品发展中心检测批准使用国际通用的“绿色食品”标志。1998年，蒲城县被授予“中国酥梨之乡”荣誉称号，蒲城酥梨被评为“全国优质果品”称号。2006年，蒲城县被评为“中国优质果品基地重点县”。

蒲城大力推进果品产业化，积极探索发展电子商务。目前，全县有195家营销企业中介机构、11家省级果品龙头企业、千吨以上果库60余家、专业合作社125家，形成了生产、贮藏、加工、销售完整的产业链。蒲城酥梨先后获得了“陕西省著名商标”“全国互联网地标产品50强”“2016年度全国名优果品区域公用品牌”等诸多荣誉。2016年，蒲城酥梨品牌价值高达22.43亿元，名列中国果品区域公用品牌价值榜第29位。

八、大荔黄花菜

黄花菜，学名萱草，由采摘黄花花蕾经蒸制晒干而制成，是我国传统的食品之一。大荔沙苑地区种植黄花菜，不仅历史悠久，而且由于得天独厚的自然条件，独具风味，闻名全国。

古代，人们还把黄花菜叫忘忧草。据说，佩戴萱菜可以忘却忧虑。

大荔黄花菜属于中国知名黄花菜八大系列之一，被誉为“西北特级黄花菜”，其具有针长、色佳、肉厚、味香、品质好、营养价值高等特点，深受欢迎。大荔县位于渭南东部，东临黄河，黄花菜主要产于沙苑一带。这里土质肥沃松软，排水性能好，极适宜黄花菜生长。黄花菜于清康熙年间成为皇室贡品，因其形状笔直如“1”，和沙苑红枣、花生、同州西瓜一起，被形象地称为大荔“1008”特产。近年来，大荔县委、县政府积极引导农民发展壮大黄花菜种植这一特色产业，2016年，大荔县从事黄花菜生产、加工、销售人员达到5万多人，大荔县种植面积达6万亩，亩产鲜菜3500斤左右，干菜500斤，亩效益可达万元。大荔县黄花菜总产量1.5万吨左右，产值达6亿元是西北地区最大的生产基地。大荔县有2个万亩镇、30个专业村，可为农民增收贡献近千元，已成为该地农民增收致富的支柱产业。大荔县加强科技培训，进行设施栽培实验研究，邀请相关专家对黄花菜产区农民进行技术培训等，制出黄花菜速冻、即食等新的加工品种，把即食黄花菜推向高铁系统、航空等部门，拓展了黄花菜的消费渠道；黄花菜合作社研究出连阴雨天黄花菜保鲜技术，解决了黄花菜阴雨天采收的保存难题；溢渡村志敏农资服务部研究出一整套的无公害生产技术。

九、大荔西瓜

西瓜是夏天消暑佳品。翠绿的瓜皮、墨绿的条纹，切开后的红瓤黑籽，活色生香。不过有几个人能知道，大荔竟然是内地种植西瓜最早的地区。

西瓜之名始于五代见于《新五代史·四夷附录》。同州郃阳县令胡峤从契丹国把西瓜种子带回同州（大荔），大荔就开始了千年西瓜种植历史，在金代，同州西瓜就已经闻名遐迩。宋朝诗人范成大就做《西瓜园》，诗云："碧蔓凌霜卧软沙，年来处处食西瓜。形模濩落淡如水，未可蒲萄苜蓿夸。"西瓜在此时在中国慢慢得到推广。南宋的文天祥就写了一首《西瓜吟》："拔出金佩刀，斫破苍玉瓶。千点红樱桃，一团黄水晶。下咽顿除烟火气，入齿便作冰雪声。"早在南宋时候，人们已经知道镇凉后的西瓜更能清暑解渴，土方法是把整个西瓜放在竹篮中，潜入水井中，浸泡半天再捞出。金代工予可在《咏西瓜》诗中描述了井镇西瓜的情景："一片冷截潭底月，六弯斜卷陇头云。"

明代汪颖在《食物本草》中说："西瓜性寒解热，有'天生白虎汤'之号"。"白虎汤"由石膏、知母、甘草、粳米四味药组成，是医圣张仲景创制的治疗气分热盛的千古名方，把西瓜比作天生白虎汤，是形容西瓜清热解暑的效果神奇。

清乾隆《大荔县志》载，"西瓜出沙苑，味最佳，他处皆不及"。《大荔旧志稿》又载，"西瓜出沙苑，味甘美，甲于秦中。其尤美者，皮白、瓤白、籽白，呼为'三白瓜'"。20世纪80年代后，大荔县进行西瓜品种更新，先后引进、早花、湘蜜、中育等27年良种，并用塑料薄膜进行地面覆盖，使成熟期提前一个多月；1984年又引进新红宝、优红、郑杂等品种，面积发展到10多万亩，种植地区由洛南发展到洛惠灌区。如今更是品种繁多，品种有绿宝八号、西农8号、新红宝868、早冠龙、卡奇等大果型有籽西瓜和黑密2号、黑骏马、黑元帅等中果型无籽西瓜达20多个品种，引进小兰、黑美人、金美人、早春红玉等小果型早熟礼品西瓜10多个品种。在栽培技术上由部分地膜覆盖发展为全部覆盖，部分面积还采用地膜和拱棚双层覆盖。其中，沿洛河、渭河地区的羌白、冯村、石槽、韦林等乡（镇）种植西瓜3.6万亩，北部塬区和黄河滩区的两宜、高明、范家、平民、赵渡、朝邑6个乡（镇）种植西瓜6万余亩。

十、大荔花生

大荔花生是陕西久负盛名的特产，距今已有2100多年种植历史。《大荔县志稿》记载:

“南乡沙苑，横亘商埠，低滩隙地无几，加以风沙飞走，地力薄弱，不善五谷。光绪初，邑宰倡凿井、各村颇遵行之。然沙苑地狭风多麦粟终寡，其所产则金针、落花生、红茹等”。它以荚果硕大、籽仁饱满、果皮洁白、色泽鲜艳、香脆可口、出油率高、营养丰富、宜于贮存、品质优良等特点而著称于世，可与全国著名的山东大花生、郑州花生相媲美，是陕西重要的内销和出口商品。

民国时期，种植范围扩展到黄河、渭河、北洛河滩地。20世纪70年代中期，大荔推行“麦垅点播花生”，种植面积逐年增加。1980年，大荔县政府把花生作为主要经济作物种植，大荔县被授予“花生生产基地县”称号。

大荔花生何以出名？大荔花生主要产在县城南十多千米的沙苑。这里是一片广阔的沙丘地带，地势平坦，土质疏松，通透性能好，土壤易耕，利于花生根系发育，果针下扎和荚果膨大；该县属于暖温带半干旱大陆性气候，是关中东部的高温中心，为陕西的“两大火炉”之一，年均气温14摄氏度，极端最高温42.8摄氏度，≥10摄氏度的积温4445.6摄氏度，无霜期212天，年日照时数2385.2小时，日照百分率为50%，年总辐射量125.8千卡每平方厘米。从热量资源看，不论是春花生还是复种花生，均能满足正常生育需要；年降水量514毫米，地下水资源丰富，埋藏浅，水质好，易于发展机井灌溉。加之又有渭河、北洛河从南北两侧流过，洛惠渠自流灌溉条件好，能满足花生对水分的需要，是发展花生生产得天独厚的自然条件。大荔人民很早就有种植花生的习惯，种植历史悠久，有丰富的种植技术和生产经验。花生是大荔仅次于棉花的大宗经济作物，也是全省花生主要产地之一。近年，随着农村商品经济的发展，种植面积迅速扩大，全县花生种植面积达20万亩以上，年总产量3500万～4000万千克以上，占陕西省花生播种面积和产量的25%以上。畅销西北、东北等地，更是外贸出口的优质商品。

十一、大荔冬枣

大荔冬枣产地位于中国陕西北部黄土高原水果之乡——陕西大荔县，大荔冬枣果实近圆形，平均单果重20克，果面平整光洁；果皮薄，完熟期呈浅黄片状赭红色；果肉乳白色，口感细嫩酥脆，口感甜香。

大荔枣的栽培历史悠久，西汉时，大荔县沙苑一带就栽植有枣树。清乾隆时，凿井灌田，已具规模。现今沙苑一带，桃、李、枣、杏等各类果树遍地，且红枣的原生珍贵品种就达42个，这在全国枣区罕见，加之近年间引进的多个品种，大荔已然成为中国的“红枣种质天然资源库”。

据《大荔县旧志》载：“……所产之枣，个大、皮薄、核小、肉厚、富弹性、味脆甜、液汁多而出名。康熙年间已成为皇室贡品。”《大荔商业志》记载：“……有以当地红枣为主料制成的著名小名吃‘枣沫糊’，还有当地商民收购农副产品的顺口溜：‘五月杏，六月桃，七月金钱要抓牢；八月苹果九月枣，十月棉蒜安排好’，大荔红枣所到之处，食者无不赞誉。”

第五节　北洛河岸边古村落

一、贠家塬村

贠家塬村位于洛川县石头镇朱牛便民服务中心约7.5千米处，北与吉林村接壤，东与北塬隔沟相望，南邻渭南市白水县，西面隔洛河与铜川市宜君县相望，有“鸡鸣一声听三县（市）”的美誉。贠家塬村域范围内古文化遗址、古墓葬、古村落、传统建筑分布较为密集，其中市级文物保护单位1处（疙瘩坪堡址）、县级文物保护单位1处（堡乃新石器时代遗址）、方家塔村清代民居窑洞院落1处、贠家塬古村落1处［其中包括元代土窑遗址、明末戏楼遗址、明末清初石窑遗址、明末防御土寨遗址、清末城址（由7个民居砖窑院落构成）］、元代古墓1处（贠氏先祖武勇将军贠不华夕陵墓）、清代碑楼1座［四铃碑（功德碑）］、古槐3棵（国槐）、可移动文物贠氏神影（元代族谱造像1卷、清代族谱造像1卷）。

贠家塬村原名好汉岭，为洛川通往白水的咽喉地带，目前发现人类居住最早的为仰韶文化时期，历代为兵家必争之地；原属鄜城县管辖，因元代富城县和洛川县合并归洛川管辖。元代武勇将军贠不华夕居住屯兵于此，后祖辈居住，因世代以武功相传，尽出好汉所以称为好汉。西临洛河，东临石堡川河，处于洛川最南边，两河交汇，风景优美。贠家塬村历史文化名村保存了相对完整的、真实的历史遗存，同时附带了大量的历史文化信息，体现了很高的文化水准，见证了明清时期该地区的生活方式和文化特色，具有较高的历史价值、艺术价值和科学价值。

二、雷塬村

雷塬村位于宜君县东南部北洛河支流雷塬河中游，为尧生镇雷塬综合服务中心所在地。清雍正《宜君县志》载：“雷塬镇在县东八十里，一名雷塬，有防兵。”相传古时，此地因地处两河交汇处，每到雷雨季节，河水暴涨，响声如雷，故名“雷塬”。又传北宋时期，金兵完颜氏在此设“雷龙阵”，被杨家将穆桂英所破，后人称此地为“雷龙阵”，后演化为“雷塬镇”。距雷塬村1.5千米的马河自然村河床上，至今仍遗留有穆桂英战马蹄印，顺河前行约4千米的下梨洼自然村（今无后人居住）有民间传说的穆桂英为设伏金兵，因小孩啼哭而暴露军情的“摔娃台”。20世纪60年代末，在雷塬与马河之间修建水力发电站1座，为当时的雷塬公社机关、学校等单位带来了光明，后长途高压线路架通后废弃拆除。

三、南纪庄村

南纪庄位于白水县北洛河峡谷雷牙段右岸，是一个古老的传统村落。北洛河在村庄东边流淌，整个村落依山而建，远看山环水抱，郁郁葱葱，一股自山上流下的泉水逶迤穿村经过，泉水清澈见底、喷珠吐玉。泉水经过的山坳芳草萋萋，林木葱葱。清冽的泉水，无论何时，不枯不溢，百姓可以随时取用。南纪庄地下多砂石，而经过砂石过滤的泉水，水质清净晶莹，矿化度低，甘甜可口，用之沏茶甘醇飘香可谓绝品。

泉水除了供村民生活所用，还灌溉了村里很多土地。南纪庄的农作物，以花椒为主，全村 1083 亩土地，其中 700 多亩种植花椒。除花椒外，所种植的大蒜也远近闻名。南纪庄的大蒜，皮红、颗大、瓣少，品质独特，食之辛辣，久腌不坏，还曾出口到日本。但近年来，泉水逐渐枯竭，仅能灌溉少部分土地，需水量较大的红皮大蒜种植面积也随之不断萎缩。

南纪庄自然古朴，当地民居大都是几十年，乃至上百年的窑洞、青砖瓦房，民居门楣多题“勤俭”，体现了当地淳朴的民风，有着厚重的历史风貌。现在绝大部分村民基本迁居移民新村，但旧的民居保存尚好。这里有一座大的宅院，人称“王家大院”。大院精致气派，虽然院内建筑大部分被拆毁，但留存下傲然屹立的青砖墙、石雕，刻着麒麟的门墩石，依旧彰显着当年的荣华，显示出房屋与主人的富贵。其中一组“梅兰竹菊”石雕，雕刻细腻，结构精致。令人可惜的是其中一个石雕，竟被人盗去。王家大院主体结构，为经商致富的王连升所创。据老人说，主厅“三多居”房梁上梁时间题为清代同治初年，距今已有 150 多年。

2007 年 1 月，南纪庄东 200 多米处的北洛河畔还发现了一根 1 亿年前的树木化石，虽然早已化成石质，但树皮、树杈、年轮等纹理清晰可辨，手摸冰凉坚硬，两块木化石碎片相击，能听到金属一样清脆悦耳的声音，这是穿破时空的声音。通过这块化石，可以推测到当时这里是温暖湿润亚热带气候。

南纪庄村南还有春秋战国时秦国关塞遗址。战国时期，这里是秦、魏两国边塞关口，为两国的交通要道。南纪庄有一块地方叫“桑树湾”，相传此处和北宋名将狄青有关。狄青落魄时曾来南纪庄投靠姐姐，姐姐慑于夫家威严，未能接济，狄青一气之下在村北一棵桑树上打算悬首自尽。不料树枝断裂，自杀未果，遂离去投靠另一亲姐。后来人们便将桑树所在区域称作“桑树湾”。

白水古时曾有八景，其中之一就是“石锣石鼓震破天”。这一景就在村北的石鼓湾。过去，河水滔滔，每逢夏季北洛河涨水，凶猛的巨浪经过此段，涛声震天，如锣音、似鼓声，恰巧河西山崖有巨石突出形如锣鼓，又有山石像锣，遂有了“石锣石鼓震破天”的壮美景观。

南纪庄多庙宇，曾经多达 12 座，飞泉寺是最著名的一处。南纪庄有古村落、泉溪、古寺院，空间布局构思巧妙，包含着人类与自然和谐相处的历史智慧，凝结着历史的记忆。那些旧民居都是活着的文化遗产，体现了一种人与自然和谐相处的文化精髓和空间记忆。西安电影制片厂的电影《金德旺和他的儿女们》曾因其古朴而取景于此。

四、水莲古村

水莲古村位于澄城县冯原镇（原西社乡）李家沟村，古称西水驿（站）、水莲、水莲大队，被誉为“黄河流域农耕文明化石、黄土高原窑居民俗瑰宝、战国古战场烽隘奇观、渭北古洛水峡谷胜景”。

春秋战国时代，古洛水在此将秦魏国划界，秦汉以来，为澄城和白水两县县界。古村地处黄土高原深处，具有旱塬低山区地貌全部特征，坡、峁、梁、谷、滩密布，河道谷间两岸多为石质。因为马村河将周边的洞子崖、李家沟、圪垯上和史家河四个古寨点串联起来的缘故，所以得名水莲村。

古村南山上四季被茂密的古柏覆盖、郁郁葱葱，山脚下河水清泉环绕，西（安）延（安）铁路和包（头）西（安）与西（安）神（木）铁路盘踞，被誉为“南山宝珠”，周围形成了“一山六水和三线”的“九龙戏珠”奇观。在北洛河两岸，南山宝珠和战国方山古塞（白水县）相互对峙，一方一圆，鬼斧神工，造化神奇。

古村民居建筑为典型黄土高原土穴窑居，等级分明的窑居建筑格局，依崖就势、随形生变、层窑叠院、参差别致。遥相呼应的土窑、砖窑、石窑、明券窑、土挖窑、独体窑、里外窑等，别具一格。正所谓“六水献瑞瑞绕南山成福地，九龙戏珠珠落水莲若洞天”。

五、晋王村

晋王村位于蒲城县城东南 20 千米，北洛河从村东和南边流过，村西北是蒲城煤化工基地，属孙镇镇管辖，有 11 个村民小组，人口 3460 人，耕地面积 6545 亩，除粮食作物外，酥梨、大棚西瓜较为有名。

传说晋公子重耳继承王位前，曾因兄弟夺权相残杀躲难于此，村名也由此而来。晋王村北有原为多个朝代的官道，历史悠久，先秦时期人口就十分稠密，汉唐时逐步形成东湾、秦家埝、单家埝、北埝、王家庄子，从唐代到清代称为晋王镇。过去北洛河滩的苇子园和土碱曾是村民的重要收入来源，村南也有通往大荔的渡口（1990 年停摆）。

晋王村社火与众不同，当地人称“社虎”，社虎就是打字虎，如展示“薛仁贵征东”时，牌名只写“征东”，让观众猜想剧名。晋王社虎何时起源，暂无确切记载，只知兴盛于宋、元、明清，每年正月十三、十四、十五连续进行 3 天，每天演 3 场。打社虎当天先放三眼铳，告知周边村民；出场前先踏场子，要到汉庙上香。每台社虎出场前要放鞭炮，出发顺序是前有社旗、中间是锣鼓和杂耍芯子，后有总牌。晋王社虎以险高及芯子承重量大而闻名，最多可装 32 个小孩，被列为陕西省非物质文化遗产名录。

第五章 水文化建设

北洛河流域为加强水文化建设，通过挖掘水文化遗产价值，来彰显水文化特色和水文化自信，将深厚的水文化底蕴转换为水利发展的优势。通过沿河自然山水和人文历史景点相结合，加快推动水文化和旅游融合。通过系统保护北洛河水文化遗产，深入传承北洛河水文化基因，来加强北洛河水文化传播弘扬。

第一节 河源科考探源

一、北洛河源头白于山

白于山，古称白露山， 即《山海经》所记载的白玉山，为东西走向的厚层黄土覆盖的梁状山地；横亘东西，辐射南北，为内流区与外流区及无定河与北洛河的分水岭；位于县境西南—东北走向的子午岭北段，为北洛河与泾河流域的分水岭，两大分水岭呈T形隆起，将山区分为西南部泾河、南部北洛河、东南部无定河三大外流河的河源区及北部内流区。

白于山主峰魏梁旧称干沟山，在定边县白湾子镇境内，距县城40千米，海拔1907米，为县境最高处。红柳沟镇境内的羊圈山，山上有一地状如羊圈，距县城40千米，海拔1875米。杨井乡西南端的花凤子岭，即鹰窝山鹰窝之脑，距县城45千米，海拔1864米。

在子午岭西侧的泾河流域，沿十字河与安川河河道分布着两条狭窄的川道，与河同名。十字河川在冯地坑、姬塬二乡镇境内，沟大谷深，河床狭窄，水质苦涩，仅有少量小块台地可供耕种；安川河川在堡子湾、罗庞塬、刘峁塬3个乡交界处，多因渗出水成泥滩，不便利用。

子午岭东侧、白于山以南的北洛河流域，也有两道川：①石涝川经王盘山、樊学、白马崾崄3个乡与吴起县头道川相连。河水苦涩不能利用，且易受洪水冲漫，可耕面积很小。②新安边川在新安边镇境内，与吴起县乱石头川相连，河谷狭窄，河床深陷，仅有少量小块台地耕种。

白于山分水岭以南为黄土丘陵区，以北为较开阔呈长条状分布的黄土宽梁斜坡与涧地交错地形，再北为低缓梁岗间的平原，最北缘则属风沙草滩区，间有碱滩、沼泽、洼地。

白于山南北两坡很不对称，北坡短，多土崖峭壁，南坡长，波浪式向南逐渐下降，多缓斜梁墹及残塬地。白于山梁长沟深，相对切割深度300 ~ 400米，沟谷底部呈V形，谷坡坡度45° ~ 75°，上部较阔，谷坡坡度25° ~ 45°，状似喇叭。由主梁分出的次一级长梁分别向东、南、北等方向延伸，阶梯式逐级由海拔 1800 米降到 1500 米左右，成为一些河流上游河段的分水梁地，梁面坡度 10° ~ 25° ，坡面坡畔流水及重力侵蚀活跃，水土流失较为严重。

白于山北侧的三边洼陷地带，在白于山与毛乌素沙地之间形成三边盆地（当地称三边滩），由几条向北延伸的低平梁地（主要是八里坬梁地和柠条梁）将其分成为定边滩（定边人称之为西滩）、安边滩（定边人称之为东滩）和靖边滩 3 个相对独立各具特色的浅缓盆地。白于山南形成 1 个相对侵蚀较弱的地带，侵蚀程度从东向西减弱，有两条梁地与白于山呈 π 形排列，西面一条是子午岭北端，为泾、洛两河流域的分水岭，其西边多为残塬沟壑，沟道深切，东面一条是山，北端为北洛河东部分水岭；其东为峁梁丘陵沟壑区。两梁之间为梁涧沟壑区。

白于山对洛河流域西部自然环境起着极为重要的制约作用。夏季，它阻挡南来温热气流，使北部滩地更加干旱；秋冬季节，它阻挡北来寒潮，使其南部减轻冻寒危害；冬春季节，它阻挡强劲的西北风，在北部滩地产生风光效应形成西风，成为毛乌素沙地的巨大屏障。

二、白于山变迁

白于山是“陕北之殇”。400 毫米等降水量线，是我国一条重要的地理分界线，划分出我国的半湿润和半干旱区、森林植被系统与草原植被系统。白于山是 400 毫米降水分界线，白于山北部降水量低于 400 毫米，以草原植被系统为主；南部降水量高于 400 毫米，以森林植被系统为主。年降水量 320 ~ 500 毫米，东南多、西北少，且多集中在夏、秋两季，夏季占全年降水量的 56.7%，秋季占 26.7%，春季占 14.5%，冬季占 2.1%。白于山日照充足，年日照时数 2600 ~ 2900 小时，且以春、夏两季为主。数百年来，白于山过度放牧和过度垦荒。先秦时期，白于山北部是辽阔的草原，南部是茂密的森林。秦汉时期，“移民实边”和“屯垦”，垦辟森林草原。西汉末年到隋代，弃守边地，林草恢复。自唐以后，人口增长，乱垦滥伐，过垦过牧，沙化和水土流失加剧。及至明代，定、靖、横部分山区“寸草不生”。民国年间，林草植被有减无增。至此，白于山原生植被遭遇严重破坏，伐掉的是优质树，啃掉的是优质草，毁掉的是优质林，留下来的是残次林和丛生杂草。这是人为生态系统的“逆向选择”，原有的自然生态系统功能已经衰败退化，土壤侵蚀严重，大部分地面黄土裸露，干旱与暴雨交替肆虐，白于山苦甲天下，成为举世公认的“一方水土养不了一方人”“不适合人类居住的地方”。

白于山之“绿肥黄瘦”。21 世纪以来，迎来了中国兴林治山的盛世时代。为了让白于山休养生息、恢复生机，陕西省投入巨额资金，实施了大规模的移民搬迁行动，国家退耕还林还草、天然林保护、三北防护林、京津风沙源治理工程相继实施、先后发力，封山禁牧举措紧紧跟上，林草上山下乡，绿色铺展，黄土收敛，白于山生态保护修复取得了重要的进展。特别是延安市实施全域退耕、全域封山禁牧，奋力掀起了“绿色革命”，创造出一个属于延安，也属于世界的“白于山绿色”奇迹。

第二节 水文化遗产

一、水文化遗产调查——北洛河河名之考

洛河是一条古籍记载较多而又混淆较多的河流。一是与南洛河相混淆。《广韵·铎韵》说："《尚书·禹贡》在'导洛自熊耳'，《汉书》洛，本作雒。"清王筠《说文句读补正》说："许君（许慎）但说陕西、甘肃之洛，是河南之雒本不从水也。"段玉裁《小笺》说："自魏黄初以前，雍州渭洛字作'洛'，豫州伊雒字作'雒'，绝无混淆，黄初（220—226 年）以后乃乱矣。"《魏略》说："魏以行次为土，水之壮也，水得土而乃流，土得水而柔，故除'佳'加'水'，变'雒'为'洛'。"现在已将渭洛的洛河改称北洛河，以别于伊洛的南洛河。二是与石川河（漆沮水）相混淆。首先将两者混为一谈。《尚书·禹贡》曰："导渭自鸟鼠同穴，东会于沣，又东会于泾，又东过漆沮，入于河。"《毛传》云："漆沮，二水名，亦曰洛河。"其次上指漆沮（石川河），下指洛河。《太平寰宇记》载："沮水自坊州升平县（今宜君县西）北子午岭出，俗号子午水，下会榆谷，慈马等川，遂为沮水，至耀州华原县（今耀州区）合漆水，至同州朝邑县（今大荔县东）东南入渭。"还有把雍州漆沮水（武功漆水河）与石川河、洛河互相混同。

二、水文化遗产分类

对水文化遗产而言，水文化遗产大类的划分不应是物质和非物质的划分，而应是工程和非工程的划分。近年，有学者提出了工程遗产的概念，指出工程遗产是"具有历史、科学、技术、社会综合价值的人类建构实践所产生的遗存"。在哲学层面工程的概念是：以建造为核心的人类活动。工程的内核是技术要素，而制约内核的则是资源、知识、经济、社会、文化、环境、政治等非技术要素。基于工程的哲学属性，工程遗产应是非物质与物质形态遗产的结合。简言之，工程是社会、政治、科学技术的物质表达。可以这样认为：水文化遗产的工程遗产类型，应包括工程与非工程构成要素，工程类水文化遗产主要构成应为：水（河）工建筑或遗址、人工水道或遗迹、水利纪事碑、水神实物及其建筑；从属于工程的管理规章制度、本土特有的水利知识与技术体系，水（河）工工具、水管理制度及其文书档案，与工程维护相关的仪式或民俗活动（如都江堰开水节）、水崇拜仪式等。

非工程类的水文化遗产同样具有物质和非物质的性态。非工程水文化遗产列举的类型有：水神（石刻画像等）以及供奉建筑（如禹王庙、龙王庙及河神庙）、祭祀仪式或节日、水行政管理建筑或遗址（如北京都水监遗址）；古代水知识体系、技能，通常以著述、工程规范的形式保留。非工程类文化遗产还可以分出自然类水文化遗产，主要类型可以列举为江河故道水灾害、水文等。江河故道应涵盖河工建筑遗存渡口、地标及其建筑等外延遗存；由自然灾害而产生的灾害遗址，如洪水冲毁的村落、城镇遗址或洪痕遗迹、石刻；水文遗产包括河道洪枯水位石刻、洪涝档案河道水位量测设施等。

三、水文化工程遗产

（一）龙首坝

龙首坝是一座石拱滚水坝，它横跨于澄城县交道镇樊家川行政村管辖的洑头村西，处于与蒲城县西头乡交界的北洛河下游，因建于汉武帝时创建的龙首渠的渠首段而得名。

该坝是民国二十四年（1935 年）建成的，它位于澄城县交道镇西南 8.5 千米处，距离县城 17 千米。坝为石拱滚水坝，坝轴为弧形，坝面为渥奇式。坝高 16.2 米，顶长 187.67 米，顶宽 5 米，坝基最大宽 22.5 米。坝体用工 157669 个，用石料 20525 立方米，用沙 7290 立方米，用水泥 12092 桶，支付 217881 银圆。该坝由著名爱国将领杨虎城倡导，近代水利科学家李仪祉主持规划，总工程师孙绍宗率队勘测并全面负责工程实施，工程师李奎顺具体设计，于 1934 年 5 月动工兴建，翌年 6 月竣工。当时的国民政府主席林森亲笔题写了“龙首坝”坝名，并在坝东建亭上立碑留念，龙首坝纪念亭也是仿古木结构建筑，古朴大方。

龙首坝工程建筑宏伟，附近沟壑纵横，怪石林立，水流湍急，坝下河床狭窄，形成了状如“壶口”的瀑布和险滩、湿地、龙眼、龙潭等自然景观；下游 1 千米处还有著名的温泉，这里山清水秀，风景优美，是人们旅游休闲的好去处，是发展旅游事业的好地方。龙首坝于 1985 年 4 月被澄城县人民政府确立公布为县级重点文物保护单位，2002 年 10 月被省人民政府批准公布为省级重点文物保护单位。

（二）龙首渠引洛古灌区

龙首渠引洛古灌区位于陕西省，史载汉武帝时修筑，因在隧洞施工中首创“井渠法”，被誉为中国历史上第一条地下渠，其后引洛灌溉代有传承，民国时期在龙首渠基础上修建洛惠渠，发展至今，灌溉农田 74.3 万亩。

龙首渠是陕西省洛惠渠的前身，修筑于汉武帝元狩年间（前 122—前 117 年），因穿渠得龙骨，故名龙首渠。

文物保护的范围，仅指隧洞工程而言，也就是现在的“五号隧洞”部分，距本县县城西北 13.5 千米，地理坐标为东经 109° 53′，北纬 34° 54′。

西汉龙首渠“作之十余载，渠颇通，犹未得其饶”。

南北朝和唐代均有重开龙首渠的记载，北周武帝时来巡视，保定二年（562 年）“同州开龙首渠，以资灌溉”。唐高祖武德七年（624 年）和唐玄宗开元七年（719 年）曾有引洛水及堰黄灌溉和种稻的历史。2020 年 12 月 8 日，渭南市龙首渠引洛古灌区成功入选世界灌溉工程遗产名录。

图 6-5-1　郑国渠遗址蒲城段（蒲城县文化局提供）

（三）郑国渠遗址蒲城段

郑国渠遗址蒲城段东西横贯卤

泊滩南。郑国渠系秦王嬴政十年（前 237 年）采纳韩国水利家郑国建议所开凿。首起中山（又名仲山、北仲山，在今泾阳县西北）瓠口，经三原、高陵、富平三县入蒲城原任乡，由孝通、党睦以南经钤铒乡重泉村，从晋城南向东入北洛河。20 世纪 70 年代，陕西省水利厅对遗址沿线作了初步调查，并在重泉村北入北洛河处做了勘探。

（四）洛渭漕渠遗址

洛渭漕渠是汉代引北洛河入渭河的漕运水道和水利灌溉工程。目前详细资料尚不明晰，仅在临渭区、蒲城县、大荔县境内发现该漕渠的部分遗址。

1. 蒲城县城南村洛渭漕渠遗址

蒲城县城南村洛渭漕渠遗址为战国、秦汉时期遗址，位于蒲城县龙池镇城南村东 450 米。该洛渭漕渠残段大致呈长方形，渠长约 2000 米，渠宽约 40 米，分布面积约 8 万平方米，为东西走向，向东流进北洛河，现已被人工沟渠切断，河床北现开垦利用为农田，主要种植棉花，未发现任何遗物。洛渭漕渠仅存残段，已废弃不用，且被现代沟渠切断。洛渭漕渠遗址是龙池镇年代较早的漕渠遗址，为研究龙池镇乃至蒲城县水利设施的发展提供了实物资料。

2. 大荔县洛渭漕渠遗址

大荔县洛渭漕渠遗址位于渭南市大荔县羌白镇焦家村、太丰村。保护范围：遗址宽 40 ~ 70 米，深 1 ~ 3 米，长约 3000 米渠道的范围。

3. 临渭区洛渭漕渠遗址

临渭区洛渭漕渠遗址是汉代引洛（河）入渭（河）的漕运遗址。临渭段北起官路乡新村，经南志道村、陈家寨、交斜镇东堡、来化、孝义镇孝义村，南至单家崖村流入古渭河；为东北—西南走向，全长约 18 千米。现渠道宽 40 ~ 70 米，深 1 ~ 3 米。现漕渠北部深，南部浅，两岸夯土遗迹不甚明显，被农田覆盖。洛渭漕渠遗址（临渭段），为研究汉代交通运输、水利设施及经济文化提供了重要的实物资料。

（五）盐池洼古通灵陂遗址

盐池洼古称通灵陂，通灵陂引洛堰河是魏、唐时期大荔一带利用洛河和黄河浑水淤灌改良盐碱地灌工程。今大荔县城东 3 千米处，有一条东西长 15 千米、南北宽 3 千米的槽形封闭洼地。洼底低平，低于二级阶地 15 米左右，常年积水曝盐，俗称盐池洼，现已改造为朝邑国家级湿地公园。《晋书》称临晋，《唐书》称通灵陵。

《晋书 · 食货志》载：“青龙（233 年），筑临晋陂，引汧洛溉潟卤之地三千余顷，国以充实焉。”《新唐书 · 地理志》载：“同州冯翊郡朝邑县北四里有通灵陂。开元七年（719 年），刺史姜师度引洛堰河以溉田百余顷（折今亩 8710 亩）。”《新唐书 · 姜师度传》载：“徙同州刺史，派洛灌朝邑、河西二县，阙河以灌通灵破，收弃地二千顷（折今亩 17.42 万亩）为上田，置十余屯。”

1987 年，洛惠渠管理局实地考察了通灵陂引水渠遗址。其具体位置当在今大荔县城东南北庄子东侧，俗称“旱河”。渠宽 42 米，深 4 ~ 5 米。从河岸至长安屯村，长 2.5 千米，即为盐池洼西端。经查万分之一地形图，旱河口两侧河岸高程为 344 米，岸下河滩后缘洼底高程 330 米，前缘 340 米，长安屯村南最高处 350 米，盐池洼西端洼底 340 米，积水线边 336 米。据此高程推算唐时引洛水，灌通灵陂田百余顷切合实际。

（六）东阳沟桥

东阳沟桥位于白水县城关镇张坡村东 1 千米处的澄白公路大桥下。桥为青石桥砌筑单孔拱桥，桥面覆数十米厚土坝，东西走向，横跨东阳沟。据《白水县志》记载，此桥为明嘉靖四十一年（1562 年）所建，清顺治三年（1646 年）由乡民李榜重修，当时为一土坝桥。民国二十五年（1936 年），南乾村刘尚武捐资续修，增高桥坝，次年竣工。全长 50 米，宽 3.5 米。据《中国文物地图集·陕西分册》载：桥拱券上部石板刻民国二十五年造桥题记一则。

（七）澄城永庆桥

澄城永庆桥，清代修建，位于渭南市澄城县冯原镇西社村，是陕西省第六批文物保护单位。

据《澄城县志》记载，从明嘉靖三十年（1551 年）到 1940 年，官府和澄城仁人志士在县境各河流修建砖、石拱桥就有 12 座，不少沟壑还筑有土桥。这些桥绝大部分都建在河谷里，长则百十来米，短则几米到十几米，有砖砌的，也有石垒的，有专家精心设计的，也有村民自己搭建的；有的设护栏，雕花纹，饰图案，志年月，如富家子弟，衣着华美，名位显赫；有的立石礅，架石板即成桥，普通得如乡野布衣，无名无姓。这些众多的古桥当中，唯永庆桥最为出名、规模最大、气势最宏伟。永庆桥桥头的石碑上的文字诉说着该桥的建设过程，其中水莲村史大敬老先生为此付出的人力和财力万载千秋。

水莲古村东 7 千米外的西社河流域沟壑中央有一条名曰长宁河的溪流，河水四季充沛，流量颇丰，夏秋季节更是常常涨溢，波翻浪卷，阻绝东西往来交通，而此路又是该县西北地连接县城的必由之路。清乾隆至嘉庆年间，当地有位名叫李文彦的老人，多次察看河边地势，谋划修筑石桥，但村里有的人认为河水蜿蜒，深不可测，如能建桥，前人早已建了；有的人担心修桥困难太大，费以千计，到头来半途而废，得不偿失。但李文彦老人不为人们的议论所动摇，决心建桥，并亲自找到水莲村的知名乡绅史大敬和邻村石上诊两位老人商议，这两位老人也素有在河上架桥的想法，表示坚决全力支持，并各自捐银 1000 两襄助。为了建好桥，几位老人顾不上料理家事，一心扑在建桥上。其间，曾发生地震，又下大雨，河水不断上涨，尚未竣工的石桥岌岌可危，老人们躺在桥上誓与桥共存亡。就这样夜以继日地辛勤操劳，历经三载建成长 100 米、宽 4 米、高 24 米的石拱桥。清同治三年（1864 年）修补该桥时，请知县胡彬撰写碑文，胡念其“一时之功，实万世之利”，遂命桥名为“永庆桥”。时人李大麟曾撰《创修永庆石桥记》一文评论：“是举也，经始于嘉庆十有八年，落成于二十一年。非西社耆老李文彦等倡之于前，众善士襄之于后，乌能创兹大役，而使卑者高、缺者完、坡且曲者直，荡荡平平，普美利于无穷也。名曰：永庆，不其然乎。”足见永庆桥的建成在当时影响之大、意义之非凡。

1985 年，永庆桥被列为澄城县县级文物保护单位。2014 年，永庆桥被列为陕西省省级文物保护单位。陕西省文物局文物鉴定组长知名专家呼林贵对该桥如此评价：在黄土高原，该桥年代之久远，跨度之大，建制之高为北方少有，可与著名的河北赵州桥媲美。

四、非工程类水文化遗产

（一）陕西洛川黄土国家地质公园

明代陕西参政崔忠途经洛川，曾赋诗道："新骑羸马远甸宣，满眼风光古洛川。四面好山深涧外，一弯流水戍楼前。莺花远近连村树，稷黍高低负郭田。形胜有余民赋重，几时烽火息三边。"延安南部洛川残塬的景色被他寥寥数笔写得生动可感，一份忧民之心也令人起敬。延安无土不黄金，洛川塬上扬美名。辽阔深厚的黄土高原独将盛誉集于洛川一身。

陕西洛川黄土国家地质公园于2002年2月经国土资源部批准设立，地处洛川县城南缘的黑木沟流域。公园以黄土剖面和黄土地质地貌景观为特色，并伴有脊椎动物化石，保存有典型的黄土景观遗迹，真实记录了第四纪以来古气候、古环境、古生物等重要的地质事件和地质信息，是研究中国大陆乃至欧亚大陆第四纪地质事件最典型、最系统、最完整、最自然的地质体。

公园总面积8.2平方千米，共划分5个景区，分别是黄土地质遗迹生态环境保护区、黄土地质景观游览区、苹果园观光区、管理服务展览区和黄土风情旅游度假村。其中，面积为2.6平方千米的黄土地质景观游览区，最具科研和观赏价值，以黑木沟最具代表性。黑木沟长7000米，沟谷中部宽约1100米，深140米，两侧为裸露黄土塬。黄土剖面出露清楚，地层连续完整，沟内黄土垂直节理发育，直立性好，谷坡陡峻。受重力、地表水和地下水地质作用，形成了独特奇异的"黄土喀斯特"地貌景观。沟内黄土滑坡、黄土悬沟、黄土落水洞、黄土桥、黄土柱、黄土墙等黄土微观地貌景观丰富，鬼斧神工，气势恢宏。著名景观有"万年睡童""海豚出水""孔雀下山""烽火台""金字塔"等。

甘泉县雨会大峡谷位于洛川的黄土国家地质公园，全世界独一无二。沟谷深度在80 ~ 140米，黄土断面以30° ~ 60° 的坡度耸立着，显示着黄土滑坡、崩塌发育、沟头侵蚀的原形，保持了黄土高原特有的地质地貌。科学家认为，洛川黄土完整地记录了250万年以来古气候、古环境的发展历史，以及生物演化信息、气候变化特征，不仅对科学研究具有重大意义，而且还隐藏着厚实的黄土文化，是一个珍贵的文化载体。

该公园已经建起黄土地质博物馆，以图文并茂的形式，系统介绍黄土地质学的有关知识和公园的总体情况。

（二）田家河记水碑记

该碑位于白水县西固乡，记载了田家河堰渠沿革及绅民合议制定禁止私自阻水浇田等用水条规，对研究清代水利设施及民规条约等具有重要的史料价值。

（三）禀请禁止截水碑记碑

清道光四年（1824年），富平县民众在白水河上游广阳河截水灌田，影响下游人畜用水。白水知县康节禀告知府，七月二十七日，富平、同官（今铜川）、蒲城、白水四县会勘，官府裁定不许富平民众截水灌田，并立禁止截水石碑。碑文对研究清代地方水资源状况具有重要价值。

（四）天心池竖石并关帝陵树碑记碑

该碑位于白水县冯雷镇耀卓村井祖祠后院。石碑为青石质，园首，碑身为长方形，年代不详。碑文楷书，共8行，满行35字，碑文曰：“我族天心池凿自康熙七年，地一亩二分，粮在通户历一百六十余年，合族老幼皆所共知。岁在丙戌季秋，中社忽觊觎为他池。我族以理说，强项不服，丁亥正月与词邑候任太爷棠下……”记述两族争夺村中涝池一事，具有一定史料价值。

（五）池泉分水碑

该碑原立于蒲城县永丰镇温汤村，现无存，仅留碑文。碑文主述清乾隆六年（1741年）蒲城县令何玉玑亲临温汤村处理村民因泉池权属的利益纠纷。何玉玑在深入民间调查了解的基础上，将审判结果勒石树碑，立于村头，以示双方共同遵守。

（六）漫泉河水利章程碑

该碑位于蒲城县贾曲乡，立于清光绪十四年（1888年），由蒲城县知县张荣升亲自撰文树碑，邑儒学生员米海昌书丹。碑文详细叙述了漫泉河的历史变迁和水利章程，现存于贾曲乡文化站。

（七）怀化村水利碑

该碑记述清代蒲城县漫泉河下游农田灌溉用水制度：①灌田由下游始，先远后近，先稻后麦；②用水农户，十家结为一组，置木牌一面，作为用水交接证件；③用水区间，如有顽民截渠偷水，按规处罚。此碑石现已残。

（八）澂邑漕仓

澂邑漕仓位于蒲城县洛滨镇西头村东、北洛河右岸的二级台地上。1992年，秦汉史专家彭曦先生等人在考察秦汉遗址时，发现并初步断定为汉代遗址。遗址分布在西头村至韦村之间的广大范围内，南北长约3千米，东西宽1.5 ~ 2千米，地面和深土层中有大量春秋战国及秦汉时期的陶器残片、云纹瓦当、绳纹瓦片等，其中有一种瓦当图案，由“澂邑漕仓”4个篆字组成。一些学者认为，该遗址原为春秋时期晋国的“北澂”（一作“北征”）故城，秦康公四年（前617年）夏，秦“取晋北澂”，设县，汉因之，并于此建漕仓。

（九）李仪祉故居

李仪祉故居为民国时期建筑，位于蒲城县洛滨镇富原村李家村中，分布面积约2374平方米，建筑占地面积约940平方米。李仪祉故居院落残破过甚，土墙颓败不堪。院落两侧厢房已毁。土窖前后砖砌，后部将塌毁。故居地窖保存尚好，内外砖砌，门窗皆存。故居院落墙脚

图6-5-2　李仪祉故居（2023年9月，许小海拍摄）

下还存有原建筑构件柱础石及残石马槽一个，应为清代石刻，上刻有浮雕图案。该故居是中国著名水利专家李仪祉先生童年、少年及成年后回乡居住之地，是蒲城县近现代重要史迹之一。

（十）李仪祉纪念馆

2004 年 4 月，近代著名水利专家、教育家李仪祉纪念馆在蒲城县洛滨镇建成并对外开放。该馆位于马湖抽水站内，由刘克跃先生个人筹建。馆内塑立李仪祉雕像，并存有部分碑刻，200 平方米的展厅内陈列着李仪祉先生的照片、书信、生平、功绩介绍等，并完整搜集整理了李氏家族后裔发展情况。

（十一）大荔县太白庙

太白庙是陕西省第五批重点文物保护单位，位于大荔县城关镇长安屯村，始建于明万历年间，清同治元年（1862 年）毁于贼火，清同治四年（1865 年）重修，清光绪十二年（1886 年）再次重修，由当时同州府十个县的县令共同集资修筑而成。太白庙占地约 8 亩，建筑面积约 560 平方米，由前殿、中殿、大殿三部分组成。殿内前后畅通，视野开阔，阁楼古朴，壁画精美，其中一幅壁画为长安八景中的大雁塔、小雁塔和南城门，一幅为西岳华山，一幅为灞桥垂柳图，中间大画是太白山六月积雪，右边墙上是咸阳古渡，画中有渭河和古渡龙王庙，还有一幅是太白山鸟瞰图。至今在庙正门台阶还保存有“唐根”（扎根进青砖缝隙中的唐柏根），据说曾经在此地还有魁星庙和娘娘庙，古唐柏根贯穿太白庙和其余二庙，被称为“一担挑三庙”。

第三节　世界灌溉工程遗产与水情教育基地

北洛河流域内现有世界灌溉工程遗产 1 处、省级水情教育基地 1 处。

一、世界灌溉工程遗产

龙首引洛渠古灌区历史悠久，遗存丰富，是黄河流域文化遗产的重要组成部分，也是陕西省第三处入选世界灌溉工程遗产的古灌区。引洛灌溉历史悠久，脉络清晰，肇始于西汉，筑陂于三国，重开于北周，显效于盛唐，不绝于宋元，泉溉于明清，兴建于民国而振兴于当代，历时两千一百多年之久。

（一）申遗历程

2018 年，洛惠渠在多次向陕西省水利厅汇报工程项目过程中，洛惠渠的前身西汉龙首渠，得到了省水利厅的关注。同年 10 月编报 2019 年省级水利发展资金项目时，编制了灌区水文化建设项目，确定为“灌溉工程保护与维修项目”，通过省水利厅专家评审。

2019 年 1 月，洛惠渠正式开始了申遗的准备工作。2019 年 3 月，陕西省水利厅文明办耿涛主任、洛惠渠人员赴国家灌溉排水委员会，首次提出龙首渠引洛古灌区申遗意向，引起灌溉排水委员会领导重视。

2019 年 5 月，洛惠渠邀请了中国水利水电科学研究院水利史研究专家蒋超教授及全国申遗专家孙刚锋等来灌区进行实地调研，他们认为申遗条件已经成熟。

2019 年 8 月，灌溉工程遗产专家蒋超、孙刚锋受邀前往遗产地考察，通过 3 天调研，两位专家肯定了龙首渠、井渠法遗址申请世界灌溉工程遗产的可行性，初步明确工程遗产组成范围为龙首渠遗址、井渠法遗址、通灵陂等，工程遗产名称初拟为“引洛古灌区”。

2019 年 9 月，习近平总书记在黄河流域生态保护和高质量发展座谈会上的重要讲话指出，要推进黄河文化遗产的系统保护，守好老祖宗留给我们的宝贵遗产。这更加坚定了洛惠渠申遗的信心和决心。

2019 年 10 月，借中日农田水利交流团来灌区考察之际，中国国家灌溉排水委员会丁昆仑副秘书长及高黎辉主任对龙首渠遗址及灌区进行了实地考察，认为龙首渠承载了 2000 多年的厚重历史，其井洞技术是祖国科技宝库中的一笔珍贵财富，应进一步对灌区文化进行挖掘梳理，尽快做好申报的前期准备工作。

2019 年 11 月，成立了以渭南市政府牵头，市水务局，文旅局，澄城、蒲城、大荔 3 县政府和洛惠渠管理中心等为成员的“龙首渠引洛古灌区”申遗领导小组和办公室，下设综合组、宣传组、工程组。同时制定申遗工作计划书，至此，申遗工作全面启动、有序推进。

2019 年 12 月，围绕灌区基本情况、历史沿革、管理成效、遗产清单、价值分析及保护计划为主线进行了全面论述，完成了申遗预答辩文本的编辑和申遗预答辩 PPT 的制作工作。

2020 年 1 月 9 日，在陕西省水利厅文明办耿涛主任及渭南市水务局王军学副局长的带领下赴京进行申遗预答辩工作，经过激烈角逐，成功入围申报世界灌溉工程遗产备选单位。

2020 年 5 月，完成申遗视频片的制作。5 月 6—8 日，中国水利水电科学研究院水利史研究所王英华主任就龙首渠遗产保护利用规划来到龙首引洛渠灌区进行了为期 3 天的初步考察。

同年 12 月 8 日，在摩洛哥召开的国际灌排委员会第 71 届执行理事会上，“龙首渠引洛古灌区”成功入选世界灌溉工程遗产名录。

（二）独特价值

1. 厚重的历史价值

西汉龙首渠是中国历史上第一条地下渠，在世界水利史上也是一个伟大的创造。《史记·河渠书》载“井渠之生自此始”，“井渠法”在当时就通过丝绸之路传到了西域，新疆发展为“坎儿井”，至今广为沿用。王国维《西域井渠考》依据史书关于龙首渠记述，认为“井渠原发中土，向西传播”。

龙首渠对维护社会稳定及促进民族大一统有着重要意义：三国时期因兴建临晋陂，使同州地区成为曹魏政权对抗蜀国、统一中原的根据地；出生于大荔的北周武帝宇文邕重开龙首渠促进农业经济快速发展，为讨伐北齐和统一疆土提供了物质保障；在历经三国两晋南北朝长期战乱和民族分裂后，为同样出生在大荔的隋文帝杨坚实现国家大一统打下了基础；唐代李克用为平息叛乱屯兵龙首渠尾，乾坑之战大获全胜，稳定了晚唐政局。

龙首渠是秦东平原农耕文明高度发展、经济繁荣的见证。汉代澂邑漕仓、晚清的丰图义仓昭示着河洛一带的物阜民康、富庶自足。

引洛灌溉成就了大批政治家和水利专家。姜师度、李仪祉被列为史上十二大治水名人。

2. 丰富的文化价值

龙首渠2000多年的盛衰交替，演绎了不懈探索、薪火相传的慷慨悲歌，成为中华民族艰苦奋斗、百折不挠精神的生动写照。①“龙文化”标识众多。自西汉起灌区多次发现“龙骨”，有龙首坝、青龙庙、龙潭、龙眼、龙珠、龙洞等名胜和伏龙、龙阳、龙池、龙门等遍布灌区。②汉文化载体遍布。沿渠的西汉村、东汉村、中汉村自汉武帝建村，又有汉帝镇、汉帝村、秦汉行宫、武帝庙。③水文化印记满满。沿渠有义井、东渠头、西渠头、双泉以及乾河、洛滨、船舍等地名。④庙站合一的灌区特色。现存有太白庙、曲里庙、平路庙、青龙庙等，灌区水利管理站多在庙中办公或驻扎。

3. 独特的科技价值

龙首渠创造应用了多种施工工艺、技术，造就了水利发展史上的奇迹，“井渠法”成为祖国科学技术宝库中的一笔珍贵财富。

（1）测量技术先进。龙首渠穿山选线为铁镰山最窄处，地势呈西北—东南走向，就势合理利用沿线冲沟、陷穴，线路率直近捷，可节省人力、物力。整个渠道干线长20多千米且需穿越铁镰山，既保证山两端明渠的顺利衔接，又有利于自流引水，展示出高超的测量技术。

（2）首创井渠法。井洞开凿施工时，竖井与隧洞开凿同步进行。竖井达到规定水平线后，分别转成挖隧洞的形式横向延伸，把长距离的相向开挖分割成各个区间性的相向开挖，既减少了工程误差，提高了工效，又有效解决了地下通风、采光等问题，提高了井下操作的安全性。汉柏“人”字形结构支护系统继承了早期榫接或搭接支架方法，能较稳定地承受流沙潜泉导致的隧洞压力。井渠法在灌区传承利用，康熙《蒲城县志》记载了明万历丁丑年间从尧山后穿渠引南河水时“依熊（庄熊罴）法凿井数十处”的事例。民国时期五洞开凿、新中国成立后五洞改造均采用了井洞结合法。采用人工大填方的方法解决了龙首渠沿线跨河沟问题，是横绝技术的承继利用。

（3）应用先进建材，2007年曲里遗址（窑址）的发现，说明龙首渠最先使用烧造的砖、瓦、陶瓷等建材、器具，烧制引排水管道的发现和应用，对研究古代水工建材器具有重要意义。

（4）规划设计科学。龙首渠渠线摆布走向、灌域控制与洛惠渠基本吻合，能最大限度地发挥工程灌溉效能。

4. 多元的生态价值

其一，有效控制入黄泥沙。灌区引洪由来已久。1950—2018年累计消纳洛河泥沙近两亿吨，有效保护了黄河流域生态。其二，改善盐碱地为良田。自汉武帝兴修龙首渠“溉重泉以东万余顷故卤地”，至三国魏晋筑临晋陂，唐代姜师度“淤河以灌通灵陂，收弃地二千顷为上田”，直至当代洛惠渠引洪淤地改良盐碱地15.8万亩次，压碱造田成效显著。其三，现代灌区生态效益显著。248千米的干支渠水常年流淌，年均行水250多天，沿渠10多万株树木构成的生态屏障改善了小气候，形成了天然氧吧；昔日盐池洼变为今日万余亩水面的朝邑湖，是北洛河流域最大湿地，成为大天鹅、灰鹤、红脚隼、白鹭等珍稀鸟类迁徙“驿站”和水生生物天堂。

（三）保护利用

申遗伊始，灌区就着手开展遗产现场整治。2019 年 10 月对龙首渠五洞出口进行了渠堤硬化，栽植了绿植，刷写了标语，同时又在全灌区范围内的遗存周边进行了除杂清污、安装标识牌等工作，现场环境得到了极大改善。

2020 年，洛惠渠管理中心开展了“聚力申遗、传承提升”主题活动，通过征文、演讲，讲述洛惠故事、传承龙首文化及赛拼比超等系列活动为申遗呐喊助威。

由工会组织，面向社会征集历史线索、搜集老物件，干部职工积极行动，离退休同志、社会各界广泛响应，纷纷捐物出力，共征集各类生产工具、用品、文献、老照片等 518 件，为申遗提供了重要支撑。

2020 年底，由中国水利水电科学研究院牵头，编制了《龙首渠引洛古灌区遗产保护利用规划》，筹划建立龙首渠博物馆，并纳入《黄河国家文化公园建设方案》《陕西省黄河流域高质量发展水利专项规划》等。

2021 年 4 月开始，陆续在龙首坝、井渠法遗址、五号洞竖立 3 块世界灌溉工程遗产碑刻，成为网红打卡地。2021 年 6 月 24 日，世界灌溉工程遗产——“龙首渠引洛古灌区”授牌仪式在龙首坝举行，中国灌排委副秘书长丁昆仑将遗产标牌交予渭南市时任副市长杨武民。

洛惠渠管理中心还深入挖掘整理了 2000 多年龙首渠所蕴含的龙文化、汉文化、水文化、漕运仓储文化、水利工程文化和红色文化遗存；邀请非遗传承人华阴老腔张喜民团队编排了由管理中心创作的《喊龙首》视频片；创建了以“龙首渠”命名的网站、抖音号、今日头条、微信公众号等平台；注册登记了“龙首渠”商标，国家知识产权局批复注册商标 6 类 26 种商品；设置专栏征集散文故事、楹联美文、歌赋诗词等上百篇，编辑出版了《龙首遗韵》《洛水清音》《龙首渠话》《诗景洛惠》等灌区文化丛书，形成了浓厚的历史遗产文化氛围；整理创作遗产讲解词，培训讲解员 3 名，优化遗产地参观线路，接待海内外、中省（市）各类团体参观上千次。

2022 年 2 月，龙首渠引洛古灌区入选陕西省首批水情教育基地，开启了灌溉工程遗产保护利用的新篇章。

二、陕西省龙首渠引洛古灌区水情教育基地

2020 年 12 月 8 日，龙首渠引洛古灌区成功入选世界灌溉工程遗产名录。2021 年 8 月，洛惠渠管理中心积极参与“第一批陕西省水情教育基地”申报工作，于 2022 年 2 月 10 日，经厅务会议审议、社会公示等程序后，陕西省水利厅以陕水信宣函〔2022〕6 号文件，公布渭南龙首渠被设立为陕西省水情教育基地。

2022 年 5 月 31 日，洛惠渠管理中心在地处蒲城县永丰镇曲里村、洛惠渠曲里管理站内建成龙首渠水情教育基地展览馆。

该馆建筑面积约 140 平方米，以科普宣传及引洛发展史为主题，通过“水情知多少、千古叹何为、旱魃遁所因、丰图谁绘就、奋楫待何时、未来何所期”6 个板块，以图、文、物、影、形表现形式宣传了水常识、水法规、水科技，讲述了千年龙首渠的发展史和人定胜天的奋斗史。展览馆与龙首坝景区、曲里渡槽、井渠法遗址、五洞口、通灵陂等遗产地相辅相成，具有一定的观赏性和水情教育功能。

龙首渠水情教育基地建成后，洛惠渠管理中心成立了专管机构和宣讲团队。各行各业、社团群体及各地群众、游客、中小学生等参观学习者年均有 50 批次，10 万人之众。每逢节假日，参观学习者更是接踵比肩、络绎不绝，极大地方便和推动了水情教育的宣介工作。

第四节　水文化作品

1993 年，陕西省大荔县农村改水办公室编辑出版了《大荔改水志》。

1995 年 7 月，渭南市洛惠渠灌溉管理局编辑出版了《洛惠渠志》。

1999 年 10 月，澄城县水利水土保持局编辑出版了《改革开放中的澄城水利》。

《渭南文史资料——三河专辑》是渭南市政协与渭南市水务局于 2002 年联合编纂完成的关于黄河、渭河、洛河在渭南市河段的历史资料。全书包括三河概况、治水思路、抗灾纪实、防洪建设、开发利用、流域管理、水利人物、趣闻轶事、小知识拾零九篇。其中关于黄、渭、洛三河，特别是三河交汇区域 20 世纪 90 年代防洪抗灾纪实的资料十分珍贵，历次抗洪救灾的经验极为珍贵；书中记录了三河防洪设施建设的巨大成就，也记录了党中央、国务院、国家相关部委以及省委、省政府领导对渭南市防洪设施建设给予高度重视和大力支持；另外还有关于治水人物、轶事及相关知识等方面的内容。

2002 年 12 月，渭南市水务局编辑出版了《渭南市水利志》。

2002 年 12 月渭南市水务局与渭南市政协文史和学习委员会联合编著出版了《渭南文史资料》。

2004 年 8 月，渭南市水务局与中共渭南市委宣传部联合出版了《历史不会忘记》（2003 · 8 陕西渭南抗洪救灾纪实）大型摄影画册。

2008 年 12 月，蒲城县水利局编辑出版了《蒲城县水利志》。

2014 年 12 月，大荔县水利局编辑出版了《大荔县水利志》。

2015 年 12 月，蒲城县水利局编辑出版了《蒲城县水利碑文集》。

2018 年 12 月，渭南市水务局编辑出版了水文化专辑《黄河》《渭河》《洛河》。

2020 年 12 月，延安市水务局编辑出版了《延安市水利志》。

2021 年 12 月，渭南市洛惠渠管理中心编辑出版了《龙首遗韵》《洛水清音》《龙首渠话》《诗景洛惠》等水文化专刊。

2023 年 5 月，渭南市石堡川水库管理中心编辑出版了《石堡川水库志》。

第六章　艺　文

北洛河流域文化遗产丰富。自周秦以来，就有诗歌、碑刻、书法、雕刻等文化艺术活动，留下了诸多脍炙人口的佳作。

一、诗词歌赋

（一）定边县

水窖需饮

清·宋谦

汲饮宜先务，佥筹积水盈。凿泉嫌斥卤，置窖利瓶罂。
事供饥寒用，人忘雨雪并。不须梅止渴，会有化机生。

石峡流水

漫道中流细，迂回曲转肠。远山萦带回，古寺发源长。
别派原名洛，归河却是黄。从兹放四海，有本始无疆。

（二）志丹县

登西城望周水

清·吴瑞

荒城极目雾冥冥，何处长亭与短亭。野草尚连边路白，好山不到塞门青。
残旗影乱依墙出，画角声遥隔水听。入洛波涛源俱在，阙文谁更补桑经。

【作者简介】

李嘉绩（1843—1907 年），字云生，四川成都人，中进士第后，历知陕西保安、千阳、韩城、华州、扶风、邠州、临潼、富平等县。善刊刻、长诗古文词。编有《五万卷阁书目记》；著有《华州治水道记》《江上草堂前稿》《榆塞纪行录》《代耕堂杂著》《代耕堂诗稿》《代耕堂全集》等。

（三）甘泉县

美泉

清·吴瑞

仆仆芬车马，甘泉饮美泉。云根开石窍，玉液助吟鞭。

不羡卢仝辟，还思陆羽煎。风声双腋下，犹觉兴留连。

石门月夜

民国·郭超群

两山排因立，石门如削成。

洛水从东下，万夫莫抗衡。

嵬岩澄夜气，翠微露月明。

唐宋争胜地，天险古今名。

【作者简介】

郭超群，民国安塞县人。曾编纂《安塞县志》。

（四）富县

三川观水涨二十韵

唐 · 杜甫

我经华原来，不复见平陆。北上唯土山，连山走穷谷。

火云无时出，飞电常在目。自多穷岫雨，行潦相豗蹙。

蓊匌川气黄，群流会空曲。清晨望高浪，忽谓阴崖踣。

恐泥窜蛟龙，登危聚麋鹿。枯查卷拔树，礧磈共充塞。

声吹鬼神下，势阅人代速。不有万穴归，何以尊四渎。

及观泉源涨，反惧江海覆。漂沙拆岸去，漱壑松柏秃。

乘陵破山门，回斡裂地轴。交洛赴洪河，及关岂信宿。

应沈数州没，如听万室哭。秽浊殊未清，风涛怒犹蓄。

何时通舟车，阴气不黪黩。浮生有荡汩，吾道正羁束。

人寰难容身，石壁滑侧足。云雷此不已，艰险路更跼。

普天无川梁，欲济愿水缩。因悲中林士，未脱众鱼腹。

举头向苍天，安得骑鸿鹄。

苇谷

唐·郑玉

水会三川漾碧波，雕阴人唱采花歌。

旧时白翟今荒壤，苇谷凄凄风雨多。

玉女泉

明 · 杨抱醇

玉屑霏霏不断流，恍疑神女弄珠游。

月明人静方亭小，身到瑶台十二楼。

石泓寺

明·金禹绩

飞阁撑云栈，清泉绕茂林。何年开石髓，长日照禅尽。
贝叶横经案，幽禽集磬音。山僧无一语，应亦笑缨簪。
丹崖环碧水，宝梵倚苍峰。暂憩双尘足，来看万壑松。
禅香浮篆案，仙籁伴晨钟，翻羡幽人好，闲心契寂宗。

张村驿

林伯渠

长流清湍葫芦河，好似江南风景多。
愿效李冰兴水利，桑麻万顷并嘉禾。

（五）洛川县

河中之水歌

清·刘生韵（洛川人）

河中之水浅且清，弱柳柔桑两岸生。
不知何处花项鸟，飞来飞去绕林鸣。
日午苹末微风起，敲松击竹韵如笙。
此时幽人梦正醒，焚香趺坐读黄庭。
云光照眼眼欲荧，草色射帘帘亦青。
长啸一声落寒汀，波底应有蛟龙听。
时呼西邻醉醁醽，坐对南山列翠屏。

洛川忧旱

明·赵家相

造化何茫茫，天人真悬隔。休咎随所值，应感不可测。
忆昔甲申岁，大祲困白翟。四郊无青草，沟中多饿瘠。
流移犹未复，室家尚啃啃。此时春三月，农工正所迫。
时雨胡不降，太阳日焰赫。二麦已就枯，嘉禾种未掷。
我为民父母，怀抱徒嗌嗌。为思春不耕，食衣无所获。
衣食既不赡，民将为游魄。哿矣惟富人，橐囊尚有积。
嗟嗟独穷民，流离在咫尺。悠悠我之忧，坐卧不安席。
日夕叩苍冥，渺渺竟无益。悠悠我之忧，坐卧不安席。
仰瞻星斗明，燥心浑如炙。俯见黄尘起，愁肠伤如刺。

岂是天道远，下情终难白。亦果人事乖，天故降兹厄。
尚愿我天穹，为我念苍赤。勿使往年灾，再为烝民癖。
大降三日霖，滂沱满阡陌。庶见仁爱心，免使众疾额。

中镇庙祈雨

明 · 张泰

玉削芙蓉四面嘉，凌空峻拔镇中华。天开地辟方兴旧，春去秋来岁月赊。
福庇生灵安土俗，泽分流荫熟千麻。恳祈霖雨年丰稔，天下车书混一家。

悯荒七绝

明 · 范宏嗣

道旁山积是枯骸，镇日乌啼瘦似柴。西伯于今难再得，髑髅满地少人埋。
爷娘子妇竞相食，齿颊余腥带血痕。于道于今真大变，坐令枭獍出家门。

（六）黄陵县

桥山怀古

唐 · 舒元舆

轩辕厌代千万秋，绿波浩荡东南流。
今来古往无不死，独有天地长悠悠。
我乘驿骑到中部，古闻此地为渠搜。
桥山突兀在其左，荒榛交锁寒风愁。
神仙天下亦如此，况我蹙促同蜉蝣。
谁言衣冠葬其下，不见弓箭何人收。
哀喧叫笑牧童戏，阴天月落狐狸游。
却思皇坟立人极，车轮马迹无不周。
洞庭张乐降玄鹤，涿鹿大战摧蚩尤。
知勇神天不自大，风后力牧输长筹。
襄城迷路问童子，帝乡归去无人留。
崆峒求道失遗迹，荆山铸鼎余荒丘。
君不见黄龙飞去山下路，断髯成草风飕飕。

黄帝陵（二首）

北宋 · 范仲淹

红日竿头进，青云足下藏。轩辕龙驭古，百代景象裳。
高陟桥山上，关河万里长。沮流声潺潺，柏干色苍苍。

桥山祈仙台

明・张三丰

披云履水谒桥陵，翠柏烟含玉露轻。衮冕霞飞天地老，文章星焕海山青。
巍巍凤阙迎仙岛，渺渺龙车驻帝城。寂寞琼台遗汉武，一轮皓月古今明。

暖泉

明・刘儒

山泉抱村曲，小径岭岩斜。蔬园穿松过，柴门傍柳遮。
流觞依密叶，飞絮点新芭。结社陶情意，从来发兴赊。

子午岭

明・刘倬

南北亘长岭，纵横列万山。桥陵今古在，驰道有无间。
地折庆延迴，源分漆沮潺。秦皇开凿后，塞上几人还。

1937 年，苏维埃政府主席毛泽东、抗日红军总司令朱德祭文。

维民国二十六年四月五日，苏维埃政府主席毛泽东、人民抗日红军总司令朱德敬派代表林祖涵，以鲜花时果之仪致祭于我中华民族始祖轩辕黄帝之陵。而致词曰：

赫赫始祖，吾华肇造；胄衍祀绵，岳峨河浩。
聪明睿智，光被遐荒；建此伟业，雄立东方。
世变沧桑，中更蹉跌；越数千年，强邻蔑德。
琉台不守，三韩为墟；辽海燕冀，汉奸何多！
以地事敌，敌欲岂足；人执笞绳，我为奴辱。
懿维我祖，命世之英；涿鹿奋战，区宇以宁。
岂其苗裔，不武如斯；泱泱大国，让其沦胥。
东等不才，剑屦俱奋；万里崎岖，为国效命。
频年苦斗，备历险夷；匈奴未灭，何以家为。
各党各界，团结坚固；不论军民，不分贫富。
民族阵线，救国良方；四万万众，坚决抵抗。
民主共和，改革内政；亿兆一心，战则必胜。
还我河山，卫我国权；此物此志，永矢勿谖，
经武整军，昭告列祖；实鉴临之，皇天后土。
尚飨！

（七）延安市

打淤地坝口诀

沟壑土坝是个宝，拦泥淤地实在好，
全面规划选好点，大中小坝要结合。
口小肚大沟底平，省工省料收效大，
沟坡清基一尺五，再挖三尺结合槽。
坝身上土要注意，土壤湿度要适宜，
每层铺土一尺平，草根石子要抹净，
层层耙毛结合好，三打三盖不漏夯，
溢洪道，大点好，修在老土石头砌，
因地制宜节节打，逐年淤积逐年加。
基建队，要巩固，既打坝来又养护，
坡上植树种牧草，护坝保田最重要。

（1972 年 10 月）

修梯田口诀

坡地翻身修梯田，能保水土又保肥，
修多宽，看条件，根据坡度划好线，
基清平，底座稳，生土筑埂要记准，
大湾就势小湾直，前后左右要修平，
收坡均匀埂水平，渠湾加固要记清，
埂拍实，膛填好，保留表土要深翻，
防洪沟渠要挖好，层层修筑石跌哨，
坡面来洪要提防，上面修渠排两旁。
蛇蜕皮法最简单，由下而上逐台翻，
里砌外垫修平后，上台表土下台摊；
其次中间摊土法，能保表土也简便，
每台横坡分三段，上下表土堆中间，
起高垫低平田面，最后再把表土摊；
还有顺坡开沟法，田面宽的采用它，
隔一带，修一带，表土放在“后修带”，
里砌外垫“先修”带，最后表土摊各带。

（1972 年 10 月）

（八）宜君县

玉华宫

唐·杜甫

溪回松风长，苍鼠窜古瓦。不知何王殿，遗构绝壁下。
阴房鬼火青，坏道哀湍泻。万籁真笙竽，秋色正萧洒。
美人为黄土，况乃粉黛假。当时侍金舆，故物独石马。
忧来藉草坐，浩歌泪盈把。冉冉征途间，谁是长年者？

（清雍正《宜君县志》）

（九）白水县

赠高家坪（节一首）

陈愈愚

洛水回波气势雄，石桥贯澈路西东。
桑株殷勤八百护，名士风流了不同。

白龙潭

清·董获麟

一水泠泠昼夜过，两崖峭折触盘涡。
凉飔荡石雪翻浪，皓月当空银贮河。
清映荻花纹烂漫，光涵柳絮影婆娑。
何当雪奋龙飞出，云雨弥漫接素波。

仓颉

北宋·王安石

仓颉造书，不诘自明。於乎多言，只误后生。

（选自《全宋诗》）

读林罕小说（节选）

南宋·晁公武

仓颉鹳鸟迹，于是创文字。原其制作心，本以便记事。呼读犹强名，况乃论位置。

（选自《全宋诗》）

【作者简介】

晁公武（1105—1180 年），字子止，人称“昭德先生”，宋朝巨野（今山东巨野县）人，官至吏部侍郎，有《郡斋读书志》二十卷。

仓颉坟祠

明 · 庄璹

史官村外柏成行，仓圣坟祠古利乡。碑蚀苔痕迷鸟迹，像衣木叶尚羲皇。

精英自泄乾坤秘，典册因垂日月光。四目开天先首出，至今萍藻有余芳。

（选自清乾隆年《白水县志》）

（十）澄城县

布政分司题壁

明 · 崔忠

一泓澄水尚依城，避暑遗宫易治平。锡地唐臣惟庙祀，搠枪汉主有泉名。

洛河岸柳人争渡，古戍花封鸟乱鸣。欲访王家贞节事，断壁荒冢草烟生。

甘泉

明 · 路车

独坐寒岩听野泉，参同一卷道元元。不知老眼宽多少，万里青山小似拳。

（选自1991年版《澄城县志》）

【作者简介】

路车，陕西澄城县人，明嘉靖四十年（1561年）举人，威州知州，叙州府同知。

题洑头（有引）

王用杰

洑头在县西南三十里，悬崖飞瀑如溅琼珠，下有幽洞，东有龙神祠，温泉旱祷辄应，洛水汤汤，忽坠千仞。遂限舟楫，鱼鳖不能游，真封内之滟滪金焦也，绳烈先生长公麟趾，乔梓纂志，为余倡言之，余每事卧游，闻之大快，因赋之以告探奇者。

熊触已施泻水力，洛神又鼓破山才。

掀翻银汉连天落，摔碎珠盘滚地来。

浴日虞渊波底燠，藏蛟窟室洞门开。

画舫游鳞天堑此，油云沛雨遣风雷。

分水岭

明 · 王用杰

分水岭在县西20里，地名漕曲。一峰如削，二流若画，前面回环复合，岸东有飞龙痕迹，鳞爪俱见，龙庙在焉。古柏苍翠，览胜寻幽，真奇绝地。乡民借以立寨，不但事神，更御暴矣，赋之以助壮游。

闻说昆仑岐积石，又观江水别为沱。中流忽起岩岩石，两道分开湛湛波。

水泻东西乔势远，龙飞上下汇云多。沉思庙古藏灵变，寨回巍巍柱洛河。

洑头 七言古

清·路一麟

洛交之水入征乡，惊涛骇浪出车厢。斩崖斗绝千百尺，排空浴日失瞿塘。
水帘洞穴深叵测，蜂鳙蜥蜴为乐国。呼吸作云喷作雨，蜚（虫旁遗）欲敌不可得。
巨灵试斧截龙湫，不放妖蛟逆浪游。从此河海应清晏，何事击楫向中流。

（选自清咸丰年《澄城县志》）

【作者简介】

路一麟，字麟趾，一字振公，号天石，今陕西澄城县人，路世美次子；清康熙九年（1670年）恩贡，无意仕进，善书画；著有《禹贡山水考》等著作多部。

龙首渠赋

元·杨维桢

商颜苍苍，洛水泱泱。夫何走深源之几千里，驰汗漫之流长。散波涛于云雨，若神扬之所藏。岂非所谓龙首之渠，灌重泉于东方者乎？想夫汉武临轩，皇风穆清，凿渠灌溉，民利大兴。伟严罴之陈词曰："临晋之齐民，将引流而西注，当首超于洛滨。"何数言亹亹，切中其喜功之心。于是万卒东来，畚锸如云，趋事杂沓，櫜鼓弗胜，乃自征而首功，越商岭之遥岑，豁磅礴以澒洞，浚渊泉而滃沦。两岸如壁，一带河横，引清流之浩淼，湛灏影之泓澄。微风飙而成漪，甘雨挹而无声。澶漫潺湲，衍递纡萦，长川远泻，逝水如倾。何高岸之善崩，独用力之难成，乃凿井而下通，贯泉窦之泠泠。蘚甃连泓，千环抱月，龙蛇卷窟，万穴生云。注伏泉于地脉，分河润于泉扃，溉原田之万顷，易高亩而丰登。成生民之大利，流炎汉之至仁。方其健夫奏功，异物效灵，神芒歘其陆离，厚土烂其棱层，得蜿蜒之蜕骨，崩头角之峥嵘。土花蚀頟珠之碧，海月射断甲之腥。厚土缠绵，尚有云雷之气；余波喷薄，犹闻风雨之声。举手传观，万目皆惊，睹兹灵异，互相揣称。此龙首之渠，所以为千载之利，赖而史册尤著其佳名也。

嗟夫，河渠之作，生民之利，劳费之惠，滥觞有自。郑白起泾水之歌，当时陈渭渠之计。汾阴褒斜，扰扰相继，是皆西门史起。有以启其源，而滋茂陵多于之弊也。吾于是有感矣：老龙泥蟠，闭骨泉底，适有遭于一时，尚流声于千祀。矧我圣元，抚有疆理，黄河湛而自清，海波帖而不起。黍稌云兴，仓庾山峙，三农乐耕凿之天，康衢歌太平之美。文昌之祥，四灵萃祉。为士者固将攀龙鳞之变化，乘风云于万里，横沧海而快飞［腾］，奚暇雕虫于河渠一杯水哉！

（耿天安点校，选自续修四库全书中清代劳权家抄本《铁崖赋藁》）

【作者简介】

杨维桢（1296—1370年），字廉夫，号铁崖、铁笛道人等，会稽（今浙江诸暨）枫桥全堂人，元末明初著名诗人、文学家、书画家和戏剧家；泰定四年（1327年）中进士，官至江西儒学提举，后致仕屡次拒召；有《东维子文集》《铁崖先生古乐府》等著作行世。

（十一）蒲城

晋王滩

明 · 和鼎

古庵行尽立苍烟，扫盐趋忙胜种田。欲觅闲人谈不得，青山狼藉委门前。

（选自 1993 年版《蒲城县志》）

【作者简介】

和鼎，字子新，明代陕西蒲城县人，秀才。明亡后，他逃入华山，后归隐晋王滩，著有《剑吼斋集》。

贾曲村

清 · 屈洙

漫道村庄俗，村如此亦佳。远山横道岸，流水近人家。

树树悬青枣，畦畦长绿葭。源泉有真液，倩火煮新茶。

（选自清乾隆年《蒲城县志》）

【作者简介】

屈洙，生平未详。

游洞仙观

清 · 王臣

端阳遣兴到元冬，洛水桥旁一径通。怪石巉岩如踞虎，苍松偃仰似盘龙。

太湖洞窅穷难尽，华岳峰高望最雄。佳境不妨频历览，云林谁信有仙宫。

（选自清乾隆年《蒲城县志》）

【作者简介】

王臣，字尚忠，陕西蒲城县人，明天顺年甲申进士，任工部主事，官至山西左参政。

题宋希尚教授著《李仪祉传》

民国 · 于右任

青年学子各言志，独悯生民遭旱荒。储学方能移命运，成功岂仅救家乡。

余生歌哭终何补，万众饥寒更可伤。闻道秦人说八惠，遗文理就几思量。

冬至视洛惠渠工至老洑因归省墓

民国 · 李仪祉

视工及老洑，吾亦三过门。因思省庐墓，扶杖陡高原。

细雨眉头落，薄冰脚底喧。依然槐麦列，如昔鸡犬闻。
相识儿童否？独余故老存、怡然馈浆酒，挈筐复携樽。
相随出北郭，郁郁陌头坟。欲泻眶中泪，冥通泉下魂。
去之将何往，寸草失春暄。洛水悠悠逝，寒鸦噪暮村。
（1935 年冬，由洛惠渠工地返富塬省祖坟）

悼先师李仪祉先生

民国・胡步川

两翼闸上泾河畔，负土为坟慰劳辛。流水高山声已杳，苍山霖雨慧常新。
国仇未报生前恨，壮志期成死后身。此刻随棺送葬者，不期而遇五千人。
（1938 年 3 月）

（十二）大荔

瞻彼洛矣

先秦・佚名

瞻彼洛矣，维水泱泱。
君子至上，福禄如茨。
韎韐有奭，以作六师。
瞻彼洛矣，维水泱泱。
君子至上，鞞琫有珌。
君子万年，保其家室。
瞻彼洛矣，维水泱泱。
君子至上，福禄既同。
君子万年，保其家邦。
（ 选自《诗经》）

按视沙苑

北宋・李复

南濒清渭北洛水，寒沙东西横百里。中条太华塞秦关，众川无归皆潴此。
地维忽断两山高，帝罚罔功五丁死。波飞浪激走东溟，积雪回汀拥都鄙。
坡陀起伏接城门，荐草甘泉国马屯。云昏雾暗天驷下，星宫夜失房宿尊。
骍骝骐骥种各有，一一六印官字存。开元籍马七十万，监苑旧政宜讨论。
过都历块汗流血，朝发幽并暮楚越。天边不从銮辂行，岁久空老狐狙窟。
去年驹生风雨腥，戴角肉鬣自有鳞。厩人见怪弃于野，腾入渭水方知神。
（选自《全宋诗》）

【作者简介】

李复（1052—？），字履中，号潏水先生，原籍开封祥符（今河南开封），后因先人为官而居长安（今陕西西安）；宋神宗元丰二年（1079 年）进士；官至河东转运副使；

靖康之难罹难；撰有《潏水集》四十卷，已佚。清四库馆臣据《永乐大典》辑为十六卷，其中诗八卷。

大雪行

北宋 · 张舜民

晓辞洛水滨，暮宿河之涘。四野漫漫不见人，竟日止能行数里。
浑然天地为一色，渭水南北复何似。五陵鹰犬争合围，十宅管弦初热耳。
连宵耿耿照鬓发，迎马点衣犹未已。但得来年春麦熟，暂困泥涂复何耻。
农夫南亩未厌多，却入长安作泥滓。

沙苑

明 · 韩邦靖

青青沙苑柳，枝叶何缤纷。郁郁佳人思，行行壮士勋。
日暮鸿雁来，牛羊已成群；宿食涧边草，飞鸣洲渚云。
怀人不可见，往事空尔闻。

通灵陂

清 · 李楷

斥卤通灵陂，皓皓生车辙。姜公昔灌田，引水沁秋月。
程稏玉稻盈，飞翔白鸟洁。能驱龙伯旌，一扫蚩尤血。
今日但荒湮，间作霜与雪。复旧良独难，梦魂让前哲。

（选自清康熙年《朝邑县后志》）

【作者简介】

李楷（1603—1670年），字叔则，号河滨、岸翁，陕西朝邑人；明天启四年（1624年）举人；入清后曾任江苏宝应知县；晚年回乡，应聘参加编写《陕西通志》，后又撰《朝邑县志》四卷、《洛川县志》二卷。其子李建将其著作选编为《河滨全书》一百卷。存世的有《河滨诗选》《河滨文选》《河滨遗书抄》等。

灵陂怀古

清 · 刘峒

昔日姜公堰浊流，荒陂十里稼盈畴。后贤轻弃前贤绩，沃土不如荒土稠。
沙岸波生灾豆黍，卤田草满废耕锄。年来更觉民财尽，怅望三河起暮愁。

（选自清康熙年《朝邑县后志》）

【作者简介】

刘峒，字星柱，号筠石，清同州（今陕西省大荔县）人，清康熙十七年（1678年）举人。曾被任命为鄜州教授，不就。著有《大中正教义》数十卷。

龙首渠

清 · 贺云鸿

洛川临晋始严熊，万卒工开万顷丰。沙拥干坑游马沃，井疏坎窨伏龙通。
白□尚得歌渠雨，红善何繇濯浪风。亭连南溪夸胜圃，可能膏黍媲郇鄠。

（选自民国《大荔县旧志存稿》）

【作者简介】

贺云鸿，直隶武强（今河北省）人，举人，清乾隆四十九年（1784 年）大荔县知事，生卒年未详，曾主持编写乾隆年《大荔县志》。

朝邑十景诗并记（选二首）

清 · 朱斗南

洛岸桃花

洛水滔滔势欲东，桃花树树醉春风。无言独自成蹊径，带笑真能妙画工。
锦映层澜三尺绿，霞蒸两岸一溪红。武陵休问仙源景，指点迷津在此中。

沙树浓荫

扶疏沙苑绿成茵，柳色清归树树新。此日森荣垂洛岸，当年战伐纪周臣。
荫地乔枝清骨骼，参天老树古精神。为语村农勤保护，余阴留覆陇头人。

【作者简介】

朱斗南，字松皋，四川富顺县人；清嘉庆十三年（1808 年）举人，嘉庆十九年（1814 年）三甲第 96 名进士，清道光九年（1829 年）署陕西白河县知县，后调浙江海宁县任知县。道光十一年（1831 年）曾任朝邑知县，著有《寻乐堂诗文集》。

蒙泉灌亩

清 · 朱斗南

阡陌盈畴画井疆，蒙泉美丽说西庄。滨河籍润来源远，阻洛分滋沛泽长。
亩荷涵濡歌岁稔，田资灌溉咏年康。镰山造福符天数，岂独甘肥置牧场。

经沙苑

清 · 金玉堂

渭洛中分张白沙，魏宫唐苑不计年。夕阳唯见牛羊牧，野树千嶂夹岸斜。

二、水利题词、楹联

（一）为洛惠渠渠首大坝题字

龍首壩

——国民政府主席 林森

1935 年 3 月 28 日

（二）为洛惠渠第一号至第五号隧洞题字

澂原洞

——全国经济委员会常委 汪兆铭

1935 年 3 月 11 日

甫田洞

——全国经济委员会常委 孙科

1935 年 3 月 12 日

大有洞

——全国经济委员会常委 宋子文

1935 年 4 月 6 日

朝川洞

——全国经济委员会常委 蒋介石

1935 年 4 月 7 日

平之洞（旧洞）

——全国经济委员会常委 孔祥熙

1935 年 3 月 12 日

平之洞（新洞）

——全国水利委员会主任 薛笃弼

1946 年 11 月 5 日

（三）曲里渡槽楹联

大旱何须望云至 自有长虹带雨来

——李仪祉题、李奎顺书

（四）1947 年 12 月 12 日洛惠渠放水典礼题词、祝词

惠溉农畴

——国民政府主席 蒋介石

永裕民生

——国民政府副主席 孙科

世失行水 禹迹就荒

河渠芜没 沟洫沦亡

地利不辟 饥馑相望

国以农立 农以渠昌

昔在政府 轸念秦疆

泾惠疏后 洛惠重光
惨淡经营 十年已强
员工赴命 寒暑靡遑
人稀地寂 艰苦备尝
嗟彼行役 中罹死伤
众擎易举 众力匡襄
卒开干渠 里千余方
万民沾惠 利泽悠长
所赖邦人 继起发皇
尽地之利 乃粒乃康

——国民政府行政院长 张群

汉之龙首 今之洛惠
彼十余岁而无成 此十五年而始泻
知科学之成功 更工作人员之勉励
念过去之艰难 应精研夫管制
利普万民 泽及百世

——国民政府检察院检察长 于右任

利济民生

——行政院水利部部长 薛笃弼

三、谚语

（一）水利谚语

水土保持顶重要，修埝打坝改面貌。土不下塬水在田，薄地变成肥沃田。五谷丰登六畜旺，幸福生活人人唱。

（二）天气谚语

黑云接得低，有雨在夜里；黑云接得高，有雨在明朝。

早看东南，晚看西北，往西，水滴滴；云往东，一场风；云往南，水漂船；云往北，呼雷白雨下到黑。

北山戴帽，长工睡觉。

（三）朝邑俗谚

苦泉羊，洛水浆。

（选自清《古谣谚》）

四、碑文、散文

修复甘泉碑记

张 霜

雕阴上郡间，邑有以甘泉名者。岁癸酉，余以事之榆林，经其地，庐居始成，市民始聚息，树并始备，骎骎有勃兴之势，余顾而乐之。时维隆冬，水泽坚冰，雪弥山谷，饮水而问甘泉所在，邑耆老日在城西南五里许，伏荆榛沙砾中，今涓涓牛涔然矣。余怅然太息久之，夫泉水之源也，水涧下作咸，土胜而泉甘，品之上焉者，人所贵而名系焉。

甘泉之在秦，或以名山，或以名苑，或以名宫名城。自秦及唐，名宫之地不一，而名气邑者唯此，余季莫之或易。今若山苑，若宫城，问其地，鲜知之者，则其泉湮没之故。夫泉而湮没，名安系之，余甚为兹泉惜也。少选进守土，语之曰："邑以泉名邑方兴，而泉伏榛芜沙砾，涓涓若牛涔然可乎。余既安集其人民矣，是泉之修复岂异人任乎。"守土曰：敬诺期年，从修复闻。泉之上芜蔓者，芟之；淤塞疏浚之倾者，筑之、甃之。酒泉也，今出地中矣；沃泉也，今流沫飞瀑矣；源长其味香洌矣，一修复耳，无如其初也。泉前构亭，为栖息之地，亭名仍邑，非仍邑也，仍泉也，而名实并存矣，是役也。农事竣，始选椽而招工，不伤财劳力，而民劝不崇朝而兴，复若有加于汉唐之际者，于是深为甘泉幸也，民未安居而求古之迹，与既安居而蔑古不知务者也。

甘泉小邑在万山中，当延安要道，明季火于寇，民草雉而禽狝，今生聚始繁。五六年中，西安旱邑能为移民粟地，是宜其兴之勃然也。然邑之泉，几与隋唐之宫苑同其芜没者，盖五十余年，余兹以修复，殆有不容已者。余重守土之请，乐为文以记之。守土者甘泉令，姓田名启盛者也。

辞曰：甘泉滮滮，润斯百里；行旅商贾，不忧以喜；民之庆矣，泉之长矣；昔论榛芜，今可防矣；尔有稻粱，釜筠以湘；尔有猪鸡，烹执膻芗；耆老以寿，幼孤以孝；夭厉是除，式恬且熙；饮和食德。伊谁之力；山高水长，濆溱靡息。

洛水诸险记

清 · 张秉直

河之险以三门砥柱，江之险以滟滪瞿塘。江河，大水也，舟行由之，故世艳称焉。他小水非无险，由无名故不著。

关中之水，河为大，渭次之，泾又次之，其次莫若洛。《史记 · 河渠书》"武帝欲穿渠引洛，以溉重泉"者是也。洛水至澄白始大，其险亦始奇。有名三娘桥者、一娘桥者，有名分水岭者，又有名洑头者。

头在洛下流，有悬崖高可十丈，洛自上泻下，怒涛奔波，声如雷轰。自下观之，又如万斛珠玑，斗空倾落，激湍溅飞，百步外迫不可视。状上夏雨暴长，走石流沙，滚滚不穷，下即平夷，求拳石不可得，造物生化之机，亦神矣哉！

分水岭在洛中央，小山孤峙，如貚豸踞坐形，下石上土，高十余丈，大不盈顷，上有元武庙，修真者常居之。按《尔雅》“水中可居曰洲，石山戴土曰崔嵬”，兹本洲也，而以岭名，邑人之无学可知矣，宜更名貚豸洲。

溯岭上二里许，为三娘桥，桥上下岸底皆土，此独纯石，怪噩参差，扰河中流，如螭如鳌，如鼋鼍鼓浪，如蛟龙斗水，如云雷轇轕，缠护中分，三峡泄水，阔仅丈余。旧有桥，今圮桥下乱石排堆，旋者似螺，方者似蛙，颈长者似龟赑屃，妖怪离奇，不可名状，要与桥石皆根蒂相连。地理家言有所谓崩洪峡者，得非此类乎。旧名不知何谓，今更名云雷桥。

一娘桥在分水岭下，两山夹水而行，山高谷深，狭隘水急，人不可近，本无桥，以其可桥，故名。

凡此诸险，俱在澄蒲之交，三娘桥最上，分水岭次之，一娘桥又次之，状最下。

状险过瞿塘，桥类三门，岭同砥柱，桥下乱石则滟滪之属也。以非大都通衢又险不可舟，故世无知者。使生丰镐户杜之间，安知不与江河诸险争名哉！

然天下山川之险，皆世路之梗途也。《诗》云：“周道如砥，其直如矢。”《书》云：“王道平平。”夫维平如砥者，始足为王者之途矣。

甜水井碑记碑

该碑于清康熙年间（1662—1722年）立于今甜水井乡甜水井村。

自耕户凿饮之制开，而乡田悉同井矣。何地无井坊，独以井为名者何哉？考唐宪宗修太上丰陵，在奉先西北山之阳。元和四年，令宰相杜黄裳、裴度监国，执人子礼，舁梓宫会葬。道经此，人马渴乏，水皆咸卤不可食。时方士柳泌待行在，奏曰：“臣观此地有异水，陛下宜祷而掘之。”果得，甘美清冽，味若甘露。宪宗奇之，命其处为“甘泉”。俗人乃呼为“甜水井”云。是以故老祀为“唐天子御井”者，信不诬也。越十余载，穆宗长庆二年，驾幸景陵，道亦由此，见其井口阔大，倘若池塘，众以漫道取汲，牛羊时亦从而有下之饮者，渐至秽浊，令御林军一队以守护之，即屯寨之所始也。后，守者以漫道难以防秽，遂以本寨人家，不拘老小贫富，计口出砖，以垒砌焉。历宋、元、明，至清康熙十三年，岁久尘积水涸，淘泥者误捞一面，盘侧砖出。寨中人等，督工重修，其出砖出役，悉遵前规。所费虽不奢，而周围倾崩，淤累数丈，大费工役七百余里而始告竣。因镌之石，以知其井之所由来，并以立之。继修者有成规，而不至摊括累人，可以示后之淘泥者，须达知众善知识，选择良工，不得贪图微利，擅自下井，伤盘坏砖，以苦累治也。是为记。

华阳遗叟唐民熙撰

建堤城记

明 · 王邦俊

郡城故带山襟水所从来矣。于唐则郭汾阳，于宋则范文正、韩忠献，皆莅而经营之，迩年以来，烽烟屡警，颇无宁日。

郡东一里，据水而城，盖亦临不测之渊，倚天险云。其北则洛河水，其东则牛武城水，其西则采铜川水，合三川之水而汇于城北，而南注也。其南则有陵峦崔岭，天关夹峙，嵘竖盘礴，如不欲其径南注也。水故旁东山去城可一里许。迨嘉靖中叶，水渐西徙，洪渊九曲，渐射城下。值山云荟蔚，秋潦滂沱，涓流泱瀼，莫不来注。骇浪暴洒，惊涛飞薄，厓隒汹嵺，郭郛颓圮，闾社沙碛、甍栊荡没。盖城东北隅，昔所谓闤阓列肆，今则鼋蛟鱼鼍矣。岁戊子，祥符杨公持宪符弭节兹土，清问民瘼，周览山川。檄下，郡守刘使君大都以创建石堤，为千年不拔计，筑葺城垣。次之，计城垣倾圮，宜筑者六十四丈，宜葺者千余丈，宜巨石砌者二百丈；其高六丈，阔二丈，其石计二万四千丈，木桩计二万本，石灰、米汁、铁器、车两[辆]各以千百计；其值二千五百两有奇，计工力二千六百人。洛川、中部、宜君民各三百人，延长、延川各百人，甘泉民九十人，肤施县民百一十人，鄜州民壮、门夫、月夫、防守军当各县之数。以鄜州州判秦君督之。议上，督抚按台，咸报可始庚寅。无何，杨公以边才调任冠县，杜公代居；无何，而与临清朱公更调至，而刘使君以忧去，而汝宁萧公代至郡守，宋使君先至，则咸以杨公未就之业，竟成之。四公盖一时宪府名臣，其视国事如家，爱民若子，不以先后移易其心。而宋使君既毕堤，以其余力增南北二城若干丈，敌台若干座敌楼若干座。屹然金汤，功尤炳炳伟矣！今苞桑固圉，且募健儿时训练，简材官平居，所谓未然之防者，靡不备至。脱一旦郊关为垒，将出一奇，决胜千里。余不佞，愿佩双鞬以从事，岂不大愉快哉！

盖闻有功于民，则祀之；能禁大灾，则祀之；能捍大患，则祀之。若我四宪府公之协忠保障，二郡守之宣力敷猷，所谓御灾捍患，有功于民，非邪兹土之大，夫士若民久无闻也，属余记而铭之矣。

其尚尸而祝之，杨公讳时宁；杜公讳华先；朱公讳朝聘；萧公讳察；刘使君讳从仁，解梁人；宋使君讳言，大梁人。铭曰：

赫赫皇祚，笃生人文。雕龙剖虎，奠厥人群。
上栊百川，下瞰河渍。实作汤池，以御妖氛。
东流既徙，西阜渐他。长波渣淹，沆漾渺渺。
影沙碧石，阛门为沚。荡析离居，穴处垄基。
蠢彼螳斧，或奋延朔。元燕巢幕，素卵累縠。
皇穹降鉴，英哲萃临。胼胝焦劳，毕力殚心。
掎拔增高，崭凿就深。仰协三灵，俯从亿兆。
嵬岸磐石，周垣耸峭。灵崖赑负，盘潺潺湲。

玉堤永障，金城亘山。陴院霞举，井杆云闲。
举若断岸，矗似长虹。萦带为守，坚不可攻。
伊谁之力？终始之功！其功伊何？浚川伐谋！
民赖安堵，咏歌以游。作此颂声，以诏千秋。

重修城河记

明・刘玑

环鄜有洛河，在州城东里许，其水自延韦流入。遇夏，大雨时行，行潦涧浍，俱汇于洛，势甚汹涌。

景泰间，州城尝为所冲，民居没者数百家。后虽修筑，然屡圮。嘉靖丁亥夏水复返涨，城之东北隅及南冲颓百余丈。州人恐复为患，奔告于州守任丘、杜蕙。时兵备池州汪公珊以宪副分巡是道，兼有抚民之责。杜曰："水患若此，不可不早为之图。"汪曰："水患固所当忧，修城须用民力，然时方赈贷，而饥民岂可徒役？与其守常以病民，曷若通便以济事。"乃移牒当道，皆可其请。于是募得饥民千余，出预备仓粟千斛，计口以给。命同知上官禧营度地基，判官王江、吏目周良等以督其工。公亦不惮烦劳，日计月课，乃于东山下别浚一渠以受水，而筑堤以防之。因以修城。城之基实以巨石，石之外辅以柏材。木连属而石不崩，石密比而土益坚，不拔之基也。工起于六年之冬初，讫于明年之春末。逾夏历秋，大水数过而城不病，民安若堵。且民命赖官粟以活，城池借民力以完，公之仁政，惠而不费若此，鄜人甚德之。杜守及该学师生，谋与立石以纪其功。因应试生来会城，请《记》于予。予思于御患之中，而为救荒之政，一举两得，仁人之设施，固如是哉！

闻昔范文正公领浙西时，吴中大饥，殍殣枕路。公召诸佛寺主守谕之曰："饥岁工价至贱，可以大兴土木之役。"于是诸佛寺工作鼎兴，又新廒仓、吏舍，日益千夫。是岁，两浙惟杭州晏然，民不流徙。良法美意，载诸史牒，流芳百世。然所修特廒仓、吏舍耳，较诸郡城，功孰为大？今公以名进士为才，御史风裁卓著，所至有声，及擢是职，恩威并行，盗息民安，善政多端，不止兹举，将来名位不在范公之下。于戏！孰谓今人不如古人哉！是宜实录，为来者告云。

饬修黄洛堤防疏

清・鹿传霖

查陕西东北境以黄河为界。龙门以上，河行两山间，龙门以下、地势稍平。同州府朝邑县东黄河，县西有发源甘肃之洛水由西北来，南流入渭。考县志，明时，河与洛相隔本远。万历中，河决大庆，日渐西趋。河洛之间，有田子村、赵渡镇、南王社等村落首当其冲。道光十七、十八年前，各抚臣于河东挑挖引河，随挑随淤，耗费无功，西岸逐渐坍塌。光绪元年，将历年被冲地亩，蠲钱粮六百余两。

近来黄水愈复西啮，洛水适又东徙，沿河村镇半圮于河。居民纷纷迁徙。田子村全被冲塌，黄洛逼近处仅隔数丈及丈许不等。测量水面，黄高于洛二尺有余，势甚危险，不早修防，恐黄流倒灌入洛，洛水被遏，泛滥为灾，沿河各属不堪设想。

藩司陶模在护抚任内，始据该县具禀，即经委员勘查，陕省素无河患，因乏谙练之人，特咨东河督臣，拣派熟悉河工之弁兵来陕勘修在案。臣一入关，闻悉情形，到任后与司道筹商，先行垫款，派委员弁，调拨防勇，赶紧防护。饬令该管潼商道文光，亲往督率工作。先于洛河东岸最窄、最险之处加倍堤岸，暂保目前一面。确占筑坝，筹备款项，以为经久之计。旋准兼署河督倪文蔚，拣派练习河工之主簿牛延龄，随带河兵四名到陕。复札委候补知府官尔铎，协同该员驰赴公所，会同该道府县，相度地势，详细切实占勘，以凭施工修筑。

陕省向不产秸，且秸埽亦不如砖石坝坚固持久，唯有专议修坝以期得力。旋据勘禀，应筑坝挑溜者共有三处，先就田子村级险处，挑筑石坝三道，再于该县城东北及北面各筑坝数道，以防冲激。并议将洛河挑挖引河导水直注，不令旁徙。统计应修堤坝、引河各工应需银六万余两。容俟核实，估定确数及工段长短，再详细奏明办理。唯现值帑藏支绌，陕省向无河工，未便遽请拨款，致烦部臣筹划。

臣与藩司陶模再四熟商，司库每年奏销后，虽稍有盈余，近来旗绿各营均请酌加俸饷，所余无多，此外实无他款可提。查光绪十四年，前督臣谭钟麟奏明由陕甘司库拨借河南、江苏、安徽等省赈款银六十万两。上年陕甘议设电线，已请各省还银二十万两，下余未还银四十万两，尚有陕甘库银二十万两，原奏声明分作四年归款，设陕甘突有急需，仍应不拘期限筹还。现按未还之数三期分算，该五省每年共应还陕省银六万六千余两，拟即以此项应还之数，为修守河工之用，则巨款不烦另筹，而要工可期集事。如蒙俞允，合无仰恳天恩，俯赐敕部立案，并请旨饬下江南、江苏、河南、安徽、山东各省督抚臣，即将辛卯年应还陕省银六万六千余两，提前于本年内赶解来陕，以济要需，部议允行。

洛惠渠记

民国·薛笃弼

洛水源出陕西定边县白于山，南流经省北各县山谷中，至澄城而下，渐入平地，复经蒲城东南，绕越铁镰山，横贯大荔、朝邑两县，至三河口，会渭入黄，为陕省大河之一。洛惠渠自澄城之老瀑跌，筑坝引水，东南行二十一千米以达大荔之义井为总干渠，由此设闸，分注下游各渠。灌溉区域，北砧铁镰山，西南至洛，东迄小伏坡，计大、朝两县民田五十万亩。肇始于二十三年，完成于三十六年，历年十有四，支用国币六十五亿，合银币三百万元，利益之溥，在陕西省各渠中，仅次于泾，而工程之艰难倍之。自三十年忝主水政，曾经三度视察，考其所以成功之因有三，即精密之计划，高远之目光，坚毅之精神是也。按洛工计划，为蒲城李仪祉先生所手订，总干渠老状以下，高岸深谷，曲折纵横，渠道所经重要建筑，有滚水坝一，渡槽三，堵口七，隧洞五，或以雄伟胜，或以险绝称，尤以穿越铁镰山之五号隧洞为最艰巨。非有李公智慧学识才能，固不能作此设计，亦不敢如此设计，此所谓精密之计划也。洛工规模之大，需费之繁，为国内农田水利工程所仅有，中央以地方财力，不克负荷，特设泾洛工程局专司厥事，首事三年，固已十成八九，独五号隧洞以泥沙障碍，未能凿通，军兴以后，政府西迁，财用紧缩，洛工几百设施，筹措维艰。今蒋公，轸念民瘼，特颁手谕，殷殷垂询，饬早竣工。秉承鸿谟，列为首要，虽军书旁午，国库奇绌，而发款未尝中辍，在事诸人，乃得专心致力，锲而不舍，以底于成，倘使中枢稍有犹豫，殆矣，此所为高远之目光也。夫任难当之怨，来易至之责，以待未然之功，此熟计利害者所不肯为也。

方五号洞施工之初，即遇流沙潜泉，障故丛生，当事者固已深知其难矣。然气不少馁，时时研究改善方法，以至于七七事变，以至于晋南沦陷，以至于中原会战，陕局告急，重重危难，而始终镇静如恒，惟时各方人士，期望最殷，而了解殊鲜，责备之声，时闻于议坛，批评之词，屡见于报章，亦且不加剖白，不计毁誉，埋首致力于旷野深沟之中，与流水泥沙搏斗者十历春秋，唯冀以意志克服环境，以成就争取同情，此所谓坚毅之精神也。若夫陕省长官之供应贷款，大、朝、蒲县地方之征集民工，协助运输，热诚匡襄，通力合作，是又促成之一助，应予表扬者也。语曰：“精诚所至，金石为开。”又曰：“众志成城”，不其信与。虽然吾尤有感焉。伊古以来，水土之工夥矣，或数年而敝，或数十年而敝，或经千百年而犹不敝，其故何哉，毋亦险夷之不同，而保养之术有异乎。

汉武皇时，发卒万人，自征引洛至商颜，以岸善崩，往往为井，井下相通，谓之井渠，作之十余岁，渠颇通。徵，今澄城县，商颜，即铁镰山，按其图籍名称，考其山川形势，悉与今渠相仿佛，然龙门史记，谓未得其饶，此后典籍亦鲜记载，则其不久即敝，可推而知矣，前事不忘，后事之师。迩者，役夫千百，用费亿万，殉职员工，先后达四十余，其创造之艰如此。今后宜如何加固培实，如何补偏救敝，如何理气坏塞，去其浅隘，损害之罚几许，修葺之费若干，咸有待于后之司渠事者与地方从政诸贤，悉心擘画，妥订规章，朝视而暮察，躬行而实践，方足维持久远于不敝，而并渠之民，足食而甘饮者，乃得以永受厥惠，斯真万世之利也。至于施工经过始末，具详于洛惠渠纪念册，不复论次。

李仪祉遗嘱

余深感水利事业在中国之重要，幼年即已攻求水利学识。自余民四年由德返国，迄今已逾二十三年。在此期内，虽已竭尽余之所能，贡献国家，但距余素所期望者甚远。兹病逾二周，自度天不假我，并切望后起同人，对于江河治导，本余之素志，继续致力，以科学方法，逐步探讨；其他防灾航运及水电等，尤应处事研究，次策实施。

本省已成之灌溉事业，须妥为管理，其未尽及尚未着手之水利工程，应竭尽人力财力，以求短期内，逐渐完成。

此嘱。

李仪祉追悼会祭文

维中华民国二十七年三月十五日韩光琦等谨以清酌庶羞之奠致祭于李仪祉先生之灵曰，呜呼！龙蛇值岁，康成有占梦之凶。鹏鸟临门，贾生作自遣之赋。况复烽烟正起，忽坏长城。功业未终，遽骑箕尾。哲人常往，天道宁论。泰山其颓，吾将安仰。此文通所以有惊心之赋，子期邻有笛之悲也。恭维仪祉先生，洛下耆英，关中豪杰，才横东箭，品重南金。叹我国水利之失修，慕大禹神功之伟绩，远逾瀛海，游学西欧，作董子下帷之勤，成萍漫屠龙之技，殚思极虑，旷日穷年，以泰西技巧之精，行我国疏浚之法，于是江河既导，黎庶 × 安，沧海化为桑田，涂潦夷为膏沃，勋劳□□，□□攸崇。洎乎坐拥皋比，风清绛帐，循循善诱，乐育英才，莫不得陶冶而跃金，坐春风而自喜，此先生有功于国家也。

秦中沟洫既淹，河渠久废，富饶之土，久作穷乡，沃野之区，化为硗壤，灾寝造至，丰歉由天。先生敬恭桑梓，不殚辛勤，始凿泾渠，兼营八惠，同郑白之伟业，复秦汉之遗规，浚畎开亩，胼手胝足，先生之有功于陕省也。近者倭寇恁陵，扰我中夏，肆其饕餮贪狠之行，逞其鲸吞蚕食之谋，先生复受命以为测计事宜。越两载而先生归陕，又调委陕局之追随。数年来，秉承使命，从事于关中汉南之设施，方拟测计竣事，大建宏规，何先生享年不永，俾后学遽失措归。呜呼！先生，往矣，同人等必继成其志事，庶有以著先生之伟业，而共仰百世之师。

北洛河流域文化综述

撰文 / 高明

北洛河，也称洛河，古称洛水或北洛水，为黄河二级、渭河一级支流，河长 680.3 千米，为陕西长度最大的河流。它发源于定边县白于山南麓的草梁山，由西北向东南注入渭河，途经黄土高原区和关中平原两大地形单元。河流自西北向东南，流经志丹、甘泉、富县、洛川、黄陵、宜君、澄城、白水、蒲城、大荔，至三河口入渭河。

洛河流域文化文物丰富，笔者曾分门别类进行过系列梳理。现综述如下：

历史上洛河上的渡口有富县的县城东门外（县城与圣佛峪之间）的渡口，洛川的交口河渡口，白水县的张家渡、狄家渡、田家渡。澄城县有船头渡、洞子崖渡、蒋家河渡、李村渡、下段村渡以及尧头渡、蔡邓渡等 7 处。蒲城县境内有晋城渡、石羊渡、南湾渡、车渡、蒲石渡、晋王渡、常乐渡、黎起渡、直社渡、温汤渡、曲里渡等 11 处。大荔县境内有船舍渡、石槽渡、太山渡、北阳洪渡等。

石窟寺是佛教传入我国后的产物，陕西发现的 306 处石窟，大多分布在陕北地区和渭北山区。洛河流域的石窟有宜君福地石窟、富县石泓寺石窟、洛川寺家河石窟、黄龙圣寿寺石窟、黄陵石空寺石窟等。

洛河流域丰富的各种塔，见证着佛教在洛河流域的传播和兴盛。如志丹县的盘龙寺石塔，洛川县的兴国寺万凤塔，富县的柏山寺塔，富县的开元寺塔，澄城的精进寺塔，白水县的妙觉寺塔，蒲城县的崇寿寺诸佛舍利宝塔、慧彻寺诸佛舍利宝塔、温汤宝塔、常乐宝塔，大荔县的文殊新塔、金龙寺塔等。

洛河流域已经发现的文物器物有黄陵陶塑人头像，洛川战国燕王职剑，大荔西汉彩绘陶茧形壶，富县贞观钟，蒲城唐代彩绘骑驼俑，靖边唐代彩绘陶蹲狮，蒲城元代油滴釉瓷碗，蒲城县西汉青玉卧牛，志丹秦代井圈，志丹秦代月牙形砖，澄城“貌宫”瓦当，洛川“人生长寿”几何纹方砖，靖边云纹瓦当、“永隆”瓦当、四朵花纹瓦当、兽面纹瓦当、莲花纹瓦当、仓颉庑壁画，大荔县太白庙壁画，宜君“首领”印，大荔总领军马都提控印，靖边李顺之印，洛川清代水陆道场画，蒲城清代王鼎草书草诀歌，富县战国半釿（jin）圜钱，战国斜肩弧足空首布，澄城县刘家洼春秋墓地出土的铜、金、铁、石、玉、陶、料珠、漆木等各类材质的文物300余件（组）。

洛河流域已经发现的墓志有苏孝慈墓志、金仙长公主墓志、弥姐亮墓志、王鼎墓志、王容溪妻魏氏墓志、唐高力士墓志、唐李文墓志、张春墓志。

洛河两岸的历史古建筑寺、楼、庙、仓等星罗棋布，交相辉映。比较有名的有定边鼓楼、甘泉香林寺、甘泉白鹿寺、黄陵黄帝陵、黄龙莲云寺、宜君玉华宫、白水仓颉庙、澄城城隍庙神楼 、蒲城清代考院、蒲城文庙、大荔丰图义仓、岱祠岑楼等。

洛河流域的古墓葬有靖边县老坟梁墓地等古墓葬系列，靖边轩辕黄帝冢，洛川县明代刘琦家族墓，宜君彭祖故园，黄陵黄帝陵，白水仓颉墓，蒲城县邓艾墓、高力士墓、唐睿宗桥陵、唐玄宗泰陵、唐宪宗景陵、唐穆宗光陵、唐皇帝李宪惠陵，洛河流域已经发现的这些古墓葬，有力地印证着“三秦故土埋皇上”这句话。

洛河流域的古遗址有秦长城遗址，魏长城遗址在大荔、澄城、白水、洛川、富县、宜君均有分布。秦直道遗址在黄陵县、甘泉、定边、富县均有发现。流域内还有靖边统万城遗址、澄城坡头铸钱遗址、大荔人遗址、黄龙人化石遗址、定边辽阳遗址、靖边五庄窠梁遗址、定边县石城子古城遗址、澄城尧头窑遗址、大荔龙首渠遗址。我们有理由相信，随着时代的发展，考古工作的科学推进，洛河流域的古遗址会发挥出更加巨大的文化价值。

洛河流域灌溉较为发达，古渠堰密布。鄜州（今富县）有吉子湾水古渠堰。雒川县（洛川县）有仙宫河、黄梁河、撶津河、厢西河古渠堰。中部县（今黄陵县）有上善泉古渠堰。宜君县七里店水、姚渠川水、玉华川水、姚曲川水古渠堰。白水县有武子渠古渠堰。澄城县有泉河、三泉、长宁河渠、大峪河堰、玉泉渠古渠堰。蒲城县有漫源渠、半坡寨渠、常乐渠、三郎泉渠古渠堰。大荔县有通灵陂、北庄泉渠、大奇泉、象底泉、蔡庄泉、西庄泉，坡底泉、冯村泉、红善泉、苦泉、临晋陂渠、龙首渠等古渠堰。

洛河流域的古树名木有定边古树、甘泉白鹿寺古银杏树、黄帝手植柏、汉武帝挂甲柏、志丹县小叶杨、蒲城县尧山古柏、柏抱桑、龙槐、蒲城千年酸枣树、仓颉庙古柏群等。

洛河流域的这些古树名木，是洛河流域重要的文化遗存和历史见证。全国绿化委员会办公室（2015—2021年）古树名木资源普查结果显示，全国普查范围内的古树名木共计

508.19 万株，其中 5000 年以上的古树有 5 株且均在陕西省，其中 4 株正处于洛河流域。

洛河流域的刀客有大荔刀客李牛儿，蒲城刀客王改名、王金祥、郭坚，朝邑刀客王振乾（绰号狮子）、严孝全（绰号飞龙）等。

近代历史上陕西同盟会的骨干成员和著名将领，如杨虎城、李虎臣、井勿幕等人，都是刀客出身，陕西刀客最让人热血沸腾的故事，无疑是发生在 20 世纪 20 年代，为期 7 个多月的“二虎守长安”。

红星照耀中国，洛河流域各地也是红星闪耀，不可磨灭。著名的洛川会议、小河会议、青阳岔中共中央驻地旧址、“雪地讲话”、直罗镇战役、西安事变、瓦子街战役、雁门支队、澄合战役、永丰战役、荔北战役，如同一张张闪耀的史册名片，永远光彩夺目，熠熠生辉。

洛河流域文化文物丰富，为充分展现这些文化文物，建设的现代的各类“馆”自然也不会少。如定边县文博馆、靖边博物馆、甘泉县博物馆、志丹县革命纪念馆、志丹县保安革命旧址纪念馆、陕西自然博物馆黄陵馆、富县鄜州博物馆、黄龙县博物馆、洛川县博物馆、洛川黄土国家地质公园博物馆、宜君县博物馆、渭南市博物馆、蒲城县博物馆，白水仓颉庙博物馆、澄城县博物馆、大荔金明民俗博物馆、大荔县八鱼石墓博物馆、大荔县展览馆。洛河流域上的这些各类“馆”，是洛河文化文明的重要载体和见证。

洛河流域的这些文化文物系列，是洛河流域历史文化的重要见证和载体。我们相信，随着黄河保护的进一步加强，作为黄河支流渭河一级支流的洛河，洛河流域的洛河文化将会得到更好的保护和开发利用。

盐池洼变了

撰文 / 张德虎

大荔县朝邑镇北 3 千米处，有一片盐碱地，古称通灵陂，因水质咸苦而得名盐池洼。

此处地势较低，日照充足，水域宽阔，其东西长 10 余千米，南北宽 1.5 千米，面积达 2 万亩之多，水面也有万余亩。遍地盐碱不宜耕作，属不毛之地，村民极少光顾，当地民谣曰：“夏秋水汪汪，冬春白茫茫；只长盐蓬草，不长庄稼苗。”就这样一块原汁原味、原生态的天然湿地被完整地保存下来，其丰富的水草、鱼虾、河蟹为珍稀候鸟觅食、栖息提供了理想场所，悄然地与人们休戚与共、长相厮守。

前些年，随着地下水资源的大量开采和大小排碱渠的堵塞，盐池洼变成了垃圾倾倒和污水排放场所，放荒引起的火灾也时有发生，水体环境和野生鸟类生存受到严重影响，盐池洼一度面临荒败干枯、萎缩颓废的命运。

2014 年，林业部批准试点建设陕西朝邑国家湿地公园，2015 年洛惠渠开始生态补水，盐池洼重新焕发生机。

盐池洼地处洛惠灌区末端，渠道年久失修、输水能力差，补水初期塌陷、决口时有发生。为此，管理局筹措资金对承担输水任务的中干二分渠进行了衬砌改造，婆合管理站组织职工也对各斗、分、引渠道进行了清淤整修。三年来，洛惠渠为盐池洼供水 8 次，补水上千万方，水面上升 50 厘米左右，水域拓宽 1/3 以上，生态环境大为改观。

今天的盐池洼变了，成为候鸟迁徙的重要“驿站”“天然观鸟园”和水生生物的天堂。800 多座芦苇小岛或独居，或隐约相连，点缀得湖面如梦如幻，演绎着河之洲的自然传奇。区域内野生鸟类增加到 91 种，成群的野鸭在水面振翅滑翔，多情的鸳鸯依偎缠绵、互秀恩爱，多年不见的天鹅、丹顶鹤、白鹭、水鸟、反嘴鹬来此安家栖息，还有草鱼、鲫鱼、甲鱼、黄鳝、泥鳅等在水中尽情游弋。

盐池洼变了，无论什么时候来，都会有不同的收获，不一样的感觉。春季，盐池洼湿地水天一色，飞鸟成群，芦苇荡漾，鸟语花香，游荡湿地，倍感春之生机盎然。夏季来临，碧水蓝天，白云悠悠，水禽相逐，其乐融融，乘舟冲浪，一展豪情，是纳凉消暑的福地洞天。秋季时节，落霞与孤鹜齐飞，秋水共长天一色，草木丰茂，满目苍翠，天高水阔，鱼虾正肥，凭栏远眺，心旷神怡，尘虑顿消，物我两忘。冬季里雪落无声，禽鸟依依，苇花飘荡，湖州萧瑟，临水独吟，倍感天地之空旷寂寥。此四时之景，全赖一池之水。盐池洼因洛水而重焕生机，洛水因盐池洼而妩媚多姿。

白水河秋赋

撰文 / 巴漠

关中的秋深了，雨却不住地落。连绵了半月的秋淋，湿了心地，霉了情绪，阳光倒成了被时时回味的意象。好不容易挨到天晴，久违的太阳也显得湿漉漉的，可还是让我的心绪多了几分豁亮。就这样，久雨初霁，带着几分欣喜，我走进了秋日的白水河。这条河被当地人亲切地称为母亲河，从地图上看，宛若一条纽带，缀联了整个县域，成了这四圣故里的灵魂。用心品读这条河，虽只数日，可也让我领略了她的秋韵，并为之感动和震撼。

这条河，古韵悠然。秋色里，沿着白水河，两边的情景尽在绚烂里，恰如远古色浓郁的山河，熟透了历史与季节，有着千秋画、万古琴的曼妙。这河发源于铜川宜君云梦山南麓，自白水境内西入东出，横亘腹地，婉转奔流，穿越时空，多姿多彩。听老人讲，河在大禹治水时就有了，也许风尘仆仆的大禹三过家门而不入，足迹也曾踏进过这条河。可比大禹还要早的先民们，择水而居，留下了足迹。当我来到白水河流域的西固段时，看到新河道已偏离了古河道许多，河水浅缓，没有了当年的汹涌奔放，岁月早已将古河道清寂地置于了高处，唯有河床淀积的土层，诉说着嬗变的痕迹。20 世纪 80 年代，文物普查时，考古学家在这里发现了仰韶时期和龙山时期的先民遗址，引起了巨大反响。现实真真切切地告诉人们：7000 多年前在这里就居住过原始人，大部落就在下河西的遗址上。2005 年，考古队对这里进行了考古发掘，北边的龙山文化瓮棺葬群在全国评到第一位；南边的仰韶遗址有全国最大的一个房址，360 多个平方米，堪称目前所发现同时期最大，这里也是中国白灰的发源地。听着友人的介绍，我一一察看。先民们当时的生活场景，不时地闪现于脑海：居室里人声鼎沸，火灶正旺，人们正在分享狩猎的收获。我看到了大人和孩子们的笑靥，感受到了先祖们的心跳，深深地为白水河这条古河而骄傲。当我们要离开时，夕阳下，古道旁，无名黄花在风中干枯地晃动，悠然中蓄了一怀的幽思。蓦然间想到，因为这河，秦孝公十二年就有了白水这个县名，河名与县名融为一体，本身就是一个传奇，不能不让人击节慨叹了。这时再看白水河，薄雾下，漾着一河的远古情结的河水，潺潺而去，眼底竟潮潮的。

这条河，雅韵怡然。秋雁回空，秋水怡人，秋雾缠绵。河在远观的朦胧里，真有摩诘诗“白云回望合，青霭入看无”的意境，仿佛入了仙境一般，自然没了欧阳修《秋色赋》的萧条落寞，心灵只共鸣着一种金黄色的雅贵。我看这河，其雅融于人文，见于沿岸三处，即一山、一台和一酒。

这一山就是元鹤山，黄土堆积而成的小山岗，三面环山，一面临水，古柏丛生，山势如鹤，景色宜人。据当地人说，明代人高洪亮、张福彦、姚再在这里打柴时，发现河鸟飞上元鹤山，钻进了山洞，他们便把这山称为元鹤山。周边群众于明朝万历年间，自发地依山建庙，渐渐地形成了元鹤山建筑群。据重修神庙碑记：“山顶供奉无量炎帝，沿山陪奉诸神，其庙之全，神之众，方圆百里罕见，蒲白两县共设五社，每年农历的二月十五、十月十五有两次庙会。”历经清康熙、乾隆、嘉庆、道光、光绪、宣统和中华民国多次增修，雕梁画栋，庙满山头。庙虽多，可元鹤一去不复返，此地空留元鹤洞。元鹤钻过的洞，颇为深幽，因之人亦称山为“洞耳山”，后来又改为“元鹤山”。拾阶登临山顶，赫然见到重建的两座庙宇。居顶远望，山前峰峦叠翠，山后河水绕行，让人心旷神怡，流连忘返。正如当地诗人所写：“三山两沟拱俊峰，后有白水绕东淌。四季景在苍柏青，八方游山寄盛香。”

一台，即白水河北岸的烽火台。清代同治年间修建，长 15 米，宽 10 米，高 15 米。这座田地里的烽火台，静静地伫立着，似一位沧桑的得道高僧，明月清风，宠辱不惊，可背后却有许多故事，在那兵荒马乱的年月，遇有险情或匪乱，四邻八舍便会有人在上边点上一堆火，让其他的烽火台看见，相继传递下去，然后聚到此地，共同御险，或防御防外来之敌匪。平头百姓，不到万不得已，绝不会有周幽王烽火戏诸侯的雅兴，他们只盼狼烟不点，兵匪不扰。这不由让我想起宋代诗人杨备的《烽火台》：“一带东流当复阙，筑台相望水云间。丽华应不如褒姒，几许狼烟得破颜。”

一酒，就是杜康美酒，具有悠久的酒文化。当我置身于杜康河的时候，这条白水河的支流，两岸的树木着了秋衣，岸边的水草依然葱郁，自北向南无声地流向了白水河。听随行的朋友说，这条河的源头，从下许家河流经义厚、水苏，最后流到这里。原来的河水宽，现在却成了细流。我们沿河走向一个亭子，旁有一碑写着“上皇泉水”，却不见泉眼，原来是被密封了，说是为了防止泉水被污染与破坏。这泉水经陕西省地质矿产部门检测，多含钙、镁、锌，早被用来酿酒了，好水酿好酒，杜康酒自然名不虚传了。亭子对面是杜康庙，门两边有一副对联“秦汉鼎盛杜康沟始酒源地，今朝辉煌酒香溢满彭衙街”，写出了酒圣杜康的功绩与影响。拜谒了庙后的杜康墓，我们进入了杜康酿酒的复原遗址，终于见到了久负盛名的杜康古窖。据记载，汉时，各地酒坊纷纷到此仿效取经，华夏酒业得以勃兴。数千年来，历代杜康后裔均据此以天地日月为精，以五谷山泉为华，细酿久酝，玉香叱咤天下。明清时期，彭衙烧锅千家，至民国时期，杜康酒窖坛瓮仍累积如蜂巢，故有民谚：“洛阳纸贵，白水杜康。”在这里，我第一次了解到了杜康酒的制作过程，站在这个院落里，至今仍能闻到酒香。那酒香沁人心脾，我不由得猛吸了几口，难怪曹孟德有诗“何以解忧，唯有杜康”。杜康美酒，端的是古往今来人们遣怀逸兴的圣物。酒里乾坤，杯中日月，倏然形象化于眼前，不得不佩服白水河酒文化的深远广博。

这条河，神韵卓然。传说与美景的糅合，给白水河更增添了几分卓越不群、意味深长的神采魅力，单是河名的传说，就让人遐思。当地有位老人，给我讲了这样一个传说：黄帝与爱妃巡游，来到了风景旖旎、紫气氤氲的云梦山中，透过树隙，忽见山腰处喷下一股泉水。那泉水恰似天上的琼浆玉液，夺人心魄。在泉下积水成池后，洁白若雾。游困了的爱妃，浑身湿黏，黄帝便让人服侍她池中沐浴，浴后的爱妃如出水芙蓉，肌肤滑腻，清丽无比，光彩照人。帝颜大悦，即命此泉为“白水”。由白水汇集而成的河，便被人称作了白水河。这河也真神奇，神奇在县境内历史上著名的八景占了三个。

其一是“秋木霜林”。白水河的云台焦段河一带，一到了秋季，河两岸尽是柿子树，柿树经霜，红叶阵阵，让人有着诗意般的体味，煞是好看。人们形容那种美景是“秋木霜林红似火”。

其二是“西河滚浪”，也叫“白鸡扑潭”。河水流到了（西河）小华山跟前，两岸石崖陡峭，山谷狭窄，有高约丈许的大石横挡其间。河水飞奔石上，近看水浪翻滚，远观如雄鸡凌空而下，跃入潭底后，就形成了此处独特的景观。

其三是“南河无人夜渡船”。到了南河桥古渡口附近，两岸巨岩山坡，浪高水急，发出的回声雄壮，晚上听起来好像是渡口船夫叫号子的声音。现在的水流越来越小了，自然没有了这种回声。到了白水河下游的大峡谷中，两岸青山上怪石林立，因上游故现水库拦截，河水干涸，只在多雨季节才能看到。如今仅有两岸芦苇在秋风中回味着当年水草肥美的情景。沿着河道，行至白水与蒲城的交界处，就会看到右边的牛仙洞。传说当年老子骑青牛路过此地，得道成仙，后人为纪念他，就在这里塑了他的人身和青牛像。这个洞明万历年间翻修过，洞口窄小，只能容一人过去。据牛仙洞摩崖石刻记载，明时牛仙洞尚属白水县，时称“大明国西安府同州白水县”。我记得曾看过一篇文章，说的是老子成仙后，人们遇到了灾难，他还派青牛下凡，救民于危难。人们感恩，重修洞府，四时敬奉，香火不断。不过眼前这石壁上的香火熏迹，让牛仙洞更多了几分神秘，使人仿佛也听到了老子焚香诵读《道德经》的声音。

这条河，新韵盎然。这河不只滋润万物，还孕育着希冀与生机。秋雨后，阳光正浓，一河两岸正享受着久违的抚慰，急需着色的苹果，也将心花开在了农人脸上。在白石河村，我听村民说，20 世纪 70 年代，这里的人发扬“愚公移山”的精神，附近的 11 个大队，万人出动，让河流改道，在乱石林立的河滩上，平整出了 700 余亩良田，实现了亩产千斤目标。这儿从此有了一个响亮的名字——千斤川。千斤川为今天的果业发展、公司化运作奠定了基础，也凝结出“不畏困难、脚踏实地、矢志不渝、奋发创业”的白水精神。泽被后人，功莫大焉。站在这曾经战天斗地的千斤川，我似乎听到了人们劳动时的号子声。那来往穿梭的劳动场景，与这秋阳融化在一起，和煦动人。与千斤川同时代修建的林皋水库、故现水库，也如白水河上的两颗明珠，在我心头熠熠闪光。我便走进了林皋湖区域，去感受当年的林皋水库。据沿岸的焦段河的村民回忆，当时十年九旱，人们用水，只能靠肩挑车拉。白水县修建林皋水库时，一天投入万余劳力，出动千头牲口。架子车拉运，人工筑坝，终于建成了水库。2001 年，依托水库，又启动了林皋湖项目，2004 年初项目竣工。经过十多年发展，现今的林皋湖，景色优美，楼台亭阁，栈道环绕，树木茂密，是旅游休闲的绝好去处。那里也是黑鹳、白琵鹭、红隼等国家级重点保护动物的栖息地。那天我去的时候，太阳当空，本想好好地游览看看那一湖盛景，尤其是友人说得我耳边老茧的“情人岛”。可天公不作美，突然又下起了雨。雨，淅淅沥沥的，我只好隔着车窗，走马观花地欣赏了苍茫风雨中的湖景。为了弥补缺憾，返回时，与友人冒雨步行登上了观月亭，留了个影，可心里却说：林皋湖，我还会来的！在故现水库，听管理人员说，当时龙山建了 5000 亩苹果林带，因灌溉需要，才将故现抽水站提升为故现水库。这里所在的雷村灌区，历史上就有“龙山马湖，渴死寡妇”之说，严重缺水。故现水库从根本上解决了附近果园、耕地的用水问题。我常想，有河便有桥，当我清晨站在白水河大桥上的时候，不能不赞叹：这桥真忙碌！桥上车水马龙，往来穿梭，成了白水县与外边沟通的大动脉。听友人介绍，建这座大桥前，也曾两度建过桥，遗迹就在大桥的旁边，秋风里更见其萧索破落，却也是白水的发展的见证，见证着时代的变迁。这座桥，阳光下愈见神采奕奕，桥下的白水河闪着粼光，蜿蜒而去。望着眼前的情景，我想这桥正可以作这河上的琵琶，不断地弹奏着白水发展变奏曲……

秋色作伴白水河，一河情趣无穷味。这条河，承泽云梦，汇集千泉，奔腾不息，古老沧桑，历久弥新；这条河，千折百回，穿越两市三县，带着白水人的梦想，流向远方。

哦，这条白水人生命的河，母亲的河。

石堡川水库建设二三事

侯平原

1958 年，白水县提出了“建设石堡川水库，把水引到白水旱塬”的方案，并就建设方案与延安市的洛川县、黄龙县达成协议。1958 年至 1960 年开展了勘查工作，后因水库建设规模扩大，经 1969 年当时的陕西省革委会生产组批复，变更为现在的规模，1970 年 10 月 1 日正式动工。

指挥部成立后，因仓颉庙距离水库枢纽和干渠相对较近，而且庙内有 10 多间窑洞、10 多间房子，所以就成了指挥部的安家之所。指挥部进驻后，建立了严格的管理办法和门卫制度，使庙内文物古迹免遭破坏。当时，李仪祉最小的弟弟李隼，虽然从小又聋又哑，但靠着家庭教师学会了德文和设计绘图，在指挥部参与石堡川水库灌区的工程建设。

石堡川水库工程建设期间，施工队伍以农民工为主体，1974 年主体工程试水后，石渠段、隧洞和土填方存在严重的质量问题。1978 年，陕西省水利厅组织专家实地勘测后，提出对石堡川水库工程进行技术补课和扫尾加固，并于 1979 年至 1982 年实施，1982 年年底进行了竣工验收。

石堡川水库工程施工难度是当时全省八大工程之首，尤以位于黄龙山南麓的石渠段最为艰难，号称“陕西的红旗渠”，在既无技术，又无机械的条件下，澄、白两县的群众和有关参建单位付出难以想象的代价。建设期间，101 名民工献出了生命，数百人受伤。

石堡川水库建设者的故事

修建石堡川水库时，集体经济匮乏，农民生活艰难，但各级领导干部和广大群众咬紧牙关，克难攻坚，战天斗地，用自己的热血、智慧和汗水镌刻起渭北旱塬上的这座丰碑。

在 1972 年冬季会战中，王庄营白草垣连，在困难面前不低头，苦字面前不摇头，关键时刻冲在前，124 名民工苦战 18 天，完成山后 53 米石渠和一座排洪桥的砌石任务；突击 12 个昼夜，结束山前 300 米长、3800 多平方米深挖土渠工程；曾用 5 个小时挖土 600 平方米；用 28 个小时砌成一座桥；回填大坝中，提前 10 天超额完成运土任务。1973 年春，激战 9 天 9 夜，完成石渠勾缝、排洪桥修理和渠道清理等施工任务。1974 年，50 多个人大干 1 个月，完成了山前土渠现浇 300 米，挖土 300 平方米，并加入泄洪洞的战斗中，他们南征北战修水利，几上几下，每战皆胜，先后完成工日 53700 多个，获得“水利尖刀连”称号。

雷家洼营 64 岁的女民工雷杏珍，儿孙满堂，不愁吃穿，她不愿在家享“清福”，宁愿到工地受“洋罪”，干起活来不输年轻人，一班最多抬石 152 个来回。下班回到驻地衣裳一脱都能拧出水来，她被工地评为甲等模范。西社营年仅 17 岁的韦忠锁，干活争先，大家称他是“沿山渠道上的小英雄”，在一次清理洞口碎石中献出了年轻的生命。他的父亲韦绪堂将儿子 560 元的抚恤费全献给生产队买牲口，并让老大八定、老二忠定上工地。

“铁姑娘排”是安里乡一个以农村姑娘为主的工队，主要负责越沟渡槽工程，这在当时是一项技术性很强的新型建筑。这些农村姑娘胆大心细，肩扛整袋水泥，无攀缘地往返在仅数十厘米宽、距沟底数十丈高的拱肋上，面不改色心不跳，连多年的老技工也佩服不已。

“铁梅班”是一个由庄头公社郭家庄村 8 名农村姑娘组成的工队班组。她们硬是从毫无爆破知识的农民锻炼成了名扬工地的女爆破手。班长樊焕芳是在父亲樊振中（庄头大队党支部书记、陕西省劳动模范）挖掘隧洞时因塌方不幸牺牲之后，顶着家庭困难的压力走上水利工地的，时年仅 17 岁。她不顾未婚夫家人的反对，推迟了婚期，立下了“水库不修成不结婚”的誓言。在一次帮风钻组接风管时，风管突然爆炸，樊焕芳被炸得失去了知觉。工程指挥部给她评定伤残等级，她拒绝了；组织上给她家照顾自行车、缝纫机，她也推辞了。樊焕芳和“铁梅班”成为水库工地建设的一面旗帜，她们的事迹被排演成戏剧《战地红花》，一时传遍了工地，为水库建设增添了强大的精神力量，《人民日报》曾对樊焕芳的事迹作了报道。

五、小说

延安市作家李亮的长篇小说《大洛河》由百花文艺出版社出版发行。《大洛河》以1867年至2023年陕西省北洛河流域为地理文化背景，通过一个“宗”姓大家族的沉浮展示出北洛河流域尤其是中上游地区的历史文化变迁，小说分别讲述了清末、民国、解放战争时期、新中国成立初和改革开放之后，宗家五代人在不同历史环境之下的人物命运和人性魅力，歌颂了人性中的真、善、美，讲述故事的同时，书中穿插了非常丰富的陕北传统民俗文化和民间美术，展现了北洛河流域文化的神秘、宽博、丰富。

小说通过对黄土高原上这个极有代表性的家族的命运进行梳理，试图显示出以北洛河流域为代表的陕北人在不同社会背景中所面临的困惑和挣扎，并探讨关于终极的“心灵追寻”和“自我价值”问题，也显示出“国”与“家”之间的深刻关系，体现出对“环保”“非物质文化遗产保护”和“传统文化保护”的思索。

第七篇 机构与人物

北洛河水利机构包括设立的地级市、县（区）水行政管理机构、事业单位、企业单位以及流域内省属水利单位。1996—2020年，各级水行政管理机构及其职能进行了3次改革调整，实行了水管单位体制改革，不断完善水利管理体系，对促进流域水利发展与改革发挥了重要作用。

从古到今，在水利建设、服务、科研、教育和管理工作岗位上，涌现了一批优秀人物，本志为这些已经去世的优秀人物设立传略。同时，在水利建设、管理与防汛抗旱工作中，涌现出了一大批劳动模范、先进工作者及有突出贡献的专家，本志采用表格形式来记录。

第一章　治水机构

陕西省北洛河流域所在 4 个地级市均设有水利（水务）局，是市区水行政主管部门，组织机构健全，人员配备充足，领导齐全。北洛河流域所辖 16 个县（区）均设有水利（水务）局。

第一节　古代市级机构

一、榆林地区的古代机构

明成化年间（1465—1487 年），榆林城设延绥镇巡抚都察院，由延绥镇巡抚统管屯田、水利等事项。之后相继设立西路（靖边道）、中路（榆林道）、东路（神木道）3 路战备道，西路兵备道管理靖边、定边各营城堡及安定（今子长县）、保安（今志丹县）、安塞 3 县，中路兵备道管理榆林卫各营城堡及绥德、米脂、清涧 3 县，东路兵备道管理东路各营城堡及神木、府谷、葭州、吴堡 4 县（州），各道及所辖县（州）均统管屯田、水利等事项。清前期沿用明代水利管理机构。清雍正九年（1731 年）建置榆林府及榆林、怀远（今横山）、靖边、定边县后，榆林府、绥德州同知及所属各县知县管理水利。

二、延安地区古代机构

明洪武二年（1369 年）五月，延安路改设延安府，清代仍设。清代延安府同知及所属各县知县管理水利。清顺治年间，延安府领 3 州（鄜州、绥德州、葭州）16 县（肤施、安塞、甘泉、安定、保安、宜川、延川、延长、清涧、洛川、中部、宜君、米脂、吴堡、神木、府谷）。清雍正年间，3 州归省直隶，延安府领 8 县（肤施、安塞、甘泉、安定、保安、宜川、延川、延长）。乾隆年间，又增领定边、靖边 2 县。

三、渭南地区的古代机构

清代，渭南地区先后属潼商道，同州、华州，同州府、西安府。潼商道设道尹道台管理兵备、水利屯田，府设同知通判，分掌粮盐督浦江海防务河工水利，州同、州判分掌粮务水利防海管河诸职。西安府领渭南县，同州府领大荔、朝邑、白水、韩城、合阳、澄城、蒲城、华州、华阴、潼关 10 县。

第二节　民国市级机构

一、榆林地区民国水利机构

民国时期，陕西省第一（榆林）、第二（绥德）行政督察专员公署和所属各县政府及隶属陕甘宁边区政府的绥德、三边区公署和所属各县民主政府都设有建设科（又称四科）兼管水利事项。

二、延安地区民国水利机构

1936 年 12 月，西安事变爆发后，陕甘宁苏区改称民国特区；1937 年 9 月 6 日，改称陕甘宁边区，11 月 10 日，改称陕甘宁特区；1938 年 1 月，复称陕甘宁边区；1942 年 11 月，设延属分区，1943 年 1 月成立延属分区行政督察专员公署，辖延安市和延安、子长、延川、延长、固临、甘泉、鄜县、志丹、安塞 9 县，公署设建设科，各县亦设建设科，兼管水利。

三、渭南地区民国水利机构

民国二十七年（1938 年）10 月撤道制，设第八、第十行政督察专员公署。公署设建设科，各县亦设建设科，兼管水利。

第三节　当代市级机构

一、榆林市水务局

1957 年 1 月，绥榆水利工程处与原绥德、榆林专区水利工作队（均于 1954 年 3 月成立）合并，成立榆林专区水利局，受陕西省水利厅和榆林专员公署双重领导。水利局下设政治科、灌溉管理科、工程管理科、计划财务科，以及直属单位勘测设计队和水利工程队。同年 2 月成立 5 个分驻各县的水利工作队（各队均分别设有水利工作组），加强各县民营渠道的兴修和管理。其第一水利工作队驻绥德县，负责绥德县、清涧县、子洲县、吴堡县水利事项；第二水利工作队驻米脂县，负责米脂县、佳县水利事项；第三水利工作队驻榆林县，负责榆林县、横山县水利事项；第四水利工作队驻神木县，负责神木县、府谷县水利事项；第五水利工作队驻靖边县，负责靖边县、定边县水利事项。1958 年 3 月，榆林水土保持工作推广站（1954 年 1 月成立，隶属黄委会西北工程局）并入榆林专区水利局。1958 年 5 月，隶属陕西省水利厅领导的榆林专区水利局划归榆林专署领导，改名榆林专员公署水利水土保持局，下设政工、灌溉管理、工程管理、水土保持、机电管理、计划财务科和办公室，有职工 66 人，其中行政干部 42 人、工程技术干部 22 人、工人 2 人。同时，将原专区水利局派驻各县的水利工作队（工作组）及原榆林水土保持推广站派驻米脂、绥德、神木、靖边等 9 县的水保组合并，分别组成各县水利工作队，由各县政府领导。1958 年 10 月，原专区水利局直属的水利工作队并入直属的水利勘测设计队。专署水利局与专署农林局合署办公，办公地址在榆林城原二街地区水利局、林业局大院。1960 年 3 月，专署水利局与农林局分署办公。1966 年 4 月，撤销榆林专署水利局，改设陕西省榆林专区水利水土保持工程处，交省管；1966 年 6 月，改名为陕西省榆林专区水利水土保持局。

1967 年 10 月，成立榆林地区水利局革命领导小组，取代了榆林专区水利水保局。1968 年 8 月，撤销该领导小组，水利水保工作由榆林地区革命委员会生产组下设的水电组主管。1972年6月，撤销水电组，改设榆林地区革命委员会水电局，工作范围包括工务、机电、灌溉、计划财务、农田基建、防汛等事项。1979年12月，榆林地区革命委员会改为榆林地区行政公署。1980年1月，榆林地区革委会水电局更名为榆林地区水电局，设办公室、工务科、水管科、小型水利科、水保科。

1983年10月，榆林地区水电局更名为榆林地区水利水保局，设政秘、计财、水保、水管、工务、水产6个科室，行政编制22人。1985年9月，撤销政秘、计财科，合并为办公室，新成立科技科。实有职工38名，财务人员2名，工人11名。1988年10月增设水资源管理办公室，1989年3月增设水保监督科，1990年5月成立地区风沙区井灌建设领导小组办公室，1990年9月增设治沟骨干工程办公室，1990年11月增设保卫科。1991年11月，机构编制进行调整，内设机构调整为计划财务、水利水产、水保、科教、水利公安科和办公室、监察室，行政编制23人。1996年2月，机构改革，局机关设政秘、计划财务、水利、水保、科教、水利公安6个科和机关事务管理所、水利工程质量监督办公室、渔政管理办公室3个科技单位。行政编制18名，事业编制17名。

2000年6月，榆林撤地设市，榆林地区水利水保局改名为榆林市水务局。2002年10月，机构改革，局机关设政秘、政策法规、计划财务、水利、水保、科教6个科，行政编制20名。2012年增设建设与管理科，至2013年共设8个科室，有工作人员53人，辖直属单位20个。

（一）榆林市水务局主要职责

（1）负责保障全市水资源的合理开发利用。贯彻落实国家及陕西省有关水利工作的方针政策、法律法规，拟订全市水利发展规划和政策，组织起草行政规范性文件，组织编制全市水资源战略规划及重要流域（区域）水利综合规划、防洪规划等重大水利规划。负责全市黄河引水工程总体规划和建设运行管理工作。

（2）负责生活、生产经营和生态环境用水的统筹和保障。组织实施最严格水资源管理制度，实施水资源的统一监督管理，拟定全市和跨区域水中长期供求规划、水量分配方案并监督实施。负责重大调水工程的水资源调度。组织实施水资源论证和防洪论证制度，指导开展水资源有偿使用工作。指导水利行业供水和乡镇供水工作。

（3）按规定制定水利工程建设的有关制度并组织实施。负责提出市级水利固定资产投资规模、方向、具体安排建议并组织指导实施，提出市级水利资金安排建议并负责项目实施的监督管理。

（4）指导水资源保护工作。组织编制并实施全市水资源保护规划。指导全市饮用水水源保护有关工作，指导地下水开发利用和地下水资源管理保护。组织指导地下水超采区综合治理。

（5）负责节约用水工作。拟定节约用水政策，组织编制全市节约用水规划并监督实施，组织制定有关标准。组织实施用水总量控制等管理制度，指导和推进节水型社会建设工作。

（6）负责水文工作。负责水文水资源监测、水文站网建设和管理。对江河湖库和地下水实施监测，协调指导水文水资源信息、情报预报和发布全市水资源公报。按规定组织开展水能资源调查评价和水资源承载能力监测预警工作。

（二）榆林市水利局内设机构

1. 政秘科

政秘科负责重要会议的组织和决定事项的督办；负责重要文稿草拟审核、公文管理、政务公开、档案管理、机要保密、信访维稳、应急值守、公务接待、创建工作；负责局机关和所属单位的干部人事、机构编制、劳动工资工作；指导水利行业人才队伍建设；负责机关离退休人员服务管理工作，指导所属单位离退休人员服务管理工作；组织实施目标责任考核工作；承担干部人事体制改革的有关工作；负责党风廉政建设工作；负责管理局属系统预算、决算；承担局机关财务管理工作，指导局属单位财务管理工作；负责局属系统政府采购和国有资产的监督管理工作；承担局属单位内部审计工作；组织重大水利科学研究、技术引进和科技推广，水利科技项目和科技成果的管理工作；负责外事和对外协作工作；负责局属系统专业技术职务管理工作；负责局属系统职工教育培训工作；负责水利新闻宣传、舆情分析工作；负责水利门户网站建设、运行管理和网络安全工作。

2. 规划计划科

规划计划科负责组织编制全市重大水利综合规划、专业规划和专项规划；组织编制、审核水利建设项目建议书、可行性研究报告和初步设计；指导水利工程建设项目合规性审查工作；拟定水利项目年度投资计划和专项资金年度投资计划；组织实施国家、陕西省、榆林市水利固定资产投资计划，协调开展项目实施后评价和绩效评价；承担全市水利统计工作；提出有关水利价格、税费、基金、信贷等建议；指导水利工程造价管理工作；承担大中型水利水电工程相关前期工作；负责全市水利水电工程移民安置和后期扶持的指导和监督管理工作；负责大中型水利水电工程建设征地移民安置前期工作的审查审核工作；负责大中型水利水电工程移民安置的验收工作；负责大中型水利水电工程移民后期扶持政策的实施和管理工作；负责小型水库移民后期扶助的有关工作；负责新建大中型水库移民后期扶持人口的核定工作。

3. 河库管理科

河库管理科负责全面推行河长制湖长制工作，组织对河长制湖长制实施情况进行督查；指导水域及其岸线的管理和保护，指导全市重要河湖、水库、滩涂、河口的开发、治理和保护；指导河湖水生态保护与修复以及河湖水系连通工作；监督管理河道采砂工作，指导河道采砂规划编制，组织实施河道管理范围内工程建设方案审查制度；承担市河长制湖长制办公室日常工作；负责水情旱情监测预警工作；组织编制洪水干旱防治规划和防护标准、重要江河和重要水工程的防御洪水抗御旱灾调度以及应急水量调度方案并组织实施；承担防洪保护区的洪水影响评价工作；承担反恐怖工作领导小组日常工作。

4. 水资源科

水资源科负责协调组织实施水资源取水许可、水资源论证等制度，组织实施用水总量控制、用水效率控制、计划用水和定额管理制度；指导开展水资源有偿使用工作；指导水量分配、水资源调度工作，指导河湖生态流量水量管理工作；指导城市污水处理回用等非常规水源开发利用工作；组织编制水资源保护规划，指导饮用水水源保护的相关工作；组织开展水资源调查、评价有关工作；发布全市水资源公报、水文水资源信息、情报预报；参与编制水功能区划；拟订节约用水地方性政策，组织编制并协调实施节约用水规划，指导计划用水、节约用水，指导和推动节水型社会建设工作；负责协调制定行政审批标准并对行政审批服务局审批行为及审批事项的组织实施情况实行事中事后监管。

5. 水利水电科

水利水电科负责组织开展灌排工程建设与改造，指导农村饮水安全工程建设管理工作，指导城乡供水和节水灌溉工作；指导全市农村水能资源开发工作，负责全市农村水电行业行政管理工作；承担全市农村水电行业安全生产管理和国家补助项目的实施；指导农村水利社会化服务体系建设；组织、指导和协调实施全市水利扶贫脱贫工作。

6. 水保治理科

水保治理科负责全市水土流失综合防治、监督管理和监测评价；组织编制全市水土保持规划并监督实施，组织开展水土保持规划实施考核评估工作；负责全市水土保持监测网络建设管理和信息化工作，组织全市水土流失调查、动态监测、预报并公告；指导水土保持重点工程实施；承担全市能源资源开采水保补偿费征稽管理及恢复治理项目的审批和监管，监督开发建设项目水土保持方案的实施；协调指导全市沙棘工作。

7. 建设监督科

建设监督科负责全市水利工程的行业管理；指导堤防、病险水库的除险加固；组织实施水利工程质量和安全监督；指导水利行业质量和安全生产工作；监督指导全市水利工程招标投标、建设监理等工作；指导水利设施的管理、保护和综合利用，负责水利水保工程稽查工作；指导水利建设市场的监督管理和信用体系建设工作；研究拟订水利工作政策措施并监督实施；指导水利行政工作并监督检查；指导水利普法工作；承办行政应诉、行政复议和行政赔偿等工作；组织指导水政监察和水行政执法，协调跨流域、跨县（市、区）的水事纠纷；组织查处重大涉水违法事件；承担水利改革方面工作。

二、延安市水务局

延安专区水利局于 1957 年 1 月成立，1959 年 4 月更名为延安专员公署水利局。1961 年与农、林牧局合并为延安专区水土保持局中心站。1963 年 3 月恢复延安专员公署水利局，12 月更名为延安专员公署水土保持局。1964 年 4 月又更名为延安专员公署水保水利局。1970 年 7 月成立延安地区革命委员会水电局，1980 年 1 月改为延安地区水电局，1982 年 1 月 29 日更名为延安地区水利水土保持局。所辖延安、延长、甘泉、安塞、吴起、志丹、子长、延川、宜川、洛川、富县、黄陵、黄龙等 13 个县（市）均设有水利水保局。

1991 年，延安地区水利水土保持局内设政秘科、计财科、水保科、水利科、科技科、地区防汛办公室、监察室，编制 38 人。局直属单位有地区水利工作队、水土保持工作队、地下水工作队、水利水保施工队、水土保持科学研究所、水利科学研究所、杏子河流域治理办公室、水产工作站、水政水资源办公室、物资中转站、王瑶水库管理处 11 个单位。1991 年 5 月，地区防汛办单设；1996 年 8 月，设立王瑶水库供水工程处；1997 年 1 月 17 日，延安撤地设市，延安地区水利水保持局更名为延安市水利水土保持局。

2002 年机构改革，延安市水利水土保持局内设 4 个科，即政秘科（政策法规科）、规划与资金管理科、水利科和水保科。机关行政编制 18 名，设局长 1 名、副局长 3 名、总工程师 1 名、科长 4 名、副科长 2 名。直属事业单位有 15 个，分别为防汛抗旱指挥部办公室、地下水工作队、北洛河流域治理办公室、水土保持监督管理站、水资源管理局、市区河道管理处、水利工作队、水土保持工作队、水土保持监测分站、水产工作站、王瑶水库管理处、水利工程质量安全监督站、市城区防汛抗旱指挥部办公室、水利科学研究所、王瑶水库供水工程处。

2006 年 8 月设立延安市南沟门水利枢纽工程管理处，2008 年 8 月设立延安市农村饮水工程指导站，2009 年 4 月设立延安水务投资建设有限责任公司，2010 年 2 月设立延安市黄河引水工程建设管理处。2009 年 10 月 10 日，经市委、人大常委会会议研究，给市水利水保局加挂延安市节约用水管理办公室牌子，为一套机构、两块牌子，主任由局长兼任，设专职副主任 1 名，同时增设节水科。

2010 年 5 月 18 日，延安市水利水土保持局更名为延安市水务局。同年 12 月，新一轮机构改革，市水务局内设 5 个科，即政秘科、规划与资金管理科、水利科、水保科和节水科。机关行政编制 19 名，设局长 1 名、副局长 3 名、节水办专职副主任 1 名、总工程师 1 名、科长 5 名、副科长 1 名。直属事业单位有 16 个。

职能调整：取消已由国务院和省、市政府公布取消的行政审批事项，取消指导水利行业多种经营工作职责；加强涉水事务一体化管理，强化水资源的节约、保护和合理配置职责，促进水资源可持续利用；加强水利突发事件的应急管理和水行政执法工作，强化查处涉水违法事件和协调、仲裁水事纠纷职责。

2019 年 3 月 24 日，延安市委办、市政府办印发了《延安市水务局职能配置内设机构和人员编制规定》，延安市水务局是市政府工作部门，为正县级。市水务局机关行政编制 19 名，设局长 1 名、副局长 3 名，科级领导职数 8 名（含总工程师 1 名、总规划师 1 名）；副科级领导职数 2 名。延安市水务局下设科室有办公室、规划财务科、建设监管科、水土保持科、节约用水科、水旱灾害防御科。

（一）延安市水务局主要职责

（1）负责保障全市水资源的合理开发利用。贯彻国家及陕西省水利方面的法律法规和政策规定，组织起草地方性法规规章草案，拟订全市水利战略规划、中长期发展规划和年度计划，并组织实施；组织编制全市重要河湖流域综合规划、防洪规划等重大水利规划。

（2）负责生活、生产经营和生态环境用水的统筹和保障。组织实施最严格水资源管理制度，统一监督管理全市水资源，拟定全市水中长期供求规划、水量分配方案并监督实施。负责重要流域、区域以及调水工程的水资源调度。组织实施取水许可、水资源论证和防洪论证制度，指导开展水资源有偿使用工作。指导水利行业供水和城乡供水工作。

（3）按规定制定水利工程建设有关制度并组织实施。负责提出全市水利固定资产投资规模、方向、具体安排建议并组织指导实施，提出全市水利财政专项资金安排建议并负责项目实施的监督管理。

（4）指导水资源保护工作。组织编制并实施全市水资源保护规划。指导全市饮用水水源保护有关工作，指导地下水开发利用和地下水资源管理保护。组织指导地下水超采区综合治理。负责水资源监测，发布水资源信息、情报预报和全市水资源公报，按规定组织开展水资源、水能资源调查评价和水资源承载能力监测预警工作。

（5）负责节约用水工作。拟定节约用水政策，组织编制全市节约用水规划并监督实施，组织制定有关标准和实施办法。组织实施用水总量控制等管理制度，指导和推进节水型社会建设工作。

（6）指导水利设施、水域及其岸线的管理、保护与综合利用。负责市河长制、湖长制日常工作。组织指导水利基础设施网络建设。指导全市重要河湖、水库、滩涂、河口的治理、开发和保护。指导河湖、水库水生态保护与修复、生态流量水量管理以及河湖水库水系连通工作。

（7）指导监督全市水利工程建设与运行管理。制定水利工程建设有关政策、制度并监督实施。负责全市重大水利工程建设与运行管理，督促指导相关配套工程建设。组织实施水利工程质量和安全监督。指导水利建设市场的监督管理。

（8）负责水土保持工作。拟定全市水土保持规划并监督实施，组织实施水土流失综合防治、监测预报并定期公告。负责建设项目水土保持监督管理工作。组织实施重点水土保持建设项目。

（9）负责农村水利工作。负责大中型灌排工程建设与改造。指导农村饮水安全工程建设管理工作，指导节水灌溉有关工作。指导农村水利改革创新和社会化服务体系建设。指导农村水能资源开发、小水电改造和水电农村电气化工作。

（10）负责水利工程移民管理工作。拟订水利工程移民有关政策并监督实施，组织实施水利工程移民安置前期工作、移民安置验收、监督评估等工作。指导监督水库移民后期扶持政策的实施。

（11）负责水行政执法工作。负责水利政策法规的贯彻落实，查处重大涉水违法事件，协调解决跨流域、跨县（区）水事纠纷，指导全市水政监察和水行政执法工作。负责水利行业安全生产工作。

（12）负责水利科技工作。开展水利科学研究、技术引进、交流合作和科技推广有关工作。

（13）负责落实综合防灾减灾规划相关要求。组织编制洪水干旱灾害防治规划并指导实施。承担水情旱情监测预警工作。组织编制重要河流和重要水工程的防御洪水抗御旱灾调度及应急水量调度方案，按程序报批并组织实施。承担防御洪水应急抢险的技术支撑工作。

（14）完成市委、市政府交办的其他任务。

（15）职能转变。水务局应切实加强水资源合理利用、优化配置和节约保护。坚持节水优先，从增加供给转向更加重视需求管理，严格控制用水总量和提高用水效率。坚持保护优先，加强水资源、水域和水利工程的管理保护，维护河湖健康美丽。坚持统筹兼顾，保障合理用水需求和水资源的可持续利用，为全市经济社会发展提供水安全保障。

（二）延安市水务局内设机构

1. 办公室

办公室负责机关日常运转工作；组织协调机关和直属单位业务，督促重大事项的落实；承担新闻宣传、政务公开、机要保密、信访、安全工作；负责重要文稿草拟审核、公文管理、信息化、档案等工作；组织实施目标责任考核工作；负责机关机构编制、人事劳资、离退休人员服务管理等工作；负责水利系统宣传和职工教育培训工作；指导水利行业人才队伍建设。

2. 规划财务科

规划财务科负责组织编制全市水利综合规划、专业规划和专项规划；指导推进水利建设项目前期工作；综合协调和审核水利建设项目建议书、可行性研究报告和初步设计；指导水利工程建设项目合规性审查工作；组织实施水利固定资产投资计划，拟定水利建设年度投资计划和专项资金年度投资计划；协调开展项目实施后评价和绩效评价；承担水利统计工作；指导水利工程造价管理工作；负责市直水务系统预算、决算管理工作；承担局机关财务核算管理工作；指导直属单位财务管理工作；承担局属单位中央和省级水利资金的监督管理工作；负责市直水利系统政府采购和国有资产的监督管理工作；提出有关水利价格、税费、基金、信贷的建议；承担局属单位内部审计工作。

3. 建设监管科

建设监管科负责指导水利工程建设管理，制定有关制度并组织实施；指导水利工程蓄水安全鉴定和验收，指导堤防、大坝、水库、水电站、水闸的除险加固、运行管理与划界；指导水利建设市场的监督管理和信用体系建设；指导水利设施的管理、保护和综合利用，组织编制水库运行调度规程；督促检查水利重大政策决策部署和重点工作的贯彻落实情况，组织实施水利工程质量和安全监督；指导水利行业安全生产工作；监督指导全市水利工程招标投标活动；组织实施灌排工程建设与改造，指导农村饮水安全工程建设管理，指导城乡供水和节水灌溉工作；承担全市农村水能资源开发工作，指导水电农村电气化、农村水能资源开发、小水电改造工作；指导农村水利改革创新和社会化服务体系建设；组织、指导和协调实施全市水利扶贫脱贫工作。

4. 水土保持科

水土保持科负责组织协调指导全市水土保持工作；负责全市水土流失综合防治、监督管理和监测评价；组织编制全市水土保持规划并监督实施、考核评估；负责水土保持监测和信息化工作，组织全市水土保持监测网络建设和管理；负责建设项目水土保持监督管理工作；承担全市能源开采水保补偿费征稽管理及恢复治理项目的监管；组织实施国家、陕西省、延安市重点水土保持建设项目；承担水利水电工程移民征地前期工作；研究拟定水利水电工程移民开发地方性法规和政策措施，负责全市水利水电工程移民安置和后期扶持的实施和监督管理工作，审核水利工程移民安置规划，负责水利水电移民安置工程验收工作，负责移民后期扶持政策的实施和管理工作；负责开展新建水库移民后期扶持人口的核定工作；承担国家南水北调项目管理及协调工作。

5. 节约用水科

节约用水科负责指导水利依法行政和水利普法工作；负责水利立法和规范性文件管理、政策研究；负责水行政审批事项的事中事后监管；组织指导水政监察和水行政执法工作，协调跨流域、跨县（区）水事纠纷，组织查处重大涉水违法事件；承担实施最严格水资源管理制度相关工作，指导开展水资源有偿使用工作；指导水量分配、水资源调度工作并监督实施，指导河湖生态流量水量管理工作；组织编制水资源保护规划，指导饮用水水源保护有关工作；组织开展水资源调查、评价有关工作；承担跨县（区）水资源供需形势分析，指导水资源调度工作并监督实施；指导地下水开发利用和地下水资源管理保护工作；组织指导地下水超采区综合治理工作；负责水资源监测，发布水资源信息，按规定组织开展水资源、水能资源调查评价和水资源承载能力监测预警工作；参与编制水功能区划和入河排污口设置管理工作；拟订节约用水地方性政策并组织实施；组织编制并协调实施节约用水规划，指导计划用水、节约用水工作；组织实施用水总量控制、用水效率控制、计划用水和定额管理制度；指导和推动节水型社会建设工作；指导城市污水处理回用等非常规水源开发利用工作； 组织指导水利科技创新、新技术推广应用、对外合作与交流；组织重大水利科学研究、技术引进和科技推广；负责水利科技项目和科技成果的管理工作；承担市河长制（湖长制）领导小组办公室日常工作。

6. 水旱灾害防御科

水旱灾害防御科负责组织编制洪水干旱防治规划和防护标准、重要河流和水利工程防御洪水抗御旱灾调度及应急水量调度方案并指导实施；承担水情旱情预警工作；承担防洪保护区洪水影响评价工作；监督管理河道采砂工作，指导河道采砂规划编制。

三、渭南市水务局

1948 年 12 月，陕甘宁边区政府在合阳设立大荔分区专员公署。1949 年 3 月 20 日，大荔收复后驻大荔。专署设建设科兼管农田水利。1949 年 5 月 28 日，陕甘宁边区政府在渭南设立渭南分区行政专员公署。专署设建设科兼管农田水利。

1950 年 5 月，将分区改称专区，并撤销大分区将其所属大荔、朝邑、合阳、韩城、澄城、白水、蒲城 7 县并入渭南专区，连同原渭南分区的渭南、华县、华阴、潼关、蓝田、临潼共辖 13 县。渭南专员公署内设建设科，兼管农田水利和水土保持，以及河道堤防等工作。

1952 年 5 月，渭南专区增辖富平、耀县、三原、泾阳、高陵 5 县，辖区为 18 县。渭南专署内仍设建设科，兼管农田水利、水源保持和河道防汛工作。1956 年 9 月，撤销渭南专区，各县直接归省管辖。各县设农林水牧局，分管水利工作。

1961 年 8 月 30 日复设渭南专区，辖铜川市、富平、耀县、临蓝、田南、蒲城、白水、澄城、合阳、韩城、大荔、华县、华阴、潼关，专署设立农林水牧局，管理全区农业、林业、水利和畜牧业。

1963 年 6 月 17 日，渭南专署成立渭南专区水利电力局（简称渭南专区水电局），内设计财科、工务机电科、灌溉科和办公室，为地级第一个水利事业行政专管机构，管理全区农田水利、水土保持农业用电和水电站建设，以及防汛、水产工作。局机关编制 7 人，实有 6 名干部（与渭南地区水利水保工作队合署办公）。

1966 年 8 月 1 日，渭南专区水电局与专区移民局合并成立渭南专区水电移民局。内设办公室、计财科、工务机电科、灌溉科、水保科、移民科。1968 年 9 月 3 日，成立渭南专区革命委员会。同年 9 月 14 日成立渭南专区革委会生产组农业办公室，下设水电组，管理水利、水保、水电、水产和三门峡库区移民等工作。1969 年 8 月 16 日，成立渭南专区革委会生产组水电办公室，专管全区水利、水保、水电、水产和三门峡库区移民等工作。1970 年 7 月 5 日，设立渭南地区革委会水电局（简称地区水电局）。局内未设科室。工作范围包括工务、机电、灌溉、计划财务、农田基建防汛等水事行政工作。

1978 年 12 月 1 日，渭南地区革委会水电局更名为渭南地区行政公署水电局。内设政工组、计财组、工管组和防汛抗旱农田基本建设办公室。1980 年 1 月，耀县和蒲城县的高楼河、肖家堡、阿庄、高阳 4 个公社划归铜川市。渭南地区辖 13 县。渭南地区行政公署水电局更名为渭南地区水电局，内设政办科、计财科、工务科、灌溉科和防汛抗旱农田基本建设办公室。

1983 年 10 月，蓝田、临潼划归西安市，渭南地区辖 11 县（市）。渭南地区水电局更名为渭南地区水利水土保持局（简称地区水利局）。内设办公室、人事科、计财科、工务科、灌溉科和农田基本建设防汛抗旱办公室。地址由渭南市东风街渭南行政公署大院迁至渭南市东风街西段五里铺。

1984 年，地区水利局增设科教科和水产科（对外称渭南地区水产站）。随着水利管理工作任务的增大，将灌溉科改为水管科。

1985 年，机构改革，地区水利局设办公室、人事科、农水科、计划基建科、水产科、防汛抗旱农田基建办公室。

1986 年 3 月，成立渭南地区水资源办公室，对内为地区水利局一个科室，对外以独立事业单位对待。

1987 年，增设综合经营科。

1990 年，地区水利局内设办公室、人事科、公安科、农水科、计划基建科、科教科、综合经营科、水资源办公室、防汛办公室、农田基本建设办公室、水利志办公室（临时）、监察室、河务处、劳动服务公司。

1995 年 5 月，渭南地区改为渭南市，渭南地区水利水保持局改称渭南市水利水土保持局，嗣后市人民政府统发新印章，改为渭南市水利局。

2002 年 2 月 27 日，渭南市水利局更名为渭南市水务局。

（一）渭南市水务局工作职责

（1）负责保障全市水资源的合理开发利用。贯彻落实国家及陕西省有关水利工作的方针政策、法律法规，拟定全市水利发展规划和政策，组织起草地方性法规规章草案，组织编制全市水资源战略规划及重要河流（区域）水利综合规划、防洪规划等重要水利规划。

（2）负责生活、生产经营和生态环境用水的统筹和保障。组织实施最严格水资源管理制度，实施水资源的统一监督管理，拟定全市和跨区域水中长期供求规划、水量分配方案并监督实施。负责重要调水工程的水资源调度。组织实施取水许可、水资源论证和防洪论证制度，指导开展水资源有偿使用工作。指导水利行业供水和乡镇供水工作。

（3）按规定贯彻落实国家及陕西省关于水利工程建设的有关制度，并拟定实施办法组织实施。负责提出市级水利固定资产投资规模、方向、具体安排建议并组织指导实施，提出市级水利资金安排建议并负责项目实施的监督管理。

（4）指导水资源保护工作。组织编制并实施全市水资源保护规划。指导全市饮用水水源保护有关工作，指导地下水开发利用和地下水资源管理保护。指导地下水超采区综合治理。

（5）负责节约用水工作。制定节约用水办法，组织编制全市节约用水规划并监督实施。组织实施用水总量控制等管理制度，指导和推进节水型社会建设工作。

（6）负责地下水文工作。负责地下水文水资源监测、全市地下水文站网建设和管理。对地下水实施监测，发布水文水资源信息、情报预报和全市地下水资源公报。按规定组织开展地下水资源、水能资源和水资源承载能力监测预警工作。

（7）指导水利设施、水域及其岸线的管理、保护与综合利用。组织指导水利基础设施网络建设。指导重要河流湖库及河口的治理、开发和保护。指导河湖水生态保护与修复、河湖生态流量水量管理以及河湖水系连通工作。

（8）指导监督水利工程建设与运行管理。组织实施全市重大水利工程建设与运行管理。贯彻国家及陕西省关于水利工程建设的有关政策、制度并监督实施。指导水利建设市场分级监督管理，组织实施水利工程建设的监督，指导水利行业的安全生产和质量监督工作。

（9）负责水土保持工作。拟定全市水土保持规划并监督实施，组织实施全市水土流失综合防治、监测预报并定期公告。负责建设项目水土保持监督管理工作，指导市级重点水土保持建设项目的实施。

（10）负责农村水利工作。组织开展大中型灌排工程建设与改造。指导农村饮水安全工程建设管理工作，指导节水灌溉有关工作。指导农村水利改革创新和社会化服务体系建设。指导农村水能资源开发、小水电改造和水电农村电气化工作。

（11）负责水利工程移民管理工作。贯彻水利工程移民有关政策并监督实施，指导实施水利工程移民安置前期工作、移民安置验收和监督评估等制度。指导监督水库移民后期扶持政策的实施。

（12）负责重大涉水违法事件的查处，协调跨流域、跨县（市、区）的水事纠纷，指导水政监察和水行政执法。督促检查水利重大政策、决策部署和重点工作的贯彻落实情况。负责全市河道采砂及涉河建设项目监督管理工作；负责黄河防护工程（地方管理部分）的监督管理工作。

（13）履行水利工程设施、河道及其岸线和水利工程建设的安全生产监管职责，组织、协调所辖水利工程设施、水利水电建设工程等生产安全事故应急救援工作，参与相关领域生产安全事故调查处理工作。对全市水库大坝进行安全检查及病险水库监督管理。

（14）开展水利科技和对外联络工作。指导水利行业学会工作，贯彻国家及陕西省相关技术标准、规程规范并监督实施，指导水利行业的技术推广工作。

（15）负责落实综合防灾减灾规划相关要求，组织编制洪水干旱灾害防治规划，并指导实施。承担水情旱情监测预警工作。组织编制重要河流湖泊和重要水工程的防御洪水抗御旱灾调度及应急水量调度方案，按程序报批并组织实施。承担防御洪水应急抢险的技术支撑工作。

（16）指导全市水利风景区工作；指导全市水利系统综合经营及产业结构调整工作。

（17）依据市政府公布的部门“权责清单”，依法行使行政职权，承担行政职责。

（18）完成市委、市政府交办的其他任务。

（二）渭南市水务局内设机构

1. 党政办公室

党政办公室负责局机关日常运转工作；负责局机关政务工作；负责制定局机关工作制度，重要会议组织协调和会议决定事项的督办；负责人大建议和政协提案的办理；负责文秘与公文管理、重要文稿草拟审核政务信息、政务公开、应急值守、网络信息、新闻宣传发布、电子政务、机要、保密、档案、接待、信访、维稳、安全保卫等工作；负责局机关财务和固定资产管理工作；指导本系统政务事务工作；负责局党组日常工作，组织局党组会议和中心组学习；负责局党组会议议定事项的督办工作；负责机关和局属单位的党群工作；负责外事和对外协作工作。

2. 规划计划财务科

规划计划财务科负责拟定水利战略规划，组织编制重大水利综合规划、专业规划和专项规划；组织编制、审核大中型水利建设项目建议书、可行性研究报告和初步设计；指导水工程建设项目合规性审查工作；组织实施国家及陕西省和市级水利固定资产投资计划；协调开展项目实施后评价和绩效评价；承担全市水利统计工作；指导水利工程造价管理工作；负责全市重点水利、移民项目年度投资计划和专项资金全年计划的执行工作；负责管理局机关和局属单位预算、决算工作；承担局机关财务核算管理工作；指导局属单位财务管理工作；承担国家及陕西省水利资金的监督管理工作；负责局机关和局属单位政府采购和国有资产的监督管理工作；提出有关水利价格、收费、信贷等建议；承担局属单位内部审计工作。

3. 人事科

人事科负责局机关和局属单位的干部人事、机构编制、职工队伍建设、劳资、人事档案的管理工作，负责参与做好局系统的专业技术人员岗位设置、职称评审，工勤人员等级考试等工作；负责局党组管理的领导班子和领导干部的培养、选拔、交流、任免等工作；组织实施目标责任制考核工作；指导水利系统人才队伍建设和职工培训工作；承担干部人事制度改革工作；负责机关离退休人员服务管理工作，指导直属单位离退休人员服务管理工作。

4. 水政水资源与节约用水科（市水政监察支队）

水政水资源与节约用水科（市水政监察支队）负责草拟水利方面地方性法规和政府规章草案；负责规范性文件起草、合法性审查备案；指导水利行政许可工作并监督检查；指导水利普法工作；承办行政应诉、行政复议和行政赔偿等工作；组织指导水政监察和水行政执法，协调跨流域、跨县（市、区）的水事纠纷，组织查处重大涉水违法事件；承担水利改革协调工作；负责行政审批事项的监管协调工作；承担最严格水资源管理制度工作；组织水资源调查、评价、论证等工作，指导水量分配、资源调度、有偿使用和取水许可；指导河湖生态流量水量管理；组织编制水资源保护规划，并指导实施；指导和推动节水型社会建设工作；组织编制并协调实施节约用水规划，参与编制水功能区划，实施用水总量控制、效率控制、计划用水和定额管理制度；指导城市污水处理回用等非常规水源开发利用工作；负责指导全市水文、地下水工作；发布水资源公报、水文水资源信息、情报预报；参与指导入河排污口设置管理工作。

5. 水旱灾害防御科

水旱灾害防御科负责全市水情旱情监测预警工作；组织编制洪水干旱防治规划和防护标准、重要河流和重要水工程的防御洪水防御旱灾调度以及应急水量调度方案并组织实施；组织协调指导蓄滞洪区安全建设、管理和运用补偿工作；承担防洪保护区的洪水影响评价工作；参与编制水功能区划，参与指导入河排污口设置管理工作。

6. 建设监督科（渭河生态区管理工作科）

建设监督科（渭河生态区管理工作科）负责全市水利工程建设的行业管理；指导水利建设市场的监督管理和水利建设市场信用体系建设；指导市内水利工程建设项目招标投标活动；指导实施水利工程质量和安全监督；指导水利行业安全生产工作；承担市渭河生态区建设管理委员会日常工作。

7. 河库运行科（市河长制湖长制办公室）

河库运行科（市河长制湖长制办公室）负责指导水域及其岸线的管理和保护工作，指导市辖内河流、湖泊、水库、滩涂、河口的开发、治理和保护工作；指导河湖水生态保护与修复及河湖水系连通工作；监督指导河道疏浚清淤工作，指导河道疏浚清淤规划编制工作；参与监督管理河道采砂工作，指导河道采砂规划编制，组织实施河道管理范围内工程建设方案审查制度；指导水利工程蓄水安全鉴定和验收，指导河流干堤、重要病险水库、重要水闸的除险加固；承担市河长制湖长制办公室日常工作。

8. 农村水利水电科（科技科）

农村水利水电科（科技科）负责组织开展大中型灌排工程建设与改造，指导城乡饮水安全工程建设与管理工作，指导节水灌溉有关工作；指导全市农村水能资源开发工作，负责全市农村水电规划和建设管理相关工作；承担全市农村补助项目的实施；指导农村水利社会化服务体系建设；组织、指导和协调实施全市水利扶贫脱贫工作；贯彻国家及陕西省水利行业技术标准、规程规范并监督实施；负责组织水利科学研究、技术引进，承担水利科技推广工作。

9. 水土保持与移民管理科

水土保持与移民管理科负责全市水土流失综合防治、监督管理和监测评价；组织编制全市水土保持规划并监督实施，组织开展水土保持规划实施考核评估工作；负责全市水土保持监测网络建设管理和信息化工作，组织全市水土流失调查、动态监测、预报并公告；指导水土保持重点工程实施；承担全市能源资源开采水保补偿征稽管理及恢复治理项目的审批和监管；负责全市水利水电工程移民的规划、计划、审批工作；负责和指导移民安置及验收工作；负责后期扶持的指导和监督管理工作。

10. 市基层水利服务中心（市城乡供水安全中心）

市基层水利服务中心（市城乡供水安全中心）负责贯彻执行国家及陕西省关于基层水利服务体系建设的方针政策、法律法规；指导全市水利行业供水和县（市、区）、乡镇供水工作；指导全市农村水利社会化服务体系建设工作；组织编写、宣传培训水利风景区地方规程规范、建设标准，为全市水利风景区建设项目提供技术服务；组织编制全市城乡供水规划、技术标准；承担全市城乡供水建设项目的前期工作，提出全市城乡供水建设投资安排意见；承担全市城乡供水工程建设项目的组织实施和饮水型地方病防治改水工作；组织开展城乡供水技术推广、业务培训；承担供水水质、净化消毒设备质量监（检）测业务指导工作；完成上级交办的其他工作任务。

第四节　县（区）机构

一、定边县水利局

新中国成立后，水利水保事业由定边县政府建设科管理。1955 年配设专职干部。1956 年废科设局，定边县政府农林水牧局下设水土保持工作组。1957 年，县、区、乡均设水土保持指挥部。1958 年，党政合署废局，改置农林水牧部，下设水利股。1960 年，农林水牧部析置为县委农工部、县政府农业局和水利水保局，次年两局并作农林水牧局。同年，各公社均配备一名亦工亦农的水利员，管理本社打井、修渠、平整土地、筑坝治沟等水利水保事宜。1968 年，农林水牧局改称革命委员会，后改称水利水保电力组。1971 年改称水利局革命领导小组。1973 年复改为水电局，1977 年 3 月，水电局析为水利水保局和电力局，后又改为水利局。2013 年，定边县水利局更名为定边县水务局，2019 年 3 月更名为定边县水利局至今。

定边县水利局局属 7 个单位，分别为城乡供水工作站、水资源服务中心、水土保持工作站、引黄供水建设服务中心、水旱灾害防治中心、河湖水库与移民工作站、自来水公司（企业）。

内设机构：办公室、规划计划股、水保治理股、城乡供水股、水资源股、财务股、党建办。

二、靖边县水利局

靖边县水利局是全县水行政主管部门，加挂河长制领导小组办公室牌子，加挂大中型水库后期扶持办公室牌子。内设办公室、财务股、规计股、质量监督股、水利股、水保股、水资源股、河湖股、党建股1室8股；局属事业单位有无定河流域治理服务中心、河道库坝养护站、水土保持工作站、水利监察大队（水利工程质量安全监督中心）、水资源调度中心、城乡供水服务中心、自来水供应安装公司（托管）、水旱灾害防治中心8个企事业单位，负责全县河湖长制、水利工程建设、水旱灾害监测防御、水资源管理、水行政执法、水保治理、河道管理、城乡供水等工作。

三、吴起县水务局

1956年，吴起县农林水牧局成立，内设水利科。1961年，吴起县人民委员会设水利局。1968年，吴起县农业系统革命委员会设水利组。1971年，设立吴起县革命委员会水电局。1978年，恢复吴起县水电局。1983年，吴起县水电局更名为吴起县水利水土保持局，2002年更名为吴起县水利水保局，2011年更名为吴起县水务局。下设县水利工作队、水土保持工作队、水土保持监督站、水资源管理办公室、河道管护站、水旱灾害防治监测中心、周湾水库管理处6个正科级单位和1个副科级单位。

四、志丹县水务局

志丹县水务局起始于1956年，成立了集水利农业畜牧于一体的志丹县农牧局，后于1982年更名为志丹县水电局，集水电职能于一体，1990年更名为志丹县水利水土保持局，2010年7月更名为志丹县水务局。主要职责是负责全县水资源的合理开发利用和保护工作、水利工程建设、农村饮水安全工程建设管理、水行政执法、水旱灾害防御等工作。

志丹县水务局下设10个事业单位，分别是：水利工作队（抗旱服务队，“一套人马，两块牌子”）、水土保持工作队、水政水资源管理局（水政监察大队）、防汛抗旱指挥部办公室（河道办、移民办，“一套人马，三块牌子”）、水土保持监督监测站、周河川水管站、自来水厂、石沟水库管理处、周河供水站、旦八供水站。

五、甘泉县水务局

解放前，甘泉县水利水保业务由陕甘宁边区政府建设科管理，新中国成立后由甘泉县政府四科管理。1970年10月成立甘泉县水电局革命委员会，1982年改为甘泉县水利水土保持局，2010年10月更名为甘泉县水务局。目前，甘泉县水务局局属4个单位，分别为甘泉县水资源保护中心、甘泉县水利工作队、甘泉库渠管理处、甘泉县水旱灾害防治中心。单位无内设机构。

六、富县水务局

1950年，富县人民政府第四科改为建设科，1954年4月改建设科为农林水牧局，1961年成立富县水利水保局，曾称富县革命委员会生产组水电组。1973年，水电组由革委会大院迁至北教场太和山下，同年改名为富县水电局。1983年，水电局更名为富县水利水土保持局，2010年8月更名为富县水务局。主要负责全县水资源开发、利用、节约、保护、管理和优化配置，水利水保工程的规划、设计、施工、管理及水政执法、防汛抗旱、城乡供水、水土保持工作。2022 年，内设办公室、财务室、党建办和河长制办公室 4 个股室。直属单位有水利工作队、水旱灾害防治监测中心、水资源工作中心、水保生态治理中心、河道管理中心。

七、洛川县水务局

1956 年，成立洛川县农林水牧局；1968 年设立革命委员会生产组，兼管水利水保事宜；1969 年改称为洛川县农机水利革命领导小组；1971 年改称为洛川县水利工作队；1973 年正式成立洛川县水电局；1983 年改称为洛川县水利水土保持局。洛川县水务局是 1994 年在原县水利水土保持局基础上成立的全国第一家县级水务局，全系统共下设水旱灾害防御监测中心、农村供水管理总站、水政水资源管理局、水利工作队、水土保持工作队、拓家河水库管理处 6 个事业单位和农村供水有限公司、拓家河供水有限公司、源润水质检测公司等 3 个企业，下辖吴家河、老庙、杨舒、土基、石头 5 个供水站，拓家河 4 个灌溉站，截至 2022 年底，共有财政供养人员 135 名，党员 79 名。

八、黄陵县水务局

1949 年新中国成立后，黄陵县水利工作由黄陵县政府下设的建设科具体负责管理。

1956 年 7 月 1 日，黄陵县成立了黄陵县农林水牧局，下设水利科，具体负责全县水利工作。1958 年底，黄陵、宜君两县合并后，更名为黄陵县农林水牧局，具体负责全县的农林及水利工作。1959 年 6 月 17 日，黄陵县水利局成立，具体负责全县水利工作。1961 年，黄陵、宜君分县后，原黄陵县水利局撤销，恢复了黄陵县农林水牧局，下设黄陵县水利队。1964 年 6 月，水利工作从农林水牧局分出，成立了黄陵县水保水利局，下设黄陵县水利队和黄陵县水土保持工作站。1968 年 8 月，黄陵县革命委员会成立后，设黄陵县农林水牧系统革命委员会。1969 年 2 月，撤销了黄陵县农林水牧系统革命委员会，在黄陵县革命委员会下设立了黄陵县农业办公室，办公室下设黄陵县水利组（后改为黄陵县水利队）。

1972 年 4 月，黄陵县重新成立黄陵县农林水牧局，下设黄陵县水利工作队。1973 年 8 月，黄陵县水利工作队从黄陵县农林水牧局分出，在此基础上，成立了黄陵县水利电力局，下设黄陵县水利队和黄陵县水保站。1983 年 3 月，黄陵县水利电力局更名为黄陵县水利水土保持局。2010 年 12 月，黄陵县水利水土保持局更名为黄陵县水务局，下辖水利工作队、水土保持工作站、水政水资源服务中心、水库移民开发局、农村饮水项目服务中心、水库管理处、水旱灾害防治监测中心、自来水公司、城乡供水公司 9 个企事业单位，负责全县河湖长制、水利工程建设、水旱灾害监测防御、水资源管理、水行政执法、水保治理、河道管理、城乡供水等工作。黄陵县水务局设下列内设机构：办公室、业务股、质量监管股、法规宣传股、财审股。

九、宜君县水务局

1950 年 10 月，宜君县政府第四科改称为建设科。农田水利工作由建设科管理。1956 年 10 月，建设科改称农林水牧局。1971 年 10 月成立宜君县水电局革命领导小组，1973 年 3 月撤销革命领导小组建制，恢复局称。1982 年 3 月，宜君县水电局更名为宜君县水利水土保持局。1994 年 11 月，宜君县水利水土保持局更名为宜君县水利局。2002 年 7 月，机构改革中，宜君县水利局更名为宜君县水务局，是主管全县水行政的县政府组成部门。宜君县水务局内设机构 3 个：办公室、业务股、财务股。宜君县水务局直属单位有 8 个，分别为河道水库管理站、农村供水管理站、水土保持工作队、水政监察大队、水利工作队、福地水库管理站、西河水库管理站、水旱灾害防御中心。

十、白水县水务局

白水县水务局在 1984 年 1 月设立之前，职能先后曾经归属农林水牧局、水利电力局、农水机电局、水电局革命委员会、水电局等；后于 1984 年 1 月改称为白水县水利水土保持局，2002 年 5 月更名为白水县水务局。白水县水务局是县政府工作部门，为正科级，加挂县移民开发局牌子，负责全县水行业管理，承担水资源管理、水政执法、水利工程移民管理、水电开发管理、水工程规划设计和建设管理等职能。下辖林皋水库灌溉管理处、水土保持和移民工作中心、水政综合执法大队、水利工程质量监督站、石堡川水库白水灌区管理处、地下水监测中心、水管中心 7 个单位。内设机构 5 个，分别为综合办公室、项目规划建管股、政策法规股、河道管理与水旱灾害防御股（河长制办）、财审稽核股办公室。

十一、澄城县水务局

澄城县人民政府建设科管理水土保持工作。1957 年，建设科撤销，归农林水牧局管理；1974 年，设水利电力局；1984 年更名为水利水土保持局。澄城县水务局负责保障全县水资源的合理开发利用；拟定全县水利发展规划和政策，组织编制全县水资源战略规划及河流、水库综合规划、防洪规划。澄城县水务局下属单位有澄城县水土保持工作站、澄城县水旱灾害防御中心、澄城县地下水监测站、澄城县东雷抽黄灌溉服务中心、澄城县河库工作站、澄城县温泉灌溉供水服务中心、澄城县水利综合执法大队（澄城县水资源中心）、澄城县村镇供水服务中心、澄城县农村水利工作站、澄城县移民发展中心。内设机构 7 个，分别为党政综合办公室、财务股、政策法规股、建设管理股、规划计划股、农村水利股、防灾减灾股。

十二、合阳县水务局

1970 年 7 月，合阳县革命委员会水电局成立，1971 年改称为水利电力局，1984 年 4 月改称为水利水保局，1983 年 11 月改名为合阳县水利水土保持局，2002 年 8 月更名为合阳县水务局。合阳县水务局内设机构有党政办公室、财务股、水政水资源与节水股、水旱灾害防御股、建设规划股、水土保持与移民管理股。合阳县水务局直属单位有 12 个，分别为水利管理站、东雷抽黄灌溉工程合阳县管理处、水土保持和移民工作中心、河务工作站、红旗水库管理站、秦城供水管理站、定国水库管理站、白家河水库管理站、水利工程质量安全监督站、水资源中心、地下水监测站、水务综合执法大队。

十三、蒲城县水务局

1949 年 3 月，水利工作由蒲城县人民政府建设科兼管。1956 年 8 月，设立农林水牧局。1958 年 9 月，设水利局。1960 年 1 月，从农林水牧局中分出，设立水利电力局，内设政务组和业务组。1964 年 1 月，从农林水牧局分出，重设水利电力局。1969 年，蒲城县革命委员会成立后，水电工作归革委会生产组领导，初成立水电管理站，后改称水电局革命领导小组。1973 年 10 月，撤销水电局革命领导小组，恢复水利电力局。1984 年 3 月，更名为水利水土保持局。2002 年 8 月，更名为水务局。2019 年 5 月 22 日机构改后，蒲城县水务局机关内设办公室、人事股、财务审计股、规划计划股、农村水利水电股、水政水资源管理股（河长制办公室）、水土流失治理股（工程移民股）、供水管理股 8 个股室。局下属单位 14 个，分别为水土保持和移民工作中心、水资源中心、东雷二期抽黄灌区服务中心、排碱工作站、地下水监测站、石羊抽水站、韩河抽水站、河务工作站、防汛工作中心、水利工程质量安全监督站、水政综合监察大队、龙阳抽水站、下寨抽水站、抗旱服务队。

十四、大荔县水务局

新中国成立后，大荔县人民政府仍沿用建设科管理水利。1956 年改设农林水牧局，局内设水利专职干部 2 人。1957 年又增设水保、水产各 1 人。1961 年农、水分开，成立水电局。1984 年元月，大荔县水利电力局更名为大荔县水利水土保持局，2002 年 10 月改名为大荔县水务局。局属单位 15 个，分别为农村饮用水服务中心、水土保持和移民工作中心、渭河生态区保护中心、东雷抽黄灌区服务中心、水利工作队、城区供水服务中心、水政综合执法大队、水利水管站、农田排水排碱工程管护中心、河道管理站、黄洛河工程建设管理站、西苑供水站、张下淤灌站、保安屯电灌站、梁家电灌站。大荔县水务局下设机构 6 个，分别为党政办公室、建设管理股、政策法规股、水土保持与移民管理股、河湖管理股、农村水利水电股。

第五节　市直单位

一、榆林市直属单位

（一）榆林市城乡供水安全中心

职能：承担全市城乡供水建设项目的前期工作；参与全市城乡供水工程建设项目的组织实施和饮水型地方病防治工作；承担全市城乡供水工程运行管理的技术服务；承担城乡供水技术推广、业务培训等工作；承担全市城乡供水水质、净化消毒设备质量监（检）测业务指导工作。

（二）榆林市水利工程质量安全中心

职能：参与全市大中型水利水保工程、市属水利工程和县（市、区）部分中小型水利水保工程的质量安全监督技术工作；参与受监督水利工程单位的工程验收、阶段验收和竣工验收，核备工程质量结论；参与水利水保工程质量检测单位资质认定的评审工作；组织开展水利工程质量的抽样检测；承担国家、陕西省、榆林市投资水利建设项目稽查的具体事务性工作；参与水利水保工程较大质量事故和安全生产事故的调查处理；协调开展水利工程质量监督、项目稽查和安全监督相关培训和交流工作。

（三）榆林市水利工程建设中心

职能：为水利水电工程提供技术支撑和服务保障；承担现有水利设施更新改造、运行管护指导、灌溉排水技术推广和服务工作；参与水利风景区、水电站建设管理、技术服务工作，水文化建设研究工作；参与全市农村小型水利水电和农田水利项目建设指导工作；参与全市基层水管站的建设和业务指导工作。

（四）榆林市河湖水库与移民工作中心

职能：为全面推行河长制工作提供技术支撑和服务保障；参与全市河湖水库保护规划、治理规划、安全监管工作；承担市内水库大坝安全实施监督；指导全市病险水库除险加固工作；参与全市河湖、水库等水域、岸线的开发利用、划界与保护，采砂和涉河水利工程建设、管理、保护及防洪安全工作；承担市级河湖水库涉河事务技术服务咨询工作；为全市大中型水利水电工程征地、移民安置、中小型水库移民后期扶持提供相关服务；承担中小型新建水库移民人口核查。

（五）榆林市水利信息与水文勘测中心

职能：负责榆林市境内所有基层测站；负责地下水监测站网、旱情测报分析与研究、全市水土流失动态和防治成效重大建设项目的监测工作；负责网络大数据工作；承担防汛通信设施、雨水情测报系统和山洪灾害防治非工程措施设备的建设管理和运行维护工作；开展水利水土保持工程建设项目新技术的试验研究及推广应用。

二、延安市直属单位

（一）延安市地下水工作队

职能：贯彻执行《中华人民共和国水法》等有关法律法规；参与编制全市地下水资源开发利用规划；负责全市地下水动态监测网络建设，开展水文水资源调查评价，发布地下水水情预报；承担全市水利钻井市场管理工作；开展凿井、地质勘测和地下水资源评价论证等技术服务工作。

（二）延安市水利工作队

职能：负责全市水利水电工程规划、勘测、设计、工程建设管理、建设项目水资源论证工作；负责旱情测报，抗旱技术的咨询、推广、服务和全市节水灌溉、人畜饮水的规划、管理及服务工作等。

（三）延安市水保工作队

职能：负责全市淤地坝、水土保持治沟骨干工程和坝系工程的实施管理工作；负责全市水土保持生态工程北洛河流域项目、黄河上中游重点小流域治理项目、生态修复项目等重点水保项目的计划编制和实施管理工作；承担全市重点水土保持项目的可行性研究、初步设计等前期工作的技术审查工作；承担全市城市水土保持的规划和治理工作；负责全市“五荒”资源治理开发与管理工作；负责全市水土保持科学技术推广和技术培训工作；承担开发建设项目水土保持方案的编制工作。

（四）延安市水保监测分站

职能：为水土保持提供监测保障；承担水土保持监测研究，重点工程项目监测工作；负责建设项目水土保持方案的编制和水土保持工程的勘测、设计及规划；指导水保监测网络和信息系统建设。

（五）延安市水利质量安全监督站

职能：贯彻执行国家和陕西省有关工程建设质量监督和质量管理的方针、政策及规程、规范、标准，制定全市水利工程质量监督工作实施细则，并负责组织执行；参与编制全市水利工程年度质量监督计划，归口管理全市水利水保工程质量监督管理工作，直接对受监工程进行质量监督，履行各项监督职能；按照水利工程建设管理程序的规定，依据水利工程建设批复文件，检查各项工程开工前准备情况；对建设、监理单位的质量检查体系和施工单位的质量保证系统以及设计单位现场服务等实施监督检查；参与水利工程质量事故调查处理，及时解决并上报质量监督过程中存在的重大问题；参与受监工程主要项目的工程阶段验收和竣工验收，签署对工程质量的评价意见；组织评定优良工程的申报推荐优质工程。

（六）延安市农村饮水建设指导站

职能：贯彻执行国家、陕西省、延安市有关农村供水、安全饮水工程建设方面的方针、政策，指导全市农村饮水工程建设；负责全市农村饮水安全发展规划、分年实施计划、年度实施方案的调研、拟定工作；参与农村饮水工程项目的立项审查、设计审批、组织实施和工程竣工验收等项目工作；承担全市饮水安全工程的技术指导工作；指导全市农村（包括镇、乡、村）饮水工程的运行管理，全面推进农村饮水小型水利工程产权改制；负责村镇饮水工程建设的质量监督，新技术、新工艺、新材料的推广应用，组织和指导农村饮水行业技术培训。

（七）延安市南沟门水利枢纽工程管理处

职能：贯彻执行国家关于水利工程建设的有关法规，全面负责南沟门水利枢纽工程的筹建工作；承担工程建设管理、质量监督、生产安全以及工程项目的勘察、设计、监理、施工工作；编制年度建设计划、落实年度建设资金，拟定工程建设资金预算管理制度，协调落实信贷资金，编制竣工决算；拟定工程建设的规章制度、技术标准，组织工程重大技术、装备的科研攻关。指导新技术、新材料和新工艺在工程应用中的技术鉴定和推广工作；负责协调工程建设与项目所在地人民政府及有关部门之间的关系解决建设中的相关问题；制定在建工程度汛计划和安全度汛措施并组织实施；负责工程档案资料的收集、整理、归档和管理工作。

三、渭南市直属单位

（一）渭南市洛惠渠管理中心

渭南市洛惠渠管理中心是渭南市水务局下属二级财政差额补助事业单位。洛惠渠灌区是渭南市四大灌区之一，集防汛、灌溉于一体，承担大荔、蒲城、澄城 3 县 74.6 万亩农田灌溉任务。

1933 年，陕西省成立引洛工程处；1934 年，成立全国经济委员会泾洛工程局，下设洛惠渠工务所等，主办洛惠渠工程。1949 年 10 月 1 日，陕西省成立陕甘宁边区政府农业厅水利局洛惠渠工程处，1950 年成立洛惠渠灌溉委员会，1953 年成立洛惠渠管理局。1966 年，将陕西省洛惠渠管理局改名为陕西省人民引洛渠管理局。1967 年 12 月 5 日，经陕西省支左委员会批准，成立陕西省人民引洛渠管理局革命委员会；1969 年 11 月 25 日改为渭南地区人民引洛渠管理局革命委员会。1979 年 5 月 26 日，经渭南地区编制委员会批复同意，将渭南地区人民引洛渠管理局改名为渭南地区洛惠渠管理局；1995 年 5 月更名为渭南市洛惠渠管理局；2019 年 10 月更名为渭南市洛惠渠管理中心。管理中心下设党政办公室、灌溉科、工务科、计财科、人教科、水政科、项目办、档案室、工会、信息中心、纪检监察室、后勤中心、维修养护大队、大坝站、配水站、试验站及 12 个灌溉管理站。

（二）渭南市石堡川水库管理中心

石堡川水库管理中心是渭南市水务局下属二级财政差额补助事业单位，水库位于延安市洛川县、黄龙县境内，原名友谊水库，1975 年改为现在名称。灌区设施灌溉面积 40 万亩，有效灌溉面积 35 万亩，惠及渭南市白水县、澄城县和延安市洛川县的 14 个乡（镇）、180 个行政村，50.8 万人。

1969 年 7 月 4 日，成立渭南地区石堡川友谊水库灌溉工程指挥部，后改渭南地区石堡川水库灌溉工程指挥部。1985 年 4 月 2 日，成立渭南地区石川水库灌溉工程管理局，地址位于黄龙山南麓的澄城县冯原镇。1992 年，局址迁至澄城县城内东四路中心，2019 年 10 月更名为渭南市石堡川水库管理中心。下设澄城管理站、王庄管理站、冯原管理站、史官管理站、路长管理站、配水站、灌溉试验站、进库水文站、水库管理站、后勤服务中心、规划设计中心、工程养护维修大队、水源保护工作站、水土保持中心等 14 个基层单位。

（三）渭南市地下水监测中心

渭南市地下水监测中心是渭南市水务局下属正县级公益一类事业单位，成立于 1967 年，原名渭南市地下水工作队，2015 年 2 月更名为渭南市地下水管理监测处。2019 年 6 月，渭南市委编办《关于调整渭南市水务局所属事业单位机构编制的通知》（渭编发〔2019〕25 号），将该单位更名为渭南市地下水监测中心。核定差额补贴事业编制 35 个。主要职责为：贯彻执行中省有关地下水保护管理的方针政策、法律法规；为全市地下水保护和开发利用日常监督管理提供技术服务保障；参与地下水取水工程监督管理；参与组织开展地下水调查评价；参与拟定地下水保护与利用规划；负责市级地下水监测站网运行管理及信息化建设工作，收集整理地下水监测信息；组织开展地下水科学技术研究等。2021 年 4 月 30 日，渭南市编办《关于在渭南市地下水监测中心加挂渭南市水利水质检测中心牌子的批复》（渭编办发〔2021〕33 号），同意在渭南市地下水监测中心加挂“渭南市水利水质检测中心”牌子，同时增加承担全市城乡供水、地下水等水利行业水质抽样检测、突发事件应急处置职责，承担全市城乡供水、地下水等水利行业。

（四）渭南市水利水电勘测设计院

渭南市水利水电勘测设计院成立于 1979 年 11 月，属市水务局直属正科级差额事业单位，办公地址位于渭南市临渭区人民街 25 号，执行政府会计制度。单位主要职能为水利水电工程规划、勘测设计、水利水电工程前期工作支持保障。单位内设总工办公室、党政办公室、市场开发办公室、生态规划室、工程设计室、工程勘测室、质量控制办公室，机构设置基本健全。

第二章　治水人物

本章以人物传略、简介、表录的形式，记述了北洛河的治水人物，省部级以上劳动模范、先进工作者、教授级高工及有突出贡献的专家学者等。传略以卒年为序，简介以生年为序，以普通职工为主。

第一节　人物传略

一、庄熊罴

庄熊罴，因避东汉明帝刘庄讳，故改称严姓，西汉武帝时人。他上书武帝，建议修渠引洛水灌溉今陕西蒲城、大荔一带万余顷旱地。武帝采用其建议，征发民工万余人，修凿龙首渠，自征（今陕西澄城西南）引洛水经商颜山南行至临晋（今临晋）。因商颜山一带土质疏松，渠岸易崩，民工创造“井渠法”，使井下相通行水。工程历时十余年才完成。

二、姜师度

姜师度，唐魏州（今河北大名）人。曾任丹棱尉、龙岗（邢台）令，以清白著称。神龙年间（705—707 年），历任易州、沧州、蒲州、陕州、同州等地刺史，后官至大理卿、司农卿及将作大匠，勤于为政，热爱水利，兴水为民，传有“一心穿地”的佳话。任陕西华州华阴县令时，开敷水渠排洪，修利俗、罗文两渠筑堤防洪。任同州刺史时，在韩城、大荔县境就古通灵陂择地引北洛河水及堰黄河水灌地 2000 余顷，置屯 10 余所，特授金紫光禄大夫。唐开元十一年（723 年）病逝。

三、张平之（1893—1933 年）

张平之，字廷谦，河北省阜平县人。1933 年，张平之任引洛工程处工程师时，主持测量工作，10 月 13 日赴总干渠上游测量地形图，骑自行车不慎坠于王武村杨泉沟下，不幸殉职，时年仅 40 岁。

张平之“任事以来，时逾半截，艰苦卓绝，倍著辛苦，引洛工程，颇资臂划”。“洛工告成之后，食其惠者数县，焉可忘平之”。为了纪念张平之，由李仪祉命名第五号隧洞为“平之洞”，以志不忘。

四、李仪祉（1882—1938 年）

李仪祉，蒲城县人，名协，初字宜之。李良材次子，李约祉之弟。幼从伯父、父亲学习《九数通考》《西学大成》《梅氏丛书》及几何、代数并八股文、八韵诗、诸子百家。17 岁赴同州府应试，中第一名秀才，后被学使叶伯皋拨入泾阳崇实书院及三原宏道高等学堂。清光绪三十年（1904 年），考入京师大学堂预科德文班。

清光绪三十二年（1906 年）由井勿幕介绍加入同盟会。清宣统元年（1909 年），由西潼铁路筹备处资助送德国留学，入柏林皇家工程大学土木工程科，攻习铁路、水利。辛亥革命爆发，他闻讯携枪弹回国参加革命。

民国二年（1913 年），李仪祉再赴德国求学。他遍历俄、德、法、比、荷、英、瑞诸国，考察水利。后进丹泽工科大学，专攻水利，获“特许工程师”称号。民国 4 年（1915 年）回国，历任南京河海工程专门学校教授、教务长兼中国科学社董事，陕西省水利局局长兼渭北水利工程总工程师，陕西省教育厅厅长，西北大学校长，北京大学教授，上海港务局局长，南京第四中山大学教授，华北水利委员会主席，北方大港筹备处主任，导淮委员会总工程师，浙江省建设厅顾问，陕西省建设厅厅长，国民政府救济水灾委员会委员兼总工程师，中国水利工程学会会长，黄河水利委员会委员长兼总工程师，全国经济委员会委员，扬子江水利委员会顾问等职。

他勘测设计和主持兴修的水利工程，以陕西省政府主席杨虎城支持的四大惠渠最为著名。泾惠渠，开凿于民国二十年（1931 年），渠道总长 270 千米，引泾水灌溉泾阳、礼泉、三原、高陵、临潼五县田地 65.9 万亩。渭惠渠，开凿于民国二十四年（1935 年），渠道总长 140 千米，引渭水灌溉眉县、扶风、武功、兴平、咸阳 5 县田地 50 万亩。梅惠渠，开凿于民国二十五年（1936 年），渠道总长 67 千米，引眉县斜峪关石头河的水灌溉岐山、眉县两县田地 30 万亩。

洛惠渠，开工于民国二十三年（1934 年），引洛河之水，拟灌大荔、朝邑、平民、蒲城 4 县数十万亩土地。但因总干渠所通过的铁镰山 5 号黄土隧洞长数千米，且有地下流沙水泉，施工困难较大，直至民国三十三年（1944 年）才基本凿通，民国三十六年（1947 年）粗通水。

此外，他设计有成渝公路、重庆市郊老鹰岩盘道和杭州湾新式海塘，其中老鹰岩盘道构思精妙，被誉为巧夺天工的杰作；主办有江河复堤；创办有水利道路工程专校和陕西水利专修班；倡办有陕西古物保管会、华北灌溉讲学班和中国第一水工试验室。他一生从事水利工程和教育 10 年，培植水利人才遍于全国；从事江河治导 9 年，泽被 17 省；从事灌溉工程 15 年，灌田 300 万亩，利泽遍关中；从事水利著述 270 余种，对于中国水利探讨研究之深，涉及范围之广，史所罕见，后被编为《李仪祉先生遗著》。

民国二十七年（1938 年）3 月 8 日，李仪祉不幸病逝于西安。遵照遗嘱，李仪祉被安葬于泾阳泾惠渠两翼闸畔。国民政府特颁《褒扬令》，举行公祭，从优议恤。其后，家属、同事及当地人民在泾阳永乐店创立陕西省私立仪祉农业职业学校，以为纪念。

五、原树贤（1911—1955 年）

原树贤，蒲城县东陈傅家庄人。民国二十六年（1937 年），原树贤毕业于西北农林专科学校，后长期在洛惠渠管理局工作。民国二十八年（1939 年）以后，原树贤参加滑惠渠、湑惠渠和河南唐渠、白渠的测绘与设计。1952 年以后，原树贤任陕西省水利局工程师兼工程队队长。他对洛惠渠的建成有重大贡献。洛惠渠 5 号黄土隧洞长 3037 米，需要穿过地下流沙十分严重的铁镰山，汉代龙首渠即在此受阻未能通过。民国二十六年（1937 年）秋，工程进展至此，隧洞坍塌不止，民工死伤甚多，工程师葬身其中，施工方法多次改进，均遭失败。民国三十一年（1942 年），改开明渠，由于挖方太深，又必须切断地下水层，挖到一定深度后，两岸即不能自持，这一方案又告失败。多数工程人员丧失信心，水利当局亦感绝望。民国三十二年（1943 年），他负责 5 号隧洞工程，翻阅大量资料，寻找科学依据，同时深入工地仔细勘查，在汲取前人多次失败教训的基础上，采用明渠挖至地下水层后，再凿井以达洞底的方法。先在 60 米内连凿两井，由于起水高度降低，顺利完成两井间 60 米隧洞工程。依此法在地面每 30 米开凿一井，达于水层，是谓“工作井”。再在此上层井底左侧挖成工作室，纵连各工作室而成“工程洞”，洞下设水沟，沟上铺铁路以达洞外，然后开凿下层井，使地下水彻底得到控制。这样 5 号洞终于在民国三十三年（1944 年）底顺利通过，并于民国三十六年（1947 年）进行初次放水试验，使洛惠渠工程得以复活。国民政府水利当局授予他金质奖章。在人民解放战争中，他率全体职工坚守岗位。解放后，他把工程设施与公物完整交与人民政府，荣获西北军政委员会西北解放纪念章；同时加速施工，使民国时代费时 15 年尚未建成的洛惠渠，于 1949 年基本建成，投入灌溉。

六、杨虎城（1892—1949 年）

杨虎城，蒲城县孙镇乡甘北村人。民国十九年（1930 年）任国民革命军第十七路军总指挥，同年 10 月任陕西省政府主席。

杨虎城主持陕政期间，适逢陕西三年（1929—1931 年）大旱，深感发展水利之重要。他在省政府政务会上疾呼：“陕西的问题是水的问题，水的问题解决了，一切问题就好解决了。”于是便把水利和救灾列入政府施政计划之中。特邀请水利专家李仪祉再度回陕筹划引泾，兴办水利。泾惠渠工程于民国十九年（1930 年）12 月开工和民国二十一年（1932 年）建成通水时，杨虎城两次亲自参加典礼祝贺，并支持李仪祉实施“关中八惠”的宏伟蓝图。当他接到李仪祉的“泾惠由公手而成，亦复有意再成洛惠乎？”的信后，即偕陕西省水利局总工程师孙绍宗及傅健、陈靖等人查勘北洛河，登上大荔铁镰山察看灌区，工程遂于民国二十三年（1934 年）3 月开工。民国二十四年（1935 年），陕西省政府又以泾、洛、渭 3 渠水捐作抵押向银行贷款 150 万元，启动了渭惠渠工程的开工。

民国二十六年（1937 年），杨虎城为渭惠渠通水写了“清渭汤汤，导源鸟鼠，人定胜天，水利用普，致力沟洫，功绍大禹，嘉惠无疆，美哉斯举”的颂词。即使在狱中，他仍念念不忘洛惠渠工程，狱中给弟茂三的信中说：“宜之（指李仪祉）兄逝世，兄甚伤心，常在梦中对话。他说，洛惠渠失败，心中难过，究不知工程进展如何？”

七、李赋丰（1918—1966 年）

李赋丰，蒲城县人，李约祉之四子。他先后就读于天津南开中学、北京辅仁大学附属中学和西北农学院水利系。1949 年 9 月，他任洛惠渠管理局总工程师兼工务科科长。洛惠渠灌区地形南北高差 48 米多，民国年间所修干渠走向偏低，约有 15 万亩田地不能灌溉，占总规划的 30%。他重新规划，增设 4 条支渠，使高地逐步得到灌溉；又设计退水工程 7 座，使总干渠和支渠得到保护；并设计单挺臂和双挺臂闸门启闭机，启闭力为 5 吨和 10 吨，他还设计有5米跨度弧形闸门。1952年后，他任榆林专署水利水保局副局长兼总工程师。榆林地区丘陵密布，沟壑纵横，修渠引水中需架设渡槽，频繁过河跨沟，造价巨大，工期漫长。1954年，他提出倒虹吸跨越怀宁河方案，造价仅为渡槽的15%～20%，工期大幅缩短。后在无定河、窟野河、秃尾河、葭芦河、大理河等川道大量采用，加快了川地水利化速度。他总结风沙地区以水治沙经验，用水拉沙平地开渠，节省了劳力和施工机械，被国家水电部介绍给非洲国家推广使用。他在榆林地区治水15年，在灌田、水土保持、修建梯田、坝地、凿井等方面作出了重大贡献，基本实现川地水利化。1957年，李赋丰加入中国共产党。

八、孙绍宗（1897—1957年）

孙绍宗，字绳斋，河北省河间市西王口人，幼时在本村读书。1917年，孙绍宗考入保定育德中学，1920年考入南京河海工程专科学校，因他品学兼优，所以很受该校校长、全国水利专家李仪祉的器重。

1924年，孙绍宗毕业后，在石家庄筹建纱厂。1928年，任陕西省水利局局长的李仪祉得悉孙绍宗的情况后，立即邀请他到陕西省水利局工作，他欣然答应，出任陕西省水利局总工程师。在水利局工作期间，孙绍宗长途跋涉，观察路线，精心设计泾惠渠、浴惠渠、渭惠渠、梅惠渠、织女渠等水利工程。修建泾惠渠时，他把全家人安置在泾阳县的北赵庄，自己食宿在工地，时值陕西三年大旱之后，群众困苦不堪，除完成勘察设计施工外，他还协助李仪祉筹款。1934年5月至1939年6月，孙绍宗任全国经济委员会泾洛工程局局长兼总工程师，全面负责引洛工程的兴修。孙绍宗亲自编制引洛工程计划，频繁奔走联系引洛经费，到唐山订购水泥，深入施工工地视察、指导，著有《陕西引洛工程计划书》等。

1938年3月8日，李仪祉逝世，孙绍宗任陕西省水利局局长，完成了渭惠渠、织女渠等水利工程，又主持了黑惠渠、沣惠渠、涝惠渠等水利工程，继而又在陕南修建了汉惠、褒惠、清惠、洛惠等渠，为当时农业生产发展作出了巨大贡献。

1939年1月至1941年7月，孙绍宗任陕西省政府委员兼建设厅厅长，仍兼陕西省水利局局长，在此期间除完成一些水利工程外，主持修建了长（安）坪（西坪）公路，打通了秦岭山区通往河南南阳和湖北武汉的重要通道，结束了自古以来两地区相互阻隔的局面。

1940年7月，国民政府为组织人、畜运力进行战时物资运输，决定在交通部设驿运总管理处，各省设立驿运处，同年10月，陕西省驿运管理处成立，归陕西省建设厅领导，厅长孙绍宗兼任处长。

1945年，日本帝国主义投降后，孙绍宗看到国民党当局的腐败，愤然辞去陕西省水利局局长职务，仍从事水利工程的设计和施工，并在西安办纺织工业。1948年，孙绍宗携带家眷去台湾，仍从事工业及水利设计施工工作。

1957年，孙绍宗因病去世，1986年由其子将骨灰运回祖国，安葬在北京万安公墓。

九、李奎顺（1903—1980年）

李奎顺，字星五，河北省黄骅县人，1927年毕业于唐山交通大学，先后在塘沽新港、葫芦岛、北京等地任工程师，之后为水利设计一级工程师。

1933年2月，陕西省引洛工程处成立，李奎顺主持设计工作。1934年7月，李奎顺任全国经济委员会泾洛工程局设计科长兼洛惠渠工务所主任工程师。1939年任泾洛工程局副总工程师，全面负责兴建洛惠渠的技术工作，亲自设计了渠首滚水坝，曲里、夺村渡槽和隧洞工程。特别是修建第五号隧洞（平之洞），耗费了他十余年的心血。五号隧洞于1935年2月开工，工程地形、地质复杂，流沙潜泉相继出现，洞土塌落，泥沙外涌，当时技术设备又十分落后简陋，正常施工很难进行。李奎顺以惊人的毅力、广博的学识，先后采用了压气工作法，钢板洞壳推进法，大改线大开挖法，终于以工作洞工作井法于1946年11月凿通隧洞，为总干渠工程的建成作出了重大贡献。

新中国成立后，李奎顺历任洛惠渠工程处处长兼总工程师、陕西省水利局局长、西北水利部总工程师、水利部北京勘测设计院副总工程师、水电部西北勘测设计院总工程师，积极投身于水利建设事业，以他博深的水利理论造诣和长期工作实践中积累的丰富经验，先后参与了陕西省洛惠渠的续建、渭惠渠的扩建、泾惠渠的整修、陕南各流域渠道的恢复和新建工程，以及黄河盐锅峡、八盘峡、青铜峡等水利枢纽的勘测设计施工工作和陕西汉江、甘肃白龙江、新疆额尔齐斯河、青海北川河等河流上的枢纽工程的规划设计工作。

1950年，李奎顺被选为全国劳动模范，1963年被选为第三届全国人民代表大会代表和甘肃省政协常委，1970年被选为第五届全国政协委员。

晚年，李奎顺任陕西省水利局副总工程师、陕西省水利科学研究所总工程师，在年逾古稀、身体多病的情况下，仍积极为水利科学事业出主意、想办法，深入基层，调查研究，先后去石头河、东庄、东方红灌区及抽黄工地指导工作。1980年11月，李奎顺因患脑出血病故，享年77岁。

十、陆士基（1897—1989年）

陆士基，字希正，江苏省苏州市人，16岁考入上海同济大学。大学前4年在德文科学习，后4年又读土木科，1921年毕业，由于成绩优良，经德国教师史娄纳介绍到津浦铁路工作，历任工程员、工程主任等职。

1934年，泾洛工程局成立，陆士基由全国经委会水利处副处长、挚友、同学郑肇经介绍到陕西大荔任泾洛工程局副总工程师，1939年任局长兼总工程师，直至1947年始终主持洛惠渠工程建设。

1935年，洛惠渠引水枢纽龙首坝，总干渠的曲里、夺村两渡槽，一号、二号、三号、四号隧洞及退水道、桥梁等大型建筑物先后竣工，唯有五号隧洞（平之洞）遭遇地下水泉、流沙，洞工崩坍，仅有清泥之劳，而无进展之功，1937年日军侵华，抗日战争开始。国民党军队云集大荔、朝邑一带，意欲没收工程器材以筑河防工事。为了确保施工器材安全，陆士基亲自与当地驻军交涉，面陈洛惠渠工程的重大意义，得到当时陶峙岳军长的大力支持，亲下手谕，不准擅自取用洛惠渠施工器材。洞材虽然保住了，但国民政府迁往重庆，经济部认为大荔离前线太近，示意泾洛工程局可迁往陕南；五洞工程经费亦不能充分拨付；

工地人员忧虑日军骤至，发生危险，思想混乱，人心惶惶。在这危急关头，陆士基亲赴重庆，向经济部长官陈述利害："如果洛址离开大荔，不但五洞工程不能进行，洛惠渠已成工程也势将全部损毁，前功尽弃。"并将工程局暂迁五洞南口的义井村，陆士基坐镇现场，挑选工作情绪坚定的员工继续施工。

1945年，抗日战争结束。国民政府还都南京，成立全国水利委员会，泾洛工程局归属之，续拨工程经费。五号隧洞工程在陆士基的亲自主持下正常进行，采取工作洞工作井施工方法，终于在1946年开通，1947年12月12日举行了放水典礼。1949年，陆士基调西北农学院任教。1951年，陆士基赴安徽治淮委员会工作，曾任工务处副主任、农田水利处副处长、工程管理处处长等职，1958年调安徽省水利厅任工程管理局局长。

陆士基博学多才，精通俄文、德语，爱好古文物的研究和收集，1953年将他收集的125件古瓷器等无偿捐献给西北军政委员会文化部，荣获特等奖状；著述有《洛惠渠》等。1989年1月28日，陆士基病逝，享年92岁。

十一、蔚长茂（1912—1972年）

蔚长茂，陕西省大荔县安仁镇西太平村人。1950年，蔚长茂担任洛惠渠行水段长，1951年荣获陕西省农业水利劳动模范称号，出席了省农业劳模大会。

在担任行水段长期间，蔚长茂总是以身作则，用自己的模范行动号召、影响和带动群众，全心全意搞好水利工作。1951年5月的一天，东二干渠决口，当时情况危急，正当群众束手无策之际，蔚长茂跑来后，二话没说，第一个跳进水中，用自己的身体堵挡决口。十多名巡渠队员见状，也纷纷跳进水中，同岸上的群众奋战一个多小时，终于堵住了决口。夏收期间，整修干渠工地急需工程材料，因群众忙于收割拉运小麦，顾不上拉运工程材料。蔚长茂听说后，把自己已经装车的麦子卸下来，带头给工地拉运材料，并动员了一批车辆拉运，保证了整修工程的顺利进行。

蔚长茂一心扑在水利上，以水为业，以渠为家，行水期间，日夜奔波在渠道上，巡护渠道，组织群众浇地。修渠劳力不足，他便动员自己的爱人第一个上渠做工，带动了全乡五六百名妇女投身到修渠的热潮之中。他还积极主动地协助乡村干部征粮、筹款，自己带头交粮交款，宣传群众，借以争取乡村干部对水利工作的支持。因此，在他管辖段的各项水利工作，项项成绩优异，受到各级的表彰奖励。

1972年1月20日，蔚长茂因病逝世，终年60岁。

十二、傅健（1903—1975年）

傅健，字健哉，陕西省蒲城县孙镇刘家庄人。1922年，傅健考入陕西省水利局开办的水利道路工程专科学校，1927年毕业于西北大学工程科。1928年春，经李仪祉介绍到国民革命军第二集团军驻陕总司令部任建设员，同年冬季到陕西省建设厅工程科任科员、技士。1929年，傅健因"钓儿嘴修浚龙洞渠干渠工程"记功一次，陕西省政府奖给他银质记功奖章一枚。1930年，陕西省农矿厅成立，奉调该厅任技士、技正职。1931年，农矿厅并入建设厅，任测量队队长职。1932年秋，奉李仪祉指派，傅健与陈靖等人实地勘测北洛河，1933年参加实测洛惠渠渠线；著有《引洛测量工作概况》等文章。

1949 年 10 月，傅健回到洛惠渠工程处，任副处长，1952 年任处长，1953 年任洛惠渠管理局局长，带领全局职工完成干、支渠及部分田间工程配套。

傅健有丰富的灌溉管理经验，1952 年他学习运用苏联的灌溉理论，结合洛惠渠实际，编制了洛惠渠的用水计划；组织成立洛惠渠配水站，负责全渠系的配水和监督用水工作；按渠系成立管理站；健全洛惠渠灌溉委员会，实行民主管理；培训管理干部和行水人员，提高灌溉技术，为全灌区开展计划用水工作奠定了基础。

1954 年，傅健被选为大荔县出席陕西省第一届人民代表大会的代表。1956 年 10 月，傅健作为陕西省的代表之一赴北京参加中、苏、越灌溉系统科学技术交流大会。1956 年底，傅健调往陕西省水利厅任灌溉管理处处长，1957 年在渭河工程局第 10 指挥部沿河大坝施工，1961 年调褒惠渠工作，1973 年退休。1975 年 12 月 28 日，傅健病逝，享年 72 岁。

十三、李瑞宣（1913—1983 年）

李瑞宣，陕西省大荔县冯村乡人。1951 年，李瑞宣荣获陕西省农业水利劳动模范称号，出席了省农业劳模大会。

1950 年 10 月，洛惠渠东二支渠开工，冯村应负担做工民工 32 人，李瑞宣时任村民委员会主任，把全村劳力编为若干小组，十天一换，分批到几十里外的婆合以东工地修渠，从不缺少一人，提前保质保量地完成了任务。

1951 年，李瑞宣担任洛惠渠西一干渠下段段长，动员组织辖区群众大规模地开挖斗、分、引渠。6 月 16—20 日，他带领男女群众，不分昼夜，开挖引渠 89 条，共做土方 31833 立方米，投工 15998 个。当年新修斗渠 3 条，延长 1 条，计长 15500 米，完成土方 164950 立方米，并组织泥瓦工修建桥涵、斗房。

西一干渠下段共辖 6 条斗渠，较早建立了用水制度。每次用水前，李瑞宣都召开斗长、水利组长和巡渠队长会议，坚持按各村农作物种植面积分水和自下而上、先左后右的用水原则。开斗时用水牌通知用水村，并在斗渠口插大红旗一面，引渠口插小红旗一面，以资识别。此举后来发展成为灌区的二级红旗用水制度。同时，在辖区村设立水利总干事和水利文书，各引渠建立浇地互助组，使灌溉工作井然有序。当年实灌粮棉田 36545 亩，完成灌溉任务的 123%。此外，他带领群众在渠岸植树 28000 株；他和 6 名斗长为抗美援朝捐款 50 万元（旧币）。

李瑞宣担任行水干部 13 年，1983 年农历正月病逝，终年 70 岁。

十四、美国斌（1938—1997 年）

美国斌，西安市灞桥区人，曾任黄陵县水利水土保持局局长、高级工程师。

美国斌出生在新合乡米家堡村一个贫苦家庭，幼时备尝艰难。1945—1955 年，美国斌依靠亲戚、邻里资助，先后完成小学、中学阶段学习。1955 年 9 月，美国斌以优异成绩考入陕西省水利学校，学习期间，他依靠在校图书馆、学生食堂打工，维持学习和生活，并在老师的接济下完成学业。1957 年 8 月毕业后，美国斌主动申请支援老区建设，被分配至延安地区第五水利工作队工作，担任水利技术员，并被派往黄陵县双龙乡南店坪灌区施工。同年8月23日，沮河上游普降暴雨，双龙川道洪水肆虐，庄稼被毁，房屋倒塌，群众哭声一片，美国斌看在眼里，痛在心上，深感责任重大。救灾过程中，美国斌边救灾边向老农询问沮河水情及汛期规律，并与老技术员一道翻山越岭，察看地形地貌及河流径流和落差，探研沮河综合治理方案。1958年5月，美国斌主动请缨、带领两名技术员，肩扛标杆，踏遍沮河，测量数据，寻找规律，绘制草图，探索方案，先后绘制草图185张，测量记录数据2858条。同年9月，几易其稿的《沮河治理方案》正式脱稿。《沮河治理方案》提出"低坝短渠，阶梯开发；发展灌溉，上淤下漫；固定河床，改造沙地；利用地形，截弯取直；制造落差，建设水力发电站"的沮河治理总体思路，得到黄陵县政府与水利专家的一致肯定，并付诸实施。从此，沮河治理步入规范化、科学化轨道。1958年10月，美国斌勘测设计的黄陵县第一座浆砌石坝引水工程跃进渠破土动工。他吃住在工地，精心负责施工。1961年9月，跃进渠竣工，修干渠15千米，增加有效灌溉面积2246亩。

1960年7—9月，美国斌主持完成延安地区第一个小型水电站——康崖底水电站工程的设计与施工，开创了陕北地区农村"点灯不用油"的先河。1964年12月，他在康崖底灌区康崖底拦河坝设计施工中，改革拦河坝施工工艺，提出非岩石基础上的浆砌石滚水坝新施工方案，陕西省水利专家给予高度评价，并号召在全省推广。1965年8月，在康崖底灌渠康崖底段渠道河流交错跨越施工中，他采取钢筋混凝土管倒虹吸技术，建成黄陵县第一座倒虹吸工程。其撰写的《钢筋混凝土管道虹吸设计》论文在《陕西水利》发表。同年，他还设计完成刘家川40型水轮泵电力站，并负责施工建设，于12月建成投入使用。1967—1970年，他先后主持完成东风渠、幸福渠、麦洛安渠、河腰渠、长祥渠、王庄科渠、张湾渠等10余处自流灌工程和麦洛安水电站、张寨水电站、上翟庄水电站等水电站工程的设计与施工，全县农田灌溉面积达2.40万亩，淤泥造地3100亩，改良沙地1.02万亩。1970年5月，美国斌任郑家河水库副总指挥和技术负责人全程指导参与郑家河水库的工程建设。1971年8月，美国斌任县水利队队长，参与阎庄水库的设计与施工。1973年8月，美国斌任县水利水保持局副局长，主持完成郑家河水库三级堤水高抽站的设计与施工，隆太塬、仓村塬新增灌溉面积6000亩。1980年11月，美国斌任黄陵县水利水保持局局长。其间他主笔撰写《黄陵县水利区划大纲》，为黄陵水利事业持续健康发展绘制宏伟蓝图。1985年3月，《黄陵县水利区划大纲》在全省区划大纲评审中获优秀成果一等奖。同时，他先后主持完成上翟庄、印台山、呼家湾3处改河工程和侯庄、贾塬两灌站及常村、墩台塬、梁塬等小高抽站的勘测、设计和施工，使全县灌溉面积扩大至2.80万亩；主持完成县城关鱼种、翟庄鱼种厂勘测设计与施工，养殖水面分别为38亩、127亩，年产鱼种达3000万尾；主持设计、施工、完成咀头、龙首、虎尾等16座桥梁及黄陵县露天煤矿、陕西省红石岩露天煤矿两处防洪工程、店头镇区治河工程等；主持完成世界银行援助黄陵农村人畜饮水工程103个项目的规划、预评估、评估与设计，指导工程实施，其中肖家川、阿党两处人畜饮水工程被评为设计样板，参加世界银行对中国农村改水项目的可行性评估，争取贷款95万余美元，其研制的"管径及水力计算表”，简便设计时的计算量，保证了用材的准确性。1985 年，联合国粮食计划署官员布雷先生、布朗小姐，1986 年世界粮食计划署加法尔先生，分别来黄陵视察农村改水工程，对工程质量给予高度赞扬。1987 年，美国斌被水利部授予献身水利水土保持事业三十年荣誉称号。1990 年，全县新修县志期间，他亲自动笔，主持编写完成《水利志》初稿。

1993 年 11 月，美国斌退居二线，任县水利水土保持局总工程师、东王河水电站筹建处主任，又肩扛仪器与单位同事一起奔波于东王河的川间山头，主持完成东王河水电站的选址、勘测、设计、立项、审批和前中期工程的施工，先后融资、引资 2000 余万元。1997 年 2 月，美国斌晕倒在东王河水电站工作岗位上，后被确诊为癌症晚期，5 月 14 日不幸去世，年仅 59 岁。其生前发表于国内各水利刊物的论文主要有《非岩石基础上的浆砌石滚水坝设计》《钢筋混凝土管道虹吸设计》《黄陵县沮河河道渠化尝试》《现浇混凝土 U 形渠槽试验》等。

十五、贾奎汉（1920—2009 年）

贾奎汉，合阳县人，高级工程师。1943 年 6 月，贾奎汉毕业于省立三原职工学校土木工程科，先后在泾洛工程局、洛惠渠管理局、石堡川水库工程指挥部、东雷抽黄工程指挥部工作，比较完整地参与了三大灌区工程建设全过程。

他在洛惠局工作二十余年，参与了五号隧洞、干支渠道的设计、施工和渠系配套、工程管理等工作。1958 年，贾奎汉负责东一干渠改善技术工作，他通宵达旦搞设计，白天不畏酷暑查现场，最终完成“六月测量毕，七月设计完，八月突击修，冬季灌农田”的目标，12 月 21 日如期放水冬灌。1951 年，他灵活采用交汇法晋陕黄河分界地形测量任务，为两省划界谈判提供了及时准确的依据。

1969 年，他到石博川水库负责整体技术工作。水库工程建筑物量大、类型多、技术要求高，在十分艰苦的条件下，他实地测量，现场设计，制图双管齐下，奋战二十多个昼夜，拿出了干渠建筑物的全部图纸，首创了陕西省境内 66 ~ 86 米无支双曲拱 U 形设计技术，打破了不大于 60 米水头倒虹的设计与施工技术。

1975 年，他又来到刚上马的东雷抽黄工程指挥部，十年间解决了许多技术难题；针对隧洞放线采用了旁洞开挖法增加工作面，加速了施工进度；对地下水位较高的黄河滩修筑建筑物，采用群井排水法，变流泥为干滩，降低施工难度和成本；针对南乌牛、新民二级站大厂房混凝土施工，采用温控技术整体浇筑法；对总干渠采用先泡水预沉法施工，解决了深层湿陷性黄河沉陷问题。1985 年退休后，他不顾年迈担任《东雷抽黄志》副主编，并无偿贡献出自己多年积累的珍贵技术资料。

十六、齐国庆（1924—2005 年）

齐国庆，河南省鲁山县人，1945 年 7 月考入泾阳陕西省仪祉学校，1948 年 12 月参加工作，其间在延安大学学习，1949 年 5 月在西安军管会农林处工作，同年 12 月调入省泾惠渠管理局。他业务精通，擅长于水利灌溉管理技术，撰写的《灌区技术革新》一书由中国水利水电出版社出版发行。1958 年，齐国庆被水电部授予“献身水利水保事业者”光荣称号，出席了全国社会主义建设先进单位个人代表大会。1968 年，齐国庆再次出席全国社会主义建设先进单位个人代表大会。1972 年 3 月，齐国庆任渭南石堡川工程指挥部副指挥，1974 年 4 月，齐国庆任洛惠局副局长。在分管工程的 13 年中，他能深入渠道衬砌改造工地，亲自参加劳动，多次受到上级表扬。他对五洞扩大和醍醐渡槽工程设计提出改进意见，节约了资金。1987 年 3 月，齐国庆同志离休，1991 年 11 月被渭南地委行署授予离休干部先进个人，2005 年 8 月 2 日病逝，享年 81 岁。

十七、张春茂（1920—2010 年）

张春茂，大荔县段家乡后河村人，高级工程师。

张春茂同志于 1940 年 9 月考入国立西北工学院水利系读书，1944 年 9 月大学毕业后不久即到泾洛工程局工作，参加洛惠渠五号隧洞的施工，先后任工程员、助理工程师、副工程师；1949 年新中国成立后在洛惠渠工程处工作，参加洛惠渠工程整修和开展灌溉用水，1950 年晋升为工程师；1952—1959 年在绥榆水利工程处、榆林地区水电局工作；1959 年 4 月至 1962 年 2 月在陕西省水电设计院、洛河工程局工作；1962 年 2 月至 1975 年 2 月返回洛惠局工作；1975 年 2 月至 1984 年 8 月在东雷抽黄工程总部工作，任工程师，其间于 1982 年被授予高级工程师职称；1984 年 8 月重回洛惠局工作，1988 年退休，2010 年 11 月 23 日去世，享年 90 岁。

张春茂同志一生从事水利工作，以深厚的理论素养和丰富的施工经验驰名陕西省水利系统。他转战关中、陕北，足迹遍及三秦大地，为洛惠渠和渭南市乃至陕西省水利工程建设倾注了毕生心血。早在抗日战争后期和三年解放战争期间，他不顾个人安危，坚守在洛惠渠工地，后又参加洛惠渠五号隧道抢险加固、排水工程、洛西倒虹等重大工程施工，是洛惠渠工程建设的元勋之一。他长期坚持在施工第一线，在东雷抽黄一级站和隧道混凝土浇筑中，反复试验调整配合比，又大胆提出先拱后墙的施工方案，既方便了施工，又节约了大量的水泥、沙石和木材，仅此两项为国家节省资金十万余元。由于他在东雷抽黄建设中的卓越贡献，曾被《陕西日报》进行专题报道，先后当选为陕西省第五届、第六届人大代表，他的事迹载入《大荔县志》和《东雷抽黄志》。

他是科学引用洛河洪水泥沙，变害为利，造福于民的首创者和奠基人。他是水利事业专业技术队伍的缔造者。他的言传身教，为洛惠渠、东雷抽黄和陕北水利事业培养造就了一大批技术骨干力量。

张春茂一心扑在工作上，体现了老一辈知识分子强烈的事业心和责任感。他退休后仍然关心灌区的建设与管理，为灌区的工作和发展提出意见和建议，曾带病为《洛惠渠志》一书撰写文稿，总结五号隧洞施工经验与教训，留下了珍贵的历史资料。

十八、李东明（1945—2019 年）

李东明，陕西省澄城县人，中共党员，高级工程师。1968 年 7 月，李东明毕业于陕西省水利学校，先后在白水县跃进渠、渭南市石堡川水库、洛惠渠工作，曾赴美国、以色列、西欧等国家考察学习先进水利工程技术。

他担任洛惠渠党委书记、局长期间，洛惠事业蓬勃发展。他规划论证实施了灌区更新改造工程，利用世界银行贷款项目改善了灌区工程面貌。其中最艰巨的五号隧洞扩大工程，中途由洛惠人自己上马，新开隧洞987米，过水能力由9.8立方米每秒恢复到15立方米每秒。他现场指挥实施了洛西倒虹抢修，谱写了洛惠人“众志成城扶危柱”的壮丽凯歌，广为传唱。他思维超前，最早为大荔引进了冬枣品种。同时，他积极推进灌区水利体制改革工作，兴办实体，振兴灌区经济。“五洞工程”和“洛西倒虹抢修”锤炼了洛惠人的精气神。他先后任大荔县人大代表、渭南市人大代表，曾任中国灌区协会理事、陕西灌区协会副理事长；1992年被水利部评为“优秀管理工作者”；1993年被陕西省评为“省农业科技企业家”；1994年10月被陕西省水利厅评为“水利科技先进工作者”；1995年2月被国家六部委授予“全国农业科技推广先进工作者”；1995年9月被中华人民共和国水利部、人事部评为“全国水利系统先进工作者”。

十九、鲁宗明（1914—1975年）

鲁宗明，祖籍重庆市云阳县新阳乡同云村，两岁时迁居陕西省，辗转来黄陵县康崖底乡老虎尾巴村定居。

鲁宗明勤于农耕，略识文字，乐于助人。他于1950年加入中国共产党，响应党组织农民走集体化道路的号召，在村里成立黄陵县第一个互助组，因长年务农，积累了土法修坝的经验，同年被聘任县农民水利技术员。1950—1952年，鲁宗明发动群众修梨园村至张寨村7座石土混压水坝，改旱田为水田，利用浑水灌溉，改良土壤，栽稻300亩。1958年，鲁宗明修复灌渠10道，水坝两座。所领导的红旗大队栽稻千亩以上，试验田最高产量达1008斤。鲁宗明为黄陵发展水利，种植水稻做出了一定贡献，多次受到县、地、省各级表彰。1958年，鲁宗明出席全国群英会，受到毛泽东、周恩来、刘少奇等中央领导的接见，国务院给他领导的红旗大队颁发了奖状。

第二节　人物表录

一、全国劳动模范（先进生产者）、省级劳动模范（先进生产者）

北洛河流域全国劳动模范（先进生产者）、省级劳动模范（先进生产者）分别见表7-2-1、表7-2-2。

表7-2-1　北洛河流域全国劳动模范（先进生产者）

姓名	原工作单位	所得称号	授予单位	表彰时间
李奎顺	洛惠渠管理局	全国劳动模范	中共中央、政务院	1950年
荣嗣弘	洛惠渠管理局	全国先进生产者	中共中央、国务院	1956年
田长河	陕西省大荔县水利局	全国水利系统先进工作者		2010年

表 7-2-2 北洛河流域省级劳动模范（先进生产者）

姓名	原工作单位	所得称号	授予单位	表彰时间
蔚长茂	洛惠渠管理局	陕西省劳动模范	陕西省人民政府	1951 年
李瑞宜	洛惠渠管理局	陕西省劳动模范	陕西省人民政府	1951 年
杨月胜	白水县沟南村	陕西省劳动模范	陕西省人民政府	1956 年
樊新绪	澄城县汤家坡村	陕西省劳动模范	陕西省人民政府	1956 年
毛孙堂	澄城县李家洼村	陕西省劳动模范	陕西省人民政府	1956 年
刘铁宝	澄城县西丰村	陕西省劳动模范	陕西省人民政府	1958 年
齐国庆	洛惠渠管理局	全国农业社会主义建设先进个人	农业农村部	1958 年
杜相荣	澄城县李家洼村	先进机泵手	陕西省人民政府	1980 年
李天文	洛惠渠管理局	陕西省劳动模范	陕西省人民政府	1982 年
张志全	洛惠渠斋家管理站	陕西省劳动模范	陕西省人民政府	1987 年
潘瑞侠	白水县史官乡水管员	全国优秀水利水保员	水利部	1988 年
高才升	澄城县庄头乡水管站	全国优秀水利水保员	水利部	1988 年
李东明	洛惠渠管理局	农业科技推广先进者	农业部等 6 部委	1992 年
李东明	洛惠渠管理局	优秀管理工作者	水利部	1995 年
翟建忠	石堡川水库管理局	水利管理先进个人	水利部	1996 年
王宏儒	蒲城县水利局	水利经济先进个人	水利部	1998 年

二、北洛河流域水利（水务）系统高级职称名录

我国技术职称制度发生了多次改革变化，无论是解放初期的技术职务任命制度，还是后来的技术职称评定制度，均有力地促进了洛河流域水利行业大批专业技术人才的出现（“文化大革命”期间职称制度受到冲击影响例外），自 1986 年国家实行专业技术职务聘任制开始到 1989 年，陕西北洛河流域段第一批副高级工程师产生。表 7-2-3 记录了截至 2023 年年底北洛河流域市（县）副高级工程师以上人员名录。

表 7-2-3 北洛河流域水利（水务）系统高级职称名录

姓 名	性别	出生年月（年－月）	工作单位	技术职务	授予时间（年－月－日）
田雨升	男	1970-03	定边县水政水资源管理办公室	正高级工程师	2019-11-14

续表 7–2–3

姓　名	性别	出生年月（年–月）	工作单位	技术职务	授予时间（年–月–日）
王军学	男	1966–03	渭南市水务局	正高级工程师	2014–12
靳瑞杰	男	1962–08	渭南市水资源工作中心	正高级工程师	2017–01
牧　东	男	1965–08	定边县水土保持工作站	副高级工程师	2016–07–11
宋小平	男	1966–05	定边县水土保持工作站	副高级工程师	2017–10–12
吴海霞	女	1957–09	定边县水土保持工作站	副高级工程师	2016–06–21
张　涛	男	1962–01	定边县水资源服务中心	副高级工程师	2019–11–14
赵　青	女	1967–08	定边县水资源服务中心	副高级工程师	2019–11–14
郑高峰	男	1974–02	定边县水土保持工作站	副高级工程师	2014–07–09
周德王	男	1977–11	定边县水资源服务中心	副高级工程师	2017–10–12
邹晓玲	女	1970–05	定边县水土保持工作站	副高级工程师	2017–10–12
刘军琦	男	1972–07	靖边县水土保持工作站	副高级工程师	2017–01–18
杨树梅	女	1976–09	靖边县水土保持工作站	副高级工程师	2017–01–18
袁媛媛	女	1983–09	靖边县水土保持工作站	副高级工程师	2020–10–25
贺治利	女	1976–02	靖边县水土保持工作站	副高级工程师	2022–05–23
刘晓燕	女	1981–08	靖边县水土保持工作站	副高级工程师	2018–11–12
张　宇	男	1968–02	靖边县城乡供水安全服务中心	副高级工程师	2018–11–12
谷灵霄	女	1965–06	靖边县城乡供水安全服务中心	副高级工程师	2012–12–31
杨俊琴	女	1974–11	靖边县城乡供水安全服务中心	副高级工程师	2014–12–31
赵喜梅	女	1982–10	靖边县城乡供水安全服务中心	副高级工程师	2023–03–19
王晓艳	女	1983–12	靖边县城乡供水安全服务中心	副高级工程师	2023–03–19
陈　敏	女	1973–08	靖边县水旱灾害防治中心	副高级工程师	2016–07–11
陈　静	女	1968–03	靖边县水旱灾害防治中心	副高级工程师	2017–10–12
俞彩梅	女	1978–11	靖边县水旱灾害防治中心	副高级工程师	2019–11–14
陆宇烨	女	1967–05	靖边县水利监察大队	副高级工程师	2016–06–21
马旭华	女	1985–12	靖边县水利监察大队	副高级工程师	2019–11–14
哈　梅	女	1969–11	靖边县水资源调度中心	副高级工程师	2019–11–14
邢美华	女	1976–11	靖边县水资源调度中心	副高级工程师	2014–07–09
刘　英	女	1980–06	靖边县水资源调度中心	副高级工程师	2017–10–12

续表 7-2-3

姓　名	性别	出生年月（年－月）	工作单位	技术职务	授予时间（年－月－日）
贾维军	男	1975-03	靖边县河道库坝养护站	副高级工程师	2023-03-19
白宇峰	男	1978-04	靖边县河道库坝养护站	副高级工程师	2015-12-31
张彦杰	男	1986-03	靖边县河道库坝养护站	副高级工程师	2015-12-31
刘宗艳	女	1968-10	靖边县河道库坝养护站	副高级工程师	2019-08-10
徐红梅	女	1970-12	靖边县河道库坝养护站	副高级工程师	2015-12
白咏梅	女	1982-01	靖边县河道库坝养护站	副高级工程师	2020-10-25
王　茹	女	1979-08	靖边县河道库坝养护站	副高级工程师	2019-08-10
刘建利	男	1981-11	吴起县水利工作队	副高级工程师	2017-12
李占东	男	1977-08	吴起县水资源管理办公室	副高级工程师	2019-12
郭丽萍	女	1980-08	吴起县水资源管理办公室	副高级工程师	2018-12
齐文举	男	1974-03	吴起县水保队	副高级工程师	2019-12
苏朝霞	女	1984-11	吴起县水保队	副高级工程师	2019-12
王启怀	男	1958-03	吴起县水保队	副高级工程师	2014-12
刘光理	男	1966-01	志丹县水政水资源管理办公室	副高级工程师	2017-12-22
刘宗艳	女	1978-03	志丹县水政水资源管理办公室	副高级工程师	2020-12-28
曹　娜	女	1981-08	志丹县水政水资源管理办公室	副高级工程师	2022-02-25
张晓凌	女	1973-07	志丹县地下水监督监测管理站	副高级工程师	2022-02-25
刘晓慧	女	1978-11	志丹县地下水监督监测管理站	副高级工程师	2022-02-25
马世壮	男	1975-06	志丹县水土保持工作队	副高级工程师	2014-08-01
白　银	女	1981-09	志丹县水土保持工作队	副高级工程师	2017-07-04
刘小翠	女	1984-05	志丹县水土保持工作队	副高级工程师	2021-08-01
白旭峰	男	1984-02	志丹县水土保持工作队	副高级工程师	2021-08-01
刘红梅	女	1974-12	志丹县水土保持工作队	副高级工程师	2021-08-01
安志成	男	1978-12	志丹县水旱灾害防治监测中心	副高级工程师	2015-11
冯志胜	男	1975-09	志丹县水旱灾害防治监测中心	副高级工程师	2018-12-21
赵田文	男	1985-12	志丹县水旱灾害防治监测中心	副高级工程师	2023-04
徐同海	男	1980-03	志丹县水旱灾害防治监测中心	副高级工程师	2019-12
闫光玉	男	1981-11	志丹县水旱灾害防治监测中心	副高级工程师	2019-12

续表 7–2–3

姓　名	性别	出生年月（年－月）	工作单位	技术职务	授予时间（年－月－日）
王兆武	男	1977–10	志丹县水土保持监督监测站	副高级工程师	2014–12
王　云	男	1971–02	志丹县水土保持监督监测站	副高级工程师	2014–12
刘　杨	男	1983–12	志丹县水土保持监督监测站	副高级工程师	2021–08
赵　霞	女	1977–01	志丹县水土保持监督监测站	副高级工程师	2019–12
石云霞	女	1980–11	志丹县水土保持监督监测站	副高级工程师	2017–12
赵延红	女	1982–12	志丹县水土保持监督监测站	副高级工程师	2021–08
白　江	男	1980–11	志丹县乡村供水管理总站	副高级工程师	2019–12
刘艳梅	女	1978–06	志丹县乡村供水管理总站	副高级工程师	2015–11
同丽红	女	1971–10	志丹县乡村供水管理总站	副高级工程师	2018–12
米海燕	女	1970–04	志丹县乡村供水管理总站	副高级工程师	2018–12
高倍斌	男	1966–06	志丹县水利队	副高级工程师	2016–12
贺　靖	女	1969–09	志丹县水利队	副高级工程师	2018–12
薛德成	男	1975–07	甘泉县水利工作队	副高级工程师	2022–02–25
常　江	男	1982–08	甘泉县水利工作队	副高级工程师	2020–12–28
张应宝	男	1972–05	甘泉县水利工作队	副高级工程师	2018–12–01
田　军	男	1978–12	甘泉县水利工作队	副高级工程师	2018–12–01
石建平	男	1970–12	富县水务局	副高级工程师	2017–12
冯东红	男	1975–03	富县水务局	副高级工程师	2017–12
魏志斌	男	1967–08	富县水保生态治理中心	副高级工程师	2018–12
李永宏	男	1973–02	富县水保生态治理中心	副高级工程师	2018–12
段秀云	女	1979–04	富县水利工作队	副高级工程师	2022–02
杨　博	男	1972–05	黄陵县水旱灾害防治监测中心	副高级工程师	2012–05
吴永宏	男	1973–10	黄陵县水旱灾害防治监测中心	副高级工程师	2014–11
柴　云	男	1975–10	黄陵县水旱灾害防治监测中心	副高级工程师	2022–05
郑海林	男	1968–07	黄陵县水利工作队	副高级工程师	2005–12
蓝军君	男	1974–10	黄陵县水利工作队	副高级工程师	2014–05
郎艳艳	女	1974–12	黄陵县水利工作队	副高级工程师	2014–05
苏旭君	男	1972–06	黄陵县水利工作队	副高级工程师	2011–08

续表 7-2-3

姓　名	性别	出生年月（年－月）	工作单位	技术职务	授予时间（年－月－日）
李　康	男	1971-04	黄陵县农村饮水项目服务中心	副高级工程师	2015-11
李建平	男	1966-07	黄陵县农村饮水项目服务中心	副高级工程师	2013-12
赵万陵	男	1972-08	黄陵县农村饮水项目服务中心	副高级工程师	2015-01
秦亚丽	女	1978-07	黄陵县水库移民开发局	副高级工程师	2013-12
张鹏飞	男	1970-09	黄陵县水库移民开发局	副高级工程师	2014-04
樊丁胜	男	1972-07	黄陵县水库管理处	副高级工程师	2014-12
李元旗	男	1978-02	黄陵县水库管理处	副高级工程师	2022-02
米　珅	男	1983-01	黄陵县水土保持工作站	副高级工程师	2017-12
白　娟	女	1973-10	黄陵县自来水公司	副高级工程师	2017-12
魏　峰	男	1977-06	黄陵县自来水公司	副高级工程师	2018-12
辛东虹	女	1972-12	黄龙县水利工作队	副高级工程师	2021-04
杨庆晋	男	1965-08	延安市水务局	副高级工程师	2002-11
张　强	男	1966-05	延安市水务局	副高级工程师	2003-12
古晓成	男	1970-03	延安市节水办	副高级工程师	2006-11
李富强	男	1957-09	延安市防汛办	副高级工程师	2001-11
袁金升	男	1962-01	延安市防汛办	副高级工程师	2003-12
和宝生	男	1957-01	延安市水土保持监督管理站	副高级工程师	1997-08
常振富	男	1954-01	延安市水土保持监督管理站	副高级工程师	2001-11
岳延平	男	1964-09	延安市水土保持监督管理站	副高级工程师	2004-06
任碧琴	女	1964-11	延安市水土保持监督管理站	副高级工程师	2004-11
张延君	男	1964-01	延安市水土保持监督管理站	副高级工程师	2008-11
刘宗儒	男	1967-08	延安市水土保持监督管理站	副高级工程师	2010-12
王宗煜	男	1977-11	延安市水土保持监督管理站	副高级工程师	2011-12
姜　黎	女	1970-05	延安市水土保持监督管理站	副高级工程师	2012-03
张麦芹	女	1974-02	延安市水土保持监督管理站	副高级工程师	2012-12
宁军科	男	1960-02	延安市地下水工作队	副高级工程师	2003-12
杨玉宏	男	1967-05	延安市地下水工作队	副高级工程师	2003-12
王富寅	男	1955-03	延安市地下水工作队	副高级工程师	2003-12

续表 7-2-3

姓　名	性别	出生年月（年－月）	工作单位	技术职务	授予时间（年－月－日）
赵建路	男	1972-08	延安市地下水工作队	副高级工程师	2007-11
兰德胜	男	1948-02	延安市地下水工作队	副高级工程师	2000-11
王孝民	男	1954-07	延安市地下水工作队	副高级工程师	2000-11
樊晓明	男	1969-08	延安市地下水工作队	副高级工程师	2009-11
贺建军	男	1972-07	延安市地下水工作队	副高级工程师	2009-11
任世英	男	1967-04	延安市地下水工作队	副高级工程师	2003-12
冯　峰	男	1974-08	延安市地下水工作队	副高级工程师	2012-12
刘亚明	男	1975-05	延安市地下水工作队	副高级工程师	2012-12
李　林	男	1978-05	延安市地下水工作队	副高级工程师	2015-11
贾建伟	男	1977-08	延安市地下水工作队	副高级工程师	2017-12
冯海霞	女	1978-05	延安市地下水工作队	副高级工程师	2017-12
贾莉莉	女	1978-05	延安市地下水工作队	副高级工程师	2017-12
王彩云	女	1977-10	延安市地下水工作队	副高级工程师	2017-12
杨　慧	女	1979-10	延安市地下水工作队	副高级工程师	2017-12
白榜琴	女	1970-08	延安市地下水工作队	副高级工程师	2017-12
强安平	男	1965-11	延安水投公司	副高级工程师	1999-09
崔　华	男	1968-05	延安水投公司	副高级工程师	2006-11
白忠伟	男	1971-08	延安水投公司	副高级工程师	2015-11
李龙龙	男	1980-12	延安水投公司	副高级工程师	2017-12
张海东	男	1979-01	延安水投公司	副高级工程师	2017-12
张宝林	男	1952-11	延安市江河供水公司	副高级工程师	1995-03
衣建民	男	1958-07	延安市江河供水公司	副高级工程师	1998-11
曹延平	男	1964-12	延安市江河供水公司	副高级工程师	2005-04
刘　静	女	1971-12	延安市江河供水公司	副高级工程师	2016-12
袁属芳	女	1968-09	延安市江河供水公司	副高级工程师	2016-12
祝西武	男	1957-01	延安市供水公司	副高级工程师	1999-08
高东峰	男	1957-01	延安市供水公司	副高级工程师	2013-12
高　翔	男	1973-02	延安市供水公司	副高级工程师	2011-12

续表 7-2-3

姓　名	性别	出生年月（年－月）	工作单位	技术职务	授予时间（年－月－日）
程进民	男	1970-06	延安市供水公司	副高级工程师	2017-12
王雪峰	男	1968-09	延安市供水公司	副高级工程师	1990-07
李宏平	男	1958-01	延安市水保生态办	副高级工程师	1999-12
阎兴慧	男	1960-01	延安市水保生态办	副高级工程师	1994-07
贺晓明	男	1964-01	延安市水保生态办	副高级工程师	1999-04
边志斌	男	1965-02	延安市水保生态办	副高级工程师	2000-11
房锡杰	男	1957-01	延安市水保生态办	副高级工程师	1997-04
冯生元	男	1941-11	延安市水土保持工作队	副高级工程师	1995-03
李秉权	男	1937-04	延安市水土保持工作队	副高级工程师	1995-03
曹晓峰	女	1965-05	延安市水土保持工作队	副高级工程师	2006-11
冯爱社	女	1963-12	延安市水土保持工作队	副高级工程师	2003-12
朱德胜	男	1956-07	延安市水土保持工作队	副高级工程师	2001-11
刘宇梁	男	1971-06	延安市水土保持工作队	副高级工程师	2009-04
郭学斌	男	1956-12	延安市水土保持工作队	副高级工程师	2004-12
李云章	男	1953-10	延安市水土保持工作队	副高级工程师	2001-11
王　伟	男	1971-10	延安市水土保持工作队	副高级工程师	2007-12
刘雪英	女	1971-09	延安市水土保持工作队	副高级工程师	2008-12
刘　华	女	1970-12	延安市水土保持工作队	副高级工程师	2011-03
王明华	男	1976-11	延安市水土保持工作队	副高级工程师	2011-03
高永芳	女	1975-11	延安市水土保持工作队	副高级工程师	2011-12
李延梅	女	1966-11	延安市水土保持工作队	副高级工程师	2011-12
韩宗军	男	1977-11	延安市水土保持工作队	副高级工程师	2012-12
魏国治	男	1972-06	延安市水土保持工作队	副高级工程师	2012-12
刘靖坤	男	1979-04	延安市水土保持工作队	副高级工程师	2012-12
段轶华	女	1971-01	延安市水土保持工作队	副高级工程师	2013-12
常笑梅	女	1971-05	延安市水土保持工作队	副高级工程师	2013-12
李玉芳	女	1981-01	延安市水土保持工作队	副高级工程师	2014-12
常　兴	男	1980-12	延安市水土保持工作队	副高级工程师	2014-12

续表 7-2-3

姓　名	性别	出生年月（年－月）	工作单位	技术职务	授予时间（年－月－日）
刘琳娜	女	1971-06	延安市水土保持工作队	副高级工程师	2014-12
仇建棋	女	1982-04	延安市水土保持工作队	副高级工程师	2014-12
贾延明	男	1966-03	延安市水产工作站	副高级工程师	2007-12
彭金玉	男	1941-06	延安市水产工作站	副高级工程师	1995-03
李逢异	男	1958-07	延安市水产工作站	副高级工程师	2011-11
窦小燕	女	1963	延安市水产工作站	副高级工程师	2013-12
鲁国延	男	1964-09	延安市水产工作站	副高级工程师	2014-12
刘宏智	男	1955-10	延安市水保监测分站	副高级工程师	1997-01
蔺琦琳	男	1957-08	延安市水保监测分站	副高级工程师	2003-12
郭喜莲	女	1962-01	延安市水保监测分站	副高级工程师	2001-11
孙立英	女	1956-12	延安市水保监测分站	副高级工程师	2003-12
杨明发	男	1956-12	延安市水保监测分站	副高级工程师	2002-12
高文秀	男	1957-07	延安市水保监测分站	副高级工程师	1999-09
程元萍	女	1965-12	延安市水保监测分站	副高级工程师	2003-12
白凤荣	男	1949-11	延安市水保监测分站	副高级工程师	1999-09
杨旭东	男	1954-11	延安市水保监测分站	副高级工程师	1999-09
呼世东	男	1960-09	延安市水保监测分站	副高级工程师	2007-12
陈　丽	女	1970-03	延安市水保监测分站	副高级工程师	2007-12
段　炜	男	1954-08	延安市水保监测分站	副高级工程师	2005-12
雷亚中	男	1959-10	延安市水保监测分站	副高级工程师	2016-12
李　锋	男	1982-01	延安市水保监测分站	副高级工程师	2016-12
石雪银	女	1971-02	延安市水保监测分站	副高级工程师	2010-12
张会茹	女	1976-02	延安市水保监测分站	副高级工程师	2011-12
卜如成	男	1937-11	延安市水利工作队	副高级工程师	1995-03
王　峰	男	1956-07	延安市水利工作队	副高级工程师	2001-11
马明表	男	1957-06	延安市水利工作队	副高级工程师	2001-11
刘生荣	男	1963-09	延安市水利工作队	副高级工程师	2001-11
惠振莲	女	1956-10	延安市水利工作队	副高级工程师	2002-12

续表 7-2-3

姓　名	性别	出生年月（年－月）	工作单位	技术职务	授予时间（年－月－日）
殷　辉	男	1969-04	延安市水利工作队	副高级工程师	2009-12
白正红	男	1965-09	延安市水利工作队	副高级工程师	2010-12
魏夏平	女	1966-04	延安市水利工作队	副高级工程师	2004-11
杨建平	男	1960-04	延安市水利工作队	副高级工程师	2003-12
杨宏晓	男	1967-11	延安市水利工作队	副高级工程师	2006-12
孟东英	女	1970-03	延安市水利工作队	副高级工程师	2006-12
张晓芹	女	1968-02	延安市水利工作队	副高级工程师	2010-12
高振瑜	男	1941-11	延安市水利工作队	副高级工程师	1995-03
韩树伸	男	1945-07	延安市水利工作队	副高级工程师	1997-01
胡灵云	女	1952-03	延安市水利工作队	副高级工程师	1997-01
高志科	男	1954-11	延安市水利工作队	副高级工程师	2001-12
刘玉炜	女	1955-07	延安市水利工作队	副高级工程师	2002-12
吴艳荣	女	1956-06	延安市水利工作队	副高级工程师	2002-12
周文户	男	1936-12	延安市水利工作队	副高级工程师	1990-03
殷　辉	男	1969-04	延安市水利工作队	副高级工程师	2009-11
黄治江	男	1963-04	延安市水利工作队	副高级工程师	2011-03
张晓冬	男	1977-01	延安市水利工作队	副高级工程师	2011-12
高　佳	女	1975-01	延安市水利工作队	副高级工程师	2011-12
杨春育	男	1979-02	延安市水利工作队	副高级工程师	2011-12
安延岗	男	1975-01	延安市水利工作队	副高级工程师	2011-12
彭晓军	男	1968-07	延安市水利工作队	副高级工程师	2012-12
高　凡	女	1970-09	延安市水利工作队	副高级工程师	2012-12
周　波	男	1975-04	延安市水利工作队	副高级工程师	2011-12
周长春	男	1963-02	延安市水利工作队	副高级工程师	2013-12
张金宏	男	1963-09	延安市水利工作队	副高级工程师	2013-12
刘延红	男	1973-08	延安市水利工作队	副高级工程师	2013-12
陈丽丽	女	1981-10	延安市水利工作队	副高级工程师	2014-12
张丽丽	女	1976-03	延安市水利工作队	副高级工程师	2016-12

续表 7-2-3

姓　名	性别	出生年月（年－月）	工作单位	技术职务	授予时间（年－月－日）
徐芯瑞	女	1981-07	延安市水利工作队	副高级工程师	2016-12
王军阳	男	1971-06	延安市水利工作队	副高级工程师	2016-12
古雪梅	女	1075-09	延安市水利工作队	副高级工程师	2017-12
郝维亮	男	1962-01	延安市水资源管理局	副高级工程师	2002-12
薛振军	男	1976-03	延安市水资源管理局	副高级工程师	2007-12
吴　芳	男	1969-06	延安市水资源管理局	副高级工程师	2005-12
王　超	男	1974-12	延安市水资源管理局	副高级工程师	2010-12
郭红卫	男	1967-10	延安市水资源管理局	副高级工程师	2011-12
刘宏玲	女	1974-04	延安市水资源管理局	副高级工程师	2014-12
王菊梅	女	1968-08	延安市水资源管理局	副高级工程师	2011-12
赵群芳	女	1972-10	延安市水资源管理局	副高级工程师	2015-11
徐　辉	男	1975-04	延安市水资源管理局	副高级工程师	2014-12
段玉东	男	1959-12	延安市水利工程质监站	副高级工程师	1999-09
范江涛	男	1981-06	延安市水利工程质监站	副高级工程师	2016-12
卫　玲	女	1968-05	延安市区河道管理处	副高级工程师	2006-11
许永江	男	1975-04	延安市区河道管理处	副高级工程师	2011-12
卢景信	男	1975-04	延安市水电工程处	副高级工程师	1999-09
王济来	男	1943-06	延安市水电工程处	副高级工程师	1985
李志斌	男	1947-03	延安市水电工程处	副高级工程师	1995-03
杨天水	男	1947-01	延安市水电工程处	副高级工程师	1995-03
申继龙	男	1940-12	延安市水电工程处	副高级工程师	1995-03
李永海	男	1972-10	延安市农村饮水指导站	副高级工程师	2011-12
惠建设	男	1966-09	延安市农村饮水指导站	副高级工程师	2010-12
韩　会	男	1982-08	延安市农村饮水指导站	副高级工程师	2016-12
王韵雁	男	1967-12	延安市农村饮水指导站	副高级工程师	2010-12
汪海军	男	1978-04	延安市水电工程处	副高级工程师	2013-12
高　菁	女	1973-10	延安市水电工程处	副高级工程师	2003-12
高志贵	男	1964-11	延安市水电工程处	副高级工程师	2013-12

续表 7-2-3

姓　名	性别	出生年月（年－月）	工作单位	技术职务	授予时间（年－月－日）
王利华	女	1978-09	延安市水电工程处	副高级工程师	2014-12
孙彩梅	女	1966-03	延安市水电工程处	副高级工程师	2017-12
张志远	男	1976-12	延安市南沟门水库管理处	副高级工程师	2013-12
王润生	男	1962-11	延安市南沟门水库管理处	副高级工程师	2012-12
万胜利	男	1966-09	延安市南沟门水库管理处	副高级工程师	2017-12
梁满洋	男	1963-01	延安市南沟门水库管理处	副高级工程师	2015-11
朱文新	男	1965-01	延安市南沟门水库管理处	副高级工程师	2011-12
陈　辉	男	1981-01	延安市南沟门水库管理处	副高级工程师	2014-12
尹贻光	男	1964-02	延安市南沟门水库管理处	副高级工程师	2017-12
卢艳红	女	1970-07	延安市南沟门水库管理处	副高级工程师	2013-12
李家强	男	1975-09	延安市南沟门水库管理处	副高级工程师	2010-12
王　健	男	1970-01	延安市南沟门水库管理处	副高级工程师	2016-12
曹　煜	男	1976-04	延安市南沟门水库管理处	副高级工程师	2013-12
何　明	男	1963-11	延安市南沟门水库管理处	副高级工程师	2011-12
王怀琦	男	1970-03	延安市南沟门水库管理处	副高级工程师	2013-12
张　帆	男	1981-09	延安市防汛办	副高级工程师	2018-06
曹文平	男	1976-06	延安市水行政执法支队	副高级工程师	2013-12
安　娜	女	1979-04	延安市水行政执法支队	副高级工程师	2014-12
樊　霞	女	1970-07	延安市水资源管理局	副高级工程师	2015-11
张　甫	男	1972-02	延安市水务局	副高级工程师	2012-12
韩刘刚	男	1980-01	洛川县水利工作队	副高级工程师	2020-02-25
张占全	男	1977-08	洛川县水利工作队	副高级工程师	2020-12-28
李媛媛	女	1975-14	洛川县水利工作队	副高级工程师	2019-03-12
史明刚	男	1979-04	洛川县水利工作队	副高级工程师	2020-02-25
樊玲玲	女	1965-10	洛川县水利工作队	副高级工程师	2010-12-03
杨智川	男	1964-09	洛川县水土保持工作队	副高级工程师	2012-12-27
杜春风	女	1973-02	洛川县水土保持工作队	副高级工程师	2018-12-21
马亚东	女	1973-12	洛川县水土保持工作队	副高级工程师	2019-12-28

续表 7-2-3

姓　名	性别	出生年月（年－月）	工作单位	技术职务	授予时间（年－月－日）
郭红芳	女	1976–01	洛川县水土保持工作队	副高级工程师	2019–12–28
王利英	女	1980–07	洛川县水土保持工作队	副高级工程师	2019–12–28
李云侠	女	1980–08	洛川县水土保持工作队	副高级工程师	2020–12–28
李方方	女	1979–01	洛川县水土保持工作队	副高级工程师	2020–12–28
杨民生	男	1974–11	洛川县农村供水管理总站	副高级工程师	2018–12–21
李振军	男	1982–03	洛川县农村供水管理总站	副高级工程师	2020–12–28
刘秋霞	女	1979–12	洛川县农村供水管理总站	副高级工程师	2019–12–28
郭永宁	男	1969–01	洛川县拓家河水库管理处	副高级工程师	2018–12–21
康新旺	男	1971–07	印台区水土保持工作站	副高级工程师	2017–12
朱战胜	男	1973–09	白水县林皋水库灌溉管理处	副高级工程师	2020–08
刘学军	男	1978–06	白水县林皋水库灌溉管理处	副高级工程师	2022–05
种武俊	男	1973–08	白水县水利工程质量监督站	副高级工程师	2020–12
白芬丽	女	1978–12	白水县水利工程质量监督站	副高级工程师	2022–05
刘军武	男	1974–11	白水县水利工程质量监督站	副高级工程师	2021–06
杨　萍	女	1977–08	白水县水利工程质量监督站	副高级工程师	2018–12
朱战胜	男	1973–09	白水县林皋水库灌溉管理处	副高级工程师	2020–08
王小斌	男	1985–03	白水县水管中心	副高级工程师	2023–04
刘小娟	女	1970–01	白水县水利工程质量监督站	副高级工程师	2017–11
麻晓坤	男	1981–11	白水县水利工程质量监督站	副高级工程师	2018–12
孙春莉	女	1971–04	白水县水务局	副高级工程师	2014–12
白安娜	女	1981–06	白水县水务局	副高级工程师	2022–05
马丽娜	女	1981–09	白水县水务局	副高级工程师	2022–05
郭永新	男	1978–09	白水县水土保持和移民工作中心	副高级工程师	2021–06
孙宝锋	男	1970–09	石堡川水库白水灌区管理处	副高级工程师	2017–12
刘小玲	女	1969–06	石堡川水库白水灌区管理处	副高级工程师	2015–12
李亚辉	女	1980–10	石堡川水库白水灌区管理处	副高级工程师	2023–04
高佩娥	女	1975–08	白水县水政综合执法大队	副高级工程师	2012–05
曹小艳	女	1976–11	澄城县地下水监测站	副高级工程师	2008–03

续表 7-2-3

姓　名	性别	出生年月（年－月）	工作单位	技术职务	授予时间（年－月－日）
郭文君	女	1971-11	澄城县地下水监测站	副高级工程师	2019-12
梁明侠	女	1972-12	澄城县地下水监测站	副高级工程师	2019-12
白建学	男	1964-11	澄城县地下水监测站	副高级工程师	2017
关建武	男	1965-10	澄城县地下水监测站	副高级工程师	2009
张赵锋	男	1977-11	澄城县地下水监测站	副高级工程师	2007
赵　刚	男	1968-12	澄城县河库工作站	副高级工程师	2019-12
李军杰	男	1968-01	澄城县水土保持工作站	副高级工程师	2015-12
王　力	男	1972-03	澄城县水土保持工作站	副高级工程师	2014-12
马　超	男	1976-02	澄城县水土保持工作站	副高级工程师	2019-12-24
张永红	男	1968-09	澄城县水土保持工作站	副高级工程师	2019-12-24
姜秋玲	女	1970-10	澄城县水土保持工作站	副高级工程师	2005-12-05
杜小云	女	1973-05	澄城县水土保持工作站	副高级工程师	2008-12
习　文	男	1970-10	澄城县水土保持工作站	副高级工程师	2019-12-24
肖　宏	男	1969-03	澄城县水土保持工作站	副高级工程师	2019-12-24
贾博慧	男	1967-07	澄城县水政综合执法大队	副高级工程师	2017-12-28
张　婷	女	1963-05	澄城县水政综合执法大队	副高级工程师	2013-12
张丽娟	女	1968-09	澄城县水政综合执法大队	副高级工程师	2009-11
罗锋俊	男	1970-09	澄城县水政综合执法大队	副高级工程师	2015-12
李彩虹	女	1976-05	澄城县水政综合执法大队	副高级工程师	2017-12
王润锋	男	1968-08	澄城县温泉灌溉服务中心	副高级工程师	2019-12
王西宏	男	1969-06	澄城县温泉灌溉服务中心	副高级工程师	
索　超	男	1969-11	澄城县温泉灌溉服务中心	副高级工程师	
党玉倩	女	1971-01	澄城县温泉灌溉服务中心	副高级工程师	
张书选	男	1965-09	澄城县温泉灌溉服务中心	副高级工程师	
张　强	男	1982-12	澄城县温泉灌溉服务中心	副高级工程师	2023-04
白俊华	男	1977-06	澄城县温泉灌溉服务中心	副高级工程师	
王社印	男	1964-12	澄城县温泉灌溉服务中心	副高级工程师	
王亚鹏	男	1974-07	澄城县水旱灾害防御中心	副高级工程师	2015-12-25

续表 7-2-3

姓　名	性别	出生年月（年－月）	工作单位	技术职务	授予时间（年－月－日）
白　杰	女	1969-09	澄城县水旱灾害防御中心	副高级工程师	2018-08
毛遂如	男	1965-05	澄城县水旱灾害防御中心	副高级工程师	2002-03
问晓娟	女	1971-09	澄城县水旱灾害防御中心	副高级工程师	2019-12
张　伟	男	1972-07	澄城县水旱灾害防御中心	副高级工程师	2019-12
张民生	男	1972-05	澄城县水旱灾害防御中心	副高级工程师	2019-12
王建平	男	1971-04	澄城县水旱灾害防御中心	副高级工程师	2017-12
黄　龙	男	1976-12	澄城县水旱灾害防御中心	副高级工程师	2019-12
雷卫民	男	1970-01	澄城县温泉灌溉服务中心	副高级工程师	2009-12
党红艳	女	1982-04	澄城县河库工作站	副高级工程师	2021-12
惠秦鹏	男	1985-01	澄城县水利工作站	副高级工程师	2022-07
杨秀丽	女	1984-05	澄城县水土保持工作站	副高级工程师	2023-04
王国铭	男	1974-07	澄城县水政综合执法大队	副高级工程师	2023-04
韦小杰	男	1977-09	澄城县村镇供水服务中心	副高级工程师	2023-04
刘　涛	男	1969-09	蒲城县水利质监站	副高级工程师	2009-11
张明建	男	1971-05	蒲城县水利质监站	副高级工程师	2017-12
李红芳	女	1974-04	蒲城县水利质监站	副高级工程师	2014-12
张云莉	女	1973-01	蒲城县水利质监站	副高级工程师	2020-08
王义强	男	1981-04	蒲城县水利质监站	副高级工程师	2023-04
吴彩红	女	1979-10	蒲城县水保移民中心	副高级工程师	2017-12
陶红丽	女	1974-12	蒲城县水保移民中心	副高级工程师	2023-04
陈新刚	男	1986-01	蒲城县水保移民中心	副高级工程师	2023-04
杨　红	女	1971-10	蒲城县石羊抽水站	副高级工程师	2015-12
罗小丽	女	1979-03	蒲城县防汛河务	副高级工程师	2022-05
黄　乐	女	1988-06	蒲城县防汛河务	副高级工程师	2023-04
周铁艳	女	1977-09	蒲城县韩河抽水站	副高级工程师	2022-05
保海瑛	女	1968-09	蒲城水政监察队	副高级工程师	2006-12
刘文青	男	1966-02	大荔县农村饮用水服务中心	副高级工程师	2017-12
刘建鹏	男	1968-09	大荔县农村饮用水服务中心	副高级工程师	2017-12

续表 7-2-3

姓　名	性别	出生年月（年－月）	工作单位	技术职务	授予时间（年－月－日）
张晓军	男	1970-02	大荔县农村饮用水服务中心	副高级工程师	2021-06
赵建学	男	1966-04	大荔县农村饮用水服务中心	副高级工程师	2022-05
张　渭	男	1980-12	大荔县水利工作队	副高级工程师	2021-06
王同榜	男	1965-12	大荔县水利工作队	副高级工程师	2006-12
畅小玲	女	1971-03	大荔县水利工作队	副高级工程师	2021-06
高皓君	女	1974-07	大荔县水利工作队	副高级工程师	2023-04
徐　林	男	1964-01	大荔县水政综合执法大队	副高级工程师	2017-01
陈　刚	男	1983-09	大荔县水政综合执法大队	副高级工程师	2022-05
董佐民	男	1970-09	大荔县水政综合执法大队	副高级工程师	2017-01
张宇红	女	1975-05	大荔县水政综合执法大队	副高级工程师	2021-06
刘会丽	女	1978-09	大荔县水利水管站	副高级工程师	2022-05
候俊涛	男	1966-09	大荔县水利水管站	副高级工程师	2017-01
樊　娟	女	1965-12	大荔县水利水管站	副高级工程师	2015-12
雷兆伟	男	1974-07	大荔县排水排碱工程管护中心	副高级工程师	2022-05
赵宏伟	男	1967-06	大荔县排水排碱工程管护中心	副高级工程师	2021-06
王剑鹏	男	1969-11	大荔县水保和移民工作中心	副高级工程师	2021-01
周培丽	女	1979-09	大荔县水保和移民工作中心	副高级工程师	2023-10
雷海红	女	1976-05	大荔县水保和移民工作中心	副高级工程师	2023-10
周爱玲	女	1976-06	大荔县黄洛河工程建设管理站	副高级工程师	2017-12
魏永强	男	1973-07	洛惠渠管理中心	副高级工程师	2012-12
贾志胜	男	1974-08	洛惠渠管理中心	副高级工程师	2012-12
党百京	男	1969-08	洛惠渠管理中心	副高级工程师	2006-12
席亚强	男	1971-11	洛惠渠管理中心	副高级工程师	2006-12
张社红	男	1972-12	洛惠渠管理中心	副高级工程师	2011-11
李忠亭	男	1970-01	洛惠渠管理中心	副高级工程师	2011-11
高　智	男	1971-05	洛惠渠管理中心	副高级工程师	2013-12
朱志华	男	1967-05	洛惠渠管理中心	副高级工程师	2013-12
东大鹏	男	1976-08	洛惠渠管理中心	副高级工程师	2013-12

续表 7-2-3

姓 名	性别	出生年月（年-月）	工作单位	技术职务	授予时间（年-月-日）
张 海	男	1979-09	洛惠渠管理中心	副高级工程师	2018-12
罗三强	男	1965-12	洛惠渠管理中心	副高级工程师	2001-12
赵燕妮	女	1977-03	洛惠渠管理中心	副高级工程师	2013-12
何晓军	女	1979-09	洛惠渠管理中心	副高级工程师	2017-12
张 辉	男	1977-05	洛惠渠管理中心	副高级工程师	2018-12
行文宏	男	1973-03	洛惠渠管理中心	副高级工程师	2020-08
王 伟	男	1971-09	洛惠渠管理中心	副高级工程师	2020-08
惠亚丽	女	1964-12	洛惠渠管理中心	副高级工程师	2001-04
马伯恩	男	1969-01	洛惠渠管理中心	副高级工程师	2005-01
谢 忠	男	1970-12	洛惠渠管理中心	副高级工程师	2008-12
吉燕莉	女	1968-08	洛惠渠管理中心	副高级工程师	2009-11
曹荣荣	女	1972-02	洛惠渠管理中心	副高级工程师	2010-12
景红军	男	1972-07	洛惠渠管理中心	副高级工程师	2011-11
王黎军	男	1973-12	洛惠渠管理中心	副高级工程师	2012-12
冯雨国	男	1967-08	洛惠渠管理中心	副高级工程师	2012-12
宋待宾	男	1965-11	洛惠渠管理中心	副高级工程师	2013-12
胡文利	男	1966-08	洛惠渠管理中心	副高级工程师	2013-12
李 瑛	女	1972-10	洛惠渠管理中心	副高级工程师	2014-12
王惠民	男	1968-02	洛惠渠管理中心	副高级工程师	2014-12
侣永顺	男	1969-09	洛惠渠管理中心	副高级工程师	2014-12
马旺军	男	1969-10	洛惠渠管理中心	副高级工程师	2014-12
杨彩莲	女	1970-03	洛惠渠管理中心	副高级工程师	2014-12
张 勇	男	1977-10	洛惠渠管理中心	副高级工程师	2015-12
郝菊红	女	1970-01	洛惠渠管理中心	副高级工程师	2015-12
李巧娟	女	1976-07	洛惠渠管理中心	副高级工程师	2017-01
吴 锋	男	1972-02	洛惠渠管理中心	副高级工程师	2017-01
宋曲武	男	1972-10	洛惠渠管理中心	副高级工程师	2017-12
路小红	女	1971-07	洛惠渠管理中心	副高级工程师	2017-12

续表 7-2-3

姓　名	性别	出生年月（年－月）	工作单位	技术职务	授予时间（年－月－日）
马红侠	女	1975–01	洛惠渠管理中心	副高级工程师	2017–12
蒋　星	女	1970–09	洛惠渠管理中心	副高级工程师	2017–12
李婉荣	女	1977–01	洛惠渠管理中心	副高级工程师	2017–12
魏江梅	女	1974–01	洛惠渠管理中心	副高级工程师	2017–12
王宏学	男	1971–10	洛惠渠管理中心	副高级工程师	2018–12
侯晓斌	男	1971–01	洛惠渠管理中心	副高级工程师	2018–12
王兴慧	女	1974–07	洛惠渠管理中心	副高级工程师	2018–12
刘晓晨	男	1969–10	洛惠渠管理中心	副高级工程师	2018–12
刘水潮	男	1969–07	洛惠渠管理中心	副高级工程师	2018–12
董军杰	男	1976–02	洛惠渠管理中心	副高级工程师	2018–12
张伟锋	男	1976–08	洛惠渠管理中心	副高级工程师	2018–12
杨爱荣	女	1975–11	洛惠渠管理中心	副高级工程师	2018–12
牟过炳	男	1951–08	石堡川水库管理中心	副高级工程师	
李　荣	男	1954–03	石堡川水库管理中心	副高级工程师	
张武强	男	1967–02	石堡川水库管理中心	副高级工程师	
李遂宁	男	1973–03	石堡川水库管理中心	副高级工程师	
问智峰	男	1969–09	石堡川水库管理中心	副高级工程师	
张　华	男	1977–11	石堡川水库管理中心	副高级工程师	
赵胜利	男	1974–04	石堡川水库管理中心	副高级工程师	
刘振杰	男	1972–05	石堡川水库管理中心	副高级工程师	
韩永强	男	1973–04	石堡川水库管理中心	副高级工程师	
谭亚辉	男	1980–01	石堡川水库管理中心	副高级工程师	
马　峰	男	1974–09	石堡川水库管理中心	副高级工程师	
王永红	男	1976–04	石堡川水库管理中心	副高级工程师	
杨亚萍	女	1978–09	石堡川水库管理中心	副高级工程师	2017–01
段润易	男	1971–09	石堡川水库管理中心	副高级工程师	
郑小东	男	1981–10	石堡川水库管理中心	副高级工程师	2020–01
白忠奎	男	1969–05	石堡川水库管理中心	副高级工程师	2017–01

续表 7-2-3

姓　名	性别	出生年月（年－月）	工作单位	技术职务	授予时间（年－月－日）
权红郡	男	1968-11	石堡川水库管理中心	副高级工程师	2022-05
刘斌楼	男	1967-03	石堡川水库管理中心	副高级工程师	2018-11
惠永智	男	1967-03	石堡川水库管理中心	副高级工程师	2018-11
韦志奇	男	1978-03	石堡川水库管理中心	副高级工程师	2012-12
张　锋	男	1978-10	石堡川水库管理中心	副高级工程师	2014-12
党婉娟	男	1981-02	石堡川水库管理中心	副高级工程师	2023-03
张景泉	男	1967-10	石堡川水库管理中心	副高级工程师	2023-03
鱼旭玲	女	1964-08	石堡川水库管理中心	副高级工程师	
姚小牛	男	1965-02	石堡川水库管理中心	副高级工程师	
党小花	女	1975-08	石堡川水库管理中心	副高级工程师	
黄向军	男	1970-11	石堡川水库管理中心	副高级工程师	2023-03
关小娟	女	1979-06	石堡川水库管理中心	副高级工程师	2017-01
王　丽	女	1980-06	石堡川水库管理中心	副高级工程师	
李红侠	女	1971-09	石堡川水库管理中心	副高级工程师	2020-01
李亚红	女	1978-10	石堡川水库管理中心	副高级工程师	2017-01
刘　侠	男	1980-12	石堡川水库管理中心	副高级工程师	2022-05
冯彩丽	女	1974-10	石堡川水库管理中心	副高级工程师	2018-11
王　佩	男	1982-03	石堡川水库管理中心	副高级工程师	2018-11
翟振玲	女	1976-11	石堡川水库管理中心	副高级工程师	2012-12
肖　军	男	1968-12	渭南市水务局	副高级工程师	2023-03
徐红斌	男	1969-11	渭南市水务局	副高级工程师	2023-03
肖庆利	男	1969-11	渭南市水务局	副高级工程师	
董水利	女	1970-04	渭南市水资源工作中心	副高级工程师	
拜小娟	女	1975-01	渭南市水资源工作中心	副高级工程师	
黄香翠	女	1964-09	渭南市水资源工作中心	副高级工程师	2023-03
赵巧花	女	1966-02	渭南市水资源工作中心	副高级工程师	2017-01
高晓慧	女	1973-12	渭南市水资源工作中心	副研究馆员	
胡振宇	女	1971-12	渭南市水资源工作中心	副高级会计师	2020-1

续表 7-2-3

姓　名	性别	出生年月（年－月）	工作单位	技术职务	授予时间（年－月－日）
梁炳林	男	1962-09	渭南市水资源工作中心	副高级工程师	2022-05
董菊亚	女	1964-06	渭南市地下水监测中心	副高级工程师	2018-11
孔　晓	女	1974-05	渭南市地下水监测中心	副高级工程师	2018-11
陆宇烨	女	1967-05	渭南市地下水监测中心	副高级工程师	2017-01
马旭华	女	1970-09	渭南市地下水监测中心	副高级工程师	2020-08
哈　梅	女	1969-11	渭南市地下水监测中心	副高级工程师	2018-12
邢美华	女	1976-11	渭南市地下水监测中心	副高级工程师	2018-09
刘　英	女	1980-06	渭南市地下水监测中心	副高级工程师	2018-09
苗绿平	男	1981-03	渭南市地下水监测中心	副高级工程师	2014-07
卢菊梅	女	1980-12	渭南市地下水监测中心	副高级工程师	
贾维军	男	1975-03	渭南市水保移民工作中心	副高级工程师	2007-02
白宇峰	男	1978-04	渭南市水保移民工作中心	副高级工程师	2007-02
张彦杰	男	1986-03	渭南市水监测中心	副高级工程师	2017-01
刘宗艳	女	1968-10	渭南市地下水监测中心	副高级工程师	2020-08
徐红梅	女	1970-12	渭南市地下水监测中心	副高级工程师	2018-12
白咏梅	女	1982-01	渭南市地下水监测中心	副高级工程师	2018-09
王　茹	女	1979-08	渭南市地下水监测中心	副高级工程师	2018-09
杜光亮	男	1968-01	渭南市地下水监测中心	副高级工程师	2014-07

大事记

20 万年前左右

大荔人生活在北洛河流域，是我国旧石器时代从猿人到古人过渡的一个代表。1978 年春，考古工作者于大荔县甜水沟发现人头骨化石。因发现在大荔境内，故命名其化石人为大荔人。

4000—4500 年前

中全新世后期（距今 4000—4500 年），北洛河发生特大洪水，根据科学推算，洪峰流量在 13800 ~ 15600 立方米每秒，其典型遗存代表为白水县张家船村段河谷台地的黄土古土壤剖面中古洪水滞流沉积夹层。

秦孝公九年（前 353 年）

魏国自华县过渭河，沿北洛河东岸北上，筑长城，以御强秦（今大荔县段家镇东高垣尚有残存遗迹）。由于该长城是利用北洛河的天然高岸崖堤结合夯土墙版筑而成的，故历史上也称作滨洛长城。

西汉汉武帝元狩三年（前 120 年）

汉武帝元狩三年至元封六年（前 120 年至前 105 年），庄熊罴以临晋县（今大荔县东南）百姓愿开渠引洛水灌田上奏朝廷。汉武帝采纳并征调 1 万余人，从徵县（今澄城县西南）起开渠，横穿商颜山（今铁镰山），引洛水灌溉重泉县（今蒲城县东南）以东万余顷盐碱地。因穿渠得龙骨，故名龙首渠。

三国魏明帝青龙元年（233 年）

司马懿兴修水利，开成国渠（自陈仓至槐里），筑临晋陂，引汧洛溉舄卤之地三千余顷，国以充实。

北周武帝保定二年（562 年）

同州（今大荔县）重开龙首渠，以广灌溉（《周书·武帝纪》）。

隋文帝开皇三年（583 年）

《鄜州志》载，司农少卿崔仲方奉命修筑直罗城，开渠灌田，教民秧禾，人皆德之。

隋文帝开皇九年（589 年）

黄河蒲州以下河段向西移徙，洛水一度直接注入黄河。

唐高宗显庆元年（656 年）

甘泉、鄜州（今富县）、洛川 3 县洪水冲垮房屋。

唐高宗麟德二年（665 年）

北洛河大水，冲毁鄜州（今富县）城垣。

唐高宗永淳元年（682 年）

六月，连日大雨半月，洛、渭大涨，平地水深四尺，麦米腾贵。蒲、同等州，没徙家口，饥饿相仍。

唐神龙元年（705 年）

六月，甘泉县洛水暴涨，坏 2000 庐舍。

唐玄宗开元七年（719 年）

同州刺史姜师度，在朝邑、河西（今大荔县）二县界，就古通灵陂（今朝邑湖），择地引雒水及堰黄河灌之，以种稻田，凡二千余顷，内置屯十余所，收获万计。特加金紫光禄大夫，寻迁将作大匠。

唐玄宗开元十五年（727 年）

七月，北洛河溢入鄜城（今富县），平地水深丈余，淹死人畜无数。损毁同州城及冯翊县城，冲毁居民 2000 余家。

唐文宗开成二年（837 年）

坊州（今黄陵县东南）城郭无水，城东北七里有上善泉，刺史张怡架水入城，缓解城内远地汲水之难。开成四年（839 年），刺史崔骈复增修之，民获其利。

后唐明宗长兴元年（930 年）

今甘泉、富县、洛川 3 县暴雨，洪水入城溺死居民。

宋太祖开宝五年（972 年）

中部县（今黄陵县）轩辕庙由桥山北麓移于今址，勒石于山，植柏树 1415 株。

宋太宗太平兴国六年（981 年）

北洛河水涨，冲毁鄜州军营，建武指挥使李海等六十余人被水淹身亡。

宋真宗大中祥符六年（1013 年）

六月，保安军（今志丹县）大雨，北洛河水溢，判官赵震及兵民溺死者，死 650 余人。

宋真宗大中祥符八年（1015 年）

七月，坊州（位于今黄陵县）大雨，北洛河水溢，民有溺死者。

元代（1271—1368 年）

修梯田法从南方引入陕北，至今黄陵、洛川、富县一带，仍保留数千亩残旧梯田。

元顺帝至正二十五年（1365 年）

十一月辛丑，华州蒲城县北洛河岸基崩塌，堵塞北洛河水，北洛河断流 3 日。十二月庚午，河岸又顺崖崩塌，崖边洞穴有避乱者居住，当日压死避乱者 70 余人。

明英宗正统九年（1444 年）

五月，陕西大旱，至八月，陕西州县数月不雨，麦禾俱伤，冬又无雪，延安等府因亢旱，人民缺食，流徙死亡，甚至将男女鬻卖以给日用。

明宪宗成化二十一年（1485 年）

北洛河流域大旱。中部县（今黄陵县），百姓流亡殆尽，人相食，斗米价值万钱，人口十有九亡。澄城县死者枕藉，人相食。

明宪宗成化二十二年（1486 年）

同州（今大荔县）、朝邑大旱大饥，民多饿死，且多逃亡。

明孝宗弘治八年（1495 年）

徐政任澄城知县。下乡视察，见沟坡地埂被冲毁，率领百姓整修。

明武宗正德十四年（1519 年）

蒲城县永丰乡温汤村引泉水，灌溉耕田数百亩。

明世宗嘉靖八年（1529 年）

靖边、镇靖、龙州等堡饥。延安府蝗飞蔽日，大饥，人相食。

明世宗嘉靖十一年（1532 年）

延安府大旱。四月，天黄三日，蝗虫蔽天，人取食之。

明世宗嘉靖十三年（1534 年）

鄜州（今富县）北洛河大水，入城东门至大什字街，水深三尺许；是冬，州城南洛水冰凝南北数十丈。

明世宗嘉靖二十六年（1547 年）

夏，鄜州（今富县）降大雨雹。

明世宗嘉靖二十七年（1548 年）

五月鄜州（今富县）生雨雹，大如石榴。

明世宗嘉靖三十四年（1555 年）

十二月十二日，陕西渭南、华州、大荔、蒲城、朝邑等处地震或地裂，泉涌或城、房屋陷入地中，或平地突起山，或一日连震数次，或累日震不止，压死奏赈有名官吏、军民八十三万有奇。

明世宗嘉靖四十一年（1562 年）

六月三十日，鄜州（今富县）北洛河水泛涨，冲开外城百余丈，水突出西山坡下，官民房宇漂没无存，沿洛一带川地高者漂没禾稼，畀者水崩石压不堪耕种。

曹珣、曹礼等在今志丹县旦八镇洛河右岸石堌庄石窟内首次镌刻洛河洪水题记“嘉靖四十一年六月三十日水至此。”此后至清道光元年（1821 年），有人共记载 5 次北洛河洪水。

明世宗嘉靖四十三年（1564 年）

鄜县（今富县）洛水复涨，新筑城崩坏百余丈，房屋漂漫无算，禾稼无收。

明神宗万历四十二年（1614 年）

八月，延安府雨雹，大如鸡卵，庄稼尽倒伏。

明神宗万历四十四年（1616 年）

延安府发生旱灾，并出现蝗灾。

明思宗崇祯二年（1629 年）

延安府自去岁一年无雨，草木枯焦，民争采山间蓬草而食，到崇祯三年（1630 年），延安大饥，人相食，掘万人坑埋尸。

明思宗崇祯八年（1635 年）

保安县（今志丹县），降大雨雹，大如鸡蛋。

明思宗崇祯十三年（1640 年）

秋，全陕大旱饥，十月粟价腾涌，日贵一日，斗米三钱，至翌年春十倍其值，绝粜罢市，木皮石面皆食尽，父子夫妻相剖啖，十亡八九。

明思宗崇祯十七年（1644 年）

春夏，大荔大旱大饥，粟价腾贵，罢市绝籴，人民饥荒，草木食尽，道馑重积，十死八九。

秋，渭、洛二河暴涨，大荔平地水深四五尺，南部村落全部被淹。

清世祖顺治三至四年（1646—1647 年）

延安府发生蝗灾。

清圣祖康熙二十九年（1690 年）

陕西关中白水、泾阳、高陵、临潼、咸阳、扶风、周至及陕北靖边、保安等数十县大旱。至翌年，关中东西二府各县及陕南商洛、兴安府属州县大旱，受灾达 50 余府州厅县，沣、渭断流，夏秋无收，饥疫并发，饿毙、流亡过半。

清世宗雍正元年（1723 年）

北洛河暴涨，大水摧毁鄜州城，仅存城南一隅，即民国鄜县城。

清高宗乾隆十四年（1749 年）

七月二十日，鄜县（今富县）北洛河水涨高至两丈有余，二十一日至二十四日水漫堤面 3 个昼夜，民众奋力抢护，难以抵挡，水灌堤岸，岸上塌陷，将堤倾圮 178 丈，仅存堤两段，计 88 丈，且有裂缝。

清仁宗嘉庆五年（1800 年）

七月初七晚，北洛河水从大荔县城南门直入城内，后连续 3 次，县城东街及东乡全部毁没。

清仁宗嘉庆二十四年（1819 年）

关中自九月十一日至九月二十四日大雨，此后阴雨达 41 日，黄、渭、泾、洛河同时涨发。

清宣宗道光四年（1824 年）

七月二十七日，富平县民众，在北洛河支流白水河上游截水灌田，影响下游人畜用水。知县康节禀告知府，富平、同官（今铜川）、蒲城、白水 4 县会勘，官府裁定不许富平民众截水灌田，并立禁止截水石碑。

清宣宗道光二十一年（1841 年）

七月，北洛河、渭河泛滥成灾，沿岸华州（今华县）、大荔、临潼、渭南、高陵、华阴、朝邑（今属大荔）、潼关等八厅州县均受其害，而尤以华州、大荔二州县为甚。

清宣宗道光二十四年（1844 年）

建成鄜县张家湾水磨沟渠引水灌溉。

清文宗咸丰元年（1851 年）

北洛河大涨，白水北洛河河道峡谷水头高达四丈①多，沿岸受灾严重，不少村民家破人亡。蒲城县洛水涨四丈余，沿岸树木尽被冲走。

清文宗咸丰五年（1855 年）

北洛河洪水猛涨，吴起镇推测洪峰流量 8350 立方米每秒。白水县北洛河涨水四丈多高，不少村庄被淹，家破人亡。蒲城沿岸树木被冲走。大荔北洛河入口洪峰流量达 10360 立方米每秒。

清德宗光绪三年（1877 年）

北洛河流域今吴起、洛川、黄陵、黄龙等县大旱，两季甚至三季无雨，发生饥荒。草禾食绝，树皮剥光，百姓鬻女弃男，相残食尸。大荔、朝邑大旱，亢阳逾年，先年糜、谷薄收，翌年麦、豆亩仅数升，秋又无收，麦未下种。粮价奇贵，人民大饥。树皮草根，秕糠为粥，鸡犬牛羊，宰杀殆尽，饿殍载道，人相食。城（大荔）东掘有万人坑，灾情连续两年。人民死亡过半，以致人口剧减，大、朝两县，由 41 万多人减到 19.2 万多人。

周铭旗初宰大荔，奇荒，劝谕各乡掘井灌田，西南沙苑一带，民力为之，至今犹赖其利。光绪四年二月，行区田、代田诸法。

清德宗光绪十二年（1886 年）

夏旱，蒲城知县张荣升浚漫泉河以资灌溉。

清德宗光绪十五年（1889 年）

鹿传霖再出抚陕，值黄河西啮将与北洛河联通，传霖增筑石坝 30 余座，得无患。

清德宗光绪十六年（1890 年）

是年，鹿传霖又以河患奏请发帑金 20 余万两，自朝邑县唐王社以北，坚筑大石坝 3 座，可挡骇浪之冲，名为永安堤。又北至城东 15 里，筑小堤 20 余座。至光绪三十年（1904 年），永安堤北冲刷大湾 200 余丈，几乎穿洛西侵，朝邑县令曾士刚、候补知县曹鑫奉旨修筑黄洛护堤，费银 14000 余两。邑人为记其功而立《黄洛工程碑记》。

① 1 丈 =3.333 33 米。

民国十八年（1929 年）

关中大旱，三年不雨，六料无收，饿殍遍野。社会各界有识之士深感兴水安民的重要性，陕西省主席杨虎城，体察民情，倡兴水利。

民国十九年（1930 年）

冬季，近代水利科学家李仪祉在杨虎城等邀请下回陕，任陕西省政府委员兼建设厅厅长，主持兴办泾、洛、渭等“关中八惠”渠工程。

民国二十一年（1932 年）

秋季，李仪祉因病辞去建设厅厅长职务，转任水利局局长。他在病中擘画引洛工程，派傅健、陈靖勘测洛河，计划从澄城县庄头筑坝引水，沿河循沟穿铁镰山而达大荔、朝邑平原。在致杨虎城的信中说：“泾惠由公手而成，亦复有意再成洛惠乎！”杨虎城即表示完全赞同。

民国二十二年（1933 年）

3 月，设立洑头水文站，逐月观测北洛河水文情况。洑头水文站为北洛河设立最早的水文站，为下游干流控制站，系一类精度水文站，国家重要站，中央报汛站。

3 月，孙绍宗编制《陕西引洛工程计划书》，规划灌田 50 万亩，全部费用需 120 万元。

4 月 3 日，杨虎城赴南京，报告陕西灾情，请领工赈款项。杨虎城迭电各方呼吁，引洛灌田、泾惠第二期工程需用巨款。

9 月，陕西省政府呈请全国经济委员会拨款兴办引洛工程。

10 月，引洛工程处工程师张平之赴上游测量，骑自行车在第五号隧洞北口阳泉沟高崖坠入深沟，不幸以身殉职。后由李仪祉命名五洞为“平之洞”，以志纪念。

10 月 31 日，大荔县县长温亚儒、朝邑县长宋秀峰及两县士绅数十人，会衔纷呈省政府、绥靖公署、赈务会、民政厅、财政厅、建设厅、水利局，恳请以工代赈兴修引洛工程。

11 月 3 日，陕西省政府委员会谈话会，通过邵力子提议，引洛工程本月开始，由陕西省库按月拨 2 万元，再俟中央补助。

11 月 7—8 日，监察院长于右任及杨虎城、邵力子等人到蒲城、澄城、大荔一带视察引洛工程。

民国二十三年（1934 年）

3 月 25 日，洛惠渠龙首坝正式开工。

4 月，全国经济委员会常务委员宋子文到陕视察时，应允由中央拨款兴修洛惠渠。

5 月上旬，全国经济委员会与陕西省政府为办理泾惠、洛惠二渠工程，订立合组泾洛工程局办法八条，经委会决定，洛惠渠工款 147 万元，泾惠渠续修正款 24.8 万元。

5 月 13 日，黄河水利委员会委员长李仪祉到引洛工地视察指导工作。

7 月 1 日，成立全国经济委员会泾洛工程局。令孙绍宗为该局局长兼总工程师，并前往陕西省大荔县组织成立。下设洛惠渠工务所（李奎顺任主任工程师）、泾惠渠监工所。

7 月，总干渠土渠工程分段开工，1936 年 7 月完成。自龙首坝至五洞北口，计长 15809 米。

8 月，第三号和第四号隧洞开工，1935 年 7 月竣工，分别长 576.97 米和 184.6 米。

11 月 12 日，李仪祉到洛惠渠工地视察指导工作，12 月 27 日和 1935 年 1 月 17 日、6 月 1 日、10 月 4 日、11 月 26 日，1936 年 2 月 28 日及以后多次到工地视察指导，并为大坝、渡槽、隧洞题名、题楹联。

此年，洛川县城首次采用人力弓法打井，用木制轮为卷扬机，竹片为传送带，筒桶口径 15 厘米，管与桶连成一体构成钻头，由井上木制轮控制传动进钻。因未出水停工。

民国二十四年（1935 年）

1 月 18—20 日，国际联盟水利专家美籍沃摩度、尼霍夫、高德及助手隆道立、赫志摩，在经委会顾问卜德利及张炯、张心源、章骏琦等人陪同下到洛惠渠工地视察。

2 月，洛惠渠曲里渡槽开工，6 月竣工。渡槽长 116 米，高 24 米。

2 月，洛惠渠第五号隧洞（全长 3.5 千米）北段开工，进尺至 183 米处，即遇沙层，至 400 米处，便遇潜泉；5 月南段开工即遇水泉，进至 22 米，水泉极旺。至 12 月底，北段进尺 426 米，南段进尺 82 米，因均遇流沙潜泉，工程进展艰难。

4 月，洛惠渠渠首渠闸工程开工，6 月竣工。进水闸 2 孔，排水闸 3 孔，紧相连接成直角，以人力绞齿机启闭。

11 月，洛惠渠义井分水闸开工，1936 年 8 月竣工。三闸均为单孔，以人力绞齿机启闭。于闸旁购地建房十余间。

民国二十五年（1936 年）

陕西省水利局局长李仪祉派员查勘葫芦河水利情形。

民国二十六年（1937 年）

9 月，陕甘宁边区政府成立，由建设厅负责边区水利工作。

民国二十七年（1938 年）

1 月，泾洛工程局改隶经济部，易名为经济部泾洛工程局。主办洛惠渠工程，兼办泾惠渠未完工程。局址设于大荔县城内。

3月8日，水利专家李仪祉卒于西安。

民国二十八年（1939年）

6月，陆士基任泾洛工程局局长兼总工程师。李奎顺任副总工程师。

民国三十年（1941年）

1941—1944年冬，陕甘宁边区富县太乐区（羊泉镇）组织群众打新井7口，淘旧井41口，打水窖20个，解决了区内2/3人的吃水问题、赤水县二区五乡（淳化润镇）白庙村潦池的修复。

民国三十一年（1942年）

6月初，“行政院”顾问、美国水土保持专家罗德氏博士率视察团赴大荔、黄龙考察大坝淤积及黄龙山垦区水土保持工作。

8月，泾洛工程局编制《洛惠渠第五号隧洞改开明渠计划书》，拟将未成部分，局部改线西移，由五洞北段已成终点起，转向西南循天然深沟，至义井村与总干渠衔接，全长1572米。

民国三十二年（1943年）

5月22日，英、美、苏记者6人，中国记者9人，以及陕西省军政领导等赴大荔参观洛惠渠隧洞工程。

是年，边区政府在富县修建张村驿渠（引洛河支流葫芦河水，今富张渠），工程由拦水坝、引水渠、闸组成。

民国三十三年（1944年）

行政院颁布洛惠渠灌溉管理规则。

民国三十五年（1946年）

11月26日，洛惠渠第五号隧洞全线贯通，洛惠渠最后的难点工程终于攻克，翌年8月，五洞铺底、接墙及整理工程全部完竣。

民国三十六年（1947年）

12月12日，在大荔县义井村隆重举行洛惠渠放水典礼。

1949 年

10月1日,洛惠渠工程处在西安正式成立,李奎顺任处长,洛工处地址设大荔县屈家巷。10月11—15日，分两批迁回大荔。11月6日，洛惠渠全面复工。总干渠、支渠及五洞整修积极进行。

1950 年

春，洛惠渠修复工程完工。4月10日，洛惠渠放水试渠。4月30日，《人民日报》报道洛惠渠放水盛况，当年灌溉面积10万亩。

李奎顺荣获全国劳动模范。

1952 年

1月，西北黄河工程局在北洛河设交口河水文站，站长李威平，提高了水文测验精度，并改善了措施。

12月，洛惠渠工程建设基本结束，灌溉设施面积达40万亩。

1953 年

1月，苏联专家考察陕北水保林；3—4月，林业部部长梁希陪同苏联专家聂纳洛阔莫夫，考察延河、洛河、无定河流域，并在《考察报告》中提出了水源林和水土保持林营造方案。

3月11日，省洛惠渠工程处更名为陕西省洛惠渠管理局，同时设义井配水站。

5—12月,水利部、黄河水利委员会邀请中国科学院、农业部、林业部及所属科学研究院、所，并组织动员本系统的技术干部和工人组成九个查勘队，分赴黄河流域20多个支流，其中就包含北洛河，经7个月的查勘，收集了各流域的地形、地质、土壤、植被、水文、气象、社会经济、水土流失和群众治理的经验等资料，写出了各流域的查勘报告。

7月，北洛河交口河水文站出现2110立方米每秒流量，因水势迅猛，漂浮柴草多，测验中冲失测船。

1955 年

3月16日，渭南专区水土保持委员会成立。主任委员雷振东，副主任委员狄毓麟。

3月，为了向三门峡工程初步设计和拟订伊、洛、沁河技术经济报告提供水文及水利计算资料，晋、陕两省水利局也派出3个调查组对渭、泾、北洛河和汾河进行水文调查。

5月，渭南水土保持工作站成立，站长狄毓麟，归西北黄河工程局辖。10月4日交由陕西省水土保持委员会领导。

1956 年

4 月 30 日，洛惠渠管理局代理局长荣嗣弘获得全国先进生产者称号。

10 月 15—24 日，洛惠渠管理局局长傅健出席中国苏联越南在京召开的灌溉系统科学技术交流会议。

白水县雷牙乡沟南村兴修梯田、埝地，获国务院总理周恩来亲笔题词的先进单位奖旗。

1957 年

1 月，渭南水土保持工作站迁往澄城县城，更名为渭北水土保持工作站。

三门峡水利枢纽工程开工。该工程以防洪、发电为主，兼供水灌溉。

1958 年

3 月 19 日，延安地区誓师，要使“水土不下塬，延洛变清流”（延洛，即延河和洛河）。

3 月 29 日，白水县跃进渠工程开工。1960 年 5 月 1 日，完成主体工程，将白水河水引上旱塬。1966 年 4 月 16 日，二次动工改建。1968 年 8 月 10 日，二次引水上塬。

5 月 1 日，澄城五一水库动工，土坝高 31 米，总库容 300 万立方米，设计灌溉面积 7000 亩。

5 月，大荔城内莲花池、双涝池两个引洛蓄水库建成，解决了城内人、畜饮水问题。

7 月 21 日，洛惠渠东一干改线工程动工，大荔、朝邑县日上劳两万余人，扩大灌溉面积 111200 亩。

12 月，黄河水利委员会完成北洛河规划。

1959 年

8 月 3 日，突降暴雨，洛惠渠输水咽喉工程——五号隧洞北口 361 米处塌陷。抢修过程中，9 月 13 日又遇暴雨，洞内淤积严重，经突击抢修，于 10 月 1 日竣工通水。

1960 年

1 月，永宁山水库工程正式开工。1961 年 3 月停建。总计完成土石方 93 万立方米，投资 520 万元。该库位于北洛河上游志丹县永宁山，设计总库容 3.436 亿立方米，控制流域面积 8530 平方千米，是全面治理洛河的主要工程项目之一。

7 月初，洛河工程局永宁山、南城里水库工地发生伤寒、脑炎及暴发性痢疾等。两处共有民工 1.3 万人，累计发病 3141 人，病亡 28 人。疫情发生后，陕西省水利厅副厅长刘钟谐、卫生厅副厅长洪耀、北洛河工程局局长马万里、延安专区副专员王忠成等赶赴工地组织治疗，水电部、卫生部将所需药品、器械等由上海空运至西安，到 8 月底疫情基本控制。

1961 年

汛期，北洛河洑头水文站首先使用粒径计进行泥沙颗粒分析。

1962 年

1 月 11 日，根据中央“调整、巩固、充实、提高”的方针，陕西省政府确定永宁山与几项大型水利、水电工程停建，撤销北洛河工程局。

1963 年

9 月 16 日，陕西省人民委员会会办李字第 784 号文件指出，三门峡工程蓄水运用以来，渭河、北洛河下游河道出现严重淤积，形成“拦门沙”，且淤积有继续向上延伸之势。截至 8 月底，北洛河淤积已发展到大荔县河城村附近（距北洛河口 128 千米）；北洛河河床抬高 3 ~ 4 米，河槽断面缩小约一半，过水能力大大降低。

12 月，渭南地区在澄城县召开水土保持现场会。

1964 年

8 月 28 日至 9 月 10 日，黄河中游水土保持委员会在西安召开水土流失重点地区第三次会议。陕西、山西、甘肃、内蒙古、宁夏、青海、河南 7 省（自治区）县（旗、市）以上负责人和水土保持先进单位代表共 281 人出席。会议确定延安地区的延安、子长、延长、安塞、志丹、吴旗、延川、宜川、黄陵、洛川、富县、甘泉、宜君等 13 县为陕西省水土流失重点县。

1965 年

是年，澄城县被选为全国 43 个大寨式农田基本建设典型之一，在全国农展馆的水利馆展出。

2 月 27 日，吴起县周湾公社与长城公社之间 3 座大山滑塌，形成一座天然水库。滑塌平均长 830 米，宽 300 米，高 90 米，滑塌土方 1332 万立方米，库容 2100 万立方米。

7 月，陕西省渭南水保站迁至白水县，8 月 7 日，经陕西省水利电力厅批准，更名为白水水土保持工作站，10 月 13 日任命周继轩为站长。

10 月 20 日，黄河中下游水土保持委员会召开关中旱塬地区农田基建澄城现场会。会议认为澄城县是黄河中游地区水土保持的一面红旗。澄城被列为西北 40 面红旗之一。中央水利电力部将澄城水土保持工作成就拍照，并在全国农业展览馆水利馆展出。

是年，经陕西省委、省人委研究决定，成立陕西省水土保持建筑师，1966 年更名为中国人民解放军西北林业建设兵团第一师。师部初设西安，后迁黄陵。陈国栋任师长兼党委书记。下设 4 个团。其人员分布在北洛河流域的有靖边、定边、吴起、志丹、甘泉、黄龙和富县等7个县的山区。1970年底撤销该机构。

1966年

7月27日，北洛河洑头洪峰流量为3360立方米每秒，为新中国成立后最大洪峰流量。

12月24日，洛西灌区的洛西倒虹工程正式动工，至1972年8月7日，扩建洛西工程全部完成，洛惠局正式接收，设立陈庄、吝家、平路庙3个管理站。

12月26日，经陕西省人民委员会批准，洛惠局改名为陕西省人民引洛渠管理局。

1967年

春，白水县林皋水库主体工程开工，坝高33.5米，总库容3300万立方米，设施灌溉面积11.3万亩，于1971年12月竣工，1972年开始受益。

3月，全省机井工作会议在蒲城县召开，参观了新打井机具。

9月，水电部部长钱正英来蒲城视察水利工程。

1968年

12月，洛惠渠堤浒渡槽建成，计长68米，轻型钢筋混凝土结构，横跨于堤浒村深达26.4米、宽达64米的盐池洼排水干沟之上。

1969年

7月，陕西省革命委员会批准修建石堡川水库灌溉工程。

10月1日，石堡川友谊水库工程动工，在洛川县史家河召开了白水、澄城2县2000多人参加的开工典礼。指挥部位于仓颉庙内。工程于1976年竣工。水库由陕西省水电勘测设计院设计，大坝位于洛川县石头公社盘曲河村附近的石堡川河干流上，均质土坝，高58.9米，总库容6220万立方米，设计灌溉澄城、白水两县耕地31万亩。

是年，陕西省委书记李瑞山、陕西省军区司令员王志平视察机井建设，《陕西日报》连续一周报道蒲城县机井建设情况，并发表了“事在人为”的社论。

11月，澄城县修建胜利水库，1974年11月建成，设施灌溉面积2万亩，有效灌溉面积7000亩。

1970年

6月1日，蒲城县建成洛西倒虹水利工程。

1970年10月1日，黄陵县郑家河水库动工，1973年11月竣工。郑家河水库位于黄陵县城西北约30千米的隆坊镇郑家村附近的淤泥河上，是一座以灌溉为主，兼有防洪养鱼的大中型水库。

10 月 20 日，洛川县拓家河水库开工建设，枢纽工程于 1972 年 10 月完成。总干渠及配套工程于 1979 年完成，水库总投资 1380 万元。拓家河水库位于洛川县槐柏镇，距县城 20 千米，水源为仙姑河。

1971 年

10 月，蒲城县建成北洛河石羊大桥，钢筋混凝土结构，宽 8.5 米，全长 174 米。

1972 年

5 月，甘泉县凉台水库正式开工建设。

10 月 10 日，渭南地区革委会生产组政治处决定，废止引洛局原机构设置，引洛局设立办公室、灌溉科、工务科、政工科、财务科。

1973 年

是年，陕西省建设委员会批准了《石堡川水库灌溉工程扩大初步设计》，采用投资包干，石堡川工程进度加快。

4 月 14 日，由国家水电部治理黄河领导小组主持的黄河中游水土保持工作会议在延安召开。

8 月，洛惠渠灌区成立引洛渠灌区粮棉丰产方指挥部，各县成立丰产方分部。

11 月，引洛渠灌区渠道衬砌工程指挥部成立，至 1977 年完成干支渠衬砌 138.70 千米，占干支渠总长度的 59%。

12 月 20 日，甘泉县甘泉渠灌溉工程奠基。

1974 年

5 月，蒲城县排碱沟竣工，排放碱水于北洛河。

11 月 20 日，蒲城开始修建下寨抽水站，至 1975 年 4 月 1 日通水，灌东杨、陈庄、贾曲、甜水井、荆姚等公社耕地 4 万亩。

1975 年

10 月 22 日，甘泉县甘泉渠开工兴建，引北洛河水自流灌溉。渠首位于县城西北 3 千米处关家沟村。

1976 年

10 月 31 日，洛惠局将所属的安仁和保安屯水力发电站及输电线路与配套的郭明、寄楼等 3 个抽水站，交给大荔县水电局管理。

1977 年

7 月 1 日，甘泉县美水泉引水工程竣工，共 7 个泉眼，日产泉水 100 多吨。

8 月，洛惠渠成功地将含沙量高达 60% 的北洛河浑水引送到距离渠首 50 千米外的蒲城县卤泊滩，打坝放淤造田，改良盐碱地。

1978 年

春，蒲城县洛惠渠洛西倒虹到卤泊滩 9.35 千米引洪漫淤工程开工，7 月 1 日竣工。工程可引北洛河泥沙，漫淤改良卤泊滩地 4 万亩。

3 月，国家水利电力部授予洛惠局全国水利管理战线学大寨学大庆先进单位称号。

12 月，洛惠局荣获全国科学大会奖。中共陕西省委、省革委会授予引洛局陕西省科学大会先进集体称号。

1979 年

11 月，渭南地区泾、洛、渭灌区建设领导小组成立，地区行署专员范云轩任组长。下设大荔县洛惠渠灌区建设指挥部，蒲城县洛惠渠灌区、东方红灌区建设指挥部。

1980 年

1 月，陕西省政府授予洛惠局农业战线水利管理先进单位称号。

5 月，洛惠局编制《洛惠渠计划用水暂行规范》，1984 年被水电部农水司编入《灌区计划用水办法和经验选编》。

1981 年

洛川县拓家河灌区灌溉委员会成立。该水库有效灌溉面积为 32801 亩。

1982 年

12 月 22 日，石堡川水库竣工验收。

1983 年

9 月 25 日，渭南地区水土流失区荒山、荒坡、荒沟治理现场会在韩城召开，会上交流了承包治理经验，并讨论了“三荒”治理措施。

1984 年

3 月，陕西城市援建项目供水工程，从蒲城县西头乡袁家坡动工兴建，1985 年 9 月举行引水入城工程通水典礼。

8月，蒲城县乡企局干部李云升投资修建党家湾水电站，1987年5月竣工，投资370万元，装机2台机组，容量2500千瓦。

8月8—13日，在北京昌平召开的中国农村改水项目评估会议上，陕西的蒲城、大荔、黄陵（含岐山）、定边（含靖边）5县被列入利用世界银行贷款进行农村改水项目，确定子项目共676个。项目从1985年开始实施，至1992年年底全部竣工验收。

1985年

3月20日，农牧渔业部副部长、国家水产总局局长孟宪德到大荔县渔业基地考察，要求引入一些适合盐碱地养殖的新品种。

5月28日，世界粮食计划署批准《陕西省农村改水工程粮食援助项目》，给大荔县无息贷款和无偿援粮，并由德国联邦技术合作署为大荔洛北改水项目提供150万美元的培训设备。同日，世界粮食计划署批准蒲城县改水工程接受世界银行无息贷款390万美元和无偿援助改水用粮11179.75吨（折合人民币369万元）。

9月10日，洛惠渠管理局工程师徐义安出席在北京召开的高含沙水流国际学术讨论会，向会议递交了与万兆惠合写的《洛惠渠高含沙量浑水的输送及其利用》论文。

1986年

4月8—14日，陕西省水利水产会议在蒲城县人民大礼堂召开。与会代表参观了渠、井灌区水利管理典型，陕西省委书记白纪年、副省长徐山林到会作了重要讲话。

5月28日，陕西省人畜饮水防氟改水工作会议在白水县召开，渭南地区水利局被授予全省人畜饮水防氟改水先进集体称号。

8月15日，陕西省地质部门在大荔县段家乡育红村北洛河旁打成自喷井4眼，被确定为洛北改水工程水源地。同年，蒲城县改水工程将水源地选在北洛河右岸的西头乡袁家坡。

11月，美国水利和农业资源学者阿尔法罗博士到洛惠渠参观。

1987年

是年，大荔洛北改水项目和蒲城县袁家坡改水工程开工建设。

3月，《洛惠渠志》编纂委员会及办公室成立，负责《洛惠渠志》编纂工作。

是年，甘泉渠灌区第三期扩建工程开工，扩建至富县新民村，被陕西省水利厅、延安地区水利局更名为甘富渠灌区，设计灌溉面积1.45万亩，干渠长度26.6千米。

1989年

1月31日，名列亚洲农村改水第一位的洛北改水工程，在大荔县举行通水典礼。洛北 18 个乡（镇）26.89 万人用上医、饮兼用型优质矿泉水。

是年，由陕西省水保局组织，在黄河水利委员会及中游局有关部门支持下，省水保所会同有关单位，先后组织 1299 人进行了陕北淤地坝调查工作。

是年，蒲城县袁家坡改水工程建成通水，设计供水规模为 3.6 万立方米每天。

9 月 10 日，澄城县被中华人民共和国水利部命名为全国水利建设先进县。

1990 年

2 月，富县大申号水库水源引入县城供水管网，保障城区供水质量。

8 月 14 日，中共陕西省委书记张勃兴到洛惠渠灌区检查抗旱工作。

11 月 6 日，苏联中亚灌溉技术研究所 A. 卡得罗夫、M. 拉西莫夫、B. 斯克雷尔宁科夫、R. 穆哈梅多夫到洛惠渠参观考察。

11 月 8 日，水利部授予洛惠渠灌区为全国先进灌区。

11 月 24 日，历时两年半的洛川县城引水工程竣工，每小时供水量可达 200 吨。

1991 年

4 月 15—17 日，全国政协副主席钱正英一行，在陕西省副省长王双锡陪同下视察东雷一期抽黄、洛惠渠、交口抽渭灌区，以及渭南、大荔、澄城等县（市）改水工程。

10 月，水利部授予渭南地区水利水土保持局 1990 年度水利综合经营突出贡献奖。

10 月 21 日，洛惠渠管理局获水利部“部一级管理单位”称号。

11 月，黄龙县供水工程和甘富渠工程通过陕西省水利厅验收，被评为优良工程。

12 月 18 日，水利部授予富县水利局“全国人畜饮水先进单位”称号。

1992 年

5 月 1 日，历时 17 年的甘泉渠工程全面竣工，当年 11 月在富县通过省级验收，被评定为优良工程。

8 月 9—11 日，北洛河流域发生流域性洪水，8 月 10 日 12 时，刘家河水文站洪峰流量达 5530 立方米每秒，大洪水使沿河吴起、志丹、甘泉、富县、黄陵、洛川 6 个县 30 个乡（镇）242 个行政村 10 余万人受灾，2 人下落不明，农田受灾面积近 20 万亩，河堤、渠道、桥涵、公路、供电、通信设施大量受损。

8 月 12 日，富县张家湾乡一带突降特大暴雨，山洪暴发，山体滑坡，公路、通信、供电中断，500 余人被困，直接经济损失 1196 万元。

1993 年

3 月，陕北淤地坝调查工作完成，掌握了大量第一手资料。

5月6—7日，蒲城县农民申志成、邓嘉潮个人兴办的水利工程分别举行通水和开工典礼，省、地、县水利部门及蒲城县党政领导出席会议。申志成计划出资、贷款共120万元，修复韩河抽水工程在马湖乡境内的35千米渠道，全部衬砌，配套280座建筑物，扩灌1.5万亩。当年修通、衬砌U形渠道13千米，引水8万立方米，浇果园800多亩。邓喜潮用多年承包建筑工程积累的70万元现金，又贷款60万元，更新改造韩河抽水工程在本乡范围的19千米渠道及建筑物，解决了8000亩果园的灌溉问题。

6月，洛川县改水利局为水务局，是全国第一个县设水务局。该县水资源由水利、城建两个部门管理改为由水务局管理，实行水资源统一管理和城乡供水一体化，使城镇日供水由原来的800吨猛增至4000吨，还发展节水灌溉农田7000多亩，年水费收入由20万元增至114万元。

9月28日，皇山洛河大桥剪彩通车。该桥为钢筋混凝土结构，总投资约300万元。陕西省政府顾问张斌题写了“太皇山大桥”桥名，此桥为甘泉县城区第一座洛河大桥。

1994年

8月30—31日，北洛河上游地区吴起、志丹一带突降大暴雨。北洛河出现100年一遇洪水，形成刘家河站特大洪水。8月31日7时，吴起站出现流量为7040立方米每秒洪峰，31日12时，刘家河站到达峰顶，流量为8030立方米每秒，洑头水文站流量为6280立方米每秒，均为建站以来实测最大洪水。北洛河流域定边、靖边、吴起、富县、甘泉等6座县城进水。富县县城、洛川县交口镇被淹。北洛河洪水从吴起至大荔冲淹农田40万亩，其中10万亩农田积水近2米，蒲城县4处大型供水水源地、白水县王莽寨电站、洛惠渠倒虹和130处沿河抽水站遭到严重破坏。

9月，刘家河水文站站长段秋生在“94·8”100年一遇大洪水中，不畏艰险，在通信设施被洪水冲毁后，翻山越岭，借外单位电台向当地防汛部门及时报汛，使下游避免了重大损失，汛后受到总政、国家防总、人事部、水利部联合表彰。

1995年

3月13日，水利部授予渭南地区石堡川水库管理局“全国水利系统安全生产先进单位”称号。

是年，志丹县，延安市人民政府被评为1995年度陕西省“水利振兴杯”考评竞赛先进县（市）。

1996年

4—5月，陕西省水保局会同省水保学会，组织有关科技人员对北洛河流域的水土流失进行了科学考察，提出了综合治理开发的指导思想、远景目标和阶段性实施意见，引起了中央的高度重视，促成了国家对北洛河流域治理的正式立项。

5月9日，澄城县三眼桥水电站动工兴建。电站设计水头16.3米，水流量28.35立方米每秒，装机3750千瓦。

7月31日，富县葫芦河暴发1000年一遇特大洪水，死亡12人，失踪2人，陕西省委副书记刘荣惠、副省长王寿森深入灾区查看灾情。

1997年

1月，洛川县、黄陵县列入全国300个节水示范县。

1月24日，水利部授予石堡川水库灌溉管理局局长翟建忠1996年度“全国水利系统水利管理先进工作者”称号。

3月28日，澄城、白水两县被国务院列入全国第三批农村水电初级电气化县建设计划。

4月，延安市水利水保局获“全国水土保持先进集体”称号。

5月5日，因延安市一家农药厂向北洛河排放了大量有害药物，洛灌区步昌、许庄、安仁等14个乡（镇）的6546亩农田严重受害，直接经济损失299.2万元。

6月30日，大荔县召开洛灌区排碱清淤动员大会。截至年底，清淤干、支毛沟排水渠道269条，土泥方70.18万立方米，新建、修复大中型建筑物20座，全面完成400千米排碱渠系40万土泥方任务。

8月29日至9月1日，国务院在延安、榆林召开全国治理水土流失建设生态农业现场经验交流会。

12月，国家人事部、水利部授予洛惠渠管理局局长李东明“全国水利系统先进工作者”称号。

12月27日，陕西省政府在大荔县北洛河围堤举行渭北洛河下游治理工程开工仪式。该工程总投资1.95亿元。主要工程项目包括渭北洛河防洪工程、渭河干流河道整治工程、防洪区排水工程、南山支流河道整治工程、南山支流水库加固工程、淤灌工程、防汛通信预警系统工程、水文测验设施更新改造工程及管理设施等九大工程。完工后可保护沿河6.003万公顷耕地和40万人的安全。

是年，黄龙县尧门河水库出现裂缝、渗漏，2002年6月至2004年7月，对水库进行加固，主要工程包括大坝加固工程、输水洞回填灌浆与新建溢洪洞工程、增建大坝安全监测设施、完善供电和通信设施、枢纽区环境改造等项目。

是年，志丹县被黄河上中游管理局列为“水土保持工程综合治理示范县”。

1998年

3月4日，《陕西省三门峡库区管理局渭、北洛河下游近期治理工程建设管理办法》出台。

3月26日，陕西省副省长王寿森视察蒲城县桥陵节水喷灌工程，明确指示“通过示范、扩大规模，在桥陵井灌区发展节水灌溉面积10万亩，为全省树立样板”。

5月14—15日，陕西省副省长王寿森到渭南市检查渭河、北洛河治理工程。

是年，吴起县率先做出“封山绿化、舍饲养畜”决定，1999年秋冬，除留下人均3亩口粮田外，一次退耕155.5万亩坡耕地，全部还林还草，成为全国退耕还林第一县。

1999年

3月29日，渭南市石堡川水库管理局在澄城县安里乡义合村建起106亩节水示范基地，工程投资100万元，分滴灌、微灌、渗灌、喷灌和日光大棚等5种类型。

5月，黄河中上游管理局在延安召开黄河流域治沟骨干工程暨淤地坝产权改革工作会议。

8月5—9日，国务院总理朱镕基在延安视察治理水土流失和生态环境建设，提出“退田还林、封山绿化、个体承包、以粮代赈”的“十六字”措施。

2000年

4月11日，水利部副部长翟浩辉考察甘泉县城市供水工程。

8月6日，洛惠渠五号隧洞扩大改造工程贯通。隧洞长3467米，是由渠首向大荔县3.333万公顷农田输水的咽喉工程。因原引水隧洞老化，制约灌区发展，该工程于1994年9月开工建设。

11月3日，渭南市在洛惠局召开冬季农建暨灌区“三修两清”现场动员会。

12月19日，白水县节水增产建设工程通过陕西省计划委员会、水利厅、财政厅联合验收。全县共建成各类节水灌溉面积6840公顷，成为全国重点节水县之一。

2001年

2月1日，北洛河大荔同堤护岸工程开工，3月15日竣工。新建护岸206米，共完成土填筑1890立方米，抛筑护基铅丝笼块石2107立方米，散抛石4503立方米，干砌石护坡1015立方米。

4月，陕西省山河秀美工程示范园区暨水保种草试点现场会在志丹县召开。

4月9日，渭南市人民政府授予富平县、蒲城县、白水县人民政府2000年度“水利兴渭杯”先进单位。

7月4—5日，陕西省水利厅副厅长洪小康检查大荔北洛河抢险护岸工程。

8月，陕西省水利厅在黄陵县召开全省工程化稻田养鱼现场会。年终，渭南市水产工作站和黄陵县水产工作站被陕西省水利厅评为全省水产技术推广先进单位。

8月20日，北洛河洪水发生后，大荔县沿河各乡（镇）共封堵井1210眼，搬迁撤离水利设施400套，动用推土机12台，封堵堤防缺口52处，加固加高生产堤13.7千米，移动3.6万立方米，撤离滩区生产人员3830人，出动巡堤查险人员10850人次，做到了“小汛无大灾，大灾不死人”，确保了全县人民生命财产安全。

8月底，洛惠渠苏村淤灌站改造工程，机电设备安装。

10月12日，延安市水利水保局召开延安市黄河水保生态工程北洛河项目建设启动会，项目涉及吴起、志丹2县，治理期限5年。

2002年

2月，洛川黄土国家地质公园被国土资源部批准为黄土遗迹保护区，授予地质公园牌匾。

2月5日，渭南市水利局、澄城县、大荔县、临渭区和石堡川水库、东雷抽黄、洛惠渠获得2001年度陕西关中灌区"三修两清一绿化"先进单位。

2月27日，渭南市水利局更名为渭南市水务局，地热水资源及城市防汛职责划归市水务局管理，华县等8个县的自来水公司划归各县水务局管理。

3月，黄陵县郑家河水库坝体除险加固工程开工，防渗处理坝基坝体，改造溢洪道，总投资997.44万元，9月竣工。

2003年

是年，洛川县拓家河水库实施病险水库除险加固。

11月12日，陕西省水利厅印发《关于表彰优秀水利志书和水利志编纂工作先进个人的决定》。《渭南市水利志》《洛惠渠志》等志书被评为陕西省优秀水利志书；授予吉敬斌、周富瑜、郑登科、张贵民陕西省水利志编纂工作先进个人称号。

2004年

2月15日，石堡川水库、洛惠渠、东雷抽黄散打灌区获陕西省关中地区"三修两清一绿化"先进单位称号。

3月下旬，《洛惠渠渠首枢纽加固改造工程初步设计（世行项目）》通过省计委审查批复。该工程属Ⅲ等中型工程，主要建筑物为三级，防洪标准为30年一遇设计，100年一遇校核。

7月20日，黄陵县人民政府发布《关于禁止在南沟门水库范围内进行建设活动的公告》。

2005年

3月，延安市水土保持工作队被水利部授予"全国水土保持先进集体"称号。

5月30日，富县开工修建余渠河小流域淤地治理试点工程，计划总投资1557万元，淤地面积243公顷。

7月1日，富县开工修建大申号水库除险加固工程，解决县城4万人的防洪和饮水问题。

7月8日，白水县小水电通过省级达标验收。

8月，石堡川水库管理局获全国文明灌区称号。

12月29日，渭南市政府召开全市水资源费地税代收工作会议，决定从2006年1月1

日起，全市水资源费统一由地税代收。

2006 年

1 月 20 日，投资 960 万元的富县县城供水改造扩建工程完成并投入运行，在莲花池村重建净化水厂、增加水质监测检验设施，铺设引水管道 6 千米，装机容量 204 千瓦、日供水 5000 立方米。

3 月 10—11 日，水利部农水司李代鑫司长、陕西省水利厅副厅长李润锁、渭南市市长助理薛建兴等检查渭南市涧峪水库、洛惠渠灌区、石堡川水库灌区等水利工程建设和管理工作。

6 月 24 日，延安市在黄陵县阿党镇寨头村举行南沟门水库工程奠基仪式。

7 月 19—23 日，针对黄河中游地区当年可能出现大洪水的防汛形势预测，黄河水利委员会副主任廖义伟带队对北洛河河道概况、地形地貌、水文情势、洪水预报、汇流规律及水库调度等进行综合考察。

8 月 9 日，被誉为“亚洲第一高墩大桥”的黄陵至延安高速公路北洛河特大桥建成，9 月通车。

2007 年

2 月 9 日，陕西省水利厅授予渭南市石堡川水库、东雷抽黄、洛惠渠、东雷二期抽黄四大灌区“三修两清一绿化”工作先进单位。

2008 年

2 月 6 日，陕西省水利厅授予渭南市水务局、东雷抽黄灌溉工程管理局全省水利经济工作先进集体，授予渭南市水务局马高祥、石堡川水库灌溉管理局习少平先进个人称号。

6 月，延安市政府在富县、志丹县召开全市农村饮水安全工作现场会。

7 月 24 日，卤阳湖现代产业综合开发项目总干应急排水工程完工。清淤疏通排水总干沟咽喉 3.98 千米，移动土泥方 7 万立方米，干沟汇水口水位下降 1.2 米，滩区排水 18 万立方米，减少明水面积 2000 亩。

11 月 15 日，雨岔水库开工建设，坝高 28.98 米，库容 722.86 万立方米。

2009 年

甘泉县雨岔水库建成，总库容 722.86 万立方米，其中兴利库容 262.60 万立方米、死库容 300 万立方米、滞洪库容 160.26 万立方米。

3 月 24 日，渭南市卤泊滩排涝除碱改造工程项目建设办公室成立，石正福任项目办公室主任，王同春、贺巨胜任副主任。

4月10日，水利部农水司副司长李远华、陕西省水利厅副厅长李润锁来渭南市进行水管体制改革调研。

7月6—8日，黄河水土保持生态工程渭南市北洛河项目通过陕西省水土保持局联合验收组验收，评定竣工的5座淤地坝为优良工程，6座为合格工程。

2010年

3月31日，洛川县一座污油泥处理厂库存污油泥发生泄漏，油污流入北洛河河道及周边山野，严重威胁洛河沿线群众饮水安全。4月6—14日，经过陕西总队250余名官兵与当地干部群众奋力抢险，油泥污水泄漏事件隐患基本消除。

5月，延安市水利水土保持局更名为延安市水务局。

2011年

4月28日，依托洛惠渠枢纽工程龙首坝建成的蒲城龙首黑峡谷风景区被国家旅游局评为2A旅游风景区，并纳入陕西渭南，山西运城、永济，河南三门峡三省四市“一票通”旅游景点。

5月28—30日，黄河水利委员会组织有关专家对北洛河、泾河、洮河、沁河、皇甫川5条支流任务书进行审查。

6月17日，根据国务院2010—2012年开展第一次全国水利普查的决定精神，渭南市富平、澄城、合阳3县599名普查员进村入户，开始水利清查登记工作。此次水利普查的对象为试点县境内的所有江河湖泊、水利工程、水利机构以及重点经济社会用水户。

10月26日，南沟门水利枢纽工程大坝截流仪式举行，陕西省委常委、延安市委书记姚引良出席，陕西省副省长祝列克下达截流令，截流成功。

2012年

3月24日，南沟门水库大坝开始填筑，工程进入攻坚阶段。

6月8—12日，陕西省江河局组织对北洛河进行了全面调研，实地查勘调研了北洛河流域范围内主要水利工程、水资源、水文化等情况，探寻北洛河源头定边县白于山郝庄梁。

11月22日，陕西省水利厅授予志丹县全国农村饮水安全工程示范县称号。

2013年

2013年2月26日，志丹县被命名为2012年度国家水土保持生态文明县。

5—7月，根据《北洛河流域综合规划工作大纲》，北洛河流域水土保持规划工作组前往甘肃和陕西两省开展北洛河流域外业调查工作，至9月下旬，完成甘肃、陕西两省北洛河流域资料收集工作。

是年，实施北洛河大荔城区段综合治理项目工程，工程建设总投资6亿多元，分为北洛河南北两岸堤防建设；中隔堤、湖面开挖及中隔堤以南绿化工程；洛河公园核心区建设。

2014 年

1月，水利部、全国节约用水办公室授予延安市第三批“全国节水型社会建设示范区”称号。

10月14日，黄河水利委员会根据《环境影响评价法》《环境影响评价公众参与暂行办法》等有关规定，对《北洛河流域综合规划》环境影响评价工作进行第一次信息公示，征求公众意见。

2015 年

1月12日，陕西省发展和改革委员会批准蒲城袁家坡供水工程改造工程。

南沟门水库水利枢纽工程主体完工，水库蓄水位达到824米高程，蓄水4000万立方米，并于9月正式向延安炼油厂供水。

2016 年

7月1日，南沟门水利枢纽南线供水工程正式向延安石油化工厂供水。

8月，水利部水利水电规划设计总院正式出具了《北洛河流域综合规划审查意见》，至此黄河水利委员会开展的黄河流域7条跨省（自治区）支流综合规划全面通过水利部审查。

2017 年

4月25日，陕西省副省长、北洛河省级河长张道宏在渭南市调研北洛河水环境治理等工作，先后到龙首坝引水工程、洑头水文站、陕煤清洁能源化工公司等现场考察，并在大荔县召开北洛河流域河长制工作座谈会。

2018 年

4月18—20日，按照水利部关于跨省江河水量调度的工作部署，黄河水利委员会水调局、黄河水利委员会水文局、黄河上中游管理局等组织专家调研北洛河水资源工作。

6月，陕西省水政监察人员在北洛河下游“大荔引水工程输水管线穿越洛河项目”施工现场下达《责令停止违法行为通知书》。

12月，志丹县被陕西省水利厅公布为省级节水型社会达标建设县。

2019 年

5 月 16 日，渭南市委副书记王瑞峰赴蒲城县、大荔县检查推进洛河水环境治理工作。

6 月，陕西省委常委、延安市委书记徐新荣赴甘肃考察对接白龙江引水工程，甘肃省原则同意将延安市吴起、志丹、安塞、宝塔 4 县（区）纳入受水范围。

6 月 20—21 日，针对北洛河来水少、用水矛盾突出、生态流量难以保障等问题，陕西省水利厅水旱灾害防御处、陕西省江河水库工作中心现场督导检查延安和渭南市北洛河水量调度指令执行和管理情况。

7 月 11 日下午，延安市委副书记、市长薛占海调研北洛河河长制落实暨水污染防治工作，并在甘泉县主持召开推进会。

12 月，延安市水务局局长张拴林被人力资源和社会保障部、水利部授予“全国水利系统先进工作者”称号。

2020 年

4 月，陕西省副省长、北洛河省级河长赵刚赴延安调研北洛河水污染防治工作，并召开北洛河水污染防治视频会。渭南市水务局、延安市水资源管理局、南沟门水库管理处、洛惠渠管理局负责同志现场汇报有关情况。

6 月 10 日夜间，北洛河大荔育红坊镇村段左岸发生土崖垮塌险情，造成北洛河主河道全面堵塞，形成“堰塞湖”。在大荔县政府的组织指挥下，经过四天四夜的连续奋战，6 月 14 日 11 时，淤堵河道全线贯通，隐患全面消除。

12 月 8 日，在摩洛哥召开的国际灌排委第 71 届执行理事会上，陕西龙首渠引洛古灌区成功入选世界灌溉工程遗产名录。

6 月 6 日，蒲城县袁家坡供水工程改造工程通过竣工验收。

2021 年

6月24日，世界灌溉工程遗产“龙首渠引洛古灌区”授牌仪式在洛惠渠龙首坝隆重举行。

2022 年

2 月，龙首渠引洛古灌区（洛惠渠）入选陕西省首批水情教育基地。

10 月，黄蒲高速公路白水段北洛河特大桥顺利贯通。大桥全长 1538 米，横跨北洛河及西延铁路。

2023 年

8 月 10 日凌晨 6 时，108 国道蒲城县孙镇至永丰段发生道路路面垮塌，造成 108 国道中断，土方涌入北洛河造成河道堵塞，形成约 6.5 万立方米、面积 8400 平方米的堰塞湖，对下游群众生命财产安全造成威胁。陕西省委书记赵一德到现场检查指导。经各方面协同努力，8 月 10 日 9 时 15 分临时河道开始泄洪，险情顺利排除。

2024 年

8 月 6—9 日，北洛河流域累计面雨量 90 毫米，最大点雨量为延安市志丹县 224 毫米。受降雨影响，北洛河发生 1994 年以来最大洪水。下游干流控制站洑头水文站（陕西渭南）10 日 12 时 45 分洪峰水位 371.71 米，相应流量 3530 立方米每秒，超过保证流量（3300 立方米每秒），列 1933 年有资料以来第 3 位（历史最大流量 6280 立方米每秒，1994 年 9 月），21 时回落至 1190 立方米每秒。此次洪水特点为泥沙含量高，持续时间短。国家防汛抗旱总指挥部副总指挥、水利部部长李国英高度重视北洛河洪水防御工作，要求确保堤防和人员安全。8 月 10 日，水利部紧急派出工作组赶赴北洛河洪水防御一线指导工作。8 月 12 日，经过各级共同努力，顺利度过洪水考验。

附　录

附录一　历史重要文献辑存

《山海经》第二卷西山经之西次四经

西二百五十里，曰白于之山，上多松、柏，下多栎、檀，其兽多㸲牛、羬羊，其鸟多鸮。洛水出于其阳，而东流注于渭；夹水出于其阴，东流注于生水。

三家注史记·河渠书·龙首渠

庄熊罴言：“临晋【正义】：括地志云：“同州本临晋城也。一名大荔城，亦曰冯翊城。”民愿穿洛以溉重泉【正义】：洛，漆沮水也。括地志云：“重泉故城在同州蒲城县东南四十五里，在同州西北亦四十五里。”以东万余顷故卤地。诚得水，可令亩十石。”于是为发卒万余人穿渠，自征【集解】：应劭曰：“徵在冯翊。”【索隐】：音惩，县名也。小颜云即今之澄城也。引洛水至商颜山下。【集解】：服虔曰：“颜音崖。或曰商颜，山名也。”【索隐】：颜音崖，又如字。商颜，山名也。岸善崩，【集解】：如淳曰：“洛水岸。”【正义】：言商原之崖岸，土性疏，故善崩毁也。乃凿井，深者四十余丈。往往为井，井下相通行水。水穨以绝商颜，【集解】：瓒曰：“下流曰穨。”东至山岭十余里间。井渠之生自此始。穿渠得龙骨，【正义】：括地志云：“伏龙祠在同州冯翊县西北四十里。故老云汉时自徵穿渠引洛，得龙骨，其后立祠，因以伏龙为名。今祠颇有灵验也。”故名曰龙首渠。作之十余岁，渠颇通，犹未得其饶。

清·雍正《陕西通志》记载的北洛河渡口

张家船渡。在白水县东北三十里，洛水上，通洛川县。

麻地湾渡。在白水县东北三十里，洛水上。

马家船渡。在白水县东北三十里，洛水上，通洛川。

齐家筏渡。在白水县东三十五里。

蔡邓渡。蒲城县城东北六十里，通澄城官渡。

永丰渡，蒲城县城东六十里，通同州（今大荔县）。

武堡渡，蒲城县城东四十五里，通同州。

温汤渡，蒲城县城东五十里，通同州。

车渡，蒲城县城东南四十五里，通同州。

蒲城晋王渡，县城东南三十里，通同州。

晋城渡，蒲城县城东南四十里，通同州官渡。

坊头渡。在同州（今大荔县）北三十里北洛河上 。

船舍渡。在同州西北三十里洛河上，通蒲城船一只，水夫三名。

户军渡。在同州西二十五里户军里，洛河上。

明沙渡。在同州西二十五里明水村。

新桥渡。在同州西十余里，洛河上。俱民渡各附近居民，以夏秋予直。

下庙渡。在同州西五里北洛河上，通泾阳、渭南，船二只，水夫六名。

城南渡。在同州西南五里，洛河上。通华州华阴下庙渡，岸高路狭，大车广载，俱由城南而渡。船一只，水夫三名。

朝邑北洛河渡。在县东南十里，赵渡镇，船五只，桌卒二十人，旧每冬作桥梁，今不复修。

漫泉河水利章程碑

（光绪十四年）

县西十五里，有漫泉河一道，源出董家村东城下，南至马家堡，四五里间人小泉无数，随地掘之尺余即见水，里人呼“漫泉”，为万泉良有以也。宋明之际，水利大兴，灌苇田四十六顷，仪门外俱有碑记。迄我朝道光年间，城下水涸，所有诸泉，漕内独蒙其利，而金地重粮同一贡纳，漕外实有难堪，雨涝犹可，稍旱，则赤垆块垒，全无收成。一方之害，牧民者之忧也。光绪十二年，余莅蒲境，因天旱访及此泉，即诣城下拜祷，以竿入地探之，水随竿而出，有莫遏之机焉。遂命北乡联总万世俊始其事，凿源疏流至马家堡。复命南乡联总权得宜接办通渠至贾曲，并东西水道，逐一穿开，继将大小各泉，加深淘浚，水势日增，莫可限量。据旧规，一日夜浇地一顷。自下而上，防偷水也。杏东西贾曲、上河里共进地二十四顷有余，该二十五日使水一次，周而复始。因上河多系苇田，较为费水，特委北方联总赵宗谱酌议，将贾曲水拨增若干。上河里苇田约有两顷，准每岁使水八十六日，禾田八十余亩，使水一十日，合计九十六日，有闰一百零三日，自腊月初一起至来年三月初六日止。刘宗尧、王智元经理。东西贾曲共禾田二十一顷有余，所留二百六十四日，有闰二百八十六日，令水尽归贾曲，上流不得腰截。如有腰截，唯经理人是问。或水自崩漏，各地主即为修补。如不修补，以偷水论。渠内、渠岸不准长苇苗以壅水道，如有苇苗随时删去。日后，贾曲苇子复苗仍依先年旧规。日夜轮流，按亩浇灌，以均其利，毋致偏枯。

权新盛、权维平、权鼎飏、雷在中经理。其浇时，各按地亩、时刻经营，各水未轮到者，不准塞渠霸水以启争端。三处各举一管水之人，年年淘浚补修，无使淤泥复塞，源头及堤埂有崩塌陷漏等弊，其经费仍按使水日期摊派，管水人亦按地亩酌量凑给口食，无过优，无太廉，合中而止。拟就禁约条规，刊列于后，以昭法戒而垂久远，庶获利者可永赖云。

钦赐花翎同衔特授蒲城县知县军功加三级随带加三级纪录十次记大功六次寿春张荣升撰

邑儒学生员米海昌书丹

每年修理经费先勘工程大小，然后按日摊派钱文，工大则多摊，工小则少摊，无非为淘泉通渠之用。众目共睹，所在难欺，其钱即着各村管水之人，照数收讨，转交经理绅士，收发办事。其年共摊收钱若干，实支销各项工费钱若干，除用费外或有余或不足，余则存留待用，不足则续行补派，均于工竣后，逐一开写清单二纸。一悬贴贾曲镇，一悬贴漫泉桥，俾出钱地户一目了然，以白无私而昭核实。

妄言泉开井涸闭塞泉源者，杖一百，枷号两个月。

筑堤霸水私移官渠者，杖二百，枷号两个月。

窃水自利者，如众议罚外，初犯杖八十，再犯枷号两个月。

抛土入渠者，杖四十。

剥苇叶者杖八十。赃重者，准窃盗记赃治罚。

在苇地割草者，杖八十。

盗掘苇根者杖八十。

在苇地牧牛羊者，杖八十。

时大清光绪十四年岁次戊子冬月之吉

陕西引洛工程计划书序

李仪祉

关中沃野千里，极利农业，厥土黄壤，所虑惟旱。渭北平畴，既得泾惠之利，乃更图引洛。余洛畔小儿也，每登高临深，辄叹逝者如斯，无以利用，鉴于汉时龙首渠之功败垂成，亦未敢空言提倡，惟郑、白有先贤成绩，较易取信于人，故十年以来，专言引泾。幸赖国家之力，社会之助，得庆成功，迄今支渠未遍，而沐膏泽者五十万亩，水利既兴，于是农业专家、实业志士相继而来，辅助农民，以展宏业，昌胜欣幸。数年以前有大荔士民献策开渠，时方注重泾工，未暇东顾。去年泾渠已经放水，余乃辞去建厅，专事水利，水利局始设，即派傅健、陈靖二技士沿北洛河而上，穷探幽谷，以及白水南河，时余已病矣，傅、陈嗣归，报余概要，乃于枕上指示方略，按图铅线，使再往测，于大小洑头之间，作引水之址，沿河循壑，以穿铁镰山而达大荔、朝邑之平原。

昔汉之穿龙首渠也，循洛之右岸，土原既高，乃穿隧又节节为井以达龙阳，其败也，亦以土隧无镶，水流其间，尽致塌陷。兹余之计与古人殊，取道左岸，原势既较低平，且多蟿道，易省土功。傅、陈再往，由洑间测水准，至汉村已抵平原，旋以略图归，于是知其可为也。乃告于主席杨公曰："泾惠由公手而成，亦复有意再成洛惠乎？"杨公大悦，促余力进，而余于是又大病矣，自知背痈凶险，乃调泾惠渠副总工程师孙绍宗，荐于杨公，使任总工程师，负其全责，余乃移入医院。嗣后，淹留病榻，杨公偕孙君及其他专门人才亲往勘度，旋成立洛惠渠工程局于大荔，测绘设计，七阅月而计划告成，杨公及孙君时临病榻，告进行状况，以相慰藉，余病稍愈，修养于西安孔庙，稍能阅览读书，孙君乃以图进，时新任主席邵公力子监视，共与批阅，见其设计之密，图算之精，大为欣赏，谓必继杨公之志，力促实施。

计此渠由老洑筑坝，引水穿渠，历二十公里余而达平原，乃设分水闸，渠分为三：一为东干渠，东行至黄河滩，长二十八公里余；一西干渠，西行入洛，长十二公里余；一中干渠，南行至长家坡六公里，自此又复分为东西二渠，长共三十二公里，由斯干渠分为脉络，以润田畴，可五十万亩，估计工费只需国币一百二十一万五千元。余初计尚欲跨洛筑桥，引西干渠水，溉蒲城南境，唯水量之分配，是否允许，尚待北洛河水文站继续观测之见告也。泾、渭流经之地，同为产棉之区，大、朝尤盛，棉质之佳，与美棉媲美，将来泾惠加以扩充，洛惠得早完成，可得良美棉田超百万亩，每亩收皮棉一担，即每年可产百万担可纺细纱之棉，其补助于全国经济，岂浅鲜也哉，兹于该计划书付印之前为之叙。

民国二十二年九月二十一日李协叙于南京励志社

大、朝两县士绅请省政府主席邵（力子）开凿洛惠渠呈文（节录）

呈为请愿事：窃维陕西连年荒旱，民不聊生，灾余孑黎、急需救济，农民业经破产，水利乃其急图，中央政府眷顾及之，特别注意。开发西北，明令迭颁，华、洋法团，视察络绎。虽革新以来，百端待理，而陕西地居高原，旱灾频仍，振兴水利，关系民生，尤为刻不容缓之要务。查关中大水，河、渭而外，惟泾与洛，自泾惠渠成，成效大著，观感所及，希望更殷。客岁陕西省水利厅局组织引洛水利工程处实行测量，半年以来，辛苦备尝，祈寒酷暑，未或少休，初步工作，勉告完竣。曾将开凿计划著为专书，工程后发制为图案，纷呈当局，谅蒙鉴察，毋庸赘述。日前安、孙两工程师联袂视察，沿途经过大、朝两县村庄，民众携幼扶老，迎迓道左，热烈之情，非言可喻。惟是工程浩大，需款恐多。际此十室十空之时，咸深或作或辍之虑。伏念我主席以东南之泰斗，作西北之藩屏，受命以来，夙夜精勤，应兴应革，计虑周详。用特公推代表，晋谒崇阶，面陈下悃，伏恳鼎力设法，先由省款拨付若干，俾早动工；一面电陈中央量拨巨款，吁请各方慈善团体设法捐助，一言九鼎，收效必多。异日工程告竣，家给人足，非独两县民众拜受其赐，即间接贡献于全陕全国者当亦无穷。而我主席之勋名亦与此洛惠永垂不朽矣。

民国二十二年十月

洛惠渠工程锡名记

李仪祉（民国二十四年二月）

洛惠继泾惠而生，故名因之。余谓泾洛二渠姊妹行也。泾工既竣，洛工接踵而至。起自徵（今澄城），穿商颜（今大荔铁镰山），溉重泉以东（今大荔朝邑平原）六千顷。坝、桥、隧洞俱已兴建，将届于成。余拟于其工之大焉者各锡以名。坝者引水之所自始也，名之曰“龙首”，继前汉渠绪也。昔汉依严熊言，穿渠引洛得龙骨，因名曰“龙首渠”。作之十余岁，其工之艰且巨可知已。桥甚众，其大焉者有二：一曰“水经桥”，跨于夺村沟上；一曰“既济桥”，跨于曲里沟上，二桥关系最重要，水经之则既济矣。洛惠为全国经济委员会出资兴造，故二桥以“经”“济”名，垂永久也。渠道所经凡四县，曰：澄城、蒲城、大荔、朝邑，因以地名名首四隧洞。第一曰“澄源洞”，第二曰“薄利洞”，第三曰“大有洞”，第四曰“朝川洞”。夫维水澄其源，则可以薄利农田矣；农田薄利，则可以大有丰年矣；丰年大有，则余水可以百川归海矣。洛惠之功用，于其所经之地见之。第五洞，亦为最终之洞、最长之洞，长三公里余，名之曰“平之洞”，非仅谓其能平水也，实以纪念张君平之。噫！言之哀恸。前岁洛工方谋始，余以平之主持测量事，行车自大荔返工地，堕于深壑中殒身，悲哉悲哉！洛工告成之后，食其惠者数县，焉可忘平之，因以其名字是洞。

洛惠渠五号隧洞开通纪实

第五号隧洞，简称五洞，是总干渠最后一个输水隧洞。洞身横穿铁镰山。北口在阳泉沟南端，南口在义井村北。民国二十三年（1934 年）6 月，开始准备工作，修路，开洞脸，挖通风井。通风井计划由南往北沿洞线每隔 300 米布置 1 个，共 9 个井。民国二十四年（1935 年）1 月 18 日，国联水利专家沃摩度来洛惠渠工地考察时称，在世界水利工程上，隧洞之长以铁镰为第一。2 月，五洞北段开工，进尺至 183 米处，即遇沙层，至 400 米处，便遇潜泉。5 月，五洞南端也开始掘进，即遇水泉，进至 22 米后，水泉极旺，已成洞壳裂缝严重，遂改建成明渠。此时进出口两端推进均感困难，决定将 2 至 9 号通风井改建为 3 米 ×2.5 米的工作井，由井出土进料，于井底沿洞线向两端掘进，增加了工作面，加快了洞身进展。至年底进口段建成 426 米，出口段完成 82 米。又因进出口洞外明渠，崖高坡陡，有滑塌危险，遂改建成明洞，进口长 143 米，出口长 135 米，合计完成洞长 786 米。翌年，又建成 3 个工作井，增加 6 个工作面，至年底进口段累计建成 1545 米。出口段在 4 月中旬离出口 218.5 米处，洞内坍塌约 10 米，无法掘进，遂退至 205 米处，将洞线向西偏移，重新掘进，至年底出口段累计建成 443 米。此后洞身推进，困难有增无减，只有改变洞向，方有推进。至民国二十六年（1937 年）底，进口段累计完成 2126 米，出口段 559 米、中间 608 米尚未打通。

尚未挖通的这一段，地下水极旺，黄土坍塌，沙泥外涌，速度很快，险情不断出现，一名工人跑得稍慢，下半身即被泥埋住，经抢救才脱险。清泥，塌落，反复进行，徒有清泥之劳，而无进展之效，洞顶愈流愈空，危险愈来愈大。1938 年，日本侵略者侵占风陵渡。国民政府军队云集大、朝一带，意欲没收洛惠渠工程器材，修筑河防工事。局长陆士基亲自与驻军联系，面陈洛惠渠的重大意义，请求不到万不得已的时候，不予没收洞工器材，先后得到陶峙岳、范汉杰二军长的支持。国民政府迁往重庆后，经济部认为大荔离前线太近，示意将工程局迁往陕南。陆士基又亲赴重庆向上级陈述利害："如洛址离开大荔，不但五洞工程不能进行，洛惠渠已成工程也势将全部损毁，前功尽弃。"并将工程局暂迁五洞南口的义井村，挑选工作情绪坚定的员工继续施工。为解决涌泉流泥问题，曾多次变更施工方法。

第一次用洞室压气工作法：1938 年 6 月在隧洞的掘进工作面，隔成密封的洞室，11 月用压气机将空气压入室内，增加室内空气压力，以堵截潜泉外流，试图避免泥沙外涌，连续试用数次，终因压气机马力小，输气量少，未获预期效果，但洞壁渗水确有减少。于是再作"压气工作法扩充计划"增加动力 350 马力，钢铁料具约 200 吨，1939 年 5 月经济部批复，以该计划所需设备浩繁，抗战时期，难以实现，令以易办之设备，另拟施工方法。此时洞工遂陷停顿。乃作地质钻探，了解地层情况。9 月开始，沿洞线未通部分，布置钻孔五个，孔距 120 米，用人力钻进，年底钻完，最上层为厚层黄土，次为胶土，再次为含水沙层，该层厚 2.6 ~ 5.9 米，高度亦有起伏，沙层底部高者在洞底以上 6.92 米，低者在洞底以下 3.64 米，洞身正好穿过沙层，沙层之下，为坚硬的胶土，继续钻至洞底以下 10.6 ~ 15.3 米，土质未变，停止钻进。根据钻探结果，初则拟改线绕过铁镰山，和以倒虹管形式与已成洞相接两种方案，后因工程量过大等原因，绕山挖渠与倒虹吸两个方案未能成立。

第二次用钢板洞壳推进法：民国二十九年（1940 年）4 月，上报"五洞复工计划"获准，随即在西安机械厂加工钢板洞壳，工地设厂自制铸铁旋胎，制成后在洞外作 13 米的试验，效果尚佳。翌年 4 月，在出口段 522 米处，正式安装使用，历时 4 个月，只推进 28 米，终因推动力小，钢壳受压力过重变形，民国三十一年（1942 年）6 月停止施工。由于以上施工办法经四年之久，洞身没有推进，群众建议"挖洞既不可能，何不改开明渠，迟早总有挖通的一日"，为此有改线开明渠的方案提出。

第三次改线挖渠方案：民国三十一年（1942 年）6 月初提两个方案，一个是将原洞未通部分大开挖，这部分恰在铁镰山最高处，挖深在 90 米以上，排水出土均有困难。另一方案是从此段已成洞的末端开始改线转向西南，循天然沟道开挖与山南已成总干渠相接，计长 1572 米。挖深在 30 米以上的有 887 米，明挖到渠底后仍砌成隧洞；挖深在 30 米以下的有 685 米，做成明渠，长度虽增加 900 多米，但土方量少，工作面大，施工易，进度快。8 月编出《洛惠渠第五洞改开明渠计划书》，由陆士基赴重庆向水利委员会汇报，10 月批示：令先开明渠试验段，钢板洞壳推进机器仍继续研究改进。11 月水利委员会派机械专家陆之顺来工地鉴定后，认为机械改进虽可行，但洞内泥沙涌流，随时有遭淹没的可能，建议放弃此施工方法。当月下旬明渠试验段开工，线址选在桩号 0+821—0+887 处，长 66 米，下游相接的较浅渠段也同时开挖。民国三十二年（1943 年）1 月放弃机械施工。3 月，试验段挖至渠底以上 18 米时遇地下水，纵有板桩护岸，仍有崩塌现象。于是临时决定停止下挖，改打工作井 3 个，井距 15 米，用木盘支架，四周以木板镶护，挖井抽水同时进行，水面渐落，土质变硬。6 月挖至渠底，即挖洞砌石。至 8 月 10 日，完成土洞 66 米，砌石 50 米，56 天完成了试验段，人心大快，工地为之轰动。由此得到启示，在接近地下水面时，改明渠大开挖为挖工作平洞，节省大量土方，多井同时施工抽水，变深井为浅井，提高了排水效率，水位下降，土质变硬，隧洞即可施工。由此产生了工作洞工作井的施工方法。

第四次工作井工作洞方法：工作洞为临时土洞，梯形断面，顶宽 2 米，底宽 2.6 米，高 2.2 米，用木料支撑，工作洞沿隧洞线偏左 3 米，土洞底依地下水高低而定，大致在隧洞以上 15 ~ 20 米。洞内铺设轻便铁道，埋设排水管路，用作排水、运料等水平运输作业。工作井与工作洞相交处设工作室，工作井在工作洞以上部分叫上层工作井，井距 30 米；以下部分叫下层工作井，井距 60 米；工作井主要用于提水、运料等垂直作业。井洞交相运作，不受地面高低和作业干扰等影响，提高了工作效率，加快了工程进度。试验段下游 508 米隧洞仍用试验段施工办法进行，再下游的 177 米挖成明渠，试验段上游的 821 米隧洞采用工作井工作洞法施工。民国三十三年（1944 年）4 月在开挖 13 号、16 号、18 号工作井过程中，在工作洞顶以上 2 米处，发现深埋黝黑的柏木人字形支架，高约 2 米，经考证系西汉龙首渠之遗迹。根据现洞底高程 389.47 米，推算遗迹高程为 408.47 米。

为加快进度，施工由 30 号井向南做洞，进至 19.7 米处，终以水量过多，沙层过厚，无法工作而中止。由南向北挖掘洞工中，在 20 号井以北约 300 米地段，地下水极旺，沙层厚达 4 ~ 7 米，24 号、26 号、28 号 3 个下层工作井打不下去。在民国三十五年（1946 年）5 月中旬 20 号井以南洞工完成后，得以自流排水，5 月下旬由 20 号井起，将洞底向北逐渐提高至沙层以上，向北推进，每日平均掘进 0.7 米，速度较快，人心振奋。李奎顺主任即利用这一良机，既用语言激发，也以金钱鼓励，进一步鼓舞了员工士气。在半年间，员工们同心同德，不分昼夜奋力推进。11 月上旬，水利委员会来函称，本年内打通，颁发奖金 800 万元（折合抗日战争前币值为 1079 元），员工闻讯，士气大振。11 月 11 日李奎顺下井，自上午 8 时至下午 7 时，将洞线缜密测勘，观测推进角度，估计距穿通老洞 40 米左右。员工们按其指示，时时怀即通之望，无不争先恐后，努力掘进，以先睹挖通为快。至 11 月 26 日中午土洞开通时，由照明油灯引起久埋地下的木材产生的沼气发生火灾，火焰灼身但员工仍冒险掘进。土洞打通后，继续开帮砌石，于 30 日晚与北端石洞衔接。统计 11 月中下旬共砌石洞 44.4 米。洞虽通，但洞底比设计高出 5 米，还需分层排水，分层下挖，洞墙也要分次下延砌石，至民国三十六年（1947 年）8 月洞身砌石全部完成，五洞全长为 3467 米。9 月 9—11 日试水 3 天，渠水深由 0.3 米增至 0.9 米，过五洞后经中干渠中西干渠退入洛河，沿渠观水乡民甚众。12 月 12 日水利部部长薛笃弼亲莅工地主持放水典礼和殉职员工追悼会。陕西省政府主席祝绍周夫人刘宦女士剪彩，薛笃弼开闸放水。蒋介石、孙科、张群、于右任等分别题词祝贺和题写挽联。

水利英雄马海旺

1944 年 1 月 18 日《解放日报》第 4 版（节选）

马海旺今年六十四岁，原籍横山康渠人，光绪十八年，横山大兵荒，全家（父、母、妻、弟、妹和他自己共六人）逃迁于现住的志丹县后仓沟，对刘志丹同志的革命工作给了很多方便与帮助。全家现有四口人（妻、子、媳和他），去年种川地六垧，山地五六十垧，水地十二亩。1940 年开生产展览会时，他得过铜质奖章一枚。1941 年，他被选为县议员，现还任乡的仲裁员，办事很公正。去年五月间，他被选为劳动英雄，这次以水利劳动英雄的资格，参加了边区第一届劳动英雄代表大会，并受到奖励。

民国十九年时，他从一位叫作赵八子的四川人那里，学得了修水利的技术，回去后，在后仓沟马头山下面的一条梢沟里，开始修水利。那梢水沟满年四季有一条小流水，沟口上有十多亩的一块平地，平地处顺沟往上走，约有半里路处，沟面较窄，地势又高些，他就在那里动工打坝。为了减弱洪水的冲力，地坝修成斜形的，使洪水可以顺坝墙根流出去，不至于冲坍坝墙。坝的上端脚下留一水口，这就是引水入园，做灌溉的水入口处。用木板做活塞，用水时把木板取起，水即流入；不用水时，把木板放下去，堵塞住水口，水即流入。因此，即使山洪偶尔暴发，也不会侵入园子里来。坝是这样子修筑的：墙根用四五个人才能够抬得动的大石条垒起，垒到离水面有一尺多高后，上边就用土打，每上四五寸厚的一层土，就用石杵子打得结结实实，再上一层土，再打一次，如此反复打起来的一道土墙，土里还会夹入些柴、草根，待一二年后，柴、草长了起来，根相挽结，墙便稳固了。总计墙离水面高五尺多，宽亦五尺多。因为开头就打得结实，所以直到现在墙还是好好的。在坝墙的旁边，又修了一条水沟，有七八尺宽，五六尺深，因之普通的山洪水，水沟都可以容得住，不会冲打坝墙。

坝修好后，便是修地了。水地要修平，不然不能灌溉，因之高处的土就用车子推到低处垫起来，可是地的坡度很大，只得分成梯形的三段修，每段的外塄上，用土垫平后，还用铁锹打起一尺多高的土塄，以资挡住灌溉的水，然后把地都掏翻过，再磨平，不平的地方，仍把高处的土，又往低处移。但因目力不能看得很平，因之就用水测量。俗话说：“人平不如水平。”测量的办法是把水放入地内，用农具或木棍子到处试探，水深处，地即低，水浅处，地即高。如没有特别过高或过低处时，便把牛套上用磨拉平，此后就把它分成许多小畦子。

为了修水地，1919 年时曾用一元多洋买了两把镢头，一元五角洋买了二把钉耙，八角洋买了二把小铁锹，请了一个木匠打了一张木耙，花了二元多洋，这一年只修了一亩半，一方面因为四月里才开始修，另一方面是受了打坝的耽搁。1920 年雇用了十九个工（每天工资洋二角），又接上修成三亩多水地，1922 年用五十多个工，又修成二亩多，1923 年又修成二亩。其后革命闹起来了，马海旺的生产更有劲了，水地修得更多了。1926 年在离旧水地一里路远的另一个地方，又打起一道坝（打法与前同），修成水地四亩，1927

年又修成五亩，历年计共修成水地十八亩多。因为自己人少种不过来，故从 1927 年起，每年只种十二亩，剩下的都租给别人种了。

从 1941 年开始，马海旺开始注意帮助别人修水利的工作，他经常向大家宣传修水利的好处，在他的技术指导或精神鼓励下，计有瓦子川的刘让、张二汉、李庆旺等三家，共修成水地三亩，窑沟河的刘林华、高永清等修成二亩，孙家沟抗属李木匠修成一亩，石猴子沟原修成四五亩，因为坝没有打牢，前年被水冲坍了。在外乡的秦家沟、崾子川等地，他也指导修成水地很多，总共在他指导帮助下，共修成水地六七十亩。今年他计划再修水地二亩，因为越往上修，崖越高，土又成了夹石子土，因之今年修的这块地，每亩总得要三十多个工才成。

延安《解放日报》1944 年 4 月 16 日社论：学习同万明同志（摘选）

今天本报发表的鄜县太乐区变工掏井消息，是一件非常动人的事情，是边区生产运动中一个崭新的创造。太乐区居民一千余户，过去为了吃水，每天要花 500 个工到深沟里去担水，一年要费工 18.25 万个。水是人们天天要吃的，而百余年来，太乐区的人民天天要花这样大的工夫去担水吃，浪费的人力，日积月累，至少也有 2000 万余工。这样的巨大浪费，却被人们熟视无睹，模范区长劳动英雄同万明同志，利用新年农闲，正月初二下乡，亲自动手组织变工，掏旧井 41 孔，打新井 4 孔，修水窖 20 个，3 个月解决了全区 1000 户的吃水问题，所费人工只有 3000 个，等于没有掏井打窖以前全区担水六七天所费的人工，而节省的则多到不能计算，利用这节省下来的人工，每年太乐区就可增产细粮两千石。太乐区人民，对于政府这种设施，感激不尽，说："真是子子孙孙都忘不了的大好处""共产党是老百姓的大恩人！"同万明同志领导的掏井打窖运动，使太乐区人民的生产力起了一个革命，打破了一百多年来旧的桎梏。同万明同志真正是我们共产党人的光荣，是新民主主义政权的光荣，我们每个共产党员，每个政府工作人员，听到了这样动人的好消息，一定要从这里学到一些东西，从同万明同志那里学到一些东西！我们在这里，愿意贡献自己的一点意见和愿望。

第一，西北高原的水利建设，以掏井为第一重要，这是一切农学专家早已作了的定论。掏井打窖，不但人吃的水要靠这来解决，而且农作物所需要的水，也要由此解决，否则就无法抵抗旱灾。但是农学专家们虽然早已提倡这一点，却至今无法实现其理想，这就是因为掏井打窖，需要很多劳动力，而如果没有变工扎工的形式来组织劳动力，就无法掏出那么多井来。太乐区的例子告诉我们，只有我们新民主主义的社会，把劳动力组织起来，才能大规模地掏井，才能把多少年代以来的梦想变为现实。太乐区的例子又告诉我们，这种掏井运动，在十分缺水的地方，应该先从解决吃水问题开始做起。太乐区在同万明同志的领导下，今年还是第一次大规模掏井，而利用农闲 3 个月内，已能掏成 40 余孔。我们有了这次的经验，各地好好组织，准备下次利用农闲来到处打井，其成绩一定更为可观。太乐区一千户人口，有40余井就能解决吃水问题，我们如能推而广之，用十年八年继续不断努力，全陕甘宁35万户，做到每户一井，这就是一个最伟大最有价值的水利工程。做好了这项工程，以后不但吃水再没有问题，而且我们就可以永远不怕旱灾。我们的子子孙孙再也用不着逃荒，陕甘宁边区再也不会是“地瘦民贫”的地方。这样的巨大的水利工程建设，从前无论如何办不到，现在有了太乐区这个例子，我们就完全有信心来办到它，这样巨大的水利工程建设起来，就是陕甘宁边区经济上一个翻天覆地的大变化、大革命。我们希望大家努力，学习同万明同志，并且希望同万明同志再接再厉地努力，使“一户一井”的目标能在最短期间逐步实现起来……

我们希望大家来学习万明同志，并祝同万明同志再接再厉，取得不断的成功。

西北洛惠渠落成试水
十余万亩地产粮将可大为增加
灌溉区群众敲锣打鼓迎接水头

《人民日报》1950年4月20日

西北大荔灌区著名的洛惠渠巨大水利工程截至本月10日止，第一期任务顺利完成，可灌溉10万亩土地，月底可正式放水灌田；5月中旬将再增灌5万~10万亩土地。该工程开始于去年11月6日，至本月10日，共费5个月零4天的时间，350352个工，做土方544534立方米，新修与整修巨型建筑物5座、中型20余座、小型150余座，已完成全部整修工程的55%。并于本月1日开始试水，由2立方米每秒的水量，逐渐增加到5立方米每秒，至10日上午6时，总干渠、西二干渠及4条斗渠均已试水。灌溉区的群众，望见水下来时，兴高采烈，敲锣打鼓，迎接水头。东汉村的蒙德芳说“这不是水是粮食，因为一亩地多收二斗①，十亩就两石②，你看一年多收多少哩？”义井村的王俊和说：“我出生以来这是第二件喜事；第一件是解放军打走胡宗南。”东小坡村群众，往日挖土3立方米，8日那天为使水放在他们村，一天每人挖了8立方米。

群众眼巴巴等待十多年，解放后5个月即告完成。按该渠在1933年测量设计，1934年动工。但由于国民党反动政府，修渠不是为广大人民过好光景，而是为了更多地吸取劳动人民的血汗。加之第五号隧洞，遭遇流沙潜泉，施工艰巨的客观困难，致使灌溉区的数十万人民，眼巴巴地等待了十几年，始终未得灌溉田地。当关中地区初获解放，西北战争尚在进行之际，人民政府本着高度为人民服务的精神，在经济极端困难的条件下，即支付

① 斗为旧时体积计量单位。

② 石为旧时体积计量单位。

大批工程费（中央人民政府政务院水利部本年拨付麦子1500万斤，作为整修该渠的水利贷款），恢复工程。1949年10月1日，洛惠渠工程处成立后，在李奎顺、傅健正副处长领导下，经过月余积极筹划，于11月6日正式动工。首先采取重点突破，集中力量，整修长达3400米的第五号隧洞，经过全体员工的努力，昼夜分班、每班工作达12小时，使落碹修墙各项艰巨工作，于12月底基本完成。由于这一艰巨工程的完成，广大群众对第五号隧洞不通其他工程白修的疑虑，迅速消失，刺激了支援工程的积极性，也提高了干部的信心，从而使整个工程的进度加速，原计划今年6月底放水灌溉5万～10万亩土地的任务，提前至4月底完成，后又计划于6月底再增加灌溉5万～10万亩土地的任务。据该工程处负责同志谈，5月中旬即可完成全部工程。

党政机关大力领导，修建结合，救灾群众热烈参加。工程的进度之所以这样快，主要是由于：①党政积极领导及有关部门的有力配合。该渠的整修是关系着广大人民的福利。因而党政领导机关，都视为中心工作之一。大荔专员公署、中共地委曾数次召开专门会议，研究讨论，专员、地委书记经常去工程处检查工作的进行情况、亲赴工地视察。并组织洛惠渠灌溉区工作委员会，抽派专署科长、县长等得力干部，率领30多个行政干部，深入群众，组织教育灾民、难民及民工，具体解决实际问题，推动工作。加之各部门有力的协助，如银行贷款给灌溉区群众小麦140市石，贸易公司帮助购买粮食及油盐，工程费接连不上，专署即借给30万斤小麦，因而，使工程顺利进行。②在支援前线、群众运动、生产救灾等运动中，使群众看清了封建势力绝不会霸占水权，渠是给自己开的，因而提高了劳动群众的工作情绪。过去一天只能挖1立方米多土，现在平均每人挖3立方米多土。同时，运用民主，发挥了群众智慧，如全部整修工程中最艰巨而危险的第五号隧洞的第十三号井附近，因为上面有3处泥窟窿，流沙游动，不断往下滴水，洞碹变形，此一整修工程，即经过工人民主讨论，准备好充足材料，集中力量，在90个人11小时的紧张连续工作下，完成了这一最艰巨的任务。十几年的老工人毛查先（工会主任）自己坐在前面，影响别人，使他们90多个人，以前每天清淤7米，很快就达到21米。如发动工人自己管理的王屏藩棚子，经济公开，大家评定等级，多劳多得，因而使每人平均打灰土2立方米，提高至2.7立方米。西一支渠以工代赈的灾难民，在发动竞赛后，由每人一天挖土1立方米多提高至5立方米，十一队在月光下做活，九队突击组每天挖7立方米，工人们为了提前放水，加倍努力，提出了水到渠成的响亮口号，在大荔许塬区斯罗寨斗长党守仁领导下，4月底要完成的任务，在4月10日前完成，每人一天挖至8立方米。③修渠工程与群众当前利益紧密地结合一起。该分区为西北的重灾区，当去冬物价波动，其他副业生产不好搞时，大批农民，即参加洛惠渠的修建工程，有牲口的运石头、粮食、材料等；无牲口的做工，因而使灾民也得到了生产门路。据统计群众在运输中的运费折合154万余斤，解决了16000人一个月的生活问题，使该地的灾情大大减轻。特别是外处逃来一万多难民，运用这批劳力，用以工代赈的办法，吸收2000多难民做工，解决了七八千人的生活问题。在春耕开始的当中，群众眼看见水就要下来，此时大荔县适时地召开农代会，提出男人修渠，女人下地锄麦的口号。立即获得群众响应，大荔许塬、平原、洛滨、商颜4个区的麦子，百分之五六十是妇女锄的，个别地方 80% 是妇女锄的，因此节省一部劳力参加修渠。

（薛水林、郭一山）

洛惠渠灌溉质量提高　灌溉面积扩大

《人民日报》1963 年 4 月 2 日

据新华社西安 1 日电　陕西洛惠渠的管理工作越做越好。在保证灌溉质量不断提高的情况下，灌溉面积已超过工程设计面积的 25%，成为全国水利工程中充分发挥灌溉效益的先进单位之一。

最近，记者访问了这个灌区。目前，这个灌区的各级渠道和各种建筑物已整修完毕，渠水畅通无阻，社员们正在引水灌溉冬麦和棉花地。今年这里早春气候寒冷，开闸的时候，每晚气温都在 –5 ℃左右，有时甚至在 –10 ℃，渠道经常结冰，浇地困难，但灌溉面积仍比去年同期增加了 13 万亩多，完成了今年计划春灌面积的 52.8%。

洛惠渠位于陕西东部，是陕西三大灌区之一。自澄城县境内引洛河水由西北向东南倾斜而行，经蒲城至大荔。整个灌区共分三级阶地，每级阶地下面，都是一条带形凹地，地形复杂，险要工程较多。这一工程从 1934 年开始施工，时修时停，直到 1949 年解放的时候，主体工程还没有全部完成。新中国成立以后，经过一年多的续建，才正式引水灌溉。由于灌区一建成就全面地注意做好管理工作，到 1957 年灌溉效益就达到了原工程设计的面积 40 万亩。近几年来，经过不断改进，又扩大了近 10 万亩，达到目前的 50 万亩灌溉面积。

洛惠渠水利管理工作做得好的重要经验之一是：在建立和健全各级水利专业管理机构和民主管理组织的基础上，密切加强这两者之间的结合。实行这个办法，既便于贯彻专管机构的意图，又便于广泛听取群众的意见，使水利工作适应农业生产发展的需要。例如，这个灌区夏季水量小，这时农业需水量却很大，当时专管机构要求用水社、队尽量集中浇一种作物，实行轮灌、浅灌、快轮等办法争取多浇一些地。但是，各用水的社、队却认为：在水量不足的情况下，最好根据各单位用水面积和水源情况，按比例配水，实行水量固定，节约归己的办法。专管机构接受用水单位的意见，实行结果大大调动了各用水单位节约用水的积极性。例如，长安屯水利管理站采取了这种办法，在 1971 年夏灌期间，一个流量的水一昼夜的灌溉效益，就由 407 亩提高到了 1581 亩。

健全社、队的管水组织也很重要。有了这样的组织便于推行计划用水制度，能有效地提高水的利用率。目前，全灌区 93% 的生产队已建立了固定的浇水组，其中 80% 的浇水人员初步掌握了灌溉技术。有些地方还做到了开闸有计划，放水有记载，用水有检查，关闸有总结，资料有档案。根据这些总结资料，去年这个灌区又制定出一套不同土壤、不同作物、不同地下水位、适时适量灌溉的办法。这样既可进一步节约用水，又可防止地下水位上升。

洛惠渠水利管理工作做得好的第二个重要经验是：调动各方面的力量，分工负责维护灌区的各项水利设施，延长使用寿命，保证安全饮水和设计的引水量。目前，灌区的重要设施和干渠的险工地段都有专职水利人员负责看管维修，一般设施和各级渠道由受益单位分段管理。全灌区还确定了定期检查、定期整修、设立固定观测点和随时查看、发现隐患立即整修的一套管理办法。因此，全灌区从 1958 年到现在，除 1 座建筑物发生过 1 次非责任事故外，其余大小设施都基本上达到了按时安全输水的要求。

不断整修不合理的渠道，平整灌水不匀的土地，增加实际受益面积，是这个灌区发挥灌溉效益的又一个重要经验。洛惠渠原有部分渠道修得地势过低，有些干支渠道的斗渠过少，因此许多处于灌区内的耕地灌不上水，土地也不平整，能灌水的土地，受水面积也只有 50% ~ 60%。1957 年冬季，这个灌区就协同各用水单位制订了逐步改善渠系、平整土地扩大灌溉面积的计划，并积极指导群众开展这一工作。目前，全灌区的干、支、斗三级渠道已改善完毕。光是东干渠在改善以后，灌溉面积就扩大了 4300 万亩。全灌区 90% 的耕地已经过平整，许多公社灌溉面积中实际受水的面积已提高到 90% 以上。

洛惠渠在大抓水利管理工作的同时，还注意防止土地盐碱化和改良盐碱地的工作。一部分盐碱地经过两三年的改良，已种上了庄稼。

蒲城县胜利建成洛西倒虹水利工程

1970 年 6 月 1 日《陕西日报》头版

在毛主席“自力更生”“艰苦奋斗”方针指引下，蒲城县人民经过 3 年奋战，最近胜利建成洛西倒虹水利工程，并投入灌溉，使千年旱塬的蒲城县又有 10 万亩旱地变成了水浇地。

洛西倒洪水利工程，通过巨大的倒洪管道把洛惠渠水引过北洛河鸿谷，然后浇灌北洛河西岸 70 米高原上的土地。灌区顺紫荆塬西下，长 80 里，与东方红灌区相接，包括向阳、红阳、党睦、陈庄、东方红等五个公社。

修建洛西倒虹水利工程是蒲城人民多年来的迫切愿望。1966 年冬，引洛水上西塬工程开工。“三结合”小组对工程设计和施工方案进行了全面审查和修改，使新的设计方案充分体现出“鼓足干劲，力争上游，多快好省地建设社会主义”的总路线精神。施工过程中，改原先设计的制作“钢丝网薄壳水泥管”为“预应力薄壳水泥管”，经过 20 多次反复试制圆满成功。这种薄壳管口径大，管壁薄，承压力强。在修建横跨北洛河 210 米长的倒虹桥面板时，按原来的设计需要大量木材做模板，要到外地买明沙，要用大量的优质钢材，向阳连主动承担这项艰巨任务，在地上挖土模代替木模，就地挖土沙洗净代替明沙，焊接旧钢绳代替优质钢，在较短时间内造出了 170 多块合格的桥面板，为国家节省了 4000 多元。

参加洛西倒虹工程的工人和革命技术人员发扬这种精神，在北洛河激流上空架起 20 多根 19 吨重承担倒虹管的渡桥大梁，在施工中创制了 40 多种效率很高的施工设备，使全部倒虹工程高速度、高质量胜利完成。

渭南地区革命委员会生产组

关于加速石堡川友谊水库工程建设座谈会议纪要（节选）

地区革委会生产组于1970年10月8日在渭南双王公社召开了关于石堡川友谊水库工程建设座谈会。

会议由地区革委会生产组副组长王贵生同志主持。王明春主任、陈捷三副主任、王子平副司令员也参加了会议。

参加会议的还有：澄城县革委会副主任凌志耕等4位同志；白水县革委会副主任郭鹏轩等3位同志；石堡川友谊水库工程指挥部卜一文、王增英等四位同志；地区革委会水电局黄培华等同志。

与会同志……分工负责，包干到底，保质保量，按期完成任务，加速水库工程进度，使其早日建成受益，为农业达超“纲要”作出较大贡献。经过座谈讨论，统一了认识，统一了思想，统一了计划，统一了指挥，统一了行动，做到了工程、任务、工期、劳力、运输、领导六落实。会议对具体问题作出如下决定：

（1）工程总灌溉面积31万亩（白水12万亩，澄城19万亩）。水库枢纽和干渠所有工程（澄城县西河以上，包括干渠衬砌）列入国家基建，劳力统一按两县受益面积的比例负担。县西河以下渠道按支渠对待。县西河（澄城）支渠倒虹和一支渠隧洞工程列入二期国家基建，劳力由受益县承担。

（2）任务和工期：

① 白水县承担枢纽工程中的放水设备，大坝930米高程以下的全部工程，要求在1971年11月底完成。

② 澄城县承担枢纽工程中的溢洪道和大坝930米高程以上的全部工程及全部干渠工程，即由大坝放水洞出口（消力池以下）至县西河两岸（包括退水衬砌工程），要求在1971年12月26日前完成通水。

（3）两县承担工程所需材料和其他运输任务自行解决。

（4）石堡川工程指挥部承担全部基建工程的设计、预算、经费、三大材料的申请分配监督使用。检查工程质量进度并协助两县解决大型施工机械设备。

澄、白两县在指挥部的人员要适当精简下放，加强基层工作。

1970年10月10日

陕西省大荔县饮用天然矿泉水技术鉴定书

1987年12月15—26日，地质矿产部水文地质工程地质司和陕西省科学技术委员会联合主持，在大荔县召开了大荔矿泉水评审鉴定会。地矿、食协、轻工、卫生部以及省、地、县有关单位的专家、教授和代表参加了会议。与会代表听取了陕西省地质矿产局第一水文地质工程地质队关于大荔县矿泉水水源地调查，水质及周围环境质量的评价报告，并到现场进行了考察和水质品评。经认真审议，评审委员会一致确认：

（1）大荔县人民政府在实施改水项目过程中，委托陕西省 131 煤田地质勘探队进行了水源地钻探；委托陕西省地质矿产局第一水文地质工程地质队，通过实地调查和综合分析，提交了《大荔饮用天然矿泉水调查报告》。《大荔饮用天然矿泉水调查报告》论述清楚，层次分明，数据可靠，以充分资料阐述了大荔矿泉水的区域地质 – 水文地质条件，矿泉水水源地的水文地质条件，赋存规律以及化学特征，并对矿泉水的可采量和动态进行了论证。上述工作及水质分析测试数据，为矿泉的开发提供了依据。

（2）根据报告所列水质分析资料，大荔矿泉水有 4 项指标（矿化度、偏硅酸、锶、溴的含量）已达到我国即将颁布的饮用天然矿泉水国家标准。该矿泉水水温 41 摄氏度，水中还含有锌、锂、碘等多种有益人体健康的微量元素和组分，属含偏硅酸、锶、溴的氯化物重碳酸 – 钠钙镁型矿泉水。矿泉水水源地原始自然环境良好，含水层埋藏深，循环途径长，无污染，感官指标良好。某些元素的限量指标和微生物指标符合即将颁布的饮用天然矿泉水标准，为优质医、饮兼用型矿泉水，可作为瓶装矿泉水和医疗矿泉水予以开发。

（3）大荔矿泉水的发现具有重要的社会和经济意义，其流量之大，属我国已发现矿泉水之冠，在世界矿泉水开发史上也是少见的。为了更好地开发这一资源，建议：

①继续进行长期观测工作，对水质、水温、水位和流量进行监测，确定最适宜的开采量，保证矿泉水长期、稳定开发。

②建立卫生防护带，保护好矿泉水水源地，切实制定综合利用开发规划和美化当地环境。

评审鉴定委员会

1987 年 12 月 26 日

北洛河流域综合规划环境影响评价（简本）（2015 年）

一 、规划概述

（一）规划背景

北洛河古称洛水或北洛水，发源于陕西省定边县白于山，流经陕西省榆林、延安、铜川、渭南等地市，在大荔县韦林镇的仓西村汇入渭河，河道全长 680 千米，是黄河最大的跨省二级支流。

北洛河作为黄河的重要跨省二级支流，在黄河治理开发中具有重要的战略地位。经过多年的治理，北洛河流域在水土流失防治、防洪减灾、水资源开发利用等方面，取得了显著的经济效益和社会效益，促进了流域经济发展和社会进步。但在治理开发中仍面临一系列问题，突出表现在水土流失治理度不高、防洪形势依然严峻、水资源供需矛盾加剧、水污染严重以及水电开发缺少统一规划等一系列问题，制约了流域经济社会发展和生态环境良性维护。而且随着流域经济社会的快速发展，各地区、各部门对水资源开发利用、防洪保障体系、水土保持、水资源及生态环境保护等提出了新的更高的要求。

在上述背景下，黄河水利委员会组织开展了《北洛河流域综合规划》的编制工作，以解决北洛河流域治理开发现状存在的问题、协调北洛河治理开发与区域经济社会发展和资源环境保护以及黄河治理开发的关系。

（二）规划范围

北洛河流域，流域面积 2.69 万平方千米，涉及陕西、甘肃两省的 5 市 18 县（区）。

（三）规划水平年

规划以 2012 年为现状水平年，规划近期水平年为 2020 年，远期水平年为 2030 年。

（四）规划目标

1. 近期目标

基本建成水资源高效利用和合理配置体系，保障城乡居民饮水安全，基本保障城镇、重要工业的供水安全。稳步推进节水型社会建设，加大现有灌区的节水力度，灌溉水利用系数由现状的 0.52 提高到 0.56，工业用水重复利用率由现状的 70% 左右提高到 76%；通过新建调蓄、供水工程，提高北洛河流域径流调节能力和水资源配置水平，省界断面水量满足控制指标要求，省际用水矛盾得到缓解。

加大水土流失综合治理力度，新增综合治理面积达 24 万公顷，水土流失新增治理率达到 24%，林草覆盖率新增 5%，水保措施年减少土壤流失量约 739 万吨。流域生态环境得到进一步改善，水土保持监督管理体系健全完善，基本控制新增人为水土流失。各类保护对象基本达到国家规定的防洪标准，防洪能力明显提高。

河流生态水量基本保证，北洛河流域水功能区水质达标率达到 75% 以上，干流水质有所好转，入渭河口水质达到Ⅲ类，省界缓冲区水质基本达标。保障城镇饮水安全，基本建立流域水资源保护监督管理体系。

加强水电站整改，保证河道水流连续性。

建立健全事权明晰、运作规范、权威高效、流域与区域管理相结合的流域管理体制，完善流域管理运行机制，提高流域管理能力。

2. 远期目标

进一步加大节水力度，流域用水效率进一步提高，灌区灌溉水利用系数达到 0.60，工业用水重复利用率达到 84%，适度增加黄河干流引水量、优化水资源配置，保障经济社会发展和能源安全的用水需求。

继续开展水土流失综合治理，新增综合治理面积达 48 万公顷，水土流失新增治理率达到 47%，林草覆盖率新增达 6%，水保措施年可减少土壤流失量达 1191 万吨。建成较为完善的水土流失防治体系，新增人为水土流失得到控制，流域生态环境得到进一步改善。

继续完善防洪工程和山洪灾害防治工程建设，进一步完善流域防洪工程。

流域水功能区水质达标率达到 95% 以上，建立完善的水功能区监督管理体系，水生态环境得到改善。

进一步完善流域管理与区域管理相结合的管理体制和运行机制，进一步提高流域综合管理能力和公共服务水平。

（五）规划总体布局

北洛河流域综合规划主要包括水资源利用规划、水土保持规划、防洪规划、水资源保护规划等内容。

水资源开发利用规划：以节水优先，适度开源，合理配置，严格总量控制，强化管理为基本思路。在流域范围按照节水优先的原则，全面实施农业节水、工业节水和生活节水，提高流域用水效率；根据水资源和工程条件，多渠道开源，增加供水能力；按照空间均衡的原则，通过水资源优化配置，提高水资源承载水平；根据不同水平年耗用水控制指标，严格用水总量控制、加强用水定额管理，形成较为合理的水资源利用格局，促进经济结构调整和经济增长方式的转变。

水土保持规划：采取防治结合、保护优先、突出重点、强化治理的基本思路，按照分区防治的原则，因地制宜配置各种治理措施。上游为多沙粗沙区，部分为水力风力侵蚀交错区，坡耕地面积大，重点开展风水蚀交错区水土流失预防保护以及坡耕地水土流失综合治理、重点区域水土流失综合治理和侵蚀沟综合治理。中游子午岭—六盘山一带，以预防保护为主，实施封育，保护涵养水源林；着重侵蚀沟治理，辅以重点区域水土流失综合治理、坡耕地水土流失综合治理。下游关中平原人口集中，农业发达，重点开展坡耕地水土流失综合治理、重点区域水土流失综合治理，辅以侵蚀沟综合治理。

防洪规划：北洛河流域防洪体系以防为主，防治结合，合理安排洪水流路，以工程措施为主，非工程措施与工程措施相结合的综合治理措施。加快上游山洪沟道治理，有效减轻山洪灾害，提高山洪灾害防治能力，加快吴起、志丹县城防洪工程建设；对于中下游，依据围绕居民区和重要设施区布置堤防、沿水流淘刷的凹岸布置护岸的原则，加快堤防、护岸相结合的防洪工程建设，按照国家防洪标准保护吴起、志丹、甘泉、富县、黄龙、黄陵、白水、大荔县城等居民区、重要设施区防洪安全，显著减少农田、城市绿地坍塌损失。

水资源保护规划：从严核定流域纳污能力，制定流域污染物限制排污总量方案，落实流域污染物限排总量方案和区域水污染防治措施，减少和控制污染物入河量。以北洛河干流为主线，加强北洛河中上游北洛河干流、周河等煤炭、石油开采区水环境综合整治力度，减少流域上游污染对下游水质造成的累积影响。逐步恢复和维护河流生态环境用水，保障流域河流水质满足水功能使用以及水生生态用水的要求，提升水环境风险防范能力。

二、规划环境影响评价主要内容

北洛河流域综合规划实施将会对流域的水资源、水文泥沙、水环境、生态环境、社会环境等产生影响。本报告的编制目的，就是针对规划提出的各项工程措施和管理措施，分析规划方案的协调性，对规划方案的环境影响进行预测和评价，论证规划布局和规模的合理性、规划目标的可达性，从环境角度形成规划优化调整建议，针对不利影响提出减免、减缓和补偿措施，协调经济发展、社会进步和生态环境保护之间的关系。

北洛河流域综合规划环境影响报告书主要内容包括以下内容。

（1）总则：确定评价目的、编制依据、评价范围和评价重点等内容。

（2）环境现状调查与评价：通过收集流域自然环境、生态环境、社会环境基本资料，结合现场调查与监测，对区域水环境、生态环境、环境敏感区、社会环境等进行调查与评价。

（3）规划分析：包括规划的概述和规划协调性分析。

（4）规划环境影响识别：初步分析规划方案实施后可能导致的主要环境影响及其性质，并结合环境目标确定评价指标体系。

（5）环境影响预测与评价：综合分析规划实施过程中及实施后可能对区域的水文水资源、水环境、生态环境、社会环境造成的影响。

（6）规划方案环境合理性论证与优化调整建议：分析规划布局、规模等的环境合理性，分析环境保护目标的可达性，提出规划方案的优化调整建议。

（7）环境保护对策措施：针对规划造成的各项环境影响提出相关的环境保护措施。

（8）公众参与：根据《环境影响评价公众参与暂行办法》的要求开展公众参与调查，征求公众的意见与建议。

三、规划的主要环境影响

（一）社会环境

规划实施后，对社会环境的影响主要是保障流域及相关地区防洪安全，避免城镇、工业、交通干线、生产生活设施遭到洪灾威胁，为国民经济的持续发展和社会安定提供防洪安全保障；规划结合北洛河流域经济社会发展和维护河流生态健康的各项需求，上中下游、干支流统筹兼顾，地表水和地下水统一配置，合理配置区域间水资源，缓解上下游、省区间水资源供需矛盾，基本解决流域内缺水问题，改善城乡生活与工农业供水条件，有利于促进人民生活水平的提高，促进工农业尤其是延安、榆林地区能源工业的快速发展；通过采取各类节水措施，初步建成节水型社会；通过建设集中供水工程、小电井、水窖、水池等供水工程，全面解决城乡饮水安全问题，为流域人群健康提供基础的用水安全；改善水环境质量，促进水功能区达到水质目标要求，保障流域供水安全。

（二）水资源

规划实施后，2020年、2030年北洛河流域耗水量没有超过耗水总量控制指标，符合《黄河可供水量分配方案》（国办发〔1987〕61号）及甘肃省、陕西省黄河取水许可总量控制指标细化方案的相关要求。

规划实施后，北洛河流域水资源开发利用率分别由现状的45.3%提高至51.5%、52.8%，提高了6.2百分点和7.5百分点；地表水开发利用率（不包括流域外供水）由现状的32.1%提高至2020年、2030年的37.9%，提高了5.8百分点；地表水消耗率由现状的25.7%提高至2020年、2030年的30.7%，提高了5百分点。总体来说，与现状相比，流域水资源开发利用率、地表水开发利用率、消耗率有一定幅度的提高，但提高幅度不大。

未来的2020年、2030年，北洛河流域用水需求量有一定增长，用水增加河段主要集中在北洛河的刘家河—南城里河段、南城里—庄头河段以及葫芦河河段。这些河段蕴藏着十分丰富的煤炭和石油资源，甘泉、洛川、富县、黄陵、宜君等县及区内最大的交口河镇工业园区也分布在该河段，用水量的增加在支撑区域经济社会发展的同时，将加大北洛河流域的水资源开发利用程度，并给水环境带来较大压力，增大了水资源保护的难度。

（三）水文泥沙

1. 水文

规划的水资源配置方案实施后，北洛河干流刘家河断面、交口河断面、洑头断面以及支流沮河黄陵断面的年径流量过程变化不大，说明规划实施对北洛河干流及支流沮河水文情势影响不大。

北洛河支流葫芦河由于南沟门水库的建设，南沟门下泄断面年径流量过程发生了较大变化，现状年，该断面的径流主要集中在 7—10 月，规划实施后，下泄流量趋于均匀化，因此南沟门下泄断面水文情势发生了较大变化。

规划的水资源配置方案实施后，规划水平年北洛河入渭水量可以达到《渭河流域重点治理规划》的要求。

2. 泥沙

北洛河是黄河泥沙的主要来源区之一，具有水流含沙量大、水沙异源、水沙量年际年内分布不均的特点。泥沙主要来源于区域水土流失，规划通过水土保持措施、水利措施等的实施，将减少区域土壤侵蚀量，进而减少北洛河的入河泥沙量。北洛河入河泥沙量的减少，将减少入渭泥沙量和入黄泥沙量，有利于北洛河下游和渭河下游的冲淤，保障北洛河下游、渭河下游的防洪安全。

（四）水环境

在规划入河污染物总量控制方案和对策措施能够全部实现的情况下，北洛河流域水质将明显改善，2020 年、2030 年水质能够达到规划提出的水质目标；在北洛河流域污染物达到国家、省（自治区）有关排放标准要求（不考虑总量控制）情况下，流域水环境也能得到一定程度的改善，但难以达到规划提出的水质目标。因此，流域应实行严格的水污染控制措施，对流域的污染物进行一定的削减，以保证规划水平年污染物入河量不超出规划提出的入河污染物总量控制方案，实现规划提出的水质目标。

（五）陆生生态

从宏观层面来看，规划实施不会改变北洛河流域生态系统的结构和功能，不会对流域现状土地利用和植被分布产生明显影响，且规划实施对流域陆生生态的影响有一定的有利影响，不利影响是局部的、暂时的。

1. 生态完整性分析

规划实施后，各种水保措施将使林地面积大幅度增加，坡耕地、草地、未利用土地相应减少。北洛河流域总生物量将增加 5054.69 万吨，占现状总生物量的 18.97%，北洛河流域单位面积平均净生产力将增加 0.47 吨每公顷每年，增加 9.13%，但是，这个增加有人类投入的化肥与机械的贡献，与自然生产力缺少比较基础。如果扣除人类的投入，加之化肥等对土壤结构的破坏导致的自然生产力降低，规划实施后自然生产力应仍可以维持在本系统的幅度范围内。规划实施后，由于恢复稳定性和阻抗稳定性可以维持在现有水平，因此流域自然系统的自维持能力没有降低。

2. 对野生动物的影响

北洛河流域野生动物主要集中分布在自然保护区、森林公园及覆盖率较高的子午岭一带的林地内。位于野生动物集中分布区内部或距离较近的工程包括莲花寺水库、华池县葫芦河水源工程、莲花寺水源供水工程及部分防洪工程，规划实施期间，工程爆破、施工机械活动会产生噪声和振动，会对野生动物的栖息产生干扰，但在采取了必要的防护措施后，规划对野生动物的影响是可以接受的，应在施工时采取避免或减缓影响的措施，保护野生动物。

3. 重要断面生态需水满足程度分析

规划的水资源配置方案实施后，北洛河干流的刘家河、南城里、庄头断面和葫芦河的南沟门下泄断面，生态需要的水量能够得到满足。

北洛河干流的刘家河、交口河、洑头 3 个重要断面，多年平均来水情况下，在规划提出的水资源配置方案实施后，规划水平年 2020 年、2030 年 12 个月中，仅有 1 个月（10 月）的流量不能满足生态需水流量要求，其他 11 个月均能满足生态需水流量要求。支流南沟门下泄断面，多年平均来水情况下，在规划提出的水资源配置方案实施后，2020 年 12 个月中，有 1 个月不能满足该断面生态需水的流量要求，其他 11 个月，均能满足生态需水的流量要求；2030 年 12 个月中，有 3 个月不能满足该断面生态需水的流量要求，其他 9 个月，均能满足。评价建议适当优化调整南沟门水库的运行方式，适当加大 7—9 月的下泄流量，以满足生态需水的流量要求。

4. 水生生态影响分析

规划中水资源保护规划实施后，北洛河干流及其主要支流水质得到明显改善，将对流域内水生生境产生有利影响，为北洛河湿地、葫芦河湿地及河流水生生态系统的改善提供适宜的水环境条件。

规划的水资源配置方案、水生态保护措施实施后，流域各重要断面下泄水量基本能够满足河道内生态需水的要求，为河道内生态环境、重要湿地提供一定的水资源条件，对保护北洛河重要湿地、水生生态产生一定的积极作用。

北洛河干流已建水电站 8 座，均集中在南城里—洑头河段，该河段长度 100 千米左右，平均 12 千米分布有 1 座水电站，水电站的建设已经对河流纵向连通性产生了较为严重的破坏。《陕西省北洛河流域水资源开发利用规划》《陕西省小水电开发利用规划》提出在北洛河干流新建 6 座电站，将进一步破坏南城里—洑头河段的连通性，增加河段内的脱流、减流河段。本次规划基于以往成果、省区意见和考虑到环境保护要求，建议取消石门、张家船、前河电站规划布置，并提出首先对已建 8 座水电站整改，整改完成后规划的 3 座电站方可进入下阶段程序，该规划意见的实施，有利于北洛河南城里—洑头河段纵向连通性的恢复，由于已建电站的整改存在一定的不确定性，存在一定的水生态风险，如已建电站不整改，新建电站则将进一步破坏河流连通性，破坏流域湿地和水生生物生境。

四、综合评价结论

北洛河流域综合规划实施后，流域水资源利用规划的实施，可以改善流域内生产、生活供水条件，促进流域经济社会的快速发展；水土保持规划的实施，有利于治理和控制流域水土流失，改善区域生态环境；水资源保护规划的实施，有利于改善干支流水质，促进水功能区水质达标，并保障河道生态基流，在一定程度上协调流域社会经济发展和资源环境保护之间的矛盾；防洪规划的实施，可以提高流域尤其是城镇、工业园区河段的防洪能力，保障流域人民生命财产安全，为流域国民社会经济的持续发展和工业园区的建设提供防洪安全保障。

附录二　法规、管理制度

陕西省重大防汛安全事故行政责任追究办法

（2024 年 7 月 14 日陕西省人民政府令第 101 号公布，自 2004 年 7 月 14 日起施行）

第一条　为了落实防汛工作责任，防范重大防汛安全事故发生，根据《中华人民共和国防洪法》《陕西省实施〈中华人民共和国防洪法〉办法》等法律法规，结合本省实际，制定本办法。

第二条　本办法所称重大防汛安全事故是指：

（一）防汛行政责任人擅离防汛工作岗位，导致雨情、水情、险情、灾情等信息发布、传递不及时；瞒报、谎报，造成防汛抢险工作严重失误；发生防洪工程溃坝、决口；一处山洪灾害一次死亡超过 10 人。

（二）防汛行政责任人组织巡堤查险工作不力，或组织抢护工作不到位，致使主要江河堤防和城镇堤防在防洪标准以内发生决口。

（三）由于管理不善和防汛抢险工作不力造成水库溃坝。

（四）因渎职致使河道行洪范围内修建碍洪建筑物、设置行洪障碍物、违法采砂等行为未得到有效制止，导致堤防发生决口或者其他重大险情。

（五）不执行防御洪水方案、防汛抢险指令、水库洪水调度运行计划，导致洪水威胁加重，造成人员伤亡或重大经济损失。

（六）因质量管理工作疏漏，致使防洪工程建设质量未达到设计标准，造成防洪工程垮坝、决口。

（七）其他重大防汛安全事故。

第三条　省、市、县、区、乡、镇人民政府主要负责人是本行政区域内防汛工作的第一责任人，对防汛安全负总责；分管负责人是本行政区域内防汛安全工作的直接责任人。各级人民政府防汛抗旱指挥机构及有关部门、防洪设施建设管理单位的负责人和工作人员，对防汛安全工作负有直接责任。

第四条 省、市、县、区、乡、镇人民政府要依法建立和完善防汛安全责任制，明确重点河段、水库、城镇等区域防汛安全责任人和有关部门及单位的防汛工作责任。

第五条 分工负责重点河段、水库、城镇等区域防汛安全的责任人，组织实施所负责区域的防汛准备和抗洪抢险工作。

第六条 各级人民政府防汛抗旱指挥机构负责制定实施本行政区域内防汛预案，建立防汛安全检查和报告制度，建立健全防汛抢险组织，按标准定额储备防汛抢险物资，履行防汛指挥调度责任。

第七条 各级人民政府有关部门，按照各自职责做好防汛安全事故防范和处理工作。

第八条 各级人民政府建设工程项目审批部门，应当按照有关法律法规、规章的规定，对涉及防汛安全的事项进行严格审查；对不符合法律、法规、规章规定的防汛安全要求的，不得批准。

第九条 各级人民政府水行政主管部门和防洪设施管理单位应当严格履行防汛工作职责，采取有效措施防止防汛安全事故发生，确保防汛工作规范有序地进行。

第十条 重大防汛安全事故发生后，所在地人民政府、防汛抗旱指挥机构应当立即组织开展抢险工作，并及时向上一级人民政府、防汛抗旱指挥机构报告情况，不得迟报、瞒报。

第十一条 地方各级人民政府未按规定履行职责，致使本行政区域内发生重大防汛安全事故的，按干部管理权限由有关部门或监察机关根据情节轻重，对主要负责人和分管负责人给予警告直至撤职的行政处分。

第十二条 分工负责重点河段、水库、城镇等区域防汛安全工作的责任人，违反本办法第五条规定，造成重大防汛安全事故的，由其主管部门或监察机关根据情节轻重，给予警告直至撤职的行政处分。

第十三条 各级人民政府防汛抗旱指挥机构违反本办法第六条规定，造成重大防汛安全事故的，由其主管部门或监察机关根据情节轻重，对防汛抗旱机构负责人和直接责任人给予记过直至撤职的行政处分。

第十四条 各级人民政府水行政主管部门、建设工程项目审批部门及其他有关部门和防洪设施管理单位违反本办法第七条、第八条、第九条规定，造成重大防汛安全事故的，由其主管部门或监察机关根据情节轻重，对部门、单位负责人和直接责任人给予记过直至开除的行政处分；涉嫌犯罪的，移送司法机关依法查处。

第十五条 任何部门或单位不执行防汛指挥命令，造成重大防汛安全事故的，由其主管部门或监察机关根据情节轻重，对部门或单位负责人和直接责任人给予记过直至开除的行政处分；涉嫌犯罪的，移送司法机关依法查处。

第十六条 对重大防汛安全事故不按规定上报或瞒报、谎报、迟报，阻挠事故查处的，由其主管部门或监察机关根据情节轻重，对有关部门或单位负责人和直接责任人给予记过直至开除的行政处分；涉嫌犯罪的，移送司法机关依法查处。

第十七条　重大防汛安全事故发生后，由当地或者上一级人民政府组织有关部门成立调查组进行事故调查。事故调查工作应自事故发生之日起60日内完成。调查报告应包括依照本办法对有关责任人提出责任追究的意见。调查报告应在报送本级人民政府的同时，抄报上一级人民政府。

第十八条　各级监察机关依照《中华人民共和国行政监察法》的规定，负责对本级人民政府及有关部门工作人员履行防汛安全监督管理职责的情况进行监察。

第十九条　本办法自发布之日起施行。

渭南市河长制问题清单制度

根据中共渭南市委办公室、渭南市人民政府办公室《关于全面推行河长制的意见》（渭市办字〔2017〕21号），为进一步强化工作责任，提高工作效率，坚持问题导向，落实属地责任，建立问题清单，形成协调解决河湖库渠保护管理存在重点难点问题的长效机制，推动河长制落地见效，制定本制度。

一、清单制定

建立市、县、镇三级河长制问题清单，对河湖库渠保护管理工作中出现的重大突发性事件，跨流域、跨地区、跨部门的重大协调问题，反映地方苗头性、问题性、建议性重要信息，新闻媒体、网络反映的涉及江河库渠保护管理和河长制工作的热点舆情等问题，逐项逐条梳理，找准核实，登记造册，统一编号，建立问题清单。

二、清单分解

按照属地管理、层级负责的要求，市级11条河湖库渠问题清单由所属县、市、区主办，其他河湖库渠问题清单根据管理权限，由所属市、县、镇办理。明确责任单位和责任人，确定问题解决的时限、要求、目标。责任单位主动认领，专人办理，负责到底。河长制办公室及联席单位跟踪督办。

三、清单销号

对问题清单办理过程跟踪督办，对办理结果进行回访检查，对办理效果进行评议评判，确保问题整改到位。问题办结后，办理单位应将事项原件、领导批示、处理意见、办理情况报告等资料交由本级河长制办公室立卷归档，并向上一级河长制办公室报备。

四、保障措施

联系督办。市河长制办公室成员单位具体负责市级河长问题清单的联系督办，落实市级河长批示和交办的具体事项。

跟进服务。市河长办细化责任，协同相关联席单位对问题清单再落实，全程跟进服务。

社会监督。将问题清单通过文件、网站等媒体公示，有针对性地把督办过程及时公开，让群众知情、接受群众和舆论监督。

立牌公示。在河湖库渠显要位置设置警示标志，设立河长公示牌，公布河段范围、姓名职务、职责和联系方式，接受群众监督和举报。

渭南市水资源管理办法

第一章　总 则

第一条　为加强水资源管理和保护，科学合理开发、利用、节约水资源，实现水资源的可持续利用，落实国家节水行动，建设节水型社会，根据《中华人民共和国水法》《取水许可和水资源费征收管理条例》《中华人民共和国资源税法》《中华人民共和国水污染防治法》《陕西省地下水条例》《陕西省取水许可管理办法》《陕西省节约用水办法》《陕西省水资源税征收管理办法（试行）》等法律、法规规定，结合我市实际，制定本办法。

第二条　本办法所称水资源是指地表水以及包括地热水、矿泉水在内的各种类型的地下水和非常规水。非常规水为特殊水体的水资源。

凡在本行政区域内开发、利用、节约、保护和管理水资源，必须遵守本办法。

第三条　水资源属于国家所有。未经批准，任何单位和个人不得擅自开发利用水资源。单位和个人依法取得的水资源使用权及其他合法权益，受法律保护。国家对水资源依法实行取水许可制度和有偿使用制度。

第四条　市、县级人民政府对本级水资源管理负总责。严格水资源开发利用用水总量、用水效率和水功能区限制纳污“三条红线”制度，下达开采总量控制指标和水位控制指标，将开发、利用、节约、保护、监测等基础设施建设纳入本级国民经济和社会发展规划，所需经费列入本级财政预算。

第五条　市级水行政主管部门负责全市水资源的统一管理和监督保护工作。渭南城市规划区域内的水资源，由市水行政主管部门直接管理。

县级水行政主管部门负责本行政区域内的水资源管理。

第二章　水资源规划和开发利用

第六条　市级水行政主管部门负责制定全市水资源开发利用总体规划，研究确定水资源利用总量、用水效率、水功能区限制纳污红线，科学划分水资源限制开采区、禁止开采区，实现水资源优化配置和合理利用，报市级人民政府批准执行。

县级水行政主管部门会同同级有关部门依据上级有关规定编制本行政区域水资源开发利用规划，报本级人民政府批准，并报市级水行政主管部门备案。

第七条　开发利用水资源应当坚持开源与节流并重、节水优先的原则。优先开发利用地表水，合理开发地下水，鼓励利用非常规水。首先满足城乡居民生活用水，兼顾生产、生态用水和其他行业用水。

不得将地下水作为生态景观用水。

第八条　地下水严重超采区的下列区域，应当划定为地下水禁采区：

（一）城市公共供水管网已到达的区域；

（二）通过替代水源能够满足用水需求的区域；

（三）发生严重地面沉降、地裂缝等地质灾害的区域；

（四）经地下水资源论证开采地下水有可能严重破坏生态环境或者对社会公共利益产生重大损害的地区；

（五）重点文物保护单位保护范围和法律、法规规定其他禁止开采地下水的区域。

地下水严重超采区的下列区域应当划定为地下水限采区：

（一）地下水禁止开采区以外的严重超采区；

（二）一般文物保护区和风景名胜区；

（三）其他需要限制的区域。

第九条　渭北“380”岩溶水作为饮用水水源或战略储备及应急水源，应当严格限制开采。市、县级水行政主管部门应当制订逐步削减开采方案，积极寻找替代水源，逐步封停取水工程。

第十条　任何单位和个人引水、截（蓄）水、排水，不得损害公共利益和他人的合法权益。凡因新建、改建和扩建水源工程，对原有取用水户的合法利益造成损失的，由建设单位给予补偿。

第三章　水资源配置和取水管理

第十一条　全市和跨县（区）的水中长期供求规划，由市级水行政主管部门会同有关部门，依据省水中长期供求规划和本地区的实际情况制定，经市级人民政府审查批准后执行。

县级水中长期供求规划，由县级水行政主管部门会同有关部门，依据市水中长期供求规划和本县级的实际情况制定，经县级人民政府审查批准后执行。

第十二条　市、县级水行政主管部门应当根据水中长期供求规划，编制水量分配方案和旱情紧急情况下的水量调度预案，报本级人民政府批准后执行；跨县（区）的水量分配方案和旱情紧急情况下的水量调度预案，由市级水行政主管部门会同有关县级人民政府制定，报市级人民政府批准后执行。

第十三条　市、县级水行政主管部门根据批准的水量分配方案、用水定额，结合本行政区域内用水状况和年度用水计划，对本行政区域的年度用水实行总量控制。

第十四条　凡是在全市辖区内直接取用地表水以及包括地热水、矿泉水在内的各种类型的地下水、非常规水的单位和个人，应当向水行政主管部门提交取水许可，取得取水权。

第十五条　新建、改建、扩建的建设项目需要申请取水或者变更标的的，必须向有管辖权的水行政主管部门提出取水许可申请。取水许可申请经水行政主管部门签署意见后，项目审批单位方可审批立项。

第十六条　办理取水许可申请，应当提交下列文件：

（一）取水单位或者个人的法定身份证明文件；

（二）取水许可申请书；

（三）建设项目水资源论证报告书（表）；

（四）有利害关系第三者的承诺书或者其他文件；

（五）经批准的建设项目可行性研究报告；

（六）属于备案项目的，提供有关备案材料。

第十七条 取水许可实行分级审批。

（一）属于国务院水行政主管部门所属流域管理机构审批的取水，按国家有关规定办理；

（二）跨设区的市级行政区域取水和省属大型灌区农业灌溉取水由省人民政府水行政主管部门审批；

（三）地表水取水口设计流量合计 1 立方米每秒以上的农业取水，设计日取水量合计 1 万立方米以上的工业与城镇生活取水；地下水设计日取水量合计 0.5 万立方米以上的取水，由市级水行政主管部门审批。

（四）跨县（市、区）行政区域的取水，由市级水行政主管部门审批。

（五）渭北“380”岩溶水的取水申请由县级水行政主管部门受理并提出初审意见，报市级水行政主管部门审批。

（六）市级水行政主管部门审批权限以下的取水由县级水行政主管部门审批。

第十八条 取得《取水许可证》的单位和个人，在每年的 12 月 31 日前向水行政主管部门申报下年度用水计划。水力发电工程，应当向取水审批机关报送其下一年度发电计划。

第十九条 下列情形不需要申请领取取水许可证：

（一）农村集体经济组织及其成员使用本集体经济组织的水塘、水库中的水的；

（二）家庭生活和零星散养、圈养畜禽饮用等月取水量不超过 50 立方米的；

（三）为了保障矿井等地下工程施工安全和生产安全必须进行临时应急取（排）水的；

（四）为了消除对公共安全或者公共利益的危害临时应急取水的；

（五）为了农业抗旱和维护生态与环境必须临时应急取水的。

前款第（三）项、第（四）项规定的取水，应当在危险排除或者事后 10 日内，将取水情况报取水口所在地县级人民政府水行政主管部门备案；第（五）项规定的取水，应当经县级以上人民政府水行政主管部门同意。

第二十条 取水工程及配套设施建成后，取水单位或者个人应当依照国家技术标准安装计量设施。其中，年取水量在一定规模以上的取水单位或者个人，应当按照国家水资源监控能力建设项目标准同步安装取水量数据传输设施。试运行合格 30 日内，及时向水行政主管部门提交以下资料，申请核验：

（一）竣工报告，包括取水工程所在位置的地理坐标、高程和平面位置图，单井实际井深、井径和水文地质钻孔柱状图，抽水试验综合成果图、水质分析报告等；

（二）取水工程的建设和试运行情况；

（三）计量设施认证及数据传输设备情况；

（四）其他需要提供的资料。

第二十一条　有下列情形之一的，水行政主管部门应当对取水单位或个人的取水量予以限制或核减：

（一）因自然原因等使水源不能满足本地区正常供水的；

（二）社会总取水量增加而又无法另获得水源的；

（三）地下水严重超采或者因地下水开采发生地面沉降等地质灾害的；

（四）出现其他需要限制取水量的其他特殊情况。

第二十二条　市、县级水行政主管部门应当建立健全水资源统计制度，建立用水单位监控名录，对纳入取水许可管理的单位和个人实行计划用水管理。

取水单位和个人应当按照规定如实报送取用水资料。

第二十三条　取水许可证有效期一般为 5 年，最长不超过 10 年。取水许可证有效期届满后需要延续的，取水单位或者个人要在有效期届满 45 日前向原审批机关提出申请。原审批机关应当对取水单位或者个人取水情况进行评估，根据评估结果作出是否延续的决定。批准延续的，核发新的取水许可证；不批准延续的，应当书面说明理由。

第二十四条　凡是在全市辖区内直接取用地表水以及地下水的单位和个人，按照水行政主管部门核发的《陕西省水资源税纳税人取用水量申报核定书》所载的取水量如实向税务部门申报水资源税。税务部门应当加强取用水户缴税情况的监督管理。

水资源税的征收标准按照省有关规定执行。

地热水、矿泉水按规定缴纳水资源税。

第二十五条　按规定不需要申请取水许可的，免征水资源税。下列情形，予以免征或者减征水资源税：

（一）规定限额内的农业生产取用水，免征水资源税；

（二）取用污水处理再生水，免征水资源税；

（三）除接入城镇公共供水管网以外，军队、武警部队通过其他方式取用水的，免征水资源税；

（四）抽水蓄能发电取用水，免征水资源税；

（五）采油排水经分离净化后在封闭管道回注的，免征水资源税；

（六）财政部、国家税务总局规定免税或者减税的其他情形。

第二十六条　水源用途发生改变的，取用水单位和个人要依法办理取水许可变更手续，重新核定用水计划指标，并按新的用水性质类别缴纳水资源税。

第四章　节约用水

第二十七条　市、县级人民政府应当加强对本行政区域内节约用水的管理，把节约用水工作纳入本区域国民经济和社会发展计划，积极推进本区域内节水型社会建设。

市、县级人民政府应当对本行政区域内的用水实行总量控制和定额管理。

市、县级水行政主管部门应当会同同级有关部门，编制本行政区域的节约用水规划，报同级人民政府批准后组织实施。

第二十八条 市、县级水行政主管部门负责本行政区域内节约用水工作的组织、指导和监督。市、县级建设行政主管部门具体负责本行政区域内城市节约用水工作。

第二十九条 市、县级人民政府农业行政主管部门应当根据当地自然条件和经济发展水平，因地制宜推广农业节水灌溉模式，提高农业用水效率。

农业节约用水项目及含有节约用水措施的农业开发项目，政府有关部门应当重点扶持，优先立项。

第三十条 工业企业主管部门应加强对企业节水工作的监督管理。

工业企业取用水单位必须建立管理制度和统计台账，日用水量500立方米以上的企业，应在有测试资格的机构指导下，定期进行水平衡测试。

工业企业应当按照本行业节约用水工艺和技术指导目录采用的新技术、新工艺和新设备，进行节水技术改造。推行清洁生产，降低用水单耗，提高水的重复利用率。

第三十一条 市、县级人民政府有关部门应当采取积极有效的措施，推广节水型生活用水器具，降低城市管网漏失率，逐步淘汰现有住宅不符合节水标准的生活用水器具，提高生活用水效率。

积极发展污水处理回用、雨水收集等非常规水源开发利用。鼓励园林绿化、环境卫生、工程施工等利用中水和雨水作业。

洗车业应当安装净化循环装置，提高水的重复利用率。

供水企业和自建供水设施的单位应当加强供水设施的维护管理，减少水的漏失。

第三十二条 发展改革主管部门应加强项目节水三同时的监督管理。新建、改建、扩建建设项目，应当制定节水措施方案，配套建设节水设施。节水设施应当与主体工程同时设计、同时施工、同时投产。节水设施竣工后，验收合格的方可投入使用。

已建成的项目未配套建设节水设施的，应当进行节水设施的配套建设。

第五章 水资源保护

第三十三条 市、县级人民政府环境保护主管部门对水污染防治实施监督管理。

第三十四条 在饮用水水源保护区内，禁止设置排污口。禁止在饮用水水源一级保护区内新建、改建、扩建与供水设施和保护水源无关的建设项目；已建成的与供水设施和保护水源无关的建设项目，由市、县级人民政府责令拆除或者关闭。禁止在饮用水水源一级保护区从事网箱养殖、旅游、游泳、垂钓或者其他可能污染饮用水水体的活动。

第三十五条 禁止在饮用水水源二级保护区内新建、改建、扩建排放污染物的建设项目；已建成的排放污染物的建设项目，由市、县级人民政府责令拆除或者关闭。在饮用水水源二级保护区内从事网箱养殖、旅游等活动的，应当按照规定采取措施，防止污染饮用水水体。

第三十六条 禁止在饮用水水源地保护区内新建、扩建对水体污染严重的建设项目；改建建设项目，不得增加排污量。

第三十七条 市、县级地方人民政府应当根据保护饮用水水源的实际需要，在准保护区内采取工程措施或者建造湿地、水源涵养林等生态保护措施，防止水污染物直接排入饮用水水体，确保饮用水安全。

第三十八条 地下水的开采，应当维持采补平衡，禁止利用渗井、渗坑、裂隙或溶洞等排放污水，禁止用污水进行回灌。

第三十九条 开采矿藏或者建设地下工程，应当采取防护措施，防止污染和破坏水源。因疏干排水导致地下水位下降、枯竭或者地面塌陷的，采矿单位或者建设单位应采取补救措施，对他人生产和生活造成损失的，应当予以补偿。

第四十条 市、县级人民政府及其有关部门，可能发生水污染事故的企业事业单位，应当依照《中华人民共和国突发事件应对法》的规定，做好突发水污染事故的应急准备、应急处置和事后恢复等工作。

第六章 法律责任

第四十一条 市、县级水行政主管部门或者其他有关部门的工作人员违反本办法，有滥用职权、玩忽职守、徇私舞弊等行为的，由其上级行政机关或者监察机关责令改正；情节严重的，对直接负责的主管人员和其他直接责任人员依法给予行政处分；构成犯罪的，依法追究刑事责任。

第四十二条 取用水单位和个人违反本办法规定的，由县级以上水行政主管部门依照有关法律法规查处。

第四十三条 在开发、利用、保护、管理水资源，节约用水和进行有关的科学技术研究以及同破坏、污染水资源行为作斗争等方面成绩显著的单位和个人，由各级人民政府给予表彰和奖励。

第七章 附 则

第四十四条 本办法自 2020 年 5 月 1 日起施行，2025 年 4 月 30 日自行废止。2019 年 12 月 30 日印发的《渭南市水资源管理办法》（渭政办发〔2019〕143 号）废止。

洛惠渠计划用水暂行规范

第一章 总 则

第一条 灌溉计划用水是适应农业生产责任制的要求，科学地管理灌溉用水工作的先进方法。灌区各级管理组织，都要认真做好计划用水工作，不断提高计划用水工作质量。

第二条 计划用水就是根据作物的需水要求，结合灌区水源、渠系、气候、土壤等条件，有计划地引水、输水、配水、蓄水、提水和有组织地田间灌水的总称。实行计划用水可以充分利用水源，可以节约用水，提高水的利用率，降低灌溉成本；可以控制灌区地下水位上升和防治土壤盐碱化，改良利用盐碱地；可以节省劳力，提高劳动生产率；可以对作物适时适量灌溉，促进粮棉高产稳产。

第三条 灌溉计划用水工作是群众性技术工作，各级管理组织，要做到统一领导，实行专管机构与群管组织相结合，坚持走群众路线，使水利更好地为农业增产服务。

第二章 节水增产的灌溉制度

第四条 洛惠渠灌区省水增产的灌溉制度，是根据以下三种方法综合考虑制定的：

1. 理论计算法。根据各种作物的耗水规律，不同水文年份的有效降雨量和作物不同发育阶段所需要的适宜土壤水分，进行水量平衡理论计算，制定灌溉制度。

2. 灌溉试验法。总结灌溉试验资料，制定灌溉制度。

3. 总结群众灌水经验，制定灌溉制度。

第五条 洛惠渠灌区的主要作物灌溉制度，以灌溉试验为基础，以作物计划浸润层土壤水分平衡理论计算为依据，结合群众省水增产的灌溉经验，制定灌区主要作物灌溉制度（见表 1）。

表 1 洛惠渠灌区主要作物灌溉制度

作物	灌水次数	发育阶段	一般干旱年（P=75%）			干旱年（P=90%）		
			灌水日期（旬 / 月）	灌水定额 /（m^3/ 亩）	灌溉定额（m^3/亩）	灌水日期 /（旬 / 月）	灌水定额 /（m^3/ 亩）	灌溉定额 /（m^3/ 亩）
小麦	1 2 3 4	分蘖—返青 返青—拔节 抽穗—乳熟 乳熟—成熟	中 /12 上 /3 中 /4	50 45 45	140	中 /12 上 /3 中 /4 中 /5	50 45 45 40	180
玉米	0 1 2 3	播前 拔节—孕穗 孕穗—盛花 孕穗—盛花	上中 /6 中 /7 中 /8	50 45 45	90	上中 /6 中 /7 上 /8 下 /8	50 45 45 40	130
棉花	0 1 2 3	播前 显蕾—开花 开花—结铃 开花—结铃	冬春泡 上 /7 上 /8	45	60 45 45	冬春泡 上 /7 下 /7 中 /8	60 45 45 40	130

注：灌溉定额未包括泡地定额。

第三章　用水计划的分类、内容和编制

第六条　用水计划是管水部门引水、配水的指导文件，也是用水单位用水的依据。按照洛惠渠灌区管理分级情况，用水计划分三级（局、站、斗）编制，实行三级配水。管理局编拟全渠系用水计划，管理站编拟站用水计划（即干、支渠配水计划），局、站用水计划一般按季度编拟；斗渠用水计划（即灌水计划）分为季度用水计划和分次用水计划两种。

第七条　渠系用水计划：

（1）渠系年度用水安排是制定全年轮廓的灌溉任务，综合平衡供需水量，作为灌区全年用水管理的依据。只做水量平衡，不进行流量分配。渠系季度用水计划是每个季度具体制定灌溉任务、引水、配水计划指导全灌区用水工作的文件。渠系年度用水安排的内容：①基本资料，如河源供水情况，渠道水利用系数，作物种植面积等；②灌溉制度；③任务指标，如灌溉任务、渠系利用系数、灌溉效率等；④轮期水量平衡表；⑤贯彻计划的措施。季度计划的内容还包括渠系引水计划表、配水计划表。

（2）编制渠系用水计划要进行供需水量平衡计算，根据灌溉制度、作物面积、河源供水情况、灌溉水利用率等资料，划分轮期，作为水量平衡的时段（也是配水计划中的配水时段）；按照供需差额采取措施，如挖掘各种水源潜力，调整灌溉面积和作物用水时间，推广先进灌水技术等办法，达到平衡。

（3）渠系季度引水计划表，根据相应季度的水源供水能力，渠首可能引入流量及各灌溉轮期灌区需要引用的水量等编制，具体确定各轮期渠首计划引入流量和引水时间，作为季度灌溉引水的依据。

（4）渠系季度配水计划表，根据引水计划，各级渠道的灌溉面积、作物需水情况、渠道输水能力及利用系数等编制，将渠首引入流量合理地分配到各干支渠道或基层管理单位。

第八条　管理站用水计划（干、支渠配水计划）：

（1）管理站用水计划是管理站及其所辖干、支渠进行灌溉用水工作的依据。计划的内容包括：①基本资料，各斗渠作物种植面积、灌溉制度、利用系数；②各项任务指标，灌溉任务、灌溉效率等；③各轮期配水计划表；④完成计划的措施等。

（2）干、支渠段内各斗用水实行轮灌。划分轮灌组要有利于上下游均衡用水，有利于提高干支渠利用系数和便于管理。各干渠上游的管理站，因地处输水渠段，可以插花开斗，轮灌组可以相对分散一点；干渠下游的管理站，轮灌组要相对集中，自下而上逐段轮灌。为了便于站际间“流量包段”，控制流量的干、支渠段，必须按规定续灌。

（3）干、支渠配水计划表，是将渠系用水计划中规定的流量，按轮灌周期划分轮灌组，合理地分配给斗渠。

（4）配给斗渠的流量，应适当集中，以提高水的利用率。大型斗渠（大于5000亩的）应放水250～400升每秒；中型斗渠（3000～5000亩的）应放水150～300升每秒；小型斗渠（小于3000亩的）应放水100～200升每秒。要纠正一条斗渠放水时只开一条分渠、

一条引渠的懒办法。

（5）斗渠每次用水时间，冬春灌宜长，以提高水的利用率，大型斗渠7 ~ 10天，中型斗渠5 ~ 7天，小型斗渠4 ~ 5天；夏灌期间宜短，以确保均衡受益，大型斗渠5 ~ 7天，中型斗渠3 ~ 5天，小型斗渠2 ~ 3天。

第九条 斗渠用水计划（即灌水计划）：

（1）斗渠用水计划是整个计划用水工作的基础。斗渠季度用水计划是各灌溉季度中一个轮廓的灌溉计划，只进行全斗各轮期水量计算，不作具体的分配，其内容包括：①分引渠生产队的作物种植面积统计表；②各项任务指标，如渠灌井灌任务、灌溉效率和粮棉产量指标、资料施测任务等；③季度用水计划表（汛期水量计算表）；④贯彻计划的措施等。

斗渠轮次用水计划是斗渠年度计划的具体实施计划，按照当时作物需水情况和管理站干支渠分配的流量及农活安排等情况编制，一般应在放水前2 ~ 3天编成，并报送管理站审批，斗渠轮次计划的内容包括斗渠水量分配表和执行计划的主要措施两部分。

（2）斗渠分次计划的任务：第一划分轮灌组，正确组织斗内各用水单位（名引渠）之间的轮灌；第二是计算水量分配表，根据各引渠（生产队）的计划灌源面积，灌水定额，斗渠、田间水的利用系数等资料，计算配给各引渠（生产队）的流量及用水时间。

（3）斗渠（包括干、支渠）内分组轮灌时，合理划分轮灌组是编好斗渠分次计划的重要环节。划分轮灌组应注意以下几点：

① 各轮灌组的面积或需水量基本相等，并尽量与行政区划相结合，使用水更加合理。

② 轮灌组各渠道间距离应最短，有利于提高水的利用率。

③ 各级渠道（分、引、顺、腰）分配流量要与输水能力相适应。

④ 为了便于全面实行小畦灌、沟灌，一般各队开引不宜过多，引渠流量不宜过大，用水时间不宜过短。

⑤ 照顾特殊情况，对抬高引渠，灌溉面积过大或过小的引渠，均应合理安排。

第四章　用水计划的执行

第十条 贯彻执行用水计划，是计划用水工作的中心任务。用水计划定案后，各级管理组织都应依靠当地党政领导，组织发动群众，坚决执行用水计划。

第十一条 水利专管机构和群众管理组织相结合，并充分发挥各级民主管理组织（如灌区灌溉委员会、管理站灌溉委员会、斗务委员会）在水利管理工作中的作用。健全行水干部队伍。组织灌区社队，健全各级渠道巡护组织，建立浇地专业队，制定用水制度，达到机构健全、任务明确，使用水计划的贯彻执行得到组织保证。

第十二条 渠道建筑物要保证安全输水，减少渠道渗漏损耗，提高渠系利用系数。闸门启闭灵活，无漏水现象。各级渠道建筑物于停水期间，要认真检查维修，使其完整无损，充分发挥其对灌溉用水的效能。

第十三条 田间工程要做到“三改”（长畦改短畦，宽畦改窄畦，大水漫灌改小畦浅灌）“两全”（顺、腰渠齐全，地边埂、路边埂齐全）。地畦规格应以畦长 30 ~ 50 米，最长不超过 70 米为宜（井灌区和地形复杂的地区宜短），地畦规格达不到以上标准的，可缓后配水或不配水。同时应做好土地平整，以保水、保土、保肥。

第十四条 健全量水设施，做好观测测验工作。

（1）量水设施是精确控制流量、保证计划贯彻的重要条件。干、支渠采用断面测流办法绘制水位流量关系曲线；斗渠全部安装固定量水堰，并健全引渠量水设施。各斗还须做活动量水堰 2 ~ 3 个，作为田间测水的工具，在全灌区形成一个完整的量水网，彻底纠正量水粗估冒算的现象。

（2）用水要建立观测记载制度。站、段、斗建立配水日志，狠抓各级渠道引用水量对口工作，做到“三勤”：勤看（水位、流量）、勤算（各渠道引用水量）、勤对口（上边配多少水量、下边落实多少水量）。水量对口误差要求在 5% 以内。正常情况下，干、支渠闸口每 2 小时观测记载 1 次；斗口每 4 小时观测记载 1 次；引口每 4 小时观测记载 1 次。当水位流量变化时，要加测加记，作为调配水量和按量计费的依据。

（3）做好测验工作，一般应观测土壤水分、渠道水位流量、地下水位，定田块、定渠道实测灌水定额、各级渠道及田间水利用系数，进行灌水技术试验。资料施测工作要做到“四及时”，即及时施测、及时整理、及时分析、及时应用指导灌溉。

第十五条 合理进行水量调配，确保用水计划的贯彻执行（详见第五章）。

第十六条 实行“流量包段，水量包干”。

（1）干、支渠按站并考虑行政区域划段，站、段实行“流量包段，水量包干”。各分水单位按灌溉面积、灌水定额、渠道损耗包干水量，节约归己，浪费不补。

（2）站际间此项工作由配水站负责执行，水量结算和水量对口原则上应以配水站为准，违章用水侵占下游水量者，按照管理局“水量调配制度”和有关奖惩规定处理。斗渠“流量包段，水量包干”由斗干部负责执行。

（3）流量包干渠段交界处，干、支渠由配水站、点实测流量；斗分渠安装固定量水堰，校对流量；引渠以内也应利用流动量水堰，以精确控制流量。

第十七条 执行用水计划要开好“三会”，做到“四有”，算清“五笔账”，实行“六个三”。“三会”为用水计划讨论会，用水中的碰头会，用水后的总结会；“四有”即开斗有计划，用水有记载，关斗有总结，资料有档案；“五笔账”是水量、面积、效率、系数、田间定额账；“六个三”：①“三实际”，编拟用水计划时采用的灌溉面积、流量、各项资料要符合实际；②“三公开”，建立水量公布牌，公布计划灌溉面积、引水时间和水量；③“三认真”，编制计划、记载流量、施测各项资料要认真；④“三及时”，水情联系、斗门开关、水量结算及时；⑤“三坚持”，坚持小畦灌溉，执行用水制度、用水计划；⑥“三对口”，站一级，局、站、段（斗）水量“三对口”；段一级，站、段、斗水量“三对口”；斗一级，段、斗、队水量“三对口”。

第十八条 配水到田间，管水又管产。站段斗干部要深入社队，向生产队干部群众宣传做好农水结合，充分发挥现有水源对农业增产的作用，纠正“以水代耕”“以水代管”的不良倾向，按照作物长势、需水程度、施肥情况，组织生产队群众节约用水、合理用水、科学用水，因时因地制宜地做好灌前施肥，灌后中耕，耙糖保墒，破除土壤板结，以达到保温、保墒，提高土壤肥力，促进农作物生长，获取高产。

第十九条 一支既有社会主义觉悟，又有灌溉管理业务技术能力的干部队伍，是做好计划用水工作的重要条件。局站要有计划地举办短期灌溉技术培训班，召开现场会，不断提高灌溉管理业务水平。每年对职工和干部进行技术考核，其成绩作为评比、奖励、晋级的依据之一。技术干部实行技术职称制。

第二十条 建立健全各项规章制度。行之有效的规章制度是保证按计划、有秩序灌水不可缺少的措施之一。主要有：①“流量包段水量包干”制度；②二级红旗用水制度；③斗门开关交接制度；④水位流量观测记载制度；⑤渠道管理和用水制度；⑥用水计划审批制度——各级用水计划编成后，必须报上一级主管单位进行审批，斗渠用水计划由主管管理员审批，重点斗计划由站长审批，各站计划报局灌溉科审批。

第五章 水量调配

第二十一条 水量调配必须做到“统一领导、分级负责、水权集中、专职调配”。渠系用水计划由配水站负责执行，并主管渠系干支渠水量调配工作。配水站在引水、配水中要做到“多、稳、准、均”。多即力争多引水量；稳即水位、流量相对稳定；准即水量调配要及时准确；均即各单位用水均衡。斗渠间的水量调配工作由管理站主管计划用水的技术干部负责。斗渠内的水量调配由斗技术员负责。

第二十二条 为了调动各级管好水用好水的积极性，灌区分水原则是按照作物面积、计划灌水定额、渠道损耗分配水量。配水原则是按用水计划中的“比例”分配流量，实行“节约水量多浇地亩不扣水，浪费水量少浇地亩不补水”和“自误水程过期不补”的原则。

第二十三条 配水工作制度：

（1）干、支渠用水一般实行续灌，各干支渠同时按计划比例用水。

（2）枯水期当渠首流量小于7.5立方米每秒时分两组轮灌，当渠首流量小于5.0立方米每秒时分3组轮灌。轮灌时间一般为7 ~ 10天。引洪淤灌时，洛西灌区续灌，洛东灌区因受五洞输水能力限制，分两组轮灌。

（3）在河源流量变化、泥沙冰冻等情况下，配水站要及时调配水量，做到调配灵活，引泄及时，保证渠道安全，充分利用水源。

（4）配水员要经常校对量水断面和量水建筑物，并有计划地施测各项资料。

（5）配水员要加强上下之间的水情联系，监督各站用水，定期结算水账，计算灌溉效率，做好水量对口等，供各级领导了解情况指导工作。

第二十四条 斗渠配水方法：

（1）灌溉轮期过长，可一次编制计划，2 次（或 3 次）开斗，每次按本轮期计划灌溉面积的二分之一（或三分之一）分配水量，但对面积过小的生产队，可在一次开斗中集中解决。

（2）斗渠计划一般应分水至生产队，配水到引渠。特大斗渠（面积大于 7000 亩的），可分到大队，但大队必须编制按生产队分水的水量分配简表，并报斗委会审批后由斗监督执行。

（3）按照先难后易、先远后近的原则安排用水。

（4）斗渠以下水量调配，要坚持斗分渠集中、田间分散的办法，以适应小畦灌溉。

第二十五条　为了适应河源流量变化并充分利用水源，各级渠道均应设调配渠道，在流量变化时调节流量，以减少流量变化时对各斗的影响。斗渠在河源流量变化时，应按照管理站通知，提前或推迟用水，加大或减小流量。斗渠设立调配引渠（或调配轮灌组），用一不变（引渠流量不变）二变（变开引条数、变用水时间）的方法调配，以保证用水计划的实施。

第六章　提高灌水技术推行定额灌水

第二十六条　田间水量调配对小畦灌溉的质量关系很大。引渠一般应放水 30 ~ 50 升每秒，最大不超过 60 升每秒；顺渠放水 20 ~ 30 升每秒，腰渠放水 10 ~ 15 升每秒。

第二十七条　采用合理的单宽流量和改水成数。小畦灌溉时，泡地的单宽流量一般应为 7 ~ 9 升每秒，生长期灌水一般应为 4 ~ 6 升每秒。沟灌时沟流量应为 0.5 ~ 1.0 升每秒。按照不同的田面比降等因素采用不同的改水成数。

第二十八条　斗渠以下按照土质、地形、田面比降、沟畦规格等条件合理划分灌水区，在分析以往灌水技术资料的基础上，分区确定实现计划灌水定额的单宽流量、改水成数，按灌水方案灌水，提高灌水技术，以实现定额灌水。

第二十九条　对浇地专业队应实行四定（定水量、定任务、定质量、定报酬）一奖（保质保量或超额完成任务者奖）的办法，加强浇地队员的责任心。浇地前要修复好各级渠道的畦埂，准备好挡水板，坚持昼夜灌溉。

第七章　用水计划的调整

第三十条　用水过程中，由于下述情况发生较大变化时，则需临时调整用水计划：

（1）河源流量减小或计划灌溉面积有了较大变化者；

（2）灌区降雨推迟用水天数或减少用水次数者；

（3）由于自然灾害需要保证某种作物或地区用水者；

（4）工程设施发生重大事故者。

第三十一条　调整用水计划的方法：

（1）渠系计划在客观情况发生较大变化时编制应变计划，并由配水站根据配水制度采取应变措施，如进行轮灌等。

（2）干支斗渠流量变化时，按照一不变（流量）二变（时间、斗渠条数或引梁条数）的原则处理，由调配渠道承担变化流量的调配任务，一般不另编制计划。

（3）灌溉面积发生变化时，在本斗范围内调剂解决或申请增减用水时间，也可调整灌溉面积。

（4）雨后可按降雨量多少，推迟灌水时间，减少灌水定额或灌水次数。

（5）灾害性天气出现时，由配水站协同主管单位研究处理。

第八章　渠井双灌情况下的计划用水

第三十二条　渠井（库）双灌地区，各斗要把井库灌水列入用水计划，并下达井库灌溉任务。管水人员要管渠管井，两水统配，最大限度发挥水源潜力。

第三十三条　按照渠水和井水的不同特点合理调配，采取“井水灌进、渠水灌远”“渠水泡地、井水灌田”“渠灌头水、井灌二水”“渠水浇秋、井水浇棉”“多井并流远浇”的办法，经济利用水源，提高水的利用率。地下水质较差的地区，可采取渠井掺和灌溉或“井水救急、渠水冲洗”的办法进行灌溉。

第九章　高含沙情况下的计划用水

第三十四条　高含沙灌溉期间各级渠道配水要考虑输沙能力，水量要集中，按设计流量或加大流量放水，以水带沙。一般干、支渠流速应不低于 0. 8 ～ 0.9 米每秒，斗渠流速应不低于 0.7 ～ 0.8 米每秒。

第三十五条　一般情况下引洪渠道应连续用水，不宜中途停水，以免淤积，并尽可能将有拉淤能力的渠道放在后期用水，在其上级渠道发生淤积时，可以用它拉淤。

第三十六条　淤灌田块的大小应由地形条件和引洪流量决定，一般 30 ～ 50 亩为宜，引洪淤地的单宽流量应在 10 升每秒左右。

第十章　充分利用水源潜力

第三十七条　提倡先期用水、小雨不停水和雨后早用水，坚持“春旱冬抗、夏旱春防”的措施。各单位在先期河源水量充沛、用水尚不紧张的情况下多引的水量，不参加水量平衡。

第三十八条　合理安排轮期，实行小麦未割先灌，以缓和秋田泡地时的供需矛盾。

第三十九条　搞好作物布局，提倡麦垄点播，合理利用地墒，减少供需矛盾。

第十一章　用水总结与衡量计划用水工作的标志

第四十条　各级管水组织于灌溉结束后均得做好计划用水工作总结。斗务委员会在每个轮期关斗后 4 日内做出分次用水总结，灌溉季度结束后做出季度总结。

第四十一条　斗渠用水总结，由斗技术员在算清五笔账（水量、面积、效率、系数、田间定额）的基础上与用水计划中的任务指标列表对比，总结水量调配和执行计划的措施贯彻情况，不断改进工作。

第四十二条 衡量计划用水质量高低的标志是：

（1）全面完成各项任务指标，实现三提高（提高灌溉效率、提高水的利用率、提高浇地质量）；

（2）按计划办事，按制度办事，用水秩序良好；

（3）水量日清月结，技术资料测验做到四及时；

（4）灌区粮棉产量等。

第十二章 附 则

第四十三条 灌溉计划用水是一门综合性的技术工作，各级管理单位都要组织职工和行水人员开展科学试验，不断创新，不断前进，把计划用水工作提高到一个新的水平。

第四十四条 本规范经中心办公会议讨论通过后执行。

洛惠渠灌区主要农作物灌溉制度

2020—2022年，灌溉科协同实验站相关人员，以试验资料为主，参考历年灌水经验，总结出丰水年、中等年和干旱年3个水文年份葡萄、梨树、桃树、梅子、枣树、西瓜、甜瓜等经济作物的灌溉制度。

作物	灌水次序	生育阶段	灌水起止时间（旬/月）	丰水年（*P*=25%）		中等年（*P*=50%）		干旱年（*P*=75%）	
				灌水定额/（m³/亩）	灌溉定额/（m³/亩）	灌水定额/（m³/亩）	灌溉定额/（m³/亩）	灌水定额/（m³/亩）	灌溉定额/（m³/亩）
冬小麦与夏玉米连作	1	冬前分蘖期	上/11—上/1	60	160	60	230	60	270
	2	小麦拔节期	中/3—上/4	—		40		50	
	3	小麦灌浆期	下/4—下/5	50		40		50	
	4	玉米拔节期	上/7—下/7	—		40		50	
	5	玉米抽穗期	上、中/8	50		50		60	
葡萄	1	出芽期	下/2—上/3	35	140	40	170	45	210
	2	花前期	中/4—上/5	30		35		30	
	3	幼果期	下/5—中/6	35		35		55	
	4	膨大期	上/7—上/8	40		40		60	
	5	越冬期	中/4—上/5	—		20		20	

续 表

作物	灌水次序	生育阶段	灌水起止时间（旬 / 月）	丰水年（P=25%）		中等年（P=50%）		干旱年（P=75%）	
				灌水定额 /（m^3/ 亩）	灌溉定额 /（m^3/ 亩）	灌水定额 /（m^3/ 亩）	灌溉定额 /（m^3/ 亩）	灌水定额 /（m^3/ 亩）	灌溉定额 /（m^3/ 亩）
梨树、桃树	1	花前期	中 /4—上 /5	20	90	30	145	35	195
	2	花后期	下 /5—上 /6	30		40		55	
	3	膨大期	中 /6—上 /7	40		55		75	
	4	越冬期	下 /11—上 /2	—		20		30	
梅子、枣树	1	萌芽期	下 /5—上 /6	—	50	45	105	50	145
	2	膨大期	下 /7—中 /8	50		60		65	
	3	越冬期	下 /11—下 /1	—		—		30	
西瓜	1	幼苗期	中 /4—下 /4	25	95	35	130	40	170
	2	抽蔓期	上 /5—下 /6	30		40		55	
	3	膨瓜期	中 /6—上 /7	40		55		75	
甜瓜	1	幼苗期	上 /4—下 /4	30	160	35	175	50	210

石堡川灌区工程运行管理制度（2020 年）

第一条　总则

（一）为加强工程设施管护，确保工程设施完好和使用安全，充分发挥工程设施效益，根据《中华人民共和国水法》《陕西省水工程管理条例》和有关行政法规的规定，结合石堡川水库灌区工程实际，制定本制度。

（二）本制度适用于支渠以上各级灌（排）渠道、渠道建筑物、泵站以及管理房屋、交通等工程设施日常运行及维护管理。

（三）灌区工程设施运行管理坚持科学规范、预防为主、统筹安排、严格标准、确保安全的原则。

（四）工程设施管理要取得地方政府的帮助和支持，同时要认真做好群众工作，教育灌区广大群众爱护工程设施，协力做好管护工作。

（五）灌区工程设施运行管理实行分级管理、分级负责的管理体制。实行管理中心业务部门总负责；各基层站负责辖区内干支渠道及工程设施的日常运行并依据年度维修计划，承担工程设施的维修和养护，对施工质量标准及功能的发挥负责。

具体执行方案为：工务科负责水库枢纽、干渠、支渠及附属建筑物的宏观管理，各管理站管理段划分按照《工程设施日常管护实施办法》区域划分为准，进行管理。

第二条 工程设施管理

（一）管理中心业务主管部门应加强对灌区工程设施运行状况的监督检查。各工程管护单位要高度重视工程设施的安全运行，做到周密安排，科学防范，并制定突发事件应急处理预案，将一切安全隐患消除在萌芽状态。

（二）渠道行水期间实时对渠道进行监控、巡护，每 4 个小时巡查 1 次，对大型建筑物重点部位和存在安全隐患部位实行 24 小时值守。停水期间至少每周对所管护工程设施巡护 1 次，每次巡护必须有详细的记录（应说明巡护人员、时间、发现的问题、处理方案等）。巡护人员如发现渠道出现险情，应及时报告主管部门，立即组织抢修或加固，力争将损失降低到最低限度。

（三）每次灌溉开闸前 24 小时内完成对渠道（建筑物）的全线检查，对重点建筑物（干渠土填方、干渠倒虹、渡槽、隧洞及支闸、退水的启闭设备）进行重点检查。对各节制闸、退水闸、斗门等进行试运行，确保工程设施状态良好。

（四）每次开闸灌溉，各管护单位由上游向下游实行分级、分段送水制度，对倒虹等建筑物处的柴草、杂物及时进行清理，避免因堵塞影响水流流态或造成渠道洪水，危及工程设施运行安全。

（五）配水站要通过控制运行水位，达到提高工程设施运行效益，减少运行成本的根本目的。要加强值班，保持指令、信息传递畅通，密切关注渠道行水态势。发生突发事故时，在保障渠道安全的前提下，控制退水流量，有序调度，安全处置，确保各方安全，减少不必要的经济损失。

（六）杜绝人为因素造成小流量高水位运行，确因渠道客观因素影响，需在某段渠道节制或高水位运行时，水位不得超过此段渠道的设计最高运行水位，同时现场要专人驻守，加强巡护、观测。

（七）各管理站要全面、准确掌握所辖工程设施现状，对所管护的工程设施进行划块、分类，建立系统、完整的工程设施资料数据库，由各管理站具体负责，对年度工程设施维修、养护及工程改造等进行详细记载，并于每年 11 月底前完成工程资料的更新。工程资料涉及渠道工程、水闸工程、渠首控导工程。

（八）各管理单位应树立良好的工程设施维权意识，坚决杜绝人为破坏工程设施的事件发生，对渠堤（外坡）进行重点防范。

（九）禁止在渠坡上建房、开渠修路、取土、堆放杂物、垦种农作物，避免渠堤遭到人为侵蚀，对破坏渠堤完整的人和事做到及早发现，立即制止，已破坏的要求恢复工程设施原貌并依据相关处罚条例进行处罚。

（十）灌区铁路、公路等项目建设与水利工程设施交叉穿越，做到及早发现并报告管理中心，按照管理中心相关部门的统一安排，做好现场监管等相关工作，确保灌区权益不受侵犯。

第三条 抢修与清淤

（一）需要由管理中心另行安排费用的维修、清淤、提档升级改造项目，各管理单位每年提出专题书面报告，上报管理中心工务科，形成年度维修项目库，按照经费情况，以《工程设施维修任务书》安排实施。

（二）对于工程抢险，情况紧急的，抢险方案可由负责抢险单位临时制定，并及时报告管理中心工务科。抢险结束后，由负责抢险单位写出（包括处理方案、工程量及其费用的）书面报告，由管理中心工务科提出意见，管理中心审查核批。

（三）干支渠及其建筑物内淤积厚度不大于20厘米的以及群众向渠道倾倒的生活垃圾，由各管理单位利用管护费自行清理。

第四条 防汛

（一）管理单位要在汛前制定度汛方案，汛期加强值班，做好防汛组织安排工作，落实抢险人员和必要的抢险物料及工器具。

（二）全面检查工程设施，确定防汛重点，维修防汛设施，做到渠外的水不准进入渠内。

第五条 奖惩

（一）工程设施运行管理年终与各单位年度目标任务一并考核，参照《石堡川灌区工程单项考核办法》执行，实行考核结果与年终评优相结合。

（二）各管理单位要提高认识，务必高度重视工程设施运行管理工作，明确安全生产总体目标，严明工作纪律，落实生产岗位责任和安全保障措施。对于工作不负责任、擅离工作岗位及导致供水生产安全责任事故发生的，要追究相关领导及责任人责任。

（三）奖励：对工程设施管护做出重大贡献者；在工程设施管护中有重大发明创造者；敢于和盗窃、破坏水利工程设施的行为作斗争，表现突出者；完成管护任务并达标，为单位节约管护费用的，根据年终考评结果分别给予奖励。

（四）处罚：工程设施管护主管领导负领导责任，管护员负直接责任。对有下列情况的单位和个人予以处罚：

（1）对于支渠及支渠以上建筑物造成堵塞或湿陷，影响行水正常进行或造成渠道决口等事故的，年度工程管护考核一票否决，工程管护员要写出深刻检查，管理单位要详细写出调查报告并上报管理中心审查。

（2）对于因玩忽职守、工作麻痹造成较大损失的，除按照以上规定处理外，由管理中心纪委监察室调查处理。

石堡川灌区灌溉供水安全管理规定（2020年）

第一节 总 则

第一条 为了规范灌区灌溉供水安全运行管理，明确工作职责，落实管理责任，增强服务意识，提高灌区灌溉供水安全管理水平，发挥灌区工程效益，结合灌区实际，特制定本规定。

第二条 本规定适用于灌区内水库枢纽工程、泵站工程、渠道工程、水闸工程、建筑物工程和信息化配套设施等，在农业灌溉和城市供水期间的安全运行管理。

第二节 组织管理

第三条 安全运行管理组织由管理中心—管理站—管理段—管理斗四级机构组成，包括：灌溉科、工务科、水政科、配水管理站、水库管理站、灌溉管理站及基层段、斗用水组织。实行集中领导和分级负责相结合的管理体制。

第四条 灌溉科依据各单位申报的用水计划，确定供用水时间及流量。农田灌溉以通告的形式，城市供水以会议、电话或微信等方式，通知到各相关科室、管理站和有关组织。

第五条 工务科负责安排各管理站做好工程安全运行管理及协调工作。

第六条 水政科负责安排各管理站做好安全生产管理及协调工作。

第七条 配水管理站负责下达干渠水量调配指令，做好节制闸、退水闸、支（干斗）闸的安全运行管理工作。

第八条 水库管理站负责做好水库枢纽、渠首水闸的安全运行管理工作。

第九条 灌溉管理站及基层段、斗用水组织，负责做好辖区内泵站、渠道、水闸、建筑物等工程的安全运行管理工作；负责通知各供水管理组织和用水单位做好水情宣传、安全教育及防范工作；负责做好灌溉供水通告的张贴工作等。

第十条 各级管理组织要规范填写安全运行日志并及时整理归档，日志内容包括：用水申报、用水计划、供水通知、供水宣传、调配指令、工程观测、水情观测、用水巡查等。

第三节 安全运行管理

第十一条 安全运行管理工作由各管理站及基层段、斗用水组织具体实施，灌溉科、工务科、水政科加强监督管理工作。

第十二条 管理站应结合各自实际，成立安全生产管理机构，建立健全安全生产管理人员和制度，明确管理组织及人员职责；特种作业人员持证上岗，安全生产应急处理能力具备；严格遵守安全生产操作规程，杜绝违章指挥、违章操作、违反劳动纪律等行为和人为责任事故；确保工程及设施、设备运行正常，无重大安全生产责任事故。

第十三条 管理站应建立健全工程安全运行巡查、排查和观测、登记建档制度。对水利工程设施要定期开展安全隐患排查治理，并建立安全隐患台账，安全检查、巡查及隐患处理记录资料规范；重大危险源辨识管控到位；根据隐患排查的结果编写情况报告，及时上报上级主管部门；对安全隐患有相应的解决方案。

第十四条 管理站应建立健全事故应急报告和应急响应机制，落实相应的安全保障措施。发生事故后及时如实汇报，认真组织事故调查、分析、处理等工作；确保险情发现及时，报告准确，抢险方案落实到位，险情处置及时，措施得当。

第十五条 管理站应依法依规对重要工程设施、重要保护地段和危险区域，设置的管理标识标牌、水利宣传标语和安全警示标志牌进行管理，确保标识完整，功能正常。

第十六条 各级管理组织要认真落实好灌溉供水安全运行管理、运行操作和巡查观测制度体系，积极探索和采取各种管理措施，切实提高灌区灌溉供水安全运行管理水平。确保安全运行管理标准化、专业化、常态化，工程设施设备状态完好，工程效益持续发挥。

第十七条 本规定自发布之日起实施，由管理中心负责解释。

石堡川灌区农业供水价格管理办法（2003年）

第一条 为加强灌区农业供水价格管理，维护用水户合法权益，促进节约用水，保障农田水利工程供水良性运行，根据《陕西省大中型灌区农业供水价格管理办法》《陕西省价格条例》等有关法律法规规定，结合灌区实际，制定本办法。

第二条 灌区农业供水价格包括国有骨干工程供水价格和末级渠系供水价格两部分，实行政府定价。干渠抽水农业供水价格除国有骨干工程供水价格和末级渠系供水价格外，还包括抽水动力费和管理费。干渠抽水动力费和管理费由泵主和用水户协商定价，并报灌溉管理站审核同意后执行。

第三条 灌区农业供水在分类水价基础上执行“一价到户”的终端水价政策，在定额管理的基础上实行超定额累进加价。

第四条 灌区农业供水分粮经、果林两类作物，执行分类水价政策。

第五条 灌区农业供水全面推行超定额累进加价制度，由管理中心结合灌区实际确定灌区分类作物灌水定额，对定额内的用水执行一档水价，超出定额用水执行二档水价。

第六条 加强灌区农业供水价格宣传，管理中心、灌溉管理站在单位院落醒目位置悬挂水价公示牌，通过融媒体、宣传车、宣传单及流动公示牌等形式加强水价政策宣传，保障用水户的知情权和监督权。

第七条 严格执行“三查一核”责任制度、水费廉政“三个一”制度和“五个一”监督机制，加强灌区水价执行情况的检查监督。

第八条 建立水价执行奖惩机制，对水价管理规范的单位和个人予以表彰奖励，对违反价格政策的单位和个人，除追缴违纪所得外，农民段、斗级行水人员予以清退，单位职工视情节轻重给予行政处分，取消所在单位及相关领导年终评优资格，并在全中心范围内通报批评。

第九条 本办法自发布之日起实施，由灌溉科负责解释。

索　引

山川河湖（38 条）

水资源节约集约利用（65）

防汛抗旱与河道整治（21 条）

水保生态环境建设（41 条）

流域综合管理（26条）

文化保护传承弘扬（124条）

机构与人物（43条）

参考文献

[1] 陕西省地方志编纂委员会 . 陕西省志・水利志 [M]. 西安 : 陕西人民出版社，1999.

[2] 陕西省地方志编纂委员会 . 陕西省志・地理志 [M]. 西安 : 陕西人民出版社，2000.

[3] 陕西省地方志编纂委员会 . 陕西省志・水土保持志 [M]. 西安 : 陕西人民出版社，2000.

[4] 榆林市水务局 . 榆林市水利志 [M]. 西安 : 三秦出版社，2018.

[5] 延安市水务局 . 延安市水利志 [M]. 西安 : 三秦出版社，2021.

[6] 渭南市水利志编纂委员会 . 渭南市水利志 [M]. 西安 : 三秦出版社，2002.

[7]《洛惠渠志》编纂委员会 . 洛惠渠志 [M]. 西安 : 陕西人民出版社，1995.

[8] 洛榆林地区志编委会 . 榆林地区志 [M]. 西安 : 西北大学出版社，1994.

[9] 榆林市志编纂委员会 . 榆林市志 [M]. 西安 : 陕西人民出版社，2020.

[10] 延安市地方志编纂委员会 . 延安市志 [M]. 西安 : 陕西人民出版社，2018.

[11] 渭南市地方志办公室 . 渭南市志 [M]. 西安 : 三秦出版社，2008.

[12] 吴旗县地方志编纂委员会 . 吴旗县志 [M]. 西安 : 三秦出版社，1991.

[13] 志丹县志编纂委员会 . 志丹县志 [M]. 西安 : 陕西人民出版社，1996.

[14] 甘泉县地方志编纂委员会 . 甘泉县志 [M]. 西安 : 陕西人民出版社，1993.

[15] 洛川县地方志编纂委员会 . 洛川县志 [M]. 西安 : 陕西人民出版社，1994.

[16] 白水县县志编纂委员会 . 白水县志 [M]. 西安 : 西安地图出版社，1989.

[17] 澄城县志编纂委员会 . 澄城县志 [M]. 西安 : 陕西人民出版社，1991.

[18] 蒲城县志编纂委员会 . 蒲城县志 [M]. 北京 : 中国人事出版社，1993.

[19] 大荔县地方志编纂委员会 . 大荔县志 [M]. 西安 : 陕西人民出版社，1994.

[20] 陕西省水利厅 . 陕西江河史话 [M]. 郑州 : 黄河水利出版社，2019.

[21] 陕西省水利厅 . 陕西水文化遗产名录 [M]. 西安 : 陕西科学技术出版社，2017.

[22] 刘振强，石军武，张锋 . 渭南水文化・洛河 [M]. 西安 : 西安交通大学出版社，2018.

参加编写及提供资料单位和人员名单

人员		单位
陈永东	白　倩	榆林市水务局
刘玉杰	郝　岗	延安市水务局
付恒超	姚　凯	铜川市水务局
高杨斌	余永敏	渭南市水务局
冯巧虹	张　锐	定边县水利局
白宇峰	王子龙	靖边县水利局
白伟东	温怀峰	吴起县水务局
赵小会	刘　俊	志丹县水务局
张　涛	李玉峰	甘泉县水务局
任延红	高斗拴	富县水务局
韩刘刚	薛富荣	洛川县水务局
王国强	王国平	黄陵县水务局
王　慧	姜　鹏	黄龙县水务局
宁盼盼	郭江苏	宜君县水务局
黄　禹	陈晓茜	印台区水务局
马秀萍	李　强	白水县水务局
卓家政	吴继锋	澄城县水务局
田　成	杨　超	合阳县水务局
刘　君	杨永刚	蒲城县水务局
王　峰	李耀军	大荔县水务局
刘维民	李贵强	南沟门水利枢纽工程管理处
李剑锋	赵　丹	石堡川管理中心
朱志华	李　伟	洛惠渠管理中心
胡文兵	李　黎	陕西省水文水资源勘测中心
任利娜	张浩杰	渭南市节约用水中心

编后记

1500年前，北魏晚期郦道元的《水经注》就有北洛河的篇章，至北宋时期不幸遗失。此后北洛河内容鲜有记载。这部《北洛河志》改变了这一现状，它是第一部全面、系统、完整记述北洛河自然人文地理、历史文化，以及流域开发利用和治理全过程的区域性陕西名水志书，是中国江河水利志的重要组成部分，它内容丰富、资料翔实，可供水利行业和热爱北洛河文化的社会各界人士参阅。

2023年3月，陕西省水利厅启动《陕西省河流志丛书》编纂工作。2023年6月，陕西省水利厅召开会议对《陕西省河流志丛书》编纂进行全面安排部署。2023年7月13日，在延安宝塔区组织召开了陕西省名水志工程《北洛河志》编纂大纲审查暨资料收集部署会；8月底，根据陕西省编纂委员会的意见，编辑团队对编纂大纲再次进行了调整和修改，并最终确定篇目框架；9月，编辑部开始撰写志书。

2024年1月25日，陕西省水利厅组织有关专家、厅设有关单位负责同志对《北洛河志（初稿）》稿进行了初审，并提出了补充完善意见。会后，编者及时组织榆林、延安、渭南有关市县编写人员逐条进行了修改完善。4月8—20日，《陕西省河流志丛书》编纂委员会将《北洛河志（征求意见稿）》下发榆林、延安、渭南有关单位、县（区）和省级有关单位征求意见，同时征求了陕西省地方志办公室的意见。榆林、延安、渭南有关市（县）、单位补充完善了有关内容，并提出了50多条修改意见，特别是陕西省地方志办公室李军副处长、陕西省住房和城乡建设厅倪坪同志、陕西省水利厅原二级巡视员杨耕读同志对志书编纂工作给予了充分肯定，并对志书定位、审定、图表、记述重点、人物入志等提出了明确要求。根据陕西省地方志办公室编志最新要求，编者及时修改完善，统一设置了英文目录和索引，取消了人物篇中人物事录节。2024年6月8日，陕西省地方志办公室在西安市蓝田县召开了《北洛河志》复审会，陕西省地方志办公室李军副处长出席并主持了复审会议，与会专家充分肯定了《北洛河志》的编纂成果，认为《北洛河志》政治观点正确，体例规范，结构合理，资料丰富翔实，文风朴实，语言精炼，特色明显，会议一致同意将《陕西省河流志丛书》纳入《陕西省地情丛书》范畴，并同意《北洛河志》通过复审。

2025年2月22日，水利部水文化研究工作指导委员会办公室在北京组织召开中国名水志文化工程·陕西省河流志终审会。水利部办公厅、中国地方志工作办公室、中国水利水电科学研究院、中国社会科学院当代中国研究所、中国水利学会水利史与水利遗产专业委员会、黄河水利出版社、陕西省水利厅、陕西省地方志办公室的有关领导、专家、学者共计17人参加了会议。专家组一致同意将《陕西省河流志丛书》列入《中国名水志文化工程丛书》。

《北洛河志》资料的搜集和汇编，是本志稿编纂的基础工作。编辑团队具有长期的水利系统从业经历和积极的水文化实践，从情感和便利程度上均为资料收集工作提供了某些方便和先机。2017 年，编辑团队参与编辑出版了渭南水文化丛书《黄河》《渭河》《洛河》。2018 年，编辑团队参与“龙首渠引洛古灌区”申报世界灌溉工程遗产工作，大量征集相关资料，编纂了《龙首遗韵》《洛水清音》《龙首渠话》《诗景洛惠》等水文化专刊，均为《北洛河志》的编纂奠定了一定的基础。

《北洛河志》正式开始编写后，编辑团队还感到资料不足，从网上购置大量志书资料，搜集了大量北洛河古代旧志。在洛惠渠档案室查阅资料，同时也查阅了陕西省档案馆、渭南市档案馆有关档案和资料；延安市原水务局副局长赵西安和原省江河局局长蒋建军先生也提供了不少资料。著名学者柏峰先生的《千山万壑走洛河》，为我们研究北洛河提供了全景式参考。

编写过程中，编辑团队不时为北洛河历史文化的博大而震撼，北洛河流域是古人类最早的活动区域之一，大荔人就生活在北洛河水畔。华夏之根黄帝陵也在北洛河流域，印证了北洛河是中华民族文化最重要的发源地之一。1937 年清明节，中国共产党和国民党共同祭奠先祖，毛泽东亲自撰写了祭文。这篇祭文以黄帝魂激励民族魂，被誉为中华民族抗日的“出师表”。在中国共产党的感召下，全国 4 万万同胞和全球华人一起血荐轩辕，共赴国难，最终取得了伟大的胜利。

激励编辑团队的还有历代艰苦卓绝的治水先贤的拼搏精神。2000 多年前，汉武帝开凿龙首渠，饱受流沙之苦，屡挖屡塌，终创井渠法得以成功。2000 年后，修建洛惠渠五号隧洞建设者遇到了一样的问题，为了打通隧洞许多建设者牺牲在此，他们历经万险，排除万难，花费十年时间，终于打通铁镰山，洛水穿山而过，千年旱原得解饥渴。五号隧洞名字“平之洞”就是为纪念其中一名牺牲者。此后，拼搏精神继续在北洛河流域发扬光大，出现在石堡川水库、郑家河水库等水利工程建设上，也出现在 21 世纪北洛河最大水库工程——南沟门水利枢纽上。让世人对这种敢于和天地斗争的精神有所了解，有所教益，这是本志书所期盼的。

《北洛河志》编纂期间，无论是搜集资料，还是专业指导、评审修改，都凝结着有关单位和领导、专家、同仁以及工作人员的心血，特别是陕西省水利厅领导给予的悉心指导和大力支持，渭南市洛惠渠管理中心、渭南市水资源工作中心、陕西省江河水库工作中心、陕西省水文局、榆林市水利局、延安市水务局、铜川市水务局、渭南市水务局以及北洛河流域 16 个县（区）水务局等有关部门和工作人员倾力相助。多位水利同仁和学者先后陪同编辑团队在沿洛河遗址实地考察，让我们十分感动。《陕西省河流志丛书》编纂委员会办公室主任许灏，副主任耿涛、王辛石，水文化专家杨耕读、黄卫涛等对志稿提出了宝贵修改意见，吴胜利老师、党宏女士在文史考证、文稿校核方面给予了大力帮助。在此，一并表示诚挚谢忱。

由于本志的编纂者都是水利行业工作人员，不是志书专业编纂工作者，在编史修志专业方面尚存缺憾，志书中的不足和疏漏之处在所难免，真诚期盼水利行业同仁和社会各方人士赐教指正！

《北洛河志》编辑部

2025 年 4 月

中国名水志文化工程丛书
陕 西 省 地 情 丛 书
陕 西 省 河 流 志 丛 书

丹江志

《陕西省河流志丛书》编纂委员会 编

黄 河 水 利 出 版 社
· 郑 州 ·

图书在版编目（CIP）数据

丹江志 / 《陕西省河流志丛书》编纂委员会编.
郑州 : 黄河水利出版社, 2025. 6. --（陕西省河流志丛书）. -- ISBN 978-7-5509-4119-9

Ⅰ. TV882.841

中国国家版本馆CIP数据核字第2025PH5214号

丹江志　DANJIANG ZHI

《陕西省河流志丛书》编纂委员会　编

责任编辑	陈彦霞	责任校对	杨秀英
封面设计	张心怡　孟周利	责任监制	常红昕
出版发行	黄河水利出版社		
	地址:河南省郑州市顺河路49号　邮政编码:450003		
	网址:www.yrcp.com　E-mail:hhslcbs@126.com		
	发行部电话：0371-66020550		
承印单位	陕西省水利印刷厂		
开　　本	787mm × 1092mm　1/16		
插　　页	14		
印　　张	34.75		
字　　数	843千字		
版次印次	2025年6月第1版	2025年6月第1次印刷	
定　　价	3680.00元（全十卷）		

《丹江志》编纂委员会

审定单位

初　审　陕西省水利厅

复　审　陕西省地方志办公室

终　审　水利部水文化研究工作指导委员会办公室

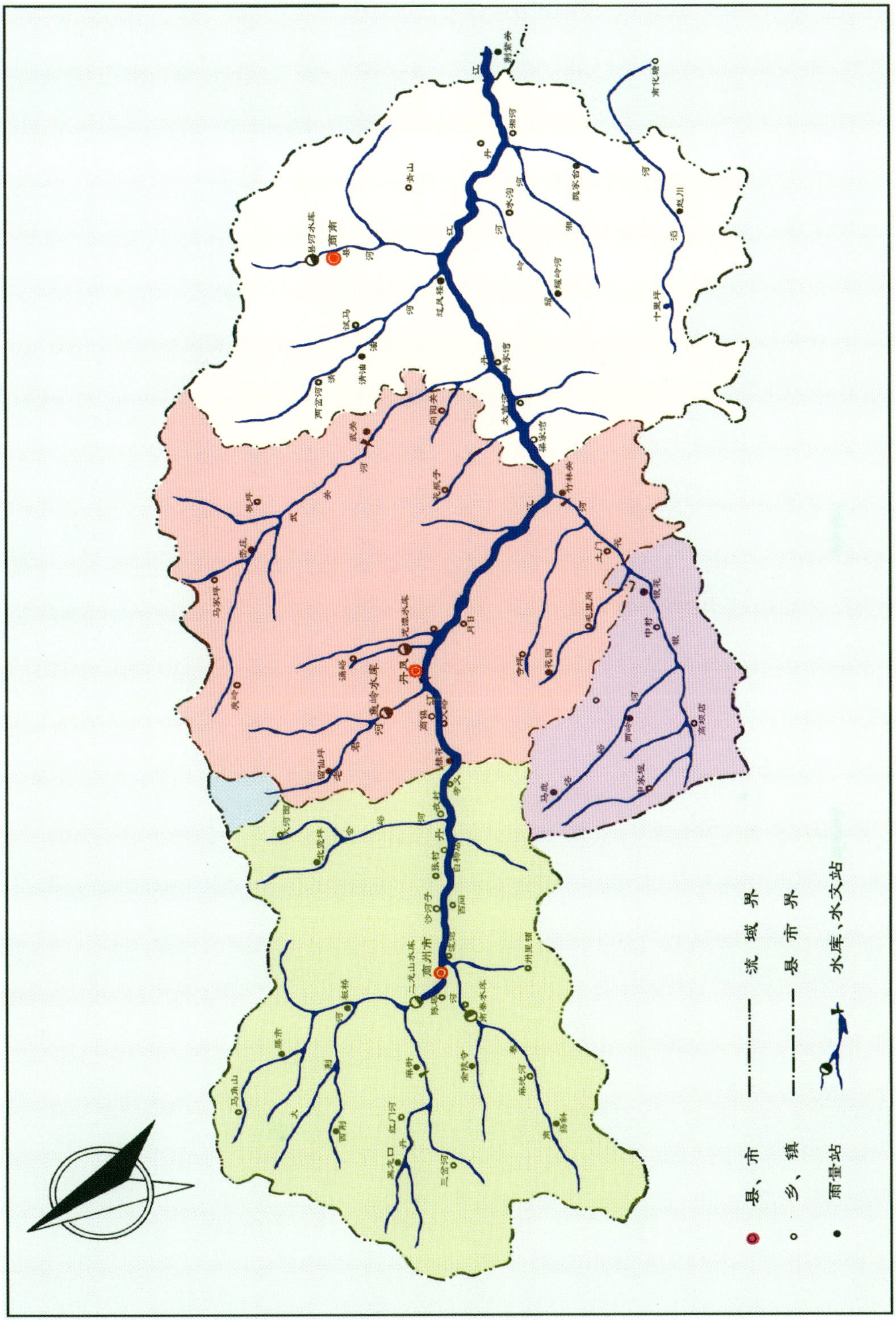

陕西省丹江流域水系图

陕西省丹江地理位置示意图

注：出自《陕西省丹江流域综合规划报告》（2023 年）。

丹江源头（商州区腰市镇马角山）（2023 年，赵小华）

丹江源头（商州区腰市镇北街村北侧）（2023 年，赵小华）

丹江商州区腰市河段（腰市镇下游河道）（2023 年，赵小华）

丹江商州区板桥河段（2023 年，赵小华）

丹江商州区板桥河段和二龙山库区交汇河段（2020 年，王怀祥）

丹江干流——仙鹅湖之雪（2020 年，程超）

丹江商洛市二龙山水库河段（2020 年，程超）

丹江干流商洛市城区河段（2020 年，程超）

丹江干流商洛市城区河段（2020 年，王怀祥）

丹江干流商洛市城区河段（2020 年，王怀祥）

丹江干流商洛市城区河段（2020 年，王怀祥）

丹江干流商州区龙山河段（2020 年，王怀祥）

丹江与南秦河交汇处（2023 年，程超）

丹江商州区孝义湾河段（2020 年，王怀祥）

丹江丹凤县巩家湾村河段（2020 年，王怀祥）

丹江干流丹凤县龙驹寨河段（2020 年，张钉民）

丹江干流丹凤县棣花河段生态护坡（2020 年，王怀祥）

丹江和银花河交汇河段（2023 年，王怀祥）

丹江商南县风楼镇河段（2023 年，王怀祥）

丹江商南县莲花台电站河段（2024 年，赵小华）

丹江商南县月亮湾河段（2024 年，任珂琳）

丹江商南县过风楼河段（2023 年，王怀祥）

丹江商南县河城区河段（2023 年，王怀祥）

丹江商南县过风楼河段（2023 年，程超）

丹江商南县出境河段（2023 年，赵小华）

丹江商县东店村独木桥老照片（1985 年，孙中振）

丹江商县南门外丹江独木桥老照片（1985 年，孙中振）

20 世纪 70 年代丹江渡船（1972 年，常根平）

丹江支流耀岭河古码头（1956 年，作者不详）

丹江商南月儿滩渡船（1952 年，作者不详）

丹江支流南秦河商州区候塬村河段（2023 年，程超）

丹江支流会峪河（2023 年，程超）

丹江支流银花河桃花谷河段（2023 年，王怀祥）

丹江支流清油河源头河段（2023 年，程超）

丹江支流耀岭河码头（2023 年，程超）

丹江支流冷水河（2023 年，赵小华）

丹江支流太吉河（2023 年，程超）

鱼岭水库库区（2023 年，王怀祥）

丹凤县鱼岭水库溢洪（2023 年，王怀祥）

丹江供水工程水源地（2023 年，程超）

商南县乡村水厂（2023 年，黄喜峰）

丹凤县峦庄蓄水池（2023 年，程超）

丹江源头江山景区瀑布（2023 年，王怀祥）

丹江丹凤县龙驹寨漂流（2023 年，程超）

丹江流域商南金丝峡景区（2018 年，肖军）

丹江流域商南金丝峡景区（2018 年，刘发善）

丹江流域商南金丝峡景区（2018 年，肖军）

丹江流域商南县农田水利建设（1995 年，刘可军）

清末民初商县乡民加固水门堤防

丹江流域商县候塬村 1988 年农田水利建设（1988 年，赵天娥）

丹江流域商南县红庙村1996年农田水利建设（1996年，刘可军）

《陕西省河流志丛书》编纂团队合影

（前排左起赵西安、常崇信、许灏、蒋建军、雷保寿、耿涛，

后排左起田晓强、杨永平、权医平、王辛石、黄卫涛、于世宏、龚裕凌）

丹江流域水利事业发展数据表（2020 年）

流域概况	流域涉及陕西、河南、湖北 3 省 3 市 11 县（区），流域总面积 16800 平方千米，其中陕西省 7520 平方千米，占 44.8%。河道总长 443 千米，其中陕西省 259 千米，占 58.5%
水资源量	流域多年平均年径流量14.97亿立方米（1956—2017年），其中地表水资源量为14.52亿立方米，地下水资源量为4.22亿立方米，地下水与地表水重复量3.77亿立方米
节约用水	流域建成县（区）节水型社会建设达标县4个。2020 年商洛市万元 GDP 用水量为34.8立方米，较2019年下降 10.6%，商洛市灌溉水利用系数为0.549
水源工程	全流域已建成水库23座，其中中型水库3座，小（1）型水库7座，小（2）型水库13座，总库容2.2亿立方米。已建成抽水泵站256处、机电井5413处、水井4120眼
灌溉工程	流域建成自流引水渠道222条，有效灌溉面积30.24万亩，其中灌溉水田4.74万亩，水浇地灌溉面积24.86万亩，灌溉林果地0.64万亩
城乡供水	丹江流域实现双水源及多水源供水，城市生活、工业用水基本得到保障。商洛市供水能力 5000 立方米每天，供水管网 90 余千米，用水普及率达 98% 以上，水质达标率 100%。丹凤县城铺设主管道 45.7 千米，年供水量 180 万立方米。商南县主管网共计 48 千米，供水人口 5.2 万人，城区供水普及率为 95%
水电水产	流域建成保存农村小水电站 3 处，装机容量 4540 万千瓦。池塘养鱼养殖面积 2775 亩，水库养殖面积 3000 平方米，稻田养殖面积 600 亩，网箱养鱼 10000 平方米
江河堤防	建成堤防及护岸工程总长度 134.551 千米（其中左岸 66.520 千米，右岸 68.031 千米）。除险加固 21 座水库。6 县 1 区实施中小河流治理 40 多处
水土保持	累计治理小流域 184 条，完成水土流失治理面积 4655.8 平方千米，新修基本农田 12201.03 公顷，造林 24678.23 公顷
流域管理	丹江流域核发取水许可证300本，审批水量1.5万立方米。建立各级河长632名，其中市级河长1名、县级河长4名、镇办级河长627人。制定地方性法规1部、市级规范性文件20件、查处水事违法案件20起。开展重大水利科技考察交流活动10起，获得省部级水利科技成果奖10项
河流文化	创建国家级和省级以上水土保持示范园5个，其中国家级1个；省级以上水利风景区5个。重点历史文化名胜30处，重点红色革命旧址10处，水文化遗产10处，自然景观6处，文化名胜16处

序

陕西省位于中国中部，以地理分界，分陕南、陕北、关中三区，今人称其为三秦。三秦大地被两个山系——北山和秦岭分界。北山山系的黄龙山、子午岭、陇山诸山划出了陕西北部沟壑纵横的黄土高原和中部一马平川的关中平原。大地理的秦岭，西起昆仑，中经陇南、陕西中部，东至鄂、豫、皖，分出长江、黄河两大流域，以及中国南北方的地理、气候。而横贯秦地中部的秦岭，在此自西向东也成为渭水与汉水的分界，形成了黄河和长江两大流域最大的支流。山是水之依，水是山之魂。北山、秦岭和巴山造就了三秦河流，孕育了悠久的中华文明，见证了夏、商、周三代以后朝代的更替兴衰。

三秦河流自然环境差异极大，河流所经高原、山地、丘陵、盆地、平原交错其间，多年平均降水量从陕北的340毫米过渡到陕南的1240毫米。华夏先民进入三秦，水利便是他们生存和发展的必然选择。不算很优越的水资源条件，因他们卓越的水利创造，滋养出了灿烂的河流文化。

《陕西省河流志丛书》是所涉三秦河流的百科全书。丛书分为《渭河志》《汉江志》《无定河志》《泾河志》《丹江志》《北洛河志》《千河志》《延河志》《漆水河志》《褒河志》各卷。河流志各卷以河为轴，以水为主干，涵盖了河流的自然地理、发展利用、人文历史等。以水利凿通上下5000年及至当代，由此可见这部丛书作者们的担当。

陕西的河流保留了自上古时期至现代文明演替的历史印迹，其文化类型之丰富，在中国乃至世界江河中少有与之比肩者。中国水利史大致可以分为四个阶段，比照三秦尤其具有代表性。

第一阶段（距今约10000年—前221年），这是从部落氏族走向中国的文明生发期。近年考古发现证实了从农业的发端到秦帝国成立，没有中断的中华文明演变轨迹。距今5000年上下，黄河流域处于炎帝、黄帝、伏羲、女娲、尧、舜、禹的传说时代，华夏文化已经初具农耕社会形态，是为华夏文明的源头。约公元前11世纪，擅长农业的姬姓部族进入漆水河流域的周原，在岐山下经营出旱作、稻作农业，灌溉工程因此诞生。传说时代以禹治水而发生文明大转折。兴起于豳、岐的周人，经牧野之战，灭商建立了中国唯一的贵族王国——周，史称西周。西周先后建都丰、镐，建立了国家川衡、虞泽制度，为其后春秋战国各诸侯国水利兴起的先声。战国时期后起的秦国，经孝公时（前381—前338年）商鞅变法迅速强大，兼并六国，建立起第一个王朝集权国家。强大的秦国在泾河上兴建了郑国渠，关中水利区由此历经汉唐至明清，支撑了区域农业2000余年。郑国渠亦开创了中央王朝经营水利工程的先河。

第二阶段（前221—1279年），经历了汉、唐、宋水利发展的高潮，水利支撑了古代中国最重要朝代的繁盛。自汉迄唐，渭河横贯的八百里秦川，从京畿的咸阳、长安，到华州、陕州两岸密集分布着具有灌溉、水运、水能（水磨、水碾）等功能的水利工程。在渭河的支流北洛河上兴建了中国最早的隧洞引水工程——龙首渠。汉兴之地的汉江及其支流褒河、丹江，由军事屯垦带来了区域性水利工程兴建，历经东汉、三国、两宋发展，形成了陕南汉中水利区。这一阶段可称道的还有唐代第一部国家水利法规《水部式》的颁布，强化了中央政府对关中灌溉工程、河西和西域屯田水利、运河工程和用水管理，从而确立了国家、地方不同的水利管理体制。

第三阶段（1279—1930年），这一时期水利以陕北边镇水利为代表。陕北地处干旱和半干旱区，是农耕与游牧不同文化的分界线。北宋、西夏、明代在无定河与黄河支流清水河（今延河）流域先后涌现出大大小小的引水工程，营造出延安、榆林一带塞北稻作农业区。20世纪三四十年代抗日战争期间，旱区水利继续发扬光大。陕北的古代水利工程中，以无定河支流榆溪河红石峡灌渠最为著名。引水渠或明或暗穿行于榆溪河两岸的山崖中，灌渠、榆溪河、对峙的山崖和摩崖石刻，营造出著名的“榆林八景”，这一于15世纪兴建的工程今天仍在发挥作用，并继续九边重镇的无限风光。

第四阶段（1931年至今），这是传统水利步入现代工业文明的时期。水利技术逐渐取代传统工程技术，水资源开发利用超过了任何历史阶段。先是以泾惠渠、渭惠渠为代表的“关中八惠”等现代水利工程的兴建，带来了水权制度在灌区管理中的实践。在抗日战争期间，渭河边现代水利科学、教育发展起来；陕甘宁边区水利事业蓬勃发展。1949年以后，现代水利在三秦大地得到全面发展，水利在城市供水、防洪减灾等方面发挥的作用日渐突出。近年来，引汉济渭工程、东庄水利枢纽工程的实施，为咸阳、西安及秦地的渭北地区开辟了新水源，城市供水安全、经济可持续发展得到了保障。但是，工业革命理念下的水利建设也留下了违反河流规律的后果，如20世纪50年代三门峡水利工程规划失误，造成河流自然环境不可逆转的蜕变，此后数十年，渭河平原洪水灾害频发，直到实施三门峡枢纽工程重大改造才得以控制。近40年来，水利可持续发展理念日益深入人心，陕西省数十年持之以恒的水土保持工程，改善了河流自然环境，使青山绿水重返陕北。

《陕西省河流志丛书》所志十河，每河皆为名水，以“水”而见三秦山川之美，而见治水与治世、治水与文化的交织。《诗经·鲁颂·閟宫》曰：“赫赫姜嫄，其德不回。上帝是依，无灾无害。弥月不迟，是生后稷。降之百福。黍稷重穋，稙稚菽麦。奄有下国，俾民稼穑。有稷有黍，有稻有秬。奄有下土，缵禹之绪，后稷之孙，实维大王。居岐之阳，实始剪商。”十河的历史与文化属于三秦，亦属于中国。

是以为序。

谭徐明

二〇二五年，乙巳岁旦之日

（谭徐明，中国水利水电科学研究院原副总工程师，教授级高级工程师、博士生导师，中国水利学会水利史与水利遗产专业委员会主任委员，水利遗产保护与研究国家文物局重点科研基地学术委员会主任）

凡 例

一、本志以马克思列宁主义、毛泽东思想、邓小平理论、“三个代表”重要思想、科学发展观、习近平新时代中国特色社会主义思想为指导，坚持辩证唯物主义和历史唯物主义的观点、方法，客观记述丹江流域历史发展与现状，坚持略古详今、略远详近，突出重点，力求体现专业特征和流域特色，达到思想性、科学性、资料性的有机统一。

二、本志为《陕西省河流志丛书》之一，编排体例遵循丛书编纂统一规范。全志设序、凡例、概述、大事记及志、传、表、录、图等，采取横排门类、纵述始末，依类叙事，以事系人。结构按篇、章、节、目层次设置，节以下用一、（一）、1、（1）分层。以文字记叙为主，随文配以必要的表格、图片；照片置于卷首之中，具有存史价值的资料附录于后。表以篇、章为单位编号。

三、本志记事上限追溯至事物发端，下限截至2022年底，个别重要事项延至封笔。

四、本志采用语体文、记述体编纂，坚持公允、客观，述而不评，寓观点于记事之中。行文力求语言朴实、简练、流畅。引录原文放在引号内，一般注明出处，古文酌予诠释。历史朝代年号、政权机构、社会团体、官职及地名的称谓等均从原称，必要的加以括注；人名一般不冠褒贬和职称，注释采用脚注。文字使用以2000年10月31日发布的《中华人民共和国国家通用语言文字法》为准；标点符号使用以2011年12月30日发布的《标点符号用法》（GB/T 15834—2011）为准。

五、本志计量单位采用国家规定的通用单位。质量单位用克、千克、吨；长度单位用毫米、厘米、米、千米；面积单位用平方米、平方千米、公顷，考虑到社会使用习惯，全志中“亩产”“亩耗水量”保留，未作统一换算；体积单位用升、立方米；流量单位用立方米每秒；电力单位用千瓦、兆瓦、千瓦时、千伏安等。数字书写按照2011年7月29日中华人民共和国国家质量监督检验检疫总局、中国国家标准化管理委员会发布的《出版物上数字用法》（GB/T 15835—2011）执行。

六、丹江是跨省河流，流域涉及陕西省商洛市商州区、丹凤县、商南县、山阳县、洛南县，河南省洛阳市的栾川县，三门峡市的卢氏县，南阳市的西峡与淅川县，湖北省十堰市的郧阳区、丹江口市。本志按照“概述全流域、简述外省区、重点记述本省”的原则，除在概述、流域概况、自然环境状况和主要章节中概括记述流域整体情况外，坚持山水林田湖草沙生命共同体理念，以河流为轴线，以水为核心，以流域生态保护为基准线，突出治水治河，重点记述丹江陕西境内“流域概况”“水资源集约节约利用”“防汛抗旱与河道整治”“水土保持与水生态建设”“流域综合治理”“丹江文化”“机构与人物”等。

七、为了便于精准统计和记述丹江流域情况，本志参照《中华人民共和国长江保护法》有关表述，本志所称丹江流域，是指丹江干流、支流和湖库集水区域所涉及的陕西省商洛市、河南省和湖北省的相关县（区）、乡（镇）级行政区域。

八、本志遵循“生不立传”的惯例，不为生人立传。入志人物以对丹江流域治水、治沙、治山、治污和生态环境建设等作出突出贡献和有较大影响为标准。立传记述人物以卒年为序，事录记述人物以生年为序。

九、丹江流域自然环境概述数据以陕西省水利厅组织编写的《陕西省丹江流域综合规划报告》（2023年）为准，下延至2023年的数据和其他资料数据，一般采用统计年报数据，过程性数据采用流域内市、县有关部门提供的数据。

十、本志采用资料以各级档案、志书资料和流域内有关部门提供资料为主，也有经过考证和鉴别的口碑资料。对有关部门提供资料和照片的人在志书附录中予以记载。

目　录

第三篇　防汛抗旱与河道整治

第四篇　水土保持与水生态建设

第五篇　流域综合管理

第六篇　丹江文化

第七篇　机构与人物

Contents

Part II Water Resources Conservation and Efficient Utilization

Part III Flood Control, Drought Relief, and River Regulation

Part IV Ecological Conservation and Soil Erosion Control

Part V Comprehensive Basin Management

Part VI Danjiang River Culture

Part VII Institutions and Figures

概 述

丹江，俗称丹河，古称丹水，亦称丹渊、粉青江，在陕西省境又名州河，河南省淅川县境又名淅江，湖北省丹江口市段旧称均水。丹江系汉江北岸最大支流，属秦岭生态环境保护范围，是秦岭国家生态安全屏障及“中央水塔”重要组成部分，国家南水北调中线工程水源区。丹江从秦岭发源，在高山峻岭中突围，流经商州、丹凤，于商南县湘河镇月亮湾村出陕，进入河南省南阳市淅川县荆紫关镇，在湖北省丹江口市三官殿附近丹江口注入汉江。丹江流域千山螺旋，万水盘纡，支流众多，纵横交错，构成典型的网状水系。陕西境内丹江流域风土人情，既兼北国之旷野，又融南国之灵秀，山清水秀，风景如画，别有韵致。

一

丹江是一条兴利之河，水资源利用开发永未停息。丹江治水英雄辈出。远古时期，沿岸先贤对水害就有一定认识，或傍水而居，取水捕鱼，或择丘而居，以避洪灾。5000多年前，就有“黄帝凿井”“尧时凿井而饮”“大禹治水，福荫丹江”的记载。据传，大禹治水足迹遍布丹江两岸流岭、熊耳山、蟒岭一带，治水部落长年驻扎商州看山寺十龙洞山腰附近，他们对洪水监测和丹江涨水规律运用把握，堵疏结合、因势利导，治理丹江，造福乡民。战国时商鞅在丹江商州段推行变法，鼓励黎民百姓引泉溉田、修渠造田，丹江沿岸开始出现“土润而腴”“亩产一钟”土肥农耕气象。东汉时，丹江先民发明水碓，沿河引水，灌溉农田。唐、宋、明三代，官府倡导兴修渠道水塘，引水灌溉发展农业，延至明代，流域有普济渠、山泉渠等渠道16条。唐贞元七年（791年）商州刺史李西华，在任期间动员丹江民众整修道路和河道，使昔日砭路变通途。明万历二十六年（1598年）兵部主事邵可立，在商州遭旱灾后，他捐出皇帝授给的金带，打井取水赈济灾民。明万历天启年间，著名地理学家徐霞客曾亲历月亮湾至梁家湾丹江河段考察规划治理丹江。清代江淮移民先后迁入，带来南方生产技术，水田面积大幅度增加，建成渠道311条，溉田100顷。清乾隆十三年（1748年）商州知州许惟权主持整修龙驹寨上、下航道，共疏凿险滩29处，费时3年，耗银400多两。清光绪八年（1882年），知州李素捐俸银854两，在州城、丹江北岸创修土堤78丈，石堤118丈，增高旧堤长58丈，沿堤植柳，费钱14291缗，堤内成稻田120余亩。清宣统二年（1910年），龙驹寨陈家村秀才陈兆绪卖尽自己祖业，首倡在龙驹寨南门外沿河街修筑河堤一道，护水田600亩。唐代以后，丹江流域人口不断增多，山地开垦殆尽，旱涝灾害增多，渠道屡有兴废，至民国末，官民修建渠道360多条，可溉田1.1万亩。各朝官员曾在丹江沿岸修筑堤防20多处，主要有商县护城堤、丹凤龙驹寨堤、百顷湾堤等。民国初期，地方人士于炳瀛、王维翰等呈请陕西省水利局拨款，在府君庙北保河堤修建石堤400余丈，堤外打木桩500余根，栽柳树1万多株，增修耕地800多亩。

1934年1月，毛泽东在第二次全国工农代表大会上提出“水利是农业的命脉”的论断，成为新中国成立之后水利工作的基本指导方针，调动了劳苦大众兴修水利的热情，推动了水利事业的发展。新中国成立以来，丹江治理以防洪抢险、堤防建设为主，兴建了各种堤防工程，如引水、蓄水、提水灌溉供水工程和排涝工程。先后出现多次群众性兴办水利热潮。第一次水利建设热潮，是在以农村合作化和“大跃进”为背景的20世纪50年代后期，按照“整修与新修并重”和“以蓄水为主，小型为主，社办为主”的方针开展建库修塘、引水溉田的群众运动，旧渠改造、新建工程遍地开花。在建设丹江流域中小型水利工程的过程中，涌现出张蔚寿、张少亭、高廷礼等治水人物。第二次水利建设热潮，是在北方农业会议和“农业学大寨”的背景下，于20世纪60年代后期70年代所兴起的全党办水利，建设中闪现了刘西有、赵全保、薛兴盛等治水英雄。第三次水利建设热潮，是在改革开放大潮背景下的20世纪80年代初，出现了社会办水利、农村实行联产承包责任制、土地分户经营，建设中呈现出陈福、薛兴盛、赵宝全等治水先进人物。第四次水利建设热潮，是进入21世纪之后，特别是“十二五”“十三五”“十四五”水利现代化建设。2011年，中共中央、国务院下发了《关于加快水利改革发展的决定》（中央一号文件），尤其是十八大以来，各级党政领导组织发动的水利运动，其规模之大、发展之快，是历史上任何时代不可比拟的，水利建设迎来“投资规模最大、建设进度最快、改革力度最强、综合效益最好、群众受益最多”的大好局面，蓄水、引水、调水、供水、节水等水利工程进入建设热潮。这一时期，全体水利人担当负责、自力更生、团结奋战、兴利除害治理丹江，他们遍布丹江大山河畔，战洪水斗恶浪，无私奉献、不计名利、苦干实干，他们不畏艰难、胸有大义、肩担责任、拼尽全力，用生生不息的初心点燃治“丹”兴“丹”希望，用矢志不渝、砥砺前行的姿态赢得行业尊重，丰富治水兴水生命内涵，从万千河流中走出繁华和精彩。治水英雄常如斯，愿逐月华流照君。太史公曰：夫治水者，非安贫乐道之士不可托也；非聪明达理之人不可任也；非博爱忠诚之人不可信也。是以古之治水，必选明良。其德能仁恕刚毅，其智能观云察水，能知天地云腾之妙，能明暴雨洪水防御来去之术数；处江河之分，定疏导之节，原机变之重，而量测报汛之际，预案预报预警预演，贯微通幽，不失稀少，此乃谓丹江治水之士是也。

二

丹江是一条生命之河，一江清水滋养多省人民群众。丹江流域是南水北调中线工程重要水源涵养地，她因滋养大江南北而成“天下长河”。南水北调中线干线工程，是国家南水北调工程的重要组成部分，是缓解我国黄淮海平原水资源严重短缺、优化配置水资源的重大战略性基础设施，是关系到受水区河南、河北、天津、北京等省（市）经济社会可持续发展和子孙后代福祉的百年大计。1952年，一代伟人毛泽东在视察黄河时，首次提出了南水北调的伟大设想。毛泽东说："南方水多，北方水少，如有可能，借点水来也是可以的。"南水北调惊天构想从此横空出世。经过20世纪50年代以来的勘测、规划和研究，国家在分析比较50多种规划方案的基础上，分别在长江下游、中游、上游规划了三个调水区，形成南水北调工程东线、中线、西线三条调水线路，构成国家水网"四横三纵、南北调配、东西互济"供水主骨架和大动脉。而丹江承担着"一泓清水永续北上"的重要任务，2014年12月12日，南水北调中线一期工程开闸通水，甘甜清澈的丹江水一路北上，向河南、河北、北京、天津4省（市）沿线地区20多座城市调水，一江清水润万家。2022年11月，南水北调中线一期工程向河北省输水超163亿立方米。2023年2月5日6时，南水北调东中线一期工程自2014年全面通水以来，累计调水600亿立方米。2023年11月13日，南水北调中线工程向北方输水3258天，累计调水600亿立方米。2024年3月18日14时，南水北调中线累计向北京、天津、河南、河北调水625.93亿立方米，水质始终稳定在地表水环境质量标准Ⅱ类以上，直接受益人口超过1.08亿，保障了沿线26座大中城市200多个县（市、区）居民优质饮用水，干旱年份的一些城市不再出现"水荒"现象。对于数百万长期饮用高氟水、苦咸水和其他含有害物质的深层地下水的北方群众来说，中线工程从根本上改善了饮水质量。

丹江流域三年一小旱，五年一中旱，十年一大旱，很难想象住在丹江也有用水难、吃水难的时候，然而南水北调是"国家行动"，丹江人民放弃了自己的私利，知道国家利益高于一切，义无反顾选择了舍小家顾大家，这是对党和人民的无限热爱，这是丹江对北方人民最无私、最深情的厚爱。作为南水北调中线工程核心水源地，陕西省丹江流域各级政府紧抓丹江流域水源保护工作，种植万亩生态林，守护中线水源地。保护两岸环境、保护丹江水质的意识，已深深融入两岸群众的血液里，丹江人用行动书写陕西责任和担当。为了涵养水源、改善水质，陕西省商洛市丹江流域各县（区）坚守"保护一江清水、呵护最美蓝天、守护秦岭绿肺"的理念，把工矿企业、污染大的企业关停转迁。截至目前，丹江流域已累计关闭化工、矿山、食品等企业30余家，这就是陕西丹江人为"一江清水永续北上"作出的庄严承诺。为了让北方人民吃上放心水，他们用无私的行动保护着丹江水源，长年保持在Ⅰ类标准的丹江之水，像一面洁净的镜子，映照出陕西人的奉献和担当。每一滴丹江水都是感情之水，每一滴丹江水都来之不易。丹江流域水走东南，北上京津冀，为南水北调中线工程受水区作出了重大贡献，丹江人民勇于担当的道义风范、为国分忧的奉献情怀，在丹江沿岸树起了一座精神丰碑。"送出的是水，带出的是深情，改善的是生态，推动的是高质量发展，受益的是广大人民。人民群众是生态文明的建设者，也正在成为生态文明建设成果的受益者。"这就是丹江人饱含真情的质朴话语，也正是丹江流域90万人的心声。

南水北调工程是迄今为止世界上规模最大的调水工程，正如习近平总书记强调的："南水北调工程功在当代，利在千秋"。丹水源源不断地流向北方，滋润着一座座城市，一江清水，是一部厚重的历史，记载着朴实善良和平凡而伟大的付出，是一座精神的丰碑，铭刻着奉献的力量。

三

丹江是一条历史之河，见证华夏文明千年发展变迁。丹江有着非常久远的历史，地质考察表明，丹江流域原是一片大海。2 亿年前，随着印支地壳运动，秦岭逐渐抬升，海水最后退出，沧海形成桑田。丹江沿岸发现有 1 亿年前恐龙蛋化石和 50 万年前大象门齿化石以及 20 余种古脊椎动物化石，还发现有猿人牙齿化石和 30 余处新石器时代遗址、10 余处古城址、20 余处大型古代墓葬，以及残留一些古建筑群。在丹江商州、丹凤、商南、山阳等河段干支流沿岸，发现仰韶、龙山文化遗址，以及商、周、秦、汉古墓葬几十处。商州城西张底村后坡断岩下存有侏罗、白垩纪的恐龙足迹化石；丹江南岸的紫荆遗址为新石器时代至西周时期；商州区东龙山为夏商周遗址；丹江两岸楚文化遗址已发现多处；沿岸崖墓数量更有几千之多，洞里留存着巴人的葬俗。种种迹象表明，丹江流域早在一百多万年前的旧石器时代，就有先民活动。新石器时代，丹江流域就有先民聚居，劳动繁衍生息。《续文献通考》称，大禹曾到商山治理丹江，并将治水有功的契封于商山。据《尚书·禹贡》记载，丹江始航时间当在春秋之前。

丹江商业贸易繁荣兴旺，网点星罗棋布，流通顺畅。秦、汉、隋、唐几个王朝在西安附近建都后，丹江通道受到重视；法祖商鞅从"丹水"的至静、至动、至柔、至刚中得到治国安邦、变法强秦之哲思。闯王李自成在丹江河畔"效法羲和驭天马，志在长空牧群星"，在压迫中觉醒抗争精神。许多政治交往、军事进兵、移民迁徙活动都选择了丹江这条水路。丹江航运历史悠久，始于夏朝，繁荣于魏晋，鼎盛于明清至民国时期陇海铁路通车前。丹江是先秦至清代"上通秦川、下达鄂渚"的主要交通航道之一，为"秦楚咽喉"是长安通往东南诸地和中原地区的主要交通枢纽。盛唐时期，丹江通道是仅次于长安至开封道路（大驿路）的次驿路，居当时全国驿路交通第二位。清康熙年间编修的《续修商志》记载："商於全盛之时，穷谷深山，皆闻鸡犬；老岩绝壑，亦长菽麦。高高下下，人皆务农。丰不全收，歉不全乏。兼有丝蚕蜡虫、椒桃漆药。诸蓄百产，虽多为客商专利，皆足以补衣食之缺而佐赋税之穷。所以郊野之富，号称近蜀。"明末清初，丹江龙驹寨、竹林关等水旱码头闻名遐迩，成为"北通秦晋，南接吴楚"的物资集散重地。龙驹寨是水陆联运的交通枢纽，成为"北通秦晋，南接吴楚"的物资集散重地。龙驹寨古镇正街当年分布着数百家骡马店、骆驼场、银钱铺、发贷行等店铺，留存至今有名的还有古镇上的船帮、盐帮、青器帮、马帮会馆等古建筑群。其中，最为著名者当数位于丹江北岸的船帮会馆，当地人称花庙，又称明王宫、平浪宫，是船工集资兴建的业缘性会馆。清乾隆年间编修的《直隶商州总志》载："龙驹一镇，康衢数里，巨屋千家。鸡鸣多未寝之人，午夜有可求之市。是以百艇联樯，千蹄接踵，熙熙攘攘，商税所由复增，税额所由日益也”。足见当时经济之繁荣、商业之兴盛。民国时期，军阀混战，战争频仍，经济凋敝，民不聊生，农业生产长期处于“刀耕火种”落后状态；工业仅有几家小煤窑、土铁炉、砖瓦窑、土纸坊和酒作坊；商业贸易也是凋敝萧条，山货土特产不能运出而闲置流失。

丹江自古乃兵家必争之地。秦楚交兵、宋金鏖战曾把丹江作为战场，在这里斯杀输赢。秦封商鞅于商邑以制晋楚，汉刘邦取道武关先得咸阳。明末农民军李自成曾在丹江流域“八进八出”，屯兵丹江，举兵东进，留下了不灭的战绩。近代，丹江流域是中国共产党领导的鄂豫陕革命根据地。1927—1928年，先后建立商县、龙驹寨和商县电报局3个特别党支部。1934—1937年，先后成立中共商洛特别委员会和中共鄂陕、中共豫陕、中共鄂豫陕特别委员会以及中共商洛工作委员会。1946—1948年，先后建立中共豫鄂陕边区地方委员会、中共陕南工作委员会和中共商洛地方委员会。1949年7月商县解放，地委机关进驻商县县城，成为商洛区域领导核心。土地革命时期，先后有五支红军（1932年10月，徐向前、陈昌浩率领红四方面军；1932年11月，贺龙、关向应率领红三军；1933年，汪锋、刘志丹率领红二十六军；1934年12月，徐宝珊、吴焕先、程子华、徐海东率领红二十五军；1936年12月，徐海东、程子华、刘志丹率领红十五军团和陈先瑞率领的红七十四师）转战商洛各县，建立苏维埃政府，领导群众“打土豪、分田地”，打井修渠整农田，创建了以商洛为中心的鄂豫陕革命根据地，播下革命火种。解放战争时期，1946年6月，陕南革命游击队指挥部成立，总指挥巩德芳、政委王力领导游击队劫富济贫，打击国民党反动派；7月，中原军区司令员李先念，副司令员王震，中央委员郑位三，候补委员、组织部部长陈少敏，由中原突围进军商洛，和陕南革命游击队合编，创建了以商洛为中心的豫鄂陕革命根据地；8月，晋冀鲁豫野战军第四纵队第十二旅、西北民主联军第三十八军第十七师及陕南独立团进军商洛，同王力领导的游击武装胜利会师。在此后的两年零三个月的战斗中，进行大小战斗280多次，先后解放丹江流域辖区县城，在中国革命斗争史上留下光辉的一页。

四

丹江是一条文化之河，积淀古今深厚璀璨文化智慧。丹江凝铸着五千年中华祖脉文明沧桑，激荡着八百里秦风楚韵绝代芳华，在古代中国南北文化交流中起着不可估量的作用。千百年来，丹江之水激扬着历代文人的才智和灵气，给文学创作以营养和精魂。多少文人墨客为仕途奔走者发出了“来往悲欢万里心，多从此路计浮沉”“请君试问东流水，别意与之谁短长”“山势分开秦楚界，水声流尽汉唐人”的无限感慨，名流雅士、达官显贵、莘莘学子或进京赶考，或职务调迁，或来丹视察，或赴京拜谒，或贬谪江南，“憧憧往来皆出是郡”。诗人李白、韩愈、王维、白居易、李商隐、元好问等流连忘返于丹江，留下千古不朽之诗篇。李白荡舟丹江上游仙娥溪后吟道：“横天耸翠壁，喷壑鸣红泉。寻幽殊未歇，爱此春光发。”白居易“七年三往复”丹江，写下“我为东南行，始登商山道。商山无数峰，最爱仙娥好”，“高高此山顶，四望唯烟云，下有一条路，通达楚与秦”。张九龄四经丹江，写下“泌泉空活活，樵叟独皤皤。是处清晖满，从中幽兴多”的诗句。王贞白《商山》诗中曾有“商山名利路，夜亦有人行”之感叹。杜牧在《丹水中》感慨，“何事苦萦回，离肠不自裁。恨身随梦去，春态逐云来。沉淀蓝光澈，喧盘粉浪开。翠岩三百尺，谁作子陵台”。屈原被流放的时候在丹江商南河段留下了“举世皆浊我独清，众人皆醉我独醒”的千年慨叹。宋代诗人王禹偁一生宦海沉浮，太宗淳化二年（991 年）左迁至商州，任团练副使，在商州任上的 550 天里，王禹偁留下 220 多篇诗文，他在丹江边写下传世名篇《村行》：“马穿山径菊初黄，信马悠悠野兴长。万壑有声含晚籁，数峰无语立斜阳。棠梨叶落胭脂色，荞麦花开白雪香。何事吟余忽惆怅，村桥原树似吾乡。”明代徐霞客北谒太华之后，南朝武当，即由洛南县经老君峪，自龙驹寨起航，漂流了龙驹寨以下丹江全程，他在游记中这样描写丹江漂流的美景：“时浮云已尽，丽日乘空，山岚重叠竞秀，怒流送舟，两岸浓桃艳李，泛光欲舞。出坐船头，不觉欲仙也”。

丹江是秦文化和楚文化的交汇地带，千百年来，丹江沿岸或隐或现见证了成百个王朝兴衰，也担负了南北经济文化交流与融合，承载了千年历史文化，名声财富积厚流光。丹凤城西的商镇为秦末汉初四位隐士隐居地，时称“商山四皓”。在丹凤、商南间的武关，是关中四塞之一，雄关尚存，并遗有战国时的“秦楚界墙”。汉唐之际，是东南入京城长安贡道之一。唐贞观元年，商州刺史李西华倡修从蓝田到河南内乡六百里路，史称武关道、蓝武道。二龙山水库上游遗有“闯王寨”，为李自成当年驻军之地。丹凤城龙驹寨，曾是军事、政治、经济的水陆码头，乃“五方杂沓之地，都会繁华之乡”。

丹江民间文化丰富多彩，且有南北过渡融合的特征，兼具江南女子的秀丽和西北大汉的粗犷。流域山连秦巴，水派长黄，地接秦湘楚蜀，四周的“风”自可以吹进来，对“本地人”的风俗产生潜移默化的作用。明清两代，北方移民“大槐树人”、南方流民“下湖人”和“客家人”纷纷入商，还有安徽、湖北、江西、山西、河南等官商进入丹江，形成“人杂十省”的居民群体。不同群体之间，既保持各自的先民遗教、家训，又不断化生新的习尚，传统美与现代美水乳交融，构成五彩斑斓的丹江文化画卷。丹江流域既有秦腔、汉剧、豫剧，还有花鼓、道情、踩高跷、划旱船等，商州木雕、丹凤刺绣等传承古法手工技艺令人叹为观止。新中国成立以来，商洛花鼓《夫妻观灯》《六斤县长》《屠夫状元》《月亮光光》先后进京演出，商洛道情《一文钱》被制成影音制品，发行海内外，商洛被誉为“戏剧之乡”。以贾平凹为首的“商洛作家群”，创作出大量的文学艺术作品，屡获国内外大奖。商洛皮影、商洛花鼓以及众多的民间文学、民间音乐、传统美术、传统手工技艺被列入非物质文化遗产保护名录，其中国家级非遗名录 4 项，省级非遗名录 33 项。

丹江文物古迹、自然景观和人文景观丰富多彩，具有开发旅游产业的潜在优势。东龙山夏商周遗址被国家“夏商周断代工程”列为“文化分期与年代测定”专题。蓝关遗址、武关遗址、商鞅封邑遗址和“闯王寨”仍在诉说着历史的沧桑。汉代的四皓墓、宋代的商州城垣、金代的二郎庙、明代的商州城隍庙和龙山双塔、清代的会馆群成为人们参观与凭吊之地。商南的金丝峡、商州的仙娥湖和丹凤的丹江漂流等正在吸引着八方来客。

丹江是一条历史悠久厚重、文化积淀丰富、山清水秀景美、风光宜人舒适的河流，远古的石器文明，夏、商、周的璀璨光芒，战国秦、汉的宏伟气象，唐、宋、清的文化繁荣，每一段历史都承载着厚重的记忆，不同的历史阶段见证了中华兴衰、历史进步、世事更迭。生长于丹江沿岸的子民，既有红色的记忆、苦难的历程，更有顽强不屈的意志和向往幸福生活的渴望。开创幸福生活，是丹江沿岸民众世世代代的梦想，造田、改水、修坝，他们用意志和生命作支撑，用一生作单元催人奋进，砥砺前行，醇厚绵长，生生不息。这里的人们勤劳朴实善良，他们正路耕读，踏实苦干，积极作为，努力拼搏。当前，被美誉为“养在深闺人未识，一朝成名天下闻”的丹江两岸勤劳的人们，正在勠力实施“幸福河”建设，大力推行丹江污染防治、三条红线纳污限制等举措，丹江绿色长廊让城市更加美丽宜人，两岸处处光而耀眼，静美如斯。

亿万斯年，岁月悠悠。总有奋不顾身的相信，总要坚韧恒久的勇气，每一时每一刻，我们总被丹江不确定的经纬牵动，而时空的交错也创造着丹江必将美好。考验若火，正在淬炼真金，百年变局正在丹江两岸演变。在新时代新征程的浪潮中，丹江犹如一艘巨轮乘风破浪，这片古老而神秘的土地，正在焕发出前所未有的生机和活力，更展现出无比光明的未来……

第一篇　流域概况

陕西省境丹江流域千山螺旋，万水盘纡，支流众多。地势西北高东南低，干流穿行于秦岭、蟒岭、伏牛山和流岭、鹘岭、新开岭之间，两岸岩性复杂，支流密布，纵横交错，构成典型网状水系。

第一章 河流水系

丹江干流绵长，支流密布，纵横交错。流域面积在 3 平方千米以上的河流 650 条，10 平方千米以上的河流 499 条，100 平方千米以上的河流 67 条，在 200 平方千米以上的河流 11 条，1000 平方千米以上的河流 5 条。

第一节 河流概况

一、基本情况

丹江是汉江北岸最大的支流，属秦岭生态环境保护范围，是秦岭国家生态安全屏障及"中央水塔"的重要组成部分，国家南水北调中线工程水源区。丹江发源于陕西省商洛市商州区腰市镇马角村，经陕西省商州、丹凤、商南三县（区），左岸支流胡河、留仙坪河延伸到洛南县，右岸支流银花河延伸到山阳县，在商南县汪家店月亮湾出陕西省境，经荆紫关进入河南省洛阳市的栾川县、三门峡市的卢氏县、南阳市的西峡县与淅川县，湖北省十堰市的郧阳区，于湖北省均县三官殿附近（现已没入丹江口水库之中）丹江口（已在坝下建市）注入汉江。丹江口水库建成后，丹江在河南省淅川县大石桥乡距丹江口水库 500 米处汇入丹江口水库。干流全长 443 千米，流域总面积 16800 平方千米。

陕西省丹江流域位于陕西省东南部，秦岭东段南麓，丹江上游，丹江陕西省河段干流长 264 千米，占丹江河长的 59.6%；流域面积 7520 平方千米，占丹江全流域面积的 44.8%，占商洛市陆域国土面积的 38%。流域共涉及商洛市 5 个县（区）。流域地形西北高、东南低。丹江流域北以陕西省境内的秦岭主脊东段、秦岭支脉蟒岭和河南县境内的伏牛山为界与黄河流域的渭河、伊洛河相邻，西南以陕西省境内的流岭、鹘岭、新开岭为界与汉江流域的金钱河、汉江干流毗邻，东邻汉江支流湍河流域。山脉似掌形向东南延伸展开，群山密布，河谷纵横。

二、河谷形态

丹江干流峡谷多且与宽谷相间出现。按自然地形，丹江可划分为上、下游两段，以荆紫关为界，荆紫关以上为上游段，以下为下游段，上游段主要包括陕西省境内的丹江流域。丹江水系峡谷众多，在陕西省商州二龙山以上是河源段峡谷，二龙山至丹凤的月日滩段是商—丹盆地，月日滩至丹凤的竹林关是峡谷段，竹林关至商南县湘河街是宽谷段。在商州区腰市镇马角村至商州区二龙山段的王家湾附近，发育有连续的深切曲流，流经峡谷的月日滩、柏树坪、孤山坪均是深切曲流形成的遗弃古河道和离堆山的典型河段。丹江支流如麻街河、会峪沟、老君河、武关河、清油河、南秦河、银花河、耀岭河、冷水河、湘河等，都发育了典型的深切河曲。丹江上游的河型，基本上属于峡谷、川塬交替分布的藕节河段型，干流按其河谷形态，可分为六个河段。

（一）丹江河源至商州二龙山河段

丹江河源至商州二龙山河段称为河源峡谷段，属丹江河源段，海拔 730 ~ 1500 米，流域面积 965 平方千米，主河道长约 42 千米，河道平均比降 29.4‰。陕西省商州区腰市镇马角村至腰市镇庙前村河谷相对开阔，庙前村到二龙山水库河槽狭窄，谷坡陡峻，为典型的 V 形峡谷，坡陡流急，汛期泥沙俱下，淤塞河道，洪水泛滥时有发生。商州区二龙山以上，海拔从 1500 米降至 730 米，比降一般为 10‰ ~ 5‰。板桥河口至二龙山水库，河谷又缩窄为峡谷。河床为沙、砾石。两岸山大坡陡，河谷宽度一般在 100 ~ 200 米，麻街附近稍宽，有 300 米左右，秦岭峡口、关隘仅宽 6 米左右。

（二）商州二龙山至丹凤县月日滩河段

商州二龙山至丹凤县月日滩河段称为商丹盆地段。在二龙山水库坝下与丹凤县月日滩之间，河道长 71 千米，区间流域面积 1994 平方千米，河道平均比降 2.89‰。沿河谷宽丘浅，地势平坦。干流迂回蜿蜒，形成一系列开阔的弯道谷地，沿岸村镇耕地栉毗相连，为陕西商洛富饶的川塬地区之一。河床高程 730 ~ 540 米，河床比降 3.3‰，谷宽约 1000 ~ 3000 米，河床宽 150 ~ 250 米，两岸有大片的河滩地，农田连片，俗称“百里州川”。1973 年冬至 1975 年春，商县、丹凤两县组织对丹江实行统一治理，从商县二龙山水库至丹凤县龙驹寨，整修河堤 223 千米，保护耕地 26076 亩，保护人口 10 万多人，新修河滩地 6000 多亩，河堤植树 50 万株。该段内主要支流有南秦河、大面河、塔子河、王山河、会峪河、老君河、资峪河等。由于水土流失严重，支流挟带大量泥沙，沿河堆积，河床逐年淤高，形成一条条地上河流，使干流两岸农田排水不畅，形成大量地下湿地。上游二龙山、南秦两水库建成，河道经统一治理后，河床逐渐下切，下湿地得到一定程度的改善。由于川塬周围的土石丘陵和低山水土流失比较严重，支流含沙量比较大，特别是在洪水季节，洪水挟带大量的泥沙，当流出丘陵或低山以后，随着沟床坡度的减小，流速变缓，把挟带的泥沙和砾石等堆积在丹江两岸的低阶地上，在沟床逐年淤积抬高的情况下，造成高悬在阶地面以上的地上沟床，每当夏、秋两季，经常洪水泛滥，既危害川地农业生产，也造成丹江两岸排水不良，形成大片湿下积水地，尤以东龙山至沙河子一带最甚。

（三）丹凤县月日滩至竹林关河段

丹凤县月日滩至竹林关河段又叫流岭峡谷段。在丹凤县月日滩至竹林关之间，河长 48 千米，河床由海拔 540 米降至 400 米，区间流域面积 1346 平方千米，比降为 3.3‰ ~ 2‰，河床多细沙、砾石，山地多由变质岩和砂岩组成。全段除月日滩、孤山坪两处由于深切曲流造成的古河道有少量农田分布外，其余均为峡谷，谷坡多在 30° ~ 70°，水流湍急，计划修建的竹林关水库就选址在这里。该段地质较好，是筑坝修库的优良地址，为丹江梯级开发的重要河段。流岭峡谷地段一般没有耕地，仅在月日滩和竹林关以上十多里（约合5千米）的孤山坪等处，由于深切曲流造成的古河床较为开阔，有农田分布。有较大滩险30余处，以蛤蟆口滩最险。

（四）竹林关至商南过风楼河段

竹林关至商南过风楼河段又叫川塬、峡谷段。河道长约53千米，区间流域面积2060平方千米，河道平均比降2.42‰，是比较典型的宽谷和峡谷相间出现的串珠状河段。湾多滩多，如梁家湾、毕家湾、柳树湾等；弯道凸岸形成塬地，如焦家塬、张塬等。该段内主要支流有银花河、开河、白玉河、武关河、清油河、县河、青山河等。这段河床由海拔400米降至200米，比降为20‰，河床为沙、砾石。河谷比较开阔，多曲流，水流较缓，如黄州奎、龙脖子、湘河街、梳洗楼等都是著名的河湾段，湘河、竹林关、柳树湾、过风楼等地河谷宽达200～600米。过风楼到湘河有一段长达10多千米的峡谷，通称湘河峡谷，两岸山高坡陡，坡度大都在30°～60°，谷形为“V”字形，水流湍急。支流有耀岭河、冷水河（根据水利普查等有关资料，湘河为冷水河支流）、汪家店河等。

（五）过风楼至荆紫关河段

过风楼至荆紫关河段又叫峡谷、川塬段。长约58千米，通称湘河峡谷，谷形为“V”字形，谷坡大都在30°～60°，谷底宽120～200米。局部河段深切曲流发育，如黄州奎、龙脖子、湘河街、梳洗楼等弯道处是农耕区。段内主要支流有耀岭河、湘河、红峪河等。湘河峡谷是修建中型水库电站、对丹江实行梯级开发的理想河段。

（六）荆紫关至丹江口水库

荆紫关至丹江口水库为峡谷、川塬段。丹江下游干流在淅川县境内可分为淅川盆地段、关防滩峡谷段、李官桥盆地段及丹江口峡谷段。在荆紫关上游3公里的月亮湾入境，穿行于峡谷陡岸，河床多滩，盆地段平阔水浅。荆紫关至原淅川县城52.5千米有险滩62处，淅川县城至湖北省丹江口市小江口80千米有险滩44处。1958年在丹江口市修建丹江口水库，1967年蓄水，水面最宽处20千米，最窄处300米，回水影响到淇河汇入口以下的淅川县大石桥乡附近。在河南省境河长117.4千米，流域面积7400平方千米。在湖北省境内，丹江干流旧称均水，由河南省淅川县挡贼口入境丹江口，南流21千米于丹江口市区北与汉水汇合，为丹江口水库组成部分。河床地貌峡谷多滩，盆地则平阔水浅。河槽宽度在500～1200米，河槽深6～10米，平均比降为20‰～10‰。据《广阳杂证》载，均州小江口至淅川县160里（约合80千米），有险滩44处，淅川县至荆紫关105里（约合52.5千米），有险滩62处。

陕西省丹江流域河段划分见图1-1-1。

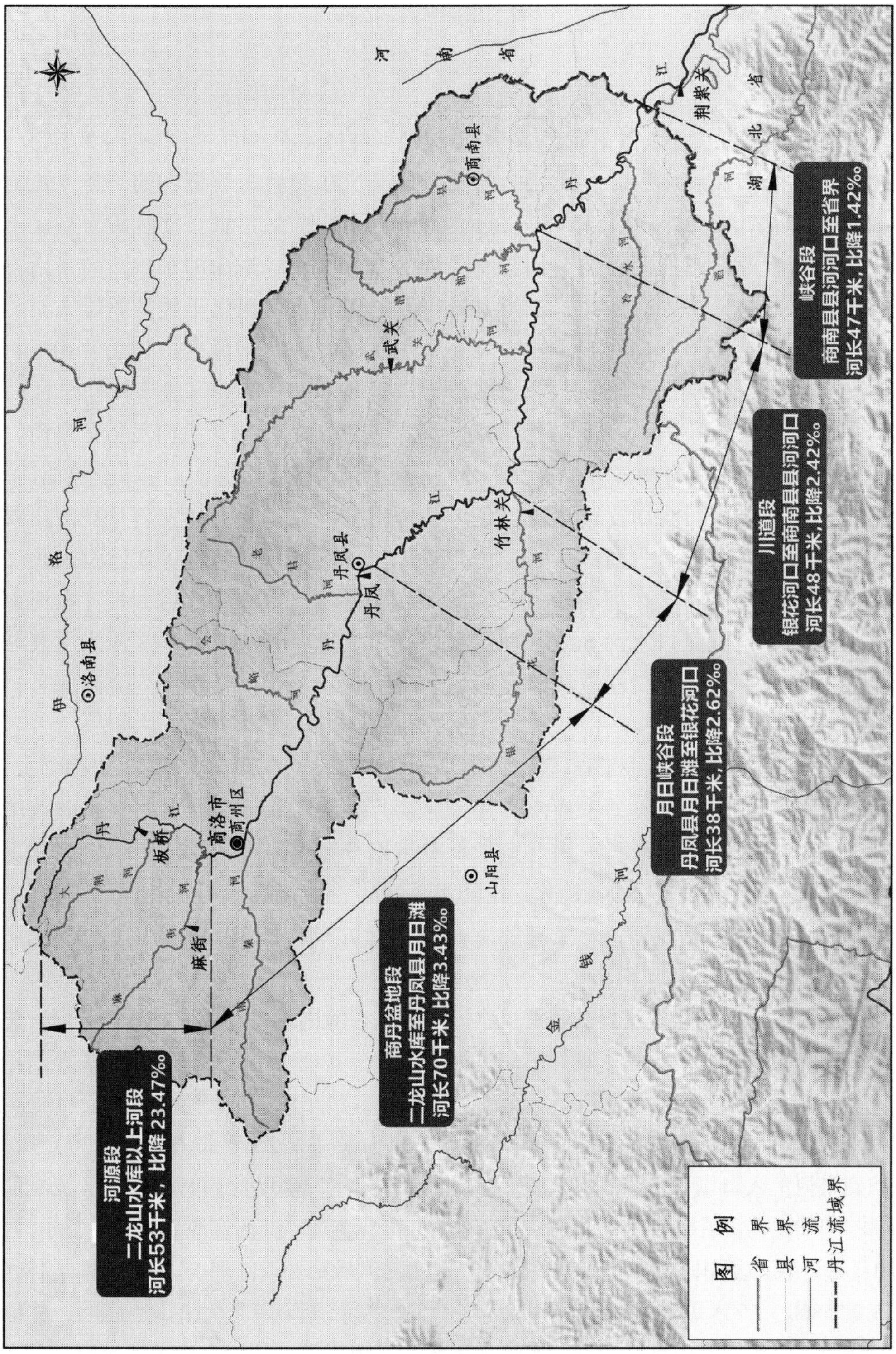

图1-1-1　陕西省丹江流域河段划分图（出自《2023年陕西省丹江流域综合规划》）

第二节　丹江干流

一、基本情况

丹江流域地处汉江中游，位于东经 109° 30′ 05″ ~ 111° 36′ 54″，北纬 32° 32′ 53″ ~ 34° 11′ 06″，是长江水系一级支流汉江的支流，是汉江在秦岭南坡最大的一条支流，发源于陕西省商洛市商州区腰市镇马角村（2017 年河湖普查之前，习惯认为丹江上游北源出于陕西省商洛市商州区与蓝田县交界处的秦岭主脊凤凰山的东峡，向东南方向流经铁炉子、胡村，进入黑龙峪，至黑龙口与西源汇合；西源出于牧护关以东秦岭主脊凤凰山南坡的七盘河，向东南流经秦峰、秦川、秦岭铺，至黑龙口与北源相汇；2017 年，按照河源唯远唯长原则考证，丹江发源于陕西省商洛市商州区腰市镇马角村），从商州到丹凤龙驹寨（今丹凤县城）俗称洲河，从龙驹寨至河南荆紫关河段俗称寨河，干流从商州区境内秦岭主脊南麓发源，经商州、丹凤、商南三县（区），左岸支流胡河、留仙坪河延伸到洛南县，右岸支流银花河延伸到山阳县，在商南县汪家店月亮湾出陕西省境，经荆紫关进入河南省淅川县，于湖北省丹江口市三官殿附近（现已没入丹江口水库之中）的丹江口（已在坝下建市）注入汉江。丹江口水库建成后，丹江在河南省淅川县大石桥乡距丹江口水库 500 米处汇入丹江口水库。干流全长 443 千米，流域总面积 16800 平方千米，占汉江流域总面积的 10%。多年平均流量 174 立方米每秒，自然落差 1401 米。

在陕西省境内，丹江干流从商州区腰市镇马角村向下，流向大致呈西北—东南向，流经商州区、丹凤县和商南县，于商南县汪家店乡月亮湾流入河南省。丹江在陕西境内的河段长 264 千米，呈东西长、南北宽的斜宽带形分布，东西长 205 千米，南北宽 65 千米。从河源至省界高差 1184.8 米，比降为 3.27‰；流域面积为 7520 平方千米，约占全流域面积的 45%；多年平均径流量为 18.9 亿立方米。丹江在陕西省境内支流详见本章第三节。

丹江终点河南、湖北两省交界的丹江口水库在湖北省境内，丹江干流在淅川县荆紫关上游 3 千米的月亮湾入境，穿行于峡谷陡岸，河床多滩，盆地段平阔水浅。荆紫关至淅川县城 52.5 千米有险滩 62 处，原淅川县城至湖北省丹江口市小江口 80 千米有险滩 44 处。1958 年在丹江口市修建丹江口水库，1967 年蓄水，水面最宽处 20 千米，最窄处 300 米，回水影响到淇河汇入口以下的淅川县大石桥乡附近。在河南省境河长 117.4 千米，流域面积 7400 平方千米。丹江在河南省境内的支流有淇河、老灌河等。淇河发源于卢氏县童子沟，河长 150 千米，流域面积 1498 平方千米。西坪水文站流域面积 911 平方千米，调查 1896 年洪峰流量 5860 立方米每秒。老灌河（又名老鹳河）发源于栾川县伏牛山小庙岭，称淯河，向西流经三川、叫河，出境入三门峡市卢氏县改名老灌河，折向东南进入南阳市汇入丹江，河长 254 千米，流域面积 4219 平方千米。西峡县城附近流域面积 3418 平方千米，

1919年洪峰流量为9530立方米每秒，最大流速达5.56米每秒。最小流量发生在1979年，实测0.45立方米每秒。

在湖北省境内，丹江干流旧称均水，由河南省淅川县挡贼口入境丹江口，南流21千米于丹江口市区北与汉水汇合，为丹江口水库组成部分。丹江在湖北省境内主要支流有石鼓河、白石河等。石鼓河发源于十堰市丹江口市凉水河镇唐山，流域面积97.2平方千米，河长43.7千米，平均坡降6.05‰，流经鸡鸣山、徐湾、石鼓、范清、柳林、殷家庄、毛家庄入丹江口水库。石鼓河支流有源潭沟、八口寨、余沟、李沟、易家沟。白石河发源于十堰市丹江口市凉水河镇大白岩，流域面积54.9平方千米，河长20.35千米，平均坡降15.759‰，流经老皇沟、核桃营、寨沟、黄川、温家坪入丹江口水库。白石河支流有西沟、马木匠沟。本志书主要写丹江陕西境内河流情况。

丹江在陕西省境内的干流，按其河谷形态，可分为河源至商州二龙山河段、商州二龙山至丹凤县月日滩河段、丹凤县月日滩至竹林关河段、竹林关至商南过风楼河段、过风楼至荆紫关河段五个河段。丹江下游干流在淅川县境内可分为淅川盆地段、关防滩峡谷段、李官桥盆地段及丹江口峡谷段。从河流形态和水系结构来看，丹江自左岸汇入的支流源远流长，水量充沛；而右岸汇入的支流源短流小。这种支流不对称性使干流河槽有偏向右岸的趋势，从而使左岸形成大小不等的阶地、滩地，使支流洪峰汇入干流的时间错开，有减缓干流洪峰的作用。由于地质构造和岩性的影响，主要河流在平面形态上表现出宽谷与峡谷交替出现及多弯曲河段的特点。宽谷段内阶地完整，土层较厚，河床比降较小，沉积作用显著，河水左右摆动侧蚀，形成宽阔的河漫滩地，是发展农业的重要地区。峡谷段内一般以石质槽河为主，河谷狭窄，谷坡陡峻，比降较大，便于筑坝蓄水。两岸有河湾农耕区，城市河段人口居住集中，农村河段人口分布比较分散。

二、河道演变

陕西省境内丹江河道在1980年以前河床有逐年淤高的现象，丹江商南段从1937年至1980年，河床已上升3米左右，特别是1958—1970年，平均每年上升10厘米多。丹江上游的程家坡断面（今二龙山水库坝址），在非汛期潜流大于1立方米每秒。又据商州区南秦水库观测泥沙资料，库内平均每年来沙量53.3万立方米，淤积量24.67万立方米，淤积量占来沙量的46.3%。丹江河道相对较窄浅，容沙能力较小。

20世纪80年代以后，由于大量基建使用沙石，使部分河道沙石大量流失，特别是靠近城镇的河流，出现了河床下切、河堤悬空、桥梁桩基裸露等状况。

进入21世纪，陕西省水利部门加强了河道采砂管理，使上述状况有所缓解。部分水库进行了泥沙清淤工作，使水库容沙容水能力增强。特别是丹江防洪工程建设对稳定河势、防止洪水淹没及塌岸起到重要作用。在防洪工程完好河段，河道平面形态稳定。在河道顶冲段、土质岸坡段、支流河口段等，可能会产生局部略有河势摆动、岸坡滑塌、水土流失等现象。丹江在过去多年来因采砂等因素呈现出明显的下切趋势，预测这种下切趋势还会延续一定时间，但强度会逐步下降，直至达到新的冲淤平衡。

第三节 重要支流

陕西省境内丹江流域支流密布，纵横交错，大小河流及其支流与丹江构成羽毛状、树枝状格型，表现为山密川疏，北岸支流源远流长，水量丰富，南岸河短水小，使北岸形成有较大的河流阶地。长度在25千米以上的支流有21条，10 ~ 25千米的干沟有79条，1 ~ 10千米的支沟有952条，1千米以下的毛沟多达34308条，其中，流域面积在3平方千米以上的河流650条，10平方千米以上的河流499条，100平方千米以上的河流67条，流域面积在200平方千米以上的支流11条，1000平方千米以上的河流5条（丹江、银花河、老鹳河、淇河、滔河）。具体特征值详见表1-1-1。

表1-1-1 2020年陕西省丹江流域主要支流特征统计

序号	岸别	支流名称	河长 /km	流域面积 /km^2	比降 /‰	多年平均年径流量 / 亿 m^3
1	右	大荆河	36.8	214	12.2	0.59
2		麻街河	43	377	13.7	0.64
3		南秦河	53	582	16.2	1.45
4		银花河	89	1031	12.8	2.83
5		冷水河	57	224	10.8	0.59
6		滔河	51	346	13.9	0.20
1	左	会峪河	32.7	219	19.1	0.55
2		老君河	41.9	262	17.1	0.65
3		武关河	121.8	897	10	2.48
4		清油河	67.8	364	20.9	1.01
5		县河	50.4	277	18.2	0.76

注：本表出自《陕西省丹江流域综合规划报告》（2023年）。

本书收录了丹江一级支流、二级支流共30条河流概况。

一、主要一级支流

陕西省境内丹江流域主要一级支流共有11条（其中一级支流左岸有会峪河、老君河、武关河、清油河、县河5条支流，右岸有大荆河、麻街河、南秦河、银花河、冷水河、滔河6条支流）。

（一）大荆河

大荆河为丹江右岸一级支流，又名荆河，发源于商州区大荆镇西北部东峪沟，于板桥水文站上游汇入丹江。河长 36.8 千米，流域面积 214 平方千米，河道平均比降 12.2‰。流域地势北高南低，东西两侧分水岭为秦岭支脉高峻的山脊线，山峦起伏重叠。大荆河流经的中间地带呈川塬地势，南岸土地较为平阔，是川道地区。流域地处中纬度，西北部有秦岭天然屏障，冷空气不易侵入，向东南开口的山川地形有利于暖温气流伸进，因而形成暖温带南缘过渡带季风性、半温润山地气候，四季分明，冬无严寒，夏无酷暑，冬春长，夏秋短，水热同季，气温、降水年际变化大，旱涝风雹灾害多。年均气温为 12.8 摄氏度，最热月为 7 月，平均气温为 24.8 摄氏度；最冷月为 1 月，平均气温为 0.3 摄氏度。该段河道陡，河谷狭窄，山洪发生时涨势迅猛。

大荆河支流众多，属不对称羽状水系，水系呈扇状分布；流域多年平均年径流量 0.59 亿立方米，多年平均流量 1.31 立方米每秒；平均年输沙量 23.55 万吨；上游段水质符合生活饮用水标准，总体上达到Ⅰ类标准，水资源主要为地表水，多年平均年径流量 0.59 亿立方米；水能蕴藏量 0.35 万千瓦；该流域森林资源丰富，境内有植物 872 种，有利用价值的 210 余种，中药材品种有 352 种，有“天然药库”之美誉；有野生动物 20 余种。境内已探明的矿产有 14 种，萤石、石英、石灰石等矿产资源储量丰裕。大荆河现有水利工程主要包括已建成拦沙坝 27 个，已建成护岸 3.8595 千米，护岸等级为 3 级。

（二）麻街河

麻街河为丹江右岸一级支流，发源于秦岭主脊凤凰山东南侧，源头有二处，东源从庙沟口向东南流入黑花峪，西源头经铁炉子至洪门河与东源头汇合，在二龙山水库与板桥河相遇。主要支流有泥峪川、七盘河、闵家河、洪门河等。河长 43 千米，流域面积 377 平方千米，河道平均比降 13.7‰。流域地势北高南低，东西两侧分水岭为秦岭支脉高峻的山脊线，山峦起伏重叠。麻街河流经的中间地带呈川塬地势，南岸土地较为平阔，是川道地区。该段河道陡，河谷狭窄，山洪发生时涨势迅猛。流域地处中纬度，西北部有秦岭天然屏障，冷空气不易侵入，向东南开口的山川地形有利于暖温气流伸进，因而形成暖温带南缘过渡带季风性、半温润山地气候，四季分明，冬无严寒，夏无酷暑，冬春长，夏秋短，水热同季，气温、降水年际变化大，旱涝风雹灾害多。年均气温为 12.8 摄氏度，最热月为 7 月，平均气温为 24.8 摄氏度；最冷月为 1 月，平均气温为 0.3 摄氏度。

麻街河支流众多，属不对称羽状水系，水系呈扇状分布；流域多年平均年降水量 724.3 毫米，多年平均年径流量 0.64 亿立方米，多年平均流量 2.05 立方米每秒；平均年输沙量 36.89 万吨；多年平均年蒸发量 873.7 毫米；实测最大流量 553 立方米每秒，发生于 1988 年 8 月 14 日，实测最小流量 0.017 立方米每秒，发生于 2003 年 6 月 15 日，历史调查最大流量为 527 立方米每秒，发生于 1954 年 8 月 11 日。洪水属暴雨型，暴涨突落；洪水最早出现在 4 月，其峰量较小，10 月受淋雨影响，亦有洪水发生，但量级较大的洪水一般出现在 7—9 月；一般年份多呈单峰出现，丰水年份洪水一般为多峰型，水位流量关系线中低水多为绳套线，高水为单一线。上游段水质符合生活饮用水标准，总体上达到Ⅰ

类标准。水资源主要为地表水，多年平均年径流量 0.64 亿立方米；水能蕴藏量 0.55 万千瓦；该流域森林资源丰富，境内有植物 988 种，有利用价值的 270 余种，中药材品种有 189 种，有“天然药库”之美誉；有野生动物 20 余种；境内已探明的矿产有 18 种，萤石、石英、石灰石等矿产资源储量丰裕。

（三）南秦河

南秦河是丹江上游右岸一级支流，又名乳水，因南秦河上游河床多含粉砂银石，河水清澈可鉴，水色洁白似乳而得名。地理位置东经 109° 14′ 55″ ~ 109° 30′ 58″ 、北纬 33° 45′ 05″ ~ 33° 55′ 56″，东南以秦岭、流岭为界与柞水县、山阳县金钱河流域为邻，北与商州区三岔河乡油磨河相邻，西入丹江干流。南秦河流经陕西省商洛市商州区杨斜镇、杨峪河镇、金陵寺镇、刘湾街道办事处。流域地势西高东低，南北两侧分水岭为秦岭支脉高峻的山脊线，山峦起伏重叠，河流行经的中间地带呈川塬地势，南岸土地较为阔平，是川道地区，人称南秦川。南秦河发源于陕西省商洛市东岳庙乡鸡冠岭，由西向东流，于刘湾街道办事处仁塬村汇入丹江。河长 53 千米，流域面积 582 平方千米，河源处海拔 1577.6 米，入丹口海拔 702 米，河道总落差 875.6 米，河道平均比降 16.2‰。自源头到入丹口，沿途接纳流域面积大于 30 平方千米以上的支流有林岔河、石道峪河、赤水峪河、石龙湾河、上秦川河、刘峪河。

南秦河流域地处北亚热带与暖温带过渡性山地季风气候区，气候温和，四季分明，年平均气温 12.8 摄氏度。气温极端最高值为 39.9 摄氏度，最低值为 –14.8 摄氏度。多年平均年降水量为 800 ~ 750 毫米，多年平均年径流量 1.45 亿立方米，多年平均流量 3.53 立方米每秒，实测最大流量 441 立方米每秒，平均含沙量 4.44 千克每立方米，平均年输沙量 63.4 万吨。降水多集中在 7—9 月，丰水期和枯水期界限分明，径流年内分配为夏秋较多，冬春较少，上游段水质符合人饮、灌溉用水标准，总体上达到 Ⅰ 类标准。下游河段水质属Ⅲ类标准，特别是杨峪河镇四合村至河口段因受工业污染水质较差。全流域自然灾害频发，据史料记载，1662—2005 年间，共发生严重旱灾 29 次、洪灾 55 次，1949 年后有记载的较大雹灾 10 次、冻灾 3 次。1988 年 8 月 14 日，商州、柞水、洛南秦岭主脊突发特大暴雨，8 小时最大降雨量 440.2 毫米，南秦河流域山洪暴发，南秦水库下泄流量达 442 立方米每秒，洪水淹没农田 400 公顷，冲毁堤路 29 千米，倒塌房屋 86 间。

（四）会峪河

会峪河是丹江左岸一级支流，地理位置东经 110° 05′ 35″ ~ 110° 14′ 56″、北纬 33° 46′ 48″ ~ 33° 59′ 01″，东以西大山为界与丹凤县老君河为邻，西以老虎岭为界，北以蟒岭柏尖山为界与洛南县伊洛河相邻，南至丹江干流。会峪河由北向南流经陕西省商洛市商州区北宽坪镇、夜村镇。流域地势北高南低，干流穿行山岭之间，山大沟深坡陡，属中低山地貌。会峪河发源于陕西省蟒岭南坡韩子坪，到夜村会峪口注入丹江，河道长 32.7 千米，流域面积 219 平方千米。河道总落差 605.3 米，平均比降 19.1‰。沿途汇入的主要支流有韩子坪沟、大河面、青棉沟河。会峪河流域属于暖温带南缘过渡带季风性半湿润山地气候，气候温和，四季分明，年平均气温 12.8 摄氏度，流域多年平均年降水量 780.2 毫米，降雨由北向南递减。多年平均年径流量 0.55 亿立方米，河段水质可达Ⅱ类标准，适宜人畜饮水和农田灌溉。植被良好，以栓皮栎林、栎林、白皮松林山杨树为主。1949—2005 年间，该流域共发生较大旱灾 22 次，水灾 31 次。1987 年 8 月 9—10 日，会峪河流域发生以冰雹为主的暴雨冰雹，直径 30 毫米，密度大，历时 25 分。韩子坪最为严重，受灾面积 2900 亩。1972 年实施会峪河改道工程，人工开凿隧洞 310 米，使河流裁弯取直改道由罗公贬注入丹江，新增改造农田 22 公顷。

（五）老君河

老君河是丹江左岸一级支流，传说老子骑青牛过函谷经此而得名。地理位置为东经 110° 13′ 48″ ~ 110° 22′ 52″、北纬 33° 57′ 44″ ~ 33° 41′ 12″。东与丹凤县赵沟、涌峪沟、武关河流域相邻，西与磨丈沟和商州区会峪河相邻，北以蟒岭主脊为界与黄河流域洛河水系相邻，南为丹江干流。老君河发源于陕西省丹凤县蔡川镇和尚沟（东河），经陕西省商洛市洛南县的景村镇、丹凤县的留仙坪乡和商镇三个乡（镇），过界牌、虚头、页山、孙家港、黄冈至鱼岭水库，水库以上老君河干流也称为西河，西河干流长度 24.6 千米，流域面积 108.6 平方千米。流域地势北高南低，最高点位于蟒岭主脊，高程为 1744 米，最低点位于老君河入丹江河口处，高程为 640 米，海拔高差 1104 米，老君河从北向南流经了两种地貌类型区，以鱼岭二级电站站址处为界分为上下游两段，上游段河谷两侧山势陡峻，沟壑纵横，为以中低山为主的土石山区，下游段位于江河谷外道区，河谷开阔，两岸为丘陵地带，坡度为 5° ~ 8°。老君河自鱼岭水库以下至王堌子为峡谷段，河道宽度在 50 ~ 100 米，两岸山势陡峻，山坡坡度在 20° ~ 40°，王堌子以下河道进入丹江河谷川道区，于商镇古城村汇入丹江。老君河右岸支流少，流程短，左岸支流多，源远流程长，径流量大，干流河槽偏向右岸。老君河流域面积 262 平方千米，干流长度 41.9 千米，平均比降 17.1‰，老君河流域属北亚热带向暖温带过渡的季风性半湿润山地气候，四季分明，气候温和，雨量较充沛，光照较充足。多年平均年径流量 0.65 亿立方米，年径流量的 50% 以夏季洪水形式出现，丰水期为 7、8、9 三个月。径流泥沙以推移质为主，输沙量的 90% 产于汛期的暴雨洪水过程中，径流水质良好，除汛期水质因泥沙污染外，其余时段均达到Ⅱ类标准以上。

（六）银花河

银花河因流经银花镇而得名，为丹江右岸一级支流。地理位置为东经 109° 29′ 17″ ~ 110° 57′ 47″、北纬 33° 22′ 09″ ~ 33° 42′ 18″，东以鹃岭为界与山阳县县河流域为邻，西至丹江干流，北以流岭为界与商州、丹凤境内的丹江干流各支流相邻，南以鹘岭为界与山阳县金钱河流域毗邻。流域涉及山阳县的高坝镇、中村镇、两岭镇、银花镇和丹凤县的土门镇、竹林关镇。银花河发源于陕西省鹘岭东侧高坝镇，全长 89 千米，流域面积 1031 平方千米，平均比降 10.6‰。流域西高东低，最高点位于山阳县申家湾乡流域山脊马梁寨，高程为 1841.9 米，最低点位于银花河汇入丹江处的河床面，高程为 424.2 米。银花河流域为中低山地貌类型，境内两侧山地山高坡陡，沟壑纵横，为典型的土石山区地势。银花河流域为羽形，总体呈现不对称性，南岸支流短小，水流湍急，水能蕴藏量大，北岸支流源远流长，潜流量多，常流量少。流域不对称度为 0.49。主要支流有左岸的芦园沟、鱼塘沟、洛峪沟、洪河、寺北沟、商路河、古路河，右岸支流有桥耳沟、寨子沟、响当河、龙王庙河、石槽沟，最大的支流洛峪沟流域面积 127 平方千米。干流河谷呈现宽谷与狭谷交替出现的地形，干流从鹃岭东侧发源后，流经过风楼、高坝宽谷段，河谷平均宽度 300 ~ 400 米，之后干流进入黄土凸至洛峪狭谷段，河道宽度为 100 ~ 150 米，再流至中村、银花宽谷段，平均宽度为 400 ~ 500 米，干流继续前行至银花镇姚沟口进入丹凤县境，随后进入土门狭谷段，再经土门街宽谷段后，进入高滩至神旗沟口狭谷段，干流流经王塬、张塬、竹林关、川道区，于竹林关龙嘴子汇入丹江。沿程经过的 4 条河谷川道均为山阳、丹凤两县农业生产条件优越地区，河谷开阔，两岸地势较平缓，特别是丹凤段的土门、竹林关两个川道区河谷宽度在 700 ~ 1000 米，北岸为丘陵地形，大部分坡面坡度在 10°以下，相对高差在 100 米以下，坡面土层深厚，农业生产条件良好。银花河流域历史上多水灾，近年尤以“87 · 6 · 5”水灾为甚，1987 年 6 月 4 日晚至 5 日下午，银花河流域山阳段降大暴雨，18 小时雨量达 143 ~ 220 毫米，银花河水猛涨至 2970 立方米每秒，致使银花河干流沿岸平地几近被毁，村镇房屋也受到极大损失，交通、水利、电力、通信等基础设施损失惨重。

（七）武关河

武关河是丹江左岸一级支流，流经陕西省商洛市丹凤县、商南县，因流经战国时期秦楚分界的武关而得名。地理位置为东经 110° 20′ 43″ ~ 110° 48′ 40″、北纬 33° 26′ 36″ ~ 33° 57′ 36″，东与河南省卢氏县伊洛河流域和商南县清油河流域为邻，西与丹凤县老君河、资峪河和丹江干流为邻，北以蟒岭为界与黄河流域伊洛河流域东沙河毗邻，南为丹江干流。流域涉及丹凤县的庾岭、峦庄、铁峪铺、武关和商南县金丝峡镇共两县 5 个乡（镇）。武关河发源于陕西省境内蟒岭东南麓庾家河镇土地沟，至陕西省商南县太吉河镇杨家台汇入丹江，河道全长 121.8 千米，流域面积 897 平方千米，河道平均比降 10‰，多年平均年径流量 2.48 亿立方米，武关河流域属北亚热带向暖温带过渡气候，惠家坪以上为中山高寒山区，属暖温带气候，多年平均年降水量 750 毫米，多年平均气温为 8.7 摄氏度，惠家坪至毛坪段河谷川塬区，多年平均年降水量 760 毫米，多年平均气温为 15.5 摄氏度，惠家坪以上低山区，多年平均年降水量 755 毫米，多年平均气温为 12 摄氏度。武关河流域地势北高南低，最高点位于流域北分水岭的蟒岭，高程为 1630 米，最低点位于武关河入汇丹江处，高程为 345 米。武关河从河源至庾岭镇街坊村段称庾家河，街坊村以下称武关河。武关河从源头至峦庄镇河口村段流向为西北向东南，沿程经过庾家河街、石门、汪家沟，至白家店有马家坪河自左岸汇入，干流流至河口村，转而呈南北走向经栗子坪、坪安、惠家坪、南坪、段家湾至梅庄，出丹凤县界，再经二郎庙至毕家湾村杨家庄汇入丹江。流域内无大规模工业生产，污染源主要为洪水期泥沙和农业生产、农村生活污染，对水质影响不大，洪水期泥沙污染水质只在汛期出现，对全年水质无影响，水质基本保持在Ⅱ类标准以上。

（八）清油河

清油河为丹江左岸一级支流，位于东经 110° 39′ 52″ ~ 110° 49′ 34″、北纬 33° 25′ 57″ ~ 33° 44′ 19″，东与城关镇曹营村、党马乡捉马沟相邻，北、西与丹凤县交界，南至过风楼镇辖区的丹江干流。清油河发源于陕西省蟒岭清油河镇峡联村的琉璃庙，自北向南流经清油河、试马，在过风楼镇注入丹江，全长 67.8 千米，流域面积 364 平方千米，流域内最高处琉璃庙山顶海拔 2057.9 米，最低处在入汇口的丹江河面，海拔 308 米，河道平均比降 20.9‰。清油河地处北亚热带向暖温带过渡带，具有显著的山地气候，四季分明，气候温和，年平均气温为 14 摄氏度，年极端最高气温为 40.5 摄氏度，年最低气温为 –12.1 摄氏度。流域多年平均年降水量为 780 ~ 800 毫米，年际变化较大，时空分布不均，北部多于南部，夏秋（7、8、9 月）多于其他季节，多年径流量为 0.726 立方米每秒，枯水流量为 0.419 立方米每秒。其上游段河谷狭窄，森林茂密，潭瀑相间，人烟稀少；中游河段地势开阔，土地平坦，人口居住集中，经济较为活跃，有核桃、五味子、桔根等中药材基地和千亩茶叶基地；下游段呈 V 形峡谷地带。清油河支流试马河中游于 1975 年建成了一座小（1）型水库试马水库，坝高 34 米，库容 264 万立方米，水库以灌溉为主，兼营发电、防洪、养鱼。

（九）县河

商南县县河为丹江左岸一级支流，位于东经 110° 49′ 12″ ~ 110° 58′ 42″、北纬 33° 26′ 09″ ~ 33° 39′ 35″，东与富水镇茶坊村、沐河村相邻，北以河南省卢氏县为界，西与党马乡捉马沟村毗邻，向南流汇入丹江。县河发源于陕西省境内秦岭余脉蟒岭东段、城关镇曹营村界岭，自北向南穿县城而过，流经城关镇曹营、稻田坪等 9 村和过风楼小栗园、县河口 2 村，于县河口村注入丹江，全长 50.4 千米，流域面积 273 平方千米，平均比降 18.2‰。最高海拔 1868 米，在曹营的双峰山顶，最低处海拔 298.7 米，在县河口丹江河面。县河流域地处北亚热带向暖热带过渡带，具有显著的山地气候，四季分明，气候温和，年平均气温 14 摄氏度，年极端最高气温 40.5 摄氏度，年最低气温 –12.1 摄氏度。县河多年平均年降水量 800 ~ 850 毫米，时空分布不均，北部、东部多于西部、南部，7—9 月降水量多于其他 9 个月总降水量。多年常流量 0.445 立方米每秒，枯水流量为 0.257 立方米每秒，多年平均年径流量 6392 万立方米。按河谷地形及资源特点，可分为两个河段：一是县河上游段即河源至县河水库坝址，为上游峡谷段，长约 20 千米，总落差 455 米，山高谷深，河床狭窄，人口相对较少，植被覆盖率达到 70% 以上。两岔河口以上的东西北山支流常流量均小于 0.1 立方米每秒。二是县河水库至河口川道段，长 26 千米，落差 180 米，包括县城在内的城关镇大部分地区，土地宽广肥沃，人口居住集中，交通条件便利，是商南县经济、政治、文化中心，也是出陕入豫的交通要道。县河出商南县城流经城关镇石垭子村到过风楼，河道弯曲，河岸山坡平缓，土壤覆盖较厚，植被覆盖率低，随着近几年的退耕还林，水土流失情况明显好转。

（十）冷水河

冷水河是丹江右岸一级支流，位于东经 110° 35′ 15″ ~ 110° 54′ 05″、北纬

33° 12′ 53″ ~ 33° 19′ 38″，东与丹江接壤，北与水沟乡交界，西与十里坪镇梁家坟村相邻，南与魏家台乡大泥池为界，东西长 29.7 千米，南北宽 13.8 千米。湘河为冷水河支流，发源于陕西省十里坪镇碾子坪村，自西向东流经十里坪镇梁家坟魏家台乡文化坪、湘河镇的两岔河村于湘河镇湘河村注入丹江，全长 57 千米，平均比降 10.8‰。流域面积 224 平方千米。按地形、地貌特征及水力资源开发利用条件，可将冷水河、湘河分为 3 段：一是分水岭至花子潭上游的河谷川道段。此段长 11 千米，河道比降较平，河谷比较开阔，河滩较多，是主要农田分布区。二是花子潭至对窝坪段。此段为峡谷，长约 9 千米，落差 280 米。河峡深切，谷坡陡峭，特别是花子潭至羊角寨有几个大跌水瀑布，十分壮观。三是对窝坪至河口段。此段为 26 千米长峡谷，谷宽一般 30 ~ 50 米，局部地区有小川道，河流弯道较多。湘河属北亚热带气候区，气候温暖，四季分明，雨量充沛，年平均气温 14 摄氏度。多年平均年降水量 800 ~ 850 毫米，多年平均年径流量 0.961 立方米每秒，枯水流量为 0.851 立方米每秒，多年径流量 7308 万立方米。湘河水质基本符合生活饮用水标准。湘河处于石灰岩山区，溶洞发育，降水均渗入地下变为潜流，故河源有 4 千米左右的河段无长流水。至梁家坟乡的碾子坪、疙瘩坪以下河流开始有长流水。分水岭至花子潭上游的河谷川道段，河道比降平缓，平均比降 20‰ 。一级支流有冷水河、泊河、小湘河。

（十一）滔河

滔河属丹江右岸的一级支流，发源于陕西商南县孤岭山大竹园黑龙沟，由西北流向东南，从赵川进入湖北省十堰市郧阳区，于河南省淅川县滔河镇注入丹江，全长 129.8 千米，流域总面积 1130 平方千米。整个流域位于北纬 33° 1′ ~33° 20′、东经 111° 10′ ~110° 25′。滔河干流陕西省境内长 51 千米，占总长的 39.3%，流域面积 346 平方千米，占流域总面积的 30.6%，河流比降 13.9‰。滔河干流在境内可分为 3 个河段：一是河源至孙家坪峡谷段。长约 13 千米，流域面积约 62 平方千米。河谷坡降大，总落差可达 230 米。二是孙家坪至前坡河段。长 21 千米，落差 95 米。三是前坡至边界河段。长 17 千米，落差 65 米。境内左右岸共有 7 条支流，全部属商南县管辖，分别为：马家沟，河流长度 5.9 千米，流域集水面积 10.4 平方千米；红岩沟，河流长度 6.9 千米，流域集水面积 13.2 平方千米；响水沟，河流长度 11 千米，流域集水面积 44.6 平方千米；石柱河，河流长度 14.6 千米，流域集水面积 25.7 平方千米；后川河，河流长度 8.4 千米，流域集水面积 18.5 平方千米；晒水台，河流长度 12.8 千米，流域集水面积 27.4 平方千米；店坊河，河流长度 13.1 千米，流域集水面积 54.1 平方千米。商南县滔河流域属高山地区，层峦叠嶂，山势雄伟，最高海拔 1200 米，多为峡谷地形，植被较好，河谷深切，两岸陡立，水流湍急，基岩裸露。商南县滔河流域重点防洪工程位于十里坪镇中心桥处，治理段河道长 3.20 千米，整治段以上控制流域面积 70.33 平方千米，主河道长 16.88 千米，河床平均比降 25.36‰。由于流域内多为石灰岩地区，溶洞泉水多，可补给河道，使滔河枯水流量大而稳定。

二、其他一级、二级支流

丹江陕西省境内支流众多，纵横交错，典型支流主要如下。

（一）银洞沟河

银洞沟河为大荆河一级支流，丹江的二级支流，又名西荆河，发源于陕西省商洛市商州区境内的大荆镇西皇峪，流经大荆镇，于大荆镇口前村汇入大荆河。河长 18.72 千米，流域面积 62.4 平方千米，河道平均比降 24.1‰。流域地势西高东低，南北两侧分水岭为秦岭支脉高峻的山脊线，山峦起伏重叠。银洞沟流经的中间地带呈川塬地势，南岸土地较为平阔，是川道地区。该段河道陡，河谷狭窄，山洪发生时涨势迅猛。流域地处北亚热带北部边缘，属暖温带大陆性季风性半湿润气候，由于受东南季风影响，四季冷暖分明，雨量适中，气候温和。冬季多风干冷，春季少雨干燥，夏季高温多雨，秋季湿润凉爽。年平均气温 11 摄氏度，极端最高气温 37.1 摄氏度，极端最低气温 −23 摄氏度，最大冻土层深度 32 厘米，年均无霜期 195 天，最大积雪厚度为 20 厘米。多年平均降水量 764.1 毫米，最少年是 1995 年，降水量 556.7 毫米，最多年是 1958 年，降水量 1244.6 毫米。银洞沟支流众多，属不对称羽状水系，水系呈扇状分布；流域多年平均年径流量 0.17 亿立方米，多年平均流量 0.38 立方米每秒；平均年输沙量 6.86 万吨；上游段水质符合生活饮用水标准，总体上达到 I 类标准。水资源主要为地表水，多年平均年径流量 0.17 亿立方米；水能蕴藏量 0.1 万千瓦；该流域森林资源丰富，境内有植物 545 种，有利用价值的 100 余种，中药材品种有 135 种，有“天然药库”之美誉；有野生动物 10 余种；境内已探明的矿产有 6 种，萤石、石英、石灰石等矿产资源储量丰裕。银洞沟现有水利工程主要包括已建成的拦沙坝 7 个。

（二）龙王庙河

龙王庙河为丹江左岸一级支流，发源于陕西省商洛市商州区境内的板桥镇龙王庙潘河村潘河尖脑，流经板桥镇，于板桥镇下湾村汇入二龙山水库。河长 18.13 千米，流域面积 57.31 平方千米，河道平均比降 31.81‰。流域地势东高西低，南北两侧分水岭为秦岭支脉高峻的山脊线，山峦起伏重叠。龙王庙流经的中间地带呈川塬地势，南岸土地较为平阔，是川道地区。该段河道陡，河谷狭窄，山洪发生时涨势迅猛。流域地处北亚热带北部边缘，属暖温带大陆性季风性半湿润气候，由于受东南季风影响，四季冷暖分明，雨量适中，气候温和。冬季多风干冷，春季少雨干燥，夏季高温多雨，秋季湿润凉爽。年平均气温 11 摄氏度，极端最高气温 37.1 摄氏度，极端最低气温 −23 摄氏度，最大冻土层深度 32 厘米，年均无霜期 195 天，最大积雪厚度 20 厘米。多年平均降水量 764.1 毫米，最少年是 1995 年，降水量 556.7 毫米，最多年是 1958 年，降水量 1244.6 毫米，年均风速 1.5 ~ 2.3 米每秒。龙王庙支流众多，属不对称羽状水系，水系呈扇状分布；流域多年平均年径流量 0.16 亿立方米，多年平均流量 0.35 立方米每秒；平均年输沙量 6.31 万吨；上游段水质符合人生活饮用水标准，总体上达到 I 类标准。水资源主要为地表水，水能蕴藏量 0.09 万千瓦；该流域森林资源丰富，境内有植物 385 种，有利用价值的 100 余种，中药材品种有 121 种，有“天然药库”之美誉；有野生动物 10 余种；境内已探明的矿产有 9 种，萤石、石英、石灰石等矿产资源储量丰裕。根据《商州区水利志》（2018版）等并结合各河的批复文件，龙王庙现有水利工程主要包括已建成拦沙坝7个。

（三）韩峪川河

韩峪川河为麻街河左岸一级支流，丹江右岸二级支流，发源于陕西省商洛市商州区境内的牧护关镇寺沟村，流经牧护关镇，于牧护关镇洪门河村汇入麻街河。河长22.6千米，流域面积71.5平方千米，河道平均比降20.32‰。流域地势北高南低，东西两侧分水岭为秦岭支脉高峻的山脊线，山峦起伏重叠。韩峪川流经的中间地带呈川塬地势，南岸土地较为平阔，是川道地区。该段河道陡，河谷狭窄，山洪发生时涨势迅猛。流域地处北亚热带北部边缘，属暖温带大陆性季风性半湿润气候，由于受东南季风影响，四季冷暖分明，雨量适中，气候温和。冬季多风干冷，春季少雨干燥，夏季高温多雨，秋季湿润凉爽。年平均气温11摄氏度，极端最高气温37.1摄氏度，极端最低气温-23摄氏度，最大冻土层深度32厘米，年均无霜期195天，最大积雪厚度为20厘米。多年平均降水量764.1毫米，流域内降水在分布上差异比较明显，西北部偏多，东南部偏少。主导风向为西风，西南风次之，年均风速1.5～2.3米每秒。韩峪川支流众多，属不对称羽状水系，水系呈扇状分布；流域多年平均年径流量0.19亿立方米，多年平均流量0.43立方米每秒；平均年输沙量7.87万吨；上游段水质符合生活饮用水标准，总体上达到Ⅰ类标准。水资源主要为地表水，水能蕴藏量0.11万千瓦；该流域森林资源丰富，境内有植物485种，有利用价值的130余种，中药材品种有212种，有“天然药库”之美誉；有野生动物20余种；境内已探明的矿产有12种，萤石、石英、石灰石等矿产资源储量丰裕。根据《商州区水利志》（2018版）等并结合各河的批复文件，韩峪川现有水利工程主要包括已建成漫水桥2个、拦沙坝9个。

（四）三岔河

三岔河为麻街河右岸一级支流，丹江右岸二级支流，发源于陕西省商洛市商州区三岔河镇大阳岩沟，于商洛市商州区麻街镇杜家圪垯汇入麻街河。河长26.62千米，流域面积129.6平方千米，河道平均比降24.7‰。流域地势西高东低，南北两侧分水岭为秦岭支脉高峻的山脊线，山峦起伏重叠。三岔河流经的中间地带呈川塬地势，南岸土地较为平阔，是川道地区，该段河道陡，河谷狭窄，山洪发生时涨势迅猛。流域地处中纬度，西北部有秦岭天然屏障，冷空气不易侵入，向东南开口的山川地形有利于暖温气流伸进，因而形成暖温带南缘过渡带季风性半温润山地气候，四季分明，冬无严寒，夏无酷暑，冬春长，夏秋短，水热同季，气温、降水年际变化大，旱涝风雹灾害多。年均气温12.8摄氏度，最热月为7月，平均气温24.8摄氏度；最冷月为1月，平均气温为0.3摄氏度。三岔河小支流众多，属不对称羽状水系，水系呈扇状分布；流域多年平均年径流量0.36亿立方米，多年平均流量0.79立方米每秒；平均年输沙量14.27万吨；上游段水质符合生活饮用水标准，总体上达到Ⅰ类标准。水资源主要为地表水，水能蕴藏量0.21万千瓦；该流域森林资源丰富，境内有植物465种，有利用价值的170余种，中药材品种有102种，有“天然药库”之美誉；有野生动物20余种；境内已探明的矿产有13种，萤石、石英、石灰石等矿产资源储量丰裕。

（五）秦川河

秦川河为南秦河左岸一级支流，丹江右岸二级支流，发源于陕西省商洛市商州区金陵寺镇商家沟，于商州区金陵寺镇全湾村汇入南秦水库。河长19.64千米，流域面积80.2平方千米，河道平均比降24.49‰。流域地势南高北低，东西两侧分水岭为秦岭支脉高峻的山脊线，山峦起伏重叠。秦川河流经的中间地带呈川塬地势，南岸土地较为平阔，是川道地区，该段河道陡，河谷狭窄，山洪发生时涨势迅猛。流域处于北亚热带向暖温带过渡季风气候区。气候特点是：春季60天左右，日温差变化小，时常有冷空气入侵；夏季炎热，降雨量集中；秋季70天，天气凉爽；冬季65天，多寒潮霜冻。多年平均气温6.0 ~ 15摄氏度，最高月平均气温28.6摄氏度（7月），最低月平均气温-1.4摄氏度（2月），极端最高气温40摄氏度，极端最低气温-12.1 ~ -18摄氏度；多年平均风速2.6米每秒，定时最大风速8 ~ 24米每秒。多年平均日照时数1770小时，雷电日30天。流域多年平均降水量700毫米，年际变化较大；降水季节变化明显，夏季6—9月的降水量占年降水量的40% ~ 60%，且多以大到暴雨形式出现；汛期5—10月的降水量占年降水量的80% ~ 90%，多年平均水面蒸发量1107.3毫米。秦川河小支流众多，属不对称羽状水系，水系呈扇状分布；流域多年平均年径流量0.22亿立方米，多年平均流量0.49立方米每秒；平均年输沙量8.83万吨；上游段水质符合生活饮用水标准，总体上达到Ⅰ类标准。水资源主要为地表水，水能蕴藏量0.13万千瓦。该流域森林资源丰富，境内有植物295种，有利用价值的100余种，中药材品种有60种，有“天然药库”之美誉；有野生动物18余种；境内已探明的矿产有13种，萤石、石英、石灰石等矿产资源储量丰裕。

（六）大流峪河

大流峪河为南秦河右岸一级支流，丹江右岸二级支流，发源于陕西省商洛市商州区刘湾街道办事处范家沟，于商州区刘湾街道办事处刘湾社区汇入南秦河。河长16.5千米，流域面积79.2平方千米，河道平均比降37.6‰。流域地势南高北低，东西两侧分水岭为秦岭支脉高峻的山脊线，山峦起伏重叠。大流峪流经的中间地带呈川塬地势，南岸土地较为平阔，是川道地区，处于北亚热带向暖温带过渡季风气候区，具有明显的大陆性季风气候特征，冬季寒冷干燥，春季干燥多风，夏季旱涝相间，秋季温凉湿润。多年平均气温6.0 ~ 15摄氏度，最高月平均气温28.6摄氏度（7月），最低月平均气温-1.4摄氏度（2月），极端最高气温40摄氏度，极端最低气温-12.1 ~ -18摄氏度；多年平均风速2.6米每秒，定时最大风速8 ~ 24米每秒。多年平均日照时数1770小时，雷电日30天。多年平均降水量700毫米左右，年际变化较大；降水季节变化明显，夏季6—9月的降水量占年降水量的40% ~ 60%，且多以大到暴雨形式出现；汛期5—10月的降水量占年降水量的80% ~ 90%，多年平均水面蒸发量1107.3毫米。大流峪河小支流众多，属不对称羽状水系，水系呈扇状分布；流域多年平均年径流量0.22亿立方米，多年平均流量0.49立方米每秒；平均年输沙量8.72万吨；上游段水质符合饮用水标准，总体上达到Ⅰ类标准。

水资源主要为地表水，水能蕴藏量0.13万千瓦；该流域森林资源丰富，境内有植物385种，有利用价值的210余种，中药材品种有85种，有“天然药库”之美誉；有野生动物20余种；境内已探明的矿产有12种，萤石、石英、石灰石等矿产资源储量丰裕。

（七）北宽坪河

北宽坪河为会峪河一级支流，丹江左岸二级支流，发源于陕西省商洛市商州区北宽坪镇韩子坪村南坡分水岭处，流向由北向南，于北宽坪镇于家山村东沟口处汇入会峪河。河长15.2千米，流域面积53平方千米，河道平均比降3.7‰。流域地势北高南低，东西两侧分水岭为秦岭支脉高峻的山脊线，山峦起伏重叠。北宽坪河流经的中间地带呈川塬地势，南岸土地较为平阔，是川道地区。该段河道陡，河谷狭窄，山洪发生时涨势迅猛。流域属北亚热带向暖温带过渡区山地气候，四季分明，冬季寒冷少雨雪，空气干燥；春季气温上升快，气候温和，降水量开始增加；夏季气温较高，是一年的主要降水期；秋季气温迅速下降，阴雨较多。年平均气温12.9摄氏度，极端最高气温39.8摄氏度，极端最低气温-13.8摄氏度。多年平均降水量725.5毫米，降水主要集中在夏季，年均夏季降水量314.1毫米，占年降水量的43.3%，暴雨多集中在7月、8月、9月三个月，10月进入阴雨季节，常伴有连阴雨。多年平均日照时数2123.8小时，多年平均风速2.4米每秒，最大风速19米每秒，全年最多风向为东南风，其次为西北风。北宽坪河支流众多，属不对称羽状水系，水系呈扇状分布；流域多年平均年径流量0.22亿立方米，多年平均流量0.32立方米每秒；平均年输沙量5.83万吨；上游段水质符合生活饮用水标准，总体上达到Ⅰ类标准。

（八）两水寺河

两水寺河为丹江右岸一级支流，发源于陕西省商洛市商州区两水寺仰天池村北坡分水岭处南坡，流向由西向东，流经流岭槽村、庙坪村、两水寺村、罗家村、洞底村、口前村等地，至夜村镇口前村汇入丹江。河长18.44千米，流域面积64平方千米，河道平均比降4.15‰。流域地势西高东低，南北两侧分水岭为秦岭支脉高峻的山脊线，山峦起伏重叠。两水寺河流经的中间地带呈川塬地势，南岸土地较为平阔，是川道地区。该段河道陡，河谷狭窄，山洪发生时涨势迅猛。流域属北亚热带向暖温带过渡区山地气候，四季分明，冬季寒冷少雨雪，空气干燥；春季气温上升快，气候温和，降水量开始增加；夏季气温较高，是一年的主要降水期；秋季气温迅速下降，阴雨较多。年平均气温12.9摄氏度，极端最高气温39.8摄氏度，极端最低气温-13.8摄氏度。多年平均降水量725.5毫米，降水主要集中在夏季，年均夏季降水量314.1毫米，占年降水量的43.3%，暴雨多集中在7、8、9三个月，10月进入阴雨季节，常伴有连阴雨。多年平均日照时数2123.8小时，多年平均风速2.4米每秒，最大风速19米每秒，全年最多风向为东南风，其次为西北风。两水寺河支流众多，河流源头至丹江终点总落差约820米，沿途汇入的小河流有西沟河、南岐沟河等。两水寺河属不对称羽状水系，水系呈扇状分布；流域多年平均年径流量0.25亿立方米，多年平均流量0.39立方米每秒；平均年输沙量7.04万吨；上游段水质符合生活饮用水标准，总体上达到Ⅰ类标准。水资源主要为地表水，多年平均年径流量0.25亿立方米；水能蕴藏量0.11万千瓦；该流域森林资源丰富，境内有植物584种，有利用价值的105余种，中药材品种有 95 种，有“天然药库”之美誉；有野生动物 10 余种；境内已探明的矿产有 8 种，萤石、石英、石灰石等矿产资源储量丰裕。

（九）大峪沟河

大峪沟河为丹江左岸一级支流，发源于陕西省商洛市丹凤县商镇铁庙村岭根，由西南向东北于商镇商山村汇入丹江。河长 14 千米，平均比降 38.8‰，总流域面积 60.1 平方千米，较大的支流有淘米沟，流经商镇铁庙村、东峰村、保定村、商山村。该流域西南高、东北低。流域内受坡陡影响，泥、砂、石冲刷严重。气候温和，阳光充沛，四季分明。春季干旱多风，气温迅速升高；夏季温热，干旱与雨涝并存；秋季凉爽多雨，气温下降迅速；冬季寒冷干燥。多年平均降水量 692.8 毫米，最大降水量达 1126 毫米（1964 年），最小降水量 532 毫米（1976 年）。降水量年内分布不均，多集中在夏季，多暴雨，占全年降水量的 50% 以上。10 年一遇 24 小时、6 小时最大降水量分别为 70 毫米、55 毫米。多年平均气温 13.8 摄氏度，极端最高气温 40.8 摄氏度，极端最低气温 –13.4 摄氏度。无霜期 207 天，最大冻土深 0.16 米。冬季盛行西北风，夏季多东南风。平均风速 3.0 米每秒。大峪沟流域农业特产有山萸、核桃、魔芋。流域内有东峰、铁庙、保定、商山 4 个村 42 个村民小组，1869 户 5959 人，耕地 6582 亩。东至王塬村，西接孝义镇，南邻寺坪花园，北临丹江河。

（十）双槽沟河

双槽沟河为资峪河一级支流，丹江左岸二级支流。发源于陕西省丹凤县龙驹寨街道双槽村，由东北向西南于龙驹寨街道麻地湾口汇入资峪河。河长 21 千米，平均比降 25.9‰，流域面积 74.9 平方千米。双槽沟河较大的支流有贾坪沟，河长 8.5 千米，平均比降 49.8‰，流域面积 11.9 平方千米；大坪沟，河长 10.4 千米，平均比降 36.8‰，流域面积 28.5 平方千米；北沟，河长 7.1 千米，平均比降 29.8‰，流域面积 13.8 平方千米。该流域东北高，西南低。流域内受坡陡影响，泥、砂、石冲刷严重。双槽沟流域历年平均气温 13.8 摄氏度，多年平均日照时数 2056 小时，最大冻土深 0.16 米，无霜期 217 天。多年平均降水量 687.4 毫米。双槽沟流域内有双槽、大庄、何家店、宽坪、麻地湾 5 个村，51 个村民小组，1965 户 6849 人，耕地 3264 亩。2016 年，资峪河山洪沟治理工程治理支沟，上起何家店村麻子坪，下止店子村 312 国道桥。工程分为三段，何家店段治理河道长度 1600 米，宽坪村段治理河道长度 1100 米，店子村段治理河道长度 850 米，治理河段总长 3550 米。宽坪村采用 20 年一遇洪水设防，相应洪峰流量为 206 立方米每秒；何家店村和店子村段采用 10 年一遇洪水设防，相应洪峰流量分别为 93 立方米每秒和 282 立方米每秒。新修护岸 2950.8 米，新修穿堤涵管 1 处，下河踏步 12 处，清理淤积物 6139 立方米。其中，何家店村段新修护岸 1326 米，新修穿堤涵管 1 处；宽坪村段新修护岸 900.6 米；店子村段新修护岸 724.2 米。

（十一）洛峪河

洛峪河为银花河左岸一级支流，丹江右岸二级支流，发源于陕西省流岭南坡马鹿一带山中，流经上坪、下坪、高垣、两岭、刘家庄至洛峪口入银花河。河长 31.2 米，流域面积 127 平方千米，河道平均比降 1.6‰。洛峪河流域山高坡陡，沟壑纵横，最高点流岭海拔 1832 米，最低点洛峪街海拔 1332 米，总落差 500 米。由片岩、石英岩、大理岩和片麻岩组成，土地贫瘠，森林覆盖率 62%。洛峪河流域上游表现出高寒区气候特征，下游表现出亚热带气候特征，多年平均降水量 83.62 毫米，多年平均气温 11.2 摄氏度。其高山流域，雨水丰沛，无霜期年平均 175 ~ 194 天。洛峪河多年平均径流量 0.222 亿立方米，多年平均输沙量为 2.23 万吨。水力资源理论蕴藏量 2464 千瓦，水力资源可开发量 88 千瓦。

（十二）铁峪沟河

铁峪沟河，又称洪河寺河、捷峪沟，因境内古寺庙得名，为银花河左岸一级支流，丹江右岸二级支流，源出商洛市山阳县中村镇流岭沟，流经十八盘、洪河寺、梅岔、土桥，在沟口大桥汇入银花河。河长 24.7 米，总落差 552 米，流域面积 56 平方千米，河道平均比降 3.8‰。多年平均年径流量 0.095 亿立方米，水力资源理论蕴藏量 582 千瓦，水力资源可开发量 25 千瓦。河道滩槽分明，河槽两岸滩地有轻微泥沙淤积现象。多年平均气温 10.4 ~ 13.6 摄氏度。无霜期年平均 195 ~ 214 天。年平均降水量 671 ~ 865 毫米，降水集中在每年的 7—9 月，其中 7 月最多。流域面积 87.2 平方千米。铁峪沟河在中村镇梅岔村瀑布以上加入水源地一级保护区，保护区内水质条件优渥。主要自然灾害有干旱、洪涝、滑坡等。境内已探明地下矿藏有钒、金、锑、白云石、重晶石、石棉等，钒矿资源尤为丰富。境内粮食作物以小麦、玉米为主。

（十三）古路河

古路河为银花河一级支流，丹江右岸二级支流，发源于陕西省丹凤县寺坪镇寺坪村西流岭组，由北向南于丹凤县竹林关镇南院村流入银花河。河长 35.8 千米，平均比降 19.8‰，总流域面积 92.3 平方千米。该河流方向自西北向南。境内山大坡陡。古路河河道两岸有多条支流汇入，较大支流有塬后沟、仓家沟、宋岩沟、双庙沟。流经寺坪镇寺坪村、赵塬村、龙嘴村，竹林关镇光明村、南院村。流域属北亚热带向暖温带过渡的季风性半湿润山地气候区，多年平均日照时数 2056 小时，平均气温 13.8 摄氏度。流域内主要农业特产有山萸、核桃、魔芋、荞麦、天南星、丹参等，其中以山萸为主要产业，号称“山萸之乡”。境内矿藏主要为石英。流域林业资源丰富，是全国最大的油松飞播林重要试验基地，素有“天然氧吧”“养生之地”之美誉。流域内有寺坪镇寺坪村、赵塬村、龙嘴村，竹林关镇光明村、南院村等，6 个村 50 个村民小组，1980 户 6099 人，耕地 13753 亩。

（十四）商路河

商路河为银花河一级支流，丹江右岸二级支流，发源于陕西省丹凤县寺坪镇花园村吴家庄，由西北向东南于寺坪镇毛里岗村李家村入山阳境内，在山阳县银花镇湘子店村商路河河口处汇入银花河。河长 26.8 千米，平均比降 27.8‰，总流域面积 71.7 平方千米。上游丹凤段 23.1 千米，流域面积 65.9 平方千米；下游山阳段 3.7 千米，流域面积 5.8 平方千米。河道两岸均有多条支流汇入，较大的支流有姜黄沟、寺耳、大火爬沟、东沟河。流经寺坪镇花园村、银洞村、毛里岗村。商路河自上而下，寺坪镇花园村、银洞村为上游段，毛里岗村为中游段，银花镇湘子店村为下游段。河道下游比降较缓，流速慢，河道较宽，河宽约 30 米，河道出现大量泥沙淤积。河道沿岸有少量不连续浆砌石堤防，堤防结构完整。商路河流域属北亚热带半湿润和东部季风暖温带过渡性气候区，四季分明，冬季多风，天气干冷，夏季高温，降水集中，春季温和，气温升温快，降水增多，秋季阴雨较多，降温迅速。多年平均气温 13.6 ~ 13.8 摄氏度，1 月平均气温最低 1.2 摄氏度，极端最低气温 –13.4 摄氏度，7 月平均气温最高 25.4 摄氏度，极端最高气温 40.8 摄氏度。年降水量 671 ~ 865 毫米，多年平均降水量 701.8 毫米，降水集中在 7 月、8 月、9 月三个月，约占全年降水量的 50%。多年平均蒸发量 1704 毫米。多年平均风速 2.8 米每秒，冬季盛行西北风，夏季多东南风。商路河流域农业特产有山萸、核桃、魔芋、荞麦、天南星、丹参等，其中以山萸为主要产业，有“山萸之乡”称号。

（十五）石槽沟河

石槽沟河为银花河一级支流，丹江右岸二级支流，发源于陕西省丹凤县竹林关镇阳河村竹扒沟组，由南向北于竹林关镇长石炼村石槽沟口处汇入银花河。河长 14.9 千米，平均比降 38.7‰，总流域面积 62.2 平方千米。石槽沟沟谷两岸岸坡陡峻，一般在 40° ~ 50°，植被茂盛。谷宽变化不大，一般在 60 ~ 120 米，水面宽 2 ~ 4 米，水深 0.3 ~ 0.5 米，河流纵向比降 6‰。石槽沟河道两岸均有多条支流汇入，有大竹扒沟、双合磨沟、干沟、徐家沟。较大的支流有双合磨，流经竹林关镇阳河村、中厂村、长石炼村。流域径流以降水补给为主。流域内各月径流变化与各月降水量变化基本一致。径流年内分配不均匀。根据竹林关站实测流量资料分析，径流主要集中在 6—10 月，占全年径流量的 72%，枯水期 12 月至翌年 4 月，只占全年径流量的 16.5%，1—2 月最枯，两月合计约占年径流量的 4.9%。径流年际变化较大。河谷两岸大部分基岩裸露，河床内局部出露有基岩，绝大部分被冲洪积物覆盖，厚度一般 2 ~ 15 米不等，两岸较大冲沟及坡面覆盖有崩坡积物堆积。该河流方向自南向北。境内山大坡陡，河谷狭窄，河床比降大。在银花河较大支流包括石槽沟在内的中、小支沟沟口间有洪积锥（扇）泥石流微地貌存在。流域地处北亚热带季风气候区，秦岭山脉阻挡了北方冷气流，流域气候温和，无霜期长，热量充足，四季分明。据丹凤气象站资料统计，多年平均气温 13.6 摄氏度，1 月平均气温 1.2 摄氏度，7 月平均气温 25.2 摄氏度，极端最高气温 39.9 摄氏度（1996 年），极端最低气温 –14.6 摄氏度（1967 年）。多年平均风速 2.7 米每秒，历年最大风速 27.7 米每秒，风向多为 ESE，最大冻土深度 16 厘米。石槽沟流域内有竹林关镇阳河村、中厂村、长石炼村 3 个村 21 个村民小组，374 户 915 人，耕地 6228 亩。

（十六）白玉河

白玉河是丹江左岸一级支流，发源于陕西省丹凤县花瓶子镇花瓶子垴，自北向南流，于商南县金丝峡镇白玉河口村汇入丹江。干流长 22.7 千米，流域面积 76.7 平方千米，河道平均比降 23.9‰，流经商洛市丹凤、商南两县。全河段大体分为两段，上段为峡谷段，河峡深切，谷坡陡峭；下段较长，河谷较宽，一般为 200 ~ 300 米。流域属于北亚热带气候区，流域内每年 7 月最热，1 月最冷，年平均温度 14 摄氏度，年极端最高温度 40.5 摄氏度，历史极端最低气温为 –13.1 摄氏度。年平均降水量 803.2 毫米，单日最大降水量

152.4 毫米，降水主要集中在 7 月、8 月、9 月，以 7 月为最多，最枯期为 12 月，年平均相对湿度为 68%，年平均风速 1.7 米每秒，年平均日照时数 1973.5 小时，无霜期 216 天。河道总落差 542 米，流域下垫面条件良好，多年平均径流深 240 毫米，多年平均流量 174 立方米每秒；有 1 条较大的支流白庙沟汇入。白玉河流域内有油房坪村、花中村和东白玉河赵湾村、石门村共 4 个村 25 个村民小组，1355 户 3056 人，耕地 4653 亩。

（十七）资峪河

资峪河为丹江一级支流，发源于陕西省丹凤县资峪镇何家店村分水岭，呈西北向东南流向，于店子村汇入丹江。河长 30 千米，平均比降 23.6‰，流域面积 164 平方千米。北与武关河流域接壤，西与涌峪河流域为邻，南以丹江干流为界。资峪河流域涉及丹凤县的龙驹寨街道办事处、双槽乡和资峪乡（2011 年，撤销双槽乡、资峪乡合并设资峪镇）。流域呈扇形，地势北高南低，最高点位于支流双槽河与武关河分水岭的黄龙庙，高程为 1773 米，最低点位于资峪河入汇丹江处，高程为 670 米。资峪河以白衣寺为界可分为上下游两段，上游段为以中低山为主的土石山区，山势陡峻，坡度为 20° ~ 40°，河谷狭窄，下游段为丘陵和河谷川原地貌，河谷开阔，宽度在 300 ~ 400 米，两岸为丘陵地貌，左岸地形较陡，右岸坡度较缓，坡度在 10° ~ 15°。流域地处北亚热带季风气候区，因受秦岭制约，气候温和，无霜期长，热量充足，四季分明。由于受大气环流影响，冬春季干旱少雨，夏季多雨有伏旱，秋季湿润多连阴雨。多年平均降水量 779 毫米，但时空分布不均，从时间分布上讲，主要集中在 7 月、8 月、9 月三个月，约占降水量的 46%。从空间分布上讲，一般山地多于川道。特别是暴雨多发生于高、中山区。资峪河流域自白衣寺以上的上游地区属暖温带气候，平均气温 10.2 摄氏度，年平均降水量 760 毫米，白衣寺以下的下游段属亚热带气候，年平均气温 14.0 摄氏度，年平均降水量 630 毫米。流域多年平均气温 13.6 摄氏度，绝对最高气温 40.8 摄氏度，绝对最低气温 -13.4 摄氏度，多年平均降水量 701.8 毫米，最大年降水量 1014 毫米（1987 年）。多年平均风速 2.8 米每秒，最大风速 27.7 米每秒（W），夏秋多 WNW 向。年蒸发量 1703 毫米，最大冻土深 16 厘米。资峪河多年平均流量为 0.896 立方米每秒，多年平均年径流量 2825 万立方米。资峪河流域农业特产有山萸、核桃。流域内有龙驹寨街道办油房村、小岭村、白家庄村、青峰村、白衣寺村 5 个村，49 个村民小组，1859 户 6780 人，耕地 5252 亩。2016 年资峪河山洪沟治理工程，治理支沟，上起何家店村麻子坪，下止店子村 312 国道桥。工程分为三段，何家店段治理河道长 1600 米，宽坪村段治理河道长 1100 米，店子村段治理河道长度 850 米，治理河段总长 3550 米。宽坪村采用 20 年一遇洪水设防，相应洪峰流量为 206 立方米每秒；何家店村和店子村段采用 10 年一遇洪水设防，相应洪峰流量分别为 93 立方米每秒和 282 立方米每秒。新修护岸 2950.8 米，新修穿堤涵管 1 处，下河踏步 12 处，清理淤积物 6139 立方米。其中，何家店村段：新修护岸 1326 米，新修穿堤涵管 1 处；宽坪村段：新修护岸 900.6 米；店子村段：新修护岸 724.2 米。

（十八）黄柏岔河

黄柏岔河为武关河一级支流，丹江二级支流，发源于陕西省丹凤县峦庄镇中南村大黄柏岔，由西北流向东南，经峦庄镇中南村、西楼村、园潭村，于峦庄镇园潭村流入武关河。位于东经 110° 27′ 15.90″ ~ 110° 34′ 44.40″、北纬 33° 44′ 44.90″ ~ 33° 48′ 05.14″，河道长 21.2 千米，流域面积 76.3 平方千米，河道平均比降 23.8‰，主要支流有木耳沟、小黄柏岔和卧羊沟。黄柏岔河属石质山区，沿河两岸岩石裸露，石质坚硬。主流弯曲，比降较大，灾害频繁，水毁严重。流域属北亚热带半湿润和东部季风暖温带过渡性气候区，多年平均降水量 778.9 毫米。流域内有中南、西楼、园潭 3 个村 22 个村民小组，1878 户 5579 人，耕地 4296 亩，主要农业特产有天麻、核桃、木耳、香菇等。

（十九）峡河

峡河为丹凤武关河一级支流，丹江二级支流，发源于陕西省丹凤县峦庄镇峡河村水壕凹，自东北流向西南，流经峦庄镇峡河村，于九曲塬组汇入武关河。位于东经 110° 35′ 49.85″ ~ 110° 47′ 40.55″、北纬 33° 43′ 40.35″ ~ 33° 45′ 32.00″，河道长 28.7 千米，流域面积 161 平方千米，河道平均比降 27.9‰，主要支流有双路河、桃坪河和小峡河。该河流方向大体呈北东至南西向，河谷宽 40 ~ 300 米不等，河床高程 899.96 ~ 1142.96 米，河谷两岸斜坡角度 25° ~ 57°，河谷均呈“V”字形发育。峡河流域属暖温带季风气候，四季分明，多年平均气温 13.6 摄氏度，极端最高气温 40.8 摄氏度，极端最低气温 –13.4 摄氏度，多年平均降水量 701.8 毫米，降雨集中在 7 月、8 月、9 月三个月，约占全年降水量的 50%，多年平均蒸发量 1704 毫米，多年平均风速 2.8 米每秒，多年平均日照时数 1986 小时，最大冻土深度 0.16 米。1980 年 6 月，峦庄 3 日共降水 157 毫米，在峦庄公社南炉道段出现 310 立方米每秒的洪峰流量，丹凤县死亡 8 人，倒塌房屋 313 间，损失粮食 166 万斤；1987 年 6 月，丹凤县遭暴雨袭击，武关河出现最大 2560 立方米每秒的洪峰流量，重灾区峦庄等地受灾，丹凤县受灾面积 18 万亩，粮食减产 1363 万斤，倒塌房屋 4951 间，冲毁企事业单位 17 个，死亡 26 人，经济损失 4000 多万元；2007 年 7 月，丹凤县普降暴雨，峦庄降雨量超过 250 毫米，武关河流量达到 1810 立方米每秒，丹凤县死亡 29 人，倒塌房屋 6000 多间，冲毁公路 70 千米，冲毁河堤 204 千米，淹死牲畜 2000 多头，直接经济损失 4.15 亿元；2010 年“7 · 23”暴雨洪水，武关河武关水文站 7 月 24 日 8 时 40 分洪峰流量 2000 立方米每秒，达百年一遇洪水标准，使丹凤县 21 万人受灾，死亡 26 人，倒塌房屋 3 万多间，农作物受灾 18 万亩，水毁农田 5 万亩，沪陕高速、312 国道中断，2 条省道全线毁坏，水毁堤防 242 千米，冲毁桥涵 32 个，直接经济损失 11.85 亿元。

（二十）铁河

铁河为武关河一级支流，丹江二级支流。发源于陕西省丹凤县铁峪铺镇化庙村西沟，由西北流向东南，经铁峪铺镇化庙村、中心村、东川村、寺底铺村、花魁村，于铁河口汇入武关河。铁河地理位置在东经 110° 28′ 42.44″ ~ 110° 36′ 35.24″、北纬 33° 36′ 59.63″ ~ 33° 40′ 48.12″，河流全长 21 千米，流域面积 86.1 平方千米，河道平均比降 17.2‰。流域气候温和，阳光充沛，四季分明，多年平均气温 13.8 摄氏度，极端最高气温 40.8 摄氏度，极端最低气温 –13.4 摄氏度，无霜期 207 天，多年平均降水量 692.8 毫米，最大降水量达 1126 毫米（1964 年），最小降水量 532 毫米（1976 年），最大冻土深

0.16 米，冬季盛行西北风，夏季多东南风，平均风速 3.0 米每秒。2007 年 7 月 28 日 20 时至 29 时 8 时，丹凤县普降大到特大暴雨，平均降水量达 116.1 毫米，其中铁峪铺、桃坪、峦庄降水量超过 250 毫米，铁河铁峪铺政府所在地洪峰流量达 700 立方米每秒，武关河流量达 1900 立方米每秒，倒塌房屋 1362 户 5176 人 4538 间，危房 4402 户 16789 人 14168 间，“无粮、无衣、无住所”的三无户 406 户 1400 人；冲毁县乡公路 69.69 千米，通村水泥路 233.26 千米，通村沙石路 519.89 千米，使 5 条县道、8 条乡道、50 余条村道中断，西合一级通信干线光缆铁峪铺段中断，县城内 7 个乡（镇）通信中断，水毁电力线路 218.29 千米，冲毁变压器 212 台、河堤 163 处 204 千米、生活饮用水管道 316 处 417 千米，淹死牲畜 2000 余头，共造成直接经济损失 4.15 亿元。流域内有化庙村、中心村、东川村、寺底铺村、花魁村 5 个村 44 个村民小组，3102 户 11361 人，耕地 7897 亩，农业特产有山萸、核桃、天麻等。

（二十一）张家岗河

张家岗河为县河左岸一级支流，丹江二级支流，发源于陕西省商南县城关街道办任家沟村大黄柏沟，于商南县城关街道办三角池村汇入县河。张家岗河全长 16 千米，流域面积 67.1 平方千米，河道平均比降 12.5‰。流域山势多西北向东南走向，地势由高趋低，流域内河道较狭窄，蜿蜒曲折，沟壑纵横，流域内植被良好。张家岗河属北亚热带气候区，多年平均气温 14 摄氏度，历史极端最高气温 40.5 摄氏度，极端最低气温 -13.1 摄氏度，多年平均风速 1.7 米每秒，多年平均日照时数 1973.5 小时，无霜期 216 天。多年平均降水量 803.2 毫米，单日最大降水量 152.4 毫米，降水主要集中在 7 月、8 月、9 月，以 7 月最多。

（二十二）汪家店河

汪家店河为丹江右岸一级支流，汉江二级支流，发源于陕西省商南县田家沟，于梳洗楼汇入丹江。汪家店河全长 18.4 千米，流域面积 50.6 平方千米，河道平均比降 22.2‰。流域属浅山丘陵地区，地处陕、豫、鄂三省交界，与泉亚白浪地坪后坪四村相邻，以山地丘陵地形为主，属典型“八山一水一分田”地貌分布。汪家店河属北亚热带气候区，多年平均气温 14 摄氏度，历史极端最高气温 40.5 摄氏度，极端最低气温 -13.1 摄氏度，多年平均风速 1.7 米每秒，多年平均日照时数 1973.5 小时，无霜期 216 天。多年平均降水量 803.2 毫米，单日最大降水量 152.4 毫米，降水主要集中在 7 月、8 月、9 月，以 7 月为最多。流域境内辖商南县湘河镇汪家店村及梳洗楼村，其农作物主产有小麦、玉米、红薯等，特产有胡草、桐子、核桃等，境内野生中药材、钒矿、铁矿蕴藏量丰富。

（二十三）耀岭河

耀岭河为丹江右岸一级支流，发源于陕西省境内新开岭山脉腹地，俗称“杨柳河”“百里囚河”。全长 37.7 千米，流域面积 119.6 平方千米，流经耀岭河、水沟两个乡，汇入丹江。有效落差 600 米，平均比降 1.7%，河流主要特点是干流从上到下地形条件基本一致，既无大川道，也无明显峡谷段，河谷宽度一般在 120 米左右。有耕地 5590 亩，其中水田 47 亩。流域内山谷纵横，气温较低。农作物主要有玉米、小麦、洋芋。土特产以生漆为主，年产 350 余千克，还有核桃、板栗等。有国有松林 1000 余亩。1946 年当地解放后曾置商山县于此。

（二十四）太吉河

太吉河为丹江右岸一级支流，发源于陕西省商南县白鲁础乡核桃坪，太吉河大部分水量来源于庙台子村楼寺塘的马刨泉，自南向北沿途汇集布丈沟、黑沟、石人沟、秋木沟等沟壑之水，盘绕迂回在崇山峻岭之间，最后在太吉河口汇入丹江。太吉河全长 46 千米，流域面积 92.6 平方千米，主河道长 26.5 千米，河道比降 29.8%，总落差 763 米。流域形态呈蝌蚪状，为土石山区，有开发利用价值。太吉河流域属北亚热带与暖温带的过渡地带。年平均气温 14 摄氏度，夏季平均气温 22 摄氏度，无霜期 217 天，蒸发量小，四季分明，气候宜人。日平均气温高于 10 摄氏度的天数为 240 ~ 285 天；年降水量超出 800 毫米，属雨量充足气候湿润地区。全河可分为以下 3 段：一是河源至卧虎坪段，长约 5 千米，为季节性河流，非雨季河流干枯；二是卧虎坪至布丈沟口，又称庙台子段，长 9 千米，常流量 0.1 ~ 0.2 立方米每秒；三是庙台子至河口段，常流量 0.3 ~ 0.5 立方米每秒。太吉河多年平均径流量 2685 万立方米，河口枯水流量为 0. 64 立方米每秒，地表水污染度较小，水质优良。太吉河主要经过商南县金丝峡镇，金丝峡镇下辖 1 个社区、13 个行政村，截至 2018 年末户籍人口 26538 人。粮食作物以小麦、玉米、红薯、大豆为主，境内资源富饶，重晶石、硫铁矿、瓦板石、石英石等储量丰富；流域水资源极为丰富，具有巨大的旅游开发潜力，水力资源理论蕴藏量为 0.29 万千瓦，可开发利用的约 0.114 万千瓦，水力资源条件得天独厚，易于开发且投资低廉，具有阶梯开发的特点；茶叶、核桃、板栗、手工粉条等农副产品品种齐全且享有盛誉。据太吉河自然条件和小水电站能源规划分析，太吉河具有阶梯开发的特点。早在 20 世纪 80 年代，商南县水利局经过现场查勘、多种方案比较，在太吉河建设四梯级电站，分别为小河一级电站、小河二级电站、小河三级电站和小河四级电站（已在秦岭区域小水电整治中拆除）。

（二十五）青山河

青山河古称普峪河，是丹江左岸一级支流，长江二级支流，发源于陕西省商南县秋树沟，自东流向西，于青山河村汇入丹江。全长 23.1 千米，流域面积 56.9 平方千米，河道平均比降 17.3‰。流域属高山地区，层峦叠嶂，山势雄伟，多为峡谷地形，植被较好，河谷深切，两岸陡立，水流湍急，基岩裸露。青山河属北亚热带气候区，多年平均气温 14 摄氏度，历史极端最高气温 40.5 摄氏度，极端最低气温 -13.1 摄氏度，多年平均风速 1.7 米每秒，多年平均日照时数 1973.5 小时，无霜期 216 天。多年平均降水量 803.2 毫米，单日最大降水量 152.4 毫米，降水主要集中在 7 月、8 月、9 月，以 7 月为最多。青山河汇入丹江处为青山河村，该村周围山沟较多，又在两河交汇处，交通不便，据传古时为船运码头，热闹非凡，与荆紫关码头、丹凤船帮会馆等重要船运中转站齐名，而今已难觅迹。丹江河水在村口形成天然避风港湾，而青山河从东向西横穿村子，与丹江河水对头相撞。莲花台水库蓄水后，该处已成为水旱码头，从这里乘船可游览水库风景。

（二十六）店坊河

店坊河是滔河左岸一级支流，丹江二级支流，发源于陕西省商南县大坑村，于黄家垭村汇入滔河。全长13.3千米，流域面积54.1平方千米，河道平均比降18‰。流域属北亚热带气候区，流域每年7月最热，1月最冷，多年平均气温14摄氏度，极端最高气温40.5摄氏度，历史极端最低气温-13.1摄氏度，多年平均日照时数1973.5小时，无霜期216天，多年平均风速1.7米每秒。多年平均降水量803.2毫米，单日最大降水量152.4毫米，降水主要集中在7月、8月、9月，以7月为最多。店坊河主要流经赵川镇店坊河村，该村距赵川镇政府5千米，距商南县城80千米。

（二十七）湘河

湘河是冷水河右岸一级支流，丹江二级支流，发源于陕西省商南县湘河脑，于两岔河村汇入冷水河。全长31千米，流域面积62.2平方千米，河道平均比降18.5‰。流域属高山地区，层峦叠嶂，山势雄伟，多为峡谷地形，植被较好，河谷深切，两岸陡立，水流湍急，基岩裸露。湘河流域属北亚热带气候区，多年平均气温14摄氏度，历史极端最高气温40.5摄氏度，极端最低气温-13.1摄氏度，多年平均风速1.7米每秒，多年平均日照时数1973.5小时，无霜期216天。多年平均降水量803.2毫米，单日最大降水量152.4毫米，降水主要集中在7月、8月、9月，以7月为最多。

（二十八）淇河

淇河是丹江左岸一级支流，汉江二级支流，因昔有朝官在河边树荫下对弈，棋子被洪水冲走，得名棋河，后演变为淇河。淇河发源于河南省卢氏县狮子坪乡花园寺村童子沟，于淅川县寺湾镇高湾村汇入丹江。淇河流经卢氏、西峡、淅川三县，流域面积1488平方千米，河长157千米。属山区型河道，平均比降4.72%。河床宽30 ~ 200米，落差820米。干流属常年性河流，无结冰期。沿途接纳流域面积50平方千米以上河流8条：左岸依次有瓦窑沟河、峡河、水峡河、杨滔河、瓦川河汇入，右岸有颜子河、黑漆河、鸡听河汇入。流域面积30 ~ 50平方千米的支流有羊淇河。流域地处北亚热带北部边缘，属北亚热带季风性大陆性气候，四季分明，温暖湿润。年平均气温15.1摄氏度，年平均降水量810毫米。淇河年平均径流量3.50亿立方米。西坪水文站最大调查流量5860立方米每秒（1898年7月10日），最大实测流量4810立方米每秒（2010年7月24日）。有记载以来，淇河分别于1919年、1931年、2007年7月、2010年7月发生过4次大洪水，特别是2010年7月，发生了超100年一遇特大洪灾，沿岸地势低洼之处受到重创，耕地全部被冲毁，房屋、粮食作物等全部被淹，通信道路中断，电力、供水设施损毁严重。淇河自源头卢氏县狮子坪乡花园寺村童子沟向东，至狮子坪村折向东南，在下庄科村右岸有颜子河汇入。干流沿山谷屈曲东南流约28千米，至瓦窑沟乡耿家店村折向南行，在龙泉坪村两岔河口左岸纳瓦窑沟河、淇河出西坪镇，沿呼北高速东南行至重阳镇，于水峡河村吴家湾左岸纳入水峡河。随后出重阳镇复入西坪镇，至前河村右岸有鸡听河汇入，汇鸡听河后向东南流约4千米，进入淅川县西簧乡，分别于流西村和关帝村接纳右岸支流杨滔河与瓦川河，汇瓦川河后干流折向南，出西簧乡进入寺湾镇，在高湾村汇入丹江。

（二十九）黑漆河

黑漆河为淇河右岸一级支流，丹江二级支流，发源于陕西省商南县富水镇上土坳松树沟脑，于马鞍石村流入河南境界。黑漆河全长 35 千米，商南县境内长 27.6 千米，境内流域面积 85.5 平方千米，河道平均比降 16.1‰。主要支流有野马沟、龙王沟、茶房沟、马家沟。流域属北亚热带气候区，多年平均气温 14 摄氏度，历史极端最高气温 40.5 摄氏度，极端最低气温 -13.1 摄氏度，多年平均风速 1.7 米每秒，多年平均日照时数 1973.5 小时，无霜期 216 天。多年平均降水量 803.2 毫米，单日最大降水量 152.4 毫米，降水主要集中在 7 月、8 月、9 月，以 7 月为最多。

第四节　湖泊、瀑布与泉

陕西省丹江流域地下水丰富，不少石灰岩地区，岩溶发育，形成连绵溶洞和地下河，地下水出露形成众多山泉、湖泊、瀑布。诸多洞泉不仅提供了宝贵水资源，同时也给丹江流域山川增添奇观胜景。

一、湖泊

丹江流域在数处湖泊的点缀下，天成丽景。

（一）仙娥湖

仙娥湖为商洛市二龙山水库的前身，因仙娥溪而得名。位于丹江上游河段，位于商洛市中心西北 4 千米处。规划区范围界定：西侧、北侧以仙娥湖山脊线为界，东侧以商（州）洛（南）公路为界，南至商鞅广场，总面积约 35 平方千米，其中水域面积 6000 余亩。

丹江挤出秦岭，汇聚众多山泉，河床渐渐见宽，水量愈发汪洋。当它即将流进商州城西的时候，受地势影响，拐进二龙山峡谷之中，形成逼仄的水面，远远望去，犹如仙子裙缎，故称仙娥溪。其间二山壁立，一水中穿，溪长十数里，水可载舟楫。仙娥溪的闻名与仙娥驿有关。据史料记载，仙娥驿建于汉代，至今已有两千多年的历史。汉唐时代，京城长安通往东南的水陆要道都得经过商州，史称商於古道或商山道。这条道自蓝田进山，翻过秦岭南坡便同丹江相伴而行。仙娥溪畔的仙娥驿，是必经驿站。虽说这驿站只有几栋房舍、几匹骡马、几个驿卒和一个九品官的驿丞，却是一个不可或缺的机构。它不仅是商州知州迎送京官的地方，也是南来北往达官贵人邮传、食宿、歇脚的场所。仙娥溪和仙娥驿的景观，自然成为文人骚客吟诗作画的对象。据记载，仅唐代就有数十名诗文大家都给这里写了诗文。有一个叫赵嘏的诗人因写有“残星几点雁横塞，长笛一声人倚楼”的诗句，人称“赵倚楼”，他面对仙娥溪写道：和如春色净如秋，五月商山是胜游。当昼火云生不得，一溪萦作万重愁。他还以《仙娥驿》为题，写道：翠泾衣襟山满楼，竹间溪水绕床流。行人亦羡邮亭吏，生向此中今白头。仙娥湖四周有许多自然景观，可供人们游览，如百神洞、风云洞、戴云山、闯王寨、凤凰沟、胭脂关碥、西山寺等。处处天成丽景，自然可人。

（二）莲湖

商洛市莲湖公园位于商州古城西南隅，地处商州城区中心位置。东西长近里许，南北宽百丈余。莲湖西、南围以商州古城墙，广植刺槐、垂柳。漫步城墙，内观莲湖全景，外赏城外风光；湖北旧有文庙古建筑群，今楼宇巨厦辉映碧水，湖边垂柳依依，荫蔽游人；湖东有拱桥绿林，游船码头。莲湖公园的前身是早年的“花园泉”，明万历三十二年（1604年）前后，“郡人治以为园，种莲蓄鱼，游钓其中”。《续修商志》记载：“花园泉，城内西南隅。其水愤涌，昼夜流溢。郡人牛进士因修为园圃，养鱼种莲，游钓其中。又凿渠由东而南，出水门入州河，且滋耕种。”由此可见，是先有水泉，后有园圃。其泉原本无名，修了园圃取名“花园泉”，与北侧大云寺前（街南）之“慈泉”、东北侧文庙前之“泮池泉”形成鼎足之势。清乾隆五年（1740年），文庙泮池前新修莲池，引花园泉之水济莲荷，二者融为一体。盛夏，芙蓉花开，鱼跃鹤翔，柳丝轻拂，风清气爽，成为民众、学子文士游乐赏荷怡情之处。清时本土诗人王时叙曾这样忆赞：“西南泉畔住人家，一带城垣尽水洼。怪底朝来香满院，薰风门外绽荷花。”清光绪八年（1882年）秋和民国二十四年（1935年）两次暴雨，丹江溢涨，洪水进水门入城，洼地莲湖屡遭水淹，汪洋一片，水面扩大，鱼雁生栖，荷红鱼跃，为一天然湖泊。民国二十五年（1936年），杨虎城将军的夫人谢葆真曾乘飞机专程来商凌空赏莲，赞誉不绝；民国二十六年（1937年），国民党二十七军九十五师师长李铁军率部驻商，见此湖光山色，风景宜人，便以湖为营，令工兵铲除芦草，疏浚污水，精心设计，建造莲湖公园。先后在文庙前筑建小花园，湖面构筑亭阁。在西北角建一草亭，楹联曰：“目击湖山千里以外，人在水天一色之中”；在水泉巷处建一白亭，联曰：“一天霞影参天影，四时水光接山光”；在湖东芦苇丛中建遏云亭，联曰：“四面荷花三面柳，一城山色半城湖”；在西部水面建木板曲桥，长达40米；在南侧建湖心亭，并立石碑一座。民国二十七年（1938年），国民党陆军预备第一师继九十五师奉命开拔后移防来商，师长兼西荆警备司令谢辅三于湖中（今东区）建筑大型炸弹模型一枚，以示不忘日寇侵华之恨，模型高达10米，周围4米，赤字书曰：“投到日本东京去”，并增置游船2只，下令命名为“商县莲湖公园”。可惜，因战乱灾荒，湖内诸建筑物被毁，只留一湖清水和西、南部分古城墙。1959年，商县水利局与西北工业大学联办莲湖渔场，年产鱼近万斤。嗣后，水利部门又利用湖面开办种鱼场。直到1983年始莲湖公园恢复为游览公园。2010年底莲湖南扩工程启动，2011年底工程完工并投入使用。南扩后的莲湖公园总面积达到197.7亩（其中水域面积114.7亩，绿化面积52亩，道路、广场面积17亩，商业休闲、健身场所等面积14亩），形成了南湖、北湖两大板块，分为入口广场、湖面水域、健身场地、古城墙展示、休闲绿地、商业步行街等六个功能区，已成为集旅游观光、休闲娱乐、历史文化等为一体的综合性城市公园。

（三）金丝峡湖

商南县金丝峡景区的地貌属于嶂谷地貌，植被相对较好，涵养水源能力强，山间溪水自高而下，形成了山间梯级湖泊多个，湖水面积狭长不等，最宽处13米，最深处5米多。

因处深山，人为干扰相对较少，水量充沛。这里有多处垂直陡峭的山峰，谷壁直起直落，上下等宽的幽深大峡谷，岭与谷相对高差可达 200 ~ 300 米；各种各样的溶洞，洞内有多种多样的钟乳石、石笋、石林、石幔；多处深潭、狭窄悠长的深谷，还有十三级流泉瀑布等景观，正是秦岭地区罕见的、最完整的嶂谷地貌地质构造，在众多的国家地质公园中是罕见的。

（四）龙眼湖

耀岭河有一处河段，青山延绵起伏，以“奇、险、秀”著称，向远处眺望，包抄于河面的两座山，像两条巨龙盘卧，两山交错迂回间，一汪碧绿的深潭悠悠旋转，人称它为“龙眼”湖泊。相传很早以前，赤脚大仙和太上老君乘船仙游至此，见山狭水窄，船无法前行，且山绿水美，气候温润，风景独特，便择邻而居。当地人把二仙居住过的两个山洞叫作罗汉洞和老君洞。当时停泊在河面上的两只船，因年深月久吸取日月精华、山水灵气形成了现在停留在河道上的两只石船，因此人们就把此处叫作“二仙船道”。这里的一汪碧绿的深潭悠悠旋转，山水相依，风景优美。相传，清代湖北巡抚胡林翼路过此地，只见蓝天白云，峰青水秀山隽，两岸垂柳相拥，潭水清澈见底，交错盘旋在河道上的两座山峰如同二龙戏珠，顿时兴起，提笔在数十米高的峭壁上写下“龙门河”几个苍劲有力的朱红大字，从此杨柳河更名为龙门河，后改为“耀岭河”。“龙门河”几个朱红大字至今依稀可见。当地将此处湖泊称为“龙眼湖”。

二、瀑布

陕西省丹江流域瀑布星罗棋布，风景迷人，引人入胜，尤为壮观。

（一）龙潭瀑布

龙潭瀑布，位于丹凤县城东 2.5 千米秦岭谷涌峪峪口。这里山崖嵯峨，怪石嶙峋，10 米高的瀑布飞扬 30 多米，雪浪腾空，泻流而下。水击穿石，形成深潭，名曰“龙潭”。旧有石匾，上书“轰雷喷雪”。因瀑布飞白，潭水碧青，天日当空，彩虹如练，与山间花草青松相映，景色如画。据《陕西通志》载：“楚兵入秦，潭中出龙驹马，项羽得之，名乌骓。”故丹凤县城又称“龙驹寨”。新中国成立后，在龙潭 200 米以上修建了坝高 30 米的龙潭水库，用来灌溉（5000 亩）和养鱼，使龙潭锦上添花，成为丹凤县的游览胜景。雨霁云开，霞铺霓染，尤为壮观。人稠地狭的龙驹寨，自古以来都是寨上流水寨下旱，30 多千米涌峪河水，白白倾入丹江，付之东流。1973 年 7 月，在龙潭瀑布处建成龙潭水库。由于水库造型别致，风景更加迷人，成为丹凤主要游览区之一。

（二）鸡冠山瀑布

鸡冠山瀑布位于丹凤县城北凤冠山自然风景区内，景观为人造瀑布。瀑布用水是从龙驹寨镇涌峪沟秋树坪村引来的。经测量，秋树坪村海拔比鸡冠山要高 600 多米，利用虹吸连通器原理，在秋树坪村一高处修一池塘，埋暗管将水引到鸡冠山半山腰，上下各修水池，上水池口留得较宽，水满后从高处泻流而下，犹如白练屏风，真有“飞流直下三千尺，疑是银河落九天”之感。水是生命之源，山有水才显得有灵气，鸡冠山瀑布为凤冠山自然风景区增光添彩。

（三）小麻子坪隧道瀑布

丹凤县小麻子坪隧道瀑布是由双槽河在小麻子坪裁弯取直，水从隧道流出下泻而形成的。该隧道由于泄洪不畅，曾两次发生洪水冲毁拦洪坝淹没耕地，冲倒房屋。2004 年，对小麻子坪隧道拓宽改造，县发展计划局投资 10 万元，利用两个半月时间，采用机械打眼、群众出渣的方式，组织仅有 89 人的一个小组，将 130 米长的隧道拓宽 4 米，下挖 4 米，移动石方 2000 多立方米，保护了群众的利益。

（四）魔女瀑布

在商南县东南部的金丝大峡谷旅游景区内，有一条瀑布叫作魔女瀑布。瀑布的水流呈上面窄、下面宽的形状，宛若女人披散着头发，并且瀑布的岩壁和菠萝的外皮很像。这样水从上往下流的时候，就会因为有菠萝皮上凸起的阻挡而迸溅出水珠。无数的水珠因为重力作用下落时，会出现一道道晶莹发亮的水线。无数条水线一起出现，场面神似一头白发在迎风飘舞。

（五）金丝峡瀑布群

商南县金丝峡以地质遗迹构成的自然景观闻名于世，在属于国家地质公园的同时还是国家水利风景区，断裂的构造作用和溪流的切割作用，造就了景色各异、多姿多彩的瀑布群。

锁龙瀑布是由地面抬升、流水深切而形成的一种地质面貌，它一波三折，恰似丝绦飞舞，飘飘洒洒，犹如仙女浣纱，水柱由上奔流而下，似飞龙从深谷腾空而去，两边山崖如两扇石门紧夹水柱，恰恰锁住了这欲飞天而上的巨龙，因此称为锁龙瀑布。连环瀑布是由于地面连续两次不同程度的抬升而形成的地面奇观，整体水流呈两层跌落，犹如两个瀑布环环相扣，亲密无间；上潭水面宽阔，水流垂落，下潭水流从槽中涌出相携而下，刚柔相济。无名瀑布水流缓缓，水柱不高不低，水面不窄不宽，犹如一个无名英雄隐居于山谷之中，陪伴她的水连珠肌如断了线的珍珠滚滚而落，如一位美女借水帘遮住其闭月羞花之貌、沉鱼落雁之容。彩虹瀑布是由水流冲蚀水中可溶物而形成的水槽，泉水由水槽一泻而下，形成一道挂在碧空中的弯弯彩虹，在阳光照射下，四溅的水珠发出五彩缤纷的光彩，酷似一道五光十色的美丽彩虹。翡翠瀑布落差 10.63 米，水珠晶莹剔透，瀑布从高处奔腾而下，犹如颗颗珍珠翠玉滚滚而落，因而有了这个好听的名字。双溪瀑布高 21 米，由两条相拥的小瀑布并行构成，形似一对调皮的双胞胎欲跳入潭中嬉戏。在周围裸露的峭壁映衬下，显得挺拔飘逸。关圣瀑布落差仅 4.77 米，由于水流切割，钙质沉积，不断隆起的钟乳石形成酷似关羽的钟乳石雕像，因此得名。黑龙泉由山洞流出，一路欢歌来到这里，飞流直下，盘旋潭间，形成落差 16 米的黑龙瀑布，飞瀑倾泻潭中，激起粼粼波光，若隐若现闪动于水雾弥漫的氛围中，尽显超然。此外，景区内还有鲨鱼瀑布、龙涎瀑布等大小不一的众多瀑布散布其中，或俊秀或壮观，一起构成庞大的瀑布群。

（六）黄龙岩瀑布

商南县店坊河村口有大石山，当地人叫它黄龙岩，清亮欢快的店坊河自西北流至此处时被大石岩拦阻住分开两股流去，石岩下是深达两丈的深潭，可是河水从岩石边直下时，又形成两条白亮的瀑布。传说瀑布下的深水潭中是龙宫，一条黄龙就居住于这里。龙潭上的大石岩上有一条线条分明、龙身图像呈黄色的“龙”，此“龙”似睡似腾，十分逼真，所以人们就把水潭叫黄龙潭。黄龙潭北一里，在河边有一块很大的石头，形状酷似香炉，传说此“香炉”上经常硝烟弥漫，时有炮声，但不见人影，相传这是山中地方神仙在祈拜黄龙潭的龙王。

三、泉

陕西省境内丹江流域地下水丰富，地下水出露形成众多山泉。

（一）花园泉

花园泉位于陕西省商洛市大云寺南，莲湖公园的前身是早年的“花园泉”，明万历三十二年（1604年）前后，“郡人治以为园，种莲蓄鱼，游钓其中”。《续修商志》记载：“花园泉，城内西南隅。其水愤涌，昼夜流溢。郡人牛进士因修为园圃，养鱼种莲，游钓其中。又凿渠由东而南，出水门入州河，且滋耕种。”由此可见，是先有水泉，后有园圃。其泉原本无名，修了园圃取名花园泉，与北侧大云寺前（街南）的慈泉、东北侧文庙前的泮池泉形成鼎足之势。

（二）慈泉

慈泉位于陕西省商洛市莲湖公园西北角，俗称水泉，水自基岩缝隙涌出，深不可测，泉眼喷水，掀起漩涡，泻入池中，终年不竭，莲湖之水即源于此，终年溢水成湖，波光粼粼，景色深秀。水质甘纯，煮后无垢，泉水清澈，四季不竭。水量较均衡，不涸不溢，为村民饮用水。

（三）龙王泉

龙王泉在陕西省商洛市西关路龙泉巷北，崇祯、乾隆《商州县志》均著录，称“龙王泉清冽澄洁，一方攸赖”。有泉涌出，汇为清，其水色清味美，当地群众多在此洗衣。

（四）凤凰泉

凤凰泉在陕西省商洛市州城街中段，泉池为石砌，东西长4米，南北宽2米，水质清冽甘美，为村民饮用水。池水长年不断，水中小鱼游戏。水盛时溢出池外，村民多在此洗衣淘菜。

（五）姚墹泉

姚墹泉在陕西省商洛市原市卫生纸厂东侧，泉池为椭圆形，池口被条石围隔，泉水甘冽，常年不涸。

（六）江山三泉（甘露泉、九龙泉、惜流泉）

陕西省商洛市商州区商江山景区有三处泉水，出水旺盛，此泉冬暖夏凉，泉水清澈，山水秀美，委婉恬静，植被丰茂，花草旖旎，泉瀑相连，山色滴翠。据传，这里曾经沧海桑田，也曾海枯石烂，有过上古时代的古老动物，也曾留下蓝田猿人坚实的脚步，能闻到半坡的袅袅炊烟，有过我们祖宗的共同过往，商鞅改变了她古老的名字，强秦一统她做了最好的见证。商於古道的风烟里有隐居老者四皓的身影，留下过李白拜谒的诗篇，闯王在这里八进八出，大德高僧释无业也于此讲经论禅。这些散落在商山洛水里的故事，如江山三泉一样只能窥探一二，自古秦岭无闲草，一草一木皆生命。

（七）郝家泉

郝家泉在陕西省商洛市城东东店子蔬菜批发市场楼后，清道光《商州府志》有载，泉水味甘，烹茶煮饭为炊甚佳。泉为长方形井池，常年不涸。

（八）水月洞泉

水月洞泉在陕西省商洛市城南高车岭之阳，候塬村之东，由山下盘曲而上，石壁有洞，泉水自后壁出。清初有僧卓锡于此，依壁为池受水，水中立观音像。池外水泻崖底，淙淙有声，穿洞而出，飞珠溅雪，因名水月洞泉。

（九）候家井泉

候家井泉位于商洛市商州区南秦岭南侧候塬村，南秦河一级阶地上。明《商州县志》有著录，称“在城南高车岭下，状如井筒，水与地平，深六尺余。虽大旱，河井皆干，而此井泉不竭，附近数十村庄、长安驿马皆需此水。灌溉水稻泉地数十亩，不费人力，可供千人饮，不溢不涸”。泉水从井下五眼碗口粗的洞穴中平地流出，清冽甘美。

（十）赵家井泉

赵家井泉在高车岭之阳，陕西省商州区候塬村之南，南秦河一级阶地之上。清《商州县志》有著录，称“在城南高车岭下，状如井筒，水与地平，深六二尺余。虽大旱，河井皆干，而此泉不竭，附近数十村庄、崮山驿马皆需此水。灌溉水稻泉地数十亩，不费人力，可供百人饮，不溢不涸”。泉水从井下五眼碗口粗的洞穴中平地流出，清冽甘美。据传，商山四皓曾在此泉饮水歇息。刘秀逃亡路经此地口渴，掬水而饮。1968 年 3 月，商洛地区造纸厂在候塬村西侧建成，常年排放污水，致使乡村大量稻田遭遇严重污染。1980 年，村民发现井内有大量细长红色线虫在水中蠕动。1989 年候塬村将稻田填埋变成旱地，井泉水位下降近乎 2/3。2008 年开挖高车岭修公路，井泉出水大幅锐减。2016 年大量耕地开发，昔日百亩稻田被高楼替而代之，水井因此枯竭无水。

（十一）陈涧泉

陈涧泉在陕西省商洛市商州区大赵峪街道费那村（东龙山东），水从数处石隙中流出，水极旺，涌不竭，四季不断，蓄水成池。盛水时节，水势颇大，池水外溢，漫流于石上。

（十二）观音泉

观音泉在陕西省商洛市城东刘湾街道寨坡村观音庙旁，民国二十三年（1934 年）之前泉水势旺盛，泉水自一石砌方池的南壁岩缝汩汩翻涌，终年不息。池水清澈甘冽，从池底冒喷而出。泉旁川边，鹅鸭戏游，林木葱茏。现泉水较少。

（十三）双龙泉

双龙泉在陕西省商洛市城东刘湾街道寨坡村观音庙东 100 米处，原为天然石坑，常年有水，乡民汲此为炊。水盛时漫溢井外，沿水渠东流，当地群众多在此洗衣。

（十四）王村泉

王村泉在陕西省商洛市城东刘湾街道生王村，清道光《商州府志》有载。三股清流，如漱珠矶，哗哗有声，蓄水成池。乡野翠柏森郁，山坡果树溢香，畦中菜蔬肥壮，皆由此泉水浇灌。当地群众多在此洗衣。

（十五）白涧底泉

白涧底泉在陕西省商州区沙河子李堡子村60号旁，白涧底泉因泉水自底部涌水而出，故称之为“底泉”。水质甘纯，煮后无垢，终年不竭。现泉水干涸。

（十六）李家塬泉

李家塬泉在陕西省商州区夜村镇李家塬村变压器附近。池皆以石砌，池顶用墓碑石券架空，水自地堰石缝流出，汇入池内。泉水清澈，四季不竭。涌水量大，色清味美，可供当地居民吃水。

（十七）夜村泉

夜村泉位于夜村街南，中心卫生院后150米处，丹江一级阶地上。水自岩缝流出，汇积池内，为村民饮用水。大旱年，从未枯竭。然于2022年8月被雨涌，今无迹可寻。

（十八）泉山泉

泉山泉在陕西省商州区腰市镇泉山首、尾一带，共有泉水20余处。因群泉簇拥、泉水旺盛得名。泉水流至各村，经年不涸，且水质醇厚，适宜生活取用。冬季水雾蒸腾，景色奇妙。今仅存一处寇村泉，现名月亮泉。水流十分旺盛。

（十九）李庙泉

李庙泉在陕西省商州区李庙原乡政府东侧不远。泉池皆为长7米、宽3米、深2.5米左右的石砌方池，以水泥板棚盖，上留便于取水的方孔。水量较均衡，不涸不溢，为村民饮用水。泉自平地涌出，南流数百米进入黄川河，供附近村民淘洗之用。今无迹可寻。

（二十）泉源泉

陕西省商州区韩峪川乡泉源村有泉数处，均泉水清冽。原乡政府向北数十米处，有一泉从山腰出，久泄不涸，可供当地居民吃水。水自地堰石缝流出，汇入池内。泉水清澈，四季不竭。

（二十一）鱼官潭

鱼官潭在陕西省商州焦火山下，有穴大如斗，泉水自岩壁圆洞流出，常年不竭，为村民饮用水。泉水击石，铿锵有韵，水花四溅，落于池内。泉水清澈甘冽，供村民饮用。泉水从中涌出流入大河。因挖山今已无迹可寻。

（二十二）商山四皓泉

商山四皓泉在陕西省丹凤县商镇对面的商山柏树林内，用石条筑成泉亭，修水池、莲池、荷塘，与太原晋祠的“三晋名泉”相似。泉水在草坪之中弯弯曲曲，淙淙而下，在草坪中间聚一清澈小潭。遇旱泉水水量不减，旺盛外流；久雨成涝则不见浑浊横溢。一年四季未有变化。后来，人们将“商山泉”改名为“四皓泉”。此泉水现被商山村村民当作自来水用，供应百十户居民的用水。

（二十三）棣花龙泉

棣花龙泉在陕西省丹凤县棣花街有东、西两泉，常年涌流不断。因两泉流水同自一桥经过，故棣花“十观”有“二龙拱桥”。棣花的百亩莲菜池就是用棣花龙泉的泉水浇灌的。

（二十四）万家湾龙王泉

在陕西省丹凤县棣花镇万家湾村龙王泉小组有个龙王庙，庙附近有一处泉眼，名曰龙王泉。泉水自石隙中涌出，遇雨季涌泉如伞状高出水面。水温冬暖夏凉，清澈如镜，四季长流。泉水为当地村民生活用水。泉外修有若干池子，供人洗菜、洗衣、灌溉，还养鸭、鹅，余水流入丹江。龙王泉西边西湾组也有一水泉，因有“龙凤呈祥”之说，人们称为“凤泉”。

（二十五）巩家湾坡底水泉

在陕西省丹凤县棣花镇巩家湾村第四村民小组南坡根岩石层中，从古至今有一股清泉涌出，当地村民用石板盖一石房，下修池子，供村民作生活用水，池外另筑水池，挖有池塘，供人洗菜、洗衣、灌溉；莲菜池子养鱼、鸭、鹅。泉水冬暖夏凉，清澈见底，四季长流。听老年人讲，过去大旱时，别处的水井、水泉都干枯无水，唯有巩家湾坡底水泉的水还有水流。另外，在巩家湾坡底水泉东约500米处坡下也有一眼泉水，其出水量较小，供巩家湾南塬组人畜饮水，人们称两泉为“姐妹泉”。

（二十六）十家院泉

十家院泉位于丹凤县龙驹寨老街北黄巷子西的上坡拐角。此井泉年代久远，水质清澈，水味口感极佳，方圆百姓争相饮之。1911年，华国文在龙驹寨酿造“共和牌”葡萄酒时就在此院，用老井水酿出的葡萄酒，色泽鲜艳、无沉淀，口感纯正、后味浓。广为流传的“路过龙驹寨，喝酒不吃菜”，就是对葡萄酒而言的。远近客商，争相品尝，“四皓牌”“渊明牌”龙驹寨葡萄酒水运到老河口、汉口，陆运到西安、兰州，产品供不应求，皆仰赖于十家院老井的水质。

（二十七）古柏树井泉

在丹凤县龙驹寨老街菩萨庙巷子（今中环路或称紫阳路）与老街交会东南角菩萨庙附近有一处古井，井边立一大石块，表面光滑，色泽花纹犹如虎皮斑斓，石上固定辘轳。井中泉水旺盛，井水味好，供当地百姓、船工、客商饮用，当时成为龙驹寨一景，人称“一柏一石一口井”，其中所谓“井”，就指的是井泉。

（二十八）李家湾水泉

在丹凤县棣花镇茶房李家湾村东涧塄下有一处出水很旺盛的泉眼，用石板垒成水池，水冬暖夏凉，清澈如镜，四季长流。泉水供当地村民生活用水。泉外修有小池子，供人洗菜、洗衣、灌溉。

（二十九）百顷湾水泉

百顷湾水泉在丹凤县百顷湾、野狐垣、葫芦垣坡根分布数处，泉水夏季清凉，冬季微温。农村妇女常于此处洗衣。此泉在农田灌溉中发挥了较大作用。

（三十）张塬泉

丹凤县棣花镇竹园子，旧有水泉可灌田数亩。民国二十一年（1932年）夏，瘟疫流行，凡染疫者十九不治。有一人饮此泉水而愈，由是患者皆以此水治疗，风声所播周围百余里，取此水者络绎不绝，救活无数。1932年8月，治愈者演戏酬神，争送布施。明年春，以余欠，创修菩萨药王、龙王神庙，名曰龙塬寺。

（三十一）伯牙泉

在丹凤县龙驹寨西北方向伯牙山有穴大如斗，泉水喷涌而出，常年不竭，供村民饮用。相传东周时，楚国大琴师俞伯牙游龙驹寨，在寨西北的高山上弹琴，创作出了万世不朽的名曲《高山流水》，此山后被誉为“伯牙山”。相传《高山流水》曲有呼风唤雨之奇，山上有伯牙庙，后世龙驹寨、商镇一带人祈雨都要到伯牙山去。

（三十二）龙驹水泉

在丹凤县龙驹寨镇水泉村，泉水傍涧而出，水源旺盛。泉下筑有长方大池，四周砌以石条，面积约60平方米。池水清澈，冬暖夏凉，街坊妇女多常于此洗涤衣物，初冬，多在此捂布（用橡壳、石榴皮、黑矾等熬水将布煮后，再用污泥糅合捂之，即成黑布），好事者称为“赛花池”。池水经过洗涤，更加肥沃，农民用以灌田，丹凤名产香苜蓿即出此处。

（三十三）铁峪铺涌泉

丹凤县铁峪铺川道西起鸦鹊岭，东至武关河。全长15千米，其中鸦鹊岭至铁峪铺一段，常是雨后河干，终年无水。河水不行地表，而潜流于地下。至铁峪铺街东街，则从一泉口喷出。每经若干年，多于谷雨前后，由泉口涌出数寸树长之银花鱼群，人们以筐捞取，顷刻即满。

（三十四）商镇龙泉

在丹凤县商镇东之龙泉村，泉水源于龙王沟，至龙王沟口一涧下涌出，逢干旱，龙王沟河水断流，而龙泉水尤旺。新中国成立前及新中国成立初，商镇几个私营纸厂均用此泉水进行造纸。

（三十五）武关玉泉

丹凤县武关城西清水沟，石涧有泉两眼，清水逆上，哮声、气泡终日不绝。武关“八景”就有“玉泉串珠涌哮流”。

（三十六）石槽沟谷雨洞

石槽沟谷雨洞在丹凤县石槽沟乡中厂上湾处。每年谷雨前后，洞大量向外涌鱼，故名谷雨洞，今已改修河田，洞被淹没。

（三十七）王塬水泉

在丹凤县商镇王塬村王塬小学东坡角，有一处很旺的泉水，用石板棚固着，冬暖夏凉，供周围村民饮用、洗衣。水泉周围的地方，人称“水泉堰子”。村里安上自来水后，泉水仍是人、畜饮水的来源，特别是冬季洗衣人还很多。

（三十八）冒（茂）水泉与泉垭

陕西省商南县泉垭村的村名源于把茂水泉、凉水泉和黄立垭三个地名各取一个字，叫“泉垭”。由泉垭牌坊向庄内走约500米处有一长年不断的泉眼，面积约20平方米，四周全是茂密的芦苇，整个地面咕噜噜不停地向上冒水。此泉冬暖夏凉，每到冬天当地群众都会在此处洗衣洗被。人们把这一神奇的自然景观叫“冒（茂）水泉”（新中国成立前用

“冒”后用“茂”）。1952年间，这股神奇的温泉水被聪慧的茂水泉人用作冲打一盘水磨加工面粉，在当年已经是非常先进了，直到20世纪70年代中期。在20世纪60—80年代，特别是“农业学大寨”时期，泉垭人巧妙地利用这股泉水浇地近百亩，真正地造福了泉垭人。2015年在扶贫包村单位县政协的大力支持下，村委会在该处修建了一座供水站，供茂水泉以下的6个村民小组饮用。

（三十九）马刨泉

陕西省商南县金丝大峡谷入口处，有一眼泉，名曰马刨泉。它藏匿于嶙峋乱石之中，泉眼儿有拳头般大，四周还有无数个小泉眼，人称子孙泉，咕咕嘟嘟四季不歇往上冒水泡。千百年来，就这样喷涌不绝，大旱不涸，大雨不浊。盛夏雨后，还能喷出1米多高的水柱。传说马刨泉是三国时期蜀国后主刘禅的爱妃苏娘娘领兵打仗到此，坐骑为拯救大军奋蹄刨出的神泉。

第二章　自然环境

丹江流域地势西北高、东南低，干流穿行于秦岭、蟒岭、伏牛山和流岭、鹘岭、新开岭之间，两岸支流均发育于两侧山脉中。山势形成由西向东、由北向南逐渐延伸并扩散的地形，有利于东南暖湿气流的进入。

第一节　地形地质

丹江流域在陕西境内属土石山区，荆紫关以上陕西境内地形以中低山为主，境内崇山连绵起伏，岭谷相间，流域内岭谷相间排列，秦岭主脊、蟒岭、流岭、鹘岭、新开岭 5 大山脉绵延起伏，由西北向东南伸展，呈掌状分布。山水相依，河流相扣，丹江、银花河、武关河、南秦河、滔河等河流纵横交错、支流密布。

一、主要山脉

（一）秦岭

秦岭山脉是丹江流域最大山脉，被称为“中央水塔”的秦岭，和合南北、泽被天下，是我国重要的生态安全屏障，是黄河、长江流域的重要水源涵养地，是中华民族的祖脉和中华文化的重要象征。秦岭由西而东蜿蜒于商州、丹凤、商南、山阳县境，向河南省伸展，是丹江流域和伊洛河、乾佑河、金钱河的天然分水岭。丹江流域秦岭山体由西北向东南蜿蜒至商州与蓝田县交界的文公岭（1693.9 米高地），再向东北至迷魂阵（1943.3 米高地）、凤凰山（1964.7 米高地）、龙凤山（2028.4 米高地），延伸至河南灵宝市。地质学中著名的“商丹缝合带”指的就是商州—丹凤—商南一带，是秦岭地质构造核心地段。

秦岭山脉位于陕西省商洛市北部边缘，横贯陕西省柞水、商州、洛南 3 县区。介于北纬 33° 29′ 48″ ~ 34° 12′ 16″、东经 108° 49′ 34″ ~ 110° 10′ 05″。长约 110 千米，宽度在 11 ~ 32.4 千米，面积 2812 平方千米，占商洛市总面积的 14.6%。秦岭山脉的气候差异较大。低山区（海拔 500 米以下）属亚热带气候，中山区（海拔 1200 米以下）属暖温带气候，高山区属高寒气候。中低山区一年四季分明，高山区冬季漫长寒冷，春夏季不分明。年平均气温 11.1 ~ 12.6 摄氏度，年极端最高气温 37.1 ~ 39.8 摄氏度，年极端最低气温 −14 ~ −18 摄氏度。山地垂直性气候差异大，海拔每增高 100 米，气温梯度降低约 0.5 摄氏度。年均降水量 715 ~ 758 毫米，雨量多集中在 7 月、8 月、9 月，约占全年总量的 50%，且多雷阵雨，常有暴雨发生。年平均风速为 1.9 米每秒。最大冻土深度为 28 厘米，最大积雪深度为 20 厘米，少数地段积雪深度可达 100 厘米左右。秋季阴雨较多，山区多雾。

秦岭山脉河溪、川沟不计其数，但都比较狭小，走向各异，多处偏僻山区，交通不便。主要的川沟有商州境内的金陵川、黑龙口川、板桥川等。南麓和东部还间有线（块）状山间盆地和山前台塬地。典型的有商州的大荆腰市盆地、刘湾街道办事处南秦盆地等。秦岭山脉植被较好。由于山地气候条件的影响，整个山脉形成明显的植被垂直带。其分布状况，一般在海拔 1200 米以下山地，多为栓皮栎林带；1800 ~ 2100 米山地为桦木林带；2100 米以上山地多为云杉、冷杉林带。秦岭西北部山地，植物生长茂密，覆盖率达 85%以上。秦岭山脉水源充足，水质属中等硬水，符合生活饮用水标准，但碘化物含量普遍偏低，是地方甲状腺病发病的主要因素。

（二）蟒岭

蟒岭山脉是秦岭的一条支脉。起自秦岭主脊洛南县与蓝田县交界处的龙丹山，经羚羊山进入蟒岭，呈西北—东南走向，其主脉由西向东延伸，经阳王山、白米山、菜籽梁至李家垣。余脉由北向东南蜿蜒，经云架山、西沟岭、玉皇尖、双峰、龙王尖继而进入河南省境。主峰玉皇尖海拔 2057.9 米。蟒岭山脉介于北纬 33° 16′ 37″ ~ 34° 07′ 58″、东经 109° 54′ 30″ ~ 111° 01′ 52″，是洛河和丹江的分水岭，也是商洛市长江流域与黄河流域的分水岭，长 121.5 千米（直线水平距离），宽 38 ~ 47 千米，面积 4228 平方千米，占商洛市总面积的 21.9%。海拔 1000 ~ 2000 米，高差较大，玉皇顶与丹江最大高差为 1841.5 米，坡度一般在 30°以上。

蟒岭与流岭南北并列，地势西北高、东南低。主脊山高坡陡，通行困难，北坡较陡，支系少而短，南坡宽缓。支脉、余脉众多，峰峦起伏，山岔多而长，地形复杂。北麓的景村、古城以北地区，山势逐渐宽缓，形成低山丘陵，地势比较开阔，交通方便。蟒岭山脉川沟介于蟒岭和流岭之间的“百里州川”（商州区—丹凤），包括洛南县古城川和商州区会峪沟、广东坪沟，丹凤县老君河、涌峪沟、油房沟、铁峪铺沟，商南县松树沟，洛南县小渠川沟、平沟、窄口沟、熊耳沟、姬家沟、官沟、大南沟、陈草沟等 15 条较大的河沟，以及商南县富水盆地、县城盆地、试马盆地。这些川沟和盆地，地势平坦宽阔，为商洛主要产粮区。“百里州川”是商洛市和商州区党政军机关所在地，地理位置重要。蟒岭山脉一年四季分明，气候宜人。年平均气温为 7 ~ 14 摄氏度，极端最高气温 30 ~ 40 摄氏度，极端最低气温 -11 ~ -21 摄氏度。山地垂直气候变化显著，一般海拔每增高 100 米，气温梯度降低约 0.5 摄氏度，东南部比西北部气温一般高 2 ~ 3 摄氏度。境内雨量充沛，年降水量 700 ~ 900 毫米，但多集中在夏季，占每年降水量的 40% ~ 48%。冬季江河不封冻，最大冻土深度一般 18 ~ 28 厘米，高山个别地段达 100 厘米。当地饮用水源多以河水、井水和泉水为主，水质成分以重碳酸盐、碳酸盐钙组Ⅱ型水为主，属中等硬水地带。水源中除商州的夜村、白杨店，洛南的古城、李家塬等地氟化物含量偏高，易染氟斑牙外，其余地区水源中氟化物、碘化物含量普遍偏低，属低氟区和低碘区，各类水源符合生活饮用水质标准。

（三）流岭

流岭山脉位于陕西省商洛市中部，介于北纬 33° 19′ 30″ ~ 33° 52′ 04″、东经

109° 26′ 10″ ~ 110° 26′ 10″，长 90.5 千米（直线水平距离），宽 28 ~ 47 千米，面积 2914 平方千米，占商洛市总面积的 15%。海拔 1000 ~ 2000 米，高差一般为 700~1200 米，最大高差秦王山与丹江和银花河交汇处达 1169.1 米，坡度一般在 30° ~ 50°。流岭山脉为秦岭的一条支脉，起自陕西省柞水县、商州区和蓝田县交界处秦岭主脊的文公岭，经紫龙山向东南蜿蜒（方位 118°）。主脊经秦王山、西芦山、马梁寨、牛夕山、水洞山、天桥山、牛家山、马龙山至丹凤县竹林关终。主峰秦王山海拔 2087.0 米，次峰宝东山海拔 1927.8 米，长约 55.5 千米。流岭是商州区与山阳县之间的界山，也是丹江与金钱河、银花河的分水岭。

流岭山脉分主脉和支脉，主脉呈西北—东南走向，支脉近于南北走向。地势西北高、东南低，山高坡陡，南北极不对称，北坡一般只有 10 千米左右，而南坡多在 20 千米以上。北麓山峰稀少陡峻，支系少而短；南麓峰峦重叠宽缓，山岔多而长。两麓支脉多为南北走向，形成岭谷相间排列地形切割的特殊地貌。流岭山脉地处北亚热带地区，年平均气温 7 ~ 14 摄氏度。极端最高气温 30 ~ 40 摄氏度，极端最低气温 –11 ~ –21 摄氏度，山地垂直性气候差异明显，一般海拔每增高 100 米，气温梯度降低 0.5 摄氏度。岭内雨量充沛，多以东风和南风为主，年平均风速 1.9 米每秒，年降水量 700 ~ 900 毫米，多集中在夏季，占年降水量的 40% ~ 48%。总的气候特点是：一年四季分明，夏无酷暑，冬无严寒，江河不封冻，冻土层不深，积雪日数少，一般积雪在 10 ~ 28 厘米。流岭山脉植被差异性大。西部山地和中部高山区植被较好，森林覆盖率高；中部和东部浅山区多为草丛灌木与耕地相间，植被较差。

流岭山脉的川沟主要有：界于流岭与鹘岭之间的山阳川（色河—银花），东西走向，长约 63 千米，宽 0.2 ~ 1.3 千米；较大的沟有北麓的流岭沟、蒲峪沟、塔子沟、东沟；南麓的小河沟、峒峪沟、西河沟、磨沟、洛峪沟等。这些川沟地势相对比较宽阔，交通方便，居民较集中。流岭山脉饮用水源多以河、溪、井水和泉水为主，占饮用人口的 80% 以上。水质成分以重碳酸盐、碳酸盐钙组Ⅱ型水为主，约占 70% 以上，属中等硬水地带，各类水源均符合现行生活饮用水质标准。但氟化物、碘化物含量普遍偏低，属低氟区和低碘水平状态。

（四）鹘岭

鹘岭山脉横贯山阳县中部，介于北纬 33° 09′ 37″ ~ 33° 32′ 05″、东经 109° 43′ 27″ ~ 110° 32′ 46″，是银花河和金钱河的分水岭，长 71.5 千米（直线水平距离），宽 23 ~ 33 千米；面积 1824 平方千米，占商洛市总面积的 9.5%。海拔 1300 ~ 2000 米，主峰天竺山，海拔 2074.4 米。高差 450 ~ 1100 米，最大高差 1780 米。坡度多在 35° 以上，部分达 70° 左右。鹘岭起于流岭的马梁寨，沿鹘岭槽进入鹘岭主脊 1542.2 米高地后向东西两侧延伸，西至马滩河，东至丹江南岸与新开岭相接，主要山峰有家山、西馒头山、白马寨、老沟寨、天竺山、纱帽山等。地形近于东西走向（方位 104°），与流岭南北并列，主脊山梁狭陡，呈锯齿状向东延伸，高程接近；南北两坡极不对称，北坡短而陡，南坡长而缓，深谷深切，山岭交错纵横。地质多为硬灰岩、砂砾岩组成的表土覆盖较深的土石山地，结构复杂。

鹘岭地处北亚热带地区，年平均气温 13.1 摄氏度，极端最高气温 39.8 摄氏度，极端最低气温 –14 摄氏度。境内雨量充沛，年均降水量 709.5 毫米，年平均风速 1.7 米每秒。总的气候特征是夏无酷暑，冬无严寒，积雪日数少，冻土层不深。鹘岭山脉沟谷较多，但都比较狭小偏僻，只有漫川盆地 1 处，地形较宽阔。鹘岭山脉植被除天竺山区为原始森林外，其余多为疏林和灌木草丛间以荒坡耕地，植被一般。从整体上看，高山比低山好、南坡比北坡好，东部比西部好，区域性差异明显。水源多以河、溪、泉水为主，兼有少量井水，水源符合现行生活饮用水质标准。

（五）新开岭

新开岭位于商南县南部，介于北纬 33° 05′ 46″ ~ 33° 27′ 37″、东经 110° 21′ 24″ ~ 110° 59′ 23″。东西长约 49.5 千米，南北宽 23 ~ 35 千米，面积 1232 平方千米，占商洛市总面积的 6.4%。海拔 604.4 ~ 11596.2 米，高差 388 ~ 1197 米，坡度 20° ~ 35°。新开岭地形西高东低，呈东西走向（方位角 101°）。主峰大峰尖海拔 1586.2 米，主脊山峰有太阳寨、鸡关寨、八宝山、八里坡、青龙山、雨帽山、陈家寨、玉皇顶等。形如掌状的 4 条山脉，南北并列由西向东延伸，山势陡峭、连绵起伏，河谷沟纵横交错。山体地质结构由结晶灰岩、板岩、千枚岩、石英片岩、大理岩、变质砂岩组成，河谷地带地质多为黄泥沙土。

新开岭植被较好，森林分布于白鲁础、青龙山、梁家坟以北的鸡关寨、店坊河的范家寨。三官庙的东南及石柱河黄家岭以北有成片的国有林，林区面积辽阔，复生率高，覆盖程度较好，多为松桦栎树种，其他山多以杂木、灌木林为主。新开岭山脉属亚热带气候，一年四季分明，冬无严寒，夏无酷暑。平均气温 14.1 摄氏度，极端最高气温 40.5 摄氏度，极端最低气温 –11.8 摄氏度。年均降水量 841 毫米，7 月至 10 月上旬降水量占全年的 52.4%，常出现大暴雨和连阴雨。受地形影响，气候差异明显，丹江沿岸的湘河、白玉夏季炎热少雨，易出现干旱，冬季多河谷风；赵川、滔河的中下游气候比较温和；西北部白鲁础、梁家坟等深山区气候较寒冷。新开岭河溪繁多，水源比较充足，人、畜皆可饮用，丹江沿岸多饮用井水，其余地区以饮用溪、泉水为主。个别地区水源较缺，特别干旱时饮水较困难。

二、川塬盆地

丹江流域在陕西境内川地主要分布在较宽阔平缓的河谷地带，面积 375 万亩，占商洛市总面积的 2.86%，海拔在 1000 米以下，相对高差小于 100 米，地面坡度多为 3° ~ 7°。土壤深厚肥沃，灌溉条件较好，是主要粮油产区，也是经济、文化较发达的区域。

按河流冲淤变迁及其位置等差异，川地又分为河滩地和河谷阶地。河滩地地势低平，多为水田和旱平地；河谷阶地多属旱台阶地块，引水灌溉比较困难。川地主要分布在洛河、丹江、商南清油河及山阳银花河谷等地，土层深厚、地表冲沟发育，水土流失较为严重。丹江流域较大川道如下。

（一）百里州川

百里州川位于蟒岭和流岭之间，介于北纬 33° 29′ 21″ ~ 33° 53′ 32″、东经

109° 54′ 30″ ~ 110° 25′ 24″，西起商州区构峪口，东至丹凤县资峪，全长 67 千米，宽 0.5 ~ 4 千米，是商洛市最大的川道。

川道地形平坦开阔，自然条件较好。它是商洛市商州区、丹凤县党政军机关所在地。川内政府机关众多，学校、商店、工厂、企事业单位较多，医院、电信、电力、交通、水源条件比较好，各种保障设施较为齐全。川内经济发达，城市建设繁荣。沪陕高速、312 国道、西南铁路贯穿而过，交通十分方便。

（二）金陵川

金陵川，也称南秦川，处在北纬 33° 01′ 32″ ~ 33° 52′ 05″、东经 109° 35′ 30″ ~ 109° 56′ 04″。起于南秦河口的刘湾，溯河而上，至秦岭口终。因南秦水库所隔，分东西两段，东段较宽（刘湾至杨峪河，长约 8 千米），宽 1 千米左右，地势开阔平坦，居民地集中；西段较窄，宽 0.2 ~ 0.5 千米。

金陵川总长 36.1 千米，是一条较狭长的川道。川内居民地呈断线状分布，人口众多。川两边山沟较多，但多较狭小，居民地零星分散。川里河溪交错，水位较高，水源充足，水质清淡，用水方便。商州区到柞水县公路沿川而过，西抵柞水县与西万公路相接，川内经秦岭口沿大秦岭脚下可通蓝田县葛牌镇。

（三）黑龙口川

黑龙口川位于商洛市城西北 16 千米处，介于北纬 33° 55′ 55″ ~ 34° 00′ 30″、东经 109° 43′ 54″ ~ 109° 51′ 12″，从麻街溯丹江而上至黑龙口，全长约 24 千米，宽约 0.25 千米。

川内居民地沿河岸线状分布，相对比较集中，交通也较为方便，西界公路沿川经过，距西安约 100 千米，是古代通往西安的必经之路。沿川两侧，沟谷较多，水源较为充足。

三、塬地

陕西省丹江梁塬地（土石梁、塬和高阶地）多沿大河两侧分布，尤以丹江、银花河两岸分布较广。一般外廓较平坦，微向河谷倾斜，坡度 5° ~ 7°。梁塬地由河流冲积作用形成，底部砾石，上部为亚黏土发育的黄胶泥和红胶泥，一是易旱，二是长期受沟水切割和表流冲刷，水土流失严重，梁塬边坡滑塌现象时有发生。

四、盆地

陕西省丹江流域盆地周围大多由山地或高原环绕，底部有的是平原，有的是丘陵、低山，盆内地形差异较大、景色优美、物产丰富、居民地集中。盆地的规模有大有小，海拔有高有低。其中，丹江流域有四个盆地占有举足轻重的地位，对丹江流域经济、文化影响较大。

（一）大荆腰市盆地

大荆腰市盆地位于陕西省商州区大荆、腰市附近，介于北纬 34° 01′ 22″ ~ 34° 04′ 09″、东经 109° 18′ 30″ ~ 109° 57′ 04″。西起西荆，东至李家坪，南起庙前村，北至杨桥村，为秦岭低山丘陵地，长 14 千米，宽 3.5 ~ 5.5 千米，面积 54 平方千米。大荆腰市盆地海拔 900 ~ 1000 米，盆地中间有一小山梁将盆地分为东西两半。地势四周高、中间低，地势开阔。红箭公路从中间穿过，东抵洛南县，西与西界公路相接，交通方便，是迂回关中、东出河南的主要道路之一。盆地内居民地比较集中。河溪为南北走向，水位较高，生活饮用水多以井水为主，水源充足。

（二）富水盆地

商南县富水盆地位于陕西省商南县城东 10 千米处，介于北纬 33° 28′ 32″ ~ 33° 31′ 13″、东经 110° 56′ 41″ ~ 110° 58′ 38″。西起茶坊，东至土地岭，南起兰草河口，北至松树沟口。南北长 5.2 千米，东西宽 2.5 千米，面积 13 平方千米。南北走向，西北高，东南低。地势平坦，土层厚，是商洛主要产粮区之一。盆地内人口居住集中，是富水镇所在地。西界公路和西南铁路东西横穿富水盆地，交通十分便利。

（三）商南盆地

商南盆地位于陕西省商南县城郊，西起党马店，东至五里铺，北起土地岭，南至麻地沟，介于北纬 22° 30′ 36″ ~ 33° 32′ 23″、东经 110° 51′ 43″ ~ 110° 54′ 43″。盆地长 4.6 千米，宽 2.6 千米，面积 11 平方千米。四周山峦环绕，面积虽小但地势平坦，海拔低（500 米），是商南县党政机关的所在地。人口密集，水源以地下水、河水、井水为主，比较充足。沪陕高速、312 国道和西南铁路沿川经过，乡间公路四通八达，交通十分便利。

（四）试马盆地

试马盆地位于陕西省商南县西北部，介于北纬 33° 30′ 31″ ~ 33° 33′ 35″、东经 110° 46′ 00″ ~ 100° 47′ 51″，为试马镇所在地，海拔 550 米，长 6.3 千米，宽 2.2 千米，面积 13.86 平方千米。整个盆地呈“丁”字形，西北高、东南低，北起荆家河土地庙，南上下红庙，西起荆家河土岭，东至观音堂。居民点集中，千人以上的村庄有 4 个（郭家亚、观音堂、试马、荆家河）。盆地四周群山环抱，植被条件好，水源充足，交通十分便利。

五、地质构造

据地质科学考察，丹江流域原是一片大海。在震旦纪中期（约 10 亿年前），丹江流域处于下沉阶段，广泛受到海侵，形成一套槽型沉积。奥陶纪末（约 4 亿年前），受加里东运动影响，海水退出，形成加里东褶皱带。后又经过华力西和印支运动，自北而南分阶段结束海侵历史，并在褶皱和断裂作用下，相继隆起成为陆地，沧海变为桑田。迄今陕西省商州、丹凤、商南多地一些山包留有响沙，丹江两岸和一些山地尚有似石非石、似沙非沙的沙石层，即远古海侵的遗迹。中生代（约 1 亿年前），燕山运动形成了商丹断陷盆地。第三纪（约 3000 万年前）随喜马拉雅山运动，又发生断块分异运动，形成广泛的山间小盆地，堆积了红色砂砾岩、黏土通层的碎屑沉积。第四纪（200 多万年前）以来，地壳又发生错断分异上升运动，第三系红层发生错断和褶皱，形成了沿丹江的三、四级阶地。

丹江流域由加里东褶皱带、华力西褶皱带和印支褶皱带组成，以杨斜—商山—商南复活断裂和牛耳川—竹林关复活断裂相隔，呈东西向展布。于杨斜—商山—商南复活断裂带以北为加里东褶皱带，其内较大复活断层有金陵寺—三条岭（丹凤蟒岭区）及金陵寺—大庙沟（丹凤鸡冠山东、西条带），以硅化大理石、片岩、片麻岩、石英岩为主；于杨斜—商山—商南复活断裂带与牛耳川—竹林关复活断裂带间为华力西褶皱带，以变质石英岩、板岩、片麻岩为主；于牛耳川—竹林关复活断裂带以南为印支褶皱带，由板岩、千枚岩、石英砂岩、白云岩、灰岩组成。震旦纪出现海漫，今商州、丹凤、商南陷入海底。经加里东运动、华力西运动和印支运动，自北而南分阶段地结束了海漫阶段。商丹断陷盆地于燕山运动（中生代）形成，沉积了陆相物质。由于流域地质结构由北向南岩层渐新，再加以后差异断块升降运动并具有断块掀斜运动，流域内秦岭、蟒岭、流岭、鹘岭皆形成北坡短陡、南坡长缓的不对称性，南坡河流源远流长，北坡河流短而急。

由于上述地质构造的特点，流域地貌类型复杂，群山连绵，沟壑纵横，地形西北高、东南低，海拔最高点位于丹江源头凤凰山，海拔 1964.7 米，海拔最低点位于丹江干流河谷出境口，海拔 215.4 米。流域内岭谷相间排列，秦岭主脊、蟒岭、流岭、鹘岭、新开岭 5 大山脉绵延起伏，由西北向东南伸展，呈带状分布。丹江、银花河、武关河、南秦河、滔河等河流纵横交错、支流密布。丹江流域以中低山为主的土石山区，按构造特征及发育的差异性，境内地貌分为 3 个基本单元。一是河谷川塬地貌，海拔在 800 米以下，地势较开阔平缓，地面坡度一般 1° ~ 7°，土壤肥沃，水利条件较好，是基本农田的主要分布区，占商洛市土地总面积的 11.9%。二是低山丘陵地貌，海拔 800 ~ 1000 米，地面坡度 10° ~ 25°，岩类为红色砂页岩、变质岩、灰岩等，集中于河谷川垣地貌向中山地貌的过渡地带，地面坡度一般 10° ~ 22.5°，是坡旱地的主要分布区域，占土地面积的 34.8%。三是中山地貌，海拔 1000 米以上，坡度 20° ~ 50°，岩类为变质岩、火成岩、灰岩、花岗岩，耕地零星分布，多属大于 25°的陡坡地，是生态退耕的对象，占土地面积的 53.3%。

第二节　土壤植被

丹江流域随着纬度自西北向东南变化，植被类型也在变化，土壤呈现出纬向地带性。

一、土壤

土壤类型较多，有褐土、棕壤、黄棕壤、水稻土、潮土、淤土、紫色土、新积土、山地草甸土等共 9 个土类，18 个亚类，45 个土属，138 个土种。

在地理分布上，土壤类型具有水平地带性、垂直地带性和区域性的特点。水平地带性分布以镇安东河经云镇到柞水凤镇、山阳银花河与商南的富水一线为界，北部主要为褐土，南部为黄褐土。垂直地带性分布在北部以褐土为主，主要分布在海拔 800 ~ 1400 米；南部以黄褐土为主，主要分布在海拔 900 ~ 1500 米。区域性分布按其成因分两种：一种分布在海拔 1000 米以下的川原区，主要以冲积型新积土为主；另一种以岩石土、紫色土为主，主要分布于川原的丘陵区。各类土壤的有机质和含氮量中等偏高，速效钾普遍较高，速效磷普遍较低，铁和铜较丰富，硼、锰、锌的含量较低。

二、植被

丹江流域范围属于亚热带常绿阔叶林区域—北亚热带常绿落叶阔叶混交林地带—北亚热带常绿、落叶阔叶混交林地带—秦、巴山地丘陵，栎类林、巴山松、华山松林区。根据《陕西省植被志》(雷明德 等,2001),流域范围涉及 2 个植被区、2 个植被地带、3 个植被小区,分别为Ⅱ C6 洛南、柞水秦岭东段针阔叶混交林小区,Ⅱ C6 丹凤、商州区间山盆地松栎林、针阔叶混交林小区和Ⅲ D7 新开岭、南羊山含常绿阔叶树的落叶阔叶林、针叶林小区,如表 1-2-1 所示。

表 1-2-1　2020 年陕西省丹江流域范围植被分区一览表

植被分区				流域范围
植被区域	植被地带	植被区	植被小区	
Ⅱ夏绿阔叶林区域	Ⅱ C 暖温带落叶阔叶林地带	Ⅱ C6 秦岭山地落叶阔叶林、针阔叶混交林区	Ⅱ C6(20)洛南、柞水秦岭东段针阔叶混交林小区	商州区西北部、洛南县,丹江河源段
			Ⅱ C6(21)丹凤、商州区间山盆地松栎林、针阔叶混交林小区	商州区西南部、丹凤县、山阳县,商丹盆地至商南县县河口段
Ⅲ常绿阔叶林区域	Ⅲ D 北亚热带落叶阔叶与常绿阔叶混交林地带	Ⅲ D7 汉江谷地松栎林及多种经营植被区	Ⅲ D7(25)新开岭、南羊山含常绿阔叶树的落叶阔叶林、针叶林小区	商南县,县河口至省界段

注:本表出自《陕西省丹江流域综合规划环境影响评价陆生生态调查与评价报告》(2023 年)。

丹江流域范围涉及暖温带落叶阔叶林带和亚热带常绿阔叶林带,沿丹凤县银花河口至商南县县河口以北属暖温带落叶阔叶林带,以南为亚热带常绿阔叶林带。

(一)丹凤县银花河口至商南县县河口以北

陕西省丹凤县银花河口至商南县县河口以北为暖温带落叶阔叶林带、中暖温带典型落叶阔叶林亚带,常见植被类型有油松林、栓皮栎林、皱叶荚蒾灌丛、连翘灌丛等,地带性植被仍以落叶栎类林为典型,主要为栓皮栎林,立木高大、发育正常,植物种类丰富,层次结构分化清楚。与栎林伴存的温性针叶林有油松林,此外尚有华山松林。其中,以油松林分布最普遍,多见于海拔 1000 ~ 2100 米的山地阴坡和半阴坡。

(二)丹凤县银花河口至商南县县河口以南

陕西省丹凤县银花河口至商南县县河口以南为亚热带常绿阔叶林带,分布着面积广阔的落叶阔叶林,主要类型为栓皮栎林。这些落叶阔叶林与秦岭南北坡同类森林的基本特征相同,但群落中常有枹栎、短柄枹栎、化香树、茅栗、山合欢、马桑等秦岭南北坡较少的落叶树种,同时群落中还出现少量常绿灌木胡颓子、十大功劳、铁仔等。另外,还有面积不大的化香树林、化香树和黄连木杂木林以及分布海拔较高的白桦林。在低山区的森林受到破坏后,不能耕作种植的土地多被马桑灌丛、黄栌灌丛占据。

（三）丹江流域涉及秦岭南坡商洛蟒岭、流岭、鹘岭、新开岭等山脉

秦岭南坡商洛蟒岭、流岭、鹘岭、新开岭等山脉的植被垂直分布特征具体如下：

（1）蟒岭植被的垂直分异。蟒岭植物种类资源较为丰富。山地植被主要表现为暖温带森林植被，其垂直分异为海拔 200 ~ 800 米是河谷川道含常绿阔叶林的落叶阔叶残林农耕带，海拔 750 ~ 1300 米是低山丘陵含常绿阔叶成分的落叶阔叶残林垦殖带，海拔 1200 ~ 1800 米是山地典型落叶阔叶栎林带，海拔 1700 米至峰顶间是典型落叶阔叶栎株砍伐后次生而成的山地次生灌木丛带。

（2）流岭植被的垂直分异。流岭位置虽较偏南，但由于山地高寒，仍以暖温带植被为主体。海拔 200 ~ 800 米北亚热带气候表现明显，油松林分布较为普遍，海拔 800 ~ 1300 米主要有油松、麻栎等纯林或各种形式的混交林，海拔 1300 米以上至峰脊顶部分布着较大面积的落叶阔叶栎类萌生林（砍伐后）及块状分布的天然油松林及以油松为主的针阔叶混交林，油松分布最为广泛。

（3）鹘岭、新开岭植被的垂直分异。以鹘岭、北羊山、新开岭为主体，位于商洛地区最南部，海拔 215 ~ 1300 米主要以常绿落叶阔叶混交林带，海拔 1300 ~ 2075 米主要是落叶阔叶林带，以暖温性树种油松、华山松、桦类为主。

第三节 气候特征

丹江流域地处北亚热带与暖温带过渡地带，境内群山连绵，沟壑纵横，北部有秦岭主脊屏障，寒潮不易侵入。向东南走向的掌状山川形势，有利于东南湿热气流向境内深入。南半部呈亚热带气候，北半部则呈温带气候。

一、显著特征

（一）季风性气候

冬季，强大的蒙古高压在北方，盛行偏北风，天气干冷。夏季，北太平洋副热带高压增强，热带海洋气团北移，盛行东南风，气温较高，雨量较多；当极锋北进过境时，降水集中，极锋过后，副热带高压控制，容易形成高温伏旱。春季，蒙古高压逐渐衰退，副热带高压逐渐增强，进入冬季风减弱夏季风增强的过渡时间，雨量较少，气温上升较快，气候温和。秋季，蒙古高压逐渐增强，副热带高压逐渐退出，是夏季风渐弱冬季风增强的过渡时期，由于副热带高压南退缓慢，极锋相对稳定，阴雨较多，气温下降迅速。受季风影响，商洛气候呈现四季分明的特点。

（二）具有两个气候带

由于丹江流域地跨两种地貌类型区，丹江口水库位于流域出口处，对丹江下游段有调温作用，加之丹江流域山脉多为西北向东南和北向南走向，形成向东南和南开敞的地形，有利于东南暖湿气流进入。因此，丹江流域分属两种气候类型。上游的气候属北亚热带和暖温带过渡气候，具有季风性和垂直差异明显的山地气候特征，四季分明，冬无严寒，夏无酷暑，年平均气温为 11 ~ 14 摄氏度，极端最高气温为 37.1 ~ 40.8 摄氏度，极端最

低气温为 –12.1 ~ –18 摄氏度，极端最高气温多出现于 6 月或 7 月，偶尔也出现在 5 月底和 8 月初，极端最低气温多出现于 1 月下旬，个别情况也在 2 月上旬出现。气温的变化规律是由南向北、由东向西随高度的增高而降低的。下游段气候属北亚热带季风性大陆性气候，受季风影响，四季分明。由于丹江口水库的调温作用，丹江下游接近入汇口地区（淅川县）气候温和；多年平均气温为 15.8 摄氏度，极端最高气温为 42.6 摄氏度，极端最低气温为 –13.2 摄氏度。

（三）垂直差异显著的山地气候

流域山大沟深，地势起伏悬殊，相对高差极大，因而气候垂直差异明显。流域位于中纬度偏南地带，北有秦岭主脊屏障，干冷空气不易侵入；东南走向的掌状山川地势，有利于东南湿热气流北上入境。在特有的地理位置和地形条件下，气候水热同期，光、热、水配合较好，但由于受季风和地形影响，水热时空变化很大，气温和雨量的垂直差异显著，旱涝灾害频繁。多数地方在 6—8 月有洪水成灾， 4 月和 10 月有霜冻发生。

二、日照时数

流域各县（区）太阳总辐射量（光量）均在 120 千卡每平方厘米左右。光能资源具有三个特点：一是地理位置比较优越，大部分地区处于南坡，年辐射量大于 120 千卡每平方厘米，一年四季都可利用，除北坡外，供求基本平衡；二是年辐射量除北坡、东西坡 45° 以上外，分布较为均衡，供需适宜，具有开发价值；三是除局部山峡地带外，南坡一年四季均有较高的利用价值。

三、平均气温

丹江流域年平均气温 13.1 摄氏度。各县（区）年均气温为 11 ~ 14 摄氏度。年平均最低气温为 16.4 摄氏度，最高气温为 19.6 摄氏度，极端最低气温（柞水九间房）为 –21 摄氏度，极端最高气温（丹凤）为 40.8 摄氏度。年平均气温的垂直递减率，大体是海拔每升高 100 米，平均气温降低 0.51 ~ 0.53 摄氏度。在不同季节和区域，由于地形结构、植被等因素，气温垂直变化的幅度各有差异。夏季气温递减率比冬季明显偏高，北坡垂直递减率比南坡较大。

气温区域基本随商洛市北高南低、西高东低的地形大势而呈现由北而南、由西而东逐渐增高的趋势。年平均气温高值区是南部镇安县的柴坪地区、山阳县的漫川地区和商南县的湘河地区。低值区在镇安、柞水西北部和洛南、商州的北部。在海拔 1100 ~ 1200 米及以上的地区，夏季平均气温低于 22 摄氏度，热量不足，夏季特征不明显。

四、无霜期

流域无霜期长短变化较大。平均初霜日在 10 月中旬至 11 月上旬，平均终霜日在 3 月下旬至 4 月上旬，平均无霜期 173 ~ 225 天。一般最早初霜日比平均初霜日提早 18 ~ 28 天，最晚终霜日比平均终霜日推迟 20 ~ 39 天。其中，洛南县和镇安县的变动幅度较大，最早初霜日和最晚终霜日间相差 57 ~ 60 天；商南县和丹凤县变动幅度较小，相差 40 ~ 44 天。无霜期随海拔的增加而减少。南部平均无霜期 220 ~ 230 天，中部平均无霜期 200 ~ 220 天，北部平均无霜期小于 200 天。

五、相对湿度

相对湿度多年平均为 65% ~ 69%。其中，洛南县最大，平均为 69%；商州、丹凤最小，平均为 65%。9 月最大，相对湿度为 75% ~ 80%；1 月最小，相对湿度为 54% ~ 60%。

第四节　生物矿产

丹江特殊的地形和气候条件造就了这里沃野千里，山丰水润，生物、矿产及其他资源丰富多样，流域水源、水能、水运、生物、矿产、旅游等资源丰富（水源、水能资源内容详见其他章节）。

一、生物资源

丹江流域生物资源丰富，素有“植物王国”“动物天堂”“基因库”之称。

流域是陕西省木材主产区之一，多为以松、栎、桦、杨为主的松栎林；林特产品主要有木耳、栓皮等；经济林木以核桃、油桐、板栗为主；在丹江谷地南段及竹林关一带还种植有柑橘、茶等。流域内有中药材 1190 种，是我国有名的“天然药库”，茱萸产量居陕西省首位，天麻、连翘、杜仲、党参、五味子、桔梗、金银花、麝香的产量也较大。

流域内重要动物物种有 103 种。其中，珍稀濒危野生动物 27 种，中国特有种 33 种。国家一级重点保护野生动物有中华秋沙鸭、白冠长尾雉、黑鹳、金雕、林麝、豹、金猫、大灵猫 8 种。国家二级重点保护野生动物有 55 种，其中两栖类 3 种，为山溪鲵、大鲵、宁陕齿突蟾；爬行类 1 种，为极北蝰；鸟类 42 种，为鸡形目血雉、红腹角雉、勺鸡等；兽类 9 种，为毛冠鹿、中华鬣羚、中华斑羚、豹猫、狼、赤狐、亚洲黑熊、黄喉貂、欧亚水獭。陕西省重点保护野生动物有 25 种。流域内鱼类大约 31 种，其中鲤科 16 种，鳅科 4 种，鲿科 5 种，鮨科 2 种，鲶科、塘鳢科、鰕虎鱼科、合鳃鱼科各 1 种。优势种为鲫鱼、鲤鱼、鲶鱼、宽鳍鱲、中华花鳅、花鱼骨。

二、矿产资源

流域矿产资源丰富，已探明矿产 60 多种，金红石储量居亚洲前列，钾长石、镁橄榄石储量居全国第一，铁、钒、锑、银、铼、水晶、白云母等 19 种矿产储量居陕西之首。根据《陕西省秦岭生态环境保护条例》规定，秦岭核心保护区和重点保护区禁止勘探、开发矿产资源和开山采石。未来流域矿产资源的开发将严格遵循秦岭生态保护相关规定。

三、旅游资源

丹江流域气候温和，山河多姿，环境优美，文化悠久。瑰丽多彩的自然景观和源远流长的历史文化积淀构成了丹江流域地区得天独厚的旅游资源。现有国家级森林公园 1 处（金丝大峡谷国家森林公园），陕西省级森林公园 3 处（江山省级森林公园、陕西玉皇山森林公园、陕西省商山森林公园），国家级地质公园 1 处（商南金丝峡国家地质公园），省级地质公园 1 处（陕西省丹凤上运石地质公园），国家级湿地公园 2 处（陕西商州丹江源国家湿地公园、陕西丹凤丹江国家湿地公园）；有著名的商於古道、5A 级景区 1 处（金丝峡景区）、4A 级景区 4 处（江山景区、商於古道棣花文化旅游区、丹江漂流景区、阳城驿景区）、3A 级景区 10 处、红色旅游景区 4 处。流域历史文化积淀深厚，文物古迹遍布，有东龙山遗址、紫荆遗址 2 处全国重点文物保护单位，非物质文化遗产种类众多，以商洛花鼓、道情戏最具盛名。此外，已建有仙娥湖水利风景区、丹凤县龙驹寨水利风景区、桃花谷水利风景区、陕西金丝大峡谷景区共 4 处国家级水利风景区。

第三章　社会经济

历史上，丹江流域以农耕为主，经济结构单一，受自然条件制约，经济发展缓慢，人民群众生活贫困。新中国成立以来，特别是改革开放后，流域内经济结构和产业结构发生巨大变化，矿产、旅游、特色产业等产业迅速发展，流域社会经济发展迅猛，人民生活水平不断提高。

第一节　人口源流

丹江流域人口源远流长，经历了漫长的发展过程。据丹江流域发现的人猿牙齿化石推断，早在100万年前，即有猿人在丹江从事渔猎活动。考古发掘证明，在距今六七千年前的新石器时代，丹江干支流都有人类栖居，大大小小的原始氏族部落，留下许多丰富的文化遗存。县级以上重点文物保护单位的多处古遗址，分别代表仰韶文化、龙山文化、紫荆文化等多种类型。由于受自然条件和低下生产力水平所限，人口数量稀少，人类繁衍缓慢，平均寿命也很短。

一、人口变迁

自西晋置上洛郡至清代末的千余年间，丹江流域人口一直处于缓慢消长状态。据梁方仲《中国历代户口田地田赋统计》载，西晋太康元年（280年），上洛郡有17000户，约85000人。隋初重视人口发展和人口管理，开皇三年（583年）大索“貌阅”“输籍”之法，户籍渐趋稳定。唐初社会经济凋敝，《太平寰宇记》载，天宝元年（742年）商州户口为8962户53080人。北宋时商州户口蕃庶，但户口统计却有隐匿。太平兴国年间（976～984年）商州仅有5113户，其中主户3763户，客户1350户（见《太平寰宇记》卷141）。《宋史·地理志》记载，徽宗崇宁元年（1102年），商州户口增至73129户162543人，出现历史上第一个人口高峰。南宋以降，金泰和七年（1207年）商州人口总数为168481人。蒙古贵族入主中原，户口大量减少。而在元一代，户口统计实不详备，商州户口向无确数。明洪武元年（1368年）诏令农民归耕，陆续有移民迁居商洛，习称“大槐树人”。明灭亡前夕，商州户口骤减至7015户，再次跌入谷底。清初战乱未已，户口继续减少。《三省边防备览》记载，商州仅存3512户，少到极点。清乾隆二十年（1755年），清廷采用强迫手段，将江淮流域灾民迁至大江流域，本地人称他们为“下湖人”。大批“下湖人”入商后，人口、耕地迅速增长。清道光三年（1823年）增至239000人（《大清一统志》卷 192）。清光绪初（1875 年）商州户口增至 43122 户 310794 人（《商州直隶州乡土志》），出现人口史上的第三个高峰。

民国时期，商洛人口处于骤增骤减、缓慢发展状态。据民国十二年（1923 年）陕西省邮局调查，商县 229746 人，商南 53707 人。1949 年底，流域三县人口达到 530228 人，出现新的高峰。新中国成立后，人民得以安居，广大贫苦农民分得了土地，开始成家立业，繁衍后代，随着医药卫生事业的发展和人民生活的改善，人口出生率迅速上升，死亡率逐渐下降，加之某些社会经济政策实行按人口平均分配，刺激着人口发展，人口持续增长，不断形成新的生育高峰。

二、民族构成

丹江流域是以汉族为主的多民族聚居区，汉族占总人口的 99.5%以上，少数民族不到 0.5%。在少数民族中，以回族人口最多，占少数民族的 92%以上。1953 年流域内仅有 4 个少数民族；1964 年少数民族增加到 11 个；1982 年少数民族上升到 15 个；到 1990 年境内有少数民族 23 个。截至 2022 年，陕西省丹江流域涉及陕西省商洛市商州区、丹凤县、商南县、山阳县、洛南县 1 市 5 县（区）7 个街道办 37 个建制镇 588 个行政村（社区）。丹江干流流经商州区、丹凤县、商南县 3 县（区），涉及人口 22.5525 万人，主要工矿企业 349 个，行政事业单位 137 个。主要城镇有丹凤县城区，商州区夜村镇，丹凤县棣花镇、商镇、竹林关镇，商南县金丝峡镇、过风楼镇、湘河镇等 7 个集镇。重要交通干线有西合铁路、312 国道、沪陕高速公路。

第二节　交通运输

一、商於古道

商於古道由丹水（丹江）水路和旱路组成，穿越多个城池驿站地域，全长 600 余里。商於古道，开辟于商末周初。荆楚部族首领鬻熊受封为楚子，在率领族人自关中移居江汉的迁徙过程中开拓此道。周公奔楚亦自商於道（武关道）经蓝田去丹阳（今商洛市）。商於古道在商於上游是武关道的路径，主要利用秦岭北侧灞水河谷和秦岭南侧丹水河谷连接开辟而成。唐代时其起止点有所变化。由长安东出，溯灞河西侧南行，经今蓝田县城，过灞河至坡底村，上七盘岭，绕芦山北侧，经六郎关、大坡垴过蓝桥镇，溯蓝桥水而上至新店子，经牧护关翻越秦岭，进入商地。顺丹水（丹江）支流七盘河而下至黑龙口，经麻街抵商州城；又东南经现丹凤县，穿越丹江北侧丘陵，过桃花铺、铁峪铺到达武关下南阳、邓州、荆襄以至江南和岭南。

商於古道在唐代及以后曾经多次修缮，增设了仙娥、商於、洛源、棣花、四皓、桃花、武关、青云、层峰、富水等驿站。这些古时重要的驿馆，在当时的交通往来中发挥着极为重要的作用，直至今日，秦岭山脉西北部到其东南部中原的古道山壁上，还可依稀见到一些孔穴。古道遗址仍依稀可辨。据当地老年人讲，1970 年以前，这条古道最宽处有 4 米，最窄处只有2.5米，不过马车和驴车都能通行。尤其是秦岭峡谷段，虽然高山纵横，谷底幽深，危崖高耸，险滩密布，却仍是当时当地交通运输的重要通道之一。

二、丹江航道

丹江航运历史久远，最早的地理书籍《禹贡》记载，丹江始航时间当在夏代之前，是古代长江通往长安的一条重要水路。秦、汉、隋、唐几个朝代在西安附近建都后，丹江通道受到重视。许多政治交往、军事进兵、移民迁徙活动都选择了这条水路，《唐书》记载，丹江为唐“贡道”，是丹江航运鼎盛时期。至明清时期，丹江航道上至陕西，下通湖北，连接南方和中原。受近代铁路、公路等陆路交通兴起的影响，丹江的水运航道停航。

（一）早期航运

古时丹江是“上通秦川、下达鄂渚”的主要通道，为我国南北水路交通的主要枢纽。丹江航运历史悠久，始于夏代，繁荣于魏晋，鼎盛于明清至民国时期陇海铁路通车前。后因河床抬高，河道徙移，舟楫不行，水运渐衰。《吕氏春秋》称：“尧有丹水之战，以服南蛮。”《尚书・禹贡》记载，夏代各州向帝都进贡，荆州贡道是由汉水溯丹江而上，抵达秦岭南坡，然后翻山而过，经灞水入长安。秦汉以前，丹江是通往帝都镐京（今陕西省长安县丰镐村附近）的一条主要通道。汉时已成为丹江航道，是商於古道交通驰道网中的重要组成部分。东晋穆帝永和十年（354年），桓温北伐，“水军自襄阳入均口，至南乡，步自淅川以征关中”，走的也是汉水和丹江这条水路。北宋时期，由于航道险滩太多，沦为间道。元代，丹江航道仅成为商旅通行的一般道路。

（二）明清商运

明代初期，官府长期封闭山区交通，影响丹江航道水运交通发展。明代中后期，关陇商人利用丹江航道便捷的特点，向襄阳、汉口运输物资。明末清初，丹江航运达到极盛，龙驹寨成为“北通秦晋，南接吴楚”的水旱码头，“百艇接樯，千蹄接踵，熙熙攘攘”。

《直隶商州总志》卷七载，清乾隆二年（1737年）商地歉收，“往豫境之淅川、邓县等处采买粮食，从水路直运至州城”。清乾隆年间，每月由襄阳至龙驹寨的船只约200号，长街上除了黄行、板条行，还有载行存积货物。慈禧逃到西安以后，自南方而来的物资皆由老河口入丹江，送达龙驹寨，随后经陆路抵达西安，以供慈禧一干人享用。

（三）民国商运

1934—1935年，丹江航运仍然发挥重要作用。按籍贯组成的则有关帮（荆紫关）、湖广会馆。在这些会馆群中，船帮以人多势众最为有名，也颇有影响，该帮所建会馆名曰“秦镜楼”，又叫明王宫、平浪宫，俗称花庙或花戏楼。民国时期，航道淤塞，浅滩多，航行困难。陇海铁路修建后，货源流向变化，丹江航运日衰。李仪祉《汉江航运情形暨整理意义》一文称，民国二十七年（1938年），丹江水大时民船可至商州，水小时则舟楫不通。万琮《汉江水道与西北驿运》一文谓：民国三十年（1941年），大水时期可航至龙驹寨。此后上航终点逐步下延，丹江从龙驹寨到荆紫关这一河段，历来称为险道。陇海铁路修建后，货源流向变化，丹江航运日衰，但对南阳地区的物资运输仍有重要作用。其支流有淇河、淅河、滔河。淅河又名灌河，盛水时 3 吨木船可通航至西峡。滔河盛水时小木船可上溯 70 千米至湖北省郧阳县的南化。载重 10 吨的木船可达郧阳县的刘洞。民国二十九年（1940 年），船工张满堂等一行 8 条船，由龙驹寨行到月日滩，有 7 条船被洪峰冲上悬岩撞得粉碎，人货俱失。

（四）新中国成立后航运

新中国成立初期，丹江尚有少量木船往返行驶。20 世纪 50 年代，来自湖北、河南的船只已基本绝迹。唯丹凤建县之初，为繁荣本县经济，曾组建船运站，往来于龙驹寨—竹林关。1957 年，尚有木船 4 只，共 2 吨位。1958 年集体专业船队实有木帆船 8 只（商南县新增 4 只）。1959 年底，木船增加到 13 只。20 世纪 60 年代有木帆船 23 只。1970 年，在“文化大革命”影响下，船破河淤，丹江航运基本停止。1975 年后，因上游引水量大，丹江山溪河段航道水浅，逐年荒废，已不能通航。若清除浅滩，船只还可上溯一段里程。1987 年 5 月 4 日成立丹江航运管理站，陕西省政府首次拨款 5 万元，全面开始了治理航道的前期工程。1989 年 11 月 28 日，航运站以 3 万余元自汉中购回丹凤历史上第一艘机动船，载重 5 吨，暂滞于龙驹寨镇刘家涧。由于公路、铁路交通发展迅速，水运逐渐衰落。截至 2022 年，丹江干流航运以短途和区间运输为主，伴有少量以水上旅游为主的短途客运，无港口；沿线建设有渡口 18 处，基本满足船舶作业与客、货流需求。建有丹凤县丹江漂流及商南县金丝峡丹江漂流两处漂流航道。

三、交通运输

丹江流域公路施工始于民国十年（1921 年），最著名的有长坪公路（长安—西坪镇。原计划通至荆紫关，又称西荆公路），军运、商运虽取道公路，但当时公路质量很低，且汽车少，汽油短缺，运费很高，在商货运输上尚不能全部取代丹江水运。所以，抗日战争期间，商县、老河口、襄樊之间的商品转输，仍离不开丹江水运。后来汉口、老河口等城市相继沦陷后，它和汉江一样，上行货无来源，下行货无销路，丹江商运陷于绝境，仅有一些民船在县际短距离航行，转运生活日用品及少量农产品。

丹江流域公路初期主要是对原有驿道进行改造，即通过加宽路幅，抬高路身，开挖边沟，平整路面，将原来行驶车马的“车马大道”改造成为粗通汽车的“汽车路”。工艺技术简单，完全用人工作业。陕西省道工程主要下达沿线各县政府征工修筑，或商请驻军派遣兵工协同完成，县里（乡）路由各县自行征工修建。民国二十三年至三十八年（1934—1949 年）修建的公路，受投资、工期限制，均未能一次完全按标准建成，一般是先行毛路打通，然后改善加铺路面、添建桥梁和拓宽路基。民国时期所修的公路和桥梁既“先天不足”，后天又缺乏养护，加之天灾人祸，实际能通车的并不多。新中国成立后，对民国时期修建的公路和新中国成立后修建的简易公路进行了多次技术改造，同时修建了西安到商县的公路。公路数量的增多和质量的提高，基本适应了陕西省国民经济和社会发展的需要。

第三节　流域经济

一、县域经济

丹江干流商州区段，涉及沙河子、夜村 2 个镇，16 个村委会 159 个村民小组 8232 户 28679 人，机关企事业单位 55 个。

丹江干流丹凤县段，涉及棣花、商镇、龙驹寨、竹林关 4 个乡镇办事处，28 个村委会 262 个村民小组 28714 户 82634 人，工矿企业 22 个，机关企事业单位 31 个。

丹江干流商南县段，涉及金丝峡、过风楼、湘河 3 个镇，26 个村委会 153 个村民小组 6725 户 25068 人，工矿企业 8 个，机关企事业单位 55 个。

二、产业经济

2022 年以来，丹江流域以生态环境保护为前提，立足优势资源禀赋，构建资源循环型产业体系，打造产业链绿色发展引擎，高水平推进重点项目建设，装备制造、现代材料、生物医药、绿色食品、文旅康养等产业初具规模，经济社会绿色转型持续推进。2021 年，流域国内生产总值（GDP）333.02 亿元，一、二、三产增加值分别为 49.88 亿元、98.82 亿元、184.32 亿元，产业比例 15.0 ∶ 29.7 ∶ 55.3，其中工业增加值 81.82 亿元，占二产的 82.8%。

流域内常用耕地面积 72.40 万亩，耕地灌溉面积 12.23 万亩，实灌面积 10.37 万亩，耕地灌溉率 16.9%，耕地实灌率 84.7%；林园草地灌溉面积 5.77 万亩。粮食产量 19.41 万吨。流域内现状较大灌区有庙湾灌区、永富灌区、丹北灌区 3 处，其中庙湾灌区、永富灌区为中型灌区；3 处灌区设施灌溉面积 6.7 万亩，有效灌溉面积 5.21 万亩，占全流域灌溉面积的 29%；主要粮食作物有玉米、小麦，经济作物主要为药材和蔬菜，复种指数 145 ~ 160。

流域内交通便捷，西合铁路、沪陕高速、312 国道均沿丹江而过，西十高铁也即将建成，便捷的交通条件使商洛已融入了“大西安一小时经济圈”和“长三角一天经济圈”，已经成为陕东南的交通枢纽、西安的次交通中心。

丹江流域地处关中平原城市群及汉江生态经济带两大国家战略交汇处。两大战略实施为流域经济发展注入全新的动力。借助两大战略释放效应，流域将构建接近“两群”（关中平原城市群、中原城市群），远承“两圈”（长三角经济圈、成渝地区双城经济圈），融入“两带”（“一带一路”经济带、长江经济带）的三大开放空间。

陕西省丹江流域 2021 年社会经济发展情况见表 1–3–1、表 1–3–2。

表 1-3-1　2021 年陕西省丹江流域行政区划

行政区划	国土空间面积 /km²	街道办	建制镇	行政村（社区）
商州区	2200	城关街道办事处、刘湾街道办事处、大赵峪街道办事处、陈塬街道办事处（4 个）	北宽坪镇、夜村镇、沙河子镇、板桥镇、大荆镇、腰市镇、麻街镇、三岔河镇、牧护关镇、杨峪河镇、金陵寺镇、杨斜镇（12 个）	253
洛南县	107	四皓街道办事处（1 个）	景村镇（1 个）	10
丹凤县	2315	龙驹寨街道办事处（1 个）	棣花镇、峦庄镇、蔡川镇、庾岭镇、寺坪镇、土门镇、武关镇、铁峪铺镇、花瓶子镇、竹林关镇、商镇（11 个）	149
商南县	2254	城关街道办事处（1 个）	十里坪镇、金丝峡镇、试马镇、清油河镇、赵川镇、湘河镇、过风楼镇、富水镇、青山镇（9 个）	126
山阳县	626		高坝店镇、两岭镇、中村镇、银花镇（4 个）	50
丹江流域	7502	7	37	588

注：本表出自《陕西省丹江流域综合规划环境影响评价陆生生态调查与评价报告》（2023 年）。

表 1-3-2　2021 年陕西省丹江流域社会经济发展情况统计

县级行政区	国土空间面积 /km²	人口 / 万人			GDP/ 亿元						常用耕地面积 / 万亩	灌溉面积 / 万亩		耕地实灌面积 / 万亩	粮食产量 / 万 t
		总人口	城镇	农村	一产	二产			三产	合计		耕地	林园草		
						小计	工业	建筑业							
商州区	2200	39.15	20.56	18.59	16.65	31.06	23.29	7.77	79.72	127.43	30.19	3.61	1.64	1.97	8.97
洛南县	107	1.11	0.16	0.95	0.01	0.26	0.23	0.03	0.51	0.78	0.03	0.15	0.11	0.03	0.00
丹凤县	2315	23.77	11.62	12.15	14.44	25.60	20.30	5.30	56.11	96.15	14.70	4.68	1.09	4.68	5.52
商南县	2254	19.97	9.49	10.48	14.41	28.34	26.24	2.10	37.05	79.80	20.29	2.40	2.82	2.40	3.13
山阳县	626	9.32	5.03	4.29	4.37	13.56	11.76	1.80	10.93	28.86	7.19	1.39	0.11	1.28	1.79
丹江流域	7502	93.32	46.86	46.46	49.88	98.82	81.82	17.00	184.32	333.02	72.40	12.23	5.77	10.36	19.41

注：本表出自《陕西省丹江流域综合规划环境影响评价陆生生态调查与评价报告》（2023 年）。

第四章　水资源

丹江流域水资源丰富，是南水北调工程的重要水源地。大小支毛沟百万条，流域面积大于 50 平方千米的有 56 条，流域面积大于 100 平方千米的 19 条，流域面积在 200 平方千米以上的支流共有 11 条，流域面积大于 1000 平方千米的有银花河、老鹳河、淇河、滔河等，最大的老鹳河流域面积为 4231 平方千米。流域水资源丰沛，多年平均地表水资源量 14.52 亿立方米，地下水资源量基本与地表水资源量重复，多年平均水资源总量 14.97 亿立方米，约占陕西省汉江流域水资源总量的 6.0%；人均水资源量 1604 立方米每人，远高于陕西省平均水平（1061 立方米每人）；流域产流系数 0.25，产水系数 0.26，产水模数 19.9 万立方米每平方千米。

第一节　水资源分布

据《商洛地区实用水文手册》年径流特征值统计表中丹凤水文站（1987 年）资料，丹凤站——测丹江，集水面积 2766 平方千米，年数 24，年径流量 5.96 亿立方米，年径流深 215.5 毫米；实测最大径流量 16.25 亿立方米（1964 年）；实测最小径流量 1.76 亿立方米（1977 年）。武关站——测武关河，集水面积 724 平方千米，年数 25，年径流量 1.72 亿立方米，年径流深 237.1 毫米；实测最大径流量 5.977 亿立方米（1965 年）；实测最小径流量 0.441 亿立方米（1978 年）。

流域地跨荆紫关以上和荆紫关以下两个水资源四级分区。采用《陕西省第三次水资源调查评价》成果，流域多年平均水资源总量约 14.97 亿立方米，其中地表水资源量约 14.52 亿立方米，地下水资源量约 4.22 亿立方米，地下水与地表水基本重复，重复量约 3.77 亿立方米。陕西省丹江流域多年平均水资源总量占陕西省汉江流域的 6.0%，占全省的 3.6%。具体详见表 1–4–1。

表 1–4–1　1956—2017 年陕西省丹江流域多年平均水资源量

流域单元	计算面积 /km^2	多年平均地表水资源量 / 万 m^3	地下水资源 / 万 m^3	重复量 / 万 m^3	水资源总量 / 万 m^3
荆紫关以上	6996	141389	39615	35135	145869
荆紫关以下	506	3785	2539	2530	3794
合计	7502	145174	42154	37665	149663

注：本表出自《陕西省丹江流域综合规划环境影响评价陆生生态调查与评价报告》（2023 年）。

一、地表水

丹江地表水均由降水所产生，分布大体上与降水分布一致，即南北二山为高值区，丹江川原地区为低值区。

（一）地表水的产生

地表水多由降水产生。丹江流域多年平均降水量为772.7毫米，丹江流域多年平均地表水径流量为14.97亿立方米。由于降水在地域分布上的差异和各地植被状况不同等因素，其地表径流分布是不均衡的。具体体现为：中部（丹凤、山阳、商州）少，东南部（商南）较多；川原丘陵区少，低山区较多，中山区最多。按径流比较，中山区是川原丘陵区的1.2倍。

（二）年内分配

径流的年内分配因受降水年内分配的影响，也很不均匀。丹江流域处于蒙古高压及北太平洋副热带高压的控制之下，受季风的影响，每年都出现明显的旱季和雨季，使境内各条河流呈现季风性河流特征。一般4月开始涨水，5—6月径流渐增，7—10月为洪水期（占全年总径流量的50%～70%），11月或12月至次年3月底为枯水期。值得注意的是，多数河流在5月已进入汛期，而6月又常常出现低值，7月为丰水期。这与6月灌溉需水量较大发生矛盾。

由于各年季风强度不同，出现的时间也不一致，每年雨季历时的长短、降水量的多少、暴雨发生的时间及地点等变化都很大，进而影响各条河流径流量的年际变化。最丰年径流量和最枯年径流量相差5～13倍，尤以丹江中下游小支流最为悬殊。各河流年径流量与均值较差极不稳定，反映在年径流变化幅度的变差系数大致介于0.5～0.6，体现了境内河流主要靠降水补给的特点。西部变幅较小，一般在0.5左右。说明西部植被条件较好，在相同或近似的降雨条件下，拦蓄地表水、控制集流过程都比较强。东部地区变幅较大，介于0.5～0.6，说明东部植被较差。

陕西省丹江流域洪水有暴雨型洪水和连阴雨型洪水。暴雨型洪水，一年四季的降水量，很大一部分是通过暴雨形式降落的。暴雨在山高坡陡、植被稀疏、渗透量小的地面，大部分形成径流，迅速集中到河槽，形成洪水，引起山洪暴发。洪峰流量的大小与暴雨强度、历时长短、雨区范围直接相关。暴雨骤降时，流量急速增加，而降雨一停，流量迅速衰减。洪水过程线呈现多峰锯齿状，峰尖坡陡，一般涨落时间仅数小时或十多小时，充分体现了山区河源段雨源型河流暴涨暴落的特性。连阴雨形成的洪水，缓慢涨落，洪水总量很大，洪水过程很长，因此造成的危害也很大。

1956—2017年陕西省丹江流域地表水资源量统计见表1-4-2。

表1-4-2　1956—2017年陕西省丹江流域地表水资源量统计

行政分区	水文资料系列	多年平均地表水资源量	
		径流深/mm	径流量/万m^3
商州区	1956—2016	199	52689
丹凤县	1956—2016	194	46720
商南县	1956—2016	169	39171
山阳县	1956—2016	249	87947

注：本表出自《陕西省丹江流域综合规划报告》（2023年）。

二、地下水

丹江流域地下水主要由降水和地表水的渗入补给，多以泉水形式出露，排泄于河流，转化为地表水。但由于流域内地层岩性、地质构造、地形地貌的差异，地下水分布很不平衡。潜水的埋藏深度自高级阶地向河漫滩逐渐变浅，线位处水深一般小于 20 米。盆地越向盆地中心富水性越好。按地下水在地层中的蓄存状态，可将区内地层含水情况大致分为块状基岩裂隙水、层状基岩裂隙孔隙层间水、岩溶化基岩岩溶裂隙水和松散覆盖层孔隙水四大含水岩类。丹江流域地下水资源量为 17226.38 万立方米每年（其中，丹凤水文站以上为 8122.38 万立方米每年，丹凤站以下为 9104 万立方米每年）。

（一）块状基岩裂隙水

碎屑岩孔隙裂隙水，主要是第三系砂砾岩孔隙中存在的地下水，分布于商州、丹凤和蟒岭地区等山脉高地，范围较广，但水量很小，属弱富水地带，局部构造裂隙发育地段富水性较好。岩层是以花岗岩为主的各类火成岩及花岗片麻岩、片麻岩等，泉流量一般为 0.5 ~ 2.5 吨每小时，或小于 0.5 吨每小时。

（二）层状基岩裂隙孔隙层间水

层状基岩裂隙孔隙层间水主要分布在陕西省商南、山阳的大部分低中山区，由变质程度深浅不同的碎屑岩组成，区内断层裂隙虽然发育，但多为泥沙或岩脉充填，故地下水富水性都较差。一级阶地富水性不如河漫滩，且变化不大，二、三、四级阶地，因其位置较高，基岩被切穿出露，存水条件差，只有局部基石低凹处含水，水位埋深多在 6 ~ 30 米以上，含水层极薄。泉流量一般为 2.5 ~ 15 吨每小时。

（三）岩溶化基岩岩溶裂隙水

岩溶化基岩岩溶裂隙水主要分布于陕西省商州、丹凤以北的低中山区，为元古界大理岩夹片岩、片麻岩含水岩。由于所处构造部位及裂隙发育程度不同，泉流量极不均匀。商州北宽坪、丹凤蔡川乡一承压抽水孔，孔深 152.6 米，水位埋深 54.44 米，单位涌水量为 0.61 吨每小时米。资峪乡一承压水抽水孔，孔深 446.83 米，水位埋深 12.5 米，单位涌水量为 0.08 吨每小时米，矿化度 1.8 克每升。苗沟脑—鱼岭—伯牙山一线泉流量为 0.5 ~ 2.5 吨每小时。其余大部低中山区，泉流量为 15 ~ 50 吨每小时。由于所处构造部位和岩溶、裂隙发育程度不同，各岩溶水量极不均匀。丹凤一带单孔出水量仅为 50 ~ 170 吨每天，属弱富水区。

（四）松散覆盖层孔隙水

松散覆盖层孔隙水主要分布于山间河谷盆地中，地下水丰富，由冲积的砂、砂砾石夹粉细砂与亚黏土潜水岩组成。其中，陕西省商丹盆地、商南丹江河谷阶地，水文地质条件好，径流模数分别为 25.5 万立方米每年平方千米或 21.7 万立方米每年平方千米，地下水位埋深 0.71 ~ 2.0 米，含水层厚度 5 ~ 15 米，单井涌水量 60 ~ 320 立方米每天；丹江河床地带，地下水位埋深 0.10 ~ 1.65 米，含水层厚度 8.57 ~ 19.2 米，单井涌水量 886.7 立方米每天。丹江北岸，地貌为洪积坡积扇及丹江冲积阶地，地层组成自上而下为黏土、亚黏土（从北至南厚为 24 ~ 13 米）、黄沙（厚 3 ~ 5 米），以下为紫红色砂砾岩组成的基岩（在丹江北岸岸边就有大部分出露）。地下水静水位接近黄沙层顶板，井水大部分取自黄沙层中，水量极小。丹江南岸，冲积阶地面积较大，含水层的储水量也较丰富。

第二节 水资源现状

一、水资源评价

（一）水资源量

陕西省丹江流域地跨荆紫关以上和荆紫关以下两个水资源四级分区。采用《陕西省第三次水资源调查评价》成果，流域多年平均水资源总量约 14.97 亿立方米，其中地表水资源量约 14.52 亿立方米，折合径流深 193.5 毫米。

（二）水资源可利用量

采用《陕西省第三次水资源调查评价》成果，陕西省丹江流域水资源可利用总量约为 3.78 亿立方米，其中地表水可利用量约为 3.68 亿立方米，地表水资源可利用率 25.3%，山丘区地下水开采净消耗量约为 0.41 亿立方米。陕西省丹江流域水资源可利用总量占陕西省水资源可利用量的 2.67%，陕西省丹江流域水资源可利用量见表 1–4–3。

表 1–4–3 1956—2016 年陕西省丹江流域水资源可利用量统计

流域	地表水可利用量 / 万 m^3	地表水资源可利用率 /%	山丘区地下水开采净消耗量 / 万 m^3	水资源可利用量 / 万 m^3
丹江	36787	25.3%	4125	37830

注：本表出自《陕西省丹江流域综合规划环境影响评价陆生生态调查与评价报告》（2023 年）；多年平均地表水资源可利用量为地表水资源量扣除河道内生态环境需水量后的水量。

二、水资源开发利用现状

（一）供水设施和供水能力

根据《2021 年陕西省水利统计年鉴》，陕西省丹江流域各类水利工程总供水能力约 2.42 亿立方米。流域内水库及塘坝窖池等蓄水工程现状年供水能力约 1.30 亿立方米，其中水库 22 座，总库容 1.27 亿立方米；流域内尚无大中型引水工程，小型引水工程现状供水能力约 0.45 亿立方米；提水工程 7 座，主要分布在商州区和丹凤县，现状年供水能力 0.12 亿立方米；流域内配套机电井 1.28 万眼，供水能力 0.55 亿立方米，其中商州区和丹凤县机电井最多。流域内共计建成污水处理厂 6 座，处理规模共计 15 万立方米每天。其中，商州区建成商洛市污水处理厂、夜村污水处理厂 2 座，处理规模共计 7 万立方米每天；丹凤县建成丹凤县污水处理厂、棣花污水处理厂、商镇污水处理厂 3 座，处理规模共计 6 万立方米每天；商南县建成商南污水处理厂 1 座，处理规模 2 万立方米每天。丹江流域主要水利工程基本情况见表 1–4–4。

表 1-4-4 2020 年陕西省丹江流域主要水利工程基本情况一览表

行政区划	蓄水工程			引水工程		提水工程		机电井		供水能力 / 万 m^3
	数量 / 座	库容 / 万 m^3	能力 / 万 m^3	数量 / 座	能力 / 万 m^3	数量 / 座	能力 / 万 m^3	数量 / 眼	能力 / 万 m^3	
商州区	12	10012	9540	0	1416	3	107	5073	3186	14249
洛南县	0	0	40	0	107	0	0	257	108	255
丹凤县	6	1567	1704	0	1571	4	400	6306	1164	4839
商南县	3	990	1351	0	764	0	710	874	627	3452
山阳县	1	105	347	0	608	0	0	241	423	1378
丹江流域	22	12674	12982	0	4466	7	1217	12751	5508	24173

注：本表出自《陕西省丹江流域综合规划报告》（2023 年）。

（二）供水量及用水量

根据《2021 年陕西省水利统计年鉴》及《2021 年商洛市水利工程供用水量统计报表》，陕西省丹江流域 2021 年各类水源总供水量约 1.26 亿立方米，其中地表水供水量约 0.86 亿立方米，地下水供水量约 0.40 亿立方米，分别占供水总量 68.3% 和 31.7%，尚无非常规水利用。流域供水以地表水为主，地下水为辅，但流域内各县（区）供水结构差异较大，商州区、洛南县地表水和地下水供水量基本持平，而丹凤县、商南县和山阳县以地表水供水为主。陕西省丹江流域地表水供水中以蓄水工程和引水工程为主，分别占地表水供水量的 46.4%、40.6%，提水工程占地表供水量的 13%，陕西省丹江流域 2021 年供水量见表 1-4-5。

表 1-4-5 2021 年陕西省丹江流域供水量统计

行政区	地表水 / 万 m^3				地下水 / 万 m^3	非常规水源 / 万 m^3			供水量 / 万 m^3
	蓄水	引水	提水	小计		再生水	雨水	小计	
商州区	1226	1206	15	2447	2253	0	0	0	4700
洛南县	35	29	0	64	48	0	0	0	112
丹凤县	1483	950	400	2833	903	0	0	0	3736
商南县	1163	766	706	2635	665	0	0	0	3300
山阳县	90	542	0	622	143	0	0	0	765
丹江流域	3997	3493	1121	8601	4012	0	0	0	12613

注：本表出自《陕西省丹江流域综合规划报告》（2023 年）；鱼岭水库及南秦水库由于现状水质有问题没有供水，供水能力中计入了鱼岭水库及南秦水库供水能力。

2021年陕西省丹江流域各行业总用水量约1.26亿立方米，按用水户分：城镇综合生活用水量约0.34亿立方米，占总用水量的26.9%，其中以商州区用水量最大；农村生活用水量约0.23亿立方米，占总用水量的18.3%；农业用水量约0.45亿立方米，占总用水量的35.7%，是丹江流域第一用水大户；工业用水量约0.16亿立方米，占总用水量的13%；生态环境用水总量约0.08亿立方米，占总用水量的6.2%。2021年陕西省丹江流域用水量详见表1-4-6。

表1-4-6　2021年陕西省丹江流域用水量统计

行政区	城镇综合生活 / 万 m^3	农村生活 / 万 m^3		农业 / 万 m^3		工业 / 万 m^3	生态环境 / 万 m^3	总用水量 / 万 m^3
		农村居民	牲畜	耕地	林园草渔			
商州区	1462	773	230	676	587	587	205	4700
洛南县	8	28	1	10	61	4	1	113
丹凤县	821	252	334	1201	321	603	205	3737
商南县	734	323	204	541	815	360	322	3299
山阳县	187	105	63	271	23	82	44	775
丹江流域	3392	1481	832	2699	1807	1636	777	12624

注：本表出自《陕西省丹江流域综合规划报告》（2023年）。

（三）水资源开发利用程度分析

流域多年平均水资源量约14.97亿立方米，2021年供水量约1.26亿立方米，水资源开发利用率为8.4%；流域多年平均地表水资源量约14.52亿立方米，2021年地表水供水量约0.86亿立方米，地表水开发利用率为5.9%；流域多年平均地下水资源量约4.22亿立方米，2021年地下水供水量约0.40亿立方米，地下水开发利用率为9.5%。因此，陕西省丹江流域地表水资源和地下水资源均尚具有一定的开发潜力。

第三节　水文泥沙

一、降水

丹江流域相对雨量充沛。多年平均年降水量750 ~ 850毫米，最大降水量1072.3毫米，最小降水量445.7毫米，最大降水量是最小降水量的2.4倍，且年内分配极不均匀。由于受大气环流的影响，冬春季干旱少雨，夏季多雨间有伏旱，秋季湿润并多连阴雨，但时空分布不均。从时间分布讲，主要集中在7月、8月、9月三个月，其降水量约占全年降水量的46%；从空间分布讲，一般山地多于川道。特别是暴雨多发生于高、中山区。

（一）降水分布

降水在年内季节分配也很不均匀，冬季水量最少，季降水量19 ~ 40毫米，仅占年降水量的 2.5% ~ 4.7%；春季水量较少，季降水量 150 ~ 230 毫米，占年降水量的 22% ~ 23%；秋季降水量 200 ~ 280 毫米，占年降水量的 26% ~ 27%；夏季为全年降水量最多的季节，季降水量 330 ~ 450 毫米，占年降水量的 50%，主要集中在 7—9 月，尤以 7 月降水量最多，一般为 140 ~ 420 毫米。

流域降水量受气候和地形的影响，降水分布极不均匀，降水在空间分布上由于受地形影响具有三个特点：一是降水量的垂直差异显著，由河谷向山地，降水量随着高度的增加而增加。年降水量川道地区小于山地地区，低山地区小于高山地区。二是丹江河谷降水明显偏少。河谷阶地区域降水年际变化较大，中、高山地区年际变化较小。三是从上游往下游具有逐渐增大的趋势。在丹江流域上游山区和中下游支流往往会形成小范围、短历时、高强度的暴雨或大暴雨，加之秦岭的抬升作用，使暴雨强度进一步增强。

（二）降水变化

降水在年际间变化也较大，主要集中在 7—9 月，降水量为 330 ~ 450 毫米，占年降水量的 50%，12 月至次年 2 月的降水量为 28.3 毫米，仅占年降水量的 3% ~ 4%，即 7—9 月降水量为 12 月至次年 2 月的 12 ~ 16 倍。年内降水变率以冬季月变率最高，为 52% ~ 84%，属干旱时期；春季各月的相对变率在 34% ~ 47%，3 月和 4 月上中旬一般都大于 40%，致使初春多旱；夏季降水变率为 33% ~ 60%，丹江流域 4 县（区）6 月、8 月的变率大于 40%，极易发生伏旱；秋季降水变率为 41% ~ 69%，涝灾突出。

（三）暴雨中心

暴雨在不同季节受不同天气系统影响，有三个暴雨中心：

（1）7 月盛夏，暖空气活跃，降雨区在丹凤、商南等区域。暴雨中心常出现在丹凤，如 2007 年 7 月 27—29 日，商洛丹凤铁峪铺、路沟、峦庄站 12 小时降雨量分别为 196.4 毫米、215.7 毫米、195.4 毫米；调查丹凤铁峪铺镇化庙子村 7 月 27—29 日累计暴雨量 493.0 毫米。上述各站暴雨重现期均超 100 年。

（2）当东南沿海台风登陆时，商南等地多出现暴雨，中心在商南赵川。如 1975 年 8 月 8 日 9—18 时，9 小时降雨 251.9 毫米，滔河洪峰流量达 696 立方米每秒，造成极大灾害。

（3）8—9 月，太平洋副热带高压控制长江流域时，商州、丹凤北部处于副热带高压边缘，而高空有冷槽东移配合，容易产生暴雨，暴雨中心多出现在商州、丹凤双槽一带。如 2010 年 8 月 23 日降雨强度最大，丹凤县武关站 290 毫米。过程降雨量 200 毫米以上笼罩面积为 1307 平方千米，涉及商南、丹凤。2003 年 8 月 28 日 8 时至 8 月 30 日 14 时，丹江支流板桥河上游胡河站降雨量达 185.2 毫米，6 小时降雨量达 125.7 毫米，导致板桥河水文站于 8 月 29 日发生了建站以来的次大洪水，其洪峰流量为 550 立方米每秒。

二、蒸发

丹江流域蒸发情况与流域降水恰恰相反，在河源及陕西省出境一带，多年平均水面蒸发量在 900 毫米以下，商丹盆地则是流域的蒸发高值区，多年平均水面蒸发量超过 1000 毫米。

（一）水面蒸发量的地区分布和年内分配

1. 水面蒸发量的地区分布

水面蒸发反映了在充分供水情况下的蒸发能力，其值大小取决于当地气温、饱和水汽压差、风速等气象因素。根据绘制的 1956—2017 年商洛市 E601 型多年平均水面蒸发量等值线图，丹江流域多年平均水面蒸发量分布在 750 ~ 1000 毫米。流域内各县区水面蒸发量的地区分布为：商州区为 800 ~ 900 毫米，丹凤县为 900 ~ 950 毫米，洛南县为 800 ~ 850 毫米，山阳县为 900 毫米，商南县为 900 ~ 1000 毫米。流域水面蒸发量最大地区在商南县，其值在 1000 毫米左右；最小地区在洛南县，其值在 900 毫米左右。

2. 水面蒸发量的年内分配

多年平均水面蒸发量的年内分配随各月的气温、湿度、风速等气象因素而变化。统计分析选用代表站 1956—2017 年系列水面蒸发年内分配规律。冬季气温低，蒸发量小，1 月或 12 月出现年内最小值；夏季气温高，水面蒸发量大，最大月蒸发量的出现时间各地有所差异，选用代表站丹凤、武关、竹林关、麻街为 6 月最大。

3. 水面蒸发量的年际变化

根据选用站 1956—2017 年水面蒸发资料统计，流域水面蒸发量变差系数 C_v、极值比 K_m 的变化平缓，变化范围分别在 0.133 ~ 0.210 和 1.7 ~ 2.2，选用代表站水面蒸发量年际变化见表 1–4–7。

表 1–4–7　1956—2017 年陕西省丹江流域水面蒸发量年际变化

站名	C_v	最大值 /mm	发生年	最小值 /mm	发生年	K_m	资料系列
竹林关	0.133	1219.7	1959	701.3	1964	1.7	50 年
武关	0.142	1219.7	1959	677.7	2003	1.8	50 年
丹凤	0.198	1294.7	1962	612.2	1983	2.1	50 年
麻街	0.210	1270.0	1973	577.7	1989	2.2	50 年

注：本表出自《陕西省丹江流域综合规划报告》（2023 年）。

（二）干旱指数

干旱指数 r 是反映地区气候干湿程度的指标，是水面蒸发能力（用 E601 型多年平均水面蒸发量）与年降水量的比值。当干旱指数 $r>1$ 时，说明水面蒸发能力大于降水量，气候偏于干旱；当干旱指数 $r<1$ 时，说明降水量超过水面蒸发能力，气候偏于湿润，大得愈多，气候愈加湿润。主要代表站干旱指数统计见表 1–4–8。

丹江流域 1956—2017 年干旱指数的地区分布规律大致与水面蒸发量对应，其分布趋势大体是西北小东南大，沿纬度增加而减少，其值在 1.19 ~ 1.43，最高区在丹凤地区，其干旱指数在 1.43。商洛市最低区在商州区，干旱指数为 1.19，见表 1–4–8。

表 1-4-8　1956—2017 年陕西省丹江流域主要代表站干旱指数统计

站名	多年平均		干旱指数 r	备注
	水面蒸发量 /mm	降雨量 /mm		
竹林关	950.2	740.1	1.28	资料系列选用 50 年
武关	910.9	765.6	1.19	资料系列选用 50 年
丹凤	975.9	683.8	1.43	资料系列选用 50 年
麻街	873.7	725.5	1.20	资料系列选用 50 年

注：本表出自《陕西省丹江流域综合规划报告》（2023 年）。

（三）陆面蒸发

陆面蒸发是指陆地、水体蒸发和植物蒸腾等量的总和，即流域的实际蒸发量。根据水量平衡方程式：$\overline{P}=\overline{R}+\overline{E}$，即降水等于平均径流深和陆地蒸发量之和，得到：$\overline{E}=\overline{P}-\overline{R}$。计算成果见表 1-4-9。

表 1-4-9　1956—2017 年陕西省丹江流域陆面蒸发计算成果统计

项目	站名		
	武关	丹凤	麻街
系列 /a	50	50	50
面雨量 /mm	767.8	741.3	786.8
平均径流深 /mm	229.6	203.1	225
陆地蒸发量 /mm	538.2	538.2	561.8

注：本表出自《陕西省丹江流域综合规划报告》（2023 年）。

综上所述，丹江流域年水面蒸发量在 800 ~ 1100 毫米，蒸发量的年内变化与气温关系密切，冬季气温低，蒸发量小，最小月蒸发量为 27.8 毫米，不足年蒸发量的 3%；随着气温增高，风速加大，总蒸发量显著增高，最大月蒸发量为 263.9 毫米，占年蒸发量的 20% 以上。蒸发主要集中在 4—9 月，占全年蒸发量的 70% ~ 80%，尤以 6 月、7 月、8 月三个月蒸发量最大，占年蒸发量的 40% ~ 50%。陆面蒸发量介于 400 ~ 500 毫米。

三、径流

丹江属降雨补给性河流，年径流分布与降雨分布趋势相同。流域多年平均年径流量 16.46 亿立方米（1956—2000 年），平均径流深 218 毫米。由于降水时空分布不均，径流也随之变化；7—10 月为丰水期，11 月及 4—6 月为平水期，12 月至次年 3 月为枯水期；7—10 月径流量约占全年径流量的 63%。枯水期主要靠地下水补给，流量小而稳定，洪水期流量变化较大。据统计，大洪水出现在7—8月间的占90%，特大洪水几乎都产生在7—8月，如2010年8月24日，丹江丹凤站以下形成特大洪水，特大暴雨使丹江丹凤至出境河段支流河水暴涨，支流银花河竹林关站、武关河武关站分别于24日8时30分、8时40分出现1550立方米每秒、2020立方米每秒超保证流量，支流县河、清油河24日11时分别出现1280立方米每秒和1380立方米每秒的洪峰。丹江干流荆紫关站（河南省淅川县）24日13时42分洪峰流量8790立方米每秒。

根据1956—2000年资料分析，丹江上游板桥站以上多年平均径流深为229毫米；丹凤至荆紫关区间为217毫米；而中游的板桥至丹凤站多年平均径流深为203毫米，为丹江流域的径流低值区，径流分布两头高、中间低，山区大于平原。丹江干流年径流变差系数在0.58 ~ 0.62，由上而下逐渐变小，以荆紫关的0.58为最小，且较为稳定。荆紫关站多年平均实测径流量16.46亿立方米，1964年径流量最大达46.55亿立方米，1999年径流量最小仅3.41亿立方米。

四、泥沙

丹江流域为土石山区，境内沟壑纵横，山高坡陡，水土流失普遍发生。平水期河流清澈见底，但到汛期，洪水猛涨猛落，挟沙能力极强。丹江含沙量的年内变化，以汛期特大，枯水期较小，比径流的年内变化更集中，输沙量的80%以上发生在汛期洪水过程中。该流域多年平均含沙量为4.52千克每立方米，最大含沙量为7.60千克每立方米，最小含沙量为0.88千克每立方米。丹凤水文站多年平均年输沙量为238万吨，平均含沙量为4 ~ 37千克每立方米；荆紫关站多年平均年输沙量为398万吨，平均含沙量为3.53千克每立方米。

丹江泥沙以推移质为主，上游段悬推比为1∶3.5左右。泥沙主要来源于商丹盆地及银花河、武关河等较大支流。泥沙与径流具有同样的规律，汛期7—10月占全年输沙量的80%。据丹凤水文站实测资料统计，多年平均悬移质输沙量155.2万吨，多年平均含沙量2.98千克每立方米。年最大输沙量766万吨（1958年），年最小输沙量1.77万吨（1997年），最大输沙量是最小输沙量的400多倍。年最大断面日平均含沙量达236千克每立方米。荆紫关站多年平均输沙量为466万吨，平均含沙量为2.83千克每立方米。丹江含沙量并不完全随流量的增加而增大，往往是汛初出现最大含沙量，或是每次涨水的前半期出现最大含沙量，而在洪峰最高时含沙量反而减小。

第四节　水质评价

丹江水质总体良好，地表水、地下水均为重碳酸盐型淡水，大部分水的矿化度小于1克每升，pH在7.4 ~ 8，硬度在23度以下。除汛期泥沙使水质有所下降外，其余时段保持在Ⅲ类以上，其中丹江上游麻街、丹凤、湘河三个水质监测断面评价河长212千米，占丹江荆紫关以上河长的92%，丹凤断面水质常年为Ⅱ类，湘河断面水质常年为Ⅲ类。历史上丹江水质良好，《煎茶记》称丹水为“天下名水”；《陕西通志》卷八载，李秀卿排列天下名水二十种，丹水为第十五。陕西境内丹江水中重碳酸盐含量高，含氟、含碘量低于国家饮用水标准。

一、河流水质评价

2021年对丹江流域9条河流（丹江、南秦河、洛河、银花河、金钱河、乾佑河、板桥河、谢家河、滔河）18个监控断面进行了监测，每月监测一次，按水域功能区域划分标准评价，基本达到功能区标准，断面达标率98%，丹江出境断面水质达到Ⅱ类水域标准，与2020年比较保持稳定。

丹江共设8个水质监控断面，监测结果显示：峡口、麻街、构峪口、雷家坡、雷家洞、丹凤下5千米、湘河出境断面7个断面水质达到Ⅱ类水域标准。南秦河共设1个监控断面，监测结果显示：杨峪河桥断面水质达到《地表水环境质量标准》（GB 3838—2002）Ⅱ类水质标准。板桥河共设1个监控断面，监测结果显示：板桥河断面水质达到《地表水环境质量标准》（GB 3838—2002）Ⅱ类水质标准。谢家河共设1个监控断面，监测结果显示：谢家河断面水质达到《地表水环境质量标准》（GB 3838—2002）Ⅱ类水质标准。

二、城市饮水水质

2021年，商洛市区及各县城镇集中式饮用水水源地水质保持稳定，水质达标率为100%。商洛市区集中式饮用水源地（取样点为城东井和城西井）各项监测指标均达到《地下水质量标准》（GB/T 14848—2017）Ⅲ类标准，商洛市二龙山水库、丹凤县龙潭水库、商南县县河水库、山阳县薛家沟水库、镇安县云镇河水源地、柞水县乾佑河水源地、洛南县李村水库水源地各项监测指标均达到《地表水环境质量标准》（GB 3838—2002）Ⅱ类标准。

三、地下水监测

丹江流域地下水位动态监测是浅层地下水位的监测，主要集中在商丹盆地。截至2021年底，丹江流域共有10眼地下水监测井，其中：商州3眼、丹凤2眼、商南2眼、山阳3眼。2021年监测井水位较2020年呈下降趋势，其中商州区3眼监测井，平均水位下降0.77米；丹凤县2眼监测井，平均水位下降0.26米；商南县2眼监测井，平均水位下降0.3米；山阳县3眼监测井，平均水位下降0.98米。

第五章　自然灾害

丹江流域地处秦岭腹地，地形复杂多样，灾害频繁，降水量年际变化大，常有旱、涝发生，作物生长季节常有暴雨、冰雹、大风等灾害，春末秋初寒潮降温造成冻害等，具有种类多、范围广、频率高、持续时间长等特点。特别是暴雨洪水灾害频繁，局部暴雨造成小流域大洪水时有发生。随着气候变暖，极端天气气候事件频率显著增加，强度显著加强，灾害带来的损失也会越来越严重，给流域经济社会可持续发展带来极大威胁。

第一节　旱　灾

丹江流域旱灾发生频繁，几乎是三年两旱，五年中旱，十年大旱。干旱规律是旱峰期2～3年，间歇期4～7年。其中，年内水旱交错出现的有20年。旱灾类型有春旱、夏旱、秋旱、冬春连旱，最严重的旱灾发生在明崇祯十一年至十三年（1638—1640年），商州连旱三年，饥殍过半，人相食。进入20世纪90年代后，旱灾以1995年最为严重，商洛市夏季农作物受灾面积13.25万公顷，秋季受灾面积17.27万公顷，有11487万人因旱饮水困难。下游地区旱灾也时有发生，明成化二十年（1484年），丹凤、商南特大干旱，发生人相食、死者枕藉现象。

干旱主要发生在冬、春、夏三季，本区东部以夏旱（伏旱）危害最大。

商汤十九年（前1765年），丹水大旱凡七年。

周元王六年（前471年），大旱，丹江水绝，三日不流。

秦始皇帝十一年（前236年），六月大旱，延至八月。

秦《田律》规定，各地在雨后和旱、涝灾害之后须向上级报告雨量多少和受灾情况。

东汉建武二年（26年），商州旱，大饥，一金易米五升。

北魏太和十七年（493年），五月，上洛（今商州区野村一带）旱，粮半收，免缴军粮。

隋大业八年（612年），商州旱，百姓流亡。

唐元和六年（811年），商州属县秋稼旱损，农收不登。

唐元和九年（814年），商州五月旱。

唐宝历二年（826年），六月，旱。

唐大和三年（829年），八月，旱。

唐开成二年（837年），旱。

唐开成三年（838年），去冬少雪，宿麦未兹。

辽统和九年、十一年（991、993 年）夏，商州大旱。

宋淳化三年（992 年），夏季大旱，霜花皆死。

宋淳化四年（993 年），夏大旱。

元至元二十五年（1288 年），五月，延祐二年（1315 年），至治二年（1322 年），泰定四年（1327 年），商州大旱，旱涝相继，民大饥、人相食。

明洪武二年（1369 年），大旱。

明洪武十七年（1384 年），商州属县旱，禾稼伤，赴损极。

明宣德二年（1427 年），自四月至七月不雨，田谷枯槁。

明正统二年（1437 年），商州属县大旱，禾稼减收、无收，民流亡、人相食。

明正统九年（1444 年），商州旱。

明天顺八年（1464 年），商州旱。

明成化二十一年（1485 年），商州旱，

明万历十四年（1586 年），大旱。

明崇祯四年（1631 年），天大旱，斗米银三钱，饥民抢劫。

明崇祯十一年（1638 年），大旱，禾稼减收、无收，民流亡、人相食。

明崇祯十二年（1639 年），大旱。

明崇祯十三年（1640 年），三年连续大旱，斗米一两六钱，民大饥，人相食，饿死无数。

清顺治十四年（1657 年），春，大旱，斗米三钱，无麦。

清康熙四年（1665 年），春旱。

清康熙二十七年（1688 年），六月，商州属县皆旱，斗米银五钱，民饥，伴有瘟疫。

清康熙二十八年（1689 年），旱，麦歉收。

清康熙三十年（1691 年），大旱，斗米五钱。

清康熙六十年（1721 年），商州旱，民饥，伴有瘟疫。

清康熙六十一年（1722 年），旱。

清乾隆元年（1736 年），商州属县皆有旱情，灾害不等，粮减产，民饥、流离。

清乾隆十五年（1750 年），夏大旱，民饥。

清乾隆十七年（1752 年），秋禾被旱成灾。

清乾隆二十四年（1759 年），夏雨愆期。

清乾隆二十七年（1762 年），商州有旱情，粮减产，民饥、流离。

清乾隆二十七年至二十九年（1762—1764 年），商州属县皆有旱情，灾害不等，粮减产，民饥、流离。

清乾隆五十七年（1792 年），商州属县皆有旱情，粮减产。

清嘉庆十八年（1813 年），商南癸酉夏旱。

清道光二十八年（1848 年），秋，商南大旱，民饥。

清光绪二年（1876 年），旱。

清光绪三年（1877 年），空前大旱，两年三料未收，大饥，路有饿殍。不仅吃粮困难，

饮水亦乏。富户豪绅囤积居奇，斗米售价三块银圆。人民无钱买粮，以草根树皮充饥。草根树皮用尽，又揭墙皮淘洗麦糠和宰杀耕牛为食，甚至人犬相食。当时饿死者十之二三。详情见《光绪三年和民国十八年龙驹寨地区旱灾点滴》。

清光绪十三年（1887 年），丁亥，寨镇一带旱荒。

清光绪十九年（1893 年），大旱。

清光绪二十二年（1896 年），夏收又复兴旱后涝，自六月四日至七月十四日各处皆大旱四十日。

清光绪二十六年（1900 年），庚子，大旱，民大饥。

清光绪二十七年（1901 年），上年亢旱成灾，去冬今春雨泽仍缺，二麦多未播种，间有近水栽种之处，率皆干旱，枯萎，灾情未减。

民国八年（1919 年），龙驹大旱，寨镇第二高等学堂陈步蟾，请求龙驹寨县佐免粮遭拒，遂发动 38 保农民到县佐公署缴农器。商南秋、冬旱。

民国十三年（1924 年），寨镇一带旱荒。

民国十七年（1928 年），戊辰，二月至七月大旱成灾，秋旱未收，冬未按麦。

民国十八年（1929 年），春夏之交，大旱成灾，又遭伏旱，商县、丹凤、山阳、商南等各县夏、秋大旱，麦秋两粒未收，斗麦价银五元。酿成民国十九年（1930 年）重大饥荒，苞谷每斗价值四块银圆，赤地千里，饿殍遍野，人食树皮度日。当地传有民歌一首："民十八，遭天旱，榆树皮，磨成面。粗罗筛，细罗掸，掸了一把瞎瞎面，烙成馍，实难看，吃到嘴，难下咽，咽下去，喉刺烂。"

民国二十六年（1937 年），春旱，粮价飞涨。

民国二十八年（1939 年），春旱。

民国二十九年（1940 年），商县九月雷鸣，旱至翌年四月始雨，秋禾收成无几。丹凤春旱，黑霜，麦苗枯死。

民国三十年（1941 年），与民国二十九年连续两年两次出现春旱，黑霜尤甚，麦苗、树芽尽枯，人民生活受到一定影响。

民国三十四年（1945 年），己酉，秋种干旱播种失时，入冬雪少，开春旱寒至小麦抽穗扬花之时，复遭旱风吹残，小麦殆尽。商州待赈者 271869 人，救灾款 1100000 万元（旧币）。

1950 年 4—5 月，丹江流域 40 天干旱，夏季作物严重减产。

1955 年 4 月上旬至 6 月上旬，久旱不雨，丹江断流，麦子普遍枯黄，高坡豌豆干落，早秋作物缺苗严重，晚秋作物无法下种，一般缺苗 20%，严重的为 60%。

1957 年 7 月下旬至 10 月底，商县持续干旱 34 天。丹凤县历时三月之久，干旱无雨，冬播小麦下种困难。

1958 年 7—8 月，丹江流域旱象严重，2.37 万亩无收。

1960 年入夏至秋，商州百日大旱，成灾面积 31 万亩。丹凤夏播时大旱，降雨比历年同期少 84.1%。

1961 年 7—8 月，商县、丹凤、商南干旱 40 余天，早玉米和晚秋作物损失严重。夏季小麦扬花时久旱不雨，秋季苞谷出穗时遭受干旱，致使苞谷穗小、粒稀、籽薄。部分向阳沙质坡地因久旱不雨枯死。受灾严重的为丹凤竹林关、铁峪铺两个区。

1962 年 6—7 月，商县、丹凤大部川道和浅山地区干旱 70 余天，其中 3 万多亩秋作物受灾。

1963 年 6—7 月，商县、丹凤、商南大部分地区久旱不雨 50 余天。

1966 年 10 月中旬至 1967 年 1 月中旬，丹江流域连续干旱 100 天，降水量 22 毫米，占同期多年平均降水量的 69%。

1969 年 5 月中旬至 6 月下旬，夏旱长达 50 多天。丹凤县旱期内降水量仅 28.6 毫米，比历年同期平均值偏少 75% 以上，造成小麦青枯减产，夏播墒情不足，影响出苗、全苗。7 月中旬到 8 月中旬出现大旱，旱象持续了 30 多天，玉米严重受旱。西河、龙驹玉米枯死近半。

1972 年 7 月 8 日至 9 月 2 日，商县、丹凤、商南普遍受旱，受灾面积达 200 多万亩。

1973 年 7—8 月，丹江流域普遍干旱，以丹凤、山阳为重。丹江在丹凤水文站测得最枯水流量为 0.08 立方米每秒，武关河、银花河均到最小枯水流量。

1976 年 11 月下旬至 1977 年 3 月上旬，丹凤、商南连续干旱 110 天，降水量 10.2 毫米，比历年同期平均降水量 40.1 毫米偏少 75%。

1978 年 8 月上旬至 1979 年 1 月上旬，丹江部分乡（镇）连续干旱 160 天，降水量 118.2 毫米，比历年同期平均降水量 295.9 毫米偏少 60%。商州、丹凤伏旱受灾面积 16.3 万亩，占秋粮面积的 60%。其中，严重的面积达 7.7 万亩，因旱死毁种的有 1.33 万亩，粮食减产 640 多万斤。

1980 年 11 月上旬至 1981 年 2 月上旬，丹江部分乡（镇）连续干旱 100 天，降水量 12.7 毫米，比历年同期平均降水量 50.8 毫米偏少 75%，影响了小麦的生长发育。

1982 年 4 月下旬到 5 月中旬，降水量仅为 69.2 毫米，占多年平均降水量的 25%，蒸发量比历年偏大，土壤含水率 5 月为 11% ~ 12%。丹江流域受灾严重的有 37 个公社，夏粮受旱面积 7.8 万亩，占夏粮总面积 16.7 万亩的 46.7%，较严重的有 5 万亩，减产达 20%。

1984 年春季，降雨偏少，丹凤、商南小麦普遍受旱。特别是丹江、银花河两岸川道地区，一些地块麦叶发黄，三类苗面积较大，受旱面积达 3.5 万亩左右，约占丹江流域小麦面积的四分之一。

1985 年 7 月中旬至 8 月中旬近 40 天，棣花至龙驹川道地区出现旱灾，其间未落透雨，坡垣玉米无收。受旱严重的共 8 乡 1 镇，63 村，面积 4.06 万亩。

1986 年春旱复夏旱，从 1985 年 11 月到 1986 年 7 月 10 日累计降雨量 241.1 毫米，入伏后（1986 年 7 月 11 日至 8 月底）累计降雨量 96.9 毫米，出现了历史上严重的伏旱。丹凤县受旱乡（镇）43 个。其中，严重的为棣花至武关的川道地区 3 区 1 镇共 21 个乡（镇），受灾面积 18.6 万亩，占丹凤县秋播面积的 78.5%，枯死无收面积 4.3 万亩。川道四库有效库容全部放空，其他塘库亦干涸，373条河流断流，造成29个乡（镇）69个村314个组5227户21441人，5657头牲畜饮水困难，粮食平均减产40%左右。

1988—2011年，商州、丹凤、商南旱灾不断，其中较大的为1991年9月后的百日大旱；2005年春旱和2008年冬至2009年春的冬春连旱。

1991年9月中旬以来，近百日时间雨量极少，造成了历史上特大旱灾，商县、丹凤、商南的旱灾是有历史记载以来最严重的一次。据气象部门提供的资料证明，与民国十八年（1929年）旱灾相似，属60年干旱规律。9月中旬至11月底减少降水量149.3毫米，尤其是10月降水量7.6毫米，比30年同期平均降水量72.6毫米减少65毫米，严重地影响了秋播，使小麦种不上，种上的出不了苗。二龙山、苗沟、磨丈沟、鱼岭等水库已经成为死库容，水已放尽。各县绝大多数河流断流。由于种麦迟、缺雨少墒，种下去的麦子有70%未出苗，出苗的也不健壮，形成了一片红地。

1995年3—6月，丹江流域降水量仅为15.3 ~ 25.3毫米，比正常年份偏少六成至八成，气温又偏高1 ~ 2摄氏度，土壤失墒严重，秋苗大部分枯死。

1997年8月，丹江流域降水量只有21毫米，比历年同期少70毫米，近半数库塘干涸，河水断流，致18万人、15万头大家畜饮水困难，183万亩秋田严重受灾。

1999年11月至2000年5月，商州、丹凤、商南降水偏少，气温偏高，遭遇200多天的秋冬春连旱。丹江流域面积10平方千米以上河道断流295条，232座库塘蓄水量锐减，7736眼机井干枯。2005年3月下旬以来，丹凤县持续干旱少雨，气温偏高，土壤失墒严重，旱情持续蔓延，农作物受灾面积达184995亩，绝收面积达到66990亩。麦田里小麦枯黄，麦穗短小。有些地因为小麦绝收，当地农民不得不提前收拾土地，补种了玉米或红薯。据丹凤县气象部门介绍，自3月底以来，丹凤县遭遇持续性干旱少雨天气，降雨比历年同期偏少四成至五成，加之气温较常年偏高，造成大部分地方地下水位下降，部分河道断流，池塘干枯，人畜饮水出现困难。农田严重失墒，导致小麦等农作物叶面卷曲乃至枯黄，植株矮小不能抽穗扬花，蔬菜、中药材等经济作物也遭受严重损失。据不完全统计，流域21个乡（镇）、168个村、1512个组普遍受灾，有3300多人饮水困难。

2006年6—8月旱象持续3个月。6月上中旬，丹江流域平均降雨仅8.3毫米，较常年偏少81%。长时间高温少雨造成土壤失墒严重。7月25日至8月13日，商洛市出现高温少雨干旱天气，秋粮损失3.327万吨。

2007年3月19日至5月21日出现了62天持续性春旱，丹江流域降水量仅0.6 ~ 7.4毫米，比历年同期偏少87% ~ 99%，气温偏高1.5 ~ 2.0摄氏度，10 ~ 50厘米处土壤相对湿度为40% ~ 60%，干土层厚度达9厘米，粮食减产7.16万吨。

2008年11月至2009年3月中旬，丹凤县遭遇了历史上罕见的大旱，近90天时间三次降水量累计9.6毫米（为无效降雨），较常年偏少八成以上，空气湿度小，土壤表层失墒严重，河道径流量明显减少，旱象持续，0 ~ 20厘米土壤含水率仅有9.9%，不足麦苗正常需求量的14%，麦苗植株枯萎、发黄，分蘖比常年少1 ~ 2个，次生根比常年少2 ~ 3根，坡塬地小麦植株已经枯死，小麦减产，与历年同期比较，麦油作物苗情较差。严重的干旱使水利工程蓄水量仅有720万立方米，占应蓄水总量的58%。因旱影响人数3.6万人，造成3600人饮水困难。农作物受旱面积9.54万亩，其中重旱2.94万亩，旱地缺墒面积6.05万亩。造成经济损失1545万元。

2013年8—10月，丹江流域发生夏秋连旱，降水比历年同期偏少三成至八成，商南、山阳等县城区5.31万人饮水困难，农作物受旱面积105.2万亩，其中重旱15.1万亩，占播种面积的32.4%。

2014年6月至8月上旬，丹江流域发生严重夏伏旱，降雨比历年同期偏少六成，丹江等河流径流量比历年同期偏少七成至九成，水库蓄水量较往年偏少近五成，商南县河等3座水库枯竭。商南、丹凤、山阳等县23.3万人饮水困难，商南县城4万余人40多天饮水告急，县政府组织商业车队运水解困。商洛市农作物受旱面积185万亩，其中干枯31.5万亩，占播种面积的71.1%。

2019年4—6月，丹江流域部分河流河沟断流，40万亩农作物受旱。

2020年5月至2021年7月，商南县遭遇88年不遇干旱，10万人吃水困难。

2022年4—6月，商洛市各县（区）无大范围有效降雨，加之气温持续偏高，商洛市出现中度干旱，特别是商州旱情尤为严重，给城镇群众生活供水和工农业生产造成较大影响和损失。

第二节　水灾、泥石流

一、水灾

丹江流域自然灾害频繁，主要是洪灾，强度大，频率高，范围广。由于农业生产长期处在“靠天吃饭”的局面，水灾害几乎年年发生。新中国成立以前，天灾人祸互为因果，重灾之年人民衣食无着，常铤而走险，战乱不已，农耕俱废，致饥馑加重，饿殍遍野。虽然官府行义仓、设粥场，但只是杯水车薪，难解根本问题。新中国成立以后，政府重视防灾救灾，灾前及时测报，灾后补救得力。据《商洛地区水利志》记载，上游地区有记载的水灾，汉代2次、唐代6次、宋代2次、明代11次、清代31次、民国15次。

汉高后三年（前185年），丹水大溢，淹没田禾。

汉殇帝延平元年（106年）九月，大水。

唐永徽五年（654年）六月，大水。

唐永徽六年（655年）六月，又大水。

唐贞元四年（788年）六月，大水。

唐元和十一年（816年）六月，水害稼。

唐太和四年（830年）夏，大水皆害稼。

唐大中四年（850年）四月，霖雨。

北宋庆历三年（1043年），冬大旱，大饥。

北宋元祐二年（1087年），春秋俱旱。

明正统元年（1436年）闰六月，骤雨，山水暴涨，伤稼禾。

明天顺四年（1460年），雨水连绵，秋成失望，人民缺食。

明成化十四年（1478年）五月，大水，民多淹没。

明成化二十年（1484年），雨茗子，成化二十一年（1485年），人相食。

明正德十六年（1521年），雨毛草，似马鬓。

明嘉靖十七年（1538年）七月，大水，禾尽没。

明嘉靖二十二年（1543年），大水，禾田尽没。

明万历二十一年（1593年），六月六日，丹水大涨，水没民居。

明万历四十五年（1617年），七月天雨直至九月，秋雨80日。

明天启三年（1623年），雨雹。

明崇祯十六年（1643年），正月初七大雨雹。

清顺治十四年（1657年），十一月三十日，大雨、大雷、雹、大雪。

清顺治十五年（1658年），四月大雨三旬，无麦。

清康熙元年（1662年），二月中旬雨，至九月中，无数日晴，禾稼无收成，田地沾泞，十不种一。八月大雨弥月，城颓屋倾，濒河民舍崩没。

清康熙三十一年（1692年），秋，淫雨。

清乾隆七年（1742年），四月雨，七月止，岁饥，疫尤甚。

清乾隆四十二年（1777年），四月二十四日，风雨冰雹，大木拔。

清乾隆四十三年（1778年），夏，大水。

清乾隆五十二年（1787年），大水。

清嘉庆十一年（1806年），秋雨连旬，收成歉薄。

清嘉庆十八年（1813年），秋涝，稻苗半槁，当年大荒。

清道光六年（1826年），入夏以来大水。

清道光七年(1827年),入夏以来,间有被水冲塌房舍,伤及人口者,有浸损淹没田禾者。

清道光十二年（1832年），七月、八月，雨伤稼。

清咸丰二年（1852年）秋季，大雨40多日，洪水漂没田舍，人畜伤亡无数。

清咸丰三年（1853年），六月大水，地震。

清光绪七年（1881年）四月，大水。

清光绪八年（1882年），大雨连降，山洪暴发，造成严重灾害。

清光绪十年（1884年），自闰五月以来，连降大雨，或山洪暴发，或河流泛滥，淹没田舍人口。

清光绪十二年（1886年），大水。

清光绪十五年（1889年）八月，大雨滂沱，昼夜不息，田地冲毁。

清光绪十六年(1890年),东乡武关铺等三村堡,被水冲压秋禾水旱地十九顷七十五亩,漂溺瓦房草房二百四十三间，溺死大小七十二口。

清光绪二十年（1894年），先旱后涝，大雨40多日，洪水裂石摧山，漂没田舍，人畜伤亡，不计其数。

清光绪二十一年（1895 年），大水。

清光绪二十二年（1896 年），自六月六日寅刻至辰刻，天降暴雨，山水涨发，水旱地亩多被淹伤。自七月中旬至九月中旬，阴雨连绵，或四五十日不等。向阳之地既因亢旱而枯槁，背阴之地，谷实又以久潦（涝）而霉烂。

清光绪二十四年（1898 年），民房地亩被水冲毁。

清光绪二十七年（1901 年），五月八日晚降倾盆大雨，有人畜伤亡，丹江洪水达 3020 立方米每秒。

清光绪二十八年（1902 年），大雨水涨，冲伤田禾。

清光绪三十年（1904 年），大水。

清光绪三十二年（1906 年），五月连日大雨倾盆，河水骤涨，冲伤居民地亩禾苗。

清宣统元年（1909 年）夏，水灾。

清宣统三年（1911 年），水灾，淹没人畜。

民国八年（1919 年），丹凤县武关河水与银花河水暴涨，武关河武关西河村段最大流量达 2370 立方米每秒，银花河竹林关段达 2850 立方米每秒，淹没损失惨重。

民国十年（1921 年），丹凤段洪峰流量 3440 立方米每秒，水灾奇重，树皮为之食尽，流徙死亡相属于道，且去冬屡次地震，房屋倾陷，死伤尤众，遭次奇灾，为数十年未有，闻之酸心，睹之泪下。

民国十三年（1924 年），丹江大水，冲伤地亩，淹毙人畜。

民国十四年（1925 年），丹江流域暴雨成灾。

民国十八年（1929 年），丹江 6、7 月，水灾。

民国十九年（1930 年），丹江水灾。

民国二十年（1931 年），7（8）月，阴雨不晴，丹水暴发，淹没了田地。

民国二十一年（1932 年），7 月 3 日，大雨连绵六昼夜，至 8 日午始止。商州山洪暴发，沿江农田冲刷殆尽，从来水灾莫斯为甚，灾民收获无望。

民国二十二年（1933 年），商县或因山洪暴发，或因河水涨溢，大灾濒临，猝不及避，男女老幼淹毙无数，房舍牲畜，荡然无存。

民国二十三年（1934 年），商县或因山洪暴发，或以河流涨溢，大灾濒临，猝不及避，男女老幼淹毙无数，房舍牲畜，荡然无存。

民国二十四年（1935 年），6 月 6 日，商县、丹凤大雨骤降达 6 小时，河水陡涨，丹江（龙驹）洪峰流量为 3040 立方米每秒，造成水灾，稻田秋收绝望。

民国二十七年（1938 年），4 月 6 日，商县、丹凤两岭、龙驹等地冰雹，霎时如雪盖地，其大如碗，不少人畜毙命，秋季霖雨，月余不开天，丹江大溢，冲毁武关桥、沿河之田，冲淹殆尽，山坡菽黎百不存一，收成不及往年十分之二。次年春，饥民载道，啼饥号寒，饿死于途者不胜其数。

民国二十八年（1939 年），商州、丹凤秋季阴雨连绵，40 日不开天，部分地区洪涝成灾，武关河武关西河村段出现洪峰流量 1400 立方米每秒。

民国二十九年（1940年），商州、丹凤、商南秋涝，40日不晴。

民国三十三年（1944年），8月7日，丹凤县寺坪大雨倾盆，山洪暴发。

1953年5月9日至9月14日，丹凤县4个月天降暴雨、冰雹，7月30日至8月2日连续三场暴雨，河水起洪泛滥，老君河洪峰流量为509立方米每秒，从龙驹到棣花的川道地区，野村、孝义、峦庄、峡河、马家坪、庚家河、苏沟、花瓶、白阳关、张垣、竹林关、过风楼、照川等乡为重灾区。

1954年8月11日，丹凤县山洪暴发，河水猛涨，竹林关雷家洞发生滑坡，丹江最大流量（竹林关段）为2250立方米每秒，洪水历时一昼夜，银花河竹林关段最大流量为2850立方米每秒（上述为洪水调查估算）。竹林关老街全被淹没，只有城隍庙一地幸存。淹死37人，冲毁耕地1.34万亩，其中无地形2095亩，房屋1223间。

1955年7月24日，丹凤县丹江洪峰流量为1500立方米每秒，毁堤800米，冲地300亩。

1956年6月，商州、丹凤阴雨连绵，小麦霉坏发芽。

1957年7月间，丹江流域暴雨较多。7月16日，丹江洪峰流量11120立方米每秒，毁堤300米，冲地80亩，尤其7月26日下了一次大暴雨，引起山洪暴发，酿成严重洪水灾害，共冲毁耕地1.9万亩，冲毁水利工程5112处、堤防4895条、房屋174间，死亡人口29人。

1958年7月1日以来，阴雨连绵，尤其7月5日及7月16日晚暴雨，引起河水猛涨，7月16日，丹江洪峰流量达1760立方米每秒。商县、丹凤、商南冲毁陂塘68处；渠道402条；水井38口，河堤8处，长4617米；石琏2090条，长32米，房屋109间，死5人，牛24头，受灾秋田7532亩（其中无地形208亩）。重灾区为张村、白杨店、铁峪铺、赵川、桃花铺、花瓶、留仙坪、商镇、大峪等乡。

1961年夏收期间，丹江流域阴雨连绵月余，山区受害较重，麦子发芽霉坏，秋作物播种推迟。丹江流域农作物受灾严重。

1963年5月22日21时30分至23时，丹凤县竹林关区的古路河、张家垣、龙王庙河、西岭公社，大雨倾盆而下，仅一个半小时降水量就达70毫米，引起山洪暴发，滑坡13处。这次受灾2813户12894人，受灾面积5774亩，减产55.2万斤，冲毁大小渠道144条，堤防3676条，电话线路冲断80多次，冲、塌死社员4户，13人，因防洪抢险而受伤、染病的67人。省、地拨款1.4万元救灾。

1964年入春以后，丹江流域阴雨连绵，缺少阳光照晒，致使部分夏粮作物发黄浆死。8月22日晚丹凤县峦庄大风大雨1小时，夹有冰雹20分。20时至20时30分，商镇公社、茶房公社、棣花公社普降冰雹，并受大风和暴雨的侵袭。丹江流域从8月、9月以来，连续阴雨40余天，9月总降水量232毫米，10月上旬达99.3毫米，各县普遍遭遇雨涝灾害。10月4日丹江龙驹段洪峰达1400立方米每秒，商县、丹凤等地丹江堤决口。武关河武关站洪峰流量638立方米每秒。

1970年7月28日，丹江暴涨，商县程家坡实测洪峰流量为1520立方米每秒，丹凤为1470立方米每秒。

1972年7月7日，商县、丹凤等公社猛降暴雨，降水量在24小时内达126.2毫米（峦庄站）。洪水袭来，泥沙俱下，地冲房倒，农田荡然无存。7月8日武关河武关西河村洪峰流量达964立方米每秒，铁河为150立方米每秒，重灾区的黄蝉大队170亩耕地全部被水冲毁，当年粮食总产量比上年减少47.4%，洪水冲没4人，损失惨重。

1973年8月，丹江沿岸发生特大山洪，房舍被冲，人畜伤亡，不少绝户，惨不忍睹。受灾后，党和政府均予安排和救济。

1977年6月8日，丹凤双槽公社遭到了历史上少有的雹灾和洪灾，下雹持续半小时，地面积雹3～4寸（10～13.3厘米）厚，涉及30个生产队。死亡1人，受灾面积4930亩，损失夏粮4万余千克。6月25日，苏沟、花瓶、东岭、西岭4个公社受洪灾，苏沟冲地440亩，粮食1万余千克。花瓶啰唆沟冲毁沟台地120亩、涝池1座。7月26日桃坪、梨园岔、武关、毛坪、牌路河、月日6个公社受洪灾，冲毁地1800亩、房屋5间，改河工程18处。桃坪瓮沟陂塘洪水翻坝半小时，淤泥进塘，搪塞卧管。武关曾家沟涨水，冲毁长坪公路，中断交通。9月6日，赵川、双槽公社遭受洪灾。下暴雨两个半小时，赵川26个生产队受灾，冲地859亩，粮食9.4万千克，倒塌房屋4间，供销社、医院围墙倒塌33米，损失商品折款2366元。双槽受灾21个生产队，冲堤49条，耕地352亩，损失粮8.6万千克，冲毁机井4眼。

1978年4月29日傍晚，降雹30分，冰雹有鸡蛋大、核桃大，并伴有狂风暴雨，山洪暴发，使商县、丹凤、商南等地公社受灾。

1979年6月28日下午6时，商县、丹凤等地公社遭到了冰雹洪水袭击，冰雹最大鸡蛋大，始为七级以上大风，伴随暴雨、冰雹，霎时山洪暴发，河水猛涨，农作物受灾严重。7月11日21时，约20分暴雨，丹凤县受灾27个公社142个大队721个生产队，受灾面积32607亩，无地形4484亩，倒屋21间，毁渠29千米，毁堤17506米，冲毁公路20千米，伤1人，这次受灾最重的为龙王庙、古路河、月儿乡、寺坪公社。

1980年6月29日至7月2日，丹江流域普降中到大雨，局部地区降暴雨。商州、丹凤、商南普遍受灾。

1981年8月下旬至9月上旬连阴雨。8月15日，丹凤县武关河流量达576立方米每秒，张村、野村、沙河子、大峪、商镇丹江河堤一些圆盘坝头被冲坏。

1982年6月9日，商县、丹凤等地遭到暴雨冰雹袭击。7月3日、4日部分公社大队再次遭暴雨冰雹袭击。7月21—31日又连降暴雨，造成商县、丹凤普遭洪水灾害。8月1日，丹江龙驹段洪峰流量为1100立方米每秒，丹凤银花河竹林关段7月22日23时18分洪峰流量为280立方米每秒，武关河武关段8月1日6时洪峰流量为630立方米每秒。据统计，这次受灾面积14744亩，倒房235间，死牲畜9头。武关公社东沟梅治青家房后滑坡，房倒塌死3人。3次受灾，受灾面积92890亩，损粮8508.5万千克，倒房238间，死亡9人，死牲畜31头。

1983年汛期，气候异常，雨量多，且集中，5—10月6个月降雨量887.8毫米，高于一般年份的全年总降水量，造成河水猛涨。7月20日，丹江丹凤站最大洪峰为1240立方米每秒，银花河竹林关站为622立方米每秒，7月21日16时，鱼岭电站压力管道被山上垮石（体积2.7立方米）砸坏，厂房进水2.41米深，机电设备被水淹，二号机组损坏，停产近50天，损失很大。8月5日连阴雨期间，丹江流域暴雨，历时2～3小时，降水近百毫米，山洪暴发，使11个大队、41个生产队全部受灾，武关公社的惠家坪大队小豹皮沟和梨园岔公社的大豹皮沟生产队为暴雨中心，受灾几乎是毁灭性的，共冲毁耕地2521亩、堤防778条，冲走粮食7325千克、家具17000余件，37户社员的116间房屋倒塌，6头牲畜被水冲走，死亡16人。马鞍岭改河工程在7月、10月两月中被冲毁河堤400米，损失近10万元，三次大的洪水灾害（7月下旬、8月上旬、10月上旬），冲毁河堤1450处，长88.9千米，冲毁耕地18228亩，其中无地形7058亩，倒塌民房1326间，造成危害6033间，死亡40人，冲坏水利工程80处，报废有效灌溉面积4606亩，6—10月连阴雨造成夏、秋粮霉烂，播期推迟。

1984年商县、丹凤等地连降大雹灾3次，大暴雨袭击3次。雹灾第一次是5月27日，受灾区为野村、孝义、棣花、竹林关、龙驹；第二次是8月23日，暴雨加雹，受灾区有北宽坪、王山村、峦庄等地；第三次是9月13日，受灾区有商县、丹凤、商南等乡。三次水灾：第一次是7月18日，17日8时到18日8时降水量105毫米，18日7时、18日8时48分丹江丹凤站洪峰流量为950立方米每秒，18日13时武关河武关站洪峰流量为164立方米每秒，各县不同程度受灾。第二次是7月24日14时36分，洪峰流量（竹林关站）为540立方米每秒。受灾区有竹林关区、寺坪区。第三次是9月18日到月底，连续降雨12天，造成水灾。受灾区有王源村、候塬村、刘湾村、沙河子、白阳关、毛坪、茶房等村镇。

1985年8月6—8日两次暴雨和大风袭击了丹凤古路河、龙王庙河、石槽沟、土门、月日5个乡，暴雨时间短，来势猛。寺坪区8日晚3小时降水量116毫米，致使河水暴涨，灾害严重。

1987年6月4日22时至6月17时，丹江流域先后两次遭到特大暴雨袭击，山洪肆虐、河水猛涨。商县、丹凤、商南各地降水量达250毫米，部分村庄受灾非常严重。经济林木、公路损坏，输电、电话、广播线路毁坏中断。

1988年至2011年，丹江流域发生多起洪涝灾害，小规模的灾害难计其数，损失较大的有“1998·7·9”“2005·9”“2007·7·28”“2010·7·23”4次特大暴雨洪水灾害。分别如下：

1998年7月9日晚普降暴雨，商州麻街、板桥、杨峪河、刘湾、丹凤等地遭受百年不遇的特大洪水袭击，局部地区遭受有史以来未见的不可抗拒的毁灭性洪水灾害。暴雨中心双槽乡6小时降水量达1500毫米以上，为国内罕见的特大恶性暴雨。

2003年连阴雨出现在8月24日到9月7日共计15天，累计降水量为277.2毫米，其中8月商州区、丹凤县连续降水8天，降水量为150.4毫米。

2005年从9月23日至10月3日连续11天的阴雨天气，致使商州、丹凤、商南部分住房倒塌，河堤冲毁，乡村公路中断，耕地水毁等。

2005 年 9 月 24 日至 10 月上旬，商州、丹凤、商南、山阳持续普降中到大雨，特别是 9 月 30 日 20 时以来，降水量达到 100 毫米以上，致使丹江河水暴涨，超警戒流量。

2007 年 7 月 28 日 20 时至 29 日 8 时，丹江流域普降大到特大暴雨，平均降水量达 116.1 毫米，其中商州野村、张村，丹凤县铁峪铺、桃坪、峦庄降水量超过 250 毫米，铁河铁峪铺政府所在地洪峰流量达 700 立方米每秒，丹凤县武关河流量达 1900 立方米每秒。本次人力不可抗拒的特大暴雨洪水灾害共造成死亡 19 人，失踪 18 人，倒塌房屋 4538 间 1362 户 5176 人，危房 14168 间 4402 户 16789 人，“无粮、无衣、无住所”的三无户 406 户 1400 人。

2010 年“7・23”暴雨洪水，丹凤县武关河武关站洪峰流量 2000 立方米每秒（7 月 24 日 8 时 40 分），为百年一遇洪水，是建站以来第二大洪水，仅次于 1987 年 6 月洪水 2560 立方米每秒；银花河竹林关水文站洪峰流量 1960 立方米每秒（7 月 24 日 8 时 30 分），为 50 年一遇洪水，建站以来第二大流量，仅次于“87・6”洪水 2800 立方米每秒。丹江丹凤站洪峰流量 301 立方米每秒（7 月 24 日 17 时）。水情特点是：洪水出现范围广，持续时间长，大范围出现超保证、超警戒流量，峰高量大，洪峰次数多，洪水重现期长。

2011 年 9 月 6—21 日，商州、丹凤、商南连续半个多月的阴雨，降水量达 300 毫米，是近年来少有的，致使部分住房倒塌、河堤塌陷冲毁、乡村公路中断、耕地水毁等，农业直接经济损失达 200 多万元。

2016 年 7 月 30 日晚至 31 日凌晨，丹江流域部分县（区）普降大到暴雨，商南金丝峡景区大暴雨引发山洪泥石流致 2 人死亡。景区内停在路边的多辆汽车被洪水泥石流冲走，景区专线道路多处被洪水冲毁开裂，通往景区的道路中断，1251 名游客滞留。商南、山阳、商州、丹凤等县区紧急转移安置人口 683 人。农作物受灾面积 3692 公顷，其中成灾面积 2781 公顷，绝收 319 公顷；因灾倒塌房屋 94 户 240 间，严重损坏房屋 59 户 180 间，一般损坏房屋 303 户 827 间。

2017 年 8 月 19—20 日，商南县最大点暴雨量为青山镇新庙站 118.6 毫米，第二为青山站 110.5 毫米，第三为青山镇马蹄店 108.4 毫米。青山河 20 日 2 时左右出现 281 立方米每秒洪峰流量；新庙河出现 241 立方米每秒洪峰流量。暴雨洪水引发滑坡和泥石流灾害，导致商南县青山镇周边不同程度受灾，交通、通信、电力线路中断，给当地人民群众生命财产和基础设施建设造成巨大损失。据统计，商南县 5 个镇 17 个村（社区）组 1288 户 4236 人不同程度受灾。农作物受灾面积 1500 亩，成灾 600 亩，绝收 240 亩；商南县猕猴桃基地受灾 8 亩；水毁乡村公路 27 处 17 千米；损坏河堤 5 千米；倒塌民房 9 户 19 间，损坏民房 25 户 64 间，紧急转移安置灾民 15 户 39 人。灾害造成直接经济损失 335 万元，其中农业损失 87 万元，基础设施损失 128 万元，家庭财产损失 120 万元。

丹江流域暴雨洪水灾害频繁，局部暴雨造成小流域大洪水灾害时有发生。2021 年汛期商洛市先后出现 15 次较大范围降雨，特别是 7 月 22 日、23 日特大暴雨袭击，致使山洪暴发，泥石流、滑坡体倾泻而下。

二、泥石流

丹江流域自然灾害频繁，主要是洪灾，由于流域地质构造复杂，地质环境脆弱，地质灾害隐患点多面广，暴雨洪水常常伴随滑坡、崩塌、泥石流等地质灾害发生，主要分布在丹江两侧中低山区。

2005年9月24日，丹江流域普降中到大雨，局部地区大到暴雨，致使山洪、泥石流频发，交通、电力、通信多处中断，房屋倒塌、农田河堤损毁，共有8人死亡、5人失踪。商州区三岔河乡闫坪村发生的山体倒塌，共有6人被埋、3人死亡。9座水库先后溢洪，冲毁桥涵112座、道路2875千米，毁坏路基1342.8千米，公路中断108条；22个乡（镇）交通、电力、通信中断；160个乡（镇）、88万人受灾，紧急转移3万多人；倒塌民房6959间，22678公顷农作物受灾，绝收4382公顷；135所中小学校被毁，倒塌校舍212间。

2010年7月26日，银华河一级支流桥耳沟发生强降雨，暴雨引发泥石流，导致桥耳沟村五组60多间房屋倒塌，26人死亡或失踪。

2013年6月19日，商洛市商州区蒲峪乡油坊村附近突发大面积泥石流，据附近村民反映泥石流致三分之一村庄被埋，是商洛市商州区自1998年以来第二次灾难性事件。

2014年9月19日，商州区麻池河镇的一个尾矿库突然发生溃坝，大量的碎石和石粉倾泻而下，导致坝下村庄遭遇重创，受损严重，造成3人死亡、1人失踪。

2016年7月30日晚至31日凌晨，丹江流域部分县区普降大到暴雨，商南金丝峡景区大暴雨引发山洪泥石流，致2人死亡。景区内停在路边的多辆汽车被洪水泥石流冲走。

第三节 其他灾害

一、雹灾

丹江流域冰雹的形成，主要峰谷高低悬殊，冷热不均，促使气流在运动中下沉和抬升，引起冷暖气流猛烈对流，积雨云垂直旺盛发展，因而导致冰雹发生，在丹江流域比较突出。冰雹起源于高山，危害浅山、河川，降雹时间在4—9月较多，5月、6月、7月最多，每天出现在中午到傍晚，尤以下午2—6时最多。所降冰雹，有如碗口、拳头、鸡蛋，最小亦黄豆大。持续时间，短则几分钟，长则数小时。危害范围，小则一两个村，大则陕西省几个乡（镇）或几个县（区）。

明万历三十九年（1611年）夏，龙驹寨雹灾。

明万历四十年（1612年）夏，龙驹寨雹灾，有五日未消者，无麦。

明天启三年（1623年），商南暴雨夹冰雹，坏禾为泥。

明天启四年（1624年），商县夜村冰雹夹大雨，大如鸡卵，民房窸窣，禾为泥。

明崇祯十二年（1639年），龙驹寨五月、八月雹灾。

明崇祯十六年（1643年），正月七日，龙驹寨大雨雹。

明崇祯十七年（1644年），正月七日、十四日，商县冰雹夹大雨。

清顺治四年（1647年），六月，商县、山阳雨雹，伤禾稼。

清顺治十一年（1654年），六月，商县城东遭受冰雹灾害，冰雹堆积尺许，人不能行。

清顺治十四年（1657年），十一月三十日，大雨大雷，冰雹转雪。

清康熙三年（1664年），七月，商县阎家店大冰雹，秋天不登。

清康熙二十七年（1688年），六月，商县冰雹。

清雍正六年（1728年），五月，商南大雨雹，损屋舍。

清乾隆三年（1738年），三月二十八日、二十九日及四月十五日、十六日、十七日连遭雹雨，商县有损伤。

清乾隆十年（1745年），山阳雹，二麦受损。

清乾隆十二年（1747年），商州雹，有伤。

清乾隆十五年（1750年），八月十八日、二十二日，商州属县雨中带雹。

清乾隆四十二年（1777年），四月二十四日，丹凤风雨冰雹，龙驹寨禾苗皆尽。又六月一日，竹林关冰雹，冰雹过后，树叶尽脱，积冰数尺，月余方消。

清道光十六年（1836年），三月二十八日及四月一日、七日、八日，商县先后四次遭冰雹袭击。

清光绪二十九年（1903年），商县骤降冰雹，打伤地内禾苗。

清宣统元年（1909年），商县春、秋遭雹害。

清宣统二年（1910年），四月，商县、商南遭雨雹袭击。

民国三年（1914年），七月降雹。

民国十七年（1928年），商南雹灾。

民国二十一年（1932年），商县、山阳有冰雹；五月，商县突被狂风暴雨夹冰雹袭击，打死55人，伤亡牛羊70余头（只）。

民国二十七年（1938年），四月初六，两岭、龙驹冰雹，霎时如雪盖地，其大有如碗者，不仅麦苗被打一空，人畜亦有毙命。

民国三十三年（1944年），8月5日上午10时，商南富水镇狂风，继以冰雹，打伤禾稼。

1950年8月31日，桃花铺、铁峪铺、苏沟、花瓶子、油坊坪等乡，降雹20多分，雹大如碗、如拳，地面积雹1.5尺（0.5米）。打死5人、牛52头，毁房639间，秋庄稼未收。桃花铺乡尤重。

1951年，商南、商县等县共8个乡54个村发生雹灾，打毁小麦、豌豆3万多亩，打伤27人，打死耕牛8头。

1953年5月9日晚，雷家洞、苏沟、留仙坪等28个乡，伴大雨降雹1小时，大如核桃、鸭蛋，打毁麦田147亩，毁房22间，打死4人、牛9头。

1961年夏，商县、商南川道地区，遭受冰雹袭击，受灾面积11万亩，打坏房屋31099间。

1962年5月中旬至6月中旬，丹凤、商南30多个公社遭受雹灾，受灾面积1.2万亩，打坏民房829间。

1963年6月3日，庵底、留仙坪、蔡川、峦庄、桃坪、桃花铺等14个公社降雹30分，大如核桃、鸡蛋，最大0.5千克，受灾面积4675亩，毁房420间，人畜均有伤亡。6月7日，月日、龙驹、蔡川、庵底、涌峪、双槽等17个公社，伴随大风雨降雹1小时，大如核桃、拳头，受灾面积3645亩，损房340间，打死3人、牛4头。

1964年8月22日晚，王山村、张村、峦庄公社降雹20分。野村、孝义、商镇、茶房、棣花公社亦降。

1971年6月22日午后，留仙坪、蔡川、炉道、桃坪、峡河等公社，伴随狂风暴雨降雹，小如鸡蛋，大如小碗，持续3小时，受灾面积16688亩，减产18.48万千克，损房515间，打死1人、牛3头。

1974年7月2日，商南县文化坪等9个公社遭冰雹袭击，受灾面积1.3万亩，打坏民房579间。

1975年7月28日，8月2日、18日，商县、丹凤、商南普遍降冰雹，狂风、暴雨加冰雹，受灾面积24万亩，打死大牲畜129头。

1976年6月5日，商南、商县等县降冰雹，受灾面积12.6万亩，毁房217间，死3人。在防雹方面，除加强测报减轻损失外，又于20世纪70年代增设“三七”高炮，配合土炮，按历年雹路设立防线及时拦截，有效地减轻了雹灾。

1977年6月8日，双槽公社降雹半小时，积雹4寸（13.3厘米），受灾0.49万亩，死1人。

1978年4月29日晚，降雹半小时，雹块如鸡蛋。川遭及留仙坪、庵底等北山10公社受灾。积雹3寸（10厘米），共伤9人，受灾面积2万亩，减产130万千克，打坏房舍1103间。

1979年5月28日下午6时，双槽、资峪、留仙坪等公社，遭七级大风，继而降雹1小时40分，受灾面积共达9944亩，损失夏粮124万千克，毁堤2.53万米。

1982年5月25、26日，6月7日、9日，丹江流域各县不同程度遭受狂风、暴雨、冰雹灾害，雹有核桃、鸡蛋大小不等，地上积雹5 ~ 9寸（16.65 ~ 30厘米），打坏经济林木42万株，损坏房屋1606间，伤9人。其中，丹凤县桃花铺公社一带大雨大雹，青苗损毁，伤亡6人，牲畜22头，家禽153只。

1984年5月27日，棣花、龙驹、竹林关等乡遭受雹灾；8月23日，暴雨夹雹，峦庄、桃坪乡受灾；9月13日降雹，涌峪、峦庄、梨园岔、东岭等19乡受灾。当年三雹、三涝，损失惨重。

1985年5月22日，商县、丹凤、山阳共计56个乡降冰雹，受灾面积3.6万亩。6月16日14时30分，蔡川、庾家河、大峪等乡雨夹雹，降雹15 ~ 20分，雹径25 ~ 30毫米；7月26日17时，庵底、蔡川、涌峪、双槽等4乡降雹40分，雹径25 ~ 30毫米，来势猛，持续长，损失惨重。

1987年8月31日至9月20日，商南等县，先后发生雹灾18次，受灾面积55万亩，损坏房屋5240间，死1人。

1991年7月11日下午5时许，丹凤县部分地区遭受了百年不遇的特大冰雹和暴雨、狂风的袭击，造成了严重的自然灾害。冰雹持续最长40分，最大直径60毫米；县城持续15分，最大直径40毫米，庄稼茎叶打碎，小苗打入土中，树木枝叶断落，果实满地，房屋瓦打成碎片。同时暴雨一起袭来，留仙坪雨量35毫米，县城27毫米，武关35毫米，山洪暴发，河流猛涨，泥石俱下，坡耕地土层剥蚀，平地泥沙淤积，坡脚不少民房泥石压墙，室内过水，畜禽被冲走。狂风暴雨顺着雹带由弱增强，形成龙卷风，县城风力9级，风速21米每秒，到资峪乡风力、风速剧增，雹雨乘风势，风助雹雨威，所到之处农作物被毁，大树被连根拔起，高树被拦腰折断，房屋受损，使群众遭受了巨大的损失。丹凤中学130米围墙被狂风刮倒。

2001年6月13日、22日2次遭受冰雹袭击，最大降雹直径为32毫米，最大平均质量为8克，使得局部地区遭受重灾，造成了巨大的经济损失。

2005年出现冰雹1次。

2006年8月2日，丹凤县测站出现冰雹天气，第一次测得冰雹最大直径为5毫米，第二次测得冰雹最大直径为20毫米，同时测得冰雹的最大质量为1克。

2008年6月27日16时57分至17时57分，丹凤部分乡（镇）遭遇暴雨、冰雹、大风袭击，暴雨中心区域龙驹、双槽一线1小时内降水量达59.5毫米，冰雹灾害最严重的发生在龙驹寨镇枣园村及双槽乡小岭一带，最大雹径达4厘米，最大风速20.5米每秒，龙驹寨镇枣园村冰雹厚度达10厘米以上。丹凤县龙驹寨镇、双槽乡、资峪乡、月日乡、铁峪铺镇、东岭乡、花瓶子乡、棣花镇等8个乡（镇）45个村340个村民小组1.143万户3.59万人受灾，造成直接经济损失4965.7万元，无人员伤亡。

二、霜冻

丹江流域民间自古有煨烟防霜之习。然因无法预测霜情，常错过时机，造成霜害。霜冻灾害多发生在春季和秋末，一般出现在局部地区。危害的作物主要是小麦和果木。据《商洛地区实用水文手册》各主要站历年霜期统计表，丹江流域陕西省商洛市各县区从1961—1983年的23年中，霜期开始日期：最早10月9日，平均11月12日；霜期终止日期：平均3月18日，最迟4月16日；无霜日期：最长265天，平均238天，最短193天。

宋淳化二年（991年），商州二月大雪，民冻饿而死者众；四月降霜，禾苗皆被杀死。

宋淳化三年（992年），商南二月降霜，花皆死；三月商州降霜，花皆死。

宋淳化四年（993年），商州、龙驹寨等地二月大雪，民冻饿而死者甚多。

元大德五年（1301年），五月，商州、龙驹寨等地降霜，麦多被杀死。

明景泰六年（1455年），四月，商县、山阳、商南降雪霜，麦禾损伤。

明嘉靖七年（1528年），三月，雪霜冻伤庄稼。

明嘉靖十二年（1533年），三月，龙驹大雪，花木尽枯。

清康熙二年（1663年），商县、龙驹、商南三月二十二日、二十六日大霜，麦、豆苗全萎，果树十枯八九。

清康熙二十九年（1690年），三月二十六、二十七日，龙驹浓霜杀麦。

清乾隆元年（1736年），九月，早霜加秋封，收成五、六。

清光绪十年（1884年），四月初二夜，商县北乡降霜，伤麦苗700余亩。

民国十八年（1929年）冬，商县、丹凤、商南大雪封门。

民国二十一年（1932 年），三月十二日至十七日，商县起暴风，遂降霜，麦苗枯槁。

民国二十二年（1933 年），五月，商县连降霜，二麦极受灾害。

民国二十九年（1940 年），商县、丹凤降霜，黑霜遍地，麦苗枯死。

民国三十年（1941 年），商县、丹凤降霜尤甚，黑霜尤甚，麦苗、树芽尽槁。

新中国成立后，各县气象站、广播站建立以后，每次预测霜冻将要进入境内时，均事先通过广播、电话告知各地，提前准备，组织群众防霜。

1957 年春，商县、丹凤、商南麦已拔节，并有抽穗者，雪降压坏麦秆，造成严重减产。

1962 年 3 月中旬、4 月中旬，商县、商南 7 个公社遭受霜灾，成灾 15 万亩。

1973 年 5 月下旬，丹凤部分高山地区气温急剧下降，酿成霜冻灾害。

1979 年 4 月上旬，商县、山阳出现霜冻，成灾面积 5.6 万亩。

丹江流域霜冻，据实测，初霜日为 11 月 1 日，终霜日为 3 月 21 日，无霜期为 217 天，霜期 149 天。降霜所造成的冻害，主要是中晚期的春霜冻，危害小麦。

三、地震

丹江流域境内有数条断裂带通过，具有发震的地质构造背景。新生代以来，尤其是第四纪的新构造运动，仍然十分活跃。从公元前 780 年至 1990 年，陕西省商州共发生有感地震 17 次。其中，历史记载的地震 12 次、仪器记录的地震 4 次。

历史地震：

周幽王二年（前 780 年），泾、洛、渭三川震，商县微震。

明成化二十二年（1486 年），五月，地震，发生地裂。

明嘉靖三十一年（1552 年），地震。

明嘉靖三十四年（1555 年），十二月十二日，半夜地震，有声如雷。

明崇祯十一年（1638 年），六月某晚地震，房屋多坏。

明崇祯十七年（1644 年），十二月二十三日，地震。

清顺治十一年（1654 年），六月八日，地震，房屋多坏。

清顺治十五年（1658 年），十二月二十八日，地震如沉雷。

清顺治十七年（1660 年），十二月二十三日，地震。

清康熙六年（1667 年），地震。

清乾隆四年（1739 年），地震。

民国九年（1920 年），11 月 11 日晚，大地震。其时城郊房屋树木动摇甚烈，人居地上如坐舟车。

有仪器记录的地震：

1957 年 1 月 30 日，北纬 33° 48′、东经 109° 30′处（杨斜西），发生 4 级地震，房屋摇动，杨斜区公所山墙震垮一角，瓦片掉落。

1974 年 6 月 23 日，北纬 33° 50′、东经 109° 51′，商县西发生 1.5 级地震。

1978 年 5 月 2 日，北纬 33° 27′、东经 109° 57′，商县南发生 0.7 级地震。

1978 年，商县大面河发生 1.2 级地震。

第二篇　水资源集约节约利用

丹江流域水资源丰富，是南水北调工程的重要水源地。丹江属降雨补给性河流，年径流分布与降雨分布趋势相同。流域多年平均径流量16.44亿立方米，平均径流深218毫米。丹江上游板桥站以上多年平均径流深为229毫米，丹凤至荆紫关区间为217毫米，而中游的板桥至丹凤站多年平均径流深为203毫米。自古以来，丹江流域人民就注重水资源及水能资源的开发利用，但直到20世纪初期，流域的水资源及水能资源开发利用程度都很低。新中国成立以后，特别是20世纪六七十年代以后，在当地政府的带领下，流域的资源利用得到了大力发展，陆续修建了大量的水利工程，供水、发电、灌溉能力大大提高，为流域经济发展发挥了积极作用。

第一章 水利工程

丹江水利工程历史悠长，从原来的人力挑水，发展到今天的水利灌溉系统，凝结着古人智慧，闪烁着今人文明之光。很多水利工程经受住了历史考验，没有成为废墟，而是继续蓄洪防旱、润泽丹江两岸，成为丹江人抗争自然的成功典范。

第一节 蓄水工程

丹江流域蓄水灌溉历史比较悠久，修筑水库蓄水灌溉则始于1949年后。到2022年，丹江流域商洛市境内共有23座水库（商南县莲花台水电站），其中：中型水库3座，小（1）型水库7座，小（2）型水库13座，总库容约2.2亿m^3。已建成水库全部建于20世纪70年代，目前均已进行病险水库除险加固处理。

一、水库建设简况

秦汉时期，丹江流域乡民引水浇田，种稻植莲，但均为小型自流蓄水水塘或涝池。

唐代至民国，丹江流域官府承办、群众自发修渠建塘引水灌田，筑堤防洪淤地，建成一些小型水利工程，有文字记载的，主要是数百条小水渠和数十段河堤。

民国以前，丹江流域没有修建水库、塘池以作蓄水池之用。蓄水工程仅有商州莲湖，面积三十余亩，栽种莲藕，供人游览。水源为地下潜流自然补给。

1949年后，丹江流域各地加大水利投资，兴修库、塘、渠、堤等水利工程，提高防御自然灾害的能力，为农业生产丰收提供可靠保证。

20世纪50年代，商县、丹凤、商南等地开展群众性小型水利运动，开挖大量涝池蓄水浇地。

1957年春，商县杨峪河区陈塬乡在油篓沟兴建商县第一座小型土坝水库，当年秋季基本建成。此后陆续兴修的小（1）型水库有王山底水库、小黄川水库、草庙沟水库、小韩峪水库、小沟水库等。因长期未能配套，未发挥出应有的效益。

1957年2月至1961年3月，商县、丹凤县、商南县、山阳县等地共建成小（1）型水库8座和小（2）型水库18座。这一时期建成的水库均为土坝和土石混合坝。坝低，库容较小。比如，王山沟小（1）型水库平均坝高22米，平均库容121万立方米。坝址覆盖层浅，多为土基，基础处理简易。

从1969年开始，商洛地区掀起水库建设高潮。商洛市二龙山、丹凤县鱼岭两座中型水库和商县南秦、庙湾，丹凤县龙潭、苗沟，商南县河、试马等小（1）型水库以及小（2）

型水库陆续动工修建，主体工程均在 1975 年前竣工。

1969 年 12 月，动工修建商县庙湾水库，1972 年 10 月 1 日大坝等枢纽工程竣工，1973 年春蓄水。整个工程由邻近各乡组织民工修建。

20 世纪 60 年代至 70 年代，商县、丹凤县、商南县在沟溪中筑坝修塘，一般容量在 10 万立方米以下。灌溉渠道较短，灌溉面积一般在几十亩至百亩。

1970 年，动工兴建商县南秦水库，1974 年 5 月主体工程竣工。

20 世纪 70 年代，丹江流域掀起水库建设高潮，商县二龙山、南秦、庙湾，丹凤县龙潭等水库开工兴建。但由于技术力量不足，地方财力所限，同步开工的西荆等 6 处水库工程不得不中途停工，部分建成的水库也质量差、效益低。不少水库工程边勘察、边设计、边施工，勘察设计不完备，有的施工质量不高，致成病险库 37 座，其中，小（1）型 9 座，小（2）型 28 座。1973—1974 年，地县水电局组织有关技术人员对商县、丹凤、商南各水库工程开展技术补课设计工作，分别对这些病险水库进行除险加固处理。

1970 年 11 月，动工兴建商县二龙山水库，1973 年 10 月大坝基本竣工，该坝为浆砌石重力坝。1974 年 9 月蓄水使用。1975 年春，隧洞衬砌及闸门安装完毕，12 月建成水电站。1975 年 9 月 28 日，大坝经受第一次洪水考验，溢洪水深 1.58 米，最大泄洪量 380 立方米每秒，溢流历时 79 小时 40 分，枢纽各部分建筑物无异常现象。1977 年东西干渠通水，发挥效益。施工期间，商县革命委员会动员陈塬公社五四大队、刘湾公社候塬大队等 30 多个村组群众参加劳动。

到 1977 年，丹江流域修筑塘池已有 776 座，蓄水能力 536 万立方米。塘池数量虽多，但工程质量较差。一是防渗措施简陋，大部分塘池因渗漏不能蓄水。二是容量小，逐年淤积，寿命不长。三是有些塘池无水源保证，时而干涸。四是防洪标准低，易遭洪水毁坏。

1979—1988 年，按水利电力部颁布的《水利水电枢纽工程等级划分及设计标准（山区、丘陵部分）（试行）》（SDJ 12—1978），商洛地区对全部水库完成洪水复核加固工程设计。

1957—1998 年，商洛地区按照“蓄小群”水利方针，建成中小型水库工程 52 座。其中，中型水库 2 座，小型水库 21 座，设施灌溉面积 14 万亩，有效灌溉面积 11 万亩。丹江流域水库，从坝型及建筑材料分，土坝 11 座，土石混合坝 6 座，黏土心墙堆石坝 7 座，黏土心墙砂壳坝 1 座，黏土斜墙堆石坝 6 座，重力坝 1 座。

1975—1982 年，丹江流域水库曾发生两次垮坝事件。商南县捉马沟水库，1974 年 8 月动工修建，1977 年 8 月建成，为黏土心墙堆石坝，坝高 33.5 米，总库容 41.9 万立方米。1977 年 7 月 26 日，商南县城关镇 8 小时降雨 188 毫米，正在施工的捉马沟水库洪水漫顶，坝体三分之一被洪水冲走，汛后修复并完工。商州马角水库，库容 16 万立方米，位于庙湾水库上游。因坝体施工质量差，碾压不实，留下隐患。1982 年 8 月 1 日上午 10 时，该库因坝体管涌，最终造成垮坝，未修复。

2002—2016 年，集中对丹江流域病险水库进行除险加固。先后加固 2 座中型水库、19 座小型水库。水库除险加固后，恢复新增调洪库容和兴利库容，恢复新增灌溉面积 11.05 万亩，预计供水人口 99.8 万人，年增加效益 5000 余万元。

到2010年底，丹江流域共建成水库23座，总库容1.27亿立方米，小型引水工程1298处，提水工程1223处，流域内现有各类机电井5413眼。丹江流域有效灌溉面积30.24万亩，其中：灌溉水田4.74万亩，水浇地灌溉面积24.86万亩，灌溉林果地0.64万亩。

丹江流域内水库除险加固主要进程：

2005年完成商洛市二龙山水库的除险加固；

2006年完成商南县县河水库的除险加固；

2009年完成丹凤县苗沟水库的除险加固；

2010年完成商县王山沟，丹凤县鱼岭，商南县试马、西沟等病险水库的除险加固；

2011年完成商县南秦、丹凤县龙潭2座病险水库的除险加固；

2012年完成商县庙湾、姬家河、谢湾3座病险水库的除险加固；

2013年完成丹凤县磨丈沟、石梯子、马炉，商南县捉马沟、麻庄河等病险水库的除险加固；

2014年完成商州区东沟、小流峪5座病险水库的除险加固；

2015年完成商县和平、贾沟、草庙沟、小韩峪、小黄川、北沟、涧底、盈丰、桐树沟9座病险水库的除险加固。

到2020年，丹江干流共建有拦河坝24处、水库大坝3座。2020年陕西省丹江流域已建水库工程基本情况见表2–1–1。

到2023年底，丹江流域商洛市境内共有23座水库（干流上有庙湾、二龙山、莲花台3座水库），其中，中型水库3座，小（1）型水库7座，小（2）型水库13座，总库容约2.2亿立方米。已建成水库全部建于20世纪70年代，目前均已进行病险水库除险加固处理。

表2–1–1　2020年陕西省丹江流域已建水库工程基本情况

序号	水库名称	县（市、区）	所在河流	水库功能	库容/万m^3		设计灌溉面积/万亩
					总库容	兴利库容	
1	二龙山	商州区	丹江	发电、灌溉、防洪、供水、生态	8100.0	3800.0	2.0
2	南秦	商州区	丹江一级支流南秦河	防洪、灌溉、供水、发电、养殖	984.0	490.0	0.5
3	庙湾	商州区	丹江一级支流板桥河上腰市河	防洪、灌溉、供水、旅游、养殖	518.5	325.0	1.1
4	王山沟	商州区	丹江一级支流王山沟河	防洪、灌溉、养殖、供水	140.7	73.0	0.5
5	草庙沟	商州区	丹江一级支流黄沙河	防洪、养殖	22.9	13.0	0.1
6	小流峪	商州区	丹江二级支流小流峪河	防洪、灌溉、养殖	42.8	19.3	0.2
7	小沟	商州区	丹江一级支流大面河	防洪、灌溉、供水	22.3	11.7	0.1

续表 2-1-1

序号	水库名称	县（市、区）	所在河流	水库功能	库容 / 万 m^3		设计灌溉面积 / 万亩
					总库容	兴利库容	
8	落旗河	商州区	丹江一级支流落旗河	防洪、灌溉	15.5	13.0	0.1
9	小黄川	商州区	丹江二级支流黄川河	防洪、灌溉、养殖	52.7	27.8	0.2
10	张山沟	商州区	丹江一级支流古路峪河	防洪、灌溉、供水	16.5	10.0	0.0
11	小韩峪	商州区	丹江二级支流小韩峪河	防洪、灌溉、供水	31.2	8.1	0.1
12	东沟	商州区	丹江一级支流甘河	防洪、灌溉	67.5	23.7	0.3
13	鱼岭	丹凤县	丹江一级支流老君河	灌溉、发电、防洪、养殖	1037.5	769.0	1.7
14	龙潭	丹凤县	丹江一级支流涌峪河	供水、防洪、生态	272.0	210.0	0.6
15	苗沟	丹凤县	丹江一级支流苗沟河	防洪、供水、灌溉、养殖	142.0	100.7	0.8
16	磨丈沟	丹凤县	丹江一级支流磨丈沟河	供水、防洪、灌溉、养殖	82.0	36.3	0.1
17	马炉	丹凤县	丹江一级支流石童沟河	灌溉、供水、防洪、养殖	20.0	12.2	0
18	石梯子	丹凤县	武关河一级支流马家坪河	防洪、供水、灌溉、养殖	24.0	15.5	0
19	西沟	山阳县	银花河水系西沟支流	防洪、灌溉	104.8	64.0	0.6
20	县河	商南县	丹江一级支流县河	供水、防洪、生态、发电、养殖、灌溉	667.0	460.0	1.4
21	试马	商南县	丹江二级支流试马河	灌溉、防洪、供水、养殖	279.5	170.0	0.5
22	捉马沟	商南县	丹江一级支流捉马沟河	防洪、供水、养殖、灌溉	43.0	16.9	0.2

注：本表出自《陕西省丹江流域综合规划报告》（2023 年）。

二、水库工程

（一）中型水库

丹江流域陕西段共建成中型水库 3 座。

1. 二龙山水库

商洛市二龙山水库位于商州区，距市中心 4 千米。为丹江上游的一座兼有防洪、供水、发电、灌溉、养殖等综合功能的中型水库。控制流域面积 965 平方千米，总库容 8100 万立方米，大坝为浆砌石重力坝。水库按50年一遇洪水设计，500年一遇洪水校核，相应入库洪峰流量分别为1983立方米每秒、3501立方米每秒，对应水位分别为768.39米、770.39米；正常蓄水位765.00米，对应库容为5700万立方米。水库为年调节水库，兴利库容3800万立方米，调洪库容2700万立方米，死库容1900万立方米。

1970年11月动工兴建，1973年10月基本建成，1974年4月开始蓄水。1986年通过验收。2002—2005年对水库大坝进行除险加固，2005年7月通过竣工验收交付使用，完成投资2430万元，现在为一类坝。主要加固项目：新建左岸泄水排沙底孔、中控楼、大坝安全监测；坝基固结灌浆、坝体补强灌浆及裂缝处理；右岸泄水排沙底孔闸门改造、大坝坝面防渗处理、左坝肩帷幕灌浆、溢流坝段下游冲坑护坦及上坝公路等。水库枢纽工程主要由大坝、溢洪道、泄洪冲沙底孔、发电引水隧洞、灌溉引水涵管、坝后水电站等部分组成。大坝最大坝高63.7米，坝顶高程771.7米，防浪墙顶高程772.9米，坝顶长152米，其中非溢流坝段长92米（左端长48米，右端长44米），坝顶宽7米。坝中部溢流坝段长60米，溢流坝上设有一座4孔圆柱形桥墩的双曲拱桥，桥面宽6米。坝右侧723.75米高程处设有2×2.8米卷扬式平板闸冲沙泄洪底孔，最大下泄流量126.7立方米每秒；坝左侧724.25米高程处在除险加固时新建2×2.4米的冲沙泄水底孔，最大下泄量117立方米每秒。工作闸门为液压弧形钢闸门。校核洪水最大溢流量为1330.3立方米每秒，最大总下泄流量1574立方米每秒。坝左岸开凿长152米的发电引水隧洞，直径4米，钢筋混凝土衬砌，下接压力钢管，引水入坝后发电站。最大引水流量24.3立方米每秒，发电尾水引入东灌溉渠道。原装机容量为3×1250千瓦，1976年10月第一台机组投产，并入大电网，1985年11月第三台机组投入运行。2013年增效扩容后水电站装机容量3×1800千瓦。灌溉引水口分别位于右坝段730米及740米高程处，设有直径0.3米涵洞，以闸阀控制，最大引水流量0.8立方米每秒，引入西灌溉渠。

水库坝址以上控制流域面积965平方千米，多年平均降水量800毫米，多年平均径流量2.86亿立方米。水库蓄水位751米，设计汛限水位762.5米，正常蓄水位765米，正常蓄水位时最大回水长11千米，相应水域面积3.74平方千米。二龙山水库除险加固设计防洪标准为50年一遇设计，设计洪水位768.39米，洪峰流量1983立方米每秒；500年一遇洪水校核，校核洪水位770.39米，洪峰流量3501立方米每秒。水库高程770米以下为淹没区，高程775米以下为移民区。淹没区是以中山、低山为主的土石山区，沟壑纵横，移民涉及丹江沿岸原肖塬乡、麻街乡和板桥河沿岸的水道河乡共4530人，淹没土地225.7公顷，公路改线27.5千米。洪水调度方式：一是当水位超限时，开启左底孔泄洪，将水位控制在汛限水位以下；二是当开启左底孔后水位仍快速上涨或上游来水超过400立方米每秒时，及时开启左、右底孔泄洪，将水位控制在765米（堰顶）以下；三是当水位超过765米时，左、右底孔和溢洪道同时泄洪；四是当丹江发生警戒流量以上洪水时，通过滞洪、削峰、错峰控制下泄流量，在保证大坝安全的前提下，减轻下游丹江干流防洪压力。

水库运行30多年来，在抗御水旱灾害、保障经济社会安全、促进工农业生产持续稳定发展、保护水土资源和改善生态环境等方面发挥了重要作用。二龙山水库水质洁净，毫无污染，是商洛市区唯一、可靠的水源保护地，也是南水北调中线丹江的源头。二龙山水库建成后，使商洛市的防洪标准得到提高，可将1000年一遇洪水削减洪峰66%，100年一遇洪水削减洪峰72%；同时使丹江下游商州至丹凤段河道从淤积型转变为下切型，提高了河道行洪能力；保证了丹江下游2800公顷的农田灌溉，而且成为商洛市重要的城市供水水源地。坝前较原天然河道水位抬高近58米，蓄水成湖，湖面呈Y形，湖周山崖峻峭，风光旖旎，溪岸桃花景观隔岸相望。湖中有岛，四周有山，起伏如龙，昂首与岛相向，状如四龙戏珠，成为一大景观。

2. 鱼岭水库

丹凤县鱼岭水库位于丹江支流老君河下游丹凤县商镇鱼岭村鱼岭梁，距丹凤县城13.5千米，是以防洪、发电、灌溉、养殖、旅游等综合效益为一体的一座中型水库。控制流域面积237.5平方千米，总库容为1037.5万立方米，大坝为黏土心墙堆石坝。水库按50年一遇设计洪水和1000年一遇校核洪水运行，相应入库洪峰流量分别为850立方米每秒、1600立方米每秒，最大下泄流量分别为823立方米每秒、1600立方米每秒，坝前最高库水位分别为729.92米、731.65米，相应库容分别为931.8万立方米、1037.5万立方米；正常蓄水位728.00米，对应库容839.1万立方米。

鱼岭水库于1970年11月动工兴建，1974年12月主体工程完工。枢纽工程主要包括主坝、溢洪道、副坝、输水洞、排沙泄洪洞和坝后电站等。①大坝为黏土心墙石坝，坝顶高程732.4米，防浪墙高程733.6米，正常蓄水位728米，坝底高程682.4米，最大坝高50米，坝顶宽6米、长230米。②溢洪道布置于大坝左侧，为开敞正槽式溢洪道，堰顶高程728米，堰高1米、宽91.1米，溢洪能力为1364立方米每秒。③副坝坝顶高程732.9米，防浪墙顶高程733.6米，位于溢洪道的左侧，为浆砌石重力坝，坝高8.6米，顶宽2.2米，底宽5.6米，坝顶长112.5米。④输水洞位于副坝左侧，为有压隧洞，隧洞进口高程700.4米，全长74.25米，洞径1.35米，最大放水流量22.4立方米每秒。⑤排沙泄洪洞长69米，底板高程694.00米，洞径3.5米，工作闸门用3.5米×2.5米弧形钢闸门、22.5T液压启闭机控制，最大放水流量187.3立方米每秒。⑥发电站为坝后式电站，装机容量2×500千瓦。1993年于丹凤县城西北7.5千米处的贺家村王涧北坡东干渠首建有鱼岭二级电站，装机容量2×630千瓦，年平均发电量487.33万千瓦时。水库从建库至今共进行了6次病险水库除险加固改造：①防洪标准提高，保障了下游控制区内的防洪安全，同时改善周边小气候，对保持良好的生态环境起到积极的促进作用。②灌区设施面积1.67万亩，有效面积1.41万亩，旱涝保收面积1.21万亩。加固项目实施后，每年可以恢复及增加的直接经济效益73.62万元，其中：增加调节水量可扩大灌溉面积0.2万亩，新增效益12.42万元；年可新增发电量200万千瓦时，新增效益60万元；恢复水面面积200亩，年增加水产养殖效益1.2万元。③水库一、二级电站发电量缓解了丹凤电力供应不足的矛盾。水库枢纽工程主要由大坝、溢洪道、副坝、放水设施和电站等部分组成。主坝为黏土心墙堆石坝，坝顶高程732.4米，坝底高程682.4米，坝顶长230米，坝顶宽6米，坝高50米，防浪墙顶高程733.6米。副坝为浆砌石重力坝，位于溢洪道的左侧，最大坝高8.6米，坝顶高程

732.95 米，防浪墙顶高程 734 米，长 115 米，顶宽 2.6 米，底宽 5.6 米。溢洪道溢流堰顶高程 728 米，宽 91.1 米，最大泄水流量 1130 立方米每秒。输水洞位于副坝左侧，为有压隧洞，进口高程 700.4 米，全长 74.25 米，洞径 1.35 米，用 1.0 米 ×1.0 米平板工作钢闸门、30T 启闭机控制，最大放水流量 22.4 立方米每秒。新建排沙泄洪洞洞长 69 米，底板高程 694.00 米，洞径 3.5 米，工作闸门为 3.5 米 ×2.5 米弧形钢闸门，由 22.5T 液压启闭机控制，最大放水流量 187.3 立方米每秒。电站为坝后式电站，原设计装机容量 2×500 千瓦。1993 年在东干渠渠首建有鱼岭二级电站，装机容量 2×630 千瓦，平均年发电量 487.33 万千瓦时。2017 年 7 月完成增效扩容后装机容量为一级电站 2×630 千瓦，二级电站 2×700 千瓦，平均年发电量 907.7 万千瓦时。老君河全长 37 千米，总流域面积 262 平方千米，水库坝址以上控制流域面积 237.5 平方千米，主河长 35 千米，多年平均径流量 5100 万立方米。鱼岭水库除险加固设计防洪标准为 50 年一遇设计，设计洪水位 729.92 米，洪峰流量 850 立方米每秒，洪水总量 0.2 亿立方米；校核防洪标准 1000 年一遇，校核洪水位 731.65 米，洪峰流量 1600 立方米每秒，洪水总量 0.34 亿立方米。设计正常挡水位 728 米，死水位 700.4 米。总库容 1037.5 万立方米，其中兴利库容 769 万立方米，死库容 69 万立方米，调洪库容 199.5 万立方米。水库以上老君河干流又称为东河，水库库区有庵底河（又称东河）自左岸汇入老君河，库区涉及东、西河两个流域的原留仙坪乡、蔡川镇。水库淹没区是以中山、低山为主的土石区，淹没区涉及黄岗、鱼岭两个村，在水库建设期共移民外迁 17 户，随后又安置 232 户 1273 人。

（二）小型水库

丹江流域陕西段共建成小型水库 20 座。本书仅介绍 11 座水库。

1. 南秦水库

商州区南秦水库位于陕西省商洛市商州区南秦河中下游，南秦川上口西坪村，距商洛市区 9 千米。南秦水库是陕西省陕南地区排沙试验库，为丹江一级支流南秦河上的一座兼有防洪、发电、供水、灌溉、养殖等综合功能的小（1）型Ⅳ等水库枢纽工程。南秦水库原设计坝高 28 米，总库容 960 万立方米。1970 年 11 月动工，1974 年 5 月主体工程完工。1982—1984 年完成复核加固工程施工任务，大坝加高至 29 米，总库容 984 万立方米，其中有效库容 490 万立方米，滞洪库容 408 万立方米，死库容 90 万立方米。溢流堰从 40 米延长到 50 米，溢洪道从 12 米拓宽到 20 米。水库正常蓄水位 118 米，正常蓄水位以下库容 527 万立方米。控制流域面积 453 平方千米，多年平均年径流量 1.01 亿立方米，多年平均降水量 709 毫米，多年平均气温 12.8 摄氏度，多年平均年输沙量 41.9 万吨。水库工程由大坝、溢洪道、冲沙隧洞、泄洪洞、灌溉涵洞、发电引水隧洞和水电站 7 部分组成。①大坝为黏土心墙砂壳坝，坝顶长 132 米，坝顶宽 5 米，坝顶设 1 米高的防浪墙。②溢洪道为侧堰式，位于大坝左岸的山梁上，堰长 46 米，设计最大流量 1441 立方米每秒。③冲沙隧洞位于大坝左端，为圆形，钢筋混凝土衬砌，内径 3 米，洞长 102 米，最大泄量 110 立方米每秒。④泄洪洞为圆形，位于大坝右侧，内径 3.4 米，洞长 273 米，最大泄洪量为

84.4立方米每秒。⑤灌溉涵洞设在大坝的右侧，为圆形压力管道，内径为0.6米，管道长114米，最大引水量1.28立方米每秒。⑥大坝左岸（侧）设有发电引水隧洞，最大引水流量98立方米每秒。⑦水电站在大坝左侧，为坝后式水电站，装机容量2×250千瓦，1989年兴建，1992年竣工，年发电量200万千瓦时。

2009年5月至2010年11月对水库大坝进行了全面除险加固，2010年6月完成主体工程，6月22日通过主体工程验收，已移交水库管理站运行并投入使用，2010年12月通过技术预验收，主要工程项目分别为：①大坝迎水坡决石砌护处理；②大坝坝顶路面硬化处理；③防浪墙面粉刷处理；④大坝上下游坡石清淤除草整修处理；⑤坝顶护栏装修美化处理；⑥冲沙洞环氧砂浆路面；⑦冲沙洞闸门更换；⑧泄洪洞闸门更换；⑨新建南、北闸房；⑩溢洪堰顶帷幕灌浆。2011年5月通过竣工验收交付使用，完成除险加固投资736.94万元。

2010年对溢流堰进行了加固处理，主要工程为溢流堰外包钢筋混凝土0.2米，堰顶帷幕灌浆处理并达到设计标准。泄洪洞为圆形，内径平均为3.4米，洞长273米；进口高程110米，出口高程98.86米，最大泄洪流量为84.4立方米每秒。2010年拆除了原启闭机闸门，并安装了新设备，2011年5月投入运行。冲沙洞为圆形钢筋混凝土衬砌隧洞，洞径3米，洞长102米，隧洞进口高程98.267米，出口高程96米，最大泄洪流量110立方米每秒。2010年对冲沙隧洞进行了加固环氧砂浆抹面处理，并拆除了原闸门启闭设施，重新安装了设备。南秦河全长48千米，流域面积576平方千米。坝址以上控制流域面积453平方千米，控制河道长度38千米，多年平均年径流量9220万立方米。水库为典型的河道型水库，正常蓄水位回水长度2.5千米，水库水面面积45.98公顷。库区涉及金陵寺、杨斜镇2个镇，淹没区搬迁涉及2个行政村390户1560人。坝址位于商丹盆地西南边缘，属中低土石山区，坝址至河源段河道长38千米，河道平均比降11.6‰，水土流失严重。库区由南秦河和上秦川两个沟道组成，南秦河由西向东，上秦川沟由西北流向东南，在常沟处汇合后，由西流向东汇入南秦水库。南秦水库养殖水面300亩，设施灌溉面积4855亩。

2. 龙潭水库

丹凤县龙潭水库位于丹凤县城东北方向的涌峪河上，涌峪河为丹江左岸一级支流，流域面积46.3平方千米，主河道长18.3千米，平均比降29.60‰，坝址河谷底宽15米，坝顶处河谷宽度50米，流域呈扇形，支流不太发育，流向由北向南汇入丹江，水库坝址以上河长15千米，控制流域面积40.0平方千米，河道平均比降25‰，流域内气候年内四季分明，冬寒夏热，具有季风性气候特征，多年平均气温13.6摄氏度，绝对最高气温40.8摄氏度，绝对最低气温−13.4摄氏度，多年平均降水量701.8毫米，年最大降水量1126毫米，年最小降水量687.6毫米；多年平均相对湿度66%，多年平均日照时数1986小时，多年平均风速2.8米每秒，最大风速27.7米每秒，风向为西；多年平均蒸发量1704毫米；多年平均径流量800万立方米。龙潭水库是一座以城市供水为主，兼顾防洪、灌溉的综合利用小（1）型水库，总库容272万立方米，原有效库容210万立方米，滞洪库容35万立方米，死库容27万立方米。水库枢纽工程由浆砌石拱坝、坝顶溢流堰、防浪墙及放水洞组成，最大坝高43.09米，宽3米，长58.23米，为单曲浆砌石拱坝，坝顶高程543.35米，坝顶轴线弧长58.23米，中心角为107°，轴线半径为31.18米；防浪墙采用浆砌石砌筑，高1米，厚0.5米，墙顶高程543米；溢流堰为非真空挑流鼻坎式，钢筋混凝土结构，挑流鼻坎坎顶高程536.10米，反弧半径3.0米，挑射角25°，堰顶高程539.4米，溢流段弧长37.35米，堰上未设闸门，校核泄流量为252.5立方米每秒；一级放水洞为D300钢管，实测进口底部高程502.28米（设计500米已堵死）；二级放水洞为D400钢筋混凝土管，实测进口底部高程520.4米（设计521米），采用坝后手电两用闸阀控制。工程于1970年动工修建，1973年3月竣工。除险加固后水库枢纽的洪水设防标准：设计洪水标准为30年一遇，洪峰流量213立方米每秒，洪水总量为326.0万立方米，最大下泄流量为193.0立方米每秒；校核标准为200年一遇，洪峰流量为375立方米每秒，洪水总量为552.9万立方米，最大下泄流量为346.6立方米每秒。经过洪水调节计算确定水库的设计洪水位为541.31米，校核洪水位为542.23米。主要建筑物为4级建筑物，次要建筑物和临时建筑物为5级建筑物，设计灌溉面积0.59万亩，有效灌溉面积0.54万亩，养鱼水面200亩。水库目前主要承担丹凤县城供水任务，计划每年为县城城区供水227.9万立方米，解决5.51万人饮水问题；兼顾龙驹寨街道办三个社区约1000亩农田的灌溉任务；同时兼顾着下游丹凤县城和铁路及312国道的防洪任务。

3. 县河水库

商南县河水库位于商南县河中上游，距下游商南县城2.5千米，是一座以灌溉为主，兼有供水、防洪及发电等综合效益的小（1）型水库，水库总库容667万立方米，坝高46米，坝址以上控制流域面积100平方千米，占全流域的36.8%。县河水库于1969年动工建设，1973年竣工投入运用。主要承担着商南县城供水、防洪、灌溉、发电功能。水库原设计标准为：20年一遇设计，200年一遇校核，为黏土斜心墙堆石坝，坝顶高程131.85米，总库容667万立方米，正常蓄水库容525万立方米，汛限水位123.0米。运行30多年来，为下游调洪减灾作出了巨大贡献，但多处出现了病险问题，2003年被列入国家病险水库除险加固工程项目，于2004年8月开始对水库大坝、溢洪道等进行了复核加固，除险加固建设项目于2006年9月已全部完成并竣工验收。加固后，水库防洪能力显著增强，达到50年一遇设计、500年一遇校核标准。

4. 苗沟水库

丹凤县苗沟水库位于丹凤棣花镇的苗沟村，因所处位置而得名，坝址坐落在丹江一级支流苗沟河上，距棣花镇6.2千米，是一座以防洪为主，兼顾供水、灌溉、养殖等综合利用的小（1）型Ⅳ等水库。苗沟水库在既无正式勘测，也无正式设计的情况下于1970年3月开工建设，1976年8月竣工并蓄水运行。水库枢纽由大坝、侧槽溢洪道、卧管放水洞三部分组成。大坝为黏土心墙土石坝，最大坝高39.5米，坝顶长度118米，坝顶宽度5米，坝顶高程811.21米，防浪墙顶高程812.21米。侧槽式溢洪道位于左坝肩山岩上，总长度160米，其中侧堰长度25米，堰顶高程808.21米，出口底板高程789.24米。右岸放水洞由坝下中部穿过，总长度 248 米，直径 0.6 米的钢筋混凝土管，出口设置 Dg600 闸阀，放水洞最大放水流量 1.66 立方米每秒。苗沟水库总库容 142 万立方米，其中有效库容 73.9 万立方米，死库容 20 万立方米（已淤 27 万立方米）。设计洪水位 809.89 米，校核洪水位 810.78 米，水库正常蓄水位 808.21 米，死水位 780.71 米。淤积高程 782.71 米。水库控制面积 11.6 平方千米，水库设施灌溉面积 7000 亩，有效灌溉面积 5000 亩。目前，苗沟水库作为城乡供水源地，主要承担棣花镇棣花社区、陈家沟村、许家塬 1 万多人的供水任务，年供水量平均 16.3 万立方米，同时为下游农田、312 国道、西南铁路、高速公路及城镇防洪保安任务。

苗沟河流域属暖温带和北亚热带过渡性季风气候，多年平均气温 13.6 摄氏度，多年平均降水量 702 毫米，多年平均相对湿度 66%，多年平均日照时数 1986 小时，多年平均风速 2.8 米每秒，最大风速 27.7 米每秒，风向为西；多年平均蒸发量 1704 毫米。植被较好，水土流失轻微。1975 年进行右岸山体滑坡处理，1998 年进行放水洞出口闸阀处理。2004 年 11 月西安理工大学水利水电土木建筑研究设计院除险加固初步设计时进行洪水复核，使设计防洪标准为 30 年一遇设计，300 年一遇校核。30 年一遇设计洪水洪峰流量 80 立方米每秒，洪水总量 65.5 万立方米，下泄流量 66.83 立方米每秒；300 年一遇校核洪水洪峰流量 175 立方米每秒，洪水总量 109 万立方米，下泄流量 152.72 立方米每秒。满足 4 级工程防洪安全标准。2008 年对水库进行了大坝加固、溢洪道与放水洞口改造等除险加固。

5. 庙湾水库

商州区庙湾水库位于商州区腰市镇庙湾村，坝址坐落在丹江源头段，是一座以防洪为主，兼顾灌溉、供水、旅游、养殖等综合利用的小（1）型水库枢纽工程。该工程于 1969 年 12 月动工兴建，1972 年 10 月主体工程竣工。坝址控制流域面积 58 平方千米，庙湾水库大坝为土石混合坝，坝顶高程 137 米，最大坝高 39.5 米，坝顶长 112 米，坝顶宽 6 米。侧堰式溢洪道，堰长 50 米，堰顶高程 132 米，溢洪道设计洪水时下泄流量 379.5 立方米每秒，校核洪水时下泄流量 619.6 立方米每秒。灌溉放水涵洞位于大坝的西侧，为城门洞形管道，断面尺寸 1.5 米 ×1.8 米，管道长 150 米，进口高程 115.2 米，最大流量 16.02 立方米每秒，启闭机形式为螺杆式启闭机，设计灌溉面积 1.1 万亩。水库设计防洪标准为 50 年一遇设计，设计洪水位 134.89 米，设计洪峰流量 420 立方米每秒；500 年一遇校核，校核洪水位 136.04 米，相应洪峰流量为 700 立方米每秒。水库正常蓄水位 132 米，汛限水位 126 米，死水位 115 米。总库容 518.52 万立方米，其中调节库容 325 万立方米，防洪库容 138.52 万立方米，死库容 55 万立方米。水库灌溉面积 1 万亩，保护下游腰市镇、板桥镇 22 个村庄，1.3 万人，耕地 1.4 万亩，洛红公路 6 千米，沪陕高速 20 千米。庙湾水库 2009 年 7 月被商洛市水利局评定为“三类坝”，被列入 2010 年重点小型病险水库除险加固项目，2010 年 11 月 8 日陕西省水利厅以陕水规计发〔2010〕478 号文件批复了商州区庙湾水库除险加固工程初步设计。2011 年 2 月 26 日进行了除险加固工程的实施，2011 年 11 月 28 日完工，2021 年 6 月通过了商洛市水利局组织的竣工验收。

6. 王山沟水库

商州区王山沟水库位于商州区沙河子镇王山底村七组，是一座以防洪为主，兼顾灌溉、养殖、供水等综合利用的小（1）型水库。该工程于1959年12月动工兴建，1960年10月主体工程竣工。王山沟水库大坝为土石混合坝，坝顶高程226.5米，最大坝高31.5米，坝顶长168米，坝顶宽4米。侧槽式溢洪道，堰长47米，堰顶高程222米，溢洪道设计洪水时下泄流量188立方米每秒，校核洪水位下泄流量305立方米每秒。灌溉放水涵洞断面尺寸0.6米×1.34米，进口高程211.3米，最大流量1.4立方米每秒。坝址控制流域面积35.5平方千米，设计防洪标准为30年一遇设计，设计洪水位224.44米，相应洪峰流量220立方米每秒；校核洪水位225.93米，相应洪峰流量为420立方米每秒。水库正常蓄水222米，汛限水位220米，死水位211.3米。总库容140.7万立方米，其中调节库容73万立方米，防洪库容37.7万立方米，死库容30万立方米。水库灌溉面积0.35万亩，保护下游沙河子镇王山底村、柿园子村、麻岭子村3.5万人，耕地0.5万亩，西合铁路10千米，312国道10千米，沪陕高速12千米。2008年在大坝安全检查的基础上进行了除险加固。除险加固之后，挡水建筑物、泄洪建筑物、金属机电设备运行正常，大坝是安全的。

7. 试马水库

商南县试马水库位于清油河一级支流试马河中游，坐落于试马镇荆家河村，相传宋太祖赵匡胤经试马镇时在该处扎寨，得一骏马，试骑时脱缰逃失，故名试马寨。该水库是一座以灌溉为主，兼有防洪、向下游居民区供水等综合利用的小（1）型水库，建成于1976年，于2008年开展除险加固工程建设。坝址以上干流长13千米，控制流域面积30平方千米，水库按30年一遇洪水标准设计，300年一遇洪水标准校核，总库容279.5万立方米，兴利库容170万立方米，防洪库容79.5万立方米，死库容30万立方米。水库校核洪水位558.78米，设计洪水位558.78米，正常挡水位557.98米，死水位551.43米。工程主要由拦河大坝、放水洞、侧槽式溢洪道及坝后电站组成。水库大坝为黏土斜心墙堆石坝，坝顶高程559.66～559.76米，坝高32.4米，坝顶宽5米，坝顶长130米。溢洪道位于大坝右侧，属侧流堰型，侧流堰顶高555.20米，堰长30米，堰顶宽6米，泄流槽起始端宽4.7米，末端宽9米，后接调整段、陡槽段和消能段，消能方式采用底流消能。溢洪道设计流量195立方米每秒，校核泄洪量348立方米每秒。放水设施位于大坝右肩，为钢筋混凝土涵管，洞口直径0.6米，设计流量0.48立方米每秒。水库灌溉面积2141公顷，配套设施东干渠、西干渠、东低干渠3条，总长3.5千米，有效灌溉面积1908公顷。

该库分别于1980年、2008年进行了除险加固工程，其中2008年进行了迎水坡整修、背水坡培厚、坝顶修缮工作。

8. 磨丈沟水库

丹凤县磨丈沟水库位于丹凤县商镇磨丈沟峡口，为小（2）型水库，土石混合坝。1970年3月至1973年12月修建。总库容82万立方米，有效库容70万立方米，滞洪库容7万立方米。坝体17.22万立方米，最大坝高35.5米，控制流域面积4.75平方千米。按

10 年一遇洪水标准设计，100 年一遇洪水标准校核。校核下泄流量 40 立方米每秒。灌区干渠 2 条，长 10 千米，支斗渠 1 条，长 2 千米。总投资 23.56 万元，有效灌溉面积 1600 亩，旱涝保收田面积 1000 亩。2008 年对磨丈沟水库除险加固项目完成了水库安全鉴定工作。磨丈沟水库除险加固工程已由商洛市水利局批准建设，建设资金来自中央预算内专项资金和地方配套资金，总投资为 347.75 万元。主要建设内容为大坝加固、溢洪道加固、放水设施改造加固、管理设施改造等。

9. 石梯子水库

丹凤县石梯子水库位于丹凤县马家坪乡马家坪河，1970 年 9 月动工，1967 年 4 月建成。水库流域面积 3.7 平方千米，总库容 24 万立方米，有效库容 20 万立方米，校核洪峰流量 160 立方米每秒，属小（2）型水库，大坝高 29.2 米，坝长 57 米，为土石混合坝。干渠长 5.3 千米，引水流量 0.3 立方米每秒，水库设计灌溉面积 500 亩，有效灌溉面积 300 亩。由于工程无设计书，工程质量较差，未能充分发挥效益。

10. 和平水库

丹凤县和平水库位于丹凤县庾岭镇和平村，1970 年 9 月动工，由原炉道乡承建，1978 年 8 月建成。水库流域面积 6.5 平方千米，总库容 15 万立方米，有效库容 12 万立方米，为小（2）型水库。水库设计灌溉面积 800 亩，由于工程设计不完善，建成后虽经几次技术处理，但仍不能发挥应有效益。

11. 马炉水库

丹凤县马炉水库位于丹凤县月日镇马炉村撞沟，由原月日乡承建，1974 年 12 月 12 日动工，1978 年 8 月竣工，大坝高 28 米，为双曲拱坝。水库流域面积 3.7 平方千米，总库容 20 万立方米，有效库容 15 万立方米，调洪库容 12 万立方米，防洪库容 12.2 万立方米，兴利库容 12.2 万立方米，正常蓄水位 526.30 米，为小（2）型水库，设计灌溉面积 500 亩，有效灌溉面积 300 亩。

（三）在建水库

丹江流域陕西段截至成书之际，在建水库有 2 座。

1. 清油水库

商南县清油水库位于商南县清油河镇团坪村。2019 年 12 月动工，目前主体工程已经完工，处于库区清理及蓄水、移民安置区建设阶段。该水库总库容 983 万立方米，年均供水量 858 万立方米，最大坝高 58.5 米，坝顶宽 6 米，坝长 273 米，为Ⅳ等小（1）型水库，水库建成后，保证下游清油河镇、试马镇、城关街道办的 8 个行政村 10.88 万人生活、生产及生态工业用水。

2. 青峰水库

丹凤县青峰水库位于丹凤县龙驹寨街道办事处青峰村。项目由丹凤县水利局投资建设，主要建筑物由大坝、泄洪排沙底孔、引水隧洞组成，大坝采取重力坝，最大坝高 60.5 米，坝顶高程 726.5 米， 坝顶宽 7 米，长 149.46 米，设计总库容 382.64 万立方米，设计防洪标准为 50 年一遇，校核标准为 200 年一遇，工程规模为Ⅳ等小（1）型。目前，该水库正在前期建设阶段。

（四）规划水库

丹江流域陕西段“十四五”期间规划建设水库 3 座。

1. 桃庄水库（未建）

商州区桃庄水库为规划新建水库，位于沙河子镇蒲峪沟贾岔村桃庄，是一座以供水为主，兼有防洪、灌溉、生态旅游效益的小（1）型水库工程。设计坝高 63.7 米，总库容 286.3 万立方米。根据现场调查，桃庄水库坝址右岸以针叶林为主，坝址左岸以针叶林及农业植被为主，常见群系有油松林、油松 + 栓皮栎混交林等，常见植物有山杨、旱柳、连翘、光果莸、山莓、泥胡菜、翼果薹草、华北耧斗菜等，桃庄水库所在区域分布动物有中国林蛙、赤腹松鼠、红尾水鸲、白顶溪鸲、红嘴蓝鹊、大山雀、环颈雉、黄喉鹀、白鹡鸰、喜鹊、北红尾鸲、红头长尾山雀、绿背山雀、黄腹山雀等。

2. 大峪沟水库（未建）

丹凤县大峪沟水库为规划新建水库，暂时只有点位信息，根据现场调查，规划大峪沟水库左岸以落叶阔叶林为主，右岸主要为针叶林，常见群系为栓皮栎林、油松林等，常见的植物有香椿、盐肤木、多花木蓝、黄连木、山茱萸、紫堇、活血丹、烟管头草、龙芽草等，动物调查到喜鹊、北红尾鸲、黄喉鹀、山斑鸠、棕颈钩嘴鹛、绿背山雀、大山雀、红头长尾山雀、黄臀鹎、绿翅短脚鹎、灰眉岩鹀、金翅雀、红尾水鸲、褐河乌、灰鹡鸰、白鹡鸰、红嘴蓝鹊、白颊噪鹛、冠鱼狗、松鸦、星鸦等。

3. 石槽沟水库

商南县石槽沟水库位于商南县，目前项目正在建设。根据现场调查，规划石槽沟水库两岸植被类型以阔叶林、灌丛、灌草丛为主，常见的群系有栓皮栎林、连翘灌丛、扁刺蔷薇灌丛、芒灌草丛等，常见的植物有化香树、铁仔、插田泡、清香藤、荩草、牛尾蒿、瓜子金等，在石槽沟水库处调查到动物有北红尾鸲、黄臀鹎、大山雀、棕头鸦雀、强脚树莺、棕颈钩嘴鹛、无蹼壁虎、白鹡鸰、领雀嘴鹎、喜鹊、红尾水鸲、红头长尾山雀、斑胸钩嘴鹛、白颊噪鹛、灰眉岩鹀等。

三、池塘

旧时，有部分旱塬地区群众自发挖掘涝池蓄水，平时用以饮水、洗涤，旱时担水浇田。

1957 年商县沙河子乡推广“长藤结瓜”法在石门沟渠结“瓜”30 余个（池塘），使灌溉面积由原来的 80 亩扩大到 800 亩。

1958 年，商县、丹凤、商南修涝池成风，几乎每个村都要修建三四个涝池。

1959 年 7 月 15—20 日，商县共修涝池 45 个。

1965 年 9 月底，商县、丹凤、商南三县修建池塘 154 处，蓄水量 374 万立方米。

20 世纪 70 年代初，丹江流域各县区在“农业学大寨”运动中，重视农田水利建设，再次修建了大量池塘。

1977 年，丹江流域池塘增加到 984 处，蓄水容量达 1000 万立方米。

1980 年，有效灌溉面积达 5391 亩，比 1970 年增加 1006 亩。

1986 年以后，池塘数量逐渐减少，特别是 1982 年责任田承包到户后，一些池塘被填埋，变成耕地。

1989 年底，丹江流域仅存塘池 264 处，蓄水能力 213 万立方米。1990 年以后，多数塘池逐渐废弃。

2011 年底，丹江流域有池塘 40 座，蓄水量 17 万立方米，有效灌溉面积 2000 多亩。

到 2022 年，丹江流域由于陕南移民工程、惠民工程、房地产大量开发，耕地锐减，很多池塘干枯或被填埋。

四、拦河、跨河建筑物

（一）拦河闸、坝

丹江干流现有拦河建筑物 24 处，如表 2-1-2 所示。

表 2-1-2　2021 年陕西省丹江干流拦河建筑物统计

行政区	项目名称	形式	长度 /m
商州区	商州区 1# 橡胶坝	橡胶坝	63
	商州区 2# 橡胶坝	橡胶坝	61.6
	商州区 3# 橡胶坝	气盾坝	63
	商州区 4# 液压坝	液压坝	65
	商州区 5# 橡胶坝	橡胶坝	67
	商州区 6# 橡胶坝	液压坝	106
	商州区 7# 液压坝	液压坝	100
	商丹园区西涧	潜坝	95
	比亚迪厂区下段舒杨村	潜坝	75
丹凤县	商镇两岭村 1 号坝	橡胶坝	120
	棣花镇 1# 溢流坝	混凝土溢流坝	110
	棣花镇 2# 溢流坝	混凝土溢流坝	110
	棣花镇 3# 溢流坝	混凝土溢流坝	110
	棣花镇 4# 溢流坝	混凝土溢流坝	110
	棣花镇 5# 溢流坝	混凝土溢流坝	90
	龙驹寨街道办 1# 橡胶坝	混凝土溢流坝	110
	龙驹寨街道办 2# 橡胶坝	橡胶坝	130

续表 2-1-2

行政区	项目名称	形式	长度 /m
丹凤县	龙驹寨街道办 3# 橡胶坝	橡胶坝	120
	龙驹寨街道办 4# 橡胶坝	橡胶坝	150
	龙驹寨街道办 5# 液压坝	液压坝	130
	竹林关镇 1# 橡胶坝	橡胶坝	150
	竹林关镇 2# 橡胶坝	橡胶坝	150
商南县	金丝峡镇 1# 液压坝	液压坝	150
	过风楼镇 1# 液压坝	液压坝	130

注：本表出自《陕西省丹江流域综合规划报告》（2023 年）。

（二）跨河桥梁

据调查，截至 2022 年底，丹江干流现有各类公路、铁路等跨河桥梁 53 座，如表 2-1-3 所示。

表 2-1-3　陕西省丹江干流跨河桥梁统计

行政区	岸别	项目名称	形式	占用岸线长度 /m
商州区	左右	腰市镇 1 号桥	连续桥梁	406
	左右	腰市镇 2 号桥	连续桥梁	406
	左右	腰市镇 3 号桥	连续桥梁	406
	左右	板桥道班 G242 公路桥	连续桥梁	410
	左右	丹江 G312 公路 1 号桥	连续桥梁	404
	左右	构峪桥	连续桥梁	408
	左右	民主路大桥	连续桥梁	436
	左右	迎宾大桥 1 号大桥	连续桥梁	406
	左右	丹江公园 1 号桥	连续桥梁	433
	左右	惠民路桥	连续桥梁	406
	左右	大赵峪桥	连续桥梁	428
	左右	沪霍公路桥	连续桥梁	438
	左右	商丹大道三贤路桥	连续桥梁	424

续表 2-1-3

行政区	岸别	项目名称	形式	占用岸线长度 /m
商州区	左右	沪陕高速商州区 1 号桥	连续桥梁	407
	左右	商洛火车站西桥	连续桥梁	408
	左右	商丹大道贸新街桥	连续桥梁	424
	左右	沪陕高速连接线沙河子镇桥	连续桥梁	410
	左右	张刘村大桥	连续桥梁	405
	左右	何塬村大桥	连续桥梁	407
丹凤县	左右	沪陕高速高桥村桥	连续桥梁	404
	左右	沪霍高速高桥村桥	连续桥梁	408
	左右	雷家坡桥	连续桥梁	422
	左右	沪陕高速棣花镇桥	连续桥梁	405
	左右	棣花景观桥	连续桥梁	404
	左右	万湾村桥	连续桥梁	406
	左右	巩家湾桥	连续桥梁	405
	左右	两岭村桥	连续桥梁	408
	左右	商中路桥	连续桥梁	410
	左右	机场路桥	连续桥梁	405
	左右	丹江老君河口桥	连续桥梁	410
	左右	北湾跨河桥	连续桥梁	440
	左右	丹牌路跨河桥	连续桥梁	425
	左右	环东路跨河桥	连续桥梁	411
	左右	沪陕高速资峪沟跨河桥	连续桥梁	404
	左右	白虎坪跨河桥	连续桥梁	405
	左右	孤山坪村桥	连续桥梁	404
	左右	竹林关 1 号桥	连续桥梁	420
	左右	竹林关 2 号桥	连续桥梁	418
	左右	白家湾桥	连续桥梁	404
	左右	雷家洞村桥	连续桥梁	404

续表 2-1-3

行政区	岸别	项目名称	形式	占用岸线长度 /m
商南县	左右	梁家湾桥	连续桥梁	406
	左右	白玉河口村桥	连续桥梁	404
	左右	金丝峡镇 1 号桥	连续桥梁	405
	左右	金丝峡镇 2 号桥	连续桥梁	405
	左右	江西沟村桥	连续桥梁	404
	左右	石家坡桥	连续桥梁	405
	左右	上恒桥	连续桥梁	407
	左右	过风楼镇桥	连续桥梁	410
	左右	湘河大桥	连续桥梁	406
	左右	月亮湾村桥	连续桥梁	408
商洛市全段	左右	G312 国道	连续桥梁	2985
	左右	G40（沪陕高速）跨河桥	连续桥梁	67516
	左右	铁路桥	连续桥梁	18225

注：本表出自《陕西省丹江流域综合规划报告》（2023 年）。

五、水库移民扶持

2006 年 5 月 17 日，国务院出台《国务院关于完善大中型水库移民后期扶持政策的意见》。2006 年 9 月 4 日，陕西省制定《陕西省大中型水库移民后期扶持政策实施方案》和《陕西省大中型水库移民后期扶持人口核定登记办法》，全面启动大中型水库移民后期扶持工作。2006 年 11 月，商洛开始大中型水库移民后期扶持人口普查登记工作，商洛市人民政府成立商洛市库区移民工作领导小组，办公室设在商洛市水利局。2007 年 9 月，普查登记工作全面完成。

2007 年 9 月 26 日，经陕西省移民办公室确认，最终核定陕西省商洛市跨省迁入的大中型水库移民人数为 36 人，商洛市辖区内大中型水库移民人数为 6434 人，共计现状人数为 6470 人。根据属地管理原则，2015 年 5 月 20 日，陕西省移民办研究同意，将原由商州区管理的二龙山水库 56 名移民划转至铜川市宜君县管理。

到 2015 年底，陕西省商洛市核定的现状移民人口 6414 人，移民后期扶持基金直接发放人口 4514 人，涉及商洛市 6 县（区）22 个镇（办）89 个行政村（社区），1312 户，项目扶持 1900 人。大中型水库移民后期扶持基金直接发放 2802.06 万元。中、省共计下达各类计划项目 118 个，其中商州区 80 个，丹凤县 38 个。共完工项目 107 个，其中商州区 71 个、丹凤县 36 个，共计修建截渗坝 14 座，引水坝 1 座，机井 2 眼，沉淀池 4 座，蓄水池 23 座，埋设管道 74.47 千米，修复水毁道路 5.8 千米，新修码头 8 座、盖板涵 1 座，新修拓宽砂石路 29.19 千米，新修复水泥路 91.30 千米，修建渠道 3.8 千米，新修钢架桥 1 座，新修复垦耕地 20 亩，增加灌溉面积 470 亩，新建堤防 938 米，架设供电线路 600 米。解决库区和移民安置区 40 个村 8.79 万人及 1 个村办养殖场的饮水、出行问题。

2010 年，陕西省商南县莲花台、金华湾、月亮湾三座水电站工程建设征地移民安置规划分别得到省、市批复，共需安置移民总人口 1701 人，其中搬迁安置 1586 人，生产安置 115 人。

2011—2022 年底，丹江流域累计完成移民安置 199 人。

第二节　引水工程

一、渠道建设沿革

丹江流域山多川少，可灌之田皆在河溪两旁，远在 4000 多年前，就有“大禹治水”的记载，更有其外孙朱丹治水的史迹，早在唐代即有开渠引水工程。

流域水利灌溉历史悠久，战国时，商鞅在商（今商州区）推行变法，奖励耕战，丹江沿岸开始出现“土润而腴”“亩产一钟”的肥沃良田。

秦汉时期，农民即引水浇田，种稻植莲，但均为小型自流渠堰。

陕西商南县富水西河堰、县河流域的沭河堰，均建于先秦时期。

东汉时，丹江始有水碓。唐宋两代，兴修渠道，引水灌溉有所发展，延至明代，境内尚存较大渠道 16 条。

唐时有记载的引水工程为西岩寺渠，地址在城西 40 里的西岩山下。唐中宗嗣圣元年（684 年），在西岩寺建有渠碑一通，高 3 丈，文隶书，明弘治年间尚存其半。清康熙年间山间尚有渠迹。

宋代王禹偁《丹水》诗有“灌园萦似带”，表明其时引水灌田已遍于丹江两岸。

明代修有商县普济渠、山泉渠。普济渠为砖砌，引黄沙岭水汇大云山（商县金凤山）少峪、西平 2 泉通入城区，后因水少而渐废。山泉渠在城北 70 里，旧灌田 3740 亩，后废。

明代丹江流域境内仅有渠道 16 条，工程较大的有：

（1）商州普济渠，引商州黄沙岭水，合大云山少峪、西平二泉，为转渠。明正德间，抚治苏公复浚入城，以莳园蔬。

（2）商州山泉渠，旧灌田 37 顷 40 亩 6 分，明初新修。

（3）丹凤老君河渠，城东 80 里，引灌稻田七八顷，隔 3 里为金盆湾，水田膏沃。

（4）丹凤郝家泉，城东 1 里，可莳园蔬 1 顷。

（5）丹凤石佛湾泉，在城东姚家涧，可莳园蔬 1 顷。

清代，江淮移民先后迁入，带来南方生产技术，水田面积大幅度增加，建成一批灌溉工程。据地方志资料统计，清代中叶丹江流域已修渠道 311 条，可溉田 100 顷。嗣后百余年间，丹江流域人口不断增多，山地开垦殆尽，旱涝灾害增多，渠道屡有兴废，至民国末，流域有渠道360多条，可溉田1.1万亩。

据清康熙初年王廷伊所著《续修商志》记载，唐代在今二龙山水库坝址附近西岩寺修渠引水灌溉，唐中宗时立有渠碑，明弘治年犹存其半，清康熙年间无存，但山额尚有渠迹。明代商州境内共修6处引水渠道，分别为商州北普济渠、山泉渠、老君渠、石鸠河渠、郝家泉、石佛湾泉。

史书记载："丹江庶民，农耕时节，水激转轮，众筒兜水，次第倾于岸上——以灌稻田，日夜不息，决胜人力。"唐《水轮赋》描述，当时发明的一种工具，"水能利物，轮乃曲成。升降满农夫之用……终夜有声"。这是丹江流域最早记载利用水流速度转动水车，带动机械做功，用以灌溉农田等的装置。

据《商州志》与有关县志记载，商县在清乾隆二十二年（1757年），就开始种植水稻，稻田绝大多数都是农民在丹江河漫滩上，简单堆石围田而成的。工程简陋，抗洪能力差，每当洪水季节大部分被冲毁，"每遇山洪暴发，水挟沙石俱下，河堤多被冲毁，良田变为沙滩"。

清代，民间出资或合作修建的渠道增多。乡民自制戽斗、汲筒、龙骨车等提水工具提水浇田。蓄水多为小塘池。商南历史上的水利工程，多是小型、自流引水工程。

清乾隆十九年（1754年）三月十六日，岔口铺北二里许，大石碍渠。文思命匠欲凿，夜忽破为两，水由中行。人曰：此天开堰也。因记之。

《续修商县志稿·水利》载，"棣花铺康熙年间凿岩引水，因上下居民争执未成"。清乾隆十八年（1753年），四川合江县人罗文思任商州知州，查明原委，倡捐工本，谕令协力动工修筑棣花渠，终于水到渠成，灌田百余亩。清代筑于百顷湾老虎岩之石渠，凿山开洞，石匠每打出一斗石渣，付给一升麻钱。

《直隶商州总志》载，清雍正四年（1726年），王如玖任商州知州，提出"水泽之利，灌溉为大"，"平川皆可引渠灌田"。王莅任十数载，所开河渠较之畴昔不止数十倍。清乾隆十二年（1747年），知州许惟权（浙江海宁人）"教民引水灌田，民已获利"。《西安府志》载，乾隆时"丹水经张村、龙驹寨灌田数百顷"。《州册》载，乾隆代"老君河灌田七百余亩"。《续商州志》称，丹水"东南注龙驹寨。两岸开渠一百二十九道"。

清代，地方官吏重视修渠，州官许惟权、王廷伊、罗文思等亲自勘察渠道，号召乡民捐钱捐物兴修水利工程。丹江、大荆河、南秦河、石鸠河、大黄川河、泉村河、泥峪河等河两岸引水渠道遍布。具体有：

商县大荆川水渠18道，引秦岭之水灌田100亩。

丹江自发源地至龙驹寨，商县、丹凤沿河两岸开渠129道，共灌田5200亩。

商县南秦河自军岭川至刘湾入丹江止，沿岸开渠69道，灌田3600亩。

商县石鸠河由漫岭到黄沙岭底，两岸开渠10道，灌田250亩。

商县瓜峪河自雷家窑至两岔口药子岭，两岸开渠10道，灌田150亩。

商县大黄川河由北紫峪至娘娘庙间，开渠10道，灌田340亩。

商县泉村河由秦岭西北至板桥，开渠 40 道，灌田 660 亩。

商县泥峪川开渠 10 道，灌田 480 亩。

商县岔口铺河由馒头岭到药子岭间，开渠 15 道，灌田 100 亩。

清末，丹江水系的灌溉工程，商县有 3 处，灌溉面积 2825 亩；商南有 22 处，灌溉面积 1087 亩。

据民国十三年（1924 年）统计，丹江沿滨川道只剩水渠 20 处，主要分布于商县黑龙口、麻街、西河湾、牛斜、贺嘴头、任塬、东店子、东龙山、梁铺、拉林子、将军屯、张村、白杨店、夜村，丹凤县棣花、商洛镇、老君殿、百顷湾、桃花铺等地（棣花以下，今属丹凤县）。因其沿岸田地多为坡塬，所浇之地稻田为多，旱地甚少。

民国二十九年（1940 年），丹江流域有渠道 81 处，可灌溉 7180 亩。主要是：

商县张家嘴渠：城东王巷，清乾隆八年（1743 年）修，灌田 80 余亩。

商县老陈渠、陈家二道渠：构峪，清乾隆十八年（1753 年）修，灌田 150 余亩。

商县老渠腰渠：陈家湾，溉田 200 亩。

商县将军屯渠：将军屯，溉田 100 亩。

丹凤县牌楼街渠：刘家恒，溉田 200 亩。

丹凤县棣花渠：由雷家坡至棣花街西，溉田 300 亩。

丹凤县黄龙渠：李家湾，溉田 100 亩。

丹凤县马鞍渠：巩家湾，溉田 200 亩。

丹凤县太极渠：朝阳村，溉田 200 亩。

丹凤县桃园渠：庄科，溉田 100 亩。

丹凤县王家渠、牛家渠：西河湾，清乾隆二十年（1755 年）修，灌田 80 余亩。

丹凤县乾河沟渠：清嘉庆元年（1796 年）修，灌田 30 余亩。

丹凤县柏树坟湾渠：流峪河岸，清嘉庆十八年（1813 年）修，灌田 60 余亩，供水磨 2 合。

丹凤县余家渠：胭脂关河南，清道光十五年（1835 年）修，灌田 20 余亩。

商县曹家渠：牧护关南沟，清咸丰三年（1853 年）修，专供水磨，不能灌田。

商县贺家渠：黑龙口东街南岸，清咸丰十年（1860 年）修，灌田 80 多亩，供水磨 2 合。

商县张家渠：黑龙口街中，清同治十年（1871 年）修，供水磨 1 合，不能灌田。

商县王家渠：牧护关牛侍郎沟，清同治十年（1871 年）修，灌田 30 余亩。

商县黑岩渠：黑龙口北松沟上岸，清同治十二年（1873 年）修，灌田 10 余亩，并带水磨 1 合。

商县吴家渠：铁炉子瓦窑沟内，清光绪元年（1875 年）修，灌溉 30 亩，并水碾 1 合。

商县凌家渠：秦岭铺五里庙，清光绪十年（1884 年）修，可灌溉 10 余亩，并水磨 1 合、油房水碓 1 副。

商县林家老渠、林家小渠、牛家边渠：四皓庙前，兴修时间不详，共灌田 90 余亩。

商县牛斜渠：灌田 400 余亩。

商县任塬渠：灌田 200 余亩。

商县陈堋渠：灌田 80 余亩。

商县梁铺下河渠：灌稻田 100 余亩。

商县张村街上、下河渠：灌稻田 110 余亩。

商县陈家湾老渠、腰渠：共灌田 200 余亩。

商县将军屯水渠：灌田 100 余亩。

商县何塬渠：灌田 20 余亩。

商县高桥渠：灌田 30 余亩。

商县孝义湾古城上河渠：灌田 30 余亩。

商县刘家塬牌楼街有水渠 2 道，灌田 200 余亩。

商县秦岭口至杨斜开渠 20 余道，灌田 300 余亩。

商县麻池河至流峪口有稻田 1000 余亩，开渠数目不详。

商县三十里铺至流峪口，开渠 10 余道，灌田 100 余亩。

商县武家村至周磨，开渠 9 道，灌田 60 余亩。

商县牛家洞村开渠 1 道，经流峪槽至牛家洞，灌田 40 余亩。

商县白杨店口前村渠：灌田 30 余亩。

商县会峪村渠：灌田 30 余亩。

商县石鸠河天井：清乾隆年间当地群众引天井隙水分流于赵峪和槐树村，共灌田 10 余亩。

商县老堰渠：在蒲峪沟内，引铜锢洞泉水，渠长 10 余里，灌田 1200 多亩，其中水田 200 亩，旱地 1000 多亩。

商县义渠：在泉村镇北辋川左岸，清光绪二十六年（1900 年）前修，渠自孙家窑起，经上集村至洛王庙，长约 5 里，可灌田 2000 余亩。

商县湖田渠：寺底铺孟家河，溉田 100 亩。

丹凤县武关城南渠：武关城南，溉田 200 亩。

山阳县银花渠：山阳县东 80 里银花镇，溉田 120 亩。

山阳县王家村渠：王家村，溉田 200 亩。

山阳县百顷湾石渠：自大寨老虎岩凿洞，溉田 300 亩。

山阳县百顷湾土渠：玉皇庙土涧下至黄龙社，溉田 170 亩。

商县军岭川渠：自秦岭口至杨斜，溉田 300 亩。

商县大流峪渠：自三十里铺至流域口，溉田 100 亩。

商县西惠渠：溉田 500 亩。

商县白土垣渠：陈家村，溉田 110 亩。

商县老堰渠：蒲峪沟东坡村至杨家涧，溉田 1200 亩。

民国时期，自民国十八年（1929 年）大旱后，执政者愈感修渠灌溉之重要，曾层层提倡。

民国二十五年（1936 年），久旱不雨，小麦不能播种，丹凤县老君联保主任李迎文组织村民于靳家村北之红石岩，凿石穿洞 110 多米，修渠 3 千米，灌田 300 多亩。

民国二十八年（1939 年），因连年旱灾，陕西省政府训令四区专署对丹江水利工程进行详测并编造预算。其需款由“中央担任一半，省、县赈济会各担四分之一”。省水利局派技佐杨纯来商勘查，规划出渠道 4 条，均在今丹凤县境。有龙惠渠（在百顷湾，可灌旱地 2000 亩）、东惠渠（老君峪口开山帮石成渠，可灌王家涧、贺家村、陈家村、孙家村至古城之旱地 1000 亩）、西惠渠（由老君河西唐渠口以石筑渠，可灌靳家村、老君殿、淡家寨、刘家塬、金盆地 500 多亩）、月日岩渠（灌竹林关银花河北王家塬、宋家圪崂、张塬至洞底灌田 600 余亩）。上述工程仅龙惠渠竣工，余均未果。

新中国成立后，农田水利建设有了长足发展。先是进行渠道建设，继而进行灌区建设。

1949 年 6 月刚解放，商县、丹凤县、商南县就成立建设科（主要业务是农林水利建设），继而成立水利队。

1952 年 3 月，陕西省水利局第一次派出小型水利工作组来商洛，负责商县城郊丹惠渠测量设计及施工技术指导。5 月 26 日，丹惠渠动工修建，同年 10 月 1 日竣工通水，渠长 8 千米，灌地 2229 亩，实支工程费 3373 元，用工日 36133 个。12 月，丹凤县龙潭渠动工。1953 年 5 月 1 日竣工通水，灌溉面积 2131 亩。

1952 年由老君乡党支部书记周继廉组织集资修成商君渠。当时由商镇、老君两乡受益群众修建，故取名商君渠。商君渠由于运行年代长，老化失修，渠道多处漏水、塌方，不能正常输水。1997 年，丹凤县政府修成后恢复灌溉面积 2900 亩，完成土方 3000 立方米，浆砌石 400 立方米，干砌石 50 立方米，混凝土 230 立方米，投工 3500 个，全面恢复商君渠灌溉效益。12 月动工，由龙驹寨镇承担修建龙潭渠，1953 年 5 月 1 日竣工通水。渠长 2.6 千米，引水流量 0.1 立方米每秒，灌溉面积 2131 亩。1974 年龙潭水库竣工后成为该水库西低干渠。

1953 年 4 月 12 日，丹凤县东惠渠同时动工修建。1955 年 5 月 1 日，二渠举行通水典礼，商君渠浇地 4100 亩，东惠渠浇地 1800 亩。

1954 年，商县有效灌溉面积 26000 亩，占当时耕地面积的 4.56%；水田 21000 多亩，水浇地 5000 亩；20 世纪 50 年代，水利建设仍以兴修渠道为主，相继建成的大型渠道有军民渠、双惠渠、新华渠、老埝渠、丹惠渠、口前渠等；灌溉面积发展到 53751 亩，比 1949 年的 26000 多亩增加了 1 倍多。

1957 年，商县军民渠、夜村渠、双惠渠、山阳前店渠等相继动工。这些渠道竣工后都发挥了较好的灌溉效益。

1958—1960 年，动工兴建渠道数量很多。丹凤新华渠、香花渠等修建成功，发挥作用。

1969 年 10 月，动工修建反修渠，由丹凤县龙驹寨镇西关、丹江、中街、水泉、凤麓、东河 6 个受益村承担，1970 年 5 月通水。渠长 1.7 千米，深 1.6 米，宽 3 米，灌溉面积 1000 亩，共修建筑物 13 处，用工 7.5 万个，资金 1.5 万元。

20 世纪 70 年代，渠道建设有续建，有新建，有加工提高。商县胜利渠、夜村北干渠，山阳跃进渠、薄岭渠、桃园渠、西河渠、甘沟渠、银花渠等小（2）型渠道相继修成。这些渠道一般用浆砌石或水泥预制板衬砌，质量较好。

1971 年动工修建丹凤县鱼岭水库渠道工程总干渠，1976 年竣工；由放水洞至骆驼巷倒虹全长 6.1 千米。东干渠：1971 年动工，1979 年通水，长 7.8 千米。西干渠：1974 年动工，1978 年通水；从骆驼巷倒虹至沙沟河，全长 7.59 千米。

1974 年 9 月动工修建商县安沟渡槽，1976 年 3 月通水，由西河乡承修，渡槽全长 76 米，属空腹悬链线式石拱渡槽，跨度 44 米，是鱼岭水库总干渠向东干渠进水的重要建筑。

1975 年，商县有大小渠道 1041 条。

1980 年，商县灌溉能力尚好的渠道减少到 732 条。

20 世纪 80 年代，新修渠道很少，工作转向对原有渠道维修配套、衬砌加固、加强管理上来。80 年代初，渠道灌溉效益发挥不够，多遭水毁和人为破坏。后期，利用以工代赈专项资金组织群众修复，落实管理责任。

1985 年后，由于农村集体土地实行分户承包耕种，水利工程设施普遍遭到损坏。

到 1990 年底，丹江流域拥有渠道 1010 条（灌溉面积 50 亩以下不计条数，只计面积），有效灌溉面积 17.42 万亩。其中，灌溉面积千亩以上的小（2）型渠道 22 条，有效灌溉面积 4.08 万亩。其中，丹江流域有渠道 726 条，灌溉面积 9.86 万亩。

截至 2022 年底，由于陕南移民搬迁工程、惠民工程、房地产开发等建设项目，耕地被大面积征用，诸如丹江流域商州候塬村 20 世纪 70 年代修建的渠道多数废弃或破坏，加之农民出外务工，渠道常年失修，大多数渠道基本失去灌溉功能，仅有少数国家投资的渠道工程尚在发挥作用。

二、典型渠道工程

新中国成立之后，丹江流域陆续开展灌区建设。1972 年建成商州庙湾灌区，1972 年建成商州二龙灌区。到 1989 年底，丹江流域共建设 5000 亩以上灌区 6 个，分别为：商州二龙灌区、庙湾灌区，丹凤鱼岭水库灌区、苗沟水库灌区、龙潭水库灌区，商南县河水库灌区，总计设计灌溉面积 7.48 万亩，有效灌溉面积 5.10 万亩。

1992 年，集中开展丹江流域商州二龙东渠、山阳银花大渠、商南试马等三大灌区的恢复配套。先后修复渠道 289 条 145 千米，衬砌渠道 72 千米，打机井 376 眼，修抽水站 45 处，购置喷灌机械 880 台（套）。

1993 年，建成商州丹洛上游、丹凤丹北、商州二龙东渠、商南永富灌区。

1996 年，对商州二龙东渠、山阳银花渠、商南永富进行挖潜改造，建设商州秦丹、丹凤竹林关、商南太柳等灌区。

1998 年，丹江流域各大灌区建设及挖潜改造基本完成，商州二龙东渠、丹凤丹北、丹凤竹林关、商南永富、山阳银花渠、山阳岭南等灌区开始发挥效益。

2000 年，商州秦丹、丹凤丹南、商南太柳等灌区建设全部完成。

2004 年底，商洛万亩以上灌区共有 15 个，其中丹江流域 3 万亩以上灌区有 2 个，分别为商州区二龙灌区、丹凤县丹北灌区。

2010 年底，丹江流域有小型引水工程 1298 处，有效灌溉面积 30.24 万亩，其中：灌溉水田 4.74 万亩，水浇地灌溉面积 24.86 万亩，灌溉林果地 0.64 万亩。

丹江流域灌溉效益良好的渠道仅剩 222 条，有效灌溉面积 3.75 万亩，占商洛市有效灌溉面积的 42.65%。其中最具代表性的渠道如下。

（一）军民渠

商县军民渠西起商县东龙山，途经梁铺、拉林子、沙河子，东至商县张村柿园子。全长 20 千米，可灌溉耕地 3000 亩。该渠 1957 年 11 月动工兴建，1960 年全面竣工，在渠首东龙山段开凿有长度为 70 米的隧洞。施工中，兰州军区曾派出工兵部队援助，他们承包了渠道工程最艰巨的丫鬟崖段，战士们腰系绳子悬于崖上，手执铁锤钢钎，凿岩开渠，经过全体官兵的艰苦奋战，终于打通了丫鬟崖段渠道 1199 米。当地群众为了纪念解放军战士的功绩，在该渠中段竖立渠碑，碑文曰“军民紧握友谊手，大渠日夜水长流”，并将该渠命名为“军民渠”。

（二）丹惠渠

商县丹惠渠是新中国成立后最早修建的一条灌溉渠，西起商县二龙山胭脂关碥，途经四皓墓、张坡、窑头、东店子、刘塬，东至童河，全长 7.5 千米，当时灌溉能力为 2223 亩。1952 年，商县人民政府采纳城关群众意见，决定投资修建，工程由省、地小型水利工作队勘测设计。1952 年 5 月 26 日起组织城区万余职工、群众参加义务劳动，10 月竣工。此项工程共砌片石 11325 立方米，凿石 2543 立方米，挖土 26133 立方米，修暗渠 6239 米，渠道附属建筑物 20 座。成渠后，城周大部分耕地得到灌溉。1976 年，该渠被二龙山水库东干渠取代。

（三）双惠渠

商县双惠渠引会峪河水，途经青龙崖、百伟崖、寨子崖、苏家崖，至夜村街，全长 12.5 千米，可灌耕地 1300 亩。1957 年 9 月，由商县人民委员会直接领导，组织人力修建，1959 年 4 月 30 日成渠通水。共修建石渠 6 千米，架石渡槽 18 座，穿山洞 4 处 230 米，公路渡槽 2 座，排水桥 15 座，斗门 28 孔。共计投资 4.5 万元，其中群众集资 2359 元，粮食 3445 千克，投工 54 万个。

（四）南秦渠

1975 年，商县南秦渠由刘湾公社候塬大队社员自发投劳，农忙放假，农闲突击。县水利局投资修建机井，土法上马。从候塬大队六组老虎沟修建机井两眼，抽水至双乳山半山腰，自西向东修建灌溉渠道 7.6 千米，可灌溉耕地 900 亩（含坡地），1977 年成渠通水，共修建渠道 7.6 千米，架设渡槽 6 处，穿山洞 8 处，斗门 12 孔，投劳 23 万个。

（五）商君渠

1952 年，丹凤县老君渠由老君乡党支部书记周继廉组织集资，土法上马。原计划自叶碾到张家村，浇地 600 亩。他亲自带领几个泥水匠用土法测量，每 10 丈落差 1 寸。1953 年，县政府决定由国家补助，延长渠道，与东惠渠同时施工，并邀请省水利局工程技术人员，用水平仪、经纬仪复测，对土法测定的渠线作部分调整后正式定线。由商镇、老君两乡群众共同修建，农忙放假，农闲突击。渠长 12.5 千米，深 1.2 米，宽 3 米，可灌面积 4100 亩，大小建筑物 93 座（现 103 座，其中排洪桥 57 座，渡槽 4 座，人行桥 12 座，斗门 25 座，过沟填方 3 处，隧洞 1 处，涵洞 1 处），用工 6.7 万个，投资 5.8 万元，每亩负担工程费 24 元。历两年余，于 1955 年 5 月 1 日举行通水典礼（鱼岭水库竣工前，该渠设有管理站，现为鱼岭水库西干渠的一条支渠）。这是新中国成立后，商洛地区最早的一条人工引水渠，也是省、地重点灌区之一。动工初，一些人对修渠认识不足，称商君渠为“伤心渠”，竣工后喜称“称心渠”“活命渠”。

（六）龙潭渠

丹凤县龙潭渠动工于1952年12月，由龙驹寨镇承担修建任务，1953年5月1日即通水。渠长 2.6 千米，引水流量 0.1 立方米每秒，灌溉面积 2031 亩，共用工 5 万个，资金 2.5 万元。1974 年，龙潭水库竣工后成为该水库西低干渠。

（七）东惠渠

丹凤县东惠渠动工于 1953 年 4 月，由西河乡贺家村、陈家村、古城村、刘家河村和商镇老君等 5 个受益村承担修建任务，1955 年 5 月与商君渠一起举行通水典礼。渠长 7.5 千米，灌溉面积 1800 亩，共用民工 2.4 万个，资金 1.2 万元，每亩地负担 20 元。现为鱼岭水库东干渠的一条支渠，商洛地区重点灌区之一。

（八）反修渠

丹凤县反修渠动工于 1969 年 10 月，由龙驹寨镇西关、丹江、中街、水泉、红卫、东河 6 个受益村承担修建任务，1970 年 5 月通水。渠长 1.7 千米，深 1.6 米，宽 3 米，灌溉面积 1000 亩，共修建筑物 13 处，用工 7.5 万个，资金 1.5 万元。

（九）百顷湾电渠

丹凤县百顷湾电渠动工于1969年10月，可灌溉发电，1971年5月竣工。主渠长2.8千米，支渠长 5 千米，引水流量 1.5 立方米每秒，可灌溉河南乡河、罗家涧、下湾 3 个村 1200 亩地。

（十）八道渠

商南县河流域八道渠分别是：张高堰，城南 1 千米，灌五眼泉田 72 亩，是县河西岸的第一道堰；二道堰，城南 1.5 千米，灌二道河田 60 亩；魏家堰，城南偏西 7.5 千米，灌三角池田 30 亩；洪埡堰，城南 1 千米，灌保合寨田 100 余亩；李家堰，城南 1.5 千米，灌保合寨田 70 亩；张石堰，城南 3.5 千米，灌石门村田 60 亩。

（十一）银花渠

山阳县银花渠始建于 1978 年，1985 年竣工。源于中村镇窄巷，途经下窄巷、上店子、寺北沟，至银花乡街道村，长 7 千米，引流量 0.8 立方米每秒，可灌田 1500 亩。渠堰结构为水泥浆砌成，上有排洪桥、渡槽、隧洞等建筑物百余处。

三、主要灌区

（一）丹北灌区

丹北灌区位于丹凤县棣花镇至龙驹街道办丹江以北的川垣、丘陵地区，312 国道东西穿境而过，涉及棣花、商镇、龙驹寨 2 个镇 1 办、27 个村、4.75 万人，耕地面积 3.5 万亩，基本农田 3.0 万亩。

灌区内原有水库 3 座，总设施灌溉面积 31520 亩；干渠 8 条，总长度 51.68 千米；支斗渠 164 条，总长度 137.04 千米；各类建筑物 1111 座，是丹凤县主要粮食产区，其中苗沟水库配套工程东、西干渠 2 条，长 14.5 千米，建筑物 140 座；支斗渠 14 条，长 27.7 千米，建筑物 102 座。设施灌溉面积 0.70 万亩，有效灌溉面积 0.49 万亩。鱼岭水库配套工程干渠 3 条，长 22.39 千米，建筑物 256 座；支渠 8 条，长 35.1 千米，建筑物 266 座；斗渠 106 条，总长 61.88 千米。设施灌溉面积 1.91 万亩，有效灌溉面积 1.21 万亩。龙潭水库配套工程分东、西干渠，共长 11.55 千米，建筑物 136 座；斗渠 36 条，长 12.34 千米，建筑物 184 座，其中倒虹 1 座，长 226.2 米；隧洞 15 处，长 937 米；渡槽 31 座，设施灌溉面积 0.60 万亩。截至 2017 年底，灌区共有各类渠道长度 100.2 千米。

（二）二龙山水库东干渠灌区

商洛市二龙山水库东干渠灌区位于商州区东部，以二龙山水库作为水源，设施灌溉面积 1.05 万亩，是商洛市灌溉面积较大的灌区之一。灌区渠道总长 99 千米，引用二龙山水库电站尾水，途经城关街道办事处、大赵峪办事处、沙河子镇，共 34 个行政村。

二龙山灌区东干渠分三个时期完成：20 世纪 50 年代建成下游 10+000 至 28+214.3 段 18214.3 米；20 世纪 70 年代建成渠首 0+000 至柳家沟渡槽 5+272 段 5272 米；20 世纪 90 年代建成市区东段 5+272 至东龙山山头 10+000 段 4728 米，与下段衔接。东干渠渠首 0+000 至小赵峪河倒虹 8+349 段渠长 8349 米，流量为 7.5 立方米每秒；小赵峪河倒虹 8+349 至柴湾村终点 21+837.5 段渠长 13488.5 米，流量为 3 立方米每秒；柴湾村终点 21+837.5 至柿园子东沙沟 28+214.3 段渠长 6376.8 米，流量为 1 立方米每秒。渠道结构为上游 10 千米浆砌石矩形渠，下游 18 千米混凝土 U 形渠。

灌区自建成以来，对改善灌区农业生产条件、促进当地经济社会发展作出了重要贡献。由于灌区大部分工程建于 20 世纪 70 年代，工程采用民办公助的形式，边勘测、边设计、边施工，施工队伍以民工为主，大兵团作战，建设标准低，施工质量先天不足，渠道工程破损严重，建筑物配套不全，引水不畅，渗漏成患，输水损失大，水资源浪费严重，已经无法保证灌区正常输水灌溉。

（三）灌溉应用与发展

1. 人力灌溉阶段

丹江流域乡民早期农业种植灌溉，就是人力挑水，无论是山上，还是山下，扛着扁担，戴着草帽，顶着烈日，在泉水和田地间，一趟一趟奔波。不但辛苦，而且本身效率很低。

2. 水泵灌溉

水泵灌溉大大节省了劳动力，通过在水源处放个水泵，拉好水管，接通电源后，往地上一放，直接就可以给农作物灌溉。不但节省了很多人力，而且提高了灌溉的效率。

3. 滴灌的应用

滴灌就是提前铺设好管道，直接将水输送至农作物的根部，从而大大减少了在灌溉过程中的浪费。滴灌很节水，解决了很多地区缺水的痛点。

4. 农业智能灌溉系统的出现

科技是一直在进步的，各行各业都在解放人力，朝着智能化和自动化的方向发展。随着科技的发展，智能灌溉系统在种植中的应用也越来越多。

智能灌溉系统是根据土壤湿度来灌溉的，通过土壤湿度传感器实时监测土壤湿度，当系统监测到土壤湿度低，就自动打开滴灌系统，当土壤湿度符合标准值，就自动关闭灌溉。整个灌溉过程已经不需要人去参与，使用者通过手机和电脑对接后，就能直接在手机或电脑上看到土壤的湿度情况。

四、渠道用水管理

1953—1955年，商县的军民渠、夜村渠、双惠渠，丹凤的龙潭渠、商君渠、东惠渠等相继通水灌溉。由于是跨村、跨社工程，用水矛盾日渐突出，遂及时成立管理组织，农田灌溉用水坚持“水权集中，统一调配，分级管理，水量预分，定量供应”的原则，制定用水计划和轮水计划，成立浇地组。各用水户有交接手续，基本消灭乱搬、偷水、抢水的不良现象。

20世纪70年代，水库通水，错误地认为水源丰富，可以满足灌溉，加上忙于病险库处理，对用水管理工作未引起重视。因此，一度灌溉无制度，用水无计划，调配不合理，有些灌溉面积小，水多用不完，造成冲地、浸路、淹没庄稼；有些渠灌溉面积大，水少不够用，发生争水、偷水、抢水，闹纠纷。通过总结经验教训，为了达到科学用水、计划用水，1987年恢复灌溉计划用水制度，由粗到细，逐步提高。

为合理开发、利用和节约、保护水资源，商洛地区和各县出台用水管理办法，办法出台是根据《中华人民共和国水法》《取水许可和水资源费征收管理条例》《陕西省取水许可制度实施细则》《陕西省水资源费征收使用管理办法》《陕西省节约用水办法》等法律法规的规定。

（一）编制用水计划，按计划蓄引水

每年编制一次冬、春灌用水计划，夏灌用水计划，在编制用水计划时，要求每季播种结束以后，以村为单位上报用水计划申请，说明作物播种面积及布局，由管理段汇总上报管理站，管理站再根据长期天气预报、水文年份、灌区作物布局，参照历年作物生育的时间和灌溉丰产经验，拟定合理灌溉制度。以干、支渠为续灌组，每个续灌组内分轮灌组，编制全灌区配水计划，并印发灌溉时间、水量安排表，逐渠配水、分水，直至用水单位。

（二）执行用水计划

（1）及时开沟打畦，提高浇地质量和灌溉效率。实践证明，要提高灌溉质量，麦田打畦、玉米开沟是关键。一般在秋播中，筑埂打畦，玉米结合锄二遍草，培土开沟，修复在路边埂，保证田间工程质量。用水中，灌区地形复杂、耕地块多分散，渠系负担不一，支、半渠轮灌按照先下游后上游，先高地、后低地的原则进行。水源利用上发挥了灌区所有塘池的作用。做到“长藤结瓜”、夜蓄昼灌；管理人员与巡渠队、专业浇地人员经常联系，互相配合，就地处理浇地矛盾，由于实行了计划用水，大幅缩短了轮期时间。

（2）开展灌溉试验和“三情”测报，深入实际，查看墒情，在坚持计划的前提下，灵活调整灌水时间。

1973年以来，坚持“降水、土壤墒情、作物生长情况”的测报，为地、县以及灌区指导作物适时灌溉，开展防旱抗旱夺取农业丰收提供了可靠情报。

1978 年后，丹江流域开展以作物灌溉制度和技术为主的灌溉对比试验，探索小麦、玉米省水高产的客观规律，并结合调查，总结群众灌溉增产经验，对指导大面积灌溉发挥了一定作用。

1982 年增设了渗灌试验，1984 年又增设了果树滴灌试验。上述试验为改进和加强用水管理工作积累了资料。

（3）实行岗位责任制，严格执行用水制度。为了确保用水计划顺利进行，水库灌区组织管理段所有管理人员深入灌区，实行组包段、段包片，明确任务，责任到人，奖惩分明。在包干范围内做到渠水畅通。每次灌溉前，对各村所承包的渠段进行检查。在灌溉中，发现有扒堤偷水、抢水等破坏用水制度者，由包片的管理人员协助当地党政机关认真处理；若擅离职守，发生事故的，予以罚款处理。由于认真执行用水制度，基本保证了计划用水工作的顺利进行。

1982 年后，由于农业生产责任制的推行，群众对灌溉积极性日高，由过去的望天等雨、队长派活浇地，变为想方设法灌溉增产。老的管理办法不适应新形势的要求，新的管理方法也未赶上，用水秩序比较混乱，加之山区耕地本来就是多片小，受益不均衡，渠道到处扒口，水流不到下游。这些情况都在制定出新的管理办法后得以扭转。

（三）灌溉用水管理

灌溉用水管理一般由工程辖区范围内的行政领导、专业管理组织和受益单位代表三方组成灌区管理委员会。

灌溉用水管理委员会主要包括灌区段长、各村管水员和抽水站、机井、河堤等小型工程的承包管理人员。段按干、支渠系，结合乡（镇）政区设段长和技术员，管辖面积 5000 亩左右。各村设 1 ~ 3 名管水员。面积过小的村合并设一名管水员管理。负责田间渠系维修和各户用水灌溉、催收水费等工作。村、组范围内的小渠及水井等小型工程，设专人管理。1990 年，各县共有各类水利工程 1600 多处，已落实管理责任制的 1200 多处。

20 世纪七八十年代，流域内各个水库当时都是由公社派 1 名干部任管理站站长，抽调多名脱产群众为管理站管理人员，对水库、渠道进行管理、维护，协调各村灌溉用水、商量修渠；各村均有 2 ~ 3 名水管员配合，每年按需要由水库管理站管委会协调解决抽用时间期限和待遇、报酬，各组和各组的行水员负责对各组的田间渠进行管护。所有渠道维修按照不同段不同量确定工日，由水管员参加水库管委会研究讨论确定各村上劳人数、出料数量；每个村按本村灌溉面积大小，按比例出一定数量的灌溉水费交管委会，除用于干渠养护费、购物料外，一部分作为水管员的补贴（工资），另外各村抽来的水管员由水库管理站按各月出勤如实介绍在各村，村上按工日分配口粮记工分，参加组上的分配。

20 世纪 60 年代，丹凤县商君渠、东惠渠、龙潭渠按有效灌溉面积每亩年收水费 0.2 元，以生产队为单位，统一收取。

1964 年，丹凤县商君、东惠二渠，利用渠道落差修建水力发电站加工棉花，按其总收入的5%计征水费。

20世纪70年代后，商县、丹凤、商南水库管理单位，向受益社队每年每亩征收固定水费1元；20世纪80年代始水费有所提高，鱼岭水库按有效灌溉面积每亩年收水费2元，年收入水费2万元，其中32%用于渠道、闸门维修，32%用于管理人员工资补贴，16%作为公共积累，20%上缴管理站。

20世纪80年代初，丹凤县商镇桃园村周家涧抽水站，承担60亩葡萄园灌溉任务，维护渠道等劳务，由村统一安排劳力，投工记账。年终，将所用工日、资金按灌溉面积分摊到户，兑现结清。这种投工记账、年终结算的形式，适用于无直接经济收入的小型渠道、机井、抽水站等工程。

20世纪80年代中期开始，特别是90年代以后，农民没有种地热情，村上没有能力拿出农民工水管员的补贴工资，也不能解决农民工水管员的口粮问题，所以农民工就要回家种地或者外出打工挣钱，放弃了水管员的工作，水管队伍自行瓦解。

五、污水排放管理

丹江承担着“一江清水送北京”的光荣任务。市县要求各用户排出的污水也要经过处理。水利部门协同丹凤县环境保护局、工业办、环卫局等单位，对各单位，特别是各工厂、矿山排出的污水要求必须先经过污水处理，达标后再排放。

2011年，开始动工在丹江沿岸陆续修建污水处理厂。

第三节　提水工程

丹江流域境内最早使用的提水工具有吊桶、戽斗、秤杆、汲筒等，设备简陋，效率较低。20世纪50年代，丹江沿岸部分地区开始使用龙骨水车、接力水车、双管抽水机等。20世纪70年代，提水工具动力逐渐以机械动力和电力取代了人力和畜力，部分地区还使用高扬程小流量的抽水机械，使乡村人畜饮水和农田灌溉条件有较大改善。

一、提水工具

提水灌溉在丹江流域发展很早。提水工具诸如辘轳、戽斗、桔槔等简易工具的出现有三四千年的历史；秦代已出现多级接力水车，唐代三白渠上水车已经推广；筒车在汉代已用于水之上，丹江各支流利用也较为普遍。但这些提水方式，只限于人力、畜力或水力，结构简陋。

（一）桔槔

桔槔俗称“吊杆”，是一种原始的提水工具，春秋时始用。它是一根竖立的架子上加上一根细长的杠杆，当中是支点，末端悬挂一个重物，前端悬挂水桶。一起一落，汲水可以省力。当人把水桶放入水中打满水以后，由于杠杆末端的重力作用，便能轻易把水提拉至所需处。桔槔早在春秋时期就已相当普遍，而且延续了几千年，是丹江流域农村历代通用的旧式提水器具。新中国成立前，商州、丹凤、商南农村仍有应用。这种简单的汲水工具虽简单，但它使劳动强度得以减轻。

（二）戽斗

在丹江两岸有一种用人力取水灌田的旧式农具，商州、丹凤人也称“用斗撇水”。戽斗两边有粗绳系于木桶或木斗两端，使用时两人对站，或立或坐于沟、塘岸边，以协调的方式拉绳汲水。也有中间装把供一人使用的。“用斗撇水”相当费力，而且劳动效率低。1955 年后，戽斗被其他汲水工具所替代。

（三）辘轳

辘轳是丹江两岸人提取井水的起重装置。新中国成立前大多是木制的，后来有部分是铁制的。井上竖立井架，上装可用手柄摇转的轴，轴上绕绳索，绳索一端系水桶，摇转手柄，使水桶一起一落，提取井水。辘轳也是从杠杆演变来的汲水工具。2010 年前，丹江流域农村乡镇吃水用水使用辘轳提水，现在一些地下水很深的山区，也还在使用辘轳从深井中提水，以供人们饮用。1988 年，商县刘湾公社候塬大队仅一个村水井辘轳就有 39 个；张村镇王山底村有 42 个。

（四）管链水车

管链水车是丹江流域常用的灌溉工具，又称“龙骨节”水车，因是新中国成立后使用的，故又称“解放式”水车，是提水工具的一种，大多用于河流沿岸无法自流灌溉却又有水源的田块。使用时将一铁管垂直放入水中，用一条环形铁链穿过铁管，铁链串有与管壁密合的多个圆形橡皮片（俗称皮钱）。铁链绕在管顶的链轮上，用人力或畜力转动链轮，皮球即不断提水上升。丹凤县、商南县居多，用人推或牲畜拉皆可出水。现已被水泵取代。据统计，1962 年底，丹凤县拥有铁制水车 263 部，1966 年有 261 部，到 1971 年能使用的铁制水车减少到 41 部。后随着较先进的抽水机械的推广使用，功效低下的各类水车被渐次淘汰。

（五）手压泵

手压泵又称“活塞式抽水机”，商州人称为“压水泵”。一般作为农家吃水提抽饮水用。出水是间歇性（压时才出水）的。构造简单，一个活塞，两个阀门，装在垂直放入水中一铁管中，向上提时，进水阀门打开，出水阀门关闭，大气压把水压入管中；往下压时，进水阀门关闭，出水阀门打开，管中的水流出，周而复始，循环进行。壅水高度理论值为 10 米，实际上只有四五米。1981 年商县候塬村村民赵开征在河南考察社办企业时，发现河南当地人使用压水泵，遂仿照焊接引用使用，以此在全村，乃至商洛地区推广。另据《商洛地区水利志》记，丹凤县凤麓村赵掌纹改单管式压杠杆式吸水器为双管式压杠杆式吸水器，一人操作，每天浇地由 1 ~ 2 亩提高到 3 ~ 4 亩。

二、机井

先秦文献记载的“黄帝凿井”“尧时凿井而饮”等距今都已有四五千年的历史，而井用于灌溉则稍晚一些。殷商时伊尹教民在田头凿井抗旱，至今约 3600 年。丹江流域在秦汉以后水井发展广泛，形成规模，晚清记载更详。1949 年以后，水井和其他水利工程一样，取得了突飞猛进的发展，已成为农业灌溉和城乡供水的重要手段。

（一）新中国成立之前

自古以来，丹江流域就有了打井的历史，乡民几乎每家都用水井浇灌菜地。井灌在秦、汉、唐时期虽有发展，但数量较少，宋、元、明各代，特别是清代和民国时期，有了较大发展。据史志记载，清康熙二十六年(1687年)，大商人赵庆有见大旱中井汲灌田可少获升斗之粟。他在《井利说》专著中讲道："如旱之日久，则江且落，河且竭，泉亦且微而涸，取水之路穷，而生民之旱饥将何济？惟地下之水泉终无竭理。（然）井养而不穷，实补于天道雨泽之缺。"并指出，"五口（人）必须一园井，灌地五亩，十口则须二园井，灌地十亩，二十口外行一水车方井，井深三丈，地中不带砂，须用砖包砌，才可为水车之井"。

清乾隆二年（1737年），崔纪抚陕，悯秦地待泽于天，遇旱无策，于是年五月初十，饬令各县相继凿井。同年十一月统计，商州府新凿井共369眼。井灌面积逐渐扩大，提水机具以橘槔、辘轳、水车为主，成为古代丹江井灌的兴盛时期。

民国十八年（1929年）陕西大旱，陕西省建设厅三科（主管水利）科长赵璧从天津再次引进人力弓式冲击锥凿井机与技工张凌云等，在丹江流域四县区共开凿新井327眼，整修旧井58眼，合计485眼。

民国十九年（1930年），陕西省建设厅开办新法凿井训练班，指定关中各县派员学习人力弓式冲击锥凿井技术，商县、丹凤、商南等县先后成立了凿井队，月余可成井1眼，每天可灌田1亩多地。

民国二十九年（1940年），《续修商志稿》水利篇记载："凿井灌田，惟龙驹寨附近刘家河一带凿大口井，深不过丈，用三把竹罐吸取灌溉，栽蓝种菜地。其他井，浅则松深易塌，深则吸取不易，故井水灌田难以普遍"。

民国三十年（1941年），国民政府监察院院长于右任视察西北后，提出"十年万井"计划，民国三十二年（1943年）经"行政院"审定，决定从民国三十三年（1944年）起实施。民国三十二至三十四年（1943—1945年），陕西省根据国民政府"非常时期加强各县修筑塘坝、水井"的训令，在全省范围内调查了"十年万井"计划执行情况，要求连同旧井如实上报。

（二）新中国成立以后

1952年9月，成立了专门从事地下水开发利用和技术推广工作的陕西省水车水井工作队，1958年与西北机械凿井队合并，成立陕西省地下水工作队，隶属陕西省水利厅。并逐步形成省、地、县3级管理体系。丹江流域井灌事业，经历了由原始土井向现代化机泵井的大转变：一是在指导上从零星分散、盲目开采，逐步转到统一规划、合理布局、规模发展；二是提水、钻井机具，逐步由原始工具转到机械化、电动化；三是井型由小、土、浅向大、新、深发展，丹江沿岸河道由平地到山地发展；四是管理水平日益提高，逐步由粗放管理转到规范科学管理。

1.1949—1957年

在三年（1950—1952年）经济恢复及第一个五年计划期间，丹江流域除修复改造原有的土井、管井、自流井外，选在丹江沿岸地下水距地面不足7米的地带开凿浅井，重点发展井灌。1956 年农业合作化运动中，出现了集体打井高潮，丹江流域三县 1 年内打新井达成百眼，大大增加井灌面积。一个村的吃水井至少十多眼。

1955 年 7 月，商县、丹凤、商南大力推广龙骨节水车（“解放式”水车）。截至 1956 年，三县共安装水车 117 部，配套水井 340 眼，扩灌面积 3000 多亩。

2.1958—1969 年

该时期，丹江流域井灌事业既有新的较快发展，又受到高指标、瞎指挥、浮夸风和只讲数量、不求质量等思潮影响。村民在房前屋后打井，有的甚至在房子、厨房里面打井。

1964 年，省水利厅根据中央“调整、巩固、充实、提高”八字方针，总结经验教训，提出了《关于地下水利用工作的意见》。1965 年开始贯彻“大寨精神，小型为主，全面配套，加强管理，更好地为农业增产服务”的“三主”水利方针，使井灌面积呈直线上升趋势。1969 年与 1958 年比较，普通井数量有所下降，水泵抽水有所增加，井灌面积再次扩大。

3.1970—1979 年

1973 年 1 月，陕西省农办根据国家计划委员会电报通知精神，由省农办、计委和机械、物资、财政、商业、电业、地质、农林、水电等厅局组成陕西省打井办公室，办公室设在陕西省水电局。在国家计划调拨物资较多的情况下，丹江流域机井建设开始采取指令性分配任务加费用补助的办法逐年下达，井灌县由原来标准不高发展到标准较高的一定数量。1973 年 7 月，国务院副总理李先念对陕西抗旱打井问题作了三点批示：既要强调打井数量，又要强调打井质量；既要强调配套，也要强调维修和管理；既要继续打井，特别是深井，也要平整土地，改良土壤。1974 年和 1976 年陕西省打井办对丹江流域地下水资源和商县、丹凤、山阳银花河、商南等成井的基本情况做过两次普查；又对宜井面积进一步核实。

1970—1979 年，陕西省商洛地区 1970 年打井 569 眼，20 世纪 70 年代以后，每年新增 400 ~ 1000 眼。丹江流域各地普遍开凿机井。1970 年仅丹凤县有机井 14 眼，1975 年发展到 465 眼，其中配套机井 386 眼。机井建设存在着很大的盲目性，造成有的井水不足成为枯井，有的井位在河道上，山洪暴发井即填平，甚至连机器设备也被冲淤，有的因机械损坏、管理不善等原因而报废。

4.1980—1995 年

1980 年末，陕西省丹凤县有水井 973 眼，其中机井 930 眼，已配套的 878 眼，有效灌溉面积 3.85 万亩。商南有水井 698 眼。商县有水井 1026 眼。

中共十一届三中全会以后，陕西省商洛市机井建设的重点转向质量、管理、效益。商洛地区按照陕西省《关于加强机井建设的十条意见》（1981 年），提出了落实责任制、搞好完善配套和合理开采地下水等具体要求。但在以后一段时间，由于机井管理跟不上农村联产承包责任制的新形势，曾出现管理放松、设备丢失、损坏严重等问题。商县、丹凤、商南经过严厉打击破坏水利设施的违法犯罪活动，形势得到扭转。

1989 年国务院发布《关于加强农田水利基本建设的决定》后，各地出现了新的打井热潮。在商洛地区商县、丹凤等地，一改过去靠国家投资打井的观念，群众投资打机井的热情很高。

1990 年，陕西省商洛市机井总数减至 537 眼，配套机井 488 眼，实灌面积 1.67 万亩。

20 世纪 80—90 年代转入对水井进行“挖潜、配套、革新、改造”，报废部分井位选址不当、设施不配套的水井。据不完全统计，丹江流域各地有机井 1670 眼（电配 11 眼，其余为柴配），就有 30% 眼报废，实际能发挥灌溉效益的不过百眼。

据 1990 年 3 月统计，陕西省境内丹江流域各县机井 812 眼，其中完好的 210 眼，带病运行的 312 眼，已不能运行的 200 多眼。

5.1995—2023 年

2011 年，丹江流域符合规模（口径、出水量）的机井有 400 多口，不够规模的有 30000 多口（包括群众水井在内）。

截至 2022 年底，丹江流域有提水工程 1223 处，流域内现有各类机电井 5413 眼。

由于自来水的大量普及使用和城乡集中供水的推广，农村水井逐渐废弃减少；加之河床下切，地下水位逐年下降，井水干枯，水井常年失修，仅有少数国家投资的水井尚在发挥作用。

三、抽水站

1949 年以后抽水站从无到有，陕西省商县、丹凤、商南各县以发展小型机械抽水为多，电力抽水者较少；20 世纪 60—70 年代，随着电力的发展，农网逐渐普及，丹江流域普遍开发电力抽水；一些早期开发效益较好的抽水站，动力由锅炉机改为柴油机，再进一步改装电动机。抽水站工程建设数量由少到多，扬程由低到高，规模由小到大，发展很快。

1955 年 6 月，商县白杨店乡于塬村建成商县第一座机械抽水站，安装锅炉机 1 台，功率 15 千瓦。

1957—1959 年，商县、丹凤、商南相继修建抽水站，主要分布在丹江及其支流两岸区域。

1957 年，在兴修水利会战中，商县陈塬、白杨店建立抽水站。

1959—1961 年，建起的有商县的刘湾抽水站、候塬村抽水站、草庙沟抽水站、陈塬抽水站、麻街抽水站、黑龙口抽水站、洪门河抽水站、大荆抽水站等 23 个抽水站，丹凤县的棣花雷家坡抽水站、茶房李家湾抽水站、茶房巩家湾抽水站、龙驹刘家河抽水站、茶房两岭抽水站、棣花西三塬抽水站、峦庄抽水站、河南老虎脉抽水站、商镇堡子抽水站等 13 个抽水站，这些抽水站全为柴配，装机容量 296 千瓦，可灌溉面积 1410 亩，发挥了很好的效益。但部分水库建起后，对这些抽水站重视管理不够，有的毁坏，有的毁后又重建。多年来，由于对一些抽水站管理不善，有的根本无人管理，机械设施被盗，人为破坏，工程老化失修严重，造成很大损失。

1973 年，商县建有抽水站 86 处，其中电灌站 36 处、机灌站 50 处，装机总容量 1411 千瓦，灌溉面积 3857 亩。

1979 年，抽水站发展到 426 处，其中电灌站 175 处、机灌站 251 处，装机容量 6841 千瓦，灌溉面积 16778 亩。

1980 年，商洛地区建有抽水站 1273 处（其中电灌站 327 处、机灌站 946 处），装机

容量 18094 千瓦，灌溉面积 48752 亩。由于许多抽水站效益差，加之河床下切，水源无保证，管理不善，机器损坏，

1981 年，商州、丹凤等地有抽水站 499 处，其中电灌站 199 处、机灌站 300 处，装机容量 8747 千瓦，灌溉面积 23621 亩。

1990 年 3 月统计，丹江流域各县改建、新建抽水站共 130 处，有效灌溉面积 15091 亩，其中完好工程仅有 3210 处，有效灌溉面积 7000 亩。

到 1998 年，抽水站只剩 256 座。

到 2010 年，丹江流域新建、修复抽水站 1 座、机井 426 眼，新打水井 4120 眼，建蓄水池 238 座，铺设各类供水管道 396.8 千米。

截至 2022 年底，丹江流域有各类机电井 5413 眼。

四、水轮泵站

丹江流域水轮泵站建设始于 1964 年。

1964 年，陕西省商县唐塬村在丹江边建成第一座 30 型水轮泵站，灌溉面积 200 亩，带加工机械 4 台、7 千瓦发电机 1 台。投资少，效益好，在商洛地区起到示范作用。丹凤县最早的水轮泵站为大峪王塬水轮泵站、龙驹水轮泵站，皆用丹江水。商南县在张家岗乡石垭子兴建川 －20 型水电轮泵 1 台。

1966 年，陕西省商南县赵川区在百里滔河沿岸大搞水轮泵站建设。8 月 4 日，成立丹凤县水轮泵建设领导小组，由 6 人组成。副县长孟静任组长，办公室由生产办公室兼管。

1970 年，在毛泽东同志的“延安复电”精神指导下，全民大办水轮泵发电站的群众运动在商县、丹凤、商南普遍展开，当年建成水电站 32 处，装机容量 222.5 千瓦。在 51 千米的滔河沿岸建起水电站 73 座，其中水轮泵（机）发电站 52 座，水轮机站 21 座。民谣赞誉说：“百里滔河节节站，河水滚滚抽上山，能发电、可磨面，滔河变成幸福泉。”

1971 年，陕西省境内丹江流域建成 38 处水轮泵站，装机容量 365.9 千瓦。1972 年发展到 121 处，装机容量 1208 千瓦。

1972 年底，陕西省商南等地建 95 处水轮泵站，发电装机容量 900 多千瓦，使赵川区 70% 的农户用上电，配套加工机械 159 台，灌溉面积 3000 多亩，成为当时全国水轮泵建设先进典型之一。

1964—1972 年为重点发展时期，先后在丹江、南秦河、板桥河、会峪河、两水寺河等普遍建起水轮（锤）泵站 130 余处。

1973 年，丹江流域水轮泵站达 141 个，可灌面积 1500 亩。这些水轮泵站主要分布在丹江及其较大支流河沟两岸，解决了一些地方自流引水灌溉困难的问题，并可发电；作为动力在农副产品加工方面发挥了一定作用。商南县装机容量 1590 千瓦。

1974 年水轮泵站发展到 185 处，灌溉面积 900 多亩。1977 年商洛地区建水轮泵站 200 多处。嗣后大电网建成，水轮泵站逐渐被淘汰。

到 1979 年，商县能发挥效益的水轮泵站只有 46 处。大电网输入商县后，水轮泵被淘汰。

1982 年 9 月，丹凤县水轮泵站减少至 81 处，其中完好的 56 个，报废 25 个，灌溉面

积 277 亩。据 1990 年 3 月统计，丹凤县仅剩 1 处，即蔡川两岔口水轮泵站。

截至 2022 年，丹江流域水轮泵站已无一处。

丹江流域之前所用水泵主要有两种。

（一）水轮泵

丹江流域修建水轮泵站始于 1964 年。1964 年春，四川达川区农机厂来人，协同各县水工队修建水轮泵站。选用 20 型水轮泵，扬程 20 米，灌田 120 亩。

1964 年 11 月，省水利厅和地区水电局派人协助县水工队，在商县、丹凤、商南修建 30 型水轮泵站，扬程 35 米，灌田 150 亩。

1965 年 1 月，商洛地区在丹凤县大安区召开商洛地区水轮泵现场会，推广斩龙垭经验。截至 20 世纪 70 年代初，仅丹凤县建成水轮泵站 161 处，灌溉面积 3877 亩。

水轮泵站除抽水灌溉外，还带动农副业加工和发电。

（二）水锤泵

1965 年 6 月，商洛地区组织各县水利部门到浙江省新昌县考察水锤泵站抽水情况。随后在各县各地建成水锤泵站 6 处，扬程皆为 30 米，各灌田 30 余亩。其特点是来水量小，抽水扬程高。

但是，无论水轮泵或水锤泵，都是以水抽水，水量消耗大，引水渠道易遭水毁，加之许多制造厂家转产，配件购买困难。20 世纪 70 年代以后，两泵站逐渐被小型水电站和电力抽水站所代替。截至 1989 年底，仅存水轮泵站 37 处 37 台，灌田 800 亩，水锤泵站无存。

第二章　供水工程

据史料记载，早在春秋战国时期，陕西境内丹江即有水运，人民临水而居，取水而饮，利用水能发展生产，改善生活。秦汉之际，即有水田种植和水面养殖。唐宋以后，水力利用已较普遍。明清时期，丹江流域各地利用河道、沟溪、渠堰修建水磨、水碾、轧花车、弹花柜，以水力代替人力、畜力磨面、榨油、轧花、弹花、造纸。1949 年后的 20 多年间，商县、丹凤、商南、山阳等县群众仍继续沿用这种方式，加工农副产品。随着经济的发展和人民生活水平的提高，水资源的开发利用基本能够满足工农业生产和城乡人民群众的需要。

第一节　农村供水

丹江流域虽然水资源相对丰富，但由于地形、地貌、地质构造复杂，部分区域岩层疏松，大量地表水转为埋藏很深的地下水，部分地区的地表水资源缺乏或水质不良。干旱季节，仍有饮水困难的情况，部分山区村民常年吃涝池积水，水质极差，天旱则要往返十多千米，到沟溪担水，个别村组因水源小，用水多，天不亮就排队接水。缺水地区的经济和社会发展，一般要比丰水地区落后 5 ~ 10 年。鉴于此，丹江流域各级政府十分重视贫水地区人畜饮水问题。

一、初期发展状况

丹江两岸乡民一般用水都是取用井水、泉水、河水。如遇持续大旱，则要到十多里甚至数十里外的地方担水度日，有时因缺水干旱而外出逃荒。特别是居住在高山旱塬一带的群众，吃水用水非常困难。群众有一水多用的谚语："先洗脸，再洗锅；洗了锅，再洗脚；洗了脚，叫猪喝。"古时，他们采用蓄水、提水等形式解决人畜饮水。新中国成立后，党和政府高度重视城乡人民吃水难问题，尤其是 20 世纪 80 年代后，商县、丹凤县、商南县把解决城乡饮水困难问题列入重要议事日程，加大城乡供水工程建设力度，在城镇以开辟新的供水水源工程建设为主，同时对原有各类供水工程不断进行改建、扩建；在农村先后实施了甘露工程、人饮解困、安全饮水等工程建设，城乡供水水质和保障率不断提高。

二、20 世纪 70 年代人畜饮水工程

20 世纪 70 年代以前，丹江流域人畜饮水以井水、河水、泉水为主，国家很少投资修建人畜饮水工程。据 1980 年调查，商县井水饮用人口 18.47 万人，占总人口的 41.85%；

河水饮用人口10.68万人，占总人口的24.21%；泉水饮用人口9.24万人，占总人口的20.94%；自来水饮用人口2.35万人，占总人口的5.32%；其他水源饮用人口5.74万人，占总人口的7.68%。部分地区水源枯竭，人畜饮水困难。少数地区饮用水水质不洁，形成地方病。为此，市水利部门投资修建人畜饮水工程，解决人畜饮水困难问题。到1990年底，商洛地区建成饮水改水工程87处，解决了1.8万人的饮水困难，占需要解决饮水困难人数的40.9%；同时，还解决了4200头大牲畜的饮水困难，占需要解决饮水牲畜总数的44.2%。

人畜饮、改水工程的主要项目有：

商县西堋乡郭村工程，形式为开渠引水，解决了472人和360头大牲畜的饮水困难问题。

商县三贤乡枣园村工程，形式为管道引水，解决了1560人和1010头大牲畜的饮水困难问题。

商县药王坪乡金瓜塬一、二组水泥管引水，蓄水能力705立方米，解决了295人和64头大牲畜的饮水困难问题。

商县仁治三顷村以电配多级泵提水，解决了690人和93头大牲畜的饮水困难问题。

商县土门庵芽沟一组以柴油机带水泵提水，解决了34人和27头大牲畜的饮水困难问题。

商县夜村杨塬二组原饮水氟含量4.0毫克每升，超过卫生部规定的0.5 ~ 1.0毫克每升的标准，属高氟饮水区。1982年水利部门投资4500元，当地群众筹集4000元，修建饮水过滤池1个，蓄水池1个，容量20立方米，修引水渠道2250米，铺设管道500米，解决了本组63人和16头大牲畜的饮水问题，还可供附近3个自然村群众生活用水。

商县松树嘴乡曹湾村1987年凿井46眼，改变了过去长期食用河水的生活习惯，解决了全村915人的饮水问题。

丹凤城郊西沟村供水微灌联用示范工程，1990年12月完成，共铺设引水主管道2030米，修成截渗坝1座，蓄水池1处，使百余人和43头牲畜用上了清洁卫生的自来水。

此外，还有丹凤、商南的一些人畜饮、改水工程。

三、20世纪80年代的人畜饮水工程

主要鼓励农民分散、自发解决当地人畜饮水，水源水质尚未引起重视，取水大部分仍沿用原始的方式。20世纪70年代中后期，结合掏井、掏窖、修涝池，扩大饮水来源。20世纪80—90年代，农村人畜饮水逐渐引起各级政府的重视，一批乡（镇）、村饮、改水工程相继动工。按照人口居住密集地区集中解决，严重缺水区、地方病严重区优先安排的原则，把解决缺水困难与防治地方病、改善水质紧密结合在一起。

从20世纪80年代开始，丹江流域供水事业，历经从小到大、从简陋到完善、从落后到规范的发展历程。随着饮水工程的不断增加和设施的不断完善，历经多年努力，到2010年基本解决农村饮水问题。

四、“甘露工程”和国家农村人饮解困工程

1996年3月初，陕西省省长程安东在贫困山区和革命老区调研后，深感加快解决全省人畜饮水困难问题的重要性和紧迫性，他强调“首先要解决人的吃水问题，把它当作‘九五’期间的重中之重，要让贫困山区和革命老区的群众尽快吃上符合卫生标准的水，并把实施‘甘露工程’的范围扩大到全省农村和县以下乡镇”。随即在全省启动实施“甘露工程”，坚持“统一规划，全面启动，因地制宜，突出重点，规模集中，保证质量”的原则，在人口比较集中的区域，打破行政区划界限，建设联组、联村集中供水工程；挖掘现有工程潜力，依托城市、乡镇、工矿企业供水设施，通过延伸管网，解决丹江流域群众的饮水问题；在泉眼多的地方，建设费用低廉的自流引水工程，解决居住分散群众饮水困难问题；在地下水密集区和河流沿岸，打机井取水；在水源差、居住地分散的山区建设高标准的集雨水窖，实行户建户管、适当补助的办法。由于规划科学、措施得力，效果十分显著。

“十五”期间，国家进一步加大解决农村人口饮水困难的投资力度，在陕西省实施“国家农村解困”“氟改水”等项目。1996年8月，商洛地区行政公署7县（区）水利部门紧抓机遇，坚持把农村饮水工程作为首要工作任务来抓，本着“科学规划，合理布局，宜站则站，宜井则井，宜窖则窖”的原则，有力推动商洛市农村供水事业全面快速发展。

通过两期“甘露工程”和2001年、2002年“人饮解困工程”的实施，到2002年底，在商州、丹凤、商南共修建供水工程1734处，其中蓄水池1371座，新打生活引用水机井195处869眼，建设水窖99处4630眼，手动泵36处466眼，可调蓄水量80多万立方米。

由于1998年、2001年和2002年暴雨水毁，丹江两岸部分群众再次面临饮水困难。2003年的“8·28”水灾，多处供水工程遭到毁坏，部分县（区）饮水困难。

2001—2005年，丹江流域涵盖的4县（区）新建、修复抽水站1座，机井426眼，新打水窖4120眼，建蓄水池238座，铺设各类供水管道396.8千米。

五、农村饮水安全项目

“十一五”期间，为加快商洛市供水工程建设步伐，商洛市人民政府颁发《关于“十一五”期间加快解决商洛市农村群众饮水困难的实施意见》，把农村饮水工程建设作为商洛市民生工程重大项目之一，采取上争下筹、外引内联、财政配套、群众投劳的形式组织实施农村饮水工程建设。其中，丹江流域累计建成农村供水工程500多处。截至2010年底，农村饮水安全和基本安全达标人口累计达到74.1万人，农村自来水普及率较“十五”末提高20个百分点，达到75%。

“十二五”期间，是商洛农村饮水安全资金投入规模最大、发展速度最快、提升水平最高的五年。其中，丹江流域各县（区）建成供水工程520多处。截至2016年底，丹江流域有农村集中式供水工程2645处，分散式供水工程4820处。

丹江流域农村实施脱贫攻坚工作以来，商州区、丹凤县、商南县、山阳县把解决农村饮水问题摆在与解决群众温饱问题同等重要的位置来抓，按照“精准扶贫水利先行、精准脱贫水利保障”的思路，不断加大资金投入力度，加快饮水工程建设步伐，使农村群众饮水实现了历史性跨越，为商洛市实现全面脱贫摘帽提供了水利保障。

截至 2022 年，丹江流域建成水库工程 22 座、提水工程 7 处、机电井 12751 眼，各类水利工程总供水能力达 2.42 亿立方米，初步形成了以地表调蓄工程为主、地下供水为辅的水资源配置体系，极大提高了流域供水保障能力。特别是脱贫攻坚农村饮水安全工作位居全省前列，城乡一体化供水覆盖率 30.3%，农村集中供水率 90.4%。

六、工业供水

20 世纪 80 年代前，丹江流域工业基础薄弱，沿途有商洛市造纸厂、卫生纸厂等，工业用水量相对小，且多由企业采用自备水井或抽取河水、水库水来解决。进入 20 世纪 90 年代后，随着市县工业园区和火力发电厂建设发展，水量日益增加，市县各级政府加大对工业供水工程建设投入力度，加快解决重要工业园区供水工程建设。

第二节 县城供水

丹江流域辖区陕西省商州、丹凤、商南、山阳等县（区）均建有自来水公司。1997 年，根据陕西省人民政府的统一要求，全省各地市，除市人民政府和地区行政公署所在县区外，其他县自来水公司统一由城建部门移交水利部门管理。除负责商州城区供水的商洛地区自来水公司仍然由商洛地区市政管理局管理外，涉及丹江流域的丹凤、商南、山阳等县城自来水公司全部移交县级水利部门管理。

截至 2022 年，商洛市、丹凤县城、商南县城均实现双水源及多水源供水，城市生活、工业用水基本得到保障。

一、商洛市供水

商州市自来水公司 1975 年建成投产，2002 年机构改革，商州市自来水公司更名为商洛市自来水公司，属小型国有供水企业，承担着市区供水任务。经过 30 余年的发展，现有在册职工 260 余人，其中各类专业技术人员 14 名。公司下设两个水厂及营业所、管网所、行政办、财务科、水质科、保卫科、总务科、技术科、供应科等 10 个生产和职能部门。供水能力 5000 立方米每日，供水管网 90 余千米，供水区域 30 余平方千米，建成区用水普及率达 98% 以上，水质检测能力可满足《生活饮用水卫生标准》（GB 5749—2022）42 项常规项目检验、检测要求。各项供水管道累计长度 50.26 千米。2008—2016 年，先后建设完成二龙山水库输水、比亚迪工业园区供水、商鞅大道、沙河子镇等管道铺设，累计管道长度 110.8 千米。

二、丹凤县城供水

丹凤县城供水由陕西省水利集团丹凤县供水公司负责，其前身为丹凤县自来水公司，成立于 1982 年，1984 年正式运行，供水水源为丹江河岸大口井。1997 年 6 月由丹凤县城建局移交丹凤县水利水土保持局管理，2015 年 11 月整体划转陕西省水利集团管理。截至 2016 年底，共有职工 38 人。承担着县城 6 万人口的日常生活、生产供水，铺设主管道

45.7 千米，年供水量 180 万立方米。

丹凤县商镇供水应急水源井工程位于丹凤县城以西 7.5 千米处的商镇，供水人口 4.9 万人，供水能力 5000 立方米每日，共占地 4500 平方米，2015 年 6 月开工建设，2017 年 7 月建成。

三、商南县城供水

商南县城供水由陕西省水利集团商南县供水公司负责，其前身为商南县自来水公司，成立于 1979 年，为县属国有企业，担负着商南县城区及周边的供水任务。公司总资产 1800 万元，其中官坡水厂资产 800 万元。1997 年 1 月，商南县自来水公司的隶属关系由商南县城建局改为商南县水利水土保持局。经过 30 多年的发展，商南县城已形成完整的供水系统。

2015 年 12 月，商南县人民政府和陕西省水利集团签订合作协议，将原商南县自来水公司及商南县县河水库划转给陕西省水利集团，成立陕西省水利集团商南县供水有限公司。水厂占地面积 15 亩，水源为商南县河水库，供水能力 12000 立方米每日，实际日平均供水量 3000 立方米每日，能够满足商南县城 7 万人口的生活、生产用水。截至 2016 年底，供水管网覆盖县城约 8 平方千米，主管网共计 48 千米，供水人口 5.2 万人，城区供水普及率为 95%。

四、山阳县城供水（涉及银花河流域）

山阳县城供水由陕西省水利集团山阳县供水公司负责，是山阳县城区唯一一家集中式供水企业，其前身为山阳县自来水公司，成立于 1981 年 5 月，1997 年由山阳县城建局移交山阳县水利水土保持局管理。2015 年 6 月，山阳县人民政府与陕西省水利集团签订《山阳县城镇供水合作协议》，将山阳县自来水公司整体划转至陕西省水利集团，注册成立陕西省水利集团山阳县供水有限公司，共有职工 71 人。公司拥有 DN100 以上管径供水管网长度 52 千米，水处理厂 3 座，应急供水水源 2 处，水库 2 座，500 立方米高位水池 2 座，供水能力 12000 立方米每日，最高供水量 6000 立方米每日，水质达标率 100%，供水覆盖率 90%，用户 6900 余户，用水人口约 5 万人。

第三节　供水管理

一、供水管理概况

涉及丹江流域的商州、丹凤、商南、山阳水利部门在不断加大农村饮水工程建设力度，提高工程质量和效益的同时，高度重视农村饮水这一民生工程的建后管理工作。

在机构建设方面，先后成立“农村饮水工程建设管理办公室”和“城乡供水管理站”，落实专职人员，负责商洛市农村饮水项目规划、计划和建设管理等工作。4 县区政府成立相应供水专职管理机构，组建了供水站、供水协会。

在制度建设方面，商州、丹凤、商南、山阳制定出台《农村供水工程运行管理办法》《农村供水工程维修养护管理暂行办法》《农村供水工程维修养护基金筹集使用制度》，县级财政将供水工程维修补助资金纳入县级的财政预算，提供可靠的物质保障，改变重建轻管的现象，确保供水工程长期发挥效益。商洛市在全省率先全面落实“农村供水建立一个专管机构、出台一个管理办法、落实一个维修基金制度”的“三个一”管理模式。对已建成的集中供水工程，按照属地管理原则，乡镇政府驻地工程由县自来水公司、专业化管理公司直接管理；联村工程依托乡镇水利中心成立供水站负责运行管理；单村工程成立用水协会，由乡镇水利中心进行业务指导和监督管理。商洛市形成市水利局、县区水利局、基层中心站、乡镇供水站、农村用水协会、村组兼职管水员共六级工程建后管护模式，基本实现农村水利和农民群众“零距离”无缝对接，初步建立起所有权明晰、责权利统一、监管职能到位的农村饮水工程管理体制、运行机制和社会化服务保障体系。2017 年，在丹凤、柞水两县，积极试点农村饮水工程“量化赋权”工作，积极探索归属清晰、权责明确、流转顺畅的工程产权制度新模式。

在供水水质保证方面，2011 年之前，在没有专业的检验手段的情况下，总结出简单办法自测水质的经验。一是看：用透明度较高的玻璃杯接满一杯水，对着光线看有无悬浮在水中的细微物质；静置 3 小时左右，观察杯底是否有沉淀物，如果有，说明水中悬浮杂质严重超标。二是闻：用玻璃杯距离水龙头尽量远一点接一杯水，然后用鼻子闻一闻，是否有漂白粉（氯气）的味道，如果能闻到稍微刺鼻的味道，说明自来水中余氯超标。三是观：用自来水泡茶，隔夜后观察茶水是否变黑，如果茶水变黑，说明自来水中含铁、锰严重超标，应选用装有除铁、锰滤芯的净水器进行终端处理。四是品：品尝白开水，口感有无涩涩的感觉，如有，说明水的硬度过高，应选用装有离子交换树脂的软化滤芯的净水器进行处理，处理后的水口感会更加甘甜。五是查：检查家里的热水器、开水壶内壁有无结一层黄垢，如果有，说明水的硬度过高（钙、镁盐含量过高），应尽早使用软化净水器进行软化处理。值得注意的是，硬度过高的水很容易造成热水器管道结垢，因热交换不良而爆管，而且人长期饮用硬度过高的水容易得各种结石病。

1993 年至今，商洛水文水资源勘测局（现改名为商洛水文水资源勘测中心）对丹江流域水质进行监测，并将监测结果分月、季、年报送省水利厅。

2011 年 4 月 6 日，商洛市疾病预防控制中心对丹江流域饮用水样品进行了检测。

2015—2016 年，商洛市投入 630 万元，开展水质检测能力建设。商州、丹凤、商南、山阳建成各县水质检测中心，每县区配备大型水质分析仪器、便携检测仪器及水质检测车辆，达到 63 项水质检测指标。加大水源水、出厂水和管网末梢水水质检测频次，确保群众的用水安全。投资加强水源地保护，集中农村供水工程设置水源保护标志牌、隔离围栏、水源保护标语。同时，大胆探索创新，不少技术难题得到攻克破解。商州区通过在水表井内加设防冻排空阀，冬季夜间将水龙头立杆内余水排空，有效解决高寒山区水管冻堵问题，获得商洛市政府科技成果一等奖。丹凤县在商山供水工程中引进生物慢滤净化技术，在保障水质安全方面收到良好的效果。

截至 2022 年，丹江流域各县（区）着眼建立长效机制，均组建了农村饮水安全专管机构，出台了运行管理办法，建立了维修养护基金制度，制定了农村供水应急预案。“千吨万人”规模以上的供水工程都组建了专业管理机构，其他供水工程也都落实了管理责任和管理人员。建立了水利行业自控和卫生部门监控相结合的水质安全保障制度，千人规模以上集中供水工程都设有水质化验室；县级农村饮水安全水质监测中心按照年度检测计划，定期开展水质检测。规模以上工程水源地，由生态环境局明确保护范围，划定保护区域，插标亮界，设置隔离防护围栏，有条件的设立视频监控系统，从源头上保证了水质安全。

二、供水保障体系短板

（一）个别行业节水尚有一定空间

水资源利用效率总体偏低。2021 年，流域万元 GDP 用水量 37.9 立方米每万元，万元工业增加值用水量 20 立方米每万元，农田灌溉水利用系数 0.557，工业用水重复率 48%，均低于陕西省平均水平。同时，农业节水意识不强，灌水方式相对落后，节灌率仅 35.7%，远低于全省（64.6%）及全国平均水平（49.4%）。流域内现状无再生水利用，污水资源化利用水平低。商洛市区、丹凤县城供水管网漏损率高于 10%。

（二）城乡供水保障体系尚不完备

水资源时空分布不均加之缺乏控制性调蓄工程及水源连通工程，水资源时空调控能力有限，工程性缺水严重。县级以上城市供水抗风险能力差。丹凤县城无应急备用水源，商洛市、商南县虽有应急备用水源工程，但应急备用能力不足。流域内农村供水以千人工程及千人以下小型供水工程为主，供水比例高达 77.5%，城乡供水一体化及万人规模化供水工程供水比例仅 12.9%，距农村供水实现更大范围同源、同网、同质、同价、同服务“五同”目标要求尚有差距。部分早期建设的农村供水设施建设标准偏低，需要进一步改造提升。

（三）农业灌溉设施现代化程度低

到 2022 年底，中型灌区仅有庙湾灌区、丹北灌区、永富灌区 3 处，主要为小型农田水利工程，且存在灌区配套不够完善、渠道老化、输水损失大、灌溉保证率低等问题。

第三章 节约用水

水是万物之母、生存之本、文明之源，是人类以及所有生物存在的生命资源。丹江流域自古至今就三年一大旱、五年一中旱、十年一大旱，河川之危、水源之危，水资源短缺。党的十八大以来，丹江流域各县区开展节水治水工作，严格用水总量控制，统筹生产、生活、生态用水，大力推进农业、工业、城镇等领域节水，落实“以水定城、以水定地、以水定人、以水定产”，发展节水产业，取得一定成绩。

第一节 流域节水

2002 年，水利部下发《开展节水型社会建设试点工作指导意见》（水资源〔2002〕558 号）。

2002 年 5 月 14 日，陕西省商洛市水利水土保持局内设商洛市节约用水办公室。商州、丹凤、商南、山阳等县（区）相继成立节约用水办公室。

2003 年 10 月，水利部在甘肃张掖召开全国节水型社会建设试点会议后，商洛市、商州区、丹凤县、商南县、山阳县水利部门按照陕西省部署，先后组织编制了节水型社会建设五年规划。节水型社会建设试点以来，商洛市在全面调研水资源利用、节约和保护现状的基础上，根据有关法律法规规定，结合实际，制定了《商洛市节约用水管理办法》《商洛市节水单位考核管理办法》《商洛市计划用水考核管理办法》《商洛市工业企业水量平衡测试规定》。

从 2004 年开始，商洛市实施城镇供水价格改革方案，2006 年明确提出运用经济手段推进节水型社会建设，2007 年完成了城镇供水水价改革任务。

2011 年 11 月，中央财政扶持小水重点县（区）项目建设完工。推广节水灌溉新技术、新材料，在 6 个乡（镇）40 个村高起点、高标准建设小型水源工程，新建大口井 66 眼，配套水泵 66 台，新修 U 形渠道 14 千米，铺设地下电缆 35 千米，埋设输水管网 138 千米，新修抽水站 3 座、蓄水池 2 座，修复塘坝 1 座，发展节灌面积 5400 亩，使水利用系数提高到 90% 以上，显著增强了项目区抗御旱灾的能力。

2017 年 6 月 7 日，陕西省商洛市编委会批准在市水资源管理办公室加挂“商洛市节约用水办公室”牌子。

2017 年 7 月 18 日，陕西省商洛市编委会批准为市水资源管理办公室（市节约用水办公室），落实水利部《关于开展县域节水型社会达标建设工作的通知》（水资源〔2017〕184 号）规定。

2020 年 11 月，陕西省商洛市通过国家节水型城市省级验收。

到 2020 年，丹江沿岸节水型社会建设正在进行，冶金、纺织、烟草、能源、医药制造等主要行业节水技术改造稳步推进。根据《2020 年陕西省水资源公报》，2020 年商洛市万元 GDP 用水量为 34.8 立方米每万元，较 2019 年下降 10.6%，陕西省商洛市灌溉水利用系数 0.549，低于全省平均值 0.5766 和全国平均值 0.565，节水仍有潜力。

2022 年 12 月，陕西省商州区被水利部授予第五批节水型社会建设达标县。

2023 年 1 月 23 日，陕西省商南县、丹凤县、商州区 3 县（区）被水利部命名为节水型社会建设达标县。

第二节　节水现状

一、节约用水现状

截至 2021 年，陕西省丹江流域人均综合用水量 135 立方米每人，远低于陕西省平均水平（229 立方米每人）；万元 GDP 用水量 37.9 立方米每万元，略低于陕西省平均水平（30.4 立方米每万元）。

（一）农业用水指标

耕地亩均灌溉用水量 260 立方米每亩，略高于陕西省平均水平（279 立方米每亩）；农田灌溉水利用系数 0.557，低于陕西省平均水平 0.577。其中，商州区庙湾灌区干渠渠道在原有土渠上防渗衬砌，衬砌渠道 3 条 13.6 千米，并维修 6 座跌水、5 座渡槽；支渠渠道在原有土渠上防渗衬砌，衬砌渠道 6 条 27.4 千米，并新修分水口 35 座、闸门 27 座、生产桥 35 座；新修田间渠道及建筑物：D30U 形渠 63 条 23.08 千米，量水堰 63 座，30 米 ×30 米斗门 223 座；D50U 形排灌渠 34 条 11.5 千米；新修生产路 34 条 12 千米。

（二）工业用水指标

万元工业增加值用水量 20.0 立方米每万元，远低于陕西省平均水平（9.7 立方米每万元）。丹江流域工矿企业在生产水源、废水污水处理及回用、生产附属设备补充水等方面均进行了节水设计、安装、投运及优化，对各种水资源尤其是非常规水资源的分级利用，保证了用水效率最大化，真正实现了“零排放”。

（三）生活用水指标

城镇居民人均生活用水量 129 升每人天，远高于全省平均水平 94 升每人天，农村居民人均生活用水量 87 升每人天，略低于全省平均水平 94 升每人天。丹江流域商洛市区、丹凤县城、商南县城城市公共供水管网漏损率分别为 12.4%、11.5%、8.3%，距国家要求的管网漏损率控制在 10% 以内的要求还有差距。陕西省丹江流域农田灌溉水利用系数 0.557，较往年有所提高，但仍低于陕西省 0.577 的平均水平；工业水重复利用率仅 48%，远低于全省 91% 的平均水平，且当前丹江流域基本无再生水利用。

二、节水潜力分析

根据《国家节水行动方案》、《国务院关于印发水污染防治行动计划的通知》（国发

〔2015〕17 号）（简称“水十条”）、《陕西省实施国家节水行动方案》、陕西省《行业用水定额》（DB 61/T 943—2020）和《陕西省水污染防治工作方案》等，在对全省现状节约用水水平分析的基础上，测算“十四五”期间主要节水指标，估算丹江流域农业、工业和城镇生活节约用水潜力。

（一）农业节水潜力

大力推进节水灌溉，提高全省灌溉水利用系数。在分析现状年实际灌溉面积、灌溉用水量、灌溉管理等的基础上，对比农业用水效率指标，估算农业灌溉用水的节水能力。“十四五”期间，通过积极开展大中型灌区续建配套和现代化改造，以及实施农业高效节水灌溉工程等措施，提高灌溉水利用系数。

（二）工业节水潜力

工业企业通过产业结构调整、减少高耗水企业比例、工艺设备改造、调整水价等措施，提高工业用水的利用效率和技术水平。对比工业用水效率指标，测算工业领域在规划水平年的节水潜力。“十四五”期间，全面提高工业节水水平，万元工业增加值用水量比 2020 年下降 5%。

（三）城镇生活节水潜力

推进城镇节水工程建设，以降低管网漏损率为主，实施管网改造，普及推广节水型用水器具，深入开展节水载体建设。对比生活用水效率指标，测算城镇生活规划水平年节水潜力。“十四五”期间，管网漏损率由 10% 降低到 9%。通过全面普及和推广节水器具，提高节水器具普及率。

第三节　节水工作

一、节水型单位创建

2019 年，陕西省商洛市创建省级节水型城市工作，成立了市长挂帅的创建节水型城市工作领导小组，市城管局局长担任创建办主任，抽调城管、水利、发改、工信、住建等部门工作人员下设 4 个工作组具体负责创建工作。先后出台了《商洛市地下水管理办法》《商洛市中心城区海绵城市专项规划》等文件。在城市开源节流、节水宣传教育、供水和污水处理工程建设、再生水利用设施建设、雨污分流工程建设、海绵城市建设、公共机构节水型单位、城市水环境工程建设和治理等方面做了大量的工作，取得了阶段性重要成果。商洛市区日供水能力达到 7 万吨，饮用水水质检测能力由原来的 9 项提升到 42 项，供水服务面积由 30 平方千米增加到 50 平方千米；敷设排水管网总长度 235 千米，排水管网普及率达到 95.9%，污水处理率达到 97.2%；关闭自备水源井 10 眼；已被命名的省级节水型单位 2 家，市级节水型单位 4 家。

截至 2023 年，丹江流域以重点领域节水为突破点，推进水资源节约集约利用。一是全面推进农业节水增产。积极推广喷灌、滴灌等高效节水灌溉和旱作农业节水技术，加强工程、设备、农艺和管理等措施，结合高标准农田建设，加大田间节水设施建设力度。

开展农业用水精细化管理，科学合理确定灌溉定额，推进灌溉试验及成果转化。二是狠抓工业节水增效。大力推广高效冷却、洗涤、循环用水、废污水再生利用、高耗水生产工艺替代等节水工艺和技术，支持企业开展节水技术改造及再生水回用改造，推动企业污水处理设施改造提升，完善供用水计量体系和在线监测系统，强化生产用水管理，健全企业节水制度，积极推动节水型企业创建。陕西锌业公司通过优化生产工艺，大力推广工业废水、生活污水、雨水以及中水利用，完善企业节水制度，用水效率显著提高，被评为省级节水型企业，目前商洛市已有 3 家企业创建为省级节水型企业，以点带面促进了工业节水。三是公共机构带头，强化生活节水降损。积极推动建成了一批节水意识强、节水制度完备、节水器具普及的节水示范单位。印发了《关于加强水利行业节水机关建设工作的通知》《关于开展 2020 年公共机构节水型单位创建工作的通知》，通过完善节水管理制度、强化宣传教育、积极开展水平衡测试、建立用水分级计量体系、更换节水器具等举措，使机关节水工作登上新的台阶。市水利局已建成水利行业节水机制并通过省级验收，各县（区）水利局均已完成创建工作并通过市级验收。截至 2022 年，商洛市通过国家节水型城市省级验收；商南县、丹凤县、商州区 3 县（区）被水利部命名为节水型社会建设达标县。

二、工业用水节水

近年来，丹江沿岸节水型社会建设持续进行，冶金、纺织、烟草、能源、医药制造等主要行业节水技术改造稳步推进。根据《2020 年陕西省水资源公报》，2020 年商洛市万元 GDP 用水量为 34.8 立方米每万元，较 2019 年下降 10.6%，商洛市灌溉水利用系数 0.549，详见表 2-3-1。

表 2-3-1　2020 年陕西省丹江流域灌溉用水指标对比统计

项目	商州区	丹凤县	商南县	商洛市	陕西省	全国
万元 GDP 用水量 /（m^3/ 万元）	34.6	37.2	30.5	34.8	34.6	57.2
万元 GDP 用水量 /（m^3/ 亩）	191.4	293.1	253.5	271.1	260.5	356
灌溉水利用系数	0.549				0.5766	0.565

注：本表出自《陕西省丹江流域综合规划报告》（2023 年）。

三、社会节水

流域各市县区利用“世界水日”“中国水周”“城市节水宣传周”“法制宣传日”等，开展水法律法规宣传活动，制作固定节水宣传广告牌、节水公益广告栏及宣传标语，向民众发放印有节水宣传标语的海报、围裙等物品；利用电视、新媒体平台等多媒体平台开展节水知识宣传。在学校、社区、居民中开展了各种形式的节约用水活动，每年组织开展“节水进校园”“节水进社区”“节水进住户”主题宣传教育示范活动。联合教育系统印发《关于开展节约用水主题宣传教育活动的通知》，会同多部门在商州区红旗小学等单位开展“走进丹江、了解丹江、保护丹江”主题公益宣传进校园活动，将节水教育融入校园，充分发挥学校教书育人的主渠道作用。广泛动员商洛市水利系统和相关部门、社会公众参加全国节约用水知识竞赛答题和“我的节水故事”有奖征文活动。通过多种形式的宣传，倡导广大市民树立节水保水和遵法守法意识，积极培育社会节水道德观念和水文明行为习惯。

商洛市水利局、文明办等10部门联合印发《部门关于举办〈公民节约用水行为规范〉主题宣传活动的通知》，深入社区、学校、企业、公共场所开展宣传推广和志愿服务活动，积极组织各单位职工及社会公众参与《行为规范》专项答题，牢固树立“节水即减排、节水即降损、节水即增效”的理念，让节水意识渗入日常生活，辐射带动商洛市节水生活方式蔚然成风，以达到节能增效、绿色低碳、水清岸绿的生态目标。

第四节　喷灌工程

一、喷灌的推广

1974 年，商县从外地引进电配喷灌机 2 台，在军民渠安装使用，当年灌田 150 亩。

1975 年，在商洛地区水电局、商县水电局帮助下，夜村区综合厂改制引进的“手动式喷头”初获成功。当年伏旱期间，商县 10 个区（镇）配发“手动式喷头”400 个，利用各种水源进行喷灌。1975 年喷灌开始推广，到 1981 年商县、丹凤、商南固定式喷灌工程 100 处，喷灌面积 12753 亩。其中，自压喷灌 83 处，面积 11000 亩；机压喷灌 17 处，面积 1753 亩。1998 年底，商县、丹凤、商南有喷灌工程 96 处，喷灌设备 996 套，灌溉面积 1.94 万亩。

丹凤县从 1978 年开始有喷灌，先后修建 310 处喷灌示范点，发展喷灌面积 937 亩。喷灌面积较大的有大林堰灌区，依靠地形自然落差自压喷灌点 6 处，灌溉面积 332 亩。代家坝喷灌点 2 处，灌溉面积 340 亩。城关喷灌点 2 处，灌溉面积 55 亩。阳平关喷灌点 1 处，灌溉面积 100 亩。铁锁关喷灌点 1 处，灌溉面积 10 亩。广坪喷灌点 3 处，灌溉面积 100 亩。喷灌因成本高、机械管理维护不易，逐渐被其他灌溉设施所代替。

1980 年，商县建成固定、半固定喷灌工程 7 处。翌年 8 月在杨斜公社成立了第一个喷灌公司。

1983 年 4 月 15 日成立商县喷灌公司。

1984 年底，商县土门庵、会峪、东峪、松树嘴、麻池河、北宽坪等 17 个乡也陆续成立喷灌公司，配备 2 ~ 3 英寸（5.08 ~ 7.62 厘米）流动式喷灌机 101 台。

1986 年，商州、丹凤县、商南县有喷滴灌站 28 处，机械 273 套，灌溉面积 3500 亩。

1990 年底，商洛地区有喷灌机械设施 212 套，喷灌能力 1800 亩。

到 2022 年底，个别县（区）仍在使用节水喷灌设施。

二、典型喷灌工程

丹江流域喷灌工程在木耳、香菇产地，兴起微喷试验，效益显著。

（一）竹林关镇张塬村喷灌工程

2011 年，实施了丹凤县竹林关镇张塬村喷灌工程，项目区范围包括张塬村的 3 个村民小组，项目区内总户数 560 户，总人口 2132 人，人均产粮 239.7 千克，人均纯收入 3392 元。在竹林关镇张塬村发展节水灌溉面积 420 亩，主要选择喷灌和暗管输水进行灌溉。工程主体工程量为 PVC 管道 17484 米，镀锌钢管 15 米，阀门 44 个，给水阀门井 15 座，排水阀门 12 座，首部阀门井混凝土 4.93 立方米，浆砌石护坡 8.62 立方米，混凝土 22.64 立方米。工程总投资 126.79 万元。工程的建成，增加有效灌溉面积 420 亩，促进了当地产业结构调整和经济的发展。

（二）武关镇南坪村大棚蔬菜滴灌工程

武关镇是陕西省丹凤县近年来发展的大棚蔬菜基地。该基地以地下水为水源，利用现有大口井进行取水，灌溉方式主要采用田面漫灌，既费水，灌溉效益又差，急需发展节水技术，提高经济效益。2011 年 8 月，丹凤县水利局聘请陕西泾惠水利水电设计院进行了规划，主要为 192 座大棚配套滴灌，设计铺设 UPVC 输水管道 11.307 千米，ϕ 32PE 管 17.28 千米，ϕ 16PE 滴灌带 202.944 千米。工程概算 63.36 万元。2011 年 12 月 1 日，省水利厅对 2011 年实施方案进行批复（陕水发〔2011〕93 号），同意设计建设内容。工程从 2012 年 3 月 4 日开工建设，4 月 2 日完工。共完成管沟土方开挖 5470 立方米，管沟土方回填 5470 立方米，铺设 UPVC 输水干支管 11.30 千米、PE 管 17.09 千米，铺设滴灌带 202.75 千米。完成工程投资 60.29 万元。该工程的建设，为保障农业生产、发展农村经济起到了巨大作用，该工程投入运行后，灌溉得到进一步加强，增产效益较明显，促进了当地经济的发展，为丹凤县设施农业的发展起到了引领作用，极大地促进了当地经济的发展。

（三）丹凤县桃花谷高效节水灌溉工程

丹凤县桃花谷高效节水灌溉工程包含桃花谷和大柴沟两个自然区域。工程由前池（大柴沟倒虹出口）、一级调节池 300 立方米（高程 870 米）、泵站、二级调节池 500 立方米（高程 1000 米）和干支管道 43.32 千米组成。根据园区植物分布特点，分级控制灌溉区域，采用滴灌、微灌、喷灌、管道输水灌溉共 4 种灌溉形式，设计灌溉面积 1020 亩，其中高效节水灌溉面积 380 亩。工程预算投资 598.96 万元。该工程于 2012 年 10 月底动工建设。至 2013 年底完工。该工程的建设，将有效地缓解项目区内植物的缺水问题，保证植物的正常生长，从而真正发挥这些植物的生态效益，为桃花谷示范园的建设作出贡献。

第四章　水电开发

丹江流域水资源相对丰沛，流域水能资源富集，理论蕴藏量255.4兆瓦，可开发量134.9兆瓦，其中丹江干流水能理论蕴藏量134.7兆瓦，可开发量105.4兆瓦，支流水能理论蕴藏量120.7兆瓦，可开发量29.5兆瓦。

第一节　水电发展

一、早期开发利用

商州区县志记载："凡水碓，岭南之人，居丹水之所为也，舂稻磨面之法，省人力十倍。"最早提到水碓的是西汉桓谭的著作。《新论·离车第十一》说："伏义之复原的八头水碓模型图制杵臼之利，万民以济。及后世加巧，延力借身重以践碓，而利十倍；又复设机用驴骡、牛马及投水而舂，其利百倍。"这里讲的"投水而舂"，就是水碓。汉顺帝永建四年（129年），古代丹江沿岸遍布"水舂河漕"，"用功省少，军粮饶足"。这是商州利用水能资源的最早记载。

丹江沿岸水碾、水磨、水碓、香磨子遍及两岸。据《续修商县志稿》（1943年）载，明万历年间，搞车岭下，候塬村南，有水磨一套，为村民碾米、磨面之用。留仙坪乡孙家港有水碾一合，专供油房用。水磨分布有老君河沿岸界牌一合，留仙坪二合，页岭街一合，孙家港一合，苍岭底一合，鱼岭西河湾一合，周家村二合，孙家斜一合，冠山沟二合，龙潭沟二合，寺底铺二合，武关下河二合。水碓分布于老君河苍岭根以上共有8处，每碓年可出香米1500余千克，销售境内及洛南古城一带。香磨子分布于老君河东河从庵底至鱼岭根，西河从留仙坪至苍岭根，沿河两岸共100余处，每年可出香末砖1500余页，销售洛南古城、黄村一带香房。轧花车分布有老君河东岸上伊公路旁一座，内置轧花机三具，利用水力转动车轮，一日可轧棉花100余千克。各类水力发电站至今在丹江流域南北深山地区仍在充分利用。

新中国后，随着水利水电事业的兴起，水力资源的开发利用逐步由水力发电站过渡到水电站。丹江流域水力资源理论蕴藏量34.12万千瓦，技术、经济可开发量均为14.19万千瓦，技术、经济可开发量均为5.31亿千瓦时。

丹江流域小水电建设，起步于1957年。

1958年，建成商县丹惠渠电站，装机容量48千瓦；建成商南县东岗电站，装机容量20千瓦。10月，丹凤县最早的龙潭电站建成发电，装机容量75千瓦，投资13万元，使县城 2460 户首次用上了电灯；1958 年，张垣电站建成发电，装机容量 75 千瓦，投资 5.6 万元。建成商南县东岗、富水街、赵川街、清油河街、湘河 5 座小型水电站，装机容量 160 千瓦，发电 164 千瓦，架电线 27.9 千米，除照明用电外，带动各种机床 8 部，结束了商南县无电的历史；由于经验不足，清油河街、富水街 2 站建成后，不到半年就因水力不足而报废。

1959 年，建成丹凤县龙潭电站，装机容量 75 千瓦；5 月丹凤县商镇电站建成发电，装机容量 48 千瓦，投资 7 万元。

1961 年，丹凤县庾岭电站建成发电，装机容量 7 千瓦。至此，仅丹凤县发电站 4 处总装机容量 205 千瓦，水力发电站 145 座。

1964 年 7 月，丹凤县棣花电站建成发电，装机容量 30 千瓦，投资 3 万元。之后商洛地区掀起大办小水电热潮。从丹凤至棣花、竹林关至土门等川道地区修建了一批水电站，水轮泵站沿河两岸节节开花。当时沿丹江两岸水力发电建站的有棣花、万湾、李家湾、水沟河、巩家湾、两岭、商山、堡子、王垣、商镇、老君、龙驹等处。银花河两岸有土门、高滩、马步滩、神其沟口、王塬、洞底、张垣、竹林关等处。这些电站大部建成发电。

1966 年 8 月 4 日，丹凤县成立了水轮泵建设领导小组，一名副县长任组长。后由于“文化大革命”干扰，水电建设速度减慢。

20 世纪 70 年代，引进水轮泵，综合利用抽水、加工、发电，水轮泵站的大量建设带来小水电的一次飞跃发展。1973 年，商县、丹凤、商南小水电发展到 688 处，装机容量达 5531 千瓦。

1970 年 11 月 25 日，丹凤县撤销农管站水利组，成立丹凤县水电队“革命领导小组”；1972 年 5 月 4 日，成立丹凤县水电局“革命领导小组”；1973 年 4 月 9 日，丹凤县水电局“革命领导小组”改称为“丹凤县水电局”。截至 1970 年建电站（包括水轮泵发电）50 处，装机容量 457.2 千瓦。年底达到 91 处，装机容量 929 千瓦。其间，较大的河南乡百顷电站于 1971 年 5 月建成发电，装机容量为 2×75 千瓦。总投资 13.6 万元。

1974 年以后，建成一批 500 千瓦以上的国有骨干电站，有商县二龙山电站、丹凤县鱼岭电站、商南县县河电站。这批骨干电站容量较大，工程质量较好，机电设备较先进，配有专业技术干部和技术工人管理运行。1989 年底统计，全年发电量 800 万千瓦时，对发展丹江流域工农业生产、实现农村电气化起着十分重要的作用。1974 年丹江流域有水电站 168 处，装机容量 1590 千瓦，发电 159.0 万千瓦时，配电变压器 940 台。1974 年后，由于关中大电网进入商洛地区，大批电站停产，后未管理，又多破坏，使水电建设直线下降。

1975 年，丹江流域有水电站 178 处，装机容量 1678 千瓦，年发电 279 万千瓦时，输电线路 798 千米。其中，高压线路 49 千米，配电变压器 22 台，945 千伏安。其间，赵川区人民充分利用滔河丰富优越的自然地理条件，大力发展小水电建设，制定出百站、千瓦电、万亩田的奋斗目标。水电站带动各种农业机械 159 台，被树为全国发展小水电事业的典型，多次受到国家和陕西省人民政府的嘉奖。北京、西安电影制片厂拍出科教、新闻纪录片各

1部，在全国各地放映。8月，一场百年不遇的暴雨狂袭赵川10个小时，降水量252毫米。山洪暴发，滔河泛滥，冲毁水轮泵（机）站，毁坏程度占总工程的63.7%，灾后，赵川区人民经过1年的抢救工作，被毁坏的基站全面恢复。

1976年，丹凤县水电站降到29处，装机容量598千瓦。一直维持到1979年才稍有发展。小电站建设数量于20世纪80年代有所回升，水力资源开发利用价值越来越被人们重视，队办、户办微型电站及小电站又开始发展起来。

20世纪80年代，农村推行生产责任制，出现户办小水电热潮。

1982年农村实行经济责任制后，户办小水电站在各县各乡初步兴起，小水电站建设由集体性质转为个体。多数因经营管理不善而报废。7月，丹凤县最大的鱼岭电站竣工，装机容量为2×500千瓦，投资134.7万元。

1983年，户办电站完成35处，装机容量123千瓦；1984年建成87处，装机容量457千瓦，相当于当年商县、丹凤、商南增加小水电容量812千瓦的56%。

1988年5月，丹凤县共有电站53座，装机容量1577.2千瓦。其中，完好工程34座，未完好工程多系因为工程老化失修、管理水平差等。

1988—2011年，丹凤县境内有水电站2座，即鱼岭水库一级电站和鱼岭水库二级电站。

1992年，丹凤县仅存小型发电站189座，装机容量3580千瓦。

2000年以后，商洛市上下认真实施小水电代燃料和农村水电及电气化县、小水电增效扩容改造、小水电扶贫等民生水电项目建设，大力发展小水电，使河流生态得到有效保护，水能资源得到有效开发利用，农村砍伐森林禾木做燃料的情况得到有效遏制，节能减排呈现出积极有序的良性发展态势，为商洛市生态文明建设起到积极作用。

2000年建成的电站有：商南县小河一级水电站，总装机容量640千瓦；小河四级水电站，装机容量500千瓦。

2001年建成商州二龙山二级电站，装机容量1650千瓦。

2006年建成商南县小河二级水电站，装机容量400千瓦；商南湘河五斗水电站，装机容量410千瓦。

2007年，按照水利部《关于制止无序开发进一步清除“四无”水电站的意见》精神，商洛市开展了小水电清查整顿，对已成和在建的水电站进行了逐站注册登记，清查整顿后水电站数确定为72处，装机容量32498千瓦，其中当年建成和清查整顿后计入台账的电站在丹江流域的有：商南县关帝庙、武关河、黄家垭、红星、老府湾、龙头漫水电站。

2008年，建成商南县黄龙台、柳林沟、后川、三道岩4座电站，新增装机容量2585千瓦。

2011年，建成商南县兑头湾水电站。

截至2019年，秦岭小水电整治工作前，丹江流域历次水电开发共建有29座水电站（干流5座，支流24座）。根据《商洛市秦岭区域小水电整治工作实施方案》等文件要求，对已建29座水电站拆除23座；退出了南秦电站、县（河）水电站、试马水库电站3座水电站；二龙山电站、鱼岭水库一级电站、莲花台电站3座水电站基本符合评估指标体系要求，整改后予以保留。

二、电站建设情况

（一）历次水电开发情况

截至 2019 年，秦岭小水电整治工作前，陕西省丹江流域历次水电开发共建有 29 座水电站（干流 5 座，支流 24 座），详见表 2-4-1。

表 2-4-1　2019 年陕西省丹江流域历次开发已建水电站统计

所在县（区）	电站名称	所在乡（镇）	所在河流	开发方式	装机容量 /MW
商州区	二龙山电站	城关街道办	丹江	坝后式	5.4
	二龙二级电站	城关街道办	丹江	渠道引水式	1.65
	南秦电站	杨峪河镇	南秦河	坝后式	0.64
丹凤县	鱼岭水库一级电站	商镇	老君河	引水式	1.26
	鱼岭水库二级电站	商镇	老君河	渠道引水式	1.4
山阳县	云权电站	银花镇	银花河		0.1
商南县	县（河）水电站	城关街道办	县河	引水式	0.5
	试马水库电站	试马镇	清油河	引水式	0.075
	莲花台电站	湘河镇	丹江	引水式	40
	小河一级站	金丝峡镇	小河	引水式	0.64
	小河二级站	金丝峡镇	小河	引水式	0.4
	五斗电站	湘河镇	湘河	引水式	0.41
	小河三级站	金丝峡镇	小河	引水式	0.5
	小河四级站	金丝峡镇	小河	引水式	0.5
	武关河电站	金丝峡镇	武关河	引水式	0.2
	龙头漫电站	过风楼镇	清油河	引水式	0.82
	兑头湾电站	过风楼镇	清油河	引水式	0.75
	晒水台电站	赵川镇	滔河	引水式	0.32
	关帝庙电站	赵川镇	滔河	引水式	0.125
	老府湾电站	赵川镇	滔河	引水式	0.4
	黄家垭电站	赵川镇	滔河	引水式	0.26
	三道岩电站	赵川镇	滔河	引水式	0.6
	黄龙台电站	赵川镇	滔河	引水式	0.2

续表 2-4-1

所在县(区)	电站名称	所在乡（镇）	所在河流	开发方式	装机容量 /MW
商南县	松树（柳林）沟电站	赵川镇	滔河	引水式	0.26
	后川（台子）电站	赵川镇	滔河	引水式	0.325
	孙家坪电站	十里坪镇	滔河	引水式	0.11
	月亮湾		丹江	坝式	16
	金华湾		丹江	坝式	16
	红星		湘河	引水式	320

注：本表出自《陕西省丹江流域综合规划报告》（2023 年）。

（二）秦岭小水电整治

2019 年，流域开展了秦岭区域小水电整治工作，根据《陕西省秦岭区域小水电整治工作方案》《陕西省秦岭区域小水电工程整治评估指标与标准》《商洛市秦岭区域小水电整治工作实施方案》等相关要求，流域内已建水电站按照整改方案完成了拆除、退出、整改 3 类 29 座电站的整治要求（“设施全部拆除”定义为“拆除”；“设施部分拆除”定义为“退出”，即拆除与水电发电相关的设施，退出水电发电功能；不属于拆除类、退出类的，予以保留，列为整改类）。2021 年陕西省丹江流域拆除水电站统计见表 2-4-2。

表 2-4-2　2021 年陕西省丹江流域拆除水电站统计

电站名称	拆除情况
小河一级	水电站厂房保留，其余设施已全部拆除，恢复河道原状
小河三级	水电站厂房、拦水坝予以保留，其余设施已全部拆除，恢复河道原状
小河四级	水电站厂房保留，其余设施已全部拆除，恢复河道原状
后川（台子）	厂房保留，其余设施已全部拆除，恢复河道原状
洒水台	宿办用房保留，其余设施已全部拆除，恢复河道原状
关帝庙	引水渠道、旧前池未拆除，作为沿途沟道及村庄排水渠使用，由商南县水利局移交赵川镇人民政府管理，其余设施已全部拆除，恢复河道原状
老府湾	拦河坝基座未拆除，作为村集体经济养殖业水源取水口，且可以有效保护上游堤防基础，由赵川镇老府湾村村委会管理，其余设施已全部拆除，恢复河道原状
黄家垭	水电站拦河坝基座未拆除，作为村集体经济养殖业及灌溉水源取水口，由赵川镇石堰河村村委会管理，其余设施已全部拆除，恢复河道原状

续表 2-4-2

电站名称	拆除情况
鱼岭水库二级	压力管道与巡渠踏步为一整体，无法拆除，与电站管理用房一并移交丹北库区管理总站使用，引水渠道为丹北库区管理总站鱼岭灌区总干渠及东干渠，前池属于东干渠渠系建筑物，需继续发挥灌溉功能，其余设施已全部拆除，恢复河道原状
月亮湾	在建电站，所建设施已全部拆除，恢复河道原状
金华湾	在建电站，所建设施已全部拆除，恢复河道原状
二龙二级	水电站拦水坝已经拆除，恢复河道原状，取水口、发电进水口封堵，引水渠道和前池填埋平整，厂房拆除，地面平整，机电设备金属结构拆除完成
小河二级	
五斗电	
武关河	
龙头漫	
兑头湾	
三道岩	
黄龙台	
松树（柳林）沟	
孙家坪	
红星	
云权	

注：本表出自《陕西省丹江流域综合规划报告》（2023 年）。

按照秦岭生态保护小水电整改工作要求，2021 年完成流域 29 座小水电整治工作，其中拆除 23 座，退出 3 座，整改 3 座。整治完成后，丹江干流保留二龙山一级和莲花台 2 座水电站，总装机容量 45.4 兆瓦，支流老君河保留鱼岭一级电站，装机容量 1.26 兆瓦。现有 3 座水电站核定的生态流量泄放目标满足河流生态保护要求，生态流量足额下泄，监测监控设施均正常运行，生态流量规章制度完善。

第二节　典型电站

一、二龙山电站

商洛市二龙山电站是二龙山水库的坝后式电站，位于陕西省商洛市城西北 5 千米处的丹江干流上，引水流量 5.8 ~ 13.8 立方米每秒，水头 28 ~ 42 米。总装机容量 3750（3 × 1250）千瓦。电站工程由压力隧洞、钢管道、主副厂房、变电站等组成。压力隧洞长 152 米，直径 4 米，钢筋混凝土衬砌。隧洞进口用平板钢闸门控制，出口端连接钢管。钢管下端分 3 根管与 3 台水轮发电机组相连。水轮发电机为立式机组（型号为：HL 263 – LJ – 100 及 TSL 215/36 – 16），电站尾水入东干渠。变电站设于电站左侧，安装 3200 千伏安与 2000 千伏安变压器各 1 台。建设投资电站施工以商县民工为主，聘有少量技工。电站主体部分于 1972 年 2 月动工，1975 年 12 月完成土建部分，1976 年 5 月 16 日第一台机组投产发电。1976 年 9 月，2 条 10 千伏线路架通，10 月 1 日正式给商县城区送电，同时并入大电网运行。1978 年 9 月 7 日，第二台机组投产运行。1985 年 11 月 20 日，第三台机组安装完毕，作为备用机组投入运行。电站工程建设投资 228.4 万元。1995 年发电量 1014 万千瓦时，年利用 2706 小时。

二龙山电站是商洛地区装机容量最大的一座电站，主要对大电网起调节和补充作用，大电网停电期间，作为备用电源，保证城区特殊用户供电。1985 年被评为全国小水电先进单位。1988 年以来，电站实行承包经营。1995 年度完成发电量 75.62 万千瓦时，年总收入 8.87 万元，亏损 25.82 万元。根据《陕西省秦岭区域和全省自然保护区小水电问题整改及生态治理工作指导意见》的相关要求，二龙山电站规划装机容量 5.4 兆瓦的生态机组，发电量 1980 万千瓦。

二、莲花台水电站

商南县莲花台水电站是商洛市境内最大的水电开发项目，也是丹江流域目前最大的水利建设项目，位于商南县湘河镇莲花台村上游 1 千米处，坝址以上控制流域面积 6614 平方千米，水库总库容 9537 万立方米，电站设计装机容量 4 万千瓦，年发电量 1.1 亿千瓦时，计划总投资 7.82 亿元。莲花台水电站工程等别为中型Ⅲ等水利水电工程，水库具有季调节性能，正常蓄水位 294.0 米。大坝枢纽建筑物由碾压混凝土重力坝、泄洪坝段、泄洪排沙孔、坝后式厂房等组成。坝顶高程 297.20 米，最大坝高 70.20 米，坝长 220.50 米。电站采用一回 110 千伏出线至湘河镇变电站上网。2006 年，商南县宇泽电力开发有限公司开工建设莲花台水电站，后因资金问题停工；2008 年国电陕西水电开发有限公司从商南县宇泽电力开发有限公司接收该项目，由武警水电部队承建。截至 2011 年底，累计完成投资 3.82 亿元，完成大坝主体工程形象进度 70% 以上，后因建设资金不足等原因于 2012 年春节后停工。于 2015 年 4 月复工建设，到 2015 年 10 月累计完成投资 5.38 亿元，2015 年 10 月再次停工（10 年里经历 3 次停工）。2017 年 4 月，陕西省水利集团正式收购了国电丹江水电开发有限公司 100% 股权，同时成立陕西省水利集团商南县丹江水电开发有限公司，对产业扶贫项目莲花台水电站进行了精心规划，于 2017 年 9 月 29 日启动了莲花台水电站复工建设。项目建设过程中，解决了移交手续复杂、遗留问题多、地基岩溶断层发育等诸多困难。2019 年 1 月 10 日，大坝主体顺利封顶；2019 年 8 月 30 日，大坝出现国内少有的岩溶断层地质问题，通过历时两年的三层廊道深度灌浆取得了圆满成功；2020 年 7 月 19 日，商南县丹江莲花台水电站通过省级移民安置专项终验，8 月 14 日，正式通过下闸蓄水验收，目前蓄水至 288.5 米高程。2020 年 11 月 12 日，经历过三任业主、四届政府，承载着 24 万商南群众期盼的莲花台水电站正式并网发电。

随着莲花台水电站正式并网发电，位于莲花台水电站下游的金华湾水电站、月亮湾水电站也即将复工建设，届时将形成总装机容量 6.4 万千瓦的梯级调度电站。水电公司还计划在这三座水电站推行集中控制无人值守，依托莲花台水电站库区近万亩水面，打造莲花湖水利风景区，持续释放经济带动力，创造就业机会，增加社会效益，显著改善当地生态环境、出行条件、居民生活和就业状况，为促进县域经济社会又好又快发展作出国有企业新贡献。

三、鱼岭水库一级电站

丹凤县鱼岭水库一级电站机电设计由商洛地区勘测设计完成，水工建筑设计由丹凤县水电队完成。1978 年 10 月 20 日成立筹备处。1978 年 11 月动工，施工任务由抽调民工承担，1982 年 7 月机组安装完毕，1983 年 1 月 13 日正式投入运行。水电站位于水库副坝后，其压力管道和水库放水隧洞相接。电站装机容量 2 × 500 千瓦。该站最大水头 54.4 米，最小水头 27.6 米。与丹凤变电站之间架设 10 千伏联络线路，长 9.8 千米，电站并网运行。另一条长 15 千米 10 千伏的线路向县水泥厂供电。电网停电或检修期间，可供丹凤县城区及水泥厂用电。该电站仅 1988 年完成发电量 320 万千瓦时，总收入 20.8 万元。

该电站原属国有企业，1998 年 8 月 10 日改为股份制企业，由商洛市供电局控股，现名为丹凤县振源水电有限责任公司。

四、鱼岭水库二级电站

丹凤县鱼岭水库二级电站工程，位于丹江一级支流——老君河的下游，即老君峪口，距县城 8 千米，距长坪公路 3 千米，位于老君河东侧，西河乡（今属龙驹寨镇）贺家村王涧子。1992 年 3 月 27 日开工，1993 年 10 月竣工。该电站为渠道引水式电站，利用鱼岭水库一级电站尾水发电。电站厂房工程等级为Ⅳ等 4 级建筑物，设计洪水位 20 年一遇设计，100 年一遇校核。发电水头 74.0 米，发电需水量 2 × 1.15 立方米每秒，装机容量 2 × 630 千瓦，年平均发 4600 小时。该电站为县级国有企业，属农村小型水力发电站，服从商洛供电局供电公司调度。主要建筑物有：交通桥一座、引水前池、压力管道、水轮机水工建筑物、厂房、防洪河堤、变电设施等，该工程总投资 250 万元，总投工 6.5 万个。1994 年 7 月 25 日，丹凤县鱼岭水库二级电站建成并经开机试产后正式投入运行。

2021 年，根据《陕西省秦岭区域小水电整治工作方案》《陕西省秦岭区域小水电工程整治评估指标与标准》《商洛市秦岭区域小水电整治工作实施方案》等相关要求，对电站进行拆除，其中压力管道与巡渠踏步为一整体，无法拆除，与电站管理用房一并移交丹北库区管理总站使用，引水渠道为丹北库区管理总站鱼岭灌区总干渠及东干渠，前池属于东干渠渠系建筑物，需继续发挥灌溉功能，其余设施已全部拆除，恢复河道原状。

第三节　水电站管理

丹江流域水电站管理工作主要包括水利管理和水库调度、水工建筑物的安全监测、机电设备的运行管理等。

一、水利管理和水库调度

管理雨情、水情信息和水库调度业务。提高降雨和水文预报精度，为水电站防洪调度、经济运行提供可靠数据，以及为水库调度部门和电力调度部门提供决策依据，并为水电站正确处理防洪、发电、灌溉、供水等方面的关系，发挥水能综合利用和水电站综合效益提供物质保证。在水库防洪调度方面，需要正确处理发电与防洪的关系，遵守水库调度规则。为了更好地发挥水库防洪和发电的综合效益，需要根据河流的水文特性，确定水库分期防洪限制水位，在不影响防洪安全的条件下，提高水库蓄满率，增加发电效益。在发电方面，大多数水电站按时历法结合预报进行水库调度。系统分析、控制论、最优化控制等新方法逐渐运用于水库调度领域，水库优化调度方案已开始在生产中发挥更好的效益。

二、水工建筑物的安全监测

水电站运行管理的重要组成部分。水工建筑物包括大坝，引水建筑物，泄水建筑物，输水建筑物，通航、过木、过鱼建筑物，水电站厂房等承受水作用力的建筑物。水工建筑物能否正常运行，直接影响水电站效益的发挥和下游人民生命财产的安全。水工建筑物的安全监测工作，是从施工建设开始的，在初次通水期和运行期都要进行系统的监测，尤其是水库初次蓄水时，大坝状态变化的监测记录，对检查设计的预期值及与运行期监测值的比较，具有特别重要的意义。水工建筑物的维护、检修，是改善水工建筑物的工作状况、保证安全运行的重要措施。在处理混凝土裂缝、防渗工程和大坝整体加固工程中普遍采用的方法有化学灌浆、环氧材料、喷锚技术、预应力锚固等新材料与新工艺。

三、机电设备的运行管理

发挥水电站经济效益的关键环节。主要包括安全操作管理、技术经济管理、设备检修管理和运行值班人员的岗位技术培训。

四、安全操作管理

认真执行安全工作规程、运行规程，工作票、操作票、交接班制度，巡回检查制度，定置试验和轮换制度等有关规程和制度，定期进行安全检查、设备运行安全分析。技术经济管理在保证完成发电、调峰、调频和事故备用等任务的前提下，注意采取措施降低发电水耗、厂用电率；定期进行机组效率试验，经常开展经济分析活动；在气蚀、振动允许的条件下，进行机组间负荷的经济分配；对于同一条河流上多级开发的梯级水电站，实行一厂多站统一管理、统一调度；对于较大的河流，分段组织梯级电站，进行集中控制；合理调度，提高水能利用效益。设备检修管理包括机电主设备和辅助设备的维护、监测、大小修计划的安排，施工管理及技术档案、技术资料的积累等管理工作。设备检修，是保持设备状况完好，保证安全生产的必要条件。必须坚持预防为主、安全第一、质量第一的方针，按照应修必修、修必修好的原则，有计划地进行设备检修。岗位技术培训的目的是提高水电站各岗位运行值班人员的技术素质，达到熟悉设备、系统及其基本原理，熟悉操作和事故处理，熟悉本岗位的规程和制度，能正确地进行操作和分析运行状况，能及时地发现故障和排除故障，能掌握一般的维护技能等“三熟三能”基本功，保证每一个值班人员都能胜任本岗位的运行操作、设备监控、巡回检查和事故处理。培训工作可分为上岗前培训和岗位技术培训。培训的方法有组织规程和技术学习与考试、现场考察讲解、技术问答、反事故演习、技术讲座、技术报告会、短期脱离岗位的专业培训班、仿真机培训等。

五、生态流量保障

（一）丹江流域主要控制断面及生态流量要求

陕西省丹江流域生态流量主要考核断面有二龙山水库、莲花台水电站、鱼岭水电站坝址断面，以及主要支流滔河出省断面，主要考核断面及生态流量相关要求见表 2-4-3。

表 2-4-3　2021 年丹江流域河流主要断面生态流量控制目标一览表

序号	河流	控制断面名称	控制断面类型	流量管理目标	数据来源
1	丹江干流	二龙山水库坝址	控制性工程断面	最小下泄流量 2.0 立方米每秒	《陕西省汉江流域水量分配方案》
2		莲花台水电站	控制性工程断面	最小下泄流量 8.96 立方米每秒	陕环批复〔2007〕214 号
3	老君河	鱼岭水电站	控制性工程断面	最小下泄流量 0.16 立方米每秒	陕水规计发〔2016〕313 号
4	滔河	梅家铺	出省断面	最小下泄流量 0.25 立方米每秒	《陕西省汉江流域水量分配方案》

注：本表出自《陕西省丹江流域综合报告》（2023 年）。

（二）丹江流域主要控制断面生态流量保障程度

根据《商洛市秦岭区域小水电整治工作专班办公室关于小水电整治检查验收情况的报告》（商秦水电专班办〔2021〕28 号），陕西省丹江流域保留的二龙山水库、莲花台水电站、鱼岭水电站整改后均已完善生态流量泄放设施，安装生态流量监控监测设备，3 座水电站均能保证生态流量足额下泄，满足相关要求。根据《陕西省江河水库工作中心关于下达 2021 年 1 ～ 12 月份汉江水量调度方案的通知》，丹江主要支流滔河梅家铺断面生态流量保证率为 90%。

第五章　渔业水产

丹江自古以来就有鱼类自然繁衍，鱼类资源丰富。商州志载：“丹水，出丹鱼，得者多寿，故名”。北宋时期，商州团练副史王禹偁《丹水》一诗中有“漱石藏青鲤”“来伴钓翁闲”的诗句。清代《捕鱼叹》一诗，叙述在寒冬季节渔民被逼为官家破冰下水、挂网捕鱼的情景。直到民国时期，无人工养鱼。新中国成立后，渔业生产才得以逐步发展。

第一节　渔业发展

一、渔业发展概述

丹江流域水产资源较为丰富。东晋葛洪在他的巨著《抱朴子·金丹》称，丹水“水中有丹鱼，夏至夜，伺鱼浮出水，有赤光如火。网取割其血，涂足涉水如履平地”。

清代赵应会的《商州赋》亦说：“往而不少鲦鳍”，“江边钓客，尚云维丝而维緡；溪上人家，岂必不舫而不鲤”。

清嘉庆商州州官陈祈《咏龙驹寨》诗中有：“历历山川连楚豫，纷纷商贾杂樵渔”。

以上均说明，在古代，境内江边有打鱼人，街上有卖鱼者。

对于鲵鱼（亦称娃娃鱼）和“团”（亦称“甲鱼”或“鳖”）的开发价值古时均有记载。《商州赋》即有“新涨洪而鲵鱼出”句。不少资料记载：“鲵鱼……肉可以吃”，且滋味鲜美，营养丰富。

丹江渔业生产，起始于20世纪70年代，初期以水库养鱼为主，也有少量的池塘养鱼。随着市场经济的发展，据1982年水产资源调查，丹江有草鱼、鲢鱼、鳙鱼、娃娃鱼、鲤鱼、鲫鱼、马口鱼、泥鳅、红眼鱼、麦穗鱼、黄鳝、龟、虾、蟹、蚌等，上述水产资源分布于丹江干流及其较大支流，包括部分水库、池塘等。迄今丹江最为常见的当地名品为五色（桃花板）鱼。

1990年前，各县水产资源利用保护方面，突出的问题是“竭泽而渔”，狂捕乱捞，破坏严重，没有坚持年年投放，按时捕捞，单产不高，水库养鱼对野鱼处理不好，大量家鱼被食，加之无拦鱼设备，汛期库水溢洪时大量鱼被冲走；品种搭配不合理，不能充分利用深度水面；管理不善，科学养鱼技术水平低。

1992年，丹凤县水产养殖累计1026亩。主要完成了地区下达丹凤县“渔业丰收计划”，池塘养鱼综合增产技术75亩，单产388.3千克，完成水产品产量48吨，1993年渔业总收入15.28万元；鱼总产量21.5吨（其中水库产量21吨，其他水域产量0.5吨）。

1993 年 9 月 17 日，为了使各县渔业生产能稳步增长，维护好养殖者的合法权益，合理开发利用本地资源，加强渔政管理，坚决制止偷、抢、毒、炸及乱捕鱼的现象发生，根据商地水〔93〕第 92 号文件要求，各县聘任了渔政检查员。

1997 年，丹凤县丹北灌区管理处将鱼岭水库水面租给丹凤县河南乡河涧村上练组村民靳榜劳、靳根劳进行养鱼，签订合同并进行了公证。

自 2000 年之后，丹江渔业发展步入“产量型渔业”向“质量型经济渔业”的转变，渔业养殖面积稳中有增，渔业产量和产值快速增长。

二、渔业资源

丹江有各种鱼类水族 38 种，丹江因产“得者多寿”之称的丹鱼而得名。

（一）鱼类

丹江在陕西境内流域面积 7478 平方千米，支流众多，25 千米以上的支流有 21 条，10 ~ 25 千米的干沟有 79 条，1 ~ 10 千米的支沟有 952 条，1 千米以下的毛沟多达 34308 条。干支流有星罗棋布的水域面积，为野生鱼类自然繁衍提供了广阔的天然水域。在丹江流域石灰岩溶蚀地区分布一些鱼洞，每逢谷雨时节，鱼群向外涌出。丹凤县石槽沟乡谷雨洞、铁峪铺东街等地均有地下暗河。冬季天寒鱼进洞，春季气候变暖，鱼又游出，形成奇美自然景观。

丹江水域生存的鱼类种类繁多，常见的鱼类有白鲢、草鱼、鲤鱼、鲫鱼、麦穗鱼、泥鳅、鲶鱼、黄鳝、鲴鱼、马口鱼等，还有两栖纲大鲵和爬行纲甲鱼等水生动物。

1. 20 世纪 80 年代鱼类种类组成

《秦岭鱼类志》（1987 年）记载，丹江陕西段有鱼类 38 种，其中：鲤科 23 种，占 60.53%；鳅科 7 种，占 18.42%；鮠科 3 种，占 7.89%；鲶科、鰕虎鱼科各 2 种，占 5.26%；青鳉科 1 种，占 2.63%。

2. 2012 年调查成果

2012 年，对丹江支流武关河水生生物调查表明，武关河保护区鱼类有 3 目 6 科 35 种，其中：鳅科 12 种，占鱼类总数的 34.3%；鲤科鱼类 23 种，占鱼类总数的 65.7%。此外，分布着鲇科、鮠科、鮡科、鰕虎鱼科等。主要鱼类有东方薄鳅、红尾副鳅、贝氏高原鳅、泥鳅、鲤、拉氏鱥、马口鱼、麦穗鱼、多鳞白甲鱼等。

3. 2017 年调查成果

2017 年，对丹江上游鱼类调查，研究表明，丹江上游鱼类有 2 目 4 科 12 属 12 种，鱼类组成比较简单，仅由鲤科、鳅科、鮠科、银鱼科组成，其中鲤科 7 种，鳅科 3 种，鮠科 1 种，银鱼科 1 种，分别占 58.4%、25.0%、8.3% 和 8.3%。对丹江上游鱼类调查成果表明，高原鳅和短须颌须鮈为优势种，捕获的尾数达到 30 尾以上，马口鱼、麦穗鱼和泥鳅为稀有种，所捕尾数不足 4 尾，其余种为中间种，优势种和稀有种的种类数分别占 16.7% 和 25%。丹江上游平均体重最大的鱼类是马口鱼，平均体重为 9.5 克，最大体重为 10.3 克，其次是拉氏鱥，说明丹江上游分布的鱼类为小型鱼类。

4. 丹江流域鱼类组成变化

根据历年调查成果，2012—2018 年丹江陕西境内河段共调查到鱼类 31 种，其中：鲤科 16 种，占 51.61%；鳅科 4 种，占 12.90%；鲿科 5 种，占 16.13%；鮨科 2 种，占 6.45%；鲶科、塘鳢科、鰕虎鱼科、合鳃鱼科各 1 种，各占 3.23%。优势种为鲫鱼、鲤鱼、鲶鱼、宽鳍鱲、中华花鳅、花鲭。

5. 与历史资料对比分析

（1）消失鱼类有 20 种：鲤科 14 种，为唇鲭、乐山棒花鱼、似鮈、短须颌须鮈、银色颌须鮈、点纹颌须鮈、青鱼、黄尾鲴、细鳞鲴、伍氏华鳊、鳊鱼、铜鱼、南方长须鳅鮀、宜昌鳅鮀；鳅科 3 种，为东方薄鳅、花斑副沙鳅、点面副沙鳅；鮡科 1 种，即中华纹胸鮡；青鳉科 1 种，即青鳉；鰕虎鱼科 1 种，即神农栉鰕虎鱼。

（2）新增的鱼类有：鲤科 7 种，为鲤、花鲭、片唇鮈、长蛇鮈、嘉陵颌须鮈、银飘鱼、拉氏鱥；鲿科 2 种，为叉尾鮠、圆尾拟鲿；塘鳢科 1 种，即黄黝鱼；合鳃鱼科 1 种，即黄鳝；鮨科 2 种，即斑鳜、大眼鳜。

（3）与历史分布相同鱼类有 18 种；20 世纪 80 年代调查结果与 2012—2018 年调查结果相似性（SI）为 0.35，$0.25 \leqslant SI < 0.5$，为轻度相似状态，说明 30 年间物种多样性变化较大，新增和损失物种所占比例均较大。

（二）渔业优势

丹江流域位于我国地理南北气候的分界线，优越的地理位置、气候环境、水资源成为水生动物繁衍栖息的自然优势条件，也是大鲵、水獭、秦岭细鳞鲑等国家保护动物繁衍栖息的理想场所，渔业发展具有三大优势。

（1）大鲵种质资源优势。丹江是我国大鲵四大原产地之一，具有丰富的大鲵种质资源和优良的品质。大鲵分布地主要有丹凤县武关河上游的桃坪、峦庄、庾岭等地。由于环境恶化、人为酷捕滥杀等因素，大鲵资源量锐减。2010 年以后，连续实施增殖放流等人工措施，野生种群生物量趋于稳定，至 2020 年底丹江流域野生大鲵存活量总数在 3000 ~ 10000 尾区间。

（2）冷水资源优势。丹江流域山大沟深，支流众多，属于水资源相对丰富地区。流域植被覆盖率高，涵养水源良好。由于有大量植物的调节作用，夏季气温不高，水温相对较低，有丰富的冷水资源和大量的温泉资源。据调查，丹江流域尚有 15 立方米每秒流量的冷水资源有待开发利用，蕴藏着优质冷水鱼的生产潜力。

（3）休闲渔业产业优势。丹江丰富的旅游资源，已成为发展休闲渔业的主要载体。同时，休闲渔业又成为旅游产业的重要组成部分，可以充分利用这些旅游资源、区位优势资源，通过“旅游 + 渔业 + 餐饮”模式，大力发展休闲观光渔业，实现三产融合发展，拓展渔业产业链。

第二节　渔业生产

一、渔业养殖

丹江流域鱼种场于 1970 年 3 月成立，商县、丹凤、商南皆有，有经营水面、鱼池等，承担引进培育优良鱼种的养殖，并向辖区提供大规格鱼种和部分商品鱼。鱼种场建设前，渔业处于自由发展状态。建场后，随着水利事业的发展、塘库的修建，渔业才逐渐随之发展。

1970 年，丹江流域养殖面积仅 210 亩，总产量 6.5 吨，亩产 31 千克。

1971 年，养殖面积增加到 400 亩，总产下降到 4 吨，亩产仅 10 千克。

1973 年，流域内养殖水面为 600 多亩（其中水库 400 多亩），年产鱼 7 吨。

1974 年，丹江流域多座水库建起，养殖水面达 3000 多亩（其中水库 2200 亩）。

1975 年，流域年产鱼 14.6 吨。

1980 年，流域年产鱼高达 46 吨。

1987 年，商洛地区已养殖水面 3070 亩，达到商洛历史上池塘养鱼面积最高值，池塘养鱼产量达 208.5 吨，平均亩产提高到 68 千克。鱼种池共 20 多口，面积 41 亩，鱼种产量 60 万尾（国营人工孵化）。丹凤县大规格 3 寸以上 15 万尾，从事渔业劳动力 121 个，单产方面，总平均 7.15 千克每亩，渔业专用塘 41.65 千克每亩，池塘 9.75 千克每亩，水库 5.6 千克每亩。最高单产，鱼岭水库曾达 21 千克每亩，龙潭水库 17.5 千克每亩，天桥沟陡塘 150 千克每亩，武关大队涝池 150 千克每亩。渔船共 6 艘（6 吨），全为非机动，网具 10 片，500 米（中型 8 片 400 米，小型 2 片 100 米）。

1989 年，商州市、丹凤、商南累计养殖面积发展到 2000 亩，总产 100 吨，亩产 50 千克。

20 世纪 80 年代末至 90 年代初，丹江流域兴起以家庭为单元的池塘养鱼热，各地群众积极利用低产田、下湿地、河滩地和房前屋后空闲地挖塘养鱼，池塘养殖面积大幅度增加，水产技术推广机构顺应局势，在有条件的水库推广水库网箱养鱼、小网箱养鱼等集约化养殖模式。

商洛地区水产工作站指导商州市东店子村利用下湿地开挖鱼池 80 亩，王刚柱等 13 户农民承包经营，基本满足商州城区市场销售，效益十分显著，成为当时商洛地区最大的乡村渔场；指导商南县龙窝乡爪山村 13 户农民，家家户户利用房前屋后空闲地挖塘养殖，养鱼收入成为家庭主要经济来源和致富门路；指导丹凤县商镇、大峪，丹凤、商南等地发展工程化稻田养鱼技术，实现稻鱼双丰收，商洛地区水利局在丹凤县召开商洛市稻田养鱼现场会予以推广普及。但是，由于城市发展、移民搬迁、土地征用等城市开发利用以及受市场消费水平的限制等因素，迅速兴起的养鱼热没有得到延续，渔业发展速度一直处于缓慢状态。

1995 年 10 月，流域各县成立了“水产服务中心”。服务宗旨：面向广大水产养殖单位及专业户提供“产、供、销”一条龙服务，开发甲鱼等特种水产养殖，促进水产业迅速发展，为兴丹富民、振兴经济作贡献。业务范围：水产养殖技术指导、培训、咨询；提供产、供、销信息；供应优质鱼种，提供科学配方饲料、渔具等；防治鱼病，供应药品；水产项目规划、设计。在武关镇南坪村就有两个甲鱼养殖池，当时经济效益很好，后因缺水而停办。

20 世纪 90 年代后期，国家持续出台一系列鼓励和支持渔业发展的政策措施，迎来渔业发展的黄金时期。

1997 年，商洛地区转发《国务院批转农业部关于进一步加快渔业发展意见的通知》（国发〔1997〕3 号）。

2013 年，国务院出台《关于促进海洋渔业持续健康发展的若干意见》（国发〔2013〕11 号），农业部也出台多项配套政策措施。

2011 年，陕西省人民政府出台《关于进一步加快渔业发展的意见》（陕政发〔2011〕25 号）；市县层面上，商洛市政府出台《关于加快渔业发展的实施意见》（商政发〔2012〕35 号），商州、丹凤、商南及时出台相关配套政策。

这些政策措施的出台体现四方面的特点：一是引起各级党委、政府和社会各界的广泛关注，把渔业列入农业结构调整、促进农民增收和农村经济发展的重要产业予以重视和支持，将渔业生产纳入“菜篮子”工程，渔业发展得到支撑保障；二是制定中长期渔业发展规划，可实现渔业稳步快速健康发展；三是渔业发展在用地、用电、用水、税收等方面的优惠政策，发展动力被激活；四是中、省建立渔业发展专项资金，对地方渔业发展和资源保护进行项目和资金支持，带动大量民间资本投资渔业。这些政策措施的出台和贯彻落实，为商洛市渔业发展注入了活力。

自 2000 年之后，丹江渔业发展步入“产量型渔业”向“质量型经济渔业”的转变，渔业养殖面积稳中有增，渔业产量和产值快速增长。从养殖面积看，水产养殖面积达到 9210 亩；冷水鱼及大鲵养殖快速发展，养殖面积达到 13.1 万平方米，增长 286%，成为渔业发展的主要增长点。从企业化程度看，过去主要以家庭为单元作坊形式的养殖方式，点多、面广、零散、规模小、管理水平程度低。通过资源流转、政策扶持、重点培育、示范带动等政策和技术措施，渔业企业迅速成长，形成一大批现代化渔业企业。

截至 2017 年底，商洛市发展水产养殖基地 200 多家，其中规模以上渔业企业 84 家，投资均达到 100 万元以上，投资超过千万级的企业 10 多家，企业分类为冷水鱼养殖企业 20 家，常规鱼类养殖企业 23 家，大鲵养殖企业 41 家，其中“冷水鱼 + 大鲵”“常规鱼 + 大鲵”渔业综合生产企业 7 家。渔业已名副其实地成为农业产业结构调整、农民增收和脱贫攻坚的重要产业。

二、鱼种繁育

鱼种是渔业生产的重要物质基础，只有质量优、数量充足的苗种才能保证渔业生产取得较好的经济效益和社会效益。商洛鱼种场的建设起源于 20 世纪 50 年代末期，到 80 年代基本稳定。

1959 年，商洛地区水电局在商县东龙山费娜村建设商洛地区鱼种场。

1960 年，商洛地区水电局建成鱼池 4 个，水面 9.6 亩，建设孵化环道，选育“四大家鱼”亲鱼，进行人工培育和繁殖。当年从外地购回水花鱼苗，培育鱼种，供应各县养鱼。

1964 年春，成功繁殖孵化出鲢、鳙和鲤鱼苗，培育成大规格鱼种供应商品鱼养殖户养殖。

1968 年后，商洛纸厂直排污水导致丹江水质污染，丹江流域鱼种场养殖用水依靠井水，无法进行人工孵化，此后一直通过外地采购水花鱼苗培育大规格鱼种。

1970 年之后，丹江流域鱼种场规模逐步扩大，占地面积达到 70 亩，鱼池 10 个，养殖面积 38 亩，年可生产大规格鱼种 3 万多千克。

1974 年，二龙山水库建成鱼种场，养殖面积 48 亩，年生产鱼种 40 万尾，除向水库放养 20 万尾外，剩余 20 万尾销售商县、丹凤、商南养殖户，商县、丹凤、商南苗种紧缺的局面得到缓解。

1980 年之后，由于重点项目建设、城市建设、道路建设和河床水位下降等，丹江流域大部分鱼种场或被征用，或被改建，仅商洛市鱼种场维持原状，二龙山水库坝下保留近 50 亩鱼种池，其余鱼种场全部被占用，形成商洛市鱼种供应紧张局面，苗种来源全部依靠外购。

到 1990 年，商州市二龙山水库鱼种场苗种养殖面积 53 亩，丹凤县鱼种场，苗种养殖面积 13 亩，商南县河水库鱼种场苗种养殖面积 20 亩。

1992 年以前，省、地区和县水产站按照《陕西省鱼种生产检查评比办法》联合对国营鱼种场开展以“大规格、多品种、高产量、高质量、高效益”为目标的“达标创优”竞赛活动，每年评比出优秀 1 名，对不合格苗种场通报批评，带动苗种生产的快速发展。

1996 年，商州、丹凤陆续建成甲鱼养殖场和集约养殖池。

2004 年，商县水产站鱼种场引进金鱼、锦鲤、红鲫鱼等品种，丰富观赏鱼市场。

2014 年，苗种生产许可审批事项下放县区，简化行政审批程序。

三、养殖方式

（一）池塘养鱼

1959 年，在西北工业大学的支持下，商县开辟莲湖渔场。利用原有湖面修建鱼池 13 个，修筑退水渠并安装闸门。对湖内原有杂鱼去劣留良，获得鲤、鲫鱼种 20 多万尾，放回池塘，人工饲养。从汉中等地购进花鲢、白鲢、青鱼、草鱼等新鱼种 12 万尾。

1961 年底，捕成鱼 15000 千克，供应西北工业大学及商县城内各机关单位。莲湖渔场开创商洛人工养殖家鱼先例。

1985 年，中共中央、国务院出台《关于放宽政策加速发展水产业的指示》（中发〔1985〕5 号），提出“要像重视耕地一样重视水域的开发利用，把加速发展水产业作为调整农村产业结构、促进粮食转化的一个战略措施来抓”。

1986 年，《中华人民共和国渔业法》颁布实施，为渔业发展提供政策保障和法律支撑，形成良好的社会环境，在市场经济的驱动下，出现挖塘养鱼热，使商洛地区池塘养殖面积剧增，出现一批连片集中养殖区域。主要有商县东店子、商南县李家村富水等一批池塘养鱼集中区域，一些农民转为专业从事养鱼的养鱼专业户。

1987 年，商县、丹凤、商南池塘面积已达 3070 亩，达到商洛历史上池塘养鱼面积最高值，池塘养鱼产量达 208.5 吨，平均亩产提高到 68 千克。

1990 年之后，由于干旱、水毁等因素，虽然池塘面积有所减少，但丹江流域各县水产技术推广部门及其技术人员积极推广先进水产养殖技术、开展技术服务，实施“星火计划”、“丰收计划”、“285”工程等科技项目，大力推广水库氮磷化肥养鱼、池塘大面积综合增产、池塘 80：20 养殖、鱼鳖混养、种草养鱼、水库网箱养鱼等渔业技术，单产、总产都大幅度提高，并逐年递增。

2000 年，商洛地区各县池塘养殖面积 2775 亩，与 1987 年相比池塘面积减少 295 亩，池塘鱼产量由 196.5 吨增长到 727 吨，平均亩产由 1987 年的 64 千克提高到 262 千克。

2011 年陕西省人民政府《关于进一步加快渔业发展的意见》、2012 年商洛市人民政府《关于加快渔业发展的实施意见》、2013 年《国务院关于促进海洋渔业持续健康发展的若干意见》等专门支持渔业发展的政策文件出台后，丹江流域各县（区）纷纷出台相关配套政策，推动渔业发展。在保持池塘面积基本稳定的情况下，池塘总产量、平均单产大幅度提高。

（二）水库养鱼

20 世纪 60 年代，商县王山沟等 10 余座水库相继建成，并投放鱼种进行养殖。

20 世纪 70 年代，建成商县二龙山、南秦和丹凤县鱼岭等 40 余座中小型水库，水库可养鱼面积达到 6000 多亩，全部投放鱼种养鱼，水库养鱼成为水库管理单位十分重要的综合经营项目之一。

从 1986 年开始，水产技术推广部门全面推广“小型水库化肥养鱼技术”，首先在商南县捉马沟进行试验，后在商县、丹凤、商南 14 座水库 1000 亩水面应用推广，亩产提高到 47 千克。

1998 年底，商洛地区水库养鱼面积 6075 亩，产鱼 178 吨，平均亩产 20 千克，成为鱼产量的重要来源。

二龙山水库是商洛地区重要的商品鱼来源地之一，可养鱼水面 3057 亩，建成后投放鱼种数量 41 万尾，其中，白鲢占 50%，花鲢占 35%，草鱼和其他鱼种占 15%。由于水库配套有鱼种场，苗种供应充足，每年 3—4 月都要补充大量鱼种，1977 年开始捕捞上市。1986 年捕捞量达到 4.55 万千克，捕获物中，白鲢占 40%，花鲢占 60%，也是水库建成后捕捞量最多的一次，之后稳定在 2 万 ~ 3 万千克。1989 年，二龙山水库开始网箱养鱼，当年放置网箱 300 平方米，取得良好的经济效益，之后增加到 3000 平方米。20 世纪 90 年代末，陕西省水产研究所在二龙山水库投放大银鱼卵，并成功捕获大银鱼。2000 年之后，由于二龙山水库被确定为水源保护区，按规定取缔水库网箱养鱼，水库只投放肉食性鱼类，既净化水质又能发挥养鱼的作用，实现了双丰收。

进入 21 世纪，以游钓为主的休闲渔业悄然兴起，商州二龙山水库、丹凤鱼岭水库、商南县河水库积极发挥资源优势，依托渔业生产积极发展游钓休闲渔业，吸引钓鱼爱好者前来游钓，拓宽生产领域，促进渔业的发展。

（三）稻田养鱼

20 世纪 80 年代后期，商洛地区水产站开展稻田养鱼试验示范，并取得成功，但由于当时苗种缺乏，工程设施不到位，效益低而没有大面积推广。其中，商县刘湾公社候家塬有水田 230 亩，但由于商洛地区造纸厂污水严重污染，稻田养鱼未能实施。

2001 年，丹凤王塬发展稻田养鱼，一处六分地稻田收入 800 多元，折合亩收入 1300 多元，远高于一亩稻谷的收入。2004 年底，丹凤县 2 个乡（镇）3 个行政村 87 户农户，实施面积 230 亩，平均亩产水产品 61.5 千克，最高达到 77.8 千克，亩均增收 444 元。

2010年后，由于水田被填埋变成旱地，丹江流域已无稻田面积，稻田养鱼也宣告终结。

2011年藕田养鱼持续发展，养殖面积600亩，放养鲤、鲫等大规格鱼种8万尾，年产优质商品鱼54万千克，增加产值120万元。

2013年，丹江流域建设藕田生态渔业示范点2个，养殖面积600亩，投放鱼种60万尾，取得较好的经济效益和社会效益。由于河道水位下降，大部分稻田已失去稻田功能。

（四）网箱养鱼

1989年，二龙山水库引进网箱养鱼技术，从300平方米试养，成功后增加到3000平方米，经济效益显著。之后，推广到丹凤县鱼岭水库、商南县河水库和试马水库，最高时商洛市网箱养鱼面积达到10000平方米。

由于二龙山水库和商南县河水库被确定为水源保护区、丹凤鱼岭水库水质不达标、商南县试马水库水位下降等因素，丹江流域网箱养鱼逐渐消失。

（五）流水养鱼

流水养鱼是一项高度集约化的养殖模式，因其产量高、生产周期短、产品品质好、经济效益显著等特点，被广泛应用，水量决定养殖面积的大小。

2008年，商州杨斜镇黄柏岔冷水鱼流水养殖场相继建成投产。2012年之后，是商洛冷水鱼发展的高峰期，在惠农惠渔政策和财政资金的支持下，大批民间资本投资冷水鱼养殖。到2017年底，商州、商南都有冷水鱼养殖场。以商南县冷水鱼养殖场数量多、规模大、标准高、经济效益好。冷水养殖也成为丹江流域现代渔业的主要增长点。

四、渔业标准化建设

为了推进渔业标准化建设，指导县（区）养殖场（户）科学养殖，商洛市渔政监督管理站先后制定出台《池塘无公害成鱼养殖技术规程》《小水库（山塘）鱼类无公害养殖技术规程》《无公害大鲵驯养繁殖技术规程》《无公害鲟鱼流水养殖技术规程》《商洛市冷水鱼生态养殖技术规范》5个行业技术标准。

商洛市积极开展农业部水产健康养殖示范场创建和无公害水产品认证工作。2013年，商洛市农业产业化领导小组开始开展商洛市现代农业园区认定工作，商州区益资源生态农业园区、商南县三川现代农业园区、丹凤县土门金钟现代农业园区被认证为市级现代农业（渔业）园区。

2017年，商洛市水利局开始开展现代渔业园区（水产健康养殖示范场）创建工作，商南县金秦岭实业有限公司被商洛市水利局认证为现代渔业示范园区，丹江源大鲵生态科技发展有限公司被商洛市水利局认证为市级水产健康养殖示范场。

五、渔业技术与水生动物保护

（一）渔业技术推广示范

20世纪90年代之后，商洛市水利局水产技术人员因地制宜，积极示范推广先进水产养殖技术，引进一大批养殖新品种，实现养殖产量和养殖效益双增，两项技术获得陕西省政府和陕西省水利厅科技进步奖。

1. 加强渔业技术培训指导

采取集中培训、现场指导、答疑解惑、一事一议和发放技术资料相结合的形式，对冷水鱼流水养殖、大鲵仿生态养殖、稻藕田生态养殖、网箱养鱼技术等 33 项重点技术进行培训指导。2010—2017 年，商洛市共举办培训班 89 次、培训 3752 人次，现场指导 1460 人次，编印各类技术资料 36 种 13500 多份。为了方便指导和规范渔业生产，商洛市渔政站组织渔业专家编制完成《商洛市池塘无公害成鱼养殖规程》等 5 个行业标准，商洛水产养殖行业标准空白得到填补。

2. 示范推广实用技术

先后推广多项实用养殖技术，取得良好的经济效益。主要有冷水鱼养殖技术，亩均单产超过 12000 千克，亩产值超过 60 万元，超过 20 亩池塘养鱼的产量产值；池塘大面积综合增产技术，单产由 1991 年的 380 千克提高到 470 千克，增长 24%；网箱养鱼技术，折合亩产 6.35 万千克；水库氮磷化肥养鱼技术，单产由 18 千克提高到 47 千克，增长 2.6 倍；大鲵规模化养殖、无公害水产品养殖、温棚养鳖、池塘 80∶20 精养、池塘养鲤、种草养鱼、成鱼池套养鱼种、鱼鳖混养、稻田养鱼等先进、实用技术先后得到普及推广。

3. 引进推广养殖品种

先后引进推广最新养殖品种，适应市场需求，商洛市养殖品种从传统的“四大家鱼”发展为建鲤、德国镜鲤、黄鳝、甲鱼、革胡子鲶、鲫鱼、牛蛙、虹鳟鱼、金鳟鱼、鲟鱼、三文鱼、肉龟等质量品质好、经济效益显著的名特优品种。

（二）典型养殖

1. 甲鱼养殖

武关甲鱼养殖户的养甲鱼谚语有：养多养少在于水，收多收少在于管；鳖有三喜三怕，喜静怕惊，喜阳光怕雷声狂风，喜清洁怕脏污；冬落地下夏落滩，二、四、八月落回水湾；天响大雷到处窜，水面不见沙里钻；春钓滩，春钓浅，春钓雨后；夏钓潭，夏钓深，夏钓清晨；秋钓鱼，秋钓荫，秋钓黄昏；冬钓阳，冬钓底，冬钓水草。各县根据这些谚语，分别在丹江流域各县推广甲鱼养殖。

同时开展毛虾及草虾养殖。最典型的棣花池塘，毛虾食味鲜美，每平方米一次可捞 30 克，五六日可捞一次。

2. 大鲵（娃娃鱼）养殖

2003 年，大鲵繁育在汉中取得成功，之后大鲵养殖热在全省乃至全国兴起，全国全面进入炒苗阶段，2010—2012 年达到价格高峰期，15 厘米苗种每尾 1200 ~ 2000 元，商品鱼每千克 3600 ~ 4000 元，而且达到一苗难求的地步。丹凤县悄然兴起大鲵养殖热，但是由于没有技术研发团队和技术人才，技术措施跟不上，大部分靠自己摸索，具有盲目投资、盲目养殖、小打小闹的特点，能够繁殖且比较稳定的场家不到 10 个。

2008 年 8 月 28 日，丹凤县地利宁良种羊繁育有限公司大鲵驯养繁殖项目获得省水利厅批准。这是丹凤县首次获得驯养国家二级自然保护动物的项目。该项目实施后，除有组织、有计划地向自然界放生大鲵，以增加野生大鲵种群数量外，还能初步改善市场对大鲵的供需矛盾，满足市场需求，有效遏制非法盗捕野生大鲵行为，以达到保护野生大鲵、维护生态平衡的目的。

2009 年，丹凤县桃坪大鲵驯养繁殖场获得省水利厅批准。桃坪乡中坪村农民虞秀峰投资 150 多万元创办的“丹凤大鲵驯养繁殖股份有限公司”正式注册。在刚建成的大鲵养殖场里，200 多尾成年野生、人工繁育Ⅰ代大鲵和 1500 多尾人工繁育的大鲵幼苗长势良好。厂房于 2010 年 6 月竣工，占地 6000 平方米，带动附近农村富余劳动力 16 人就业。利用自然溪流养殖大鲵，有利于大鲵的生长和繁殖，同时采用了家鱼人工繁殖技术，给雌、雄大鲵注射激素，促使其产卵或排精，并人工帮助受精卵孵化，技术上要求特别高。

2010 年投放大鲵 200 多尾，中鲵 500 多尾，小鲵 1500 多尾，7 月才放养进去的，10 月中旬就孵化 2000 尾左右，光这些刚刚孵出的鱼苗都可以卖到 700 元一尾，2011 年就可以收益 80 万元。

2010 年，丹凤志峰大鲵驯养繁殖场获得省水利厅批准。2011 年，养殖场 3000 余尾大鲵幼苗再次繁育成功，这是自 2008 年以来该养殖场第四次成功繁育出大鲵幼苗。峦庄镇政府制定了详细可行的帮扶计划和优惠政策，提高了养殖户的积极性，增强了养殖户的信心。镇上通过对养殖户不断扶持培育，至 2011 年 4 月，全镇已发展养殖户 9 户，年饲养大鲵 7600 余尾，户均增收可达 30 万元以上。

2010 年，丹凤县天河大鲵养殖公司成立，地址在龙驹寨镇白家庄村，养成大鲵 500 尾，2011 年繁殖 1400 尾，产值约 60 万元。2011 年底，丹凤县丹江源大鲵养殖公司成立，地址在龙驹寨镇河涧村。

（三）水生动物资源保护养护

陕西丹凤武关河水生野生动物自然保护区是大鲵、水獭、秦巴北鲵和多鳞铲颌鱼等濒危水生生物的重要栖息地。

1. 自然保护区的划定

2002 年 12 月，丹凤县人民政府批准建立陕西丹凤武关河水生野生动物县级自然保护区。

2004 年 12 月，商洛市人民政府批准其为市级保护区。保护区成立以来，随着管理力度的加大，保护区内大鲵、多鳞铲颌鱼、秦巴北鲵资源数量的恢复状况有了一定的好转，原来消失的水獭又见活动踪迹，有效维护了秦岭东段地区自然生态系统的平衡，重点保护对象的资源量得到一定保护，提高了周边群众保护水生野生动物的意识。

2008 年 8 月 28 日，丹凤县地利宁良种羊繁育有限公司大鲵驯养繁殖项目获得省水利厅批准。该项目实施后，除有组织、有计划地向自然界放生大鲵，以增加野生大鲵种群数量外，还能初步改善市场对大鲵的供需矛盾，满足市场需求，有效遏制非法盗捕野生大鲵行为，达到保护野生大鲵、维护生态平衡的目的。

水生野生动物自然保护区保护措施：丹凤县水政监察大队和桃坪、峦庄等乡（镇）人民政府，每年都要开展渔业法规宣传月活动，通过多种形式向广大干部群众进行深入、广泛的宣传，提高群众的法治观念，增强水生野生动物保护意识。

丹凤县水利局成立了丹凤县渔业资源保护领导小组，水政监察大队、水产站负责人为成员，切实抓好武关河自然保护区渔业资源保护工作。

2009 年 7 月 30 日，为了加强丹江武关河水生野生动物资源保护和管理，维持生态平衡，促进人与自然和谐相处，商洛市政府在原市级自然保护区的基础上，向陕西省政府上报了《关于设立陕西丹凤武关河水生野生动物省级自然保护区的请示》，省环保厅派专家组对保护区市级晋升省级进行了实地考察。

2010 年 2 月 5 日，保护区通过省地方自然保护区评审委员会评审。

2010 年 12 月 31 日，通过省政府审批。陕西丹江武关河省级自然保护区成为以保护国家二级保护动物大鲵、水獭以及省级重点保护鱼类多鳞铲颌鱼、东方薄鳅及其生态环境为主的自然保护区。保护区位于商洛市丹凤县北部的武关河流域，范围涉及桃坪、峦庄、庾家河、赵川 4 个乡（镇），保护区总面积 9029 公顷，其中，核心区面积 2418 公顷，缓冲区面积 2482 公顷，实验区面积 4129 公顷。

陕西丹江武关河省级自然保护区的建立，对保护丹江水源和秦岭南麓生态环境具有重要作用。

2. 水生动物资源保护养护

2010 年之后，丹江流域各县（区）坚持“严格保护，科学管理，合理利用”的方针，强化渔业资源保护管理，努力实现产业发展和资源环境保护协同共进，推动水产业绿色发展。一是认真开展《中华人民共和国渔业法》、陕西省实施《中华人民共和国渔业法》办法等法律法规宣传教育。二是建立自然保护区。先后建立丹凤武关河珍稀水生动物国家级自然保护区、洛南大鲵省级自然保护区、丹江源国家级水产种质资源保护区，保护面积达 2 万多公顷，国家二级保护动物大鲵、水獭和省级重点保护动物多鳞铲颌鱼、秦巴似小鲵及其栖息地得到保护。三是开展水生生物资源保护养护工作。积极开展水生生物产卵场、索饵场、越冬场和洄游通道等重要渔业水域保护工作，加大大鲵等濒危水生野生动物人工繁育和经营利用管理，提高水生生物资源多样性保护和管理水平。2010—2016 年连续开展增殖放流活动，累计投入增殖放流资金 800 多万元，放流经济鱼类 600 多万尾、大鲵 4 万多尾。

（1）丹凤武关河珍稀水生动物国家级自然保护区。

丹凤武关河珍稀水生动物国家级自然保护区位于商洛市丹凤县境内东南部，地处秦岭东段南麓武关河流域，属长江水系，丹江一级支流。位于东经 110° 25′ 30″ ~ 110° 49′ 33″、北纬 33° 37′ 42″ ~ 33° 52′ 18″。保护区动物种类繁多，生物多样性丰富。有浮游动物 15 属，大型甲壳动物和软体动物 6 属，水生昆虫 9 属，鱼类 30 余种，两栖动物 4 种，兽类 40 种，大鲵野生资源量 4060 尾。保护区的主要保护对象为大鲵、水獭和秦巴北鲵、多鳞铲颌鱼及其栖息环境。保护区有庾岭、峦庄、桃坪、赵川等 4（镇），总面积 9029 公顷，其中核心区面积 2418 公顷，缓冲区面积 2482 公顷，实验区面积 4129 公顷。

（2）丹江源水产种质资源保护区。

丹江是汉江的一级支流，是南水北调中线工程重要水源保护地，丹江源头栖息着国家二级保护动物大鲵、水獭及省级重点保护动物秦巴小鲵等珍稀物种，也是重要经济鱼类鲇鱼的集中分布地。由于受到环境污染和利益驱动等影响，区域内的珍稀物种和重要经济鱼类的栖息环境遭到破坏，种群数量锐减。为了维护该地生物多样性，维持生态平衡，确保一江清水供京津，2013 年 12 月经农业部批准，设立丹江源国家级水产种质资源保护区。

保护区位于秦岭南坡，地处商洛市商州区丹江流域的凤凰山顶（丹江源头）至二龙山水库大坝的江段内。保护区总长 121.8 千米，地理范围在东经 109° 38′ 27″ ~ 109° 55′ 53″、北纬 33° 54′ 00″ ~ 34° 05′ 36″，总面积 608 公顷，其中核心区长度 30.8 千米，面积 386.4 公顷，实验区长度 91.0 千米，面积 221.6 公顷。保护区主要保护对象为鲇、黄颡鱼，其他保护对象包括山溪鲵、大鲵、水獭、中国林蛙等。核心区特别保护期为每年 4 月 15 日至 7 月 31 日。

第三节　渔政管理

一、法治建设

丹江流域渔猎先于农耕，朴素的渔业管理思想在原始社会末期舜禹时期产生。

禹称帝后，宣布中国也是世界上第一个保护渔业资源的禁令，即“……夏三月，川泽不入网罟，以成鱼鳖之长。”后世史家称为“禹禁”。

周代有保护水产资源的具体规定，《周礼》记载：“鼋、鼍、鱼、鳖、鳝、鳣、孕别之时，网罟毒药不入泽，不夭其生，不绝其长也……禽兽鱼鳖不中杀，不粥于市。”秦代《田律》中有禁止在春二月毒杀鱼鳖的规定。

民国十八年（1929 年）11 月，国民政府公布《中华人民共和国渔业法》6 章 49 条。

民国十九年（1930 年）6 月，农矿部公布《渔业法施行规则》40 条。这部《中华人民共和国渔业法》颁行的时间仅次于加拿大和日本，作为国民党政府在渔业方面的基本法规，是民国时期依法治渔的重要举措。

民国三十年（1941 年），国民政府公布《保护淡水鱼产卵区亲鱼鱼卵鱼苗暂行办法》。

新中国成立后，国家十分重视渔业法规建设。

1957 年，国家水产部颁布《水产资源繁殖保护条例（草案）》。

1979 年 2 月，国务院正式颁布《水产资源繁殖保护条例》。同年 12 月，国家水产总局颁布《渔政管理工作暂行条例》。

1980 年 1 月，陕西省政府颁布《陕西省水产资源繁殖保护条例实施细则》。商洛地区水电局将国务院《水产资源繁殖保护条例》和《陕西省水产资源繁殖保护条例实施细则》翻印 4000 份，发放各县（区）重要乡村张贴，并积极宣传贯彻，促进渔业资源保护工作。

1986年1月20日，第六届全国人民代表大会常务委员会第十四次会议通过首部《中华人民共和国渔业法》，于同年7月1日起施行，先后于2000年10月31日、2004年8月28日、2009年8月27日、2013年12月28日进行四次修正。根据《中华人民共和国渔业法》第三十四条的规定，1987年10月14日，国务院批准农牧渔业部发布《渔业法实施细则》，于1987年10月29日起施行。

1992年5月16日，陕西省第七届人民代表大会常务委员会第二十七次会议通过《陕西省实施〈中华人民共和国渔业法〉办法》。

2004年8月3日，经陕西省第十届人民代表大会常务委员会第十二次会议修订。商洛市各级渔业主管部门翻印张贴，广泛宣传，渔业养殖在商洛迅速兴起。

1999年7月，商洛地区行政公署办公室转发《商洛地区水利水土保持局关于加快渔业发展增加农民收入的意见》，在指导思想、扶持政策、渔政队伍建设和工作措施等方面进行明确规定，商洛渔业进入黄金发展期，商洛地区近万名农渔民通过发展水产养殖走上富裕之路。

2005年8月，商洛市人民政府出台《关于加强保护渔业及珍稀水生野生动物资源的通告》。

2006年9月，商洛市水利局、工商局和公安局联合印发《关于加强水生生物资源保护的通告》，各级水利、工商、公安部门通力合作，严厉打击破坏渔业资源的违法行为。

2014年5月，商洛市政府印发《关于加强水生生物资源及其生态环境保护的通告》，商洛市渔政站翻印5000份下发各县（区）张贴宣传。

截至2022年，商洛市各县（区）制定贯彻实施《中华人民共和国渔业法》等规范性文件，商洛渔业法治化建设得到进一步加强。

二、队伍建设

根据《中华人民共和国渔业法》《陕西省实施〈中华人民共和国渔业法〉办法》“关于在县以上设立渔政监督管理机构，配备渔政检查人员”的要求，商洛各县（区）相继成立渔政监督管理站，落实渔政检查员。1987年，二龙山水库设经济民警2名。

1990年开始以水产工作站为基础，商州加挂“渔政监督管理站”牌子，配置专职渔政检查人员，承担渔政监督管理工作。

2001年9月，经商洛市编办批准，在商洛市水产工作站加挂“商洛市渔政监督管理站”牌子，负责确保《中华人民共和国渔业法》《中华人民共和国野生动物保护法》等四十多部法律法规的贯彻执行，也是国务院批准的十四个统一着装部门之一。

2008年3月，经陕西省人事厅批准，商洛市渔政监督管理站纳入参照公务员法管理单位范围。

在渔政执法装备建设方面，2006年，国家给商洛市渔政监督管理站配备首辆渔政执法车，2008年、2009年和2015年，国家先后给二龙山水库和丹凤鱼岭水库配发渔政执法船。

2015—2016年，商洛市渔政监督管理站安排项目资金55万元，为市级及七县区水产工作站（渔政监督管理站）配备电脑、打印机、摄像机、照相机、扫描仪、执法记录仪、对讲机、下水裤等设备装备 476 台每套，商洛市渔政执法装备水平进一步提高，执法能力有效增强。

2017 年底，丹江流域设立商州渔政监督管理站，渔政队伍自身能力建设得到进一步加强。

三、渔政执法

（一）渔政执法活动

市（县、区）渔政监督管理机构设立后，认真履行法律法规赋予的职责和职能，积极开展工作。一是推进水域滩涂养殖证发证工作。2002 年 12 月，商洛市人民政府批准《商洛市养殖水域滩涂规划》，到 2016 年底，七县（区）政府已全部批准本区域《养殖水域滩涂规划》，开展水域滩涂养殖确权发证。二是加强水产品质量安全监管。通过产地快速检测、渔药鱼饲料监管、建立完善养殖档案、实施产地合格证制度等措施加强养殖环节水产品质量安全监管，产地水产品抽检合格率达到 99% 以上，人民群众舌尖上的安全得到保障。三是开展渔政执法活动。市（县、区）渔政监督管理站认真贯彻落实渔业法律法规，实施禁渔期制度，开展“绝户网”等违规渔具治理活动，打击电、炸、毒等违法捕鱼行为，2010—2016 年，累计开展日常巡查和专项活动 1500 多次，查处违法破坏渔业资源案件 200 余起。四是开展资源调查。开展丹江商洛段渔业资源调查和丹凤武关河珍稀水生动物国家级自然保护区大鲵资源量调查，建立重要保护水生生物、经济鱼类和渔业水域环境的水质监测及监督检查机制。

（二）案件查处

20 世纪 80 年代之后，随着城乡工业企业的增多，渔业水域污染事故频发，加之受利益驱动，在自然水域电、炸、毒鱼等破坏渔业资源违法案件时有发生。

1. 违法毒鱼案件

丹凤县违法毒鱼案件。2009 年 1 月 14 日，丹凤县水利局在丹江商州区和丹凤县交界处查处一起鱼藤酮农药毒鱼案件，移交公安机关立案调查。

2. 渔业污染事件

丹江陕西省商洛段水域水生生物死亡事件。2010 年 8 月 20 日，丹江丹凤棣花至丹凤县城段出现不明原因死鱼，主要品种为鲤、鲫、鲶、黄颡、泥鳅及其他野杂鱼等。商州、丹凤、商南三县（区）出动 200 余人，对没收和组织打捞死亡鱼类作无害化处理。21 日上午，商洛市市长杨冠军主持召开事故处置专项会议，成立由副市长高健任组长，环保、公安、工信、安监、卫生、水利等部门参加的事故应急处置组，查找死鱼原因，维护社会秩序，严禁沿江群众捕捞食用死鱼，严防死鱼流入市场和进入餐馆酒店，确保食品安全。

3. 遣返不合格水产品事件

2008 年 12 月 6 日，商洛市渔政站联合西安市渔政站，将从湖北贩运来的 3000 千克氯霉素含量呈阳性的不合格商品鱼，由商界高速商洛站出口押送出陕西省境。

四、水产品质量安全监管工作

丹江流域各级政府认真贯彻《中华人民共和国农产品质量安全法》，秉承“让人民群众吃上绿色、安全、放心的水产品”的目标，围绕突出问题和薄弱环节，强化源头整治，多措并举强化产地水产品质量安全监管。

（一）加强水产品质量安全工作领导

市、县（区）水利局成立以局长为组长的水产品质量安全工作领导小组，全面落实水产品质量安全责任追究制度、24 小时值带班制度、水产品质量安全应急处理和报告制度，强化工作措施，夯实工作责任。

（二）加强水产品监督检查

以孔雀石绿、硝基呋喃、氯霉素等违禁药物残留检测为重点，扎实开展产地水产品抽检，加强源头整治。2010—2017 年，产地快速抽检水产品样品 3000 多个，抽检合格率 99%，阳性样品查处率 100%。

（三）加强养殖环节执法监管

以《水域滩涂养殖证》《苗种生产许可证》等的持有情况、“五项制度，两项纪录”执行情况、渔业投入品使用情况等为重点，加大日常执法工作力度，指导生产经营主体科学合理使用渔药、鱼饲料。

第六章 丹江航运

丹江航运历史久远，最早的地理书籍《禹贡》记载，丹江始航时间当在夏代之前，是古代长江通往长安的一条重要水路。秦、汉、隋、唐几个朝代在西安附近建都后，丹江通道受到重视。许多政治交往、军事行动、移民迁徙活动都选择了这条水路，《唐书》记载丹江为唐“贡道”，是丹江航运鼎盛时期。至明清时期，丹江航道上至陕西，下通湖北，连接南方和中原。受近代铁路、公路等陆路交通兴起的影响，丹江的水运航道停航。

第一节 航运简况

古时，丹江是“上通秦川、下达鄂渚”的主要通道，为我国南北水路交通的主要枢纽。丹江航运历史悠久，始于夏代，繁荣于魏晋，鼎盛于明清至民国时期陇海铁路通车前。后因河床抬高，河道徙移，舟楫不行，水运渐衰。

一、早期航运

《太平御览·卷六十三》引《吕氏春秋》称：“尧有丹水之战，以服南蛮。”注云：“水出丹鱼，网而取之，割其血以涂足，可以步行水上，长居渊中。”尧与南蛮相战，当渡越丹水。“步行其上”属于神话，当有舟楫为用。又《太平御览·卷六十三》引《尚书逸篇》说：“尧子不肖，舜使居丹渊为诸侯，故号曰朱。”《尚书·益稷》记为“丹朱”，后人有说“丹朱”是以丹顶鹤为图腾的部族。《尚书·益稷》又称：“罔水行舟”。《汲冢纪年》云：“后稷放帝子丹朱于丹水。”无论“丹朱”是一个人或一个部族，均说明远在三皇五帝时期，丹江流域即有人类活动，并有“行舟”之事。

据《尚书·禹贡》记载，在夏代各州向帝都进贡，荆州贡道是由汉水溯丹江而上，抵达秦岭南坡，然后翻山而过，经灞水入长安。《禹贡》说夏禹王时的“贡道”，皆以水路为主。其中，荆州贡赋送达冀州，多自长江溯汉水而上，转入丹水，到商邑后改陆运沿洛水（伊洛河）至卢氏，又顺洛水而下达于黄河。《禹贡》成书于战国，说明至迟在战国时期，汉江、丹江皆已有水运活动。

据古遗迹考，商末周初丹江航运成为居住在丹江流域的土著人与周人相互往来的道路。

战国时期，秦孝公封卫鞅于商邑，史称“商君”，赐商于之地十五邑，丹江航道得到进一步开拓。龙驹寨（今天的陕西丹凤县）是当时丹江沿岸的一个镇子，早在春秋战国时期就是由西北通往东南的水运交通要冲，有陕南第二门户之称。

秦汉以前，丹江是通往帝都镐京（今陕西省长安县丰镐村附近）的一条主要通道。

前秦时期，南方地区的黄金等货物就靠着丹江航运被运到北方的皇室当中。汉代建都长安，关中地区的粮食需求量倍增，官方常常派人把从长江流域和黄河流域征到的粮食运往关中，史称漕运。

汉时丹江航道已成为商於古道交通驰道网中的重要组成部分。

在战国及秦汉魏晋时期，丹江航道主要功能偏重军事方面，由于其战略地位十分重要而备受重视。

东晋穆帝永和十年（354 年），桓温北伐，“水军自襄阳入均口，至南乡，步自淅川以征关中”，走的也是汉水和丹江这条水路。

二、唐宋漕运

《唐书》载丹江为唐“贡道”，是丹江航运的鼎盛时期。

在初唐、盛唐时期，丹江航道偏重政治、经济、文化的往来，对唐代中国南北方政治、经济、文化上的沟通、交流起到非常重要的作用。

《陕西师大学报》1985 年第三期：自唐中叶直到 1938 年，丹江丰水季节，船可至商州城。

《三省边防备览 · 卷五》《水道》称：丹江“为汉、唐时荆、扬漕运关中之一道”。唐中宗景龙年间（707—710 年），襄州刺史崔湜试图整治丹江航道，并通过开辟秦岭中一段陆路新道，与灞水联结，以沟通汉水与渭水之间的水挽陆转。崔湜沟通丹、灞水道的尝试虽未实现，但并未影响丹江漕通商州，再陆转长安。

《金石萃编 · 卷七十一》《大唐朝议大夫光禄少卿虢县开国子□□姚府君神道之碑》记载：唐玄宗开元初年，姚彝“乃拜邓州刺史，并检校商州运漕”。丹江流经邓州境注入汉江，姚彝以邓州刺史身份兼管商州漕运事务，说明当时丹江沿流的商州、邓州、均州间有频繁的漕运活动。

《唐书 · 食货志》记载：唐肃宗末年，史朝义兵阻断淮运，刘晏兼任转运使，“江淮粟帛繇襄汉，越商於以输京师”。

唐代宗大历十二年（777 年）四月，杨炎因附从元载，被贬为道州司马，路出武关，在商州以南丹江岸边的洛源驿，路逢道州司户参军李全方“挽运入秦”。道州在湘江上游，说明江南一带的贡赋，有一部分是通过湘江进入长江，再转入汉水、丹江，然后通过蓝田·武关道路转至长安。

唐代以后由于国都迁移，丹江航道毗邻“京师”的区位优势丧失，航运逐渐衰落，失去国道地位。

宋代建都开封，元代建都大都（今北京市），丹江漕运停止。欧阳修在《通进司上书》中，建议开辟商州水陆交通线，向西北长城沿边给戍卒转运棉衣，但未实现。

北宋时期，由于航道险滩太多，沦为间道。

元代丹江航道仅成为商旅通行的一般道路。

三、明、清商运

明代初期出于政治、军事原因，为限制农民起义军活动，官府长期封闭山区交通，严重影响了丹江航道水运交通发展。

明代中后期，关陇商人利用丹江航道便捷的特点，向襄阳、汉口运输物资。《天下水陆路程》卷之五第十记载："汉口换船，至小江口又换小船，仅装七八石，五日至湖村起陆。路皆由山中而去，至蓝田始平无山。"《徐霞客游记》卷一下《游太华山记》记载，商州道上，"马骡商货，不让潼关道中。溪下板船可胜五石舟。（丹）水自商州西至此（龙驹寨），经武关之南，历湖村至小江口（今湖北丹江口市）入汉（江）者也。遂觅舟……过武关……出蜀西楼（又名梳洗楼）……三十里过湖村，东南去均州，上太和，盖一百三十里云"。另从明代在龙驹寨建立多处船帮会馆、马帮会馆来看，明代中后期丹江航运甚为活跃。

明末清初，随着经济社会的发展和全国政治、军事形势的变化，丹江航运达到极盛，龙驹寨成为"北通秦晋，南接吴楚"的水旱码头，丹江航运又重新恢复了其南北交通大动脉的功能与活力，往返于丹江的商旅成群结队，络绎不绝，商运活动空前繁荣。

明末清初，丹江沿河码头，"百艇接樯，千蹄接踵，熙熙攘攘"。

清《商州直隶总志》是这样描写当时龙驹寨盛况的：在明万历、天启年间，"商州东南至龙驹寨，小河一道，可通舟楫，直达襄阳之老河口。西商（关陇商人）之贸易东南者，多于此买舟雇骡，人烟稠密，亦小都会焉"，"龙驹一镇，康衢数里，巨屋千家，鸡鸣有未寝之人，午夜有可求之市，是以百艇接樯，千蹄接踵，熙熙攘攘，商税所由复增，税额所由日益也"。

清嘉靖、隆庆年间，汉江的船只可以驶入丹江直到商县至丹凤盆地河段。明末清初，战乱频仍，丹江航运停顿数十年，至清代康熙、乾隆年间，才开始逐渐恢复。来自襄阳、淅川的货物经荆紫关到达龙驹寨（丹凤）以至上达商州，再经旱路转运至关中，形成了以丹江通道为主体的交通网，成为连接我国西北地区与江汉平原的一条便捷通道。漕运深受官方重视，因此丹江航道成为官方水道。

《直隶商州总志》卷七载，清乾隆二年（1737 年）商地歉收，"往豫境之淅川、邓县等处采买粮食，从水路直运至州城"。

清乾隆年间，每月由襄阳至龙驹寨的船只约 200 号，长街上除了黄行、板条行，还有载行存积货物。

四、民国商运

1934—1935 年，丹江航运仍然发挥重要作用。龙驹寨码头有泰来行、德胜新行、盛栈行等。长街上有骡马店 18 家，常歇的有二三十匹，大店有百八十匹。各行商人都有行帮并建有会馆，如盐帮、船帮、青瓷器帮等。按籍贯组成的则有关帮（荆紫关）、湖广会馆。在这些会馆群中，船帮以人多势众最为有名，也颇有影响，该帮所建会馆名曰"秦镜楼"，又叫明王宫、平浪宫，俗称花庙或花戏楼，由于其建筑华丽，气势雄伟，巍峨壮观，造型奇巧，巧夺天工，素有"兼具南秀北雄"之誉。龙驹寨水旱码头"百艇千蹄"，商贾如云，十里长街上店铺鳞次栉比，十大商帮会馆独霸一方，18 座庙宇昼夜香烟缭绕，各种杂耍说唱不绝于耳。龙驹寨厘金岁额曾达纹银 15 万两，日均 400 两，居“全陕之冠”。

长坪公路（长安—西坪镇。原计划通至荆紫关，又称西荆公路）的修筑，军运、商运虽取道公路，但当时公路质量很低，且汽车少，汽油短缺，运费很高，在商货运输上尚不能全部取代丹江水运。所以，抗日战争期间，商县、老河口、襄樊之间的商品转输，仍离不开丹江水运。后来，汉口、老河口等城市相继沦陷后，它和汉江一样，上行货无来源，下行货无销路，丹江商运陷于绝境，仅有一些民船在县际短距离航行，转运生活日用品及少量农产品。

民国二十六年（1937 年），列强侵华，军阀混乱，兵连祸结，民生凋敝，兼之河南李长有乱军焚烧血洗龙驹寨，遂使境内商业一蹶不振。尤其平汉铁路通车，陇海铁路入陕，继而公路过境，故仅能通过木船的丹江上游航运，日渐衰落。由于战乱和洪涝干旱等因素，加之丹江流域垦殖活动加剧，秦岭林地遭到严重破坏，森林面积大大减少，丹江干流水量锐减。丹江通航情况是：商州至丹凤，长 20.7 千米，河面宽 50 ~ 80 米，水深 0.2 ~ 1.0 米，河道宽阔，水流分散，洪水时可通行 5 ~ 7 吨的木帆船。

民国时期，航道淤塞，浅滩多，航行困难。李仪祉《汉江航运情形暨整理意义》一文称，民国二十七年（1938 年），丹江水大时民船可至商州，水小时则舟楫不通。万琮《汉江水道与西北驿运》一文谓：“民国三十年（1941 年），大水时期可航至龙驹寨”。此后上航终点逐步下延，丹江从龙驹寨到荆紫关这一河段，历来称为险道。

陇海铁路修建后，货源流向变化，丹江航运日衰，但对南阳地区的物资运输仍有重要作用。其支流有淇河、淅河、滔河。淅河又名灌河，盛水时 3 吨木船可通航至西峡。滔河盛水时小木船可上溯 70 千米至湖北省陨阳县的南化。载重 10 吨的木船可达陨阳县的刘洞。

除淇河、淅河、滔河外，武关河还曾有过航运。据《丹凤文史》记载，武关各大商行，每年约在雨季前，即按生意大小，筹集款项，雇工疏通武关河道。到河水涨至半槽时，用小型木船，从湖北省的老河口和河南省的荆紫关由丹江水运到毕家湾后转进武关河，把各种货物运到武关。1988 年 8 月，武关河暴雨洪水过后，贾存山、熊百峰在西河水磨湾河滩发现一个铁尖，经挖掘是船锚，此乃武关河通船的印证。而贾存山正是当年武关河开设渡口摆渡商旅客货姓贾的船老板之孙。《守望武关》记载：武关河水运可追溯到数百年前的明清时代。武关许多寺庙的台阶，武关城门洞子，田家大宅院落，都用了大量的石条、石柱、石板等石料。据说这些石料都是从老河口水运到武关的。据专家考证，武关古建筑上的石料与龙驹寨船帮会馆的石料石质相同，纹理如一，也证明武关古建石料是从老河口水运上来的。

《陕西通志》称：“商之龙驹寨，为商舶辏集之所，而自寨至豫之淅川，重滩迭濑，险峡多石，每为舟楫患。”

《中华民国省区全志》称这一河段“乱山夹峙，巉岩如剑，奔流若沸，航行不易”。

《广阳杂记》谓丹江自龙驹寨以下，有险滩363处。乡老谓：“寨河有三百六十个钻钻子（大滩），三百六十个漫漫子（小滩）。”碍航严重的大滩80多个。县境河段，除龙驹寨—刘家涧、竹林关—雷家洞河段较宽敞外，刘家涧—竹林关长达48千米均为峡谷，名月日峡，平均每隔1.3里一处险滩，有狼窝子滩、月日滩、铁床子滩、大毛鳖子滩、阎王编滩、湘子滩、菊花嘴滩、苏沟口滩、手扒滩等。

五、新中国成立后航运

新中国成立初期，丹江尚有少量木船往返行驶。

据陕西省商洛地区水运年报统计，20世纪50年代，来自湖北、河南的船只已基本绝迹。唯丹凤建县之初，为繁荣本县经济曾组建船运站，往来于龙驹寨—竹林关。

1957年，尚有木船4只，共2吨位。

1958年，集体专业船队实有木帆船8只（商南县新增4只）。

到1959年底，木船增加到13只。经过技术改造，每只船载重3吨。当时陕西境内通航里程110千米，组织成人民公社集体专业船队3个，全年营运收入人民币37410元。全年完成客（渡船）货运输量总计609吨。其中：生铁118吨，粮食29吨，日用工业品144吨，农产品127吨，农副业产品191吨。货物周转量31550吨千米。这些货物主要是商洛地区内沿流村镇间的短途转运。

20世纪60年代前期丹江航运船只稍有增加。1961年通航里程160千米，有木帆船23只（其中，农副业20只，牧业3只），均为人民公社集体所有，主要在县（区）内转运山货土特产品。

1961年2月，商洛专员公署拨款购船，扩大龙驹寨船运社，木船增加到11只，共5.5吨位，有船工40多人。

1962年建立人民公社副业船队3个，共有木帆船24只，总吨位88吨，从业人员193人。

1965年，丹江通航里程120千米（其中，丹凤县40千米，商南县80千米）。但自这一年起，由于各种因素交互作用，丹江中只有6只货船不定期地转运短途物资，其他货船先后分散转于各渡口作渡船用。丹江水运近于尾声。

由于历经“大跃进”“大炼钢铁”“文化大革命”，丹江流域森林植被再次遭到严重破坏，流域水源涵养能力降低，水土流失加剧，丹江部分河道淤积严重，航程日益缩短。

1969年，丹江口水库建成，回水末端，河床逐年淤高，枯水季节两岸出现大泥滩，河槽宽度有30～70米，浅滩多，水流急，能航行2～3吨的木帆船；申明铺以上为自然航道，水流分散，流速急，河底多为沙石。

1970年，在“文化大革命”影响下，船破河淤，丹江航运基本停止。

1975年后，因上游引水量大，丹江山溪河段航道水浅，逐年荒废，已不能通航。若清除浅滩，船只还可上溯一段里程。

1986年，丹江航运被列入省“七五”计划。

1987年5月4日成立丹江航运管理站，省政府首次拨款5万元，全面开始了治理航道的前期工程。

1989年11月28日，航运站以3万余元自汉中购回丹凤历史上第一艘机动船，载重5吨，暂滞于龙驹寨镇刘家涧。

由于公路、铁路交通发展迅速，水运逐渐衰落。目前，丹江水运航线已不复存在。

第二节　丹江货运

一、货运和计价

丹江航运历代主要用于货运。古谓："丹江淮之穗，养西北之政"，丹江航运即其一途。

（一）货运简况

《十六国疆域志》载，前秦由于掌握了丹江航运"引南金奇货，弓竿漆蜡，通关节，来远商"，"于是国用充足"。《册府元龟》卷四百九十八谓"（唐武德）二年（619年）二月，太府少卿李袭誉运剑南之米以实京师"。《玉海》卷一百六十八称："高宗威亨元年（670年）十一月乙卯，运剑南义仓米百万石救饥人。"这些巨额运输，皆"漕汉江、转商山"而抵长安。《旧唐书·穆宁传》载，广德初（763年）"河运不通，漕挽由汉丐，至商山，达京师"。《全唐文》卷七八四《秘书监穆元堂墓志》云："于时周郑路塞，东南贡献之人，漕汉江，转商山"。唐代国都长安的物资供应，水路除汴河外，犹有汉水转丹江一线。《唐书·冯行袭传》称丹江亦有"贡道"。宋代欧阳修在《漕河议略》中说（丹江）"能按旧而通之，则武昌、汉阳、郢，复襄阳、梁、洋、金、商、均、房、光化沿汉之地十一二州之物皆可漕"。说明他是极力主张开发利用丹江航道的。

明清时，丹江航运达到鼎盛时期，据《续商州志》载，清康熙三十二年（1693年）关中灾荒，曾将襄阳仓米20万石由丹江运至龙驹寨陆运西安减粜济民；清康熙五十九年（1720年）清运总督施世纶奉命到陕赈恤，将湖广、荆州等地仓米10万石，历程2600里，自丹江运龙驹寨转西安接济荒民；清雍正十一年（1733年）一月，经兵部尚书署理陕西巡抚史贻直奏准，再次自丹水运楚米10万石至龙驹寨转输西安。清乾隆间，鼓铸钱币，每年到湖北采购银、铅35万多斤，均由丹江航运。清光绪二十六年（1900年），慈禧逃至西安，令"各省应解京饷均输西安"，将丹江航运作为主要补给线，自南方运来之米包均由老河口入丹江，运至龙驹寨，由畜驮人挑转西安。

（二）货物种类

丹江航运的发展，使沿岸码头商市兴隆。清代，龙驹寨之厘金每年约收15万两，"居全陕之冠"。建于清嘉庆二十年（1815年）的船帮会馆富丽堂皇，迄今雄踞龙驹寨城南。还有建于清光绪二十二年（1896年）的竹林关船帮会馆，均是当年航运发达的历史见证。

清末民初，在公路交通不便的情况下，丹江仍为商运、民运所用。丹凤县龙驹寨每年水运至襄阳、汉口的货物为：

核桃：由龙驹寨水运至襄樊、武汉者，每岁十余万斤。

漆油：由龙驹寨水运至襄樊、武汉者，岁二万余斤。

木耳：由龙驹寨水运至襄樊、武汉者，岁四五万斤。

五倍子：由龙驹寨水运至襄樊、武汉者，岁四五万斤。

苍术：由龙驹寨水运至襄樊、武汉者，岁数十万斤。

布匹：自汉口水运至龙驹寨者，岁两千余尺。

火柴：自汉口水运至龙驹寨者，岁千余箱。

红白糖：自汉口水运至龙驹寨者，岁万余斤。

烟草：自均州水运至龙驹寨者，岁万余斤。

苏木：自汉口水运至龙驹寨者，岁五百余斤。

此外，每年自山西、潼关陆运至龙驹寨的棉花 10 余万斤，盐 40 余万斤，黄表 1 万余箱，还有煤油、瓷器、丝货等日常用品，也转运至丹江、汉江沿流各地销售。

（三）货运计价

历代运价可知者如下：

清康熙三十二年（1693 年），自襄阳至龙驹寨水运粮米“每石水脚银五钱”（《直隶商州总志》卷七）。

清康熙五十九年（1720 年），由襄阳至龙驹寨运粮“每石需水脚银一两”（《直隶商州总志》卷七）。

民国十四年（1925 年），龙驹寨到荆紫关之船价，官价约银八两四钱，民价二十两左右（刘安国著《陕西交通挈要》）。

新中国成立后，1949—1964 年，渡船单人收人民币 2 分钱，带东西收 5 分至 1 角钱。

1956 年，船运价百市斤百市里 3.3 元。

二、船工生活

由于水上运输的独特生产方式和丹江历代统治阶级对船夫的漠不关心，船工生活十分艰苦。

汉、隋、唐的漕运发展史，也是船工的苦难史，正如唐人杜牧所说：最弊最苦的是牵船夫。他们不分严寒酷暑，终年牵船，毙踣不少。

丹江航道大部分航段处于宽窄不一的峡谷中，洪水时惊涛骇浪，枯水时滩礁密布，两岸峭壁峙立，纤道岌岌可危；河中浪花翻滚，淤滩巨石挡道。纤夫们履悬岩，临深渊，险象环生，险情不绝。每逢逆水而上，十数名或数十名船夫拽着纤绳，四肢着地，纤绳压筋勒骨；年深日久，丹江沿岸坚硬的岩石上磨出了一条条沟槽，这沟槽中有纤夫们的血和泪，是超负荷的营力施于岩石的痕迹。

纤痕就是船夫们苦难的印记。丹江湘河街附近的一段碥道，纤痕累累，悬崖绝壁处，纤夫们脚蹬石窝，手攀树枝、藤葛而行。歌谣说：“岸上无纤路，冒死把岩翻。一步三瞪眼，十步不见天”。“上水拉纤累死人，下水吊滩跑死人”。丹江边白浪村有位 70 多岁的老纤夫说：“我拉了一辈子纤，无论是冬天还是夏天，都是光着身子赤着脚。冬天，船上装载的是木炭，我们脚却在冰碴中冻着、泡着；到老来脚抽筋，关节肿疼，落得一身残疾。旧社会给老板拼命拉船，一趟只挣得 20 来斤盐钱，妻儿老小也养不起。”

新中国成立前在江河中行船，由于航道无人及时治理，随时都可能有灾难发生，一旦

“纤绳断，打破船”，则老板丢船，船夫丢饭碗。船夫遇险身亡，老板只给买副棺木了事，没有什么劳动保险。船夫终年身穿破衣，蓬头垢面。丹江船夫有顺口溜说：“有女不嫁驾船郎，一年四季守空房。难得活着回来了，黑脸长发烂衣裳。”

由于船夫们生活苦累，生死莫测，所以，在古代，迷信成风，把命运寄托在所谓神灵保佑上。丹江沿岸，“杨泗爷庙”“平浪宫”“禹王庙”等神庙很多，每次行船，都要在沿途不断焚香烧纸（黄表），虔诚祈祷，以求消灾免祸。丹江沿途“杨泗爷庙”的和尚是船帮请来的，每年供给和尚15石粮食（每石重300千克），作为生活费。如果船夫中途患病，可住在庙中由和尚照料吃喝医疗，所以船夫视神庙为家福庙。

船工们的劳动收入，以每次行船分得的工钱计算，本可养活3口之家，但每趟行船时间很长；洪水、枯水时期停驶、待货，没有收入，所以一年四季平均收入就显得很少，生活没有保障。各港口码头还有当地帮手、把头所把持，装货靠关系，中间要克扣；加上航道受季节性影响很大，一年中实际进行运输生产的时间有限。而停船时期，分文不入，所以收入没有保障。

在码头上，官衙剥削脚夫的方式方法有三种：一为“抽钱”付头。脚夫装卸货件收入，“正名字”（脚子）每百元抽20元，“无名字”（邀劲）每百元抽40～60元。二为官衙派差。凡官府衙门公务人员下乡或军队换防，官衙指意班头（住衙门的）派“贯爷”去码头找脚头派夫，少则3～5人，多则10～20人，给下乡公务人员背行李卷或抬滑杆（兜子）。给军队支差多为背抬弹药或牲畜饲料。支军差的脚夫，不少人有去无回，死于外地，弄得家破人亡。三为支“杂差”。

新中国成立后，船民分别参加了全民或集体的航运社、队，每月有固定工资收入，享受不同程度的劳动保护，船户陆续上岸定居，生活相对安定下来。后因“陆进水退”、闸坝断航，航运业日趋衰退，船工的生活不能得到迅速的、大幅度的改善，多数仅能维持温饱。一些农副业船队的船民，农忙务农，农闲驾船，生活也仅相当于中等收入的农民的生活水平。

第三节 港口码头

一、龙驹寨港

龙驹寨港是明、清时期繁荣起来的港埠，直到民国时期仍持续兴盛，是丹江上游的重要港口，丰水时期小型木船虽可到达商县，但由汉口、老河口上行的木帆船绝大多数停泊于龙驹寨港。

龙驹寨在先秦时期即置商邑，秦孝公二十二年（前340年）卫鞅封于此，因称商鞅、商君。秦设商县，隋开皇四年（584年）改称商洛市。到金贞元二年（1154年）降为商洛镇，并入上洛县，隶属商州。民国时期隶属商县。1949年6月，商县及洛南县各一部分，在龙驹寨设丹凤县。秦汉时的武关道，唐代的商州驿路，皆经过龙驹寨。唐代中期曾利用汉水、丹水漕运租赋，陆转长安。因而，龙驹寨在很久以前便形成水旱码头。元、明初期，为防范农民军起义，封禁郧阳山区，丹江航运停滞。到明代中后期，特别是清代初年，山西向陕南移民垦殖后，丹江、汉江航运恢复生机，一些港口便兴旺发达起来。明天启三年（1623 年）徐霞客游历华山后进入商洛山地，认为商洛道“马骡商货，不让潼关道中”，人们称龙驹寨为“三省交界之巨镇，商务荟萃地也”。

明、清以至民国时期，龙驹寨“南船北马，五方杂处”，商品转输繁盛。一座小小的城寨，竟有十大帮的会馆及与之密切相联系的 18 座庙宇。十大帮的会馆为：商於帮会馆、湖北帮会馆、关中帮会馆、河南帮会馆、山西帮会馆、青瓷帮会馆、盐帮会馆、北马帮会馆、西马帮会馆、船帮会馆。由于货物集散及水、陆运输业的繁荣，龙驹寨成为日夜喧闹的不夜港。

《直隶商州志·卷六·田赋·税银》记载：“以承平日久，虎盗潜藏，店缠络绎，而龙驹一镇，康衢数里，巨室千家，鸡鸣多未寝之人，午夜有可求之市。是以百艇联樯，千蹄接踵，熙熙攘攘。商税所由渐增，税额所由日益也。”龙驹寨商税征自明天启之初（1621—1627 年），税课并杂税银 4515 两，盐课银 536 两，习称岁收商税在 5000 两。

龙驹寨港最惹人注目的是船帮会馆，它几乎成了龙驹寨港的港徽，标志着龙驹寨往昔水运的繁盛。船帮会馆又称平浪宫、明王宫、花戏楼，位于丹江左岸，占地面积 5460 平方米。花戏楼位于高岸之上，东西峙壁高 9 米余，如刀切剑削；条条青龙，雄踞墙顶，作破浪欲飞之势。戏楼重重飞檐，角角翘翼，似雄鹰展翅，孔雀抖尾。全部以彩瓷镶嵌，耀眼夺目。在龙驹寨十大会馆中，船帮会馆如鹤立鸡群，独领风骚。

龙驹寨原有东、西两寨，分别为鹿池坪和古城岭，后来又增加南寨寨子沟、北寨白头子寨。丹江的上行船只到龙驹寨后，可以在河街上的三个码头卸货或装货。龙驹寨长街的黄行（为过载行，即贸易货栈）通中码头，板条行通下码头，花庙通上码头。据《续商州志》记载，清乾隆年间每月由襄阳到龙驹寨的船只约 200 艘。长街上除了黄行、板条行，还有好几家过载行存积货物，至民国年间计有泰来行、德胜新行、同仪行、盛栈行等。旱路运输主要靠骡马，长街上有 18 家骡马店，常歇的有二三十匹（头），大店有 180 匹。各色人等，熙熙攘攘。

《续修商县志稿》记述清末及民国初期龙驹寨水陆交通的情况说：“龙驹寨为水旱码头，商贾水陆转运各货，均在此换载，其堆栈曰‘过载行’。东南各省入陕、甘货物，概自汉口装载帆船运至老河口，换载小鳅子船入小江口（今丹江口市）；至荆子关换载寨河用篙小船运至龙驹寨卸货，再用骡马驮运至西安。其由本港出口各货，概用驴骡驮运而来。自西安来者经蓝田七盘坡、蓝桥至牧护关入本县（商县）境，逾秦岭至黑龙口站。由渭南来者，经渭南塬许家庙入流峪（又称刘峪），逾秦岭入县境至黑龙口站。由黑龙口八十里至县城西关站；县城东六十里至夜村站；又六十里至龙驹寨。本县及洛南各山货，则由人力肩挑至龙驹寨打包装船，运往老河口，递运汉口。”又说：“潼关潞盐运往河南（西南部）者，由潼关用骡驮或人力肩挑，经洛南境至界牌；入本县境至留仙坪站；由留仙坪经老君峪至龙驹寨装船，运往荆紫关、淅川一带。”

民国中后期，情况有了变化，商行只剩下泰来行、德胜新行、同仪行、盛栈行等。《续修商县志稿》说："在昔龙驹寨码头盛时，驮骡船只络绎不绝，今（民国二十九年）则驮骡绝迹，船只偶或一至，豫、鄂、甘往来商货概不由此经过；商洛各山货概由人力肩挑转运。长坪路（长安—西坪镇）通车以来，人力车日见增加，骡车亦时有往来。"长坪公路（今西界公路）及陇海铁路通车后，汉口运往西北各地的货物及陕、甘各地运往汉口的货物，被铁路、公路取代，丹江—汉江航线失去了"捷径"优势，航运业一蹶不振，龙驹寨"不夜港"的盛誉成为历史陈迹。

二、竹林关码头

竹林关有"鸡叫一声听三县"之说。位于丹凤县东南 60 千米的丹江与银花河交汇处。银花河是丹江一条较大的支流，由于银花河西来汇入，丹江水量剧增，在枯水期，它是丹江上游的终点码头。竹林关码头仅次于龙驹寨。

竹林关码头是龙驹寨港埠与荆紫关码头乃至老河口、襄阳、汉口等商业城市的中继站。西北的食盐、皮毛、烟草、桐油、生漆、木耳、核桃、药材等货物经由竹林关码头东下；东南之绸缎、布匹、青瓷、茶、糖、煤油、火柴及日用百货，经由竹林关码头源源西上。在枯水季节，竹林关码头往往取代龙驹寨而成为货物的储存地和水陆转运中心。龙驹寨马帮的驮骡，亦经常下行驮运食盐，上行驮运香油途经竹林关西侧石槽沟往返于龙驹寨及湖北郧西县间。其驮道有二：一路由龙驹寨经北丈沟、南丈沟、石槽沟口（昔有陶家老店等货栈）；一路自龙驹寨经寺坪沿古路河而下到龙王庙河张湾（有赵家老店等货栈），均达郧阳或郧西县。竹林关、龙驹寨间水浅不能行舟时，竹林关码头货物的集散亦靠驮运。

竹林关水陆交通的发达带来了码头经济的繁荣。竹林关虽然北限于河，南限于山，方圆不过数里之地，却有一东西长 150 米、南北宽 70 米的小小的关城。明、清时期多次修建的关城遗址，东起东巷西（尚有灌浆石砾路一段，深淤地下五米许，并有石城墩二，石门槛一），西至娘娘庙巷东（有位于城西北隅明万历年间之刘姓九女坟可稽），南起霍姓南墙根，北至城隍庙后墙。关城虽狭而东关延至邢家村；西关由娘娘庙渐次延至老爷庙、魁星楼（为过风楼，稍东有盐店巷）、刘家村的宽一丈左右的街道，全长 3 里许。城内建筑多具南国风韵。到 1954 年被丹江大洪水淹没，仅存基址较高的城隍庙。今街俗称后街，为新街。

竹林关码头的船只，外来、本地都有。到民国初年，当地船户尚有余德有、路继文、聂文有、程麻子等 30 余家，共 60 多只船。每天靠岸的船只，水盛时平均 100 只以上，主要是过往客船。为货船装货、卸货的脚子班常年约 100 人，东西各设一班：东班班头张百林，西班班头马贤明。为船运业服务的造船、修船场，清末民初尚有多家，为船帮船只的完好提供了保证。

竹林关城内外，在明、清最繁盛时期，店铺林立，直到民国时期，服务性行业还很多：城西有陶姓骡马店，石槽沟口亦有骡马大店，每天有数十头驮骡歇息；城北有刘家客栈，东门外有朱家客栈，为采购、批发商住所。由郧西县向北驮运的香油，由潼关南去的食盐，皆经由竹林关南来北往。著名商号有：山西商人开的镍全、涌泉、三合、万源长等银钱铺；河南商人开设的双合隆、三和隆和盛瑞、平心诚，赵聚山等绸缎庄、百货店；合盛堂、信记、赵记等中药店；高文杰糕点铺等。当地人经营的货栈（或兼百货）较大者有谦顺德、永兴正、永兴顺、德发义、魁盛福、魁盛公、天生福、天生祥、茂盛公、同德合、德丰恒、三义祥、三义鸿、复兴隆等。复兴隆货栈有老河口文记行常年收购黄豆、山货的客栈。其他店铺有斗行、油坊、染坊、烧锅（酿酒）、肉架（屠宰）、饭店、客店……货栈之多，反映了竹林关码头货赂山积，货源丰盛。为方便资金周转，万源长、永兴正、德记厚及和记等商号，曾自制流通券——布票，以代替现银、现钱在市面上流通。这种布票（布币）以长五寸、宽三寸的白布做成，顶端为商号名称，左上填骑缝，下附地址，右上填年、月、日及编号，中下方有“凭票照付 ×× 钱 ×× 串”，加盖印章后涂上桐油，以防水湿涂抹。

民国三十年（1941 年），当地为白青云（后任国民党军师长）所把持，除创办“商山商中学”及造枪厂外，又自造石印币，面额为一元、五角、二角、一角，流通于当地。历史上由于本地商业经济发达，税收机构亦分常管、厘金（奉旨收厘助饷）、烟酒等专卡。

竹林关和龙驹寨一样，船、客两帮均建有帮会，负责维护本帮权益，调和帮内外各种矛盾。船帮初于东门外建“杨泗庙”，清光绪二十三年（1897 年）别择城南基址（银花河南岸），新建船帮会馆，包括正殿、献殿、厢房、门额、乐楼等整套建筑（现为竹林关镇使用），每年农历六月初六为船帮庙会。

竹林关是陕、豫、鄂三省的接合部，故设置关卡，与山阳漫川关、荆紫关遥相呼应。在水路运输上，常成为陕、豫、鄂三省船运的中转站。由龙驹寨下行的船只，到竹林关都要停靠，或卸货，或换载，或歇息，船主照传统习惯要招待船工饱餐一顿，一则壮行色，二则祝顺风，三则皆大欢喜。民国时期竹林关由商县、商南、山阳等三县共管，真正成了“五方杂处”之地。

三、耀岭河古码头

耀岭河老街地处耀岭河与丹江交汇处，这里是丹江上又一个重要的水旱码头，是龙驹寨港埠与荆紫关码头乃至老河口、襄阳、汉口等商业城市的中继站。西北的食盐、皮毛、烟草、桐油、生漆、木耳、核桃、药材等货物经由竹林关码头东下；东南之绸缎、布匹、青瓷、茶、糖、煤油、火柴及日用百货，经由耀岭河码头路过西上。在枯水季节，耀岭河码头是陆转中心。

位于耀岭河码头的老街村子为清一色的石头墙，从村民口中得知耀岭河沟深水长，每当夏季河内洪水与丹江洪峰相遇时，小河被丹江迎头拦截无法泄洪，村子十洪九涝是家常便饭。为了应对频频洪涝灾害，村民发明了石头墙，当洪水退后房屋依然挺立不塌，清扫之后依然可继续居住，免去了反复建房的劳苦。

四、普峪河码头

普峪河码头坐落于莲花台水库库尾，距县城 20 千米，G40 高速过风楼出口可达。历史上普峪河为丹江漕运的重要码头，鼎盛时期，青山河口一街两行有粮店、货栈、酒行门店铺面百余家，和当时县城萧条市面比较，则大有小汉口和“赛江南”美誉。

第四节 航运兴衰

丹江南连吴楚，西接秦陕，上通西北，下达东南，曾是沟通南北水陆联运的主航道。据我国最早的地理书籍《禹贡》记载，早在战国时期，丹江就已经通航，后繁荣于两汉魏晋，鼎盛于唐、元、明、清，直至民国初年。在没有修建京汉铁路和陇海铁路之前，丹江一直是连接我国东南和西北的交通要道。大诗人白居易在《登商山最高顶》诗中写道“乘者与负者，来去何纷纷”。清康熙、雍正年间，曾三次从丹江运送赈灾粮 30 万石，当时已经形成以丹江航道为主体的交通网了。丹江的龙驹寨、竹林关、荆紫关为当时最繁华的三大繁华码头。近代由于陆路交通的发达和丹江河道的阻塞，已看不到过去那种“百舸争流，帆樯林立”的繁华情景。

一、丹江航运兴盛期

丹江航运最兴旺的时候，除了官运，民间商贾的货物也都借道丹江进行运送。其中康熙年间，为了运襄阳粮食赈济关中灾荒，湖广总督丁思孔先寻访明代丹江航运旧迹，然后运襄阳仓储粮接济陕西。清雍正、乾隆两朝，又有几次大的运粮活动。

（一）明代商运

明代中后期，丹江航运逐渐复苏发达，东南地区生产的丝、茶、糖、米、瓷器、香皂一类的生活日用品，一部分经武关由陆路运至龙驹寨，进而运往商州、关中等地，一部分沿长江、溯汉江进入丹江，水运至龙驹寨水旱码头，再由骡马驮运至陕西、山西、甘肃、内蒙古等地。同时，甘肃的绿丝烟、山西的食盐等，又驮运汇集于此，连同商州的油桐、药材、核桃、牛皮等山货特产，兵分两路，或由陆路经武关古塞向东南地区运出去，或在龙驹寨水旱码头集结，船载顺流而下，运抵长江口岸重镇汉口。陆路和水路这两条南北交通运输线并驾齐驱，交相辉映，在龙驹寨实现交汇合流，完成货物的中转、交易。兴盛的商贸活动不仅促进了南北文化的交流融合，给处于商於古道重要位置上的龙驹寨等古镇带来了勃勃生机，也成就了丹凤乃至商洛昔日的无限繁华。

（二）康熙三十二年漕粮运输

据《续修商县志》卷八《交通志》记载，清康熙三十二年（1693 年），关中西安、凤翔二府遭饥荒，将襄阳仓存米 20 万石由汉江转丹江运至商州，再陆转西安减价粜出济民。此次灾粮运输，是由学士德珠、楚都抚丁思孔、襄镇殷化行等经办。为使灾粮能及时运抵关中，曾做了一番“造舟浚流”的准备工作。于该年农历二月六日自襄阳装船启行，三月初到达龙驹寨，立即起陆转运。四月初抵西安府开粜。此时适逢新麦登场，粮价骤平，逃荒的饥民纷纷回归，灾粮运输停止。

此次漕运灾粮，自襄阳府城溯汉江而上，经谷城、光化至均州的小江口（今丹江口市），计水程 280 里。入小江口经河南内乡县西南境至淅川县城（老城）160 里。又 105 里至淅川县属的荆紫关镇，又 115 里入陕西省商南县境的徐家店，又 110 里至竹林关，又 110 里至龙驹寨。自襄阳至龙驹寨水路共计 880 余里。由龙驹寨至西安城，陆程计 460 里。

襄阳至小江口利用民船，大者可载百数十石。入小江口后概用扒河船，间用鳅子船，载重量由 20 石递减至徐家店后，每船仅载 8 ~ 9 石。因不断由大船换小船，运费酌量付给，襄阳至龙驹寨，总计每石水脚银 5 钱。

（三）康熙五十九年漕粮运输

清康熙五十九年（1720 年），陕西关中一带又发生饥荒，漕运总督施世纶，奉命到陕西赈恤，题请将湖广、荆州等处仓储米 10 万石，由襄阳水运至商州龙驹寨，再陆转西安。

（四）雍正十一年灾粮运输

据雍正《朱批谕旨》，清雍正九年（1731 年）二月十六日，皇帝曾批示运湖广米至商州仓储，以备不时之需。而陕西督抚查郎阿认为以往几次灾粮运输，运价繁多，西安连年丰收，仓敖储积有余，商州位于万山之中，地形偏小，难以久贮，因此奏请暂且停运。

到清雍正十年（1732 年）十二月，经略陕、甘军务大学士伯鄂尔泰，奏称："陕省存仓谷九十余万石，散处五府、十州。延安、商洛及葭、鄜、绥，地处北边；汉中、兴、商，僻在山南，其所贮积仓谷止能备本处缓急，难以转运通济。历来酌拨军阀，唯取给西、凤二府及邠、乾、耀、华、同五洲。目今五洲之谷，亦只可自供储备。是为军需民食计，挽输备储，皆当急为筹划。伏查雍正九年三月奉旨令于湖广采为米石，循旧运道（丹江）运送商州，以备转运。续据署陕督抚查郎阿，以运价浩繁，奏请停止。再查康熙三十二年（1693 年）并五十九年两次将湖广米石运送西安，俱显著成效。臣等细查楚省今岁丰收，每米一石不过六七钱，其造船疏浚滩河及雇募驮脚等费，每石不过二两有零；是现今运米一石约需三两。若（再）次接续运送，则造船浚河之费可稍减。而源源挽运，蓄积充盈，于民食兵粮，实两有裨益。令湖广督抚于明春先运米十万石，或动拨仓敖，或就近于襄阳筹属米贱地方采买，酌量办理。"

清雍正十一年（1733 年）正月，兵部尚书署理陕西巡抚史贻直，奏准自豫、楚二省各拨运米 10 万石，水陆并进，遴员押送。陕西省差员于潼关接收豫米，龙驹寨接收楚米；并收豫、楚口袋转运西安，或减价平粜，或借给穷民。此次的 10 万石楚米，自雍正十一年三月开始自襄阳起运，以 1500 艘船分两次运送，实际只运来 4.5 万石，另 5.5 万石由于楚米米质不佳，丹江水运实在艰难，大部分照实价就地出售了。

就实际情况说，康熙、雍正时期襄阳一带米价每石在 0.85 ~ 1.1 两，而西安米价每石亦只 0.8 ~ 1.3 两，两地相差无几。但从襄阳运米至西安，水陆运费每石米需 1.7 ~ 3 两。显然，这样的运输成本是不大可能刺激商人从事一定规模的商业性粮食运销的。事实上，清代大规模（每次 20 万 ~ 30 万石）的楚米沿丹江上运之举，仅康熙三十二年、五十九年和清光绪二十六年等数次而已。

（五）乾隆年间粮食和铅、锡运输

《直隶商州总志》卷七载，清乾隆二年（1737 年）商地歉收，"往豫境之淅川、邓县等处采买粮食，从水路直运至州城"。

据《续修商县志》卷八记载，清乾隆二年（1737 年），商州歉收，谷价昂贵。为平抑物价，解救灾民，官府动拨库存银并借用商税共2436两，去河南省淅川县李官桥及邓县等处采购粮食1880石，每石粮价在8钱上下，加上车脚船费每石价约2两2钱，由丹江水路直运至商州城，开厂平粜。

另外，清乾隆年间，陕西省铸局亦利用丹江水道，在汉口采购铸钱原料铅块，经襄阳府水运至龙驹寨，再陆转各铸地。《续修商县志》记载知州罗文思对此事的禀奏稿，反映出当时丹江水运中官铅与船行、船户的矛盾情况及其对策："敬禀者陕西鼓铸钱文，每年委员赴楚采买铅点，自汉口运至襄阳，挽鳅船载至龙驹寨，雇骡运省，向来官铅、客货两无阻碍。近年襄阳船户、行家，借运铅名色，将船藏匿数十里外，勒增客商船价。铅船每只装铅八十四块，官价八两上下；货船须至十六七两不等，客民阴受其累，而铅运仍难迅速。查陕省每年赴楚采买白铅约二十九万斤，黑铅约四万五千五百斤，点锡约一万四千斤以上，三项共约三十五万斤。铅点每块三十余斤不等，共约一千一百四十三块，每船一只装铅八十四块，止需船一百四十四只。历年官船运载到寨，迟早不等，雇脚驮运，自正月起直至八九月间，始得完成。卑职即现在之情形详筹熟虑，襄阳船只每月至寨约有二百号，若每船带铅十块，一月可运两千块，不过六月，全数运完。至运铅船价，仍照每只装载八十四块，官价八两上下之数，每块给价银一钱。如此变通，既不亏于船户，又不累于客商，而于铅运更得迅速，官民两便。可否仰恳大人移咨湖广抚宪转襄阳县，责令船行、客户人等，一体遵行。如行户舞弊，不带及带不足数，办铅委员原有家人在寨收铅，即同过载，行查报卑州移交襄阳县究治，自无贻误。"

除上述官物商运外，另据乾隆《商南县志》记载，商南每年出产木耳万斤，"运至襄汉，作郧耳出售，价倍川耳"。

（六）光绪二十六年丹江漕运

清光绪二十六年（1900年），八国联军攻陷北京，慈禧太后偕光绪皇帝逃至西安避难。荆襄一带的税赋米包由小江口（今丹江口市）入丹江，运至龙驹寨。自龙驹寨起陆转运西安府，供皇帝和军政官员享用。这是清代最后一次利用丹江进行的大规模漕运活动。

二、丹江航运的衰败

1958年，商洛地区行政专署组织有关部门对丹江航运的日趋衰退进行了调查研究，认为主要原因有四。

（一）传统落后的生产工具阻碍了生产力的发展

丹江航道之运载工具，多为身长腰窄，木质坚硬，且易调头，速度快，耐碰撞，适应山区河道的梭子船、老鸭船、歪把子。竹林关以上换用一篙小船。其运载量，据刘献廷《广阳杂记》载，商南徐家店到龙驹寨每船载十担米。民国三十年（1941年）3月《驿运月刊》称，装载2000 ~ 5000斤的货船，在水大时可运到龙驹寨。清末民初荆紫关到龙驹寨之上行船枯水时载2吨左右，吃水深度0.3 ~ 0.5米，拉纤10 ~ 12人，需12 ~ 15天；下行船可载4 ~ 5吨，枯水期5天可到。民国时期，王佑卿等开办的德泰山货行遇到暴水从龙驹寨向荆紫关发盐，每船可装5 ~ 10吨，最快不足一天可到。所以水运时间长，经济效益低，货主与船户积极性都不高。历史上无铁路（京汉、陇海铁路直接影响汉江、丹江水运）、公路时期，木帆船在当时是比较先进的运输工具，舍此一途（主要是接近），别无选择，因此兴盛一时。民国时期先后修建了陇海铁路、长坪公路，特别是新中国成立后，公路飞速发展，汽车运输四通八达，留给丹江航运的货物所剩无几。

（二）流通渠道的硬性规定窒息了丹江水运

20世纪50年代以后实行“统购统销”，地区内的山货土特产，不准自行运出陕西省境；邻省的商品，也不能随意进入省内、区内，人为地割断了丹江上下游货物供销、经济互补关系，丹江水道失去了作用。再加上1962年的“割掉资本主义尾巴”政策的实施，把仅有的几只农副业船只当“资本主义尾巴”割掉了。

（三）大面积毁林开荒导致丹江水量锐减

多年来大面积的毁林开荒，特别是丹江流域“大炼钢铁”阶段，树木被大量毁坏，包括修建水库等多种因素，使丹江水源锐减。

加上砂石大量流入河槽，使河道改变，险滩增多，又不及时治理，航道因之荒废。

（四）险滩弯道使得船只通航困难

龙驹寨至竹林关一段河道，坡降达3‰以上，弯多流急，险滩暗礁遍布，枯水期浅滩拦阻，加上砂石大量流入河槽，使河道改变，洪水期暗礁难防，又不及时治理，船只通行十分困难。丹江水运近于尾声。

第三篇　防汛抗旱与河道整治

丹江两岸川道地势平坦，土地肥沃，城镇村庄分布稠密，人口居住集中，但暴雨洪水多发频发高发，所以历代乡民有沿河修堤设防、抗御洪水灾害的传统。新中国成立后，丹江沿岸各级政府不断总结洪水防御经验教训，集资投劳，修建堤防，减少水患，护城安民。

第一章 防洪工程建设

丹江及其主要支流防护堤线绵长，防洪任务艰巨，汛期洪水泛滥成灾，所以治理丹江历来备受重视。

第一节 河道治理

丹江自古多险滩，龙驹寨到竹林关，名“流岭峡”或“月日峡”，谷底狭窄，乱山夹峙，奔流若沸，是丹江著名的险段。寨河船工，有《没奈何，走寨河》之歌吟传世：没奈何，走寨河，手把舵，腿哆嗦。四百水路三百滩，龙王争来阎王夺。没奈何，走寨河，纤锯身，石割脚。厘局船霸催命鬼，捐税更比石头多。没奈何，走寨河，眼流泪，口唱歌。水贼绑票抛深潭，要寻尸首鱼腹剥。《青云寺碑》载：“清乾隆间，航运铅铜入百顷湾界，河水暴涨，失淹铅铜，百顷湾人民支差觅捞，溺死多人。”

一、丹江险滩

历代州志、县志均称丹江干流有险滩71处，平均2～3千米一处。险滩枯水时小舟难渡；中水时上水船须拉滩，下水船须放吊；洪水时船只虽能通行，但时有触礁危险。特别是龙驹寨至竹林关一段，险峻多石，计有大滩32处，尤以蛤蟆口滩最险，两岸岩石壁立如门。竹林关至白水滩，石滩沙碛约40处，航行阻碍很大。商洛地区交通局1985年5月组织人员对丹江航道进行了一次调查，查明丹凤、商南两县境内丹江干流对航行危害最大的险滩有11处，它们分布于：

（1）月日滩。位于丹凤县东南7.5千米处，滩湾长1千米，北侧山嘴突出，山嘴前为一碎石洲，河水绕石洲急转而下，枯水期曲度半径仅30米，为商洛地区境内丹江干流最小的曲度半径。南岸亦有一石嘴伸入江中，影响航行。此处河宽25米，枯水期水深0.5米，系砂砾河床。中洪时河槽难辨，行船最险。历来船行至此，船工们要依山势，摸水情，上水拉纤，下水把舵，洪水吊滩，枯水疏浚，令人提心吊胆。1940年秋，船工张满堂等一帮8只船，有7只被洪水冲上悬崖，船毁人亡。月日滩两岸岩石上，纤痕有5厘米深，证明船只上行之难。

（2）大毛别子。位于丹凤县东南21千米处。滩长100米，河床宽30米，水深0.6米，比降1.7%，由南岸黎西沟冲出的乱石堆积而成。大孤石散乱布于河床中，洪水大浪及枯水时行船最险，为船只最易触礁的险滩之一。

（3）相子滩。位于丹凤县东南27千米处，有大、小二滩紧密相连。滩碛逼河水分两股流下，主流在东，流侧乱石散布，比降3.95%。主河槽中有明暗礁石分布，洪水大浪时礁石隐于水下，枯水期礁石外露，舟行皆险。下行船易触礁，上行船要绞滩。

（4）稳石滩。位于丹凤县东南30千米处。滩长100米，河宽20米，枯水期水深0.6米，比降1%，为西岸沟岔冲出的乱石淤积而成。河槽中散布明石暗礁，枯水期行舟最险。

（5）苏峪滩。位于丹凤县东南40千米处，滩长70米，河宽25米，水深0.7米，比降1.7%。乱石河床、沙滩为东岸苏峪冲出的乱石淤积而成，洪水、枯水时行舟最险。

（6）老杂滩。位于梁家湾附近。滩长130米，宽35米，水深0.8米，比降2.27%。弯曲河形，曲度半径65米。上口乱石散布，下口有巨大明暗礁石，洪水、枯水时行舟最险。

（7）心滩子。位于竹林关东22千米处。滩长100米，河宽25米，水深0.6米，比降2.2%。滩为南岸小黎沟冲出的乱石淤积而成，乱石满布，无正规河槽，无论洪水、枯水行舟最险。

（8）张家滩。位于竹林关东30千米处。滩长200米，河宽25米，水深1米，比降3%。为淤积阶地，乱石河床。上部乱石淤积，水流湍急，无正规河槽；下部北岸依山，水分两股。洪水时大浪翻滚，为竹林关东侧最险之滩。

（9）王龙滩。位于曾峪河下15千米处。滩长250米，河宽30米，水深0.6米。此滩为王龙沟冲出的乱石淤积而成。其上部呈弯曲形，水冲北岸的石钻子，洪水大浪时最险。下部依南岸断崖，明暗礁石满布。无主槽，洪水、枯水时行舟最险。

（10）常乐沟滩。位于普峪河下35千米处。滩长70米，河宽15米，水深0.4米，为常乐沟冲出的乱石淤积而成。水流顺河床向东岸猛拐，冲击岸石。河流落差大，坡降为4%。因水流湍急，船易触岸，亦为最险之滩。

（11）连滩。位于荆紫关西侧18千米处，为北岸冯山峪沟冲出的乱石淤积而成。分大、小两块，大滩长170米，宽40米，水深1米。明石暗礁密布，洪水、枯水时行舟均险。小连滩情况较好。

丹江龙驹寨至商州区一段，有河床潜水－渗流问题，若不将厚达18～20米的沉积物除掉，则形不成径流，舟船不能通行。

二、险滩治理

丹江用于舟船航行，历时甚早，早期当曾进行过治理，但文献记载粗略，详情不知。

《旧唐书·崔湜传》记载，崔湜于唐中宗景龙年间（707—710年），曾“献策开南山新路以通商州水陆之运”，并大兴工作，航道当进行过一些治理。

明万历、天启年间（1573—1627年），丹江航运趋于繁盛，航道开始治理。著名地理学家徐霞客曾亲历月亮湾至梁家湾丹江河段考察，研究河道疏通疏浚事宜。

清代由于实施引客民到陕南垦殖政策，人口增多，山区土特产得到开发利用，并成为商品外运，促进了丹江航运业的发展。因而，清顺治三年（1646年），陕西巡抚雷兴有报商税之议。然而雍正年间有人指出：夏秋之间，豫、陕农民借丹江灌田，各处筑堰蓄流，水量锐减，挽输实难。而积雨之后，山水骤发，各堰尽开，百谷奔流，冲断纤路，人力难施，舟行颇不易。因而在每次大规模运输前，皆须整治河道。

清乾隆年间，商州知州许惟权曾主持治理竹林关至龙驹寨一段航道。乾隆《续商州志》卷一《丹水》条记载，共治理险滩 29 处，历时 3 年，用银 450 两。另外，还用白银 246 两，购置水田 12 亩，以其租息收入作为经常性修治航道费用。对于流岭峡中的一些石质险滩，仅对危害最大之处稍加疏浚，把碍航的沉积砂石刨到航道两侧，暂时维持船只通行。

民国初期，武关河尚通小船，由东南入丹江达荆紫关，每年雨季前，以武关七家较大商号为主，集资疏通河道。

商州水门，丹凤龙驹，商南清油河街、后湾、试马寨、县河东门外、二道河、石垭子、沭河寺、三角池、阮家湾、富水街、王家庄、王家楼，滔河赵川的前川、后川、老府湾、余家棚等河道的疏通和堤防多修筑于清乾隆至民国初年。但因单家独户修筑，工程质量差，难以抵御洪涝灾害。

史载清光绪三年（1877 年）至民国九年（1920 年）商县、丹凤县、商南县遭遇洪涝灾害 12 次，其间民国八年（1919 年），仅富水桑树村就被洪水冲毁耕地 300 多亩，灾后饥荒饿死 20 余人。

民国时期，航道淤塞，浅滩多，航行困难。但当时由于军阀混战，陆路交通受阻，民间商旅经商时仍然靠丹江航运，包括丹江下游支流淇河、淅河、滔河。丹江水运的核桃、油漆、木耳等货物，经龙驹寨运往襄阳、汉口；布匹、火柴、红白糖、麻、烟草等货物，再由丹江北运回龙驹寨。另外，自山西、潼关陆运至龙驹寨的棉花、盐等货物也转运到丹江、汉江沿岸的各地销售。抗战全面爆发之前，丹江仍在通航，上水运输煤油、瓷器、丝绸，下水运输药材、核桃等山货土特产。由于丹江航道多处险滩，船工货物出事频繁，商家集资 5000 块银圆，对龙驹至月儿滩河段进行疏浚整修，大大减少航道事故发生。在官方或民间商人筹资疏浚后，丹江航运在一定时期为南北方的贸易往来作出了不小的贡献。

新中国成立初期，商洛地区交通局曾组织力量，多次炸除丹江航道中的一些礁石，疏浚河槽，并整修碥道纤路，以利行舟。

20 世纪 50 年代起，丹江流域各地成立了防洪抗旱指挥部，下设办公室（设水利水保局）。1985 年配备专用电台、专用车辆，以便汛期指挥。县政府的主要负责人直接负责河道行洪清障疏浚工作。

1956 年，丹江沿岸各地抽调民工，治理疏通县城段河道，修筑防洪河堤，确保商县、丹凤、商南县城安全，保护沿岸耕地良田。

1961 年，丹凤县人民政府曾组织施工疏浚龙驹寨至竹林关航道，“文化大革命”后滞航。

1967 年，丹江口水库开始蓄水后，为了修治荆紫关附近航道，以便上行，河南省淅川县航运公司曾组织刨泓队，刨开荆子关附近的泥沙，留出泓道，拉船上行。但后来泥沙逐年沉积，泓道淤塞。

1980 年至 2022 年期间，每次修建河堤都要对河道进行疏浚。

1987 年 6 月和 1988 年 8 月，丹江发生大洪水，支流的砂石涌入河中，常乐滩及连滩等处，为乱石淤积，形成新滩，阻断航行。商南县交通局组织力量，于1987年第4季度和1988年5月、10月，先后进行疏浚治理，炸礁石13322立方米，挖河槽17168立方米，疏浚淤滩10666立方米，筑坝350立方米，航道又通。

第二节　堤防建设

一、堤防建设简况

丹江干流历代皆有治理，据我国最早的地理书籍《禹贡》记载，丹江始航时间当在春秋战国之前。据侯甬坚编写的《丹江通道的历史地理考察》一文，秦、汉、隋、唐几个王朝在西安附近建都后，丹江通道受到重视，历代对河道皆有整治。《唐书》记载丹江为唐“贡道”，可见当时是丹江航运鼎盛时期。

明万历、天启年间，著名地理学家徐霞客曾亲历月亮湾至梁家湾丹江河段考察治理丹江。

明末清初，战乱频仍，丹江治理停顿数十年，至清代康熙、乾隆年间，朝廷才开始逐渐恢复治河事宜。这一时期，各级政府每年都要进行河道整治。

地方志书记载，清代各县都曾在县城河岸和主要支流修筑堤防20多处，如商县护城堤，丹凤龙驹寨堤、百顷湾堤等。

清乾隆十三年（1748年），对丹江河道再次进行比较彻底的治理。《续修商志》载，当时奉陕西巡抚令，商州知州许惟权主持，重点整修龙驹寨上、下航道，共疏凿险滩29处，费时3年，耗银450两。他又以240两银买水田12亩，收取租息，作为每年养护修治航道的费用。

清乾隆年间，曾重点疏浚龙驹寨至竹林关段的丹江河床，畅通航道，减少水患。至咸丰时已筑成棣花河堤二三华里，光绪年间又增修百丈。

清光绪八年（1882年），知州李素捐俸银854两，召集士绅王安吉、潘光裕、叶大观等募捐，在州城、丹江北岸创修土堤78丈，石堤118丈，增高旧堤长58丈，沿堤植柳，费钱14291缗，堤内成稻田120余亩。并于水门口修筑月堤1道，以防洪水泛滥入城。

清宣统二年（1910年），龙驹寨陈家村秀才陈兆绪卖尽自己祖业，首倡在龙驹寨南门外沿河街修筑河堤一道，护水田600亩。堤尚未竣工，被一场大水全部冲光。

民国初期，武关河尚通小船，由东南入丹江达荆紫关，每年雨季前，以武关七家较大商号为主，集资疏通河道。

民国时期，河道治理工程开始注意修堤造田。清油河街、后湾、试马寨、县河东门外、二道河、石垭子、沭河寺、三角池、阮家湾、富水街、王家庄、王家楼、滔河赵川的前川、后川、老府湾、余家棚等大块河岸台阶地的堤防多修筑于清乾隆至民国初年，但因单家独户修筑，工程质量差，难以抵御洪涝灾害。

民国初年地方人士于炳瀛、王维翰等呈请省水利局拨款，修建府君庙北保河堤，被对岸蒲峪沟山洪冲毁成堤5里许，上自拉林子，下至寺沟口，其中石堤400余丈，堤外打木桩 500 余根，栽柳树 1 万多株，增修耕地 800 多亩。后几次被洪水部分冲毁，当地群众又予以补修。

陕西省商县沙河子北河湾原有水旱地 1000 多亩，水渠 3 条。清道光年间，对岸蒲峪沟山洪暴发，冲毁北岸河堤，河湾地亩冲压殆尽。民国初年，呈请陕西省水利局拨款新修。民国九年（1920 年）开工，14 年告竣，费钱 13.6 万余串，修堤 2.5 千米，上至拉林子，下至寺沟口，修地 800 余亩。民国二十四年夏，被洪水冲毁 100 丈，民众自修，两年告竣。民国二十六年，又冲 180 余丈。民国二十七年，陕西省赈务会拨款 3000 元，省水利局派技佐监修，7 月竣工，9 月又冲毁 300 余丈。民国二十八年，经商洛专员温良儒呈请陕西省政府拨款 1 万元，由西荆公路警备司令谢辅三派工兵筑成。1954 年又遭洪水冲毁。

民国期间，丹江多次发生水灾，众多河堤屡遭冲毁。为修复水毁河堤，各县曾成立河堤委员会或堤工事务所，拟定修堤简章，由陕西省水利局派技佐勘察设计，并主持竣工验收等事宜。修堤资金除地方筹措外，陕西省赈务会曾拨款 10 余次，累计 3 万多元。

民国迭次动工，曾初获成效，终无抵御洪水之力。百余年间，棣花牛家村与隔河之刘塬村为修堤争地发生械斗，造成多起血案，时人称该堤为“冤孽堤”。

民国九年（1920 年）在庙前村修建泉村乡堤。地当三川汇流要冲，每当夏秋水涨，田地即被淹没。当地群众集资修筑石堤 300 余丈，自上庙嘴起，至下庙嘴止，堤宽 5 尺，高 7 尺，堤内外密植杨柳，保护稻田 100 余亩。

民国二十一年（1932 年）正式动工在南秦川修建民生堤。西起王凋，东至周家塬，全长近 10 里，分 5 段修筑。民国二十六年（1937 年）各段次第完成。堤内共增修水田 800 亩。

民国二十八年（1939 年）当地政府组织民工，于护城堤外，用沙土修筑堤防一道，西接牛斜，东至护城石堤，增修水田 80 余亩。五月，省水利局派技佐对丹江沿岸作实际勘测，拟具计划，确定甲、乙、丙、丁四种河堤工程 114 处，其中今丹凤境内达 21 处。

民国三十一年（1942 年），河涧村人刘德杰倡导，推举百顷湾保长主持河堤委员会，由商县政府委派保长周治林、刘学礼负责筑堤事务，于丹凤县城对岸丹江右岸百顷湾筑堤。工程采取入股集资、按股分地的方式筹集资金、用工，历经两个冬春，用 16000 多个工日，石堤修成，成地 200 亩。周治林病故，工程停顿。民国三十五年（1946 年），刘德杰又动员仁义小学教导主任刘安良回乡主动筑堤，民国三十七年（1948 年）竣工，成地 300 亩。两期工程共计修地 500 亩。

1949 年之前，除上述主要大型堤防工程外，在商县、丹凤、商南各县各地还修建了许多较小的堤防工程，如大荆一带有 15 处，沙河子和夜村一带有 29 处等。

1949 年 10 月以后，丹江堤防建设逐步进入规划治理阶段。丹江沿岸及其主要支流两岸修筑的长度在 1000 米以上的河堤有麻池河乡堤、板桥乡堤、水道河乡堤、砚川乡堤、西荆乡堤、大荆乡堤、腰市乡堤、杨峪河乡堤、陈塬乡堤、刘湾乡堤、张村乡堤、三贤乡堤、龙山乡堤、西凋乡堤、沙河子乡堤、白杨店乡堤、张凋乡堤、夜村乡堤、两岔口乡堤、孝义乡堤等，累计堤段 93 段，总长度 114290 米，保护耕地 25056 亩，村庄 157 个。

1951 年，丹凤县人民政府投资修筑棣花堤。到 20 世纪 70 年代末，由棣花公社县界处到龙驹寨刘家涧，丹江两岸河堤（26.6 千米）已初具规模。国家共投资 33.74 万元，护地 0.71 万亩。特别是川道 4 座水库筑成，加之上游的二龙山、南秦等水库相继筑成，大大减轻了丹江洪水危害。1974—1987 年，共支出防汛经费 103.7 万元。

1951—1968 年，丹凤县完成了民国时期三次未能修成的棣花堤防工程。1974 年又修成自雷家坡至贾塬新堤 4.8 千米，护堤坝 38 座，护地 1400 亩，保护人口 1500 人。1958 年所修龙驹寨堤 2 千米，造田护田 400 多亩，还建成了商镇、商山、王原等堤防。

1954 年，商县在刘家湾丹江右岸投工 4000 多个工日，投资 1300 万元（旧币），修成任原堤 600 多米，于右岸投工 4500 个工日，投资 1500 万元（旧币），建堤 700 多米，名苏民堤，可保护耕地 450 亩。同年，又于沙河子乡丹江左岸，投工 10000 多个工日，投资 1700 万元（旧币），建堤 1200 米，名拉林子堤，可保护耕地约 400 亩。1955 年春，商县城关丹江两岸，加高培厚堤防 13 千米，建丁坝 46 座，砌石和沉柳梢护岸 10 处、1000 多米，可保护耕地 5000 多亩。

1950—1960 年，各级政府投入大量人力、物力兴修丹江河堤，保护城镇、村庄和耕地。这一时期修筑河堤，多为群众自发修建，对上下游、左右岸未作统一规划，没有明确标准，防洪效果普遍较差。

1970—1979 年，丹江流域兴起“农业学大寨”，各地人民公社在“改变山河面貌”的口号指引下，学习外地经验，发动群众，进行改河造田。此期修地在 100 亩以上的改河工程有：两岔口工程 1 处，修地 150 亩；板桥袁河工程 1 处，修地 100 亩；砚川工程 2 处，修地 120 亩；三岔河工程 3 处，修地 332 亩；北宽坪工程 3 处，修地 870 亩；会峪沟工程 1 处，修地 470 亩。施工中，一些地方不算水账，与河争田，任意缩窄河道修地，搞“大河一条线，小河靠边站”，结果适得其反，形成“冬春修，夏秋冲”的局面。当然也不乏成功的范例，迄今保留下来的有两岔口廿沟口、板桥连湾、袁河、砚川东村、会峪沟等工程。其中，会峪沟河改道工程较为艰巨，该工程 1969 年动工兴修，1973 年竣工。在改河工程中，开凿隧道长 310 米，宽 12 ~ 15 米，高 8 ~ 10 米，使会峪河裁弯取直流入丹江，改造旧河道为良田，面积 324 亩。

1973 年，丹江上游二龙山水库及南秦水库相继建成，有效蓄水拦洪。为扩大改河造田，商县、丹凤两县革委会及水利部门分别组织水利技术干部对丹江堤防工程进行勘测规划，并成立工程施工指挥机构，统一领导，全线动工。

1973 年冬至 1975 年春，从商县二龙山水库至丹凤县龙驹寨，整修河堤全长 223 千米，完成土石方量 389 万立方米，国家投资 60 万元。保护耕地 26076 亩，保护人口 10 万多人，新修河滩地 6000 亩，河堤植树 50 万株。经过治理，丹江河堤仍存在安全问题。第一，存在与河争地倾向。商州城区段，设计宽度 60 米，丹江桥河段仅宽 40 米。致使该段洪水流速偏大，河床逐年冲刷下切达 2 米多，河堤普遍掉根坍塌。第二，河堤质量差，堤身高度、宽度不够，基础浅。1975 年秋季洪水暴发，丹凤县水文站实测洪峰流量 808 立方米每秒，不到 10 年一遇洪水，商县范围内，丹江干支流上毁坏河堤 75 千米，造成严重灾害。第三，全面治理工作完成后，没有成立统一的管理组织，由各村自行管理，甚至无人管理。

截至 1980 年底，改河造田 9.5 万亩。改河造田主要是束河造田和裁弯取直两种做法，在较为宽阔的河道上，修筑堤防，束水归槽，河滩覆土，放淤成地。

20 世纪 80 年代，丹江流域洪水频繁发生，连年冲堤毁地，不少堤段屡修屡毁。1983 年水灾毁堤 1337 千米，1984 年水灾毁堤 1122 千米，1987 年水灾毁堤 1521 千米，1988 年水灾毁堤 731 千米。各地投入大量劳力和资金用于修复水毁河堤和耕地。

1988 年，陕西省商洛地区水电勘测设计队对丹江河道再次进行勘测，按《中华人民共和国河道管理条例》和《陕西省河道堤防工程管理规定》中确定的防洪标准及有关要求，重新做出《丹江河道防洪规划》，指导堤防建设，有效提高了丹江堤防建设质量。

1990 年编制完成《商洛地区丹江干流防洪工程规划》，确定丹江干流沿线设防标准为：商州城区 50 年一遇洪水，丹凤县城 30 年一遇洪水，集镇和农防分别为 20 年一遇、10 年一遇洪水。

1999 年，按照水利部的统一部署，依据新的社会经济发展情况，又重新编制了《陕西省丹江干流防洪工程规划》，并经陕西省水利厅审查通过。

2000 年 3 月，陕西省水利电力勘测设计研究院和商洛地区水电勘测设计院共同编制完成《陕西省丹江干流防洪工程项目建议书》，2000 年 1 月经长江水利委员会审查通过。

2000 年 12 月编制完成《陕西省丹江干流防洪工程可行性研究报告》。

2001 年 7 月，水利部委托长江水利委员会对《陕西省丹江干流防洪工程可行性研究报告》进行审查。

2005 年 7 月 13 日，陕西省发展计划委员会以陕发改农经〔2005〕599 号批复《商洛市丹江干流防洪工程初步设计》，批复工程范围为商洛市城区、丹凤县城和白杨店、夜村、棣花、商镇、竹林关、梁家湾等 6 个重点镇 8 个河段；防洪标准：商洛市城区 50 年一遇，丹凤县城 30 年一遇，其余 20 年一遇；设计洪水：南秦河口以上 810 立方米每秒，以下 1841 立方米每秒；丹凤县城 1987 立方米每秒，白杨店 910 立方米每秒，夜村镇、棣花镇、商镇 1300 立方米每秒，竹林关镇 2770 立方米每秒，梁家湾 2990 立方米每秒；商洛市城区右岸、丹凤县城右岸及集镇堤防为 4 级堤防；工程规模为新修堤防 2.25 千米，重建堤防 9 千米，拆除旧堤 9 千米，加固加高堤防 30.8 千米，新修护岸 1.7 千米；支流河口新修堤防 2.89 千米，加固堤防 2.51 千米，新修护基坝 145 座；新修跌水 11 处；新修上堤引道 690 米。核定总投资 15030 万元。

截至 2010 年，丹江沿岸已建成堤防 135.24 千米，其中达标堤防 25.10 千米。

2018 年，丹江干流堤防 111.672 千米（左岸 60.414 千米，右岸 51.258 千米），有效提升了丹江抵御洪灾的能力。

2011 年，陕西省商洛市水利局主持编制了《陕西省商洛市 2013—2015 年中小河流治理规划》。2012 年，商洛市院在该规划的基础上编制完成《陕西省商洛市丹江重点段防洪工程可行性研究报告》（简称《可研报告》），并经陕西省水利厅和水利部长江水利委员会审查通过。《可研报告》结合其他前期工作成果，按轻重缓急、分期治理的原则，筛选了 14 处重点段进行先期治理，拟治理丹江干流河段 55.20 千米，占商洛市丹江河道总长度的 27.9%，设计新修堤防 55.864 千米，设计加固堤防 800 米。其中，在本次岸线管理规划范围内共 9 段，分别为商州区城区加固段、商州区城区东龙山段、商州区城区工业园段、商州区城区沙河子段、商州区张村段、商州区白杨店段、丹凤县棣花段、丹凤县商镇段和丹凤县龙驹镇段，累计治理丹江干流河段长度 42.1 千米，新修堤防 39.834 千米，加固堤防 800 米。

1998—2016 年底，根据规划，按照轻重缓急，在丹江干流已建成城区段、重点集镇段堤防 60.4 千米。但还有 83.89 千米堤防由于资金短缺，无力建设而未达标。集镇和农防段已建成堤防 18.5 千米，其中金丝峡段右岸 2.5 千米堤防达到 30 年一遇设防标准；棣花、巩家湾、竹林关段左岸有 5.7 千米达到 20 年一遇设防标准，右岸 10.3 千米达到 20 年一遇设防标准。其余 83.89 千米堤防未达标。

到 2022 年底，丹江干流全长 259 千米，已建成堤防及护岸工程总长度 134.551 千米（其中左岸 66.520 千米，右岸 68.031 千米）。

二、干流堤防建设

丹江及其主要支流防护堤线绵长，防洪任务艰巨，所以治理丹江历来备受重视。

（一）干流堤防建设概况

1954 年 8 月丹江决堤入城之后，陕西省商县、丹凤于翌年 3 月动员干部群众兴修河堤。3 月 2 日开工，4 月 15 日竣工。共建成丁字坝 70 多座，长度 2027 米，使城区丹江两岸耕地得到保护。为了根治丹江，加强丹江流域河堤的统一管理，商县、丹凤革委会于 1973 年成立治理丹江指挥部，广泛动员沿岸群众投身治理。

商县河堤竣工后分 4 大段管理：城关镇分管构峪口至东龙山段，即丹江北岸河堤，堤长 7227 米，保护耕地 3506.3 亩，设专管人员 19 名；杨峪河区陈塬、刘湾两个乡，分管构峪口至马尾河区段的丹江南岸河堤，堤长 10357 米，保护耕地 5451 亩，设专管人员 13 人；沙河子区分管梁铺至夜村杨嘴头以及三贤乡枣园至西堌蒲峪沟区段的南北两岸河堤，堤长 24770 米，保护耕地 4851 亩，设专管人员 22 名；夜村区分管于塬村至老山沟以及唐塬至刘一村区段的南北两岸河堤，堤长 30875 米，保护耕地 5721 亩，设专管人员 30 名。

治理丹江指挥部撤销之后，丹江堤防续建工程并未停止。到 1989 年底，丹江南岸河堤，佘河至南秦河入口段已砌护堤 4 千米，筑坝 242 座，绿化 6.1 千米，护地 4200 亩。任塬至两岔口间，已砌护堤 16 千米，修坝 1436 座，绿化 40.2 千米，护地 7300 亩，修地 1000 多亩。北岸河堤，水沟至东龙山段已砌护堤 8 千米，修坝 283 座，绿化面积 8 亩，保护耕地 8000 亩，修地 1000 余亩。东龙山至两岔口段，已砌护堤 20 千米，修坝 1451 座，护地 1.2 万亩，新修田地 1300 亩。

截至 2022 年，陕西省境内丹江干流已建成堤防及护岸工程总长度 134.551 千米（其中左岸 66.520 千米，右岸 68.031 千米），商州区城区左岸防洪标准为 50 年一遇，商州区城区右岸防洪标准为 20 年一遇，丹凤县县城防洪标准为 30 年一遇，重点集镇、村防洪标准为 20 年一遇，农防段堤防防洪标准为 10 年一遇，有效提升了丹江抵御洪灾的能力。现状工程建设规模详见表 3-1-1、表 3-1-2。

表 3-1-1　2020 年陕西省丹江干流左岸现状堤防及护岸工程概况统计

行政区	长度 /m	起点	末点	类型	防洪标准	工程级别
商州区	74	罗家村	罗家村	堤防	10 年一遇	5 级
	290	窑庄	窑庄	堤防	10 年一遇	5 级
	3572	腰市镇	腰市镇	堤防	20 年一遇	4 级
	686	韩村	韩村	堤防	10 年一遇	5 级
	943	板桥镇	板桥镇	堤防	10 年一遇	5 级
	9239	二龙山水库	商州区中学	堤防	50 年一遇	2 级
	5000	商洛乔士达驾校	舒家村橡胶坝	堤防	50 年一遇	2 级
	2785	唐塬村	唐塬村	堤防	20 年一遇	4 级
	1069	白杨店供电所西	白杨店小学东	堤防	20 年一遇	4 级
	2474	夜村镇	高桥村	堤防	10 年一遇	5 级
丹凤县	3333	雷家坡	棣花镇中心幼儿园东	护岸	20 年一遇	4 级
	1661	商镇中心小学南	金盆移民小区	老堤防	20 年一遇	4 级
	5840	南塬	东河社区东	堤防	30 年一遇	3 级
	1920	白虎坪	白虎坪东	护岸	10 年一遇	5 级
	875	西坡	苏沟口	堤防	10 年一遇	5 级
	1912	洲河北村	洲河北村	护岸	20 年一遇	4 级
商南县	955	范家塬	魏家湾东	护岸	10 年一遇	5 级
	1446	西湾	姚楼村	护岸	10 年一遇	5 级
	7190	河西	罗家湾	堤防	10 年一遇	5 级
	793	陆家庄	陆家庄	老堤防	10 年一遇	5 级
	1194	武关河口	武关河口	护岸	10 年一遇	5 级
	1792	干沟口	丫鬟岩	护岸	10 年一遇	5 级
	3817	前边	瓦房滩对岸	护岸	10 年一遇	5 级
	1487	上垣	双垣村	护岸	10 年一遇	5 级
	454	水利沟口	水利沟口	护岸	10 年一遇	5 级
	3652	过风楼镇	过风楼镇	护岸	10 年一遇	5 级
	804	狮子坪	狮子坪	挡墙	10 年一遇	5 级
	1263	梳洗楼村	梳洗楼村	护岸	10 年一遇	5 级
合计	66520					

注：本表出自《陕西省丹江流域综合规划报告》（2023 年）。

表 3-1-2　2020 年陕西省丹江干流右岸现状堤防及护岸工程概况统计

行政区	长度 /m	起点	末点	类型	防洪标准	工程级别
商州区	569	窑庄	窑庄	堤防	10 年一遇	5 级
	396	干沟口村	干沟口村	堤防	10 年一遇	5 级
	45	石板河村	石板河村	堤防	10 年一遇	5 级
	3169	腰市镇	腰市镇	堤防	20 年一遇	4 级
	282	韩村	韩村	堤防	10 年一遇	5 级
	2223	板桥镇	板桥镇	堤防	10 年一遇	5 级
	17255	二龙山水库	比亚迪实业公司	堤防	20 年一遇	4 级
	1295	比亚迪实业公司	舒家村橡胶坝	堤防	20 年一遇	4 级
	2193	何塬村	北塬村西	堤防	10 年一遇	5 级
丹凤县	2552	牌楼街	万湾社区东	护岸	10 年一遇	5 级
	6319	大峪沟入丹江口	王塬村	护岸	10 年一遇	5 级
	3729	北湾	丹凤思源实验小学	堤防	30 年一遇	3 级
	1317	保仓村	保仓村	护岸	10 年一遇	5 级
	591	大桑园村	大桑园村	堤防	10 年一遇	5 级
	655	王家村	王家村	堤防	10 年一遇	5 级
	833	竹林关城隍庙	竹林关收费站对岸	堤防	20 年一遇	4 级
	1977	李家湾	杨家滩对岸	老堤防	10 年一遇	5 级
商南县	6046	周家坪	梁家湾	护岸	10 年一遇	5 级
	4852	殷家湾	曹家湾对岸	堤防	10 年一遇	5 级
	1017	罗家湾对岸	罗家湾对岸	护岸	10 年一遇	5 级
	4455	胡家湾	左家湾	堤防	10 年一遇	5 级
	1686	时家坡	疙瘩滩对岸	护岸	10 年一遇	5 级
	2122	上河	碾子沟	堤防	10 年一遇	5 级
	289	白玉沟	白玉沟	护岸	10 年一遇	5 级
	865	太平庄村	太平庄村	堤防	10 年一遇	5 级
	1299	月亮湾村	月亮湾村	老挡墙	10 年一遇	5 级
合计	68031					

注：本表出自《陕西省丹江流域综合规划报告》（2023 年）。

（二）堤防工程

1. 商洛市城防

已建成的陕西省商洛市城区丹江干流防洪工程分市区段、党塬段和城区段。

（1）商洛市市区丹江城防工程，分四期实施：

一期工程，丹江老桥至柳家沟口左岸，新修堤防 2338 米。1999 年 12 月 28 日动工，2000 年 10 月 20 日全面竣工。

二期工程，西起二龙山水库坝下，东至丹江老桥左岸，新修堤防 5290.9 米，与一期工程相接。2004 年 3 月 15 日动工，2005 年 10 月完工。

三期工程，西起二龙水库坝下，东至南秦河口右岸，新修堤防 6927 米。2004 年 11 月 4 日开工建设，2005 年 8 月建成。

四期为左、右岸续建工程。左岸续建工程为柳家沟口至东龙山石嘴段，治理堤防 2660.6 米；2005 年 11 月 22 日开工，2006 年 8 月底完工。右岸续建工程为南秦河口至东龙山 312 国道桥下段，治理堤防 2540.2 米；2005 年 11 月开工，2006 年 7 月底完工。东龙山至二龙山水库段均达到 50 年一遇防洪标准。

（2）商州区党塬段堤防工程，位于沙河子镇丹江右岸河漫滩上，与 G312 国道公路隔丹江南北相邻，东侧以党沙沟（丹江一级支流）为界，西侧紧邻沪陕高速公路商洛东出口，南靠王塬、党塬，北临丹江。新修堤防全长 1475.3 米，其中：丹江干流堤防长 1051.9 米，支流堤防长 423.4 米。2008 年 12 月 3 日开工，2009 年 7 月竣工，达到 50 年一遇防洪标准。丹江干流商洛市城区段防洪工程，建设范围涉及商洛市城区丹江干流两岸 4 段河堤，分别为左岸东龙山段，长 800 米；左岸沙河子段，长 5172 米；右岸工业园区段，长 4322 米；沙河子舒杨段，长 1305 米。加固固床潜坝 3 座，新修固床潜坝 8 座。2013 年 7 月开工，2017 年 1 月完工。除沙河子舒杨段达到 20 年一遇防洪标准，其余段均达到 50 年一遇防洪标准。

2. 丹凤县城防

已建成的陕西省丹凤县丹江堤防分丹凤县城区段和商镇棣花段。

（1）丹凤县共修建城区丹江堤防 4019.3 米，分三期建设。一期工程于 2002 年 5 月开工，2002 年 11 月竣工，新修丹江大桥至水泥厂 1100 米南堤。二期工程于 2002 年 12 月开工，2003 年 5 月完工，新修北堤水文站至涌峪河口 1938.6 米。三期工程于 2007 年 4 月开工，2007 年 8 月完工，新修南堤上段丹江大桥至山体 980.7 米。防洪标准均为 30 年一遇。

（2）丹江干流丹凤县商镇棣花段防洪工程（雷家坡大桥至万湾桥段），位于县城以西 15 千米处的棣花镇，按 20 年一遇标准设防，分左右两段。左岸雷家坡大桥至万湾桥，新建生态河堤 3221 米；右岸雷家坡大桥至西沟，新建生态河堤 3039.5 米；新修固床潜坝 5 座。分别于 2016 年 4 月 20 日和 9 月 5 日开工，2016 年底完成建设任务。累计建成生态河堤 6260.5 米（其中左岸 3221 米，右岸 3039.5 米）和 5 座固床潜坝。

3. 商南县城防

1975 年陕西省商南县实施了县河上游段改河工程，将县河城区上游段（县河电站至长新路以北）1456 米的弯曲河道裁弯取直，按 20 年一遇防洪标准开凿了 1100 米人工河道。设计堤距 21 米，堤高 4.0 米，设计水深 3.4 米。1997—1999 年，又对全段进行了修复和加固提高，设防标准达到了 20 年一遇。但受洋桥过洪能力的影响，在 1998 年“8·25”水灾中，城区通过洪水流量达到 460 立方米每秒，还不足 20 年一遇标准，但河堤已经严重受损。1999 年汛前对该段河堤进行了修复。2000 年在滨河北路建设中再次加高。

1999 年底至 2000 年，对县河中游段（洋桥至“G312 国道”）国道大桥间 1367 米河道进行了治理，按 20 年一遇的防洪标准设计施工，河道断面形式与上游保持一致，河床底宽 30 米，堤高 4.0 米，基础埋深 2.2 米，设计水深 3.4 米，过洪能力为 531 立方米每秒。2002 年，城区商路改造，西侧河堤又再次按照道路建设要求进行了加高，实施河道整治后新增的河滩地已经成为城市建设用地。工程的建设，对商南县城市建设和经济社会发展的作用日益显现出来。

2007 年 8 月实施县河城区段河道综合治理工程，工程包括：上段，河道长 1125 米，计划按照 30 年一遇的防洪标准，将河道向东拓宽至 26 米（龙头凸段上游端拓宽 10 米，其他拓宽 5 米），东侧新修河堤 1030 米，对西侧水毁的 300 米河堤进行修复，修补河堤 150 米，将修复之外的其余 730 米原河堤堤面凿毛，然后浇筑 0.30 米厚 C15 混凝土进行防渗；中段，河道长 1150 米，将该段东侧 1100 米河堤加高到与西侧基本持平；下段，河道长 1120 米，按照 30 年一遇的防洪标准设计，五里铺河入口以上堤距为 35 米，五里铺河入口以下堤距为 40 米。两侧布置河堤共 1790 米，其中东侧新修河堤长 670 米，西侧新修河堤长 1120 米。工程于 2008 年 6 月竣工。

（三）橡胶坝

陕西省商洛市区及丹凤县城在丹江干流上已修建橡胶坝 7 座。

（1）商洛市区已修建橡胶坝 5 座，形成 31.15 万平方米的连续水面，回水长度 4.64 千米，正常蓄水量约为 45.2 万立方米。1 号坝位于立交桥处，坝长 63 米，坝高 3 米；2 号坝位于黄沙河口西，坝长 61.6 米，坝高 3 米；3 号坝位于构峪桥东 400 米，坝长 63 米，坝高 3 米；5 号坝位于李塬桥下，坝长 67 米，坝高 3.5 米；6 号坝位于南秦河口下游，坝长 106 米，坝高 3 米。除 6 号坝坝体采用双跨式外，其余 4 座坝坝体均为单跨式。

（2）丹凤县城区已修建一、二级橡胶坝。一级橡胶坝位于丹江漂流码头下游约 500 米处，坝高 1.5 米，坝长 120 米。二级橡胶坝位于丹江二桥下游 180 米处，坝高 2.5 米，坝长 140 米，分两跨布设，每跨 70 米。

（四）潜坝工程

商州区新构峪桥下游 250 米处建设一座固床潜坝，2013 年 10 月开工，2014 年 1 月建成。坝长 65 米，固床潜坝坝顶高于齿墙面 0.5 米。2013 年 7 月至 2014 年 8 月新建大赵峪沟口下 7 号潜坝一座，坝长 113 米；沙河子舒杨村 14 号潜坝一座，坝长 143 米；城管局修建龙亭处潜坝一座，坝长 110 米。

三、支流堤防建设

（一）商州片支流堤防

1. 南秦河堤防

商州区南秦河为丹江一级支流，发源于鸡冠岭，经陕西省商州区刘湾汇入丹江，河道长 53 千米，流域面积 582 平方千米。

截至 2022 年底，商州区南秦河重点治理范围为南秦水库坝下至南秦河丹江入口段，治理长度 9.3 千米；共建堤防 5431 米，按 20 年一遇洪水标准设防，堤防等级为 4 级。在设防标准范围内保护沿岸 2 个镇 7 村、4783 亩耕地、60 余个企业，以及沪陕高速公路、省道 S203 公路等重要基础设施。

商州区南秦河上游商州区杨峪河、麻池河治理河长 6.8 千米。共建堤防 6315 米，按 20 年一遇洪水标准设防，堤防等级为 4 级。保护沿岸 1524 亩耕地。

2. 大荆河堤防

商州区大荆河又名荆河，是丹江一级支流，发源于商州区西北东峪沟，汇入板桥河，干流长 36.8 千米，流域面积 214 平方千米。截至 2022 年底，大荆河大荆、西荆段防洪工程，综合治理河道长 5.5 千米。共建堤防 5044 米，大荆镇段按 30 年一遇洪水标准设防，堤防等级为 3 级；西荆镇段按 20 年一遇洪水标准设防，堤防等级为 4 级。保护 2390 亩耕地和荆河生态工业区。

3. 板桥河堤防

商州区板桥河是丹江的源头支流，发源于商州腰市镇，于二龙山水库汇入丹江。大桃岔以上称为腰市河，以下称为板桥河，河道全长 47.5 千米，流域面积 588 平方千米。截至 2022 年底，已治理河道长 8.5 千米，共建堤防 7229 米。腰市河段按 20 年一遇洪水标准设防，堤防等级为 4 级；板桥河段按 10 年一遇洪水标准设防，堤防等级为 5 级。

（二）丹凤片支流堤防

1. 丹凤“一江四河”堤防

2011 年 5 月，丹凤县“一江四河”堤防工程开工典礼在丹水之滨刘家河口举行。工程包括丹江堤防、东河堤防、西河堤防、刘家河堤防和老君河堤防。截至 2022 年底，丹江堤防自 G312 国道至龙潭水库坝下，总长 2260 米；西河堤防从丹江河口至冠山沟，总长 2390 米；刘家河堤防包括刘家河至赵家桥段，总长 5000 米。已在东西河、刘家河修建园林、水面和景观坝 7 座，为城区群众提供亲水休闲场所。老君河堤防工程包括丹江河口至鱼岭二级电站段，总长 6200 米。丹凤“一江四河”堤防工程与县城的城市建设、旅游开发相衔接，打造休闲娱乐长廊，着力完善城市功能，有效提升城市品位。

2. 银花河堤防

银花河属丹江一级支流，发源于山阳县的牛夕山，于丹凤县竹林关汇入丹江，干流全长 89 千米，平均比降 10.6‰，流域面积 1031 平方千米。

截至 2022 年底，丹凤县银花河防洪工程治理长度 5800 米，按 20 年一遇洪水标准设防，堤防等级为 4 级。保护沿岸土门镇和竹林关镇 2 个集镇的 1.6 万多人、1.5 万亩农田，以及 40 多个机关、企事业单位和学校。

山阳县银花河防洪工程治理河道长 5990 米，共建堤防 6105 米。高坝店段和银花镇段防洪标准为 20 年一遇，堤防等级为 4 级；高坝店镇石桥村段、骆驼巷村段和中村镇土桥村段防洪标准为 10 年一遇，堤防等级为 5 级。在设防标准范围内保护沿岸 6185 亩农田。截至 2022 年底，山阳县银花河两岭镇、双坪镇段防洪工程治理范围为银花河干流高坝店镇金山村段和中村镇洛峪村、孤山村、黄家村段，以及支流洛峪河两岭镇刘家庄村段，治理河长 7000 米。共建堤防 7071 米，按 10 年一遇洪水标准设防，堤防等级为 5 级。保护沿岸 2494 亩耕地。

3. 武关河堤防

丹凤县武关河是丹江一级支流，干流长 121.8 千米，流域面积 897 平方千米，为局部暴雨频发区，堤防倒塌破损严重，防洪标准低。截至 2022 年底，该项目新建堤防 4.3 千米，综合治理河道 6.0 千米，工程治理范围为峦庄镇和桃坪镇。工程防洪标准 20 年一遇，工程级别 4 级。武关河铁峪铺堤防工程治理河道长 8.8 千米，新修堤防总长 7016 米，工程防洪标准为 20 年一遇，堤防级别为 4 级。工程保护铁峪铺镇、武关镇 5 个村 5066 亩耕地的安全，同时保护 20 个机关、学校、企业事业单位的防洪安全。

（三）丹江商南段支流堤防

1. 商南县县河堤防

商南县县河是丹江一级支流，干流长 50.4 千米，流域面积 273 平方千米。1956 年，商南县抽调民工 3600 余人，治理县河县城段河道，修筑防洪河堤 1025 米，确保商南县城安全。1957 年、1958 年，城关区集中劳力 2000 余人修筑县河石垭子段河堤 3700 余米，保护耕地 400 余亩。商南县县河自县城至县河口，已建成较为完整的堤防体系，河堤总长约 18 千米。设防标准，城区段为 30 年一遇，其他段为 10 年一遇。1974—1976 年，实施改河工程，将县河城区上游段 1456 米的弯曲河道裁弯取直，按 20 年一遇防洪标准，开凿 1100 米人工河道。设计堤距 21 米，堤高 3 米，1997 年全段进行了加高，在 1998 年“8·25”水灾中，城区河段通过洪水流量达到 460 立方米每秒，河堤严重受损，1999 年对该段河堤进行修复。按 30 年一遇洪水标准，修建河堤 2350 米，河堤间距为 30 米，堤高 4 米。2007 年 11 月至 2008 年 10 月，又一次对县河城区段进行综合治理，治理河道总长 3395 米，按照 30 年一遇防洪标准设计。

2. 清油河堤防

商南县清油河是丹江一级支流，干流长 67.8 千米，流域面积 364 平方千米。清油河干流河堤总长约 37 千米，大部分河堤位于清油河镇和试马镇境内。堤防工程防洪标准除清油河街段为 30 年一遇外，其他堤段约为 10 年一遇。堤距根据地形及防洪标准不同，从 50 米至 90 米不等。

3. 清油河街堤防

商南县清油河街堤防建于 20 世纪 70 年代。1998 年 7 月 9 日，清油河流域遭遇特大暴雨洪水袭击，两岸堤防多被冲毁，1998 年冬，新修河堤 1840 米，2003 年再次对该河堤进行加高加固，防洪标准为 30 年一遇。

清油河后湾改河工程，始建于 1970 年，在 1998 年 7 月 9 日洪灾中被冲毁，2003 年按10年一遇洪水设计、20年一遇洪水校核的标准进行修复。新修河堤500米，加固河堤550米，修复水毁耕地230亩。

截至2022年底，丹江干支流堤防（护岸）工程还存在薄弱环节。流域内目前仍有部分干流、主要支流河段及支流入汇口段缺乏防护工程布设；干流商州区板桥镇区段、商洛市高新区比亚迪工厂段至沙河子镇舒杨段、丹凤县商镇镇区及龙驹寨东河口段、商南湘河镇段防洪标准不达标；麻街河麻街镇段、县河商南县县城段等多处河段存在水毁堤防待修复等问题。

第三节　综合治理

一、中小河流治理

（一）治理目标

遵循“柔性治水、安澜惠民、生态宜居、环境改善、持续发展”理念，通过系统治理，使受洪水威胁严重、洪涝灾害较频繁、损失较大、严重影响区域经济社会发展的城镇、村庄的防洪能力得到增强，使主要城镇、基础设施、重要企业、基本农田等防洪保护对象的防洪标准有较大提高，使重点地区中小河流流域或区域内人民生命财产和经济社会发展的防洪安全保障问题得到初步解决。

（二）治理标准

根据国家《防洪标准》(GB 50201—2014)第4.3章节的规定，防护区含城防段和农房段。详见表3–1–3～表3–1–4。

表3–1–3　2020年陕西省丹江流域城市防护区的防护等级和防护标准一览表

等级	重要性	防护区人口/万人	防护区耕地面积/万亩	防洪标准/[重现期（年）]
Ⅰ	特别重要	≥150	≥300	≥200
Ⅱ	重要	150～50	300～100	200～100
Ⅲ	比较重要	50～20	100～40	100～50
Ⅳ	一般	<20	<40	50～20

表3–1–4　2020年陕西省农村防护区的防护等级和防护标准一览表

等级	防护区人口/万人	防护区耕地面积/万亩	防洪标准/[重现期（年）]
Ⅰ	≥150	≥300	100～50
Ⅱ	150～50	300～100	50～30
Ⅲ	50～20	100～30	30～20
Ⅳ	<20	<30	20～10

根据工程区的设防水位和流量，参考保护区的地形、地势条件，确定各防洪工程段的防洪保护范围。其中，地形、地势、地物条件采用 1∶2000 实测地形图及实际调查，人口及耕地面积摘自于统计年鉴和水旱灾害普查数据。根据《防洪标准》（GB 50201—2014），确定治理河段的防洪标准。

（三）治理情况

丹江流域涉及的流域面积 200 ~ 3000 平方千米的中小河流共 11 条，分别为滔河、大荆河、银花河、武关河、清油河、县河、会峪河、麻街河、南秦河、老君河、冷水河，其中滔河为跨省河流，流经河南、湖北及陕西，其余均位于陕西省境内，有防洪任务中小河流共 10 条，冷水河无防洪任务。

截至 2019 年 12 月底，丹江流域中小河流项目商州区 4 项、丹凤县 5 项、商南县 4 项、山阳县 1 项均已完成，详见表 3–1–5。

表 3–1–5　2019 年陕西省丹江流域中小河流项目实施情况统计

序号	项目名称	建设内容		完成投资 / 万元	效益	
		综合治理河长 /m	工程实施长度 /m		保护农田 / 万亩	保护人口 / 万人
	总计	237340	173106	79638.24	17.66	32.5
一	试点项目	16451	15311	5320.22	1.08	5.06
1	商州区南秦河防洪工程	9300	5431	2447.07	0.48	3.26
二	2011—2012 年后续项目	51589	37757	15051.45	9.14	10.41
1	丹凤县银花河重点段防洪工程	5800	6062	2294.65	1.5	1.6
2	商南县县河重点段防洪工程	5859	4445	1596.06	1.2	1.6
3	山阳县银花河重点段防洪工程	5990	6105	2073.76	0.62	1.1
4	商州区大荆河大荆镇西荆乡防洪工程	5500	5044	2248.23	0.24	0.52
5	商南县滔河赵川镇段防洪工程	5400	3496	2220.58	0.04	0.15
6	丹凤县武关河武关铁峪铺防洪工程	8800	7016	1862.28	1.51	0.91
7	商南县滔河十里坪镇段防洪治理工程	5000	4355	2263.31	0.03	0.54
8	丹凤县老君河留仙坪商镇段防洪工程	5000	3749	1954.84	0.18	0.25
9	山阳县银花河两岭镇双坪镇段防洪工程	7000	7071	2152.3	0.25	0.53
10	商州区南秦河杨斜镇麻池河乡重点段防洪工程	6800	6315	2249.01	0.15	0.24
11	丹凤武关河庾恋桃重点段防洪工程	6000	4310	2226.46	0.67	0.86
12	丹凤县银花河土门镇段防洪工程	4000	3143	2708.04	0.09	0.08
13	商南县县河过风楼镇段防洪工程	3700	3595	1070.66	0.25	0.25
14	商州区大荆河砚川板桥段防洪工程	8500	7229	2233.89	0.16	0.27

二、山洪沟治理

截至 2020 年底，丹江流域已治理河长为 124.49 千米，详见表 3–1–6。

表 3–1–6　2020 年陕西省丹江流域中小河流治理情况统计

序号	河流名称	所在省区	河流类型	跨界类型	整条河流长度 /km	省内河长 /km	有防洪任务河长 /km	已治理河长 /km	需治理河长 /km
1	滔河	河南省 湖北省 陕西省	山丘	跨省	138	49.50	6.85	3.16	3.69
2	大荆河	陕西省	山丘	跨市	34	34.00	12.92	6.48	7.02
3	银花河	陕西省	山丘	跨县	85	85.00	54.01	43.53	11.42
4	武关河	陕西省	山丘	跨县	113	113.00	18.09	16.24	3.59
5	清油河	陕西省	山丘	县界内	64	64.00	22.06	10.52	11.54
6	县河	陕西省	山丘	县界内	46	46.00	18.10	13.50	10.50
7	会峪河	陕西省	山丘	县界内	35	35.00	9.15	1.27	7.88
8	麻街河	陕西省	山丘	县界内	41	41.00	22.65	6.05	17.95
9	南秦河	陕西省	山丘	县界内	50	50.00	29.36	8.51	21.95
10	老君河	陕西省	山丘	跨县	43	43.00	24.63	15.23	10.78
11	冷水河	陕西省	山丘	县界内	50	50.00	0.00	0.00	0.00
小计						610.50	217.82	124.49	106.32

丹江流域各县（区）建立了县级监测预警及水旱灾害监测预警系统平台，建设并安装自动雨量站、水位站等装备，可将雨情等关键信息即时传输到地图或者统计图表上。山洪灾害防治全面推进有效保障了沟道人民的生命财产安全。

2014—2020 年度，商州区、丹凤县、商南县等山洪沟治理项目先后得到中、省立项批复。按 20 年一遇洪水标准，对丹凤县资峪沟等进行治理，新修了堤防及护岸，保护了耕地。

基于丹江流域内沟道分布及下游人类活动情况，需要治理的山洪沟有 24 条。根据山洪沟所在地形、地质条件和植被情况，结合保护对象的规模、重要性和防护要求，按照“防、拦、排”的布设原则，以“保护村镇、守点固岸、防冲消能”为目标，通过实施加固或修建护岸、截洪沟、排洪渠、清淤疏浚等治理措施，使防护标准达到 10 年一遇。规划实施加固或新建堤防（护岸）187.8 千米、排洪渠 66.2 千米、河道清淤疏浚 108.3 千米等治理措施，同时，进一步完善山洪灾害监测、预警、调度一体化管理平台，畅通山洪出路。陕西省丹江流域山洪沟防治措施详见表 3–1–7。

表 3-1-7　2020 年陕西省丹江流域山洪沟防治措施一览表

所在区县	重点山洪沟名称	条数	治理规模 /km		
			堤防（护岸）	河道疏浚	排洪渠
商州区	胡河、七盘河、三岔河、小黄川、腰市、浦峪、甘河、王山沟、北宽坪、小流域、金陵寺、张峪沟和大面河	13	99.6	58.7	45.6
丹凤县	峡河、桃坪河、大峪沟、古路河	4	21.4	18.8	5.8
商南县	耀岭河、汪家店河、新庙河、开河	4	46.0	21.0	10.1
山阳县	铁峪河、洛峪沟、寨子沟河	3	20.8	9.8	4.7
合计		24	187.8	108.3	66.2

由于防治工程资金投入不足等因素，山洪灾害治理滞后。商州区、丹凤县、商南县是山洪灾害高（易）发区域，目前仍存在防洪风险的山洪沟达 29 条，现有防御设施标准低、质量差、隐患多，通信设备能力不足、手段落后，与当地经济社会发展极不匹配，治理形势十分严峻。

三、除险加固

（一）历次加固情况

丹江流域陕西段共建成水库 23 座，其中中型水库 3 座，小型水库 20 座，总库容为 12586.7 万 m^3。

2006 年 7 月，二龙山水库除险加固工程完成。

2006 年 9 月，县河水库除险加固工程完成。

2009 年 12 月，苗沟水库除险加固工程完成。

2010 年 9 月，王山沟水库除险加固工程完成。

2010 年 10 月，鱼岭水库除险加固工程完成。

2010 年 10 月，试马水库除险加固工程完成。

2011 年 5 月，南秦水库除险加固工程完成。

2011 年 6 月，龙潭水库除险加固工程完成。

2011 年 11 月，庙湾水库除险加固工程完成。

2013 年 11 月，捉马沟水库除险加固工程完成。

2014 年 1 月，磨丈沟水库除险加固工程完成。

2014 年 1 月，马炉水库除险加固工程完成。

2014 年 1 月，石梯子水库除险加固工程完成。

2014 年 11 月，小流峪水库除险加固工程完成。

2014 年 11 月，东沟水库除险加固工程完成。

2016 年 3 月，草庙沟水库除险加固工程完成。

2016 年 3 月，小黄川水库除险加固工程完成。

2016 年 3 月，小韩峪水库除险加固工程完成。

2016 年 6 月，小沟水库除险加固工程完成。

2021 年 6 月，落旗河水库除险加固工程完成。

2021 年 6 月，张山沟水库除险加固工程完成。

丹江流域水库多兴建于 20 世纪七八十年代，已成水库中多数已出现不同程度的病险情况，除险加固迫在眉睫。包括二龙山水库、龙潭水库在内的 7 座水库鉴定为三类病险坝，且普遍存在坝体运行老化渗漏等情况，2013 年以后逐年逐个进行除险加固。

（二）水库清淤

流域内已成 22 座水库中，已淤积库容超过总库容 35% 的水库有南秦水库、王山沟水库、龙潭水库、小韩峪水库、捉马沟水库 5 座。为恢复水库调蓄能力，延长水库使用寿命，继续发挥水库供水、防洪等效益，根据淤积程度、水库功能、供给对象等因素，规划对淤积库容超过总库容 35% 的 5 座水库及商南县县城水源县河水库共计 6 座水库实施水库清淤。

（三）病险水库除险加固

丹江流域水库大多数兴建于 20 世纪 50—70 年代，受当时水文地质资料欠缺、设计标准不完善、筑坝技术水平较低、财力不足等经济技术条件限制，很多工程建设标准低、防洪标准低、工程质量差、事故隐患多，加上后期运行维护投入不足，工程老化失修，致使中小型水库不同程度存在大坝质量差，大坝结构不稳定；坝体、坝基渗漏；溢洪设施不全或损坏；放水设施老化、损毁或堵塞；水文测报、大坝观测系统不完善，管理设施陈旧；泥沙淤积严重；防汛道路不畅等病险隐患。病险水库不仅不能正常发挥效益，而且存在较高的溃坝失事风险，威胁下游人民生命财产安全及基础设施安全。2002 年至 2022 年 12 月，市县集中对丹江流域 22 座水库进行了除险加固。

流域内近三年（2019—2021 年）进行过安全鉴定的水库 17 座，其中存在病险问题的有 7 座，均未完成除险加固。规划以大坝安全鉴定意见或安全评价为依据，针对水库存在的主要病险问题，通过采取综合加固措施消除病险，确保工程安全和正常使用，恢复和完善水库应有的防洪减灾和兴利效益。另外，对于完成除险加固的水库，根据除险加固投入使用时间，每 6 年对水库进行安全鉴定，对超过 6 年鉴定为三类坝的水库根据功能、效益及重要性实行 1 ~ 2 年滚动安全鉴定，力求将病险水库安全鉴定和除险加固常态化。鉴于庙湾水库除险加固投入使用较早但因竣工验收迟缓，亟须安全鉴定，对以下 7 座水库在规划期内安排除险加固，见表 3–1–8。

通过除险加固，一是消除了工程安全隐患，保障了大坝安全和下游人民生命财产安全，安全效益、社会效益巨大；二是提高了水库防洪和水资源调控能力，防汛抗旱减灾和兴利效益显著；三是大力推进了水利事业发展。通过除险加固工程建设，工程形象面貌改观，管理设施改善，水利设施基础条件得到进一步夯实。

表 3-1-8　2021 年陕西省丹江流域病险水库除险加固统计

区（县）	序号	水库名称	水库位置	总库容 / 万 m^3	水库规模	近期安全鉴定时间（年－月－日）	坝型
商州区	1	二龙山水库	商州区城关街道办事处	8100	中型	2020-03-01	浆砌石重力坝
	2	小黄川水库	商州区腰市镇	52.68	小（2）型	2021-12-01	均质土坝
	3	小韩峪水库	商州区洪门河乡	31.19	小（2）型	2021-12-01	均质土坝
	4	草庙沟水库	商州区城关街道办事处	22.9	小（2）型	2021-12-01	黏土心墙坝
	5	东沟水库	商州区夜村镇	67.5	小（2）型	2020-10-01	黏土斜墙坝
丹凤县	6	龙潭水库	丹凤县龙驹寨街道办	272	小（1）型	2021-12-01	浆砌石单曲拱坝
	7	鱼岭水库	丹凤县商镇	1037.5	中型	2021-12-01	黏土心墙堆石坝

第四节　采砂管理

民国以前，丹江流域无重大水利工程，民房大多为土木结构，河道采砂很少，亦无水利管理机制，但因浇地灌溉时有水事纠纷，由行政管理部门兼理。新中国成立初，水利管理机构时分时合，体制不顺。2000 年商洛市设立前，水利管理工作未能引起人们足够重视，辖区河砂盲目开采屡有发生。2001 年商州撤地设市后，市、县水利机构逐步建立健全，加强了水利管理和水政监察，先后制定了一批地方性管理制度，基本规范了河道采砂。

一、河堤管理

河堤管理基本由该河堤保护区的行政村负责。以商县候塬村南秦河河堤为例，丹江一级支流南秦河的北河堤，保护候塬村、商洛地区造纸厂、国家变电所、贺嘴村等，南河堤主要保护房湾村、杨峪河公社、王塬村、上赵塬村、下赵塬村、四合村、元明村、周磨村、刘湾村等。

1960年，丹江沿岸成立河堤管理会，河堤管理会是群管组织，在镇党委和政府的领导下，在水利部门支持下，做了大量的防汛工作。河堤管理会的责任是，派专人巡逻，禁止在河堤附近挖石取砂，保障河堤安全；保护河堤上的树木不受乱砍滥伐，牛羊乱啃草木；负责修复小段故障；汛期通报汛情等。

1980 年前，丹江沿岸河堤工程由村组摊劳、摊工。

1981 年实行土地责任制后，各村摊劳无法解决，河堤管理会处于瘫痪状态，职工解散。

1982—2014 年，堤防水库直接由水利部门管理。

2015—2023 年，市、县（区）成立河湖长制机构，专门负责河湖管理。

二、河道整治

丹江流域支流众多，沟壑交织。按照流域面积统计，3 平方千米以上的河流 650 条；10 平方千米以上的河流 499 条；100 平方千米以上的河流 67 条；流域面积在 200 平方千米以上的支流共有 11 条；1000 平方千米以上的河流 5 条。在陕境内长度在 25 千米以上的支流有 21 条，10 ~ 25 千米的干沟有 79 条，1 ~ 10 千米的支沟有 952 条，1 千米以下的毛沟多达 34308 条。河道管理任务十分繁重。

2005 年，陕西省商洛地区水利部门按照《中华人民共和国河道管理条例》《陕西省河道管理条例》规定，河道实行统一管理和分级管理相结合。成立商洛市河道水库管理处，负责组织、协调、监督、指导商洛市河道管理工作。丹江商洛市区段由商洛市城区河道与灌区管理站负责管理，七县（区）河道管理工作均由县（区）水利局水政监察大队负责管理。

伴随着经济社会发展，商洛河道管理工作大体分为三个阶段：

（1）1980 年以前，国家基建项目少，群众建房多为土木结构，跨河、穿河等涉河项目较少，河道取砂属于零星开采，河道管理处于初级管理期。

（2）1981—1999 年间，国家基建项目增加，跨河、穿河等涉河项目也逐步增多，群众建房逐步转变为砖木结构，河道普遍淤积，砂石资源供应充足，河道管理进入重点段管理期。

（3）2000 年之后，由于大量基础设施建设集中实施，群众建房暴增，多数建筑为砖混结构，特别是国家实施新型城镇化建设以来，跨河、穿河等涉河项目也大量增加，建筑砂石不断增长的需求与河道有限的砂石资源形成巨大的供需矛盾。采砂管理线长、点多、面广，管理难度大。在经济利益驱动下，非法采砂屡禁不止，乱采滥挖现象十分严重，引起河道改变、水土流失、耕地毁坏、水利基础设施损毁、严重影响群众生产生活等一系列问题，成为社会议论的热点、媒体关注的焦点、政府管理的难点。

2010 年 7 月 6 日，商洛市水务局、公安局、国土资源局、监察局、中级人民法院联合发布《关于在全市开展河道综合治理的通告》，在商洛市范围内开展河道综合治理活动。之后，每年春秋两季以城镇周边、五大河流以及重点工程建设沿线河道为重点区域，开展以非法采砂、清理河道违建等为重点的河道专项集中整治。联合公安、环保、国土资源、路政等部门及相关县（区）镇办抽调人员，分别组成河道、环保、国土资源、路政、城乡清洁等执法工作组，积极开展河道非法采砂及水环境综合治理整顿活动，严厉打击、查处和整治河道乱挖、乱采、乱排、乱放、乱弃、乱倒等“六乱”行为，整顿采砂秩序，确保河道行洪畅通，保障河道管理范围内各类工程设施和人民群众生命财产安全。

2014—2023 年，丹江流域各级政府高度重视河湖“六乱”问题清理整改工作，形成了“查人＋查事‘双查’、季度考核＋年度考核‘双考’、专报＋通报‘双报’”工作机制，动真碰硬推动“六乱”问题整改取得实效。商洛市将市纪委监委、市委组织部、市人民检察院等 5 家单位纳入河长制工作领导小组成员单位。各相关单位按照“查事先查人，查人深挖事”的工作要求，重点对省、市河长制反馈的“六乱”问题线索进行排查，对反馈问题存在的违规审批、失职渎职、权力寻租、利益输送等行为进行立案查处，形成了高压震慑。

三、河道采砂管理

2010 年之后，丹江流域审批的砂场主要集中在丹江干流及其主要支流。商洛市水务局制订河道采砂规划，明确河道的储量、保护范围、禁采区、禁采期。年度开采，根据市场需求量、河道砂石资源储量，合理规划采砂场、采砂河段，颁发采砂许可证。同时签订复平协议、承诺书。各个砂场都设立公示牌，广泛接受社会监督。砂场在作业中严格按照程序作业，留足保护范围，不得超范围、超深度开采，挖掘机不得进入作业。砂场在作业过程中必须自觉接受河道管理人员的指导与监督。通过多年努力，砂场管理已进入正轨，河道采砂秩序平稳。

（一）采砂管理制度

依据《陕西省河道采砂管理办法》及有关法律法规规定，结合丹江河道采砂管理现状，丹江流域河道采砂管理制度内容包括：

（1）各辖区的水行政主管机关是该行政区域的河道主管机关，河道防汛和采砂工作实行地方人民政府行政首长负责制。

（2）根据河道管理实行统一管理和分级管理相结合的原则，任何单位和个人都有保护河道工程安全、保护水环境和依法参加抢险的义务，并有权制止和检举违反河道管理规定的行为。

（3）对各砂场在采砂过程中严格按照《中华人民共和国防洪法》《陕西省河道管理条例》的规定，对开采范围、开采量、作业方式、弃料处理等进行了明确规定，严禁汛期开采，确保河道行洪安全。

（4）采砂规划管理制度。在采砂过程中应严格执行采砂规划，按照采砂规划要求进行作业。

（二）河道采砂形式

规划的采砂河段和砂场，均位于河床比较平缓、河势宽阔稳定的河段，在留足河道堤防及其设施安全保护范围的同时，利用人工或机械作业方式均可。

（三）禁采期

丹江流域每年 6 月 1 日至 9 月 30 日划定为河道采砂禁采期。禁采期禁止任何单位和个人进入河道内从事采砂取石活动，如情况特殊确需开采的，必须征得县级以上水行政主管部门同意。

（四）河道采砂许可形式

规划的河道采砂实行申请审批许可制度，其具体程序为：

（1）凡在当地县域内申请进入河道管理范围内可采河段从事采砂活动的单位和个人，首先必须向当地水政监察大队提出采砂书面申请并提交相关的材料和证件。

（2）水政监察大队收到符合要求的书面申请及相关材料后，汇编采砂实施方案，提交县水行政主管部门进行审批。

（3）县水行政主管部门审查批准后，县水政监察大队按照规定给申请人办理并发放陕西省水利厅统一印制的《河道采砂许可证》。申请人按照规定缴纳相应的河道砂石资源费，同时与水政监察大队签订河道采砂清障复平协议，并领取《河道采砂许可证》后，即取得河道采砂许可。

四、采砂治理

1992年以来，由于修建沪陕高速公路、西合铁路，包括陕南移民搬迁工程、惠民工程，特别是丹江流域各县区房地产行业进入高速发展阶段，河道采砂量急剧增加，使得河床降低，地下水位急剧下降，有的地方甚至下降4米，很多沿丹江两岸的机井干枯，天旱无法灌溉；村民饮用水缺乏。更严重的是，河床降低使得河堤地基暴露，洪水一冲，河堤就塌陷，商洛市城防工程、张村一带，棣花到竹林关，就出现过多次地基暴露所造成的河堤塌陷，部分高速路桥桩河床以下部分裸露。

（一）采砂整治

为了严厉打击河道内违法违规采砂行为，依法保护河道、河堤、耕地、公路等基础设施，根据《中华人民共和国防洪法》《中华人民共和国河道管理条例》《铁路安全管理条例》《中华人民共和国公路法》《陕西省河道管理条例》《陕西省河道采砂管理办法》和商洛市人民政府《关于开展采砂专项治理工作的紧急通知》文件精神，商洛市、各县（区）水利部门，结合河道清“六乱”工作，在丹江流域开展河道采砂专项治理工作，其间制定河道采砂专项治理工作实施方案，封堵入河路口，拆除非法修筑便道、桥涵等。

通过对河道采砂秩序的专项整治，河道采砂违法违规行为得到有效遏制，秩序得到规范；河道采砂企业（个体户）普遍受到教育，安全管理水平和从业人员的素质得到提高，依法经营意识得到增强，同时，杜绝因违法违规采砂行为引发安全事故。

河道整治重点：一是坚决取缔非法采砂行为，准确掌握非法采砂活动的规律，集中时间、集中力量，依法查处非法采砂行为，对其坚决予以取缔。二是整顿违规采砂行为，对已经审批的采砂场超深超范围开采、乱堆乱弃废渣等行为要限期整改，否则吊销采砂许可证。三是封堵入河路口及拆除河道内便道的整治。四是严厉打击暴力抗法行为的黑恶势力。对社会黑恶势力的暴力抗法行为，按照有关法律法规予以严厉打击。

（二）河道综合治理

丹江进入主汛期后，各县水政执法人员先后沿丹江逐一检查，重点检查在河道内无证非法采砂及违规采砂（超深、超范围、乱堆乱放、禁采期开采）。其间，丹凤水利局对棣花村一村民在丹江河棣花齐村隧道出口非法采砂案立案查处，依照行政处罚程序移交法院处理。商镇大峪沟口非法采砂，立案查处，调查取证。通过对砂场检查，截至2011年，发《责令改正通知》20份，《停止违法行为通知书》24份，立案5起，发《水行政处罚事先告知书》3份，落实罚款6000元。水政执法人员、相关乡镇负责人及采砂行为人三方现场检查，登记造册备案15份，打掉东河河段1处群体性黑采砂窝点，收缴烧毁砂筛40个，收缴铁锨、锄头各20把，封堵入河路口19处，拆除河内便道5处，复平河道采砂坑投入挖掘机台班4个，装载机台班4个，清理弃渣2万余立方米，投入河道专项整治经费 8 万元。通过开展河道采砂综合治理活动，无序采砂得到有效遏制，在跨河公路桥梁下河道采砂及近堤村采砂行为有所减少。

2011 年以来，丹江流域各县（区）水利局制定规范河道管理工作实施方案：一是开展河道管理范围内划界勘定。二是明确河道采砂禁采区、禁采期及宣传工作。三是明确各部门工作职责，理顺河道管理工作中的各自职责关系，做到事有人管，法有人执，不推诿、不扯皮。四是做好河道日常管理工作的具体措施，做到严格依法管理，有章可循。工作范围：对在县域范围内所有河道水域及河道附近土地内从事采砂、采矿、渔业、堆放物料弃渣、排污、跨河临河工程建设等行政执法管理工作进行规范，理顺各职能部门管理工作关系。通过开展河道管理工作规范化行动，使河道安全管理步入规范化、秩序化、制度化轨道。

2023 年在河长制方面，纪委监委共立案 9 件，处理 16 人；公安机关共立案 19 件，处理 26 人；检察机关共下发检察建议书 14 份；水行政主管部门共立案 53 件，处理 55 人。

第二章　非工程防汛措施

丹江流域暴雨洪水灾害呈多发、频发、重发趋势，防汛形势严峻复杂，任务艰巨繁重。近年来，丹江流域各级政府，特别是水利部门，结合丹江雨情、水情、工情、险情，锚定“五个”目标，强化“四预”措施，紧绷“四个”链条，贯通“四情”防御，落实非工程措施，实现从工防、人防到技防的全面提升，最大限度防范化解洪水风险。

第一节　指挥机构

1949 年之前，丹江流域防汛工作由官府牵头，族长、乡民参与防御洪水。1949 年之后，陕西省商洛市丹江防汛组织体系按照属地管理、分级协调的原则组成。由市、县（区）、镇（办）成立的常设防汛抗旱指挥部负责丹江干流防汛工作；村（社区）成立防汛领导小组，按照镇（办）防汛指挥部的指令，负责该村丹江沿岸群众的生命财产安全。

一、市级防汛指挥体系及职责

市政府设立市防汛抗旱指挥部（简称市防指），具体组成如下：

总指挥：市人民政府主管副市长

副总指挥：商洛军分区参谋长
　　　　　市人民政府主管副秘书长
　　　　　市水利局局长

成员：由商洛军分区、市发展和改革委、市财政局、市应急办、市水利局、市工信局、市安监局、市公安局、市民政局、市交通局、市农业局、市卫计局、市教育局、市国土局、市文广局、商洛日报社、市气象局、市水文局、西安铁路局西安工务段、陕西电信商洛分公司、中国移动商洛分公司、中国联通商洛分公司、市供电局、陕西省地方电力集团有限公司商洛供电分公司、商洛武警支队、商洛消防支队共 26 个单位组成。

市防汛抗旱指挥部的办事机构为市防汛抗旱指挥部办公室（简称市防办），设在市水利局，办公室主任为副县级专职主任。

二、县（区）级防汛指挥体系及职责

商州区、丹凤县和商南县人民政府根据各自职责分别设立县（区）防汛抗旱指挥部，负责本辖区境内丹江干流防洪抗洪工作。防汛抗旱指挥部由以下单位和人员组成：

总指挥：县人民政府主管副县（区）长

副总指挥：县（区）人民武装部部长

县（区）水利局局长

县（区）国土局局长

防汛抗旱指挥部成员应由人武部、政府办、发改、财政、水利、国土、教育、民政、交通、农业、电力、安监、卫生、公安、广播、经贸、气象、水文、宁西铁路及通信、宣传等部门组成。

指挥部各成员单位主要负责人为指挥部组成人员。

三、镇办级防汛体系及职责

陕西省商洛市丹江防洪预案商州农防段涉及沙河子镇、夜村镇 2 个镇，丹凤段涉及棣花镇、商镇、龙驹寨街道办事处、竹林关镇 4 镇（办），商南段涉及金丝峡、过风楼、湘河 3 镇。各镇办根据各自职责成立镇办防汛指挥机构。镇（办）防汛指挥机构负责对辖区内丹江洪水进行监测，及时协调有关防汛事项，出现险情立即赶赴现场进行抢救。

四、村级防汛体系及职责

陕西省丹江沿岸各村成立村级防汛应急小组，小组成员为各村村委委员。各村村主任为防汛第一责任人，村级防汛应急小组的职责是在镇办防汛领导小组的统一指挥下，认真扎实地做好防汛抢险工作，及时组织群众安全有序撤离至安全地带，及时救护汛期伤病员，组织防汛抢险救灾物资材料，确保群众安全度汛。

第二节　防汛预案

丹江流域暴雨洪水多集中在每年 7—9 月，洪水具有强度大、洪峰高、历时短、危害重等特点。面对洪水灾害，除加强河道堤防与调蓄水库建设等工程措施外，还需采取非工程措施，包括防汛指挥调度、防汛责任制及预案、抢险队伍及物资储备、水文站点报汛、抢险社会管理、通信预警等非工程措施。

一、防御洪水预案

（一）基本情况

基本情况：流域概况、社经情况、防洪工程、历史洪水等内容。

流域概况：自然地理、水文气象、河流洪水特性、平槽流量及不同量级洪水位，分析洪水遭遇组合等情况。

社经情况：行政区划、社会经济，人口密集区、工矿企业和基础设施的规模及分布情况，不同量级洪水淹没情况等。

防洪工程：防洪规划、堤防工程、水库电站、堤防堰坝、涉河建筑物现状、河道及湖泊蓄泄洪水能力等情况。险工险段包括穿河、跨河建筑物等。

历史洪水：江河流域典型历史洪水灾害情况，防御体系、防治体系现状；人防、技防、物防及当前江河洪水防御工作存在的薄弱环节。

（二）防洪减灾体系

陕西省丹江流域防洪遵循“两个坚持、三个转变”的防灾减灾救灾新理念，以流域为单元，遵循“蓄泄兼筹、以泄为主”的原则，按照“上拦、下排”的思路，顺应流域上、中、下游河流河势和洪水自然特性，以丹江干流防洪工程建设为重点，统筹安排中小河流治理与山洪灾害整治、病险水库除险加固、雨水情监测预报等防洪措施，构建由水库、堤防（护岸）、监测预警组成的现代化防洪体系。

上游区域实施二龙山、小黄川等病险水库除险加固，结合水土保持、水源涵养等措施，提高洪水调蓄能力；针对中下游区域，加强丹江干流及10条中小河道的堤防、河道整治、生态护岸等措施建设，结合古路河等29条山洪沟道灾害防治，确保重要城市、重要乡镇、重要基础设施防洪安全；全域加快构建雨水情监测预报体系，助力洪水灾害精准防御。

（三）预防预警机制

预报预警信息：关注气象水文防御信息，及时传递灾害性天气预报、水文预报预警信息。防御部门关注警戒流量以上洪水，加强巡堤查险。出现险情或遭遇超标准洪水，或可能决口时，及时向可能淹没区域发布预警信息，同时逐级上报有关情况。

汛险情信息处理：防御部门要准确掌握汛情、工情、险情、灾情等信息，缩短获取信息时间，力争在第一时间快速准确上报。特别是堤防、库坝失事等情况，跟踪监视事态发展，动态报送事态发展现状和处理结果。

预防预警行动：发生险情时，在第一时间内向有关单位报告。报告内容应包括：工程名称，险情类别，出险时间、地点、位置及特征，尺寸、出险原因、险情发展趋势、危害程度、威胁对象和拟采取的抢护措施等。

（四）响应预案

按照《陕西省主要江河控制站警戒、保证流量及洪水划分洪峰流量统计表》，统筹协调上下游、左右岸、干支流以及蓄泄关系，对应河流洪水特性，合理确定控制点的控制指标（水位、流量等），制定启动响应预案（Ⅳ、Ⅲ、Ⅱ、Ⅰ级响应）、应急措施，组织专家配合指导抢险工作。

中小洪水，发挥河道泄洪能力，适时利用水库调蓄；高标准洪水，发挥河道、水库联合作用，适时启用蓄滞洪区；超标准洪水，发挥各类工程作用，必要时采取非常措施。

要有江河洪水风险图、应急响应流程图、人员转移路线图、应急组织体系图等图件。

二、超标准洪水防御方案

坚持以人为本，以保障人民群众生命安全为首要目标，力争超标准洪水减少损失。丹江流域以保护干流商洛市城区以下地区，特别是商州区、丹凤县县城区域的防洪安全为重点。当发生超标准洪水时，主要措施为充分利用庙湾、二龙山水库防洪区间库容调蓄制定最优调度方案，调蓄上游超标准洪水，当洪水威胁水库大坝安全时，在优先确保水库大坝安全的前提下下泄洪量。对丹江中下游优先考虑加筑子堤等措施对险工段进行抢险，当水位继续上涨时，可选取重要性相对较小的农田区域，采取“舍农保镇，舍右保左”的对策，分滞河道超标准洪水。县城内部因地制宜选取河滩湿地、海绵城市建设、城市公园等最大程度分滞超标准洪水，必要时可舍弃以确保市县城城区防洪安全。遵循超标准洪水防御方案，全流域以预警和调度方式综合施策、统筹调配，当依然无法阻止超标准洪水时，应组织人员进行转移避险，确保人民生命安全。

三、构建雨水情监测预报“三道防线”

经过多年建设，丹江流域已经形成了运行有效的水旱灾害监测预警系统，但现有的非工程信息化措施与防御洪水复杂的防汛形势不相适应，结合国家防汛指挥系统建设的基本思路，针对水雨情测报工作存在的测验传输手段落后、山洪灾害频发等突出问题，规划以陕西省丹江流域为单元，加快构建气象卫星、测雨雷达雨量站、水文站组成的雨水情监测预报“三道防线”，在处于暴雨洪水集中来源区的二龙山、南秦、鱼岭等水库（电）工程等布设测雨雷达，进一步延长雨水情预见期，提高精准度；加密雨水情报，强化流域防洪“四预”应用，包括来水预报、水位监测预警、防洪调度预演、应急预案、调度执行及过程跟踪等功能；在丹江干流、中小河流（武关河、县河）等洪水易发区等进一步补充完善雨量监测站网和水文站网（详见本篇第三章水文站网建设）。抓实抓细“降雨—产流—汇流—演进”等四个链条，全面提高防洪风险综合防治能力。

四、智慧化风险管控

加快推进洪水风险测算，完善洪水灾害风险区划及数据可视化功能界面，将目前接入的所有数据进行汇总统计，推广 GIS 叠加的方式进行“一张图”展示，确保所有的极值信息都能按量级和时间顺序展现，及时有效地指导流域防汛工作安排。

五、政策、法规及重要前期工作

相关单位、部门要结合本职工作，创造性地参与国家有关政策、法律法规的制定及完善；积极探讨开展洪水保险的试点及推广工作思路；加大宣传力度，营造有利环境，增强群众洪水风险意识，增强自觉规避洪水风险意识；加强水政执法队伍自身素质建设，加大水政执法力度。

第三章　水文站网建设

丹江水文测验监测技术经历了长时间的发展，测验手段由过去的以人工监测为主转变成现在的自动或半自动化监测为主，站点随着中小河流与建设项目的推进，逐步加密，水文站网建设得到飞跃发展。

第一节　水文站网沿革

丹江水文测验监测技术经历了长时间的发展，测验手段由过去的以人工监测为主转变成现在的自动或半自动化监测为主，水文测验配置了手持式电波流速仪、雷达水位计、雷达流量计、自动化测流缆道、马尔文激光粒度分析仪等现代测验仪器。水文应急监测配置了监测车辆和监测设备仪器，组建了应急监测队。

一、雨量站

1967年以前，雨量观测仪器为人工雨量筒，以人工观测为主。1967年开始，商县程家坡、谢塬，丹凤武关、丹凤县城等站逐步安装虹吸式自记雨量计，到1980年先后有27处雨量站安装了虹吸式自记雨量计。除麻街、板桥、丹凤、竹林关、武关水文站外，其余雨量站以委托当地群众观测雨量为主。黑龙口、杨斜、留仙坪、棣花、峦庄、洛峪、过风楼、耀岭、赵川、富水等报汛雨量站安装手摇式电话，按报汛任务书要求拍发时段雨量、日雨量电报。

2000年3月，陕西省水文局引进了一批具有国际水平的雨量采集仪器，JDZ－1型雨量数据采集器先后在黑龙口、麻街、板桥、丹凤、竹林关、峦庄、富水、赵川等雨量站安装，雨量实现自动采集、存储。

2010年5—8月，在洪水易发区的丹江流域新设43处翻斗式一体化雨量自动监测站。实现雨量数据智能采集、长期固态存储和远距离传输，实现无线近距离显示、人工置数及设备配置。

2011年10月，对省级水情站黑龙口、腰市、杨斜、留仙坪、棣花、铁峪铺、花园、商南、富水关、耀岭、魏家台、过风楼、洛峪、两岭等14处雨量站安装翻斗式一体化雨量自动采集、传输设备，通过RTU数据采集终端实现雨量自动化。

2011年国家对中小河流治理，先后设立自动雨量站57处，安装翻斗式一体化雨量自动监测设备，实现雨量采集传输自动化。

2015年对中央报汛站改造，丹凤、竹林关、武关、峦庄、赵川安装翻斗式自动雨量采集传输设备，实现雨量采集传输自动化。

从2010年开始到2023年丹江流域内100处雨量站全部安装翻斗式一体化雨量自动监测仪器，雨量监测、雨量传输实现自动化。

二、水文站

（一）商县水文站

1951年6月由陕西省水利局设立，测验项目有水位、流量。1951年流量测验以浮标法为主，比降法为辅。从1953年开始流量测验以流速仪法为主，浮标法、比降法为辅，流速仪测流采用涉水和船测。1955年流速仪实测最大流量134立方米每秒。1957年流量停测。1958年6月1日停测水位，上迁至程家坡水文站。

（二）程家坡水文站

1958年6月由陕西省水利厅设立。测验项目有水位、水温、岸温、风向、风力、降水量。1959年增加流量、含沙量、输沙率、蒸发量等项目。1959年流速仪实测最大流量40.6立方米每秒。1960年流速仪实测最大流量57.8立方米每秒。1967年1月停止观测水位中附属项目（风向、风力）。1970年12月31日撤销。

（三）丹凤水文站

1957年4月由陕西省水利厅设立。测验项目有水位、水温、流量、含沙量、悬移质输沙率、降水量、蒸发量、气温、湿度、风向、风力。采用流速仪法涉水和测船、浮标法测流。1957年流速仪实测最大流量55.2立方米每秒。1958年流速仪实测最大流量135立方米每秒。1959年流速仪实测最大流量140立方米每秒。1960年流速仪实测最大流量141立方米每秒。1957年2月停止观测气象项目（不含降水量、蒸发量）。1967年1月停止观测水位中附属项目（风向、风力）。1974年缆道测流设施架设完成，投入使用。设站初期至1990年采用有线电话拍发雨水情电报，1991—2000年采用无线通信设备短波电台报汛，2001年后建立了计算机局域网络系统，采用网络通信传输雨量、水位、流量等实时信息。

丹凤站1960年增加地下水位观测，全年每隔5天观测1次。1962年取消地下水观测。1980年1月取消水温测验。

丹凤站1966年4月增加水化学监测分析，每月采样1次，物理分析参数有气味、味道、透明度、色度，化学分析参数有pH、游离二氧化碳、侵蚀二氧化碳、溶解氧、硫化物、钾、钠、钙、镁、氯化物、硫酸盐、碳酸盐、重碳酸盐、离子总量、总硬度、总碱度、耗氧量。1980年取消水化学监测项目。1998年增加水质监测，人工采样送样。2009年增加土壤墒情监测。

2009年将长悬杆缆道改建为悬索自动测流缆道。2015年中央报汛站升级改造，修建自动水位计塔，安装雷达水位计，实现水位自动观测和水位自动传输。2019年大江大河监测系统建设安装雷达流量计，配备ADCP遥控测流设备，上、下比降断面安装电子水尺，安装视频监控设备。

（四）谢塬（鱼河）水文站

1958年12月由陕西省水利厅设立。测验项目有水位、水温、流量、含沙量、悬移质输沙率、降水量、蒸发量。1959年，流速仪实测最大流量22.1立方米每秒。1960年，流速仪实测流量41.5立方米每秒。1974年5月1日停测。

谢塬水文站1960年增加地下水位观测，全年每隔5天观测1次。1962年取消地下水观测。

（五）武关水文站

1958年12月10日由陕西省水利厅设立。测验项目有水位、水温、流量、含沙量、悬移质输沙率、降水量、蒸发量。1959年流速仪实测最大流量38.5立方米每秒。1960年流速仪实测最大流量33.5立方米每秒。人工观测水位，缆道测流采用长悬杆吊仪，人工控制绞车。2009年增加土壤墒情监测。设站初期至1990年采用有线电话拍发雨水情电报，1991—2000年采用无线通信设备短波电台报汛，2001年后建立了计算机局域网络系统，采用网络通信传输雨量、水位、流量等实时信息。2012年，中小河流改造，将缆道改造为悬索自动测流缆道，修建水位计塔，安装雷达水位计，安装视频监控，实现水位自动观测、自动传输。2023年水文站升级改造，修建水位视频监控塔，安装水位视频监控设备，修建固定式在线测流设施，安装测流设备，修建低水测流槽，实现水位、流量、泥沙自动监测。

（六）竹林关水文站

1970年12月由陕西省水文总站设立。测验项目有水位、流量。1972年1月增加水温、输沙率测验。1990年取消水温观测。人工观测水位，缆道测流采用长悬杆吊仪，人工、电动控制绞车。2009年增加土壤墒情监测。2012年，中小河流改造，将缆道改造为悬索自动测流缆道，修建水位计塔，安装雷达水位计，安装视频监控，实现水位自动观测、自动传输。2023年水文站升级改造，修建水位视频监控塔，安装水位视频监控设备，修建固定式在线测流设施，安装测流设备，修建低水测流槽，实现水位、流量自动监测。设站初期至1990年采用有线电话拍发雨水情电报，1991—2000年采用无线通信设备短波电台报汛，2001年后建立了计算机局域网络系统，采用网络通信传输雨量、水位、流量等实时信息。2022年增加水质监测，人工送样。

（七）麻街水文站

1973年12月由陕西省水文总站设立。测验项目有水位、流量、输沙率、水温。1990年取消水温观测。人工观测水位，缆道测流采用长悬杆吊仪，人工、电动控制绞车。1998年增加水质监测，人工采样送样。2009年增加土壤墒情监测。2011年10月，省级水情站改造，修建水位计塔，安装雷达水位计，实现水位观测、传输自动化。

2019年，大江大河建设，将缆道改造为悬索自动测流缆道，安装雷达流量计，上、下比降断面安装电子水尺，安装视频监控设备，实现流量在线监测。

设站初期至1990年采用有线电话拍发雨水情电报，1991—2000年采用无线通信设备短波电台报汛，2001年后建立了计算机局域网络系统，采用网络通信传输雨量、水位、流量等实时信息。

（八）板桥水文站

1974年6月由陕西省水文总站设立。测验项目有水位、流量、输沙率。1975年7月增加水温测验。1990 年取消水温观测。人工观测水位，缆道测流采用长悬杆吊仪，人工、电动控制绞车。2011 年 10 月，省级水情站改造，修建水位计塔，安装雷达水位计，实现水位观测、传输自动化。2011 年中小河流建设，在缆道上悬挂安装 ADCP 测流仪器，提高流速测验技术水平。2019 年，大江大河建设，将缆道改造为悬索自动测流缆道，安装雷达流量计，上、下比降断面安装电子水尺，安装视频监控设备，实现流量在线监测。

设站初期至 1990 年采用有线电话拍发雨水情电报，1991—2000 年采用无线通信设备短波电台报汛，2001 年后建立了计算机局域网络系统，采用网络通信传输雨量、水位、流量等实时信息。

第二节　水文站网建设

2000 年之前，丹江流域水文监测技术水平相对有所提高，测验断面架设了缆道，流速仪、有线电话应用于测洪报汛中，计算器取代了算盘，监测项目和监测频次较之前有所增加；水文资料整编开始使用计算机，但水文监测仍主要靠人力，测站一线职工生产用房和职工宿舍依然简陋，经常和老鼠争食，对外界的了解渠道主要是看报纸。到 2022 年，丹江流域中小河流等水文基础设施项目陆续建成，使得流域内逐步形成了包括水位、流量、雨量、泥沙、蒸发、水质等项目齐全，布局合理的水文站网体系。截至 2023 年底，丹江流域在陕境内有雨量站 100 处（加上水利局的有 144 处），雨量站密度 52.2 平方千米每处，水文（水位）站网密度 417 平方千米每处。

一、雨量站

截至 2022 年，丹江流域共设立雨量站 100 处（见表 3-3-1），雨量站密度达 52.2 平方千米每处，基本满足防汛水文信息支撑要求的水文测报网络体系。

表 3-3-1　2022 年陕西省丹江流域雨量站一览表

序号	河流	站名	位置	设立时间（年 – 月）	经度	纬度	备注
1	铺河	郭村	商州区板桥镇郭村	2010–05	109° 58′	34° 02′	
2	铺河	双庙	商州区腰市镇双庙村	2010–05	109° 51′	34° 10′	
3	丹江	商州	商州区刘湾街道办商洛水文局	2010–05	109° 55′	33° 52′	
4	蒲峪沟	蒲峪沟	商州区沙河子镇石窑子村蒲峪沟	2010–05	109° 59′	33° 47′	
5	磨丈沟	磨丈沟	丹凤县商镇磨丈沟	2010–08	110° 15′	33° 44′	
6	老君河	洞子	丹凤县商镇留仙坪村洞子	2010–08	110° 15′	33° 51′	
7	西河	冠山	丹凤县龙驹寨街道办冠山村	2010–08	110° 20′	33° 43′	
8	老君河	叶碾	丹凤县商镇叶碾村	2010–08	110° 17′	33° 44′	

续表 3-3-1

序号	河流	站名	位置	设立时间（年－月）	经度	纬度	备注
9	庵底河	黄台	丹凤县蔡川镇黄台	2010-08	110° 18′	33° 55′	
10	涌峪河	楸树坪	丹凤县龙驹寨街道办楸树坪村	2010-08	110° 23′	33° 50′	
11	涌峪河	枣园	丹凤县龙驹寨街道办枣园村	2010-08	110° 23′	33° 45′	
12	资峪河	白家庄	丹凤县龙驹寨街道白家庄村	2010-08	110° 24′	33° 49′	
13	资峪河	小安沟	丹凤县龙驹寨街道办小岭村	2010-08	110° 24′	33° 44′	
14	资峪河	白衣寺	丹凤县龙驹寨街道办白衣寺村	2010-08	110° 22′	33° 41′	
15	李山河	东沟口	丹凤县铁峪铺镇李山村	2010-08	110° 25′	33° 37′	
16	马家坪河	马家坪	丹凤县峦庄镇马家坪村	2010-08	110° 34′	33° 49′	
17	园潭河	黄伯岔	丹凤县峦庄镇黄伯岔村	2010-08	110° 30′	33° 47′	
18	园潭河	卧羊坪	丹凤县峦庄镇卧羊村	2010-08	110° 32′	33° 45′	
19	八岔河	双峰	丹凤县峦庄镇银坪村	2010-08	110° 40′	33° 48′	
20	峡河	街坪	丹凤县峦庄镇街坪村	2010-08	110° 46′	33° 46′	
21	桃坪河	中桃坪	丹凤县峦庄镇街坪村	2010-08	110° 43′	33° 46′	
22	商路河	腊塬	丹凤县寺坪镇腊塬村	2010-08	110° 15′	33° 31′	
23	商路河	商路河	山阳县银花镇湘子店村商路河	2010-08	110° 17′	33° 28′	
24	银花河	张家庄	山阳县银花镇上店子村	2010-08	110° 14′	33° 27′	
25	古路河	寺坪	丹凤县寺坪镇寺坪村	2010-08	110° 16′	33° 36′	
26	赵川河	姜坪	丹凤县武关镇姜坪村	2010-08	110° 31′	33° 42′	
27	赵川河	坪安	丹凤县武关镇坪安村	2010-08	110° 35′	33° 41′	
28	梨园河	郭家沟口	丹凤县武关镇梨园村	2010-08	110° 40′	33° 40′	
29	白阳关河	楼子	丹凤县武关镇楼子村	2010-08	110° 37′	33° 31′	
30	西白玉河	花瓶子	丹凤县花瓶子镇油房村	2010-08	110° 31′	33° 34′	
31	苏河	高塬子	丹凤县花瓶子镇苏河村高塬子	2010-08	110° 26′	33° 33′	
32	白玉河	锅厂	丹凤县花瓶子镇赵湾村锅厂	2010-08	110° 32′	33° 35′	
33	白玉河	油房坪	丹凤县花瓶子镇油房村	2010-08	110° 33′	33° 31′	
34	小河	太子坪	商南县金丝峡镇太子坪村	2010-08	110° 35′	33° 24′	
35	清油河	峡联	商南县清油河镇碾子沟村	2010-08	110° 43′	33° 41′	
36	清油河	团坪村	商南县清油河镇团坪村	2010-08	110° 44′	33° 37′	

续表 3-3-1

序号	河流	站名	位置	设立时间（年－月）	经度	纬度	备注
37	清油河	两岔河	商南县清油河镇碾子沟村	2010-08	110° 44′	33° 42′	
38	清泉河	清泉	商南县试马镇清泉村	2010-08	110° 44′	33° 30′	
39	县河	曹营街	商南县城关街道办曹营社区	2010-08	110° 51′	33° 37′	
40	县河	三岔河	商南县城关街道办曹营社区三岔河	2010-08	110° 54′	33° 35′	
41	青山河	青山	商南县青山镇花园村	2010-08	110° 54′	33° 25′	
42	县河	三角池	商南县城关街道办三角池村	2010-08	110° 52′	33° 28′	
43	黑漆河	黄土凸	商南县富水镇黄土凸村	2010-08	110° 59′	33° 33′	
44	县河	商南	商南县城关镇（街道办）南大街	2011-02	110° 52′	33° 32′	
45	铺河	庙湾	商州区腰市镇庙湾村	2012-08	109° 56′	34° 05′	
46	大荆河	白石沟口	商州区大荆镇东峪村白石沟口	2012-08	109° 51′	34° 06′	
47	大荆河	砚川	商州区大荆镇砚川村	2012-08	109° 55′	34° 00′	
48	会峪河	韩子坪	商州区北宽坪镇韩子坪村	2012-08	110° 09′	33° 57′	
49	会峪河	何家塬	商州区夜村镇何家塬村	2012-08	110° 08′	33° 49′	
50	七盘河	秦峰	商州区牧护关镇秦峰村	2012-08	109° 38′	34° 02′	
51	韩峪川	磨沟庙	商州区牧护关镇磨沟庙村	2012-08	109° 49′	34° 00′	
52	杨峪沟	杨峪沟	商州区三岔河镇杨峪沟村	2012-08	109° 46′	33° 56′	
53	丹江	肖塬	商州区麻街镇肖塬村	2012-08	109° 52′	33° 58′	
54	乳河	东岳庙	商州区杨斜镇月亮湾村东岳庙	2012-08	109° 34′	33° 52′	
55	赤水峪	金龙河	商州区杨斜镇金龙河村	2012-08	109° 42′	33° 47′	
56	南秦河	北城子	商州区杨峪河镇北城子村	2012-08	109° 48′	33° 51′	
57	杨峪川	姚河	商州区杨峪河镇吴庄村姚河	2012-08	109° 49′	33° 46′	
58	任治河	任家村	商州区杨峪河镇任家村	2012-08	109° 51′	33° 53′	
59	流峪河	十五里铺	商州区刘湾街道办十五里铺村	2012-08	109° 54′	33° 49′	
60	丹江	夜村	商州区夜村镇夜村	2012-08	110° 08′	33° 46′	
61	丹江	张碾子	商州区夜村镇张碾子村	2012-08	110° 07′	33° 43′	
62	涝峪河	于坪	商州区夜村镇于坪村	2012-08	110° 05′	33° 44′	
63	丹江	唐塬	商州区夜村镇唐塬村	2012-08	110° 04′	33° 48′	
64	王山沟	友爱村	商州区沙河子镇友爱村	2012-08	110° 05′	33° 52′	

续表 3-3-1

序号	河流	站名	位置	设立时间（年 – 月）	经度	纬度	备注
65	大面河	看山寺	商州区沙河子镇看山寺村	2012–08	110° 02′	33° 53′	
66	大峪沟	东峰村	丹凤县商镇东峰村	2012–08	110° 12′	33° 39′	
67	庵底河	庵底	丹凤县蔡川镇庵底村	2012–08	110° 19′	33° 48′	
68	马炉河	马炉	丹凤县龙驹寨街道办马炉村	2012–08	110° 19′	33° 37′	
69	古路河	牌路河	丹凤县寺坪镇牌路河村	2012–08	110° 18′	33° 33′	
70	陈家沟	陈家沟	丹凤县棣花镇陈家沟	2012–08	110° 12′	33° 44′	
71	南沟	瓦房村	丹凤县商镇桑树坪村南沟	2012–08	110° 16′	33° 39′	
72	银花河	申家垤	山阳县高坝店镇申家垤村	2012–08	110° 02′	33° 37′	
73	庙沟	庙沟	山阳县高坝店镇冬青村	2012–08	110° 05′	33° 33′	
74	西沟	西沟水库	山阳县高坝店镇石头梁社区	2012–08	110° 00′	33° 30′	
75	银花河	高坝	山阳县高坝店镇鱼塘村	2012–08	110° 04′	33° 29′	
76	铁峪沟	十八盘	山阳县中村镇十八盘村	2012–08	110° 11′	33° 29′	
77	王河	三合	山阳县两岭镇三合村	2012–08	110° 07′	33° 37′	
78	龙王庙河	龙泉	丹凤县土门镇龙泉村	2012–08	110° 21′	33° 24′	
79	银花河	土门	丹凤县土门镇王家村	2012–08	110° 20′	33° 32′	
80	南丈沟	南寨	丹凤县竹林关镇南丈沟村	2012–08	110° 24′	33° 29′	
81	丹江	徐沟河口	丹凤县竹林关镇大桑园村徐沟河口	2012–08	110° 26′	33° 30′	
82	石槽沟	洼口	丹凤县竹林关镇中厂村	2012–08	110° 26′	33° 25′	
83	丹江	梁家湾	商南县金丝峡镇梁家湾村	2012–08	110° 31′	33° 28′	
84	丹江	太吉河	商南县金丝峡镇丹北村	2012–08	110° 35′	33° 27′	
85	丹江	桃园	商南县金丝峡镇江西沟村桃园	2012–08	110° 40′	33° 26′	
86	开河	涧子沟	商南县金丝峡镇马家坪村涧子沟	2012–08	110° 31′	33° 23′	
87	试马河	栗子坪	商南县试马镇荆家河村栗子坪	2012–08	110° 47′	33° 36′	
88	炭沟	九房沟	商南县过风楼镇炭沟村	2012–08	110° 48′	33° 23′	
89	耀岭河	水沟	商南县过风楼镇水沟村	2012–08	110° 49′	33° 21′	
90	寨子沟	捉马沟	商南县城关街道办捉马沟村	2012–08	110° 49′	33° 33′	
91	索峪河	姚家庄	商南县城关街道办碾盘村姚家庄	2012–08	110° 50′	33° 29′	
92	张家岗河	油坊湾	商南县富水镇油坊岭社区油房湾	2012–08	110° 57′	33° 28′	

续表 3-3-1

序号	河流	站名	位置	设立时间（年－月）	经度	纬度	备注
93	冷水河	园潭河	商南县十里坪镇园潭河村	2012-08	110° 35′	33° 18′	
94	石柱河	黑沟	商南县十里坪镇黑沟村	2012-08	110° 40′	33° 15′	
95	金斗沟	瓦窑岭	商南县湘河镇瓦窑岭村	2012-08	111° 00′	33° 20′	
96	冷水河	湘河	商南县湘河镇湘河村	2012-08	110° 52′	33° 18′	
97	汪家店河	白浪	商南县湘河镇后坪村	2012-08	110° 53′	33° 15′	
98	湘河	寇家村	商南县赵川镇寇家村	2012-08	110° 46′	33° 15′	
99	冷水河	文化坪	商南县赵川镇文化坪村	2012-08	110° 46′	33° 17′	
100	滔河	大竹园	商南县十里坪镇大竹园村	2012-08	110° 32′	33° 18′	

二、现有基本水文站

截至 2023 年底，丹江流域有 7 个基本水文站，2 个新建水文站，6 个防汛专用水文站。

（一）基本水文站

1. 板桥水文站

板桥水文站是板桥河的控制站，国家基本水文站。1974 年 6 月设立，位于陕西省商洛市商州区板桥镇，地理坐标为东经 109° 57′ 01″、北纬 33° 57′ 43″，集水面积 493 平方千米，基本监测断面距河源 44.5 千米，距河口 3 千米，河道平均比降 13.7‰。该站多年平均降水量 732.6 毫米，多年平均蒸发量 873.7 毫米，多年平均径流量 0.773 亿立方米，多年平均输沙量 41.4 万吨，实测最大流量为 588 立方米每秒，发生于 1988 年 8 月 14 日，实测最小流量为 0.025 立方米每秒，发生于 1979 年 6 月 16 日，历史调查最大流量为 1030 立方米每秒，发生于 1957 年 7 月 16 日。

观测项目有水位、流量、泥沙、降水和蒸发。该站流域以上主要由大荆河和板桥河构成，设有板桥水文站 1 处，大荆水位站 1 处，兴隆、西荆、腰市、胡站和龙王庙基本雨量站 5 处，自动雨量站 6 处。

2. 麻街水文站

麻街水文站是丹江河干流控制站，属国家基本水文站。1973 年 12 月设立，位于陕西省商洛市商州区麻街镇，地理坐标为东经 109° 50′ 00″、北纬 33° 56′ 00″，集水面积 326 平方千米，基本断面距河源 26.5 千米，距二龙山水库 3 千米，河道平均比降 5.9‰。该站多年平均降水量 724.3 毫米，多年平均径流量为 0.648 亿立方米，多年平均输沙量 24.2 万吨，多年平均蒸发量 873.7 毫米，实测最大流量为 553 立方米每秒，发生于 1988 年 8 月 14 日，实测的最小流量为 0.017 立方米每秒，发生于 2003 年 6 月 15 日，历史调查最大流量为

527 立方米每秒，发生于 1954 年 8 月 11 日。

观测项目有水位、流量、泥沙、水质、墒情、降水和蒸发，流域以上设有麻街水文站 1 处，黑龙口、韩峪川、东峡和龙庙基本雨量站 4 处，自动雨量站 7 处。

3. 丹凤水文站

丹凤水文站是丹江上游干流控制站，国家重点水文站。1957 年 4 月设立，位于陕西省商洛市丹凤县龙驹寨西关村，地理坐标为东经 110° 19′、北纬 33° 42′，集水面积 2766 平方千米，从河源至丹凤水文站基本监测断面河长 115.3 千米，距河口 134.3 千米，平均比降 3.70‰。该站多年平均降水量 686.3 毫米，多年平均蒸发量 975.9 毫米，多年平均径流量 5.314 亿立方米，多年平均输沙量 181.9 万吨，实测最大流量为 1500 立方米每秒，发生于 1970 年 7 月 28 日，实测最小流量为 0.030 立方米每秒，发生于 1971 年 7 月 31 日，历史调查最大流量为 3390 立方米每秒，发生于 1921 年。

观测项目有水位、流量、泥沙、泥颗、水质、降水、蒸发和墒情。流域以上设有麻街、板桥、商州、杨峪河和丹凤水文站 5 处，大荆、麻池河和留仙坪水位站 3 处，棣花、油泉、留仙坪、大坪和皇台基本雨量站 5 处，自动雨量站 17 处。上游建有二龙山、南秦、鱼岭、王山沟和庙沟等水库。

4. 武关水文站

武关水文站是丹江支流武关河的控制站，国家基本水文站。1958 年 12 月设立，位于陕西省商洛市丹凤县武关镇西河村，地理坐标为东经 110° 37′ 42″、北纬 33° 36′ 58″，集水面积 724 平方千米，该站基本监测断面距河源 81 千米，距河口 35 千米，河道平均比降 8.1‰。该站多年平均降水量 778.8 毫米，多年平均蒸发量 910.9 毫米，多年平均径流量 1.573 亿立方米，多年平均输沙量是 26.5 万吨，实测最大流量为 2560 立方米每秒，发生于 1987 年 6 月 5 日，实测最小流量为 0.022 立方米每秒，发生于 1978 年 1 月 9 日。

观测项目有水位、流量、泥沙、降水、蒸发和墒情。流域以上设有武关水文站 1 处，峦庄水位站 1 处，庾家河、石门、峦庄、路沟和铁峪铺基本雨量站 5 处，自动雨量站 12 处。

5. 竹林关水文站

竹林关水文站是银花河的控制站，国家基本水文站。1970 年 12 月设立，位于陕西省商洛市丹凤县竹林关镇王塬村，地理坐标为东经 110° 22′、北纬 33° 27′，集水面积 951 平方千米，基本监测断面距河源 82.2 千米，距河口 2.8 千米，河道平均比降 10.6‰。该站多年平均降水量 763.0 毫米，多年平均蒸发量 950.2 毫米，多年平均径流量 1.851 亿立方米，多年平均输沙量 60.4 万吨，实测最大流量为 2800 立方米每秒，发生于 1987 年 6 月 5 日，实测最小流量为 0.017 立方米每秒，发生于 1977 年 1 月 30 日，历史调查最大流量为 2840 立方米每秒，发生于 1954 年。

观测项目有水位、流量、泥沙、降水、蒸发和墒情。流域以上设有竹林关水文站 1 处，高坝、银花水位站 2 处，过风楼、马鹿坪、两岭、洛峪、银花、竹林关基本雨量站 6 处，自动雨量站 10 处。

6. 过风楼水文站

过风楼水文站位于陕西省商南县过风楼镇，地理位置东经 110° 45′、北纬 33° 25′，控制流域面积 6398.5 平方千米，属丹江干流控制站，控制了丹江在商洛的所有支流。

2010 年商洛水文局设立过风楼专用水文站，测验项目有水位、流量、泥沙、水温、降水、蒸发。设站目的主要为收集丹江流域基本水文资料，研究分析本流域降雨径流和产汇流规律，为满足区域水文计算、内插不同区域水文特征提供服务，为开发利用丹江水资源和湘河水库电站管理运行提供科学依据，并担负着向国家防汛抗旱总指挥部、省防办、商洛市防办及下游县市提供水情报汛任务。

2010 年 7 月 23 日，商南县过风楼水文站出现 8750 立方米每秒的洪峰流量，平水期过风楼水文站的流量在 30 ～ 50 立方米每秒。

7. 荆紫关水文站（属于河南省水文水资源勘测局）

荆紫关水文站位于鄂、豫、陕三省交界处的历史名镇——河南省淅川县荆紫关镇丹江河左岸，地理坐标为东经 110° 01′、北纬 33° 15′，控制流域面积 7086 平方千米，控制河长 303.5 千米。该站 1953 年 6 月设立，是长江流域丹江口水库的主要入库控制站、国家基本水文站。

该站承担的测验任务有水位、流量、含沙量、降水量、蒸发、墒情、水质监测、水量调查等。荆紫关水文站辖管西簧、白沙岗、城关、磨峪湾、黄庄、仓房、安沟、淅川及本站等 9 个报汛雨量站；担负着向国家防汛抗旱总指挥部，省、市、县以及下游的长江流域机构，丹江口水库等各级防汛部门提供测报水情信息的任务。

2010 年 7 月 24 日，该站发生了建站以来超 100 年一遇的最大历史洪水，最高洪水位 217.39 米，最大洪峰流量 11400 立方米每秒。

（二）新建水文站

1. 赵川水文站

赵川水文站地处商南县赵川镇的滔河上，位于东经 110° 54′ 07″、北纬 33° 18′ 02″，集水面积 191 平方千米，控制河长 21 千米，距河口 33 千米。滔河从高到低最大高差 600 米。流域中上游大部为土石丘陵山区，下游赵川镇有少量的耕地。滔河流域大致呈羽毛状，两岸支流分布不对称，左岸支流短促，右岸支流源远流长。

赵川水文站类别为小河流站，性质为防汛专用站。监测项目有水位、流量、降水。测验方式采用巡测，主要任务是收集滔河流域降水、水位、流量等水文要素的实时水文信息，掌握滔河流域河段的雨、水情变化，为流域规划治理、合理开发利用水资源以及下游的防洪保安全提供基本水文数据，为各级防汛决策部门提供科学依据。

2. 商南水文站

商南水文站位于陕西省商南县城关镇城区中，地理坐标为东经 110° 51′ 26″、北纬 33° 28′ 57″，该站监测河流为丹江支流县河，两岔河水位站断面以上控制河长 57 千米，控制流域面积 236 平方千米。离该站上游约 2 千米为商南县河水库。

测验河段为人工顺直河道，河床平整，两岸为人工修筑的梯形浆砌石河堤，岸上是城区街道。测验项目包括水位和雨量。测验方式为有人看管无人值守。该站主要收集商南县河基本水文信息，担负着向商南县城提供水情信息的任务。

（三）防汛专用水文站

1. 杨峪河水文站

杨峪河水文站位于商州区杨峪河镇房湾村，地理坐标为东经 109° 52′ 23″、北纬 33° 51′ 41″，2016 年 12 月设立。该站监测河流为丹江支流南秦河，杨峪河水文站断面以上控制河长 41.4 千米，控制面积 475.5 平方千米。主要用于防汛，为防汛部门及下游提供水文情报，为防汛减灾提供依据；同时，收集所在河流相关水文基础资料，为水利工程规划、设计、施工提供基本数据，为所在流域综合治理开发利用服务。

南秦河为丹江上游右岸一级支流，发源于商州区杨斜镇黄柏叉村，于商州区刘湾街道办事处仁塬村汇入丹江，全河长 53 千米，全流域面积 582 平方千米，河道平均比降 16.2‰，海拔 696.3 ~ 1758.9 米，总落差 1062.6 米，多年平均降水量 783.7 毫米，多年平均径流深 232.3 毫米。杨峪河水文站断面以上流域布设有东岳庙、杨斜、北城子、任家村等遥测雨量站与其一起组成测报基本站网。测验河段共布设上、中、下三个断面，中断面装有自记水位计和雷达流量计，上、下断面距中断面均为 100 米。杨峪河水文站有 BM1、BM2、BM3 三个水准点，BM1 设在上断面桩向上游 102 米，距杨峪河大桥向下游 13.5 米的右岸河堤上，采用高程 736.832 米；BM2 设在基本断面上游 27.3 米，河流右岸河堤上，采用高程 732.089 米；BM3 设在杨峪河镇北秦湾村李福新家房子西北方 110 米坡根处，采用高程 738.463 米。三处水准点高程均采用黄海基面。

2. 商州水文站

商州水文站位于商州区大赵峪办事处王巷村，地理坐标为东经 109° 57′ 08″、北纬 33° 51′ 46″，2016 年 12 月设立。该站监测河流为丹江，商州水文站断面以上控制河长 60.7 千米，控制流域面积 1560 平方千米。主要用于防汛，为防汛部门及下游提供水文情报，为防汛减灾提供依据；同时，收集所在河流相关水文基础资料，为水利工程规划、设计、施工提供基本数据，为所在流域综合治理开发利用服务。

丹江属汉江的一级支流，发源于秦岭南麓。流经陕西、河南、湖北省，于丹江口入汉江。河长 391 千米，流域面积 16138 平方千米；省境内河长 264 千米，流域面积 7520 平方千米，河道平均比降 3.27‰。商州站为丹江干流控制站，控制流域面积 1560 平方千米，河长 60.7 千米，该站下游有丹凤水文站。断面以上有商州、西荆、东峡、龙庙等雨量站。测验河段共布设上、中、下三个断面，中断面装有自记水位计和雷达流量计，上、下断面距中断面均为 100 米。商州水文站有 BM1、BM2、BM3 三个水准点，BM1 设在河流左岸，距基本断面上游 8.3 米的防洪路向公园内 5 米草坪中，采用高程 690.420 米；BM2 设在河流左岸，下断面向下游 53 米的防洪路向公园内 4.5 米草坪中，采用高程 690.489 米；BM3 设在河流右岸，距基本断面右岸标志牌向上游 1.8 米处的河堤上，采用高程 690.974 米。三处水准点高程均采用黄海基面。

3. 高坝店水位站

高坝店水位站位于山阳县高坝店镇周湾村，地理坐标为东经 110° 04′ 41″、北纬 33° 29′ 11″，2016 年 12 月设立。该站监测河流为银花河，高坝店水位站断面以上控制河长 29.8 千米，控制面积 174.2 平方千米。主要用于防汛，为防汛部门及下游提供水文情报，为防汛减灾提供依据；同时收集所在河流相关水文基础资料，为水利工程规划、设计、施工提供基本数据，为所在流域综合治理开发利用服务。

银花河是丹江右岸的一级支流，发源于山阳县境内的流岭，由西向东在竹林关注入丹江，全长 89 千米，流域面积 1031 平方千米，河道平均比降 10.6‰。主要支流有洛峪河、商路河、古路河、石槽沟。岩石结构：左岸山体为变质砂岩，右岸为石灰岩。植被情况：流岭为飞播林区，银花河沿岸低山区为荒山，耕地主要分布在河道两岸。该站主要收集银花河基本水文信息，担负着向下游山阳县高坝、银花以及丹凤竹林关镇、商南县提供水情信息的任务。测站断面以上流域设有马鹿坪、两岭、洛峪、银花 4 个国家基本雨量站和 4 个遥测雨量站。测验河段共布设上、中、下三个断面，中断面装有自记水位计，上、下断面距中断面均为 100 米。设有 BM1 、BM2、BM3 三处水准点，BM1 设在水位站断面的左岸下游，距桥头 5.0 米，距堤防坎 1.7 米，距群众房第一个前坎 11.5 米，采用高程 758.0409 米；BM2 设在 BM1 的对面桥头，距桥头 2.0 米，距路边 0.5 米，采用高程 758.5099 米；BM3 采用高程 760.0329 米。

4. 商南（两岔河）水文站

商南（两岔河）水文站位于商南县城关街道办事处县河水库上游两岔河村，地理坐标为东经 110° 52′ 49″、北纬 33° 33′ 38″，2016 年 12 月设立。该站监测河流为丹江一级支流商南县河，商南（两岔河）水文站断面以上控制河长 18.29 千米，控制面积 92.5 平方千米。主要用于防汛，为防汛部门及下游提供水文情报，为防汛减灾提供依据；同时收集所在河流相关水文基础资料，为水利工程规划、设计、施工提供基本数据，为所在流域综合治理开发利用服务。

商南县河全长 50.4 千米，流域面积 273 平方千米，河道平均比降 18.2‰，总落差 933.4 米。按河谷地形及资源特点，可分为两个河段：一是河源至县城为上游峡谷段，长约 20 千米，山高谷深，河床狭窄，两岔河口以上的东西北山支流常流量均小于 0.1 立方米每秒。二是县城至河口川道段，长 26 千米，是本县主要基本农田分布区之一。该流域多年平均降水量 830 毫米。测站断面以下流域设有两岔河水位站，距商南水文站 4.5 千米，断面以上流域设有曹营街雨量站。测验河段共布设上、中、下三个断面，中断面装有自记水位计和雷达流量计，上下断面距中断面均为 100 米。控制断面下游水利工程情况为：水库距商南水位站下游 1.67 千米处，水库 1973 年修建，水库坝址控制流域面积 100 平方千米，为黏土斜墙堆石坝，坝高 44 米，总库容 667 万立方米，主要为城区供水，兼顾防洪和发电。

5. 湘河水文站

湘河水文站位于商南县湘河镇，地理坐标为东经 110° 03′ 44″、北纬 33° 17′ 37″，

2016年12月设立。该站监测河流为丹江一级支流冷水河，湘河水文站断面以上控制河长46.88千米，控制面积221平方千米。主要用于防汛，为防汛部门及下游提供水文情报，为防汛减灾提供依据；同时收集所在河流相关水文基础资料，为水利工程规划、设计、施工提供基本数据，为所在流域综合治理开发利用服务。

冷水河是丹江一级支流，发源于商洛市商南县秦岭山区，自西向东流经商南县金丝峡镇、湘河镇，于湘河镇汇入丹江，流域面积224平方千米，河长50.0千米，河道平均比降17.43‰。河源至河口高差1015.8米。流域中上游大部为土石丘陵山区；下游湘河镇有少量的耕地。冷水河流域大致呈羽毛状。两岸支流分布不对称，左岸支流短促，右岸支流源远流长。该站至河口距离3.12千米，站断面以上有文化坪、寇家村等雨量站。测验河段共布设上、中、下三个断面，中断面装有自记水位计和雷达流量计，上下断面距中断面均为100米。湘河水文站有BM1、BM2两个水准点，BM1设在下断面下游90米沟口里10米处，采用高程288.642米；BM2设在上断面上游150米转过弯道公路里3米处，采用高程292.569米。两处水准点高程均采用黄海基面。

6. 赵川水文站

赵川水文站位于商南县赵川镇前坡岭村，地理坐标为东经110° 42′ 31″、北纬33° 11′ 20″，2016年12月设立。该站监测河流为丹江一级支流滔河，赵川水文站断面以上控制河长31.3千米，控制流域面积191平方千米。主要用于防汛，为防汛部门及下游提供水文情报，为防汛减灾提供依据；同时，收集所在河流相关水文基础资料，为水利工程规划、设计、施工提供基本数据，为所在流域综合治理开发利用服务。

滔河是丹江一级支流，发源于陕西省商南县十里坪镇大竹园村，由西北流向东南，流经陕西省商南县、湖北省郧阳区、河南省淅川县，在河南省淅川县滔河镇滔河街注入丹江。河道全长129.8千米，总流域面积1130平方千米，陕西省内流域面积346平方千米，河流平均比降13.9‰，该站至河口距离106.7千米。测站断面以上流域设有3个国家基本雨量站十里坪、赵川、宽坪和3个遥测雨量站白鲁础、大竹园、黑沟。测验河段共布设上、中、下三个断面，中断面装有自记水位计和雷达流量计，上、下断面距中断面均为100米。基本水准点：引据点f256设于商南县赵川镇后坡组；BM1设于上断面上游90米路口，高程510.937米；BM2设于上断面对面，高程509.734米；BM3设于下断面下游500米山嘴后（村民房后路里边树林中），高程523.050米。

三、水位站

（一）大荆水位站

大荆水位站位于陕西省商州区大荆镇，是2012年8月建设的水位、雨量一体化测站，地理坐标为东经109° 51′ 26″、北纬34° 03′ 18″，本站监测河流为丹江上游水系板桥河的一级支流大荆河，大荆河为丹江的二级支流，发源于秦岭南麓的商州区与洛南县交界处，流域面积214平方千米，河长36.8千米，河道平均比降12.2‰。大荆水位站处于大荆河中游，控制流域面积59.7平方千米，控制河长16.1千米，断面以上河道平均比降28.3‰，距河口20.7千米。大荆水位站测验项目包括水位和雨量，测验方式为有人看管无人值守。该站主要收集大荆河基本水文信息，担负着向国家重点中型水库二龙山水库及商洛市城区提供水情信息的任务。测站断面以上流域设有 1 个国家基本雨量站兴隆和 1 个遥测雨量站白石沟口。

大荆水位站测验河段顺直，测验区间为卵石河床，中低水时中泓靠右岸，两岸均有人工护岸，护岸设计标准均为 30 年一遇。上、下断面间距 175 米，距中断面约 40 米的上游处有一座板式混凝土大桥，大桥设计标准 30 年一遇；距中断面约 135 米的下游处有一拦沙坝，坝高 1.2 米，对水位站的影响很小，断面形状大致呈 U 形。

（二）留仙坪水位站

留仙坪水位站位于陕西省丹凤县留仙坪乡，是 2012 年 8 月建设的水位雨量一体化测站，测站编码 62000720，地理坐标为东经 110° 19′ 01″、北纬 33° 50′ 50″，监测河流为丹江上游支流老君河，老君河为丹江一级支流，发源于洛南县境内的蟒岭，流域面积 262 平方千米，河长 39.8 千米，河道平均比降 14.8‰。留仙坪水位站位于老君河中游，控制面积 76.1 平方千米，控制河长 18.2 千米，平均比降 28.5‰。留仙坪水位站测验项目包括水位和雨量，测验方式为有人看管无人值守。该站主要收集老君河基本水文信息，担负着向下游商镇以及丹凤县城区提供水情信息的任务。测站断面以上流域设有 1 个国家基本雨量站油泉和 1 个遥测雨量站。

留仙坪水位站测验河段顺直，测验区间为卵石河床，中低水时中泓靠左岸，两岸均有人工护岸，堤路结合，河流左岸为村间水泥路路基，路基坎高平均约 3 米，右岸为人工河堤，堤高约 3 米，堤外是 15 米宽的耕地及住户，耕地之上便是洛景公路，路基高于耕地 1.5 米。上、下断面间距 125 米，距中断面约 75 米的上游处有一座混凝土石拱桥；断面形状大致呈不规则 U 形。

（三）峦庄水位站

峦庄水位站位于陕西省丹凤县峦庄镇，是 2012 年 8 月建设的水位雨量一体化测站，测站编码 62005180，地理坐标为东经 110° 33′ 01″、北纬 33° 46′ 08″，监测河流为丹江上游支流武关河。武关河为丹江一级支流，发源于丹凤县境内的蟒岭，流域面积 899 平方千米，河长 116 千米，河道平均比降 8.1‰。峦庄水位站处于武关河上游，控制流域面积 184.3 平方千米，控制河长 38.6 千米，断面以上河道平均比降 17‰。该站主要收集武关河基本水文信息，担负着向下游武关镇以及商南县城提供水情信息的任务。测站断面以上流域设有 1 个国家基本雨量站庾家河及 2 个遥测雨量站街坊村和石门。

峦庄水位站测验河段顺直，测验区间为卵石河床，中低水时中泓靠右岸，两岸均有人工护岸，左岸堤路结合，为村间水泥路路基，路基坎高平均约 3 米，右岸为人工河堤，堤高约 3 米，堤外是 15 米宽的耕地及住户，耕地之上便是洛景公路，路基高于耕地 1.5 米。上、下断面间距 200 米，距中断面约 75 米的上游处有一座混凝土石拱桥；断面形状大致呈不规则 U 形。

（四）高坝店水位站

高坝店水位站位于陕西省山阳县高坝店镇，是 2012 年 8 月建设的水位、雨量一体化测站，测站编码 62004580，地理坐标为东经 110° 03′ 31″、北纬 33° 29′ 18″，监测河流为丹江上游支流银花河。银花河为丹江一级支流，发源于山阳县境内的鹘岭，流域面积 1031 平方千米，河长 80 千米，河道比降 10.6‰。高坝店水位站位于银花河上游，控制流域面积 153.2 平方千米，控制河长 29.8 千米，测站断面以上河流比降 24.2‰，距离河口 50.2 千米。高坝店水位站测验项目包括水位和雨量，测验方式为有人看管无人值守，主要收集银花河基本水文信息，担负着向下游山阳县高坝、银花以及丹凤竹林关镇、商南县提供水情信息的任务。测站断面以上流域设有马鹿坪、两岭、洛峪、银花 4 个国家基本雨量站和 4 个遥测雨量站。

高坝店水位站测验河段顺直，测验区间为卵石河床，中低水时中泓靠右岸，两岸均有人工护岸，护岸设计标准均为 30 年一遇。上、下断面间距 100 米，距中断面约 50 米的下游处有一座板式混凝土大桥，大桥设计标准 20 年一遇；断面形状呈 U 形。

（五）银花水位站

银花水位站位于陕西省山阳县银花镇，是 2012 年 8 月建设的水位雨量一体化测站，测站编码 62004590，地理坐标为东经 119° 13′ 08″、北纬 33° 26′ 06″，监测河流为丹江上游银花河。银花水位站位于银花河中下游，控制面积 603 平方千米，控制河长 57.3 千米，断面以上河道平均比降 15.7‰，距河口 22.7 千米。银花水位站测验项目包括水位和雨量，测验方式为有人看管无人值守。该站主要收集银花河基本水文信息，担负着向下游银花以及丹凤竹林关镇、商南县提供水情信息的任务。测站断面以上流域设有高坝店水位站及马鹿坪、两岭、洛峪 3 个国家基本雨量站和 4 个遥测雨量站。

银花水位站测验河段顺直，测验区间为卵石河床，中低水时中泓靠右岸，两岸均有人工护岸，护岸设计标准均为 30 年一遇。上、下断面间距 200 米，距中断面约 50 米的下游处有一座板式混凝土大桥，大桥设计标准 20 年一遇；断面形状大致呈不规则的复式 U 形。

（六）麻池河水位站

麻池河水位站位于陕西省商洛市商州区杨斜镇，是 2012 年 8 月建设的水位、雨量一体化测站，地理坐标为东经 109° 43′ 56″、北纬 33° 51′ 21″，监测河流为丹江上游支流南秦河，南秦河为丹江一级支流，流域面积 576 平方千米，河长 48 千米，河道平均比降 16.6‰。麻池河水位站位于南秦河上游，控制面积 207.5 平方千米，控制河长 22.6 千米，断面以上河道平均比降 26.6‰，距河口 25.4 千米。该站测验项目包括水位和雨量，测验方式为有人看管无人值守。该站主要是收集南秦河上游基本水文信息，并担负着为上游杨斜镇、下游村镇防汛服务的任务。麻池河水位站断面以上流域设有东岳庙、杨斜 2 个遥测雨量站，与其一起组成测报基本站网。

麻池河水位站测验河段顺直，测验区间为卵石、砂砾石河床，中低水中泓靠右岸。两岸为公路路基，河流左岸为沪陕高速 G40 路基，高速路基坎高平均约 7 米，右岸为洛柞线 S307 省道路基，路基坎高平均约 6.5 米。上、下断面间距 200 米，距中断面约 200 米的下游处有一拦沙坝，坝高 1.5 米，对水位的影响很小，断面形状大致呈不规则 U 形。

（七）两岔河水位站

两岔河水位站位于陕西省商洛市商南县城关镇两岔河村，是 2012 年 8 月建设的水位雨量一体化测站，测站编码 62005320，地理坐标为东经 110° 52′ 12″、北纬 33° 33′ 00″，监测河流为丹江中下游支流县河。县河为丹江一级支流，发源于蟒岭主脊曹营乡的界岭沟，流域面积 272 平方千米，河长 46 千米，河道平均比降 17.4‰。两岔河水位站处于商南县河上游，控制面积 102.3 平方千米，控制河长 15.2 千米，断面以上河道平均比降 35.9‰，距河口距离 30.8 千米。该水位站测验项目包括水位和雨量，测验方式为有人看管无人值守。该站主要是收集商南县河上游基本水文信息，并担负着为下游商南县城区防汛服务的任务。测站断面以上流域设有曹营街、商南雨量站。

两岔河水位站测验河段穿过城区街道，在城区长约 2.9 千米，左岸为滨河东路，右岸为滨河西路，两岸是人工浆砌石护堤，堤高 4.5 米，河段顺直，河床平坦，区间每隔一定间距建有拦沙坝，坝高 1 米，两岸为城区街道，断面形状为梯形。

四、水文情报预报

情报是预报的信息基础，预报是情报的科学延伸，通过预报把情报延伸到未来一定的预见期，以便更加有效地为防灾抗旱服务。

1990—1994 年，商洛有中央报汛雨量站 21 处，报汛标准按照 1984 年 11 月颁发的《水文情报预报规范》（SD 138—1985）及《降水量拍报办法》，一日按四段制发报；报汛手段以电讯部门电报网传到防汛部门。

1995—2003 年，拍报标准按照《水文情报预报规范》（SL 250—2000），报汛手段由电讯部门电报网传输转化为短波、超短波电台传输。2003—2010 年按照《水文情报预报规范》（GB/T 22482—2008），报汛手段由短波电台转化为可编辑报文的语音电话。

2006 年 8 月，商洛水文局成立商洛水情报汛分中心。主要对接陕西省水文局水情中心，衔接辖区各报汛水情站，组成三级的水情实时信息系统，与省防办、商洛市防办建成了视频会商系统。

到 2022 年底，丹江流域有国家基本水文站 5 个，防汛专用水文站 6 个，水位站 12 个，基本雨量站 100 个，旱情监测站 10 个。报汛标准为自动站按 1 小时自动传输转发，人工站仍按四段制发报；报汛手段由以前的语音电话变为主要由水情专网传输，QQ 传送及电话补充。中小河流建设中水文预报断面增加了乾佑河柞水水文站、武关河武关水文站、银花河竹林关水文站的预报方案。

洪水预警从 2009 年起步，至 2017 年，已有商洛市、丹凤、商南城区预警方案及丹江麻街水文站、银花河竹林关水文站、武关河武关水文站预警方案与丹江公园、仙娥湖、丹凤龙驹寨水利风景区预警方案。到 2022 年，增加到 27 个预警断面。

丹江水文预报的制作标准和发布标准为：麻街水文站制作标准 200 立方米每秒，发布标准 200 立方米每秒（警戒流量 200 立方米每秒，保证流量 500 立方米每秒）；丹凤水文站制作标准 500 立方米每秒，发布标准 1000 立方米每秒（警戒流量 800 立方米每秒，保证流量 1500 立方米每秒）。

丹江流域雨量自动测报率已达98.4%。时效内传输率99.6%，网络传输率100%，差错率0.12%。建立丹江干支流主要控制水文站、重点水库洪水预报方案，洪水预报系统集成了11个预报站11套预报方案，编制10多个动态链接库，11站可制作洪水过程预报。在“07·7”丹凤、商南、洛南暴雨洪水，“08·8”丹凤暴雨洪水，“10·7”丹凤、商南、山阳暴雨洪水，“11·9”商洛市区秋霖洪水，2017年丹凤、商南暴雨洪水等洪雨灾情发生的关键时期，水文机构24小时及时滚动准确发布预测预警预报和实时水雨情信息，为各级防汛指挥部门的科学决策提供了可靠依据。

五、水环境监测

1999年，经陕西省水利厅批准成立陕西省水环境监测中心商洛分中心。随后设立麻街、丹凤两个基本水质监测断面，监测频次6次每年。监测项目有水温、流量、pH、电导率、悬浮物、氯化物、硫酸盐、矿化度、总硬度、溶解氧、氨氮、亚硝酸盐氮、高锰酸盐指数、化学需氧量、氰化物、砷、挥发酚、六价铬、铁、氟化物等20个项目。水质年度评价符合《地表水环境质量标准》（GB 3838—2002）Ⅲ类水质标准要求。

2003年，商洛市增设省界断面湘河断面，监测频次12次每年。监测水温、流量、pH、溶解氧、氨氮、高锰酸盐指数、五日生化需氧量、氰化物、砷、挥发酚、六价铬、汞、镉、铅、锌、锰、氟化物、石油、粪大肠菌群19个项目。湘河水质年度评价符合《地表水环境质量标准》（GB 3838—2002）Ⅲ类水质标准要求。

2007年，增设省界断面南宽坪断面。

2009年，增设省界断面连续断面。

2011—2013年，商洛境内设立国家重要水功能区监测断面：麻街、丹凤、灵口、板桥、张村、月日、耀岭河；省界断面：湘河、南宽坪、照川、马沟。增设支流口断面：老君河入丹口、银花河入丹口、武关河入丹口、清油河入丹口、商南县河入丹口。

国家重要水功能区监测断面监测频次6次每年，省界断面监测频次12次每年，支流口监测频次2次每年。水质年度评价符合Ⅲ类水质标准要求。

2014—2017年按照国家水功能区与水源地考核的要求，商洛市境内外设立国家水功能区断面：麻街、张村、丹凤、月日、耀岭河口、湘河、李村水库、灵口、马沟、照川、青铜关、柴坪水文站、南宽坪、白崖、南化塘、上津、赵川17个水功能区。省级重要水源地：李村水库、城区地下水监测断面。

国家重要水功能区监测频次12次每年，水源地监测频次12次每年，2016年国家重要水功能区考核中，张村、丹凤不达标，超标因子：氨氮。达标率88.2%；水源地达标率100%。

此外，定期编制发布年度主要河流的《水资源公报》《水资源简报》，向社会发布主要江河水量与水质的动态变化、省界水质状况等信息。开展重要江河水功能区和城市供水饮用水水源地饮水安全监测，对各市、县（区）“用水总量、水功能区及水源地达标情况”进行考评。

应对处置2008年4月11日山阳县银花镇恒源钒矿尾矿库污水泄漏，2011年4月1

日市冶炼厂硫酸反应罐着火，2011 年 4 月 25 日 11 时商州区大荆镇西峪村水质污染，2011 年 12 月 24 日商洛市鑫丰源矿业开发有限责任公司尾矿渣泄漏事件造成的水污染等事件，开展实地全程查勘监测，配合商洛市政府、市水资办和上级主管部门实施应急监测调查处置，赢得了主动，降低了损失，受到地方领导的肯定和赞扬。

第三节　水文情报与减灾效益

水文工作是社会公共服务的重要内容和水利事业的重要组成部分，在防汛抗旱、防灾减灾、水资源管理、生态建设、环境保护、重大项目规划建设以及经济社会发展中具有不可替代的重要作用。商洛水文水资源勘测中心开展对防汛重点区域、重要河段、人口聚居区、风景旅游区的洪水预警，努力提高水文预报精度，增长预见期，保证在超常大洪水发生时，做到“测得到，报得出，报得准确，报得及时”，为防汛抗旱当好“参谋”“耳目”，为各级政府防汛抢险决策提供科学依据。

一、丹江“54・7”暴雨洪水

1954 年丹江流域 7、8 月降水偏多，流域内仅有的黑龙口、商县、丹凤、商南 4 处雨量站，7 月 15 日 13 时至 16 日 15 时，黑龙口过程雨量 141.5 毫米；商县 7 月 15 日 14 时至 16 日 16 时 30 分，过程雨量 79.4 毫米；丹江上仅有的水文站商县（柴湾）水文站 7 月 16 日 12 时，实测最大流量 1300 立方米每秒。8 月 2 日 19 时再次出现降水，到 3 日 18 时，过程雨量均超过 100 毫米。8 月 3 日 10 时，商县（柴湾）水文站实测最大流量 1590 立方米每秒。黑龙口雨量站 8 月 1—9 日雨量资料被洪水冲走。洪水冲毁商县城东城墙进入城内，毁房 120 余间。伤亡 41 人，倒塌房屋 966 间，受灾严重。丹江流域最早设立的雨量站及商县水文站完整地记录了此次降雨和洪水过程，为今后战胜自然灾害、掌握自然规律积累了宝贵的水文资料。

二、丹江“70・7”暴雨洪水

1970 年 7 月 28 日 2—8 时，黑龙口 6 小时雨量 91.2 毫米、腰市 6 小时雨量 28.9 毫米、程家坡站 28 日 4—14 时雨量 75.5 毫米，7 月 28 日 10 时丹江程家坡水文站出现 1520 立方米每秒洪水。丹凤水文站 28 日 13 时 30 分出现 1500 立方米每秒洪峰。从洪门河到二龙山之间两岸平川耕地全被洪水淹没，冲毁农田、房屋、河堤等，受灾严重。二龙山至丹凤段，丹江两岸冲毁农田、河堤等，不同程度受灾。水文部门依靠有线电话，及时拍发实时雨水情报，第一时间为商洛地区及商县、丹凤县、商南县提供防汛抗洪信息，政府号召全民护堤、抗洪，减少灾害损失。

三、丹江“87・6”暴雨洪水

1987 年 6 月 4 日晚至 5 日，丹江及银花河流域的高坝、中村，武关河流域的峦庄、武关，清油河流域腰庄一带发生特大暴雨，18 小时雨量达 143 ~ 220 毫米，最大雨强 56.8 毫米，最大 3 小时雨量 95.1 毫米。丹江荆紫关水文站 6 月 5 日 12 时出现 5180 立方米每秒洪峰，银花河竹林关水文站 6 月 5 日 4 时 42 分出现 2800 立方米每秒洪峰，武关河武关水文站6月5日6时6分出现2560立方米每秒洪峰。6月9日，副省长徐山林到灾情最重的山阳县高坝、过风楼查灾慰问，指导救灾工作。7月11日，省水文总站在商县召开“87·6”商洛特大洪水抗洪测报表彰大会，省水利水保厅调研员高树岐、商洛地区水电局机关直属党委负责人、省水文总站领导参加会议，表彰了“87·6”特大暴雨洪水中做出成绩的先进集体武关水文站和峦庄雨量站等。

四、丹江“88·8”暴雨洪水

1988年8月13日晚到14日凌晨，柞水、商州、蓝田沿秦岭主脊一带降特大暴雨，商州区杨斜镇东岳庙的吴家沟降雨量410毫米，黑龙口14日0—6时雨量136.4毫米。14日6时31分麻街水文站出现553立方米每秒洪峰，14日6时42分板桥水文站出现558立方米每秒洪峰，均超过50年一遇。二龙山水库14日8时过坝溢流量为437立方米每秒，为建库以来最大泄流量；南秦河14日9时30分溢洪量442立方米每秒，堰顶水深达2米。田纪云副总理发来慰问电；省委书记张勃兴、省长侯宗宾乘飞机视察灾情；副省长徐山林带领工作组赶赴灾区查灾慰问，指导抗洪救灾工作。

“88·8”洪水时，麻街水文站不但准确及时向收报单位发报水情电报，而且捎书带信把汛情告诉有关单位。特别是多次向当地乡政府报告，使该乡正确地指导了抗洪抢险，减少了当地村民和乡政府的损失。

五、丹江“03·8”暴雨洪水

2003年8月28日20时至29日8时，商州区的兴龙、腰市一带突降暴雨，商州腰市站雨量172.1毫米，最大6小时雨量65.3毫米。29日2时54分板桥河板桥水文站出现550立方米每秒洪峰。“03·8”商州暴雨洪水，流域内设立的兴龙、胡河、大荆、腰市等雨量站以及板桥水文站传输雨水情报300余份，二龙山水库及时调洪下泄洪水260立方米每秒，削峰66%，拦蓄洪量3073万立方米，推迟下泄洪峰时间101.5小时，减轻了丹江下游堤防防洪压力，确保了丹江两岸人民生命财产安全。

六、丹江“07·7”暴雨洪水

2007年7月28日21时至30日2时，武关河流域的化庙村、铁峪铺、北赵川、峦庄、商南县城一带突降暴雨，化庙村站暴雨量493毫米、峦庄站暴雨量326.8毫米、铁峪铺站暴雨量342.1毫米、路沟站暴雨量328.2毫米、商南县城站暴雨量195毫米；化庙村站最大6小时雨量169.5毫米、路沟站最大6小时雨量152.0毫米、商南县城站最大6小时雨量145.0毫米、铁峪铺站最大6小时雨量117.6毫米、峦庄站最大6小时雨量113.6毫米。29日3时商南县河出现593立方米每秒洪峰，29日6时武关河武关水文站出现1810立方米每秒洪峰，29日13时48分丹江荆紫关水文站出现3790立方米每秒洪峰。在“07·7”丹凤、商南暴雨洪水中，水文部门发挥了尖兵耳目作用，得到了各级领导的肯定和表扬。武关水文站站长熊黎明获得水利部“全国防汛抗旱劳动模范”称号，职工张新峰被授予商洛市“防汛工作先进个人”荣誉。水雨情信息的及时传递，成功避免山洪灾害伤亡9起，成功避免了商南县城进水受淹，与历史洪灾相比，其暴雨量、强度、历时和洪峰量级均大于损失惨重的1987年6月洪灾，而死亡和失踪人员相比（1987年6月洪灾死亡103人）

减少 75%，减少灾害损失 2.9 亿元。

七、丹江“10・7”暴雨洪水

2010 年 7 月 23 日 19 时至 24 日 20 时，山阳县高坝店、洛峪，丹凤县竹林关、武关，商南县城一带出现特大暴雨，洛峪站暴雨量 169.9 毫米、竹林关站暴雨量 178.5 毫米、武关站暴雨量 289.5 毫米、铁峪铺站暴雨量 283.7 毫米、北赵川站暴雨量 261.5 毫米、路沟站暴雨量 262.0 毫米、峦庄站暴雨量 180.0 毫米、庾家河站暴雨量 142.8 毫米、桃花铺站暴雨量 171.5 毫米、双槽站暴雨量 165.1 毫米、商南县城站暴雨量 213.0 毫米、曹营街站暴雨量 189.0 毫米、清油河站暴雨量 137.6 毫米、富水关站暴雨量 183.5 毫米；竹林关站最大 6 小时雨量 56.3 毫米、武关站最大 6 小时雨量 141.0 毫米、洛峪站最大 6 小时雨量 47.4 毫米、峦庄站最大 6 小时雨量 70.4 毫米、铁峪铺站最大 6 小时雨量 129.7 毫米、富水关站最大 6 小时雨量 41.2 毫米、双槽站最大 6 小时雨量 68.4 毫米、路沟站最大 6 小时雨量 121.1 毫米、桃花铺站最大 6 小时雨量 58.7 毫米、北赵川站最大 6 小时雨量 117.8 毫米、资峪站最大 6 小时雨量 94.7 毫米。24 日 8 时 30 分银花河竹林关水文站出现 1550 立方米每秒洪峰；24 日 8 时 40 分武关河武关水文站出现 2020 立方米每秒洪峰；24 日 11 时商南县河河口出现 1280 立方米每秒洪峰；24 日 11 时清油河河口出现 1380 立方米每秒洪峰；24 日 12 时 30 分丹江过风楼水文站出现 8790 立方米每秒洪峰；24 日 13 时 42 分丹江荆紫关水文站出现 8790 立方米每秒洪峰。“10・7”暴雨洪水发生后，水文部门发挥耳目和前哨作用，及时向市、县防汛部门报送实时雨水情信息，发布洪水预报，为防汛抗洪赢得了时间，特别是正在施工的莲花台电站大坝，接到水文预报后快速撤离夜以继日施工的水电武警人员，未有人员伤亡，得到莲花台电站的感谢和高度赞扬。此次特大暴雨洪水，受灾范围大、灾情严重，8 月 2 日，国务院副总理回良玉亲临竹林关查看灾情，指导灾后重建工作。

第四章　防汛救灾

丹江流域，特别是丹凤、商南段是一个暴雨洪水灾害高质高频高发区，水灾在各种自然灾害中造成损失的比例高于40%。随着丹江流域经济社会的快速发展，单位面积的暴雨洪水经济损失呈上升趋势。暴雨洪水多属局地性灾害，几乎每年都有暴雨洪水发生，而每隔几年，都会发生特大局部暴雨洪水灾害，给人民生命财产造成巨大损失。

据《商洛地区志》记载，从公元元年到1899年发生重大水灾500次；1900—1949年50年间发生水灾16次；新中国成立以后，1954—1983年30年间发生暴雨洪水灾害10次。综合各类报告资料显示，1984—2022年39年间发生局部暴雨洪水灾害69次，因水灾死亡526人。

第一节　洪灾分析

丹江流域是灾害性局部暴雨洪水高发区，平均三年就会发生一次。暴雨洪水涨落快，行进急，峰头高，易致灾。大的暴雨洪水吞噬民众生命，毁坏房舍良田，毁坏道路、桥梁和供电通信等社会基础设施，给人民群众生命和财产造成巨大损失。丹江流域暴雨洪水一般发生在每年的6—10月，灾害性暴雨洪水高发期在6—8月，高强度暴雨多发生在夜间。在暴雨中心区域，山洪是暴雨洪水致灾的主要因素，也是灾害预防的主要对象。由于暴雨洪水变化的随机性及其形成演变机理的复杂性，加之人类活动的影响，人们对暴雨洪水灾害的深层认识还将经历一个漫长的过程。

一、历次暴雨特点

（一）主雨集中

小范围局地暴雨的主雨集中、历时短，主要降雨时段多为3 ~ 6小时。1998年7月丹凤县双槽乡宽坪村、商南县清油河乡吊庄村暴雨和1988年8月商州、柞水特大暴雨，主暴雨历时为6小时；1983年8月丹凤县武关乡豹皮沟暴雨，主暴雨历时仅为2 ~ 3小时；1998年8月商南县青山乡、湘河镇特大暴雨，主暴雨历时为6小时。大范围局地暴雨主雨集中，历时较长。

（二）强度大

暴雨中心多数为无测站、无资料地区，其降雨的过程需要通过周边附近雨量站的实测过程进行分配。据暴雨中心附近雨量站的实测资料分析，最大降雨强度在30 ~ 70毫米每小时，暴雨中心的降雨强度应大于该数值。小范围、短历时的局地暴雨强度更大。

（三）受暴雨中心移动影响，形成多个暴雨中心

2002年6月特大暴雨，暴雨中心由上游向下游移动，形成了2个暴雨中心；1998年8月，商南县青山乡、湘河镇特大暴雨，暴雨中心由商州区向丹凤县、商南县移动后，再向山阳县移动，形成了3个暴雨中心。

（四）灾害性暴雨时段多发生在夜间或凌晨

20世纪末和21世纪初的历次特大暴雨，都发生在夜间和凌晨，暴雨带来的灾害比较大。

（五）大范围的降雨过程历时长

2007年7月丹凤县、商南县暴雨，100毫米大暴雨笼罩面积为1709.4平方千米，暴雨历时41小时。2003年8月洛南县暴雨，100毫米大暴雨笼罩面积为1223平方千米，暴雨历时54小时。

分析认为，商洛局部暴雨发生范围分布基本均匀，量级与当时的气象因素、地形和水汽运行的方向有关。当气象因素成熟、水汽来源充足时，就会形成局部暴雨。在小范围区域内，山的迎风坡暴雨大于背风坡。就时间而言，每年汛期7月、8月、9月为多发时段；在一天里，午后多于午前，夜晚形成的灾害大于白天。在防御暴雨灾害时，夜晚的暴雨是防御的重点。

二、历次洪水特点

（1）局地暴雨引发的洪水，具有典型的山溪性河流特征。暴涨暴落，山洪泥石流暴发，巨大的能量使河（沟）道的巨石发生位移，摧毁沿岸房屋、耕地，在入汇口形成大量的洪积物。

（2）流（区）域性洪水，具有上涨迅速、复式洪峰、回落缓慢的特征。2007年7月丹凤武关水文站洪水，是武关河干支流洪水汇集演进的结果，其主要成分是铁河流域暴雨中心的洪水过程，复式洪峰过程主要是由不同区域的间歇性降雨形成的。

（3）发生在凌晨或黎明的洪峰过程，造成的人员伤亡较大。所分析的多数洪水中，洪峰时间均在凌晨和黎明，造成了较大的人员伤亡，这个时段是暴雨期防汛的重点时段。1988年8月，商州、柞水暴雨洪水死亡166人。1998年7月，丹凤宽坪、商南吊庄暴雨洪水死亡60人，失踪32人。1998年8月，商南青山、湘河暴雨洪水死亡47人，失踪38人，重伤41人。2007年7月，丹凤、商南暴雨洪水死亡23人，失踪26人。2010年7月，丹凤、商南等地暴雨洪水死亡34人，失踪63人。

丹江流域洪水灾害，主要是短历时、高强度的局部暴雨所致，形成的洪水上涨快、消退快，成灾历时一般在2～3小时。即使长历时暴雨、霖雨期间也有若干个强度较大的时段暴雨。为此，时段暴雨是形成洪水的主要成因。防御洪水灾害重点在于关注短历时暴雨形成的洪水。

三、水灾损失特点

短历时高强度的局部暴雨和长历时高强度的流（区）域性暴雨所造成的洪水，常伴随着滑坡、泥石流等次生灾害，次生灾害物在洪水的承载下形成了水、沙、石和树木等漂浮

物的混合体，抬升河道水位，增强洪水的冲击力，加大洪水所引起的灾害损失。尤以第一场暴雨洪水伴随的滑坡、泥石流等次生灾害更为严重。

1998 年 7 月丹凤宽坪、商南吊庄暴雨洪水，其量级是内陆罕见极值，直接经济损失和人员伤亡情况均为商洛境内的特例。其他各场暴雨洪水，都是人力不可抗拒的自然灾害。就经济损失而言，发生同等强度的暴雨洪水，随着当地社会财富的增加，单位面积经济损失在不断增加；但随着防洪知识的宣传积累、防洪意识的增强、各种防范措施的改进和不断升级，单位面积的死亡和失踪人数呈大幅度下降趋势。

第二节　典型暴雨洪水灾害实例

本节选取丹江流域 8 场典型灾害性暴雨洪水，对其降水过程、暴雨成因、洪水过程、灾害情况进行较详尽的分析，总结出商洛暴雨洪水灾害的特点和规律，提出防灾减灾的建议，对提高全社会防灾减灾能力、最大程度降低暴雨洪水灾害损失有所帮助。

一、局地典型暴雨洪水

（一）“88 · 8”商州暴雨洪水

1988 年 8 月 13 日至 14 日，陕西省秦岭山脉东段的商州区发生了一场特大暴雨。这场暴雨具有雨量大、面积小、历时短、强度高、来势猛、灾害重的特点，简称“88 · 8”商州暴雨洪水。

1. 雨情

“88 · 8”暴雨自 8 月 13 日 13 时开始，从实测和调查资料可知，22 ~ 24 时降大雨，次日 0 时后为暴雨到特大暴雨，14 日 0 时到 4 时雨区降雨最为集中，8 时左右降雨逐渐停止，降雨总历时约 18 小时，主雨历时 6 ~ 8 小时。

这次暴雨具有以下特点：

（1）区域性。雨区笼罩商州区，分布比较集中，长轴约 103 千米，短轴最宽处约 35 千米。50 毫米以上等值线笼罩面积为 2400 平方千米，降水总量为 2.7 亿立方米；100 毫米以上等值线笼罩面积为 624 平方千米，降水总量为 1.4 亿立方米。由此可知，雨区范围不大，属局部地区特大暴雨。

（2）衰减快。在距暴雨中心吴家沟仅 1.5 千米的杨斜雨量站，实测降水量只有 55.3 毫米，削减了 86.5%；距西沟约 5 千米的葛牌雨量站，实测降水量为 101.4 毫米，削减了 72.1%。从暴雨的时、面、深关系可看出，在 1000 平方千米以内，面上衰减迅速，超过 1000 平方千米后，随着雨区面积的增大，面上衰减变得缓慢。

（3）强度大。“88 · 8”暴雨在降雨历时上大致分为三个阶段：第一阶段，自 13 日 13 时至 24 时，历时约 11 小时，为初雨阶段，其降水量占次总降水量的 3.2% ~ 12.6%；第二阶段，自 14 日 0 时至 6 时为主雨阶段，历时 6 小时，其降水量占次总降水量的 94.3% ~ 85.3%；第三阶段，自 14 日 6 时至 8 时，历时约 2 小时，为尾雨阶段，其降水量仅占次总降水量的 2.6% ~ 2.0%。暴雨中心降雨强度为 133.7 毫米每小时，可见强度相当高。

经分析，这场暴雨相当于该地区 200 年一遇。

（4）突发性。“88・8”暴雨前，省、地气象台预报：“今晚到明天，陕南地区中到大雨，局部暴雨，且系统性，面积大。”省防办通知地区防办，并立即用有线和无线通信于 18 时前分别通知有关区、县防办，要求迅速传达到基层乡村，提高警惕，加强防范。13 日晚当地晴天多云，看不见有暴雨迹象。3 ~ 4 小时后突降暴雨，群众反映：“暴雨时，不刮风、不打雷、不闪电，到处漆黑一团，房檐水连成片，像一堵水墙，听到的是雨声、山洪、泥石流的吼声，山崩崖塌声，使人猝不及防。”这种有预报、无前兆的情况实为罕见。

2. 水情及泥石流灾害

“88・8”暴雨由于历时短、强度大、来势猛，引起山洪和泥石流暴发。经调查，丹江麻街水文站实测洪峰流量达 645 立方米每秒，相当于 70 年一遇的洪水。二龙山水库 14 日 8 时的过坝溢流量为 437 立方米每秒，为建库后最大泄洪量；南秦水库 14 日 6 时 30 分开始溢洪，到 9 时 30 分溢流量达 44 立方米每秒，堰顶水深达 2 米。

“88・8”暴雨洪水特征是水大、沙多、石头大，丹江及其支流河道堆积的卵石泥沙处处皆是，河床普遍抬升，行洪断面缩小，泄洪能力减弱，水土流失极其严重。

3. 灾情

“88・8”暴雨造成山洪暴发，洪水和泥石流俱下，人民生命财产惨遭浩劫，灾害损失十分严重。据不完全统计，一夜之间因灾死亡 166 人，倒塌房屋 4737 间，造成危房 9000 余间，受灾农田 27 万亩，水毁耕地 8.7 万亩，冲毁公路 428 千米、河堤 451 千米、桥梁 16 座、通信线路 52 千米，有 4000 多灾民无家可归，2 万人无衣无食，直接经济损失 1.2 亿元。

4. 抢险救灾

“88・8”暴雨洪水灾害发生后，党中央、国务院，省委、省政府、省军区，以及商洛地委、行政公署对灾区人民十分关注，及时发出指示，派出工作组奔赴现场帮助抢险救灾工作。副总理田纪云发来慰问电：“要组织各方面的力量支援灾区，做好救灾工作。向死难者家属表示深切慰问，要认真做好善后工作，有什么情况和困难及时报告。”省政府发出了《关于进一步做好商洛、蓝田灾区生产救灾工作的指示》。省委书记张勃兴、省长侯宗宾乘飞机视察柞水县九间房乡，徐山林副省长带领工作组及时赶赴灾区查看灾情，慰问灾民，指导抗洪抢险救灾工作。中国人民解放军在艰苦的情况下，帮助灾区抢修公路，省级有关部门送来了大批救灾物资。据不完全统计，支援木材 500 立方米、棉布 3.4 万米、煤油 10 吨、柴油 90 吨、资金 80 万元。地区革命委员会、行政公署召开紧急会议，对抗洪抢险救灾工作提出 11 条要求。地委书记周述武等领导带领局级干部，组成三个工作组赶赴灾区抢险救灾。地区革命委员会、行政公署和县级机关抽调 587 人到灾区帮助群众开展抢险救灾，恢复生产，并及时派出医疗组，还向灾区发放 50 万千克救济粮，发放救灾款 100 万元。经过上下各级的大力支援，抢险救灾工作取得了良好的效果。

（二）“98・7”宽坪、吊庄特大暴雨洪水

1998 年 7 月 9 日 18 时 2 分至 10 日 6 时，在陕西省商洛地区丹凤县双槽乡、商南县

清油河乡降了一场特大暴雨，据调查，暴雨中心降水量1300毫米以上，为国内同历时罕见。暴雨引发山洪、泥石流、滑坡等灾害，损失惨重。本次暴雨主要分布在丹凤县双槽乡的宽坪、双槽、小岭村一带，和商南县清油河乡的吊庄、窑场沟、粮食沟一带，暴雨中心在宽坪村、吊庄村，故称“98·7”宽坪、吊庄特大暴雨洪水。“98·7”宽坪、吊庄特大暴雨洪水属典型的局地性灾害，其灾情是惨重的。灾害发生后，省防总委托省水文局组织省气象局、西北农业大学、西安理工大学、商洛地区防汛办、商洛地区气象局、商洛水文局及丹凤、商南县防汛办专家15人，立即赶赴现场实地调查，调查组历时5天，走访当地干部群众80多人次，同时对暴雨区涉及的5处河段的洪水进行了实际测量，形成了“98·7”宽坪、吊庄特大暴雨调查报告，该调查报告通过水利部组织的专家审查，确认调查成果可靠。

1. 雨情

（1）暴雨调查。

调查时群众讲：“雨中分不清雨滴，像是天上往下倒水；人在雨中感到呼吸困难，雨点打到身上很痛；用手电筒外照，只见空中白茫茫一片，照不到前面；房上都是水，看不清瓦楞，房檐流水像瀑布；雨前可以看到很多鸟儿、兔子、蛇等，雨后很少见到，也听不到鸟儿叫；暴雨时许多树枝树叶被打落。”据群众反映，雨前闷热异常，感觉空气有臭味；暴雨来之前风大，黑云满天，云很低很厚，四面雷声巨响，闪电不断，这种情况实属罕见。据调查资料，“98·7”暴雨自7月9日18时2分开始，10日6时结束，降雨总历时约12小时，本次暴雨自西向东有两个暴雨中心，最大中心位于丹凤县双槽乡宽坪村，中心雨量1300毫米，降雨历时6小时40分；另一个暴雨中心位于商南县清油河乡吊庄村，中心雨量1057毫米，降雨历时8小时。

（2）暴雨特点。

①范围小。雨区笼罩丹凤、商南两县，分布比较集中，50毫米以上雨量等值线笼罩面积宽坪暴雨区281.7平方千米（见表3-4-1），吊庄暴雨区228.2平方千米（见表3-4-2）；降水总量约8006万立方米。由此可知，雨区范围很小，属局地特大暴雨。

②强度大。通过调查宽坪暴雨区10处点雨量，雨量范围940～1300毫米，降雨历时6小时40分，最大降雨强度194毫米每小时；吊庄暴雨区3处点雨量，雨量范围742～1057毫米，降雨历时8小时，最大降雨强度132毫米每小时。

表3-4-1　陕西省丹凤县“98·7”宽坪面深分析计算成果统计

项目	各级面积、雨量								
等值线量级/mm	1300	1200	1000	800	600	400	200	100	50
面积/km^2	8.8	19.3	33.8	51.6	68.7	91.0	116.6	152.5	281.7

表 3–4–2 丹凤县“98·7”吊庄面深分析计算成果

项目	各级面积、雨量						
等值线量级 / mm	1000	800	600	400	200	100	50
面积 /km²	8.3	15.4	30.0	51.7	81.0	105.5	228.2

注：本表出自《陕西省典型洪水灾害实例》（2014）。

2. 水情

“98·7”暴雨由于历时短、强度大、来势猛，引起山洪和泥石流暴发。经调查，丹凤县双槽沟周家村庙沟口以上流域面积 66.0 平方千米，暴雨后洪水泥石流俱下，洪峰流量 1770 立方米每秒；径流总量 5002 万立方米，径流深 758 毫米，每平方千米产流 75.8 万立方米。商南县清油河乡吊庄沟、油坪沟、粮食沟、窑场沟流域面积分别为 5.18 平方千米、19.3 平方千米、6.47 平方千米、11.9 平方千米，洪峰流量分别为 400 立方米每秒、557.4 立方米每秒、472 立方米每秒、451 立方米每秒；径流总量分别为 288 万立方米、853 万立方米、507 万立方米、690 万立方米。洪水过后，可以看到，河、沟有多宽，洪痕就有多宽，凡洪水经过的地方，基岩全部外露，一般沟道，水头大都在 6 ~ 7 米，支沟交汇处，都可以看到 10 ~ 20 立方米的大石块，商南县清油河乡粮食沟一块最大的石头约 70 立方米，被洪水移动了约 300 米。

“98·7”洪水特征是水大、沙多、推移质大，主河道堆积的卵石到处皆是，洪水过后，河床普遍抬升，过水断面缩小，泄洪能力减弱，水土流失极其严重。其中丹凤县尤为突出，详见表 3–4–3、表 3–4–4。

表 3–4–3 陕西省丹凤县“98·7”宽坪、吊庄洪水调查成果

序号	沟名	调查地点			洪峰流量 /（m³/s）	洪峰模数 / [m³/（s·km²）]
		县	乡	村		
1	双槽沟	丹凤	双槽	周家村	1770	26.8
2	吊庄沟	商南	清油河	吊庄村	400	77.2
3	油坪沟	商南	清油河	团坪村	557	28.9
4	粮食沟	商南	清油河	粮食沟	472	72.8
5	窑厂沟	商南	清油河	窑厂沟	451	37.9

注：本表出自《陕西省典型洪水灾害实例》（2014）。

表 3-4-4　陕西省丹凤县“98 · 7”宽坪、吊庄暴雨洪水要素统计

河名	集水面积 / km^2	洪峰流量 / （m^3/s）	径流总量 / 万 m^3	径流深 / mm	面雨量 / mm	降水总量 / 万 m^3	径流系数
油坪沟	19.3	557.4	853	442	479	924	0.92
粮食沟	6.47	471	507	784	838	542	0.94
窑厂沟	11.9	451	690	580	739	879	0.93
吊庄沟	5.18	400	288	556	562	292	0.98
双槽沟	65.96	1770	5002	758	814	5369	0.93
合计	108.81		7340			8006	

注：本表出自《陕西省典型洪水灾害实例》（2014）。

3．洪水灾害

（1）灾情。

“98 · 7”暴雨造成山洪暴发，洪水和泥石流俱下，人民生命财产惨遭浩劫，灾害损失十分惨重。据不完全统计，此次暴雨洪水死亡 52 人（其中丹凤县 25 人，商南县 27 人），下落不明 32 人（其中丹凤县 16 人，商南县 16 人），重伤 24 人，冲走猪、牛羊家畜 2000 余头。暴雨洪水造成双槽乡和清油河乡大部分人无住、无吃、无衣，其中受灾最重的丹凤县岩屋村全村 167 户，被暴雨洪水冲毁民房 76 户，有 50 户村民房屋倒塌，无家可归。商南县清油河乡清油河街道，一夜之间，长 1 千多米的新街被夷为乱石交错的大河滩，老街被泥沙、树木、石渣淤满，堆积 1 米多高，有 31 户 220 间房屋倒塌，109 户 325 间房屋成为危房。暴雨洪水过后，所有道路、电力和通信设施被毁，桥梁被冲，水利设施全部被毁，农田基本被淹，粮食、经济作物损失巨大。

（2）灾害成因。

①暴雨超强，人力不可抗拒。这次特大暴雨主要是中高层强烈的大气环流背景，低层的切变和地面冷锋相互配合，构成了这种历时短、强度大的锢囚型小尺度天气系统，加之在南低北高的喇叭口地形抬升作用下产生了特大暴雨洪水。

②雨区地质结构条件加剧灾害程度。秦岭山区植被虽然较好，但土质松散，暴雨突降，土壤水分饱和后，处于陡山坡的土体失稳，易形成滑塌、溜坡，加上山洪，使水沙俱下，加重了洪水灾害。

③群众建房位置导致避险困难。由于山区群众多居住在临河背山的沟道中，选址建房对防洪安全问题考虑不周，大多建在沟门和有滑坡、泥石流的危险地带。

4. 抢险救灾

“98 · 7”暴雨洪水灾害发生后，省委、省政府及商洛地区革命委员会、行政公署，及时派出工作组奔赴现场帮助抢险救灾工作。省委书记李建国，省长程安东，副省长贾治

邦、张伟等领导多次电话询问灾情，作重要指示，并亲临灾区，察看灾情，慰问灾民，指导抗洪抢险救灾工作。地区革命委员会、行政公署把抗洪抢险救灾作为压倒一切的紧急任务，地委书记李元虎、行政公署专员刘维隆深入灾区，坚持一线指挥救灾，安置灾民。地区先后抽调干部300多人到灾区帮助群众开展抢险救灾，恢复生产，并及时派出医疗组。地区财政在极度困难的情况下拿出26万元资金用于抗灾救灾及生产自救。社会各界开展“献爱心”活动，共为灾区人民捐款270.85万元，捐衣38万件，棉被8500床，为灾民的生活提供了物质保障。

（三）“07·7”丹江暴雨洪水

2007年7月1日至8月9日，商洛出现较大范围暴雨过程，其中7月4—6日、27—29日、8月7—8日发生了3次高强度的大暴雨过程，局地出现特大暴雨。受暴雨影响，丹江干支流普遍出现洪水过程，局地特大暴雨导致多地发生山洪、滑坡、泥石流及暴雨内涝灾害。

1. 雨情

（1）降雨过程及雨区分布。

7月1日至8月9日共40天中，无降雨及降小雨日仅10天，其余30天均出现商州区、丹凤、商南或区域性中雨以上降雨天气，其间发生3次大暴雨及特大暴雨过程。

7月1—9日降雨过程累计降水量41 ~ 320毫米，商洛市大于100毫米雨区面积4610平方千米，占商洛市面积的23.9%。

7月26—30日降雨过程累计降水量20 ~ 310毫米，其间27—29日出现暴雨及大暴雨过程，暴雨中心位于商洛东部丹凤、商南、山阳县一带。商洛市大于100毫米雨区面积为4695平方千米，占商洛市面积的24.3%。中心区最大雨量丹凤县铁峪铺站336.4毫米、丹凤县峦庄站309.2毫米、商南县商南站195毫米。

8月6—8日降雨过程累计降雨量10 ~ 192毫米，商洛市境内大于100毫米雨区面积为598平方千米，占商洛市面积的3.1%。

（2）暴雨特点。

①暴雨中心多分布分散。7月1日至8月9日期间3次高强度大暴雨、特大暴雨过程中，第一次7月4—6日暴雨中心位于汉中市；第二次7月27—29日暴雨中心位于商洛市丹凤、商南、山阳县境内。具有暴雨中心多、地域分布广的明显特点。

②短历时、高强度暴雨频发。商洛丹凤铁峪铺、路沟、峦庄站12小时降水量分别为196.4毫米、215.7毫米、195.4毫米；调查丹凤铁峪铺镇化庙子村7月27—29日累计暴雨量493.0毫米。上述各站暴雨重现期均超100年。

（3）地域范围广、单次中心雨区小。7月1日至8月9日的40天中，商洛市降水量大于300毫米的面积为11780平方千米，占商洛市总面积的61.1%。

2. 水情

本场暴雨引发山洪、泥石流和滑坡灾害频发。经调查分析，丹凤县铁河铁峪铺孙湾断面7月29日3时30分洪峰流量649立方米每秒，武关河峦庄镇河口湾子断面29日3时

30 分洪峰流量 811 立方米每秒，商南县县河城关镇大河组西北山断面 29 日 3 时洪峰流量 593 立方米每秒，商南县金盆河城关镇大河组东北山断面 29 日 2 时洪峰流量 432 立方米每秒。

本场暴雨在丹江及部分支流出现中洪水，主要河流未发生洪水灾害。实测及调查洪水洪峰流量见表 3–4–5、表 3–4–6。

表 3–4–5　陕西省丹江流域“07 · 7”洪水最大洪峰流量统计

河名	站名	集水面积 / km^2	出现时间（月 – 日 T 时 : 分）	最大流量 /（m^3/s）	重现期	洪水等级	实测系列排位
丹江	荆紫关	7060	07–29T 13:48	3790	10 年	中洪水	
武关河	武关	724	07–29T 05:56	1810	近 50 年	大洪水	第二位

注：本表出自《陕西省典型洪水灾害实例》（2014）。

表 3–4–6　陕西省丹江流域“07 · 7”洪水调查洪峰流量统计

河名	断面位置	出现时间（月 – 日 T 时 : 分）	最大流量 /（m^3/s）	重现期	洪水等级
铁河	丹凤县铁峪铺孙湾	07–29T 03:30	649	超 100 年	特大洪水
武关河	峦庄镇河口湾子	07–29T 03:30	811	近 50 年	大洪水
县河	商南城关镇大河组西北山	07–29T 03:00	593	近 100 年	特大洪水
金盆河	商南城关镇大河组东北山	07–29T 02:00	432	100 年	特大洪水

注：本表出自《陕西省典型洪水灾害实例》（2014）。

3. 洪水灾害

（1）灾情。

高强度暴雨致使陕南三市山洪、泥石流、滑坡及内涝灾害频发，其中商洛市以山洪、泥石流、滑坡灾害为主，商洛市灾情最为严重。

陕南 3 市 13 县（区）222 个乡（镇）130.84 万人不同程度受灾。倒塌、损坏房屋 15.24 万间；因山洪泥石流死亡 48 人（其中商洛市 23 人）、失踪 63 人（其中商洛市 26 人）。农作物受灾面积 256.17 万亩，毁坏耕地 7.93 万亩，水毁公路 1869.7 千米、桥涵 554 处，造成商洛主要县道和 36 个乡（镇）、500 个村交通中断；供电线路倒杆 1110 根，损坏供电线路 195 千米、通信线路 616.4 千米，造成商南、丹凤县部分乡镇通信中断；水毁供水管道 344.2 千米、江河堤防 446 千米、堰渠 410 条、人畜饮水工程 78 处。

（2）灾害成因。

本次局地山洪、泥石流、滑坡及暴雨内涝灾害，由于长时间、连续性降雨，流域土壤含水量饱和，其间又发生高强度大暴雨、特大暴雨过程，引发山洪、泥石流暴发；二是森林植被破坏、陡坡开荒，山区道路建设和矿产资源开发对山区地表的破坏、扰动，造成地表及森林覆盖层蓄水保水能力下降，加之丘陵、山区村镇设施建设与河争地，许多建筑物和设施建造在危险区内，极易受到洪水淹没、泥石流、滑坡的冲击，造成房毁人亡；三是由于村村通交通工程建设，没有充分考虑穿路排水设施规划，加之公路路面高于地面，导致暴雨内涝灾害。

4. 抗洪抢险

面对严重暴雨洪灾，在陕西省委、省政府的坚强领导下，全省各级防汛指挥机构精心组织，果断指挥，科学防汛，各地各部门紧急动员，协同作战，奋力抢险，防汛抗洪工作扎实有效开展，最大限度地减少了人员伤亡和灾害损失。

一是各级领导高度重视、靠前指挥。陕西省委、省政府坚持把防汛抗洪工作作为重中之重，实行省级领导联系各市（区）防汛工作制度。省委、省政府主要领导先后多次作出重要批示，并亲临省防总和防汛重点区域、重灾地区，视察指导防汛救灾工作。市、县各级党政领导在汛情、险情发生时，及时赶赴一线，靠前指挥抢险。各级防汛指挥机构领导同志坚持24小时带班制度，及时组织会商分析，坐镇指挥调度。各级党委、政府的高度重视，鼓舞了干部群众抗洪救灾的斗志。

二是加强预警预报和科学调度。气象部门加密天气预报段次，水文部门抢测快报水情，省防总先后发出13个紧急通知，提前向有关市、县通报暴雨消息，同时组织气象、水文专家分析会商，研究雨情、汛情演变趋势，为各级防汛抗洪指挥决策提供了科学依据。

三是高度重视水库防洪工作。省防总先后三次召开水库防汛专题会议，要求各类水库必须严格执行度汛计划，严禁超汛限水位蓄水。7月28日商南县河水库发生500年一遇校核洪水后，当地政府及时撤离了下游2万余名群众。省防总紧急请调47军工兵团，调遣10艘冲锋舟连夜赶赴商南县支援打捞县河水库漂浮物，保证了水库安全和出水水质安全。

四是全力组织抗洪抢险。省防总、省水利厅先后派出6个工作组，赶赴汉中、商洛、安康等地，协助指导抢险抗灾。商洛市在抗御7月28日发生的特大暴雨洪水过程中，及时发出暴雨预警信号，迅速派出工作组赶赴防汛重点部位，现场指导抗洪抢险，商洛市紧急转移安置4.1万人。

（四）商南县青山镇“17·8”暴雨洪水

2017年8月20日发生的暴雨中心有2个，青山镇青山站最大点雨量101.5毫米；暴雨主要集中在调查断面以上区间；青山镇新庙村的暴雨中心主要集中在整个新庙河流域，点最大降雨为新庙站117.9毫米，短历时暴雨引发河道洪水暴涨。商南县“17·8”降雨雨量资料收集排序见表3–4–7。

1. 雨情

（1）降雨过程及雨区分布。

本次降雨过程较集中，以青山镇为中心，最大点暴雨量为青山镇新庙站118.6毫米，第二为青山站 110.5 毫米，第三为青山镇马蹄店 108.4 毫米，第四为水沟乡九房沟站 97.6 毫米，第五为青山镇花园村站 96.8 毫米。这五个站点中，新庙、马蹄店分布在新庙河，花园村、青山站分布在青山河，九房沟站在九房沟。

表 3–4–7 陕西省丹江流域商南县“17 · 8”降雨雨量资料收集排序一览表

编号	测站名称	站址	日降水量 /mm	气象数据 /mm	经度 / (°)	纬度 / (°)
1	青山新庙	商南—青山	117.9	118.6	111.01031867	33.37356296
2	青山	商南—青山	110.5		110.90500000	33.42333333
3	马蹄店	商南—青山	108.4		110.96388889	33.39694444
4	九房沟	商南—过风楼	97.6		110.79944444	33.39027778
5	花园村	商南—青山	96.8		110.89166667	33.42250000
6	过风楼	商南—过风楼	89.5		110.77861111	33.43666667
7	富水关	商南—富水	67	41.2	110.97166667	33.51138889
8	水沟	商南—过风楼	66		110.81305556	33.34611111
9	富水	商洛—商南	61.5		110.97166667	33.51138889
10	梁家湾	商南—金丝峡	53		110.52000000	33.45916667
11	桃园	商南—金丝峡	52.8		110.63000000	33.38000000
12	三角池	商南—三角池	50.8		110.86555556	33.47111111
13	白浪	商南—湘河	39.2		110.88833333	33.24388889
14	赵川	商洛—商南	38		110.70722222	33.18833333
15	赵川	商南—赵川	37	34.9	110.70583333	33.17944444
16	清油河	商洛—商南	36	31.7	110.74222222	33.55416667
17	十里坪	商南—十里坪	35	31.8	110.59277778	33.25138889
18	十里坪	商南—十里坪	35		110.58972222	33.25166667
19	湘河	商南—湘河	34		110.70722222	33.18833333
20	两岔河	商南—城关	32		109.91805556	34.00583333
21	大竹园	商南—十里坪	30		110.52666667	33.29166667
22	园潭河	商南—十里坪	29.2		110.58694444	33.30777778
23	后湾	商洛—商南	27.5		110.73833333	33.59000000
24	魏家台	商南—原魏家台	24	25.2	110.82805556	33.25111111
25	黑沟	商南—十里坪	23		110.66083333	33.24638889
26	太吉河	商南—金丝峡	22.4		110.58638889	33.45166667

雨量大于 100 毫米的暴雨中心有 2 个，集中在青山镇花园村、马蹄店；其中最大 3 小时降水量是新庙河新庙站 117.9 毫米；青山河青山站 101.5 毫米。综合分析，次雨量大于 100 毫米的笼罩面积 91.7 平方千米，90 毫米的笼罩面积 136.5 平方千米，暴雨中心呈西向东移动退出商洛境。

此次暴雨中心武关降雨集中在 3 小时内，根据马蹄店历史实测资料，用历年 3 小时最大降雨量进行频率计算（资料年份截至 2011 年），确定马蹄店暴雨为 20 年一遇。

（2）暴雨特点。

暴雨强度大，新庙站 3 小时降水量 117.9 毫米，青山站 101.5 毫米；降雨笼罩面积小，商南局部突降暴雨，100 毫米等雨量线包围的面积仅为 68.4 平方千米；暴雨中心由西向东移动退出商洛市。

2. 水情

根据当地群众对洪水涨落情况的描述，综合被采访者对洪水涨落时间的回忆，确定洪水起涨、峰顶和基本落平的时间，用面积包围法计算各洪水调查断面的洪水总量。调查洪水总量计算成果及频率见表 3–4–8、表 3–4–9。

表 3–4–8　调查洪水总量计算成果

断面编号	河名	断面名称	洪水历时 /h	洪峰流量 /（m^3/s）	洪水总量 / 万 m^3	备注
1	青山河	青山镇花园村	3	192	251.1	
2	新庙河	青山镇新庙村	8	241	372.1	漂浮物多

注：本表出自《陕西省典型洪水灾害实例》（2014）。

表 3–4–9　调查断面不同频率洪峰流量成果

河名	断面名称	集水面积 / km^2	不同频率洪峰流量 /（m^3/s）		
			1	2	5
青山河	青山镇花园村	69.6	482.9	419.7	336.1
新庙河	青山镇新庙村	35.32	361.1	313.9	251.4

注：本表出自《陕西省典型洪水灾害实例》（2014）。

3. 洪水灾害

商南县以青山镇为中心周边不同程度受灾，强降雨致使山洪暴发，引发滑坡和泥石流灾害，导致交通、通信、电力线路中断，给当地人民群众生命财产和基础设施建设造成巨大损失。据统计，商南县 5 个镇 17 个村（社区）组 1288 户 4236 人不同程度受灾。农作物受灾面积 1500 亩，成灾 600 亩，绝收 240 亩；商南县猕猴桃基地受灾 8 亩；水毁乡村公路 27 处 17 千米；损坏河堤 5 千米；倒塌民房 9 户 19 间，损坏民房 25 户 64 间，紧急转移安置灾民 15 户 39 人。灾害造成直接经济损失 335 万元，其中农业损失 87 万元，基础设施损失 128 万元，家庭财产损失 120 万元。

二、“10 · 7”丹江大面积典型暴雨洪水

2010 年 7 月 13—25 日，丹江流域出现一次大范围、高强度降雨过程，丹江流域陕西境内面平均降水量 233 毫米。暴雨洪水诱发多处滑坡、泥石流，商洛部分县区灾害损失严重，致使多人伤亡。

（一）雨情

1. 降雨过程及分布

“10 · 7”暴雨发生在 7 月 13—25 日，历时 12 天，累计降水量 90 ~ 458 毫米，主要有两次暴雨过程。分时段平均降水量统计见表 3-4-10。

表 3-4-10 陕西省“10 · 7”汉江、丹江暴雨平均降水量统计

单位：mm

水系	时间		
	13 日 8 时至 25 日 8 时	13 日 8 时至 19 日 8 时	22 日 8 时至 25 日 8 时
丹江水系	233	95	114

注：本表出自《陕西省典型洪水灾害实例》（2014）。

降雨发生在 22—25 日，历时 4 天，降雨时间主要集中在 23—24 日，23 日降雨强度最大，分布于商洛大部，降水量 100 ~ 250 毫米。点最大雨量丹凤县武关站 290 毫米。过程降水量 200 毫米以上笼罩面积为 1307 平方千米，涉及商南、丹凤等 7 个县区。

2. 暴雨中心及移动方向

第一次降雨自西向东移动，降雨集中在商洛南部。

第二次降雨为全流域普遍降雨，雨区自西向东南方向缓慢移动，中心位于商洛东南部丹凤—商南一带。

3. 暴雨特点

一是降雨分布范围广。两次降雨过程覆盖丹江流域，其中丹江流域降水量 100 毫米、200 毫米以上笼罩面积为 7551 平方千米、4782 平方千米，分别占省境内丹江流域面积的 100%、63.3%。

二是降雨强度大。丹凤县武关站、铁峪铺站最大 24 小时降水量分别为 245.0 毫米、247.1 毫米，均超过 100 年一遇暴雨，其中武关站超历史纪录（1987 年 6 月 4 日 181.5 毫米）。

三是主雨时段集中且连续。降雨历时 13 天，主雨时段在后，间隔时间短，主要暴雨日集中在 16 日、17 日、18 日和 23 日、24 日的 5 天，其中丹江铁峪铺 5 天降水量占年降水量的 75.7%，此种类型降雨产流集中，径流系数高，汇流速度快，易形成大洪水。

四是暴雨中心稳定少动。23—24 日稳定在丹江丹凤至出境区域，地域较为集中，且降雨量级大、强度高。

（二）水情

1. 洪水发生时间及过程

第一次降雨过程在汉江形成大洪水。

第二次降雨过程在丹江丹凤站以下形成特大洪水，特大暴雨使丹江丹凤至出境河段支流河水暴涨，支流银花河竹林关站、武关河武关站分别于 24 日 8 时 30 分、8 时 40 分出现 1550 立方米每秒、2020 立方米每秒超保证流量洪峰，经调查支流县河、清油河 24 日 11 时分别出现 1280 立方米每秒和 1380 立方米每秒的洪峰流量。干流丹凤站洪水等级小，24 日 17 时洪峰流量仅 359 立方米每秒，因区间支流洪水叠加，位于鄂豫陕三省交界处的丹江干流荆紫关站（河南省淅川县）24 日 6 时 12 分开始起涨，于 13 时 42 分出现洪峰流量 8790 立方米每秒，起涨至最高水位历时 8.2 小时，水位涨幅达 6.3 米，陕西省“10・7”丹江洪水洪峰流量统计见表 3–4–11。

表 3–4–11　陕西省“10・7”丹江洪水洪峰流量统计

河名	站名	集水面积 / km^2	洪峰流量 /（m^3/s）	出现时间（月 – 日 T 时 : 分）	洪水等级	实测系列排位
丹江	丹凤	2766	359	07–24T 17:00	小洪水	
	过风楼		8790	07–24T 12:30		调查值
	荆紫关	7060	8790	07–24T 13:42	特大洪水	第一位
银花河	竹林关	951	1550	07–24T 08:30	大洪水	第二位
武关河	武关	724	2020	07–24T 08:40	特大洪水	第二位

注：本表出自《陕西省典型洪水灾害实例》（2014）。

2. 洪水来源与组成

第一次洪水过程以石泉至安康区间支流来水为主，洋县、石泉、白河等水文站均是以上游干流来水为主。

第二次洪水过程丹江荆紫关次洪量 6.07 亿立方米，洪水主要来源于丹江丹凤站以下，丹凤站次洪量 0.63 亿立方米，占荆紫关洪量的 10.4%，丹江丹凤站以下支流银花河、武关河站次洪量分别占荆紫关站洪量的 12.5%、16.7%，各支流洪峰遭遇造成丹江丹凤以下至出境河段出现特大洪水。

3. 洪水稀遇程度

丹江干流荆紫关站洪峰流量 8790 立方米每秒，洪水重现期超 100 年，为建站以来最大洪水。支流武关河武关站为建站以来第二大洪水，重现期超过 50 年。

4. 洪水特点

一是洪水量级大。各支流先后出现洪水过程，干流洪峰沿江推进时，不断与支流洪水遭遇，致使洪水演进时洪峰流量不断加大，丹江出现超百年一遇特大洪水。

二是支流洪峰出现时间集中。丹江支流银花河、武关河、县河、清油河洪峰出现时间集中在 24 日 8 时至 11 时之间。

（三）洪水灾害

1. 灾情

本次暴雨洪水，商洛部分县（区）泥石流、滑坡次生灾害多达数百处，部分村民来不及撤离，造成人员群体伤亡。

据商洛市统计，丹凤县因灾死亡 9 人，失踪 25 人，因灾倒塌群众住房 11473 间，因灾形成危房 22095 间，直接经济损失 2.3 亿元。商南县因灾死亡 3 人，失踪 6 人，倒塌房屋，毁坏公路、桥梁、电信线路、农田等，造成直接经济损失 12.8 亿元。

2. 灾害成因

此次汉江、丹江暴雨洪水过程中，暴雨山洪的突发性，致使其危害性、破坏性极强，究其原因主要是山区耕地和建设用地极其缺乏，在依山傍河建设基础设施的过程中对暴雨洪水认识不足，公路、桥梁、管道、房屋等建筑物未经科学合理规划，占河修路、占河建房、桥梁过水能力不足、管道临河布设等问题突出，增大了灾害的风险。

（四）抗洪抢险

面对此次暴雨洪水，省委、省政府高度重视，要求各级密切跟踪降雨和水情变化趋势，科学分析研判，及时预警预报，果断抢险调度，积极主动应对可能出现的较大汛情，千方百计保证人民群众生命财产安全。根据姚引良副省长指示精神，省防总 5 次向汉中、安康、商洛三市发出防抗暴雨洪水和山洪泥石流防御工作紧急通知。7 月 18 日下午，省防总指挥长、省水利厅厅长王锋在省防总指挥中心主持汛情形势会商会，具体部署防汛工作。当晚，省防总向汉中、安康、商洛 3 市发出切实做好水库防洪调度和安全度汛工作紧急通知，要求加强汛情监测和预警预报，强化水库防洪调度，加强水库安全运行管理。在汉江洪水生成并进入安康之前，省防总与安康市防指会商分析，提前开闸加大泄量预泄腾库。18 日下午 3 时，省防总再次召开陕南 3 市紧急视频会，共同研究了防汛调度指挥方案，在全面分析汛情及其发展趋势后，省防总于 18 日下午启动了汉江防汛Ⅲ级应急响应，并派出工作组前往安康协助指导抗洪抢险，紧急向安康调运 6 艘冲锋舟支援抢险工作。

第三节 水灾害防御

一、城镇防洪排涝

（一）商洛市城区规模

截至 2022 年底，商洛市老城区东至王巷桥，西至构峪桥，南至南秦岭，北至金凤山麓，东西长 6 千米，南北宽 1 ~ 2 千米，城区面积 11.3 平方千米，高程 669 ~ 712 米。

辖城关街道办事处、大赵峪街道办事处，21 个行政村，154 个村民小组，11 个社区居委会，总人口 15.62 万人。

商洛市中心城市建设主要沿丹江北岸呈带状发展，有本科院校 1 所，中等专业学校 7 所，中学 5 所，小学 10 所，医院 13 个，文化馆 2 个，图书馆 2 个，体育场 1 个，公园 1 个，商业网点 3000 多个。有 5 条街，18 条路，15 条巷。房屋建筑面积 353 万平方米。

城市规划区范围西至南秦水库，东至沙河子镇柴湾村，北至仙娥湖（二龙山水库），南至刘湾办事处周磨村，包括 4 个办事处和杨峪河镇、沙河子镇所辖行政区范围。总面积 230 平方千米。规划 2030 年将发展成为以商贸、旅游和现代工业为主的山川秀美的现代化中等城市，成为陕西省东南部的中心城市，人口近期将达到 30 万人，远期将达到 50 万人。

（二）防洪排涝工程

近年来，随着重要支流、丹江流域综合治理及中小河流治理、病险水库除险加固等项目的实施，流域防洪能力不断提升，基本形成了以水库、堤防（护岸）、河道综合治理工程为主的“上拦、下排”防洪工程体系。截至 2022 年底，丹江干流目前已建成堤防（护岸）134.5 千米（其中左岸 66.5 千米，右岸 68.0 千米），其他河流已建成堤防（护岸）220.52 千米。

商洛市城区防洪工程由水库、干流堤防、支沟堤防三级组成。排涝工程由干渠（管）、支渠（管）两级组成。

1. 防洪工程

一级防洪工程为市区周边的二龙山、南秦、草庙沟、小流域、小沟 5 座水库。二龙山水库为中型水库，南秦水库为小（1）型水库，均建成于 20 世纪 70 年代初。

二级防洪工程为城区丹江堤防及南秦河堤防。截至 2022 年底，老城区丹江堤防（二龙山水库至东龙山）共 19.76 千米，左岸 9.8 千米为 50 年一遇防洪标准，右岸 5.58 千米为 20 年一遇防洪标准。新城区丹江堤防（东龙山至比亚迪厂区）南岸 8.17 千米，防洪标准为 50 年一遇洪水；北岸仍为农防河堤，防洪标准小于 10 年一遇洪水。新城区南秦河段（南秦水库至南秦河丹江入汇口），南北两岸共修标准化堤防 11.57 千米，防洪标准为 50 年一遇洪水；其余堤段仍为农防河堤，防洪标准小于 10 年一遇洪水。

三级防洪工程为城区 21 条支沟堤防及排洪渠。支沟堤防规划防洪标准均为 20 年一遇洪水。老城区 8 条支沟尽管都是小河沟，但由于山高坡陡，暴雨洪水及泥石流对城区安全也有较大威胁。至 2017 年。除黄沙河、大赵峪河、柳家沟已全面治理达标外，其余小赵峪河、构峪沟、蟒龙峪、雷家沟、王石坝沟 5 条支沟只有河口段得到治理，达到 20 年一遇防洪标准。

2. 排涝工程

一级排涝工程为二龙东渠（城区段）和丰产渠两条排涝干渠。二龙山、南秦两座水库建成后，商州区在大规模治理丹江的同时，对城区北坡及低洼易涝的郭村、牛斜、西关、莲湖、东店子等地带进行了排水排涝治理。截至 2022 年底，新修了东渠（张坡至小赵峪）排水干渠 4600 米、丰产渠（莲湖至柳家沟口）排涝干渠 2300 米，共计 6900 米。

二级排涝工程为郭村、张坡至林涧、牛斜、西关、莲湖、东店子、沙河子等 7 条排涝支渠，总长 5540 米。

从2010年开始，商洛市区北新街、名人街、东新街、东背街以及工农路、商鞅大道、商洛路、朝阳路、文卫路、长坪路、晨光路等主要道路进行了雨污分流治理，新修排水管网20多千米，城市排水排涝能力得到较大提升。

二、防洪标准

截至2022年底，丹江干流已建堤防/护岸工程达标率高达91%，其中商洛市区河段防洪标准基本达到50年一遇，丹凤县城河段局部可达30年一遇，重点集镇段防洪标准基本达到20年一遇。其他河流堤防、护岸工程达标率高达98.5%，其中，商南县城段防洪标准基本达到30年一遇，其余集镇段基本达到20年一遇标准，农防段防洪标准基本达到10年一遇标准。

（一）堤防（护岸）工程还存在薄弱环节

流域内目前仍有部分干流、主要支流河段及支流入汇口段缺乏防护工程布设；干流商州区板桥镇区段、商洛市高新区比亚迪工厂段至沙河子镇舒杨段、丹凤县商镇镇区及龙驹寨东河口段、商南湘河镇段防洪标准不达标；麻街河麻街镇段、县河商南县县城段等多处河段存在水毁堤防待修复等问题。

（二）已成水库存在病险情况

流域已成水库多兴建于20世纪七八十年代，已成水库中多数已出现不同程度的病险情况，除险加固迫在眉睫。二龙山水库、龙潭水库在内的7座水库鉴定为三类病险坝，且普遍存在坝体运行老化渗漏等情况。

（三）山洪灾害治理形势严峻

由于防治工程资金投入不足等因素，山洪灾害治理滞后。商州区、丹凤县、商南县是山洪灾害高（易）发区域，目前仍存在防洪风险的山洪沟达29条，现有防御设施标准低、质量差、隐患多，通信设备能力不足、手段落后，与当地经济社会发展极不匹配，治理形势十分严峻。

（四）非工程措施是流域防洪薄弱环节

流域水文站水位、流量缺乏视频在线监测，且气象、水文、水库等防汛重点单位汛期预警信息繁多，无统一部门将其筛选、汇总、处理，在关键时刻制约雨情、工情、险情的有效传递，使上级决策部门无法及时准确地获取最新信息，及时采取应对措施，进而使得防洪抢险工作十分被动。另外，丹江流域虽然基本具备了防御常规洪水的能力，但缺乏超标准洪水应对策略，风险防控能力差。

三、防御滑坡灾害

1990年以前，陕西省的防御滑坡灾害工作随防御洪涝灾害而由各级防汛办承担。1990年，陕西省人民政府决定将防御滑坡灾害工作从陕西省防汛办划出，设立陕西省滑坡工作办公室，隶属陕西省地震局管理。1990年6月18日，商洛地区编制委员会批准成立商洛地区滑坡工作办公室，与商洛地区防汛抗旱办公室合署办公，科级事业单位，隶属商洛地区水电局管理。商洛地区所辖的商州、丹凤、商南、山阳、镇安、柞水相继成立滑坡管理机构。2000年，因机构改革，陕西省的防御滑坡灾害工作业务由水利部门移交给国土资源部门管理，商洛的防御滑坡灾害工作随之由商洛地区水利水土保持局移交给商洛地区矿产资源管理办公室，自2001年起，商洛地区水利水土保持局不再承担滑坡防治管理职能。

商洛地区滑坡工作办公室成立后，夯实防滑责任，加强监测防治，防御滑坡灾害工作逐步走向正规化、规范化。主要防御措施：一是落实防御滑坡灾害责任。通过逐级签订防滑目标责任书，公示滑坡的行政技术责任人，接受各界监督，确保防御滑坡灾害工作责任主体落实。形成各级政府负全责、水利部门技术管理、村组及监测人员日常监管的防御滑坡灾害管理体系。通过发放补贴、评优奖励等方式，逐滑坡落实以滑坡威胁区居住群众为监测员的滑坡防治队伍。二是认真开展滑坡普查，摸清滑坡现状。1989年、1993年、1994—1995年、1999—2000年，4次进行滑坡普查和重点滑坡调查，形成专题调查报告。共调查滑坡3073处，涉及9019户43664人，其中威胁20人以上的重点滑坡378处，涉及4367户21795人。按防治措施分类，其中：有2979处滑坡危险区需进行搬迁，涉及6919户31952人；有79处滑坡需进行工程治理，涉及1996户11246人；需监测的15处，涉及107户466人。三是坚持不懈开展防滑减灾宣传。通过印制下发宣传资料、张贴宣传画、开辟专栏、专题讲座、深入滑坡威胁区宣传等方式，宣传滑坡基础知识、危害、前兆及预防应急措施，不断增强全民防滑意识和抗灾自救能力。四是规范日常管理，提高工作水平。参加陕西省组织的培训8期102人次；市县分期分批短期培训29期，培训人员538人次。印制发放“滑坡监测防治记录簿”，定期进行审查、检查、评比，表彰监测达标人员，调动基层监测人员的积极性。印发《商洛地区滑坡巡视查险制度》《防滑搬迁撤离明白卡》。五是制定切实可行、操作性强的“防抢撤”方案，细化监测预警抢护措施。六是多措并举做好预防。对重点威胁区，从宅基审批、建房用材、资金等方面予以优惠，实行减免“三费一税”、建房补助等措施，鼓励险区迁安以加大搬迁力度，1999年，商洛地区追加7000名移民指标，用于重点滑坡区贫困户的移民搬迁。10余年间，共搬迁险区群众1031户5126人。对一时难以搬迁的，采取加强监测、开挖排水沟、减压种草等防治措施，促进边坡稳定。七是及时妥善处理滑坡险灾情。每遇滑坡出现险情或致灾，各级领导和相关责任人员及时赶赴一线指挥抢险、临时救护、慰问灾民，研究和落实险区迁安措施，处置突发滑坡险灾情700余起，避免或挽回2521人的生命及财产安全，最大限度地减轻了灾害损失。已监测的滑坡出现滑动127次，未发生一起人员死亡。

商洛地区滑坡办先后被陕西省滑坡办评为1990年度、1991年度、1993年度、1994年度、1995年度、1996年度、1997年度滑坡工作先进集体，1992年度滑坡管理制度建设先进集体。1991年12月全省滑坡工作会议上，山阳县十里乡老沟垴村王长军受到表彰奖励，并特邀参加省上会议。

1995年，作为对商洛地区防御滑坡灾害工作的肯定，陕西省滑坡办将委托西安西光仪器厂研制的第1台监测仪配发商洛，用于山阳县滑坡监测并进行全省试点，年底再次配发4台，对滑坡变形进行精密监测。一改传统的打桩、划线、贴纸等监测方法，监测环境得到改善，监测精度得到提高，这是商洛乃至陕西省滑坡监测工作的一次重大变革。

1999年6月初，商洛地区滑坡办向新华社陕西分社记者反映商洛滑坡情况，1999年

6月12日，新华社《国内动态清样》刊登《商洛万余群众生命财产安全受到滑坡体威胁》一文，陕西省省长程安东批示“对危险区要说服群众抓紧搬迁。需要省上哪些支持可提出来；‘人命关天，不可轻心’”。2000年6月，陕西省财政厅下拨商洛地区滑坡治理补助经费350万元，用于商州、丹凤、商南22处滑坡的工程治理，这是商洛设立滑坡专管机构以来省级安排的最大一笔滑坡治理专项补助资金。

第四节 抗洪救灾

历代官府，为巩固自身统治，亦视赈灾为仁政。

清乾隆五年（1740年），两次被水，商州共豁免征银4021.44两。

清光绪八年（1882年），商州壬午洪灾后，州牧李素捐俸银85两，倡修南门外以西石堤128丈，共费钱14291缗。又禀呈省宪发给帑银4000两，依灾施赈。（《续修商志稿》）清光绪十年（1884年）大水，省拨帑银4000两济灾，又动用义仓粮米4995.60石。

一、1954年抗洪救灾

1954年7月、8月两个月，丹江流域各地遭受了不同程度的洪水、风暴侵害。洪水导致人员伤亡，耕地冲毁，房屋、粮食受损严重。

灾情出现后，各级领导立即投入抗旱救灾工作，县上通过会议、电话会、文件布置工作，各区、乡也通过各种形式教育群众，整顿巩固防汛组织，带领群众与洪水搏斗。各县贷款扶助，发放灾区救济贷款，集中力量投入抗洪救灾工作。同时设立防洪抗灾指挥机构，组织群众成立了防洪小组，提出了“抢一亩、算一亩，救一亩、算一亩”的口号。灾后又重点发放了钱粮，及时进行了物资救济，使受灾农民解决了生活困难。

二、1964年抗灾

1964年入春以后，丹江流域阴雨连绵，缺少阳光照晒，致使部分夏收作物发黄浆死（山区严重），商县、丹凤等地小麦连续发生黑疸、黄疸、倒伏等病害，扬花之时又产生灌花，形成小麦秆大穗虚。洋芋发生晚疫病，豌豆霉烂。加上个别地方发生冰雹、水冲等灾害，使夏季比1963年夏季减产千万斤。7月到8月中旬，川道地区普遭干旱。8月2日，商县、丹凤、商南部分地方发生冰雹，持续半小时。8月22日晚，丹凤峦庄公社大风大雨一个小时，夹有冰雹20分，野村、孝义、商镇、茶房、棣花公社大队普遍遭到冰雹、大风和暴雨的袭击。各地从8、9月以来，连阴雨共达40余天。从5月至10月中旬的降雨，据丹凤水文站记载，达81天78次，降雨839.6毫米，占1月至10月15日总降水量990.6毫米的85%。

灾情发生后，各级领导派出工作组深入灾区，进行摸底调查，发动群众，开展亲邻帮助、生产自救、计划用粮、节约用粮。有组织地调剂余缺活动。专区分配15万千克借销粮指标及时分配于各区、社区。另外，各县又给灾区拨救灾化肥、救济款，最大限度地缩小了灾情。同时，丹凤县沿用历代以工代赈之法，由交通局局长与各区区长签订合同，将上级新拨的15万元用以抢修水毁公路。

三、1987 年抗洪救灾

1987 年 6 月 5 日，丹凤桃坪、峡河、梨园岔、寺坪等乡，18 小时降水量达 250 毫米，武关河与银花河流域出现了 200 年一遇的特大洪水。灾情出现后，省、地均派来工作组，商洛专员亲自带队深入灾区，查灾救灾。县委、县政府成立抗洪救灾指挥部，发出紧急通知，提出“安定情绪、团结抗灾、恢复生产、重建家园”的口号，并抽调 10 名县级、53 名局级领导干部和 123 名县级机关干部深入抗洪救灾第一线，连同原下乡蹲点、开展“三夏”工作的干部组成 600 多人的抗洪救灾队伍。县级领导干部包区，局级领导干部包乡，一般干部包村。交通、邮电、电力部门积极组织力量抢修公路和电话、输电线路，商业、供销、物资部门组织调运供应抢修物资，水利部门保证水库主要河坝的安全度汛，修复被洪水毁坏的水利工程。县抗洪救灾指挥部接连发出抓紧做好“三抢”（抢收、抢种、抢修）等工作的紧急通知。通过灾区抢收夏粮、抢种秋杂粮、抢修土地和加强秋田管理，使灾区人均挽回 50 斤粮，挽回损失粮 296 万千克，价值 118.4 万元。水文站、气象站、广播站做到每天定时准确预报和播报，使县防汛工作有了正确指挥。当年省、地两次拨给丹凤县防汛经费 14 万元，安排大小工程 70 项。从上级拨款中拿出 26.5 万元及赈济物资折款 8.5 万元，用于以工代赈抢修水毁公路，先后上劳 2 万余人。不仅修通了公路，并为救灾安民作出重大贡献。对重点滑坡体的治理和危房困难户的紧急搬迁，县民政局拨款 2.07 万元，使之脱离危险，减少损失。省、地及丹凤县的干部、工人以及非灾区群众曾为灾区捐赠数以万计的衣物钱粮，使大灾之年，灾而不荒，人心稳定，秩序正常。

四、1998 年抗洪救灾

1998 年 7 月 9—10 日，商州市、丹凤县、商南县发生百年不遇的特大洪涝灾害，造成多人死亡。7 月 10 日，商洛地区各县召开抗洪救灾现场会，成立了以县委书记、县长任总指挥的“抗灾救灾指挥部”，分三条线开展生产自救，帮助灾民重建家园。水利局抽调专业人员逐乡逐工程对水毁农田水利设施进行修复规划，从 7 月 25 日开始动工修复，展开了轰轰烈烈的生产自救活动。7 月中旬，陕西省委书记李建国来商洛地区水毁灾区现场指导救灾工作。7 月 11 日，行署专员刘维隆、地区纪委书记辛继先前往丹凤县双槽乡查灾、慰问灾民。7 月 12 日，地委书记李元虎深入遭受“7・9”大暴雨洪水灾害的丹凤县资峪乡白衣寺村查看灾情，慰问受灾群众，鼓励灾区干群开展生产自救、重建家园。7 月 14 日，副省长张伟在地、县有关领导陪同下，到丹凤重灾区资峪乡白衣寺村和麻地湾村慰问受灾群众。8 月 12 日，省委书记李建国在省委常委、省委秘书长白云腾，副省长张伟，地委书记李元虎，行署专员刘维隆等陪同下，深入灾情严重的丹凤县资峪乡麻地湾村、白衣寺村实地检查生产救灾情况。8 月 27 日，省长程安东、副省长贾治邦带领省政府 10 多个部门负责人在市县有关领导陪同下，到丹凤县资峪乡白衣寺村和麻地湾村查看灾情和生产救灾工作。9 月，丹凤县 16 名县级领导和近千名干部职工到重灾区资峪乡麻地湾村，帮助该村修筑河堤、修复耕地。活动从 14 日起，历时一周，为该村修筑防洪河堤 500 米（高 3.5 米，宽 1.5 米），恢复堤内耕地 150 亩。1999 年 3 月中下旬，双槽乡水灾中的“三无户”45 户 158 人移居新疆搞劳务。

五、2007 年抗洪救灾

2007 年 7 月 28 日晚 8 时至 29 日早 8 时，丹凤县境内普降暴雨、大暴雨，部分乡镇遭受百年不遇特大暴雨袭击。29 日省、市、县迅速启动救灾工作预案，成立由县委书记刘淑慧任政委、县长雷雨任总指挥的抗洪救灾指挥部，下设灾民安置、交通保障、公路抢修等 15 个专项工作组，连夜深入灾区查灾救灾，带领群众迅速掀起抗灾救灾、重建家园热潮。商洛水文局组织 4 个洪水调查组分别对灾区进行暴雨洪水调查工作。

从 7 月 30 日起，丹凤县取消双休日，工作重心转移到查灾救灾上。在 8 个重灾乡（镇），各级干部冒着酷暑，跋山涉水，深入每一个受灾户中，为灾民送去党和政府的关怀。一连几天，许多干部胳膊、脸上都晒得蜕了一层皮。丹凤县组织交通、电力、电信等部门加班加点，昼夜苦战，短短 3 天时间，实现了 312 国道便道通行。7 天时间，便使 21 个受灾乡（镇）实现了通路、通电、通电话，从而使救灾物资及时送到灾区，确保了抗灾救灾工作顺利进行。7 月 29 日，市委书记魏增军、代市长杨冠军、常务副市长杨长亚、副市长王建领等市领导先后赶赴丹凤灾区，查看灾情，指导救灾。7 月 29 日下午，商洛市防汛抢险救灾工作紧急会议在丹凤县召开。市委书记魏增军、代市长杨冠军、常务副市长杨长亚、副市长王建领，市级有关部门主要负责人，县四套班子领导参加会议。7 月 30 日，省委常委、副省长洪峰一行深入丹凤县铁峪铺等地查看灾情，指导救灾工作。省交通厅厅长曹森、省民政厅副厅长李保存、市委书记魏增军、代市长杨冠军、常务副市长杨长亚、副市长王建领等陪同。7 月 31 日至 8 月 1 日，民政部救灾专员柳永法率领工作组来丹凤县铁峪铺镇等地实地查看灾情。省民政厅副厅长李保存、副市长王建领等陪同。8 月 2 日，副省长张伟带领省扶贫、民政、水利、教育、国土等部门负责人深入丹凤县铁峪铺镇、双槽乡等地查看灾情，指导救灾工作，看望慰问受灾群众。8 月 2 日，丹凤县直机关 2000 多名干部职工向灾区捐赠现金 7.2 万余元，衣服 3000 多件。同时，社会人士也捐赠了价值 2 万元的生活用品和衣服。8 月 3 日，国家防汛抗旱总指挥部副巡视员周一敏带领工作组深入丹凤县铁峪铺镇化庙村、312 国道水毁段、武关镇水文站实地查看灾情，慰问受灾群众。一方有难，八方支援，丹凤灾情发生后，中央、省、市各级部门和友好单位纷纷向灾区伸出友爱援助之手，帮助灾后恢复，渡过难关。灾害发生的第 3 天，一支由西安退休老干部为主体的爱心小分队悄然来到铁峪铺古城沟灾区，走村串户慰问群众，为灾民送面粉、食油等生活用品，中国社科院送来 30 万元的捐助款，陕西电力公司两次给丹凤捐款价值 486 万元的电力器材和灾民生活用品，陕西盐务局捐献食盐 10 吨，省农业厅给灾民送来 4000 多千克菜籽，帮助灾民补种蔬菜等，尽快恢复生产自救，减少损失。8 月 7 日，在丹凤县中心广场举行赈灾晚会，中央、省、市驻丹单位、县直各部门、社会各界人士及丹水建材公司、丹凤大酒店、凤冠山旅游公司等企业慷慨解囊，现场募集款项达 29 万元。接受社会捐助物资款达 80 多万元，为灾区解了燃眉之急。8 月 9 日，经过水利部门精心规划设计，在“7 · 28”特大暴雨洪水中破坏最严重的铁峪铺镇铁河堤防修复工程正式开工建设，利用 50 天时间高质量完成了东川段水毁堤防修复任务。8 月 21 日，由丹凤西安同乡会组织的向灾区捐赠活动在丹凤县政府广场举行，当天共筹得 230 余万元财物，其中，来自西安高新区的天和防务技术股份有限公司捐赠200万元，体现出了一个民营企业的仁爱之心，承担了一个现代企业所承担的社会责任。9月10日，世界宣明会向丹凤县援助价值近32万元的救灾面粉9860袋，缓解近万名灾民最急需的口粮问题。“7·28”特大暴雨洪水灾害引起党中央、国务院和省委、省政府的高度重视。民政部、国家防汛抗旱总指挥部先后派员深入到受灾最严重的铁峪铺镇查看灾情，认为在这场特大自然灾害发生后，省、市、县、乡各级组织始终把人民的生命财产安全放在第一位，使灾害损失降到了最低限度。深入商洛灾区检查指导救灾工作的省委常委、省政府副省长洪峰，省委常委魏民州，副省长张伟高度肯定了丹凤县的抗洪抢险工作：在这场人力无法抗拒的自然灾害面前，县政府的指挥是靠前的，一线调度是及时的，采取的措施是得当的。

六、2010年抗洪救灾

2010年7月23日，特大暴雨袭击丹凤县21个乡（镇），竹林关（镇）大柴沟泥石流涌进竹林关街道，给当地人民生命、财产造成重大损失。丹凤县委组织部针对当前防汛救灾工作的严峻形势和灾后重建的艰巨任务，号召广大共产党员发挥党员表率作用，积极投入抗洪救灾和灾后重建工作，带动广大干部和群众共同努力，夺取抗洪救灾和灾后重建工作全面胜利。7月24日，中共丹凤县纪委、丹凤县监察局向各乡（镇）党委、政府、纪委，县委和县级国家机关各部门、直属机构，各人民团体发布《关于严肃防汛救灾工作纪律的通知》，就防汛救灾工作提出纪律要求：一、严肃政治纪律，确保政令畅通。二、严肃工作纪律，确保任务落实。三、严肃财经纪律，确保救灾款物及时发放。四、严格领导责任制，确保各项措施落实。五、加强监督检查，严肃责任追究。同日，省委、省政府主要领导带领省政府秘书长、省民政厅厅长、省交通厅厅长和省武警总队等部门负责同志，在市、县有关领导的陪同下，蹚着泥泞，深入沪陕高速丹凤境内受阻地段、竹林关镇山洪暴发现场、竹林关水淹街道和竹林关镇中心小学受灾现场，实地查看受灾情况，听取市、县、镇党委、政府负责同志关于受灾和救灾情况的简要汇报，与受灾群众亲切交谈，询问了解灾情发生过程和灾民安置情况，鼓励受灾群众鼓起勇气、发扬顽强不屈的拼搏精神，切实自力更生、艰苦奋斗，重建美好家园。省政府主要负责人还对各级各部门切实做好当前救灾工作提出明确要求。7月25日，商洛水文局局长张普、党总支书记任建民一行深入竹林关水文站、过风楼水文专用站查灾救灾，慰问一线水文职工。

7月28日，副省长、省防汛抗旱指挥部总指挥姚引良来丹凤指挥防汛抢险工作。8月3日，中共中央政治局委员、国务院副总理、国家防汛抗旱指挥部总指挥回良玉在查看丹凤县竹林关灾区灾情，慰问奋战在救灾一线的武警官兵和基层干部时，充分肯定了丹凤县防汛抢险救灾工作：“丹凤县各级党政组织、防汛指挥机构指挥有力、果断决策，紧急转移群众，把灾害损失降到了最低程度，夺取了抗洪抢险工作的全面胜利……”8月3日，开工修复银花河堤防水毁工程，2010年12月20日竣工，工期140天，完成总投资4622.5万元，修复堤防总长13千米。8月7日上午，丹凤县委、县政府在西安召开“7·23”特大暴雨洪水灾害及抢险救灾情况汇报会，向在西安工作的丹凤籍同乡通报了丹凤县受灾情况及灾后重建工作进展情况。与会的文化界、企业界、工商界人士纷纷向家乡灾区献爱心，大家慷慨解囊，现场捐款 5 万多元。商洛晨光集团、众鑫医药公司、陕西大林建筑公司、长江集团、超全医药向丹凤县竹林关灾区运送救灾物资，价值 20 余万元。2011 年 7 月 23 日，是大柴沟特大泥石流灾害发生一周年之际。丹凤县竹林关镇地质灾害警示碑揭碑暨全省重点地质灾害治理工程开工仪式举行。国土资源部地质环境司、中国地质环境监测院、省财政厅、省扶贫办、省应急办、省民政厅、省水利厅等相关部门负责人等参加仪式。省自然资源厅现场宣读了对竹林关镇成功预报地质灾害的奖励决定，中国地质环境监测院和省财政厅领导分别为竹林关镇颁发奖牌和 5 万元奖金。之后竹林关镇地质灾害防治现场举行了现场观摩突发地质灾害应急演练。部、省、市相关领导和有关部门负责人还参观了竹林关镇大柴沟泥石流治理工程和移民搬迁集中安置点。

第五章　抗旱救灾

丹江流域自然灾害多以农业生产受损程度来衡量，农业灾害多以干旱为严重。历史资料显示，丹江流域旱灾发生频繁，不仅有春旱、伏旱、秋旱、冬旱，甚至还出现连续三年大旱，对农业生产和人民生活造成严重危害。

第一节　干旱灾害

据灾异史料计算，丹江流域干旱频发，发生旱灾间隔年愈来愈短，除天体运动和地球本身的原因外，生态平衡被破坏亦是其重要原因。

近 300 年来，人口骤增，盲目追求粮食生产，到处毁林开荒，许多深山老林被一开到顶，形成童山濯濯景象，以致气候变异，灾害频仍。但灾害与饥荒并不完全成正比，新中国成立以前，天灾人祸互为因果，重灾之年人民衣食无着，常铤而走险，战乱不已，农耕俱废，致饥馑加重，饿殍遍野。虽然官府行义仓、设粥场，只是杯水车薪，难解根本问题。新中国成立以来，政府重视旱灾防御，灾前及时抗旱，灾后补救得力，大灾小荒，小灾无荒。

1955 年 4 月上旬至 6 月上旬，持续干旱无雨，丹江的商县至丹凤县城段断流，小麦普遍枯黄，秋苗受到严重危害。

1957 年 8 月至 10 月底，商县、丹凤、商南干旱无雨，冬小麦播种困难。

1959 年 7 月始，持续干旱 67 天，为多年来未有的大旱。商县、丹凤、商南 22 个公社、150 个管区、500 个生产队不同程度遭受旱灾，受灾面积 67 万多亩，占秋田面积的 25.7%。

1960年夏至秋百日大旱，丹江丹凤水文站测得最枯流量为0.04立方米每秒，商县、丹凤、商南受旱面积 77.94 万亩。

1962 年 2 月 1 日至 4 月 5 日，商县、丹凤、商南各地连续干旱 60 多天，小麦、豌豆、洋芋受害严重。6—8 月，各地仍干旱少雨，川道和浅山地区，3 万亩早秋作物旱死，20 万亩晚秋作物推迟播种，15 万亩无苗。

1972年7月8日至9月2日，商县、丹凤、商南各地持续干旱50多天，受旱面积200万亩，占秋播面积的 85.1%。

1973 年 7—8 月，商县、丹凤、商南普遍干旱，以丹凤、山阳两县为重。七县近三分之一秋田受旱，平均减产三成。各地降雨均较历年同期偏少 60% ~ 70%，河流水量锐减。

丹江丹凤水文站测得枯流量为 0.08 立方米每秒，武关河、银花河均达最小枯流量。

1982 年 1—3 月，各地降雨较历年同期偏少 50%。5 月到 7 月上旬，持续干旱 70 多天，又出现 3 次干热风，商县、丹凤、商南 2.5 万亩麦田干枯，减产八成以上。商县、洛南、山阳、柞水四县旱情较重，丹江、洛河、金钱河、乾佑河、旬河流量均较历年同期减少 60%，干枯塘池 350 座、机井 340 眼，渠道断引 960 条，山间溪流干枯，2 万人饮水困难。

1985 年 11 月至 1986 年 5 月，商县、丹凤、商南干旱缺雨 200 多天，夏粮受旱 135 万亩，占夏播面积的 81.9%。商县早玉米少播 3.9 万亩，灾播的 16 万亩有 6.25 万亩未出苗。7 月下旬至 8 月上旬又持续干旱，月高温达 30 摄氏度以上，最高达 38 摄氏度，秋作物遭伏旱，土壤含水率仅为 10%。地区 1399 条河沟干涸，百万立方米以上水库蓄水只达 1/3，利用困难；秋作物受旱 187 万亩，占秋播面积的 88%，其中枯死无收 46.89 万亩；人畜饮水困难涉及 1094 个村、27.9 万人；商南县 27 处鱼池无水死鱼 0.6 万千克。

1990 年 7 月下旬至 8 月中旬，商州、丹凤、商南、山阳高温少雨，遭遇大面积严重伏旱，尤以商州、丹凤为甚。与历年同期比较，洛南降水偏少 76%，商州、丹凤偏少 60%，其他各县偏少三成至四成。伏旱造成 11.3 万人饮水困难，受旱面积 110.76 万亩，成灾 83.625 万亩，绝收 8.1 万亩，因旱损失粮食 5.98 万吨。

1994 年 10 月中旬至 1995 年 7 月上旬，商州市、丹凤、商南遭遇冬春夏连旱，连续 7 个多月未下一场透墒雨，降水比历年同期偏少七成至八成；流域面积 10 平方千米以上的河道断流 472 条，占总数的 95%；流域面积 100 平方千米以上的河道断流 37 条，占总数的 57.8%。16 座小（1）型以上水库总蓄水量仅 1021 万立方米，占死库容的 70.5%；塘坝干枯 423 处，占总数的 86%。气温偏高，土壤失墒严重，不少地方干土层达 33 厘米左右。干旱造成整片山林发黄、落叶、枯死，城乡人畜饮水出现极度困难，山阳、商南等县城限时限量供水长达半年。商州市、丹凤、商南夏秋两季受旱面积 414.9 万亩，成灾 278.01 万亩，绝收 114.015 万亩，因旱损失粮食 11.68 万吨。

1997 年，商州市、丹凤、商南春夏秋三季连旱，全年降水量只有 538.8 毫米，比多年均值偏少 28.8%，加之降水时空分布不均，7 月下旬至 9 月上旬滴雨未下，导致早秋作物大面积枯死、颗粒无收。8 月，丹凤、山阳、商州降水偏少六成至十成，平均气温比历年同期偏高 4.1 摄氏度，为历史同期最高值。大片玉米枯死，豆果类落花落果，大片山林枯黄。干旱造成商州市、丹凤、商南 1000 多家乡镇企业因缺水处于停产、半停产状态，造成农村 32 万户、112.8 万人缺粮，农副产品供应偏紧，城乡人畜饮水出现极度困难，有 8 万户从 2.5 千米以外的地方取水度日。商州市、丹凤、商南仅夏秋两季农作物受旱面积达 340 万亩，受灾 267 万亩，成灾 234 万亩，绝收 95 万亩，损失粮食 13.53 万吨；造成 42.9 万人饮水困难。造成直接经济损失达 9.5 亿元，其中农业损失 4.699 亿元。

1999 年 11 月至 2000 年 5 月，商州市、丹凤、商南降水偏少，气温偏高，遭遇 200 多天的秋冬春连旱。尤其是 2—5 月，降水量比历年同期偏少 57% ~ 83%，加之大风天气，导致土壤失墒严重。商州市、丹凤、商南流域面积 10 平方千米以上河道断流 295 条，232 座库塘蓄水量锐减，7736 眼机井干枯。严重干旱导致河滩地小麦基本枯死，夏粮减产 6.21

万吨。农村人畜饮水发生困难，商南县魏家台乡群众靠买水度日，水价 5 ~ 10 元一桶。商州市、丹凤、商南 100 多个企业因旱停产或半停产，农作物受旱面积 262.8 万亩，成灾 189.3 万亩，绝收 58.8 万亩，损失粮食 8.96 万吨。

2006 年 6—8 月，丹江流域旱象持续 3 个月。6 月上中旬，商州、丹凤、商南、山阳等县平均降水仅 8.3 毫米，较常年偏少 81%。长时间高温少雨造成土壤失墒严重。7 月 25 日至 8 月 13 日，商州、丹凤、商南出现高温少雨干旱天气，秋粮损失 3.327 万吨。

2007 年 3 月 19 日至 5 月 21 日，丹江流域出现了 62 天持续性春旱，商州、丹凤、商南降水量仅 0.6 ~ 7.4 毫米，比历年同期偏少 87% ~ 99%，气温偏高 1.5 ~ 2.0 摄氏度，10 ~ 50 厘米处土壤相对湿度为 40% ~ 60%，干土层厚度达 9 厘米，粮食减产 7.16 万吨。

2013 年 8—10 月，商洛市发生夏秋连旱，降水比历年同期偏少三成至八成，商南、山阳等县城区 5.31 万人饮水困难，农作物受旱面积 105.2 万亩，其中重旱 15.1 万亩，占播种面积的 32.4%。

2014 年 6 月至 8 月上旬，商洛市发生严重夏伏旱，丹江等河流径流量比历年同期偏低七成至九成，水库蓄水量较往年偏少近五成，商南县河等三座水库枯竭。商南、丹凤、山阳等县 23.3 万人饮水困难，商南县城 4 万余人 40 多天饮水告急，县政府组织商业车队运水解困。商洛市农作物受旱面积 185 万亩，其中干枯 31.5 万亩，占播种面积的 71.1%。

2019 年 4—6 月，商洛市 57 条河沟断流，丹江流域部分河流沟道干枯，40 万亩农作物受旱。

2020 年 5 月至 2021 年 7 月，商南县遭遇 88 年不遇干旱，10 万人吃水困难。

2022 年 4—6 月，商洛市、商州、丹凤、商南无大范围有效降雨，加之气温持续偏高，出现中度干旱，特别是商州旱情尤为严重，给城镇群众生活供水和工农业生产造成较大影响和损失。

第二节　干旱灾情

一、气候特点

丹江流域地处北亚热带季风气候区，受秦岭制约，呈山地气候特征。多年平均气温 13.8 摄氏度，极端最高气温 40.8 摄氏度，极端最低气温 -13.4 摄氏度。多年平均风速 3.0 米每秒，历年最大风速 20 米每秒，最大冻土深度 0.16 米。

由于受大气环流的影响，冬春季干旱少雨，夏季多雨，间有伏旱，秋季湿润并多连阴雨。多年平均降水量 700 毫米，降水主要集中在 7 月、8 月、9 月三个月，占全年降水量的 46%。降水量年际变化很大，最大年降水量是最小年降水量的 2.5 倍，少数达 3 倍以上。由于降水时空分布不均，径流 6—10 月为丰水期，12 月至次年 3 月为枯水期。

二、干旱特点

干旱天气主要有以下特点。

（一）干旱地形差异明显

周边高山区出现干旱的概率较小、强度较低，半山区、河谷、川道地区，特别是丹江河谷地段干旱次数较多、强度较大。

（二）干旱季节性较强

小旱、中旱秋季出现的概率较小，冬、春、夏季出现的概率基本一致。大旱主要发生在春初至夏末、夏初至秋末或冬初至夏末。

（三）干旱发生频率越来越高

1949 ~ 1989 年，商洛市共发生大小旱灾 75 次（其中丹江流域 66 次），年均 1.12 次；1990 ~ 2022 年，商洛市发生旱灾 42 次（其中丹江流域 42 次），年均 1.56 次，几乎是一年两旱。干旱规律是旱峰期 2 ~ 3 年，间歇期 4 ~ 7 年。

（四）干旱持续时间越来越长

1990 年以后，商洛市干旱持续时间由过去的以一月或一季为主，发展为春夏连旱、夏秋连旱、秋冬春连旱，甚至两年、三年连旱。

（五）受旱范围和影响不断扩大

2010 年以前，丹江流域干旱以农业干旱和农村缺水为主。2010 年以后，受旱范围由农业干旱和农村缺水扩大到城市和工业缺水。商南、洛南、丹凤、山阳四县县城干旱缺水更为严重。

（六）干旱损失越来越大

2000—2009 年 10 年间，旱灾造成的农业经济损失为 9.3 亿元，2010—2014 年 5 年间损失达到 7.6 亿元，2014 年 1 年损失就达 7.3 亿元。

三、旱灾成因

分析商洛旱灾成因，主要有以下七点。

（一）降水时空分布不均

丹江流域降水均集中在汛期，以 7 月、8 月、9 月三个月为主，其总降水量在 330 ~ 450 毫米间，约占全年降水量的 50%。各地降水量，年与年之间有较大差异。当某一时期或某一地域降水偏少，达不到作物同期正常生长需水要求时，便会使作物受旱减产。

（二）季风性气候影响

丹江流域气候在大陆气团控制之下，冬季强大的蒙古高压在北方，盛行偏北风，天气干冷。夏季北太平洋副热带高压增强，热带海洋气团北移，盛行东南风，气温较高，雨量较多。当极峰北进过境时，降水集中；极峰过后，副热带高压控制，容易形成高温伏旱，使作物正常生长发育受阻。

（三）全球性气候变暖

20 世纪 90 年代以来，丹江流域气候变暖，降水量减少，地下水补给明显不足，使整体水位下降，水源减少，稍有干旱，即发生旱灾。

（四）人为因素影响

随着生产的发展、人类生活需求的增加、耕地复种指数的提高、农作物品种的调整和产量的提高，农业用水量大幅度增加，水资源供需矛盾更趋紧张，干旱问题日趋严重。历史上的毁林开荒造成植被破坏，使水土流失加重，原始自然水源明显减少，人畜饮水困难时有发生。同时，大量施用化肥，使土壤结构恶化、蓄水保墒能力衰退，也加重了旱灾的发生。

（五）抗旱基础设施薄弱

截至 2016 年底，商洛市有设施灌溉面积 65.7 万亩，有效灌溉面积 57.5 万亩，无水利设施的农田 205.54 万亩，有效灌溉面积仅占耕地面积 301.24 万亩的 19%，低于全省平均水平。已建成的水利工程大部分建于 20 世纪 60—70 年代，设计标准普遍偏低，建设质量差，存在先天不足，加之运行年久，工程老化失修、淤积、垮塌、损毁严重，导致整体抗旱能力降低，抗旱效益衰减。

（六）旱情监测预测乏力

目前商洛旱情动态主要靠上报统计和分析气象、水文资料，没有科学监测手段，加之抗旱信息的采集、传递和分析设备技术落后，人为因素及经验判断影响大，预警、指导准确性不够，难以及时提供可靠的抗旱信息。

（七）投入严重不足

商洛财力拮据，兴修水利工程基本依靠国家投资。但长期以来，国家投资偏重大江大河等大型水利工程，中小型水利工程立项十分困难，使抗旱设施设备的配套、更新改造和维修养护等工作无力开展，严重影响抗旱效益的发挥。

第三节　抗旱防御

一、抗旱实例

新中国成立之前，土地私有，农田连片建设难以协调，水利设施薄弱，无力抗拒水旱灾害。长期封建社会统治，官民迷信思想严重，每逢天旱，则聚众求雨；每逢雨涝，则礼敬龙王。商州、丹凤、商南、山阳等各县官府都设有“风云雷雨山川坛”，祭天祭地，“为民禳灾”，这只能延误时机，扩大灾情。仅有少数地方官员和社会贤达重视水利建设和抗灾救灾，历年行之有效的生产自救诸法有以秋补夏、以菜补粮、以副补农等，地方志书记载如下。

（一）积仓赈贫

自明成化复设商州始，各县设置社仓，推行“积仓赈贫”救灾措施。社仓分常平仓和义仓两种。常平仓由官府出资，丰年将粮食购入存储，灾年加息一成或二成借出。义仓由当地好义者捐献粮米或于赋外向富户别征，灾年散舍给灾民，谓之“放粮”。《续修商县志稿》称：“积仓赈贫之法贯彻以来，不乏以实心行灾政者，然积久弊生，或胥吏侵蚀，或出纳不正（斗有大小，入大出小，或私制双底斗以哄骗），或管理不善，谷麦霉烂。徒托空文，民反受其害”。

（二）以工代赈

历代官府，为巩固自身统治，亦视赈灾为仁政。

清乾隆二年（1737 年）因旱歉收，商州请拨库银 2436 两，往豫、鄂诸省采买市斗粟米 1088 石。灾民既得脚钱，又赖平粜得度荒年。

《续修商县志稿 · 水利》载：“棣花铺康熙年间凿岩引水，因上下居民争执未成。”清乾隆十八年（1753 年），四川合江县人罗文思任商州知州，查明原委，倡捐工本，谕令协力动工修筑棣花渠，终于水到渠成，灌田百余亩。清代筑于百顷湾老虎岩之石渠，凿山开洞，石匠每打出一斗石渣，付给一升麻钱。

清乾隆十七年（1752 年）旱灾，抚恤动用常平仓粮 2920 石。十八年（1753 年）加赈 2020 石。

因白莲教入境，清嘉庆七年（1802 年）奉廷旨将嘉庆元年至七年“民欠各项银粮全行蠲免”。十一年（1806 年）涝灾，十二年（1807 年）春，“商州及兴汉五州县山谷饥民，于二、三月间先行偿给一月口粮”。

清咸丰七年、八年、九年（1857—1859 年），知州曹熙率先捐俸并劝募富户，共得制钱八千二百缗施赈救灾。

清光绪三年、四年（1877—1878 年）两年三料未收，全陕大旱而饥，商州尤甚，省派具赴楚、豫购麦、米 65296 包，先后输运 16 个月，商州“各乡饥民藉运代赈，全活无算”。知州黄碧川捐俸银 3000 两。

清光绪二十六年（1900 年），慈禧与德宗逃至西安，适逢大饥，“商州尤甚”。大饥。丹江水源渐涸，船只难驶，则需更多人力转运，遂令百姓藉运助赈。商州开仓散京斗粮 1996.8 石，并令各地劝捐，广设粥场舍饭。查灾放赈人员临行时，知州书赠：地力几何，丰年已蓄饥年势；天庥难恃，既雨无忘未雨时。对救灾有功人员赠“办赈公廉”“襄赈勤劳”匾。

民国八年（1919 年）大旱，龙驹寨发起“交农运动”，迫使县佐免除当年田赋。

民国十八年（1929 年）大灾后，陕西省政府主席邵力子三次拨发急赈 3500 元银币以济商，并派委员监督。带动乡绅富户募粮 1500 余石。

民国二十一年（1932 年），陕西省绥靖公署主席杨虎城于军费项下挪发大洋 5000 元赈灾。民国二十五年（1936 年），省两次拨给赈灾洋 1.3 万元，以及汽车 2 辆负责转运各地。民国二十八年（1939 年），商县等地水灾重，省宪三次颁发急赈洋 11 万元。

根据《关于加强水利以工代赈工程建设管理的实施意见》，丹江流域各县水利局把水利工赈工程建设作为一项重要工作来抓，加强组织领导，组建专业队伍，实行“三制”（法人负责制、招标投标制、检查验收制度），执行初检、复检、终检“三检制”。对重点工程由主管局施工队或筹建处签订责任合同，建立相互制约机制，将工程质量、施工进度与投资挂钩，明确责任，促进了水利工赈工程的顺利完成。先后建成供水工程、电站、灌区等诸多大型工程项目，并投入正常使用。至 2000 年底，工赈投资达 1307 万元。

2009年12月28日，各县(区)投资建设以工代赈项目，惠泽十余万群众。建立健全“三级”以工代赈项目建设工作机制，并将以工代赈项目列入对乡镇年度目标责任制考核范围，与乡镇签订目标责任合同。丹凤县为了加快铁峪铺等在2008年“7·28”特大洪水灾害中的重灾乡镇的灾后重建，安排灾后重建项目17个，投入工赈资金380万元；围绕新农村示范村建设，以工代赈项目向示范村倾斜，投入以工代赈资金356万元。引导搬迁对象，按照不同风格模式，进行10户以上的相对集中安置。峦庄镇中南村群众对徽派住房喜好，按照群众意愿，在中南村建设47户徽派集中安置点。累计建成不同风格、不同规模的易地扶贫集中安置点（新村）43个。2011年，30个以工代赈项目工程全部竣工，并顺利通过县级验收。土门八十河大桥、棣花苗沟村道路、赵川栗子坪大桥、月日丹江堤防等20个项目工程均为优质工程。

（三）蓄引抗旱

唐中宗时即有“渠碑”建于丹江之滨。宋代王禹偁《丹水》诗有“灌园萦似带”。表明其时引水灌田抗旱已遍于丹江两岸。

《直隶商州总志》载，清雍正四年（1726年），王如玖任商州知州，提出“水泽之利，灌溉为大”“平川皆可引渠灌田”。王如玖莅任十数载，针对商州旱情频发实际，所开河渠较之畴昔不止数十倍。

清乾隆十二年（1747年），知州许惟权（浙江海宁人）“教民引水灌田，民已获利”。《西安府志》载，乾隆时“丹水经张村、龙驹寨灌田数百顷”。《州册》载，乾隆时“老君河灌田七百余亩”。《续商州志》称，丹水“东南注龙驹寨。两岸开渠一百二十九道”。

民国二十八年（1939年），因连年旱灾，当年尤甚。四区专员温良儒向省府提出《工赈计划》，略称“治本救灾，莫善于相河筑堤，以工代赈。否则，将无岁水灾，无年不赈，不但徒耗国帑，亦非生息教养之道”。遂有省水利厅派员沿丹江实地勘测之举，拟具之《工赈计划》，包括甲、乙、丙、丁四种渠道工程114处。省政府训令四区专署对丹江水利工程进行详测并编制预算。其需款由“中央担任一半，省、县赈济会各担四分之一”。省水利局派技佐杨纯来商洛勘查，规划出渠道四条，有龙惠渠（在百顷湾，可灌旱地2000亩）、东惠渠（老君峪口开山帮石成渠，可灌王家涧、贺家村、陈家村、孙家村至古城之旱地1000亩）、西惠渠(由老君河西唐渠口以石筑渠，可灌靳家村、老君殿、淡家寨、刘家塬、金贫地500多亩）、月日岩渠（灌竹林关银花河北王家塬、宋家圪崂、张塬至洞底田600余亩）。由于时局动乱、经费无措等因素，上述工程仅龙惠渠竣工，余均未果。

（四）生产自救

新中国成立后，丹江流域各级政府不断采取建立机构、配备人员、添置设备、调集物资等措施，从各方面加强防汛抗旱工作，提出“以防为主，防重于抢”的方针。灾情发生后，各级政府及时发放救灾粮款，妥善安排灾区群众生活，组织灾区群众开展生产自救，修复水毁堤防和耕地，迅速恢复生产，基本实现“大灾小荒，小灾无荒”。

1986年大旱，从1985年11月至1986年9月未落透墒雨，商洛地区200万亩农作物受灾，减产粮食3.73亿斤，造成153万人缺粮。陕西省政府先后4次拨救灾款805万元，救灾粮1.8亿斤，地、县农行及时向灾区发放贷款800万元，地、县干部捐款6.3万元，粮票17.5万千克，衣物707万件。

1997年，商州、丹凤、商南春夏秋三季连旱，仅夏秋两季农作物受旱面积达267万亩，成灾234万亩，绝收95万亩，损失粮食13.53万吨；造成42.9万人饮水困难。商州、丹凤、商南各级广泛动员，投入大量人力物力抗旱，最高日上劳达60万人，投入抗旱服务队69个，动用水利设施13936处，提水浇灌等设备12300余台套，运水车888辆，投入抗旱资金890万元，抗旱灌溉面积达68万亩，抗旱挽回粮食2.45万吨。

2014年，商洛市发生严重伏旱，商南县河等三座水库枯竭，农作物受旱面积185万亩。旱情发生后，陕西省水利厅、农业厅、民政厅共下拨商洛抗旱资金975万元，商洛市、县两级政府筹措7000余万元用于抗旱救灾。省防总紧急调拨20条抗旱应急储水袋，解决群众生活用水。商南县从6月12日开始，每天组织30台车辆，从清油河、丹江向县城运水6000吨，缓解城区供水紧张局面。抗旱期间，商洛市共打临时机井400多眼，铺设临时管道600千米，设立临时供水点217处，投入机动运水车999辆。由于措施得力，短期内解决了25.475万人、7.323万头家畜的用水困难问题。动用机电井2570眼、泵站28处、机动抗旱设备6470台套、机动运水车999辆次，累计抗旱灌溉面积98.37万亩次。

据《商洛地区志》记载，商洛1950—2010年，用于农、林、水利、气象方面的建设投资5亿多元，兴修大批水利设施，增修基本农田134万亩，调节气候，抗御自然灾害。用于救灾救济方面的资金1.2亿多元，以解决灾区群众生产生活困难。

二、抗旱措施

进入21世纪，商洛防汛抗旱进入科学发展阶段。主要措施有：建立健全防汛抗旱指挥体系、建设防汛抗旱指挥系统、储备防汛抗旱物资和加强基础设施建设等。

（一）防汛抗旱指挥体系建设

市、县、镇（街办）政府设立防汛抗旱指挥机构，负责本行政区域的防汛抗旱工作。

1. 市级组织机构

商洛市人民政府设立商洛市防汛抗旱指挥部，具体组成如下：

总指挥：商洛市人民政府主管副市长

副总指挥：商洛军分区参谋长

商洛市人民政府主管副秘书长

商洛市水利局局长

成员：由商洛军分区、市发改委、市财政局、市应急办、市水利局、市工信局、市安监局、市公安局、市住建局、市城管局、市民政局、市交通局、市商务局、市供销社、市农业局、市扶贫局、市卫计局、市教育局、市国土局、市文广局、商洛日报社、市气象局、市水文局、市林业局、西安铁路局商洛工务段、陕西电信商洛分公司、中国移动商洛分公司、中国联通商洛分公司、市邮政局、市供电局、陕西省地方电力集团有限公司商洛供电分公司、中国财产保险商洛分公司、商洛武警支队、商洛消防支队共34个单位组成。

商洛市防汛抗旱指挥部的办事机构为商洛市防汛抗旱指挥部办公室，设在商洛市水利局，办公室主任为副县级专职主任。

2. 市级组织机构职责

领导、组织、指挥商洛市防汛抗旱工作；贯彻执行省防总和市委、市政府关于防汛抗旱的政策、法规、制度、决定、指令等；拟定商洛市防汛抗旱方针政策和规定；组织制定江河洪水防御、城市防洪、水库汛期调度运用计划和方案；及时掌握汛情、旱情、灾情，做好商洛市水利工程防洪抗旱调度，全面指挥抗洪抢险；负责防汛抗旱经费和物资的安排使用与管理；安排部署商洛市防汛抗旱救灾工作；统一指挥、组织、协调有关部门、单位实施防汛抗旱减灾措施，开展防汛抗旱救灾工作，做好灾后处置和有关协调工作。

3. 市级办事机构职责

负责市防汛抗旱指挥部的日常工作；组织编制商洛市防汛抗旱规划、防汛抗旱预案并监督实施；拟定防汛抗旱工作制度并贯彻实施；收集、分析、上报和发布雨情、水情、旱情及灾情信息；承办市防汛抗旱指挥部有关抗旱应急会议；负责特大抗旱经费、物资的计划、储备、调配和管理；检查指导督促有关部门制定并实施防御洪水预案；组织、指导抗旱服务组织的建设和管理；组织商洛市旱情监测信息系统的建设与管理等。

4. 县区及镇政府防汛抗旱指挥机构

县区及镇政府设立本级防汛抗旱指挥机构，在上级防汛抗旱指挥机构和本级政府的领导下，负责组织和指挥本辖区的防汛抗旱工作。

（二）防汛抗旱指挥系统建设

防汛抗旱指挥系统建设包括以下系统。

1. 防汛雨量监测速报系统

商洛市防汛雨量监测速报系统，是采用现代信息采集技术、通信技术、计算机网络技术、信息处理技术建成覆盖山区暴雨高频高值区域所在乡镇的雨量监测速报系统，达到信息源布局合理，信息采集、传输、处理手段先进、实用、高效、可靠，在省、市、县实现动态监测和实时报警，在 30 分内完成所有雨量自动监测站信息的收集处理，为防洪调度、决策指挥提供科学依据。系统共设各类雨量站 56 处，其中市级分中心站 2 处、县级工作站 8 处、水库水位站 2 处、雨量监测站 44 处。

2. 防汛异地可视会商系统

防汛异地可视会商系统是由市级视频终端、光纤及省级远程视频服务中心组成的，通过 2 兆光纤直接接入省级远程视频服务器，用指定网内互联网协议地址（IP 地址）拨入，可实现与省防汛抗旱指挥部办公室的异地可视会商。

3. 防汛抗旱指挥系统

商洛市防汛抗旱指挥系统主要包括：

（1）建成商洛市防汛抗旱指挥部办公室至 7 县（区）防汛抗旱指挥部办公室的光纤信道 7 条，建成商洛市防汛抗旱指挥部办公室至市气象局、水文局、国土局、安监局的光纤信道 4 条，搭建 7 县（区）防汛抗旱指挥部办公室至县（区）气象局、水文局、国土局、安监局的光纤信道 21 条。

（2）联网整合市、县（区）两级水利、气象、水文、国土、安监等部门的防汛数据信息，实现各级各部门防汛信息相互共享；扩展整合防汛雨水情监测站点信息 280 处，新增防汛雨水情人工监测站点 240 处。

（3）完善建设实时雨、水、工情数据库，并以浏览器 / 服务器（B/S）结构加密后通过互联网实时发布，实现预报随时公告、降雨等值线图实时勾绘、单站或区域雨情信息实时更新、历史雨洪资料随需随查、灾情资料及时反馈，有效提升防汛决策能力。

（4）建成以市、县（区）防汛抗旱指挥部办公室为中心，连接市、县（区）气象、水文、国土、安监等部门或单位的“工”字形防汛抗旱异地视频会议系统，即 1 个市级指挥中心、4 个市直部门分会场、7 个县（区）主会场和 28 个县（区）直部门分会场。

（5）建成市防指中心 2×3 块 67 英寸（合 170.18 厘米）大屏幕（DLP）液晶显示系统。

（6）建成浏览器 / 服务器（B/S）模式的市、县区防汛抗旱预警平台，实现防汛抗旱预警信息全球移动通信系统（GSM）群发和转发。

（7）建成商洛市防汛固定电话专网及网络传真系统，开通专网免费电话 193 部，网络传真 50 部。

（8）改造装修市防汛抗旱指挥部会商室面积 120 平方米，县区防汛抗旱指挥部会商室面积 420 平方米。

4. 旱情监测系统

商洛市旱情监测系统是采用先进实用的土壤水分测量和计算机网络系统处理与发布技术，以墒情信息自动采集和县（区）旱情信息统计报送为基础，依靠公用通信传输平台，利用防汛计算机网络系统，全面及时监测墒情信息，结合其他旱情信息，以实时掌握旱情的发生及发展趋势，及时分析评估及预测预报，建成集各类防旱抗旱信息于一体的旱情信息管理和抗旱指挥的综合性系统工程。包括：

（1）信息采集系统，建设固定监测站 14 处，配置移动式监测仪 8 套。

（2）建设旱情信息数据库，完成商洛市行政区域内旱情信息的采集、处理、存储、转发，提供旱情信息查询服务。

（3）研发旱情信息系统软件，提供墒情信息的监测预测和图表化展示，实现旱情信息的统计、分析、预测、发布现代化。

（4）防汛工情视频系统。

已陆续完成商洛二龙山水库、南秦河与丹江河交汇处、丹凤鱼岭水库、镇安乾佑河、银花河与丹江河交汇口、南秦水库、商南县河水库、商南县河和山阳薛家沟水库监控点线路与光纤线路施工和水尺设立。经过系统测试和联调，所有水尺满足防汛工情视频监控摄像头夜间监控；可以通过虚拟专用拨号网络（VPDN）将监控视频信息上传至陕西省水利厅，在商洛市水利局安装专用软件并通过水利系统内网 2 兆数字电路调用省水利厅平台视频信息对全部点位视频图像进行浏览和控制。所有水尺满足防汛工情视频监控摄像头夜间监控。

（三）防汛抗旱物资储备

为满足防汛抢险工作需要，按照国家防汛物资储备定额的规定，自 2006 年，商洛市各级防汛部门按照分年储备，逐步达到定额规定品种和数量的办法储备防汛物资。2005 年投资 200 多万元建成防汛抗旱物资储备库，截至 2016 年底，商洛市防汛抗旱指挥部办公室共采购储备防汛物资 420 万元，消耗防汛物资 183 万元，实际库存五大类 73 个品种 237 万元。

2012 年，中央下达商洛市特大抗旱补助费 1400 万元，7 县（区）共购置拉水车 14 辆、净水设备 18 套、汽油自吸泵 574 套、喷灌机 340 套、潜水泵 1222 套、管带 25.076 万米、其他设备 27 台套。

（四）基础设施建设

长期以来，丹江流域不断加强防汛抗旱基础设施建设，充分发挥水利工程的蓄水抗旱效益。一是因地制宜修建控制性骨干水源工程；二是加强农田水利工程建设，提高工程灌溉效益；三是修复改造水毁老化的水利工程，提高蓄水输水能力；四是加强小型水利工程管理，最大限度发挥水利设施的作用。

丹江流域 22 座水库为市、县（区）应急备用水源。

1. 建立完善供水应急机制

为积极应对陕西省丹江流域可能存在的干旱、水污染突发事件及缺水危机，流域各级政府应加强抗旱应急备用和战略储备水源体系建设，制定饮用水安全保障应急预案，根据干旱、水源地污染、地震、工程事故、突发事件等自然因素和人为因素划分应急等级，分别制定应急对策。丹江流域作为国家南水北调中线工程的重要水源区，应使灾害影响处于可控状态，保证流域内水利应急调度救灾工作高效有序进行，最大程度减少灾害对区域社会经济生活的不利影响，保障用水安全，实现水资源的可持续利用，促进经济社会发展和生态环境的改善。

2. 完善监测与预警机制

对重要供水水源要完善监测与预警机制，实施水源地水质、水量同步实时监测。对流域内水生生态、农业环境等数据信息进行定期处理和分析，预测水质的变化趋势，提高预警能力，防患于未然。预测重大气象灾害发生的可能性和未来城镇水资源和用水的变化趋势，及时为采取水资源储备和应急措施提供预警，提高城市供水的可靠性。

3. 建设应急供水储备

流域内各县要建立健全水资源战略储备体系，饮用水水源单一的城镇应拟订应急和备用饮用水源方案，建立干旱年或连续干旱年及突发污染事故情况的供水安全储备，规划建设应急饮用水水源和备用水源，制订特殊情况下的区域水资源配置和供水联合调度方案。

4. 应急状态供水主次关系

应采取水资源联合统一调度方式，合理调度应急储备水源。水量调度以维护社会安定为基本原则，首先保障人民基本生活供水，坚持遵循“先生活，后生产”的原则，优先保证居民生活用水和第三产业用水需要，在紧急情况下居民用水可以降低用水标准进行供应，保障基本生活用水。

第四篇　水土保持与水生态建设

丹江横贯秦岭腹地，位于秦岭东南部，形成一个以中低山为主体的山区，两岸群山连绵，岭谷相间。地势西北高、东南低。丹江流域山势结构犹如手掌，掌结位于商南和淅川山地，是水土流失、水生态脆弱比较严重的地区之一。据商洛地方志记载，明代以前，丹江两岸是一个“诸峰皆青翠”“水绿秋山明”“江汉泥沙洁”“乔木自森罗”的林木茂盛山区，水土流失现象轻微。明成化和清乾隆之后，由于历代战乱的破坏，加之人为过度采伐林木、毁林开荒，林地面积大减，水土流失加剧。新中国成立以后，特别是改革开放以来，各级政府把做好水土保持工作作为改变农业生产条件的重要措施来抓，发扬自力更生、艰苦奋斗精神，坚持治山治水，封山育林，造林种草和以改土为中心的兴修水平梯田，封沟打卡，筑堤造田，修库挖塘，实施流域综合治理，特别是丹江流域治理，取得显著成效。

第一章 水土保持

丹江流域是岭谷相间、地势起伏、以低山丘陵为主体的土石山区。由于境内气候属北亚热带向暖温带过渡区，气候温和，雨量充沛，土壤酸碱度多呈中性和微酸性，十分有利于植物生长，再生速度快，属水土基本不流失区。明代丹江两岸“诸峰皆青翠，水绿秋山明”，唐代（李商隐）“路向泉间辨，人从树梢分”，说明道路（今 312 国道）两侧林木茂密。清乾隆以后，移民陆续入境，人口不断增长，一方面加快了区域经济开发，另一方面由于生产经营粗放，刀耕火种、放火驱兽、毁林开荒等掠夺式经营方式，逐渐造成植被破坏、水土流失、水生态破坏。

第一节 水土流失和区划

一、水土流失

（一）水土流失状况

据历史记载，丹江流域历史上山清水秀，水多田肥。秦孝公特意把此地赐封给变法有功的卫鞅，故称商鞅，号商君。到了唐代，还是“乔木自森罗，丛中幽异多”（张九龄《商山怀古》），“江汉沙泥洁，永日光景新”（贾岛《商山碣庐使君》）的景象。《商州志》记载，清乾隆十九年间（1754 年），这里“诸山皆青翠，沟峁云缭绕”，山区森林茂密，虎豹隐藏，官府曾悬赏扑虎五只。江河两岸野鸭、鹤、鹳成群栖息。

后来由于人为破坏，水土流失越来越严重。1949 年丹江流域水土流失严重，年流失总量 290 万吨，土壤侵蚀模数 1189 吨每平方千米年。据麻街、板桥、丹凤、武关、竹林关等水文站实测资料，多年平均含沙量分别为 4.09 千克每立方米、2.21 千克每立方米、3.73 千克每立方米。根据各个水库、池塘实测淤积资料，计算出丹江年输沙总量为 154.69 万吨，平均输沙模数为 643.32 吨每平方千米年。1980 年总侵蚀量为 360 万吨，比 1949 年增长 24.07%。其中推移质量为 205 万吨，悬移质量为 155 万吨，悬推比为 1∶1.32，总侵蚀模数为 1496 吨每平方千米年，侵蚀深度 1.22 毫米，比 1949 年增长 25.8%；以水土流失面积计算，侵蚀模数为 3363 吨每平方千米年。

根据陕西省水土保持局关于水土流失程度的划分标准，丹江北部中高山地带属轻度水土流失区，水土流失面积占本区面积的 55.8%，侵蚀模数为 653 吨每平方千米年；中部丹江川垣地带属次强度水土流失区，水土流失面积占本区面积的 69.6%，侵蚀模数为 2700 吨每平方千米年；东部中低山地带（县城东部上伊公路两侧），属中度水土流失区，水土流失面积占本区面积的66.9%，侵蚀模数为1600吨每平方千米年；南部中低山地带，属中度水土流失区，水土流失面积占本区面积的83.8%，侵蚀模数为1802吨每平方千米年。

水土流失的主要地类是坡耕地、荒山荒坡和疏幼林。截至2016年底，涉及丹江流域的商州区土地面积2644.4平方千米，植被覆盖度58%，水土流失面积1779平方千米，累计治理面积911.40平方千米；丹凤县土地面积2407.5平方千米，植被覆盖度68%，水土流失面积1934平方千米，累计治理面积1014.44平方千米；商南县土地面积2314.9平方千米，植被覆盖度61%，水土流失面积1910平方千米，累计治理面积909.47平方千米；山阳县土地面积3535.6平方千米，植被覆盖度62.9%，水土流失面积3193平方千米，累计治理面积1309.39平方千米。

（二）水土流失因素

丹江流域千山螺旋，万水盘纡，支流众多。沿途接纳较大的支流共22条，其中流域面积在200平方千米以上的支流共有11条，流域面积大于100平方千米的有19条，流域面积大于1000平方千米的有银花河、老鹳河、淇河、滔河等，最大的老鹳河流域面积为4231平方千米。在陕境内长度在25千米以上的支流有21条，10 ~ 25千米的干沟有79条，1 ~ 10千米的支沟有952条，1千米以下的毛沟多达34308条，平均沟壑密度2.69千米每平方千米。坡陡沟深，降雨易产生径流，流速快，挟泥沙能力强。

丹江流域降水时空分布不均，7—10月降水量约占全年径流总量的60%以上，一般是川道少于山区，高山多于浅山，容易形成径流。境内水土流失是由其地貌特点、气候特点及人为因素造成的。流域以山坡地为主，岩石多为石英片及云母片岩，结构不稳定，表层松散，透水性强，易侵蚀、崩塌；76%土壤为黄棕壤，结构松散，胶结力差，易侵蚀、水冲；大量开荒造地，无计划砍伐森林，破坏了自然植被；降水不均匀、集中，每当暴雨来临，泥沙俱下，造成严重的水土流失。尤其坡陡沟深、多阵性大雨、土壤疏松的自然环境，是造成水土流失的主要因素。

1. 水土流失类型

根据破坏和搬运地面物质的营力分类，丹江流域水土流失主要以水蚀为主，重力侵蚀次之。水蚀面积广，强度大。水蚀包括雨滴溅蚀、面蚀和沟蚀。雨滴溅蚀是雨滴冲刷地面引起土壤表面破坏和土粒位移的现象。商洛地面坡度陡，土粒向坡下激溅增加地面的侵蚀量。据观测、分析，雨滴溅起的土粒高达50厘米，移动距离1米以上。当地面的薄层流失扰动变成紊流时，增加流水冲刷。面蚀是土壤表层发生薄层剥蚀和悬移质流失的现象，常把土壤中易溶解的物质、胶粒和细沙带走，留下较粗的土粒。这种侵蚀会使土壤变薄，对农业、林业和牧业及其他种植业极为不利。沟蚀是当面蚀进一步发展之后，坡面水由薄层径流汇成股流，冲刷地表形成线沟状。这种侵蚀是山区土壤侵蚀的主要形式，坡度愈陡，地表土壤愈松散，则容易形成沟蚀，沟蚀在坡耕地上普遍存在。

丹江流域大多为花岗岩、千枚岩、砂页岩等，形成了松散的风化壳，这些物质的内聚力小于物质的重力，因而容易形成重力侵蚀，在水的作用下，重力侵蚀比较严重。山区重力侵蚀类型较多，常见的有崩塌、泻溜、滑坡等。崩塌主要发生在塬边沟脑的陡坡上。

2010 年 7 月 24 日凌晨 2 时许，丹凤县竹林关镇遭遇 3 米多高的山洪裹挟着泥石流袭击，洪水退去后，原来平整的街道被厚度近 2 米的淤泥覆盖，10 吨以上的山石随处可见，上万名群众受灾，近千间房屋损毁，上万亩农田被毁。距离竹林关镇 5 千米的石槽沟被泥石流堵塞，公路交通、电力、通信中断，沟里的 5 个行政村近 5000 名群众断粮、断水。同时间强降雨导致山阳县高坝镇山洪暴发，桥耳沟村 29 人被 30 米厚的巨大 S 形泥石流掩埋。这些滑坡的发生，不但给本地区造成严重的威胁，而且大量石块挟沙随洪水下泄，给下游带来巨大的威胁。

2. 水土流失因素

引起水土流失的原因既有自然因素也有人为因素。尤其人为因素是加速和防止水土流失的主导因素，必须高度重视。

（1）自然因素。

影响水土流失的自然因素包括气候、地质地貌、植被、地质条件等。

①气候。造成水土流失的气候因素主要是大气降水。丹江流域暴雨多且强度大，是造成径流冲刷的主要动力。夏季在海洋暖气团的影响下，西北太平洋副热带高压受秦岭等山脉的阻拦，季风雨带常在上空摆动。据气象部门统计，夏秋季降水量占年降水量的 60% 以上，且大雨暴雨频发，强度大，降雨对地表土层强烈的冲刷，导致土层结构遭到破坏，土层的抗蚀能力大大减弱，侵蚀强度剧增，是造成水土流失的主要原因。

②地质地貌。丹江流域是一个群山连绵、沟壑纵横、以中低山为主的土石山区，境内按地貌的成因、组成物质等因素的差异划分为 3 个基本地貌单元。一是河谷川塬地貌，即主要河流及其支流两侧的河滩地、高低阶地、山谷间的沟台地以及河谷出口处的洪积扇。海拔小于 900 米，相对高程小于 100 米，地面坡度小于 7°，地势较开阔平缓，地层较厚，是基本农田的主要分布区，占土地面积的 11.9%。二是低山丘陵区地貌是河谷川塬地貌与中山地貌之间的过渡性地貌。海拔 850 ~ 1250 米，地面坡度 10° ~ 25°，岩性由红色砂页岩、变质岩、灰岩等组成，植被稀疏，水土流失严重，是坡旱地的主要分布区域，占土地面积的 34.8%。三是中山地貌。海拔大于 1200 米，相对高程 500 ~ 1200 米，坡度 20° ~ 50°，岩性由变质岩、火成岩、灰岩、花岗岩组成，高程大于 1500 米的山地，基本上为林牧业用地，耕地零星分布，多属于大于 25° 的“挂牌地”，是生态退耕的对象，占土地面积的 53.5%。坡度大于 25° 的坡地占总土地面积的 53%，土壤平均厚度只有 15 厘米左右，特别是一些陡坡地，土层仅几厘米，有的甚至岩石裸露。据实测，一次大暴雨可冲刷坡地表土深达 2.3 厘米以上，甚至一次大暴雨可把表土全部冲走，成为光石板。2007 年 7 月 28—29 日强降雨致使丹凤、商南、商州等县（区）的 5 个乡（镇）277 个村 14 万户 38 万人受灾，水毁耕地 6615 亩。2010 年 7 月 23—24 日，丹江流域遭受百年不遇的强降雨，7 县（区）均不同程度地受灾，很多耕地被冲毁。

③植被。植被是防治坡面水土流失的积极因素。不同利用类型的土地，发生侵蚀的程度不同。流域山高坡陡，土少石多，多数山坡地由大小不等的砾石、泥沙组成。植被较差

的地方，稍遇大雨，极易形成地表径流，“山上土层被冲走，山下砂压遭祸殃”，就是这种现象的真实写照。

④地质条件。丹江流域地貌、地质构造错综复杂，山地起伏落差大，是一个由变质岩、风化花岗岩、红色砂岩组成的中山区。坡地多、平地少，坡度陡，沟壑纵横，加之在水力作用下，形成了许多峡谷、嶂谷和“V”形谷，谷坡大于25°，谷底比降大，冲刷切割严重。岩石裂隙发育明显，易风化破碎，力学强度低。山地土层多由变质岩和暗棕色草甸土组成，蓄水保水性能好，常年湿润积水，覆盖率30%～60%。沟道面积20%～50%的地方，出现常年鳞片状侵蚀和切沟沟蚀。加之软岩层和草甸土的广泛分布，诸多因素构成了滑坡、崩塌、泥石流等灾害发生的物质基础。

（2）人为因素。

由于受自然地理环境的限制，人口主要集中分布在河谷川塬地带及低山丘陵区。人口密度大，人为活动频繁，人为诱发水土流失占到50%以上。人为因素主要有：

①对土地的盲目开发和不合理利用，导致水土流失加剧。商洛山多地少，土壤贫瘠，土地资源分布很不均匀。耕地面积仅占总土地面积的7.77%，人均农用耕地仅有1.12亩。为了满足生产生活所需，大面积的荒山陡坡被开垦种田。同时在城镇建设活动中，大面积基本农田被征占，各类挖损、占压、堆弃，大量的挖沙、采石活动，造成地表植被扰动，从而加剧了水土流失，导致生态环境遭到严重破坏。

②过度采伐，林地锐减，失去了水源涵养。森林植被可以很好地固定地表附着物，控制水土流失。历史上的丹江流域，山高林密，植被良好。近百年来，由于不合理的乱垦滥伐，森林覆盖率迅速下降，由常绿阔叶林变常绿针叶林转为次生、疏生灌丛和草丛，甚至有的地方变为荒山秃岭。如1958年全民烧木炭大炼钢铁和襄渝铁路建设中大量采伐木材作枕木等。这些无计划地一味索取，导致森林资源严重破坏，失去了涵养水源的基本条件，造成严重的水土流失。

③不合理的矿产资源开发，造成生态环境进一步恶化。境内矿产资源较为丰富，其中钾长石、水晶矿藏储量居全国第一位，黄金储量丰富，是陕西的黄金基地之一。长期以来，不断加大矿产资源开发的步伐，却忽视对生态环境的严重破坏，导致地表形态、水体分布和地壳上部的渗流场、温度场、应力场等地球物理化学场的特性及状况发生了显著变化，诱发了各种各样的地质环境负效应。如在开矿阶段，露天开矿造成和加剧了水力侵蚀；地下开矿形成的采空区造成地面沉降塌陷，破坏了地下水循环系统；废石尾矿对大气、水和土壤造成潜在污染等，尾矿废渣堵塞河道，水流受阻，导致尾矿坝体裂缝、塌陷，若遇暴雨，坝体溃决，极易形成泥石流。

据2004年矿山开发情况调查，商洛市矿产资源开发从1980年以来，共破坏地貌植被7971.2公顷，排放尾矿尾碴58500万吨，累计造成水土流失35874公顷。平均每年破坏地貌植被398.6公顷，新增尾库、尾碴1950万吨，新增水土流失面积1195.8公顷，累计引发滑坡泥石流752次。

④水土保持法规意识普遍不强，忽视预防治理工作。大多数开发建设单位对水土保持

法律法治观念淡薄，重经济效益，轻水土保持投入。在水土保持监督执法过程中，相当一部分企业认为生态环境治理与企业正常生产关系不大，只愿投资建设与企业紧密相关的设施，而对其他如矿区道路裸露边坡的防护绿化、弃碴场和尾矿库闭库后的碴面绿化等不愿投资建设，导致水土流失有加剧的趋势。

（三）危害

大量的水土流失直接危害人们的生存环境，水土流失使耕地的磷、氮、钾减少，降低了土壤肥力，造成粮食产量低而不稳；水土流失增加了水流泥沙含量，大量水利工程因淤积而降低效益，缩短寿命；盲目开荒毁林，造成水土流失，影响多种经营的发展，致使生态环境失去平衡，促使气候变化，旱、涝灾害频发，再造成水土流失的恶性循环。2010年“7·23”特大洪灾，不仅给丹凤县带来了极其严重的经济损失，也滋生了非常严重的环境问题。丹凤县竹林关镇是灾情最为严重的乡镇，由于洪水冲击，河道被泥石流淤平，整个场面一片狼藉，所以水土流失问题应该引起各级足够重视。

二、水土保持区划

1982年开始，丹江流域各县（区）水电系统抽调技术干部对各行政区域水土保持进行了调查研究。

1983年完成各县《水土保持区划》报告，并经市县政府通过定案，汇入了《综合农业区划与专业区划报告》。

20世纪80年代水土保持区划的依据：一是区内水土流失现状基本一致。主要考虑森林覆盖率、垦殖指数、土壤侵蚀模数等指标。如轻度流失区一般森林覆盖率50%以上，垦殖指数5%以下，土壤侵蚀模数在300吨每平方千米年以下；强度流失区一般森林覆盖率20%以下，垦殖指数10%以上，土壤侵蚀模数在1000吨每平方千米年以上；中度流失区各指标介于轻、强之间。二是区内岩性基本一致。岩性是影响地形地貌、农业生产、风化程度、径流系数、河流泥沙量及其粒径的主要因素，作为区划的重要依据。三是区内农业生产发展方向及治理措施基本一致。丹江流域各县总的是以“林牧为主”，但不同区域有所侧重，因而水土保持措施也有所差异。如：深山林区要抓封山育林，浅山、川垣地区要抓坡耕地治理，营造防护林、薪炭林等。四是不打破公社界限。以公社为单位便于治理。

2010年以后，依据《全国水土保持区划（试行）》，丹江流域属西南紫色土区（四川盆地及周围山地丘陵区）一级区中的秦巴山山地二级区，商洛市商州区、丹凤县、商南县、山阳县属于丹江口水库周边山地丘陵水质维护保土三级区。

根据《陕西省水土保持规划（2016—2030年）》，陕西省丹江流域属2个一级区和2个二级区，分别为Ⅴ秦岭北麓—渭河中低山阶地保土蓄水区（Ⅴ6伊洛河中低山丘陵中度水蚀保土蓄水区，涉及洛南县）、Ⅵ丹江口水库周边山地丘陵水质维护保土区（Ⅵ1丹江上游山地丘陵中度水蚀水质维护保土区，涉及商州区、丹凤县、商南县、山阳县）。

按照《商洛市水土保持规划》，丹江流域涉及西北部秦岭中高山轻度水蚀水源涵养保土区（Ⅰ）、中部低山丘陵中度水蚀水质维护保土区（Ⅱ）、东部蟒岭中山轻度水蚀水质维护保土区（Ⅲ）、东南部新开岭中低山轻度水蚀水质维护保土区（Ⅳ）4 个水土保持分区。流域水土流失重点预防区总面积 2925 平方千米，水土流失重点治理区总面积 4575 平方千米。

第二节　治理防护

秦汉以来，丹江流域乡民在坡地上开挖截流沟，拦截雨水，减轻土壤流失，促进农业增产。新中国成立后，流域山地修筑梯田，同时开展小流域综合治理。党的十八大以后，坚持小流域山、水、田、林、路综合治理，工程措施与生物措施同时并举，取得一些成绩。

一、治理过程

丹江流域水土流失治理措施逐步从低级到高级，由单行分散治理发展到按山系、流域的综合治理。

古代就有挑软埝、修梯田、封沟打坝之举。据卢坤《秦疆治略》载，清乾隆代境内“梯田有至数十层者”。但由于广种薄收及轮垦种植等陋习沿袭，水土流失愈演愈烈。

1940 年，陕西省水利局正式提出了“水土保持”这一名词。1942 年陕西省政府第一次把水土保持提上了议事日程，于同年 7 月 25 日发布了《陕西省防止土壤冲刷及改造窄梯田暂行办法》，对开展陕西的水土保持工作作了全面规定。丹江流域开始在少数区域抓试验、办苗圃和造林活动。

新中国成立后，商洛地委专署、丹江流域各县组织群众积极进行水土流失治理，把水土保持当作山区建设的生命线。20 世纪 50—70 年代，开始依山系按流域进行水土保持综合治理，到 80 年代，明确提出水土流失治理以小流域为主，至 90 年代，更明确提出以小流域治理为单元，在全面规划的基础上，合理安排林牧渔各业用地，布置各种水土保持措施，使之互相协调、互相促进，形成综合的防治措施体系。

丹江古代植被相对较好，水土流失轻微，政府鼓励发展人口，开辟耕地，无水土治理可言。清乾隆年间，人口、耕地猛增，许多荒山野岭乃至人迹罕见的地方都被开垦，森林面积焚毁 50% ~ 60%，人们当时并未认识到乱垦滥伐会造成水土流失，破坏生态环境。仅有少数乡民修田造地，或在河边筑堤修地淤田，或在山坡修建小块坡式梯田。清嘉庆十七年（1812 年）山阳漫川前店子村江西移民赵某带来芭茅，栽植地边，保护田坎。

民国二十年（1931 年），商县政府引种速生德槐护坡。

民国三十四年（1945 年）5 月，商洛专区临时参议会提出“改造梯田，督促农民将 30°以上的坡地改为梯田，以防土壤冲刷而增加生产”提案，仅系一纸空文。

新中国成立后，在各级党委和政府领导下，丹江流域逐步开展水土流失治理。

（一）从 1949 年到 1987 年，水土流失治理可分为 4 个阶段

第一阶段，1949—1957 年。各县多次进行水土保持宣传和规划，水土流失危害逐渐被人们所认识，出现了商县候塬村、王塬村、元明村等，丹凤西河乡赵家沟、徐家沟等修筑梯田的农田基本建设典型。但就各县而言，多为分散、零星治理。

第二阶段，1958—1964 年，由于“大炼钢铁”及盲目冒进，各县被砍伐的森林达 32 万亩，

水土流失严重加剧。为此，各县掀起大挖鱼鳞坑、挑软埝、封沟打坝修塘池、建坡式梯田、条田等治山治水活动，出现了夜村、孝义、月日乡马炉、商镇龙王沟等典型。其时共修水浇田、梯田、条田、沟台地3万亩，造林10万亩，种草1万亩。

第三阶段，1965—1979年。随着“农业学大寨”热潮，各县发出“学大寨，赶马炉”的号召，大规模地开展以兴修水平梯田、筑水库、挖条田、挖鱼鳞坑及封山育林为主的水土保持运动。1965年到1966年5月，丹江流域共修水平梯田4.5万亩。“文化大革命”中，水土保持工作遭到破坏。1970—1974年，丹江建成中小水库二十余座，既保证了农田灌溉，又有效地阻止了洪水的肆虐。1978年12月始，又对各水库上游进行综合治理，荒山植树，封沟打坝，陡坡退耕种草。在农村普遍推广“渠端、路端、树端、地平”的“三端一平”经验，进一步提高灌溉效益，出现了候塬村、刘湾村、棣花方块田“人造平原”。在封山育林活动中，丹凤县白桑园退耕还林、还牧700多亩，人工造林900多亩，飞播造林7.8万亩，有效地治愈了水土流失带来的灾害。

第四阶段，1980—1987年。水土保持走向正轨，按山系、流域综合治理，集中治理，纠正了过去年年治理、年年流失，不注意对已治理地区保护的倾向。1981年，各县发出《坚决制止乱垦滥伐破坏水土保持问题的通知》，水土保持工作有了法规保护。1982年成立水土保持工作站，各乡镇配备了技术员，1984年又成立了由农林水牧各局参加的水土保持委员会，从县到区形成领导管理网络。1981—1984年，制定了各县水土流失治理规划，北部中高地带为林草防护区，中部丹江川塬地带定为固堤造田保护区，东部中低山地带为综合治理区，南部中低山地带为沟坡兼治区。根据“谁承包，谁受益，谁治理”的原则，实行户包治理。1982年进行小流域综合治理，丹凤县月日乡甘沟河流域面积15平方千米，流失面积13.9平方千米，小流域综合治理后，到1987年治理流失面积10平方千米。1983年在水土流失严重的区域、流域面积1～2平方千米的小流域进行小治理示范，成效显著。1984年对杨峪河、会峪沟、王山沟、白杨店、茶房乡、对峪沟等小流域进行重点治理，到1988年治理流失面积40平方千米，占流失总面积的70%。

（二）1988—2006年实施的“长治”工程

1988—1993年，丹江流域有一定数量的小流域被列为陕西省和长江水利委员会重（试）点治理项目。国家每年拨付一定治理经费，进行定期、集中、连续综合治理。1998年以来，先后实施“国债”项目、“长治”工程、“农发资金项目”等水土保持重点工程。

“国债项目”自1998年至2007年共实施9年，涉及7县（区），治理小流域79条，治理水土流失面积374.25平方千米。完成中央投资2562.69万元。

“长治”工程是国家农业综合开发“长江上中游水土保持重点防治”工程的简称。丹凤县是从1998年开始实施“长治”工程的。从1994年列入“丹江口水库水源区水土保持重点防治工程”以来，至2007年共实施了13年。“长治”项目区由最初的1个县（商南）发展到3个县（商南、丹凤、山阳）。13年间共列入“长治”工程的小流域59条，共下达计划治理任务716.51平方千米，完成治理水土流失面积739.51平方千米，占计划任务的103.2%。中央财政投资4720万元。“长治”工程按资金用途又分为农发资金项目和水利基建资金项目。其中，农发资金项目分 1998—2000 年和 2001—2003 年共两期，中央财政投资 2510 万元；水利基建资金项目为 2004—2007 年，属于七期“长治”工程，中央财政投资 2210 万元。实施的 59 条小流域全部通过省级验收。其中，商南、丹凤两县先后被财政部、水利部联合命名为“全国十百千水土保持生态环境建设示范县”，商州区七盘河、丹凤县蔡川河、商南县清泉、山阳县花栗沟等“长治”工程小流域先后被财政部、水利部联合命名为“全国十百千水土保持生态环境建设示范小流域”。

（三）2007—2022 年的“丹治”工程

“丹治”工程是“丹江口库区及上游水土保持”工程的简称。“丹治一期”项目：2006年，国务院将商州、丹凤、商南、山阳各县（区）列入丹江口库区及上游水土保持项目一期实施范围，共划分 33 个项目区，124 条小流域，规划治理水土流失面积 4675 平方千米，总投资 12.96 亿元。2007—2010 年实际治理小流域 138 条，治理水土流失面积 3378.4 平方千米，中、省投资 44137 万元。“丹治二期”项目：共划分 20 个项目区，60 条小流域，规划治理面积 1306 平方千米，总投资 52507 万元。从 2010—2015 年实际治理小流域 54 条，治理水土流失面积 1285 平方千米，中、省投资 42010 万元。

随着“丹治”工程一期、二期等水土流失治理工程的实施，流域内水土流失面积下降明显，2010 年至今，已治理水土流失面积约 2200 平方千米，现状水土保持率高达 75%，流域水源涵养、蓄水保土能力不断提高，土壤侵蚀量减少，河流输沙量呈明显下降趋势，丹江流域输沙量由 2017 年的 73.01 万吨，下降至 2020 年的 23.21 万吨。

从 2007 年到 2015 年，陕西省累计下达商洛“丹治”小流域 192 条，完成治理水土流失面积 4268.45 平方千米，完成中、省投资 74755 万元。其中：中央投资 71686 万元，省级配套 3069 万元。

截至 2022 年底，丹江陕西段累计治理小流域 184 条，完成水土流失治理面积 4655.8 平方千米，新修基本农田 12201.03 平方千米，造林 24678.23 平方千米，完成总投资接近 20 亿元，水源区水质稳定在Ⅱ类水质标准，污染物排放量减少，水土流失持续减少，各县及重点乡镇污水、垃圾处理设施全覆盖，确保一江清水送北京。

二、治理措施

水土流失的治理，是一个综合性方案，总结丹江流域水土保持经验体会，可归纳为以下几点。

（一）耕作措施

推广水土保持耕作法，是丹江流域 20 世纪 60 年代在总结群众经验的基础上进行推广的，但此法何时兴起，无从稽考。在 20 世纪 80 年代以前还普遍应用此耕作法。归纳起来有“四改”：改顺坡耕翻为横坡耕翻，改平作为垄作区田、坑槽田，改无渠排洪为挖排渠洪，改大水漫灌为小畦灌溉、坡塬地“人”字畦灌溉，并推广了喷灌，大大减轻了由于耕作不当引起的水土流失。

1. 起垄套种法

丹江塬区土层较厚，熟土层较薄，多为红、黄胶泥，结构紧密，耕作不良，保水透气性差，怕旱怕涝，产量低而不稳，村民在这类耕地上前作收获后，普遍施肥翻犁一遍，以2米对开划线，把一半活土层翻到另一半上，打碎整平，播种6行小麦。空带在封冻前将死土深翻，立垡过冬，使风化，纳蓄雪雨，开春后翻茬整细，施足底肥，播种两行玉米。麦带收后，可种豆类或红薯，也可休闲，秋季调换位置进行倒茬深翻。由于起垄套种加厚了活土层，提高了蓄水抗旱能力，把种地和深翻结合起来，粮食产量可由亩产150千克提高到亩产350千克。

2. 条田套种法

丹凤应用较少。山民在这类耕地冬翻后，以等高水平划1.6米套带，其中在上沿开槽0.6米宽，0.3 ~ 0.6米深，将熟土挖出倒在外缘，槽内用牙子镢将生土挖松，使其冬春风化。春播时穴施有机肥，槽内点1 ~ 2行玉米。外缘1米缓坡栽两行早红薯。坡地每田套舳法，能增强农田抗旱能力，起到短蓄长用的作用，把深翻改土和保土保水结合起来，使作物获得增产。

3. 坑田种植法

山地耕种采用此法。这类地，多为沙土或石渣土，分布在高山和半山地区的山脑坡头，坡度超过25°，土层瘠薄，肥力差，产量低，水土流失严重，怕旱怕涝，是典型的“三跑田”，一般亩产只有100来千克，是弃耕的对象，但粮食问题又一时还解决不了，山区农民采取挖坑田的办法，制止水土流失，提高粮食产量，一般亩产达到150 ~ 200千克，增产50% ~ 100%。其做法是：挖1米长、0.5米宽的簸箕形，品字排列，外高里低，生土在外，熟土在里，每坑点2 ~ 3株玉米，坑与坑之间点一窝蔓豆，有的还将林中肥土倒在坑田中，增加肥力。

（二）生物措施

水土流失治理的生物措施主要是人工造林、飞播造林、封山育林、退耕还林还草、种草等，造林种草，既防止水土流失，又发展多种经营，增加农民收入，还能绿化美化环境，真是一举多得。

1. 人工造林

清代有零星的植树，民国时期虽号召引进速生树种德槐造林，但收效甚微。新中国成立后，在毛泽东主席“植树造林，绿化祖国”的号召下，每年春秋二季，发动群众，全民动手，植树造林。人工造林采取挖鱼鳞坑、水平沟、水平阶等方法，营造用材林和经济林。用材林以油松为主，经济林主要有核桃、山萸、板栗等。

1991年，丹江流域在未被国家列入长防林建设工程县的情况下，自力更生，不等不靠，自筹资金，自我启动，积极掀起了长防林建设执法，1992年12月，国家林业部长防办以丹长办字〔1992〕16号文件批复将丹江流域各县正式列入长防林工程项目建设县，到2000年全面完成一期工程。10年间，围绕建立“林业两大体系”目标，坚持生物措施与工程措施相结合，三大效益并举，经过各级政府和广大干群的共同努力，累计完成长防林重点工程建设47.9万亩，治理和控制水土流失1390平方千米。流域输沙量由1990年的369万吨下降到269万吨，森林覆盖率由53.6%提高到66.8%。农民人均纯收入由治理前的 527 元上升到 900 元，其中林果业收入由人均 158 元上升到 432 元。

从 1990 年至 2010 年，累计完成长防林重点工程建设 87.9 万亩，治理水土流失 2390 平方米，丹江流域输沙量由 1990 年的 369 万吨下降到 2000 年的 296 万吨。天然林保护工程全面启动，2000 年完成公益林建设 3000 亩，天然林和商品材全面禁伐，现有森林得到了全面保护。

1991—2000 年，丹凤县以灭荒绿化为中心，以增资源、增活力、增效益为目标，坚持国家、集体、个人一齐上，多渠投入，多方式参与，人工造林、飞播造林、封山育林相结合，造林绿化事业发展迅速。1998 年 10 月，陕西省组织验收组对丹凤县灭荒工作进行验收，达到了部颁标准，成为商洛灭荒达标第一县。

1991—2011 年，累计人工造林 112.86 万亩，工程封山育林 35.69 万亩，育苗 14067 亩，四旁植树 2190 万株，义务植树 1682 万株，流域森林面积不断扩大，森林覆盖率由 53.6% 提高到 66.8%，净增 13.2 个百分点。通过治理，极大地改善了农业生产条件，土地利用结构大幅调整，水源区水土流失面积明显减少，为南水北调工程提供了可靠的水源保证。

丹江流域采用混凝土预制件修建鱼鳞坑，以达到分段、分片拦蓄土壤和径流的目的，控制水土流失。鱼鳞坑采用新工艺混凝土预制，保水保肥，方便运输，成本较低，单个鱼鳞坑混凝土方量 0.028 立方米，单坑造价 30 元，仅为石质鱼鳞坑造价的一半。鱼鳞坑设计为半圈。内部直径 0.7 米，高度 0.3 米，壁厚 0.08 米，混凝土强度等级不小于 C20，每个鱼鳞坑混凝土预制件在出厂时涂白。鱼鳞坑埋置深度不小于 10 厘米，预制件两边里外夯实。侧柏栽植密度 2 米 ×3 米呈品字形布置，核桃树 4 米 ×5 米呈品字形布置，每个鱼鳞坑内栽树 1 棵。

2. 飞播造林

1975 年 4 月，商洛地区飞播林场在丹凤县商镇丹江河畔商山林场附近建成，当年丹凤开始飞播造林。自 1975 年至 1990 年，丹江流域成为陕西省规模最大的飞播基地之一。为加强对飞播造林管护，丹江流域成立多个飞播管理站。

1986 年 11 月 5 日，林业部在商洛召开西北地区飞播造林技术协作会，来自 18 个省（区）的全体代表到丹凤县寺坪参观飞播造林成果。

1991—2000 年，丹江流域完成飞播造林 265940 亩。

1997 年 10 月 23 日，陕西省飞播造林技术协作会议在丹凤隆重召开。

1998 年，丹凤县飞播站被省林业厅、省发展计划委员会、省财政厅、民航西北管理局、兰州军区空军政治部授予陕西省飞播造林先进集体。

2001—2011 年，丹江流域完成飞播造林 90 万亩。

2012—2022 年，丹江流域完成飞播造林 100 万亩。

丹江流域多年的飞播造林，极大地改善了生态环境，减少了水土流失。

3. 封山育林

1952 年，丹江流域实行封山育林。

2004—2015 年，丹江流域实施五期以工代赈易地扶贫搬迁试点工程。

扶贫搬迁，促进了新农村建设、城镇化建设和县域工业经济的发展，在减少贫困人口的同时，改善了生态环境。如今移民搬迁走的山沟，林木荒草隐天蔽日，山间溪水清澈，没有出现过滑坡、泥石流、滚石等灾害。防止垦荒、放牧，事实证明是防止水土流失的好办法之一。

2016—2022年，丹江流域房产开发、山地公园建设、公路铁路建设等工程建设，虽然采取了一定的水土保持措施，但在一定程度上造成了水土流失。

4. 退耕还林、营造经济林工程

1999年8月以来，认真贯彻江泽民总书记“再造一个山川秀美的西北地区”的重要指示，积极落实朱镕基总理提出的“退耕还林（草），封山绿化，个体承包，以粮代赈”的政策措施，丹江流域开展退耕还林试点工作。对大于25°的坡耕地，实施退耕还林还草发展经济林。依据土地适宜条件，主要发展山萸、核桃、柿子、板栗等经果林，并套种金银花，形成“乔灌型”经济林网，增加贴地面覆盖，提高拦蓄效益和经济效益。山萸栽植密度为3300株每公顷，核桃栽植密度为450株每公顷，柿子栽植密度为450株每公顷，板栗栽植密度为750株每公顷。

退耕还林工程的全面实施，使丹江流域生态环境有了明显的改善，昔日随处可见的“大字报”地变成了林地，水土流失得到有效控制，水中泥沙量明显减少，河水变清了，近年来，即使河水暴涨，水中泥沙量也明显下降，人们的生活环境也得到很大改善。

作为西部大开发建设的重点退耕还林工程，收到了显著效果，退耕区林草植被明显好转，群众得到了实惠，增加了收入，也促进了农村产业结构的调整。

5. 种草护坎护坡

丹江流域在清代就引种芭茅护坡、护土坎。芭茅是一种群众极为喜爱的多年生禾本科植物，根系发达，须根多，固结土壤的能力强；茎直立，丛生，分蘖力强，每丛达几十株；线形叶，穗状花序，颖果，种子小而带绒毛，成熟后极易飞散。

民国时期偶有在水田种植苕子、苜蓿。

新中国成立后，丹江流域各级政府大力推广草木樨、苜蓿、龙须草。草木樨、苜蓿、龙须草的根系发达，主根长，须根密，就像网罩一样将土、石网住，防止了水土流失。草木樨、苜蓿群众嫌占地推广不开，群众流传说：“龙须草是个宝，护坡护坎离不了，没盐吃，没调料，房前屋后割几刀。”由于龙须草的用途广、价值高，故发展很快，竹林关、土门、石槽沟一带种植的最多，群众用龙须草搓草绳、打草鞋、编踏垫、编坐垫、编蓑衣、打草帘等，据群众说，1954年的一场大雨，他们家栽龙须草的土堜没有垮塌，其余土堜冲垮得很多，足以说明龙须草在水土保持中的重要作用。

（三）工程措施

清乾隆年间，丹江流域始修坡式梯田，民国时期仍沿用。1949年后，梯田建设经历坡式梯田到水平梯田、土坎到石坎的发展过程。20世纪50年代，丹江流域以兴修坡式梯田为主，有石坎，也有土坎。1960年之后，丹江流域以修水平梯田为主，多为土坎水平梯田。20世纪70—80年代，丹江流域以兴修石坎水平梯田为主，并把兴修石坎水平梯田、治理坡耕地作为农田建设的主攻方向，统一规划，连片治理，工程标准达到“坎埝坚固地面平，保证二尺活土层”。

丹江流域水土流失治理工程措施主要是兴修“四田”：治坡，兴修水平梯田；治沟，兴修沟台地；治河，兴修河滩地；兴修小型水利，发展流失区水地。兴修“四田”，既防止水土流失，又改善农业生产基本条件，提高粮食产量。

（1）水平梯田。商县、丹凤、商南坡地较多，将坡地改成梯田是治理水土流失的最重要办法之一，在缓坡地，按照10年一遇的洪水标准修筑梯田。根据土壤结构、地形条件、降雨强度等确定梯田宽度和地坎高度，田面宽度一般5 ~ 10米，最低不小于4米。田坎采用石料砌筑，高度一般为0.5 ~ 3米，同时在地坎上栽植金银花，提高拦蓄能力和经济效益。过去坡地改成梯田要用石块垒，石块形状不规则，接触面小间隙较大，经不起洪水冲击，常常劳而无功。自从用上水泥灌浆后，坡地改成的梯田比较坚固，能经受住一般洪水冲击，收到了良好的效果。寺坪镇娘娘庙村东流岭坡、寺坪镇白桑园村、寺坪镇楼房庄村烧锅院坡地改梯田工程成为示范。

（2）沟台地。丹江流域修沟台地起始于清康熙年间（1662—1722年），民国时有所荒芜，新中国成立后才有计划、有组织地大力发展，基本实现沟道川台化。封沟打卡在沟底以干砌大块石为主，在沟脑砌谷坊拦沙植树，沟腰砌坝拦泥淤地种粮。干沟合槽填土，水沟合槽，让水靠道流。

“丹治”工程，丹治一期工程（2007—2010年）4年时间治理7个项目区。仅丹凤县新建蓄水池177座，新建沉沙池177座，新建谷坊482座，修成沟台地36542亩。

（3）河滩地。丹江流域修河滩地的历史较为悠久，清顺治十八年（1661年），颁布《迁海令》，强制沿海居民迁到内地，以阻遏民众对郑成功的支援，史称“以湖广填陕西”，其中一部分迁入本县境内，当地人称其为“下湖人”，移民进山者以垦荒种地为生；沿江河居住者就筑河堤修河滩地为生。清宣统二年（1910年），龙驹寨老君河畔之陈家村陈兆绪（陈建晨之父）为倡修河堤护滩地600多亩，卖尽自己陈家村的祖业，河堤尚未竣工，被一场大水全部冲光。新中国成立后，党和政府重视修筑河堤和改河修地。1959年商县水门外、丹凤龙驹寨丹江河堤修成河滩地1800亩。此后，商县、丹凤、商南、山阳都修建了大量改河修滩地工程。

（4）流失区水地。丹江流域水田在清康熙年间就已推广，乾隆年间知州罗文思教会民众育苗移栽法种植水稻后，从此丹江两岸水田有了较好的发展。民国时期，工程艰巨，技术薄弱，加之战乱，发展不大。新中国成立后用修河滩地代替；后来农田水利基本建设里就包括进去了。1992年之前，商州市候塬村有500多亩的水稻水田，之后全部填埋变成旱地。杨峪河传到的水田逐年减少，至今绝迹。

（四）加大水土保持监督检查力度

针对开发建设项目中，施工单位或企业未办理水土保持设计方案或者不按水土保持设计方案施工，将工程弃渣、弃料随意堆放，造成水土流失、破坏生态环境、威胁人民生命财产及公共安全等行为，扎实开展水土保持方案监督检查执法专项行动。一是广泛宣传，增强法治意识。二是加强组织领导，深入调查摸排。成立了水土保持方案监督检查执法专项行动领导小组，深入辖区内高速路施工标段、砖瓦厂、石料厂、采矿场等逐一进行摸底，并严格按照水土保持监督执法专项行动的目标、任务，对已调查核实的，当场造册登记，逐企业、逐单位建档、建卡。三是严格检查，扎实落实水土流失防治责任。严格执行开发建设项目水土保持方案报告制度和水土保持工程“三同时”制度，对无审批手续的，督促开发建设单位依法编报水土保持方案，落实水土流失防治责任，坚持开发、保护并重和谁破坏、谁治理的原则，绝不以牺牲环境为代价获取一时的经济效益。将办理水土保持方案合格证列入必备审批（许可、审查、核准）之一，实行一票否决。对于违反程序审批的水土保持方案合格证，一经发现，当场予以撤销，对在建项目没有编报水土保持方案或虽编报水土保持方案，但属于无效审批的，督促建设单位限期改正；对没有水土保持设计方案或不按水土保持设计方案施工的企业，当场下发责令改正通知法律文书，该停工的停工、该办证的办证、该清障的清障。

第三节　小流域综合治理

小流域综合治理是以小流域为单元进行规划，实行工程措施、生物措施和耕作措施相结合，山、水、田、林、路综合治理的水土流失治理方法。其优点：一是各种治理措施科学规划，统一实施，相得益彰，减少重复作业，防止浪费。二是区域、资金、劳力集中，一步到位，彻底治理，见效快。三是治理效益高，成效好且巩固。

以小流域为单元进行综合治理，有利于集中力量按照各小流域的特点逐步实施，由点到面，推动整个水土流失地区水土保持工作，使水土保持工作的综合性得以充分体现。

一、典型小流域治理工程

（一）丹凤县石门河流域小树岭坡改梯工程

石门河流域位于丹江一级支流武关河上，地处丹凤县城以北 40 千米处。该流域涉及 1 个行政村 5 个组，流域总面积 26.8 平方千米，水土流失面积 11.5 平方千米，属于长治七期项目 2005—2006 年重点治理小流域。

小树岭村坡耕地位于石门河流域的中上游，在庾岭镇东 7 千米的庾—峦公路两侧的半坡面，一道梁两道洼之上，土层厚度达 30 厘米，土壤肥沃，交通便利，坡度在 5° ~ 15°，适合修建坡改梯工程。2005 年 9 月下旬，丹凤县水利局组织技术人员，完成项目前期施工设计，10 月 24 日，工程全面开工，共投入资金 38 万元，建成高标准坡改梯 80 亩，经济园 15 亩，干砌田坎 60 条 2900 米，配套建成生产道路 2 条总长 130 米，修建浆砌石排水渠 1 条长 100 米，蓄水池 2 座，容积 50 立方米。

通过坡改梯工程的实施，小树岭村建成一处生态旅游观光示范工程，使该村村容村貌焕然一新，实现人均增加基本农田 0.35 亩，人均基本农田达到 1 亩的目标。

（二）商南县捉马沟小流域庙沟综合治理工程

庙沟位于党马乡捉马沟村，严重的水土流失造成泥沙下泄，淤积河道，使河床抬高，在治理以前，庙沟内几乎看不到河道。遇到降雨，洪水从沟道中的农田下泄，使农作物被淹没、冲毁，农田的土壤被径流带走，使土地生产能力下降，大量有机质、氮、磷、钾等养分流失，土壤颗粒变粗，结构松散，土壤肥力降低，农田已经无法耕种，农民苦不堪言。

该项目于2008年10月开工，2009年10月完工，完成治理水土流失面积34.77平方千米。综合治理面积1643.79公顷，其中石坎梯田74.96公顷，土坎梯田25.32公顷，坡耕地造生态林676.75公顷，坡耕地造经济林184.65公顷，荒山造生态林682.11公顷；生态修复1833公顷。其他配套工程：等高植物篱20千米，蓄水池43口，排灌沟渠7千米，沉沙池43个，田间道路9千米，谷坊15座，河堤4千米，治理程度100%。

庙沟治理工程以小流域为单元，在措施布局上，采取集中连片规模治理，各项治理措施有机结合，形成由点向面辐射，由面向点靠拢，连点成线，连线成面的治理格局。以沟道为主战场，兼顾路边及村镇“四旁”，实施坡改梯工程、经林果建园、增加基本农田面积，进一步扩大茶叶、中药材等特色产业基地，实行统筹兼顾，山水林田路村综合治理，治理成效显著。

（三）商南县水利沟小流域治理工程

水利沟小流域是“丹治”工程商南县过风楼项目区5条小流域之一，位于商南县城南20千米处的过风楼镇。流域涉及4个行政村841户，总人口3769人，劳动力1236个。流域土地面积46.44平方千米，水土流失面积20.63平方千米，流失程度44.4%。

该项目于2008年10月开工，2009年10月完工。综合治理中新修坡改梯102.36公顷，生态林837.15公顷，沟渠6.0千米，蓄水池44口，沉砂池44口，新修田间道路4千米，谷坊9座，等高植物篱2千米，新修河堤1.5千米；实施疏林补植75.78万株，治理水土流失面积20.73平方千米。流域内的柳树湾村和双垣村，经过连续治理，达到“治理一条流域，培育一个支柱产业，致富一方群众”的目的。

（四）丹凤马炉村综合治理工程

月日乡马炉村，共有耕地1100亩。1957年冬，300多名群众大战康沟四十多天，垒起48道石堎，把“挖土三寸见石板”的茅草沟变成了旱涝保收的沟台地。1958年修涝池5座，渠道77条，可浇地124亩，最大的渠浇地32亩，最小的只浇5亩。此后又修了豌树沟石皮梯田（宽不过丈，窄不过尺）、周家垭、豌树沟、长子峪、马莲台、杨坪等改河造田及沟台地工程，曾被评为全国农业先进单位。1974年12月至1978年8月又修起小（2）型水库一座，可浇地500亩（包括外村）。1988年，该村共修各种排灌渠94条，可灌面积400多亩。全村七沟八岔51个山头得到了综合治理。修了千亩水平梯田和沟台地，解决了群众的吃粮困难，全村人均产量300多千克，比1980年翻了一番多。绿化荒地7300亩（其中山上造林3500亩），栽植名贵中药山萸树22万多株，各类果树20000多株，为群众办起了“绿色银行”，实现了“高山松树戴帽，半山经济林绕腰，山下层层梯田”的宏伟蓝图，为改变山区贫困面貌打下了坚实的基础。1988年马炉村爆发出三大新闻：村民集资16万多元，春节前家家通了电；腊月村上建起了差转台，80%的户买回了电视机；全村64户人靠山萸收入成了万元户，占总户数的31.37%。2008年马炉村主动与商洛天士力公司联合，采取“订单式”农业发展丹参种植，实施统一育苗、统一防疫、统一采摘、统一收购，并聘请2名专业技术指导员驻村指导，协调解决村民种植丹参过程中出现的各种问题，着力将丹参种植打造成为村民增收致富的主产业。至2010年，该村已发展丹参种植500余亩，培养丹参种植大户30余户，户均增收万元以上。

（五）丹凤甘江沟小流域治理工程

甘江沟流域是“中部丹江川垣此强度流失固堤造田区”与“南部中低山中度流失沟坡兼治区”的过渡带，总面积15平方千米。其中水土流失面积13.9平方千米，占总面积的93.3%。流域内沟道狭长、山高坡陡、沟壑纵横。沟壑密度4千米每平方千米，山坡平均坡度在30°以上。平均海拔千米以上。土壤年侵蚀模数500吨每平方千米以上。1983年经省、地批准，列为省重点小流域治理。1983—1987年，丹江流域坚持从上游到下游，先坡后沟，实行工程、生物等综合治理措施。在工程措施上，宜林荒山营造水土保持林，其他土较厚处营造经济林。5年来完成总投资33.7万元，其中国家投资9.8万元。新修“三田”226亩，修淤地坝、拦河坝和谷坊89座，修沟道堤2400米，修筑乡村公路9.5千米，营造经济林517亩，水土保持林1.43万亩，封山育林1.5万亩。5年共移动土石11万立方米，投工11.8万个。共治理水土流失面积1.50万亩，折合10平方千米，占水土流失面积13.9平方千米的72%，年侵蚀模数由原来的500吨每平方千米降为276吨每平方千米，减少了44.8%；年径流量由原来的4.5万立方米每年，降为2.3万立方米每年，减少了49%。水土流失的严重局势得到了一定控制，农业基础条件得到了一定改善。甘江沟流域综合治理的成果保留至今，2008年后，到丹江漂流下游码头的旅游者总要徒步到甘江沟村看看这里的自然美景和田园风光。

（六）峪沟小流域治理工程

峪沟流域包括对峪沟、桐旺沟、水沟河、箭沟垭四条小支沟，总面积23.56平方千米，流失面积12.9平方千米（35336万亩），占总面积的54.8%，侵蚀模数为1500吨每平方千米年，年侵蚀量达3.53万吨，属中度流失区。1984年经省、地区主管部门审批，当年列为省重点小流域治理点。于1984—1988年进行了综合治理，共兴修基本农田1038亩（其中梯田794亩，造田造地244亩）；造林1.61万亩（其中灌木林1204亩，乔木林1.45万亩，经济林305亩）；种草150亩；封山育林2300亩；修拦沙坝75座；修灌溉渠道3条（长5千米），可灌70亩；沟头防护2处；共完成土石方36.15万立方米，完成工日27.7万个；共治理水土流失面积11.5平方千米，占水土流失面积的89.1%。侵蚀模数已由原来的1500吨每平方千米年，减少到142吨每平方千米年，减少了90.5%；侵蚀量由原来的35340吨减少到3340吨，减少了90.5%，基本控制了水土流失，减少了流域对下游的灾害威胁，使整个流域生态渐趋于良性循环。粮食总产量由治理前的76.18万千克增加到127.85万千克，增长了67.8%。各业总产值由治理前的55.19万元增加到181.3万元，增长了228.5%。产业结构也有大的变化。农业比例由治理前的35.59%降为29.6%，林业由13.17%升为35.5%，牧业由43.11%降为13.7%，工副业由4.13%升为18%，其他由零增为3.2%。5年共投资27.9164万元，平均每平方千米投资2.43万元，投资收益比为1∶4.5。截至2009年已建园1500多亩，2011年全村总收入300多万元，人均4500多元，目前核桃产业已成为支柱产业。

（七）窑沟流域治理工程

“长治”项目窑沟流域工程治理面积17.59平方千米，其中基本农田0.17万亩，水保林0.53万亩，经果林0.67万亩，封禁治理1.25万亩，保土耕作0.02万亩，小型水利水保工程31座。窑沟流域治理工程既是一个“长治”工程，又是一个山川秀美工程，也是丹凤县水利的形象工程。如今的窑沟面貌焕然一新，路畅、地平、堤固、山绿、水清、人变富，真正达到了“耕地方田化，灌溉水利化，防洪一体化，流域公园化，建园规模化，公路标准化，人饮自来化，村民家庭小康化”的八位一体治理标准。其“公园式”的治理模式成为学习的样板。

（八）雷家洞小流域综合治理工程

雷家洞小流域综合治理工程属“丹治”工程竹林关项目区桃花沟小流域，地处丹凤、商南两县交界处，位于丹江南岸。项目区坡耕地、荒山面积较大，水土流失严重，当地群众治理愿望迫切。通过治理，年减少土壤流失量0.8万吨，人均基本口粮田增加0.19亩，有效控制水土流失，涵养水源，保持地力，提高土地资源利用率，增加粮食产量，带动地方发展，达到治理一条小流域、带动一方经济、富裕一方群众的目的，为一江清水送北京打下基础。

（九）万湾、巩家湾小流域治理工程

万湾、巩家湾小流域属丹江口库区及上游水土保持工程丹凤县商棣项目区一条流域。流域土地总面积39.9平方千米，水土流失面积16.8平方千米，占土地总面积的42.1%，年侵蚀量10.58万吨，侵蚀模数2652吨每平方千米年，属中度水土流失区。2009年12月底治理水土流失面积16.8平方千米，其中修建标准化石坎梯田1275亩，栽植以核桃、李梅为主的经济果木林633亩，营造水土保持林11665亩，实施封禁治理7.75平方千米，等高植物篱7千米，修建河堤2千米，谷坊12座，蓄水池12座，沉砂池4座，修泵站1座，新增有效灌溉面积800亩，修建排灌沟渠2.5千米，田间道路5.8千米，工程移动土石方25.4万立方米，投劳12.1万个。随着林业的发展和交通条件的改善，林产品的产量将逐年增加，人民生活水平逐年提高，治理期末人均纯收入比治理前增加450元，达到4510元。各项工程和生物措施的实施，形成了完整的防御体系，水土流失得到有效控制，平均每年减少向下游输送泥沙7.92万吨，涵养了水源，改善了库区生态环境，土地利用率和生产率显著提高，土地利用结构更加合理，农村产业结构得到调整，社会效益显著。据介绍，该村当时还聘请了西安高校的专业机构为全村做了5 ~ 10年的新农村建设和乡村旅游规划，未来的万湾村将形成丹江水上乐园、大众农家乐消费区、虎山公园和旅游服务中心等4大功能区，形成村在林中、果在园中、菜在棚中、人在画中、生活在乐中的最佳宜居环境，成为秦岭山区一张靓丽的名片。2012年3月6日上午，由中央文明委、中宣部等部门授予的全国文明村挂牌仪式在丹凤县棣花镇万湾村隆重举行。

（十）陈家沟流域治理

丹凤县丹江口库区及上游水土保持工程商棣项目区陈家沟流域综合治理工程，于2008年11月开工建设。实施中按照科学发展观的要求，紧紧围绕“一江清水送北京”的目标，坚持生态效益、社会效益和经济效益相统一，生物、工程技术措施一起上，实行山水林田路村综合治理，治理造田、兴水治旱、造林绿化，投劳5.2工每日，治理水土流失面积20.7平方千米，其中兴修石坎梯田1200亩，并配套了水利设施，实现了水利化，栽植经济林2100亩，水土保持林600亩，封禁治理13.4平方千米。商棣项目区的陈家沟、巩家湾、万湾小流域工程规模历史最大，全国人大常委会副委员长韩启德带领国务院南水北调办公室副主任李津成、全国政协常委赖明，以及国家发展和改革委员会、水利部等国家有关部委的领导，在深入我县调研考察丹江口水库水源区丹凤县流域治理工程，视察了陈家沟工程后给予了高度评价。

二、“长治”项目蔡川流域综合治理工程

“长治”项目蔡川流域综合治理工程，总流域面积36.22平方千米，流失面积20.97平方千米，治理面积20.97平方千米，其中基本农田0.18万亩，水土保持林1.75万亩，经果林0.47万亩，封禁治理0.64万亩，保土耕作0.10万亩，小型水利水土保持工程208座。1998年以来共治理小流域12条。1999年12月，商洛地委、行署作出了向蔡川镇学习的决定，将其连年进行小流域治理的经验在商洛地区推广。治理前是荒草丛生的乱石沟，现在已是“山顶油松戴帽、中山板栗（核桃）缠腰、山根粮田座底”的山水田林路综合治理精品工程。走在宽敞的田间道路上，看着刀切斧削般的石堤、平展展的梯田、治理得井井有条的山水，商洛地区副专员周树红连声赞叹：“丹凤小流域治理工程才是为民办实事。”后来又有“债券”项目蔡川流域治理。总流域面积18.56平方千米，流失面积8平方千米，治理面积8.2平方千米，其中坡改梯0.08万亩，水土保持林0.42万亩，经济林0.3万亩，封禁治理0.36万亩，种草0.06万亩，小型水利水土保持工程72座。蔡川流域经过两次综合治理，2004年，丹凤县蔡川、庾岭、峦庄、桃坪4个乡（镇）被水利部水保司评为“丹凤县蔡川水土保持生态建设示范区”。

三、津陕合作项目

“十三五”以来，陕西省全面落实《天津市对口协作陕西省水源区“十三五”规划（2016—2020年）》各项任务，陕南3市28个县（区）和宝鸡市的凤县和太白县实施了津陕资金支持项目。作为南水北调中线工程重要水源涵养地，丹江出境断面水质始终稳定保持在Ⅱ类标准，2020年丹江流域水质持续为优，丹江在陕流域森林覆盖率达到65%以上，水源区四县区实现垃圾污水处理全覆盖，垃圾无害化处理率及污水集中处理率分别达到92.84%和91.65%。

（一）丹江中线工程项目实施情况

2016—2020年，津陕对口协作项目共计221个，总投资319.5亿元。资金主要支持项目类型有生态环境、产业转型、科技创新、社会事业、脱贫攻坚和经贸交流六大类。在丹江流域落实的项目有：（丹凤县主城区主要街路）丹凤县城污水管网扩建工程；（商南县

富水镇 2020—2021 年）商南县生态茶园示范项目；（商洛市）秦岭生态监测服务系统商洛示范项目一期等。

（二）丹江中线典型工程实例

1. 商洛市医疗废物高温蒸汽处置项目

商洛市医疗废物高温蒸汽处置项目，建设内容包含购置医疗废物收集转运车 8 辆及暂存设施，建设日处理 10 吨医疗废物高温灭菌处置作业线一条和配套的公共工程及辅助设施，完成投资约 1600 万元，其中津陕协作资金补助的 600 万元全部用于项目建设。2019 年 8 月底，建设项目管理处对上述工程进行了质量验收，认定已实施的建设内容符合质量要求，并开始投入运营。

2. 商洛市尾矿年产 80 万平方米深色系列微晶石项目

商洛市尾矿年产 80 万平方米深色系列微晶石项目位于洛南县工业园区尾矿综合利用产业园的石门镇马湾村，项目用地 30000 平方米，建筑物占地 19160 平方米，建筑面积 22570 平方米，项目总投资 12040 万元，其中 2017 年津陕协作资金 600 万元。项目建设年产 20 万平方米深色系列微晶石平板材生产线 3 条、10 万平方米弧型材生产线 1 条、10 万平方米异型材生产线 1 条。项目建设计划总投资为 12040 万元，其中建设资金 11420 万元，铺底流动资金 620 万元。

2017 年 7 月，津陕对口协作投资计划项目给尾矿年产 80 万平方米深色系列微晶石项目投资 600 万元，做到了专项资金专款专用、专账专管。项目于 2018 年 12 月 29 日由陕西宜正会计师事务所有限责任公司完成了项目专项审计。

3. 商南县 5000 立方米猕猴桃保鲜贮藏库建设项目

商南县 5000 立方米猕猴桃保鲜贮藏库建设项目由商南县佳忆德果业有限责任公司负责建设，项目建设地点位于商南县富水镇。2018 年启动了猕猴桃保鲜贮藏库建设项目。项目占地 17.62 亩，主要建设分选车间、包装车间、库房等，总建筑面积 4192 平方米，购置气调库设备、变压器、供水设备、电动叉车等相关设备 30 台（套），形成 5000 立方米猕猴桃保鲜贮藏能力。总投资 3100 万元，其中固定资产投资 1822 万元，铺底流动资金 1278 万元；其中企业自筹资金 2700 万元，申请津陕对口协作资金 400 万元。该项目于 2018 年 6 月启动建设，2019 年 12 月完成建设投入使用，累计拨付津陕对口协作专项资金 400 万元。项目实施完成后，有效衔接猕猴桃基地、猕猴桃加工、猕猴桃保鲜贮藏和销售，进一步延长农业产业链，提高产品附加值。年实现销售收入 9000 万元，利润总额 384.47 万元，净利润 288.35 万元，税金 698.87 万元。同时，能够直接提供 39 个就业岗位，积极带动发展猕猴桃种植大户，每户年均增收在 1.5 万元以上，对助力脱贫攻坚、实现农民致富增收有着十分重要的作用。项目于 2018 年 6 月启动建设，2018 年 11 月完成建设，并由企业组织与项目承建单位进行了工程竣工验收，完成项目工程决算和专项审计。2020 年 11 月 18 日，由县发展和改革局组织，会同县农业农村局、县财政局等单位进行了项目初步验收。

4. 商洛市文化艺术中心项目工程

商洛市文化艺术中心是市委、市政府决策实施的一项重大公益性项目。位于行政中心对面，占地 58 亩，总建筑面积约 9.3 万平方米，总投资约 5.6 亿元。项目主要包括图书馆 8966 平方米，群艺馆 8067 平方米（包括青少年活动中心、妇女儿童活动中心、工人文化宫、文联书画室），城市展示馆 5226 平方米（包括城市规划展览厅、科技展览厅、非物质文化遗产展厅），大剧院 20000 平方米（国家类剧院 1200 座）。辅助功能有商业广场、地下超市、地下停车场、市民广场等内容。该项目完成投资 5.5 亿元，争取津陕合作资金 2600 万元，全部用于项目主体及大剧院装修工程。大剧院按照国家一级剧院标准建设，可容纳 1000 人。图书馆和群艺馆按照服务 60 万城市人口标准设计。2015 年 8 月开工建设，2016 年 1 月主体封顶，2018 年竣工。

四、水土保持示范园

2013 年全国水土保持视频会议上，水利部提出做好水土保持工作，明确要求大力宣传水土保持生态文明，建设水土保持示范园。在推动城乡一体化、加快项目建设的进程中，商洛市各级政府加强生态文明建设，扩大宣传水土保持工作，选择在丹江流域的江山、桃花谷，率先建设水土保持示范园。水土保持示范园建设，使水土保持工作起到了很好的宣传示范效果。

（一）桃花谷水土保持示范园

桃花谷水土保持科技示范园位于丹凤县竹林关镇，园区规划面积 41.4 平方千米，核心区面积 6.1 平方千米。2010 年 7 月特大暴雨灾害后，国务院副总理回良玉曾亲临此地视察，对水土保持工作作出重要指示。2011 年 5 月，陕西省水保局召开丹凤县桃花谷水土保持科技生态示范园专题会议，将桃花谷列为本省第一个水土保持科技示范园。桃花谷水土保持科技生态示范园涉及竹林关、张源、洞底、王塬、州河北、雷家洞、桃峰等 7 个社区（村），园区人口 1.8 万。按照功能分区划分为三个园：一是科技园，位于桃花谷分水岭之内，包括主沟道、两侧山坡、关台、火石沟、柿子洼，面积 2.7 平方千米。二是生态园，包括东岭梁、东岗、娘娘庙沟，面积 1.3 平方千米。三是高效农业园，包括坟儿梁和打柴沟，面积 2.1 平方千米。科技园是集中展示水土保持科技的场所，生态园是展示珍木奇花异草的场所，高效农业园是展示农业科技的场所。目前该示范园已成为 7 所大学的教学实践基地，2012 年被评为省级水土保持科技示范园；2014 年被评为国家水土保持科技示范园和国家水利风景区，2015 年被评为 3A 级旅游景区。

（二）江山水土保持示范园

江山水土保持示范园位于商州区腰市镇荆河上游，园区面积 16 平方千米。于 2015 年 6 月开始动工，2016 年 9 月基本建成。实施内容除传统的坡地改梯、荒山造林、核桃建园、田间道路、溪沟整治、拦沙坝、封育管护等措施外，还结合美丽乡村和江山景区建设，对该流域的河道、村庄、景观道路进行整体规划建设。总体划分三个板块，分别是小流域治理示范板块、江山景区板块、美丽乡村板块。三个板块采取“水保搭台，旅游唱戏，统一建设，取得共赢”的思路统一规划建设。示范园流域综合治理板块完成项目有：修坡耕地石坎示范梯田 400 多亩，生产道路 1.2 千米，排水渠 1.5 千米，坡耕地造经济林 2700 亩，荒山造水土保持林 7600 亩，网围栏 3 千米。新修河堤生态 3.6 千米，加固河堤 1.2 千米，拦沙坝22座，河堤边坡绿化4200平方米。建成水利基础设施配套集中供水站一处，修建高位储水池4座，机井4眼，埋设供水管网20千米。

（三）美丽乡村板块

（1）基础设施，实施河道治理3.6千米、自行车道6千米，建5个花海拱门、14个五彩花柱，栽植雪松、银杏、垂柳、香花槐5200株。对57户民居进行改造，建100吨污水处理厂和2个园林停车场。

（2）观光农业，完成流转土地1315亩，种植油菜600亩，花草7000平方米，迎春花20万株，连翘30万株，油葵300亩，薰衣草、马鞭草330亩，万寿菊300亩。

（3）农家乐建设，完成34户农家乐业主培训，配备餐桌80个、凳子320个、消毒柜16个。美丽乡村板块累计投入5200万元。

第四节 水土保持监督与监测

一、监督机构

商洛市水土保持监督管理站成立于1991年4月，与商洛市水土保持工作站、商洛市水土保持生态环境监测分站、丹江流域综合治理办公室合署办公，一个机构，四块牌子，全额事业单位，副县级建制。编制16人，其中副高3人，中级5人，初职4人，管理岗4人。负责商洛市范围内的水土保持监督管理和水土保持监测管理工作。至2016年，除洛南、山阳、镇安、柞水四县水土保持行政执法主体为各县水土保持监督管理站外，其余3县（区）水土保持执法职能由县（区）水政大队履行。市、县共有监督执法人员60多人，为水土保持监督管理工作提供人员支持。

二、法规政策

新中国成立后，商洛市主要贯彻执行国务院1957年5月24日颁发的《中华人民共和国水土保持暂行纲要》和1982年6月30日颁发的《中华人民共和国水土保持工作条例》。

1987年7月，水利电力部颁发《基层水利、水保管理服务机构工作条例（试行）》。

1991年6月29日，第七次全国人民代表大会常务委员会第20次会议通过《中华人民共和国水土保持法》，使水土保持走上依法治理监管的新阶段。

2007年7月28日，《陕西省实施〈中华人民共和国水土保持法〉办法》下发，在森林环保、水利等相关法规中设有水土保持工作的内容，使商洛市开展水土保持监管工作有法可依。

2010年12月25日，《中华人民共和国水土保持法》由第十一届全国人民代表大会常务委员会第十八次会议修订通过，自2011年3月1日起施行。

1994年以来，水利部先后颁布《开展建设项目水土保持方案管理办法》《开展建设项目水土保持设施验收管理办法》《关于严格开发建设项目水土保持方案审查审批工作的通知》，进一步规范水土保持方案的审批管理。水利部、国家电力总公司、煤炭局联合颁布《电力建设项目水土保持工作暂行规定》和《关于加强煤炭生产建设项目水土保持工作的通知》，明确国家建设项目中，水土保持是一项不可忽视的内容和做好水土保持工作的作业规范。

1994 年 12 月 7 日，陕西省水利厅、财政厅、物价局联合制定出台《陕西省水土流失补偿费、防治费计征标准和使用管理的规定》。

陕西省政府于 2008 年 11 月出台《陕西省煤炭石油天然气资源开采水土流失补偿费征收使用管理办法》，规范“两费”征收、使用行为。商洛市 7 县（区）根据这些法规，在一些重点保护区、监督区、治理区的乡、村、组，制订具体的“乡规民约”，形成政府立法、群众自我约束的水土保持法规体系，使水土保持走上法治化轨道。

三、执法监督

1991 年，《中华人民共和国水土保持法》颁布实施，使商洛市水土保持监督管理工作迈上新台阶，步入规范、快速发展时期。

首先进行大力宣传，不断提高全社会水土保持法律意识。每年在“世界水日”“中国水周”“水保法颁布日”“科技之春”等重要宣传节点，上下联动，走上集市街头，深入工地，发送宣传单，张贴标语，宣讲水土保持法和水土保持科普知识，提高全社会的水土保持法律意识，营造全社会参与水土保持生态环境保护和水土流失治理的良好氛围。商洛市平均每年投入宣传资金在 25 万元以上。

注重强化基础建设，提高监督执法工作效率。购置执法取证设备，改善办公条件；制定规章制度；全面提升监督管理人员素质；健全商洛市、县、镇三级监督网络。把“三同时”制度落到实处，牢固掌握“三权”，即检查权、收费权、审批权。

开展专项行动和查处典型案件，强化监督执法工作。先后开展“建设项目水土保持监督执法专项行动”和“全国水土保持监督执法能力重点县建设”活动。2010—2016 年，先后深入 80 多个建设工地，按照《中华人民共和国水土保持法》的要求和项目水土保持方案报告的建设内容逐项检查，下发整改通知书 32 份，责令停业整改 10 家单位，收到良好社会效果。通过“执法能力重点县”建设活动，商洛市六县一区全部通过国家验收，达到国家标准，水土保持监督执法工作整体迈上新台阶。

四、案件查处

丹江流域水土保持监督执法部门在各级政府和人民法院的支持下，依法查处多起违反水土保持法的案件。

西安—蓝田—商州高速公路建设管理处（简称西商建设管理处）在建设中违规向二龙山库区倾倒大量弃渣，2012 年 9 月，商洛市水土保持监督管理站经过现场调查、取证、核实，依法查处了该起案件，西商建设管理处将 4 万余立方米弃渣全部清理出库区。

2008 年 7 月 13 日，商南县水政执法大队执法人员在巡查中发现，当事人胡某（山东省烟台市莱州市郭家店镇人）于 2008 年 4—7 月，在白浪镇汪家店地坪村购得原废弃矿山进行大理石开采，损坏地貌植被 1680 平方米，排放弃渣 3712 平方米。鉴于此矿山属临时勘矿企业，时间短，案件简单，依据《陕西省实施〈中华人民共和国水土保持法〉办法》第三十六条的规定，作出停止违法行为，缴纳水土保持补偿费 672 元、防治费 29700 元的处理决定。后经商南县人民法院强制执行。

2010 年 1 月 19 日，接群众举报，有人在毗邻商南县白浪镇苇园村桥坡上组处偷采铁矿石，商南县水政执法大队接到举报电话后安排执法人员进行了现场调查取证。当事人王振江（湖北省十堰市永兴花园小区人）于 2010 年 1 月 18 日在商南县境内偷采铁矿，损坏地貌植被面积 2900 平方米，造成严重的水土流失。由于案发地属两省接合部，当事人有改正之意，并采取了相应的补救措施。商南县执法大队做出了停止违法行为和依法缴纳 5000 元的水土保持补偿费的处理决定。当事人在规定期限内履行了义务，此案终结。

五、水土保持监测

丹江流域建成的监测场、站和点有：重力侵蚀监测点 6 个，径流场观测场 4 个，卡口站 3 个。分属市站和洛南、商南、山阳、镇安和柞水县管理。其中属国家水土保持监测网的有一个径流场和卡口站，其他属丹江口库区及上游水土保持监测项目。

商洛市开展水土保持监测工作始于 2007 年商南县水土保持工作站与长江水利委员会长江科学院的合作。

2007 年，商南县水土保持工作站承担“陕南退化土地生态系统修复关键技术研究”的监测工作。该项目由长江科学院水土保持研究所和德国慕尼黑工业大学林学院联合承担。通过在索峪河小流域建设的 35 个不同土地利用类型和不同坡度的径流实验小区的观测，在为项目提供水土流失和空间数据的基础上，提出用于生态环境管理的“土地利用规划系统”。随后在鹦鹉沟流域建设的径流小区与陕西省水土保持监测中心、西安理工大学、长江水利委员会水土保持监测中心合作开展水土保持监测。

商洛径流场、卡口站于 2010 年建成，分析设备齐全。长江水利委员会水土保持监测中心和陕西省监测中心对县区监测技术人员进行了监测技术培训，具备运行基础。

六、水土保持经费

国家对水土保持投资属补助性质，使用范围是：列为国家（包括省、市）重点治理的小流域；水土保持技术培训；兴修“四田”补助；水土保持工程材料补助，生物措施中的林草苗木补助；水土保持科研；水土保持奖励等。每年按计划逐级下拨。补助形式有：以奖代补、治理完成验收合格再补助、以工代赈等。

1998 年后，国家投资力度进一步加大。商洛市“国债”项目自 1998—2007 年实施 9 年以来，国家共下达小流域条数 79 条，治理任务 374.25 平方千米。国家投资 2563 万元，平均每年投资 284 万元。

“长治”工程自 1994—2007 年共实施 13 年，共下达商洛治理任务 716.51 平方千米，治理小流域 59 条，完成治理水土流失面积 739.51 平方千米，占计划任务的 103.2%。中央投资 4720 万元，其中，基建资金投资 2210 万元，农发资金投资 2510 万元。平均每年投资 336 万元，国家投资力度不断加大。

2000 年前，国家实行水土保持资金按项目拨付、专款专用的管理办法。2000 年后，项目资金实行报账制，资金不再直接拨付。在项目专项资金以外，省级每年再给予一定补助。

“丹治”工程从 2007 年开始实施至 2015 年，项目涉及商洛市 7 县（区），国家共下达小流域 192 条，治理任务 4268.45 平方千米，中、省投资 74755 万元，其中中央投资 71686 万元，省级投资 3069 万元。

坡耕地项目自 2010 年开始至 2016 年底，共实施 7 个项目，涉及洛南县和商州区，其中洛南实施年限为 2010—2012 年，实施项目为 3 个，商州实施年限为 2013—2016 年，共完成修地任务 28.79 平方千米（合 4.319 万亩），完成中央、省投资 7353 万元，其中中央投资 7100 万元，省级投资 253 万元。

截至 2022 年底，丹江陕西段累计治理小流域 184 条，完成水土流失治理面积 4655.8 平方千米，新修基本农田 12201.03 公顷，造林 24678.23 公顷，完成总投资接近 20 亿元，水源区水质稳定在Ⅱ类水质标准，污染物排放量减少，水土流失持续减少，各县及重点乡镇污水、垃圾处理设施全覆盖，确保一江清水送北京。建成了商州蟒龙峪、丹凤陈家沟、商南水利沟等一批精品示范小流域和丹凤桃花谷全省首个水土保持科技示范园区等三县（区）“丹治”一期工程；完成了 16 条流域治理第二批工程。

第二章　农田建设

丹江流域宽谷段内阶地完整，土层较厚，河床比降较小，沉积作用显著，河水左右摆动侧蚀，形成宽阔的河漫滩地，是基本农田建设发展重要区域。

第一节　基本农田发展

丹江流域山多地少，长期盛行畲田，农耕地多由伐木毁林开垦而成。清代以后，人口渐增，先辟川塬，后开坡山，再转向修田造地。

清康熙年间《续修商志》载："老君河，东八十里，引灌稻田七、八顷，隔三里为金盆湾，水田膏沃。"

商州志载，清乾隆末，山地为川楚客民开垦殆尽，梯田有至数十层者。

民国三十四年（1945 年）5 月，商县临时参议会第一届三次会议提出："改造梯田，督促农民将二十度以上之坡地改为梯田，以防止土壤冲刷，而增加生产"。嗣后，农民习惯农闲季节自发开展零星修田造地活动。

新中国成立以后，陕西省丹江流域农田基本建设始有大力发展，先后出现三次热潮。

一、1950—1978 年农田基建

1955 年，实现农业合作化。陕西省商洛地委提出"向山要粮，石头搬家，土地翻身"的口号，倡导在坡塬地修梯田，大搞农田建设。修地形式多样，有石坎，也有土坎，多为坡式梯田。同时在沟道修建石谷坊，填沟造地，拦泥蓄水。1958 年提出向荒山要地、向荒滩要粮，开展数万人的治山治水运动，出现了第一次热潮。据统计，至 1960 年商洛地区修软埝 40 万条，修石坎坡式梯田 60 万亩，修石谷坊 8 万余座，闸山沟 9000 余条，增加沟台地 10000 余亩。丹江流域涌现出商县龙王庙乡、丹凤县马炉村、山阳县鹃岭村等一批农田建设好的典型。

1957 年，国务院发出大规模开展农田水利和植树造林群众运动号召；1958 年又提出向荒山要地、向荒滩要粮号召。丹江流域丹凤县月日乡涌现出刘西有带领下的马炉村治山治水农田建设好的典型。

1964 年，毛泽东主席发出"农业学大寨"号召，推动农田基本建设的发展。是年，丹江流域冬修日上劳高达 13.7 万人，新修梯田 8.35 亩，修补河堤 6.3 万米，修复河滩地 6230 亩，新增沟台地 2798 亩。

1965 年，商县、丹凤、商南发出"学大寨，赶马炉"的号召，在各县掀起农田基本

建设群众运动。各县分别派出蹲点组，组织县级机关万名职工在古城兴修水平梯田180亩。棣花大队组织6000名劳力会战丹江两岸，大干一冬春，修成水平梯田400亩。丹凤县茶房大队900名劳力在西坡岭奋战一百天，修成水平梯田130亩。10月，商洛地委、行政公署在丹凤县棣花牛头岭召开农田基建现场大会，地委副书记高明月和行署副专员刘华锋在会上讲话。

1966年5月后，“文化大革命”期间，水利农田建设停滞。

1967年5月至1968年9月，农田基建陷入停顿时期。

1968年冬，商洛地委组织商县、丹凤县、商南县等农业、水利、公社领导随地区团队去山西大寨参观学习。地区革命委员会又提出“以土为主，土水结合，因地制宜”的农田水利建设方针。

1969年9月，各县革命委员会成立了农田水利建设指挥部，同时发出了“关于今冬明春大搞农田水利基本建设运动的安排”。

1970年，中央召开北方地区农业会议，代表回来后，立即组织传达会议精神，要求加快农业发展步伐，更有力地促进了商洛农田水利基本建设。专区革委会抽调大批干部到第一线，参与和指导农田水利基本建设。其中，丹凤县涌峪公社（今属龙驹寨镇）搞得最好，涌峪公社4名干部14天中平均劳动10天，党委书记彭再文劳动12天，成为商洛地区农田水利基本建设的八个样板社区之一。

1974年，除商州、丹凤、商南各个公社大队大人小孩齐上阵修水库和冬翻地外，抽调劳力搞农田基建，所有群众早上工，晚收工，推起车子一溜风，超额完成了修地任务。

商洛地区1976年1月2日《农业学大寨》简报记述了丹凤县委书记周述武参加农田基建劳动一事，对干部很有教育意义，现择其要点以作启迪：“丹凤县委书记周述武参加全国农业学大寨会议后，刚从北京毛主席身边回到丹凤，1975年12月初来到棣花公社，向干部群众传达中央首长指示，传达全国农业学大寨会议精神。周述武以普通劳动者身份，坚持与群众实行‘三同’（同吃、同住、同劳动），处处起模范带头作用。每天早上5点钟起床，打着马灯上工地，在鱼岭水库西干渠工地劳动。捡石头，每次一百多斤，开始每晌10回，逐步增加到每晌18回，他身体不好，但仍和民工一起吃大灶的煮红薯。自12月2日至16日，除开会耽误3天外，坚持出勤12天。这种以身作则、带头大干的精神，受到群众一致赞扬。”

二、1978年改革开放后

中共十一届三中全会后，1979年，商洛地委提出“大力发展以林牧为主的多种经营，力争实现粮食自给自足，尽早把商洛建成林牧产品基地，努力提高人民生活水平”等号召，丹江流域各县开始实现两个转变，从单纯抓粮食生产转到同时抓多种经营，从单纯抓农田水利建设转到同时抓水土保持与改善大地植被，充分利用各类土地优势，保护、利用、发展山区资源，努力搞好生态平衡。三为主：狠抓粮食，以多种经营为主；多种经营以林牧为主；林牧以个体种植、养殖为主，此年农田建设形势急转直下。

1981年，丹江流域各县农村全面完成包产到户责任制，土地分户经营，农田基本建设出现“劳难抽，地难留，钱难筹”等新问题，一些地方农田基建出现放任自流状态。针对新情况，各地采取不少新办法，仍坚持修地不动摇。

1982 年，丹江流域减掉因灾废弃、基建占地，实际净增 5.9 万亩。

20 世纪 80 年代中期，丹江流域遭受多次暴雨洪水，河堤、耕地、渠道受损严重。这一阶段受灾地区全力以赴投入以恢复水毁河堤、耕地、渠道为中心的农田水利建设。这一阶段农田建设用人较少，规模偏小，发展缓慢。

1989 年，商洛地委、行政公署贯彻《国务院关于大力开展农田水利基本建设的决定》，加强对农田水利基本建设的部署，普遍实行统一规划、连片治理，以村民组或行政村为单位进行会战。丹江流域各县（区）在总结正反两方面经验教训的基础上认为，“农业学大寨”中左的做法应引以为鉴，但是开展大规模农田水利基本建设的巨大成绩是应该肯定的，战天斗地、改造山河的苦干精神是应该发扬的。同时认识到，20 世纪 80 年代以后对农田水利在山区建设的战略地位认识不足，包产到户后工作放松。在提高认识的基础上，对 1989 年冬季农田水利基本建设作了全面部署，进行了广泛动员。

自 1990 年开始，陕西省人民政府开展“水利振兴杯夺杯竞赛活动”，有着修田造地传统的商洛人民，再次掀起农田水利基本建设的高潮。农田基建效益和质量都上了一个新台阶。1992—1995 年，商洛地区行政公署连续 4 年获得陕西省人民政府“水利振兴杯”；2006—2008 年，商洛市人民政府连续 3 年获得陕西省人民政府“水利振兴杯”；1991—1997 年，商南县人民政府连续 7 年获得陕西省人民政府“水利振兴杯”；2003—2005 年，商南县人民政府连续 3 年获得陕西省人民政府“水利振兴杯”；1998—2001 年，丹凤县人民政府连续 4 年获得陕西省人民政府“水利振兴杯”；2007—2009 年，丹凤县人民政府连续 3 年获得陕西省人民政府“水利振兴杯”；2004—2006 年，商州区人民政府连续 3 年获得陕西省人民政府“水利振兴杯”；2007—2009 年，山阳县人民政府连续 3 年获得陕西省人民政府“水利振兴杯”。

依据商洛地区水利局基本农田安排意见，丹凤县水利和基本农田建设成为商洛市典型：抓一江（丹江两岸）三河（银花河、老君河、武关河）五条线（丹竹线、丹峦线、丹庾线、丹寺线、312 国道沿线）。按照长藤结瓜，串珠形摆布，一面坡、一条沟，集中连片，适度规模，保证质量，注重效益的原则，建设重点放在沿公路、沿川道、沿沟道的迎川面，主攻坡座子、假坪地，坚持按山系，按流域规划。实行山水田林路综合治理，建设高标准的石坎梯田和旱涝保收田。水利建设方面，对已成工程要搞好渠道维修、清淤，机井、抽水站等工程的设施配套，充分发挥商镇、竹林关两大灌区和重点水库的作用，搞好土地平整，打畦子以备冬灌。

1991 年冬，丹江流域各县区投入农田基建，加工提高基本农田、整修加固河堤、治理水土流失。10—12 月，仅丹凤县群众筹集抗旱资金 26.62 万元，整修、新增渠道 86.98 千米，新打机井 72 眼，修复抽水站 17 座，动用水利设施 650 处，其中机械设备 259 处，自流渠 352 条，库塘 39 座，抗旱灌溉面积 7.21 万亩，占有效灌溉面积的 161.9%，其中自流灌溉 3.67 万亩，机械设备灌溉 1.35 万亩，担水灌溉 2.19 万亩，群众集资之多、抗旱救灾声势之大、效果之好都超过特大干旱的 1986 年。

1997—1998 年，丹江流域各县组织实施“千井百渠灌溉工程”，建设原则是：乡（镇）规划布点，村组负责落实，群众集资投劳，县上适当补助，单户联户打井，谁打归谁所有，相对集中连片，注重发挥效益。工程所需资金以自筹为主，县、乡（镇）给予鼓励性材料补助。新打机井补助标准是：经水利部门验收达到要求的，井深在 20 米以下每眼补助 500 元，井深 21 ~ 30 米每眼补助 800 元，井深在 31 米以上，每眼补助 1000 元。单井灌溉面积在 10 亩以下的，不予补助。新修渠道补助标准是：凡经水利部门技术人员规划的，所需水泥、爆破器材由县补助 30% ~ 50%。实施“千井百渠灌溉工程”始终坚持“质量第一，效益优先”的原则，各乡（镇）从规划、设计、施工等各个环节入手，严格技术要求组织实施，突出加强现场管理。乡（镇）水管站加强对技术工作的指导，发挥水利工程质量监督人员的作用，严把工程质量关，搞好工程竣工初验，建档立卡，确保了工程建设高标准、高质量、高效益。

1998 年，蔡川镇蔡川村大坪沟小流域、寺坪镇白桑园小流域、马家坪乡水井洼小流域被商洛市评为“精品流域”；马家坪乡小石门南台石坎梯田、花瓶乡花中村石坎梯田被商洛市评为“精品石坎梯田工程”；寺坪镇龙嘴村河堤、竹林关镇老安底河堤被评为“精品河堤工程”。

截至 2000 年，丹江流域“四田”（包括水平梯田、水平埝地、坝地、造田造地）累计保有面积达到 70 多万亩。

三、2001—2020 年农田基建

进入 21 世纪，各级政府进一步加大农田水利建设的投入力度，先后实施一系列改善农村水利基础设施建设的强农惠农项目。

2001 年后，丹江流域农田水利建设坚持高起点、高标准，确保高质量、高效益。重点水利工程全部实行“四制”（项目法人制、招标投标制、建设监理制、合同管理制），全年建设的重点农田水利工程，合格率 100%，优良率 63%。按照陕西省水利厅“南塘、北窖、关中井”的发展战略，掀起修塘、挖窖、打井新高潮，不但解决了大片农田灌溉用水，还解决了 8 万多农村人口的饮水困难。截至 2001 年底，四期农业综合开发建设任务全面竣工，五期农业综合开发项目基本完成，六期农业综合开发工程进展顺利。

2002—2003 年，在水利工程建设中，坚持多部门配合，综合治理，注重水利基础设施的社会公益性，既改善当地的基础设施面貌，又促进当地经济发展，增加居民收入，提高居民生活水平，体现综合治理效果。商州区建成商州杨峪河堡子沟流域等综合效益突出的水利综合工程。丹凤县全年共投入资金 2038 万元，完成土地治理 3 万亩，新修加固河堤 86 千米。五、六期农业综合开发建设项目全面竣工，顺利通过国家验收，七期农业综合开发建设项目完成。累计投工 267 万个，实施农业生态工程项目 3.2 万亩。

2003 年，各县累计完成项目总投资 910 万元，投工 18 万个，项目区新建河堤 23.2 千米，排洪渠 8 千米，村庄路、田间耕作路 3 千米，修梯田埂 17 千米。

2004—2005 年，以重点水利工程为示范，辐射带动面上农田水利工程建设。开展水利管理改革，实行水利一体化，完成商洛市2500余处“五小”水利工程改制。2006年，商洛市委、市政府相继发布《商洛市水利工程管理体制改革实施意见》和《关于建立农田水利建设新机制，促进我市建设健康发展的实施意见》等多个规范性文件，为商洛市各项水利事业加快发展提供有力政策依据。其中，丹凤县累计完成项目投资518万元，农业生态工程治理面积11000亩，实施中低产田改造6500亩，修建梯田埂25公顷。其他县（区）也完成一定数量的农田建设任务。

2007年，商州、丹凤、商南、山阳新修基本农田6200亩，完成土地复垦3800亩，新增有效灌溉面积2800亩，新建饮水工程160处，解决了3025户1.21万人的饮水困难。2007年11月1日，全省冬春农田水利基本建设现场会在丹凤县召开，对全省冬春农田水利基本建设作了部署。

2008年，各县（区）治理水土流失167平方千米，新建加固河堤58千米，新建基本农田13600亩，新增有效灌溉面积4200亩。2008年以来，丹凤县水利工作紧紧围绕“抗旱夺丰收，防汛保平安，兴业促发展”的工作思路，以深入实践科学发展观、构建可持续发展的生态型和谐水利为目标，生态效益、经济效益和社会效益并重，着力加快农业生产条件、农民生活条件和城乡生态条件的改善。

截至2010年6月底，丹凤县新修基本农田6.8万亩；完成土地复垦3800亩；共建成各类农田水利工程2570处，实施中低产田改造6500亩，修建梯田埂25公顷。修建堰坝27座，新打机井1404眼，增加有效灌溉面积7.65万亩。

2010年10月21日，商洛市冬春农田水利建设现场会在丹凤县召开。来自7县（区）的分管农业副县长及水利局负责同志先后参观了丹凤境内银花河堤修复、竹林关集镇供水修复、大柴沟流域水毁修复、雷家洞综合治理、丹凤东河河堤及铁峪铺河堤修复工程。

截至2022年，丹江流域市县区持续推进中型灌区续建配套与节水改造和小型农田水利建设，流域现状灌溉面积18.01万亩（其中耕地灌溉面积12.23万亩）、节水灌溉面积6.42万亩、高效节水灌溉面积5.87万亩，节灌率35.7%，高效节灌率32.6%。高效节灌率高于全省（32.1%）及全国平均水平（30.2%）。

第二节　改河造地

1950—1978年，丹江流域各县为了扩大耕地面积，开始出现改河工程。商县改河工程有两岔口工程、板桥袁河工程、砚川工程、三岔河工程、北宽坪工程、会峪沟工程等，丹凤县有大峪淹岭改河工程、涌峪乡青峰改河工程、双槽乡何家店改河工程、庾家河页岭改河工程、留仙坪黄冈改河工程、商镇鱼岭改河工程、古路河光明改河工程等，商南县有沭河寺改河造田工程、县河东关改河工程、赵川三官庙乡老府湾改河造田工程、清油河后湾改河工程等。

丹江流域改河造地主要集中在20世纪70年代。1968—1978年间，丹江流域各县改河造田工程有200多处，有成功的，也有失败的。

一、改河形式

（一）裁弯取直

较大的有茶房乡马鞍岭丹江改河工程、土门乡苍垭隧洞改河工程和东毛坪乡锦鱼嘴改河工程。其余大量的是山区炸山改河式的裁弯取直工程。

（二）箍洞造田

在洪水较小的山沟上游，箍成涵洞，洪水行于洞中，洞上覆土造田。如庾家河乡窑沟为其典型工程。

（三）“大河一条线，小河靠边站”

在山区比较大的支流上，修筑河堤，让河水流在一个比较规则的河床里，群众称为“大河一条线”，把较小的河道强迫改在阴坡根，而让土地集中在向阳的地方，山区人民叫“小河靠边站”。

二、商州市改河造地情况

商州市改河造田修地在 100 亩以上的改河工程有：

两岔口工程 1 处，修地 150 亩；

板桥袁河工程 1 处，修地 100 亩；

砚川工程 2 处，修地 120 亩；

三岔河工程 3 处，修地 332 亩；

北宽坪工程 3 处，修地 870 亩；

会峪沟工程 1 处，修地 470 亩。

在施工中，一些地方不算水账，与河争田，任意缩窄河道修地，搞“大河一条线，小河靠边站”，结果适得其反，形成“冬春修，夏秋冲”的局面。当然也不乏成功的范例，迄今保留下来的有两岔口廿沟口、板桥连湾、袁河、砚川东村、会峪沟等工程。其中，会峪沟河改道工程较为艰巨，该工程 1969 年动工兴修，1973 年竣工。在改河工程中，开凿隧道长 310 米，宽 12 ~ 15 米，高 8 ~ 10 米，使会峪河裁弯取直流入丹江，改造旧河道为良田，面积 324 亩。

三、丹凤县改河造地情况

丹凤县改河工程主要有大峪乡垭岭、涌峪乡青峰、双槽乡何家店、留仙坪乡页岭和黄岗、商镇鱼岭、古路河乡光明等大小改河工程 125 处，增加耕地面积 3952 亩。改河工程在许多地方，尤其南北二山起到了一定的作用，修了不少地。但由于违背自然规律，不按科学办事，不顾实际地提出“给洪水让路”，使有的工程所留河道太窄，经不起洪水冲击，有的耗资巨大，收效甚微。

较大的工程如下。

（一）马鞍岭改河工程

该工程位于丹凤县城以西 12 千米处，属茶房乡。丹江在此呈 S 形大弯，总长 5431 米，平均河宽 250 米。进行裁弯取直，可增加耕地 1800 多亩。工程计划分两期完成。第一期打通巩家湾垣，挖去李家垣嘴头，新修万湾河堤，使丹江水流修向北岸，共可增加耕地 1300

亩（万湾新修河滩地 500 亩，合龙口以下至两岭 800 亩）；第二期打通两岭、丹江顺堡子崖直下，可增加耕地 500 亩。新改河道总长为 3210 米，其中开挖长 1186 米，上游最大挖深 15 米，平均挖深 14 米。河槽底宽 62 米，河床比降 1/230，按 20 年一遇洪水设计。过洪流量 1450 立方米每秒，流速 5.14 米每秒，水深 4.55 米，河堤总长 4595 米，堤高 6 米。放淤灌溉进水闸两处，每孔净宽 3.0 米。涵洞分水斗门 30 座，在两岭修公路桥一座，跨度 65 米。改河移民 100 户，移房 476 间。改河总工程量为 108.31 万立方米（一期为 49.4 万立方米，二期为 58.91 万立方米），其中河道开挖 75.8 万立方米，河堤 22.95 万立方米，排洪渠 9.56 万立方米，总需工日 123.6 万个（一期为 59.8 万个，二期 63.8 万个），总计施工材料费 88.18 万元（一期 45.65 万元，二期 42.53 万元）。第二期未进行。

该工程于 1974 年 12 月 11 日动工，历时十余载，仅完成一期工程大部分，河水于 1978 年春合龙，已引入一期工程新河段。花费资金 90 万余元，投工 70 余万个，实际净增土地 730 亩。现大部分已植树，每亩已花去 1009 元资金，花工 959 个。该工程花钱多，投工大，效益小，为今后之鉴戒。

（二）土门苍垭隧洞改河工程

该工程位于土门乡龙王庙河口至高滩银花河段。弯长 2.5 千米，于苍垭开隧洞，使银花河水从隧洞流经，此段银花河河床修成耕地。工程按 20 年一遇洪水设计，过流量为 1000 立方米每秒。进出口各修一道拦河坝，上游拦河坝高达 18 米。设计总方量为 26 万立方米，隧洞开石 8.6 万立方米（洞长 575 米，高 6.5 米，宽 10 米），上下游拦河坝 8.26 万立方米，排洪渠 9.15 万立方米。工程总造价 83.1 万元，总工日 51 万个，可修地 540 亩。该工程于 1971 年 12 月动工，历经 9 年。全社大部分人力都用在开挖隧洞上，才开通了导流洞，共用工 38.7 万个，花费投资和贷款约 34.7 万元（其中贷款 6.6 万元，社筹 2204 元，区筹 1000 元，国家投资 27.74 万元），占设计资金的 47%，已用工占隧洞计划用工的 175%，但隧洞工程量仅完成 23%。1981 年 3 月 24 日，经商洛地区水电局批准，该工程停建，改为在隧洞出口修建电站。该方案需修引水渠 600 米及其他水工、机电设备等。水头 18 米，装机容量 100 千瓦，需投资 20 万元。

（三）毛坪乡绵鱼嘴改河工程

该工程在中央北方农业会议精神感召下，于 1970 年 11 月动工，1980 年春竣工。由两个村合办，投资 5.7 万元，投工 15 万个，完成土石方量 23 万立方米，修成河滩地 154 亩，平均每亩投资 370 元，投工 974 个。116 亩土地种上了水稻。1981 年产水稻 2 万千克，1982 年近 2.5 万千克。1987 年 6 月 5 日，武关河出现 200 年一遇洪水，使全部耕地冲毁后重修。

（四）大峪淹岭改河工程

该工程于大峪沟流入丹江出口处，截断淹岭，取直弯道，使水直流入丹江。该工程于 1958 年 5 月 6 日动工，1959 年竣工，共修滩地 126 亩。1958 年 6 月 28 日及 7 月 9 日曾两次发生爆炸伤亡事故，共受伤 9 人，严重者 1 人，死亡 3 人。中共陕西省委编写的《工作与学习》刊及《陕西农民报》两次报道表彰这一工程。

由于改河工程有的花钱多、投资大而效益小（如巩家湾马鞍岭改河工程）；有的违背自然规律，往往事与愿违，洪涝造成很大损失。故1988—2012年再没有进行过改河工程。

四、商南县改河造地情况

商南县改河造地成功工程如下。

（一）沭河寺改河造田工程

1970年动工，组建了治理县河指挥部，抽调民工2000余人，编为8个民工营，先修筑河堤，开挖河西段改道河槽，1971年沭河寺山垭开山改河工程动工。1972年主体工程完工，新修较高质量旱涝保收基本农田528亩，投工60余万个，投资80余万元。建成商洛地区良种繁育场（耕地420亩），1988年划归县农业局所属；县苗圃场108亩，成为商南县国营农林业良种基地。

（二）县河东关改河工程

1974年春，商南县革命委员会决定对县河东关段进行治理，在县河上河山垭处，开挖一个新河槽与县河公路桥相接，河堤长1500米，拦河堤长120米，高7.5米，新增耕地230亩，同时增加城区面积。主体工程1976年完工，投资17万元，投工3万个。新开河道最大行洪量200立方米每秒，而县河水库最大泄洪量则为500立方米每秒。

（三）赵川三官庙乡老府湾改河造田工程

1969年动工，1972年完工，新修基本农田400余亩，拦河大坝长300米，高5米，顶宽6.5米，底宽9米，开河槽长78米，深21米。由于河槽宽度不够，1975年被洪水冲毁。1990年又加宽河槽，加固拦河坝，修复工程。工程造价15万元，投工10余万工日。

（四）清油河后湾改河工程

1970年动工，新增基本农田130亩。经过10多年的洪水考验，成功的改河工程还有赵川的后川、清油河的磨沟口段、荆家河郭家垭等地。由于缺乏可行性论证，尤其是决策中的官僚主义和好大喜功的思想作风影响，失败的和中途下马报废的工程也有许多，主要有丹江河道水沟滚子线段的龙脖子改河工程、耀岭河口开山改河工程、冷水河马龙滩穿山洞改河工程、湘河老鸦寨斩山改河工程、伞把沟穿山改河工程、清泉八龙庙改河工程等，均造成人力、物力浪费。

第三节　基本农田实施

一、基本农田建设情况

从2006年开始，实施农田水利、基本口粮田、工程维修养护等项目建设，主要项目如下。

（一）省级小型农田水利基本建设补助资金项目

为贯彻落实2005年中央一号文件，陕西省人民政府决定从2006年起，安排省级财政专项资金用于全省小型农田水利基本建设项目资金补助。

2010—2016年，陕西省共下达商洛市省级小型农田水利基本建设补助资金11721.5万元，其中农田资金5595元，小型水利资金1672万元。涉及基本农田建设项目327处、55932亩，其中新修基本农田项目241处、43032亩，改造提高基本农田86处、12900亩；小型水利设施项目31个；新增灌溉面积16530亩，改善提高灌溉面积13642亩。其中商州、丹凤、山阳占60%。

（二）中央财政巩固退耕还林成果基本口粮田建设项目

为加大巩固退耕还林成果工作力度，国家从2008年至2015年实施基本口粮田建设项目。从2012年起，由陕西省人民政府报经国家发展和改革委员会同意，将巩固退耕还林成果基本口粮田项目建设资金用于陕南移民搬迁。

商洛市采取新建、改造提高、田间设施配套、土壤改良配肥地力等综合措施，大力实施巩固退耕还林成果基本口粮田项目建设。2008—2011年，商洛市共建设基本口粮田64.08万亩，完成中央巩固退耕还林成果专项资金3.84亿元，为退耕还林地区“退得下、还得上、稳得住、不反弹”奠定基础。

（三）中央财政小型农田水利重点县建设项目

为了进一步加大现有大中型灌区田间工程和小型农田水利工程的续建、配套和改造力度，水利部、财政部决定从2009年起在全国实施小型农田水利重点县项目建设。

重点县建设总体目标是：基本完成县域范围内主要小型农田水利设施建设任务，初步实现基本农田“旱能灌、涝能排”，使农业生产条件明显改善，农业综合生产能力明显提高，农业抗御自然灾害能力明显增强。

重点县建设内容以现有大中型灌区的田间工程和小型农田水利工程的续建、配套和改造为主，可以因地制宜地适当建设新项目，适度建设小型水源工程和高效节水灌溉工程。其中丹江流域涉及的县（区）有：

2010年，商州区被列为第二批中央财政小型农田水利重点县，自2010年至2012年国家连续投资3年，2013年实施完成，2014年通过省级三年总体验收。

2011年，丹凤县被列为第三批中央财政小型农田水利重点县，自2011年至2013年国家连续投资3年，2014年实施完成。

2014年，商州、丹凤被列为第六批中央财政小型农田水利重点县，自2014年至2016年国家连续投资3年，2016年实施完成。

2016年，商南、山阳被列入新增中央财政小型农田水利项目县。

2017年，商南、山阳被列入新增中央财政小型农田水利项目县。

（四）中央财政统筹资金水利工程维修养护项目

1990年之后，流域各县（区）频繁遭受暴雨洪水袭击，导致大量耕地被毁，多年来新修的农田屡屡一场水灾过后变得荡然无存。加之国家修建铁路、高速公路以及城镇建设占地等因素，2010年以来，农田面积大幅度减少。

为了保证公益性水利工程的正常维修养护和安全运行，充分发挥水利工程的效益，财政部、水利部决定从2011年起实施中央财政补助中西部地区、贫困地区公益性水利工程维修养护项目，专项用于抗旱灌溉工程、水库工程、泵站工程、水闸工程、堤防工程、控导工程等公益性水利工程的维修养护。

截至 2016 年底，商洛市涉及丹江流域的公益性水利工程维修养护项目如下：

2011 年下达商洛市 8 个水管单位 12 个维修养护项目，共计补助资金 323 万元。

2012 年下达商洛市中央财政补助资金 286 万元，涉及商洛市 7 个水管单位 13 个维修养护项目。

2013 年下达商洛市中央财政补助资金 352 万元，涉及商洛市 7 个水管单位 14 个维修养护项目。

2014 年下达商洛市维修养护项目 342 万元，涉及丹江流域的商州、丹凤和市二龙山管理处、市河灌站等项目。

2015 年下达商洛市维修养护项目 727 万元，涉及丹江流域的商州、丹凤、山阳和市二龙山水库管理处等项目。

2016 年中央、省投资商洛市维修养护项目 772 万元，涉及丹江流域的商州、丹凤、商南、山阳和市二龙山水库管理处等项目。

2017 年下达商洛市中央财政补助水利工程维修养护项目资金 620 万元，安排用于商州、丹凤、山阳及二龙山水库的农田水利设施维修养护。

通过多年来中央和省级农田水利项目的实施，丹江流域农田水利建设质量、规模都得到极大提升。但是，20 世纪的过度开发和开采，造成了严重的水土流失，截至 2022 年底，丹江流域特别是两岸耕地大量减少。

二、失误及教训

在“农业学大寨”浪潮中掀起农田基本建设群众运动。力图把农村劳动力集中到农田水利建设上，限制农民搞副业和多种经营，取消集市贸易。忽视水土保持林草措施。集中劳动中推行政治评分，搞平均主义，平调生产队粮、钱、劳力，大大挫伤了农民的劳动积极性，出工不出力，劳动效率低下。同时在农田水利建设中，过分强调人定胜天，想大的，干大的，违背自然规律，造成劳民伤财。农田水利建设中，由于上级要任务搞评比，限时间交任务，开展学比赶帮超，造成只顾数量、忽视质量的倾向。修的梯田、土石坎经不起一般洪水的冲击而重修建。

第三章　水源地保护

丹江水岸线绵长，为让百姓喝上干净水、放心水，近年来，丹江流域各级政府、水利部门高度重视饮用水安全问题，按照《中华人民共和国环境影响评价法》《建设项目环境影响评价分类管理名录》等工作要求，科学规划河湖岸线，强化水源地源头管控，确保水环境容量可控，切实保护丹江流域水环境质量。

第一节　历次保护综述

2007 年，省水利厅组织开展丹江流域综合规划编制工作，于 2011 年编制完成《陕西省丹江流域综合规划报告》。丹江流域各县以水土流失治理为重点，适度加大水资源开发利用力度，在优先解决城乡居民生活用水的基础上，解决区域经济发展用水，采用工程措施和非工程措施，提高商洛市、丹凤县及沿江干流乡镇、农田防洪能力，建设完善防洪安全体系，适度开发水能资源，加强水污染防治，全面保护水资源。

2019 年，《陕西省秦岭生态环境保护条例》明确从“限制开发”变为“保护优先”，将原条例“禁止开发区、限制开发区和适度开发区”对应修改为“核心保护区、重点保护区和一般保护区”，各县对秦岭生态保护进一步加强。

2010 年以来，“一带一路”建设、乡村振兴、农业农村现代化等国家战略，汉江生态经济带发展及新时代推进西部大开发形成新格局等区域协调发展战略实施为丹江流域开发治理保护管理带来了机遇与挑战。

2021 年，《中华人民共和国长江保护法》提出在长江流域开展生态环境保护和修复以及各类生产生活、开发建设活动，应当坚持“生态优先、绿色发展，共抓大保护，不搞大开发”的要求。

2022 年 1 月，完成《陕西省商洛市丹江河道综合治理规划》。

2022 年 8 月，省水利厅印发《关于做好全省流域综合规划修编工作的通知》（陕水规计发〔2022〕76 号），正式启动陕西省丹江流域综合规划修编工作。

2023 年 12 月，分别完成《陕西省丹江流域综合规划报告》《陕西省丹江流域综合规划环境影响报告》《陕西省丹江岸线保护与利用规划》等。规划范围为陕西省丹江流域全域，涉及商洛市商州、丹凤、商南、山阳、洛南 1 市 5 县（区）7 个街道办 37 个建制镇 588 个行政村（社区）。总面积 0.75 万平方千米，其中：商州、丹凤、商南、山阳、洛南 5 县（区）面积占比分别为 29.3%、1.5%、30.9%、30.0%、8.3%。

第二节　岸线划定和岸线保护

一、岸线划定

根据《陕西省丹江岸线保护与利用规划》划界成果，丹江岸线总长 563.99 千米，其中左岸岸线长度 270.94 千米，右岸岸线长度 293.05 千米。岸线边界线划定成果见表 4-3-1。

表 4-3-1　2022 年陕西省丹江岸线边界线划定成果一览表

<table>
<tr><th>行政区</th><th>岸别</th><th>纵向范围</th><th>临水边界线</th><th>外缘边界线</th><th>岸线长度 /km</th></tr>
<tr><td rowspan="8">商州区</td><td rowspan="3">左岸</td><td>丹江源头—板桥镇段</td><td rowspan="8">①丹江源头至二龙山水库段：河道以 10 年一遇洪水位与岸边（或堤防）的交线为分界线。
②庙湾水库库区以正常蓄水位 964.50 米与岸线为分界线。
③二龙山库区以正常蓄水水位 765.0 米与岸线分界线</td><td rowspan="8">①丹江源头至二龙山水库段：腰市镇、板桥镇等已成堤防段河道，按已成护岸或堤防坡脚向外 10 米划定，遇国道、市政道路、大面积房屋以公路内沿和房屋临河侧划定。无堤段河道按 10 年一遇洪水位外扩 5 米与岸边的交线划定。
②庙湾水库以校核洪水位 968.54 米线作为外缘线。
③二龙山水库以校核洪水位 770.39 米线作为外缘线</td><td>40.77</td></tr>
<tr><td>板桥镇—二龙山水库大坝段</td><td>16.00</td></tr>
<tr><td>二龙山水库大坝—孝义镇（商州丹凤交界）段</td><td>45.57</td></tr>
<tr><td colspan="2">左岸合计</td><td>102.34</td></tr>
<tr><td rowspan="3">右岸</td><td>丹江源头—板桥镇段</td><td>39.91</td></tr>
<tr><td>板桥镇—二龙山水库大坝段</td><td>41.78</td></tr>
<tr><td>二龙山水库大坝—孝义镇（商州丹凤交界）段</td><td>47.62</td></tr>
<tr><td colspan="2">右岸合计</td><td>129.31</td></tr>
<tr><td rowspan="8">丹凤县</td><td rowspan="3">左岸</td><td>棣花镇（县界）—丹凤县张家湾村段</td><td rowspan="8">河道以防洪设计水位与陆域或堤防的交线作为临水边界线。
①丹江干流已成堤防工程：商州区城区左岸防洪标准为 50 年一遇；商州区城区右岸防洪标准为 20 年一遇；丹凤县县城防洪标准为 30 年一遇；重点集镇、村防洪标准为 20 年一 遇；农防段堤防防洪标准为 10 年一遇。
②无堤无规划段为 10 年—遇洪水位</td><td rowspan="8">城区河段以河道管理范围线作为外缘边界线，其他河段以河道保护范围线作为外缘边界线。
①商洛市城区段：城区均为有堤段河道，按护岸边向外 20 米或堤防坡脚外 10 米划定。
②商洛市城区下游段：丹凤县县城城区均为有堤段河道，沿湖岸边向外 20 米或堤防坡脚外 10 米划定。
③无堤段河道按 10 年一遇洪水位外扩 20 米与岸边的交线划定</td><td>22.25</td></tr>
<tr><td>张家湾村—竹林关镇区段</td><td>41.94</td></tr>
<tr><td>竹林关镇区—雷家洞村（县界）段</td><td>5.89</td></tr>
<tr><td colspan="2">左岸合计</td><td>70.08</td></tr>
<tr><td rowspan="3">右岸</td><td>棣花镇（县界）—丹凤县张家湾村段</td><td>20.04</td></tr>
<tr><td>张家湾村—竹林关镇区段</td><td>41.84</td></tr>
<tr><td>竹林关镇区—雷家洞村（县界）段</td><td>5.60</td></tr>
<tr><td colspan="2">右岸合计</td><td>67.48</td></tr>
</table>

续表 4–3–1

行政区	岸别	纵向范围	临水边界线	外缘边界线	岸线长度 /km
商南县	左岸	冀家湾村（县界）段—金丝峡镇区段	河道以防洪设计水位与陆域或堤防的交线作为临水边界线。 ①重点集镇、村防洪标准为 20 年一遇；农防段堤防防洪标准为 10 年一遇。 ②无堤无规划段为 10 年一遇洪水位。 ③莲花台水电站以正常蓄水位高程 294.00 米线作为临水边界线	城区河段以河道管理范围线作为外缘边界线，其他河段以河道保护范围线作为外缘边界线。 ①金丝峡、梁家湾等重点集镇、村段按堤防坡脚外 10 米划定。 ②无堤段河道按 10 年一遇洪水位外扩 20 米与岸边的交线划定。 ③莲花台水电站以校核洪水位 296.66 米线作为外缘线	13.70
		金丝峡镇区—过风楼镇太平庄村			26.76
		过风楼镇太平庄村—月亮湾村（省界）段			58.06
	左岸合计				98.52
	右岸	冀家湾村（县界）段—金丝峡镇区段			13.85
		金丝峡镇区—过风楼镇太平庄村			25.43
		过风楼镇太平庄村—月亮湾村（省界）段			56.98
	右岸合计				96.26
合计					563.99

二、岸线保护区管控

根据《陕西省丹江岸线保护与利用规划》划界成果，丹江共划分保护区 6 个（均在商州区），岸线保护区内进行岸线开发利用会对防洪安全、河势稳定、供水安全、生态环境、重要枢纽和涉水工程安全等有明显不利影响。严格控制人为因素对自然生态的原真性、完整性的干扰，不得进行与保护、科学研究无关的活动，严禁滥捕滥采和践踏破坏，禁止破坏天然林和自然遗迹，禁止矿产开发。

（一）生态环境保护区

商州区丹江源头至西沟河段为丹江河源段，部分区域位于秦岭重点保护区范围内，划为岸线保护区，左右岸共 2 个。要求严格遵守《陕西省秦岭生态环境保护条例》《陕西省秦岭生态环境保护总体规划》《商洛市秦岭生态环境保护规划》相关规定；位于生态保护红线内的自然保护地核心保护区原则上禁止人为活动，其他区域严格禁止开发性、生产性建设活动，在符合现行法律法规的前提下，除国家重大战略项目以及因服务地方经济社会发展需要必须建设的穿（跨）越岸线交通运输、通信等公共基础设施项目外，仅允许对生态功能不造成破坏的有限人为活动，主要包括：

（1）零星的原住民在不扩大现有建设用地和耕地规模前提下，修缮生产生活设施，保留生活必需的少量种植、放牧、捕捞、养殖；

（2）因国家重大能源资源安全需要开展的战略性能源资源勘查、公益性自然资源调查和地质勘查；

（3）自然资源、生态环境监测和执法，包括水文水资源监测及涉水违法事件的查处等，灾害防治和应急抢险活动；

（4）经依法批准进行的非破坏性科学研究观测、标本采集；

（5）经依法批准的考古调查发掘和文物保护活动；

（6）不破坏生态功能的适度参观旅游和相关的必要公共设施建设；

（7）必须且无法避让、符合县级以上国土空间规划的线性基础设施建设、防洪和供水设施建设与运行维护；

（8）重要生态修复工程。

（二）水源地保护区

商州区板桥镇至二龙山水库大坝河段为二龙山水库水源地一、二级保护区，二龙山水库大坝至刘湾街道办河段为城市地下水源地一、二级保护区，划为岸线保护区，左右岸共4个。应严格遵守《陕西省饮用水水源保护条例》等相关规定；在地表水饮用水水源二级保护区内，禁止下列行为：①新建、扩建对水体污染严重的建设项目，改建增加排污量的建设项目；②设置化工原料、危险废物和易溶性、有毒有害废弃物的暂存及转运站；③向水体倾倒危险废物、工业固体废物、生活垃圾、建筑垃圾、粪便及其他废弃物；④使用剧毒、高残留农药以及滥用化肥；⑤使用炸药、毒药捕杀鱼类和其他生物；⑥非更新采伐、破坏水源涵养林以及破坏与水源保护相关的植被；⑦其他可能污染、破坏饮用水水源生态环境的行为；⑧设置排污口；⑨新建、改建、扩建排放污染物的建设项目；⑩勘探、开采矿产资源，采砂；⑪堆放化工原料、危险化学品、矿物油类以及有毒有害矿产品；⑫设置畜禽养殖场、养殖小区；⑬新铺设输送有毒有害物品及石油、成品油的管道；⑭使用农药，丢弃农药、农药包装物或者清洗施药器械；⑮建造坟墓，丢弃或者掩埋动物尸体以及含病原体的其他废物；⑯使用不符合国家规定防污条件的运载工具，运载油类、粪便及其他有毒有害物品通过水源保护区。在地表水饮用水水源一级保护区内，除以上禁止的行为外，还禁止下列行为：①新建、改建、扩建与供水设施和保护水源无关的建设项目；②堆放、倾倒生活垃圾等其他废弃物；③停靠与保护水源无关的机动船舶；④从事畜禽养殖、网箱养殖；⑤使用化肥；⑥从事旅游、游泳、垂钓或者其他污染饮用水水体的活动。在地表水饮用水水源一级保护区内，已建成的与供水设施和保护水源无关的建设项目，由县级以上人民政府责令拆除或者关闭。市人民政府应当采取优先实施生态搬迁等措施引导地表水饮用水水源一级保护区内的居民有序迁出。

三、岸线保留区管控

丹江共划分保留区19个（商州区6个，丹凤县4个，商南县9个），岸线保留区规划期内原则上暂不开发，因防洪安全、河势稳定、供水安全、生态环境安全及经济社会发展需要必须建设的防洪工程、河道治理、供水、公共管理、生态环境治理、重要基础设施等工程，须经科学论证，并严格按照法律法规要求履行相关审批程序。

（一）生态环境保护保留区

丹凤县张家湾村至竹林关镇区段为陕西丹凤丹江国家湿地公园湿地保育区，左右岸划为岸线保留区，共 2 个。除进行必要的河道整治、堤防等防洪保安工程建设，河道生态综合治理工程、生态修复工程和必要的引排水、跨河桥梁、管线等基础设施建设外，原则上暂不开发，禁止其他岸线开发活动。

涉及国家水产种质资源保护区的岸线保留区，应严格遵守《水产种质资源保护区管理暂行办法》，禁止在水产种质资源保护区内从事围湖造田、围河造地活动；禁止在保护区内新建排污口；在保护区附近新建、改建、扩建排污口，应当保证保护区水体不受污染。在水产种质资源保护区内从事修建水利工程、建闸筑坝、勘探和开采矿产资源等工程建设的，或者在水产种质资源保护区外从事可能损害保护区功能的工程建设活动的，应当按照国家有关规定编制建设项目对水产种质资源保护区的影响专题论证报告，并将其纳入环境影响评价报告书。

涉及国家湿地公园的岸线保留区，要遵守《国家湿地公园管理办法》要求，保护岸线的稳定，不得随意占用、破坏湿地公园范围。岸线范围内允许开展河道工程建设、生态建设及跨河桥梁设施的建设，禁止其他岸线开发活动。

涉及自然保护区的岸线保留区，要遵守《中华人民共和国自然保护区条例》有关规定，禁止在自然保护区内进行砍伐、放牧、狩猎、捕捞、采药、开垦、烧荒、开矿、采石、挖沙等活动；法律、行政法规另有规定的除外。在自然保护区的实验区内，不得建设污染环境、破坏资源或者景观的生产设施；建设其他项目，其污染物排放不得超过国家和地方规定的污染物排放标准。在自然保护区的外围保护地带建设的项目，不得损害自然保护区内的环境质量。

（二）因现状岸线开发利用条件较差或规划期暂无开发利用需求而划定的保留区

丹江干流部分河段弯道较多，两岸多为山体，经济社会发展水平相对较低，规划期内暂无开发利用需求，划为岸线保留区，共 15 个（商州区 4 个，丹凤县 2 个，商南县 9 个）。规划期内原则上暂不开发，因经济社会发展确需开发利用的，允许开展防洪保安工程建设、生态建设、取排水工程建设及跨河桥梁等重要基础设施的建设，但必须充分论证并按照相关法律法规要求履行相关审批程序。

（三）生态建设需要预留岸段划定的保留区

商州区张村镇至孝义镇（商州丹凤交界）段为商丹一体化地区未来城镇发展的储备空间，保护生态环境、控制村庄发展，为远景城镇拓展预留空间，左右岸划为岸线保留区，共 2 个。允许开展负荷特性目标的防洪、供水、生态修复工程的建设。因经济社会发展确需开发利用的重要基础设施建设，应符合县级以上国土空间规划，经充分论证并按照相关法律法规要求履行相关审批程序，在不影响防洪、河势、供水和生态安全的前提下方可实施。

四、岸线控制利用区管控

丹江岸线控制利用区有 7 个（商州区 2 个，丹凤县 4 个，商南县 1 个）。岸线控制利用区管理重点是严格限制建设项目类型和控制其开发利用强度。在岸线区进行岸线利用活动的，不仅要严格执行有关法律法规规定，还要按照该河段的自然特点和河道特性，理清开发与保护的关系，遵循《陕西省主体功能区规划》等相关要求。因防洪安全、河势稳定、供水安全、生态安全及经济社会发展需要的岸线利用建设项目，须经科学论证，合理开发利用，并按照法律法规要求履行相关审批程序。

（一）控制开发利用强度

岸线控制利用区内应严格控制新增项目，合理控制整体开发规模和强度，减小累积叠加影响。新建和扩建项目必须严格论证，对布局不合理的开发利用项目进行必要的调整，如优化整合、外移搬迁或升级改造等。城区段城市设施建设应给洪水以足够的通道。跨河桥梁的跨度、桥墩规模等不应对该区段的河势有较大影响。严格控制城市生活、生产排污口建设。

（二）生态保护红线管控要求

根据《中共中央办公厅、国务院办公厅关于在国土空间规划中统筹划定落实三条控制红线的指导意见》《自然资源部、生态环境部、国家林业和草原局关于加强生态保护红线管理的通知（试行）》，生态保护红线是国土空间规划中的重要管控边界，应规范管控对生态功能不造成破坏的有限人为活动。涉及生态保护红线内自然保护地核心保护区外的岸线控制利用区，应禁止开发性、生产性建设活动，在符合法律法规的前提下，仅允许以下对生态功能不造成破坏的有限人为活动，主要包括：①管护巡护、保护执法、科学研究、调查监测、测绘导航、防灾减灾救灾、军事国防、疫情防控等活动及相关的必要设施修筑；②原住居民和其他合法权益主体，允许在不扩大现有建设用地、耕地、水产养殖规模的前提下，开展种植、放牧、捕捞、养殖等活动，修筑生产生活设施；③经依法批准的考古调查发掘、古生物化石调查发掘、标本采集和文物保护活动；④按规定对人工商品林进行抚育采伐，或以提升森林质量、优化栖息地、建设生物防火隔离带等为目的的树种更新，依法开展的竹林采伐经营；⑤不破坏生态功能的适度参观旅游、科普宣教及符合相关规划的配套性服务设施和相关的必要公共设施建设及维护；⑥必须且无法避让、符合县级以上国土空间规划的线性基础设施、通信和防洪、供水设施建设和船舶航行、航道疏浚清淤等活动，已有的合法水利、交通运输等设施运行维护改造；⑦地质调查与矿产资源勘查开采；⑧依据县级以上国土空间规划和生态保护修复专项规划开展的生态修复；⑨法律法规规定允许的其他人为活动。

本次岸线功能区范围涉及生态保护红线内除自然保护地外的其他区域，不仅应满足控制利用区的管控要求，同时应严格按照生态保护红线的要求进行管控。功能区内不涉及生态保护红线的区域按照控制利用区的管控要求进行管控，确需开发的项目，应进行详细的分析论证并履行相应的审批程序后方可开发建设。丹江岸线控制利用区管控要求见表 4-3-2。

表 4-3-2　2022 年陕西省丹江岸线控制利用区管控要求

<table>
<tr><th rowspan="2">序号</th><th rowspan="2">县（区）</th><th rowspan="2">岸别</th><th rowspan="2">起止位置</th><th rowspan="2">划分依据</th><th colspan="2">管控要求</th></tr>
<tr><th>准入项目（正面清单）</th><th>限制项目（负面清单）</th></tr>
<tr><td>1</td><td rowspan="2">商州区</td><td>左岸</td><td rowspan="2">刘湾街道办至张村镇段</td><td rowspan="7">①开发利用程度相对较高，避免该河段的过度开发，保障河势稳定、防洪安全、生态安全，应控制开发利用强度；
②丹江湿地生态系统保护</td><td rowspan="7">①已有合法水利、交通运输设施运行、维护和改造；
②建设防洪工程、河道生态综合治理工程；
③滨岸带生态修复工程、环境治理工程、水文及生态监测设施建设；
④必要的引排水口等设施；
⑤绿色有机农业、生态观光农业等生态产业；
⑥不破坏生态功能的适度参观旅游和相关必要的公共设施建设；
⑦符合县级以上国土空间规划的线性基础设施建设（桥梁、管道等）；
⑧其他涉水生态岸线利用、丹江绿色廊道建设项目；
⑨其他符合相关法律法规的行为</td><td rowspan="7">①禁止岸线高强度密集开发项目；
②禁止砍伐林草植被、违法采砂、围河造地、城镇开发建设等破坏生态环境的活动；
③禁止新建、扩建水体污染项目；
④禁止与丹江湿地生态系统保护和管理无关的其他活动；
⑤禁止不符合主体功能定位的建设和开发项目；
⑥其他违反相关法律法规的行为</td></tr>
<tr><td>2</td><td>右岸</td></tr>
<tr><td>3</td><td rowspan="4">丹凤县</td><td>左岸</td><td rowspan="2">棣花镇（县界）至丹凤县张家湾村段</td></tr>
<tr><td>4</td><td>右岸</td></tr>
<tr><td>5</td><td>左岸</td><td rowspan="2">竹林关镇区段</td></tr>
<tr><td>6</td><td>右岸</td></tr>
<tr><td>7</td><td>商南县</td><td>右岸</td><td>金丝峡镇区段</td></tr>
</table>

五、已建水库管控要求

（一）水库库区管控要求

禁止建设影响水库安全运行的项目。按照《水库大坝安全管理条例》，禁止在大坝的集水区域内乱伐树木、陡坡开荒等导致水库淤积的活动；禁止在库区内围垦和进行采石、取土等危及山体的活动。根据《中华人民共和国水法》，禁止在江河、湖泊、水库、运河、渠道内弃置、堆放阻碍行洪的物体和种植阻碍行洪的林木及高秆作物。按照《水功能区监督管理办法》，根据库区段水库功能区的功能定位和分级分类要求，统筹水量、水质、水生态，严格管理和控制涉水活动，促进经济社会发展与水资源水环境承载能力相协调。水库为地表水饮用水水源地的应严格按照《陕西省饮用水水源保护条例》规定执行。

（二）水库工程区管控要求

严格按照《水库大坝安全管理条例》有关规定进行管控。禁止在大坝管理和保护范围内进行爆破、打井、采石、采矿、挖沙、取土、修坟等危害大坝安全的活动；禁止在坝体修建码头、渠道，堆放杂物、晾晒粮草；在大坝管理和保护范围内修建码头、鱼塘的，须经大坝主管部门批准，并与坝脚和泄水、输水建筑物保持一定距离，不得影响大坝安全、工程管理和抢险工作。

六、岸线边界线管控

岸线边界线是整治河道、修建控制引导河水流向、保护堤岸工程的依据。按照流域综合规划、防洪规划、河道整治规划等要求，进行堤防建设、河道整治、河流生态功能保护、滩地合理利用等岸线开发利用，制定水域岸线等水生态空间管控规划时，应与经批准的边界线相协调。任何进入外缘控制边界线以内岸线区域的开发利用行为都必须符合岸线功能区划的规定及管理要求，且原则上不得逾越临水控制边界线。

七、岸线管控能力建设措施

（1）依法建立岸线正、负面清单管理制度，严格分区管理和用途管制，严守生态保护红线，严格项目准入制度，建设项目立项需符合岸线规划要求，严禁建设与岸线规划不符的项目。

（2）逐步采用遥感、遥测等技术手段加强岸线动态监控，推进跨行业、跨部门的岸线资源信息整合与共享，建立基于水利普查等空间数据的“一张图”岸线管理系统，提升岸线管理信息化水平。

（3）加强水利综合执法队伍建设，强化岸线管理执法能力建设，充实执法人员，加强业务培训，增加执法装备，保障工作经费，全面推行岸线管理执法“三项制度”，加大岸线保护管理执法巡查检查，提高岸线管控执法效能。

（4）建立健全跨区域、跨部门联合执法机制，推动流域与区域岸线管理执法联合执法，积极探索水利、交通、住房和城乡建设、自然资源、生态环境与公安、法院等部门联合执法的高效途径，依法维护河湖健康生命。

第三节　南水北调工程

丹江流域属于南水北调中线水源区规划分区中水源地安全保障区，承担着“一泓清水永续北上”的重要任务。南水北调中线干线工程，是国家南水北调工程的重要组成部分，是缓解我国黄淮海平原水资源严重短缺、优化配置水资源的重大战略性基础设施，是关系到受水区河南、河北、天津、北京等省（市）经济社会可持续发展和子孙后代福祉的百年大计。陕西省丹江流域面积 0.75 万平方千米，占南水北调中线水源区总面积的 7.9%，占陕西省南水北调中线水源区面积的 12%；水量占南水北调年总调水量的 4.4%，占陕西省南水北调年调水量的 6.2%。陕西省丹江流域为南水北调中线工程受水区作出了重大贡献。丹江流域，水走东南，北上京津。

一、工程简况

经过 20 世纪 50 年代以来的勘测、规划和研究，在 50 多种比选规划方案基础上，分别在长江下游、中游、上游规划了三个调水区，形成了南水北调工程东线、中线、西线三条调水线路。根据 2002 年国务院批复的《南水北调工程总体规划》，通过东、中、西三条调水线路，与长江、淮河、黄河、海河相互连接，构成中部地区水资源“四横三纵、南北调配、东西互济”的总体格局。

东线工程：从长江下游扬州江都抽引长江水，利用京杭大运河及与其平行的河道逐级提水北送，并连接起调蓄作用的洪泽湖、骆马湖、南四湖、东平湖。出东平湖后分两路输水：一路向北，在位山附近经隧洞穿过黄河，输水到天津；另一路向东，通过胶东地区输水干线经济南输水到烟台、威海。一期工程调水主干线全长 1466.50 千米，其中长江至东平湖 1045.36 千米，黄河以北 173.49 千米，胶东输水干线 239.78 千米，穿黄河段 7.87 千米。规划分三期实施。

中线工程：从加坝扩容后的丹江口水库陶岔渠首闸引水，沿线开挖渠道，经唐白河流域西部过长江流域与淮河流域的分水岭方城垭口，沿黄淮海平原西部边缘，在郑州以西李村附近穿过黄河，沿京广铁路西侧北上，可基本自流到北京、天津。输水干线全长 1431.945 千米（其中，总干渠 1276.414 千米，天津输水干线 155.531 千米）。规划分两期实施。

西线工程：在长江上游通天河、支流雅砻江和大渡河上游筑坝建库，开凿穿过长江与黄河分水岭巴颜喀拉山的输水隧洞，调长江水入黄河上游。西线工程的供水目标，主要是解决涉及青海、甘肃、宁夏、内蒙古、陕西、山西等 6 省（区）黄河上中游地区和渭河关中平原的缺水问题。结合兴建黄河干流上的大柳树水利枢纽等工程，还可以向临近黄河流域的甘肃河西走廊地区供水，必要时也可相机向黄河下游补水。规划分三期实施。

三条调水线路互为补充，不可替代。本着“三先三后”、适度从紧、需要与可能相结合的原则，南水北调工程规划最终调水规模 448 亿立方米，其中东线 148 亿立方米，中线 130 亿立方米，西线 170 亿立方米，建设时间需 40 ～ 50 年。整个工程将根据实际情况分期实施。

二、中线工程

南水北调中线干线工程，是国家南水北调工程的重要组成部分，是缓解我国黄淮海平原水资源严重短缺、优化配置水资源的重大战略性基础设施，是关系到受水区河南、河北、天津、北京等省市经济社会可持续发展和子孙后代福祉的百年大计。中线工程规划分两期实施，先期实施中线一期工程，多年平均年调水量 95 亿立方米，向华北平原北京、天津在内的 19 个大中城市及 100 多个县（县级市）提供生活、工业用水，兼顾农业用水。中线总干渠特点是规模大，渠线长，建筑物样式多，交叉建筑物多，总干渠呈南高北低之势，具有自流输水和供水的优越条件。以明渠输水方式为主，局部采用管涵过水。渠首设计流量 350 立方米每秒，加大流量 420 立方米每秒。

丹江口大坝加高后，丹江口水库正常蓄水位达到 170 米，在此条件下可保证规划调水量。考虑 2020 年发展水平，在汉江中下游适当做些补偿工程，调水到北方地区的同时，保证调出区的工农业发展、航运及环境用水。

2014 年 12 月 12 日 14 时 32 分，南水北调中线工程正式通水。2022 年 11 月，南水北调中线一期工程向河北省输水超 163 亿立方米。2023 年 2 月 5 日 6 时，南水北调东中线一期工程自 2014 年全面通水以来，已累计调水 600 亿立方米。2024 年 3 月 18 日 14 时，南水北调中线累计向北京、天津、河南、河北调水 625.93 亿立方米。统计显示，中线累计向北方 50 多条河流进行生态补水，补水总量近 100 亿立方米，水质始终稳定在地表水环境质量标准Ⅱ类以上，直接受益人口超过 1.08 亿人，沿线 26 座大中城市 200 多个县市区居民优质饮用水能够得到保证，干旱年份一些城市将不再出现“水荒”现象。对于数百万长期饮用高氟水、苦咸水和其他含有害物质的深层地下水的当地农民来说，中线工程将从根本上改善其饮水质量。

三、中线配水方案

南水北调中线工程水量分配方案如下：河南省：37.69 亿立方米；河北省：34.7 亿立方米；北京市：12.4 亿立方米；天津市：10.2 亿立方米。

水价方案：南水北调中线水源工程综合水价为每立方米 0.13 元（含税），干线工程河南省南阳段、黄河南段、黄河北段、河北省、天津市、北京市各口门综合水价分别为每立方米 0.18 元、0.34 元、0.58 元、0.97 元、2.16 元、2.33 元。

四、丹江口水库

丹江口水库是南水北调中线一期工程。丹江口水库始建于 1958 年，1973 年蓄水。水库拦河坝全长 2494 米，设计大坝高 162 米，设计水位 157 米，正常蓄水位 156 米，库区水面 745 平方千米，库容为 174.5 亿立方米。库区最深处达 80 多米，最宽水面近 25 千米，最窄处不足百米。枢纽电站装机 6 台，总容量为 90 万千瓦，是我国目前功能最全、效益最佳的特大型水库，周恩来总理称它为“全国唯一五利俱全的大型水库”。联合国曾两次派团来考察，对其具有发电、防洪、灌溉、航运、养殖、旅游等综合功能惊叹不已，由此它被誉为“中国的阿斯旺水坝”和“流动的黄金海”。

一期工程淹没淅川 362 平方千米的土地（折合 54.3 万亩），淹没淅川老县城和 14 个大小集镇，淹没的村庄、道路、学校、电力和通信线路、水利工程等基础设施，造成直接经济损失按时价折算达 7.4 亿元，从 1959—1971 年，先后 6 次动迁人口 20.2 万人（次），由于返迁和人口自然增长，淅川县现有移民 18.75 万人，占总人口的 26%。

二期工程将大坝加高到 176.6 米，丹江水库水位升至 170 米，库容达到 290.5 亿立方米，淅川再次动迁人口 15.6 万人，淹没土地 22.96 万亩，直接经济损失近 40 亿元。

2010 年，丹江水将从淅川陶岔出发，一路经南阳、郑州等地，穿黄河，沿京广铁路西侧北上，送水至北京、天津及沿线各大中城市。计划年均调水量为 95 亿立方米，将从根本上缓解华北地区的水资源短缺问题。远期调水量可达到 130 亿立方米。丹江水库之所以能作为南水北调中线的水源地，其优势有三：一是水源充足。正常蓄水位 170 米，库容 290.5 亿立方米。二是水质好，无污染。丹江源自深山林间，几乎不受工业污染，加之水源地和水土涵养区加大了环保治污力度，水质清澈透明。经国家卫生部门检测，库区水质目前为Ⅱ类水质。也就是说，可以直接饮用。淅川县委、县政府为保障源头水质，从“十五”规划就制定和实施了生产、生态、生活三位一体，造林绿化、调整种植结构、治理水土流失、治理工业污染四管齐下的战略方针，使丹江水质越来越好，成为京津人民最理想的生活饮用水。三是丹江水库的高程为 170 米，而渠尾北京团城湖的高程不到 50 米，两地落差很大，全线可自流输水，不需要动力提灌加压，减少了巨额投资。

第四章　水环境整治

丹江流域全境位于秦岭生态环境保护范围，占陕西省秦岭生态环境保护范围的13%，流域内核心保护区和重点保护区面积占流域面积的30%；是秦岭国家生态安全屏障及“中央水塔”的重要组成部分，属于国家主体功能区划中的秦岭—大巴山水源涵养区的陕西省秦岭山地水源涵养区，生态功能重要。流域涉及5个县（区），商南、山阳和丹凤部分镇为省级重点生态功能区。流域内有国家、省级自然保护区2处，国家级水产种质资源保护区1处，国家公园1处，国家、省级地质自然公园2处，国家、省级森林自然公园5处，国家级湿地自然公园2处，国家级水利风景区4处，水环境、水生态功能非常重要。

第一节　水环境保护

一、水环境现状

（一）污染源现状

根据《商洛市水资源保护利用规划》，结合现场调查，陕西省丹江流域主要入河排污口共10个。其中，工业企业污水排污口2个，生活排污口3个，混合排污口5个。详见表4–4–1、表4–4–2。现状水平年废污水排放量2483万吨每年，城镇生活和工业等COD和氨氮排放量分别为749.97吨每年和78.41吨每年，其中：城镇生活COD和氨氮排放量分别为639.65吨每年和67.01吨每年，工业COD和氨氮排放量分别为110.32吨每年和11.4吨每年。

表4–4–1　2022年陕西省丹江流域生活排污口基本情况一览表

排污口名称	排污口位置	受纳水体
商洛桑德水利有限公司入河排污口	109° 05′ 03″ E33° 30′ 30″ N	丹江
商州区夜村污水处理厂混合废污水排污口	110° 08′ 45″ E33° 45′ 17″ N	丹江
丹凤县污水处理厂入河排污口	110° 19′ 54.4″ E33° 40′ 08.39″ N	丹江
竹林关镇污水处理厂混合废污水入河排污口	110° 26′ 25″ E33° 28′ 26″ N	丹江
商南县污水处理厂入河排污口	109° 51′ 42″ E33° 28′ 02″ N	县河
高坝店镇污水处理厂入河排污口	109° 48′ 23″ E33° 31′ 21″ N	银花河

续表 4-4-1

排污口名称	排污口位置	受纳水体
中村镇污水处理厂入河排污口	110° 13′ 05.20″ E33° 27′ 09.14″ N	银花河
银花镇污水处理厂入河排污口	110° 15′ 36.97″ E33° 27′ 04″ N	银花河

表 4-4-2 2022 年陕西省丹江流域工业污染源数量一览表

排污口名称	排污口位置	受纳水体
陕西锌业公司丹江入河排污口	110° 00′ 25″ E33° 49′ 55″ N	丹江
商洛市比亚迪实业有限公司入河排污口	110° 01′ 52.4″ E33° 48′ 33″ N	丹江

（二）地表水环境质量现状

丹江水质总体较好，干流 7 个水质监测断面，除丹凤县国控断面水质为Ⅲ类外，其余 6个断面（包括丹江湘河河段出省断面）水质均达到Ⅱ类。丹江支流麻街河、南秦河、银花河、滔河水质较优，各监测断面水质均达到Ⅱ类。流域共 20 个一级水功能区，水质监测断面覆盖率达到 55%，已设置监测断面的水功能区水质达标率达到 100%。流域内 4 个县级以上集中式饮用水水源地水质保持稳定，水质达标率 100%。2021 年陕西省丹江水功能区水质总体达标率 100%。陕西省丹江水质现状评价见表 4-4-3。

表 4-4-3 2022 年陕西省丹江水质现状评价一览表

水系	点位	断面所在地	控制级别	断面水质	水质功能标准	达标情况
丹江	峡口	商州区	省控	Ⅱ	Ⅱ	达标
	麻街	商州区	市控	Ⅱ	Ⅱ	达标
	构峪口	商州区	国控	Ⅱ	Ⅱ	达标
	雷家坡	商州区	国控	Ⅱ	Ⅱ	达标
	丹凤下	丹凤县	国控	Ⅲ	Ⅲ	达标
	雷家洞	丹凤县	省控	Ⅱ	Ⅱ	达标
	湘河出境	商南县	省控	Ⅱ	Ⅱ	达标
	淅川荆紫关	淅川县	国控	Ⅱ	Ⅱ	达标
南秦河	杨峪河桥	商州区	省控	Ⅱ	Ⅱ	达标

续表 4-4-3

水系	点位	断面所在地	控制级别	断面水质	水质功能标准	达标情况
银花河	银花河（土门）	丹凤县	国控	Ⅱ	Ⅱ	达标
板桥河	两岔河	商州区	市控	Ⅱ	Ⅱ	达标
滔河	赵川	商南县	国控	Ⅱ	Ⅱ	达标

（三）集中式饮用水水源地水质

陕西省丹江流域集中式饮用水水源地有商州区二龙山水库水源地、商南县县河水库水源地、丹凤县龙潭水库水源地和商洛市城市地下水水源地，如表 4-4-4 所示。

根据《商洛市 2021 年第 1~4 季度环境质量公报》，3 处水库型饮用水水源地各项监测指标均达到《地表水环境质量标准》（GB 3838—2002）Ⅱ类水质标准。1 处地下水水源为商洛市城市地下水水源地，监测点位为商洛市城东和城西两处抽水井，各项监测指标均达到《地下水质量标准》（GB/T 14848—2017）Ⅲ类水质标准。流域县级以上饮用水水源地水质达标率 100%。

表 4-4-4　2022 年陕西省丹江流域县级以上饮用水水源地现状水质情况一览表

序号	水源地名称	所在河流	类型	供水对象	水质现状
1	商州区二龙山水库水源地	丹江	水库型	商洛市市区	Ⅱ
2	商洛市城市地下水水源地	丹江	地下水	商洛市市区	Ⅲ
3	商南县县河水库水源地	县河	水库型	商南县	Ⅱ
4	丹凤县龙潭水库水源地	涌峪河	水库型	丹凤县	Ⅱ

二、水环境保护

（一）秦岭生态保护

按照《陕西省秦岭生态环境保护总体规划》，丹江流域全境位于秦岭生态环境保护范围。按照《商洛市秦岭生态环境保护总体规划》，陕西省丹江流域内核心保护区和重点保护区面积占流域总面积的 30%，一般保护区面积占流域总面积的 70%。分区保护要求及重点任务如下。

1. 核心保护区

核心保护区内山高谷深、水源富集，人类活动微弱。天然植被基本处于原始状态，生态环境良好，生态系统比较单一，抗干扰能力差，具有较高的科学研究和自然生态价值，对于保持秦岭生态环境的系统性、整体性、原真性至关重要。

保护要求。除《陕西省秦岭生态环境保护》另有规定外，核心保护区不得进行与生态保护、科学研究无关的活动。法律、行政法规对核心保护区管理有相关规定的，依照相关规定执行。

重点任务。推进水源涵养和生物多样性保护，保持野生动植物物种和种群平衡，增强森林防火和林业有害生物防治预警能力，减少地质灾害的发生。引导居民逐步有序迁出，逐渐实现污染物“零排放”。依法组织现有不符合管理要求的建设项目限期退出。

2. 重点保护区

重点保护区内生物多样性集中，原始森林和野生珍稀动植物资源丰富，是自然保护区、森林公园、风景名胜区等各类保护区集中区，也是国家南水北调中线工程主要水源涵养区，自然生态环境容易遭受破坏，对于秦岭科学保护和合理利用十分关键。

保护要求。除《陕西省秦岭生态环境保护条例》另有规定外，重点保护区不得进行与其保护功能不相符的开发建设活动，依法禁止房地产开发，禁止新建水电站，禁止新建、扩建、异地重建宗教活动场所，禁止勘探、开发矿产资源和开山采石，严格执行重点保护区产业准入清单制度。法律、行政法规对重点保护区管理有相关规定的，依照相关规定执行。

重点任务。进一步提升对自然生态系统和重要物种栖息地的保护，维护区域生态平衡，实现野生动植物的良性循环和永续利用。落实退耕还林、封山育林、退耕禁牧等措施，增强水土保持能力。推进天然林保护、湿地保护、长防林建设，提高水源涵养功能。依法严厉打击乱捕滥猎等违法犯罪活动。依法组织矿业权等限期退出，加大生态环境修复治理力度。依法组织水电站限期整治或者退出、拆除，恢复生态。编制实用性村庄规划，推广太阳能等清洁能源应用，统一规划建设生活垃圾、污水等处理设施。

3. 一般保护区

一般保护区内自然地理条件相对较好，人口密集、交通发达、产业集中，具有一定的发展空间，是资源环境承载能力相对较强的地区，主要承担实现经济社会高质量发展、促进人与自然和谐共生的功能。

保护要求。区域内各类生产、生活和建设活动应当严格执行《陕西省秦岭生态环境保护条例》和相关法规、规划的规定，严格执行一般保护区产业准入清单制度。

重点任务。牢固树立“共抓大保护、不搞大开发”理念，持续推进生态破坏和环境污染的修复治理，稳步提高森林植被覆盖率，加快小流域综合治理，提高水源涵养能力。依法取得采矿许可证等相关审批手续的矿产资源开发企业，应当按照绿色矿山标准进行建设、生产，采用先进工艺技术和措施，提高资源综合利用率，减少对水体和生态环境的损害，实现废水、废气、重金属等污染物达标排放，固体废弃物按规定处理处置。淘汰高污染、高耗能、高排放落后产能，鼓励发展绿色循环经济，发展以生态旅游为重点的现代服务业，发展生态农业、有机农业，加快经济结构调整和产业优化升级。综合提升城乡给水排水、公厕、道路、电网、污水垃圾处理、水源地保护等基础设施水平。提高地质灾害、气象灾害风险预警水平和崩塌、滑坡、泥石流、山洪等自然灾害的避险撤离能力。

（二）丹江上游水污染防治和水土保持相关要求

根据《丹江口库区及上游水污染防治和水土保持“十四五”规划实施方案》，丹江流域属于南水北调中线水源区规划分区中水源地安全保障区。该区以保障丹江口水库水质安全为目标，以控制入库支流总氮为重点，有效降低污染负荷，提升丹江口水库饮用水水源保护区规范化建设水平，严格生态环境风险管控和应急处置。丹江流域有丹江构峪口、丹江丹凤下、丹江淅川荆紫关、银花河、滔河赵川 5 个控制单元。其中，优先控制单元 4 个，分别为丹江丹凤下、丹江淅川荆紫关、滔河赵川、银花河。丹江丹凤下控制单元治理任务是水质巩固、总氮控制、风险防范；丹江淅川荆紫关、银花河控制单元治理任务是风险防范；滔河赵川控制单元治理任务是水质巩固。对丹江丹凤下、滔河赵川 2 个水质巩固类优先控制单元，制定“一区一策”水体达标方案，倒逼治理有力有效开展；对丹江丹凤下总氮控制类优先控制单元，着力推进农业面源污染综合治理，严控城镇生活污染物进入水体，并选择典型区域开展污染物溯源治理；对丹江丹凤下、丹江淅川荆紫关、银花河 3 个风险防范类优先控制单元，重点加强尾矿库等风险源管控，加强监测及应急处置能力建设。

（三）生态敏感区

丹江流域全境位于秦岭保护范围，涉及的生态敏感区共 16 处。

（1）森林公园。国家级森林公园 1 处（金丝大峡谷国家森林公园），省级森林公园 3 处（江山省级森林公园、陕西玉皇山森林公园、陕西省商山森林公园）。

（2）地质公园。国家级地质公园 1 处（商南金丝峡国家地质公园），省级地质公园 1 处（陕西省丹凤上运石地质公园）。

（3）湿地公园。国家级湿地公园 2 处（陕西商州丹江源国家湿地公园、陕西丹凤丹江国家湿地公园），省级重要湿地 1 处（商洛丹江湿地）。

（4）保护区。国家级水产种质资源保护区 1 处（丹江源国家级水产种质资源保护区），国家级自然保护区 1 处（陕西丹凤武关河珍稀水生动物国家级自然保护区），省级自然保护区 1 处（陕西新开岭省级自然保护区），县级以上饮用水水源保护区 4 处（商州区二龙山水库饮用水水源保护区、商洛市区地下水水源保护区、丹凤县龙潭水库饮用水水源保护区、商南县县河水库饮用水水源保护区）。

三、取排水情况

（一）取水现状总体情况

丹江干流沿线有取水口 3 个，商州区 2 个，丹凤县 1 个。

（二）排污口现状总体情况

丹江干流的入河排污口 10 个。其中，工业排污口 2 个，生活排污口 5 个，混合排污口 3 个。

丹江干流工业污染排放行业主要为冶金、电池及汽车零部件制造等，污染源主要来自商州区的工业集聚区及经济技术开发区。

丹江干流沿岸各县（区）以及棣花镇、商镇、竹林关镇均已经建成生活污水处理厂，生活污水经管网收集后进入污水处理厂处理后排放。

丹江干流排水口、取水口情况见表 4-4-5。

表 4-4-5　2022 年陕西省丹江干流排水口、取水口情况一览表

区段	取水口 / 个	工业排污口 / 个	生活排污口 / 个	混合排污口 / 个
商州区	2	2	1	3
丹凤县	1		4	
商南县				
合计	3	2	5	3

注：本表出自《陕西省丹江流域综合规划环境影响评价水生生态调查与评价专题报告》（2023 年）。

四、水环境保护形势

（一）水资源保护任务依然较重

随着流域经济社会快速发展和人口增长，污染物排放量日益增长，加之乡镇生活污水收集率、处理率低，直排、超排等问题依然存在，清油河、县河等部分支流仍然存在水质污染情况。流域内存在矿区废渣、矿洞涌水等污染问题，如南秦、鱼岭水库上游存在矿区，导致下游水库水质存在锑污染等问题。个别水源地仍存在周边农村生活污染、农业面源污染，未划定水源保护区，水源保护区隔离、警示设施不健全等问题；多数水源地缺乏水污染突发事故应急预案。

（二）水生态保护与修复仍需加强

丹江干支流沿线城区段及重要集镇段由于社会经济快速发展，天然水体、滩涂、林地等生态涵养功能被破坏，水域面积减小，生态自然修复能力下降，难以满足水生生物与栖息地建设条件；沿河岸生态林带及生态堤防建设较少，河道渠槽化现象突出，影响河流自然功能；部分河段过度开垦滩地，河道滩面大量裸露，造成河流湿地退化，水生动、植物等生存空间严重压缩，对生物多样性具有一定的影响。

（三）现状水土流失问题仍较为突出

丹江流域目前仍有 1923 平方千米的水土流失面积亟待治理，水土流失面积占流域总面积的 25%。水土流失类型以轻度侵蚀为主，土壤侵蚀模数一般在 1000 ~ 2500 吨每平方千米年，局部 2500 ~ 5000 吨每平方千米年，少部分高达 5000 ~ 8000 吨每平方千米年。流域存在生态岸线建设率低、生态林带缺少以及各类生产建设活动日益增多的情况，这些极易造成水土流失面积的持续增加。

（四）水资源与水生态保护监测体系依然存在短板

水资源保护监测体系薄弱，丹江主要支流入丹江口处均未布设水质监测断面，饮用水水源地监测体系建设滞后，监测点位、断面、频次严重不足，需进一步补充、完善水资源保护监测站点，加强水资源保护监测能力建设。水土保持监测和信息化工作依然存在短板，流域现有监测点共 3 处，监测站点数量较少、自动化程度不高、年久失修，目前均达不到运行条件。设置监测站点的县（区）均未设置专门的监测机构。流域整体上缺乏完整的监测网络，监测技术力量薄弱、监测手段落后，缺乏统一的数据共享平台。

第二节　水环境防治

一、水环境整治

2018—2020 年间商洛市丹江水功能区水质达标，丹江干流 8 个控制断面水质均达标，市区及各县城集中式饮用水源地水质保持稳定，水源地全部完成达标建设，水质达标率为 100%。2022 年陕西省丹江干流水质监控断面统计见表 4–4–6。

（一）河流水功能区及水质情况

丹江干流共划分一级水功能区 6 个，二级水功能区 2 个。2020 年丹江干流 8 个水功能区达标，为丹江河流水生生态系统改善提供适宜的水环境条件。

（二）饮用水水源地情况

截至 2022 年底，商洛市丹江干流沿岸有城市集中式饮用水水源地 2 处，为二龙山水库饮用水水源地和商洛市地下水水源地，2 处饮用水水源保护区范围均已划定。根据《2020 年陕西省生态环境状况公报》，水源地水质达标率为 100%。

（三）河道水环境情况

丹江干流沿线 548 个行政村基本配备了垃圾清运车及垃圾转运箱，河道范围内垃圾集中堆放，并及时转运处理，河道内基本无明显垃圾，水环境整体较好。丹江干流周边景区严格按照相关规定，定期清理垃圾，并有环卫工人及时清扫路面，河道卫生维持良好。

（四）水环境治理存在问题

（1）丹江作为南水北调工程重要水源，截至 2022 年底，流域内部分县、镇级生活垃圾填埋场运行不规范，存在垃圾未及时覆土碾压、消杀措施不到位、渗滤液不规范收集、渗滤液处理设施冬季停运等问题。

（2）丹江口上游商洛市的 84 座尾矿库中，部分尾矿库建成时间早、设计标准低，不同程度存在泄漏、垮塌等环境风险隐患，停用超过 3 年的尾矿库尚未启动闭库，存在污染与安全隐患。

表 4–4–6　2022 年陕西省丹江干流水质监控断面统计

序号	区（县）	所在水体	断面名称	断面水质		水质功能标准	现状水质达标情况	断面级别	断面类型
				本期	去年同期				
1	商州区	丹江	峡口	Ⅱ	Ⅱ	Ⅱ	达标	省控	
2	商州区	丹江	麻街	Ⅱ	Ⅱ	Ⅱ	达标	市控	
3	商州区	丹江	构峪口	Ⅱ	Ⅱ	Ⅱ	达标	国控	

续表 4–4–6

序号	区（县）	所在水体	断面名称	断面水质		水质功能标准	现状水质达标情况	断面级别	断面类型
				本期	去年同期				
4	商州区	丹江	雷家坡	Ⅱ	Ⅱ	Ⅱ	达标	省控	县域出境
5	丹凤县	丹江	丹凤下 5 千米	Ⅲ	Ⅲ	Ⅲ	达标	国控	
6	丹凤县	丹江	雷家洞	Ⅱ	Ⅱ	Ⅱ	达标	省控	县域出境
7	商南县	丹江	湘河	Ⅱ	Ⅱ	Ⅱ	达标	省控	县域出境
8	淅川县	丹江	淅川荆紫关	Ⅱ	Ⅱ	Ⅱ	达标	国控	

注：本表出自《陕西省丹江流域综合规划环境影响评价水生生态调查与评价专题报告》（2023 年）。

二、水污染防治

2018 年以来，商洛市共整治城市、县城建成区入河排污口 20 个，其中 9 个规模以上入河排污口全部开展在线监测。取缔“10+3”小企业 2 家，关闭采石矿山企业 108 家，整治“散乱污”企业 440 家，淘汰落后生产线 2 条，淘汰落后产能 22.5 万吨，累计实施重点工业技改项目 65 个。商洛市沿江城镇污水处理设施及配套管网基本建成，污水处理厂出水水质稳定达到一级 A 标准，有效减少污水直排入河。2022 年陕西省丹江排污口情况统计见表 4–4–7。

2018—2022 年，商洛市丹江水功能区水质达标，丹江干流 8 个控制断面水质均达标，市区及各县城集中式饮用水水源地水质保持稳定，水源地全部完成达标建设，水质达标率为 100%。丹江多年来生态流量维持稳定，二龙山水库增设生态基流设备，严控把牢生态供水量和城市供水量，确保丹江生态基流不间断。丹江干流设有增殖放流区、丹江国家湿地公园，其中商山段湿地生态修复工程共计恢复退化湿地 110 亩，恢复鸟类栖息地、净化丹江水质，保障河流生态良好。建立了河道常态化巡查监管机制， 水利、自然资源、生态环境、公检法机关等部门的联合执法有序开展，人防、物防、技防等措施逐步增强。

（一）城镇污水处理情况

实施丹江“一河一策（2018—2020 年）” 方案以来，商洛市生态环境局深入开展了入河排污口调查摸底和规范整治专项行动，沿江城镇污水处理设施及配套管网基本建成，污水处理厂出水水质稳定达到一级 A 标准，丹江干流水质持续向好。干流 8 个水质监控断面水质均达到控制标准。

（二）污染源管控情况

（1）入河排污口情况。丹江干流排污口共计 10 个，其中 9 个规模以上排污口监测设施全覆盖，排放水质均达到《汉丹江流域（陕西段）重点行业水污染物排放限值》要求，达标率 100%。

（2）点源污染情况。丹江干流工业污染源主要集中在商州区河段，对丹江水质造成污染的主要是冶金、汽车零部件制造等工业生产，以及城镇生活污水排放。流域内有254个行政村完成了农村污水治理项目，治理率占548个行政村的46.4%。

（3）面源污染情况。来自农药、化肥流失的农业面源污染治理取得初步成效，化肥、农药用量逐步减少。

（三）水污染防治存在的问题

（1）中心城区及城镇污水收集设施建设还不到位。个别镇级生活污水处理厂存在设备检修不及时、污水处理设施运行不正常、污泥处理设施停运等问题。商洛高新区（商丹园区）工业污水处理厂已经建成通水，但污水收集设施不健全。

（2）丹江流域大中型城市和县城分布较少，主要以集镇和农村为主，农村人口较多，面源污染普遍存在。

表4-4-7　2022年陕西省丹江排污口情况统计

县级行政区	岸别	类型	项目名称	形式	坐标		主管部门
					X（经度）	Y（纬度）	
商州区	左	排污口	商洛市商州区陕西锌业公司工业入河排污口	工业	110° 00′ 25″	33° 49′ 55″	陕西锌业公司
	右	排污口	商洛市商州区比亚迪实业公司工业入河排污口	混合	110° 01′ 52″	33° 48′ 33″	比亚迪实业公司
	左	排污口	商洛市商州区沙河子重点镇生活污水排污口	生活	110° 01′ 07″	33° 49′ 10″	商州区沙河子镇政府
	左	排污口	商洛市商州区夜村污水处理厂混合废污水排污口	混合	110° 08′ 45″	33° 45′ 17″	商州区夜村污水处理厂
丹凤县	左	排污口	棣花镇污水处理厂生活污水入河排污口	生活	110° 11′ 31″	33° 43′ 20″	丹凤县城管局
	左	排污口	商镇污水处理厂生活污水入河排污口	生活	110° 17′ 01″	33° 41′ 45″	丹凤县城管局
	右	排污口	丹凤县污水处理厂生活污水入河排污口	生活	110° 19′ 54″	33° 40′ 08.39″	丹凤县城管局
	左	排污口	竹林关镇污水处理厂生活污水入河排污口	生活	110° 26′ 25″	33° 28′ 26″	丹凤县城管局

注：本表出自《陕西省丹江流域综合规划环境影响评价水生生态调查与评价专题报告》（2023年）。

（四）水环境保护压力依然存在

流域所在区域总体人口密度小，经济欠发达，大中城市少，以乡镇和农村为主，各类工矿企业少，规模以上入河排污口较少，主要水污染源为城镇及农村生活污水、生活垃圾，少量加工业及采矿工业废水，畜禽养殖废污水，农田化肥农药面源污染，农家乐污染等。陕西省丹江干流现状各例行监测断面水功能区水质达标，流域水质总体维持优良状态，但部分支流（如清油河）、个别时段也出现水质不达标现象。随着流域经济社会的发展，流域水环境保护压力依然存在。

（五）生态环境保护仍需加强

陕西省丹江流域是我国南水北调中线水源区规划分区中的饮用水水源地安全保障区，承担着“一泓清水永续北上”的重要任务，流域位于陕西省秦岭生态环境保护范围，并分布有自然保护区、森林公园、水产种质资源保护区等多个生态敏感区，生态环境保护责任重大。流域开发建设年代较早，现状已建成水库工程 22 座，由于部分水库工程建成于 20 世纪，存在生态环境保护措施不完善、增殖放流、栖息地保护等水生生物保护措施不足等问题。同时，流域现状仍有 1923 平方千米的水土流失面积亟待治理，流域水源涵养能力亟须提升。

三、突发性水污染监测

在丹江流域发生突发性水污染事件前后，陕西省水利部门第一时间对水污染主动快速监测，极力保障人民群众安全用水和生态文明建设成果。

（一）丹凤武关“9·29”氰化钠泄漏事件

2000 年 9 月 29 日凌晨 2 时 50 分左右，陕西省丹凤县个体司机胡某由湖北省金牛化工厂拉运 5.2 吨氰化钠，行至丹凤县铁峪铺镇化庙村时翻入铁河，其中 5.1 吨氰化钠泄漏于河道，大部分渗入河床。事故发生后，国家环境保护总局、陕西省水文局、商洛水文局火速派出环境监理人员和环境监测专家赶往事故现场进行处置。陕西省商洛水文局巩中堂局长、王智林副局长带领水质监测人员主动出击，到达事故现场后，及时布设断面，迅速开展水样采集、流量测验等应急监测，及时把水样送至商洛水文水资源局水质科进行水质项目快速检测，同时分频次沿武关河段进行了水质水量跟踪监测，为各级政府有关部门有效控制水污染灾情提供了有力的技术支撑，赢得了中、省领导高度称赞。

（二）商洛市鑫丰源“12·24”金矿尾矿库泄漏事件

2011 年 12 月 24 日上午 10 时许，位于陕西省商洛市商州区杨斜镇的商洛市某矿业开发有限责任公司的金矿尾矿库发生泄漏，24 日下午 3 时 30 分，约有 1500 立方米的废物泄漏，不仅毁坏了耕地近 10 亩，还流入紧邻的乳河，污染了 10 千米长的河道。25 日，泄漏处已被堵住。24 日上午 11 时 50 分，商洛市及商州区安监、环保、经贸、公安、水利，商洛市水文局等有关部门负责人接到报告，赶到现场，商洛市一名副市长现场指挥处置。应急指挥部迅速决定关闭南秦河水库出水口，将泄漏物控制在水库上游。

事故发生后，陕西省商洛市水文局迅速派出水文应急监测队赶赴现场，并分别到尾矿库坝下、乳河、南秦水库入库河段等多点开展水样采集、流量测验等应急监测。根据水质监测结果，指挥部提出应急处置方案。商洛市水文局水质应急监测在关键时刻排得出、顶得上、打得赢，保证测得到、测得准、报得出、报得及时，充分发挥了水文“耳目”“参谋”作用，受到各级领导肯定。

（三）丹江“8·28”锑浓度超标事件

2023 年 8 月 28 日上午 11 时许，丹江出境荆紫关断面锑浓度超标，陕西省商洛水文水资源勘测中心第一时间获悉后，中心主任张权带领水质监测工作人员，携带相关现场检测仪器，立刻赶往事故现场，沿丹江分别设置对照断面、控制断面和削减断面，重点对丹江湘河断面加密监测。整个应急监测过程中，水文监测点位布置和监测频次根据实际情况灵活进行了调整，同时同步加强对上下游、干支流水文参数（水位、流量、流速等）的监测，并密切关注当地天气预报情况，配合相关部门提供水质、水量、泥样同步检测成果，为各级政府有关部门有效控制水污染灾情提供了有力的技术支撑。

在各单位默契协作下，9 月 2 日 8 时，事发点莲花台水库以下断面全部稳定达标 48 小时。本次事件原因为 8 月下旬丹江流域上游普降大雨，大雨挟带部分超标水进入莲花台库区，由于上游来水扰动水库底泥，泄洪时随洪水下泄引发。同时提出莲花台水库下泄流量为 100 立方米每秒，并要求分层进行下泄，水库坝上设置临时添加药剂装置并组织进行安装调试，防止下游断面锑浓度异常升高。

第三节　湿地保护

丹江属汉江水系，水系发育，河网密布，两岸有县河、清油河、武关河、会峪河、老君河、南秦河、银花河等较大的山溪河汇入丹江，又有若干条小支沟组成，流域湿地生态系统面积为 15.21 平方千米，占总面积的 0.20%， 面积相对较小。

一、生态系统结构

（一）植被现状

区域内的湿地生态系统主要分布于丹江及其支流河道周围，常见植被类型主要有马桑灌丛、密蒙花灌丛、野豌豆灌草丛、繁缕灌草丛、芦苇沼泽、酸模沼泽等，常见植物有白花碎米荠、无芒稗、石龙芮、柔毛路边青、具芒碎米莎草等。

（二）动物现状

湿地生态系统中分布的类群以鸟类中游禽、涉禽为主，如赤麻鸭、鸳鸯、赤膀鸭、罗纹鸭、赤颈鸭、白骨顶、黑翅长脚鹬、凤头麦鸡、针尾沙锥、扇尾沙锥、泽鹬、白腰草鹬、矶鹬、夜鹭、池鹭、苍鹭、大白鹭、白鹭、绿翅鸭、绿头鸭、斑嘴鸭、针尾鸭等。此外，部分山溪性湿地生态系统中分布有中国林蛙、隆肛蛙等两栖类。

二、生态系统功能

湿地生态系统面积较小，湿地生态系统内生境单一，动植物种类及数量较少，其生态服务功能不强，主要体现在调蓄洪水、控制土壤、保存动植物资源等方面。

三、湿地保护修复

按照《陕西省湿地保护条例》规定，重点保护陕西丹凤丹江国家级湿地自然公园、陕西商州丹江源国家级湿地自然公园等敏感区，保障白琵鹭、苍鹭等国家重点保护鸟类栖息地环境质量，设立野生鸟类饲养救助站，对伤病鸟类进行救护；加强现有天然湿地的保护，对生态环境恶化和生态功能退化的湿地进行适度生态恢复，采取河道两岸造林、水边植生、水面养萍草、水中建湿地、水下种水草等措施对湿地进行生态修复，保护天然湿地生态系统，改善河流生态功能，逐步提高湿地自我修复能力；结合滩面整治，加快开展湿地修复，在市区南秦新区、商州区沙河子镇采取滩面植生形成水中湿地，吸引群众进入滩面休闲和享受绿色景观。

第五篇　流域综合管理

丹江水利事业，经过历代开拓，特别是新中国成立以来的迅速发展，已经成为商洛国民经济的重要组成部分和行业之一。近年来，丹江流域统筹推进水资源、水生态、水环境、水灾害治理，全面提升流域水安全保障能力，推进南水北调水源区水质持续向好、水源涵养能力不断增强、生态环境持续改善，确保“一泓清水永续北上”。

第一章　工程管理

丹江流域水利工程管理源于民国初年，当时组织名称为“国民政府水利工程管理委员会”。委员会主任由基层选举县长委派，较小工程有管理员，或由地方选举会议管理，或由各村村长兼理。新中国成立后，不断完善管理。2000 年以后，坚持实行“四制”管理，即项目法人责任制、招标投标制、建设监理制、合同管理制，项目管理逐渐规范。

第一节　建设概述

一、1949—1979 年工程管理

新中国成立后，随着水利事业的发展，逐步建立健全四套水利管理机构——行政管理组织（商洛地区水电局、县水电局、镇水管站）、专业管理组织（水电队、防汛办等）、民主管理组织、群众管理组织。

水利工程建设管理是水利行业管理的中心，包括从工程项目管理、资金管理、招标投标管理、施工质量管理、安全管理到竣工验收的全过程管理。

20 世纪 50 年代末至 70 年代末的 20 年间，丹江流域各县农村实行大集体生产体制，动员广大群众投劳兴建的水库、渠道等工程均实行任务层层包干的管理办法，区县、乡村的水利工程多为动员民工投劳兴建，执行任务、工期、质量大包干，资金按工程大小，各级将施工任务分包给公社、大队或企业、事业单位。大型主体骨干工程由专业施工队承担，并委派一定数量的工程技术人员进行质量检查，工程设计比较简单，工程建设管理相对粗放，工程质量要求标准普遍偏低。

丹江流域水利工程长期处于重建轻管局面，缺乏各项工程管理规章制度和科学管理技术，老化失修严重，工程效益不高。

1979 年，在中共十一届三中全会精神指导下，丹江流域各县水利工作重点逐步注重加强经营管理，提高经济效益。逐步建立和完善各项工程管理规章制度，明确了各项工程的管理权限，提高科学管理技术水平。

二、1980—1999 年工程管理

1982 年，流域各县对各类水利工程设施开展“三查三定”（查安全、定标准，查效益、定措施，查多种经营、定综合发展规划），摸清工程现状和存在问题，明确管理方向，建立健全工程管理技术档案和调度运用、检查观测、养护维修、安全保卫、效益调查、经济考核等规章制度。工程管理有专档，现状有图表，工作有日志，运行有记录，资料有分

析。1982 年，推行农业生产责任制，商洛行政公署、各县对各类水利工程设施建立多种形式的承包管理责任制。1983 年 1 月，丹江流域水库管理单位召开灌区代表大会，推行“水库灌溉管理制度”。各县专管机构与主管单位签订责任书，下与管理段、行水员签订承包责任书，其内容包括工程管护、质量标准、灌溉面积、水费征收、完成时间、奖罚等，做到人人定岗定责，责任明确。

20 世纪 80 年代中后期，随着经济体制改革，商洛的水利工程逐步出台一些管理规定，开始推行招标投标制、建设监理制、法人责任制和合同管理制。20 世纪 90 年代以来，工程建设管理实行项目管理和质量监督管理，工程质量和投资效益得到大幅度提升。

1985 年 7 月 31 日，各县下发《关于尽快制止破坏水利设施的通知》，要求区、乡（镇）政府切实重视，组织力量，进行查清。县上组织工作组，查处此项案件。各级政府除召集损坏人办学习班进行思想教育外，还作了赔偿罚款处理，追究法律责任。对已毁坏的设施，能修复的部分进行修复，并进一步落实管理责任制，确立了落实、巩固以承包责任制为中心的工程管理责任制。依法保护水利设施，巩固已成工程效益。

（一）这一时期丹江流域对水利工程管理的基本要求

（1）拥有小水工程所有权、经营权的法人，其职责是按照国家法律法规和条例规定，负责水利工程的检查、观测和经营管理，对工程进行及时维修、养护和保护，保证水利工程设施的正常运行。

（2）经营管理者必须保证在工程用途不变、安全完整的前提下，充分发挥工程效益。在已确定的水利工程保护范围内，一切设施、资产和所有者权益受法律保护，任何单位和个人不得随意侵占与破坏。对侵占、破坏水利设施的违法犯罪行为，应按《中华人民共和国水法》及有关规定条款处理。国家、集体因建设需要对拍卖和“五自”工程设施拆除、变更时，造成损失的要依法合理补偿。经营者必须认真贯彻《中华人民共和国水法》《中华人民共和国防洪法》及有关法规，依法承担有关责任和义务，及时交纳水费和水资源费，服从县、乡（镇）政府及水利部门抗洪、抢险、抗旱救灾的统一调度和指挥，主动接受上级水行政主管部门的检查、指导。

（3）对租赁、承包、经营小水工程者，享有管理使用权、经营权、受益权；对购买和新建工程者享有所有权、经营权、受益权，允许继承。

（二）水利工程管理责任制的四种形式

（1）统一管水，两个结合。各县的灌区和大的河堤、渠道管理单位都采取这种办法。即统一水权管理，实行条条管理与块块管理相结合，专业管理与群众管理相结合。

（2）专职设员，实行“三统”。1983 年以来，各个乡（镇）建立了农田灌溉领导小组，由乡长挂帅，选派基层干部担任村组水利员。对各类水利工程进行了承包，并制定了报酬和奖励。农田灌溉管理实行“三统”。一是统一组织劳力维修水利设施，各户按承包面积承担维修工日；二是统一筹措资金，各户所做工日，年终结算平衡，现金兑现；三是统一用水，灌溉季节由水利员按顺序逐户放水，按亩次收缴水费。

（3）单人承包，实行“三保”。承包人对灌区实行“三保”，一保稻田用水，二保麦田用水，三保加工发电用水。

（4）投工记账，年终结算。大部分机井、抽水站采取这种办法。

在推行农村承包责任制中，有的对水利设施管理责任没有真正落实，各类水利设施人为破坏十分严重。不少机电设备被盗，抽水管道被拆，闸门毁坏，渠道平毁。为进一步加强水利工程管理，狠刹破坏水利设施歪风，1984 年 8 月，商洛地区、各县各区广泛宣传省政府通告、通令和加强河道、堤防管理办法等文件，开展水利工程破坏案件的查处。

三、2000—2011 年工程管理

由于国家对水利工程建设逐步以项目建设形式上报、下达，曾一度出现争项目争资金、不按工程建设项目申报程序办事、乱立项目的现象。按照中、省要求，丹江流域水利工程逐步出台一些管理规定，开始推行招标投标制、建设监理制、项目法人责任和合同管理制（“四制”）。2000 年以来，工程建设管理实行项目管理和质量监督管理，工程质量和投资效益得到大幅度提升。

陕西省水利厅于 2000 年 10 月下发《关于水利工程建设项目报建办法》后，商洛水利工程建设项目坚持实行“四制”管理，项目管理逐渐规范。

在“四制”管理中，坚持把落实和完善项目法人责任制作为规范建设管理的第一抓手，从招标方案审批环节入手进行监督，同时加大对建设项目落实“四制”的检查，要求项目法人由业务能力强、具有管理经验、工作认真负责的行政领导、技术、财务人员组成，确保项目法人具有承担相应责任的能力，同时推行“一县一法人”的集中建设管理模式。针对商洛水利工程规模小、数量多的特点，各县（区）已基本实现同一类别工程“一县一法人”的集中建设管理模式，有效整合建设管理人才资源，提升项目法人的管理能力和水平。根据《水利工程建设监理规定》，商洛市水利工程建设达到要求的项目全部实行监理。

在招投标管理中，商洛水利部门按照《中华人民共和国招标投标法》实施办法，坚持做到：

（1）严格审查核准招标实施方案，依据有关法律法规对水利工程建设招标投标的规定，严格按照制定的招标投标工作“六不准”审批招标实施方案。

（2）坚持招标方案审批制度和依法招标项目未开工承诺书制度，严防规避招标未招标先建设行为，按照省厅“有标必监、违规必查”的要求，积极对开标过程实施行政监督。

（3）在专家抽取开标、评标、结果公示、备案办理等环节，认真履行职责，严格按程序操作。

（4）实行招标结果公示制度，将拟中标单位及其项目负责人等主要人员姓名及执业证号一并公示，加强招标活动社会监督，进一步提升招标活动透明度。

（5）依据陕西省水利厅《关于水利工程开工审批取消后加强后续监管工作的通知》要求，在项目开工备案过程中应附主体工程已签订的监理施工承包协议书，没有签订合同的不允许开工，已开工的责成立即停工整改。

四、2012—2022 年工程管理

2012 年以来，中小河流综合治理大幅度投资建设，陕西省水利部门加强组织领导和协调推动，采取系列有力有效措施，强力推进水利基础设施建设。

（一）强化部署推动

将年度任务精准到具体项目，将工作责任明确到具体单位，构建脉络清晰的项目推进矩阵，建立项目台账，实施清单管理，节点控制到天、责任落实到人，形成上下联动、分工明晰、推进有力的工作格局。

（二）健全工作机制

建立月调度、周会商工作机制，聚焦投资落实、建设进度、质量安全等重点问题和关键环节，实行挂图作战，节点管控，加强分析研判和组织协调，分类施策，及时解决重点难点问题。建立重大工程周报、专报、投资计划执行月报制，及时跟踪掌握项目进展，加强指导督促，全力打通项目推进过程中的堵点。对投资落实和完成情况，每月进行通报排名，层层传导压力。对发现的问题，综合采取通报、约谈、督办等多种方式，督促相关单位抓好整改落实。

（三）加强沟通协调

为加快重大水利工程前期工作，推动项目尽早开工，水利部门与发展和改革、自然资源、生态环境、林草等部门建立重大水利项目推进部门会商机制，主动沟通、联合会商、协同发力，对审批立项中的难点问题一项一项地推、一个环节一个环节地盯，加快要件办理和立项审批进程。特别是对南水北调中线项目，加密会商频次，跟踪督促推进。

（四）畅通融资渠道

深化水利投融资机制改革，聚焦地方政府专项债券、政策性开发性商业性金融支持、政府和社会资本合作（PPP）、投资信托基金（REITs）试点，分别出台指导文件，及时进行部署安排，组织开展大规模培训，覆盖省、市、县。同时，组织金融机构、社会资本方和地方进行项目对接，总结推广各地典型经验和案例，全力指导地方拓展水利基础设施长期融资渠道。

第二节　工程管理

一、水库管理

（一）编制调度运用计划

根据水库工程等级、坝型和挡水、泄水、输水建筑物等基本情况，特征水位、库容、调度参数、建设情况、运行情况等，历史大洪水调度运用和水文气象预报等资料，合理安排水库蓄水、放水，做到排洪、兴利两不误。从 1975 年起，丹江流域各县水库每年汛前编制调度运用计划，按管理权限主报上级水行政部门批准执行，保证水库安全运行。

（二）做好水库观测

观测项目有雨情、水情、库水位、来水量、泄水量，包括大坝安全监测，坡面滑塌，

坝体裂缝、渗水、管涌、漏洞等险情的观测。丹江流域中型、小型水库皆于1974—1975年进行。后因其他原因,观测工作中断。1976年流域内的水库分别进行第一次水库淤积观测。1986年，水库又进行第二次淤积观测。

1992年，中型水库和小（1）型水库由各县水电局主管，部分水库由乡镇管理，还有一部分由村组管理。1993年后，部分水库由灌区管理处主管。2007年，丹江流域分别成立库区管理总站，主要对水库工程进行管理，主要职责是搞好水库工程管理，确保水库工程安全，发挥水库工程防洪抗旱、供水发电的综合效益。

1982—2014年，水库直接由水利部门管理。

2015—2023年，市、县（区）成立河湖长制机构，专门负责河湖管理。

二、渠道工程管理

灌区渠道和建筑物每年冬、春全面整修。5月及11月渠道清淤两次。平时如遇险情，及时进行抢修，以保证渠道行水畅通，闸门启闭灵活。灌区对山水田林路统一规划。设立干、支、斗三级固定渠道，均要求衬砌防渗，分级管理，分段养护。总干渠归水库管理站管护，处理塌方。岁修等费工较多时，由灌区抽调劳力完成任务；干、支渠分别由受益村、组，按灌溉面积多少，划段包干养护；斗渠由所在村民组负责管护。所需材料总干渠、干渠、支渠由水库管理站供应，斗渠由受益村组筹措。灌区每年冬、春、夏三季，按园田化建设标准，坚持平整土地，以提高灌溉效率和灌溉效益。

2013年之后，随着房地产开发的逐渐兴起，丹江流域村管渠道逐渐废弃或被破坏，无人管理。

三、河堤管理

河堤管理基本由该河堤保护区的行政村负责。以商州区候塬村南秦河河堤为例，丹江一级支流南秦河的北河堤，保护候塬村、商洛地区造纸厂、国家变电所、贺嘴村等，南河堤主要保护房湾村、杨峪河公社、王塬村、上赵塬村、下赵塬村、四合村、元明村、周磨村、刘湾村等。

1960年,丹江沿岸成立河堤管理会,河堤管理会是群管组织,在镇党委和政府的领导下，在水利部门的支持下，做了大量的防汛工作。河堤管理会的责任是：派专人巡逻，禁止在河堤附近挖石取沙，保障河堤安全；保护河堤上的树木不受乱砍滥伐，防止牛羊乱啃草木；负责修复小段故障；汛期通报汛情等。

1980年前，丹江沿岸河堤工程由村组摊劳、摊工。

1981年实行土地责任制后，各村摊劳无法解决，河堤委员会处于瘫痪状态，职工解散。

1982—2014年，堤防水库直接由水利部门管理。

2015—2023年，市县区成立河湖长制机构，专门负责河湖管理。

四、饮水工程管理

丹江流域各县城区引水工程管理由商洛地区自来水公司和各县自来水公司负责。自来水公司对管理人员定有工作职责及要求。如对管道工作、稽查人员、水厂运行人员职责及要求人手一册，发放到个人（详见供水工程章节相关内容）。

五、用水管理

1953—1955年，商县军民渠、夜村渠、双惠渠等，丹凤的龙潭渠、商君渠、东惠渠相继通水灌溉。由于是跨村、跨社工程，用水矛盾日渐突出。遂及时成立管理组织，农田灌溉用水坚持“水权集中，统一调配，分级管理，水量预分，定量供应”的原则，制定用水计划和轮水计划，成立浇地组。各用水户有交接手续，基本消灭乱搬、偷水、抢水的不良现象。

1964年，丹凤县商君、东惠二渠，利用渠道落差修建水力发电站加工棉花，按其总收入的5%计征水费。

20世纪70年代，水库通水，错误地认为水源丰富，可以满足灌溉，加上忙于病险库处理，对用水管理工作未引起重视。因此，一度灌溉无制度、用水无计划、调配不合理，有些灌溉面积小，水多用不完，造成冲地、浸路、淹没庄稼；有些渠灌溉面积大，水少不够用，发生争水、偷水、抢水，闹纠纷，通过总结经验教训，为了达到科学用水、计划用水，1987年恢复灌溉计划用水制度。由粗到细，逐步提高。

20世纪70年代后，商县、丹凤、商南水库管理单位向受益社队每年每亩征收固定水费1元；20世纪80年代始，水费有所提高，鱼岭水库按有效灌溉面积每亩年收水费2元，年收入水费2万元，其中32%用于渠道、闸门维修，32%用于管理人员工资补贴，16%作为公共积累，20%上缴管理站。

为合理开发、利用和节约、保护水资源，商洛地区和各县出台用水管理办法，办法出台是根据《中华人民共和国水法》《取水许可和水资源费征收管理条例》《陕西省取水许可制度实施细则》《陕西省水资源费征收使用管理办法》《陕西省节约用水办法》等法律法规的规定。

1973年以来，坚持“降水、土壤墒情、作物生长情况”的测报，为地、县以及灌区指导作物适时灌溉、开展防旱抗旱夺取农业丰收当了重要耳目，提供了可靠情报。

1978年后，丹江流域开展以作物灌溉制度和技术为主的灌溉对比试验，探索小麦、玉米省水高产的客观规律，并结合调查，为总结群众灌溉增产经验、积极指导大面积灌溉发挥了一定作用。

1982年增设了渗灌试验，1984年又增设了果树滴灌试验。上述试验为改进和加强用水管理工作积累了资料。

1982年后，由于农业生产责任制的推行，群众对灌溉积极性日高，由过去的望天等雨、队长派活浇地，变为想方设法灌溉增产。老的管理办法不适应新形势的要求，新的管理方法也未赶上，用水秩序比较混乱，加之山区耕地本来就是多片小，现在把地分成条条溜溜，浇地时各户一哄而上，你争我抢，受益不均衡，渠道到处扒口，水流不到下游。这些情况都在制定出了新的管理办法后得以扭转。

1990年，各县共有各类水利工程1600多处，已落实管理责任制的有1200多处。

20世纪80年代初，丹凤县商镇桃园村周家涧抽水站，承担60亩葡萄园灌溉任务、维护渠道等劳务，由村统一安排劳力，投工记账。年终，将所用工日、资金按灌溉面积分摊到户，兑现结清。这种投工记账、年终结算的形式，适用于无直接经济收入的小型渠道、机井、抽水站等工程。

20世纪80年代中期开始，特别90年代以后，农民没有种地热情，村上没有能力拿出农民工水管员的补贴工资，也不能解决农民工水管人员的口粮问题，所以农民工就要回家种地或者外出打工挣钱，放弃了水管员的工作，水管队伍自行瓦解。

六、污水排放管理

丹江承担着“一江清水送北京”的光荣任务。市、县要求各用户排出的污水也要经过处理。水利部门协同丹凤县环境保护局、工业办、环卫局等单位，对各单位，特别是各工厂、矿山排出的污水要求必须先经过污水处理，达标后再排放。

2011年开始动工在丹江沿岸陆续修建污水处理厂。

第三节 流域规划

秦汉时期，农民即引水浇田，种稻植莲，但均为小型自流渠堰。

唐代至新中国成立前，丹江流域官府承办、群众自发陆续修建渠道、水塘、湖泊、堤防多处，流域规划基本处于无序开发利用状态。

1949年后，丹江流域各地加大水利投资，兴修库、塘、渠、堤等水利工程，提高防御自然灾害的能力，为农业生产丰收提供可靠保证。

1952年，丹江流域水利工程，包括井灌工程逐步从零星分散、盲目建设，逐步转到统一规划、合理布局、规模发展，管理水平日益提高，逐步由粗放管理转到规范科学管理。

1950—1952年，经济恢复及第一个五年计划期间，丹江流域修建地方灌溉工程等。

1956年农业合作化运动中，出现了集体打井、群众农田基建等高潮。

在1958年“大跃进”“人民公社化”和1966年“文化大革命”运动中，丹江流域水利工程既有新的较快发展，又受到高指标、瞎指挥和只讲数量、不求质量等思潮影响。水利工程建设无序混乱，比如打井，村民在房前屋后打井，有的甚至在房子、厨房里面打井。

1964年，省水利厅根据中央“调整、巩固、充实、提高”八字方针，总结经验教训，提出了有计划地进行建设。

1965年，开始贯彻“大寨精神，小型为主，全面配套，加强管理，更好地为农业增产服务”的“三主”水利方针，使水利工程建设呈直线上升趋势。

20世纪50—70年代，由于流域分割管理，政出多门，水利部门对丹江流域规划评价调查研究，大多围绕一些水利工程建设和河道治理等需要而展开，很少涉及流域性、区域性的社会、经济方面的综合规划。

1981年，中共十一届三中全会以后，陕西省丹江流域水利工程建设重点转向质量、管理、效益，提出了落实责任制、搞好完善配套和合理建设等具体要求。但在以后一段时间，由于工程管理机制体制跟不上农村联产承包责任制的新形势，曾出现管理放松、盲目建设、损坏严重等问题。商县、丹凤、商南经过严厉打击破坏水利设施的违法犯罪活动，歪风得到扭转。

2007年，水利部组织开展第一轮流域综合规划编制工作。按照陕西省统一部署（陕政办发〔2007〕154号）,2011年陕西省完成了《陕西省丹江流域综合规划报告》编制，并通过陕西省水利厅技术审查。规划以水土流失治理为重点，恢复改善流域生态环境；适度加大水资源开发利用力度，在优先解决城乡居民生活用水的基础上，解决区域经济发展用水；采用工程和非工程措施，提高商洛市、丹凤县及沿江干流乡镇、农田防洪能力，建设完善防洪安全体系，适度开发水能资源，加强水污染防治，全面保护水资源。由于缺少规划环评，流域综合规划审而未批。

2019年12月，完成《陕西省商洛市丹江河道综合治理规划》，规划以“创新、协调、绿色、开放、共享”的新发展理念为总的指导思想，遵循“节水优先、空间均衡、系统治理、两手发力”治水思路，围绕全面提升国家水安全保障能力这一总体目标，全面提升水旱灾害防御能力、江河湖泊生态保护治理能力，推动新阶段水利高质量发展，为流域经济社会高质量发展提供坚实水利支撑保障。计划通过10年努力，到2030年丹江干流商洛境内全段及南秦河中心城区段防洪减灾能力显著增强，防洪减灾体系更加完善，水生态持续好转，生态系统良性循环，水文化得以充分展现，确保水清、河畅、岸绿、景美，实现人水和谐、城水交融的总体目标。

2020年12月完成《商洛市丹江及水利工程管理范围及保护范围划界报告》，陕西省于2019年初启动了河湖和水利工程管理范围与保护范围划定工作。2019年7月22日，陕西省水利厅与自然资源厅、财政厅、公安厅联合印发了《陕西省河湖和水利工程管理范围与保护范围划定工作方案》（陕水发〔2019〕14号）。2019年9月，陕西省水利厅印发了《河湖和水利工程管理范围及保护范围划界技术指南》（陕水河湖发〔2019〕12号）。商洛市根据水利部及省水利厅的要求，开展了市辖丹江管理范围与保护范围划定工作。商洛市丹江管理范围与保护范围划定工作的顺利完成，为水利部门依法行政提供了前提和基础条件，对进一步加强河道的管理、保证河湖的功能发挥重要的作用。

2022年12月，陕西省完成了《陕西省丹江流域综合规划报告》编制，根据陕西省丹江流域自然本底特征，深入贯彻“节水优先、空间均衡、系统治理、两手发力”治水思路，落实长江大保护、秦岭生态环境保护、丹江口库区及上游生态保护思路和要求，并与商洛市国民经济和社会发展、商洛市国土空间等规划相衔接，以完善流域防洪工程体系、推进水资源综合利用、复苏河湖生态环境、强化流域综合管理等实施路径作为统筹解决水灾害频发、水资源短缺、水生态损害、水环境污染新老水问题的关键和突破点，从而构建陕西省丹江流域开发治理保护整体格局，提升丹江流域水安全保障能力，增强水安全风险防控能力，满足人民群众对持久水安全、优质水资源、健康水生态、宜居水环境的需求，以高质量流域生态保护支撑高质量流域经济发展。

2023年8月《陕西省丹江流域综合规划环境影响评价水生生态调查与评价专题报告》，根据《关于进一步加强水生生物资源保护严格环境影响评价管理的通知》的要求，编制区域、流域、海域的建设、开发利用规划等综合性规划，应依法开展环境影响评价。其中，对水生生物产卵场、索饵场、越冬场以及洄游通道可能造成不良影响的开发建设规划，在环境影响评价中应进一步强化以下内容：

（1）将重要水生物种资源及其关键栖息场所列为敏感目标，开展重要水生物种资源及其关键栖息场所等调查监测，科学客观地评价规划实施可能带来的长期影响，并按照避让、减缓、恢复的顺序提出切实可行的建议和对策措施。

（2）规划涉及水利、水电、航电等筑坝工程的，应调查洄游性水生生物情况，调查影响区域内漂流性鱼卵的生产和生长习性、调查影响区域内水生生物产卵场等关键栖息场所分布状况，全面评估规划实施对洄游性水生生物和生物种群结构的影响。根据以上要求，丹江流域综合规划实施对流域水生生态产生影响，需开展专题论证，通过对丹江流域水生生物、鱼类资源及其重要生境的现状调查，结合规划内容，分析评价规划实施对丹江流域水生生态环境的影响，从生态文明建设、丹江流域生态环境保护和修复等方面出发，提出相应的减缓影响及恢复措施。

2020年11月，陕西省水利厅完成《陕西省丹江岸线保护与利用规划》(简称《规划》)。2021年7月，陕西省渭河生态区保护中心组织召开《规划》专家咨询暨征求意见会议；2021年6—8月，省水利厅就《规划》成果征求了有关厅局、商洛市水利局意见；2022年3月，省水利厅就《规划》成果专题征求了水利部长江水利委员会意见；2022年11月，省水利厅组织召开《规划》审查会议，提出了审查意见，编制单位进行修改完善。2023年1—3月，省水利厅就《规划（报批稿）》成果再次征求了水利部长江水利委员会、有关厅局、沿河各设区市人民政府意见，并进行了修改完善。2023年8月，省水利厅将《规划》成果上报省政府；同月，省政府办公厅将《规划》成果交由省司法厅进行合法性审查，按照相关意见于9月完成修改，形成《规划（报批稿）》。《规划》的现状基准年为2020年，规划水平年为2030年。规划范围为陕西省境内的丹江干流河段，河道总长256千米，左岸岸线长度270.94千米，右岸岸线长度293.05千米，岸线总长563.99千米，涉及商洛市的商州区、丹凤县、商南县等3个县（区）。

2023年12月，陕西省水利厅完成《丹江流域综合规划环境影响评价陆生生态调查与评价报告》。报告遵循“生态优先、确保底线、合理开发、持续改善”的流域高质量、绿色发展理念和要求，合理确定流域陆生生态环境保护定位和环境目标，开展流域陆生生态现状调查、环境影响回顾性评价，分析流域现状陆生生态环境问题及原因，识别规划实施的主要资源、陆生生态、环境制约因素，预测评价规划实施对流域陆生生态系统和环境质量的长期性、累积性、整体性影响；结合区域生态保护要求，论证规划方案环境合理性和潜在生态环境效益，明确不良陆生生态环境影响的减缓措施，从协调流域开发与保护关系的角度，提出规划优化调整建议、陆生生态环境保护对策和管控要求，为规划综合论证及决策和规划实施的陆生生态环境管理提供依据。

2023年12月，陕西省完成《陕西省丹江流域综合规划环境影响报告书》。陕西省为全面贯彻落实“四水四定”要求，落实《陕西省中央生态环境保护督察报告》关于流域综合规划问题整改工作，规范管理流域各项水事活动，统筹协调各方水事利益，确保河流生态健康，保障全省经济社会绿色可持续发展。2022 年 8 月，陕西省水利厅办公室印发关于做好全省流域综合规划编制工作的通知（陕水规计发〔2022〕76 号），正式启动陕西省丹江流域综合规划编制工作。根据《中华人民共和国环境保护法》《中华人民共和国环境影响评价法》《规划环境影响评价条例》《关于进一步加强水利规划环境影响评价工作的通知》等法律法规，环境影响报告书以改善水生态环境质量、维护生态安全为目标，以落实碳达峰碳中和目标和加强生物多样性保护为导向，论证规划方案的环境合理性和社会环境效益，统筹流域治理、开发、利用和保护的关系，提出优化调整建议、不良生态环境影响的减缓措施及生态环境保护对策，推动流域绿色高质量发展，为规划综合决策和实施提供依据，规划范围为陕西省丹江流域全域，涉及商洛市商州、丹凤、商南、山阳、洛南 1 市 5 县（区）7 个街道办 37 个建制镇 588 个行政村（社区）。总面积 0.75 万平方千米，其中：商州区、丹凤县、商南县、山阳县、洛南县 5 县（区）面积占比分别为 29.3%、30.9%、30.1%、8.3%、1.4%。

第二章　水资源管理

丹江流域全境位于秦岭生态环境保护范围，是秦岭国家生态安全屏障及“中央水塔”的重要组成部分，是国家南水北调中线工程水源区。

第一节　水资源配置

一、水资源管理基本情况

20世纪50—70年代，由于水资源分割管理，政出多门，水利部门对水资源的规划评价、调查研究，大多围绕一些水利工程建设和河道治理等需要而展开，很少涉及流域性、区域性的社会、经济方面的综合规划。

1976年，陕西省水文总站设立陕西省水资源保护办公室，陕西省商洛水文勘测大队开始对丹江等水系的水质污染进行调查。

1985年7月，陕西省商洛市成立水资源领导机构。

1988年《中华人民共和国水法》颁布实施后，流域市、县先后成立了水资源管理机构，制定了一批水资源管理法规规章。

1996年，陕西省商洛市、商州市、丹凤县、商南县均成立了水政水资源管理机构。

2002年起，对陕西省丹江流域各县（区）的地下水水位变化开展监测工作；从2013年起，对地下水水质开展监测工作。

2004年开始，对陕西省丹江流域取用水户实行用水计划管理，制定年度用水计划，实行超计划用水累进加价制度。

2005年换发新《取水许可证》以来，截至2016年底，陕西省商洛市已办理取水许可证119个。

2009年起，陕西省商洛市水资源办公室委托商洛水文局，对商洛市主要河流、水库以及水源地的水质进行监测。制定完成商洛市水利局水污染应急预案。

2013年8月，陕西省商洛市人民政府印发《关于下达县区水资源管理控制目标的通知》，建立水资源管理“三条红线”控制指标体系。明确各县（区）用水总量、用水效率、水功能区水质、水源地水质、地下水水位等各项控制目标。为了促进各县（区）政府将最严格水资源管理制度工作落到实处，商洛市发改委、财政局、水利局、环保局、住建局、城管局等十一个部门联合制定了《商洛市实行最严格水资源管理制度考核工作实施细则》。

2014 年，陕西省商洛市政府出台《商洛市地下水管理办法》，这是陕西省最早的地下水规范性管理文件。同年，省政府将入河排污口审查权限下放到市级，市政府又将审批权限下放到县（区）。

2014 年 12 月，陕西省商洛市政府成立以市长为主任、各有关部门主要负责人为成员的《商洛市水资源管理委员会》，进一步加强水资源管理工作，明确各有关部门的责任。商洛市水资源管理委员会的主要职责是落实中、省最严格水资源管理制度，协调指导各县（区）政府、各部门履行各自职责，确保水资源管理目标任务的完成，制定商洛市水资源开发利用、优化配置、节约保护等规划，组织实施和考核各县（区）、各部门最严格的水资源管理制度执行情况；制定商洛市水量分配方案，统筹协调商洛市水资源的调度和配置工作，统筹协调解决跨县（区）、跨流域调水的重大问题，建立和完善水权制度；组织对商洛市水资源的水质、水量、水情进行统一监控出现水资源突发事件时，组织实施水资源市级应急预案。

2014 年底，陕西省商洛市政府从相关部门抽调人员组成考核组，对各县（区）实行最严格水资源管理制度工作进行考核。山阳县政府为优秀单位，其余 6 县（区）政府均为良好单位。

从 2015 年开始对入河排污口设置进行审查，同时对已经设置的入河排污口加强监督管理，按照审批的要求排放污水，各流域出境水水质均能达到水功能区的水质要求。

截至 2023 年底，丹江流域河湖取水口共有 555 个，地表水水源地共有 29 处。

二、水资源综合利用体系

丹江流域水资源开发利用，立足流域水资源禀赋条件，坚持“四水四定”原则，全面加强节水，强化水资源刚性约束；优先保障河流生态用水，严守河流水资源开发利用上限；统筹调配各类水源，优先利用再生水、雨水等非常规水源，合理开发利用当地地表水，严格控制地下水；统筹城市综合生活、农村生活、农业、工业、河道外生态、河道内生态“6 大用户”配置，以水资源可持续利用支撑“以水而定、量水而行”的产业发展布局，促进流域经济社会高质量发展。

聚焦流域发展全局，兼顾生态、发电等用水保障，在节水控水的前提下，科学推进重点水源工程和连通工程建设，优化流域水资源配置格局，增强流域水资源配置能力；重点推进城乡供水一体化、万人规模化农村集中供水工程建设，提高农村供水标准和保障水平；加快城市应急备用水源工程建设，形成多水源、高保障的城市供水格局，增强供水抗风险能力；发展节水型、生态型小型农田水利，实施中型灌区续建配套与现代化改造，完善灌排骨干工程体系，推广高效节水新技术，提高水土资源利用效率；现存二龙山一级水电站、莲花台水电站、鱼岭一级水电站 3 座水电站按照要求下泄生态流量，暂不开发其他水电站；新建何家塬抽水蓄能电站、于坪抽水蓄能电站、鱼岭抽水蓄能电站 3 座。

三、现状供水量

根据《2021 年陕西省水利统计年鉴》及《2021 年陕西省商洛市水利工程供用水量统计报表》，陕西省丹江流域 2021 年各类水源总供水量 1.26 亿立方米，其中地表水供水量 0.86

亿立方米，地下水供水量 0.40 亿立方米，分别占供水总量 的 68.3% 和 31.7%，尚无非常规水利用。流域供水以地表水为主，地下水为辅，但流域内各县（区）供水结构差异较大，商州区、洛南县地表水和地下水供水量基本持平，而丹凤县、商南县和山阳县主要以地表水供水为主。陕西省丹江流域地表水供水中以蓄水工程和引水工程为主，分别占地表水供水量的 46.4%、40.6%，提水工程占地表水供水量的 13%。

四、现状用水量

2021 年陕西省丹江流域各行业总用水量 1.26 亿立方米，按用水户分：城镇综合生活用水量 0.34 亿立方米，占总用水量的 27%，其中以商州区用水量最大；农村生活用水量 0.23 亿立方米，占总用水量的 18.3%；农业用水量 0.45 亿立方米，占总用水量的 35.7%，是丹江流域第一用水大户；工业用水量 0.16 亿立方米，占总用水量的 12.7%；生态环境用水总量 0.08 亿立方米，占总用水量的 6.3%。

五、水资源利用

采用《陕西省第三次水资源调查评价》成果，陕西省丹江流域水资源可利用总量约为 3.78 亿立方米，其中地表水可利用量约为 3.68 亿立方米，地表水资源可利用率 25.3%，地下水可开采量约为 0.14 亿立方米，重复量约为 0.037 亿立方米。陕西省丹江流域水资源可利用总量占陕西省水资源可利用量的 2.67%。具体详见表 5-2-1。

表 5-2-1　陕西省丹江流域水资源可利用量一览表

流域	地表水可利用量 / 万 m^3	地表水资源可利用率 /%	地下水可开采量 / 万 m^3	重复量 / 万 m^3	水资源可利用量 / 万 m^3
丹江	36787	25.3	1415	372	37830

注：本表出自《陕西省丹江流域综合规划报告》（2023 年）。

陕西省丹江流域多年平均水资源总量 14.97 亿立方米，人均水资源量 1604 立方米每人，高于全省 1061 立方米每人的平均水平，但低于全国 2098 立方米每人的平均水平。流域多年平均水资源量 14.97 亿立方米，2021 年供水量 1.26 亿立方米，水资源开发利用率为 8.4%；流域多年平均地表水资源量 14.52 亿立方米，2021 年地表水供水量 0.86 亿立方米，地表水开发利用率为 5.9%；流域多年平均地下水资源量 4.22 亿立方米，2021 年地下水供水量 0.40 亿立方米，地下水开发利用率为 9.5%。因此，陕西省丹江流域地表水资源和地下水资源均尚具有一定的开发潜力。

六、用水管理

丹江流域基本建立覆盖陕西省、市、县（区）三级的水资源管理“三条红线”控制指标体系，水资源管理责任考核纳入省对市、市对县（区）考核评价体系，市、县（区）两级行政区的用水总量得到严格控制。2020 年商洛市用水总量 2.57 亿立方米，较上年度减少 5795 万立方米。

第二节　取水管理

一、取水许可

1988年1月《中华人民共和国水法》颁布以后，陕西省取水许可制度全面推行。1989年，陕西省水利水土保持厅制定了《陕西省取水许可证登记暂行办法》，商洛逐步落实。

1991年1月29日，由陕西省第七届人民代表大会常务委员会第十九次会议通过颁发《陕西省水资源管理条例》，明确规定水行政主管部门负责全省水资源统一管理，对直接从地下或者江河、湖泊取水实行取水许可制度。商洛市各县区制定落实措施。

1993年8月和1994年6月，国务院和水利部分别颁布了《取水许可制度实施办法》《取水许可申请审批程序规定》，为推行取水许可制度提供了法律依据。

1996年5月，陕西省政府根据国务院颁布的《取水许可制度实施办法》，制定颁发了《陕西省取水许可制度实施细则》，进一步推动了全省取水许可制度的全面实施。丹江流域取水许可实行分级限额审批、发证和监督管理的办法，即地表取水口设计流量3立方米每秒的农业取水，日取水量2万立方米以上的工业与城镇生活取水，省政府批准的大中型建设项目取水，以及地下水（含群井，下同）日取水量1万立方米以上的取水，均由省水行政主管部门审批、发证和管理；地表水取水口设计1万～3万立方米每秒的农业取水，日取水量1万～2万立方米的工业与城镇生活取水，以及地下水日取水量0.5万～1万立方米的取水，由商洛地区水行政主管部门审批、发证和管理；商洛地区水行政主管部门审批管理限额以下的取水，由县级水行政主管部门审批、发证和管理；跨行政区域的取水，由所跨行政区域的共同上一级水行政主管部门审批、发证和管理。

1996年，陕西省商洛地区实行由水行政主管部门统一审发取水许可证。

“十五”期间，取水许可管理工作在巩固的基础上向纵深发展，除对城市生活用水、工业用水水源地的新建和改造工程严格审批外，还加强了对县城供水工程建设的登记审批工作。

2000年，丹江流域加强水政水资源基础资料管理，建立健全水资源信息库，开展了地下水超采区划定及管理保护工作。

2002年新修订的《中华人民共和国水法》颁布实施后，丹江流域市、县（区）水行政主管部门以实施取水许可制度为重点，不断强化水资源统一管理。除对城市生活用水、工业用水的新建、改建工程项目严格执行审批手续外，逐步开展对农业用水和水利工程建设的登记工作。

2004年，丹江流域市县按照省水利厅的要求开始对取水许可施行按户管理的办法，严格施行分级管理制度，进一步推动了取水许可制度的全面实施。对新建、改建、扩建项目没有取水许可审批意见的，计划部门一律不予立项；对建设项目无水资源论证报告的，水行政主管部门一律不予审批取水。

2012年，国务院《关于实行最严格水资源管理的意见》下发后，商洛市政府先后制定了《关于实行最严格水资源管理制度的实施意见》《商洛市取水许可管理实施办法》《商洛市水资源管理办法》等规章文件，严格执行建设项目水资源论证制度，推进取水许可台账建设，严格取水许可审批和监督。

2017年8月，《陕西省取水许可管理办法》印发，进一步规范全省取水许可管理工作。主要有以下改革：按照国家“放管服”精神，调整了取水许可管理权限；按照国家水资源监控能力建设要求，对取用水计量设施提出了要同步安装取用水量数据传输设施；按照水生态保护和“河长制”的要求，规定水利水电工程应保证下泄流量达到规定指标。

2018年，商洛市水务局制定了《关于加强水资源管理工作的通知》和《关于下达2018年度取用水计划的通知》，进一步规范取水许可管理工作，强化取水许可监督。

2020年，组织开展取用水管理专项整治行动，核查登记取水口、取水项目等。

二、水资源税费征收

《中华人民共和国水法》第三十四条规定：对城市中直接从地下或者江河、湖泊取水的，可以由省、自治区、直辖市人民政府决定征收水资源费。

1991年1月29日颁布的《陕西省水资源管理条例》第二十三条规定：“对直接从地下或者江河、湖泊取水的单位和个人，征收水资源费。不需要申请取水许可的，免收水资源费。”

1992年10月10日，经省人民政府同意，省物价局、省财政厅、省水利水土保持厅联合制定颁发《陕西省水资源费征收、管理和使用暂行办法》，规定：“凡在本省境内直接从地下或者江河、湖泊取水的单位和个人，均应向水行政主管部门提出取水申请，依法取得水的使用权，并按规定交纳水资源费”，并颁发了《陕西省水资源费征收标准》。

各取水单位应按有关规定编制用水计划，实行计划用水，按实际取水量计收，超计划取水的，对超计划部分实行累进制收费办法。水利水电工程取水的水资源费，由有管辖权的县级以上水行政主管部门的水资源管理机构征收。实行按月征收，10天内向指定银行交纳，逾期不交者，按天征收3‰的滞纳金。水资源费分成比例为：县（市、区）留60%，上交省、地（市）各20%；省辖市和地区直接征收的水资源费留市（地）80%，20%交省；大中型水力发电站水资源费30%留县，20%交地区，50%交省。水资源费由县以上各级水行政主管部门负责征收，财务部门统一管理，实行收支两条线。水资源费使用时，由水行政主管部门提出使用计划，与同级财政部门协商同意后安排使用，并报上级水行政主管部门备案。单项业务支出，县级超过3万元，地（市）超过5万元的，报省水行政主管部门核准。

1982年10月10日，《陕西省水资源费征收管理和使用暂行办法》从征收范围、征收机关、征收标准与原则、收缴管理、使用管理等5个方面作了统一规定。

1993年，商洛地区各县征收水资源费工作全面展开。水资源费主要用于开展水资源调查、评价、规划、供求计划、水源监测、节水、补源回灌、跨地区调水及其他水资源保护措施、水资源管理业务费及人员培训费，综合节水措施、水源工程建设的补助和节水措施贷款的贴息补助，水资源的开发利用，管理保护等新技术的推广宣传等。

1992年10月10日，省物价局、财政厅、水利厅联合制定颁发《陕西省水资源费征收管理和使用暂行办法》及有关规定。商洛市各县区结合实际，制定出具体的水费征收标准。

2005年开始，商洛市各县（区）水资源费征收实行分级征收制度，即将一些重点水资源用水大户明确划归省上征收，其余交由各市县组织征收，同时实行收支两条线的管理办法，将收费纳入各级财政管理范围。

三、水量调度

2006年开始，针对省情水情，陕西省先期启动丹江流域水量调度，有效防止重点河段断流，积累缺水地区江河水量调度经验。

2021年，陕西省将节水工作纳入《陕西省“十四五”水安全保障规划》《陕西省黄河流域生态保护和高质量发展规划》《陕西省实施打赢蓝天绿水净土保卫战工作方案》中，统筹各方力量整体推进；以国家“十四五”节水型社会建设规划为指引，紧密衔接陕西省“十四五”水利发展规划，组织编制全省“十四五”节水型社会建设规划，科学确定了今后一个时期节水工作总体要求和重点任务；起草完成《关于推进全社会节约用水的实施意见》，修订完成的《陕西省节约用水办法》自2022年2月1日起施行，商洛市推动实施节水控水。

陕西省下发《关于进一步加强规划和建设项目节水评价工作的通知》，夯实节水评价审查责任，明晰节水评价范围和重点。2021年，陕西省开展规划和建设项目节水评价217项，核减水量3704万立方米，叫停4个节水评价未通过的项目，有力推动节水评价从建机制向严管理转变。陕西省充分发挥实施国家节水行动方案联席会议工作机制作用，强化会商协调，召开省直16个部门联席会议，研究分解年度实施国家节水行动重点工作任务，联合部署，联动检查，推动任务落实。

四、水资源考核

2013年以后，陕西省人民政府、商洛市相继出台了《陕西省人民政府关于实行最严格水资源管理制度的实施意见》《陕西省实行最严格水资源管理制度考核办法》《商洛市实行最严格水资源管理制度考核办法》《商洛市贯彻最严格水资源管理制度考核办法》等文件，流域内各县（区）印发实行最严格水资源管理制度工作方案，水行政主管部门紧紧围绕用水总量、用水效率、水功能区限制纳污“三条红线”，分别建立符合本区域实际的最严格的水资源管理制度，构建与本区域水资源相适应的指标体系、管理制度、考核办法，并将其纳入省对市、市对县考核评价体系，市、县两级行政区的用水总量得到严格控制。每5年为一个考核期，流域内各市区政府是实行最严格水资源管理制度的责任主体，政府主要负责人对本行政区域水资源管理和节约保护工作负总责。

2014年3月24日，省水利厅、省发改委等十厅局联合印发《陕西省实行最严格水资源管理制度考核工作实施细则》（陕水发〔2014〕9号），标志着陕西省“三条红线”考核工作全面启动实施。流域内各市也对县（区）开始进行考核。考核内容为最严格水资源管理制度目标完成、制度建设和措施落实情况，即用水总量、用水效率、重要水功能区水质达标率、饮用水水源地水质达标、重点区域地下水水位等控制目标完成情况，水资源管理责任和考核制度建设及相应措施落实情况。

第三节 水资源保护

一、水资源保护

（一）水资源总量

丹江流域地下水多为地表水补给，只有下游段淅川境内的丹江鹳河平原和东南部丘陵区有地下水赋存。据《商洛地区水资源调查及水利区划报告》和《淅川县水利志》，丹江流域多年平均地表水径流量为 32.29 亿立方米，地下水为 0.14 亿立方米，合计丹江流域水资源总量为 32.43 亿立方米。其中，荆紫关以上段多年平均径流量为 16.49 亿立方米，最大值为 1964 年的 46.25 亿立方米，最小值为 1978 年的 4.74 亿立方米，丰枯比为 9.76，地下水为地表水的补偿量，不重复统计，合计上游段水资源量为 16.49 亿立方米，下游段为 15.94 亿立方米，其中含地下水 0.14 亿立方米。

（二）用水总量控制情况

丹江流域基本建立覆盖省、市、县（区）三级的水资源管理“三条红线”控制指标体系，水资源管理责任考核纳入省对市、市对县（区）考核评价体系，市、县（区）两级行政区的用水总量得到严格控制。2020 年商洛市用水总量约 2.57 亿立方米，较上年度减少 5795 万立方米。各行业用水量详见表 5-2-2。

表 5-2-2　陕西省丹江流域各行业用水指标一览表

用水类型	用水量 / 万 m^3	占比 /%	较 2019 年减少 / 万 m^3
商洛市用水总量	25726	100	5795
农田灌溉	7606	29.57	1181
林牧渔畜	4878	18.96	240
工业	2895	11.25	2379
居民生活	6924	26.91	1072
生态环境	2294	8.92	779
城镇公共	1129	4.39	144

注：本表出自《陕西省丹江流域综合规划报告》（2023 年）。

二、生态敏感区情况

（一）生态敏感区

丹江干流共涉及生态敏感区 5 个。其中，国家级湿地公园 2 处，省级湿地公园 2 处，国家级水产种质资源保护区 1 处，见表 5-2-3 ～表 5-2-5。

表 5-2-3　陕西省丹江流域国家级湿地公园情况一览表

名称	总面积 /km^2	级别	位置	批准文号
陕西商州丹江源国家湿地公园	20.1	国家级	商州区	林湿发〔2014〕148 号
陕西丹凤丹江国家湿地公园	20.8	国家级	丹凤县	林湿发〔2014〕204 号

注：本表出自《陕西省丹江流域综合规划报告》（2023 年）。

表 5-2-4　陕西省丹江流域省级湿地情况一览表

名称	级别	湿地范围	批准文号
商洛丹江湿地	省级	沿丹江从商州区陈塬街道办事处凤山村到商南县月亮湾村，包括丹江河道、河滩、泛洪区及河道两岸 1 千米范围内的人工湿地	陕政发〔2008〕34 号
商洛二龙山水库湿地	省级	商洛市商州区麻街镇域内，西到铺上村，东到下湾村，南至白岭村北口，包括水库水面及周边 500 米内的沼泽地	陕政发〔2008〕34 号

注：本表出自《陕西省丹江流域综合规划报告》（2023 年）。

表 5-2-5　陕西省丹江流域国家级水产种质资源保护区情况一览表

名称	级别	位置	保护区范围	主要保护对象
丹江源水产种质资源保护区	国家级	凤凰山顶（丹江源头）至二龙山水库大坝段	总长 121.8 千米，总面积 608 公顷，核心区长度 30.8 千米，面积 386 公顷，试验区长度 91 千米，面积 221.6 公顷	鲇鱼、黄颡鱼等

注：本表出自《陕西省丹江流域综合规划报告》（2023 年）。

（二）城市集中式饮用水水源地

丹江干流沿岸重要城市饮用水水源地 3 处，主要为商洛市城东、城西 2 处地下水水源地和二龙山水库地表水水源地。目前，3 处饮用水水源保护区范围均已划定，见表 5-2-6。

表 5-2-6　陕西省丹江干流城市饮用水水源地情况

名称	面积 /km²		设立时间及文号	行政区划	四个坐标 / (°)	备注
	总面积	分区面积				
商洛市二龙山水库饮用水水源地	55.1	一级保护区 6.1；二级保护区 8.5；准保护区 40.5	1997 年 6 月设立，1999 年 6 月经陕西省人民政府批准，2004 年 8 月范围进行了调整，省政府 2007 年 9 月以陕政函〔2017〕125 号文件对其进行审批	商州区塬办事处麻街镇板桥镇 611002	东：110.015；33.929 南：109.915；33.901 西：109.802；33.953 北：109.852；33.981	市级
城市（城东、城西）地下水水源地	1.394	一级保护区 0.104；二级保护区 0.31；准保护区 0.98	1975 年设立取水，1997 年 9 月对水源地进行了保护划分，2004 年 8 月对保护区划分范围进行了调整（商政发〔2004〕86 号）	商州区城关街道办事处 611002	东：109.916；33.865 南：109.936；33.860 西：109.914；33.864 北：109.915；33.900	县级

注：本表出自《陕西省丹江流域综合规划报告》（2023 年）。

三、水域岸线管理

（一）水域岸线管理情况

现状年，各级水利部门完成了河道管理范围划定，经市县人民政府向全社会发布公告，通过实地栽桩亮界明确了水域岸线管控范围，管控面积约 3407 公顷。管控范围内已建防洪工程 134.551 千米，取水工程 3 处，入丹排污口 10 处，拦河建筑物 24 座，涉河桥梁 50 座，水文监测站 2 处，共占用岸线 245.16 千米，占比 43.5%。管控范围内农用地 3335 公顷，建设用地 42 公顷，未利用地 30 公顷（其中水面 27.8 公顷、滩涂 0.03 公顷、其他 2.17 公顷）。为强化水域岸线分区分类管控，省水利厅已编制完成《陕西省丹江岸线保护与利用规划》。

（二）水域岸线管理存在问题

随着丹江“清四乱”活动常态化，丹江干流“四乱”问题已显著减少，但依然有少量乱占、乱堆问题未彻底根除，部分河段存在违法采砂、个别采砂企业违规建设生产、污染防治设施不到位等问题。

四、水污染防治

（一）城镇污水处理情况

实施丹江“一河一策（2018—2020 年）”方案以来，商洛市生态环境局深入开展了入河排污口调查摸底和规范整治专项行动，沿江城镇污水处理设施及配套管网基本建成，污水处理厂出水水质稳定达到一级 A 标准，丹江干流水质持续向好。干流 8 个水质监控断面水质均达到控制标准，见表 5-2-7。

表 5-2-7　陕西省丹江干流水质监控断面统计

序号	地市	县（区）	所在水体	断面名称	断面水质		水质功能标准	现状水质达标情况	断面级别	断面类型
					本期	去年同期				
1	商洛市	商州区	丹江	峡口	Ⅱ	Ⅱ	Ⅱ	达标	省控	
2		商州区	丹江	麻街	Ⅱ	Ⅱ	Ⅱ	达标	市控	
3		商州区	丹江	构峪口	Ⅱ	Ⅱ	Ⅱ	达标	国控	
4		商州区	丹江	雷家坡	Ⅱ	Ⅱ	Ⅱ	达标	省控	县域出境
5		丹凤县	丹江	丹凤下 5km	Ⅲ	Ⅲ	Ⅲ	达标	国控	
6		丹凤县	丹江	雷家洞	Ⅱ	Ⅱ	Ⅱ	达标	省控	县域出境
7		商南县	丹江	湘河	Ⅱ	Ⅱ	Ⅱ	达标	省控	县域出境
8		淅川县	丹江	淅川荆紫关	Ⅱ	Ⅱ	Ⅱ	达标	国控	

注：本表出自《陕西省丹江流域综合规划报告》（2023 年）。

（二）污染源管控情况

（1）入河排污口情况。丹江干流排污口共计 10 个，其中 9 个规模以上排污口监测设施全覆盖，排放水质均达到《汉丹江流域（陕西段）重点行业水污染物排放限值》，达标率 100%。排污口详见表 5-2-8。

（2）点源污染情况。丹江干流工业污染源主要集中在商州区河段，对丹江水质造成污染的主要是冶金、汽车零部件制造等工业生产，以及城镇生活污水排放。流域内有 254 个行政村完成了农村污水治理项目，治理率占 548 个行政村的 46.4%。

（3）面源污染情况。来自农药、化肥流失的农业面源污染治理取得初步成效，化肥、农药用量逐步减少。

（三）水污染防治存在的问题

（1）中心城区及城镇污水收集设施建设还不到位。个别镇级生活污水处理厂存在设备检修不及时、污水处理设施运行不正常、污泥处理设施停运等问题。商洛高新区（商丹园区）工业污水处理厂已经建成通水，但污水收集设施不健全。

（2）丹江流域大中型城市和县城分布较少，主要以集镇和农村为主，农村人口较多，面源污染普遍存在。

表 5-2-8　陕西省丹江排污口情况统计

县级行政区	岸别	类型	项目名称	型式	坐标		主管部门
					X（经度）	*Y*（纬度）	
商州区	右	排污口	板桥镇板桥村污水处理站混合废污水排污口	混合	109° 56′ 57″	33° 57′ 52″	商州区板桥镇政府
	右	排污口	商洛市商州区桑德水利有限公司污水处理厂排污口	工业	109° 05′ 03″	33° 30′ 30″	桑德水利有限公司
	左	排污口	商洛市商州区陕西锌业公司工业入河排污口	工业	110° 00′ 25″	33° 49′ 55″	陕西锌业公司
	右	排污口	商洛市商州区比亚迪实业公司工业入河排污口	混合	110° 01′ 52″	33° 48′ 33″	比亚迪实业公司
	左	排污口	商洛市商州区沙河子重点镇生活污水排污口	生活	110° 01′ 07″	33° 49′ 10″	商州区沙河子镇政府
	左	排污口	商洛市商州区夜村污水处理厂混合废污水排污口	混合	110° 08′ 45″	33° 45′ 17″	商州区夜村污水处理厂
丹凤县	左	排污口	棣花镇污水处理厂生活污水入河排污口	生活	110° 11′ 31″	33° 43′ 20″	丹凤县城管局
	左	排污口	商镇污水处理厂生活污水入河排污口	生活	110° 17′ 01″	33° 41′ 45″	丹凤县城管局
	右	排污口	丹凤县污水处理厂生活污水入河排污口	生活	110° 19′ 54.4″	33° 40′ 08.39″	丹凤县城管局
	左	排污口	竹林关镇污水处理厂生活污水入河排污口	生活	110° 26′ 25″	33° 28′ 26″	丹凤县城管局

注：本表出自《陕西省丹江流域综合规划报告》（2023 年）。

五、水生态修复

（一）生态基流情况

丹江干流属降雨补给性河流，年径流分布与降雨分布趋势相同，干流上取水工程少，水资源开发利用率较低，多年来生态流量维持稳定，按照中央和省、市秦岭区域小水电整治工作要求，商洛市落实二龙山水电站整改任务，增设生态基流设备，保障生态供水量和城市供水量，年均累计生态供水 8000 多万立方米，确保丹江生态基流不间断。

（二）生物多样性

陕西省丹江干流生态状况基本良好，流域内生物资源丰富，根据调研，流域内共有植物种类 1324 种，野生动物 1000 多种。其中，国家二级保护动物有大鲵、水獭以及省级重点保护动物秦巴小鲵、中华鳖等。水中浮游植物以硅藻种类最多，有 40 种之多，其次是绿藻 25 种。鱼类资源丰富，主要有鲤鱼、草鱼、鲢鱼、鳙鱼等。除鱼类外，还有蛙、虾、蟹、蚌等。

（三）水生态修复存在的问题

丹凤下断面控制单元人口相对集中，建设项目较多，该区土壤侵蚀强度为中度和强度，易造成水土流失，对河道生态面貌有一定影响。

六、水环境治理

（一）河流水功能区及水质情况

丹江干流共划分一级水功能区 6 个，二级水功能区 2 个。2020 年丹江干流 8 个水功能区达标，为丹江河流水生生态系统改善提供适宜的水环境条件，详见表 5-2-9。

表 5-2-9　陕西省丹江水功能区水质一览表

一级水功能区名称	二级水功能区名称	起始断面	终止断面	长度 / km	水质目标	水质现状	水质达标情况
商州保留区		河源	二龙山水库	64	Ⅱ	Ⅱ	达标
商州开发利用区	商州城关工业农业用水区	二龙山水库	张村	21.5	Ⅲ	Ⅱ	达标
商州、丹凤保留区		张村	丹凤	51	Ⅱ	Ⅱ	达标
丹凤开发利用区	丹凤工业、农业、景观用水区	丹凤	月日	7	Ⅲ	Ⅱ	达标
丹凤、商南保留区		月日	耀岭河口	75	Ⅱ	Ⅱ	达标
陕豫缓冲区		耀岭河口	荆紫关	33	Ⅱ	Ⅱ	达标

注：本表出自《陕西省丹江流域综合规划报告》（2023 年）。

（二）饮用水水源地情况

截至 2022 年底，商洛市丹江干流沿岸有城市集中式饮用水水源地 2 处，为二龙山水库饮用水水源地和商洛市地下水水源地，2 处饮用水水源保护区范围均已划定。根据《2020 年陕西省生态环境状况公报》，水源地水质达标率为 100%。

（三）河道水环境情况

丹江干流沿线 548 个行政村基本配备了垃圾清运车及垃圾转运箱，河道范围内垃圾集中堆放，并及时转运处理，河道内基本无明显垃圾，水环境整体较好。丹江干流周边景区严格按照相关规定，定期清理垃圾，并有环卫工人及时清扫路面，河道卫生维持良好。

（四）水环境治理存在的问题

（1）丹江作为南水北调工程重要水源，目前流域内部分县、镇级生活垃圾填埋场运行不规范，存在垃圾未及时覆土碾压、消杀措施不到位、渗滤液不规范收集、渗滤液处理设施冬季停运等问题。

（2）丹江口上游商洛市的 84 座尾矿库中，部分建成时间早、设计标准低，存在不同程度泄漏、垮塌等环境风险隐患，停用超过 3 年的尾矿库尚未启动闭库，存在污染与安全隐患。

七、水功能区管理

（一）水功能区划

依据《陕西省水功能区划》，丹江干流及支流板桥河、南秦河、老君河、银花河、武关河、清油河、县河、滔河、黑漆河等支流共划分一级水功能区 20 个，其中保护区 6 个、保留区 9 个、开发利用区 4 个、缓冲区 1 个。另外，一级水功能区的开发利用区又划分为 9 个二级水功能区，其中饮用水水源区 1 个、工业用水区 4 个、农业用水区 4 个。

（二）入河排污口管理

商洛市丹江干流，流经商州、丹凤、商南三县（区）。作为南水北调中线工程重要的水源地，近年来，商洛市继续加大丹江干流入河排污口关停力度，全面取缔非法排污口。根据 2019 年调查结果，目前丹江干流的入河排污口 14 个，年排污量 1810.43 万吨。其中，工业企业污水排污口 2 个，年排污量 192 万吨；生活污水排污口 12 个，年排污量 1618.43 万吨。主要支流排污口已统计 3 个。

（三）地下水超采区治理

为贯彻最严格水资源管理制度，加强地下水的保护和管理，按照《陕西省地下水超采区划定与保护方案》，在对丹江流域历年地下水位动态变化情况进行全面分析的基础上，重新划定超采区，划定标准主要为地下水水位年均下降速率在 0.5 ~ 1 米的区域为一般超采区，大于或等于 1 米的区域为严重超采区。同时结合对 2006 年省政府颁布的地下水超采区进行复核。为切实加强超采区的管理保护，《陕西省地下水超采区划定与保护方案》提出六大具体措施：一是落实行政责任，强化考核管理；二是优化配置多种水源，加强地下水开发利用管理；三是强化水价调控，积极运用经济手段配置水资源；四是加强节水用水，提高用水效率；五是拓展地下水补给途径，有效涵养地下水；六是加快地下水监测站网建设，为超采区治理提供依据。为确保《陕西省地下水超采区划定与保护方案》落实到位，陕西水利部门精心组织，全面部署，加快实施步伐。抓紧制定超采区监管方案，明确细化年度措施和目标，并将地下水超采区治理工作纳入最严格水资源考核内容，确保治理任务如期实现。

第四节　涉河执法监管

一、执法监督

为了更有效地开展好水行政执法工作，丹江流域各县（区）建立健全了一整套监督机制，实行横向到边、纵向到人的监督网络。水政大队与执法科（股）室及执法个人都签订了责任书，实行目标管理，并自觉接受人大、政协及新闻媒体的监督，对人大建议、政协提案及社会公众反映的热点、难点、焦点问题作出解释答复，自觉接受他们的监督。

沿江各级水行政主管部门、河长制办公室应加强河湖水域岸线管理保护，严格水域岸线等水生态空间管控，落实规划岸线分区管控要求，强化岸线保护与节约集约利用。要清理整治违法违规和不符合岸线功能区管控要求的建设项目，组织开展全面清查，制定清退和整改方案，责令限期清退或整改到位。加强水利综合执法队伍建设，及时开展执法巡查和驻守督查，依法从严查处违法行为。加强河湖空间、取排水、水生态、水污染等监督性监测，建立健全监测信息网络，充分运用河长制信息管理平台。拓展、畅通监督渠道，主动接受社会监督，实施社会监督公众参与的奖罚制度，提升监督管理效率。

二、执法监管情况

随着河长制的实施，丹江目前已建立省、市、县（县级市）、镇（办）、村（社区）五级体系，分级明确了目标、任务、责任和保障措施，并纳入年度目标责任考核体系；落实了属地监管责任，市县水利局结合机构改革加强执法队伍建设，配备了GPS、记录仪等执法设备，定期开展执法人员培训，不断提升执法能力；建立了水利、自然资源、生态环境、公检法机关等部门的联合执法机制，加大了执法力度。

三、涉河执法监管存在的问题

（一）跨部门协同机制缺乏实践

目前，各河长办成员单位联系不够密切，对其职能和任务不清晰，各行业“单打独斗”治河模式明显，未能发挥河长制联合执法制度优势。丹江跨省区河长联席会建立缓慢，上下游联防联控机制仍需加强。

（二）智能化信息平台有待加强

丹江管理中水利、生态环境、自然资源、农业农村等部门，在基础数据、河流动态、执法监管、案件查处等方面信息不畅、多头执法、配合不力，导致执法效果不佳。

（三）各级河长办工作人员不足

基层执法力量薄弱，不能适应新形势下河湖管理与执法监管需要。

第三章 河湖长制

2016 年 11 月、2017 年 12 月，中共中央办公厅、国务院办公厅先后印发《关于全面推行河长制的意见》《关于在湖泊实施湖长制的意见》，在全国拉开了全面推进河湖长制的序幕。2017 年 2 月和 2018 年 2 月，陕西省先后印发《陕西省全面推行河长制实施方案》《关于实施湖长制的意见》，并先后举行了陕西省河长制启动暨丹江综合治理动员大会、陕西省湖长制启动暨泾河综合治理动员大会，标志着陕西省实施河湖长制工作全面启动。丹江流域各级党委、政府认真贯彻党中央决策部署和省委、省政府工作要求，迅速制定实施方案，建立健全商洛市、县、乡、村四级河湖长工作体系，全面落实河湖长巡河查河责任，加大河湖“四乱”问题整治力度，持续促进河湖面貌发生根本性改变。

第一节 河湖长制建立

一、丹江河湖长制简况

2014 年 6 月，陕西省商洛市率先推行“政府主导、部门牵头、分级负责、全民参与、社会共管、三级联动”的“河长制”。按流域落实县、镇、村三级河长，层层签订目标责任书，落实三级河长的河道整治、截污纳管、生态修复、水质改善等监管责任，建立河流巡查执法、应急指挥电子信息系统，对水环境保护进行常态化管理。

2015 年 4 月，商洛市政府在镇安召开商洛市河长制管理工作现场会，在商洛市推广实施河长制管理工作。

2017 年 2 月 7 日，陕西省印发《陕西省全面推行河长制实施方案》，召开了陕西省河长制启动暨丹江综合治理动员大会，全面启动河长制工作。

2017 年 6 月 1 日，中共商洛市委办、商洛市政府办印发《商洛市全面推行河长制实施方案》，明确建立区域与流域相结合的三级河长制组织体系，按区域，在市、县（区）、镇（办）行政区域内设立总河长、副总河长，由行政区域党委、政府主要负责同志分别担任；按流域设立河流流域河长，河流所经市、县（区）、镇（办）党委政府为责任主体，分别设立市级河长、县（区）级河长、镇（办）级河长，村（社区）设专管员或巡查员、保洁员。统筹开展好河湖保护管理规划编制、落实最严格水资源管理制度、水污染综合防治、水环境治理、水生态修复、水域岸线管理保护、行政监管与执法、完善河湖保护管理制度等八项工作任务。

2018 年 2 月 24 日，陕西省印发《关于实施湖长制的意见》，举行了陕西省湖长制启动暨泾河综合治理动员大会，全面启动湖长制工作。

陕西省商洛市级总河长、副总河长负责领导商洛市河长制工作，市内主要江河由市级河长负责领导、协调、指导市内河湖的保护管理工作，督导下级河长和市级有关责任单位履行职责。第一总河长由市委主要负责同志担任，并兼任丹江市级河长；总河长由市政府主要负责同志担任，并兼任洛河市级河长；副总河长由市委、市政府分管联系农村农业工作的负责同志担任，并分别兼任金钱河、乾佑河市级河长。2017 年 6 月 7 日，市委编办印发《关于市县区水利系统部分机构调剂增加编制的通知》，为市河道水库管理处调剂增加编制 5 名，为各县（区）水政监察大队调剂增加编制 3 名，所进人员用于加强河长制工作力量。2017 年 6 月底，商洛市已建立市、县、镇三级“河长制”领导体系，落实市级河长 5 人，县（区）级河长 31 人，镇（办）级河长 241 人，村级河道巡查员 1721 人，“河长制”管理工作得到全面推进，并在全省予以推广。

2020 年，水利部印发《关于进一步强化河长湖长履职尽责的指导意见》。

2021 年，水利部印发《河长湖长履职规范（试行）的通知》。

2021 年，陕西省河长办印发《关于进一步强化河长湖长履职尽责的实施意见》《陕西省河湖长履职规范（试行）》。

2021 年，住房和城乡建设部、水利部等 15 部门联合印发《关于加强县城绿色低碳建设的意见》，明确规定保护修复河湖缓冲带和河流自然弯曲度，不得以风雨廊桥等名义开发建设房屋。《指导意见》再次明确严禁以风雨廊桥等名义在河湖管理范围内开发建设房屋；不能按照对桥梁的相关规定办理涉水行政许可。

二、组织体系

按照陕西省全面推行河长制工作要求，丹江建立了省、市、县、乡、村五级河长制组织体系，由省委副书记担任丹江省级河长。商洛市已构建了以党委、政府主要领导负责制为核心的市、县（区）、镇（办）、村四级河长制。建立了党政主导、部门联动、责任明确、协调有序的河流管理保护组织领导体系。丹江市级河长由商洛市委书记担任。各级河长是所辖河流管理保护的直接责任人，负责牵头推进河流水域突出问题整治、水污染综合防治、巡查保洁安全防护、河流水域生态修复和保护管理，协调解决实际问题，检查督导下级河长和相关部门单位履行职责。

陕西省商洛市河长办探索建立了季度巡河工作机制，每季度采取“四不两直”工作方式对商洛市主要河流不定期进行暗访，暗访情况直接向相关县（区）级河长通报并抄送各市级河长，建立了问题台账跟踪督办，形成了“一县一单”通报、“一事一单”销号的工作办法，促进了各级河长履职尽责。同时，按照“三个一”、“六个无”（市、县、镇均创建一条“河道无垃圾、河岸无违章、河中无障碍、河床无淤积、污水无直排、生态无破坏”的示范河流）的要求，积极开展河长制示范县乡创建和示范河流打造工作，将河长制工作压力传导到镇，推动全域河流“四乱”问题整改。商洛市建立了由政府牵头、部门联动、河长办监督的丹江管理保护联合执法机制，对河道及岸线进行规范管理，确保河道行洪畅通和工程安全完整，发挥河道的综合效益。

2022年，丹江流域4县（区）建立市、县、镇三级“河长制”领导体系，落实市级河长1人，县（区）级河长4人，镇（办）级河长627人。

三、主要任务

根据中央部署和省委、省政府要求，推行河长制主要有六大任务：一是严格水资源管理。落实最严格水资源管理制度，严守水资源开发利用控制、用水效率控制、水功能区限制纳污三条红线，构建水资源合理配置和高效利用体系。二是加强水域岸线管理。坚持柔性治水理念，严格水域岸线等水生态空间管控，依法划定河流水域及其水利工程管理范围和保护范围，科学编制岸线利用规划，严格划定岸线保护区、保留区、限制开发区、开发区，打造健康自然的河流水域岸线。三是加强水污染防治和监测评价。严格治理工矿企业污染、城镇生活污染、畜禽养殖污染、水产养殖污染、农业面源污染，加强水质水量标准化、规范化监测和评价，改善水环境治理。四是加大水源地保护力度。加快市、县两级饮用水源保护区划定，对饮用水源保护区、自然保护区和水源涵养区依法实施强制性保护，严格控制水源地上游及周边地区开发活动。五是推动水生态环境治理与修复。强化山水林田湖草沙系统治理，加大水土流失治理和生态修复力度，开展黑臭水体治理和水系连通、水美乡村建设。加强水文化示范基地和水生态科普基地建设，构建以水文化、水科技、水生态、水景观、水民俗等为主要内容的文化传播平台。六是严格实行综合执法监管。探索推行行政执法与刑事司法有效衔接，建立联合执法机制，加大对涉河违法行为查处力度，用法治力量守护好江河。

商洛市结合实际，将河长制六大任务细化分解，确立了组织领导、机制体制、资金投入、目标考核、宣传引导等方面的保障措施。同时，确定县水务、环保、住建、发改、农业、畜牧等单位为河长办成员单位，并明确了具体职责。

四、规章制度

根据水利部和省河长办要求，丹江流域市、县先后印发出台了河长制工作信息共享制度、工作会议制度、督查考核制度、问题清单制度、信息报送制度、检查验收制度、举报投诉受理制度、问责激励制度等8项制度，制定了《河长制工作考核管理办法》和年度考核细则，探索建立全面推行河长制的制度保障。

商洛市2021年修订完善河长制工作会议制度，明确每年召开1次全市河长制会议，此外，还可召开市级河长工作会议、市级河长制联席会议和河长制工作调度会。建立完善监督检查机制，市河长办组织开展两次常态化暗访督查，不定期组织现场督导检查、督办通报。建立河长湖长及其联系人动态调整机制、河长办与生态环境部门“月通报”机制，确保不出现责任真空现象，形成部门协作、打防结合、处置高效、河湖共治的铁腕护水新格局。完善上下游、左右岸、干支流联防联控联治机制。编印了《河长制工作手册》，主要包括河长制概念、河长制工作目标、主要任务、组织形式、河长名单、责任分解、保障措施、主要河流情况等，使各级河长对治水目标、存在问题、自身责任一目了然，成为各级有关成员单位和责任人的治水进度“自查表”“任务表”“责任状”，为更好推动河长制管理工作奠定了基础。

第二节　河湖管理

一、河长履职规范和要求

2020年和2021年，水利部先后印发《关于进一步强化河长湖长履职尽责的指导意见》和《河长湖长履职规范（试行）》；2021年，陕西省河长办印发《关于进一步强化河长湖长履职尽责的实施意见》《陕西省河湖长履职规范（试行）》，对巡河调研提出明确要求。

丹江流域各级党委、政府认真贯彻落实水利部和省河长办要求，进一步压实各级河长以及有关部门责任，建立健全“河长挂帅、河长办协调、成员单位协同、责任单位履职、社会各方共治”的河长制组织体系。明确市级河长巡河每年不少于3次（每半年不少于1次），县级河长每季度不少于1次，乡级河长每月不少于1次，村级河长每周不少于1次。

河长巡河调研的重点：市、县级河长巡河重点是看是否建立健全部门联合执法机制，建立河湖日常监管巡查制度，实行河湖动态监管，落实执法监管责任主体、人员、设备和经费以及打击涉河湖违法行为，治理非法排污、设障、捕捞、养殖、采砂、采矿、围垦、运输、侵占岸线等活动的情况。乡、村级河长巡河重点是巡查生产经营活动频繁的河段，重点检查河湖日常管护情况，及时劝阻、制止涉河湖违法违规行为，不能解决的要及时报告上级河湖长或河长制办公室、有关部门（单位）。

二、河长巡河履职

陕西省商洛市委、市政府高度重视河湖“四乱”问题清理整改工作，形成了“查人＋查事‘双查’、季度考核＋年度考核‘双考’、专报＋通报‘双报’”工作机制，动真碰硬推动“四乱”问题整改取得实效。

（一）严格落实“双查”

商洛市将市纪委监委、市委组织部、市人民检察院等5家单位纳入河长制工作领导小组成员单位。各相关单位按照“查事先查人，查人深挖事”的工作要求，重点对省、市河长制反馈的“四乱”问题线索进行排查，对反馈问题存在的违规审批、失职渎职、权力寻租、利益输送等行为进行立案查处，形成了高压震慑。截至2021年底，在河长制方面，纪委监委共立案9件，处理16人；公安机关共立案19件，处理26人；检察机关共下发检察建议书14份；水行政主管部门共立案53件，处理55人。

（二）全面实行“双考”

按照市第一总河长、总河长的要求，商洛市全面推行河长逐级述职工作制度，为基层河长履职赋能蓄势。市河长办印发了《2023年河长制考核办法（试行）》，推行“季度考核＋年度考核”办法，前三季度考核结果各占总分20%，第四季度考核（年度考核）结果占总分40%。季度考核坚持问题导向，对每季度部、省、市反馈河流“四乱”问题和群众信访举报等问题进行扣分。年度考核侧重群众满意度、知晓率和“四乱”问题整改实效，对群众满意率低、“四乱”问题销号率低的县（区）一票否决，倒逼各级河长一线履职尽责，主动解决群众反映强烈的“四乱”问题。2023 年已有 14 名县区第一总河长、总河长向市级河长述职。

（三）积极推行“双报”

通报，即商洛市河长办建立了河长制季度暗访工作机制，每季度对暗访发现的河流“四乱”问题实行“一县一单”通报，点对点将问题整改责任落实给县区第一总河长、总河长和相关县区河长。专报，即按照市第一总河长批示要求，对每季度暗访反馈问题整改情况向市第一总河长、总河长、副总河长进行“工作专报”，并由市河长办主任对“四乱”问题整改进度缓慢的县区第一总河长或总河长进行电话叫应，促使基层河长知责于心、担责于身。截至 2023 年底，市河长办已累计下发通报 3 次、印发专报 4 次、电话叫应县区级河长 11 次。

三、河湖清“四乱”

河湖清“四乱”是推行河长制工作一项重要而常态性的工作。

（1）2008 年之后，陕西省商洛水政监察工作坚持依法行政，严格执法，依法打击水事违法行为，维护正常的水事秩序，保障水资源可持续利用，促进商洛市经济社会可持续发展。商洛市多年平均办理较大水事违法案件 50 余件，收缴罚款 100 余万元，挽回经济损失约 1000 万元。案件类型主要集中在河道违规采砂、水土流失、违法取水等方面。

（2）2010 年 5 月 12 日，商南县发现陕西某开发有限公司在青山乡吉亭村大坪组建设选矿生产线，整个建设项目无水土保持方案，无取水许可，无环评等证照，属非法建设项目。随即由水土保持、安监、环保等部门联合现场下达责令改正通知书，责令该厂补报水土保持方案，停止开采和选矿行为，同时在汛期加强矿库安全工作，接受水土保持部门的处理。执法人员现场进行了勘察，发现损坏植被面积 2900 平方米，排放弃渣 250 立方米，责令限期补报水土保持方案和缴纳水土流失补偿费、防治费 5000 元，罚款 800 元。

（3）2013 年 9 月以来，丹凤县执法人员在河道巡查中发现棣花许家沟村民许某在棣花七村隧道东口河段无证采砂，按照《陕西省河道采砂管理办法》有关规定，执法人员当场口头警告，责令停止采砂行为，经现场勘查，采砂方量达 15160 立方米，事实清楚、证据确凿，于 2013 年 10 月 18 日作出处罚款 1 万元处理决定。

第三节　丹江河湖划界

一、划界范围

（一）河道管理范围及保护范围

陕西省商洛市丹江干流河道管理范围和保护范围上起丹江源头腰市镇马角村，下至丹江干流河谷出境口（商南县月亮湾村），河道长度 256 千米，包括已有堤防段、无堤段和峡谷河段。涉及商洛市商州、丹凤、商南 3 县（区）13 个镇（办）。

（二）水利工程管理范围及保护范围

在河道划界工作开展的同时，启动对陕西省商洛市丹江干流上市管水利工程的管理范围和保护范围划定。包括：已建成堤防 111.672 千米（左岸 60.414 千米，右岸 51.258 千米），庙湾水库、二龙山水库、莲花台水库，板桥水文站、商州水文站、丹凤水文站、商南县过风楼水位站。

陕西省商洛市丹江干流河道、堤防、水利工程管理范围和保护范围划分见表 5-3-1。

表 5-3-1　商洛市丹江干流河道、堤防及水利工程划界范围统计

行政县（区）	河道长度 /km	堤防工程长度 /km		备注
商州区	84.5	左岸	28.505	庙湾水库、二龙山水库、板桥水文站、商州水文站
		右岸	29.451	
丹凤县	66	左岸	11.934	丹凤水文站
		右岸	10.049	
商南县	65.3	左岸	19.975	莲花台水库、过风楼水位站
		右岸	11.758	
小计	215.8		111.672	

注：本表出自《陕西省丹江流域河湖划界报告》（2023 年）。

二、划界标准

丹江管理范围与保护范围划界标准依据《中华人民共和国水法》《陕西省河道管理条例》《堤防工程设计规范》等法律规范及陕西省水利厅印发的《河湖和水利工程管理范围及保护范围划界技术指南（试行）》等相关规定确定。

（一）河道管理范围及保护范围划界标准

（1）丹江源头至二龙山水库段。无堤段河道行洪区按 10 年一遇洪水淹没范围，护岸地宽度按 5 米确定。其中，丹江源头段约 700 米为人迹罕至的 V 字形山区，不考虑护岸地，管理范围为河道行洪区范围。保护范围按管理范围外 10 米划定。

商州区腰市镇、板桥镇等已成堤防段河道，以已成护岸或堤防坡脚向外 10 米划定管理范围线，遇国道、市政道路、大面积房屋以公路内沿和房屋临河侧划定管理范围。保护范围按管理范围外 50 米划定。

（2）商洛市城区段。城区均为有堤段河道，防洪标准为 50 年一遇，2 级堤防。管理范围按护岸边向外 20 米或堤防坡脚外 10 米划定，保护范围以管理范围外 100 米划定。

（3）商洛市城区下游段。无堤段河道行洪区按 10 年一遇洪水淹没范围，护岸地宽度按 20 米确定。保护范围按管理范围外 10 米划定。丹凤县县城防洪标准为 30 年一遇，3 级堤防，管理范围按护岸边向外 20 米或堤防坡脚外 10 米划定。金丝峡、梁家湾等重点集镇、村防洪标准为 20 年一遇，4 级堤防，管理范围按堤防坡脚外 10 米划定。有堤段保护范围按管理范围外 50 米划定。

（二）水库管理范围及保护范围划界标准

（1）庙湾水库。根据水利部水利工程台账，庙湾水库坝顶高程为 137 米，实测坝顶高程为 969.5 米（1985 国家高程基准），与水利部水利工程台账的坝顶高程相差 832.5 米，初步推定水利部数据高程系统为假定高程。根据坝顶与校核洪水位高程差值，计算出实际校核洪水位高程为 968.54 米。庙湾水库库区管理范围线按校核洪水位 968.54 米确定。坝体管理范围线为大坝上游从坝脚线向上 50 米，下游从坝脚线向下 100 米，左右岸从坝两端向外 20 米。溢洪道管理范围线为工程两侧 50 米，消力池向下游 100 米。放水设施管理范围线由轮廓线向外 15 米。将各区域管理范围线叠加后，以最外边缘的界线为庙湾水库管理范围线。保护范围从管理范围边界线上、下游各 100 米，两侧各 50 米确定。库区保护范围为坝址以上、库区两岸管理范围线以上至第一道分水岭之间的区域。

（2）二龙山水库。根据全国水库大坝管理系统中的参数明确二龙山水库校核洪水位（P=0.2%）为 770.39 米，故库区管理范围线按 500 年一遇校核洪水位 770.39 米确定。大坝管理范围上游从坝脚线向上 100 米，下游从坝脚线向下 150 米，左右岸从坝端向外 50 米。大坝保护范围从管理范围边界线上、下游各 200 米，两侧各 100 米确定。库区保护范围为坝址以上、库区两岸管理范围线以上至第一道分水岭之间的区域。

（3）莲花台水库。根据陕西省水利厅《关于商南县莲花台水电站工程重大设计变更的批复》（陕水农发〔2019〕18 号文），莲花台水电站校核洪水位（P=0.1%）为 296.66 米，故库区管理范围线按 1000 年一遇校核洪水位 296.66 米确定。大坝管理范围上游从坝脚线向上 100 米，下游从坝脚线向下 150 米，左右岸从坝端向外 50 米。大坝保护范围从管理范围边界线上、下游各 200 米，两侧各 100 米确定。库区保护范围为坝址以上、库区两岸管理范围线以上至第一道分水岭之间的区域。

第四章　法治建设

改革开放初期，水利行业法规政策主要以规范人民群众基本权利和经济发展为主。

1988 年《中华人民共和国水法》颁布后，陕西省商洛市各级水行政主管部门开始在内部相关单位任命兼职水政监察员，开展水政监察工作。

1999 年，按照水利部水政监察队伍规范化建设“八化”（执法队伍专职化，执法管理目标化，执法行为合法化，执法文书标准化，考核培训制度化，执法统计规范化，执法装备系列化，检查监督经常化）要求，商洛市及 7 县（区）先后设立了水政监察机构，实行综合执法。

第一节　机构队伍建设

2002 年陕西省商洛市市级机构改革，在商洛市水利局机关设立商洛市水政监察支队，与商洛市水利局水政科合署办公，设专职副支队长 1 名。2010 年机构改革时，将水政科（水政监察支队）更名为水政安监科（水政监察支队），没有任命水政监察支队专职副支队长及支队长。2016 年机构改革时，水政安监科（水政监察支队）更名为水政监察科，去掉水政监察支队牌子。

1990 年之后，商州市水利水土保持局将下属水资源管理办公室、河道管理站、水保监督站整合成立水政办，合署办公，对内分工合作，对外实行综合执法。2002 年 10 月 16 日，商州区编办发布《关于商州区政府各部门编制的通知》（商编办发〔2002〕20 号），成立水政监察大队，编制 4 人，参照公务员管理，科级建制。内部运作上采取水资源办、河道管理站、水保监督站和水政监察大队合署办公。

1998 年 5 月 28 日，丹凤县编办发布《关于成立丹凤县水政监察大队和丹凤县水保水产工作站的通知》（丹编发〔1998〕17 号）设立丹凤县水政监察大队，事业编制 15 名，设大队长 1 名（由水保局领导兼任）、副大队长 2 名（司站级），干部 10 名、工勤 3 名。

1998 年 12 月 26 日，商南县编办发布《关于成立商南县水政监察大队的通知》（商编办发〔1998〕10 号），成立商南县水政监察大队，副科级事业单位，编制 8 人，领导 2 人，工勤 1 人，与水政水资源办公室合署办公。

1998 年 12 月 28 日，山阳县发布《关于山阳县水政监察大队规格及编制的通知》（山编委发〔1998〕04 号），核准山阳县水政监察大队规格按正科级对待，属县水保局管理的全民事业单位，编制 6 名，其中专职副大队长 1 名，技干 5 名。大队长由县水保局局长兼任。

截至 2017 年底，商洛市共有水政执法机构 7 个，执法人员 101 名，商洛市水政监察队伍建设步入规范化轨道。

第二节 水政执法

1988 年《中华人民共和国水法》颁布实施后，丹江流域水政执法机构和队伍开始组建。随后成立了商洛地区水政水资源管理办公室，办公室设在地区水政水资源管理办公室。随后水政监察员培训合格后颁发了省政府行政执法证和水利部水政监察证。

2001 年 6—9 月，商洛水政监察支队分批对商洛市 301 名水行政执法人员进行了全员执法培训，提高了基层执法人员执法技能和水平。

2005 年，陕西省人民政府办公厅下发《关于进一步加强水行政执法工作的通知》，商洛市人民政府办公室印发《贯彻陕西省人民政府办公厅关于进一步加强水行政执法工作通知的意见》。

2007 年 9 月，商洛市水利局印发《商洛市县区水政监察队伍规范化建设指导意见》。

2008 年，商洛市水利局印发《关于强力推进水行政综合执法工作的通知》，为商洛市继续深入推进综合执法打下良好的基础。汇总编印 3000 册《水法律法规汇编》，发放到基层水政执法人员手中。通过多渠道的学习培训，基层水政监察人员的法律知识和业务水平得到明显提高。按照集中统一行政许可、统一征费、统一处罚、统一监督、统一管理的“五统一”原则，组建县（区）水政监察大队，各水政监察大队下设水资源、河道、水保三个中队及大队办公室，集中行使水行政主管部门的执法职责。制定完善《水行政执法责任制度》《水政监察巡查制》《水政监察员学习培训制度》《水政监察员文明用语规范》等 20 多项制度，规范执法行为。全面实行执法公示制、首问责任制、服务承诺制和错案责任追究制。对执法范围、执法项目、执法程序、处罚依据等内容进行公示，并聘请人大代表和社会各界人士监督，设立水政执法监督岗，公开监督电话，接受社会监督，树立执法队伍的良好形象和社会威信。为商洛市和丹凤县、山阳县水利局配备电脑、打印机、照相机、摄像机等执法取证设备，为部分水政监察人员配备执法服装。截至 2017 年底，各基层水行政监察队伍的办公环境和执法装备基本得到保障，机构、人员、装备基本到位。

一、水法律法规宣传

陕西省商洛市水利局、商洛市水文局和丹江流域各县（区）每年纪念“世界水日”“中国水周”期间，组织工作人员到街头、乡（镇）、工矿企业及人口密集处，累计发放《中华人民共和国水法》宣传资料及宣传画册 10 万余份，号召党员干部职工和广大群众转变思想观念，促进人水和谐发展；每年在电视台播放由画面、配音、字幕三种元素制作而成的《人、水、法和谐》电视专题片，播放节水公益广告。每年制作一期宣传橱窗，分别在丹江及其支流重要河段和主要道路旁悬挂竖立永久性宣传标语。在主要地段悬挂横幅，发放水资源、河道管理、水土保持宣传资料、宣传画和水法律法规宣传小册。

二、依法行政进程

根据依法行政相关要求，实行目标管理，成立依法行政工作领导小组，完善了领导机制、工作机制和监督机制。在行政执法过程中始终坚持“依法、便民、廉洁、高效”的服务宗旨。对公职人员开展《陕西省行政程序规定》讲解，加深对依法行政、规范执法的理解，明确依法行政的要求和目标，其次组织大部分执法人员分批分次参加了省市举办的行政执法、行政履职培训班，增进了对各项法律法规知识的了解和掌握，提高依法行政的能力。

2011 年以后，丹江流域各县开展水利信息简报，对执法单位的工作职能及办事依据、办事职责、办事条件、办事程序、办事纪律、办事结果等进行了公开，增加水政工作的透明度，并将审批内容、办理程序、申报材料、审批依据、办结时限、收费标准等向社会公开，本着简化手续、方便群众、规范操作、缩短审批时限的原则，减少行政审批环节，方便办事群众，提高办事效率。

三、行政执法改革成果

陕西省商洛市商州区、丹凤县、商南县先后经政府编制部门批准设立专职水政监察队伍，商州、商南、山阳、丹凤组建专职综合执法队伍，实现许可、征费、处罚及日常监督等执法职能统一由水政监察大队行使，水行政执法工作取得显著成效。2004 年，省水利厅推广商南县综合执法工作经验，在全省开展水行政执法综合能力建设和改革试点工作。2004 年底，商州、商南、山阳三县（区）分别以优异成绩一次性通过省水利厅水政监察能力建设和综合执法改革试点验收；2008 年商南县作为水利部在全国确定的 9 个综合执法联系点之一，再次开展综合执法试点改革提高。商州水政监察大队 2008 年、2010 年先后有多份执法案卷被省厅评为优秀案卷。丹凤县 2010 年通过省水利厅执法能力建设和综合执法改革工作验收。商洛市水利局先后 5 次被陕西省水利厅和商洛市政府评为水政工作先进单位，商州、商南、山阳 3 县（区）水利局被命名为全省水行政执法文明单位。

第三节　违法案件

明清至民国初期，丹江流域因为水浇地等水事纠纷由地方绅士或乡约处理；涉及两个县较大的水事纠纷则由知县（县长）乃至巡抚（省长）出面调处。民国后期，水事纠纷多由县长或建设科出面调查处理，涉及两个县以上的水事纠纷，则由省建设厅派员会同两县县长和临时参议会调查处理。新中国成立以来，丹江流域水利事业蓬勃发展，水事纠纷也随之多了起来。水事纠纷处理，涉及省与省之间，由行署和地区水行政主管部门会同省级水行政主管部门调查处理。涉及两个县的，由行署和地区水行政主管部门会同有关县、乡领导调查处理。属于一个县范围内的，则由县政府和县水行政主管部门会同有关乡、村或工程单位调查处理。《中华人民共和国水法》颁布实施后，各级均建立了以预防为主、预防与调处相结合的水事矛盾纠纷调处长效机制，及时协调化解了一大批水事矛盾纠纷，依法维护了正常水事秩序。

按照陕西省水利厅、商洛市水利局的要求，各县在2005—2011年开展了专项水行政执法、河道采砂综合治理及河道清障复平、规范河道管理工作实施方案等工作，制定了《专项水行政执法方案》，加强对辖区水行政执法工作的指导，对水资源管理、河道采砂、涉河建设项目审批、水土保持监督、渔政水产监督进行专项执法整顿。

一是重拳出击严打水事违法行为。2000—2018年，商洛市和各县水政监察大队对丹江沿岸重点段河道管理范围违法修建构筑物及部分村民在堤防管理范围违规采砂的行为进行了查处。对商界高速公路丹江沿岸施工建设标段开展执法检查，查处项目施工标段随意向丹江倾倒渣土、影响行洪安全的违法行为，对违章项目建设单位处以5万元的罚款，并对项目建设方、设计方、施工方、监理方进行了批评，要求严格按照水土保持方案设计施工。通过加大执法力度，宣传了水法律法规，树立了水行政执法的权威，规范了涉水事务的管理。

二是在开展综合执法及专项治理整顿之际，成立河道整治领导小组，从各单位抽调人员开展河道综合整治，其间各县取缔非法采砂点，清除河道堆积物，拆除河道违章建筑，完成“河边”绿化。水政执法人员坚持日河道巡逻巡查不间断，大力开展整治违法乱采、乱挖、乱倒等河道“三乱”问题，其间检查丹江沿线各县和重点城镇河道，检查跨河公路桥梁，发出《停止违法行为通知书》，同时为加大非法采砂打击力度，加强河道采砂管理，确保公路桥梁通行安全，汛前、汛中结合防汛安全大检查组织开展河道综合治理，重点检查丹江及其重要支流乱堆乱放、非法采砂、随意将弃渣弃料堆放在河道管理范围妨碍行洪畅通等违法行为，查处河道非法采砂案件，对检查的砂场存在不按要求堆放、超深、超范围等违规采砂，执法人员现场下发《限期整改通知书》，要求砂场负责人尽快复平河道采砂坑，将河道堆积物清理出河道管理范围，并作出相应的行政处罚决定。

为了严厉打击违法违规采砂行为，依法保护河道、河堤、耕地、公路、村庄等基础设施，水政执法人员与国土、路政部门联手开展非法采砂专项整治行动，并在市、县电视台发出联合通告进行宣传。为切实保障人民群众生命财产安全，每年从5月开始至9月主汛期，全体水政监察人员放弃双休日加强河道巡逻巡查，加强河道采砂管理，水利公安联合要求各砂场及各施工单位做好重点河段禁采期禁止采砂及限期复平河道采砂坑及清理河道范围内障碍物的紧急通知，并在电视台进行为期半个月的连续播报。

三是加大水土保持监督执法。积极主动争取专项资金推进水土保持生态环境建设步伐，实时启动了水土保持监督管理能力建设，通过开展水土保持监督管理能力建设，带动辖区水土保持监督管理能力建设，努力实现水利部全国水土保持监督管理能力建设视频会议精神“五完善”“五到位”“五规范”“五健全”的要求，进一步提高生产建设项目水土保持方案申报率、实施率和验收率。同时通过协调职能部门共同把关，加强与环保、国土、规划、建设、计委等相关部门的沟通与协调，形成了水土保持执法工作的强大合力。水利局与国土资源局联合下发《关于加强矿产资源开发水土保持工作的通知》，有力地督促辖区范围内矿产资源开发建设单位落实编报水土保持方案、水土保持设施的“三同时”制度和缴纳水土保持规定费，从源头上防止水土流失。

第五章　科技创新

丹江水利源远流长，早在4000多年前，就有“黄帝凿井”“尧时凿井而饮”“大禹治水，福荫丹江”的记载。据传，大禹治水足迹遍布丹江两岸的流岭、熊耳山、蟒岭一带。战国时商鞅在丹江商州段推行变法，鼓励黎民百姓打井修渠造田，丹江沿岸开始出现“土润而腴”“亩产一钟”的肥沃良田。东汉时，丹江就有水碓。唐宋两代，兴修渠道水塘，引水灌溉有所发展，延至明代，境内有普济渠、山泉渠等渠道16条。清代江淮移民先后迁入，带来南方生产技术，水田面积大幅度增加，建成渠道311条，可溉田100顷。嗣后百余年间，丹江流域人口不断增多，山地开垦殆尽，旱涝灾害增多，渠道屡有兴废。新中国成立后，丹江流域各级水利部门坚持依靠科技进步、科技创新，促进治水兴水事业快速发展。

第一节　试验研究

一、灌溉制度试验

1956年，丹江流域开始群众性的灌溉试验工作。

1963年，商县水利工作队在大荆、腰市、刘湾等地，丹凤县在商镇桃园开展灌溉试验点。

1979年，丹凤县鱼岭水库管理站在东干渠管理段开展小麦、玉米不同灌水时间、次数试验，不同灌水量试验，不同灌水方法试验。多年试验证明，小麦在无论什么水文年份，冬灌必须进行，一般于12月初至1月上旬。春灌可根据土壤墒情适当进行返青灌、拔节灌、抽穗灌、麦黄灌。

1980年，丹江流域由于小麦播种底墒不足，各地进行了播前灌及冬灌，试验结果播前及冬灌较仅播前灌增产11%，播前灌、冬灌、拔节灌较仅进行了播前灌增产52%。

1981年，各地冬灌、返青灌、拔节灌较仅进行冬灌者增产15.6%；冬灌、返青灌、拔节灌较仅进行冬灌者增产49.3%。

1982年，各地在抽穗至收获期降水量仅43.1毫米，因之进行麦黄灌。试验结果证明，冬灌、麦黄灌较冬灌者增产16.9%。在试验灌水方法上，据1980年试验结果证明，小麦喷灌不但省水，且较畦灌增产22%，小麦千粒重增加2.4克。玉米也同样，根据墒情适时灌溉增产效果也是显著的。1979年试验资料证明，拔节灌、抽穗灌较仅进行拔节灌者增产19.7%。拔节、抽穗、灌浆灌较仅进行拔节灌者增产57.5%。在灌水方法上产量也有显著差异，仍以1979年资料为例证明，沟灌比畦灌增产21.1%，喷灌较畦灌增产47.3%；

在用水量方面，喷灌用水量最少，次为沟灌，畦灌用水量最大。沟灌每次用水量为 32 立方米每亩，而畦灌则为 39 立方米每亩。

丹凤县鱼岭水库灌溉试验点兼管“三情”（雨情、墒情、作物生长及灌水情况）测报工作，每月 3 次按时测报，上报省、地、县三级。县以试验结果和“三情”测报资料，应用先进灌水技术，指导群众合理配水、科学灌溉，收到良好效果。

二、渗灌试验

渗灌属于地下灌溉方法之一。将特制渗水陶管埋入田间一定深度，水流由管壁渗入土壤，再通过土壤毛细管作用，促使深层水分运动，供作物吸收利用。其好处是：减少地面蒸发，用水省，每亩每次灌水 20 立方米，瓦管微孔渗水，土壤毛细管作用，便于作物充分吸收利用，土壤不板结；减少地面修渠筑埂，少占耕地；作物长势好，产量高。

渗灌试验由丹凤县鱼岭水库管理站实施。该工程于 1980 年开工，1982 年 11 月 23 日竣工，地点设在东干渠管理段门前。面积 0.9 亩，全为瓦管（每节长 33 厘米，外径 22 厘米，内径 19 厘米，管壁厚 1.5 厘米，承插式连接）。瓦管间距为 3 种（3 个处理），一是 1.5 米，二是 2 米，三是 2.5 米。试验项目是 4 个处理（渗灌 3 个处理，外加地面灌处理），以灌水量及作物产量对比（农业技术措施及灌水时间、次数相同）。

自 1983 年至 1985 年，3 年小麦渗灌试验证明，渗灌较地面灌省水。每次少灌 13 ~ 21 立方米每亩。耗水低于地面灌，据 1984 年资料，渗灌管距 1.5 米处理，全生育期耗水量 168.95 立方米每亩，较地面灌少 25.18 立方米每亩。土壤水分变化小，具有保墒优点，且不破坏土壤团粒结构。而地面灌在重力水作用下，引起水分及肥力下移和流失，破坏土壤团粒结构。从渗灌 3 个处理看，管距不同，灌水量也不同，管距 1.5 米处理，大于 2 米处理，更大于 2.5 米处理。从小麦生长状况来看，渗灌处理的分蘖、根长、次生根均高于地面灌处理。从产量情况来看，据 1985 年资料，渗灌管距 1.5 米处理较地面灌增产 12.4%，较渗灌管距 2.5 米处理增产 11.6%，较渗灌管距 2 米处理增产 10.9%。由此可见，渗灌管距 1.5 米处理效果最佳，次为管距 2 米及 2.5 米处理，地面灌处理最差。

三、滴灌试验

滴灌是一项新兴灌溉技术，且有省水、增产、节能，适应不同地形，自动化程度较高等优点。

滴灌试验是在省、地财力及人力支持下，由鱼岭水库管理站主办建起的。地区灌溉试验站郭生辉主抓此项工作。该试验于 1982 年动工，1984 年春竣工。地点位于鱼岭水库库区老虎垣果区。面积为 15 亩（葡萄 6 亩，苹果 9 亩）。通过三年对比试验，滴灌苹果亩产 929 千克，坑灌苹果亩产 754 千克，不灌苹果亩产 611 千克，滴灌苹果品质较优。

四、微喷试验

微喷又称微灌，是将低压过滤水喷洒在土壤表面或作物表面的装置系统。其优点是：喷头细小重量轻，雾化好，雨点细小，不损伤作物，用于蔬菜和黑木耳等经济作物，增产效果显著。1988 年，商洛地区灌溉技术推广站和水利厅、西北水科所、西北水保所在丹江流域现场进行试验。用微喷技术培植黑木耳 50 架，1989 年产木耳 252 千克，洪茬年平均架产 5 千克，比直喷的省水，产量还高些。1988 年 9 月，通过省水利厅科教处鉴定，获水利部 1989 年度木耳微喷高产试验科技成果四等奖（以商洛地区名义获得奖项）。

五、倒虹管道安装技术

丹凤倒虹工程建于 1976 年。由于缺乏经验，再加县内技术设备较差，要安装倒虹管道难度较大。县水电局施工人员黄土典经过多次试验修改，研制出平板车运管办法。其办法是：在管床两侧用浆砌石砌筑浆砌轨道，用卷扬机拉平板车，平板车前后各吊导链一个，用导链把管子吊在车上，沿砌石轨道上拉到安置对装。平板车上两个导链，一则可以把管子紧吊在平板车下，二则在对装时调节灵活，对装时靠平板车下滑。若滑不到工作位置，仍需要一卧导链由上往下拉动，使其符合安装尺寸。安装前先把所有管道由上而下放在坡上，然后再用平板车由下而上对装。

这种施工办法，工作安全可靠，人在坡上易于操作，安装进度也快，为增大浆砌石工作量，后在沙沟河倒虹安装时，施工技术人员李廷仁将浆砌石轨道改为火车钢轨，大大地减少了浆砌石方量，节约了材料和用工。

六、水库大坝施工运料技术

龙潭水库大坝，由于施工场地狭窄，随着大坝的升高，人力担、抬运料愈来愈困难，满足不了施工进度要求。若使用卷扬机，其他地区的经验多采用木料立架、垂直升降办法，但场地狭窄，木料又缺，条件不许可。施工技术人员李廷仁与民工一起大胆尝试以钢缆作轨道，探索出具有斜式与垂直升降双性能的滑轮组运料办法。

其具体办法是：在大坝两坝肩山崖之间系直径 25 毫米粗钢缆，于大坝顶上部横穿河谷，其上固定定滑轮。卷扬机位于谷床料场，每台卷扬机都有一道斜式跑道绳，一端系于山间横钢缆，一端系于谷床料场地锚上（在卷扬机附近），是为运物斜式升降的滑轮组轨道。滑轮组由三个滑轮组成，上滑轮与中侧滑轮中心距为 160 毫米，与下滑轮中心距为 300 毫米，中侧滑轮与下滑轮中心距为 190 毫米。上滑轮依跑道绳上滑动，中侧及下滑轮以作控制牵引绳方向用。卷扬机牵引绳通过其前面的定滑轮、横钢缆的定滑轮，返回穿过滑轮组中的中侧及下滑轮之间，下部一端系有钩圈（挂钩用）固定，钩圈下部即为运物。当滑轮组上的挂钩钩上钩圈后，运物即可随卷扬机牵引滑轮组同时升降。若脱钩，钩圈及运物即离开滑轮组，滑轮组后部吊有重物，使其挂钩与钩圈不能自然脱离。运物顺跑道绳斜升至坝顶上部，拉动滑轮组前部拉绳，以使与钩圈脱钩，运物即可垂直落到坝顶。卷扬机此种运料形式的成功，大大减轻了劳动量，加快了工程进度，节约木料，共节约用工 3 万多个。

七、水库观测

水库观测是水库管理工作的“耳目”，保证水库安全，充分发挥工程效益，并为以后水库维修设计施工提供科学依据和借鉴。二龙山、鱼岭水库进行了这项工作。观测项目有水文观测、水库淤泥观测，大坝沉陷、位移、心墙水位观测。

从观测资料得知，丹凤鱼岭大坝左部有异常现象，遂于 1985 年及 1987 年冬对大坝进行两次灌浆处理及挖槽回填处理，还为以后该库除险加固提供了科学依据和实际数据。

八、桃花谷水土保持科技生态示范园

桃花谷水土保持科技生态示范园以科技为先导，建设效益型园林。在建园初期喷洒黄腐酸改良剂，加快土壤熟化，提高土地肥力；苗木在栽植时，采用高分子吸水剂蘸浆；栽植后，采取地膜覆盖技术保墒；管护中，采用黄腐酸抗旱剂进行叶面喷肥，实施科学管理。按照防洪标准设计了防冲刷的防洪工程。桃花谷是一部水利水保的活教科书：拥有生态保护和工程固结相结合的边坡和重力侵蚀治理工程，梯级布局了设计精巧的钢构拦石拦沙坝；有 2000 亩的纯生态果园、跨流域调水工程和节水灌溉工程；拥有“预处理 + 生态土壤渗滤床”专利技术的污水治理工程；拥有人工降雨、径流小区和水土流失遥感观测系统，采用节能环保的太阳能热水系统和 VRV 多联机空调系统，确保生态节能环保。同时，建设了全国规模最大、设施齐全、设备领先的水土保持宣传培训中心，建成了陕南最大的水土保持人工林示范基地。

九、小流域沟坝型治理模式，被选为省水土流失治理开发模式典型事例

丹凤县小流域经验材料《丹凤县小流域沟坝型治理模式》一文，发表在水利部国家级学术刊物《中国水土保持》2002 年第 3 期上，向全国推广丹凤县小流域沟坝型治理模式的先进经验。文中列举的丹凤县小流域沟坝型治理模式主要内容如下：

（1）防洪工程布设。对河堤工程采用 20 年一遇的防洪标准，对河流主堤段和保护大片村庄和农田的河堤采用 30 年一遇的防洪标准。同时，根据流域内汇水面积和暴雨量，采用汇水面积相关公式法计算过洪流量，确定行洪宽度和河堤高度，确保河堤在防洪标准内安全度汛。同时依据流域的生产生活要求，建设好生产道路及其辅助设施，使群众生产生活方便舒畅。

（2）塘坝工程布设。在小支毛沟进行封沟打卡，修筑阶梯式石谷坊群，用“顶底相照”的方法确定谷坊高度，目的是稳定沟床沟坡，分段拦蓄泥沙，减小沟道纵坡，提高侵蚀基准点，阻止沟床下切。依据《水土保持综合治理　技术规范》（GB/T 16453.1 ~ 6—2008），选择“肚大口小”、地质良好的地方建设小型池塘或截水坝，结合当地实际条件进行单项设计，合理布置，起到拦蓄和灌溉的双重作用。

（3）低产田改造和灌溉工程。对河滩川地实施低产田改造，平整加厚土层，改造假平地，同时配套水利设施，修建灌溉渠道，扩大灌溉面积，增加基本农田，建设高产稳产丰收田，提高抗御自然灾害能力。

（4）坡改梯工程。在缓坡地，按照 10 年一遇的洪水标准修筑梯田，根据土壤结构、地形条件、降雨强度等确定梯田宽度和地坎高度。同时，在地坎上栽植金银花，提高拦蓄能力和经济效益。

（5）退耕还林，营造经济林工程。对大于 25 度的坡耕地，实施退耕还林还草发展经济林。依据本地适宜条件，主要发展山萸、核桃、柿子、板栗等经果林，并套种金银花，形成“乔灌型”经济林网，增加贴地面覆盖，提高拦蓄效益和经济效益。

（6）其他配套措施布设。在上述措施布设的基础上，配套小型水利工程及造林工程，形成立体群防体系。荒山荒坡发展油松林或松栎混交林，村庄周围发展“四旁”植树，实施人饮工程，进行改水改厕，推广沼气，美化村容，注重方便群众生产生活的小型工程建设，如便民桥、过水涵、灌排沟渠等建设，发展主导产业，增加农民收入，建设公园式小流域。通过治理，使小流域达到了“沟台耕地方田化，坡面耕地梯田化，水利设施配套化，防洪工程标准化，封禁治理制度化，整坡建园规范化，村容村貌整洁化，流域治理公园化”的标准。

第二节　推广应用

一、在安全饮水中推广生物慢滤技术

2010年，在丹凤县商山村供水中推广生物慢滤技术。水质净化效果好，直观效果是浑水变清水。经多次水质资料实践抽样表明，经过生物慢滤水处理消毒方法即可达到国家饮用水卫生标准。工程建设一次投资节省资金，而采用生物慢滤水处理设施既经济又便捷安全。水处理运行简单，管理成本低，水处理过程生态环保。生物慢滤技术是一种基本不用任何机械动力和化学药剂的水处理方法，具有强大的生命力，精心设计为农民降低成本，节省投资，确保农村饮水工程水质达标、水量充足、长效运行、群众满意。

二、水文科技开发与应用

（一）预报模型的研究

1997—2022年，商洛水文局依托丹江流域149处雨量站、7处水位站、11处水文站，开展丹江预报模型和方法应用研究、预报方案研制和修编、丹江流域产汇流规律研究等工作。建成了商洛市水情信息广域网和视频会商系统，通过2M数据专线连接省水文局、省水利厅、省防总、水利部水文局、黄河水利委员会、长江水利委员会、河南、湖北等单位，编制了丹江干支流、重点水库、主要城市洪水预报方案。这些预报预警研究成果，在屡次暴雨洪水发生关键时期，24小时及时滚动准确发布预测预警预报和实时水雨情信息，为各级水旱灾害防御、防汛应急指挥部门科学决策提供技术依据。商洛水文局先后获得“全国水情工作先进单位”“全省防汛抗旱集体”“全省防汛抗旱办”等荣誉。

（二）水文科技研发

1951—2022年，商洛水文局重视科技研发改革工作，每年安排专项资金用于科技研究，在新仪器的应用研究、科技理论创新、科技人才培养等方面取得突出成绩。编制刊印的水文手册、水文图集、可能最大24小时点雨量图、中小流域设计暴雨设计洪水图集、商洛市典型暴雨洪水等大量应用于市政、公路、桥梁、高铁、水利工程设计工作当中。在丹江流域水库前期勘测设计、堤防设计等水利工程建设中提供水文资料，开展水文监测及预报，为工程调度和水资源合理配置提供了科学依据。

第三节　科技活动

一、技术培训

新中国成立后，丹江流域商洛市的商州区、丹凤县、商南县、山阳县等水利部门高度重视水利系统职工的业务技术培训。通过举办学习班、讲习班、培训会，聘请专家、教授讲授各类专业技术知识，推荐或考入大专院校带职学习及出外考察等方式，掌握科技信息，更新业务知识，提高业务素质。

20 世纪 50 年代，商洛专区水利主管部门每年都要举办 1 ~ 3 期水利系统职工业务技术培训班，主要学习农田灌溉、渠道养护、打机井、水土保持措施等技术。

20 世纪 90 年代以后，丹江流域市县水利部门认真贯彻干部培训教育政策，每年制定年度培训计划及要点，采取多种形式开展业务知识培训，提高干部职工业务技术能力。据不完全统计，至 2022 年，丹江流域累计举办了防汛减灾、水利工程管理、水利新技术宣讲、水政执法等各类培训班 300 多期。

二、科技交流

清光绪二十九年（1903 年），商州知州杨宜瀚邀请于右任、李仪祉到商州等地开展水利调查，并对丹江勘测后，制定了商县水门堤防、丹凤龙驹寨堤防等水利工程建设方案。民国二十七年（1938 年），李仪祉对丹江再次详勘后，撰写《汉江航运情形暨整理意义》，称丹江水大时民船可至商州，水小时则舟楫不通。

1950—2020 年，陕西省丹江流域水利部门先后派员参与国内水利科技考察、学术交流活动。此外，丹凤竹林关水土保持示范基地先后与西北农学院（后更名为西北农林科技大学）等大专院校和科研所建立协作关系，开展学术交流与协作。

三、科技下乡

2000 年以来，丹江河流域组织水利系统开展科技下乡服务工作，连年组织科技干部下到乡（镇）、村和各灌区管理站，推广易于学习掌握、能够增收、效益显著的实用水利技术，解决农业灌溉、农村饮水、水产养殖等方面存在的技术问题。至 2020 年，累计组织千名科技人员下乡，完成节水、水保和农业综合方面的科技项目 100 多项。同时举办节水节能灌溉技术、池塘养鱼等技术培训 40 多期，培训 200 多人次。每年在“世界水日”“中国水周”“科普宣传日”等开展科普宣传，向群众宣传保护和科学开发利用水资源，介绍水利新技术、新设备、新工艺等。

四、获奖成果

随着水利建设的迅速发展，丹江流域水利水保水文科学技术工作也得到较快发展，水利水保科技的开发、试验、推广应用不断加快，取得了显著成果。丹凤县丹北生态示范区在治理实践中运用利益杠杆调动农民积极性，因地制宜摸索出“八化”治理模式，即坡面耕地梯田化、沟台耕地方田化、水利设施配套化、防洪工程标准化、封禁治理制度化、整坡建园规范化、村容村貌整洁化、流域治理公园化。“八化”治理模式适宜秦巴山区实际，对防治水土流失效果十分明显，被评为全国13种流域治理模式之一，走出了一条投入少、速度快、效益好、机制活的小流域治理路子，取得了生态建设与经济建设、减灾防灾的多赢效果。在项目带动下，1998—2011年，丹凤县连续6次荣获全省“水利建设振兴杯”，并被水利部、财政部命名为全国水保生态十百千工程示范县，北部山区2004年被水利部列入全国水土保持生态环境建设示范区。2015—2016年，商洛市8篇水利科技论文获奖，获奖论文代表性强、科研面广、学术水平较高，论文研究的视角新、方法新、成果新，充分体现了水利科技人员的科研能力和创新能力。商洛市水产工作站工程师廖传林先后组织实施了池塘无公害水产品养殖技术项目等6个省级重点推广项目，先后获得陕西省水利厅“无公害水产养殖技术推广项目”科技进步一等奖、陕西省人民政府农业科技推广成果一等奖。水文职工王君善同志研发了LXD－I型缆道雷达、流速仪联合测流取沙系统、旋转移动轨道式水位计支架、AK－1型水文缆道伺服控制数字绞车测流系统等17项国家专利，主持完成10多项设计项目，广泛应用于丹江水文测报工作中。水文职工赵水文同志先后研制了“钢丝绳自动去污润滑装置”等5项国家专利发明，在丹江水文测报设施维护中充分被应用。

第六篇　丹江文化

丹江文化的发展、文明的赓续，见证着中华文明的源起、形成和发展历程。

丹江是秦文化和楚文化的交汇地带，千百年来，在丹江沿岸或隐或现见证了数个王朝的兴衰，也担负了南北经济文化交流与融合，丹江所承载的千年历史文化、精神财富积厚流光，源源不断。

第一章　历史文化名胜

丹江流域人文历史厚重悠久，沿岸发现1亿年前的恐龙蛋化石和50万年前的大象门齿化石以及20余种古脊椎动物化石。还发现猿人牙齿化石和30余处新石器时代遗址、10余处古城址、20余处大型古代墓葬，还残留一些古建筑群。在商州、丹凤丹江干支流沿岸，发现新石器时代属于仰韶、龙山文化的遗址及商、周、秦、汉古墓葬数十处。商州城西张底村后坡断岩下存有侏罗、白垩纪1亿年前的恐龙足迹化石。丹江南岸的紫荆遗址为新石器时代至西周时期；考古发现商州区东龙山夏商周遗址；丹江两岸楚文化遗址已发现多处；商洛崖墓数量更有5000座之多，洞里留存着巴人的葬俗。如此等等表明，丹江流域远古即有猿人和原始人类聚居。丹江的史前文化与人类文明发祥犹如厚厚一本书，记载着人类起源、文字起源、国家起源、民族起源与融合等重大课题，丹江是人类文明重要发祥地之一。

第一节　遗址和建筑

丹江两岸王朝更替无数，文化积淀深厚，古迹遗迹遍布，古文化相对集中，楚文化遗址尤为丰厚。古遗址、古村落、古渡口等楚文化遗迹相对集中，有很大社会影响。

一、古遗址

（一）小圆坪遗址

小圆坪遗址位于陕西省商州区夜村镇苏家湾村西，总面积5万平方米，属新石器时代仰韶文化至龙山文化村落遗址。地面可见灰坑、陶器等遗存。出土陶器有红陶、灰陶及夹砂灰陶，可辨器物有盆、钵、罐、瓶等。

（二）东龙山遗址

东龙山遗址位于陕西省商州城东8千米的丹江北岸，1997年6月考古发掘，揭露面积1500平方米，发现房址15座、灰坑221个、墓葬75座，出土一批夏商周时期的石器、骨器、玉器、陶器和碎铜器，分别测定了夏与商的分期和商与周的分期，已被国家夏商周断代工程专家组列入文化分期与年代测定专题。在遗址上部的发掘中，发现了40余座夏代早期的墓葬，其出土器物表现出较强的地域性特征，在考古学术上填补了龙山文化与二里头文化之间的缺环，它将被命名为一种新的文化类型——东龙山文化。这一发现，还可为古商国的起源以及商族始祖的活动提供珍贵的资料。

（三）商州紫荆遗址

1977—1978年，西安半坡博物馆对商县三贤乡紫荆遗址进行首次发掘。共揭露面积

1460 平方米，发现遗迹窖藏 160 个、陶窑 4 座、墓葬 38 座。出土陶、石、骨、角、蚌类质料遗物 2000 余件。1983 年，西北大学历史系考古专业实习生对紫荆遗址进行了第二次发掘（发掘资料及出土文物今存西北大学）。两次发掘表明，紫荆遗址文化堆积内容丰富。

（四）过风楼遗址

过风楼遗址位于商南县西南徐家店镇过风楼村，距县城约 25 千米，1976 年县文化馆干部发现，上报商洛地区中心文化馆备案。1977 年西安半坡博物馆为了了解丹江流域古文化遗存的整体面貌及发展序列，正式对商县紫荆遗址进行发掘。过风楼村位于丹江北岸的一级阶地上，从过风楼往西 50 千米的丹江两岸，分布着不同时期的古文化遗址 20 多处。过风楼遗址位于过风楼村与丹江北岸之间的台地上，东西和南北均约 200 米长，面积约 4 万平方米。由于丹江的常年冲刷，遗址南端的断崖上暴露有灰层，被冲到河滩地上的陶片俯拾皆是，从断崖上看文化层堆积厚 0.5 ~ 1.2 米。从采集的陶片来看，可确认这处遗址是仰韶文化、屈家岭文化、龙山文化、西周及春秋时期延续时间很长的一个重要遗址。1985 年夏，当地农民雷某在遗址边的丹江洗澡时，意外地从江中捞出铜鼎 1 件，体积硕大， 表面呈红褐色，经鉴定为西周时期文物。这件铜鼎是不是从遗址中冲刷进江中的，尚不能排除其可能性。此后，省、地、县文物部门的专家及文物干部多次到遗址上进行调查，采集文物有石斧、石锛、 石凿、玉钺、铜镞及大量的陶片等。这些陶片中可辨器形有鬲、斝、盆、罐等。

（五）战国商邑遗址

1996—1997 年，陕西省考古研究所和商洛地区文物管理委员会，配合 312 国道扩建工程，对商鞅封邑遗址进行了全面调查和局部发掘。发现城墙基址，查明了城址的分布范围和时代；获得许多文物标本，其中有完整的“商”字瓦当和戳印“商”字的陶文筒瓦，为确定商鞅邑城的具体位置及形制结构提供了实物资料；还发现一处规模较大的战国楚墓群，发掘 70 余座，出土大批组合陶器和青铜兵器，填补了陕西省楚文化研究的空白，对战国时期秦楚两国版图的划分以及相互关系的研究具有重要的学术价值。

二、村落遗址

（一）野人沟

野人沟位于商州麻街镇东北部，是丹江北岸商於古道仙娥驿附近拐弯处的一个山谷。山谷入口狭窄，峰峦叠嶂，怪石嶙峋。进入山谷二三里，地势开阔，别有洞天。整个村庄依山傍水，山环水绕，阡陌纵横，沟岔相连，沟分东西，沟中有谷，谷中有家，鸡犬相闻。沟中有良田百顷，周围山清水秀，风景如画，小桥流水，孕育着淳朴敦厚的民风。自古战乱和兵匪时期，附近的人为了生存和避祸，就来到这偏僻之地逃难生存，代代繁衍，生生不息。据《商州市地名志》记载：“上张院，原名野人沟，又名野人峪。秦始皇焚书坑儒，关中部分文人逃往商州，避居此沟，当地人称外乡人为野人，故名野人峪。晋永平年间，董景道知天下将大乱，隐于此峪，弹琴赋诗以自娱，寿终于此，遂改为仙人峪。后当地人仍以野人沟名之。”据史料记载，明末李自成“八进八出”商洛山中，有两次屯兵鼎龙山，曾在野人沟安营扎寨，休整训练历时一年多。革命战争时期，野人沟是护送中央和地方领导的重要通道，汪峰同志经常通过野人沟来往于老庄、西荆、韩峪川、板桥等地联系革命同志。1948年9月商洛游击队员赵树珍曾被国民党杀害于肖塬野人沟。

（二）红岩寨

商州区腰市镇辖内有个古山寨，叫红岩寨，地处大荆、腰市两镇环抱之中，主峰海拔1800米，是商州北部的最高点、江山风景区的核心区域。红岩寨，因山体呈褐红色而得名。红岩寨周围有数十个天然石洞，其中最著名的属白龙洞，深约5里，洞内有“客厅”“卧室”“门帘”和石桌、石凳等钟乳景观和30多个水潭，宛如洞天仙境。据传，大禹治水曾在此居住，当时丹江流域还是一片汪洋，河谷还未形成，大禹采取疏导的办法，依据高山地势，开凿渠道，疏通丹江，把洪水引导到下游河流。大禹所居住的白龙洞与大荆镇东峪村洞子沟的“娘娘洞”相通，与南边约5里远的漫山岭南洞相连，龙鳞遍布、仙气横生。相传，远古时期，白龙洞内有两条白龙，掌管雨水，恩泽乡里。山寨东南有一古城，因“白龙洞”而取名“白龙城”，当时商贾云集，街衢纵横，客栈林立，车马穿梭，染房、杂货铺、铁匠炉一应俱全，是蓝田、华县、洛南、商州四县的货物集散地，繁盛一时。红岩寨地势险要，自古为兵家必争之地。相传北宋杨家将、明末李自成起义军曾在此地屯兵点将。革命战争年代，新四军某部曾在此开展游击斗争。商州解放前夜，当地巨匪周寿娃率部在红岩寨负隅顽抗，被解放军摧毁。

（三）腰市古镇

商州区腰市古镇位于秦岭南麓、商洛市商州区北部，是商州通往关中的交通要镇，是兵家必争之地。古镇往西可到蓝田，往北可至华县，往东即洛南，往南便是商州。在腰市镇西北方二十余里的马角山——有进无出的大深沟，该地民风彪悍，相传是王莽追赶刘秀所经之地。腰市镇，历史上称“泉村”。清人王廷伊在《续修商志》中有一首诗，首句便是“豁然开朗是泉村”。泉村源于村西“泉山”，该山旧时有泉眼20余处，泉水流至各村，经年不涸，且水质醇厚，适宜生活取用。泉村由此得名。腰市原名“腰寺”，因该地旧时有西寺、腰寺和雪山寺，“腰”即中也，腰市正好在西寺和雪山寺之间。后人习惯上将腰寺写为腰市，约定俗成，久即为之。

商州区腰市镇上集村郭氏家族为唐朝大将军、“汾阳王”郭子仪后裔，郭氏第十八世孙郭秀于明洪武年间（1368年）南征获胜，官至督府，举家由河南省阌乡县西董村迁至商州腰市定居。现存的郭家祠堂，占地1600多平方米，保留有大量极具价值的彩绘艺术。建筑为清代风格。其中过厅、前厅、正堂各3间，厢房4间，戏楼3间，共计16间。戏楼与主体建筑南北之间为千余平方米的大院。整个建筑的墙壁、梁架、檐枋、檐板内外保留了大量壁画、绘画、书法、题记。其中，前厅西山墙所画一幅壁画高2.5米、宽6米，如今仍可辨认。祠堂内还存有碑石，《郭氏家谱》中收录有碑文10余通（篇），内容涉及郭氏家族的迁徙，家谱编撰，祠堂创建、重建、维修，购地置业等内容。最早时间为清嘉庆十四年（1809年），晚到清同治七年（1868年）。在《郭氏家谱》二部中，详细记载了郭氏家族由始祖广义（汉授光禄卿）迄今，已传40代，2000余年的迁徙、传承，特别是以其第七世孙郭子仪为代表的众多郭氏家族后裔历代为朝廷命官的生平业绩。另外，还记有距上集村约 5 千米处的中乡村郭村郭氏家族墓地等情况。

（四）商州“十大院”

“十大院”位于丹江右岸商州区夜村镇唐塬村，至今保存完整。据考证，“十大院”是民国时期商州一代枭雄于友杰的老宅院，也是目前商州地区发现的保存最为完整、建筑规模最大的一处民国时期名人故居建筑群。“十大院”坐南朝北，共有 24 间，有上房、中房、前房、厦房、厢房、礶房、门楼、偏门、后门等建筑设施，建筑面积近 1000 平方米，建筑风格为西北地区典型的两进式四合院。主要建筑大多为青砖灰瓦，脊兽莲花空砖挑檐翘角，山墙壁为青石和砖块砌筑。高大的门楼全部采用花纹砖雕而成，两朵莲花镶嵌在门楼顶部。大门顶端中央有青砖雕刻而成的“安贞叶吉”门额，两边留有砖雕对联一副，由于砖雕技术在野外不易长久保存，只能模糊辨认出上联为“寨临……”，下联为“丹水幽门……龙”字样。大门两边门墩为巨大青石琢磨而成的两尊石鼓瑞兽，建筑结构浑然一体，保留着过去那种青砖灰瓦、山墙镶石、土木结构、平房造型、四合院风格等元素，是目前商州地区范围内保留的最大最完整的一处民国时期建筑群落。据当地老年人讲，当年修建这处宅院时，用的都是当地最好的木料，屋脊莲花雕砖是洛南修建文庙时剩余的建筑材料。工匠有夜村张壩一带颇有名气的大瓦匠和唐寨子一带的当家大木匠，以及城东于坪最有名气的苏希乐画匠等。“十大院”是目前保存较为完整的古建筑群落，有着厚重的历史文化内涵，是商州文化旅游开发和美丽乡村建设中必不可少的珍贵传统文化资源，期待这样的文化古迹能够再现新的活力。

（五）棣花古镇

丹凤县棣花古镇位于丹江左岸，是秦岭深处历史悠久、文化积淀深厚的古镇。在古代，它是北通秦晋、南连吴楚 966 千米的重要驿站。古镇文风一直很普遍。早年，它以盛产棣棠花而得名。唐代诗人白居易三过棣花曾留下过一句名言：闻旅宿梦兄，应该是著名的棣花邮亭。现在它也以当代著名作家贾平凹的家乡而闻名。棣花古镇具有宋金时期的特色。这就是陕西镇上一座省内唯一存在的金代建筑二郎庙，也是中国仅存的三座金代寺庙之一，堪称金代建筑艺术的活化石。此外，还有宋金议和厅、宋金桥等景点，漫步宋金边城，融合宋金文化，感受风情，见证军事斗争的历史。迪华古镇也是贾平凹小说《秦腔》的原型，这就是清风老街。这条铺着青石板的街道干净整洁，街道两旁都是仿古建筑，青砖、黛瓦、马头墙古色古香。

（六）太子坪村

太子坪村位于丹江右岸，商南县金丝峡景区核心腹地的商南县金丝峡镇太子坪村，碧水环绕，桃红柳绿，如桃源般。据《商南地名志》记载，后唐五代后蜀时，苏娘娘在这里生了一个孩子，她害怕被陷害，于是设了一个假坟来掩饰人们的耳目，并命名为太子坟。后来，由于地名中的“坟墓”一词不吉利，太子坟被改为太子坪，至今仍在使用。在太子坪村，陕南民居雕梁画栋，依山傍水，独特的农家庭院展现了民俗风情。整洁平坦的通村水泥路四通八达，独具特色的蓝瓦白墙徽派农家乐建筑被绿树红叶覆盖。家庭花坛中五颜六色的花竞相开放，河边的绿竹挺拔吐翠，清澈的河水荡漾，层层森林染得山间瓜果芬芳，风景不一样。太子坪村也被选为全国首批重点乡村旅游村。

（七）梳洗楼

梳洗楼是商南县湘河镇的一个古村落，与河南古镇荆紫关搭界。梳洗楼村因境内古建筑梳洗楼而得名。清代诗人王时叙有诗曰："梳洗楼边骑暂停，清油河畔路曾经。当年楚豫谁分界，一色遥山不断青。"诗中描述了由南方回乡，路经商南梳洗楼、青山及清油河三地时，一路上所看到的自然景色。梳洗楼下石崖上有一座"娘娘庙"，据记载梳洗楼有 4 种不同的传说：其一，相传东周襄王的王妃苏娘娘当年在此平定王洪、孟禧二寇，休息时常常在楼上梳洗打扮；其二，唐代女皇武则天出游到此，曾在楼上梳洗；其三，南北朝时宋太子真武大帝同灵仙子一起出家，经过此地时曾披发赤足梳洗；其四，山上有两块石崖分别似狮似犀，而当地人读"狮"如"梳"，读"犀"如"洗"，因此传讹为梳洗楼。梳洗楼村有一道观名大岭观，始建于明万历年间，为商南县最大的寺院与宗教圣地。古《商南县志》记载："万历十年（1582 年），城南 80 里处建玉清宫，后改称大岭观。全观有房百余间，呈四水归堂式。僧人三百余名，香火盛极，远播鄂、豫等地。"有一首古诗《大岭观盖》这样写道："岧峣大岭落盘空，秦楚毗连冠盖通；佛顶昙花今古现，樵肩松叶往来同。风吹絮帽云披白，霞峰芝轩日照红；古寺一声钟未了，行人高望苍莽中。"古代大岭观附近，漫山遍野皆是合抱粗的树木，脚下是用青石板铺设的道路。商南县志《大事记》中记载："同治六年（1867 年）二月，陕甘总督左宗棠到商南追剿捻军，经青山，见此地势险要，遂在青山芝麻沟口，复设立青山营守备府，辖富水关、普峪河、梳洗楼、赵川、清油河五汛……是年春左宗棠在大岭观驻扎，第三年（1869 年），捻军被灭后，左宗棠为还愿，给大岭观送来金匾一面，楹联一副。"在梳洗楼村外的丹江河边，耸立着一座罕见的"护林乡规"碑刻，乃清代护林防火石碑。这块护林碑高约 1.7 米、宽约 0.8 米，青石质地，圆首，无座，被青砖包砌。面对江水的石碑阳额题四字"规留万古"，字迹清晰可辨，上刻"光绪十三年十一月立"。碑文大意是此地曾设有税卡，"苛敛较昔尤甚"，后来一个姓阮的男子敲诈税款时被打死，"株累多人"，案子从县到州，又折腾到省上，最终官府下令禁止"刁徒地棍勒索商贾行旅"，并"裁撤税卡"。商南县及荆紫关"居民乐之，欣欣然有喜色，而相告啧啧"，遂立石纪念。

（八）生龙寨

生龙寨在商南县富水镇南 3 千米的金钟山上，曾经是明末农民起义军领袖李自成在商洛活动的场所之一。《商南县志》载："东下商南，妻王姓女，称娘娘，富水关人"，指的是闯王与夫人。据传，山下的王家楼村，有一位姓王的财主，见闯王军纪严整，对百姓秋毫无犯，于是就将自己的女儿献给李自成做妻子。据说这位王夫人长得很漂亮，一头秀发从绣楼上直拖至楼下，婚后第二年，王夫人在山上生了一子，李自成大为高兴，就立即将山名改为"生龙寨"。后来李自成带领起义军进入河南，王夫人因孩子幼小未随。时间一长，她十分挂念自己的丈夫，于是把往日的绣楼改为"望君楼"。楼门东开，朝朝暮暮，倚窗东望，盼望征人早些归来。几年后，王夫人听说李自成兵败被杀，孩子也不幸夭折，她在极度悲愤之下，也悬梁自缢了。当地的人民十分同情这位贤良的王夫人，将她埋在寨南的山梁上，葬地命名为“西宫垭”，至今地名仍在。生龙寨东边山下，如今有两个大村庄，北边叫王家庄，南边叫王家楼，各住 10 户人家，至今还流传着李自成与王夫人的一些轶事。20 世纪 70—80 年代平整土地时，在湖田中间挖得古墓一处，人们纷传这就是王夫人墓。1982 年有人在生龙寨上挖药，又掘得宝剑一把、箭镞一堆，经过文物部门鉴定，认为这就是当年义军的遗物，“剑”与“镞”现存商南县文化馆内。

（九）石燕寨

商南县石燕寨，南北走向，东、西、南三面均为悬崖绝壁，只有北坡狭路一条。山寨由五大台阶构成。第一台阶高崖峻壁，两面临空，是上山道路的关隘，人称南天门。主寨在第二台阶，是道教圣地，供奉真武祖师，每逢节日或者道会，人们接踵登山，有的为祈福求安，有的为观赏水光山色，有的为享受登山眺望的情趣，各尽所欲。第五台阶为玉皇顶。极顶远眺，楚天空阔，豫水旖旎，峡区数十里山水各异。这里有数百种野花，芳香弥漫。

（十）商南安庆民居

商南过风楼一带有很多徽式建筑，比如建于清末八里坡的张氏民居。据商南县志记载，商南是个移民地区，大部分家族为明洪武年间从山西大槐树和清乾隆年间从安庆、江西、湖北、河南等地迁来的，这些移民中以安庆移民最多。以富水、城关和试马为例，人口众多的家族都是安庆太湖、潜山、怀宁、宿松等地的清代移民后裔。他们的迁商始祖或一担两筐或兄弟结伴或拖家带小来到商南择地而居，繁衍生息，经过一代又一代发展壮大，逐渐形成了一个庞大的家族。而他们的语言和生活习俗还始终保持着原来的特点，口耳相因，代代相传，逐渐形成了以移民文化为主要特点的商南地域文化。无论是安庆、湖北、江西、山西还是河南移民，其移民始祖迁居商南时，必定操着原来的方言，秉持已有的生活习惯，在新的居住地繁衍劳作。在同当地居民长期的生产、生活交流中，相互影响，相互融合，相互借鉴，潜移默化，逐步形成了一种既有自身方言和习俗特点，又融合了别种方言和生活习俗的新的语言和生活方式，久而久之，便形成了具有商南地域特征的方言和民俗。在涌入商南的各地移民中，安庆移民人数最多。因为人数众多，其语言的影响力和感染力也自然最大，因此安庆方言便成为商南的主流语言。受其影响，其他地区的移民后代也慢慢跟着学说这种语言。

（十一）白浪镇

白浪镇位于丹江右岸，陕、鄂、豫交界处。白浪街上有一块三棱石，这是三省界石，三面分别写着秦、鄂、豫。三省界石将白浪街分为三部分，分别属于陕西、湖北和河南。街北西面是陕西省白浪村，街南是湖北省白浪村，街北东面是河南省马头村。陕西的白浪镇原来叫汪家店乡，面积约 63 平方千米，人口 7600 多人，隶属于商洛市商南县，1997 年撤乡换镇，改为白浪镇，镇政府驻地白浪村。河南省马头村隶属于河南省淅川县荆紫关镇，湖北省白浪村隶属于十堰市郧阳区白浪镇。白浪镇自古商贾云集，非常繁华，明清时期尤甚，古时由于丹江水运便利，是商品集散地。街道有较为完整的明清风格的建筑。

三、古城镇遗址

（一）武关城遗址

武关城遗址位于陕西省丹凤县龙驹寨镇东 42 千米，上伊国道南侧，北依少习山之岩险，东、南、西三面临武关河谷之绝涧，山环水绕，险阻天成，其地界“秦头楚尾”，为“秦楚咽喉”“三秦锁钥”。武关和东面的函谷关、西面的大散关、北面的萧关并称“关中四塞”。关中即因居四关之中而得名。唯出关东行，延山腰盘曲而过，崖高谷深，狭窄难行，因此武关为古代兵家必争之地。武关历史悠久，远在春秋时即已建置，名曰“少习关”，战国时改为“武关”。关城建立在峡谷间一片较为平坦的高地上，北依高峻，南濒险要。武关城址呈长方形，东西 1000 米、南北 500 米，夯土板筑，东、西、南各有一门，为砖石包砌券洞，上有城楼。各门均有楷书阴刻石额，西门为“三秦要塞”，东门外额为“武关”，内额为“古少习关”。城墙用土筑，东西各开一门，以砖石包砌券洞。西门上有“三秦要塞”四字，东门有“武关”二字，内门额上有“古少习关”四字。关西地势较为平坦，唯出关东行，延山腰盘曲而过，崖高谷深，狭窄难行，因此武关为古代兵家必争之地。

（二）襄王沟

襄王沟位于陕西南部商洛市商州区夜村镇将军腿村丹江南岸，沟深 5 千米，后崖山峰直通流岭山脉腹地。在海拔 1800 米高的燕子山顶上建有 2000 多平方米的石寨古城堡，并有东门西门、烽火台、哨楼、蓄水池和地窖。在寺沟、芋园两岔交汇处有香火旺盛的古老寺庙——文王庙，供奉着文王神尊，并有文官下轿，武官下马祭拜的老规矩。沟内的土地爷庙、娘娘庙、文王庙、元建寺上寺——大佛寺、玉皇庙、老爷庙、沟口的涝峪寺、两水寺、普光寺、宝丰寺、元建寺、药王庙等上下 11 座寺庙，香火旺盛，人流不断，每逢年初一十五，烧香拜佛的人群灯笼火把，川流不息，夜村古镇的夜晚天空如同白昼，热闹非凡，因而夜村也叫爷村。襄王沟地形是一处浑然天成的军事城堡，呈口袋状，沟口狭窄，一夫当关，万夫莫开。因而这里自古就是兵家争夺之地，据传，周襄王、秦始皇、商鞅、刘邦、项羽、刘秀、王陵、李世民、李自成、巩德芳、李先念等都在这里屯兵养马，安营扎寨，建立军事基地和城堡要塞，因而这里留下了至今沿用的地名襄王沟、将军腿、纺车沟、绣花岭、文王庙、文王山、明皇台、二郎砭、老婆坟、王陵城等。这儿居住的村民经常在山坡林间或地上地下捡到宝剑、火铳、大刀、长矛、箭头、匕首等古代兵器。村口将军腿村，据传商鞅封地六百里，襄王沟是最隐蔽的军事要塞城堡，商鞅将各路将军将领经常召集在这里休养，其中一将军在战斗中断掉一条腿，被埋在这儿的岳王岭上，因而才有了将军腿地名的来历。

（三）龙驹寨老街

丹凤县龙驹古寨古时为享誉南北的水旱码头，传说当年汉高祖刘邦入关途经此地时，其乘马生驹，因而此地得名龙驹寨。《商志》中称此地为“北通秦晋，南连吴楚，水趋襄汉，陆入关铺”的水陆交通枢纽。龙驹寨老街东到东河金山寺下冯家涧，西至西河草庙村，长达 5 千米，人称“十里老街”。明嘉靖、隆庆年间，丹江水路渐开。至清康熙四年（1665

年），水旱运输已很发达。据《续修商志》记载：其时，“龙驹寨一镇，康衢数里，巨屋千家。鸡鸣多未寝之人，午夜有可求之市。是以百艇联樯，千蹄接踵，熙熙攘攘，商税所由复增，税额所由日益也”。严如熤的《三省山内风土杂识》一书中也说，商州“东南至龙驹寨，小河一道，可通舟楫，直达襄阳之老河口。西南（关陇商人）之贸易东南者，多于此买舟雇骡。人烟稠密，亦小都会焉”。特别是汉口在清初发展成大都市后，“五方杂处，百艺俱全”。由其处运来的日用百货，通过汉江、丹江舟楫运到龙驹寨后，即转为陆运，改由驴驮骡载，人挑肩负，行销到陕、甘、晋省各地。龙驹寨成为西北与东南商贸物资的集散地、水陆运输的交接点。因此，王廷伊在《续修商志》中有感而叹地说，康熙初年“右诸集市，除州城之外，唯龙驹寨南北辐辏，其余不过五谷、畜产、椒桃、麻楮之属而已”。由此可见龙驹寨当时在整个商州举足轻重的社会经济地位。

（四）商南后湾村

商南县清油河镇后湾村距县城 20 千米，交通便利、位置优越。境内生态资源优越，森林覆盖面积达 80% 以上，形成了大型天然氧吧。这里独特的农家房屋、随处可见的石碾石磨、区域内革命文化遗址，以及史为《青头八景》之一的“京娘洞”和“京娘庙”、李氏祠堂、“二龙戏珠凤舞翩跹”等景点，让这里成为大众休闲度假的好去处。传说清油河后湾李家，系名门望族之大户姓。在明末时期，李家先人有三让、三思、三靠弟兄三人，皆力大无穷，勇猛过人，人称李蛮人，兄弟三人为清油河的逐贼战斗奉献着他们无穷的力量。现在李氏后人朝阳集团负责人在那里为他们建起了宗祠，以此来惦念先人的伟大成就。伴随着深厚的人文底蕴，这里的四季更是一幅美丽的画卷，春天漫山遍野的油菜花、扑鼻而来的花香，让人仿佛身临仙境，如痴如醉；夏天的杨树林和天然浴场是避暑乘凉的绝佳胜地；游客三五成群地在这里烧烤，享受美味，亲近自然秋天的千年古树用它走过的岁月，书写着繁华和美丽，让人肃然起敬；冬天的后湾，站在牌楼入口处，低头俯视着下方的一切，一片银装素裹，仿佛大地正在构思着春天的图画。说起后湾村的独特自然资源——料姜石，地处清油河畔的肖家湾岭二级台地，状若牛头，四周为清油河环绕，方圆约 300 亩，在村民的小麦、豌豆地里，随处散见有土黄色、形状各异的石头。清油河镇充分利用独特的宝贵自然资源，建设以“料姜石药浴”为主题的洗浴中心，深度开发利用，让来后湾的每位游客体验和感受这一独特的养生疗效。

四、古建筑及水神庙宇

（一）松云寺

在商州城西南 30 千米的杨斜镇，有棵形似云浮、状如苍龙的劲松，人们以松建筑了寺院，谓“松云寺”，旧称“东寺”，清乾隆五十三年（1788 年）重修。旧有戏楼、钟鼓楼、龙王塑像，均早已毁，古历十月八日的庙会亦废，今存前殿 3 间、后殿 3 间、偏房 7 间、千年古松 1 棵。古松蜿蜒曲折，如苍龙翻腾，顶上枝叶又同盘江蹈海般的云海，覆盖在整个寺院上空。老松非常沧桑，看碑文、查资料得知，松云寺因寺内有棵千年古松而得名。古松树枝曲折盘旋，主干像一条活脱脱的苍龙，昂首摇尾，密实的枝叶像一把巨伞遮盖着寺院上空，幽静的院落里游人香客三三两两。相传当年王莽废汉称帝时追杀刘秀，刘逃进商洛山，躲在松树下化险为夷，后人因其状似苍龙浮云而称其龙松。

（二）金陵寺

陕西省商州区金陵寺曾经是一座宏大的寺院，但现在却只是一个镇的名字。金陵寺原来有着非常庞大的庙宇，有上殿、中殿、下殿之分，因庙里的住持曾经是朱元璋叔父定慧禅师而声名远播。据传，元末战乱，民不聊生，安徽淮河一带旱蝗连年，百姓饿死倒毙者十之五六。农家子弟朱元璋的父母兄长半月内相继死去，家破人亡，只好投靠黄觉寺的叔父。然而乱世大灾，黄觉寺被灾民吃得水断粮绝，寺僧随之云流星散，叔侄二人云游乞讨。三年之后，叔父把侄儿又送回黄觉寺栖身，自己到了商州上秦川——今金陵寺化缘。朱元璋叔父来到此地，见一古庙没于荒草，虽久经旷废，却场地俨然，遂披荆斩棘，除茅结寺，焚香斋戒，修举废坠。这个苦僧就是朱元璋的叔父定慧禅师。定慧禅师崇尚俭朴，热衷民间公益，修官道，筑河堤，治水灾，栽柏树，挖水井，在十里八乡被传为佳话。十七年后，投奔郭子兴的朱元璋做了皇帝，遂号令天下人寻找叔父，让其到金陵（南京）享荣华富贵，但叔父不允，只得同意仍留在上秦川做住持，朱元璋亲题“金陵古刹”匾额，撰一对联“长空天镜佛陀自在大乘车，高台白云香露永存密宗盘”，并题一牌位“如朕亲近”，字迹端庄古拙，赫然耀目，州官县令遇见均磕头参拜。朱元璋御赐很多土地为庙产，兼理农耕，一时香火复兴，金陵寺声名远播。自朱元璋之后，商州各方住持羽化之后皆葬于此。20世纪六七十年代，商州城里到处流传金陵寺庙有四个金铃，于是鸡鸣狗盗之士在庙里到处寻找，据说有两只金铃被杨口村住庙的人偷了去。“文化大革命”破四旧，金陵寺被拆，如今，仅剩余三间上殿。

（三）大云寺

大云寺坐落在商洛市城中，始建于唐代（690 年）。现存大云寺面积 8000 平方米，4座大殿基本保持原貌，现为省级重点文物保护单位。大云寺内有《五戒本生》的壁画，描写佛教“五戒”（戒杀生、戒偷盗、戒邪淫、戒妄语、戒饮酒）缘起的五个故事。壁画绘于大云寺大雄宝殿东墙，五组画自右向左、从上到下依次排列。唐代时武则天借《大云经》中“弥勒下生作女王，威伏天下”等语，改唐为周，做了中国封建社会第一个女皇帝，嗣后，诏两京各州修大云寺，诵《大云经》，宣扬“君权天授”。诏令即出，全国各地纷纷修建大云寺。公元 705 年，唐中宗李显登基复唐，诏毁大云寺，其时，全国各地大云寺大多尽毁。商州大云寺因被地方官改名“西岩院”得以幸存。元代修复时改回原名。

（四）商州城隍庙

商州城隍庙为明清古建筑，位于商洛市商州区南街中段。原来专门设有龙王庙。保护范围：东至城隍庙东院墙，西至市检察院东院墙，南至南街路以南 30 米，北至城隍庙北院墙。建设控制地带：东至小巷子，西至市检察院西院墙，南至火神庙以南 80 米过境公路，北至商州城老街。2003 年，商州城隍庙被陕西省人民政府公布为第四批省文物保护单位。

（五）龙王庙乡十龙洞

商州十龙洞，位于商州区龙王庙乡上山村前梁沟，因洞内有十条逼真的石龙而得名，被列为“商州八景十观”之一。十龙洞共分三段：第一段称前洞，也叫洞门，高 2 米，筑有十龙庙；第二段称龙庭，高 1.5 ～ 1.7 米，洞长 10 余米，形成廊庭，每一米伏卧一条青龙，清水不涸不溢，恰似青龙浮游水面，活灵活现，蔚为壮观；第三段是龙穴，深不可测，沉黑一片。清代教谕郡人牛维晃曾作诗赞道：“石龙十数洞虚中，光怪屈伸互异同。刻肖鳞文浑造化，神奇生跃自天工。喷珠波光千林蔼，澍雨湫传万国丰。不比叶公称画像，呼吸云雾起长风。”十龙洞，旧时祈雨求神者多，故在洞外平台兴建有龙王庙、花戏楼，每年逢农历三月三日，起庙会三天，慕名观光者甚多。距十龙洞约 300 米的栎树岭上，还有个二龙洞，洞内有“金线吊葫芦”“倒挂飞燕”以及佛爷、罗汉等。

（六）沙河子十龙洞庙

“十龙洞”位于商州区沙河子镇以北 7 千米处，呈不规则排列状态，散布在方圆不足二十里地的山沟里，有洞有庙。每逢商州大旱，河水断流，人畜用水极度困难，只有个别山谷有泉水涌出，山民们就在此带着贡品，敲锣打鼓，沿着山谷到处找水，进这个洞，出那个洞，祈天求雨。这个洞能求到雨，就认为这个洞的龙王灵验。据传，大禹治水足迹遍布商州的流岭、熊耳山、蟒岭一带。远古年代，丹江河谷尚未形成，水位在海拔 800 米左右的山腰部位，看山寺乡龙洞群，正好处于这个部位，大禹治水的一支人马，就驻扎在这里，展开了空前的治水大战，并且治水成绩十分突出。其中，避雨、生活过的山洞也自然被大禹治水部落封为了龙洞。

（七）商洛龙山双塔

商州东龙山双塔，位丁商州区大赵峪街办龙山村。建于明万历十九年（1591 年）前后，由抚治商洛道王孟煦（山东安丘人）、知州王以孚（四川达州人）筹建。双塔屹立在丹江左岸。两塔一南一北，相距 300 米。南塔八面七级，高 30 米许；北塔八面九级，约高 32 米，均为砖建，楼阁式，塔身一律砖质密檐，呈乳酪颜色。塔体各级均有青砖迭砌出檐，檐下施有菱角芽子；一、二、三、四级开有卷洞式门窗八眼；底 4 部各面都饰有 11 块飞禽走兽和虫鱼花草的砖刻浮雕。塔顶为一朵 20 瓣盛开的莲花，花心置一葫芦形塔刹，属明代建筑。塔形古朴秀丽，为城市文化底蕴增色不少。据传，丹江汛期洪灾频发，当地官员子民认为乃东龙山龙头伸到丹江吸水而致，为了消除洪灾，震慑丹江龙头作祟，遂筑起两座砖塔。据传清代双塔之间有东岳庙，农历三月二十八逢庙会时，千百善男信女朝山进庙顶礼膜拜，商贾游人兼理贸易，景况十分热闹，后东岳庙被毁。

（八）静泉山菩萨楼

商州区静泉山山腰有一眼泉水，数千年来不涸不溢，人称神泉，山下有罗公祠，祠后有石阶天梯路。清乾隆二十年（1755 年），商州知州罗文思筹资兴建了补山阁、甘雨亭、龙神阁及悬空的七星菩萨楼，使泉山阁楼相间，洞泉相映，峰间松柏障衬，成为当地旅游避暑的“世外桃源”。

（九）二郎庙

二郎庙位于丹凤县城以西 15 千米棣花镇贾塬村，这里也是文化名人贾平凹的故乡。棣花曾有“昙花胜地”之称，是“商州十观”之一，唐为棣花驿。元稹、白居易等诗人多次吟诗赋词于此地。由于历经战乱兵祸，胜地古迹损坏几近，而今值得一看的唯二郎庙和关帝庙。二郎庙，建于金大安三年（1211 年），是陕西省现存的唯一金代建筑。相传金国侵略南宋到龙驹寨后，遇到这里的南宋将士奋力抵抗，久战不分胜负，当朝宰相秦桧力主求和，便割地给金，金国为了立标志界，按照喇嘛寺的造型，融合汉人建筑艺术，建成棣花街二郎庙。二郎庙历经几百年兵荒战祸，年久失修，几近倒塌。1985 年进行了抢救性修复。二郎庙，为金、汉建筑工艺之合璧，由于金代历史短暂，遗存下来的文物古迹很少，全国只有三座具有金代建筑风格的庙宇，其他两座在山西省，所以就更加珍贵。1992 年公布为省级重点文物保护单位，现载入《全国名胜词典》。有诗云：堪怜古庙埋荒烟，历尽沧桑半已残。一线溪流两国界，偏安赵宋太无颜。

（十）竹林关杨泗古庙

竹林关杨泗古庙位于丹凤县竹林关镇政府大院，是丹江著名水旱码头竹林关的重要名胜古迹。

南宋将军杨泗在汉中城固县治水有功，被汉江流域的渔民、船工奉为“水神”，广建庙宇祭祀。明清时期，此风也在汉江最大的支流丹江盛行，于是，豫陕船工就在丹江水旱码头竹林关集资捐建了杨泗庙。杨泗庙几经风雨，屡建屡毁，现存的杨泗庙是清代光绪年间修建的，又叫平浪宫、船帮会馆。

（十一）丹江船帮会馆

丹江船帮会馆位于丹凤县的龙驹寨，建于清光绪十七年（1891 年），是省级重点文物保护单位。由于建筑华丽，又被称为“花庙”或“花戏楼”，即“丹凤花庙”。会馆门前临丹江，为青砖六柱五楼牌坊式建筑。乐楼紧贴门楼，高 27 米，宽 27 米，重檐翘角，巍峨壮观。乐楼高悬“秦镜楼”牌匾。“秦镜”典出《西京杂记》：“秦始皇有方镜，照人灼见心胆”。看戏为高台教化，古事犹今事，戏情即世情。以“秦镜”题楼名，旨在于娱悦之中，以史为鉴，以人为镜。2005 年重修明王殿时，明王变成了“伯益”。据当地人讲，伯益在遭受洪水侵袭的地方，根据当地地势低洼的特点，教民众种植稻谷，促进了农业的发展。传说伯益发明了凿井技术，参加平治丹江洪水。明王坐像的左右侧有风、雨、雷、电神塑像。此外，当地过去曾有不少行业的会馆，如今马帮、盐帮、青瓷器帮三个留存的会馆古建筑保护较为完整。马帮会馆古建筑位于西街小学院内，盐帮会馆古建筑位于县委党校院内，青瓷帮会馆古建筑位于城关粮站院内。

（十二）盐帮会馆

盐帮会馆位于丹凤县城中街（县委党校内），始建于清光绪三十一年（1905 年），是龙驹寨八大会馆群之一。龙驹寨（今丹凤县）自古是“北通秦晋，南接吴楚”的交通要道，东路货物（丝绸、布匹、火纸、盐、碗等）沿长江入汉江逆水由船帮将北方人民群众所需的商业产品及生活用品运到龙驹寨，分散到各会馆集存。然后盐帮利用每年古历六月初六集会之日进行内外销售交易，销售到内外各地，与各会馆的商业网点进行竞争，以增加本会馆收入。盐帮会馆现留有清代献殿各一座，保护完整。1987 年 7 月 15 日被丹凤县人民政府公布为第二批县级重点文物保护单位。

（十三）万家湾村龙王庙

丹凤县棣花镇万家湾村龙王庙庙址在龙王泉西 30 米处，庙坐南向北，面对丹江，三间土木结构，庙前约 50 米有一戏楼，根据“戏楼对爷庙”，戏台口端对着龙王庙，庙台上雕塑着黑龙王像。雨涝或发洪水时，人们来庙内烧香敬神，祈求雨住放晴。天旱时，人们来烧香吊表，跪拜，甚至唱戏，祈求龙王下雨。如果还不灵验，就用杠子绑小桌子将龙王像架在桌子上，抬龙王游村祈雨。新中国成立后，龙王庙由于年久失修，墙裂顶塌，碎木料、瓦摆在地上，无人敢去动用。因为传说万家湾村龙王特别灵，人用神灵东西会招祸灾。

（十四）月日龙王庙

月日龙王庙位于丹凤县月日镇河口滴水崖上。半崖有一泉水往崖下滴水，过往人可洗手脸或饮用，崖上边有一龙王庙，2005 年修沪陕高速公路时隧道经滴水崖，将龙王庙迁移到丹江漂流的下游码头月日度假村内，使这一旅游景点更是锦上添花。

（十五）竹林关城隍庙

丹凤县竹林关城隍庙始建于明洪武年间，清光绪二十六年（1900 年），当地王姓富户领头，筹资修复城隍庙。建正庙大殿三间，正中塑有城隍爷神像，对面廊房各两间，门楼前有戏楼，每逢古历三月十八日庙会，唱大戏三天三夜，三省四县香客如云。令人尤为称道的是，城隍庙历经民国二十六年（1937 年）、二十七年（1938 年）及 1954 年三次大水，虽然原滨江之整条街俱毁，但城隍庙却安然无损，遂有“金线系葫芦”“城隍镇蛟龙”的神话流传。

（十六）土门龙王庙

丹凤县土门龙王庙位于土门镇龙王庙村。成立公社时该公社名为“龙王庙公社”，后改称“龙王庙乡”；撤区并乡时，“龙王庙乡”并入土门镇，龙王庙村名字至今沿用。

另外，棣花镇水沟河村北也有龙王庙村，商镇北坪村北有龙王沟村。龙王神诞之日，各种文献记载和各地民间传说均有差异。旧时专门供奉龙王的庙宇几乎与城隍、土地的庙宇同样普遍。每逢风雨失调，久旱不雨，或久雨不止时，民众都要到龙王庙烧香祈愿，以求龙王治水，风调雨顺。天旱时，有的地方也有抬龙王坐像游村祈雨的。

（十七）商南观音寺

北出县城二里许，两山对峙，中虚一峡，名为峙沟。在峡半腰之上的崖壁上有一仙洞，洞前环山依崖坐落着一座建筑宏伟、雕梁画栋、红柱宝鼎、飞檐重阁、金碧辉煌的庙宇——观音寺。观音寺庙宇由停车场、寮房、天桥、僧楼、正殿五个部分组成，占地总面积约 1500 平方米，建筑总面积 600 余平方米。寺庙建在坡度 80° 的山崖上，建筑布局环山为 S 形，两山中架一桥廊，贯穿东西，左右连通。停车场设在寺庙脚下，从停车场顺六十二级台阶拾级而上，进入天桥甬道，左右转入大院。顺寮房大院登十二级台阶上天桥，过廊坊，进入观音寺正殿大院。大院与正殿基座全用山石水泥依山砌成，高于停车场 20 余米。大殿坐落在大院正后方，坐西朝东，为三间三层空虚肩歇式构造。一层为正殿，二层为空间，三层为藏经楼。大殿以仿古结构建造，飞檐重阁、雕梁画栋、木格透雕，花纹图形采用传统工笔重彩技法，飞金彩绘。殿顶均用珠红琉璃瓦铺设，中脊端坐一口甘露瓶，上插绿色杨柳枝，以示观音施甘露于人间，普渡众生。远远望去，大殿流光溢彩，鲜丽夺目。大殿正门上端横悬匾额“观音寺”三个斗形隶书大字，金光闪烁，苍劲有力。殿门回廊立柱刻描联一幅：晨钟暮鼓警醒世间名利客，经声佛号唤回苦海迷路人。门前院中置吨重花轿式化钱香炉一座，四柱飞龙，铜铃高悬，古朴典雅。殿内供奉五尊佛像，观世音菩萨高坐莲花墩，手执玉净瓶，天女、红孩儿分立两厢，韦驮、伽南二位左右而立。观音塑像胎身为汉白玉雕塑而成，金箔贴身，庄严慈祥，光彩照人。配殿钟楼、僧房、天桥廊坊、客舍、寮房摄影、香表流通等一应俱全，房屋全部为仿古建筑，彩绘而就。整个寺院依山环绕，九曲回肠，建筑严谨，造型壮观，富丽堂皇，犹如一座仙宇琼阁。

（十八）商州龙王庙

商州龙王庙位于二龙山水库上游七星村和潘河村，这里有“响佛砭”“十龙洞”“二龙洞”“黑风洞”等，庙里敬的是龙王爷。从古至今有祈雨风俗，香火不绝。据传，清乾隆、嘉庆年间连续三四年商州发生大旱，地裂三尺，赤地千里，草木枯萎，水井干枯，十里八村都在祈雨，但始终都没有效果，后来十里八村的人聚集在一起，在龙王庙前设坛祭奠，连续行跪拜之礼，三跪九叩，祈声连连，如此反复，祈祷丹江龙王显神威，到七七四十九天那一天中午，天空乌云密布，电闪雷鸣，大雨倾盆，连下三天，村里人说，龙王爷开眼了。此后龙王庙祈雨灵验声名鹊起、声名远扬，到现在附近的人仍认为龙王神威，叫风得风，祈雨得雨。如今，二龙山水库修建之后群众从水库取水尝到甜头，“祈雨”这一迷信活动也就一去不复返了。

（十九）高车岭龙王庙

高车岭，又名南秦岭，在丹江南岸，乳河北岸。西汉初，吕后为立其子刘盈为太子，用张良计，以高车驷马，迎接秦末隐居在商山的“四皓”，车驷迎其到此山下，故名其山曰高车岭。高车岭因有两个山峰，形如双乳，故名双乳山。据《太平御览》所记《高士传》曰：山上有四皓碑及祠，汉惠帝所立也。汉使张良以驷马高车迎皓于此，故有此名。据《州志》所记，山在乳水（今名南秦川）北岸，两峰如驼背，俗名驼峰。唐代至民国，岭上北侧有座商山四皓庙，南侧有娘娘庙和龙王庙。宋代到清末民初，商州就有祈雨的风俗。丹江流域商州河段在一段时间里，连续三五年发生大旱，地裂一尺，赤地千里，庄稼枯萎，水井干枯，仅高车岭商山四皓庙南侧山泉旺盛出水。候塬村、四合村、元明村、李家塬、贾克劳村等十里八村都聚集到高车岭祈雨，村民集资从秦岭山上请来了“天师”道长，村民设坛祭奠，连续行跪拜之礼，三跪九叩，祈声连连，如此反复，祈祷风伯雨师腾云驾雾降临云端，到七七四十九那一天中午，天空乌云密布，电闪雷鸣，大雨倾盆，连下三天，村里人说，龙王爷开眼了。此后高车岭龙王庙祈雨灵验声名远扬。1968 年“文化大革命”破四旧，高车岭上的龙王庙和其他神像被拆除。后来村民找了一个大石头，用红布遮挡，当作龙王神像初一十五敬着。1993 年高车岭被开挖修公路，高车岭便不复存在了。后来高车岭上的双乳山被改名，叫“龟山”。高车岭龙王庙的故事就销声匿迹了。

据传，汉时双乳山上有个观星台，人们通过观察天象，来预测洪水、收成和世间凶兆。《宋会要》就作了详细记载：“至和元年五月晨出东方，守天关，昼见如太白，芒角四出，色赤白。凡见二十三日。”这颗超新星也因此被命名为“1054年超新星”。公元前613年，“有星孛于北斗”所记载的这颗彗星就是著名的哈雷彗星，这也是哈雷彗星的最早记载。观星台表明了丹江两岸的居民生活于自然之中，既依赖于自然的供养，又震慑于自然力量的强大，不管是受供养报恩，还是惧怕臣服，都表现出了对自然的崇拜。

（二十）叶店叶氏宗祠

商南县叶氏祠堂，始建于清道光十八年（1838年），坐北朝南，依山傍水，景色宜人。建筑格局具有典型的江南太湖地区四水归堂庭院式风格，有房屋14间，其中前厅3间，后厅3间，东厢房5间，西厢房3间，占地面积506平方米。全部建筑为砖木结构，梁柱、房檐均为木条拼花“吉祥”图案点缀。墙砖皆烧有“叶氏宗祠”字样，虽历时百年风雨，浮雕字迹仍醒目明见。整座建筑格局保存较完整，规模宽敞，雕刻题材丰富，体现了婺派精美的技艺，具有一定的历史价值、文物价值和艺术价值。叶氏宗祠采用磨砖八字大门，两侧置青石，左右设立抱鼓石，气派雄伟。整个建筑用材粗大，两侧都有砖雕、磨砖门墙，工艺精湛，极富地方特色。商南叶氏祠堂文化源远流长，属徽派建筑，记录着家族的兴衰和社会的变迁。1983年10月，叶氏祠堂被商南县人民政府列为县级重点文物保护单位，2004年至今，先后开展了两次大规模的修缮维护工作。这期修缮共募集民间资金30余万元，2015年启动，耗时一年有余。修筑了高5米、长130米的挡坝、院落垛口墙、排水系统等基础设施，硬化了道路广场，翻新了大殿及厢房。

目前，修旧如旧的叶氏祠堂已成为商南古建筑游览的重要景观之一，也是地方唯一一所保存完好且具有一定规模的祠堂古迹。

（二十一）大岭观

大岭观位于梳洗楼村，始建于明万历年间，为商南县最大的寺院与宗教圣地。古《商南县志》记载：“万历十年（1582年），城南80里处建玉清宫，后改称大岭观。全观有房百余间，呈四水归堂式。僧人三百余名，香火盛极，远播鄂、豫等地。”古大岭观附近漫山遍野皆是合抱粗的树木，脚下是用青石板铺设的道路。来到岭上，面前是一座坐北朝南的大寺院，后边是正殿，殿外雕梁画栋，殿内金碧辉煌，中间端坐着手执拂尘的太上老君，香火缭绕，灯火通明。

五、古代桥梁

（一）商州板桥

商州板桥位于商洛市区北15千米商州区板桥镇。板桥是古时架于荆水之上的一座石拱桥。商州板桥始建于隋代，六孔坦弧敞肩石拱桥。桥长三丈余，宽一丈六。据《商州志》记载，“桥跨荆水上。温庭筠诗称‘人迹板桥霜’即此”。温庭筠《商山早行》诗云：晨起动征铎，客行悲故乡；鸡声茅店月，人迹板桥霜；槲叶落山路，枳花明驿墙；因思杜陵梦，凫雁落回塘。只因河水泛滥、沧桑之变，此桥已荡然无存，但古人诗文名句至今仍脍炙人口。而今，这里修建西安至南京铁路，有铁路桥可通并建有板桥站，据说还是编组站。并有商州至洛南公路通过，交通非常便利。

（二）丹江石桥

丹江夜村—棣花段，分设有四个渡口，建有四座桥，分别是白杨店石桥、洛源石桥、高桥、棣花桥。白杨店石桥，在州东四十里白杨河北岸，跨乾涧店街东，尽处即渡丹水，名头渡河。洛原石桥，在州东五十里洛源河上，知州王廷伊修，即二渡河。高桥，在州东六十里高桥河上，即三渡河。又有棣花河，为四渡河，旧有四渡官船，给工食，今无。另据《康熙续修商志》载，白杨店、洛源、高桥、棣花有四渡舡，官给工食，今无。白杨店石桥，有碑。洛源石桥，知州王廷伊修。《直隶商州总志》载：丹水四处石桥历次修缮，官宦、商旅、诗人、名流在石桥过往，络绎不绝，乃几次洪水皆毁之，不复存在。

（三）丹凤罗文桥

丹凤罗文桥，建于唐代初期，位于丹凤县柿沟渠上，桥宽两丈五，宽一丈六。桥东南角有一巨柏和一石碑，巨柏雄伟高大、枝叶茂盛，石碑青蓝发光，字迹清晰，这就是贺家村有名的“一柏一石一座桥”。到 20 世纪 40 年代，由于兴修水利，柏树、碑、栏杆毁之殆尽。

（四）黑山高桥石拱桥

从陕西省商洛市商州区黑山街西行二里许，有一个地名因一座久负盛名的石桥而故名高桥。高桥古石桥内径长 8.4 米、宽 4.2 米、高 7.2 米，1984 年在古桥南侧拓宽 9.6 米。高桥，又名大平石桥，是秦楚、秦蜀古道的咽喉要道之一。高桥建造于东川、西川河流入黑山河（峒峪河）口处，该桥始建于何年已无法考证，因一通桥碑深埋在地基下，百寻不见。另一通桥碑现置放于高危的油坊屋内，无法进入查证。玉皇顶清道光六年（1826 年）立的庙碑中有“州西南七十里许，名曰高桥，其西南诸峰优美，而临上者玉皇顶也”的记述，可见，高桥应当至少建于清道光年间的前清或明代。据张兆祥老人回忆，有个石碑上记载了清同治年间（1862 年）由山西（省）张大同大师主持的修补工程概况。桥面两边各竖金瓜石柱 8 根，凿卯，石条贯通连接，做防护栏用。两通桥碑分别竖立于高桥东西两侧。东侧的一通靠桥南，西侧的一通靠桥北，石碑处各有滑稽的石猴，甚是逗乐。

（五）商州龙桥

商州候塬村南秦河上原有一座龙桥。据考证，龙桥建于元延祐七年（1320 年）。元代时期，南秦河洪灾泛滥，河南河北村民过河时常多有溺亡，双乳山庙上住持为普渡众生，遂号召善男信女募捐资助修建石桥一座。因元代人有“水从碧玉环中过，人从苍龙背上行”的诗句，因此命名为“龙桥”。据传龙桥是一座 6 孔、尖顶、大圆筒形的石拱桥。修建龙桥时，十分重视基础工程，深挖基槽，以柳木打桩，扎于泥沙底部，上砌以大石块，用江米、石灰等做黏合剂，使 1 丈多深的桥基凝为一体。桥基上的圆拱，用长方形料石砌筑，石块上刻有榫卯，相互嵌连，使桥身固为一体。圆形券拱将桥的承受力分散于大圆弧上，受力均匀。桥基迎水面的迎水坡和泄水坡均深挖基槽，以大石筑砌，故能历久而不毁。清光绪三十二年（1906 年），南秦河河水猛涨，将龙桥冲毁。

第二节 古陵墓

丹江殡葬文化，宛如一场跨越时空的对话，让生者与死者心灵相通。其中蕴藏着先民对逝者的敬畏，也包含着天人合一的哲思。

一、东汉崖墓群

东汉崖墓群分布在丹江及其支流两岸，密布着数千个如燕子窝一样的山洞。数百年来，关于这些山洞的由来众说纷纭，当地相传称之为“躲反洞”“跑匪洞”“藏兵洞”。后经考古定性为“东汉崖墓群”，洞内墓室纵深达20米以上，客厅、卧室、水池、水井、灶台、壁龛和厕所等一应俱全，有的还饰有壁画，墓顶多见平顶、弧形顶，少数墓中有兽面、人面浮雕和岩画等。部分崖墓中发现有“元凤元年”（前80年）、“建武中元二年”（57年）等模印纪年的年号砖，砖上刻有龙纹、虎纹和几何图案。在丹江水量很大，河谷还未形成的时期，先民们无依无靠，周围险恶的自然环境总是给人一种神秘而恐惧的感觉。在顽强的生存努力下，先民们开始思考并试图对困惑他们的自然现象进行解释。风狂雨暴、电闪雷鸣、山崩地裂、洪水滔滔，这一切的背后难道有什么东西在驱使？深山密林的回声、气流形成的幻影、狰狞恐怖的野兽乃至日升月落、四季更替、草木枯荣、人类自身的生老病死，这一切莫不是来自某种冥冥的精灵？对于上述种种疑虑，经过数十万年的探索，先民们终于设想出那不起眼的甚至在现代人看来荒诞不经的一点点观念——灵魂，并以此推而广之，认为世间万物都是受灵魂控制的，它不以人的意志而转移，不以幻化为种种形态而改变，不以事物的生老病死而消失。由是丹江丧葬观念产生了。

二、尧女墓

尧女墓坐落于商州城东2.5千米处，东龙山下，丹江北岸。相传尧女舜妃女英死葬于此。1976年前仍存一土冢，直径6米、高约7米，尚存碑二通，一通被村民作为石桥横架在东龙山下的一条水渠上。1980年此碑被收藏在商洛市博物馆里。1981年，被商县人民政府列为重点文物保护单位。清代时的地方官员还专门为它立了墓碑，以昭示“尧女”故事，亦即娥皇和女英的故事。2002年3月，陕西省考古研究所等单位对它进行了科学的发掘清理，证实它是一座西汉砖室墓，从出土文物来判断，它大概属于西汉末。那么，夏文化和商洛的关系又如何呢？《史记·殷本纪》记载：“殷契……佐禹治水有功，帝舜乃命契曰：‘百姓不亲，五品不训，汝为司徒而敬敷五教，五教在宽。’封于商，赐姓子氏”。《吕氏春秋·召类》记载：“尧战于丹水之浦，以服南蛮”，“舜南征三苗，道死苍梧”。或许尧南征“三苗”，当年就是沿着丹江而下的，从战于“丹水之浦”，战争途中，尧女死，遂葬丹江之滨。

三、四皓墓

四皓，是四位皓首银须老人，东园公唐秉、夏黄公崔广、甪里先生周术和绮里季吴实，皆秦博士，后因逃避焚书坑儒来到商山。刘汉王朝统一天下后，欲废太子刘盈，立赵王如意，经张良策划，吕后约请四皓出山，辅佐刘盈做了汉惠帝，四个功高盖世的老人，尽可高官厚禄颐养天年，但他们却功高身退，重返商山，终老山林，死后便葬于商山，这就是四皓墓的来历。商州四皓墓，在商州城西今地区汽车运输公司院内。相传为四皓衣冠冢所在。旧有高丘四冢，栋宇数楹，中有四短碣分镌皓图，古貌俨如，今只存3冢，陵庙亦剩3间。皓图四断碣几经辗转流散，终归复出，今存市博物馆。1981年，被丹凤县人民政府列为重点文物保护单位。丹凤四皓墓，位于丹凤县商镇城西。傍金鸡原，坐鹿迹村，高冢星罗，苍茫磊落。名流经此，每多留题焉。其冢现高5米，直径7米，辽阔墓区，高槐深竹，松相干霄。相传，汉惠帝曾派三千御林军每人自长安携土十斤，来商山为四皓墓培土，下令文官下轿，武官下马。汉惠帝、柳宗元、王禹偁曾为“四皓”撰碑。

四、闫村春秋墓

闫村春秋墓在商州区金陵寺镇殿岭子村。1983年4月群众取土时发现，墓葬已无痕迹。出土的青铜器有鼎、壶、戈、剑、削镞等。经鉴定，为春秋晚期或战国初期楚国的遗物。

五、小唐墓

1985年4月，商洛市窑头村基建施工中发现小唐墓。南北坐向，砖砌过洞，分墓道、过洞、墓室和棺床4部分，棺床长2.5米，宽1.4米，高0.26米。墓主为女性，仰身直肢，头西足东，靠头部清理出骨梳、木梳及铜钗残片。随葬品有金、银、铜、陶等质的装饰器及器物多件。较有研究价值的出土文物是鎏金开元通宝，此品为唐宫廷观赏货币，制作精细考究，一般不进入市场流通，全国很少出土。

六、宋墓

宋墓坐落于商洛市北新街中段北侧，市邮电局报话大楼地基之下。1986年清基深挖至5米以下时发现，已暴露部分1400平方米。墓基占遗址东南一角，存尸骨1架，别无他物。墓北有水井1眼，中部有南北走向砖墙一段。高约50厘米，长5米。东北侧有方砖地面15平方米，上有残灶遗迹和砖砌下水道残段。出土文物有宋瓷碗、瓶、杯、雕花、柱础、瓦当，筒瓦、板瓦、夹杆石和唐宋钱币等。遗址的发现为研究商州城历史变迁提供了重要的参考资料。

七、王家庄墓群

王家庄墓群位于商南县城中心以东10千米处的富水镇，富水镇街东200余米的山脚下就是王家庄村，墓群就分布在紧挨村子东边的一道南北走向的砂石梁上。富水镇东距河南境26千米，是出入关中东南的门户。这里四周低山环绕，盆地间平坦宽阔，有滚水河呈南北走向从中流过。在滚水河以东、王家庄村以西之间的大片农田中，有板瓦、碎砖、陶器残片等大量汉代文化遗存堆积，这些汉文化遗存与东侧砂石梁上的墓群关系密切。

20世纪80年代初，因大搞农田基本建设，在王家庄东的砂石梁上发现大量汉墓，这批墓葬遭到毁灭性破坏，仅收缴了一批在长方砖一侧模印年号、亭阙或几何纹饰的墓砖，从“元凤元年（前80年）”“建武中元二年（57年）”“永平元年（58年）”“永元十五年（103年）”等纪年得知，这批墓葬的年代在西汉晚至东汉中晚期。1997年12月，在312国道改造工程中，砂石梁北端部分山体被挖断，数座墓葬遭到破坏。商洛考古队随即赶到现场并进行了抢救性发掘。经抢救发掘的 3 座汉墓均为长方形单室砖券墓，从出土的“五铢”“大泉五十”钱币看，这些汉墓和 20 世纪 80 年代发现的汉墓，在年代上大致相同。同时还出土了一些侧面模印龙纹、双鱼纹的墓砖。在墓砖一侧模印年号、几何纹、动物纹、人物或亭台楼阁，是富水汉墓的一大特色。另外，由于地质条件的缘故，富水汉墓大多是在岩体上凿出洞室，再在洞内表面砌砖而成为崖洞砖室墓，这类形制的崖洞砖室墓在四川成都一带多有发现，而这类相同形制的墓葬在中原腹地富水镇的发现，应当引起人们对这类遗存之间文化关系的思考。富水汉墓较多纪年墓砖的发现，也为汉代墓葬的断代提供了标尺。

第三节　丹江驿站

历史上不同朝代、不同时期，丹江沿岸都设有驿站，驿站设置数量、位置各有不同。汉代设有邮驿多处。到了唐代，沿丹江三十里一驿，四方通达。驿站的主要路线是由京师都亭驿东行，经长乐驿、灞桥驿，折向东南进入商於古道。据史载，沿武关道曾设传军国急报，达官司文书的驿站共 19 个，自长安都亭驿东南行经五松驿，蓝田驿、青泥驿、韩公驿、兰桥驿、兰溪驿、北川驿、安山驿、仙娥驿至商州；经四皓驿、洛源驿、棣华驿至丹凤；东去经桃花驿、层峰驿、武关驿、青云驿至商南；再东去至阳城驿。阳城驿的驿名，正好与唐德宗时的名臣阳城姓名相同。史载，阳城为官廉洁，爱护百姓，声誉颇佳。由于驿名与人名巧合，后阳城驿改名为富水驿，富水镇便由此而来，沿用至今。

在丹江沿岸的驿站主要有：

兰溪驿：此关在今商州区牧护关附近。

北川驿：距长安 215 里处（今商州区黑龙口一带）。

安山驿：距长安 245 里处（今商州区雷锋村一带）。

仙娥驿：距长安 285 里处（今商洛市二龙山水库）。此处风景秀丽，多为世人称道。如白居易《仙娥峰下作》：“我为东南行，始登商山道。商山无数峰，最爱仙娥好。”

四皓驿：驿名与商州四皓墓有关，在州城附近（今商州区郭村一带）。

洛源驿：位于商州区会峪沟与丹江交汇处的洛源。

棣花驿：位于今丹凤县的棣花镇。《元一统志・商州・山川》有棣花山，“在州东七十里，以山多棣花而得名”。

桃花驿：距长安 430 里，位于银花河和丹江的交汇处。

桐树馆驿：距长安 455 里。

武关驿：在今丹凤县东南 90 里处、武关河畔，312 国道旁。武关，为秦之南关，与东函谷关、西大散关，北萧关并称“关中四塞”。春秋前称少习关，战国时更为今名，史称“三秦要塞”。这个商於古道上的重要关隘，北依少习山之岩险，东、南、西三面临武关河谷之绝涧，山环水绕，险阻天成，为“秦楚咽喉”“三秦锁钥”，历来是兵家必争之地。

青云驿：丹凤武关外第一驿。距长安 510 里。

层峰驿：在今商南县皂角铺。韩愈《题层峰驿梁》云：“去岁贬潮州刺史，乘驿赴任。其后家亦谴逐，小女道死，殡之层峰驿旁山下。蒙恩还朝，过其墓，留题驿梁。”

阳城驿：阳城驿是秦东南干道，武关道上出陕西境最后一个著名的驿站。位于312国道商南县东11千米的富水镇。唐末改名富水驿。出富水驿后即进入河南省境内。它们依次是商於驿、临湍驿、官军驿、曲河驿和南阳驿。由富水而东，即进入河南省境，首站为菊潭（今内乡县），再依次为临湍、邓州。北达洛阳，南诣荆襄，有“天下扃闼，两都南鄙”之誉。

宋、元、明、清时期，商於古道失去国家驿路地位，但仍是转运物资、递送官方文书的主要通道。在20世纪70年代以前，驿站尚有不少遗迹残留。

第四节　博物馆藏

丹江不仅见证了一代又一代的金戈铁马，也留下了丰富的文化宝藏，每件文物都见证着丹江独有的故事和传奇。

一、牙璋

戚和玉铲，商州东龙山遗址出土。牙璋、戚系硬质墨玉磨制而成，玉铲系白色软玉加工而成，为礼器祭祀之用。表明这里在夏代早期可能存在一个方国或部族，为先楚文化源头研究提供了物证。

二、虎簋盖铭

1996年8月丹凤县西河乡冠山沟出土。青铜质，盖口直径23.5厘米，圆形提手直径6.6厘米、高1.9厘米、厚0.5厘米。盖内有铭文161字，主要内容是周王对重臣的册命和赏赐，受册命者铸造了这件青铜器，以为“子孙永宝用”，并作为“夙夕享于宗”的祭器，是研究西周诸王在位年数的一件重要文物。

三、青铜罍

西周时代。1956年丹凤县龙驹寨镇冯家涧村出土。通高38厘米，底径20厘米，口径21厘米，腹径38厘米，造型精巧别致，是研究西周早期历史的实物依据。

四、鸟篆铭文戈

春秋勾兵器。青铜质。1983年丹凤县龙驹寨镇西关出土。援长17厘米，胡宽3.7厘米。内中有三穿，援上有鸟篆铭文，字迹剥蚀严重，不可辨认。

五、青铜鼎

战国时代炊器。1956年丹凤县龙驹寨后坡出土。口径14.5厘米，通高16.5厘米，腹径19.5厘米。造型精致，与1998年山阳县东鹃岭唐家沟口战国楚墓出土的楚式铜鼎形态相近，对研究春秋战国时期商洛地区的历史变迁具有一定意义。

六、青铜鍪

战国时期炊器抑或量器。1987年丹凤县西河乡古城岭出土。直径12.2厘米，通高15厘米，后继出土者三，有单身、双耳之分。

七、商字瓦当

秦朝时期（公元前 221 年—前 207 年），商字瓦当出土于商鞅封邑遗址，半月形，商字为小篆。直径 14 厘米，边轮宽 1 厘米。1981—1996 年两次出土，同时还出土商字纹板瓦，这是中国最早的文字瓦当。它的出土，再次证实了“中国首屈一指的改革家”商鞅的封邑在今丹凤县古城岭。

八、武字板瓦

战国时期（公元前 475 年—前 221 年），丹凤武关盛行武字板瓦建筑房屋。1980 年文物普查时在丹凤武关采集。长 30 厘米，宽 25 厘米，瓦面篆书“武”字。

九、四神空心砖

战国时期（公元前 475 年—前 221 年），四神空心砖出土于商鞅封邑遗址。长 1 米，宽 30.5 厘米，厚 17 厘米。砖体 5 面均有纹饰。砖体两大面分镌青龙、白虎、朱雀、玄武，余均饰几何纹。布局严整规范，线条峭快流畅。

十、秦戳陶罐

商州区孝义乡刘二村出土，共二件，均为灰色陶质罐，罐的肩带各有一方戳记。一方为长方形，白文带边框，印文“雒亭”二字；另一方较小，亦为长方形，白文无边框，印文“楚里孙”三字。此物为研究秦代“商”“雒”建置提供了新的资料。

十一、长颈壶

汉青铜质酒器。丹凤县城东关出土。高 37.5 厘米，口径 6 厘米，腹径 19.5 厘米，铺首衔环双耳，长颈圈足，腹向下垂，底部有 4 道弧纹。

十二、虞恭公碑

唐欧阳询书。青石质，高 1.2 米，宽 0.6 米。共 4 块，每块 600 余字。清山阳举人傅诗任礼泉教谕时所获。现分藏于山阳、镇安文管所。

十三、芙蓉镜

宋宣和元年（1119 年）王姓墓出土。铜质，直径 15.5 厘米，厚 1.5 厘米。花纹精美，造型别致。

十四、都统之印

金代都统官印。铜质，楔形钮，通高 4 厘米，边长 6.8 厘米。丹凤县商镇古路村出土。此印为宋金争战商洛提供了物证。

十五、宣德炉

明铜香炉，口径 20.6 厘米，高 12 厘米，腹径 22.5 厘米。此物保存完好，1987 年丹凤县龙台观道长李厚基赠县博物馆。

十六、投壶

清代仿古铜器，1953 年丹凤峦庄征集。通高 64.5 厘米，腹径 20 厘米，壶口与底部相通；壶口四周有 4 个附口，亦上下相通。颈部中段腾龙缠绕，腹部有八卦纹，腹四周有对称兽头及兽头耳。

十七、恐龙足迹化石

1984 年 12 月，在商县城关镇陈塬办事处邵堝村一处工地上发现恐龙足迹化石。当地居民认为这是传说中“金鸡”的脚印，经专家鉴定，为侏罗纪—白垩纪时代恐龙足迹。这块化石上包含两个恐龙脚印，右边的较为完整，左边的稍破损，它们是同一个恐龙前后脚造成的。

1985 年于商县陈源乡张底村小沟槽 45°斜坡的泥质岩面上发现恐龙足迹化石。足迹长 0.55 厘米，宽 0.44 厘米，深 0.13 厘米，掌宽 0.35 厘米，趾宽 0.75 ~ 0.9 厘米；足迹间距 1.05 ~ 1.18 米。发现 5 只，取回 4 只。属国内首次发现。

位于丹江流域的这两次恐龙足迹的发现，不仅为中国早期白垩纪大型兽脚类恐龙增加了新的内容，而且为将来在该地区下白垩纪中发现大型兽脚类恐龙骨骼化石提供了确凿的依据，对研究远古时代商洛气候与物种有很大意义。

十八、恐龙蛋化石

1997 年丹凤县老君沟村民炸山取石时发现恐龙蛋化石，一窝 30 枚，收回 10 枚。椭圆形，灰白色，最大者长径 153 毫米，横径 130 毫米。专家认为，这种大圆蛋科恐龙蛋化石仅法国南部发现过。

第二章　人文景观

八景，是我国古代约定俗成的一种风物景观。自从元人《潇湘八景图》艳称人世，效颦者遂至滥觞。丹江流域各地志书，多列八景；景不及于八则强足之，景不止于八则必限之。明清两代，商州属县各有八景；州志既有八景，又有十观，虽不完全代表境内名胜，却为游客提供指南。

第一节　商州八景十观

一、商州八景

（一）龙山晓日

州城东 8 千米，有山耸拔，起伏趋江，如龙吸水，故名龙山。每当晴日初升，曜若金鳞，山光水色，蔚为景观。山之阳旧有东岳庙，后改建商州师范学校。现存明建砖塔两座，四周为夏商周文化遗址。

（二）熊耳晚霞

州城西 30 千米有熊耳山，两峰双峙，插汉凌霄；夕阳西沉，霞光高映，万壑皆明，千岩竞丽，临风远眺，有仙境之想。

（三）三台叠翠

州城南 1 千米，龟山自麓至顶，崖岸三叠，故云三台。每山颜洗雨，岚霭烘晴，三级翠浪，青苍欲滴。旧有文昌祠，古槐老柏，朝暮含烟，如云中宫阙，岛上楼台。基地三面临河，丹水邻其北，乳水蘸其南，楚水绕其东。拾翠而升，环顾三溪，诚为胜境，无怪乎唐李白、宋邵雍耽此不忍去。民国以后，古木尽伐，植被破坏，景观失色，诚为可惜。

（四）四皓古陵

四皓墓，在州城西 2 千米金鸡原。高冢星罗，累累相望。陵前栋宇数楹，中有短碣，分镌四皓图像。名流经此，每多留题。民国以后，冢土失培，祭祀者鲜至。

（五）仙娥峭壁

州城西北 5 千米，丹流入口，两岸皆山，独南山怪石嶙峋，于碧岭苍芩中忽起一峦，曰仙娥峰；纵横百丈，上下千寻，四面壁立如斧削然。峰下水曰仙娥溪，北驿为仙娥驿。白居易《游仙娥驿》诗曰“商山无数峰，最爱仙娥好”即指此。

（六）丹水环城

丹水自州城西北隅出，湾环城南，流抵东北隅，复折而东南，有襟带州城之势。

（七）商山雪霁

州城东40千米丹江之南，一山挺拔，传为四皓初隐处。下有四皓庙与四皓墓隔江相望。山上奇松老柏，苍翠清芬。当积雪初晴，青石裸露，远远望去，可见银装玉嵌一“商”字。“商山四皓”皆本于此。

（八）秦岭云横

州城西50千米牧护关（蓝关），地当秦岭隘口，峰回路转，岩壑清幽，时有云气离迷掩映。山上建有文公祠。行人至此，多诵韩愈“云横秦岭家何在，雪拥蓝关马不前”诗句。

二、商州十观

（一）武关胜塞

州城东90千米，跨官道设关；北接高山，南临绝壑，险阻天成。关东十里，曲折狭隘，与吊桥岭主宾相望，洵秦楚咽喉，商於要区。

（二）仙子神湫

州城西50千米牧护关北，樵径迂回，肩舆难度，悬崖峭壁中有湘子洞，深五六丈，洞内有滴水垂珠，洞后穴窗自明。再上有霄神洞，绝顶有玉皇洞，皆有水，相传祈雨甚灵应。

（三）秀阁书声

清将大云上寺改建文昌祠，又名启秀阁，坐城北金凤山；千山涌翠，一带横岚，负笈寻幽者常肄习其上，伊唔响答，声彻云端。现为商洛地区档案馆所在地。

（四）灵岩松舞

州城西20千米，由麻涧南上十里许，有飞石嵌空，大可覆数百人，中位观音像，因名大悲岩；岩后水自石出，祷雨屡应，亦名灵岩。槛外即临绝壑，壑南峰峦突起，周围白松以千计。枝舞长风，但听松涛泉响，耳根为之一清。

（五）溪岸桃花

州城西仙娥溪南岸，绕西山一湾，南北五七里，旷土平畴，桃林栉比。花开时节，半川赤蕊，香馥袭人。

（六）龙潭瀑布

州城东50千米，龙驹寨东河，双峰对峙，一水直泻为瀑布，下为龙潭。相传潭中出龙驹马，项羽得之，名乌骓。龙潭今为水库，可以荡舟。

（七）昙花胜地

州城东40千米，棣花铺之南山，渡丹江循鸟道里许，抵东阳洞，洞侧有昙花寺，寺侧有三级玲珑宝塔，寺后有排排古洞。

（八）水月洞天

在城南高车岭之阳，候塬村之东，由山下盘曲而上，石壁有洞，泉水自后壁出。清初有僧卓锡于此，依壁为池受水，水中立观音像。池外架木板，水泻板底，淙淙有声，穿槛而出，飞珠溅雪，因名水月洞。门外一楼，架空悬岩，南向虚敞，任日月岚霭，拍塞而入。

（九）鸡冠插汉

州城南 50 千米，龙驹寨北主山。山势嶙峋如鸡冠，皆有悬削耸拔之致。山上有千佛洞、七星洞、紫阳洞等，可供游览。

（十）龙涎吐珠

州城东北 20 千米，由石鸠河溯流而上，有山嵯峨，下嵌一洞，方广五六丈，中有石龙十数头，奇巧天成。独一龙昂首欲飞，口中有液，滴成小湫。每祷雨以瓶承颔下，瓶满辄有雷雨，无雨辄不获滴水。

第二节　丹凤四十二景

一、武关八景

余光返照景最涌 石桥古渡几千秋 龙潭古寺楼几重 白岩仙迹何代留

笔山鹿鸣传声远 砚水鱼跃任沼游 莽岭神芝叠峦嶂 玉泉串珠涌哮流

（注："余光返照"指余化寨，在城东门外南坪村后，相传殷代余化龙战黄飞虎时所筑；"石桥古渡"指余化龙守关所筑之桥，在东城门外古道上；"龙潭古寺"指城南隅之三层佛寺映入赤嘴子龙潭；"白岩仙迹"指城西南之白脑山，遥看峭壁上有 5 个粉白"指印"；"笔山鹿鸣"指城南一字排列的五峰，俗称笔架山；"砚水鱼跃"指城南砚台山下砚池；"莽岭神芝"指城北少习山丛生之商芝；"玉泉串珠"指城西清水沟之石间泉眼，咆哮喷珠，泱泱不断。）

二、竹林关八景

寺台红日照瞳昽 北岸青烟一望通 红岩落日舟三五 周公桃花古塞红

龙嘴分江清到海 狮子攫月怒生风 天姑雨浴巉岩秀 高唱东岗夜雪中

（注：瞳昽为太阳初出貌，"周公桃花"指隔江对峙之两寨，"狮子攫月"指狮子垭之月夜，"天姑雨浴"指雨中天姑岩。）

三、棣花十观

昙花胜迹 古塔钻天 二龙拱桥 蝎尾接塬 松云藏月

怪石志异 圣庙神修 魁楼映瑞 南山飞瀑 甘泉自美

（注："昙花胜迹""古塔钻天"均在街南隔江之昙花寺；"圣庙神修""魁楼映瑞"指棣花老街东之二郎庙、关帝庙及魁星楼；"甘泉自美"指龙泉，康熙代《续修商志》有"龙泉观井"，在棣花镇。）

四、进士村八景

东岭夕照 西河晚霞 泉水流清 柏林织翠

南坡雪霁 北渠水涨 名人笔迹 旧家书声

（注："进士村"指龙驹寨西 2.5 千米的陈家村；"旧家书声"指陈姓"仪门世家"。）

五、冠山沟八景

金鸡玉脯 王母香汤 柿林憩旅 听星天梯

古洞神窟 杏园早春 响溪仙乐 双桥通幽

第三节　商南八景

商南八景也是商南显著风物景观的集合，亦遗留下了不少文人墨客的题诗与歌咏。

一、明代商南八景

（一）青山层峦

白云敛尽见岧峣，未许能齐一样高；雨过天连青壁障，风来雾卷翠屏遥。

地灵人杰禨光媚，玉闰山辉宝器饶；万仞青山刀削就，四时草木永无消。

（二）富水嘉禾

濆出渊泉碧水渦，滋田万顷茂嘉禾；东皋千耦锄耕早，南亩收成万倍过。

同类祥形唐叔盛，共茎瑞应鲁公多；太平不在笙歌裹，未若嘉禾兆至和。

（三）盐池鸟集

一泓清水泛咸鹾，中聚群飞羽族多；煎煮无人弛火爞，颉颃有鸟远罼罗。

池光潋滟熏风好，禽语喧啾晓日何；此处幽人曾晦跡，当时也唱采芝歌。

（四）梳洗遗址

曾说当年梳洗人，遗楼故迹尚如新，冶容还整宫中样，櫛靧曾粧頮裹春。

日暖漫道多宿草，风高犹见起芳尘，花鸡遥想识青史，谁使鸣声也在晨。

（五）宗渊鱼跃

碧水澄清见石头，锦鳞翻处浪花浮，潭中玉尺翻身白，渊内银梭动尾游。

变化长鲲思岛屿，飞腾巨鲤欲瀛洲，有时会钓金鳌客，钩住金鳌挽去舟。

（六）洞水如鼓

窈深层山一水通，水声浑似鼓冬冬，至今响彻云霄迴，亘古流来昼夜淙。

露雨叮咚犹奏篇，轰雷霹雳镟交铮，喧阗声韵清入耳，应使晨昏配巨钟。

（七）角山有感

崒嵂双峰势最峤，分明牛角触云霄，麓泓半亩潜龙水，巅长千年古树樵。

阴晦所晴应现日，亢阳梼雨必翻瓢，四时感召如桴鼓，谁敢轻登望穴寥。

（八）西刹晓钟

宝刹曾唱语梵音，人间无处比丛林，四围古树群峰合，一径长林数里阴。

下界任从沧海变，上方惟许白云侵，晓钟直到青霄处，洗却浮生未了心。

二、清代商南八景

商南八景（州志）：

（1）角山笋秀：北四十里，初名双峰，如笋并峙，耸秀云霄。甪里先生因名托迹于此。

（2）洞水鼓音：南七十里，洞水如鼓，音韵悦耳。

（3）文笔叠翠：南四十里，即青山叠嶂，一色望之翠然，经冬夏不改。

（4）富水夹云：西（应为东）二十五里，即摩峪河，两水并行，曲回婉转，烟波流光相映带。

（5）大岭观盖：南八十里，峰峦团结，仰望如盖，为邑水口林泉之冠。

（6）高楼梳洗：南九十里，怪石垒成，层层高耸，从下列二石肖狮犀，有梳洗楼辨（载艺文）。

（7）盐池鸟迹：东北里许，昔有异鸟宿池，迹结成盐，今水味尚碱。

（8）沭河冰瑞：东关外，即县河。水温大寒不冻，如科年结冰，必有魁者。

第三章 民俗文化

丹江流域地连秦楚，人杂南北，底蕴深厚，民俗文化形式丰富多彩。历史上，“大槐树人”带来的“黄河文化”和“下湖人”带来的“长江文化”在这里交汇，这些带有明显秦楚特色的语言和行为，成为丹江文化独具特色的地方文化艺术。

第一节 民间艺术

丹江乡民，率多本分，人情醇厚，土风淳朴。新中国成立以后，党和政府倡导解放思想，破旧立新。许多不良习俗不断在剔除，特别是党的十八大以后，新的风尚正在发扬光大。化行于上，俗成于下。虽经陶溶感化，少有变更，然先民遗教，尚未尽替。本节求同存异，知其梗概，以知其大凡。

一、民间文化

丹江流域文化底蕴深厚，民间艺术丰富多彩，群众文化活动频繁，流传广泛，经久不衰的项目主要如下。

（一）曲艺

花鼓、道情以及曲子在未形成戏剧之前，实际为民间曲艺形式演唱。剧目有《张连卖布》《观灯》《打铁》《采莲船》《闹五更》《打草鞋》等。新中国成立后，陕西快书《老两口上阵》（沙东彦、阎仕英编）、独角戏《红石匠》（冀福记编）等，在全省调演获奖。

（二）故事

丹江流域各县区，风行讲故事。或田间地头，或家庭院落，只要有数人会聚在一起，便讲起故事来。其内容既有古典小说，也有当代传闻，尤以传说、笑话、传奇为佳。几乎所有的山川村庄都有一个神奇的传说，几乎所有的名人轶事都有一段或褒或贬的笑话。1980年，各县收集整理《民间故事集成》，选集故事传说800多个。代表作品如《刘海撒金钱》《王禹偁商州学诗》《韩湘蓝关戏文公》《三省石的传说》《阎王爱戴二尺五》等。

（三）民歌

商洛民歌，有山歌、小调之分。

山歌，基调高亢嘹亮，粗犷有力，行腔缓慢，节奏自由，边劳动边唱。其独特之处是，每五句歌词组成一首山歌，一二四五句必须押韵，这种结构方式在其他地方的山歌中罕见。1980年，地区群艺馆与各县文化馆联合，在商州、丹凤、商南范围收集民歌800余首，其中相当一部分是这种五句体山歌。其格式如下：

天上星多月不明，地上山多路不平。
树上花多不载果，塘鲤鱼多水不清。
恋的人多情不真。
小河弯弯流水长，姐儿河边洗衣裳。
郎在山上一声唱，棒槌敲在指头上，
手儿缩回眼望郎。

商洛山歌虽不免野声野调，其语言却纯从胸臆中自然涌出，坦率真挚，朴实无华，且取喻新颖，充满浓厚的乡土气息。1985 年，吴全喜改编的山歌剧《鸡窝洼人家》参加全国首届农村业余戏剧创作调演获奖。

小调，亦称小曲。其特点是，句子长短不一，曲调轻快活泼，滑音拖腔较多，颇似宋词元曲。其内容大都与爱情相关，如《十爱姐》《双探妹》《鱼卧浪》《打单身》《尼姑思春》等，所以又叫“姐儿歌”。丹江以南流行普遍，人们或在庭院弹唱，或在地头清唱，或在路途边走边唱，形成有名曲调近百种。地区群艺馆整理的《商洛民间歌曲选》，收录各县小曲 500 首。1959 年，商县中学学生房程华创作的商洛民歌《唱得幸福落满坡》获全国优秀民歌评选一等奖。

（四）社火

本为古庙会的“跳神”，后演绎成春节娱乐活动。有高跷、芯子两种形式。高跷又称“柳木腿”，一群扮演者化装成剧中人，踩着五六尺高的柳木棍表演，供人观赏。流传节目有《八仙过海》《杨门女将》《大闹天宫》《三打祝家庄》《白蛇传》《藏舟》等。芯子则由一名或多名小孩扮成人物故事，用铁架支撑，悬于高空，由四人抬着在人群穿行，给人以惊险、玄妙感。流传节目有《天仙配》《哪吒闹海》《梁山伯与祝英台》《孙悟空三打白骨精》等。社火游行时，旗牌开道，鼓乐指挥，“社火底子”前后穿梭，维护秩序。途遇燃放鞭炮邀留社火者，则就地圆场表演，并有男女弹唱助兴。

二、民间工艺

丹江流域民间工艺历史悠久，名目繁多，风格独特者如下。

（一）蓝印花布

商州特种工艺。《商志》记载：蓝印花布传入商州，迄今有 200 余年历史。清末民初，为其兴盛时期。其花形图案，初传入时有“七点梅”和“菊花”（两个散点的四方连续图案）。20 世纪 30 年代后期，为了满足广大群众的生活要求和审美需要，艺人们便在吸收借鉴花纱布图案特点的基础上，向庙宇绘画、石刻艺术和中国传统工艺美术学习，创造出许多适宜于印花工艺的新花色品种，如各种文字、蔓草、方胜、盘缠、佳禾、蝙蝠、云纹、角花以及柔锦等。在整布图案设计之外，艺人们还专门为被面、床单、门帘、裹肚、围裙、枕布等精心设计颇富民族特色的花形图案。被面、床帘图案有“五谷丰登”“喜庆丰收”“莲鲤生子”“麒麟送子”“凤凰戏牡丹”“狮子滚绣球”等。门帘图案有“富贵平安”“福禄寿”等。檐水图案多是“出门见喜”“喜气盈门”等词语构成的图案。裹肚则在花边装饰图案中刻有“胖娃寿桃”“胖娃石榴”等。20 世纪 40 年代，印花布工艺发展成多色套版印刷，不仅色彩斑斓，而且图案设计也较前更为精细。新中国成立后，随着轻纺工业的日益发展，机制花布款式层出不穷，本地印花布销路日衰，以致印染作坊全部歇业。

（二）枕头顶

缝合于长方形体布料枕头两端，样式为正方形，底色多为红、蓝、黑、白等，上以各色丝绒绣成石榴、牡丹、荷花、鲤鱼等图案。其绣工精细，色彩纷呈，是颇富特色的装饰物。

（三）香包

原为民间端阳节的一种避邪物。用各色花布屑拼成，内装香草、苍术等香料，外形花样繁多，凡各类动植物形象皆可模拟，惟妙惟肖，上有条线，下配穗子。旧时姑娘出嫁后第一年端阳节前，要赶制大量香包，到时分赠姑爷叔侄，以示新妇心灵手巧。20 世纪 80 年代以来，香包作为一种装饰品走上市场，很受青睐。

（四）泥胎胖娃

泥胎胖娃亦名阿福，是薄壳半浮雕泥塑，多悬挂墙壁以供观赏。制作方法简单，先在木模中托出泥胎，然后涂粉赋彩即可。胖娃造型较为奇特，坐身短而体胖大，呈横向夸张状，盘脚搭手，憨态可掬。怀抱物多核桃、石榴、鲤鱼、公鸡等。也有做成面具，专供儿童玩乐者。

（五）雕花屋脊

雕花屋脊有陶制品和水泥制品两种。陶制品又分为脊身（双面花纹浮雕）和脊首（麒麟狮兽或龙头龙尾），中脊以蓝土、石灰、水泥拌和成泥，拓出“二龙戏珠”或“福”字图案。水泥制品为近时兴起，图案多与陶制品相似。

（六）狗娃咪

胶泥烧制，小仅盈寸。中空，吹之发声，甚为动听，既是儿童玩具，又是具有一定观赏价值的民间工艺品，主产于商州城郊东龙山村，工艺系世代祖传。造型不仅有小狗，还有小狮、小猴和人骑狮、猴骑狮等。狗娃咪造型多相似，小狗和小狮的区别仅在于头上两丫和四丫。狗与狮均昂首挺胸，四腿分立，显得分外精神。其色分黑、红两种，淳朴、粗犷，乡土气息极浓。

（七）编织类

竹编、柳编、藤编、芦编、绳编、塑编均很普及。主要产品有篮、篓、席、筐、笼、箕、椅子、坐垫、帽、扇、果盘等。此类产品多重实用，以素编常见。也有彩编或素编上略加彩篾点缀的。商南县的各类编织，尤其以藤编著称。明代中叶，民间就采藤编织筐、篓、篮等用具。清代以后，民间藤编由简单的生产用具发展为家庭用具。其主要产品有花轿、凉轿、抬轿及箱、柜、床、椅等，造型美观，花饰繁多。主要花饰有木瓜心、菊花心、葵花心、芭蕉叶、莲花瓣、米字格、云字格、万字格等 30 多种，既是舒适耐用的器具，又是精美的环境装饰品。清代初年即行销东南诸省。20 世纪 70 年代藤编由零星的民间手工生产发展成较为集中的半机械化生产，其产品两次参加全国评比，并荣获优质产品称号。

（八）金属制品

金属制品多为铜、银制品，也有锡、铅、铝工艺。铜工艺历史悠久。商南过风楼出土的东周青铜大鼎，造型庄重典雅，足腹饰以兽纹。商洛出土最早的铜镜约有两千年之久，明、清之铜灯具、铜壶等物也很普遍。近代县城、较大集镇均有银匠炉、铜匠炉，以制作首饰及日用器具为主。也有小孩项圈与银牌等用品。银牌上绣以“长命富贵”“麒麟送子”等字样图案。20 世纪 60 年代以后，多数铜、银匠陆续歇业。

第二节　丹江戏剧

丹江流域非物质文化遗产种类众多，以秦腔、商洛花鼓、道情戏最具盛名。

商洛地区丹江流域各县形成和流行的剧种有秦腔、二黄、商洛花鼓、商洛道情、眉户、豫剧、曲剧等。剧种繁多，为群众喜闻乐见。

一、秦腔

秦腔称“陕西梆子”，清同治十三年（1874 年）流入洛南，后传于商州、龙驹寨、柞水等地。早期民间建有班、社，新中国成立后，地区及商县、洛南、丹凤等县先后成立以秦腔为主的专业剧团。秦腔剧目繁多，流传甚广，田间、地头，行走间吼秦腔者甚众。

二、商洛花鼓

本为曲牌联缀体南方曲艺。清中叶随“下湖人”迁陕而传入商洛。多以自乐形式，于逢年过节、秋神报赛、红白喜事搭班演唱。其登场人物不多，行当以小生、小旦、小丑为主；化妆简单，随意性很强；道具较少，一般多就地演出，有观众形容道：“远看一堆柴，近看是戏台，锣鼓一声响，叫花子蹦出来。”花鼓剧目，以民国为最，其抄本与口传本多达 100 本，较流行的有《坐西楼》《站花墙》《蓝桥会》《桑园配》《吴三宝游春》《张二女害相思》等 20 余本。

新中国成立后，地县文艺工作者对花鼓进行发掘、整理、改造、翻新，将这颗乡土明珠从“地摊子”搬上舞台，先后改编、创作并演出 30 多部新戏，有的晋京进省演出，有的被外省移植，有的被拍摄成影视，不仅丰富了花鼓戏的内容，拓宽了花鼓剧的题材，而且使商洛花鼓在剧本、音乐、表演、舞美等方面更趋完美统一，成为商洛地区主要地方戏剧。其影响较大的有：

《夫妻观灯》，彭正远改编，1956 年商洛剧团首演，在陕西省首届戏曲观摩会演中获奖，并选晋京汇报演出。

《种核桃》，任宏谋编，1958 年商洛剧团首演，参加西北五省戏曲观摩会演，获得好评。

《屠夫状元》，刘安民、田井制、刘福堂、陈正庆改编，1979 年商洛剧团首演，并在陕西省庆祝新中国成立 30 周年献礼演出中获奖。省电台、电视台进行录音与录像转播，西安电影制片厂以眉户剧种搬上银幕。

《牧童与小姐》，徐小强、刘大华、尹金峰等编。1979 年镇安县剧团首演，在省庆祝新中国成立 30 周年献礼演出中获奖，省电台、电视台录音与录像转播，剧本被邻近省地剧团移植上演。

《六斤县长》，陈正庆、田井制编。1981 年商洛剧团首演，在陕西省戏剧创作会演中获奖。1983 年 3 月在北京怀仁堂向中央领导汇报演出。1984 年由原作者改编成电影脚本由西安电影制片厂摄制成电影。剧本荣获全国优秀戏曲剧本奖，被中央歌舞剧院及 10 余家省市剧团移植上演。

《凤凰飞进光棍堂》，徐小强、尹金峰等编。1980 年镇安剧团首演，1981 年在陕西省优秀剧目汇报演出中获奖。中央电视台有录像，山西临汾剧团曾移植。

《小贩小官小教师》，陈正庆、田井编制，商洛剧团首演，1986 年在陕西省首届艺术节展览演出时获奖，曾有 10 多个省地剧团移植上演。

《沉重的生活进行曲》，陈彦编，镇安剧团首演，1986 年在陕西省首届艺术节展演中获奖。

《花嫂招郎》，徐小强编，商洛剧团首演。1990 年参加省青年演员小戏会演获奖。

《糖是酸的》，柳岸、笔尚编。1990 年商洛剧团首演，并在陕西省青年演员现代小戏调演中获奖。

《泉水清清》，陈正庆编。商洛剧团 1992 年首演，1993 年参加武汉全国现代戏会演，1995 年改编成《山魂》，在全国“金三角”戏剧调演中获奖。

《大云寺》，徐小强、陈道久编，商洛剧团首演，在 1996 年陕西省地方戏交流演出中获奖。

《商君开关》，刘安民、王军武编，商洛剧团 1999 年参加陕西省庆祝新中国成立 50 周年演出获奖。

三、商洛道情

商洛道情是陕西道情的始祖，源于唐代道院道士说唱情理之曲调。明崇祯年间艺人白米虫曾在商州演唱道情，斯为文字记载之始。清代中叶，道情与皮影结合，兴盛于洛河与丹江通道。清同治七年（1868 年），洛南人张天泰开办的皮影班，历经四代，一直演唱到民国末。清光绪八年（1882 年），山阳竹林关人徐明启创办的成顺班，世传五代。新中国成立后，商洛剧团和部分县剧团将道情搬上舞台，其影响较大的有：

《一文钱》，任宏谋改编，商洛剧团首演，1958 年参加西北五省会演，1959 年被西安电影制片厂拍摄成电影片。

《水泼大红袍》，刘福堂改编，商洛剧团首演，1960 年参加省首届青年演员会演获奖。

《农家媳妇》，田井制编，商洛剧团首演，1990 年参加省青年演员小戏调演获奖。

第三节　特色美食及特产

一、特色美食

丹江美食丰富多彩，品种繁多，各种传统小吃清新爽口、浓香四溢令人回味无穷，有着独特的风味。由于风味小吃花样众多，难以逐个记述，此处介绍的只是其中极少部分，可以作为窥视丹江美食文化的一个小窗口。

（一）商州大烩菜

商州大烩菜历史悠久，经过长期的改良、加工，从营养、味道、卖相等各个方面在保持最初期大烩菜特色的前提下，进行了继承发扬，如今的商州大烩菜是极具地方特色的民俗美食。商州大烩菜吃法特别，香味诱人，主要是用猪肉汤和胡萝卜炖成的烩菜。它的肉和配菜是分别盛放的，先用文火慢慢熬制骨汤，再用浓浓的骨汤炖制胡萝卜，待萝卜被炖得很软时，再加上油炸豆腐，各种丸子，红苕粉条，少许卷心白菜一起煮，待入味后在菜上铺满事先烧好的红烧肉，然后再撒上葱花末、蒜苗即可出锅。这时，呈现在面前的是一盆热气腾腾、香味扑鼻的仙物。红白相间的红烧肉，在绿色蒜苗、绿色葱花的点缀下，油光发亮，软软的肉片在热力的作用下，轻轻抖动。红红的烧肉霸占地盖住就想上扬的白白的肉丸，不小心让长长的粉条在胡萝卜和油炸豆腐之间舞动，粉条惊动了骨汤，溢香醉人。

（二）商芝肉

商芝草，是一种蕨类草本植物，当地人常叫它“紫芝”“全芽子”。嫩茎紫红色，叶芽蜷曲如鸡爪，每年春季，抽出七八寸长的嫩茎，又肥又嫩，这嫩茎便是商芝肉的用料，在其茎鲜嫩时采下，直接晾干，或用开水烫一下后晾干，便可以长年储存，以便随时食用。

商芝肉的做法大致是这样的：选上好的五花三层猪肋条肉，红烧好后切片装盘，将商芝用开水泡开，漂洗干净，取其顶端尖上 7 ~ 10 厘米的一段，切成寸丝，铺放在肉的上面，再撒上葱姜末、五香粉等佐料，上笼蒸半小时左右，强火上气，一盘香味扑鼻的“商芝肉”就做好了。

这样烹饪出来的“商芝肉”，其肉入口柔而不烂，肥而不腻，那商芝韧中带脆，柔绵适口，味道醇香，余味悠长，风味独特，色、香、味、形俱佳，使人不忍辍筷。经常食之，有提神、去烦、助消化、补五脏、健身延寿之效。

（三）丹江小野鱼

丹江小野鱼备受人们欢迎，当天捕获的丹江小野鱼，处理干净，经过腌制，下锅油炸，色泽金黄，口感酥脆，是丹江沿岸大名鼎鼎的美味佳肴。

（四）香苜蓿及香苜蓿粉蒸肉

丹凤县城古称龙驹寨，曾是繁华的水旱码头。这里人种植一种特殊的苜蓿，叫作香苜蓿。不是主要用作牲畜饲草的那种，也叫苜蓿，却无香味，不冠香字。香苜蓿是主要当作调料用的，像花椒、桂皮、草果；还可与禽、肉、鱼、蔬菜一起蒸、炒、煮食。苜蓿的嫩芽也能供人们食用，但不能做调料。龙驹寨人把普通苜蓿叫作野苜蓿，而把他们的香苜蓿叫作家苜蓿。两种苜蓿形状几乎完全一样，但气味、质地和用途却有很大不同。在许多辞书上，查不出“香苜蓿”这个词来。《辞海》有“香芹”条，说亦称“洋芫荽”，鲜叶作香辛料，不知与香苜蓿有无关系。商洛地区地方志办公室编写的《商洛特产》一书，对香苜蓿有一些有趣的记述。说香苜蓿主产地有一东水泉，泉水冬暖夏凉，清澈晶莹。一年四季都有大姑娘小媳妇云集泉畔洗衣，好事者戏呼东水泉为“赛花池”，从而有了赛花池胭脂水长出香苜蓿的趣谈。其实用东水泉浇灌的香苜蓿只有几亩，但恰是香苜蓿中的佼佼者。摆在龙驹寨商店或菜摊上出售的香苜蓿，多以草纸包成长方锭，并用毛笔楷书“龙驹寨东水泉香苜蓿”字样，作为招徕顾客的商标。自古以来，龙驹寨人向外地亲朋敬献土仪时，多有馈赠香苜蓿的。

用香苜蓿制作的粉蒸肉，制作方法与普通粉蒸肉略同。将晾干的香苜蓿洗净、煮软、切段。小麦面粉炒熟。二者相伴，加猪油，加糖，加适量调料。肥猪肉去皮煮半熟后切片。像粉蒸肉一样，装碗上笼蒸制。扣入盘中时，上边是排列整齐的肉片，下边是如柔软铺垫的香苜蓿。吃时内染苜蓿香气，苜蓿之香又与肉之香相混合，别是一番香味。

（五）商州水煎包

水煎包是商州的一种传统美食。商州人都爱吃包子，每到吃早餐时间，凡是卖包子的地方，都能看到拥挤的人群。有的地方包子刚一出笼，就被一抢而空。

平底锅加油放入用粉条和豆腐为馅的包子，生煎稍许，浇上调制好的面浆，煎至包子金黄出锅，浇上配制好的辣子醋水，外焦里嫩，唇齿间充满了发面的甜柔与油煎的酥脆。

（六）北瓜拌饭

龙驹寨人把“南瓜”叫作“北瓜”，尽管名差南北，却是一样的东西，据说这是如今治糖尿病的最佳食疗瓜类。当地人以它为主料做出的“北瓜搅饭”，在龙驹寨流传了数千年，有民谣为证：“死不在赵徐二沟扛活，北瓜豇豆吃死，红薯芋头救活”（赵沟和徐沟是龙驹寨的两条自北向南的小山沟，因光照充足，土壤红黏，盛产瓜果而闻名）。

北瓜搅饭的烹制方法是：取一北瓜洗净剖开，掏出瓜瓤后切成寸许方块。绿豆淘净备用。锅内放油加热后放入葱段、姜末、蒜粒煸炒，出香味后放入瓜块一道翻炒，然后撒上盐、五香粉等调味品，把淘净的绿豆覆盖其上，加入清水，以浸过绿豆瓜块平面为度。盖上锅盖，文火慢蒸约半小时即成。“北瓜搅饭”中的瓜块香甜糯柔，绿豆开花沙软，色泽黄绿相间，易消化、富营养，既可当饭吃，又可佐餐搭配饼馍、米饭、稀饭等，实为老幼皆宜的特色佳肴。

（七）商南锅连饭

本地都叫锅出溜子，农村笑话把它形象地叫懒婆娘饭。在商南，锅连饭是20世纪六七十年代粮食困难时期农村常吃的一种饭食，因为做这种饭不需要很多面粉，农民从地里干活回来做来比较简单，故而也就是为了偷懒所做的一种美食。

（八）商洛糍粑

糍粑用熟糯米搅拌成泥制作而成，是中国南方一些地区流行的美食，人们习惯于在春节前制作，象征丰收、喜庆和团圆，是过年必备之品。糍粑排骨是一道带有浓郁乡土风味的新菜色，柔软的糍粑包裹着酥烂入味的排骨，再油炸至金黄，入口松化内里软滑，带有排骨肉汁，口感非常丰富。

（九）商山麦饭

把槐花花序上的花朵摘下来、洗干净，用开水烫，将水分捏去，再拿专门的“擦子”把土豆擦成扁丝，把土豆丝和槐花放到盆子里，倒入适量面粉搅匀，上笼蒸20分左右，蒸好后，用调好的汁子（一般是蒜泥、辣子面、味精、葱花、酱油和醋放在碗里泼些油）拌着吃，味道好极了，叫槐花洋芋擦擦。

（十）丹凤橡子凉粉

橡子凉粉为丹凤风味小吃，是用橡树橡子制作的。寺坡橡子凉粉的原料为成熟的橡子，把橡子打成淀粉，用泉水和制，再做凉粉。成品吃起来爽滑、筋道，十分可口。

（十一）浆水鱼鱼

商洛土话称“蛤蟆骨朵”。凉水加白矾豆粉搓成团，和凉水成粉糊，锅水开沸倒入粉糊至熟透，压火再搅，锅离火取漏勺，将粉糊下漏凉水盆内即成“鱼鱼”。后再加入浆水汁及辣椒，酸辣爽口。

（十二）搅团

丹江流域百姓贫苦时的日常食品，但因其原料为杂粮，天然健康，加之做法更加精细，逐渐成了风味小吃。搅团所用面粉必须是粗粮，多为玉米面。搅团的吃法很多，浇热汤酸菜、做凉水“鱼鱼”凉调、炒食、烩搅团块等皆可。商洛人吃搅团，大多要调辣子，调得碗里红如血方才够味。

（十三）腊肉炒粉皮

腊肉炒粉皮是传统名菜，腊肉香而不腻，粉皮滑软爽口，是佐酒的佳肴。《重修县志》中有载“年节时，家稍宽裕者，无不宰猪，腌以盐，熏以烟，即为腊肉”。柞水的腊肉炒粉皮不同于饭店、宾馆里的腊肉炒粉皮，它是选用上好的腊肉和洁白的洋芋粉精工细作而成。

将选好的腊肉，最好是猪后臀肉，肥瘦都有，用温水洗净，放在铁锅里煮熟，切成薄片待用。洋芋粉放大碗内，放盐、水适量，鲜蛋一枚，搅拌成糊状。锅置火上，把粉糊制成硬币厚的粉皮，将其切成菱形方块待用。置炒锅，放腊肉烤炒，沥出油来时，放葱、姜略炒，再放青椒、粉皮翻炒，出锅时放蒜泥即好。成菜香气四溢，爽滑可口，腊肉棕红，粉皮白中微黄，色美味香，营养丰富，回味悠长，是招待宾朋的首选菜肴。粉皮的厚薄程度，亦可展示主妇的厨艺。

（十四）封猪头

在人们的饮食观念里，猪头是不能做菜的，更谈不上进入风味行列。这不仅因为拾掇困难，而且吃法单一，所以是不能登大雅之堂的。但商州区的封猪头却与众不同，不仅做法、吃法别致，而且在除夕阖家团聚的团圆席上被尊为“头菜”。

“封猪头”的烹制方法特殊，具体工艺是：选择肥而大的猪头，剔净残余猪毛，置于煮过饭后的无烟余火上慢烤。除去阴隐难剔的茸毛，尔后以温水浸泡两小时，取出，刮净表皮，再以利斧劈成两半，弃其鼻格、脑子，清水洗净，便可入锅煎煮（和入整肉共炖更好）。至半熟时取出，在肉面涂以蜂蜜、面酱，再入油锅炸之，颜色变红时，用肉勾拉出，再放入煎沸之肉汤中煮八九成熟时再次捞出，以热水冲净表面油腻，摘去骨头，勿使头型散乱，置于笼屉存放。

食前，还必须煎蒸。为防止煎蒸肉糊，应先将摘出的骨头垫入锅底，以肉面朝下，并投放大葱、大蒜、面酱、冰糖、料酒等调料，尔后加水，锅盖四围以湿纸封严，不使走气，旺火烧沸后，小火慢蒸，待汤汁蒸发完时即可揭盖就食。

（十五）豆腐乳

在商南，豆腐乳是家常小菜，入冬之后，几乎家家户户都磨豆腐焖豆腐乳，因为冬季餐桌上的美食要靠豆腐乳来下饭。

（十六）红薯丸子

红薯丸子是当地百姓都会做的一道菜，采用当地产的红薯蒸熟后，碾碎拌少量面粉，油炸后，趁热食用，味道甜而不腻，外酥里嫩，是当地百姓招待来客的理想美味。

（十七）油茶泡麻花

油茶看似简单，可制作过程非常麻烦。先用上好的小麦粉加食用素油及调料炒制面粉。火候掌握很关键，火小，不容易熟，火大，又容易炒煳。所以火要适中，且不停地翻炒，在炒制过程中，面粉被油滚成一个个的小油团。一锅炒面往往得炒上好几个小时才能炒熟。面炒好后就是制作油茶。先把炒好的面粉用凉开水兑开，搅拌均匀，然后再加开水不停地搅拌，在搅拌的同时加热，配上芝麻、杏仁、黄豆、花生等配料，油茶就做好了。

麻花就更麻烦了。头天晚上就得将做麻花的面和好，揉搓，加料。醒到第二天的早上，搓、扭、下油锅炸熟。麻花做成了，下到煮好的油茶中，就叫油茶麻花。

吃油茶麻花者，老人、孩子比较多，一是易消化，二是养人，三是便宜。小麦面粉养肠胃，增力气，使人肌肉结实；芝麻益肺气，通利口鼻；黄豆高蛋白，利肠；杏仁解毒，发汗，下气；花生补血。麻花在油茶中这样一泡，绵软，可口，油茶芳香，芝麻、杏仁、黄豆、花生干果特有的香味，使人胃口大开。

（十八）商州柿子糖

商州大山里的人，每到金秋十月间，都把摘下的鲜柿子储藏起来，到了春节前取出来熬糖稀，正二月用它来招待宾朋。这种柿子糖颜色鲜红，味香柔绵，跟蜂糖差不多，它的做法是：先把柿子蒂摘掉，倒入锅里捣成糊糊，然后用豆腐包过滤，挤压出汁液，去渣，放在锅里反复熬炼，直到汁液熬干成糊状，就成了紫红飘香的柿子糖了。然后，把它装进罐子里封严，一年四季不变质。吃时割一疙瘩，放在黄酒里或放在洋芋糍粑上蘸着吃，醇甜可口，风味优雅。

二、丹江特产

（一）孝义湾柿饼

“孝义湾”原为“孝爷湾”。相传，有位聪明贤惠又孝顺的媳妇，为让老人能常年吃到柿子，自制了美味的柿饼，不嚼即化，味赛蜜饯，且久放不坏。将捏果晒干后的柿饼放入笼或大缸中堆捂，每 1 ~ 2 天翻动一次，以防柿饼粘在一起。翻动时结合检查柿饼是否全部干燥以及理正果形，不够干的要补晒，果形不正的要理正。将柿饼放在木板上，用长约 30 厘米、宽约 10 厘米的木板在柿蒂上面旋转压平，蒂歪的要移正，然后将柿饼翻转压平，使之端正美观，呈饼状。这些经整形的柿饼，放于竹筛内晒一天，然后全部装入容器中起霜。柿饼起霜的多少与堆捂时的干湿度有关。柿饼过干不易回软、出霜薄而少；柿饼过湿亦不易起霜，即使起霜也易受感染。干湿度适中的柿饼，起霜快而多。上霜时析出的白色结晶，其主要成分是甘露醇和葡萄糖，能润肺止痰。各地上霜方法不一，一般方法是用陶瓷缸，将缸置于阴凉处，两饼相合，1层柿皮、1层柿饼置于缸内，装满后上面盖1层柿皮，然后封缸，约经30天即可出霜。

（二）丹凤葡萄酒

丹凤葡萄，有近两千年栽培史。相传，唐太宗时，丹凤有突厥人进贡葡萄，太宗指曰："真龙眼也"，从此就有龙眼葡萄之名。清宣统三年（1911年），天主教徒华国文从西安往南阳途中，在丹凤龙驹寨发现酿制葡萄酒的上等原料，即丹凤葡萄，便从意大利传教士安西曼处学得酿造葡萄酒技术，在此创办陕西省龙驹寨协记美利葡萄酒酿造公司。所产葡萄酒质量上乘，成为过往客商"住必饮、行必带"之佳品，有"路过龙驹寨，喝酒不吃菜"之赞誉。丹凤葡萄酒色如红宝石，透明晶亮，酒味怡而不滞，爽而不薄，醇而不酽，冷而不寒，甜酸适口，饮后开胃提神，余香绵久，闻名遐迩，畅销全国26个省（市）。凡过往此地之游人商客，不仅必饮，而且必带。8集电视连续剧《糊涂十四》，就是写的丹凤葡萄酒的佳。"陕西省龙驹寨协记美利葡萄酒酿造公司"，后更名为"西北葡萄酒股份有限公司""大芳葡萄酒酿造公司"，是西北地区最早、最大的葡萄酒系列生产厂家。1985—1986年，该厂从阿根廷引进3台葡萄粉碎机，从法国引进2台卧式葡萄发酵罐和1台葡萄粉碎除梗机，同时建成1条自动装酒线。丹凤葡萄酒厂生产的传统葡萄酒——"丹凤"葡萄酒，以优质龙眼葡萄为原料，三次加糖，精心勾兑，经三年陈酿，才出窖上市，馨香甘醇，久负盛名，供不应求。该厂生产的五味香葡萄酒，连续5年被评为省优，还有木梨香葡萄酒、玫瑰葡萄酒、干白葡萄酒、干红葡萄酒等30多个品种，年产量7600多吨。

（三）商山核桃

丹江流域是陕西乃至全国林业大县和核桃主产区，是1958年1月毛泽东主席作出"商洛专区每户种一升核桃"重要批示的发祥地，同年9月，国务院在该县召开了全国十六省（市）代表参加的核桃生产现场会，大大激发和鼓舞着丹江两岸人民群众一代又一代发展核桃产业的热情。多年来，流域各县（区）按照产业化发展思路和要求，以市场为导向，以科技为先导，坚持良种建园和老树改造两手抓，全面推进核桃产业发展，取得了显著成效。核桃已成为丹凤地方特色主导产业、农民收入的主要项目。

（四）黑龙口豆腐干

黑龙口豆腐干是商州区黑龙口镇的特产。黑龙口豆腐干色泽微黄亮丽，质地细腻，咸淡适中，油香鲜美，口味独特，营养丰富，老少皆宜，是地道的绿色保健食品，有"玉脂""软黄金""琼浆"等美称。黑龙口镇地处秦岭山脚，丹江源头，海拔高，温差大，适合大豆、小麦等农作物生长。黑龙口制作豆腐干的手艺已有上百年历史。"黑龙口"牌浆水豆制品系列产品主要有：盒装"黑龙口"牌豆腐干、散豆腐干、豆腐皮、散装鲜豆腐等各类豆制品、小食品，年产值达1000多万元，已发展成为商洛豆制品行业的龙头企业。

（五）丹凤蕨菜

丹凤蕨菜是丹凤县的特产。蕨菜是大家都熟悉的山野菜，在我国食用的历史悠久。主要是在春末夏初采收嫩菇叶作鲜菜食用，也可腌渍和晾晒制干。同时蕨菜的根部还含有大量淀粉，可以加工成淀粉食用。蕨菜，别名蕨儿菜、鹿角菜、拳头菜等。蕨菜是凤尾蕨科蕨属中多年生草本植物，原产于中国和日本。蕨菜是一种野生蔬菜，在自然条件下生长，全国各地均有分布，以陕西丹凤出产的质量为最佳，主要生长在山坡阴地及林缘中。近几年来也开始人工栽培。蕨菜中含有丰富的蛋白质、脂肪、糖类、胡萝卜素、维生素、纤维素、钙、磷、铁等营养成分，同时在医药上还具有驱虫、清热解毒、补气升阳、消肿利尿、祛风散寒、降血压和促进细胞更新等功能。

（六）商洛丹参

商洛丹参，中药材品种，是丹江流域特产，中国国家地理标志产品。丹参以根入药。具有活血调经、祛瘀止痛、凉血消痈、清心除烦、养血安神的功效。以其“外观形状好、成分含量高、品质较纯正、分枝很均匀”的优良特征而闻名，堪称丹参之珍品。2003 年天士力商洛丹参药源基地首家通过国家 GAP 认证。2005 年，商洛丹参获得国家地理标志认证。陕西省商洛市地处秦岭南麓，是“道地”丹参老产区。《神农本草经》记载“今陕西河东州及随州皆有之（丹参）”。古之河东州即今丹江流域。属暖温带向亚热带过渡的特殊气候带，位于长江、黄河两流域的交汇处。这里空气清新、雨量充沛，土壤、水质无污染。空气达到国家一级标准，水质优良，年降水量 800 ~ 900 毫米，土壤疏松，且无重金属和农药残留。符合国家 GAP 要求，重金属和农药残留量符合国际标准，是众多中药材的最佳适生区，素有“天然药库”之称。该地区产的丹参质量好。

（七）山阳豆油皮

山阳豆油皮是陕西省商洛市山阳县的特产。山阳豆油皮即豆腐皮，营养丰富，味道鲜美，不仅是山阳人宴席必上菜肴，也是馈赠亲友的上佳礼品。豆油皮，山阳人称豆油，是把豆浆倒入锅中文火烧煮，豆浆中的蛋白质及脂肪浮于表面，与空气接触后氧化成的薄皮。待皮成型后，用竹片或竹条插入薄皮下挑出，放置于通风透光处，自然晾干。据现代科学测定，豆油皮中除了蛋白质和脂肪，还有铁、钙、钼等人体所必需的 18 种微量元素，而且易消化、吸收快。儿童食用能提高免疫能力，促进身体和智力的发展；老年人长期食用可延年益寿；特别是孕妇产后食用，既能快速恢复身体健康，又能增加奶水。豆油皮有多种吃法，最常见的以凉拌、烧汤和下火锅为主。

（八）丹江黑木耳

商洛黑木耳，史称“上洛耳”，素有山珍美肴佳称。古往今来，商州人总把“上洛耳”视为礼尚佳品，大凡到商州来的客商，也把能食得上“上洛耳”视为幸事，故有“客自远方来，食以上洛耳，饱尝口头福，酬谢山珍儿”的赞句。丹江黑木耳具有片大、肉厚、鲜而不腐的特点。用木耳炒大肉是人们最喜食的名菜。木耳不仅使肥肉鲜而不腻，还有清香扑鼻、开窍振欲、消化纤维的奇效。用木耳佐以粉面、黄花、五香调料做成鲜耳汤，不但颜色鲜艳，味道芳香，还能开脾健胃，提神益智。

（九）商南茶

商南茶选用清明前后一芽一二叶为原料，外形紧皱弯曲或扁平光直、白毫显露，汤色嫩绿、清澈明亮，叶底黄绿明亮、耐泡，回甜、滋味鲜爽，栗香浓郁持久。商南茶因昼夜温差大，低温和降水量偏低，故茶叶生长缓慢，采摘以毛尖等春茶为主，很少采夏茶，为保证第二年春茶的品质，从不采秋茶。商南茶生产地位于秦岭山脉东南，涉及城关镇、富水镇、青山乡、试马镇、清油河镇、党马乡、过风楼镇、太吉河镇、梁家湾镇、湘河镇、白浪镇、赵川镇、十里坪、水沟乡等 14 个乡（镇）60 个行政村。总生产面积 1 万公顷，年产量 500 万千克。商南茶每千克铁含量 172 ~ 355.3 毫克，锌含量 45.5 ~ 54.6 毫克，水浸出物含量达 44% ~ 46.7%，茶多酚含量达 17.2% ~ 18.2%，总糖含量达 2.4% ~ 2.6%，并有 24 种有机物质稳定组合成的香味。

第四章 红色文化

丹江是一条有着红色记忆的河流。丹江流域是中国工农红军长征经过、驻留并得到发展壮大的地方，也是由长征部队创建的唯一根据地——鄂豫陕革命根据地的中心区域。抗日战争以来，丹江儿女用鲜血和生命书写民族独立解放和保家卫国壮丽诗篇，成为我们永恒的怀念。

第一节 红色武装

丹江流域曾有五支红军队伍转战商洛，在土地革命、解放战争，革命军队期间兴修水利，带领丹江父老乡亲对敌开展艰苦卓绝的斗争，写此一篇，旨在描写红军战士不怕困难、英勇顽强、前仆后继，敢于牺牲的革命大无畏精神，旨在激发爱国主义教育和革命英雄主义，弘扬水利党员干部职工不忘初心、砥砺前行，在治水兴水、水润丹江的事业中乐于奉献的精神。

土地革命时期，先后有五支红军转战商洛各县，建立苏维埃政府，领导群众打土豪、分田地，创建了以商洛为中心的鄂豫陕革命根据地。当时的穷苦百姓们知道，走红军指引的道路才是得解放、求生存的正道。当年商洛有4000多人参加了红军，1000余名红军战士、苏维埃干部与游击队员为这块土地献出了宝贵的生命。

第一支：徐向前所率中国工农红军第四方面军。

中国工农红军第四方面军主力自1932年11月5日进入商洛，途经商南、丹凤、山阳、商县、柞水五个县（区），历时23天行程600多千米后翻越秦岭，再经汉中入川，建立了川陕苏区。在商期间，打土豪、分田地，为群众打井60余眼。

第二支：贺龙率领的中国工农红军第三军。

在红四方面军经过商洛的同时，中国工农红军第三军也进入了商洛山中。1932年11月21日，中国工农红军第三军途经丹凤、商南、山阳、镇安四县，行程400多千米，历时12日，随后进入安康、旬阳，在丹凤期间，帮助修建引水渠。

第三支：刘志丹率领的中国工农红军第二十六军。

中国工农红军第二十六军从1933年6月上旬进入商洛地区北线，转战商县、洛南沿秦岭一带，于8月底离开，历时仅两个半月。活动区域只在商县西北角一带和洛南县西北角两岔河一带，但影响超出了这个范围。在商期间，在板桥、大荆、腰市一带兴修水利设施，为群众制作提水设施。

第四支：徐海东等率领的中国工农红军第二十五军。

1934 年 12 月 8 日，从河南长征而来的中国工农红军第二十五军进入了豫陕交界的洛南县箭杆岭，这支红军与其所属第七十四师长征中，在商洛先后活动两年零四个月时间，以武装斗争为先导，创建了以商洛为中心区域的鄂豫陕革命根据地，在丹凤、商南、洛南一带兴修水利设施，休养生息。

中国工农红军第二十五军是在商洛战斗时间最长的一支红军队伍，中国工农红军第二十五军以商洛地区为中心区域创建的鄂豫陕革命根据地，革命景象盛况空前，蒋介石听说了，惊呼鄂豫陕的东区、西区完全“赤化”了。

第五支：徐海东、程子华等率领的中国工农红军第十五军团。

从 1937 年 1 月 15 日徐海东、程子华等率领的中国工农红军第十五军团进驻商县县城，到 2 月 8 日，中国工农红军第七十四师撤离商县县城，红军此次在商县城区驻防 23 天，在商县期间，在南秦河两岸整修土地，修建引水渠，促进了生产。

1937 年 1 月 22 日，中国工农红军第十五军团和中国工农红军第七十四师在商县胜利会师，这是工农红军首次将革命红旗插在了商县城头，两支红军会师后，制止国民党亲日派的军事进攻，宣传抗日主张，扩大红军队伍。1937 年 2 月初，根据中央指示，中国工农红军第十五军团奉命撤离，开赴三原；中国工农红军第七十四师也奉命撤离，移师镇安、柞水和宁陕一带。

第二节　红色遗迹

一、麻街地下交通站

麻街地下交通站位于商州区麻街镇齐塬村，距离城区 20 多千米。抗日战争后期，陕西省委派李世华、王治邦、赵文杰等同志回商洛，建立麻街地下交通站并成立党支部。1946 年 7 月，中原局和中原军区部队突围到商洛后，麻街地下交通站担负着陕北解放区到陕南、中原地区往来干部、战士和进步人士的护送任务。7 月 24 日，中原军区司令员李先念率中原局和中原军区机关进抵山阳县龙山地区桐木沟口。由于中央委员、中原局代理书记郑位三和中央候补委员、中原局组织部部长陈少敏等身体有病，难以随军行动，李先念和巩德芳遂决定让郑位三和陈少敏到麻街地下交通站休息养病。按照党组织安排，李世华派人将郑位三、陈少敏等接到麻街地下交通站，数月后护送出山，最终到达陕北。据统计，麻街地下交通站先后接送和保护党政军重要领导、干部及战士 200 多人次，为商洛隐蔽根据地的建立以及在中原突围、豫鄂陕根据地建立过程中和在商洛解放的过程中，发挥了积极的、不可取代的作用。

二、月亮湾烈士墓

商州区月亮湾零散烈士集中安葬点，是商州区青少年红色教育基地之一。

月亮湾是一片红色热土，1935—1936 年，中国工农红军第四方面军和中国工农红军第二十五军长征途中，先后经过杨斜镇月亮湾村，当地群众积极支持红军打土豪、分田地等革命斗争。当地群众为保护红军伤病员和敌人斗智斗勇，有10多名群众因掩护红军伤病员而牺牲或受到残酷迫害。为纪念保护红军伤病员而牺牲的革命烈士和为革命牺牲的红军战士，商州区在当年中国工农红军第二十五军某营开会的张家祠堂旧址旁建起了月亮湾零散烈士集中安葬点。

三、高桥战斗遗址

高桥战斗遗址位于商州区夜村镇高桥村。

1949年3月26日，机关驻地在商南县赵川镇的中共商洛地委、商洛军分区决定组织西进战役，集中分区所有部队分路出发，围歼竹林关、龙驹寨、夜村等据点之敌，以扫清商县、洛南两县城外围障碍。4月1日，商洛军分区司令员孙光、副司令员薛兴军率部队与国民党军在高桥遭遇并发生激战，将敌军全部消灭，驻在夜村街的敌人见大势已去，慌忙向西逃窜。高桥战斗是中共商洛地委建立以来集中兵力最多、规模最大、战斗最惨烈的一次战斗，共毙伤和俘敌600多人，军分区官兵也付出了沉重代价。战斗的胜利使商县城以东、赵川以西的大片地区得到解放。

四、商州区北宽坪红色根据地

北宽坪地处丹江之北的五峰山下，属商州区所辖，在战争年代，这里曾是中国共产党发动和领导贫苦百姓进行革命斗争的稳固之地。中国工农红军第二十五军长征途中创建的鄂豫陕革命根据地，这里是其重要的活动区域；解放战争初期中原突围北路部队创建的由5个分区构成的豫鄂陕革命根据地，北宽坪属二分区。二分区是根据地最高党政军领导机构的活动区域，党中央的指示在这里接收，对敌斗争的决议从这里发出。北宽坪红色资源是革命先烈用鲜血和生命铸就的地理标志。商州区北宽坪红色景点是蟒岭绿道景区的一部分，建成有商洛县委县政府旧址纪念馆、中原突围广场、革命传统教育展览馆、党员体检中心、国防教育基地、红色教育基地等。

五、丹凤县马炉村

马炉村是全国劳动模范刘西有的家乡，距丹凤县城18千米。景点是以弘扬刘西有同志对党忠诚、亲民为民、苦干实干、开拓创新、担当奉献的精神为核心，以刘西有12把头艰苦创业故事为主线，整合人文资源、生态资源，打造形成的集乡村旅游、勤廉教育、体验教育于一体的综合党性教育基地。主要由“一街、一馆、一书、一片”构成。其中：“一街”指现有的马炉革命风情街，通过刘西有同志的苦干实干故事、家风家教展示牌、清风走廊和党性教育提示牌，并采用彩绘、泥塑、实物等形式适当布局党员教育元素；“一馆”指刘西有纪念馆，由展板、实物、泥塑三部分构成，通过大量的珍贵图片、实物、影像等形式展示刘西有同志带领马炉群众开山劈石、战天斗地、发展经济的奋斗故事；“一书”指丹凤县党员干部党性教育读本《公仆本色》，通过文字、图片等形式充分展现刘西有同志带领群众艰苦奋斗的峥嵘岁月，引发读者共鸣，凝聚强大的精神动力；“一片”指纪录片《丰碑》，通过影像资料反映马炉党性教育基地建设过程，展示刘西有精神给丹凤脱贫攻坚工作带来的新变化。

六、中共商洛工委成立遗址

中共商洛工委成立遗址位于丹凤县商镇，北倚商山，南倚秦岭山地。遗址用历史图片、地图、革命文物等展示王柏栋革命先烈一生的戎马生涯，展室内排列整齐、庄严肃穆，是丹凤县开展爱国主义教育、革命传统教育、党史教育、青少年教育的重要基地，近几年来先后被评为“商洛市爱国主义教育基地”“丹凤县爱国主义教育基地”“国防教育基地”等。

七、庾家河鄂豫皖常委会会议旧址

庾家河鄂豫皖常委会会议旧址位于丹凤县城北 40 多千米之庾家河街。1934 年 12 月 10 日，中共鄂豫皖省委随同中国工农红军第二十五军自豫入陕，曾在县境庾家河街之杨春荣中药铺掌柜房内，召开第十八次省委常委会会议。会议由省委书记徐宝珊主持，参加人有程子华、吴焕先、徐海东等。会议作出建立鄂豫陕革命根据地的决定。会后，曾在丹凤县建立了梨园岔、孙家山、龙驹寨等一批苏维埃政权，并开展了轰轰烈烈的“打土豪、分田地”运动。这所会址，迄今保存完好。原杨家药铺现由杨春荣之子杨文聪经营。当年会址，已辟为展室。

在丹凤县城北 40 千米之庾家河后街七里荫岭头，1934 年 12 月 10 日下午，中共鄂豫皖省委会议正在进行，国民党军六十师突然自鸡头关袭来，占领了七里荫岭制高点。中国工农红军第二十五军军长程子华、副军长徐海东立即亲临前线指挥反击，共毙、伤敌 300 余人，红军亦伤亡百多人。正、副军长均负重伤，此为红军在丹凤县最大的一次战斗。1984 年，中共丹凤县委、丹凤县人民政府敦请中共鄂豫陕省委委员、中国工农红军第二十五军政治部主任郭述申，题写了“庾家河战斗纪念碑”立于层峦叠嶂、花木荫翳的庾家河街北七里荫岭战斗遗址，并建四角碑亭一座，以当地白色大理石镌刻碑文，碑高 1.7 米，宽 0.7 米。

八、商南赵川镇前坡岭战斗遗址

赵川镇前坡岭战斗遗址位于商南县赵川镇，距商南县城 86 千米，2002 年 10 月投资 60 万元建成前坡岭战斗英雄纪念碑，碑高 19.74 米，纪念场地长 46 米，宽 7 米，总占地 322 平方米，正前、左右方均有台阶。王锋（在中原突围中负责接应工作）同志题有“前坡岭战斗纪念碑”。2003 年 1 月 16 日，赵川前坡岭革命烈士纪念碑正式竣工落成。县领导周树红、上官宏、杨福魁、贾小玲、田麟角和县民政、旅游、城建、林业、教育、史志等部门负责人及赵川镇千余名干部群众参加前坡岭革命烈士纪念碑落成典礼。每年至少有 3000 人次前来悼念英烈，接受革命传统教育。2009 年，被县委、县政府确定为商南县廉政教育基地。2010 年新的城镇规划将红色景区与绿色生态、民俗民情、山水风光结合起来，预留有商业休闲度假区，城镇规划为该区域预留 300 亩的旅游业用地，有很大发展空间和前景。新的规划建设后，使游客们既能领略迷人的奇山异水，又能感受革命前辈的丰功伟绩，2002—2010 年共接待游客 1.8 万人次，已通过国家红色旅游资源审核，进入国家红色旅游名录。该景点在赵白路与商郧路交叉处。

第五章　水文化建设

丹江流域文化源远流长，博大精深，气象氤氲，历史悠久，文化璀璨。丹江人在认识、利用、改造自然的过程中，在与水相伴、相争、相和的实践中，形成了本土水文化，它深深地植根于中华文明的沃土之中，是中华民族文化和民族精神不可或缺的重要组成部分。千百年来，以水或水利为题材的诗词歌赋、民间谣谚、题词楹联、民俗文化等，不仅给人以水美、文美的享受，给丹江流域增添了斑斓的光彩，而且也促进了丹江流域水文化的繁荣和进步。

第一节　水景观

丹江水景观具有地方特色，融历史、民俗、艺术于一体，再现了丹江古韵，丰富了丹江文化带建设内容，为百姓增添了休闲娱乐观光好去处。

一、历史景观

（一）熊耳晚霞

在商州城西50里的金陵寺镇，有一座高耸入云、两峰直竖、恰似一对熊耳的高山，人称“熊耳山”。与熊耳山连线的东侧是一个山垭豁口，因为这一连线山垭含诸多金属成分，阳光照射，即闪烁出金光万道，故称其为“金线垭”。在金线垭的豁口处有两块重叠成趣的巨石，状似金龟，因而山垭又有金龟垭之说。从金线垭再往东延伸300余米，又是一座雄伟壮观的山峰。这山峰突兀而起，高300余米，面积5000多平方米，旧时建有寨栅，立有庙宇，说是古时寨栅曾显灵，故有“显神寨”之称。显神寨，实是熊耳晚霞的风光之地。显神寨有一水井，水量极大，旱时喷涌，水味甘洌，取之不竭，为当地乡民生活用水。后来，这口水井被强人霸占，以高昂代价勒索百姓。百姓因无水用，生计艰难，祈祷上苍护佑。民心虔诚，感动天地，菩萨即驱除强人，拯救了一方生灵。百姓为感天之灵，即在山寨修建了菩萨庙。传说尽管巧成，而这口水井和庙宇遗址尚存。

熊耳晚霞，为历代所称道。《续修商志》有“熊耳山，州西五十里。两峰对峙，插汉凌霄，每羲驭西沉，见霞光高映。如烘炉方炽，万壑皆明；又如蜀锦初张，千岩俱丽。骚人韵士临风远眺，皆有天际真人之想”。“羲落虞澜变晚风，遥峰西望刺长空。苍崖炫出千条紫，翠壁揭来万里红。锦幂佛头光烂漫，绣合千掌色照融。应知薄暮金天冷，故敞烘炉煅赤熊。”古人笔墨之褒，足见熊霞之辉。今日熊耳山更加优美，不仅建成了闻名遐迩的熊耳山煤矿，而且商县电视台的相关设施曾建于山巅，夜幕中星罗棋布晶莹的灯辉，又绘出了人间彩图。

（二）仙娥削壁

城西北十里许。自说法洞溯丹流入口，两岸皆山，独南山怪石嶙峋，于碧岭苍岑中忽起一峦，曰仙娥峰。纵横百丈，上下千寻，如斧削锦屏，刀分翠障。丹青斑驳，苔藓明灭，诚天然之图画也。若挂晓烟、凝晚晖、冒阴霾、散晴光、弄日月、搏斗星、吟好鸟、飞野芳、逐苍狗、趁白衣，瞬息之间而气象万千。白乐天入商，独爱此山，而纪之以诗，岂私好哉？唐人名峰下水曰仙娥溪，名溪北驿曰“仙娥驿”，皆本此意。当时或有如刘、阮所遇其人者乎？惜不详其由来也。

仙姬何日去山衙？峭壁空留人望赊。幛幕千寻晴带雨，芙蓉十里夜开花。云飞毛女芳邻近，月挂峨眉胜侣遐。万古词人经此地，溪边谁不欲停车？

（三）溪岸桃花

州西仙娥溪之南岸，绕西山一湾，南北五六里，旷土平畴，桃林栉比。时当梅芳告歇，杏锦初收，一片红霞，鲜艳艳而夺目；半川赤蕊，香馥馥以袭人。色蘸春溪，似仙娥之含羞态；光摇古冢，如秦皓之带酡容。参差茅屋点花丛，堪作陵源图画；葳蕤桃英帘兰皋，足当庐岭追寻。况乎飞花送酒，好鸟催诗，夙称佳地。是以冠盖携壶，风骚橐笔，竞续盛游。呜呼！自李唐来，人风几换，而桃花犹然，真足以骄平泉、傲金谷矣！

倚岸花明万树红，壶樽两两挹芳丛。赚来赤帝珊瑚室，误入朱皇琥珀宫。锦浪层翻堤柳外，丹霞横抹野烟中。年年溪口人如织，争道仙源路已通。

此景在今商州区麻街镇二龙山水库景区内。

（四）龙潭瀑布

州东百里。龙驹寨东河为涌峪河，水亦入丹江。溯流不三里，两峰对峙，一水飞空直下为瀑布。山腰稍潴，复出为瀑布。百尺许落盘山青石上，浪花翻白，如结雪然。石下汙洄澄澈，是为龙潭。潭中有巨石连岸，危步临之，水声震耳，潭影空心，真奇观也。土人传：嬴二世时，楚兵入秦，潭中出龙驹马，项羽得之，名“乌骓”，故镇称龙驹寨。

（五）静泉山八景

静泉山在商州城东4千米处。因山之青翠、泉之不涸不溢而得名。静泉山，景出“静泉”。泉本属一眼井。这井，口大如蒲篮，深数丈。井下有一泉眼涌水，但水升至井口即形成泉，历数千年从来不涸不溢，人们赞美其名为“神泉”。每当春日郊游之人，必以饮此水为快事。静泉山下有罗公祠，祠后通往静泉山的石阶天梯路，名曰“罗公碥”，是通往静泉山的唯一险道，需攀登330级台阶。该山系红白砂砾结构，每登一台，均有砂粒滚动，更给游人增添一番惬意。清乾隆二十年（1755年），知州罗文思为景上添景，遂筹资兴建了“补山阁”。距补山阁八九丈处，筑有“甘雨亭”；又在“七星菩萨洞”外筑悬空的“七星菩萨楼”；再往前又是“龙神阁”；又于岩凹深处，顺应山势开凿了“百子洞”。如此，阁楼为伍、洞泉相映，加上东西两峰山花翠竹、松柏、桃花陪衬，偶尔鹿嘶，时闻鸟鸣，竟成了人间的“世外桃源”。历代文人骚客畅游静泉山，又给静泉山谱韵了八景，即“曲蹬云横”“紫阁凌虚”“洞锁朝岚”“西崖新月”“春山杏锦”“柏林晴雪”“龙峰拱翠”“石泉鳞跃”等。

（六）船帮会馆

船帮会馆位于商洛市丹凤县的龙驹寨，建于清光绪十七年（1891 年），是省级重点文物保护单位，丹凤县博物馆也设在此处。由于建筑华丽，又被称为“花庙”或“花戏楼”，即“丹凤花庙”。

1. 花庙与花戏楼

船帮会馆是座十分美丽的古建筑，坐北朝南，面临丹江。整个建筑是土木结构。做工精细，雕刻讲究。晨曦阳光中，屋顶的琉璃瓦显得金碧辉煌。因建筑宏伟华丽，其中又祭祀着丹江水神，故俗称“丹凤花庙”。大门形似一座三开间的牌坊，颇有江南水乡建筑的风格。南面的花戏楼建筑特殊，高 36 米，第二层不用柱支撑，而是用巨木构成多角形构架相叠，层层向上递缩，形成一个锥体笼形结构。从舞台中央仰望，犹如急流中的漩涡，很是巧妙。全国有“花戏楼”之称的建筑只有两处，一处为安徽亳州（曹操故乡）的著名花戏楼，为南戏楼；另一处即此处，为北戏楼。花庙之花，主要表现在它的整体建筑笼罩在千姿百态的画图之中，其中尤以镂刻透雕刀工细腻，形神出众。山水人物、车马仪仗、楼阁亭台、树木花草、鱼虫鸟兽，无所不雕，戏楼正面更是木雕精品荟萃。在诸多造型中，龙的形象最为耀眼，梁栋上、花脊上、飞檐上、峙墙上无不有龙，足见船工们对龙的信仰之诚。以千万计细瓷碎片镶嵌而成的群龙，在阳光下更是粼光闪烁，异彩纷呈。

2. 船帮会馆的历史

丹江航道自春秋战国始即为贡道。为建都长安之历代王朝主要补给线，龙驹寨江岸当时是水陆穿梭的著名码头。船帮会馆，是当时从船上每件运货的运费中抽取三枚铜钱，日积月累，于清嘉庆二十年（1815 年）建成的。船帮会馆又叫明王宫、平浪宫。会馆戏楼建筑雄伟，造型奇巧，有“兼具南秀北雄”之誉。会馆前门临江，为青砖六柱五楼牌坊式建筑。戏楼紧贴门楼，重檐翘角，巍峨壮观。楼上演戏，楼下可供上百人“安营扎寨”。无论是晴是雨，船工们上岸后，身不着点雨，头不顶烈日，夏纳凉，冬取暖，乏者憩，闲者乐，皆兴致勃勃。戏楼坐南朝北，正面顶端高悬“秦镜楼”牌匾，三面均可容纳观众。1934 年，中国工农红军第二十五军长征经此，曾在会馆进行整训，并创建了龙驹寨苏维埃，从而为这一文物古迹增添了红色光环。新中国成立后，船帮会馆已成为省级重点文物保护单位，并建起了丹凤县博物馆。近年又建成历史文物、贾平凹文学艺术成就、龙驹寨水旱码头三个展室。

二、 水利风景区

丹江流域现有国家级森林公园 1 处（金丝大峡谷国家森林公园），陕西省级森林公园 3 处（江山省级森林公园、陕西玉皇山森林公园、陕西省商山森林公园），国家级地质公园 1 处（商南金丝峡国家地质公园），省级地质公园 1 处（陕西省丹凤上运石地质公园），国家级湿地公园 2 处（陕西商州丹江源国家湿地公园、陕西丹凤丹江国家湿地公园）；有著名的商於古道、5A 级景区 1 处（金丝峡景区）、4A 级景区 4 处（江山景区、商於古道棣花文化旅游区、丹江漂流景区、阳城驿景区）、3A 级景区 10 处、红色旅游景区 4 处。此外，已建有仙娥湖水利风景区、丹凤县龙驹寨水利风景区、桃花谷水利风景区、陕西金丝大峡谷景区共 4 处国家级水利风景区。本志书摘录了部分水利风景区。

（一）秦岭江山风景区

秦岭江山景区为国家 4A 级旅游景区，位于秦岭腹地商洛市的丹江上游发源地，商洛市商州区腰市镇，距离西安市 90 千米。这里是动植物的天堂和乐园，也是黄河文明与长江文明融合点，更是上古时代南北动物迁徙的大通道。秦岭江山风景区规划面积 2416 公顷，森林面积 2198 公顷，森林覆盖率达 91%，平均海拔 986 米，年平均气温 15 摄氏度，年降水量 700 毫米以上，气候温润，冬无严寒，夏无酷暑，水资源丰富，是休闲度假的天堂。景区内景致秀美，委婉恬静，曲水逶迤，植被丰茂，花草旖旎，潭瀑相连，山色滴翠，头顶彩云。江山景区地处长江与黄河文明的交汇点，同时也是灞河、丹江、洛河三水源头，在这里，三条水系各自延伸着自己的长度。孕育出的壮美河山里，有一林（彩林）、二海（石海、花海）、三瀑（迎宾瀑、海石瀑、斗槽飞瀑）、三泉（甘露泉、九龙泉、惜流泉）、三洞（悬洞、菩萨洞、白龙洞）、五潭（得鱼潭、金珠潭、明月潭、串珠潭、积雨潭）。江山风景区共有五大区域：花海田园区、岭南乡愁区、峡谷览胜区、海石奇观区、海石林海区，面积 20 余平方千米。景区的主要景点有江山书苑、江山迎宾瀑、商高云游处、商鞅采药岭、四皓隐居地、释无业讲经台、闯王藏宝洞、郭子仪凿泉谷、陡槽飞瀑、九龙泉、史前部落、望仙洞、海石芽公园、红岩古寨、白龙溶洞以及得鱼潭、双瀑潭、金珠潭、斗槽飞潭、饮马潭、溅玉潭、串珠潭、积雨潭、深谷玻璃桥、龙脊观景台、土地庙、白桦林、连翘谷、五味谷等。

（二）商州丹江源国家湿地公园

商州丹江源国家湿地公园地处秦岭东部腹地商州区北部，由上游的丹江、板桥河及两河汇成的仙娥湖，以及丹江城区段和支流汝河组成，集永久性河流湿地和库塘湿地于一体，是陕西省丹江流域地区典型的山区湿地，是南水北调中线工程的重要水源涵养区，也是城区居民饮水水源保护地，四至范围东至商洛高新区管委会办公楼后，西至麻街镇湖新村，南至杨峪河镇政府对面白沟口，北至板桥镇上湾村驿站。总面积 2010.38 公顷，其中湿地面积 624.05 公顷，占总面积的 31.04%，是一个以河流、湖泊、库塘湿地为主体的湿地生态系统。2013 年 12 月试点建设，2017 年 7 月经国家林业局验收通过挂牌。商州丹江源国家湿地公园人文景观内涵厚重，自然景观丰富多彩，有引人入胜的“四龙戏珠”“仙娥峭壁”、景观独特的“巴人洞”等湿地景观。商州丹江源国家湿地公园集湿地保护、科研宣教、生态体验于一体，规划为湿地保育区、恢复重建区、宣教展示区、湿地休闲区和管理服务区五大功能区。该湿地公园的建成，对保持当地水土、涵养水源、净化水质、带动商洛生态旅游，实施秦岭区域湿地资源抢救性保护，确保“一江清水送京津”等具有重要意义，也将成为商州乃至全商洛市的一张靓丽的名片。

（三）仙娥湖国家水利风景区

仙娥湖国家水利风景区（又名丹江公园国家水利风景区）北起二龙山水库，沿丹江延伸贯穿商洛市区，东至东龙山。景区区位优势明显，景观资源丰富。丹江公园工程，西起二龙山水库坝下，东至东龙山，南到一级过境路，北至江滨大道。总长7510米，总面积为138.6万平方米，其中水面面积70万平方米，绿化面积43万平方米，形成10千米防洪大堤、10千米丹江水面、10千米绿色文化长廊。于2005年12月19日开工建设，2007年全面竣工，2006年8月被水利部命名为“丹江公园国家水利风景区”。2011年8月，更名为“仙娥湖国家水利风景区”。公园规划以“城市精神营造，文化内涵体现，生态旅游观光，市民休闲健身”为创意，平面主体结构为“一带、二湖、三廊、四园、五广场”。“一带”即丹江河堤、水域景观带；“二湖”指仙娥湖和莲湖；“三廊”指文化长廊、水景长廊、绿色长廊；“四园”是春园、夏园、秋园、冬园；“五广场”包括黄沙河广场、丹江桥广场、王塬大桥广场、构峪桥广场、李塬广场。再加上多点渗透模式的陪衬雕饰，形成对比鲜明、错落有致的空间景观构架。

仙娥湖位于商洛市中心西北4千米处。规划区范围界定：西侧、北侧以仙娥湖山脊线为界，东侧以商（州）洛（南）公路为界，南至商鞅广场，总面积约35平方千米，其中水域面积6000余亩。仙娥湖因仙娥溪而得名，而仙娥溪的闻名与仙娥驿有关。据史料记载，仙娥驿建于汉代，至今已有两千多年的历史。汉唐时代，京城长安通往东南的水陆要道都得经过商州，史称商於古道或商山道。这条道自蓝田进山，翻过秦岭南坡便同丹江相伴而行。仙娥溪畔的仙娥驿，是必经驿站。虽说这驿站只有几栋房舍、几匹骡马、几个驿卒和一个九品官的驿丞，却是一个不可或缺的机构。它不仅是商州知州迎送京官的地方，也是南来北往的达官贵人邮传、食宿、歇脚的场所。

（四）龙驹寨国家水利风景区

龙驹寨国家水利风景区以丹江为轴线，以龙驹古寨为中心，西起丹凤县棣花镇贾塬村，东至竹林关镇竹林关村，总面积150平方千米，区域内电力、通信设施完备，旅游基础设施健全，有国家3A级风景区丹江漂流，有省级重点文物保护单位船帮会馆、二郎庙、四皓碑林园及凤冠山石窟等。景区依托得天独厚的资源优势和区位优势，在水土保持、生态旅游和经济发展等方面取得显著成效，形成集“吃、住、行、旅、购、娱”于一体，融人文、水文、地理、天象、生物、文化等景观于一身的综合性旅游风景区。其中丹江漂流曾在2007年中国旅游峰会上被评为“中国最佳漂流胜地”和“中国最佳休闲度假胜地”。

水利部水利风景区评审专家组于2009年6月18日来到丹凤县，通过现场考察丹江漂流、船帮会馆、四皓碑林园及凤冠山石窟景区，认为龙驹寨水利风景区已具备国家级水利风景区条件，2009年8月25日水利部正式批准命名丹凤县龙驹寨水利风景区为“国家水利风景区”。龙驹寨丹江漂流线路，上迄龙驹寨船帮会馆涧下（丹江大桥之侧的码头），下至月日滩，全程7千米。倘继续延伸，可流经陕豫鄂三省到丹江口市入汉江。已开航道经“流岭峡”和“月日峡”，属红砂岩，谷底狭窄、乱山夹峙，奔流若沸，探险旅游，极富刺激。然危而夷，险而虞，沿线景点集中，沿途多摩崖石刻。其景观有：明代旅游家徐霞客北谒太华、南朝武当陆水换乘之登舟处、“铁人”拉山处、镇江石、金鸡关、乌龟引水、白龙山、驼峰、月日潭、唐代崔湜主持开山处等。其所乘航具主要是翘首竹筏，由训练有素的船工撑篙，并由导游指点沿途景观。

（五）桃花谷国家水利风景区

桃花谷位于丹凤县竹林关镇，于 2011 年初开始建设，景区总面积 41.4 平方千米。由科技园、生态园、农业园和采摘园组成，实施水土流失治理和科技示范工程 13 类 50 多处，有翠竹园、桃花田园、桃花泉、观景亭、河道水域、水灾遗址等特色景观。是体现人与自然和谐、人水和谐的生态理念，水土保持特色明显的水利风景区。主要景点有桃花寨、桃花谷、鹊桥、祈福台、竹林七贤、梯级水景、桃花仙子广场和游乐场等。初春满山桃花，竹林和松林相映成趣，历史民俗文化和自然风光有机交融，是休闲旅游、畅享陕南民俗文化的理想去处。2012 年被陕西省命名为省级水利风景区。2014 年 9 月，被水利部批准为“国家水利风景区”。竹林关位于丹凤县境南部，东邻商南县，南连山阳县，有“鸡叫一声听三县”之说。鹘岭、流岭分布南北，丹江、银花河交汇境内。北部与南部山峦起伏，河谷狭窄，中部银花河两岸宽阔平坦，土地肥沃，为丹凤县水稻主要产区。镇政府驻地竹林关街，明代在此设巡检司，旧筑有城，今已无存。丹江在竹林关接纳银花河水，水势变大，蔚为壮观，唐代诗人杜牧有《丹水》诗云：何事苦萦回，离肠不自裁。恨身随梦去，春态逐云来。沈定蓝光彻，喧盘粉浪开。翠岩三百尺，谁作子陵台。竹林关，是丹江流域与龙驹寨、荆紫关齐名的水旱码头，商贸集市历史悠久。竹林关老街房屋均为徽派建筑，现存中街一段保存完整；建筑风格没有改变的有霍家巷、华家巷、米家巷、邮局巷等，每一条巷子都有一个故事，每一条巷子都有一座庙宇。

（六）金丝峡国家水利风景区

金丝峡国家水利风景区为国家 5A 级景区，2002 年 7 月 1 日成为省级森林公园，2002 年 12 月跻身国家森林公园行列，位于商洛商南县东南部新开岭腹地，距商南县城 60 千米，距金丝峡镇（原太吉河镇）18 千米。金丝峡历史悠久，早在战国时期，就被著名政治家、思想家商鞅所发现，曾惊叹其雄伟壮观，魅力神韵。园内风光秀丽，风格独特，风景如画，具有窄、长、秀、奇、险、幽的特点，集峰、石、洞、林、禽、兽、泉、潭、瀑等自然景观于一体，步移景异，景象万千，被誉为峡谷奇观、生态王国。峡谷景观奇特俊秀。园内有白龙峡、黑龙峡、青龙峡和石燕寨四大景区 100 多个景点，峡谷总长度 20.5 千米，纵深 10 多千米，最深处至今还无法到达。山峰溶洞别有洞天。有龙头峰、狮子峰、蜡烛峰、牛角峰、三才峰、驼峰、旗杆峰等形状似兽、似物，姿态万千。有的似龟、有的似兔、有的似瓜，在峡谷里横卧有不少大小不等、重重叠叠、妙趣天成的顽石，如飞来石、连心石、仕女献瓜、贵树石生、塞峡石、南天石鼓、仙人桥、仙人石、马蹄石、二仙石等都美妙绝伦、惟妙惟肖。流泉飞瀑婀娜多姿。流量较大的泉水有黑龙泉、水帘泉、马刨泉等泉眼 5 处，构成峡谷的主要水源。这些泉水流进峡谷形成黑龙瀑布、魔女瀑布、双溪瀑布、拂尘瀑布、锁龙瀑布、连环瀑布、彩虹瀑布等 14 处瀑布，或如银练飞流直下，或如银帛铺天盖地，气势磅礴，瀑声震天。

第二节　水艺文

丹江激越了历代文人的才智和灵气，给文学创作以营养和精魂。丹江水利文艺以水为线，从古而今，广采精选，虽挂一漏万，但仍可从一个侧面增加对丹江及风土人情之了解，汲取水文化的营养。

一、诗词

在丹江岸边，历代文人墨客为仕途奔走者发出了“来往悲欢万里心，多从此路计浮沉”“山势分开秦楚界，水声流尽汉唐人”的无限感慨，名流雅士、达官显贵、莘莘学子或进京赶考，或职务调迁，或来丹视察，或赴京拜谒，或贬谪江南，“憧憧往来皆出是郡”。诗人李白、韩愈、王维、白居易、李商隐、元好问等流连忘返于丹江，用诗词荡涤灵魂、滋养精神，留下千古不朽之诗篇，造就无比灿烂的中华诗歌文化。我们的先贤，那些伟大的灵魂，他们经历再多的坎坷与磨难，也能够凭借诗词将个人命运与民族命运紧紧相连，实现对生命价值的内在超越。诗词在陕西人生命岁月里“随风潜入夜，润物细无声”，给心灵以美的熏陶，给生命以丰厚的馈赠，给人生以深沉的激励。

春陪商州裴使君游石娥溪

唐 · 李白

裴公有仙标，拔俗数千丈。
澹荡沧洲云，飘飖紫霞想。
剖竹商洛间，政成心已闲。
萧条出世表，冥寂闭玄关。
我来属芳节，解榻时相悦。
褰帷对云峰，扬袂指松雪。
暂出东城边，遂游西岩前。
横天耸翠壁，喷壑鸣红泉。
寻幽殊未歇，爱此春光发。
溪傍饶名花，石上有好月。
命驾归去来，露华生翠苔。
淹留惜将晚，复听清猿哀。
清猿断人肠，游子思故乡。
明发首东路，此欢焉可忘。

注：这是唐天宝三年（744 年）春，唐代大诗人李白离开长安去洛阳途经商州时所写的《春陪商州裴使君游石娥溪》一诗。裴使君：商州刺史裴延庆。石娥溪：商州城西十里的仙娥溪（今仙娥湖），唐代这里设有驿站。本诗首八句抒写诗人对裴延庆的称赞：说他

有神仙的风采，超出一般的俗人，潇洒飘然在山麓滨水之地，连飘摇的天空也甚羡慕。中间八句写游赏仙娥溪的景色：他们出东城，至西岩寺，看到苍翠直立的仙娥峰和山涧中喷涌而出的丹江水，乘兴寻幽访胜，赏玩溪边的名花和石上的好月。末尾八句叙写游后的感受：明天他将东去洛阳，而对在商州的欢游是不会忘记的。

过仙娥驿

唐·白居易

我为东南行，始登商山道。
商山无数峰，最爱仙娥好。
参差树若插，匼匝云如抱。
渴望寒玉泉，香闻紫芝草。
青崖屏削碧，白石床铺缟。
向无如此物，安足留四皓。
感彼私自问，归山何不早？
可能尘土中，还随众人老。

仙娥溪

唐·杜牧

仙姬何日去山衙？峭壁空留人望赊。
幛幕千寻晴带雨，芙蓉十里夜开花。
云飞毛女芳邻近，月挂峨眉胜侣遐。
万古词人经此地，溪边谁不欲停车？

沙溪馆

唐·赵嘏

溪上邮亭气早秋，树边溪色绕床流。
行人亦羡邮亭吏，生向此中今白头。

丹 水

唐·杜牧

何事苦萦回，离肠不自裁。
恨身随梦去，春态逐云来。
沈定蓝光彻，喧盘粉浪开。
翠岩三百尺，谁作子陵台。

注：杜牧，京兆万年（今长安）人，太和进士，历任监察御史，黄、池、睦州刺史，司勋员外郎和中书舍人。本诗选自《樊川诗集》。作者以人比水，以水喻人，感慨胸中心

事萦回，不能裁定，怅恨在梦里依然不断，恰如丹水沉定时蓝天的光彩彻透于其中，丹水喧腾时绚烂的浪花开于其上。目睹丹水的明丽，不由得羡慕他人能长守水边享受怡然隐身的清福。子陵：东汉隐士严光，字子陵。

商山夜闻泉

唐 · 曹松

泻月声不断，坐来心益闲。
无人知落处，万木冷空山。
远忆云容外，幽疑石缝间。
那辞通曙听，明日度蓝关。

注：曹松，安徽潜山人，光化进士，特授校书郎。该诗写诗人夜宿商山客馆，闻见流泉映月泻声，让人心感闲逸却难以入眠。通宵之后，再度蓝关西行。

辨熊耳山

宋 · 邵雍

昔禹别九州，导洛自熊耳。
熊耳自有两，未审孰为是?
东者近成周，西者隔丹水。
《书》《传》称上洛，斯言得之矣。

仙娥峰

宋 · 王禹偁

窈窕奇峰叠古苔，望秦岭外势徘徊。
巨灵非疋休期刻，毛女为邻合往来。
傅粉微茫春雪在，堕鬟浮动晓云开。
好邀上雒王常侍，时就岩前饮一杯。

游仙娥峰后戏题

宋 · 王禹偁

为爱一峰形窈窕，岂辞十里路崎岖。
谁知不似阳台女，别后经宵梦也无。

听　泉

宋 · 王禹偁

平生诗句多山水，谪宦谁知是胜游。
南下阌乡三百里，泉声相送到商州。

注：王禹偁，山东巨野人，太平兴国八年进士，任县令、右拾遗等官，敢于直言进谏，八年内三次遭贬。淳化二年（991 年）因敢于秉公执法被贬商州团练副使。他居商一年半，留诗百余首。本诗系作者贬官商州时由汴京经阌乡赴商途中所写，尽管旅途很苦，而作者却写得很有乐趣。谪宦：遭贬降职之官。胜游：到美好的胜景去旅游。阌乡：旧县名，在河南西部，时与商州连界，现并入灵宝市。

丹江闲步

宋·王禹偁

谁爱潺湲到水滨，春来唯有我来频。
沙边坐惯渔翁识，岸上行多白鸟驯。
髭发照看添霰雪，冠缨濯后少埃尘。
今秋更拟营蓑笠，冒雨冲风把钓纶。

注：本诗选自《小畜集》。作者漫步丹江之畔，触景生情，联想自己遭际，不禁产生出世之念。潺湲：水流徐而有声。霰雪：小颗粒形的雪子。营蓑笠：编织蓑衣和笠帽。钓纶：钓鱼竿上的丝线。

丹　水

宋·王禹偁

瑟瑟复潺潺，朝宗去不还。
和云归汉浦，喷雪下商山。
影浸仙娥面，波涵织女鬟。
饮猿清满掬，渡鹿冷浸斑。
北润深通洛，东奔险叩关。
灌园萦似带，漕硙曲如环。
夜枕惊幽梦，秋汀照病颜。
玉膏分地脉，银汉落人寰。
漱石藏青鲤，崩沙聚白鹇。
村桥微雨后，岸树夕阳间。
翠涨新萍绿，红浮败叶殷。
贰车时濯足，来伴钓翁闲。

注：本诗写丹江之水的神采丰姿及沿岸景物。瑟瑟：细碎的声音。朝宗：意为丹江流向主干、流向大海。汉浦：指丹江流入汉江之处。漕硙：水渠和水磨。玉膏：神话中谓玉有膏脂，称为玉膏。《山海经·西山经》载："丹水出焉……其中多白玉，是为玉膏"。或形容丹水犹如玉之膏脂般莹洁滑润。贰车：副车，指作者身为副使而言。

秋 霖

宋 · 王禹偁

山云百日雨，山水十丈波。
田畴与道路，一夕成江河。
巨石大於鳖，吹转如蓬窠。
夏旱既损麦，秋潦复无禾。
津梁尽倾坏，商贩绝经过。
斗米二百金，吾生将奈何。
安敢比夷齐，愚圣不同科。
应如元鲁山，饿死深山阿。

注：此诗节选自《汉典诗词》。该诗描写了商洛夏旱秋涝等自然灾害，给民生带来的巨大伤害。秋霖：秋天的连阴雨，久雨不停。津梁：桥梁。

龙潭瀑布水

清 · 牛维晃

空传龙马出龙潭，瀑布经谁数字谈？
浑是河源泻斗北，恰如沧海倒天南。
疏星两岸山千仞，孤月三峡水一涵。
应与匡庐同胜概，春风长者好停骖。

龙潭瀑布

清 · 李庚如

依山傍石悚迴澜，壁断河源天上看。
耸削危峰擎日冷，嶙峋险峡咽风寒。
飞涛叠挂冰帘直，浪惊层喷雪蕊团。
神骏何年腾此水，荡摇犹似起泥蟠。

久旱祈雨得之诗以志喜

清 · 陈祈

风鹤频年叹屡惊，那堪旱魃祟荒城。
万人祷祝回天意，一声滂沱听雨声。
禾黍有情欣骤长，黾蛙得所亦喧鸣。
朝来比户生欢庆，已即丰亨卜太平。

注：这是一首叙写商州求雨成功后志喜的诗作。首写兵祸、旱灾对民间的困扰。复写呼唤雨师、普降甘霖成功后物、人同喜共庆的欢乐场景。结句则为期望祝愿之语。

洪门河

清・陈祈

青山看不改，曾记此联营。

试听洪门水，犹疑金铁声。

注：诗人当年曾随明将军在商州区洪门河一带扎营驻防，以御白莲教起义军滋扰。此诗所写大抵是时隔多年后，又旧地重经，但见青山依旧水长流，前事虽已远，却仍一如目前，不经意间顿生几许感慨，留人长久思索。

清明日静泉山游会

清・王时叙

（一）

静泉山上清明会，少小乘春岁岁登。

三十余年重到此，依然绿晦错青塍。

（二）

柳绿花红别一天，清明时节最芳妍。

不少游客纷纷说，罢会于今近十年。

（三）

当年颂德又歌功，老幼贤愚万口同。

余事犹能传不朽，至今甘雨话罗公。

（四）

百年日月水东流，潦倒归来已白头。

明岁清明知健否？几回欲去又淹留。

注：这组诗应是作者暮年由祁阳（湖南）罢官归商时所作。诗中抒写了清明时节作者参加静泉山游会时的所见所思。第一首写自己30年后重登静泉山，心情一如少年时；第二首面对清明静泉美景，作者借游人之口，道出如此游会已停办近十年之久，其原因虽未明说，实际暗喻了对天灾、人祸的不满情绪；第三首仍借游人之口对当年修建静泉山的知州罗文思的功德大加赞颂；第四首用“潦倒归来已白头”，道出了自己年事已高，他岁是否还能再登静泉的慨然之叹。

苦雨七绝

清・秦士麟

（一）

秋稼如云万顷黄，雨声彻夜听琳琅。

官虽无德民何罪，一度思量一感伤！

（二）

豚蹄争祝庆西成，比户翻闻太息声。

可怜满田收不得，天公何事太无情？

（三）

被拥黄绸愧不才，秋霖淅沥恐成灾。

九阍谁为呼风伯，扫尽烟云万里开！

（四）

愿开苦口告同官，五斗虽微强自宽。

获怕雨多耕怕旱，莫将稼穑忘艰难。

注：清宣统三年（1911年）八月，商州秋雨绵绵，连月不开。正值秋黄收获时节，作者来到商州、丹凤一带，写了这《苦雨七绝》四首。诗中表现了作者心忧苦雨不晴、痛感百姓艰难，渴望有谁能呼得风伯，一扫漫天烟云，不致使淫雨成灾的急切心情。

丹水环城

清·李曰栋

丹流滚滚绕西来，一带环经百雉隈。

风定水澄平似熨，潮生浪激怒如摧。

光摇龟岸方南转，波撼鹤城至北回。

最爱江天明月夜，恍疑蜃市岛中开。

注：李曰栋，商州人，清代乾隆时贡生。“丹水环城”为明清“商州八景”之一，此诗赞其景观。雉隈：雉，古城墙上带有齿状的矮墙；隈，山水弯曲的地方。蜃市：海市蜃楼，指光线经不同密度的空气层发生折射时，显示出的奇异幻境，比喻虚无缥缈的仙境。

丹江潮水

清末·赵文举

丹水似环套城南，襟带飘飘育儿男。

春江水暖桃浪翻，锦鳞游泳好鸟现。

祝融发令烈焰燃，霹雳滂沱浊浪翻。

秋月沉江稻米香，六花裹城有奇观。

丹江晚照

清末·李疏才

淼淼清江下急流，江边草阁客凭栏。

帆通汉水潮偏绿，山接湘云雨自寒。

荻里轻蓑移野棹，河边罨画映鱼竿。

一纶才挂斜阳下，沽酒还来明月滩。

二、歌赋

丹江流域历代流传下来的歌赋作品数量庞杂，很多深入到历代士民文人的日常生活里，这些既是对当时社会的文字记录，也是个人的情感表达。本志书仅收录了部分。

（一）丹江雪赋（秦末汉初·周术）

丹江雪者，雨露之精英，洁水之变形，丰年之祥瑞，寒冬之信兆。细品之有五美——触物无声，静也；洞窗辉映，明也；沾衣不染，洁也；落地不渗，凝也；色如梨花，白也。一夜朔风卷彤云，万里山河改旧颜。千户粉封，路人罕迹；林中寂静，鸟兽潜形；樵子难辨路径，渔夫不分水沙；阴霾迷四野，冷气侵三阳。摇洒洒，似鹅毛落下；轻飘飘，如柳絮飞舞。秀树玉妆就，高山银簇成。商山有贫者，宜瑞不宜多。

（二）风赋（秦末汉初·吴实）

风者，空气之流动。冷冷飕飕，无形无影；呜呜吼吼，有力有声。过江三尺浪，入竹万竿斜。摧林折木，掀土扬尘；刮得尘土遮天蔽日，掀得林涛吼声雷鸣。煽得飞禽收毛敛翅、蹲守缩颈藏树丛；吹得走兽摇头摆尾、胆战心惊躲山洞。行人顺风不走即跑，逆之欲跑寸步难行。气大伤人身，风狂损万物，勿太甚！

（三）静泉山赋（清·陈慕楷）

终南迤而东下，太华递而南徙。通一脉於商於，结山川之秀美。嗟静泉之奇挺，循东南之五里。诧山上之出泉，美石塘之清泚，不涸於七年之旱，弗溢於九年之水。山有泉而泽润，泉在山而静止。匪潜龙其在渊，亦游泳乎金鲤。辟石室於高峰，既幽邃而窈窕。飞紫阁於悬崖，亦凭虚而缥缈。实红尘之断隔，惟白云其缭绕。苟静境之可攀，夫何羡乎蓬岛。

故其始至也，拾级而进，层累而升，披蒙茸之草木，踰崎岖之丘陵。跨盘曲之层蹬，临千仞之绝冥。揽虬龙而踞虎豹，践滑石而抟翠屏。固结成而造极，自履险而逾平。及其既登也，志气从容，心目寥朗。拜斗垣之宿曜，瞻白衣之幻象。漱灵泉而脾沁，倚石栏而志广。俯则小龙山於足下，运千村於一掌；仰则扫浮障於日边，捧红云於天上。

至若红杏满山，春风绽绵，午桥无色，日边醉饮，是其春也。深洞幽凉，人间无暑，藤枕一方，白云封户，是其夏也。新月初悬，一痕斜照，素影入怀，划然长啸，是其秋也。劲柏擎寒，六花凝聚，雪破日出，虬枝洗翠，是其冬也。景无时而不佳，任所求而自足。纵游览于无穷，复寤寐而思服。疏五盖之游蒙，荡六尘之追逐。唯有道其可乐，浑万象於幽独。

伊刺史之莅止，实巴蜀之名贤。傍桂松而读书，遇山水而流连。探兹山之幽奇，独旷怀而高搴。既人和而政暇，将终日而盘旋。谓曰缺者之宜补，思结構於云烟。或为亭而休休，或为台而超然。可坐以问桑麻，可步以视畲田。民物而在宥，假大块而成篇。实古人之未远，庶静泉之永传。因此而叹，为之重曰：山岑岑兮，泉沉沉兮。终沕沕兮，人愦愦兮！

三、散文

在浩瀚的历史长河中，从经世济民、精思博学、传情言性，到描写社会、塑造历史、表现习俗，丹江古代散文承担着其他文体难以取代的巨大的社会作用，历数千年而绵延不绝。本书在此收录了部分古代散文，以供欣赏。

（一）徐霞客丹江游记（明·徐霞客）

初六日，越岭雨重，凡二十五里，饭坞底岔，其西行道，即向洛南者。又东南十里，入商州界，去洛南七十余里矣。又二十五里，上苍龙岭。蜿蜒行岭上，两溪屈曲夹之。五里，下岭，两溪适合。随溪行老君峪中，十里，暮雨忽至，投宿于峪口。

初七日，行五里出峪。大溪（丹江）自西注于东。循之行十里，龙驹寨。寨东去武关九十里。西向商州，即陕西省间道。马骡商货，不让潼关道中。溪下板船可胜出五叶舟，水自商州西至此，经武关之南，历胡村，至小江口入汉者也。遂趋觅舟。甫定，雨大注，终日不休，舟不行。

初八日，舟子以贩盐故，久乃行。雨后，怒溪如奔马，两山夹之，曲折萦回，轰雷入地之险，与建溪无异。已而雨复至，午抵影石滩，雨大作，遂泊于小影石滩。

初九日，行四十里，过龙关（即竹林关），五十里，北一溪来注（毕家湾），则武关之流也。其地北去武关四十里，盖商州南境矣。时浮云已尽，丽日乘空，山岚重叠竞秀，怒流送舟，两岸浓桃艳李。泛光欲舞，出坐船头，不觉欲仙也！又八十里，日才下午，榜人以所带盐化，屡止不进，夜宿于山崖之下。

初十日，五十里，下莲滩。大浪扑入舟中，倾囊倒箧，无不沾濡。二十里，过百姓滩，有峰突立溪右，崖为水所摧，岌岌欲坠。出蜀西楼（梳洗楼），山峡少开，已入南阳淅川境，为秦、豫界。三十里，过胡村。四十里，抵石庙湾，登涯投店。东南去均州，上太和，盖一百三十里云。

注：徐霞客，明代江阴（今江苏）人。著名地理学家、旅游家。著有《徐霞客游记》。

（二）商山雪霁（明·李东芳）

州东八十里丹水之南，四皓真隐处也。云鹤冥，烟林森蔚，四时望之，无一不佳。惟当六花飞舞，粉抹寒岑，忽见晛日消，则青螺摇黛，如浴水芙蓉，倍增鲜艳。且下有怪松老梅，苍翠清芬，直与茹芝高节并傲岁寒。路通武关，多名贤题咏。断碑残碣，犹有堪读。此五十八福地，洵商颜第一名胜也。

皓隐真踪只此山，景逢雪晛更幽娴。千峰掩映分晴霭，万壑纵横捧霁颜。梅坞迎曦香带丽，松崖剩白翠成斑。风清犹似先生在，杖履萧踈自往还。

（三）仙子神湫（明·李枝栋）

州西百十里许。由官道北湘子洞碑处入山，十里樵径迂回，肩舆难度。至斗牛宫无甚奇峻。越十数武，悬岩陡峭，攀藤而上，至湘子洞。深五六丈，石纹斑驳，壁彩陆离，似莲花宝盖。有滴水垂珠，祷者以瓶盛之，得一二点即雨。洞后穴窗自明。其中寒湿栗冽，窈窕幽邃，凛乎其不可留也。再陟其上，有雷神洞，绝顶有玉皇洞，皆有水。祷雨，灵应亦如之。面俯诸峰，有圆如日、半如月者，名日月崖。又有火焰山，崩岩劈裂如焰起烧空，奇观万状。此虎豹窟穴，人迹罕至，虽有济胜之具，亦竭蹶无从矣。明时华山道士常编篱住此，后化去。

十里幽岩古洞天，奇形磊落势岿然。火山乱劈凌空焰，神苾层零救劫泉。宫署斗牛藤径侧，崖悬日月在门前。四时风冷人踪杳，为忆编篱羽化仙。

（四）丹水环城（清·李曰栋）

州河曰丹水。自治西北隅出，湾环城南，抵东北隅，复折而东南去矣。其包络州治，既似緤襟之带，复如当膺之绅，而且供万家之挹注，足千井之灌浇。当其暖水流澌，波光潋滟，金鳞游泳，白鸟隐见，泛桃浪之千层，俨锦江之澄淀。至于祝融司命，烈焰宏开，裸而浴，钓而隈。乃霹雳之乍响，欻滂沱之急摧，排空浊浪，怒吼奔雷。穷河源而徒劳，黄流其在兹哉！若夫秋水方盛，白露横江，沉璧静影，耀金浮光，香稻夹岸，红蓼满矼，鸟鸣沙渚，渔唱沧浪。疑洞庭之秋色，恍彭蠡之寒庞。迨至阴凝冰结，略彴遍溪，六花飞布，十里银畦。山阴之兴勃发，灞上之思忽琪。若是者，或出郭而遥临，或登城而俯觇。四时之景色堪图，数曲之涟漪不厌；虽险不类乎汤池，而形亦居然之天堑。

丹流滚滚绕西来，一带环经百雉隈。风定水澄平似熨，潮生浪激怒如摧。光摇龟岸方南转，波撼鹤城至北回。最爱江天明月夜，恍疑蜃市岛中开。

（五）昙花胜地（清·田钟玺）

昙花庵坐州东七十里棣花铺之南山。渡丹江循鸟道里许，抵东旸洞侧，盘折而上约数百丈，趁峰逐壑，位置佛宇。楼阁、亭台、浮屠、方丈无一不具，有清幽致。夜间，旃檀之气上薄云烟，梵呗之音远鸣山谷。且兰蕙满山，异香覆院，松杉翳日，风韵怡人，居然一兰若名丛也。郡人牛维晃有专志。

绀官高据楚山阿，江水新钩带一拖。
明月还来留觉界，浮云曾不挂松萝。
空山兰馥袭征梦，午夜钟声渡晚舸。
谁使黄尘腾野马，昙花日日自婆娑。

（六）水月洞天（清·李挺垣）

高车岭南侧，双乳山之阳，候塬阡陌之东。由东麓盘曲而上，去地约千尺馀。石壁有洞，纵不过十笏，横亦如之。有水自后壁津出。清国初，有衲子卓锡于此，依壁为池受水，水中位观音大士。池外，架以木板，去地尺许。池水下泻板底，淙淙有声，穿阈而出，飞珠溅雪，如银绳下汲，因名“水月洞”。门外一楼，架空悬岩，南向虚敞，不置扃扉。朝岚暮霭，金乌玉兔，拍塞而入。乳水拂其阆，楚溪朝其户，烟村隐见，牧笛往来。晴霁禽鱼忽飞忽跃，阴霾蓑笠乍有乍无，而且平眺南山，千峰排黛，势同星拱。诚佳境也。有诗云：洞里源泉作瀑流，下招乳水载危楼；千层楚岫参差入，十里秦川隐见收；杳霭依钟敲不破，野烟掠鼎篆还留；人随胜地分今古，槛外溪光日夜浮。

（七）龙涎吐珠（清·牛维晃）

州东北四十里。由十九河溯流而上，有山嵯峨，下窍一洞，方广约五、六丈，中有天成石龙十数头，故名“石龙洞”。其鳞、角、爪、牙，宛然出自人工。有伏而寝者，有偃而舒者，有俯而饮者，有仰而吸者，有斗者，有舞者，有盘曲似蜇者。独一龙昂首欲飞，口中有液，下滴成小湫，与洞石响应，訇然似碎玉声。洞门窄小，仅可容人，烟帏云幔，朝暮不收。每祷雨，以瓶接颔下，视人诚否：诚，则得一滴，其瓶即满，行不二、三里，辄大风、雷雨； 否，则终日不获一滴。噫！幽异之处，有神物焉，此类是也。有诗云：

石龙十数洞虚中，光怪屈伸互异同；刻肖鳞文浑造化，神奇生跃自天工；喷珠波眺千林霭，澍雨湫传万国丰；不比叶公称画像，呼吸云雾起长风。

（八）堰塘说（清·罗文思）

平田作渠，引水以资灌，计非不善。而天时少旱，水易涸，与无渠等。唯有堰，始能常蓄涧流。作堰之法，略如筑坝，但坝需留港。此则横截中流，较平田少低数寸、水大则过其上，水小则停蓄不泄也。至于塘，则两山夹送，其中稍平，开土成丘，如阶而下者，为山田多苦旱，救之唯以塘。作塘之法，先度地势，于田头之上，当留所归处，随地宽广，开挖为塘。塘形，多上高下低，其下，即以塘土筑横堤，堤脚布木桩，以防御。堤中留水窦，以备启放，此谓头塘。田之中段，亦有傍山，归溜处，仿前作之，谓之腰塘。间有开塘得泉者，百中一二，大都全藉山泽雨溜，塘中必多蓄水草、菱荷、草鱼之类，则经旱不易涸。按作塘堤，脚布木桩，以防御。弗若堤上植柳，以枝叶可荫塘，根能固堤。脚留水窦，用新伐松，存皮刨两半，剐空如竹，去内节，然长短照堤厚薄。木头实尺许，上下复合压堤下，头入塘内，尾出堤外。凿头上半空处，方寸作水眼，以木削尖、竖塞之。启放特抽竖木，水从眼流处入田，存松皮在水中，经久不朽。塘水肥，菱草乃生，鱼易长。种荷成藕，坏堤。余蜀人，家居时曾作塘，知甚悉。按河渠塘堰，水半出于地，半资于天。天旱不雨，则出于地者，亦易固。邑虽多山，山多石。于平地深凿则见水，不为弃井。井水全出于地，天旱可以灌溉。

注：罗文思，四川合江县人。清乾隆十一年至十七年（1746—1752 年）任商南知事，注重农田水利建设。

（九）龙王庙甘雨泉记（清·张道湜）

商於，史称膏腴。经兵火者二十余年，室庐烬矣，遑问神楼？我清定鼎之十二祀，余出史馆，奉敕抚治。政尚宽简，与劳民计厚生，不啻恫矜身切也。夏六月旱，走祷若狂。考之《易》曰：“云从龙”，又曰“云行雨施，品物流形”，乃求龙神。祠宇颓垣蔓草之中，随祷辙应。岁以不祲，谋报神功，一时文武官吏慕义有加，不烦持钵，丹垩毕具。祠下有泉，深仅盈尺。传有大泉时涌时藏。余曰：“是乃神物乎？”表而出之，名“甘雨泉”。并为作颂，以志灵奇。颂曰：孔乐商原，区雄左辅。玄鸟肇基，隶开汤祐。翠巘龙蟠，碧流蜿俯。乾坤血战，神人恫怒。焚无余壤，锋鲜遗竖。皇清统一，哀鸿戢羽。岁当乙未，骄阳为蛊；祝融肆威，商羊剑舞。铄石流金，赭山竭浦；我瞻云汉，如沃焦釜。乃求龙祠，颓然敝宇。爰祝爰应，多黍多稌。曰余召之，疮痍未愈；曰民召之，怡然椎鲁。匪神之庥，其惠曷溥？乃鸠匠石，焕然堂庑。有渾灵泉，味埒膏乳。晨挹暮汲，不涸之府。何以命之？名曰甘雨。于万斯年，永泽商土。

注：张道湜，山西沁水人。清顺治十二年（1655 年）抚治商洛道，后升天津道副使。莅商三载，治尚恬静，刑清正简，立社右文，善诗善书。

（十）夜游龙潭记（贾平凹）

在城里住得烦腻，携弱妻幼女，告假往商洛龙驹寨拜友。夜里住在寨东山湾下的村子。时已下了几日暴雨，偶尔晴空，一觉醒来，见月亮出得满圆，悄悄临窗照着，正想这月儿出得奇怪，却听见一种轰轰闷音。沉沉的，又有一些清脆韵律，恰似老驴拽动一合石磨，有磨石声，也有驴铃声。一时疑惑不解，未能入睡，翻身走出门来，见村里的柿树，红叶尽落，满村巷铺了一层。去后院寻朋友打问，他却也已起来，曰：龙潭瀑布。

这便又使我奇了，我走过多少名山大川，见过的瀑布全不是这般儿声响，便忍不住要去看看。朋友说瀑布就在村后山中，并不甚远。由他向导我就去了。村后就是湾里，一道白水淌下来，却悄然无声，柔弱弱的，像一位寂寞的寡妇，使人添了几分悲凄。知这水闹时的喧嚣，静时平和，又是同别处不一样了。步行一里，路逼仄起来，是凿在崖畔的，上载危岩，下临河谷，蛇行而上。树影落在上面，款款浮动。恍惚路移而恐于举步。正踟蹰间，脸上有了感觉，凉湿湿的。我惊恐道：又下雨了？朋友已经前去，立在一块石头上叫着："到了！那是瀑布水沫。"

果然，石崖走过，看见前面一色白茫，上接月空，漠漠不见源头，下注深谷，蒙蒙亦不辨终底。月下看不见那水气的五光十色，也不见飞腾的霓虹彩环，满世界只是一个乳白色的谜！朋友说，这便是龙潭了。潭底渊博，下有无数支立的磐石，形成洞穴，水注下去，嗡嗡轰轰的声响中就有了锵音，夜静可传十余里地呢。我听得出奇，欲要下潭亲眼儿看看，又恐深处危险。朋友竟牵我从瀑布旁的石梯而上了，说：咱们去荡舟好了。

山上还有舟荡，这更使我奇了。随那百十多层石梯上去，又到了一处山坡。山坡上满是老柏，奇形怪状，俨然是一山人物，繁枝如慈母的，怒虬如强盗的，挺拔如伟岸丈夫的，弯曲如阿谀小人的……从柏林中穿过，正感叹这无言无声的芸芸人间，方觉自己转在一片淼淼水边上了。原来在瀑布石台上，两岸窄窄的黑崖间，矗起了一座水泥大坝，将水蓄成一个偌大的水库，暴雨涨溢，翻过滚水坝梁，难怪瀑布那么壮观。它的源头竟是如此大一个深湖了！

"你知道吗？"朋友一直向我提问，侃侃夸耀着这潭水。"这里有一个神话故事呢，传说当年楚军入秦，潭中出现一匹龙驹马，项羽得了，这便是乌骓。"

噢，天下闻名的乌骓，原来出于这里？古人曰，山不在高，有仙则名；水不在深，有龙则灵。这里瀑布比别处神奇，原因如此！我站在坝顶，尽力往下看去，却什么也看不出来。想：难道这潭中只出了一个乌骓，是否能再跃出一个？是潭里已无龙无驹了，还是少了知马伯乐不再显世呢？

朋友早跑近水边，解了树根系着的小舟，在那里叫我了。我走下去，这舟长不满三尺，宽不足五尺，两人进去，一前一后恰身而坐，但觉四面空洞，月光水影，不可一辨。桨起舟动，奇无声响，一时万籁静寂，月在水中走呢，还是舟在湖上移，我自己却早已不知身到了何处，欲成仙超尘而去了。

舟到湖心，骤然起了山风，库区是几道沟岔，风从各沟扫来，在湖面纠缠，方向不可捉摸。霎时水兴浪涌，满湖星斗碎玉烂银一般。我们一时骇然，奋力撑划，不能掌握。舟在水中颠簸旋转。正艰难，偶尔看见左前边有一小石岛，我们拼命儿向那里靠，几欲靠近，几次又冲脱。我大惊失色，害怕一时失了平衡，葬身水底；又怕舟撞石块，摔个粉碎，只叫苦今晚要吃亏了。朋友一个努力跃身，当地一声，将手中的桨勾住了石岛上的一个石坎，小舟剧烈地一个颤抖，悠悠靠近了。

我们慌忙跳上小岛，待要系那舟时，舟已飘然而去，没了踪影，小岛四面是一片空白。小岛并不算大，十米方圆，我们相依相偎。一身湿水，被风一吹，冻得嗦嗦颤抖，听满湖啸器，如千军万马厮杀战场。我身骨儿都吓得软了，只念叨这水库竟还有这么一个救生岛，可这么四面水围，如何下场呢？朋友安慰我，说这本是南坡半崖伸出的一个石嘴，平日并不见水，暴雨起洪，水位高了，才淹成这个模样，就让我待着，他去南边探那石嘴脊梁了。

我瓷眼儿呆着，便见小岛的尖端儿上，孤孤地长着一株枣刺，已经无枣无叶，黝黑的，铁条似的枝条，千百万次地在风中倒伏，响着锵啷啷的铜的声音，但又千百万次地直起身来，终未断去。我不觉惊异起它来，觉得草木坚强，人却可怜，一时又觉惊悟：这么一个小岛上，单独长它一株，是专意儿给我以灵魂，给我以力量来的吗？

朋友探路过来，说石嘴脊梁上水很浅，但高低窄陡，需得小心。慢慢涉水上了南岸，欲想从原路返回，已经不可能了，朋友就扶我攀缘南山坡，从那边的小路上绕道回去了。

返回家里，妻女还在酣睡，我便再没去就寐，愈想愈奇，捻亮灯就记下这次夜游。写毕，天并未明，妻女依然还在昏睡中。

注：贾平凹，丹凤县棣花镇人，著名作家、文学家，现任陕西省作家协会主席。

四、民间传说

丹江流域是一个充满神秘和美丽的地方，除了它的自然美景和历史文化遗迹，这里还流传着许多神秘的传说和故事。

（一）尧放子朱于丹水

尧又名放熏，是传说中四五千年前的“三皇五帝”之一。尧在位日久，问臣子谁可以接替帝位？放齐回答：“嗣子朱开明。”然尧深知自己的儿子朱“不肖”，不足授天下。便说：“吁，顽凶，不用。”遂将帝位禅让给德才兼备的舜，并将自己的两个女儿娥皇、女英一块嫁给了舜。自己的亲生儿子朱，却被封于遥远的丹水（或叫作丹川、丹渊），故名丹朱。丹朱放丹水后，不少奴隶主不可思议。而尧却以为“将帝位授舜，则天下得其利，而丹朱病；授丹朱，则天下病，而丹朱得其利”。便浩然长啸：“终不以天下之病而利一人。”这充分表现了尧不以天下为私，而乐于让贤的广阔胸怀和崇高品德。由于有丹水邑在丹凤县竹林关之说，因而尧舜禅让的故事，更为本县人民所津津乐道。有本叫《竹书纪年》的书说：“昔尧德衰，为舜所囚也。”又说舜不让朱与父相见。因无可考究，故两说并存。（辑自《史记·五帝本纪》《汉书·律历志》《括地志》《直隶商州总志》）

（二）丹江的传说

八百里丹江，原名叫“黑河”，发源于秦岭的东南麓，为汉水的主要支流。丹江的名字是怎么来的呢？很早很早的时候，尧帝治理天下，他有九个儿子、两个女儿。俗话说，大的稀罕小的娇，可怜就在半中腰。刚生下大儿子那阵儿，尧帝把他稀罕得像掌上明珠，起名儿叫丹朱，意思是吉祥如意的宝珠。丹朱要吃啥，尧帝就赶紧让人给他做啥；丹朱要穿啥，尧帝就赶紧让人给他缝啥。就这样，尧帝把丹朱惯得不像样子。尧帝也很想把他教育成个贤明的人，可后来，尧帝又有了其他十个子女，加上整日忙着治洪水，操国事，也没顾上实现自己的心愿。

这丹朱傲世好胜，横行霸道，常常和他的狐群狗党吃喝嫖赌，无恶不作。尧帝头发白了，腰背弯了，精力不支了，想选个合适的人继承他的帝位。按规矩，长子丹朱是当然的继承人，可尧帝知道丹朱不成器，难当大任。这天，尧帝召集百官，问谁可以接替帝位。有个大臣想巴结尧帝，抢先回答："丹朱很开明，可承帝位。"百官怕得罪尧帝，只好跟着打顺风旗。尧帝叹道，"吁！不肖之子，不足以授天下！"他嘴上这么说，可谁不望子成龙呢？他决心试试丹朱的智力和德性，究竟有没有改善的希望。尧帝用文桑木做成棋盘，用犀角、象牙做成棋子，教丹朱下围棋。丹朱只学了两局，就运用自如。尧帝大喜，以为有了希望，就派他到黄河边去治水。哪知，丹朱一离帝都恶习复发。那时，唯一的交通工具是船，坐上大船，才能显出威风。丹朱想坐上大船抖抖威风，但从帝都到黄河边没有河道，丹朱硬是坐上船，逼着人们在旱路上拉着走。他为了取乐，趁纤夫们正用劲时，拿斧头砍断纤绳，使成百的纤夫像撂麦个儿一样栽到地上，一个个碰得鼻青脸肿、口鼻出血，他却开心地哈哈大笑。尧帝知情后，气得眼珠子都快憋出来了。他把丹朱废为老百姓，贬到离帝都远远的黑河边儿去"劳动改造"，选拔贤明的舜继承了帝位。还把自己的两个女儿娥皇和女英给舜做了妻子。丹朱得知后，对父亲咬牙切齿，耿耿于怀。他暗暗串通南蛮的有苗部落起来造反。尧帝亲自带兵，制服了叛军，活捉了丹朱。尧帝要杀丹朱为民除害，舜是一个很仁慈的人，忙拦住说："他本应继承帝位，却让我替代了，他一时想不通，起来造反，是常情。只要他今后能改恶从善，就饶了他吧！"丹朱给父亲跪下认了错，才被免一死。

尧帝死后，舜看丹朱恶习已改，而且有了立功赎罪的念头，就想给他个机会，问他愿到哪儿去做官。丹朱感激万分，流着泪说："我在哪儿跌倒，就在哪儿爬起来吧！"舜就让他到曾经"劳动改造"过的黑河一带做了诸侯。那时的黑河，河水常常暴涨，加上蛇妖作怪，百姓的生命财产屡遭祸害。他们听说丹朱要来做诸侯，更加恐慌。因为，他们知道他的暴虐，就纷纷准备逃走。丹朱拦住想逃走的百姓，说："父老兄弟们，过去的那个丹朱已经死了！"说着，他"扑通"跪下，对天盟誓："我要将功补过，做尧帝的好儿子，做舜帝的好哥哥，做百姓的好臣仆，若有半点虚假，天打五雷轰！"从此，丹朱带领一江两岸的百姓，观水道，察地形，共谋治水方案。为了使黑河北岸的淅川城不受洪水侵袭，丹朱在江边设计了一条七里长的石坝。丹朱和大家一起开山运石，不分昼夜地干。石坝修成了，它像一条鳊鱼，横卧在江边，人们都叫它七里鳊，用来称颂丹朱的功绩。这事儿让住在黑龙口的一个黑蟒精知道了，恼得一蹦八丈。因为黑蟒精每年六月六要到淅川城兴风作浪，吞食人畜。修成七里鳊，就是断了它的一条生路。这天，它驾起几十丈高的浪头，向七里鳊横冲直撞而来。丹朱正骑着一头白象沿江而下，巡察两岸的治水工程，忽报黑蟒精作怪，就立即返回。哪知，黑蟒精已将大坝冲了个大口子，洪水像脱缰的野马，奔腾咆哮着向房舍田庄冲去，好多百姓在水中挣扎呼救。丹朱驱动白象，飞奔着赶到缺口中央，堵住了洪水。黑蟒精张着血盆大口，伸着铁耙似的利爪，向丹朱扑过来。丹朱跳下象背，顺势跃上浪头，挥剑与黑蟒精搏斗。他们在水中翻上翻下，大战几百个回合。丹朱瞅准一个机会，一剑砍掉了蟒精的两个利爪，与此同时，蟒精也咬住了丹朱拿剑的臂膀。那头白象见主人遇险，就大吼一声，扑过去，用它那长长的鼻子卷住蟒精，用力向空中甩去，一下把蟒精甩昏在石坝的脊梁上。这时，护坝的百姓呼号着，向被甩昏的蟒精涌来，石头雨点般地砸向蟒精，不一会儿，黑蟒精被砸成了肉酱。丹朱虽被大家扶上石坝，可由于臂膀被咬伤，失血过多，加上搏斗的消耗、多年的劳瘁，口吐鲜血，永远躺在了江边。大家根据他的遗愿，把他安葬在江边。那头白象不愿离开主人，紧紧守卫在丹朱的墓旁。后来，它化为一座象山，那长长的鼻子形成一道山梁，仰在江边，人们叫它象鼻子。人们为了纪念丹朱，就把“黑河”改名丹江，把埋葬丹朱的地方称为王子巷，那座墓就叫丹朱坟。从此，丹朱的名字就和奔腾不息的丹江一起，四海流传。

（三）丹水美人鱼

关于“人鱼”，《山海经》描述人面鱼身的半人半鱼物种不止一种，人鱼、赤鱬、氐人、互人等异兽都有人鱼的特征。据记载，丹水四周的秦岭深山老林，古树参天，奇异怪兽，虎啸猿啼，长蛇吐丝，恐怖如斯。怪异的美人鱼就生活在秦岭和丹江之间，时而在陆地上行走，时而在丹江里畅游。《史记》曾经记载秦始皇陵“以人鱼膏为烛，度不灭者久之”。也就是说，秦始皇陵中有用人鱼炼制的油脂作为帝陵长明灯的燃料，而且可以持久地燃烧而不熄灭。传说秦始皇陵中所用“人鱼膏”，产于丹江。大千世界无奇不有，西方有“上帝造人”，东方有“女娲造人”，西方有“人鱼传说”，东方也有“人鱼传说”，东西方的神话故事和历史渊源总有着惊人相似。

（四）仙娥湖

仙娥湖，在商州城西十里的二龙山峡谷中。原名仙娥溪，唐代诗人李白、白居易、韩琮分别在仙娥溪、仙娥峰、仙娥驿游玩题诗。1970年丹江水库修成，库区总面积35平方千米，可蓄水8100万立方米，原有仙娥庙被库区淹没，仅留下仙娥湖传说。

在古老的商州城西，有一条清澈甘甜的河流，人称丹江。在丹江两岸，有一对逶迤险峻的山脉，人称二龙山。在这二山之间，有一泓碧波荡漾的湖泊，人称仙娥湖。考究这山和这湖的得名，有一个神奇的传说。很久很久以前，北方的黑龙和东方的青龙同时看好这个环境优美的风水宝地，它们互相争霸，扰得天昏地暗，浑水泗流。北方的黑龙喜水，它霸占了这里的全部水源和水域，强迫水里的鱼鳖在山谷狭隘处筑坝，堵塞所有水源，不让水流下泄，以供自己嬉戏。东方的青龙喜木，它霸占了这里的全部山地和花木，强迫山上的鸟兽在漫山遍野伐树、削枝，采摘大量花果，供其独自享用。管辖这块山水的当地土地神——商山土地爷，为了保持一方平安，曾多次邀请二龙，举行对话，要求他们划定属地疆界，解决争端，维护山水生灵，造福地方百姓。奈何二龙非但不听土地神的劝解，反把土地神乱骂一通。黑龙骂他多管闲事，放水淹了土地庙；青龙骂他处事不公，将他关进了青石洞。土地神被囚后，二龙更加恣意妄为。青龙欲赶走黑龙，伺机毁弃石坝，使堵塞的江水倾盆而下，淹没丹江沿岸无数的土地、房屋和生灵。黑龙欲赶走青龙，伺机放火烧山，使满眼的青山烈焰冲天，烧焦漫山遍野的树木、鸟兽和岩石。商山土地爷看到这些，十分痛心，但他被囚在青石洞里，一时无计可施。

夜幕又一次降临，星斗又开始灿烂。寂寞的土地神勉强把头探出洞口，仰望天空的流星和银河。望着望着，他忽然想出个办法。第二天一早，土地神把喜鹊喊到洞口，悄悄央求喜鹊，要它把二龙作乱的事告知女娲娘娘。土地神说："女娲娘娘为了后代幸福而炼石补天，二龙为了个人称霸却洪水连天，这事女娲娘娘不能不管。"喜鹊好不容易才听懂土地神的话。当它明白土地神的意思之后，神情凝重地摇了摇头。它对土地神说："我不知道女娲娘娘的家，更无法把消息告诉她。"喜鹊一边说一边飞向洞口的树桩，它已经好多天没有找到可口的吃食了。土地爷喊回了喜鹊，他耐心地对喜鹊说："昨天夜里，我仰望天上的星斗，看到银河泻影，知道七月七就要到了。人们都说：'天上每到七月七，牛郎织女鹊桥会。'你告知喜鹊们，到七月七那天，都到天河搭鹊桥，趁牛郎织女通过鹊桥的时候，把二龙捣乱的事说给他们，请他们转告女娲娘娘。那牛郎织女都是农家出身，家乡的灾难事，他们不会不管的。"喜鹊终于听明白了，它高兴地点了点头。七月七转眼就到。这天，无数的喜鹊精神抖擞地飞向蓝天，在天河上搭成一道鹊桥。入夜时分，牛郎织女分别从天河东西两岸向鹊桥走来，期盼那一年一度的佳期相会。就在牛郎织女相会后将要分别时，所有喜鹊群情激奋地集体请愿，请求牛郎织女将二龙造孽的事转告女娲娘娘。牛郎织女爽快地答应了喜鹊的请求。女娲娘娘接到牛郎织女的报告，立即派一位名叫毛女的仙娥，领着巨灵神，携着太极伞，来到商州，镇压二龙。此时的二龙，仍我行我素，继续造孽。仙娥唤来巨灵神，用天斧劈开了丹江通道，让积水灭了山上的烈火。二龙见状，一同张开血盆大口，向仙娥扑来，企图孤注一掷，做最后顽抗。仙娥转动起太极伞，镇得二龙匍匐在地，不得动弹。太极伞越转越快，两条龙越缩越小，最后变成了两条蛇。仙娥心发慈悲，不忍伤其性命，便收起了太极伞，放它们溜进了丹江左右的两座山——这就是后来人们所说的二龙山。孽龙镇压了，祸害中止了，丹江疏通了，而江水却浑浊不堪。仙娥开始淘江，感动得山上的鸟兽和水里的鱼鳖都来帮忙。不料此时，山上的暗火死灰复燃了，大伙只得放弃淘水而去救火。在救火过程中，仙娥看到：一只山鸡，尾巴烧掉了，它仍拼命地用翅膀拍打着火苗；一头麋鹿抛开吃奶的小鹿，飞快地跑到江水里，把浑身打湿，又飞快地跑到山上去灭火；还看到一只乌龟，它喝饱一肚子水，连忙爬上山，去喷灭火舌，只是它跑得太慢，眼看有被大火吞噬的危险。多么好的朋友啊！仙娥连忙张开太极伞，去保护这些朋友，而她自己的一头秀发不幸被烧光了。山上的野火扑灭了，而美丽的仙娥却成了秃头。她须在丹江洗七七四十九个澡，头发才能长起来。而丹江水还没有完全清澈，于是仙娥让巨灵神拿着太极伞先回去向女娲娘娘复命，她自己留下来，白天淘水，晚上洗澡。囚在石洞中的土地爷，迭遭二龙争霸的劫难，身心十分疲惫，当二龙被镇压之后，环境顿时静了下来，他昏昏沉沉睡了一觉。这一觉也不知睡了多少时间，当他醒来时，正值午夜。他揉了揉眼睛，把头探出洞口看外面的情况。此时恰逢皓月当空，仙娥听到沙哑的喊声，蓦然吃惊不小，她以为是妖怪作祟，便循着喊声用手一指。由于用力过猛，她的神力全都释放出去，将囚土地神的青石洞弥合了，而她自己由于没了仙衣，腾不了空，便沉入了江底。洞里的土地神来不及缩回自己的头，被夹在洞口外边的岩石上。他眼睁睁看着仙娥沉入江底，后悔莫及，痴呆呆化作了岩石。

动乱中止了，水患平息了，江水澄清了，万物开始复苏。人们感激仙娥的大恩大德，便把那天斧劈开的石壁起名叫仙娥壁，把石劈后的山峰起名叫仙娥峰，并在峰顶修仙娥庙，塑仙娥像，四季供奉。此后，地以人传，仙娥峰下的丹江便改称仙娥溪，江边的驿站也就名之为仙娥驿了。

（五）龙潭水库

公元前207年，楚怀王与项羽刘邦二人约定，先入咸阳者为王。此时刘邦势弱，以情义向项羽保证，绝对不会先入咸阳，自称关中王。项羽向来自傲，无视刘邦，常以“小儿”称之。而今得了刘邦保证，便放心攻伐，发兵北上救赵。

刘邦听从张良、萧何二位军师建议，率十万义军经南阳，沿丹江乘舟水路向西，破武关（今陕西丹凤武关镇），向咸阳方向进军。虽已是九月，仍旧艳阳高照，又是正午时分，四下无风，蝉鸣不断。大军连日里翻山越岭，艰难前行，未免人困马乏。且山中行军半日，无有发现井水溪流，烘烤之下，汗流浃背，口渴燥热难耐。干粮干涩，无水相送，确实难以下咽，怨气怨声渐起。刘邦惜才，虽然部下来报，距离前方龙龟寨已不足十里，仍下令大军原地休息。刘邦往日里所骑爱马，有孕已久，眼见即将临产，值日军士更是对其照料有加，择大冠松树拴着，也能获得少许阴凉。只是这宝马安静片刻之后，便前后走动，打转不止，嘶鸣急急。军士急忙上前，拉缰安抚，那马儿却不似往常，不时双足腾空，似是要摆脱缰绳，难以拉住。刘邦诧异，此马伴身多年，一向性情温顺，从未有此情形。遂命军士解开缰绳，心道要看看是何缘由。马儿没有羁绊，嘶鸣声中却有欢喜之意，原地打转一圈，便向北方疾跑。刘邦见状，率众人紧追。宝马兜转半里有余，来到一处峭壁之下，低头闻嗅片刻，便前身跃起，双足顿地不止，几下便踏出一个大坑。刘邦心疼爱马，命人上前查看。这军士刚刚上前，便惊叫连连，却是发现马儿足窝处有清水渗出！刘邦大喜，命令随行军士，于足窝处开挖。军士们得令，一拥而上，手挖锹铲，顷刻便挖出一个大潭来。侍身黄门见状，忙取了水囊，灌满奉上。潭水入口，清凉无比，暑热顿消。刘邦心喜，便吩咐下去，继续深挖，并以土石加固。众军士得了命令，欢喜不已，不及解下水囊，便以手作瓢饮用。解了饥渴，干劲大增，很快就建成丈许大潭。潭壁清水汩汩渗出，不多时便将大潭溢满。刘邦近前细看，只见潭水清澈见底，清凉之气上溢；崖上松枝倒映，如蛟龙潜底；微风拂过，如龙鳞瓣瓣；刘邦心中甚喜，便以“龙潭”称之，吩咐随侍通知大军前来取水。“龙潭”之名，虽是以状取名，却出自大汉天子之口，无意间也正好应了龙龟寨之名。是夜，异象丛生，爱马产下马驹，刘邦下令龙龟寨更名龙驹寨。次日清晨，刘邦率众登上寨北鸡冠山，放目远眺。但见眼前山峦起伏，红日初升，霞光映照下如游龙盘绕。想起当年挥剑斩蛇，起事至今，咸阳已近在咫尺。一路进军顺利，且吉兆频频，顿时信心倍增，雄心大涨。随即下令，大军休整数日，继续西进，直击咸阳！众将士得了将令，激情高涨，不消半月，便顺利翻越八百里秦川。史书记载，“公元前207年夏历十月。刘邦兵先诸侯至霸上，秦王子婴素车白马，系劲以组，封皇帝玺符节，降轵道旁”。公元前202年二月，刘邦统一中国，建立汉。刘邦即位（汉高祖），成就真龙天子。且说刘邦所挖之潭，天长日久，支流雨水汇集，水域逐渐扩大，于山间渐成规模，蜿蜒数里，俯视如银龙横卧，“龙潭”之名，名副其实。因龙潭潭水清冽丰沛，水质极佳，政府组织人力于1970年建成水库，称“龙潭水库”，成为丹凤人民的一级饮用水源。龙潭水库兼具防汛灌溉之用，滋养着整个县城。水库中有一种鱼，状似银针，常群体游动，动辄聚集数米，上下翻腾，如蛟龙般，味道极其鲜美。时至今日，丹凤民间尚有童谣流传：“冠山冠山，刘邦登天；龙潭龙潭，刘邦入咸（阳）”。

（六）黑女潭

黑女潭的传说，发生在银花河。银花河发源于鹃岭，它接纳流岭以北和鹘岭以南的伊水向东流去，至丹凤县的竹林关汇入丹江。银花河进入银花镇至竹林关镇的峡谷中，有座状如莲蕾的花岗岩当谷屹立。银花河水拼足力气向山脚撞击，吼声雷震，浪花冲天，好不容易切穿山嘴，绕道东去。在撞击的地方，留下一个又大又深的潭，起先叫黑鱼潭。后因发生过鱼吃人的怪事，人们又叫它黑女潭。很早以前，潭里一黑鱼成精，变着法子吃人。张法官知道了，赶来捉拿。黑鱼精很狡猾，躲进深潭不露面。法官决心进潭降妖。他嘱咐徒弟：“若见我手伸出，立刻把大锅递给我，这是扣妖用的法宝。”法官入潭后，潭水沸腾起来，顷刻，一只染红的巨大毛手伸出水面，徒弟误以为这是妖精之手，没有递锅。一会儿，巨手不见了，潭水沉静了，法官被黑鱼精吃了。小法官悔恨不已，决心为师报仇，为民除害。他访道四方，练法九载，终于镇压了黑鱼精。这时，潭底骷骨一下子全漂浮起来，横七竖八，累积如山，堵住了行人，也堵住了流水。小法官感慨万千，敲着髅骨唱了起来：“黑女潭边鱼钓人，烟酒色鬼自上钩；当初若能识诱饵，何累枯骨无人收！”说来也怪，这一唱，人堆髅骨都自动沉下去了，浊水外溢，深潭变浅了；独有一具白骨不沉，这可能就是张法官，人们把他安葬在湘子店，并立庙纪念。

（七）商洛水神

商洛各县修有水神庙，庙里分别敬奉着两个水神，都叫“杨四”或“杨泗”，但却不是同一个人。史料记载：杨从仪（1092—1169年）字子和，是北宋末年陕西天兴（今凤翔）人，出身农民。时值金兵侵宋，便毅然应募参军，投入抗金名将吴玠、吴璘兄弟麾下，由于屡立战功，由行伍逐步晋升为和州刺史。南宋绍兴五年（1135年）调任洋州（今洋县）知州兼管内安抚司事。他倡行农田水利建设，惠及千万农民，黎民感恩戴德，给其立了生祠，号称“杨四将军庙”。汉江流域的几十个县多有“杨四庙”。因他治水泽民，便在“四”字旁加了三点水，成为“杨泗庙”。丹江流域的水神庙亦称“平浪宫”，庙里也敬奉着“杨四”，这个杨四不是杨从仪，而是商州黑龙口的一个七岁的小娃。据竹林关杨四庙和荆紫关平浪宫“主神位”介绍：丹江原名黑河，管理这条河的龙王叫黑龙王，黑龙王的儿子叫杨四。这杨四一生下来就会水，常在浪尖里玩耍、江面上睡觉。就在他三岁那年，黑龙王迷恋美人鱼，把他母亲和他赶出门外。杨四七岁那年的六月初五，梦见神人给他说，为民除害。第二天午时三刻，只见从黑龙口方向升起一股乌云。霎时狂风大作，暴雨倾盆，洪水像高山似的铺天盖地而来。杨四不慌不忙跳上浪尖，把斩龙剑挥一挥，水头落一丈，又挥一挥，水头又落一丈。那些推波助澜的虾兵蟹将、乌龟王八唬得三魂失去两魂，连连败退。

再说黑龙王和美人鱼乘着水晶龙舟正要出宫观赏取乐，忽报有变，又见斩龙剑被盗，不由怒气冲天，大吼一声，奔腾而来。杨四见了黑龙王眼都红了，喝声“看剑”！劈头便刺。黑龙王起初看他不过是一个六七岁的娃娃，毫不在意，及至剑光一闪，才知不妙，忙把头一低，龙角已被削去半截。但黑龙王毕竟是一老龙，它尾巴一扫，漫起弥天水雾，使杨四近不了身。他们两个周旋了几十回合。杨四渐渐不支，且战且退，洪水又步步紧逼。危急之时，忽听母亲在喊自己的小名：“挡住儿——挡住儿——”母亲的呼唤声提醒了他。他想，要是挡不住水头，今天出航的船民便会全部丧生。由此，母亲喊他一声，他身上就添了一分劲儿。他终于瞅准一个机会，将黑龙王斩杀。恶浪哗啦平息。不料，杨四被潜伏在水底的美人鱼一箭射中背心，顿时，血染江水泛红波，杨四再也没露出水面……人们为了纪念他，就把黑河改称“丹江”。船工渔民们还集资为杨四盖了庙，塑了神像。在神像的两侧，刻有这样一副对联：造就七岁神童子，威镇九江平浪宫。

（八）李白愤书仙娥诗

唐天宝年间，帝玄宗不理朝政，不察民情，整日里迷恋杨贵妃。满朝文武不敢言表。只有翰林院供奉李白学士傲视皇权，竟在金銮殿众臣面前演出了令贵妃磨墨的恶作剧。贵妃因被戏要怀恨在心，在皇帝面前说李白的坏话。李白也自知难以扳回，便愤然辞朝，开始了饱览祖国山川之美的大江南北之游。

一日，李白来到商州，州官邀他泛游丹江，观看“仙娥削壁”胜景。那里丹江两岸高山陡立，河谷狭窄，南岸有一山峰名叫“仙娥峰”，峰下的丹江水称“仙娥溪”，溪岸的驿馆叫“仙娥驿”，为商州八景之一。

相传上古时候，这里山间有一个小洞，洞中有一个仙长，常给众龙王讲经。有个名叫仙娥的小龙女也尾随龙王前来偷听。每当仙娥来到洞口，总要以溪水为镜，梳洗整装。有一天，仙娥正在梳洗，由溪水倒影中发现土地神从山门缝中伸出头来偷看她，龙女一气之下，怒目训斥。谁知仙娥一句话，“轰隆”一声响，山门紧闭，土地神的头来不及缩回，被山门夹住脖子（现在“土地神”的头还在山崖上）。但那一声巨响，也惊动了听经的众龙王，仙娥为不被众龙王发现自己，也羞愧被土地神的戏要，便化作一座山峰，耸立在溪岸，婀娜多姿，栩栩如生。

却说李白乘游船逆江来到仙娥溪，抬头仰望，只见仙娥峰突兀于碧岭苍穹之中，纵横百丈，上下千尺，简直像斧削锦屏，刀分翠障，倒映粼粼水中，似仙女舒袖展裙，翩翩起舞，好一幅人间仙境画图。李白身临其境，惜仙娥，恨贵妃，叹自己，连饮斗酒，诗兴大发，站立船头挥毫留诗石壁之上：仙女有情知羞辱，贵妃无耻弄红颜；洞中长老不济世，徒劳说法在人间。

州官一看惊得目瞪口呆，忙催学士回衙门。怎奈李白酒醉如泥，言说他要歇宿仙娥驿馆。州官无奈，将学士托于馆主人。李白一进驿馆，又是顿饱饮，到晚上竟醉卧在馆外青石板上。馆主人怕李学士受凉，想唤醒他回馆，刚一出门，就听见学士在梦中喃喃追问：“仙娥现在何处？现在何处？”馆主人知道学士心思，走到他跟前轻声说：“仙娥现宿东岩，学士待酒醒后明日好去郊游”。李白一听，醉意全消，跟馆主人回到室内，馆主人告诉他，仙娥化峰后，本想常住溪岸，尽享人间天伦之乐，怎奈呲牙咧嘴的土地神还在身边，她不想再见这个丑相，便来了个金蝉脱壳，飞往离此地十里的东岩山，那山和仙娥峰遥遥相对。

第二天，李白告别主人，要泛舟去找东岩，又来到仙娥峰下，谁知船到溪中，李白却大吃一惊，怎么不见了他昨日的题诗！原来是那州官怕惹事端，趁夜半三更派差役将题诗铲除了（这首诗李白诗集中没有录入，大概就是这原因吧！民间传下来的便是衙役当时默记后，逐渐传下来的)。李白见题诗已被铲除，非常恼怒："世风日下，可有几多刚直之人？"便未去州城向州官辞行，独自向东而去。

（九）龙泉传说

古时，龙王沟石门飞出两条巨龙。因龙行无云，难施神威，坠落地上。一个头西尾东，一个头北尾南。

两个庞然大物虽跌落埃尘危在旦夕，但人们还只敢企足眺望不敢近前。一天，有个狂徒叫喊吃了龙心凤肝就能成神成仙，吃了龙肉也能驱邪祛病。于是举刀割下一块龙肉，痛得龙浑身哆嗦，双泪交流。忽然传来一声喊："放下！"喊话人是当地姓王的老者。他一搭话，歹徒放下鲜血淋淋的龙肉就跑。老者拾起龙肉，填回原处，用手按平，针线缝合，涂上消炎止疼草药，用席苫住龙身，又担来清水为龙解渴消暑，夜以继日守护龙旁四十九天。在他的精心照料下，龙逐渐伤口痊愈，眼明如灯，尾摆生风，大有升腾飞跃之象。老者喜出望外，因过于疲劳而呼呼入睡。突然看见远处走来一对老年夫妇，到他面前频频施礼道谢："我俩受奸佞陷害，玉帝降罪，打下凡尘。如今奸人毕露，沉冤昭雪，今晚就要上天。但我们一动则风起云涌，恐伤恩人。所以请你今晚在门口挂上红灯，安然入睡，不管多大声响都不必惊怕，大难不死，必有后福，切记。"说罢销声匿迹。老者惊醒才知是南柯一梦。

回忆梦境，宁可信有。于是担来清水为龙洗尘，以作饯行之礼，然后照梦中所嘱登床安卧。

一觉醒来，窗明几净，室内室外，焕然一新，如入天宫。他野外走走，骄阳如笑，稻谷飘香，瓜果成熟，俨然世外桃源，一派升平气象。

再看二龙俯卧的地方，首尾显明。两泓清泉汩汩涌流，冬暖夏凉，爽口清香。灌溉农田，造纸泡穰，千百年来，仍叫"龙泉"。

（十）王母玉液

当年，"齐天大圣"在蟠桃宴会上打翻王母酒坛，曾有一滴溅入丹江，遂使一江春水顿时飘香，取而尝之，如琼浆玉液。

今丹凤县城那座鸡冠山，原本是触犯天条的小金鸡，被锁在那也不知多少年了。打从闻了寨前丹江中的酒香，到第一百天，鸣叫一声，化为丹凤。听到丹凤的鸣叫，百鸟翱翔于中天，百兽跳跃于山麓，百鳞嬉戏于丹水，古寨一下变成人间仙境。讵料，这滴王母酒后来却被洋喇嘛僧盗走。由于闻不到酒香，再也听不到丹凤鸣叫。只是鸡冠山自那以后，被称作凤冠山。

这件事，顿时激怒寨东瀑布之下的黑龙王，为重振酒乡，他使尽神通，费尽千辛万苦，始从洋喇嘛那儿夺回一小块酒糟。此后，瀑布之下又飘起了王母玉液的馨香。刘邦入关途经这儿，到瀑布下饮马，因马驹吃了酒糟，竟也大吼一声变为龙驹。龙驹寨（今丹凤县龙驹寨镇）即因以得名。后人遂作联语，以记其事曰：酒气冲天，鸡雏闻香化丹凤；糟粕倾地，马崽得味变龙驹。

（十一）酒家沟

丹凤县北赵川有个酒家沟。原来沟口躺着一块大石。石头下边从山缝涌出了一股清流，聚成一汪清泉。因大石下面的清泉曾经变为酒泉，这条沟遂因此得名。

据说很早以前，在大石旁住着一家人，夫妻二人虽终年勤劳，却不得温饱。有一年，造酒祖师杜康从此经过来到这家。夫妻二人十分热情，但家里实在没啥待客，只好从邻家借来一升大麦，给做了顿麦仁饭。杜康觉得这夫妻二人既热诚，又善良，便发了恻隐之心，将一块酿酒的曲放在大石下面清泉里，对夫妻二人说："我走后三天。这泉水就会变成酒。"

杜康走后三天，泉水果然变成了酒。既不需酿造，又长年不断。加之酒味清醇香冽，人人争来这家买酒，这家很快富裕起来。过了三年，杜康又经此家，这夫妻先说："这几年托你老人家的福，卖酒卖得家里日子好过了。"但后来却说："就是养猪没有糟子喂猪，请您老好事做到底。"杜康一听，因感这家贪得无厌，随即提笔在墙上写道："天高不为高，人心比天高。凉水当酒卖，还嫌猪无糟。"写罢，遂去泉中将酒曲捞净走了。此后，泉水便没有丝毫酒味了。

（十二）鹿池

很早以前，鹿池坪有一老翁在睡梦中听见："卧不下！卧不下！"因喊得他心烦意乱，不能入睡，便生气地大喊一声："卧不了，滚！"于是呦呦几声鹿鸣之后再无声息。可是自此门前那池水却变成咸的了。第二年这位老者到山西潞村贩盐时，和当地一位老者聊天说："你们这盐吃不完还卖。我们那好多穷人吃不上盐，吃盐等于吃命。"那位老者说，我这原先也不产盐，去年一个夜晚，我吃得过了量睡不下，猛听见喊："卧不下！卧不下！"我随便说了句"卧不下，将就卧"。后来我们村前那个水池就产盐了。有人说，那天夜晚看见盐池边有一群鹿，大概那喊声就是鹿叫。这个贩盐老人听了这话，如梦初醒，才知道自己赶走的是盐鹿。此后便将此地叫鹿池。

（十三）龙潭水底黑龙王

《商州十观》之一的"龙潭瀑布"，位于城东涌峪沟口，岩崖嵯峨，怪石嶙峋，飞瀑直下，雪浪腾空，崖壁之上凿有"轰雷喷雪"四字。

相传："楚兵入秦，潭中出龙驹马，项羽得之，名乌骓。"龙驹寨因以得名。潭水中何以能出"千里马"？原来这龙潭中有个"弼马温"转世的"黑龙王"。"黑龙王"不光能养出神骥，还特别怜惜穷人，曾无偿出借碗碟供乡人使用。

以前小户人家过红白喜事，或者过"串子会"（为借债请客），需要杯、盘、碗、筷时，只要在潭沿上点三根香，烧几张表，说个要借的数目，水面上就如数浮起所需要的东西。用毕之后，送回潭中，就会徐徐落入潭底。

"黑龙王"何以要借碗给人呢？原来，"黑龙王"自小给一家财主养马，住棣花陈家沟，姓陈，因他脸色黑紫，肩宽腰圆，人称“陈黑茄子”。雇佣陈黑茄子的财主，不光吃租子、放账，又兼营赁碗筷生意。他家出赁碗筷，不光赁价高，而且还碗时总要鸡蛋里挑“骨头”，寻缝讹诈人。秉性耿直的陈黑茄子，总是帮着赁碗给穷人。一回，陈黑茄子实在气愤不过，抡起磨棍噼里啪啦把财主出赁的壶、杯、碗、碟打成一堆碎片。这下可闯了大祸，犯了“家奴欺主”的条款，财主到官府告状，又行了贿，衙役便提着铁绳、拿着签票，到陈家沟捉人。陈黑茄子虽然勇武过人，但终究寡不敌众，翻身便跑。他在前头跑，衙役在后头追。跑呀跑，追呀追，一气赶了四十里，从棣花赶到涌峪沟口的龙潭沿上。前有深潭，后有追兵，眼看就要被赶上，两丈、一丈、五尺……衙役越赶越近，陈黑茄子把心一横，便跳进几丈深的龙潭。

侠肝义胆的陈黑茄子，屈死后终于在东海“龙王”帮助下，报了深仇大恨，“起蛟”（山洪）连盘端了财主的庄子。陈黑茄子还被封为龙驹寨龙潭中的“龙王”。“黑龙王”深知这一方百姓的苦楚，专门准备了好多碗碟，无偿出借。

（十四）日月潭

从丹凤县城东行 7.5 千米，丹江打了个漩涡从一个宽约 70 米，长约 30 米的山峡穿过。山峡两岸削壁陡立，状若石门。据当地人说这是周赧王姬延元斩的，花鼓词中就有：“周赧王坐庆阳，龙门斩断”。由于凿山改道，丹江东西直通，省了七八里的流程多了百十亩好地。

不知又过了多少年，人们老是看见石峡的丹水中有一颗金色的圆盘，忽而像月，忽而像日，跳入水中却捉不住、摸不着，从河床上挖也挖不出，后来来了个喇嘛僧用草帽在陡岩上一遮，一看水中不见那个金月时，就知道真正的金月、金日就在挂草帽的地方，于是他画个记号，用粗绳将人吊到半岩，凿石取走。从此，人们再也见不到水中的金月亮、金日头了，就把这地方叫作“月日潭（滩）”。

（十五）白龙洞的传说

鹤岭东段刘家台有个十分秀丽的天然溶洞，名叫白龙洞。洞中奇石显露，错落有致，形态逼真。顶部的二龙戏珠惟妙惟肖，两侧对称垂列着若干个螺旋形钟乳石，仿佛一组吊灯。左侧有一拱形石桥，宛若彩虹，桥边石栏杆胜似人工雕刻。底部有一较大钟乳石群，高的如塔如佛如狮如虎，低的如花如果如笋如禽，千姿百态，栩栩如生。尤为奇妙的是右侧的那条石龙，全身洁白，总长丈余，横卧平地，蜿蜒生动，龙的头、身、尾断为三节，犹如剑劈，断痕处呈红色，酷似鲜血股股外渗。龙头张口瞪眼、缩劲抖须，作垂死挣扎状，洞顶一滴断泉正好滴在石龙眼窝中，形成一汪绿水，犹如泪水盈眶。

清代以来，白龙洞香火不断。无数善男信女前来瞻仰白龙，用其泪泉洗眼医疾。也有不少文人雅士前来玩景览胜。如果在晴天，偏西的太阳直射洞底，紫气氤氲，泉水叮咚，仿佛置身于仙宫琼阁，使人流连忘返。

（十六）丹江双锁山传说

丹江过凤楼河段岸边有一对形态秀丽的石山，名叫双锁山。山呈东西方向排列，高低相等，形象相似，山根相连，顶距约 130 米。山上花木密集，藤草如茵。东山之东与西山之西各有古松一棵，平列上长，对称相向，仿佛在招手致意。山后逶迤如龙，尾接鹃岭。清代初叶，当地士民同时在二山顶部修金锁、银锁庙，奇怪的是东山庙修成则西山庙崩，西山庙成则东山庙垮。有一老者说明缘故，人们于是只在西山修了个双锁庙，庙宇至今仍存，每逢农历初一、十五，断续有善男信女朝拜。

双锁山上的庙为什么只能修成一座呢？当地流传着这样一个故事：

很早以前，鹃岭上有两条蛇修炼成龙，相争下海为王，扰得天怒人怨，鱼鳖遭殃。南海观音念动法咒，把二龙压在地下，并为其留了个透气孔，以活性命。观音走后，二龙妄想拱山而出，一夜之间，平地陡然冒出两座山头，喘着白气，不断上升，震得四山发抖，十分怕人。附近有两个姑娘，姐名金锁，妹名银锁，害怕二龙再度为害，相约把山眼堵住。她俩爬上山顶，用石头、土块堵，可怎么也堵不住。山越长越高，孽龙眼见就要出来了。金锁、银锁被激怒了，各自跳进山眼。山停止了长高，龙停止了呼吸。金锁、银锁献出了宝贵的生命。

人们感谢两位姑娘镇了孽龙，便把这两山取名双锁山，并在山头立庙纪念。金锁、银锁不愿各自占山为神，故托土地神告知人们，给她俩合修了一座山，以便永远在一起。

五、水利快板

丹江快板是一种有音乐伴奏的曲艺艺术，是传承丹江方言的载体，具有俏皮、爽朗、豪放、诙谐、风趣的特点。丹江快板有慢板、中板和快板之分。快板的演唱演员手拿竹板表演。2019 年入选非物质文化遗产。

（一）破坏生态遭祸端

话说一九九八年，七月九号这一晚。
时间大约十一点，嘎嘎，电闪雷鸣震山川。
天昏地暗狂风卷，好像天崩地要翻。
霎时倾盆大雨下，一直持续五点半。
山洪暴发河水满，浊浪滚滚势滔天。
大片土地全冲完，树倒房垮光石山。
摧毁房屋难计算，交通电信全中断。
多少百姓被水卷，多少儿童被水淹。
多少牲畜把命断，多少财产化青烟。
就在当天这一晚，全县上下忙得欢。
县委书记指挥战，县长亲守电话边。
水保局通夜连轴转，局长挂帅走在前。
车辆人力全支援，援助麻袋有万千。
防汛办，正值班，电话命令连声传。
双槽乡，资峪店，两岸群众快撤远。
保住生命是关键，一切财产别牵挂。
有的闻风出庄院，迅速撤离跑上山。

有的死守家产，总觉自己很安全。
说时快，那不慢，洪水急流如箭穿。
命令刚刚下达完，几十米洪峰冲下边。
两岸房毁地冲完，万吨巨石冲河滩。
省地县领导现场看，没有一个不心酸。
这样情景太悲惨，千年少有是罕见。
洪水过后统计算，损失竟达两亿元。
根据考察和论断，事故发生有根源。
气候异常怪老天，更怪各地把树砍。
毁林开荒顾眼前，破坏植被和资源。
自然生态调节难，酿成后果遭祸端。
暴雨下了长时间，地软泥浆起鳖翻。
河道堵塞泥沙满，洪水畅通有阻拦。
比如东乡十里砭，盲目修地把河占。
河道只留几米宽，洪水咋能不泛滥？
北赵川，黑龙湾，有位群众王大胆。
没有科学来测算，把房盖在大河边。
只图河边路平坦，从没想到不安全。
新盖房屋刚搬迁，豪华家具摆设全。
谁知就在这一晚，被水冲走成河滩。
时间已过三月半，全家尸体未发现。
党中央，国务院，对生态保护强调严。
早在一九九一年，全国人大把法颁。
预防洪水灾难，贯彻《水保法》是关键。
又在一九九七年，《防洪法》公布报上边。
八章六十六条款，条条规定很全面。
河道两岸堤中间，都属国家所有权。
任何单位和个人，不得随意侵占。
河道禁倒废杂物，和清洗毒气大小罐。
严禁河道乱修建，埋放管道和缆线。
河道不准取沙土，种植庄稼林果园。
严禁毁林把树砍，开荒种地损土塬。
不准破坏坡土层，铲掉草皮把树根挖。
禁止在 25 度坡上边，开垦荒地强造田。
如需开矿炸石山，修路架桥烧机砖。
只要动土水资源，报请县局和主管。

考察审批手续全，方可实施再修建。
否则都是非法犯，既成事实要罚款。
十八局，在三原，西铜公路包修建。
只顾自己图方便，把土倒在水库边。
主管部门一发现，责令马上停止干。
谁知对方不听劝，反而越倒面越宽。
多次协商不照办，官司打到地中院。
根据水保法五章三十六条款，罚款罚了二十万。
再说商州南秦川，有位青年叫二蛋。
为给庄基垒护基，把根扎在河中间。
村组干部出面劝，他态度恶劣骂破天。
胡搅蛮缠继续干，只好到县局去报案。
水政监察去查案，你已垒了三米三。
责令马上停止干，限期拆除莫迟缓。
偏妙就在那一晚，大雨下到三点半。
河水堵塞翻老翻，决口摧了几道弯。
光摧土地还不算，摧毁房屋几十间。
根据情节判了案，罚款罚了一万三。
护坡限期拆除完，判刑坐牢三年半。
上边说了事几件，都是法制观念淡。
自然生态知识浅，破坏了植被和资源。
泥石沙流河涌满，大自然惩罚是必然。
洪水泛滥成灾难，村庄田园被水淹。
因此必须大转弯，退耕还林快封山。
各级政府严加管，保护生态不容缓。
漫山遍野树栽满，造福子孙万万年。
《防洪法》《水保法》，条条法律记心间。
只要按照法规办，风调雨顺夺丰年。
只要不违背大自然，安居乐业最保险。

（二）水利工地战地快板

我是水库一民兵，车轮飞转放歌声。
车车料石送上坝，泰山装上还嫌轻。
我是水库一民兵，敢搬山岩锁鱼岭。
要问这坝谁筑起，就是我这活愚公。
大凹岩上炮声隆，硝烟滚滚乘东风。
鱼岭新图是谁绘，画笔握在我手中。

采石好比上火线，悬岩陡壁破石山。
炮炮轰得山石转，车车搬走万重山。
我是水库一民兵，革命路上永不停。
一日往返千万里，车车黏土寄豪情。
我是渠道一民兵，昼夜战斗隧道中。
锤锤震的山打战，钎钎凿通万重山。

第三节　水民俗

一、民间谚语

丹江沿岸自古就是农耕地区，先民们对农业、水利、气象以及物候的观察颇为在心，总结概括出很多谚语，现择录部分供参考。

（一）雨水情与农业谚语

春雨满街流，收麦累死牛。
春季三场雨，秋后不缺米。
春旱不算旱，秋旱减一半。
三月雨、贵似油，四月雨、好动锄。
六月下连阴，遍地出黄金。
秋禾夜雨强似粪，一场夜雨一场肥。
头秋旱，减一半。
头伏早，二伏迟，中伏打顶最适宜。
伏里无雨、谷里无米，伏里雨多、谷里米多。
四六不开天，开天不长远。
初九（农历九月）不下看十三，十三不下一冬干。
先小后大，雨下不下；先大后小，三天晴不了。
九月雷神发，倒干一百八。
久旱有久雨。
早雾晴，晚雾阴，十雾九晴是规律。
收秋不收秋，先看五月二十六；五月二十六下一点，商县城里买大碗。
有钱难买五月旱，六月连雨吃饱饭。
冬暖多瘟疫，夏冷不收田。
立冬晴，一冬晴；立冬雨，一冬雨。
立冬有风、立春有雨，冬至有风、夏至有雨。

（二）天气征兆谚语

白雨不过犁沟，白雨连三场。
处暑若逢天下雨，树上结果也难留。

东虹日头西虹雨，南虹河里发大水。

东虹日出、西虹雨，晨虹有雨、彩虹晴，

东虹呼噜，西虹雨，南虹河里涨大水。

东虹日头西虹雨，南虹出来卖儿女（指遭灾）。

东虹日头西虹雨，南虹出来下白雨。

冬天起雾飞满天，大雨大雪追后边。

戴云山戴帽，明天睡觉。

风吵有雨。

黑云红梢子，必有冰雹子。

黑蜻蜓乱，天气要旱。

黑云接驾，不阴就下。

久雨刮南风，天气将转晴。

雷轰天边，大雨连天。

雷轰天顶，虽雨不猛。

冷得早，暖得早。

蚂蚁搬家，天将雨。

太阳现一现，三天不见面。

早上乌云盖，无雨也风来。

二、祈雨祈晴

丹江流域民间祭祀在古时最为盛行，尤其是祈雨。丹江时常发生水旱灾害，在人民无助的时候，他们相信万物有灵，天地有应，于是便寄希望于龙王，通过祭祀的方式，诚恳的态度，取得龙王的同情，给人间降下甘霖，于是就衍生了祈雨、祈晴等祭祀形式。

（一）祈雨

新中国成立前，丹江流域水利设施很少，引水灌溉设施相对较少，老百姓基本上靠天吃饭。每到三伏暑天，正是大秋作物需要雨露滋润的时候，但老天作祟，赤日炎炎，有时两三个月也不下雨，地里的庄稼旱得叶子都黄了，天气干热，涝池的水也只剩下一点点，人畜饮水都成了问题。农民心急火燎。人们想雨盼雨求雨的心情是可想而知的。因而产生了祈雨的习俗。

祈雨就是求雨。旧时，遇久旱不雨，有“行雨”“谢雨”之俗。“行雨”时，由一伙妇女沿街扫土，用柳条甩清水，众人举小旗，敲锣打鼓。在丹江沿岸“行雨”又有扫坑、抬龙王游乡、打“旱魃”三种形式。

1. 洗碾子

洗碾子乃祈雨的前奏序曲。传说碾子是一条青龙，盘在一起，供人役使。天旱时人们抬水桶、摆香案、擦洗碾滚碾盘，祈龙展身，升天祈雨，救民于水火之中。洗碾子的组织发起者都是白发苍苍行走缓慢的老太婆，叫来村上的未嫁姑娘，抬水桶，执干草，插香敬神，围成一圈，蘸水洗碾，边洗边唱：“碾子青龙睁眼看，天不下雨庄稼旱，毛头女子没法活，求龙王，拜玉皇，清风细雨下几场，我给您老叩头又烧香”。

有个别小村子没有碾子，老太婆和姑娘们一起抬出门前的石狮娃子来洗，无论抬谁家的，主家不能吭声，任其搬挪。洗石狮子时唱的歌是：“先洗狮娃头，大雨下得满街流；后洗狮子嘴，细雨下个美；洗了狮子尻蛋子，白雨下了满院子；洗了狮子脚腕子，大雨下了大片子；狮子全身都洗遍，老天爷再甭睁眼旱”。

歌声如泣如诉，音调悲凉，催人泪下。洗碾子（狮子）时男人男孩都必须回避。如不回避，老太婆就率姑娘们水泼手抡，撵其离远。俗话说“心诚则灵”，经老太婆和姑娘们诚心祈求，偶有巧合，天降喜雨，人们兴高采烈，奔走相告，唱戏酬神，杀牲还愿。在祈雨中立下汗马功劳的老太婆被搀扶上席，人们叩首拜见，感其祈雨救民，劳苦功高。

2. 捅水道

过去人们认为，天不下雨是水路不通的原因，于是有些地方干旱时就捅水道祈雨。一些寡妇婆娘或孤儿头戴柳条帽子，手执柳棍或竹棍，见下水道就捅，即使捅坏了主家也不能怪罪，领头的边捅边喊：“捅水道，水道通，快请龙王出天宫，布些云，下些雨，救救你的儿和女。”也有边捅边说：“老天爷睁睁眼，看我们孤儿寡母多可怜，快下雨救救我们吧！”有时碰巧下了雨，人们就给祈雨者送些粮食，以示谢意。

3. 捉“马子”祈雨

如果洗碾子（捅水道）连续七天，不见下雨，就要组织人力进行较大规模的祈雨活动。上山祈雨是件大事，一人一村很难办到，先要召开附近各保开会商议，推选主持，收粮筹款。按人分工，明确职责，有背筲马的，有敲锣打鼓的，有烧香祈祷的。

丹江流域祈雨一般有固定地方，比如商县祈雨在高车岭，高车岭原有龙王庙，每逢大旱之年，州城民众按照要水、迎水、扎坛、游水、谢降等流程，聚集一起在高车岭龙王庙前三叩九拜，祈求龙王降下甘露。“文化大革命”时期，高车岭上众多庙宇被拆除。1993年，商洛地区行政公署为了打通商洛南大门，把高车岭打通，高车岭从此不复存在了。

丹凤祈雨在棣花、茶房一带太青山（棣花镇水沟河村北），此处峰峦耸峙，距山顶约20米处，一山崖宛如屋檐，下面一道石穴，自西向东，由人工凿成八个石洞，分别供有神像，西南有一天然洞穴，洞内有泉水。天旱时来此祈雨，较为灵验。商镇、老君一带在商山四皓庙后泉边祈雨据说较灵验。龙驹的八保四社在龙驹寨西北方向的伯牙山祈雨。相传东周时，楚国大琴师俞伯牙游龙驹寨，在寨西北的高山上弹琴，创作出了万世不朽的名曲《高山流水》，此山后被誉名“伯牙山”。相传《高山流水》曲有呼风唤雨之奇，山上有伯牙庙，有一山泉常年不断流，后世龙驹寨、商镇一带人祈雨都要到伯牙山去。

祈雨有不少规程。大致有要水、迎水、扎坛、游水、谢降五道程序。要水：即由数名年长者头顶柏朵黄表扎成的三角帽子，高挂要水葫芦或小壶，去求神处取水；迎水：取水者下山离庙之后，求雨之地方男女老少手执三角小旗，敲锣打鼓前去迎接。小旗上一般写有“风调雨顺”“有求必应”“秋风细雨”“点点入地”之类的词句，天气再热也不准戴草帽，不带雨具，每人头上戴一顶柳条编成的带着叶子的环状柳条帽，给人一种返璞归真的原始先民的感觉。他们口渴不饮水，饥不进食。浩浩荡荡盛况空前，相当壮观。路途歇息，附近的民众送饭送茶接待；扎坛：水要回后，搭起松柏神棚，将神水收起，有专人管守至落雨；游水：祈雨后若碰巧天降甘霖，祈雨者就要夸功谢神。组织群众敲锣打鼓高举神水游行，有的要游行二三十里。往往有人手执特制粗壮长鞭，头戴黄表帽圈挥之舞之前头领路，谓之“马子”。“马子”一般由村里虔诚的年轻汉子担任，扮演马子的人身穿黄袍，两颊用铁锥穿透，头戴两角，手持木棒或铁器，或走或被人抬着，边走边舞，口里念念有词。马子往往口角扎锥横冲直撞，使人畏惧，所到之处老少皆避。谢降：俗话说“久旱必降雨”，由于长时间干旱，天气炎热有时还真灵验，当天午后就下起白雨（丹凤人把下雷阵雨叫白雨），旱象缓解，民间即说“龙王爷”显灵，立即由保长或主事主持，理事分工，筹款筹粮，搭台唱戏，举办庙会，接待香客，收受香火，酬神起会，祭拜神灵。

祈雨之俗源远流长，古诗文中不乏记载，唐代诗人李约有首七绝。诗曰：“桑条无叶土生烟，箫管迎龙水庙前。朱门几处看歌舞，犹恐春阴咽管弦。”由此可见，唐代祈雨比近代还隆重。

小规模的祈雨形式简单，丹江流域个别地方祈雨时，跪于山前，顶烈日，受酷暑，不挪不动，长跪不起，名曰，“跪雨”。几个年长的老人三步一作揖，十步一叩头，一直礼拜进入龙王庙，在龙王塑像前上香求雨，许愿赎罪。嘴里还要说些“小民待神不周，神降天火惩罚，祈望龙王爷大发慈悲，降雨普救万民”之类的忏悔话；有人舀洞里泉水往人身上泼，湿衣者不但不怨，反而拍手高喊：“神显灵下雨了！”有的地方三五成群地自发到土地庙前烧香祈雨。

4. 烈炉子祈雨

丹江流域流行一种称“烈炉子”的祈雨方式。一根棍杠上绑一个大香炉，炉内放龙王坐像，没香炉时，找一个方桌倒过来腿朝上放龙王坐像，中间架在棍杠上，两个人一前一后抬着走，后面跟着祈雨队伍，走时摇摇晃晃，整个炉子的重力作用线（重心与地面垂线）极易偏离支面棍杠发生翻转，使龙王爷像掉出来；如果真掉出来那可是大逆不道的事，抬杠者会遭到众人谴责，甚至殴打，抬杠的人为了不发生翻转，双手得用力握住杠子，用手稳住炉子，小心翼翼地走着，加之天热干燥，累得抬杠人满身出汗，有时头上汗珠往下流，像是水浇了一样，一擦一甩，水滴四溅，人们便喊：“下雨了！下雨了！”抬杠的人实在汗流得受不了，才允许换人。

现在看来，祈雨只是封建迷信活动，毫无科学而言，只能表达人们祈雨、盼雨的心情而已。新中国成立后，随着水利事业的发展和人们认识的提高，丹江流域祈雨活动逐渐消失。

（二）祈晴

如遇阴雨连绵或雨量过大，在丹江流域的农村，人们以朝空中放火枪、爆竹或者在雨地里朝天上撒草木灰等方式向上天表示烦恼。或者在泥地上直立一棒槌，棒槌顶上放一小酒盅，认为酒盅里雨水接满了，老天就放晴了。

丹江沿岸少数地方有挂“扫天娘娘”的风俗。若久雨不止，妇女们则扎一个手持扫帚的“扫天娘娘”，将其挂在树上。据说，扫天娘娘就可以扫除天空乌云，雨过天晴。

（三）水手、船家祈平安

龙驹寨是水旱码头，经营水上运输的店铺、客商较多。水手、船家的禁忌也很多，在行船前要去庙宇拜神，祈求龙王保佑行船平安。在行船中，忌说“翻”“沉”“倒”等字眼，甚至船工或搬运工都忌讳姓陈的人，碰到相同音的词都要改，如把帆布说成抹布，船帆说成船布。连有翻动的动作都忌讳，如煎饼忌翻面，只煎一面。忌翻卷裤脚、翻卷裤腿；忌把盆、碗翻过来放。另外，船上忌运死人；禁忌在船上小便，因俗称小便的臭味为骚，骚与烧谐音，而商船特别怕火，所以有此禁忌。甚至船老板都忌讳别人称他为老板，应称他为“掌柜的”或“船老大”，因为“老板”有陈旧木板之意，陈旧的木板容易散架、翻船，不吉利。商船上不捎书，也不能在船上看书，因为书与“输”同音，怕输了本，顾忌之。水手、船工的种种禁忌，都与畏惧翻船、溺水等灾祸或者无利可得有关，然而这些禁忌都是消极对策，只能暂时摆脱恐怖情绪，求得心理平衡。如果要从积极方面考虑，这些禁忌也许能提醒人们，注意行船安全，提高警惕性。

（四）祭河神放河灯

丹江在清末民初之前，就有祭河神放河灯的习俗。

农历六月十五，是丹江沿岸群众延续已久的独特民俗——放河灯的日子。

商州、丹凤、商南一带民众为了祈求丹江河神保佑风调雨顺、村庄平安、老少康泰、五谷丰登，形成了放河灯的民俗。每到洪水来临的季节，村民们都要放河灯祭祀河神，祈求船工出行平安，村庄不被浸淹。

河灯全用彩纸糊就，以红色为主，多为方形，还有双连、荷花、花篮等样式。糊好后在灯底涂一层石蜡，以防渗水；放之前在灯里倒一点清油，搁上用棉花搓成的捻子，点燃后放入河水中，再默默许个愿，目送河灯顺水远去。放河灯时，村民聚集一起虔诚膜拜，他们相信河灯有一种神奇的力量，可为那些久婚不育、缺儿少女的人们送来子嗣，于是“捞河灯求子”便成为此地又一风俗。河灯漂过一段距离，人们便纷纷下水捞河灯。捞起后暂时吹灭灯火，赶紧往家赶，走到自己村庄的巷口再重新点燃。并且，“捞河灯求子”成功的人会在第二年放河灯时来还愿。

农历六月十五前一两天，农妇们便开始蒸制作为供品的神桃，一摞五个，插满面捏就的小花，五颜六色。农历六月十五晌午，村民们三个一堆、五个一伙地坐在巷道里的树荫下或者某家大房的房檐下开始糊河灯。太阳快落山时，热烈的锣鼓声响起，家家户户都端着大盘子从大门里走出，盘子里放着神桃和鞭炮，用笼提着糊好的河灯，排成一长溜向河边走去。祭拜河神完毕后，船工们将河灯搬到渔船上，一盏一盏点燃放入河中，河面上泛起点点红色的涟漪，这些红色的涟漪顺流而下，星星点点，宛如仙境。

（五）庙会

丹江两岸每逢三六九都有庙会，规模最大的当数龙驹寨的六月六庙会。

明万历四十六年（1618 年）农历六月六日，丹江水涨，淹没礁石险滩，船行顺利。载量增加，揭开了龙驹寨水旱码头悠久历史的新篇章，也迎来了商务活动的首度繁荣，从此龙驹寨正式开埠通商，恰好六月六又称“天贶节”（贶：音况意赐），后来便把农历六月六日作为各会馆纪念日。

各会馆在此日要大摆宴席，招待本商会成员。龙驹寨八保（鹿池一保、小街二保、水泉三保、中街四保、丹江五保、西关六保、草庙村白家原七保、刘家河八保）四社（老龙社、黄龙社、西福社、晋公社）都要组织代表列队到江岸、船帮会馆参加仪式，各商会都派船在江中（船上挂彩带，设香案）迎神，丹江两岸，人山人海，各会馆张灯结彩，鞭炮齐鸣。寨城鼓乐喧天。走高腿、跑旱船、耍狮子、耍龙、跑走马、跑魔女、抬芯子、扭秧歌；据说，当天会有一条小白长虫（白蛇）跑出来，爬到谁家船上，盘到供桌上，此家船这年大吉大利，平安发财。船家把供桌抬到“平浪宫”大殿，各商会派代表敬香参拜。花戏楼上轮班唱戏，主戏是“花鼓子”，还有秦腔、眉户、豫剧、二黄。鼎盛时期庙会期三天（农历六月初五至初七），初六达高潮最热闹。后因水运萧条而渐减，新中国成立后废止。

此时正值伏日，家家必晒衣物，俗云“六月六，晒丝绸。”此日晒衣物可防虫蛀。相传此日吃冷食，新女婿给岳丈家送新（新麦面馍）。本地六月最热，农家藉之休息一日。

第七篇　机构与人物

丹江历朝历代皆设置治理山泽、兴修水利的机构和官员。虞司徒契佐大禹治水，以功封商，是为商国。秦为县，汉为侯，西晋以降，或郡或州，历代相沿，均设水监。民国至今，设专区或地区水利机构。在丹江流域曾经涌现出对流域发展有着深远影响的治水历史人物，他们的故事在精神领域和文化生活上长时间影响一代又一代丹江人。

第一章 机 构

丹江流域水利行政管理机构经历了一个从无到有、由小到大、由弱到强、人员由少到多的发展过程，2001年商洛撤地改市后，丹江流域水利机构逐步建立健全，建成以市、县（区）、乡（镇）为主的三级水利管理体系，水文机构建成省、市、县管理系统，站点覆盖商洛市各县（区）。

第一节 古代、近代机构

唐代以前丹江流域水利工程主要由朝廷钦选官员主持兴治，或遣使检视，水利工作主要由朝廷钦选官员管理。

元代，设都水监，置都太监（亦称都水监，秩从三品），并设河渠司。

明代，废都水监，并于都水清吏司（置郎中，秩正五品），简称都水司，隶于工部（工部尚书，秩正二品），为工部四司之一。州县由同知、通判主管水利。

清代陕西府仍设都水司（郎中，秩正五品），系工部（尚书秩从一品）四司之一；同时，清代又始设掌管汉江、丹江等的堤防疏浚等事宜的专门机构和官员——河道总督。

清代，顺治元年（1644年），始设河道总督，又称“总河”，置总督一人，官阶为正二品，加尚书或都御史衔者为从一品。河道总督衙门内不设属官，只设书吏二十余人，办理衙门内一应文牍事宜。河道总督兼管节制，相关省属的管河道、府、州、县的管河官员——道员（正四品）、同知（正五品）、通判（正六品）、州同（从六品）、州判（从七品）、县丞（正八品）、主簿（正九品）、巡检（从九品）等。道员，亦称道台，其官署称“道台衙门”；同知、通判的官署称“厅”；州同以下则称“汛”。

河道总督同行省总督、巡抚、漕运总督等一样，都有直属的军队——“河标”“督标”“抚标”“漕标”。河道总督直属的“河标”，掌管河工的调遣、督护及守汛、防险之事务。“标”辖营、汛。“河标”所置武职官员有副将、参将、游击、都司、守备、千总、把总。副将（从二品），是河道总督的副职武官，其驻所称“河标中军副将署”；参将（正三品）、游击（从三品）、都司（正四品）、守备（正五品）为营级军官；千总（从六品）、把总（正七品）为汛的军官。

清光绪中叶，试设陕西水利总局，并于清光绪三十二年（1906年）设商州水利局。

清代以前，由地方官员（抚治、知州、州牧）统管水利，没有设立专门机构。

民国期间，在商洛设陕西省第四行政督察专员公署，公署设建设科，兼管水利事业。

民国五年（1916年）全国水利局陕西水利分局设立后，相继设有商县水利工程处等专门机构，主要负责水利工程的筹划兴建。丹江流域普遍实行专管与群管相结合的“一条龙”管水办法，在干支渠分段设水闸，斗设斗长，村设渠保，融工程维护、灌溉用水、计亩收费、水事处理等为一体，形成了民国时期丹江流域灌溉管理重要特色。

1949年7月12日，中国人民解放军进驻商县，商洛成立专署。10月，专署设建设科分管水利工作。

第二节　当代机构

一、市水利局机关

1956年6月前，水利工作队在商县土巷子办公，后迁至北门外新址办公（市水利局现住址）。

1956年12月，商洛专区水利局成立，属陕西省水利局直接领导。

1960年12月，专区水利局设立办公室及工程组、水保组、灌溉组。

1961年，商洛专区水利局改称商洛专署水利局，由省水利局领导改为由商洛专署直接领导。

1962年5月，精简机构，撤销商洛专署水利局，工作职能划归商洛专署农林水牧局。

1963年6月1日，恢复商洛专署水利局。

1966年，专署水利局一度瘫痪。

1968年3月，成立商洛专署水利局革命委员会。

1969年7月8日，实行精兵简政，商洛专署水利局等7个农口单位合并成立商洛地区农业服务站革命委员会。

1970年7月1日，商洛地区革命委员会决定，撤销商洛地区农业服务站革命委员会，成立商洛地区革命委员会水电局。

1978年4月1日，水电局设立农田基建科。1979年2月28日，设立工程机电科、水利管理科。

1980年，商洛地区革命委员会水电局改为商洛地区水电局。

1983年10月，机构改革后，商洛地区水电局改称商洛地区水电水土保持局。

1994年10月10日，中共商洛地委、商洛地区行政公署印发《关于商洛地区地级机关机构设置的通知》（商发〔1994〕70号），商洛地区水电水土保持局改为商洛地区水利水土保持局。

1996年4月7日，商洛地区行政公署办公室印发《商洛地区水利水土保持局三定方案》（商署办发〔1996〕045号），机关内设办公室、水政科、计划科、水保科、水管科和机关事务所。

2001年8月31日，国务院批复撤销商洛地区设立地级商洛市，商洛地区水利水土保持局随之更名为商洛市水利水土保持局。

2002年3月20日，商洛市水利水土保持局下设水资源管理办公室、水产工作站（渔政监督管理站）、水土保持工作站、防汛抗旱指挥部办公室（下设科级单位商洛地区河务水库管理站）。

2002年5月14日，商洛市水利水土保持局内设办公室、水政科（商洛市水政监察支队、商洛市节约用水办公室）、计划科、水利工程管理科、水土保持科。

2002年11月13日，商洛市水利水土保持局更名为商洛市水利局，行政职能逐步理顺。

2010年7月16日，商洛市水利局内设办公室、安全监督科（水政监察支队）、计划科、建设与管理科、水土保持科、人事劳资科。纪检监察机构按有关规定设置。

2014年6月24日，商洛市水利局办公室更名为商洛市水利局党政办公室。

2015年12月31日，商洛市水利局设6个内设机构：党政办公室、规划计划科、水政监察科、建设管理科、农村水利科、产业发展科，机关党的组织机构按党章规定设置，纪检组、监察室按有关规定设置。

二、市局下属单位

（一）商洛市防汛抗旱指挥部办公室

1983年12月6日，商洛地区水电水土保持局设办公室、工程科、水管科、水保科、抗旱防汛办公室。

1990年6月28日，商洛地区机构编制委员会同意商洛地区防汛抗旱办公室划出单设，为科级事业单位，隶属水电局，编制10名。

1997年5月13日，商洛地区机构编制委员会批准商洛地区防汛抗旱办公室为副县级建制。

1998年6月19日，商洛地区机构编制委员会批准同意在地区水电工程公司挂“商洛地区抗旱服务队”的牌子。

2002年6月18日，商洛市机构编制委员会批准市防汛办副县级规格。

2002年11月28日，商洛市机构编制委员会批准市防汛抗旱指挥部办公室列入参照公务员制度管理范围。

2003年9月26日，商洛市抗旱服务队在商洛市水电工程公司挂牌。

2003年12月28日，商洛市防汛抗旱办公室内设综合信息科、工程技术科。

2007年12月12日，商洛市机构编制委员会核定商洛市抗旱服务队为准公益事业机构，财政差额拨款。

2013年5月15日，商洛市机构编制委员会批准将抗旱服务队并入市防汛抗旱办公室，维持原事业性质、副县级规格不变。

2013年7月17日，商洛市机构编制委员会批准市防汛办内设综合科、工程科和信息科3个。

（二）商洛市河道水库管理处

1991年6月28日，商洛地区机构编制委员会批准同意成立商洛地区河务管理站，不增加编制，与地区防汛办公合署办公，一套人马两个挂牌。

1998 年 9 月 21 日，商洛地区机构编制委员会批准将商洛地区河务管理站更名为商洛地区河务水库管理站。

2000 年 12 月 29 日，商洛地区机构编制委员会批准商洛地区河务水库管理站为科级事业单位。

2005 年 7 月 26 日，商洛市机构编制委员会批准同意在原商洛市河务水库管理站的基础上组建商洛市河道水库管理处，事业性质，副县级建制。

2007 年 5 月 29 日，商洛市机构编制委员会批准商洛市河道水库管理处内设办公室、工程技术科、河道水库管理科。

2007 年 10 月 19 日，商洛市人事局批准商洛市河道水库管理处列入参照公务员法管理范围。

2017 年 6 月 30 日，商洛市机构编制委员会批准商洛市河道水库管理处内设办公室、河道水库管理科、工程技术科、督办考核科。

（三）商洛市水土保持工作站

1984 年 1 月 29 日，商洛地区行政公署批准成立水保工作站和灌溉技术推广站，两个牌子，一套人马。

1986 年 12 月 19 日，商洛地区机构编制委员会批准水保站为科级、事业性质、财政全额拨款、编制 5 人。

1987 年 8 月 12 日，商洛地区行政公署批准商洛地区水保站与灌溉技术推广站分设，灌溉技术推广站事业编制 5 人，占用原水保站的 5 名编制，给水保站事业编制 7 人。

1991 年 4 月 3 日，商洛地区编制委员会批准同意成立商洛地区水保监督检查站，与商洛地区水保站合署办公，一套人员，两个挂牌，不增加编制。

2004 年 9 月 30 日，商洛市机构编制委员会批准同意设立商洛市水土保持生态环境监测分站，与商洛市水土保持工作站一套机构，两块牌子。

2010 年 9 月 28 日，商洛市人民政府办公室批准商洛市水土保持工作站规格为副县级，原机构名称、性质、经费形式、领导职数、编制、隶属关系均维持不变。

2014 年 6 月 24 日，商洛市编制委员会批准商洛市水土保持工作站加挂“商洛市丹江流域综合治理办公室”牌子。

（四）商洛市水电勘测设计院

1984 年 1 月 29 日，商洛地区行政公署批准成立商洛地区水电勘测设计队。

1986 年 12 月 19 日，商洛地区编制委员会批准水电勘测队为科级、事业性质、自收自支。

1998 年 11 月 11 日，商洛地区编制委员会批准将商洛地区水电勘测设计队更名为商洛地区水电勘测设计院。

（五）商洛市水产工作站（商洛市渔政监督管理站）

1958 年，商县鱼种场成立。

1964 年 3 月，商县鱼种场移交商洛专署水利局管理，更名为商洛地区鱼种场。

1984 年 1 月 29 日，商洛地区行署批准成立商洛地区水产工作站。

1986 年 12 月 19 日，商洛地区编制委员会批准水产工作站为科级、事业性质、财政拨款。

2001 年 9 月 28 日，商洛地区编制委员会批准在商洛地区水产工作站加挂商洛地区渔政监督管理站牌子，与水产站一套机构，两块牌子，经费形式维持差额补贴不变。

2008 年 4 月 9 日，商洛市人事局批准市渔政监督管理站列入参照公务员法管理范围。

2017 年 6 月 6 日，商洛市编制委员会批准同意商洛市水产工作站（商洛市渔政监督管理站）经费形式为财政全额拨款，其他维持不变。

（六）商洛市水资源管理办公室

1988 年 6 月 9 日，商洛地区行政公署批准同意设立水资源管理办公室。

1991 年 4 月 2 日，商洛地区编制委员会批准商洛地区水资源办公室单列，隶属地区水电局下属科级事业单位。

2002 年 11 月 28 日，商洛市机构编制委员会批准商洛市水资源管理办公室列入参照公务员法管理范围。

2017 年 6 月 7 日，商洛市机构编制委员会批准在商洛市水资源管理办公室加挂“市节约用水办公室”牌子。

2017 年 7 月 18 日，商洛市机构编制委员会批准为商洛市水资源管理办公室（市节约用水办公室）。

（七）商洛市水利工程质量监督站

1979 年 2 月 28 日，商洛地区水电局设立工程机电科。

1991 年 4 月 2 日，商洛地区机构编制委员会批准商洛地区水电局工程科从机关划出，改设为商洛地区水利水电工程管理站。

1995 年 2 月 15 日，商洛地区机构编制委员会批准同意商洛地区水利水电工程管理站挂商洛地区水利工程质量监督站牌子，不增加编制，人员由水利工程管理站调剂解决。

2013 年 5 月 15 日，商洛市机构编制委员会批准撤销市水利水电工程管理站，保留市水利工程质量监督站机构，维持原事业性质、科级规格、5 名编制、财政全额拨款不变，设站长 1 名。

（八）商洛市城乡供水工作站

1984 年 1 月 29 日，商洛地区行署批准成立水保工作站和灌溉技术推广站，两个牌子，一套人马。

1986 年 12 月 19 日，商洛地区机构编制委员会批准水保站为科级、事业性质、财政拨款、编制 5 人。

1987 年 8 月 12 日，商洛地区行署批准商洛地区水保站与灌溉技术推广站分设，灌溉技术推广站事业编制 5 人，占用原水保站的 5 名编制。

2004 年 9 月 30 日，商洛市机构编制委员会批准同意设立市水土保持生态环境监测分站，与市水土保持工作站一套机构，两块挂牌，在原 7 名编制的基础上调整增加编制 4 名，其中从灌溉站调整 1 名，经费财政拨款；灌溉站编制变为 4 人。

2013 年 5 月 15 日，商洛市机构编制委员会批准将商洛市灌溉技术推广站更名为商洛市城乡供水工作站，维持原事业性质、科级规格、4 名编制和财政全额拨款形式不变，设站长 1 名。

（九）商洛市二龙山水库管理处

1970 年 11 月，二龙山水库动工修建。

1975 年 2 月，水库枢纽工程建成。

1976 年 2 月，中共商洛机构编制委员会批准成立二龙山水库电站管理处。

1981 年 3 月 5 日，商洛地区行政公署决定，将二龙山水库电站移交商县管理。

2007 年 10 月 31 日，商洛市人民政府会议研究决定，商州区二龙山水库管理处成建制上划商洛市水利局管理。

2009 年 6 月 16 日，商洛市机构编制委员会批准商州区二龙山水库管理处更名为商洛市二龙山水库管理处，纯公益性事业单位，财政全额拨款，科级规格。

2011 年 9 月 14 日，商洛市机构编制委员会批准将二龙山水库管理处重新定性为准公益性事业机构，财政定额补贴，核定编制 80 名（原使用的 38 名财政全额编制收回）。

（十）商洛市城区河道与灌区管理站

2008 年 9 月 10 日，商洛市人民政府会议研究决定，商州区丹江河道建设管理站、灌溉管理站成建制上划商洛市水利局管理。

2009 年 6 月 16 日，商洛市机构编制委员会批准商州区丹江河道建设管理站更名为商洛市丹江河道建设管理站，纯公益性事业单位，财政全额拨款，科级规格，编制 12 名，领导职数 1 正 1 副。商州区灌溉管理站更名为商洛市灌溉管理站，准公益性事业单位，财政差额补贴，科级规格，编制 16 名，领导职数 1 正 1 副。

2013 年 5 月 15 日，商洛市机构编制委员会批准在商洛市丹江河道建设管理站与商洛市灌溉管理站基础上，组建商洛市城区河道与灌区管理站，事业性质，科级规格，编制 28 名，设站长 1 名、副站长 3 名，财政全额拨款。

（十一）商洛市水利水电工程公司

1984 年 1 月 29 日，商洛地区行署批准成立商洛地区水电工程队。

1986 年 12 月 19 日，商洛地区机构编制委员会批准水电工程队为科级，事业性质，自收自支，编制 80 人。

1989 年 6 月 2 日，商洛地区机构编制委员会批准同意成立商洛地区水电地质勘探队，与商洛地区水电工程队合署办公，两个挂牌，一套人马。

1993 年 5 月 22 日，商洛地区水电工程队更名为商洛地区水利水电工程公司。

1998 年 6 月 19 日，商洛地区机构编制委员会批准同意在商洛地区水电工程公司挂商洛地区抗旱服务队的牌子。

2003 年 9 月 26 日，商洛市机构编制委员会批准商洛市抗旱服务队在商洛市水电工程公司挂牌，由商洛市水电工程公司抽调 8 名人员，承担日常工作。

（十二）商洛市二龙二级电站

1993 年 12 月 25 日，商州市计划经济委员会批准成立商州市二龙山水库二级电站。

1994 年 1 月 8 日，商州市水利水土保持局批准成立商州市二龙山水库二级电站。

2001 年 8 月 31 日，商州市二龙山水库二级电站更名为商州区二龙二级电站。

2008 年 9 月 10 日，商州区二龙二级电站等四个单位上划商洛市水利局管理，至此商州区二龙二级电站更名为商洛市二龙二级电站。

2014 年，由于中心城市自来水供应和城区河道缺水，且东干渠损坏严重，存在安全隐患，商洛市政府要求关停二龙二级电站。

2014 年 5 月，商洛市财政局下达商洛市水利局 120 万元专项资助资金，用于关停商洛市二龙二级电站造成的损失补助，购买二龙二级电站职工劳务，清理城区七支沟河道保洁卫生，从 2014 年度至 2016 年度三年不变。

2014 年 7 月，商洛市水利局批复商洛市二龙二级电站《关于在岗职工过渡性安置方案》，同意商洛市二龙二级电站负责城区市管南秦河、黄沙河、柳家沟河、大赵峪河、小赵峪河、马莲峪、构峪河 7 条支沟河道保洁卫生清理。

2016 年 8 月 8 日，商洛市人民政府市长办公会议决定，继续关停商洛市二龙二级电站，对履行中心城区河道清理任务人员在期满后继续延长三年。

三、流域区县水利机构

（一）商州区水利局

商州区水利系统共有行政事业单位 14 个，局机关内设局办公室、饮水安全管理股、水利工程设计股；局属单位：商州区水政监察大队、商州区防汛抗旱办公室、商州区水资源管理办公室、商州区水利工程质量监督站、商州区水利队、商州区水土保持工作站、商州区水产工作站、商州南秦水库管理站、商州庙湾水库管理站、商州王山沟水库管理站、商州区抗旱服务队。单位地址：商洛市商州区北新街东段 3 号。

（二）丹凤县水利局

丹凤县水利局设 3 个内设机构：办公室、计划综合股、水政水保股；10 个局属事业单位：丹凤县防汛抗旱办公室、丹凤县水政监察大队、丹凤县水保水产工作站、丹凤县水利水电工作队、丹凤县安全饮水办公室、丹凤县水利工程质量监督站、丹凤县水资源管理办公室、丹凤县自来水公司、丹凤县抗旱服务队、丹凤县丹北库区管理总站；1 个企业单位：丹凤县鱼岭二级电站。单位地址：商洛市丹凤县北新街 58 号。

（三）商南县水利局

商南县水利局设 2 个内设机构：办公室、计划规划管理股；9 个局属单位：商南县农村电气化办公室、商南县防汛抗旱办公室、商南县水土保持工作站、商南县水产工作站、商南县水利工作站、商南县水政监察大队、商南县县河水库管理处、商南县水利工程质量监督站、商南县水资源管理办公室。单位地址：商洛市商南县文明路 419 号。

（四）山阳县水利机构

山阳县水利局设 2 个内设机构：办公室、业务股；8 个局属单位：山阳县水利工作站、山阳县薛家沟水库管理站、山阳县水土保持工作站、山阳县水产工作站、山阳县水资源管理办公室、山阳县水利工程质量监督站、山阳县防汛抗旱办公室、山阳县水政监察大队。单位地址：商洛市山阳县北大街246号。

第三节　省级机构

早在6000多年前，丹江南岸紫荆人借鉴水文规律，在丹江二级阶地傍水而居、取水捕鱼，以避洪灾、繁衍生息。5000多年前，大禹的外孙丹朱研究水文“疏导之术”，让泛滥成灾的丹江不再扰民。丹江水文监测由来已久。

一、机构沿革

公元前206年秦朝设立了雨情上报制度——《秦律十八种·田律》在丹江推行。

明正统十二年（1447年）商州专门制有“水规刻石”；明万历元年（1573年），丹江有“飞马报汛”。

清康熙年间，丹江沿岸设有崖石水尺（商南月亮湾有1处遗址，商州区张村原有1处，后被破坏）。丹江两岸有民间高人有寻龙探穴、附耳听地之本领的特异功能，以此查勘水流走势，确定龙脉位置。

1931年（民国二十年）7月，设立商县雨量站；1940年（民国二十九年）设立黑龙口雨量站。

1944年（民国三十三年）1月，设立商南雨量站。至1949年全省只有少量水文测站，水文资料多残缺不全。

1951年6月，设立商县水文站。

1957年4月，设立丹凤水文站。

1964年，陕西省水文总站成立了“商洛水文分站”。

1993年5月，商洛水文分站更名为“商洛水文水资源勘测局”。

2008年6月，经商洛市编办和省水利厅批准，加挂商洛市水文水资源局牌子。

2020年9月，商洛水文水资源勘测局更名为“商洛水文水资源勘测中心”。

二、水文机构

（一）商洛水文水资源勘测中心

商洛水文水资源勘测中心位于陕西省商洛市商州区马莲峪路新商洛中学向东500米处，距西安市97千米。最早成立于1951年，先后更名为商县水文站、商洛水文分站、商洛水文水资源勘测局。2020年9月更名为“商洛水文水资源勘测中心”。下设灵口、丹凤、武关、竹林关、柴坪、柞水、青泥湾、南宽坪、麻街、板桥10个基本水文站，中心机关内设综合科、勘测科、水情科、水质监测科4个科室。设有防汛专用水位站14处，防汛专用水文站16处，自动雨量站325处，水库站1处，墒情站6处，水质监测断面6处，市级水文巡测中心1处，县级水文中心站6处。其中，丹江流域有5个基本水文站，6个防汛专用水文站，12个水位站，144个基本雨量站。其主要任务：一是收集商洛市境内的降水、蒸发、流量、泥沙、泥土、墒情、水质、特殊水情资料，为商洛市水资源开发利用和社会经济发展提供支撑。二是为商洛市防汛抗旱提供及时的水情、雨情及墒情信息，为领导科学决策提供依据。

（二）丹江流域水文站

1. 板桥水文站

1974 年 7 月由陕西省水文总站设立板桥水文站，后同年 7 月上迁 3 千米，设立板桥水文站，断面位置无变动，一直沿用至今。

2. 麻街水文站

1973 年 10 月由陕西省水文总站设立，断面位置无变动，一直沿用至今。

3. 丹凤水文站

1957 年 4 月设站，因断面不稳定，1965 年 1 月基本断面下迁 100 米，改为丹凤（二）站，因下游 82 米有丹江大桥，对下比降有影响，基下 500 米建有一座橡皮坝，对水流有顶托作用，2011 年在基上 300 米处设立断面，改为丹凤（三）站。

4. 武关水文站

1959 年 12 月由陕西省水利厅设立，断面位置无变动，一直沿用至今。

5. 竹林关水文站

1971 年 1 月由陕西省水利厅设立，1971 年 7 月 1 日上迁 1500 米，改为竹林关（二）站。1972 年因改河影响于 1973 年 7 月 1 日上迁 400 米又改为竹林关（三）站。1975 年下迁 400 米又改为竹林关（二）站使用至今。

第四节　流域协同机构

一、流域区域协同

长江水利委员会作为水利部派出的流域管理机构，在流域内依法行使水行政管理职责。丹江流域各省（市）水利管理主要按照省（市）水利厅（局）及各区县水利局分级管理的模式。陕西省商南县、河南省淅川县和湖北省丹江口市已建立丹江联巡联防联控联治工作机制，常态化开展联合执法，流域区域协同管理模式已基本形成。

二、水文监测协同

水文站网建设已在第三篇第三章水文站网建设中详述，此处不再赘述。丹江流域水文站网更新扩展后，一大批水文先进技术和测验方式得到应用。电动水文缆道代替人力缆道，流速仪测流与电子记录同时使用，水文资料整编全面使用计算机，计算机网络技术广泛应用，自动监测、遥测技术引进推广，预警预报技术不断创新，预报的准确性、时效性和社会效益显著提高。信息采集传输储存也由原来的人工、电话、纸质转变为自动采集、网络传输、计算机长期存储，监测频次由原来的人工观测次数变为 24 小时瞬时监测。水文服务流域社会从主要为防汛抗旱和水利工程建设服务，逐步转变到为水资源开发、利用、配置、节约、保护和管理等各个环节提供全过程服务；从主要为水利工作服务，逐步转变到为农业、工业、交通、旅游、环保、国防、外交等各个领域及社会公众提供多层次服务；从主要提供实时原始数据服务，逐步转变到加强预测预报和分析评价，更加注重提供水文数据深加工服务，流域监测预警能力显著提高。

三、河长制工作联动

全面建立了丹江流域市、县（区）、镇（办）、村四级河长制责任体系，形成了市级河长包干流、县级河长包流域、镇级河长包辖区、村级河长包河段的“四包责任制”。省、市、县（区）三级水资源管理“三条红线”控制指标及责任考核评价体系基本建立，最严格水资源管理制度落实良好；依法合理划定干、支流河道管理范围，水域岸线长效管护机制逐步建立。联合执法不断强化，河道非法采砂和“四乱”问题得到有效遏制。示范河流创建成效明显，病险水库除险加固和小水库清理整治工作扎实有效，城市集中式饮用水水源地水质全部达标，主要河流监控断面水质持续全部达到水功能区标准，水生态与环境保护管理工作稳步推进。

第二章　治水人物

在丹江流域曾经涌现出很多治水历史人物，无数治水人担当负责、自力更生、团结奋战、兴利除害治理丹江，他们遍布丹江大山河畔，经年累月在艰苦条件下，心无旁骛、守得住清贫、耐得住寂寞、经得起考验，战洪水、斗恶浪，无私奉献、不计名利、苦干实干，他们胸有大义、肩担责任，拼尽全力，用生生不息的初心点燃治“丹”兴“丹”的希望，用矢志不渝、砥砺前行的姿态赢得行业尊重，丰富治水兴水生命内涵，从万千河流中走出繁华和精彩，他们的故事在精神领域和文化生活上长时间影响一代又一代丹江人。

第一节　人物传略

大禹

也称夏禹，传说中古代部落联盟首领。奉舜命治理洪水，据后人记载，他领导人民疏通江河，兴修沟渠，发展农业。

相传大禹治水时来到商山。在商山西的沟内就有一座“大禹庙”，此沟原无名，因有大禹庙，故名为“大禹沟”。后来人们为使此沟名副其实，便以沟的形势，取名“大峪沟”。峪者，山谷也。不过音同字异了。四皓初来商山，无处安身，就住在大禹庙中。此庙上殿是砖木结构三小间，殿台正中供奉大禹坐像，左右两侧是伯益、契的塑像。墙上彩绘着大禹治水、真行子授书、三过家门而不入的动人故事。

真行子（贞行子）

《续文献通考》载，禹治水经商山时，有个名叫真行子的人，授禹《九畴书》《灵宝五符治水真文》两书。禹正是读了这两部书后，将全国划为“九州”，分区疏导，终使治水取得成功。后来“九州”一词之由来，当与此有关。

契

传说中商的始祖，帝喾之子，母为简狄，相传契为简狄吞玄鸟（燕子）卵所生。佐大禹治水有功，帝舜“封之于商（魏晋学者皇甫谧谓：商即今上洛商是也），赐姓子氏”。授为司徒，敬敷五教，掌管以礼教民，故商地有“敷教名区”之称，契有“教育鼻祖”之誉。商洛市的商州区、丹凤县旧日多处建有“契庙”“虞司徒祠”。

商鞅（约前 390—前 338）

姬姓，公孙氏，名鞅，卫国人。战国时期政治家、改革家、思想家、军事家，法家代表人物，卫国国君后代。商鞅辅佐秦孝公，积极实行变法，使秦国成为富裕强大的国家，史称“商鞅变法”。商鞅在丹江两岸推行变法，奖励耕战，鼓励百姓打井修渠造田，农民即引水浇田，种稻植莲。丹江沿岸开始出现“土润而腴”“亩产一钟”的肥沃良田。

四皓

唐秉，字宣明，号东园公。

崔广，字少通，号夏黄公。

吴实，字子景，号绮里季。

周术，字元道，号角里先生。

六国时四人为秦博士。后因逃避秦始皇焚书坑儒共入商山隐居。刘邦称帝之初，曾召“四皓”佐政，不应。后刘邦欲废太子刘盈，盈母吕后用张良计，派盈舅至商迎“四皓”，出山佐盈，未被废。刘盈即位后，欲封“四皓”，不受。仍回商山隐居。

李西华

唐贞元七年（791年）商州刺史。任职期间，蓝田县至河南内乡间700余里道路崎岖难行。小遇暴雨，交通阻断，行人叫苦不迭。他不辞辛苦，动员全县民众整修道路和河道，使昔日砼路变为通途。

邵可立（1556—1626）

字三立，商州人。幼贫苦学，博学多闻，正直和善，才华出众。明万历二十六年（1598年）进士。邵可立为人忠厚孝悌，为官清廉，家居淡素，体恤民众，注重水利，官声甚好，深受百姓爱戴，实乃朝廷贤臣、廉吏典范。

为官期间，明示为节省开支，凡公事远出，均乘骑不坐轿，一切从简。不许奸猾之徒滥报轿夫、禁卒，虚领工钱，假公营私诈骗人。如有违抗，可据实指名首告，决不姑息。康熙帝慕其贤名，曾授金匾予以褒扬。邵可立曾任兵部主事。后镇守山海关时，建文昌书院，购古今藏书以教诲当地优秀子弟。多次减免赋税，减轻民众负担。廉直刚断，屡次上奏弹劾权贵。后任山西布政司。晚年居商州，宦官魏忠贤的同党崔呈秀诱其出山，邵谎称有病予以拒绝。

明代商州旱情频发，又逢战乱，疫病流行，野有饿殍，家无存粮，物价昂贵，百姓困苦，惶惶不保旦夕。邵可立时年遂退隐赋闲商州，但仍心系家乡黎民百姓。商州遭灾后，邵可立即深入丹江两岸，走访百姓，了解当地情况，倡议抗旱灌田，并捐出皇帝授给的金带，赈济灾民。

灌溉堰渠，年久失修，春播夏种，堰渠断流，农户一筹莫展。邵可立带领乡民请命官府减免赋税杂役。邵可立号召当地乡绅共同捐资兴修水利灌区，筹资捐献两千两纹银资助修建商州普济渠、山泉渠等，解民之难。当年虽遇旱灾，但引商州大云山（金凤山）少峪、西平山泉水灌溉农田，民众庄稼收成仍勉强度日，百姓无不感念。商山隐隐，丹水悠悠。如今的灌渠仍在发挥作用，清官廉吏邵可立治水故事仍为商洛人世代传颂。

王邦俊

字吁卿，福建龙溪举人。明万历七年（1579年）任商州知州。他重修州城西说法洞栈道。“火攻石壁，凿山三月，架梁四道，削险开径，砌石连栈，于是避水登陆，上至五鬼窑，下至说法洞，凡二里许”。他设立学校教诲地方子弟，为地方培养出人才。续修《商志》，为地方文化发展作出了贡献。后升任江西瑞州府同知。商州百姓为其立祠，并于州署前立《去思碑》，以纪念他在商州的功绩。

许惟权

浙江海宁人，清乾隆十二年至十七年（1747—1752年）任商州牧。在任期间，重视水利建设，亲身教民引水灌田。数年间，商州境内修渠道311条，共灌田100顷，民已获利。清乾隆十三年（1748年），丹江险滩碍航，又主持疏浚自州河口至龙驹寨丹江河道中29处险滩，清乾隆十六年（1751年）告竣。费时三年，仅耗银405两。他用余银246两买水田12亩，议取租息，分作水陆两路岁修之用。自此，丹江河道再次顺利通航。

罗文思

字睿，号勉夫，四川合江人。清乾隆三年（1738年）举人，后为进士。曾任白河、蒲城、商南诸县知县。清乾隆十八年（1753年）任商州知州。据《陕西通志》记载，罗文思到任商州后，整顿吏治，开辟荒田，修整渠堰，兴桑养蚕，减轻徭役，开筑道路，修建桥梁，促进贸易，怜鳏恤孤，修缮文庙，构筑城楼，政绩斐然，举不胜举。

到任时，商山书院设在城外上寺坡，校舍狭小，破烂不堪，无法容纳众多学子。罗文思捐俸银288两，在州城东门内购得宅基地9亩、房屋16间，将书院移至城内。又捐俸银120余两对新校舍予以整修，并补贴学子伙食。邀请商州学士王学逊、陈模楷和海宁才子钟麟书来书院执教。商州教育一时间得到很大发展，为地方培养了大批人才。

城东四十里霸王寨下有砭路，在半山腰蜿蜒，宽不到三尺，绵延五六里。路面怪石密布，寸土难驻。马走上面如履镜面，行人相遇需侧身而行，下临丹江，激流若奔，人马时有掉入江中之虞。罗文思捐廉俸五百金，雇请工匠，加宽道路，在临江险段修筑石栅，以保行旅安全。从此以后，人马往来如履平地。为感谢罗文思之善举，人们遂将此段道路叫作“罗公砭”。

历史上商州百姓习惯直播水稻，既浪费种子，稠稀不匀，又长势瘦弱，产量较低。罗文思在静泉山下亲临教授，改直播为育苗移栽。插秧时节，又下田示范，教以倒退插秧法。自此，育苗移栽法在商州普遍推广。

罗文思去后，商民为彰其功，于东正街、静泉山、铜佛龛、龙驹寨建造祠堂，塑其肖像，每年二月初四演戏祝其长寿。

李素

字少白，号宝山，云南保山人。清光绪年间任直隶商州知州。在任期间，重视修筑道路。他对境内道路进行了认真勘察，拟就计划，将州城西胭脂关砭路加宽。清光绪三年（1877年），商州遭受严重旱灾，李素带头捐俸三千金，鼓动士绅商户捐款万缗以赈灾。丰年他又捐粮多石充实仓储。清光绪四年（1878年），李素划拨巨款，监督民工由高桥西宝丰寺起沿丹江北岸，东至雷家坡（今属丹凤县境）开山凿石，筑路十五里，接通高桥河、棣花河，避水两道，行人往来无须涉水，当地百姓于路端建碑，上书：“宝山路”。清光绪八年（1882年），李素捐俸850两，召士绅王安吉、潘光裕、叶大观等募捐戗修商州城堤，沿堤植柳，耗资14291缗，围成稻田120余亩，并于水门口筑月堤以防洪水入城，从此水患得以根本治理。

李素在任职前后16年，清正廉洁，修葺书院，增添义学，戗筑城南大堤等，大多数是个人出钱，事前不上报要款，事后不报销。当时商州年赋税收入过万，而李素清贫如洗。商地百姓在多处立祠竖碑以颂其德。

陈步蟾

商州人，自号商山。清光绪二十三年（1897年）中举，翌年遴选为四川乐至盐场知事，到任后剔除积弊，廉洁自守，不妄取一文。旋擢江浙盐运使，就任不久，辛亥革命爆发，两袖清风，欣归故里，先后任商山书院山长，龙驹寨第二高等学堂校长，桃李遍商洛。

他身处封建社会，却反对神权统治，在为老君川弥陀寺所撰碑文中大胆提出：“抑佛之教能佑救呵护地方人耳，方今寰海列强虎视中土，而我国人犹毙尔？”他秉性清正，尤恨贪官污吏，以为民请命为己任，仅在商山书院山长任内先后告诫贪官四人。

民国八年（1919年）龙驹寨一带特大干旱，他代表民意多次请求龙驹寨县佐上报减免田赋，但县佐置若罔闻。他便发动农人向县佐交“农器”，终于迫使县佐豁免当年田赋。为推广先进农业技术，他曾亲自试种美棉，获亩产百斤，超出土棉2倍多，尤有单株结桃80枚者。以倡修老君河东惠渠惜未建成而与世长辞。乡人挽诗有：“壮志未酬身先丧，长使乡友泪满襟”。

陈至立

清雍正、乾隆时人。为老君河畔陈姓九世孙，据《陈氏家谱》载，幼家贫，母子相依，终生未娶，肩挑贩运为生，臂力过人，被乡里称为“三百斤老秤”。老君沟口，灵官殿北，旧有石堜一条，石块硕大，为陈至立一人所筑，故名“一人堜”。志立每餐需米面二升，最终饥毙。其人生前整修丹江护岸、堤防。

彭必达（1802—1872）

清末商洛镇庄科人。幼时家贫，以蛋柿（树上的红软甜柿子）充饥，刻苦攻读诗书，穿没底袜子到商州应考而名列前茅，在商镇一带传为佳话。清道光十七年丁酉（1837年）中举人，任河北唐县知县，革除了“公生子”陈规陋习；当地原无种稻习惯，彭到任后力倡兴修水利，从商州引去稻种，并亲授水稻栽培技术，遂使当地成为稻米之乡。至今在丹凤农村，特别是在彭姓人中还流传着这样的歌谣：“彭必达坐唐县明镜高悬，打倒‘公生子’，兴起水浇田。百姓有米吃，世代记心间”。

彭必达去世后，在唐县和他的家乡商洛镇同时建造祠庙两座，名曰“昭宗祠”，大门上题额为：“敕封彭公祠”五个金色大字。唐县一些行商，路过商洛镇时，总要到彭公祠内叩头焚香，可见彭必达在唐县为官感人之深。《直隶商州志》有彭必达简传，旧《陕西通志》有详传。当地群众也多颂扬彭必达从上学到做官的许多轶事。

陈兆绪（1861—1946）

字玉峰，人称陈八先生，世居老君河畔之陈家村，为清光绪秀才。

清宣统二年（1910年），龙驹寨明王宫涧底之丹江河堤被冲，毁田600亩。他为倡修河堤，卖尽自己陈家村的祖业，河堤尚未竣工，被一场大水全部冲光。八先生生计难度，遂肩挑两个女儿携妻逃荒山外，在西安满城为人看管桑园，老妻为人洗衣。尽管饥寒交迫，还供八岁女儿珍玉（陈建晨乳名）和妹妹宝玉上学，终使大女建晨留学于日本早稻田大学研究院，毕业归国历任七所大学教授，新中国成立后任全国政协常委。八先生于民国三十五年（1946 年）在西安逝世，终年 85 岁。

巩宗姬（1877—1959）

丹凤县棣花街人。毕业于清末警官学校。联保初建，出任主任。后厌政治混浊，辞职务农。为振兴桑梓，他积极倡筑棣花河堤，增加水田 300 亩，曾得到陕西省政府“有功地方”的褒扬。百姓感戴，赠他“公正勤劳”四字大匾。新中国成立后以民主人士身份积极参政，年逾 80 而终。

刘德杰（1889—1949）

龙驹寨镇百顷湾前河涧村人。民国年间丹江河水上岸，老岸地连年冲毁。经他长期细心观察得出结论：只要在百顷湾西端玉皇庙涧底修上二三十丈长的石堤挡住上游的决口，就可修成 3 ~ 5 顷稻田。他逢人就讲，并主动找当时百顷湾保长周治林。在一次保民大会上成立了百顷湾河堤委员会，河堤委员会由十八人组成，会长周治林（兼保长），副会长刘学礼（为财务总管）。1942 年经过两个春冬的时间（每天上工 120 人，用工在 1.6 万个以上），明王宫对岸的这段石堤工程初告竣工。

张蔚寿（1902—1983）

陕西蒲城人。1931 年于西北农林专科学校水利专业毕业后，在省水利局任工程师，先后在陕北、汉中等地从事水利工程勘察设计。1952 年，省水利局派出商洛小型水利工作组，调张蔚寿任组长，前来商洛开创水利。1953 年，任商洛水利工作队队长兼工程师。

初来商洛，住在牛家斜一座破庙里，生活条件十分艰苦。他克勤克俭，深入调查，走访群众，实地勘察，详细研究，决定修建商县丹惠渠。修建时，他起早摸黑，背着测量仪器，顶烈日，冒严寒，废寝忘食，整天奔波在工地上。渠建成后，又视之如命，精心管理，保证灌溉前埂固地平，天旱时渠通水满。紧接着又修成了商县荆惠渠、丹凤龙潭渠，发挥了显著效益。

1954 年在全省水利工作表彰会上，商洛水利工作受到省水利局表彰，张蔚寿被评为全省水利模范工作者。此后，商洛水利建设全面开展起来。洛南洛惠渠，商县军民渠、双惠渠，丹凤商君渠、东惠渠，商南县河东西渠，洛南东西湖水库、小黄川水库，商县的草庙沟水库、王山沟水库，商县护城堤、腰市河堤、大荆河堤，丹凤县城河堤、桃园河堤、竹林关河堤相继动工，这些工程的筹划和设计，都由他亲自参与，亲临指导，渗透着他的心血和汗水。

张少亭（1893—1963）

商县城西街人，中学毕业回家经营百货商业，号“祥发昌”。以信誉为本，货真价实，老幼无欺，在商县城内享有信誉，被公推为首届商会会长。中年弃商从政，任商县启化乡乡长。为减轻民众负担，于乡公所首次实行精兵简政，规定四名人员，必回家就餐，属商县之首创。为解除民众打官司难，他邀该乡有名之士绅数人组成调解委员会，专处民事，受到赞誉。

为解决丹江水患，他组织全乡民众兴修牛斜至南门口段护城堤2500余米，新增土地和保护耕地数百亩，护老岸地数百顷，当抗日战争正处于艰难岁月、地方财力维艰时，他东奔西走，千方百计筹集学校经费保证学校正常教学。

当时商县城乡居民中，吸食鸦片成瘾者甚众，倾家荡产家破人亡者到处可见，行盗行劫者时有发生。为挽救民众，改掉恶习，助力戒毒患，张少亭首先于启化乡办起戒烟所，先后帮助百余名吸毒者戒了鸦片。

民国三十三年（1944年）商县临时参议会成立，少亭当选议员，提出不少解除群众疾苦的议案。民国三十七年（1948年）秋，国民二十七军刘超环驻防商县，决计炸毁东龙山双塔。为保护这一明代文物，他组织绅士十余名极力劝阻，迫使刘超环撤销炸毁双塔的决定。

1949年7月12日，商县解放，他带领城内进步士绅，出城迎接人民解放军进城，并积极协助商县人民政府开展工作，被各界人士推选为商县城区人民代表，次年3月被选为商县各界人民代表会议常务委员会委员兼秘书长。

抗美援朝战争开始后，他送子赴朝参战；减租减息、反霸时，他自购稻谷十石，交农会给贫雇农分享；土地改革时期，他借款赎回了新中国成立前出卖的土地、财产，将其全部家产列成清单，贴于门前，交农会清查并于家门悬挂红灯，贴上楹联，欢迎没收。此一举动引起商县轰动，推动了商县土地改革运动的顺利进行。在历任县人民政府委员会、县一至五届人民政协委员和副主席期间，始终密切联系社会各界人士，团结在党和人民政府周围，积极参政议政。

高廷礼（1906—1990）

原名高奉仙，西安市人，生于清光绪三十一年（1905年），民国时在陕西省公路局从事技术工作。1951年投身水利，任技术员。1953年调来商洛小型水利队，被分配到丹凤县任水利组组长，开始修建商君渠和东惠渠。他住在庄头村祠堂，白天奔波在工地上，晚上工作到深夜。抢晴天、战雨天，加快工程进度。历时两年完成施工任务。发展灌溉面积4100亩，粮食亩产由150千克提高到400千克。他虽年过半百，但工作起来精力充沛。在野外测量中，他不怕翻山越岭，不畏涉水过河，总是步履矫健走在前面。测量地形，常是口算，速度之快胜过算盘，人称“铁算盘”。在商洛28年，对商洛水利建设作出了贡献。

李玉亭（1919—1996）

陕西三原人，生于民国八年（1919年），毕业于三原工职学校。民国年间，其在眉县梅惠渠管理局任公务员、技佐等职。新中国成立后，被安排在省水利局工作。1957年，为支援陕南水利建设，调来商洛专区水利局工作。

李玉亭一到商洛，就投入商洛各县区水库工程建设。采用环刀取样，使用羊角碾碾压坝体，控制坝体填筑质量。仅用7个月就完成大坝主体工程。在李玉亭的倡导下，专区水利局设立机电组，修建首批水电站、抽水站。

1959年成立机电施工安装队，他多次奔波于省水利厅，请示汇报，争取投资和设备。1963年，省水利厅配给商洛一批施工机械，专区水利局又成立水电机械施工队。20世纪70年代大力推广水轮泵站建设。他主持编写《小型水电站和抽水站常识》《商南县赵川区水轮泵站技术经验点滴》《小型水利技术常识》等小册子，对普及水利、水电技术知识发挥了重要作用。

刘西有（1929—2007）

丹凤县月儿乡马炉人，历任马炉大队党支部书记、月日公社革委会主任、丹凤县委常委、丹凤县革命委员会副主任，是中国共产党第九、十、十一次全国代表大会代表。

新中国成立初，刘西有响应党中央号召，第一个成立变工队。变工队没镢头，他带领大家到百多里的赵川背铁砂，打了十二把镢头，被称为“十二把镢头起家”。此后艰苦创业三十多年，永葆劳动者本色。由初级社主任到县革委会副主任期间，始终坚持出门身带“三件宝”（劳动工具、干粮袋、学习材料），坚持“五鬼”（懒、馋、占、贪、变）不缠身。为使乡亲早日摆脱贫困，他带领大家自力更生、艰苦奋斗、坚持不懈地治山治水，发展农副业生产。凭借原始工具，筑起了千余亩连片石坎梯田和沟台地，在历史上第一次解决了马炉人吃粮问题。珍贵药材山萸，“鸟儿不吃不出苗”，西有便按这个道理，试用畜粪浸种，终于育苗成功，并广种山萸二十多万株，十年后逐渐进入盛果期，被誉为“绿色银行”。“叫花子”也不来的穷山沟终于脱贫致富。

他所领导的马炉被评为西北地区红旗单位。他个人被授予全国劳动模范称号。魏钢焰的报告文学《旗手刘西有》和《人民日报》通讯《愚公赞》报道了他的先进事迹。

马有才（1929—2005）

商南县试马镇人。1951年参加工作。1955年加入中国共产党，历任赵川区委、书记，县革命委员会副主任、商南县政府副县长、县人民代表大会常务委员会主任。他在任期间，紧紧抓住粮食生产不放松，大搞农田水利基本建设，与群众同吃同住同劳动，经常是晴天一身土，雨天一身泥，与人民群众打成一片，人民群众称他为农民干部。

1964年，他将妻子和5个儿女由县城徒步迁往赵川，率赵川干部群众建成闻名全国的赵川水轮泵电站，解决老百姓的照明和粮食加工问题，结束了老区人民无电照明的历史。

1987年，赵川公路全线改造，他领衔挂帅，经过艰苦努力，第二年春天通车。当地还流传着“路不通，车不来，赶快去找马有才”“马人大答了话，天塌下来咱不怕”的顺口溜。1933年退休后，坚持同乡亲们一道治山治水，直至2005年去世。

赵全保（1902—1976）

商州人。自幼在商读书，初中毕业后去西安读高中，半途肄业。民国二十六年（1937年），在同学的介绍下，去甘肃省天水市从事公路建设工作，由于勤奋好学，很快由一名普通工人成长为一名懂测绘的技术人员。

1950年，商县解放初，交通极为不便。赵全保此时返回故里，引起县政府领导的重视，聘他为建设科学技术干部。他下定决心要为商县的公路建设事业作出贡献。在恢复长（安）（西）坪公路和洪（门河）箭（杆岭）公路过程中，他风餐露宿，夏不避暑，冬不畏寒，踏察、勘测、设计、绘图、施工，始终坚持在工地，提前完成施工任务，受到领导的称赞。从此，他成了商县筑路的“专家”“土工程师”。1956 年，在商（县）山（阳）公路的勘察中，他不辞劳苦，不畏艰险，背上行李，徒步跋涉，克服重重困难，出色地完成了任务。1957—1963 年，在商（县）熊（耳山）公路、沙（河湾）砚（池河）公路、商（县）柞（水）公路和城东西门外护城河桥梁的修筑中，他一如既往，一面实地勘测，一面现场指挥，克服生活条件差和身体虚弱等困难，坚持在施工工地。工地领导多次劝他休息，但均被他拒绝了，并对前来劝他的领导和孙儿说：“拿工资，不工作，那怎么行？”“我是修路的，啥时候路修多了，修好了，咱们的日子就不穷了”。在当时公路建设人才缺乏的情况下，赵全保将自己几十年积累的经验毫不保留地传授给年轻人。为了带出更多能测绘、会施工的有用之才，他拖着年迈之躯坚持工作。经他培养的筑路人员，有的由普通工人成长为技术人员，有的由一般的技术人员锻炼成长为技术骨干。1970 年，年已 68 岁的赵全保，仍坚持在南秦水库杨峪岭改道和黄沙岭筑路工地，直到 1972 年因身体不支而退休。

陈福（1915—1984）

商县人，贫苦农民出身。1949 年 7 月，商县解放后，他参加了土改运动，分到了房子和土地。1951 年，在他的倡导下，联合本村 27 户农民组织了以换工形式的变工队，解决了缺劳户因劳少而贻误农时的矛盾。1952 年 2 月，陈福参加了商县各界人民代表会议。为贯彻中共中央《关于农业生产互助合作的决议（草案）》，他挨家挨户上门宣传，组织 14 户农民，成立商县第一个常年性互助组，进行翻砂造地，改良土壤，开辟肥源，选用良种，实行药剂拌种等农业生产新技术，当年组内粮食亩产达到近 250 千克，较单干户同类地块每亩高出 30 余千克。在陈福互助组的推动下，当年底商县各类互助组发展到 6396 个。1954 年初，陈福积极响应党中央发出的农业合作化的号召，以本互助组为基础，吸收其他互助组参加，到 1955 年底发展成为有 170 户、720 人、357 名劳动力，拥有 1095 亩耕地、73 头耕牛和大中小农具的远近闻名的红光初级农业生产合作社。

1955 年 7 月，陈福以优异的工作成绩和扎实的工作作风被党组织吸收为中国共产党党员。1956 年初级社转为高级社后，陈福任党支部书记，在社内推行“三包一奖”责任制，调动社员的劳动积极性，使粮食产量较上年增长 30%。为抓副业生产，他带上干粮，前往周至县学习吊粉条技术。先后在社区内办起吊粉条、扯挂面、做豆腐、养猪、养兔和烧砖瓦等副业，年总产值达 5.19 万元，达到前所未有的水平。当年该社受到陕西省人民委员会的表彰奖励，陈福个人被评为先进生产者。1957 年被评为全国劳动模范，3 月光荣地参加了在北京召开的全国劳模大会。

“党叫干啥就干啥”是陈福的座右铭。1959 年，他被调往商县机电厂任厂长。到厂后同工人打成一片，一心扑在工作上，带领职工搞技术革新，使这个仅有 48 名职工的小厂，年利润达 3 万余元，受到上级表彰。

1960 年暂时困难时期，他又回村担任党支部书记。在十多年工作中，他带领群众修成了十二连环套水井，修水平梯田340亩，革新牛拉犁、手播机、人推车40余辆（部）。陈福的辛勤耕耘，使该队渐渐变富，成为商县主要产粮队之一。

1979年，陈福积劳成疾，患病不起，1984年4月17日病故。他一生勤劳不息，带领全队人民为改变贫困面貌付出了辛勤的劳动，受到后人赞扬。

薛兴盛（1922—1989）

商县人。少时家境贫困，19岁时便在蓝田县流峪扛长工度日，民国三十二年（1943年）被拉丁到重庆，后参加中国人民解放军，在部队加入中国共产党，曾任班长。1953年转业回乡，历任龙王庙乡郭中初级农业合作社主任、高级农业社主任、党支部书记、龙王庙乡政府副乡长、乡党委委员等职务。1953年，薛兴盛任初级社党支部书记期间，在带领群众发展生产的同时，努力培养先进分子入党、入团，先后发展党员6名、团员15名。

1955年，郭中农业生产合作社开始大搞农田水利基础建设。薛兴盛亲自规划，提出了山、水、田、林、路综合治理的设想。在一无材料、二无资金的情况下，面对乱石荒滩，他毫不畏惧，同群众吃干在工地，起早贪黑，哪儿活累，他就干在哪儿。他坚持抡锤打钎，装药放炮，搬石砌塄，以自己的吃苦精神和模范行动有力地促进了工程进展。他在任中共十六区（板桥）第一乡（龙王庙）副乡长和党支部委员期间，仍带领干部群众转战上坪、下坪、槽坪、长村、四沟、碾子坪、中山寺等十多处农田水利建设工地。共修水平梯田250余亩，造河滩地30亩，治河修堤500余米，营造核桃林10多亩，发展养羊300只，为改变龙王庙乡和郭中村面貌付出了艰辛的劳动。他的模范事迹受到各级政府的表彰，国家水土保持局和国务院水土保持委员会奖给龙王庙乡锦旗一面，被树为商洛的一面红旗。

巩青丹（1957—2007）

丹凤县人。1975年高中毕业后在本县大峪乡插队劳动，1972年参加水文工作。1984—1987年，在湖北长江流域水利委员会水文职工学校上学。先后在丹凤县的竹林关、洛南县的灵口、商县的麻街等水文站和商洛水文局工作，担任丹凤水文站站长、商洛水文局政工科长、丹凤水文勘测队队长等职务。2007年7月7日，在丹江临时断面涉水测流中以身殉职。

在长达30年的时间里，巩青丹始终扎根基层，任劳任怨，工作以身作则，率先垂范，在疯狂的暴雨和滚滚洪流中，为各级防汛部门提供准确的汛情信息。为确保水文数据为社会提供科学服务，每份水文资料他都认真审核，每次重要测流他都亲自参加。

2007年7月4—6日，商洛境内普降大到暴雨，致使山洪、滑坡、泥石流多灾并发，丹江洪峰忽高忽低。丹凤水文站作为丹江陕西段的出口控制站，及时准确地传报水情，显得十分重要。以水文测报为天职的巩青丹，时刻坚守工作岗位，通宵达旦进行工作。7月6日下午，远在新疆工作的妹夫和妹妹来丹凤水文站看望巩青丹，当时正值涨水，在吃一顿饭的期间，巩青丹先后让刚参加站上工作的儿子出去看水位3次。

7月7日6时50分，猛涨的丹江洪峰从250立方米每秒开始回落。为了尽快总结出这次洪水规律，巩青丹连早饭都没顾上吃，赶到办公室与同志们一起整理几天来测得的洪水资料，并将计算出来的数据在水位流量关系线上点绘出来。经过比较，发现6时50分测得的流量偏大，需要重新测流。恰在此时，省高速路施工单位的同志找来，请求站上对前几日的洪水出具证明，以便保险公司对他们在下游洪水中被冲走的支架进行赔偿。在送走省高速路施工单位的同志后，时间已是12时。此时由于基本断面下游的橡胶坝已经蓄水，用吊仪已无法测流。在离基本断面上游300米处的临时断面上，正在退去的洪水在河床里形成左右两股水流，右岸水流为主流。正当本站职工刘保民准备下河测流时，像以往一样，巩青丹抢着说："我个子高，又比你年轻，还是我下水。"穿着皮裤子的巩青丹测完左岸水流，后要再测右岸水流，右岸混浊的主水流比左岸深，他考虑到穿上救生衣会使人漂起来无法测流，便只穿着裤衩和一双草鞋，可是他怎么也没想到，因修河堤刚取过沙形成的沙坑经过洪水的拉移，水深在3米左右。湍急的洪水便将巩青丹卷走了，他留下了18个获奖证书和可贵的精神。

熊黎明（1966—2012）

男，汉族，1966年4月出生，助理工程师，丹凤县武关镇人，先后在商洛水文局竹林关、丹凤、武关水文站工作。2003年4月任武关水文站站长。2009—2012年，在丹凤水文勘测队工作，任副队长、队长和党支部书记，负责日常队部管理工作。

2003年4月，熊黎明由丹凤水文站调到武关水文站担任站长，2007年7月28日，陕南发生特大暴雨洪水，30日1时丹江武关河支流山洪暴发，交通、电力、通信全部中断，四周一片汪洋，只能听到洪水的吼声，这时的武关站和外界失去了联系，熊黎明带领站上3名职工坚守工作岗位，在收到上游的雨量信息后，他冒着危险向1千米外的乡政府报告了水情，组织站上人员在第一时间徒步13.4千米将水情信息发出，乡政府及时撤离了沿河两岸的群众。在这次100年一遇的大洪水中，武关河沿岸1.2万人无一伤亡，同时，他还为上级部门的科学决策赢得了时间和技术支撑。

在武关水文站任站长的7年间，该站两次被评为省局先进单位和文明窗口示范站，4年被商洛水文局评为先进集体、先进单位和"创佳评差"先进单位；他连续3年被商洛局年度考核评为优秀，被省局评为先进个人；被陕西省水利厅、省水文局、商洛市委授予优秀共产党员称号；2007年被商洛水文局授予扎根基层奉献水文先进个人称号，被商洛市委、市政府授予抗洪救灾先进个人称号；2007年7月28日，在特大暴雨洪水中由于表现突出，被国家防汛抗旱总指挥部、人事部、解放军总政治部授予全国抗洪救灾劳动模范。

2012年7月20日15时55分，因外出办公意外发生车祸不幸遇难，享年46岁。

第二节　人物表录

近年来，丹江流域广大水利职工扎实工作，开拓创新，为推动陕西水利事业的发展作出了重要贡献，涌现出一大批先进集体和先进个人。本志书收录了近年来国家表彰的先进个人24人、省级表彰的先进个人102人，高级职称以上人员49人。

一、国家表彰先进个人（截至 2020 年）

姓名	时年	单位	称号
刘西有	1958	国务院	全国农业劳动模范
许兴权	1964	国务院	全国劳动模范
李万才	1988	水利部	基层水管站先进工作者
栗安民	1992	陕西省爱国卫生运动委员会	全国农村水改先进工作者
车长生	1992	农业部	愚公奖
刘志善	1995	水利部	全国水土保持监督执法试点工作先进个人
姚新实	1996	农业部	国家科技成果个人三等奖
侯立志	1996	水利部水利管理司	全国水利系统水利管理先进工作者
任永海	1997	水利部人事部	全国水利系统优秀干部
殷福勤（女）	1998	全国妇联	抗洪救灾先进个人
张宇鸿	1998	全国农业普查办公室	第一次农业普查先进个人
姚新实	2001	水利部	全国第三批农村水电初级电气化县建设先进集体
吉家祥	2002	水利部	全国第三批农村电气化建设先进个人
张新中	2002	水利部人事劳动教育司、水利部水土保持司	全国水土保持监督管理规范化建设先进个人
张根录	2003	水利部	全国农村饮水解困工作先进个人
张天敏	2004	水利部	全国水土保持先进个人
董贵青	2006	中国水土保持学会	中国水土保持学会先进工作者
董贵青	2006	长江上游水土保持委员会	长江上中游水土保持重点防治工程先进个人
姚新实	2007	国家防汛抗旱总指挥部、人社部、解放军总政治部	全国防汛抗旱先进个人
张涛	2010	国家防汛抗旱总指挥部、人社部、解放军总政治部	全国防汛工作先进个人
王军	2013	中国文化研究院	中国梦和谐华章优秀成果一等奖
南浩良	2015	中国民主建国会、中央委员会	民建全国优秀会员
岐宁	2016	长江流域渔业资源管理委员会、珠江流域渔业管理委员会	2016 年度长江珠江流域禁渔期执法管理工作先进个人
王铄	2017	国家知识产权局	沙棘节水灌溉系统实用新型专利

姓名	时年	单位	称号
王铄	2017	国家知识产权局	大果沙棘定根高效灌溉装置实用新型专利
岐宁	2017	农业部	“亮剑 2017”系列渔政专项执法行动工作成绩突出的个人

二、省级表彰个人（截至 2020 年）

姓名	时年	单位	称号
侯立志	1984	陕西省水利厅	1983 年抗洪抢险先进个人
武加正	1990	陕西省水利厅	全国渔业基础设施调查一等奖
石雪泰	1990	陕西省水利厅	陕西省水利系统科技开发二等奖
樊更寅	1990	陕西省水利厅	陕西省农村供水先进工作者
杨志富	1991	陕西省水利厅	全省水利工作先进个人
张毓德	1991	陕西省水利厅	陕西省治理旱涝盐碱中低产田初步规划一等奖
张毓德	1991	陕西省水利厅	商洛地区治理渍涝盐碱中低产田初步规划二等奖
刘志善	1992	陕西省水利厅 陕西省人事厅	全省水土保持先进工作者
段心堂	1992	陕西省水利厅 陕西省人事厅	全省水土保持工作先进个人
武加正	1994	陕西省水利厅	全省年报汇总一等奖
李剑	1995	陕西省人民政府	陕西省农业技术推广成果二等奖
王英立	1995	陕西省人事厅 陕西省水利厅	1994—1995 年度全省水政水资源管理先进个人
赵巨刚	1995	陕西省人事厅 陕西省水利厅	全省水利系统先进工作者
任永海	1995	陕西省人事厅 陕西省水利厅	全省水利系统先进工作者
侯立志	1996	陕西省水利厅	全省水利系统水利管理先进工作者
王元祥	1997	陕西省水利厅	水利管理工作先进个人
王英立	1998	陕西省水利厅	商洛地区“中长期供水计划”成果一等奖
武加正	1999	陕西省水利厅	全省渔业技术推广先进个人
张青山	1999	陕西省人事厅 陕西省水利厅	陕西省县城供水 1998 年度先进工作者

续表

姓名	时年	单位	称号
张根录	1999	陕西省人事厅 陕西省水利厅	陕西省县城供水 1998 年度先进工作者
张书会	1999	陕西省人事厅 陕西省水利厅	陕西省县城供水 1998 年度先进工作者
王怀祥	2000	陕西省水利厅	全省水利经济年报统计先进个人
王贵强	2000	陕西省水利厅	陕西省 1999 年度优秀水利（水电）局长
王英立	2001	陕西省水利厅	全省水资源管理先进个人
姚新实	2001	陕西省水利厅	全省县城供水工作先进个人
张新中	2002	陕西省水土保持局 陕西省人事厅	全省水土保持先进工作者
刘志善	2003	陕西省水利厅	全省水政工作先进个人
张天敏	2003	陕西省水利厅	全省水土保持工作先进个人
杨晓伟	2003	陕西省水利厅 陕西省人事厅	县城供水十佳先进工作者
李松山	2003	陕西省水利厅	全省水资源管理工作先进个人
王岳锋	2004	陕西省水利厅	全省优秀水利局局长
林青峰	2004	陕西省防汛抗旱 总指挥部	2003 年度抗洪抢险先进个人
李浩存	2004	陕西省水利厅	2003 年度河道水库管理先进个人
刘志善	2004	陕西省水利厅	全省优秀水利局局长
闫莉（女）	2004	陕西省水利厅	全省水利财务审计工作先进个人
孙跃进	2004	陕西省水利厅	全省水库管理先进工作者
李小军	2004	陕西省水利厅	2003 年度全省渔业工作先进个人
刘文	2005	陕西省人事厅 陕西省水利厅	2000—2004 年度农村饮改水项目先进工作者
林青峰	2005	陕西省水利厅 陕西省人事厅	2003—2004 年度农村饮改水项目先进个人
陈逢（女）	2005	陕西省水利厅 陕西省人社厅	陕西省 2000—2004 年度农村饮用水项目管理先进工作者

续表

姓名	时年	单位	称号
张宏斌	2005	陕西省水利厅	2004 年度全省优秀水利（水务）局长
苏渊明	2005	陕西省水土保持局	全省水土保持工作先进个人
董贵青	2006	陕西省水土保持局	全省水土保持工作先进个人
孙跃进	2006	陕西省水利厅	全省水利工程建设管理先进个人
陶刚	2006	陕西省水利厅 陕西省人事厅	2003—2005 年度全省县城供水先进个人
张天敏	2007	陕西省水利厅	全省优秀水利局局长
林青峰	2008	陕西省水利厅	2007 年度全省优秀水利（水务）局长
阮荣全	2008	陕西省水利厅	2007 年度全省优秀水利（水务）局长
张宏军	2008	陕西省水利厅	全省水利经济先进个人
李浩存	2008	陕西省水利厅	2007 年度水库管理先进工作者
孙跃进	2008	陕西省水利厅	全省水利经济工作先进个人
侯涛	2009	陕西省人民政府	优秀应急值守员
武加正	2009	陕西省水利厅	全省渔业工作先进个人
刘文	2009	陕西省水利厅	全省水利建设管理先进个人
吴淑芳（女）	2009	陕西省水利厅	2008 全省水利系统政务信息工作先进个人
贾小妮（女）	2009	陕西省总工会	全省共铸理想信念、共促科学发展主题教育之“我和我的祖国”征文活动中，荣获三等奖
李雅丽（女）	2009	陕西省水利厅	2005 年第四季度新增水利投资项目建设先进个人
李小军	2009	陕西省水利厅	全省水产技术推广先进工作者
姚新实	2010	陕西省水利厅	全省水利工程 2009 年度渔业工作先进个人
岐宁	2010	陕西省水利厅	管理体制改革工作先进个人
樊明涛	2010	陕西省水利厅	全省优秀水利局局长
马金祥	2010	陕西省水利厅	全省优秀水利局局长
张会亭	2010	陕西省水利厅	陕西省 2009 年度渔业执法先进个人

续表

姓名	时年	单位	称号
樊更寅	2010	陕西省水利厅	五五普法先进个人
武加正	2011	陕西省水利厅	全省渔业工作先进个人
武加正	2011	陕西省水利厅	陕西省水利科技成果奖一等奖
廖传林	2011	陕西省水利厅	陕西省水利科技进步奖一等奖
黄晓波	2011	陕西省水利厅	陕西省水资源管理先进个人
樊明涛	2011	陕西省军区政治部、陕西省防总、陕西省人社厅	陕西省防汛抗旱先进个人
李小军	2011	陕西省水利厅	2010 年度全省渔业工作先进个人
郭大民	2011	陕西省防汛抗旱总指挥部、陕西省人力资源和社会保障厅、中国人民解放军陕西省军区政治部	全省防汛抗旱先进个人
武加正	2012	陕西省人民政府	陕西省农业技术推广成果奖一等奖
武加正	2012	陕西省人民政府	陕西省农业技术推广成果奖二等奖
廖传林	2012	陕西省水利厅	全省渔业工作先进个人
廖传林	2012	陕西省人民政府	陕西省农业技术推广成果奖一等奖
刘尚忠	2012	陕西省水利厅	陕西省水利风景区建设与管理先进个人
刘尚忠	2012	陕西省水利厅	陕西省库区移民工作先进个人
王怀祥	2012	陕西省水利厅	全省水利宣传先进个人
白鹏梅（女）	2012	陕西省水利厅	2001 年度全省水产技术推广工作先进个人
李小军	2012	陕西省水利厅	2011 年度全省水产技术推广工作先进个人
黄华忻	2013	陕西省水利厅	陕西省献身负责，鞠躬尽瘁水利人
薛鹏涛	2013	陕西省水利厅	陕西省水利系统水政工作先进个人
王军	2014	陕西省水利厅	全省水利系统领导干部优秀调研成果三等奖
武加正	2014	陕西省水利厅	全省水利系统领导干部优秀调研成果三等奖
罗伊辰（女）	2014	陕西省水利厅	全省水利系统领导干部优秀调研成果三等奖

续表

姓名	时年	单位	称号
姚新实	2014	陕西省水利厅	全省水利前期工作先进个人
王铄	2014	陕西省水利厅	全省水利科技工作先进个人
武加正	2015	陕西省水利厅	全省渔业工作先进个人
高永建	2015	陕西省水利厅	全省“十二五”优秀防汛抢险专家
王力强	2015	陕西省防汛抗旱总指挥部	全省“十二五”优秀防汛抗旱工作者
孙侃记	2015	陕西省防汛抗旱总指挥部	全省“十二五”优秀防汛抗旱工作者
陈向阳	2015	陕西省防汛抗旱总指挥部	全省“十二五”优秀防汛抗旱工作者
南浩良	2015	民建陕西省委员会	在纪念民建成立70周年暨陕西省委员会成立32周年大会上被授予“优秀会员”
张增运	2015	陕西省水利厅	全省“十二五”优秀防汛抗旱办主任
李小军	2015	陕西省水利厅	2012—2014年度全省渔业工作先进个人
王贵生	2015	陕西省防汛抗旱总指挥部	全省“十二五”优秀防汛抗旱办主任
武加正	2016	陕西省水利厅	全省渔业工作先进个人
吕伟宏	2016	陕西省水利厅	全省水利风景区建设与管理工作先进个人
罗伊辰	2016	陕西省水利厅	全省水利系统领导干部优秀调研成果三等奖
姚新实	2016	陕西省水利厅	全省水利系统领导干部优秀调研成果一等奖
冀录运	2016	陕西省水利厅	陕西省水利厅“六五”普法先进个人
张普	2016	陕西省水利厅	陕西省水利厅“六五”普法先进个人

三、丹江流域高级职称以上技术人员统计表（截至2020年）

序号	地市（县区）	姓名	性别	工作单位	现技术职称	专业
1	商洛市	李占齐	男	商洛市水利局	高级工程师	水利水电、水文地质
2	商洛市	罗伊辰	女	商洛市水利局	高级工程师	水利水电工程
3	商洛市	董贵青	男	市水土保持工作站	高级工程师	水土保持工程
4	商洛市	宋扬	男	市水土保持工作站	高级工程师	水土保持工程

续表

序号	地市（县区）	姓名	性别	工作单位	现技术职称	专业
5	商洛市	陶刚	男	市水土保持工作站	高级工程师	水土保持、水利水电工程
6	商洛市	白雪	女	市水土保持工作站	高级工程师	水利水电工程
7	商洛市	何晓维	女	市水土保持工作站	高级工程师	水利水电工程设计
8	商洛市	李雪鹏	男	市水土保持工作站	高级工程师	水土保持工程
9	商洛市	陆斌	男	市水土保持工作站	高级工程师	水土保持工程
10	商洛市	李治民	男	商洛市水电勘测设计院	高级工程师	水利水电工程
11	商洛市	赵伟伟	男	商洛市水电勘测设计院	高级工程师	水利水电工程
12	商洛市	任云平	女	商洛市水电勘测设计院	高级工程师	水利水电工程
13	商洛市	沙盼盼	男	商洛市水电勘测设计院	高级工程师	水利水电工程
14	商洛市	卢晓宏	男	商洛市城乡供水工作站	高级工程师	农田水利工程
15	商洛市	刘文	男	商洛市水利工程质量监督站	高级工程师	水利水电工程
16	商州区	张鹏涛	男	商州区水政监察大队	高级工程师	农田水利工程
17	商州区	任新星	女	商州区水保站	高级工程师	水土保持工程
18	商州区	杨建国	男	商州区水利局	高级工程师	水利水电工程
19	商州区	南浩良	男	商州区水保站	高级工程师	陆地水文工程
20	商州区	李雅丽	女	商州区水利站	高级工程师	水利工程
21	商州区	陈永朋	男	商州区水利站	高级工程师	水利工程
22	丹凤县	许玉成	男	丹凤县水政监察大队	高级工程师	水利水电工程
23	丹凤县	王欢	男	丹凤县水利局	高级工程师	农田水利工程
24	丹凤县	雷锋涛	男	丹凤县水土保持工作站	高级工程师	水土保持工程
25	丹凤县	张喜云	女	丹凤县水利工作站	正高级工程师	农田水利、造价工程
26	丹凤县	段炜	女	丹凤县水利工作站	高级工程师	水土保持工程
27	丹凤县	张利娜	女	丹凤县水利工作站	高级工程师	水土保持工程

续表

序号	地市（县区）	姓名	性别	工作单位	现技术职称	专业
28	商南县	万根林	男	商南县水利局	高级工程师	陆地水文
29	商南县	王启明	男	商南县水利局	高级工程师	水利工程
30	商南县	胡辉	男	商南县水政监察大队	高级工程师	水利工程
31	商南县	赵春霞	女	商南县水利工程质量监督站	高级工程师	水利水电工程
32	商南县	谢艳	女	商南县电气化办	副高级工程师	水利水电工程
33	商南县	郝伟	男	商南县水土保持工作站	高级工程师	水土保持工程
34	商南县	周瑞喜	男	商南县水保站	高级工程师	农田水利工程
35	山阳县	王光成	男	山阳县城乡供水管理站	高级工程师	水工建筑工程
36	山阳县	王小芳	女	山阳县水土保持工作站	高级工程师	水利水电工程
37	山阳县	程新转	女	山阳县城乡供水管理站	高级工程师	水利水电工程
38	山阳县	雷元成	男	山阳县水利工作站	高级工程师	水利水电工程
39	山阳县	岐家社	男	山阳县水土保持工作站	高级工程师	水土保持工程
40	山阳县	谷博	男	山阳县水利工程质量监督站	高级工程师	水利水电工程
41	商洛市	杨碧波	女	商洛水文中心	副高级工程师	水文水资源
42	商洛市	张奕华	女	商洛水文中心	副高级工程师	勘测与设计
43	商洛市	陆琪	男	商洛水文中心	副高级工程师	水文水资源
44	商洛市	孙学军	男	商洛水文中心	副高级工程师	水文水资源
45	商洛市	耿卫强	男	商洛水文中心	副高级工程师	水利水电工程
46	商洛市	贺新渭	男	商洛水文中心	副高级工程师	水文水资源
47	商洛市	徐建平	男	商洛水文中心	副高级工程师	水文水资源
48	商洛市	胡微	男	商洛水文中心	副高级工程师	水文水资源
49	商洛市	张继辉	男	商洛水文中心	副高级工程师	水文水资源

注：本表出自《商洛市水利志》。

大事记

地质考察表明，丹江流域原是一片大海。2亿年前，随着印支地壳运动，秦岭逐渐抬升，海水最后退出，沧海形成桑田。

约100万年至75万年前

据现代考古科学推证，在约100万年至75万年前，丹江流域气候温暖、湿润，林木茂盛，秦岭山脉尚未完全升起，山势平缓。这里是远古最早直立人生息的地方。

三皇五帝（约前2800年至前2500年）

尧率部南征，战于陕西省商县、丹凤、商南三地之丹水。南蛮降。

夏

虞舜时期，契佐禹治水有功，帝舜封契于商，即商国（商国以今陕西省丹凤县商山得名）。

大禹治水经商山，真行子出降，曾授禹《九畴书》及《灵宝五符治水真文》。契因“佐禹治水有功，封于商，赐姓子氏”遂有“商国”（商国以今陕西省丹凤商山得名）（《史记·殷本纪》《水经注》《括地志》等）。这些史料，虽见于典籍，然乏实证，故存以供参考。

禹治丹水，使之东流。

春秋

丹江流域仰韶文化、龙山文化遗址、紫荆遗址等表明，6000年前就有人类在丹江岸边生息繁衍。

春秋时期，丹凤县龙驹寨即为水旱码头，据成书于战国初的《禹贡》说，古时荆州贡赋送冀州，多自长江溯汉水而上，从老河口入丹江至龙驹寨，换成陆运到卢氏转输冀州。

西周

周元王六年（前470年）

丹水绝，三日不流。此为商州最早记载之干旱。

东周

楚国大琴师俞伯牙游龙驹寨，在寨西北的高山上弹琴，创作出了万世不朽的名曲《高山流水》，此山后被誉名“伯牙山”。相传《高山流水》曲有呼风唤雨之奇，后世龙驹寨、商镇一带人祈雨都要到伯牙山去。

秦汉

秦孝公二十二年（前340年）

秦封卫鞅为列侯，号商君，享有封地十五邑（在陕西商州至河南内乡一带）。商鞅在商於推行变法，废井田，开阡陌，整修河道。丹江沿岸，开始出现“土润而腴”“亩产一钟”的肥沃良田。卫鞅因功卓著被封于商於，卫鞅改称为商鞅，封邑在商邑城（今龙驹寨镇古城村）。商鞅率众从老君河修渠引水灌溉农田，因商鞅号“商君”当地人称“商君渠”。

秦始皇帝十一年（前 236 年）

大旱，商州六月至八月乃雨。

秦始皇帝二十八年（前 219 年）

秦始皇东巡至南郡，经丹凤县武关过龙驹寨返回咸阳。相传因食武关河鳖而龙心大悦，令武关河鳖为贡品。

汉代，丹凤张垣大渠建成（后扩建），灌田 650 亩（水田 530 亩，水浇地 120 亩）。

汉高后三年（前 185 年）

丹水大溢，淹没田禾。此为商洛境内最早记载之水灾。

汉永初三年（109 年）

虞诩奏：“雍州之域……固渠以溉，水舂可漕，用功省力而军粮饶足。”此奏说明，当时雍州之丹江，可能已使用水碓(水碓是一种用水力推动轮轴来打动舂碓的水力舂米机)。

汉兴平元年（194 年）

七月商州大旱，四月至七月不雨，谷一斛值钱 50 万。

西晋

西晋怀帝永嘉三年（309 年）

大旱，丹水枯竭，行人提鞋可过。

隋唐

唐武德六年（623 年）

蓝田颜旭，商州开渠引商山水入京城，即史家所谓“商山运河”。

唐贞观四年（630 年）

六月，上洛及商州大水成灾。

唐永徽五年至六年（654—655 年）

六月、七月，上洛和商州各地普遍大水。

唐咸亨元年（670 年）

自丹江送米百万石，以实京师。

唐神龙元年（705 年）

商州西岩寺修渠，并立渠碑，碑高三尺，隶书。其碑明弘治中犹存其半，清初乌有，山额尚有渠迹。此为商洛有文字记载修渠之始。

唐景龙三年（709 年）

襄州刺史崔湜，向皇帝建言，秦岭山南可引丹水通漕至商州，自商凿山出石门，抵北蓝田，可通挽道，以缓解当时关中人口剧增粮食运输之困难。中宗以崔湜为使，役徒数万，死者十五，所开新道通。

唐永泰二年（766 年）

京兆尹黎干再次开凿商山运河。

唐中和三年（883 年）

黄巢退兵由水路过商南。丹江已成为我国中部接近长安的 3 条重要水路交通之一。“安史之乱”以后，淮西运输受阻，水利转运使刘晏聚淮粟棉，从汉江转走丹江，过商南后，由丹凤龙驹寨走陆路到长安。

宋代

宋建隆元年（960 年）

初夏至次年春，商州遭鼠灾，禾苗几尽。此为商洛有文字记载之最大鼠灾。

宋淳化二年（991 年）

三月，商州霜，草木皆死。此为商洛最早有记载之霜害。

北宋淳化二年（991 年）

诗文革新运动的拓荒者王禹偁，被贬官商州任团练副使 550 日，在商山、龙驹寨游历时写下了《商山》《丹水》等诗作。

宋淳化四年（993 年）

二月，上洛大雪，民多冻死。同年夏，又大旱。

宋景德四年（1007 年）

丹江航运通。

宋皇祐五年（1053 年）

欧阳修上《漕河议略》，向朝廷建言“道丹、淅而入长安”。通过丹江航运，将南方战略物资运入长安，发放至边疆。

元代

元至元二十五年（1288 年）

五月，商州大旱，丹水断流，饿殍载道。

元末，由于蒙古族统治者对汉人和南人实行压榨政策，加上长期兵燹四起，水灾、旱灾、蝗灾频仍，瘟疫横行，人口大减，户不满千。

至正十六年（1356 年）

红巾军绕武关乘舟逼近长安。

明代

明初，商州境内修山泉渠，灌田 37 顷 40 亩 6 分。

明洪武二年（1369 年）

商州大旱，民大饥，逃亡甚众。

明洪武十七年（1384 年）

九月，商州大旱，禾苗多枯。

明洪武二十一年（1388 年）

明太祖朱元璋在山西洪洞县大槐树附近建立移民局，部分移民迁徙商南县境内的城关、富水、曹营、湘河、清油河一带，所到之处插标为界，打井取水，垦荒种地，繁衍生息。

明天顺八年（1464年）

商南久旱不雨，全年大饥，人相食。

明成化元年（1465年）

商州大饥，人相食。

明成化二十二年（1486年）

商州大旱，河水尽涸。

明正德间（1506—1522年）

商州修普济渠，州北，引黄沙岭水，合大云山少峪、西平二泉，为砖渠，通入城市。

明嘉靖二年（1523年）

商南知县郝宗儒拓西城墙2里，高2丈，护城河深6尺，宽1丈。

明嘉靖十二年（1533年）

冬，商南大雪奇冷，花木多被冷死。

明万历六年（1578年）

商州及属县，按大学士张居正之议，对境内田地进行丈量。越四年丈量完结，全州时有耕地1690顷。在此之前，商州多行“畬田”，田亩向无确数，耕地皆以百尺长绳量之，曰：“某家种得若干索，以为田数”。

明万历四十六年（1618年）

六月六日，丹凤龙驹寨开埠通商。时以大水排除了丹江河道月日滩江心大石，丹江航运通畅，龙驹寨水旱码头日兴。7月，龙驹寨、商南雨涝成灾，民大饥。

明天启三年（1623年）

三月，著名地理学家徐霞客由洛南进入老君河，经龙驹寨、竹林关、梳洗楼，考察丹江水运。六月，商南雨雹成灾。

明天启四年（1624年）

商州夜村冰雹，民房悉被击碎，禾苗为泥。

明崇祯四年（1631年）

商地大旱，斗米银价4两，饥民群相抢劫，粮差无出，官吏棘手。三月至八月，商南大旱不雨。

明崇祯十二年（1639年）

天降雨雹，地上积存厚达尺余，麦禾尽没。

明崇祯十三年（1640年）

商州连年大旱，斗米值银2两。而山外旱灾更甚，来商趁食者达数十万众，沿途抛妻卖子，饿死无数，长官令掘“万人坑”瘗之。各县饿盗四起，官衙民舍多成灰烬。

清代

清顺治十一年（1654年）

六月八日，商州地震，房屋多坏。同年，天降大雨雹，堆积城东，人不能行。

清康熙年间（1662—1722 年）

棣花凿岩引水，因上下居民争执未成。

清康熙四年（1665 年）

知州王廷伊主编的《续修商志》的商州八景十观中有龙驹寨的“鸡冠插汉”“龙潭飞瀑”“商山雪霁”。

清康熙三十二年（1693 年）

关中灾荒，将襄阳仓米水运 20 万石至龙驹寨，转运西安。

清康熙五十九年（1720 年）

关中再荒，再次将湖广、荆州等地仓米 11 万石，历程 2600 多里水运至龙驹寨，转至西安。

清雍正十一年（1733 年）

派商南县丞张恒，修竹林关至梳洗楼丹江航道。调荆州、襄阳仓米到龙驹寨，转运西安。

清乾隆二年（1737 年）

商州歉收，知州购河南粟米 1088 石，由丹江航运至龙驹寨，转运至商州。

清乾隆初（1736—1752 年）

商州知州许惟权（江苏江宁人），教民灌田，民获其利。

清乾隆九年（1744 年）

《直隶商州志》载，老君河引灌稻田七八顷。

清乾隆十一年（1746 年）

商南县署将丹江渡口徐家店、普峪河、太吉河等处收为官渡，湘河、耀岭河、庙沟街等处设为义渡。

清乾隆十三年（1748 年）

因丹江险滩严重碍航，商州知州许惟权用银 405 两 2 钱，疏通龙驹寨至竹林关航道，共疏通险滩 24 处，历时 3 年竣工。用银 400 多两。又以银 240 两，买水田 12 亩，收取租息，用以维护，从而保证寨河顺利通航。

清乾隆二十二年（1757 年）

商州知州罗文思，推广水稻“育苗插秧”法，获得丰收。从此，商州水稻由直播改为育秧栽种，亩产成倍增加。

清乾隆二十四年（1759 年）

商州知州罗文思（四川合江人），查明原址，倡捐工本，动工重修棣花渠。由于农民协力，终于水到渠成，灌田百余亩。

清乾隆二十六年（1761 年）

朝廷设商州州同（协助知州管理河道、水利的官吏），令其住龙驹寨。

清乾隆末（1795 年）

山地为川楚客民开垦殆尽，梯田有至数十层者。

清嘉庆元年（1796年）

山阳县银花河（丹江支流）修渠数条，可灌溉水田、旱地。

清嘉庆十一年（1806年）

商南大雨成灾。

清嘉庆十四年（1809年）

春、夏，商南雨雹成灾。

清嘉庆二十年（1815年）

始建船帮会馆——明王宫（平浪宫）。

清道光二十八年（1848年）

春，商南蝗虫成灾。秋大旱，粮无收。

清道光三十年（1850年）

汉口邮电总局在龙驹寨设立分局（邮）。这是商洛最早的邮电局（商州邮政代办所是清光绪二十八年设立的）。同年，英商买办韩福泰从武汉来龙驹寨，在中街开设福泰洋行。此为外商进入龙驹寨之肇始。

清咸丰二年（1852年）

秋，阴雨不绝，丹江水入小南门，冲塌大清观及民房数百间。

清咸丰四年（1854年）

秋，飞蝗蔽日，禾稼尽伤。

清咸丰十年（1860年）

清廷委郧阳府黄道台来龙驹寨，设立百货厘金总局（称厘金局），龙驹寨厘金收入曾居“全陕之冠”。

清光绪二年至三年（1876—1877年）

商州、丹凤、商南等县，春夏大旱，丹江断流，井水枯竭，禾苗尽枯，三料未收，民大饥，饿殍遍野，人相食，死者十之二三。商州百姓暗传鸡毛、传贴，头绑黄表、手持火把、扫帚、榔头、铁锨向官府交农具（后人称“交农运动”），并烧毁直隶州黄照临所修的庙宇。清廷由豫、楚调运赈灾粮食69396包，由荆紫关水运至龙驹寨，旱运西安，给商州留粮6296包。

清光绪八年（1882年）

夏，商南冰雹成灾。秋，丹江横溢，洪水自南门入商州城，城之西南隅尽成泽国，并由此积水成湖。知州李素损俸银850两，并召集士绅王安吉、潘光裕、叶大观等募捐，修土堤78丈、石堤118丈，沿堤植柳，费钱14291缗有奇。堤内成稻田120余亩，并于水门口筑月堤，以防洪水泛滥入城。

清光绪十六年（1890年）

春夏，商南雨雹成灾，民饥荒。

清光绪十七年（1891年）

龙驹寨船帮会馆继咸丰、同治修葺后，再次重修明王宫。其建筑兼具南秀北雄风韵，尤以透雕镂刻著称，居商地建筑工程之冠（字梁枋）。

清光绪二十一年（1895 年）

龙驹寨设立电报局，比商州电报局早 32 年。

清光绪二十六年（1900 年）

八国联军攻占北京。九月二十九日，慈禧太后同光绪皇帝到陕西，遂在龙驹寨设置清江航运分局，由荆襄一带运输米包，经丹江水运至龙驹寨，转运西安。此举被称为“两宫西幸之第一筹划”。

清光绪二十七年（1901 年）

五月八日晚，降大雨，丹江丹凤县龙驹寨河段洪峰流量高达 3020 立方米每秒，人畜伤亡惨重。

清光绪二十八年（1902 年）

知州尹昌龄创办商州中学时，每年提取龙驹寨骡马店帮斗银共计四千余两，用作学校常年经费来源。

清宣统元年（1909 年）

夏，商南大雨成灾。

清宣统二年（1910 年）

由陈家村陈兆绪（八先生）首倡，在龙驹寨南门外，沿昔日河修筑河堤，可护水田 600 亩，然未等竣工，已被水毁。

清宣统三年（1911 年）

由龙驹寨商会会长李中业等发起，通过南阳传教士安西曼的徒弟华国文，引进意大利先进酿造工艺，在龙驹寨集股办起西北最大的葡萄酒厂——陕西省龙驹寨美利葡萄酒公司。此为龙驹寨引进国外技术之始，即今丹凤葡萄酒厂的前身。

同年，马骧由西安返回龙驹寨，组织同盟会分会，宣传孙中山制定的党纲党义，农历九月初，在辛亥革命陕西新军宣告独立的影响下，三合会龙驹寨首领姚正、夏鸣岗、董全生联合周围首领，组织 300 多人，持大刀长矛在花庙操练，于十三日（11 月 3 日）宣布反正（恢复汉制），围攻龙驹寨州同衙门，迫令交出大印，接管巡警总局、厘金局、州同衙门等机构，最终推翻清政府在龙驹寨的统治。至此，龙驹寨协助管理水利、河道的州同衙门停业。

中华民国

民国三年（1914 年）

7 月，商州、丹凤境内冰雹成灾。

民国五年（1916 年）

丹凤武关南坪渠竣工，渠长 2.5 千米，引水流量 0.3 立方米每秒，灌溉面积 185 亩。新中国成立后扩大，灌溉面积 382 亩。

民国八年（1919年）

丹凤武关河水与银花河水暴涨，武关河武关西河村段最大流量达2370立方米每秒，银花河竹林关段达2850立方米每秒，淹没损失惨重。夏，商南大雨，河水暴涨，商南县城城墙2处倒塌30余丈，次年修复。秋，阴雨连绵成灾，商南知县罗传铭筹款筹粮，赈济灾民。

民国九年（1920年）

春秋大旱，商南、丹凤病死饿死者甚多。夏，丹凤府君庙北保河湾，旧有水旱地1000余亩，道光时对岸蒲峪沟山洪暴发，冲毁北岸河堤，河湾地亩冲压殆尽。于炳瀛、王维翰等呈请水利局拨款新修，费钱136000余串，成堤5里许。上自拉林子，下至寺沟口，筑石堤400余丈，堤外钉木桩500余根，植柳万株，成地800余亩。

民国十年（1921年）

丹江丹凤龙驹段洪峰流量3440立方米每秒，水灾奇重，树皮为之食尽，死者相属于道。

民国十二年（1923年）

商南县境内已修渠34条，灌地1700亩。

民国十三年（1924年）

省府派视察员钱元视察农桑，倡筑丹凤老君、龙驹寨渠（可灌田四五顷）。

民国十八年（1929年）

春、夏之交，丹江大旱成灾。6—7月，又为水灾，三料歉收。民食树皮草根，路有饿殍。

民国二十年（1931年）

7月2日，设立商县雨量站。夏，商南境内大雨成灾。

民国二十一年（1932年）

农历二月豫匪李长有，纵匪在龙驹寨烧杀掠抢，商务日渐萧条，码头船只减少，水运一蹶不振。7月，商县城区及城东霍乱流行，8700余人丧生。

民国二十二年（1933年）

5月，商南石佛湾上庄、东西寨沟等地降冰雹，大如卵，打死55人，耕牛70余头，麦苗树木多毁。

9月29日，国民党陕西省水利局，督促商南县派人到省局领取器材，设立商南县雨量站。

民国二十四年（1935年）

6月6—9日，大雨骤降达6小时，河水突涨，丹江丹凤龙驹段洪峰流量为3040立方米每秒，水稻几绝。

7月3—8日，商县、丹凤暴雨倾盆，丹江水入小南门，民房倒塌298间，丹江及南秦河两岸山洪成灾。

民国二十五年（1936年）

丹凤县老君河西惠渠竣工。

民国二十七年（1938年）

4月6日，商县两岭、丹凤龙驹等地冰雹，霎时如雪盖地。雹有大如小碗者，不少人畜毙命。同年秋涝，月余不开天，丹江大溢，冲毁武关大桥。

同年秋，莲湖公园建成，一时成为商县城区最佳休憩之地。斯湖位于城西南隅，东西长一里许，南北宽百余丈，曲栏亭榭，错落有致。湖外绿树掩映，水面广种莲花。

民国二十八年（1939 年）

对历年被冲各堤暨应修渠堰拟具修筑计划，编制预算。9 月，洪水成灾，商南渚油河钢筋混凝土桥梁被洪水冲断。

民国二十九年（1940 年）

丹凤铁峪河新筑石堤一道，长 21.6 米，宽 2.3 米，高 1.7 米，下根子 2 米，护田 30 多亩。因西边有 3.3 米高石砌古炉一座，故名铁炉堤。

商县设立黑龙口雨量站；丹江堤防协会成立，管理商县丹江各堤防事宜，并制定出《商县丹江堤防协会组织大纲》。

彼时，商县境内拥有渠道 110 条，灌田 8820 亩。

民国三十年（1941 年）

《续修商县志稿》载，丹凤龙驹寨附近刘家河一带，凿大口井，深下过丈，用三罐汲水灌溉，栽兰种菜。制订《商县丹江堤防协会暂行组织大纲》（含丹凤县丹江沿岸各堤）。

民国三十一年（1942 年）

丹凤百顷湾丹江河堤动工，并成立河堤委员会，1948 年竣工，堤长 1100 米，用工日 16000 个，修地 500 亩。

民国三十三年（1944 年）

1 月设立商南雨量站。

6 月，商县南秦川、候塬村、杨斜、大荆等地蝗灾严重，禾苗尽遭吞食。

民国三十七年（1948 年）

丹凤百顷湾河堤竣工。

中华人民共和国

1949 年

6 月 1 日，成立丹凤县人民政府，设建设科，分管水利工作。

10 月，商洛专署成立建设科分管水利。

1950 年

2 月，丹江流域开展大生产运动，全年开荒 6789 亩，增产粮食 40.73 万千克，然而毁林过多，造成水土流失加剧。

3 月，丹江流域各县改村为乡。

1951 年

6 月，新设商县水文站；8 月，设立龙驹寨（丹凤）雨量站。

1952 年

2 月，商县开展“三反”（反贪污、反浪费、反官僚主义）和“五反”（反贿赂、反偷税漏税、反盗窃国家财产、反偷工减料、反盗窃国家经济情报）运动，同时启动农田水利基建工作。

3 月，陕西省水利局第一次派出小型水利工作组前来商洛，负责商县城郊丹惠渠测量和施工。

5 月 26 日，商县动工修建丹惠渠，同年 10 月 1 日竣工通水，渠长 8 千米，灌地 2229 亩。

7 月 26 日，商洛专区抽调各县和商县干部 1243 名，组成 10 个查田定产工作队，分赴各县区，全面开展查田定产工作，包括水塘、水井等。

12 月，丹凤龙潭渠动工修建，1953 年 5 月 1 日竣工通水。渠长 5260 米，有效灌溉面积 2131 亩。

1953 年

2 月，商洛小型水利工作组改称商洛小型水利工作队。

3 月，商洛小型水利工作队丹凤县小型水利工作组成立，高庭礼任组长。

4 月 12 日，丹凤县商君渠、东惠渠同时动工修建。

5 月 1 日，丹凤县龙潭渠竣工通水。

5 月 9 日至 9 月 14 日，丹凤县 11 个区 28 个乡 15 个村 53 个组遭到暴雨、冰雹多次袭击。

7 月 23 日，资峪北坪渠竣工，全渠长 2000 米，其中石渠 1250 米，灌溉 120 亩，共用资金 750 元（银行贷款），用工 2400 个。

7 月 30 日，商县、丹凤暴雨冲毁长坪公路商县段护路工程 32 处，桥梁 42 处，冲断路基 19 处，塌方 59 处，交通中断。

7 月 31 日至 8 月 2 日连降三场暴雨，河水起洪泛滥，丹凤县老君河出现百年一遇的洪水，洪峰流量达 509 立方米每秒，丹凤县冲毁（无地形）耕地 6375 亩，河流 647 条，房 345 间，死亡 19 人，伤 4 人。

7 月 29 日至 8 月 4 日，商县、丹凤、商南、山阳等县连降暴雨，丹江河水暴涨，洪水冲破商县南城墙水洞，冲毁农田 18.2 万亩，冲走粮食 22.5 万千克，冲毁房屋 3637 间，死亡 150 多人。陕西省人民政府拨救灾款 16 万元，发放贷款 289 万元、赈灾仓粮 13.5 万千克。

8 月 3 日，丹江流域普降大雨，柴湾洪峰流量 1590 立方米每秒。莲湖水位上升数丈，洪水冲进县城，毁房 120 余间。冲毁房屋 80441 间，受灾耕地 35509 亩，减产 255 万千克，冲走粮食 3 万千克，死伤 41 人。

1954 年

7 月 6 日至 8 月 9 日，境内阴雨连绵，河水暴涨，丹江沿岸商南县湘河、白玉、过风楼等 3 区 17 个乡洪水泛滥，灾情严重。

8 月，湘河供销社被洪水淹没，供销社主任陈元德（共产党员）只身冒险泅渡，抢救国家财产，被洪水卷走，光荣献身。

8 月 3 日，丹江流域普降大雨，商县柴湾水文站测得洪峰流量 1590 立方米每秒，洪水冲开商县水门东城墙，毁房 120 余间。8 月 11 日，又遭洪水袭击。商洛地区 89 个区 51344 户、20.38 万人遭灾，受灾耕地 11.23 万亩，粮食减产 801.86 万千克，冲毁河堤 6124 处、渠道 2945 条，倒房 4737 间，死亡 161 人。

8 月，丹凤县竹林关雷家洞发生特大山洪，因滑坡房屋被冲，人畜伤亡惨重。

1955 年

3 月 2 日至 4 月 15 日，商洛小型水利工作队对 1954 年摧毁的商县护城堤进行修复，堤长 1028 米。

4 月，商南县旱情严重，县委、县人委发动各级干部，组织群众开展以担水抢种、保墒为主的抗旱运动。

5 月 1 日，丹凤商君渠、东惠渠同时举行竣工通水典礼。商君渠可浇地 4100 亩，东惠渠可浇地 1800 亩。

6 月，商县白杨店乡于塬村建成商县第一座机械抽水站。

6 月 7 日，丹凤抗旱防汛指挥部成立，由 11 人组成，县长张文秀任主任委员。

7 月，商县推广龙骨节水车（解放式水车），首批安装水车 38 部，扩灌 973 亩。

1956 年

2 月，陕西省水利局将商洛小型水利工作队下放到商洛专署领导，改称商洛专区水利工作队。

4 月，商洛专区丹江桥和南秦桥同时开工建设，至 1958 年 11 月同时竣工。

11 月 1 日，丹凤县建设科撤销，丹凤县农林水牧局成立。

11 月，丹凤县峪惠渠竣工，可灌地 110 亩，渠长 2.5 千米。

11 月 24 日，商县利用丹惠渠水力建成第一个发电站——小赵峪发电站。

12 月，商洛专区水利局成立，由陕西省水利局直接领导。

1957 年

2 月，丹凤县、商南县小型水利工作组合并为商洛第三水利工作队，隶属地县双重领导。队长张继元（负责丹凤县），副队长刘文基（负责商南县）。

4 月，丹凤县西河寨子渠（今冠惠渠）竣工，渠长 2500 米，灌溉面积 648 亩，引水流量 0.1 立方米每秒。

7 月 25 日 15 时，丹凤县下暴雨 3 小时，冲毁公路路基，损失 3767 元。

11 月 16 日，土门香花渠动工，渠长 7070 米，可灌面积 660 亩，已投资 2100 元。后因工程量大，资金不足，1959 年停建。

11 月 27 日，商县、丹凤县水土保持委员会成立。

11 月，兰州军区驻陕某部工程兵 8038 部队，进驻商县张村街帮助地方兴修水渠。完工后水渠被命名为“军民渠”，群众在渠旁树碑赞颂“军民携起友谊手，大渠日夜水长流”。

12 月，国务院水土保持委员会奖给商县龙王庙乡人民委员会“做好水土保持，建设社会主义新山区”锦旗一面。

1958 年

1 月底，全长 10 余千米的商县会峪至夜村的灌溉工程——双惠渠完工，有效灌溉面积达 15000 多亩。

2 月，商洛地区大炼钢铁，毁林烧炭，森林植被遭到毁灭性破坏，严重劳民伤财。

同月，丹凤县武关水文站成立，观测资料始于 1959 年。

8 月 13 日，《丹江报》发表《大办食堂，食堂就是好》的社论，商县各地掀起办集体食堂的高潮，同时开展农田水利建设。

8—10 月，商南境内部分地区发生水灾，冲毁耕地 21808 亩，淹涝秋田 38523 亩。损失、浪费粮食 20595 千克，霉坏红薯 24.5 万多千克。政府发放救济款 11474 元，寒衣 2600 件。

商南县掀起以平整土地、兴修水利、扩大灌溉面积为主的农田基本建设。

10 月，龙潭水电站建成发电，为法兰西式水轮机，水头 31.5 米，流量 0.3 立方米每秒，装机容量 75 千瓦（后改为 100 千瓦），完成土石 2000 立方米，用工 1.2 万个，投资 13 万元，照明 2460 户，丹凤县城第一次用上电灯。1975 年大电网到后停产。商南县赵川街水电站建成发电，装机容量 10 千瓦。

12 月，商县、丹凤县、商南县撤销，农林水牧局也同时撤销。

同月，茶房搬庄沟陂塘竣工，坝高 13.69 米，库容 4 万立方米，可灌面积 450 亩。茶房万湾西沟渠竣工。渠长 3 千米，比降 1/500，引丹江水，有效灌溉面积 334 亩，保证 117 亩。武关北大渠建成，渠长 6.5 千米，灌溉面积 160 亩。张垣电站建成，1969 年更换了水轮机（轴流定浆式）。该站引用张垣大渠，水头 7 米，流量 0.9 立方米每秒，装机容量 75 千瓦（后改为 48 千瓦），共投资 5.6 万元，1982 年 4 月因机组磨损及引水困难停产。

12 月 1 日，国务院总理周恩来奖给商县龙王庙生产大队牌匾一面，肯定了山区农业水利生产基本建设的方向。

1959 年

春，商县、丹凤、商南“大跃进”中兴办的绝大多数厂矿和水利工程纷纷“下马”，“大兵团作战”“挑灯夜战”等军事化劳动方式收敛，农村实行“劳逸结合”。

5 月，商镇电站建成，为 80 型木制旋桨式水轮机，引丹江水，流量 2.5 立方米每秒，水头 3.5 米，装机容量 48 千瓦，投资 7 万元，电渠可灌面积 1100 亩，照明 500 户，1975 年大电网到后停产。

夏，丹凤县棣花雷家坡抽水站成立，动力为 58.8 千瓦柴油机，扬程 20 米，灌溉面积 283 亩，1977 年 3 月改为 2 台电配（电动机为 55 千瓦及 40 千瓦），扬程 50 米，投资 2.4 万元，灌溉 840 亩。

丹凤县龙驹刘家涧抽水站建成，动力为 14.7 千瓦柴油机，佩戴水泵为 4L－12A，扬程 27 米，灌溉面积 97 亩，龙潭水库南干渠通此，站撤。茶房巩家湾抽水站建成，动力为 44.1 千瓦柴油机，配带水泵为 8L－13A，扬程 28 米，灌溉面积 75 亩。1979 年 8 月改为配电（40 千瓦），扬程 54 米，灌溉面积 300 亩。茶房乡李家湾抽水站建成，动力为

40千瓦柴油机，配带水泵为8L－13A，扬程28米，灌溉面积172亩。1965年改为水轮泵站。

6月下旬，商县金陵寺、黑龙口、城关、北宽坪、杨斜等公社遭冰雹袭击，45个生产队受灾。

11月5日，商南县抽调1330名民工，参加商（县）山（阳）公路的修筑。同月，湘河公路红鱼渡口建造的本县第一艘木制汽车渡船下水营渡。入秋以后，商南县百日大旱，政府动员6.4万人，修渠、抽水、担水浇地。

12月，商县王山底水库破土动工，县长吕成科担任总指挥。丹凤商镇丹江河堤竣工；龙驹丹江河堤竣工；茶房四方岭渠竣工，渠长3千米，建筑物14座，灌溉面积589亩；寨子沟水库竣工，该工程1958年动工，库容18万立方米，坝高15米，可灌面积400亩；李家湾稻田渠竣工，1958年动工，渠长2250米，灌溉面积120亩。

12月，丹凤天桥沟水库竣工，坝高19米，库容18万立方米，灌溉面积300亩，1972年又加高坝2米，增加库容8万立方米；桃园野孤沟陂塘建成，坝高13米，总库容6万立方米，可灌溉300亩；大峪淹岭改河工程竣工，修河滩地126亩。

12月，陕西省水文总站在丹江沿岸设立程家坡中心水文站，辖程家坡、丹凤、武关、南宽坪、青泥湾、鱼河等6个水文站。

1960年

3月，丹凤县竹林关新华渠由于工程进度缓慢，资金不足，加之当时体制下放，迫使下马停建，全长15千米，投资2700元，灌溉面积2000亩。

3月5日，为了度过灾年，商南县委要求“充分利用零星地，开展‘七种二采’运动”（每户种1亩春菜、1分洋芋、100窝南瓜、100窝豆、100窝高粱、半亩苜蓿；每户采500千克野菜、50千克淀粉）。各地干部群众食用粮严重不足，采取以瓜菜顶替缺粮部分，借此度灾年。

4月，商南县综合厂（现机电设备厂前身），仿制出15K水泵2台，1千瓦直流发电机1部。同月，白玉公社由9只木制货船成立第一个集体船队，在丹江航道上营运。

6月23日，商县王山沟水库完成大坝主体工程。坝高31.5米，总库容140.7万立方米，投资48万元，投工日123万个，完成工程量32万立方米。

夏至秋，百日大旱，丹凤水文站实测丹江最枯流量为0.04立方米每秒，旱情遍及商县、丹凤、商南，受灾面积达77.94万亩。

8月，商洛地区开办水利学校，招生50名，后因精简机构，学校停办，学生转入陕西省武功水利学校就读。

同月，丹凤茶房乡两岭抽水站建成，动力为54千瓦柴油机，配带水泵为4K－8，扬程47米，灌溉面积266亩，1965年改为水轮泵站。

1961年

5月8日，商县南普降冰雹达26分，最大直径8.3厘米，108482亩农田受灾，夏粮减产268万千克，受灾地区民房普换屋瓦。

9月，恢复丹凤县制，重新组建丹凤县人民委员会，设农林水牧局分管水利水保，丹凤县水利工作队同时恢复。

夏、秋两季连旱，商县、丹凤丹江断流。

12月，根据国民经济“调整、巩固、充实、提高”的八字方针，商洛地区12项重点水利工程停建。

12月，商洛专区水利局改称商洛专署水利局，由陕西省水利局领导改为由商洛专署直接领导。

1962年

春，商南境内春荒蔓延，部分群众缺衣少食，县人委发放春荒救济款13100元。

5月，精简机构，撤销商洛专署水利局，成立商洛专署农林水牧局。

同月，丹凤县马咀湾（王塬）渠道隧洞凿通，全长181米，断面为1.7米（宽）×2米（高），可灌溉地500亩，旱地200亩。

6—7月，商南县赵川、湘河、白玉等遭受了严重的雹灾。长江流域规划办公室水土保持调查组来商洛调查水土流失严重程度和影响，研究防洪经验及今后防止水土流失的措施。重点调查商县龙王庙、沙河子两公社。

11月17—21日，商洛专署灌溉管理工作会议在丹凤县召开，参观了商君渠、东惠渠、商君渠，管理员周超在会上作了经验介绍。

同年，商县境内自然灾害频繁发生，人民严重饥饿。

1963年

2月，丹凤县水利队配专职水利技术干部一名，协助桃园队搞灌溉试验点工作，增添了新的试验项目，有土壤水分变化及作物田期耗水量观测，不同灌水量的产量对比，并兼“三情”测报工作，由于极左路线干扰，试验点取缔，试验于1965年中辍。

5月22日21时30分到11时，丹凤县竹林关区大雨倾盆而下，仅1.5小时降水量就达70毫米，引起山洪暴发，古路河楼房沟生产队最为严重，冲毁土地842亩，支书程银发一家12口人，塌死7人，垮房9间。

5—6月，商南境内阴雨连绵，山洪暴发，冲毁、漫泡农田和农作物8万余亩。

6月1日，恢复商洛专署水利局。

6月，商县、丹凤县、商南县水利局成立。

6月3日，丹凤县14个公社遭雹灾，7日17个公社遭雹灾，两次雹均大如拳，苗毁房塌，人畜伤亡。

7月，商洛地区造纸厂在侯塬建成，南秦河遭遇严重污染，丹江从此黑水横流。

1964年

3月，商县东龙山鱼种场移交商洛专署水利局。

5月，丹凤县防汛指挥部成立，由9人组成，副县长王连龙任总指挥，李霄汉任副总指挥，王文海任办公室主任。

7月，丹凤县棣花电站建成，为DJ661－Wm－60型水轮机。引丹江水，流量1.3立方米每秒，水头3米，装机容量30千瓦，投资3万元，1975年大电网到后停产。

8月，商县白杨店乡唐塬村建成商洛地区第一座水轮泵站，灌溉面积200亩，带加工机械 4 台，7 千瓦发电机 1 台。丹凤县第一台水轮泵站在大峪乡王塬村后坡安装使用，为 40 型，发电装机 5 千瓦，灌溉 120 亩。

10 月 16 日，成立商洛专区水保专业队，招收 14 名队员。

1965 年

5—6 月，商南、丹凤干旱严重。两县掀起大规模的群众抗旱热潮。

8月，商南县抽调劳力1000余人，在县城东进行县河改道取直工程会战。县级机关干部、驻军官兵义务参加改河工程劳动。

8 月 15 日，商南县三级干部会在县城召开，决定农业学大寨，大搞农田水利基建。

10 月，商县、丹凤县、商南县大修水平梯田，县级机关全体职工参与修建水平梯田。

1966 年

8 月，丹凤县成立“水轮泵建设领导小组”。

10 月 8 日，为实现“三亩耕地一亩绿肥”的农业水利增产新措施，商南县扩大绿肥种子基地 4000 亩，计划亩产 10 万千克。

1967 年

在上海“一月风暴”影响下，丹凤县革命造反联合总部（简称“联总”）和丹凤县革命造反指挥部（简称联指）建立。丹凤水利系统职工分别参加两派。批判“走资派”，争当造反派，打语录仗，大字报、大辩论上街。“打、砸、抢万岁”标语充斥城乡。水利系统领导全靠边站，水利机构全部瘫痪。

4 月 3 日，根据商洛军分区王心禹司令员和农办指示，组成工作组前往解决丹凤棣花大队和商县刘塬大队治河纠纷。经过半月工作，4 月 18 日，双方签订互让协议。

10 月，不同造反派之间发生武装冲突后，商洛地区各县社会秩序更加混乱，水利部门处于关门和停产状态。

1968 年

3 月，商洛专署水利局革命委员会成立。

4 月 4 日，经中共丹凤县核心领导小组批准，成立丹凤县水利队“革命领导小组”。

9 月 28 日，经中共丹凤县核心领导小组批准，丹凤县农林水牧“革命委员会”成立。

1969 年

1 月，商县集中全体中学教师在商县中学举办“清理阶级队伍学习班”，百余人受审查，10 月学习班结束。未获“解放”的 30 余人去蒲峪公社水库工地进行劳动改造。

7 月中旬至 8 月中旬，丹凤县龙驹等公社大旱持续 30 多天，涌峪等河断流，玉米减产，开年春吃返销粮 25 多万千克，并在外省大量购买红薯片充饥。

7 月 8 日，实行精兵简政，商洛专署水利局等 7 个农口单位合并，成立商洛地区农业服务站革命委员会。

8 月，商县干旱，丹江成细流，坡塬地玉米枯死。

10 月，龙驹公社“反修渠”动工，次年竣工，灌田千亩。茶房马鞍岭改河工程上马，后因战备而停工。

10月10日，商县夜村霸王寨改河工程开始，凿隧洞340米，造田400多亩。此为商县采用隧洞方式改河之开端。

12月，商南县县河水库动工修建；同月，商县庙湾水库动工修建。

12月25日，丹凤县农林水牧“革命委员会”撤销，成立丹凤县农业管理站“革命委员会”，下设水利组。同月，棣花陈家沟电站建成，引苗沟水，流量0.1立方米每秒，水头24米，装机容量24千瓦，为双节式水轮机，1975年大电网到后停产。

1970年

2月14日，丹凤县龙潭水库动工修建。

3月，丹凤县苗沟水库动工修建。

5月，丹凤县龙驹公社反修渠竣工，灌溉面积1000亩。

5月，丹凤县水利工程全面进行规划，逐工程、逐地块进行勘察设计，丹北四大水库（鱼岭、龙潭、苗沟、磨丈沟）及其他较小水库相继上马。

6月28日，将丹凤县农业管理站“革命委员会”改称为丹凤县农林局“革命领导小组”，下设水利组。

7月28日，境内暴雨，丹江河暴涨，商县程家坡洪峰流量达1520立方米每秒。

8月，商洛地区革命委员会决定撤销商洛地区农业服务站革命委员会，成立商洛地区革命委员会水电局。

8月，商南县试马水库动工修建。同月，商洛地区革命委员会决定修建商县二龙山水库和南秦水库；8月25日，商县成立两库一路工程指挥部。11月15日，两库开始清基工作。

8月25日，商县革委会号召人民群众“锁住二龙山，斩断南秦河”，作出“关于修建二龙山、南秦水库”的决定，成立“两库一路”（麻街岭公路改线）指挥部。

11月15日，商洛地区二龙山水库和南秦水库动工清基，投入修建。

11月，丹凤鱼岭水库动工修建；同月，山阳县薛家沟水库动工修建。

11月25日，丹凤县水电队“革命领导小组”成立，原丹凤县农管站“革委会水利组”撤销。

12月，商县撤销两库一路工程指挥部，成立二龙山水库工程指挥部和南秦水库工程指挥部。

1971年

10月，商县、丹凤等县组织水利职工学习商南县“百里滔河节节站”的经验，在各县大搞小水电建设。

11月下旬，商南县掀起“农业学大寨”、大兴农田基建热潮，年底全县修大寨田24110亩。

12月23日，中共陕西省委书记、省革命委员会副主任、省军区司令员黄经耀到鱼岭水库工地检查指导工作。

1972年

1月25日，中共商洛地委召开农村工作会议，总结交流“农业学大寨”经验，推动农田水利基本建设。

2月2—4日，丹凤县鱼岭水库首次召开先代会，代表300多人。县革命委员会副主任燕斌、县委武装部副政委胡德财出席会议。

3月23日，丹凤县鱼岭水库总干渠栋青崖隧洞凿通，全长232米。

5月4日，丹凤县水电局“革命领导小组”成立。王文海任组长，王贵儒任副组长。

7月1日，丹凤县鱼岭水库大坝施工期间，进库洪水120立方米每秒，从坝东端漫溢，冲走坝体土石沙料4000余立方米。

7月6日，丹凤县鱼岭水库180立方米每秒的洪水再次漫溢，抢堵不及，又酿事故。

7月7日，丹凤县峦庄、赵川等公社一次暴雨降水量达126.2毫米，地冲房顶，淹死4人，损失惨重。

7月7—8日，商南县境连降大暴雨，降雨量达431毫米，冲毁公路45千米，伤亡13人。

7月10日，陕西省防汛抗旱指挥部对鱼岭水库洪水漫坝事故进行通报。

7月13日至8月27日，丹江流域42天伏旱，降水量仅66毫米，秋粮严重减产。

10月，商县庙湾水库完成水库主体工程。土石混合坝，坝高39.5米，总库容518.52万立方米，投资162万元，投工日261万个，完成工程量65万立方米。

12月19—20日，丹凤县鱼岭水库召开第二次先代会，交流经验，奖励英雄模范人物100余人，县革命委员会副主任万满文到会讲话。

12月，商县和平水库竣工，设施灌溉面积800亩。

1973年

2月14日，丹凤县龙潭水库在1972年施工中作出了优异成绩，受到了中共丹凤县委员会、丹凤县革命委员会奖励。

3月20日，商南县马家坪石梯子水库竣工，有效灌溉面积80亩。

3月，商县各公社配备亦工亦农水利员。

4月，陕西省水文总站商县分站由程家坡站迁至贾圪崂新建站址。

4月9日，丹凤县水电局“革命领导小组”改称“丹凤县水电局”。王文海任局长，王贵儒任副局长。

7月12日，丹凤县龙潭水库大坝工程竣工。浆砌石拱坝，坝高43.35米，总库容272万立方米，坝体砌石14342立方米，投工日285500个，投资56.2万元。

8月，丹凤县赵川发生特大山洪，房屋因滑坡被冲，人畜均有重大伤亡。

10月1日，商洛地区二龙山水库大坝竣工。

10月，丹凤县龙潭水库东风渡槽竣工。

10月，商县二龙山水库大坝建成，坝高63.7米，库容8100万立方米。

10月，商南县县河水库大坝建成，土石混合坝，坝高46米，总库容667万立方米，投资397万元，投工日346万个。

11月，商县成立治理丹江河堤委员会，统一规划，全面加修境内丹江两岸113千米的河堤。

12月7日，地区革委会副主任郭茂生、商县县委书记梁喜元、丹凤县委书记周述武和地区水电局及有关社区负责人，前往商县两岔口公社和丹凤县棣花公社棣花大队现场勘察丹江河道治理，并处理长期以来造成的纠纷，作出六条决定。

12月31日，商县磨丈沟水库竣工，有效灌溉面积2900亩。

丹凤县新华渠二次整修续建，打通毛渠8千米，投工1.2万个，花费100万元，由于资金紧缺，加之修建石槽沟水库，该渠又于1974年停建。

1974年

1月14日，丹凤县龙潭水库管理站成立。

2月，春节不放假，丹凤县机关干部由县委书记周述武带领到鱼岭水库工地参加义务劳动，保证了大坝合龙。

3月23日，兰州军区司令员皮定均和省、地领导视察二龙山水库工地。

4月，商县二龙山水库蓄水运行。

5月，商县南秦水库主体工程竣工。

5月13日，丹凤县鱼岭水库管理站成立。

5月，商县南秦水库大坝主体工程竣工，黏土心墙沙壳坝，坝高29米，总库容984万立方米，投资471万元，投入工日329万个，完成工程量525万立方米。

8月，商南县旱情严重，有24个公社151个大队秋田作物受旱严重，有10多个公社遭受冰雹灾害。商南县试马水库竣工，土石混合坝，坝高32.4米，总库容279.5万立方米，投资174万元，投工日109万个。

9月，商洛地区二龙山水库蓄水。

10月4日早6时，丹凤县鱼岭水库大坝西坝肩，因水库初蓄溢洪，产生不均匀沉陷，出现两条横缝漏水，出水量约50升每秒。地、县领导及专业人员现场会诊，并做好疏散群众的准备，后水位下降，漏水停止方免。

10月，丹凤县龙驹丹江外堤动工，次年竣工。

11月，丹凤县茶房乡马鞍岭丹江改河一期工程动工。

12月，丹凤县鱼岭水库大坝完工。黏土心墙堆石坝，坝高50米，坝体总方量64.5万立方米，总库容1037.5万立方米，投工485万个，投资400万元。

1975年

1月，丹凤县龙驹公社动员全社劳力，从1974年2月开始，奋战一冬春，在老堤外修起一道2200米长的新河堤。新增河滩地500多亩，护地1000亩。

3月，丹凤县百顷新丹江河堤修成，新修地100亩，护地1000亩。在棣花老丹江河堤外加修新河堤，长4800米，新修地200亩，护地1400亩。

4月，商县、丹凤、商南飞播造林开始。

8月8日，受河南“75·8”暴雨影响，商南县赵川区3小时降雨156毫米，连续降雨达329毫米，滔河出现历史最大洪水，冲毁耕地26000亩，其中无地形6000亩，毁坏水轮泵站60座。

9月19—24日，商县境内降雨89.2毫米，9月26日至10月3日又降雨169.3毫米，总降水量达258.5毫米，造成严重洪灾。全县10座小（2）型以上水库全部溢洪，丹江暴涨，共冲毁河堤75019米，倒塌房屋2753间，死亡15人，冲走耕牛5头，全县受灾农田17166亩，损失粮食99万千克。

10月，丹凤苗沟水库大坝工程竣工。坝高39.5米，总库容142万立方米。完成工程量16万立方米，投工日118万个，投资92.5万元。

丹凤县在灌区推广“三端一平”（渠端、路端、树端，土地平整）出现了棣花、商镇、西河等处方格田。架子车进农田基建工地。

商县苗沟水库大坝右肩山坡滑坡体进行削坡、加固坡脚处理，并对涵洞40余处漏水进行了混凝土衬砌处理，此后运行较为正常。

丹凤县狠抓大挖条田、鱼鳞坑，开展封山育林活动，资峪、西河公社成绩显著。

冬，商县大峪新丹江河堤竣工，新修地700亩，护地2260亩。

1976年

1月，丹凤县鱼岭水库召开第一次灌区代表大会。商洛地区、丹凤县、商镇区、西河及商镇公社领导参加会议。兄弟灌区代表列席会议，会议选举鱼岭水库管理委员会、东西段管理委员会及东西管理段领导班子。通过《鱼岭水库灌溉管理工作条例》。

1月，商洛地区二龙山水库电站建成。

2月20日，成立商洛地区二龙山水库电站管理处，下设政办科、生产技术科和水电站、鱼种场、修配厂。

3月，丹凤县鱼岭水库安沟渡槽工程竣工。

6月2日傍晚，商县腰市、郭村、蒲峪、西荆、洪门河、龙王庙等公社普降冰雹暴雨，10743亩农田受灾，当年减产粮食54万千克。

6月5日，商南县丹北地区冰雹成灾。冰雹大如拳头，小似鸡蛋。低洼处堆积2～3尺厚，过4～5天仍未化完。不少小动物被打死，粮食作物受损严重。

6月下旬，丹凤县鱼岭水库骆驼巷倒虹工程竣工。

7月1日，中共丹凤县委、丹凤县革命委员会于鱼岭水库溢洪道，隆重举行鱼岭水库、龙潭水库、苗沟水库、磨丈沟水库通水典礼，邀请省、地有关领导和修建水库有功人员及各有关方面代表出席庆祝大会。

8月，商县苗沟水库管理站成立，管理人员14人。贾景华任站长，归商镇区管辖，丹凤县水利机械工程队成立，张忠厚任队长。

10月1日，商洛地区二龙山水库第一台发电机组并网运行，装机容量1250千瓦。

11月，丹凤县龙潭水库西高干小岭渠倒虹工程竣工。

12月，丹凤县竹林关电站建成，装机容量40千瓦，1982年因机组安装不合规及尾水管漏水停产。

1977年

4月22日，商南县暴雨成灾，冲毁田地9934亩，石坝4万多米。

7月，丹凤县磨丈沟水库一级卧管堵塞，二级卧管漏水，遂派水利技术人员进行处理。

7月26日，商县、丹凤县又降大暴雨，水毁土地近万亩，死亡25人，倒塌房屋400余间。

11月至次年春，境内持续干旱，气温急剧升高。商县58个公社、442个大队，25.4万亩农田受灾，毁掉麦田9000多亩，有81个大队305个生产队人畜饮水发生极大困难。

1978年

3月，商洛地区开展水利工程大检查、大整顿、大落实工作，209名技术人员参加，成立水利工程大检查办公室，经三个阶段，查清商县、丹凤、商南各类水利工程13951项，有效灌溉面积41.26万亩。

3月，丹凤县古城岭人造平原基本完工。由西河公社发动全社劳力，共修地800亩。

3月，丹凤县水电局雇用副业工30名，开展面上水利工程施工。

3月，丹凤县马鞍岭改河一期工程合龙，将水改入新河道，合龙口以下至两岭可修地730亩。石槽沟水库动工。

4月，商南县县河电站建成投产，装机容量2×250千瓦。丹凤县茶房万湾抽水站竣工，灌溉280亩。

4月29日，商县北宽坪4个公社21个大队113个生产队，7128亩麦田遭受冰雹袭击，减产24.5万千克。

5月，丹凤县成立水利工程大检查领导小组，县革委会副主任李彦华任组长，县水电局副局长王贵儒任副组长，对全县所有水利工程进行全面大检查，总结经验，吸取教训。

6月，丹凤县棣花西三垣喷灌站竣工。

7月，丹凤县西河乡南岭涝池竣工，容积1万立方米。

7月20日，商县庙湾公社暴雨成灾，冲垮石鳖子36处，房屋3间，死2人，受灾面积776亩，损失粮食6.5万千克。是年，黑山、龙王庙、牧护关等公社也程度不同地受到洪水危害，共毁房屋71间，死亡9人。

8月，商南县马炉水库竣工，库容20万立方米。茶房李家湾石板沟抽水站建成，灌溉913亩。

8月15日，丹凤县水电局召开本系统各单位负责人和财会人员会议，抽调8人，用半月时间，对水电系统财经纪律进行全面检查。

10月20日，鱼岭水库水电站筹建处成立，领导成员7人，主任李彦华，副主任王文海。

10月，丹凤土门西湾抽水站竣工，灌溉400亩。

11月，丹凤县龙潭水库管理委员会成立，由9人组成。赵中统任主任，田爵有任副主任。

12月，丹凤县水电局、林业局，以三天时间召开四座水库（鱼岭、龙潭、苗沟、磨丈沟）绿化会议，制定管护措施，明确部门分工。

1979年

2月底，商南县大搞以挖池塘、打机井、修抽水站、渠道为主要内容的小型水利。到4月底，全县动工212处，建成69处，扩灌面积达766亩，改善灌溉面积达2003亩。

4月26日，丹凤县商镇、寺坪、竹林关、铁峪铺、峦庄、庾岭六区水利组成立。

7月，丹凤县茂水源自压喷灌站竣工。

7月，中共丹凤县水电系统总支委员会成立。鱼岭水库东干渠冠山渡槽竣工。

8月，丹凤县资峪下河抽水站竣工，灌溉154亩。

8月1日，商南县大部分地区遭受洪水、冰雹、大风袭击，受灾面积达59866亩。

11月，丹凤县石槽沟阳河电站竣工。

11月5—10日，商洛地区水利管理工作会议在丹凤县招待所召开。会上龙潭水库与鱼岭水库管理站介绍了各自灌溉管理工作经验。大会参观龙潭水库大坝、鱼岭水库灌区配套及量水设备。丹凤县寺坪区于娘娘庙处修建截渗。

12月，丹凤县鱼岭水库病险库处理工程结束。该工程于1975年1月开始，共投资78万元，共进行10个项目。有大坝西坝挖槽夯填处理横缝工程，大坝东坝肩挖槽夯填处理横缝工程；大坝西坝肩坡积物灌浆，大坝坝体灌浆，共灌孔125眼，进尺2210米，灌泥浆1065立方米，砂7240千克，水泥7.6吨，溢洪道帷幕灌浆，共灌61孔，进尺2322米，灌水泥202.5吨，大坝迎水面加固，浆砌大坝东坝肩防渗墙，副坝截渗；副坝前沿削坡护砌，放水塔增设通气孔，为ϕ370毫米钢管。

12月，丹凤县鱼岭水库病险处理工程结束。该处理工程始于1975年1月，共进行了10个项目，总投资78万元。

1980年

1月，陕西省人民政府授予龙潭水库为“陕西省农业先进集体”称号，颁发奖状；并授予房君昌同志（县水电队队长）“陕西省农业先进工作者”称号，颁发奖状。

初春，丹凤县毛坪公社鲵鱼嘴改河工程竣工，修成河滩地154亩。

3月，丹凤县龙驹椒树洼抽水站建成，灌溉180亩。

5月30日，丹凤县委处理龙驹、河南两社丹江河堤纠纷，达成四项协议，问题得到解决。

6月，丹凤县竹林关雷家洞北垣抽水站建成，灌溉100亩。

8月，丹凤县商镇沙沟河倒虹工程竣工。

9月6日，商洛地区水利学会成立。

秋，商南县遭受洪涝、阴雨灾害，受灾面积8.7万亩，有48000亩耕地基本无收或完全无收。

12月，商县土门苍垭隧洞改河工程停建，9年共用工38.7万个，用资金34.7万元，隧洞工程仅完成23%。

丹凤鱼岭水库大坝观测设施工程竣工。

1981年

1月，丹凤县革命委员会改为丹凤县人民政府；公社、大队改为乡政府和村管理委员会。

2月，丹凤县峦庄水电站建成，装机容量40千瓦。

3月，丹凤县竹林关大柴沟固定喷灌站竣工，灌溉设施面积100亩。

8月26日，为尽快制止破坏水土保持歪风，丹凤县人民政府发《关于坚持制止乱垦滥伐破坏水土保持问题的通知》。

8月，商县杨斜、北宽坪等地始行喷灌。

9月22日，丹凤县水利学会成立，彭志超任理事长，房君昌、黄土典、尚建新、李廷仁、刘靖华、贺远德（兼秘书）任理事。

10月22日，丹凤县水利战线第一批工程师获准，包括房君昌、黄土典、尚建新、李廷仁。老君洋桥抽水站竣工，灌溉面积100亩。

11月，长江流域规划调查组来商县调查，完成《陕西省商县水土流失调查报告》。

12月，陕西省人民政府授予丹凤县龙潭水库管理站“陕西省农业先进集体”称号。

12月，丹凤县鱼岭水库管理站被陕西省水电厅评为“陕西省灌溉管理先进单位”。

整修丹凤县龙驹寨船帮会馆——花庙。花庙被列为陕西省重点文物保护单位。现已载入《全国名胜辞典》。

1982年

1月，丹凤县鱼岭水库召开灌区第二次代表大会。会议总结过去的工作，选举新的灌区管理委员会和东西段管理委员会领导班子，制定并通过适应新形势的“鱼岭水库灌溉管理制度”。14日，龙潭水库由县移交龙驹寨镇管理。

丹凤县全面推行农业生产责任制及大田生产“包干到户”。

3月29日，商县、丹凤、商南将各水利组改为水管站。

5月20日，商县、丹凤县、商南县水土保持工作站成立。

6月，商洛地区对人畜饮水困难情况进行逐乡普查，商洛地区共有148161人、43194头牲畜需要解决饮水困难。

7月，丹凤县鱼岭电站竣工，装机容量2×500千瓦，投资135万元。

7月21日至8月4日，商南县境内连降大雨，受灾耕地面积71615亩，冲毁小水电站41处，水毁公路21.9千米，试马安家沟口公路桥被冲断，受灾群众达107154人，经济损失约124万元。

7月31日晚，商县范围内突降暴雨5个多小时，山洪暴发，冲毁公路35千米、涵洞21处、桥梁4座，倒塌道班房3间。

8月1日上午10时，商县南马角水库垮坝，该库库容16万立方米。

8月6日，商县刘湾公社任塬大队民兵连副连长任永良在丹江河泥沙中拾到人民币2.7万元、黄金78.9克，全部上交给国家。省人民政府、省军区授予他“拾金不昧的好民兵”荣誉称号。

9月，丹凤县奄底乡红星电站建成，装机容量12千瓦。

9月30日，丹凤县石槽沟水库大坝工程根据国务院“关停并转”政策缓建。

10月，丹凤县完成水利工程“三查三定”（查安全，定标准；查效益，定措施；查多种经营，定综合发展规划）。通过对2102项工程进行查定，能发挥效益的工程有1432项。

11月23日，丹凤县最早的渗灌试验设施工程竣工。该工程于鱼岭水库灌区东段门前，试验地0.9亩。

年底，丹凤县共飞播造林39.95万亩，已有11.62万亩郁闭成林，占播区有效面积的59.4%，飞播造林占全县同期造林面积的68.96%，7年间在流岭山区8个乡38个村301个村民小组进行飞播造林。

鱼岭水库复核加固工程全部竣工，加宽衬砌溢洪道、加高副坝。

1983年

1月，商洛地区开始推广农户包治荒山荒坡和小流域治理，到1984年底已发展到3.9万户，治理面积达141万亩。

1月12日，丹凤县鱼岭水库放水洞回填固结灌浆结束。洞上护坡浆砌石930立方米，灌浆洞长38米，共灌孔28环，114眼，进尺171米，灌水泥17.4吨，投资4万元。13日，丹凤县鱼岭水电与关中电并网。

3月，商县、丹凤县27.5万亩宜林荒山承包给23864户经营。

6月19日至10月2日，商县阴雨连绵，降水量近600毫米，相当于全年降水量的75%。山洪暴发，河水暴涨，毁田冲堤，倒房伤人。总计损失达1400万元。

7月21日下午4时，雨后丹凤县鱼岭水电站厂房上部山坡坍塌，被山上垮石（体积2.7立方米）砸坏压力管道，管水进厂房，水深2.41米，机电设备被水淹没，2号机组损坏，停产近50天。

7月22日，丹凤县甘江沟小流域治理列入省小流域治理点，主沟长9千米，总面积15平方千米。截至1987年已用资金18.79万元（其中国家投资8万元），治理面积12.4平方千米，占流失面积的89.2%，上游泥沙流失基本控制，下游出现下切现象。

7—10月，丹凤县马鞍岭改河工程水毁河堤400米，损失近10万元。

7月28日到8月12日，商南县境内连降暴雨，受灾面积69401亩，有7692亩颗粒无收。农村倒塌房屋496间，机关、学校倒塌房屋162间，危房1329间。洪水造成16人死亡，12人受伤，经济损失达298万元。灾情发生后，全县投入抗洪救灾。

8月，丹凤县西河乡赵沟村老虎洼，因连阴雨发生滑坡，体积达45万多立方米，迫使20多户村民搬迁，一处装机容量18千瓦的抽水站被破坏。

8月5日，丹凤县梨园岔乡（特别是大豹皮沟）及武关乡（特别是小豹皮沟）遭受暴雨袭击，11个村41个组受灾，死亡16人，冲毁土地2521亩，粮食1.465万斤，家具1.7万件，房屋116间。

9月，丹凤县鱼岭水电站管理站成立，属水电局管理的事业单位。丹凤县委、县政府、县人大常委会原则通过水电局申报的水利、水保专业区划报告。

10月，二龙山水库电站被评为全国小水电先进单位，受到水利电力部的奖励。

10月4日，中、法地质考察组一行21人在商洛考察时，在从商县至山阳途中的三十里铺到下官坊一带，突遇山洪暴发，公路塌方，专家们被洪水和泥石流围困。商县政府派出 5 人营救小组和山阳县 3 人营救小组克服重重困难，将专家们和大批宝贵资料安全转移，受到法国专家的高度称赞。

12 月，商洛地区水电机械工程队首次赴新疆承担塔城市卡浪古尔水库、石门水库地质勘探和托里县库甫水库防渗帷幕灌浆等工程，获得显著效益，两年盈利 45 万元。

12 月，山阳县西沟水库完成坝体工程，蓄水运行。双曲拱坝，坝高 46 米，坝底厚 10 米，顶宽 1.2 米，总库容 104.8 万立方米。

12 月 29 日，丹凤县苗沟水库左坝肩基岩帷幕灌浆处理结束，共灌 23 孔，进尺 288 米，减轻了绕坝渗漏。

1984 年

1 月，丹凤县水电局改称丹凤县水电水土保持局。

2 月，丹凤县茶房乡对峪沟小流域治理列入省小流域治理点，流域面积 14.6 平方千米，截至 1987 年底，已用资金 10.02 万元（其中国家投资 7.2 万元），治理面积 9.9 平方千米，占流域面积的 76.6%。

4 月 7 日，丹凤县水土保持委员会成立，由 10 人组成，副县长卢哲毓任主任委员，叶振华、贺培德任副主任委员，叶振华兼任办公室主任。

5 月 27 日，商县管坪、腰市、两岔口等地普降暴雨，洪水、泥石流横溢，受灾农田 17000 多亩，夏粮损失 170 万千克。

5 月 29 日，商南县富水、龙窝等 9 个乡（镇）21 个生产队遭受特大风、雹灾害，风速达 30 米每秒，大的冰雹直径有 40 厘米，小麦损失达 80%。

5—7 月，丹凤县连遭大雹灾三次，受灾面积 9.33 万亩，损失粮食 19.7 万斤，死亡 10 人，冲毁堤岸 6613 处，长 213 千米，冲毁耕地（无地形）6997 亩，渠道 37 千米。灾后，县委、县政府抽调干部 200 多名深入灾区，县长房君昌、副县长卢哲毓亲临灾区，现场指挥救灾，恢复生产。

7 月 18 日、21 日、24 日，商县、丹凤、商南降 40 年未见之特大暴雨，人畜死伤，苗毁房塌，公路冲毁，交通中断。

8 月，山阳县过风楼乡北沟水库溃坝。

9 月 19 日，龙潭水库帷幕灌浆结束。共灌 22 孔，进尺 1109 米，用水泥 99 吨，基本解决了坝肩基岩漏水问题。

9 月，商县阴雨，山洪暴发，河水猛涨，冲毁河堤 1180 处，长约 45.3 千米，渠道 96 处 12.68 千米，滑坡 1162 处，耕地 2203 亩，粮食减产 266.7 万千克。冲毁公路 7.4 千米，倒房 3123 间。21 日，洪水破墙进入麻街中心小学，冲塌教室 18 间，形成危房 19 间，学校被迫停课 15 天。

10 月，丹凤县鱼岭水库召开了灌区第三次代表大会，通过了对东、西段实行招标合同的决议和水费改革的决议。每亩水浇地由原来的 1 元改为 2 元，稻田由 1.5 元改为 3 元。武关专业户办甲鱼繁殖饲养场并成立养鳖协会。

11 月，丹凤县城开始使用自来水。

11月，丹凤县农业区划基本结束。水电系统承担6个专题报告（丹凤县水资源调查、丹凤县水力资源调查、丹凤县水旱灾害调查、丹凤县水利工程现状调查、丹凤县“四库”灌溉管理调查、丹凤县水产资源调查），两个区划报告（丹凤县水土保持区划、丹凤县水资源调查及水利区划）。两个区划报告均获得省区划优秀成果二等奖。

丹凤县滴灌试验工程于鱼岭水库库区老虎垣投入试验运行。

竹林关河北电站竣工，装机容量40千瓦，照明243户。

1985年

1月14日，中国科学院与陕西省古脊椎动物及古人类研究所研究人员余超、林克野闻听商县中学学生张健在丹江右岸城西5千米的陈塬乡张底村一断层岩上发现恐龙遗迹后，专程到商县进行实地考察。经研究认为，此足迹系侏罗—白垩纪时代所留，距今1亿年左右。这次发现为研究丹江流域古气候、古地质和秦岭山脉的形成提供了重要的实物资料。

6月，商县、丹凤、商南集中查处破坏水利设施案件。查清涉嫌遭破坏的水利设施849项，其中损失千元以上案件136起，依法处理60起，107人。

7月，丹凤县鱼岭水库大坝于坝轴180米以东横缝处理工程竣工。挖槽及黏土夯填，心墙部位灌浆（灌孔12眼，进尺161米，灌泥浆120吨）。

7月16日，第一次陕南水土保持工作会议在商县召开，把陕南的重点治理由“一分田”转移到“八分山”上，开启陕南水土保持工作新局面。

10月22日，中共中央总书记胡耀邦经河南到商洛视察。次日上午在商洛军分区礼堂向地直机关500多名干部作报告，并为商洛题词：“发展农业牧业，开发地下资源”。

1986年

1月8日，商洛地区水电水保局邀请陕西省水利水保厅、陕西省建委、陕西省建行、西北农学院、陕西机械学院及地县有关单位组成验收领导小组，对二龙山水库工程进行全面验收。二龙山水库坝高63.7米，总库容8100万立方米，总投资1757万元，总投入工日517万个，共完成工程量69万立方米。

2月，水电部委托湖南省水利电力勘测设计院汇编《中国拱坝图集》第一次审稿会（于湖南省长沙市），商洛地区水利局向会议提供了龙潭水库资料；会议决定将龙潭水库作为收编之列。

6月，商洛地区水利管理工作会议在丹凤饭店召开，会期参观鱼岭、龙潭水库和棣花、两岭村灌溉工程，丹凤县卢哲毓副县长介绍了经验。

8月，商县、丹凤县、商南县伏旱，373条小河断流，人畜饮水困难。

10月，《中国拱坝图集》第二次审稿会于山东省青岛市召开，商洛地区水利局为大会提供龙潭水库资料、竣工图纸及大坝彩照。

1987年

6月4日晚至5日下午，山阳、丹凤、商南降大暴雨，雨量达143～220毫米，银花河和武关河洪峰流量分别为2970立方米每秒和2450立方米每秒，均达到200年一遇洪水标准。丹江在商南段洪峰流量为5670立方米每秒，达到100年一遇的洪水标准。80千米长的银花河两岸坪地几乎被冲光，山阳从碥头溪到漫川镇沿河两岸6600亩坪地被冲淹6100亩，丹凤、商南沿丹江5个乡水毁耕地均在50%左右。

6月5日，丹凤县在18个小时内平均降水量150毫米。特别是桃坪、峡河、梨园岔、寺坪等乡降水量达250毫米，武关河和银花河流域出现200年一遇的大洪水，丹凤县重灾4区26乡163个村1237个组11.84万人，受灾面积18.16万亩。全县经济损失达1467.69万元，死亡26人。灾情出现后，县委、县政府抽调县团级领导10名，部局级领导53名，一般干部123名，深入第一线抗洪救灾。县委、县政府还成立抗洪救灾指挥部。

丹凤县水电水土保持局在抗旱冬灌工作中受到商洛地区抗旱防汛指挥部奖励。

丹凤县水电水土保持局在“6·5”水灾的生产救灾工作中获得丹凤县人民政府奖励。

7月，夜村丹江桥建成。

9月，丹凤县科学技术人员贺进魁等在峦庄西街头大桥下捕获9.5千克重娃娃鱼一条，送省动物研究所，后因该所已有同类标本，复交由峦庄林业派出所放回峦庄河里。

12月，丹凤县土门乡土门村银花河北堤水毁修复完工，砌石2.044万立方米，其中浆砌3016立方米，堆沙2141万立方米。丹凤县竹林关李家湾丹江河堤修复，修复河堤780米，恢复耕地60多亩。

1988年

3月，商县沙河子丹江桥投入兴建，至1989年完工。

6月，商县改为商州市，遂商县水利局更名为商州市水利局。

7月，丹凤县鱼岭水库大坝于大坝轴70 ~ 180米心墙部位灌浆结束，灌孔29眼，进尺932米，灌泥浆量275立方米，折干土216吨，并进行坝面加高整理。

8月13日晚至14日凌晨，商州市沿秦岭主脊一带降特大暴雨，8小时最大降雨量440.2毫米。

8月14日，丹江流域突发百年不遇的大暴雨，沿江各县倒房444户1310间，塌死冲走28人，1462户5895人无家可归，造成经济损失1627万元。

9月，商南县富水区龙窝乡龙窝河小流域被长江水利委员会水保局列为商洛地区首条长江流域试点小流域治理项目。商州市刘湾丹江桥动工兴建。

10月，陕西省政府授予商洛地区防汛抗旱办公室“抗洪救灾先进集体”称号，并奖锦旗一面。

11月，国家防汛抗旱总指挥部授予商洛地区防汛抗旱办公室“抗洪先进集体称号”，并奖给铜牌一面。

12月6日，丹凤县博物馆在船帮会馆落成，丹江航运史展馆首次对外开放。

1989年

3月12日，丹凤县鱼岭水库放水隧洞数处断裂，大量漏水，造成副坝东段基础山坡大塌方。事故发生后，立即进行处理，耗资52万元。

4 月 20 日，商洛地区二龙山水库开展网箱养鱼年度试验项目，架设网箱 300 平方米，当年总产 22553 千克，产值 14.89 万元，利润 3.24 万元。

11 月，丹凤为开发丹江航运，于 28 日购回历史上第一艘机动船（5 吨）。

11 月，丹凤县资峪沟被商洛地区水电水土保持局确定为重点小流域治理工程；丹凤县被商洛地区水电水土保持局选定为林草基地县。

12 月，商南县集劳动力 5 万人，大搞农田基本建设，新修农田 5031 亩，新增有效灌溉面积 700 亩，恢复灌溉面积 1500 亩。修复水毁耕地 4451 亩，新修整修渠道、河坝 41.2 千米。

1990 年

1 月，农田水利基本建设及资金：省投 46 万元，地投 7.8 万元，商州市、丹凤县、商南县投部分资金，组织开展农田水利建设。

11 月 1 日，商州市、丹凤县、商南县分别举行“土地警钟日”宣传游行，并在流域范围深入开展宣传活动，掀起规模冬春农田水利基本建设运动。

1991 年

4 月，丹凤县成立丹凤县水行政执法试点工作领导小组。

7 月 11 日，丹凤、商南等地 10 个乡遭到冰雹、暴雨、大风的袭击，农作物受灾面积达 18365 亩，造成危房 255 间，冲走、淹死牲畜 120 余头（只），毁坏公路 5 千米，广播、电话线 60 千米，2500 余株直径在 3 寸以上的树木被拦腰折断或连根拔起，冲毁梯田石坝、河堤 96000 米。灾情发生后，县委、县政府主要领导和有关部门立即分赴灾区，进行抗灾救灾工作。

7 月 13 日，商洛地区地委书记杨永年代表地委、行署到丹凤慰问 11 日丹凤特大雹灾受灾群众，深入到龙驹寨镇、资峪乡等重灾区检查指导生产救灾工作。

11 月 23 日，中共陕西省委、陕西省人民政府发出《关于进一步加强水利建设的决定》。

12 月 13—21 日，陕西省副省长王双锡来商县、丹凤县、商南县考察，深入旱塬、库区、街道、乡村调查了解旱情。

1992 年

夏，丹凤县丹江漂流对外开放，上自船帮会馆、下至月日滩，段长 7.5 千米，招来 16 个国家的 80 多位外宾，一致称赞丹江漂流为“西北第一漂”。

1993 年

4 月 29 日晚至 5 月 1 日，丹凤县、商南县大雨骤降，狂风大作，洪水泛滥，40% 的小麦倒伏，有的麦秆齐根折断。灾情发生后，地委书记杨永年、行署专员宁长珊等和县上主要领导深入丹凤、商南县等地，采取具体措施组织群众抗灾救灾。

7 月 16 日，根据商洛地区防汛抗旱指挥部商地汛旱〔1993〕第 10 号文件要求，商州市人民政府对商州市城关镇房地产开发公司未经水行政主管部门审批，擅自在商洛城区黄沙河、柳家沟建设的违法建筑依法强行拆除。该建筑经陕西省建设厅牵头，陕西省水利厅、陕西省防汛办调查论证，确认为违法建筑。

1994 年

1 月 25 日，丹凤县鱼岭二级电站落成举行剪彩仪式。

7 月 7 日至 8 日，丹凤峦庄大到暴雨。

7 月 31 日，丹凤县成立鱼岭水电总站。

8 月 5—6 日，地区在峦庄召开生产救灾现场会。

10 月，商州市、丹凤县、商南县“水电水土保持局”更名为“水利水土保持局”。

12 月，商洛地区二龙山水库二级电站开工建设。

1995 年

4 月 6 日，商洛地区水利国资经营管理工作会议在商镇丹北灌区召开。

6 月 25—27 日，国家经济贸易委员会副主任石万鹏带领国务院赴陕抗旱救灾工作组来商县、丹凤检查指导抗旱救灾工作。副省长王双锡、地委书记陈再生陪同。

7 月 10—15 日，陕西省人民代表大会常务委员会主任张勃兴深入野村、武关、桃花铺等地检查指导抗旱救灾并视察人大工作。

12 月 21—26 日，中共中央总书记、国家主席江泽民在商州、丹凤视察旱灾情况，慰问灾民。

1996 年

1 月 4 日，陕西省副省长王双锡在商洛行署专员张伟、丹凤县委书记辛继先陪同下，深入丹凤县留仙坪等地慰问贫困户，检查群众生活安排、农田水利基本建设和抗旱冬灌等工作。

4 月，经国务院批准，商南县被正式列为全国第三批农村初级电气化建设县。

6 月 6 日，成立“丹凤县‘甘露工程’指挥部”。“甘露工程”实行项目管理，由水利局牵头，计经、财政、扶贫办等有关部门配合，逐级制定规划，确定工程项目，进行技术指导，负责组织实施，搞好竣工验收。

12 月 19 日，全国人民代表大会常务委员会副委员长布赫来商洛视察农业和农村工作。并为商洛题词：开发山地资源，振兴商洛经济。

12 月，商洛地区水利水土保持局被农业部评为“国家科技成果奖先进集体”。

1997 年

2 月 28 日，丹凤县鱼岭水库管理处陈安富被评为“全省水利管理先进工作者”，受到陕西省水利厅表彰奖励。

3 月 25 日，丹凤县水利局被商洛地区水利水土保持局评为“抗旱服务队建设先进单位”，受到通报表彰。

11 月，丹凤县人民政府发出关于实施“千井百渠灌溉工程”的决定。

1998 年

7 月 9—10 日，丹凤县发生百年不遇的特大洪涝灾害，造成 25 人死亡，20 人失踪，直接经济损失 2.65 亿元。

7 月 10 日，丹凤县召开抗洪救灾现场会。

7 月中旬，陕西省委书记李建国来丹凤、商南水毁灾区现场指导救灾工作。

7 月 11 日，商洛地区行政公署专员刘维隆、地区纪委书记辛继先前往丹凤县双槽乡查灾、慰问灾民。

7 月 12 日，商洛地区地委书记李元虎深入遭受“7・9”大暴雨洪水灾害的丹凤县资峪乡白衣寺村察看灾情，慰问受灾群众，鼓励灾区干部群众开展生产自救、重建家园。

7 月 14 日，陕西省副省长张伟在地、县有关领导陪同下，到丹凤重灾区资峪乡白衣寺村和麻地湾村慰问受灾群众。

8 月 12 日，陕西省委书记李建国在省委常委、省委秘书长白云腾、副省长张伟和地委书记李元虎、行政公署专员刘维隆等陪同下，深入灾情严重的丹凤县资峪乡麻地湾村、白衣寺村和丹凤水文站实地检查生产救灾情况。

8 月 27 日，陕西省省长程安东、副省长贾治邦带领省政府 10 多个部门负责人在地县有关领导陪同下，到丹凤县资峪乡白衣寺村和麻地湾村查看灾情和生产救灾工作，并查看了丹凤酒厂企业生产和商镇农技推广工作。

8 月 30 日，成立“丹凤县龙潭水库管理站”，全面实施对龙潭水库的管理工作。

10 月 18 日，成立“丹江口水库水源区丹凤县流域治理指挥部”。

10 月，商州市、丹凤县、商南县分别实施丹江口水库水源区小流域治理工程（长治五期）。

10 月 29 日，商洛地区小流域综合治理现场会在丹凤县召开。

1999 年

2 月 27 日，陕西省人民政府公告中，将丹凤县划为秦巴山区的水土流失重点防治区。

4 月 23 日，丹凤降中到大雨，因 312 国道丹凤至商南改建，过往车辆从武关河滩便道通行。4 月 24 日凌晨 2 时 40 分，312 国道毛坪段已有 16 辆车因雨陆续抛锚，76 名司乘人员被洪水围困，县交警大队、公安局、312 国道施工处、武关镇政府迅速开展营救工作。经 14 个小时的奋力抢救，到 24 日上午 8 时 30 分，76 名司乘人员全部得到解救，下午 5 时许，16 台被困车辆全部脱险。

7 月，商洛地区二龙山水库二级电站完成机电安装工程。

9 月，商洛地区水利水土保持局被水利部评为“全国农村水利先进集体”。

12 月，中共商洛地委、商洛地区行署作出了向蔡川镇学习的决定，将其连年进行小流域治理的经验在商洛地区推广。

2000 年

7 月 24 日，商洛地区水利学会注销。

8 月 28 日，商洛地区农业项目建设工作会议在丹凤召开，共参观小流域综合治理、农业综合开发工程 12 处。

9 月 29 日凌晨 2 时 50 分左右，丹凤县个体司机胡宝林由湖北省金牛化工厂拉运 5.2 吨氰化钠，行至丹凤县铁峪铺镇化庙村时翻入铁河，其中 5.1 吨氰化钠泄漏于河道，大部分渗入河床。事故发生后，国家环境保护总局、商洛水文局火速派出环境监理人员和环境监测专家赶往事故现场进行处置。由于行动迅速、措施得力，此次事故的污染威胁基本控制在 14 千米以内。

11 月 10 日，财政部与水利部联合命名丹凤县为“全国水土保持生态环境建设示范县”，丹凤县蔡川河、窑沟和神奇沟，商南县清泉，山阳县花栗沟，3 县共 5 条小流域被命名为“全国水土保持生态环境建设示范小流域”。

11 月 21—22 日，陕西和秦岭北麓地区水利与水保生态建设现场会在丹凤召开。省水利厅厅长彭谦、副厅长李涧锁，行政公署专员李仲为等及来自秦岭南北 40 多个县市的副县（市）长 200 人参加会议。

11 月 25 日，商洛地区农田水利基本建设现场会在丹凤召开。

2001 年

2 月 5 日，在全国政协常委、省政协副主席李雅芳，省山川秀美办主任周万龙带领下，出席省政协会议的省民革、民盟、民建、民进、农工党、九三学社、台盟等知名人士、专家、教授 80 余人来商考察小流域治理、山川秀美工程建设。考察团一行冒着大雪，先后对丹凤、商南等小流域综合治理工程点、河堤工程等地进行了实地考察。

8 月 7 日，丹凤县人民政府被水利部评为“全国水土保持先进集体”。

8 月，经国务院和陕西省人民政府批准，撤销商洛地区，设立地级商洛市，“商洛地区水利水土保持局”随之更名为“商洛市水利水土保持局”。

10 月 18 日，财政部与水利部联合命名商南县为“全国水土保持生态环境建设示范县”；商州区七盘河，丹凤县八十河、塔耳坪和上坪，商南县店坊河、小东园，7 县（区）共 10 条小流域被命名为“全国水土保持生态环境建设示范小流域”。

11 月 21 日，商洛市水利水土保持局被水利部评为“全国第三批农村水电初级电气化县建设先进集体”。

2002 年

1 月，商州市改为商州区，商州市水利局更名为商州区水利局。

4 月 15 日，二龙山水库除险加固工程开工建设，项目分为五个标段七部分：大坝加固及防渗处理、修复坝下护坦、增设左岸泄水排沙底孔、右岸底孔闸门更新改造、完善大坝安全监测系统、适当改造修缮管理用房、防汛上坝道路改造 2.25 千米。

4 月 30 日，丹江河堤一期（南堤）工程开工。

8 月 8 日，商洛撤地设市后市区改造的第一项大工程——黄沙河治理工程开工。工程北起黄沙桥，南至江滨路，全长 1217 米。河断面跨度 55 米，两侧分别为 3.35 米宽的绿化带、5 米宽的人行道、12 米宽的车行道，总投资 3040 万元。

9 月 16—23 日，全国政协副主席钱正英（水利部原部长）率全国政协委员视察团考察陕西省秦岭天然林保护工程，并视察了丹凤水土保持和水利工程。在座谈中对丹凤水土保持工作表示满意。陕西省委、省政府、省政协主要领导参加了考察和座谈。在座谈会上，全国政协委员们就实施天然林保护工程“八年内怎么干，八年后怎么办”提出了许多很好的意见和建议。

11 月 13 日，商洛市机构编制委员会印发《关于市水利水土保持局更名的通知》，“商洛市水利水土保持局”更名为“商洛市水利局”，行政职能逐步理顺。

11 月 20 日，丹凤县鱼岭水库除险加固工程正式开工。

12 月 20 日，丹江河堤二期（北堤）工程开工。

2003 年

7 月 29 日，丹凤县“一堤三路”重点工程——江南大道拆迁工程正式启动，拉开了重点工程拆迁工作的帷幕。

8 月 21 日，丹凤县土门镇龙王庙河、桃坪乡老官沟小流域被中华人民共和国水利部、财政部命名为“全国水土保持生态环境建设‘十百千’示范工程”（水保〔2003〕362 号）。

8月28日至9月4日，商州、丹凤、商南普降中到大雨，局部地区遭受暴雨袭击，各县(区)均有不同程度受灾。灾情发生后，市委、市政府迅速组织各县（区）开展灾后重建工作。

9月6日，商州孝义镇、丹凤县商镇商山丹江南岸河堤出现险情，10余米沙堤垮塌，使大堤南千亩良田处于危险之中。两县 300 余名劳力加固沙堤，当晚 10 时险情基本排除。

9 月，丹凤县鱼岭水库堤坝加固工程施工中突降暴雨发生险情，引起省、市领导关注，县委、县政府连夜组织在家的县级领导、县直机关干部及民兵、武警官兵参与抢险，撤离老君河下游群众，商洛市武警支队派出官兵参与抢险。

10 月 13 日，商洛设市后一次性投资最大的城建重点工程——黄沙河堤路结合工程通过验收，交付使用。

12 月 20 日，丹江河一级橡皮坝工程开工。

2004 年

5 月 11 日，水利部水保局局长刘震率水土保持工作调研组到丹凤蔡川、庾岭等地视察小流域治理工作，陕西省水利厅副厅长李润锁、黄河中上游管理局局长周月鲁、陕西省山川秀美办副主任张秦岭陪同调研。市、县领导李仲为、许恢佩、赵太平陪同。

5 月 11 日，丹江漂流上码头接待大厅开始动工。

6 月 7 日，水利部水土保持司将丹凤县蔡川镇列入“全国第一批水土保持生态建设示范区”名单中（全陕西省只有 3 个）。

7 月 8 日，丹凤县蔡川小流域综合治理区被水利部水土保持司列为全国第一批水土保持生态建设示范区。

11 月 10 日，商洛市水利局网络工程通过验收，“商洛水利信息网”正式投入运行。

2005 年

3 月 17 日，丹凤县水利水土保持局被水利部评为“全国水土保持先进集体”。

8 月 10 日，丹江二级橡皮坝工程开工。

10月1日，商州野村、棣花等乡（镇）遭遇暴雨洪水袭击，市县领导现场检查指导抗洪救灾。

12月19日，由商洛市水利局负责建设的商洛市丹江公园工程开工，建设范围西起二龙山水库坝下，东至东龙山，南到一级过境路，北临江滨大道，总面积138.6万平方米。

2006年

4月20日，丹江河堤三期堤顶硬化工程动工。

6月28日晚，丹凤县、商南县局部地区遭受暴雨洪涝灾害。花园、寺坪、城区、双槽、武关等地降雨量达40毫米以上。

6月30日，丹凤县恢复船帮会馆农历六月六古庙会。

7月22—23日，丹凤县铁峪铺、双槽等乡（镇）普降暴雨，其中铁峪铺降雨量达138毫米，造成部分河堤公路冲毁，一些民房进水成危房。

7月31日，商洛市委副书记周敏、市长助理李生荣来到丹凤县商镇王塬丹江河堤、鱼岭水库、月日乡保仓村检查防汛工作。

8月2日下午，丹凤县局部地区遭受暴雨夹杂冰雹灾害，受灾较重的有月日等4个乡（镇）。本次灾害共造成农业经济损失200多万元。

8月16日，水利部公布第六批国家水利风景区名单，商洛市丹江公园水利风景区跻身国家水利风景区。

9月19日，由商洛市水利局负责建设的商洛市区丹江公园丹鹤楼主体工程竣工，丹江公园丹鹤楼工程是建设规模较大的一个仿古工程建设项目，是商洛市的标志性建筑之一。

2007年

5月，经过水利部审批，丹凤县苗沟水库除险加固工程列入省级代建制试点项目。总投资680.2万元。这也是商洛市唯一的一个省级代建制试点水利工程项目。

6月，长江水利委员会水土保持局廖纯艳局长一行带领专家组，到丹凤县检查“丹治”项目前期工作。

7月7日，外交部驻非洲马里大使魏文华来丹凤考察，先后深入凤冠山、一江两岸、船帮会馆。同日，丹凤县水文站站长巩丹青在丹江基本断面施测流量时被洪水淹没，以身殉职。

7月28日晚8时至29日早8时，丹凤、商南境内普降暴雨、大暴雨，部分乡镇遭受百年不遇特大暴雨袭击。

7月31日至8月1日，中华人民共和国民政部救灾专员柳永法率领工作组来丹凤、商南等地实地查看灾情。陕西省民政厅副厅长李保存、商洛市副市长王建领等陪同。

8月1日，丹江湿地经国务院批准列为国家级自然保护区。

8月2日，陕西省副省长张伟带领省扶贫、民政、水利、教育、国土等部门负责人深入丹凤县铁峪铺镇、双槽乡等地查看灾情，指导救灾工作，看望慰问受灾群众。市委书记魏增军、代市长杨冠军、常务副市长杨长亚、市委组织部冯力军等陪同。

8月2日，商洛市号召各县（区）干部职工向灾区捐款。

8 月 3 日，国家防汛抗旱总指挥部副巡视员周一敏带领工作组到丹凤县铁峪铺镇化庙村、312 国道水毁段、武关镇水文站、商南县部分乡镇实地查看灾情，慰问受灾群众。省水利厅副厅长洪小康、商洛市副市长王建领等陪同。

8 月 9 日，经过水利部门精心规划设计，在“7・28”特大暴雨洪水中破坏最严重的铁峪铺镇铁河堤防修复工程正式开工建设，拉开了丹凤县灾后重建工作的帷幕。

10 月 28 日，商洛市丹江口库区及上游水土保持工程启动仪式在商洛市丹凤县万湾举行，陕西省水利厅厅长谭策吾和陕西省水土保持局局长张秦岭共同为纪念碑揭牌。在商洛市参加陕西省农田水利建设现场会议的陕西省水利厅主要负责同志和 11 位地市水利局同志在纪念碑前共同栽植纪念树。

11 月 1 日，陕西省冬季农田水利基本建设现场会和国家南水北调中线工程丹江口库区上游水源涵养区水土保持项目启动仪式在丹凤县举行。“丹治”一期工程启动。

11 月 30 日，商洛市防汛抗旱指挥部办公室被国家防汛抗旱总指挥部、人事部、解放军总政治部评为“全国防汛抗旱先进集体”。

2008 年

6 月 13 日上午，商洛市水文水资源局正式挂牌成立，它标志着商洛水文由过去单一的行业垂直管理迈向省市两级水文机构共同建设、共同发展的新阶段。

6 月 24 日，丹江漂流被全国旅游景区质量等级评定委员会评定为“国家 3A 级旅游景区”。

6 月 27 日 16 时 57 分至 17 时 57 分，商州、丹凤部分乡（镇）遭遇暴雨冰雹大风袭击，暴雨中心区域龙驹、双槽一线，1 小时内降水量达 59.5 毫米，冰雹灾害最严重区域为龙驹寨镇枣园村及双槽乡小岭一带，最大雹径达 4 厘米，最大风速 20.5 米每秒，龙驹寨镇枣园村冰雹厚度达 10 厘米以上。

12 月 17 日，陕西省人大常委会委员、环资工委主任李健伟一行来丹调研环境保护工作。先后视察了龙潭水库水源涵养区治理、县城区供水工程、县医院污水处理站建设、丹江河堤建设、县污水处理厂选址筹建等工作。

2009 年

2 月 23—26 日，国务院南水北调办环境与移民司副司长刘国华、国家发改委国土开发与地区经济研究所所长杨朝光检查指导商州、丹凤县“丹治”工程建设工作。

4 月 10 日，丹凤县龙潭水库除险加固工程开工建设，由陕西省宝鸡峡工程局中标承建，总投资 462 万元。

5 月 12 日，中国渔政 61803 执法船在丹凤县鱼岭水库下水投入使用。

5 月 15—16 日，全国人大常委会委员、全国人大环境与资源委员会副主任委员、农工党中央副主席汪纪戎带领调研组来到商洛市，就南水北调中线工程水源区生态补偿机制进行专题调研。

6 月 18 日，水利部水利风景区评审专家组对丹凤县龙驹寨水利风景区创建国家水利风景区工作进行考评。

8月25日，水利部公布第九批国家水利风景区，商洛市丹凤县龙驹寨水利风景区跻身国家水利风景区。这是继丹江公园之后商洛市建成的第二个国家级水利风景区。

11月1日，水利部水保司司长刘震来商洛市调研丹江口库区水保工程建设。

11月6—7日，水利部长江水利委员会牵头在商洛市召开南水北调中线工程水源区水资源保护和水污染防治第一次联席会议。水利部长江水利委员会副主任陈晓军出席会议并讲话，南水北调中线工程水源区内的湖北省十堰市，河南省南阳市，陕西省汉中市、安康市、商洛市政府及相关部门负责人参加会议。会议讨论并通过《南水北调中线工程水源区水资源保护和水污染防治联席会议章程》和《商洛宣言》。

12月24日，苗沟水库除险加固工程竣工验收，并交付使用。

2010年

1月，国家林业局同意商州、丹凤丹江湿地等6处湿地为国家湿地公园试点。

4月29日，由陕西省水利厅、商洛市人民政府主办，丹凤县水利局、商洛市渔政监督管理站承办的陕西丹凤“龙驹寨国家水利风景区授牌揭幕暨丹江武关河水生动物人工增殖放流”仪式在丹凤县水旱码头举行，共放流经济鱼类20万尾；在武关河放流大鲵225尾。

5月25日，商洛市水利局被水利部评为“全国水利工程管理体制改革工作先进集体”。

7月，商州市、丹凤县、商南县、山阳县等将“水利水土保持局”改名为“水利局”。

7月，商洛市多地发生多次暴雨，7县（区）212个乡（镇）受灾。商洛市因灾死亡31人、失踪63人，倒塌民房28902间，农作物受灾8.424万亩，绝收2.082万亩。

7月22日，商州区被列为第二批中央财政小型农田水利建设重点县。

7月23日，特大暴雨袭击丹凤县竹林关镇、商南过风楼。大柴沟泥石流涌进竹林关街道，给当地人民生命、财产造成重大损失。

7月24日，陕西省委副书记、代省长赵正永带领省政府秘书长秦正、省民政厅厅长曹莉莉、省交通厅厅长冯西宁和省武警总队等部门负责人，在市委书记、人大常委会主任魏增军，市委副书记杨长亚，市委常委、常务副市长张荣珠陪同下，深入沪陕高速丹凤境内受阻地段、竹林关镇山洪暴发现场、竹林关水淹街道和竹林关镇中心小学受灾现场。

7月24日，商洛水文局张普局长一行查看慰问竹林关水文站、过风楼水文站职工，要求他们继续做好水文测报工作。

7月28日，陕西省副省长、省防汛抗旱总指挥姚引良来丹凤指挥防汛抢险工作。

8月3日，中共中央政治局委员、国务院副总理回良玉代表党中央、国务院赴商洛市丹凤县竹林关镇等重灾地区慰问灾民、检查指导防汛救灾工作。

8月3日，开工修复银花河堤防水毁工程，12月20日竣工，工期140天，完成总投资4622.5万元，修复堤防总长13千米。

8月13日，水利部水规总院副院长李原圆与水土保持生态补偿专题调研组在省水保局总工刘利年的陪同下，到丹凤县进行了水土保持生态补偿现状的专题调研活动。

8月20日，丹江绵延上百千米的河流中出现大量漂浮的死鱼，商洛市政府紧急通知沿岸群众禁止打捞食用，派市环保部门调取水样监测，调查事故原因。

10月8—9日，陕西省水利厅在丹凤县主持召开了鱼岭水库除险加固工程竣工验收会议，同意鱼岭水库除险加固工程通过竣工验收。

10月21日，商洛市政府在丹凤县召开了冬春农田水利建设现场会。

11月26日上午，陕西省委书记赵乐际到丹凤县竹林关镇调研灾后恢复重建，看望慰问困难群众，考察经济社会发展情况。

12月30日，陕西省省长娄勤俭到商州、丹凤、商南检查指导水利工作。

12月30日，陕西省人民政府以“陕政函〔2010〕236号”文件下达《陕西省人民政府关于设立陕西丹江武关河省级自然保护区的批复》。陕西丹江武关河省级自然保护区是以保护国家Ⅱ级保护动物大鲵、水獭以及省级重点保护鱼类多鳞铲颌鱼、东方薄鳅及其生态环境为主的自然保护区。

2011年

3月21日，在商洛市水利局组织下，商州、丹凤、商南举办人工增殖放流仪式，在武关河自然保护区放流大鲵230尾，在丹江和鱼岭水库放流鲢20万尾、鲤20万尾。

4月18日，丹凤县桃花谷水土保持示范园被省水土保持局列为全省首个水土保持科技生态示范园。

5月11日，中共商洛市委、商洛市人民政府印发《关于加快我市水利改革发展的意见》。

5月12日，县水利局成功召开首次水行政处罚听证会，对丹江社区两居民无证非法采砂及河道设障举行公开听证处罚。

6月8—9日，省水利厅厅长王锋带领陕西省水利厅有关处室主要负责人和商洛市水利局局长阮荣全等一行15人，深入丹凤竹林关镇桃花谷水土保持科技示范园、银花河竹林关段河堤水毁修复工程、商州南秦水库除险加固工程等处，详细了解丹凤水毁河堤修复工程进展情况和防汛备汛工作。

6月9日，商洛市水利局在丹凤县主持召开了龙潭水库除险加固工程竣工验收会议，同意龙潭水库除险加固工程通过竣工验收。

7月15日，丹凤县、柞水县被列为第三批中央财政小型农田水利建设重点县。

7月20日，丹江堤防工程（二期）开工建设。

7月23日，丹凤县竹林关镇地质灾害警示碑揭碑暨全省重点地质灾害治理工程开工仪式举行。国土资源部地质环境司、中国地质环境监测院、省财政厅、省扶贫办、省应急办、省民政厅、省水利厅等相关部门负责人等参加仪式。

7月，丹江口库区及上游水土保持工程（丹治）通过省级验收。

8月7日，丹凤县人民政府被水利部评为“全国水土保持先进集体”。

8月9日，“丹江公园国家水利风景区”更名为“仙娥湖国家水利风景区”。

8月31日，经住房和城乡建设部批准，商洛市水电勘测设计院水利行业（水土保持、河道整治、引调水）设计资质由丙级晋升乙级。

11月1日，水利部印发《关于公布第十一批国家水利风景区的通知》，商南县金丝大峡谷跻身国家水利风景区。

11月，丹凤县水利局被陕西省水土保持局评为“全省水土保持科技工作先进单位”。

12月，商州市庙湾水库除险加固工程主体部分完工，使水库的大坝、溢洪道、泄洪洞、控制设备、监测设施等得以加固、更新，恢复提升蓄洪调洪能力。

12月，丹江流域国家南水北调丹江口库区上游水保项目完成新修坡改梯368公顷、蓄水池95座、排洪沟渠26.3千米、沉沙池95座、石谷坊92座、田间道路38.5千米、疏溪固堤26.3千米，完成了商州黑山等5条小流域治理。

2012年

3月，丹江防洪工程项目可研报告顺利通过水利部长江委员会审查。

3月，商南县城第二水厂项目开工建设。

4月，“丹治二期工程”批复下达水土保持项目区20个，总投资5.25亿元。

8月，商南莲花台电站即将竣工，月亮湾电站已启动建设。

8月14日，陕西省水利厅正式授牌丹凤县桃花谷全省首个省级水土保持示范园区。

8月14日，陕西省水利厅在商洛市召开水保工作现场会，在全省推广商洛市建设经验。

9月1日，商洛市非居民用水价格统一提高到每立方米4.50元。

9月14日，陕西省水利厅、商洛市市政府联合在商洛市举行了增殖放流活动，向丹江流域放流鲢鱼、鳙鱼、草鱼、大鲵等各类鱼105万尾，恢复水生生物种群，修复水生态系统。

9月21日，陕西省丹江口库区及上游水土保持二期工程在丹凤县举行启动仪式，标志着丹江口水库水源区新一轮水土保持建设工程全面启动。

11月，商州小流峪、东沟，洛南张沟、骡子峪，丹凤磨丈沟、石梯子、马炉，商南捉马沟，等8座水库除险加固工程完工。

12月底，丹江流域全面开展河道综合整治、深化水资源专项执法等活动，依法查处较大水事违法案件，河道管理秩序明显好转。

12月，丹凤城西水厂、商南试马镇供水工程开工建设。

2013年

2月，商州、丹凤县丹江防洪工程开工。

3月，丹凤县桃花谷水土保持科技示范园获得省上命名，并上报水利部申请国家命名。

5月，长江水利委员会长江科学院在商南县设立“长江流域（片）野外科学观测实验站丹江口库区与汉江上游生态观测实验站”并授牌。

5月16日，商洛市丹江流域综合治理动员大会在商州区沙河子镇舒杨村举行，标志着丹江流域综合治理项目建设正式拉开帷幕。

8月13—14日，陕西省水土保持示范园建设现场会在丹凤召开。

8月14日，网络新闻《商洛“癌症村”12年46人死亡，矛头直指南秦河水污染》，文中报道，陕西省商洛市商州区贺嘴头村位于南秦河与丹江交汇的三角地带。目前村里的供水情况是，每天定时供水，有时断水。村民自家打的井约 6 米深，但水质浑浊。据村支书贺智华介绍，“最严重的时候，贺嘴头村田地里的庄稼都成活不了，自家井里打出来的水，连牲口都不愿意喝。当时种菜什么的都种不成，都死了，根烂了。市疾控中心、区环保局都来取过水样，但不知道结果是啥情况。”由于生活饮用水安全问题比较突出，12 年 46 人死亡，村民普遍担心身体健康受到影响。

9 月 13—14 日，“丹江鱼类增殖放流活动启动仪式”在丹凤举行。

2014 年

2 月 13 日，水利部印发《关于公布第五批国家水土保持科技示范园区的通知》，批准丹凤县桃花谷水土保持科技示范园为国家水土保持科技示范园区。

3 月，全国政协委员、陕西省政协副主席李晓东等联名提出的“关于加大对陕西丹江流域综合治理扶持力度的提案”，经过全国政协提案委员会审查，确立为全国政协第十二届全国委员会第二次会议提案，标志着丹江流域综合治理上升到国家治理层面。

6 月至 8 月上旬，商洛市发生严重夏伏旱，降雨比历年同期偏少六成，丹江等河流径流量比历年同期偏少七成至九成，水库蓄水量较往年偏少近五成，商南县河等三座水库枯竭。商南、丹凤、山阳等县 23.3 万人饮水困难，商南县城 4 万余人 40 多天饮水告急，县政府组织商业车队运水解困。商洛市农作物受旱面积 185 万亩，其中干枯 31.5 万亩，占播种面积的 71.1%。

9 月 28 日，水利部印发《关于公布第十四批国家水利风景区的通知》，批准丹凤桃花谷水利风景区和柞水乾佑河源水利风景区为国家水利风景区。

12 月 17—19 日，环境保护部在北京主持召开国家级自然保护区评审委员会会议，对各省（市）申报的 22 个省级自然保护区晋升国家级自然保护区项目进行评审，商洛市丹凤武关河珍稀水生动物自然保护区通过评审。

2015 年

5 月 7 日，丹江流域出现局地风雹和短时强降雨天气，丹凤武关站降雨 105.7 毫米，山阳中村站降雨 74 米。

6 月 15 日，商洛市政府印发《商洛市“河长制”实施方案》，商洛市全面贯彻实行“河长制”管理。

7 月下旬至 8 月中旬，丹江流域晴热少雨，发生不同程度夏伏旱，丹凤、商州局地旱象明显；两个月平均降水 131.1 毫米，比历年同期偏少五成。

7 月 30 日和 8 月 3 日，丹凤、商南遭受风雹和短时降雨，造成局地灾害损失。

8 月下旬以后，丹江流域进入多雨时期，及时补充了土壤表墒，极大改善了农作物苗情，旱情解除。

9 月 18—19 日，欧盟专家埃穆森来商洛市考察水土保持工作，实地考察商南县和柞水县水土保持生态建设工程。

2016 年

1—3 月，丹江流域局地发生轻旱，但因农作物需水量少，故旱情影响不大。

5月2日，国务院办公厅印发《关于公布辽宁楼子山等18处新建国家级自然保护区名单的通知》（国办发〔2016〕33号），丹凤武关河珍稀水生动物省级自然保护区成功晋升国家级水生动物自然保护区，成为商洛市首个珍稀水生动物国家级自然保护区。

6月6日，由陕西省水利厅、商洛市人民政府主办，陕西省渔业局、商洛市水利局承办的“2016年全国‘放鱼日’商洛分会场鱼类增殖放流活动”在二龙山水库坝下举行，共放流经济鱼类126万尾；在陕西丹凤武关河珍稀水生动物国家级自然保护区和陕西洛南大鲵省级自然保护区放流大鲵13850尾。

7月30日，商洛市部分县（区）普降大到暴雨，商南县白鲁础和山阳县西照川两个镇降水量超过200毫米，暴雨引发的突发性泥石流致商南县2人死亡。

7月31日，商南县发生暴雨洪水，十里坪镇白鲁础站7月31日0—4时，4小时降水量210毫米，尤其是31日0—1时1小时雨量高达100毫米，由于局部暴雨强大且发生在山区，因而引发了中小河流洪水及山洪、滑坡、泥石流等次生灾害发生，白鲁础社区通信、电力、交通一度中断。

8月，丹江流域出现了较为严重的夏伏旱，丹凤、商州旱象明显。由于旱情发生在晚秋作物生长期，给晚秋作物及蔬菜生产造成了明显影响。

10月11日，陕西省水土保持局批准商州区江山和山阳县漫川关为省级水土保持示范园区。

12月底，丹江新修堤防15千米，修复加固水毁河堤153千米。商州小沟等病险水库除险加固主体工程完工。

2017年

1月3日，商洛市人民政府与陕西省水利集团在商洛市行政中心举行战略合作框架协议签约仪式。根据协议，陕西省水利集团计划在“十三五”期间投资122亿元，与商洛市在城镇供水、水源建设、水电开发、河库改造升级、丹江流域综合治理、污水处理、农业生态产业园等涉水领域展开合作，优化资源配置，推进合作共赢，为促进商洛经济社会健康协调发展提供有力支持。

6月9日，商洛市人民政府召开电视电话会议，安排全面推进“河长制”落实工作，确定市内丹江、伊洛河、金钱河、乾佑河、旬河5条主要河流市级河长。

8月13日，商洛市区国家水利风景区提升工程（一期）正式竣工。建设地点为商洛市区丹江两岸沿线，建设范围自市区立交桥至王塬桥及丹鹤楼，全长2.5千米。建设内容包括：河道2.5千米（立交桥至王塬桥）的水系灯光提升工程；立交桥、步行廊桥、王塬桥的桥梁亮化提升工程；河道1.2千米（立交桥至步行廊桥之间）的灯光秀工程；丹江公园内（立交桥至王塬桥）美化亮化提升工程；丹鹤楼标志性建筑物亮化提升工程等。

10月25日，商洛市二龙山水库停止旅游售票，拆除与旅游相关的一切设施，封闭码头入口。

12月6日，商洛市第四届人大常委会第五次会议表决通过商洛市人民政府提请审议的《商洛市农村居民饮水安全管理条例》。这是陕西省首部专门规范农村饮水安全管理的地方性法规。

12月，商洛市水利局获丹江等流域污染防治工作先进集体称号。

2018年

3月，商州区江山提级增效相关配套设施建设。

5月，商洛市建立市级渔业产业脱贫示范点3个、县级渔业产业脱贫示范点7个，市县渔业产业脱贫示范点扶持带动贫困户639户2024人。

5月21—22日，商南县白浪站降雨83.4毫米。

6月17—18日，商南县魏家台站降雨57.8毫米。

7月30至31日，商南县青山站降雨76毫米。

8月，丹江流域出现了较为明显的夏伏旱，丹江偏枯六成至七成，银花河偏枯七成至八成，商南、丹凤等地达到中度干旱，晚秋作物及蔬菜类生长影响较明显。

9月30日，二龙山水库36只新旧渡船全部打捞吊离。

11月，丹凤县鱼岭一级电站增效扩容改造项目通过竣工验收，新增装机容量260千瓦。

12月至2019年1月上旬，丹江流域局地发生轻旱，但因冬季农作物需水量小，蒸发量小，故旱情影响不大。

2019年

4月，商南清油河水库导流洞全线贯通，主体工程完成招标投标工作，累计完成投资3100万元。

5月，商南莲花台水电站大坝主体土建工程完工，正在进行闸门安装、机组调试、线路架设等工作，项目总体形象进度达到98%，累计完成投资6.3亿元。

4—6月，商洛市57条河沟断流，40万亩农作物受旱。

6月，莲花台、罗家营水电站项目建设进展顺利，全年新增水电装机容量4800千瓦。

8月9日，商州区板桥镇龙王庙石鸠河河水猛涨，洪水共致石鸠河沿线3个村不同程度受灾，部分道路、农田损毁，电线杆倒塌，无人员伤亡。

11月，商洛水利局创建为省级公共机构节水型单位，商州区中学、商丹高新学校被命名为市级节水型校园，陕西锌业有限公司及商南县四家公司已申请创建省级节水型企业，商南县县域节水型社会建设顺利通过省级验收。

11月8日，商洛市成立了违建别墅清查整治工作领导小组，抽调精兵强将组成5个督导组，对7县（区）水利系统违建别墅问题全面开展督查检查。

12月，丹江干流防洪工程新修堤防12.18千米，完成潜坝3座，中小河流治理工程新修堤防45.343千米，修复加固水毁堤防65处83.6千米。

12月，丹江流域35座无水土保持方案批复的小水电，除停产和拆除3座外，其余32座均已获得批复，77座无环境影响评价批复的小水电已整改到位76座。

12月，丹江、洛河、金钱河出省断面水质达到国家地表水Ⅱ类标准，城市水环境质量稳居全省前列。

2020 年

1 月至 2021 年 7 月，商南县遭遇 88 年不遇干旱，10 万人出现吃水困难。

1 月，商洛市水利系统成立新冠疫情防控工作领导小组，落实“内防扩散，外防输入”和居家隔离 14 天的刚性要求，严防新冠疫情扩散输入。

3 月，商南清油河水库贯通库区道路 7 千米，坝肩开挖 23 万方，完成投资 4000 万元。

4 月，商洛市水利系统先后组织开展防汛检查和隐患排查 5 次，消除各类度汛隐患 417 处，疏浚复平河道 11.6 千米，清障 21 处 2.14 万立方米。

6 月，商州区桃庄水库可研报告通过市发展和改革委员会审批。

8 月 3 日，丹凤县策划 3.515 亿元促进水利扶贫工程建设保民生。

9 月，商洛水文水资源勘测局更名为“商洛水文水资源勘测中心”。

10 月，商南莲花台水电站一次性装机容量 4 万千瓦，目前已正式并网发电试运行。

12 月，丹江等防洪工程堤防 20 千米、33 处水毁堤防修复工程全部完工。

12 月 7 日，丹凤县资峪河调水隧洞全线贯通。

12 月，按照“村支部 + 三变改革 + 集体经济 + 贫困户”的模式，动员在册贫困户参加木耳、光伏、药材种植和生猪养殖。

2021 年

1—7 月，商南县遭遇 88 年不遇干旱，10 万人出现吃水困难。

5—12 月，商南县遭遇 88 年不遇干旱，10 万人出现吃水困难。

5 月 8 日，商洛 10 万尾鱼种放入丹江，200 余件违规渔具被集中销毁。

6 月，商洛市共创建市级节水型公共机构 13 个，市级节水型居民小区 9 个，水利行业节水型单位 7 个。

6 月 24 日，商洛市二龙山水库闸门放水，丹江河下游捞鱼群众聚集上百人。有市民在河道发现了 3 条大鲵鱼。随后被送到商州区农业农村局水产站。

7 月 22—24 日，商洛市多地出现强降雨，暴雨引发洪水，导致洛南、山阳、商州多处路段被冲毁，造成多处桥涵受损，部分群众房屋受损，大部分受灾区域农作物严重受损。

8 月，省水利电力勘察设计研究院组织陕西省丹江流域综合规划编制工作。

9 月，丹凤青峰水库调水隧洞贯通完成投资 1300 万元。商南清油河水库大坝主体、金属结构安装完成。

10 月，省水利电力勘察设计研究院编制了丹江河道治理规划，中心城区及商州、丹凤、商南三县区的《丹江河道治理工程可行性研究报告》，并通过省厅技术审查。

11 月，商南清油河水库完成改建道路路基 6.4 千米，完成大坝坝基及坝肩开挖，累计完成混凝土浇筑 10.5 万立方米，形象进度达到 70%。建设丹江商州白杨店段、商南双塬官渡坪段等主要支流堤防 12.26 千米，丹凤武关河石门街坊段、商州南秦河段 6 个中小河流治理河长 48.5 千米，推进丹江干流及中小河流防洪工程建设，完成投资 2.1 亿元。

12 月，商洛市河长办积极争取资金 680 万元，全面完成了丹江划界工作。丹江流域直饮水窖已全部消除。年底编制完成《中心城区“丹江、南秦河、七沟峪”水生态修复综合治理规划方案》，完成投资2.03亿元。平整河床76.2万平方米，清理碍洪杂草树木18.84万平方米，清理堤防岸坡12.36万平方米，规整线缆3980米，拆除违法建设2处，两河七沟峪河道水环境水生态整治、丹江城区段防洪工程建设完成，3#坝、5#坝完成改造，城区河道面貌焕然一新。

黄沙河综合治理圆满完成，铺设透水混凝土10432.39平方米，新建悬挑步行道11083.29平方米、玻璃栏杆2471.93米，修建景观廊架5座、玻璃步行桥1座、玻璃平台2处、钢结构步行桥7座，道路“白改黑”38886平方米、景观绿化1383.67平方米。

2022年

3月，丹凤县桃花谷水保科技示范园成功晋升为“全国水土保持科普教育基地”。

4月，商州区、丹凤县、商南县建设商州丹江段主要支流堤防。

5月，商南捉马沟、商州东沟水库完成病险除险加固工程。

6月，商南县耀岭河山洪沟治理项目全面完成。

6月，商洛发生严重旱情，商洛市共启用备用水源1300余处，发放应急储水罐644个、水泵210个，累计使用送水车2112车次，发放管材128.4千米，新建截渗坝13座、水源井12眼，全面保障群众应急供水。

6月26日，商南金丝峡小时雨强达108.3毫米（12：00—13：00），突破了陕西1小时雨强历史极值。

7月，商洛市水利局组织制定和实施新一轮丹江“一河一策”方案，以水源地保护、水污染防治、水环境治理、水域岸线管控为重点，进一步推动河长制从“有名”向“有实”“有能”转变，实现水污染治理有效、水域岸线管控有力、生态环境优美，构建生态健康、和谐惠民的幸福河。

4—8月，丹江流域持续干旱，商州区、丹凤县旱情尤为严重，部分支流小溪出现断流。

截至12月，丹江重要支流防洪治理、堤路结合等部分工程完工。商州区东沟、商南县捉马沟水库除险加固，丹凤县峡河山洪沟治理项目已完成。

附　录

一、重要文献选录

（一）商洛赋

若夫秦岭腹地，长安东南，青山秀水，风光无限。峻岭崔嵬，仰乱石之嶙峋；深谷逶迤，瞰清波之潋滟。予察夫殊可流连之境，莫若商洛焉。毗邻鄂界豫壤，得名洛水商山。俯首近岫，举目远岚。迂曲蜿蜒，峰回路转。时而山重水复，俄顷花明柳暗。恍入鹤岑，漱珠液于紫泉；宛在麟洲，赏丹葩于玄岩。地秀而淑，赋南地之风韵；人朴而厚，秉北人之传承。至如自然景点、造化奇观、人文掌故、历史渊源，皆妙点化于山神，富溉沾于水仙者也。

粤若稽古，年经百万。石器初萌，乃通人烟。古道蹭蹬，山地绵绵，百兽愁于攀缘；形势嵯峨，关隘漫漫，先民举步维艰。玄王肇封，始有政权赓续；朝代更替，屡生经属之变。山深路赊，珍稀输外非易；林密滩险，宝物入山殊难。然其南接吴楚，文因之而荟萃；北通秦晋，物由是而集散。故其志书有载：“商於全盛之时，穷谷深山，皆闻鸡犬；老岩绝壑，亦长菽粦。高高下下，人皆务农。丰不全收，歉不全乏。兼有丝蚕蜡虫，椒桃漆药。诸蓄百产，虽多为客商专利，皆足以补衣食之缺而佐赋税之穷。所以郊野之富，号称近蜀”。又有所谓“龙驹一镇，康衢数里，巨屋千家。鸡鸣多未寝之人，午夜有可求之市。是以百艇联樯，千蹄接踵，熙熙攘攘，商税所由复增，税额所由日益也”。盛时景象，于斯可见，旧志所载，洵非虚言！

自古乃秦东藩屏，蕞尔严封；地实险隘，宜乎用兵。武关何雄？诸国纷争。秦王宣战，拘怀王而破楚军；刘邦灭秦，败项羽而占彭城。刘秀讨莽，绿林军屯兵板桥；樊崇逐玄，赤眉军进军关中。桓温枕戈，破前秦于蓝田；刘裕策马，灭后秦于长安。子仪御侮，迎击吐蕃；黄巢起义，转战中原。皆取道蓝田，涉水陟山，经由上洛，穿越武关者也。迨至明末政乱，生灵涂炭，祸患频仍，天怒人怨。闯王举义，风云变幻。挫兵潼关，秣马商南。养精蓄锐，志图冲天。及至近代，红军转战，星火之微，势成燎原。抗日救亡，匹夫气贯长虹；民族独立，壮士义薄云天。

既得山水形胜，厥有人文化成。取像鸟迹，文字于斯始制；得意凤图，五教以来是敷敬。地出书以垂《洪范》，天雨粟而昭神明。玄契教民，著其功于百姓；商子精数，衍其说为《算经》。废井田，开阡陌，卫鞅建不世勋功；辞轩冕，解薜萝，四皓扬千秋美名。古道委蛇，留诗家之翰墨；远山幽辽，传画师之丹青。张九龄荒途怀古，拾摭幽兴；李太白松下慕仙，讵论事功。戎昱苦行，叹雨暗而客稀；孟郊寒吟，忧雪壮而衣轻。尔乃文公左迁，潮州路远；云横秦岭，雪拥蓝关。欲为圣明，何惜残年？赤子忠心，其诗可鉴！峰峦无数，白居易最爱仙娥；虫豸百种，元微之独咏春蝉。蓝溪碧水，杜牧之闻声伤怀；山野孤松，柳宗元睹物生感。商於新路，李商隐徒发浩叹；商山早行，温庭筠惠留名篇。自唐而宋，诗风渐变。王公禹偁，朝廷命官，刚正清廉，敢言直谏。一朝触怒龙颜，两载商州谪宦。诗多山水，钟胜游而听泉；情寄民瘼，全力耕而畲田。至若唐宋以降，乱象频现，民生凋敝，斯文弃捐。行道罕至軺车，山水顿失光灿。邦国无道，几经霜雪之灾；山民多舛，履历旱鼠之患。傥有太平气象，经济好转，旋复办社学，建散馆，修学堂，立书院者也。

实为神州名区，物华天宝；堪称陆海奥域，人杰地灵。连绵深壑，峻峭奇峰；清泉白石，古木苍藤。金丝峡谷，惊服自然之妙；柞水溶洞，讶异造化之功。丹江漂流，山岚重叠竞秀；龙潭飞瀑，水色动息有情。观商山之雪霁，赏秦岭之云横。耽三台之叠翠，听灵岩之舞松。仙服紫芝，敝屣浮名；雅品泉茗，快意人生。木耳、板栗，誉满三秦；核桃、柿子，名震寰瀛。植物动物，南北荟萃；林木矿产，远近驰名。更有“戏剧之乡”，屡夺冠于上京；“野山画派”，每延誉于耆英。文学商洛，列雾驰星；商洛文学，异彩纷呈。作家辈出，璀璨掩映；佳作频现，力可扛鼎。嗟乎！得山水之神助，聚文坛之群雄。架西倾之地势，望神皋之至崇！

赫赫商洛，华夏名城。宜修路以通远，植梧桐以栖凤。凿山穿隧，筑康庄之大道；承古开新，铺锦绣之前程。曩昔多艰，攀畏途之巉崒；而今何速，越通衢之阔平。南北游客，辐辏遐迩景区；中外商贾，麇集大小山城。钵满瓢盈，山民弹冠与庆；人和政通，有司倒屣相迎。享四美之并臻，沐八面之来风。噫嘻！格局既定，气象初成。重雍累洽，物阜民丰。亿万斯年，商洛永宁！

（二）商州赋

圣王御宇，画野分疆。薄海内外，咸我版章。欲赋京都，自知才短。试瞻桑梓，不觉情长。且夫，商州故元王始封之地，而为臣为民之义以彰。通寰中之大号，为畿内之区方。郛尚之改称有自，荆洛之兼统何常。迄后周而州名始显，阅前明而悬属相望。犹是秦川，分经星于井柳。旧为魏地，错绣壤于雍梁。

其山，则终南迤逦而东下，太华超遽而南徙。通一脉于商颜，结千峰之秀美。困室则福荫全州，地肺则名驰万里。道暄举而元扈堪临，登秦望而丰阳可指。角山铁岭，也入舆图。云盖天书，都归乘志。

其水，则源于秦岭，亦源熊耳，青池向江，何绿似鸭头，不隔朝宗之路。碧于僧眼，争趋德水之湄。或以鱼而得名，则混混丹江，早庆安澜于帝世。或因书而绝瑞，则盈盈洛水，更腾光耀于圣时。

其城，则左龙右凤，台峙丹流，二丈七尺之高。俨临翠甸，五里三分之大。已定神□，射虎将军，静镇于鼙鼓不惊之日。悬鱼太守，轻吟于金汤孔固之秋。过乐野而流连，前此遗封何在？向高桥而踯躅，当年故址还留。

其道路，则多在山腰之内，半径石山齿之间。九峪十八岔，北通华邑。七盘十二，西接蓝关。槁板如故，茅店宁闲。白月清林，见人行于树杪。绿萝碧涧，口马渡于河湾。驿中绛帻之徒，曾迎车驾。馆里青云之客，总列朝班。

其关塞，则武关为入秦间道，上应乎天齐之星。夸文山中，重门月掩。抢风崖下一栅，筑善渚于艮维，穴何殊乎函谷。建漫川于巽位，道颇类乎井陉。緊五郎与鹘岭，若旧县与卢林，盖莫不守险以为固。而竹林交舞，更有犬牙相错之形。

其田里，则万家鳞次，炊烟与岚彩齐飞。千亩棋坪，真土与浮沙互错。既以火种而播，复以刀耕而获。循折算免科之例，地有奇零。拥箕禾穗之饶，人安耕凿。则夫一千八顷，可以得其大约。

其河渠，则沙深水细，岸高土松。欲桔槔而不可，且掘井之毋庸。或并力深求，挑夫泉而借润。或因端曲，计划滑石以流淙。汜汜乎，高卑咸灌，汩汩乎，左右皆逢。一百顷之水田，有赖三百道之渠路无壅。此所以僻处山国而亦有泽农也。

其山族，则丰狐、文豹、羚羊、锦鸡、画眉、鸲鹆、青狼、白鹰。飞熊兆欤，呦鹿鸣兮。猯既肥而遂穴，兔虽狡而可罦。藏香麝于松阴，傍云徐卧。隐寒猿于黛色，对月频啼。

其水族，则丹鱼得之而寿，有黴涂之而水可履，鳞属之佳无逾于此。他若官潭，往日不少鲦鳍。洛邑今兹，非无鲔。暮烟起而白鹭拳汀，新涨法而鲵鱼出。江边钓客，尚云维丝而维缗。溪上人家，岂必不鲂而不鲤。

其物产，则饶丹碧，产金银，水玉温润，石笋嶙峋。柏千枝而荫茂，芝一色而味錩。子种岭头之药，果俪汉皋之榛。而丹青之树，离合之草，又为求仙者之所珍。

方今我国家承平百余年矣，皇建其极，四方是仰。维兹七商，可运于掌。化崎岖为荡平，扫阴霾而明朗。岂容秦王人子之伦一空，未结洛川之党。土风则椎鲁而朴忠，本业则耕耘而织纺。诗书之教泽常新，吏治之循良日上。若夫商洛之墟，古迹纷如。地皇爰定三辰，仓帝乃成六书。衔符伊始敷教之初。朱放伊耆之胄，均封虞氏之储。昭明迁商，以复其故。神禹导洛，以奠其居。至于商君用秦而开阡陌，馀子诳楚以取功名，此其秦也。张良建逾之策，王陵应入关之兵，此其汉也。汾阳之万炬齐然，星辉月皎；昌黎之一封初奏，雪拥云横，此其唐也。

其官于斯土者，则逊留犊驹，崇辞兵卫。教民成俗，贾庾作其 人文。凿险通幽，王李相其地势。马燧可匹浑瑊萧瑀见知高帝。复有叚吴膺观之察任，侯斜叨节镇之荣。德骧司户，禹称团营，命亦维新，杰 平郧盗，功还不日，圮战金兵。紫溪复其书院，维中创其驿程。有二杨而尚觇风节，有商皇而不愧□贞。又若避秦四皓为高士之尤。奔蜀尹称寓贤之最。董公衣叶，情自寄于弹琴。邵子评花，学可陈于倾盖。问仙翁之炼口，可曾木母金公。羡处士之逍遥，不在峨冠博带。季宏、大亮，一时之事迹依然，太白、少陵，千载之风流未艾。若乃山川相缪，钟灵有素。喆挺生惟天所赋，台少师盖封后赵之侯，吴御史实作端王之傅。阳家椿桂先后齐芳，泉氏梓樀古今异数。学辩文鼠，则玶璒克振家声。词握灵蛇，则任邵同登云路。经略怀才而见擢，著有成劳。太仆守正而不阿，终回宸顾。宜章之碧血偏馨，角裔之黄冠何恶？纵贤愚之有别，京埏孝已同敦，岂民快之无分，杨叶义堪相附。斯匪独闾里之荣，而邦家之光，亦于是乎寓矣。乃歌曰：“商之先兮帝臣，开万世兮人伦，毋徒慕乎黄绮，而或后吾君亲”。又歌曰：“文峰屹立常如此，灵爪骈实花重蕊。九万鹏云何足言，公孤鼎轴庆方始”。

（三）丹凤赋

丹江之滨，凤冠山下，秦风楚韵，千年古邑。商鞅封地，平凹故里，葡萄美酒，享誉华夏。尧战丹滨，封子丹朱。大禹治水，商山遇贤。契封商国，文化发源。相土造车，商业始盛。昭王伐楚，秦楚问鼎。怀王被拘，始皇出巡。刘邦入关，子仪平叛。宋金鏖战，闯王屯兵。红军转战，中原突围，商洛山中小延安。勾股定理，商高肇创。商鞅变法，强秦一统。秦末四皓，隐居商山。晋代葛洪，预治狂犬，世界领先。唐代崔湜，疏浚航运，改河造田。明代霞客，泛舟丹江不觉仙。李白王维，吟诗江边不思还。龙驹古寨，水陆要道，十二会馆，船帮为首，明清税收，居陕之冠；商鞅古城，改革首善；武关要塞，三秦重关；宋金分界，二郎神庙；棣花老街，《秦腔》原型。商山雪霁，四皓碑林，凤冠石窟，商於古道多胜景；丹江漂流，国家景区，西北第一，水旱码头甲东南。莽流鹘岭，森林广布。一江三河，丹鱼盛产。铜铁锑钒，储量可观。核桃板栗，木耳香菇，商芝苜蓿，享誉一方。山萸天麻，丹参桔梗，秦岭腹地中药乡。主席批示，总理颁奖，丹凤核桃天下名。西南铁路，沪陕高速，联通九州。商丹一体，西安花园。丹凤朝阳，映红九天。

（四）商南赋

商山之南，丹水之阳，千载古邑，上善名邦。西接关陇，东扼南阳，北枕河洛，南控荆襄。秦楚古道锁钥地，东进西出第一乡。

天地洪荒，先民拓疆，骨刀石斧，披荆斩棘，抱木浮瓢，丹水试航。怀近追远，七千年前文明始；探古发幽，仰韶龙山文化彰。

丹朱获封，乃有名江，契采食邑，史厥有商。春秋争雄，剑戟铿锵，昭王伐鄀，举国称殇。是以河山分南北，从此秦楚隔关望。绝齐击楚，功著连横，商于六百始归秦；斩蛇揭竿，歃血为盟，夜袭武关终有汉。革故鼎新，除弊图强，商鞅躬身谋变法；拒佐恶政，餐芝饮露，角里穴居避暴秦。夜看击剑，晓风送马，闯王曹营苦练兵；烈火熊燃，红旗翻卷，五师跃进商洛山。山高林密，路隘关险，自古兵家常争战；红军播种，赤色丹南，而今花鲜烈士染。

商山苍苍，丹水泱泱，钟灵毓秀，文脉流芳。角峰嵯峨，西岳并抗；洞水鼓音，行云遏响；文峰叠翠，魁星相映；梳洗高楼，凌霄争上；大岭冠盖，耸入苍茫；富水夹云，望断潇湘。蟒岭北陈，千里秦岭独此秀；新开南亘，万里长江纳其流。仲尼西行，东来郧梁；《采之操》咏，韵清声亢；摩诘行吟，山谷回响；元白题壁，退之心伤。自古阳城留骚客，由来层峰羁旅商。移民兼南北，文化融四方：下江婉约，北客豪爽；戏赏花鼓，乐听梆梆；邻村别调，隔壁异腔。儒道释墨浸润久，诗歌辞赋流布长。

酷暑严寒，难觅其踪，物兼南北，特产饶丰。陕青独秀，首称泉茗；天赐尤物，龙须油桐；矿产富蕴，矾硅铬锰；珍宝玉器，天然水晶。加工制造，工业猛增。梯级开发，滔河岸边矗电站；截流筑坝，莲花台上起平湖。

昔雪拥蓝关，云横秦岭，乱山高下，车马不行；今国道畅而关阻平，高速建而沪陕邻，铁路通而西合近，九州通衢，四海闲庭。结构调而县兴，旅游热而民殷。金丝峡谷，秦岭珍品：石燕寨险，遥接天庭；峡谷逼仄，深通幽冥；飞瀑掬饮，碧潭澄心；生物化石，推古及今；药物宝库，堪集大成。其神工之雕刻，如龙宫之化形。楚城发掘，"巨人"惊醒；汉墓勘查，出土丰盈；生龙寨巍，上苍房新；茶园试采，丹江舟横。百里长廊千卷画，一水山城万点星。

青山滴翠，绿树成荫，雉飞麂走，鱼跃鸟鸣。生态立县，天保殊勋；科教强基，学子莘莘；科学发展，"五化"统领；平安和谐，小康直奔。挺秦头而立楚尾，三省慕而八县钦；乘风破浪正当时，豪情满怀商南人！

二、地方性法规选录

陕西省汉江丹江流域水污染防治条例

2005 年 12 月 3 日陕西省第十届人民代表大会常务委员会第二十二次会议

通过根据 2020 年 6 月 11 日陕西省第十三届人民代表大会常务委员会第十七次会议关于修改《陕西省实施〈中华人民共和国环境保护法〉办法》等八部地方性法规的决定修正；根据 2023 年 11 月 30 日陕西省第十四届人民代表大会常务委员会第六次会议关于修改《陕西省专利条例》等六部地方性法规的决定第二次修正。

第一章　总　则

第一条　为了防治汉江、丹江流域水污染，保护和改善水生态、水环境，保障供水水质安全，促进区域经济可持续发展，根据《中华人民共和国环境保护法》《中华人民共和国水污染防治法》《中华人民共和国长江保护法》等法律、行政法规，结合本省实际，制定本条例。

第二条　本条例适用于本省行政区域内汉江、丹江流域的地表水体和地下水体的污染防治。

第三条　汉江、丹江流域水污染防治坚持预防为主、防治结合、综合治理、公众参与、损害担责的原则。

汉江、丹江流域水污染防治工作实行统一规划、分级负责、分段管理，实施重点污染物排放总量控制制度。

省人民政府应当统筹协调汉江丹江流域的水资源、水生态、水环境的保护工作，落实分级分部门管理责任。在汉江丹江流域实行河长制，各级河长负责管理区域的组织领导，落实相关工作任务。

第四条　省人民政府对汉江、丹江流域陕西段的水环境质量负总责。

汉中、安康、商洛市和汉江、丹江流域的县（区）人民政府对本行政区域内汉江、丹江流域水环境质量负责。

第五条　省人民政府和汉江、丹江流域设区的市、县（区）人民政府应当将汉江、丹江流域水污染防治工作和城乡生活污水处理设施、生活垃圾处理设施建设纳入国民经济与社会发展规划和年度计划，将水污染综合性防治费用列入财政预算。

第六条 省生态环境行政主管部门对汉江、丹江流域水污染防治工作实施统一监督管理。

汉江、丹江流域设区的市、县（区）生态环境行政主管部门对本行政区域内水污染防治工作实施统一监督管理。

汉江、丹江流域设区的市、县（区）交通运输行政主管部门对船舶、港口污染实施监督管理。

省和汉江、丹江流域设区的市、县（区）发展和改革、自然资源、住房和城乡建设、卫生健康、水利、农业农村、应急管理、林业、市场监督管理等行政主管部门，应当按照各自职责做好水污染防治工作。

第七条 任何单位和个人有保护汉江、丹江流域水环境的义务，有权对污染和破坏汉江、丹江流域水环境的行为检举和控告。受理机关和部门应当按照有关规定予以处理。

各级人民政府和有关部门对在汉江、丹江流域水污染防治工作中做出显著成绩的单位或者个人，应当给予表彰奖励。

第八条 省自然资源行政主管部门会同其他有关部门根据法律和国家有关规定，组织编制汉江丹江流域国土空间规划。汉江丹江流域设区的市、县（区）自然资源行政主管部门会同同级人民政府其他有关部门依照汉江丹江流域国土空间规划，对所辖汉江丹江流域国土空间实施分区、分类用途管制。对不符合国土空间用途许可条件的，县级以上自然资源行政主管部门不得办理国土空间用途许可。

严格控制生态国土空间转为城镇国土空间和农业国土空间。生态国土空间与城镇国土空间、农业国土空间的相互转化利用应当以资源环境承载能力和国土空间开发适宜性 评价为依据，报有批准权的人民政府批准后实施。

第二章 污染防治

第九条 省生态环境行政主管部门会同水利等行政主管部门编制汉江、丹江流域水污染防治总体规划，报省人民政府批准，并报国务院备案。汉江、丹江流域设区的市、县（区）人民政府根据汉江、丹江流域水污染防治总体规划，制定本行政区域水污染防治规划以及水污染防治计划和方案，报上一级人民政府批准后实施。

汉江、丹江流域水污染防治总体规划应当包括以下内容：

（一）流域水体的环境功能要求；

（二）分阶段、分区域、分断面达到的水质目标及达标时限；

（三）水污染防治的重点控制区域、重点污染源的工业污染和面源污染的具体防治措施；

（四）流域内城镇生活污水和生活垃圾处理设施建设规划。

第十条　汉江、丹江流域设区的市、县（区）人民政府应当结合本行政区域水污染防治规划和汉江、丹江流域水环境功能区划，合理规划产业发展和城乡建设布局，调整产业结构，推行清洁生产。在汉江、丹江流域新建、改建、扩建直接或者间接向水体排放污染物的建设项目和其他水上设施，应当依法进行环境影响评价，符合环境影响评价要求，并经规定程序批准后，方可开工建设。

第十一条　建设项目中的水污染治理设施，进行集群综合处理的，应当与建设项目同时配套建设；建设项目单体处理的，应当与建设项目同时设计、同时施工、同时投入使用。水污染物处理设施应当保持正常运行，不得擅自拆除或者停运、闲置。

第十二条　禁止向水体排放油类、酸液、碱液、剧毒废液。禁止在水体清洗装贮过油类或者有毒污染物的车辆和容器。禁止向水体排放、倾倒放射性固体废物或者含有高放射性和中放射性物质的废水。向水体排放含低放射性物质的废水，应当符合国家有关放射性污染防治的规定和标准。禁止将含有汞、镉、砷、铬、铅、氰化物、黄磷等的可溶性剧毒废渣向水体排放、倾倒或者直接埋入地下。禁止向水体排放、倾倒工业废渣、城镇垃圾和其他废弃物。输送、运输、贮存有毒、有害废水或者其他污染物的管道、沟渠、坑塘、运输车辆、贮存仓库、容器等，应当采取防渗漏等安全措施。

第十三条　禁止利用裂隙、溶洞、渗坑、渗井，私设暗管，篡改、伪造监测数据，或者不正常运行水污染防治设施等逃避监管的方式排放水污染物。进行矿产资源勘探、开采、隧道、桥梁等对水体有污染 的建设工程，应当采取水污染防治措施。

第十四条　禁止在汉江、丹江流域通过水路运输油类、剧毒化学品和国家规定禁止通过内河运输的其他危险化学品。

第十五条　汉江、丹江流域的水电企业负责电站水库管理和保护范围内的水面漂浮物打捞和水藻防治。

发生特大洪涝灾害，库区水面产生大量漂浮物时，政府应当组织社会力量进行打捞和防治。

第十六条　禁止在汉江、丹江流域水库、湖泊、河道管理范围内堆放、倾倒、存贮生活垃圾、建筑垃圾、动物尸体及其他固体废弃物和法律法规禁止的其他行为。

第十七条　汉江、丹江流域设区的市、县（区）人民政府应当加强生态环境综合治理，巩固退耕还林（草）成果，保护天然林和湿地，禁止毁林开荒、围湖造田，防治水土流失，保持生态平衡。鼓励和扶持发展汉江、丹江流域绿色生态环保的水产养殖和科学规范的增殖放流等活动。

第十八条　汉江、丹江流域各级人民政府和县级以上农业农村、林业行政主管部门，应当指导农业生产者推广使用有机肥和农作物秸秆、畜禽粪便及其他废弃物的无害化处理、资源化利用，科学合理使用化肥、农药、兽药、农用薄膜等农业投入品，发展农村沼气，防止面源污染。

汉江、丹江流域饮用水水源保护区内禁止使用含磷洗涤剂、化肥、农药。省人民政府根据水环境保护需要，可以采取禁止或者限制种植养殖措施，保证饮用水水质安全。

第十九条 汉江、丹江流域县级以上人民政府应当按照汉江、丹江水污染防治规划要求，建立污水集中处理和垃圾集中处理设施，确保污水排放和污染物处理达到国家和地方规定的标准。鼓励多渠道投资，建设城镇污水和固体废弃物集中处理设施，可以进行有偿经营。

第三章 监督管理

第二十条 省生态环境行政主管部门应当建立和完善汉江、丹江流域水环境监测网络体系，定期监测流域内河流、水库、湖泊的水质状况。县级以上生态环境行政主管部门应当定期向本级人民政府报告本行政区域内水环境质量状况，并向社会公布。汉江、丹江流域设区的市生态环境行政主管部门，应当建立水污染防治档案管理制度。

第二十一条 汉江、丹江流域设区的市、县（区）人民政府应当组织对所辖区域各类排污口开展排查整治，明确责任主体，实施分类管理。在汉江丹江流域江河、湖泊新设、改设或者扩大排污口，应当经有管辖权的生态环境行政主管部门或者流域生态环境监督管理机构同意。对未达到水质目标的水功能区，除污水集中处理设施排污口以外，应当严格控制新设、改设或者扩大排污口。

第二十二条 直接或者间接向水体排放工业废水和医疗污水以及其他按照规定应当取得排污许可证方可排放的废水、污水的企业事业单位和其他生产经营者，应当取得排污许可证；城镇污水集中处理设施的运营单位，也应当取得排污许可证。

排污单位排放水污染物不得超过国家和地方规定的标准，不得超过排污许可证许可的排放浓度和排放量。

第二十三条 汉江、丹江流域的县级以上生态环境行政主管部门按照水污染物排放标准和重点水污染物排放总量 控制指标要求，依法对排污口实施监督管理。重点排污单位应当在排污口安装水污染物排放自动监测设备，与生态环境行政主管部门的监控设备联网，并保证监测设备正常运行。

第二十四条 汉江、丹江流域发生或者可能发生水污染事故或者其他突发性事件，严重污染或者可能严重污染水环境，发生地的人民政府应当立即启动相应应急预案，采取有效措施，消除或者减轻污染危害，及时报告上一级人民政府，通报可能受到污染危害的地方政府及有关单位、居民，采取相应安全防护措施。

第四章 法律责任

第二十五条 违反本条例第十一条第二款、第十三条第一款规定，利用裂隙、溶洞、渗坑、渗井，私设暗管，篡改、伪造监测数据，或者不正常运行水污染防治设施等逃避监管的方式排放水污染物的，由县级以上生态环境行政主管部门责令改正或者责令限制生产、停产整治，并处十万元以上一百万元以下罚款；情节严重的，报经有批准权的人民政府批准，责令停业、关闭。

第二十六条　违反本条例第十二条第一款、第三款、第四款规定，向水体排放油类、酸液、碱液、剧毒废液，向水体排放、倾倒放射性固体废物或者含有高放射性、中放射性物质的废水，或者将含有汞、镉、砷、铬、铅、氰化物、黄磷等的可溶性剧毒废渣向水体排放、倾倒或者直接埋入地下的，由县级以上生态环境行政主管部门责令其停止违法行为，限期采取治理措施，消除污染，处十万元以上一百万元以下罚款；逾期不采取治理措施的，生态环境行政主管部门可以指定有治理能力的单位代为治理，所需费用由违法者承担；情节严重的，报经有审批权的人民政府批准，责令停业、关闭。

第二十七条　违反本条例第十二条第二款、第五款、第六款规定，在水体清洗装贮过油类或者有毒污染物的车辆和容器，输送、运输、贮存有毒、有害废水或者其他污染物的管道、沟渠、坑塘、运输车辆、贮存仓库、容器等未采取防渗漏等安全措施或者向水体排放、倾倒工业废渣、城镇垃圾或者其他废弃物的，由县级以上生态环境行政主管部门责令其停止违法行为，限期采取治理措施，消除污染，处二万元以上二十万元以下罚款；逾期不采取治理措施的，生态环境行政主管部门可以指定有治理能力的单位代为治理，所需费用由违法者承担。

第二十八条　违反本条例第十四条规定，在汉江、丹江流域通过水路运输油类的，由县级以上交通运输行政主管部门或者海事管理机构按照职责分工，责令停止违法行为，处一万元以上十万元以下的罚款，造成水污染事故的，由县级以上生态环境行政主管部门按照《中华人民共和国水污染防治法》有关规定处罚；在汉江、丹江流域通过水路运输剧毒化学品和国家规定禁止通过内河运输的其他危险化学品的，由县级以上交通运输行政主管部门或者海事管理机构责令改正、没收违法所得，并处二十万元以上二百万元以下罚款，对直接负责的主管人员和其他直接责任人员处五万元以上十万元以下罚款，情节严重的，责令停业整顿，或者吊销相关许可证。

第二十九条　违反本条例第十六条规定，在汉江、丹江流域水库、湖泊、河道管理范围内堆放、倾倒、贮存生活垃圾、建筑垃圾、动物尸体及其他固体废弃物和其他污染物的，由县级以上生态环境行政主管部门责令其停止违法行为，限期采取治理措施，消除污染，处二万元以上二十万元以下的罚款。

第三十条　违反本条例第二十二条第一款规定未依法取得排污许可证排放污染物的，由县级以上生态环境行政主管部门责令改正，或者责令限制生产、停产整治，并处二十万元以上一百万元以下的罚款；情节严重的，报经有批准权的人民政府批准，责令停业、关闭。违反本条例第二十二条第二款规定，超过许可排放浓度、许可排放量排放水污染物的，由县级以上生态环境行政主管部门责令改正，或者责令限制生产、停产整治，并处二十万元以上一百万元以下的罚款；情节严重的，吊销排污许可证，报经有批准权的人民政府批准，责令停业、关闭。

第三十一条　违反本条例第二十三条第二款规定，重点排污单位未按照规定安装水污染物排放自动监测设备，未按照规定与生态环境行政主管部门的监控设备联网，或者未保证监测设备正常运行的，由县级以上生态环境行政主管部门责令限期改正，处二万元以上二十万元以下罚款；逾期不改正的，责令停产整治。

第三十二条 依照本条例规定作出五十万元以上罚款处罚决定前，应当告知当事人有要求举行听证的权利。

第三十三条 当事人对行政处罚决定不服的，有权申请行政复议或者提起行政诉讼。

第三十四条 生态环境行政主管部门和其他行政主管部门的工作人员滥用职权、玩忽职守、徇私舞弊，导致严重水污染事故的，由其所在单位或者上级主管部门给予处分；构成犯罪的，依法追究刑事责任。

第五章 附 则

第三十五条 本条例自 2006 年 3 月 1 日起施行。

商县丹江堤防协会暂行组织大纲

（摘自中华民国《续修商县志稿》1941 年）

第一条 本大纲系根据陕西省水利局所公布之“修正陕西省各河堤防协会暂行组织大纲”，参酌实际情况定之。

第二条 本县设丹江堤防协会，管理全县沿丹江各堤防事宜。

第三条 协会以下得设分会及堤长，沿丹江两岸及各支流所有堤防其包括之一。新旧田地在一百五十亩以上者，得组织堤防分会。

第四条 协会分会成立及堤长选出后，应将办公地址及该堤所包括之户口花名、土地确数详细造册，呈报县政府转报省水利局备案。

第五条 会员以受益土地户为单位。

第六条 协会分会及正、副会长各由该会员代表大会投票选举。协会会长选举后，得报省水利局，加委会会长及副堤长呈报县政府，加委转报省水利局备案。

第七条 除协会及分会会长外，得设事务员一人及干事四人至八人。堤防过长者，可视需要设段长若干人襄助，会务由会长就该段会员大会选任。

第八条 协会分会会长及堤长任期均为一年，连选得连任。

第九条 协会会长及各分会会长，各堤堤长当选资格，须私德完备，有相当土地，具有工程经验而非现任官吏及军人者。

第十条 协会分会会长及各堤长任务如下：

一、召开会员代表大会并执行其决议案；

二、监督并指挥会员修堤及抢险等事务，须以身作则；

三、拟具工程计划实施办法以及呈报等事项。

第十一条　会员代表大会职权如下：

一、选举会长及堤长；

二、审核预算决算及工程费；

三、对工程等费之筹措。

第十二条　每年霜降以后，各堤务须以一月之时间，培修堤防，其他没及时抢险等工，临时由会长或堤长集工兴修。如遇雨，堤以上有关之工程得通力合作，首尾相顾。

第十三条　会长及堤长等均为义务职。

第十四条　协会分会及堤长之办公费，须极为俭省，由会员分担，年终造册呈报县政府并向代表大会公布之。

第十五条　普通工程费应由会员分担，遇有天灾，发生大工，会员无力负担时，得呈请县政府转请水利局设法拨款或贷款兴修。

第十六条　所筑之堤以不妨害对岸及上下游田为宜。

第十七条　协会分会及堤长，受水利局及县政府之监督指挥，遇必要时，有解散及令改选之举。

第十八条　本大纲自公布之日起施行，如有未尽事宜，得随时修正之。

索　引

流域概况（46条）

水资源集约节约利用（51 条）

防汛抗旱与河道整治（25条）

水土保持与水生态建设（28条）

流域综合管理（25 条）

丹江文化（45 条）

机构与人物（52条）

参加编写及提供资料人员名单

（排名不分先后）

赵小华	任宏博	刘　哲	何晓维	任宏艳	李赫君	任珂琳
王　毓	姜新义	王智林	黄　倩	周志平	赵　宁	高　杰
晁　洋	李勇民	侯守敬	宋建林	张瑞雪	马　博	杨思敏
崔启源	马文瑞	任　钰	岐　秦	柴学峰	鲍河冰	任永庆
惠仲德	王　剑	惠　瑛	闫世伟	侯精明	黄志生	张　凯
谢　天	魏超峰	陈　雪	袁　光	杜　姜	王　鑫	陈　诚
王胜利	唐吉新	范　宇	刘　文	武　勇	黄晓峰	雷宏刚
解雨轩	晁智龙	曹保前	杨碧波	张继辉	王　葳	陈永潇
王　甜	刘　钊	文宏亮	由于军	党宪军	龚裕凌	李　昱
李　菁	张　艳	王　丽	董号强	方思维	彭　[illegible]	靳珊珊
毛　恒	李润武	杨甲鹏	樊军文	孙学军	徐朝辉	程　飞
程　超	王怀翔	窦晓娟	赵　康	李　钰	王银凤	李　战
赵宇博	唐嘉悦	陈会敏	王周全	全雅莉	刘铁龙	蒙　磊
景佰通	陈义祥	张　波	张宇轩	王怡婷	拓　哲	张　晋
赵　云	王　妮	赵　娇	王　飞	王亚飞	张　豪	张　典
赵云龙	赵芸洋	李文欣	郝晓瑛	贺　瑶	张静怡	吴慧慧
杨彬彬	李　伟	凤宏亮				

编后记

丹江从秦岭发源，在高山峻岭中突围，流经商州、丹凤，出了商南就算离开陕西境地。我是丹江土著人，自以为熟悉丹江，了解丹江，然而，在编写《丹江志》的过程中，机缘让我重新认识了莫测高深的丹江……

从2023年开始，《丹江志》整整写了一年有余，多少个礼拜天都在省档案馆和丹江沿线各单位调查、收集资料，晚上整理归类。每个星期，白天忙完手头工作，晚上结合购买的20多本地方志书和省图书馆查阅复印的资料，反复取舍、专注修改直至深夜，这一年之间，我奋发了人生从未有过的英勇，除了工作和编志书，基本上没有再干别的事，这是我最难忘的记忆。

从设计制定志书目录，到广泛搜集整理资料，在查阅各县历史档案，去粗取精、去伪存真、认真撰写反复修改过程中，我感受着丹江自盘古开天辟地以来变化的历程。丹江原是一片大海，2亿年前，秦岭逐渐抬升，海水最后退出，沧海形成桑田。随后就有了农耕文明的印迹，尧舜禹在丹江治水的故事；老子骑青牛过丹江的情景；丹朱不辞艰辛防御洪水的传说；商鞅变法搬木北门赏金十两取信天下的场面；秦楚交兵、宋金鏖战金戈铁马厮杀的画面；商山四皓为大汉天子运筹帷幄、挥斥方遒的功业；历代丹江廉吏因旱情严重为衣衫褴褛的灾民开仓放粮的瞬间；丹凤龙驹寨“百艇接樯，千蹄接踵”的喧嚣；商州水门里“车水马龙、熙熙攘攘”的烟火气；李白、杜甫等一干文人淡漠了世事沉浮，悠闲欣赏丹江渔舟唱晚“我行至商洛，幽独访神仙”“我有商山君未见，清泉白石在胸中”吟诗作文的潇洒；月儿滩上纤夫弓着腰喊着号子迸发出生活的呐喊；一代又一代的水利人，兴利除害、苦干实干，那聚沙成塔治水兴水的力量，见证着万壑归流的鸿浩之力；一拨又一拨的水文人，兴水治水、矢志不渝、匀速发力，洪水中逆行的样子成为丹江最美的暖色；更有无数的丹江沿岸父老乡亲，在20世纪五六十年代兴修水库的时候，义务投劳，自带干粮，用强大的执念，修造出了至今仍在发挥巨大作用的几十座水库和无数条渠道，他们虽然只是普罗大众、芸芸众生中的一员，但他们诠释着“生活不全都是利益”的力量，真挚且感动，不吝挺身而出、相互守望丹江的精神，足以垒起最坚不可摧、最无敌存在的城堡。

生命里最盛大的礼赞，就是把热爱丹江、保护丹江转化为光与火的样子，是在防御洪水中磨砺出披荆斩棘的勇气，是在防汛中锻造出顶天立地的脊梁，是在为了更多黎民百姓继续更好活着而牺牲自我的英雄。丹江从一片汪洋幻化成如今的模样，在跌宕中安稳、变局中守成、复苏中新生、庸常中美好，这一切的一切都装进了记忆之沙漏，他们虽然如火花一瞬，但璀璨明亮，亮在前行的夜里，成为丹江最温柔的馈赠。商山如常，丹江如故，此间种种，皆饱含着慰藉人心的力量。我正是在这种力量的鞭打下，踉踉跄跄于2024年初完成了初稿，3月底完成了修改稿，又经过无数次大幅删减修改，于2025年4月定稿付印。

《丹江志》是一部史料性、专业性、实用性、文化性较强的河流志书，也是《陕西省河流志丛书》确定必编10本书之一，更是入选《中国名水志文化工程丛书》之一的志书。陕西省水利厅党组高度重视编纂工作，2023年6月9日，陕西省水利厅成立了《陕西省河流志丛书》编纂委员会，设立了办公室，确定实行主编负责制，独立担负志书资料收集、内容编纂工作。6月25日，召开了《陕西省河流志丛书》编纂工作启动视频会，副厅长左怀理部署了编纂工作。2024年1月25日，组织有关专家、厅设有关单位负责同志对《丹江志（初稿）》进行初审，并提出补充完善意见。会后，编者逐条修改完善。4月8—20日，《陕西省河流志丛书》编纂委员会印发《丹江志（征求意见稿）》，分别征求省地方志办公室、商洛市等相关单位，共50条修改意见，特别是陕西省地方志办公室李军副处长、陕西省住房和城乡建设厅倪坪同志、陕西省水利厅原二级巡视员杨耕读同志对志书提出了具体要求，编者再次修改完善。6月8日，省地方志办公室在西安市蓝田县召开了《丹江志》复审会，李军副处长出席并主持了复审会议，与会专家认为《丹江志》政治观点正确，体例规范，结构合理，资料丰富翔实，文风朴实，语言精炼，特色明显，会议一致同意将《陕西省河流志丛书》纳入《陕西省地情丛书》范畴，通过复审。2025年2月22日，中国名水志文化工程 · 陕西省河流志丛书终审会在北京召开，水利部办公厅等17家单位代表一致同意将《陕西省河流志丛书》列入《中国名水志文化工程丛书》。

《丹江志》囊括“流域概况”“水资源集约节约利用”“防汛抗旱与河道整治”“水土保持与水生态建设”“流域综合管理”“丹江文化”“机构与人物”7篇32章104节，志书前置“概述”，后置“大事记”“附录”“编后记”，约计84万字。分插丹江沿程各河段图照、表格共百余张。断限至2022年底，个别事项延至2023年。

在整个编写过程中，让我最感欣慰的是，省水利厅领导给予坚强指导，机关党委书记牛福全、纪委书记耿涛给予鼎力帮助，省水旱灾害防御中心主任相里江峰、省水利厅安全保障服务中心主任李仿静、省水利电力勘察设计院院长魏克武、丹凤县水利局周志平等领导给予合力推进。《陕西省河流志丛书》编纂委员会办公室主任许灏，副主任耿涛、王辛石，蒋建军、权医平、常崇信、赵西安、雷保寿、黄卫涛等9位主编，商洛市水利局程超、王怀祥等领导对志稿提出宝贵修改意见，在此表示诚挚谢忱！

本书编纂的最大困难在于资料收集与甄别，成书之际还应感谢刘哲、王智林、任宏博等同志，他们提供了珍贵的丹江资料，在编纂志书时得以借鉴、引用。还有文字编辑赵小华、张瑞雪的众手成志，还有排版校核王晓斌的智慧付出，在此对你们的辛勤劳动表示最真切的感谢和最崇高的敬意。本书编纂过程中，曾参阅大量文献和资料，由于篇幅所限，未能逐一列出，特向有关单位和个人表示诚挚谢意！

作为编者，我们深感责任之重大，唯有加倍努力，方能不负期待。但由于编撰时间短，资料收集有限，甄别难度大，加之本人编纂经验不足，文字水平有限，疏漏错讹在所难免，恳请读者批评指正。

草草数语，是为后记。

编　者

2025年4月

中国名水志文化工程丛书
陕 西 省 地 情 丛 书
陕 西 省 河 流 志 丛 书

泾河志

《陕西省河流志丛书》编纂委员会 编

黄 河 水 利 出 版 社
· 郑 州 ·

图书在版编目（CIP）数据

泾河志 / 《陕西省河流志丛书》编纂委员会编. 郑州 : 黄河水利出版社, 2025. 6. --（陕西省河流志丛书）. -- ISBN 978-7-5509-4119-9

Ⅰ. TV882.841

中国国家版本馆CIP数据核字第2025011X6S号

泾河志 JINGHE ZHI

《陕西省河流志丛书》编纂委员会 编

责任编辑 冯俊娜　　责任校对 王单飞

封面设计 张心怡 孟周利　　责任监制 常红昕

出版发行 黄河水利出版社

地址:河南省郑州市顺河路49号 邮政编码:450003

网址:www.yrcp.com E-mail:hhslcbs@126.com

发行部电话：0371-66020550

承印单位 陕西省水利印刷厂

开　　本 787mm × 1092mm 1/16

插　　页 24

印　　张 30.5

字　　数 774千字

版次印次 2025年6月第1版　　2025年6月第1次印刷

定　　价 3680.00元（全十卷）

审定单位

初　审　陕西省水利厅

复　审　陕西省地方志办公室

终　审　水利部水文化研究工作指导委员会办公室

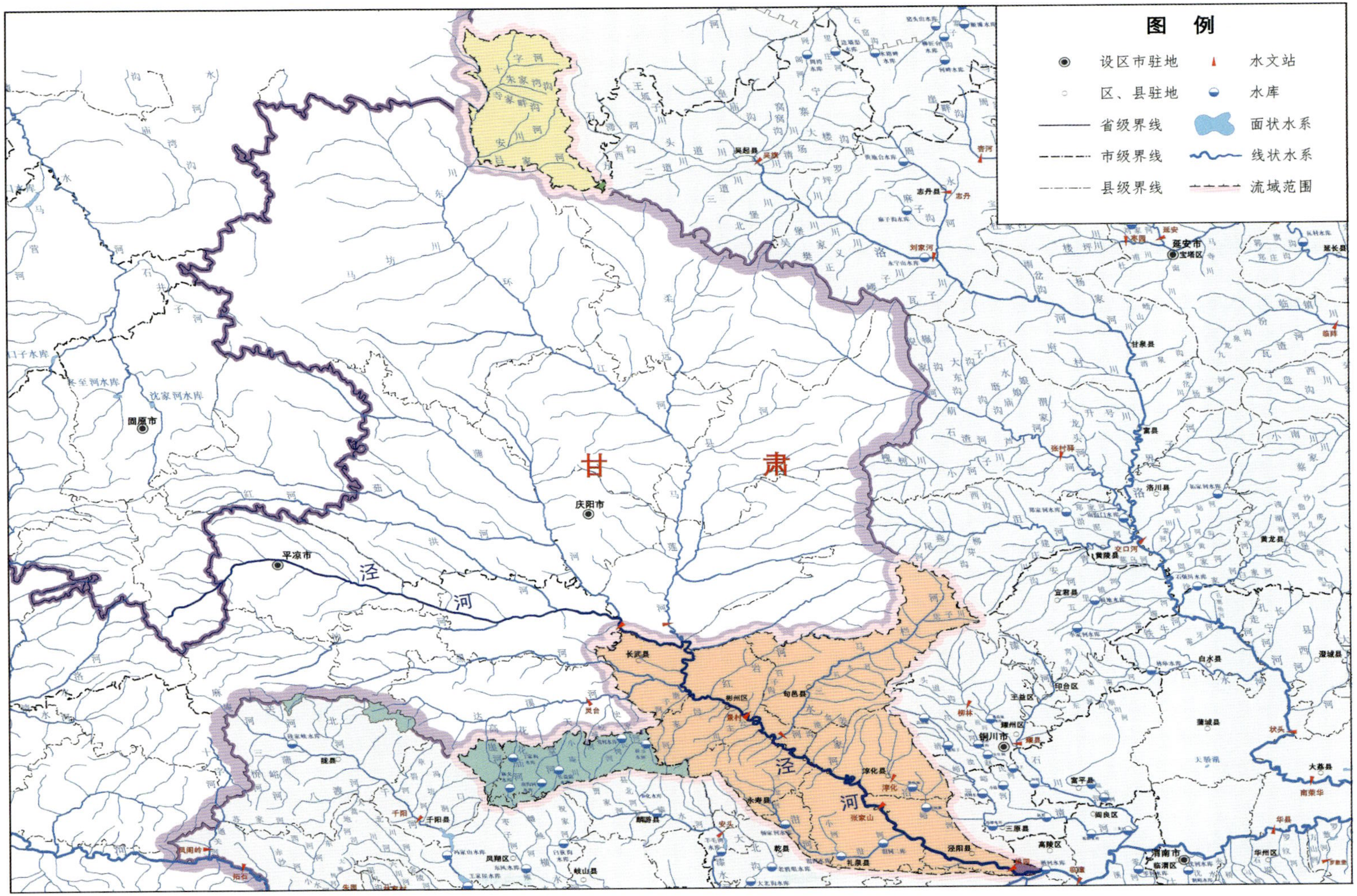
图 例
设区市驻地
区、县驻地
省级界线
市级界线
县级界线
水文站
水库
面状水系
线状水系
流域范围
甘
肃
庆阳市
平凉市
固原市
泾
河
长武县
彬州区
旬邑县
淳化县
永寿县
乾县
礼泉县
泾阳县
铜川市
耀州区
王益区
印台区
宜君县
黄陵县
洛川县
富县
甘泉县
延安市
宝塔区
志丹县
吴起县
白水县
蒲城县
澄城县
富平县
三原县
阎良区
高陵区
渭南市
临渭区
华州区
大荔县
凤翔区
千阳县
陇县
麟游县
岐山县
沈家河水库

陕西省泾河流域图

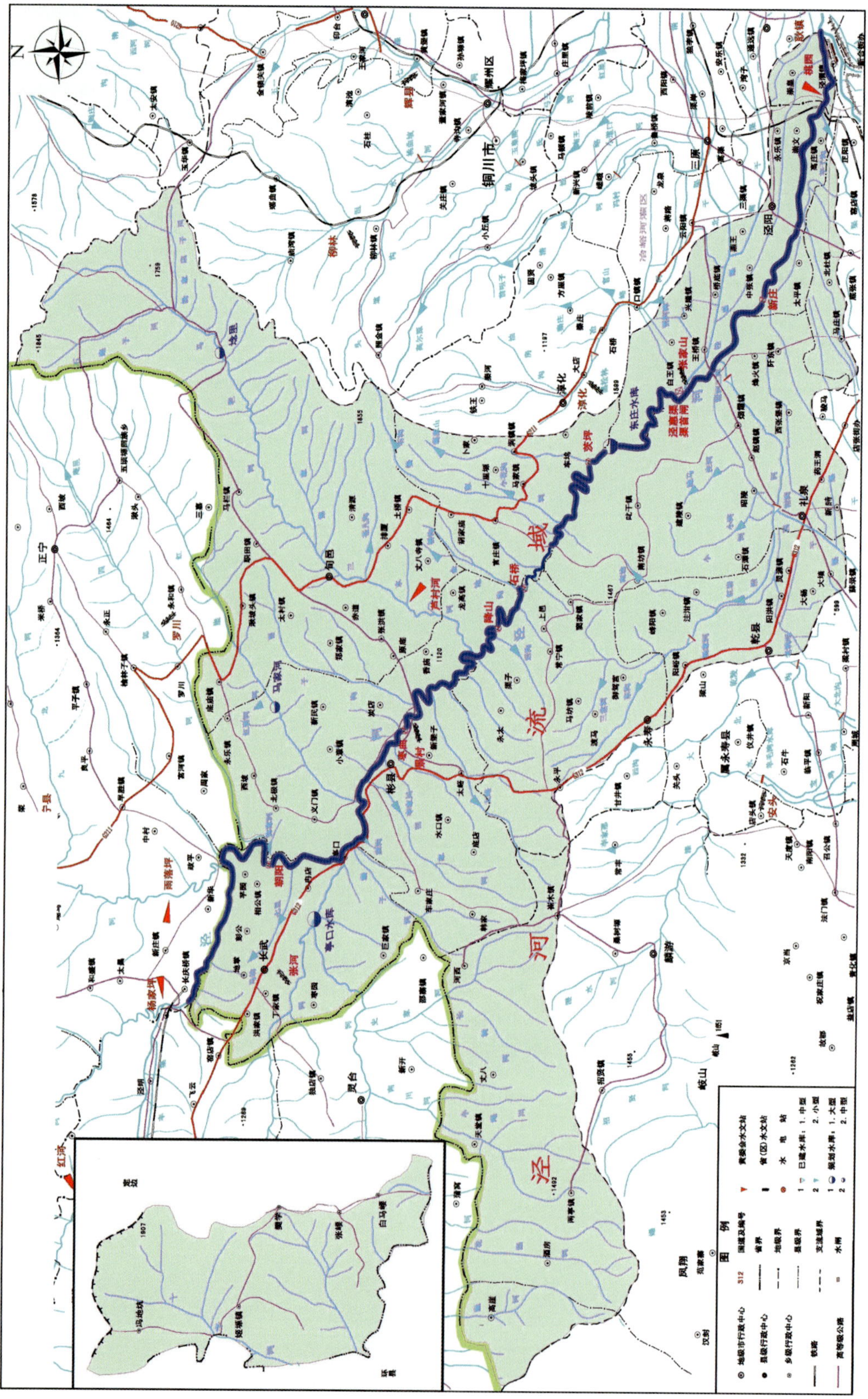

陕西省泾河流域地理位置图

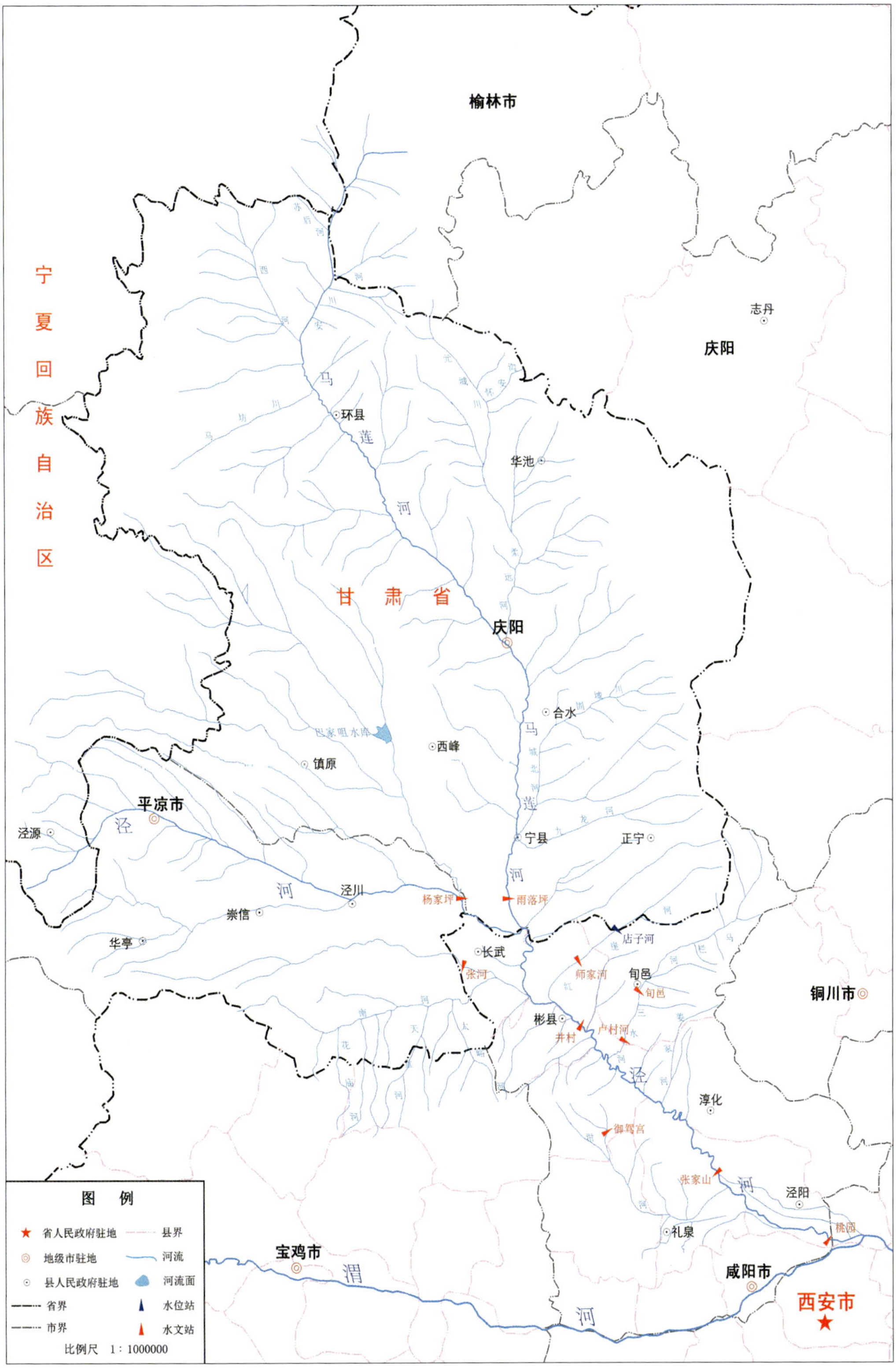

榆林市
宁夏回族自治区
志丹
庆阳
甘肃省
环县
马莲河
华池
庆阳
合水
巴家咀水库
西峰
镇原
平凉市
泾源
泾河
泾川
崇信
华亭
宁县
正宁
杨家坪
雨落坪
长武
张河
店子河
师家河
旬邑
彬县
井村
卢村河
铜川市
淳化
御驾宫
张家山
泾阳
礼泉
桃园
宝鸡市
渭河
咸阳市
西安市
图例
省人民政府驻地
县界
地级市驻地
河流
县人民政府驻地
河流面
省界
水位站
市界
水文站
比例尺 1：1000000

泾河水系图

宁夏六盘山（蒋建军 2016 年 10 月）

六盘山腹地（蒋建军 2016 年 10 月）

宁夏泾河源头区（蒋建军 2016年10月）

定边县泾河源头区（2018年7月）

泾源县龙潭水库（党硕 2020 年 8 月）

泾河上游泾源县段（蒋建军 2016 年 10 月）

泾河长武县相公镇入陕断面（黄卫涛 2024年5月）

泾河彬州市太极湾（肖敏 2015年8月）

泾河上游彬州市早饭头村果蔬大棚基地（党硕 2020 年 8 月）

泾河上游和中游分界河段（黄卫涛 2024 年 5 月）

泾河永寿段（王忠建 2010 年 7 月）

泾河淳化段（2020 年 7 月）

泾河大峡谷泾阳段（田智 2020 年 7 月）

泾河下游泾阳段出山口（2020 年 5 月 ）

泾河下游泾阳段平原区（党硕 2020 年 8 月）

泾河新城段（2020 年 7 月）

泾河高陵段（肖敏 2021 年 4 月）

泾河入渭口

马莲河入泾河汇流点（黄卫涛 2024 年 5 月）

甘肃马莲河（黄卫涛 2024 年 5 月）

黑河入泾河口（黄卫涛 2024 年 5 月）

泔河入泾河口（2024 年 3 月）

郑国渠故道遗址

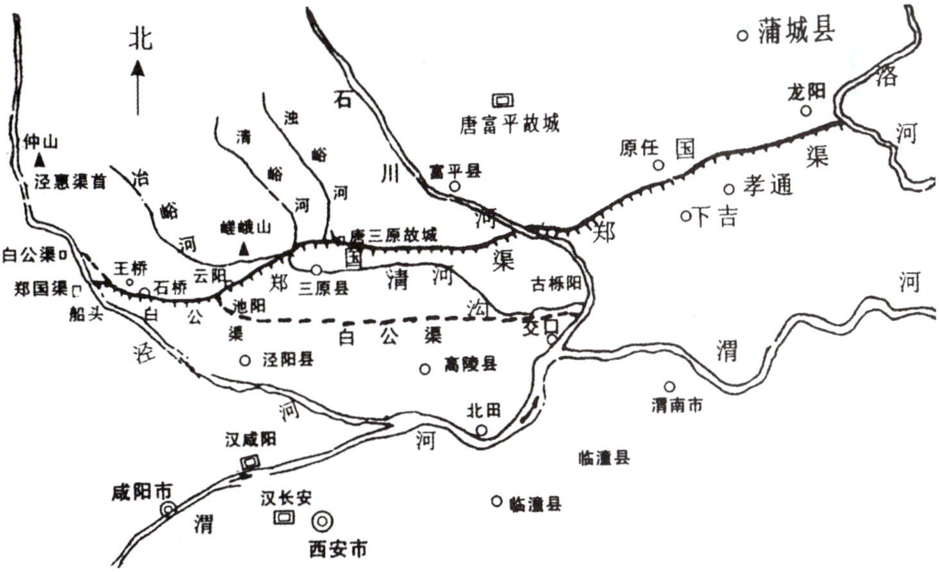

郑国渠遗迹图

宋丰利渠渠首遗址（2020 年 3 月）

元王御史渠取水口遗址（2017 年 6 月）

20 世纪 30 年代泾惠渠首大坝

20 世纪 30 年代泾惠渠南干渠及北干渠上分水闸（泾阳县社树村）

20世纪30年代泾惠渠总干渠民生桥

1935年10月第六次水老会议（第一排右七为李仪祉）

泾惠渠总干渠朱子桥（2019 年 3 月）

泾河彬州市城区段（黄卫涛 2024 年 5 月）

泾河平原段（泾阳）治理（2019 年 7 月）

泾河礼泉北屯段治理（2024 年 3 月）

彬州市泾河豳风大桥（党硕 2020 年 8 月）

泾河修石渡大桥（2024 年 3 月）

泾河入渭口交通桥（2022 年 8 月）

20 世纪 50 年代黄委地勘人员居住的窑洞及查勘资料文献

20 世纪 60 年代专家进行外业测量

水利部组织专家对东庄水库坝址进行考察（1999 年 8 月）

东庄水利枢纽工程施工现场俯瞰（2018 年 7 月）

东庄水利枢纽工程施工现场（2023 年 11 月）

东庄水库大坝首仓混凝土浇筑（2023 年 2 月）

陕西省泾河东庄水利枢纽工程全面建设推进会会场（王伟 2018 年 6 月 29 日）

亭口水库大坝（张帅 2023 年 6 月）

泾惠渠渠首加坝加闸工程（徐峰 2016 年 5 月）

泔河水库大坝鸟瞰图（李选明 2016 年 3 月）

泔河二库大坝鸟瞰图（李选明 2021 年 4 月）

旬邑柏岭寺水库（李杰 2022 年 7 月）

乾县杨家河水库（2022 年 7 月）

彬州市红岩河水库（2021 年 10 月）

泾惠渠渠首电站（2022 年 6 月）

彬州市程家川水电站（王忠建 2017 年 6 月）

永寿和平水电站（王忠建 2017 年 6 月）

枣渠水电站引水口（田智 2010年3月）

文泾电站大坝（2017年7月）

张家山水文站（2024 年 3 月）

张家山水文站测流断面（2024 年 3 月）

景村水文站测验断面（2021 年 10 月）

泾惠渠灌区（2023 年 6 月）

乾县千亩高标准农田建设现场（向立 2008 年）

李仪祉墓园（2020 年 3 月）

渭北水利工程处遗址（2020 年 3 月）

郑国渠遗址博物馆（2024 年 3 月）

陕西水利博物馆（2023 年 7 月）

郑国塑像（2022 年 6 月）

泾阳县筛珠洞泉水（2018 年 4 月）

泾河奇石（程哲 2008 年 4 月）

彬州市古豳文化博览园（2019 年）

泾阳县大地原点（2016 年 5 月）

秦直道（2015 年 8 月）

唐家大院（2018 年 7 月）

彬州大佛寺石窟（党硕 2020 年 8 月）

郑国渠世界灌溉工程遗产（2021 年 7 月）

彬州市公刘墓（王晓斌 2024 年 5 月）

泾河新城崇文塔（2024 年 3 月）

旬邑泰塔（2021 年 5 月）

旬邑马栏革命旧址全貌（2020 年 8 月）

马栏革命纪念碑（2018 年 7 月）

旬邑关中特区苏维埃政府旧址（2017 年 6 月）

习仲勋旧居（2022 年 10 月）

郑国渠文化研讨会（2009 年 5 月）

古代灌溉工程现状与保护研讨会（2016 年 5 月）

第二届世界灌溉论坛暨国际灌排委员会（ICID）第67届国际执行理事会上，郑国渠被列入世界灌溉工程遗产名录（2016年11月6日）

泾惠渠建成通水90周年暨李仪祉先生诞辰140周年座谈会（2022年6月）

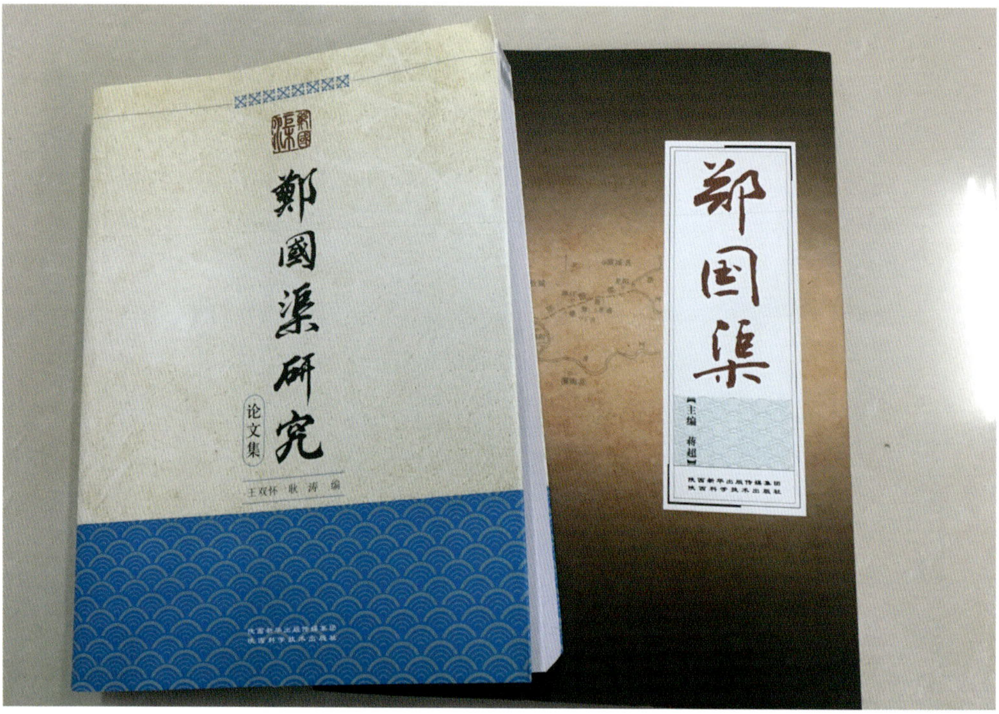

郑国渠研究

部分研究书籍

考察郑国渠引水口遗址（2024年3月）

《陕西省河流志丛书》编纂团队合影
（前排左起赵西安、常崇信、许灏、蒋建军、雷保寿、耿涛，
后排左起田晓强、杨永平、权医平、王辛石、黄卫涛、于世宏、龚裕凌）

泾河流域水利事业发展数据表（2020年）

流域概况	涉及宁夏、甘肃、陕西3省（区）的7市35个区（县），流域总面积45455平方千米，其中陕西省境内9244平方千米，占20.3%；宁夏境内4955平方千米，占10.9%；甘肃境内31256平方千米，占68.7%。河道总长455千米，其中陕西省长255千米，占56%；宁夏回族自治区长39千米，占8.6%；甘肃省长161千米，占35.4%。河道总落差2187米，平均比降2.47‰。
水资源量	流域多年平均径流量4.42亿立方米，2001—2010年平均年水资源总量18.46亿立方米，其中地表水资源量为4.43亿立方米，不重复地下水资源量为3.67亿立方米。
节约用水	咸阳市建成全国节水型社会建设示范区，流域建成县域节水型社会建设达标县8个。流域内人均用水量205.3立方米，万元GDP用水量36.9立方米，农业灌溉亩均用水量173.3立方米，农田灌溉水利用系数0.5831，节水器具普及率达到92%。
水源工程	流域建成各类水库40座，其中中型水库3座，小型水库37座，总库容1.67亿立方米，水库兴利库容0.90亿立方米，设计供水能力1.03亿立方米，现状供水能力0.72亿立方米；塘坝153座，总容积537万立方米，设计供水能力252万立方米，现状供水能力193万立方米。建成抽水泵站831处，供水能力4500万立方米。
灌溉工程	流域建成自流引水渠道205条，有效灌溉面积180万亩。流域灌溉总面积达到280万亩，灌区多为中小型，其中万亩以上灌区14处，灌溉面积48.5万亩。
城乡供水	咸阳市共建设饮水安全项目740处，受益人口232万人，农村饮水工程年供水量达到5667.2万吨。
水电水产	流域建成保存农村小水电站11处，装机容量9.3万千瓦，年发电量3.83亿千瓦时。渔业养殖面积3.2万亩，其中池塘1.4万亩、水库1.8万亩，水产品产量6570吨。
江河堤防	新建干流加固堤防（护岸）工程42.44千米，5条支流建设24.7千米堤防工程。河道工程总长14.84千米，坝垛242座。2个区（县）实施干流综合治理工程，6个县（区）实施中小河流治理27处，新建加固堤防20千米。
水土保持	流域水土流失综合治理面积3973.72平方千米，其中兴修基本农田13.30万公顷，营造水土保持林18.73万公顷，经济林果3.49万公顷，人工种草3.09万公顷，封禁治理1.13万公顷；建成淤地坝 300余座。
流域管理	设立各级河长2253名，其中省级河长1名、市级河长8名、县级河长60名、乡镇级河长249名、村级河长1935名，1条河流被命名为“陕西省幸福河湖”。水利行业优秀科技论文获奖14篇，获得部省级水利科技成果奖42项。
河流文化	建设水利类博物馆3处；世界灌溉工程遗产1处；“世界文化遗产名录”1处；省级以上水利风景区3处，其中国家级1处；国家级水情教育基地1处、省级水情教育基地1处。重点历史文化名胜5处、重点红色革命旧址6处，水文化遗产50处，自然景观11处，文化名胜19处。

序

陕西省位于中国中部，以地理分界，分陕南、陕北、关中三区，今人称其为三秦。三秦大地被两个山系——北山和秦岭分界。北山山系的黄龙山、子午岭、陇山诸山划出了陕西北部沟壑纵横的黄土高原和中部一马平川的关中平原。大地理的秦岭，西起昆仑，中经陇南、陕西中部，东至鄂、豫、皖，分出长江、黄河两大流域，以及中国南北方的地理、气候。而横贯秦地中部的秦岭，在此自西向东也成为渭水与汉水的分界，形成了黄河和长江两大流域最大的支流。山是水之依，水是山之魂。北山、秦岭和巴山造就了三秦河流，孕育了悠久的中华文明，见证了夏、商、周三代以后朝代的更替兴衰。

三秦河流自然环境差异极大，河流所经高原、山地、丘陵、盆地、平原交错其间，多年平均降水量从陕北的 340 毫米过渡到陕南的 1240 毫米。华夏先民进入三秦，水利便是他们生存和发展的必然选择。不算很优越的水资源条件，因他们卓越的水利创造，滋养出了灿烂的河流文化。

《陕西省河流志丛书》是所涉三秦河流的百科全书。丛书分为《渭河志》《汉江志》《无定河志》《泾河志》《丹江志》《北洛河志》《千河志》《延河志》《漆水河志》《褒河志》各卷。河流志各卷以河为轴，以水为主干，涵盖了河流的自然地理、发展利用、人文历史等。以水利凿通上下 5000 年及至当代，由此可见这部丛书作者们的担当。

陕西的河流保留了自上古时期至现代文明演替的历史印迹，其文化类型之丰富，在中国乃至世界江河中少有与之比肩者。中国水利史大致可以分为四个阶段，比照三秦尤其具有代表性。

第一阶段（距今约 10000 年—前 221 年），这是从部落氏族走向中国的文明生发期。近年考古发现证实了从农业的发端到秦帝国成立，没有中断的中华文明演变轨迹。距今 5000 年上下，黄河流域处于炎帝、黄帝、伏羲、女娲、尧、舜、禹的传说时代，华夏文化已经初具农耕社会形态，是为华夏文明的源头。约公元前 11 世纪，擅长农业的姬姓部族进入漆水河流域的周原，在岐山下经营出旱作、稻作农业，灌溉工程因此诞生。传说时代以禹治水而发生文明大转折。兴起于豳、岐的周人，经牧野之战，灭商建立了中国唯一的贵族王国——周，史称西周。西周先后建都丰、镐，建立了国家川衡、虞泽制度，为其后春秋战国各诸侯国水利兴起的先声。战国时期后起的秦国，经孝公时（前 381—前 338 年）商鞅变法迅速强大，兼并六国，建立起第一个王朝集权国家。强大的秦国在泾河上兴建了郑国渠，关中水利区由此历经汉唐至明清，支撑了区域农业 2000 余年。郑国渠亦开创了中央王朝经营水利工程的先河。

第二阶段（前 221—1279 年），经历了汉、唐、宋水利发展的高潮，水利支撑了古代中国最重要朝代的繁盛。自汉迄唐，渭河横贯的八百里秦川，从京畿的咸阳、长安，到华州、陕州两岸密集分布着具有灌溉、水运、水能（水磨、水碾）等功能的水利工程。在渭河的支流北洛河上兴建了中国最早的隧洞引水工程——龙首渠。汉兴之地的汉江及其支流褒河、丹江，由军事屯垦带来了区域性水利工程兴建，历经东汉、三国、两宋发展，形成了陕南汉中水利区。这一阶段可称道的还有唐代第一部国家水利法规《水部式》的颁布，强化了中央政府对关中灌溉工程、河西和西域屯田水利、运河工程和用水管理，从而确立了国家、地方不同的水利管理体制。

第三阶段（1279—1930 年），这一时期水利以陕北边镇水利为代表。陕北地处干旱和半干旱区，是农耕与游牧不同文化的分界线。北宋、西夏、明代在无定河与黄河支流清水河（今延河）流域先后涌现出大大小小的引水工程，营造出延安、榆林一带塞北稻作农业区。20 世纪三四十年代抗日战争期间，旱区水利继续发扬光大。陕北的古代水利工程中，以无定河支流榆溪河红石峡灌渠最为著名。引水渠或明或暗穿行于榆溪河两岸的山崖中，灌渠、榆溪河、对峙的山崖和摩崖石刻，营造出著名的“榆林八景”，这一于 15 世纪兴建的工程今天仍在发挥作用，并继续九边重镇的无限风光。

第四阶段（1931 年至今），这是传统水利步入现代工业文明的时期。水利技术逐渐取代传统工程技术，水资源开发利用超过了任何历史阶段。先是以泾惠渠、渭惠渠为代表的“关中八惠”等现代水利工程的兴建，带来了水权制度在灌区管理中的实践。在抗日战争期间，渭河边现代水利科学、教育发展起来；陕甘宁边区水利事业蓬勃发展。1949 年以后，现代水利在三秦大地得到全面发展，水利在城市供水、防洪减灾等方面发挥的作用日渐突出。近年来，引汉济渭工程、东庄水利枢纽工程的实施，为咸阳、西安及秦地的渭北地区开辟了新水源，城市供水安全、经济可持续发展得到了保障。但是，工业革命理念下的水利建设也留下了违反河流规律的后果，如 20 世纪 50 年代三门峡水利工程规划失误，造成河流自然环境不可逆转的蜕变，此后数十年，渭河平原洪水灾害频发，直到实施三门峡枢纽工程重大改造才得以控制。近 40 年来，水利可持续发展理念日益深入人心，陕西省数十年持之以恒的水土保持工程，改善了河流自然环境，使青山绿水重返陕北。

《陕西省河流志丛书》所志十河，每河皆为名水，以“水”而见三秦山川之美，而见治水与治世、治水与文化的交织。《诗经·鲁颂·閟宫》曰：“赫赫姜嫄，其德不回。上帝是依，无灾无害。弥月不迟，是生后稷。降之百福。黍稷重穋，稙稚菽麦。奄有下国，俾民稼穑。有稷有黍，有稻有秬。奄有下土，缵禹之绪，后稷之孙，实维大王。居岐之阳，实始剪商。”十河的历史与文化属于三秦，亦属于中国。

是以为序。

譚徐明
二〇二五年，乙巳岁旦之日

（谭徐明，中国水利水电科学研究院原副总工程师，教授级高级工程师、博士生导师，中国水利学会水利史与水利遗产专业委员会主任委员，水利遗产保护与研究国家文物局重点科研基地学术委员会主任）

凡　例

一、本志以马克思列宁主义、毛泽东思想、邓小平理论、“三个代表”重要思想、科学发展观、习近平新时代中国特色社会主义思想为指导，坚持辩证唯物主义和历史唯物主义的观点、方法，客观记述泾河流域历史发展与现状，坚持略古详今、略远详今，突出重点，力求体现专业特征和流域特色，达到思想性、科学性、资料性的有机统一。

二、本志为《陕西省河流志丛书》之一，编排体例遵循丛书编纂统一规范。全志设序、凡例、概述、大事记及志、传、表、录、图等，采取横排门类、纵述始末，依类叙事，以事系人。结构按篇、章、节、目、子目层次设置，节以下目用一、（一）、1、（1）分层。以文字记叙为主，随文配以必要的表格、图片；照片置于卷首，具有存史价值的资料附录于后。附表以篇、章为单位编号。

三、本志记事上限追溯至事物发端，下限截至 2020 年底，个别重要事项延至封笔。

四、本志采用语体文、记述体编纂，坚持公允、客观，述而不评，寓观点于记事之中。行文力求语言朴实、简练、流畅。引录原文放在引号内，一般注明出处，古文酌录原文，不注诠释。历史朝代年号、政权机构、社会团体、官职及地名的称谓等均从原称，必要的加以括注；人名一般不冠褒贬和职称，注释采用脚注。文字使用以 2000 年 10 月 31 日发布的《中华人民共和国国家通用语言文字法》为准；标点符号使用以 2011 年 12 月 30 日发布的《标点符号用法》（GB/T 15834—2011）为准。

五、计量采用国家规定的通用单位。重量单位用克、千克、吨，长度单位用毫米、厘米、米、千米；面积单位用平方米、平方千米、公顷、万公顷，考虑到社会使用习惯，全志中“亩产”“亩耗水量”保留，未作统一换算；体积单位用升、立方米；流量单位用立方米每秒；电力单位用千瓦、兆瓦、千瓦时、千伏安等。数字书写按照 2011 年 7 月 29 日发布的《出版物上数字用法》（GB/T 15835—2011）执行。

六、泾河属跨省河流，流域涉及陕西省 4 市 14 县（市、区）。本志按照“概述全流域、简述外省区、重点记述本省”的原则，除在概述、流域概况、自然环境状况和主要章节中概括记述流域整体情况以及陕西、甘肃、宁夏简要情况外，重点记述陕西省泾河流域自然环境、水资源节约集约利用、河道整治与防汛抗旱、水保生态环境建设、流域综合管理、泾河文化、机构与人物等。

七、为了便于精准统计和记述泾河流域情况，参照《中华人民共和国黄河保护法》有关表述，本志所称泾河流域，是指泾河干流、支流和湖泊的集水区域所涉及的陕西省榆林市、咸阳市、宝鸡市、西安市的相关县（区、市）的乡镇级行政区域。

八、遵循“生不立传”的惯例，不为生人立传。入志人物以对泾河流域治水、治山、治污和生态环境建设等作出突出贡献和有较大影响为标准。立传记述人物以卒年为序，省级及以上劳模、先进个人和教授级及高级工程师列表记述。

九、流域自然环境概述数据以陕西省人民政府 2017 年 11 月批复的《泾河流域综合规划》（基准年 2015 年）为准，下延至 2020 年的数据和其他资料数据，一般采用统计年报数据，过程性数据采用流域内市、县有关部门提供的数据。

十、本志采用资料以各级档案、志书资料和流域内有关部门提供资料为主，亦有经过考证和鉴别的口碑资料。对有关部门提供资料和照片的人在志书附录中予以记载。

目 录

第三篇　河道整治与防汛抗旱

第四篇　水保生态环境建设

第五篇　流域综合管理

第六篇　泾河文化

第七篇　机构与人物

Contents

Part II Water Resources Conservation and Efficient Utilization

Part III Flood Control, Drought Relief, and River Regulation

Part IV Ecological Conservation and Soil Erosion Control

Part V Comprehensive Basin Management

Part VI Jing River Culture

Part VII Institutions and Figures

概　述

泾河是中华文明发源地之一，是千万年来河流两岸人民群众的生命之源。关于泾河之名:“泾”是“经”的借用字，古代织物有横经、竖络之说，泾河横穿关陇，故名。泾河流域是古代“丝绸之路”的陆路通道，地处黄土高原中部，涉及宁夏、甘肃、陕西3省（区）的固原、平凉、庆阳和榆林、宝鸡、咸阳、西安7市35个区（县）。流域地形西北高、东南低，西部有六盘山，北部有白于山，东部有子午岭，中部为黄土塬区，流经渭北塬区，沿途穿越了黄土台塬区及河流阶地两个地貌类型。泾河干流全长455千米，其中宁夏回族自治区长39千米，甘肃省长161千米，陕西省长255千米。流域总面积45455平方千米，其中宁夏境内4955平方千米，甘肃境内31256平方千米，陕西省境内9244平方千米。流域内地形支离破碎，植被稀少，既是黄河输沙量最多的区域，又是国家重要的商品粮、苹果生产及能源化工基地。泾河和渭河交汇处清浊不混，界线分明，形成著名的“泾渭分明”自然景观，成语“泾渭分明”也由此而来。本志书主要对泾河陕西省部分进行记述。

一

泾河是渭北高原上的一条“母亲河”，是陕西及中国水利发展的重要起源。自然界肆虐无常的洪水，使人类对河流的主宰意识与日俱增。随着社会文明与生产力的不断推进与发展，人类逐步获得了与自然斗争的主动权，进而对河流进行利用、改造并渴望征服。

在以农业经济为主导的古代社会中，水利一直被历代王朝和广大民众所关注，由原始的农业灌溉逐步发展为传统的水利，进而成为农耕文明的命脉。在泾河流域这片“十年九旱”的高原之地，缺雨多旱、灾害频繁的自然环境，自古以来就是影响农业生产稳定发展的客观因素。因此，以农田灌溉为主的水利工程，首先就从泾河中下游两岸开始兴起。

秦代开郑国渠引泾水灌溉关中平原。秦始皇于公元前246年开始兴建郑国渠，用十年时间建成，渠首选在仲山（泾阳张家山西麓谷口），引泾水入渠，沿途接纳冶峪河、清峪河、浊峪河、漆水、沮水等，东通洛河，为秦始皇扫灭六国，完成统一大业奠定物质基础，而后为刘邦战胜项羽，建立西汉王朝，提供了给养保证。

关中成为天府之国、膏腴之地是自然的造化，但也是智慧和劳动的成果。历朝历代在治理泾河的同时，更注重它的开发利用，引泾水灌溉农田，自郑国渠后，还相继修建了白公渠、丰利渠、王御史渠、广惠渠、龙洞渠等，这些水利工程遗迹集中说明了古代劳动人民的智慧。民国时期，由于陕西水利建设停滞不前，郭希仁、李仪祉等力谋恢复旧业，矢志振兴水利，1922年组织测量队，实测泾河河谷及池阳平原，拟在张家山谷口筑坝拦河，凿仲山引水，以图郑国渠辉煌重现。1929年关中大饥，饿殍载道，当时主持陕政的杨虎城将军支持李仪祉先生，筹集巨款，以工代赈，修建泾惠渠。1932年春，泾惠渠一期工程完工，于6月20日举行放水典礼，灌溉农田50万亩（1亩=1/15公顷，下同），这奠定了陕西近代水利的基础地位。

新中国的成立，为全面开发、综合治理泾河开辟与创造了新的历史条件和机遇，延续数千年治理泾河、开发利用泾河的宏伟事业，翻开了新的历史篇章。在中国共产党和各级人民政府的领导与高度重视下，流域内历经几次群众性兴办水利高潮。泾惠渠灌区几经扩建配套、渠系调整和更新改造，建成了比较完备的渠首枢纽工程和灌排水渠系，设施灌溉面积达到9万公顷，有效灌溉面积8.3万公顷。1955年，泾阳县利用泾惠渠总干渠水在王桥镇建设木梳湾抽水站，1957年沿泾河建设高庄电力抽水站，成为陕西省最早建设的大型抽水工程之一，抽泾河水的中型以上抽水站基本就是在这一时期建设完成的。1969年3月，停建已久的宝鸡峡引渭工程全面复工，并于1971年7月全面建成，引渭河水上塬，灌溉流域内礼泉县大部分和泾阳县泾河南岸农田。20世纪70年代初，杨家河水库、泔河水库和泔河二库相继在泔河干流上建成，同时其他区域也建设了一大批小型水库，保证了人畜饮水和灌溉。泾河沿岸长武县、泾阳县人民群众根据历次洪水灾害情况及实际需要，进行了不同程度的河道整治工作，修建了一些工程设施，对防止局部河岸崩塌、保护耕地及村镇，发挥了积极作用。在对泾河进行多轮勘探和规划后，提出修建泾河大佛寺水库，由于各方面原因，被迫停建。西兰路沿线各县开展农田基本建设，共修梯田、埝地24.6万亩。泾河中游峡谷段水能资源也得到了有效开发，共建成枣渠、降山、和平、朝阳等水力发电站8座，总装机容量3.75万千瓦，年发电量6000多万千瓦时。历时30余年的艰苦创业和开拓进取，尤其是一批蓄、引、提骨干水利工程的相继建成，流域内水利条件发生了显著的变化，基本保证了农业生产的持续发展，粮食亩产由中华人民共和国成立初期的82.5千克，提高到151千克。

改革开放以来到20世纪末，流域内各级政府坚持“巩固改造，适当发展”的水利方针，把工作重点转向工程的管理，在国家水利投资减少的情况下，在巩固中求发展，向管理要效益。通过大搞农田基本建设和灌区方田建设、集中连片治理水土流失、抽水站设备更新改造等多项水利建设，基本形成了大中小相结合、蓄引提并举、建设和管理并重的水利工程体系。多渠道争取资金，先后进行了泾惠渠渠首加坝加闸蓄水、宝鸡峡和泾惠渠灌区的续建和更新改造，加强了中小灌区的挖潜配套、节水灌溉项目建设。实施了农村饮水解困工程和“甘露工程”，抓好水土保持世行贷款建设项目。淳化县润镇沟被列为黄河中游小流域治理一期试点工程项目。坚持开展夏季和冬春季农田基本建设群众运动，开展劳动竞赛活动，并进行评比和表彰。永寿县、淳化县、彬州市、泾阳县、礼泉县先后被列入全国农村小水电初级电气化试点县名单。泾河干流上新建了茨坪水电站、程家川水电站、和平水电站、石桥水电站、泾惠渠渠首和新庄水电站。跨流域调水工程铜川马栏引水开工建设，将泾河水首次引向石川河流域，为铜川新区提供生活用水。

21 世纪以来，特别是党的十八大以来，流域内水利事业坚持人水和谐的治水理念，通盘考虑供水、排水、蓄水、调水、节水工作，走向资源水利的发展之路。相继实施了杨家河水库、泔河水库和泔河二库除险加固，新建了红岩河、柏岭寺、亭口等大中型蓄水工程。流域逐渐恢复了绿色，泾河水质各国、省控制断面达标出境，出现了泾阳、长武、淳化、彬州、旬邑等一批国家级植树绿化、生态示范区和水土保持先进县。2006 年以来泾河流域实行流域统一管理、区域分级负责的水资源管理和调水工作机制，重点配置城市用水、工业用水、重点区域农业及生态环境用水，开始实施水量统一调度和考核，取用水指标和入黄控制指标达标，建设生态流量监测信息化系统，流域内市、县两级行政区的用水总量得到了严格控制。2010 年 5 月，陕西省委、省政府将东庄水利枢纽项目提升到事关建设“富裕、和谐、美丽”陕西的战略高度，决定重启前期工作，经过 10 年的艰苦工作，东庄水库开工建设，一座集防洪减淤、供水、发电、生态改善于一身的“高峡平湖”、有“陕西三峡”美誉的泾河东庄水库将在渭北高原上建成。泾河彬州市城区段防洪工程的实施为泾河综合整治起到了示范引领作用，2017 年陕西省泾河流域综合规划获得省政府批复，省委、省政府正式启动泾河全线综合治理工程，同时，一项项行之有效的措施，一套套安全护卫的体系，为实现泾河“安澜景致、水清岸绿、峡谷湖光、城河交融”的整治目标保驾护航。2017 年泾河流域内各级人民政府，全面推进河长制，建立了泾河、泔河、三水河、黑河等市、县、镇三级河长制，各级河长由同级党委、政府领导担任，明确了总河长、河长的职责，开展了河道整治和采砂整治，基本恢复了河流属性。为深入贯彻习近平生态文明思想，加快推进黄河流域主要河湖水系保护治理工作，流域内西安市、泾河新城分别开展全域治水碧水兴城，河湖水系保护治理三年行动，形成“堤固、岸绿、水清、洪畅、景美”的水系保护治理新格局。

秦因郑国渠而统一六国，汉因白渠而富甲天下，唐因郑白渠而四海臣服，民国因泾惠渠挽救数百万人的性命，现代泾河为区域经济社会发展发挥举足轻重的作用。

二

泾河是一条资源丰富的河流，为促进流域经济发展发挥了重要作用。泾河流域土地平坦，农业发达，矿藏丰富，经济开发潜力很大。

泾河流域最多的是黄土。中国的黄土高原面积约 63.5 万平方千米，是世界上黄土堆积最厚、最连续的地区，在地球上独一无二，而泾河就从这片黄土高原中蜿蜒穿过。流域内有优越的光、水、热、土及纬度、海拔，这为生产苹果提供了得天独厚的生态环境，更是国内外专家公认的优质苹果最佳适生区。流域内淳化、旬邑是中国著名的苹果之乡。旬邑县、淳化县、礼泉县、彬州市、乾县跻身中国苹果20强县（市）之列。其中“秦冠”“红富士”“红星”“红冠”苹果先后被评为部优、省优产品。2017年9月，“咸阳马栏红”苹果国家地理标志证明商标正式启用，惠及百万果农。流域内种植的苹果远销国内各大城市以及欧美、东南亚等地区，以“咸阳马栏红”“乾县双矮”为代表的苹果生产已成为果农增收致富的优势特色产业。

泾河流域具有独特的地质构造，在这片黄土高原底下埋藏了丰富的煤炭、石油、石灰岩资源。煤炭资源主要分布在彬州市、长武县、旬邑县、永寿县、淳化县境内，探明储量约108亿吨。彬长矿区于2005年被国家列为全国14个重点煤炭生产基地之一，旬耀矿区资源量2.57亿吨。黄陇煤炭能源基地麟游县部分，已探明储量在30亿吨以上。近年来，流域内各市县坚持走高碳能源低碳发展、黑色煤炭绿色发展的转型之路，调整产业结构，推进煤炭、煤电、煤化工等产业链延伸，实现绿色发展。2020年，流域内能源化工产值突破1000亿元，成为首个产值破千亿产业。流域北部的姬塬油田是鄂尔多斯盆地陕北定边地区的一个主要产油区，探明储量达到3.48亿吨。石灰石主要分布在流域中部的乾县、永寿县、礼泉县、淳化县、泾阳县等北山地带，储量估计有3000亿立方米，约5000亿吨，矿石的碳酸钙含量97%以上，氧化钙含量55%以上，是生产水泥、电石、轻质碳酸钙等产品和烧制石灰的优级矿石。目前有冀东海德堡（泾阳）、海螺礼泉和乾县三个大型水泥公司开采生产水泥、水泥熟料和相关的建筑产品。

《史记·河渠书》中“用注填阏之水，溉泽卤之地”的记载，就是郑国渠“淤地压碱”性质的真实记录。早期郑国渠流经之地是一片盐卤地，这些地方在干渠修建之前无法耕种。郑国渠引泾河灌溉后，由于泾水泥沙含量大，水体富含营养物质，涵养了土质，极大地改善了沿岸土地的土质，扩大了秦国关中地区的可耕种面积。史念海在《中国古都和文化》中说：“秦汉之间郑国渠多所淤塞，但这种改良盐碱地的工作并未终止。西汉中叶，白渠的开凿就是这项工作的继续……这样的改良方法是和灌溉结合在一起的，以后一些王朝和政权都在相继沿袭运用。”泾河冲出大峡谷汇入渭河的百余里，把从黄土高原挟带来的泥沙积淀到泾阳、三原、高陵等地，成就“关中白菜心”这一膏腴之地。在造就了关中天府之国的同时，泾河河道带来的砂石不仅是泾河生态系统组成中不可或缺的一部分，也是实现河流湖泊水沙平衡的重要物质基础。泾河在上游和下游的平川河段，历史上河道的泥沙补给量较大，河床泥沙累积淤积量丰富。2000年以后，泾河流域非法采砂越来越多，河水浑浊不能用于农业灌溉，更是破坏了生态环境。2017年实施河湖长制以来，流域内各级河长积极履职，组织公安、国土等单位开展河道非法采砂专项整治行动，依法关停采砂场，恢复地形原貌。近年来，随着泾河和渭河沿岸经济社会快速发展，砂石资源需求居高不下，流域内各级水行政主管部门按照要求划定区域，有序进行泾河砂石开采，合理地开发和利用河砂资源，实现了保护中开发、开发中促保护，有力支撑泾河流域生态保护和区域高质量发展。

三

泾河，是一条滋养了历史和文明的河流。一条河流，滋养一方生命，开启一段文明。中华文明最初的胚胎在泾河孕育并成长。

泾河历史古老，《诗经·邶》有“泾以渭浊”句，《诗经·棫朴》记述从根据地泾河上游率军出发，攻打崇侯虎的崇国。东汉、三国时即有此河。在泾河中游旬邑西头遗址发现仰韶、西周等各时期遗存，发掘灰坑650余座，墓葬140座，陶窑、房址等各类遗迹40余个，出土陶器、铜器千余件，并以商周时期遗存为主体，是泾河流域先秦时期文化序列。长武县亭口镇黑河川道半山坡上出土了碳化高粱、农具等大量文物，是迄今发掘的规模最大、收获最为丰富的先周文化遗址。泾河下游蒋刘遗址、杨官寨遗址考古中发现的仰韶晚期的大型环壕和成人墓地，在墓葬中出土的笄形骨器，在黄土堆积中及地表获得石制品等63件，成为关中地区仰韶文化中晚期大型中心聚落遗址之一，更是仰韶晚期社会迈向文明社会的重要物质体现。中华民族的三皇五帝都生活在泾河流域，有巢氏、燧人氏、伏羲氏、神农氏都沿这一流域创造了中华古文明，公刘时期的周族已经是一个物质与精神协调发展的部落，其观念为“周礼”文化的形成奠定了基础。可以说，泾河流域是中华文明起源与发展的核心区域，也是商周礼制文明的中心地带。

泾河流域是中国农牧业文明的发祥地之一。夏朝皇帝孔甲不窋奔戎狄之间（今泾河流域），并在这里发展出了中国早期的农业技术。据载，从公刘至周太王十余代在此居住，查勘地形，勘挖深沟，开荒灌田，教事稼穑，尤其是首创了引水灌田。可见，公刘时期对水利的重要性已经有了充分的认识。在《诗经·大雅·公刘》中形象描写了公刘迁豳以后开疆创业的历史进程，在彬州市有这样一句话:“一代兴王地，千年古志豳。”长武县碾子坡发现3000多年前的未去皮的碳化高粱籽粒，更是把我国高粱种植的历史向前推了上千年。《诗经·豳风·七月》对农事活动作了生动细致的描写，说明当时西周农业在全国曾起先导作用。历史上把“重稼穑、殖五谷”称为豳风遗训。

泾河流域名胜古迹遗址丰富，历史价值高。在秦统一中国战争中，泾河流域是早期进行吞并的地区，秦穆公吞并12个戎国，泾河上游的乌氏等少数民族归附秦王。同时以泾河为路标，周穆王、秦始皇、汉唐的皇帝曾多次溯泾河而上，巡疆固土。从黄帝轩辕开始，在长达五千年的历史中，流域内出现了周、秦、汉、唐等80多个政权，有500多个帝王。泾河流域上游地区是当年秦汉的边疆，在其源头的崆峒、长武等地，战场关隘遗址和巡边封禅的遗址随处可见，其中最重要的是全长700余里的秦直道遗址，这条古老的道路在抵御北方少数民族侵略、沟通南北贸易、促进文化交流等方面都起到了重要作用。流域内文物古迹众多，陕西长武县的唐代昭仁寺，大殿建筑别具一格，寺内有唐初大书法家虞世南的书刻石碑。彬州市城西的大佛寺是唐贞二年（628年）李世民为其母庆寿所造，大佛高约24米，上体穿窟室中心而上，窟壁雕刻大小佛及菩萨等造像400多个。还有周部落姜嫄墓、公刘墓。礼泉县“昭陵六骏”石刻是举世皆知的瑰宝。在昭陵周围有魏徵、尉迟敬德等 157 座名臣武将、妃子公主的陪葬墓，无不展现着汉唐盛世的辉煌。泾阳县有郑国渠遗址、明代崇文塔等名胜。这些众多历史遗迹和名胜古迹，宛若颗颗明珠，让泾河成为一部厚重的历史典籍。

泾河流域是陕甘宁边区革命根据地的中心区域。毛泽东率领中国工农红军经甘肃平凉翻越最后一道高山——六盘山，开赴延安根据地时写下了咏怀之作《清平乐·六盘山》。这里有土地革命战争时期，陕甘宁边区革命根据地的重要组成部分——陕西旬邑马栏，它是我国工农红军陕甘游击队活动地区之一，留下了刘志丹、谢子长、习仲勋等老一辈革命家的足迹。刘少奇、邓小平等中央领导，多次从这儿出入延安边区。1936 年 1 月，成立了关中特委和关中特区苏维埃政府，贾拓夫、习仲勋先后任特委书记。抗日战争和解放战争时期，马栏不仅是陕甘宁边区关中分区政治、军事、经济中心，而且是西安乃至全国各地仁人志士和军用物资通往延安的重要驿站和红色通道。近年来陕西旬邑县人民政府在马栏旧址修建了马栏革命纪念馆，对陕西省委、关中地委、关中分区旧址进行了修复保护，成为爱国主义、革命传统教育基地和全国 100 个红色旅游经典景区之一。

四

泾河是一条充满诗意和文化的河，成为流域人民群众心灵的源头和情感的活水。泾河的浪漫和传奇从未在历史的长河里中断，清澈如鉴的泾水代表着中国古代文化精髓的“道”，照亮过广成子、赤松子等大师超逸的眸子。在中国大地原点泾阳，养育出了吕潜、吴宓、张芾等一代代民族精英。

黄帝问道颇为不易，在泾河边筑室自省，泾河水给了他智慧的启迪，然后登山接受广成子的治国之理，代表着中国古代文化精髓的“道”在华夏大地上无所不在。滕子京在泾水岸边有违于道，而遭贬之后痛定思痛，才渐悟道的真谛。《诗经·大雅·凫鹥》言：“凫鹥在泾，公尸来燕来宁。”这“泾”是指泾水。在《汉乐府》《全唐诗》等作品中，泾河依然灿若星光，闪现出优美的诗句。王安石伫立于泾水之源，幽古感怀：“陇东流水向东流，不肯相随过陇头。”边塞诗人王昌龄赴河陇，出玉门，写下“泾水横白烟，州城隐寒树”，盛言泾水之浩渺。这些词句，将三千年前的泾河装点得灵动迷人。

魏徵、泾河龙王，这是在中国尽人皆知的历史传说故事，让泾河在人们心中平添了一份神秘的色彩。在中国古代神话传说中泾河龙王的地位远在诸河龙王之上，管理着“八水润长安”的泾河等八条河流，它的八个儿子，其中四个是江、河、淮、济四条河流的龙王，另外四个在佛、道、天庭等神仙云集的权力部门任要职，映射出泾河文明在华夏文明中的重要地位。

泾河上流传着两个关于泾河龙王的神话故事。一个是《西游记》第十回“老龙王拙计犯天条 魏丞相遗书托冥吏”。唐贞观年间，泾河龙王与人打赌下雨，为了不输，泾河龙王擅自改变雨数最终被宰相魏徵斩首，那以后，魏徵梦斩泾河老龙的故事家喻户晓，秦琼、敬德也因此成了专职门神。直至今日，民间仍然有他们二人的画像贴在各家的门板上，守护着千家万户的平安。另一个是发生在唐贞元年间，“柳毅传书”的故事，历代出现过多种版本，唐代有传记《柳毅传》、新中国成立后拍成电影《柳毅传书》。2004年，中国邮政发行了《柳毅传书》4连张邮票一套，分别为“龙女托书”“传书洞庭”“骨肉团聚”和“义重情深”。

泾河流域历史文化丰富，这里发生了很多脍炙人口的成语典故，著名的有“逐客令”“疲秦之计”和“泾渭分明”。战国中后期，韩国使用“疲秦”的办法开凿水渠，疲秦计暴露后，引出了历史典故《逐客令》与《谏逐客书》，后来郑国渠的建成，使得关中平原成为最早的“天府之国”，从而为秦国的统一大业夯实了物质基础。如今在泾河流域大地上，农闲时常会演出秦腔戏，有一出就叫《疲秦计》。《诗经·邶风·古风》“泾以渭浊，湜湜其沚”，唐代时期诗圣杜甫就曾在《秋雨叹》中写道:“浊泾清渭何当分”，这是泾渭分明这一成语的雏形。据记载，历史上泾、渭两河的清浊变化有六次反复。泾渭两水的清浊并不是一成不变的，不同历史时期在泾水和渭水上游地方开发程度的不同，导致了这两条河流含沙量的变化，这种自然景观也逐步形成了“泾渭分明”这个成语，后人就用泾河之水流入渭河时清浊不混来比喻界限清楚或是非分明，也用来比喻人品的清浊，比喻对待同一事物表现出来的两种截然不同的态度。

五

泾河是一条幸福和美丽的河，为区域内农业经济发展和建设产业示范先导区提供了重要支撑。泾河源于陇山山脉的主峰六盘山，一路不拒细流，渐成气象，至陕西高陵与渭河合流，绵延近千里。

泾河最初以《柳毅传书》、魏徵梦斩水龙……一个个美丽的传说神话开始，中途过程中的一粒沙、一块石头，都记载着过往时光的起落沉浮，浓缩着浩瀚久远的时光密码，最终以哲学的深奥收官，在与渭河交汇的最后一刻，初心不改、矢志不渝，依然表现得泾渭分明，卓尔不群，让每一个来到这里的人都有醍醐灌顶之感，幡然醒悟，心魂俱静，回味无穷。泾河面对流域水资源短缺，水土流失严重，岸线利用不合理、水污染问题突出，防洪形势不容乐观等问题，已经到了需要高质量治理和建设的阶段。进入中国特色社会主义新时代，以习近平同志为核心的党中央，从国家安全、人民幸福、民族复兴、治国理政的战略视角，对水治理给予高度重视，给出了治理的明确答案，建设体现人水和谐，让流域和区域内人民具有高度安全感、获得感与满意度的幸福河湖。今天，泾河流域内各级人民政府尊重河流的自然属性和经济社会发展规律，按照河流的自然形态，在河湖长制的积极作用下，各地因地制宜，精准施策，重拳治理河流乱象，依法管控河流空间，严格保护水资源，加快修复水生态，大力治理水污染，泾河面貌发生了历史性改变，恢复了生命，泾河流域重现生机。这个过程既是维持泾河自身健康的需要，也是满足人民群众对高质量发展、高品质生活需求的内在要求，更是发挥了河流的经济效益、社会效益和生态效益。

展望新时代，泾河流域内各级人民政府将继续深入学习贯彻习近平总书记来陕考察重要讲话、重要指示以及在黄河流域生态保护和高质量发展座谈会上的重要讲话精神，坚持创新、协调、绿色、开放、共享的新发展理念和“绿色发展、量水而行、水沙协调”的发展思路，泾河干流上的东庄水库建成后，将在泾河、渭河下游的防洪、减淤、供水、发电及生态环境等方面发挥巨大的作用，可使泾河下游的防洪标准从目前的5年一遇提高到20年一遇，同时也为黄河的防洪发挥积极作用，彻底扭转长期以来被动防守的局面。减缓渭河下游河道淤积，建成拦沙工程和进行调水调沙运用，减少入渭沙量、维持渭河中水河槽平滩流量2500立方米每秒的行洪输沙能力，减少进入黄河泥沙约25亿吨，可减少黄河下游河道泥沙淤积约10亿吨。缓解水资源供需矛盾，为陕西泾惠渠灌区、铜川新区、富平县城及工业区、西咸新区（泾河、空港、秦汉新城）、三原县城等新增城镇工业及农业供水4.35亿立方米，对保障渭北地区供水安全具有重要作用。对泾河、渭河下游及陕西关中地区社会安定、经济可持续发展具有积极的、深远的影响和作用，其社会效益显著。从郑国渠到泾惠渠，将依托世界灌溉工程遗产、陕西省水情教育基地、国家水利遗产等多项文化符号，把这片水利遗址区建成集遗址保护、人文体验、生态休闲、教育科研、中国水利历史全景画卷于一体的国家级天然水利工程博物馆。按照“规划引领、基础先行、项目支撑、政企合作”的建设思路，还将郑国渠景区建设和泾河治理、农村新型社区建设综合起来，实现景区、农区、灌区三点融合，着力打造成全国5A级旅游景区。通过泾河“一河一策”方案的实施，以泾河水域岸线管理、水资源保护为重点，强化河湖长制，实现规范和有效管理流域治理、开发和保护的目标，为保障防洪安全、供水安全、粮食安全、生态安全和能源安全创造条件，创建人民群众满意的幸福河。到2025年沿泾西安市、咸阳市继续执行用水总量和强度双控目标，泾河干流重点城镇及主要河段防洪工程达到规定设防标准，基本完成泾河入河排污口整治，干流涉河排污口水质全部达标，泾河地表水稳定达到或好于Ⅲ类水质标准不少于90%，泾河主要控制断面生态基流保障率不少于规定的90%，每年开展增殖放流，维护泾河河道生物多样性。

泾河之水奔流不息，时代脚步铿锵前行。从最早记载泾河的《诗经》算起，泾河已流淌了3000余年，这条传承、孕育着神奇和希望的河流，将会一直滋养着陕甘宁数百万人民，成为陕西渭北地区的文化纽带、经济底蕴、生态保障。

未来，泾河一定能够成为一条水清岸绿、生机盎然、造福人民的幸福河。

第一篇　流域自然环境

泾河流域东邻北洛河，南界渭河，北与鄂尔多斯高原毗邻，西与清水河相邻。流域内地形支离破碎，植被稀少，林草面积仅占10%左右，流域水土流失面积占全流域的73.1%，为黄土高原严重水土流失区和渭河泥沙主要来源区。境内属大陆性季风气候，南部受秦岭阻隔，东南暖湿气流不易侵入，全年多为西北干旱寒冷气流控制。区域内自改革开放以来社会经济得到了全面发展，城乡建设规模日益扩展，经济活跃，为国家重要的商品粮、棉生产及能源化工基地。泾河属于雨源性河流，径流随降雨而变化，并具有年内分配不均、年际间变化大的特点。泾河是著名的多泥沙河流，具有水沙异源、水沙量年内分布集中、水沙量年际变化大、水流含沙量高四个显著特征。干旱是流域最大的自然灾害之一，受灾面积在多类灾害面积中约占40%。泾河上游支流洪水频繁，量级高、遭遇机会多，属洪水易发区和洪峰流量高值区，下游两岸属于多水多旱区，水涝灾害主要集中在夏、秋两季。本篇以河流水系、自然社会环境、水沙资源、自然灾害四章进行记述。

第一章　河流水系

泾河是黄河支流渭河的第一大支流，从陕西长武县入陕到入渭口，主干流由西北向东南，纵贯渭北高原和关中平原，穿越彬州市河谷地、关中大峡谷，接纳与汇集众多支流泉溪，最终汇入渭河。本章从流域概况、干流、重要支流、天然湖泊和泉水四个小节进行记述。其中，泾河源头区和干支流部分分别对泾河宁夏和甘肃段的流域情况、干支流水文水资源等进行了简要记述。

第一节　流域概况

泾河又称泾水，《山海经·西山经》："又西五十五里，曰泾谷之山，泾水出焉，东南流注于渭。"《汉书·地理志》中对泾河的发源和流向作了简要的描述。清代赵一清的《水经注释》中专有《补泾水》一篇，对泾河的发源和流向有较为详尽的记载。

泾河发源于宁夏泾源县六盘山东麓的马尾巴梁东南老龙潭，源头流域河流密集，水量丰盈，河源高程2540米。河流在老龙潭以下至沙南叫白面河亦称北面河（古称白岩河），由西南流向东北，至沙南纳流经泾源县城的香水河仍以东北流向进入峡谷地带，在崆峒前峡的大阴山入平凉市地境，经聚仙桥（今崆峒水库），出崆峒前峡，于平凉市崆峒乡的甘家坟纳崆峒后峡的胭脂河（古称焉支川）；折东于平凉城西八里桥（古称龙首山东侧）纳颉河；折西北流向东南，绕平凉市城北，经柳湖乡、四十里铺镇、白水乡、花所乡，泾川县的王村乡至泾川城西王母宫山与汭河汇流；折西南转向东北，至罗汉洞乡的曹头景家纳红河；又折东北流向东南，经泾明乡至山底下纳蒲河；下至长庆桥出平凉市境界，自洪家镇汤渠村入陕西省长武县境内，东流至芋园乡景家河30余千米一段为陕甘界河，流向由南北转向东南，后以与彬州市界河出境，自西北向东南流经长武县亭口镇汇合黑河后，在北极镇雅店村进入彬州市境内，流经彬州市城区，至彬州市龙高镇陵滩村出境。由东北的郭村乡孙家沟入永寿县境，于窦家乡李家村流入礼泉县境，由谢家沟入境泾阳县境内，自张家山出谷后，泔河汇入，东南流至桃园村附近出境，自泾阳县高庄镇和崇文镇的东界入高陵区姬家街道，流经崇皇街道至泾渭街道泾渭堡村东北入渭河，河道平均比降2.47‰。

泾河流域东邻石川河，南界渭河，北与鄂尔多斯内流地区相连，西与漆水河相接。流域地形西北高、东南低，西部有六盘山，北部有白于山，东部有子午岭，中部为黄土塬区，整个流域是一个盆状地形，亦称"陇东盆地"。泾河水系支流众多，分布呈扇形。较大支流左岸有洪河、蒲河、马莲河、红岩河、三水河；右岸有汭河、黑河及泔河。

泾河流域位于黄土高原中部，106° 14′～ 108° 42′ E，34° 46′～ 37° 19′ N，流域总面积45455 平方千米，横跨宁夏、甘肃、陕西 3 省（自治区）7 市 35 个区（县），绝大部分属于陇东黄土高原。其中，宁夏境内 4955 平方千米，甘肃境内 31256 平方千米，陕西境内9244 平方千米。宁夏、甘肃境内流域面积占总流域面积的 79.7%，陕西境内流域面积占总流域面积的 20.3%。流域内黄土丘陵多，植被少，水土流失严重。新中国成立后 70 多年来，泾河流域采取各种水土保持措施，共治理水土流失面积 15300 平方千米，占流域面积的 34%。

泾河流域陕西省境内 9246 平方千米，其中位于陕北定边县境内的支流马莲河流域面积 1413 平方千米，关中段干支流流域面积 7833 平方千米。流域高程在 353.7 ～ 2540 米，河流流向与地面坡度方向一致，河道平均比降 2.09‰。按地貌特征可分为四个类型区：黄土高原沟壑区，丘陵沟壑区，土、石稍林区，河川阶地区。泾河流域地处北温带，属大陆性季风气候区。多年平均降水量 556 毫米，地区分布是中部较多，南、北部较少。流域大致呈一扇形分布，分布于其中的干、支流河道呈羽状展布。张家山站多年平均含沙量 127千克每立方米，年均输沙量 1.98 亿吨，汛期 7—9 月占 90.5%。流域涉及榆林市定边县，为泾河支流马莲河源头地区；宝鸡、咸阳、西安 3 市，麟游、千阳、陇县、长武、彬州、旬邑、淳化、永寿、礼泉、乾县、泾阳、西咸新区、高陵 13 个县（区、市），共计 12 个街道、67 个镇。除长武、旬邑、彬州区域面积全部在泾河流域外，其余县（区、市）都是部分地区涉及泾河流域。

泾河流域基本情况一览表见表 1–1–1。

表 1–1–1 泾河流域基本情况一览表

地市	县（区、市）	流域涉及的乡镇、街道（名称）	流域面积 / km^2	流域占全县（区、市）面积比例 /%
榆林市	定边县	张崾先镇、冯地坑镇、姬塬镇、樊学镇	2100	30
宝鸡市	陇县	新集川镇、温水镇、河北镇	636	27
	千阳县	高崖镇	198	19
	麟游县	两亭镇、酒房镇、丈八镇、崔木镇	739	43
西安市	高陵区	泾渭街道、姬家街道、崇皇街道、耿镇街道	112.2	38
	西咸新区	太平镇、高庄镇、崇文镇、永乐镇、正阳街道	312	42
咸阳市	泾阳县	兴隆镇、王桥镇、桥底镇、中张镇、泾干街道、三渠镇	420	69
	礼泉县	城关街道、西张堡镇、烽火镇、烟霞镇、赵镇、昭陵镇、叱干镇、南坊镇、石潭镇	886	87

续表 1–1–1

地市	县（区、市）	流域涉及的乡镇、街道（名称）	流域面积 / km^2	流域占全县（区、市）面积比例 /%
咸阳市	乾县	峰阳镇、阳峪镇、注泔镇、阳洪镇、灵源镇	291	29
	永寿县	监军街道、常宁镇、甘井镇、马坊镇、渠子镇、永平镇	710	79
	彬州市	龙高镇、新民镇、永乐镇、北极镇、义门镇、韩家镇、水口镇、太峪镇、城关街道、豳风街道	1185	100
	淳化县	官庄镇、十里塬镇、润镇镇、车坞镇	428	37
	旬邑县	湫坡头镇、职田镇、张洪镇、郑家镇、清塬镇、底庙镇、土桥镇、马栏镇、太村镇、城关街道	1774. 4	100
	长武县	昭仁街道、亭口镇、巨家镇、枣园镇、丁家镇、洪家镇、彭公镇、相公镇	567	100

来源：各县（区、市）2020 年年鉴

第二节 干流

泾河发源于宁夏回族自治区泾源县，向西向东南流经宁夏、甘肃、陕西 3 省（自治区）。泾河干流流经平凉市崆峒区、泾川县，由陕西省咸阳市长武县洪家镇司家河村汤渠组进入陕西境内，经咸阳市长武县、彬州市、永寿县、淳化县、礼泉县、泾阳县、西安市高陵区，于西安市高陵区陈家滩汇入渭河左岸，河口高程 360.1 米。干流全长 455 千米，其中在宁夏回族自治区长 39 千米，占 8.6%；在甘肃省境内长 161 千米，占 35.4%；陕西省境内长 255 千米，占 56%。流域总面积 45455 平方千米。

一、上游段

泾河有二源，南源出宁夏泾源县六盘山东麓马尾巴梁东南 1 千米的老龙潭以上，北源出固原市大湾镇，至甘肃平凉八里桥汇合后始为泾河。一般以老龙潭一支为正源。关于源头的具体位置，《平凉市志》记作泾源县和庄浪县交界的湫头山北麓，其他诸多资料记为泾源县六盘山东麓马尾巴梁。

源头经平凉市到彬州市早饭头为上游，长度 266.6 千米，流经泾源县、崆峒区、泾川县、宁县、正宁县、长武县、彬州市。主要支流有颉河、纳河、暖水河、洪河、黑河、达溪河、马莲河、蒲河、四郎河、支当河、无日天沟等。

源头区全部位于宁夏回族自治区固原市区和泾源县境内，泾河干流源头及其一级支流有兴盛河、香水河、暖水河、东山坡水、颉河、茹河等 6 条较大河流，流域面积 4955 平方千米，总长 191.55 千米，其中源头干流长 39 千米，2020 年径流量为 3.4 亿立方米，人均水资源量 1620 立方米，水资源比较充沛。因受降水影响，境内地表径流分布不均，年内主要集中在汛期 7—9 月。

平凉市境内河谷较宽阔，谷底主要为一级阶地，宽 400 ~ 500 米，滩槽明显，许多天然石崖（石咀）在干流两岸多处分布，控制着河势走向，致使整个河势在平面上呈藕节状发育。多年平均年土壤侵蚀模数 6636 吨每平方千米每年，多年平均年输沙量 9373 万吨，两岸有较多滩地分布，川道宽度 1000 ~ 3000 米，基本上已开发利用，目前两岸建有崆峒水库灌区、颉河灌区、庆丰渠灌区、幸福渠灌区、泾丰渠灌区等 5 个万亩以上灌区，灌溉面积达 18.23 万亩。该段水质在平凉市上游八里桥，矿化度为 0.408 克每升，到泾川县城为 0.49 克每升，到与陕西交界的杨家坪为 0.56 克每升，河水系重碳酸盐钠组，属微硬水，可做生活饮用水和农田灌溉用水。

从陕西省长武县汤渠村至彬州市早饭头泾河大桥，该段河谷呈“U”形，两头窄，中间宽，其中长武汤渠—彬州市火石咀，河谷宽 800 ~ 1500 米；彬州市火石咀—彬州市鸣玉池，河谷宽 1500 ~ 2600 米；彬州市鸣玉池以下河谷宽 450 ~ 800 米。该段河道长 78 千米，沿程分布着 27 处天然石咀，控制着河势走向，这些天然石咀对于河势变化起约束作用，使得河道呈藕节状发育，表现为在石咀附近主流归顺；离开石咀，水流放宽分汊，形成江心滩。河势总体走向较为平缓，除在马莲河入泾口附近，由于天然石咀及石崖的钳制作用，河势发生了大的改变外，其余河段河势无大的变化。按照河道平面特征，该段河道可细分为：①长武汤渠—马莲河入泾口段。河道长 21 千米，河床较窄，边滩发育，主流归顺，河势变化较大。②马莲河入泾口—长武亭口段。河道长 30 千米，河谷较为开阔，由于沿岸天然石咀的制约，水流走向较为平缓。③长武亭口—彬州市早饭头段。河道长约 27 千米，河谷开阔，滩涂明显、主流游荡多变、河势变化剧烈。总体而言，该河段属山区性河流宽谷段。该段河道比降相对较为平缓，平均比降约为 1.4‰，其中长武汤渠—马莲河入泾口，河道比降约为 5‰；马莲河入泾口—彬州市火石咀比降为 1.2‰；彬州市火石咀—彬州市鸣玉池比降为 1.55‰；彬州市鸣玉池—彬州市早饭头比降为 2‰，河床质以不同粒径的砂卵石为主。该段河道天然的冲淤边界条件并没有发生大的改变。该段河道由于节点（一般为天然石嘴）的钳制作用，历年河道主流摆动较为频繁，边滩、沙洲发育。泾河干流上段河段主槽单一，平面摆动不大，河势较为稳定。泾河干流上段属山区性河流宽谷段，河势相对稳定，冲淤变化较慢。

二、中游段

泾河干流中游段是指彬州市早饭头至泾惠渠渠首河段，河段长 127 千米，属山区性河流的峡谷段。河道穿行于峡谷之中，两岸山高林密，人烟稀少，河槽深切，蜿蜒曲折，河床为基岩河床，河势稳定。现状河宽 50 ~ 200 米，平均比降 1‰ ~ 3‰，河道以下切为主，由于河床为基岩河床，下切幅度不大。滩地很少，水力资源丰富。早饭头下游约 20 千米处泾河一级支流三水河汇入，再无其他支流汇入。

泾河干流中游段河床为基岩河床，河道仅在汛前汛后有局部冲淤变化，总体上来说，处于平衡稳定状态。

三、下游段

泾河干流下游段是指泾惠渠渠首至泾河入渭口河段，河段长 61.5 千米，两岸为关中平原，河道比降为 0.3‰ ~ 1‰。该段河道总体呈西北—东南向斜穿渭北塬区，区间干流无大的转折。河道总体呈上游窄下游宽之势，从河段来讲，则是沿程宽窄相间。河谷宽 400 ~ 600 米，地势较平坦，河谷开阔，两岸滩地多已利用，农业发达。

按照河道平面特征，该段河道可细分为：①泾惠渠渠首—泔河河口段。河道长约 5.5 千米，河床较窄。边滩不发育，多为单式“U”形断面，河心有基岩裸露，河床为大卵石堆积，基本属半山区性河流。②泔河河口—临泾段。河道长约 11.0 千米，河床逐渐放宽，漫滩发育，滩槽明显，主流集中归槽。③临泾—泾河西铜铁路桥段。河道长约 34.0 千米，该段河床较为开阔，最宽处达 2.5 千米，漫滩及江心滩比较发育，汊道、串沟较多，河槽宽浅，以复式断面居多，主要为顺直分汊到微弯分汊型河道。④泾河西铜铁路桥—泾河入渭口段。河道长 11.0 千米，位于泾河尾闾段，河道比降为 0.5‰，枯水期河槽宽 97 ~ 165 米，其特点是：主槽窄深，主流集中，滩槽明显，属峡谷型河道。

按照河道纵剖面特征，该段河道可分为：①泾惠渠渠首—临泾段。河床纵剖面相对起伏较大，形态不规则，呈上凸的台阶形，河道比降约为 1‰，主要是由于该段河道深切在由古生代基岩和砂砾石、巨石、亚黏土组成的山区性或半山区性河床之中，河槽窄深，河道明显受构造控制。②临泾—泾河入渭口。河床纵剖面相对起伏较小，无明显台阶状变化，呈不明显下凹形，并间有倒坡出现，平均比降为 1.08‰。主要是由于该段河道基座在第四系中更新统冲积的亚黏土层上，有较厚的松散沉积物，有利于河道的摆动。受来水来沙条件和河床形态的影响，主槽是冲刷下切，滩地是微淤抬升，河道冲淤基本接近平衡。

该段河道主流由于受南塬控制及滑坡影响，右移受到限制；而左岸河漫滩及一级阶地易于冲刷。近 30 年来平面变形以向左岸移动为主。整个河段大致分为：泾惠渠渠首—临泾段，该段除右岸烽火村附近经人工整治主流向左岸偏移 500 米外，其余河段基本保持稳定；临泾以下河段，该段主流摆动相对严重，水流侧蚀河岸，凹岸崩退现象严重，为洪灾多发河段。近年来，经过多年治理平面变化受两岸岸坎控制也基本趋于稳定。该河段河道横向变化较小，河势是稳定的。

泾河干流下游段地处关中平原北部，两岸受岸坎控制也基本趋于稳定，加之多年来的整治，河势日趋稳定。目前泾河干流下游段主槽单一，平面摆动不大，河势更为顺直，河道冲淤变化也基本处于冲淤平衡状态。

泾河干流河道特性主要表现为游荡性或分汊性，河床平面宽窄相间，主流游荡多变，河势变化剧烈。受河势变化影响，泾河陕西段河岸坍塌现象时有发生。

第三节　重要支流

泾河流域大致呈扇形分布，其中的干、支流河道呈羽状展布。从整个流域而言，绝大部分支流分布于干流中、上游地区，且多集中在干流的左岸。除马莲河外，其余支流均深切于黄土丘陵与黄土高原中，河谷狭窄，一般宽 300 ~ 600 米，河道呈“S”状。据统计，左岸支流总集水面积约为右岸的 5 倍。流域面积大于 1000 平方千米的支流有黑河、达溪河、三水河、泔河，流域面积在 100 ~ 1000 平方千米的支流有 11 条，其中发源于陕西境内的有磨子河、百子沟、姜源河、小河、三岔河、石底川、第界河，发源于境外的有红岩河、太峪河、四郎河、水帘河。

泾河主要支流特征值一览表见表 1-1-2。

表 1-1-2 泾河主要支流特征值一览表

河流	河道长度 / 千米		平均比降 /%		流域面积 / 平方千米		多年平均径流量 / 亿立方米	
	全河	省内	全河	省内	全流域	省内	全流域	省内
马莲河	374.8	59.14	1.35		19086	1413		
四郎河	85.8	30.5	7.94	4.25	732.5	106	0.63	0.09
黑河	168.0	35.6	2.90	2.15	4255	1397	3.02	1.00
达溪河	126.8	13.2	2.74		2537	1176	1.81	0.84
红岩河	77.1	46.8	9.00	5.39	717.3	380	0.36	0.19
三水河	122.0	122.0	6.91	6.91	1319	1319	1.26	1.26
泔河	95.6	95.6	10.8	10.8	1171.6	1171	0.59	0.59

来源：咸阳市志（1991—2010）、榆林市水利志

一、马莲河

马莲河为泾河左岸一级支流。古有马岭河、泥水之称。因河谷中马兰草丛生，马兰草俗称马莲，故名马莲河。上游有东、西二支，西支是正源，名曰环江。环江有二源，一为西川，源出甘肃环县北部边境；一为东川，源于陕西定边县高天池北。二水汇合于洪德后称环江。经甘肃省环县、华池县、庆城县、合水县、西峰区、宁县和正宁县等 7 县（区），于宁县政平乡注入泾河。

马莲河河道全长 374.8 千米，流域面积 19086 平方千米。马莲河流经定边县冯地坑镇、姬塬镇。定边段上游与宁夏回族自治区盐池县交界，坐标为东经 107° 18′、北纬 37° 16′；下游与甘肃省环县交界，坐标为东经 107° 17′ ，北纬 36° 56′ 。定边县境内河道总长度 59.14 千米，境内流域面积 752.3 平方千米。马莲河支流众多，流域水系呈羽状分布，流域面积 100 平方千米以上的主要支流有 21 条，全部位于宁县县城以上。流域面积在

500 ~ 1000平方千米的主要支流有马坊川、安山川、合道川、合水川、九龙河等5条，流域面积在1000平方千米以上的支流有洪德以上西川、东川和固城川等3条。东川是马莲河最大的一级支流，上游由东、西两源组成，东源为发源于子午岭北端西麓的柔远川，西源为发源于刘红梁的元城川，东、西两源于悦乐镇汇合后始称东川，东川干流长131.4千米，流域面积3065平方千米，多年平均径流量0.86亿立方米。马莲河在陕西境内称为十字河、安川河，主要流经榆林市定边县境内冯地坑镇、姬塬镇、樊学镇、张崾先镇。

流域属黄河中游黄土高原沟壑区，土壤侵蚀严重，沟壑纵横，地形复杂，主要由塬、沟、梁、峁、丘陵、山地组成。总的地势是北高、南低，东西高，中间低，海拔在885 ~ 2052米。在地质构造上位于祁—吕—贺“山”字形构造贺兰褶皱带东侧伊陕盾地的西南部。马莲河流域地处中纬度地带，深居内陆，大陆性气候明显。在时空分布上，全年大部分时间受高空西风环流影响，冬季盛行西北风，夏季盛行东南风。冬半年地面为蒙古高压控制，干冷的极地大陆气团使降水稀少，天气多晴朗而寒冷。夏半年高空西风带波动活跃，地面气压改变多为移动性的低压（气旋）型，降水机会多，但不均匀，盛夏副热带高压强盛时，常北跃和西进，造成高温、晴朗、干燥的伏夏天气。马莲河流域多年平均水面蒸发量770 ~ 1120毫米，一般情况下，冬季气温低，蒸发量小，年内最小蒸发量多发生在12月。夏季由于气温高，蒸发量大，最大蒸发量多发生在6月。连续4个月最大蒸发量多发生在5—8月，可占年蒸发量的55% ~ 58%。

由于受土壤和地质等条件的综合影响，马莲河是一条水质很差、泥沙很多的河流，上中游重于下游。庆阳环县洪德镇以上的上游河段，非汛期河水矿化度高达9.71克每升，水质极差。这部分苦水下泄造成马莲河下游水质变差，不能灌溉，更不能饮用。在庆城县以南与柔远河交汇后的马莲河干流水质有所好转，但仍不能饮用，只是在极其干旱的情况下，为缓解旱情，可适量用于灌溉。据统计，1956—2013年马莲河流域出口断面雨落坪水文站实测多年平均径流量为4.39亿立方米，多年平均输沙量为1.23亿吨，年均含沙量为280.2千克每立方米，汛期平均含沙量为403.4千克每立方米。地区分布不均。

马莲河定边段两岸维持自然现状，为荒地及少量耕地。主要经济作物为玉米、荞麦、马铃薯、苦荞和油料作物。畜牧业以羊、生猪饲养为主。风能、太阳能等可再生资源优势明显，目前正在持续开发利用中。地下蕴藏着丰富的石油、天然气等矿产资源，是定边县矿产资源富集区之一。

二、十字河

十字河为马莲河左岸一级支流，泾河二级支流。十字河上游有东川和西川两条支流，东川发源于榆林市定边县红柳沟镇杜家沟一带，西川发源于冯地坑镇新城滩村下乱沟，东西两条河，系泾河东派源头。沿冯地坑镇境由北向南流至该镇南端苗咀汇集继续南下经姬塬镇五股掌与安川河相汇，继续南下至冯地坑镇苗大渠村汇入马莲河。

东川河道长31千米，西川河道长23千米，十字河河道全长38.0千米，流域面积498.73平方千米。源头坐标东经107° 31′28.46″，北纬37° 20′31.01″；汇入马莲河处坐标东经107° 20′10.35″，北纬37° 09′56.69″。流域地处白于山区腹地，地貌复杂多样，梁、塬、涧、峁、沟纵横交错。位于定边县西南方向，流经冯地坑镇、白湾子镇和姬塬镇。高程一般在 1838 ~ 1907 米。

流域属温带大陆性半干旱季风气候，其特点是春迟秋旱、夏短冬长，气候干燥、雨量不足。多年平均气温 7.9 摄氏度，极端最低气温 -28.1 摄氏度，极端最高气温 37.7 摄氏度，无霜期年平均 140 天，年平均日照时数 2738 小时，年总辐射 137.37 千卡每平方厘米。年平均降水量 344 毫米，降雨主要集中在每年的 7—9 月。常流量 0.05 ~ 0.20 立方米每秒，河宽 1.2 ~ 4.0 米，河深 0.3 ~ 0.8 米，河流比降 1.53‰，最大洪流量 1700 立方米每秒，水质极苦，当地俗语云："十字河的水，驴喝也拌嘴"。

流域两岸维持自然现状，为荒地及少量耕地。主要经济作物为玉米、荞麦、马铃薯、苦荞和油料作物。畜牧业以羊、生猪饲养为主。风能、太阳能等可再生资源优势明显，目前正在持续开发利用中。地下蕴藏着丰富的石油、天然气等矿产资源，是全县矿产资源富集区之一。

三、安川河

安川河为马莲河左岸一级支流，泾河二级支流。东西流向，源于榆林市定边县张崾先镇柳上庄村，流经张崾先镇罗庞塬、樊学镇、姬塬镇之刘峁塬等地沟涧，到刘峁塬五股掌与十字河汇流入甘肃环县环河，是泾河东派河源流。

安川河全长 41.9 千米，流域面积 388 平方千米，常流量 0.05 ~ 0.1 立方米每秒，河流比降 1.00‰，最大洪峰流量 1300 立方米每秒，水质苦涩，不能利用。源头坐标为东经 107° 30′ 30.20″，北纬 37° 06′ 59.59″；终点坐标为东经 107° 18′ 17.18″，北纬 36° 56′ 26.36″。

流域地处白于山区腹地，地貌复杂多样，梁、塬、涧、峁、沟纵横交错。位于定边县西南方向，流经张崾先镇、樊学镇和姬塬镇。高程一般在 1326 ~ 1838 米。流域气候属温带大陆性半干旱季风气候，其特点是春迟秋旱、夏短冬长，气候干燥、雨量不足。多年平均气温 7.9 摄氏度，极端最低气温 -28.1 摄氏度，极端最高气温 37.7 摄氏度，年平均降水量 356.4 毫米，降雨主要集中在每年的 7—9 月，以 8 月最多，自然灾害有干旱、霜冻、暴雨、冰雹、连阴雨等。

四、四郎河

四郎河发源于甘肃省正宁县子午岭西麓艾蒿店子，是泾河的一级支流，渭河的二级支流，因下游建有四郎庙，河取庙名。该河自东北向西南由甘肃正宁流经旬邑县底庙镇左家沟口入陕西境内，于彬州市北极镇雅店村汇入泾河。四郎河河道全长 85.8 千米，流域面积 732.5 平方千米，陕西境内流长 30.1 千米，流域面积 104.5 平方千米，河床平均宽度 30 米，河床比降 4.7‰，常流量 0.8 立方米每秒，平均含沙量 119 千克每立方米，属常年性河流。

从地貌上看，四郎河属第四纪初期现代地貌发育的格架，山川地形已经形成。该河贯穿其中，侵蚀切割了第四系黄土层、白垩系砂砾石岩，两岸坡面相向倾斜。四郎河属山区性河道，境内有 6 条一级支流，沟壑纵横，塬面支离破碎，黄土地貌发育典型，正负地形明显，主要由河谷地和谷间地两种地貌形态组成。河谷宽 40 ~ 350 米，一级阶地一般高出漫滩 3 ~ 7 米。表层为现代冲积物，底层由沙壤土粗细砂及卵砾石组成，二级阶地高出一级阶地 4 ~ 20 米，表层覆盖着风积黄土。

流域地处大陆腹地，远离海洋，属暖温带半干旱大陆性季风气候，具有雨热同季、寒暑极端、四季分明的特点。冬季寒冷干燥，雨雪稀少，持续时间长；春季干旱多风，寒流交替出现，气温多变，上升迅速；夏季气候温热，维持时间短，干旱与雨涝相间，多雷阵雨天气；秋季凉爽多雨，气温下降迅速，霜、雪降临早。气候在地区分布上差异较大，流域内年降水量由东北至西南递减。年平均日照时数为 2210.8 小时。6 月最多，平均 237.3 小时；2 月最少，平均 147.7 小时。年平均气温 9.7 摄氏度，年极端最高气温 40 摄氏度，极端最低气温 –22.5 摄氏度，平均气温的年较差 31.5 摄氏度，最大冻土深度 50 厘米，最大风速 17 米每秒，风向西北。霜期一般始于 10 月中旬，终霜期一般在来年 4 月下旬左右，无霜期为 175.6 天。年平均降水量 561.4 毫米，年最大降水量 797 毫米（1983 年），年最小降水量 320.3 毫米（1979 年）。多年平均径流总量 0.288 亿立方米，多年平均流量 0.91 立方米每秒，平均径流深 44.7 毫米，径流模数 1.41 升每秒每平方千米，多年平均输沙率 108 千克每秒，平均含沙量 119 千克每立方米。

流域总人口 2.09 万人，流域总土地面积 8.45 万亩，现有林地面积 2.40 万亩，耕地面积 2.84 万亩。流域粮食作物种植以小麦、玉米、大豆为主；经济作物主要以种植苹果、烤烟、大葱等为主。用水主要为农村生活用水、农田灌溉用水。流域内河段无防洪工程，河道两岸道路受洪水威胁。依靠两岸天然岸坎防洪，岸坎大多低且不坚固，易形成洪水出槽，造成农田淹没，道路垮塌，农业生产无法保障。新中国成立以来，历史洪水灾害多达 13 次以上。

四郎河的部分支流（染家沟、刘家川、东拳沟）水土流失较为严重。2000 年以来，当地群众根据彬州市山区河道治理规划，采用生物措施与工程措施相结合的方法进行综合治理。建成小型淤地坝一座，栽植乔木林 77.7 公顷，灌木林 50 公顷，有效减少了水土流失，显著改善了当地的生态环境。

五、黑河

黑河属泾河右岸的一级支流，渭河的二级支流，有两个源头，南源于陕西陇县河北镇北庙坡，北源于甘肃省崇信县宰相庄，由西向东穿过崇信、灵台两县，在长武县丁家镇刘河村入陕西境，至长武县亭口镇以东汇入泾河。

黑河流域地势西南高、东北低，流域上游为土石山和黄土丘陵区，自然植被较好，以森林、灌木为主，土壤侵蚀轻微。流域中下游地势由西南向东北倾斜，为典型的黄土高原沟壑地貌，由大小不等的塬面和塬间沟谷川地组成，塬面平缓而开阔，残塬、沟坡、梁峁、川台等地形复杂多样，塬高、沟深、坡陡为其主要特征。黄土层深厚，由于塬面侵蚀，沟头延伸，沟岸崩塌严重，水土流失较为严重。

黑河流域属亚热带大陆季风半干旱气候，年平均气温 8.6 摄氏度，最高气温 35.8 摄氏度，最低气温 –23.2 摄氏度，多年平均降水量 588 ~ 647 毫米，多年平均蒸发量 1440 毫米，多年平均无霜期 158 天。

黑河河道全长 168.0 千米，流域面积 4255 平方千米，河道平均比降 2.9‰。河谷呈“U”形，河床宽一般 35 ~ 75 米，河谷底宽一般 300 ~ 600 米，地理坐标为：北纬 35° 05′ 38″ ~ 35° 12′ 07″，东经 107° 41′ 04″ ~ 107° 57′ 18″。黑河陕西境内流长 35.6 千米，流域面积 1397 平方千米，平均比降 2.9%，年输沙量 1290 万吨，多年平均流量 10.3 立方米每秒，实测最大流量为 2000 立方米每秒，实测最小流量 0.1 立方米每秒，多年平均径流量 2.59 亿立方米，20 年一遇洪水流量 1680 立方米每秒。

宝鸡市陇县境内的大黑河，发源于宝鸡市陇县李家庄村景福山北麓，流经陇县新集川镇景福山塬上、向家河、南川河、国家庄、柳巷、张家台、李家庄村、杨家庄，于陇县和甘肃交界石咀子入甘肃平凉华亭神峪镇，汇入黑河。大黑河全长 8.77 千米，流域面积 17.3 平方千米，河道平均比降 25.2‰。其中：陇县段河长 7.77 千米，河道平均比降 30.12‰，境内河段无堤防。流域地势东高西低，地表广泛覆盖黄土层，属关山土石山区。山岭重叠，山高坡陡，森林茂密，牧草丰盛。陇县境内川塬狭小，山大沟深，地势险要，是关中通往西北的主要关隘之一，是古代兵家必争之地，古有“关狭钥匙”之称。

黑河属于雨源性河流，主要径流由降水形成，由于受大气环流和地形条件影响，本流域降水具有四季不均，夏季多雷雨，雨大而集中，秋季多连阴雨，冬、春季雨水偏少的特点。河川径流特性与降水特性相一致，年际变化大，年内分配不均匀。其中汛期（7—10 月）径流量约占年径流量的 60%，冬季（12 月至次年 2 月）约占 10%。黑河流域先后设立过亭口、雷家河（达溪河）、张家沟（达溪河）、百里（达溪河）、百里（南河，达溪河支流）、张河、灵台（达溪河）7 个水文站，目前有张河、灵台两个水文站在观测。黑河亭口水文站控制流域面积 4253 平方千米，1934 年 9 月由陕西省水利局设立，1963 年 1 月改为水位站，1973 年 1 月 1 日撤销。黑河张河水文站位于黑河与达溪河汇合口上游 17.7 千米，控制流域面积 1506 平方千米，1971 年 4 月 9 日由陕西省水文总站设立至今。

根据张河水文站观测资料，黑河最大年径流量为 2.09 亿立方米，最小年径流量为 0.222 亿立方米。黑河亭口段多年平均径流量 2.51 亿立方米，多年平均流量为 5.62 立方米每秒。根据亭口水文站观测资料，多年平均输沙总量 1392 万吨。黑河干流布设张家桥地表水监测断面，为甘陕国控断面，每月监测一次。黑河咸阳段水质目标为Ⅲ类水质标准。根据黑河咸阳段水功能区水质监测结果，达溪河断面来水水质近几年均处于不达标状态，影响黑河整体水质。黑河干流张家桥国控断面个别时段出现水质 COD_{Cr}、氨氮超标现象，特别在枯水期不能稳定达到地表水Ⅲ类国家地表水考核标准。2019 年、2020 年，黑河张家桥水质自动站还出现总磷超过了地表水Ⅲ类、Ⅳ类标准现象。

黑河在甘肃省灵台县境内建有横渠灌区，灌溉面积 260 公顷，小（2）型水库 3 座，总库容 163.7 万立方米；在泾川县境内建有联丰渠，灌溉面积 80 公顷。20 世纪 60 年代末，黑河上游建起了张河发电站。2001 年，因长武县城水资源短缺，在黑河中游建起了日供水 6000 立方米的人饮工程 1 处，同时解决了周边 6 个乡镇 8 万余人的饮水困难。黑河沿线有跨河桥梁 5 座，污水处理厂 1 座，穿河污水管道 1 条。亭口镇污水处理厂位于黑河入泾河口，2014 年建成，近期污水处理能力 0.3 万吨每日，远期污水处理能力 0.6 万吨每日。建设内容：格栅渠 1 座、沉沙池 1 座、BL 生化处理池 2 座、集泥池 1 座、综合设备间 1 座、污泥堆场1座并配套建设相关附属设施。出水水质达到《城镇污水处理厂污染物排放标准》（GB 18918—2002）一级A标准后排入泾河。

流域主要农作物有冬小麦、玉米、马铃薯、糜子、谷子、高粱、燕麦、豆类；经济作物有油菜、胡麻、荏子；其他作物有苜蓿、草木樨等绿肥作物和白菜、萝卜、芹菜、西红柿等蔬菜作物；山林区有狼、狐狸、野猪、鹿、獾、野鸡、野兔等动物。

六、达溪河

达溪河又名南河，是黑河右岸的一级支流，泾河的二级支流。明代始称达溪河。发源于陕西省陇县河北镇北庙坡和甘肃省崇信县宰相庄，由西南向东北流经陕西省陇县百石里、甘肃省崇信县国营五举农场、灵台县龙门等五个乡（镇），于陕西省长武县巨家镇的马成寺入陕西境内，经巨家镇（河道左岸）、枣园镇（河道右岸），从河川口村汇入黑河，至长武县亭口镇流入泾河。

达溪河河道全长126.8千米，流域面积2537平方千米，河床比降2.74‰，其中陕西境内河流长22.5千米，流域面积1176平方千米。河道主要位于黑河干流亭口水库浸没区内。宝鸡市境内的泾河水系主要分布在陇县、千阳、麟游三县，主要支流有8条，都是达溪河的一级支流，均源于南而流向北，后流入甘肃省灵台县，经达溪河流至咸阳市长武县的亭口汇入泾河。陇县境内达溪河由东沟、西沟、白石沟、南沟、侯家寺沟等溪流汇成，呈网状分布，境内流长10千米，流域面积77.5平方千米。麟游县境内酒房河、李家河和两亭河发源于千山余脉老爷岭北麓；小庵川河、禅寺河、普化河和转嘴河等发源于页岭北麓，出境后注入达溪河，流域总面积是777.8平方千米，8条河河道总长度183.7千米，河道比降8‰～27‰，多年平均径流总量7175.6万立方米。

达溪河流经长武县，将其南部切割成巨家、枣园两个塬面，地形复杂，垂直差异大。由于水土侵蚀，造成沟壑纵横，地形支离破碎。长武县境内河段多属于黄土高塬沟壑区，沿线塬高坡陡，河道、塬面分明。流域属亚热带半干旱季风气候区，年平均气温8.6摄氏度，最高气温35.8摄氏度，最低气温–23.2摄氏度。年均降水量588～647毫米。达溪河流域内气候为暖温带半湿润大陆性季风气候，春季气温回升慢，夏季高温多伏旱，平均气温10摄氏度。河谷宽200米，比降1.72‰，年均流量4.85立方米每秒。最大流量1010立方米每秒，最小流量0.021立方米每秒，多年平均径流量1.73亿立方米，年输沙量达866万吨。

流域地下矿产资源丰富，尤以煤炭为佳，现已由彬长煤业有限公司等大型企业在此开采。达溪河流经的巨家镇位于长武县县城东南部，距县城22.5千米，有13个行政村，58个村民小组。辖区总人口4036户16087人，辖区总面积77.8平方千米，是长武县的果业生产和招商引资重镇。枣园镇距县城13千米，现辖12个行政村，50个村民小组，2224户8641人。枣园镇以农业为主，主产小麦、玉米、豆类等，是烤烟生产大镇和烤烟生产基地，种植面积约5000亩。现有养殖大户1000户，养殖小区5个，畜牧业健康发展。达溪河长武巨路塬区供水工程取水枢纽采用重力式溢流坝结构形式，坝长112米，日供水规模3800立方米每天，水源为达溪河地表水源。

七、高崖河

高崖河为达溪河右岸的一级支流，泾河的二级支流。源于千山分水岭北麓杨家阙弯等沟溪，呈南北向纵贯千阳县高崖镇全境，以穿越高崖镇而得名，从腰崖河北出县界，流经麟游县闹林村西坡组背后沟底至大庄村苟安组押城沟底，注入甘肃省灵台县达溪河后汇入泾河。

高崖河全长 27.4 千米，流域面积 165.3 平方千米，河流比降 9.3‰。河源地理坐标为东经 107° 18′，北纬 34° 45′。汇入河口地理坐标为东经 107° 18′，北纬 35° 00′。年均径流量 1914.4 万立方米，年均流量 0.6 立方米每秒。

高崖河流域处于黄土丘陵沟壑区。汇入高崖河的沟溪 78 条，其中长不足 5 千米的支溪 60 条，长 5 ～ 10 千米的 6 条，较有名者为水寺沟河、小南川沟河、景家山沟河、槐芽沟河、祁家沟河。流域属大陆性半湿润季风气候区，冷暖干湿四季分明。北部千山丘陵为温凉湿润农牧区，年平均气温 8.7 摄氏度。高崖的槐芽几乎无夏季，热量条件最差，无霜期平均为 156 天，风向多为西北风。年降水量 562.8 毫米。湿度较低，降水少，高崖河无污染源，水质良好。流域植被主要为天然灌木，次生林以杨树、国槐、刺槐等树种为主，森林覆盖率为 32%。这里野生沙棘资源丰富。流域内动物有狼、鹿、豹、兔、野猪等。煤炭资源丰富。该流域是千阳县高崖镇的主要辖区，共有 9 个村 3200 人，也是千阳县较为贫困的地区。经济以农牧业为主，农作物以小麦、玉米、豆类为主。但由于高崖气温较低，玉米生长期较长，含糖量和蛋白质较高，因此高崖玉米、核桃品质优良。

高崖河修建有 2 处岸线设施，其余河段均为天然岸线。高崖河流域沟壑多，坡地多，水土流失严重，经过 20 世纪 60、70 年代治理，有所缓解。1962 年 4 月，高崖公社曾动员组织群众，投工 2300 个，移动土石方 3000 余立方米，采取打柳桩、压稍捆、堆沙堤、砌石等办法，在临街一段修筑防洪河堤 300 米，保护镇街道。1971 年，高崖公社曾提出“河走端，树上山，发起电，水浇田，河滩变成米粮川，穷山变成小江南”的口号，再次动员组织群众治河修筑河堤，从 1971 年冬至 1973 年 3 月，历经三冬春，南起羊头庙，北至腰崖，将河道裁弯取直，修起 20 千米的土堤。工程投工 8360 个，移动土石方 12.06 万立方米，浇筑混凝土堤坡 1.2 千米。千阳县高崖河山洪沟治理工程，2020 年 9 月 20 日开工建设，主要建设内容为：对高崖镇、阳川寺村境内山洪沟实施综合治理，治理长度 1812 米，包含新建护岸 849 米，堤防 668 米，生产道路 295 米及其他附属工程，总投资 502.24 万元。

高崖北通甘肃平凉，南通关中西部千河盆地，古时为军事要塞，也是陕甘两省人民贸易的通道之一。

八、磨子河

磨子河，因古时沿河多水磨而得名。它是泾河右岸的一级支流，发源于陕西省麟游县亢家店村，由甘肃省灵台县邵寨乡北流，在咸阳市境内流经彬州市和长武县。起点为彬州市韩家镇龙尾沟村，经长武县亭口镇冢丰村、川丰村，从安华村汇入泾河。

磨子河全长 33.1 千米，流域面积 139.1 平方千米。其中彬州市境内 19.2 千米，流域面积 73.42 平方千米，位于东经 107° 51′ ~ 107° 57′，北纬 34° 51′ ~ 35° 05′，河流走向大体由南向东北方向；长武县境内流程 17.8 千米，流域面积 48.1 平方千米，全段属无堤河段，河宽 40 ~ 200 米，比降 1.25‰。彬州市起点为韩家镇龙尾沟村，终点为韩家镇阎家堡村，河流走向大体由南向东北方向，河流全段无堤防工程。磨子沟中下游河谷较宽阔，土地肥沃，两岸零散分布有村庄及农田，其支流均为大沟小溪，呈羽毛状分布，为对称水系。

流域地处黄土高塬沟壑区，塬高沟深，塬面起伏不平，多呈窄条状，水土流失严重，沿河有长千米以上的 16 条支沟汇入，径流年内变化大，冬春河道流量小，常出现枯水，夏秋河道流量大。地处鄂尔多斯构造盆地的南缘，大地构造位置位于华北准地台，陕甘宁台坳南缘，陕北台凹之黄陵—陇县凹陷中段，彬旬聚煤凹陷中。境内地势南北高、中间低，微向东南倾斜，海拔 715 ~ 1501 米，按地貌形态特征及成因划分为河谷阶地、黄土梁峁、黄土塬三大地貌单元。地表出露地层为中三叠世、中侏罗世、下白垩世、新近纪、第四纪陆相、河湖相沉积的碎屑岩系。

流域属于暖温带半干旱大陆性季风气候，具有雨热同季、寒暑极端、四季分明的特点。基本气候特征是：冬暖而干；春季多雨；初夏凉爽而多雨，盛夏至夏末凉爽而干旱；秋季多雨而寡照，却无“秋淋”。年平均日照时数为 2210.8 小时。流域多年平均降雨量为 595.6 毫米，无霜期 180 天，年平均气温 9 摄氏度，农业条件较差，但林草繁茂，适宜于发展林果业和畜牧业。

由于现状部分河段内灌木、杂草丛生，行洪断面锐减，难以满足行洪要求。随着天然林保护和水土保持工作的推进，流域内植被覆盖率逐年提升，流域生态情况较好，河岸植物自然生长，有较好的河道自净化能力。磨子沟流域用水主要为农村生活用水、农田灌溉用水。区域无工业设施、无治理开发项目。

亭口镇是古丝绸之路上的重要渡口和驿站，并且还是习仲勋等老一辈无产阶级革命家工作、生活过的地方。亭口镇还拥有丰富的矿产资源，煤炭储量达 35.3 亿吨，建有煤电产业园，引进了陕煤集团、山能淄矿集团、大唐发电厂等知名企业投资。磨子河流域川丰村为亭口镇美丽乡村建设试点镇 7 个创建村之一，依托区位优势，结合磨子河流域的自然风景和山水地貌，融入乡土文化元素，开发建设“诗意川丰”旅游度假区。沿河道建设“诗意川丰”景区大门和亭、桥、泉等景观，制作以长武八景、非物质文化遗产、农民画为主题的文化墙等。沿线部分河段返乡群众开发建设农家乐、垂钓园等休闲场所。磨子河流域水土保持措施、美丽乡村建设项目的实施，以及农家乐、垂钓园、生态农业园等吸引游客促进当地乡村经济的休闲项目的建设，使得磨子河成为促进城乡融合发展的一道亮丽风景线。

九、红岩河

红岩河发源于甘肃省正宁县子午岭西南坡雕灵关东侧，是泾河左岸的一级支流，渭河的二级支流。由东北流向西南，流经甘肃省正宁县，在陕西省旬邑县职田镇王家渠村入陕西境内，流经彬州市永乐、北极、义门等乡镇，在义门镇高渠村汇入泾河。在甘肃正宁县源头处称刘家河，其下称王家河；入旬邑县后称支党河，流经店子村称店子河，过刘家店子村又称刘家河；入彬州市红岩村，取名红岩河；流经阎子川（村），又名阎子川。

红岩河河道全长 78.7 千米，流域面积 717.3 平方千米，河道平均比降 6.7‰。位于东经 108° 00′ ~ 108° 35′，北纬 35° 04′ ~ 35° 26′。红岩河在旬邑县境内河长 20.78 千米，境内及上游流域面积 475.98 平方千米，其中旬邑县境内 193.12 平方千米，甘肃上游段 282.86 平方千米；彬州市境内河长 20.54 千米，流域面积 197.67 平方千米，流域近似带状，河床由淤泥、砂卵石组成，两岸为黄土。流域地形东北高、西南低，其高程在 850 ~ 1540 米，流域分水岭最高点达 1756 米。红岩河上游是子午岭土石山地的延伸部分，山地林木茂盛，植被良好，水流清澈；中游为黄土塬沟壑区，水土流失较重；下游为黄土塬区，塬面比较开阔、平坦，其中以新民塬、北极塬较大。主要支流有北川、申店沟、西凹咀、张家沟、桐树涧、东汉坡、西汉坡、乔家沟、王家坡、旺安沟等。

流域地处大陆腹地，远离海洋，属暖温带半干旱大陆性季风气候。具有雨热同季、寒暑极端、四季分明的特点。冬季寒冷干燥，雨雪稀少，持续时间长；春季干旱多风，寒流交替出现，气温多变，上升迅速；夏季气候温热，维持时间短，干旱与雨涝相间，多雷阵雨天气；秋季凉爽多雨，气温下降迅速，霜、雪降临早。气候在地区分布上差异较大，流域内年降水量由东北至西南递减。多年平均气温 11.2 摄氏度，极端最高气温 40 摄氏度，极端最低气温 -22.5 摄氏度，最大冻土深度 50 厘米，最大风速 17 米每秒，风向 NW。红岩河洪水具有山区型河流特点，洪量集中，暴涨暴落，因而洪灾频发。新中国成立以来，洪水灾害多达 12 次以上，特别是 1954 年、1964 年和 1979 年最为严重，损失巨大。

红岩河在彬州市境内流经新民镇、永乐、义门三个镇，流域总人口 63931 人。流域总土地面积 38.02 万亩，现有林地面积 9.49 万亩，耕地面积 12.36 万亩。区域特色产业主要以粮食产业为主，有小麦、玉米、油菜，果树以苹果为主。下游有陕煤集团文家坡煤矿，年产原煤 300 万吨，年产值 30 亿元。区域无灌溉设施。

十、水帘河

水帘河上游称常家河、徐家河，中游称陈家河、张家河。据《直隶邠州志》载：原名漆水，又名白土川，后因下游出口处有唐时修凿的水帘洞，故取洞名。是泾河的一级支流，渭河的二级支流，发源于六盘山东支山脉的宝鸡市麟游县东部崔木镇七里村北，西南至东北流向，流经彬州市的韩家、车家庄、底店、水口、城关等乡镇，在城关镇水帘村以北注入泾河。

水帘河全长 44.3 千米，流域面积 181.4 平方千米，河道平均比降 11.0‰。水帘河流域南高北低，南部最高青岗岭海拔 1500 多米，北部平均海拔 900 米，流域形状呈羽形，支流发育，汇流条件较好，但支流多分布在右岸，呈明显不对称分布特征。麟游境内长 4.4 千米，流域面积 10.0 平方千米，河流比降 28.7‰。

流域位于鄂尔多斯地台南塬，祁连山、吕梁山、贺兰山“山”字形构造前弧东翼内侧。地势西南高、东北低，海拔在 715 ~ 1501 米。第四纪初期，现代地貌发育的格架、山川形势已经形成。上游林木茂密，多为阔叶灌木混交林区，植被良好。下游的黄土沟壑区，植被较差，水土流失严重。

水帘河流域属暖温带半干燥气候区，冬春干旱、夏季炎热、秋温多雨，四季分明。多年平均降水量 578 毫米，降水量年际变化大，年内分配不均，6—9 月降水量占全年降水量的 60% ~ 70%，夏季多出现暴雨天气，秋季多连阴雨。多年平均气温 11.1 摄氏度，极端最高气温 40.0 摄氏度（1966 年 6 月），极端最低气温 -22.5 摄氏度（1977 年 1 月），早霜始于 10 月中旬，晚霜终于 4 月下旬，无霜期 188 天；多年平均蒸发量 1547 毫米（20 厘米蒸发皿）；最大冻土深度 50 厘米（1966 年 1 月）。

根据《咸阳市实用水文手册》中历史洪水调查，曾在水帘河入泾河的三星村调查到 1954 年 8 月一次大洪水，调查河段以上集水面积 180 平方千米，最大洪峰流量 691 立方米每秒。同时还在南邻的彬州市南沟控制流域面积 45.3 平方千米内，调查到 1954 年为 386 立方米每秒、1965 年为 337 立方米每秒和 1970 年为 270 立方米每秒三次大洪水。

十一、百子河

百子河亦称百子沟，是泾河的一级支流，渭河的二级支流，发源于旬邑县职田镇旱池村，自东北向西南流经散集、文家村、白草洼、原底百子村，在张洪镇胜利煤矿入彬州市，于彬州市新民镇早饭头村汇入泾河。

百子河全长 40.2 千米，流域面积 200.77 平方千米，河道平均比降 10.7‰。其中旬邑县境内河长 10.97 千米，流域面积 145.62 平方千米；彬州市境内 29.23 千米，流域面积 55.15 平方千米。百子沟在旬邑县境内地理坐标为东经 108° 09′ 33″ ~ 108° 14′ 20″，北纬 35° 00′ 26″ ~ 35° 10′ 59″，一级支流有李家沟、赵家原边和曹子咀。

百子河流域地处鄂尔多斯台地南缘，祁、吕、贺“山”字形构造前弧东翼内侧，海拔 715 ~ 1501 米，第四纪初期现代地貌发育的格架、山川形势已经形成，兼有百子沟自东北向西南贯穿其中，侵蚀切割了第四系黄土层、白垩系砂砾石岩，两岸坡面相向倾斜。所处地貌属陇东黄土高原塬梁丘陵沟壑区，塬面破碎，沟壑密布。地势西南高、东北低，河水由西南方向汇入泾河。河道两侧多为山体，地形起伏大，植被覆盖率较高。北部海拔在 900 ~ 1240 米，沟间地包括塬和梁，以塬为主，周围有河沟分割，在平面上呈花瓣状。梁呈长条形黄土平顶状，梁顶宽度大小不等。沟谷地由河谷、干沟、冲沟以及发育在上述地貌各种坡面上的细沟、浅沟、切沟等组成。由于新构造运动的间歇性差异升降活动及河流的侵蚀作用，彬州境内谷地分为河漫滩和一、二级阶地。

百子河流域属暖温带半湿润大陆季风气候区，冬春干旱、夏季炎热、秋温多雨，四季分明，雨热同期，气温日差较大，干湿季节分明。年平均气温 9.7 摄氏度，极端高温 40 摄氏度，极端低温 -22.5 摄氏度。多年平均降水量 560.6 毫米，多集中在 7、8、9 三个月，占年降水量的 50% 以上。百子河具有山区河流的特性，洪量集中，暴涨暴落，常因暴雨而洪灾频发。历史最大洪水流量达到 1270 立方米每秒。

百子河流域地下矿产资源丰富，主要以煤炭储量为主。粮食作物种植以小麦、玉米、大豆、油菜为主，经济作物以苹果、柿子、烤烟、核桃为主。1973 年旬邑县在其支沟胡家川赤道乡胡家村修建的胡家水库，是一座以灌溉为主，兼顾防洪、水产养殖等综合功能的小（2）型水库。2005—2009 年，旬邑县在其上游修建的梁渠沟小流域坝系工程，共修建骨干坝 11 座，总库容 1426 万立方米，拦泥库容 647 万立方米。该工程的建设有效减轻了流域内的水土流失，显著改善了当地的生态环境。百子沟彬州市段自上游至下游流经新民镇，建有百子沟陈家坪村段人工湿地面积 10000 平方米。

十二、太峪河

太峪河又名公主川，发源于宝鸡麟游县勒家山，是泾河的一级支流，渭河的二级支流。河流全长 35.1 千米，流域面积 226.2 平方千米，河床比降 13.8‰。太峪河自西南向东北由麟游县流经彬州市，在彬州市太峪镇断泾村汇入泾河。

太峪河总体由西南流向东北，两岸支流及冲沟发育。上游沿线河谷较狭窄，呈蛇曲延伸，河床比降较大，下游相对河岸开阔，沿河零散分布有村庄，整体河谷呈不对称的“U”形，谷底宽 50 ~ 300 米，河道两岸断续残留有一、二级阶地，阶地堆积物二元结构清晰，上部覆盖黄土状壤土、粉质壤土，下部堆积层以砂砾石为主。流域介于东经 107° 49′ ~ 108° 22′、北纬 34° 51′ ~ 35° 17′。

太峪河流域在第四纪初期，山川形势已经形成，间有太峪河自西南向东北贯穿其中，侵蚀切割了第四系黄土层、白垩系砂砾石岩、侏罗纪砂岩，两岸坡面相向倾斜。太峪河属山区性河流，境内有 4 条一级支流，沟壑纵横，塬面支离破碎，黄土地貌发育典型，正负地形明显，主要由河谷地和谷间地两种地貌形态组成。河谷一般宽 40 ~ 350 米。一级阶地一般高出河漫滩 3 ~ 7 米，表层为近代冲积物，底层由砂壤土、粗细砂及卵砾石组成。二级阶地高出一级阶地 4 ~ 20 米，表层覆盖着风积黄土，后缘为风积、洪积、堆积交互组成的黄土地层，底层由冲积的砂、砂卵石组成。

太峪河流域属暖温带半湿润大陆季风气候区，冬春干旱、夏季炎热、秋温多雨，四季分明，雨热同期，气温日差较大，干湿季节分明。多年平均降雨量 560.6 毫米，7、8、9 三个月的降雨量占全年降雨量的 50% 以上。太峪河流域粮食作物以种植小麦、玉米、大豆为主，经济作物以种植苹果、梨和柿子等为主。

新中国成立后，1979 年彬州市在太峪镇拜家河村修建了一座太峪水库，总库容 228 万立方米，有效库容 166 万立方米。2005 年又在公主川修建了一处供水工程，工程设计供水能力 5500 立方米每日，基本解决了县城供需水矛盾，有力地促进了县域经济发展，保障了居民生活用水的需求。

十三、三水河

三水河又名八河，三水河上游段称马栏河，下游段称汃河，是泾河左岸的一级支流，渭河的二级支流。三水河发源于铜川市宜君县子午岭马栏山区关门子川，到马栏镇转角处与支流石底子川、杨家店子川汇合，自东北流向西南，经土石山区与高塬沟壑区，过旬邑县城至彬州市龙高镇刘家河处注入泾河。

三水河河道全长 122 千米，流域面积 1323.3 平方千米，多年平均年均径流量 9270 万立方米，平均流量 2.98 立方米每秒，含沙量 30.5 千克每立方米，年均输沙量909万吨，河道比降达5.8‰。其中旬邑县段长112.6千米，流域面积1279.84平方千米；彬州市段长13.0千米，流域面积41.16平方千米。三水河地理位置为东经108° 13′ 10″ ~ 108° 41′ 35″，北纬34° 55′ 56″ ~ 35° 30′ 37″。流经马栏山区，河道比降达5.5‰，下切力强，岸高谷深，水流湍急，两岸基岩裸露高达80 ~ 100米。全河段多为峡谷，仅旬邑城关段稍微开阔，形成若干洪积漫滩。

三水河流经旬邑县、彬州市，在狭窄的河谷中流过，河势稳定，从地貌上可分为上游山地森林区和下游高塬沟壑区。上游山地森林区，地形两侧高、中间低，地面起伏较大，黄土覆盖薄，出露的基岩为砂岩和页岩，森林茂密，植被良好，雨量充足，面积约为606平方千米，是该河的主要产水区。河流稳定，水量充沛，含沙量大，多年平均含沙量为2.7千克每立方米。流域内人烟稀少，无污染源，水质良好。下游高塬沟壑区，上面覆盖有150 ~ 170米厚的黄土层，下伏为第三系红色黏土及下白垩系洛河砂岩。

流域属暖湿带半湿润大陆季风气候，年平均气温为8.9摄氏度 ，极端最高气温为36.3摄氏度，极端最低气温为–24.3摄氏度，年平均降水量为600毫米，年平均水面蒸发量为1440毫米，年平均无霜期179天，相对湿度为64%，冻土层厚度为0.45米。干旱、霜冻、冰雹、连阴雨、暴雨、大风等各种自然灾害时有出现，较为频繁。

三水河有关门子川、石底子川、杨家店子川等24条大小不等的支流，流域面积大于20平方千米的支流有13条。较大的支流有石底子川、杨家店子川、牛坊沟、玉子沟、第界河、蚂蚁沟和苍儿沟。三水河流域的径流主要由降水形成，受气候因素与下垫面条件的影响，降水量年内、年际分配不均。根据三水河流域刘家河站实测多年径流资料分析，7—10月年径流量占全年径流量的54%，12月至次年2月仅占全年径流量的11%，其他月份占35%。三水河上游建有马栏引水工程，该工程1999年建成投入使用，多年平均径流量为6230万立方米。三水河多年平均输沙量为181万吨，输沙模数为1380吨每平方千米。三水河流域雨量较为充沛，植被茂密，径流模数大，含沙量小，单位面积产水较丰，水质较好，沿线设置了四处监测断面，达到《陕西省水功能区划》（陕政办〔2004〕100号）Ⅲ类要求，2020年三水河芦村河断面水质为Ⅱ类。

三水河是一条灾害较多的河流，当发生洪灾时，其洪量集中，量级大，且暴涨暴落，洪灾比较严重。据历史记载，从公元前200年至1988年，流域内发生较大洪灾203次。其中唐代洪灾次数最多，平均7 ~ 25年就有一次洪水发生，宋代和元代比较少，平均每世纪3次以下，明、清两代增多，每世纪超过7次，1911—1988年，共发生洪水106次，平均每4年有5次洪水。其中1964年就发生洪水8次。其洪水发生概率基本为5年一次。每次洪水都对沿河两岸造成一定经济损失。实测三水河最大洪峰流量1440立方米每秒（1979年）；调查历史最大洪水3450立方米每秒（1866年），其次为1970立方米每秒（1949年）和1960立方米每秒（1954年）。2003年8月，三水河县城段洪水450立方米每秒，冲毁河堤多处，冲毁农田300余亩。

三水河主要涉及旬邑县、彬州市。旬邑县地处广袤博大、雄浑厚重的渭北黄土高原，位于陕西腹地、咸阳北缘，全县总面积1811平方千米、29.6万人口，是革命老区县、山区农业县、国家扶贫开发重点县。旬邑境内煤炭储量27.9亿吨，石油储量2800多万吨，天然气储量约1.5亿立方米，油页岩资源量1.4亿吨，是全国重点产煤县、彬长旬能源化工基地的重要组成部分。三水河两岸历史遗存较多，现有文化古迹6处。

20世纪70年代对中游段河道进行了人为的改道，改变了原始的河势和流经路线，在旬邑县城河段修筑河堤19千米。2003年遭遇了历史上最大的洪水后，对水毁的河堤和农田进行了修复，相继在三水河沿岸建成抽水站27处。流域内有1998年建成的铜川引水工程，位于马栏桥的下游约500米处，跨流域为桃曲坡水库引水，年引水量达1500万立方米；1993年建成的旬邑县职田塬区供水工程，年供水量为252万吨；县城供水工程年供水量为91万吨。2005年在旬邑县城河段修建了一座集防洪、调蓄、观赏为一体的拦水坝，蓄水量约6.1万立方米，砌筑河堤1.5千米，为县城居民提供了一个休闲、娱乐的场所。

十四、第家河

第家河又名第界河，是三水河左岸的一级支流，泾河的二级支流。第家河发源于咸阳市旬邑县石门山区，向西流经上小寺子转向西南流，流经纳米家沟、马家沟后复转向西流，于旬邑县城关镇连家河村注入三水河。

第家河河道全长26.3千米，流域面积126.4平方千米，河道平均比降为17.9‰，总落差446米，多年平均径流量358万立方米。起点坐标为东经108° 36′ 40″、北纬35° 08′ 51″，终点坐标为东经108° 22′ 09″、北纬35° 08′ 28″。

流域属陇东黄土高原塬梁丘陵沟壑区，塬面破碎，沟壑密布。地势西南高、东北低，河水由西南方向汇入泾河。河道两侧多为山体，地形起伏大，植被覆盖率较高。第界河属于山区性河流，河床陡峻，山高谷深，水流湍急。沟道断面主要呈“V”形。流域属暖温带半干旱大陆性气候，具有雨热同季、寒暑极端、四季分明的特点，多年平均降雨量621.6毫米，温热不足，旱而不干，马栏山区多年平均气温仅为7摄氏度。农作物种植以小麦、玉米为主，林木资源丰富，杂果、药材种植品种繁多，尤以沙棘开发利用为最。

第家河流域有石门关等自然景观，森林茂密，风景宜人并且有著名的秦代“秦驰道”横贯其间。改革开放以来，这里已成为当地一大自然风景旅游景区。

十五、石底川

石底川是三水河的一级支流，泾河的二级支流，渭河的三级支流。位于咸阳市最北部的旬邑县马栏山中，发源于旬邑县东北部的子午岭南支山脉西沟，到马栏农场南寺站附近，纳北沟和东沟后始名石底川。该河自西北流向东南，到转角村附近汇入三水河。石底川河长27.1千米，流域面积139.5平方千米，平均比降11.2‰，总落差290米，多年平均径流量399万立方米。

石底川地处黄土高原土石山区，地形两侧高、中间低，地形起伏，地势突起。雨量充沛，河谷窄深，基岩裸露，水流清澈，植被十分丰茂。

马栏农场在石底站附近河道上建有石底水库，规模很小，配套有上李家渠、中李家渠、下李家渠三条自流灌溉渠道，主要灌溉两岸农田。

十六、姜家河

姜家河又名姜嫄河，据传，古时临河曾建有姜嫄庙（传说帝尧之妃姜姬生后稷）而得河名。它是泾河的一级支流，渭河的二级支流，发源于旬邑县石门山南麓的暗门子村（旬邑县境内称七里川河），是旬邑和淳化两县的一段界河。东北至西南流向，经淳化县十里塬镇、胡官庄镇，从马家便民服务中心罗家村西注入泾河。姜家河为淳化县境内泾河一级支流最长的河。

姜家河河道全长 47.4 千米，流域面积 140.49 平方千米，河床平均比降 24‰，总落差 987 米，多年平均径流量 507.0 万立方米，多年平均输沙量 21.12 万吨，常流量 9.2 立方米每秒，属常年性河流。在旬邑县境内河长约 20.4 千米，流域面积 55.99 平方千米；淳化县境内河长 27 千米，流域面积 84.5 平方千米，涉及胡官庄镇、十里塬 2 个镇。

姜家河流域内地形为梁塬沟壑亚区。本区为一单斜梁塬，沟谷自北而南平行排列，断面多呈“V”形沟谷，海拔 950 ~ 1250 米，地势平缓开阔，沟谷陡立幽深。相对高差 150 ~ 180 米，具有典型的黄土高原特征。沟壑密度 1.87 千米每平方千米，流域内总的地形是西北高、东南低。

姜家河流域地处黄土高原沟壑区，属暖温带大陆性季风气候，四季分明，冬季干旱少雨雪，夏季相对凉爽多暴雨，春夏多东南风，秋后多西北风。多年平均气温 9.0 摄氏度；1 月最低，平均气温 –4.4 摄氏度，极端最低气温 –24.3 摄氏度；7 月最高，平均气温 21.2 摄氏度，极端最高气温 36.3 摄氏度。多年平均日照时数 2253 小时，夏季最长，秋季最短。昼夜温差大，环境无污染。区内植被属于灌木草丛类型，覆盖度达 55% 以上，主要以天然野草、灌木林和人工林为主，灌木林主要有狼牙刺、酸枣刺等；乔木以刺槐、油松、侧柏、杨树为主，多数分布在梁峁沟坡面上。沟坡经济林有核桃、杏、柿子等。草以蒿类、菊科植物为主，分布于荒沟坡面。人工草苜蓿为主，零星分布、数量不多。

姜家河中游常年流量 0.064 立方米每秒，多年平均径流量 475 万立方米，河谷开阔，两岸均有宽窄不一的川台地。主要支流有小花沟，沟内建有马家山水库。

十七、泔河

泔河古称“甘谷水”，是泾河左岸的一级支流，渭河的二级支流，发源于咸阳市永寿县永平镇高泉山（俗称罐罐沟），上游分为三岔河和封侯沟，由西北向东南，流经永寿、乾县、礼泉，于烽火镇崖底高家汇入泾河。

泔河河道全长 84.4 千米，流域面积 1135 平方千米，河道平均比降 5‰，河床高程在 410 ~ 1416 米，平均比降 13.2‰，年均径流量 630.72 万立方米，属常年性河流。其中：在礼泉境内河长 28.72 千米，流经城关街道、烽火镇、石潭镇、西张堡镇、烟霞镇和赵镇 6 个镇（街道办），33 个行政村，流域面积 687.4 平方千米，因上游县拦截而基本断流；在永寿段河长 18.79 千米，流经常宁镇、马坊镇 2 个镇；在乾县段河长 36.89 千米，流经峰阳镇、灵源镇、阳洪镇、阳峪镇和注泔镇 5 个镇。流域地理位置为东经 108° 13′ 45″ ~ 108° 37′ 22″，北纬 34° 36′ 14″ ~ 34° 48′ 38″。

泔河地处渭北黄土台塬区，塬面大，土质纯，土层厚。属温带大陆性季风气候，四季分明，气候温和，年平均气温 13.1 摄氏度，无霜期为 224 天，年平均降雨量 573 ~ 590 毫米。冬季干燥寒冷，常有冬旱；春季气温渐高，为冷暖交替季节，冷空气活动频繁，气温变化大，雨水不均；夏季炎热，雨量集中，降水强度大，但降水分布不均，亦常有夏旱伏旱；秋季温和、湿润，多连阴雨。由于境内地貌特点、气候差异等原因，气温东南稍高，西北偏低。

泔河较大支流有三岔河、封侯沟、注泔河和小河等。泔河常流量 0.4 立方米每秒，最大流量 950 立方米每秒，年径流量 630.72 万立方米。永寿境内常流量 0.2 立方米每秒，最大流量（洪水）630 立方米每秒；乾县境内常流量 0.1 立方米每秒，最大流量 800 立方米每秒；礼泉县境内常流量 0.22 立方米每秒，最大流量 950 立方米每秒。泔河洪水暴涨暴落，洪灾频发。新中国成立以来，洪水灾害多达 13 次，特别是 1954 年、1976 年、1982 年和 2003 年洪水，毁堤垮岸，淹没村庄、冲毁田园。

泔河干流建有防洪工程 1 处，红岩、杨家河、泔河一库（属宝鸡峡）、泔河二库（属宝鸡峡）等 4 座水库，礼泉段有双河、西徐、常家、段家、郑家、石杨、堡里及泔河二库等 8 座抽水站。支流封侯沟上建有东沟水库 1 座，支流注泔河上建有南坊水库 1 座，支流小河上建有小河水库 1 座。红岩水库位于乾县注泔红岩村村西，是一座以防洪、灌溉为主，兼有养殖等效益的小（1）型水库，灌溉面积 1.56 万亩；水库河道右岸高崖塌方经人工整修而成，建成于 1977 年 10 月，坝址以上 15 千米处建有杨家河水库，区间控制流域面积 60 平方千米。杨家河水库位于乾县东北 17 千米处的泾河一级支流泔河中游的峰阳镇杨家河村，控制流域面积 355 平方千米，是一座以灌溉为主，兼顾防洪、养殖、交通等综合利用的中型水库，总库容量 1695 万立方米。

泔河沿线水质均不达标。永寿段Ⅰ ~ 劣Ⅴ类，乾县段Ⅴ ~ 劣Ⅴ类，礼泉段Ⅳ ~ 劣Ⅴ类。泔河水库下游段生态流量较小。泔河流域，以礼泉为主，域内有池塘、陂塘、水库 4600 亩，年渔业生产能力 1020 吨。泔河流域永寿县、乾县、礼泉县 3 县共建成 5 座城镇污水处理厂，排放标准均达到《城镇污水处理厂污染物排放标准》（GB 18918—2002）一级 A 标准，污水处理能力合计 5.9 万吨每天。

泔河流域礼泉县东南部作为果、粮、蔬菜及养殖生态经济发展区，包括石潭镇南部平原地区、烟霞镇南部平原地区、赵镇、烽火镇、阡东镇、西张堡镇、骏马镇，其地势平坦、土质良好、水资源丰富，农业发展良好，适宜发展以时令水果为主的果业基地、蔬菜基地、养殖业基地。流域多是沙地，适宜瓜类、花生、棉花等经济作物生长，也是发展林牧业的良好地区。赵镇的小高家、杨家、尧都等村的大红枣生产历史悠久，烽火镇的烽火村、兴隆村，是礼泉县西瓜、甜瓜成熟最早的地区。

十八、三岔河

三岔河是泔河的一级支流，泾河的二级支流，发源于永寿梁南麓的三岔爻而得其名。该河位于永寿县东部，流经永平、常宁、马坊、监军等乡镇（街道），在御驾宫乡九龙嘴村以南注入泔河。

三岔河河道全长 27. 3 千米，流域面积 288.5 平方千米，河道平均比降 22.7‰，落差

621米，年均径流量473.39万立方米，属常年性河流。支流上建有小型水库和人畜饮水工程。

流域为黄土丘陵沟壑和台塬区，分布在洪积平原区以南，海拔450 ~ 560米，塬面完整，向东南微倾，相向坡降约3%。塬面上有较多的浅洼地，如新时洼地、肖河滩洼地、晏村洼地、付官寨洼地等。洼地也是向东微倾，呈东西向展布。洼地边缘多数是北缓南陡，高差5 ~ 15米。这些洼地多数是地表暂时性水流侵蚀而成。

流域属暖温带半湿润大陆季风气候，冬春干旱、夏季炎热、秋湿多雨，四季分明。年平均气温12.7摄氏度，极端最高气温41摄氏度，极端最低气温-17.4摄氏度。年平均降水量572毫米，年日照小时数2194小时。无霜期224天，冻土深度0.6米，最大风力7级，汛期多以中到大雨为主，并常伴有暴雨、冰雹。

流域年降水量在350 ~ 650毫米，主要集中于夏季，夏季降水量一般占到年降水量的60%以上，且降水强度大，同时年际间变化差异显著。三岔河出境断面由咸阳市级监测，目标水质Ⅰ类，永寿县城的生活污水经污水处理站处理后排入泔河，污水处理站外排水质执行《城镇污水处理厂污染物排放标准》（GB 18918—2002）一级A标准。

十九、小河

小河是泔河的一级支流，泾河的二级支流。小河古称浪水，后因河水清浅多小鱼，俗称小河。源于礼泉县城西北20千米的石泉沟道牛鼻峰泉，向西南又转向东南方向，流经建陵、石潭、昭陵三镇，至赵镇注入泔河（赵镇泔河村西）。

小河河道全长33.2千米，河道平均比降14.6‰，流域面积179.9平方千米，常流量0.076立方米每秒，年总径流量239.67万立方米。

流域位于礼泉县境内，地处渭北黄土高塬沟壑区，植被较差。河道径流主要是由降水形成，降水和下垫面的特性决定了该河道的径流特性。流域多年平均降雨量531.1毫米，年平均气温12摄氏度，无霜期182天。该河道降水年际变化大，年内分配不均，降水主要集中在7—9月，占全年降水量的60%以上，故小河水量主要来自汛期大气降水，枯水季节基本断流。地下水按埋藏条件主要为第四系冲积层潜水，分布在河漫滩及一、二级阶地，地下水位埋深2.0 ~ 8.0米，流向基本与地表一致，大体呈西北—东南向，主要由大气降水和灌溉垂直入渗补给，水质多为重碳酸盐淡水。小河水质满足Ⅲ类水水质标准。

小河上起礼泉县叱干镇上桥村，下至昭陵镇北师村西侧小河水库上游约2千米处的过沟垫方，全段为无堤防段。小河干流河道有过河垫方公路3条，分别为北豆芦村至岩东村的公路、昭陵镇磨张村公路、礼泉县公路（X216县道），交通便捷。小河下游建有一座小（1）型水库，位于昭陵镇北师村西侧，距县城15千米，功能以灌溉为主，兼有防洪、养殖等综合效益。于1958年10月动工兴建，1964年建成。此地农作物以梨、小麦为主，礼泉县响石潭的小河梨曾作为贡品进贡朝廷，故有“御梨”的美称。2017年4月20日，中华人民共和国农业部正式批准对“礼泉小河御梨”实施农产品地理标志登记保护。

第四节 天然湖泊和泉水

泾河流域主要分布在境内北部山前地带、渭河盆地边缘，共有矿泉水产地10处。主要有礼泉县烟霞洞泉、泾阳“筛珠洞”泉和淳化县御泉、皇城泉等天然矿泉水。淳化县御泉堡1处，资源储量0.011万立方米每日；泾阳县2处（张家山筛珠洞省果品厂），资源储量0.4万立方米每日；乾县五峰山，资源储量0.1万立方米每日；礼泉县叱干镇东巷村1处，资源储量0.018万立方米每日；礼泉县烟霞洞1处，资源储量0.25万立方米每日。水质类型多为重碳酸盐——钠、镁、钙、锶型的低矿化水，pH在7.6左右，含有益微量元素，可作为优质饮用矿泉水。两泉为弱碱性、微硬，低矿化重碳酸盐——钠、钙、镁型水，无色透明，清凉可口。水质类型多为重碳酸盐——钠、镁、钙型的低矿化水，pH在7.6左右，水温14.5 ~ 26摄氏度，微量元素以硒为主。多数泉水水质优良，清洁卫生，可饮用。

一、侍郎湖

侍郎湖位于彬州市城南33千米的底店乡牛堡村，坐落于峡谷之中，宛如镶嵌在大山深处的一颗明珠，在茫茫翠绿的深山中熠熠生辉。侍郎湖因明代大地震堰塞而成湖，水域面积24.6667公顷，总库容166万立方米，水深13 ~ 18米，其水流入水帘河进而汇入泾河。

侍郎湖为彬州十景之一。景区四面环山，植被覆盖率95%，年平均气温17 ~ 18摄氏度，被誉为“天然氧吧，城市之肺”。西庙头林场茂密的原始森林，清幽的潭溪瀑布，独特的川谷风光，罕见的天然淡水湖，特殊的地势地貌，构成了黄土高原特有的自然景观，景观的多样性与独特性汇聚一体，境内罕有。沿着盘山小道，徐徐漫游，听天地罡风，观自然风光，一路风景如画，让人在造化之前感叹造化，攀登之余吟味攀登。

二、姜嫄湖

姜嫄湖位于陕西省咸阳市旬邑县南部3.5千米处的川水沟口。据载，姜嫄“见巨人迹，心忻然悦，欲践之，践之而身动，如孕者，居期而生子”。姜嫄生下的这个儿子就是中国农业的先祖后稷。后稷教民稼穑，使尚处于氏族部落时期的周族日益强大起来。而后稷的四世孙公刘，又带领周族人在豳地建国立业，从而为周王朝八百年的统治奠定了基础。如今，在旬邑川水沟口遗有姜嫄圣母庙和姜嫄湖，原湖已废弃，现姜嫄湖是旬邑民众历经6年奋战，于1974年建成的，流域面积27.4平方千米，库容326万立方米。姜嫄湖建于山中，身处林区，两岸植被完好，库区周围山清水秀，空气清新，环境幽雅，气候宜人，是游客纳凉避暑、休闲度假的理想去处。

三、泾阳“筛珠洞”泉

泾阳“筛珠洞”泉位于泾惠渠首，泾河峡谷左侧，是典型的构造泉，沿峡谷出露三四里路之远（顺构造带方向），成为较罕见的一处群泉。主泉口称“筛珠洞”，其他大股分别称“龙洞”“琼珠”“鸣玉”“鸣琴”“倒流”“暗流”“天涝池”等。筛珠洞口的流量经近30多年的历次实测，始终保持在1400立方米每小时左右，水温则冬夏均保持在22摄氏度左右，水清透明，矿化度0.39克每升，属重碳酸钙镁型矿泉水，与北山山脉各岩隙泉相同。

“筛珠洞”泉自清乾隆二年（1737年）起取代了引泾渠道供水水源，史称“拒泾引泉”，命渠道为“龙洞渠”，成为泾渠历史上重要一段。诸泉流量不一，形态各异，或喷涌如激，或涓涓细流，或泉流石上散如珠玉，经引导之后以长渠导出谷外，四季长流，殊为壮观。近代李仪祉主持建成的泾惠渠，仍以筛珠洞主泉和几个大小泉汇流入渠。至今渠首一带仍然山泉汩汩，漱珠喷玉，配以现代工程，构成渠首特殊景观之一。

四、泾惠渠渠首群泉

泾惠渠渠首沿总干渠共有泉74眼，其中“筛珠洞”泉、美人泉出水量大，渠首至今仍是群泉汩汩，长流不息。据张家山水文站1956—2000年观测资料，群泉总流量最大为2.5立方米每秒，最小为0.984立方米每秒，45年平均流量1.769立方米每秒，常流量1.3立方米每秒。

五、御泉

御泉位于淳化县胡家庙镇御泉堡村西南，泾河北侧半坡处。据传刘邦和项羽争天下进驻咸阳时，在此拉运矿泉水，至今泾河南侧山坡处仍残存着运水御道痕迹。后刘邦统一天下，在长安建立西汉称汉高祖，故称此泉为御泉。

御泉日流量为150立方米，源远流长，受季节影响较小，流量相对稳定。经有关科技部门测定御泉水为弱碱性，低矿化重碳酸盐——钠、镁、钙型水，水中矿物质含量适中，矿化度为0.31克每升，pH为7.6，且含有多种对人体有益的微量元素，水质完全符合卫生部门颁发的饮用水水质标准。

六、通济泉

通济泉位于长武县城北，大旱不竭，水味甘甜，2000多年前秦代曾用此泉水酿造过有名的“玄酒”。其后一直用此泉水酿酒，近代制出的“鹑觚”酒，因水质好，酿造技术佳而成为闻名陕、甘的地方名酒。

第二章 自然社会环境

泾河流域大致呈扇形分布，分布于其中的干、支流河道呈羽状展布，河流流向与地面坡度方向一致。泾河陕西段地势西北高、东南低，呈阶梯状分布，地貌类型主要为黄土台塬与河流阶地，为典型的农业生态系统。土壤以黑垆土为主，主要分布于黄土塬面，河流阶地为潮土，土壤有机质含量高，耕性较好，耕地主要分布于河流阶地、黄土塬、黄土梁；林地和草地主要分布于黄土谷坡。泾河上中游是我国鄂尔多斯盆地能源富集区的重要组成部分，以煤炭为代表的能源和矿产储量丰富。流域地处北温带，属大陆性季风气候区。在大气环流的影响下，四季分明，多年平均降水量556毫米，中部较多，南、北部较少，降雨量时空分布极不均匀。流域所在的关中地区土地肥沃，城乡建设规模日益扩展，经济活跃，不仅是陕西省重要的农业基地、蔬菜生产基地及畜产品生产、加工、供应基地，而且下游区县已经纳入西安都市圈范围，经济辐射力进一步增强。本章主要分地形地貌、土壤植被、矿产资源、气候水文、社会经济五节进行记述。

第一节 地形地貌

泾河流域地处鄂尔多斯台地西南边缘，大地构造属六盘山旋回褶皱地带与贺兰褶皱地带复合而发生干扰作用的区域。地层组成主要由震旦系、寒武系、奥陶系、二叠系、三叠系、侏罗系、白垩系依次构成。

流域地貌轮廓中间高、南北低，东北隅有马栏、石门山突起，南面有渭河围绕，泾河由西北向东南斜穿中部,河谷流域分成东北、西南两部分。分为四个类型区：黄土高塬沟壑区，分布在长武、彬州、旬邑、淳化、永寿等地区，面积4417平方千米，占省内流域面积的47.7%，沟壑发育，植被较差，水土流失严重；丘陵沟壑区，分布在彬州、永寿、麟游、定边等部分地区，面积2773平方千米，占省内流域面积的30.1%，高程在1000米以上，丘陵起伏，植被差，水土流失严重；土、石稍林区，分布在三水河上游马栏等地，面积650平方千米，占省内流域面积的7.4%，高程1500～2500米，植被良好，水土流失轻微；河川阶地区，分布在张家山以下泾河两岸，面积1370平方千米，占省内流域面积的14.8%，高程400～600米，地势平坦，土壤肥沃，水利条件优越，是关中地区主要农业区之一。

一、平原

（1）河流冲积平原。冲积平原分布在流域南部，是河流挟带的推移物质冲积而成，地势平坦开阔，海拔在370～500米，地面平均倾斜度1度左右，占总土地面积的8%。

在垂向上由于新构造运动间歇性升降活动及河流的下切作用，形态呈阶梯形状，具有三级一滩的结构特征，由于河流水文的变化，各级阶地大小不等，组成物质也不完全相同，形成时间由高往低愈来愈新。泾河自张家山出峡至高陵区陈家滩，河谷宽400～600米，河流入平原后向右侧蚀，使右岸形成大小不等的狭长河漫滩，左岸为开阔的冲洪积平原，根据形态结构可分为三级：一级阶地为近代河流冲积物，上部为亚砂土、亚黏土，厚度10～20米，下部为粗砂、砂卵石及胶泥互层，海拔390～452米，地面倾斜度1度左右；二级阶地组成物质为亚黏土、亚砂土和黄土性土，厚20～30米，其下为细砂、胶泥和砂卵石层，海拔420～480米；三级阶地上部为次生黄土，下部为厚层亚砂土和亚黏土，底部为砂石层，土壤主要是新积土和垆土，地下水位浅，储量丰富，为强－极强富水带。

（2）河谷平原。属泾河的一些较大支流以及泾河上游切穿黄土高原、黄土台塬或冲积平原而形成的具有平坦较宽广的河谷阶地、河漫滩的地貌形态。泾河河谷平原，为泾河黄土高原河段的冲淤积河漫滩。泾河在彬州市早饭头以上河谷区，宽阔平坦，河曲发育，形成平坦的河滩地，如彬州市的后洼至早饭头，河谷宽达2000多米，县城所在地达3000米，组成物质以全新统冲、淤层为主，地下水位高。马栏河河谷平原，马栏河发源于马栏山地，自东北向西南流经土石山区和黄土高原，河谷大多狭窄，仅在转角和县城所处的纸房—陈家河段谷地较为开阔，淤积岸形成有大小不等的窄长河漫滩，滩面平坦，组成物质上部为次生黄土，下部为冲淤积砂砾石、砂卵石和砂层。地下水埋深5～8米，局部有承压水。

洪积扇群和洪积扇。泾阳县的老洪积扇，靠山带状分布，宽1～2千米，海拔600～700米，扇面近似不完整，多被切割成梁状，地面坡度大，前缘与新洪积扇呈陡坡接触。新洪积扇扇面开阔，海拔440～590米，地形平整，冲沟浅而密度小，前缘与冲积平原及兴隆台塬多呈陡坎接触。平均沟壑密度0.93千米每平方千米，侵蚀模数1850吨每平方千米每年。乾县、礼泉山前洪积扇相连，形成洪积扇群，构成洪积平原。乾县洪积扇平原分布在县境中部，北界龙背—玉皇洞—孙家坡，南界西阳坊—梁村镇—院子村，东西长约30千米，南北宽约10千米，呈一带状横卧境内。总面积达323.5平方千米，占全县总面积的33%。地势由北向南缓倾，坡降2.5%～5.0%，海拔550～750米。流经冲积扇的漠谷河、泔河河口以及白马沟、豹峪沟、邓家沟、龙堑沟等沟口下缘，有明显的近期黄土洪积物，呈扇形堆积。地下水埋深一般在10～30米，前缘小于10米，后缘可达40～50米。沟壑密度0.41千米每平方千米，侵蚀模数600吨每平方千米每年。

二、黄土台塬

黄土台塬分布在流域南部，泾河冲积平原的外围，处于渭河地堑谷北岸的断阶部位，基底为块断式的断凸，从北向南逐级陷落，上被厚层黄土覆盖，形态呈阶状台面，故称黄土台塬，台塬地势较高，塬面平缓开阔，上有洼地、岗梁分布，间有河谷切割。平原地貌，地势宽平，土质肥沃，热量较充足，地下水丰富，全部可以机耕。

（1）黄土台塬。为关中渭河两侧或山前被黄土覆盖的呈阶梯状倾斜的台状地，具有明显的台坎和平缓的台面，境内的黄土台塬主要分布在冲积平原以北、北山以南的范围内，泾河以西面积最大，是黄土台塬的主体。黄土高原以南正处在渭河北岸的断阶部位，而断块式断凸自北而南陷落，断凸上覆厚层黄土后形成阶状台面，阶状台面南低北高。黄土台塬地势较高，海拔 450 ~ 800 米，平均高出平原 200 ~ 300 米，台塬与平塬往往以陡坎相接，成为境内地形的第二阶梯。 黄土台塬的组成物质，下部多为第三系或第四系早期的洪积、冲积、湖积物，上部为第四系风成黄土或冲积黄土。台塬表面一般比较平坦、完整，坡度一般在 5 度以下，很少超过 10 度，台塬边坡冲沟发育，滑坡、崩塌、泻溜等现象屡见不鲜。这里的台塬间有河谷切割，其上有洼地、岗梁分布，各级台地以陡坎相接，相对高差 50 ~ 150 米。黄土台塬依塬面高程、倾斜程度、物质组成以及下伏地层，可分为两级。低者为一级台塬，位置偏南；高者为二级台塬，位于一级台塬之北。

（2）台塬洼地。在黄土台塬上的槽形洼地，大小不一，但基本上都呈条状，排列方向为北东东。洼地成因不一，有构造作用形成，有侵蚀作用形成，也有古河道低地。乾县梁村至礼泉骏马和泾阳白王滩等都是著名洼地。洼地汇集地表水，地下水位升高，但水质差，并导致盐渍化。

三、黄土高原

黄土高原为北山及其以北的具有黄土地貌的区域，是陕北陇东黄土高原的一部分，位置偏南，海拔 800 ~ 1500 米，地势总趋势由西北向东南倾斜，又由于泾河斜穿其中，两边塬面又作相向倾斜；其范围包括长武、彬州市和永寿等 3 县全部，旬邑、淳化大部，乾县、礼泉、泾阳的北山部分。

本区构造基础是鄂尔多斯地台南缘斜坡带，自南而北依次又可分为南缘断褶带、高褶曲带和低褶曲带等三个次级构造单位，它们对当今地貌格局有控制作用。区内组成物质为第四纪不同时期的黄土，马兰黄土覆盖在黄土地貌的顶部，厚度不大，一般在 10 ~ 30 米，中、晚更新世的黄土厚度大，为 100 ~ 150 米，成为黄土地貌的主体；黄土之下伏前第四纪地层，主要是中生界的灰绿色、灰白色砂页岩和灰黄色、紫红色泥岩及块状砂砾岩，以及三趾马红土及底砾层，其基岩侵蚀面比较平缓，上有浅形河谷分割。

黄土地貌形态结构由谷间地和河沟谷地两种地貌形态组成，正负地形非常明显。塬、梁、峁和众多沟壑成为黄土地貌的总体，地形破碎。依据地貌形态的差异性、侵蚀形式和强度以及物质组成，又可分为黄土塬、黄土残塬、黄土倾斜台状地几个亚型：

（1）黄土塬。黄土塬塬面范围较大、完整，坡度平缓，一般为小于 2 度的高平地面；塬周沟壑多，周边破碎。这类地貌分布在三水河（马栏河）以西、泾河—黑河以北的地方，包括长武县的长武塬，彬州市的北极塬、新民塬，旬邑县的职田—张洪塬。塬面海拔 1000 ~ 1300 米，塬面与沟壑面积比平均为 6∶4，塬沟相对高差 150 ~ 300 米，塬面开阔平坦，坡度多在 0 ~ 2 度，仅在塬畔因侵蚀加强，才有明显的斜度，多在 3 ~ 5 度，并出现局部的梁、峁（群众称为“原嘴”）。塬周沟大谷深，水土流失严重。

（2）黄土残塬。塬面面积较小，塬周沟壑纵横，地形更为破碎，纵、横坡度要比黄土塬大一些，塬面有起伏，形状千姿百态，但总有较为平坦的塬心。就其分布而言，多在高褶曲带上或河流短小密集的区域。包括长武县黑河—泾河西南部，彬州市泾河西南部，旬邑三水河以东、泾河东北部，淳化大部，永寿中部和东北部。海拔 1000 ~ 1300 米，沟壑密度 1.5 ~ 2.5 千米每平方千米，侵蚀模数一般在 3000 ~ 4500 吨每平方千米每年，水土流失严重。

（3）黄土倾斜台状地。分布在乾县、礼泉的北部等地，基地构造为鄂尔多斯台地的南缘斜坡带，上覆黄土保持古地貌特征，经侵蚀后形成黄土倾斜台状地，为北部黄土高原与关中平原过渡地带的一种黄土地貌类型。地面形态由黄土塬和黄土缓坡组成，塬面较平整，塬面与沟谷比为 6∶4 ~ 8∶2，中部的峰阳、梁山、店头一带宽阔平坦，但地面起伏大，海拔 750 ~ 1000 米，地势北高南低。因上部与一些低山丘陵相连，受山洪影响，出现侵蚀沟，下部与洪积扇群呈陡坡接触，受塬面径流影响，分布密集较小的冲沟，形成锯齿状的沟缘线，沟坡陡处经常产生滑塌。这里地下水埋深一般为 40 ~ 100 米。水土流失较轻，沟壑密度平均 0.7 ~ 0.8 千米每平方千米，侵蚀模数 1000 ~ 2500 吨每平方千米每年。

四、山地

山地类型主要分布在黄土高原区，一处在东北部，一处在中部偏西的地方，第三处在黄土高原南缘一带。依据海拔、构造、物质组成和形态，可分为：

（1）石质低山。包括旬邑县境内的马栏、石门山和淳化县境的爷台山等山地，均是子午岭南端的余脉，构造上为南北向的褶曲带，海拔 1300 ~ 1855 米，是流域内地势最高的区域，也是泾河、洛河的分水岭。岩性以三叠纪、白垩纪的砂页岩和泥质砾岩为主，山坡上有厚度不等的黄土覆盖。岩面剥蚀风化严重，流水侵蚀活跃，河沟发育。由于植物覆盖度高，水土流失轻微。山顶呈浑圆锥状，山脊平缓，为平山脊或圆山脊。在山地与黄土高原的接触地带，即山麓处，黄土覆盖厚度大，流水侵蚀强烈，形成窄而长的黄土梁，大致与主沟道平行排列，自分水岭向两谷平缓倾斜，山体坡度上部较缓，在 20 度左右，底部基岩出露，坡度较陡，可达 40 度以上，面向塬区的山坡，非常平缓，以 10 度左右倾入塬底。山内沟谷底部狭窄，多呈“V”形。

（2）黄土低山。位于永寿县境内北部的永寿梁，为千山北支页梁的一部分，海拔 1100 ~ 1500 米，横贯东西，长约 27.5 千米，梁宽 0.5 ~ 4 千米。构造基础为高褶曲带，地层形变和缓，地貌呈梁峁状；岩性以二叠、三叠系的砂页岩为主，梁顶有 10 ~ 60 米厚的黄土覆盖，山坡厚度超百米。梁面起伏，峰峁浑圆，沟谷深切基岩，多呈“V”形。永寿梁在地质构造上是关中盆地和陕北—陇东黄土高原的分界线，也是渭、泾河的分水岭。沟壑密度虽大，为 2.18 千米每平方千米，但因林草茂密，植被良好，侵蚀模数只有 2711 吨每平方千米每年。在低山基部，也有黄土梁状地形。海拔 800 ~ 1300 米的低山丘陵，分布在流域黄土高原的南缘，指泾阳、礼泉和乾县的娄敬山、梁山、九嵕山、北仲山等。构造上属鄂尔多斯地台南缘的断褶带，为一系列北东东走向、雁行式排列的断块山，山体南陡北缓。岩相为寒武、奥陶系的浅海相灰岩，还有二叠系的陆相碎屑岩，山凹缓坡有薄厚不等的黄土层。地貌特点是：山峰起伏，脉络相连，峰顶浑圆，坡势不险，山脊平缓。岩石裸露处剥蚀明显，流水侵蚀也较强烈，但沟谷短小。山前有较明显的梁、峁，形成波浪式的黄土丘陵。

五、子午岭西侧的泾河流域

沿十字河与安川河河道分布着两条狭窄的川道，与河同名。

该区位于陕北黄土高原的西部边沿地带，在地质构造上，为一古老的陆地地块。由于第四纪以来地壳经历多次升降运动和海陆变迁，地面沉积了一层较厚的沉积物，形成了黄土高原。由于地势较高，坡度较大，除部分河流下切的河槽及陡崖有砂岩出露，其余皆为黄土层堆积物覆盖，土层最厚为 100 米。经流水的冲刷及其他外营力的侵蚀，完整的黄土高原被切割成梁、峁、塬、涧、崾峻和河谷等各种不同的地貌景观。长期的水土流失，使地块支离破碎，千沟万壑，纵横交错。尤其是白于山分水岭以南地段最为明显。

第二节　土壤植被

流域内黄土分布广泛，除六盘山局部地区以外，其他地区全被黄土覆盖，黄土层深厚，一般在 50 ~ 80 米不等，部分黄土残塬黄土厚达 100 米以上。黄土的化学成分主要包括 Fe_2O_3、SiO_2、Al_2O_3、MgO、CaO、Na_2O、K_2O、FeO 等，矿物组成主要为长石、石英、角闪石等。黄土粒度构成基本上集中于细粉砂、粉砂和黏粒粒级，其中以粉砂占优势，含量达 50%，大于 0.1 毫米的砂粒含量极少。黄土的空隙度较大，可达 40% ~ 50%，且多为肉眼可看见的大空隙，空隙多呈垂直管状分布，明显受黄土中垂直节理发育的影响，垂直节理广泛发育导致黄土边坡常呈陡崖状，极易发生崩塌、滑坡。土壤为典型的黄绵土和黑垆土，结构疏松，极易塌陷、流失，如地带性土壤褐土、黑垆土、黄绵土、蝼土等。

一、土壤

境内土壤有 12 个土类、33 个亚类、72 个土属。12 个土类包括黑垆土、蝼土、褐土、黄绵土、红黏土、水稻土、新积土、灌淤土、潮土、盐土、沼泽土、石质土，以前 10 种为主，其分布如下。

（一）黑垆土

黑垆土是境内渭北黄土高原的主要地带性土壤，面积 2292798 亩，占流域土壤总面积的 15.28%，分布于长武、彬州、旬邑、淳化、永寿及乾县、礼泉北部的黄土高原和丘陵地带，处于陕西省黑垆土带的南缘，是黑垆土带向关中褐土带的过渡带土类，流域内有 3 个亚类，即黏黑垆土、红垆土、垆化黑垆土，其中最主要的是黏黑垆土。

黏黑垆土是黑垆土带最南部的一个亚带，属于黑垆土类型中的一个亚类。主要分布长武塬、彬州市新民塬、北极塬、旬邑张洪塬、淳化润镇塬、十里塬、永寿梁南北的破碎塬，此外，在北仲山坡麓缓坡地带也有分布。黏黑垆土分布的海拔在 900 ~ 1300 米，水热条件较其他黑垆土亚类优越，土壤黏化程度高，所以叫黏黑垆土。

黏黑垆土是旱作农耕土壤，有深厚的腐殖质层，其厚度从北向南逐渐变薄，其中与降水量的相关系数为 0.977，与大于或等于 10 摄氏度活动积温的相关系数为 0.4。与植被茂密程度的关系更为密切，在山区植被覆盖度较大处，腐殖层厚而含量最高，如东北部的马栏山地、永寿梁丘陵地，植被覆盖度达 1 ~ 1.8，腐殖层厚度在 50 厘米以上，含量最高可达2.5%以上；如淳化林灌植被下，腐殖质含量达2.507%，渭北高原的腐殖层也较厚，一般可达60厘米以上，含量达1%以上，如永寿达1.11%。但往南部的乾县、礼泉以北，腐殖层厚度就减薄到40厘米，含量1%左右，如果遭受强烈侵蚀，腐殖层更薄，甚至缺失，含量下降到0.8%以下，如侵蚀黏黑垆土，腐殖层可薄到20厘米，含量0.5%。黏黑垆土耕层质地较轻，疏松易耕，适耕期长，下层质地较黏，而且富含腐殖质，具有托水供肥性能，表层有机质和氮、磷、钾养分含量适中，适种多种作物。

（二）蝼土

蝼土是流域南部关中平原区的主要农耕土壤，分布于渭河二级以上阶地和黄土台塬，以泾阳、乾县、礼泉的南部分布最为广泛，占全区土壤总面积的20%。

蝼土是在自然褐土基础上，经过长期的侵蚀、搬运、沉积并由人们耕种施加土粪熟化而成的耕作土壤。土上层泥质还有很大一部分来自灌溉淤泥，在泾惠、渭惠灌区十分显著。

蝼土的形成过程主要是耕作熟化作用，它是在自然因素（侵蚀堆积）和人为施土粪灌溉条件下进行的，此处还存在黏化和淋溶淀积过程。

蝼土的耕作熟化层，是在自然褐土的表层基础上，经过耕种熟化形成的，其物质来源主要是侵蚀堆积作用，其次是人工施加的土粪，由于来源物质主要是黄土，富含碳酸钙，化学风化淋溶作用较弱，因而黏化程度较低，有机质含量不高，唯有钾含量较丰富。

（三）褐土

褐土主要分布于流域五峰山、北仲山、永寿梁等低山丘陵区，海拔1200 ~ 1800米，分别属于永寿、淳化、乾县、礼泉、旬邑、彬州所辖范围。面积约130万亩，占土壤总面积的8.71%，目前多为灌木草本植被或人工林地。

褐土可分为普通褐土、碳酸盐褐土、淋溶褐土、褐土化褐土四个亚类。其中分布最普遍、占面积最大的是褐土化褐土，其他依次是普通褐土、碳酸盐褐土和淋溶褐土。现就褐土的典型代表普通褐土的基本特征分述如下：

普通褐土是流域褐土带发育最典型的褐土，主要分布在五峰山、北仲山、嵯峨山海拔1200 ~ 1460米的山地，目前为灌木草被，母质有黄土、石灰岩残积风化壳。发育在黄土母质上者，土层深厚；发育在石灰岩残积风化壳上者，土层浅薄。土体构型是：腐殖质层—黏化层—淀积层—母质层。腐殖质层是灌木草本植物死亡后，经过微生物的分解合成，形成黑褐色腐殖质，遗留在土壤上层，含量2% ~ 4%，层厚20 ~ 30厘米。

（四）黄绵土

黄绵土在流域内均有分布，总面积约500万亩，占土壤总面积的33%。其中黄绵土主要分布于高原沟壑区、塬边、黄土台塬与渭河高阶地交接地带，有些土壕底部也有分布，总面积约有400万亩，以生草黄绵土占面积最大。白绵土分布于渭北黄土高原沟壑边缘地带，如淳化县残塬沟坡、永寿县斜梁残塬沟壑区，南部台塬斜坡以及塬上的新取土壕也有零星分布，总面积90多万亩，以生草白绵土占面积最大。黄绵土主要分布在泾河、黑河、马栏河的高阶地及沟谷阶地上，渭北黄土台塬面积水洼地、永寿梁和北山洪积扇前缘较平坦部位也有分布，总面积约48万亩。

黄绵土疏松多孔，通气透水性能好，储水性好，易耕，作物易于扎根；但保水性能差，容易遭受侵蚀，水土流失强烈，易受旱，后劲不足，发老苗不发小苗；有机质含量少，水稳性团粒结构少，养分含量不足。

（五）红黏土

红黏土是形成发育在第三纪保德期红黏土和第四纪黄土中古土壤红层上的一种岩性土壤，主要分布在北山、永寿梁、石门山和黄土高原的沟谷中，面积 115164 亩，占土壤总面积的 7.67%。

红黏土成土年龄短，剖面分异不明显，古土壤层（红色条带）中结构体表面附着有斑点状或网纹状铁锰胶膜，呈紫黑色，下部有大型石灰结块，甚至形成石灰硬盘层，但其外围的红土却无石灰反应。土色红棕到褐棕，土质黏重致密，紧实到坚硬。粗黏粒含量 26% ~ 39%，粗粉粒含量 37% ~ 44%，孔隙度 43% ~ 46%，通透性极差，易板结。

红黏土可分为红黏土、红色土、红板土三个亚类，其中占面积最大的是红色土和红黏土。红色土分布于北山、方山、北仲山北坡和沟谷坡地，包括长武的芋园，旬邑的马栏、后掌、职田、塬底，淳化的南村、胡家庙，彬州市的底店，乾县的周城等地。红黏土主要分布于山麓沟谷内部，包括淳化县的安子哇、铁王、代店、夕阳，彬州市的新民、韩家，旬邑的赤道、排厦，永寿县的马坊，乾县的关头，礼泉县的叱干等地，成土母质为第三纪红层，红色土的母质为第四纪离石黄土，两种土壤都是质地黏重、发育程度差的 A-C 型构型的幼年土。

红黏土质地黏重，耕层浅薄，易板结，通气透水性能差，耕性不良，易遭受水土流失，不耐旱涝，有机质含量低，结构不良，产量低而不稳。

（六）新积土

新积土是形成发育在现代冲积、洪积物上的幼年土壤，主要分布在泔河、泾河的河床河漫滩上；同时在北山、马栏山地以及黄土台塬与阶地交界处的洪积扇上，也有新积土的分布，总面积 50 多万亩，占土壤总面积的 3%以上。成土母质在河流沿岸，主要是沙壤质和砂砾质冲积物，洪积扇上主要是黄土质洪积物，粗细程度随地区而异，河流冲积物有层次结构，一般是上部壤质，下层为砂砾质，即地貌上所称的二元结构；洪积扇上的洪积物，分层性差，一般是沙、土混合，但洪积扇上部物质较粗疏，扇缘洪积物较细，并有分选成层现象。根据新积土中物质的化学迁移程度——是否有钙的迁移，流域的新积土全属于有石灰反应的新积土，即只划分一个石灰性新积土亚类，其下可划分为淤沙土、砂砾质淤土、壤质淤土、淤泥土、堆垫土 5 个土属。其中最主要的是砂质、壤质、砂砾质 3 个土属。

淤沙土主要分布于泾河等河流的滩地，以沙壤质为主，下层有沙或砂砾层。土层浅薄，疏松易耕，保水保肥性能差，但地下水位较高而水分条件好。淤沙土砂性重，土层薄，养分含量低，不保水不保肥，但地下水丰富。砂砾质淤土的物质组成比淤沙土要粗疏，土层结构与淤沙土相似，土层中往往有夹砂层或夹砾砂层等障碍层次。壤质淤土成土物质为次生黄土，土层厚而质地轻到中壤，上下较均一，沉积层次明显，是新积土中最肥沃的土壤。

（七）灌淤土

灌淤土是泾惠渠灌区引泾河水灌溉淤积并经过农耕熟化而形成的土壤，主要分布于泾惠渠灌区所在的冲积平原。面积约 84 万亩，占土壤总面积的 5.4%，主要是泾河、冶峪等河流灌溉形成的灌淤土。灌淤土可划分为普通灌淤土、潮湿灌淤土、盐化灌淤土 3 个亚类，普通灌淤土主要分布于泾河二、三级阶地，总面积约 58 万亩，占灌淤土面积的近 70%，是灌淤土中最肥沃者。潮湿灌淤土主要分布在泾河河道两侧，冲积平原低洼地，北仲山前冲积—洪积扇前缘低洼地带，发育在草甸土和沼泽化草甸土的基础上，总面积约 24 万亩，占灌淤土总面积的 28%左右。盐化灌淤土主要分布在泾河沿岸和灌区局部低洼排水不良地段，面积约 1 万亩，约占灌淤土面积的 2%。

（八）潮土

潮土分布在泾河一级阶地及泾惠渠灌区局部低洼地，渭北黄土高原的沟谷滩地也有少量零星分布。总面积约 32 万亩，占土壤总面积的 2.15%。

潮土地下水埋深 1.5 ～ 2 米，水分条件较充足，水位有季节性变化，剖面中有潴育化特征，显灰色并有铁锈斑纹。母质为河流冲积—洪积物。潮土的土体构型一般由耕作层—犁底层—潴育层—母质层组成。土体中冲积特征还很明显，分选性和层理性很清楚。潮土可划分为普通潮土、湿潮土、脱潮土、盐化潮土四个亚类，其中分布最广、占面积最大、对农业生产最重要的是普通潮土。普通潮土分布于泾、渭河一级阶地，在泾阳的崇文、永乐、泾干、中张等地都有分布。湿潮土分布于泾、渭河一级阶地及泾惠渠灌区局部低洼地带，泾阳的姚坊、永乐、泾干、雪河等也有分布。脱潮土在乾县的灵源，泾阳的中张、永乐等地均有分布。

（九）沼泽土

沼泽土零星分布于泾河、渭河等河滩的局部洼地上，如泾阳县中张河滩和湿草地，都有沼泽土的零星分布。沼泽土地下水出露地表，或地形低洼水分汇积成芦苇滩或湿草地，排水不畅，水聚积而不能排泄，生长喜湿或沼生植物，常见的有芦苇、菖蒲、莎草、三棱草、苔草、灯心草、藻类等，群众叫芦苇滩或湿草地，地势低洼积水。分沼泽土、草甸沼泽土两个亚类。

二、植被

战国中期，流域的上游地区，仍是从事畜牧业为主的少数民族地区，农业民族只是沿河谷分布，不能对自然植被造成很大破坏，泾河流域绝大多数地区保持着较好的自然植被，地带性植被为温带森林草原过渡类型，流域北部为典型温带草原区。明、清时期，流域人口稳定增长，对植被的破坏也趋于加剧，黄土沟壑区许多地方被开垦为农田，由于开垦，黄土丘陵沟壑区以草地、灌丛为主的自然植被遭到破坏。人类活动除破坏以黄土丘陵区的草地、灌丛为主的自然植被外，还破坏了以山地乔木为主的森林植被。流域西部的六盘山林区，现在林缘线四周已经后退 8 ～ 20 千米，森林面积减少了 400 平方千米。

泾河由于有悠久的农垦历史，南部平原除栽培树种外，自然植被已荡然无存，仅在旬邑的石门、马栏山区保留有一定面积的天然次生林，在淳化北部的黄花山、泾阳北部的北仲山以及永寿的槐平山区残存极少量的天然次生林，绝大部分地区天然植被已被人工植被所代替。

主要植被类型，分自然植被、人工植被两大类。自然植被的主要群系有油松林、侧柏林、辽东栎林、山杨林、白桦林及狼牙刺灌丛、黄蔷薇灌丛、山桃灌丛、酸枣灌丛、杠柳灌丛等；人工植被的主要类型有经济林型（包括桑林、核桃林）、果园型（包括苹果园、梨园、杏园、桃园、葡萄园）、水土保持林型、农田防护林网型、农林间作型、农果间作型等。

植被分区，大致以渭北黄土台塬北界（永寿店头—乾县石牛—乾陵—礼泉昭陵—泾阳口镇）为分界线，分为渭北黄土高原油松、辽东栎、槲树林小区与渭河盆地栽培植被小区。

渭北黄土高原油松、辽东槐、槲树林小区的范围包括旬邑、淳化、彬州市、长武等地的全部及永寿、乾县、礼泉、泾阳等县的部分地区。本区森林植被以辽东栎林占优势，灌丛以黄蔷薇、狼牙刺、虎榛子、山杏、酸枣、连翘等次生落叶、阔叶灌丛占优势。草本植物主要有铁杆蒿、大披针台草、白羊草、茭蒿、异叶败酱、委陵菜、黄背草、大油芒、柴胡、阿尔泰紫菀、长芒草、地榆、北苍术、牛尾蒿、山萝花、三脉紫菀、祁州漏树芦、大丁草、牡蒿、野菊、茵陈蒿、硬质草熟禾、米口袋、黄花蒿、狗尾草、小花鬼针草、羽裂紫菀、鸡腿堇菜、玉竹、白颈鸦葱、山苦荬、牛蒡等。人工栽培的树种有油松、华山松、刺槐、核桃、榆、臭椿、泡桐、桑、苹果、梨、桃、杏、柿、枣等。农作物主要有小麦、玉米、马铃薯、红薯、谷子、糜子、高粱、油菜、烟草等。

渭河盆地栽培植被小区的范围包括永寿、乾县、礼泉、泾阳等县的南部地区。本区的天然植被已完全被栽培植物代替。人工栽培的主要林种有杨类、泡桐、臭椿、香椿、榆、槐、楸、刺槐、白蜡树、旱柳、楝树等；落叶果树有苹果、梨、桃、杏、柿、枣、葡萄、石榴等；经济林木有桑、鲁桑、核桃、花椒等；灌木主要有酸枣、悬钩子、杠柳、枸杞、荆条、迎春花、达乌里胡枝子等；草本植物主要有长芒草、阿尔泰紫菀、纤毛鹅观草、秃疮花、雀麦、角蒿等。农作物主要有小麦、玉米、棉花、油菜、薯类、豆类等。

第三节　矿产资源

一、煤炭

泾河流域内煤炭资源非常丰富，主要分布于长武县、彬州市、旬邑县、永寿县、淳化县等地，是黄陵陇县煤田的中段和重要组成部分，含煤面积约5206平方千米。截至2008年，煤炭保有资源储量107.22亿吨，其中基础储量12.37亿吨、资源量94.85亿吨。主要分布在彬长区和旬东矿区，是较好的动力用煤和气化用煤彬长矿区国家煤炭规划矿区，涉及长武县、彬州市及旬邑县西北部。2000年9月，国家发展和改革委员会《关于陕西省彬长矿区总体规划的批复》明确，彬长矿区北部和西部均以陕甘省界为界，南部和东部以无煤区边界线为界。矿区东北宽36.5千米，面积978平方千米，资源储量89.8亿吨，其中咸阳市地方开采的储量为39.45亿吨，占彬长矿区总储量的43.9%。

（1）旬东矿区。位于旬耀矿区西部，主要分布在旬邑县城以东和淳化县北部安子洼地区，南侧边界自西向东以旬邑县—土桥—安子洼一线为界，西侧边界为底庙—虎家湾古河道无煤带，并与百子沟矿区相邻，向东延伸到铜川市辖区，向北则延伸到甘肃省正宁县。矿区呈近东西向或北东向，东西长约63千米，南北宽平均12千米，面积约1000平方千米，其中煤区普查及详查，勘探面积约915平方千米，东北转角勘探区面积约345平方千米，矿区煤矿体形态总体呈不规则状，产状为北西倾。

（2）永陇矿区彬永区。主要分布在彬州市西南及永寿县西北地区，属黄陇侏罗系煤田中段南带陇一顺向斜东端翘起部位。含煤地层为侏罗系延安组，煤层上、中、下3层，主采下煤层，厚度4米，煤层不稳定，煤质相对较差，保有资源储量为851万吨。

（3）淳化—三原找煤区。分布于淳化县东部至铜川市耀州区界及三原县北部。属于北石炭二叠纪煤田西端，面积约486平方千米。含煤地层为石炭系上统太原组和二叠系下统山西组，主采煤山西组5号煤层、太原组10号煤层。煤层埋藏较深，埋深400～1000米。煤质属中灰、中—高硫煤，煤类以瘦煤和贫煤为主，可用以发电。

二、水泥用灰岩

流域内水泥用灰岩分布于乾县、礼泉县、泾阳县及永寿县、淳化县境内，主要矿层赋存于下古生界奥陶系（三道沟家沟组及河组），少部分矿层赋存于寒武系。

（1）范围。水泥用灰岩辖区西起漆水河，东达清峪河，沿敬山—梁山—五峰山—顶天寺—钻天岭—嵯峨山东西向绵延，并构成北部北山的主体。南北出露2～12千米，东西长约83千米，向东西两端均延出区。

（2）储量。水泥用灰岩储量估计有3000亿立方米，层位稳定、构造简单、质地优良、开采方便。矿石中碳酸钙含量在97%以上，氧化钙含量在55%以上，是生产水泥、电石、轻质碳酸钙等产品和烧制石灰的优质矿石，探明大型水泥灰岩矿床6处、中型矿床3处、小型矿床及矿点11处，保有资源储量20.36亿吨。其中，基础储量2.9亿吨，资源量17.46亿吨。建有礼泉和乾县海螺水泥、泾阳海德堡大型水泥厂3座。

第四节　气候水文

泾河流域地处北温带，属大陆性季风气候区。在大气环流的影响下，四季分明，主要表现在：冬寒少雨，干旱多风；春季冷暖交替，时有风霜；夏季炎热，旱涝并存；秋季气温多变，连阴多雨。由于受地形条件影响，泾河干流陕西段沿岸气象条件有所差别，干流上段分布在咸阳北部黄土高原沟壑区，气候较冷，冬春略长。一般风速1.4～2.5米每秒，最大风速20米每秒；多年平均气温7.9～13.2摄氏度，极端最高气温41.6摄氏度（礼泉县），极端最低气温-28.1摄氏度（定边县），气温由北向南、由西向东递增。日照时数年平均为2195.2小时，最多（8月）为241.6小时，最少（2月）为146.2小时。无霜期平均为213～225天，无霜期年均213天。最大冻土深度0.5米。年主导风向为东北风。

泾河流域多年平均降水量 556 毫米，地区分布是中部较多，南、北部较少，最大年降水量 1114 毫米（旬邑，1937 年），最小降水量 130.6 毫米（旬邑，1934 年），降水量不仅年际间变化大，年内分配也很不均匀，7—9 月三个月降水量占年降水量的 52%。

一、气温

（1）年和各季月平均气温水平及地理分布。流域内气温的地理分布既受纬度的影响，也受地形的制约，总体上呈现由南到北（纬度）递减、由高到低（海拔）递增的趋势。

（2）年平均气温。年平均气温为 12 摄氏度左右，气温相当于暖温带南部的情况，从区域分布来看，基本上是由东南向西北递减的大势，但最低温度并不出现在西北部，而是在海拔较高的东北角。年平均气温大都在 10 ~ 13 摄氏度，多年平均气温的站点平均值 2.1 摄氏度，总体上呈东南部平原和中北部的泾河河谷地区气温较高、东北部和西北部的山地气温较低的规律，其中兴平市—泾阳县—三原县一线的东南部，气温达到 13 摄氏度以上，尤以三原县最高，为 13.6 摄氏度，成为最暖的地方。向北进入黄土高原区，气温有所下降，但不低于 9 摄氏度，尤其是彬州市以下的泾河河谷，气温较高，一般高于 11 摄氏度，如彬州市为 11.5 摄氏度。东北部的马栏山地受子午岭南端地势的影响，是流域气温较低的地方，一般在 9 摄氏度以下。

（3）1 月平均气温。1 月，平均气温基本在 –0.5 摄氏度以下，但仍保持着南高北低的趋势。南部平原一带气温在 –1 摄氏度以上。北部黄土高原气温在 –2 ~ 5 摄氏度，泾河谷地温度虽然高一些，但并不十分明显。1 月最冷的地方在东北角的马栏山地，一般低于 –4 摄氏度。

（4）4 月平均气温。4 月平均气温分布仍维持着北低南高的大势，但与 1 月相比，还存在一些差异。南部平原气温都在 14 摄氏度以上，而其偏东的泾阳、三原一线为气温较高的地方，超过 14.5 摄氏度。北部黄土高原气温一般不超过 13 摄氏度，大多数地方处于 10 ~ 11 摄氏度，但在彬州市附近的泾河宽谷区，出现了一个暖区，气温高于 13 摄氏度，如彬州市为 13.2 摄氏度。东北角的马栏山地气温为最低，一般低于 10 摄氏度。

（5）7 月平均气温。7 月是一年中的最热月，该月气温分布呈南高北低趋势。南部平原区气温在 25 摄氏度以上，大部分地方超过 26 摄氏度，尤以礼泉县最高，为 27.2 摄氏度。北部黄土高原的气温有所下降，除旬邑县外，均在 22 摄氏度以上，但不超过 25 摄氏度；彬州市附近的泾河河谷一带，较周围气温要高。

（6）10 月平均气温。秋季，气温以 10 月为代表，呈北低南高的分布形势。黄土高原区气温一般不超过 11.5 摄氏度，且愈向北气温还要低一些，其西北角的长武县只有 9.3 摄氏度，但泾河宽谷区气温比两侧要高一些，彬州市可达 11.4 摄氏度。东北角的马栏山地，仍是气温较低的地方，已降到 9 摄氏度以下。南部平原区气温较高，都在 13 摄氏度以上，一般越向南，气温会逐渐上升，最高气温出现在东南的三原县，为 14.2 摄氏度。

二、降水

（1）大气降水、地表水及侧向径流等是流域内地下水的主要补给来源。大气降水补给量大小空间分布不均，除与当地降水量、降水方式有关外，主要受地貌形态、地表介质特征和植被发育情况等的影响。除在白垩系出露的周边基岩及黄土浅覆盖山地可以接受大气降水入渗补给外，其他地区白垩系地下水的补给条件总体较差。子午岭地区白垩系出露或浅覆盖，植被发育良好，且降水量较大，对地下水的补给十分有利。但由于子午岭主要出露环河组，其含泥岩层较多，限制了地下水向深部洛河组的补给，因此白垩系东部子午岭是地表分水岭，同时也是环河组地下水的分水岭。流域北部白于山区南坡的大气降水对区内白垩系地下水也有一定补给作用。此外，在盆地西南部白垩系还可能接受六盘山东麓（主要指六盘山群的三桥砾岩）岩溶地下水的补给。

（2）年雨量分布。境内各地年降水量的分布呈南少北多之势，另外还有区域性差异的特点。旬邑—淳化一线的东北部，是流域降水量最多的地方之一，年平均降水量在580毫米以上，马栏山地区可超过620毫米。境内偏西部降水也比较多，可达560毫米以上，即永寿—武功一线，其中西南角降水量达到620毫米，但范围小。泾河两侧和平原绝大部分的地方年降水量不足550毫米，特别是咸阳—泾阳—三原一线及其东南部，年平均降水量多不足530毫米，为流域降水量最少的地方。

冬季，受冷高压控制，冬季风强盛，水汽稀少，降水量也很少，各地雨量介于16.0 ~ 24.0毫米，其分布类似年降水量。春季，此时气温上升，水汽增多，各地雨量普遍有较大的增加，达到101.3 ~ 127.2毫米。夏季，过了春季，夏季风鼎盛，降水量又有增加，达到224 ~ 288毫米，成为一年四季中雨量最多的一季，其分布的总趋势是北多南少。秋季，夏季风开始南撤，降水量也随之减少，但还保持在150.8 ~ 176.2毫米，其分布表现为由东南向西北递减的大势。

三、日照和风

泾河流域年均日照时数为2000 ~ 2350小时，分布的总趋势是西少东多，大体以泾河为界，其东南部年日照时数少于2200小时，平原区的最少，只有2017.2小时，其余各地都大于2100小时；东北部年日照时数超过2200小时，且南比北少，黄土高原区超过2300小时，旬邑县最多，达2346.9小时。各地冬季日照时数偏少，1月平均值介于140 ~ 190小时，黄土高原区多于平原区一带。北部的永寿、彬州、长武、旬邑、淳化等地都超过170小时。泾河以东的旬邑县、淳化县达到180小时以上，淳化县最多，达到187.3小时，平均每天6小时；平原区各地日照时数不超过170小时，其中泾阳县、西咸新区不到160小时，平均每天不足5小时。夏季是一年中日照时数最多的季节。7月，各地平均日照时数都超过200小时，介于212 ~ 235小时。淳化—礼泉—秦都一线的东部日照时数都大于220小时，平均每天7.5小时；兴平市仅212.2小时，平均每天不足7小时。其余地方，包括黄土高原区的大部和平原区的西部、西南部，日照时数都在200小时以下。

泾河流域境内年平均风速介于1.0 ~ 3.0米每秒，黄土高原区的风速稍大，一般都在2米每秒以上，最大为2.8米每秒（淳化、旬邑），因彬州市站位处靠塬坡的河川，风速要小，为1.4米每秒。平原一带风速变化大，小者为1.3米每秒（乾县），而大者达2.7米每秒。大风日数的分布，差异很大，规律性不明显。永寿是大风日数最多的地方，达15.2天，少的地方只有1 ~ 3天，其余的地方在5 ~ 14天，其中淳化、西咸新区大风日数在10天以上。

第五节 社会经济

泾河流域是中国农牧业文明的发祥地之一，早在商代以前人们就在泾河流域从事农牧业生产活动。在宋代以前泾河流域作为全国首都长安的京畿之地，政治、经济、文化一直是全国最为发达的地区之一。

一、民族人口

（1）民族。流域内共同的黄种人是羌、氐、戎、狄民族部落，后又由匈奴人主要演化为汉、满、蒙、回、藏等民族，再又形成100多个民族，至今有36个民族活跃在泾河流域里。境内有汉族和蒙古、回、藏、维吾尔、苗、彝、壮、布依、朝鲜、满、瑶、土家、哈尼、哈萨克、傣、黎、佤、畲、高山、东乡、纳西、柯尔克孜、土、达斡尔、仫佬、羌、撒拉、仡佬、锡伯、怒、俄罗斯、鄂温克、裕固、门巴、珞巴35个少数民族。汉族人口是境内的主体，各少数民族常住人口为19239人。

境内汉族是在漫长的历史长河中，由华夏族同其他部族长期交往和共同发展融合而成的。少数民族中以回族人口居多。少数民族的人口数量虽少，但分布地域很广，大分散，小聚居，插花居住在流域内西咸新区、泾阳县、礼泉县、乾县、彬州市、长武县、旬邑县等地的城镇和农村。

（2）人口。五六千年前，泾河及其支流两岸，居住着许多原始氏族部落。后稷教民农耕，人口开始定居并逐步发展。秦、汉时境内人口已逾百万，每平方千米人口密度达100人。商、周时，境内居民开始凿井引水，扩大了居住的区域。永寿县以南狭谷的山梁，已发现不少先周村落遗址。春秋时，境内除秦嬴部族外，还有彬州、长武一带的义渠部落，三原一带的荡社部落，泾阳西部的央林部落等居民区。

流域内秦都咸阳和西汉五陵邑的人口都曾达每平方千米1000人之多。宋代以后，不再是京畿要地，加上战争与灾荒，至明代，境内人口下降到30万人左右。清乾隆时期，人口增至100万人以上，1949年达到165.18万人。新中国成立后，生产发展，生活安定，医疗条件改善，人口增长较快。1953年增加到186.14万人。1956年开始提倡计划生育，控制人口增长。1978年中共十一届三中全会后，把计划生育列为基本国策，各级党委和政府坚持常抓不懈，逐步控制人口增长速度。2016年起，全面放开二孩生育。根据第七次全国人口普查结果，截至2020年11月1日零时，泾河流域4市15区（县）总人口222.55万人。

秦汉以来，境内人口分布状况是：南部平原密于中部台塬，中部台塬密于北部山区。

二、交通运输

境内自古有交通要冲之称。古时，流域北有关中通往河西走廊的泾河谷地；南扼渭水漕挽天下；西通陇西；东处泾渭交汇地带。左扶崤函，右控陇蜀，战时兵家必争。渭水于此折向东北，构成关中东西大道的分界线，自古中原和长安来往于川、甘、青、宁、新各地者，均由此处渡渭，流域内的咸阳成为西出阳关、北上萧关、东至长安、直抵中原的交通枢纽。秦直道是秦统一六国后，为北御匈奴修建的，它南起云阳林光宫（今淳化县凉武帝村）至九原郡（今内蒙古包头市西），是秦咸阳到九原郡最直接的道路，称之为古代的高速公路。

新中国成立前，境内公路很少，出行基本靠步行，也有一些马拉车、牛拉车等。新中国成立后流域内各级人民政府先后修建了咸铜线、银西线、西平线等铁路营运线，境内铁路营业线设有车站 34 座，其中三等车站萧家村、礼泉、乾县、永寿，四等及以下车站泾河、永乐店、梁山、阳峪、蒿店、太峪、彬州、彬州西、大佛寺、上孟、长武车站。流域内交通运输部门利用原有的道路线位，修建了国道 108、211、210、310、312、342 等国家干线公路。1991 年 9 月 1 日，西安咸阳机场投入试运行，是中国十大航空港之一。2000 年以来，西阎、西铜、包茂、京昆、银百、福银、西咸北环线、合凤等 8 条高速公路相继建成通车，流域内各县城全部通上高速公路。泾河干流河段内共修建各类公路、铁路、人行等跨河桥梁 42 座，其中泾河铁路大桥、西铜高速桃园泾河大桥、豳风泾河大桥、泾河修石渡大桥等大型铁路、公路桥梁 33 座，中小桥梁（含浮桥）9 座；跨（穿）河热力、输油（气）管道、电（光）缆、供水等管道共计 13 条。1990 年，境内公路总计 163 条段、总长 3064 千米，其中国道 3 条、365 千米，省道 9 条、409 千米，县道 54 条、1420 千米，乡村公路 73 条、734 千米，专用公路 24 条、136 千米，不仅实现乡乡通公路，而且乡镇公路基本实现油路化。2000 年，形成完整的高速公路和国、省、县、乡道路网络，公路密度 5.89 千米每百平方千米，实现乡乡通班车、村村可通车。2005 年，除旬邑县外全部用二级或二级以上公路连接，农村公路网主骨架基本成型，公路密度 42.77 千米每百平方千米。2009 年，在全省率先实现行政村村村通油路（水泥路）目标。到 2020 年底，境内公路里程 17392 千米，其中高速公路里程 570 千米，初步形成公路、铁路、民航相互交融的大交通格局。

三、经济发展

泾河流域位于陕北和关中地区，现有耕地面积 468.33 万亩，林果地面积 31.10 万亩，有效灌溉面积 157.94 万亩。区域地理位置优越、交通条件便利，工业基础雄厚，是陕西省政治、经济、文化、商贸中心和自然资源、经济发展重点区域，是国家和政府重点建设的核心地带。根据《关中平原城市群发展规划》《西安都市圈发展规划》，形成了西部（福银）城镇发展廊道、东部（银百）城镇发展廊道，泾阳—三原组团、乾县—礼泉组团、彬州—长武组团三个组团式发展格局。

流域陕北地区主要是泾河支流马莲河流域的源头地区，该地区位于定边县，石油、天然气极为丰富，是我国陆上石油产能第一大县，也是“西北前列、陕西第一”的新能源产业示范县。目前已经进入大规模开发阶段，经探明含油面积 450 平方千米，石油储量 2000 万吨。

流域陕西关中地区改革开放以来经济得到了全面发展，城乡建设规模日益扩展，经济活跃，成为国家重要的商品粮棉生产及能源化工基地。泾河上段流经长武县、彬州市两地以及麟游县北部区域，该地区是陕西省渭北黑腰带分布地区，煤炭资源丰富，探明储量达

110 亿吨，成为彬长旬能源化工基地。彬长煤田成为陕西省第二大煤田，麟游县以黄陇煤炭能源基地、永陇国家规划矿区为重点，建设成大型现代化能源基地。与之相应彬州市县城建设成以煤炭工业为主的城市，2020 年人口达到 17 万，11 年蝉联“陕西十强县”，稳居“西部百强县”。区内主要工业门类有煤电力、建材及其他一些工业，规模较大。农业方面则充分利用其所在的自然地理优势，重点发展经济果林，苹果、彬州梨已形成规模。泾河干流中段涉及永寿、淳化、旬邑三地，是陕西省的传统农业区，粮食面积比较大。区内主要农作物有小麦、玉米；经济作物有烟草、蔬菜、油菜等，近年果树种植规模扩大，其中苹果、梨、晋枣等果品量增大。泾河干流下段涉及咸阳市的礼泉、乾县、泾阳三县以及西安市西咸新区、高陵区。河道两岸地势平坦，土壤肥沃，气候温和，光、热、水、土资源良好，灌溉条件优越，历史悠久。区内北岸有泾惠渠灌区，南岸有宝鸡峡灌区，水利化程度高，农业耕种条件好，是陕西省重要的商品粮棉生产基地，西安渭北工业区主要发展现代物流、现代服务业，致力于打造国际物流中心。泾河两岸的秦汉新城、空港新城、泾河新城作为西咸新区五大组团的重要组成部分，是具有世界影响力的秦汉历史文化聚集展示区、国际空港物流中心和西安国际化大都市生态田园示范新城。泾河下游地区已成为我国北方内陆地区对外开放的门户、西部地区国际经济交流的平台。

泾河流域各县（区）社会经济发展一览表见表 1–2–1。

表 1–2–1 泾河流域各县（区）社会经济发展一览表

地市	区（县、市）	人口 / 万人	县域面积 / 平方千米	耕地面积 / 万亩	GDP/ 亿元	三产增加值 / 亿元		
						第一产业	第二产业	第三产业
榆林市	定边县	2.58	2100	104.2	263	30	151	81
咸阳市	长武县	14.8	567	20	99	18	58	22
	彬州市	36	1185	55	216	22	134	60
	旬邑县	21	1811	45	89	32	25	32
	永寿县	11.9	710	28.9	84	22	24	37
	淳化县	6.9	428	16.6	82	31	25	25
	礼泉县	33.74	886	68.73	156	52	40	63
	乾县	12.79	291	25.4	155	35	42	77
	泾阳县	25.62	420	35	80	33	15	33

续表 1-2-1

地市	区（县、市）	人口 / 万人	县域面积 / 平方千米	耕地面积 / 万亩	GDP/ 亿元	三产增加值 / 亿元		
						第一产业	第二产业	第三产业
西安市	高陵区	25	112.2	5.5	378	30	203	140
	西咸新区	26	312	21.3	235			
宝鸡市	麟游县	2.78	739	17.9	128	7.74	104	16
	千阳县	0.14	198	4.5	73	12	41	20
	陇县	3.3	636	20.3	98	21	39	37
合计	14	222.55	10395.3	468.33	2136			

来源：各区县 2020 年国民经济和社会发展统计公报、第七次全国人口普查公报、年鉴

第三章 水沙资源

水资源指逐年可以更新和利用的地表水和地下水。泾河水资源量年际间变化较大，一般用多年平均值说明区域水资源量的多寡及其时间和空间分布状况。本章以地表水、地下水、水质评价、河流泥沙四节记述。资料系列为1956—2000年。泾河流域水资源总量6.06亿立方米，其中地表水资源量4.43亿立方米，地下水资源量3.67亿立方米，两者重复量2.04亿立方米。各水资源四级区中黑河、达溪河、泾河张家山以上分区水资源总量最大，为3.37亿立方米，占55.5%；宝鸡峡至咸阳北岸分区次之，为2.11亿立方米，占34.7%；咸阳至潼关北岸为0.40亿立方米，占6.5%；马莲河、蒲河、洪河区最小，为0.20亿立方米，占3.3%。

泾河流域水资源分区套行政分区表见表1-3-1。

表1-3-1 泾河流域水资源分区套行政分区表

<table>
<tr><th colspan="3">水资源分区</th><th rowspan="2">行政区划</th><th rowspan="2">计算面积/km²</th><th rowspan="2">山丘区面积/km²</th></tr>
<tr><th>四级区</th><th>编码</th><th>分区</th></tr>
<tr><td rowspan="2">马莲河、蒲河、洪河</td><td rowspan="2">D050310</td><td rowspan="2">马莲河、蒲河、洪河</td><td>榆林市（定边）</td><td>1413</td><td>1413</td></tr>
<tr><td>小计</td><td>1413</td><td>1413</td></tr>
<tr><td rowspan="3">黑河、达溪河、泾河张家山以上</td><td rowspan="3">D050320</td><td rowspan="3">黑河、达溪河、泾河张家山以上</td><td>咸阳市（长武、永寿、彬州市、旬邑、淳化、泾阳、礼泉）</td><td>4465</td><td>4465</td></tr>
<tr><td>宝鸡市（千阳、麟游、陇县、凤翔）</td><td>1187</td><td>1187</td></tr>
<tr><td>小计</td><td>5652</td><td>5652</td></tr>
<tr><td rowspan="3">宝鸡峡至咸阳北岸区</td><td rowspan="3">D050510</td><td rowspan="3">泾河张家山以下</td><td>西安市（高陵）</td><td>9</td><td>0</td></tr>
<tr><td>咸阳市（咸阳市、乾县、永寿、礼泉、泾阳）</td><td>1827</td><td>0</td></tr>
<tr><td>小计</td><td>1836</td><td>0</td></tr>
</table>

续表 1–3–1

水资源分区			行政区划	计算面积 / km^2	山丘区面积 /km^2
四级区	编码	分区			
咸阳至潼关北岸区	D050610	泾河张家山以下	西安市（高陵）	63	0
			咸阳市（泾阳）	282	0
			小计	345	0
泾河流域			合计	9246	7065

来源：《渭河洪水泥沙与水资源研究》，2010 年黄河水利出版社

第一节　地表水

泾河流域多年平均地表水资源量 4. 43 亿立方米，折合径流深 47.9 毫米。入境水量 14. 01 亿立方米 ，两者相加多年平均地表水资源总量为 18. 44 亿立方米。依据《陕西省水资源及其开发利用调查评价（2008 年）》，泾河流域多年平均入境水量 14.01 亿立方米；多年平均入渭水量 14.24 亿立方米，自产水量 4.43 亿立方米，泾惠渠引水中有一小部分供泾河流域用水，其中大部分引水（约 2 亿立方米）供泾河流域外用水。地表径流分布与降水基本一致，马莲河、蒲河、洪河分区的径流量较小，为 0.20 亿立方米，折合径流深 13.9 毫米；黑河、达溪河、泾河张家山以上分区的径流量较大，为 3.24 亿立方米，折合径流深为 57.3 毫米；宝鸡峡至咸阳北岸分区的径流量为 0.85 亿立方米，折合径流深为 46.2 毫米；咸阳至潼关北岸分区的径流量为 0.15 亿立方米，折合径流深为 42.9 毫米，见表 1–3–2。

表 1–3–2 陕西省泾河流域水资源四级分区年径流量成果表

四级区	计算面积 / km^2	年数	多年平均年降水量		多年平均年天然年径流量	
			万 m^3	mm	径流深 / mm	径流量 / 万 m^3
马莲河、蒲河、洪河	1413	45	52231	369.7	13.9	1967
黑河、达溪河、泾河张家山以上	5652	45	338657	599.2	57.3	32361
宝鸡峡至咸阳北岸	1836	45	105210	573	46.2	8482
咸阳至潼关北岸	345	45	19829	574.7	42.9	1480
合计	9246		515927	558	47.9	44290

来源：《渭河洪水泥沙与水资源研究》，2010 年黄河水利出版社

河川径流年际变化相比降水更加显著，径流极值比张家山站为 4.6，张河站为 11.2，芦村河站为 12.6。张家山站汛期径流量占年径流量的 55%，张河站汛期径流量占年径流量的 55%，芦村河站汛期径流量占年径流量的 50%。

按地级行政区计算，泾河流域在榆林市多年平均地表水资源量 0.201 7 亿立方米，宝鸡市多年平均地表水资源量 0.700 7 亿立方米，西安市多年平均地表水资源量 0.02 亿立方米，咸阳市多年平均地表水资源量 3.34 亿立方米。

泾河地表水资源量的变化是气候因素与人类活动共同作用的结果，结果表明，陕西省泾河地表水资源量在 20 世纪 50、60 年代最大，到 70 年代地表水资源量减少，80 年代地表水资源量又有所恢复，但在 90 年代地表水资源量又有所减少。

第二节 地下水

流域地下水资源总量 3.67 亿立方米，其中平原区 2.40 亿立方米，山丘区 1.27 亿立方米。从区域分布看，宝鸡峡至咸阳北岸最大，为 2.02 亿立方米，占流域地下水资源量的 55.0%；黑河、达溪河、泾河张家山以上次之，为 1.25 亿立方米，占 34.1%；咸阳至潼关北岸为 0.38 亿立方米，占 10.4%；马莲河、蒲河、洪河最小，为 0.02 亿立方米，仅占 0.6%，见表 1–3–3。

流域岩溶水主要大泉有泾河筛珠洞泉、礼泉县石潭小河沟牛鼻峰泉、张家山西沟烟霞洞泉及滚村泉等，单泉流量在 0.1728×10^4 ~ 12.9600×10^4 立方米每天，水化学类型一般为重碳酸盐—钙、镁型，矿化度小于 0.5 克每升。泾河流域岩溶大泉排泄量估算为 0.5140×10^8 立方米每年，考虑一定的生态和其他预留，可开采资源按岩溶大泉估算流量的 60%计算，可开采资源量为 0.3084×10^8 立方米每年。泾河流域白垩系洛河组承压水存在于陇东黄土高原长武、彬州、旬邑一带，可开采量约 0.1 亿立方米。

表 1–3–3 泾河流域水资源四级分区地下水资源量统计表

四级区名称	分区面积 / km²	计算面积 / km²	山丘区		平原区			重复量 / 万 m³	总资源量 / 万 m³
			计算面积 / km²	资源量 / 万 m³	分区面积 / km²	计算面积 / km²	资源量 / 万 m³		
马莲河、蒲河、洪河	1413	1413	1413	202	0	0	0	0	202
黑河、达溪河、泾河张家山以上	5652	5652	5652	12502	0	0	0	0	12502
宝鸡峡至咸阳北岸	1836	1836	0	0	1836	1836	20196	0	20196

续表 1-3-3

四级区名称	分区面积 / km^2	计算面积 / km^2	山丘区		平原区			重复量 / 万 m^3	总资源量 / 万 m^3
			计算面积 / km^2	资源量 / 万 m^3	分区面积 / km^2	计算面积 / km^2	资源量 / 万 m^3		
咸阳至潼关北岸	345	345	0	0	345	345	3795	0	3795
泾河流域	9246	9246	7065	12704	2181	2181	23991	0	36695

来源：《渭河洪水泥沙与水资源研究》，2010 年黄河水利出版社

第三节　水质评价

一 、地表水

受气候、降雨、径流、土壤、植被、地质地貌等自然环境制约，泾河流域地表水的天然水质差异较大，泾河由于受黄土丘陵沟壑区易溶性含盐量大的影响，水质类型变化大，矿化度在 900 毫克每升左右，总硬度在 450 毫克每升左右，属硬水，水质类型为 S Ⅱ Na、C Ⅱ Ca。泾河流域大部分地区天然水质良好，部分山区、干旱区有微咸水、高含氟水及其他有害水源。在泾河的上游区，氯化物及硫酸盐的含量较高，水质咸涩，在麟游、陇县等地则缺碘、硒等元素。

根据张家山水文站水质分析结果，泾河水质硬度为 5.97 德国度，pH 为 7.3 ~ 8.45，矿化度 0.66 克每升，溶解氧 8.0 毫克每升，游离二氧化碳小于 4.0 毫克每升。COD、六价铬、汞三项指标未超过 W3 ~ 地表级标准，其余项目浓度均值都未超过 W2 ~ 渔用级。综合评价指标介于 W1 ~ W2。在流域定边县的十字河、东川等水质苦涩，不能利用。

据 1981—1984 年的监测资料分析，张家山以下河段，属于较清洁和尚清洁的河段。总的评价属良好级。根据甘肃、陕西 1989—1991 年 3 年的监测成果，泾河干流景村和张家山两个河段水质较好，符合地面水环境质量标准中Ⅲ类水质要求，其类型基本属重碳酸盐水，矿化度在 0.3 ~ 0.6 克每升，基本能满足多种用水要求。支流主要污染物为挥发酚，水质相对较差，多沙支流挟带大量泥沙，一方面淤积库容，使水库丧失调节能力，影响供水效益的发挥；另一方面水流含沙量大，也影响灌区的正常供水。2000 年水质评价：泾河水系评价断面 14 处，评价河长 498.8 千米，汛期、非汛期、全年平均有 361.5 千米河段为Ⅳ类和Ⅴ类水质，占评价河长的 72.5%。主要超标项目为化学需氧量、氨氮、液氮生化需氧量。2005 年水质评价：泾河水系评价河长 232.5 千米，非汛期、汛期和全年平均均为劣Ⅴ类水质，主要超标项目为化学需氧量、高锰酸盐指数、挥发酚、氨氮、五日生化需氧量。2010 年水质评价：泾河水系评价河长 238.5 千米，全年期Ⅴ类河长 177. 5 千米，劣Ⅴ类河长 61. 0 千米，主要超标项目为生化需氧量、化学需氧量；

汛期Ⅳ类河长 95. 5 千米，劣Ⅴ类河长 143. 0 千米，主要超标项目为生化需氧量、化学需氧量；非汛期Ⅳ类河长 82. 0 千米。

二、地下水

流域地下水水化学特征多呈盆地形和河谷形双重特征，即由山前地带向盆地中心、由河流上游向下游矿化度逐渐增高，水化学类型越趋复杂。水资源四级区水化学类型多为 HCO_3-Ca 或 HCO_3-Ca・Mg 型，矿化度小于 1 克每升。泾河流域地下水受化学特性、二叠系煤层及承压自流水的影响，潜水中酚含量普遍偏高，一般为 0.002 ~ 0.005 毫克每升。

渭河以北、北山以南地区，大部分水含有咸味或涩味，尤其以泾阳、礼泉、乾县城区最甚，其余地区均属良好。化学性质主要属重碳酸盐水。氧化物类水仅分布于个别点上。境内普遍呈微碱性，酸碱值介于 6 ~ 8.5，北山以南至渭河间的广大地区，潜水硬度普遍偏高，地下水矿化度 0.4 ~ 1.0 克每升，个别地方大于 2 克每升。绝大部分地区的地下水基本适合人饮和灌溉条件，水质较好。泾河关中区域地下水水质约有 40% 达不到《地下水质量标准》（GB/T 14848—2017）的Ⅲ类标准。定边区域：天然水矿化度大于 1000 毫克每升，属于五级水平；总硬度大于 250 毫克每升，处于五级水平，为偏硬水；水化学类型为 CL 型水。

第四节　河流泥沙

泾河流域位于黄土高原地区，是黄河流域水土流失最为严重的地区之一，也是黄河洪水泥沙的主要来源地之一。从时空分布看，渭河泥沙主要来源于泾河、主要发生在汛期，泾河输沙量约占渭河来沙量的 73.9%。泾河泥沙主要来源于马莲河，马莲河汛期输沙量约占全年输沙量的 88.8%。

泾河多年平均输沙量 2.364 亿吨，多年平均含沙量为 172 千克每立方米，汛期多年平均含沙量为 219 千克每立方米，泾河输沙量主要集中在汛期 7—10 月，汛期输沙量为 2.144 亿吨，占全年输沙量的 90.7%。泾河具有输沙量大、输沙量集中于汛期、含沙量高的特点。

一、水沙来源

泾河是渭河的最大支流，其来沙量是黄河中游支流中来沙量最多的一条支流。根据地貌类型的划分，泾河流域的径流主要来自黄土高原沟壑区，泥沙主要来自黄土丘陵沟壑区。

水沙来源可分为三部分：支流马莲河雨落坪以上，干流杨家坪以上，雨落坪、杨家坪至张家山区间。马莲河雨落坪集水面积 19019 平方千米，占泾河集水面积的 41.9%；雨落坪多年平均径流量、输沙量分别为 4.2836 亿立方米、1.1667 亿吨，分别占泾河径流量、输沙量的 31.1%、49.4%。干流杨家坪集水面积 14214 平方千米，占泾河集水面积 31.3%；杨家坪多年平均径流量 6.70 亿立方米、输沙量 0.6489 亿吨分别占泾河径流量、输沙量的 48.7%、27.4%；杨家坪 55.4% 的泥沙来自蒲河毛家河（多年平均径流量、输沙量分别为 1.881 亿立方米、0.3594 亿吨）以上，毛家河水量仅占杨家坪的 28.1%。雨落坪、杨家坪至张家山区间集水面积为 12121 平方千米，占泾河集水面积的 26.8%；区间多年平均径流量 5.189 亿立方米、输沙量 0.5484 亿吨分别占泾河径流量、输沙量的 20.2%、23.2%。

泾河径流主要来自干流杨家坪以上及雨落坪、杨家坪至张家山区间，其径流量占径流总量的73.1%。

马莲河是泾河泥沙特别是粗泥沙的主要来源区。泾河张家山站多年平均水量占渭河华县站水量的24%，而沙量却占渭河华县站沙量的76%。马莲河又是泾河最大的支流，马莲河年均来沙量占泾河张家山断面的51.9%，占渭河华县断面的37.5%。马莲河水流含沙量非常高，多年平均含沙量为87.8千克每立方米，而汛期平均含沙量更高达406千克每立方米。当汛期洪水流量超过100立方米每秒时，其平均含沙量超过500千克每立方米。粗泥沙是黄河河道泥沙淤积的主体，马莲河流域多沙粗沙区面积达到11432平方千米，占渭河流域多沙粗沙区面积的90%以上，占黄土高原地区多沙粗沙区总面积的14.5%。根据雨落坪站实测悬移质泥沙颗粒级配资料统计分析，马莲河悬移质泥沙中数粒径为0.025毫米，多年平均粗泥沙量（泥沙粒径大于0.05毫米）是0.24亿吨，占泾河粗泥沙总量的77%，占渭河粗泥沙总量的63%。

二、基本特征

水少、沙多、水沙关系不协调是泾河来水来沙的根本特性。

（1）水沙异源。根据泾河的水沙来源情况，将泾河张家山以上流域划分为3个来水来沙区间：干流杨家坪以上，支流马莲河雨落坪以上，以及杨家坪、雨落坪至张家山区间。水量主要来自杨家坪以上和杨家坪、雨落坪至张家山区间，约占73.1%；沙量主要来自马莲河、洪河和蒲河3条多沙支流，其来水量仅占41.6%，来沙量却占76.5%。

（2）水沙量年内分布集中。张家山站水沙量年内分布情况：年内水量主要集中在7—10月，占全年的62.0%；沙量主要集中在7—8月，占全年的80.5%；从平均含沙量来看，7月、8月最高，分别为316千克每立方米和303千克每立方米，其次为6月和9月，分别为143千克每立方米 和96千克每立方米。

（3）水沙量年际变化大。泾河流域来水来沙量年际变化很大，张家山站实测最大年径流量为41.83亿立方米（1964年），最小年径流量为7.02亿立方米（2009年），前者为后者的6.0倍；来沙量年际变化更大，最大年来沙量为11.71亿吨（1933年），最小年来沙量为0.42亿吨（1972年），前者为后者的28倍左右。

（4）水流含沙量高。统计1956—2010年张家山站汛期不同流量级的水量及沙量所占比例、张家山站（含泾惠渠）汛期不同流量级平均含沙量变化可知，张家山站（含泾惠渠）汛期平均含沙量为205.52千克每立方米，其中流量级小于100立方米每秒的平均含沙量为64.56千克每立方米；流量级为100 ~ 200立方米每秒的平均含沙量迅速增大到141.90千克每立方米；流量级为200 ~ 300立方米每秒的平均含沙量增大到229.97千克每立方米；流量级为300 ~ 400立方米每秒和400 ~ 500立方米每秒的平均含沙量分别为309.76千克每立方米和316.19千克每立方米；而流量超过500立方米每秒的平均含沙量超过400千克每立方米，具体见表1-3-4。

表 1-3-4 陕西省泾河主要泥沙站实测含沙量与输沙量

河流名称	测站名	控制面积/km^2	统计年段	实测年数	多年平均含沙量/(kg/m^3)	最大年含沙量		多年平均年输沙量/10^4t	最大年输沙量		多年平均年输沙模数/(t/km^2)
						含沙量/(kg/m^3)	出现年份		输沙量/10^4t	出现年份	
泾河	景村	40281	1956—1979年	17	153	278	1973	28117	68200	1964	6980
			1971—2000年	30	156	278	1973	20504	56500	1973	5090
			1980—2000年	21	154	266	1994	19010	44000	1996	4719
			1956—2000年	38	153	278	1973	23084	68200	1964	5731
泾河	张家山	43216	1956—1979年	24	145	250	1973	28212	70300	1964	6528
			1971—2000年	30	140	1022	1996	21696	52600	1973	5020
			1980—2000年	21	136	1022	1996	20634	43100	1988	4775
			1956—2000年	45	142	1022	1996	24676	70300	1964	5710
三水河	芦村河	1310	1956—1979年	21	33	113	1960	287	810	1960	2191
			1971—2000年	30	23	70	1994	162	533	1975	1237
			1980—2000年	21	16	70	1994	113	381	1982	863
			1956—2000年	42	25	113	1960	200	810	810	1527

来源：《渭河洪水泥沙与水资源研究》，2010年黄河水利出版社

三、水沙变化特性

20世纪50年代以前，泾河输沙量最大，50年代、60年代和70年代输沙量基本相当，80年代比上述时段偏小，90年代比80年代又偏大，2000年以来，在来水量大幅度偏少的同时，输沙量也大幅度偏少。20世纪60年代、80年代和2000年以来年均含沙量相对较小，其他时期年均含沙量基本相当，含沙量振荡变化，并未出现明显的趋势性变化。以下用泾河4处控制水文站的特征进行描述。

（1）马莲河雨落坪站。雨落坪站位于甘肃省宁县境内，集水面积1.9019万平方千米，至河口距离16千米。马莲河雨落坪站多年平均径流量、输沙量分别为4.2836亿立方米、1.1667亿吨，多年平均流量、含沙量分别为13.58立方米每秒、258千克每立方米。历年

最高水位在989.71 ～ 999.01米，最高水位变幅9.30米，最高水位一般发生在7、8月；历年最大流量在145 ～ 5220立方米每秒，最大流量变幅5075立方米每秒，最大流量一般发生在7、8月；历年最大含沙量在671 ～ 1050千克每立方米，最大含沙量变幅379千克每立方米，最大含沙量一般发生在6、7、8月；马莲河最高水位、最大流量和含沙量变幅较大。

（2）泾河景村站。多年平均径流量13.810亿立方米（1963—2012年），输沙量1.966亿吨，多年平均流量、含沙量分别为43.8立方米每秒、134千克每立方米，泾河景村站历年最高水位在815.30 ～ 824.35米，最高水位变幅9.05米，最高水位一般发生在7、8月；历年最大流量在272 ～ 8150立方米每秒，最大流量变幅7878立方米每秒，最大流量一般发生在7、8月；最高水位、最大流量和含沙量变幅较大。

（3）泾河张家山站。据2020年《黄河泥沙公报》记载，泾河张家山站控制流域面积4.32万平方千米，年径流量多年均值15.55亿立方米（1950—2020年），1987—2020年均值12.42亿立方米，2019年15.74亿立方米，2020年17.77亿立方米。年输沙量多年均值1.98亿吨（1950—2020年），1987—2020年均值1.42亿吨，2019年0.395亿吨，2020年0.367亿吨。年均含沙量多年均值127千克每立方米（1950—2020年），1987—2020年均值114千克每立方米，2019年25.1千克每立方米，2020年20.7千克每立方米。年输沙模数多年均值4570吨每年每平方千米（1950—2020年），1987—2020年均值3240吨每年每平方千米，2019年914吨每年每平方千米，2020年850吨每年每平方千米。2020年最大流量670立方米每秒，出现时间8月17日，最大含沙量869千克每立方米，出现时间为8月9日。

（4）泾河桃园站。泾河桃园站多年平均径流量12.73亿立方米（1967—2012年，下同），输沙量1.769亿吨，多年平均含沙量为142千克每立方米，多年平均流量40.4立方米每秒。历年最高水位在363.66 ～ 371.84米，最高水位变幅8.18米，最高水位一般发生在7、8月；历年最大流量在362 ～ 6370立方米每秒之间，最大流量变幅5012立方米每秒，最大流量一般发生在7、8月。

近年来输沙量偏少，主要原因是降雨、径流变化，水土保持工程建设也是来沙量减少的重要因素，引水量增加也在一定程度上造成了来沙量减少。

四、渭河下游河道淤积

泾河水沙过程是造成渭河下游河道淤积的主要原因，随泾河来沙情形而变。泾河来大水大沙，渭河下游有冲有淤；泾河来小水大沙，渭河下游只淤不冲；特别是泾河一级支流马莲河的高含沙水流通过泾河汇入渭河后，造成渭河下游河道严重淤积，给渭河及黄河的防洪减淤带来巨大压力。20世纪90年代以来，由于来水来沙条件不断恶化，泾河频繁发生的高含沙小洪水造成渭河下游河道淤积萎缩，致使渭河下游排洪能力急剧下降，洪水位明显上升，小水大灾频繁发生，平均2 ～ 3年发生一次。近期泾河沙量减少主要表现在大水大沙减得多，小水大沙减得少，来沙总量中小水大沙的占比抬升，必然导致渭河下游长期持续淤积。

第四章 自然灾害

泾河流域地貌类型多样，地形差异悬殊，自然条件决定了复杂多变的气候。据气象资料分析主要有干旱、连阴雨、暴雨、冰雹、干热风、大风、霜冻等7种农业气象灾害。其中，干旱和洪涝灾害、冰雹最为频繁，占总成灾数的90%以上。进入20世纪90年代后期，受全球气候变暖的影响，干旱在境内更是有加剧之势，长时间的连续干旱，使农业生产损失严重，而且影响到工业生产、城乡供水和生态环境。暴雨是境内发生洪水的主要来源，多出现在7、8、9三个月，由于渭北黄土高原沟壑发育，植被较差，每当暴雨发生时，干支流洪水叠加频繁，汇流量集中，因而洪水多呈峰高量大、暴涨暴落的特点。

第一节 旱灾

泾河流域内气候干燥，降雨量偏少，时空分布不均，而且年际、季节和地区间变差均大，致使作物播种和生长期间，由于少雨或长期无雨，在高温和干热风的影响下，土壤中有效水分储量不能满足作物需要，从而酿成旱灾。干旱是流域内主要的气象灾害，其发生次数之多、影响范围之大、造成损失之重，居其他气象灾害之首。

流域内旱灾按季节可分为春旱和春夏连旱、夏旱和夏秋连旱（包括伏旱）、秋旱和秋冬连旱及秋冬春连旱、冬旱和冬春连旱、全年大旱等10类。其中春旱多、强度小，春夏连旱少、危害重；夏旱多而轻，伏旱既多且重；秋旱少而危害重，冬旱多而危害轻；全年大旱虽极少，但危害最为严重。

（1）春旱和春夏连旱。春旱以小旱为主，流域内约3年一遇，北部发生较多，平均2年一遇；南部发生较少，平均4年一遇。春夏连旱以中旱为主，无小旱，大旱极少，以南部发生较多。

（2）夏旱和夏秋连旱。夏旱以小旱为主，平均2年左右一遇，多出现在6月，南部比北部发生的机会多，且以中旱为主。夏秋连旱发生机会较少，但大多为中、大旱，且多在南部出现。1959—1984年的26年间，共出现伏旱（7—8月）216次，占干旱总次数的25%，危害程度严重。伏旱比较严重的年份有1963年、1966年、1967年、1970年、1971年、1974年、1977年、1979年。

（3）秋旱、秋冬连旱和秋冬春连旱。秋旱3～4年一遇，是干旱发生最少的季节。

秋冬连旱 2 年左右一遇，均以中、大旱形式出现。干旱严重时持续到来年春季，形成秋冬春连旱，以大旱为主，平均 5 ~ 6 年一遇，多发生在北部 5 县。

（4）冬旱和冬春连旱。冬旱几乎每年都有，多发生在北部；冬春连旱与冬旱发生基本一致，但多出现在南部，北部较少。

从汉宣帝本始三年（前 71 年）至 1945 年的 2016 年间，危及的旱灾共 274 次，平均 7.35 年一次，基本符合流域“十年一大旱”的气候演变规律。1959—1984 年，流域内就出现不同程度的干旱 659 次，其中大旱 78 次（旱期≥ 100 天，旱期内降水量少于 60%），小旱、中旱（旱期 30 ~ 99 天，旱期内降水量偏少 40% ~ 50%）581 次，平均每年有 25 次干旱发生。近年来发生大小不同程度的干旱 424 县次，大旱 24 县次，中、小旱 400 县次。2000 年以后，春旱几乎每年都有发生，占 91%。春夏连旱平均 5 ~ 6 年一遇，大部以中旱为主。 干旱发生具有持续性，既有在一年之内各个季节连续发生干旱的，也有两年或三年以上连续出现的。元泰定二年至天历元年（1325—1328 年），关中、陕西发生大旱，连续数年“不雨，大饥，人相食”。清光绪二十六年（1900 年）咸阳大旱，夏秋无收，次年夏粮又未收，到夏至前才落透雨。1928—1930 年（民国 17 ~ 19 年）“三年不雨，六料未收。全省灾情尤以武功、乾县、礼泉、咸阳等县最为严重”。武功原有人口 12.9 万，死亡 7 万，灾民 5.8 万。乾县原有人口 16.9 万，死亡 3 万，逃荒 2.7 万，灾民 10 万。连续三年大旱“为害之惨，空前未有”。1959—1960 年、1965—1966 年、1976—1977 年、1979—1982 年，出现了 1 ~ 3 年的干旱，给农业造成了较大的影响和损失。

有些年份，流域内干旱、雨涝及其他灾害交替出现，给农业生产和人民生命财产带来的损失更为惨重。1928—1930 年，礼泉、乾县等县连续三年大旱加蝗灾，三载六料未收。1932 年虽有薄收，但上半年风霜旱雹交替发生，下半年或旱或雹或霜，灾情严重，多数县列为甲等受灾县。1959—1966 年、1967—1972 年、1974—1977 年，都有不同程度的旱涝交替发生。流域内县、区所处地理位置和地形的差异，干旱的分布和危害程度也不尽相同。流域内北部区县小旱多，影响较小；南部平原区以中、大旱为主，次数多且严重。自 20 世纪 80 年代以来，春夏连旱和秋冬连旱，多以大旱、中旱形式出现，尤以北部地区各县为重。

据统计，在已知的旱灾中，春旱约占 28%，夏旱占 40%，春夏连旱、夏秋连旱和秋旱共占 26% 左右。在各类型旱灾中，唐永泰元年（765 年）、清康熙六十年（1721 年）及 1925 年的春旱，宋开宝三年（970 年）、明崇祯九年（1636 年）及 1915 年的夏旱，唐太和九年（835 年）、清乾隆二年（1737 年）及清嘉庆十年（1805 年）的秋旱，唐武德四年（621 年）、明宣德二年（1427 年）及清乾隆十二年（1747 年）的春夏连旱，唐神龙二年（706 年）、清光绪十八年（1892 年）及 1925 年的冬春连旱，灾情都比较严重。例如元泰定二年（1325 年）至天历元年（1328 年）、清光绪二十六年（1900 年）至二十七年（1901 年）以及 1928—1931 年的连年大旱，均出现“赤野千里”“饿载道”，甚至“人相食”的惨象。

第二节 水灾

水涝是流域内仅次于干旱的重要气象灾害，在河流结构、降水特征以及地表形态等条件影响下，常出现洪水暴涨暴落或山洪，加之水旱灾害往往交替出现，所以水涝灾害又具有突发性和交替性特点。据史料分析，从公元前 208 年（秦二世皇帝二年）到新中国成立前夕的 2157 年间，境内共出现水涝 121 次，平均 17.80 年一次。在陕西水旱灾害分区中，泾河流域大部属于以旱灾为主的区域，只有泾河下游两岸基本属于多水多旱区，这符合全省水旱灾害区域分布的一般特征。

流域内的水涝灾害主要集中在夏、秋两季，7—10 月最多。其中，夏涝比率往往大于秋涝，在近 2100 年见于史册的 60 次较大水害中，夏季水涝约占总数的 60%，历史上发生于 7 月以前的水涝灾害极少，主要出现于仲春和晚春的 4—5 月。例如明嘉靖十三年（1534 年）泾阳等州县大水，“淹没泾渭两岸居民畜产无算”；清光绪十年（1884 年），“咸阳自闰五（6）月以来连次大雨，山水暴涨，河流泛溢”。

流域内的水涝灾害，有的属于全省性水涝灾害的一部分，有的与关中其他地区的水涝灾害相关联，有的局限于流域范围。例如清康熙元年（1662 年）、清光绪十五年（1889 年）以及 1931 年的大水，均属全省性水灾；汉昭帝始元元年（前 86 年）、唐武德七年（624 年）、宋元符二年（1099 年）的大水，均属整个关中地区水灾的一部分。

流域内水灾主要有暴雨、连阴雨和洪水，从地区分布看，北部多于南部，北部平均每年 3 次以上，南部县区则较少。连阴雨年内分布特征是：集中在 5—10 月，占全年总次数的 88%。其中 5、7、9、10 月发生概率较大，6、8 月出现概率较小，高峰期在 9 月，占总次数的 28%。按季节以及对农作物危害分为春、夏、秋季连阴雨三类。

（1）春季连阴雨次数少、强度小。春季连阴雨年均 0.6 次，占连阴雨总次数的 18.5%，2 年一遇，常伴有低温，对小麦生长和棉花播种有一 定影响。

（2）夏季连阴雨，占全年总数的 33.2%，强度大，对北部小麦收割受碾打影响大。

（3）秋季连阴雨南北均较普遍，占总次数的 48.3%，平均每年 1 ~ 2 次。对棉花、玉米等秋季作物生长不利。

一、暴雨

泾河流域洪水是由暴雨形成的，洪水最早出现在 4 月，其峰量较小，10 月受霖雨影响，亦有洪水发生，但量级较大的洪水一般出现在 7 月至 9 月上旬。洪水历时一般 3—9 天，主峰历时 2 —3 天。在 9 月中、下旬，由于受霖雨影响，其洪水历时也有超过 9 天的，但洪峰较小。大洪水历时一般在 9 天以内。主要分布于流域北部山区和塬区。

暴雨突发性强，雨量大（日最大降雨量为 57.1 ~ 138.7 毫米）、时间短，常造成局地或部分地区雨涝，使山洪暴发，河流横溢，危害极为严重。明万历四十一年（1613 年）七月，“泾水暴涨，高数十丈，漂没居民商贾无算”。20 世纪 40—70 年代，突发性暴雨频繁。

1959—1984年共发生暴雨165次，特大暴雨6次。长武县1970年8月4日晚2时许城关3小时降雨量84毫米，山洪突发，淹没农田6000余亩，倒塌窑洞、房屋600多间（孔），造成14人丧生，水毁损失达10万元。1979年7月30日永寿县突降暴雨，马坊乡降雨量达127.6毫米，有791户民宅被淹，损失粮食215吨，毁淹农田5000余亩、水库4座。1983年汛期咸阳阴雨、暴雨偏多，有28座小型水库遭到洪水破坏，207处抽水站被淹淤，7千米河道堤防被冲毁。咸阳受灾面积380万亩、受灾人口5.6万人，其中有105万亩秋田被水淹没，出现明水40余万亩。

1960年7月4日旬邑突降暴雨，暴雨中心在职田镇。从4日20时开始，5日4时结束，历时8小时，中心降雨量298毫米，为关中地区罕见的雷阵性暴雨。以旬邑职田镇雨量最大、最急，26分钟降雨量达108毫米，平均最大雨量4.15毫米每分钟。据陕西省气象局分析，职田中心雨区的暴雨频率相当于200年一遇。

1999年7月10日18时18分至20时，礼泉县城周围及药王洞、西张堡和赵镇等地降雨量达57.6毫米，致使该地区140余户群众家中进水，倒塌房屋15间，并使26间房舍成为危房，淹没果园12亩，冲毁预制厂2个，造成直接经济损失116万元。同时，暴雨又袭击泾阳北部黄土塬区，引发山洪，使龙泉乡沙沟村一带形成一条长约4千米、宽约1.5米的地裂缝，造成11户村民地窖进水并坍塌。

2001年7月26日晚8时至27日晨8时，旬邑县遭受特大暴雨袭击，12小时内降雨量达到107.6毫米。据不完全统计，全县共房屋倒塌34间、地窖坍塌12孔、烤烟楼垮塌9座、果库损毁2座，冲毁果园1.13公顷、玉米地3.2公顷、烤烟0.97公顷、沟头3处，造成危房34间、危窑16孔、滑坡地带2处，并使湫坡头镇门家村出现长500米、宽40厘米的地裂缝1条。

2003年流域内降雨量异常偏多，降雨量达到751 ~ 972毫米，较历年平均降雨量多1.4 ~ 1.7倍，尤其是7—9月，降雨总量达422 ~ 727毫米。境内先后出现6次大的暴雨过程，给流域内秋季农作物的生长发育带来严重危害，各县（市、区）普遍受灾，并造成大面积减产。据咸阳市民政局当年统计，暴雨成灾面积达5.77万公顷，水毁耕地1.14万公顷，倒塌民房7.6万间，损坏民舍12.8万间；因灾转移群众11.84万人，死亡5人，失踪1人，受伤群众32人，死亡大牲畜65头；冲毁公路53.2千米、桥梁24座，并造成地质灾害56处，其中滑坡9处、崩塌35处、地裂缝9处、地面塌陷3处。

2007年8月8日18时开始，受低槽和西太平洋副热带高压西南暖湿气流共同影响，普降大到暴雨，其中永寿县降雨量达150毫米，礼泉县降雨量为144.8毫米，形成区域性暴雨天气，并伴有强雷电和大风。造成乾县、礼泉、泾阳等城区大面积积水，部分民房被淹。

二、河流洪水

泾河干流洪水发生较为频繁，流域洪水是由暴雨形成的，洪水最早发生于4月，但峰量较小；10月以后由于受连阴雨影响，亦有洪水发生，但峰量仍较小；量级较大的洪水一般出现在7月至9月上旬。1436—1933年近500年期间，记载大洪水7次，平均70年发生一次，每次洪水都给沿河两岸带来重大损失；1949—2010年，洪峰流量大于4000立方米每秒的洪水发生过10余次，平均每5～6年发生一次。

历史调查洪水：清道光二十一年（1841年），张家山站发生15800立方米每秒的特大洪水，为历史调查最大；黑河支流曾发生4080立方米每秒的特大洪水，约为150年一遇标准；三水河曾有过1866年、1925年、1949年、1954年、1960年、1979年的多次洪水记载。其中1866年洪水流量达到3450立方米每秒，约120年一遇；1960年7月4日旬邑县职田发生特大暴雨，12小时内，雨区中心降雨量高达250毫米，三水河上出现了2700立方米每秒的历史稀遇洪水，彬州市、旬邑县的32座小型水利工程不同程度被冲毁。

历史典型洪水：

1933年8月，泾河全流域出现了一次高强度降雨，支流马莲河、黑河猛涨，泾河发生了实测以来最大的一次洪水。马莲河雨落坪站洪峰流量6380立方米每秒，约为100年一遇洪水；景村站洪峰流量9380立方米每秒，张家山站实测值为9200立方米每秒，约为30年一遇洪水。

1966年，由于泾河上游突降暴雨，各支流水位上涨，泾河杨家坪站洪峰流量为3600立方米每秒，雨落坪站洪峰流量为3290立方米每秒，景村站实测洪峰流量为8150立方米每秒，约为25年一遇洪水；张家山站实测洪峰流量为7620立方米每秒，约为20年一遇洪水。泾惠渠渠首大坝和进水闸被毁，沿河两岸10个公社、42个生产大队、129个生产队不同程度受灾，淹没粮田10011亩、棉田2518亩。

泾河彬州市景村河段特大洪水和次大洪水有1911年的15300立方米每秒洪水、1933年的9380立方米每秒洪水、1966年7月的8150立方米每秒（实测值）洪水、1977年7月的6190立方米每秒洪水、2003年8月的4910立方米每秒洪水、2010年7月23日的3280立方米每秒洪水。1933年洪水，根据陕西灾情档案记载："彬州县西至界长武之安华村，东至御抗堡，8月6日泾河陡涨，水势甚大，田畜村舍冲没无算，情形极惨"。2003年8月洪水，彬永公路官牌段，在不到四个小时的时间，公路塌陷长度达到1千米以上，彬永公路中断。2010年7月23日，泾河彬州市城区防洪工程一期刚刚完工，突降暴雨，降雨量219.3毫米，泾河洪峰流量3280立方米每秒，洪水均未淹没大堤坡脚。

1977年7月6日，泾河出现较大洪水，景村站洪峰流量为6190立方米每秒，约为15年一遇洪水；张家山站洪峰流量为5750立方米每秒，为7～8年一遇洪水。泾、渭河同时上涨，渭河最大流量为8200立方米每秒。淹没高陵区农田22343亩，其中毁玉米3366亩、棉花382亩、豆类5776亩、红苕2894亩、水稻164亩、瓜类3766亩、麻类674亩、药材（桐蒺蒡）2080亩、洋芋50亩、菜地59亩、花生13亩、树苗261.3亩、苜蓿473亩、苇子园33亩。淹民房110间，冲塌集体用房36间，冲走粮食3750千克、化肥1800千克、水泥750千克，冲走猪59头、生产工具43件，毁船1只，淹没高陵区船张、井王、南郭、杨官寨、陈家滩等大队农场和科研站8处，损失300多万元。

1996年7月26日，泾河上游甘肃省庆阳地区普降暴雨到大暴雨，中心雨区雨量高达160毫米，致使泾河上游河水猛涨。27日、28日干流连续出现1977年以来最大的两个洪峰。杨家坪站洪峰流量为5060立方米每秒，景村站流量分别为4230立方米每秒、5300立方米每秒，为7～8年一遇洪水；张家山站流量分别为3180立方米每秒、3900立方米每秒，不到5年一遇洪水。由于洪水来势猛，演进快，灾情较重，出现过在河滩作业的228名群众被洪水围困的重大险情。

2003年8月26日，受泾河上游甘肃等地区普降大到暴雨的影响，泾河支流马莲河雨落坪水文站出现洪峰流量4000立方米每秒。8月26日14时48分，洪水以4910立方米每秒流量通过景村水文站。据统计，这次洪水共冲毁鱼池13公顷，损毁抽水站2座，水毁道路32处，冲毁电杆125根，淹没河滩农田4.1万公顷，造成直接经济损失约9700多万元。

第三节 冰雹

冰雹在流域内年年都有发生。境内年平均1～2次，最多发生6次，随着气候变暖，2000年以后冰雹每年发生的次数和强度均在增强。一年之中，最早出现于3月，最晚于10月结束，以5—8月降雹最为普遍，夏季以6月、7月最多。多发生在13—22时，17—19时最多，14—17时次之。从季节分布看，夏季最多，春季次之，秋季最少。

从冰雹发生地域地形看，流域北部多于中部、南部，山区多于平原。以北部旬邑县、彬州市、长武县为最多，淳化县、永寿县、乾县次之，礼泉县、泾阳县、高陵区较少。冰雹发生时长短则几分钟，长则40多分钟，有时断断续续绵延1小时或以上，但一次冰雹过程大多在10分钟左右。

境内多数地方以小雹为主，雹粒如玉米、豆粒，直径在1厘米以下，对农业危害较轻。少数地方虽然降雹机会较少，但强度大，雹块如杏、桃核，大者如鸡蛋，直径3～4厘米，其持续时间，短者5～10分钟，长者30～40分钟，极个别次达一两个小时，造成严重灾害。1932年3月23日，礼泉“突降冰雹，北区二十四村、南区十七村一带，遍地皆白。经霜萎悴田苗，更被打至七零八落”，雹灾十分惨重，加之其他灾情为害，当时灾等均被列为甲级。新中国成立后，流域内每年仍有局部地区冰雹成灾。1976年6月5日下午，长武、彬州、永寿等县（市）受冰雹袭击，仅永寿县就有8个公社、93个大队、323个生产队的10.4万亩小麦、9600亩油菜、4000亩夏杂粮受灾，损失惨重。1977年8月24日下午，乾县、礼泉降雹，其中乾县阳峪、峰阳、吴店等公社降雹15分钟，并伴随暴雨和8级大风，雹约9.9厘米，作物受灾面积3.61万亩，损坏树木4万株，淹没125户；礼泉北牌、南坊两公社16个大队、52个生产队受灾面积3.5万多亩，成灾1.4万多亩，4251亩绝收。1988年7月13日19时，长武县普遍降冰雹6分钟，最大的直径12厘米、重1千克。7个乡镇受灾秋田4500亩。7月23日，又降冰雹4分钟，秋田受损严重。猛烈的冰雹打毁庄稼林果，损坏房屋，人畜被砸伤砸死情况亦有发生，损失最多的2亿多元，比如2007年2.1397

亿元。

境内冰雹多由外地移来，其移动方向多为西北—东南走向或北—南走向，并多沿山坡、丘岗、河流移动，形成“雹打一条线”。主要冰雹路径有以下五条：第一条，从甘肃省正宁县入境，经旬邑县后掌、淳化县安子哇，再经泾阳县口镇、白王，翻越泾河南下经礼泉县阡东直达秦都区马庄、马泉乡境内。第二条，从甘肃省正宁县入境，经旬邑县底庙、彬州市龙高乡，越过泾河进入礼泉县北牌、南坊，折向乾县阳洪、马连，抵达兴平市马嵬；或经礼泉县北牌、赵镇，进入兴平市北部塬区店张一带。第三条，由甘肃省泾川县入境，向东南经长武县马寨、长武县亭口、彬州市水帘、永寿县碾子沟，由渡马折向偏南方向再经乾县阳峪、漠西，抵达武功县贞元一带。第四条，由甘肃省正宁县入境，经旬邑县马栏、耀州区、富平到三原县徐木、大程，或由耀州区入境，向南经三原县陵前、鲁桥，抵达泾阳县龙泉、雪河、永乐一带。第五条，从宝鸡市麟游县入境，经永寿县永平、马坊、常宁、上邑到达淳化县。

第二篇　水资源节约集约利用

在以农业经济为主导的古代社会中，水利一直被历代王朝和广大民众所关注，由原始的农业灌溉逐步发展为传统的水利，进而成为农耕文明的命脉。在泾河流域这片“十年九旱”的高原之地，缺雨多旱、灾害频繁的自然环境，自古以来就是影响农业生产稳定发展的客观因素。因此，以农田灌溉为主的水利工程，很久以前就从泾河中下游两岸兴起。早在两千多年前的战国时期就开凿有郑国渠，随后历代皆有兴作，这些引泾工程都曾在历史上给灌区劳动人民带来福泽。直至今日，关中八惠之一的泾惠渠仍然发挥着重要的灌溉作用。

本篇从引水灌渠、水库工程、机井抽水站、城乡供水、节约用水、水能开发与养殖六章进行记述，是本志最主要的一篇。

第一章　引水灌渠

引泾灌溉始于秦王政元年（前246年）兴建的郑国渠，汉唐及以后继之而建的有白渠、郑白渠、丰利渠、王御史渠、广惠渠、龙洞渠及泾河下游的樊惠渠等；民国时期建成的泾惠渠、汧惠渠成为全国第一个运用现代科学技术建成的灌溉工程；新中国成立后，对泾惠渠进行渠系改造，扩大灌溉面积；引渭河水建成渭惠渠高干抽水工程，灌溉流域内乾县、礼泉、泾阳的农田，同时在黄土台塬区建成了乾县汧惠渠、党家堡抽水灌区等，是泾河流域主要的灌溉区域。

第一节　古代渠堰

一、秦·郑国渠

郑国渠是秦王政元年（前246年）动工修建的。《史记·河渠书》载："韩闻秦之好兴事，欲罢之，毋令东伐，乃使水工郑国间说秦，令凿泾水自中山西邸瓠口为渠，并北山东注洛三百余里，欲以溉田。中作而觉，秦欲杀郑国。郑国曰：'始臣为间，然渠成亦秦之利也。'秦以为然，卒使就渠。渠就，用注填阏之水，溉泽卤之地四万余顷（合今115余万亩），收皆亩一钟（合今亩产约250市斤）。于是关中为沃野，无凶年，秦以富强，卒并诸侯，因命曰郑国渠。"其渠线布设走向，据《水经注·沮水》记载更为详细，以今地而言，西起仲山西麓谷口（陕西泾阳西北王桥镇船头村西北），在谷作石堰坝，抬高水位，拦截泾水入渠。利用西北微高、东南略低的地形，渠的主干线沿北山南麓自西向东伸展，流经今泾阳、三原、高陵、富平、蒲城等县，最后在古重泉（今蒲城县）晋城村南注入洛河。干渠总长近300里。沿途拦腰截断沿山河流，将多条水系收入渠中，以加大水量。到了秦王政十一年（前236年），秦以十年之功，终于建成了郑国渠，使盐碱不毛之地变为平畴沃野，国富民强，"卒并诸侯"，完成统一中华大业，水利建设起了重大的作用。

二、汉·六辅渠、白公渠

六辅渠：秦末大乱，水利荒废。至汉武帝时，实行"重农抑商"政策，大兴水利，《汉书·沟洫志》载，自郑国渠起，至元鼎六年（前111年），百三十六岁，而倪宽为左内史，奏请穿凿六辅渠，以益溉郑国渠傍高仰之田。上曰："农，天下之本也。泉流灌浸，所以育五谷也。"遂开渠就。《汉书·倪宽传》注："六辅渠于郑渠上流南岸，开六道小渠，以辅助灌溉耳"。六辅渠位置走向，《长安图经》指出："六辅渠，今白渠北限所经即其地也，但颜师古所谓南岸者，恐当作北岸，引冶、清、浊诸水。六辅渠，唐时称辅渠，亦谓六渠"。

白渠或称白公渠：白渠是汉代继郑国渠之后久负盛名的引泾渠道，至新中国成立前，渠系布局犹存。据明代（1469 年）《新开广惠渠记》碑载："汉代泾河底被水冲低，水不能入渠，太始二年，于上流接开石渠，引使通流"。《汉书·沟洫志》载："武帝太始二年（前 95 年），赵中大夫白公，复奏穿渠，引泾水，首起谷口，尾入栎阳，注渭中，袤二百里，溉田四千五百余顷，因名曰白渠。"白渠的位置及流向，《水经注·渭水》记："首起谷口，出郑渠之南……东经宜春城南，又东南经池阳城北，枝渎出焉，东南历藕原下，又东经障县（临潼交口镇北）故城北，东南入渭"。《泾渠志稿》又载："白渠出郑渠南，循原下东行，渠身入郑渠，尾入栎阳，故又名'郑白渠'。由于汉代重视发展引泾灌溉，泾阳、三原一带直接受益，民赖其富，国以充实。"《汉书·沟洫志》记载民间一首歌谣："田于何所？池阳谷口。郑国在前，白渠起后。举锸为云，决渠为雨。泾水一石，其泥数斗，且灌且粪，长我禾黍，衣食京师，亿万之口"。引泾灌区除郑、白渠外，东汉时期在泾水下游阳陵县（今咸阳市东）还有一个小型引泾工程，名叫樊惠渠。著名文学家蔡邕曾在《京兆樊惠渠颂》中专门叙述该渠的兴建过程。樊惠渠建于光和五年（182 年），由京兆尹樊陵主持凿修。对于渠道工程情况，颂文中记述："树柱累石，委薪积土，基跂攻坚，体势强壮。折湍流，款旷陂，会之于新渠。疏水门，通窬渎，洒之于畎亩。清流浸润，泥潦浮游，曩之卤田，化为干壤。粳黍稼穑之所入，不可胜算"（引自《中国水利史稿》）。东汉以后渐趋淤废，史志绝书。

东晋时，虽处战乱状态，但前秦苻坚（357—385 年在位）在宰相王猛主持下，一度整修了秦汉时的郑白渠。据《晋书·苻坚》记载称："坚以关中水旱不时，议依郑白故事，发其王侯已下及豪望富室僮隶三万人，开泾水上源，凿山起堤，通渠引渎，以溉岗卤之田。及春而成，百姓赖其利"。

三、樊惠渠

东汉灵帝光和五年（182 年），京兆尹樊陵奏请于泾河下游入渭口处修渠，因之名为樊惠渠。东汉蔡邕的《京兆樊惠渠颂》中记载："阳陵县东，其地衍奥。土气辛螫，嘉谷不殖，而泾水长流。光和五年京兆尹樊君勤恤民隐，乃立新渠，曩之卤田，化为甘壤，农民怡悦，相与讴谈疆畔，斐然成章，谓之樊惠渠云。"

据考证，樊惠渠位于渭河以北，奉政塬以南的一级阶地和高漫滩地区，灌溉今高陵、临潼约 10 万亩田地。樊惠渠引水口约在今高陵区船张村附近，灌区受泾、渭、灞河的洪水冲刷，再加上渭河的北移，其地一半被冲毁，即樊惠渠上中游完全被冲毁，只留下临潼北田镇三角地带的尾部灌区。

樊惠渠采用引洪淤灌与引清浸润相结合的灌溉方式。樊惠渠引泾河水，而泾河在非汛期基本是清水，而汛期洪水量很大，即平时引清水，汛期引浑水。这种采用清浊相间的用水方式，使得樊惠渠很好地利用了泾河水。

四、苻坚渠

前秦建元七年（371 年），"坚以关中水旱不时，议依郑白故事，发其王侯已下及豪望富室僮隶三万人，开泾水上源，凿山起堤，通渠引渎，以溉岗卤之田。及春而成，百姓赖其利”。从上文可知，苻坚渠实质上是对郑白渠的重新修整疏通，且引水口应位于白渠上源，渠口凿于石质山地旁，有支渎。北魏时期的《水经注》对白渠的记载已经有白渠干流、白渠枝渎、白渠枝渠三条，而《汉书》中对白渠的支渠情况则未见记载。但考虑到汉代白渠的灌溉面积比较大，应该有支渠才能覆盖如此大的范围，故认为只是在当时未作记载而已。

苻坚渠的修凿对前秦的社会发展起到决定性的作用，关中农业由此得以繁荣，苻坚也因此积聚了相当实力为后期的战争做准备。但是，随着淝水之战的失败，前秦在各地的敌对势力乘机对其大肆进攻，关中的失地逐渐增多，水利设施相继遭到破坏，农耕停滞无法提供战争所需粮草，前秦因此逐渐走向衰败直至灭亡。

五、唐·郑白（三白）渠

唐王朝建立后，国家统一，社会安定，水利事业得到重视和发展。

唐代的郑白渠经多次疏浚，久享盛名。渠首仍在谷口，据《元和郡县志·泾阳县》载，当时郑白渠下分太白渠、中白渠和南白渠三条支渠。太白渠在县东北十里；中白渠受太白渠水，东南入高陵界；南白渠受中白渠水，东南流亦入高陵界。因有三条支渠，故自唐起又通称“三白渠”。《通典》载，永徽六年（655 年），由于当时权门豪富和富商大贾，竞相建造碾硙，“堰遏费水，渠流梗涩”，昔郑渠溉田四万余顷，今仅一万余顷。高宗同意雍州长史孙祥奏请，令祥捣毁碾硙，疏通了渠道。时有升平公主下嫁郭暧，民诉泾水为硙不得溉田，时主小官家皆有硙，乞留，帝曰：吾为苍生，若可为诸戚唱，即日毁。由是废者八十所（《新唐书·诸帝公主传》）。玄宗开元二年（714 年），李元骇又修复了一次。至代宗大历年间（766—779 年），京兆尹黎于决郑白支渠，而灌溉面积仅为六千二百余顷，效益锐减。穆宗长庆三年（823 年），高陵县令刘仁师在境内中自渠上筑堰，修了四条支渠，因堰曰“彭城堰”，渠名刘公渠（刘禹锡《刘君遗爱碑》）。

六、宋·白渠别口、小郑渠、丰利渠

宋代推行王安石变法，颁布《农田水利约束》鼓励水利建设，对引泾古渠进行了修复和扩建。《宋史·河渠志》载：宋太宗淳化二年（991 年）秋，泾阳县民杜思渊，请修石翼以堰水，恢复三白渠。至道元年（995 年）正月，度支判官梁鼎、陈尧叟上书，陈述郑白渠利害云：“按旧史，郑渠灌田四万顷……，白渠灌田四千五百顷（两渠溉田四万四千五百顷），今所存者不及二千顷，皆近代改修渠堰，浸堕旧防，由是灌溉之利，绝少于古矣”。之后多次兴修，比较重要的记载有：白渠别口。《宋史·河渠志》载：太宗至道元年（995 年）召遣大理寺丞皇甫选、光禄寺丞何亮经度泾渠勘察，认为“泾河陡深，水势渐下，与渠口相悬，水不能至”，建议“就近度其岸势，别开渠口，以通水道”，并对木堰使用、斗门维修、选官行视等事提出改善措施。诏令三白渠总监孙冕主持修复。真宗景德三年（1006 年），复召太常博士尚宾经度，以“郑渠久废可复”“自介公庙回白渠洪口，直东南会旧渠。工既毕，而水利饶足，民获数倍”。

小郑渠：据《玉海经》和《续资治通鉴》载：宋神宗认为三白渠利为大，且有旧迹，当可极力复兴。熙宁五年（1072 年）泾尹侯可议凿小郑渠，引泾水高于古渠。《泾渠志》

又载：“自石门北开两丈四尺堰，泾水注入新渠”，志书称小郑渠。

丰利渠：小郑渠由于岁歉而弛役，并未全部竟成，而恢复三白渠之决心未减。据《长安志图》侯蒙《开渠记略》载：徽宗大观元年（1107 年）三白堰“与堤防圮坏，溉田之利，名存而实废者十之八九”。秦风路经略史穆京出使陕西，接受宣德郎范镐、郎州观察推官穆卞修三白渠的建言，转奏、诏可。命永兴军提举常平使赵俭督建，从大观二年至四年九月工竣。共开土渠 3978 尺，口宽 50 尺，底宽 18 尺；凿石渠 314 尺，口宽 14 尺，底宽 12 尺，最深处为 38 尺。总计土石工 490866 个。各循白渠之道，河灌泾阳、礼泉、云阳、三原、栎阳、富平田三万五千九十三顷（泾渠志稿）。赐名“丰利渠”。其渠口遗迹，至今尚存。

引泾渠首的工程设施，自宋代起始有记载。《宋史・河渠志》记：“泾河中旧有石堰，修广皆百步，捍水雄壮，谓之‘将军翣’，废坏已久，杜思渊尝请兴修，而功不克就。其后止造木堰，凡用梢椿万一千三百余数，岁出于缘渠之民，涉夏水潦，木堰遂坏，漂流散失，至秋，复率民以葺之，数敛重困，无有止息。欲令自今溉田既毕，命水工拆堰木置于岸侧，可充二三岁修堰之用。所役缘渠之民，计田出丁，凡调万三千人。疏渠造堰，各获其利，固不惮其劳也。”记述了宋淳化二年（991 年）引泾截流的工程设施。

七、元・王御史渠

元代建立后，北方渐趋安定，水利建设得到复苏。《元史・河渠志》载：“武宗至大元年（1308 年）王琚为西台御史，建言于丰利渠上更开石渠，未果。至大三年，陕西行台御史王承德，又建言于泾阳洪口展修石渠，为万世之利。自仁宗延祐元年（1314 年），动工修建至五年渠成，计用工量一十五万三千个，是年秋改堰至新口。名曰王御史渠，可灌田八千余顷。”今渠口遗迹亦存。

元时三白渠（称王御史渠）的概况，据《长安志图》说：“立三限闸以分水，凡二所，三限闸其北曰太白渠，中曰中白渠，南曰南白渠。太白之下是为邢堰，邢堰之上渠分为二，北曰务高渠，南曰平皋渠。彭城闸，渠分为四，其北曰中白渠，其南曰中南渠，又其南曰高望渠，又其南曰隅南渠。中南之下，其北分者曰析波渠，其南分者曰运昌渠”。《长安志图》注释：“三限、彭城两处，盖五县分水之要。北限入三原、栎阳、云阳；中限入高陵；南限入泾阳”。彭城堰以下四条渠，即唐时高陵县令刘仁师所修的堰及四条支渠（时称刘仁师渠）。

八、明・广惠渠、通济渠

明初，为了恢复农业生产，太祖朱元璋曾诏示“所在有司，民以水利条上者，即陈奏”，因“泾渠年久拥塞，已失溉田之利”，先后于洪武八年、三十一年，命长兴侯耿炳文修治。之后又在永乐三年、宣德三年、天顺五年、天顺八年对泾渠又进行了多次整修。（引自《明史・河渠志》）

广惠渠：据彭华《重修广惠渠记》载，宪宗成化元年（1465 年），副都御史项忠，请自旧渠上，并北山开凿石渠一里余，就谷口上流引泾入渠，集泾阳、礼泉、三原、高陵、临潼五县众民就役，穿小龙山、大龙山。役者咸篝灯火以人，遇石刚顽，辄以火焚水淬乃举凿，或泉滴沥下，则戴笠披蓑焉。凿洞工程十分艰巨，后因项忠还朝，工程中止。成化四年（1468 年），忠又返陕，继竟其工，命渠为广惠渠。成化十二年（1476 年），右都御史余子俊抚陕继修，次年余又离陕，还未完工。成化十七年（1481 年）副都御史阮勤，再次凿修，用“匠夫四百人，五县之民，更番供役。至十八年广惠渠大功终成。历三位遣官，役十七年之久，工程空前，可谓维艰，溉五县田 8000 余顷”。

通济渠：武宗正德十一年（1516 年）四月，陕西巡抚肖翀（冲）复凿石渠，“上接新渠，直沂广惠，下人丰利，……于石坚处以火煅之，而沃之以醋，为渠广一丈二尺，袤四十二丈，深二丈四尺”，至第二年五月工成。名曰通济渠。由于渠口窄小，淤患日甚。熹宗天启四年（1624 年），《明水司牌》记：四县溉田仅 750 顷，效益锐减。导致清代不得不罢泾引泉，议开吊儿嘴。

九、清 · 龙洞渠

早在明万历（1573—1619 年）年间，通济渠引水困难，三原王思印奏开吊儿嘴引泾水，泾阳知县袁化中反对开吊儿嘴，主张专引龙洞泉水，他说：“广惠渠项公、余公、阮公相继主持，凡十七年而工始成。而官民之力竭矣，河流而淤塞之患日甚矣！后灌田仅八百顷”。“龙洞以下有大泉如斗者数十，昔皆人渠，四县赖之”（引自《重修泾阳县志 · 开吊儿嘴议》）。主张自下而上尽修诸岸，纳众泉水入渠。时至清代，三白渠之利每况愈下，世祖顺治九年（1652 年）泾阳知县金汉鼎重修广惠，“凿石渠，深入数丈，得泉源矣，粪涌而出，四时不竭”“世宗雍正五年（1727 年）、七年（1729 年），均派人修治，凿仲山引龙洞泉，又会筛珠洞、琼珠洞、倒流洞、天涝池诸泉，又东会碧玉、喷玉、暗流、鸣玉、调琴、分水和菜园倒流诸泉水”。当时建闸启闭，犹未尽绝泾水（引自《重修泾阳县志》记）。乾隆元年（1736 年），据陕西巡抚崔纪《请增修龙洞渠工程疏》载，灌田面积只有一百多顷了。乾隆二年（1737 年）泾阳知县唐秉刚通渠修堰后，因河床刷深，罢引泾水，专引诸泉溉五县田两万余顷，名曰“龙洞渠”。据《高陵县志》载，龙洞渠于乾隆十六年（1751 年）仅灌地一千余顷，直至清末尚无多大改善。清时，据《泾渠志稿》记：三白渠以修建人命名，曾几次更改渠名，如鄂山新渠、樊坑渠、袁保恒渠。但史书、地方志均不见载。

历代引泾灌溉渠工程兴建情况一览表见表 2-1-1。

表 2-1-1 历代引泾灌溉渠工程兴建情况一览表

渠名	兴建时间			主持修建人		灌溉面积	
	公元	时代	年号	姓名	职务	古顷	折今亩
郑国渠	前 246 年	战国	始皇帝嬴政元年	郑国	水工	4 万余	100 余万
六辅渠	前 111 年	汉	武帝元鼎六年	倪宽	左内史		
白公渠	前 92 年	汉	武帝太始二年	倪宽	赵中大夫	4500	31 万

续表 2-1-1

渠名	兴建时间			主持修建人		灌溉面积	
	公元	时代	年号	姓名	职务	古顷	折今亩
白公别渠	995 年	宋	太宗至道元年	黄埔选	大理	8850	
白公别渠	1006 年	宋	真宗景德三年	尚宾	太常博士		
小郑渠	1072 年	宋	神宗熙宁五年	侯可	泾阳县令	2000	
丰利渠	1107 年	宋	徽宗大观元年	穆京	员外郎	3593	
王御史渠	1310 年	元	武宗至大三年	王承德	行台御史		
广惠渠	1465 年	明	宪宗成化元年	项忠	巡抚	8022	
通济渠	1516 年	明	武宗正德十一年	萧翀	巡抚		
龙洞渠	1737 年	清	高宗乾隆二年			200 余	2 万余
樊坑渠	1806 年	清	仁宗嘉庆十一年	王恭修			
鄂山新渠	1822 年	清	宣宗道光二年	鄂山	知府		
袁保恒新渠	1869 年	清	穆宗同治八年	袁保恒	大司农		

来源：《泾惠渠志》

第二节　近代灌渠

一、民国泾惠渠

泾惠渠是民国时期“关中八惠”的第一个工程，民国十九年（1930 年）十月动工兴建，民国二十一年（1932 年）六月开始通水，民国二十四年（1935 年）4 月全部竣工。泾惠渠灌区位于渭河以北关中平原中部，由咸阳市泾阳县张家山泾河峡谷筑坝引水，东流至今阎良、临潼 2 区境内分别注入石川河与渭河，东西全长 70 千米，南北最宽 20 千米，海拔 350 ~ 450 米，北依山塬，西、南、东与宝鸡峡、交口抽渭灌区相连，总面积约 1180 平方千米。灌区土地肥沃，气候温和。

（一）兴建缘由

民国初期，列强入侵，军阀混战，生产萎缩，民不聊生，陕西水利处于停滞状态，有识之士总结郑、白渠经验，认识到在关中要振兴农业，必须发展水利。民国二年（1913 年），李仪祉第二次留学德国，与郭希仁同行考察欧洲水利，郭希仁对李仪祉说:“我国江河失治，旱潦频见，陕西尤苦旱荒，观德、荷诸国，水政修明，君宜注力于此，回国后，大之能继禹功，小之可追郑白迹，不逾于其他事业也！”李仪祉甚为赞同，说“谨受教不敢忘！”遂入但泽工科大学专攻水利。郭希仁回国后复多次致函李仪祉谆嘱:“引泾之利，既享于前，何遂不能复获于今，吾二人合谋为之。君求学于外，我致力于内，必可得遂。”后郭希仁任陕西省教育厅厅长，民国五年（1916年），兼省水利分局主事，民国六年（1917年）至民国十一年（1922年）兼任陕西省水利分局局长，致力于陕西水利。

民国八年（1919年）前后，陕西连遭数年旱灾，当地士绅议修泾渠，民国十年（1921年）陕西靖国军总司令于右任、总指挥胡笠僧等倡议利用救灾余款，兴办引泾灌溉工程，成立渭北水利委员会，公推李仲三为会长，设渭北水利工程局于三原，以李仲三、柏厚福为正副总办，敦促李仪祉由南京河海工程专门学校回陕任总工程师，同时省水利分局局长郭希仁更盼李仪祉继任分局局长。民国十一年（1922年），李仪祉组建测量队，任命胡步川为水队队长，刘钟瑞为陆队队长，分别对泾河河谷、灌区地形进行勘测，开展水文观测工作。民国十三年（1924年），在西安和渭北地区举办渭北水利工程设计图片展览会，向群众进行广泛宣传。由于当时战乱频仍，政局不稳，工款无着，北洋军阀刘镇华又反扑关中，包围西安，引泾工程计划无法实施，1927年李仪祉离陕东去。民国十七至十九年（1928—1930年），陕西关中连续三年大旱，全省受灾范围达80余县，群众因灾死亡和外逃者数百万人。民国十九年（1930年），杨虎城将军任陕西省政府主席兼西安绥靖公署主任，当时关中哀鸿遍野，嗷嗷待哺，恢复生产刻不容缓，兴修水利尤为关键，遂于11月16日召开渭北五县代表大会，成立水利协进会，派张丙昌为协进会监督，特邀李仪祉任陕西省政府委员兼建设厅长，大力支持李仪祉兴修引泾工程，决定由省政府拨款，并计划派一个师的兵力参加修渠。同时，中国华洋义赈救灾总会、檀香山华侨及其他人士也纷纷捐款，赞助引泾工程修建，至此，酝酿多年的引泾灌溉工程，遂得兴建。

（二）勘测规划

引泾水利工程的勘测工作，最早开始于民国八年（1919年），当时陕西省水利分局局长郭希仁，希图恢复郑白旧观，曾派人草测泾河谷口1/25000地形图，提出工程设想，送南京河海工程专门学校请教李仪祉，李仪祉复函认为地形图比例尺太小，基本资料不全，不宜草率从事，并提出拟就仲山凿洞修坝引水方案，内容包括土石方量估算、仪器购置、勘测设计费、工程技术人员工资及灌区受益后归还贷款问题等。民国十二年、十三年先后完成《陕西省渭北水利工程局引泾第一期报告书》和《引泾第二期报告书》，提出渠首工程甲、乙两种方案。甲种方案为建高75米、长200米的高坝水库，设计灌溉面积400万亩以上，共需资金700万~800万元。乙种低坝方案有二：一为坝高15.5米、长85米，引水洞2700米，设计灌溉面积142万亩，共需资金194万元；一为坝高15米、长75米，开挖引水洞1500米，设计灌溉面积85万亩，共需资金178万元。施工前，因筹资所限，又提出了投资为150万元的低坝第三方案，采取缩短引水洞和拓宽旧石、土渠等办法，引水流量由 40 立方米每秒减为 16 立方米每秒，设计灌溉面积由 85 万亩减为 50 万亩。

（三）建设过程

泾惠渠灌溉工程分两期实施，第一期工程于民国十九年（1930 年）冬季开工，12 月 7 日在泾阳县张家山筛珠洞口由李仪祉主持举行了隆重的开工典礼，陕西省政府主席杨虎城、陆军第十七师师长孙蔚如、华北慈联会委员长朱子桥、北平华洋义赈救灾总会工程师安立森（挪威籍）等数百人参加了典礼。所需工程费由陕西省政府拨款 47 万元，北平华洋义赈救灾总会捐款 40 万元，檀香山华侨捐款 15 万元，华北慈联会委员长朱子桥捐助水泥 2 万袋等。施工按工款来源分工负责，由北平华洋义赈救灾总会组成渭北引泾工程处，负责渠首枢纽和王桥镇以上的总干渠工程，以塔德（美国籍）为总工程师，安立森为常驻工程师；由陕西省政府组成渭北水利工程处，负责王桥镇以下总干渠，南、北干渠和第三支渠等工程，以李仪祉为总工程师，孙绍宗为副总工程师。民国二十年（1931 年），为协调渠首枢纽工程和渠道工程顺利进行，成立以陕西省政府及北平华洋义赈救灾总会合组的渭北水利工程委员会，以颜惠庆、杨虎城为名誉委员，李协（仪祉）、李百龄、塔德为委员。民国二十一年（1932 年）春，完成了渠首枢纽、总干渠、南北干渠及第三支渠等工程。同年 4 月 6 日，陕西省政府委员会谈话会议公定，命名为“泾惠渠”。6 月 20 日在渠首举行放水典礼，南京国民政府代表吴稚晖、褚民谊，陕西省政府主席杨虎城，特邀代表朱子桥、艾德敷、贝克、陈福田（檀香山华侨代表），总工程师李仪祉、塔德，施工人员和陕西各界以及灌区各专、县代表等数千人参加大会。

泾惠渠枢纽绵延 2 千米，大坝初建时引水流量 16 立方米每秒，民国二十四年至三十八年（1935—1949 年）加高 3 次，引水流量分别为 17、19、25 立方米每秒；原大坝建于明广惠渠口上游出山口处，为重力式滚水坝，最大坝高 9.2 米、长 68 米、宽 4 米，上游坡 1∶0.2，下游坡 1∶1，坝内部为乱石排齐灰浆灌缝，外层为 1 米厚、1∶3∶6 混凝土浇筑，混凝土及石方 4413.6 立方米，用水泥 1 万袋。设计过水深度 15 米。引水洞开于左岸，长 359 米，洞口明渠 25 米，设进水闸 3 孔，为 1.75 米 ×1.5 米，闸墩为混凝土抹面，闸顶高 12 米，钢板门联结上面齿轮绞盘启闭。民国二十一年（1932 年）7 月洪水入渠，总干渠及北干渠淤积 30 多千米。民国二十二年（1933 年）8 月 8 日夜大水，洪峰 9200 立方米每秒，坝上水深 14 米，坝上原留有各宽 4 米的退水口两孔亦遭冲毁，水不能入渠，且进水闸门无法启闭，遂于坝下游 2 千米处二龙王庙下设节制闸及退水闸以控制全渠引水量，并于总干渠以下设两仪闸、汉堤洞闸、磨子桥闸、生王闸、彭李闸。

第二期工程于民国二十二年（1933 年）开工，由北平及上海华洋义赈会再次捐款 13.5 万元，修建中、下游各支渠；全国经济委员会又拨款 24.8 万元，改进和完善引水工程与其他支渠，使灌区尾留与配套工程全部建成。

（四）工程投资

泾惠渠工程于 1930 年冬开始施工，至 1932 年 6 月放水时，共计完成渠首工程及总干渠、南干渠、北干渠、第三支渠等工程，为第一期工程，工程费用共计 1204300.56 元。至 1934 年底其他各支渠工程亦相继完成，为第二期工程，工程费用为 421091.62 元。另外，1922—1925 年渭北地形图测量及引泾工程勘测费 50000 元，总计前后工程费用 1675392.18 元。其中省政府筹款 64 万元，全国经济委员会拨款 24.8 万元，华洋义赈会和檀香山华侨捐款 73.55 万元，朱子桥捐助水泥 2 万袋。

泾惠渠渠系的兴建是根据当时的经济条件和灌区特点，渠道工程以历代古渠道为基础，进行改建和扩建，裁弯取直，扩大断面，调整比降，进行的新建所有渠道建筑物。总干渠以下分为南、北干渠及八条支渠。创建初期，因工款筹措不易，工料困难，渠道桥梁、渡槽、涵洞、倒虹等建筑物，一部分利用拆除灌区庙宇旧砖修建。至 1949 年新中国建立时礼泉、泾阳、三原、高陵、临潼等五县（区）注册设施面积 69.06 万亩。

二、泔惠渠

泔惠渠位于咸阳市礼泉县烽火镇，是引泾河支流泔河水灌溉周围农田的引水渠。

泔惠渠渠道处于泔河漫滩之上，周围一级阶地普遍存在，高出河床 1 ~ 5 米。二级阶地断续分布在河床两岸，不对称，高出一级阶地后缘 5 ~ 10 米，阶面均向河下游倾斜，地形比较平坦，适宜农作。海拔 450 ~ 560 米。所在地区为典型的黄土地貌，原渠首所在地名为“崖底高村”，村中高姓人家居多。

泔惠渠的修建起于 1928 年，当时陕西地区遭遇了持续多年的大旱灾。关中地区缺少灌溉，导致当时粮食歉收，陕西地区十室九空，满目疮痍。在这样的背景下，水利建设成为当时陕西省政府的重点工作，后在我国近现代水利先驱李仪祉先生的设计和当时省政府的支持下，著名的“关中八惠”得以诞生，泔惠渠就是其中之一。

泔惠渠虽然属于“关中八惠”，却并非由李仪祉先生筹划修建。泾惠渠灌区修建完成并投入运营 7 年后，礼泉县烽火镇民众看到泾河对岸有了泾惠渠的灌溉，庄稼收成逐年提升，而与泾惠渠灌区仅隔了一条泾河的烽火镇地区，却无法得到灌溉，于是当地民众呈请礼泉县县长，修建灌溉水渠。1942 年 5 月，陕西省水利局派副工程师李成信、技士刘国祥等到礼泉县烽火镇实地勘测并印制工程图表，准备在冬令农隙之际，兴工便利之时动工修渠。泔河姚家沟谷以上，两岸地质坚实，河身狭窄，并有卵石，大者如拳，河道条件适宜筑坝引水。1943 年 3 月即在此开工修渠，1944 年 1 月渠系工程修建完工、4 月开闸放水。

（一）渠首工程

渠首工程共分为 5 项：其一为滚水坝。位于户家上河村以西，长 27 米，高 3 米，建在沙土砾石河床之上，坝后打木板桩 1 排，坝面海漫及消力槛均用料石砌筑，坝的内部则用块石砌筑，海漫之下，10 米宽干块石 1 段，坝后亦做宽 1 米浆砌块石。其二为暗沟。在坝的南端上游，开凿暗洞导引河水入渠，长 40 米，洞身高 1.1 米、宽 1 米，用料石垒砌。其三为进水闸。在洞的上端，紧接暗洞下游，为渠闸及冲刷闸，借以操纵水量，防沙入渠，闸门均为木质，宽约 1.13 米，高约 1.17 米，闸桥及闸底用料石砌筑，渠闸上下游均用块石护岸，以防冲刷。其四为输水工程。渠道自滚水坝起至白灵宫老户上计长4.5千米，渠底宽0.8米，水深0.6米，渠岸坡度1∶1，渠道容水量为0.47立方米每秒，由引水口至分水闸渠长2千米，比降为1/1500，分水闸以下比降为1/2000。其五为建筑物。计分水闸1座，各为1孔，均宽1米，闸墙用白灰砌砖，用木板启闭，有砖拱桥梁8座，分甲、乙2种，甲种高1.2米，乙种高约1.13米，下部则用块石砌筑。主要工料，据当地调查，以木石最为经济，全渠工料费计需298862.36元。

（二）施工情形

全部工程分为渠首及建筑物两部分施工，前者由礼泉县政府征用民工开挖，1944年3月25日组织革前工务所，由水利局派员勤工俭学，全县出工，该县7乡镇共计65保，每保每日平号出工30名，共计2000余人，自备工具、粮食，划段分作，工作甚速。后者则由水利局派员另设工程处，于5月1日成立，随即开始备料。诸如料石、块石采自张家山，距工地10多千米，中隔泾河，运输颇感不便，又以石场狭小，每日平均只能容纳20余人，自6月1日招商开采后，至10月底共采集料石171立方米，用工22150个，块石963立方米，用工1420个；由企业公司购买水泥120吨，由富平采购白灰80吨。所有材料于7月1日由礼泉县政府征雇大车开始运输。

渠首工程先从暗洞着手，公方采用包工制，镶砌洞身用雇工，至9月底大致完竣，嗣因公款不继，大坝不能如期开工，运输工具亦不能加多，乃先修筑桥梁2座，至10月底完竣。此后始招商兴修大坝，并加紧督催运料车辆，唯遇府谷县正运军粮，不能充量征雇，招致工人亦感困难，致大坝工程延至12月底始告完竣。其余桥梁6座、分水闸1座，因材料早已备好，复经积极赶修，未半月即行完工。至次年2月中旬，泔渠工程全部告成，计用人工（外工渠工除外）4942个，征雇大车2284辆，共用公款210万元，包括工程费及管理费在内，土渠工程乃系征工开挖，劳工折价约合200万元。

该渠工程处由工程师1人主持，有副工程师1人，监工员5人，至次年2月底结束以后，管理事宜交由泾惠渠管理局接办，另设管理处专司其责，所有斗门的建筑及地亩的清丈，由管理处逐步完成。

（三）工程效益

泔惠渠建设完成后，棉田每亩增产量达到15千克，小麦每亩增产量40千克，折合市价总增益达到56390400元。新中国成立后，当地人口从原来的400余口逐渐增长到2000余口。

泔惠渠投入使用后，在泾惠渠管理局兼管下，设立泔惠渠管理所（原址后改为崖底高村王家小学，现已废弃）负责渠道维护、放水灌溉以及税费收缴等工作，泔惠渠水地课税税率为每亩5角。由于泾惠渠灌区和泔惠渠灌区这2个灌区在地理位置上距离非常近，而泔惠渠灌区面积又非常小，陕西省水利局将泔惠渠灌区划归泾惠渠管理局管辖，泔惠渠的工作人员属于泾惠渠管理局，泾惠渠管理局局长也兼任泔惠渠管理所所长。1952年，由泾惠渠管理局将泔惠渠灌区交由礼泉县管理。

1962 年冬，礼泉县对泔惠渠灌区重新进行全面的规划和改建，并增建 3 座抽水站，使泔惠渠的引水量从 0.4 米每秒增大为 0.8 米每秒，受益面积扩大为 3800 亩。1976 年 12 月 30 日，泔河二库破土动工，竣工后原泔惠渠放水渠首作废，改由泔河二库输水，扩灌面积 2000 多亩，可灌面积达到了 500 多亩。至此，泔惠渠管理所被撤销，灌区归泔河二库管理站管理。

第三节 现代灌渠

一、泾惠渠灌区

1949 年后，泾惠渠的灌溉管理事业进入了一个新阶段，分别进行了渠首枢纽改造、改善调整渠系、修建排水沟系、发展机井灌溉、完善田间工程等。现在泾惠渠是一个从泾河自流引水的大（Ⅱ）型灌区，灌溉区域涉及西安、咸阳、渭南 3 市的临潼、阎良、高陵、泾阳、三原、富平 6 个县（区）71 个乡镇 1065 个行政村，设施灌溉面积 146.5 万亩。灌区工程主要有水库工程、渠道工程、泵站工程及排水工程。有张家山、西郊、贺兰 3 座水库，总库容 4737 万立方米；渠道工程有干渠 6 条，长 93.25 千米；支（分）渠 37 条，长 378.87 千米；有徐木、西郊、楼底、贺兰 4 座抽水站，总装机容量 13320 千瓦，设计抽水流量 18.5 立方米每秒，抽水扬程最高 133.03 米。排水工程有排水干支沟 92 条，长 506.24 千米，控制排水面积 103 万亩。

（一）渠首枢纽改造

1949 年至 20 世纪 60 年代前期，加高大坝一次并扩大隧洞、加高石堤，引水流量增加到 26 立方米每秒，年引水量达 3.8 亿立方米。1966 年 7 月 27 日，洪水冲毁拦河大坝，省、地、县各级政府立即组织重建，成立以咸阳专署专员王世俊为指挥、泾阳县县长郑公卿、泾惠局副局长乔大海、总工程师叶遇春为副指挥的工程指挥部。1966 年 10 月下旬至次年 6 月 13 日，在原坝址下游 16 米处新建 1 座高 14 米、长 87.5 米、底宽 23 米的混凝土溢流坝，引水流量 50 立方米每秒。1971 年 5 月，完成新建进水闸、扩建引水洞与加高石堤工程，节制闸、退水闸由人力启闭改装为倒挂式双作用油压启闭机启闭。1989 年对渠首进行加坝加闸和除险加固。1988 年 10 月至 1989 年 4 月对大坝进行预应力锚索加固，消除了大坝安全隐患。1992 年 2 月至 1997 年 5 月对拦河大坝进行加坝加闸改造，在原坝高 14 米的基础上加高至 35.7 米，设有宽 10.3 米、高 8.3 米泄洪闸 6 孔，加闸高 8 米，改建成坝型为微拱形溢流重力坝一座，坝长 118.8 米，最大坝高 35.7 米，形成 510 万立方米库容，年调节水量 3000 余万立方米。渠首设计引水流量 48 立方米每秒，加大引水流量 50 立方米每秒。渠首大坝护坦续建工程列入泾惠渠灌区 2001 年度续建配套与节水改造项目，也是渠首加坝加闸工程尾留项目之一。该工程由陕西省石头河水电工程局施工，陕西咸阳郑国工程建设监理有限公司监理，陕西省水利厅质监站监督质量。工程决算投资 656.06 万元。工程于 2002 年 3 月开工，2003 年 3 月完成。

（二）渠系改善

新中国成立以来，按照边运用、边改善、边发展的原则，对灌区新老渠系进行了4次规模较大的改善调整与挖潜扩灌。

1949—1965年为兴利除害阶段，主要项目有：翻修干、支渠各种建筑物318座，将原有的砖体建筑物全部改为混凝土或砌石建筑，改建了新五支渠与分支渠，增开泄水渠2条，斗渠16条。新建了长36千米的第九支渠，在原一支渠中段和四、五支渠尾端，修建了过清河、石川河倒虹3座，开斗渠87条，新增灌溉面积32.5万亩，在南干渠进行7.6千米的混凝土衬砌试验。至1966年，灌区设施灌溉面积发展到122万亩，初步治理了沼盐危害。

1966—1983年为开源节流扩大效益阶段。主要是对总干渠、南干渠和支、斗渠进行改善和调整，总干渠延长10千米至山西庄，取消原南干渠和北干渠。改建下移十支渠进水闸，对二支渠三原县城内外段5.86千米进行裁弯改直、片石衬砌，完成北干渠及北干分支渠、三支渠等改善工程，修建各种建筑物142座，将南一干渠生王分水闸下移至北孙村，下接四支渠，全部混凝土衬砌；增建四支渠过清分支渠，新开斗渠3条，对南二干渠与七支渠进行混凝土衬砌，并将彭李分水闸移至朝李村。1978年，灌区设施灌溉面积达135.5万亩，1982年有效灌溉面积为134.3085万亩。

1983年后期至1990年为第三阶段。为继续解决灌区工程老化失修、效益衰减问题，1989年泾惠渠被列入关中三大灌区改造之一，开展了以更新改造、完善配套和方田建设为主要内容的灌区建设，共安排8项工程和方田38.7万亩。主要项目有：渠首加坝加闸和除险加固、总干渠险工段整治与石渠坡脚砌护，南干渠改善，干、支、斗渠衬砌与翻修，重点建筑物加固改造，排水干沟整修以及通信线路更新改造等，完成工程投资1571万元，建成渠、井、电、路、树相配套的方田面积41.8万亩。

1990—2020年，开展水源工程、输水设施、中低产田、运行管理设施等改造。自1999年被列入国家大型灌区续建配套节水改造项目后，截至2020年项目完结，共完成单项工程86项，完成干支渠道改造衬砌288.274千米；疏浚退水渠道7.259千米；改造渠系建筑物1496座，改造生产管护设施12199.47平方米，改造衬砌斗农渠34.294千米，建成了渠首大坝坝后护坦、防汛抢险道路等工程，实施了灌区信息化工程。累计完成投资6.205亿元，其中中央投资5.1818亿元，地方配套1.0232亿元。灌区恢复灌溉面积12.4万亩，改善灌溉面积118.47万亩。灌区年新增粮食生产能力15.7万吨，新增农业产值37680万元，农民人均增收338.7元。

（三）田间工程

泾惠渠灌区的田间工程，包括斗渠口以下各级渠道、道路、排水分毛沟、土地平整、深翻改土、小畦园田、机井建设、输电线路等全部工程，是改善灌水条件、提高灌溉效益、增加农业产量的田间基础工程建设。1964年继泾惠渠管理局在泾阳县姚坊公社对南干渠及10支渠11条斗渠进行改善试点之后，灌区各县相继铺开的有三原县安乐、独李公社，高陵区通远坊公社火箭大队，临潼县徐杨公社，泾阳县石桥公社等，均是当时灌区田园化建设的样板。“文化大革命”初期，园田化建设曾一度停顿。1965年在《建设泾惠渠灌区农业稳产高产规划》中，把改善斗渠、平整土地和方田建设作为首要任务。进入20世纪70年代，在全国北方农业会议精神和农业学大寨运动的推动下，按照“以土为首，水、土、林全面规划，综合治理”的方针，灌区又开展了以一平（地平）、三端（渠、路、树端）、六结合（渠、路、沟、井、电、树）为目标的田间工程建设。1988年省政府决定在泾惠渠等三大灌区开展方田建设。灌区市、县、乡镇分别成立方田建设领导小组、指挥部，灌区县乡两级共抽调专职工作人员370人。省泾惠局成立由副局长陈力为组长的泾惠渠灌区方田建设领导小组，下设方田建设办公室，全面负责灌区方田建设工作。泾惠渠灌区方田建设从1988年试点至1993年，在灌区5县（区）37个乡镇，共建成方田2.787万公顷，占灌区当时设施灌溉面积的30.9%。衬砌混凝土U形斗渠290条，长355.796千米；分渠1517条，长641.318千米。配套各类建筑物25541座，配套引、顺、腰渠15126条，长3088千米。平整土地5000公顷，测试机井2578眼，新修及整修生产路828条，长1658千米，植树65万余株。乡镇以下村组服务体系健全，段斗长、技术员配备齐全。已建方田省市县总投资1449.10万元，群众投劳200.9万个工日，每个工日按当时价以5元计共1004.39万元，总计投资2453.49万元，平均每公顷投资880.3元。2000年4月开始实施世行贷款中低产田改造项目，2004年12月完成建设任务。完成中低产田改造31个田块，面积42.5810万亩。衬砌斗渠371.727千米，衬砌分渠502.334千米。其中，改善田块28个，扩灌田块3个。项目的实施，新增扩灌面积7.9万亩，并使灌区101.03万亩农田的灌溉条件得到显著改善。灌区斗口用水量由项目实施前1993—1999年7年平均9595万立方米增加到2000—2006年7年平均10900万立方米，净增1305万立方米，年增加灌区水费收入约137万元。

20世纪50年代至1980年期间，灌区兴起了群众性的打井热潮，1965年建成机井2559眼，1973年猛增到12570眼，至20世纪80年代灌区已有各类机井1.4万眼，年提取地下水0.9 ~ 1.28亿立方米，年井灌面积占总灌溉面积的43.7%，渠井双灌面积达到7.33万公顷，基本实现了渠井双灌化。截至2012年泾惠渠灌区共有机井20702眼，井深大多为50 ~ 100米。根据1988—2012年资料统计，年均开采地下水量2.1亿立方米，占年农作物用水总量3.78亿立方米的56%。年均井灌面积11.32万公顷，占年均渠井总灌溉面积20.1万公顷的56.3%。

（四）排水工程

1954年起，灌区排水工程进入了全面规划、分期实施、逐步提高的阶段，总体可以划分为四个阶段。第一阶段：1954—1962年，先由陕西省水利局派勘测设计队与泾惠渠管理局组织了勘测规划组，对灌区进行全面勘测，统一规划，分期实施。开挖雪河、泾永、仁村等排水干、支沟，以后由各县按地区成立指挥部，分别开挖陵雨、大寨、滩张排水沟，至1962年灌区初步形成了六个排水系统，控制面积70万 ~ 80万亩，但由于规划支沟偏少，地下水上升情况在一些地区继续发展。第二阶段：自 1963 年起，陕西省水利勘测设计院与泾惠渠管理局配合，又进行了第二次勘测，对全灌区排水系统进行全面改善规划，提高排水标准，由国家投资 278.19 万元，分期实施。至 1966 年底，上述排水工程基本完成。第三阶段：1975—1978 年，由泾惠渠管理局协助三原、临潼两县勘测设计清河北排水系统（1964 年咸阳地区水利局与三原县配合，曾进行清河北排水勘测及施工，初步形成了西阳排水系统），并由两县负责动员群众施工，泾惠渠管理局每年补助少量资金，共计完成支、分沟 42 条，控制排水面积 20 万亩。至此，全灌区七个排水系统全部形成，共可控制排水面积 103.3 万亩，占全灌区灌溉面积的 76.2%。总计有排水干沟 8 条，支沟 73 条，分沟 116 条，总长度 737.5 千米，各种建筑物 1453 座，共用国家投资 401.22 万元。第四阶段：由于一些排水沟系配套改善工程尚未完成，维修养护跟不上，排水沟普遍淤塞严重，局部地区的地下水上升危害尚未完全解除，1980 年开始，又进行了局部改善和建筑物配套，因工作量大面广，资金短缺，动员群众困难，工程改善持续时间长，灌区排水设施齐全，有效防止了渍涝灾害，保护了灌区的水环境和生态环境。

二、宝鸡峡灌区

（一）泾阳县区域

引渭灌溉始于 1958 年，泾河南塬泾阳县太平、蒋刘、高庄三乡属“渭高抽”的兴五支渠及咸二、三、四、五支渠下游灌区，1971 年改属宝鸡峡灌区。1990 年后，两灌区经过水利建设，渠系数量和质量虽有提高，但因水源水量减少、城市建设征地、产业结构调整等原因，2010 年灌溉面积小于 1990 年灌溉面积。太平灌区：东五支渠礼泉、泾阳两县联合申请修建兴五支渠，由兴平县店张驿乡（今兴平市店张街道）西北约 5 千米处兴四支渠分支，于太平乡（今太平镇，下同）新庄村入县境，经枣坪村沿泾河岸向东南止于寨头村处，斗渠 12 条，灌溉面积约为 1.2 万亩。东四支渠共有斗渠 5 条，灌溉面积 1.5 万亩，实际灌溉面积 0.9 万亩。由宝鸡峡礼泉总站骏马管理站管理，太平镇设管理段，灌溉面积 0.75 万亩。东三支渠有斗渠 3 条，灌溉太平镇权杨、张李、刘家、沟岸等村约 2000 亩农田。蒋刘灌区：帝王站咸二、咸三支渠蒋刘灌区处于宝鸡峡灌区最末端，由白贺抽水管理站管理，斗渠 6 条，灌溉面积 1.04 万亩。咸四支渠建于 1962 年，陶家抽水管理站管理，斗渠 3 条，灌溉面积 0.63 万亩。北支渠，1960 年配套完成放水，1961 年开始受益，红旗抽水管理站管理，斗渠 2 条，灌溉面积 0.6 万亩。高庄灌区：红旗抽水站自高渠末端入高庄乡（今高庄镇），至费家崖、新庄村止，1 条斗渠，该乡仅灌地 940 亩。灌区冬、春灌用水尚有保障，夏灌用水困难。2010 年，北干渠在高庄境内仅剩最后 1 条斗渠，即第 30 斗，灌溉高庄镇高庄村二、三组，实际灌溉面积约 0.1 万亩；南支渠共有 4 斗，主要灌溉高庄镇高庄五、六组农田约 360 亩。

（二）礼泉县区域

宝鸡峡引渭灌溉工程于 1958 年 11 月动工兴建，1962 年缓建停工，1969 年 3 月工程又全面复工，1971 年 7 月竣工通水。礼泉县境内东干渠至裴寨乡段家崖村入泔河，长 21

千米，支渠6条；西干渠到泔河水库止，长9千米，支渠4条，灌溉北屯、烟霞、赵镇、昭陵、石潭、烽火、阡东、骏马、西张堡、裴寨、药王洞、新时、史德、城关共14个乡镇323个行政村，设施灌溉面积47万亩，有效灌溉面积37万亩。在工程建设中，礼泉为第一、第十指挥部。第一指挥部驻渠首林家村，承担拦河坝及千河西岸27千米渠道工程任务。第十指挥部设礼泉泔河村，承担泔河水库工程建设。

三、乾县泔惠渠

泔惠渠于1958年4月开工，同年11月24日竣工。渠首位于乾县东北约15千米的铁佛乡丁家河，枢纽工程由拦河坝、引水石渠、冲刷闸、进水闸组成。

拦河坝高1米、长18米，引水石渠长21.3米，石质坚固；冲刷闸位于石渠尾，最大泄量6立方米每秒，引水能力为3立方米每秒。干渠沿泔河右岸穿山越沟蜿蜒南下，在阳洪乡上陆陌村上塬，全长10.7千米，沿途设有退水闸7座，隧洞10处长3408米，过沟填方25处，桥涵5座。支渠2条长8.7千米，斗渠15条长15.9千米，渠道建筑物123座。

由于干渠环山，地质条件差，经常发生滑坡塌陷，1963年夏灌时，曾发生多处高崖滑坡，塌土5万余立方米，仅浇地930亩。1964年进行了修复和改建。1975年7月，七号闸前渠线发生百米大滑坡，一次塌方86万立方米，造成一座天然堤坝（现今的红崖水库），后经改建，以隧洞代之输水明渠，至1983年共凿隧洞3处，长2672米，彻底摆脱了危险状态。同时采用蓄、引、提结合，利用过沟填方，修成小库4处，可蓄水45万立方米，建成小型抽水站12处，抽水0.3万立方米。打辐射井57眼，年可采地下水40万立方米。这些设施可灌面积4200万亩。累计完成土方361.2万立方米，混凝土0.219万立方米，总投劳力1203万个，总投资228.4万元，其中国家投资136.8万元。

1958年原规划在上游建设一座设施灌溉面积为10万亩的水库。因当时财力所限未能实现，致使引水无法满足。1979—1980年在渠首以上3.5千米处建成杨家河水库，库容1450万立方米，坝高48.3米，至1986年核实设施灌溉面积1.45万亩，有效灌溉面积1.25万亩。2006年，中央财政扶持阳洪小型农田水利工程对泔惠渠实施改造，项目区位于阳洪镇中陆陌村，总面积5000亩，设施灌溉面积4000亩。衬砌U形D100、D80、D50、D40混凝土渠道共19.5千米，新修建筑物119座。完成投资178.01万元。2007年，开展节水改造工程，涉及灌区1条支渠、3条斗渠和24条分渠。工程累计砌各级U形混凝土渠道23.6千米，修建生产桥、跌水、斗分门、量水堰等各类建筑物200座。完成投资205.22万元。2008年，小型农田水利基本建设项目，在灌区完成U形渠道衬砌3.82千米，新修各类渠系建筑物47座，累计完成投资103.66万元。新增灌溉面积700亩，改善灌溉面积3098亩。2009年度，中央财政小型农田水利专项工程项目区位于阳洪镇，涉及习家、山坳2村，总耕地面积7450亩。完成衬砌U形渠道9千米，其中D100渠道3千米，D80渠道3千米，D50渠道3千米；新修各类建筑物125座。完成投资152.54万元。

四、泾阳县党家堡灌区

党家堡灌区位于泾阳县北部，灌区东西长25千米，南北长约10千米，灌区包括塬、川两部分，涉及泾阳县桥底、云阳、兴隆和安吴4镇。以泾惠渠总干渠水为水源，三级抽水，1972年建成。1990年4月至2001年11月，实施国家大型商品粮基地建设项目更新改造工程，总投资683.11万元。衬砌加固干、支渠12.87千米，其中总干渠0.54千米、一级高渠6.94千米、一级低渠2.95千米、北一支渠0.8千米、二级低干渠1.6千米，新修及维修各类建筑物62座，渠系水利用系数提高到0.55，改善灌溉面积8.24万亩。2005年9月至12月，实施咸阳市优质小麦基地建设项目——党家堡抽水站更新改造工程，总投资232.17万元，衬砌一级低渠、一级高渠、三支渠、云二支渠等4条支渠11.6千米，新建及维修渠系建筑物75座，渠系水利用系数由0.55提高到0.65。灌区共有斗、分渠299条，长232.6千米，衬砌率58%。其中，斗渠131条，长138千米；分渠168条，长94.6千米。设计灌溉面积10.68万亩，有效灌溉面积8.85万亩。灌区按渠道类型划分为段、斗，每段、每斗各设段、斗长1名，共有段长9名、斗长22名；段、斗长工资按段、斗用水量每立方米提取0.008元，巡渠人员由段、斗长自行安排，费用按段、斗用水量每立方米提取0.002元。2022年创建为省级节水型灌区。

五、礼泉县双合灌区

礼泉县双合灌区位于礼泉县城北部约8千米处，是礼泉县唯一的一座中型灌区，始建于1976年，灌区设施灌溉面积2.05万亩，涉及赵镇、昭陵两镇15个行政村，灌区人口1.5万人。项目区粮食作物小麦0.35万亩、玉米0.25万亩，灌区栽植果树（苹果、梨、葡萄）达到1.64万亩。双合灌区灌溉水源为泔河水库，多年平均供水量为550万立方米。分为四级提水，共安装水泵机组12台，总装机功率1630千瓦，设计总扬程357米。安装主变压器8台，总容量2015千伏安。近年泵站年最大抽水能力290万立方米。灌区现有1条干渠，长11千米，设计流量为0.9立方米每秒，最大流量为0.9立方米每秒；斗渠27条，长44千米。2021年实施了灌区节水配套改造项目，一级站改造拆除出水池、管坡、卷扬机房和配电房，新建3座出水池、1处管坡和1栋103.3平方米的卷扬机房；更换3台机组为变频水泵与电机；更换全部电气设备、金属设备、附属设备。二级站改造拆除进水池和泵房地面以上部分，改造1座进水池，新建1栋257.80平方米的泵房，新建1栋14.3平方米的空气罐房；将现状4台水泵和电机全部更换为5台水泵和电机，新建站用变压器、输电线路及50米进场道路等；建设泵站监测系统，包括用水量测量系统、管理设施和信息化系统。

六、汃惠渠

汃惠渠位于旬邑县，1955年采用倒虹吸的办法跨汃河将水由南岸送至北岸，1956年通水。1960年，倒虹吸被洪水冲垮，便分为南、北两条渠道。南渠长4000米，沿渠修建了长85米的连家河涵洞和长38米的崔家河倒虹吸及一座跌水、两座退水闸、一座石墩砖拱桥。由于工程质量差，配套设施不健全，1980年后再未发挥作用。北渠渠首位于县城东北2000米处的红石崖，全长4000米，灌溉城关镇东关、西关等5个村的160公顷耕地。渠道跨4条深沟，分别建有钢筋混凝土倒虹吸、砌石渡槽和木渡槽，修建了4座排洪桥和 12 座便桥。1980 年后，因雨水合时很少引水，渠道疏于管理最终被毁。1994 年旬邑县人民政府投资 59 万元修复南渠和甘峪、小塔引水灌溉工程灌水坝两座，衬砌干、支渠道 15.03 千米，修建配套建筑物 114 座，有效灌溉面积 136 公顷。

七、涧惠渠

涧惠渠修建于 1958 年的“大跃进”时期，也称跃进渠。由旬邑县底庙乡菜园子村引支党河水，于张家沟退水，全长 6000 米，跨沟 12 条，穿越 900 米隧洞一条，灌溉店子河、刘家店和万家川三个村 16.5 公顷耕地。

第二章 水库工程

水库作为一项大的蓄水工程，技术复杂，涉及面广。古代事迹，未见史载。唯见志书略述，清代同治年间，彬州市菜家沟因滑坡形成一座天然水库，名曰四郎池，蓄水166万立方米，水面375亩，但未蓄水灌田，至1964年群众投放鱼苗，年可获益。新中国成立后，在蓄水为主、小型为主和群众自办为主的水利方针指导下，流域内水库建设大兴起来，截至2020年底，已建成水库共40座，其中中型水库3座，小型水库37座，总库容1.67亿立方米，水库兴利库容0.90亿立方米，设计供水能力1.03亿立方米，现状供水能力0.72亿立方米；塘坝153座，总容积537万立方米，设计供水能力252万立方米，现状供水能力193万立方米。

第一节 东庄水利枢纽工程

泾河东庄水利枢纽工程位于黄河二级支流泾河下游峡谷末端陕西省礼泉东庄河段处，距咸阳市80千米，距西安市100多千米，距下游谷口泾惠渠渠首30千米，距泾河入渭河口90千米。库坝区河道深切河谷达200 ~ 300米，坝址地形、地质条件较好，淹没较少，建库条件优越。

泾河东庄水利枢纽（简称“东庄水库”），是陕西省委、省政府以及相关市县党委、政府和人民在前期工作基础上，为之奋斗了70多年的大型水利枢纽工程。

一、前期规划

第一次是20世纪50年代初。1950年9月，新中国成立不久，为解决关中渭河下游的防洪和灌溉用水问题，黄河水利委员会、陕西省水利局及相关专家对泾河进行查勘，提出在泾河峡谷进口段建百亿立方米库容大型水库的规划设想。1956年，黄河水利委员会和陕西省对泾河干流进行规划，选定泾河陕西段彬州市大佛寺、礼泉县东庄二级开发方案，开发目标为“以防洪、灌溉为主”。

第二次是20世纪60年代初。黄河三门峡水库运行造成渭河下游严重淤积，洪水危及西安安全，引起国务院高度重视，开始规划东庄拦泥库。1964年8月，在治黄会议上，周恩来总理提出确保西安、确保下游的方针。黄河水利委员会随即提出在渭河最大支流泾河修建拦泥库缓解三门峡水库淤积的思路。同年10月，水电部副部长钱正英带领全国水利专家对东庄坝址进行踏勘。1965年，黄河水利委员会组织技术人员对东庄水利枢纽进行勘察设计工作，提出在泾河下游礼泉县建设东庄拦泥库的规划。

第三次是20世纪70、80年代，陕西省大兴水利，再次开始东庄水利枢纽的勘察设计。当时，在省革委会主任李瑞山的支持下，省水电局组织原水电部三局开展东庄水利枢纽勘测设计工作，1975年提出拱坝方案，后因勘测设计单位的隶属关系调整，前期工作停止。1976年6月，陕西省水电设计院编写的《陕西省泾河干流水利工程开发意见》，经过逐一进行研究比较，认为大佛寺、东庄两处坝段条件比较优越。1978年，陕西省政府邀请国内著名专家对东庄坝址进行了踏勘，并召开泾河东庄水库技术讨论会，专家认为：东庄灰岩坝址建坝条件好，可建薄拱坝；灰岩渗漏问题可通过防渗处理来解决。1979年，陕西省水电设计院组织设计人员再次进行勘察设计，并于1982年提出东庄水利枢纽规划选点阶段工程地质勘察报告。1985年9月，陕西省水电设计院编制《陕西省泾河开发治理规划报告》，提出了东庄水库一级开发方案，并经黄河水利委员会论证，初步确定了东庄水利枢纽一级开发方案。拟建混凝土坝，坝高231米，总库容35.88亿立方米，规划灌溉面积161.4万亩。

第四次是1990—2000年，部省合作，全面开展东庄水利枢纽勘测设计工作。1990年时任水利部部长杨振怀看到陕西省水利厅原副总工程师余光夏的《论泾河东庄工程建设》一文后，召集水利部水规总院、陕西省水利厅等主要负责人座谈，确定水利部安排经费、水利部上海勘测设计院承担东庄水利枢纽工程的设计任务。1991年3月，水规总院会同陕西省水利厅、黄河水利委员会，共同确定东庄水利枢纽的开发目标为"防洪、减淤、灌溉、城镇供水以及发电等综合利用"。1992年编制《泾河流域补充规划报告》，又对东庄水库的范围和规模进行重新调整。1991—1995年，上海、西北水电勘测设计院会同陕西省水电设计院就东庄水库的坝址比较和工程规模进行论证，重点在工程泥沙、区域稳定性、岩溶渗漏、水文地质条件等方面进行大量的计算、论证、试验、测试和分析工作，于1995年8月完成《泾河东庄水利枢纽工程可行性选坝报告》，推荐前山嘴砂岩坝址，坝高195米，总库容28.5亿立方米，总投资54亿元。1996年4月，鉴于东庄水利枢纽设计方案项目投资较大、难以筹措，又将开发目标调整为"以灌溉、供水为主"，以急需解决关中地区严重缺水问题，并完成了东庄水利枢纽工程（西马庄坝址）项目建议书，设计库容15.16亿立方米，堆石坝高160.5米，总投资39亿元。1996年9月，陕西省水利电力勘测设计研究院编制完成《泾河东庄水利枢纽工程选坝阶段灌区规划报告》。1999年4月至2000年6月，上海水电设计院会同省水电设计院编制《泾河东庄水利枢纽工程可行性研究报告》，主要以灌溉、供水、防洪为主，兼顾减淤、发电为目标进行研究和论证。

第五次是进入21世纪，全面开始渭河规划。2000年陕西省水利厅组织编制完成了"以灌溉、供水为主"的西马庄混凝土面板堆石坝方案。2001年10月，全国政协副主席钱正英率全国政协与中国工程院组成考察团对渭河流域进行了全面考察，形成了关于渭河流域综合治理问题的调研报告。2005年12月，国务院批复渭河流域重点治理规划，将东庄水利枢纽列为渭河防洪减淤工程体系的控制性骨干工程，列为黄河水沙调控体系的重要组成部分，开发任务以防洪减淤为主，综合利用。2006年12月，陕西省组织完成了开发目标"以防洪减淤为主，兼顾供水发电及改善生态环境”的东庄水利枢纽工程项目建议书。2007年7月，时任省委书记赵乐际主持省委中心学习组听取“关于渭河保护与治理的专题报告”，要求务必加快实施省内南水北调、渭河综合治理与泾河东庄水利枢纽工程。关于东庄水利枢纽工程，赵乐际要求抓紧完成立项，尽快启动可研阶段工作，争取尽早开工建设。2007年9月，省水利厅完成《关于水资源优化配置和节约保护研究报告》，提出“解决关中地区用水问题必须抓紧东庄水库建设”，要求加快完成项目建议书报批工作，2008年完成可研报告初稿，2009年进行审查与咨询报批。

第六次是全面重新启动前期工作。这一时期，泾河东庄水利枢纽工程相继列入国务院批复的《黄河流域防洪规划》《渭河流域重点治理规划》和国家发改委批准的《关中—天水经济区发展规划》，并成为国务院确定的重要防洪骨干工程和大型水源工程172项节水供水重大水利工程之一。2010年8月，陕西省水利厅委托黄河勘测规划设计研究院有限公司开展东庄水库项目建议书修编工作，勘察设计单位依据变化的来水来沙情况、河道边界条件和经济社会发展的新要求，于2012年编制完成了《陕西省泾河东庄水利枢纽项目建议书》（简称《项目建议书》），推荐在综合条件最优的东庄岩溶坝址建设水利枢纽。《项目建议书》拟定的开发任务为“以防洪减淤为主，兼顾供水、发电及改善生态等综合利用”。同期，陕西省水利厅组织20多家科研单位集中攻关，在吸收历年研究成果基础上，解决了东庄水库面临的开发任务、坝址选择、泥沙淤积和岩溶渗漏等重大技术难题。2013年2月24日，陕西省委、省政府在东庄水利枢纽坝址举行动员大会，全面加快前期论证立项工作。2014年11月24日，工程项目建议书获国家发改委批复。2017年7月，国家发改委批复了东庄水利枢纽工程可行性研究报告。2018年5月，东庄水利枢纽工程环评报告通过生态环境部审批。这标志着工程前期工作的基本完成，工程建设开始进入实施阶段。

二、工程任务、规模

东庄水库工程开发任务以防洪减淤为主，兼顾供水、发电及改善生态环境等综合利用。工程枢纽主要由混凝土双曲拱坝、泄洪排沙孔及水垫塘、发电引水洞和地下厂房及供水进水塔等主要建筑物组成。工程建成后，将彻底解决渭河下游“小水大灾”的问题，实现泾渭河下游安澜和长治久安；促进渭北“旱腰带”及西咸新区经济社会发展，并将极大地改善泾渭河下游生态环境。

工程规模。设计现状基准年采用2010年，设计水平年采用2030年。城镇生活和工业供水保证率为95%，灌溉保证率由33%提高到50%。工程以充分发挥水库的拦沙减淤作用和泥沙淤积末端不影响彬州市县城下游11千米处的早饭头村为条件，选定死水位为756米；选定汛限水位为780米；经洪水调算100年一遇防洪高水位为792.24米，1000年一遇设计洪水位为795.42米，5000年一遇校核洪水位为798.73米。经技术经济比较推荐正常蓄水位为789米，起始运行水位740米。

东庄水库总库容32.76亿立方米，死库容14.37亿立方米，调节库容5.78亿立方米（含调水调沙库容3.27亿立方米），防洪库容4.3亿立方米。水库拦沙库容为20.53亿立方米，淤满年限为30年。据水库回水计算分析，以汛限水位780米起调，30年一遇洪水的回水不影响彬州市早饭头村。

工程等级和设计标准。泾河东庄水利枢纽工程等别为一等，工程规模为大（1）型，混凝土拱坝、泄水排沙孔、电站进水口、水垫塘等主要建筑物为一级，供水建筑物为2级，电站厂房及次要建筑物为3级。混凝土拱坝设计洪水标准为1000年一遇，校核洪水标准为5000年一遇；水垫塘设计洪水标准为100年一遇，校核洪水标准为1000年一遇；泄水建筑物进水口设计洪水标准为50年一遇，校核洪水标准为200年一遇；电站厂房设计洪水标准为100年一遇，校核洪水标准为200年一遇。

枢纽总体布置。经东庄坝址和前山嘴坝址在正常蓄水位相同的前提下，均能满足防洪、供水等任务，移民占地、环境影响、施工条件、工期差别不大，但工程的拦沙减淤效益和发电效益差别明显，东庄坝址能更好地满足工程开发任务，最终比选推荐东庄坝址。

主要建筑物。混凝土双曲拱坝坝高230米，坝顶高程804米，坝顶长372.48米，拱冠梁顶宽11.5米，拱冠梁底宽50米，厚高比0.217；左右岸坝肩布置推力墩。泄流布置在坝身河床中间坝段，泄流方式为“3个溢流表孔+4个排沙泄洪深孔+2个非常排沙底孔”，尺寸分别为表孔3米×11米，深孔5.5米×6米，底孔4米×5米。坝后水垫塘长335米，深55米，宽40米。发电引水及供水工程进水塔布置库区左岸坝前，引水系统布置于左岸山体内。电站地下式厂房，安装2台×45兆瓦+2台×10兆瓦混流式机组，总装机容量11万千瓦。导流洞布置在枢纽右岸，单洞城门洞形，断面尺寸17米×19米，长度912米。泄洪排沙表孔堰顶高程771米；深孔布置采用高低孔布置，高位孔进口高程715米，低位孔进口高程712米；电站进口高程725米；供水取水口采用岸塔式结构形式，进口高程725米；对外交通从礼泉侧连接，终点位于规划泾河大桥右岸桥头，道路等级为公路三级。

坝前碳酸盐岩库区防渗是工程勘测设计的关键。东庄水库库区全长约97千米，以老龙山断层为界，老龙山断层上游至彬州市早饭头为砂页岩库段，长94.3千米；老龙山断层下游为碳酸盐岩库段，长2.7千米。坝址位于老龙山断层以下2.7千米碳酸盐岩库段，岩溶渗漏是历次争论的焦点和难点。为了揭示2.7千米碳酸盐岩库段岩溶渗漏问题，完成水文地质调查复核400平方千米，完成钻孔14056米、平硐4185米、竖井708米、压水试验560段，同时开展了水化学及同位素分析、示踪试验、分层及长期的地下水位观测、水库渗漏模拟计算、地下水环境影响评价等专项研究。综合各方面勘探试验研究，该河段处于独立水文地质单元，主要岩溶形态为溶隙及溶孔，渗漏形式以溶隙型为主，在做好库坝区防渗工程后，不影响大坝及其他建筑物安全，不影响水库功能效益发挥，不造成环境影响，碳酸盐岩库段具备建坝成库条件。

三、建设过程

东庄水库能在新的历史时期开工建设，得益于中央领导和国家有关部委的关心支持；得益于历届省委、省政府领导的不懈努力；得益于水利人数十年如一日攻坚克难，解决了一系列技术难题。2016年为了加快这项工程建设，省水利厅设立东庄办，专职负责推进东庄水库前期工作；省政府批准组建省东庄水利枢纽建设有限公司，全面承担起了工程建设的全部责任。2018 年 6 月 29 日，陕西省泾河东庄水利枢纽工程全面建设推进会在礼泉县举行。时任省委书记胡和平宣布泾河东庄水利枢纽工程全面开工。时任省长刘国中、水利部总工程师刘伟平、黄河水利委员会主任岳中明分别讲话。东庄水库建设推进会会长贺荣主持。

推进前期工作过程中，省水利厅同时开始了准备工程建设，并相继完成了进场 1 号道路右岸段、左岸段、坝址勘探试验洞等工程建设任务，另有导流洞工程、进场 2 号道路、施工供电等项工程正在加快进行，水库移民已经正式启动。

枢纽工程施工导流采用一次断流、围堰挡水、隧洞过流的导流方式，初期施工导流标准为全年 10 年一遇洪水标准，中期导流洪水标准为 50 年一遇和 100 年一遇标准，后期大坝挡水，导流采用 200 年一遇洪水标准。导流洞采用右岸 1 条布置，断面为 17 米 ×19 米，上游围堰采用碾压混凝土围堰，高 54.4 米；下游为土工膜心墙围堰，高 27.6 米。施工用土料场选择蔡家坡土料场、石料场和人工骨料。料场位于距坝址右坝肩 1 千米的庙上灰岩料场。施工交通运输包含对外交通进场道路及场内 8 条交通施工干线道路，并与施工支线形成循环交通网络。工程施工布置 3 套砂石料加工系统和混凝土拌和系统，上游布置 2 套，下游布置 1 套；3 处施工生活区及综合加工厂分别布置在右岸皂角梁、高岭及低位泾河桥右岸下游处。工程布置 6 个弃渣场，总容量 2000 万立方米，上下游分别布置 3 个。工程施工总工期 95 个月。

2020 年 4 月 2 日，陕西省东庄水利枢纽建设有限公司与咸阳市人民政府签订建设征地补偿和移民安置工作协议。编制移民安置规章制度，开展移民财产核查，建立搬迁群众资产明白卡。工程永久使用林地可行性报告通过省级审查，组卷报批工作完成了 78376 亩土地勘界，逐级上报审查。全年提供建设用地 2418 亩，促进了工程建设有序开展。2020 年建设征地和移民安置完成投资 8.93 亿元。

泾河东庄水利枢纽总投资 163.61 亿元。截至 2020 年底累计完成投资 34.55 亿元，导流洞全断面贯通，混凝土底板浇筑 912.5 立方米；场内 2 ~ 8 号路已基本建成通车；对外交通新建段路基开挖完成，隧道开挖 5237 米；变电站投入运营；施工供水 1 ~ 3 级泵站主要建筑物主体全部完成，管道安装 21.2 千米；龙源营地装饰工程施工；施工支洞累计进尺 2875 米；左右岸岸坡上部开挖工程累计完成土石方开挖 50 万立方米。

四、工程效益

东庄水利枢纽建成后，结合泾河、渭河堤防建设，可以控制以泾河来水为主的洪水，通过水库削峰，泾河下游的防洪标准从 10 年一遇提高到 20 年一遇；将泾河来水为主的渭河下游洪水由 20 年一遇洪水削减至 5 年一遇以下，可保证三门峡库区移民返迁区防洪安全。通过水库拦沙和调水调沙，协调泾河、渭河水沙关系，可减少入渭泥沙 6.73 亿吨，维持渭河中水河槽行洪输沙能力，使渭河下游堤防防御洪水标准维持在 30 年左右不降低。经过严格的环境影响分析优化，东庄水库设计多年平均供水量 4.41 亿立方米，其中供给泾惠渠灌区水量2.79亿立方米，使灌溉保证率从30%提高到50%；供给铜川新区、富平县城及工业园区、西咸新区及三原县城区城镇供水量1.62亿立方米，供水保证率达到95%。东庄水库水电站装机容量11万千瓦，年平均发电量2.6亿千瓦时，可优化关中电网供电结构，年减少煤炭消耗13万吨、减少二氧化碳气体排放30万吨，为全省节能减排发挥重要作用。通过水库调节可确保泾河下游河道生态流量下泄要求，改善下游水生态环境；蓄水后形成长96.7千米、面积48.7平方千米的水面，有利于改善渭北区域性气候。

东庄水库建设还将为打造水利风景区创造得天独厚的条件。按照省委、省政府“把东庄水库打造成世界级水利风景区”的指示，东庄水库建成后，将依托浩渺的水面、宏伟的大坝、深切的峡谷及周边自然生态，打造百里龙湖、枢纽雄姿、峡谷风光3大板块风景区。届时，集湖光山色、高山峡谷、现代化大型水利枢纽观光于一体的水利风景区，将在渭北高原横空崛起。

第二节　亭口水利枢纽工程

咸阳市黑河亭口水库（简称亭口水库）是咸阳市人民政府提出建设的大（2）型蓄水工程。

亭口水库的提出。20世纪50年代曾被纳入流域规划，70年代水利部门就为水库开发建设做了大量前期基础工作。2000年以来，咸阳市彬长煤田开发建设不断加快，预计到2010年这一区域年对供水的总需求量将达到1.41亿立方米，而当时彬州市、长武县工程可供水量仅为0.29亿立方米，远不能满足矿区生产生活用水需要。为此，2002年8月，咸阳市人民政府提出加快前期工作，争取早日开工建设亭口水库。

亭口水库前期工作。2003年2月14日，根据咸阳市人民政府决定，咸阳市水利局正式成立亭口水库前期工作领导小组，并委托陕西省水利电力勘测设计院编制《黑河亭口水库工程项目建议书》。同年6月26日，亭口水库前期工作领导小组接受中国大唐集团委托的陕西省电力公司渭河发电厂“关于申请彬长电源点用水的报告”，并于7月2日回复“原则同意将亭口水库作为彬长煤田建设项目生产生活供水的水源工程”。2005年2月7日，咸阳市人民政府成立咸阳市亭口水库工程建设领导小组，同时委托中国大唐集团陕西发电有限责任公司组织开展《黑河亭口水库工程项目建议书》编制工作，9月5日，《黑河亭口水库工程项目建议书》通过省级审查。2006年11月30日，《黑河亭口水库工程项目建议书》通过水利部审查，并列入国家“十一五”水利工程建设规划。2007年11月6日，黄河水利委员会批复同意亭口水库水资源论证报告，同意在泾河支流黑河上建设亭口水库。

工程建设。2013年12月5日，咸阳人民50年梦寐以求的亭口水库建设启动仪式在长武县亭口乡黑河河川隆重举行。陕西省水利厅副厅长田万全到会，咸阳市委书记千军昌宣布了启动令，市长庄长兴作了启动仪式讲话，裴育民、高合元、李效民、张建平、冯志强等领导出席了启动仪式。启动仪式由市委常委、副市长李效民主持。

亭口水库位于长武县亭口镇，项目包括枢纽工程、反调节蓄水工程和彬长矿区输配水工程3部分，工程总投资为13.83亿元。工程建成后将基本解决彬州市、长武县县城生活用水和彬长矿区工业生产用水，年发电量512万千瓦时，可大幅度削减黑河入泾河的洪峰流量，减轻下游河道防洪压力，改善流域生态环境。工程具有供水、防洪、发电、减淤等多种功能。

枢纽工程。位于黑河入泾河口1千米处，坝址以上控制流域面积4110.33平方千米；大坝为均质土坝，坝高48.6米，设计总库容3.03亿立方米，有效库容2.427亿立方米；亭口水库泄洪排沙洞工程全长340.7米；输水洞为圆形断面，总长645.17米；配合反调节蓄水工程，多年平均供水量7180万立方米，项目建议书阶段估算总投资89515万元。

反调节蓄水工程。位于黑河右岸亭口水库大坝下游约1千米的中塬沟，是亭口水库的配套工程，对增加亭口水库供水量、提高供水保证率、延长水库使用寿命具有重要作用。工程由均质土坝、泄洪排沙洞、放水洞、抽水站及输水隧洞等部分组成。设计总库容728.79万立方米，调节库容500万立方米，坝高58.7米。总投资8620万元。

输配水工程。工程管线从亭口水库放水洞出水口起，沿泾河川道穿跨312国道、泾河、福银高速、西平铁路，辐射至彬州市、长武县城、马屋电厂、彬州市新民塬煤化工区等地。工程由亭口、马屋、哈家店等3个配水站，长武塬、新民塬等7个加压站和84千米不同口径的输水管线组成，估算总投资25174万元。

2011年11月28日，亭口水库开工建设，2012年12月18日水库大坝截流，截至2020年底，主体工程已完工，其中：亭口水库枢纽工程大坝、溢洪道、坝后电站、泄洪排沙洞、输水洞等主体工程已完工；反调节蓄水工程泄洪洞、大坝、放（充）水洞、反调节泵站已完工。配合主体工程建设，已完成亭口水库建筑物区及淹没区全部征占地工作，累计完成21907亩，完成淹没及影响区移民房屋建设501户，移民安置1918人。已累计完成投资18亿元。

第三节 中型水库

一、杨家河水库

杨家河水库位于咸阳市乾县县城北约17千米的峰阳镇杨家河村，是一座以灌溉为主，兼有向县城供水、防洪、养殖、交通等综合利用的中型水库。工程始建于1975年9月，2005年底除险加固工程已全部完成，累计完成投资1242万元。

杨家河水库所在的泔河属渭河水系，是泾河的一级支流，发源于永寿县北斜梁下的罐罐沟脑，在乾县峰阳镇马家塬以西入境，全长76千米。流域面积1185平方千米，河床比降1/2000，河道常流量0.3立方米每秒。杨家河水库在其中上游，控制流域面积355平方千米，总库容1725万立方米，其中有效库容790万立方米，滞洪库容710万立方米。

杨家河水库枢纽工程由碾压均质土坝、左岸输水洞、右岸溢洪道等3部分组成。主要建筑物为3级。大坝坝顶高程745.60米，最大坝高48.8米，坝顶长250米，坝顶宽度8米，正常蓄水位736.80米。溢洪道为开敞式实用堰，由进口引水渠，溢流堰，一、二级陡坡，挑流鼻坎，出水渠等部分组成，设计泄洪流量765立方米每秒，设计洪水位741.6米；校核泄洪流量1468立方米每秒，校核洪水位745.2米。放水洞长度117米，进口高程719.00米，出口高程717.8米，设计流量5.0立方米每秒，校核流量23立方米每秒。

杨家河水库自1979年蓄水投入运用以来，由于施工质量差，曾发生1979年8月的左坝肩管涌溃坝事件。在1980年8月完成坝体修复加固后，在蓄水运行中又发生了左坝肩、放水洞及坝基砂卵石层等部位渗漏严重的情况，溢洪道二级陡坡、右边墙、挑流鼻坎等部分还未修建完成。多年来工程一直未能投入正常运行，严重影响到工程效益的正常发挥。杨家河水库除险加固前设施灌溉面积6万亩，有效灌溉面积2万亩，除险加固工程实施后，提高了工程的防洪标准。按照设计正常蓄水位736.80米，相应库容1015万立方米，相比加固前平均蓄水位732.00米，相应库容712.5万立方米，增加蓄水高度4.8米，增加库容302.5万立方米，按杨家河水库多年平均复蓄次数2计算，多年增加库容605万立方米，保证灌溉设施面积6.0万亩。同时可增大水产养殖规模，减免洪水淹没损失。

水库灌溉乾县阳洪、灵源和城关3镇的6万亩农田，养殖水面面积800亩。灌区以种植小麦、玉米、苹果为主，兼种棉花、油菜等经济作物。改革开放以来，当地群众积极发展多种经营、努力增加经济收入，显著提高了群众的生活水平。

二、泔河水库

泔河水库位于礼泉县城关镇东徐村，礼泉县城北3.5千米处，宝鸡峡西干四支渠由坝顶通过，是灌区渠库结合工程之一。水库上游有10座中、小型水库，流域径流基本被拦蓄，河源水量主要为上游水库泄水，是一座以灌溉为主，兼有防洪、养殖、旅游等综合利用的中型水库。水库于1972年5月建成，同年10月通过验收并投运，2002年12月至2006年12月，对水库进行了除险加固，主要建设内容：大坝培厚加固、迎水坡砌护、溢洪道改建、坝肩灌浆防渗处理、坝顶渠道衬砌、新建进水渠、放水塔及输水洞改建、大坝观测系统及管理站改造等，2010年4月陕西省水利厅主持通过竣工验收并交付使用。总库容为6463万立方米，有效库容3109万立方米，防洪标准为50年一遇洪水设计，1000年一遇洪水校核，设计洪水位544.66米，校核洪水位547.13米，正常蓄水位544.5米，汛限水位544.5米。

水库由土坝、溢洪道、泄洪洞、放水塔（洞）、进水渠、抽水站等6部分组成。

土坝：为碾压式均质土坝，坝高51米，坝长400米，坝顶宽11.7米，坝顶高程554.28米。

溢洪道：位于水库左岸，为闸孔式，混凝土结构。溢洪道全长778.9米，由引水渠、溢流堰、泄槽、消能工、尾水渠等5部分组成。溢流堰堰顶长40.0米，堰顶高程539.5米，堰上修建了10米 ×5.5米四扇平面钢板检修闸门，配备一台2×16吨门式启闭机启吊；10米 ×5.7米的弧形钢板闸门，单门单机，各配备一台2×16吨的固定卷扬机。设计泄洪流量为835立方米每秒，校核泄洪流量为1501立方米每秒。

泄洪洞（已淤死）：位于坝体右端，为塔式钢筋混凝土管结构，直径1.2米，进口高程为 515.0 米，出口高程 512.36 米，长 264.36 米，管底比降 1/100，设计泄洪流量 5.0 立方米每秒，校核泄洪流量 11.3 立方米每秒。

放水塔（洞）：位于坝体右端，放水塔采用圆形断面，内径 4.0 米，塔底部为钢筋混凝土涵管结构，内径 2.0 米，长 157 米，进口高程 526.0 米，管道比降 1/200。安装 QPG-50 型号卷扬式启闭机一台，2.0 米 ×2.0 米平板钢闸门一扇。可向抽水站供水和东六支渠自流输水。

进水渠：新建进水渠位于原西干四支渠进水闸以上 330 米处，由进水闸段、梯形明渠段、矩形暗涵段、陡坡段、尾水渠段 5 部分组成，进水闸段全长 15 米，设 2.5 米 ×2.8 米平面工作闸门一扇，配备 LQD100kN-4n 型号启闭机一台，进口高程 552.0 米，出口高程 534.5 米；明渠段长 750 米，比降 1/200，底宽 2.5 米，内边坡比 1∶1.25，左岸宽 1 米，右岸宽 4 米；暗涵段为现浇钢筋混凝土结构，其尺寸为 2.0 米 ×2.3 米，厚度 0.3 米，长 660 米；陡坡段 $i = 1/4$，进口高程 548.25 米，出口高程 534.5 米，落差 13.75 米，底宽 1.5 米。尾水渠段 $i = 0$，底宽由 1.5 米扩大至 5.0 米，内边坡比 1∶1.25。进水渠设计流量 10 立方米每秒，最大流量 14.4 立方米每秒，主要作用是引西干渠水充库。

抽水站：位于大坝右坝肩，与放水洞相接，安装 24SH-19 机组 4 台，总装机容量为 4×280 千瓦，净扬程 15.7 米，设计抽水量为 4×1.0 立方米每秒，为西干四支渠供水。

泔河水库的建成，缓解了下游灌区用水紧张情况，在确保下游防汛安全中发挥了重要的作用。泔河水质良好，距离咸阳、礼泉近，供水保证率高，是咸阳市区、礼泉县城工业及生活用水的理想水源。

三、泔河二库

泔河二库位于礼泉县烟霞镇安庄村、泾河一级支流泔河下游的主河道上，距上游泔河水库 17 千米，距泔河入泾河口 8 千米。入库水量主要为宝鸡峡东干渠输（退）水，泔河水库泄水，是一座以灌溉为主，兼有防洪、养殖等综合效益的中型水库。工程始建于 1976 年，1976 年 3 月礼泉县革命委员会成立了泔河二库工程建设指挥部，县革委会副主任郭福生任指挥部总指挥，1977 年 12 月第一期工程完工，1983 年 3 月全部竣工。1990 年动工修建坝后抽水站，1995 年建成投运。水库原属于礼泉县水利局管理，2003 年 1 月正式移交宝鸡峡管理局管理。2003 年 7 月，经陕西省水利厅鉴定，水库大坝为三类坝。2006 年 12 月至 2008 年 12 月 25 日对水库进行了除险加固，2008 年 12 月 25 日完成全部建设任务，2010 年 9 月 26 日省水利厅主持召开并通过了竣工验收，工程交付使用。总库容 3290 万立方米，有效库容 1498 万立方米，防洪标准为 50 年一遇洪水设计、1000 年一遇洪水校核，设计洪水位 479.95 米，校核洪水位 483.05 米，正常蓄水位 475.00 米，汛限水位 475.00 米。

水库由大坝、溢洪道、放水洞、抽水站等建筑物组成。

大坝为碾压式均质土坝，最大坝高 40 米，坝顶长 310 米，坝顶宽 8 米，坝顶设计高程 485.00 米。开敞式溢洪道位于大坝左岸，全长 502 米，由进水渠、控制端、消能防冲设施和出水渠组成。溢流堰为宽顶堰，堰顶宽 40 米，高程为 475.00 米，设计泄洪流量 735

立方米每秒，校核泄流量1520立方米每秒。

放水洞位于大坝右岸，管道为钢管输水管，压力钢管直径为1.0米，管道全长158.6米，在正常蓄水位475.00米下，最大泄洪流量为8.7立方米每秒。放水塔设在大坝迎水坡，距放水洞进口15米，塔高27.5米，圆形断面，底部设置1.0米 ×1.0米的事故检修闸门和工作闸门，工作平台上安装20吨启闭机。

泔河二库投运以来，大大缓解了下游灌区用水紧张情况，增强了防洪减灾、抗御自然灾害的能力，为促进灌区农业发展和经济繁荣作出了积极的贡献。

四、红岩河水库

红岩河水库地处陕西省咸阳市彬州市境内泾河左岸一级支流红岩河上，工程枢纽位于红岩河干流下游，距泾河入口1千米处，距彬州市城区7千米。

建设背景：彬州市位于彬长煤田炭资源富集区，煤质优良，电源充足，地理条件优越，适合建设高产、高效矿井及大型坑口电站。但区内水资源紧缺，严重制约煤炭资源开发及附属工业发展。根据《陕西省水资源开发利用规划》《彬长矿区总体规划》及《彬长矿区输配水工程规划》，彬州市委、市政府提出在“十二五”期间建设红岩河水库。2011年4月，彬州市委、市政府决定成立红岩河水库工程建设领导小组暨指挥部。2018年5月14日省发改委批复初步设计（陕发改农经〔2018〕594号）。

水库建设任务：红岩河水库是以供水为主的中型Ⅲ级水库，总库容8515万立方米，其中调节库容4500万立方米，水库建成后，年可供水2220万立方米，供水保证率为90%。向新民高端能化工区和彬州市城区供水。

水库由大坝、泄洪排沙洞及放水建筑物组成。大坝为均质土坝，坝高69.5米，坝顶长度375.6米；泄洪排沙洞全长481.82米；放水建筑物包括放水卧管及输水涵洞，卧管斜长120.2米，输水涵洞为马蹄形钢筋混凝土结构，全长432米。

水库移民：水库淹没和工程占地涉及彬州市义门、北极、小章3个乡镇8个行政村15个村民小组，水库淹没影响人口686户2345人，土地5287.61亩，煤矸石电厂水源站1座，学校3所，卫生室1所，影响迁改输油管道1处。红岩河水库征地移民补偿总投资53625.73万元。

红岩河水库总投资11.89亿元。2016年4月，红岩河水库开工建设，主体工程于2018年12月完成，2020年6月底开始对外供水，日平均对外供水量约2万立方米。附属工程于2021年8月完成。

第四节　小型水库

一、旬邑柏岭寺水库

柏岭寺水库位于泾河左岸支流三水河中游，距旬邑县城17千米，水库为小（1）型工程，水库总库容990万立方米 。设计多年平均供水量1465万立方米 ，控制流域面积

772 平方千米，旨在改善生态、美化环境。

柏岭寺水库工程于 2008 年正式启动，同年 3 月，经咸阳市政府批准成立了咸阳市马栏水库工程建设领导小组，设建设处。2009 年 11 月 27 日，旬邑县政府第 16 次常务会议研究决定，将“咸阳市马栏水库建设处”更名为“旬邑县柏岭寺水库工程建设处”。《旬邑县柏岭寺水库工程可行性研究报告》于 2010 年 9 月由陕西省发展和改革委员会以陕发改农经〔2010〕1474 号文批复，批复投资 1.71 亿元。《旬邑县柏岭寺水库工程初步设计》于 2011 年 8 月 8 日由陕西省发展和改革委员会以陕发改农经〔2011〕1395 号文批复。建设过程中由于地质因素影响，发生设计变更，概算调整，2016 年 11 月由咸阳市发改委批复，工程总投资调整为 2.34 亿元。

2010 年 9 月水库枢纽前期附属工程导流洞、上坝道路及输变电线路和管理站开工建设，2012 年 6 月全面完成建设任务。2011 年 4 月与移民逐户签订移民搬迁安置补偿协议，启动移民搬迁工作。2012 年 6 月水库主体开工建设，2017 年 8 月 25 日全部完工。

本工程由枢纽前期附属工程和大坝枢纽两部分组成。水库大坝由混凝土坝（主坝）和土坝（副坝）、泄洪排沙底孔及坝上 5 孔闸门组成。大坝全长 250.84 米，主坝为碾压混凝土重力坝，长 142.84 米，坝高 38.5 米，顶宽 9 米；副坝为土坝，长 108 米，水库蓄水后水面面积 1.1 平方千米。

金属结构制安工程主要安装溢流堰弧形工作闸门 5 孔，溢流堰叠梁检修闸门 5 孔，泄洪排沙洞弧形工作闸门 1 孔，坝顶门机 1 台，液压启闭机 6 台。柏岭寺水库金属结构和启闭设备 2013 年 9 月开工制作，2015 年 5 月开始安装，2017 年 9 月 20 日安装调试完成，具备运行条件。

柏岭寺水库效益稳定，以柏岭寺水库为水源的县城和职田塬区两大供水工程，共铺设输水主管网 35.3 千米，年供水能力 1046 万吨，以满足全县 9 个乡镇 23 万余人的生产生活用水需求，同时实现 30 年拦截三水河泥沙约 264 万立方米的目标。

二、张家山水库

1990 年以来，泾惠渠灌区面临泾河来水减少、灌溉缺水日益加剧等突出问题，严重影响到灌区农业以及农村经济持续发展。为解决这一问题，陕西省水利厅提出在泾惠渠渠首建设加坝加闸工程。

前期工作与工程建设。1990 年，陕西省水利厅厅长刘枢机赴泾惠渠灌区调研，针对灌区灌溉水源不足的问题提出在渠首建设加坝加闸工程的建议。

此后经过紧锣密鼓的前期工作，1993 年 1 月 19 日加坝加闸蓄水工程正式开工；1995 年 5 月 27 日，刘枢机厅长检查工程建设进展情况时题词：“郑国业绩犹存，李协功绩卓著，数风流人物还看今朝。”1995 年 9 月 1 日蓄水工程基本完工，10 月 19 日省长程安东、副省长王双锡赴工地检查工作，程安东省长题词：“积累经验，再上水平，改造提高，扩大受益。”1996 年 12 月 9 日，副省长王寿森在工程建设现场协调解决后续工程与渠首电站建设资金问题；1997 年 3 月 31 日，省水利厅厅长彭谦、总工程师史鉴赴工地检查指导工作，要求工程赶在夏灌前全面完工，1997 年 5 月 19 日 22 时工程建成开始引水。加坝加闸工程共完成土石方 14.3 万立方米，浇筑混凝土 4.85 万立方米，使用钢筋 730 吨、闸门金结 392 吨，工程总投资 3952.7 万元。1997 年 7 月 1 日，省政府陕政字〔1997〕63 号文发布“陕西省人民政府嘉奖令”，对工程建设单位给予嘉奖。

渠首加坝加闸工程，由混凝土溢流坝、拦河闸、进水闸、引水隧洞及排沙洞等建筑物组成。混凝土溢流坝是在原引水坝基础上再加高 19 米，其中溢流堰部分加高 11.2 米，在堰面上再加 6 孔净宽为 10.3 米的闸孔，闸墩厚 3 米。坝右侧为溢流段，左侧为拦河闸，坝型为微拱形混凝土溢流重力坝，曲率半径为 180 米，坝轴线长 118.8 米，坝顶高程 469 米，最大坝高 35.7 米，正常挡水位以下库容 510 万立方米，有效库容 370 万立方米，每年可调蓄灌溉水量 1850 万立方米，调蓄及稳流水量为 2692 万立方米，增灌农田 4000 公顷。

拦河闸布置在溢流坝左侧。由于溢流坝是微拱形，故闸孔在水流方向为梯形，闸墩也是上游宽、下游窄的变断面形状，在门槽处闸孔净宽 10.3 米。闸孔共 6 孔，闸墩厚度约 3 米。拦河闸段共布置了 6 扇 10.3 米 ×8.2 米的升卧式平面闸门，每扇闸门上有 4 个滚轮，在门槽下部为滑动上升，到了一定高度变为沿轨道滚动并开始卧倒滚动。启闭设备为 QPQ2×400kN 型号的固定卷扬式启闭机。在每孔升卧式闸门的上游侧均布置 1 道检修门槽，6 扇升卧式闸门共用 1 套叠梁式检修闸门，叠梁由自动抓梁操作其关闭或开启。自动抓梁由 2 个电动葫芦操作。

引水洞进水塔位于左坝肩前。引水洞为压力隧洞，洞径 4 米，长 268 米，设计流量为 50 立方米每秒。进口设有 1 扇 4×（4.5–17.5）米的事故检修闸门，由 1 台 QPQ2×400kN–20 米固定卷扬式启闭机操作。在其上游侧设有 2 扇孔口尺寸为 4×（7.4–4）米的拦污栅。由于泾惠渠首夏季河道中柴草及污物较多，为了不影响水电站正常发电，两道拦污栅需频繁轮换提升，由 2 台 QPQ2×400kN 的固定卷扬式启闭机操作。

排沙洞位于引水洞的右侧。它由原来的 1 号输水洞改建而成，洞径 4.5 米，长 63 米，进口底板高程 449.00 米，比引水洞进口高程低 4.5 米。排沙洞进口为龙抬头形式，水流由此跌入原 1 号输水洞，进口段底部原 1 号输水洞部分以混凝土填塞，进口闸室段长 9 米，用环氧砂浆抹面，在闸室的进口设有 1 扇 1.8×（1.8–32）米的平面工作闸门，由 1 台 QPPY Ⅱ –630kN–3 米的液压启闭机操作，在其上游侧设有 1 扇 1.8×（2.2–20）米的平面检修闸门，由 1 台 QPPY Ⅱ – 500kN–3 米的液压启闭机操作。

泾河流域中小型水库特征一览表见表 2–2–1。

表 2-2-1 泾河流域中小型水库特征一览表

市	县（区）	乡镇	水库名称	管理单位名称	隶属关系	归口管理部门	库容 / 万 m^3			
							总库容	兴利库容	防洪库容	已淤积库容
咸阳市	乾县	峰阳镇	杨家河水库	泔惠渠管理处	3 县属	1 水利部门	1695	530	680	485
咸阳市	礼泉县	城关镇	宝鸡峡泔河水库	宝鸡峡引渭灌溉中心	省属	1 水利部门	6463	3109	843	1620
咸阳市	礼泉县	烟霞镇	宝鸡峡泔河二库	宝鸡峡引渭灌溉中心	省属	1 水利部门	3290	1498	1540	300
咸阳市	彬州市	豳风街道办	李家川水库	彬州市水旱灾害防御中心	3 县属	1 水利部门	486	109	131	150
咸阳市	彬州市	太峪镇	太峪水库	彬州市水旱灾害防御中心	3 县属	1 水利部门	265	135	83	28
咸阳市	淳化县	十里塬镇	马家山水库	淳化县水旱灾害防御中心	3 县属	1 水利部门	146	42	47	57
咸阳市	淳化县	卜家便民服务中心	蒋家山水库	淳化县水旱灾害防御中心	3 县属	1 水利部门	123	43	16	29
咸阳市	泾阳县	王桥镇	文泾水电站水库	文泾水电站	0	民营	999	79	0	0
咸阳市	长武县	昭仁街道办	马坊水库	长武县水旱灾害防御中心（长武县河湖库管护中心）	3 县属	1 水利部门	139	80	29	33
咸阳市	长武县	昭仁街道办	七里水库	长武县水旱灾害防御中心（长武县河湖库管护中心）	3 县属	1 水利部门	231	118	57	42
咸阳市	长武县	亭口镇	鸦儿沟水库	大唐彬长发电有限责任公司	3 县属	6 其他部门	750	0	0	0
咸阳市	泾阳县	王桥镇	张家山水库	陕西省泾惠渠灌溉中心	1 省属	1 水利部门	986	427	515	0
咸阳市	永寿县	监军街道办	东沟水库	监军街道办	3 县属	1 水利部门	375	66	135	121
咸阳市	永寿县	监军街道办	西沟水库	监军街道办	3 县属	1 水利部门	442	105	120	183
咸阳市	永寿县	马坊镇	三岔河水库	永寿县水利管理站	3 县属	1 水利部门	205	25	63	85
咸阳市	永寿县	常宁镇	后沟水库	永寿县水利管理站	3 县属	1 水利部门	135	64	34	77

续表 2-2-1

市	县（区）	乡镇	水库名称	管理单位名称	隶属关系	归口管理部门	库容 / 万 m^3			
							总库容	兴利库容	防洪库容	已淤积库容
咸阳市	礼泉县	南坊镇	南坊水库	礼泉县南坊镇人民政府	3 县属	1 水利部门	189	29	53	0
咸阳市	礼泉县	南坊镇	梨园沟水库	礼泉县南坊镇人民政府	3 县属	1 水利部门	144	86	3	57
咸阳市	礼泉县	昭陵镇	凉马水库	礼泉县昭陵镇人民政府	3 县属	1 水利部门	104	50	13	0
咸阳市	礼泉县	昭陵镇	小河水库	礼泉县昭陵镇人民政府	3 县属	1 水利部门	641	176	240	0
咸阳市	旬邑县	土桥镇	石沟水库	旬邑县土桥水利管理站	3 县属	1 水利部门	360	121	202	0
咸阳市	旬邑县	清源镇	苍儿沟水库	旬邑县自来水公司	3 县属	1 水利部门	130	75	25	0
咸阳市	旬邑县	土桥镇	潭沟水库	旬邑县土桥水利管理站	3 县属	1 水利部门	108	59	48	0
咸阳市	旬邑县	土桥镇	桥沟水库	旬邑县土桥水利管理站	3 县属	1 水利部门	113	57	21	0
咸阳市	乾县	注泔镇	红岩水库	注泔镇人民政府	4 乡镇属	6 其他部门	434	60	374	216
咸阳市	乾县	城关镇	黑豹峪水库	泔惠渠管理处	3 县属	1 水利部门	125	68	52	18
宝鸡市	麟游县	两亭镇	南沟河水库	两亭镇人民政府	3 县属	1 水利部门	21	11	9	1
咸阳市	乾县	注泔镇	南注泔水库	注泔镇人民政府	4 乡镇属	6 其他部门	40	28	0	10
咸阳市	乾县	城关镇	天河沟水库	泔惠渠管理处	3 县属	1 水利部门	36	10	0	25
咸阳市	乾县	城关镇	白马沟水库	泔惠渠管理处	3 县属	1 水利部门	23	9	0	3
咸阳市	乾县	注泔镇	北注泔水库	注泔镇人民政府	4 乡镇属	6 其他部门	33	10	10	13
咸阳市	淳化县	铁王镇	武家山水库	淳化县水旱灾害防御中心	3 县属	1 水利部门	80	46	22	12

续表 2-2-1

市	县（区）	乡镇	水库名称	管理单位名称	隶属关系	归口管理部门	库容 / 万 m^3			
							总库容	兴利库容	防洪库容	已淤积库容
咸阳市	淳化县	卜家便民服务中心	城前头水库	淳化县卜家便民服务中心	4 乡镇属	1 水利部门	46	17	16	13
咸阳市	永寿县	马坊镇	郭门水库	永寿县水利管理站	3 县属	1 水利部门	69	8	22	7
咸阳市	永寿县	马坊镇	延府沟水库	永寿县水利管理站	3 县属	1 水利部门	58	22	24	0
咸阳市	永寿县	马坊镇	木张水库	永寿县水利管理站	3 县属	1 水利部门	55	14	13	0
咸阳市	永寿县	马坊镇	高刘沟水库	永寿县水利管理站	3 县属	1 水利部门	95	41	42	0
咸阳市	永寿县	永平镇	刘家沟水库	永寿县水利管理站	3 县属	1 水利部门	63	27	15	0
咸阳市	永寿县	渠子镇	车村水库	永寿县水利管理站	3 县属	1 水利部门	39	20	0	0
咸阳市	永寿县	常宁镇	团结水库	永寿县水利管理站	3 县属	1 水利部门	62	15	31	0
咸阳市	永寿县	马坊镇	幸福水库	永寿县水利管理站	3 县属	1 水利部门	14	5	0	0
咸阳市	永寿县	监军街道办	五龙泉水库	永寿县水利管理站	3 县属	1 水利部门	28	9	7	0
咸阳市	礼泉县	南坊镇	北坊水库	礼泉县南坊镇人民政府	3 县属	1 水利部门	22	5	10	0
咸阳市	旬邑县	太村镇	胡家水库	旬邑县水旱灾害防御中心	3 县属	1 水利部门	92	61	10	46
咸阳市	旬邑县	郑家镇	马坊水库	旬邑县水旱灾害防御中心	3 县属	1 水利部门	21	13	0	1
咸阳市	旬邑县	城关镇	乔儿沟水库	旬邑县水旱灾害防御中心	3 县属	1 水利部门	42	11	24	7
西安市	秦汉新城	高庄镇	芋子沟水库	陕西省西咸新区秦汉新城天马城文化旅游发展有限公司	3 县属		136	116		3
西安市	空港新城	太平镇	百顷沟水库	空港新城服公司	3 县属		82	79		

来源：陕西省水旱灾害防御中心

第三章　机井抽水站

泾河流域井灌在秦、汉、唐时期虽有发展，但数量较少，唐代以后大型灌溉工程逐渐衰退，宋、元、明各代，特别是清代和民国时期，有了较大发展。作为抗旱之用，秦、汉以后逐步得到发展，但形成规模晚清记载更详。新中国成立以后，流域内机井工程取得了突飞猛进的发展，已成为农业灌溉和城乡供水的重要手段。流域内在唐代三白渠上水车已经推广应用，但这些提水方式，只限于人、畜力或水力，结构简陋。1949 年以后流域内建设的抽水站，沿泾河两岸布设，数量由少到多，扬程由低到高，规模由小到大，发展很快。共有 1600 多座小型抽水站，机电井 2.4 万余眼，设施灌溉面积约为 110 万亩。

第一节　机井

一、历史

流域内凿井溉田历史久远。古代井灌仅限于沿泾河河滩附近两岸的部分低地。20 世纪 40 年代后期，泾惠渠灌区地下水位迅速升高，时农村经济有所恢复，增打水井需求很大，区域不再局限于沿河低地，而向北扩展。

新中国成立后，机井随着凿井机具、井壁材料和提水机械的不断改进和发展。20 世纪 50 年代主要恢复和增打普通井，推广畜力解放式水车。1958 年山区和旱塬地区还兴起打井运动，于道旁场边，凿修旱井水窖、涝池，均因无水可蓄或渗漏而废弃。60 年代初引进“大锅锥”“火箭锥”提高了凿井效率。20 世纪 70 年代初期始用冲击钻机和深井钻机，尤其是 1972 年中央北方地区打井抗旱会议以后，纠正了水利建设中，抓地面水多，地下水少；抓浅层水多，深层水少；抓半机械化打井机具多，深井钻机发展少的“三多三少”倾向。于 1973 年 3 月成立咸阳地区地下水勘探队，专门负责机井建设。为了探索高原地下水开采途径，1976—1977 年省地下水凿井队协同地区打井队，曾在淳化方里塬、长武巨家塬和乾县北山区凿成 12 眼试验井，总进尺 3516.22 米，投资 29.9 万元。初步摸清了水文地质条件，掌握了深井技术和成井工艺。试验资料表明，乾县北区地下水储量较丰，有灌溉之利，其余地区仅可解决人畜饮水困难。20 世纪 80 年代初期，农村经济体制改革和国家水利建设的重点转移，加上农村开始实行联产家庭承包制，集体经济大部分解体，导致机井数量呈下滑趋势，同时因经费大减，天雨适时，一度出现机井建设缓慢、管理废弛、设备被盗的局面。进入 20 世纪 90 年代，广大农村陆续开展了机井产权改制工作，除少量机井仍为集体管理外，大多数都以拍卖、承包、划拨养井田等多种形式转化为个人承包和联户经营。各级人民政府根据“谁打井、谁管理、谁收益”的原则，积极鼓励村组或村民在缺水地区投资打井，并在加强管理上做文章。

二、灌区打井

泾河自流灌区都是低坝引水，多无水库调节，灌溉受河源来水量影响很大，每到天旱之时，也是河源来水减少之际，往往因争河源之水，上下游、左右岸酿成用水纠纷，灌区因得不到及时灌溉减产。20世纪60年代后期以来，河源水量又呈减少趋势，试行打井补水，开始时群众不理解，说是:“水打地头过，打井做什么”，后来尝到好处，灌区群众自发打井补充水源，随水利建设高潮的推动，灌区打井成为风尚，同时各级人民政府也都有意组织群众打井，大部分都是在原有灌溉面积之内。

灌区打井，一举数得，一是补充了河流水源的不足，提高了灌溉保证率；二是在老灌区如泾惠渠，能起垂直排水降低地下水水位的功效；三是减少左邻右舍争水纠纷。

三、机井类型

旧井的井型以砖箍大口井（群众习称“水车井”）为主，间有小径的土筒井（也称“辘轳井”）。前者是永久性灌溉设施，至今仍有遗存，尚可利用；后者多用于临时抗旱，或用于菜园瓜地，时打时废。

目前，除部分缺水地区农村人畜饮水仍采用当年的土井和砖井外，绝大部分农村均采用大口井、辐射井和管井等形式，以机泵提水灌溉或作人饮之用。

大口井多以锅锥或人工开挖而成。井径一般在 1 ~ 3 米，井壁用青砖或混凝土浇筑而成，井深一般在 30 ~ 70 米，个别地区超过 70 米，主要分布在泾渭河流阶地区和泾西黄土台塬。

辐射井指在大口井含水层中以水平放射状布设若干个辐射集水管，用于增加汇水面积的机井。按辐射管配置排数，可分为单层或多层辐射井。辐射井主要分布在黄土台塬区和丘陵沟壑区，例如，乾县、永寿县等处，井深一般在 40 ~ 80 米。

管井是指通过凿井机械垂直安装在地下的取水建筑物，一般由井台、井口、井管、过滤层、沉砂管组成。管井是境内机井应用最广泛的井型，在境内星罗棋布。根据水文地质情况和取水量大小，河流阶地区井深多在 50 ~ 250 米，黄土台塬区多在 80 ~ 200 米，而在流域北部宜采区井深则多在 150 ~ 300 米，个别井深超过 300 米。

四、提水工具

旧式水车结构较复杂，材料完全为优质硬杂木，以大牲畜牵引作业，出水量一般在 10 ~ 18 吨每小时，每天可浇地二三亩。多为富室大户拥有。20 世纪 50 年代后渐次淘汰。

辘轳最为多见，至今流域塬区群众仍然安置打水，但多用于生活用水。浇地所用的辘轳较大，使用时须强壮劳力方能胜任。

秤杆，古籍中的“桔槔”，提水效率较低。直到 20 世纪 50 年代初，农村依然使用。

第二节　抽水站

新中国成立后，泾河流域提水灌溉开始起步。1955年，建成泾阳县王桥木梳湾抽水站。1957年新建泾河高庄电力抽水站，为陕西省最早建设的大型抽水工程之一，随着农业生产和农村电力事业的发展，在国家“蓄、引、提”并举的水利方针指引下得到蓬勃发展。礼泉小河常流量只有0.6立方米每秒，1970—1976年间建站13处，总抽水能力2立方米每秒，形成有站无水之虑，设备利用很差。彬州市红岩河常流量仅有0.3立方米每秒，而沿河建站40余处，抽水能力1.19立方米每秒，更是无法满足要求。泾阳党家堡抽水站，抽泾惠渠水上塬，3级23台机组，设施灌溉面积13.5万亩，是流域内最大的抽水工程，实际亦因水源不足，部分机组停开，保证灌溉面积仅有8万多亩。彬州市乌苏站抽泾河水，总扬程251米，灌溉面积只有0.2万亩，建成后因电源不足、电费过高而废弃。20世纪80年代后，大规模建设相继停止，转入调整巩固阶段。1990年后，坚持开展农田水利建设，配套建设和更新了部分抽水站，扩大有效灌溉面积，达到增产增效的目的。截至2020年底共有提水工程831座，现状供水能力0.45亿立方米。本节主要记述14个中小型抽水站。

一、中型抽水站

（一）泾惠渠干渠提水

1990年，泾惠渠干、支渠上建有筛珠洞、张家山、红旗、党家堡、云阳5座抽水站，设施灌溉面积20.7万亩，有效灌溉面积14.55万亩。其他干、支、斗渠上有小抽水站29座，多以干渠为主要水源，也有以斗渠为水源者，保证小片旱地灌溉。设施灌溉面积2.55万亩，有效灌溉面积2.04万亩。此年后，坚持开展农田水利设施建设，先后新建瓦王、都家等抽水站，扩大有效灌溉面积，达到增产增效的目的。至2020年，泾惠渠干支渠上5座抽水站，灌溉面积20.49万亩；有小抽水站32座，设施灌溉面积3.38万亩，有效灌溉面积2.78万亩。

1. 党家堡抽水站

设施与面积：位于泾阳县桥底镇寨子村北，以泾惠渠总干渠水为水源，三级抽水，1972年建成。1990年，该站有机组24台（套），总装机容量2256千瓦，扬程55米，设计流量4.7立方米每秒。灌区有总干渠1条，长0.54千米；干渠2条，长9.4千米；支渠7条，长36.9千米；斗渠131条，长138千米；分渠168条，长94.6千米，总灌溉面积9.42万亩。1999年4月至2001年11月，实施国家大型商品粮基地建设项目——党家堡抽水站更新改造工程，总投资683.11万元，新建一至三级站机房963平方米，更新水泵、电动机组及变配电设备26台（套），改造进出水池、一级站出水池，增设断流设施，衬砌加固干、支渠12.87千米，其中总干渠0.54千米、一级高渠6.94千米、一级低渠2.95千米、北一支渠0.8千米、二级低干渠1.6千米，新修及维修各类建筑物62座，渠系水利用系数提高到0.55，改善灌溉面积8.24万亩。2005年9—12月，实施咸阳市优质小麦基地建设项目——党家堡抽水站更新改造工程，总投资232.17万元，衬砌一级低渠、一级高渠、三支渠、云二支渠等4条支渠11.6千米，新建及维修渠系建筑物75座，渠系水利用系数由0.55提高到0.65。2010年，党家堡站三级抽水共有机组17台（套），总装机容量1217千瓦，扬程55米，设计流量2.81立方米每秒。灌区有干、支渠道10条，长46.84千米，衬砌率44%。其中，总干渠1条，长0.54千米；干渠2条，长9.4千米；支渠7条，长36.9千米。灌区共有斗、分渠299条，长232.6千米，衬砌率58%。其中，斗渠131条，长138千米；分渠168条，长94.6千米，设施灌溉面积11.5万亩，有效灌溉面积8.24万亩。

机构与人员：1990年，该站仍隶属县水利局，设站长、副站长各1人，内设生产组、机务组，全站职工88人，经营管理方式为自给自足、以站养站。灌区按渠道类型划分为段、斗，每段、每斗各设段、斗长1名，共有段长9名、斗长22名；段、斗长工资按段、斗用水量每立方米提取0.008元，巡渠人员由段、斗长自行安排，费用按段、斗用水量每立方米提取0.002元。2008年4月，水利体制改革后，实行差额管理。至2010年底，党家堡抽水站有职工74人，其中站长1人，副站长3人，技术干部4人，工人66人。全年灌溉收入125.34万元。

2. 红旗抽水站

设施与面积：红旗抽水站亦称官苗抽水站，位于泾阳县桥底镇官苗村附近，以泾惠渠总干渠水为水源，设计三级抽水。1966年4月7日开工建设，9月底一、二级站基本竣工，10月1日试水成功。1972年春，因泾惠渠改线和原设计存在缺陷而改建，改原三级抽水为五级，新增一、四级站，改原一、二、三级站为二、三、五级站。同年7月1日，一、二、三级站建成抽水，翌年9月四、五级站竣工。1974年6月，兴隆公社建西六、七、八级站。10月，口镇公社郭家塬大队建东六、七、八级站，扩大灌溉面积2293亩，有效灌溉面积增至9067亩。1976年3月起，投资36.29万元扩建一至五级站。1981年10月，重建一级站，12月竣工。1990年，灌区包括桥底、兴隆、王桥等3个乡镇15个村，设施灌溉面积2.77万亩，有效灌溉面积1.5万亩。1999年4月至2001年5月，实施国家大型商品粮基地建设项目，更新改造红旗抽水站，投资207.93万元，新建及维修一至五级站机房633平方米，更新机组及变配电设施11台（套），衬砌一至三级站出水干渠2242米。项目建成后，在出水量不变的情况下，装置效率由25%～40%提高到55%，渠道水利用系数提高至0.77，恢复和改善灌溉面积1.57万亩。2009年春，红旗三级出水池及上游填方渠道出现漏水险情，5月进行改造，拆除新建钢筋混凝土出水池，衬砌上游填方渠道400米。2010年，该站共有5个抽水机房，装机15台（套）1675千瓦，总扬程103.85米，出水量0.92立方米每秒。灌区有干渠5条长3.28千米，支渠4条长5.24千米，干、支渠衬砌率23%。灌区共有斗渠21条长22.72千米。灌溉桥底、兴隆、王桥等3个乡镇15个村，设施灌溉面积1.77万亩，有效灌溉面积1.4万亩。

机构与人员：红旗抽水站隶属县水利局，按国有企业经营管理。2010年，内设综合办公室、灌溉组和机务组共3个管理机构、6处抽水泵站，有职工32人。灌区末级渠系实行群众管理，设渠段、斗和村组管水组织体系。

3. 张家山抽水站

设施与面积：原名木梳湾抽水站，位于泾阳县王桥镇岳家坡村赵家沟村南。始建于1956年，是泾惠渠上第一座抽水站。1990年，该站有一级抽水站、二级抽水站、太和一级站、太和二级站、太和三级站和西站6处，装机14台（套），装机总容量1206千瓦，设计流量1.4立方米每秒。该灌区干渠长1.3千米，支渠6条，总长19千米，斗渠86条，总长84千米，农渠96条，总长45.2千米；设施灌溉面积2.5万亩，有效灌溉面积1.63万亩，灌区涉及王桥、兴隆2个乡镇8个行政村，受益农业人口1.6万人。1991年改名为张家山抽水站。同年10月，该站争取省市投资30万元更新一级站机泵设备4台（套）、管道380余米。1994—1996年，泾阳县投放小型水利工程资金24万元，对二级支渠上段500米渠道和岳家坡村南段540米渠道进行混凝土衬砌。2002年11月至2003年2月，实施国家大型商品粮生产基地建设项目，新建西站、南北2站及二级站机房333.5平方米，更新机泵及低压配电设施6台（套），衬砌渠道3.53千米，其中一级支渠2500米、二级进水渠380米、二级支渠650米，累计投资110.97万元。2005年4—10月，实施国家优质小麦生产基地建设项目，更新改造张家山抽水站，衬砌渠道5千米，其中一级支渠3千米、二级支渠2千米，配套渠系建筑物25座，新建办公住房8间，面积198平方米，累计投资83.96万元，其中国家投资68万元。项目建成后，渠系水利用系数提高到0.55，改善灌溉面积0.58万亩。2006年，因泾惠渠管理局张家山防汛路施工影响，更新改造该站跨路干渠渡槽及西站跨路涵洞，新建渡槽1座，跨度18米；涵洞1座，长22米。2010年，该站设大站、二级站、西站、太和站4处抽水机房，装机13台1211千瓦，总扬程123.5米，出水量1.4立方米每秒。灌区有干渠2条，长2千米，支渠3条，长14千米，干、支渠衬砌率50%。灌区共有斗渠56条，长60千米。灌溉白王、王桥、兴隆3个乡镇8个行政村农田，设施灌溉面积2.5万亩，有效灌溉面积1.6万亩。1990年，张家山抽水站由县水电局（后更名为县水利局）直接管理。1991年，实施泾北人饮供水工程，筛珠洞抽水站划归泾北农村供水管理站管理，遂更名为张家山抽水站。2010年，该站内设机务科、生产科、办公室，共有职工26人，设正、副站长各1人。抽水站在每条支渠设管理员2人，具体管理渠道维修、水费计收及水账结算等工作，灌区按行政村每村设立水利股长1人，共8人。水利股长受渠长领导，具体负责各自村组的用水管理等事宜。需要用水时，各村组先上报用水计划，经抽水站审核同意后下发预付水费通知单，各村组照单交纳预付水费。各村组均在抽水站财务组设立账户，记账到村组，灌溉结束后，抽水站灌溉、财务组以机房运行记录的用水量为依据据实计收水费。

4. 云阳抽水站

设施与面积：位于泾阳县云阳镇泾云路南石窑村附近，建于1972年。该站以泾惠渠北干渠水为水源，进出水渠均紧贴公路伸展。1990年，该抽水站为一级抽水，装机5台235千瓦，总扬程12米，出水量1.5立方米每秒。灌区有干渠1条，长7.4千米，斗渠6条，长 11.6 千米，灌溉云阳镇枣杨村、中街、东街、大里、张屯、樊窑、东卢 7 个村的农田，设施灌溉面积 2.22 万亩，有效灌溉面积 1.21 万亩。后由于管理体制及工程设施老化失修等问题，该站灌溉效益不断下降。2003 年、2005 年，县水利局先后争取财政支农资金和国家优质小麦生产基地建设资金共计 125.81 万元，改造云阳抽水站，更新机泵 5 台（套），更换钢管 140 米，衬砌干渠 2.3 千米，恢复干渠 4.5 千米和斗渠 9 条 16 千米，配套渠系建筑物 5 座，新建管理房 9 间，面积 240 平方米，翻新机房 150 余平方米。该项目建成后，渠系水利用系数提高 0.2，恢复改善灌溉面积 0.3 万亩。2010 年，该抽水站装机 5 台 235 千瓦，总扬程 11.6 米，出水量 1.05 立方米每秒。灌区有干渠 1 条，长 4.5 千米；斗渠 13 条，长 13.7 千米。设施灌溉面积 2.22 万亩，有效灌溉面积 1.21 万亩。

机构与人员：1990 年，云阳抽水站由云阳镇管理，管理人员全部从农村抽调，经营自给有余。2003 年 7 月，云阳抽水站管理权移交县水利局，具体由县抗旱服务队管理。2010 年，抽水站内设机务股、灌溉股、财务室、办公室，共有职工 14 人。

5. 筛珠洞抽水站

设施与面积：位于泾阳县王桥镇张家山筛珠洞，灌溉王桥、兴隆 2 个镇的农田。1979 年 9 月建设，1984 年 4 月竣工，共三级，一级站扬程 15 米，直接汲取河水；二级站扬程 48 米；三级分高、低两渠，高渠扬程 107 米（设计后未能实施），低渠扬程 70 米，总投资 188 万元。1990 年，该站装机 5 台 900 千瓦，渠道总长 7.1 千米，其中边山石渠 1.2 千米，土洞 0.2 千米，混凝土板渠道 3.3 千米，土渠 2.4 千米；斗渠 36 条，其中二级渠道 24 条，三级渠道 12 条。设施灌溉面积 1.8 万亩，有效灌溉面积 0.8 万亩。2004 年 4 月至年底，实施国家优质小麦基地建设项目，更新改造筛珠洞抽水站。新建及维修一至四级机房 1392 平方米，新建四级站出水池 1 座，更新水泵 5 台、真空泵 4 台、变压器 2 台、压力管道 371 米，新配水泵 1 台、电机 2 台，重建四级站出水池，累计投资 172.86 万元，其中国家投资 145.35 万元。工程建成后，提水量增加 10%，能耗减低 10%，增加有效灌溉面积 0.33 万亩，改善有效灌溉面积 0.8 万亩。2010 年，该站为四级抽水，安装机泵 7 台（套）737 千瓦，总扬程 182 米，设计流量 0.44 立方米每秒。共有干、支渠道 12.9 千米，设施灌溉面积 2.5 万亩，有效灌溉面积 0.8 万亩。

机构与人员：1990 年，筛珠洞抽水站仍由木梳湾抽水站管理。1991 年，划归泾北农村供水管理站管理，内设办公室、财务室、机房。设站长 1 人、行水员 1 人、机务运行工 12 人。至 2010 年未变。

6. 徐木抽水站

徐木抽水站位于三原县大程镇等桥村，在泾惠渠一支渠（16+889）处设闸引泾河水。该站建于 1972 年，原由三原县管理，设施灌溉面积为 1666.7 公顷，为三级抽水，总扬程 147 米，总装机容量 2910 千瓦，设计引水流量 1.19 立方米每秒。2003 年移交省泾惠局，2005 年 12 月 25 日省泾惠局成立徐木抽水管理站，现灌溉三原县徐木乡 5 个村 44 个村民小组 1666.7 公顷农田，以及富平县淡村镇、城关镇两镇 12 个村 65 个村民小组 4866.7 公顷农田。现共有引水总支渠 2 条，长 1.9 千米，支渠 4 条，长 28.9 千米，支渠衬砌长度

23.64 千米，衬砌率 76.8%。斗渠 48 条，长 43.32 千米，全部衬砌。

徐木抽水站改造：

首次改造。2006—2008 年先后投资 65 万元、62 万元对渠道和中低产田进行了改造，衬砌支渠 23 千米，衬砌斗、分渠 168 千米，新修建筑物 6 座，更新管道 160 米，更新电器 5 台（套），设计抽水流量达到 2.0 立方米每秒，设施灌溉面积达到 6533.3 公顷，有效灌溉面积 4000.0 公顷。

扩容改造。2012 年启动徐木抽水站扩容改造工程，2013 年 6 月 1 日开工，2014 年 12 月 12 日完工，批复总投资 7000 万元。在拆除原一、二级站的基础上，改造扩建了一座新泵站。主要改造内容有：

新建主、副厂房 798.96 平方米，新建管理房 131.76 平方米，均为砖混结构。安装主泵 2 台型号为 DFMS600-72×2 双进口二级三叶轮离心泵，配套三相卧式同步电机。安装调节泵 2 台型号为 DFMS400-6N/4 单进口卧式单级双吸泵，配套三相同步电机。4 台机组采用横向单列半坑式布置，自灌式吸水。设计总装机容量 7500 千瓦，总设计流量 3.6 立方米每秒。主泵单机流量 1.288 立方米每秒，调节泵单机流量 0.563 立方米每秒。

新建进水道 4 条，均为矩形断面，东侧两条宽 1.4 米，西侧两条宽 0.8 米，高 2.1 ~ 7 米，长 28 米。修建进水池 4 座，大小各 2 座，大进水池呈心形，为直径 3 米的圆弧相邻布设；小进水池直径 3.5 米，深 7.0 米。水池侧壁顶部、底部与底板厚均为 300 毫米，为 C25 钢筋混凝土现浇。新建进水闸 4 孔，安装 1.4 米 ×2.0 米、0.8 米 ×2.0 米不锈钢插板式闸门各 2 扇，配有 4 吨手电两用螺杆式启闭机 4 台。进水闸前安装回转式清污机 2 台。出水池为矩形 C30 钢筋混凝土悬臂挡墙结构，断面尺寸 9.0 米 ×6.5 米 ×5.6 米。改造引水渠长 721 米，为浆砌石结构，弧底梯形断面，设计流量 3.6 立方米每秒。新建高低压配电柜 14 台。

扩容改造由西北勘测设计研究院有限公司设计，泾河工程局施工，咸阳万方工程建设监理有限公司监理，陕西省江河水利水电设备监理中心监造，陕西省诚源建设工程质量检测有限责任公司检测土建部分，陕西省泵（电）站检测调试中心检测电气部分，省水利厅质监站监督。

改造效益。徐木抽水站扩容改造后，取得了灌溉、节能、增产、防洪减灾等显著的经济和社会效益，新增灌溉面积 3866.7 公顷，年可增产粮食 1740 万千克，年可节电 520 千瓦时，年节约维修费 56 万元，为农业增产、粮食安全提供了重要保障。同时减少了农民灌溉费用，据调查，灌溉水费比原来用其他水源灌溉节约 40%。2003—2012 年徐木抽水站年均抽水量 570.9 万立方米。

（二）泾河提水

1. 高庄抽水站

高庄抽水站位于西咸新区高庄镇赵家堡村北河滩，是陕西省最早建立的电力抽水站之一。1958 年 4 月建成。原为三级站，后改为二级站。1990 年，该站设 2 处抽水站，分别是一级站、二级站，装机 8 台 291 千瓦，总扬程 25.01 米，出水量 0.96 立方米每秒。灌区有干渠 1 条，长 0.85 千米，支渠 2 条，长 14.4 千米，干、支渠衬砌率 30%；灌区共有斗渠 29 条，长 24.3 千米；设施灌溉面积 1.65 万亩，有效灌溉面积 1.5 万亩。1993 年后，闸前河段控导设施年久失修，水毁严重，加之河道砂石无序开采，导致主流失控，泾河河槽严重下切，闸前主河槽北移，取水口吊空，使一级站无法取水。1999 年，在一级站北设临时取水设施引水灌溉。2001 年 4 月，改造高庄抽水站，原计划实施固底衬砌，建设控导设施，恢复闸前引水。由于资金问题，实际仅实施了短期过渡方案（在一级站北新建零级站临时引水），该工程于 2002 年 4 月 6 日开工建设，同年 7 月 23 日试机通水，解决了部分引水问题。由于固底衬砌、控导设施等主体工程未实施，河床继续下切，至 2005 年，该工程基本丧失作用。

2. 临泾抽水站

临泾抽水站位于西咸新区太平镇牛杨村泾河南岸。1959 年 5 月建成，一级抽水。灌区西起牛杨村，东至寨头村源下，东西长约 10 千米。1990 年，该站装机 2 台 56 千瓦，扬程 9.1 米，出水量 0.59 立方米每秒，设施灌溉面积 1 万余亩，有效灌溉面积 0.83 万亩。由于该站设备严重老化失修，泵站年引水量及灌溉面积逐年下降，2002 年实际灌溉面积降至 0.45 万亩。2007 年 8 月 8 日晚，降特大暴雨，该站机房被淹，1 台 30 千瓦电机和补偿器报废，6000 米骨干渠道严重淤积，导致抽水瘫痪。后经修复，至 2010 年，抽水站装机 2 台 56 千瓦，扬程 9.1 米，出水量 0.59 立方米每秒。设施灌溉面积 1 万余亩，有效灌溉面积 0.45 万亩。

3. 蒋刘抽水站

蒋刘抽水站位于西咸新区高庄镇傅家村后。1973 年建成，一级抽水，总扬程 109.8 米，总装机容量 1960 千瓦，抽水量 1.13 立方米每秒，为陕西省著名高扬程抽水站之一。设计有效灌溉面积 2.6 万亩，主要灌区在高庄镇（原蒋刘乡），灌溉面积 1.99 万亩，渭城区韩家湾、底张两乡面积仅 6000 余亩。后因泾河河道变动，闸前主流流向变化，弯顶下挫，造成抽水站进水闸前脱流，无法引水；加之当地群众在该河段大规模采挖砂石，致使河床大范围下切，抽水站因此停用。1994 年大旱，蒋刘乡 1.3 万亩秋田绝收，群众强烈要求恢复抽水站。1995 年，在蒋刘抽水站闸前左岸上游 550 米处临时修建一座长 74 米的土袋浅堰及临时引水渠实行应急取水。1998 年夏季泾河涨水时临时引水渠又被淤平，该站遂停止运行。

4. 友谊抽水站

友谊抽水站建于 1972 年，灌区为西咸新区太平镇原太平大队各生产队和柳村大队的竹范、柳村两生产队塬上高地，以辅助宝鸡峡渠道供水不足和补灌部分渠外高地。由两大队倡议合力兴办，故称友谊抽水站。机房设于太平堡村北岸塬坡之下，另修引水渠 250 米通河道。扬程 88.5 米，灌溉面积 0.76 万亩，渠道与宝鸡峡东五支渠交叉，在孙家村西处由混凝土管倒虹通过。建成后两大队派人管理。1990 年后，因管理体制问题，设施维护没有保障，设备严重老化，抽水量严重下降，但旱季仍可济急。2008 年，机房危漏失修，主要设备拆除，遂停止运行。

（三）沮河抽水

1. 双河抽水站

双河抽水站位于礼泉县赵镇双河村，建于 1976 年，从沮河水库取水，二级提水，装机容量 1780 千瓦，有干渠 11 千米，斗渠 46 千米。设施灌溉面积 0.133 万公顷，有效灌溉面积 0.12 万公顷。

1999 年 11 月，抽水站利用国家投资对二级站进行了更新改造，更新了机泵和电气设备，对机房、卷扬机房和二级站前池进行了修缮加固，完成投资 285 万元。2004 年 2 月又对一级站进行了改造，安装滑动泵车 3 台及轨道 6 条 330 米，水泵 3 台和卷扬机 3 台，修复进水前池 1 座，浇筑混凝土管坡 1 面，完成投资 90 万元。2005 年 7 月再次投资 120 万元对灌区灌溉系统进行整治，衬砌改造干渠 4.02 千米、斗渠 5.022 千米，维修和改建渠系建筑物 72 座，新建出水池 1 座。

工程相继建成后，灌区的行水条件得到极大改善，降低了灌溉成本，提高了各级渠水的利用率，恢复改善灌溉面积 0.113 万公顷。

2. 西徐抽水站

西徐抽水站位于礼泉县城西约 5 千米处，建于 1976 年，以沮河一库水为水源，分两级抽水，一级站为活动站，二级站为固定站。总装机容量 495 千瓦，设计灌溉面积 0.06 万公顷，有效灌溉面积 0.053 万公顷。

1999 年，针对一级站实际扬程与水泵扬程不配套的问题，抽水站对一级站 4 台抽水机组进出水管及配电控制设备进行了重新选型配套，并更新活动泵车 2 座及提升设备，完成了移动泵车基础及混凝土管桩的重新设计与施工；对二级站的泵房、配电房进行了翻修，完成了机泵进出水管道及配电控制设备的重新选型布置和变电设施的重新选配，共完成国家投资 210 万元。2005 年 3 月，又投资 50 万元，对灌区渠系进行了整治，衬砌干、支渠 4.5 千米，使抽水站面貌大为改观，整个灌区灌溉条件得到显著改善。

3. 沮河抽水站

沮河抽水站位于礼泉县沮河水库坝后，水源为库水，由礼泉变电站设 35 千伏输电线路供电，站内设 35 千伏变电站一座，现装设两台机组，总装机容量为 620 千瓦，总抽水量为 2.0 立方米每秒，设计净扬程 25 米，实际运用扬程随库水位变化而变化。

抽水站主要供给西干四支渠用水，控制面积 3.6 万亩。本工程由省水电设计院设计，礼泉沮河指挥所施工，电气设备由局制修厂承包，1972 年 9 月开工，1974 年 8 月竣工，总投资 112.6 万元，原设计为 4 台机组，由于地方要求，经省水电局批准，减装 2 台机组变岔管压力流，送入东干六支渠供自流灌溉。投入运用后，设备运转稳定，基本达到了设计要求。1997 年沮河泵站被列入关中灌区改造工程世行贷款项目，该工程于 2003 年 4 月 1 日开工建设，同年 10 月 30 日全面完工，完成工程总投资 471.69 万元。世行项目改造后，该站装机 4 台，容量为 1120 千瓦，扬程 25 米，总抽水量为 3.84 立方米每秒。

4. 沮河二库抽水站

按照陕西省水利厅陕水农发〔2001〕104 号文件的精神，宝鸡峡管理局和礼泉县就移交事宜达成了协议，并于 2003 年 1 月 15 日正式移交宝鸡峡管理局管理。泔河二库配套工程二库泵站工程也移交宝鸡峡管理局管理。

泔河二库泵站是塬上东干六支渠灌溉系统从泔河水库抽水一级站，20 世纪 90 年代建成，设计供水灌溉面积 7.8 万亩，本级灌溉面积 7.8 万亩，设计流量 1.90 立方米每秒，设计扬程 61 米。安装 24Sh–10 型卧式离心泵 2 台，配套 Y500–54–6 型异步电动机 2 台，泵站总装机容量 1600 千瓦，将水输入宝鸡峡东干六支渠。

泵站主体平面布置为：进水为侧向进水，出水池为正向出水，主厂房、压力输水管道、出水池呈直线布置，35 千伏 /6.3 千伏变电站位于主厂房对面靠左侧，泵站管理生活设施位于主厂房对面靠左侧，其间设混凝土道路连接，进厂道路位于主厂房左侧。水泵进水管与水库放水洞相接。主厂房为砖混结构，长 × 宽 × 高为 21 米 × 8.94 米 × 8.39 米，检修间与配电间分别位于主厂房两侧，检修间位于主厂房左侧，配电间位于主厂房右侧，2 台水泵电动机组呈一列布置，厂内设 5 吨单梁桥式起重机。水泵为正压进水，设清水润滑系统。压力管道为双机并联输水，管径 1000 毫米，由于扬程较高，压力管道高压段采用钢管，长 2 × 15 米，低压段采用预应力承插式钢筋混凝土管，管长 2 × 3500 米，设计在管道平面和立面转角处设 C15 混凝土镇墩，$30^{\#}$ 水泥白灰浆砌片石连续管床。泵站装机功率 2 × 800 千瓦，电源由咸阳供电局赵镇变电站供给，建有 35 千伏变电站一座，由宝鸡峡管理局管理维护，35 千伏线路全长 8 千米。35 千伏电源侧采用单母线接线；电动机母线采用单母线接线。

2009 年 3 月该站被列入大型泵站改造工程，2012 年 2 月开工建设，2015 年 3 月全部完建，累计完成投资 2121.78 万元。实施大型泵站改造后，该站装机 2 台，容量 1800 千瓦，扬程 61 米，抽水量为 1.728 立方米每秒。

二、其他小抽水站

泾河沿岸原有船头、大湾、太平、雁河屯、焦村、芦家、阜下、山西庄、刘家堡和寿平抽水站 10 处，大多兴建于 20 世纪 70 年代，皆由沿岸生产大队、生产队所营办，并享受国家补贴。80 年代后，多数小站被拆毁，能运行者所剩无几，每到灌季，沿泾河有条件的村组多搭建临时泵站进行灌溉，灌季结束后拆除。至 2020 年，泾河沿岸已无小抽水站。

主要抽水站一览表见表 2–3–1。

表 2–3–1 主要抽水站一览表

名称	水源	扬程 / m	抽水规模	干渠 / km	支渠 / km	斗渠 / km	装机容量 / kW	设计灌溉面积 / 万亩	所在地
党家堡	泾惠渠	51	三级抽水	10	37	130	1166	10.65	泾阳县桥底镇
木梳湾	泾惠渠	126	三级抽水	2.5	24	65	1490	3.3	泾阳县王桥镇

续表 2-3-1

名称	水源	扬程 / m	抽水规模	干渠 / km	支渠 / km	斗渠 / km	装机容量 / kW	设计灌溉面积 / 万亩	所在地
红旗	泾惠渠		五级抽水	5	4	24	1675	3.16	泾阳县桥底镇
张家山	泾惠渠		三级抽水	1.3	19	84	1206	2.5	泾阳县王桥镇
徐木	泾惠渠		一级抽水	1	30.8	43.3	7500	9.8	三原县大程镇
云阳	泾惠渠		一级抽水	5.4	2	11.6	235	2.205	泾阳县云阳镇
筛珠洞	泾河		三级抽水	7.9	5	26	1420	1.15	泾阳县王桥镇
高庄	泾河		三级抽水	1	11.4	24.3	332	3.15	西咸新区高庄镇
临泾	泾河	9.1	一级抽水				56	1	西咸新区太平镇
蒋刘	泾河	109	一级抽水				1960	2.6	西咸新区高庄镇
双河	泔河水库	357	四级抽水	11		46	1640	2.05	礼泉县赵镇
西徐	泔河水库		二级抽水				495	0.90	礼泉县城关镇
泔河	泔河水库	25	一级抽水				1120	3.6	礼泉县城关镇
泔河二库	泔河二库	61	一级抽水				1800	7.8	礼泉县烟霞镇

来源：咸阳市志（1991—2010）

三、技术改造

经过几十年的运行，一些抽水站机电设备和管道老化失修，灌溉渠系损毁严重，致使不少泵站带病运行，能源单耗高，装置效率低，工程效益衰减。特别是一些较大抽水站水费标准不到位，缺乏必要的设备更新和技术改造资金，使工程长期处于亏损运行，不能得到及时维修更新，影响工程灌溉效益的正常发挥。20 世纪 90 年代以来，国家和地方逐步加大了对抽水站技术改造资金的投入。1995 年淳化县秦庄沟抽水站争取到国家农业综合开发项目资金 260 万元，先后更新了 12 台机组，完善了灌区配套设施，进行了渠道的修复和防渗工程；1993 年，三原县徐木抽水站利用国家资金 70 万元，更新了 4 台机组，衬砌干渠 6 千米。1996 年又争取国家投资 70 万元，更新 4 台机组，衬砌干渠 5 千米，保证了抽水站的正常运行；永寿县东沟水库抽水站于 1996 年利用国家资金 395.5 万元更新了部分电气设备和 4 台机组，并完善了灌区配套工程，增加了供水能力，使抽水站效益得以正常发挥。据统计，1987—2005年间，泾阳县共修复改造党家堡、红旗、张家山、筛珠洞、高庄、云阳等6处三百公顷以上抽水站；礼泉县共修复改造双合、西徐、贺家、东风、扬庄子、石扬、杨家等7处抽水站，完成投资981.64万元，恢复改善灌溉面积0.253万公顷；乾县共修复三百公顷以上抽水站13座，三百公顷以下抽水站23座，新增灌溉面积0.141万公顷，改善灌溉面积0.351万公顷，总投资达1360.6万元。

第四章　城乡供水

城乡供水，是指城镇生产、生活和农村人畜用水。20 世纪 50—60 年代，流域内缺水地区主要组织群众发展水窖和陂塘等。20 世纪 70 年代，主要利用机井、抽水站等工程解决人畜饮水困难。20 世纪 80 年代以来，农村供水、防氟改水和城镇供水得到迅速发展，先后利用外资、小型水利费、以工代赈、扶贫资金和供水贷款等修建大量供水工程，解决了大批农村和城镇的饮、改水问题，并把人畜饮水、防氟改水、乡镇供水统一起来，统称乡镇供水。1996 年 8 月，省政府决定县城及县以下小城镇的供水工程全部由水利部门统一建设与管理。2000 年以后，随着流域内工业化、城镇化与新农村建设步伐不断加快，城乡供水需求呈现急剧增长的态势。此后“甘露工程”、县城供水水源建设进入持续发展阶段。截至目前，流域内农村绝大多数村镇实现了自来水，县城、重点乡镇以及工业项目供水严重紧缺的矛盾趋于缓解，有力地支撑了流域内经济社会与生态环境建设的可持续发展。

第一节　城镇供水

泾河流域境内各县县城新中国成立初期尚未形成统一的供水管理系统，1996 年，陕西省政府在实施“甘露工程”的同时，将县城供水由城建部门交由水利部门建设管理。随即，陕西省水利厅组织开展了县城供水工程可行性研究报告和初步设计的编制工作，并对设计报告进行了批复，保障了县城供水的科学性、规范性和安全性。2014 年，水利厅按照省政府会议纪要要求，结合流域各县上报的县城供水 2015—2020 年发展规划，会同省发展改革委组织编写了《陕西省县城供水设施建设 2015—2020 年规划》，并通过了省政府批复。2015 年流域内县城水源地供水总人口 41.70 万人，其中非农业人口 22.08 万人；水源地年供水量 1221 万立方米，年用水量 907 万立方米，水质综合合格率 99%，损失率 26%；地表水源地 6 个，水源井 51 眼，自来水普及率 89%。2020 年，礼泉县、乾县、泾阳县城供水均形成以引用水库水为主、地下水为辅的供水系统；彬州市主要利用李家川水库作为县城供水水源；长武县引黑河水入城保证县城供水；永寿县采取库井联合调度的形式向县城供水；淳化县、旬邑县则主要采取提取河水和地下水向县城供水，高陵区以西安黑河引水为主。水源井 107 眼，地表水源 6 处，水厂 21 座，配水干管达到 738.1 千米，最大日供水量 10.82 万立方米。

一、旬邑县

新中国成立后，在旬邑县水利部门的指导下，各机关、学校、卫生院、厂（场）自筹资金，开凿水井，解决生产、生活用水。1965 年，县水利工作队经过勘察，在县城西郊小塔村建成供水站，统一供应县城机关、学校和小型企业、部分居民共计 2000 多人的生活用水。70 年代后期，县城供水水源为三水河南岸 4 眼大口井。将井水通过 2.1 千米输水管道送到县城的高位水池，再从高位水池通过管网向用户供水。当时供水能力仅为 1500 吨每日，而实际需水量则为 2500 ~ 3000 吨每日。1980—1985 年，县城乡建设环境保护局先建成自来水厂，采取打机井、引泉水等办法，把水通过水管送到各用户，基本解决了县城工业用水和居民生活用水。

2004 年，县政府投资 1100 多万元从县城以东三水河上游 4.5 千米的纸坊村滚水坝取水，修建 U 形渠道，加盖护板引水到崔家河村净化水厂，通过汇流、加药旋流、平流沉淀、净化消毒等程序处理后，再进入清水池加压送至县城供水管网供应城区用户。工程建设包括水源枢纽工程、水处理工程及 2.5 千米输水管道 3 部分，日供水能力 4500 立方米。2007 年，主要实施管道连接、旋流池、预沉池、清水池的防渗工程，共安装供水主管道 2.5 千米，铺设排水管道 234 米，浇筑混凝土地面 2820 平方米，同年 6 月竣工。2009 年，投资 323 万元实施县城供水水源改造工程，新打 2 眼大口井，配套水泵 2 台（套），铺设管道 2520 米，修建闸阀井 17 座。投资 53.6 万元实施县城东区供水改造工程，挖运土石方 1224 立方米，浇筑混凝土 53.2 立方米，钢筋制作 5.32 吨；架设 0.4 千伏输电线路 429 米，安装 PE 管道 355 米、调频泵 1 台（套），确保 6100 人的生活用水。2012 年，完成自来水厂输水渠道改造、保障性住房供水工程，开工建设水厂沉淀池加盖工程，建成 17 个供水工程，铺设各类管道 147 千米，修建蓄水池 10 座、水塔 5 座，修复机井 3 眼、闸阀井 109 座，安装了净化设备、水泵、配电设施等，解决了 2.54 万人的饮水安全问题。2013 年，投资 1000 万元，征地 2.5 公顷，修建了进入新水厂道路、围墙，架设了电力线路。2015 年，投资 1230 万元，完成柏岭寺水库至县城输水管道 9.6 千米。2018 年完成旬邑县县城供水第二水厂建设，该水厂以柏岭寺水库为水源，建成后新增日供水能力 1.5 万吨，实现了旬邑县城双水源供给。2020 年投资 900 万元，改造县城供水管道 1.8 千米，建设 1 个智慧水务平台。

二、泾阳县

引泾河水为泾阳县城人畜饮水始于唐代。据《泾阳修城记》记载，唐初渠道曾穿过泾阳县城供民饮用，以后渐废，明代以后至清代恢复供水。20 世纪 50 年代，县城内少数企事业单位建成机井、蓄水池保障用水。1970 年 2 月，成立县自来水管理站，借用县纺织厂的深井和水塔给部分单位和居民供水。至 2020 年，县城建有 3 座自来水厂，建成供水管道 36 千米，供水人口 9.5 万人。

1990 年，县城供水以自来水为主，自备水源为辅。县自来水厂有水源井 4 眼，加压泵 4 台，蓄水池 2 座，容积为 550 立方米，供水能力 2500 立方米每日。建成供水管道 6 千米，供水人口 2.2 万人，普及率 58%。1996 年，铺设、改造城区中心街、麻布巷（现崇文大街）、北当巷、南环路、西环路等路段输水管道 22.38 千米，城区管网覆盖面积达 6 平方千米。1999 年底，县第二制水厂建成，主要设施有：加压泵房 1 座，加压泵 6 台，新打 200 米水源井 5 眼，新建 1000 立方米蓄水池 1 座，铺设管网 5 千米。日增加供水 5000 立方米，扩大供水面积 2 平方千米，供水人口达到 4.1 万人，同时解决县城光明、张裕等企业用水问题。2007—2009 年，投资 562 万元，建设县城供水二期扩建工程，新建水源井 5 眼、1000 立方米蓄水池 1 座，并完善输配水管网，县第二制水厂供水能力由 5000 立方米每日提高到 10000 立方米每日，总供水能力达到 1.25 万立方米每日。到 2010 年，县自来水公司下辖第一制水厂（原自来水厂）、第二制水厂，共有水源井 10 眼，加压泵 10 台，蓄水池 4 座，容积为 2550 立方米，供水能力 1.25 万立方米每日。建成供水管道 36 千米，普及率 75%。2015 年 4 月 27 日泾阳县自来水公司划归陕西省水务集团有限公司，更名为陕西省水务集团泾阳县供水有限公司。

三、礼泉县

历史上礼泉县城居民生活用水一直沿用井水。城北泥河沟“志公泉”和南门外汤房庙、西关两眼水井水质甜美，适宜饮用，每天挑水人络绎不绝。1956 年，县人民政府在机关院内（今县医院）打成一眼深约 30 米的大口井（今废），并通过管道输入中山街南侧水巷口供水站，以供城内机关和部分居民生活用水。1965 年县上和汤房村合打一眼 290 米的深机井，开始用以灌溉，后并入城区供水。1969 年正式成立供水站，当时归商业局饮食服务公司管理。1980 年 3 月，县自来水公司成立后，再次对供水设施进行了改造扩建。1984—1986 年先后新打约深 240 米的水源井 2 眼，修建蓄水池、办公楼、住宿楼各 1 座，总投资 78 万元。1994 年在自来水公司东侧新征地内打深井 1 眼，井深 286 米，日供水能力 1000 ~ 1200 吨。截至 1996 年底，全县供水设施有水源井 4 眼，分别安装扬程 88 米的 200QJ5078 型潜水泵；蓄水池 3 座，储量分别为 100 吨、400 吨和 1000 吨；水塔 1 座，塔高 25 米。1996 年 12 月，县自来水公司从城乡环境保护建设局整建制移交水利部门主管，进行城区供水扩建工程，项目概算总投资 650 万元，其中一期工程投资 451 万元。扩建工程 1997 年 12 月开始，1999 年 5 月并网供水，一期工程共新打水源井 1 眼；第二配水厂征地 8.47 亩；新建 1000 吨清水池、加压泵房、加氯间各 1 座；安装 6SA ~ 6A 型加压泵 2 台，配套 30 千瓦电机 2 台；架设 10 千伏输电专线 5.3 千米；铺设各类管网 3.34 千米；配备全数字式交流电动机、万能空气开关、数字液位显示仪、插入式转子流量计和 3 台 STRA 软启动控制器等。完成投资 390 万元。2020 年完成尧召水源井改扩建工程建设，该工程建成后新增日供水能力 0.5 万吨，并完成尧召水厂自动化管理平台及安全监控系统。

四、永寿县

北宋嘉祐六年，永寿县令吕大防倡导，引县城东北相距五里的分水岭泔河源泉入县城，称“吕公惠民泉”。金、清时期，县令邢珣、张焜、蒋基、郑德枢先后倡疏，民便汲。

2017 年永寿县完成县城应急供水工程，该工程建设内容为新打深水井 2 眼、铺设 PE 供水管 4630 米，架设通信线路 3200 米等，新建大口井，增设自动化管理系统一套。建成后新增日供水能力 0.26 万吨，有效地提高了水源应急保障能力。2018 年永寿县完成西沟水源地补充水源工程，新打 700 米深井 2 眼，日新增供水能力 0.13 万吨，建成后能提升城区供水的保证率。2019 年永寿县完成城区管网改造工程，更换干管 6 千米，项目建成后提高了永寿县县城供水的水质和水压。

五、长武县

清代乾隆年间，长武县城始有水井，深20丈左右。岱岳庙内和尚自用的两眼井，水质清甜可口，其他井水质浑浊皂涩。因提取困难，官商居民仍多饮用北水沟通济泉水，常年有30多人以担挑卖水为业。民国初年，县城周围村庄逐渐开凿公用井，殷实富裕户则开凿私有自用井。1962年长武县在北水沟利用三眼泉水，国家投资3.5万元，首建供水站，解决了县城饮水问题。2002年，长武县投资450万元修建的黑河水源供水工程于7月26日竣工通水，一举结束了长武县城缺水的历史，供水区面积132平方千米，日供水量达到1.5万吨，水质类别为市级Ⅲ类，受益人口6个乡镇11万余人。

六、彬州市

彬州市城区供水以汲取泉水、河水、井水为主。到2010年，建成服务城区水厂3座，备用水源地1个，铺设主管道55千米，供水面积11平方千米，形成了完整的城区供水体系。

李家川水厂位于县城东南15千米处城关镇李家川村。1990年2月开工建设，该工程是利用世界银行贷款、世界粮食计划署无偿援粮、群众集资建设。工程总投资576.3万元，供水区沿泾河两岸分布，西起水帘村，东至鸣玉池村，供水区包括城关镇、炭店乡所属的27个村和县城居民及厂矿企事业单位。主要工程包括水源工程、引水工程、水处理工程和输配水工程四部分。水源工程水源为李家川水库蓄水，备用水源为侍郎湖，供水方式为自流重力供水。引水工程主要包括80米长Dg600引水暗管、40米长倒虹吸和310米长引水暗渠。水处理工程包括预沉池2座，单池有效容积4400立方米，总容积8800立方米，并建有搅拌池、贮液池、分流式隔板混合池各1座，旋流式反应池4座，平流式沉淀池2座，无阀滤池2座，每座每小时出水120吨，消毒采用Z842型转子加氯机液氯消毒。输配水工程为Dg400预应力钢筋混凝土管，沿水帘河川道、312国道铺设入城区，与原城区输水管道联网，管道全长14.9千米。1992年10月工程竣工，开始向县城供水，设计日供水5700吨，最高日供水8000吨，年均向城区供水108万吨。1995年被全国爱卫会评为“全国百佳水厂”，1999年被陕西省爱卫会授予“省级卫生先进单位”，并多次获市级“花园单位”称号。

太峪河城区供水工程位于彬州市城区东南方向约20千米处新堡子乡下川村。1998年，完成工程立项报批工作。2000年开工建设，工程总投资2257.55万元，包括建设溢流坝1座、引水渠道800米、沉沙池1座、4000立方米预沉调节池1座、泵站两级、水处理车间、1000立方米清水池1座、输水管道6.3千米、2000立方米县城高位水池1座以及配水管道2.1千米。配套建设输电线路4千米，管理站1处。水源为上游漫滩水库日常泄水，自流至太峪河城区供水工程生产厂区，消毒加压后通过管道输送至城区。2006年8月，全面建成并顺利通水，有效解决了城区供水严重不足的问题。

七、乾县

乾县县城内地下水资源贫乏，水质差，城内民用浅水井除西关城隍庙和北寺一带水是甜水外，其余均是苦水且污染变质，不能饮用。长期以来，城内用水问题严重。1969年、1971年先后在杨汉乡壤村和长留乡小村钻探深水井，供城区居民和机关、企事业单位人员用水，解决了长期以来居民饮水难的问题。从20世纪60年代中期开始筹办给水工程。

先后在城内钟楼巷和群众堂（在县招待所院内）钻探两眼深井，均因水质不符合饮用标准，且水量贫乏而被淘汰。1968 年成立了县自来水站，负责给水工程筹建工作。先后在长留乡南仁村钻探两眼深井，因水量少无开采价值而废。1969 年在本县南塬根底肖河古河道杨汉乡壤村钻探深井一眼，水量丰富，水质好。1971 年又钻小村深井，效果很好。据北倪村农用深井资料，最终确定县城给水第一水源地——东至大杨乡王乐镇、西至梁村镇这条狭长古河道流域。到 1983 年县自来水输水工程和水井自成体系。1984 年自来水公司对城内配水管网做了扩充和延伸，铺设了输水管道，更换西大街的铸铁管。以后陆续满足输水主管设计能力，实现了县城的供水保障。2016 年乾县人民政府与陕西省水务集团签订协议，将自来水公司整体资产、负债及人员进行无偿划转，成立了陕西省水务集团乾县水务有限公司，负责乾县县城供水的经营管理、安全保障及发展建设。

八、高陵区

高陵县城曾在元代从城北侧昌莲渠上开渠引水入城，供城内人畜饮用，后逐渐被其他水源代替。1969 年筹建高陵县自来水厂，1971 年建成。厂址设在文卫路南侧，占地 6.9 亩。有高 30 米、容量 30 吨水塔 1 座，配套 300 吨蓄水池 2 座，1 号水源井 1 眼，50 ~ 150 毫米管道 2590 米，正规的供水系统初步形成。1972 年，在县面粉厂建成占地 0.5 亩的 2 号水源井，日供水能力达到 1500 吨。1984 年，在县城北门外西侧开辟了占地 5 亩的第二水源地，打成了 3 号水源井，增建了 500 吨蓄水池 2 个。1986 年新建成的供水管网与城区管网连接运营，1989 年底，按街道走向铺设 DN75 ~ DN300 供水主干道 21 条，全长 7782 米，供水管网总长 21 千米，日供水量提高到了 2200 吨，年供水总量达 80 万吨。1991—1993 年先后在第一水源地、第二水源地打配了深水井 2 眼。1997 年下半年，第一水源地报废弃用，自来水厂迁往县城北关第二水源地。1998 年投资 100 多万元相继打配了畜牧中心、桐木板厂 2 眼深达 360 米的深水源井。2002 年，自来水厂投资 9 万余元购置了水质次氯酸钠发生器和全自动化二氧化氯发生器 2 台，用于自来水的消毒，供水水质完全达到了国家生活饮用水的卫生标准。2002 年 9 月，在自来水厂南侧新打 300 米深水源井 1 眼，2003 年 7 月畜牧中心 150 米深水井打成并投入使用。2005 年 6 月，自来水厂与造纸厂签订合同，租赁了造纸厂自备的水源井 4 眼，作为县城又一处新的供水水源地。2006 年开始建设高陵县城供水工程，投资 3512 万元，管线全长 9.15 千米，设计供水规模为 1.8 万立方米每日，年供水总量为 505 万立方米，2008 年 9 月开始向县城供水，原地下水源已经全部停运，只作为应急备用水源。供水源为西安市南郊水厂净化处理的黑河水。2011 年 12 月高陵区城市供水纳入西安城市供水体系。

九、马栏河引水工程

马栏河引水工程是为增加桃曲坡水库水源，解决铜川水荒而实施的跨流域引水工程。该工程由泾河支流马栏河引水至沮河入桃曲坡水库，年调水 1200 万 ~ 1500 万立方米，经水库调蓄后向铜川市老城区供水。

决策与前期工作。1990 年 11 月 24 日，常务副省长徐山林主持召开第 46 次省长办公会，专题研究铜川市供水工程建设问题。会议确定了铜川市城市供水水源方案，即实施桃曲坡水库溢洪道加闸工程增加库容 1000 万立方米，实施马栏河引水工程向桃曲坡水库引水 1200 万～1500 万立方米，两项工程实施后，每年由桃曲坡水库向铜川老城区供水 1200 万～1500 万立方米。工程设计工作由省水利厅负责，工程建成后，由省桃曲坡水库管理局统一管理，工程所需资金由陕西省负责安排。1991 年 1 月 19 日，副省长王双锡在旬邑县召开现场办公会，协调解决引水水源问题。1992 年 5 月 21—22 日，省计委对桃曲坡水库扩建工程（马栏河引水工程）初步设计进行审查，并以陕设计〔1992〕356 号文批复了马栏河引水工程初步设计。

工程建设过程。马栏河引水工程由引水枢纽、隧洞、出口连接渠道三部分组成。枢纽工程位于咸阳市旬邑县马栏镇西北约 450 米的马栏河上；出口连接渠道位于铜川市耀州区庙湾镇三十六亩地的半面沟与沮河支流西川河之间；整个工程的关键部位是老爷岭引水隧洞。

引水隧洞 1992 年 10 月开工，1997 年 12 月 24 日实现全线贯通，1998 年 9 月 26 日完成了引水隧洞铺底工程。引水隧洞全长 11.491 千米，横穿泾渭河分水岭——老爷岭，为无压城门洞形隧洞，洞轴线方位角为 134° 03′ 47″，设计断面 2.0 米 ×2.1 米，设计流量 3 立方米每秒，正常水深 0.85 米，设计比降 1∶400，校核流量 4 立方米每秒，校核水深 1.05 米。隧洞埋深 65 ～ 400 米，洞线位于地下水位以下，地质复杂，涌水量大，是典型的软岩深埋小断面超长隧洞。在复杂的施工条件和恶劣的环境中，建设者先后攻克了马栏河引水隧洞施工中的“六大难关”，即采取高压进洞、中途加压，攻克了供电半径 3500 米的难关；采用串联风机、分段排污，攻克了洞内 3500 米的长距离通风难关；采取增大容量、洞内充电，攻克了单趟运距 6000 多米的运输难关；采用多趟管路、五级接力，攻克了日排水 4000 多立方米的排水难关；采取全封闭钢支撑与锚杆管棚联合支护技术，攻克了战胜恶劣塌方的施工难关。工程建设过程中，凝结了“无私奉献、顽强拼搏、团结互助、敢为人先”的马栏引水精神。

枢纽工程由施工导流、拦河坝和冲沙闸、进水闸构成。其中拦河坝又由坝基截渗墙、护坦、溢流坝体、护坝和海漫五部分构成。枢纽工程于 1998 年 3 月 1 日开工，同年 9 月 12 日完工。出口连接渠道工程全长 672 米，1998 年 5 月 5 日开工，同年 7 月 25 日完工。引水隧洞、枢纽工程、出口渠道三大工程完成后进行了试通水。1998 年 9 月 28 日，马栏河引水工程建成通水仪式在马栏工地隆重举行，省长程安东，省委常委、省纪委书记李焕政，副省长王双锡以及省政府有关部门，铜川与咸阳市主要负责人，工程建设与施工单位干部职工，以及当地群众 1000 多人参加了这次盛会。省政府对建设单位、施工单位颁发了嘉奖令。程安东省长亲自按动通水按钮，涓涓清流顺着万米隧洞流入桃曲坡水库。

工程建设投资。马栏河引水工程共完成投资 11920 万元。其中拨改贷资金 700 万元，建设银行贷款 2700 万元，省非经营性资金 1950 万元，以工代赈资金 370 万元，省财政专项 1200 万元，小水资金 1300 万元，防洪保安资金 700 万元，水利债券筹集 3000 万元。

工程竣工验收。1998 年 9 月 28 日建成通水后，工程进入了配套完善和竣工验收资料整编阶段。1999 年 12 月 31 日，马栏河引水工程通过了由省计委组织的竣工验收，参与验收的单位和与会专家认为工程质量优良，通过竣工验收，可以交付使用。

十、张家山群泉引水工程

张家山群泉引水工程是陕西省率先采用 PPP 模式投资建设的重点民生供水工程。由泾阳县人民政府、泾河新城管委会和陕西省水务集团有限公司三方共同签订战略合作协议，由省水务集团控股出资建设。

工程前期：2015 年 4 月 27 日，三方签订战略合作协议。2015 年 8 月，泾阳县发展和改革局泾发改〔2015〕291 号文核准建设。2015 年 9 月，泾发改〔2015〕306 号文批复了工程初步设计，核定概算投资 2.3 亿元。2015 年 6 月，由泾河新城管委会和泾阳县政府共同出资成立张家山泉群供水有限公司，开展各项前期工作。2015 年 10 月 15 日，对一期工程进行了公开招投标，确定施工单位和监理单位。

工程规模：张家山群泉引水工程，位于泾阳县王桥镇泾惠渠渠首，由泉水收集、预处理、输水管道工程等三部分组成。将泾惠渠渠首大坝下游泾河左岸约 1500 米长区间群泉水水源，经多点收集、净化处理、加压，远距离输送，实现并网供水。规划供水规模 8.0 万立方米每日，解决泾阳县城和泾河新城及王桥、桥底、中张、泾干、永乐、崇文、云阳、三渠等 8 镇 110 个村 32 万人的饮水安全问题。工程分二期实施，其中一期工程设计供水规模 4.0 万立方米每日，供水至泾阳县城第三水厂。二期工程供水至泾河新城及沿途各镇区。

工程建设暨投资：工程于 2015 年 11 月 1 日开工建设，于 2017 年 6 月底建成并进行了试运行，7 月 19 日正式通水。一期工程完成了泉水收集、预处理设施和供水主管道建设，建成泉水收集井、配电室、过滤池、加药间、配水井、鼓风机房、总配电室、提升泵房等构筑物 14 座，取水管廊 552 米，安装变压器、配电柜、水泵、空压机等设备 32 台，安装管道 2280 米，埋设 Φ800 球墨铸铁输水管道 30.9 千米。累计完成总投资 2.3 亿元。

十一、西安渭北工业园湾子水厂输水工程

工程前期：2013 年 5 月 10 日，陕西省泾惠渠灌溉管理局与西安市水务局签订供水协议，2013 年 6 月 4 日西安市发展和改革委员会对渭北工业园湾子水厂输水工程项目建议书进行了批复（市发改审发〔2013〕342 号文）。2014 年 2 月 27 日西安市发展和改革委员会对渭北工业园湾子水厂输水工程可行性研究报告进行了批复（市发改审发〔2014〕75 号文）。2014 年 6 月 24 日西安市发展和改革委员会对渭北工业园湾子水厂输水工程初步设计进行了批复（市发改审发〔2014〕390 号文）。

工程布置：以泾惠渠西郊水库提水泵站出水口汇流池为起点，经由 0.429 千米预应力钢筋混凝土管输水至南干输水渠，由南干输水渠至申家堡分水闸（3+447）。义合分水闸新建钢筋混凝土管道沿北干分支渠 10 斗穿越三高路和南一干渠至湾子镇湾李村净水厂。

建设内容：输水线路 14.591 千米（包括明渠加盖工程 3.018 千米，渠道改造工程 5.538 千米，新建输水管道工程 6.035 千米）、水库泵站备用电源工程、管理设施工程、供水工程信息化系统建设等。设计供水规模 20 万吨每日，一期建设规模 10 万吨每日。

工程投资：西安市发展和改革委员会批复核定渭北工业园湾子水厂输水工程项目初步设计概算为 13063.59 万元，其中工程费用 9531.15 万元，工程建设其他费用 2910.36 万元，基本预备费 622.08 万元。

主要工程：渭北工业园湾子水厂输水工程施工Ⅰ标段渠道单位工程于 2014 年 11 月 25 日正式开工建设，2016 年 4 月 23 日全部完成工程建设内容。施工Ⅱ标段管道单位工程于 2015 年 4 月 20 日正式开工建设，2016 年 11 月 20 日全部完成工程建设内容。

工程管理：泾惠渠管理局为本工程的项目代建单位，泾惠渠管理局工程项目建设管理办公室作为委托法人按照基本建设项目管理要求，及时成立了泾惠渠渭北工业园湾子水厂输水工程建设领导小组。工程完工后，由项目法人组织设计、监理、施工、运行管理等单位进行了完工检查，移交三原管理站投入试运行。运行管理人员经费和工程维修养护费用均已落实到位。

运行效益：渭北工业园湾子水厂输水工程自 2018 年开始试供水后，经济效益和社会效益显著，一是满足高陵装备工业组团生活及工业供水需求；二是维护了当地经济的快速发展。

十二、泾河工业园供水

1996 年建设泾河工业园区，2001 年，高陵区水利局积极引进外资修建泾渭水厂，修建日供水 5000 立方米，埋设供水管道 10 余千米，2002 年建成供水，日供水达到 3000 立方米，解决了泾河工业园区南区企业生产及生活用水问题。2005 年长庆油田开始在泾河工业园区修建日供水 5000 立方米水厂一处，解决泾河工业园区生活用水。

第二节　农村供水

泾河流域由于北部地区的长武、彬州、永寿和淳化、旬邑地处渭北黄土高原，地表沟壑纵横，水土流失严重，地下水既深且贫，历史上就是一个严重缺水地区，南部川塬区高氟水普遍分布，危害人体健康。广大农村主要依靠水窖和涝池取水供生活之用，或者挑担下沟汲水，人畜饮水十分困难。1949 年，流域北部的定边县政府贷款帮山区人民修筑水窖，姬塬、冯地坑、张崾崄、白马崾崄等乡群众，多置窖蓄水以供饮用。1971 年，石油勘探队在姬塬打成 1500 米深井 1 眼，水可饮用，以柴油机抽取，仅供姬塬一地。1976 年，白马崾崄、王盘山、安边等公社的部分大队皆仿打深井，并配以机器、管道，均未成功。流域内咸阳北部 5 县将人饮工程列入水利建设内容，历经十年努力，至 1975 年解决饮水困难约 30 万人。但由于标准过低和布局不当，效益不大，难以长久。20 世纪 80 年代以来，流域内咸阳市利用省小型水利资金、以工代赈和扶贫资金，以北五县为重点，修建了许多农村人饮建设项目，显著改善了当地群众的供水条件。1996 年之后，根据农村饮水实际，先后实施了“甘露工程”、氟病区改水项目等，进入 2000 年，由于国家和陕西省开始在西部地区实施“农村饮水解困工程”，各级政府大幅提高了对农村人饮工程的投资力度和扶持力度，区域内农村供水工作得到了飞跃发展。截至 2015 年底，泾河流域农村集中式供水人口 180.64 万人，集中供水工程 820 处；分布式供水人口 50.97 万人，分散供水点 4.45 万处。农村居民饮水安全人数为 239.12 万人，占农村总人口的 97%，农村自来水平均普及率为 82%，农村居民饮水不安全人数为 7.90 万人，基本解决了农村饮水安全问题。

一、农村人饮项目

解决农村缺水地区人畜饮水问题一直是各级人民政府的一项重要议事日程。1996 年 4 月 8 日，陕西省人民政府做出《关于实施“甘露工程”的决定》（简称《决定》），4 月 25 日，省人大常委会第十九次会议通过《关于解决农村人畜饮水困难的决议》（简称《决议》）。流域内咸阳市人民政府根据省上《决定》和《决议》的精神，在 4 月 28 日召开了实施“甘露工程”动员大会，并随后出台了《咸阳市“甘露工程”项目实施管理细则》，对在具体工作中的资金运作方式、项目的审批权限、施工的管理及工程的验收等提出了明确的要求，制定了严格的操作程序，为“甘露工程”的规范实施打下了基础。“甘露工程”自实施以来，全市先后投入资金 19578.69 万元，其中国家补助资金 6492.7 万元，共建成各类农村供水工程 743 处，解决了 100.2 万人的饮水困难，极大地改善了受益区人民群众的生活和生产条件，解放了大量农村劳动生产力。

2000 年，水利部按照温家宝副总理在 1999 年全国农田水利基本建设电视电话会议上的讲话精神，提出了用三年或稍长一段时间基本解决中西部地区农村饮水困难问题，决定在“十五”期间对严重缺水地区实施“农村饮水解困工程”。主要解决对象为居住点至取水点水平距离大于 1 ~ 2 千米，或垂直距离超过 100 米，正常年份连续缺水 70 ~ 100 天的人群；水源型氟病区饮水中含氟量超过 1.1 毫克每升，当地 8 ~ 15 岁人群中氟斑牙患病率大于 30%，出现氟骨病人地区农村人员饮水问题。根据陕西省水利厅的安排，2000 年初，咸阳市农村供改水领导小组办公室组织工作人员对全市农村饮水现状进行了一次全面普查，并按照突出重点、先易后难的工作思路，将全市划分为三个实施区域，即北部黄土高原沟壑区、中部黄土丘陵沟壑区和泾渭平原区及黄土台塬区，依据“连乡联村，集中供水，市场运作，保本经营”的原则，分别编制了农村饮水解困项目可行性研究报告，报有关部门审查批准。根据计划，第一期饮水解困工程安排了彬州、长武、旬邑 3 县（市）缺水地区农村人饮工程 47 处，国家投资 5134 万元，其中中央补助资金 600 万元，用于解决 3.4 万人的饮水困难。2002 年初，咸阳市又安排农村人饮解困工程 105 处，计划投资 4042 万元，其中中央补助资金 2236 万元，用于解决全市 13.02 万人的生活用水问题。2002 年 10 月，陕西省水利厅又下达第二期农村饮水解困工程计划，准备在咸阳市安排工程 41 处，总投资为 727 万元，其中中央补助资金 400 万元，用于解决 2.42 万人的饮水困难。截至 2005 年底，各项建设任务全面超额完成，共完成投资 1.82 亿元，解决农村 61.3 万人的饮水困难。同时，全市氟砷病区改水工程也于 2004 年底全面竣工，累计完成各类氟改水工程 67 处，完成投资 5208.84 万元，解决了 15.7 万人长期饮用高氟水的问题，使礼泉、三原、泾阳、乾县氟中毒区农村群众生活用水条件得到根本改变。据统计，2001—2005 年，全市农村饮水工程共争取各类建设资金 2.2 亿元，其中省投入资金 1.24 亿元，改建和新建各类供改水工程 872 处，解决了农村 80.4 万人的饮水困难和饮用高氟水问题，使全市受益人口达到 149.77 万人，约占农村总人口的 38.5%，提高了缺水地区农村群众的卫生健康水平。

“十一五”期间，国家为进一步加快解决农村饮水安全问题，又及时启动了国家饮水安全工程项目，这给流域内彻底解决饮水安全带来了难得的历史机遇。经过各级人民政府的积极争取和多方筹措，共争取农村饮水安全建设资金6.37亿元，其中中央资金3.34亿元，省级补助资金1.75亿元。建成并投入运行各类农村饮水安全工程1157处，解决了135.89万人的饮水安全问题。所建工程自来水普及率达到了98%，改水收益率达到80%，使农村供改水的整体工作迈上一个新的台阶。

二、农村集中供改水工程

（一）彬州市农村改水工程

1986年，由中央农村改水项目办公室立项的彬州市农村改水项目开始实施，并于1991年全面完成。受益乡镇18个，受益群众22.4万人。资金来源于世界银行贷款。其中彬州市水帘水厂是全市最大的改水项目，由取水、水处理、输配水管网组成。水厂以李家川水库为供水水源，取水口位于大坝下游300米处，水处理设施包括容积2200立方米的长方形浆砌石混凝土预沉池4座；直径2.5米、深3.6米的钢筋混凝土旋流式反应池8座；1500立方米无阀滤水池2座；80立方米高位水池和250立方米隐蔽式清水池各1座。整个厂区占地43亩，水厂供水范围包括彬州市城区和3个乡镇27个自然行政村，使5.5万人受益。

1993年3月11—12日，由中央农村改水项目办公室、省水利厅、省卫生厅对所建全部项目进行了终期验收，其中4个被评为省优工程，64个被评为合格工程。

（二）淳化县西三乡集中供水工程

工程位于淳化县城西35千米处，属淳化、旬邑、彬州三县（市）七乡联引农村人畜饮水工程的一部分。工程于1992年11月开工建设，1994年1月全面竣工并投入运行。工程总投资205万元，日均供水量1060立方米。供水范围涉及官庄镇、胡家庙乡109个自然村，受益人口2.83万人，大家畜4800头。

工程以旬邑七里川水库为水源，经旬邑县土桥供水总站净化处理后，通过输水管网送至西三乡供水管理站，进行二次输配水。工程铺设枝状管网110千米，沿线修建各类蓄水调压池23座，设置管理服务站2个，集中供水点106处，由淳化县水利局下设西三乡供水管理站负责工程的日常管理维护工作。

（三）旬邑县土桥塬区农村供水工程

工程位于旬邑县土桥镇，是由省计委批准立项，利用国家以工代赈项目资金修建的农村人畜饮水工程。该项目于1992年9月动工修建，1997年底基本建成投入运行，1998年12月经省、市相关部门验收后正式交付使用。工程累计投入资金430.5万元，设计年供水量89万立方米。供水范围包括彬州、淳化、旬邑三县（市）七乡（镇）105个行政村，实际受益人口8.5万人。

工程以旬邑县七里川水库和石沟水库为水源，通过输水干渠自流至土桥水处理厂，经净化处理后分送到用户。工程建有500立方米清水池1座、生产能力80吨每小时无阀滤水池2座、50立方米倒锥形水塔1座、各类调压蓄水池10座，安装机泵6台（套），由旬邑县水利局下设土桥塬区农村人饮供水管理站进行专职管理。

（四）旬邑县职田塬区农村供水工程

工程位于旬邑县城东北 20 千米处，是流域内当时最大的农村人畜饮水工程。工程于 1994 年动工建设，设计最高日供水量 6545 立方米，供水范围涉及马栏镇、职田镇、湫坡头镇、太村镇、郑家镇、张洪镇、赤道乡、原底乡等 8 个乡（镇）的 115 个行政村，受益人口达 13.8 万人。工程以三水河河水为水源，由总扬程 340 米的两级泵站输送到职田镇青嘴村，经输水管道送至位于马家堡的职田供水管理站，经工艺处理分送到户。工程概算总投资 1300 万元。截至 2003 年，实际完成工程投资 1280 万元，建成调蓄池 18 座、计量井 78 座、输水配水主管网 76 千米、村级支管网 187 千米，实现了 64 个行政村的联网供水，实际受益人口 6 万余人。

（五）旬邑县清塬农村供水工程

工程位于旬邑县城东南约 11 千米处，是 1997 年由西航公司、咸阳人大、咸阳国际机场等单位捐资修建的农村人畜饮水建设项目。工程以苍耳沟水库卧管弃水为水源，通过输水管道送至曲家湾，经二级抽水到甘草坪水处理厂净化后，以自流方式分送到户。工程总投资 150 万元。建有水处理厂 1 座、调压池 11 座、输配水管网 39.7 千米。受益范围涉及清塬乡 15 个行政村 1.2 万人和 2464 头大家畜。工程建成后，旬邑县水利局下设清塬乡供水管理站负责工程的日常管理和水费征收工作。

（六）乾县阳峪镇农村供水工程

工程位于乾县城北 18 千米处，1994 年被省、市列为农村供水以工代赈重点建设项目。工程包括水源井、水厂加压站、调蓄工程、管网工程、供电工程 5 部分，计划总投资 224.9 万元，设计供水面积 40 平方千米，供水范围包括阳峪镇 19 个行政村，总人口约 1.5 万人。

工程于 1995 年动工兴建，截至 2003 年初，已完成投资 168 万元，建有深井 1 眼，10 立方米调压池 2 座、供水房 14 座、100 立方米和 200 立方米高位水池各 1 座、闸阀井 80 座，铺设输水管道 22.7 千米，配水管道 75 千米，实际解决当地 13 个行政村、部分企事业单位及学校 1.1 万人的生活用水问题。由于资金不足，尚有 6 个行政村的 4000 多人的饮水问题未能予以解决。

（七）泾阳县泾北农村供水工程

泾阳县争取国家投资及世界儿童基金会资金建设泾北人畜供水工程。工程位于泾阳县白王镇，1989 年 9 月开始动工兴建，原计划总投资 910 万元，供水人口 10 万人，设计供水能力 400 立方米每小时，水源为王桥镇张家山筛珠洞泉水，泾北农村供水工程成为陕西省迄今为止最大的农村集中供水工程。

工程位于泾河干流出谷滚水坝下游 450 米处，以河道左岸的筛珠洞泉水为水源，总装机容量 2500 千瓦，建有调蓄建筑物 21 座、各类闸阀井 77 座、输水主管网 25.1 千米、配水支管网 63.7 千米、村级管网 60.89 千米、入户管网 28.07 千米。工程总投资 5165 万元。该工程 1993 年试运行，1996 年交泾阳县水利局下设泾北农村供水管理站及筛珠洞抽水站、宗沟加压站、白王加压站、蔡家堡供水站等4个基层机构负责日常管理和维护工作。

2003年8月，白王镇张红村建张红供水站，打成530米深井1眼，作为泾北人畜供水工程补充水源，设计供水能力为80立方米每小时，独立支线系统至用户，并与干管连通，解决白王镇张红、石滩子、山庄3个村2000余人的饮水问题。该站分为两部分：一部分位于兴隆镇宗家沟村南，以筛珠洞水源为主；另一部分位于北仲山前张红村东，以530米岩溶裂隙井作为供水水源，供水量约1500立方米每日，水质经化验符合人畜饮水卫生标准，通过建设调节构筑物和铺设输配水管网达到重力自流供水至用户。张红供水站涉及岳家坡、西苗、木梳湾、宗家沟、崔黄、雒家、仲麓、杨赵、白王、范村李、太和、王桥、曹张、寺背后、陈家沟15个行政村约2万人，另有林场、白马杨学校、崔黄奶站、白王中学、太和砖厂、王桥砖厂等6家企事业用水单位。该站配备人员8名，其中正式职工3名，临时工5名。

2006年，泾北人畜供水管理站对以前以加压方式从筛珠洞主管道取水供给宗家沟村、白马杨村、崔黄村的管网进行改造，全部采用张红深井水源自压供水。至2010年，泾北人畜供水站负责王桥、白王、口镇、云阳、兴隆5个镇26个行政村约3.5万人和怡科果汁厂等企事业单位用水，实际供水量2400立方米每日。骨干工程覆盖区尚有2.5万人未建立供水支网配套设施。

三、集雨水窖工程

流域北部长武、彬州、永寿、旬邑、淳化等5县（市），俗称“北五县”，加上礼泉、乾县、泾阳等县北部低山丘陵地区，由于水土流失严重，水资源匮乏，干旱和季节性缺水成为制约农村经济发展的主要因素，也给当地广大群众生活用水带来严重困难，老百姓口中流传有“宁给一个馍，不给一口水”的说法，也从侧面印证了当地缺水的严重状况。新中国成立后，虽然修了一些水库，但由于塬高沟深，取用困难，仍有许多群众为用水发愁。1998年，根据陕西省“南塘、北窖、关中井”的水利战略决策，流域内咸阳市结合实际情况，作出了积极发展集雨窖灌节水农业、充分利用雨水资源、修建多种形式的集雨水窖的决定，开辟了渭北旱塬兴水治旱的新路子。

集雨水窖属于微灌水利工程，但在严重缺水地区起着“关键水”和“救命水”的作用，特别适合林果烟杂和蔬菜种植等小经济区的灌溉，也可解决一村一户的饮水困难问题。1998年，咸阳市列入陕西省集雨节灌项目县的永寿、淳化、礼泉和三原4个县12个乡镇，共建成各类集雨水窖4375眼（处），新增蓄水能力19.73万立方米，发展集雨节灌面积0.09万公顷。累计完成投资903.03万元，其中中央和省投资462.4万元，配套资金137万元，群众自筹资金303.63万元。1999年，列入省集雨节灌项目县的礼泉、乾县、永寿、彬州、长武、旬邑、淳化、泾阳等县（市）共建成各类集雨水窖8697眼（处），新增蓄水能力37.58万立方米，发展集雨节灌面积0.112万公顷。累计完成投资1910.02万元，其中省拨款750万元，市县配套资金250万元，群众自筹910.02万元。

据统计，自1998年以来，截至2006年底，流域利用集雨节灌项目、以工代赈、人畜饮水、扶贫开发、母亲水窖等多个项目资金，累计建成集雨水窖及土井16486眼（处），蓄水容积达231.66万立方米，成为北部旱塬缺水地区调整农业结构、减少水土流失、发展林果烟杂和蔬菜小经济区、解决人畜缺水困难、促进农业增产的一项重要水利措施。

四、国家农村饮水解困工程

国家农村饮水解困工程指中央预算内西部专项资金农村人畜饮水项目。项目目的是：解决居住点至取水点水平距离大于1～2千米，或垂直距离超过100米，正常年份连续缺水70～100天；水源型氟病区饮用水中含氟量超标，当地8～15岁人群中氟斑牙患病率大于30%，出现氟骨症病人地区的农村人群饮水问题。陕西省计划于2000—2005年为咸阳市安排项目资金12031万元，分两个阶段实施：第一阶段2000—2002年，计划工程总投资5131万元，其中国家投资2836万元，安排各类供水工程123处，涉及156个行政村，受益人数16.5万人；第二阶段2003—2005年，计划工程总投资6900万元，其中国家投资3795万元，安排各类供水工程179处，涉及85个乡镇266个行政村，受益人口23万人。2000年初，咸阳市农村供改水领导小组办公室经过全面普查，按照突出重点、先易后难的原则，将全市划分为三个实施区域。其中，北部黄土高原沟壑区包括旬邑、彬州、长武3县（市），规划建设供水工程101处，解决12.06万人饮水困难问题，工程总投资3720万元；中部黄土丘陵沟壑区包括永寿、淳化、乾县3县及礼泉北部，规划建设工程90处，解决12.84万人饮水困难问题，工程总投资3954万元；泾渭阶地及黄土台塬区包括秦都、渭城、兴平、武功、三原、泾阳6县（市、区）及礼泉县南部，规划建设工程111处，解决14.54万人饮水困难问题，工程总投资4357万元。至2002年12月，陕西省水利厅共安排咸阳市饮水解困工程439处，工程投资10929万元，其中中央补助资金3236万元，用于解决全市18.84万人饮水困难问题。

五、防氟改水工程

防氟改水是从20世纪80年代开始的。随着医疗卫生事业的发展，地方性氟中毒病逐渐得到认识和重视。氟病的主要致因是饮用水质含氟量过高，而预防的根本措施在于寻觅优质水源或改良水质。1983年中央指示："改水防氟是卫生、水利、地质、财政、计划等部门的共同任务"。流域内咸阳市改水防氟工作在市委地方病小组领导下，1984年成立市改水防氟办公室，设在水利水保局，统一规划分期实施，承担全市改水工程任务。1984年普查全市氟中毒病区共涉及秦都、兴平、泾阳、礼泉、乾县、三原、旬邑、武功8个县（市）的84个乡镇1334个自然村，病区总人口74.8万人。其中中等病区是治理重点，主要分布在秦都、兴平、乾县、礼泉、泾阳5县（区），共计人口7.6万人。防氟改水工程原欲在病区提取深层地下水源，缺稀水文地质资料无法预知，经过1982年11月礼泉赵镇新寨村凿成一眼300米深井和1984年11月泾阳扫宋寨子村37米辐射井的化验分析，水质含氟指标和现饮水基本相同，病区凿深井不仅耗资大（两项共用投资7万元），而且对改善水源无甚裨益。

1984年9月以后，主要采用在病区内外寻觅低氟水源和配设输水工程的办法，费省效宏，解决较快。至1986年共建成引水工程31处，改善饮水11.3万人，其中中等氟病区改善饮水条件的有5.44万人，占到应解决7.6万人口的71%。在这些受益人口中，户户通上自来水的约有4.5万人。彬州市属于缺水地区（细菌指标超标，其余含量尚可），在解决人饮水工程经费中，1983年得到国际开发协会开展的“十年国际卫生活动”的资助（全国共五省，每省5个县，彬州市争取其列）。1984年评估需解决22.1万人，核定投资1820万元。其中，世界银行贷款260万美元，占40%；省地县国内配套资金占20%（其中省占12%，市、县各占4%）；群众集体自筹资金占40%。经过勘测规划，议定1985—1989年共建水厂68处，完成既定任务。水源问题按先井水再泉水后河水的顺序解决，对于井、泉水采取加药消毒处理，河谷水采取预沉、净化和加药等处理措施，供水方式拟建水塔、高位贮水，配备管网，集中供水，有条件的供水到户，基本达到食用“安全、卫生、方便的自来水”的标准。

第三节　工业供水

2000—2020年，流域内各市县人民政府围绕工业项目建设实施了一批工业项目供水工程建设，为区域工业化提供了供水保障。本节仅记述3项典型工程。

一、鸦儿沟水源工程

工程位置：鸦儿沟为泾河右岸的一级支流，发源于长武县地掌乡，于冉店乡胡家河村附近汇入泾河，总流域面积54.5平方千米。鸦儿沟水源工程位于相公镇邱渠村与亭口镇上孟村之间水银沟沟口，相公镇政府驻地东南8.5千米处，为鸦儿沟流域下游水库。大唐彬长发电厂是彬长矿区近期规划建设的重点工程之一，为保证电厂建设用水需要，促进矿区的开发建设，按照矿区水资源开发利用统筹规划、远近结合的原则，建设鸭儿沟水源工程。

工程任务、规模和标准：工程主要由泾河抽水入库泵站、鸦儿沟调蓄水库和出库泵站组成。入库泵站在鸭儿沟沟口左岸，从紧邻的朝阳电站前池引水，设计抽水流量0.6立方米每秒，设计扬程65米。调蓄水库坝址位于沟口上游260米，Ⅳ等小（1）型工程，坝型为均质土坝，坝顶高程926米，最大坝高63米，水库总库容740万立方米。防洪标准按50年一遇洪水设计，300年一遇洪水校核。出库泵站采用库区右岸竖井式取水方式，设计扬程130米，设计流量0.31立方米每秒。泾河抽水流量0.6立方米每秒；工程年均供水量903万立方米，日均供水量2.47万立方米。

工程建设情况：工程总投资7800万元，于2006年开工建设，2008年建成。

工程效益：供水对象为彬长电厂马屋，厂址位于长武县与彬州市交界处的冉店乡泾河滩地上，东南距长武县15千米。年向彬长矿区供水量903万立方米，供水保证率97%。

二、彬长矿区输配水工程

工程位于咸阳市长武县和彬州市境内，建设任务是生活和工业供水为主，供水水源为红岩河、亭口水库。主要供水对象为彬州市和长武县城、马屋电厂、新民塬工业区等城镇生活和工业用水。

工程等级为Ⅱ等大（2）型工程，主要建筑为洪水标准50年一遇设计，200年一遇校核，地震烈度按Ⅵ度设防，主要由主体工程、辅助工程等组成，其中主体工程包括取水工程、输水管线工程、配水工程等，辅助工程包括公用设施、交通道路工程、营地等。

工程前期：为解决彬州市、长武县城镇居民生活和工农业生产的用水矛盾，缓解彬长矿区开发面临的水资源短缺问题，促进区域水资源合理配置，咸阳市水利水电规划勘测设计研究院编制完成了《咸阳市彬长矿区输配水工程规划报告》，2008 年 11 月，陕西省水利厅审查通过了该规划报告。2012 年 6 月，咸阳市发改委以咸发改〔2012〕439 号文下发了《关于咸阳市彬长矿区输配水工程可行性研究报告》的批复。2014 年 12 月 23 日咸阳市发改委以咸发改〔2014〕766 号文下发了《关于咸阳市彬长矿区输配水工程初步设计》的批复：基本同意工程总体方案及主要建筑物设计。2018 年 9 月 17 日水利厅印发关于工程变更报告修改意见的函，建议编制初步设计修编报告。2019 年 8 月陕西省水利电力勘测设计研究院完成了初步设计修编报告。按照"政府控股、企业参与、市场运作"的原则，咸阳市政府研究成立了陕西彬长煤田水务有限责任公司。陕西彬长煤田水务有限责任公司与咸阳市亭口水库工程建设处，为一套机构、两块牌子，项目后期运营管理主体以"陕西彬长煤田水务有限责任公司"为主。

工程建设规模：供水水源取自亭口水库、红岩河水库，采用原水供应；红岩河水源通过有压重力自流送往哈家店配水站统一进行净水处理后供应，总配水 9342 万立方米。四条输水线路布置为：A 线，设计流量 1.241 立方米每秒，供彬州市城区生活、工业用水（彬州市城区供水部分由彬州市政府负责修建）；亭口水源一部分通过有压重力分别送往哈家店配水站再送往新民塬工业区（亭口—哈家店配水站—新民塬，B 线，设计流量 1.865 立方米每秒）；另外两个部分通过亭口配水站加压送往长武县城（亭口配水站—长武县城，C 线，设计流量 0.369 立方米每秒）及马屋电厂（亭口配水站—马屋电厂，D 线，设计流量 0.718 立方米每秒）。4 条供水线路总长 57.902 千米。

工程建设情况：原环评批复后，工程自 2014 年底开始施工，施工过程中，发现工程线路穿越采空区及矿产压覆区，因此部分线路需要调整，项目实施开发建设至今一直处于陆续施工中，连续停止施工时间未超过 3 年，工程建设情况如下：A 线已全线贯通；B 线亭口配水站已基本完成施工，黑河倒虹已完成施工，BZ 线 1# 隧洞、2# 隧洞、3# 隧洞、4# 隧洞基本完工，BJ 七星台 1 级站已完成基础建设，BJ 线 1 级站至 2 级站线路、七星台 2 级站、2 级站至新民塬园区线路已开挖完毕；C 线黑河倒虹、1# 隧洞已完成施工；D 线黑河倒虹、1# 隧洞已完成施工；其余各工段均未开始施工。

三、西安泾河工业园供水

2001 年，在泾河工业园南区建设泾渭水厂，埋设供水管道 10 余千米，设计供水规模 5000 立方米每日。2002 年，正式建成供水，供水量 3000 立方米每日，供企业生产及生活用水。2006 年，长庆油田新建泾渭苑水厂，设计供水量 8 万立方米每日，当年实际供水量 1 万立方米每日。2006 年，西安经发水务有限公司水厂建成，供水量 3 万立方米每日，核定水价为 2.9 元每立方米。

第五章 节约用水

泾河流域水资源短缺，开发利用程度高，利用潜力有限，是陕西省缺水最严重的地区之一。2000 年以来，在省委、省政府的重视和社会各界的关注下，先后出台了《陕西省节约用水办法》《陕西省节水型社会发展纲要》等政策法规；流域内各级水行政主管部门持续不断组织开展节水宣传教育，推进节水型社会建设试点，进行节水示范。至 2020 年，流域内人均用水量 205.3 立方米，万元 GDP 用水量 36.9 立方米，农业灌溉亩均用水量 173.3 立方米，农田灌溉水利用系数 0.5831，节水器具普及率达到 92%，用水效率各项指标均在全省前列，节水成效明显。本章从节水型社会建设、农业节水、工业节水、社会节水四节进行记述。

第一节 节水型社会建设

流域内咸阳市政府高度重视节水型社会建设工作，提出建设资源节约型、环境友好型社会的发展战略，实施总量控制、定额管理制度，从向大自然无节制地索取，向人与自然和谐相处、实现水资源的可持续利用转变。

2000 年，《中共中央关于制定国民经济和社会发展第十个五年计划的建议》明确提出要“建设节水型社会”。2002 年 2 月，水利部印发《关于开展节水型社会建设试点工作指导意见的通知》，决定开展节水型社会建设试点工作，2010 年 6 月流域内咸阳市被列为全国第四批 18 个节水型社会建设试点城市之一。试点建设期为 2011—2013 年。咸阳市编制《咸阳市节水型社会建设试点规划和方案》并经省水利厅批准实施，制定了咸阳市节水型社会建设试点实施意见，上报咸阳市人民政府批准实施。试点方案明确市县两级政府要建立健全政府负责、水利部门具体抓、相关部门配合抓的工作机制，成立咸阳市节水型社会试点建设领导小组和工作机构，明确目标任务，分解落实责任，各司其职，各负其责，齐心协力做好咸阳市节水型社会建设试点工作。组织人员学习四川绵阳、甘肃张掖、陕西西安的节水经验，走有咸阳特色的节水型社会建设的路子。在三原、旬邑进行县区节水型社会建设试点工作。建立了政府主导、市场调控、公众参与的节水机制，逐步建立健全了以水资源总量控制与定额管理为核心的水资源管理体系、与水资源承载能力相适应的经济结构体系、水资源优化配置和高效利用的工程技术体系，以及自觉节水的社会行为规范体系等四大体系。2006 年制定了《咸阳市节约用水办法》，作为咸阳市节水工作的指导性文件，指导全市节水工作。2014 年 6 月，咸阳市节水型社会建设试点工作通过水利部验收。2015 年 3 月咸阳市被水利部、全国节约用水办公室授予第四批全国节水型社会建设示范区称号。

节水型城市创建工作。2019 年 8 月咸阳市开始创建省级节水型城市工作，成立以市长为组长、常务副市长和主管副市长为副组长创建节水型城市工作领导小组，并设立了办事机构，市住建局、市工信局、市财政局、市自然资源局、市生态环境局、市城管执法局、市水利局、市文化和旅游局、市市场监管局等部门共同推进节水型城市创建工作，出台了《咸阳市节水型社会建设试点规划》《咸阳市城区供水实行阶梯水价等有关问题》《咸阳市创建国家节水型城市实施方案》等文件，实施了雨污分流和内涝点整治工程。同时，从城市供水和污水处理工程建设、工业和生态再生水利用设施建设、雨污分流管网建设、公共机构节水型单位建设、群众节水宣传教育基地建设、城市水环境工程建设和治理等方面推动节水型城市创建工作，取得了阶段性成效。2019 年 12 月咸阳市达到省级节水型城市考核标准，通过技术验收。2020 年 4 月咸阳市人民政府办公室印发《咸阳市创建国家节水型城市实施方案》，正式开展创建国家级节水型城市。

县域节水型社会建设。咸阳市以落实国家节水行动为重点，坚持节水优先方针，强化水资源刚性约束，积极推进水资源集约节约利用，全力助推节水型社会达标建设。2017 年 5 月，水利部发布《关于开展县域节水型社会达标建设工作的通知》，以县域为单元开展节水型社会达标建设，按照《关于印发陕西省县域节水型社会达标建设工作方案的通知》（陕水资发〔2017〕39 号）精神，咸阳市所属区县全面落实《咸阳市县域节水型社会建设实施方案》，在水资源管理上建立总量控制与定额管理相结合的管理体制，建立水量分配制度，初步形成政府调控、公众参与的节水运行机制；在生活上普及节水型器具，实现高供水保证率和高用水效率。截至 2020 年底，西安市高陵区、乾县、旬邑县、淳化县、彬州市、礼泉县、长武县、定边县 8 个县（市、区）达到县域节水型社会建设标准，通过了省级验收，其中 6 个县（区）被水利部确定为“全国节水型社会建设达标县（区）”。流域内咸阳市县域节水型社会达标建设创建率达到 75%，位居全省第一。

水利行业节水型单位建设。流域内各区县开展水利行业节水型单位创建工作，持续创建“节水意识强、节水制度完备、节水型器具普及、节水标准先进、监控管理严格”的行业标杆单位，总结可示范、可推广的典型经验，进一步推动各级水利行业节水单位建设。截至 2020 年，建成省级节水型单位 53 家、市级节水型单位 97 家、县级节水型单位 406 家；省级节水型企业 19 家、市级节水型企业 56 家；省级节水型小区 18 个、市级节水型小区 16 个；完成 3 所节水型高校创建任务。

第二节　农业节水

泾河流域是农业节水灌溉工作起步较早的地区，多年来先后开展了以节水灌溉为中心的方田建设，渠系工程和田间工程均有很大改善。20 世纪 90 年代后，境内推行 U 形渠道衬砌，推广低压暗管输水灌溉、微灌、喷灌、渗灌等节水技术和实施集雨节灌措施，相继开展节水灌溉项目、节水增效示范项目、集雨水窖工程等建设，推动传统农业向节水型农业转化。截至 2020 年，节水灌溉面积达到 85 万亩，占到总灌溉面积的 45%，其中常规渠灌面积 57.12 万亩，高效节水面积 15.63 万亩（包含低压管道灌溉面积 7.01 万亩、喷灌面积 4.74 万亩、微滴灌面积 3.88 万亩）。

1996 年礼泉召开县节水灌溉暨捐资动员大会，群众踊跃投资 161 万元，县财政同时拿出 300 万元，扶助民办节水工程。1998 年和 1999 年，该县分别与北京农业大学、澳大利亚维多利亚中心联合建成苹果滴灌作物试验田、千亩喷灌示范区节水灌溉自动化和过程测控系统，建立了渭北黄土旱塬苹果节水增效和自动化控制节水灌溉新模式。1998 年，礼泉县、乾县、泾阳县等县获国家第二批节水增效重点县建设项目，1999 年，礼泉、乾县、三原分别完成示范项目建设任务，建成节水示范面积 1.17 万亩。2000 年，兴平、礼泉、三原、淳化、泾阳、渭城等 6 县（区、市）通过了国家节水增产重点县项目验收。1996—2001 年间，流域内共有 20 县次被列入“九五”国家节水增产重点县项目和年度节水增效示范项目，累计完成节水灌溉面积 9.74 万公顷，其中渠道防渗工程控制面积 5.05 万公顷，低压暗管输水工程控制面积 2.68 万公顷，喷灌工程控制面积 2140 公顷，滴、微灌工程控制面积 1.28 万公顷；建成集雨窖 2.71 万眼，完成集雨节灌面积 4853.33 公顷。2002 年 5 月，礼泉县昭陵镇、乾县乾陵镇节水项目全部建成投入使用，建成节水灌溉工程控制面积 10500 亩，其中低压暗管输水工程控制面积 9200 亩，微灌工程控制面积 300 亩，渠道防渗工程控制面积 1000 亩。2002 年 12 月，礼泉县裴寨乡和新时乡、乾县城关镇节水示范项目全部建成投入使用，建成节水灌溉工程控制面积 21212 亩，其中喷灌工程控制面积 200 亩，低压管道输水工程控制面积 10900 亩，微灌工程控制面积 612 亩，渠道防渗工程控制面积 9500 亩。2003 年 11 月，礼泉县新时乡、泾阳县太平镇、泾阳农业示范园 3 处节水示范项目全部建成投入使用，建成节水灌溉工程控制面积 8300 亩，其中低压管道输水工程控制面积 8100 亩，无公害蔬菜滴灌工程控制面积 200 亩。2004 年 11 月，乾县城关镇、三原县独立乡和农业示范园 3 处节水示范项目全部建成投入使用，建成节水灌溉工程控制面积 4116 亩，其中管道输水工程控制面积 3000 亩，滴灌工程控制面积 200 亩，喷灌工程控制面积 816 亩，微灌工程控制面积 100 亩。2005 年，长武县相公镇胡家河村、淳化县卜家乡孙家岭村 2 处节水示范项目建成投入使用，建成节水灌溉工程控制面积 4940 亩，其中渠道防渗工程控制面积 3855 亩，无公害大棚蔬菜滴灌工程控制面积 85 亩，微灌工程控制面积 1000 亩。泾惠渠、宝鸡峡、党家堡、乾县泔惠渠 4 个灌区分别创建为省级节水型灌区。

1998 年，流域内咸阳市根据陕西省“南塘、北窖、关中井”的水利战略决策，提出发展集雨窖灌节水农业，开辟渭北旱塬兴水治旱新路子。当年列入全省集雨节灌项目的有永寿县、淳化县、礼泉县和三原县 4 县 12 个乡镇，累计完成投资 903.03 万元，其中中央和省级投资 462.4 万元，市级配套 137 万元，群众自筹 303.63 万元，建成各类集雨水窖 4375 眼（处），新增蓄水能力 19.73 万立方米，新增集雨灌溉面积 13700 亩。1999 年列入全省集雨节灌项目的有礼泉、乾县、永寿、彬州、长武、旬邑、淳化、泾阳 8 县

（市），累计完成投资1910.22万元，其中省级拨款750万元，市县配套250万元，群众自筹910.22万元，建成各类集雨水窖8697眼（处），新增蓄水能力37.58万立方米，发展集雨节灌面积16800亩。到2006年，咸阳市利用集雨节灌项目、以工代赈、农村饮水、扶贫开发、母亲水窖等项目资金，累计建成集雨水窖及土井16486眼（处），蓄水容积达231.66万立方米。

第三节　工业节水

泾河流域节水型社会建设正在推进，以电力、纺织、造纸、钢铁、石油化工为重点，推行先进工艺设备和节水改造，促进提高工业用水重复利用率，积极开展节水单元创建。2016年泾河流域工业万元GDP用水量为54立方米，万元工业增加值用水量为21立方米，低于渭河流域（工业万元GDP用水量为65立方米，万元工业增加值用水量为36立方米）、黄河流域（工业万元GDP用水量为135立方米，万元工业增加值用水量为41立方米）指标，略高于全省指标（工业万元GDP用水量为47.4立方米）。

工业节水方面，建立万元工业增加值用水量指标体系，强化万元工业增加值用水量指标控制，对企业办理的取水许可证进行年检，核定新的年度用水计划。严格执行计划用水，每季度深入用水户抄表，对超计划用水采取加价征收水资源费等办法，促使企业计划用水、节约用水。积极发挥示范引领作用，引导大唐发电厂等企业把节水技术改造与科学管理、节约用水相结合，最大限度提高水的综合利用率。逐步加大污水处理能力建设，注重再生水源利用，提升综合利用效率。

第四节　社会节水

一是开展公共机构节水型单位创建。制定《创建公共机构节水型单位实施方案》，明确节水型单位创建目标、创建标准、创建步骤及保障措施，大力开展公共机构节水型单位创建，共创建节水型社会达标县（区、市）9个，建成省级节水型公共机构88家、市级102家，公共机构节水型单位建成率达到58.6%。二是建立保障机制。实行居民阶梯式水价制度和非居民用水超计划累进加价制度。三是推广节水器具。大力推广节水器具，对销售非节水器具的企业和个人进行警告、查封，限制非节水型器具进入市场销售。要求公共机构、企事业单位、洗车洗浴等特种行业更换和使用节水型器具，引导居民更换符合标准的生活用水器具，并为小区发放节水龙头、节水闸阀20000个，节水器具普及率达到100%。

第六章 水能开发与养殖

泾河流域水能资源丰富、开发潜力大，主要分布在泾河中段，相继建成了长武朝阳水电站等7座水电站。自20世纪50、60年代提出规划的东庄水库和亭口水库，也规划建设坝后电站，充分利用水资源。流域因自然条件和地理环境限制，渔业发展一直滞后。随着经济社会发展，流域内群众发展池塘、水库养鱼，建设养殖基地，走上了特色品种养殖的道路，实现了经济增收。本章从水能资源及规划、早期开发利用、小水电建设、水产养殖四节进行记述。

第一节 水能资源及规划

根据《中华人民共和国（分省）水力资源复查成果（2003）陕西省》《陕西省小水电开发利用规划》和《陕西省农村水能资源调查评价》等以往成果，河流按流量和落差计算，水力资源理论蕴藏量平均功率340.3兆瓦，其中干流理论蕴藏量平均功率321.9兆瓦。干流技术可开发量装机容量98.73兆瓦，经济可开发量装机容量98.73兆瓦，开发量仅占理论蕴藏量的2.5%，开发程度很低。从水能资源的分布看彬州市早饭头至泾阳张家山121千米峡谷段，谷深水急，河道弯曲，长流足、落差大，水能资源相当丰富。开发泾河水能资源有着广阔的前景，可以大力发展。

2014年根据2012年8月水利部印发的《关于开展中小河流水能资源开发规划工作的意见》（水规计〔2012〕369号）文件要求开展了《陕西省小水电开发利用规划》的修编工作。2015年10月基本完成修编工作。2016年8月，经陕西省人民政府同意，陕西省水利厅印发了《陕西省小水电开发利用规划》（修编）（陕水发〔2016〕29号）。本次规划突出水生态文明建设，在法律法规、条例和政府规章中划定的自然保护区、风景名胜区及确定的禁止开发区域，以及濒危、珍稀、特有保护动植物重要生境的生态敏感区域，一律不予开发建设电站，并依此取消了一批影响水生态文明建设的电站。本次规划（修编），规划现状年为2014年，规划水平年2025年，泾河流域原规划3座电站，即景家河、芦堡、河马头电站，总装机容量14.73兆瓦，年发电量5682万千瓦时。经本次调整，取消河马头、芦堡和景家河3座电站。另外，东庄水库建成以后，已建成的电站程家川、绛山、石桥、和平、茨坪等将被淹没，故泾河为10级开发，其梯级顺序依次为：朝阳、枣渠、程家川、绛山、石桥、和平、茨坪、东庄（在建）、文泾电站、泾惠渠渠首和泾惠渠新庄，总装机容量99.48兆瓦，年发电量45816万千瓦时。新庄为渠道电站。

第二节　早期开发利用

据唐《通典 · 食货》载，高宗永徽六年（655 年）泾阳富商大贾在郑白渠上竞相建造碾、硙加工米面，以致“堰遏费水，渠流梗涩”，影响溉田，朝廷明令毁之。其他山区自然河道，当地人民利用水力资源，装置水质机具，或营农副加工，或作提水灌田，历代不衰，较为普遍。民国时期，泾惠渠建成，利用渠道跌水能量，建造面粉厂、榨油厂、弹花厂、轧花厂等小型企业，既促进民族工业萌生，又增加渠道收入，合理地对水做到重复利用。

20 世纪 50 年代末期，泾惠渠管理局利用干渠跌水建成川流水力发电站，装机为 600 千瓦 ×1 台，共用投资 200 余万元。此台发电机组，原是德国产品，第二次世界大战后，德国以赔偿品交付苏联，苏联继而援助给我国，落成于本地区。20 世纪 60 年代初期旬邑城汃河右岸建成小塔水电站。

一、水臼

水臼是一种原始的、最简单的水力舂米机具，加工对象是糜谷类作物。先民们在杵臼舂米的时代，“掘地为臼，其后穿木石”“儿女常自操井臼”。这种机具大多分布在三水河流域内，构造简单，效率很低，使用人数较少。新中国成立后不久即被淘汰。

二、水力碾硙

（一）古代

唐代的贵族和富室在郑白渠上大肆兴修水力碾。唐代以后随白渠引水能力日趋降低，兼以京城迁移，繁华东去，水力碾也渐渐衰落。

（二）近代

近代水力碾硙主要兴起于 20 世纪 30 年代末泾惠渠放水后。此时农村经济逐渐恢复，又因有灌溉保证，兼以抗战前后棉纱物资紧张，泾惠渠灌区棉花种植日益扩大，自 1938 年起不断有人向管理局申请建造水力碾硙，泾惠渠管理局开始每匹马力每月收费 1.0 元，1941 年调整为 10 元。据记载，灌区工业用水水费年收入：1939 年 88 元，1940 年 304 元，1941 年 2100 元。首创者为八支渠（今十支渠）集成水力厂。利用该渠 19 号跌水，跌差 1 米（今泾干镇炮房村西），1939 年 11 月建成，引用流量 1 立方米每秒，计算功率 5.88 千瓦；装木制平轴式水轮机一台，带动石磨一台，每日可加工面粉 450 千克，冬秋轧棉，日轧棉 200 千克。今该厂遗迹已不明显，唯白氏家族仍居住在该跌水之旁，当年石磨仍留在院落之内。

直到 20 世纪 50 年代末，水磨一直兴盛，1958 年统计泾惠渠八支渠上共有大小水磨 14 处（不包括中途关停者），1958 年“大跃进”时期，水力厂有一飞跃发展，可惜当时提倡“土法上马”，缺乏现代化装备，仍然采用木制水轮机，牵引的工作机械也仍是石磨和旧式轧棉榨油设备，效率不高。1961 年以后，由于农村电网普遍发展，群众自办的水能利用小型工业陆续停业。

三、水轮机

水轮机是把水流的能量转换为旋转机械能的动力机械。在大多数情况下，这种机械能通过发电机转换为电能，因此水轮机是为水能利用和发电服务的。

20 世纪 60 年代中期，旬邑县农林水牧局在底庙公社万家川大队建设水轮泵站。投资 4000 元安装了 1 台水轮泵，带动 2.5 千瓦直流发电机发电，供家庭照明、农田灌溉，取得不错的效果。随后，县人大常委会大力推广水轮泵。至 1970 年先后安装了 14 台水轮泵，大都在三水河及支党河两岸。水轮泵具有安装简单、价格低廉的特点，但毕竟是以抽水为主要用途的水力机械，自身没有调速功能，加上修理不当、水流冲击、管理不善等原因，大部分水轮泵站未能巩固下来。

第三节 小水电建设

1968—1976 年流域内各级人民政府相继在泾河干流上建成 3 座水力发电站，分别是长武县朝阳电站、彬州市枣渠电站和永寿县绛山电站。1987—2000 年，通过电气化建设项目又陆续在泾河干流上建成永寿县石桥电站、和平电站，淳化县茨坪电站和彬州市程家川电站，泾惠渠渠首、新庄电站。2007 年，建设了民间投资的文泾水电站。目前正在建设东庄水库电站、亭口水库坝后电站。截至 2020 年，泾河小水电有 11 处（0.1 兆瓦以上），累计小水电装机容量达 95.2 兆瓦，完成发电量 3.83 亿千瓦时。

2023 年根据《陕西省黄河流域和巴山区域小水电清理整改验收销号办法》（陕小水电整改办〔2023〕16 号），泾河流域内渠首水电站保留，文泾水电站、新庄水电站、朝阳水电站进行了整改，2023 年 12 月 21 日分别完成了整改任务。其他如程家川水电站、枣渠水电站、茨坪水电站、绛山水电站、和平水电站、石桥水电站已经退出发电行业。

一、电气化县建设

1983 年，国务院批转水电部《关于积极发展小水电，建设中国农村电气化试点县的报告》，决定在全国范围内选择 100 个县，作为开展农村初级电气化县建设试点。永寿县从各方面积极创造条件，并于 1989 年 5 月由陕西省人民政府正式批复，取得全国第一批农村电气化试点县的递补资格。1991 年，淳化县、彬州市被列入第二批国家水电初级电气化试点县。1996 年 4 月，泾阳县、礼泉县又在全国第三批农村水电初级电气化试点县名单上。流域内共有 5 个县进入全国农村初级电气化试点县的行列。

永寿作为电气化递补县，不能享受中央 1000 万元资金的补助，而装机 7500 千瓦的石桥水电站是实现电气化县的关键工程，为此，他们除在改进设计、招标订货中厉行节约外，还从全县“以电养电”资金中挤出 164 万元，并从广州中联公司引进资金 100 万美元，保证了工程的按期竣工。到 1990 年底，全县水电装机容量达到 10500 千瓦，建成 35 千伏线路 81.7 千米，10 千伏线路 501 千米，变电容量 28750 千伏安；年自供电量 5200 万千瓦时，人均年生活用电量 340 千瓦时，户均生活用电量 1700 千瓦时，户通电率 92.5%；乡镇通电率达 100%，用电保证率 99.1%；发、供电设备完好率 100%。除满足全县城乡及工农业生产需求外，每年还可向国家大电网输送电能 1670 万千瓦时。经省计委、省水利厅等部门联合验收后，报上级审批，于 1991 年被国家计委、水利部正式授予全国第一批初级农业电气化达标县称号。

淳化县、彬州市在被列入第二批国家水电初级电气化试点县后，立即成立了电气化建设领导小组和相应的办事机构。工程建设采取统一领导、分级负责、按项承包、奖优罚劣的办法，做到定资金、定时间、定质量、定任务，保证建设目标的按期完成。经过上下一心的努力，1995 年 8 月通过了陕西省的达标验收。2000 年 10 月，礼泉县通过了第三批全国水电初级电气化县达标验收。

二、泾河干流电站

（一）朝阳水电站

长武县朝阳水电站位于泾河右岸鸦儿沟沟口、相公镇胡家河村辖区，距离下游亭口镇长武县煤炭工业园区 5 千米。1969 年 11 月 24 日，县革命委员会决定，以地方财政投资为主，兴建朝阳水电站。主要建筑物有渠首进水闸门、混凝土滚水坝、引水明渠（注："明渠"指挖在地面上的渠道）、机房。厂房位置位于东经 107° 55′ 12″，北纬 35° 17′ 31″。厂房里面有发电机组 4 台，型号为 TSW/143/35-16，额定容量 625 千伏安。全部建站工程凿石 30.5 万立方米，移土 93.8 万立方米。用水泥 0.64 万吨，木材 283 立方米，钢材 114.3 吨，炸药 314.8 吨，雷管 0.77 万发，导火索 7.4 万米。渠首建造拦水闸和砌石重力坝，高 7 米，长 216 米。开凿岩石隧洞 3700 米，横跨沟道 23 条。修筑渡槽、防洪桥、涵洞 36 座。引水渠长 13 千米，流量 18 立方米每秒。总投工 304 万个，总投资 476.7 万元。1974 年 1 月 6 日，朝阳水电站建筑物修建竣工。

朝阳水电站属于发电和灌溉双效益工程。设计装机容量 2100 千瓦，年发电量 900 万千瓦时。引水渠沿岸 6 个村可灌溉农田 5000 亩。1974 年 6 月 5 日，完成 1 号机组安装，试机成功。1976 年 5 月 1 日，全部完成装机任务，投入运行，正常发电。1980 年 6 月 6 日输出线路并入关中电网。2004 年 10 月，对电站进行了改制。2010 年 8 月 27 日经国家电力监管委员会核准（许可证编号：1031010 ~ 00192），该电站 4 台机组于 2010 年 8 月 27 日正式并网发电。

（二）枣渠水电站

枣渠水电站位于彬州市东南 12 千米处新堡子乡断泾村附近的泾河上，为河川引水式水电站。1969 年 12 月动工兴建，1977 年第一台机组试运转发电，1979 年 2 台机组全部建成投产，总装机容量 3200（2 × 1600）千瓦，1980 年 5 月并网运行。电站工程分为枢纽、渠道和厂房 3 部分，利用水头 16 米，引水流量 28 立方米每秒。

枢纽工程有拦河坝 1 座，为重力砌石溢流坝，高 13 米，长 154 米。坝右端有 2 孔泄洪洞，设置高 10 米、宽 6.30 米弧形钢闸门 2 扇。大坝下游有混凝土消力池，两岸为砌石护岸。进水闸与冲沙闸共 3 孔，装备高 2.2 米、宽 2.5 米平板钢门 3 扇，启闭配套。渠道部分有引水渠1500米，全部衬砌，其中凿石渠240米，开隧洞118米，有其他建筑物6座。厂房工程分主厂房（安装发电设备）和副厂房。架设10千伏输变电线路307.5千米。设计年发电能力1500万千瓦时。1973年8月曾遭洪水破坏，大坝下游冲刷严重，使施工工期拖延长达10年。电站总投资600万元，共投工281万个，完成土方86万立方米，石方25.2万立方米，砌石8.5万立方米，浇筑混凝土1.3万立方米。

陕西枣渠电站自1980年并网以来，平均年发电量为1500万千瓦时，年利用时长4500小时以上。1981年被陕西省水电局评为企业管理先进单位，1984年12月，被陕西省总工会、陕西省劳动厅授予职工生活福利工作先进企业，1990年获陕西省政府重大科技进步二等奖（水机抗磨蚀试验）和省水利水土保持厅先进企业奖，并被水利部授予优秀电站称号。

（三）绛山水电站

绛山水电站位于永寿县东北常宁镇北屋村的泾河干流上，距县城43千米。电站工程由永寿县水电局自行设计，于1968年8月10日动员全县民工破土动工，1975年5月投产发电，1976年5月与系统并网运行。

电站总装机容量3000（6×500）千瓦，年发电量875万千瓦时，设计水头17.84米，流量23立方米每秒，控制流域面积4.14平方千米。全部工程由滚水坝、进水闸、引水渠、厂房、变电站等组成，总投资443.7万元。引水枢纽工程有拦河坝一座，为重力溢流堰式，坝高11.5米，坝长135米，引水口设有进水闸和冲沙闸各一座，输水渠全长1.56千米。水轮机为西安水轮机厂产品，型号HL-JW-84，发电机组型号TSW-143-36-16，共6台，每台额定容量为500千瓦。建成输电线路24.6千米。绛山水电站自1976年并网运用以来，年平均发电量1100万千瓦时，年利用小时数4000小时左右。

绛山水电站连续7年被永寿县委、县政府命名为双文明单位；1982年被咸阳市评选为全市先进企业；1988年被陕西省水利水土保持厅评选为企业管理先进单位；1989年被水利部命名为优秀小水电站；1990年被咸阳市委授予发扬延安精神先进单位称号。该电站是1991年永寿县跨入全国首批农村初级电气化县行列的骨干电源工程。

（四）茨坪水电站

茨坪水电站位于淳化县城西南马家镇茨坪村，是全国第二批农村初级电气化县骨干工程。电站于1989年经省计委立项，1991年12月23日正式动工建设，1997年11月20日并网发电。工程设计引水流量58立方米每秒，设计水头18.3米，总装机容量3×2500千瓦，设计多年平均发电量4340万千瓦时，上网电量3912万千瓦时，年利用小时数5787小时，所发电量通过14.5千米茨淳线送至淳化变电站与大网联网运行。

茨坪水电站由首部枢纽工程、引水隧洞工程、电站工程和生活福利设施4部分组成。首部枢纽工程包括拦河坝、冲沙闸、渠首进水闸；引水隧洞全长690.5米，设计引水流量58立方米每秒；电站工程包括洞室前池、电站厂房、防洪墙、尾水闸、渠等；生活福利设施建筑面积为2177平方米，所有房屋均为砖混结构。同时还建有100立方米供水池2座，10千伏高压输电线路及0.4千伏低压线路约10千米，变电站1座，“甘露工程”引水管道1494米。

茨坪水电站自运行发电以来，机组运行情况良好。

（五）程家川水电站

程家川水电站位于彬州市城东28千米处的香庙乡程家川村，是国家第二批农村电气化县的骨干工程。

电站于1992年9月4日由市计委正式批复开工建设，1999年底全面竣工，2000年6月正式投产发电。工程设计水头16.55米，设计流量57立方米每秒，总装机容量7500千瓦，年发电量可达1700万千瓦时。程家川水电站工程建设征用土地45.56亩。电站工程由首部枢纽工程、引水明渠、电站厂房工程、变电站及输电线路和生活福利设施5部分组成，完成投资7440.31万元。从2001年1月1日正式投产运行，到2017年底共计发电39423万千瓦时，产值11374万元，累计上缴国家各类税费813万元。

程家川水电站工程于1999年12月建成，2000年12月21日成立了彬县程家川水电有限责任公司，现有职工179人，下设办公室、后勤科、生技科、安监科、保卫科5个科室。为科级建制，隶属彬州市水利局管理。获得水利部“全国农村水电行业文明示范单位”称号和咸阳市总工会授予的“模范职工之家”称号。

（六）和平水电站

和平水电站属于无调节径流式电站。和平水电站位于永寿县常宁镇和平村东泾河干流右岸，是继绛山水电站、石桥水电站之后，永寿县兴建的第三座无调节径流引水式水电站。

电站设计引水流量52立方米每秒，设计水头13.8米，总装机容量6000千瓦，装有3台发电机组，单机容量2000千瓦，设计年发电量3172万千瓦时。电站整体由滚水坝、进水冲沙闸、隧洞、压力前池、压力管道、厂房、防洪墙、尾水闸、变电站、输电线路等组成。总投资5400万元。

项目于1992年5月经省计委批准立项，10月开始动工兴建，1995年因资金困难而停工。1997年，永寿县对外招商引资，与广东通达香精香料有限公司达成合作协议，两家成立董事会，由广东通达香精香料有限公司出资2475万元控股，永寿县出资2025万元参股，于5月3日复工建设。1999年经董事会同意，咸阳市供电局电力发展公司以输电线路、进网间隔和线路保护装置等有形资产入股。

2000年7月6日并网发电，年实际发电量为1200万千瓦时。电站性质为私有控股的股份制企业，实行董事会领导下的站长负责制。

（七）石桥水电站

石桥水电站属于泾河引水式电站，位于永寿县上邑乡石桥村东泾河右岸，是该县在泾河水能梯级开发的第二座电站。该电站于1987年12月下旬动工修建，1990年竣工验收。电站由滚水坝、进水冲沙闸、隧洞、压力前池、压力管道、厂房、防洪墙、变电站、输电线路等组成。石桥水电站利用水头17.8米，引水流量50.2立方米每秒，装机容量7500千瓦，设计年发电量3375万千瓦时。

石桥水电站的建成，使该县水电装机容量达到10500千瓦，陕西省人民政府办公厅1989年5月4日以陕政办函〔1989〕64号批准将永寿县列为第一批全国农村电气化试点递补县。1990年6月2日由省计委主持，省市有关部门参加，对电气化建设达标进行了验收。1991年7月25日，机组启运一次成功。1991年9月27日正式并网发电。年实际发电量1400万千瓦时左右。1991年1月25日，成立“永寿县泾河石桥水电站”（科级），隶属县水利局领导。1999年实现企业改制，为私有股份制企业。

（八）文泾水电站

2003年11月12日，浙江省文成县吴坳坑水力发电有限公司与泾阳县人民政府签订了文泾水电站项目合作开发意向书。2005年8月8日成立陕西文泾水力发电有限公司，董事长赵良妙负责文泾水电站的开发建设和运营管理。

文泾水电站位于泾阳县张家山水文站上游8.5千米处，泾河下游峡谷段，控制面积43156平方千米，由浙江省文成县吴坳坑水力发电有限公司投资建设，取浙江省文成县与陕西省泾阳县的第一个字，取名“文泾水电站”。

文泾水电站为不完全日调节引水式电站，非灌溉期按日调节运行，灌溉期按无调节运行。工程枢纽主要任务是水力发电，兼顾旅游开发。工程枢纽主要由重力坝、泄洪冲沙（导流）洞、发电引水隧洞、调压井、压力管道、电站厂房及开关站建筑物等组成。电站厂房位于泾惠渠引水枢纽上游约5千米处河道左岸，发电引水隧洞长6429米，设计引用水流量53.6立方米每秒，最大水头110.7米；安装3台16.0兆瓦的水轮发电机组，总装机容量48.0兆瓦，保证出力11.75兆瓦，多年平均发电量1.9017亿千瓦时，年利用小时数3962小时，总投资3.6亿元。

电站主体工程由温州宏源水电建设有限公司施工，于2006年12月开工，2009年4月电站主体工程基本完工。2009年7月14日由咸阳市供电局组织建设、监理、施工等单位对文泾水电站110千伏、输电线路进行验收，同意并网送电。

（九）泾惠渠渠首电站

渠首电站是利用泾惠渠渠首加坝加闸工程所形成的水头进行发电的坝后引水式电站，工程为小2型四等工程，2019年被水利部评为绿色小水电站。

电站由陕西省水电设计院设计，泾惠渠水建公司和陕西省水电工程局四处共同承建。设计引水流量48立方米每秒，设计水头19.2米，总装机容量7500千瓦（3×2500千瓦水轮机组）。1994年11月开工建设，1998年4月竣工，完成投资3250万元。其中第一台机组于1998年1月正式并网运行，1997年11月成立陕西省泾惠渠管理局渠首电站。

电站运行以来，先后4次共计投资217.95万元，分别对3台机组进行了大修及技术改造。2015年泾惠渠渠首电站被列入增效扩容改造工程项目，装机容量扩容至9600千瓦，年平均发电量4487万千瓦时。

三、其他电站

新庄水电站位于陕西省泾阳县中张镇新庄村，是一座泾惠渠渠道引水式电站。

1976年初，泾惠渠管理局利用改善后的南干渠1号跌水（跌差11.3米）筹建新庄电站工程，由管理局勘测设计施工，西北农学院水电专业在电气设计方面支援，设计流量17立方米每秒，设计水头11.4米，共装机2台，容量1600千瓦。

1977年开工建设，1980年6月竣工，共投资213.2万元。1981年4月正式并网，最高实现全年发电834万千瓦时，上网800万千瓦时。新庄水电站由两大部分组成：引水系统和厂区部分。引水系统由引水渠道、压力前池和压力管道组成；厂区部分由厂房、变电站及生活区组成。原设计安装2×800千瓦水轮发电机组两台，后电站实际安装800千瓦+630千瓦两台水轮发电机组，设计年发电量579.4万千瓦时，年利用小时数4180小时。

1998年9月25日企业改制后，成立陕西省泾惠渠新庄水电有限责任公司。从2000年起，先后对机电设备、基础设施进行了6次更新改造，总投资487万元，确保了设备安全运行，提高了设备效率。

2012年泾惠渠新庄水电站列入增效扩容改造工程项目，改造后，装机容量由800千瓦+630千瓦改为2×800千瓦水轮发电机组，装机容量由1430千瓦扩容至1600千瓦，年发电量614.56万千瓦时。目前电站运行基本正常，但水闸的附属设施年久失修，给管理运行带来较大的不便，由于地基沉陷等因素，进水闸、分水闸闸墩、闸房出现裂缝，基础出现沉陷等，特别是进水闸左岸闸墩比右岸低30厘米，闸门运行困难，丝杠弯曲，给管理运行带来较大的不便。

泾河干流梯级电站主要指标一览表见表2-6-1。

表2-6-1　泾河干流梯级电站主要指标一览表

电站名称	所在县（市）	建成时间（年-月）	取水地点	取水形式	座数	台数	装机容量	
							台×单机容量/kW	小计/kW
朝阳水电站	长武县	1976-05	相公镇胡家河村卧鸦儿沟入泾沟口	引水取水	1	4	4×500	2000
程家川水电站	彬州市	2000-06	香庙乡程家川村泾河段	引水取水	1	3	3×2500	7500
枣渠水电站	彬州市	1979-02	新堡子乡断泾村泾河枣渠段	引水取水	1	3	2×1600+1×800	4000
和平水电站	永寿县	2000-06	和平村泾河段	引水取水	1	3	3×2000	6000
石桥水电站	永寿县	1990-06	常宁镇石桥村泾河段	引水取水	1	3	3×2500	7500
绛山水电站	永寿县	1976-01	常宁镇北屋村泾河段	引水取水	1	6	6×500	3000

续表 2-6-1

电站名称	所在县（市）	建成时间（年－月）	取水地点	取水形式	座数	台数	装机容量	
							台 × 单机容量 / kW	小计 / kW
茨坪水电站	淳化县	1997–11	十里塬镇后哇村泾河段	引水取水	1	3	3 × 2500	7500
文泾电站	泾阳县	2009–05	兴隆镇张家山段	引水取水	1	3	3 × 16000	48000
泾惠渠渠首	泾阳县	1998–11	王桥镇张家山段	引水取水	1	3	3 × 2500	7500

来源：咸阳水利志（1987—2007）

第四节 水产养殖

一、水产资源

泾河流域跨度大，气候变化大，地形地貌差异大，主要是利用已有水库水面和临河周围低洼地带进行水产养殖。流域内宜渔区域主要在咸阳市北部五个县境内。水产养殖，历史悠久，远溯殷周，见诸文字记载，秦汉之际达到相当水平，自唐代以后， 渐趋衰落。民国三十六年（1947 年）省建设厅还训令 “各地人民向无养鱼习惯，此种事业，亦应逐渐提倡，以形发展”。然而水产养殖仅在天然河道陂塘进行捕捞，一直处于衰微自发状态。

泾河流域下游开阔，人工挖塘养鱼有一定潜力。分布于河系的大小水库，可谓星罗棋布，数量可观。据新中国成立后对鱼类资源普查，境内各类水域中，有淡水鱼类分属 7 科 31 种。1990 年，境内人工养殖鱼类有草、鲢、鳙、鲤、鲂、鲫、兴国红鲤、罗非、奥尼鱼等 10 余种。在鱼产品中，鲢鱼约占总产量的 50%，鳙鱼占 20%，草鱼占 20%，鲤鱼占 10%，是四大鱼种。此外，还有一些水生动物如鳖、青虾、螃蟹、背圆无齿蚌等，均属野生水产资源，有较高经济价值。

二、养殖

泾河流域有养殖水面 5415 亩，除泾阳县有部分池塘外，其余各县基本以水库、陂塘为主，年生产能力 940 吨。新中国成立后流域内乾县、礼泉等县相继挖塘或利用水库开展养鱼事业，1972 年礼泉县在泔河水库渔场建成亲鱼池 20 亩，存养鲤亲鱼 50 组，当年孵化水花 105 万尾，初步满足了鱼种需求，结束了本区依靠外地鱼种的历史。到 1974 年孵化规模和种类有了大的发展，取得了孵化草、鲑、鲈、鲤等鱼水花 616 万尾的新水平，解决了苗种自繁自育和就地供应的问题。20 世纪 80 年代后，改造了放养条件，推广水库施用磷、氮化肥技术，要求投放 13.32 厘米以上规格鱼种，小型水库采取投放饲料、饲草、施肥等人工措施。泔河一库还被列入陕西省商品鱼生产基地，引进高产网箱养殖技术，2005 年已发展到 2000 余平方米，养殖品种也开始由鲤鱼、罗非鱼等鱼类向名优特产品扩展。近年来渔业产业加速升级，特色渔业的发展尤为突出，主要集中在泾阳县和淳化县。淳化县马家温塘村小河沟一带，利用山间清泉所形成的自然流水资源，开展冷水鱼类养殖，已建成流水养鱼池 57 座（62.5 亩），主要用于鳟鲟鱼养殖，年产量 7.5 万千克左右，总产值约 200 万元。泾阳县着力发展以锦鲤、热带鱼等观赏鱼的养殖。2013 年，成立陕西泾园现代农业有限公司，建成工厂化育苗棚 10 架（10 余亩）、水产养殖池塘 700 多亩。与上海东方锦鲤养殖基地合作建设“东方锦鲤陕西泾园养殖基地”，已经引进罗汉、孔雀鱼、地图鱼、皮球、黄兰万龙等 50 余个观赏鱼品种，年产值 2000 余万元。2018 年公司又试点养殖澳洲红螯虾 110 亩。同时，陕西泾园现代农业有限公司将 47 户贫困户纳入扶贫贷款入股分红，并为部分有劳动能力的贫困户提供劳务机会，带动帮扶贫困户近百户，促进贫困户增加收入。

第三篇　河道整治与防汛抗旱

人类在自然界的生存、繁衍与河流有着密不可分的关系。这是因为河流两岸有丰富的水资源，有平坦肥沃的土地，有适合发展经济的地理环境，所以自开天辟地那一刻起人们就傍河而居，依河生存。流域内洪水、干旱是一种随机的自然现象，它们既给人类带来丰富充足的水沙资源，又给人类造成巨大的灾难，因此整治河流、防治洪水、抗旱救灾成为千百年来人类生存发展中与自然斗争的一项重要任务。随着经济社会的发展，人类与河流的关系越发密切，对于河道治理的要求也越来越高。

本篇主要从防洪工程、河道综合治理、排涝治碱、防汛非工程建设、防汛救灾、抗旱救灾六章记述。

第一章　防洪工程

古代治河防洪工程，泾河无法考证，直到清代始见咸阳、兴平两县县志略有记述。泾河干流在境内呈两放一束之势，洪水灾害多发生于上下两端开阔河段，即彬州市早饭头以上和张家山以下。新中国成立后，因泾河灾害较轻，国家财力有限，而未能统一规划和治理，沿河各县仅修一些防护工程，分布零散，标准不一，仅收固田护村之效。20世纪60年代长武县在泾河右岸的亭口乡亭北村修筑短丁坝10座，护岸长度1.5千米，完成干砌石3800立方米，铅丝笼214个，使用国家投资3.6万元，护田1200亩、人口1000余人。20世纪70年代泾河大水偏多，彬州市境内的险工危段亦由当地群众采取防护措施。下游泾阳河段因害设防于王浩村，胡家村筑起丁坝护岸，固守崖下耕地。1979年泾河大桥建设时，由公路部门资助筑成卫桥丁坝，使主流稳定。右岸泾水顶冲泾阳南缘，不断出现滑坡垮崖灾害，危及泾阳三乡田舍及抽水站。其他主要河流如三水河等，均未统一规划，由群众自力兴建，或护引水枢纽工程，或防洪水冲淹村镇，零星布置。更小的河流多归水保治理之列，以流域治理措施统一整治。泾河干流河道整治工程主要集中布设在下游河段，工程类型主要为磨盘坝、丁坝等。现状建设河道工程总长14.84千米、坝垛242座。

第一节　干流堤防建设

泾河干流堤防主要集中在上游的长武县、彬州市河段及泾河下游的礼泉、泾阳、高陵河段。截至2020年底，泾河堤防（护岸）工程共42.44千米。

一、长武县

泾河干流从长武县洪家镇汤渠村流入，至亭口镇安华村流出，进入彬州市境内，长武境内河道流长59千米。1957年修建亭北泾河护岸工程，拦洪堤长24米，沿冲险地段筑铁丝笼坝24个。20世纪60—70年代对泾河进行了治理，修筑护岸丁字坝769座，砌护河岸0.68千米，修筑简易河堤2.73千米，营造护岸林13.85千米。随着时间的推移，20世纪六七十年代所修的少量工程目前全部毁坏，起不到防洪作用。

截至2020年底，泾河长武段一、二期河道治理累计完成10段，治理总长度7.45千米。泾河二期工程治理长度3.45千米，共分为汤渠、司家河、武家沟和骑马沟4段，工程总投资6200万元，主要建设内容为新建护岸工程3.45千米、新建防汛道路工程2.34千米。2018年开工建设的泾河一期治理工程尚未验收投入使用。

二、彬州市

自古以来，泾河在彬州市境内有河无堤、有城无防，故每岁汛期常会发生洪水，较大洪水则崩农田而毁稼禾，危及县城区而遏制了经济发展。

2004 年，福银高速公路建成，这条高速公路在彬州市城区至长武亭口段泾河左岸形成了一道防洪大堤，打破了历史上形成的左右岸行洪条件，使泾河右岸的彬州市主城区面临极为严峻的防洪形势，使右岸沿河群众生命财产受到洪水的严重威胁。2006 年 10 月，彬州市出台了《关于建设彬州市城区泾河防洪工程的决定》。

泾河彬州市城区段防洪一期工程是一项以河道堤防为主体，兼顾道路桥梁、河道整治、城市排涝、绿化景观、环境保护于一体的综合性市政建设工程。河道堤防按 30 年一遇洪水标准设防，御洪能力 9730 立方米每秒。

工程建设分为三个阶段实施，2006 年 10 月至 2008 年 10 月为前期准备阶段；2008 年 11 月 19 日工程建设正式开工，2010 年 7 月基本完工；2011 年为续建完善阶段。工程建设整体历时五年，完成投资 3.5 亿元，一期工程建设全线竣工，累计完成单项工程 20 个。

泾河段防洪治理工程近年来先后实施了 10 处 23.4 千米，彬州市段右岸建设（2010—2018 年）3 级堤防工程 2 处，共计长 17.8 千米，2018 年实施了左岸护岸工程 7 处 3.87 千米，雅店护岸 820 米、芦寨护岸 640 米、小庄河护岸 440 米、高渠护岸 815 米、红岩河护岸 410 米、水北护岸 450 米、旧村护岸 200 米。

三、礼泉县

礼泉县主要是实施泾河河道治理工程。

（1）泾河礼泉县下河村河道治理工程 。2016 年 3 月 21 日，咸阳市水利局以《关于重要支流治理泾河下河村河道治理工程初步设计的批复》（咸水规计发〔2016〕4 号），核定工程总投资 2401.04 万元。治理范围：上起烽火镇下河村泾河弯道上游 100 米处，下至下河村砂场抽水站已建护岸，工程建设内容为新建河道整治工程 1445 米，新建磨盘坝 24 座，新建连坝路 1445 米，新建进坝路 580 米。工程防洪标准为泾河 10 年一遇洪水。2017 年 10 月完成工程建设招标投标，共分 6 个施工标段、1 个监理标段。工程于 2017 年 12 月开工建设，2019 年 6 月底完成建设任务。

（2）泾河礼泉县石坡段、临泾坡头段河道治理工程。2018 年 3 月 9 日，咸阳市水利局、咸阳市发展和改革委员会下发了《关于重要支流治理泾河礼泉县石坡段、临泾坡头段河道治理工程初步设计的批复》（咸水规计发〔2018〕5 号），核定工程总投资 3190.00 万元。工程治理范围：上起烟霞镇石坡村上游，下至阡东镇临泾村咸旬高速桥，涉及河道长度 14.5 千米。主要建设内容：石坡段河道治理工程，新建护岸工程 670 米，新建进坝路 190 米，新建连坝路 670 米等其他附属工程；临泾坡头段河道治理工程，新建护脚工程长 770 米，新建进坝路 214 米等其他附属工程。工程于 2018 年 11 月 7 日完成施工招标投标工作，2019 年 4 月 15 日全面开工建设，截至 2023 年主体工程已基本完成，石坡段完成护坡 705 米，连坝路 705 米，进坝路 200 米，穿堤涵管 1 座；临泾坡头段完成格宾笼石护脚 777 米，新建进坝路 214 米，完成投资 3190 万元。

四、泾阳县

泾河泾阳县段共批复木梳湾、席杨、荆西、云天王、大湾、南王浩堤防共计6处，累计批复投资9749万元，主要建设内容为王桥镇木梳湾段新建泾河干流左岸护脚工程820米、进坝路435米；桥底镇席杨村段，新建泾河左岸河道整治工程1847米，布置磨盘坝30座，新建连坝路1847米、进坝路563米；中张镇荆西段，新建泾河左岸河道整治工程874米，布置磨盘坝16座，新建连坝路875米、进坝路152米；新建中张镇南王浩泾河干流左岸堤防2910米，新修越堤路3处、上堤路1处，新修穿越堤管涵5处；新修中张镇云天王村泾河左岸河道整治工程1328米，布置磨盘坝25座，新建连坝路1328米、进坝路245米；新修中张镇大湾村泾河左岸河道整治工程1500米，布置磨盘坝28座，新建连坝路1500米、进坝路338米。

工程于2019年5月24日正式开工，截至2020年12月底，累计完成投资6245.32万元；完成云天王段、大湾村段河道治理工程单位验收工作，完成云天王段河道治理长度1352米，布置磨盘坝25座；完成大湾村段河道治理长度1500米，布置磨盘坝28座；完成南王浩堤防工程管涵12座，沥青混凝土路面铺设1882米，完成土方回填2400米，混凝土路肩1882米，剩余南王浩堤防工程周家道段因历史遗留问题正在与中张镇协调处理，10月底完工。

五、西咸新区

空港新城临泾、太平堡及庙店河道治理工程。工程前期：2018年2月9日，省水利厅以陕水规计发〔2018〕22号文批复同意将《重要支流治理泾河泾阳县木梳湾、席杨、庙店、荆西河道治理工程初步设计》和《重要支流治理泾河泾阳县南王浩堤防及云天王等5处河道治理工程初步设计》中庙店、临泾和太平堡段建设内容划转西咸新区空港新城组织实施。2018年5月24日至6月26日完成施工、监理招标投标工作。工程规模：工程分为临泾抽水站河道治理工程、太平堡河道治理工程、庙店河道治理工程3处。工程批复总投资为3851.00万元。

2018年8月28日开工建设，临泾段河道整治工程627米，新修护岸318米，布置磨盘坝11座，新修进坝路448米；太平堡段河道整治工程1076米，布置磨盘坝19座，新修进坝路160米；庙店段河道整治工程785米，布置磨盘坝15座，新修进坝路140米。完成投资3300万元，2020年1月20日完工。

六、高陵区

1960年，咸铜铁路泾河大桥建成后，改变了泾河流向，河水主流通过大桥直向南岸高陵区马家湾乡店子王村冲蚀，一遇洪水，岸崩地陷，严重威胁当地村民生命安全。1996—2005年修建店子王护岸工程（丁坝14座，砌石护岸436米）和长庆工业园护岸工程（长1080米），泾河入渭口修建有泾渭交汇防洪堤，设防标准为20年一遇。

泾河工业园右岸护岸工程属于陕西省泾河干流河道治理工程之一，2017年2月高陵区发改委下发《关于陕西省泾河干流河道治理工程项目建议书的批复》（高发改发〔2017〕47号），同意建设。2018年2月26日，西安市高陵区水务局确定西安市高陵区防汛抗旱指挥部办公室为“陕西省重要支流河道治理项目高陵段建设单位”，主要负责项目前期规划、招标投标、建设管理等。项目建设单位专门成立办公室，并制定了建设单位工作制度、工作职责，进行了人员分工，现场管理、技术负责、合同管理、环境治理、安全管理等由专人负责。建设内容：新建护岸工程 3600 米，新建泥结石路面 3600 米，新建上堤路 2 处，改造排水管涵 1 座，新建下河踏步 3 处。核定项目概算总投资 7169.95 万元，资金来源为中央投资和地方配套。2018 年 3 月 27 日开工。截至 2018 年 12 月共完成投资 7169 万元。

第二节　支流堤防建设

支流堤防建设主要利用国家中小河流治理项目实施了三水河、红岩河、黑河、泔河、太峪河 5 条河流，截至 2020 年共建设 24.7 千米堤防工程。

一、三水河治理

三水河虽然河床宽、水位浅，但若遇暴雨常常淹没农田，冲毁村庄，沿岸人民深受其害。清道光二十四年（1844 年）九月，职田镇以及周围各村群众 200 多人集资在职田镇牙里河村西对天然形成横跨汃河的隔水硙泄水洞进行整修，使周围村庄及路面得到保护。

1950—1967 年，沿河群众自行治理，因害设防，因险护滩，对防洪起到了一定作用。1977 年春，旬邑县革命委员会成立汃河治理指挥部，组织丈八寺、土桥、排厦、原底、张洪、赤道、城关、清塬、后掌、职田、湫坡头、太峪、郑家等 13 个公社的 2300 名社员组成专业队，采取裁弯取直、缩小河床断面、稳定河槽的办法治理崔家河至张家河段的河道，当年 5 月底完工。完成土方 113 万立方米，造滩地 40 公顷，保护农田 160 公顷。投资 116 万元，用水泥 5300 吨、钢材 5 吨、木材 45 立方米，筑成宽 4 米、高 3.5 米的河堤 12.2 千米。河床宽 42 ~ 45 米，最大过水量为 585 立方米每秒。但由于工程仓促上马，边干边规划，河床断面宽窄不一，达不到行洪标准。1979 年 7 月 31 日暴发了 1440 立方米每秒的洪水，冲毁河堤 28 处 1200 米、丁字坝等建筑物 176 座，淹没农田 117.5 公顷。1984 年，对东关村至小塔 2000 米河堤顶加宽到 15 米，改为堤路结合工程。

近年来，以旬邑县城、马栏镇为重点，先后修建堤防工程 2 段 16 千米，治理河长 11.07 千米。

第一段：位于上游马栏村段。工程上起回民村，下至 306 省道大桥；左岸为 4 级堤防，长 1939 米，防洪标准 20 年一遇；右岸为 5 级堤防，长 1745 米，防洪标准 10 年一遇。第二段：位于旬邑县城区段，上起焦家河大桥，下至小塔村 211 国道大桥。左岸堤防 7282 米，右岸堤防 5130 米。工程均为 4 级，除“翠屏湖”段按 30 年一遇防洪标准建设外，其余工程均按 20 年一遇防洪标准建设。2020 年投资 2200 万元治理三水河纸坊村段至留石村段防洪工程，治理河道 2 千米。

截至 2020 年，先后修建的堤防工程总体分为 5 段，三水河干支流共修建防洪工程如下：干流堤防总长 15204 米，护岸 260 米，加固堤防 1783.56 米；支流堤防长 309.1 米，护岸229米。

二、红岩河

彬州市红岩河下游永乐镇、义门镇段，治理河段长5.5千米。其中：红岩河村左岸新建堤防963.7米；马家河村段左岸新建护岸465米；马家河村段右岸新建护岸704米，新建堤防963米；高渠村段左岸新建堤防483米。护岸1550.85米，拆除重建堤防104.57米。分别为：太峪镇集镇段左岸新建护岸449.22米；中山村段新建左岸堤防308.55米、护岸295.56米，拆除重建堤防104.57米；上公主川段左岸新建护岸516米；太峪水厂段新建护岸290.07米。

三、黑河

黑河长武县段上游段河道为山区峡谷段，岸坎陡立，保护对象较少，防洪压力不大，2014年中小河流建设时，建设车家河水源工程上下游左、右岸两岸工程总计1645米。

黑河沿线共建有防洪工程2处，一处在黑河亭口镇段，另一处在张代河段。亭口镇段防洪工程，共有护岸工程2116米，其中左岸1546.2米，右岸569.8米，按20年一遇洪水防冲不防淹设计，洪水流量2070立方米每秒，工程级别为4级，现状最小河宽130米。右岸上段570米护岸工程于2019年建设，为保护亭口水库电站厂房及反调节水库泵站而建，防洪标准50年一遇；右岸下段高速公路引线至亭口加油站段约520米护岸工程修建时间较为长久，经过多次洪水冲刷，已无法看出原来的面貌。张代河段共有护岸工程943米，其中左岸320米，右岸623米，按10年一遇洪水防冲不防淹设计，洪水流量939立方米每秒，工程级别为5级，设计最小河宽为60米。两段工程均采用坡式护岸，护岸顶高程与现状地面高程齐平，护岸坡比1∶2，浆砌石护坡0.5米；浆砌石护脚挡墙顶宽0.5米，临水侧坡比1∶0.5，背水侧直立。

四、泔河干流工程

泔河干流建有防洪工程1处，属于2013年中小河流治理项目。治理范围为泔河入泾河口咸北桥以下0.5千米段，以河岸治理、裁弯取直、新修堤防、河道疏浚为主。河道左岸新修堤防490.69米，右岸新修堤防265.9米，右岸新修护岸231.27米，防洪标准10年一遇。该河段防洪工程可保障治理河段两岸村庄、农田防洪安全，防洪标准10年一遇。相应的堤防级别为5级。

五、彬州市太峪河治理

彬州市太峪镇段防洪治理工程属2013—2015年中小河流治理项目。2015年6月开工建设，同年11月完工，投资1024.99万元，完成工程总长1963.97米，其中新修堤防308.55米，护岸1550.85米，拆除重建堤防104.57米，综合治理河长9.3千米。分别为：太峪镇集镇段左岸新建护岸449.22米；中山村段新建左岸堤防308.55米、护岸295.56米，拆除重建堤防104.57米；上公主川段左岸新建护岸516米；太峪水厂段新建护岸290.07米。工程保护太峪水厂及太峪镇南庄村、中山村和公主川村6950口人、4730间民房、6601亩农田。

第二章 河道综合治理

新中国成立以来，泾河流域的水利事业有了一定的发展，缓解了流域内严峻的防洪形势和缺水矛盾，促进了区域经济发展，但因流域自然条件甚差，使得在经济社会快速发展过程中出现了水资源供需矛盾突出、水沙条件恶化、水质污染严重、河道生态系统恶化等一些新情况和新问题，严重制约了流域内社会经济可持续发展。在此之前，按照分级分部门的职能分工，流域内相关部门与各市（县、区）对河流进行了水资源开发利用、防洪工程建设、水污染防治、湿地保护以及滩涂开发等活动，并取得了巨大成效。但是难以在河道治理上对堤防与道路建设、滩涂开发利用、生态环境保护以及沿河城镇化建设进行统一规划。2017 年 11 月省政府批复了《陕西省泾河流域综合规划》，2018 年 2 月 25 日，省委、省政府在礼泉县烽火村举行陕西省湖长制启动暨泾河综合治理动员大会，全面实施泾河干流综合治理工程。

第一节 干流综合治理

一、泾河全线综合治理规划

（一）总体目标

《陕西省泾河流域综合规划》按照新时期系统治水新思路，结合河道整治、水系治理、山水林田湖草生态建设等工程措施和非工程措施，达到人与自然和谐的目标；以防洪安全、用水总量、生态环境控制红线管理为抓手，规范和有效管理流域治理、开发和保护行为，为保障防洪安全、供水安全和生态安全创造条件。实现河湖安澜、水沙调控、开发适度、利用得当、环境天然、绿水青山的泾河流域发展目标。

（二）总体规划方案

针对泾河“水少、沙多，水沙关系不协调”的特点，统筹协调流域经济社会发展和维持泾河健康生命的需求，以“增水、减沙，调控水沙”为主线，统筹改善生态环境、防洪减淤、水土保持、水资源利用、流域综合管理等要求，研究提出泾河治理开发的总体布局和综合管理的框架体系。张家山以上丘陵沟壑区以水土流失治理、防洪减灾和水资源保护为主，适度开发水资源，控制水土流失，保障城市水源水质；张家山以下平原区以水资源和水环境保护为主，合理配置水资源，保障生活生产用水；确保干支流沿岸重要城镇、工业区防洪安全。

防洪减淤基本思路：上拦、下排、中蓄。水土保持基本思路：防治结合，保护优先，突出重点，强化治理。水资源利用与保护基本思路：节水优先，治污为本，合理配置，适度开源，加强管理。水生态保护基本思路：在大力控制河道水污染的同时，加强水源涵养与保护，逐步保障河道生态基流。流域综合管理基本思路：适应现代流域综合管理需要，理顺流域管理体制和运行机制，完善流域管理与区域管理相结合的管理体制。

（三）整治措施及布局

防洪规划。2020 年完成泾河干流重要地段堤防、护岸、河道整治工程建设，以及彬州市、旬邑 2 个县城的防洪工程建设任务，并对三水河等重要支流进行山水林田湖草系统治理，全面完成泾河防汛指挥系统建设任务，建成山洪灾害重点防治区监测、通信、预报等非工程措施为主、与工程措施相结合的防灾减灾体系。

水土保持规划。规划 2020 年新增综合治理面积达 1023.7 平方千米，新增生态修复面积 480 平方千米。其中：新修基本农田 2.59 万公顷，新增水土保持林面积 2.66 万公顷；新增经果林面积 2.46 万公顷；新增人工种草面积 2.53 万公顷；生产道路 6.56 万千米，排灌沟渠 2.19 万千米；新建小型水利水土保持工程 1530 座，沟头围堰 527 千米。

城镇及农村供水规划。2020 年前城镇水资源供需矛盾主要通过亭口水库、羊毛湾水库工程、西沟水库等中小蓄水工程、泔河水库工程、新建柏岭寺水库等重点水源工程建设加以解决，并新建污水处理厂。

灌溉规划。2020 年前对宝鸡峡泔河水库尚未配套的灌溉面积进行续建配套，可新增有效灌溉面积 9.6 万亩，通过泾惠渠灌区配套改造恢复灌溉面积 2.39 万亩；适当增加中小型农田灌溉设施增加灌溉面积 9.1 万亩，总计新增灌溉面积 21.09 万亩。2020 年前重点是对现有灌区进行配套续建和节水改造。2021—2030 年在泾河东庄水库修建后，可增加现有泾惠渠灌区的用水保证率，新发展灌溉面积主要在泾河流域外，不增加本流域灌溉面积。

水力发电规划。建成支流黑河亭口水库水电站，装机容量 1.5 兆瓦，年平均发电量为 540 万千瓦时。2030 年前主要建设东庄水库坝后电站，装机容量 110 兆瓦。

渔业规划。到 2020 年泾河流域老旧塘改造面积 1000 亩，新建池塘面积 5500 亩，小水库及库汊养殖 600 亩、水产品总产量 3180 吨。

水利旅游规划。规划 2020 年可开发旅游景点共 6 处，规划 2030 年可开发旅游景点共 3 处。

水生态和水资源保护。实施泔河水库、李家川水库、东庄水库等水源地保护措施，设立饮用水源保护区，控制污染物入河控制总量，加大工业污染防治、城镇污水处理（点源）、农村面源污染防治。2020 年泾河干流一级、二级水功能区除彬州市工业排污控制区水质目标为Ⅳ类外，其他功能区应达到Ⅲ类标准。支流一级、二级功能区除旬邑县排污控制区水质目标为Ⅳ类外，其他功能区应达到Ⅱ～Ⅲ类标准。初步解决大中城市、重点工业水源地的地下水严重超采问题，生活饮用水水源地地下水质比现状有所改善。全面解决建制市和县级城镇的集中式饮用水水源地安全保障问题。

（四）实施项目及投资

流域综合治理，主要实施六大类项目。①防洪减淤项目，有拦沙减淤工程东庄水库、河道整治、防洪工程、县城防洪工程、重要支流防洪工程建设、山水林田湖草综合治理、山洪灾害防治工作、防洪非工程措施 8 项。②水土保持生态建设项目，沟道坝系工程、坡面治理措施、水土流失预防监督、水土保持监测网络 4 项。③节水灌溉项目，城市节水工程、小城市及县城供水管网改造、居民小区中水利用示范、城区雨水利用示范、节水器具标准化及应用示范、城镇及农村供水规划 6 项。④重点水源工程，亭口等 5 处水库工程。⑤灌区建设项目，灌区续建配套及节水改造、灌区水源工程改造、干支渠衬砌及渠系建筑物改造工程、重点建筑物改造、田间节水改造工程 5 项。⑥水资源与水生态保护项目，水污染防治项目、城市饮用水源地保护工程、河道湿地基础设施建设、城市段河流生态治理 4 项。流域综合规划治理措施总投资为 489.69 亿元（扣除已有专项规划解决资金项目后，总投资为 259.46 亿元），其中 2020 年投资规模为 203.39 亿元，2030 年流域综合治理的投资规模约为 286.30 亿元。

二、泾河全线综合治理实施

陕西省泾河综合治理依托国家重要支流泾河干流河道治理工程进行。重要支流泾河干流河道治理工程是中央预算内项目，同时也是泾河干流综合治理的重要组成部分。截至 2020 年实施了礼泉、西咸新区、高陵区段。

（一）礼泉县

2018 年 8 月 27 日，咸阳市水利局下发了《关于泾河干流礼泉段综合整治工程（烽火村段）初步设计的批复》（咸水规计发〔2018〕23 号）文件，批复总投资 11783.11 万元。主要建设内容：新建泔河取水工程，湖区补水给水管线 3652 米，护岸工程 620 米，改建连坝路 1445 米，新建进坝路 440 米及照明预埋等工程，工程投资 2070 万元。工程于 2019 年 9 月 5 日完成了施工招标投标工作，9 月 20 日与各中标单位签订了合同书，主体工程于 2019 年 10 月 10 日全面开工建设，2020 年 7 月已全面完工。

（二）西咸新区

1. 泾河新城段

工程前期：2019 年编制泾河新城水系专项规划，确定了泾河综合治理方案。2019 年 12 月 30 日，西咸新区河湖水系保护治理三年行动集中开工暨泾河综合治理工程开工。

工程规模：泾河河道进行堤防建设、水质提升、文化挖掘、生态节点打造等全方位的综合治理。工程上起泾河花池渡村已建堤防下游末端，下至泾河咸铜铁路桥。新建堤防 16.31 千米；新修护岸 1.92 千米，布置 5 处控导工程，84 座磨盘坝；加固堤防 2.53 千米。投资 40 亿元。

工程建设：该工程由西咸新区泾河新城产业发展集团负责建设，截至 2020 年底，泾河新城泾河防洪暨生态治理工程已建设堤防约 18.6 千米，其中北岸约 9.5 千米，南岸约 9.1 千米；累计已完成磨盘坝 81 座。堤防边坡修复工程北岸累计完成堤顶慢行道路施工 6.6 千米，完成乔木栽植 13561 株、地被栽植约 15.4 万平方米，完成 01#、02# 厕所装修，完成 01#、03# 观鸟塔装修施工；南岸累计完成 5.6 千米堤顶慢行道路施工，完成 02#、04# 观鸟塔装修，完成 02#、03#、04# 厕所驿站装修施工，完成乔木栽植 13723 株、灌木地被栽植 15.9 万平方米。

泾河新城泾河北岸滩面治理，治理面积约 7372 亩，工程总投资 9.24 亿元，花池渡滩前期完成 90% 土方工程和 600 米灌溉管道；唐李村滩前期完成乔木栽植 4306 棵，55 万立方米土方工程、3 万平方米地被，90% 管道及管线预埋、60% 园路基础施工；彭家村滩前期完成乔木栽植 9110 株，140 万立方米土方工程、24 万平方米地被，90% 管道及管线预埋、60% 园路基础施工。

泾河新城泾河南岸滩面治理项目，工程总投资约 5.59 亿元，建设面积约 5250 亩，目前泾河南岸滩面治理项目总体完成率 65%。其中，累计完成土方开挖 155 万立方米，完成率 90%；地形整理完成 250 万平方米，完成率 90%；给水管安装 11.9 万米，完成率 50%；园路系统施工完成 1 万米，完成率 80%；乔木栽植 8216 棵，完成率 80%。

2. 空港新城段

泾河西咸新区空港新城段河道综合治理及沿岸生态修复工程项目位于空港新城太平镇泾河右岸。建设内容包括河道治理、道路、生态修复以及相关附属工程，该工程由空港新城改革创新发展局以陕空港改创发〔2020〕16 号文件批复实施，批复概算总投资 35232.80 万元。

工程前期：2020 年 4 月 26 日，空港新城改革创新发展局以陕空港改创发〔2020〕16 号文件下达《关于泾河西咸新区空港新城段河道综合治理及沿岸生态修复工程项目可行性研究报告的批复》。原则同意实施该工程建设。2020 年 6 月 1 日，空港新城改革创新发展局以陕空港改创发〔2020〕26 号文件下达《泾河西咸新区空港新城段河道综合治理及沿岸生态修复工程初步设计的批复》。同意实施该工程建设。2020 年 6 月 4 日，空港新城水务局以空港水发〔2020〕4 号文件下达《泾河西咸新区空港新城段河道综合治理及沿岸生态修复工程施工监理招标实施方案的批复》，同意该工程采用公开招标方式进行招标。经公开招标，最终确定陕西华海水利工程有限公司、中铁十一局集团有限公司、陕西富源水电工程有限公司、中交一公局集团水利工程有限公司、陕西省渭河工程局为该工程施工Ⅰ～Ⅴ标项中标单位，陕西咸阳郑国工程建设监理有限公司为监理标项中标单位。2020 年 5 月 16 日，与中国电建集团北京勘测设计研究院有限公司签订《工程设计合同》，委托其承担泾河西咸新区空港新城段河道综合治理及沿岸生态修复工程设计工作。2020 年 9 月 3 日，与陕西恒立工程质量检测有限公司签订《第三方检测合同》。2020 年 9 月 10 日，与陕西咸阳郑国工程建设监理有限公司签订《水利工程施工监理合同书》。2020 年 9 月 14 日，与施工Ⅰ～Ⅴ标项中标单位签订《水利工程施工合同》。

工程规模：泾河西咸新区空港新城段河道综合治理及沿岸生态修复工程项目位于西咸新区空港新城太平镇泾河右岸。工程起点与礼泉县相接，终点位于已建庙店村河道整治工程起点，与庙店已建河道治理工程相接。工程涉及河道长约 11.40 千米，治理段总长为 8321.9 米，项目概算总投资 35232.80 万元。

工程建设：①河道治理工程，共计3段，总长8321.90米，均位于河道右岸。第一段为县界—临泾工程段，长1176.70米；第二段为临泾—太平堡工程段，长2796.53米；第三段太平堡—庙店工程段，长4348.67米。②道路工程：新建道路8321.90米，拓宽道路1829.10米，共计防汛路10151.00米；公路四级标准，路面宽度12.50米，沥青路面。③生态修复工程：河道滩地生态修复132.70万平方米；沿防汛路建设20米宽生态林带，生态林带总长10151.00米。④附属工程：包括工程标志牌、里程碑、上堤路等。

该项目于2019年9月26日开工，2022年6月25日完工，完成新建泾河右岸河道治理工程护岸3段，总长8320米；新修和加宽加固防汛路总长10150米；沿防汛路建设20米宽生态林带10150米；生态修复河道滩地1600亩。

3. 秦汉新城段

工程前期：秦汉新城泾河综合治理工程于2020年5月21日取得了西咸新区水务局《关于秦汉新城泾河综合治理工程可行性研究报告的审查意见》（陕西西咸水发〔2020〕37号），5月27日取得了陕西省西咸新区秦汉新城行政审批与政务服务局《关于秦汉新城泾河综合治理工程可行性研究报告的批复》（秦汉审服准〔2020〕244号），5月29日取得了陕西省西咸新区秦汉新城农业农村局《关于秦汉新城泾河综合治理工程初步设计报告的批复》（秦汉农发〔2020〕37号），2022年5月19日取得了陕西省水利厅《关于西咸新区秦汉新城泾河综合治理工程建设规划同意书准予行政许可决定书》，进行了公开招标。建设单位陕西省西咸新区秦汉新城农业农村局。

工程规模：该工程位于泾河秦汉新城段右岸，工程区治理范围上起修石渡大桥，下至大堡子村，治理河道长度7.0千米。项目总投资10129.62万元。主要为西咸新区管委会自筹资金。

建设内容：对泾河秦汉新城段河道进行整治，治理河段总长度为7.0千米，本次工程主要建设内容为：

（1）防汛道路工程：①新修沿泾河防汛道路8651米；②与现状道路连通支路2016米；③跨排污渠交通桥1座，出水口交通桥1座，出水口穿路箱涵1座。

（2）河道控导工程：新修傅家控导工程11座雁翅坝，其中连坝路796米，上坝路130米。

该项目于2020年9月12日开工，2022年8月10日完工。完成新修沿泾河防汛道路8651米，跨排污渠交通桥1座，新修傅家控导工程9座雁翅坝，其中连坝路658米，上坝路100米。

（三）高陵区

高陵区以泾渭路泾河大桥为界，上游由高陵区城投公司包装项目进行整治，下游采取EPC模式对河道、水域进行修复治理。泾河综合治理项目规划部署了防洪安全保障体系建设、湿地生态修复及水环境治理体系建设和低碳交通管理体系建设三大治理任务。一是防洪安全保障体系建设。规划新建百年一遇堤防4.14千米，加高培厚堤防10.05千米；清淤疏浚194.35万平方米，整治河道1.75千米。二是湿地生态修复及水环境治理体系建设。规划建设水域面积 132.8 万平方米，绿化面积 258 万平方米，净水湿地 24.22 万平方米。三是低碳交通管理体系建设。规划建设防汛抢险通道 18.48 千米，其他道路 12.6 千米；建设管理站 2 处。

第二节　支流综合治理

一、汃河城区段综合治理工程

工程包括汃河堤水毁修复工程和翠屏湖工程。汃河河堤旬邑县城段是 20 世纪 70 年代修建的城区堤防工程，设计流量 930 立方米每秒。河堤大多为砂土填筑，干石砌护。由于设计、施工标准较低，护面老化脱落，部分区段河道阻塞严重。2003 年 8 月 25—30 日，三水河流域持续强降水，形成 450 立方米每秒的洪峰，造成汃河城区段三处决口 600 米，河堤干砌石基础悬空坍塌 3000 米，冲毁堤内丁字坝 26 座。2004 年 10 月，县人民政府组织修复，进行清基及护坡基础砌筑。完成清基 6350 立方米，修筑导流围堰 3860 立方米，填筑块石 3670 立方米，填筑土石方 24850 立方米，清理河道 34000 立方米，清理右岸滑坡体 18600 立方米，共修复河堤 830 米，清淤疏浚 3.5 千米，新补加修丁字坝 8 座。

翠屏湖工程是水毁修复的后续防汛工程，2005 年 2 月动工，5 月正式蓄水。共投资 839 万元，建成高 3 米、长 75 米的橡胶坝一座，形成水面面积 3.4 万多平方米，蓄水量 6.1 万立方米。主要完成了南山坡脚和二八冶桥以上 650 米范围内护坡砌筑工程、橡胶坝枢纽工程、北岸 1345 米防浪墙砌筑工程、水榭工程、湖区亮化工程。共计修建导流围堰 3.5 万立方米，砌筑块石 5500 立方米，浇筑混凝土 3960 立方米，移动土石方 3.5 万立方米。

汃河三、四号人字坝工程 2006 年 2 月开工建设，4 月竣工。共砌石 800 立方米，混凝土浇筑 51 立方米，安装人字梁 42 个，混凝土挡水板 287 块。该工程是汃河堤综合治理工程的一部分，位于翠屏湖区上游，东至东河渠出口，西至悬浮桥 100 米。其中三号坝位于悬浮桥上游 100 米处，坝高 1.65 米、长 33.92 米，21 孔；四号坝位于三号坝上游 200 米处，坝高 1.83 米、长 36.7 米，23 孔。采用钢筋混凝土结构，人字梁高 1.65 米，板宽 0.3 米，板厚 6 厘米。人字梁间距 1.52 米，修筑 3.4 米宽的护墩 4 个。工程按照 30 年一遇防洪标准设计，可蓄水 1.5 万立方米，形成水面面积 8000 平方米，与翠屏湖融为一体，交相辉映，形成防洪、休闲、人水和谐的自然景观。

二、乾县泔河生态景观长廊建设项目

泔河生态景观长廊项目位于乾县阳南路以东的泔河中陆陌段至阳洪镇山坳村境内，工程规划设计面积 125 公顷，河段总长 3.2 千米，概算总投资 4.045 亿元，设计内容包括景观绿化工程、河道治理工程、边坡治理工程等，建成后将有效恢复泔河湿地功能，保育泔河生态系统，重塑泔河整体形象。成立了乾县泔河生态景观长廊项目建设领导小组办公室。一期工程总投资为 13404.62 万元，其中已到位资金 6280 万元。2019 年完成一期河道土地流转清查工作、清查流转土地、右岸地质灾害治理等前期工程，完成路基整理、栽树打孔、北坡削坡、河道清淤等工程，累计完成投资 766.5 万元。

第三章 排涝治碱

泾河流域内礼泉县、乾县、泾阳县灌溉历史悠久，大部分受古三门湖沉积影响，土壤母质含盐量较高，在较大侵蚀和构造洼地中，有卤泊滩、盐池洼等原生盐碱地，因灌溉历史悠久，大量客水引入，使地下水位普遍升高，渍涝和次生盐碱地不断发生。随着灌区灌溉面积的不断发展，渍涝盐碱地面积也不断增加。据1985年普查，低洼易涝面积42.86万亩，占设施灌溉面积的1/10。主要分布于宝鸡峡礼泉境内、泾惠渠灌区泾阳县和泾渭一级阶地高陵灌区。

第一节 排水治涝治碱

泾惠渠灌区的泾阳、三原县等，1932年开灌前，大部分地区地下水埋深在15 ~ 30米，旧龙洞渠和冶、清灌区亦在10米以下。1932—1944年的12年间，地下水升高8 ~ 16米，最高者达18米，以年均0.9米的变幅不断升高。至1946年，永乐店火车站处低地芦草丛生，或盐碱泛地，一片雪白。还有县城南隅和崇文乡等地，群众称为三大盐沼重灾区。由于大畦漫灌，无排水设施，灾区不断扩大。至1949年新中国成立时，又形成了以泾阳雪河、三渠和三原的渠岸等乡为重灾区的盐碱滩，面积约30平方千米。据1952年统计，仅泾阳县重灾面积达4.5万亩，弃耕地0.9万亩，粮食亩产仅有60 ~ 70千克。城南、雪河、永乐、崇文一带盐碱化、沼泽化十分严重。1953年连阴雨较多，灾区不断扩大，对人民生产、生活造成极大危害。1954年开始在泾惠渠管理局的统一规划下，当地政府领导群众开挖排水工程，至1966年共建成7大排水工程，计有干沟8条，长114千米；支沟56条，长260千米；分毛沟389条，长429千米，主要建筑物930座，排水控制面积100万亩，先后共用国家投资401.22万元。20世纪60年代末期，泾阳县建成中山、扫宋排水工程，控制面积3万余亩；进入20世纪70年代以后，又经历改善、扩建和提高排水标准，昔日的重灾区已不复存在，盐碱消逝，明水绝迹，地下水埋深在1 ~ 2米的土地面积已由1963年的46.6万亩减少到1.8万亩（新中国成立后最小值），占全灌区面积的3.4%。因沼盐受灾的8万亩耕地，亩产提高到200千克以上，盐碱渍涝灾害基本消除。

1949年9月，高陵区连阴雨持续一个月之久，县城以北6个乡平地水深0.33米，县人民政府即成立救灾工作组，动员民工4000多人开沟排水。当时只是排出明水抢救庄稼，对地下水位上升的危害尚无认识，仅按其水情开沟引流，修建排水沟两条。1954年，陕西省水利局派勘测设计队与泾惠渠管理局组织勘测组，对全灌区进行全面勘测，统一规划，分期实施。挖排水沟 88 条，总长 166 千米，提高了工程标准，增强了排灌能力，解除 2 万亩积水威胁。至 1989 年共有排水干沟 7 条，长 51.6 千米；支沟 17 条，长 87.3 千米；分毛沟 70 条，长 61.8 千米，各类排水建筑物 506 座，控制流域面积 176.29 平方千米，基本达到“涝不成灾，旱涝保收”。

1983 年，流域内咸阳市成立宝鸡峡灌区排水除涝工程总指挥部，礼泉县相继成立分部，位于礼泉的“肖河故道”排水工程包括一条干排和茨林、史德两条支排，于 1984 年 8 月动工，1987 年竣工，历时 4 年。根据决算，礼泉工区共完成干渠 17.94 千米，茨林支排 2.6 千米，史德支排 6.7 千米，各种建筑物 83 座，弯道险段衬砌 356 米，填土方 7885 立方米，砌石 4430 立方米，混凝土 706 立方米，钢筋 34 吨，水泥 633 吨，钢材 37.5 万吨，木材 49 立方米，片石 5600 立方米，石子 95 立方米，砂子 2256 立方米，混凝土管 309 米，共计投工日 32 万多个，总投资 56 万多元，占地 180 多亩。

第二节　引洪淤灌治碱

《中国水利史稿》记载，郑国渠渠首起瓠口，傍北山东行入洛，共 300 余里，其渠道以南地势相对低洼，原为泾、渭、浊、洛诸水汇渚，形成面积广大的湖泊沼泽区域，后经河流挟带泥沙与风吹黄土的堆积淤高陆续有陆地生成，也有了人类居住的遗迹。部分遗留下来的湖泊逐渐发展成沮洳之地。在湖泊沼泽陆地之间，土质多带卤性，是盐碱严重之区，没有河流冲刷碱卤，就不能种植，而靠自然的冲刷，也只有少量土地成为农田。

引洪淤灌是利用高含沙水进行肥田和改造低洼盐碱地的主要灌水技术，此技术历史悠久。郑国渠和白渠引泾河浑水灌田，有“溉泽卤之地四万余顷”和“泾水一石，其泥数斗，且溉且粪，长我禾黍”的记载。

20 世纪 50 年代以来，关中河源多泥沙的灌区，都把高含沙引水作为解决水源不足、改造低洼盐碱地的重要途径。泾河夏秋季河水含泥沙量很大，泾惠渠渠首每年夏灌因含沙量过大停水时间平均为 18 天（最多 37 天），而此时正是作物需水紧急时刻，对农作物的正常生长和增产影响很大。解决泥沙淤积，利用排沙闸定期将沉积在渠首一段大颗粒泥沙冲走，泄入泾河，同时严格执行含沙量入渠限额。前期规定渠道含沙量不得超过 15%，第一期工程改善后，50 年代中期将含沙量限额提高到 25%，70 年代在夏灌特别需水情况下，结合高含沙灌溉试验，在总干渠、南干渠、四支渠等渠道采取了超含沙引洪淤灌，引水含沙量限额最高曾达到 40%。

泾惠渠每年夏灌引水量近 1 亿立方米，引入泥沙 700 万 ~ 800 万吨。1958 年开始，渠道引水含沙量限额由 15% 提高到 25% ~ 30%，1975—1982 年在南干渠 11 斗、南一干渠 11 斗、四支渠 21 斗进行高含沙淤灌试验，引水含沙量提高到 40%，6 年试验结果表明，高含沙淤灌对农作物有一定增产作用，1979 年棉花小区试验，含沙量在 25% ~ 35%，高含沙灌溉较井灌增产21%；玉米试验，在土壤水分不足情况下，高含沙灌溉较不灌的增产，但土壤水分充足或灌后遇雨情况下均不如井灌产量高，若灌后地面积明水、淤泥板结，使土壤通气不良，影响作物生长，造成减产。在含沙量15%～28%的情况下，灌后较清水增产，含沙量超过30%，呈减产趋势，在泾阳县泾干公社试验点，含沙量26%～34%较未灌平均减产9.3%。6年试验结果的总趋向是对农业增产作用不稳定，特别是若灌后积明水淤积严重，影响作物生长而减产；同时泾惠渠灌区井灌面积大，渠井双灌，用水便利，渠水含沙量超过15%，群众即多用井水，拒用渠水，因此除盐渍弃耕地外，高含沙灌溉未能大量推广。

第四章　防汛非工程建设

面对泾河洪水灾害，除加强河道堤防与病险水库建设等工程措施外，还需要坚强有力的非工程措施，包括防汛指挥调度、防汛责任制及预案、抢险队伍及物资储备、水文站网建设、通信预警信息化建设等非工程措施。

第一节　指挥机构

一、市级指挥机构

新中国成立后，流域内防汛指挥机构一直与其他单位合署或者下属开展工作，根据《中华人民共和国水法》和《中华人民共和国防汛法》，流域内咸阳市先后成立“防汛抗旱指挥部”和“城市防汛抗旱指挥部”，由主管市长挂帅，指导和协调全市的防汛工作。市防汛抗旱指挥部下设办公室，作为常设机构，隶属市水利局管理，负责日常防汛事务的处理，完成上级部署的相关工作。市城市防汛抗旱指挥部下设防汛抗洪办公室和内涝办公室，分别设在市水利局和市城市建设管理局，主要负责渭河洪水防治和咸阳市城区内涝防治工作。

2020 年 1 月，咸阳市防汛抗旱指挥部与市应急管理局对外是两个机构，分别以各自名义开展工作、履行职责。市防汛抗旱指挥部下设办公室，办公室设在市应急管理局（市防汛抗旱保障中心）。市防汛抗旱指挥部设总指挥长 1 人，由市人民政府主要负责同志担任；副总指挥长 3 人，由市人民政府常务副市长、分管水利工作的副市长和咸阳军分区分管负责同志担任；指挥长 4 人，由市人民政府分管应急、水利的副秘书长和市应急管理局局长、市水利局局长担任；秘书长 1 人。

市发展改革委、市教育局、市工业和信息化局、市公安局、市财政局、市自然资源局、市住房和城乡建设局、市城市管理执法局、市交通运输局、市水利局、市农业农村局、市商务局、市文化和旅游局、市卫生健康委员会、市应急管理局、市委网信办（市大数据管理局）、市气象局、咸阳军分区战备建设处、武警咸阳支队、国网咸阳供电分公司、地方电力咸阳供电分公司、咸阳水文局为指挥部成员单位。

市防汛抗旱指挥部下设办公室，办公室设在市应急管理局（市防汛抗旱保障中心），具体承担市防汛抗旱指挥部日常工作，履行全市防汛抗旱工作牵头抓总和组织、协调、指导、监督等职能。

（一）市防汛抗旱指挥部职责

①贯彻执行党中央、国务院和省委、省政府防汛抗旱工作方针政策和法律法规，落实

省防汛抗旱总指挥部和市委、市政府对防汛抗旱工作的决策部署；②领导指挥全市防汛抗旱工作，充分发挥在防汛抗旱工作中的牵头抓总作用，强化组织、协调、指导、督促职能；③研究拟订全市防汛抗旱规章制度、规程标准和发展规划计划并监督实施；④建立健全以行政首长负责制为核心的防汛抗旱工作责任制，督促落实重点地区、城市和主要河流、重要水工程防汛抗旱责任人；⑤组织制订全市防汛抗旱应急预案，指导编制重要河流和重要水工程防御洪水方案、洪水调度方案、应急水量调度方案等；⑥组织开展防汛抗旱检查，指导督促洪涝干旱灾害风险隐患排查整改治理；⑦负责防汛抗旱专家队伍组建管理，协调指导洪涝干旱灾害应急抢险救援队伍建设，组织预案技术交底等；⑧负责防汛抗旱物资、装备、设施、设备等采购储备、调度配送、补充更新等管理工作；⑨及时掌握发布汛情、旱情、灾情，组织指导重大洪涝干旱灾害调查评估工作；⑩组织汛旱灾情会商研判、应对处置、指挥调度，指导协调水旱灾害防治和应急抢险救援工作；⑪组织协调洪涝干旱灾害防治和防汛抗旱指挥系统工程建设，负责应急度汛、抢险救灾、物资储备和能力建设等防汛抗旱资金计划和使用管理；⑫组织协调洪涝干旱灾区群众恢复生活和发展生产，表彰奖励为防汛抗旱抢险救援工作做出突出成绩的单位和个人。

（二）市防汛抗旱指挥部办公室职责

①承担市防汛抗旱指挥部日常工作，协调市防汛抗旱指挥部成员单位工作；②组织、指导、协调、督促全市防汛抗旱工作；③组织、指导全市防汛抗旱预案方案修编演练，负责有关防汛抗旱预案和调度方案审查、审批工作；④协调指导重要河流湖泊和重要水工程防御洪水、抗御旱灾调度以及应急水量调度工作；⑤负责全市汛情、旱情、灾情等统计、报告、发布；⑥指导协调相关部门水旱灾害防治工作；⑦协调指导洪涝干旱灾害应急抢险救援工作；⑧组织、指导全市防汛抗旱物资储备和防汛抢险队、抗旱服务队的建设管理；⑨组织开展防汛抗旱准备、检查和考核、表彰工作，组织、指导重大洪涝干旱灾害调查评估工作；⑩负责防汛抗旱专项资金计划管理和防汛抗旱应急工程建设管理工作；⑪完成市防汛抗旱指挥部领导交办的其他任务。

二、区县指挥机构

区县人民政府设立防汛抗旱指挥部，各镇办设立防汛抗旱指挥机构，负责本行政区域的防汛抗旱突发事件应对工作。县级各有关单位可根据需要设立防汛抗旱指挥机构，负责本单位防汛抗旱突发事件应对工作。

（一）区县防汛抗旱组织指挥机构

总指挥：县长。

副总指挥：常务副县长、县人武部部长、主管副县长。

指　挥：县政府办副主任、县应急管理局局长、县水利局局长。

成　员：县委办、政府办、人武部、应急局、水利局、国土局、城管局、住建局、气象局、发改局、财政局、民政局、融媒体中心、公安局、交通局、卫健局、农业农村局、教育局、工信局、电力局、市生态环境局区县分局、粮食局、供销联社、电信局、移动公司、联通公司等部门主要负责同志。

（二）区县防汛抗旱指挥部职责

区县防汛抗旱指挥部负责领导、组织全县的防汛抗旱工作，其主要职责是在上级防汛抗旱指挥机构和县委、县政府的领导下，负责拟订全县防汛抗旱的政策、法规和制度等；组织制订全县河道防洪、水库防洪、城市防洪和抗旱、供水应急等预案；及时掌握全县汛情、旱情、灾情并组织实施抗洪抢险及抗旱减灾措施；督促县防洪规划的实施；执行上级防汛指挥调度指令和经批准的防御洪水预案、度汛方案、洪水调度方案，实施防汛指挥调度；实施汛前检查和清障，督促有关部门及时处理影响河道安全度汛的有关问题；组织建立与防汛抗旱有关的气象、水情预警信息系统，负责发布全县汛情通告，宣布进入或者结束紧急防汛期；负责防汛抗旱经费和物资的筹集、管理和调度；检查督促防洪抗旱工程设施建设和水毁工程修复。

（三）区县防汛抗旱指挥部办公室职责

区县防汛抗旱指挥部办公室（简称县防汛办）作为县防汛抗旱指挥部的常设办事机构，设在县应急管理局，其主要职责是负责县防汛抗旱指挥部的日常事务，组织开展全县防汛抗旱工作。组织拟订全县有关防汛抗旱的方针政策、发展战略并贯彻实施；组织制订全县防御洪水方案、洪水调度方案和抗旱预案，并监督实施；指导、推动、督促全县各镇办制订和实施防御洪水方案和抗旱预案；指导、检查、督促全县各镇办和有关部门制订防洪、旱灾等灾害的防御预案并组织实施；督促指导有关部门清除河道阻碍行洪的障碍物；负责下达到县的特大防汛抗旱经费、物资的计划、储备、调配和管理；统一调控和调度全县水利、水电设施的水量；组织、指导全县防汛机动抢险队和抗旱服务组织的建设和管理；组织全县防汛抗旱指挥系统的建设与管理等。

2017 年 5 月，陕西省西咸新区开发建设管理委员会成立西咸新区防汛抗旱指挥部。指挥部下设办公室，办公室设在城乡管理局，承担指挥部日常工作。办公室主任由城乡管理局局长兼任。指挥部成员单位为：西咸新区党工委管委会办公室、党工委宣传部、改革创新发展局、财政局、人社民政局、国土资源与房屋管理局、规划建设局、教育卫体局、安全生产监督管理局、城乡管理局、公安协调办、西咸新区消防支队、能源金贸易园办、国际文化教育园办。

第二节　防汛责任制及预案

多年来，泾河流域各级防汛部门，牢固树立“防大汛、抗大洪、抢大险”的水患意识，不断完善管理制度，提高职工业务素质，强化各项防汛措施，认真做好物资储备，加强信息化建设，逐步建成了相对完整的非工程体系，为夺取抗洪抢险胜利奠定了牢固的基础。

一、防汛工作责任制

自 1983 年开始，流域内咸阳市实行在统一领导下的分级管理、分级调度、分级负责的防汛工作责任制和各级行政领导防汛安全责任制，同时根据各级人民政府换届或领导干部调整情况，及时充实和调整防汛指挥部的组成人员。为了加强防汛责任制的进一步落实，自 1995 年起，市、县两级开始推行由咸阳市人民政府主管领导与各县（市、区）主要领导签订年度防汛责任书的方式，明确各自的任务和责任。为了把防汛责任制扩大落实到基层，从 2001 年汛期开始，咸阳市人民政府要求防汛重点泾河沿线各乡镇建立防汛责任牌，将巡堤查险责任人名单、责任范围等内容公示于众，接受群众监督。同时还对泾河沿线、彬州市城区、泾阳县南塬滑坡带等险情易发区域明确行政包干领导干部和技术负责人，将重点地域水库大坝安全责任人名单在《咸阳日报》、各大媒体上公布，接受社会监督。落实 67 座水库“三个责任人”（行政责任人、技术责任人、巡查责任人）201 人。

为了加强防汛重点部位的安全度汛，2001 年咸阳市全面推行了水库防汛责任卡制度，做到一库一卡，由主要领导签字认领，做到责任到位。从 2005 年开始，市防汛指挥部又根据河道清滩工作量大面广、实施难度较大的情况，制定了《咸阳市河道清滩工作责任制》，明确了清滩程序，量化了清滩工作细则，强化了河道清滩工作责任制的落实，最大限度地减免遇险人员围困事件的发生。

二、度汛方案

每年 3 月，流域内咸阳市防汛指挥部都组织安排各级防汛部门根据水利工程现状和保护区社会经济变化情况，重新修订和完善河流、水库和城镇的度汛预案。1999 年咸阳市完成了泾河和彬州市、旬邑县两座临河县城度汛预案的编制和审批，编制了上述两座县城和防洪工程规划。

2002 年，咸阳市防汛办公室组织编写完成了杨家河水库库区的防、抢、撤实施方案，针对不同标准洪水和险情，对抗洪抢险活动的操作程序、抗洪措施、实施时机、责任人等多项内容做出明确细致的规定，既体现针对性，又具有可操作性。2003 年又在全市开展全面的防洪调研，对洪水演变、河床淤积、流域概况、社会经济发展、水库拦蓄、险工段等情况进行实际查勘和调研，并深入主要河流上游控制水文站（点）收集历史洪水资料，分析江河产流过程，掌握洪水发生特点。根据工程现状和保护区社会经济变化情况，及时修订河道、水库度汛预案，并结合汛前检查，逐河、逐库实地审查、校核。

三、防洪预案

2005 年以来，咸阳市防汛指挥部结合咸阳实际情况，参照《咸阳突发公共事件总体应急预案》，先后编制完成了《咸阳市泾河防洪预案》《咸阳市泾河洪水防御预案》，泾河干流各区县人民政府编制印发《泾河防洪抢险预案》《泾河防御洪水方案》；完善《河流防御洪水预案》《山洪灾害防御预案》及《水库度汛预案》等防汛预案体系，为流域的防汛抢险工作提供了科学依据和预案。同时根据实际，每年进行修订印发。实施责任是：县长对所辖区的防洪预案实施负总责；与防洪有关的各部门既要做好本部门防汛工作，又要按照各级防洪指挥部的统一部署和《中华人民共和国防汛条例》的有关规定，各司其职，各负其责，做好防洪预案中规定的准备和实施工作；防洪预案密切结合防洪工程、社会经济情况，因地制宜进行编制，并在实施过程中，根据情况的变化不断进行修订。防洪预案应具有实用性和可操作性。预案主要包括总则、河道基本情况、预防预警机制与汛情信息处置、防汛应急响应及应急处置措施、防洪抢险保障、灾后恢复、预案管理与修编、附则8个方面内容。流域内的东庄水库为在建项目，礼泉县在编制泾河防洪抢险预案时，特别编写了东庄水库防洪预案，主要有防洪预警洪水划分、导流洞防洪撤离两个部分。流域内各县市人民政府组织有关部门利用广播、电视、互联网等各种媒体和手段，对洪水防御避险和抢险知识进行宣传，对广大干部和群众进行多层次全方位的知识教育，及时向社会公布防洪预案、预警方式和报警电话。开展行政和技术责任人培训，采取多种形式，定期与不定期相结合，每年至少培训一次，准确掌握预案内容。

第三节　水文站网

河流水情是河流的重要水文特征，是进行河流分类、水文区划的重要依据，流域水文测站是完成河道水情测验和水情预报的基层水文机构。泾河干流宁夏和甘肃段设有泾河源、崆峒峡、八里桥、泾川（三）、杨家坪5处，陕西段设有景村、张家山、桃园3处，共8个水文测站，主要支流设有马莲河雨落坪水文站、黑河张河水文站、三水河芦村河水文站。除芦村河不报送水情信息外，其余站点均为中央报汛站。

一、站网布设

民国七年（1918年）天主教堂修道院长戴夏德（意大利籍）在高陵区通远坊建立雨量站，记录了全省最早的雨量资料，这是陕西省现代水文站网设立最早的雨量站。1922年，渭北水利工程处于泾河张家山二龙王庙设水文站，最早进行水文测验，进行泾河水位、流量观测，1924年开始实测含沙量。1926—1929年观测中断，1930年，恢复并易名为张家山水文测站，施测泾河及龙洞渠水位、流量与含沙量。1933年7月，陕西省政府第165次政务会议通过《陕西省测水站规划及设置组织大纲》。该规划内容全面、具体，将测水站分为水文站和水标站（即水位站），泾河设立泾河、彬州市、相桥铺3处水文站和泾川水标站。泾河干流增设高庄1处控制站。

1934年9月，设立亭口水文站，1963年3月更名为景村水文站。1952年设立早饭头水文站，1958年撤销。1959年4月黄委三门峡库区水文水资源局设立刘家河水文站，1989年将三水河上游的刘家河站下迁改为芦村河站。1965年陕西省三门峡库区管理局设立了泾河桃园（高陵区）水文站。1966年6月黄委三门峡库区水文水资源局设立了张家沟水文站，1988年撤销。1971年建立张河水文站，属国家重要水文站。1977年黄委三门峡库区水文水资源局在榆林市定边县耿川湾，设立了冯崾岘站。截至2005年共有姬塬、相公、永乐、北极等32处雨量站。2012年8月，陕西省水文水资源勘测局在泾河东庄段前山嘴坝址下游3.1千米和东庄坝址下游1.0千米电站尾水处设水文站观测水位、流量、泥沙；另外在前山嘴坝址下游1.5千米和东庄坝址下游0.46千米处设水位站监测水位。

二、水文测验

秦汉时期，规定了全国各县向朝廷上报降雨的制度，上报雨泽由驿站传送，全国各地上报雨泽的书简每年8月底前皆集中在咸阳。《汉书》载："自立春，至立夏，尽立秋，郡国上雨泽。”说明咸阳、长安两地为中国古代法定上报雨泽最早的地方。盛唐时期，关中的渠系配套与灌溉管理均有明显的进步，渠道引水分水有测水量水、定时详测、按度放水的规约。如《水部式》规定:“清白二渠交口，着斗门，堰清水。恒准水为五分，三分入中白渠，二分入清渠。若雨水过多，即与上下用水处相知开放，还入清水，二月一日以前，八月三十日以后，亦任开放。”北宋时期，王安石变法图强，大力发展农田水利，并督令全国设立水则碑。引泾丰利渠渠首进水石渠口现存有低、高水位水则的刻迹，是控制木闸门启闭放水和防洪的标志。

近代水文测验，自规划设计泾惠渠工程开始。1922 年于渠首二龙王庙及北屯渡口两处泾河段，由胡步川负责，自 10 月起进行泾河水位、流量观测，设水尺，以船用流速仪施测，正式有了水位观测记载。1924 年开始施测含沙量，均无固定规式，时测时停，亦无系统资料，1926 年停测。1930 年泾惠渠工程开工，恢复水文测验，于水磨桥南设河、渠断面，施测泾河及龙洞渠水位、流量与含沙量。1933 年 8 月泾河特大洪水后，采用李仪祉设计的瓶式采沙器，用澄清晒干称重法计算含沙量，计算出 1933 年总输沙量为 11.7 亿吨。泾河水位、流量、含沙量记载自 1931 年 6 月开始，但完善的记录自 1932 年 1 月起，国家水文年鉴刊布的泾河张家山水文资料自此始。1934 年，泾惠渠管理局设张家山管理处，任务为管理渠首工程，防洪和水文测验，进行泾河、渠道水位、流量及含沙量的测验工作，兼有水文站的作用。1952 年成立张家山水文站后，将泾河水位、流量、含沙量测验划归水文站，渠道水文测验仍由张家山管理站负责。张家山泾河水文资料共计 88 年（1932—2020 年），是全省 89 个水文站中时间最长、资料最全的站点。

三、情报预报

水情观测记载见于唐代关中的郑白渠和六门堰（成国渠），宋大观二年（1108 年）修建的丰利渠石渠口壁上有中、低水位和最高洪水水位的刻画。1934 年，陕西省设立亭口水文站，向全国经济委员会报汛，另有亭口、彬州市、张家山水文站均用电报密码或电话直接向黄委会报汛。1949 年以后，水文情报、预报得到了迅速发展。1952 年首先从灌溉管理上传递水情，促使灌溉管理局水量调配尽量切合水情变化实际。1951 年张家山水文站向中央防汛总指挥部及黄委会报汛，以密码电文电话传至县邮电局用电报发出，平时每天 8 时（或 6 时）定时发报 1 次，降雨涨水时增加发报段次。

20 世纪 60 年代初，陕西省水利厅水文处组织测站对防洪主要江河的马莲河雨落坪站、泾河亭口、张家山站，编制了短期洪水预报方案。重点河段和测站的预报方案由陕西省水文总站编制。1960 年陕西省水利厅水文处组织基层测站编制出张家山站枯竭河源供水简易预报图。配合高含沙引水试验开展了含沙量预报方案的研究。20 世纪 60 年代以后，洪水预报主要在泾河及其支流进行，2007 年开始，枯水预报主要在泾惠渠等灌溉渠道渠首站进行，为渭河水量调度提供科学依据。泥沙预报主要在汛期向各渠道预报。发布中小河流预警预报及水情预警信号，2010 年 7 月 23 日，黑河张河站在第一时间向咸阳市防办和下游长武县亭口镇政府通报晚间将出现大洪水，组织亭口水库施工现场 100 多名施工人员和当地 3668 村民安全撤离，水库工程施工设备及重要物资也全部安全转移。24 日 00 时

00 分，亭口观测断面洪峰流量达 1800 立方米每秒，亭口镇亭北村、驻地厂矿企业、居民区均已被水淹没，达 1.5 米以上，没有发生一起人员伤亡事件，受到咸阳市嘉奖。

水库入库预报及水利工程施工期预报。2015 年 3 月陕西省水文水资源勘测局开展了泾河东庄水库施工期洪水预报，根据不同施工阶段的特点，开展相应的预报服务，保证施工期人员及设备的安全。

四、污染源调查

甘肃省平凉、泾川一带，1985 年以来，兴起以麦秸草为原料的小型造纸工业。这些设备简陋、工艺落后的小型造纸厂，到 2000 年前后已发展到 200 余家，年产量从起初的 1 万余吨发展到 3 万余吨。废水排放量 1990 年达到 1000 多万立方米，2005 年达到 1600 万立方米，全部排入泾河。泾河水质的污染源主要是平凉地区的小型造纸工业废水，加上平凉、庆阳两市以及沿河县镇废污水的纳入，成为泾河上游河段水质受到污染的主要原因。平凉、庆阳两地区，一向有甘肃“粮仓”之称，农耕面积广阔，大面积化肥、农药的施用也是泾河水质受到面源污染的重要因素。由于这些方面的原因，泾河在进入陕西之前已受到一定程度的污染。泾河入陕以后，在局部河段也有一些零星的废水纳入。据 1998 年调查统计，在干流下游段和支流马栏河上有 3 处排污口，年废水排放量为 1671.4 万立方米，占陕西省内黄河流域年废水排放量的 2.8%。主要污染物为化学需氧量、五日生化需氧量、高锰酸盐指数、酚和氨氮。

五、水文调查

洪水调查史志曾对泾河的许多大小洪水有记载，保存了许多珍贵资料，但大都记载过简，缺乏必要的情况和数据。20 世纪 50 年代开始，黄河水利委员会、长江流域规划办公室、陕西省水文总站、陕西省水利局勘测设计院等水利部门和铁路、公路交通运输部门等，对泾河进行了大量的洪水调查，完成了历史上泾河道光年间洪水等资料调查。20 世纪 60 年代、70 年代以来，为水库设计洪水复核进行了大量的洪水调查研究工作，并为编制《地区水文计算手册》和《陕西省洪水调查资料汇编》补充了大量洪水调查和历史洪水资料。

泾河张家山河段五次洪水调查：

首次洪水调查。1934 年国民政府黄委会安立森工程师分析 1933 年 8 月 8 日泾河洪水淹没范围、最高洪水痕迹、洪水挟带泥沙柴草堆积情况，并根据张家山水文站被冲毁水尺位置、高程，查明泾惠渠进水闸闸台上的最高洪水位为 459.00 米，洪峰流量为 12500 立方米每秒，张家山水文站该年水文记载为 11250 立方米每秒。

第二次洪水调查。为了了解 1950 年张家山水文站所报洪水流量与下游干支流各站的矛盾原因及历年洪水情况，并加强其汛期测量工作，黄河水利委员会于 1951 年 8 月 12 日派刘昭华前往张家山水文站协助工作，迁移断面，调查得 1933 年 8 月 8 日洪峰流量为 9950 立方米每秒。

第三次洪水调查。1955 年 5 月为了解黄河最大洪水来源，供黄河规划参考，陕西省水利局主持，黄河水利委员会、北京水利设计院派员参加，由张金昌组成十人调查组，对泾河水系洪水进行较全面的调查，并整理了《泾洛渭河洪水调查报告》，本次调查得到：

1911 年张家山卧牛石断面洪峰流量 14125 立方米每秒，赵家石桥断面洪峰流量 13670 立方米每秒；1933 年 8 月 8 日张家山（一）断面洪峰流量 9330 立方米每秒；道光年间（可能是二十七年）洪峰流量 19630 立方米每秒。

第四次洪水调查。1956 年 3—5 月为开展泾河流域规划进行了一次全流域性调查。

第五次洪水调查。1961 年为规划设计大佛寺水库需要，黄河水利委员会设计院对泾河调查洪水进行了复查，并整理编写了《泾河大佛寺至张家山历史洪水调查报告》。

张家山附近洪水调查，1959 年 6 月 16 日为了调查山洪对泾惠渠渠道的影响，张家山水文站站长陈志林与泾惠渠张家山管理站岳建业站长、职工王守成调查了张家山至王桥镇段汇集流经泾惠渠的支沟数量、分布情况。7 月 6 日张家山管理站董安群绘制了山洪汇集示意图，7 月 7 日董安群、卢文涛在朱子桥、民生桥刻画了防洪水尺。

泾河干流各水文站年、月径流量、月平均流量统计表见表 3-4-1。

表 3-4-1 泾河干流各水文站年、月径流量、月平均流量统计表

水文站		景村	张家山	桃园
年平均径流量 / 亿 m^3		14.15	13.04	12.78
年平均流量 /（m^3/s）		44.86	41.34	40.52
1 月	月分配百分比	3.34	1.69	1.45
	月径流量 / 亿 m^3	0.47	0.22	0.19
	平均流量 /（m^3/s）	18.13	8.49	7.33
2 月	月分配百分比	3.9	2.67	2.49
	月径流量 / 亿 m^3	0.55	0.35	0.32
	平均流量 /（m^3/s）	21.22	13.5	12.35
3 月	月分配百分比	6.3	4.31	4.05
	月径流量 / 亿 m^3	0.89	0.56	0.52
	平均流量 /（m^3/s）	34.34	21.6	20.06
4 月	月分配百分比	5.01	3.89	3.74
	月径流量 / 亿 m^3	0.71	0.51	0.48
	平均流量 /（m^3/s）	27.39	19.68	18.52
5 月	月分配百分比	5.62	6.51	6.9
	月径流量 / 亿 m^3	0.8	0.85	0.88
	平均流量 /（m^3/s）	30.86	32.79	33.95

续表 3-4-1

水文站		景村	张家山	桃园
年平均径流量 / 亿 m^3		14.15	13.04	12.78
年平均流量 / （m^3/s）		44.86	41.34	40.52
6 月	月分配百分比	5.88	5.72	7.04
	月径流量 / 亿 m^3	0.83	0.75	0.9
	平均流量 / （m^3/s）	32.02	28.94	34.72
7 月	月分配百分比	16.41	17.35	14.94
	月径流量 / 亿 m^3	2.32	2.26	1.91
	平均流量 / （m^3/s）	89.51	87.19	73.69
8 月	月分配百分比	20.19	21.97	20.41
	月径流量 / 亿 m^3	2.86	2.86	2.61
	平均流量 / （m^3/s）	110.34	110.34	100.69
9 月	月分配百分比	14.3	16.81	17.92
	月径流量 / 亿 m^3	2.02	2.19	2.29
	平均流量 / （m^3/s）	77.93	84.49	88.35
10 月	月分配百分比	9.39	10.43	11.21
	月径流量 / 亿 m^3	1.33	1.36	1.43
	平均流量 / （m^3/s）	51.31	52.47	55.17
11 月	月分配百分比	5.97	6.56	7.68
	月径流量 / 亿 m^3	0.84	0.86	0.98
	平均流量 / （m^3/s）	32.41	33.18	37.81
12 月	月分配百分比	3.7	2.09	2.17
	月径流量 / 亿 m^3	0.52	0.27	0.28
	平均流量 / （m^3/s）	20.06	10.42	10.8

来源：咸阳政务门户网站 2017-11-07

第四节 信息化建设

防汛通信网络是为防汛会商、抗洪救灾赢得宝贵时间的快捷信息工具。随着国家的科技进步和水利现代化水平不断提高，流域内各级防汛部门已基本建立起有线程控电话网、无线电台设备通信网、卫星电话和计算机网络系统。流域内在咸阳市防汛指挥部办公室设中心基地台一处，在下属 8 个县（区、市）建有分中心台站，并在永寿县槐山建立中继站。为了及时掌握汛情，方便交流防汛信息，处理突发事件，为有关部门会商和决策提供应急服务，各级防汛部门还配有 20 多台防汛车载通信系统和对讲机，并购置两部全球卫星通信电话，以备急用。

2003 年流域内咸阳市积极筹措和争取资金，购置通信设备，建成了防汛办局域网。在 2003 年 8 月泾、渭两大河流在咸阳境内相继发生大的洪水灾害后，市防汛办争取财政资金建立起全市洪水测报系统，同时为各县（市、区）防汛部门购置配备了一批计算机、传真机、打印机、发电机等现代化办公设备，加强各级防汛部门的汛情传递和洪水处置调度指挥能力。2004 年建立了与省防汛指挥部办公室相连的异地视频会商系统，初步实现了汛情的图、文、声、像传输，加速了咸阳市防汛信息化建设步伐。

“十一五”期间，咸阳市不断加大防汛信息化资金投入力度，市防汛指挥部与气象部门合作，建成了 22 个雨量自动测报点，市、县两级河流水文情报自动翻译、传输系统。将相关雨情资料联网共享，防洪预警能力大为增强，同时咸阳市防汛办公室建成电子公文处理系统并投入运行；开发了市、县两级 TM 网上传输系统、水情信息网上传输系统和省、市、县三级洪涝灾害联网系统。投资 12 万元对全市无线通信网进行了升级改造，架设了秦岭中继，更新基站台 18 个，增加移动车载台 26 台、对讲机 18 部；投资 40 多万元，两次给各县、市、区更新配置了计算机、传真机等设备；投资 6 万元，建成了全市防汛信息短信发布平台。

2011 年，实施建设了咸阳市防汛抗旱指挥系统一期工程，组建了全市防汛抗旱 2 兆光纤通信网络、建设了全市高清防汛视频会议系统、建设了市级防汛抗旱计算机网络系统、对市中心机房及主会议室环境进行了改造建设、整合气象水文数据资源形成全市雨水情数据库、开发全市防汛抗旱指挥调度软件等，共完成投资 318 万元。山洪灾害防治县级非工程措施项目实施后，形成了省、市、县、乡四级防汛视频网络系统，通信光纤省到市、县到市、乡到县分别达到了 6 兆、4 兆、2 兆。

山洪灾害非工程项目建设。流域内山洪灾害防治项目共涉及乾县、礼泉、泾阳、永寿、彬州、长武、旬邑、淳化共 8 个县（市）。2011—2013 年，分 3 批次，实施建设了长武、旬邑、彬州、永寿、淳化、乾县、礼泉、泾阳、三原县（市）的山洪灾害防治县级非工程措施建设项目，共建设自动雨量监测站 138 处、自动水位监测站 62 处、自动视频监测站 25 处、县级监测预警指挥中心 11 个、乡镇监测预警分中心 137 个、村级预警自报站 1045 个，累计完成建设投资 6068 万元。2013—2018 年度项目，移动巡查设备涉及乾县、永寿、彬州、长武、旬邑、淳化 6 个县（市），每县（市）5 台，共 30 台。县级平台延伸到镇 2 兆光纤，涉及乾县、彬州 2 县（市）各 4 镇共 8 条，已全部完成。补充完善山洪灾害简易监测与预警系统。补充完善山洪灾害自动监测系统（省级实施）。小流域洪水预警分析系统完善，山洪灾害应急保障系统完善。制作警示牌 1012 块、宣传栏 357 块、宣传标语 295 处、光盘 U 盘 1752 个，培训 2471 人次，演练 11 场次，群测群防体系建设宣传和培训、简易监测预警设施设备更新维护、旬邑县第界沟防洪治理建设。目前，流域内大、中型和个别小型水库报汛实现了管理单位与省、市防汛部门的专线联网和远程操作，主要河流水情电报实现了网络传输和自动翻译，各级防汛行政领导和责任人实现了即时汛情的 24 小时短信息服务，防汛信息化水平不断得到提高。

第五章 防汛救灾

泾河流域水旱灾害频繁。流域内 70% 的降水集中在 7、8、9 三个月，几乎年年都有洪水灾害发生，较大洪水灾害主要发生在泾河干流下游段。防汛救灾一直是泾河流域各级管理机构长期而艰巨的任务。

第一节 病险水库与河道治理

一、病险水库加固

水库的除险加固工程既是一项重要的安保工程，也是一项民生工程。1974 年“全国中小型水库安全问题座谈会”（即九江会议）后的十余年中，流域内各级水利部门对境内 26 座库容在 100 万立方米以上的水库进行了普查，其中有 16 座属于病险水库，不同程度地存在着坝体裂缝、渗漏、溢洪道不配套、防洪标准不高、输水设施破坏等弊病，随后又进行了加固和处理，安全状况方有明显好转，灌溉效益逐步得以扩大。根据 1995 年水利部发布的《水库大坝安全鉴定办法》和《水库大坝注册登记办法》，流域内咸阳市从 1996 年开始进行水库大坝注册登记和安全鉴定工作。从 2008 年国家启动三年专项规划以来，流域内列入国家规划的 16 座水库，已经全部完成治理任务并顺利通过了竣工验收。“十五”期间，咸阳市开展了水库大坝安全鉴定及病险水库的普查和查勘工作，初步查明了 38 座病险水库的基本情况；列入国家病险水库除险加固规划的 18 座病险水库有 16 座完成了大坝安全鉴定工作，其中 14 座病险水库完成了初步设计，计划总投资 1.84 亿元。旬邑县桥沟水库完成大坝安全鉴定和初步设计工作。

（一）张家山水库除险加固工程

2007 年陕西省水利厅组织西安理工大学、省水电设计院、省泾惠局 11 名专家对张家山水库进行安全鉴定。根据专家意见，陕西省大坝安全管理中心编写完成了张家山水库大坝安全鉴定报告书，2008 年 11 月陕西省水利厅批准实施张家山水库除险加固工程。该工程由陕西省水环境工程勘察设计研究院设计。陕西省泾惠局成立张家山水库除险加固工程项目建设管理领导小组，全面负责工程建设管理。陕西省水利厅质监站对工程质量进行监督。陕西水利水电工程集团有限公司承担施工建设任务。

1. 工程施工

坝面加固工程：对大坝表面裂缝进行化学灌浆处理，工序为成孔、冲洗、吹干、埋嘴、封堵、灌浆。对麻面采用分层凿毛后，挂钢筋网片、喷护 C25 混凝土处理。

坝肩渗水处理：对左坝肩进行帷幕灌浆处理。帷幕设一排孔，孔距2米，深入弱透水层2米。灌浆自上而下分段进行，灌浆孔分序进行施工，先一序孔，后二序孔，采用循环式灌浆。

人行桥：在右坝肩溢流坝段新建工作桥一座，桥宽1.5米，桥面为钢结构，桥边墩为混凝土结构，中墩为60厘米钢管。

拦河闸完善工程：增设工作闸门锁定装置，更新叠梁抓斗及启闭设备，增设平台防雨棚。

大坝安全监测设施：大坝安全监测采用视准线法和倒垂法进行监测，其中采用视准线法对水库大坝拱冠及附近两个闸墩进行观测，采用倒垂法对左右坝拱角进行监测。

防汛上坝路加固工程：主要对高边坡存在安全隐患的地方进行钢筋混凝土喷锚。

排沙洞设备更新：对排沙洞闸门、止水、机电设备启闭机进行检修更新，并对放水塔进行加固。

2. 工程效益

张家山水库除险加固工程被评为质量合格工程，总投资655万元。工程建成后，保证了灌区9.8万公顷农田灌溉，增加产值1.62亿元，灌溉效益2433万元。年确保发电量4150千瓦时，年增发电效益15万元，效益为2448万元。

（二）泔河水库除险加固工程

陕西省宝鸡峡管理局委托陕西省水利电力勘测设计研究院承担勘察设计任务。2000年7月完成了《可行性研究报告》，2001年6月陕西省计委以陕计农经〔2001〕548号文批复正式立项。2001年10月完成了《初步设计报告》，同年12月陕西省水利厅以陕水计发〔2001〕360号文批复，批复概算投资7108.56万元。2002年3月完成了《实施方案设计报告》，同年8月陕西省水利厅商陕西省计委以陕水计发〔2002〕204号文批复，批复概算总投资6852.61万元，建设工期两年。主要建设内容有大坝培厚加固、溢洪道扩宽加闸、坝肩防渗处理、放水塔及输水洞进出口改建、新建进水渠、坝顶渠道衬砌、大坝安全监测系统及基础设施改造等工程。

项目包括主体工程5个标段及主要临建工程、附属工程共7部分。大坝加固培厚及溢洪道扩宽改建工程由中国水利水电第三工程局承建。2003年5月开工，2006年10月底完工。完成主要建设内容有重建坝后排水棱体，上下游坝坡培厚，下游坝坡混凝土网格草皮护坡，上游坝坡混凝土网格干砌石砌护，溢洪道扩宽改建，进口引水堤加高砌护，控制段新建溢流堰、新建闸房、闸门及电气设备制安，新建渡槽等。完成主要工程量：土方49.16万立方米，石方3.38万立方米，混凝土3.99万立方米，钢筋制安590吨，粉喷桩3.06万延米，新建闸房343平方米，金结制安185吨，启闭机制安4台，安装电动葫芦1台。完成投资2999.28万元。放水塔及输水洞进出口改建工程由中铁十二局集团有限公司承建。2003年9月底开工，2005年8月完工。完成主要建设内容有新建放水塔，工作桥，出口闸室，进口平板检修闸门及出口弧形工作闸门制安，塔前引水渠开挖，新建宿办楼及车库、食堂等。完成主要工程量：土方3.53万立方米，清淤30.64万立方米，混凝土823立方米，浆砌石 208 立方米，新建闸房两座，金结制安 34 吨，启闭机 2 台及配电设施，房屋建筑面积 1086 平方米。完成投资 785.62 万元。渠道工程由宝鸡峡工程局承建。2003 年 6 月开工，2005 年 10 月完工。完成主要建设内容有新建进水渠 1500 米，坝顶渠道衬砌 1130 米，新建节制闸、引水闸，闸门、启闭机及电气设备制安等。完成主要工程量：土方 16.83 万立方米，混凝土 4245 立方米，浆砌石 562 立方米，闸门制安 3.5 吨，启闭机安装 2 套，新建闸房 35 平方米。完成投资 518.04 万元。坝肩防渗工程由宝鸡峡工程局承建。2003 年 1 月开工，2003 年 11 月完工。完成主要建设内容有左坝肩水泥搅拌桩截渗墙长 276 米，高压旋喷桩截渗墙长 79 米；右坝肩充填灌浆长 71 米。完成主要工程量：水泥搅拌桩 19652 延米，高压旋喷桩 1622 延米；钻孔总进尺 1436 延米，灌浆总进尺 1394 延米。完成投资 240.34 万元。大坝安全监测自动化系统工程由西安兰特水电测控技术有限责任公司承建。2004 年 12 月开工，2005 年 7 月完工。监测项目包括大坝变形观测、渗流监测、水文气象监测。建设内容有设备安装与埋设，设备保护，量水堰修筑，电缆敷设，观测房新建，控制系统硬件、软件等。完成土方 1044 立方米，造孔 1005 米，控制电缆埋设 2482 米，浇筑变形标点 24 个，工作基点 4 个，购置设备仪器 54 件（套）。经过试运行，成功实现了数据自动采集、分析，达到了设计要求，运行状况良好。完成投资 223 万元。

（三）泔河二库除险加固工程

2003 年 3 月，陕西省大坝安全管理监测中心、陕西省水利电力勘测设计研究院和宝鸡峡管理局联合编制了泔河二库大坝安全论证报告。同年 7 月，陕西省水利厅组织专家对泔河二库大坝进行安全鉴定，鉴定结论为三类坝。2003 年 8 月，水利部大坝安全管理中心以坝函〔2003〕1333 号文回复核查结果，认为整个鉴定程序、鉴定专家资格及鉴定报告书均符合鉴定办法要求。认为水库大坝为三类坝。2003 年 9 月，宝鸡峡管理局委托陕西省水利电力勘测设计研究院地质勘察总队和陕西省宝鸡峡水利水电设计院（乙级资质）分别进行地质勘察和除险加固工程初步设计。2003 年 12 月初步设计报告出案，2004 年 10 月黄河水利委员会组织专家对初步设计报告进行审查，设计单位对初步设计报告进行补充和完善。2005 年 4 月 14 日，陕西省水利厅商陕西省发改委以陕水规计发〔2005〕67 号文批复，批复概算投资 2985 万元，建设工期 20 个月。主要建设内容有大坝加固、溢洪道改造、放水塔改建、新增放水洞内压力钢管、右坝肩防渗、坝后排水棱体改建、大坝安全监测及管理设施改造等。

泔河二库除险加固项目坚持施工与验收同步进行，完成一项组织验收评定一项。共完成 125 个单元工程，合格率 100%，优良率达 89%；共完成 7 个分部工程，合格率 100%，优良率达 81%。

（四）杨家河水库除险加固工程

1999 年，咸阳市水利局组织专家对水库大坝进行全面系统的安全鉴定，提出水库存在的问题和对大坝维修加固的意见及建议，2000 年 10 月由国家电力公司西北勘测设计研究院编制完成除险加固工程可行性研究报告；2001 年 7 月由陕西省水利电力勘测设计研究院编制完成加固工程初步设计，同年 12 月 17 日，陕西省水利厅对初步设计批复，2004

年3月由三门峡库区工程管理局和渭河工程管理局中标建设，同年5月施工队进入工区，2010年9月竣工验收投入运行。

杨家河水库除险加固工程概算总投资1385万元，竣工决算总投资1261万元，其中中央预算内专项资金920万元，省级补助资金260万元，县级配套81万元。工程对大坝、水洞及输水洞出口消能进行了加固，续建溢洪道，完善大坝观测设施，改造管理设施。完成土方开挖6.86万立方米，填土4.4万立方米，石方0.79万立方米，反滤体铺设327立方米，砌石347.79立方米，混凝土及钢筋混凝土2040.14立方米，钢筋制安59.16吨，帷幕灌浆6223.5米，填充灌浆1883米。人工种草0.88公顷，幼林抚育1.98公顷，栽植各种树木、花卉43179株。杨家河水库除险加固工程完成后，大坝、溢洪道、放水设施等主要建筑物为4级设计，防洪标准设计为50年一遇，相应洪峰流量为1050立方米每秒，洪水总量为1250万立方米；100年一遇洪水校核，相应洪峰流量为1940立方米每秒，洪水总量为2740万立方米。提高了杨家河水库的防洪蓄水能力，有效发挥水库效益。

二、堤防、山洪沟工程建设

泾河堤防主要集中在上游的长武、彬州河段及泾河下游的泾阳、高陵河段。干流河道整治工程主要集中布设在下游河段，工程类型主要为磨盘坝、丁坝等。

1996—2005年高陵区修建店子王护岸工程（丁坝14座，砌石护岸436米）和长庆工业园护岸工程（长1080米），泾河入渭口修建有泾渭交汇防洪堤，设防标准为20年一遇。渭河左岸从上至下由漫滩向阶地过渡，多年来一直没有修建防护工程，依天然断坎抵御洪水。2018年泾河长武段一、二期河道治理累计完成10段，完成治理总长度7.45千米。泾河二期工程治理长度3.45千米，共分为汤渠、司家河、武家沟和骑马沟4段，工程总投资6200万元，主要建设内容为新建护岸工程3.45千米，新建防汛道路工程2.34千米。

截至2020年底，泾河沿岸曾根据历次洪水灾害情况及实际需要，进行了不同程度的防洪工程建设，先后修建堤防工程17.78千米，护岸工程3.65千米，河道整治工程19处，丁坝76道（现存46道）。其中，上段堤防工程8.80千米，护岸工程0.85千米，河道整治工程8处，丁坝31道；下段堤防工程8.98千米，护岸工程2.80千米，河道整治工程11处，丁坝45道。

2016—2021年底，流域内咸阳市共治理5条重点山洪沟，分别为永寿县好畤河、旬邑县第界河、旬邑县宋家沟、旬邑县西河沟、泾阳县四罗沟，总投资3000多万元，工程建成后，保护沿岸项目区2.5万人的生命财产安全、1万多亩耕地的防洪安全，社会效益明显提升。

三、河道专项执法整治

依照《中华人民共和国防洪法》《中华人民共和国河道管理条例》和《陕西省河道采砂管理办法》等相关法规的规定，流域内咸阳市水利局下设河务管理处，具体负责全市河道的管理工作。沿泾河的泾阳县、彬州市、高陵区等重点县（市、区）也相继成立了管理机构，负责对境内河道、堤防等水域工程进行日常管理，并负责河道安全过流和整治工作。

为了保证河道行洪的安全，咸阳市河务处除组织执法人员日常沿河巡查外，市、县两级每年还组织两次大的河道综合治理行动，统一开展取缔非法采砂整顿活动。从 1999 年至 2020 年，共出动河道管理人员和执法人员 9450 人（次），对所辖河道进行拉网式清查，拆除违章建筑物和行洪障碍物。先后取缔非法采砂场（点）652 处，拆除违章乱搭便桥 520 座和违章建筑物 2321 间，取缔河滩果园和非法旧货交易市场各 30 处，清除碍洪树木 3.5 万株和河滩垃圾 10 万多立方米，封堵堤防豁口 320 处，并查处一般违法案件 68 起、重大违法案件 9 起，查扣非法采砂机械 324 台，移交公安机关拘留违法人员 52 人，保证了河道过流的安全和堤防工程的完整。

1991 年，礼泉县开始实施河道采砂许可管理制度，当年征收采砂管理费 800 元。2002 年，礼泉阡东镇临泾村采砂厂采砂对临泾抽水站构成威胁，村民集体上访，县政府决定暂停河道采砂审批，并加强跨河、穿河、穿堤临河建筑物及设施管理。2010 年，某局集团有限公司在泾河兴隆村段违法架设一座穿河大桥，严重影响河道行洪安全，致使河道中心线偏离，对烽火镇兴隆村 6.72 公顷土地构成威胁，经县水利部门多次告知无果后予以立案，并下发处罚决定书，后拆除恢复河道原貌。

1995 年 3 月，彬州市委、市政府研究决定，成立彬州市河道管理站，隶属水利局。全市河道日常管理工作由此全部纳入统一管理。1996—2004 年，彬州市河道管理站对于主要河道实行日常巡河检查制度，落实责任人，每逢雨季各责任人到岗到位，全面管理下河人员，确保行洪安全和群众人身安全。2005 年，市河道管理站编制了《泾河彬州市段河道采砂规划》，明确划定了可采区、禁采区、禁采期，合理确定可采深度、开采总量及砂场布设数量。2006 年，针对房地产开发、房屋拆迁、公路和铁路建设施工中个别企业向河道倾倒建筑垃圾、弃渣弃土的不法行为，开展了以规范河道采砂管理秩序为主的专项治理行动，有效遏制了在河道内乱倒砂的歪风，先后查处了长庆油田庆咸（庆阳至咸阳）输油管道项目部擅自在四郎河、百子沟河等河道进行施工案，彬州市龙凤酒厂在南河河道内违法设置大型广告牌案，彬州市通达果汁厂在泾河彬州市景村段违法倾倒果渣案及凤永高速公路第七标段路基队在泾河河道违规采砂案等，下发停止违法行为通知书 15 份，整改通知书 18 份，行政处罚决定书 8 份，回填砂坑 16 个，清理行洪障碍物 3856 立方米，罚款 5200 元。在给予经济处罚的同时，责令相关建设单位将建筑垃圾、弃渣弃土全部清除到位，并恢复河道原貌，确保排洪顺畅、安全度汛。2007 年 10 月 16 日，市政府办印发《彬州市河道采砂专项整治工作实施方案》，市政府组织水利、交通、安监等部门，对泾河等河道采砂进行专项整治，强制拆除河道内各种违章建筑，责令凤永高速公路建设管理处做好泾河河道清障及砂坑回填工作。2009 年，依法拆除非法采砂场 3 个，取缔非法采砂点 2 处，回填沙坑 11 个，清理河道行洪障碍物 2.9 万立方米。

2004 年 4 月，高陵区砂石站在高陵区水利局的统一安排下抽调水政执法人员和公安民警共 60 余人，动用装载机、推土机等大型机械 90 多台，运输车辆 220 多辆，依法强制拆除 4 家无证开采户的违章建筑 30 余间，清运出行洪区内砂石料 28 万立方米，平复弃料 16 万立方米。

第二节　防汛准备工作

一、汛前检查

流域内区县防汛抗旱指挥部各成员单位按照职责开展本行业的防汛安全检查工作，水利、住建、交通、自然资源、教育、电力、旅游等重点行业部门根据各自行业特点突出检查重点，有针对性地组织行业检查。区县防汛抗旱指挥部办公室根据各单位自查和行业检查情况，组织对防汛准备工作进行综合督导检查，对于检查发现的问题建立整改台账，逐一落实整改措施、整改时限和整改责任人，确保隐患整改到位，确保备汛工作不留死角。

沿泾各县（市、区）水利局是各级人民政府的水旱灾害防御决策参谋，严格履行职责，根据抗洪抢险需要，积极开展汛前河堤安全大检查，查漏补缺，消除隐患，一旦接到水情预报要立即组织人员上堤查险，以确保险情“防早、防小、及时排险”，防止蔓延扩大，造成重大洪灾损失。根据《中华人民共和国防洪法》和《陕西省人民政府关于切实落实防汛责任制的通知》要求，汛期查险工作由沿河各县（市、区）人民政府、水利局具体负责，沿河各乡、村落实查险人员，任务到人、责任明确、立牌公示。每组巡堤人员不得少于5人，并配备必需的应急抢险工具、照明设施以及通信联络设备。主要开展河道治理专项行动，对河道内的违章建筑、滥垦挖沙等违法行为进行认真查处，做好清障工作并对各个重点部位和重点水库防汛措施进行实地检查，对存在的问题及时拿出处理意见，要求在规定时限内采取有效的整改措施，消除度汛隐患，保障防汛安全的万无一失。

二、防汛物资储备

防汛物资储备是夺取抗洪救灾胜利的重要保证。流域各级人民政府和防汛部门每年积极筹措资金，确保防汛需要，增补防汛物资，购置抢险设备，认真做好防汛物资的采购和储备工作。各县（市、区）和各库区，根据《陕西省防汛物资储备与管理办法》的规定，每年对防汛物资种类和数量做到及时补充，足额到位，并逐一造册登记，做到品种全、数量足、质量好，确保满足防汛抢险工作的紧急需要。2004年以来，咸阳市财政每年都拨出100万元资金，专门用于全市防汛抢险救灾的物资采购和储备，并对各县区和河流险工险段的防汛物资落实情况，进行逐一对照检查，做到账目和实物相符。截至2007年，全市共储备编织袋40余万条，铅丝150吨，备防石料3.1万多立方米，救生衣2512件，救生圈760个，彩条布5万平方米，冲锋舟13艘及大量应急照明设备，为确保全市防洪安全奠定了坚实的物质基础。

三、抢险队伍

根据每年气象和水文的实际发生情况，流域内市、县人民政府在汛前提早组织抗洪抢险队伍，落实抢险人员。抢险队伍是有组织的突击力量，防洪抢险队伍分为专业抢险队伍和非专业抢险队伍。承担急、难、险、重的抢险任务。各类应急抢险人员必须配备必要的救生、防护装备。由区县人武部组织协调辖区的驻军、民兵预备役部队，组建一支200人的防抢力量。沿泾各县根据堤线长度和堤防工情组建防汛抢险队伍，负责本辖区内的抗洪抢险工作。沿泾各县市人民政府、防汛抗旱指挥部组织动员社会公众力量参与抢险救灾工作。抢险队伍建设实行分级负责制。从组织建制、思想作风、技术技能、设施装备、职责任务等方面做到“五落实”。抢险队伍服从所属防汛指挥部的统一指挥调度，其职责任务为：清滩撤离、救护援助、留守护村、巡堤查险、抢险救灾等。各县市根据各自实际、逐级组建落实抢险救灾队伍，沿河各乡镇以乡、村基干民兵和精壮劳力为主体组建抢险队伍，并配备必要的抢险救灾设施，确保抗洪抢险工作的顺利开展。各级抢险队伍健全管理机制，规范职责制度，做到快速反应、团结协作、灵活机动、抢险得力。抢险队伍在接受现场抢险任务后，按照抢险方案进行合理分工，充分发挥人力、物力和机械效能的作用，为及早控制险情争取时间。在出现重大险情，预估抢险力量不足时，提早向市政府、市防汛抗旱指挥部报告，协调驻军部队支援，不得擅自调动驻地部队。

四、防汛演练

开展防汛演练，同时始终坚持军民联防、协同作战的制度，及时向驻地部队通报汛情，协调驻军制订抗洪救灾实施方案，形成军民携手、共同奋战的良好局面。流域各县市防汛抗旱指挥机构组织相关单位及防洪抢险队伍，每年定期或不定期地、有针对性地开展防洪抢险实战演练。演练结束后，实施单位进行演练评估和经验总结，并将结果报上级防汛抗旱指挥部。

第三节 典型抗洪抢险案例

一、“03·8”洪水

2003 年 8 月 26 日，受泾河上游甘肃等地区普降大到暴雨的影响，泾河支流马莲河雨落坪水文站出现洪峰流量 4000 立方米每秒。根据水情通报，流域内咸阳市防汛指挥部提前 24 小时分析出泾河可能出现 5000 立方米每秒左右的洪水，并立即向中共咸阳市委、咸阳市人民政府汇报，提前预警，超前防范，周密部署防汛抗洪各项工作。沿泾各县闻讯立即采取有力措施，迅速撤离可能淹没区内的人员、设备，加大河道巡查力度，确保行洪畅通。8 月 26 日 14 时 48 分，洪水以 5220 立方米每秒流量通过景村水文站。在这次抗洪救灾中，由于各级领导高度重视，防汛指挥部门反应迅速，措施得力，提前 20 多个小时下发预警通知并快速启动防洪预案，避免了人员伤亡事故的发生，保证了泾河 1 号洪峰顺利通过咸阳市，使灾害损失降到了最低程度。据统计，这次洪水共冲毁鱼池 13 公顷，损毁抽水站 2 座，水毁道路 32 处，冲毁电杆 125 根，淹没河滩农田 4.1 万公顷，造成直接经济损失约 9700 多万元。

二、“10·7”陇县、长武暴雨洪水

2010 年 7 月 22—25 日，陕西省陇县、长武县遭受该区有记录以来的特大暴雨袭击，暴雨形成的洪水来势凶猛，峰高量大，致使渭河支流千河千阳站发生 1964 年建站以来最大洪水，泾河支流黑河张河站出现建站以来第二大洪水，长武县亭口镇遭遇特大洪灾。据长武县统计，本次洪灾全县 11 个乡镇普遍受灾，受灾人口 17742 人，房屋倒塌 3212 间，

形成危窑 340 孔，受灾农田 58874 亩；黑河大洪水致亭口镇亭北村、驻地厂矿企业、居民区均被水淹没，水深 1.5 米以上，河滩一带街道房屋倒塌，电杆倾倒，光缆中断，公路大桥摧毁，直接经济损失 4.73 亿元，无人员伤亡记录。省委、省政府领导超前部署，多次作出重要批示和指示。省防总、省水利厅加强对防汛抗洪工作统一调度，派出工作组现场指导。水利厅各位领导全员上阵，或前往现场检查督促防汛工作，或坐镇后方上下联系调度，或带领专家组紧张研判制订抢险处置方案，协助地方有力、有效抗洪抢险。各级水利防汛部门领导身先士卒，发动全员投入紧张抗洪抢险斗争。

省水文局千阳、黑河张河水文站干部职工不畏艰险抢测洪峰，在第一时间提供了水文测报信息，市、县两级防汛抗旱指挥部根据预警信息迅速落实应急响应，层层落实防抢措施，为防汛抢险赢得了主动。特别是在迎战黑河洪水过程中，当黑河张河水文站出现重要汛情时，及时向咸阳市防办和下游亭口镇政府发布了水情预警，亭口镇政府依据水情预警信息立即组织群众转移，亭口水库施工现场 100 多名施工人员和亭口镇亭北村 3668 人洪水来临前全部安全撤离和转移，水库工程施工机械车辆及重要物资安全转移。没有发生一起人员伤亡事件。

在防抗洪水过程中，政府及防汛抗旱指挥部门始终坚持以人为本、生命至上原则，把撤离转移危险区群众作为防汛抗洪最紧急、最关键、最有效的措施，尽量早转移，多撤离，力保人员生命安全，最大限度地避免了人员伤亡。

三、2010 年 7 月暴雨

2010 年 7 月 23—25 日，流域北部出现有气象记录以来的历史罕见区域性大暴雨，局地伴有强雷电和大风天气，累计降雨量长武 134 毫米、旬邑 107 毫米、彬州市 219 毫米、淳化 96 毫米、永寿 51 毫米，均达到暴雨或大暴雨，其中彬州市 3 天降雨量超过整个汛期历史平均降雨量的一半。据气象资料分析，这次北部县区域性大暴雨天气过程与 1933 年出现的区域性暴雨过程相似，是近 90 年来罕见的区域性大暴雨。受上游宝鸡、甘肃等地高强度降雨的共同影响，境内三条河流出现涨水过程。泾河支流长武黑河张河水文站 23 日 17 时出现最大洪峰 1510 立方米每秒，超过该站警戒流量 500 立方米每秒，加之黑河支流南河洪峰的汇入，黑河入泾亭口段最大洪峰流量达到 3000 立方米每秒，洪水于次日凌晨 5 时汇入泾河。泾河干流景村水文站 24 日 5 时出现最大洪峰 3280 立方米每秒，洪水于次日零时出境；渭河干流咸阳水文站 24 日 23 时出现最大洪峰 1220 立方米每秒，这场洪水持续时间较长，于 26 日顺利出境。

7 月 23 日，汛情、灾情发生后，在外地学习的咸阳市委书记千军昌立即作出“全力以赴抢险救灾、确保人民生命财产安全”的指示。咸阳市市长庄长兴当天下午先后主持召开了市级几大班子领导和防汛抗旱指挥部成员单位紧急会议，专题研究部署暴雨洪水防抗工作，并亲赴长武组织开展抢险救灾工作。市级领导连夜分赴各包抓县（市、区），传达省、市防汛抗灾有关会议精神，同县乡干部一起，查看险情灾情，落实暴雨洪水防抗和人员撤离工作。市水利局紧急组成 5 个工作组，抽调相关技术人员，迅速深入受灾区，同基层水利职工一道，抗灾救灾，提供技术指导。整个暴雨洪水期间，做到了每县有市级领导包抓、每镇有县级领导包抓、每村有多名技术干部驻守。

针对7月23日长武县黑河超警戒流量洪水，市防汛抗旱指挥部科学研判，果断指挥，及时下达撤离指令，长武县于当晚22时全面撤离亭口镇亭南、亭北两村1500多名群众至安全地带，无一人受淹。7月24日19时30分，当接到泾河下游泾阳县崇文段12名群众在清滩撤离后，私自返回河道，被洪水围困的情况，市防汛抗旱指挥部迅速向市防汛抢险机动队下达营救指令，抢险队在40分钟内携带冲锋舟等救生设备赶到现场，协助解救被困群众，泾阳县委、县政府也迅速组织100多人的营救队，解救被困群众，经过2个多小时努力，成功将被困的12名群众安全营救上岸，营救工作中无一人伤亡。针对北部地区发生罕见大暴雨，可能造成房屋窑洞倒塌、危及人民群众生命安全的情况，县、乡、村1000多名干部，深入村、组，逐家逐户排查险情、组织撤离，及时安全转移受威胁群众4200多人。由于组织严密、排查细致、撤离及时，虽造成了1700多间房屋倒塌，但无一人伤亡。

四、咸阳市防汛抢险救援队“7·24”泾河抢险救灾

2010年7月24日19时传来了一阵急促的铃声，正准备吃晚饭的咸阳市防汛抢险救援队队长周勇翔迅速拿起电话，一种不祥的预感掠过他的心头，果然不出所料，“泾河河水突然暴涨，沿岸12名村民被困河心滩地数小时，随时面临生命危险，请迅速救援”，市防汛办王晓健主任在电话里焦急地说道。

周勇翔迅速驱车来到单位，通知相关人员火速集结，吊装抢险设备。7月24日20时，抢险用的冲锋舟等设备整装完毕。两个小时后抢险设备到达泾河救援目的地附近，但由于距河边还有200米的玉米地，抢险人员只能就地卸下冲锋舟，借助手电筒昏暗的光亮，十多个人将1吨多重的冲锋舟，沿着满是泥泞的玉米地吃力地连推带抬向前推进，脚下的玉米地，非常湿滑，每前进一步，都要向后滑一下。到了河滩，许多抢险人员由于情况紧急没来得及换雨具，只能赤脚踩在荆棘丛生的河滩，22时30分，冲锋舟抵达河岸。抢险人员经过沿途观察，选择了一处河道较宽、水流相对平稳的地方将冲锋舟放下水，驾驶人员谨慎地驾驶着冲锋舟向被围困群众驶去，冲锋舟无法前行，抢险人员只好站在泥水里用人力向岸边推，终于到达岸边，冲锋舟每次只能营救6个群众，因此只能分两批进行营救。不到半个小时，被困的12名群众全部安全获救。在距此二三十千米的地方，还有一名64岁的村民被洪水围困。经验丰富的驾驶人员王健及抢险队员孙宝良、王小兵等，迅速掉头往回返，待激流放缓后，重新往前驶去。经过抢险人员的不懈努力，最后一名被困群众安全上岸。

纵观整个救援过程，救援队伍快速反应，迅速出击，科学施救，最终将被困群众全部安全救出，创造了咸阳市在救援条件最为复杂的情况下，营救群众最多、速度最快的救援纪录。

五、泾河“7·16”洪水

2022年7月16日凌晨2时30分，受泾河上游涨水影响，流域内咸阳市泾河彬州市景村水文站流量达4380立方米每秒，为2003年以来最大洪峰。16日上午9时左右，洪水演进到东庄水库坝址，受东庄水库围堰削峰，下泄最大流量降至3020立方米每秒，

10时20分，洪峰安全通过东庄水利枢纽；11时40分，泾阳张家山水文站洪峰流量2320立方米每秒。

泾河洪水过境期间，咸阳市委、市政府高度重视，相关单位密切协作，沿泾各县市党委、政府迅速行动，积极应对，科学防御，取得了抗洪工作的全面胜利。一是市委、市政府高度重视。夏晓中书记亲临市水旱灾害调度中心，检查指导全市防御工作并视频连线调度长武县防御工作，冷劲松市长、郭柱国副书记多次了解水情和各地的防洪动态，及时指示批示，明确要求，靠前指挥，韩宏琪常务副市长到市水利局水旱灾害防御指挥调度中心检查，对泾河干流、支流洪水防御以及渭河流域洪水防御提出明确要求。李华林副市长和市水利局赵俊强局长密切关注洪峰演进，一线研判、一线指挥、一线调度。二是巡查督导扎实细致。市水利局派出6个督导组，下沉泾河沿线，紧盯长武沿河村镇、彬州城区、东庄水利枢纽和礼泉、泾阳的低洼地带等重点部位、重点环节，坚持在抗洪第一线，同县市同志同研究、同部署、同落实，协调、指导泾河沿线的抗洪工作。三是上下联动密切顺畅。黄委、省水利厅督导组深入彬州，并通过视频会议连线会商指导；市水利局随时与省水利厅、省市水文局保持信息畅通，通报水情信息；省东庄水利枢纽工程有限公司与市县配合联动，及时撤出了河道内的人员、机械和设备，通过围堰削减洪峰880立方米每秒；市级水旱灾害防御专家、市防汛机动抢险队集结待命。四是县市落实有力。各县市党政主要领导亲自部署，强化监测预警和应急值守，深入泾河沿线察看情况，落实各项防御措施。长武县组织680名干部职工，撤离群众474户1491人；彬州市紧盯死守，严防撤出的群众重返淹没威胁区域；永寿县、淳化县紧急撤离4座水电站140名职工，封闭闸门12处，落实178人进行巡查；礼泉县投入人员200余人，及时将洪水威胁区的117名群众撤离到安全地带，封闭了下河通道；泾阳县组建150人的应急队伍，紧急关闭了郑国渠风景区，撤离沿河威胁区群众515户2034人。在市委、市政府的坚强领导和各级各部门的共同努力下，在本次泾河大洪水过程中，咸阳市没有出现人员伤亡和大的财产损失，抗洪工作取得全面胜利。

第六章 抗旱救灾

干旱是长时间的少雨天气过程，它除危害作物生长，造成作物减产外，还危及居民生活，影响工业生产、生态安全和其他经济活动。2019年以来，随着党中央积极推进我国应急管理体系和能力现代化的步伐不断加快，促进抗旱减灾救灾工作科学、规范、有序进行，保障城乡居民生活用水，协调生产、农业用水，最大限度地减轻干旱灾害造成的损失和影响，维护流域内社会稳定和经济社会全面协调可持续发展。抗旱工作实行行政首长负责制，统一指挥，部门协作，分级负责。

第一节 干旱灾害

根据气候资料评价分析，泾河流域内农业干旱具有明显的水文干旱特征，不仅干旱灾害频次多，分布差异大，而且季节性强，持续时间长。

一、旱灾特点

（1）季节性旱灾突出。旱灾按季节分为单季、双季、三季和全年四季。从新中国成立后旱灾发生情况可以明显看出，在流域内，夏旱最多，春旱次之，秋旱相对较少。春夏与夏秋两季连续发生旱灾也较为频繁，出现概率也基本相当。春、夏、秋三季连旱与四季连旱很少发生，但历史上出现过，造成后果极为严重。

（2）连续性旱灾增多。连续性旱灾是指连续年际发生旱灾。根据新中国成立70年来发生旱灾情况分析，旱灾具有连续性特点。两年连续发生旱灾频繁出现，往往是从冬季11月持续到来年8月。连续三年甚至三年以上连续干旱也有发生。近20年不仅旱灾多，而且连续旱灾多。

（3）旱灾影响加剧。随着社会经济发展和人口不断增加，干旱影响范围越来越大，影响面也越来越广。旱灾不仅影响农业农村，也影响到城市和生态环境，出现了农业干旱、城市干旱和生态干旱等干旱类型。旱灾损失越来越重。近年来也出现了永寿、彬州等城市春夏季供水困难。

二、干旱成因

干旱形成原因有资源性缺水和水质性缺水两个方面，同时资源性缺水与水质性缺水并重。

（1）资源性缺水。流域地处半干旱地区，是典型的大陆性季风气候，属缺水区。境内气候干燥，降水量偏少，年内年际分布不均，季节和地区间变化大，多年平均降水量

592 毫米，多年平均蒸发量 1416.95 毫米，远大于年平均降水量。流域北部五县年平均降雨明显小于旱腰带及南部县区，降水时空分布不均是造成干旱的一个主要原因。北部县区虽河流多，但地下水贫乏，南部县区地下水相对富余，河流少。水利工程不足而造成开发利用程度较低。另外，境内中大型灌区主要分布在旱腰带和南部，北五县灌区主要集中在淳化、旬邑、长武，且有效灌溉面积较小，控制性蓄水工程分布不均是造成旱情的另一个重要原因。

（2）水质性缺水。水质性缺水主要表现在水质污染、水生态恶化、地下水超采等方面。流域水资源匮乏，水资源时空分布不均，供水矛盾突出，水质污染、水生态恶化、地下水超采比较突出等，是引起干旱的主要成因。

三、典型旱灾

（一）历史典型旱灾年例

秦王政六年（前 241 年）：泾阳，咸阳民大饥。

汉光武帝建武二年（26 年）：关中大饥，咸阳、乾县人相食，黄金一斤，易豆五升。

明宪宗成化二十一年（1485 年）：全省大旱，咸阳百姓死亡、外逃十有八九。次年连续 7 个月无雨，斗米万钱。

明崇祯十三年（1640 年）：秋，大旱，饥荒，十月粟粮腾贵。次年春，粮价上涨 10 倍，饿死者十有八九。

清道光二十七年（1847 年）：夏天大旱，夏粮无收，饥荒严重，死人无数。

民国十七年（1928 年）：春秋两季，泉干涸，泾、渭诸水断流，夏秋收成不到二成。

民国三十三年（1944 年）：先年冬天干旱，入春又缺雨，旱象严重。夏秋缺雨，秋禾大部旱枯。

（二）新中国成立后典型旱灾年例

1959 年：从秋种开始，咸阳市 35 万亩棉、秋田遭受了 30 年来未曾有过的大旱灾。干土层达 20 ~ 27 厘米，土壤含水量平均仅 7.6%，特别是伏期灌溉的庄稼也发生了卷叶。

1970 年：从 1969 年 12 月中旬开始轻旱，1970 年 1 月上旬转入干旱，持续到 2 月中旬，后又转入轻旱至 4 月中旬，旱象长达 130 天，干旱 50 天。永寿县 1969 年 12 月中旬开始轻旱，1970 年 1 月中旬开始干旱，2 月中旬旱象解除，连旱 70 天，干旱 30 天。长武县受旱 1.13 万亩，成灾 1.03 万亩。

1985 年：流域南部 8 个县受旱面积 302 万亩，严重受旱 120 万亩，占秋季作物总面积的三分之一多，流域中部 6 个县区，因水源干涸，有 40 万人、7 万头牲口用水，需车辆运输解决。

1992 年：从 1991 年 9 月至 1992 年 5 月降水量比常年同期偏少三至四成，持续干旱 270 天。流域内咸阳市 300 多万亩夏田受旱，其中重旱 200 余万亩，绝收 20 余万亩。夏粮总产减少 6.8%，受旱严重的北 5 县和乾县夏粮减产 31.2%，其中长武县减产七成。油菜歉收 4700 吨，总产减产 15.9%。6 月下旬至 8 月上旬，40 余天无有效降雨，7 月降水比常年同期偏少四至八成。境内主要河流基本断流，10 多座水库基本无水可放，绝大部分池塘干涸，地下水位下降。20 多万人、5 万多头大家畜饮水困难。麦垄点播玉米面积只完成了计划的60%，且出苗差，有30万亩翻耕重种。323.7万亩秋田中受旱300余万亩，其中成灾60.3万亩，绝收17万亩，秋粮歉收1亿千克左右。

1995年：1—5月降雨量比常年同期偏少四至七成，冬春连旱。受旱410万亩，其中重旱240万亩，绝收20余万亩。夏粮总产比1993年减少2.61亿千克。长武县冉店乡夏粮平均亩产49千克，油菜亩产50千克，亩减产35千克，总产减产183.2万千克。干旱使春播玉米、烤烟等近100万亩备耕受阻，播种出苗困难。20多万人、上万头大家畜饮水困难。春夏连旱到7月中旬。6月降雨大部分地区偏少三到七成，耕层多为干土层。地下水位普遍下降3～10米。62万人、15.9万头牲口饮水极度困难。秋粮原计划夏播310万亩，至7月中旬实际播种211万亩。秋田中有35万亩错过播期，生长迟滞，22万亩未出苗，20万亩烤烟栽植困难。49万亩春播中，40万亩基本无收。秋粮可收面积仅160万亩，总产比1994年减产三至四成，比1993年减产48%。秋季农业直接经济损失达13.6亿元。

1997年：降水总量仅为282～421毫米，在地域上呈北多南少分布，与常年相比偏少164～298毫米，总降水量接近或超过历史最低水平。从4月下旬至9月上旬，历时4个多月，降水量持续偏少。尤其是在7—9月，大于35摄氏度的强日照天数长达40余天，造成水分蒸发量加大，土壤表墒和地墒极差，农作物不能适时播种，致使减少秋田播种面积4万公顷，受旱秋田22.33万公顷，其中成灾面积13.33万公顷，绝收面积6.53万公顷，秋粮收成仅为38万吨，比正常年份减产50%左右。同时造成29万多人、9万多头大家畜饮水发生困难，许多中小灌区由于水库干涸或河流来水量明显减少而无法用于灌溉，干旱造成的损失是多年来所未曾有过的。

2007年：流域内降水量时空分布极为不均，尤其是上半年发生的干旱灾害，发生范围之广，持续时间之长，都是历史同期少有的。2006年12月至2007年2月，降水量仅为6～16毫米，较历史同期偏少30%～65%；3月各地降水量8～12毫米，亦较历史同期偏少28%～55%；4月则滴水未降，进入5月，仅有一次降水过程，降雨量普遍不足10毫米，根本无法满足农作物正常生长的需求。同时上半年气温持续偏高，更加重了干旱灾害的严重程度。据统计，2007年初，受旱面积约为6万公顷，至2月中旬，已增加到9.067万公顷，到5月下旬，虽经各地开足马力抗旱灌溉，仍有10.33万公顷农作物受灾，形成重度干旱灾害，造成粮食损失9.7万吨，经济作物损失约1亿元，同时渔业因干旱减产29吨，另有8.8万人次、5.6万头大家畜发生临时性人畜饮水困难。

2014年：流域内遭遇三连旱的连续性干旱灾害，新中国成立以来罕见的持续高温干旱天气，12月至2015年3月上旬，出现冬春连旱。7月上旬至8月上旬，出现夏伏旱，持续30天左右。夏粮、油料作物严重减产，缺水范围广，缺水程度严重，近12万亩秋田因干旱无法下种。通过遥感监测到咸阳监测点绝大部分区域处于干旱状态，其中乾县、礼泉、泾阳等区县都处于极度缺水状态。

2016年：流域内各县市区年降水量322.8～559.39毫米，平均为414.62毫米，在地域上呈北少南多分布，与多年平均降水量相比少175.38毫米，年降水量接近历史最低水平。特别是进入7月以来，持续高温少雨，泾河来水与往年同期相比偏枯三到四成，流域内咸阳市属各类水库蓄水较往年同期偏少 11%，受持续高温少雨影响，约有 46.5 万亩在田农作物出现不同程度干旱。

2017 年：流域内各县市区年降水量 473.17 ~ 749.28 毫米，平均为 643.58 毫米，在地域上呈南北多中部少分布，与多年平均降雨量相比多 50.58 毫米，总降水量偏多。旱情总体平稳，旱涝交替特点明显，整体没有发生大范围严重旱情，中部旱腰带区域有短时轻旱，2 月上旬至 3 月中旬，几乎无有效降水，给农作物返青生长及春耕生产造成不利影响，整个过程历时较长，给过冬作物产量造成一定影响；7 月上旬至 8 月中旬，高温天气持续时间长，给正处于生长关键时期的农作物造成很大影响，夏伏旱期间，约有 72.6 万亩在田农作物不同程度受旱，其中轻旱 55 万亩、中旱 16 万亩、重旱 1.6 万亩，夏伏旱致使秋粮作物收成减产二到三成。

第二节　抗旱措施

新中国成立以来，流域内水利事业蓬勃发展，修建了大批的水利工程，基本上改变了历史上大雨大灾、无雨旱灾的局面，在控制洪水、调节径流、抗旱减灾方面取得了显著的社会经济效益。改革开放以来，特别是党的十八大以来，抗旱工程体系及非工程体系建设进入快车道，现已基本形成较为完备的抗旱手段和能力。

旱情发生前，流域内各级防指、各镇（街道）及相关部门组织编制抗旱应急预案、抗旱应急调水方案、应急供水预案等；储备必需的抗旱物资和器材，检修抗旱应急设备；流域内水行政主管部门对抗旱工作进行周密安排和精心部署，做好渠道的清理，发电机、水泵等抗旱设施的检查维修，抗旱服务队提前做好节水灌溉设备的检修、节水技术推广及应用等工作。加强宣传动员，增强水患意识，做好防大旱、抗大旱、抢大险的思想准备。落实工作责任，注重业务培训，加强预防预警。

开辟水源，保证城镇供水及农村人畜饮水安全，全力扩大灌溉面积。本着“想尽一切办法，调动一切手段，挖掘一切水源”的指导思想，流域各级水利部门采取上引、直供、全面提的措施，采取库塘蓄水、河道提引水、打井、人工增雨等多种办法进行抗救。各水库灌区、电灌站灌区管理人员上渠道守水、护水，落实配水方案。各级水利部门强化对现有抗旱水源的管理，对大中小型水库及应急备用水源逐个按照“先上游、后下游，先活水、后死水”的原则，科学调度，细化用水方案，做到节约用水，充分发挥现有水源的最大效益。对于因旱发生人饮困难的村庄，利用邻近村庄已建成的人饮解困和饮水安全工程设立临时供水点，为缺水群众提供方便，优先保证群众生活饮用水；对于离供水工程等有效水源较远的村庄，组织发动群众采取车拉、引管等措施，保证供水。截至 2023 年底，境内各类灌溉蓄水工程 4 座，引地表水 2 处，提水工程 5 处，地下取水水源井 3140 眼。农业灌溉已逐步走上了以井保灌、以河补源、以库调蓄的工作模式，极大地改变了农业生产靠天吃饭的状况。

抗旱非工程能力。1995 年特大干旱后，国家和省防总陆续启动各级抗旱服务队建设试点。流域内各区县按照“因地制宜，分类指导，规模适度，形式多样”的建队原则，陆续成立地区和各县（市）14 支抗旱服务队。采取抢修机电设备，疏通供水管道，架设临时泵站，采取抽、拉、引、提等多种形式，昼夜奋战，巡回为群众解决浇地困难，发挥抗旱服务队设备优势，在义务植树、应急送水、临时打井、积水排涝过程中，多次出动拉水车临时送水，动用潜水泵、排污泵等设备抽排积水，对保障农业生产和群众生命财产安全发挥了积极作用。

旱情监测站网建设。旱情监测信息系统建设也取得了一定成效。流域内气象和水文部门已基本建成了水雨情监测网络，并能将信息及时传送应急局、水利局。农业农村局在各县内布设墒情监测站，形成墒情监测网络。流域内咸阳市地下水工作队较早建成地下水动态监测网络，已有多年监测系统资料，为抗旱工作发挥了重要作用。

抗旱技术措施。流域内各区县先后推广了地埋低压管灌、微灌、喷灌、滴灌等工程技术，同时应用地膜覆盖、耐旱作物种植及化学抗旱剂应用等各种节水灌溉技术，均取得了显著效果。

第三节　典型抗旱救灾案例

一、民国十八年馑

民国十七年至二十年（1928—1931 年），陕境三年连旱，六料未收，井泉干涸，泾、渭断流，全省 91 县而报灾者达 88 县之多。境内乾县、礼泉、泾阳等县最为惨重。民国十七年以后，连续三年关中大旱，李仪祉悯民疾苦，慨然有复郑国之志，在主持陕省水利局局长期间，募捐资金，多方筹措，于民国十九年主持修建泾惠渠，民国二十一年工程初竣，翌年灌田 8 万余亩，民国二十三年又扩充之，以广其利，是年灌田增至 42 万亩。对于生产救灾，起了不可估量的作用。后又建成了礼泉县泔惠渠等灌溉工程，对流域抗御自然灾害、发展农业生产起到了决定性的作用。

二、1959—1961 年

干部和群众齐心抗灾，同舟共济，大大减轻了灾害程度，水利建设取得了重大成就，水地面积由 85.17 万亩发展到 400 余万亩，渠库井站配套，蓄、引、提、抽结合，奠定了抗御灾害的工程基础。各级设有抗旱（防汛）指挥机构，每逢灾害动员一切力量，包括工交财贸、物资农机、水利电力等部门通力协作，抽调干部深入灾区，支援抗旱，视为全党的中心工作。抗灾中充分发挥已有水利工程作用，各类设施齐用，既抓灌溉进度，又抓节约用水，使有限水源发挥更大的抗旱效益。每年开展两次农田建设会战，主要做好土地平整，深翻保墒，借以减轻灾害程度和提高水的利用率。据 1971—1977 年统计，国家共投资水利款 8532.1 万元（年平均 1218 万元），其中用于打井抗旱的经费每年高达 533 万元，加之地县财政自筹资金，全区不下 1000 万元。

三、1979 年干旱，部分县大旱

乾县、永寿、淳化等县，年降水量 454.7 ~ 481.4 毫米，其余各县降水量 320.3 ~ 443.4 毫米。礼泉等县冬春大旱 130 余天，泾阳等县从 9 月 29 日至次年 5 月 7 日大旱 221 天，连旱双百日，地裂禾枯，减产 44%。流域内咸阳市总动员，进行抗旱保麦，春季投入抗旱劳力

达23万余人，开动机井2万余眼，抽水站969处，运用塘库300余座，冬灌面积300余万亩。为指挥抗旱工作，咸阳地委有4名常委分片负责，地区直属机关抽出120余名干部，组成14个抗旱领导小组协助各县开展工作。地区动员农机、物资、水电部门清仓扫库，供应排灌机电物资材料等；电力部门压缩城市用电，支援农村抗旱灌溉，财政、银行部门调整投资计划，发放贷款，支援抗旱救灾。

四、2003年旱灾

2003年旱情主要集中在前期，1—7月境内普遍降雨偏少，土壤失墒严重。加之河道来水减少，水库蓄水不足，泾河流域内咸阳市3.33万公顷秋田作物因旱而无法播种，夏播12.67万公顷秋田，出苗仅有3.67万公顷。彬州、永寿、淳化、三原等县（市）县城缺水严重。先后投入抗旱人数27万人，动用机井1万多眼，抽水站210多座，出动各类运水车辆1400多辆，迅速掀起抗旱保夏播热潮。水利部门积极与各大中型灌区联系。宝鸡峡、泾惠渠也加大了引水灌溉力度，旱情得到有效缓解。咸阳市先后三次向中央和省里争取资金900多万元，开工抗旱应急项目50多处。其中70多万元应急资金用于缓解已定时、限量供水的彬州、淳化、三原等严重缺水县（市）县城居民饮水困难。同时，编制11个县（市）的抗旱应急预案，抗旱工作不断趋于规范化、制度化，增强了抗旱主动性。

五、2007年旱灾

2007年3—4月流域内出现较严重的春旱，南部各县及时春灌，北部小麦严重受旱。7月由于受气候变化和副热带高压影响，降水分配不均，淳化县、泾阳县、礼泉县等地降水均较历年同期偏少30% ~ 50%，部分玉米被旱死，南部有的乡镇在抽雄开花期因灌溉缺水，玉米被旱，颗粒无收。6月16—19日，出现了全年第一次连续高温时段，咸阳市110万亩农作物受旱，个别田块小麦出现缺水、死苗现象，农村人口和家畜出现临时饮水困难。面对严重灾情，各级领导高度重视。市、县两级多次召开会议，安排部署抗旱救灾工作，组织发动各级干部下乡支援抗旱工作。咸阳市共投入抗灾救灾群众225.67万人次，干部、驻军9.91万人次，转移、安置灾民1200人。各级民政部门妥善安排灾民生活，全年共下拨救灾款523万元、救灾粮935.5万千克、衣被2800多件，共救济灾民6.5万户34.9万人次。同时还开展了向灾区"扶贫济困送温暖"活动，共募集衣物36.56万件、资金98万元、粮食2.62万千克。

六、2017年干旱

2017年流域内咸阳市持续高温少雨，土壤失墒加快，旱情加剧。作物种植面积共263.6万亩，有水利灌溉条件的作物种植面积共212.2万亩。约有72.6万亩农作物出现不同程度干旱，其中轻旱55万亩、中旱16万亩、重旱1.6万亩，主要分布在北部及中南部灌区末梢地带。咸阳市防指启动防抗干旱灾害Ⅳ级应急响应，从旱情发展趋势、组织领导、措施落实、工作重点、协调保障等方面对全市防抗夏伏旱工作进行全面安排部署。同时，咸阳市防汛抗旱指挥部及时派出工作组深入礼泉、泾阳等地检查督促抗旱工作开展。抗旱服务队主动出击，深入田间地头，抢修机电设备，疏通供水管道，架设临时泵站，采取抽、拉、引、提等多种形式，累计出动人员3400多人次，流动浇地2.6多万亩。

第四篇　水保生态环境建设

泾河流域曾是植被良好、土肥草茂的富庶之地，后来历经战乱，加上自然灾害和无休止的乱砍滥伐，尤其是近一个世纪以来，人口剧增，对土地的大量垦荒种植导致水土流失加剧，生态环境和农业生产条件遭到严重破坏。新中国成立以来，流域内各级政府逐步重视和加强生态环境建设，开展大规模的基本农田建设、小流域综合治理、植树造林活动。贯彻落实陕西省《水污染防治行动计划》《水污染防治工作方案》，打好碧水保卫战，实施水生态修复，把握关键、系统推进、科学施治，推进水污染防治和水环境建设迈上新台阶，全力推进黄河流域高质量发展。本篇主要从水土流失、治理防护、流域治理、生态环境治理四章进行记述。

第一章　水土流失

泾河流域是陕西省水土流失比较严重的地区之一，水土流失面积 7868 平方千米，占总土地面积的 76.9%。陕西省共有 48 个水土流失重点县，泾河流域占 8 个，年平均输沙量 3592 万吨，平均年侵蚀模数，按总土地面积计算为 2525 吨每平方千米，按水土流失面积计算为 4389 吨每平方千米。年侵蚀模数由南向北递增，南部冲积平原区土地平整，水利化程度高，泾河两岸造林及各项生物措施较好，基本没有水土流失，只是在较大暴雨的情况下，才有面蚀发生，年侵蚀模数小于 100 吨每平方千米每年；黄土台面较宽平，虽然塬边倾斜大，坡沟道发育，但大都有植被覆盖，坡面治理较好，多数坡地已改造成水平梯田，能拦蓄一定的地面径流，加之塬面上村庄密集，地势平缓，灌溉渠系成网，拦截径流能力加强，水土流失不甚显著，年侵蚀模数一般在 200 吨每平方千米每年以下；北部黄土塬梁、沟壑区，塬高沟深，地面倾斜大，植被稀少，每逢暴雨，洪水冲刷严重，塬面受到强烈侵蚀，塬边沟壁重力侵蚀活跃，沟谷不断延伸，塬面遭到蚕食，故年侵蚀模数差异较大，塬面一般在 500 ~ 1500 吨每平方千米每年，塬梁沟壑区为 1000 ~ 3000 吨每平方千米每年，局部地段可达 8000 吨每平方千米，为咸阳市重点水土流失区。

泾河流域内各县、区中水土流失面积占土地面积比例最高的是彬州、长武、乾县、淳化 4 县（市），均在 90% 以上；其次为礼泉、旬邑、永寿，在 80% 以上；泾阳县比例最小，仅为 17.4%。年平均侵蚀模数各县、区相当悬殊，按土地总面积计算，长武、旬邑、彬州最高，均为 6500 吨每平方千米每年；其次是永寿县，为 5141 吨每平方千米；年平均输沙量最高的旬邑县，达 1103 万吨每平方千米。

第一节　流失类型区

水土保持分区是在综合分析不同地区水土流失发生、发展及演变过程和地域分异规律的基础上，按区内相似性和区际差异性来分区划片，阐明区域内部的水土流失类型、侵蚀特点、分布规律、自然及社会经济情况，为制定合理的土地利用方案及治理规划提供科学依据。

根据上述原则及依据，泾河流域划分为：东北土石山地次生林基本不流失区、西部残塬丘陵沟壑中度流失区、北部黄土高原沟壑中度流失区、中部黄土台塬基本不流失区及南部川道平原基本不流失区。

一、东北土石山地次生林基本不流失区

本区位于流域内东北部，包括旬邑县马栏、石门、第介三乡及两个国有林场。土地面积925平方千米，占总土地面积的9%，其中耕地6.5万亩，人均耕地8.8亩。有林地110多万亩。

（一）自然与社会经济概况

本区属子午岭南部天然稍林区的一部分。海拔在1500～1850米，相对高差200～350米，石门山最高，为1855米。沟壑密度1.23千米每平方千米。年平均降水量为600～690毫米，年平均气温6.8摄氏度，无霜期140天，大于或等于10摄氏度活动积温2500～2800摄氏度。境内森林茂密，乔木以山杨、白桦、油松和侧柏为主，灌木有沙棘、胡颓子、黄蔷薇、柠条、栒子等与乔林混生，草本伏生于乔灌中。土壤以褐土性土为主，河川沟道多黄土性土和新积土。有机质含量高，土质疏松，土层较薄。

（二）水土流失特征

本区草、灌、林木茂密，植被覆盖率达80%左右，有效地控制了水土流失。在密林区，水力侵蚀、重力侵蚀和风蚀均不显著，沟床比较稳定，土壤侵蚀模数小于155吨每平方千米每年。

二、西部残塬丘陵沟壑中度流失区

本区位于流域西部，包括永寿县永平乡的全部，永太、渠子、马家山、马坊、渡马等乡的部分地区，彬州市韩家乡全部和底店乡部分地区。总土地面积299平方千米，占总土地面积的3%，其中耕地13.7万亩，人均耕地6.4亩。有林地15.28万亩。

（一）自然与社会经济概况

本区地形复杂，梁峁起伏，沟壑纵横，地形支离破碎，沟壑密度为2.4千米每平方千米，海拔1200～1500米，相对高差510米。气温较低，年平均气温8.7摄氏度，多年平均降水量664.7毫米，无霜期180天，大于或等于10摄氏度活动积温2854.8摄氏度。植被属森林草原型，由于长期过度垦牧，天然植被已遭破坏，目前除有少量零星分布的天然次生山林外，绝大多数为人工林。

（二）水土流失特征

本区梁峁起伏连绵，沟壑纵横交错，地面破碎，耕地中坡耕地比例大。新中国成立初期，水土流失严重，流失面积270.6平方千米，占区内土地总面积的90%。新中国成立后，经过30多年的治理，尤其是植树种草，提高了植被覆盖率，减轻了土壤侵蚀，现治理面积达116.1平方千米，占水土流失面积的42.9%。

三、北部黄土高原沟壑中度流失区

本区位于流域北部，包括长武、淳化两县的全部；彬州、永寿、旬邑的大部；乾县、礼泉的北部及泾阳县的小部分。土地面积5764平方千米，占土地总面积的56.4%，其中耕地335万亩，人均耕地3.2亩。

（一）自然及社会经济概况

本区属关中渭北高原的一部分，区内塬高沟深，塬面宽阔，中南部丘陵沟壑呈带状延伸，海拔一般为900～1200米，塬沟相对高差大多为100～400米，有的可达1000米，沟壑密度1.8千米每平方千米，年平均气温10.5摄氏度，大于或等于10摄氏度活动积温3280摄氏度，无霜期160～180天，多年平均降水量600毫米，全年52%的降水集中在7—9月，春旱伏旱严重。全区气候除部分川道外，一般比较寒冷，霜冻、冰雹灾害频繁。地下水埋藏较深，水源缺乏，塬面宜井区大多为弱水区，境内天然植被稀少，塬面均已开垦为农田，只有少量人工林分布，丘陵沟坡尚有较多的草灌覆盖。

（二）水土流失特征

境内塬沟相间，沟深坡陡，植被稀少，沟系发展活跃，水土流失严重，新中国成立初期，水土流失面积占土地总面积的80%～90%。区内年侵蚀模数差异较大，一般为1500～3000吨每平方千米每年，属中度流失区。塬面因长期面蚀和沟蚀形成宽浅洼地或坳地，塬中部1～5度的缓坡面蚀较轻微，塬边随坡度增大，沟蚀明显增强。

四、中部黄土台塬基本不流失区

本区位于流域中部，包括乾县、礼泉两县的南半部，泾阳县的小部分。土地面积2109平方千米，占土地总面积的20.6%，其中耕地242万亩，人均耕地2.3亩。

（一）自然与社会经济概况

本区属渭北黄土台塬的一部分，区内塬面开阔，地势较平坦，沟壑少，沟壑密度0.15～1.24千米每平方千米，海拔一般为500～800米。气候温和，年平均气温12.7～13.2摄氏度，大于或等于10摄氏度活动积温4132～4186摄氏度，无霜期220天，年平均降水量505.9～552毫米。农业历史悠久，人类活动频繁，植被以人工植被为主。沟坡植被以狗牙根、白沙蒿、冰草等最为常见。主要农作物有小麦、玉米、油菜、棉花、豆类等。

（二）水土流失特征

本区塬面平坦，坡度大都在3度以下，坡耕地基本已改造成水平梯田，沟道植被覆盖较好，水土流失轻微，塬面没有出现侵蚀沟。年土壤侵蚀模数为100～200吨每平方千米每年，属基本不流失区。

五、南部川道平原基本不流失区

本区位于泾阳县、高陵区大部。土地面积1126平方千米，占土地总面积的11%，其中耕地面积159.8万亩，人均耕地1亩左右。

（一）自然与社会经济概况

本区为渭河冲积平原的一部分，地势低平，海拔367～430米。年平均气温13～14.8摄氏度，大于或等于10摄氏度活动积温4445.6摄氏度，无霜期213～230天，降水量540～640毫米。境内天然植被早已破坏无存，以栽培植物为主，是重要粮棉产区。人工栽培林多分布在村庄、宅旁、渠边、路旁。土壤肥沃，主要有垆土、潮土、石灰性新积土等。地下水丰富。

（二）水土流失特征

本区地势低平，地下水埋藏较浅，便于开采，水利条件优越，干、支渠密布，有效地控制地面径流。沿河造林及各项生物措施得力，故为基本不流失区，年侵蚀模数小于100吨每平方千米每年。但由于防洪设施标准不高，尚存在洪水灾害的威胁。

第二节 流失成因

土壤侵蚀是一个复杂的过程，影响因素很多，归纳起来有自然因素和人为因素。自然因素包括气候、地形、新构造运动、土壤、植被等，是水土流失发生的客观潜在条件；人为因素主要是指不合理的土地利用方式。

一、自然侵蚀

（1）降雨季节分配集中，暴雨多，强度大，引起水土大量流失。据气候资料分析，7—9月降水量占全年降水量的58%，且多暴雨，由于降水来势猛，雨滴大，短时间内地面降雨量多，降水入渗失去平衡，地面径流旺盛，冲刷严重。淳化县6—9月暴雨占年降水量的60%，日降水量大于30毫米的大雨年年发生，多则一年三次；日降水量大于50毫米的暴雨，平均两年一次。1976年9月6日暴雨引起的土壤侵蚀量占全年总侵蚀量的91%；1978年7月28日一天的洪水输沙量达88.12万吨，比多年平均值高19%，永寿县7—9月输沙量占全年输沙量的98.27%；长武县同期输沙量占全年输沙量的61.2%，

（2）地形复杂。地势北高南低，丘陵、沟壑广布，地面破碎，1千米以上的沟道共有1733条，山坡地面积达178.4万亩，占耕地总面积的24%，土壤侵蚀严重。地面坡度是径流冲刷能力的决定因素，坡度愈大，地面径流速度愈快，入土壤的比例愈小，土壤侵蚀愈剧烈，地面破碎程度对土壤侵蚀的影响也很显著，如淳化县1千米以上的沟道有234条，总长781千米，平均沟壑密度在2.8千米每平方千米以上，年平均侵蚀模数高达3000 ~ 4000吨每平方千米每年，年流失泥沙量206万吨；长武县共有支毛沟634条，每年因侵蚀沟发展而损失耕地120多亩。总之，支离破碎的地形，为数众多的沟道是长期水土流失的严重后果，又是加剧水土流失的主要因素。

（3）新构造运动引起侵蚀基准变化。当新构造运动引起地面上升时，就会相对降低侵蚀基准，侵蚀作用就会增强，流域北部黄土地台区，地质基础属鄂尔多斯台地的一部分，新构造运动表现为大面积垂直上升，因而加剧了地表切蚀。如泾河下游河床比秦及西汉前期下切10米以上；长武县鸦儿沟沟床已下切至基岩层30多米。

（4）土壤结构疏松，抗蚀能力低。土壤是侵蚀作用的对象，土壤性质不同，相应的透水性和抗蚀能力也不一样，对径流的发生和发展起一定的作用。流域内土壤多样，主要有黏黑垆土、黄绵土、黄土性土、淤土、沼泽土、褐土、石碴土、潮土等，这些不同种类的土壤，均发育在黄土母质上，黄土质地匀细，疏松易散，孔隙度大，垂直节理发育，湿陷性和渗透性大，胶结力弱，易为水力所分散，分解速度一般在3分钟左右，故抗蚀能力很低。同时水流沿节理下渗，易造成崩塌、滑塌和陷穴，水分过多时可产生泥流现象。

（5）植被稀少，覆盖率低。植被覆盖对土壤起保护作用，可减弱或防止土壤侵蚀。据长武县鸦儿沟径流观测站资料分析，在同等降水条件下，植被覆盖度95%的小区比植被覆盖度45%的小区径流量减少62.56%，冲刷量减少91.18%。说明植被能增加土壤的抗

蚀、抗冲能力。另外，植物的根系能固土和改善土壤结构，提高土壤渗水能力，从而起到减轻土壤冲刷的作用。流域植被稀少，平均覆盖率仅 14%，分布又不均衡，土地裸露面积大，北部尚有不少荒山荒坡尚未绿化，至今仍是光山秃岭，因此植被覆盖率低也是水土流失严重的主要因素之一。

二、人为因素

人类不合理的经济活动（破坏植被，陡坡种植等），破坏了自然界生态平衡，促使水土流失由自然界侵蚀转化为人为侵蚀，加剧了水土流失的危害。

（1）广种薄收，毁林开荒。据史料记载，在远古时代，流域内森林密布，自然生态环境良好，土壤侵蚀缓慢，水土流失轻微，泾河清可见底。在人类开始经济活动后，尤其是明清以来，山林植被大遭破坏，不合理的毁林开垦和单一的耕作制度，使水土流失日益严重。新中国成立以来，虽然开展水土保持，制止毁林毁草和广种薄收，但由于人口增长过快，粮食需求量增大，生产条件较差，单产量低，粮食增长幅度小，以开荒扩大耕地面积作为解决矛盾的重要手段，广种薄收的现象没有得到根本扭转。尤其北部山地丘陵区仍开荒不止。据调查，永寿县 180 户农民，开荒面积达 371 亩，平均每户 2.1 亩，有的农户多达 10 亩，且坡度大都在 25 度以上：礼泉县昭陵、相虎、北屯乡的 11 个村和一个林场在 25 度以上坡面开荒 664.6 亩，人均 0.13 亩。如今，北部地区原始林木早已绝迹，泔河水流变得浑浊，水库淤积严重。

（2）基本建设不注意水土保持，加大了河流泥沙。基本建设如修路、开渠、采矿等，缺乏保护环境措施，造成新的水土流失。永寿县东、西沟水库，自然地形大体相同，但东沟年输沙模数为 1942 吨每平方千米，而西沟年输沙模数达 4372 吨每平方千米，是东沟的 2.25 倍，主要原因除西沟上游治理不力外，永寿县水泥厂开石用料和修公路时，将大量弃土抛入河道，加剧了西沟水土流失。此外，有的建设项目在施工中破坏了原来稳定的地形，没有采取相应的保护措施，而引起崩塌、滑坡等重力侵蚀。如礼泉县礼北路瓦庙山段，一到汛期，年年滑塌，废土全部倾入沟内。

第三节 水土流失危害

一、侵蚀土壤，降低地力

土壤遭受侵蚀时，流失的首先是肥沃的表土。据彬州市水保站在鸣玉池点观测，15 度坡耕地每亩年流失表土 2.23 吨，20 度坡耕地每亩年流失表土 5.49 吨（每吨土壤含全氮 0.8 ~ 1.5 千克，全磷 1.5 千克，全钾 20 千克）。土壤侵蚀，土层逐渐变薄，肥力日益减退，土壤结构遭到破坏而变差，耕作层干旱板结，土壤性质恶化，微生物活动减弱，导致农作物产量低而不稳。如新中国成立 30 多年来，彬州市 5 年小麦亩产 100 千克以上，15 年亩产 50 ~ 100 千克，10 多年亩产 50 千克以下；淳化县 20 世纪 50 年代粮食平均总产量 3324.4 万千克，亩产 45.75 千克，70 年代平均总产量 4370.9 万千克，亩产 75.65 千克。

二、淤塞渠库，影响农田水利发展

由于降水季节分配不均，农田在很大程度上依靠蓄水灌溉，但由于水土流失，大量泥沙进入渠库，使渠库淤塞严重，缩短了水库的寿命，严重影响了水利事业的发展。据咸阳市水保站1983年对全市60多座小型水库进行调查，其库容总量为2686万立方米，现已淤积953万立方米，占总库容的35.5%，平均年淤积111.3万立方米，占总库容的4.14%，其中有的水库基本淤满而失效；彬州市赵家沟、苗沟等水库已被淤满，不能发挥效益。渠道也因为淤塞而影响灌溉，每年夏灌的关键时刻，泾惠渠因含沙量过大，停水都在20天以上，最多达36天，减少灌溉面积60万亩次，少收粮食约3000万千克至0.5亿千克。

三、生态环境日趋恶化，加剧旱涝灾害的发生

水土流失、生态失调，导致气候恶化，加剧各种自然灾害的发生，干旱、暴雨、冰雹、霜冻俱全，据多年资料分析，流域内水旱灾害面积约占总播种面积的1/5，年平均受害面积50多万亩，大旱灾基本为十年一次。

四、威胁城镇，破坏交通

水土流失对城镇和交通威胁很大。如彬州市位于泾河南岸，常因洪水暴涨受到威胁，20世纪60年代以来，曾发大水两次，洪峰流量达7000 ~ 8000立方米每秒，危及城北部分机关单位；永寿县城1978年7月9日一次暴雨，历时40分钟，降雨量100毫米，洪水穿街而过，街道29个单位被淹。水土流失对交通破坏也十分严重，如1954年8月，西兰公路、亭口大暴雨冲毁桥涵4座，中断交通10天；1979年7月，永寿、乾县一次暴雨，冲垮道路17条，路坝2座，长期不能修复，迫使过往群众下沟绕道。

第二章　治理防护

春秋战国以前，陕、甘的大片森林和草地尚未遭到人为破坏，水土流失危害并不显著，自秦代开始向泾河中上游开发并设置北地郡以来，流域林木草地才遭到大量破坏。汉承秦制，依旧开垦森林草地。隋唐之际，水土流失范围日益扩大。宋元明清以来，水土流失危害，已经十分明显。民国三十二年（1943年），国民政府为开发西北，成立黄河上游水土保持实验区六处，是我国以现代方法举办水土保持事业的开始。西北黄河工程局于1956年设立了泾渭水保工作站，负责流域内邠、长、永、乾、醴等县的治理工作，使水土保持出现了全面发展阶段。1958年陕西省在邠县成立了水土保持试验站，负责流域径流泥沙观测，研究治理措施，并树立邠县鸣玉池和永寿二道沟的先进典型，以展示坡地梯田化、沟道川台化和植树绿化的治理经验。1970年中央北方农业会议后，流域内各县恢复和加强了水土保持工作，开展了以农田基建为中心的治理活动。1998年以来，流域各级政府以控制水土流失、改善生态环境为目标，以小流域为单元，采取经济、社会、生态效益并重，工程措施、生物措施、耕作措施综合治理的工作思路，加快水土流失治理步伐，土壤侵蚀模数由20世纪80年代的2420.6吨每平方千米每年降至2020吨每平方千米每年。2007年拓展了水土保持示范园项目，水土保持的社会效益和生态效益正在显现。截至2015年底，流域水土流失综合治理面积累计达到3973.72平方千米，其中兴修基本农田13.30万公顷，营造水土保持林18.73万公顷，经济林果3.49万公顷，人工种草3.09万公顷，封禁治理1.13万公顷；建成淤地坝300余座。2015—2021年，流域内咸阳市累计治理水土流失面积125.97万亩，除险加固淤地坝6座，完成投资5.49亿元，目前流域内水土保持工作区正在根据“预防为主，保护优先，造管并举”的工作思路向纵深发展。

泾河流域的防治区域划分为预防保护区2处、监督区3处、重点治理区2处。其中：国家级重点水土流失治理区为“泾河上游重点治理区”，国家级重点治理区共涉及5个县（区）。省级重点治理区为“渭北高原沟壑重点治理区”。省级重点治理区共涉及11个县。

第一节　荒山荒坡治理

荒山、荒坡、荒沟和荒滩治理的主要措施是造林育草。

一、“五荒”拍卖

拍卖“五荒”（指荒山、荒地、荒沟、荒滩、荒水）使用权，是深化水土保持改革的一项重要措施。1998 年，陕西省人民政府发布的《关于治理农村“五荒”资源，进一步加快水土流失治理步伐的通知》和陕西省人大颁布的《陕西省农村集体“五荒”资源治理开发管理条例》，调动了全社会参与水土保持生态建设的积极性，加快了水土流失治理步伐。截至 2004 年，据不完全统计，流域内咸阳市先后以拍卖承包、租赁、股份制开发等多种形式出让荒山荒坡 4.112 万公顷，收取出让金 1958.33 万元，完成水土流失治理面积 4.112 万公顷。同时，治理户累计投入资金 1983.7 万元，用于封山育林、种草养畜和水土保持综合治理，并实现产值 3639.2 万元。“五荒”参与户达到 6084 户，总人口 46720 人，在水土流失区涌现一批治理典型。西安正信公司出资承包了永寿县底角沟“五荒”塬坡地 5000 亩，先后投资 3000 余万元，建成了槐树林风情度假山庄，并逐步开发设立了翠屏山狩猎场和森林公园，成了人们休闲度假的好去处；泾阳县龙泉中学教师刘炜，在 2000 年自愿放弃教师岗位，通过竞拍取得龙泉沟 3000 亩荒山的承包权，先后投入资金 400 余万元，用 2 年多时间进行水土保持综合治理，累计移动土方 28 万立方米，修建生产道路 18 千米，新打机井 3 眼，铺设输水管道 3 千米，构建 2800 立方米的蓄水池 3 座，用于解决经济林木的灌溉和奶牛养殖场的用水问题，同时还在承包地上栽植花椒、葡萄、石榴等经济果木 592.5 万余株，营造水保防护林 55.9 万余株，利用当地酸枣嫁接大枣 110 万株、种植苜蓿 130 亩，取得了很好的经济效益和生态效益。在取得成功的基础上，又投入新的资金承包了邻近的荒山扩大经营，到 2004 年刘炜个人承包的荒山荒坡总面积达 12000 余亩。

二、西兰路会战

1964 年 5 月流域内咸阳专区在彬州市召开了北七县（彬、长、永、淳、旬、乾、礼）水保座谈会，成立北七县农田基建水保指挥部，由专员王世俊任总指挥，由七县县长、地区水电局长和省水保站长参加，指挥部设在彬州市。会战地点以西兰咸宋公路两翼为重点，有 7 县 26 个乡（公社）1175 个生产队参加，共分三个会战区。各会战区设四员（广播员、验收员、统计员、安全卫生员）加强具体工作。每年分夏、冬两次治理，抽劳 30% ~ 40%，干 50 ~ 60 天；春季造林，抽劳 50%，干 30 ~ 40 天。治理工程必须集中连片，规划合理，树牌标志。会战要求每年每劳完成基本田 0.8 ~ 1.2 亩，造林种草 1 分；培填采用椽帮场，平地施行倒桃子、保表土、兼深翻，确保当年不减产。工地管理实行民兵建制，定额管理，“按劳付酬”和“男女同工同酬”，开展“比学赶帮超”劳动竞赛。

1964 年 7 月，拉开了会战序幕，至 11 月七县日上劳力 5.8 万人。1965 年夏季日上劳力 10 万人，最高达 14 万人。各级领导和广大干部群众，“内学兴平，外学澄城，为革命修田，给后代造福”，建设热潮接连不断。西兰公路两旁，北自长武，南止礼泉，全长 150 千米，处处有工地，节节是战场，当时声势之大，质量之高，范围之广，前所未有。西兰路农田基建大会战，历经 5 个冬夏，平均上劳力 11.5 万人，到 1966 年底累计完成梯田场地 24.6 万亩，造林 4.3 万亩，种草 0.53 万亩，是地区统一集中指挥的一次尝试。

三、职田治理塬坡

旬邑职田乡海拔 1300 米，地处旱塬，生产条件较差，粮食亩产仅 80 余千克。1970

年中央北方农业会议之后，在县委书记王伟章和乡党委书记刘书润的领导下，抽出四名领导与技术人员和群众，踏勘全社6坳、9坡、21嘴、84条集流槽，制定水土保持规划，塬面以路搭架，划方定块，调整插花地，建设园林化。提出“三年治塬，两年治坡，五年绿化，六年土地大翻身”的奋斗目标。从1971年7月开始，每年分夏、冬两期进行，上劳70%，开展土、水、林全面规划，综合治理，重点抓职田塬农建会战。经过两春三冬的苦战，到1973年修路47.5千米，整修道路75千米，平地深翻2.8万亩，打机井3眼，建成引水工程3处，绿化道路130条，营造防护林带3条，四旁植树53万株，坡面造林8000余亩，建成果园1924亩，三年基本改变农业生产条件，当年亩产提高到177千克，总产量达到336.3万千克，比1970年增长97.9%，油菜产量翻了五番。

四、太峪改河造田

彬州市太峪河长约15千米，有川道地3000余亩，这里原是“渍水乱石滩，清水不灌田”“洪水逼人走，山冲田上山”。20世纪70年代在山、水、田、林、路综合治理中，彬县提出治理方案，采取裁弯取直与靠山旁流措施，腾出川道填土造田，发展灌溉面积。1977年动员全县19个乡1.4万名劳力，组成常年专业队与群众运动相结合，经过两年整治，新开河道（宽12米、深3米）14.9千米，划生产方17个，建生产路17条，整地造田3100亩；荒坡造林2.56万亩，堤、路、填、渠四旁植树11.95万株。全部工程总计移动土石方113.3万立方米，投工38.2万个，使用国家投资25万元（不包括群众自筹），亩均投资80余元，是彬州市历年来较大的一次改河造田工程。

五、淳化县绿化荒山

淳化县地处高原沟壑区，境内五山环绕，中部六条大沟切割，总面积984平方千米，塬面占45%，山、沟占55%，水土流失面积953.8平方千米，占总面积的96.9%。塬高沟深，土壤瘠薄，气候干旱，水土流失严重。新中国成立后，由于对农、林、牧三者关系处理不好，农业生产长期处于落后状态。为了抓粮食，单一经营，广种薄收，形成恶性循环。1971年后，县委认真总结了历史经验教训，由书记李德馨亲自负责，组织全县人民和干部发挥当地优势，大抓植树造林，绿化荒山荒坡，建设方田林网。全县提出“一场、五带、六个十”的发展规划，即县、乡、村各级各办一个林场，全县建成苹果、核桃、梨、枣、泡桐五个万亩林带，每个生产队栽苹果、核桃、柿子、花椒、泡桐、梨各10亩。经过三年努力，基本完成了任务。1973年以后，把治理重点转移到绿化荒山荒沟和农田防护建设上，在县委和县政府的统一领导下，动员广大群众组织会战。1974年春，组织县级干部和4个乡群众1.0万余人，首先绿化爷台山，三天造林2000亩。秋季动员全县劳力4万余人，在黑松林、润镇沟、姜家河等沟道，拉开近100千米造林战场，10天修反坡梯田和造林5.0万亩，使13个山头、94道沟、51道梁得到绿化。1980年秋和1981年春县委又组织两次大规模的植树造林活动，造林和补植4.0万亩，植油松1.0万亩，使原绿化面积得以巩固和提高。在造林绿化中，坚持“集体造林为主，发展国营林，鼓励社员植树”的方针，实行国造国有，乡造乡有，村造村有，房前屋后植树归私人所有，政府发给林权证，并采取“自愿互利，等价交换，合理负担”的原则，不搞平调，不强迫命令，坚持科学造林，保证成活，因而取得了显著的成绩，促进了农、林、牧全面发展。1982年经过“三北”防护林建设清查验收，全县共有造林保存面积29.68万亩。其中经济林8万亩；以道路为骨架的农田防护林总长1600千米，建成方田网格586个；“四旁”植树920万株。同时建成基本农田19万亩，封沟844条，拦洪堤41条。全县从塬经坡到沟，初步形成了比较完整的水土保持防护体系，显示出治理的水保、经济、生态三大效益。

六、种草

1983—1985年，西北农学院、陕西省牧医总站、陕西省农业工程勘察设计院等单位协助旬邑县建立人工草地和半人工草地10217亩，引种试验选出适应干旱、寒冷、盐碱土壤地区种植的优良豆科、禾本科牧草20种，促进了荒山荒坡治理和开发，既减轻土壤侵蚀，又发展了畜牧业。

第二节　农田基本建设

农田基本建设是由流域内各级人民政府发动组织群众开展的一项平整土地和以“四田”建设为主要内容的基本农田建设运动。从20世纪70年代开始，流域各县区始终把农田基本建设列入每年的重要议事日程，采取群众运动和专业组织的办法，广泛发动群众，积极投工投劳，持续进行农田水利基本建设，使农业生产基本条件和生态环境发生了明显的变化。截至2007年，累计治理水土流失面积52.270万公顷，其中小流域治理面积16.27万公顷；建设“四田”16.519万公顷，其中建设水平埝地8.556万公顷，水平梯田7.755万公顷，坝地0.051万公顷，造田造地0.157万公顷。

一、组织形式

1989年国务院发出《关于开展农田水利基本建设的决定》后，1990年10月按照省政府决定恢复陕西省农田水利基本建设指挥部，流域内各市县相继成立了农田水利基本建设指挥部，下设办公室在各级水利管理部门，负责农田基建的计划制订和具体实施。农建指挥部负责协调、组织农建工作，农建指挥部办公室负责农建任务的下达、规划、施工、检查验收、评比等，各乡镇也相应成立农建指挥部，由乡镇长任总指挥，主管领导任副总指挥负责协调、组织农建工程的实施，督促上劳检查进度、质量，并对工地检查验收，评比等工作。县、乡（镇）实行分片负责制，每年有计划、有重点地开展农田水利基本建设。资金来源除国家和地方财政补助外，主要依靠农民义务工或劳动积累工的投入。咸阳市制定了“乡镇组织、分期轮修、推磨转圈、以工换工、大体平衡”的指导原则，县乡采取“集中时间、集中劳力、联片治理、群众会战”的办法，通过组织安排、督促检查劳动竞赛、综合考核、单项奖励等多种形式，调动各方面的积极性，促进农田基本建设的深入发展。农村实行税费改革，取消“两工”后，有关县区通过受益区的村民委员会，运用“一事一议”制度，经过民主商议，民主决策，不断引导当地农民持续增加对农田基本建设的投入，同时增加政府财政补贴，保证农田基本建设持续发展。“九五”

期间，由于农村建立了劳动积累工制度，提倡以资代劳，农田水利建设逐步走向机械化、常年化，连续超额完成了陕西省下达的农田基建任务。1999 年以后，流域内咸阳市在开展农田基本建设中依托黄土高原水土保持世界银行贷款项国债项目建设，改变原来的一年一修田为一年四季修田不间断，投资、投劳、质量均取得了新的突破，建设水平上了新台阶。2019 年 12 月 6 日陕西省农业农村厅、陕西省水利厅发布《关于做好全省冬春农田水利基本建设工作的通知》（陕农发〔2019〕111 号），提出要继续推进重大水利工程建设，加大农田水利建设力度。

二、冬春夏农田基本建设

农田基本建设按季节分为冬春修和夏季农田基本建设。冬春修一般开始于 10 月，结束于次年 4 月；夏季农田基本建设一般开始于每年 6 月，结束于 8 月。

冬春是大搞农田水利基本建设的大好时节。在建设项目上，各地因地制宜，突出重点，流域定边地区以水土保持生态环境建设和小型水利工程为主，关中以灌区“三修两清一绿化”（整修渠道，维修渠道建筑物，修理机电设备，清理渠道淤积，清理渠道上堆积的秸秆，开展渠道两旁植树绿化）、水利水保、防洪工程建设为重点；每年冬春农田水利基本建设，流域内各地市人民政府按照省农建办《实施方案》，细化并下达冬春建设任务，坚持早安排、早动员、早行动。一般于 10 月上旬转发省政府《关于开展冬春农田水利基本建设的通知》，10 月下旬召开电视电话会议，由流域内地市主要领导同志亲自动员，并组织检查组，深入实地检查指导，地、市、县、乡各级领导蹲点、包片、包工程，狠抓落实到基层。流域内各县（市、区）从实际出发，确定当年主攻方向与重点，提早做好规划设计、施工准备、劳力组织和机械集中，不搞一刀切，摒弃形式主义，做到注重质量，讲求实效，建一处，建成一处，见效一处，取得了山、水、田、林、路综合治理、建设生态农业的丰硕成果。

夏季农田基本建设，以兴修“四田”和灌区平地为主，同时搞好节水灌溉、防洪以及小型水利工程建设。一般采取突击会战的方式，突击完成任务。1989 年以后，流域内夏季农田基本建设开始形成规模，长期以来，长武、彬州、永寿、旬邑、淳化等流域北部各县（市），利用夏季农闲时节修田平地的传统，坚持高起点、高标准、高质量的治理方针，采取集中领导、集中劳力、集中时间的办法，搞好水土保持综合治理和土地平整工作，使当地的农业生产基本条件得到很大改善。大力推广旬邑县、彬州市集中连片、规模治理的经验。一是组织力度大。每年夏季流域内咸阳市委、市政府都召开农田基建现场会，由市委、市政府亲自动员。各县（市、区）普遍实行包流域、包重点工程，乡镇领导包干部包地块责任制，保证了此项工作的开展。二是坚持“统一规划、分期会战、相互换工、轮流受益”的原则，广大群众搞农田基建的规模大。年平均开工千亩以上 1000 处，500 ~ 1000 亩工地 53 处，300 ~ 500 亩工地 38 处，规模治理面积占到 60% 以上。三是机械化程度不断提高。各会战工地大多采用人机结合、联村会战的施工方式，年平均投入机械 2200 多台（辆），施工进度加快。四是质量好，标准高。各县坚持质量第一原则，实行县、乡、村三级验收制度，严把质量关。专业人员到工地进行技术服务，确保了田面平整、地埂坚实的质量标准。1996—2001年，流域内共新修“四田”4.21万公顷，超额完成了上级下达的任务，近几年，在农田水利基本建设上，突出了水源工程和节水工程建设，加大了灌区改造的力度；实施“抓大放小”战略，在狠抓重点工程的同时，积极推行小型水利产权制度改革，促进了小渠、小塘、小窖、小库、小站等小型水利建设的发展。在水土保持生态建设中，加强了小流域治理、重点区域治理和大搞治沟骨干工程，特别是抓住国家对水土保持债券、坡改梯田和退耕还林等大幅度投资的历史性机遇，加大了农田水利基建、退耕还林、植树种草、封山禁牧力度，各地出现了一批精品工程，有效地改善了生态环境，减轻了水土流失。同时采取拍卖、租赁、合资和股份合作等形式加强了对“五荒”资源的治理和开发，促进了产业结构的调整。

三、评比竞赛

为了调动各地开展农田水利基本建设的积极性，陕西省人民政府从1990年开始设立“水利振兴杯”，以此来表彰、奖励在农田水利基本建设中取得优异成绩的地区和县市。1991—2007年，长武、彬州、旬邑、淳化、永寿、乾县、兴平7县（市）先后33次夺取“水利振兴杯”的桂冠，有力地促进了流域内农田水利基本建设的深入发展。在每年夏季农田基本建设活动中，开展评比竞赛活动，评出先进市（地区）、县（市、区）政府，并给予奖励，1996—2007年，流域内咸阳市连续12年全面超额完成夏季农田水利基本建设任务，每年均被陕西省评为第一名，取得了优异的成绩。

第三章　流域治理

泾河流域属于黄土高原丘陵沟壑区，以流域为单元，从上游到下游，从山顶到沟底，进行工程措施、生物措施和耕作措施综合治理，历史悠久。20世纪50年代初期，陕西省水土保持部门选定彬州市鸣玉池，进行规划、观测、试验示范、综合治理和研究工作。20世纪60年代，选择长武、芋园建立流域综合治理科研样板。1970—1974年，陕西省水土保持局抓永寿马坊郭门等小流域治理工作，并总结经验，为大规模的流域治理积累第一手资料。20世纪80年代以来，流域治理进入高标准、大规模且集中连片综合治理开发的新阶段，水利部将淳化润镇沟列为黄河中游试点流域。1996年以来，流域内预防治理先后实施了国家水土保持重点建设工程、黄土高原水土保持世界银行贷款项目、坡耕地水土流失综合治理工程、淤地坝除险加固项目等，治理投资大幅度增加，投资来源更为广泛，实施范围进一步扩大，措施类型更加多样，各项工程的预防治理效果十分显著。本章从国家水土保持重点工程建设、小流域综合治理两节进行记述。

第一节　国家水土保持重点工程建设

一、水土保持国债项目

水土保持国债项目全称是陕西省中央财政预算内专项资金水土保持项目。这是新中国成立以来国家安排给陕西省投资力度最大、覆盖面最广的水土保持生态建设项目。

自1998年开始，流域内咸阳市累计利用中央财政资金2900万元、省级债券1680万元、地方配套资金及群众投劳折资2955.92万元，先后在11个县的91条小流域实施水土保持综合治理，共治理水土流失面积463.4平方千米，其中1998年利用中央财政资金700万元、省级债券1680万元、群众自筹1410万元，对全市除秦都、渭城两区之外的11个县（市）45条流域实施水土保持综合治理，治理水土流失面积273平方千米；1999年利用中央财政资金570万元、地方配套资金570万元、群众自筹195.92万元，在礼泉、泾阳、武功、三原4县10条流域治理水土流失面积57平方千米；2000年利用中央财政资金650万元、地方配套资金305万元，在乾县、礼泉、泾阳、三原、武功等5县12条流域治理水土流失面积45平方千米；2001年利用中央财政资金400万元、地方配套资金172万元，在泾阳、乾县、三原、长武等4县7条流域治理水土流失面积29.6平方千米；2002年利用中央财政资金250万元、地方配套资金111万元，在礼泉、三原、泾阳、武功、兴平、长武等6县6条流域治理水土流失面积20.8平方千米；2003

年利用中央财政资金180万元、地方配套资金82万元，在泾阳、三原、长武、礼泉、乾县、武功等6县6条流域治理水土流失面积18.5平方千米；2004年利用中央财政资金150万元、地方配套资金110万元，在淳化、乾县、礼泉、三原、泾阳等5县5条流域治理水土流失面积19.5平方千米。

为了规范项目管理，1999年陕西省人民政府转发了陕西省计委、财政厅、水利厅《关于加强水土保持财政预算内专项资金项目管理的意见》，咸阳市也在此基础上制定了相应措施和实施意见，加强资金的专项管理和严格使用，坚持因地制宜、因势利导的原则，实行山、水、田、林、路统一规划，山、坡、沟、川集中治理，工程措施、植物措施、耕作措施统筹安排，农、林、牧各得其所，生态、经济社会效益相得益彰，使治理标准和工程质量得到较大提高，并顺利通过国家验收。

二、世界银行贷款泾河流域综合治理项目

陕西省黄土高原水土保持世界银行贷款项目（世行贷款二期项目）是以生态和扶贫为目标，利用世行资金在陕西省关中渭北地区开展的一个重要水土保持综合治理项目。该项目于1999—2004年在咸阳市泾河项目区完成水土保持综合治理712.77平方千米，完成投资3.32亿元。2005年9月世行代表团对陕西省水保世行贷款二期项目进行了竣工验收。该项目在水保生态、经济及社会效益方面均取得了显著的成效，得到了国内外一致的好评，被世界银行评为全球农业项目的“旗帜工程”之一。

（一）项目完成情况及主要做法

陕西省黄土高原水土保持世行贷款二期项目区是渭北黄土高原沟壑区的重要组成部分，包括咸阳市泾河流域的永寿、彬州、长武、旬邑、淳化5个县（市）的77个乡镇1210个行政村，18.53万户，总人口72.51万人，其中农业人口66.20万人。

该项目于1999—2004年完成水土保持综合治理面积712.77平方千米，完成总计划的102.22%。在完成的各项措施中水平梯田13425.02公顷，完成计划的109.99%；水浇地892.11公顷，完成计划的99.19%；坝地85公顷，完成计划的85%；骨干坝6座，完成计划的100%；淤地坝48座，完成计划的100%；谷坊391处，完成计划的100%；沟头防护249.03千米，完成计划的100.12%；水窖3356眼，完成计划的100%；蔬菜大棚505个，完成计划的100%；乔木林23564.94公顷，完成计划的99.81%；人工种草8931.61公顷，完成计划的100.16%；封育6568.08公顷，完成计划的100.05%；畜棚29458.00平方米，完成计划的100%；养畜8176头，完成计划的100%；果园3666.61公顷，完成计划的104.36%；经济林14143.40公顷，完成计划的101.6%；中心果库35座，完成计划的100%；农户果库999座，完成计划的100%。陕西省黄土高原水土保持世行贷款二期项目泾河项目区累计完成投资3.32亿元，其中世行贷款2.06亿元，国内各级配套1.26亿元。在完成的项目投资中，农耕地改良与保护措施投资为1.37亿元；坡面保护措施的投资为1.59亿元；支持服务费用0.26亿元；项目启动费0.01亿元；建设期利息0.09亿元。

在项目建设中，一是坚持了大规模、高标准、高质量、高速度、高效益的目标和要求；二是按照世行项目程序因地制宜地进行了项目中期计划调整，大力推广了封育和舍饲养畜、大棚菜等比较受农户欢迎的措施；三是围绕大棚水果、酸枣接大枣等示范基地的建设，加大了新品种推广和应用的力度；四是深入开展了科技和机制创新，合理地调整了项目区的产业结构和经济结构，改善了土地利用结构和农业基础设施；五是项目在小流域水土流失综合治理的基础上，突出了扶贫和生态建设的亮点特色，增加了群众收入，提高了农民生活水平。

世行水土保持项目在管理中有以下特点：一是领导重视，认识到位，省市县各级都成立了项目领导小组和项目办公室，加强了对项目实施的领导。二是项目办人员配置合理，机构运转高效，项目的实施引入国外项目管理先进理念，使管理人员在实践中提高了业务技能和项目管理水平。三是在项目监督监测方面严肃认真，为确保项目质量和效益，各级项目办采取了县初验、户认定、市复查、省抽验的严格的监督检查，对大型淤地坝工程，采取定时检查和阶段验收办法，发现问题，及时纠正；对监测站（点）、典型户，逐年、逐项进行观测、分析、汇总、建档，保证了治理的质量和效益的准确性、可靠性。四是在财务管理方面，除制定了严格的资金使用办法，建专账、立专户、设专人及执行财务人员培训上岗制和治理投资先治后补报账制外，还根据实际需要推行了“多方筹措的融资制、重点倾斜的扶持制、奖优罚劣的激励制、财会人员的衔接制、资金管理的审计制”等财务管理机制，从而增强了干部群众的风险意识、质量意识和责任意识，促进了项目的顺利实施。

（二）项目建设的成效与经验

陕西省黄土高原水土保持世行贷款二期项目泾河项目通过近六年的综合治理，在生态、经济和社会效益方面取得了显著成效。

在生态效益方面，泾河项目区水土流失治理程度由 39.04% 提高到 58.84%，林草覆盖率由 16.60% 提高到 31.43%，减沙效益由 31.31% 提高到 45.00%，同时项目区土壤性质得到改善，植物郁闭度有所提高，生态环境得到较大改善。

在经济效益方面，项目效益以 1999 年为计算基准年，贴现率取 7%，经济分析期取 20 年，从各单项措施的效益看，梯田、水地、经济林、果园、草地、塑料大棚、果品储藏、养畜的经济效益显著，内部回收率均在 10% 以上；淤地坝、封育、乔木林、灌木林等措施由于以蓄水拦泥等生态效益为主，经济效益不高，内部回收率较低。从项目整体效益分析，直接效益的经济内部回收率为 14.11%，经济净现值高达 54732.85 万元，完全满足一般农业项目的要求。

在社会效益方面，通过项目执行，项目区土地利用结构和农业基础设施得到了改善，生产能力得以提高，产业结构得到了调整，农民生活水平得到提高。同时，农民掌握了许多现代农业技术，科学素质得到了提高；妇女改变思想观念参与项目建设，成为解决“三农”问题的主力军；农村的医疗、教育、卫生等条件也有所改善，项目区社会经济得以可持续发展。

项目建设成效案例：各县区在项目建设中结合自身优势打造精品工程，突出大规模、高标准、高质量、高速度、高效益的特点，形成了各具特色的亮点。以淳化县为例，该县在项目实施中坚持“路为骨架，田是主体，埂镶花边，树做屏障，渠为脉络，窖池聚水”的综合开发新模式，通过近六年建设200余处这种治理模式的梯田。如地母庄梯田总面积1476亩，共分五区196块地，单块面积7.5亩，道路长4.8千米、宽5米，路边配建排水渠，并交混栽植垂柳、冬青等，地埂种草护坡，并以花椒、黄花间植，发展地埂经济。再如洛引梯田，在“联乡联村、集中连片、机械施工、人力配合”建设思路指导下，创造了一个全县甚至是全市历史最大规模的梯田工程，涉及4乡5村，总面积达3160亩。这种综合开发的新模式有利于适应现代机械化耕作要求，合理利用地表、地下两种水源，发展管灌、滴灌、微喷、喷灌等节水技术，从而取得更好的生态效益和经济效益。引安村村民张占贤就是2003年新建3160亩洛引梯田受益区的一户普通农民，家里共有4口人，年粮食需求量2160千克，过去耕种8.6亩的坡耕地才能满足需求，项目实施后平整的梯田使粮食单产提高了120千克，只需耕种5.8亩就能保证需求，并腾出2.8亩耕地栽植乌克兰樱桃，预计樱桃园三年后见效，年直接经济收入在万元以上，迈出了脱贫致富的新步伐。

在淳化县还涌现出了袁生银、封成兴、张小莉等1000多户治理水土流失造田大户。如水土流失治理大户袁生银，他是淳化县引安村村民，1998年承包了该村咀头沟流域一面180亩的荒坡，从当年起，投资12.3万元，按“修通一条路、建设一个园，引来一池水，建成一个主导产业”的集美化与田园化于一体的荒坡治理思路，合理规划，综合治理，修通沟坡道路1.5千米，平整反坡梯田6.1公顷，并栽植了苹果、桃、葡萄、杏等杂果经济林，修建蓄水池3座，风景亭1座，栽植花卉0.5万株，形成了“山头亭檐翘，路旁黄杨直，陌上松柏青、梯田果树绿”的美田园。到2004年各项措施已见成效，仅经济林果年直接经济收入4.2万元，并使该区成为淳化县一个生态旅游景点，年接待外地游客3万人（次），通往咀头沟当年所修的路被命名为“生银路”。

在2004年5月陕西省黄土高原水土保持世行贷款二期项目，从全球3000多个项目中脱颖而出，获得了世界银行最高荣誉——“世界银行2003年度行长优秀项目执行奖”，陕西省水土保持局张志林、同新奇二位同志获得个人杰出贡献奖。2013年12月在财政部与世行合作组织的项目案例编写中，陕西省黄土高原水土保持世行项目案例从全国100多个项目案例中脱颖而出，进入精选的23个案例范围。该项目的成功实施，构建了水保生态对外交流与合作的平台，被世行和水利部誉为生态和扶贫的样板项目，项目在管理模式、运行机制、技术创新、治理水平，以及带动区域经济发展、促进农民致富等方面，为黄土高原水土流失治理及生态建设创造了丰富的经验，同时推进陕西省水土保持生态环境建设不断向前发展。

三、生态环境建设综合治理

按照《全国生态环境建设规划》，国家从1998年起在全国实施生态环境建设综合治理工程重点县项目。1999年流域内淳化县、彬州市、永寿县被列入国家生态环境建设综合治理工程重点县。三个重点县项目总投资4140万元。其中，中央财政预算内专项资金3419万元，省级配套304万元，市级配套417万元。计划治理水土流失面积222.46平方千米。

该工程于2000年初正式启动，共治理水土流失面积221.3平方千米。其中，完成人工造林 7105.4 公顷，封山育林 7463.3 公顷，退耕还林（草）1423.83 公顷，飞播造林 3000 公顷，种苗基地 20 公顷；完成人工种草及草场改良 4678.4 公顷，草籽基地 137 公顷，沃土工程 940.7 公顷，生态果园 666.7 公顷，沼气池 228 座，节柴灶 4070 座；新修基本农田 1646.2 公顷，拦泥坝 14 座，谷坊 122 座，水窖 813 眼，生产道路 198.5 千米，沟头防护 50.3 千米。淳化县完成投资 1669.17 万元，治理水土流失面积 92.81 平方千米，并顺利通过了省、市有关部门的全面检查和验收。彬州市完成投资 1109.7 万元，治理面积 66.94 平方千米。永寿县完成投资 983.73 万元，治理面积 61.57 平方千米。

四、国家水土保持重大建设工程

2008 年开始在流域内泾阳县、乾县实施，至 2012 年底累计完成水土流失综合治理面积 283.8 平方千米，完成工程投资 8886.8 万元，其中中央资金 5892 万元，省级资金 907 万元，市县及群众配套 2087.8 万元。

第二节　小流域综合治理

泾河流域小流域治理是从 20 世纪 80 年代初开始的，当时有黄河中游局于淳化县润镇沟试点流域一条，省市重点治理小流域八条，即有长武鸦儿沟、彬州市南沟、旬邑马坊沟、永寿封侯沟、乾县杨家河、礼泉的小河、泾阳洪沟和三原清河。这 8 条流域面积 619.6 平方千米，全属严重流失区。20 世纪 90 年代初，境内小流域治理逐渐趋于稳定发展，90 年代末，治理面积有较大提升。1998 年争取水土保持国债转贷项目资金 2380 万元，组织群众自筹 1410 万元，治理小流域 45 条。2000 年治理小流域面积 183.76 万亩。2007 年建成旬邑县樊家店、太堡村等 3 座骨干淤地坝，完成彬州市南沟、长武县巨家沟、旬邑县梁渠沟、淳化县常村沟、泾阳县麦秸沟、永寿县马坊沟等 6 条小流域治理，累计治理小流域 244 万亩。2010 年，治理小流域面积 238.65 万亩。

一、鸦儿沟小流域

鸦儿沟小流域位于长武县城东北部，属黄土高原沟壑区典型小流域。总面积 54 平方千米，其中塬面面积、坡面小流域治理是以小流域为单元，从塬面到沟底，采取工程措施、生物措施和非生物措施相结合，实行山、水、田、林、路综合治理，防止和根治水土流失的系统水土保持工程。截至 2007 年，咸阳采取兴修“四田”（水平梯田、水平埝地、淤地坝、造田造地），植树种草和封山育林等多项综合治理措施，累计治理小流域 16.27 万公顷。对于减轻自然灾害、改善生态环境、促进农业生产、提高经济效益发挥了显著作用。主沟道长 15.5 千米，有支毛沟 95 条，沟壑密度为 1.7 千米每平方千米。

未治理前，鸦儿沟流域塬斜坡陡，林草植被稀少，重力侵蚀活跃，水土流失严重，农业经济单一。1993 年被列入国家水土流失综合治理示范县项目，1998 年被列入二期水土保持世行贷款项目。经过多年治理，建成了由塬面、塬坡和沟谷构成的主体防护综合体系，最大限度地控制了流域内的水土流失，提高了土地产出率和劳动生产率。截至 2001 年，累计修建水平埝地和梯田 1993 公顷。其中建成水地 201 公顷，建面防护林网 117 块，修筑沟边埂 40 千米，建沟头防护工程 16 处，修建涝池、集雨水窖等小型水利工程 258 处，塬地防护林带 20 千米，水土保持林 1980 公顷，栽植经济林果 985 公顷，主沟道小（1）型水库 2 座、库容 362 万立方米。经测算，治理后的鸦儿沟小流域侵蚀量减少了 74%、地表径流减少 58%。同时垦殖指数下降 6%，林草覆盖率上升 21%，有效地控制了沟头延伸和水土流失，综合效益显著提高，粮食产量由 967 千克每公顷提高到 2550 千克每公顷，全流域逐步走上农、林、牧、副、果全面发展的良性循环轨道。

二、深底沟小流域

旬邑县深底沟小流域，总面积 47.36 平方千米，1997 年被列入黄河流域水保生态工程重点治理小流域，1999 年被列入全国水土保持生态建设“小工程、大群体”示范工程小流域。项目实施初期，水土流失治理程度仅为 34.2%，人均产粮 260 千克，人均年收入 734 元。根据该地区水土流失规律和自然特点，旬邑县坚持“谁承包、谁治理、谁受益”的原则，科学规划，在确保粮食生产的前提下依托当地资源优势，合理开发利用荒山荒坡，大力发展经济林果，种草养畜。经过 3 年的综合治理和 1 年的巩固提高，新增基本农田 690 公顷，栽植水土保持林 1032 公顷、经济林 224 公顷，人工种草 127 公顷，修建集雨水窖（池）24 处、谷坊 28 座、沟头防护 2.5 千米、生产道路 4 千米、淤地坝 1 座，使该流域水土流失治理程度达到 91%，人均粮食产量增至 498 千克，人均年收入达到 1997 元。2001 年，深底沟小流域水土保持综合治理工程通过有关部门的正式验收，并被财政部、水利部命名为全国水土保持生态建设工程“十百千”示范小流域。

三、碢子头沟流域综合治理

碢子头沟流域综合治理，属省、市小流域治理重点工程，流域内咸阳市水土保持工作站进行技术指导，涉及永寿县上邑、豆家两个乡（镇）16 个村，总面积 27.4 平方千米。1985 年规划设计，1986—1990 年实施治理，同时承担黄土高原生态小流域水土保持综合治理开发试验示范任务。共兴修“四田”541 公顷，营造水土保持林 532 公顷；修建谷坊 5 座，修筑沟边埂 49 千米。累计治理水土流失面积 21.6 平方千米，治理率为 78.8%，土地利用率为 84.1%。流域内人均产粮 525 千克，人均经济收入 457.9 元，比治理前分别增长 66.7% 和 205%。年侵蚀量比治理前减少 76.4%。该项目 1998 年获陕西省水利厅黄土高原生态小流域水土保持综合治理开发试验示范科技进步二等奖。

四、润镇沟流域治理

润镇沟流域位于淳化县西北部，属黄土高原沟壑区，涉及十里塬、马家、卜家、润镇、车坞 5 个乡 49 个行政村。流域面积 94.59 平方千米，全属水土流失面积。主沟长 33.1 千米，平均宽 2.92 千米，北高南低，呈南北长、东西宽的柳叶状。全流域有支毛沟 62 条，长期水力侵蚀和人为影响，本流域形成了塬面、沟坡、沟道三大明显地貌和水土流失类型。

1980 年被列入黄河中游第一期试点小流域治理项目，依据流域地质地貌特征，配置 4 道防线，实施北（牧业）、中（粮油）、南（林牧）综合治理，开展大会战。1986 年，流域内累计治理水土流失面积 70.4 平方千米，治理程度达 76.7%。其中兴修“四田”4.7 万亩，营造水土保持林 3.6 万亩，种草 2 万亩；兴建拦洪堤 21 条，淤地坝 17 座，小

（1）型水库3座。总投工175.5万个，移动土石方907万立方米，投资362.23万元（国投95.33万元）。建成水土保持综合防护体系，即塬面以水平埝地为主体，田、路、渠、堤、林网、涝池、水窖相结合；塬边以沟边埂、沟头防护工程、防护林草相配置；沟坡工程、水土保持林相结合和沟底坝库、防冲林相结合的4道防线。1986年，全流域平均拦蓄径流量247.4万立方米，拦蓄泥沙25.28万吨，分别比治理前的1979年减少58.4%和76.4%，基本控制了水土流失。

润镇沟流域综合治理技术成果荣获陕西省水利科技进步二等奖。1987年11月3—6日，经陕西省水土保持局、西北大学、西北林学院、黄河中游治理局、黄河水利委员会等9个科研、院校单位18位专家组成的鉴定委员会鉴定验收，认为润镇沟流域综合治理，“措施配置得当，各项技术指标达到或超过部颁标准”。其治理经验为黄河中游同类地区提供了典型经验和科学依据。

五、南沟示范精品流域

南沟是泾河的一级支流，地处彬州市南部，流域总面积56.11平方千米，主沟道长22.5千米，沟道平均比降9.94‰，地貌类型属黄土残塬沟壑区，塬面与沟谷相对高差90～220米，沟谷较为开阔。塬面、沟坡土壤以黄土为主，沟道多为红土类土壤，易侵蚀，沟内常流水丰富，估算流量为6.9升每秒，沟壑密度为1.56千米每平方千米。

通过1999—2001年的连续治理，已建成精品流域。流域内共完成精品示范工程16处，完成水土保持综合治理示范面积21.15公顷，其中塬面综合治理措施配置面积633.87公顷，沟坡综合开发面积1089.27公顷，梯田建设面积299.55公顷，水浇地面积96.55公顷，经济林果建设面积1109.08公顷，速生乔木林面积774.77公顷，人工种草面积14.5公顷，林草间作面积9.8公顷，经草间作面积172公顷，封育治理面积1020公顷，方田林网建设面积700公顷，节水灌溉面积66.7公顷，梯田地埂利用示范15千米33.5公顷，陡坡退耕100公顷，建沟头防护工程3处5千米，新打水窖64眼、小电井50眼，新修生产道路106.5千米，改进乡村低压线线路186千米，发展大棚种植示范户20户，建大棚5座，发展舍饲养殖示范户50户，舍饲养畜2048头（只）。2002年被财政部、水利部命名为“全国百条示范小流域”。

六、唐昭陵王家沟流域

唐昭陵王家沟流域是2010年春季全国水土保持工作会议确定的观摩点之一。按照省市要求，礼泉县成立了专门的工作机构，以观摩点工程建设为重点，新建谷坊2座，修复谷坊2座，新打水窖12眼，修筑水平阶5000米，修筑田埂40000米，疏林补栽14500棵，挖鱼鳞坑1.2万个，砌筑排水渠2000米，整修生产路3千米，并按照省市的安排和要求，完成了观礼台铺设、宣传板制作、宣传画册编印、大型宣传牌制作等工作任务。加大小流域治理工作力度，合理布设水土保持工程措施和生物措施，实行山、水、林、田、路综合整治，全年共新修梯田726公顷，栽植乔木林1003公顷、经果林550公顷，种草40公顷，治理水土流失面积23.2平方千米，初步形成了农业生产和农村环境良性生态系统。4月

16日，来自全国各地的200多名与会领导，对小流域治理工作的成效和经验给予了肯定。

国家水土保持重点建设工程水土流失治理情况见表4-3-1、表4-3-2。

表4-3-1 国家水土保持重点建设工程水土流失治理情况表（一）

县	实施年度	治理水土流失面积/km^2	治理措施					投资计划/万元			
			基本农田/hm^2	水土保持林/hm^2	经果林/hm^2	水土保持种草/hm^2	封禁治理面积/hm^2	中央补助	地方配套		
									省级	市级	其他
旬邑县	2013—2015	69.9	404.4	1731.9	512.9	0	4335.8	2035.0	582.0	289.0	
泾阳县	2008—2015	182.8	1491.8	3282.0	3374.9	1226.0	8908.0	4139.0	772.0	171.0	1042.9
乾县	2008—2016	176.3	1403.3	2957.0	2418.5	1392.4	9461.3	3943.0	709.0	141.0	1044.9

表4-3-2 国家水土保持重点建设工程水土流失治理情况表（二）

县（市）	实施年度	完成任务							完成投资/万元			
		坡改梯/亩	田间道路/km	排灌沟渠/km	沟头防护/km	蓄水池窖/口	谷坊/座	植物护埂/km	总投资	中央投资	省市县配套	投劳折资
麟游县	2014—2015	21000	8.00	8.00	8.00	12			2504.00	2000.00		504.00
淳化县	2010—2012	37544	189.48	316.65	18.50		35		3838.24	3000.00	256.04	582.20
永寿县	2011—2015	35665	193.41	34.66	53.40			289.00	3787.00	3000.00	168.00	619.00
彬州市	2013—2015	31305	80.10	80.10	45.70			50.00	3754.00	3000.00		754.00

中央预算内投资项目小流域水土流失综合治理情况见表 4–3–3。

表 4–3–3 中央预算内投资项目小流域水土流失综合治理情况表

县（市）	治理水土流失总面积 / km^2	综合治理面积 / km^2	坡改粮梯 / hm^2	林草措施 /hm^2			生态修复面积 / km^2	总投资 / 万元	其中中央投资 / 万元
				生态林	经济林	人工种草			
麟游县	8.26	4.96	90.86	305.62	66.08	33.04	3.30	312	250
礼泉县	22.77	14.02	141.25	646.44	369.36	245.25	8.75	764	610
泾阳县	15.75	8.81	104.75	439.50	296.75	39.75	6.94	536	429
旬邑县	15.84	8.71	110.88	411.84	300.96	47.52	7.13	575	460
彬州市	15.44	8.49	108.08	401.44	293.36	46.32	6.95	575	460
乾县	15.28	8.29	91.96	415.78	250.72	70.84	6.99	512	409
长武县	10.36	5.70	72.52	269.36	196.84	31.08	4.66	375	300
永寿县	2.5	1.38	17.5	65.00	47.50	7.5	1.13	75	60
定边县	10.27	6.26	82.16	369.72	20.54	154.05	4	375	300

黄土高原淤地坝坝系工程陕西省黄土高原淤地坝试点工程小流域坝系基本情况见表 4–3–4。

表 4–3–4 黄土高原淤地坝坝系工程
陕西省黄土高原淤地坝试点工程小流域坝系基本情况表

序号	坝系名称	总投资 / 万元	中央投资 / 万元	地方配套 / 万元	淤地坝 / 座				总库容 / 万 m^3	拦泥库容 / 万 m^3	可淤地 / hm^2
					合计	骨干坝	中型坝	小型坝			
合计		**4209.95**	**2477.00**	**1732.95**	**60**	**19**	**21**	**20**	**2439.93**	**1014.81**	**151.74**
1	旬邑县梁渠沟坝系	2591.75	1388.00	1203.75	45	11	14	20	1484.40	597.86	93.31
2	淳化县蒋家沟坝系	1363.52	888.00	475.52	13	6	7	0	807.00	343.92	51.54
3	长武县巨家沟坝系	254.68	201.00	53.68	2	2	0	0	148.53	73.03	6.89

第四章 生态环境治理

泾河流域各级人民政府，立足人与自然是生命共同体理念，统筹山水林田湖草系统治理，以泾河水资源保护、水污染防治、水环境治理、水生态修复为主，全面落实河长制，实现河流生命健康、永续利用。

第一节 水资源保护

2001 年，流域内由咸阳市水利局主持，市水利水电规划勘测设计院完成了《咸阳市城市饮用水源地保护规划报告》，严格划定了咸阳城市规划区饮用水源地保护区，划定了具体的保护范围并制定实施措施。市水政水资源管理办公室按照《咸阳市水资源管理办法》，认真履行水资源保护职责，加强取水许可审核，严肃查处非法凿井取水，并针对城区地下水超量开采、采补失衡、水环境恶化的客观情况，及时向咸阳市人民政府做出书面报告，并从 2002 年开始有计划、有步骤地实施关闭地下水超采区内企业自备水源井方案。2007 年 7 月 12 日，咸阳市人民政府下发了《咸阳市人民政府关于做好城市规划区内自备水源井关闭工作的通知》，加快了城区关闭自备水源井的工作步伐，当年即关闭 47 眼，年可减少地下水开采量 705.8 万立方米。据统计，2002 年至 2007 年底，累计关闭咸阳市城区企业自备水源井 135 眼，平均每年减少地下水开采量约 200 万立方米；2008—2010 年，咸阳城区又关闭自备井 132 眼，平均每年减少开采量约 460 万立方米，基本控制了地下水超采区水位持续下降的局面。

泾河干流饮用水源地保护涉及泾惠渠渠首水源地，其中涉及农业取水口 25 处、工业取水口 2 处、城镇生活用水 1 处。水源地主要有：长武县黑河水源地、彬州市李家川水库、彬州市四郎池水库、旬邑县石沟水库、旬邑县柏岭寺水库、永寿县西沟水厂水源地、泾阳县张家山水源地、礼泉县尧召水源地、乾县杨汉乡水源地、乾县二水厂、泾渭工业园区傍河水源地，共计 15 处。

1991—1992 年，彬州市全面开展水源地保护工作，设置水源安全地带保护标志，严禁在水源地百米之内种植农作物。同时，重视水源地绿化工作，防止和杜绝农药、化肥、生活污水与工业污水污染供水水源。1992 年 10 月，李家川水库开始向城区供水后，为了保障居民饮水安全，市政府组织搬迁居住在库周围的 12 户群众。1998 年后，先后划定的水源地主要有：南河水源地、李家川水库水源地、侍郎湖水源地、太峪河水源地。1998

年，市城建、水利部门制定了《彬州市县城饮用水水源保护区暂行管理规定》，该规定于1999年1月12日起执行；2007年5月，市环境保护局、市水利局联合发布《关于饮用水源地环境保护的通告》，进一步加强了对水源地的保护；2010年，市水利部门投资333万元，按国家规定的水源地保护要求，实施了李家川水库水源地保护工程。

彬州市严格落实生态流量管控，在程家川和枣渠水电站安装生态流量监测仪和监控摄像头，实现动态监测，适时提升泄洪闸，确保泄流量不低于泾河流量的10%。积极开展《地下水资源管理条例》宣传活动，签订5处国家级监测站管护协议，建设6个省级地下水监测井，推动地下取水规范化管理。多方位布点实施地下水监测，全市19个监测井采取控制开采量、防治污染等措施检测，水位达标率100%。编制《李家川饮用水源地保护工程实施方案》等文件，实施李家川、太峪水库主水源地安全设施建设，达到Ⅲ类水质标准。

第二节　水污染防治

流域内各市县认真贯彻执行《中华人民共和国水污染防治法》《陕西省渭河流域管理条例》，以水环境质量改善为核心，依法强化水污染防治，坚持保护和治理并重，持续推进工程治水、生态治水，城市水源地水质达标率100%，城市建成区无黑臭水体，水环境质量持续改善。沿泾两市城镇生活污水处理设施实现全覆盖，西安市城市污水处理率达到97.69%，县城污水处理率达到90.59%；咸阳市城市污水处理率达到98.07%，县城污水处理率达到90.72%。

泾河是流域内唯一的废污水排泄和承纳通道，但由于城镇污水处理设施的不完备、污染企业升级转型进程较慢、沿线居民垃圾倾倒也会对泾河水质有一定的污染，尤其对枯水期水质污染大。流域内结构性工业污染突出、城市污水处理水平较低、面源影响日渐显著、水污染事件频发。水质监测结果：泾河水系评价河长232.5千米，非汛期、汛期、全年平均全部评价河长均为Ⅲ类水质。虽然水质达标，但水质问题依然没从根本上解决。根据1991—2018年张家山泾惠渠引水断面以下干流河道流量分析，多年平均小于生态基流5.33立方米每秒的天数多达102天。

2006年5月28日，为了建立泾河流域水污染防治工作互动机制，全面推动泾河流域水污染治理，陕西、甘肃两省环保部门在甘肃省平凉市召开了“陕甘两省三市泾河流域污染防治座谈会”。会上，两省三市分别通报泾河流域各自行政区内水污染治理情况，并就两省三市如何共同防治泾河流域水污染进行了认真研究。会议决定：一是建立两省三市泾河流域水污染防治联席会议制度。甘肃省平凉市、庆阳市，陕西咸阳市要形成共同治理泾河流域水污染的互动机制，定期召开泾河流域水污染防治工作联席会议，通报泾河流域水污染治理工作，交流水污染治理信息，探讨治理措施，研究部署阶段性工作。二是建立两省三市泾河流域水污染信息交流与通报制度。两省环保部门要加强泾河水污染防治的信息交流与沟通，陕西省与甘肃省，咸阳市与平凉市、庆阳市之间都要建立水污染防治信息沟通渠道，发现水污染问题要及时通报。三市环境监测部门应定期在甘陕泾河交界处取样共同监测泾河水质，交流监测结果，共同分析研究污染情况。三是加强泾河流域环境管理。要制定污染治理计划时间表，逐步淘汰、关闭流域内印染、造纸、果汁、皮革、化工、酿造等高耗能、重污染、治理无望的企业。陕西省泾河流域应在 2006 年底前淘汰 3.4 万吨以下化学制浆造纸企业和 2 万吨以下的废纸造纸企业，半化学制浆造纸企业实现零排放；甘肃省泾河流域应在 2006 年底前淘汰 1.7 万吨以下化学制浆造纸企业和 1 万吨以下的废纸造纸企业，在 2007 年底前淘汰 3.4 万吨以下的化学制浆造纸企业。泾河流域内禁止建设不符合国家产业政策的项目。三市如在泾河流域新建对环境影响较大的重点项目应互相邀请参加项目的环境影响评估。四是加大流域内环境执法力度。要严肃查处停运治污设施、偷开超排污染物等违法行为，对废水排放量大的企业要安装自动在线检测装置，督促泾河流域果汁、造纸、印染、皮革、化工、酿造等重点行业企业加大污染治理投入，建设污水处理设施，促使企业早日实现稳定达标排放。五是加强流域治理合作，促进企业之间相互交流水污染防治工作经验和成果。研究流域治理规划，共同向国家有关部门反映泾河及渭河水污染防治情况，争取支持。

2016 年陕西省环保厅编制印发了《泾河流域陕西段水污染防治规划》(简称《规划》)。《规划》结合泾河干流及支流水资源和污染源现状，制定了 2020 年的近期规划和 2025 年的远期规划，以工业点源、城镇生活和农村面源污染治理为抓手，以项目实施为落脚点，以新技术、新思路、新方法为支撑，在提升环境保护及管理能力的基础上，全面开展泾河流域陕西段的水污染防治工作。

“十三五”期间，积极实施水污染防治行动计划，流域内咸阳市人工湿地建设和自然湿地恢复形成湿地 17 处，面积约 6700 公顷，城市污泥无害化处理率 100%。2020 年，流域内咸阳市 8 条河流 20 个地表水考核断面水质优良比例 80%，较 2015 年提高 38 个百分点，其中，11 个国省级考核断面水质优良比例 100%，高于省级考核目标 36 个百分点。城市和县城集中式饮用水水源水质达标率 100%，城市水环境质量连续稳定排名在全省第一方阵。强化水污染防治项目实施，先后实施城镇污水处理厂扩容改造、工业园区污水处理设施建设、农业畜禽养殖污染防治、入河口及污水处理厂下游人工生态湿地等水污染防治项目 41 个。水污染防治机制上，制定实施《咸阳市水污染防治实施方案》及年度方案，细化任务分工和工作目标，夯实各级各部门责任，逐年度实施目标责任考核。同时，实行渭河流域水污染补偿和水环境质量通报制度，倒逼各县市区主动治理，形成了水污染防治合力。重点流域综合治理上，突出黄河流域生态保护，重点推进泾河、沣河等河流综合治理。饮用水水源保护上，率先在全省完成镇（农村）集中式饮用水源保护区划定，累计划定水源保护区 284 处。开展集中式饮用水水源地环境保护专项行动，完成全市 6 个县级地表水型饮用水源保护区内 29 个环境问题整治。同时，每季度监测公开县级以上饮用水安全状况，每年评估县级以上集中式饮用水水源地环境保护状况，目前评估结果全部达到优秀等次。对彬州、长武、旬邑、淳化等地表水集中式饮用水水源地进行专项整治，共排查问题 32 个。水污染防治水平提升上，强化城镇基础设施建设，县级以上污水集中处理设施设计日处理能力达到 72.1 万吨，城市和县城污水处理率分别达到 96.4%、91.7%，城市污泥无害化处理率 100%。农业农村水污染防治，累计完成 639 个行政村农村污水治理，治理率 35.8%，畜禽粪污综合利用率 90.69%，规模化养殖场粪污水处理设施装备配套率 98.26%，化肥、农药使用量保持零增长。工业企业治理上，累计核发排污许可证 882 张，实现固定污染源排污许可全覆盖。同时，严格落实取用水总量控制和超定额累进加价制度，2020 年用水总量控制在 7.75 亿立方米以内。

泾阳县印发《泾河流域泾阳段水污染综合及水环境保护项目实施方案》，加快实施泾河水环境治理项目。开展泾河流域泾阳段周边工业企业、工业集聚区等环境风险排查，对高风险化学品生产、使用实行严格限制，并逐步淘汰替代。彬州市狠抓基础设施建设，新民镇、水口镇、北极镇污水处理厂已建成运行，彬西新区污水处理厂、义门镇及永乐镇污水处理厂建设稳步推进，西河中段综合治理工程也已启动实施。同时加大入河排污口整治力度，督促各煤矿积极实施井下废水处理设施提标改造，确保各入河排污口水质排放达到Ⅲ类水质标准。高陵区对辖区泾渭河排污口开展了全面摸排，建立了排污口台账，加强管理，高陵区境内有 1 处地表水断面（泾河入渭断面），为省级考核断面，根据省、市要求水质需达到或优于《地表水环境质量标准》（GB 3838—2002）Ⅲ类。

泾河干流共设置 1 个国家级考核断面、3 个省控断面，分别是泾河桥、太平镇临泾桥、泾河出西咸和马东村断面。其中，纳入国家“水十条”考核断面的 1 个，为泾河桥。根据流域内咸阳市 2020 年 12 月暨 1—12 月水环境质量状况统计记载，泾河干流 4 个监测断面，1—12 月，Ⅰ ~ Ⅲ类水质断面 4 个（泾河桥、太平镇临泾桥、香庙镇、亭口镇），占比 100%。与上年同期相比，水质无明显变化。三水河 1 个监测断面（芦村河），1—12 月，水质类别为Ⅱ类，与上年同期相比，水质无明显变化。泔河 4 个监测断面 1—12 月，Ⅰ ~ Ⅲ类水质断面 1 个（凤凰桥上游），占比 25%；Ⅳ ~ Ⅴ类水质断面 2 个（泗沟、北屯桥），占比 50%；劣Ⅴ类水质断面 1 个（屈家嘴），占比 25%。与上年同期相比，Ⅰ ~ Ⅲ类水质断面增加 25 个百分点，Ⅳ ~ Ⅴ类水质断面减少 17 个百分点，劣Ⅴ类水质断面减少 8 个百分点。黑河 1 个监测断面（张家桥），1—12 月，水质类别为Ⅲ类，与上年同期相比，水质下降 1 个类别。

泾河干流水质断面设置情况见表 4–4–1。

表 4–4–1 泾河干流水质断面设置情况

序号	断面名称	所属县（市、区）	断面级别	断面类型	断面属性	说明
1	杨家沟桥（长宁大桥）	长武县	市控	控制断面	长武县入境	
2	亭口镇	长武县	市控	控制断面	长武县出境	
3	香庙镇	彬州市	国控	控制断面	彬州市出境	

续表 4-4-1

序号	断面名称	所属县（市、区）	断面级别	断面类型	断面属性	说明
4	太平镇临泾桥	泾阳县	省控	控制断面	泾阳出境 / 空港入境	
5	西咸北环线桥	西咸新区	市控	控制断面	空港境内控制	
6	泾河出空港	西咸新区	市控	控制断面	空港出境	
7	泾河桥	西咸新区	国控	控制断面		
8	泾河出西咸	西咸新区	省控	控制断面	西咸出境	
9	泾河入渭口（马东村）	高陵区	省控	控制断面	入渭水质	

数据来源：陕西省生态环境厅《2020—2021 年环保快报》

2020 年 12 月泾河干流水质监测结果一览表见表 4-4-2。

表 4-4-2　2020 年 12 月泾河干流水质监测结果一览表

河流	城市	断面	2019 年 12 月水质类别（同比）	2020 年 12 月水质类别（本期）	2020 年考核目标	达标情况	超过考核目标的污染物（类别，倍数）
泾河	咸阳市	大平镇临泾桥	Ⅱ	Ⅱ	—	—	—
		泾河桥 *	Ⅱ	Ⅰ	Ⅲ	达标	—
	西咸新区	泾河出西咸	Ⅱ	Ⅱ	—	—	—
	西安市	马东村	Ⅲ	Ⅲ	—	—	—

注：“*”为国家“水十条”考核断面。

来源：陕西省生态环境厅 2021 第 3 期环保快报

第三节　水生态修复与保护

泾河水功能区及水质监测情况：泾河共划分功能区 7 个，其中一级水功能区 2 个，水质目标Ⅲ类；二级水功能区 5 个，水质目标Ⅳ类。沿河共布置监控断面 9 个，截至目前水质平均达到Ⅱ类。沿河咸阳、西安市均建立生活垃圾处理厂，城镇生活垃圾无害化处理率达到 95% 以上，沿河村镇推行“村收集、镇转运、县处理”的生活垃圾处理模式。

流域各市县人民政府，发挥河湖长制作用，推动水生态环境修复与保护。积极进行河湖治理，编制县域水生态文明建设规划，开展泾河、泔河等重要河流综合治理，恢复、改善河流水生态功能。实施涝池水生态修复项目，改善农村生态环境。建设“海绵型城镇”，采取“蓄、净、用、排”等保水措施，培育城镇水土保持示范工程。以重要支流、中小河流、中小水库、淤地坝、池塘为重点，大力开展湿地修复与保护，形成相对完整的湿地生态系统。调整、编制水库及水电站调度运行方案，加强调度管理，确保下游河道生态基流。开展农村水环境治理。推进生态镇、生态村和绿色小康村创建活动，以生活污水治理和河道、池塘、沟渠垃圾清理为重点，综合整治农村水环境。

2007 年以来，彬州市累计投资数亿元实施了 7.5 千米泾河城区段防洪大堤，该工程建成后，城区段防洪能力显著增强，大堤南部新增绿化景观带 1400 多亩，堤北水域和湿地面积达 7200 多亩，有效改善了城区空气质量；相继实施了城区大佛寺至彬长界段 312 国道改线以堤代路治理工程及鸣玉池污水处理厂等一系列防洪和改善水环境的民生工程。2019 年西安市委、市政府提出全域治水、碧水兴城的治水愿景，高陵区遵循“治、用、保、引、管”的总体思路，制定了《全域治水碧水兴城西安市高陵区河湖水系保护治理三年行动方案（2019—2021 年）》，围绕污水处理能力提升和泾渭河防洪及水域环境治理 2 个方面 12 项任务（3 年 7 项任务，远期 5 项任务），确保每条河流都成为造福人民的幸福河。2022 年《陕西省渭河水生态修复规划》中明确泾河以河道整治为重点，以控制河床演变、稳定河势、减少塌滩塌岸、提高河道的行洪能力、确保堤防安全为目标，安排治理河长 140 千米。新建堤防工程 10 处，总长 36.98 千米，加固堤防工程 4 处，长 7.91 千米；建设河道工程 40 处，总长 41.73 千米；建设防汛道路 10 条，总长 93.13 千米；高岸坡治理工程总长 24.1 千米。

彬州市是全国第三批生态环境建设综合治理工程重点县。1999 年，生态环境建设综合治理工程经国家发改委批准立项，2000 年项目动工建设。工程建设区域为水帘河、红岩河两个小流域，涉及韩家、车家庄、底店、水口、城关、义门、北极、西坡、水乐、新民、小章等 11 个乡镇，总面积 426.07 平方千米，到 2002 年整个工程累计投入 1677 万元，群众投资 237.7 万个工日，完成人工造林 2751.8 公顷，飞播造林 866.67 公顷，封育治理 2130 公顷，退耕还林 1145.83 公顷，草场改良 734 公顷，人工种草 2247 公顷，修建基本农田 340 公顷，建设淤地坝 9 座，谷坊 10 座等小型水利工程 323 处，修建沟头防护工程 27.3 千米，生产道路 85.5 千米。通过工程建设，水帘河、红岩河两个流域农业生产基本条件得到改善，两个流域新增林草面积 7011.3 公顷，林草覆盖率提高了 10.3 个百分点，治理度由 1999 年的 30.1% 提高到 2002 年的 47.4%，年减少土壤侵蚀 28.4 万吨。

第五篇　流域综合管理

河流是有生命的，随着河流健康受到越来越多的重视，20世纪90年代以来，社会各个层面逐步认识到传统治水理念的不足，并开始探讨新的治水方略，流域综合管理受到各方面越来越多的关注。流域的管理，就是统一规划、统一治理、统一调度、统一管理，习近平总书记“十六字”治水思路提出后，对流域管理赋予了新的内涵，就是构建流域统筹、区域协同、部门联动的管理格局，加强流域综合执法，发挥河湖长制作用，推进流域联防联控联治，强化河湖统一管理、水权水资源统一管理，一体提升流域水利管理能力和水平。本篇主要从流域规划、水资源管理、河湖长制、法治建设、科技创新五章予以记述。

第一章　流域规划

治理规划是河道治理的重要依据。新中国成立前，泾河没有治理规划。新中国的成立，为泾河治理事业提供了新的历史条件和广阔的前景。20世纪50年代初期，在毛泽东主席“要把黄河的事情办好”的号召推动下，泾河作为渭河的一级支流，黄河中游主要的二级支流，开始了有组织、有计划的规划工作。从1950年起，水利部门先后多次组织各方面技术力量，积极准备编制泾河流域的治理规划，并不断根据国民经济建设发展的需求，其间经历了编制泾河水资源、防洪、河道、水污染等各专项规划，反复进行修订、补充和提高。规划编制后，大多数没有得到政府部门批复和实施。直到2017年，泾河河道治理规划经历了由零散设防到统一综合治理规划，由低标准治理到高标准综合治理的变化过程。

第一节　历次规划概况

一、1954年规划

黄河技经报告将泾河张家山以上流域列为最先实行水土保持工作的区域之一，并选定镇原县三岔和庆阳县南小河沟（现属西峰市）两个水土保持治理典型区。

对泾河的拦泥兴利工程布局，做了4个比较方案，即：大佛寺水库集中控制；蔡家嘴、郑家河、巴家嘴、老虎沟、曲子镇等5座大型水库控制；19座中小型水库分散控制；沟壑土坝控制等。从控制面积、拦泥效果、工程造价、单位库容投资及生效时间等方面比较，都以集中控制为好。因此，选定大佛寺等6座大型水库为开发对象，并推荐大佛寺水库为第一期工程。

二、1957—1958年流域规划

1956年1月，国家计委下达《编制泾河流域规划计划任务书》，确定规划由水利部负责，在中央有关部门和有关省的配合下，责成黄河勘测设计院具体进行。水利部于1956年2月，向黄河勘测设计院下达了《编制泾河流域规划任务书》。黄河勘测设计院于1956年2月编制规划工作计划，拟定各专业组的任务书。组成以李振华、苏平、洪道兴为正、副队长的泾河查勘队，在地方抽调技术人员配合下，对泾河流域进行查勘（包括张家山以下，东至北洛河，西至漆水河，可能引用泾河水灌溉的地区），并收集资料。1956年10月提出《泾河流域规划初步意见》。随后将查勘队改为泾河规划项目组，编制规划。规划工作分两步进行，第一步于1957年2月完成各专业规划报告，然后在各专业报告的基础上，进行综合，于1957年4月提出《泾河流域规划要点》。第二步是编制泾河流域规划报告，1957年12月完成。任务是以拦泥蓄水为主，结合流域水土保持，发展灌溉、发电。泾河修建水库的

目的主要是尽最大可能控制泥沙，以减少三门峡水库的淤积和调蓄水量，充分利用水资源发展灌溉。因此，必须在全流域布设水库网。水库拦泥的利用期限是以水土保持拦泥效益达到极限，减少泥沙 84.5% 时为准，即运用到 2026 年。在全流域共选出大佛寺、蔡家嘴两座大型灌溉水库，老虎沟、三里桥、郑家河、巴家嘴、王凤沟等 5 座大型拦泥水库和沙南等 21 座中小型灌溉水库。以上共 28 座水库。

1958 年 3 月，黄河勘测设计院提出《泾河流域规划初步意见》，主要将 1957 年规划的速度加快，并发展塬区提灌。要求水土保持工作，塬区在 2 年内、土石山区在 3 年内、黄土丘陵沟壑区在 5 年内基本控制水土流失。流域内的甘肃部分发展灌溉面积 500 万亩，主要是塬区提灌，陕西部分发展灌溉面积 470 万亩，主要是修建大佛寺水库调节水量，并建张家山（或吊儿嘴）壅水坝抬高水位，发展张家山以下泾河两岸灌区。

1958 年 3 月，陕、甘两省达成协议：甘肃省除大力进行水土保持和小型水利工程外，还修建巴家嘴、老虎沟两座拦泥水库，抽水灌溉两岸塬地，并为大佛寺水库拦泥延长寿命；陕西省建大佛寺水库，拦泥蓄水，并以大佛寺水库的电能供甘肃省抽水上塬。据此，巴家嘴、大佛寺两座水库分别于 1958 年及 1959 年开工修建。巴家嘴水库于 1962 年建成，坝高 58 米，总库容 2.57 亿立方米。大佛寺水库因缩短基建战线于 1961 年停建。

1958 年 12 月黄委会编制《黄河综合治理三大规划草案》，对泾河规划拟在干流上建崆峒峡、大佛寺两座水库和吊儿嘴壅水坝，在支流上建西和平、三里桥、小河口、小庄、姚家川、三水河等 6 座水库，并建巴家嘴、老虎沟两座水库电站，电力提水上塬，共发展灌溉面积 860 万亩。

三、1961 年拦泥规划

为了在泾河流域选择适宜坝址，研究其拦泥增产的可能效益，黄委设计院第三勘测设计工作队（队长宋寿亭、王晋聪）于 1961 年初对泾河干流大佛寺至张家山河段及洪河、蒲河、马莲河、黑河等支流进行查勘，拟定 5 个方案进行粗算比较：

（1）建大佛寺拦泥水库集中控制。

（2）为了延长大佛寺水库的寿命，在其上游建老虎沟拦泥库。

（3）建老虎沟拦泥库单独控制。

（4）建大佛寺拦泥水库和老虎沟、郑家河两座拦泥库。

（5）在大佛寺拦泥水库下游建黑嘴梢调节水库一座。

巴家嘴为已成水库，参加各方案。

黄委设计院利用 20 世纪 50 年代的查勘规划资料，对泾河流域的拦泥、兴利工程做了初步规划。提出在泾河上修建巴家嘴、郑家河、王凤沟、枣沟、八上台、灵沟、车家坪、老虎沟、三里桥等 9 座大中型拦泥库和大佛寺、崆峒峡、庙底、老龙潭等大、中小型水库 48 座。同年 5 月，黄委设计院谢正枋等在年初所做初步规划的基础上，参考 50 年代的查勘规划成果和勘三队的查勘资料，对泾河的拦泥规划进一步研究，编写有《黄河中游干支流治理规划初步意见草稿（泾河部分）》。

四、1962 年开发治理研究

为研究泾河流域开发治理方向，黄委规划设计处张学勃、张登荣等在 1957 年和 1961

年两次规划成果的基础上，于1962年对泾河的开发治理进行探讨，进行全河水量平衡计算和坝库工程布局，并结合灌溉调节要求，对大佛寺水库做了专门研究。

泾河的开发治理，研究了三种方式：一是以拦泥为主结合发展灌溉；二是单纯拦泥；三是以发展灌溉为主结合拦泥。分析比较后认为，若在拦泥上没有特殊要求，应以地方兴利为主，即以发展灌溉为主结合拦泥为优，实施较容易。对泾河共安排大佛寺等7座水库，可发展灌溉面积356.4万亩，年拦泥量占张家山以上沙量的19.3%。

五、1964年规划

水电部于1964年2月下达《编制〈泾、渭河流域规划〉任务书》（简称《任务书》）。《任务书》指出，根据1964年2月全国水利会议精神，依靠黄委的力量，在三门峡以上先进行泾、渭河流域规划，作为以三门峡为中心的黄河近期规划的一部分。规划的任务是：为泾、渭河流域的开发和减少三门峡水库及渭河下游河道淤积的影响，应在总结历次规划和已有资料的基础上，进一步贯彻以农业为基础的方针，加强调查研究，总结群众经验，提出泾、渭河流域规划。规划分两个阶段进行，1964年底提出泾河流域规划及渭河下游相应治理的初步意见报告，以便确定泾河的第一期工程，逐步开始泾河的治理。1966年提出泾、渭河规划报告。

规划任务由黄委规划设计处周鸿石、曹太身等30人承担。对历次查勘规划成果做了研究后，于1964年4—7月，对泾河及渭河咸阳至潼关段进行查勘。查勘后，1964年9月由曹太身执笔写有《泾河流域和渭河下游咸阳至潼关段查勘报告（初稿）》。随即转入规划编制工作。规划任务有两项：一是为解决三门峡水库淤积和渭河下游河道淤积影响西安市的问题，必须迅速减少进入三门峡水库的泥沙，泾河流域除大力开展水土保持外，必须尽快修建拦泥库工程；二是张家山以下的数百万亩耕地，要求调节泾河水量进行灌溉，必须修建水库。规划以拦泥为主，同时发展灌溉和水电。规划着重研究了拦泥工程布局，共选出东庄、大佛寺、巩家川、巴家嘴、王凤沟、三里桥、崆峒峡、店子洼等29座拦泥水库或拦泥库组成3个方案（均包括已成的巴家嘴水库）。于1964年12月提出《泾河规划阶段报告》。

六、20世纪70年代规划

黄委规划二分队，根据陕西省革命委员会的指示，在咸阳地区革命委员会的领导下，组成泾河流域规划组，经过调查研究，于1970年7月提出《陕西省泾河流域规划初步意见》，又于1971年11月与咸阳地区水利电力局共同编制《陕西省泾河流域规划意见（初稿）》，上报陕西省水电局和计划委员会。继而会同甘肃省水利电力局勘测设计第一总队和平凉、庆阳两地区的水利水保部门，组成规划队，进行甘肃省泾河流域的规划工作。于1972年4月提出《甘肃省泾河流域治理规划报告》和《马莲河流域治理规划报告》。

七、1985年规划

根据水电部的统一部署，泾河流域分属陕西、甘肃、宁夏三个省（区）的规划，于1985—1986年分别做出，并报送黄委。

陕西省提出的规划，除在2000年以前修建黑河亭口（姚家湾）大型水库1座，主要解决彬州市、长武地区工业、城镇生活用水和灌溉长武塬地外，还规划在2000年以后，修建东庄大型水库，以解决日益增长的城镇生活、工业用水和关中地区的灌溉用水。在支流修建三水河埝里、红岩河马家河及四郎河郭家庄等3座中型水库，以发展塬地灌溉和解决农村人畜饮水。到2000年，有效灌溉面积发展到139.16万亩，水土流失治理面积达6261平方千米，占水土流失面积的79%。

甘肃省提出的规划，到2000年建成王峡口、朱家涧、新集、铜城等4座面积5000亩以上灌区60处，有效灌溉面积78.72万亩，加上小型灌区，1985年有效灌溉面积达234.74万亩。其中，宁夏11.07万亩，甘肃94.52万亩，陕西129.15万亩（不包括泾惠渠灌区渭河耕地102万亩）。

八、20世纪90年代规划

1990年，根据水利部《关于进行泾河流域水资源统一规划的通知》（水规〔1990〕55号），1993年黄河水利委员会编制完成《泾河流域水资源利用规划》，重点分析比较解决流域缺水问题的水源方案；对重点水源点进行工程规划，规划分析泾河东庄水库入库径流、泥沙等关键技术问题。2000年6月，陕西省水电设计院编制的黄河流域《陕西省河流防洪规划报告》中有关泾河防洪的规划，指出：泾河干流陕西段河道总长272.5千米，规划涉及干流上段和下段，治理河长145.5千米。干流上段上起长武县汤渠村，下至彬州市早饭头泾河大桥，河道长78千米；干流下段从泾惠渠渠首至入渭河口处，河道总长67.5千米。干流上段城市防护区仅有彬州市城区，干流下段西安市所辖高陵区境内河段，列入城防保护区。规划2010年完成泾河全部防洪工程建设任务。共计修建各类堤防54.4千米，磨盘坝313座，丁坝65座（其中潜丁坝4座），顺坝15座，固滩坝26座，锁坝23座，砌石护滩28.86千米，河道疏浚1.1千米，使泾河干流陕西段农防标准达到10年一遇，彬州市城区和高陵区段防洪标准达到30年一遇。

九、2000年以来规划

2005年6月，陕西省水电设计院完成《陕西省泾河流域水资源开发利用规划》修编。2007年10月，陕西省水利厅对泾河干流咸阳段防洪规划做出了批复。2007年11月陕西省江河水库管理局主持编制《陕西省泾河流域综合规划》，2012年7月陕西省水利厅对修编的规划报告进行了复审。2016年，为了对泾河流域陕西段水污染防治工作进行安排部署，在陕西省水利厅、陕西省生态环境厅的指导下，开展了针对泾河流域陕西段的水污染防治规划，编制印发了《泾河流域陕西段水污染防治规划》。2017年9月陕西省水利厅启动了泾河流域规划的修编工作。2017年11月陕西省政府批复了《陕西省泾河流域综合规划》。2020年3月1日，西安市委办公厅、西安市政府办公厅联合印发《全域治水 碧水兴城 西安市河湖水系保护治理三年行动方案》。方案明确，西安市全域治水遵循"治、用、保、引、管"的总体思路，全面推进泾河治理工程。

第二节　各阶段规划要点

一、陕西泾河干流河道治理规划

泾河干流规划始于20世纪50年代，黄河水利委员会对陕西省境内泾河干流进行全面查勘，提出大佛寺、东庄二级开发方案。1974 年后陕西省水电设计院对泾河干流开发做进一步规划工作，提出《陕西省泾河干流水利工程开发意见》，选定大佛寺一级开发方案，后因煤炭部门和铁路部门提出大佛寺水库影响煤田开发及铁路建设，否定大佛寺水库开发方案。1984 年陕西省水电设计院对泾河干流进行规划，提出东庄水库一级开发方案。1997 年由陕西省组织编制了《泾河干流陕西段防洪规划》。2004 年咸阳市组织编制《泾河干流咸阳段防洪规划》，规划主要内容为防洪治理，明确泾河河段规划堤距以及治导线走向等，同时对 1997 年规划工程进行论证和修改。2012 年泾河被列入流域面积 3000 平方千米以上国家江河主要支流治理项目，涉及长武、彬州、泾阳、礼泉四个县（市）。2012 年 6 月陕西省水环境工程勘测设计研究院编制完成了《陕西省重要支流治理泾河咸阳段防洪工程可行性研究报告》（送审稿）。2013 年 12 月《陕西省重要支流治理泾河咸阳段防洪工程》在黄河水利委员会审查后，根据黄河水利委员会审查意见，项目内容应包括咸阳段、西安段，因此根据黄河水利委员会意见，项目名称更名为《陕西省泾河干流河道治理工程》。2014 年 10 月，陕西省水环境工程勘测设计研究院依据黄河水利委员会预审意见完成了《陕西省泾河干流河道治理工程可行性研究报告》的修改工作。工程涉及泾河干流上、下两段，全长为 139.5 千米。上段河道长 78 千米，起于长武县洪家镇汤渠村至彬州市炭店镇早饭头；下段河道长 61.5 千米，起于泾阳张家山泾惠渠渠首至高陵陈家滩入渭河口。主要任务是在现有河道治理工程的基础上，通过新建堤防、护坡护岸、河道整治等工程措施，完善泾河干流的防洪体系，提高沿河两岸的防洪能力。主要建设内容为：

（1）堤防工程。新修堤防 2 段，长 2.09 千米，其中长武县 1 段 1.10 千米，泾阳县 1 段 0.99 千米。

（2）护岸工程。新建护岸 23 处，长 22.80 千米，其中长武县 11 处 8.47 千米，彬州市 9 处 5.99 千米，高陵区 3 处 8.34 千米。

（3）河道整治工程。新建河道整治工程 17 处，长 17.23 千米，坝垛 287 座（磨盘坝 275 座，短丁坝 12 座），其中长武县 1 处 0.68 千米，磨盘坝 12 座；泾阳县 12 处 12.96 千米，磨盘坝 212 座；礼泉县 3 处 2.94 千米，磨盘坝 51 座；高陵区 1 处 0.65 千米，短丁坝 12 座。

（4）防汛道路。新建防汛道路 3 段 16.63 千米，全部位于泾阳县。

建设期：2015 年 9 月至 2019 年 8 月。工程总投资 59347.75 万元。

二、陕西省泾河干流咸阳段防洪规划

1999 年咸阳市开始编制该规划，经过多次调研论证，现场踏勘，于 2007 年 5 月全面完成规划报告编制工作，5 月 30 日陕西省水利厅在西安召开了《陕西省泾河干流咸阳段防洪规划报告》审查会，2007 年 10 月，陕西省水利厅以陕水汛旱〔2007〕14 号文对泾河干流咸阳段防洪规划做出了批复。

该规划范围涉及长武汤渠至彬州市早饭头（长 71.0 千米）和泾惠渠渠首至泾河西铜铁路桥（长 50.5 千米）之间两段河道。规划基准年为 2004 年，规划水平年近期为 2010 年，远期为 2020 年。规划近期目标为 2010 年前全面完成泾河干流咸阳段防洪工程建设任务，使农防范围的防洪标准达到 10 年一遇；彬州市城区防洪标准达到 30 年一遇；彬长马屋电厂厂区防洪标准达到100年一遇。规划工程包括中水整治工程和洪水整治工程两部分，布设各类堤防长度共计49.99千米，磨盘坝176座、丁坝18座、顺坝11座、锁坝28座、固滩坝21座、砌石护岸长29.71千米及河道疏浚1.1千米。工期5年。工程总投资概算44748.21万元。工程建成后将对保护沿河4县22万人、12.4万亩耕地起到很大的促进和保证作用。

三、陕西省泾河流域水资源开发利用规划

2005年6月，陕西省水电设计院完成《陕西省泾河流域水资源开发利用规划》修编。规划重点对泾河干流水资源开发(泾河干流一级开发方式,引干入支调蓄方式)及开发目标、任务，主要支流开发方案、目标及任务等进行较深入的研究。省内泾河流域以张家山为界，分为张家山以上和张家山至河口两个水资源分区。省内泾河流域年降水总量50.91亿立方米，多年平均自产径流量4.35亿立方米；补给地下水资源量3.8亿立方米，扣除重复量后，流域自产水资源总量5.78亿立方米。2003年流域内现有水源工程75%代表年可供水4.70亿立方米，2010年、2020年流域75%代表年预计总需水分别为5.63亿立方米和6.33亿立方米。水资源供需平衡分析，预计2010年流域总缺水0.93亿立方米，其中张家山以上缺水0.64亿立方米，以下缺水0.29亿立方米；2020年流域总缺水1.63亿立方米，其中张家山以上缺水1.39亿立方米，以下缺水0.24亿立方米。规划泾河流域水资源开发拟在干流修建东庄水库和引干入支两种开发方式；支流重点工程规划有黑河亭口水库、三水河马栏河水库、红岩河水库和四郎河郭家庄水库。泾河干支流水沙控制以后，可减轻渭河下游的淤积，改善渭河及其泾河下游河道的生态环境，可增加工业、生活供水2.77亿立方米。

四、陕西省泾河流域综合规划

2007年1月，国务院召开了全国流域综合规划修编工作会议，全面部署了新一轮流域综合规划修编工作。2007年11月陕西省水利厅安排部署，由陕西省江河水库管理局主持编制《陕西省泾河流域综合规划》，2009年6月4—6日，组织召开了泾河和洛河流域综合规划成果咨询会。2010年1月，陕西省江河水库管理局编制完成《陕西省泾河流域综合规划》报批稿，2011年12月规划通过陕西省水利厅审查。2012年陕西省水利厅建议将规划水平年从2005年调整到2010年，编制单位对规划进行了修编，2012年7月陕西省水利厅对修编的规划报告进行了复审。2017年9月陕西省水利厅启动了泾河流域规划的修编工作。接到任务后，编制单位赴沿河各县（区）进行实地踏勘、调研、资料收集，并征求了地方各部门的意见，开展综合规划报告修编工作，于2017年11月完成征询意见稿，在征询相关市政府和相关省厅（委）意见后，完成了规划报告。总体规划方案针对泾河“水少、沙多，水沙关系不协调”的特点，统筹协调流域经济社会发展和维持泾河健康生命的需求，以“增水、减沙，调控水沙”为主线，统筹改善生态环境、防洪减淤、水土保持、水资源利用、流域综合管理等要求，研究提出泾河治理开发的总体布局和综合管理的框架体系。张家山以上丘陵沟壑区以水土流失治理、防洪减灾和水资源保护为主，适度开发水资源，控制水土流失，保障城市水源水质；张家山以下平原区以水资源和水环境保护为主，合理配置水资源，保障生活生产用水；确保干支流沿岸重要城镇、工业区防洪安全。规划现状年为2015年，近期规划水平年为2020年，远期规划水平年为2030年。规划范围为泾河流域陕西省境内0.92

万平方千米的区域。治理措施总投资为489.69亿元（扣除已有专项规划解决资金项目后，总投资为259.46亿元），其中2020年投资规模为203.39亿元，2030年流域综合治理的投资规模约为286.30亿元。

五、陕西省泾河干流综合治理规划

按照“保安全、调水沙、保生态、促发展”的理念，通过堤岸防护、滩槽整治、生态修复、岸线开发，实现泾河“安澜景致、水清岸绿、峡谷湖光、城河交融”的整治目标，使泾河的资源功能、环境功能、生态功能得到充分释放，支撑两岸经济社会实现可持续发展。规划通过实施整治河道、建设堤防、防护岸坡、连通道路、整理滩区、保护湿地、配置水量、净化水质、改善环境等措施，新建堤防工程10处，总长32.42千米，加固堤防工程2处，长3.90千米；修建河道工程共39处，总长50.07千米；布设防汛道路12条，总长91.97千米；高岸坡治理工程总长24.1千米；滩区清障面积18.35平方千米；建设自然保护区1处、建设水利风景区3处、滨河公园7处、滩区公园3处、河道水面工程3处、河口湿地公园2处、小型河口人工湿地7处；岸坡生态修复15.64千米；建设行道林和防护林各174.20千米、防浪林32.42千米。工程总投资为78亿元。

六、泾河流域陕西段水污染防治规划

2016年，为了对泾河流域陕西段水污染防治工作进行安排部署，在陕西省水利厅、陕西省生态环境厅的指导下，开展了针对泾河流域陕西段的水污染防治规划，编制印发了《泾河流域陕西段水污染防治规划》。该规划结合泾河干流及支流水资源及污染源现状，制定了2020年的近期规划和2025年的远期规划，以工业点源、城镇生活和农村面源污染治理为抓手，以项目实施为落脚点，以新技术、新思路、新方法为支撑，在提升环境保护及管理能力的基础上，全面开展泾河流域陕西段的水污染防治工作。对渭河干流及其主要支流实施水污染补偿考核，由省级延伸至市县级，已经按照层级全面铺开实施。

七、陕西省黄河流域生态保护和高质量发展水利专项规划

2020年9月，《陕西省黄河流域生态保护和高质量发展水利专项规划》中的“陕西省泾河水生态修复治理工程”主要建设内容，包括水生态修复提升、水文化弘扬展现。一是生态水量保障。结合正在建设的东庄水利枢纽及咸阳亭口水库、彬州市红岩河水库等水源工程，设立泾河水资源调度中心和监测站，开展泾河生态水量调度和水质保护，实现水资源“统一调度、保障基流、水质达标”。二是水生态修复提升体系建设。建设治污湿地6处，河道水面工程2处；建设小型河口人工湿地7处；规划建设6处水源保护区，加强西安泾渭湿地省级自然保护区的保护，结合东庄水库建设“泾河国家公园”；建设水量监测断面5处、水质监测断面11处、流动监测实验室2个、水环境监测管理中心2处、监测管理站10个、地下水监测站14处；更新改造水文站3处；总投资23.6亿元，水生态修复提升体系投资约22.8亿元，生态水量保障体系投资约0.8亿元。“十三五”期间陕西省级在泾河水生态治理投资0.4亿元，“十四五”剩余投资23.2亿元。剩余投资来源为中央补助资金、地方财政资金和民间投资。

八、“八水润西安”规划（泾河）

2012年底，泾河纳入“八水润西安”河系规划。规划治理目标：

（1）建立河流水网体系，保证防洪安全。

（2）统一河流治理步伐，助力城乡发展。

（3）提升河流景观开发，推动都市水韵。规划年限，现状基准年为 2011 年；近期规划水平年为 2015 年；远期规划水平年为 2020 年。

防洪治理工程规划，①规划堤距：左岸韩村河弯以上堤防两岸堤距按 800 米控制，韩村河弯到泾河工业园区公路桥之间为过渡段，泾河工业园区公路桥以下最小堤距按 500 米控制。②河堤设计：设计堤顶宽 14 米，堤顶道路为宽 8 米沥青路面，迎水坡、背水坡坡比均为 1∶3，迎水坡采用 30 厘米厚格宾护垫植草护坡，背水坡采用草皮护坡。堤防背水坡坡脚外设 20 米护堤地。③拦河坝规划：本次规划 1 座橡胶坝，坝长 400 米，坝高 5.5 米，回水长度 3.1 千米。④水景观开发规划，以泾河河流为轴线，融合郊野与城市，体现自然与人文，以生态保育、文化旅游休闲为主要功能的城市风景线保持河流部分湿地浅滩的完整性，把原有局部地形比较低洼平坦的农田进行贯通和整合。在河堤和湿地浅滩之间开辟出比较完整的大水面，从而改变原地形过于单调、平坦的状况。总的规划布局为“一线七区多节点”，一线指以泾河河流为主线，贯穿始终，七区指石景跌水区、入口广场区、自然花海区、野营生活区、农业休闲区、亲水游憩区、湿地亲水区。

泾河流域规划一览表见表 5–1–1。

5–1–1 泾河流域规划一览表

序号	规划名称	完成单位	完成时间
1	陕西省渭河流域综合治理规划	陕西省水电设计院	2003 年
2	黄河流域泾河综合规划	水利部门	2008 年
3	陕西省泾河干流防洪规划	陕西省水电设计院	1999—2000 年
4	陕西省泾河流域水资源开发利用规划	陕西省水电设计院	2001 年
5	陕西省渭河流域水资源开发利用规划	陕西省水电设计院	2003 年
6	陕西省渭河流域农业节水规划	陕西省水电设计院	2003 年
7	渭河流域重点治理规划	陕西省水利厅	2005 年
8	咸阳、宝鸡、西安市水资源开发利用规划	各市水利部门	2008 年
9	东庄水库灌区规划	陕西省水电设计院	1996 年
10	陕西省大型灌区续建配套与节水改造规划	陕西省水电设计院	2000 年
11	咸阳市城市供水工程规划	陕西省水电设计院	2002 年
12	渭河流域近期重点治理规划陕西省水利项目实施方案	陕西省水利厅	2005 年
13	陕西省重要支流治理规划	陕西省水利厅	2010 年
14	陕西省泾河综合整治规划	陕西省水利厅	2014 年
15	长武县亭口反调节工程规划	咸阳市水电设计院	2007 年
16	咸阳市水资源开发利用规划	咸阳市水利局	1989 年
17	咸阳市发展井灌规划报告	咸阳市水利局	1991 年
18	陕西省泾河流域综合规划	陕西省水利厅	2017 年

来源：咸阳市水利志（1987—2007）、《陕西省水利电力勘测设计研究院志》

第二章 水资源管理

泾河水资源管理实行水资源开发利用总量控制、用水效率控制、水功能区限制纳污制度，统筹配置水资源，优先满足城乡居民生活用水，保障基本生态用水，统筹安排农业、工业和服务业用水。实行流域管理和行政区域管理相结合、统一管理和分级管理相结合的管理体制。水利厅、地市水资源管理部门行使水资源管理职责，服从水利部黄河水利委员会管理，同时陕西水利厅下属省水文水资源勘测中心、省地下水保护与监测中心、省江河水库工作中心三个具有一定行政管理职能的事业单位承担了部分水资源管理职责和相关业务工作。

第一节 机构与制度

由于历史原因，泾河流域水资源的开发利用一直处于自由开采状态，缺乏统一的规划和调度，浪费十分严重，保护措施不到位，水事纠纷也时有发生。1987 年以后，随着中央和各级人民政府对水资源保护的日益关注，流域内的咸阳市在 1988 年成立了市水政水源管理办公室，搭建起咸阳市水资源统一管理的框架。1999 年 12 月 21 日，咸阳市人民政府第十六次常务委员会正式通过了《咸阳市水资源管理办法》，咸阳市水政水资源管理步入法治化轨道。

根据国务院和陕西省人民政府文件精神，经咸阳市人民政府批准，咸阳市水政水资源管理办公室于 1988 年正式成立。随后，流域内各县（市、区）也陆续设立了相应机构，负责辖区的水资源统一管理工作。成立伊始，咸阳市水政水资源管理办公室依据《中华人民共和国水法》和上级部门的要求，健全了组织机构，制定了管理制度，明确了工作职责。1992 年，为了加强水资源管理工作，规范水资源开发利用行为，咸阳市水政水资源管理办公室起草了《咸阳市水资源管理办法》（试行）依法开征水资源费。1999 年 12 月 21 日经咸阳市人民政府第十六次常务会通过，在 2000 年 1 月 29 日以政府令的形式发布施行，成为咸阳市出台的第一部水资源管理地方性法规。1993 年 3 月，咸阳市人民政府决定将咸阳城区水资源管辖权由市建委移交市水利局主管，改变了原有部门分割、多龙治水的混乱局面。随着各县城区水资源管理由城建部门向水利部门的全面移交，咸阳市基本理顺了水资源管理体制，实现了水资源的统一管理。1987 年 5 月 11 日，高陵区政府第三次常务会议决定成立高陵区水资源管理委员会，办公地点设在水电局。1990 年 5 月 11 日更名为高陵区水政水资源办公室。同年10月17日根据陕西省水利厅水行政执法试点、选拔任命水政监察员、组建执法队伍的要求和高陵区水行政执法体系试点方案，经县政府研究批准，成立了“高陵区水政监察大队”，机构成立后主要负责统一管理全县的水资源。2006年陕西省成立了陕西省江河水库管理局，为水利厅直属公益一类事业单位，形成了以江河流域为单元，实行流域统一管理、区域分级负责的水资源管理和调水工作机制。

第二节 水资源配置

水资源配置是通过对区域、用水目标、用水部门之间进行水量和水环境容量的合理调配，实现水资源开发利用、流域和区域经济社会发展与生态环境保护的协调。

1990年5月，流域内西安市高陵区被列为全国第二批取水许可基础工作试点县，经过组建机构、编写大纲、收集资料、调查分析、编制图表等工作，在分析论证的基础上，编印了《高陵县水资源开发利用现状分析报告》，于1991年4月28日通过了水利部及省市验收，受到与会专家高度评价，荣获水利部优秀成果奖。1991年，流域内咸阳市首先组织各县（市、区）开展了水资源评价与开发利用现状调查工作，编写了《咸阳市水资源评价及开发利用分析》成果报告，经陕西省水利厅组织专家审查验收后，成为指导咸阳市水资源管理工作的基础性文件。1994年3月25—26日根据《关于进行泾河流域水资源统一规划的通知》水利部〔1990〕55号文和《关于泾河流域水资源利用规划任务书的批复》（水利部水规〔1992〕23号文）精神，黄委设计院完成《泾河流域水资源利用规划》。黄委于3月25—26日组织有关单位专家共15人进行审查。审查认为：该规划基本资料可靠，各设计水平年工农业发展规划及需水预测基本合理，比较全面地反映了各分区水资源的供求关系，初步分析研究了“引泾济清”不同引水方案对平凉川区的影响，提出了东庄水库设计水平年（2010年水平）的入库水沙系列，达到了规划任务书的要求。1997年10月咸阳市完成了《咸阳市中长期水资源供求计划》，并通过审查验收。该计划依据调查成果，详细论证了咸阳市水资源分布状况，查清了现有供水设施的供水能力和各部门各行业用水现状，并根据2000年社会经济发展和2010年发展目标，进行了不同规划区需水量预测和可供水量预测，提出了不同水平年的供水规划方案、实施计划和解决供需矛盾的对策意见。2000年咸阳市水利局委托咸阳市水利水电建筑勘测设计院利用已有相关成果，并做了大量补充调查的基础上，结合咸阳市城区的水资源开发利用现状和水质变化，编制完成了《咸阳市城市饮用水源地保护规划报告》，并于2001年通过审查验收。2008年陕西省水利厅原则通过了《陕西省黄河取水许可总量控制指标细化方案》，明确了各市（区）和省直属五大灌区在黄河干流及主要支流的取水控制指标，为泾河河流水资源配置和水量调度提供了依据。2013年《陕西省黄河取水许可总量控制指标细化调整方案（耗水指标）》审定通过。

根据陕西省水利厅《关于泾河用水指标的说明》（陕水函〔2015〕130号）指出，陕西省泾河流域分配用水指标为5.73亿立方米。根据水利部《泾河流域水量分配方案》（水资管〔2021〕127 号）提出，2030 水平年，分配泾河流域河道外多年平均耗水指标为 9.56 亿立方米：宁夏回族自治区 0.76 亿立方米，甘肃省 3.07 亿立方米，陕西省 5.73 亿立方米。陕西省内泾河流域各市耗水量指标分配结果为：榆林市 80 万立方米，宝鸡市 900 万立方米，咸阳市 39463 万立方米，西安市 8600 万立方米，渭南市 4585 万立方米，铜川市 3672 万立方米。陕西省江河水库工作中心商有关市区对泾河年度水量作出调度安排，按月下达用水指标。各有关市区负责本辖区范围内水量调度管理工作，确保张家山、芦村河控制断面达到控制指标要求。

泾河流域水资源配置重点：关中地区根据需水预测结果，水源安排主要考虑城市用水、工业用水、重点区域农业及生态环境用水。其中沿泾彬长、旬、麟北等能源化工基地，泾河工业园等重点发展区域，修建蓄水工程，加大利用泾河地表水资源和引汉济渭工程跨流域调水解决水资源供给；泾河下游生态环境改善用水是其另一重点。榆林定边水源安排主要考虑能源重化工基地用水、城乡居民生活用水、生态环境建设用水及农田灌溉用水需要。水资源配置重点水源工程为泾河干流东庄水库，支流黑河亭口水库、红岩河水库、三水河柏岭寺水库等。

第三节　取用水管理

一、取水许可管理

泾河流域取用水依据国务院颁布的《取水许可制度实施办法》和省政府发布的《陕西省取水许可制度实施细则》实行取水许可制度，实行分级限额审批、发证和监督管理。1995 年以前，流域各县（市、区）均使用自行印制的取水许可证，取水许可审批程序和相关文书也不尽统一。1995 年，按照《中华人民共和国水法》《取水许可制度实施办法》和《陕西省取水许可制度实施细则》，咸阳市水政水资源管理办公室全面展开了取水许可登记审核工作，并开始使用由水利部统一印制的取水许可证，到 2006 年共审核发放取水许可证 5300 本。“十五”期间，取水许可管理工作在巩固的基础上向纵深发展，除对城市生活用水、工业用水水源地的新建和改造工程严格审批外，还加强了对县城供水工程建设的登记审批工作。2004 年，咸阳市按照陕西省水利厅的要求开始对取水许可施行按户管理的办法，严格施行分级管理制度，进一步推动了取水许可制度的全面实施。2008 年 8 月，陕西省水利厅审批陕西煤化能源（原陕西中化能源）有限公司 100 万吨每年煤基二甲醚项目，取用黑河亭口水库地表水 1203.7 万立方米。2009 年 7 月施行的《黄河取水许可管理实施细则》规定，泾河干流河道管理范围内（含水库、湖泊），地表水取水口设计流量 10 立方米每秒以上的农业取水或日取水量 5 万立方米以上的工业与城镇生活取水，地下水取水口（含群井）日取水量 2 万立方米以上的取水，由黄河水利委员会实行限额审批。

二、水资源税费征收

根据省物价局、财政厅、水利厅 1992 年 10 月 10 日联合制定颁发的《陕西省水资源费征收管理和使用暂行办法》及有关规定，结合流域内咸阳市实际情况，咸阳市物价局、财政局、水利局于1993年联合下发了《关于贯彻〈陕西省水资源费征收、管理和使用暂行办法〉的意见》，并制定出具体的水费征收标准。

流域内咸阳市城区是全省较早实行水资源费征收的城市之一。咸阳市水利局下属的城区地下水资源管理办公室具体负责水费征收工作。2005年开始，流域内各地市水资源费征收实行分级征收制度，即将一些重点水资源用水大户明确划归陕西省征收，其余交由各市县组织征收，同时实行收支两条线的管理办法，将收费纳入各级财政管理范围。

1999年，咸阳市以取水许可管理工作为中心，以水资源费征收为重点，以查处水事违法案件为突破口，全面推进水政水资源管理工作，立案查处违法打井案等水事违法案件67起，结案率100%，挽回经济损失6.12万元，处理水事纠纷案件14起。2000年，全市取水许可证年审换证2119套，年终保证4748套，累计批准年取水量54285.31万立方米；征收水资源费352万元；查处水事案件46起，其中河道案17起、水工程案13起、水资源案10起、水土保持案5起、其他1起。2001年，全市审批新建取水工程46处，审批水量1120万立方米，其中市区审批蓝马啤酒厂、步长制药厂和市造纸厂等5个单位取水井7眼，审批水量270万立方米，全年收取水资源费387.40万元。2002年，咸阳市严格执行取水许可证审批、审验制度，实行计划用水，年审取水许可证1514套，其中非农用井1016套（城市规划区444套），农用井498套。审批取水新建工程56处，审批水量58392万立方米（其中永寿县和平电站58101万立方米）。当年5月1日起，根据水利部第15号令，对未进行水资源论证的建设项目，不予办理取水许可证，同时，关闭城区地下水超采区内自备水源井22眼；全年征收水资源费372.63万元。2003年，全市取水许可审批工程22项，新发取水许可证56套；全市有效取水许可证4746套；审验取水许可证1904套，其中城市规划区内439套。在城市地下水超采区内调整机井密度，关闭自备水源井23眼，减少地下水开采量220万立方米。依据饮用水水源地保护的规划方案，对水功能区进行划分，向各县（市、区）下发了水源地保护标准，各县（市、区）根据当地实际划定水源地保护范围。全年征收水资源费385.99万元。2004年为取水许可证5年周期换发年，咸阳市对各县（市、区）以用水户为单位重新备案登记建档，登记用水户607户，其中省级5户、市级133户、县级469户。累计审批用水量20253万立方米，其中省级9920万立方米，市级5703万立方米（县域市级1193万立方米）、县级4630万立方米。当年，强化节水管理，严格按照《陕西省行业用水定额》进行用水量审批和核定，全市607个取水户取水总量为20253万立方米，较2003年度减少4227万立方米，其中城市规划区取水总量12623万立方米，较2003年取水量减少3226万立方米。引进宝鸡市水资源处开发的关井新技术，实施城区自备井关闭工作，全年关闭自备井21眼；全年征收水资源管理费386万元。2005年，咸阳市推进水资源费征收体制，重新核定水资源费征收范围和标准，这是自1992年开征水资源费后，首次对征费范围和标准进行改革，也是除农业灌溉以外第一次全面贯彻水资源有偿使用制度的一次改革。这次水资源费改革的主要内容是：扩大征费范围，征收对象除农业灌溉不征外，其他取水均纳入征费范围；提高收费标准，相比原标准提高5倍左右；按照取水许可权限，实行分级征收和管理，实现水资源管理与征费工作的统一；确定税务代收方式，地税部门依照水利部门出具的缴费通知单征收水资源费；改革征费计量方式，对煤炭、石油开采行业采取按生产量计征水资源费，全年征收水资源费430万元。当年，咸阳市坚持取水须审批，审批须论证，年度要审验，取水下计划，用水需节约的取水许可工作原则，结合换证全年颁发取水许可证610户。2006年，市县两级征收水资源费2400万元，水资源费征收改革成效显现；完成海德堡（泾阳）水泥有限公司等3户企业建设项目水资源的论证工作；查处违法案件15起，其中严肃查处第九冶金建设公司等违法凿井案。2007年依法查处中石化咸阳基地等单位违法凿井案，关闭自备水源井50眼，减少开采量776万立方米。2008年巩固完善农业灌溉终端水价改革，大型灌区全部实现一价到户、按量计费和计算机开票到户。2009年严格执行取水许可和建设项目水资源论证制度，从严控制取水，在市区关闭自备水源井4眼，减少开采量1000万立方米，全年征收水资源费2400万元。2010年，咸阳市下达水量6050万立方米，征收水资源费3200万元，关闭城区自备水源井61眼，压采地下水200万立方米。完成取用水户水量实时监测系统市级管理中心、市城区管理站及54处监测站建设。

三、水量调度

2006年，针对省情水情，陕西省先期启动泾河流域水量调度，有效防止重点河段断流，积累缺水地区江河水量调度经验。2006年7月5日，国务院以第472号令公布《黄河水量调度条例》，明确将支流泾河纳入黄河水量统一调度。陕西省水利厅安排陕西省江河水库管理局按照黄委水调局关于黄河水量调度的要求具体负责渭河水量调度工作。2008年1月，陕西省人民政府常务会议审议通过《陕西省渭河水量调度办法》，并以省人民政府130令颁布，2008年3月1日实施。2010年12月，陕西省江河水库管理局编制的《陕西省渭河应急水量调度预案》和《陕西省渭河水量调度实施细则》通过省水利厅审定，印发施行，涉及泾河流域10条河流，包括张家山断面、桃园断面2个水文断面和宝鸡峡灌区、泾惠渠灌区、杨家河水库、泔河水库、泔河二库5处水工程。水量调度中，陕西省坚持以用水总量和断面流量双控制为核心、重要取水口和骨干水库“统一调度”为重点，采取年计划、月旬调度方案与实时调度指令相结合的调度方式，严格落实水量调度工作，确保取用水指标和入黄控制指标均达到国控要求。

2018年5月，根据生态环境部《关于陕西省泾河东庄水利枢纽工程环境影响报告书》的批复内容，严格落实泾河干流生态调度方案。每年4—6月鱼类繁殖期实施生态调度，不得少于1次，持续时间不少于5天，流量日涨幅不低于10%，调度期东庄坝址断面流量峰值不低于15.99立方米每秒。加强下游湿地保护，结合流域洪水预报，当6—8月洪水过程无法满足下游滩地最大平滩流量时实施生态调度，不得少于1次，保障下游滩地洪峰流量不低于716立方米每秒，峰值流量持续时长不少于6小时。遇连续枯水年情形，在上述生态调度基础上，9月停止部分或所有农业供水，压减工业供水，为下游湿地增加1次生态调度。针对下游湿地生态系统长期开展监测和评估，根据结果优化运行调度及生态调度方案。泾河河流生态流量保障实施方案显示，泾河张家山水文站为考核断面，东庄水库建成前指标为 1.5 立方米每秒。东庄水库建成后：4 月 15 日至 6 月 15 日为 10.7 立方米每秒；6 月 16 日至 8 月 31 日为 16.05 立方米每秒，其他时段 为 5.35 立方米每秒。保障率为 90%。

四、水资源考核

为推进实行最严格水资源管理制度，确保实现水资源开发利用和节约保护的目标，2013 年以后，陕西省人民政府、西安市、咸阳市相继出台了《陕西省人民政府关于实行最严格水资源管理制度的实施意见》《陕西省实行最严格水资源管理制度考核办法》《西安市实行最严格水资源管理制度考核办法》和《咸阳市贯彻最严格水资源管理制度考核办法》等文件，流域内各区县印发实行最严格水资源管理制度工作方案，水行政主管部门紧紧围绕用水总量、用水效率、水功能区限制纳污“三条红线”，分别建立符合本区域实际的最严格的水资源管理制度，构建与本区域水资源相适应的指标体系、管理制度、考核办法，并将其纳入省对市、市对县考核评价体系，市、县两级行政区的用水总量得到严格控制。每 5 年为一个考核期，流域内各市区政府是实行最严格水资源管理制度的责任主体，政府主要负责人对本行政区域水资源管理和节约保护工作负总责。2014 年 3 月 24 日，省水利厅、省发改委等十部门联合印发《陕西省实行最严格水资源管理制度考核工作实施细则》（陕水发〔2014〕9 号），标志着陕西省“三条红线”考核工作全面启动实施。流域内各市也开始对区县进行考核。考核内容为最严格水资源管理制度目标完成、制度建设和措施落实情况，即用水总量、用水效率、重要水功能区水质达标率、饮用水水源地水质达标、重点区域地下水水位等控制目标完成情况，水资源管理责任和考核制度建设及相应措施落实情况。2014 年度对全省实行最严格水资源管理制度考核结果进行通报，西安市、宝鸡市被评为优秀等级，咸阳市被评为良好等级。2015 年度西安市被评为优秀等级，宝鸡市、咸阳市被评为良好等级。2017 年度西安市为良好等级，咸阳市为合格等级。2019 年度咸阳市、西安市为良好等级。“十三五”期末实行的最严格水资源管理制度考核结果西安市、咸阳市为良好等级。

第三章　河湖长制

2016年12月，《中共中央办公厅、国务院办公厅印发〈关于全面推行河长制的意见〉的通知》（厅字〔2016〕42号），水利部、环境保护部关于印发《贯彻落实〈关于全面推行河长制的意见〉实施方案》（水建管函〔2016〕449号）。2017年2月，陕西省委办公厅、省政府办公厅印发《关于全面推行河长制的实施方案》（陕办〔2017〕8号），要求地方各级党委和政府要把推行河长制作为推进生态文明建设的重要举措，切实加强组织领导。水利部2019年12月印发《关于进一步强化河长湖长履职尽责的指导意见》（办河湖〔2019〕267号），2020年3月，陕西省河湖长办公室印发《关于进一步强化河长湖长履职尽责实施意见》（陕河湖长发〔2020〕1号），明确了省、市、县、乡、村五级河湖长职责，要求夯实层级责任。本章主要记述流域内咸阳市河湖长工作。

第一节　体制机制

2018年2月25日，陕西省河湖长制启动仪式暨泾河综合治理动员大会在咸阳市礼泉县烽火镇泾河沿岸举行。省委书记胡和平宣布启动，省长刘国中做动员讲话。省委常委、常务副省长梁桂主持，副省长魏增军部署工作。西安市市长、咸阳市委书记做了发言，省级有关部门和各设区市主要负责同志参加活动。2018年5月5日上午，西安市河湖长制工作推进暨泾河治理工程启动动员会在高陵区泾河风光带项目场地举行。市人大常委会主任、泾河市级河长胡润泽宣布泾河治理工程正式启动，副市长杨广亭主持会议。高陵区、泾河新城和施工企业代表作了表态发言。市人大常委会办公厅、市政府办公厅、市级相关部门、各区县政府、开发区管委会主要领导及水务部门负责同志，泾河西安段区县、镇街、村三级河长，施工企业和有关街办人员600余人参加了会议。

一、组织体系

泾河省级河长由陕西省常务副省长担任，涉及西安市、咸阳市和西咸新区，其中西安市河长由人大常委会主任担任，咸阳市河长由市委副书记、市长担任，西咸新区河长由党工委副书记、管委会主任担任。各级河长为所辖河流管理保护的直接责任人，负责牵头推进泾河水域岸线管理保护、水环境治理和水生态修复等突出问题整治，协调解决实际问题，检查督导下级河长和相关部门单位履行职责。2017年4月18日，咸阳市委常委会审议通过了《咸阳市全面推行河长制实施方案》，并以市委办、市政府办名义印发各县市区及市直各有关部门，全市市、县、镇三级湖长制实施方案已经全部出台，出台大型灌区河长制实施意见，河长制、湖长制责任体系全面建立。《咸阳市全面推行河长制实施方案》中明确全市建立市、县、镇三级河长制，各级河长由同级党委、政府领导担任；明确了河长制的目标、任务，明确了咸阳市总河长、副总河长和市境内 8 条主要河流的市级河长，明确了总河长、河长的职责。成立了市、区、县各级河湖长制领导小组、作战指挥部。咸阳市市级河长 8 人、市级湖长 4 人；县级河长 58 人、县级湖长 51 人；镇级河长 241 人、镇级湖长 170 名；村级河长 1909 人、村级湖长 993 名；落实巡河员 2242 人、保洁员 2290 人，聘用了 583 名贫困人员担任巡河员，各县（市、区）湖长制体系基本建立。组建了咸阳市河长制、湖长制办公室，落实工作人员 16 人，落实工作经费 140 万元，配备了必要的办公设备。各县（市、区）也落实了相应县、镇河长制工作机构。设立市级河长制办公室 2 个，县级河长制办公室 14 个，乡镇级河长制办公室 75 个。泾河流域的三水河河长为咸阳市委副书记，泔河河长为市委常委、常务副市长，黑河河长为市委常委、宣传部部长。市委办公室为三水河河长联络员单位；市政府办公室为泾河河长、泔河河长联络员单位；市委组织部为黑河河长联络员单位。西咸新区泾河段河湖长为西安市委常委、 西咸新区党工委副书记、管委会主任。2017 年 5 月，高陵区人民政府办公室制定印发了《高陵区河长制实施方案》《西安市高陵区关于全面落实湖长制的实施意见》，成立区河湖长制领导小组、作战指挥部，对全区 2 条河流、1 处人工湖，设立区级总河湖长（区级河长）2 名，街道级河长 8 名，村级河长 26 名，河警长 9 名；设立部门、科室；湖长 2 名，均由各级主要负责同志担任。侍郎湖湖长为彬州市市长。泾河干流高陵、泾阳、彬州 3 个重点县（市、区）设有相应的河务管理机构，负责境内河道、堤防等水域工程日常管理，河安全过流和整治工作。泾河流域水行政主管部门构建了以党委、政府主要领导负责制为核心的省、市、县、乡（镇）、村五级河长制，建立了党政主导、部门联动、责任明确、协调有序的管理保护、组织领导体系并将市级河长、市级湖长，通过西安电视台、咸阳电视台、《咸阳日报》、市政府网站、西安市水务局网、咸阳水利网、高陵区政府网、西咸新区网向社会公众进行公布。各县（市、区）也在当地主流媒体同步公示河长、湖长信息。各县（市、区）还分级在河流、湖泊、灌区渠道显著位置竖立标示牌，公示各级河湖长、警长、督察长、村级巡河员的姓名、职务、职责、电话等，接受社会监督。

2018 年起，咸阳市成立河道采砂管理领导小组，市水利局、市公安局联合制定了《全市河道非法采砂专项打击整治行动方案》，明确了河道非法采砂四个责任人和重点河段、敏感水域采砂管理责任人。专项行动开展以来，整合执法力量，采取定期或不定期联合执法方式，全力打击非法采砂行为。建立健全采砂管理和非法采砂清理整治的长效机制，发挥“河湖长 + 警长 + 检察长”协作机制，将河道采砂管理责任制落实情况纳入河湖长制考核体系。

二、主要任务

根据中央部署和省委、省政府要求，推行河长制主要有六大任务：一是严格水资源管理。落实最严格水资源管理制度，严守水资源开发利用控制、用水效率控制、水功能区限制纳污“三条红线”，构建水资源合理配置和高效利用体系。二是加强水域岸线管理。坚持柔性治水理念，严格水域岸线等水生态空间管控，依法划定河流水域及其水利工程管理范围和保护范围，科学编制岸线利用规划，严格划定岸线保护区、保留区、限制开发区、开发区，打造健康自然的河流水域岸线。三是加强水污染防治和监测评价。严格治理工矿企业污染、城镇生活污染、畜禽养殖污染、水产养殖污染、农业面源污染，加强水质水量标准化规范化监测和评价，加强水环境治理。四是加大水源地保护力度。加快市、县两级饮用水源保护区划定，对饮用水源保护区、自然保护区和水源涵养区依法实施强制性保护，严格控制水源地上游及周边地区开发活动。五是推动水生态环境治理与修复。强化山水林田湖草沙系统治理，加大水土流失治理和生态修复力度，开展黑臭水体治理和水系连通、水美乡村建设。加强水文化示范基地和水生态科普基地建设，构建以水文化、水科技、水生态、水景观、水民俗等为主要内容的文化传播平台。六是严格实行综合执法监管。探索推行行政执法与刑事司法有效衔接，建立联合执法机制，加大对涉河违法行为查处力度，用法治力量守护好江河。

陕西省发展和改革委员会作为陕西省泾河省级河长联系督办单位主要负责单位，一是负责做好常务副省长、泾河省级河长相关批示的贯彻落实，提请审定发布泾河“一河一策”方案，协调组织巡河调研和专题会议，协调解决泾河综合治理管护重大问题；二是定期组织开展泾河流域河湖长制工作督导检查，针对检查发现问题报告省河长办公室，下发问题清单，督促限期整改到位。

三、规章制度

根据水利部、省河长办要求，市、县、镇三级均按要求成立河湖长制工作领导小组，制定《河长制工作会议制度》《河长制信息共享制度》《河长制工作督查督办制度》《河长制工作信息报送制度》《河长制工作验收制度》《河长制工作问题清单制度》《河长制工作考核办法》，明确市级河湖长的联络员单位。构建河长制工作机制，试行河长制工作提醒机制，设立“河警长”，建立了“河长＋检察长”协作机制 。组织司法、公安、水利、检察等部门，研究制定了《河道非法采砂与司法衔接办法》《携手清四乱保护母亲河专项行动实施方案》。咸阳市把推行河长制纳入全市目标责任考核体系，规范了河长制运行模式。

设立市级河长的主要河流河湖名录，各县（市、区）、各乡镇也编制了辖区设立河长的河湖名录，制作了河流的图表，印发泾河、三水河、黑河、泔河等河流的手册，明确了每条河流的基本情况、存在问题、治理思路、部门任务、河长职责，为各级河长工作提供了决策依据。旬邑、淳化、礼泉、乾县还印制了县级河长制工作手册，编排了河长工作日志，规范了河长工作。2017 年 8 月，咸阳市聘请中央党校及省内知名专家，举办河长制培训班，对各县（市、区）副总河长、河长办主任，各镇办河长以及市河长制办公室各成员单位领导进行了全面培训。市级河长部门印发、张贴宣传资料 2 万多张（件），各类信息简报 196 期，建立了市县河长制工作微信群，开辟河长制工作专栏。与广播电视台合作，在《咸阳新闻联播》节目黄金时段开办了《聚焦河长制，推进水生态建设》栏目。

旬邑县按照每年5000元标准聘请54名专职护河员，并按3万元标准对乡镇予以补贴、奖励。乾县编发河长制资料汇编，并在长武、彬州、礼泉等市（县）推行问题交办制度，将明察暗访发现的问题提交河长批示，及时提交相关单位，限期处理。永寿县为每位县级河长落实一个河长办公室，负责落实河长决策，推进相应河湖治理工作。长武县全面动员，提出“三铁治水”措施，重点落实“四个一律”，动员河道警长、企业河长、民间河长等参与治水。

第二节　河长巡河履职

一、履职规范和要求

总河湖长、各级河湖长定期或不定期开展河湖巡查调研活动，动态掌握河湖健康状况，及时协调解决河湖管理和保护中的问题。

市级河湖长每年巡河湖不少于3次（每半年不少于1次），县级河湖长每季度不少于1次，镇级河湖长每月不少于1次，村级河湖长每周不少于1次。

二、河长巡河履职

流域内咸阳市委、市政府将河湖长制工作纳入年度目标责任制考核体系。8名市级河湖长坚持问题导向，履职尽责，以上率下，每年巡河、巡湖调研40余次，在市级河湖长制的带动下，咸阳市县、镇、村级河湖长每年巡河、巡湖数万余人次，不断推动全市河湖生态环境持续向好。扎实开展巡河各项工作，重点对中央环保督察反馈问题、水利部暗访发现问题、媒体曝光问题、群众举报问题等进行督导调研，解决了一批重点、难点问题。市河长办直接向彬州段泾河河长发送督办通知，向长武、彬州、礼泉、泾阳、淳化等县（市）河长办发出督办函，明确时限、要求整改。

河湖长制工作开展以来，咸阳市市级河湖长累计巡河湖74次，县级河长巡河590次、县级湖长巡河湖1605次，镇级河长巡河湖13375次，村级河湖长巡河湖8万余次，现场解决河湖管理与保护中的重点、难点问题80余起。

三、河湖清“四乱”

2017年，流域内咸阳市大力开展河道环境整治和水污染防治行动，开展了河道“四乱”综合整治，先后取缔违法砂场45处，清理垃圾83处、砂堆98万余立方米，清理违规占用河湖库渠15处，取缔入河湖排污口9处，依法处理17人。

2018年8月，按照《水利部办公厅关于开展全国河湖清“四乱”专项行动的通知》，流域内各地开展了为期一年的对乱占、乱采、乱堆、乱建等河湖管理保护突出问题专项清理整治行动（简称清“四乱”专项行动）。坚持问题导向，制定了《河湖清“四乱”工作方案》，多次对流域面积50平方千米以上的河道进行拉网式摸排，针对河湖存在的各类突出“四乱”问题，建立问题台账，实行问题整改动态管理，整改到位一个，销号一个。

共取缔违法砂场 45 处，清理垃圾 322 处、砂堆 256 万余立方米，清理违规占用河湖库渠 58 处，取缔入河湖排污口 37 处，建成垃圾和污水处理点 39 处，依法处理 32 人。

2019 年咸阳市水利局与咸阳市检察院联合印发了《咸阳市携手清四乱保护母亲河专项行动实施方案》，协同推进“四乱”问题整治；结合扫黑除恶专项斗争及违建别墅清查整治专项行动，对流域面积 50 平方千米以上的河道进行拉网式摸排，对发现的问题及时整改。累计排查“四乱”问题 155 个，已全部整改到位，共清理废弃碍洪物 32 处约 47 万余立方米、建筑及生活垃圾 118 处 19 万余立方米，取缔、拆除违建建筑约 3 万平方米，取缔违规排污口 13 处，整理河道岸线 19 千米。中纪委关注重点督办的彬州市朱家湾煤灰乱倒河道问题经过努力整治，共拆除违建房屋 70 间，清运粉煤灰 31.5 万余立方米，在规定时限前销号。

2020 年，流域内各级河长制办公室、水行政主管部门坚持以习近平新时代中国特色社会主义思想为指导，以河长制、湖长制为抓手，对流域面积 10 平方千米以上的河道进行拉网式摸排，建立问题台账，实行问题整改动态管理，及时跟踪问效问责，整改到位一个，销号一个。推动清理整治工作向中小河流、乡村河湖延伸，以妨碍河道行洪突出问题为重点，坚决整治河湖管理范围内房屋、大棚等问题，严厉打击非法侵占水域岸线、倾倒废弃物等破坏河湖生态的违法犯罪行为，清理塑料垃圾、建筑生活垃圾、固体废物万余吨，清理违建千余平方米。开展河道环境整治。多次组织专项明察暗访、专项督查督办活动，排查存在问题，推进河湖治理，市级河长巡河 40 余次，县级河长巡河 646 次，镇办河长巡河 3211 次。开展河道环境整治和水污染防治行动，取缔违法砂场 45 处，清理垃圾 83 处、砂堆 98 万余立方米，清理违规占用河湖库渠 15 处，取缔入河湖排污口 9 处，建成垃圾和污水处理点 21 处，依法处理 17 人。

四、专项执法

泾河沿线已建立了省、市、县（区）、乡、村五级河长制组织体系，建立了由水利（务）局牵头，公安、运政、自然资源、生态环境等部门联合执法的体系，加强日常巡查，持续开展了排污整治、河道采砂、“清四乱”等专项治理或集中整治行动，严厉打击泾河违法行为，取得了阶段性成效。向社会公布泾河、三水河重点河道敏感水域采砂管理的河长、水行政主管部门、现场监管部门和行政执法部门 4 个责任主体。

咸阳市每年组织两次大的河道综合治理行动，整顿取缔非法采砂。1999 年起，咸阳市对河道进行拉网式清查，拆除违章建筑物和行洪障碍物。2020 年彬州市再次对全市多年来的河道乱占乱建和未批先建情况，进行梳理汇总，经过多方努力和上下衔接沟通，在已建项目的现状下，与黄河水利委员会上中游管理局签订战略合作协议，进一步理顺河道管理秩序，更好地指导全市涉河项目合法合规有序运行。

以设立市级河长的 8 条河流、4 座湖库为重点，咸阳市组织开展了两次大规模的暗访活动，就存在的乱排、乱建、乱倒等问题，向长武、彬州、礼泉、泾阳、三原、淳化等县（市）河长办发出督办函，咸阳市制定出台了河湖长制工作考核办法，及时和市考委办衔接，使河长制、湖长制考核机制不断完善。

五、河长制考核

流域内各级河长办落实督查督办制度和问题清单制度，以问题为导向，强化督查考核，调动各级河湖长工作的积极性。2017 年 7 月 20 日至 8 月 10 日，咸阳市河长制办公室组织六个督查组，由发改委、环保、农业、林业、住建、国土部门各 1 名领导和水利部门 1 名领导共同带队，采取看现场、听汇报、查资料、召开座谈会等方式，对全市 13 个县（市、区）进行了督导检查，开展河长制政策解读，纠正各地认识上的偏差和误区。2018 年 1 月 16—21 日，咸阳市委、市政府考核委员会分三个组对全市 13 个县（市、区）进行年度考核，把河长制工作纳入全市目标责任考核体系。按照《咸阳市河长制工作考核办法》安排，市河长制办公室每组参加一人，对各县（市、区）推行河长制进行全面考核，考核结果成为党政主要领导干部综合考核评价的重要依据。

第三节　河湖基础管理

一、河流管理范围划定

咸阳市水利局会同市自然资源局、市财政局、市公安局联合印发了《咸阳市河湖和水利工程管理范围与保护范围划定工作方案》，境内各区县也印发工作方案，按照“统一规划、因地制宜、分级负责、先易后难、分类实施”的工作思路，对普查名录内河流纳入划界确权范围。先后多次召开会议、专题会对划定设计报告、划界图册进行技术论证和审查，由区县政府按管理权限对河湖和水利工程管理范围与保护范围予以公告并设置界桩、界牌及公告牌。截至 2020 年 12 月，设立市级河长的三水河、黑河、泔河、泾河高陵段河流管护范围划定工作已基本完成，已经区县级人民政府向社会公示。完成了亭口水库的水域岸线保护与利用规划，以及黑河、泔河、三水河等 3 条河流的防洪规划编制工作。各区县其余 50 平方千米以上河湖和水利工程管理与保护范围划界工作已经启动。规模以下河流划界涉及河流 41 条、长度 1123 千米，41 条河流已经全部发布公告，图纸划定工作基本完成，划定成果已通过会议审查，正在准备埋桩立牌。堤防划界工作涉及长度 176 千米，全面完成了图纸划界、成果验收、公告发布等任务，完成率 100%。麟游县公布了 8 条河流管理保护范围。定边县公布了马莲河、柔远川 2 条河流和水利工程管理范围及保护范围。

二、岸线保护利用规划编制

中共中央办公厅、国务院办公厅《关于全面推行河长制的意见》（厅字〔2016〕42 号）、《关于在湖泊实施湖长制的指导意见》（厅字〔2017〕51 号），省委办公厅、省政府办公厅《陕西省全面推行河长制实施方案》（陕办字〔2017〕8 号）、《关于实施湖长制的意见》（陕办字〔2018〕14 号）明确要求开展“河湖水域岸线登记，依法划定河湖及其水利工程管理范围和保护范围；科学编制岸线利用规划，严格划定岸线保护区、保留区、限制开发区、开发利用区”工作。2019 年 3 月 25 日，水利部办公厅印发了《河湖岸线保护与利用规划编制指南（试行）》（办河湖函〔2019〕394 号）（简称《指南》），要求各地高度重视，根据《指南》并结合河湖岸线管理实际，抓紧组织开展河湖岸线保护与利用规划编制工作。

2019 年 4 月陕西省水利厅组织开展《陕西省泾河岸线保护与利用规划》（简称《泾河岸线规划》）编制工作。截至 2020 年，泾河共建有水文站 3 处、水库 2 座、水电站拦河坝 9 处、排水口 5 处、排污口 55 处、各类桥梁 42 座、各类跨（穿）河管道 13 处、生态湿地及森林公园 3 处，共计占用岸线总长度为 240.93 千米（左右岸），岸线开发利用程度一般，其中水利工程（拦河坝、水文站等）占用岸线长度 56.54 千米，占岸线总长度的 8.8%；跨河桥梁等基础设施占用岸线长度 73.15 千米，占岸线总长度的 11.4%；取排水口占用岸线长度 1.2 千米，占岸线总长度的 0.2%；生态湿地及森林公园占用岸线长度 110.04 千米，占岸线总长度的 17.2%。河段岸线总长 639.81 千米，岸线利用率 38.2%。

2021 年 4 月，咸阳市水利局承担的三水河、泔河《水域岸线保护与利用规划》通过技术审查，咸阳市所属各县级人民政府对市级 5 条河流岸线保护与利用规划作出批复。省级《泾河岸线规划》，2023 年 8 月上报省政府，同月，省政府办公厅将《泾河岸线规划》成果交由省司法厅进行合法性审核，按照相关意见于 9 月完成修改，形成了《泾河岸线规划》（报批稿）。《泾河岸线规划》现状基准年为 2020 年，规划水平年为 2030 年。规划范围为陕西省泾河干流段，上至泾河左岸甘陕交界处对岸景家河（其中长庆桥至景家河段已列入黄河水利委员会编制名录），下至高陵区陈家滩入渭口，河道总长 247.71 千米，其中左岸岸线长度 351.23 千米，右岸岸线长度 288.58 千米，涉及咸阳、西安 2 市 10 个县（市、区）。《泾河岸线规划》共划分各类岸线分区 29 个，其中保护区 10 个，岸线长度约 91.33 千米，占比 14.3%；保留区 8 个，岸线长度约 371.67 千米，占比 58.1%；控制利用区 11 个，岸线长度约 176.81 千米，占比 27.6%。

三、“幸福河湖”创建

流域内各级政府坚持把打造人民满意的“幸福河湖”作为增进民生福祉的重要举措，大力实施河湖生态治理，纵深推进河湖长制提档升级，启动河湖健康评价工作，逐步建立河湖健康档案。高陵区遵循“治、用、保、引、管”的总体思路，制定了《全域治水碧水兴城西安市高陵区河湖水系保护治理三年行动方案（2019—2021 年）》，把“控源截污治水、一河一策保水”作为高陵区全域治水重点工作，以工程措施和河道综合治理为抓手，紧紧围绕污水处理能力提升和泾渭河防洪及水域环境治理 2 个方面 12 项任务（3 年 7 项任务，远期 5 项任务），以总投资 24.38 亿元的项目实施为手段，全力提升高陵区河湖水域环境，实现本区域生态效益、经济效益、社会效益共赢，确保每条河流都成为造福人民的幸福河。2022 年 12 月旬邑县三水河被命名为陕西省的首条“幸福河湖”，成为流域内第一条获得这项殊荣的河流。

“一河一策”方案编制是全面推行河长制的基础工作，是加强河湖管理保护、维护河湖生命健康的重要举措。2017 年陕西水环境工程勘测设计研究院承担省级泾河“一河一策”

方案的编制工作，方案按照“节水优先，空间均衡，系统治理，两手发力”的新时期治水思路，突出治水的综合性、整体性、协同性。紧紧围绕“水资源保护、水域岸线管理保护、水污染防治、水环境治理、水生态修复、执法监督”六大任务，在充分摸清泾河现状的基础上，征求省河长办、各厅局及沿泾各地市的意见和建议，形成泾河“一河一策”方案。该方案是指导泾河2018—2020年管理保护工作的重要文件。纵向范围：上起长武县汤渠村甘陕界，下至高陵区泾河入渭口大桥，总长266.5千米，重点段为彬州市早饭头以上及张家山以下河段，长139.5千米。横向范围：泾河干流管理范围及周边或流域涉及区域。编制基准年为2016年，整治行动开展年为2017年，方案实施年限为2018—2020年。2019年咸阳市河长办委托咸阳市水利水电规划勘测设计研究院编制了《三水河“一河一策”方案》（2019—2020年），方案主要包括梳理河道主要问题、明确治理保护目标和任务以及制定治理措施行动计划三方面内容。2018—2020年，流域内各河长制牵头部门和区县，对照“一河一策”目标任务，以问题为导向，加快推进解决泾河、三水河管理保护存在的突出问题，推动水生态环境持续向好。

四、河道采砂管理

2000年12月2日《陕西省河道管理条例》、2004年8月1日《陕西省河道采砂管理办法》及2005年8月1日《西安市河道采砂管理办法》相继公布施行，为河道砂石管理工作提供了法规依据。为了落实泾河流域河道采砂管理各级责任制，陕西省水利厅每年对河道采砂管理各级政府河长责任人、行政主管部门责任人、现场监管责任人、行政执法责任人四个责任人名单以网络、报纸、文件的形式向社会公布。各市、县（区）责任人自觉接受社会监督，严格落实各项管理制度，加强采砂安全管理，确保河道防洪和安全。

2016年《旬邑县三水河流域河道采砂规划报告（2015—2020年）》编制并批复后，旬邑县在三水河干流共设置了4个临时采砂场，分别为蔡家河采砂场、华旬采砂场、旬矿集团采砂场和马家河采砂场。但由于河道采砂与县自来水公司水源保护地和县城川道旅游专线等基础设施保护冲突，采砂行为终止。2018年彬州市编制完成《泾河干流彬州市段2019—2024年采砂规划》，确定了开采深度、开采总量、禁采期、禁采区、可采区；各级河长、河道管理单位对全市12条河流定期进行日常巡查，对发现的河道偷采行为进行严厉打击，研究确定并及时上报了重点河段、敏感水域采砂管理责任四个责任人，促进河道采砂管理规范、有序、合理。截至2020年，沿泾两市通过开展“携手清四乱，保护母亲河”专项行动，全面禁止采砂，严厉打击非法采砂活动。咸阳市、彬州市、泾阳县已完成采砂规划编制及审批工作。

1985年3月，成立高陵区河道管理站，1999年2月更名为高陵区河道砂石管理站，负责河道砂石采挖管理，许可证审批发放及砂石资源费的征收工作。水务部门成立了河道砂石管理工作领导小组和督查小组，每年定期（尤其是汛前）对河道采砂情况依法进行督促检查，发现问题及时整改。下发《关于规范河道采砂秩序，强化砂石管理费征管工作的通知》《关于进一步加强河道采砂管理的紧急通知》等文件，编制泾、渭河采砂规划，合理布设砂石开采点，制定年度采砂实施计划，并且严格落实实施计划中确定的可采区、禁采区、可采深度、计划年度开采量等指标，合理布设采砂场站，严格控制砂场数量，实施科学管理。1998—2005 年，先后下发了《关于加强河道管理，规范河道采砂行为，确保防洪安全的通知》《关于开展河道管理秩序专项治理，坚决禁止汛期在河道内开采砂石的紧急通知》《关于对县域内河道采砂进行全面检查的紧急通知》等文件，进一步加强河道管理，开展河道执法大检查。2004 年 4 月，抽调水政执法人员和公安民警共 60 余人，动用装载机、推土机等大型机械 90 多台次，出动运输车辆 220 多辆次，依法强制拆除四家无证开采户的违章建筑 30 余间，清运行洪区内砂石料 28 万立方米，平复弃料 16 万立方米。

1992 年 4 月，泾阳县人民政府制定《关于加强河道河滩地管理的通告》，规定河道、河滩地属国家所有，任何单位和个人经河道主管部门同意后方可在河道、河滩地从事经营活动，从事采砂的单位和个人每月交纳砂石开采收入 30% ~ 35% 的管理费，对拒绝执行本规定的单位和个人，由河道管理部门取消其开采资格，终止其租种、租用手续，并给予经济处罚。2005 年 2 月，泾阳县人民政府发布《关于禁止在泾河河道内非法采砂的通告》，全面取缔关停境内泾河流域采砂企业。2006 年 12 月印发《泾阳县泾河非法采砂专项治理整顿工作实施方案》，巩固治理成果。2008 年后，加大对河道建设工程的监督管理力度，先后督促兰州—郑州—长沙成品油管道泾河穿越工程、750 千伏乾县—渭南输电线路跨越泾河工程、西气东输二线管道工程、西安—铜川高速公路二线工程等建设单位及时上报工程防洪规划方案，并严格按照陕西省水利厅批复的防洪方案施工，确保防洪安全。2010 年，依法取缔非法采砂场 40 余家。

2016 年礼泉县共组织开展了六次联合执法行动，调运挖掘机、装载机、运输车、破碎锤等大型机械 31 辆（台），查扣违法机械 3 台、运输车辆 8 辆，收缴罚款 18500 元，对泾河河道礼泉段非法铺设的 6 处便桥进行了彻底拆除，疏通了河道；捣毁了 22 处非法采砂户的残留设备及筛石台。

第四章　法治建设

泾河流域内陕西古今水利法规具有明显的时代特征。元代总结唐宋时期经验，制定了《洪堰制度》和《用水则例》，使之成为我国古代重要的水利管理法规，并且以强化政府的权力为主，重罚轻教。民国时期，中央直接对泾惠渠、宝鸡峡等工程项目制定管理办法，陕西省政府颁布“六惠”渠管理规则、《陕西省各渠灌溉亩地征收水费办法》等。新中国成立后的50—70年代，水利法规较少，多以党和政府的政策规定而代之。20世纪80年代水利由主要为农业服务转变到为整个国民经济和社会发展全面服务的新时期，人大、政府部门颁发的地方性法规、规章、规定，注重把立法、执法、监督结合起来，并增强水资源管理和投资机制、经营管理、依法收费等方面的内容，突出水利产业在市场经济中依法管水的特色。20世纪90年代以后，从突出法规制度建设到注重法规制度宣传实施，再到全面加强水利法治建设的飞跃，主要通过人大制定颁布地方性水利法规、决议和政府颁布水利方面的指令、通知、规则、通告、办法等。本章主要从普法宣传、机构队伍、行政执法三节进行记述。

第一节　普法宣传

自1988年1月21日颁布《中华人民共和国水法》以来，国家又陆续出台了《中华人民共和国水土保持法》《中华人民共和国防洪法》《中华人民共和国渔业法》《中华人民共和国河道管理条例》等系列水法规，有效发挥了法律对水利建设的规范与保障作用。水利普法宣传教育以制定与实施五年普法宣传规划为重点，结合水利特点，流域各级水行政主管部门先后制定实施了水利行业七个“五年”普法规划，成立了普法工作领导小组。面向社会各界、面向各级领导、面向水利行业，坚持经常性宣传教育与“世界水日”“中国水周”集中宣传相结合，坚持普法宣传教育与水利改革发展中心工作相结合，坚持普法宣传教育与行政执法、查处案件相结合，落实“谁执法谁普法”责任制，建立健全普法责任清单制度，既采取刷写宣传标语、举办法治讲座、法治培训考试、出动巡回宣传车和广播、电视、报纸、板报等传统方式宣传，又组织“法律六进”“小手拉大手”等创新宣传形式，更利用网络、手机等新型媒体扩大宣传面，增强普法宣传教育的覆盖面和效果。

坚持领导干部先学一步，干部职工全员参与，执法人员培训考核的工作思路，采取一般与重点相结合、理论与实践相结合、学习内容与典型案例相结合的学习方法，根据单位的执法责任，先后组织学习了《中华人民共和国水法》《中华人民共和国水土保持法》

《中华人民共和国防洪法》《中华人民共和国渔业法》《中华人民共和国河道管理条例》《取水许可制度实施办法》等一系列水事法律和法规，同时组织全体干部学习《中华人民共和国行政诉讼法》《中华人民共和国行政许可法》等行政法规，全面提高了广大干部职工的法律素质和执法观念，增强了依法行政和依法治水的能力，有力推动了水行政执法工作的开展。

为了把普法教育推向深入，提高执法人员的理论素质和执法水平，流域内市、县两级水行政主管部门多次举办各类法治培训班和学习班，通过集中学习、专家授课、闭卷考试等形式对执法人员进行重点培训和严格考核，同时对一般职工采取发放学习材料、个人自学、观看录像、集体讨论的方式普及相关法律知识。为了巩固学习成果，各级行政主管部门还多次举办法律知识竞赛活动，各下属单位踊跃组队参加，争相竞答，取得了很好的普法效果。每年3月22日是“世界水日”，3月22—28日是“中国水周”。联合国和水利部每年都要确定不同的宣传主题，开展丰富多彩的宣传纪念活动。流域内各级水利部门精心组织，集中时间，运用电视、广播、报刊、宣传栏、展板和散发宣传品等多种宣传手段，现场咨询及全方位、多层次地开展水法规的宣传活动。据不完全统计，1995—2020年，累计出动宣传车2000多辆（次），制作宣传版面17200多块，设置咨询点300多处，散发宣传材料90余万份，印发宣传手册40万多册，在报刊上发表相关文章90篇，举办水法规知识竞赛30次，普法宣传面遍及各个县（市、区）城区和各个乡镇。

高陵区水务局组织编写、排演宣传水法规文艺节目。1991年3月，成立了以县剧团马耀先及县文化馆有关同志参加的创作小组，编写了秦腔、眉户剧三部和快板、小品等节目，由县剧团负责排演。7月5日晚，县委、县政府在县人民剧院隆重举行“高陵区水法规宣传动员大会暨‘水之声’大型文艺宣传首演式”。陕西省水利厅副厅长焦居仁、调研员郭文儒，黄河中游局局长孟庆梅、副局长李定仁，咸阳市水利局副局长卢文涛、泾惠渠管理局党委书记王德成、局长韩木斋，县级五大班子领导、县级各部门、各乡（镇）负责同志和基层水利干部及城区干部职工2000多人参加大会并观看演出。宣传水法规的文艺节目受到各级领导的高度评价，认为题材新颖，形式活泼，寓教育于娱乐之中，宣传效果很好。紧接着又在区剧院连续公演8场，场场爆满，观众达10000多人次。7月22日和8月13日，先后在西安戏曲研究院排演场和三原县人民剧院为“陕西省暨西安市水法宣传动员大会”和泾惠渠管理局汇报演出，受到省市领导的赞赏，其中现代小戏《砸斗》剧本被市“二五”普法领导小组评为优秀宣传材料，并给予表彰奖励。

第二节　机构队伍

随着《中华人民共和国水法》和《中华人民共和国水土保持法》等一系列水法规的颁布实施，水行政执法成为水利部门依法治水的重要举措。20世纪90年代以来，泾河流域内水资源紧缺、水旱灾害严重、水环境污染、河道内乱采乱挖乱建和水土流失等问题突出，流域内各级水行政主管部门和具有行政执法职责的单位，确认或组建执法机构，明确并落实执法责任；建章立制，进行水政监察规范化建设；实施综合执法改革，提高水行政执法的质量和效率；水行政执法机构逐步健全和完善，水资源管理、防汛抗洪、河道管理、水土保持监督等执法工作得到进一步加强，维护了正常的水事秩序，促进了改革和发展。

流域内各设区市、县（市、区）水利（水务）局，负责本行政区域范围内的水行政执法。其内设的规划计划管理、水资源管理、建设管理、农村水利管理、城乡供水管理、防汛抗旱管理等机构，分别负责各自职责范围内的水行政执法；另外，各设区市、县（市、区）的水土保持机构、渔政机构以及灌区灌溉管理单位也分别由法规授权或受水行政机关委托，负责相应业务及地域范围的水行政执法。1996—2020年，各设区市、县（市、区）水利（水务）局陆续成立了水政监察支队、大队负责水行政执法的统一管理和综合协调工作，绝大部分水政监察支队均与水政、水资源或河道管理机构合署办公。1991年，流域内咸阳市选择矿山活动较为集中的彬州市和人为活动加剧水土流失的三原县，作为国家水土保持执法试点县，并相继在彬州、长武、永寿、旬邑、三原、泾阳、乾县、礼泉等县（市）设立水土保持监督机构，与水土保持站合署办公，培训水土保持执法人员。1995年10月23日，咸阳市水土保持监督总站经市编委批准成立，推动了全市水土保持监督执法工作的全面开展。1998年6月1日，流域内咸阳市水政监察支队成立，标志着水政监察工作进入一个新阶段。2018年机构改革后，各区县成立了水利综合执法大队，主要承担县水利局机关及其所属事业单位的水资源、河道、水土保持、供水、水利工程管理等行政处罚以及与行政处罚相关的行政监察、行政强制等执法职责；承办水利行政复议、应诉、理赔等具体事务；承担县水行政执法统计等工作，执法机构全部进行了独立办公、独立开展工作。随着内部各种规章制度的制定和健全，形成了比较严格的管理机制，使水行政执法工作开始走上规范化管理轨道。

1992年6月，彬州市被列为全国第一批水行政执法试点，市政府及市水利部门加强水政监督与水行政执法工作，推进全市水行政执法体系建设。1998年11月，经市委、市政府研究决定，成立彬州市水政监察大队，2008年11月，经市委、市政府研究决定，成立彬州市机井监理分站，与市水政水资源管理办公室、水政监察大队合署办公，一套机构，三块牌子，隶属市水利局。这些执法机构的组建，实现了对全市水资源“统一规划、统一调度、统一发放取水许可证、统一征收水资源费、统一管理水质水量”的“五统一”管理目标，使水政监察、水土保持监督、河道管理、水利工程保护、渔政管理迈进了依法管理轨道。

第三节 行政执法

1988年《中华人民共和国水法》公布实施后，陕西省便逐步开展了水行政执法活动，维护了水事管理秩序。随着社会经济的不断发展，各部门各行业对水资源的需求量不断加大，随之而来的水事纠纷和非法取水行为也时有发生。泾河流域内各级水行政主管部门在进行水利水保执法体系建设中，将强化执法队伍建设、严肃查处各类水事违法案件作为工作的重点内容，组建了纪律严明、运行有力的水行政执法队伍，查处了一批破坏水工程、乱采滥占水资源、破坏水土保持设施的水事违法案件，有效地维护了水利工程设施安全和正常的水事秩序，促进了流域水利事业持续发展。

1998年，咸阳市绿化管理处在市区河堤路绿化带内未经审批，擅自打井取水。经群众举报，市水政监察支队立即派执法人员赶到现场，按照法律程序进行调查取证，并请咸阳电视台进行曝光。经过耐心细致的思想工作和宣传教育，使其终止了违法凿井行为，并依法给予了当事单位罚款处理。2004年4月9日，陕西科技大学未在市水行政主管部门办理取水许可的情况下，私自在学院内打井。4月12日，市水政监察支队得知后，即派员到现场勘查，并当场下发了《停止违法凿井通知书》，依法责令停止施工，准备接受调查与处理。4月14日，市水政监察支队做出决定，要求立即填封所凿水源井，并依据《中华人民共和国水法》第六十五条第二款罚款五万元。陕西科技大学不服，市水政监察支队上诉至秦都区人民法院，申请强制执行。6月21日，法院做出判决：①陕西科技大学终止凿井行为。②依法罚款贰万捌仟元。③诉讼费由陕西科技大学承担。据不完全统计，自市、县两级水政监察队伍成立至2005年，全市共查处各类水事违法案件420件，挽回经济损失430多万元，同时依法打击了非法取水行为，规范了凿井市场秩序，有效地保护了水资源的合理开发利用。

2008年7月2日，甘肃庆阳宁县在泾河省际段修建堤防工程时施工人员与陕西省长武县群众发生械斗，事件发生后，水利部和黄委高度重视，陕西省政府领导作出重要指示，陕西省水利厅积极开展执法调查。按照水利部陈雷部长批示，成立了由黄委主任苏茂林任组长、水利部政法司副司长赵卫任副组长的处理两省群众械斗事件工作组，会同两省水利等有关部门负责人赴事发现场进行处理。经过多方努力，护堤工程彻底拆除，河道恢复原状，泾河长庆桥河段水事纠纷得到妥善解决。2014年，陕西省水利厅配合黄委对甘肃庆阳宁县在省际界河道泾河咸阳长武县段违规修建工业园区的违法行为进行了立案查处，避免了群体性事件的发生，保护了受害群众的利益。

为深入贯彻《中华人民共和国水土保持法》，流域内市、县先后出台了《〈中华人民共和国水土保持法〉实施办法》和《水土保持设施补偿和水土流失防治费征收使用管理办法》等地方性法规和规范性文件，统一了执法文书和执法程序，坚持了水土保持方案报告制度、建设项目“三同时”制度和水土流失防治目标责任制等工作制度，在违法案件查处和水土保持“两费”征收方面取得很大成绩。截至2007年底，累计依法查处水土保持违法案件39起，征收水土流失防治费、水土流失补偿费498余万元（其中用于返还治理费85万元、植树造林0.1万公顷、复垦土地0.067万公顷）；先后督促编报开发建设项目水土保持方案报告书（表）615件，审批543件。2007年，流域内咸阳市水土保持方案实报127个，其中审批122个，实施108个；查处水土保持违法案件7起，征收防治费23.4万元、补偿费26.11万元；促使人为水土流失单位自行恢复治理完成投资439万元。长武、彬州、永寿、旬邑、淳化、礼泉、泾阳等县（市）水土保持监督站先后通过了“全国水土保持生态环境监督管理规范县”建设的检查验收。

第五章　科技创新

泾河流域水利事业开发历史悠久，人们在实践中创造出相当精确的测量器械和开渠、筑坝、凿洞等施工技术，成为水利事业发展进步的重要标志。特别是为保证灌溉用的水源，郑国渠采用了独特的“横绝”技术，通过拦堵沿途的清峪河、浊峪河等河，让河水流入郑国渠，河流下游的土地得到了改善。20世纪20年代起，李仪祉等运用现代水利科学技术规划、兴建的泾惠渠等工程，其测量、水工建筑、施工技术以及建筑材料，都达到了新的水平。20世纪50年代起，围绕流域水利事业建设和管理中普遍面临的灌溉、地下水、泥沙、流域综合治理、冻害和水土流失等现实问题，广大水利工作者开展了大量的生产试验、专题研究、现场观测和示范推广工作，一些在专业应用技术方面，形成了鲜明的流域特色和一定的科研优势。同时，实行专业科研机构试验研究与群众性的科学试验、技术革新相结合，解决了生产建设中的实际问题，取得了显著的社会效益。

第一节　工程施工技术

一、郑国渠及历代引泾水利工程

战国后期（前246年），随着生产力的发展，修建了空前规模的郑国渠水利工程，不仅在经济上具有重要意义，而且在水利科学技术方面也有许多发明创造。一是取水口选择科学。《史记》载，“凿泾水自中山西邸瓠口为渠”。瓠口又称谷口，位于泾阳县西北，是泾河进入渭北高原的一个峡口。郑国渠首选在瓠口，充分利用了北山山系的地形特点，泾河在此形成一个葫芦状的河曲地貌，并且西岸凸、东岸凹，同时泾河峡谷有大量的巨石。依靠人工措施将这些巨石连接起来将水分流，一部分水进入大渠，一部分水进入河道。为了保证进水的流速和流量，引水渠与河道形成科学的交角。因为在河道的弯道处，除通常的纵向流水外，还存在横向环流问题，即上层水由凸岸流向凹岸，河流的最大流速接近凹岸稍偏下位置，恰好对准引水口，同时大量的细沙进入渠道；横向环流指的是，下层水由凹岸流向凸岸，从而把较大的沙粒冲向凸岸，最大限度地减少了渠道的淤积。二是采用“横绝”技术，扩大水源。郑国渠经过几条自然河流，这些河流原皆是由北部山塬发源向东南汇入渭河的，与自西而东的郑国渠不可避免地形成交叉。郑国渠是如何处理这种与天然河流的交叉的呢？按《水经注·沮水》记载，郑国渠“绝冶谷水”“绝清水”“与沮水合”，浊水也是注入郑国渠的，即是将沿途与渠道交叉的各河流“横绝”，吸收而过。由于当时河床尚未深切，河浅滩平，郑国渠横穿沿途诸交叉河流时多采用筑坝、修堰、开沟等方式，拦截或导流入渠。如果这些河流也被截断，这种方式最为可行。三是设计比降小，流程长，控制面积大。郑国渠沿海拔 450~370 米的高程，自西向东，循北塬而行，修建在渭北平原二级阶地的最高线上；由渠首瓠口到入洛河的实际长度 126.03 千米，首尾高差 80 米，渠道平均坡降为 0.64‰，最大限度地保证了渠线的长度，灌溉面积达四万余顷。但另一方面因为高含沙引水，不可避免地造成渠道的淤积，这也是修建白渠的重要起因。四是采用淤灌技术，改良土壤。郑国渠“用注填阏之水，溉泽卤之地四万余顷”。郑国渠是“用注填阏之水，溉泽卤之地”。即采用引高含沙的河水，灌溉盐碱沼泽地的引洪淤灌方式，从而收到灌水、肥田、改良盐碱地一举三得的效果，这也是我国农田灌溉技术上的创举。郑国渠灌区原来属于盐碱地，并不适合种植庄稼，有了郑国渠的灌溉，“亩收皆一种”，才真正成为土壤肥沃的“天府之国”。

引泾灌溉渠首的引水工程设施，白渠的渠线设计与选择更加科学与合理，已开有支渠，灌水有保证。自宋代起始有记载，旧堰和宋代时的新堰都是拦河截流，抬高水位，以利于引水入渠。宋丰利渠，取水口凿有“水则”，相当于现在的水尺，刻度精确，用于控制进水量。到了元代堰始采用木石结构，用囤筑堰。明代修广惠渠，石渠最长，并穿凿隧洞通过石崖，工程维艰，历时较长，施工技术又有发展。据《重修广惠渠》记，开凿隧洞采用“炭灸水淬”“炭灸醋淬”，即用炭火烧后再用醋或水泼之，使岩石松散易凿。明武宗正德十一年（1516 年）所开之通济渠，进口还凿有闸槽，系以闸板调节渠水，河水大时闭闸，小水时启闸，借以掌握调节引水流量。另外，各代渠口均设有退水渠，于今船头，有秦两村，汉退水渠遗址尚存，宽度与引水渠相等。

二、泾惠渠

泾惠渠工程设计之初，李仪祉以严谨的科学态度，进行了大量的调查研究、勘测规划和分析论证，写出了许多有关科技论文和引泾工程报告，建设期间运用近代科学技术建成了泾惠渠工程。据民国时期出版的《陕西水利概况》介绍：泾惠渠设有引水洞，首部有钢门三扇，以齿轮绞盘机司启闭，机械安装于门槛之上 15 公尺处，超越泾河涨水位上。凿洞工程始于民国二十一年一月，并辅凿二旁隧洞，通入本洞，同时由六端凿起。由美国购回英格兰压气打钻机一架（即今空气压缩机），以供凿石之用，岩石中泉水甚多，作业困难，黄色炸药和不透水药线（导火索）为工程最需的材料，至四月从国外买到，此后凿洞顺利。8 月 17 日，洞乃穿通，凡共凿石 7223 立方米，黄色炸药 6200 磅，火药 1.05 万磅，雷管 7.7 万支，不透水药线 4.0 万英尺。可谓黄色炸药用于水利工程之发端。引水闸工程落成于民国二十一年一月，钢门之设计，使其关闭后能抵抗 15 公尺水头压力，且封闭须极严密，以免泥水入洞。而门之上下滑动，贴于紫铜板面，以减小摩擦。

泾惠渠修建过程中，世界上先进的测量仪器诸如水准仪、平板仪被运用于工程测量设计，在泾河拦河坝基础修建中还使用了煤油离心泵抽水机等现代施工机械，在隧洞施工中，利用从美国进口的气压机和 4 个风钻，经过近 3 个月时间凿通长 390 多米岩石坚硬的隧道，这是我国首次将气压机用于灌溉工程修建。另外，工程还采用了较为先进的施工组织方案、第三方审计制度等。

三、渠道防渗、防冻胀试验

渠道防渗衬砌的主要灾害是冻胀变形。1975 年，陕西省水科所和泾惠渠等单位开展 U 形渠道衬砌结构形式现场试验，证明薄壁加肋梁结构形式防渗抗冻性能好，少占耕地，在全国及省内各灌区推广。1984 年，陕西省水利水土保持厅组织陕西省水科所、泾惠渠等单位编写的《U 型渠道》一书，1986 年由水利电力出版社出版发行。1989 年陕西省泾惠渠管理局与陕西省水利厅农水处、陕西省水利科学研究所合作，于 1990—1991 年在泾惠渠灌区四支渠清凉寺段进行防渗、防冻胀试验。该区属渭河第四纪冲积黄土区，土质为中壤土。

该试验段长 1100 米，采用梯形和弧角梯形两种结构形式。梯形结构阴坡采用 15 厘米、12 厘米厚的空心楼板和 6 厘米厚的槽形板。弧角断面采用现浇混凝土有筋梁板形结构、现浇混凝土无筋梁板结构、8 厘米厚现浇混凝土板下铺 2 厘米厚聚苯乙烯泡沫板保温型结构、8 厘米厚现浇混凝土板下铺 4 厘米厚珍珠岩保温板型结构、8 厘米现浇混凝土板下铺设沥青玻璃丝布油毡防渗膜料等 5 种结构形式，对气温、地温、冻深、冻胀变位、土壤水分和地下水位等 6 项指标进行了两个冬季长达 206 天的观测。5 种结构形式均未发现裂缝、错台现象，耐冻胀、防渗效果良好，其中混凝土板下铺设聚苯乙烯珍珠岩板复合结构效果最好，为渠道防渗、防冻胀设计提供了科学依据。陕西省泾惠渠管理局熊俊才、段良鹏、张亚丁、蔡顺仁、王沪学、张天顺参加该项目试验。

第二节　试验研究

一、灌溉试验

流域内灌溉试验从民国时期开始。民国二十六年（1937 年），泾惠渠管理局与金陵大学西北农事试验场（位于泾阳梁宋村）合作进行小麦、棉花灌溉试验数年。1953 年泾惠渠最先建起了灌溉试验站，之后一些地（市）及大中型灌区也建立灌溉试验站，开展多方面的灌溉试验研究。

1953—1962 年，泾惠渠灌溉试验站对棉花、小麦、玉米的需水量进行长期试验，提出主要作物生长期每亩总需水量为 280 ~ 400 立方米的标准，为灌区棉花、小麦、玉米等农作物制定合理的灌溉次数、灌水时间、灌水方法及灌溉定额提供了依据。陕西省水利科学研究所与泾惠渠、洛惠渠、渭惠渠及汉中等灌区试验站协作，针对不同地区气候土壤等条件，对小麦、玉米、棉花、水稻等 13 种农作物适宜土壤水分、需水规律、田间灌水量、各生长阶段灌水作用及作物的生长机制和水分生理等，进行小区和大田试验研究，优选出不同地区不同作物的灌溉制度。1974 年，该所通过对主要农作物需水规律、土壤特性、近年降水资料及部分先进用水经验的分析研究，提出了陕西省旱涝保收农田的抗旱标准。

（一）吨粮田、双千田试验

吨粮田、双千田是以生产目标命名的集约型农业生产模式，即年亩产吨粮，或年亩产千斤粮、收入上千元。1989—1991 年，陕西省泾惠渠管理局与陕西省农业科学院等单位合作，就吨粮田生产模式、双千田栽培模式以及耗水量、灌水次数、灌水时间进行了试验。在灌区三原县安乐乡、泾阳县姚坊乡建立吨粮田试验田 6.67 公顷，示范田 66.7 公顷。1989 年、1990 年安乐乡试验田每公顷产量均达 15060 千克，1991 年每公顷产量为 15195 千克。

吨粮田生产模式是小麦、玉米一年两熟，采用套种栽培方式。小麦两密一稀或三密一稀条播，玉米麦垄点套。小麦、玉米共灌水 5 ~ 6 次，其耗水量适中。小麦耗水系数 0.625 ~ 0.650，玉米耗水系数 0.48 ~ 0.50。在适宜水分状况下，尽管农业栽培措施不同，作物产量差异悬殊，而耗水量相近，波动幅度较小，为节水灌溉提供了理论基础。该项目结合农业技术措施，在高陵区药惠乡示范推广，1991 年 40 公顷农作物平均每公顷突破 15 吨大关。双千田栽培模式主要是间作套种，灌区多用粮棉、粮油、粮菜等套种，其中粮菜套种以小麦、玉米、白菜三种三收模式最为普遍。每公顷产量 7500 ~ 9000 千克，每公顷产值 15750 ~ 19500 元。上述成果为灌区节水灌溉、科学种田、发展高产高效农业提供了依据和模式。陕西省泾惠渠管理局灌溉试验站王辛未、董作文等参加该项目试验。

（二）U 形渠道量水堰试验研究

为了提高 U 形渠道量水设备的精度，1986 年 11 月陕西省泾惠渠管理局、陕西省水利厅、西北农业大学水利系共同研究 U 形渠道量水设备。从 1987 年 5 月开始，经过选型、定性和灌区斗渠多次试验，确定平底抛物线形无喉段量水堰作为 U 形渠道量水设备。1989 年确定该量水堰的断面收缩比、流量系数、临界淹没深度和出流时量水特性，并在南干渠 25 斗、三支渠 12 斗安装试验设备。经陕西省水利厅组织专家鉴定认为，该量水堰量水精度高、适用性广、结构简单、造价低、量水查算方便，达到国内先进水平，可以使用推广。该项目 1998 年获陕西省水利科技进步二等奖，1999 年 2 月获陕西省科技进步三等奖。课题组由 12 人组成，其中陕西省泾惠渠管理局陈力、施彬彬、解世荣、李军利等参加。

（三）涌流灌溉技术研究

涌流灌溉又名波涌灌，是间接地按一定周期向田间供水灌溉的一种地面灌溉新技术。1990 年水利部农水司下达研究课题后，由陕西省水利厅牵头，陕西机械学院水利系主持，陕西省水利厅农水处、陕西省泾惠渠管理局组成课题组，开展试验研究。1990—1991 年在陕西省泾惠渠管理局灌溉试验站、三原县安乐乡、泾阳县三渠乡进行了 121 个单点、大田间歇入渗试验。对不同灌水技术组合，在 12 个灌季次进行了 419 个畦组、24.7 公顷的田间灌水试验，确定了不同畦子规格的不同作物涌流灌溉技术要素。对黏性土壤小麦灌水单宽流量为 8 ~ 14 升每秒每米，玉米灌水单宽流量 6 ~ 12 升每秒每米。周期数：畦长 200 米以上者采用 3 ~ 4 为宜，畦长 200 米以下者采用 2 ~ 3 为宜。循环率：对黏土取 1/3 为宜。涌流灌水技术与续灌技术相比节水明显，年均节水 24%，每公顷年均节水 882 立方米。浇地效率比续灌平均提高 21%，当时推广面积 2133 公顷。经 1994 年 4 月 22 日省级鉴定后，认为涌流灌溉技术先进，具有节水明显、灌水质量高、增产增效、浇地效率高等优点，可以大面积推广。该项目 1994 年 10 月获中国杨凌农科城技术成果博览会后稷金像奖，1995 年获陕西省科技进步三等奖。课题组由陕西机械学院水利系教授王云涛主持，陕西省泾惠渠管理局陈力、王辛未、董作文、杨宏德、张福信参加。

（四）U形渠道自动测流仪研制

在陕西省水利厅科教处的指导下，西安理工大学、杨凌职业技术学院、陕西省泾惠渠管理局联合研制U形渠道自动测流仪。从2002年3月开始，在泾惠渠灌区三渠管理站支斗渠进行试验。经过1年多的试验研究，制成了U形渠道自动测流仪。经鉴定，该测流仪量水精度高，使用简便，满足U形渠道自动测流需要。该项目2003年7月获陕西省水利科技进步奖一等奖。陕西省泾惠渠管理局党永仁、陈文宏、王忠建等参与。

（五）U形渠道量水槽体形优化及制造工艺研究

陕西省水利厅、西安理工大学、陕西省泾惠渠管理局、咸阳秦安节水技术有限责任公司于2003年8月至2008年7月开展U形渠道量水槽体形优化及制造工艺试验研究，旨在规范U形渠道量水槽的设计、制造和安装，提高量水精度。该项目是水利部“948”计划技术创新与转化项目之一，主要是把U形渠道直壁式量水槽作为研究体形，通过模型试验、理论分析，在灌区三支渠30多条斗渠试验推广，总结提出了量水槽喉道长度确定方法及渠道不同倾角时量水槽过渡段的连接方法。利用优先数RIO系列确定了量水槽的喉道宽度规格，提出了量水槽的标准设计方法和命名方法；研制了量水槽制造模具、振动台、安装支架等设备；研究了量水槽的现场安装方法和精度检测方法；提出了浮盘式水位传感器，开发了GSM短信息灌区流量测量系统，提出了量水槽制造的标准化体系，建立了量水槽量值管理体系。2008年7月25日经水利部鉴定，认为该量水设施具有量水精度高、通用性好的优点，在研制直壁式量水槽生产工艺、标准化、工厂化生产方面采用集成浮盘式水位传感器与导电塑料电位器，使水位测量分辨率大为提高，达到国际先进水平。陕西省泾惠渠管理局王忠建、田建民、党永仁参加研制。

二、地下水研究

2007年陕西省泾惠渠管理局与长安大学合作开展“提高灌区水资源利用效益，促进社会主义新农村建设”的试验与示范课题研究，其子课题有灌区地下水动态、地下水质评价等8项。

（1）典型调查。在全面分析监测资料的基础上，2010年5月开始对灌区地下水资源利用情况进行深入调查。选择灌区上中游的泾阳、杨府管理站，下游的楼底、张卜管理站等4站，对其1980—2009年间地下水、地表水的利用及农业种植结构等情况进行调查，并结合多年监测资料进行分析研究。

（2）地下水严重超采。根据1979—1981年调查资料计算，灌区地下水宜采量为1.7亿～2.3亿立方米。2002年统计每年农业灌溉用地下水量2.0亿立方米，加上人饮、生活和工业等取用地下水量，远超过年可开采量。1978—2009年灌区地下水疏干量约为10亿立方米。

（3）问题与对策。灌区水资源开发利用，面临的问题主要是地下水超采和污染。由于经济快速发展，农业结构调整，设施农业兴起，出现了地下水超采，致使灌区以渠灌为主、井灌为辅、渠井互补的良性循环受到破坏。地下水埋深下降，从20世纪60年代的3～5

米，下降到2003年的20米左右，局部地下水下降至50米。机井深度多为100 ~ 200米，致使20世纪80年代80%的机井报废。由于引用渠水灌溉水量减少，地下水超采，致使地下水得不到充分补充。

（4）地下水监测。灌区地下水监测是保护生态环境、合理开发利用地下水资源的重要举措。陕西省泾惠渠管理局对地下水进行长期监测，现有观测井320眼，其中基本井117眼、普查井197眼、专用井6眼。观测内容有水位、水温、水质。采用人工和自动水位仪等方式观测。基本井水位动态每5日观测1次，普查井每年观测3次（3月1日、9月1日、12月26日）。水质普查每年4月采样分析。对所测资料每年进行1次汇总分析，并绘制灌区地下水位等埋深图和年内变幅图，确定水位年内动态特征等，为灌区利用地下水提供依据。因观测井干枯，从2004年观测资料中断。

三、盐渍治理试验

1952—1977年，泾惠渠管理局叶遇春等开展灌区排水调查和灌溉回归水的大面积观测工作，提出了“开沟排水，井渠结合，小定额灌溉，冬春灌溉压碱，平地深翻，精耕细作，多施有机肥料，改良土壤”的盐渍化治理方案。1980—1982年，陕西省地下水工作队、陕西省水电设计院、泾惠渠管理局及各县水电局等单位合作，在泾惠渠灌区开展了浅层地下水变化及开发现状、渠井双灌区灌排结合和地下水采补平衡的大面积调查观测研究，提出了《泾惠渠灌区浅层地下水资源调查报告和开发利用规划报告》，为灌区地面水、地下水统一调配，抑制地下水位上升，提高供水保证率提供了科学依据。

四、水坠坝试验

1973年，陕西省水土保持局与黄河水利委员会、山西省水利厅联合组成“水坠法筑坝试验研究小组”，研究推广水坠坝的设计施工技术，陕西省水科所与咸阳地区水电局、彬州市水电局承担了彬州市李家川重点试验坝及面上研究调查任务，提出了水坠坝充填体非线性固结的数值分析方法，编入1984年水电部颁布的《水坠坝设计及施工技术暂行规定》和《水坠坝》中。

五、水文测验

陕西省近代水文测验自规划设计泾惠渠工程开始起步。民国十一年（1922年）于渠首二龙王庙及北屯渡口两处泾河段，由胡步川负责，自10月起进行泾河水位流量观测，设水尺，以船用流速仪施测，并于民国十三年（1924年）开始施测含沙量，均无固定规式，时测时停，亦无系统资料，民国十五年（1926年）停测。

民国十九年（1930年）泾惠渠工程开工，恢复水文测验工作，于水磨桥南设河、渠断面，施测泾河及龙洞渠水位、流量与含沙量。民国二十二年（1933年）八月泾河特大洪水后，采用李仪祉设计的瓶式采沙器，以澄清晒干称重法计算含沙量，计算出1933年总输沙量为11.7亿吨。泾河水位、流量、含沙量记载自1931年6月开始，但完善的记录自1932年1月起，国家水文年鉴刊布的泾河张家山水文资料自此始。民国二十三年（1934年），泾惠渠管理局设张家山管理处，任务为管理渠首工程，防洪和水文测验，进行泾河、渠道水位、流量及含沙量的测验工作，兼有水文站的作用。1952

年成立张家山水文站后，将泾河水位、流量、含沙量测验划归水文站，渠道水文测验仍由张家山管理站负责。张家山泾河水文资料共计 59 年（1932—1990 年），张家山泾河水文站是全省 75 个水文站中时间最长、资料最全的站点。

六、润镇沟流域综合治理试验研究

项目由黄河中游治理局下达，陕西省水土保持局、咸阳市水保站和淳化县水利水保局共同承担。1980 年项目开工，研究目标为探索黄河小流域综合治理措施配置，寻找合理的土地利用结构比例，探讨高效益的经济结构，总结加快治理速度方法、途径和经验。润镇沟流域综合治理项目经过 5 年时间，完成了全部试验项目和内容，于 1987 年通过了水利部黄委、黄河中游治理局、陕西省水土保持局、西北大学、西北林学院等 9 部门的 18 位专家组成的鉴定委员会的鉴定验收。专家一致认为项目措施配置得当，各项技术指标达到或超过部颁标准，其治理经验为黄河中游同类地区提供了典型经验和科学依据，达到国内项目的先进水平，在某些方面还居于领先地位。润镇沟流域综合治理技术成果获陕西省水利科技进步二等奖。

七、泥河沟塬面水土保持工程体系试验研究

“黄土高原沟壑综合治理及其效益研究”，项目是国家“七五”计划重点科研专题的重点试验示范区之一，以探求黄土高原沟壑区治理水土流失、恢复生态平衡、建立农业生态系统良性循环的有效途径和治理措施，主要研究项目包括塬面水土保持工程体系的配置、设计规格和标准、工程效益和节水灌溉技术等。该项目由西北林学院主持，淳化县水利水保局协助，从 1986 年开始到 1990 年结束，为期 5 年。泥河沟综合治理试验研究水保工程体系的配置，一是在塬面以保护农田和建设基本农田为工程措施。二是在沟头、沟坡以固坡保塬为目的，设置谷坊、蓄水池、拦泥坝、沟边埂，坡面修筑水平沟、水平阶和鱼鳞坑植树、种草等工程。三是在沟道以拦蓄径流泥沙防止沟底下切为目的，在干沟的中、下段设小水库，干沟的中、上游段设拦泥坝，支沟中、上游段和毛沟设谷坊群，节节拦蓄，使拦泥与蓄水相结合。该项目于 1990 年获中国科学院科技进步二等奖。

第三节　推广应用

一、节水灌溉

节水灌溉是灌区的主要科研课题，20 世纪 50 年代后，开展的主要试验研究如下：

（1）喷灌。喷灌试验始于 1958 年，20 世纪 70 年代有了较大发展。1974 年，陕西省水科所董文基等与西安市排灌站等单位协作，研制成陕喷 DS1 型、JS1 型、DZ2 型、DZ3 型、JZ 型等 5 种移动式中射程喷灌机，在陕西省内推广应用。此项成果 1978 年获得全国、陕西省科学大会奖。为检验喷灌的省水效果，陕西省水科所与西北农学院、乾县城关区协作，进行了小麦、棉花、玉米、蔬菜喷灌试验，证明喷灌比小畦灌省水又增产。

（2）微灌。1983 年陕西省水科所与淳化县水利水保局合作，在县园艺场利用人畜用水设施，新建微灌系统，采用滴灌、喷灌、移动细管灌等方法灌溉果树，较沟畦灌节水60%，增产12.5%～16%。1985年在淳化县韩家村建立微灌与人饮联用工程试点，在解决人畜饮水的同时，发展200多亩农田和经济作物微灌。

境内灌区各县（区）先后在大棚、大田推广喷灌、渗灌、滴灌、管灌等先进灌溉节水技术，节水效果显著。2000年在泾阳县云阳镇樊家尧村建成节水抗旱示范区，面积33.3公顷，引进以色列、美国、澳大利亚等国外节水设备，主要采用滴灌，示范管灌、微灌、喷灌4大类10多种节水技术。2005年在高陵区崇皇镇高墙村建成大田半固定式喷灌区，面积33.3公顷。西安市为高陵区抗旱服务队配备移动式喷灌机20台、大型卷盘式喷灌机1台，以备抗旱之用。

二、作物灌溉推广

20世纪50—60年代，根据灌水试验成果，在泾惠渠灌区普遍宣传、推广小畦灌及沟灌，将畦宽6～10米改为2～3米，畦长300米左右改为100米左右，即“八分畛子分三节，五分畛子两半截”，取得初步效果。70年代，灌区大部分地区畦区规格已达到要求标准。进入80年代后，农业生产实行家庭承包责任制，群众注意了节约用水，加强田间耕作和筑埂打畦措施，许多地方已将畦宽改为2米左右，畦长50～100米，单宽流量由原来的8～10升每秒每米改为5～7升每秒每米。

开展群众性的试验示范，选派技术干部在灌区农村蹲点，长期住在社、队，与群众生产密切结合，推广试验成果，以示范田进行灌溉丰产试验或中间试验，调查总结群众丰产经验。1955—1959年在泾阳县同官张大队设立棉花丰产方，推广细流沟灌和八字沟；1958年在高陵区火箭大队进行棉花及水稻试验；1963—1964年在泾阳县永乐公社参加省科委组织的丰产样板示范；1965—1967年在泾阳县泾干公社张家村开展棉花、小麦丰产试验等，均取得了优良成果，推动了当地粮、棉增产及灌溉技术的提高。

历年来灌溉试验的主要成果，如作物需水量、阶段耗水量、作物灌溉制度、灌水技术、气象观测、土壤、水质等资料，已分别被灌溉管理、计划用水、勘测设计、农业区划、科研教学等方面所采用，为省内外大专院校提供资料和场地，协助完成教学任务，发挥了为生产、科研、教学服务的作用。

三、李家川水坠坝

彬州市李家川水库水坠坝，属秦晋两省水坠坝领导小组选定的重点试验坝之一，咸阳市水利局袁仁学同志始终参加试验。1973年11月动工兴建，坝高36米，库容520万立方米，1976年建成，1979年完成了全部试验任务。该项试验工程系由省（水保局）、地（水电局）、陕西省水科所负责技术指导和试验研究，彬州市组织施工。1974年曾提出《陕西彬州市李家川水库水坠坝现场观测阶段报告》和《陕西省彬州市李家川水坠坝土壤试验报告》两份技术文件，通过总结筑坝经验，观测研究施工期含水量、孔压分布和泥浆脱水固结特性，掌握了水坠坝边填宽度与土质、冲速、坝坡比之间的关系，以及防止滑坡的施工技术等，受到国内学者的关注。 水坠坝是一种利用水力冲填代替夯碾的筑坝方法，它适宜于陕北晋西粉质砂壤土地区，要求黏粒含量少，透水性强，泥浆脱水快，固结性能好。而关中地区土质黏性大，黏粒含量一般在20%以上， 因缺实践经验，故研究李家川水坠坝的目的在于探讨黏性土地区水坠筑坝技术上的可能性和经济上的合理性。工程实践证明，只要认真搞好设计，严格掌握施工技术，充分利用各种有利排水条件，边填且有足够的宽度与质量，修建40多米的重粉质壤土水坠坝，技术上是可行的，与碾压坝相比具有一定的经济合理性，可以因地制宜地推广。此项试验成果曾在第12届国际大坝会议上做过技术交流。

四、水土保持科技

1991—1996年，为了推广陕西省在渭北黄土高原沟壑区创建的中塬沟、鸦儿沟、王东沟等试点小流域的成果和经验，水利部将陕西省长武县列为首批全国水土保持综合治理开发示范县，在全县实施了“塬川防护、果园建设、庭院经济、道路配套、立体农业、低产田改造、地埂利用、侵蚀防治、低产林改造、荒山造林”十大工程，开展了多项试验研究，治理水土流失面积125.9平方千米，形成32个治理示范区，建立了生态经济型治理开发体系，减少泥沙33.3%，拦蓄径流17.6%，林草覆盖度提高22.8%，土地利用率提高9.35%，农民人均纯收入提高517元，实现了水土保持由生态型向生态经济型的大转变。

1998—2001年，为了加快渭河流域水土流失治理步伐，推动农村经济发展，保护和利用区域内大面积的梯田埂坎及荒山坡地，陕西省水土保持局启动了“渭北旱塬酸枣接大枣技术示范推广”项目，在宝鸡、咸阳、渭南、铜川4市的三原、泾阳、淳化、礼泉、千阳、印台、华阴、大荔等18个县（区）共发展酸枣接大枣2958.2万株，折合面积31.94万亩。其中梯田埂坎酸枣接大枣665.7万株，荒山荒坡2277.1万株，枣农间作15.38万株。在4年实施期内，取得直接经济效益14360.58万元，间接产值74.1万元。控制水土流失面积59.64万亩，生态效益、社会效益显著。推广项目2005年获陕西省农业技术推广成果三等奖。

1989—2005年，陕西省水土保持勘测规划研究所与中国林业科学研究院合作，在永寿县开展了沙棘遗传改良系统研究及引种试验推广，从俄罗斯、蒙古国等国引进12个沙棘优良品种，建成陕西省最大的良种繁育基地，为陕西省沙棘水保林建设提供了技术支持，项目1996年获林业部科技进步奖一等奖，1998年获国家科技进步奖一等奖。

2001—2005年，依托陕西省水土保持世行贷款二期项目，陕西省开展了渭北高原沟壑区综合治理示范，在彬州、长武等县建成3500平方千米的大示范区，建立了保塬固沟的治理模式。

五、地方标准的研究和制定

1997年，陕西省水利厅贯彻“陕西省第二届农业标准化管理工作”会议精神，制定印发了《陕西省水利标准化“九五”计划》，明确了水利标准化工作思路、方向、目标和措施。1997年陕西省水利厅组织西安理工大学水电学院、西北农业大学水建学院和西北水科所等单位在科研成果的基础上，编写U形渠道量水槽系列技术标准；1998年组织有关专家对送审稿进行了审查、验收，并会同省质量技术监督局对其进行了评审；1999年由省质量技术监督局发布了《U形渠道量水槽》系列地方标准。

2003年3月，陕西省泾惠渠管理局在西安理工大学水力学实验室制作的U形渠道直壁式量水槽和抛物线式量水槽，取得了陕西省质量技术监督局颁发的直壁式量水槽、抛物线形量水槽样机试验合格证书。2003年8月，在“U形渠道量水槽工艺改进及技术推广”项目中，成功地研制出直壁式量水槽的生产模具，于2003年9月在省泾惠渠三支渠10斗和15斗进行了试验安装。量水槽模具加工及直壁式量水槽工厂化生产线制造由咸阳秦安节水有限责任公司完成。2006年5月16日，咸阳秦安节水技术有限责任公司通过了U形渠道量水槽计量器具样机试验和陕西省质量技术监督局考核，取得了计量器具合格证书。2006年8月22日，该公司申请的量水槽生产许可证通过了陕西省质量技术监督局许可证现场考核，并于2006年9月5日取得了生产许可证。

2005年5月25—27日，陕西省水利厅在西安举办了U形渠道量水槽技术培训班，由西安理工大学水电学院张志昌教授授课，来自全省各市（区）灌区及省直5大灌区的技术及管理人员参加了培训。

第四节　科技活动

流域内各级水行政主管部门，紧紧围绕水利发展，积极组织广大水利科技工作者，为振兴水利事业，推动科技进步，开展了多层次、多形式的学术交流活动和科普宣传活动。

1988年，流域内咸阳市水利学会协助陕西省水利学会组织了“羊毛湾水库大坝工程安全讨论会”。邀请全国10多个省、市水利专家和学者90余名，通过现场考察、会商论证的方法，对长期带病运行、蓄水受限、影响灌溉效益发挥的羊毛湾水库大坝的安全性进行了科学论证，得出了“加强观测可以正常蓄水”的结论，使水库在科学调度的前提下汛期不再限制水位，当年即多蓄水2000多万立方米，增加了水库蓄水能力，满足了灌溉的需求。1989年11月，针对咸阳市水资源缺乏的现实状况，针对如何合理开发利用现有水资源，组织召开了“咸阳市水资源开发利用研讨会”，邀请有关专家和技术人员，对全市水资源开发利用及存在问题进行了认真分析讨论。大会收到的13篇论文，立足现实，着眼长远，有论据、有观点、有内容，对今后咸阳市水资源的开发利用方向和节水途径提出了许多有见地的意见和建议。会议形成的《咸阳市水资源开发利用研讨会会议纪要》，受到市科学技术协会的高度重视，并在会刊上发表。据统计，自第二次会员代表大会后，市水利学会先后举办或参加省、市专业学术研讨会有15次，共提交学术论文和技术报告30余篇。

组织学术交流，在东庄水库前期研究、城乡供水布局研究、流域内北五县水土保持综合治理发展方向和途径等方面加强调查研究，精心撰写论文，大胆发表自己的观点，通过学会组织的学术交流会，向各级领导部门建言献策。自第二次会员代表大会后，先后举办各类学术交流会 11 次，共宣读交流论文 80 多篇。

举办专业知识讲座，开展科普宣传。学习水利科技前沿新知识、新工艺，学会多次聘请省水利专家和学院教授上门“传经送宝”。先后举办“水利经济学术报告会”“水资源管理国外考察汇报会”“水利新知识讲座”“水利新技术、新产品报告会”等，开阔了会员视野，普及了先进水利科技知识和经营理念，拓宽了工作思路。1992 年和 1993 年，水土保持专业组先后在彬州市香庙沟流域为当地农民举办四期果树栽培学习班，参加群众达 200 余人次；渔业水产组先后举办多期池塘精养高产技术学习班、水库磷氨肥养鱼技术培训班、网箱养鱼实用技术培训班，对各县水产部门、渔场职工和养殖专业户进行培训，参加人员达 140 余人次；城乡供水专业组举办的农村集中管网施工技术培训班、水利工程专业组举办的节水灌溉技术培训班、水资源专业组举办的地下水资源均衡计算学习班等，都有力地推动了全市各项水利事业的顺利发展。

咸阳市水利学会每年利用“世界水日”“中国水周”和咸阳市组织的“科技之春宣传月”活动，动员组织会员上街宣传《中华人民共和国水法》，展示咸阳水利发展新成就，普及节水知识，接受群众咨询，采用散发宣传品、布置展板、现场解答等喜闻乐见的形式，进行水利科普宣传，受到了群众的欢迎。

省部级水利科技成果奖一览表见表 5–5–1。

表 5–5–1 省部级水利科技成果奖一览表

序号	成果名称	完成单位	获奖等级	获奖时间
1	礼泉县红卫乡花寨大队辐射井非稳定流抽水试验	咸阳市地下水队	1980 年获咸阳市科技二等奖	1980 年
2	礼泉骏马打井队革新机具	咸阳市地下水队	1980 年获市科技二等奖	1980 年
3	坡地改梯田平地技术推广	咸阳市水土保持工作站	1982 年获省水电局二等奖	1982 年
4	引进推广优良品种	咸阳市水产站	1984 年获市农业科技推广四等奖	1984 年
5	推广利用饵料生物培育鱼苗	咸阳市水产站	1984 年获市农业科技推广四等奖	1984 年
6	成鱼高产试验	咸阳市水产站	1984 年获市农业科技推广四等奖	1984 年
7	利用中草药防治鱼病	咸阳市水产站	1984 年获市农业科技推广四等奖	1984 年
8	市水利水保科技发展长远规划	咸阳市水利局	市科技进步奖一等奖	1987 年

续表 5-5-1

序号	成果名称	完成单位	获奖等级	获奖时间
9	市机井节水节能测试改造报告	咸阳市地下水工作队	市科技进步奖一等奖	1988 年
10	彬州市香庙沟流域综合治理成果	咸阳市水土保持工作站	市科技进步奖二等奖	1988 年
11	市池塘精养高产试验成果报告	咸阳市水产工作站	市科技进步奖二等奖	1988 年
12	咸阳市水文手册	咸阳水利局 王尊让 孙随仓 王浩等	省厅优秀二等奖	1989 年
13	方田建设技术推广	咸阳市方田建设办公室	市科技进步奖二等奖	1990 年
14	黄土高原小流域治理示范成果报告	咸阳市水土保持工作站	市科技进步奖一等奖	1990 年
15	咸阳市水利区划报告	咸阳市水利局	市农业区划优秀成果一等奖	1990 年
16	长武县鸦儿沟流域治理试验示范成果报告	咸阳市水土保持工作站、长武水土保持工作站	省科技进步奖二等奖	1991 年
17	咸阳市农业区划资料集	王浩（副主编）	市科技进步奖一等奖	1991 年
18	高渠农业综合试验	解世荣	陕西省科技进步奖二等奖	1992 年
19	泾惠渠系配水集中控制与调度系统	韩木斋 郭毅	陕西省水利科技二等奖陕西省科技进步奖三等奖	1992 年
20	咸阳市地下水开发利用现状调查报告	王浩 留宪	市优秀调研成果一等奖	1992 年
21	运用综合方法修复深机井技术推广	咸阳市水利机械工队	市农村科技进步奖二等奖	1994 年
22	地质与电探相结合在探测地下水中的应用	咸阳市水利机械工队	市科技进步奖二等奖	1995 年
23	涌流灌溉试验研究	陈力	陕西省科技进步奖三等奖	1995 年
24	宝鸡峡、泾惠渠、交口抽渭三大灌区方田建设技术推广项目	陕西省水利厅农水处等	陕西省农业科技推广成果一等奖	1996 年
25	水田增产与发掘途径研究	施彬彬	农业部科技成果三等奖	1996 年
26	方田建设	陈力 杨明泉	陕西省科技成果推广一等奖	1996 年
27	长武县水土保持综合治理开发实验示范	长武县水土保持综合治理开发实验示范县建设指挥部办公室	陕西省农业科技推广成果二等奖	1997 年

续表 5-5-1

序号	成果名称	完成单位	获奖等级	获奖时间
28	平底抛物线无喉段量水堰	施彬彬 李军利	陕西省水利科技进步奖二等奖	1998 年
29	泾惠渠四支渠防渗防冻胀工程的试验研究	蔡顺仁	陕西省水利科技进步奖二等奖	1998 年
30	咸阳市水中长期供求计划	咸阳市水资办 董生荣 杨宣政 史玲等	省厅优秀成果一等奖	1998 年
31	平地抛物线无喉段量水堰	陈力 李军利	陕西省科技进步奖三等奖	1999 年
32	基岩深管井结构与成井新工艺	咸阳市水利机械工队	市科技进步奖二等奖	2000 年
33	咸阳市地下水动态分析研究成果报告（1997—1999）	咸阳市地下水工作队 王意超 留宪 王浩等	市科技进步奖二等奖	2001 年
34	陕西省农业集团化科技承包节水灌溉项目	陕西省水利厅、陕西省水工程勘察规划研究院、临潼区水利局、礼泉县水利局	陕西省农业技术成果推广二等奖	2002 年
35	利用综合渔业技术改造沿黄滩地的工艺学研究项目	陕西省水产研究所、渭南市水产建设管理处、咸阳市水产工作站等	陕西省农业技术成果推广三等奖	2002 年
36	U 形渠道自动测流仪研制	党永仁 陈文宏 王忠建	陕西省水利科技进步奖一等奖	2003 年
37	渭北旱塬酸枣接大枣技术示范推广	陕西省水土保持局、咸阳市水土保持站、渭南市水保站、宝鸡市水保站、铜川市水土保持站	陕西省农业技术推广成果三等奖	2005 年
38	平底抛物线型无喉段量水槽实验研究	西北农业大学、陕西省泾惠渠管理局等	陕西省科技进步奖三等奖	2005 年
39	U 形渠道量水槽体型优化及制造工艺研究	党永仁 王忠建 田建民	陕西省水利科技进步奖一等奖	2012 年
40	数字防汛抢险指挥系统集成研究与应用	咸阳市水利工作队 刘红波、边美霞、王晓成、杜雪、鱼英俊、谢邦仁	咸阳市科学技术奖二等奖	2015 年
41	新型水岸安全防护集成技术应用研究	咸阳市水工队 肖健 邓红艳 王静 张卫卫 周勇翔 梁利	咸阳市科学技术奖三等奖	2016 年

来源：《咸阳市水利志》《咸阳市水利志（1987—2007）》《陕西省水利志》

陕西省水利行业优秀科技论文获奖一览表见表 5–5–2。

表 5–5–2　陕西省水利行业优秀科技论文获奖一览表

序号	论文名称	作者姓名	报送单位	获奖等级
1	《泾惠渠工程效益评定》	陈力 白彩凤 杨俊海	陕西省泾惠渠灌溉中心	二等奖
2	《泾惠渠灌区水资源开发利用浅析》	陈力 施彬彬	陕西省泾惠渠灌溉中心	三等奖
3	《渠道防渗衬砌技术实践探讨》	胡丰年	陕西省泾惠渠灌溉中心	三等奖
4	《泾惠渠地下水合理利用分析研究》	李雪静	陕西省泾惠渠灌溉中心	三等奖
5	《浅谈灌区斗渠改制》	葛社民	陕西省泾惠渠灌溉中心	三等奖
6	《张卜管理站运行管理与对策》	毛全年 梁宏伟	陕西省泾惠渠灌溉中心	三等奖
7	泾惠渠灌区地下水水质对人体健康的影响	吴小宏 孙刚锋	陕西省泾惠渠灌溉中心	二等奖
8	冻融循环及硫酸盐侵蚀对混凝土耐久性的影响研究	孙刚峰 缑彦强	陕西省泾惠渠灌溉中心	二等奖
9	导流洞边顶拱拆模时间分析研究	李萌 杨军义 杨俊峰	陕西省东庄水利枢纽工程建设有限责任公司	三等奖
10	基于 RSEI 指数的泾惠渠灌溉生态环境质量变化评价	赵晓涛 陶汪海	陕西省泾惠渠灌溉中心	一等奖
11	东庄水利枢纽工程混凝土双曲拱坝施工仿真研究	肖宏武	陕西省东庄水利枢纽工程建设有限责任公司	一等奖
12	引泾灌溉工程科技与管理价值初探	赵鸿君	陕西省泾惠渠灌溉中心	三等奖
13	大型灌区供水系统水锤防护研究	王拴定	陕西省泾惠渠灌溉中心	三等奖
14	基于 AHP 的东庄高拱坝施工方案优化研究	曹新红 杨俊峰 王昊东 任炳昱	陕西省东庄水利枢纽工程建设有限责任公司	三等奖

来源：《泾惠渠志》、陕西省水利厅历年水利行业优秀科技论文评选结果的通报

第六篇　泾河文化

泾河两岸，是关中人文景观和历史名胜遗迹最集中、最丰富的地域之一。周先祖在泾河流域开创了人类文明之后，大秦帝国、大汉王朝、盛世大唐都在此留下了深刻的印迹。长武昭仁寺一担挑八梁的古建筑奇观，虞世南手书碑文的唐碑、彬州市大佛寺石窟，昭陵、汉阳陵出土的唐三彩、胡人俑等大量丝路遗存，无不展现着汉唐盛世的辉煌。其中，彬州市大佛寺于2014年6月被列入“世界文化遗产名录”。

泾河流域先后发掘出更新纪化石以及旧石器。新石器时期文化遗址有下孟村、方庄等地。周文化遗址有山坡、马槽沟、洛河堡、刘家河等。秦汉文化遗址有亭北、上孟村、胡家河、景家河等。2023年，西北大学等考古单位经过2018—2022年持续考古发掘，确认位于流域内旬邑县西头村的西头遗址商周时期遗存分布面积约200万平方米，是目前流域内考古发现规模最大、等级最高的商周时期遗址，构建起区域商周时期的年代序列，为探索周文化起源与早期发展提供了新基点，对流域聚落演进与商周社会变迁研究具有重要意义，也为寻找文献所记载西周“豳师”提供了重要线索。

秦代之后，引泾灌溉历代累经废兴，绵延数千年。先后有汉代修建的白渠、唐代修建的郑白渠、宋代修建的丰利渠、元代修建的王御史渠、明代修建的广惠渠、清代修建的龙洞渠，至民国时期李仪祉先生运用现代科学技术主持建成的泾惠渠。值得一提的是，历代泾渠都是因袭郑国渠遗迹修建。现今，自郑国渠起历代引泾工程取水口遗址保存完整，历代引泾碑石已被集中保护，郑国渠也于2016年11月8日被列入“世界灌溉工程遗产名录”。

泾河流域内龙女牧羊、柳毅传书、魏徵梦斩泾河龙君、关老爷怒退泾河水等神话故事和许许多多美丽动人的传说。从泾渭分明演变为一条脍炙人口的成语，一直在流域传颂，使这条古老河流的文化含量和知名度大为提高。

本篇内容包括历史文化名胜、自然人文景观、红色革命旧址、流域民俗文化、水文化建设5个部分，分5章予以叙述。

第一章　历史文化名胜

6000年前，就有先民繁衍生息于泾河流域。在泾河两岸，考古人员发现多处仰韶文化时期遗址。西咸新区空港新城太平镇寨头村东北泾河南岸断崖、西咸新区秦汉新城正阳街道蒋刘村北泾河南岸断崖、西咸新区泾河新城崇文镇河头李村南泾河北土崖等多处有仰韶文化遗址。其中高陵区泾渭街道米家崖村东北与高陵区姬家街道韩村南的泾河二级台地仰韶文化遗址，夹泾河南北相望。在泾阳县王桥镇王桥街泾河东侧断崖，还出土有打水用的陶器尖底瓶残片。这里就是水草丰美、适宜人类生存的乐园。根据《史记》等文献记载，周人从公刘至周太王古公亶父十代，一直聚居于泾河畔的今彬州一带，在生活过程中，留下了丰富的历史文化古迹。

第一节　王朝陵墓

一、唐靖陵

唐僖宗李儇与惠圣安孝皇后的合葬墓位于乾县铁佛镇南陵村东约500米处，西南距县城5.5千米。陵呈覆斗形，底部边长41米，高7米，夯土而筑，处丘陵台地上，地势比较平坦。

僖宗李儇是懿宗李漼的第五子，初封沛王，名俨。咸通十五年（874年）七月二十日即皇帝位，时年13岁，改名儇。文德元年（888年）三月驾崩于武德殿，时年27岁。同年十二月葬于靖陵。

靖陵内城遗址，东西长450米，南北长471.8米。北面正中有覆斗形封土堆，西北、东北、西南、东南各建角楼一座，封土堆前有清毕沅树靖陵碑一通。原有四门，今仅存青龙门与南、北两阙楼遗址。靖陵为省级文物保护单位。

二、唐建陵

建陵，是唐肃宗李亨（711—762）墓。李亨是唐玄宗李隆基的第三子，初名嗣，封陕王。

建陵位于今礼泉县城东北15千米的武将山上。山巅海拔1038米。属关中“唐十八陵”之一，东揖昭陵，西望乾陵。1956年，国家公布其为陕西省第一批重点文物保护单位。建陵原有城垣，迄今可辨。据1983年8月重测，东垣长1449米，西垣长1317米，南垣长1371米，北垣长879米，面积约1.65平方千米，城垣四门：左“青龙”、右“白虎”、前“朱雀”、后“玄武”，四门外各有石蹲狮一对，今尚完好。石狮前方均有土阙一对，阙距 50 ~ 134 米，高约 4 米。

三、唐贞陵

唐贞陵位于泾阳县兴隆镇崔黄村东北，北仲山南麓。寝宫位于东、西陵沟之间的一座山头内。墓道口海拔 889 米。墓主为唐宣宗李忱。1956 年 5 月，被陕西省人民政府公布为第一批省级重点文物保护单位。

陵城及其他建筑遗址：贞陵依山凿陵，陵周筑城垣，陵城占地 629 万平方米。1984 年，泾阳县文教局在秦俑钻探队协助下钻探勘测发现唐贞陵。陵城形状不规则。南城垣走向平直，长仅 1330 米。东城垣南段平直，北段曲折。北城垣略呈弧形。西城垣依山势向西北逶迤而去。城基宽约 3 米。陵城设四门。四门左右各有一土阙，东、北门两土阙相距 26 米，南门两土阙相距 67 米，西门两土阙相距 10 米。陵城四角亦各有一土阙。

祭坛遗址：位于南门正南约 80 米处。遗址内发现大量板、筒瓦、残砖等建材，并有仆倒无头白石雕像两尊。

献殿遗址：位于南门内偏东处。遗址堆积大量瓦砾。东西长约 40 米，南北宽约 30 米。

下宫遗址：位于司马道南华表 1600 米，庙背后村北。遗址南北长 210 米，东西宽 90 米，遗留大量板瓦、筒瓦和菊心瓦当、莲花纹砖等建筑遗物。

石刻：陵东、西、南门各有石狮一对，神态各异。北门不仅有石狮一对，还有石马两对，石马均头戴幨勒，颈系石铃。石狮、石马均有双重石座。石刻还有鸵鸟屏、翼兽、华表等。

四、唐昭陵

唐太宗李世民昭陵，在礼泉县东北 25 千米处九嵕山上，地处东经 180° 29′、北纬 34° 38′，海拔 1188 米，是关中“唐十八陵”中规模最大、陪葬墓最多、遗存的历史文物最为丰富、很有代表性的一座唐墓。1961 年 3 月 4 日国务院公布昭陵为第一批国家重点文物保护单位（编号：107，分类号：9）。

唐太宗贞观十年（636 年）六月，文德皇后长孙氏病故，遂确定了“昭陵”的名称，营建工程即从此开始。同年冬十一月，首葬文德皇后，昭陵营建工程继续进行，历时 13 年。唐太宗贞观二十三年（649 年）五月，李世民病逝，终年 53 岁，谥曰文，庙号太宗，葬于昭陵（与文德皇后合葬）。

昭陵首开唐代帝王“因山为陵”的制度。原来在陵山周围的建筑物早已毁坏，根据现存遗址和前人记载，正南面有朱雀门、献殿；东北面有祭坛、司马门，门内列置十四国君长石刻像；东西庑房列置石刻六骏马。祭坛遗址西 53.2 米，南北 85.5 米，略呈梯形，墙基屋阶尚可辨认，是当年举行重大祭奠仪式的场地。西南面有“下宫”（俗称皇城），遗址东西长 237 米，南北宽 334 米，周围墙基厚约 3.5 米，其范围是一个比较正规的矩形，当时大量的房屋就建造在这里。史载：下宫建筑物因火焚，德宗李适（音括）于贞元十四年（798 年）重造房屋 380 间。献殿遗址出土的陶“鸱尾”高 1.5 米，长 1 米，宽 0.65 米，重约 150 千克，由此可推想庑殿之高大宏伟。

昭陵陵园周长 60 千米，总面积 2 万公顷（30 万亩），罗列着众多陪葬墓。太宗灵寝居于陵园最北端的高处，陪葬墓以元宫为主位，向南辐射成一扇面形。唐太宗在营建昭陵时，即诏令“功臣密戚”“德业佐时”者陪葬。以后又准臣僚申请陪葬，允许陪葬者的子孙从父、祖而葬。因陪葬大臣多数享受“国葬”荣典，或予赐茔地，或丧葬所需概由官给，所以当时皆以陪葬为荣，故有此极为庞大的陵园。1961 年国务院公布昭陵为全国重点文物保护单位时，坟冢 167 座（与旧志相同），从 1961—1990 年又发现 18 座，合计 185 座。而埋葬人数则在 200 人以上，目前能知姓名的墓冢只有 56 座。

五、汉阳陵

汉阳陵为汉景帝刘启的陵墓，在渭城区正阳街道张家湾塬上。汉置弋阳，后改阳陵。阳陵封土呈覆斗形，底部边长东西 166.5 米、南北 155.40 米，顶部边长东西 57.60 米、南北 51.40 米，封土高 31.64 米。民国《咸阳县志》记载:“在县东四十五里穆家村西北三里。”现属省级重点文物保护单位。陵前有毕沅立“汉景帝阳陵”碑。1981 年陕西省人民政府竖立保护标志碑。

汉阳陵陵园主要由帝陵陵园、后陵陵园、南区从葬坑、北区从葬坑、礼制建筑、陪葬墓园、刑徒墓地以及阳陵邑等部分组成。景帝陵和王皇后各置一陵园，平面均为方形，景帝陵园东西边长 414 米，南北边长 410.40 米。陵园 4 面中央各辟一门，各门距封土均为 110 米，南面和西面阙址保存基本完好。内有汉代板瓦、筒瓦、铺地砖瓦片，云纹和“千秋万岁”“长生无极”“长乐未央”瓦当。王皇后陵园边长各 320 米，四面中央辟门，门外双阙，仅留东西，北面只有很小的残迹，内有大板瓦、大筒瓦残片。筒瓦长 55.5 厘米，宽 19 厘米。阳陵东南约 400 米有一缓坡形土丘，东西长 120 米，南北长 80 米，中间有夯台，台上有一平面为方形石板，中心刻画一个“十”字凹槽，当地叫“罗盘石”。夯台四周有卵石散水和砖铺地面遗迹。另王皇后陵南面亦有建筑遗址，内有大量砖瓦残片。

阳陵从葬俑坑在阳陵东南约 400 米、王皇后陵南约 300 米处，共 14 排 24 个坑。1990 年 5 月在咸阳机场东线汽车专用公路施工中发现。俑坑均南北向，有长条状、“中”字形、“凸”字形和近似菱形几种，东西间距一般为 20 米，跨度 320 米，面积约 1 万平方米。已发掘的 2 号坑出土有篷盖的木车 2 乘，随车陶俑 6 个，以及陶灶、兵器等。3 号、4 号坑出土男性裸体彩绘陶俑 300 余件，俑身高 62 厘米，通体描绘红色，体形修长，形象各异。兵器有铜镞、弩机、铁戟、矛、剑，生产工具有锛、凿、锸、手锯以及车马饰、装饰品、货币等。

阳陵陪葬墓区在高陵区泾渭街道崔家塬村东南和米家西南，范围东西长约 1100 米，南北长 500 米，陪葬墓现存封土 11 座，另有 20 余座已平掉。陪葬阳陵的主要有栗姬墓、李蔡墓、苏建墓等。

第二节　庙宇塔

一、泰塔

泰塔又名宝塔，坐落于旬邑县县城东北角凤凰山下（今旬邑中学院内），建于北宋嘉祐年间，占地面积 144 平方米，塔高 53 米，直径 12 米，为七层八角幞阁式。砖石结构，塔底层北面有塔门一孔，由此进入沿塔内木梯盘旋而上，可直至顶层。从第二层起每层均有拱形门洞 4 户，洞高约 1.98 米，宽 1.32 米，与长方形假门相间，并依次变换方位。各层塔檐与转角部位的中线处，施青石柱一根，其外端雕琢螭首，自翼角伸出，每螭首颈下系风铃 1 颗，共 56 颗，随风摆动，清脆悦耳。塔顶端四周有铁人 4 尊，相对而跪，颈系铁索，连接塔顶中央，尤为观者注目。每层塔门两侧砌成棂形窗，并刻有球形菱花格子，向外有曲尺栏杆。该塔精巧雅致、玲珑美观，是旬邑县一大名胜。至新中国成立初，因地震和战争等情况，塔体向北微倾，并多处破损。1957 年，经各级政府呈请中央批准，对该塔进行维修，次年竣工。1978 年，在文物管理部门大力协助下，再次修复。1956 年，泰塔被列为陕西省重点保护文物，旬邑县人民政府勒石树碑，严加保护。2001 年被列为全国文物保护单位。

二、公刘墓

公刘墓位于彬州城东 40 千米的龙高镇土陵村。墓丘高约 50 米，长 1500 米，占地 500 余亩。此墓是周先祖公刘陵墓，南控泾水，北枕丘陵，东西以连绵山岭为天然屏障，明清时有“周墓盘龙”之称。墓前曾有公刘祠 1 座，已废。尚存明清及民国碑石 6 通。为省级重点文物保护单位。

三、孙贺墓

孙贺墓位于彬州市南 10 千米的水口镇祁家崖村西边。据传以前茔域宽阔，丘垅高大。现残存封土高 3 米，东西长 11 米，南北宽 8 米。此墓是汉武帝时丞相公孙贺的陵墓，墓前立有“邠”县人民委员会的标志碑 1 通。为省级重点文物保护单位。

四、苻坚墓

苻坚墓俗称“长角墓”，位于彬州市水口镇九田村。墓冢坐南向北，南北长 24 米，东西宽南段 7 米，北段 5.8 米，封土高 2 米。墓北有邠县人民委员会于 1957 年 12 月 20 日建的碑楼 1 座，上书“前秦国王苻坚墓”。为省级重点文物保护单位。

五、彬州市塔

彬州市塔又称“雷峰塔”，矗立于彬州市城内西南紫薇山下。为省级重点文物保护单位。

塔高 46.94 米，塔底宽度 14.04 米，为楼阁式砖塔。“七层层，八棱棱，二十四个窟窿窿”，形象地揭示了它的构造。塔体呈八角形，七层中空，每层都有 4 孔拱状门洞，与长方形假门相间，逐层变换方位，腰檐上置平座栏杆，有琥珀枋、斗拱、撑檩和飞檐，也有瓦当、滴水，石作角梁，各悬风铃，外观凝重挺秀，完全体现了宋代建筑风格。塔内装置了放射性转角阶梯，铺有木板，可盘旋而上登临塔顶，饱览县城及川道风光。

明清州志都称其为“开元古塔”。1985 年 4 月 25 日韩城市古建队在大规模整修彬州市塔时发现，塔顶端中心的铁莲花刹上铸有“大宋皇祐五年岁字癸巳秋八月十四建诠记”18 个大字，证明了彬塔确为宋塔，已有 900 余年历史。

六、长孙无忌墓

长孙无忌墓位于永寿县渠子镇永寿坊村北约 0.5 千米处。墓地原建有长孙无忌庙及其配套建筑、石碑等，占地近百亩。现存墓封土高 1 米，基底 6 米，圆锥形，占地 1600 平方米。

无忌，字机辅，河南洛阳人，唐初大臣，唐太宗长孙皇后之兄。任吏部尚书、尚书右仆射，封赵国公，进封太尉。永徽六年（655 年）因反对立武则天为皇后，以谋反罪流放黔州，赐死。

1986年7月，被划定为县级重点文物保护单位，同时划定了保护范围，竖立了保护标志，建立了文物保护组织和科学记录档案。

七、武陵寺塔

武陵寺塔在永寿县旧县城（今永坪镇）武陵寺遗址内。塔高 27.5 米，直径 6 米，周长 21 米，七级八棱，仿木构密檐式。砖砌楼阁五层，内为 2 米见方天井式。层层拱门相对，楼梯回绕，直达塔顶。每层配饰斗拱平座栏杆，各面雕刻图案各异，做工细腻。1982 年 10 月 19 日，陕西省文物管理委员会鉴定为北宋塔。依据是：宋代建造风格；1984 年维修时，拆除塔顶残砖，出现铸有宋神宗“熙宁重宝”铜钱一枚，同时发现书有“大观元年五月……”字样的砖一块。

《永寿县志 · 蒋志余》记载，清嘉庆元年（1796 年）武陵寺塔曾于明泰昌元年（1620 年）修复。1986 年 7 月，永寿县人民政府对武陵寺塔划定了保护范围，竖有保护标志，成立了保护组织——永寿县武陵寺文管所，建有监测记录档案。

八、香积寺塔

香积寺塔（俗名“薄太后塔”）位于礼泉县县城东 25 千米处的薄太后刘家村香积寺内。塔为正方形，中空楼阁式四角攒尖顶，七级青砖砌筑，砖缝挂黄胶泥，高 44 米。塔座四面外壁各宽 6.3 米，壁厚 1.99 米，占地面积 39.6 平方米。塔通身共卷拱形门窗 20 孔，每层中部均饰平座栏杆，栏杆砖镌斗拱承托，斗拱上为菱形叠涩出檐。该塔原名无可稽考，长期误传为汉文帝刘恒望母塔，故名“薄太后塔”。以该塔的造型及风格判断，应属唐末、五代时的建筑物。1976 年出版的《陕西省地图集》中的《礼泉县名胜古迹》条记载：“香积寺塔，建于唐末。”由于年久失修，塔身已向东南方倾斜约一度许，且有多处裂缝，底层砖块有脱落。

香积寺塔为省级重点文物保护单位，1985 年 4 月陕西省人民政府拨款 13.44 万元维修，同年 10 月完工，修复如旧。

九、李仪祉墓

李仪祉墓位于泾阳县王桥镇柏章村，建成于 1938 年 3 月，原占地面积 38.6 亩，呈凸字形，东西宽 129 米，南北长 220 米。有李先生墓冢 1 座、碑石 9 通、碑文和楹联 11 幅。1983 年 1 月仪祉墓园被泾阳县人民政府确定为县级文物保护单位，1992 年被陕西省确定为省级文物保护单位。

墓冢坐落在三级台塬上，三面青松翠柏环绕，正面立有墓碑，上面镌刻着“李仪祉先生之墓”七个大字，碑阴刻有国民政府褒扬令。园内存有时任陕西省政府主席的杨虎城将军撰写的“泾惠渠颂并序”等碑石 9 通，有 1935 年以来刻制的碑文及中国国民党元老、著名爱国主义诗人、一代书法大师于右任先生撰写的楹联 11 幅。1982 年，李仪祉先生诞辰 100 周年，陕西各级水利部门职工捐献青松、翠柏、花木，对墓园进行了整修绿化，并建立了纪念室，陈列了反映李先生的生平事迹及兴建“关中八惠”、造福人民的资料、图片、文物等。

1992年，为了纪念李仪祉先生诞辰110周年，泾惠局对墓园进行了大规模的整修，新建纪念室，整修门楼等，并由陕西水利界各单位、灌区各级政府、部分水利职工及蒲城县政府等捐资雕塑李仪祉先生半身大理石雕像一尊，1992年春由全国政协副主席钱正英、陕西省省长白清才等为雕像落成揭幕。园内绿树常青，白花相伴，庄严肃穆，每逢祭期、纪念日，来墓园祭奠、拜谒者络绎不绝，深表对李先生的怀念、崇敬之情。2010年对墓园进行了整修，2012年在此基础上建成了李仪祉纪念馆、陕西水利博物馆和陕西水文博物馆。

十、崇文塔

崇文塔位于泾河新城崇文镇东太平村，泾河在其南缠绕而过。

崇文塔位于崇文镇崇文中学院内。1956年5月，被陕西省人民政府公布为第一批省级重点文物保护单位。

塔为八棱柱体，底层边长各9米，周长72米，占地0.964亩。塔为楼阁式。塔体中空，有螺旋形砖梯400余级直通塔顶。塔顶为铜板制，状似葫芦，上置铁相轮，加塔体全高83.218米，13级，其高度居全国古砖塔第一位。

塔体各级，除顶层外，均有四门四龛。各层间门龛交错。龛内均置石佛1尊，或站或坐，形态各异。门通腰檐，可步出塔体，沿腰檐绕塔浏览。各门原均安有木门，后毁，1990年修复。塔龛内置石佛48尊。塔顶暗藏鎏铜造像8尊，是释迦牟尼、弥勒佛及天王等，现存县博物馆。

据《铁佛崇文塔寺常住田供众记》碑文记载，该塔是为倡导泾阳、三原、高陵三县学童努力向学而建，始建于明万历十九年（1591年），耗时19年，至万历三十六年（1608年）竣工，修塔人为明刑部尚书、泾阳县人李世达。

泾阳崇文塔景区是隶属于泾阳县文物旅游局管理的文物旅游单位，为国家AAA级旅游景区。东西宽110米，南北长328米，总占地面积36080平方米。崇文宝塔为第五批全国重点文物保护单位。2013年投资2.5亿元对景区周边进行环境整治，2014年对崇文塔1～4层进行加固维修。

十一、昭慧院塔

昭慧院塔位于西安市高陵区原唐代昭慧院遗址内，昭慧院因地处泾阳、咸阳、渭阳东北，又称三阳寺，塔因寺得名。建造时间待考。明嘉靖年间（1522—1566年），因塔基坏损，时任县丞银孟常等维修。为密檐式砖塔，通高53米，8面13层，顶为圆形宝瓶式，底层有南、北两个券门，其余各层为正东、南、西、北四个券门，每层叠涩出檐，用二砖和牙子各二砖交错砌筑，第8砖后做出假飞椽挑檐，然后反叠涩内收，各檐角微上挑，并悬有舌铃。塔梯内绕，可作攀登。结构挺拔而坚固，历经千年，几经地震犹巍然耸立。1956年，被列为省级重点文物保护单位。1981年，陕西省文物局拨专款9万元，对该塔进行了较大规模的维修。维修后的昭慧院塔，保持了原建筑的艺术风貌。在每个密檐挑角复装铁铃，共104个。

十二、杨官寨遗址

杨官寨遗址位于西安市高陵区姬家街道杨官寨村四组东侧，地处泾河、渭河交汇处西北约 4 千米的泾河北岸一级阶地上，遗址总面积 80 余万平方米，是关中地区仰韶文化中晚期的一处特大型中心聚落遗址。

杨官寨遗址内出土各类器物 7000 余件，包括陶器、骨器、蚌器、玉石器等。其中发现的部分小口尖底瓶、小口平底瓶内还残存有酿造谷芽酒所需的黍、薏苡等淀粉粒，表明尖底瓶等水器可能兼具酿酒的功能，这也从侧面反映出当时大型宴饮活动的盛行。在遗址西门外壕沟附近，还发现了成层分布的、具有礼仪功能的大量器物，特别是人面形器物、石璧、石琮等特殊陶器的发现，为探索先民们的精神世界提供了珍贵的实物资料。

2013 年 5 月 3 日，杨官寨遗址被中华人民共和国国务院公布为第七批全国重点文物保护单位。2018 年 4 月 10 日，陕西高陵杨官寨遗址入选“2017 年度全国十大考古新发现”。

十三、米家崖遗址

米家崖遗址属龙山文化遗存。位于西安市高陵区马家湾米家崖村南 300 米渭河北岸一级台地上。遗址面积约 1.5 万平方米。文化层厚约 3 米，暴露灰坑多处。采集有泥质红、灰陶片。纹饰有弦纹、绳纹。器形有长颈罐、带耳罐等。1982 年被列为县级重点文物保护单位。

第三节 寺院教堂

一、长武昭仁寺

昭仁寺位于陕西省咸阳市长武县城，创建于唐贞观年间，是李世民为纪念与陇西割据势力薛仁杲作战阵亡的将士，在前代“慈福寺”基础上建成，意即表彰勇士杀身成仁。

佛寺坐北向南，占地 4869 平方米。现有山门、碑亭、大殿、东西配庑各 3 间，寺中门额题有“昭仁寺”三字。寺内现有唐碑一通“豳州昭仁寺碑”，朱子奢撰文，传为虞世南手书，书法秀丽而刚劲，整碑 3000 余字，基本完好。

现存寺内主要建筑物是一座九梁十八担的三间挑角大雄宝殿，内部不见立柱，全由四周大梁架叠而起，采用八卦悬顶方式，民间俗称“一担挑八角”，是我国古代木构建筑中仅见的一例，历史文化价值极高，被确立为全国重点文物保护单位；“豳州昭仁寺碑”，螭首龟座，雄姿挺拔，碑阳阴刻，丹书寸楷，传为唐初书法大家虞世南手书，碑文 3500 余字，记载了浅水原大战经过及寺院规模，书法秀丽遒劲，为我国古代书法艺术之珍品。该碑属国家文物局命名的“全国书法艺术名碑”，1988 年 1 月 13 日，国务院公布唐昭仁寺大雄殿为全国第三批重点文物保护单位。

1984 年，在昭仁寺建立长武县博物馆，陈列面积 300 多平方米，分历史陈列、石刻艺术、建筑艺术三部分，陈列、收藏有新石器时期人类的遗物，夏、商、周时期的文化遗产，秦汉时期的青铜器物，南北朝时期的石刻造像及唐、元、明、清时期的大量珍贵文物精品 3000 余件。

二、彬州大佛寺

彬州大佛寺是泾河流域以佛教石窟著名的寺院，位于陕西省咸阳市彬州市大佛寺村。始凿于北朝，兴盛于唐，经宋、金、元历代改塑、重妆，形成了规模巨大的石窟群。

大佛寺原名应福寺，是唐太宗为纪念浅水原大战阵亡将士而建。北宋仁宗为其养母刘太后庆寿时改名庆寿寺。大佛寺石窟依山凿窟造像，共130多个石窟，计佛龛446个，造像1980余尊，石窟分布于泾河右侧400米长的山崖。分为大佛窟、千佛洞、罗汉洞（佛洞）、丈八佛窟、僧房窟5部分。现存窟龛361个，造像窟19个，佛像1498尊。

大佛寺早期开凿的石窟呈半圆形，宽34.5米，高31米，进深18米，是我国现存唐太宗时期规模最大、最精美的一座洞窟。中有阿弥陀佛坐像高24米，窟前为砖木结构三层楼阁，共计70个佛龛，1001尊造像。

西南小窟群被称为罗汉洞，凿于唐高宗时期。4个洞窟保存有60余幅浮雕，内存大量唐宋游人题记；东南千佛洞亦凿于同一时期，3个洞窟均有优美的佛陀和菩萨造像，为典型的初唐长安风格，是唐代早期雕刻艺术的代表作。

1988年，该寺石窟被列为第三批全国重点文物保护单位。2014年被联合国教科文组织第38届世界遗产委员会列入《世界遗产名录》。

三、黑牛窝石窟

黑牛窝石窟位于旬邑县马栏镇黑牛窝村附近的三水河岸旁。石窟约略分为两类：一类在石崖上，位置稍高，约有数十处，窟小而古，大多已空无一物，非攀登不能上；另一类在河边小路旁，位置稍低，均为方形平顶，窟内面积约三四平方米，损坏严重，亦空无一物。旬邑黑牛窝石窟当是流域内迄今所见最早的石窟建筑。

在黑牛窝北朝石窟下游，各种大小石窟星罗棋布，其中较为重要的有堡子湾石窟、蜈蚣洞石窟、赵家洞石窟及马家河石窟等。这些石窟有的可能凿于北朝后期至唐代，有的凿于北宋中期至金代，有的凿于明代，有的为佛龛，有的为道像，有的还存留清代以来的泥塑和壁画。虽然大多曾做过民居，文化遗存严重损毁，但仍然引起了地方史、宗教史、民族史和美术史研究工作者的关注。

四、泾阳太壶寺

太壶寺是陕西关中有名的古寺院，位于陕西泾阳县城二条街中段。1957年5月，被陕西省人民政府公布为第二批省级重点文物保护单位。

史载太壶寺最早为前秦苻坚行宫，北周改为惠果寺，隋改为“中兴禅寺”。唐开元年间改称“太壶寺”。天宝年间重修，与西安青龙寺齐名。《续陕西通志稿》载“惠果寺，即县内大寺，唐日本太子留学于此”。清同治元年，该寺毁于战乱，仅存大殿一座。

现存大殿坐北朝南，面阔五间，进深三间。结构为七架梁，抬梁式结构，歇山式屋顶，顶施灰布纹筒、板瓦，檐施沟头滴水。柱头斗拱为五踩重昂。转角斗拱为七踩三层，补间斗拱为五踩重昂一朵。1932年，朱庆澜将军赈陕助修泾惠渠，以华洋义赈会部分捐款对大殿进行修葺。

五、高陵通远教堂

通远教堂为省级文物保护单位，位于高陵区通远街道正街中段。清代康熙时，富平天主教信徒迁居高陵，改称刘家堡为“通远坊”，即“通向远方”之意，该教堂始建于1711年，遂成为陕西天主教教务中心。

康熙时因“礼仪之争”，天主教被禁止传播，域内传教士被遣送回国。鸦片战争后，西方传教士取得了合法传教的权利，开始了重新传教。从第一任天主教主教冯尚任开始，陕西天主教建总堂于通远坊，经过历任主教的完善和建设，天主堂为中西合璧式二层建筑，占地面积1166平方米，主体为哥特式尖顶，堂内彩绘圣母、耶稣及天使像。各种建筑气势恢宏，占地总计340亩。存传教士墓碑12通及石狮、圣水坛等遗物。

现存主教堂占地650平方米，可容纳2000人。始建于1844年，竣工于1848年。1957年又进行修建，至今保存完好。现有主教公署大楼、修道院、修女院、教会医院、光华小学、邮政代办所、气象站、地震站、发电站等，素有“东方小罗马”的美誉。高陵通远一带成为天主教在西北的影响力和传播中心，历任主教都常驻通远，统辖教区大小事务。清及民国时期，外籍传教士来陕也多在通远坊居住。

第二章 自然人文景观

泾河流域自然景观丰富，境内最著名的有泾渭分明和大佛寺石窟。关中印象体验地——袁家村成为乡村旅游示范点；中华人民共和国大地原点是科普教育基地；还有 3 处湿地公园、3 处自然保护区、4 处自然风景区和森林公园；3 处博物馆、3 处文庙和书院。

第一节 自然景观

一、石门山自然保护区

2000 年 7 月，被咸阳市政府批准设立为市级自然保护区；2007 年 1 月 5 日，省政府批准晋升为省级自然保护区。石门山自然保护区位于旬邑县东南部，总面积 30.05 平方千米，其中核心区面积 9.91 平方千米，缓冲区面积 9.41 平方千米，试验区面积 10.73 平方千米。保护区除马栏、石门 2 个林场外，周边涉及马栏、城关、清塬等 3 个乡（镇），区内涉及城关、马栏 2 个镇 3 个村。这是以天然次生林为主要保护对象的森林生态系统类型自然保护区，区内以人工林和天然灌木林草为主，大面积分布以刺槐、油松为主的人工林，林木覆盖率 57%，是黄土高原地区人工生态系统典型代表。保护区是子午岭南端的一部分，属低山丘陵型地貌的土石山区，山体起伏较大，山势平缓，大部分被薄层黄土覆盖。最高海拔 1826 米（石门山），最低海拔 1010 米（纸坊村）。地质构造属于中朝准地台陕甘宁台坳南部的坳缘褶断束。大约在距今 6700 万年至 2 亿多年间，是陕甘宁内陆湖盆一部分，在湖盆内堆积了巨厚的三叠系、侏罗系、白垩系陆相碎屑岩系。到白垩纪末，受晚期燕山运动的影响，该区和陕北一样缓慢抬升，并发生褶皱，基本形成地貌骨架。第四纪以来，在黄土堆积的同时，以多期间歇性上升为主要特征的新构造运动，加强了地面侵蚀和河流的切割深度，使部分山峰基岩裸露。裸露的岩石以三叠纪或白垩纪的黄绿色、灰黄色、紫红色的砂岩、砂质泥岩、页岩及砾岩为主。砂岩和砾岩构成雄伟山势、深邃峡谷、瀑布深潭等地貌景观，与该区特殊的黄土地貌景观相互衬托，构成一种独特的生态系统类型，茂密的森林群落孕育着多样的生物资源，使该区成为渭北地区一个重要的生物资源库，区域曾发现生活有国家一、二类及省级一、二类保护动物金钱豹、土豹、穿山甲等 30 余种。

二、石门山国家森林公园

石门山国家森林公园位于咸阳市以北 90 千米的旬邑县东南部，距县城 30 千米，属国家 AAA 级旅游景区。公园地处子午岭南端，属低山丘陵地貌，面积 88.56 平方千米。园内峰峦叠嶂、凝彩滴翠，观赏植物丰富，林木种类繁多，分布错落有致，交相辉映，姿态万千，飞禽走兽，风光旖旎，有1250多种植物，其中中草药多达380多种，比较珍贵的有冬虫夏草、当归、党参、何首乌等，有100多种珍禽异兽，其中国家一级保护动物有金钱豹、金雕、褐马鸡、林麝、黑鹳；国家二级保护动物有灰鹤、水獭、鸳鸯、红腹锦鸡、斑鸠等，使公园成为黄土高原上名副其实的“动植物王国”。

石门山森林公园自然景色秀丽，人文景观奇特，有石门关、扶苏庙、秦直道、秦兵站、烽火台、马刨泉等景点。被誉为渭北高原上的西双版纳，西安咸阳的后花园，是盛夏旅游避暑和旅游观光的理想之地。

三、陕西旬邑马栏河国家湿地公园

陕西旬邑马栏河国家湿地公园位于旬邑县马栏河河谷地段，北起马栏镇石底城村，南至城关镇甘峪村。地理坐标介于东经108° 19′～108° 50′、北纬35° 05′～35° 25′，沿马栏河流域两侧至两边山麓。恢复重建区2.57平方千米，科普宣教展示区1.7平方千米，湿地休闲区8.16平方千米，管理服务区0.09平方千米。

湿地公园规划总面积20.2平方千米，湿地面积11.9平方千米。其中湿地保育区面积7.69平方千米。主要功能及特点：湿地公园处于渭北黄土高原区，又属子午岭南端余脉，其特殊的区位形成生物物种多样性和生态多样性的特点。黄土高原区干旱少雨、沟壑纵横、水土流失严重，湿地面积随季节变化有显著的差异性。马栏河国家湿地公园虽地处黄土高原腹地，但区域内森林茂密、溪流众多、水源充足、湿地资源丰富，这在黄土高原区实属不易，弥足珍贵。动植物资源有湿地植物，共27科47属62种；有野生动物，5纲28目45科147种，其中鸟类14目22科74种，水禽34种，哺乳类5目8科22种，两栖爬行类4目8科21种，鱼类5目7科30种。

四、古豳文化博览园旅游景区

古豳文化博览园位于旬邑县东大街以北县城中心，占地面积6平方千米。整个园区分为三大功能区。文化旅游区有陈列着具有世界之最的古象和犀牛化石等珍贵文物的大象犀牛化石馆；始建于明万历十一年（1583年），旬邑现存唯一一座供奉我国伟大的思想家、教育家孔子的文庙；建于北宋嘉祐四年（1059年）的泰塔，现为全国重点文物保护单位；还有被联合国教科文组织授予“民间工艺美术大师”称号的库淑兰剪纸纪念馆。休闲娱乐区由彩色音乐喷泉、世界级民间艺术大师库淑兰的作品雕塑、景灯、石柱、休闲座椅、健身娱乐器材及绿化景观组成。体育运动区由400米标准跑道、足球场、羽毛球场、4个篮球场组成。可为周边学校提供教学场地，同时可承办大型运动会。

古豳文化博览园已成为一个展示旬邑历史、民俗文化、体现城市生活的新型城市空间，形成集文化、旅游、体育、休闲于一体的城市会客厅。服务设施健全，能最大程度地满足游客“吃、住、行、游、购、娱乐”的需求，被誉为“陕西最美会客厅”。

2011年3月古豳文化博览园被命名为国家AAA级旅游景区。

五、龟蛇山自然风景区

龟蛇山自然风景区位于彬州市，国家AA级旅游景区。龟蛇神山被誉为“天下第一象形山”。泾河从彬州市的太峪镇姚联段开始，在彬州市境内 104 千米，曲折迂回，形成山环水绕的奇特地貌，宛如一条巨蟒逶迤在山间。在观景天桥、观景平台都能看到栩栩如生象征长寿的龟蛇形象，既能远距离欣赏，也能近距离游玩。

六、翠屏山自然保护区

2003 年 7 月，咸阳市政府批准确立为市级自然保护区。翠屏山自然保护区位于永寿县城北 17 千米处，地跨 7 个乡（镇），保护区西部与北部以县界边缘为界；东部以郭村乡的太林、余家庄，永太乡的前沟村及渠子乡的花头沟、高家山为界；南部以永坊乡范家与永平乡李家塬坚固庄为界。总面积 19.15 平方千米，其中核心区面积 3.58 平方千米，缓冲区面积 1.79 平方千米，试验区面积 13.78 平方千米。区内以人工林和天然灌草丛为主，大面积分布以刺槐、油松为主的人工林，森林覆盖率 84%，是黄土高原地区人工生态系统的典型代表。区内地貌以黄土梁与其间的沟壑为主，梁长 27.5 千米，东西横贯保护区，主梁两侧支梁密布，沟壑纵横，西高东低。区内最高点海拔 1505.3 米，最低点海拔 991.7 米。与该区特殊的黄土地貌景观相互衬托，构成一种独特的生态系统，茂密的森林群落孕育着多样的生物资源，使该区成为渭北地区一个重要的生物资源库，区域曾发现有金钱豹等一级保护动物。

七、淳化县仲山森林公园

淳化县仲山森林公园建立于 2005 年 9 月，是省级森林公园。位于咸阳市以北 70 千米的淳化县，地处淳化县南部的仲山北麓。平均海拔 1154.4 米，主峰钻天岭，海拔 1599.2 米。森林公园是淳化县仅存的天然次生林地区之一，自然植被既有地带性植被类型，也有非地带性演替系列性质的植被类型，主要群系有油松林、侧柏林、落叶松林、刺槐林、辽东栎林、山桃灌丛。动物资源丰富，属古北界的华北区，狍、赤狐、青鼬、艾虎等野生动物常出没林间。

仲山森林公园东起石马坪，西至泾河，南至淳化县界，北至神疙瘩，东西长约 7 千米，南北宽约 4 千米，面积约 28 平方千米。南麓的泾河大峡谷，长约 50.7 千米，宽 80 ~ 120 米，谷深 400 ~ 500 米，悬崖峭壁，堪称“关中第一大峡谷”，是仲山森林公园核心景点。目前，仲山森林公园主要景点包括秦汉观光亭 6 处、泾河大峡谷游乐区 3 处（峡谷沟底游览区、峡谷索桥参观区、峡谷中道观景台）、钻天岭徒步探险区、窑洞群菩萨庙等。

八、陕西礼泉泔河国家湿地公园

陕西礼泉泔河国家湿地公园位于礼泉县城北部，是以泔河、小河两大河流水系及河道、林地、自然保留地为依托而规划的。西起泔河一库库尾大坝，东至泔河二库库头大坝，北以小河水库库头大坝为界，南与乾县相邻，其中两库之间的泔河流域南、北两岸均以陡崖坡顶边缘线为界，公园包括泔河一库、二库主体水域以及一库、二库之间的泔河干流，一库北侧季节性支流小河的主体河道及河岸，东西跨度 18.5 千米，南北跨度 7.1 千米。涉及烽火镇、西张堡镇、城关街道办事处、石潭镇、赵镇、烟霞镇等 6 个镇（办）。总面积 8.82 平方千米，其中湿地面积 4.99 平方千米，湿地率 56.5%，现有野生动物 5 纲 52 科 159 种，其中以鸟类资源最为丰富，包括国家一级保护动物黑鹳、大鸨，国家二级保护动物鸳鸯、燕隼、红脚隼、灰背隼、红隼、纵纹腹小鸮和长耳鸮等 7 种。湿地公园所辖区域内共有野生植物3门28科75属98种，主要水生植被包括芦苇、水葱等。2016年5月，编制了《陕西礼泉泔河国家湿地公园总体规划》，划分为湿地保育区、恢复重建区、合理利用区、宣教展示区及管理服务区5个功能区。2016年12月30日，批准建设陕西礼泉泔河国家湿地公园（试点）。2017年初成立礼泉泔河国家湿地公园管理处，开展湿地保护工作。2022年12月公园顺利通过验收，正式成为国家湿地公园。

九、陕西泾阳泾河国家湿地公园

陕西泾阳泾河国家湿地公园位于陕西省西咸新区开发建设管理委员会（包含泾河新城、秦汉新城和空港新城）及咸阳市泾阳县行政范围内，其中处于西咸新区的面积678.15公顷，占湿地公园面积的80.32%；处于泾阳县的面积166.18公顷，占湿地公园面积的19.68%。湿地公园东南至西咸新区泾河新城高庄镇芦家村，西北至泾阳县桥底镇团庄村。主要包括永久性河流和洪泛平原两种湿地类型，总面积8.75平方千米，湿地面积7.36平方千米，湿地率为84%。划分为5个功能区：湿地保育区、恢复重建区、宣传展示区、合理利用区、管理服务区。现有野生脊椎动物5纲26目54科163种，其中以鸟类资源最为丰富，有14目34科113种，包括国家一级保护动物2种，国家二级保护动物11种。鱼类3目6科19种，两栖类1目8科18种，爬行类3目4科9种 。湿地公园内有维管束植物62科156属202种，种类最丰富的为菊科，14属27种，其次为禾本科，23属25种，植物群落以阔叶林植物群落和湿地植物群落为主，湿地植物群落主要有芦苇群落、菖蒲群落、眼子菜群落和浮萍、紫萍群落。2017年12月，泾阳泾河湿地公园获批“国家湿地公园”（试点）。

十、陕西泾河湿地

2008年8月6日，陕西省政府2008年第18次常务会议审定通过《陕西省重要湿地名录》，陕西泾河湿地，从长武县芋园乡至高陵县耿镇沿泾河至泾河与渭河交汇处，包括泾河河道、河滩、泛洪区及河道两岸1千米范围内的人工湿地。属于西安、咸阳市。

根据陕西省第二次湿地资源调查成果和《中国湿地资源陕西卷》等资料，经统计，泾河湿地总面积3207.80公顷，其中河流湿地2784.39公顷，占泾河湿地总面积的86.80%；人工湿地423.41公顷，占泾河湿地总面积的13.20%。泾河湿地以自然的河流湿地为主。

河流湿地包括永久性河流与洪泛平原湿地2个湿地型，总面积2784.39公顷，其中永久性河流主要为泾河主河道，是常年流水的河道，面积为2023.38公顷；主要包括分布在泾河主河道两边的河滩、河心洲、泛滥河谷和季节性泛滥的草地，面积为761.01公顷。人工湿地为库塘1个湿地型，主要为分布于泾河两岸的莲花池，面积为423.41公顷。

十一、西安泾渭湿地省级自然保护区

西安泾渭湿地是渭河流域重要河流湿地和水鸟集中分布地，是候鸟迁徙途中的重要“驿站”，候鸟资源丰富。2001年批准设立西安泾渭湿地省级自然保护区，是以保护与恢复河流湿地为主，集湿地保护、科研、监测、宣教、示范、生态旅游等多种功能于一体的河流湿地类型自然保护区。以保护河流湿地生态系统为主，兼保护珍稀鸟类。

保护区位于西安市城北的渭河、泾河、灞河交汇区域，地跨西安市未央区、灞桥区和高陵区，地理位置介于东经 108° 57′ 47″ ~ 109° 06′ 07″ 、北纬 34° 23′ 55″ ~ 34° 28′ 26″ ，东西长 13 千米，南北宽 1 ~ 3.5 千米，呈“Y”形带状分布。保护区西起西铜路渭河大桥，东至西韩路渭河大桥，北至渭河和泾河北岸台塬以上 200 米，南至西航花园西侧的草临路灞河大桥，保护区面积 30.29 平方千米，其中湿地面积 23.81 平方千米，占保护区总面积的 78.6%。以渭河河床为主体，包括泾河、灞河入口处，河漫滩和江心洲等为主要湿地类型。

保护区面积 30.29 平方千米，其中核心区面积 9.37 平方千米，缓冲区面积 7.96 平方千米，试验区面积 12.96 平方千米。核心区包括渭河常水位河道及沿河北岸 50 ~ 100 米、南岸 200 ~ 500 米河滩地，泾渭三角洲、灞渭三角洲河堤内侧滩地，泾河、灞河入渭段河道等；东、西分别止于西韩路渭河大桥以西和铁路北线渭河大桥以东 200 米处。核心区内现有群众自垦耕地 1.99 平方千米，泾渭三角洲、灞渭三角洲分布有少数采砂点。由于垦荒和采砂等人为活动干扰破坏，河滩原生植被已不多见，水体污染较严重，水生物生态系统受到破坏，栖息地面临威胁。缓冲区全部位于河堤内侧，渭河以北缓冲区界至人工河堤或自然堤岸，渭河以南至大堤内侧 200 ~ 500 米，东、西至保护区边界。缓冲区湿地垦殖面积较大，曾是河道主要采砂区域，受人为干扰破坏较大，河滩地貌和植被破坏较严重。有大量挖砂后的遗留砂坑，在一定意义上为湿地候鸟创造了较好的栖息水域，是湿地生态系统的重要组成部分。试验区位于渭河、泾河大堤外，考虑到河堤上人类活动频繁，河堤内侧一定宽度区划为试验区；灞河河道因已形成龙湖水上游乐区，全部划入试验区。试验区面积 1296.65 公顷。试验区除河道国有土地外，大部分为集体农地、果园及鱼池，人为活动频繁。

十二、泾渭分明

泾渭分明位于西安市高陵城南 5 千米的泾、渭河汇流之处。渭河是黄河的最大支流，泾河又是渭河的最大支流，泾河和渭河在高陵区船张村交汇时，由于含沙量不同，就呈现了一清一浊，清浊同流一河，互不相融的奇特景观，形成了一道非常明显的界线，后人也就用泾河之水流入渭河时清浊不混来比喻界限清楚或是非分明。

泾渭分明作为自然奇观古已有之，作为成语被家喻户晓、妇孺皆知，大概是出自唐代诗人杜甫的《秋雨叹》“去马来牛不复辨，浊泾清渭何当分”的诗句。从诗句中我们可以知道是泾河浊、渭河清。

《诗经》说:“泾以渭浊，湜湜其沚”，看来春秋时期是泾水清、渭水浊。西周时期，人们在渭河流域上游的聚居和迅猛发展，造成了渭河流域特别是上游水土流失的加剧，使得渭水变得浑浊起来。而这个时候的泾河流域人类活动较少，因而水质比较清澈。秦汉时期，泾水上游地区接收了大批移民，农田面积的增大，森林的砍伐和草场的破坏，使得水土严重流失。泾水上游的马莲河，当时称作“泥水”，可见河中有大量的泥沙。此时是泾浊渭清。南北朝时期，北方游牧族南下，农耕族内迁，大片耕地转变为牧场。据《水经注》记载，“泥水”在当时已经改称“白马水”。可见泾水上游植被有所变化，河流水质也发生相应的变化。唐代进士独孤绶在《泾渭合流赋》一文中称："夫至清者渭，至浊者泾。惟清也，鉴物之道著；惟浊也，含垢之义形。"唐代以后，相应地区承受了更为沉重的人口压力，森林破坏更为严重，泾水又转而浑浊。渭河流域植被变化对河中泥沙量的影响，也有同样的规律。

泾渭两水的清浊并不是一成不变的，而是随着人类活动的变化而变化的。泾渭清浊的历史变化，与当地植被的保存与毁坏以及水土流失是否严重有密切的关系。不同历史时期在泾水和渭水上游地区开发程度的不同，导致了这两条河流含沙量的变化。

第二节　人文景观

一、大佛寺石窟

大佛寺石窟位于彬州市城西10千米的清凉山脚下，地处丝绸之路北道主干线上，是陕西境内最大的石窟群，也是丝绸之路上重要的地理坐标，被称为丝绸之路第一大佛。石窟依山而建，雕石成像，共有大小石窟130多个，自西向东分别为僧房窟、千佛洞、大佛窟、罗汉洞、丈八佛窟5大部分，窟内共有佛龛446处，造像1980余尊，被誉为"关中第一奇观"。石窟内的雕塑、泥塑、彩绘真实地反映了佛教文化经丝绸之路传播到中原的辉煌硕果。大佛寺石窟1988年被列入第三批全国重点文物保护单位。2014年6月，大佛寺石窟作为中国、哈萨克斯坦和吉尔吉斯斯坦三国联合申遗的"丝绸之路：长安—天山廊道的路网"的一部分，入选《世界遗产名录》。

二、唐家民俗博物馆

唐家民居位于旬邑县城7千米处的唐家村，是清代中晚期名扬西陲三水唐家大财主的故居。距今300多年的历史，原建87院2700多间。后经战乱及子孙变卖，现仅存两院三进相毗连的房屋，共150余间，以及三品盐运使唐廷铨的陵墓一座，面积共计2160平方米。其建筑风格融北方四合院和苏杭园林艺术为一体。整个庭院建造精巧，墙壁为水磨石砖，镶以木、砖、石雕，造型优美，巧夺天工，门栏窗棂更是玲珑剔透。其中，砖雕、木雕、石雕精美、细腻，可与故宫博物院的雕刻相媲美。1988年定名为"旬邑县唐家民俗博物馆"，被列为省级重点文物保护单位。

唐家民俗博物馆的前身是唐家地主庄园，唐家地主是清代中晚期驰名朝野的"三水（旬邑旧称三水）唐家。"至唐家第四代唐景忠时，正值清乾隆盛世，唐家亦在此时达到了兴旺发达时期。其以农为本，以商兴家。商号遍及陕西、甘肃、四川、安徽、江苏、福建、辽宁、浙江等十三省五十多个县（市），自称"汇兑中国十三省，包捐知府道台衔；马走外省不吃人家草，人行四方不歇人家店"。其规模之大，由此可见一斑。

三、昭陵博物馆

馆址在礼泉县唐太宗昭陵南5千米处的唐代名臣李勣墓园。1979年在原昭陵文管所基础上建馆。主要收藏和陈列昭陵陵园地上、地下遗存的各种珍贵文物。展出文物分四个展室。北区东、西两个展室陈列昭陵陪葬墓及唐太宗祠石碑40余通，新出土墓志20余方，称为“昭陵碑林”。其中的神道碑和墓志多为初唐时名家所书，如欧阳询书温彦博碑、褚遂良书房玄龄碑、王知敬书李靖碑等，不仅具有较高的书法艺术价值，而且保存了大量重要的历史资料，深受中外学术界和艺术界的重视。南区西陈列室展出尉迟敬德等20余座昭陵陪葬墓出土的大批陶俑和器物。南区东展室是昭陵陪葬墓出土的壁画陈列。昭陵陪葬墓壁画题材广泛，内容丰富，以表现贵族生活的人物画为主，技法上以线条与着色并重。其中以杨恭仁墓的七女侍图、长乐公主墓的仪卫图和女侍图、李勣墓的乐舞图、阿史那忠墓的牛车图和男装女侍图、李震墓的嬉戏图和戏鸭图、段蕳璧墓的持扇仕女图和给使图等，最为典型。该馆北部为李勣墓冢，冢由三个相连的倒“品”字构成，是依汉卫、霍故事，一像阴山，一像铁山，一像乌德鞬山，以旌其破突厥、薛延陀之功。冢前有翁仲一对，东侧有石羊3只，西侧有石虎3只。前方中央有一丰碑，是唐高宗李治为李勣撰书的神道碑。由冢两侧拾级而上，可登冢顶，以四顾陵园，北眺昭陵。

四、关中印象体验地——袁家村

袁家村位于礼泉县烟霞镇九峻山昭陵脚下。袁家村先后被评为全国第一批特色景观旅游名镇（村）示范村、全省新农村示范村、国家级生态村庄、“一村一品”农家乐明星村、中国最具魅力休闲乡村和中国十大美丽乡村。2007年，投入资金2500多万元成功打造袁家村关中印象体验地，集中展示明清以来的关中农村文化生活的演变历程。建起包括德瑞恒油坊、永泰和布坊、五味斋醋坊、童济功茶坊、五福堂面坊、辣子坊天一阁、卢氏豆腐坊、稻香村醪糟坊和青砖白瓦的老宅子，古色古香的工艺品等传统民俗的手工作坊一条街。2010年，新建关中特色小吃一条街和西式别墅庭院。发展农家乐48户，一户一个特色，一户一个品牌，从农家乐房屋打造、室内外装饰装潢、家具摆设等小节，都注入传统文化要素，形成袁家香辣子、卢记豆腐、女儿红酒等特色文化产业品牌。袁家村村容整洁，环境优美，庭院风格独特，清雅幽静，家庭旅馆干净舒适，千年古槐，亭台楼阁，展现关中民居特有的魅力，配以独具风味农家饭菜，令人流连忘返，是休闲、度假、观光的理想之地。

五、泾阳文庙

泾阳文庙位于泾阳县城南侧，是陕西省重点文物保护单位。始建年代无考，宋元祐五年（1090年）重修，明清两代毁于地震、战火，其间不断重建修葺。清光绪十一年（1885年），富商吴周氏捐银四万两，参照曲阜孔庙建筑样式，缩小规模重建，仅是规模较小而已。

文庙主要建筑大成殿，面阔七间，进深四椽。九架梁，抬梁式结构，檐带双步梁；戟殿山门面阔三间，进深两间。五架梁，抬梁式结构歇山屋顶，顶施灰布纹筒、板瓦，黄琉璃色边；东、西庑殿两殿相向，通面阔十二间，进深一间，前带廊。三架梁，抬梁式结构，前带单步梁，硬山式屋顶；东、西翼室三架梁，抬梁式结构，面阔三间，进深一间。屋顶前同庑殿相接，侧与耳室相连，顶施瓦件及斗拱等同庑殿。

20世纪90年代初，泾阳县重葺文庙，辟为县博物馆，馆藏陈列物跨越商周至明清，现有一级文物11件，二级文物33件，三级文物117件，一般和未定级文物751件，其中以高家堡商末周初的青铜器最为珍贵，极具考古价值。

六、陕甘味经书院

陕甘味经书院位于泾阳县城姚家巷中学内。讲堂坐北朝南，面阔五间，进深三间。七架梁，抬梁式结构。硬山式屋顶，顶施灰布纹筒、板瓦，檐施沟头滴水。前檐柱头斗拱为三踩单昂，明间斗拱为如意形，外拽瓜拱，正心瓜拱刻三幅云朵。

据史载，该书院为陕西学政许振祎于清同治十二年（1873 年）奏建。邑绅吴建勋捐址，宽 12 丈、长 51 丈。其时于讲堂前左右有门，左门悬匾上书“大雅扶轮”，右门悬匾上书“小山承盖”。门的东、西两侧各舍房三十三间，前带廊。舍房前有二门房、三架三间，舍房两侧有斋房。东斋房上书“日新”，西斋房上书“时敏”，斋房各十六间。前大门房，五架三间。

清光绪十五年（1889 年），监院周斯亿于堂东侧增建藏书楼，三架三间，左、右各建庑房三间，前又修清白池。东侧建通儒台，并置石碣，刘古愚撰文刻碣上。照壁左、右建牌坊。东牌坊上书“英俊之域”，西牌坊上书“礼乐所流”。清光绪十七年（1891 年）陕西学政柯逢时奏建刊书处，由柯氏及本县、三原等县捐资或出资，周斯亿监修。

书院先后由城固人史梦轩、长安人柏景伟、咸阳人刘古愚主持。

书院历经 30 年，于 1903 年改为泾阳县立小学堂。院西建刘古愚祠，院东建杨凤轩祠。1923 年，更名泾阳县高等小学。1931 年，更名为姚家巷小学。

七、崇实书院讲堂

崇实书院讲堂位于泾阳县城姚家巷，现中共泾阳县委大院西北角。

讲堂坐北朝南，面阔五间，进深三间，七架梁，抬梁式结构。硬山式屋顶，顶施灰布纹筒、板瓦，檐施沟头滴水。补间拱一攒，单拱双替。

书院由陕西学政赵惟熙于清光绪二十二年（1896 年）创建。

讲堂东置日晷，西筑通儒台。讲堂前建东、西斋，四架十间，前带廊。东斋题曰:“致道、学古”。西斋题曰:“求志、兴艺”。中建牌坊一座，上题:“群材孟晋”。东西建圆门，有门房一间，引清白水环左右，水上建桥。地址为吴建勋续捐。所需经费白金三千六百余钱，是泾阳及三原县富绅捐输。

清光绪二十八年（1902 年），书院停办，部分房屋拆毁。

宣统二年（1910 年），改为泾阳县工业学堂。1930 年至新中国成立前被县政府水利局占用。新中国成立后至 1958 年，泾惠渠管理局在此办公。

八、中华人民共和国大地原点（简称“大地原点”）

大地原点位于泾阳县永乐镇西刘村。大地原点亦称大地基准点，即国家水平控制网中推算大地坐标的起标点。1954 年，中国引用苏联大地原点，从普尔科沃天文台起算，把苏联 1942 年建立的坐标系统逐级传递，引测到北京乃至整个华北地区，建立起 1954 年北京坐标系，简称“54 坐标系”。1976 年，受国家测绘局委托，陕西测绘局组织勘测、地震、水利等方面的专家，完成对武汉、郑州、西安、兰州等拟定地区的天文、地形、地质、大地构造及大地测量等方面实地考察对比，根据大地原点基础要求，地址最终确定在泾阳县永乐镇西刘村。1977 年，国家测绘局投资在泾阳县永乐镇西刘村建设大地原点，1978 年 12 月建成并交付使用。大地原点占地 3.92 公顷，由主体建筑、中心标志、测量仪器台和投影亭等组成。主体建筑为七层圆顶塔式结构，高 25.8 米，顶层为观察室，内设仪器台。原点中心位于塔楼地下室花岗岩标石顶面，以镶嵌的球形玛瑙做标志，球形玛瑙上镌刻“十”字，“十”字四个端点分别指向正北、正南、正西、正东，“十”字交叉点是中华人民共和国大地原点，即中国经纬度的起算点或基准点（又称“1980 西安坐标系”），大地原点坐标为北纬 34° 32′27″，东经 108° 55′25″，海拔 417.20 米。建成后，增设并施测国家基本重力点和天文基本点，在国家经济建设、国防建设和社会发展等方面发挥着重要作用。2008 年 9 月，被陕西省人民政府公布为第五批省级文物保护单位。

九、汉阳陵博物馆

汉阳陵博物馆是依托西汉景帝刘启与王皇后同茔异穴的陵墓建设的一座融现代科技与古代文明、历史文化与园林景观于一体的大型文化旅游景区，是国家一级博物馆。汉阳陵已建成为建筑风格独特、装饰精美、陈列手段先进的考古陈列馆，集复原和保护于一体，体现秦汉高台建筑高大雄伟、古色古香的帝陵城南阙门建筑遗址保护展示厅以及宗庙遗址和帝陵外藏坑遗址保护展示厅等四个博物馆。特别是帝陵外藏坑遗址保护展示厅，被 2005 年召开的国际古迹保护理事会第十五届年会确定为世界文物保护和展示的示范工程。它是世界上第一座采用国际上最先进的文物保护和展示理念建成的全地下遗址博物馆，世界上第一座将现代科技与古代文明相结合的博物馆，中国第一座真实展示现场发掘过程和文物遗存的博物馆，中国第一座让游客零距离、多角度观赏文物遗存的博物馆，国家 AAAA 级重点旅游景区，全国重点文物保护单位。

第三章　红色革命旧址

富于革命传统的泾河流域人民，在近、现代史上书写了光辉的篇章。1928年，在中国共产党的领导下，流域内旬邑、淳化、礼泉等地农民开展武装斗争，举行了声势浩大的渭北起义。1931年5月，三原武字区成为陕西省第一块革命根据地。1936年12月，中国工农红军进驻泾阳县云阳镇，红军总部设在南门文家。西安事变后，中共陕西省委重新组建，省委设在云阳镇北街毛家。1937年8月25日，中共中央革命军事委员会发布命令，红军在云阳镇改编为国民革命军第八路军（9月11日，改为国民革命军第十八集团军），从泾阳等地出发，东渡黄河，开赴抗日前线。淳化、旬邑两县大部分地区为革命老区，在抗日战争和解放战争期间，流域内泾阳、淳化成为国民党统治区通往延安的交通线，革命领袖、爱国志士、热血青年，肩负着崇高的使命，冒着生命危险，在这里秘密往来。1948年4月，西北野战军（中国人民解放军第一野战军）在今旬邑的马栏、转角等地集结，分左、中、右三路向西府挺进，拉开了西府战役的序幕。新中国成立后，流域内旬邑、淳化、长武等地分别建立了纪念碑、纪念馆或烈士陵园。

第一节　习仲勋革命活动旧址

习仲勋革命活动旧址，是国家AAA级旅游景区，位于312国道以东，咸阳市长武县亭口镇亭北村老龙山。旧址为背靠山崖的两层土窑洞，下层6孔，上层2孔，总面积500多平方米，是亭北村农民王志轩家老宅。1930年初，年仅17岁的习仲勋受中共陕西省委派遣，只身来到长武县从事兵运工作。其间，结识了亭口当地社会进步青年王志轩，以王志轩在亭口街道的骡马店为党组织活动的联络据点。两当起义失败后，习仲勋与组织失去联系，积劳成疾，就在老龙山王志轩家中养病。2006年以来，中共长武县委、长武县人民政府对习仲勋早期革命活动旧址进行修复，恢复原貌、陈列革命文物、修建文化广场并制作了革命活动宣传橱窗等，对习仲勋同志在长武及周边地区的革命活动进行全面展示，教育党员干部群众继承发扬革命先辈的奋斗精神。旧址是习仲勋同志独立开展革命工作、走向职业革命生涯的第一站，是习仲勋同志兵运亭口、发动“两当兵变”的策源地，也是习仲勋同志同刘志丹、谢子长同志创建陕甘边革命根据地的桥头堡。旧址主要由以习仲勋革命活动旧址为核心的红色文化板块、侯王邮驿汉唐文化板块、丝绸之路亭口驿文化板块三大板块组成。2013年3月，活动旧址被长武县人民政府列为长武县重点文物保护单位。2018 年 7 月，被陕西省人民政府列为第七批陕西省重点文物保护单位。

第二节 马栏革命旧址

马栏革命旧址位于旬邑县马栏镇，距县城 53 千米，是陕西省重点文物保护单位。土地革命战争时期，马栏是陕甘边革命根据地的中心和重要活动地区之一，是抗日战争和解放战争时期陕甘宁边区关中分区和中共关中地委、中共陕西省委所在地。1932 年 12 月，中国工农红军第 26 军在马栏成立并举行授旗仪式；1936 年 9 月，关中特委和关中特区苏维埃政府机关迁驻马家堡村，习仲勋任特委书记。抗日战争和解放战争时期，马栏是陕甘宁边区的南大门，是关中分区政治、军事、经济中心，是仁人志士和军需物资通往延安的重要驿站和红色通道，是培养革命干部的摇篮。1939 年 10 月至 1949 年 4 月，马栏是中共陕西省委、陕甘宁边区关中分区机关所在地，习仲勋、汪锋、贾拓夫、李维汉、张德生、赵佰平、张仲良、王世泰、张邦英、霍维德、吕剑人、孙作宾等老一辈革命家在这里长期工作和战斗。1937 年 7 月后，陕北公学、鲁迅艺术师范、陕甘宁边区第二师范先后在这里建校办学，为中国革命培养了大批栋梁之材。马栏红色革命旧址现有关中分区党政军机关及中共陕西省工委马栏旧址，现存窑洞 375 孔。民国三十年（1941 年）底，关中分区机关迁到马栏镇马栏村，先是住在群众家中，后相继开挖了 300 多孔窑洞。在一处院落中，有 27 孔窑洞保存得较完好，是习仲勋、李先念、彭德怀、汪锋等同志当年长期工作、居住过的窑洞，警卫人员站岗值勤的哨所和关中报社旧址，当年关中分区和陕西省委各部门的旧址（组织部、统战部、宣传部、社会部等）。每一孔窑洞中，革命前辈曾经用过的办公桌椅、喝水的茶杯、放文件资料的木柜子，甚至睡过的土炕，都干净整洁、摆放有序。

为展现生产成果，中共关中地委在新修的展览室（工字房）内举办了军民大生产成果展览。关中分区大生产展览室为砖木结构，面阔约 31 米，进深约 13 米，40 根外檐柱形成回廊状如“工”字，称“工字房”。

马栏革命纪念馆，全框架二层结构，建筑面积约3600平方米，馆内共展出图片800多幅，实物 600 多件。馆内采用图片、实物、场景复原、泥塑及电子书等声光电手段，全方位、多角度展现了旬邑革命史、关中分（特）区革命史实。

马栏七孔桥长 55.8 米，高约 5 米，采用古代石拱桥的建造方法，桥墩中间大、两头小，以减少流水对桥梁的冲击。该桥是沟通旬邑、铜川的主要公路桥梁。1977 年补修桥面时，加宽 1 米，增筑了栏杆。1986 年再次维修，增设了两边人行道及钢管栏杆。马栏七孔桥是旬邑境内保存年代最久、较为完整的石拱桥，也是关中分区抗日战争和解放战争时期克服严重物资匮乏、粉碎国民党顽固派经济封锁、使西安及全国各地的人员和军用物资通往延安的红色通道。

关中地委小会议室为四间土木结构房屋。关中地委在这里开展了整风学习。民国三十四年（1945 年）八月，张宗逊、习仲勋在小会议室里部署指挥了著名的爷台山反击战。民国三十七年（1948 年）四月，彭德怀在这里研究制定了西府战役作战方案。

马栏革命纪念广场，高约 18 米的马栏革命纪念碑象征着马栏从民国二十年（1931 年）到 1949 年，经历了 18 年的革命历史。底座 6 个台阶，则象征马栏从民国二十年（1931 年）到民国二十六年（1937 年），共经历了 6 年的土地革命战争，为走向胜利打下了坚实的群众基础。碑上是时任关中警备区司令员、红二十六军第二团团长的老一辈革命家王世泰生前题写的“马栏革命纪念碑”几个大字。广场左侧，是全长约 40 米、高 2.5 米的汉白玉浮雕景观墙，12 个相互关联的画面。

马栏革命旧址见证了在这一革命时期，习仲勋、汪锋、张仲良、赵伯平、高锦纯、张德生、文年生、王世泰等老一辈无产阶级革命家的工作和战斗，是具有重要历史价值的革命纪念地。2005 年 3 月 1 日，中宣部、国家发改委、国家旅游局等 13 个部门联合下发通知，将马栏革命旧址列入全国 100 个红色旅游经典景区。2014 年 5 月，马栏革命旧址被国家旅游局批准为国家 AAAA 级旅游景区。

第三节　其他

一、马家堡关中特委革命旧址

马家堡关中特委革命旧址位于旬邑县城东北，在土地革命战争后期和抗日战争前期，是中华苏维埃共和国关中特区、陕甘宁边区关中分区革命斗争的中心。1936 年底至 1939 年底，关中特区党政军机关，包括关中特委（特委书记习仲勋）、特区苏维埃政府（主席霍维德）、特区司令部（司令员张仲良、政委习仲勋）驻马家堡村。1937 年 9 月，关中特区改称陕甘宁边区关中分区。1936 年 2 月，受中共中央委派，习仲勋赴关中守卫陕甘宁边区南大门，其中在马家堡工作战斗将近三年（1937 年 3 月至 1939 年底）。

为了抢救革命遗存，开展爱国主义教育，发展红色旅游，中共旬邑县委、旬邑县政府决定建设关中特区马家堡红色旅游景区。2010 年 5 月开始，按照“修旧如旧，不改变原貌”的原则，对旧址房屋全部落架维修。共维修 9 院 112 间，面积 2200 平方米。景区主要有游客服务中心、关中特委旧址、陕北公学旧址、革命先辈蜡像馆、关中特区纪念馆、第二师范展览馆、鲁迅艺术师范展览馆、纪念广场、两院地坑窑。2011 年 7 月正式对外开放。

二、陕甘宁边区第二师范旧址

陕甘宁边区第二师范旧址位于旬邑县职田镇马家堡村。1939 年 9 月，陕甘宁边区教育厅决定在关中分区成立边区第二师范学校，1940 年 3 月 15 日，在马家堡村正式开课，习仲勋兼任校长，刘瑞棻任副校长，学校下设教务、生活、事务 3 个处。学校 6 次建校、7 次搬迁，辗转陕甘晋 11 县办学。1942 年 4 月迁至马栏镇马栏村，1943 年 2 月更名为关中师范，9 月更名为关中联合中学。第二师范在旬邑办学 10 年，毕业学生 899 名。

三、红二十六军成立地旧址

红二十六军成立地旧址位于旬邑县马栏镇转角村，距县城 51 千米。中国工农红军第二十六军是西北地区最早的由党中央授予正式番号的一支正规红军队伍。1932 年 12 月 24 日，红军陕甘游击队在转角村举行授旗仪式，宣告红二十六军正式成立。旧址现存窑洞 11 孔，有刘志丹、王世泰等红军指挥员旧居、哨所遗址和红二十六军战史专题陈列，现为陕西省重点文物保护单位、中国延安干部学院现场教学点、咸阳市党史教育基地。

四、旬邑陕北公学旧址

旬邑陕北公学旧址位于陕西省咸阳市旬邑县湫坡头镇看花宫村，现为陕西省重点文物保护单位，中国延安干部学院、陕西马栏干部学院现场体验教学点，咸阳市党史教育基地。陕北公学是抗日战争时期中国共产党创办的一所具有统一战线性质的干部学校。1937 年 7 月底，陕北公学在延安创办。1938 年 7 月，陕北公学在关中分区新正县（今旬邑县）看花宫村设立分校，校长李维汉，党委书记申力生，下设政治、校务、教务三部。1939 年 1 月，陕北公学总校迁到旬邑县湫坡头镇看花宫村，与分校合并，成仿吾任校长。1939 年 6 月底，中央决定将陕北公学、鲁迅艺术学院、安吴堡战时青年训练班、延安工人学校合并，成立华北联合大学，校址迁至晋察冀根据地。陕北公学在旬邑县湫坡头镇看花宫村办学一年时间，培养了 6000 多名抗战干部，其中 3000 多人加入了中国共产党。

旬邑陕北公学旧址现存窑洞 140 多孔、房屋 70 间，包括李维汉、成仿吾旧居以及当年的校部、图书馆、供给科、维修科、豆腐房、学员教室和宿舍。2009 年，当地保护维修旧址，修复校部土木结构房屋 9 间、旧居窑洞 4 孔，并设有“陕北公学在旬邑”专题陈列室，展出各类历史图片 139 幅，陈列学员遗留物品 83 件。

第四章　流域民俗文化

泾河流域是中国封建社会第一朝帝都和汉、唐等十三朝京畿重地，素以秦都、汉陵著称于世，是中华民族古代文明的重要发祥地之一，受中国传统文化熏陶极深。这里是秦风唐韵之乡，文明礼仪之邦，民风淳朴，注重礼仪，民俗独特，民俗文化源远流长，文化内涵十分丰富。由于历史和地理的原因，这里开发较早，不少风俗习惯产生于典雅的人文环境，皆可追溯其悠久的历史源流。外地人将这些独特的生活方式和习俗概括戏称为“八大怪”：面条像裤带，锅盔像锅盖，辣子是道菜，碗盆难分开，帕帕头上戴，房子半边盖，姑娘不对外，有凳不坐蹲起来。这种生活方式与习俗，表现出关中人的质朴、淳厚、粗犷和豪爽。新中国成立后，流域内人民的社会生活、思想观念和风俗习惯紧随改革开放不断发生变化，生活习俗、岁时节俗和礼仪习俗既有延续，又有新风，既继承和沿袭传统文化的精髓，也繁衍滋生现代文明的风尚。这片土地见证了无数优秀非遗的诞生与流传，非遗积淀深厚而丰富，泾河流域共有国家级 3 项、省级 65 项、市级 80 项、县级 120 项非遗代表性项目。这些非遗项目，是泾河流域最具代表性的民俗文化。

第一节　民间艺术

一、泾河号子

泾河号子又叫作泾河船工号子，是船工在泾河上摆渡时所唱号子，主要流传于陕西省泾阳、高陵一带，是陕西省非物质文化遗产。泾河水流平稳，因而泾河号子较流畅悠扬；泾河号子歌词很少，以泾阳当地方言的吆喝声或呼号为主。

泾阳县地处陕西关中平原中部，泾河下游，是中国大地原点所在地，素有“关中白菜心”之称。这里地势平坦，土肥水美，历史上就以“关内膏腴之最”著称。泾阳因地处泾河以北，在古代以水北为阳，故名泾阳。泾河自王桥镇谢家沟入泾阳县境张家山出谷，流经泾阳全境。泾阳因泾河而得名，也因泾河的孕育、滋润而发展。

号子是一种伴随着劳动而歌唱的民间歌曲。先秦典籍《吕氏春秋》有一段记载说：“今夫举大木者，前呼‘邪许’，后亦应之，此举重劝力之歌也。”所谓“劝力之歌”就是后来的劳动号子。一些协作性较强而劳动动作在节奏、速度上经常变化的集体劳动，需要步调一致、动作协调，如果没有统一的指挥号令，动作就会参差不齐、力量分散，劳动就无法顺利进行。劳动号子就是人们在这类劳动场合，为了统一节奏、协调动作、激发劳动热情和缓解疲劳而唱的一种歌，民间歌曲中，劳动号子占有重要的地位，可以说，劳动号子是民歌音调最早的根源和基础，是劳动人民伟大力量的一种艺术形式表现。

在泾河上渡船不但是一项重体力活，而且是群体性劳动。在摆渡时，为了集中力量，协调所有船工动作，于是便产生了劳作时的招呼和应答，这便是泾河号子。

可以说，自从有了泾河渡口就有了泾河号子，只不过，开始时只是简单地吆喝、号令，慢慢地船工们为了增加劳动中的娱乐性以及与当地传唱的一些民谣的融合，便有了一定的节奏性和曲调。目前留存下来的泾河号子曲目主要有《泾河船工号子》《泾河上下车号子》《调船号子》和《泾河行船号子》等。

《泾河船工号子》是船工们在装卸货物时，协调动作，掌握平衡时喊唱的，领唱者掌握方向和用力角度，伴唱者齐声呼喝，以回应指挥者和统一用力节奏。《泾河船工号子》以简单的用词和稍显紧凑的曲调，将一种繁重的劳动娱乐化了，给船工们苦役般的生活增添了一缕暖色。伴随着弥漫的烧酒、河风，这从劳动者扭曲的骨头缝隙里挣扎出的呐喊，从船工们隆起的筋肉弹跳出的音符，将人生的况味酣畅淋漓地表现了出来，让听者动容。

二、社火

社火俗称“故事”，是由来已久的群众文娱活动。民间社火类型有高跷。又称“柳木腿”“橛把”，分布在平原、河川地区。表演者以民俗或戏剧故事穿戴化装，辅之以马鞭、刀、枪、剑、戟道具。数人为组，排行列队。以龙凤彩旗、锣鼓为前导，“春官”开路，浩浩荡荡，走街过村。表演者脚踩支板，双腿缚绑于木制的高跷之上。伴随着锣音鼓点节拍，大跨小步，上摆下踩，潇洒轻盈，如履平地。随着队形和服饰、道具变换，装扮内容来去翻新，幽默滑稽，引人入胜。各村社之间备置春桌，互请互接，围观者前呼后拥，饶有兴趣。亭子，有抬亭、背亭、鞦亭、车亭，亦称芯子。以西关、灵凤、王东、龙头等村最为精彩。抬亭，设木架、铁芯，8人共抬；背亭，以铁芯通缚高低两人背部；鞦亭，以十字架铁芯悬挂踩板；车亭，固定支架，扳动车轮旋转。各类亭子顶端由儿童扮演各类人物，四周用布包围严密，芯端以器物伪装，形成人站手指、足踩鞭梢等悬念，又惊又险。有的芯子还自如转动、摇荡，画面立体重叠，妙趣横生。尤以武家沟的背亭，大人顶小孩，着装古朴，适宜山区表演。近年，参加城镇演出的亭子多改装在小四轮拖拉机或汽车上，一车一场戏，惟妙惟肖，安全、省力，便于流动转点。 马社火，分布较广，农村缺马则用驴代替。县城东街马故事特色鲜明，威武雄壮。表演者戏装鲜艳、化妆细腻。手执器物，乘骑踩蹬，以故事情节编组，自成阵容，结队而行。装扮马故事多以神话、戏剧《黄河阵》《八大锤》等为主，坐马式，架子功，形象真，气势宏伟。 地摊社火，适宜夜间表演，遍布各村，不择场地。扮演角色主要有红脸、黑脸，还有旦角（软身）、生角（净脸）、丑角（杂耍）。社火内容多模仿戏剧改编，以哑剧形式表演，主要节目有“出五关”“保皇嫂”“搬三霄”“杀四门”“双背鞭”“镫打石雷”等。县城地区的地摊社火，以跑竹马开场，穿插狮子（东街）、龙灯（南关）、旱船（灵凤、北关）、海蚌（西关、尧头），并伴奏演唱小曲民歌。演出武打节目时，还配以烟火。演出喜剧节目时，杂丑或泼妇插科打诨。表演程式，多为“二马分鬃”“四门斗底”“交叉剪子桄”等，紧锣密鼓，轮番载舞。围观者聚拢圆场，高举灯笼、火把，照耀通明，气氛热烈。

三、自乐班

自乐班源于秦腔爱好者自娱自乐，其成员属票友性质。民国时期泾阳县城乡的秦腔爱好者多有活动，改革开放后的富足生活为这种艺术团体发展提供了良好的基础。自乐班核心成员较为固定，有以表演为主的生、旦、净、丑，也有弹琴打梆子的辅助人员，活动时也欢迎“外人”参加，多选取秦腔折子戏和一些名角片段，因此大家都有上台的机会。

自乐班在冬夏农闲时最为活跃，表演形式自由，演员不用化妆，无需戏服，可直接进入角色。或在场间村头，或在房前屋后，三五人聚集，二胡声起，梆子响起，就有忠实的秦腔粉丝陆续加入。近年来，自乐班在婚、丧、寿辰等活动中多被邀请助兴。受邀赶场子演出时，其演出内容则必须根据主人的意愿和要求。尤其是在办丧事的场合，一般演唱苦情的段子，适应办丧事的氛围，如《祭灵》《哭坟》《放饭》《三娘教子》《窦娥冤》。婚事则以欢喜的花好月圆的剧目为主，如《龙凤呈祥》等。

自乐班深入乡村角角落落,给农村带来了丰富的文化生活,保留了浓厚的地方文化色彩。

四、旬邑彩贴剪纸

旬邑彩贴剪纸为第三批国家级非物质文化遗产代表性项目。旬邑彩贴剪纸是以民间剪纸为基础图像元素，用彩色纸剪出无数个小圆点和大片形体图案，采取剪、贴、衬三种工艺粘拼、点缀，继而创作一幅完整的作品，主要以人物、动物、花卉、民俗、民歌、宗教信仰、吉祥寓意等为表现题材。同时每幅作品配附优美动听的民歌、歌谣，使其相得益彰，引人入胜。它突破单色剪纸的小巧形式，在表现形态上是极其生动而自由的，不带任何条条框框的束缚与限制，每幅作品都有比较明显的原生性和独创性。代表作有《剪花娘子》《三公主坐云端》《老来上神归山去》《手提仙桃四两半》《娘娘婆，逗儿哥》《江娃拉马梅香骑》《空空树》《十二月花》《一树梨花靠粉墙》《南岸子上来马队啦》《背枪打日本》等。

五、礼泉皮影

礼泉皮影为陕西省第二批非物质文化遗产代表性项目。在皮影的发展演变过程中，通常以西安为界将陕西分为东西两路，礼泉皮影属西路皮影。礼泉皮影形制较大，高约40厘米，头脸多为通天鼻梁，具有粗犷的感觉。礼泉皮影戏有阿宫腔、道情、弦板腔，属秦腔剧种。皮影戏剧目繁多，内容丰富。既有传统的，又有现代的；既有传承的，又有创作改编的。传统戏以三国、隋唐、水浒、西游记为最多，如《马跳檀溪》《三请诸葛》《薛仁贵征东》《薛丁山征西》《金沙滩》《穆柯寨》《风波亭》《孙悟空三打白骨精》等。现代戏有《红色娘子军》《金沙江畔》《节振国》《红灯记》《审椅子》等。传承的有《木门道》《天水关》《石佛洞》《马踏五营》《白门楼》等。

六、泾河竹马

泾河竹马为陕西省第二批非物质文化遗产代表性项目。泾河竹马主要兴盛于泾阳县太平镇枣坪村,周边及各村也有仿效,但数百年来,仍以枣坪人演出的竹马最为正宗。“竹马”最早起源于人们童年时期的儿童游戏——黄口稚儿以竹枝骑于胯下做跨马状，你追我赶。后经漫长的人类历史，竹马逐渐又演变为成年人的游戏抑或体育项目或娱乐活动。

相传药王孙思邈寻找草药途经枣坪东沟，遇到泾河之北一身患恶疾之人。这个人已被病魔折磨得生不如死，想到东沟来早早地了此残生。孙思邈给他一个偏方和几服草药，服完后竟痊愈。该人满怀感恩之心来到东沟感谢孙思邈时，这里早已人去沟空。此人为了纪念孙思邈，请人在东沟凿洞建庙，庙建成后，又请枣坪人来庆祝，枣坪人就在庙前拉开场子，表演的就是枣坪的竹马。

第二节 民俗文化

一、水帘灯山庙会

水帘灯山庙会是彬州市群众民俗文化生活中一个很重要的节会，其规模和影响仅次于彬州市大佛寺三月八庙会。每年的农历正月十五元宵节在城关镇水帘村花果山上进行。彬州市灯山天下独绝，因为它有天下唯一一处在悬崖峭壁上用清油点灯的世界奇观，有人说它是世界上最早的霓虹灯。依托灯山举行的灯山庙会，则更具奇趣，是彬州市群众民俗文化生活中一个很重要的节会，把彬州市的元宵节装扮得色彩斑斓。

孙悟空是当地群众的主要崇拜和祭祀对象，在此陪侍的还有财神、药王、送子娘娘、黑虎灵官、千手观音、风伯雨师、灯光菩萨等神灵。改革开放以来，花果山所在地的水帘村的群众更是热情有加，每年都自发地集资点放灯山。从正月十三或十四晚开始，人们就从四面八方赶往花果山下，观灯看戏，怡情赏月。如果在元宵之夜，能站在花果山对面的泾河北面的河滩，从远处遥望，就会看到灯山的千盏灯影倒映在泾水之中，山上和水里，浑然一色，真是人间仙境，美不胜收，此时定会让人感到心旷神怡，其乐无穷。人们对主神孙悟空的崇拜反映了人们改造自然、征服自然、超越自然的愿望，反映了人定胜天的坚强信念。这是孙悟空战无不胜、天下无敌的精神魅力所致，也是灯山庙会长盛不衰的一个重要原因。

二、地窖

地窖又叫作地坑庄子。流行于北部各县区，是关中腹地黄土高原特有的民居形式。自古就有挖窑穴居传统，依其形制可分明窑和地窖两种。

明窑多依崖而建，横跨三四米，深七八十米，以承重墙分为二进或三进，既可居住，也可储藏生活物资。窑门多用“胡基”砌成，留有门窗和通风孔，内为土炕，冬季可烧柴取暖，部分地区盘有连锅炕。

地窖主要由地上、地下两部分构成。

地上部分为门楼和斜洞。斜洞大多从地窖的角上进入内部。挖时斜着向下，连接地面与窑坑，半露于地面半在地下，露于地面以上多用“胡基”发券成拱，用麦草泥抹光，然后在斜洞口安门，或加盖有门楼或耳房。

地下部分多在塬坪上先取方形地面，深挖大约五至七米深，四边依需要掏挖数个窑洞，形成院落，其形制与明窑相似，或用于居住，或用于搁置物品，或作为厨卫，也可畜养牲畜，大小深广因功能不同各异。

厨房窑顶上多留有烟囱，以便将烟尘抽出，有的留烟囱于半壁上。畜养牲畜的与人居略有不同，窑上多有支架，可用辘轳将粪土绞提到地面上，窑内多有直径约数十厘米的小洞与地面垂直相通，可将干燥净土溜到牲畜圈中。

庭院中往往打有“水井”和“渗井”，“水井”主要为住户提供清洁浅层地下水，“渗井”则主要解决雨季和生活用水排泄，住户一般并不向里面倾倒污水，毕竟距离生活水源太近，“渗井”也是“水井”补给水源的一部分。

地窨舒适程度上来说要好于明窑，在本地可冬不生火，夏不用扇，但出入不太方便，主要分布于流域内北部区县一带。

三、庙会

庙会由娱神活动演变而来，是传统社会最重要的公共聚会，承担着祭祀、商贸、教化等重要社会职能。也是农民繁忙劳动中少有的集会、娱乐活动，大姑娘、小媳妇也能借庙会走出家门而不受非议。相传唐代集市贸易就借庙会兴起，明、清时期的庙会已成为传统社会最为重要的物资交流大会。

礼泉县玉皇庙会，每年农历十月十五日举办。原为道教玉皇庙落成，上香庆典，因道徒常聚集三五日不散，渐成庙会。同时还举行花火庆祝会。会期 10 ~ 30 天。过去由供销社、城关镇、村主办，现为县政府工商部门主持。交流物资已由山货、瓷器、木材、牲畜，增加至纺织、百货、果品等。从 1993 年起更名礼泉县冬季商品交易大会，蜚声省内外。

礼泉县赵镇古会在每年农历九月初十至十月初十前后举办。会期少则30天，多则40天。因其规模较大，故远至甘陇、近至各县客商皆择道而来，进行各种物资交流活动。其中以关中驴、秦川牛等当地农用牲畜交易最盛。近年逐渐演变为常规性集市贸易。

泾阳县东关庙会于农历二月初二举办。现为泾阳县城盛大的物资交流会。会期有时延展到 10 ~ 15 天。

旬邑县庙会有二月二张洪寺大腊会、二月十五丈八寺庙会、二月十八伽蓝寺庙会、三月十五东老爷庙会、七月十五石门庙会等。逢会推举会长、理事，分工负责。正会抬出主神置于戏台前排彩篷中间，摆设香案，和尚列队，凡经过台前的人都要布施。现多数已经变为物资交流大会，或文化活动场所。

四、“麦梢黄，女看娘”

“麦梢黄，女看娘”。此风俗在泾阳城乡由来已久，盛行不衰，时间一般在农历的四月下旬，麦子开镰之前。民谚云：四月南风起，小麦复垅黄。眼看着麦子快成熟了，农村将要进入大忙时节。因在旧时的农村，收割碾打，大都是肩挑人扛，或者架子车拉运，女子要忙自家地里的活，即使心挂念，也没工夫来娘家看望父母。在进入农忙或夏忙之前先到娘家走一走，带上礼品表示对父母的敬意，一般都带白糖、茶叶、麻花、鲜杏等礼品。

五、求神祈雨

此俗不知起于何时，流行于泾河流域各县。明、清时期，久旱无雨，庄稼不能下种，或禾苗枯萎将死，县令常带僚属、乡老，由属吏、乡民共抬祭品，于烈日下，不戴帽饰，不乘车马，徒步去鹿台下的神庙，熏香叩头，祈祷天雨。如获感应，则勒石颂功述德。若无感应，则再行恳祈。民间亦有抬祭品，请巫神，在乡老的搀扶和乡民的簇拥下，去鹿台神庙，或当地龙王庙祭神求雨。此俗民国以来渐废。

六、面花

面花又叫作花馍、礼馍，流行于泾河流域各县。用小麦面粉蒸至九成熟，然后用彩笔绘画涂抹即成。蒸前用手，辅助以剪子、刀子、锥子、梳子、筷子做成各种天上飞的、地上走的活物。装饰用的材料是红枣、绿豆、红豆、刀豆、黑豆、橘皮等。

女子出嫁头一年的正月十六，娘家人要送面花。所蒸面花有花鸟虫鱼、祥禽瑞兽。小儿满月蒸“囫联”，是一个直径为一尺二寸的环形项圈，外沿做出莲花瓣、鱼鳞、凤羽等纹状，也有用面片粘贴的图案。“囫联”顶上插一圈十二生肖，中心做成龙凤、麒麟、狮子或五谷粮食。农历九月九日蒸枣糕，枣糕和一般面花所不同的是用红枣填充装饰，其工序是先掐面花，再垫枣。

七、秦腔

秦腔为地方传统戏曲。秦腔又名乱弹、桄桄子、梆子腔。属板腔体，为境内主要剧种。秦腔以关中方言语音为基础，特别是泾河流域诸县的语音发声为正音。明代朱权《太和正音谱》载:“元代知音善歌者，三十六人中之首者卢纲，咸阳人，其音属宫而杂商，如神虎之啸风，雄而且壮，为当时之杰；腰鼓百面，以破苍蝇、蟋蟀之鸣，万无一敌。”又若演员吐字以泾阳、三原语言为标准。明正德五年（1510 年），武功康海组建戏班，演唱“康王腔”。清康熙年间（1662—1722 年），咸阳的秦腔班社已为数众多，如保符班、江乐班、华庆班、双才班等。乾隆时期（1736—1795 年）翰林院学士严长明（江苏人）宦游陕西，酷爱秦腔，所著《秦云撷英小谱》记载关中秦腔班社共有 36 个，并以礼泉、周至、渭南、大荔为四大流派。秦腔班社演出，不仅为当地人所钟爱，赴北京演出亦受欢迎，被称为“传情在无意之间”“哑趣传神许擅长”。此时，演员白双儿、豌豆花和金坠子等随泾阳锦绣班演红西安城内。1912 年，李桐轩、孙仁玉、范紫东和高培支等人，受辛亥革命影响，办起易俗社，并编写出《一字狱》等剧本。境内各县以易俗社为榜样，先后成立了高兴班（长武）、秦贵社（礼泉）、益民社（咸阳）、晓钟社（乾县）、新中社、明正社（三原）等演出团体。1937 年中共陕西省委（驻泾阳县云阳镇）、关中工委（驻旬邑县马家堡）相继成立了七月剧团、关中剧团、关警剧团等，创作演出《大上当》《新教子》《十里塬》等新剧目，在唱腔、表演、舞美、服饰等方面都有创新。新中国成立后，有专业剧团 14 个，创作了大批新剧目，涌现出众多名演员，如郭明霞、王麦兰、舒曼莉、马金仙、赵斌、王义民、昝金香等，新秀如赵改琴、王平、白萍、冯武耕、王亚萍、陈雪红等。这些演员均先后在西北、省、市会演大赛中获奖。据统计，流域内咸阳市有市直戏曲团体 3 个，县秦腔剧团 11 个，共有演职人员 1100 余名；艺术创作人员 30 余名，演出本折戏目 100 余种。咸阳秦腔唱腔，分板式和彩腔两部分，每个部分均由苦音和欢音（又称花音）两种声腔体系组成。

苦音腔是秦腔有别于其他剧种、最富特色的一种唱腔，演唱时激越、悲壮、深沉、高亢，表现出悲愤、痛恨、怀念、凄凉的感情。欢音腔则欢快、明朗、刚健，擅长表现出喜悦、愉快的感情。

第三节 饮食文化

一、彬州市御面

御面，是彬州市的特色风味面食，因其色亮如玉称为“玉面”，又因其制作方法称为“淤面”，更因其为宫中贡品而称为“御面”。邻近彬州市的长武、旬邑等县以及甘肃省一些地方也有，以彬州市的最为正宗，集市上多有叫卖。红白喜事，接待来客，老百姓常用此面。夏收季节也用此面款待帮忙的亲朋好友和雇工。彬州市人过年不能没有御面，否则就没了“年味儿”。

御面，相传为当年周太王古公亶父居豳时夫人姜女所发明。姜女是《诗·大雅·绵》中盛赞的贤美聪慧夫人，以善于烹调著称。后来古公亶父由豳迁岐，途经乾县梁山，姜女也将御面制作技艺带到了乾县、岐山一带，只不过因水土关系，那里的小麦面粉做成了流传至今的“面皮”。100多年后，古公亶父的重孙周武王灭商建周，亲自来祖地豳国朝拜，专门要曾祖母始创、曾祖父命名的淤面吃。由此淤面又称为“御面”。建都咸阳和长安的秦、汉、唐各代，豳地御面一直为宫中食品。

唐代大将尉迟敬德在古豳州代职垦田时，从上百种地方食材中挑出御面献给唐太宗李世民品尝，后被钦定为御膳房专用食品。后流传于民间，其加工材料为上等精良小麦，经细磨成面粉等十多道工艺加工而成，特征为细滑如玉，筋韧耐嚼，余味悠长，乃有“御面得味远如燕窝”之意境。清慈禧太后晚年喜欢翻阅历代案卷，对周人先祖居豳的历史及《诗经·豳风》颇有研究，因而在颐和园修了“豳风桥”，她竟然从古籍中查到了3000多年前周太王元妃姜女制作淤面的记述，深受感动。后来八国联军入侵，慈禧太后逃到西安时，特地点了邠州（即彬州市）淤面。

虽经3000多年的演变，淤面仍是姜女首创的四道工序，即洗淤面、炼淤面、蒸淤面、切淤面。后来又加了压淤面，即将蒸熟的淤面压制成饸饹。制作方法是：取上乘精粉适量，拌匀揉成面团，将面团放于凉水盆中反复揉洗，直到洗净面筋为止。再将洗出的面水过箩沉淀，在凉快干净处沉淀一夜。第二天滤掉上面的清水，把粉浆用小火在锅内提炼成团，人工搓成小块、笼蒸一小时后出锅，用饸饹床压制成粉条状。或用文火在锅里边搅边炼，炼成半熟为宜，再揉成细长条，置于笼内蒸熟。然后缓缓晾冷，用锋刃片切成极薄的片，佐以蒜泥、姜末、陈醋、精盐、香油，即可食用。御面片白如玉，薄似蝉翼，筋光柔软，光滑爽口，其佐料或绿或黄，形色俱佳，御面实为凉菜之冠。2003年4月，彬州市御面在“中国烹饪王国游·西安咸阳美食旅游周”活动中，获“西安咸阳旅游名品”称号。

二、淳化饸饹

淳化饸饹又称淳化荞面饸饹，或简称荞面饸饹。饸饹，古称“河漏”，又称“活络”。

据考古发掘确认，饸饹的历史很悠久，早在1400多年前，我们的祖先就用牛角钻六至七个小孔，孔如粗麻线大小，面糊放入牛角内，落入沸水锅中煮成面条。

根据荞麦的生长特点，淳化县已经划定了荞麦地域保护范围，包括该县的城关、秦河、铁王、卜家、十里塬、胡家庙、官庄、润镇等8个乡（镇），常年生产面积3000多公顷，年产量约1万吨，为淳化饸饹走出淳化奠定了良好的物质基础。该县荞麦籽粒呈红褐色或黑褐色，面粉灰白色，具有特殊的芳香味。在该县北部，海拔1200米以上地区种植的荞麦品质优良，尤其是汉甘泉宫遗址所在地铁王镇梁武帝村（海拔1350 ~ 1400米）出产的荞麦，棱角模糊，俗称无棱荞麦，因其颗粒饱满浑圆，出面率高，品质最佳。该县出产的荞麦富含淀粉、蛋白质、多种氨基酸、维生素、芦丁、总黄酮、蛋白酶等，其铜、硒等微量元素含量也较高。

淳化饸饹以荞面为主要原料，制作工艺源远流长，早在元代就已产生。荞面饸饹制作从面粉加工、调面、压制、熟辣椒、煎臊子汤等有一整套非常考究的制作工艺，历经几百年的发展，形成了其“筋长光亮、香辣宜人、柔韧可口”的特点，成为大众所喜爱的面食。荞面以当年新加工的面粉为上乘。先脱黑色外皮，后上机粉碎，头遍粉碎下来的面，再用细筛将未除净的黑皮筛除掉，这样加工出的荞面洁白、光亮、精细柔滑，然后放置在阴凉通风的地方保存，现吃现用。调面以荞面为主，加适量的小麦面混合，掌握面粉搭配比例，加少量食碱的温水调和。边揉面边带水，面团不黏手，柔韧拉而不断，外部光滑即可压面。传统压饸饹以木制床子加工，压时需几人配合制作，有填床子、压床子、帮床子等分工。现在床子工具改革，锅台改造，一个人就可以操作加工饸饹。饸饹汤以羊汤为最佳，另有鸡汤、大肉汤、素汤等。臊子以羊肉、鸡肉、大肉、豆腐、红萝卜、黄花、生姜、香菜、葱、辣椒等佐料烹制而成。

淳化荞面饸饹的特点可用九个字来概括：筋、柔、光、煎、稀、汪、鲜、辣、香。具体体现在四个方面：第一，饸饹面筋道柔韧，光滑细长，筋而不硬，细而不断，柔韧而嚼，光滑爽口。第二，饸饹汤煎而不烫，油而不腻，味浓而不烈，味香而不艳，香味扑鼻，回味悠长。第三，饸饹汤的辣子更是一绝，汤面漂着很厚的一层辣子，看似辛辣无比，实则红而微辣，既可提味，又可增加食欲。第四，添加蒜泥，一为杀菌，二为提味。现在，淳化荞面饸饹不但是当地人的日常美食，更是红白喜事和招待宾朋必不可少的主食之一，同时也已成为外地朋友争相品尝的美味佳品。

2008年淳化县荞面饸饹制作工艺跻身咸阳市第一批非物质文化遗产名录，又被评为陕西省四大地理标志性证明商标，同时也是陕西省非物质文化遗产注册商标之一。目前，全省淳化荞面饸饹店发展到590多家。

三、礼泉烙面

礼泉烙面被称为世界上最早的方便食品，是陕西关中地区汉族特色面食。可加汤食用，亦可干吃。其特色吃法称之为“泖”，即将面盛在碗中，反复用开水浇之。然后调上佐料，即可食用，佐料的调配比较独特，用上等的猪油调和辣椒面，配以葱花、韭叶、盐及当地酿造的香醋。

烙面由于存在的区域较小，面食里面只能算作小品种，然而其历史悠久。据考此面起源于商末周初，因其存贮期长、方便携带、热汤冲泡即成面食的独特优点，被周武王选定为伐纣途中的军用伙食。久居关中平原的数万军士，背负着烙面开进河南，打败了商纣王，开辟了周朝八百年的天下，后人因此称烙面为“世界最早的方便面”。

烙面吃法极有讲究：一是要面少汤多。烙面遇到热汤，空隙开张，汤的五香美味迅速浸入面中，汤里有面，面中有汤，汤多面少，才能热气蒸腾，美味浓烈，因而一碗面以三四筷子捞完为宜。正因为如此，礼泉人吃起烙面来显得饭量特别大，动辄一二十碗，黄口小儿也能轻松吃上七八碗，令外地人听了惊愕。二是热汤浇上即食，万不可拿着筷子吃吃停停，搅搅拌拌，左右寒暄，耽搁时间。烙面膨胀较快，即浇即食，能品味到烙面的筋细和汤的辣香，这正是吃烙面的神韵所在。在汤里泡得过久则胀软难吃，两者口味相差极大。三是只吃面而不喝汤。汤已入面，面中含汤，吃了面还喝汤，过头了，饭后一定口渴不止。曾有人到礼泉吃烙面，吃完一碗后掀起碗底将汤也一饮而尽，还大呼过瘾，成为当地人茶余饭后的笑柄。

四、乾州锅盔

锅盔向来以闻着香、吃着酥、携带方便、久存不坏而远近闻名。它既是一种独特的风味食品，又能作为馈赠亲朋好友的礼品。

乾州锅盔历史悠久。相传，在一千多年前的唐代，为唐高宗李治和女皇武则天修筑乾陵时，往往因为成千上万的工匠军卒的饭食不能按时做成，而影响了工程进度。无奈之际，有一名军士将面压在头盔里，放在火上烤，结果竟烙成了一个香酥可口的饼子。这种饼子边薄心厚、表面鼓起、香味异常，吃了耐饥，久存又不馊，受到了广大民工和士卒的欢迎和赞赏。因其形状像一个头盔，故名叫“锅盔”。乾陵修成竣工后，锅盔也以它所具有的许多独特的优点而世代相传，并延续至今。

制作锅盔，是将面粉用水按季节掌握水温，先和成死面块，放在案上用木杠压，边折边压，压匀盘倒，然后切成两块，分别加入酵面（夏季350克、春秋季500克、冬季750克）和碱水（用碱35克）再压，根据面的软硬程度，可适当再加些干面粉再压，直至面光色润，酵面均匀时，用湿布盖严盘子。再把面块分成每块重约600克的面剂，推擀成直径约23厘米、厚约8厘米的圆形饼，上鏊勤翻勤转，俗称“三翻二转”，用麦秸火慢慢地烘烤，烙到火色均匀、皮面微鼓时即熟。

五、泾阳茯茶

据史料载，茯茶（散茶）在泾阳出现是在北宋神宗熙宁年间（1068—1077年）。茯砖茶形成定型是在明洪武元年（1368年）前后，距今600多年。因它的效用类似土茯苓，形似砖块，故名“茯砖茶”。2008年，茯砖茶制作技艺入选中国第二批国家级非物质文化遗产保护名录。

泾阳位于岭北，本不植茶，但泾阳位处关中腹地、泾河下游，自古是三辅名区、京畿要地，也是南茶北上必经之地。因而，从汉代始泾阳就成了“官引茶”到中原的集散地。官茶到泾，另行检做，制成茯砖茶后，才沿丝绸之路销往西北各地乃至中西亚各国，泾阳遂形成加工制作运输中心枢纽。在集散、加工、制作的漫长岁月中，茶商在不经意的情况下偶然发现加工之茶中长出“金花”（茯茶中的“金黄色星状斑点”，茶商们称其为“金花”），“金花菌”在黑毛茶的二次发酵中生长繁殖、代谢作用，极大地改变和提高了原黑毛茶的品质，从而形成了茯茶独有的风格。茶商们在此基础上，不断探索、总结、完善制作工艺、定型，形成了泾阳独有的茯砖茶品。

茯砖茶是黑茶的一种，它是用黑毛茶加工而成，基本工艺流程分为原料选配、筛制加工、汽蒸渥堆、蒸茶加汁、压制定型、发花干燥。

茯砖茶对于消腻去脂有独特功效，需要通过特殊的“发花”工艺，以使砖体内“金花”密布，这也是茯砖茶最具特色的工艺。“发花”的实质是通过控制一定的温湿度，促使优势菌冠突散囊菌生长繁殖，产生金黄色的闭囊壳，俗称“金花”，它在茯砖茶的含量与茶叶滋味、香气密切相关，能直接影响茯砖茶的品质。茯茶被列入国家农产品地理标志产品。

六、泾阳让馅

让馅是陕西泾阳县方言，其本意软和、绵软，以软绵筋香为特点。现盛行于泾阳县境内，为宴请亲朋好友、逢年过节必备的佳品。在泾阳当地有一句俗语叫“无让馅不成宴席”之说。当年只有皇帝才有的口福，如今大多数陕西人也能品尝到。

清末时社树村里大户刘家有个后生叫刘浮生，此人风流儒雅、精通书画，年轻时一个人跑到四川雅安做起了买卖，有一天刘浮生无意间碰见了到雅安办事的于右任先生，乡当见乡当，两眼泪汪汪，两人又是对酒当歌又是笔墨挥毫，大有相见恨晚之感慨。数年后于右任功成名就，但对刘浮生先生雅安的盛情一直在怀，回三原老家时专程上门拜访了刘浮生，见贵客上门刘浮生激动万分，立刻捧出祖上秘制的食品款待于老，于右任品尝后连连说“让馅”，从此刘家这道秘传小吃就流传开了，小吃的名字就是于老口中说的“让馅”。

这道菜肴冬季可当热菜吃，夏季可当凉菜用，只需蘸用油泼辣子、醋、盐等配制好的调料水即可食用。这道菜，入口绵软，香甜味美，营养丰富，老少咸宜。

七、甑糕

甑糕是泾阳、三原地区特有的小吃，因蒸制的炊具叫“甑”，因此叫甑糕。绵软黏甜，滋补良膳。《古史考》有“黄帝始做釜甑，火食之道使成”，可见甑糕可能在原始社会后期已经产生了，新石器时代已有陶甑，以后又有青铜铁制等。铁甑这个炊具就世代沿袭至今。这种铁甑形似圆筒，底部有许多透蒸气的小孔，置于大口锅上蒸食，现在泾阳的甑糕就是用这种古老的铁制甑蒸制的。

制作甑糕时，先将糯米用凉水浸泡 4 个小时，待米心泡开后，用清水洗净沥干水分，红枣同样浸泡洗净。在桶形的甑锅中加半锅水，锅中放一带孔的铁箅，在铁箅上先铺红枣一层，再铺一层米，如此间隔反复，共铺 4 层枣 3 层米，铺完后盖好湿布和锅盖，用大火猛烧 40 分钟后向米上洒温水，反复烧开加三次水后再用文火焖蒸 5 ~ 6 小时即可食用。食用时最好趁热，撒上白糖，米枣交融，色泽鲜艳，绵软黏甜，枣香浓郁，实为一种滋补养生好食品。

第五章　水文化建设

泾河流域历史遗迹众多。上段有彬州市大佛寺、花果山水帘洞、隋牛弘墓、公刘祠、柳毅庙、马刨泉等历史文化资源。中段依托东庄水库和独特的峡谷风貌将建设世界级的水利风景区。下段有我国古代三大水利工程之一的郑国渠、历代修建的汉代白公渠、唐代三白渠、宋代丰利渠以及民国李仪祉先生修建的泾惠渠，同时也积淀形成了厚重而独特的水文化遗产资源。流域内各级机构结合泾河文化的特点，通过水文化遗产保护和利用、研究和创作、宣传教育、水文化特色活动，讲好泾河水利故事，把泾河流域水文化建设成为陕西水文化的一张名片。

第一节　河源考察探源

泾河河源的考察最早可以追溯到清代，乾隆五十五年（1790年），诏令查平凉知府胡纪谟，清代潞阳（今北京市通县）人，勘察泾河与渭河源头，查验究竟孰清孰浊。调查结束以后，胡纪谟完成以《泾水真源记》为题的调查报告，详细描述了泾河渊源去向，以及沿途变化，并且附录了亲手绘制的泾水源流、笄山两张勘察图。近代以来，随着人们对河流认识、开发理念的不断加深，河流考察活动内容越来越全面，为了修建泾惠渠，李仪祉等考察了泾河中上游地区。新中国成立以后，根据经济建设的方针，开始泾河具体规划工作，黄河水利委员会多次组织人员进行河流勘查和考察工作。2000年以来，先后有泾惠渠灌溉中心、江河水库管理中心、宝鸡市水利局、水利博物馆等流域机构分别组织了水资源、水文化、水污染防治等内容的不同形式的河流、河源考察活动。现主要记述8次考察活动。

一、民国陕西省水利分局泾河河源考察

为修建引泾灌溉工程，1924年7月，陕西省水利分局局长李仪祉派秦智初带雨量器、记载表以及《考察泾河上源兼设雨量器须知》《陕西水利分局筹划雨量站任用人员聘书诧书》前往甘肃调查泾河上游情况并安装雨量器。1931年5月，陕西省建设厅厅长李仪祉同华洋义赈会工程师塔德、安立森前往泾河中上游勘察水库。1934年6月，黄河水利委员会委员长李仪祉派副总工程师许心武及地质专家高钧德视察泾河中上游。1934年12月，陕西泾惠渠管理局印制《泾惠渠报告书》，其中对泾河描述为：

泾河源于甘肃，自泾阳仲山谷口向上计，其流域面积约为四万平方千米。上游歧为二股，西股名泾河，北股名环河，二股至陕甘交界长武县城附近合流为一，东南流经彬州市，

至断泾入峡，约 80 千米，至谷口出峡，而达渭北平原。泾惠渠首部工程，即在于是。其水质西股水清，北股水浊，盖水流所经之地质不一也。北股环河流域，大抵为黄土及第三系之黏土高原，经沟水所削蚀甚深，黄土覆被最厚最广之地，在中国境内，殆莫过于此处者。屡经地震，原崩土裂，壅遏川谷，经夏季水涨冲决，随流而下，故水中含泥，非常之多。西股流域中之黄土黏土，早经削蚀甚多，故水中挟泥甚少，干季环河或至枯竭，而西股之水，尚源源不绝。泾河之研究，虽仅数年，尚不能断言究否可设水库，以储蓄水量。按之观察所得，径流于夏季，甚无定律，而于冬春季，则颇有恒态。夏令洪涨，非常迅猛，此时所挟泥沙之量，亦大于常额，民国二十年夏季，所测最大含沙量之重，至占水量 46%，以如此泥浊之水，若筑水库以蓄之，则库内毕速致淤满而失其容量，是否有法避免此弊，尚待研究。

二、陕西省泾惠渠管理局泾河流域水污染调查

2004 年 2 月 26—28 日，陕西省泾惠渠管理局组织供水、配水站等单位负责人，沿泾河主流逆流而上，途经 211 国道转至 312 国道，直到泾河源头——老龙潭。沿途走访群众，交谈调查，拍摄污水资料，提取污水、河水水样，先后跨越陕甘宁三省所辖的泾阳、淳化、旬邑、彬州、长武、泾川、平凉、泾源、宁县、正宁等 10 县（市），往返行程达 1000 余千米。走访群众达 30 余人次，提取不同水样 20 处，计 22 瓶（每瓶 500 毫升）。泾河主河道甘肃省平凉市—甘肃省宁县长庆桥镇段（陕甘分界），受到严重污染，污染源主要来自甘肃省平凉市城市排污（约 0.3 立方米每秒）、十里铺造纸厂及平凉市福利制革厂（约 0.3 立方米每秒）、四十里铺造纸集团（约 0.3 立方米每秒）、宁县长庆桥镇造纸厂（0.05 立方米每秒），拍摄了排污照片；泾河主河道上小的支流黑河、涔河等也受到了不同程度污染。

三、宝鸡市水利局探访泾河源头

2007 年 5 月 26 日，宝鸡市水利局组织 30 多名干部职工踏勘探访了泾河源头。泾河源头在宁夏回族自治区泾源县城以东 10 千米的泾源镇境内，在泾源镇再折向南不足 10 千米，就到六盘山东麓。泾河源已被宁夏泾源县开辟成一个六盘山国家森林公园景区。源头溪水来自六盘山的马尾巴梁，源头区域中溪水与马尾巴梁的正源汇合，向下游流淌，在山涧河床形成三个串珠状水潭。从上往下数，第一潭水面 50 平方米左右，最深处 3 米左右，椭圆形，潭周边 20 多米高的山崖长满树木藤蔓，潭水的进口 1 米多宽，出口 3 米多宽。再向下游约 2 千米是第二潭，潭水面形似葫芦，潭出口修一滚水坝，坝左肩凿一山洞，引河水修成二级水电站。过第二潭 50 米，就到第三潭，两潭首尾相接，第三潭位于峪口，形似一个琵琶琴，水色深绿，琴颈部是山涧，山势狭窄，峭壁嶙峋，山涧最窄处 5 ~ 6 米，最宽处 30 多米。

四、陕西省泾惠渠管理局考察泾河源头

2011 年 5 月 17—20 日，陕西省泾惠渠党永仁副局长、苏海亭调研员带队赴宁夏泾河源头老龙潭，供水处及各管理站负责人共 18 人参加了此次考察活动。考察组首先对泾河源头进行了实地考察，了解了沿途生态、植被及径流等情况，亲身感受了泾河源头的无限魅力，并膜拜了被誉为黄土高原上“天然水塔”之称的老龙潭。

五、陕西省江河局、水资源处进行泾河水量调度基础调研

依据《陕西省渭河水量调度办法》，2011年5月11—13日，陕西省江河局李纪计调研员、水资源处许新红副处长及有关人员前往泾河，对开展泾河水量调度工作进行了基础调研。调研组先后考察了巴家嘴水库、朝阳、枣渠、绛山、石桥等水电站及雨落坪、杨家坪、景村等水文站，了解了泾河的水资源开发利用情况，实地调研了各工程、电站等的管理和运行情况，听取了有关各方对泾河水量调度的意见和建议，基本摸清了泾河水资源开发利用情况和存在问题，为进一步实施泾河水量调度奠定了基础。

六、陕西省江河水库管理局与中国水利水电科学研究院联合考察泾河

2011年7月25—29日，中国水利水电科学研究院水资源所贾仰文总工带领项目组一行11人，在陕西省江河水库管理局郭岗总工程师和水资源处的陪同下，就《“自然—社会”二元水循环耦合规律研究——以渭河流域为例》项目专程考察了泾河流域。调研组考察了泾河源头、六盘山林区、蒲河巴家嘴水库、泾惠渠灌区、杨凌高新农业示范区等取用水情况，张家山、杨家坪、巴家嘴等水文站测流情况，以及宝鸡金渭湖、西安灞河橡胶坝等河湖生态景观。2010年，陕西省江河水库管理局与中国水利水电科学研究院水资源所合作承担了国家自然科学基金重点项目《“自然—社会”二元水循环耦合规律研究——以渭河流域为例》，江河局主要承担渭河流域典型区域工业、农业和生活用水取用水调查工作。

七、陕西省水文局组织水情预报人员查勘调研泾河流域水情预报

2015年3月16—22日，陕西省水文局组织省局和西安水文局水情预报人员，对泾河流域进行了实地踏勘调研。调研采取实地查勘与座谈交流相结合，从位于甘肃省宁县的泾河干流杨家坪水文站开始至泾河入渭口结束，途经甘肃、陕西9个县（区），实地考察了泾河干流杨家坪、景村、张家山等8个主要控制水文（水位）站，亭口水库坝址、东庄水库推荐坝址、泾惠渠水库大坝以及4座小型水电站等水利工程，马莲河、黑河、四郎河、三水河（马栏河）、泔河等12条河流河口及河床演变情况。与长武、彬州、泾阳县（市）防办和有关水库管理机构、水电站及水文站进行了座谈交流，了解了泾河流域洪水在各个控制断面演进和冲淤变化，掌握重要水利工程对泾河不同量级洪水演进规律调控影响，了解了各县（市）防汛指挥机构对水文情报预报需求。

八、陕西水利博物馆“泾河水文化溯源”考察活动

2016年10月31日至11月6日，陕西水利博物馆邀请水利历史、社会科学、水文化研究、文学艺术、水利摄影等方面的专家组成了9人专家考察团队，进行“泾河水文化溯源”考察活动。考察活动主要采取实地踏勘、座谈交流与资料收集整理相结合的方式。从泾河源头老龙潭起，至泾河入渭“泾渭分明”处结束。途经3省13个县（区），实地考察了中国革命圣地六盘山、泾河源、泾河干流及部分支流流域等，主要对流域的自然资源、社经情况、人文历史、民俗文化、流域治理与开发等情况进行了实地调研与踏勘，重点考察了流域的水资源利用与开发等情况。

第二节 水文化遗产

一、水文化遗产调查与发掘

1974年，西北大学历史系、陕西省文物管理委员会和泾惠渠管理局共同组成了调查组勘察了郑国渠渠线及其相关问题。根据《水经注》的记述和大量的实地调查资料，结合大比例尺地形图和各地地形特点，绘制出了郑国渠的基本路线，泾惠渠管理局档案室藏有原件，公开发表的可参见西北大学历史系《郑国渠》编写组编著的《郑国渠》一书与李健超的论文。其所绘渠线由渠首瓠口到入洛河的实际长度126.03千米，由于汉代一里约为414米，三百里相当于124千米，故文献记载长度与所绘颇为接近；渠首海拔约450米，渠尾约370米，首尾高差80米，渠道平均坡降为0.6‰。1974年联合调查组勘察，在阎良区断垣村与康桥镇之间，石川河与苇子河一带，发现郑国渠横穿石川河的“横绝工程”遗迹。

1985年陕西省文物局组织调查组对郑国渠及历代引泾渠首工程遗址进行了全面详细的调查。调查分为两个阶段：第一阶段自1985年11月至1986年9月，参加者有秦建明、赵荣、杨政。调查初步确定了历代引泾工程渠首范围和内涵，发现了郑国渠拦河坝和宋丰利渠水尺等遗迹。第二阶段自1987年初至1988年底，参加者有秦建明、杨政，这次调查除对郑国渠拦河坝及上下游地层进行深入了解外，还基本摸清了历代引泾工程渠首部分的渠系演化和地层状况，并调查了渠首至三原一段古渠遗迹。这次考古调查的重要成果之一，是发现了郑国渠大坝的遗址。这一成果很快被刊登在1986年7月3日的《人民日报》上，题为“泾河岸发现秦代郑国渠拦河坝遗址”。7月5日《中国日报》（《China Daily》）又以题为“古坝之谜”（“Ancient da m steeped in m ystery”）进行了报道。调查工作受到孙达人先生、张廷皓先生以及泾阳县文化局、中国科学院西安黄土研究室以及陕西省有关水利部门的大力支持，上海博物馆王维达、夏君定先生，武汉水电学院朱诗鳌也对调查给予了诸多帮助。

1986年8月初，泾惠渠管理局组织专人，在历代引泾渠首地带，采取查阅文献、现场考察、访问群众的方法，进行了一次普遍的勘察调查。

淳化县发现3000年前大型人工蓄水遗迹。2006年12月3日新华网报道：西北大学考古系近日在对陕西省淳化县枣树沟脑遗址进行首次发掘时获重要发现，专家根据池塘与取土场等遗迹现象判断，3000年前关中地区居民已掌握人工蓄水技术。陕西省淳化县枣树沟脑遗址总面积300万平方米，发现该遗址包含有仰韶文化中期、龙山时代、先周时期等文化遗存，其中先周时期的文化遗存最为丰富。在此次发掘近1500平方米的遗址内，先周时期的遗迹发现有房址12座、墓葬4座、灰坑160余处。其中包括两座直径达10～15米的大型灰坑，坑底存有青灰色淤土和红色黏土层，应是存水的池塘类遗迹。同时，在这些遗址的许多灰坑内都发现有红土堆积，个别灰坑内堆积全为红土，似为储存红土之所。专家还发现了一处专门掘取红土的遗迹，其红土堆积超过附近红土层厚度约 2 米，红土断面随处可见掘土工具“耒”的使用痕迹。专家认为，红土储存坑和红土取土场的发现，说明红土与人们的生产生活密切相关，很可能用于制陶或对蓄水坑进行防渗处理。

2007 年 11 月，陕西师范大学王双怀教授率“人类活动影响下的关中地区环境变迁过程”课题组部分成员对郑国渠灌区进行了系统考察。王双怀教授对郑国渠渠首一带的地形地貌和水利遗迹进行了仔细考察，发现郑国渠渠首建有分水坝，大坝西北部的分水岭（即鱼嘴）已被泾水冲刷殆尽，北侧的引水槽也被农民填平，但东侧的引水渠和退水渠依然清晰可辨。本次考察的重大发现：一是找到了郑国渠渠首分水、引水和退水的遗址。二是找到了郑国渠的多处渠道遗迹。考察组成员在泾阳、三原、富平、蒲城等地发现多处郑国渠渠道遗址。干渠的宽度一般为 30 多米，深度多在 20 米以上。三是对郑国渠的技术系统和生态系统有了新的认识。本次考察中的发现有助于学术界弄清郑国渠的历史和现状；有助于弄清郑国渠的兴衰对关中自然环境和社会环境的影响，揭示郑国渠的历史作用和历史地位；也有助于郑国渠遗址的保护和对郑国渠灌区的进一步开发。

2013 年陕西省泾惠渠管理局对灌区水文化遗产进行调查统计，组织专人实地走访、调查整理，泾惠渠灌区共计有 51 处水文化遗产。按照时间划分，建于 1950 年以前的有 35 处，20 世纪 50 年代以后的有 16 处。20 世纪 50 年代以前的分为两类，一类是水利工程类，包括供排水、跨河桥等 10 处；另一类是与水有关的古建筑、古遗迹、碑刻等管理类，包括渭北水利工程处、仪祉墓园、碑刻等 25 处。20 世纪 50 年代以后的主要有 2 通碑、1 处广场、5 处雕像、2 处古迹复原、6 处其他，管理权属为陕西省泾惠渠管理局。2011—2012 年，为建设李仪祉纪念馆，在全国范围收集整理有关资料近千件（张），其中有陕西省泾惠渠管理局档案室保存的资料 80 余件、照片 100 余张。

2018 年泾惠渠灌溉中心按照《郑国渠遗产保护与利用总体规划》，组织实施了郑国渠遗址区标识、引导系统，新建石质简介碑 1 座，告示碑 15 座，渠首管理道路安全设施改造安装标志牌 3 套，反光镜 9 套，栽植树木 650 株。对古渠上 2 号冲沙闸及群泉水厂附近的节制闸闸房的屋顶、墙面改造秦汉风格，投入达 500 万元，通过立足于遗址区环境的保护，合理利用泾河沿岸原有地形地貌，恢复区域生态环境质量，创造优美的人文生态环境。

2015—2019 年，西北历史环境与经济社会发展研究院研究生在李令福教授、肖爱玲副教授等老师带领下，坚持田野考察与文献考证相结合的研究方法，对位于咸阳市的陕西水利博物馆、历代引泾渠口遗址进行田野考察。考察期间，李令福教授、肖爱玲副教授为同学们介绍了泾河的下切过程以及泾河冲积扇平原的变迁情况；分析并批驳了一些学者关于郑国渠大坝跨河蓄水的说法；综合运用历史文献资料和考察途中看到的考古地层资料，在重新出露的河岸剖面上初步判定了渠首的几个可能位置，讲述了郑国渠及大坝的修建方式与具体的功能。

二、水文化遗产分类与介绍

泾河流域列入《陕西省水文化遗产名录》的水文化遗产 50 处。古遗址 11 处：历代引泾灌溉渠水口 7 处、泾惠渠总干渠石渠段、唐彭城闸、渭北水利工程处、泾河卧牛石；古桥3处：民生桥、朱子桥、隔水卫石桥；古水文站1处：张家山水文站。古渡口4处：修石渡、烽火、黑水渡、庄头河；名潭古洞2处：卧龙潭、花果山水帘洞；古石碑2处；历代引泾碑石亭、仪祉墓园碑石。

因古泉3处、古灌渠11处已在第一篇第一章河流水系、第二篇第一章引水灌渠中分别予以记述，这里不再赘述。现就其他17处水文化遗产记述如下。

（一）黑水渡

长武旧县志记，“黑水渡在县东四十里。通平凉，固原诸略”，据传唐代尉迟敬德监修石桥，民工吃盐10石。清初，曾设木船，靠绳索牵引过渡。康熙时，夏秋泛涨，水甚汹涌。然风浪亦不竟日，故不再设船只，而额募水夫12人，备充急役（助人泅渡），甚为闲旷。寒冬季节，则搭木桥，以便过往。秋建春取，材木薪土，俱亭口所牛夫200名供之。春暮拆收，秋冬续用。每年收麦后加征桥银20两。后设水夫5人。改建石桥，毁废。康熙十六年（1677年）桥眼尚在。民国初年，架设固定木桥。民国十八年（1929年），县政府建设科监修，用石条筑墩9座，木板铺设桥面，长40步。用款5300元，小麦250石。当年被洪水冲垮。民国二十三年（1934年）五月，西兰公路工务所测量施工，凿石为墩，铺设木板桥。民国二十九年（1940年）改修为钢板卷洞，钢筋混凝土浇筑滚水坝式桥。汛期洪水漫桥而过，行人车马靠水手协助涉水或泅渡，枯水季节车马可通。新中国成立后，1951年西兰公路改道，修建亭口公路桥，钢筋混凝土结构，美观坚固。亭南亭北两岸连通，汛期车辆畅通无阻。黑水渡口废弃，原桥基尚在。

（二）花果山水帘洞

花果山水帘洞位于陕西省咸阳市彬州市城西约5千米处的花果山（古称明山），水帘河从其西侧流过。

南北朝160余年战乱中的“五胡乱华”时期，百姓为避兵祸在明山上开凿了许多石洞，即“九曲十八洞”，后称“水帘石堡”。“九曲十八洞”中最大的是大圣洞。唐贞观年间鄂国公尉迟敬德监修大佛寺时，同时也修了花果山，把原有石洞重新修凿，使石洞之间互通。百姓为庆祝太平盛世，又在石山上凿成了10～15厘米不等的石窝1700余个，在元宵节之夜点燃放置在石窝里的油灯。明穆宗和明神宗两次对花果山进行过重修，共修了九妖十八洞，雕塑了齐天大圣孙悟空、药王孙思邈、三只眼的灵官菩萨和灯光菩萨等造像。花果山水帘洞是花果山主洞，洞内有孙悟空的塑像，两侧凿有轿子、宝塔、牌楼、北斗星等许多小洞穴。

（三）隔水卫石桥

隔水卫石桥位于陕西省咸阳市旬邑县职田镇东南7千米处的牙里河上，是一座利用天然石凿成的桥梁。这座石桥实际是一座小小的山梁，像河马一样卧在牙里河上，横阻牙里河。小山梁中下部有一梯形孔洞，底宽约6米，上宽5米余，边高6米左右，牙里河水从孔洞中流过。在小山梁中上部一侧，开凿一条长160米、宽约3米的山径，形成一座天然石桥，被称为隔水卫石桥。

清道光二十四年（1844年）九月，由当地村民发起，周围各乡群众和过往商客200

余人捐资，对石桥进行了整修。桥侧的《重修隔水卫石桥路碑记》载:“自古凿山通道，补路修桥，皆所以平水土之险阻，便人民之往来也。然名都大邑，其为之也易；若穷乡小村，其为之也难。盖地域不同而人力有异焉。县东三十里牙里村西，有巍然峻起者，名曰隔水卫。上辟小径以通行人，道路狭小，恐步失足。居是村者见多有陷溺之忧，窘步之惧，以欲疏凿修平，而寥落数家财力不给，故欲为而复只有年矣。今阖村共议，窃愿客商、君子各捐有余之资，以利济之务，将见桥路宽广，往来无患，是亦好善乐施，广积阴德之一端也夫。”

至今，隔水卫石桥依然为乡民所用，虽非要津，商客稀少，但“利济”如故。

（四）卧龙潭

卧龙潭位于陕西省咸阳市旬邑县胡家村，距县城 10 千米。清咸丰十年（1860 年），沟底显现一深潭，传说潭中有一巨龙，夜出昼伏，保佑地方百姓。朝中有一位中堂大人，听闻此言，于是亲临此潭，乞求神龙为其家人医病。中堂来此，神龙显现，回家以后，久病家人病症痊愈，此事传入皇上之耳，皇上封此潭为“卧龙潭”。

（五）泾河烽火古渡口

泾河烽火古渡口位于陕西省咸阳市礼泉县烽火村泾河岸边，是礼泉通往泾阳的主要交通要道。传说在隋代时就在此设渡，隋文帝的行宫就设在对岸泾阳县境内。解放战争期间，彭德怀率领的西北野战军西进时，就从此渡口经过。现存一索桥，曾经渡来往之人，或少量物什。

（六）泾河庄头河古渡口

泾河庄头河古渡口位于陕西省咸阳市礼泉县庄头河村。在过去，这个渡口承担着两岸淳化、泾阳和礼泉等县农产品交易的任务。相传此渡口具有上千年的历史，一直到 20 世纪 90 年代才停止。现渡口遗存有一口窑，是过去存放船只和摆渡者住宿的地方。

（七）历代引泾灌溉渠水口遗址

历代引泾工程渠首遗址集中分布在陕西省泾阳县西北部的泾河谷口内外，泾水自仲山西麓的峡谷冲出群山后，由此缓缓流入关中平原。谷口一带地形优越，是理想的引泾渠首选择地，所以，自公元前 246 年修筑郑国渠始，直至现代的泾惠渠工程，历代都选择此处截泾引水，经过两千多年的反复营修，工程兴废变化，这里形成一处巨大的三角形渠首工程遗址区。遗址区北起现泾惠渠大坝，南至泾河泔河交汇处，东自王桥镇，西达礼泉县石坡村。南北总长 7 千米，东西最宽处有 3 千米，总面积达 10 多平方千米。整个遗址区大致可分为山内、山外两部分。山口以内主要分布着宋元明清时期的古渠遗址，这一区域，渠道均为石质，质地坚固，时代较晚，所以保存状况比山外遗址为好。山外主要分布着秦汉至隋唐时期的古渠遗址，间有清代的一些工程。山外渠道均为土质，历史上淤塞后经反复扰动破坏，多数面目不清。许多渠道呈断续状分布在泾河东岸，渠道或荆棘丛生，蓬蒿没膝，或被辟为农田，深埋地下不露痕迹，加之河冲水淤，地貌和地层十分复杂。

1. 战国郑国渠大坝遗址

战国郑国渠大坝遗址位于泾阳县王桥镇上然村西北 150 米处、泾河东岸二级台地上。

坝为东西向修砌，自泾河东岸向东延伸至王桥西的尖嘴，残长约 1800 米。现存坝底宽 30 ~ 80 米，顶宽 10 ~ 30 米，坝高 3 ~ 8 米。坝的南坡平缓，坡比约 12 : 1，并有汉代建筑遗物。坝的北坡陡直，地势低洼，深处发现 20 厘米厚的砾石和白砂土坑积层。坝为黏土砌筑，无明显夯层。该坝是陕西省文物局考察时发现的，是国家级文物保护单位。

2. 汉白公渠遗址

汉白公渠遗址位于泾阳县王桥镇上然村西北，北距郑国渠大坝约 500 米。渠道上宽下窄，呈梯形，深 3 米，渠内淤积河卵石及汉代器物残片。

汉堤遗址：县城北约 2.5 千米处，有一西南—东北走向的土梁，古时称为汉堤。堤下层为红胶土，上部为白砂土，为人工堆积而成，无明显夯层。

1989 年，咸阳文物普查队在该堤经过的汉堤洞村西南 150 米处，发现石条砖块等遗物。

3. 宋丰利渠渠首遗址

宋丰利渠渠首遗址位于今泾惠渠张家山水库管理处的西北，泾河左岸，左毗泾惠渠。现存一段石渠，长 15 余米，宽 1.65 米，高 2 米。

4. 元王御史渠渠首遗址

元王御史渠渠首遗址位于今泾惠渠渠首管理站的西北方，泾河左岸。南距宋丰利渠口约 150 米。现存进水口，宽 7.3 米，高 3.8 米。计五十一丈，阔一丈，深五尺。积一十五万三千工，每方一尺为一工。

5. 明广惠渠渠首遗址

明广惠渠渠首遗址位于今泾惠渠渠首管理站的北方，泾河东岸，北距泾河滚水坝 30 米。现存石渠一段，长约 20 米，深 2.6 米。

6. 通济渠遗址

通济渠为 1516 年明代陕西巡抚萧翀主持修建的引泾工程，为广惠渠干渠的裁弯取直工程，并非另开渠口，位于陕西省泾阳县泾惠渠渠首，遗迹尚存。现标为宋丰利渠古石渠遗迹一段，上自王御史渠下口起，下至古石渠弯道接现泾惠渠总干石渠处，呈弓形渠段，萧翀所修的通济渠，即此段渠道之裁弯取直工程，长约 130 米，与碑文记载四十二丈基本相同。

7. 鄂山新渠遗址

鄂山新渠为清道光二年（1822 年）鄜州知州鄂山主持修建的引泾工程，位于陕西省泾阳县泾惠渠渠首，遗迹尚存。此系在鸣玉泉东岸，原临泾河一侧石砌渠堤被泾水冲决，鄂山另开一段山洞与上下渠道接通，共长十五丈，现为泾惠渠三号洞，隧道长 25 米，遗迹上方刻有“鄂山新渠”和“决渠为雨”字迹。

（八）渠道遗址

泾惠渠是郑国渠的第六代工程，始建于 1930 年 12 月，1932 年第一期工程放水。

民国时期泾惠渠总干渠石渠段于 1932 年建成，是将历代古渠进行扩建、裁弯取直、扩大断面、开凿两新洞后建成，并对原渠漏水处用碎石和水泥胶灰填充镶砌的。全长 1.898 千米，共属渠首枢纽工程。1966—1971 年扩大隧洞，进行建筑物改建，设计流量为 46 立方米每秒，加大流量为 50 立方米每秒。石渠段包括 3 个引水洞和引水明渠。

（九）渭北水利工程处遗址

渭北水利工程处遗址位于陕西省泾阳县王桥镇社树村，占地 1398 平方米，建筑面积 744 平方米，距离李仪祉墓园 1.2 千米，现存二门、两厢和大厅。1983 年成为泾阳县第五批文物保护单位，遗址尚存。

1931 年，李仪祉先生以较低价格购买社树村大绅士姚乃奎闲置厅院一所，作为泾惠渠施工总部。该院坐南向北，五开间，五进，分门庭、前庭、二门、两厢、大厅，后两厢、后厅、后园，大约六十余间。大门外有戏楼一座，坐南向北。购买后，在大门外挂牌渭北水利工程处。

1932 年放水典礼、李仪祉治丧委员会、1941 年李仪祉先生逝世三周年纪念都在此地的大会堂和花舞台举行。李仪祉在此居住六七年之久。

施工结束后，渭北水利工程处撤销，该庭院即移交陕西省泾惠渠管理局管理。

（十）民生桥

民生桥位于陕西省咸阳市泾阳县王桥镇木梳湾村与船头村之间的泾惠渠总干渠上，在朱子桥上游约 200 米处，为钢筋混凝土三孔平面梁板桥。

民生桥是在民国年间泾惠渠一期工程建设期间，为了便利南北交通而建造的，由当时的泾洛工程局工程师程德寿具体负责主持，于民国二十年（1931 年）建成。为了体现灌区修渠是为了造福大众老百姓，取桥名为“民生桥”，以示纪念。

（十一）朱子桥

朱子桥位于陕西省咸阳市泾阳县王桥镇木梳湾村与船头村之间，是泾惠渠总干渠上以人名命名的一座钢筋混凝土单孔平面梁板桥。

民国十九年（1930 年），陕西大旱，赤地千里。时任华北慈善联合会会长的朱子桥各方呼吁，力筹赈济，上海社会名流、佛教居士也多尽力捐钱捐物。民国二十年（1931 年），由李仪祉主持建成泾惠渠一期工程，关中灾民得以延命。为纪念朱子桥先生捐赠 2 万袋水泥用于建设泾惠渠之举，便把泾惠渠一期工程总干渠上已成桥梁，以其名命名为“朱子桥”，以存永志。

（十二）张家山水文站

张家山水文站是民国二十一年（1932 年）一月由民国陕西省水利局设立的，测验断面位于泾惠渠大坝以下 500 米处，测验河段长 90 米。1952 年 6 月测验断面下迁至大坝以下 3500 米处使用至今。该站断面以上流域面积 43126 平方千米，观测项目有水位、流量、含沙量、降雨量、蒸发量等水文要素，属泾河干流控制站，国家基本一类水文站。

（十三）泾河卧牛石

1933 年 8 月 8 日，泾水猛涨，洪水流量达 9200 立方米每秒，为泾河有水文记载以来最大流量，水位至卧牛石。有许多人畜在这次洪水中丧失生命，唯独有一黄牛横卧此石，一动未动，直至水落，免于一死。后来刻石以志，名曰“卧牛石”。

（十四）引泾灌溉工程碑亭

引泾灌溉工程碑亭位于陕西省咸阳市泾阳县泾惠渠渠首，修建于1965年，历代引泾碑石收藏保护于此亭中。

碑亭陈列着1469—1899年间有关引泾水利工程的碑石共14通，记载了2000多年来引泾工程兴废交替的曲折过程，歌颂了劳动人民开拓泾渠、兴利除害的聪明才智和功绩，记录了灌溉事业不断发展的历史事实，具有极为重要的水利历史文化研究价值，亦具有很高的书法艺术研究价值。

（十五）修石渡

修石渡位于陕西省咸阳莽塬北麓泾阳县南约5千米处，西汉时名为眭城渡。渡口有自然码头，跳板引渡，木船摆渡，载重3～7吨，单渡时间20～60分钟。民国三十六年（1947年），有旧船3艘，大船1艘，载重20吨。民国三十八年（1949年），另打造新船1艘，载重5～10吨。新中国成立前，修石渡属私人经营。

1952年9月，渡口实行售票制，但仍归私人经营。1955年农业合作化后，渡口交农业社管理，试行评分计工、按劳分红的分配办法。1958年10月，修石渡转为地方国营。1961年9月，县渡口管理所成立。1963年1月，修石渡收归陕西省交通厅管理。1965年3月，陕西省交通厅为修石渡造渡船1艘，载重30吨，同年5月16日下水使用。1969年11月，泾阳县制发《泾河渡口收费标准》，在修石渡建售票房，办理过渡手续和售票事宜。1972年，公路养护机构下放，修石渡交泾阳县公路养护段管理。1979年5月1日，修石渡泾河大桥落成通车，修石渡遂废。

（十六）李仪祉墓园碑石

原李仪祉墓园存碑石9通，其中有1973年自陕西省咸阳市泾阳县原泾惠渠管理局院内运去的石碑1通，正面为“泾惠渠颂并序”（杨虎城撰，1935年），背面为“泾惠渠碑跋”（李协撰，1937年），其他为李仪祉墓碑、纪念碑、褒扬令及楹联等共计11种碑文。

按内容可分为两类：一是泾惠渠建成后关于修渠历史的记载，如杨虎城的“泾惠渠颂并序”及李仪祉的“泾惠渠碑跋”。二是李仪祉逝世后的“国民政府褒扬令”及有关的纪念碑文等。

（十七）唐彭城闸遗址

唐彭城闸遗址位于高陵区通远街道西福村西南0.5千米的田野里。是唐宝历年间（825—826年）高陵县令刘仁师开修县内五渠的总闸。因刘仁师是江苏彭城人，故名彭城闸。闸旁建有刘公祠。东西长约70米，南北宽约50米，今已废圮无迹，唯遗址地下存有成排石碌碡。1982年被列为县级重点文物保护单位。

第三节　世界灌溉工程遗产——郑国渠

郑国渠是中国最著名的灌溉工程之一，始建于公元前246年，西引泾水东注洛水。据史料记载，干渠长15万米，宽约20米，深10余米。它的建成为秦国的强盛和统一中国奠定了经济基础。郑国渠设计合理、技术先进、工程浩大，令人震撼。特别是主干渠，一直沿用至今，造福当地，其地位和作用不仅仅在于2200余年的灌溉效益，还在于开引泾灌溉先河，使干旱的关中平原成为旱涝保收的天府之国，促使中国第一个中央集权封建王朝秦的建立，对中国政治、经济、社会、文化产生重大而深远的影响。在数十平方千米的三角地带里密布着战国至今的40多处古渠口遗址和大量碑刻文献，真实记录与再现了不同历史时期的引水、蓄水灌溉工程，展示了中国水利灌溉的发展演变过程，是一部活生生的中国水利文化史。1996年，郑国渠被国务院列为全国第四批重点文物保护单位。2008年，被水利部批准为国家水利风景区。2016年11月8日，郑国渠入选世界灌溉工程遗产。

一、申遗背景

陕西是中华民族的发祥地，是华夏文明的源脉和故乡。经过十三个朝代的建都整治，特别是周、秦、汉、隋、唐五个朝代统领全国，水文化历史在中华大地演绎出一幅波澜壮阔的画卷。禹凿龙门开治水先河，之后以李冰、史禄、郑国、萧何、隋炀帝、唐玄宗为代表的治水先贤，在三秦大地上开拓性地建设了秦郑国渠、汉漕渠（运河）、汉龙首渠、秦山河堰、隋代大运河以及唐代以后的历代引泾工程，为华夏大一统和中华民族繁衍生息做出了巨大贡献，在中国的历史上留下了浓墨重彩的一笔。历届陕西省委、省政府一直重视文物保护、利用、开发工作，作为陕西省政府水行政主管部门，陕西省水利厅更是对以郑国渠遗址为代表的水利文物高度重视，为了保护、传承、发扬悠久的陕西水文化，展示秦人治水的智慧和成就，2012年建成了陕西水利博物馆，全面启动水利文物保护工作，出台了陕西省水文化建设工作纲领性文件《陕西省水文化建设发展规划》(2013—2030年)，特别提出了郑国渠遗产的挖掘研究及保护。

二、申遗工程条件

（1）历史文化悠久。郑国渠修建于秦王政元年（前246年），距今已有2200年的历史。战国时代，位于秦国东部的韩国为疲乏秦国、救亡图存，派水工郑国游说秦王兴修水利，秦王政采纳建议开凿水渠，工程建成后原疲秦之计却成为强秦之策，关中平原变成了秦国的粮仓。15年后，国力雄厚的秦国一举歼灭六国，实现天下一统，也就是历史上有名的“疲秦之计”。在近5平方千米的三角形地带里密布着从战国至今2000多年来的古渠口遗址十多处。

（2）符合“申遗”工程类型。郑国渠属古代渠道引水灌溉工程。

（3）具备重大历史事件和灌溉农业发展的里程碑和转折点意义。建于公元前246年的秦郑国渠，与都江堰、灵渠并称为我国古代著名的三大水利工程，与长城、大运河和丝绸之路同为世界大型人类工程。郑国渠的建成使干旱的关中平原成为旱涝保收的天府之国，促使了中国第一个中央集权封建王朝秦的建立，对中国政治、经济、社会、文化产生了重大而深远的影响。

（4）郑国渠工程有多项创新，代表着当时较高的工程技术水平。郑国渠规划、设计、施工科学，为当时科学治水的典范，处于世界领先水平。体现在：泥水灌溉，淤田压碱；扩大水源，“横绝”河川；穿越山原，精确测量；规划合理，争相步尘。

（5）恩惠千秋，是可持续运营管理的经典案例。郑国渠灌田 4 万余顷（4 万顷合现代 115 万亩），使干旱的关中平原成为旱涝保收的天府之国。历代在此基础上又修建了汉代白公渠、唐代三白渠、宋代丰利渠、元代王御史渠、明代广惠渠及通济渠、清代龙洞渠，滋润着关中大地。直至 2000 多年后，由李仪祉主持修建泾惠渠，依然脉承郑白，膏腴秦中，延续二千余年恩惠关中平原百万良田。

三、申遗开展主要工作

组织开展郑国渠灌溉工程遗产申报和挖掘研究、保护工作，旨在挖掘郑国渠水文化底蕴，并对现有渠首遗址核心区进行必要保护，2013 年 9 月，陕西省出台了《陕西省水文化建设发展规划》，将郑国渠遗产的挖掘研究及保护列为全省水文化建设的头等大事，组织召开郑国渠文化研讨会，邀请陕西省文物局、大专院校和水利专家多次到郑国渠遗址调研踏勘，收集整理相关文物、文史资料，并在此基础上编制完成了《郑国渠遗产保护与利用总体规划》，为深入推进郑国渠文化的挖掘做了大量基础性工作。同时，郑国渠遗址挖掘保护及申报世界灌溉工程遗产工作被列入《陕西省“十三五”水利发展规划》。规划重点保护范围以泾河为轴带，北至泾惠渠大坝以北 20 米，南至郑国渠古大坝南 50 米，西至泾河西岸，东至现泾惠渠与公路交会处，总面积 287 公顷。重点保护区外延 100 米为一般保护区，总面积 156 公顷；一般保护区外延 500 米为建设控制地带，面积 1389 公顷。规划提出了郑国渠遗产的分类、分级保护措施，着力打造世界级遗产保护展示区。

2015 年 9 月，陕西省水利厅编制了《郑国渠申报世界灌溉工程遗产项目任务书》，明确了包括环境综合整治、资料收集、考古挖掘及研究、航拍测绘、展示工程及郑国渠申遗文本编制、专题片制作等各项工作任务。2015 年 10 月，正式启动郑国渠申报世界灌溉工程遗产的准备工作，向水利部、中国国家灌溉排水委员会（简称国家灌排委）提交了申请资料。2016 年初，省长胡和平亲自赴郑国渠遗址区考察，要求咸阳市泾阳县和陕西省水利厅通力合作，举全省之力确保申遗成功。咸阳市市长卫华、陕西省水利厅厅长王拴虎也深入郑国渠遗址现场踏勘，要求各部门、各单位全力以赴做好郑国渠申遗工作。

2016 年初，陕西省省长胡和平、陕西省水利厅厅长王拴虎、咸阳市市长卫华等领导同志亲赴郑国渠遗址区考察和现场踏勘。陕西省水利厅先后 8 次召开党组会、厅务会、专题会、现场办公会等，研究部署郑国渠申遗工作。同时，泾惠局成立了申遗工作领导小组，抽调精干力量组成临时工作机构，集中攻关，制订了详细工作方案。健全了申遗工作联席会议制度，研究制定了申遗工作路线图和工作总体方案，并多次到泾阳县政府联系协调工作，多次召开了现场办公会，明确责任分工，确保各项任务落到实处。

积极汇报争取支持和技术支撑。2016年2月陕西省水利厅组织有关单位人员赴北京就郑国渠申遗工作向水利部、国家灌排委做了专题汇报，争取政策支持和技术服务，取得了国家灌排委的大力支持。3月中旬，国际灌溉排水委员会副主席、中国国家灌溉排水委员会副秘书长丁昆仑等到灌区考察、指导遗产申报工作，提出了指导性意见。3月与中国水利水电科学研究院签订了技术服务合同，全力协助做好申遗技术服务工作，并制订了详细的工作计划。组织相关工作人员到四川东风堰、浙江它山堰申遗成功的单位考察，学习借鉴申遗经验。

全面开展了现场环境整治工作。从2016年4月起开始实施遗址区的现场整治工作，主要是：历代引泾工程遗址区环境整治、群泉工地现场环境整治、历代引泾石碑保护、光缆电线入地工程、交通道路维修工程、交通道路标识标志立设及刷新工程、遗址区日常保洁与安全等，遗址区面貌得到显著改观。

邀请人民网、《陕西日报》等媒体记者采访报道郑国渠申遗工作，网络转发的媒体达100多家，人民网制作了3期视频专题报道，同时通过微信等新媒体刊发报道、转发消息，赢得了社会各界的高度关注和大力支持。组织联系省内外陕西师范大学、西北大学、陕西省考古研究院等专家，开展郑国渠文化的研究工作，出版了《郑国渠》《老龙王》《郑国渠论文集》等。编辑出版了《古渠春秋》画册、《引泾灌溉历代碑文集》，重新编曲拍摄歌曲MTV《千秋郑国渠》等。

组织人员收集资料，较为全面地收集了泾惠渠灌区气象、水文水资源等自然基础勘察资料，主要有郑国渠及历代引泾工程建筑或设施分布、形式、结构与材料等基本工程特性资料；考古调查资料、国保单位“四有档案”等资料；相关地图、图纸、照片、影像资料等；灌区社会经济情况，经济、生态效益资料，自然灾害情况、旅游开发情况的资料。

第四节　水文化展示载体

泾河流域围绕水利文化建设博物馆和纪念馆、水利风景区、水情教育基地三大载体，在水利工程建设、河道综合整治、遗址保护等方面，突出水文化元素，集中展示水科技、水生态、水情教育等内容，丰富和提升了水工程的科技文化内涵、生态旅游功能和水情教育作用。截至2020年底，泾河流域共建设博物馆3处，国家级水利风景区1处，省级水利风景区2处，AAAA级旅游风景区1处，国家级水情教育基地1个。

一、侍郎湖水利风景区

侍郎湖水利风景区位于被誉为公刘故里、《诗经》之乡、西部佛都、休闲胜地的彬州市。南距咸阳120千米、西安150千米，北距甘肃平凉160千米。侍郎湖位于彬州市城南33千米的底店乡牛北村。

侍郎湖是由山体滑坡形成的天然堰塞湖，是陕西较大的天然淡水湖，有“高原明珠”之美誉。平均海拔1440米，湖面面积370亩，平均水深13米，最深处可达18米，总库容约385万立方米。侍郎湖水利风景区以侍郎湖和侍郎庙为依托，以水文化为主题，结合历史遗存，充分体现人与自然和谐相处的理念，将周边多个景点纳入景区，景观资源丰富，古迹遗址众多，民间传说丰富。整个景区面积 30 平方千米，核心区面积 6 平方千米，水域面积 0.25 平方千米。

侍郎湖水利风景区所在的彬州市先后荣获"国家级生态示范区""中国最具旅游投资潜力县""2012 中国最佳生态旅游县""智慧城市 2013 中国最具影响力旅游县"等称号。

二、汃河水利风景区

汃河水利风景区位于旬邑县城中段，以 7 座橡胶坝和商业水街为依托，以水文化为主题，结合历史遗存，充分体现人与自然和谐相处的理念。整个景区面积 0.6 平方千米，水域面积 0.28 平方千米，分为风景名胜区、沿河分景区、湖面景区三大景区。风景名胜区主要包括大象犀牛化石馆、旬邑文庙、泰塔、公刘雕像、二八纪念馆等；沿河分景区包括翠屏山景观、翠屏湖公园、书香公园、廊桥及两岸步行观光走廊等；湖面景区主要包括 7 座橡胶坝、21 处亲水平台、栖亭等。

三、东庄水库水利风景区

东庄水库水利风景区结合东庄水库建设，以枢纽工程为核心，发展水利工程游览观光，成为传播水利科技的窗口，展示陕西水利发展成就的平台；同时以泾河峡谷、高峡平湖为核心，开发峡谷生态观光、休闲运动游乐、乡村休闲度假、环境科普教育等旅游产品；按照 AAAAA 级旅游景区标准，建设以大型"水利工程"为突出特色的国内一流、世界知名的水利风景区。

四、宝鸡峡甜水湖公园

宝鸡峡泔河水库位于礼泉县城北 3.5 千米处，总库容 6463 万立方米，兴利库容 3109 万立方米，有效水面面积 3500 多亩，库区可利用土地近百亩。1998 年，经过宝鸡峡管理局批准，成立了宝鸡峡甜水湖公园有限责任公司，在泔河水库库区开发建设水上乐园、休闲度假区、牧区和跑马场、购物中心项目，从 2007 年起，管理局把原甜水湖公园土地、房产、水库库面总体对外实行租赁承包经营。

五、郑国渠遗址博物馆

郑国渠遗址博物馆原为 1986 年 5 月成立的郑国渠首遗址文管所，位于郑国渠水利风景区入口以西 300 米处。

2015 年 3 月，泾阳县政府投资 300 万元，对文管所的旧房屋进行拆除、平整，建设停车场、门厅、碑廊、主楼、餐厅等，建筑面积约 850 平方米，2015 年 12 月初步建成，2018 年 9 月 18 日建成开馆。

博物馆分为三个展区，西侧廊道为第一展区，主要展示郑国渠遗址区概况及十四处渠首现状等。会议室及中室展厅为第二展区，主要展示郑国渠的科学原理、灌区管理等，从专业角度揭示郑国渠在水利史上的价值与影响。右侧廊道为第三展区，主要展示郑国渠水利遗产的保护传承，并包含未来规划目标、方向及申遗等内容。同时，该馆采用地面互动投影、互动快艇漫游、电子签名等形式丰富展示效果。

六、陕西水利博物馆

陕西水利博物馆于2012年建成并开馆，是陕西省唯一一座集水利文物收藏与展示、水文化研究与宣传、水科普与水情教育以及爱国主义教育于一体的水利行业博物馆。

陕西水利博物馆位于陕西省咸阳市泾阳县王桥镇，毗邻咸旬高速、关中环线，距西安市60千米。总占地面积66742平方米，其中绿化面积30592平方米，建筑面积5520平方米。馆区分为文化广场、室内展馆和仪祉墓园三个部分。建有节水灌溉示范园、雨水回收及非常规水处理系统、百米浮雕墙、文化柱、纪念碑、竹林、柏树林等自然人文景观。景观别致，极具意蕴，有天然氧吧之称。

主展馆分为古代水利、近现代水利、红色水利、当代水利、郑国渠历史、李仪祉专题等六个单元，通过历史文物文献、沙盘模型、浮雕泥塑以及幻影成像等高新科技手段全幅展示陕西悠久的治水历史和光辉灿烂的治水文化，再现了“中国近代水利先驱”李仪祉先生为水利鞠躬尽瘁的一生和治水伟绩，彰显了新中国成立以来陕西水利取得的巨大成就，是水利历史文化收藏、展示及水科普宣传的文化圣殿，也是陕西水文化建设地标性建筑。节水科普馆分为“探本溯源、河润泽及、细水长流、源清流洁、节水三秦”五个部分，运用声、光、电一体化及智能化感应等现代化先进技术和手段，通过数字模型、图表、科普智慧触摸墙、手动试验、互动体验、裸眼3D视频等形式，面向社会全年龄段人群特别是青少年，普及我国水情、陕西省水情、水科技、节水等基本知识，传播新时期治水节水理念。

开馆以来，先后接待了部省级党政机关，社会团体，大、中、小学学生等各界参观者80余万人次。先后被确定为“全国中小学节水教育社会实践基地”“国家水情教育基地”“全国科普教育基地”“陕西省青少年教育基地”“陕西省廉政教育示范基地”“陕西省中小学研学实践教育基地”“陕西省科普教育基地”等，被河海大学、西北农林科技大学、长安大学、西安理工大学等多所高等院校命名为“爱国主义教育基地”和“水利教学实践基地”。

七、陕西水文博物馆

陕西水文博物馆位于咸阳市泾阳县王桥镇，是一个以水文为主题，集展陈、科普、宣传、教育等多种功能于一体的专业性博物馆。

该博物馆依托陕西水利博物馆东馆的空间建设，2018年9月完成设计方案，同年10月开始建设，共投资249.90万元。2019年6月28日正式开馆。展陈面积360平方米，按照古代水文、近代水文和现代水文三大部分布展，采用平面展板、历史文物史料、沙盘模型、多媒体技术、计算机互联网技术以及现代声光电技术等。是一座内容涵盖了陕西水文6000多年历史发展轨迹，以及近现代水文人在防洪测报、水环境监测、水资源管理、水文信息化、现代化发展成果与变迁等为一体的综合展览馆，其中实物、水文史料300余件。2020年被中国水利博物馆联盟评为首届“十佳精品展陈”。

八、郑国渠国家水利风景区

郑国渠国家水利风景区位于泾阳县城西北25千米，九峻山与北仲山交会处，泾河由此出谷，郑国渠遗址就坐落在此。由于河床逐渐冲刷下切，渠首逐渐向北迁移。秦郑国渠后历代又修了汉代白公渠、唐代三白渠、宋代丰利渠、元代王御史渠、明代广惠渠及通济渠、清代龙洞渠以至民国李仪祉先生修建的泾惠渠。它反映了不同历史时期引水、蓄水灌溉工程技术的演变。景区内山势挺拔俊秀、层峦叠嶂。泾河大峡谷奇岩林立，怪石峥嵘，钟灵独秀。清冽的泾河水沿着蜿蜒曲折的峡谷湍湍而下，似银发游弋，飞泉激石；似浪卷竹帘，河壁峭崖，腰吐流霞，崖悬短练，百眼矿泉游戏怪石之间；碧波暗绿，映出了情人岛的婀娜俏姿；潺潺溪流向游人讲述着千年的苍变。它既有一川碧水之灵秀，又有幽谷深峡之奇观，是舒展在泾阳大地上的一幅绚丽的山水画卷。是国家 AA 级旅游景区。

九、郑国渠旅游风景区

郑国渠旅游风景区位于泾阳县城西北 25 千米处，地处泾阳北仲山内泾河流域，距西安市 65 千米，距咸阳市 40 千米，是国家 AAAA 级旅游景区。郑国渠旅游风景区在仲山深处，泾河在此冲出群山，流向关中大地，被誉为“泾河龙口”。景区总面积约 48 平方千米，主要由三大功能板块组成，即综合服务、山水风光游赏、水库休闲度假。在自然资源优势中注入现代旅游时尚元素，产生一种新的“天、地、人”和谐发展的完美形态和回归自然的生活方式，是一种传统古老文明与现代休闲文化撞击后传递出的关中文化意境。郑国渠旅游风景区景点沿泾河呈线状分布。泾河独特的水文造就了景区最精华的奇石景观，玉玺石、龟仙石、龙鳞石、箭羽石等怪石林立，孔雀湾、龙女峰、鳄鱼潭等形态奇特，蔚为壮观。仲山雄伟险峻，河道内怪石嶙峋，峡谷幽静狭长，步入景区犹如漫步百里画廊，美景尽收眼底。柳毅传书、魏徵梦斩泾河龙王的神话故事演绎了千年，源远流长。景区现有五大板块，即综合服务区、泾河地质公园区、泾河峡谷观光游览区、黑沟奇峡区、郑国湖休闲度假区。2022 年 11 月，郑国渠旅游风景区荣获“青年文明号”标兵单位称号。2022 年 11 月，上海东方卫视《美好再出发》栏目在郑国渠旅游风景区拍摄。2022 年 10 月 22 日至 11 月 13 日，郑国渠旅游风景区开展郑国渠泾峡红叶节。

第五节　水文化宣传与交流

泾河流域水文化的宣传与交流，是随着引泾灌溉的历史变迁而开展的，对涌现出的水利科技、人物研究，组织开展研讨会、出版书籍、交流会采风报道等扩大水文化社会宣传面。

1990 年 9 月 11—15 日中国水利学会水利史研究会在三原县陕西省泾惠渠管理局召开了近代水利史学术讨论会，25 个省（市、自治区）的 60 多个单位、100 余名专家学者和各方面代表以及日本“中国水利史研究会”的代表参加了会议。中国水利学会副理事长徐乾清，中国水利史研究会名誉会长姚汉源，陕西省人大常委会、原水利厅厅长曹廷甫，陕西省水利厅厅长、省水利学会理事长刘枢机，副厅长任三成出席会议并讲话。中国水利学会名誉理事长、水利部原副部长、90 岁高龄的张含英先生特意为大会发表了录像讲话。会议期间共收到学术论文 110 篇，有 50 多人在大会上发言进行学术交流。

1992 年 5 月 19—20 日，李仪祉诞辰 110 周年暨泾惠渠建成通水 60 周年纪念大会在三原县举行。本次活动由中国水利学会、陕西省水利厅及陕西省水利学会等单位共同发起。全国政协副主席、中国水利学会名誉理事长钱正英，陕西省省长白清才，水利部副部长、中国水利学会副理事长严克强等出席，其间举行了李仪祉雕像落成揭幕式。

2009 年 7 月 15 日，陕西省渭河流域管理局联合宝鸡市水利局、咸阳市水利局、陕西省宝鸡峡引渭灌溉管理局、陕西省泾惠渠管理局共 5 家单位发起成立了中华水文化专家委员会渭河水文化研究会。水利部副部长刘宁发来贺信，陕西省人大常委会副主任李润乾、陕西省水利厅副厅长管黎宏到会致辞，原中央纪委驻水利部纪检组组长、中国水利文学艺术协会主席张印中讲话。中国当代著名作家、中国作家协会副主席陈忠实为祝贺渭河水文化研究会成立，特题词“一条渭河潜伏着中华民族的文明史”。渭河水文化研究会讨论通过了渭河水文化研究会章程和渭河水文化研究会第一届理事会成员名单。渭河水文化研究会现有个人会员 65 人。单位会员 11 个，主要是陕西省渭河流域管理局、沿渭各地市水利（水务）局、灌区管理单位、甘肃省渭源县人民政府等。研究会的业务范围和工作内容主要为：开展渭河水文化的学术研究和科学考察，组织渭河水文化学术交流，组织编辑、出版渭河水文化研究成果；组织有关渭河水文化的宣传活动；开展渭河水文化研究的咨询等活动。

2009 年 11 月 22 日，陕西省泾惠渠管理局组织召开了首届郑国渠文化研讨会，陕西省水利厅领导、研究郑国渠的知名专家和学者、陕西省泾惠渠管理局领导和部分离退休领导、专家 30 余人参加了会议。先后参观了泾惠渠渠首、李仪祉陵园，并观看了中央电视台 2002 年拍摄的电视片《郑国渠》，各位专家学者、领导围绕如何推进郑国渠文化建设与研究提出了许多建设性的意见和建议，形成了对今后研究郑国渠文化有指导意义的会议纪要。会前，在全国范围内展开了征集郑国渠史料、论文活动，共征集到论文 29 篇。

2010 年 7 月，泾阳县融媒体中心李胜灵策划的大型文化活动“寻梦泾河源—泾河文化之旅”方案被咸阳市政协采纳；9 月，李胜灵担任“寻梦泾河源——泾河文化之旅”活动策划及采风活动负责人，历时 3 个月，行程 14000 多千米，收集了大量的文字和影像资料。

2010 年 8 月 2 日，中国国际广播电台委托陕西人民广播电台对陕西省泾惠渠管理局水文化建设情况进行采访。陕西人民广播电台著名主持人、资深记者高峰主持本次采访。这次采访主要围绕从郑国渠到泾惠渠的历史变迁以及相关的历史事件、李仪祉对泾惠渠建设的贡献、泾惠渠灌区的历史巨变、李仪祉纪念馆建设等四个方面进行。节目安排在 2010 年 8 月 8 日播出，覆盖世界 30 多个国家和地区。

2011 年 3 月 28 日，由陕西省水利厅主办、陕西省泾惠渠管理局承办的“三秦水利大讲堂水文化专题讲座”在西安举行，厅直系统各单位、厅机关各处室的领导同志和干部职工代表 200 余人参加。在开讲前，观看了李仪祉纪念馆布展设计方案。第一讲水文化专题由陕西师范大学李令福教授主讲了题为“关中水利开发的历史过程及其启示”的报告。李令福教授分别从水与水利、关中水利四个时期走在全国前列、关中水利开发的现代启示等三个方面，进行了全面深入的辅导。

2011 年 5 月，陕西省泾惠渠管理局与陕西省楹联协会共同发起“秦人治水征诗征联海内外大赛”，征集各类诗联稿件 4637 件，内容涉及治水精英、水文化、水科技、水管理等诸多方面，对三秦水利文化进行了全面诠释。经过筛选，出版了《秦人治水诗联精选》一书。

2011 年 11 月 7 日，咸阳市水利局召开咸阳市水文化建设暨《黄土色泽》出版发行座谈会。会议由市水利局副调研员王韧主持。参加会议的有市水利局副局长邢博、市水利局副调研员于景深、各县（市、区）水利局、局属各单位主管精神文明建设的负责同志、《黄土色泽》作者凌晓晨等 40 余人。会上，《黄土色泽》作者、市水管站站长凌晓晨讲述了自己多年来扎根水利行业，坚持诗歌创作的心路历程。与会同志发言，畅谈水文化建设，对《黄土色泽》诗集给予了高度评价。

2012 年 6 月 19 日，中国水利水电科学研究院教授、水利史研究所所长、中国水利学会水利史研究会会长谭徐明一行考察李仪祉纪念馆和引泾水文化遗产工作，并交流座谈陕西水文化建设工作。副厅长管黎宏、机关党委专职副书记田德顺、宣传中心主任王辛石以及管理局局长刘晓明、党委书记赵作枢、副局长程哲陪同考察。谭徐明所长一行考察了即将开馆运行的李仪祉纪念馆，拜谒了中国现代水利的开拓者李仪祉墓园，考察了历代引泾灌溉工程遗址。随后召开了座谈会，就李仪祉纪念馆布展和郑国渠暨历代引泾灌溉工程遗址保护以及共同推进陕西水文化建设进行了交流。

2012 年 11 月 7—8 日，治水与中华文明暨李仪祉水利思想研讨会在西安召开。会议期间，来自全国水利系统内外的 60 多位专家、代表出席会议；有关专家就“治水与中华文明”“水文化建设与传播”做了讲座；9 位代表围绕研讨会主题及当今水文化建设实践进行了深入交流。会议对获奖论文进行了表彰，组织代表参观了李仪祉纪念馆和汉城湖综合治理工程。本次研讨会由中国水利文协水文化工作委员会、中国水利学会水利史研究会、陕西省水利厅主办，陕西省泾惠渠管理局承办。此前，主办单位围绕“治水与中华文明以及李仪祉水利思想”主题，组织开展了会议论文征集、评审工作，征集了全国各地 25 个水利部门及社会有关单位 118 名作者的 100 篇论文，评选出特别奖 3 篇，一等奖 4 篇，二等奖 9 篇，三等奖 17 篇，优秀奖 23 篇。

2012 年 10 月 18 日，咸阳市水利局在统一广场举办以“喜迎十八大、展示水利成就暨泾河文化”为主题的摄影大赛活动。大赛共收到作品 230 余幅，从中精选 150 幅作品参展，并评出获奖作品 20 幅。 开幕式上，对本次摄影大赛获奖作品进行了表彰。获得一等奖的 4 幅作品是：泾阳县水利局选送的《市委书记视察泾河峡谷》；彬州市水利局选送的《公主湖》；咸阳市水利工程质量监督站选送的《泾水渠畔》；咸阳市水土保持工作站选送的《青山硕果》。获得二等奖 6 幅作品是：淳化县水利局选送的《夜色缤纷》；咸阳市石头河供水公司选送的《管道安装》；咸阳市水利工作队选送的《固若金汤》；咸阳市水土保持工作站选送的《太极湾》；咸阳市水利局信息中心选送的《齐心协力》；咸阳市水利工程质量监督站选送的《水利人》。获得三等奖的 10 幅作品是：淳化县水利局选送的《泾水蜿蜒》；永寿县水利局选送的《秋水》；咸阳市农村供改水领导小组办公室选送的《山泉》；咸阳市自来水公司选送的《力》；咸阳市西郊给水筹建处选送的《天职》；咸阳市水利管理站选送的《老鸦嘴水库》；咸阳市渭河综合治理办公室选送的《义务劳动》；咸阳市城区水资源管理办公室选送的《渭水长歌》；咸阳市中环制水公司选送的《沉淀》；

咸阳市水政水资源管理办公室选送的《广场全景》。

2015年5月18日，由陕西省水文化研究会、陕西省水利书画协会、《陕西水利》杂志社、陕西水利博物馆联合举办的陕西首届“仪祉杯”书画大赛获奖作品展在陕西省水利厅江河大厦一楼大厅开展，展出作品共97幅，其中书法作品75幅，绘画作品22幅。

2016年7月27—29日，古代灌溉工程现状与保护研讨会在西安召开。来自全国各地的灌溉工程文化研究领域的学者、管理者、院校和研究机构专家学者近100人参加了会议，共征集论文42篇。本次会议围绕古代灌溉工程历史科技文化价值与可持续发展开展了专题研讨，分为开幕式、主旨报告、大会报告、学术交流四个环节。陕西省水利厅推荐的、陕西师范大学西北研究院李令福研究员以“论秦郑国渠灌区的发展与演变”题目在大会做主旨发言，陕西省引汉济渭办公室主任、陕西渭河水文化研究会会长蒋建军以“郑国渠与中国灌溉文明起源”为题目做专题发言，陕西水利博物馆馆长张发民等以“汉六辅渠与秦郑国渠关系之探讨”“从引泾碑文看古代水利管理制度”“历代对黄土高原水资源的开发和利用”“关中地区水文化的历史发展及其当代价值”“榆林红石峡灌溉工程的遗产价值及申遗构想”等为题目做大会发言。会议期间，还组织与会代表参观了陕西水利博物馆、古郑国渠遗址、泾惠渠渠首和西安汉城湖水文化建设成果。

2017年8月，经过陕西省泾惠渠管理局编纂人员的通力合作，历时4年完成了《泾惠渠志（1988—2012）》送审稿的编纂工作。9月20日，召开《泾惠渠志（1988—2012）》初审会，一致通过送审稿。本志由卷首、正文、卷尾三部分组成。正文共23章95节，约23万字。

2019年5月20—22日，全国水利博物馆联盟宣教工作业务培训班在西安成功举办，来自全国各成员单位的50余人参加培训。本次培训班由中国水利博物馆发起，陕西水利博物馆承办。本次培训班邀请了来自中国博物馆协会、陕西一流博物馆的优秀专家，采取理论、实践相结合，向学员们讲授了“新形势下博物馆教育”“博物馆讲解策略”“讲解的专业化要求”“语音基础训练”“讲解语言规范化运用”“讲解的心理把握及态势训练”“不同类型讲解词的撰写”等内容，并组织学员到陕西历史博物馆、陕西水利博物馆、汉城湖大风阁博物馆参观学习。

2020年7月9日，“第一届全国水利博物馆联盟十大系列展览精品奖”评选揭晓，陕西水利博物馆推荐参评的“陕西水文历史展”获十大展览精品奖。陕西省水文局按照评选要求，对陕西水文博物馆设计理念、设计思路、社会功能、历史意义等进行了进一步提炼和提升，积极报送陈列大纲、设计报告、施工图纸等相关材料，同时还录制了时长6分钟的“陕西水文博物馆展陈介绍”视频短片，对陕西水文博物馆进行了全面介绍。

2020年8月24日，由水利部宣传教育中心主办的“2020年全国水利科普讲解大赛”通过线上直播竞演的形式举行，陕西水利博物馆的曹哲、邵宇欣和陈小彤代表陕西省水利信息宣传教育中心参加比赛，最终曹哲获得二等奖，邵宇欣、陈小彤获得三等奖。三名同志本次参赛的内容分别是：介绍新一代城市雨洪管理概念的《会喝水的城市》、展示我国古代水利工程郑国渠的《秦代灌溉史上的“黑科技”》以及科普可以解决城市积水问题的新科技《防涝神器“架空砖”》。三人通过线下积极备战和演练、线上激情飞扬的演讲和冷静作答，经过激烈角逐，最终在22个参赛单位39名选手中脱颖而出，取得了优异的成绩。

2020年11月20日，陕西省泾惠渠灌溉中心举办首期“书香泾惠”文学创作雅集活动，全中心文学爱好者以及部分“书香泾惠”征文获奖作者共15人齐聚一堂，畅谈文学创作体验，分享文学创作技巧，推动全中心“书香泾惠”创建活动蓬勃发展。

第六节 水文化作品

泾河在开发利用历史上，广大劳动人民和有识之士，不但创造了不朽的治河、治水业绩，而且留下了不少宝贵的文化遗产，感情真挚，朴实无华，是泾河流域历史的生动写照。现分类择要予以选录。

一、诗歌、赋

先秦古诗

《诗经·邶风·谷风》

习习谷风，以阴以雨。黾勉同心，不宜有怒。
采葑采菲，无以下体？德音莫违，及尔同死。
行道迟迟，中心有违。不远伊迩，薄送我畿。
谁谓荼苦？其甘如荠。宴尔新婚，如兄如弟。
泾以渭浊，湜湜其沚。宴尔新婚，不我屑矣。
毋逝我梁，毋发我笱。我躬不阅，遑恤我后！
就其深矣，方之舟之。就其浅矣，泳之游之。
何有何亡，黾勉求之。凡民有丧，匍匐救之。
不我能慉，反以我为雠。既阻我德，贾用不售。
昔育恐育鞫，及尔颠覆。既生既育，比予于毒。
我有旨蓄，亦以御冬。宴尔新婚，以我御穷。
有洸有溃，既诒我肄。不念昔者，伊余来塈。

《西都赋》（摘句）

汉·班固

郑白之沃，
衣食之源；
提封五万，
疆埸绮分；
沟塍刻镂，
原隰龙鳞；
决渠为雨，

荷锸成云；
五谷垂颖，
桑麻铺棻。

豳歌行·上新平长史兄粲

唐·李白（701—762）

豳谷稍稍振庭柯，泾水浩浩扬湍波。
哀鸿酸嘶暮声急，愁云苍惨寒气多。
忆昨去家此为客，荷花初红柳条碧。
中宵出饮三百杯，明朝归揖二千石。
宁知流寓变光辉，胡霜萧飒绕客衣。
寒灰寂寞凭谁暖，落叶飘扬何处归。
吾兄行乐穷曛旭，满堂有美颜如玉。
赵女长歌入彩云，燕姬醉舞娇红烛。
狐裘兽炭酌流霞，壮士悲吟宁见嗟。
前荣后枯相翻覆，何惜余光及棣华。

即事（一作天畔）

唐·杜甫（712—770）

天畔群山孤草亭，江中风浪雨冥冥。
一双白鱼不受钓，三寸黄甘犹自青。
多病马卿无日起，穷途阮籍几时醒。
未闻细柳散金甲，肠断秦川流浊泾。

唐铙歌鼓吹曲十二首·其四

唐代·柳宗元（773—819）

泾水黄，陇野茫。负太白，腾天狼。有鸟鸷立，羽翼张。

钩喙决前，钜趯傍。怒飞饥啸，翾不可当。老雄死，子复良。巢岐饮渭，肆翱翔。顿地紘，提天纲。列缺掉帜，招摇耀鋩。

鬼神来助，梦嘉祥。脑涂原野，魄飞扬。星辰复，恢一方。

人月圆·玄都观里桃千树

金·元好问（1190—1257）

玄都观里桃千树，花落水空流。凭君莫问：清泾浊渭，去马来牛。谢公扶病，羊昙挥涕，一醉都休。古今几度，生存华屋，零落山丘。

题广惠渠

明·李澄

今人不让古人高，凿石分泾肯惮劳；泉水正源声汩汩，波扬平地势滔滔。
功成无复施斤斧，利薄何须用桔槔；关内富饶知所自，片言留作万年褒。

题泾水

明·郭昭

泾河一带水弥漫，风起扬波更激澜。
过祭泔河惟武帝，能知天女有张宽。
荫浓翠影随流滚，潋滟金波弄日盘。
不是当年神禹凿，怎同渭水共洹洹。

咏白渠二首

清·原惟

长渠古柳草芊芊，
郑白恩波不记年。
渠雨锸云今在否，
空余父老说桑田。
渺渺长渠谷口来，
刘公遗庙锁苍台。
五渠古道犹如昨，
谁作国家霖雨才。

泾河试舟

谁道泾川不可舟，泾舟自古赋安流。
木鹅试水轻如雁，樯燕随人狎似鸥。
巨掌劈河擎玉女，五丁开峡下金牛。
须知人力通山海，拟创舳舻第一筹。

泾水真源

清·胡纪谟

其一

无数泉飞大小珠，老龙潭底贮冰壶。
汪洋千里无尘滓，不至高陵不受污。

其二

藏书獭祭论终刊，漫把笄山认六盘。
颠倒泾渭成底语，于今益信说诗难。

其三

在山泉水本俱清，鸟鼠何必浪得名。

出谷非遥同枳橘，浊流万古不能更。

其四

法古原非泥古人，渊源圣学迥超伦。

一从垢净分明后，二水方知面目真。

其五

纷纷毛郑梦锱渑，赖有苏曹句独醒。

水派河源衡帝简，不须重补道元经。

泾惠渠十景

民国·张景星

总咏

泾溢滚水坝，渠导木梳湾。珠琼出筛洞，云霞映仲川。

龙洞甘泉涌，蛇槽分水潺。春色汉堤树，秋波碧池鳏。

桥川秋稼好，分水两仪闸。

分咏

一 泾溢滚水坝

两山壁立千仞高，泾流荡漾水滔滔。一坝横截碧似玉，万缕齐喷皎若绦。

质坚钢铁磨千古，形同蛟蛇矮一篙。滚滚浪花杂红蕊，春痕涨处鸟喧嚣。

注：滚水坝，在仲山峡中，即泾惠渠引导处坝，为洋灰所筑成。

二 渠导木梳湾

掘地功成一水通，游人过处跨长虹。一峡藤阴交映碧，半亩桃花对影红。

木梳湾内踏青草，朱子桥上醉东风。谽谺斧痕斑斑在，敢谓龙门开凿功。

注：木梳湾在王桥镇西二里处，中有朱子、民生二桥，三春时节，风景优美。

三 珠琼出筛洞

悬崖滴翠水涓涓，大珠小珠断复连。苔因常润色愈绿，洞因藏珍质更坚。

石级低降银浪滚，雕栏平回玉影联。老僧携壶频煮茗，野花啼鸟思渺然。

注：筛洞即筛珠洞，在张家山下岩砻若洞，泉由石隙中涌出，其味清冽，最宜泡茶。

四 云霞映仲山

一峰西峙晓云迷，山腰曲上有牧羝。丛木春发添叶枝，宿雨新晴映虹霓。

茅椽三间笼小雀，笆篱两行卧山鸡。负手登临回眸望，村郭斑斓四野低。

注：仲山，在泾阳县西六十里雄岩高出，水木明净，右山脚下泾惠局在焉。

五 龙洞甘泉涌

龙洞渠畔飞锦鸡，芳草萋萋青蛙栖。槽渡山洪通暗邃，岸砌石方下阶梯。

波浮萍梗藏银鲤，泉涌梨花饮青猊。洞幽云烟多迷漫，月影一钓照云犀。

注：龙洞，旧日渠名，在张家山右脚下，凿石洞以引水，其内涌泉甚多。

六 蛇槽分水潺

宝丰寺前景物新，接东连西渡流津。长虹卧渡一弯曲，回栏横空两行陈。

风软气淑添游履，红娇绿媚播芳尘。慢云春波无有意，咽鸣若挽拾翠人。

注：蛇槽即宝丰寺渡槽，在泾阳县北二里许。

七 春色汉堤树

春来无处不流晖，杨花榆荚斗芳菲。大小渠分平川沃，左右花开锦翠围。

松柏苍苍夹殿角，烟云渺渺隐僧帏。芳草平芜迷三径，鸟鸣啐处落红飞。

注：汉堤，即汉堤洞，在泾阳县北十里，中白北干二渠，东西环抱，树木浓密，春景尤佳。

八 秋波碧池鳏

芳草平堤一马驰，豆蔻花间玉液滋。波光荡漾秋月冷，莲影摇曳晚风迟。

蟋蟀唧唧白萍老，鳏鲤簇簇动钓丝。雁阵空悲秋情淡，江东莼鲈频相思。

注：碧池在社树北，昔为凹地，今则导为池，方十余亩，水天一色，中多鱼藕。

九 桥川秋稼好

烟树丛密望难通，罗云冉冉接苍穹。一川平挹万顷绿，两渠分灌百谷丰。

九穗玉粒禾献瑞，千钟金穰农庆功。方田袈裟堪相似，寒鸦几点画桥东。

注：王桥至石桥上下三十余里浑称桥川。

十 分水两仪闸

落红飘泊水成纹，睛光浑涵万里云。平栏低凹蜂腰断，中墙尖凸燕尾分。

闸机启闭扼五邑，波流汹涌冠三军。举锸撅土原野沃，庶黎同感大匠斤。

塬上歌

杨进冬（原高陵水电局局长）

昔日白蟒塬，
十年九载旱，
田禾无水浇，
全靠天吃饭。

灌区田园

李民安（灌区群众）

泾水滔滔润绿田，
烟笼青纱花满园，
不是先驱多壮志，
哪来高陵赛江南。

工作纪实诗作一组

陈力（陕西省泾惠渠管理局）

送 水

朝踏清露戴月还，
巡渠送水到田间。
喜见苗壮籽粒满，
汗湿衣衫心里甜。

冬 灌

朔月寂籁霜满天，
破冰送水灌麦田。
浇完禾苗东方亮，
炕头饮茶话丰年。

春 灌

杨柳叶瘦地干涸，
三月天气无雨色。
渠水入田润苗绿，
丰收在望遍地歌。

夏 灌

云象万千竟还空，
遍地旱苗遭热风。
幸有泾水化雨露，
有渠何惧烈日蒸。

秋 修

秋天草盛泥半渠，
挥掀深掏汗如雨。
线直面光渠如新，
水流欢畅农家喜。

泾河，渭河

雷抒雁

泾河，渭河
我到老都忘不了的
两支儿歌
一条像春天的雨
那样清澈

一条像夏季的云
那样浑浊
一条像我母亲的晚年
流溢着忧郁
一条像我孩子的童年
跳跃着欢乐
泾河，渭河
母亲的两只胳膊
一只温柔
抚育着心爱的儿女
一只坚强
支撑着艰难的生活
或者说
一条——动脉
一条——静脉
流着生命的火
泾渭分明
古老的河培育下故乡人的性格

泾渭合流赋

唐·独孤绶

【游者】感异源而合趣，指泾渭于秦树。泾如经也，自北而南流；渭若纬焉，从西而东注。性相近以不息，势使然而自遇。湜湜其沚，昔既闻之于诗；汤汤其流，今则状之为赋。

夫至清者渭，至浊者泾。惟清也，鉴物之道著；惟浊也，含垢之义形。共导金气，咸通井星。混殊流之昭晰，成一带之潆渟。初以纵乱横，似争长而难杂；终以洁受污，何极睽而乃合。禹功之所两存，汉苑斯焉博纳。乍异其色，觉游鳞之隐见；必同乎声，带长风之萧飒。象昭回之可求，歌郑白之有由。饮马投钱，足以发明廉士；决渠降雨，足以殷富神州。既相宏以利物，宁自异乎并流。知之者齐我以不皦不昧，感之者比我于一薰一莸。斯乃柔以长存，和之足贵。近则顺洪河之纡直，远则成沧海之瀇渭。同功一体，叶灵通气。信殊谷洛之流，宁爽淄渑之味。夫然彼独清而无偶，非达识之所谓。

泾滨赋

清·张绍曾

黄舆甫奠，爰有浊泾。南面毕郢之原，北枕峨仲之峰；冶峪达其西，清峪环其东，地称三辅而据其一，星应井鬼而介乎中。嬴秦开山而截流，丰稔益助其强雄。是故前则郑国，后则白公，渠方决而雨降，锸甫荷而云笼。睹眭寺之晓烟，听宝峰之晚钟。文川之秀色常在，猫庵之仙迹成空。历鸩鹊之旧观，谩赋残雪；怀望夷之故址，徒叹鸿功。钵盂之灵云霭霭，瀛洲之春草芃芃。琼洞筛半天之晴雨，石窟吐数里之阴风。蔓草锁赵萧之墓，磷火走汉唐之封。渡睢城而觐长乳，辨秦狱而识怪虫。御寇则汾阳之单骑，行雨则药师之青骢。或隐居谷口，或结配龙宫。访金国智壶温韬之险寨，过池阳鼎州迎冬之要冲。登文塔而望长安，见宫殿之玲珑。此则泾滨之古迹，历千载而攸同者也。

值祝融之司令，每肆虐而横炀。睇勇流之削瘦，向河伯而相让。下虎首于蛟潭，斗怒鳞以止亢。劳龙骨之轮，井泉欲涸；烦木郎之咒，溪云不上。当旱魃而不能救禾黍之巅危，何贵乎过吾邑而东向？迨夫秋霖连绵，行潦毕涨，百川供其容纳，波涛连乎千丈。走两岸之禾田，剧泛滥而无状。汹汹乎如长江之限南北，涌涌乎如黄河之吞舟航。恐苍生之为鱼，将不免于罗网。若乃朔风悲鸣，稷雪乱霰，诧浊河之生辉，结寒冰以为面，初焉似轻鳞薄毳之遐升，继焉如犀铠层垒之迭见。不舆梁而车行，不徒杠而驷践。皆履险而蹈危，畴惕中而兢战。至于灵雨既零，凝冰悉泮，地列绿茵，山开翠幔，乘桃花之腻流，纵锦浪以拍岸。潜鱼适性而浮游，野鸟怡情而轻唤。时登舟以渡津，歌光华之复旦。此则泾流之四时因节序而更变也。

当其河海清晏，四维俱张。吏畏简书，洁若冰霜。赋惟正供，法慎桁杨。里有训俗之社学，野有备饥之义仓。宾兴多芸窗之名士，乡饮无市井之豪强。农夫禾满于车篝，词人名溢于缥囊。杨柳不叹于雨雪，明月何怨乎流黄。或乐业畎亩，或垂绅庙廊，尊衣冠之峨峨，鸣佩玉之锵锵。翼经传则名流环海，任干城则功铭旗常。俗戒慆淫，风归淳良。既洗腆以怡老，亦匍匐而救丧。因报赛而列歌舞，为索飨而杀羔羊。守高僧之彝矩，知好乐而无荒。此则泾滨之隆盛，每心思而欲狂者也。

及夫天崩地裂，日沉星灭，酸雨凄凄，愁风淅淅，冠履变度，车轮政辙，或完首阳之义，或全彭泽之节，草木为之凄怆，泉石为之呜咽。嗟泾民之无辜，遭邻寇之兵劫。桑田为白骨之沙场，山薮为绿林之巢穴。蜂房飞燎原之灰，人命锈利刃之血。执妇子而莫赎，俾生离而死别。人结愁气之云，鬼哭夜半之月。若非设堤防于中逵，胡由致萑苻之断绝！无生祠以报德，实吾党之有缺。此则泾滨之凋残，堪目击而慨切者也。

泾之西南，咸阳古渡。波通易水之津，衢达剑阁之路。疲驿递之奔驰，赖邻封以西顾。每告辎骑，辄以百数。兵遥遥以云屯，车辚辚而雨聚。虑前辙之未归，惊后车之复作。适乐土而无从，含怨尤而莫诉。彼膜外者何人，吾心忧而如蠹。俄而风蹄生烟，云铃冬狩，非征讨而悬旌旗，不攻战而带甲胄，白日惨淡而无光，青山憔悴而清瘦。渭北成羽猎之园，云阳为上林之囿。胡雉兔其脱弦，慨羊豕之绝脰。城市则群噪乎公堂，村落则径入乎中霤。分糊口之稻粮，充駃騠之余糗。且也纠察停兰台之轺，牧尹联镳而结驷，重茵迭帐之必设，嘉肴旨酒之必致。杯盘列山海之珍，歌席舞梨园之媚。非资用于鬼神之轮转，曷有乎物力之咸备！此又古道之不复而宰泾滨者之所掣肘，而况瘁者也。

呜呼！乾坤不改，代谢日新。溯河源于星海，问秽泽于波臣。皇华之轩既杳，闾阎之疾苦谁陈！吾为撮其旨在刍荛之言，以待采风问俗之咨询。

二、民歌、歌谣

郑白渠歌

汉代民谣，摘自《汉书·沟洫志》

田于何所？
池阳谷口。
郑国在前，
白渠起后。
举锸为云，
决渠为雨。
泾水一石，
其泥数斗。
且溉且粪，
长我禾黍。
衣食京师，
亿万之口。

三限歌

佚 名

三限彭城分水要：北限三原云栎道，
中限入高并原栎，三限八渠至今叫。

泾渠歌

佚 名

秦郑汉白宋丰利，元王御史明广惠。
五渠水利最宽饶，胜是清六冶十二。

分渠歌

佚 名

大白之下为邢堰，邢堰之上分务平。
中白之下为彭城，彭城分四高隅成。
中南之下复有二，北析南昌共六名。
南渠无分处，专溉泾阳户。

古民谣《后汉书》

郑白成功后，
名渠美丽多；

池阳资灌溉，
谷口泻滂沱。

惠民泉
宋·永寿歌谣*
泉之来兮东涧边，
昔我劳苦今安然。
愿公早入佐天子，
需为膏泽及民遍。
——金《重修惠民泉记》

泾阳灌区农谚民谣
西乡农谣
（1941年《中农月刊》）
泾渠好，泾渠好，泾渠棉花赛白宝。
泾渠好，泾渠好，泾渠灌区能种稻。
泾渠好，泾渠好，泾渠麦子收成好。
泾渠好，泾渠好，泾渠福利实不少。
泾渠良，泾渠良，泾渠棉花出产强。
泾渠良，泾渠良，泾渠麦穗特别长。
泾渠良，泾渠良，泾渠树木能盖房。
泾渠良，泾渠良，泾渠工业能发祥。

昔日农民生活写照

水土流失
彬州市民谣
山上光秃秃，沟底乱石头；小雨满坡流，大雨冲成沟；年年广种田，十年九不收。

新中国成立后民歌
水泵轰轰响，渠水哗哗淌；
不怕天大旱，渠井双保险。
水土治理歌
流域治理六要点，干部群众记心间：
规划工作第一点，“三结合”班子走在前，
现场踏勘审地形，因地制宜定方案。

塬面治理第二点， 区内划方边筑地，
“一平三端”方格田，涝池水窖径流拦。
沟边治理第三点，绕沟筑起防洪圈，
沟头防护交通畅，乔灌树木栽内边。
坡咀治理第四点，小弯裁直大弯转，
礎上累石要排光，另划下壑咀格子田。
坡面治理第五点，先上后下分层干；
地块夯实保表土，左右等高一条线；
支毛沟中簸箕堰，上下坡面连成片。
沟底治理第六点，市长草工程三结合；
方于节筑构谷坊坝，當拳水拦泥淤良田；
施家树种草压芦苇，而后养水土固谷坊。

三、碑记

高陵令刘君遗爱碑

唐·刘禹锡

县内之大夫鲜有遗爱在其去者。盖邑居多豪，政出权道，非有卓然异绩结于人心，浃于骨髓，安能久而愈思？大和四年，高陵人李仕清等六十三人思前令刘君之德，诣县请金石刻之。县令以状申于府，府以状考于明法吏，吏上言：谨桉天宝诏书，凡以政绩将立碑者，其具所纪之文上尚书考功。有司考其词宜有纪者，乃奏。明年八月庚午，诏曰：可。令书其章，明有以结人心者，揭于道周云。

泾水东行注白渠，酾而为三，以沃关中，故秦人常得善岁。案《水部式》：决泄有时，畎浍有度，居上游者不得拥泉而颛其腴。每岁少尹一人行视之，以诛不式。兵兴以迁，寖失根本。泾阳人果拥而颛之，公取全流，浸原为畦，私开四窦，泽不及下。泾田独肥，他邑为枯。地力既移，地征如初。人或赴诉，泣迎尹马。而上泾之腴皆权幸家，荣势足以破理，诉者复得罪。繇是咋舌不敢言，吞冤含忍，家视孙子。

长庆三年，高陵令刘君励精吏治，视人之瘼如瘝疸在身，不忘决去。乃修故事，考式文暨前后诏条。又以新意请更水道入于我里。请杜私窦，使无弃流；请遵田令，使无越制。别白纤悉，列上便宜。掾吏依违不决。居二岁，距宝历元年，端士郑覃为京兆，秋九月，始具以闻。事下丞相、御史。御史属元谷实司察视，持诏书诣白渠上，尽得利病，还奏青规中。上以谷奉使有状，乃俾太常撰日，京兆下其符。司录姚康，士曹掾李绍实成之，县主簿谈孺直实董之。冬十月，百众云奔，愤与喜并，口谣手运，不屑鼛鼓。揆功什七八，而泾阳人以奇计赂术士上言：白渠下，高祖故墅在焉，子孙当恭敬，不宜以畚锸近阡陌。上闻，命京兆立止绝。君驰诣府控告，具发其以赂致前事。又谒丞相，请以颡血污车茵。丞相彭原公敛容谢曰：“明府真爱人，陛下视元元无所恪，第未周知情伪耳。”即入言上前。翌日，果有诏许讫役。仲冬，新渠成。涉季冬二日，新堰成。驶流浑浑，如脉宣气。蒿荒沤冒，迎耜释释。开塞分寸，皆如诏条。有秋之期，投锸前定。孺直告已事，君率其寮躬劳徕之，烝徒欢呼，奋袯襫而舞，咸曰：吞恨六十年，明府雪之。擿奸犯豪，卒就施为。呜呼！成功之难也如是。请名渠曰刘公，而名堰曰彭城。桉股引而东千七百步，其广四寻而深半之，两涯夹植杞柳万本，下垂根以作固，上生材以备用。仍岁旱沴，而渠下田独有秋。渠成之明年，泾阳、三原二邑中，又拥其冲为七堰以折水势，使下流不厚。君诣京兆索言之，府命从事苏特至水滨，尽撤不当拥者。繇是邑人享其长利，生子以刘名之。

君讳仁师，字行舆，彭城人。武德名臣刑部尚书德威之五代孙，大历中诗人商之犹子。少好文学，亦以筹画干东诸侯，遂参幕府。历尹剧县，皆以能事见陟，率不时而迁。既有绩于高陵，转昭应令，俄兼检校水曹外郎，充渠堰副使，且锡朱衣银章。计相爱其能，表为检校屯田郎中兼侍御史，斡池盐于蒲，锡紫衣金章。岁馀，以课就加司勋正郎中执法。理人为循吏，理财为能臣，一出于清白故也。

先是，高陵人蒙被惠风而惜其舍去，发于胸怀，播为声诗。今采其旨而变其词，志于石。文曰：

噫！泾水之逶迤。溉我公兮及我私。水无心兮人多僻。锢上游兮干我泽。时逢理兮官得材。墨绶蕊兮刘君来。能爱人兮恤其隐。心既公兮言既尽。县申府兮府闻天。积愤刷兮沈痌痊。划新渠兮百亩流。行龙蛇兮止膏油。遵水式兮复田制。无荒区兮有良岁。嗟刘君兮去翱翔。遗我福兮牵我肠。纪成功兮镌美石。求信词兮昭懿绩。

修丰利渠碑记

北宋·侯蒙

大观元年闰十月，主客员外郎穆京奉使陕西，既复命。以白渠岁罢，民堰水起十月，尽次年四月，其间水啮，堰与堤防圮坏。溉田之利，名存而实废者十居八九。得献说者宣德郎范镐、鄜州观察推官穆卞，以谓熙宁间，偿命殿中丞候可自仲山傍凿石渠，引泾水东南与小郑泉会，下流合白渠。鸠工自熙宁七年秋至次年春，渠之已凿者十之三，当时以岁歉驰役，今其迹可考。案旧迹而遒建瓴之势，因民心而兴万世之利，易若反掌。乃诏本路提举常平使者赵佺与献说者相地计工。二年七月诏可，俾佺董其事。

经始以来是年九月，越明年四月土渠成。下广一丈有八尺，上广五丈，深视地形之高下，袤四千一百二十丈，南与故渠合，计工六十一万七百有奇。越明年闰八月石渠成，下广一丈有二尺，上广一丈有四尺，深视地形之高下，袤三千一百四十有一尺，南与土渠接；又度渠之北，视其势高峻，留石仅三丈，裁通窦以防涨水，计工四十九万八千有奇。

九月甲寅，疏泾水入渠者五尺，汪洋湍駃，不舍昼夜，稚耋欢呼，所未尝见。凡溉泾阳、礼泉、高陵、栎阳、云阳、三原、富平七邑之田，总二万五千九十有三顷。异时白渠所溉不过二千七百余顷，岁以八月属民治堰，土木一取于民，费以亿计，夹岸之民终岁闵闵然，望水之至不可得，而输赋如平时，民以是重困。是役也，费不烦民，因民之利。工垂成，臣穆京适帅秦风，上遣京视役，且慰问官属，赐省工师缗钱。远方知上之德意，明见万里，鼓舞趣役，不日而成，凿山堙堑，民不告劳。既奏功，上嘉之，诏赐名曰丰利渠。

龙洞渠记

清·魏光焘

关中水利以郑国渠为最古，汉时于郑渠南穿白渠，晋唐迄今，均循其故道。在宋曰丰利，元曰王御史，名曰广惠，虽因时制宜，经营不同，其利民一也。国朝康熙、乾隆、道光间，叠因时修葺；而龙洞之名，则昉于雍正中总督查公。盖历代之渠，皆引泾水，至公乃凿仲山，引龙洞泉东会筛珠等泉入渠，不复引泾，故易今名。同治中袁文诚欲复引泾之制，而泾水暴发，功不果就。然龙洞亦时有淤塞之患。

光绪六、七年经冯展云中丞动帑兴修，十一年复饬涂令官俊就地筹款疏浚，而水力不广，惟泾、三、礼三县得受其泽，仅荫地三万九千余亩，高陵则无复有灌溉之利。丙申，予奉命来抚是邦，习知此渠未尽厥利，思复旧绩而益民生也。商之李乡垣方伯，筹提库帑，得请于朝。乃分析各营，并力挑汰，塞者通之，淤者去之。修复截渡山水各石桥，以防沙石；开张家山大龙王庙后等处新土渠三道，截取山水，使不横冲，以保渠岸。复派员督集民夫，分修泾、原、高、礼四县民渠，以广利导。

工将竣而大雨，自六月至于十月不止，泾水屡漫，渠道复壅，盖由原修之琼珠、倒流二石堤低下，而中渠井逼近泾水，井口空虚，泥沙易入，乃命加高二堤，封闭井口，以防泾水倒灌。又勘明大、二、三龙眼内有石渠，上有流泉，即明广惠渠引泾入渠旧道；四龙眼内旧有石堤，遏绝泾水。乃浚大、二、三龙眼，以出长流之泉，而益固四龙眼之堤。复修石囤，收鸣玉泉入渠，以益水源。除新淤、葺颓圮，益浚支渠并复高陵废渠，拮据经营，事以粗集，增溉地十万亩。

乃就地长筹经费，以资岁修；立各县渠总，以专责成；设公所于社树海角寺，以便会议；酌定章程，以垂久远。每年夏秋，由泾阳水利县丞会率泾阳渠总，就近督同额设水夫，按月三旬，勤刈渠中水草；九月之望，各县渠总会集公所，勘验渠道及各渡水石桥、截水土渠，遇有微工，随时修理，只许动用息银，工程较大，则先行核实估计，禀候批准，酌提存本，工竣造报，盖予为渠计长久者如此。后之君子，诚能倡率地方，益筹经费，俾非有大工不再动用国帑，稽查规章，俾勿废坠，更因时补救广所未及，使渠之利被诸万民，贻诸后世，是则予之厚望也。

是役始于戊戌三月，竣于己亥春末，共用公帑四千九百九十余两。首其事者为严道金清，董其成者为贺丞培芳，督其工者为谭总兵琪详、龚参将炳奎、刘参将琦、萧游击世禧。时任泾阳者则张令凤岐，三原则欧令炳琳，高陵则徐令锡献，礼泉则张令树谷。始终襄其事者则于绅天锡。予既嘉在工者相与有成，复记其事于石，以谂后之官斯土者。

泾惠渠颂并序碑

杨虎城

陕西为天府之国，号称陆海。顾地势高燥，雨泽不均。自秦用郑国开渠，西迄谷口，循北山，绝冶、清、漆、沮诸水，东注洛，溉田四万五千顷，关中始无凶岁，是为引泾利民鼻祖。

汉太始初，赵中大夫白公以堰毁渠废，上移渠口，引渠东行，由栎阳入渭，改名白公渠，溉田四千五百顷。以今考之，郑多而夸，白少而实。自汉迄明，代有修改，皆以堰口毁坏而上移。清乾隆二年，以泾水毁堤淤渠，于大龙山洞中筑坝，拒泾引泉，改称龙洞渠，溉田减至七百余顷。清末，渠身罅漏淤塞，溉田仅二百余顷，弃利于地，殊可惜也。

民国初年，临潼郭希仁与蒲城李仪祉，屡谋续郑白功。九年，渭北大旱，富平胡笠僧等复建议引泾，设立渭北水利工程局。十一年夏，仪祉回陕，长水利局兼渭北水利工程局总工程师。命其门人刘钟瑞、胡步川组织测量队，测量泾河及渭北平原；继命须恺等设甲乙两种计划，并议借赈款施工，既以兵祸中止。十七年后，陕复大饥，死亡无算。陕当道宋哲元与北平华洋义赈总会，议举引泾大工，卒未果。

迨虎城主陕席。复邀仪祉回陕，襄陕政，兼长建设厅。由陕政府筹款四十万元，华洋义赈总会筹四十万元，为引泾工费。复得檀香山华侨捐款十五万元，朱子桥先生捐水泥两万袋，中央政府拨助十万元合力开工，议遂定。于是义赈总会担任上部筑堰、凿洞、扩渠引水等工程，美人塔德任总工程师，脑威人安立森副之；陕政府担任下部开渠、设斗、建筑桥闸、跌水等分水工程，仪祉任总工程师，门人孙绍宗副之。自十九年冬至二十一年夏工始讫。即于是年六月中旬举行放水典礼，邀请海内外名流参观，颇极一时之盛，而渭北荒废之区，得以重沾膏润，人民欢呼。是为第一期工程。其后三年内复赖北平华洋义赈总会与上海华洋义赈会及全国经济委员会资助，由泾惠渠管理局完成第二期工程。召刘钟瑞来陕襄工事，如修补拦河大堰，建筑引水退水闸，挖掘支渠，修理干渠，俾引水、分水工程臻于美善。管理方面，如保护渠道，改良用水及灌输农民灌溉常识，亦次第进行。至本年夏至，溉田已增至六千余顷，将来计定蓄水方法，人民用水得当，犹可浸润扩充，虽郑国陈迹不可复寻，而白公之泽，则已恢复而光大之矣。

颂曰：秦用郑国，开渠渭阳，关中以富，秦赖以强。越四百年，渠毁待修，汉白公起，媲美千秋。历宋元明，代有改筑，渠口上移，入于深谷。有清一代，利用山泉，改名龙洞，仅溉低田。鼎革以还，渠更淤漏，饥馑连年，莫之知救。追怀前迹，思继古人，郭胡倡始，李主维新。涉水登山，远逾谷口，计熟图详，丝毫不苟。筹借赈款，即待兴工，胡天不吊，适降兵凶。扰扰数年，庶政俱废，救死不暇，遑论灌溉。天心恹乱，寓赈于工，华洋集款，得竟全功。二十一年，六月中旬，放水盛典，中外观钦。自后三年，设管理局，渠道修护，朝夕督促。民享乐利，实泾之惠，肇始嘉名，流芳百世。洛渭继起，八惠待兴，关中膏沃，资始于泾。秦人望云，而今始遂。年书大有，麦结两穗。忆昔秦人，谋食四方。今各归里，邑无流亡，忆昔士女，饥寒交迫，今渐庶富，有布有麦，秦俗好强，民族肇始，既富方谷，人知廉耻。登高自卑，行远自迩，复兴农村，此其嚆矢。

泾惠渠碑跋

李仪祉

甚矣！成事之难也。引泾之事，自希仁、笠僧倡始，继之者迭有人，然十余年未能实施。至丁民十七暨十九数年，大旱饥馑，流亡载道，而莫之救。迨虎城主席，乃毅然为之，时于任导淮要职，亦决然舍弃，归而相助，诚以救民水火之举，不容漠视之也。既蒙多方之义举，亦望庶民之子来经营之，始由泾、原、高、礼、临五县组织水利协进会，冀人民有财者输财，无财者输力，乃进行五月，协进会一无所展，旋以省令撤之。时大饥之余，全陕各县之困苦，有十倍于五县者，各县人民含苦茹辛，省府同仁刻苦奋斗，以竭蹶所得之资，不惜费之于引泾一事。第一期公费合计为款一百二十万四千余元，其后又继之四十二万一千余元，总计全工共縻款一百六十二万五千余元。一不出于受惠各县，工程进行之中，每以小故而生阻碍，工成之后，食其力者，又每以水费输纳为争持，此岂重念公益者，所应有哉？且水利负担，无论政府管理与人民自管，皆莫能省免。套宁之黄河渠，每亩负担五角至七角；甘肃之水，输灌溉开办，每亩摊至三十元，修理费每年每亩三四角。今泾惠渠水费，多者每年每亩五角，少至一角，其有特殊情事，尚可请核减免，政府体念民生，不可谓不至，而仍有未谅解者。庸讵知全省，应兴之水利尚有许多，为人民谋安阜，国家谋富庶，皆不能不以次举办，使政府年年耗巨款，而无所补益，其将何以为继哉！读杨虎城之文不禁感慨系之。

李仪祉纪念馆碑

秦人治水，源远流长。夏商时期后稷后人公刘与古公父察勘水源，引泉灌田。西周用水兴利渐多，涉及灌溉和京城供水。秦代修建郑国渠，与四川都江堰、广西灵渠齐名，关中自此无凶年，沃野千里，秦以富强，卒并诸侯，促成一统大业。白公渠、郑白渠造就汉唐盛世。其后历朝历代在水利方面各有建树。秦人兴水利、除水害，积累了宝贵的治水经验，留下了丰厚的治水遗产，展现了古代先民改造山河的伟大壮举和聪明智慧，成为水利人永远奋发前行的不竭动力。

民国十八年，陕西大旱，赤地千里，饿殍遍野，时局危艰，民不聊生。李仪祉先生在时任陕西省政府主席杨虎城将军和社会各界的鼎力支持下，勇克时艰，百折不挠，兴修了以泾惠渠为代表的“关中八惠”，新增灌地 240000 公顷，开创了中国近现代水利建设之先河。先生毕生以治水为志，求郑白之愿，效大禹之业，心系百姓，勤勉先行，著述办学，凿泾引渭，治黄导淮，整治运河，足迹遍布江河湖海，救民于生死危局，福祉泽被大江南北，无愧为中国近现代水利先驱。殊功早入河渠志。先生为陕西人民和中国水利事业做出的不朽功勋，在父老乡亲心目中树立了永不倒的丰碑；先生高风亮节的人格品德和矢志为民的崇高精神，在三秦大地广为传颂，令人无限敬仰。每年清明时分，或先生诞辰、忌日，泾水之滨，仲山之傍，灌区群众纷至沓来，凭吊祭奠，深表崇敬和怀念之情。

古今辉映，流存千秋。新中国成立后，历届省委、省政府积极践行“兴秦先兴水”战略，先后建成了宝鸡峡、冯家山、石头河、东雷抽黄等一批重大水利工程，对改变水利设施落后面貌起到了决定性作用，为陕西经济社会持续发展奠定了坚实基础。2011 年，党中央、国务院做出了《关于加快水利改革发展的决定》，强调水是生命之源、生产之要、生态之基，将水利提升至国家安全战略地位。陕西省委书记赵乐际提出“盛世修水利、水利兴盛世”的兴陕方略，要求举全省之力在水利建设方面干成几件大事和实事。引汉济渭、引红济石、东庄水库、榆林大泉引黄等重大水源工程相继开工，渭河全线整治、安康东坝防洪、南山支流治理、中小河流治理、病险水库除险加固、农村饮水安全、汉丹江水保治理等一批民生工程加快实施，兴起了新一轮水利建设高潮。

以史为鉴，承古创新。为传承秦人治水文化，缅怀治水先贤，弘扬仪祉精神，顺应人民群众呼声，陕西省人民政府决定修建李仪祉纪念馆，以展示以郑国渠为代表的古代水利建设成就，弘扬以仪祉精神为核心的秦水文化，以现代科技为先导的水利科学技术，打造陕西水利发展史的"档案馆""活字典"和水利科普教育基地。该工程由陕西省水利厅主持兴建，陕西省泾惠渠管理局承建，在原仪祉墓园修缮绿化的基础上，新建李仪祉纪念馆一座，占地由 2.53333 公顷扩为 6.6 公顷，总建筑面积逾 5000 平方米。建设过程中，社会各界合力支持，省内外水利单位和仁人志士慷慨捐助。工程于 2011 年 1 月 8 日开工建设，同年 12 月建成。在先生诞辰 130 周年暨泾惠渠通水 80 周年开馆之际，特立此碑，以示缅怀。

四、神话、民间故事

魏徵斩龙记

在泾河沿岸，流传着一个动人的民间故事。

相传唐初，有一年关中地区到处干旱，宰相魏徵奉旨视察灾情，来到黑水渡小镇（即今陕西省长武县亭口镇）。他装扮成算命先生，摆摊算卦。

魏宰相算卦，十拿九稳。再说也不谋分文，故招来许多人前来看热闹。

一位头发花白的老人，直看得入了神，众人走散后他还站在那里发呆。魏徵上前打躬施礼问道："老先生是否也要算上一卦？"老者连忙点头唱喏。"你想算什么？不必多虑。"老人言道："你看我衣不遮体，饭不饱腹，哪有心思问福祸之事。就想请老先生掐上一卦，看何日有雨？解救灾情，拯救我一方生灵。"

魏徵掐指一算，连叫"贺喜了！贺喜了！"老人言道："愁有万千，不知喜从何来？老先生取笑了！"魏徵说道："心诚则灵，请转告乡亲，抓紧时间干种，三日后午时，必有三寸大雨降临。"老人听后唉声叹气。魏徵不解地问道："老人家还不信我吗？"老人言道："哪有不信先生之理？就是有雨，种子何来？"魏徵笑道："明日清晨，官衙必然广撒种子。这里有我手谕，请先让他给你些种子。"老人喜出望外，急忙叩头下拜，魏徵扶起老人，招手告别而去。

老人回家后，急忙告知乡亲，带领全家冒着酷暑耕种，这时被泾河龙王看见。他一晃变成身穿青衣、头戴小帽的秀才，上前问道："请问老伯，眼下日如火烤，树木将焦，你何苦下种，枉费心机？"老人答道："实不瞒秀才，我今在镇上遇一位非凡先生。他告诉我，三日后午时，必有大雨降临，故干种待雨。"龙王笑道："有雨没雨，我哪有不知之理！你何苦搞这种无收的事，还是回家安歇去吧！"

老人听了，满心不悦，只埋头点种。龙王看了看说："不听好人劝，后悔一千年。好！我们等着瞧，看谁说得准。"拂袖而去。

谁知三日后快到午时，龙王正准备取笑老人，值日官来报："玉帝旨到。"龙王急忙令摆开香案接旨，水神宣道："泾河龙王听旨，令汝今日正当午时，下雨三寸。"水神宣读已毕，回天宫交旨去了。龙王想道："我和那老儿打赌，若还降雨，岂不被天下人取笑，这如何是好？"忽然心生一计，将"下"字左边加上一撇，改写成"不"字，他满怀喜悦，奔到河岸，摇身一变，见了老人笑道："我说无雨，你却不信，自讨苦吃吧！"哈哈大笑而去，羞得老人满面通红。

老人越想越气，赶到镇上，一把抓住魏徵要见官评理。魏徵笑道："天有不测风云，人有旦夕祸福，今未降大雨，必有它妖改动，非我之过也！你们的损失，请到官衙取补偿去吧。"又给了些银子，老人告谢。

魏徵本是天星下凡，回朝后托梦玉帝，告了龙王一状。

玉帝见状大怒，派天兵天将捉拿泾河龙王，并命魏徵监斩。

再说泾河龙王将被问斩，夜间托梦给唐太宗李世民，求太宗降旨魏徵，免他一死。太宗言："你本泾河之君，宰相身为凡夫，他如何能斩你？"龙王道："他本太白金星下界，何为凡夫？"太宗道："既然如此，我怎能救你？"龙王哭诉道："明日午时，他将奉玉帝旨意斩我，请万岁命他那时和你玩棋，他须不能分身，错过时辰，我命可保，将永不忘万岁大恩大德。"太宗笑道："按你说的照办就是，请你不必担忧。"

第二天，太宗宣魏徵进宫，摆宴为宰相安抚灾民不劳而洗尘，宴罢留魏徵陪驾玩棋。玩到午时，魏徵伏案而睡。太宗念他一路辛苦，不忍叫醒。忽听魏徵梦中叫道："你擅改玉帝旨意，苦害生灵，罪不可赦，斩！"太宗听到急忙摇醒魏徵，已来不及了，只见一颗血淋淋的龙头，坠入宫院水池之中。

泾河龙王虽然被斩，但阴魂不散，每到夜晚，就找唐王索命，扰得李世民恐惑不安。于是魏徵派骁勇善战的秦琼、敬德把守宫门。果然，龙魂畏惧，不敢再来皇宫作祟。后来，李世民感到他俩每天守夜，太劳累了，便让魏徵请能工巧匠，描绘了秦琼、敬德绣像，贴在宫门，从此宫内太平无事。

传到百姓之中，大家信以为真，便也照此办理。秦琼、敬德由此就神化了。

这绣像至今流传，即为门神。然而泾河却成为无龙之河，每当洪水之际，兴风作浪，淹没农田。河水东倒西倒，三年河东，三年河西，给人们带来无数灾难。从此泾河之水，常年不清，至今水苦而不能食用。

柳毅传书

"柳毅传书"原本是发生在长武县芋元乡柳泉村的一个真实故事，后经长期流传逐渐在流域内长武、泾阳等地演化为传奇故事或神话故事。

相传泾河小龙喜郊游，一次到洞庭龙君那里做客，洞庭龙君见其彬彬有礼，便把女儿许配给他为妻。泾河小龙娶洞庭小龙女后不久，便露出胡作非为、涂炭生灵的真面目，小龙女劝说非但不听，反而受到婆家虐待将其处罚到荒无人烟的河滩牧羊。

年复一年，小龙女受尽磨难。唐高宗年间，落第儒生柳毅返乡路过泾川，遇荒野小龙女，问其缘由，她向柳毅诉说悲惨经历，并求他带信给父亲洞庭君。柳毅义愤填膺、不畏艰难，日夜兼程赶往洞庭湖传递消息。洞庭龙君虽心疼女儿受难，却优柔寡断不敢发兵救回女儿。其弟钱塘君闻讯勃然大怒，率兵讨伐泾河小龙，获救小龙女与家人团聚。钱塘君深感柳毅为人高义，为答谢其奉酒，席间钱塘君见二人眉来眼去，欲撮合之，即令柳毅与小龙女成婚。柳毅传信乃急人之难，本无私心，又碍于间接杀了泾河小龙，怎能娶小龙女为妻？且不满钱塘君之言语傲慢，以老母无人奉养、没有媒妁之言，婉言拒绝，告辞而去。此时小龙女对柳毅早生爱慕之心，自誓不嫁他人。柳毅回到家常望河兴叹，小龙女亦对他日思夜想。双方家长为儿女婚姻大事费尽心思：柳母决意为儿寻找媳妇。钱塘君化身媒婆前往柳家。最终小龙女嫁给义重情深的书生。有情人终成眷属，柳毅也成为水神。

长武当地人感于柳毅功德，取村名为“柳泉”，取泉名为“马刨泉”，取井名为“笔墩井”。昔日，龙女牧羊山坡取名为“牧羊山”，山上白石遍布，远望犹如羊群。山中生长蓝叶，既可药用，又可作染布材料。以上遗址至今尚存。

泾阳县泾干街道南的花池渡村，此村一名就来自“柳毅传书”的故事。相传，柳毅替龙女传书之后，结为夫妻，相携在泾河北岸居住下来。但是此处离洞庭湖甚远，龙女常思念父母，愁思悠悠。一日，龙女倚窗南望，又是一声声叹息。她一伸手，触摸到自己发鬓上的碧玉簪，立刻转愁为喜。原来这碧玉簪本是龙宫至宝，当初龙君就是靠它辟出了八百里洞庭水域。龙女急忙起身，取下玉簪对天祈愿：“玉簪啊玉簪，你本是龙宫至宝，今日凭借你的神力，把泾河跟洞庭连通在一起吧！”说毕，她就地将玉簪插地，向南一划。顷刻就见地面出现一个约十数丈的壕沟，向南伸成一条深邃的地道。只听地道内水声滔滔，不一会儿壕坑就被一股清泉涌满。就在这时，水上出现了一位水使，躬身问龙女：“请问龙姑，你是要水漫泾川，还是要水富泾原？”龙女心中偏爱足下这块土地，说道：“水富泾原。让遍地庄稼丰收，才是我的心愿。请你速为我挡住水口，等缺水时再流吧。”说话间，一块磨扇把喷涌的水口挡住了。

池中水面清澈，鱼儿摆尾，虾米结对，畅游嬉戏，真像一个小小的洞庭湖移到了北方。从此，龙女思念父母时，就悄悄潜入水中，由地下水路直去洞庭湖。为了隐匿水口，龙女把从洞庭湖带回的莲花籽撒向水池当中。数日之后，荷蓬出水，莲花盛开，这儿变成一个莲花池。柳毅生性爱柳，又在水边栽了许多柳树，柳丝垂隐，随风飘荡。花红柳绿，景色胜似江南，吸引得远近的人们前来观赏、咏叹。

之后更多的人迁来居住，逐渐繁衍生息，形成村庄。由于它的位置靠近泾河渡口，而且水池边岁岁繁花似锦，人们便称此村庄为“花池渡”。

五、出版著述书目、戏剧

《历代引泾碑文集》

王智民编注，1992 年 4 月出版，共收录引泾碑文 32 篇，除录自泾惠渠渠首和仪祉墓园现存碑石外，另外 6 篇从其他文集和志书中收集。

《引泾记之碑文篇》

张发民、刘璇编，2016 年 7 月黄河水利出版社出版。共对前后三十通碑石（其中六通有文无碑）共三十四篇碑文（有一碑多文者）以及部分楹联和名人题词等进行拍照、拓印、抄录，并邀请专家对自然剥蚀和人为破坏等造成碑文字迹残缺、隐约难辨的个别疑难字词甄别，并对民国以前的碑文进行释义，简要介绍碑石背景。也收录了部分名人为纪念李仪祉先生的楹联、题词等。

《郑国渠》

《郑国渠》一书是中国水利史专家、《中国水利史典》专家委员会副主任蒋超完成的一部学术专著。时任水利部部长陈雷在为本书所作的序中说：这本史料丰富、图文并茂的《郑国渠》，梳理了治理泾河、发展水利的历史脉络，融入了作者传承历史、以史鉴今的深入思考，是蒋超同志多年皓首穷经、爬梳剔抉的心血结晶和成果总结，是进一步宣传郑国渠、泾惠渠的崭新窗口，也是对泾惠渠申请列入世界灌溉遗产名录的有力支持，可谓一举多得。

《渭北水利及其近代转型：1465—1940》

本书以梳理、分析渭北水利及其近代转型（1465—1940）的历史过程为着眼点，将渭北水利置于具体的时空中加以考察，研究水利变迁与区域社会及王朝国家制度之间的关系，研究水利开发及运行过程中的“人”“人群”及组织（如华洋义赈会），试图揭示1465—1940 年间渭北水利变迁及近代转型的逻辑与机制。2018 年 9 月中国社会科学出版社出版的图书，作者是康欣平。

《天下第一渠》

著名作家白描长篇报告文学《天下第一渠》首发 2019 年第 1 期《人民文学》杂志，获第四届“大地文学奖”。2019 年 10 月 20 日，《天下第一渠》研讨会在京举行。该书由太白文艺出版社出版，以世界灌溉工程遗产郑国渠立传的方式，翔实发掘和记述中国古代著名水利工程郑国渠两千多年的历史身世和兴衰流转，辅以大量的文献记述、考古发现、民情风俗等，完成了宏大的历史场景和时代命运的艺术再现。

《水润泾阳——泾阳水文化专辑》

该书全面展示了泾阳水文化的历史与研究成果。由泾阳县水利局牵头发起，集泾阳县文旅局、泾阳县政协文史委、泾阳县文联、泾阳水文化研究中心、泾阳县泾河文化研究会、泾阳县红色文化研究会等同仁之力，共同联合编辑成《水润泾阳——泾阳水文化专辑》一书。全书共分为水研究、水景观、水记忆、水承袭、水传说、水史话等 6 个板块，约 23 万字。该书涉及领域宽广、内容丰富，彰显了泾阳在水文化领域的重要地位，勾勒了泾阳恢宏的水文化画卷。

《追寻泾河魂》

《追寻泾河魂》是一部探寻泾河风情与流域内历史、经济、社会、生态以及文化变迁的鸿篇巨制。泾阳县电视台培训部主任、编辑李胜灵，2009年提出了“泾河文化之旅”采访方案，并得到咸阳市政协大力支持。2010年8月，由咸阳市政府发起，借助泾河流域政协联谊会这一平台，组织相关人员开始了历时两年的“泾河文化之旅”采风活动。这次活动行程14000千米，走过了泾河流域27个县（区），收集文字资料数百万字，拍摄收集照片1万多幅，最终完成了由邢玉瑞为主编，张转社、李欣为副主编，李胜灵为执行主编的《追寻泾河魂》纪实文集与30分钟的《神韵泾河》电视专题片，全面系统地挖掘整理了泾河流域历史、文化以及经济建设、人文景象、自然风光。书中关于泾河流域依水而兴、凭水而盛的农耕文明，以及水利发展与其功绩的记述具有较强的史料价值。同时形成的还有图文并茂的《图说泾河》一书，形象直观地展示了泾河的历史风情。

《关中水利与环境》

该书由李令福著，人民出版社2004年4月版。本书主要利用文献考证与实地考察相结合的方法，按五个时段，分别论证了关中农田水利、都市水利与漕运具体工程的分布、走向、规模、效益等，总结了各时代关中水利的发展与布局特征，并分析其形成的历史地理原因。全书近30万字。认为关中农田水利经过一个由淤灌向浇灌的发展阶段，郑国渠是引浑淤灌的水利工程，六辅渠才是关中大型浇灌水利工程的创始，具有承前（郑国渠）启后（白渠）的重要意义。引泾灌渠在唐代发生了重大变化，北系郑国渠、六辅渠系逐渐分化式微，形成了冶、清、浊、漆、沮诸水各自独立的中小型浇灌渠系，而南系三白渠在刘仁师的全面整理改造下，形成了干支斗渠渠系完备，堰、闸、斗、门、引、输、分水设施齐全的农田水利工程，不仅奠定了关中宋元明清乃至今日引泾渠线的布局，而且在全国具有特殊意义。

大型秦腔现代戏《大禹传人》

1992年为纪念泾惠渠通水60周年暨李仪祉先生诞辰110周年，蒲城县水利水保局与渭南地区艺术研究所共同编写《大禹传人》，由谭照文、王禾、高起胜编剧。该剧以李仪祉留德归来兴修泾惠、洛惠、渭惠三渠和治黄为线索，以秦声秦调艺术再现了先生伟大形象，表现先生为水利事业吃苦耐劳、不断进取的奋斗精神，表现先生严谨治学的求实态度、以科学知识救国救民的光辉业绩和勇于探索勇于斗争的伟大人格。

电视专题片《古渠逢春》

《古渠逢春》由常军、杨俊海撰稿。1992年由陕西电视台、陕西省水利厅联合录制并在陕西省电视台播放。该片以散文播送、配以灌区实景的形式，讲述了新中国成立以来，在党和政府的领导下，陕西省泾惠渠管理局干部职工励精图治，艰苦奋斗，使古老灌区旧貌换新颜，真实地展示了几代泾惠人经过改建扩建、挖潜配套、全面发展的奋斗历程和泾惠渠灌区取得的辉煌成就，给人们呈现了一幅渠直路端树成行、机井成群电成网、土地平整田成方、粮食丰收果菜香的动人画卷。

《江河赤子》

《江河赤子》为李仪祉传记片，是八集电视连续剧，在中央电视台和全国20多个省市电视台播出，作者张骅。

新编大型秦腔现代剧《李仪祉》

2018年6月20—21日，由蒲城县剧团创排的新编大型秦腔现代剧《李仪祉》登上首都舞台，代表陕西参加由中宣部、文化和旅游部主办的全国基层院团戏曲会演。大型秦腔现代剧《李仪祉》是一部大气磅礴、荡气回肠、饱含悲怆、充满希望的史诗正剧，该剧以我国著名水利学家、教育家李仪祉为创作原型，从《学成回国》《旱原春风》《为民请命》《河海育人》《泪洒洛水》《鞠躬尽瘁》等6个篇章，生动形象地展现了李仪祉兴办教育、为国育才，兴修水利、为民造福的历史功绩，其震撼的艺术感召力，激励着人们崇尚科学、爱国奉献，为实现中华民族伟大复兴的中国梦而奋斗。

《郑国渠边的水文——张家山水文站设立和发展研究》

该书由王晓斌著，2019年10月由黄河水利出版社出版。该书依据1901年以来百余年间泾河张家山河段水文工作相关史料，以张家山水文站的历史沿革以及水文测验资料成果为主要研究方向，分为水文环境、水文特征、测站及沿革、水文测验、水文情报、测站管理、水文人物、大事记等篇章，共计25万余字。

《泾惠渠修建考略》

该书由陕西省泾惠渠灌溉中心编，王晓斌主编，2023年6月由陕西科学技术出版社出版。描述了1901—1934年利用现代水利技术修建郑国渠之后第六代引泾灌溉工程——泾惠渠的修建过程。以真实史料为依据，见证了在社会动荡时期经过多国技术人员，两个时期几任陕西省政府先后尝试屡次失败，最终在李仪祉先生主持下，经过中外技术人员合作努力最终成功建成了泾惠渠。

《陕西水文化遗产名录》

《陕西水文化遗产名录》由陕西省水利厅组织10多位水文化专家历时3年编写，陕西科学技术出版社出版发行。图书以图文并茂的方式，记述了陕西省1950年以前遗存至今的工程类、管理类水文化遗产和历史典故、民俗传说等非物质水文化遗产。包括灌溉、排水、园林、闸、坝、堰、堤、桥和古代以水为内涵的水神、庙亭、碑刻等建筑物和碑志，以及管理机构旧址，法律、法规，治水人物等。涉及泾河流域共59项水利遗产。

《河流的阅读》

《河流的阅读》为陕西省水利厅许灏著，书中通过对泾河流域泾河、泔河、马栏河水文特征、水文化遗产、民间故事等的描写，形象地展示了河流的长度、河流的厚度、河流的高度、河流的味道以及河流的“脾气”等，为大家认识河流、了解河流提供了宝贵的资料。

六、散文

黄炎培参观泾惠渠记

王晓斌

黄炎培（1878—1965），号楚南，字任之，笔名抱一，江苏省川沙县（今上海市浦东新区）人。中国教育家、实业家、政治家，中国民主同盟主要发起人之一。他以毕生精力奉献于中国的职业教育事业，为改革脱离社会生活和生产的传统教育，建设中国的职业教育，做出过重要贡献。新中国成立后，任政务院副总理兼轻工业部部长等职。1952年兼任民主建国会主任委员。1954年9月任全国人民代表大会常务委员会副委员长，12月任政协全国委员会副主席。1959年4月连任全国人大常委会副委员长，1965年1月连任全国政协副主席。黄炎培为新中国国家领导人之一。

1935年5月3日，当时的中华职业教育社农村服务部创办人黄炎培赴泾阳泾惠渠灌区参观，前后过程如下：1935年4月29日上午7时，中华职业教育社农村服务部创办人黄炎培及该部主任姚惠泉乘坐火车到达西安站，陕西省政府主席邵力子亲自到车站迎接，送入西北饭店，对陕西省情进行介绍，长谈至11时。当天黄炎培还接受了《新秦日报》记者苏西铭采访。30日，黄炎培到陕西省政府，会见省长邵力子、民政厅厅长胡毓威等人，后参观职业学校、孤儿院，游览西安名胜。30日晚，受到陕西省政府主席邵力子、西安绥靖主任杨虎城共同宴请。当日还接受了《西京日报》记者刘凤竹、《工商日报》记者张师民采访。5月1日，本来计划赴咸阳县及泾阳县泾惠渠参观，因天雨未能成行，遂参观西安市内小学教员训练所，与教育界、农业界人士座谈。2日，继续在西安与教育界、实业界人士谈话。下午4时，在西安高级中学公开演讲《民众教育与民族复兴》，讲道：“希望大家一致团结起来，以生产为目标，开发土地，无论男女老幼，各个人将他的力量，不能丝毫浪费，我们要完全取出，致力于中华民族生存上最需要的生产工作，用生产的力量，去救中国，总是好办法。并且希望诸位同学，各个人能担起救中国的责任，以个人在学校所求得的知识，将来到家乡去做改良家乡的社会工作，使家乡的父老亦能从事生产工作，提倡服用国货，不吸鸦片，我们要这种由救家乡而推及到救国家的精神做去，我们的国家，定有复兴的一天。”陕西省政府主席邵力子夫妇、陕西省教育厅厅长周学昌出席演讲会，西安高中、西安师范、西安女子师范及各界人士共400余人参会听讲。

5月3日，清晨6点30分，黄炎培偕蒋德麟等人坐车出西安城，过沣河桥，在咸阳船渡过渭河，得知船夫8人中仅1人不吸鸦片；另外渡口处渭河中有桥墩，冬季枯水时可架桥。从咸阳城东南角过，到达泾阳县修石渡泾河边，两岸间拉一长绳，船夫拉绳使渡船过河。到达泾阳县城泾惠渠管理局后，由副总工程师刘钟瑞陪同坐车前往王桥镇张家山参观泾惠渠大坝。

参观后，由大坝步行至张家山管理处，与泾惠渠管理局副总工程师刘钟瑞、张家山水文站站长薛滟等人共进午餐，后坐车回泾阳。下午去永乐镇，但因道路被修建中的泾惠渠水阻断，而改行至三原县城，访问永乐合作社分社，由经理王凤阁陪同参观。直至天黑才离开三原，返回泾阳县泾惠渠管理局。泾阳县政府二科科长侯训诂、教育助理员葛实生，前往拜访。5月3日晚，住宿在泾阳县泾惠渠管理局，黄炎培想起对泾惠渠工程倾注心血的时任黄河水利委员会委员长李仪祉，很为感叹，写诗《观泾惠渠留赠工师并怀李宜之》：万峰深处响飞泉，不信人功竟胜天；大脉平行仍挹注，伏流涌现忽洄漩。三年畚锸千夫汗，一碧禾棉万顷田；尽力沟渠我何闲，漫将工拙较前贤。

同时写有诗句：泾原郑白早开渠，唐宋明清代疏浚；终仗水泥精炼力，今人敢笑古人粗。对引泾工程悠久的渊源及现代科学技术的巨大功效很为感叹。

黄炎培一行离开泾阳，路过咸阳高原，访周文王陵。返回西安后，与陕西省政府主席邵力子夫妇一同参观长安县韦曲民众教育馆等处。21时离开西安坐车东行。5日，到华阴县，登华山，夜宿华山南峰金天宫。6日，由华山至华阴县城会见县长马策，共同参观陕西省力农机器制造厂，后赴潼关。7日6时45分，离开潼关坐车东行，前往河南省灵宝县。黄炎培参观泾惠渠，让陕西水利工程人员深受鼓舞，特别是黄炎培对泾惠渠工程的肯定，让人们对继续修建灌溉工程信心百倍。时任陕西渭惠渠工程处工程师兼总务科科长的胡步川就黄炎培对泾惠渠的诗相应作答——《江苏黄任之炎培先生游泾惠渠作诗次韵并呈李仪祉师》：汪洋澄碧在山泉，出作飞花雨漫天。万里来源经百折，一堤蓄水挽千漩。相期惠遍关中水，少试功成渭北田。霖雨苍生怀往哲，千秋事业仗时贤。深切表达了水利工作者对修建灌溉工程的信心和发展水利事业、促进国家富强的决心。

（本文原载于泾河文化丛书《泾野寻幽》）

第七篇　机构与人物

泾河流域开发历史悠久，早在石器时代就有大量原始聚落存在，其遗址广布于境内许多小河流两岸，从目前发现的遗址来看，长武、彬州两县（市）比较稠密。境内有记载的历史约有五千余年。夏代周族活动于北部栒邑、彬州、长武一带。商代早、中期周人仍在北部，南部为程国、崇国。其后周受戎狄的压迫，从彬州经永寿越乾县迁到今岐山一带，商代末年周族在季历的领导下又东进到今秦都区一带，曾一度建都于此，先后有豢、豳、程、犬等方国。到周文王时才迁都到丰都（今长安区西部），周族正是以此为基地逐渐东进，最后取代商王朝而建立周政权的。周统一全国后，以丰都为政治中心，而咸阳是京畿近地，西周懿王时还一度将国都迁到今兴平附近。以后周室东迁，关中空虚，在宝鸡一带的秦国乘势东进，遂占有该地，秦孝公十二年（前350年）正式迁都咸阳（今秦都区东），至秦亡以咸阳为国都达144年。此后近千年间几个朝代建都于长安，咸阳又成为京畿近地，随着时间的推移，朝代的更替，行政区划的演变相当频繁。

从黄帝轩辕开始，在长达五千年的历史中，泾河流域出现了80多个大小不同的政权，有五百多个帝王、国王，在36座主要城市里，经历了商、周、西汉、新、玄汉、东汉、晋、汉赵、前秦、后秦、西燕、北魏、北周、隋、唐的盛世朝代，特别是周、秦、北魏、北周、唐分别在岐山、咸阳、平凉、长安建都，五胡十六国在泾河流域易城换都频繁。在这期间，涌现出了郑国、李仪祉、杨虎城等一批水利、科技人物，影响深远。

第一章　治水机构

泾河流域涉及咸阳、榆林、宝鸡、西安的 14 个区（县）。榆林市定边涉及 4 个乡镇，宝鸡市千阳涉及 1 个乡镇、麟游涉及 4 个乡镇，西安市高陵区涉及 4 个乡镇，因而本章以咸阳市涉及的市、县两级治水机构和驻区域单位为主记述。

第一节　流域区划

公元前 221 年，秦始皇统一六国后到秦末，咸阳一直是秦王朝的都城，其周围是秦的京畿要地，由内史直接管辖。内史的辖境，按《史记》载：北至九峻甘泉，南至杜，东至黄河，西至汧渭之交，奄有整个关中地区。其辖县在境内者有咸阳、废丘、泾阳、好畤、漦、漆、栒邑、云阳 8 个县，长武县属北地郡的鹑觚县管辖，定边县属北地郡马岭县管辖。

汉高帝二年（前 205 年），更秦内史地为渭南、河上、中地三郡。九年复为内史。武帝建元六年（前 135 年），以长安为中心，以东置左内史，以西置右内史。武帝元鼎三年（前 114 年）在长安西北置渭城县。武帝太初元年（前 104 年），改长安以东为京兆尹，渭城以西为右扶风，长陵以北为左冯翊，谓之“三辅”。境内有右扶风的渭城、安陵、茂陵、平陵、槐里、漦、漆、栒邑、好畤、麟游、陇县、千阳县，左冯翊的池阳、谷口、云陵、长陵、阳陵、云阳、高陵区。东汉初，右扶风治城迁至槐里，左冯翊治城迁至高陵，领县有所调整。境内有右扶风及所辖的槐里、安陵、平陵、茂陵、武功、栒邑、漆 7 个县，左冯翊的池阳、阳陵、云阳 3 个县，京兆尹的长陵县，安定郡的鹑觚县。长武、定边仍属北地郡。栒邑的东北部属上郡漆桓县管辖。定边县南部山区西段仍属马岭县。高陵（千春）县属师尉郡。

东汉末年，在关中及今甘肃置雍州。三国时，关中是曹魏辖区。分其属地为 91 郡（国），关中分属扶风、新平、冯翊、京兆四郡。今咸阳市西部属扶风郡，永寿、彬州、长武、栒邑属新平郡，淳化、三原、泾阳属冯翊郡，秦都区南部一角属京兆郡的长安县。高陵区属雍州京兆郡。定边处北地、上郡之间，战乱经久不息。

西晋，迁扶风郡治于池阳，在槐里置始平郡，分美阳置好畤县，改栒邑为汾邑，鹑觚改属安定郡。这一时期，境内有始平郡及所辖的槐里、始平、武功 3 个县，新平郡及所辖的漆县、汾邑 2 个县，安定郡的鹑觚县，扶风郡的池阳、好畤 2 个县。长武县属安定郡。定边境内归属依次为前赵、后赵、前秦、后秦。

北朝、北魏，亦实行州、郡、县三级制。其州远比晋小，仅陕西即有十余州。关中分属岐州、泾州、雍州、北雍州、华州，今咸阳市西部属岐州，礼泉、兴平、秦都区一带属雍州，淳化、泾阳、三原一带属北雍州，永寿、彬州、栒邑、长武一带属泾州。麟游北部属白土县，归新平郡辖。定边全境属西安州大兴郡。

北朝、西魏，西魏行政区划先是因循北魏制度，后呈混乱局面，废设无常。今陕西省境内当时即有二十余州、四十余郡。今秦都区、泾阳属雍州咸阳郡，乾县、兴平属雍州扶风郡，礼泉属雍州宁夷郡，淳化属华州通川郡，三原属华州建忠郡，武功属岐州武功郡，彬州、永寿、长武、栒邑属豳州新平郡。麟游北部属鹑觚县，归平凉郡辖。

北朝、北周，北周仍实行州、郡、县三级制，但对行政区划进行了较大调整，陕西仍有二十余州、四十余郡。今秦都区属雍州咸阳郡，后改属扶风郡。兴平、武功、乾县属雍州扶风郡。礼泉属雍州宁夷郡，后改属扶风郡。泾阳、淳化属雍州云阳郡。栒邑、长武属陇州北地郡。彬州、永寿属豳州新平郡。麟游属三龙县，归岐山郡辖。

隋开皇三年（583 年），废除郡制。隋开皇九年（589 年）置州、县两级地方行政区。大业三年（607 年）又改州为郡。至隋末，境内有京兆郡的始平、武功、醴泉、上宜、三原、泾阳、云阳 7 个县，北地郡的新平、三水 2 个县，安定郡的鹑觚县东北部。长武属安定郡。定边县南部山区属弘化郡洛源县。

唐代，在关中设京畿道，道下置府、州、县。到唐末，境内有京兆府的咸阳、三原、泾阳、醴泉、云阳、兴平、武功、好畤、奉天 9 个县，邠州及所辖的新平、三水、永寿、宜禄 4 个县。至此，咸阳毗邻都城长安，一直为京都“门户锁钥”、兵争要地。高陵县属关内道雍州、京畿道京兆府。

五代，唐代末年军阀割据，北方在短短的 72 年间更替了 5 个朝代，史称五代十国。五代的行政制度沿用唐制，由于各国疆土都不太大，皆废除道一级，实行州（府）统县的制度，关中地区先后为后梁、后唐、后晋、后汉、后周的辖地，梁立国 16 年、唐 13 年、晋 10 年、汉 3 年、周 9 年，时间皆短。麟游县、普润县均归凤翔府辖。五代时期，定边县则依次归属于梁、唐、晋、汉、周。高陵区唐京兆府为大安府，县属大安府。

后梁与后唐的行政区划简述如下：

后梁，改唐京兆府为大安府，今咸阳市秦都区、兴平、泾阳、淳化、三原属大安府。唐末军阀李茂贞占领关中西部，在今乾县、礼泉、永寿、武功一带建乾州，后梁改为威胜军。彬州、栒邑、长武一带仍为邠州。

后唐，改大安府为京兆府并扩大其辖地，今秦都区、兴平、礼泉、武功、泾阳南部、乾县西部及永寿一带皆属京兆府，三原、淳化、泾阳北部属耀州，后唐改威胜军为乾州，今乾县东部属乾州。

宋，北宋初年分全国为 13 道，不久又改为 15 路，后又扩充到 23 路，路下设府、州、军，在府、州、军下设县。今咸阳市地域属永兴军路，西部属乾州，后改礼州，秦都区、兴平、泾阳南部属京兆府。淳化、栒邑、邠州、长武县属邠州。三原、泾阳北部属耀州。长武西部属泾州。设麟游、普润二县，属秦凤路凤翔府辖。高陵县当属关西道京兆府、京兆府路京兆府。定边属陕西路，西夏占领后，全境纳入西夏版图。

金，金夺取北宋北方领土后，在其辖地建立五京，设置14路总管府，合计为19路。今陕西境内初为6路，后合并为4路。今秦都区、兴平、泾阳属京兆路的京兆府管辖。三原属京兆路的耀州。乾县、礼泉、武功属凤翔路的乾州。永寿、淳化、栒邑、彬州、长武东部属庆原路的邠州，长武西部属庆原路的泾州。

元代在路之上设行中书省，实行省、路、府（州）、县四级行政制度。在全国建立11个行中书省，其中“陕西等处行中书省”即今陕西省的肇始，管辖今陕西及甘肃、宁夏一部分。今咸阳市处于元代奉元路与巩昌路的交界处，永寿、乾县、武功、礼泉属奉元路的乾州。三原属奉元路的耀州。秦都区、兴平、泾阳直属于奉元路。淳化、彬州市、栒邑及长武的东部在元代初年属于巩昌路的邠州，后邠州又改属凤翔路。长武县西部属巩昌路的泾州。后泾州改属平凉府。大德九年（1305年）撤销普润县，其地并入麟游县，归凤翔府辖。高陵县属安西路、奉元路。定边县东滩属延安路，余属庆阳府。

明代改行中书省为承宣布政司，但习惯上仍称“省”。分全国为13个承宣布政司，“陕西等处承宣布政司”的辖区相当于今陕西、甘肃及宁夏3省（区）。省下设府或直隶州，府下辖州和县，直隶州和府属州下都辖县，不辖县的府属州称为散州。今咸阳市的地域在明代属西安府，其中长武、栒邑、彬州、淳化属西安府的邠州。永寿、乾县、武功县属西安府的乾州。高陵等其他各县直接隶属于西安府。定边县境属榆林卫，隶陕西布政司延安府。后增设靖边同知，定边属之，明中叶属延绥镇。

清代行政制度实行省、道、府（直隶州、直隶厅）、县四级制，陕西省的范围与今日大致相同，今咸阳市地域属西乾鄜道，秦都区、泾阳、兴平、礼泉属乾鄜道下的西安府。乾县、永寿、武功清初属西安府，后改为乾鄜道下的乾州直隶州，彬州、淳化、栒邑、长武、高陵在清代初年也属于西安府。后升为乾鄜道下的邠州直隶州。定边先后属榆林府、延安府。

民国时期，省辖的地方政区，改为道、县两级。民国二十二年（1933年）撤销道制，只存省、县两级。民国二十四年（1935年）至二十九年（1940年），陕西省先后在县以上设10个行政督察区。今咸阳市地域属陕西省关中道，将清代的乾州改为乾县，邠州改为邠县，三水改为栒邑，其他各县名称及辖地与清代相同。1939年前后，又在县之上建立行政督察区专员公署。栒邑、淳化属设在耀县的第二行政督察区专员公署。高陵县属陕西省第十行政督察区。彬州、长武、乾县、永寿、礼泉属设在彬州的第七行政督察区专员公署。武功属设在宝鸡的第九行政督察区专员公署。秦都区、泾阳、三原、兴平属设在咸阳的第十行政督察区专员公署。定边县属陕西省第一行政督察专员公署。

1935年10月19日，中共中央和中央工农红军长征到达陕北，11月，成立中华苏维埃共和国临时中央政府西北办事处，分陕甘苏区南部，在栒邑县马栏镇设立关中特区，辖永红、新正、赤水、淳耀4个县。

1937年，关中特区改属陕甘宁边区。1940年，关中特区改为关中分区。至1946年，关中分区辖位于甘肃境内的新宁县和位于栒邑、淳化、耀县境内的新正、赤水、淳耀3个县。

1948年6月到1949年9月，关中各县陆续解放，与此同时撤销关中分区，境内设邠县、三原、咸阳3个分区。

1949年10月1日中华人民共和国成立。咸阳、三原、彬州分区机关干部及各县群众隆重集会，热烈庆祝。中共咸阳、三原、彬州地方委员会隶属中共中央西北局领导；咸阳、三原、彬州分区行政督察专员公署同属陕甘宁边区政府领导。咸阳分区下辖咸阳、兴平、武功、长安、周至、户县6县。三原分区下辖三原、泾阳、高陵、富平、耀县、铜川、淳化7县。彬州分区下辖彬州、长武、栒邑、乾县、礼泉、永寿、麟游7县（市）。

1949年11月后，以咸阳县城关区改设区级咸阳市。1950年5月，撤销三原、邠县分区，咸阳分区改为咸阳专区。

1952年12月，区级咸阳市升为县级咸阳市。

1953年撤销咸阳专区，咸阳市、咸阳县、邠县、铜川县由省直辖。三原、泾阳、高陵、富平、耀县划归渭南专区。醴泉、淳化、栒邑划归宝鸡专区。

1958年12月，咸阳县并入咸阳市，长武、栒邑并入邠县，永寿、醴泉并入乾县，高陵、泾阳、淳化并入三原县，扶风、武功并入兴平县。

1961年恢复长武、栒邑、永寿、醴泉、泾阳、淳化、武功等县。是年10月复设咸阳专区。

1966年，咸阳市划归西安市管辖。

1969年，咸阳专区改为咸阳地区。

1971年，咸阳市复属咸阳地区。

1983年9月，国务院批准撤销咸阳地区，成立地级咸阳市，将原县级咸阳市改设为秦都区，将原专区所辖高陵县划归西安市。

1986年12月，经国务院批准，分秦都区，设立渭城区。

2015年8月，高陵县撤县设区正式挂牌。

2017年4月，按照省委、省政府《关于促进西咸新区进一步加快发展的意见》文件精神，以及省委办公厅、省政府办公厅印发的《西咸新区托管辖区行政和社会管理职能工作实施方案》，明确西咸新区全面托管辖区内咸阳市的行政和社会管理职能。西咸新区五个新城与咸阳市秦都区、渭城区、泾阳县、兴平市的15个镇（街道）整体委托西咸新区管理。西咸新区托管的咸阳市15个镇（街道），总面积644.56平方千米，人口约67万人。其中渭城区正阳街道交由秦汉新城管理；泾阳县太平镇交由空港新城管理；泾阳县泾干街道、永乐镇、崇文镇、高庄镇交由泾河新城管理。

2018年4月，经国务院批准，民政部批复陕西省人民政府同意彬县撤县设市。

第二节　流域机构

一、古代机构

古代凡重大水利工程，统由历代王朝统治者钦选官员主持兴治，或遣使巡行检视。

汉时，咸阳地属畿辅，灌溉、漕运日见重要，武帝曾命左内史、大司农等朝廷重臣主其事，并受命厘定管理法规。哀帝时，光禄大夫息夫躬曾“持节领护三辅都水”。

唐代郑白渠的水利管理机构，除中央设有工部尚书，下属水部（水行政管理机构）、都水监（工程施工机构）和河渠署（中央派出机构）外，在地方上还设有河堤使者，后称河堤谒者。郑白渠的管理直属京兆尹，并以京兆少尹一人负责，有时亦兼有“渠堰使”衔，或另设“渠堰副使”。府、县差官一人督视，“每渠及斗门设长一人”。上至中央、下至斗门，都有专人管理，形成一套系统的管理机构和体制，还规定了渠、斗长的选用标准和考核制度。

宋代丰利渠管水机构，中央仍有工部所属之水部，以及都水监和外置都水使者（或称外都水丞）之设置，三白渠则其设专官称作提举三白渠公事。其职责是掌潴泄三白渠，以给关中灌溉之利。

元代王御史渠的管理组织，较前代更加健全，设专职官员管理。改河渠司为屯田总管府兼河渠司事，设总管、副总管、看守洪堰水军等。王御史渠建成后，屯田总管府兼河渠司事的组织机构，一直延续到元代末年。

明代广惠渠的管理组织称为水利司。现存泾惠渠管理局渠首明天启二年（1622 年）的水司碑上就曾提到“水利司”。明代形成了严格的用水制度。渠道的管护有官渠和民渠之分。干渠由四县衙门管理，所需费用，由官府拨款。王屋一斗以下的渠道为民渠，分别由各县按辖区分管，由民间养护管理，用水管理十分严密。

清代陕西陕安道（驻汉中）兼管省内水利。府、州分别由同知、通判和州同、州判兼管水利。雍正五年（1727 年），西安通判移驻泾阳县百谷镇专司泾白渠事，乾隆五十一年（1786 年）撤销水利通判，改设水利县丞或由灌区各县知县兼管，并由当地士绅组织龙洞渠管理局负责管理。清代在渠道上设有渠长、水老和斗管人员，形成较系统的管理组织。

二、民国机构

民国时期，规模较大的水利工程多由陕西省水利局直接组织兴建和管理。

民国五年（1916 年）设全国水利局陕西水利分局，直隶陕西省长公署。民国十六年（1927 年）四月，陕西水利分局改为陕西省水利局，直属省建设厅。民国十八年（1929 年）陕西省水利局并入省建设厅。民国二十一年（1932 年）八月恢复水利局，改称陕西省水利局，直属单位有泾惠局等。至民国三十七年（1948 年）直属机构有泾惠渠、泔惠渠等管理局。

（一）龙洞渠管理局

民国初年，龙洞渠管理体制仍沿清制，民国六年（1917 年）十一月二十七日，陕西省水利分局委任于天赐、姚秉圭为龙洞渠正副渠总。据民国十一年（1922 年）龙洞渠管理局四县水利总章规定：龙洞渠设管理专局，设主任 1 人，经管全渠事务；三原、高陵两县各仍旧案，另设龙洞渠水利局，泾阳、醴泉两县龙洞渠水利局即附于龙洞渠管理局内。两县境内渠务即由管理局主任兼管；各县另举渠绅 2 人（礼泉县 1 人亦可），组成渠绅会议，与管理局主任协作，遵守定章，管好渠务；以下各渠之民渠管理制度，如泾阳之水老、值月利夫，三原之堵长，高陵之斗门夫等，仍按旧制。

（二）泾惠渠管理局

泾惠渠第一期工程完成后，民国二十三年（1934 年）元月在泾阳县城设立泾惠渠管理局，直属陕西省水利局领导。管理局设总务、工务两个课，并在灌区内设张家山（渠首）、社树、刘解、汉堤洞、三原、磨子桥、仁村、高陵8个管理处（后增设泾阳管理处）；全局职工共计125人（干部35人，测工10人，渠工80人），至1949年全局职工有115人（干部51人，工人64人）。

（三）泔惠渠管理所

泔惠渠于民国三十二年（1943年）五月由陕西省水利局组织兴建，民国三十三年（1944年）二月建成即成立陕西省泔惠渠管理所，因灌区小，委托泾惠渠管理局代管。1951年移交礼泉县管理，改名为礼泉县泔惠渠管理局。

三、当代机构

1949年以后，流域内市级水政主管部门水利机构于20世纪60年代前后相继建立，随着机构改革或行政区划的变更而屡经分合。

（一）咸阳市水利局

咸阳专员公署水利局于1961年11月17日成立，办公设专署院内小楼（今军分区驻地），1963年局址迁至渭阳路（原为农药化肥厂）。1965年8月7日更名为咸阳专员公署水利电力局。1968年9月咸阳专区水电工作队革命委员会成立，1969年10月随专区易名，改为咸阳地区水电工作队革委会。1970年6月7日成立咸阳地区革委会水电局，1979年1月1日改名为咸阳地区行政公署水电局，1984年5月改名为咸阳市水利水保局。1994年5月，又改名为咸阳市水利局。

2019年咸阳市开展机构改革，咸阳市水利局部分职责划转至其他市级部门。水资源调查和确权登记纳入自然资源局管理职责；将水功能区划编制、排污口设置管理、流域水环境保护职责划转至市生态环境局；农田水利建设项目和渔业管理职责划转至市农业农村局；水旱灾害应急职责划转至市应急管理局；自然保护区、风景名胜区管理职责划转至市林业局；22项行政审批职能划转至市行政审批局。

主要职责：负责保障全市水资源的合理开发利用；负责生活、生产经营和生态环境用水的统筹和保障；按规定制定水利工程建设的有关制度并组织实施；指导水资源保护工作；负责节约用水工作；负责水利设施、水域及其岸线的管理、保护与综合利用；指导监督水利工程建设与运行管理；负责水土保持工作；负责农村水利工作；负责落实综合防灾减灾规划相关要求，组织编制洪水干旱灾害防治规划和防护标准并指导实施；负责水利工程移民管理工作；负责重大涉水违法事件的查处，协调跨流域、跨区域水事纠纷，指导水政监察和水行政执法；开展水利科技工作。完成市委、市政府交办的其他任务。

机关内设秘书科（党建办公室）、规划计划科、建设管理科、农村水利水电科、水政水资源管理科、河湖管理科、水利管理科等七个内设机构。截至2020年底人员编制597人，其中行政编制26人、事业编制571人；实有人员509人，其中行政27人、事业482人。

（二）西安市水务局

西安市水利局于1959年4月成立。1962年5月与市农林、畜牧局合并成立西安市农业局。1973年4月成立西安市革命委员会水电局。1977年12月改名西安市水电局。1996年4月由西安市水电局更名为西安市水利局。2002年8月更名为西安市水务局。

根据“三定”方案批复，2020年市水务局机关内设13个处室，分别为：办公室、组织人事处、机关党委、规划计划处（市移民办公室）、水政水资源处、建设与运行管理处、农村水利与水土保持处、供水管理处、污水处理监管处、水灾害防御处、行政审批处、财务审计处、河湖长制工作处。截至2020年底，西安水务局及所属预算单位人员编制435人，其中行政编制54人、事业编制390人；实有人员384人，其中行政人员51人、事业人员333人，单位管理离退休人员198人。

第三节　区县水利

古代的地方小型水利工程，由知府、知县等地方官员或乡绅督办。至于府、县一级的水管常设官员，在元代有屯田府总管；在明代有管水同知、州有水佥事、县有县丞或主簿；清代有水利通判或责知县委绅士设局管理，清至民国，县属民渠，初由县丞承理，后又改归县知事直接掌管，对于灌溉面积较大的县，则仍设水利丞之职，专管公事。古代泾阳县衙和县令均对泾渠水利负有督护职责，或配合中央或陕西军政大员对工程进行巡视和修葺。

民国时期，县政府设建设科。地、县水利专门机构极少。

1949年以后，各县水利管理机构，先由县人民政府设建设科（第四科），分管水利行政工作。1957年后设水利工作队，至1959年各县先后设立水电局。1961年又相继撤销水电局，与农牧局合为农林水牧局。1961年咸阳专员公署水利局成立，各县复设水电局或水利局。1984年实行市管县建制，各县改名为水利水土保持局。1994年后又改名为县区水利（务）局至今。

县（区）水利局主要职责：负责水资源的合理开发和利用工作；负责生产、生活和生态环境用水的保障工作；负责节约用水工作；负责水资源开发和保护工作；负责重大涉水违法事件的查处；组织编制全县水利项目建议书和可行性报告；组织指导全县水利设施、水域及岸线的管理与保护；按照分级管理的原则，对全县已成水利工程进行管理；负责管理全县河道、水库、滩涂等水域岸线及主要河流、水库的综合治理和开发利用；负责全县水库、水电站大坝的安全监管；负责大中型水库移民后扶持工作。负责农村水利工作；负责全县水利灌溉管理及调度工作；组织协调全县农田水利基本建设、农村水电电气化建设；负责农村供水水源的管理工作；主管全县水土保持工作；负责水利科技与教育工作；负责全县渔业工作；负责组织、协调、指导、监督全县防汛抗旱工作；对主要河流和重要水库、水电站工程实施防汛抗旱调度，编制全县防汛抗旱应急预案并组织实施；承担全县防汛抗旱指挥部办事机构的日常工作；负责管理水利突发事件的应急工作；负责与县脱贫攻坚指挥部办公室及相关部门联系、沟通，制订全系统脱贫攻坚工作计划；按照国家有关规定，对水利部门的国有资产和水利专项资金进行管理；配合有关部门对水费和水电价格进行管理；依据《中华人民共和国政府信息公开条例》推进政务信息公开，建立健全机关政务信息公开制度，面向社会公开有关政务信息；承办县委、县政府和上级业务部门交办的其他事项。

各县（区）局根据工作情况，分别设有水工队、地下水工作队、物资站（库）、修配厂、水保站、施工队、水产站、灌溉管理站等直属水利管理单位，又有水库管理局（站）、抽水站等单位。

2019年政府机构改革后，县级水利机构一般下设6个事业单位，包括：水利综合执法大队、水旱灾害防御中心（河湖库管护中心）、水利工程服务中心（水利工程质量监测站、水库移民工作站）、水资源工作站（节约用水工作站）、城乡供水保障中心、水土保持工作站等。

根据县级实际，对有重大水利设施的，也设置专门管理服务机构。泾阳县整合县水利局所属的县冶峪河管理中心、县党家堡电力抽水站、县红旗电力抽水站、县张家山电力抽水站、县云阳抽水站（县抗旱服务队）、县灌溉管理工作站6家事业单位，组建县水利灌排工作总站，为县水利局所属事业单位。

第四节　直属单位

2019年6月26日，根据中共咸阳市委机构编制委员会《关于印发〈咸阳市市直承担行政职能事业单位改革实施方案〉的通知》（咸编办〔2019〕69号）、《关于市水利局所属部分事业单位更名的批复》（咸编办〔2019〕80号），咸阳市部分事业单位名称进行了变更。市水资源管理办公室（市水政监察支队、市节约用水办公室）更名为市水资源工作站（市节约用水工作站）。市城乡供水管理办公室（市水质检测中心）更名为市城乡供水保障中心（市水质检测中心）。市水利管理站（市水库移民管理办公室）更名为市水利工程服务中心（市水库移民工作服务中心）。市渭河生态区建设管理局更名为市水旱灾害防御中心，加挂市渭河生态区保护中心牌子。市羊毛湾水库管理局更名为市羊毛湾水库管理中心。市水土保持工作站不再加挂市水土保持监督管理总站牌子。市地下水管理监测站更名为市地下水监测站。市水利工程质量监督站更名为市水利工程质量监测鉴定站。

截至2020年12月，咸阳市水利局下属市水旱灾害防御中心（市渭河生态区保护中心）、市水土保持工作站、市城乡供水保障中心（市水质检测中心）、市水利工作队、市羊毛湾水库管理中心、市水资源工作站（市节约用水工作站）、市水利工程服务中心（市水库移民工作服务中心）、市地下水监测站、市水利工程质量监测鉴定站、市河务管理中心、市水利水电规划勘测设计研究院、市水利物资供应站、市水泥制管厂13个直属单位。

一、咸阳市水土保持工作站

咸阳市水土保持工作站的前身是1955年黄河水利委员会西北工程局，成立于宝鸡的宝鸡水土保持工作站。1957年3月经陕西省人民政府批准，迁至彬州，改名为陕西省泾渭水土保持工作站，直属陕西省水土保持局领导。1960年下放彬州管理。1962年4月又收回由陕西省水利厅直接领导。1969 年下放咸阳地区，成立咸阳地区水土保持工作站。1984 年改为现名。1988 年 8 月由彬州迁回咸阳市。1995 年 10 月经咸阳市编制委员会批准，同意设立“咸阳市水土保持监督管理总站”，和市水土保持工作站成为一套机构、两块牌子。2019 年不再加挂市水土保持监督管理总站牌子。

主要职责：宣传贯彻水土保持法律法规；承担全市水土保持规划、专项规划、实施方案的技术审查；组织开展水土保持科学研究、试验示范和技术推广；组织开展全市水土流失动态监测和水土保持规划、项目实施效果评估；承担全市水土流失治理项目和生态修复工程的组织实施与检查；承担全市淤地坝安全运行的技术保障工作；承担市级水土保持信息基础平台建设与运行管理；参与全市水土流失预防和生产建设项目水土保持监督检查工作；参与生产建设项目水土保持设施验收核查工作；承担生产建设项目水土保持补偿费征收的事务性工作。

二、咸阳市水利工作队

咸阳市水利工作队成立于 1967 年 5 月。承担水利工程建设项目的技术服务；承担全市地下水资源的勘探、勘测；承担全市防汛抗旱技术培训；承担防汛抢险队伍建设管理、设备维护、防抢训练等工作，配合做好城区段防汛抢险、救援有关工作；承担市区防汛抢险物资储备库管护工作；承担全市化工专业救援相关职责；承担全市水利新技术的试验、研究、推广和水利技术合作交流；承担全市水利专业人才继续教育基地建设、管理运行工作；承担水利系统干部职工业务技术培训工作；承担全市水利行业工程建设安全生产的技术指导和培训工作；指导全市水利风景区创建工作。

三、咸阳市城乡供水保障中心（市水质检测中心）

1981 年，当时的咸阳市（即今秦都区）人民政府成立地下水领导小组，1982 年 6 月正式管理城区地下水资源，并开始征收水资源费。1982 年成立咸阳市地下水资源管理办公室，隶属市城建系统。1993 年，经咸阳市人民政府（大市）研究决定，移交市水利局管理，改为现名。2019 年更名为市城乡供水保障中心（市水质检测中心）。

主要职责：宣传贯彻《中华人民共和国水法》《中华人民共和国水污染防治法》《城市供水条例》和《陕西省城乡供水用水条例》等法律法规；拟订全市城乡供水规划、应急预案，并组织实施；组织编制市级供水规范规程和技术标准；承担全市城乡供水项目建设的前期工作，拟订全市城乡供水项目年度建设计划及投资安排意见，并组织实施；承担饮水型地方病防治的改水工作；指导全市城乡供水项目的运行管理；承担市区二次供水管理工作；承担关闭市区自备水源井有关工作；承担城乡供水水质监测工作，指导各县（市、区）供水水质监测工作；协助城乡供水价格核定，推广供水节水新技术、新规范、新工艺、新材料，组织业务培训。

四、咸阳市羊毛湾水库管理中心

羊毛湾水库建成后，设立羊毛湾水库灌溉管理局，隶属乾县人民政府管理。1993 年 5 月，经咸阳市人民政府批准，移交市水利水土保持局管理，局址由乾县老鸦咀迁至乾县县城，名称改为羊毛湾水库管理局。2019 年更名为市羊毛湾水库管理中心。

主要职责：宣传贯彻中央、省、市关于水库和灌区管理的法律法规、政策；承担羊毛湾、老鸭咀、南沟、芋村东沟、芋村西沟等水库的运行管理及安全巡查工作；拟订管辖水库的发展规划、控制运用规划、防洪抗旱调度预案，并组织实施；承担灌区灌溉工程运行管理、农业灌溉、水旱灾情监测预警和防汛抗旱工作；拟订灌区发展规划、供水计划和方案，并组织实施；执行相关的供水价格标准和节水、计量技术标准，承担灌区新技术的开发、引进、试验研究及推广工作；组织实施管辖水库库区渔业资源调查、评价、规划、保护与开发利用；承担羊毛湾水库饮用水水源地保护，开展城乡供水工作；推进现代化灌区建设和节水型灌区建设；配合处理灌区水事纠纷，维护正常的用水秩序。

五、咸阳市水旱灾害防御中心（市渭河生态区保护中心）

市渭河生态区建设管理局，2019年更名为市水旱灾害防御中心，加挂市渭河生态区保护中心牌子。

主要职责：组织实施重要河流、城镇防洪规划和全市干旱灾害防治规划；承担洪水风险图编制运用；承担防洪保护区洪水影响评价工作；拟订重要河流、水库、水工程防御洪水方案，并组织实施；承担山洪灾害防治相关工作；承担水库蓄水和干旱影响评估，拟订抗御干旱预案和重要河流水库、水工程应急水量调度方案，并组织实施；承担水旱灾害防御物料储备、管理；承担全市水情、旱情、工情的监测、预报、预警，以及水旱灾害防御调度演练；承担堤防、水库以及其他水旱灾害防御工程的抢险及水毁修复；承担防洪应急抢险的技术支撑；参与拟订渭河生态区详细规划和岸线管理、滩涂利用、生态修复、综合治理等专业规划，并组织实施；拟订渭河防洪工程生态修复设施的运行管理标准、维修养护方案，并组织实施；承担渭河生态区界线划定、生态区建设项目技术性审核、河道内建设项目防洪影响评价、水域岸线管理，以及渭河生态区国有土地、水资源、砂石资源的保护和开发利用等方面的事务性工作；承担渭河生态区的生态文化宣传、生态流域治理保护技术研究等工作；承担渭河城区段水景观工程坝系的联合调度工作。

六、咸阳市水资源工作站（市节约用水工作站）

市水资源工作站（市节约用水工作站）成立于1988年5月，1998年6月，经市编制委员会批准，成立了咸阳市水政监察支队，和市水政水资源管理办公室一套机构、两块牌子。2004年11月，咸阳市节约用水办公室成立，亦设在市水政水资源管理办公室内。2019年更名为市水资源工作站（市节约用水工作站）。

主要职责：宣传贯彻《中华人民共和国水法》和有关水资源法律法规、政策；承担全市实施最严格水资源管理制度的指导落实工作；承担水资源调查、评价、监测工作；参与编制全市水资源调度方案、水资源开发利用综合规划和水中长期供求计划；承担全市用水总量控制、水量分配、水资源保护的事务性工作；指导河湖生态水量管理工作；参与审查水资源开发利用规划、市级管辖范围内建设项目水资源论证报告；承担市级年度用水计划下达的事务性工作；承担全市水资源统计工作；承担全市水资源监测系统建设及管理工作；全市节约用水规划和节水方案；协调指导各县（市、区）及全市各行业开展节约用水工作；指导城市污水处理回用等非常规水源开发利用工作；指导规划编制及建设项目节水评价工作，落实节约用水“三同时”制度；推广节水新工艺、新技术；承担节水宣传教育和行业技术培训工作；承办水资源有偿使用相关事务。

七、咸阳市水利工程服务中心（市水库移民工作服务中心）

市水利工程服务中心（市水库移民工作服务中心）的前身为市水利水保局水利管理科。1986年4月，经市编制委员会批准，决定成立市水利管理站，人员从局机关调配，并撤销原水利管理科。2019年更名为市水利工程服务中心（市水库移民工作服务中心）。

主要职责：宣传贯彻《中华人民共和国水法》《水库大坝安全管理条例》以及《陕西省水工程管理条例》等关于农村水利管理方面的法律法规、政策；参与全市水库大坝安全检查、大坝安全鉴定的相关工作；对全市已建成水利工程管理、病险水库除险加固提供技术支持；对全市水库大坝注册登记提供技术服务；参与编制全市农村水利工作的发展建设规划、计划安排方案以及资料的收集统计工作；指导羊毛湾灌区工程建设、挖潜配套、更新改造等工作；服务全市农村水利基层服务体系建设，指导各县市区、乡镇水管站的业务工作；宣传贯彻关于水利水电工程移民开发和后期扶持的法律法规、政策；执行水库移民有关技术规范、标准，制定地方性实施意见及管理办法；承担全市水利水电工程拆迁征地移民安置和水库移民后期扶持（资金直补和项目扶持）工作；拟订大中型水库移民后期扶持规划、大中型水库库区和移民安置区基础设施建设规划、小型水库移民后期扶助规划，并组织实施；承担水利水电工程水库淹没区实物指标调查细则、移民安置规划大纲、移民安置规划等前期工作的技术服务和业务指导；承担全市境内水库移民及外迁移民的上访咨询和政策落实工作；服务指导小型水库移民后期扶持的实施工作。

八、咸阳市河务管理中心

咸阳市河务管理中心成立于1986年6月。

主要职责：宣传贯彻《中华人民共和国防洪法》《中华人民共和国河道管理条例》《陕西省河道管理条例》等有关河道建设与管理方面的法律法规、政策；拟订咸阳市河道管理办法、河道治理规划、河道采砂规划、河流岸线保护与利用规划，并组织实施；指导全市河道治理工程的建设管理和日常维护工作；承担涉河建设项目方案技术审查；指导全市河道采砂管理工作及河道环境监管工作；承担河道管理范围内国有土地开发利用工作；承担全市河道治理新技术推广工作；承担市河湖长制办公室日常事务性工作。

九、咸阳市地下水监测站

市地下水监测站的前身为咸阳地区地下水工作队，成立于1969年。1991年经市编制委员会批准，设立市机井管理站，与市地下水工作队合署办公。2007年12月29日经上级批复同意，更名为咸阳市地下水管理监测站，2019年更名为市地下水监测站。

主要职责：宣传贯彻《中华人民共和国水法》《陕西省地下水条例》《陕西省地下水取水工程管理办法》《陕西省地下水监测工作规则》等有关法律法规、政策；组织开展地下水动态监测及调查评价，拟订地下水保护与利用规划；参与地下水取水工程的监督检查；承担地下水监测站网及其信息化建设管理与维护，收集整理监测信息；承担地下水水资源税的计量核定工作；承担法律法规规定的其他职责。

十、咸阳市水利工程质量监测鉴定站

为了加强全市水利工程质量监督管理，确保工程建设质量，2003 年 5 月，经市编制委员会批准，成立市水利工程质量监督管理站，2019 年更名为市水利工程质量监测鉴定站。

主要职责：宣传贯彻国家和上级质量监督机构有关水利工程建设质量监督和质量管理的方针、政策、规范、规程及标准；拟订全市年度水利工程质量监督监测计划；参与全市水利工程重大质量事故的分析、处理和工程质量争端的仲裁；参与全市水利工程的各阶段验收和竣工验收；在全市水利水电项目申报优秀设计、优秀工程项目时，签署对工程质量的评价意见；参与全市范围内水利水电工程采用新技术、新结构、新材料、新工艺的质量鉴定；监测全市水利工程质量动态，定期上报质量监测工作情况，及时上报发现的重大问题，总结交流质量监测工作经验。

十一、咸阳市水利水电规划勘测设计研究院

咸阳市水利水电规划勘测设计研究院成立于 1961 年，原名为咸阳地区水利勘测设计队。随着技术队伍的不断壮大和业务范围的扩大，1986 年 8 月更名为市水利水电建筑勘测设计院。2001 年又改为市水利水电规划设计研究院。

主要职责：参与编制全市河流流域综合规划及全市水利水电中长期规划；承担水资源规划、水资源保护规划、水土保持规划、防洪规划等规划编制的技术服务工作；承担全市水利工程规划和各县（市、区）小型水利水电建设项目各阶段报告的技术咨询工作；承担全市水利勘测设计的技术咨询工作；承担全市水利科技信息收集、整理工作，以及水利技术交流、技术指导服务及新技术引进与推广。

十二、咸阳市水利物资供应站

咸阳市水利物资供应站成立于 1971 年 6 月。在计划经济年代，主要负责全市 13 个县（区）的工程建设所需物资的供应工作。改革开放后，由于管理不善，在经营上大起大落，目前处于困境。2019 年已将资产、债权债务划归羊毛湾水库管理中心。

十三、咸阳市水泥制管厂

1973 年 6 月，为加强机井建设，咸阳地区将位于兴平县的人民引渭渠管理局水泥厂改为地区水泥制管厂，交地区水电局管理，主要承担农用井壁管和城市地下排水管的生产任务。多年来，该厂坚持质量第一、信誉至上的服务宗旨，赢得了众多客户的信赖，取得了较好的业绩。2000 年以来，由于市场意识薄弱，盲目扩张而陷入困局。2019 年已将资产、债权债务划归羊毛湾水库管理中心。

第五节 驻区域单位

一、陕西省泾惠渠灌溉中心

1961 年 10 月泾惠渠管理局办公地址由泾阳县迁驻三原县东关。1966 年 12 月 26 日泾惠渠管理局改为人民引泾渠管理局；1969 年 4 月人民引泾渠管理局下放归咸阳地区革命委员会领导。1973 年 12 月复归陕西省水电局（厅）领导；1978 年 12 月 22 日将管理局名

称恢复为“泾惠渠管理局”。2007年6月20日，省编委批复同意省泾惠渠管理局改革为管养分离的单位，设立具有公益性质的管理机构及自收自支的农业灌溉和维修养护队伍。同意组建省泾惠渠管理局为财政全额拨款事业单位，核定全额编制90名，同意组建省泾惠渠管理局下属的农业灌溉和维修养护队伍，自收自支编制370名。2016年9月省编办将陕西省泾惠渠管理局更名为陕西省泾惠渠灌溉管理局，为正处级公益二类事业单位，下设泾阳总站、高陵总站2个派出机构。核定全额拨款事业编制76名、经费自理事业编制193名。其中：局领导职数5名（1正4副），派出机构领导职数2名（副处级）。2019年1月更名为陕西省泾惠渠灌溉中心。

主要职责：承担辖区内水利工程的管理运行、防洪排涝、抗旱灌溉、碱渍化治理、生态保护、水资源开发利用等工作，保证工程安全运行和效益的充分发挥；承担上级水行政主管部门委托或授权的水行政职能。

2020年底，陕西省泾惠渠灌溉中心内设13个职能处室、1个工程维修养护大队，下设高陵、泾阳2个总站，灌溉系统20个单位（15个灌溉管理站、3个水库管理处、1个配水站、1个灌溉试验站），下属7家经营实体（泾河工程局、泾惠设计院、郑国监理公司、渠首电站、新庄电站、恒立工程质量检测有限公司、秦中聚源供水有限公司）。中心有在职职工532人。先后荣获全国水利系统文明单位、全国五一劳动奖状、最具时代精神的魅力灌区、全国厂务公开民主管理先进单位等称号，2020年11月被授予第六届全国文明单位。

二、陕西省东庄水利枢纽工程建设有限责任公司

2015年6月25日，省长娄勤俭主持召开省政府关于加快水利工程建设有关问题的专题会议，同意尽快组建东庄水利枢纽工程项目法人单位，由国资委会同陕西省水利厅提出组建方案。2015年11月2日，省人民政府第17次常务会议同意组建东庄水利枢纽工程建设有限责任公司，初期注册资本2亿元，注册资本分次到位，首期出资为9000万元。2015年12月12日，陕西省人民政府以陕政函〔2015〕273号文批复同意成立陕西省东庄水利枢纽工程建设有限责任公司，授权省国资委履行出资人职责，省水利厅负责日常监管与业务指导。陕西省东庄水利枢纽工程建设有限责任公司作为工程项目法人，主要职能为：负责东庄水利枢纽工程、供水工程的建设及运营管理；承担国有资产保值增值责任，依法享有授权范围内国有资产收益权、重大事项决策权和资产处置权等；组织编报并实施工程投资计划，研究提出并落实供水、发电等经营性项目投融资方案；组织工程阶段性验收工作，参与工程竣工验收；负责工程范围内的移民安置、环境保护等工作；承担省委、省政府安排的其他工作。2016年11月公司在陕西省工商行政管理局注册登记。注册类型为有限责任公司（国有独资）；法定代表人为肖宏武（公司党委书记、董事长）；注册资本：20000万元人民币；营业期限：长期；注册地址：陕西省西安市新城区西七路198号江河大厦。公司内部设综合管理部、计划合同部、财务审计部、人力资源部、工程技术部、移民环保部6个部门。2017年12月公司设立了监察审计室；2018年11月将工程技术部拆分为建设质量部和安全技术部。2019年2月成立了子公司陕西东庄水利工程管理有限公司。2019 年 12 月 5 日，设立党委党群工作部，撤销党委宣传部，其原有职能划归党群工作部。2020 年 2 月 11 日，公司根据工作需要，设立董事会办公室。2020 年 9 月 8 日，设立纪检监察机构。

三、宝鸡峡礼泉总站

宝鸡峡礼泉总站成立于 1977 年 1 月，站址位于礼泉县市政街 8 号，原为科级建制。1988 年 3 月与原北索总站合并成立新的礼泉总站，住址不变，升级为副处级建制。机关设政工科、办公室、财务科、生产科。主要负责礼泉、乾县、武功、泾阳、秦都境内 82.93 万亩农田灌溉任务，有效灌溉面积 57.12 万亩；负责塬上 157+100 ~ 170+208 千米总干渠和东西干渠的巡查养护，安全输水。管理塬上总干渠 13.108 千米，东干渠 26.327 千米，西干渠 18.447 千米，管理支渠、分支渠、输水渠 25 条，长 238.663 千米。管理泔河水库和泔河二库两座水库。现有职工 136 人。礼泉总站下辖马莲管理站、白杨寨管理站、泔河水库管理站、赵镇管理站、泔河二库管理站、阡东管理站、南寨管理站、骏马管理站、史德管理站、礼泉管理站、礼泉配水站。

四、咸阳水文水资源勘测中心

咸阳水文水资源勘测中心成立于 2017 年 3 月，隶属于陕西省水文水资源勘测中心，机关位于咸阳市秦都区玉泉西路 76 号。2021 年 12 月，陕西省委编办正式批复咸阳中心机构规格及编制。中心管辖水文（位）站 16 处、专用站 2 处、雨量站 101 处、墒情站 4 处、水质监测断面 46 处。设有综合科、技术科、设备科（巡测队）、水质科和安全生产领导小组办公室，建有咸阳水情分中心和咸阳水环境监测分中心。目前编制 45 人，在职职工 42 人，其中中共党员 20 人、高级职称 5 人、中级职称以上 18 人，平均年龄 36 岁。

中心承担辖区内渭河、泾河流域水文水资源监测、水文资料收集、水情旱情信息报送、洪水预警预报等任务。负责西安市、咸阳市、渭南市、铜川市、杨凌示范区境内重要河流、省界断面、重要水源地共 46 处水质水生态监测分析工作。为咸阳市、杨凌示范区水旱灾害防御、水资源刚性约束管理、河长制湖长制、突发性水污染事件应急处置等提供水文水资源信息，发挥尖兵和耳目作用，为地方经济社会高质量发展提供水文支撑服务。中心先后被评为“省直机关五星级党支部”“陕西省水利文明单位”“建党 100 周年”先进基层党组织、团省委“青年文明号”、省农林水利气象总工会“三星级工会”“陕西省水利文明单位标兵”“全省防汛抗旱先进集体”“全国水文先进集体”。

五、高陵区渭河管理站

1972 年成立渭河治理办公室，1977 年更名为“渭河管理站”，编制领导 3 人，职工 9 人，行政上受高陵区水务局领导，业务由陕西省三门峡库区管理中心领导。主要负责境内渭河、泾河的河道治理和防洪工程建设及管护。截至 2020 年，管理站设办公室、工程科、水政科和财务科。管理站址为高陵区东环路 605 号。

六、泾阳县泾河管理站

1975 年设立泾河管理站。主要职责是：负责泾河段范围的防汛及砂石管理费的征收，国有土地的征管。站址位于泾阳县泾干镇望泾村。

七、景村水文站

景村水文站位于陕西彬州市新堡乡景村，东经 108° 08′、北纬 35° 00′，是 1934 年设立的亭口水文站，后因筹建大佛寺水库于 1963 年 3 月下迁彬州市新堡子乡景村，集水面积 40281 平方千米，距离泾河河口 189 千米，属泾河干流中游水文控制测站，为国家一类水文站。1995 年 8 月由陕西省水文水资源勘测局领导。同时在彬州市永乐、北极、新民、旬邑县城、第界、职田、湫坡、马栏坪里、永寿县永平、天堂寺等地设有 10 个雨量监测站。该站监测项目有水位、流量、泥沙、降水、蒸发、水质。设站目的是收集泾河流域中游段基本水文资料，掌握水量沙量变化规律，为开发利用泾河水利资源提供科学依据，为防汛工作提供水文情报预报。2003 年被西安市政府授予年度防汛先进单位称号。

景村水文站测验断面以上是黄河水利委员会水文测验控制区，黄委在泾河支流马莲河及泾河上游设有 10 多处水文站，而景村水文站是马莲河与泾河汇合后的控制站，测报工作对陕西省泾河、渭河防汛工作作用重大。

八、张家山水文站

张家山水文站由民国陕西省水利局于 1932 年 3 月设立，属泾河干流控制测站，国家一类水文站，位于陕西省泾阳县王桥镇岳家坡村六组。民国二十三年（1934 年）一月，泾惠渠管理局下设张家山管理处，主任岳建业，除管理渠首工程外，还负责泾河及渠道水文测验工作；10 月成立张家山水文站，陕西省水利局任命薛滟为站长，由泾惠渠管理局代管；1949 年起，陕西省水利局统一管理全省水文业务；1952 年，成立陕西省水文总站，于赵家沟另建张家山水文站新址，水文业务由水文总站领导，由水文总站及泾惠渠管理局双重领导，1962 年，张家山水文站由陕西省水文总站领导。1965 年 4 月 26 日，张家山水文站归陕西省水文总站省东分站管理。1986 年 4 月，由陕西省西安水文水资源勘测大队领导。2017 年 3 月，张家山水文站归陕西省咸阳水文水资源勘测中心管理。

九、桃园水文站

桃园水文站设立于 1966 年 4 月，该站位于陕西省西安市高陵区泾渭街道店子王村，因三门峡库区防汛业务的调整，桃园水文站 1995 年开始只观测水位，2003 年 7 月恢复水文各项测验业务。该站为泾河下游出口控制测站，是黄河三门峡库区的重要水文测站之一，隶属陕西省三门峡库区水文水资源勘测中心。该站编制 8 人，有高级工程师 1 人、工程师 1 人、助工 2 人。监测项目有水位、流量、泥沙等。

十、张河水文站

张河水文站位于长武县丁家乡张河村，为泾河重要支流黑河区域控制站、国家基本站，成立于 1971 年 4 月。集水面积 1506 平方千米，距河口距离 33 千米，建站以来实测最大流量 1620 立方米每秒，实测最大含沙量 917 千克每立方米。

十一、陕西省水利技工学校

陕西省水利技工学校为国家级重点技工学校、陕西省水利干部培训基地、国家开放大学（原中央广播电视大学）水利厅工作站，创建于 1960 年 4 月，校址设在西安市边家村，主管单位为陕西省水电厅工程局。1962 年 3 月，因处于国家困难时期而停办，只招收一届学生。1979年9月陕西省政府批准恢复陕西省水利技工学校，校址新设在泾阳县永乐店北，原水电金属线材厂地址，占地面积61亩，建筑面积2.9万平方米，实训实验车间3000平方米，操场5000平方米。直属于陕西省水利水保厅管理。1980年开始招生，2015年12月30日，学校整体划归陕西省教育厅管理。学校开设有中职、国家开放大学专科、本科三个层次的专业：技校类（中职）专业有农业与农村用水技术、水利工程施工技术、农村能源开发与利用、计算机应用与维修（电子商务方向）、电气自动化设备与维修等热门专业；开放教育专科专业有水利工程与管理、计算机网络技术、数控技术专业；开放教育本科专业有水利水电工程、计算机科学与技术专业。学校现有教职工95人，专兼职教师64人，其中高级讲师、讲师、技师50多人，全日制在校生1300余人，国家开放大学1700余人。

十二、泾阳县郑国渠国家水利风景区管委会

泾阳县郑国渠国家水利风景区管委会是泾阳县政府下属管理机构，2010年10月组建成立，是一个独立核算单位。主要职责：①贯彻执行国家有关法律法规和政策，依据国家和省相关法律规定，拟定景区的长远发展规划和年度计划，制定和落实景区管理保护办法。②负责景区旅游资源开发项目建设总体规划和分区详细规划的编制，按规定报请批准后组织实施；负责建设项目的计划编报及建设工程的协调、组织和指导工作。③负责景区内植物绿化、环境保护、安全生产、社会治安、环境卫生等各项管理工作；协调文物管理部门对景区内的文物加强保护。④负责对风景区的地貌、景观、山林、水体等自然资源对外招商以争取资金，并在有关部门审批后进行综合开发、建设、利用、维护和管理，并做好宣传推介工作。⑤景区内的郑国渠渠首遗址博物馆实行双重管理，日常工作归管委会管理，业务工作归文物旅游部门管理。实行人事共管，以管委会为主。⑥负责联系、协调泾惠渠管理局等有关职能部门的工作，做好景区交通、通信、电力等基础设施建设。⑦景区内整个项目开发实施按《中华人民共和国公司法》独立运作。泾阳县郑国渠国家水利风景区管委会内设机构3个，分别是项目科、财务科、办公室。截至2020年底人员编制10人，其中事业编制10人；实有人员2人，其中事业编制人员2人。

十三、泾河文化研究会

泾河文化研究会为泾阳县民间文化学术团体，登记成立于2015年。研究会法人代表成存义，核心成员有作家何冠雄、张俊、王冰等。研究会着力探究本地水利农耕、商贾望族、宗教信仰、民风习俗，发掘新的历史文物、文化景观资源、民间传说故事。举办学术报告会、作品研讨会等活动，促进文化学术交流与合作。全方位开展对外联谊，利用各种媒体资源宣传家乡地域文化，出版发行歌颂泾野人文故事等方面的文化书籍，提升当地知名度。多年来经过全体会员不懈努力，研究成果丰厚。先后结集《在泾之阳》《寸草春晖》《仲麓之光》《石中岁月》等。协会成员同时在国家、省、市各类期刊和网媒发表各类文章300余篇。通过注册泾河文化网络平台，编发会员研究论文、纪实散文、报告文学、采风游记、诗歌辞赋及摄影作品千余篇。多篇优秀作品先后获中央及省、市文化项目支持和荣誉表彰。2022年，唱响泾河文化、传承历史根脉文化项目，获中央、省、市、县教育部门“全民终身学习品牌项目”殊誉。

第六节　撤销的单位

一、陕西省泾河工程委员会

陕西省泾河工程委员会于1958年10月成立，副省长杨玉亭任主任，刘国声、吴亮明、张寿荫任副主任。同时成立泾河工程局（地市级建制），主持修建大佛寺水库工程，于1962年1月撤销。临时成立的大佛寺水库工程维护处，亦于1963年撤销。

二、陕西省泔河抽水管理局

陕西省泔河抽水管理局1964年6月成立，由省水利局领导。机关设政工、生产等4个科（室），下辖3个管理站和1个抽水站，灌溉面积11万亩，有职工58人。1966年12月易名为“陕西省燎原抽水管理局”，1969年1月下放礼泉县管理，1972年恢复原名，1975年5月由宝鸡峡管理局统管。

三、蒋刘乡水利管理站

蒋刘乡以上各渠均为末梢，供水难以保证，后修建蒋刘抽水站提水弥补。1986年乡政府组建水利管理站，设于蒋刘抽水站大院，统一管理全乡各渠用水。1997年夏灌后，由于河流改道造成闸前脱水，蒋刘抽水站停止运营。2000年，原蒋刘抽水站灌溉面积并入高庄抽水站灌区，蒋刘乡水利管理站随之废止。

四、陕西省泾河东庄水利枢纽工程现场建设管理处

2012年9月14日，由陕水人发〔2012〕55号文件批准成立，在陕西省水利厅泾河东庄水利枢纽工程建设领导小组领导下开展工作，东庄公司成立后管理处并入公司。

五、陕西省仪祉农业学校

陕西省仪祉农业学校创办于民国三十一年（1942年），是著名水利专家李仪祉的堂妹李翥仪创建，校址设在泾阳县城东5千米处的杨梧村，校舍占地180亩，建筑面积1800平方米。

民国二十八年（1939年），李翥仪先生应泾惠渠流域五县代表于右任及杜承斌的要求，来到泾阳县三渠乡杨梧村，选棉花试验仓库为校址进行扩建，首建学校。民国三十一年（1942年）招生两班，校名初定为“仪祉农业学园”（后更名“仪祉农业学校”）。学校为私立性质，李翥仪首任校长。新中国成立后，仪祉农业学校交由公办，其时开设三个专业9个班，计有农田水利科4个班，农艺科3个班，普通科2个班，学生共266人，学制三年。接收后数易校名，1949年更名为“陕甘宁边区仪祉农业职业中学”，1951年改为“西北仪祉农业学校”，同年又易名为“陕西省农业学校”，1959年改为“三原农学院”，1962年改为“陕西省仪祉农业学校”，1973年改为“陕西省咸阳地区农业学校”，1978年恢复“陕西省仪祉农业学校”名称。2005年，陕西省仪祉农业学校和陕西省彬州市师范学校、陕西省乾县师范学校、咸阳市体育运动学校合并升格为咸阳职业技术学院，并合并组建为二级仪祉农林学院。

仪祉农业学校师资力量雄厚，教学设备齐全，校外另有实验农场一个，占地 300 亩，内分农田、菜园、牧场、果园 4 部分，农场备有农用机械、汽车、马车、拖拉机等。学校有职工 204 人，其中副教授 5 人，讲师、农艺师、兽医师 44 人。开设有园艺、农学、植保、土肥、畜牧兽医、农产品加工等六个专业，学制四年，在校学生 400 余人。建校以来，其间除 1958 年“大跃进”和 1966 年“文化大革命”两度停办外，总计毕业学生 4262 人，为陕西及西北各省输送了大批农业科技人才。

第二章　治水人物

秦郑国之后的2200多年，泾河吸引了一代代水利人的目光，他们前赴后继在泾河上做文章。赵中大夫白公承担起修渠引泾重任。北宋末年，泾阳令侯可、陕西路提举常平使赵全等修建丰利渠。元代至大年间，西台御史王琚修建了王御史新渠。明代陕西巡抚项忠、余子俊、阮勤等修建广惠渠。民国年间，在两任陕西省水利局局长郭希仁、李仪祉努力下，建设了泾惠渠。新中国成立后，一代代水利人仍然在泾河大地上奋斗，他们在水利科技、水利工程建设、农业灌溉、水文化研究等不同领域，为这条河贡献着自己应有的力量。

第一节　人物传略

公刘（生卒年不详），周始祖后稷的曾孙，是一位杰出的部落首领。大约在夏桀时代，后稷开创了周族，最初定居在邰，即今陕西武功境内。后稷的儿子不窋失其职守，逃到戎狄。不窋生了鞠陶，鞠陶生了公刘。公刘回，恢复了后稷所从事的农业。由于西部戎狄的侵扰，百姓的生活不甚太平，作为部族首领的公刘带领百姓开始了第一次大迁移。数年间在甘肃庆阳至陕西彬州市一带流动，最后“乃相土地之宜，而立国于豳之谷焉”（见《诗经·豳风》；朱熹《集传》）。豳，即今陕西彬州市。《诗经·大雅·公刘》便是其后人祭祀时称颂他功绩的诗歌。他“复修后稷之业，务耕种，行地宜”，带领族人开垦荒地，兴修水利，制造农具，整修田园，种植五谷，发展畜牧，传播农耕文化，对庆阳川原地带农业区域的形成与发展作出了很大贡献。尔后，公刘将其活动扩展到宁县、合水、正宁、镇原一带，并移居温泉附近居住。22岁时，将首府迁移至南岗（今宁县城西庙嘴坪），史称“公刘迁豳”，大大地开拓了周的基业，其势力范围包括今青阳县和陕西省的旬邑、彬州、长武、淳化、耀州区、宜君、黄陵及泾川、灵台等16个县（市、区）。司马迁《史记·周本纪》有文字记载：“公刘虽在戎狄之间，复修后稷之业，务耕种，行地宜，自漆、沮度谓，取材用。行者有资，居者有蓄积，民赖其庆，百姓怀之，多徙而保归焉。周道之兴自此始，故诗人歌乐思其德。公刘卒，子庆节立，国于豳。”其中，“诗人歌乐思其德”指的就是《诗经·大雅·公刘》。

郑国（生卒年不详），出生于韩国都城新郑（现在河南省新郑市）。成年后，郑国曾任韩国管理水利事务的水工（官名），参与过治理荥泽水患以及整修鸿沟之渠等水利工程。

战国时期（公元前246年），郑国入秦游说，主持兴修了大型引泾灌溉工程郑国渠，使关中成为天府之国。至秦昭王时，秦国东进趋势已不可阻挡，大败楚国，数困三晋，长平之战坑杀赵卒 40 余万，东方六国的有生军事力量基本已被摧毁，由秦完成统一全国的宏伟大业几成必然。而韩国因区位关系，首当其冲，无可奈何之际，乃使出“疲秦之计”，派水工郑国游说秦国，劝秦开凿大型水利工程，以此疲乏秦国，从而无力东伐。后来秦始皇识破韩国计谋，因郑国游间秦，他便下了逐客令排除外来官员。李斯奉上《谏逐客书》，动之以情，晓之以理，被秦始皇接受，坚持了正确的用人路线。郑国又得到重用，郑国渠得以继续开工，“用注填阏之水，溉泽卤之地四万余顷，收皆亩一钟。于是关中为沃野，无凶年，秦以富强，卒并诸侯”（《史记·河渠书》）。郑国渠建成后，关中平原成为“天府之国”，为秦统一六国奠定了坚实物质基础。“疲秦之计”反成“强秦之策”。因其修渠有功，秦始皇便以他的名字命名此渠为郑国渠。

史禄，原百越人，入赘秦国首都咸阳城内一位富商家做上门女婿，后经举荐进入朝廷，并被派往咸阳附近的泾阳县去做县令。《史记·平津侯主父列传》作监禄，西晋史学家韦昭加注说“监御史名禄也”，认为“监”为官职，即监御史，名禄。

郑国渠建成后，干旱贫瘠的关中平原得以灌溉，大批盐碱地变成了肥沃良田，始皇成岭南令灵，几经史田，种上了大量的庄稼，成了秦国最富史禄足的粮仓，秦始皇一扫六国，统一了中原。他在收复了中原之后，又把目光转向了岭南。公元前 221 年，秦始皇为统一南方百越各部，命尉屠睢率 50 万大军分五路向百越进军。当部队进入湖南、广西交界的地段时，陆路坎坷崎岖，水路湘、漓又不连接，给部队行军作战、粮饷补给带来重重困难，秦兵受阻于岭南。秦始皇遂“使监禄凿灵渠运粮”，以使深入百越。于是，秦始皇便命令史禄于公元前 219 年开凿灵渠，史禄凭借他当年在泾阳县做县令时向水工郑国学到的经验，很快就完成了灵渠的勘察设计和渠道修凿工程。历时 5 年，灵渠于公元前 214 年建成，有效解决了秦始皇收复岭南的粮草运输问题，使秦始皇完成了中国的统一大业。灵渠不但可以“通漕运”，而且可以供农田灌溉，并在五岭以南增设三郡（桂林、象郡、南海）。

倪宽（？—前 103 年），西汉官员，字仲文，千乘（今山东省广饶县）人。历仕廷尉、掾举侍御史、中大夫、左内史御史大夫。汉武帝元封六年（前 105 年），奉诏与司马迁等共同制定“太初历”，精通经学和历法，且善文辞。

元鼎四年（前 113 年）倪宽迁升任左内史。左内史，相当于后来的京兆尹，负责治理京城长安所在的关中地区民政。倪宽在任期间，以儒家道德教化民众，劝课农桑，减轻刑罚，重视水利，深得关中地区民众拥戴。元鼎六年（前 111 年）“宽表奏开六辅渠，定水令以广溉田”。汉武帝采纳了倪宽的建议，并令他主持在郑上游以北（北岸）开凿六条小渠，扩大这一带的灌溉面积。《汉书·沟洫志》明确指出六辅渠所灌，是在郑国渠旁的高昂之地。倪兴修六辅渠之际，还就六辅渠的运行管理制定了严格的用水制度，促进了合理用水，扩大了灌地面积。

汉武帝在六辅渠完工后曾发出感慨:“农，天下之本也。泉流所以育五谷也。左右内史地，名山川原甚重，细民未知其利沟通渎，蓄陂泽，所以备旱也。”反映出了汉王朝对水利的重视。

白公，姓白，名佚，时人尊称白公，汉赵中大夫、西汉水利专家。太始二年（前 95 年），白公奏请在郑国渠以南再穿凿渠道，首起谷口，尾入栎阳，注渭中，灌田四千五百顷，为纪念白公命名为“白公渠”，后称郑白渠，百姓习称“白渠”。白公渠使用时间从公元前 95 年到公元 1106 年，是引泾诸渠中使用最久的。司马迁说：“关中之地，于天下三分之一，而人众不过十三，然其量丰，十居其六。”白渠是郑国渠的第二代工程，使用时间长达 1000 多年，管理经验丰富，后世引泾工程的灌溉管理以白渠最为尊崇。

苻坚（338—385），字永固，一名文玉，氐族，略阳临渭（今甘肃秦安东南、天水附近）人，前秦国君苻健之侄，初为东海王。升平元年（357 年），在汉、氐大臣支持下，苻坚杀了残暴的前秦国君苻生，自立为大秦天王，改元永兴，后又改为建元，任用汉人王猛执政，大力整顿吏治，打击专横不法的氐族贵族，重视发展农业生产，国力大增，先后攻灭前燕、前凉和代国，后南下攻晋，取益州，陷襄阳、彭城。建元七年（371 年），苻坚以关中时有干旱，“依郑白故事，发其王侯已下及豪望富室僮隶三万人，开泾水上源，凿山起堤，通渠引渎，以溉冈卤之田，及春而成，百姓赖其利”。

刘仁师，字行舆，彭城（今徐州）人，少年时爱好文学，后做地方官，曾担任数县县令，因政绩卓著，往往不至任满就升调他县。仁师任高陵县令时，增开刘公渠，引郑白渠水溉田，得到群众拥护和朝廷重用，升任检校水部员外郎、渠堰副使、检校屯田郎中兼侍御史等，被称为“循吏，能臣”。

安史之乱后，郑白渠旧的管理制度被破坏，上游泾阳县霸占渠水，不得下流，使“泾田独肥，他邑为枯”，虽经多次上诉，但均不得解决。长庆三年（823 年）刘仁师按照水利法规《水部式》中“决泄有时，畎浍有度，居上游者不得专其腴”的规定，结合当时具体情况，上书京兆府；宝历元年（825 年），郑覃为京兆尹，把上书转呈皇帝，经派人调查属实，批准开工修渠，以县主簿谭儒直监督施工，当工程完成十之七八，泾阳人为阻止修渠，用术士诡言，上书皇帝说白渠下游是高祖别宫旧址所在，不应动土。皇帝听信，命京兆府下令停工。刘仁师又去京兆府控告，拜见丞相，揭发诡计，表示如不复工，就碰死车前，感动了丞相彭原公李程，便再奏皇帝，得诏令允许继续施工。十一月新渠成，十二月新堰成，渠水滚滚，旱地得灌，群众说：“吞恨六十年，明府雪之，请命渠曰刘公，命堰曰彭城”。刘公渠亦称刘公四渠，即中白渠、中南渠（及支流昌连渠、析波渠）、高望渠、隅南渠。渠成后一年，泾阳、三原两县在上游又修了七道堰壅水，致下游水少，刘仁师又去京兆府报告，后派人拆除挡水堤堰，从此，高陵县长期得灌溉之利，刘仁师受到群众的爱戴，为感念刘仁师功德，有人生子以刘名之。

刘仁师修渠堰的事迹，不但使高陵县复获灌溉之利，而且对于郑白渠的长期延续和灌区的发展，也有不可磨灭的功绩。

吕大防，字微仲，进士，蓝田县（今陕西省西安市蓝田县）人。北宋仁宗嘉祐年间（1056—1063 年），曾任陕西永寿县令，因悯群众饮水困难，查看找水，得泉二（今罐罐沟泉水），并进行土法测量，率众导之入城（今永平旧县城），百姓利之，故称“吕公惠民泉”或“吕公泉”。

侯可，字无可，华州华阴人（今陕西省华阴市）。宋神宗时曾因军功得官，任巴州化城知县、华原主簿、签书仪州判官。韩琦镇长安，推荐侯可为泾阳知县，侯可劝说渭源羌族首领向唐室献地八千顷，皇帝以城池和熟羊安抚他们，韩琦表扬侯可立了功。熙宁五年（1072 年），侯可提出开凿小郑渠以复郑白之利，“得对召，旋以微罪罢”。是年十一月十七日都水丞周良孺言自石门北开二丈四尺，堰泾水入新渠，可溉田二万顷，开至临泾就高入白渠，则水行二十五里，利益广开，至三限口五十里接云阳，可溉田三万顷。“诏如其议，自石门至三限合白渠兴修”。熙宁七年侯可官至殿中丞，又“议自仲山旁凿引泾水东南与小郑渠会，下流合白渠”。这项工程，首次把引泾渠上移至仲山旁岩石河岸。“自熙宁七年秋至次年春（1074—1075 年）渠之凿者十之三，当时以岁歉驰役”。后在大观元年至四年（1107—1110 年）在此段渠的基础上建成了丰利渠。侯可为官“轻财乐义，急人之急，忧人之忧，关中称其贤”，终年 72 岁。

王琚，元代地方官，曾修泾渠。《元史》载，元大德八年（1304 年），泾水暴涨，毁堰塞渠，陕西行省命屯田府总管夹谷伯颜帖木儿及泾阳尹王琚疏导之，起泾阳、高陵、三原、栎阳用水人户及渭南、栎阳、泾阳三屯所人夫，共三千余人兴作，水通流如旧。其制编荆为囤，贮之以石，复填以草以土为堰，岁时葺理，未尝废止。至大元年（1308 年），王琚为西台御史，建言于丰利渠上更开石渠五十一丈，阔一丈，深五尺，积一十五万三千工，每方一尺为一工。自延祐元年（1314 年）兴工，至五年渠成。是年秋，改堰至新口。

李好文，字惟中，自号河滨渔者，元代东明（今山东省东明县）人。好文一生任过许多官，泰定四年（1327 年）除迁国子博士，累拜监察御史，出佥河南、浙东两道廉访司事。元年（1341 年），除国子祭酒，改陕西行台治书侍御史，这是他首次到陕西做官，在任期内开始编绘《长安志图》，后迁河东道廉访使，为同知太常礼仪院事。至正四年（1344 年），改礼部尚书，参与修金、宋二史（《元史》等史料，实未参与修《辽史》），除治书侍御史、参议中书省事，已而复除陕西行台治书侍御史，这是李好文再次到陕西做官，并最终完成《长安志图》。

《长安志图》全书共分上、中、下三卷，其下卷《泾渠图说》所记内容最为丰富，也最具史料价值，故下卷又单独成篇。专门记载元代泾渠流域的农田水利建设情况，计有《泾渠图说》《泾渠总图》《富平县境石川溉田图》《渠堰因革》《洪堰制度》《用水则例》《设立屯田》《建言利病》《泾渠总论》等具体内容，其中《泾渠总图》和《富平县境石川溉田图》是作者绘制的反映元代泾渠和石川河水利灌溉情况的示意图。至正二年（1342 年），西夏人必申达而（号樵隐，曾任艺林库提点、江南行御史台监察御史）为《泾渠图说》写有序言。在序言中，必申达而说李好文“集古今渠堰兴坏废置始末，与其法禁条例、田赋名数、民庶利病，合为一书”，“索而读之，信乎！其有裨于治也”。于敏中的《四库全书总目提要》亦云《泾渠图说》“尤有裨于民事”。

项忠（1421—1502），字荩臣，嘉兴（今浙江省嘉兴市）人。明正统七年（1442 年）进士，授刑部主事，进员外郎。景泰（1450—1456 年）中由郎中迁广东副使。天顺初年（1457 年）历陕西按察使。当时陕西连年灾荒，项忠开仓赈济灾民，同时请求朝廷减轻赋税以恢复生产。天顺七年（1463 年），调任大理寺卿，因陕西民众挽留遂改任右副都御史，巡抚陕西，在此期间，他曾降伏了来自甘肃洮（临洮）、岷（县）一带羌族人骚扰、叛乱；西安城水源碱卤，不可饮用，项忠开龙首渠及引皂河水入城以改善城市居民用水；关中郑白渠效益衰减，宪宗成化初年（1465 年），项忠“请于泾水上源龙潭左侧”凿穿大、小龙山开广惠渠以扩大引水。工程正进行中，项忠调任离陕。成化四年（1468 年），项忠率兵西征过陕，命陕西官员继续督工完成。成化十二年（1476 年），由右都御史余子俊继续督工，兴修一年多，又未完工。最后由副都御史阮勤负责，完成全部工程。引泾入渠，连同渠中诸泉“水深八尺余，下流入白渠，汪洋如河”“灌泾阳、三原、高陵、临潼、礼泉五县田八千余顷”。命名为广惠渠，计广惠渠施工前后共达十八年之久。

王徵（1571—1644），字葵心，又字良甫，自号了一道人或了一子，明天启二年（1622 年）进士，陕西省泾阳县人。

他早年居乡时，就根据当地农业生产的需要，潜心研究，改良与发明了多种农具和日常用具，据记载主要有虹吸、鹤饮、轮壶、代耕、自转磨、自行车等。他一生潜心研究各种机具，多才多艺，著作颇多，著译有《远西奇器图说录最》《新制诸器图说》《奇器图说》等。其中，《新制诸器图说》一书记载了王徵设计、发明和改进的一些器具，包括灌溉、粮食加工、运输、耕作等十余种器械的图画和说明文字，并附以铭赞之语。

郭希仁（1881—1923），原名忠清，字时斋，又字思斋，后改字希仁，辛亥革命后废原名，以字行世。陕西省临潼区人。

民国二年（1913 年）郭希仁与李仪祉同赴欧洲考察，目睹欧洲水利之先进，考虑到陕西水利落后，他矢志振兴陕西水利事业，建议李仪祉由铁路工程改学水利，李仪祉当即表示同意，在德国修水利专业，终于成长为一位水利科学家。民国三年（1914 年）上书全国水利局总裁张季直，并著《水利谭》一书，论述大西北水利的重要性、紧迫性以及振兴西北水利的办法，筹办兴水事宜与防洪减灾。民国六年（1917 年）九月，泾水泛滥。龙洞渠冲毁严重，亲赴龙洞查勘，并派出测量队测量泾河谷口及钓儿嘴地形图。拟就“复勘龙洞渠工及治标治本办法”呈送省长鉴核。民国二十一年（1932 年）泾惠渠建成通水后，为怀念郭希仁，李仪祉写有《泾惠渠之首功郭希仁》的纪念文章。

李仪祉（1882—1938），原名李协，字宜之，陕西省蒲城县人，1882 年 2 月 20 日出生，是我国近代著名的水利科学家、中国水利学会的创始人，也是陕西省泾惠渠等水利灌溉工程的倡导者和主持人，1938 年 3 月 8 日病逝于西安，享年 57 岁。

李仪祉 1909 年毕业于京师大学堂，1909—1915 年曾两度留学德国，始学铁道，以后立志专攻水利，回国后从事水利、教育工作，任南京河海工程专门学校教授、教务长，并曾兼任南京高师、同济大学教授，后任西北大学校长等，曾历任陕西省水利局局长、建设厅厅长、黄河水利委员会委员长、导淮委员会总工程师、华北水利委员会委员长、扬子江水利委员会顾问等职，并被推荐为中国水利工程学会会长，直至去世。

李仪祉是我国近代水利的开拓者，也是陕西省新型灌溉工程的规划者。1922 年任陕西省水利局局长兼陕西省渭北水利工程局总工程师后，筹划兴建泾惠渠工程，组织测量队施测渭北地区地形，写出了《引泾论》《再论引泾》《陕西渭北水利工程局引泾第一期报告书》等重要论述，为泾惠渠灌溉工程的实现提供了有力的论证，以后又提出了《陕西渭北水利工程局引泾第二期报告书》《引泾第一期工程计划大纲》等，为泾惠渠工程的具体实现奠定了基础。在引泾工程的规划设计中，提出了在泾河谷钓儿嘴筑高坝引水和在老龙王庙筑低坝引水的甲、乙两种方案，1924 年在西安等地举办渭北水利工程展览会，次年赴北平、天津、上海、南京等地筹措引泾工款，因政局变动未遂，离陕他任。1930 年杨虎城将军主陕，邀李仪祉返陕任建设厅厅长，即与北平华洋义赈救灾总会、檀香山华侨组织等洽商筹款，成立渭北水利工程委员会及渭北水利工程处，任工程委员会委员及水利工程处总工程师，按乙种低坝方案，开始兴建泾惠渠工程，1932 年第一期工程完成通水。根据李仪祉对全省水利建设的全面规划，以后渭、洛、梅、黑等关中八水相继建成，陕南汉、褒、湑各渠及陕北各灌溉工程先后开工。泾惠渠第一期工程建成开始灌溉以后，李仪祉先后撰写了《泾惠渠工程报告》《泾惠渠管理意见》《泾惠渠管理章程拟议》《对渭北人民切切实实说几句话》《泾惠渠赐名记》《泾惠渠碑跋》及《倡议三渠民众教育议》等论文。李仪祉在陕西先后从事灌溉工程 15 年，灌溉面积 300 多万亩，推动了全省水利事业的发展，扭转了人民遇旱逃荒的惨景，粮食、棉花产量大幅度提高，抗战期间以大量粮、棉供给军需民食，支援了抗日战争。

李仪祉立身廉正，治事严谨，好学不倦，他通晓英、德、法、日多种文字，译著甚多。他多年从事水利、教育工作，为中国培养了大批水利科技人才。他倡导水利兴国、科学治水、综合开发、注重实践，对治理黄河、淮河、海河、钱塘江和扬子江等都曾提出过不少独特见解，充实了治理黄河等的理论方略。李仪祉怀着振兴中华水利事业的崇高理想，为中国的水利事业鞠躬尽瘁，奋斗终身，成为中国近代科学治水的先驱。

朱庆澜（1874—1941），字子桥，浙江省绍兴市人，辛亥革命元老之一。1911 年被推举为四川大汉军政府副都督。1913 年北洋政府派他任黑龙江省护军使兼民政长，后改称督军、省长。1916 年朱庆澜辞职去天津。1916 年黎元洪任大总统后，任命朱庆澜为广东省省长。1924 年朱庆澜到东北哈尔滨担任东北特区行政长官兼中东铁路护路军总司令。1927 年朱庆澜在天津组织成立了“华北慈善联合会”。1929 年陕西灾荒严重，他积极通过“华北慈善联合会”进行募捐救灾，支持陕西修建泾惠渠。1935 年，国民党南京政府任命朱庆澜为中央赈务委员会委员长，1938 年改任朱庆澜为中央赈济委员会常务委员，办理西北地区的赈济及社会福利事业。1939 年朱庆澜筹建陕西黄龙山垦区，在石堡镇成立黄龙山垦区管理局，并任局长。1941 年病逝于西安。

朱庆澜为陕西救灾及泾惠渠修建作出了巨大贡献。1931 年 2 月 11 日，国民党中政会公决通过朱庆澜为监察院监察委员会委员，但是他心系陕西救灾，不愿意做官，以为修建引泾工程采购水泥而推辞。1931 年 8 月华洋义赈会在泾阳县王桥镇木梳湾村引泾干渠上建成一座桥梁，由杨虎城题写桥名“朱子桥”以纪念他的功绩，并由华洋义赈会作志：“本会以陕西渭北旱灾频仍，决议举办引泾工程，以资救济，蒙华北慈善联合会委员长朱子桥大力赞助并捐赠唐山洋灰二万袋，此桥即以洋灰建之，桥成因名朱子桥，以作纪念云。”

该桥 2021 年 2 月 3 日被泾阳县政府列入首批历史建筑名录。

姚秉圭（1879—1943），字介方，陕西省泾阳县人，姚族恒昌堂后裔。民国六年（1917 年）被陕西省水利分局任命为龙洞渠工局副局长；民国十二年（1923 年）被陕西省水利分局任命为龙洞渠管委会主任，兼任礼泉、泾阳两县水老。他思想开明，支持长子姚绍芳 1925 年参加中国共产主义青年团，接受共产主义思想，1926 年加入中国共产党，11 月，掩护绍芳和数名追求革命的青年，在社树姚家北书房召开泾阳县第一个中国共产党支部准备会议。姚秉圭热心公益事业，1922—1932 年，倾力襄助李仪祉先生勘测、修建泾惠渠，发展地方水利事业。1943 年因病逝世，享年 65 岁。

胡蕴章（1882—1948），字仁甫，陕西省长武县人。民国七年（1918 年），胡蕴章发现可以利用水银沟的水修渠灌于是呈请立案创始开渠。拟在该沟上游之贺峪沟口，筑堰一道，水由坡塬而下，越十余里至胡家河村，可灌田五百余亩。修渠过程中，有人从中阻挠，他破产负债，一心修渠。因力难为继，事未竟成，遂自向省申报，拨给修工费洋 1000 元，是年二月动工维修，至七月底工程告竣，省水利局派折洋 2000 余元，均是他一人捐资兴修。民国十三年（1924 年）九月二十日，胡蕴章因修广仁渠有功，受到省府转呈国民政府批准嘉奖，获二等金色单犀河务奖章一枚，加委胡蕴章为长武鸦儿沟水利协会会长。

杨虎城（1893—1949），陕西省蒲城县人。青年时代随辛亥革命党人闯荡天下。民国十七年（1928 年）任国民革命军第十军军长，民国十九年（1930 年）任国民革命军第十七路军总指挥，同年十月任陕西省政府主席。民国二十五年（1936 年）十二月十二日与张学良将军在西安对蒋介石发动震惊中外的“双十二事变”，后被蒋介石长期监禁，1949 年 9 月 6 日四川解放前夕，与妻、儿一起被国民党杀害于重庆狱中。周恩来总理称杨虎城“爱国将领，民族英雄，千古功臣”。

杨虎城主持陕政期间，适逢陕西三年（1929—1931 年）大旱，深感发展水利之重要。他在省政府政务会上疾呼:“陕西的问题是水的问题，水的问题解决了，一切问题就好解决了。”于是便把水利和救灾列入政府施政计划之中。特邀请水利专家李仪祉再度回陕筹划引泾，兴办水利。泾惠渠工程民国十九年（1930 年）十二月开工和民国二十一年（1932 年）建成通水时，杨虎城两次亲自参加典礼祝贺，并支持李仪祉实施“关中八惠”的宏伟蓝图。当他接到李仪祉的“泾惠由公手而成，亦复有意再成洛惠乎？”信后，即偕省水利局总工程师孙绍宗及傅健、陈靖等人查勘洛河，登上大荔铁镰山察看灌区，工程遂于民国二十三年（1934 年）三月开工。民国二十四年（1935 年）省政府又以泾、洛、渭 3 渠水捐作抵押向银行贷款 150 万元，启动了渭惠渠工程的开工。同年十二月，继引泾成功，洛渭工程相继兴建之时，撰写了长达千余字的《泾惠渠颂》，歌颂引泾兴水之利。文中赞曰:“民享乐利，实泾之惠，肇始嘉名，流芳百世。洛渭继起，八惠待兴，关中膏沃，资始于泾。……忆昔秦人，谋食四方，今各归里，邑无流亡。”今刻碑石存于泾惠渠渠首。

民国二十六年（1937 年）为渭惠渠通水写了“清渭汤汤，导源鸟鼠，人定胜天，水利用普，致力沟洫，功绍大禹，嘉惠无疆，美哉斯举”的颂词。即使在狱中仍念念不忘洛惠渠工程，狱中给弟茂三的信中说：“宜之（指李仪祉）兄逝世，兄甚伤心，常在梦中对话。他说，洛惠渠失败，心中难过，究不知工程进展如何？”

孙绍宗（1897—1957），字绳斋，河北省河间市人。幼时在西王口村读书，1917 年考入保定育德中学，1920 年考入南京河海工程专门学校，在校期间他品学兼优，很受时任教务处主任、全国水利专家李仪祉的器重。

1924 年，孙绍宗毕业后，在石家庄筹建纱厂。1928 年，孙绍宗受时任陕西省水利局局长的李仪祉邀请任陕西省水利局总工程师。在水利局工作期间，孙绍宗参与设计了泾惠渠、洛惠渠、渭惠渠、梅惠渠、织女渠等水利工程。修建泾惠渠时，除参与勘察、设计、施工等工作外，还协助李仪祉四处奔走筹集款项加快修建进度。1934 年 1 月 1 日，渭北水利工程处改名为泾惠渠管理局，李仪祉推荐孙绍宗任局长。1938 年 3 月 8 日，李仪祉逝世，孙绍宗接任陕西省水利局局长，完成了渭惠渠、织女渠等水利工程，又主持修建了黑惠渠、沣惠渠、涝惠渠以及陕南的汉惠渠、褒惠渠等，为当时农业生产发展作出了巨大贡献。1939 年初，孙绍宗任陕西省政府委员兼建设厅厅长（1939 年 1 月至 1941 年 7 月），其间仍兼陕西省水利局局长，在此期间除了完成一些水利工程外，还主持修建了长（安）坪（西坪）公路，打通了秦岭山区通往河南南阳和湖北武汉的重要通道，结束了自古以来两地区相互阻隔的局面。1940 年 7 月，国民政府为组织人畜运力进行战时物资运输，决定在交通部设驿运总管理处，各省设立驿运管理处，同年 10 月，陕西省驿运管理处成立，归陕西省建设厅领导，厅长孙绍宗兼任处长。1945 年日本帝国主义投降后，孙绍宗看到国民党当局腐败，愤然辞去陕西省水利局局长职务，但仍从事水利工程的设计和施工。1948 年，孙绍宗携家去台湾后，依旧从事工业及水利设计施工工作。1957 年，孙绍宗因病去世，1986 年由其子将骨灰运回祖国，安葬在北京万安公墓。

张寿荫（1909—1972），字静如，河北省永清县人，1935 年毕业于清华大学土木工程系，1935—1936 年在陕西省水利局测量队工作，1937—1938 年在绥远省建设厅工作，1938—1941 年在陕西省陕南嘉陵江水道工程处工作，1941 年 7 月至 1946 年 4 月任陕西省汉惠渠管理局主任工程师、局长，1946 年 5 月至 1950 年 2 月任泾惠渠管理局局长，1950—1966 年，任陕西省水利局、水利厅、水利水电厅副局长、副厅长。在此期间，曾被选为陕西省政治协商会议委员、第二届全国人民代表大会代表及陕西省水利学会理事长等。

初到泾惠渠工作时，正值抗日战争结束不久，当时泾惠渠渠道运行已 10 多年，由于修建时资金困难，工程因陋就简，大量砖砌建筑物老化破坏，干、支渠退水坡崩塌严重，退水困难，加之当时处于解放战争时期，由于社会政治原因，渠道管理经费困难，人员不足，用水秩序混乱，灌溉效率不高。面对此种困难局面，张寿荫抱定为水利灌溉事业努力工作的宗旨，提出了做好泾惠渠灌溉管理工作的四项方针：勉励职工努力工作，加强责任，不事推诿，不求苟全；加强与行水人员联系，认真贯彻规章制度；管好斗门，严防偷水霸水，制定罚则，认真执行；制订加高大坝及干、支渠全面整修计划。经过几年的努力，泾惠渠的灌溉管理工作，在分水、配水制度方面得到改进，管理职工协助水老、斗长组织巡渠队，完成各季节灌溉计划，加高大坝及渠系改善工程计划逐年实施。在困难的情况下有力地领导了泾惠渠的灌溉管理工作。

他对水利灌溉有强烈的事业心，思想进步，经常与当地民主人士接触，热爱共产党，拥护人民解放战争，常在深夜收听陕北广播电台关于解放战争的消息，并向职工传播当时形势和战争发展情况。1949 年初关中地区解放前夕，张寿荫不为当时的社会动乱现象所惑，说服并带领全体职工，坚守工作岗位，坚持工作，保护人民财产和渠道工程设施，迎接解放，把泾惠渠完整地移交给人民政府。不久，国民党马步芳军队反扑泾阳，他与接管人员一道，率领部分职工，携带重要图纸和有关资料，向高陵县转移。以后，继续被任命为泾惠渠管理局局长，在接管人员的配合协作下，领导泾惠渠的工作，使灌溉管理工作顺利开展。

1950 年以后，张寿荫被调到陕西省水利局（厅）任副局长、副厅长，负责全省的水利勘测规划设计、工程兴修改善、灌溉管理及水利科研、教育等方面的工作，亲自参与了宝鸡峡、渭高抽等重大工程的勘测设计和施工方案的制订和实施，主编出版了《小型水利定型设计图集》《灌溉管理学》等专著。

王子龙（1904—1972），原名王云从，陕西省临潼县人。民国二十二年至三十八年（1933—1949 年）担任泾惠渠第四支渠第三段水老，负责陂西、徐杨及栎阳地区的基层水利工作。新中国成立后，继续担任泾惠渠四支渠三段段长。1950 年被推选为西北大区农业劳动模范。1953 年任泾惠渠管理局副局长。1952—1963 年当选为临潼县、三原县及陕西省人民代表大会代表。

在担任水老、段长期间，提倡五成用水法，并在全灌区推广。1953 年春季组织临潼县 3000 多名民工重修泾惠渠新五支渠工程，带头参加劳动，主动提建议、想办法，仅用 40 天时间就完成了土渠任务。在负责雪河、仁村排水及第九支渠工程施工中，经常吃住在工地，克服施工困难，保证了如期完成任务。从事水利灌溉管理，他与泾惠渠相依为命，同生同长了 40 个年头，勤勤恳恳，为灌区管理工作奉献了自己的一生。

卢明喜（1912—1981），河北省文安县人，贫农出身，小学文化，幼年起即在外地做工，学习铁工技术，抗战前来陕西参加水利建设，曾先后在泾惠渠渠首、洛惠渠五号隧洞、渭惠渠大坝等处做工；1950 年 10 月在泾惠渠管理局正式参加工作，被评定为六级技工，在水利工地先后工作 40 多年，1977 年 5 月退休，退休后继续参加新庄水电站的建设工作三年。

在水利建设工地工作期间，他一贯认真负责，工作踏实，任劳任怨，艰苦朴素，努力钻研技术，言传身教，热情帮助和培养青年工人，主动想办法解决困难问题。1953 年泾惠渠成立修配组，开始由卢明喜带领两名徒工，承担灌区闸门、斗门维修和改建渠道桥梁钢筋加工任务，以后业务逐步扩大，修配组发展成为泾惠渠修配厂。他根据工作中的实践经验和工程设施的需要，动脑筋、想办法，结合实际，发明创造，解决技术难题，主要有：创造钢筋简易加工法，提高工作效率；把斗门启闭机从笨重式改为轻便式，操作灵活，节省了材料，降低了成本；创造了橡胶带加工制止闸门漏水设备，并在省内外迅速得到推广；改装解放式水车，解决排水工地抽水问题等。由于卢明喜工作表现突出，1956 年被评选为陕西省和全国农业、水利劳动模范，并于 4 月参加了在北京举行的全国农业水利先进生产者代表大会。

姚长信（1918—1984），陕西省泾阳县人，初小文化，1948—1984 年，36 年来长期担任泾惠渠总干渠第七斗斗长，他热爱水利工作，把大半生的精力贡献给农田水利管理事业。

七斗斗渠全长 3000 多米，有分渠 20 条，共长 8000 多米，灌溉屯阳、社树、东街、屈家 4 个村的耕地共 2400 多亩。姚长信在长期工作中，数十年如一日，任劳任怨，以渠为家，联系群众，做好各项管理工作；从 1958—1982 年，斗渠组织了 7 ~ 10 人的常年专业养护队，配合群众养护渠道，使斗分渠道经常保持高标准，达到七光八直；此外，还负责养护总干渠（长 700 米）。他管理的斗渠，各种建筑物配套齐全（共计 40 多座），混凝土衬砌 2000 多米。在用水管理方面，他与各生产队联系分水灌溉，放水期间从不离渠，每次接水一定到场，斗渠内没有发生过用水纠纷；他根据斗渠地处上游的特点，争取抓早动快，在其他斗渠尚未大量用水时，他早已开斗用水，提前完成任务，保证了作物用水；坚持用水计划，按时开关斗门，进行量水测水，公布水账。由于用水适时，斗内农田年年高产，多年来粮食亩产过千斤，棉花过百斤。全斗水费年年收清，按时入库。同时重视多种经营，在斗渠上种植药材及茴香，年收入 200 多元。

董玉璋（1921—2006），河南省林县人，中共党员，教授级高级工程师。1947 年毕业于西北工学院水利系，先期在陕西省水利厅、陕西省水电勘测设计院工作。1961 年以来，在咸阳市水利局任职，先后任工程师、高级工程师，并兼任陕西省水利经济研究会咸阳分会理事长、市水利学会副理事长、市老年科协水利分会名誉会长等职。

从事水利工作 50 余年来，工作严谨，注重调查研究，他在勘测设计、施工管理方面做了大量工作，撰写水利论文 100 余篇，著有《咸阳市水资源开发利用及建议》一书。早在 1953 年，就提出修建羊毛湾水库的建议，并做了比较详细的调查论证。水库建成后，又指导参与了水库的漏水处理、淤泥加坝的设计施工，同时引进推广了水下封堵技术和混凝土防渗墙的施工工艺，1982 年荣获陕西省农业科技推广二等奖。1988 年率先联合省内 11 名知名水利专家向水利部、陕西省水利厅提交了“开发泾河水源，振兴关中经济”的建议书，受到有关方面的高度重视。1992 年国家正式安排了泾河东庄水库的可行性研究项目，并组织有关单位编制完成了项目建议书，上报水利部和国家计委。2001 年，董玉璋又联合驻咸阳地区水利单位 28 名高级工程师向陕西省人民政府递交了《关于呼吁落实宝鸡峡灌区在石头河水库的水权并从速修建“引石过渭”工程的报告》，受到省（市）人民政府的支持。经过多方工作和努力，2002 年，咸阳市水利局和石头河水库灌溉管理局正式签订了供水意向书。2003 年，咸阳市“引石过渭”工程建设处成立，经过招商引资，该工程已于 2006 年 10 月 28 日开工建设，并于 2009 年 9 月 29 日全线竣工通水。

退休后，他仍心系水利，除积极向有关部门建言献策外，还不顾年老体弱，先后完成了《羊毛湾水库病险处理文集》的汇编工作和《羊毛湾水库灌溉工程志》一书。由于在水利战线上的突出贡献，1995年被中国老年科协授予科技耆英称号。

叶遇春（1911—2009），男，汉族，陕西省榆林市人，中共党员，教授级高级工程师。1938年毕业于河北工学院水利系。

1938年9月在四川省水利局参加工作，先后在四川省水利局、陕西省工业职业学校、四川省水利局、西安黄河水利委员会、陕西省城固湑惠渠管理局、陕西省渭惠渠管理局、陕西省水利局等单位工作，其中1941年1—7月在陕西省泾惠渠管理局任测量队队长。1954年6月至1958年10月在陕西省泾惠渠管理局任主任工程师；1958年10月至1961年12月在泾河工程局任副总工程师；1962年1月至1987年7月在陕西省泾惠渠管理局任总工程师，1987年8月至1990年10月任《泾惠渠志》（前志）主编，1990年10月退休。在陕西省泾惠渠管理局工作数十年，一直负责灌区工程建设的勘测、设计、施工和灌溉技术的研究应用和推广。著有《灌溉管理技术》《灌溉管理学》《灌溉用水》《泾惠渠灌区沼泽化和盐碱化的防治问题》等著作，对总结经验、培训干部、资政存史具有一定意义。叶遇春致力于引泾水利史的研究，多次亲临遗址，实地考察、求证，并翻阅大量史料，撰写了《从郑国渠到泾惠渠》等多篇论文，对研究引泾水利史、弘扬引泾文化做出了不懈的努力。晚年还担任《泾惠渠志》（前志）的主编，领导、指导渠志编撰。1989年2月与董玉璋等合写《引泾高干渠工程项目建议书》，1990年8月与郭一山、韩瀛观等11位水利专家一起向当时陕西省省长白清才等领导写了《开发泾河水源 振兴关中经济》的建议书，为促进泾河水资源的开发利用奔走呼吁、著书立说。

余光夏（1925—2014），男，河南省镇平县人。1951年毕业于西北工学院水利工程系。曾任中国水力发电工程学会二、三届理事，陕西省水力发电工程学会一、二届副理事长，陕西省水利经济研究会二届副理事长，陕西省政协第六届委员会常委，陕西省水利厅副总工程师，中国水力发电工程学会四届名誉理事，陕西省水力发电工程学会三届名誉副理事长，享受政府特殊津贴专家；教授级高级工程师。

负责陕西东庄水库等二十余座中小型水电站的设计与施工。编著出版《国内外拱坝资料汇编》《农村水电站设计手册》《余光夏论东庄水库文选》三本书。在有关学术会议和期刊上公开发表论文50余篇。参与并负责东庄水库前期开发任务、工程规模研究、初期选坝、可研阶段勘测设计等具体工作，对东庄水库入库洪水泥沙计算与分析、岩溶防渗处理措施、抛物线拱坝体形优化研究、拱坝体形及坝肩稳定初步分析等方面进行了深入的研究并提出了建设性意见，发表《论东庄水库工程建设》《论东庄水库泥沙》《论渭北岩溶地区水库坝址的防渗处理问题》《论东庄水库岩溶防渗处理措施与坝址选择》《东庄水库水利枢纽工程选坝报告》等论文，对东庄水库前期可行性研究阶段起到了重要的技术支撑作用，曾被陕西省水利厅授予“陕西泾河东庄水利枢纽工程建设前期工作特别奉献奖”。

第二节 人物表录

一、劳动模范

我国的第一批劳动模范产生于20世纪50年代初。1950—2020年，泾河流域水利行业获省部级以上劳动模范、五一奖劳动章或享有劳模待遇者15名，其中国家级7名、省部级8名，见表7-2-1。

表7-2-1 1950—2020年泾河流域水利行业国家、省部、市级劳动模范名录

姓名	性别	原工作单位	劳动模范级别	表彰时间
聂广明	男	定边县水电队	陕西省人民委员会劳动模范	1955年
卢明喜	男	泾惠渠管理局	陕西省先进生产者 全国农水系统劳动模范	1956年
张亭书	男	泾惠渠管理局	陕西省劳动模范	1956年
卜志孝	男	泾惠渠管理局	陕西省劳动模范	1958年
梁俊亭	男	宝鸡峡礼泉总站	省委、省政府职工劳动模范	1987年
陈宗效	男	永寿县水利水保局	水利部劳动模范	1989年
王建	男	陕西省泾惠渠管理局	全国水利系统模范工人	1996年
白鹏翔	男	陕西省泾惠渠管理局	全国五一劳动奖章	2006年
周勇翔	男	咸阳市水利局水利工作队	陕西省劳动模范	2007年
张胜谦	男	淳化县茨坪水电站	咸阳市劳动模范	2007年
王拴定	男	陕西省泾河工程局	陕西省五一劳动奖章	2015年
石小庆	男	陕西省泾惠渠灌溉管理局	全国五一劳动奖章	2017年
李满良	男	陕西省泾惠渠灌溉管理局	陕西省五一劳动奖章	2018年
刘学保	男	陕西咸阳郑国工程建设监理公司	全国水利系统劳动模范	2019年
曹新红	男	陕西省东庄水利枢纽工程建设公司	全国水利系统劳动模范	2019年

来源：《陕西省水利志》及流域各区县县志

二、先进个人

1960—2020 年，泾河流域水利行业获市（厅）级以上先进工作者 110 名，见表 7-2-2。

表 7-2-2 1960—2020 年泾河流域水利行业市（厅）级以上先进个人名录

姓名	性别	原工作单位	先进级别全称	表彰时间
曹惠群	男	泾惠渠管理局	陕西省农水系统先进工作者	1960 年
李正一	男	泾惠渠管理局	陕西省农水系统先进工作者	1960 年
亢益超	男	泾惠渠管理局	陕西省农水系统先进工作者	1960 年
任振民	男	彬州市水利工作队	农业部先进个人	1981 年
田野	男	泾惠渠管理局	陕西省农业科技推广先进工作者	1983 年
张亚丁	男	泾惠渠管理局	陕西省先进科技工作者	1984 年
王宏	男	长武县水利局	献身水利、水保 27 年	1987 年
杨生辉	男	泾惠渠管理局	全国水利优秀财务会计工作者	1989 年
车俊义	男	彬州市水利工作队	农业部先进个人	1989 年
史邦林	男	永寿县水利局	水利部先进工作者	1989 年
豆宏伟	男	永寿县水利局	水利部先进个人	1990 年
秦中文	男	彬州市水利局	全国改水引水先进个人	1991 年
高武世	男	长武县水利局	全国水土保持先进个人	1992 年
任彦辉	男	长武县水利局	流域综合开发试验示范三等奖	1994 年
姚建利	男	陕西省泾惠渠管理局	陕西省水利厅先进工作者	1996 年
王永华	女	陕西省泾惠渠管理局	全省水利系统财务会计工作先进个人	1996 年
赵连岳	男	长武县水利局	退休干部先进个人	1996 年
李军和	男	彬州市水利局	八五时期全国农村改水先进工作者	1997 年

续表 7-2-2

姓名	性别	原工作单位	先进级别全称	表彰时间
高武世	男	长武县水利局	农业技术推广二等奖	1998 年
李民权	男	长武县水利局	农业技术推广二等奖	1998 年
赵金玉	男	长武县水利局水保站	农业技术推广二等奖	1998 年
王东辉	男	长武县水利局水土保持站	农业技术推广二等奖	1998 年
余军	男	陕西省泾惠渠管理局	全省水利行业渠道维修工种技能竞赛“技术能手”称号	1999 年
王利平	男	旬邑县水利水保局	全国水土流失防治工技能竞赛获一等奖	1999 年
姚改侠	女	陕西省泾惠渠管理局	全省水利行业渠道维修工种技能竞赛“技术状元”称号	1999 年
侯效斌	男	咸阳市水利局	水利部第三批农村水电初级电气化县建设先进工作者	2001 年
雷天朝	男	陕西省泾惠渠管理局	全国水利系统规划计划先进个人	2001 年
袁国莉	女	咸阳市水利局	全国水利系统规划计划先进个人	2001 年
程哲	男	陕西省泾惠渠管理局	全省河道清障专项执法先进个人	2002 年
石小庆	男	陕西省泾惠渠管理局	全国技术能手	2002 年
余军	男	陕西省泾惠渠管理局	全国水利技术能手	2002 年
高玉姬	男	咸阳市供水办公室	全国地方病防治工作先进个人	2002 年
王韧	男	咸阳市防汛抗旱指挥部	全国抗洪救灾先进个人	2002 年
何瑞宏	男	淳化县水土保持工作站	陕西省黄土高原水土保持世行贷款二期项目建设先进个人	2003 年
赵小鹏	男	长武县水利局	廉勤兼优领导干部	2004 年
刘文龙	男	咸阳市水利局	全国水利系统先进工作者	2005 年
杨凯	男	永寿县水利局水土保持站	省委、省政府省军区小流域治理先进个人	2005 年
王东辉	男	长武县水利局水土保持站	愚公奖	2006 年

续表 7-2-2

姓名	性别	原工作单位	先进级别全称	表彰时间
何瑞宏	男	淳化县水土保持工作站	陕西省水土保持工作先进个人	2006 年
王永成	男	陕西省泾惠渠管理局	全国技术能手	2006 年
贺延辉	男	陕西省泾惠渠管理局	全国技术能手	2006 年
文燕	女	陕西省泾惠渠管理局	全省水利统计工作先进个人	2007 年
王永成	男	陕西省泾惠渠管理局	陕西省优秀高技能人才	2007 年
党永仁	男	陕西省泾惠渠管理局	2005—2007 年黄河上中游流域取水许可管理工作先进个人	2007 年
屈伟	男	乾县水利局	2008 年陕西省水管体制改革先进个人	2008 年
刘宇峰	男	乾县水利局	2009 年陕西省水土保持工作先进个人	2009 年
王建祥	男	陕西省咸阳市水利局	全国水利工程管理体制改革先进个人	2010 年
王振华	男	陕西省咸阳市水利局	全国防汛抗旱先进个人	2010 年
何植	男	陕西省泾惠渠管理局	全国水利财务工作先进个人	2010 年
郑烨	男	陕西省泾惠渠管理局	黄河上中游流域取水许可管理工作先进个人	2011 年
刘璇	女	陕西省泾惠渠管理局	全省防汛抗旱先进个人	2011 年
张胜谦	男	淳化县水利局	陕西省“十一五”水利建设管理先进工作者	2011 年
张胜谦	男	淳化县水利局	全省防汛抗旱先进个人	2011 年
王腾	男	旬邑县水利局	全省抗洪救灾创先争优共产党员	2011 年
李和民	男	长武县水电物资仓库	全省防汛抗旱先进个人	2011 年
刘晓明	男	陕西省泾惠渠管理局	陕西省先进工作者	2012 年
杨新利	男	陕西省泾惠渠管理局	2012 年陕西省劳动竞赛标兵	2013 年
胡娜	女	陕西省泾惠渠管理局	2012—2013 年度陕西省优秀青年岗位能手	2013 年

续表 7-2-2

姓名	性别	原工作单位	先进级别全称	表彰时间
杨静	女	陕西省泾惠渠管理局	陕西省先进女职工	2014 年
徐峰	男	陕西省泾惠渠管理局	全省优秀工会主席	2015 年
苟武	男	陕西省泾惠渠管理局	全国水利技术能手	2015 年
李娟	女	咸阳市防汛抗旱指挥部办公室	陕西省第一届最美水利人	2017 年
吕鹏江	男	东庄公司职工	陕西省第一届最美水利人	2017 年
王拴定	男	陕西省泾惠渠管理局	第六届陕西省直属机关杰出青年	2017 年
徐峰	男	陕西省泾惠渠管理局	全国优秀工会工作者	2018 年
石小庆	男	陕西省泾惠渠管理局	陕西省示范性劳模和工匠人才创新工作室	2018 年
刘海轮	男	泾阳县水土保持工作站	咸阳市水利局先进工作者	2018 年
雷妮	女	陕西省西咸新区秦汉新城农林水和交通工作局	2017 年西安市河长制先进工作者	2018 年
袁鹏	男	陕西省西咸新区空港新城太平镇	2017 年西安市优秀河长	2018 年
冯结团	男	咸阳市河务管理处	全国水利系统先进工作者	2019 年
亢小军	男	陕西省西咸新区泾河新城高庄镇	2019 年西安市河湖“四乱”专项行动先进个人	2019 年
陈涛	男	陕西省西咸新区泾河新城泾干街道	2019 年西安市河湖“四乱”专项行动先进个人	2019 年
张博	男	陕西省西咸新区秦汉新城正阳街道	2019 年西安市河湖“四乱”专项行动先进个人	2019 年
陈方启	男	陕西省西咸新区空港新城太平镇	2019 年西安市河湖“四乱”专项行动先进个人	2019 年
刘海轮	男	泾阳县水土保持工作站	咸阳市水利局先进工作者	2019 年
毛敏辉	男	陕西省西咸新区泾河新城河湖长办	2018 年西安市河湖长制先进工作者	2019 年
孟建英	男	陕西省西咸新区空港新城太平镇太平堡村	2018 年西安市优秀河长	2019 年
来建辉	男	陕西省西咸新区空港新城太平镇陈贠湾村	2018 年西安市优秀河长	2019 年

续表 7-2-2

姓名	性别	原工作单位	先进级别全称	表彰时间
赵茂亭	男	陕西省西咸新区 秦汉新城正阳街道	2018 年西安市优秀河长	2019 年
贺甲民	男	陕西省西咸新区 泾河新城崇文镇	2018 年西安市优秀河长	2019 年
孙联平	男	陕西省西咸新区 泾河新城阜下村	2018 年西安市优秀河长	2019 年
刘昌昌	男	乾县水利局	脱贫攻坚农村饮水安全先进个人	2020 年
雷永前	男	乾县水利局	脱贫攻坚农村饮水安全先进个人	2020 年
牛高	男	泾阳县水土保持工作站	咸阳市水利局先进工作者	2020 年
付聪	男	驻淳化县铁王镇塔尔寺村 第一书记兼工作队队长	陕西省第二届最美水利人	2021 年
刘海轮	男	泾阳县水土保持工作站	咸阳市优秀工会工作者称号	2021 年
郭昊	男	西咸新区农业农村局	陕西省第二届最美水利人	2021 年
王广社	男	陕西省西咸新区水务局	2020 年西安市河湖长制先进个人	2021 年
董燕语	男	陕西省西咸新区农业农村 （水务）局	2019 年西安市河湖“清四乱”专项 行动先进个人，2020 年度西安市 全域治水工作先进个人	2021 年
宁鹏涛	男	陕西省西咸新区城乡管理局	2017 年西安市河长制先进工作者、 2020 年河长制先进个人	2021 年
梁文清	男	陕西省西咸新区水务局	2019 年西安市水利系统先进个人、 2020 年西安市全域治水先进个人	2021 年
郭宁	女	陕西省西咸新区空港新城 城乡统筹发展局	2017 年西安市河长制先进工作者、 2020 年西安市全域治水先进个人、 2019 年西安市河湖“四乱” 专项行动先进个人	2021 年
魏鹏	男	陕西省西咸新区泾河新城 农业农村局	2017 年西安市河长制先进工作者， 2020 年、2021 年河长制先进个人	2021 年
席萌	女	陕西省西咸新区空港新城 城乡统筹发展局	2018 年西安市河湖长制先进工作者、 2020 年河长制先进个人	2021 年
卜子涵	男	陕西省西咸新区河湖长制 领导小组办公室	2018—2021 年西安市河湖长制 先进工作者	2021 年

续表 7-2-2

姓名	性别	原工作单位	先进级别全称	表彰时间
郭斌	男	陕西省西咸新区空港新城太平镇	2020 年西安市优秀河长、2022 年西安市优秀河湖长	2021 年
许宏波	男	陕西省西咸新区泾河新城崇文镇焦村	2020 年西安市优秀河长	2021 年
彭洪泉	男	陕西省西咸新区泾河新城高庄镇	2020 年西安市优秀河长	2021 年
郭江	男	陕西省西咸新区秦汉新城农业农村局	2020 年西安市河湖长制先进个人、2020年西咸新区河湖长制先进个人、2021 年西咸新区河湖长制先进个人	2021 年
张伟	男	西咸新区秦汉新城农业农村局	2020 年西安市优秀河长、2021年西安市河湖长制先进工作者、2019 年西安市河湖“四乱”专项行动先进个人	2021 年
周亮	男	西咸新区泾河新城崇文镇	2021 年西安市优秀河湖长、2022 年西安市优秀河湖长	2022 年
王塔利	男	陕西省西咸新区泾河新城高庄镇	2021 年西安市优秀河湖长、2022 年西安市优秀河湖长	2022 年
李萍	女	陕西省西咸新区空港新城水务局	2021 年西安市河湖长制先进工作者	2022 年
牛高	男	泾阳县水土保持工作站	咸阳市优秀青年岗位能手	2022 年
刘海轮	男	泾阳县水土保持工作站	全国水土保持工作先进个人	2022 年
刘海轮	男	泾阳县水土保持工作站	2023 年度职工互助保障工作优秀工作者	2023 年
徐俊	女	陕西省西咸新区住房和城乡建设局	2022 年西安市河湖长制先进工作者	2023 年
赵冰	男	陕西省西咸新区住房和城乡建设局	2022 年西安市河湖长制先进工作者	2023 年
闫昌	男	泾阳县水利综合执法大队	2023 年度咸阳市优秀青年岗位能手	2023 年
王卫	男	泾阳县泾北供水管理站	咸阳市水利局 2023 年度农村供水优秀管水员	2024 年

来源：流域各区县县志、水利（务）局单位提供资料

三、高级职称人员

1989 年国家实行专业技术职务聘任制开始到 2023 年，泾河流域水利系统有高级职称人员 107 人，其中前 7 人为教授级高级工程师。

1989—2020 年泾河流域水利系统高级工程师以上名录见表 7-2-3。

表 7-2-3 1989—2020 年泾河流域水利系统高级工程师以上名录

姓名	工作单位	性别	出生年月	文化程度	批准年月
叶遇春	陕西省泾惠渠管理局	男	1911.12	本科	1989.11
张发民	陕西水利博物馆	男	1965.01	本科	2001.11
毛全年	陕西省泾惠渠管理局	男	1956.12	本科	2003.03
王沪学	陕西省泾惠渠管理局	男	1948.01	本科	2003.03
周勇翔	陕西省咸阳市水利工作队	男	1959.01	本科	2008.12
李军利	陕西省泾惠渠管理局	男	1962.01	本科	2012.12
孙刚锋	陕西省泾惠渠管理局	男	1964.03	本科	2019.03
胡文兵	咸阳水文水资源勘测中心	男	1984.08	研究生	2020.12
周晓强	咸阳水文水资源勘测中心	男	1980.11	本科	2018.12
赵弋茹	咸阳水文水资源勘测中心	女	1981.09	本科	2017.12
杨文书	泾阳县水土保持局	男	1933.02	本科	1988.12
康小林	陕西省咸阳市泾阳县水利局	男	1968.01	中专	2023.08
孙峰	陕西省咸阳市泾阳县水利局	男	1977.08	本科	2023.08
熊敏博	泾阳县城乡供水保障中心	男	1984.02	本科	2023.08
张颖	泾阳县水利灌排工作总站	女	1979.04	本科	2023.12
赵婷	泾阳县城乡供水保障中心泾北农村供水管理站	女	1972.02	本科	2022.08
何明	泾阳县城乡供水保障中心	男	1978.03	本科	2022.08
王珏	泾阳县水利灌排工作总站	女	1975.09	大专	2022.08
李月泉	泾阳县水利综合执法大队	男	1979.01	本科	2021.06
袁英娟	泾阳县水利综合执法大队	女	1977.07	本科	2023.12
张会	泾阳县水土保持工作站	男	1968.04	本科	2012.12

续表 7-2-3

姓名	工作单位	性别	出生年月	文化程度	批准年月
刘平川	乾县水利工程管理站	男	1971.08	本科	2022.05
王立库	乾县水利工程管理站	男	1976.05	本科	2022.08
韩少利	乾县水利工作队	女	1974.10	本科	2014.12
王向阳	乾县水利工作队	男	1969.04	本科	2022.08
周灵	乾县水利工作队	女	1978.07	本科	2019.12
田永鹏	乾县水利工作队	男	1966.02	本科	2013.12
刘宇峰	乾县水土保持工作站	男	1967.06	本科	2013.12
王永辉	乾县水土保持工作站	男	1971.03	本科	2023.08
王科峰	乾县水土保持工作站	男	1980.11	本科	2023.08
金松	乾县水土保持工作站	男	1965.02	本科	2004.07
张红梅	乾县水土保持工作站	女	1974.11	本科	2019.01
范英兰	乾县水土保持工作站	女	1974.05	本科	2019.01
李兴国	乾县泔惠渠管理处	男	1977.09	本科	2022.08
杨凯	永寿县水利局水保站	男	1967.01	大专	2001.02
周明	淳化县水土保持工作站	男	1961.07	本科	2001.01
何瑞宏	淳化县水利局	男	1965.11	大专	2013.12
刘秀娟	淳化县水利工程服务中心	女	1974.08	本科	2015.12
刘辛	淳化县水利工程服务中心	男	1982.11	本科	2019.01
任婷	淳化县水利工程服务中心	女	1974.10	本科	2019.01
何秀丽	淳化县水旱灾害防御中心	女	1980.07	本科	2019.12
刘存民	旬邑县水利局	男	1968.07	本科	2013.12
师高峰	旬邑县水利局	男	1966.03	大专	2013.12
王腾	旬邑县水利局	男	1968.10	大专	2016.12
秦三科	旬邑县水利局水旱灾害防御中心	男	1969.11	大专	2019.12

续表 7-2-3

姓名	工作单位	性别	出生年月	文化程度	批准年月
燕雯莉	旬邑县水利局水旱灾害防御中心	女	1969.11	本科	2019.12
马红军	旬邑县水旱灾害防御中心	男	1979.08	本科	2019.12
何宝国	旬邑县水利局柏岭寺水库管理站	男	1972.11	本科	2019.12
郭晓霞	旬邑县水利局柏岭寺水库管理站	女	1971.06	大专	2019.01
蒲晓涛	旬邑县水利局水土保持工作站	男	1978.07	本科	2019.12
罗华	旬邑县水利局水土保持工作站	女	1984.12	本科	2021.06
李三平	旬邑县水利局水土保持工作站	男	1964.11	本科	2009.12
王小谭	旬邑县水利局水土保持工作站	女	1968.08	本科	2014.12
王海强	旬邑县水利局自来水公司	男	1977.10	本科	2019.12
燕会军	旬邑县水利局自来水公司	男	1974.10	本科	2019.12
王建平	旬邑县水利局水利工程服务中心	男	1978.06	本科	2015.12
程和平	旬邑县水利局水利工程服务中心	男	1974.06	本科	2017.12
罗正宏	旬邑县水利局职田水利管理站	男	1976.03	本科	2019.12
李启群	旬邑县水利局蒲家沟示范园	男	1975.12	本科	2019.12
梁冬冬	旬邑县水利局蒲家沟示范园	男	1974.10	本科	2016.12
李胜利	旬邑县水利局城乡供水保障中心	男	1969.02	本科	2013.12
张华	旬邑县水利局城乡供水保障中心	女	1971.03	本科	2015.12
何海涛	旬邑县水利局水资站	男	1965.07	大专	2011.12
张富强	旬邑县水利局水资站	男	1970.12	大专	2019.01
卢惠芳	彬州市城乡供水保障中心	女	1965.08	本科	2011.06
李娟	彬州市城乡供水保障中心	女	1973.03	本科	2019.12
王志刚	彬州市城乡供水保障中心	男	1965.01	大专	2022.05
郑宏雅	彬州市城乡供水保障中心	男	1970.07	大专	2019.12
何丽娜	彬州市城乡供水保障中心	女	1981.05	本科	2021.03

续表 7-2-3

姓名	工作单位	性别	出生年月	文化程度	批准年月
徐新平	彬州市城乡供水保障中心	男	1964.10	中专	2023.03
张耀林	彬州市水利综合执法大队	男	1963.02	本科	2012.11
张博	彬州市水资源工作站	男	1973.04	大专	2022.08
田云霞	彬州市水资源工作站	女	1978.09	本科	2019.12
衡建发	彬州市水资源工作站	男	1964.12	大专	2018.05
王辉	彬州市水资源工作站	男	1970.05	本科	2015.12
蒋汉卿	彬州市水土保持工作站	男	1956.12	中专	2006.10
杨永涛	彬州市水土保持工作站	男	1974.03	大专	2016.11
张碧霞	彬州市水土保持工作站	女	1969.11	大专	2016.11
杨锦	彬州市水土保持工作站	女	1980.08	本科	2020.08
魏华	彬州市水土保持工作站	女	1980.05	本科	2021.06
田飞	彬州市水土保持工作站	男	1983.06	本科	2022.08
焦维烈	彬州市水害灾害防御中心	男	1965.04	本科	2015.12
李文卷	彬州市水害灾害防御中心	男	1973.11	大专	2019.12
陈亚娟	彬州市水害灾害防御中心	女	1977.04	大专	2023.08
高剑	长武县水利局	男	1954.05	中专	2006.04
赵永发	长武县城乡供水保障中心	男	1978.09	本科	2017.12
周玉娟	长武县水利工程服务中心	女	1977.10	本科	2017.12
王耀科	长武县水土保持工作站	男	1978.08	本科	2022.08
巨红艳	长武县水土保持工作站	女	1975.06	本科	2017.12
尚建国	长武县水利管理站	男	1965.01	中专	2012.12
朱联平	陕西省西咸新区秦汉新城开发建设部	男	1980.02	本科	2017.12
雷妮	陕西省西咸新区住房和城乡建设局	女	1982.02	本科	2022.12
朱蕊莹	陕西省西咸新区水务中心	女	1970.01	本科	2017.12

续表 7-2-3

姓名	工作单位	性别	出生年月	文化程度	批准年月
郭宁	陕西省西咸新区水务中心	女	1978.11	本科	2017.12
梁文清	陕西省西咸新区水务中心	男	1986.03	研究生	2021.12
王保卫	西咸新区住房和城乡建设局	男	1984.10	本科	2019.12
王海玮	陕西省西咸新区泾河新城开发建设部	男	1983.09	本科	2017.12
马汉平	陕西省西咸新区住房和城乡建设局	男	1968.01	本科	2020.12
杨玉	陕西省西咸新区住房和城乡建设局	女	1973.04	本科	2023.03
杨新艳	陕西省西咸新区住房和城乡建设局	女	1975.09	本科	2023.03
宁鹏涛	陕西省西咸新区住房和城乡建设局	男	1977.12	本科	2015.12
董燕语	陕西省西咸新区住房和城乡建设局	男	1980.04	本科	2019.11
张小梅	陕西省西咸新区水务中心	女	1977.06	本科	2017.12
郑霞霞	陕西省西咸新区水务中心	女	1984.03	本科	2019.11
魏鹏	西咸新区住房和城乡建设局	男	1983.07	研究生	2017.12
李萍	陕西省西咸新区水务中心	女	1977.11	本科	2019.12
赵育军	西咸新区空港新城开发建设部	男	1969.02	本科	2016.12

来源：流域各区县县志、水利（务）局单位提供资料

大事记

古代

商（前 16—11 世纪）

后稷之曾孙公刘，移居于豳（今彬州市、旬邑一带），“度其隰原，彻田为粮”（《诗经·大雅·公刘》），平田改土，种植五谷。

西周

幽王二年（前 780 年），关中发生大地震，又久旱不雨，泾河、渭河枯竭，灾民流离失所。

灵王十三年（前 559 年），晋、周、鲁、齐、宋、卫、郑、曹、莒、邾、滕、薛、杞十余国军队联合攻秦，由泾河渡口（今泾阳县南）渡河，秦军在上游投毒阻拦，各国纷纷撤军，联盟破裂。

赧王十二年（前 303 年），六月大雨，山洪暴发，泾水混浊，呈赤色数日。

春秋战国

秦王政元年（前 246 年）开凿郑国渠。秦用韩水工郑国之谋，“令凿泾水，自中山西邸瓠口为渠，并北山东注洛三百余里，欲以溉田。中作而觉，秦欲杀郑国，郑国曰：‘始臣为间，然渠成亦秦之利也’，秦以为然，卒使就渠。渠就，用注填阏之水，溉泽卤之地四万余顷，收皆亩一钟，于是关中为沃野，无凶年，秦以富强，卒并诸侯，因命曰：‘郑国渠’。”（《史记·河渠书》）

汉代

汉武帝元鼎六年（前 111 年）

开六辅渠。六辅渠在泾河下游，为倪宽所修，据《汉书·倪宽传》颜师古注：六辅渠在郑国渠上游南岸，开六道小渠，以辅助灌溉。主要是为了扩大郑国渠旁边高地的灌溉面积，渠成之后，倪宽制定了灌溉用水的法规“水令”，以扩大灌溉效益。

汉武帝太始二年（前 95 年）

作白渠。“赵中大夫白公复奏穿渠。引泾水，首起谷口，尾入栎阳，注渭中，袤二百里，溉田四千五百余顷，因名曰：白渠。民得其饶，歌之曰：‘田于何所？池阳、谷口。郑国在前，白渠起后。举锸为云，决渠为雨，泾水一石，其泥数斗，且溉且粪，长我禾黍，衣食京师，亿万之口。’”（《汉书·沟洫志》）。白渠运用 1000 余年。

东汉光和五年（182 年）

修樊惠渠。由京兆尹樊陵主持，在泾河下游阳陵县（今咸阳市东北）兴建樊惠渠。渠堰为堆石结构，打有基桩，堰上培土，护之以埽，引水渠道有沉沙池、引水口门、分水涵洞和相应的田间工程，具有灌水和淤漫作用。

前秦建元七年（371 年）

复修郑、白渠。“苻坚以关中水旱不时，议依郑白故事，发其王侯以下及豪望富室僮隶三万人，开泾水上源，凿山起堤，通渠引渎，以溉冈卤之田，及春而成，百姓赖其利。”（《晋书·苻坚记》）

西魏大统十三年（547 年）

修浚白渠。“春正月，开白渠以灌田。”（《北史·文皇帝纪》）

西魏大统十六年（550 年）

贺兰祥修富平堰。“十六年，拜大将军。太祖以泾、渭灌溉之处，渠堰废毁，乃令祥修造富平堰，开渠引（北白渠）水，东注于洛。功用既毕，民获其利。”（《北史·贺兰祥传》）

唐代

唐高宗永徽六年（655 年）

疏浚郑、白渠。“雍州长史长孙祥奏言：往日郑白渠溉田四万余顷，今为富商大贾竞造碾硙，堰遏费水，渠流梗塞，止溉一万余顷，请修营此渠，以便百姓，至于碱卤亦堪为水田。”于是遣长孙祥等检渠上碾硙皆毁之，并设斗门以节水，淤溉碱卤之地皆为水田。（《通典》和《文献通考》）

《唐六典》中对泾、渭、白渠规定:“以京兆少尹一人督视”，“京畿之内，各渠设渠长、斗门长”。

唐玄宗开元二年（714 年）

修复郑白渠。“诏李元纮复修之。”（《新唐书·李元纮传》）

唐代宗广德二年（764 年）

毁郑白渠中遏水碾硙。“李栖筠进户部侍郎，关中旧仰郑、白二渠溉田，而豪戚拥上游取硙利，且百所，夺农用十七，栖筠请皆彻毁，岁得租二百万，民赖其入。”（《新唐书·李栖筠传》）

唐代宗大历年间（766—779 年）

京兆尹黎干决郑白支渠。《元和郡县志·泾阳》记，白渠有：大白渠、中白渠、南白渠三条支渠，后称三白渠。

唐代宗大历八年（773 年）

（今彬）州新平郡三水县，北二十里因风雷而形成了万寿湫。

唐敬宗宝历元年（825 年）

刘公渠堰。高陵县令刘仁师以泾阳县独引郑白渠水灌田，依照条律《水部式》，几经上书争诉，终得诏令修成中白、中南、高望、隅南四渠及一堰，使高陵区得到灌溉之利。因四渠为刘公所修，又称刘公四渠；刘籍彭城，堰曰彭城堰。

唐文宗太和二年（828 年）

朝廷“出水车样，令京兆府造水车，散给沿郑白渠百姓，以溉水田。”（《旧唐书·文宗本纪》）

宋代

宋太宗淳化二年（991 年）

修复白渠口。“县民杜思渊上书言：泾河内旧有石翣以堰水入白渠，溉雍、耀田，岁收三万斛。其后多历年所，石翣坏，三白渠水少，溉田不足，民颇艰食。乾德中，节度判官施继业率民用稍穰、笆篱、栈木、截河为堰，拥水入渠，缘渠之民，颇获其利。”（《宋史·河渠志》）

宋太宗至道元年（995 年）

修白渠别口。“诏皇甫选，何亮乘传经度，选等还言，泾河陡深，渠岸摧废，岁久实难致力，渠口旧有六石门，谓之洪门，亦圮，议复甚难，欲就近别开渠口，以通水道。”（《宋史·河渠志》）

宋真宗景德三年（1006 年）

修介公庙白渠别口。“盐铁副使林特，度支副使马景盛陈关中河渠之利，请遣官行郑、白渠，兴修古制。乃诏太常博士尚宾乘传经度，率夫治之。宾言：郑渠久废不可复，今自介公庙迴白渠洪口直东南，合旧渠以畎泾河，灌富平、栎阳、高陵等县，经久可不竭。工既毕而水利饶足，民获数倍。”（《宋史·河渠志》）

宋仁宗康定二年（1041 年）

修白渠洪口。“三白渠久废，京兆府荐雷简夫治渠事。先时，治渠岁役六县民四十日，用梢木数百万，而水不足，简夫用三十日，梢木比旧三之一，而水有余。”（《宋史·雷简夫传》）

宋仁宗庆历七年（1047 年）

叶清臣出知永兴军，疏浚三白渠，“溉田逾六千顷”。（《宋史·叶清臣传》）

宋仁宗嘉祐年间（1056—1063 年）

永寿县令吕大防，引分水岭（永平乡北 2.5 千米）之三泉水至县城，以解决人畜饮水困难。时人名之为吕公惠民渠。（《陕西通志》雍正本）

宋神宗熙宁五年（1072 年）

“十一月陕西提举常平杨蟠议修郑、白渠，诏都水丞周良孺相视。乃自石门堰泾水开新渠，至三限口以合白渠。王安石请捐常平息钱，助民兴作，帝曰：‘纵用内帑钱，亦何惜也。’”（《宋史·河渠志》）

议凿小郑渠。“熙宁五年，泾阳令侯可议凿小郑渠，引泾水高与古郑渠等。都水丞周良孺言：‘自石门北开二丈四尺，堰泾水入新渠，至临泾就高入白渠，至三限口接云阳，可溉田两万余顷。’诏如其议。”（《玉海》）

熙宁七年（1074 年）

建丰利渠，殿中丞侯可自仲山旁凿石渠，引泾水东南与小郑渠合，下流合白渠。自秋至次年春，“渠之已凿者十之三，当时以岁歉弛役”。

宋徽宗大观元年（1107年）

永兴军路提举常平使赵佺主持重修郑白渠，佺继熙宁七年在上流仲山开凿石渠的未竟之业，大观二年（1108年）九月开工，至三年（1109年）四月，完成下流土渠工程；四年（1110年）闰八月，上流石渠修成，九月放水，灌溉泾阳、醴泉、高陵、栎阳、云阳、三原、富平七县农田二万五千顷。诏赐名为“丰利渠”。（《宋史·河渠志》）

大观三年（1109年）

作樊坑渠堰。“白渠南岸，其北直大沟，沟水暴涨常冲毁渠岸，与渠流俱溃，壅之则渠不能容，而下流为田患，乃叠石为渠岸，东西四十尺，北高八尺，上阔十七尺，其南石尾相衔接，而下四十尺，沟水至，则渠之所受满其堤而止，泄余水注坑中与泾水合。”（蔡溥：《洪口石渠记》）

建炎三年（1129年），大旱，“泾、渭、沮皆竭”。

金章宗泰和元年（1201年）

永寿县（古麻亭驿）主簿邢王旬，因睹吕公惠民泉年久淤废，查访其源，悉得故道，遂动众复修，厥工告成。(《金重修惠民泉记》)

元代

窝阔台十二年（1240年）

命梁泰为宣差规措三白渠使，郭时中为副使，补修三白渠自蒙、金战争以来毁坏的渠堰，恢复灌溉。

至元二十四年（1287年）

设立陕西屯田总管府，以秩三品官任总管，统领泾州、邠州、乾州及安西属县闲田屯耕事宜。

成宗大德八年（1304年）

“泾水暴涨，毁堰塞渠”，陕西行省命屯田府总管夹骨伯颜帖木儿与泾阳尹王琚导之，发夫三千，共疏泾渠，使“水通流如旧，民甚赖之”。（《元史·河渠志》）

武宗至大三年（1310年）

陕西行台御史王琚建言于泾阳洪口展修石渠，自仁宗延祐元年（1314年）兴工，前后历时二十七年，至顺帝（后）至元五年（1339年）渠成。名曰王御史渠。（《元史·河渠志》）。此后，行御史台治书侍御史李惟中著《泾渠图说》（附《长安志》中），详载该渠情况和制度。

文宗天历二年（1329年）

修引水洪堰。“三月，屯田总管河渠司事郭嘉议言：去岁六月三日骤雨，泾水泛涨，元修洪堰及小龙口尽圮，水归泾，白渠内水浅，为此计用十四万九千五百十一工，役丁夫一千六百，度九十三日毕。”（《元史·河渠志》）

顺帝至正二十年（1360年）

杨钦督工修治王御史渠，“溉农田四万五千余顷”。（《元史·河渠志》）

明代

明太祖洪武八年（1375 年）

“命上兴侯耿炳文疏浚泾阳洪渠堰，溉泾阳、三原、礼泉、高陵、临潼田二百余顷”。（《明史·河渠志》）

明太祖洪武三十一年（1398 年）

洪渠堰圮。“三月，复命耿炳文修治之，凡五月堰成，又浚堰渠一十万三千六百十八丈，民皆利焉。”（《明史·耿炳文传》）

明英宗正统十二年（1447 年）

引泾、引渭灌区灌田用水多有纷争，水利通判黄镛令各县将灌溉田亩之数和用水日期，刻石铭记，违者治罪，灌田秩序好转。

明宪宗成化元年（1465 年）

开广惠渠。“副都御史项忠，请自旧渠上并石山开凿一里余，就谷口上流引泾入渠，集泾阳、三原、醴泉、高陵、临潼五县民就役，穿小龙山、大龙山。役者咸篝以入，遇石刚顽，辄以火焚水淬，或泉滴沥下，则戴笠披蓑焉，功未就，项召还朝。成化四年项复西征过陕，命有司促工责成，奏凯还，亟以成功纪于石，名其渠曰：‘广惠渠’。而渠实未通也。成化十二年（1476 年），右都御史余子俊，又经略之……至成化十七年，副都御史阮公勤再次兴工，用匠四百人，五县之民更番供役……至次年工成。”（《明史·项忠传》《彭华·广惠渠记》）

成化二十一年至弘治元年（1485—1488 年）

旬邑知县马宗仁引汃水灌田。

明武宗正德十一年（1516 年）

陕西巡抚萧冲主持复凿引泾石渠，上接新渠，直溯广惠渠，下入丰利渠，历时一年建成，名为通济渠，总长 360 米。（《泾渠志稿》民国本）

明穆宗隆庆六年（1572 年）

兵部左侍郎张瀚巡抚陕西，奏修泾阳洪渠堰，当年完工。

明神宗万历四十一年（1613 年）

泾河暴涨，两岸淹没大量民房，冲毁庄稼、田地，死人甚多。

清代

清世祖顺治九年（1652 年）

泾水难以入渠，三白渠之利甚微，泾阳知县金汉鼎重修广惠渠。（《重修泾阳县志》卷四）

清圣祖康熙八年（1669 年）

引龙洞泉水。“泾阳县令王际有，督工疏浚大、小龙山石洞，重修广惠，得泉源濆涌而出，遂归纳诸泉，补漏堤岸，疏通阻塞。”（王际有《修渠记》）

康熙二十九年（1690 年）

关中发生特大旱灾和蝗害，泾阳等地饿殍遍野。

同年，因陕西旧有水利工程年久失修，渠道淤塞，堤堰坍圮，准地方动用藩司公羡余银 8000 两，挑挖疏浚郑白渠、龙洞渠。

雍正五年（1727 年）

疏浚龙洞。川陕总督岳钟琪，奉谕拨银八千两，将郑白、龙洞挑浚，修渠清淤。

雍正七年（1729 年）

总督查郎阿提，请朝廷命西安府管粮通判督修泾渠。自老龙洞以下，引泉水东南流，沿途汇纳诸泉，是时，河、泉二水相济灌田。

同年，改西安府管粮通判为水利通判，驻泾阳县境内王桥镇，专管泾阳、礼泉、三原、高陵、临潼五县堤浚渠事务。

清高宗乾隆二年（1737 年）十一月至四年（1739 年）十月

由翰林侍读学士世臣建议，经陕西巡抚崔纪奏请核准，决定置坝龙洞北口，遏泾水勿令淤渠，引泉水灌溉礼泉、泾阳、三原、高陵 4 县农田 7.4 万亩，取名“龙洞渠”。史称“拒泾引泉”。

同年陕西巡抚崔纪于五月，令饬各县相地凿井。至十一月奏报凿井数目：泾阳县 2190 余口、礼泉县 410 余口、乾县 5200 余口，彬、长、旬三县共 140 余口。（《续修陕西通志稿》卷六十一）

乾隆六年（1741 年）

泾阳知县唐秉刚创建瀛洲书院。主持修通冶峪到淳化的道路，造舟 2 条，在泾河、渭河中行驶，将县内货物运往咸阳、西安、潼关，惠农通商，除暴利民，在任 11 年，深得民众拥护。

乾隆十五年（1750 年）

劝民凿井。“陕甘总督陈宏谋，劝民凿井二万八千余，广造水车教民以溉田。”（《泾阳县志》）

清宣宗道光二年（1822 年）

凿鄂山新渠。陕西巡抚命鄜州知州鄂山主事，因龙洞渠堤被泾水冲决，借帑银二百余两，于鸣玉泉东岸凿洞十五丈，并修渠首石堤七十余丈，整修下游土渠二千余丈。为龙旧渠一次大的整修。（《泾阳县志》）

清穆宗同治三年（1864 年）

开井渠。“高陵县令徐德良，曾役民夫于郑渠故道北，泾河左岸东南至惠民桥，掘井一排，筑修大池，拟复引泾。奈渠高于河者数仞，土松而渗，泾泥又不止数斗，池未满而漏其半，复为泥淤，盛水无多，迄于无成。”（《续修陕西通志稿》）

同治八年（1869 年）

“大司农袁保恒，屯田泾上，拟复广惠，又开新渠；后复在王御史渠口栽桩安置筒车，经营年余，迄无成效。”（《泾渠志稿》）

清德宗光绪三年（1877 年）

咸阳、三原、泾阳、乾县、礼泉大旱。

光绪十二年（1886年）

“泾阳知县涂官俊督工疏浚龙洞渠，东至广惠渠下口，下接王御史渠上口五十八丈，使泉水入渠畅通，龙洞渠水量增三分之一。”（《续修陕西通志稿》）

光绪二十五年（1899年）

整修龙洞渠。“由陕西巡抚魏光焘主持，发动陕西驻军和四县民工共同参加，拨帑银四千九百余两，修复石堤，疏通灌区各级渠道，是清代最后一次的大规模工程整修。”（《泾阳县志》）

清宣统三年（1911年）

8月（农历七月），霖雨成灾，长武泾河暴涨，洪峰15700立方米每秒。泾阳泾水涨溢，沿岸田产被淹，伤人数十。醴泉，泾水暴涨，高十余丈，伤害人畜，冲没田庐颇多。又彗星见，状如扫帚，有光，经二十余日而没。后调查得本次洪水泾河张家山洪峰流量为14700立方米每秒。

中华民国

民国二年（1913年）

三原县郑白渠局绅范克立等呈民政司，泾阳不遵旧章，从同治八年强占水程，请求按旧章增加三原水程。

民国四年（1915年）

夏间阴雨过多，冰雹骤降，田禾大受损害，高陵、泾阳、三原、蒲城、彬州、醴泉、旬邑、永寿、麟游等成灾。

民国五年（1916年）

旬邑县城东门外汃水渠建成，起于焦家河村，止于县城南门外，总长3.5千米，可灌田数百亩。但因工程不够坚固，不久废弃。

民国六年（1917年）

9月4日、5日，大雨倾盆，泾水泛滥，冲毁位于泾阳县张家山的龙洞渠、倒流泉石堤，水磨桥北石栏杆，琼珠洞、打鼓洞、野狐哨等处石堤500余丈，石沙淤泥壅塞渠道长1800余丈。

9月4日，高陵设龙洞渠水利局。

11月6日，陕西省水利分局要求高陵、泾阳、三原、醴泉四县沿龙洞渠栽树。

民国七年（1918年）

首次勘测泾河谷口地形。陕西省水利分局局长郭希仁，拟复引泾，派员勘测泾谷钓儿嘴和灌区地形略图，送南京河海工程专门学校求教李仪祉。不久复函：……极力赞同兴办引泾水利，原测图太粗，资料短缺，不足规划设计需要，引水工程不能草率行事……并对工程计划、施工、器具、预算等，提出13条具体意见。

意大利人戴夏德在任高陵区通远坊天主教修道院院长时，设立了陕西省高陵区通远坊雨量站。安装有温度计、湿度计、风向仪、雨量筒。风向仪安装于屋顶；雨量筒安装在院内（用镀锌铁皮自制，高 50 厘米，口径比现在痰盂略大）；雨量尺是竹板制作（规格 1 厘米 ×0.3 厘米 ×60 厘米）。每日按地方时间观测三次，即 7 时 30 分、14 时 30 分、19 时 30 分。以 24 时为日分界时间。这是陕西省最早利用现代仪器设立的降水量观测站。

长武县胡家河村民胡蕴章，自发在贺峪沟修建水渠。民国六年开始筹划，土法勘测规划。民国七年春季，借贷资金，带领家属、亲戚，住进沟内，劈山开渠，修筑土坝。年末，胡蕴章破产负债，仍坚持兴修水利工程。

民国八年（1919 年）

陕西省水利局局长郭希仁（临潼人）派人首次勘测泾惠渠。

民国十年（1921 年）

靖国军总司令于右任等倡议兴修渭北水利，成立“渭北水利委员会”，公举李仲三为会长，邀请李协回陕任总工程师。会址设在三原县东关善堂（今东关小学），制定泾惠渠工程规划，并制成沙盘和挂图在善堂展览，参观者络绎不绝。

民国十一年（1922 年）

4 月 21 日，为兴修引泾工程，陕西省义赈会同渭北十一县（泾阳、三原、高陵、临潼、渭南、富平、耀县、宜君、淳化、同官、白水）代表商议合组成立“渭北水利工程局”。由北京青年会总干事格林介绍福建吴南凯工程师来陕勘测兴办。名誉总董：胡景翼。总董：田玉洁。总工程师：李仪祉。

民国十二年（1923 年）

设岳家坡雨量站。3 月，陕西省水利局在泾阳岳家坡设雨量站。

9 月 4 日，委任姚秉圭为龙洞渠管理局主任，三原、高陵各县另设龙洞渠水利局；泾阳、礼泉龙洞渠水利局即附管理局内，二县境内渠务由管理局主任兼管。各县另举渠绅二人（礼泉推举一人）。各民渠管理制度，如泾阳之水老、值月利夫，三原之堵长等，悉仍其旧。

李协设计制造“直立瓶式泥沙采样器”进行含沙量测验，其构造为直径 16 厘米的铁质圆筒，口径为 8 厘米，容积 5 升。圆筒四周用铁条，底部用铁板固定，下附 5 千克铅丝。

金陵大学森林系美籍研究教授罗德民率领中国教师，对晋、陕、豫三省考察，在陕西收集了森林破坏影响水土流失状况，又在李协的陪同下，观察了郑国渠由于水土流失影响河床历次变迁状况等。

民国十三年（1924 年）

3 月 10 日，中国华洋义赈救灾总会总干事梅里乐（美国）、工程主任塔德（美国），由北京启行来陕调查渭北水利工程。

4 月 20 日，李协领五六人携带帐篷干粮进入泾河峡谷勘察泾河，用时 7 天，行程 50 千米，对泾河张家山以上山势、路途、地质、植被、动物等进行了考察。

6 月 12 日，陕西省水利局在泾阳县设赵家桥水文站（观测水位、流量、泥沙、降水、蒸发），年底撤销。

7 月 24 日，陕西省水利分局派秦智初带雨量器、记载表以及《考察泾河上源兼设雨量器须知》《陕西水利分局筹划雨量站任用人员聘书证书》往甘肃调查泾河上游情况并安装雨量器。

7 月 25 日，陕西省长公署指令（第 4477 号令）水利分局为引泾工程，了解泾河水量设立乾县、淳化、三水、邠县、长武、泾川、平凉、镇原、环县、庆阳等雨量站。

12 月 11 日，龙洞渠夜晚出险数处，局长李协亲赴渠所勘查出险地段。自大王桥以下长三里余，皆斩山坡作深堑，深三四丈，壁崖陡立，极易坍颓，其以上渠段，千孔百疮。大暗桥以下，赵家桥以上约百步山崖崩塌，已倒入渠中者有丈余，又有将倒未倒者，岌岌可危。正值浇麦时节，各斗需水甚急，陕西水利局拟就修补计划，呈请省长鉴核。

冬，西安举办“渭北水利工程设计图片展览”，提出“打开吊儿嘴，遍地都是水”的口号。

李仪祉根据勘测资料，编写《陕西渭北水利工程局引泾第二期报告书》。

李仪祉编写《再论引泾》。

本年，陕西省省长刘镇华命对长武县修广惠渠有功者予以嘉奖，奖给县知事宋经裕三等金色单犀河务奖章，监工员胡蕴章二等金色单犀河务奖章，督修员高维岳四等银色单犀河务奖章。

民国十四年（1925 年）

西安经咸阳、泾阳至三原开通汽车，方便了引泾工程勘测人员来往。

民国十五年（1926 年）

5 月，因时局影响，引泾工程暂停，陕西省水利局命泾河上游各县雨量观测停止。

民国十六年（1927 年）

2 月，总司令冯玉祥令陕西省水利局局长李协，就钓儿嘴引泾灌田计划“准如所拟办理”，交由建设部即日兴工举办。

5 月，因时局影响，引泾工程暂停，陕西省水利局命泾河上游各县雨量观测停止。

民国十七年（1928 年）

旬邑县县城东门外汃水渠建成，由焦家河起，至县南门外，总长 3.5 千米，可灌田三四百亩。

6 月，陕西省水利局印《引泾初步》，共六页文字说明，并附 1 : 30000《引泾初步计划略图》一张。

民国十八年（1929 年）

3 月 13 日，陕西省政府主席宋哲元等偕同法国裴工程师前赴钓儿嘴，查看凿洞引泾现场。

4 月 11 日，钓儿嘴引泾工程监督公署成立，并制定《陕西钓儿嘴引泾工程监督公署组织简章》，其中第六条“水利股办理事项”第一款规定的事项为“关于拟定测量计划及实施测绘事项”。

5 月 26 日，民国陕西省建设厅、民政厅两厅职员兼办，将钓儿嘴监督公署改为钓儿嘴引泾工程处，附设建设厅内。钓儿嘴引泾工程处随即开展引泾工程方案编制及预算工作。

7 月，泾河上游支流长武县黑河发生洪水，陕西省民政厅指令："长武县县长呈报黑河发水附近各村堡田禾被淹成灾恳予赈济以活灾黎文，呈悉所请赈济一节事隶赈务会主持即据迳呈仰候，省政府暨民政厅核示可也此令。"

陕西大旱，乾县、礼泉、泾阳、三原、咸阳诸县尤甚。据《黄河水利史述要》载：礼泉县民国十八年共有 12.9 万人中，饿死者近 6.6 万人。

民国十九年（1930 年）

5 月 3 日，国民党第三届中央执行委员会第三次会议通过"由中央与地方建设机关合资开发黄、洮、泾、渭、汾、洛、颍等河水利，以救西北民食"案。

9 月，咸岳路修筑，该路从咸阳县起向北略西，经马庄、阡东、北屯，渡泾河抵岳家坡，方便设在岳家坡的钓儿嘴引泾工程处来往省城西安的车辆通行和运输材料。

10 月 24 日，民国国务会议决议：任命杨虎城为陕西省政府主席。

11 月 16 日，由陕西省政府主席杨虎城主持，召集泾、原、高、临、礼五县民众代表开会，成立"水利协进会"，并派张丙昌为协进会监督。

12 月 7 日，引泾工程正式开工，在张家山筛珠洞口举行开工典礼。陕西省政府主席杨虎城、陆军十七师师长孙蔚如、省政府秘书长南汝箕、公安局局长唐嗣桐，以及华北慈联会委员长朱子桥、省义赈会主席康寄遥、四省慈联会会长崔献楼、华洋义赈会工程师安立森等参加了大会。由民国陕西省政府成立渭北水利工程处，李仪祉为总工程师，孙绍宗为副工程师，负责王桥镇以下总干渠、南北干渠、第三支渠等工程，该处工作至 1933 年。

12 月 19 日，陕西省政府召集引泾工程会议，决定发行水利公债五十万元，以引泾所灌田无息担保八五折实收，陕西省政府募集一半，泾、原、高、临、礼 5 县按所灌田数分任一半。

民国二十年（1931 年）

2 月，华洋义赈救灾总会为渭北渠工办公便利起见在西安东关外八仙庵东设立"中国华洋义赈救灾总会陕西渭北引泾工程处"，在泾阳县王桥镇岳家坡村设立"中国华洋义赈救灾总会陕西渭北引泾岳家坡工程处"。引泾施工工人逐渐增多，平均每日三千人。夏季时增至平均每日五千人。

陕西省以建设厅厅长李仪祉及孙绍宗、李百龄等为委员，和华洋义赈会水利专家塔德、安立森联合组成"渭北水利工程委员会"。自此泾惠渠工程顺利进展。

5 月 6 日，陕西省政府负责的引泾工程下段分水工程正式开工。

5 月 8 日，陕西省政府政务会议通过《修正陕西省建设厅组织规程》，其中规定第二科的职能为"关于路政、市政、水利、电政事项"。

5 月 23 日，李仪祉同塔德、安立森前往泾河中上游勘察水库。

7 月 17 日，民国陕西省政府第 47 次政务会议决定将钓儿嘴水利协进会撤销，组织成立"渭北水利工程委员会"。

10 月 20 日，陕西省政府决议通过《引泾征工规程》和征工人数，共定五县征工 5000

名，其中泾阳1660名，三原1110名，高陵1380名，临潼550名，礼泉300名。挖渠、筑堤等土方工程，均以征工任之，征工时间自本年11月1日起至次年3月底止，各县县长秉承省政府命令征集额定工人，由渭北水利委员会派员接收。

12月22日，于右任视察钓儿嘴工程。

民国二十一年（1932年）

1月6日，陕西省政府第八十次政务会议通过第八十七号议案：陕西省渭北水利工程处组织章程。

1月起，陕西省水利局在泾阳县赵家沟设泾河张家山水文站。正式刊印《水磨桥泾河水文记载报告表》，表内记载有水磨桥每日的泾河水位、泾河流量、泾惠渠雨量、泾惠渠流量、泾河含沙量等5项观测数据。

3月，渭北水利工程委员会绘制出比例尺为1∶100000的泾惠渠原始平面图。

4月6日，命名“泾惠渠”。经省政府委员兼建设厅厅长李仪祉提议，省政府委员会谈话会议公定：引泾工程命名为“泾惠渠”。

5月9日，泾惠渠放水典礼筹备委员会成立，公举寿天章为主席，寿天章、徐志远、李仲华、李赋林为常务委员，高锋华任会计，李赋林担任书记。李赋林提议：纪念章式样拟将檀香山坝洞口、龙王庙装入，俟渠名定后，电李仪祉厅长在沪定制300枚。

5月26日，陕西省政府出示公告保护泾惠渠一切工程。

5月，引泾工程拦河大坝修成。渭北引泾工程处刊印《渭北引泾水利工程报告》。李仪祉作序，于右任题词“且溉且粪，长我禾黍”，许世英题词“举锸为云，决渠为雨，泾水一石，其泥数斗，且溉且粪，长我禾黍”。杨虎城为报告题名“泾惠渠”。

6月4日，大公报主笔张季鸾参观引泾工程。

6月20日，在泾阳县张家山举行泾惠渠放水典礼。拦河坝建成初定名“檀香山坝”，以纪念檀香山华侨捐款。原坝址位于乙种设计方案坝址下游约500米处。坝基建于石灰石基岩上，混凝土重力坝。坝顶长68米、宽4米、高程446米。设计最大引水流量15立方米每秒。同时印发《泾惠渠管理管见》《泾惠渠管理章程拟议》，规定了泾惠渠、泾河的水文观测。参加放水典礼的有南京国民政府代表吴稚晖、褚民谊，特邀代表朱子桥、艾德敷、贝克、陈福田（檀香山华侨代表），总工程师李仪祉、塔德，陕西省各有关厅（局）、灌区各专区、县代表，施工人员及灌区群众等与会者数千人，盛况空前。

6月28日，华洋义赈会负责的泾惠渠泾河谷口至王桥段工程，移交陕西省政府。

新编水利戏曲秦腔《泾惠渠》在易俗社露天剧场公演。

6月，杨虎城视察引泾工程渠首。

3—10月，黄委西北黄河工程局，组织黄委有关部门及陕西省水利厅、西北水利部、清华大学等单位共84人，分为4个队，查勘泾河流域。调查了解各流域的自然、社会经济、沟壑治理等情况，重点调查干支流水库坝址26处。黄委吴以敩、耿鸿枢，清华大学张光斗，西北军政委员会水利部部长李赋都等参加了查勘。

12月9日，渭北水利工程处印制《泾惠渠养护及修理章程》300份发给各斗，要求遵照执行。该章程中规定管闸工人在泾河泥沙达到 25% 时应关闸停水。

民国二十二年（1933 年）

2 月，陕西省水利局颁发《泾惠渠管理局暂行组织规程》。

陕西省水利局撰拟泾惠渠纪念碑文。

5 月 12 日，陕西省政府出示公告令泾惠渠沿渠溉户服从管理。

5 月 20 日，国民政府主席林森视察泾惠渠。视察情形为："该地距县城十里，有泾惠渠南干渠之渡槽，系石灰钢骨所制，水流桥上，干渠两旁，均有支渠，用以灌田。"

5 月，陕西省水利局编写的《泾惠渠近况》刊印，于右任题写书名。奉全国经济委员会令：泾洛工程局，主办洛渠全部工程，兼办泾惠渠一部分支渠工程。

7 月，陕西省水利局公布《征收泾惠渠灌溉田地水捐暂行办法》《泾惠渠水老会组织规程》。

8 月 8 日，泾河张家山水文站 2 时起涨，14 时出现洪峰流量 9200 立方米每秒，水位 451.98 米（大沽基面）；10 日 17 时出现第二次洪峰流量为 7700 立方米每秒。8 月 7—11 日 5 日洪量 14.06 亿立方米，8 月 7—18 日 12 日洪量 15.7 亿立方米。这次洪水由泾河上游大面积长历时暴雨形成，洪水主要来自泾河支流马莲河。洪水过后采用李仪祉设计的瓶式采样器，用澄清晒干称重法计算含沙量。洪水过后民国黄河水利委员会安立森工程师根据泾河洪水实况，著《民国二十二年之洪水量》一文，推算出洪峰流量。这是陕西省最早的洪水调查。

10 月 14 日，陕西省政府确定水利局从本年 10 月 21 日起征收泾、原、高、醴 4 县灌溉地亩水捐。

11 月 6 日，于右任、杨虎城、邵力子视察泾惠渠。

11 月 30 日，陕西省政府训令：自民国二十三年（1934 年）1 月 1 日起，改渭北水利工程处为泾惠渠管理局，并荐任孙绍宗为局长，刘钟瑞为主任工程师。

冬季开始泾惠渠灌区地亩清丈，次年 10 月结束，共丈量可灌面积 590222 亩（营造亩），注册登记，颁发用水权证。

民国二十三年（1934 年）

1 月 1 日，经陕西省政府批准，渭北水利工程处改设为泾惠渠管理局，直属陕西省水利局领导，驻地为泾阳县城，并在灌区设立张家山（渠首）等 8 个管理处。张家山管理处管理员岳建业，除管理渠首工程外，还负责泾河及渠道水文工作。

3 月 25 日，陕西省政府邵力子主席陪同全国经济委员会西北考察团刘景山、王仰会、朱光彩、芬次尔、孙建初、雷宝华、寿天章，自西安来泾，由陕西省绥靖公署主任杨虎城及泾惠渠管理局孙绍宗局长偕同刘钟瑞主任工程师，陪各团员，前赴张家山，考察各项工程。

7 月 1 日，全国经济委员会泾洛工程局在大荔成立。该局是全国经济委员会应西安绥靖公署主任杨虎城和陕西省政府主席邵力子请求设立的，主要办理泾惠渠未完工程及洛惠渠全部工程。

7 月 8 日，陕西省水利局命技正顾乾贞带人设立泾河亭口镇水文站，顾乾贞 14 日从西安出发并到彬州市，接收彬州市水标站，26 日到达亭口镇，设立水文站，8 月 1 日正式成立泾河亭口镇水文站，为张家山水文站上游报汛站。

10 月 1 日，成立张家山水文站，编制两人。陕西省水利局任命薛滟为站长，岳建业为站员，由泾惠渠管理局代管。张家山水文站除观测泾河、泾惠渠水位、流量、泥沙外，还观测降水、蒸发、气温、湿度等气象要素。

12 月 7 日，陕西省水利局局长李协签署第 394 号训令，将张家山水文站“拨归泾惠渠管理局就近管理”。

12 月，陕西泾惠渠管理局印制《泾惠渠报告书》。

民国二十四年（1935 年）

2 月，加高泾惠渠大坝，坝面砌石镶高 0.3 米，引水流量由原 16 立方米每秒增至 17 立方米每秒，年引水量达到 1.6 亿立方米。

4 月，泾惠渠第二期工程竣工。

5 月，全国经济委员会派水工科长张光廷验收泾惠渠工程。泾洛工程局局长孙绍宗、主任工程师刘钟瑞等陪同赴工程所在地，详为检阅测丈。全部工程均遵计划兴修，所用工料款亦与原表册符合。

7 月 3 日，黄河水利委员会报汛电台在泾河亭口镇水文站设立。

民国二十五年（1936 年）

2月5日，中共中央派刘少奇从陕北前往华北，在地下党组织的护送下，途经旬邑、淳化、泾阳、三原到栎阳。他为泾惠渠和渭惠渠题词“蒙以养正”。

初夏的一天上午，张学良、杨虎城来泾阳县视察泾惠渠。

民国二十六年（1937 年）

5 月，泾阳县城南低洼硝碱区，明水急增，积水面积扩大，泾惠渠管理局组织当地群众开挖三条排水沟，共长 11 千米，至民国二十九年工成。

民国二十七年（1938 年）

3 月 8 日上午 11 时 50 分，李仪祉因病与世长辞，享年 57 岁。国民政府发出褒扬令，准予公葬，生平事迹宣付国史馆立传。10 日，在陕西省水利局隆重举行追悼大会，陕西省暨西安市各界人士参加者 300 余人。15 日，灵柩安葬于泾惠渠两仪闸畔北塬边，各界人士及灌区民众参加送葬者 5000 余人。

3 月，泾惠渠第二次加高大坝动工，坝顶安装铁架，闸以木板控制，抬高坝上水位 0.5 米，引水流量增至 19 立方米每秒。

1938—1944 年，金陵大学西北农业试验场、泾惠渠管理局进行棉苗灌溉试验研究，采用随机区集法。该项试验当时国内鲜有先例。试验结果，棉花灌溉量以 140 毫米（旧制）为最优，灌溉时期以生长期间每 20 日灌水一次为最佳；小麦灌溉量愈大，则产量愈高，灌溉时期以播种前休眠期和开花授粉之期为最优。

民国二十八年（1939 年）

李仪祉的亲属、同事及各界人士集资，在泾阳县杨梧村创办“陕西省私立仪祉农业学园”，始设农艺科和水利科，首任校长李翥仪女士（李仪祉堂妹），新中国成立后改名为“陕西省仪祉农业学校”。

民国三十年（1941年）

1月，泾惠渠管理局组织渠道占地清丈队，至7月底共清丈干支渠道占地面积7000余亩，绘制千分之一渠道占地平面图。

秋，国民政府“行政院”顾问W·C罗德民（美），带领西北水土保持考察团一行8人，由泾阳出发，经长武至平凉，沿黄土高原和泾河流域实地调查，发表专题论文报道。

民国三十一年（1942年）

陕西省水利局派技士李成信查勘修建沣惠渠，提出规划意见。民国三十二年省局派副工程师汪云峰、助理工程师单魁等进行定线测量及设计，5月开工，次年2月完工，4月放水。

民国三十二年（1943年）

1月4日，由陈之颛、黄朝建完成《泾河水库踏勘报告（由平凉至邠州）》，报告详细描述了泾河中上游河流水情、地势、可选水库坝址、交通、各地经济状况等，并附有泾河从彬州市断泾到平凉崆峒峡1:200000“泾河略图”。

中央水利实验处陈国庆、王文魁等人查勘泾河干流，从平凉起，沿泾河而下至彬州市，选用崆峒峡、六盘峡、吊堡子、彬州市上游10千米处（相当于大佛寺）等4处坝址。

民国三十三年（1944年）

2月，设沣惠渠管理所，由泾惠渠管理局兼管。

4月，礼泉县沣惠渠建成，该工程于民国三十二年五月开工，一年建成，用公款210万元法币，灌溉礼泉农田3000亩。

11月，国民政府“行政院”颁布《陕西省泾惠渠灌溉管理规则》。

民国三十五年（1946年）

在泾惠渠管理局局长张寿荫主持下，以所收水费为资，对泾惠渠引水工程进行了整修和扩建，把原引水量19立方米每秒提高到25立方米每秒，使实际灌溉面积达到50万亩，称“关中八惠”之最。

12月，全国经济委员会治黄顾问、美籍水利专家雷巴德中将、萨凡奇博士、葛罗冈工程师来陕，赴泾惠渠、彬州市亭口勘选水库坝址。对于陕西省各渠工程及灌溉成绩倍加赞赏，尤其对李仪祉先生极端推崇，留文纪念。

民国三十六年（1947年）

核定登记泾惠渠灌区注册面积。为了合理计征水费，重新核定登记灌区注册面积，计泾阳县289000亩、三原县150257亩、高陵区219463亩、临潼县29751亩、礼泉县4979亩，共计693450亩。

民国三十八年（1949年）

1月，泾惠渠大坝加高工程开工。浆砌料石加高大坝1.15米（坝顶高程447.45米），引水流量增至25.0立方米每秒。

中华人民共和国

1949 年

5 月 21 日，中国人民解放军第一野战军副司令员赵寿山视察泾惠渠管理局，勉励职工“安心工作、正常生产”。

6 月 2 日，中国人民解放军西安市军事管制委员会派农林处张耕野为泾惠渠管理局军事代表，负责接管工作。

6 月，泾惠渠大坝加高工程竣工，浆砌石加高大坝 1.15 米，坝顶高程 447.45 米，引水流量增至 25.0 立方米每秒。

8 月下旬，泾阳县开始降雨，阴雨 40 余天，雨量达 580 毫米，泾阳县永乐、崇文、雪河、县城南郊等低洼地区墙倒屋塌，灾情严重。三原专署紧急动员救灾，开挖 3 条排水主沟，退水入泾河。

1950 年

1 月 17 日，《群众日报》报道：泾惠渠冬修任务提前完成，共修补渠道 133 千米，加宽 3 米。灌溉面积由原 68 万亩增加到 72 万亩。

5 月，中共泾阳县委批准成立中共陕西省泾惠渠管理局支部委员会，1951 年 2 月 1 日召开党员大会，选举国一为党支部书记。

黄河水利委员会、陕西省水利局组织相关专家对泾河进行初步查勘，编制的《泾河查勘初步报告》提出，在泾河峡谷进口段建设百亿立方米库容的大型水库，以解决关中渭河下游以至黄河中下游防洪、泥沙淤积和渭北旱塬灌溉用水问题。

1951 年

2 月，陕西省泾河造林局在亭口设点，负责彬州、长武泾河流域植树造林工作。

4 月 1 日，西北黄河工程局组织 83 人，分为 4 队，对泾河、渭河、洛河、无定河、延河和清涧河等黄河主要支流进行查勘。渭、洛、无定河 3 队，以查勘水库为主，结合沟壑治理；泾河队二者并重。初步查勘库坝址 26 处，其中泾河 9 处。

4 月，泾、渭等老灌区进行民主改革，成立灌溉管理委员会，推行新的用水制度和管理办法。

5 月 8 日，成立“陕西省泾惠渠灌溉委员会”，召开第一次会议。陕西省水利局，咸阳、渭南专员公署，泾阳、三原、高陵、临潼、礼泉等县人民政府，泾惠渠管理局，斗口农场等单位的领导人员，组成第一届灌溉委员会，委员共 15 人，推选咸阳专署专员白耀明为主任委员，泾阳县县长屈计君、泾惠渠管理局局长贾毓敏为副主任委员。

10 月，永寿县开始在永平乡荒坡营造防风林带。

1952 年

9 月，长武县广仁渠改造扩建竣工，自流灌溉面积扩大到 1500 亩。

12 月，由西北军政委员会水利部主持，邀请中央和陕西省的水利、农业专家以及苏联水利专家安东诺夫等，对泾惠灌区进行考察，提出了“泾惠灌区棉花减产考察报告”和“泾惠灌区植棉技术指导方案”。

1953 年

1 月上旬，农业部、水利部邀请苏联专家安东诺夫，河北、山西、河南省农业、水利部门及陕西有关部门共 40 余人，分成农业、水利、土壤 3 组，重点考察泾惠渠灌区棉花减产原因，提出相应改进措施。

4 月，经陕西省水利局批准，成立“泾惠渠灌溉试验站”。开始设计试验课题，对小麦、棉花、玉米等作物进行需水量及灌溉制度试验。

1954 年

3 月，陕西省水利局组织勘测设计组，对灌区泾永、雪河、仁村等积水地区进行勘测设计。1955 年春，成立“泾惠渠排水工程指挥部”，灌区泾阳、三原、高陵、临潼 4 县分别成立民工大队，按受益面积义务筹工 12000 余名，协作分段集中施工。至 1956 年，按计划全部完成，共计开挖排水干、支沟 189.9 千米，排除作物受淹面积 12000 余亩。

6 月 29 日，泾河出现近 50 年最枯流量 0.54 立方米每秒。

1955 年

3 月 24 日，中央人民政府水利部（55）水文计冯字 291 号《通知迅即组织力量进行泾洛渭洪水调查工作》，命令陕西省水利局、黄河水利委员会、北京勘测设计院组织人员对泾河、北洛河、渭河历史洪水进行调查。

5 月 13 日，中国科学院副院长竺可桢及苏联、法国专家来彬县考察泾河河道地质概况。

5 月，陕西省水利局张金昌在张家山调查得道光年间泾河洪峰流量为 18800 立方米每秒。

1956 年

7 月 5 日，苏联水利考察团灌溉组考察泾惠渠灌溉试验站、重点斗、渠首、社树分水闸、总干渠及和平农业生产合作社、雪河滩排水工程等，俄罗斯联邦共和国农场部水利局局长鲍罗达夫倩柯和阿塞拜疆加盟共和国水利部副部长依兹马依洛夫等提出了灌溉试验的超前性和进行大面积机耕试验等意见。

黄委和陕西省对泾河干流进行规划，提出彬县泾河大佛寺河段、礼泉县东庄河段二级开发方案，开发目标“以防洪灌溉为主”。

1957 年

8 月，由陕西省水利设计院设计，泾阳县施工兴建高庄抽水站，至 1958 年 4 月竣工。总投资 7.46 万元，有效灌溉面积 1.50 万亩。扬程低，效益大，是陕西省第一个电力抽水站。

9 月 19—21 日，陕西省人民委员会召开关中 22 个水利重点县（市）长会议，专门检查和布置水利工作。会议决定在全省范围内开展秋冬季农田水利运动，并要求各县（市）研究制定 1958 年水利计划。

9 月 24 日，中共陕西省委根据中共中央、国务院《关于今冬明春大规模地开展兴修农田水利和积肥运动的决议》，发出《关于开展秋冬季节农田水利运动的指示》。

10月28日，陕西省委发出《大力开展冬春水利运动的通知》。

10月，全国灌溉管理会议在西安召开，水利部副部长何基沣与全体会议代表60余人，来泾惠渠灌区检查计划用水和科学管理情况。

1958年

3月，礼泉县北屯抽水站工程开工，至1964年10月建成，总投资90.6万元，灌溉面积2.6万亩，为流域内灌溉面积最大的抽水工程。

3月，陕西省、甘肃省政府协作会议商定，泾河水量各用一半（9亿立方米），甘肃省修建泾河支流蒲河巴家嘴水库、马莲河老虎沟水库，陕西省修建泾河大佛寺水库。乾县号召全县群众大力兴修农田水利。当时开工的有泔惠渠，北部地区则治沟治坡，搞水土保持。

3—12月，咸阳地区先后兴建礼泉庄河水库、长武马坊水库（1960年5月建成），旬邑苍儿沟水库（1959年10月建成），礼泉小河及南坊水库（1960年建成）等中小型水库。

4月，泾阳县建成高庄抽水站，灌地1.6万亩。陕西省泾渭水土保持工作站由宝鸡市迁驻彬州市，改名为陕西省彬县水土保持试验站。

7月，彬州市邠惠渠建成使用，全长16.8千米，投资1.73万元，移动土石9.74万立方米，灌溉面积3700亩。

9月23日，第八次省长办公会议讨论决定，成立泾河工程委员会。泾河工程委员会由主任杨玉亭，副主任刘国声、吴亮明、张寿荫等20人组成。工程委员会下设工程局，具体管理工程建设。

12月，关中三大水利工程之一——泾河大佛寺水库开工。

泔惠渠建成后由泾惠渠管理局兼管，因工作不便，经双方协商，全部工程设施与管理人员移交礼泉县人民政府管理。

1959年

10月，陕西省水利厅在永寿县永平乡召开全省水土保持现场会，推广永寿绿化荒山荒坡、保水保土经验。

12月15日，全国第一座黄土均质水坝工程——陕西省泾河大佛寺水库工程，经过1年多的准备，正式开工。副省长谢怀德代表省委、省人大常务委员会为开工典礼剪彩并讲话；副省长、泾河工程委员会主任杨玉亭，省政协副主席杨子廉，团省委第一书记白纪年，邠县县委第一书记任云峰分别讲话。彬县大佛寺水库设计蓄水15.8亿立方米。1961年9月停建，先后完成土石方384万立方米，占总工程量的18.1%；投入劳动工日488万个，占计划总用工数的17.5%。

泾惠渠张家山管理站副站长董安群，获得“全国青年社会主义建设积极分子”称号。

1960年

7月4日旬邑县职田突降特大暴雨，8小时降雨量达298毫米。其中26分钟降雨17.9毫米，降雨50毫米以上的面积达到14120平方千米，为关中地区所罕见。

1961 年

2 月 13 日，陕西省水利厅决定，将陕西省彬县水土保持工作试验站交由咸阳地区领导。

4 月，为在泾河干支流选择适宜地点建库拦泥，减缓三门峡库区淤积，黄委会勘测设计院第三勘测队对泾河干流大佛寺至张家山河段、支流马莲河及蒲河巴家嘴至宋家坡河段进行了查勘，提出《黄河中游干支流治理规划初步意见草稿（泾河部分）》。

9 月 1 日，泾惠渠管理局由泾阳县姚家巷迁今址三原县东稍门外（现池阳大街东段），并以（1961）办 124 号文件通知基层单位。

1962 年

1 月 11 日，根据中央“调整、巩固、充实、提高”的方针，陕西省政府确定大佛寺水库停建，撤销泾河工程局，同时成立大佛寺水库工程维护处，行政上由省水利厅直接领导。

5 月，经中共咸阳地委批准，成立中共陕西省泾惠渠管理局委员会。

10 月，长武县北水沟供水站兴建，至 1964 年 7 月竣工，共用国家投资 3.52 万元，日蓄水量 1641 立方米，解决了县城饮水困难，是咸阳地区最早的人饮工程。

11 月 17 日，成立咸阳专员公署水利局。

11 月 29 日，召开全体党员大会，选举组成第一届委员会，王明堂为党委书记。

1963 年

1 月，陕西省人民委员会贯彻水利部水文局指示，将张家山水文站交由陕西省水利厅水文总站领导，至此张家山水文站不再由泾惠渠管理局兼管。

春季，泾惠渠灌区泾阳、三原、高陵、临潼等县，分别成立排水指挥部，泾惠渠管理局成立 4 个排水工程改善施工工区，分期对泾永、雪河、仁村、陵雨、大寨、滩张等 6 个排水系统进行全面改善，至 1966 年底完成。

1964 年

4 月，咸阳专区成立“北七县水保运动指挥部”，由专员王世俊和水利局局长苏毅等十一人组成，办公室设咸阳专区彬县水保站。

5 月，西兰路沿线各县开展农田基本建设，简称“西兰路会战”，共分三个“战区”，有 7 县 26 个公社参加，每年分夏秋两次，每次动员 5 万多劳力，集中搞 60 天。“会战”持续了 3 年，至 1966 年 5 月，共修梯田、埝地 24.6 万亩。

8 月 29 日，黄河中游水土流失重点区第三次工作会议确定的“黄河中游重点治理县”中，陕西省有 48 县，属泾河流域的有永寿、彬县、长武、旬邑、淳化、乾县、礼泉、陇县、千阳、麟游 10 县。

1965 年

1 月 30 日，陕西省水利厅水保局转发国务院水保委员会和农业机械部通知《黄河流域三省（区）开展山地犁开沟试验项目》。流域内选定乾县、永寿两县，引用辽宁省阜新县农业机械厂生产的山地开沟犁，主要用于在 15 度以下的缓坡地进行培地埂、挖水平沟造林试验。

7 月，陕西省“泔河灌溉管理局”成立，并任命段复兴为局长，王凤山为副局长。下辖泔河水库、石坡扶抽水站、段家崖抽水站、西刘管理站、王相管理站，设施灌溉面积13万亩，有效灌溉面积7万～8万亩。

8月7日，咸阳专员公署决定，将咸阳专员公署水利局改为咸阳专员公署水利电力局。

11月，陕西省水利厅授予礼泉“地下水动态观测先进集体”称号。

1966年

7月27日，张家山水文站泾河洪峰7520立方米每秒，冲毁泾惠渠渠首拦河大坝。泾阳县沿河10个公社的10011亩粮田、2518亩棉田被淹没。彬县沿河南玉子、城关等5社川道生产队秋田受淹成灾，面积8700余亩。

由泾惠渠渠首工程指挥部组织抢修被冲毁的泾惠渠渠首拦河大坝。修复方案是在原坝址下游16米处建设混凝土溢流坝，10月22日开始大坝清基，1967年2月，大坝施工二期围堰合龙，省委书记李瑞山、水利厅副厅长于澄世来工地检查，6月13日大坝工程告竣。

12月26日，经陕西省水电厅批准，将陕西省泾惠渠管理局更名为“陕西省人民引泾渠管理局”。

1967年

8月18日，彬县降雨100毫米以上，全市11个乡镇受灾。其中以炭店、香庙两乡最严重，洪水危及64村，淹没窑洞1236孔，损失粮食24.5万千克，伤亡15人，冲毁秋田3000余亩。

1968年

8月10日，开始修建永寿绛山水力发电站。

9月3日，咸阳专区革命委员会成立。9月13日成立咸阳专区水电工作队革命委员会。

1969年

1月1日，陕西省革命委员会以陕革发（69）2号文件《关于撤销、新设和调整一部分单位隶属关系的通知》，省人民引泾渠管理局、1969年，彬县水保站下放咸阳地区革命委员会领导。燎原抽水管理局下放礼泉县领导，大佛寺水库维修处下放彬州领导。

8月，陕西省人民政府在永寿召开农田基建现场会。

12月，泾河干流上的长武朝阳水电站（装机容量2000千瓦）和彬州市枣曲水电站（装机容量3200千瓦）先后兴建，1975年建成投产，与永寿绛山电站（为1968年8月10日开工，1977年5月投产，装机容量3000千瓦），形成泾河干流上最早的3座水力发电站。

1970年

3月，建成高陵县泾河杨官寨抽水站。

7月，高陵县水电局正式组建。旬邑县七里川水库工程破土动工。

12月，长武马坊水库因坝基和绕坝渗漏，坝体出现滑坡。泾阳县成立泾阳县自来水管理站，开始用纺织厂水源给县城部分地区供水。

1971年

4月，黄河水利委员会规划二队、咸阳地区水电局及有关县市水电局，于11月编制出《咸阳地区泾河流域治理规划方案》。

5月15日，宝鸡峡引渭工程建成通水，礼泉县境内有干、支渠4条，长180余千米，可灌溉54万亩。

1972 年

3 月 21 日，咸阳地区水电局召开泾、渭管理局和咸阳、泾阳、高陵等县水电局局长会议，讨论并拟定《关于管理体制、水费、工程维修负担和基层干部误工补贴等四个问题的意见》。

3 月，永寿县马坊水库土坝发生垮坝。在泾阳建成党家堡抽水站，可灌地 11.5 万亩。

5 月，建成沣河水库，坝长 400 米，高 51 米，库容 5450 立方米，自流引水汇入宝鸡峡东干 6 支渠，渠库结合，灌溉兼养殖。

7 月 25 日，泾阳县王桥镇船头村泾河大桥竣工，桥长 205.4 米。西安北环线通车。

11 月，咸阳地区革命委员会在旬邑职田镇召开全区农田基本建设现场会，推广了职田塬面治理经验和“六定一奖”（六定：定领导、定人员、定数量、定质量、定时间、定报酬；一奖：超额奖励）施工管理办法。

1973 年

5 月 26 日，咸阳地区农业办公室在永寿召开了北部 7 县人畜饮水现场会。

5 月，陕西省水电局基本同意《黑河姚家湾水库工程设计任务书》。9 月 8 日地区成立工程筹备领导小组和筹建处，水电局抽调技术人员 30 余人在长武亭口进行初步设计工作，至 1976 年完成了水库设计任务，后因资金困难未建。

5 月，陕西省委派霍士廉（前第一书记）、王理（农工部长）带领工作队驻泾惠渠灌区，抓灌区大样板建设，中共陕西省委书记霍士廉、陕西省农办主任李登瀛等到泾惠渠灌区检查工作，决定把泾惠渠灌区作为全省灌区农业学大寨样板试点。7 月陕西省农办生产处处长王礼带领工作组进驻灌区开展工作。至 1978 年底基本实现了“方田化”“双灌化”建设目标，1979 年受到国务院嘉奖。

7 月 17 日，礼泉县北部 1 小时内降雨量达 110 毫米，洪水冲毁高坡、沟西、西页沟、烟霞等 4 座小型水库，冲垮宝鸡峡四支渠过沟填方 5 处。

8 月 31 日 23 时 15 分，泾河洪水暴涨，流量达 7600 立方米每秒，泾河干流上施工中的 3 个电站损失近 100 万元。礼泉县组织抗洪抢险突击队，减少了沿岸群众的损失。

8 月，陕西省委书记李瑞山、陕西省军区司令员黄经耀等视察了旬邑职田农田建设，评价很高。同年 11 月在职田召开了农田基本建设现场会议，树立为全省样板。

11 月 1 日，秦晋两省水坝试验项目之一——彬县李家川水库工程兴建，该库由省地负责完成试验项目，彬县组织施工，两年建成。此项试验成果，曾在第十二届国际大坝会议上做过技术交流。

12 月 11 日，中共咸阳地委通知:“经与省水电局洽商，引泾灌区跨两地、一市，领导不便，省人民引泾渠管理局仍归省直接领导”。

1974 年

1 月，乾县建成南沟水库，可灌地 3.2 万亩。

2 月 16 日，礼泉县南坊水库因左岸高崖崩塌，土坝出现滑坡。

5 月，永寿县绛山水电站工地，先后两次（3 月 29 日、5 月 2 日）发生伤亡事故，有

2 人死亡，5 人重伤。

7 月 24 日 22 时 34 分至次日 00 时 32 分，彬县城关一带骤降暴雨 66.7 毫米，夹有冰雹和 9 级大风，泥河、下庄两水库被冲毁，鸣玉池、赵家沟两水库被淤平。

11 月，乾县共打成辐射井、大口井 236 眼，成为咸阳地区打井最早、最多的县。

1975 年

5 月 16 日，陕西省水电局在咸阳召开关中地区农田基建现场会，树立乾县、永寿、礼泉等县的 23 个乡镇为农田基建先进典型。

5 月，《咸阳地区实用水文手册》历经两年编写，刊印成书。建成泾河军庄抽水站。泾河军庄抽水站建成发电，永太、常宁、渠子、上邑、窦家五个公社通电。次年 5 月 1 日，并入大电网。

6 月 12 日，旬邑县七里川水库背水坡发生大滑坡。

7 月 28 日晚，流域内北部几县暴雨成灾。泾阳县淹毁房屋、窑洞 437 间（孔），损失粮食 10.24 万千克；淳化县祁家水库坝面过水，工程受损；旬邑县八河 7 千米堤防溃决，沿岸 4000 余亩秋田被淹。

1976 年

1 月 6 日，泾阳县修石渡泾河大桥开工。1979 年 5 月 1 日通车。

5 月，永寿县建成绛山水电站。

6 月 9 日，长武、彬县、永寿、乾县 4 县的 19 个公社 134 个大队 513 个生产队，遭受严重的冰雹、暴雨、大风袭击，严重受灾的小麦、油菜和玉米苗达 188941 亩（其中绝收 56532 亩）。

12 月，泾惠渠总干渠整修、重修工程竣工，灌溉面积由 80 多万亩增加到 130 多万亩。

1977 年

3 月，咸阳地区在咸阳、兴平、乾县、礼泉、泾阳、三原等 6 县（市）高原地区开展“机井会战”，大力开发地下水源。

4 月，咸阳地区地下水工作队对乾县辐射井做了检查。时有辐射井筒 400 眼，其中井筒坍塌的有 143 眼，占 36%。

5 月 1 日，彬县枣渠水电站经 8 年奋战，建成发电，装机容量 3200 千瓦，基本解决了区域生产、生活用电问题。

5 月 27 日，旬邑县汃河治理工程竣工。该工程由张洪等 13 个公社的 2300 多名群众历时 9 个月完成，是旬邑县历史上规模最大的防洪工程。共投资 116 万元，修建河堤 12.2 千米，移动土石 113 万立方米，投入劳动日 211 万个。

5 月，西安冶金建筑学院协助地区水保站，在彬县祁家沟，进行一次定向爆破筑坝试验，移土方 3.3 万立方米，坝高 15 米。

6 月，北部地区雨量偏少，泾河张家山站出现 2.6 立方米每秒流量，为历史上有记载的最小流量。

9 月 14—15 日，联合国粮农组织水土保持和管理考察组一行 19 人（来自 16 个国家），考察淳化县植树造林、水土保持。考察组组长、联合国粮农组织开发处处长杜达尔说："淳化县像一个悬在空中的美丽花园。"

9月27日，旬邑县汃河治理工程动工修建。次年5月完工。

9月，6月下旬以来，彬县境先后降暴雨、冰雹5次。永乐、义门、底店等8个公社300多个生产队受灾。冲毁麦田800余亩。损毁小麦3.4万余千克。秋田受灾5.1万余亩，粮食减产250余万千克；烤烟被毁4000余亩。7月5日，泾河暴涨，沿河108个生产队2.58万亩秋田、13.4万余棵果树被淹，洪水冲毁水利设施6处，3只渡船被冲走，经济损失8万余元。

11月21日，陕西省水电局胡棣局长和咸阳专属专员张维岳同志，对礼泉县泾河东庄水库坝址进行了视察。

1978年

3月，引泾高干渠工程筹备领导小组成立，并成立勘测设计处，在三原县西郊办公。工程勘测设计正式开始，投入人力60多名，至1981年完成设计任务。

6月30日至7月5日，永寿、乾县、礼泉、长武、旬邑、淳化、彬县先后遭受暴雨、冰雹、大风袭击，31个公社受灾农田148364亩，被毁房窑1440间（孔），死亡11人。

8月，咸阳地区水电局在淳化、乾县等县开始喷灌试点。

12月22日，陕西省水电局通知：撤销"陕西省人民引泾渠管理局革命委员会"，恢复"陕西省泾惠渠管理局"名称，重新组建局务会议及局长办公会议。

1979年

5月1日，泾阳修石渡泾河大桥建成通车。

6月，彬县李家川水库建成，控制流域面积160平方千米，库容315万立方米，属陕西、山西黄土高原区水坠坝试验研究重点工程之一。14年后成为城区数万居民群众生活用水供应基地。

7月31日，乾县杨家河水库上游暴雨，河水泛溢。8月1日6时40分，大坝被冲垮，历1小时40分水库泄空，溃口宽约50米，为流域内最大的垮坝事件。

12月下旬，国务院召开全国劳动模范表彰大会，陕西省泾惠渠管理局被评为"全国水利管理先进单位"，荣获国务院嘉奖、获奖牌1面。

1980年

1月18日，礼泉县地下水工作队被陕西省政府授予"陕西省农业系统先进集体"光荣称号，并颁发奖牌1面。

5月，由皮埃伦斯率领的联合国粮农组织代表团，对咸阳市淳化县的水土保持和乾县石灰岩地区找水及辐射井进行了考察。

9月29日，淳化、旬邑、永寿、礼泉等县17个公社57个大队173个生产队，遭受暴雨、冰雹袭击，降雹1小时左右，地面积雹5寸左右，108974亩农作物严重受灾，地区拨救灾款1026.5万元。

淳化县润镇沟被列为黄河中游小流域治理一期试点工程项目，邢家沟列为二期试点工程项目，泥河沟、枣坪沟列为由西北林学院主持，县林业局、水利局、果树办等参与的黄土高原综合治理试验示范区项目。经1987年验收达到先进水平。

1981年

7月，林业部“三北”黄土高原水土流失现场会在淳化县召开，代表28人，会议嘉奖淳化、长武为高原造林绿化先进县。

9月，咸阳地区水电局开始试行小流域治理承包责任制。

11月，以美国农业部土壤保持局官员郑尼·马丁为团长一行六人，对淳化水土流失和泥沙控制做了考察。

12月5日，高陵县鹿苑镇水利员何继忠，被评为全国区乡优秀水保员。

1982年

2月，旬邑县最先对134项水利工程实行承包管理责任制。

4月27—30日，泾惠渠管理局在中共陕西省委和陕西省人民政府召开的“全省先进企业、先进集体和劳模大会”上，被评为“水利管理先进单位”。

8月，陕西省水电厅在长武县召开了“渭北塬区农田基建水保工作会议”，关中、延安、商洛等地区的135位代表参加了会议。

1983年

3月8日，陕西省人民政府在西安人民大厦隆重举行大会，纪念李仪祉逝世45周年。会后，再次对李仪祉墓园进行整修。

4月，自上年10月起，7个月中流域内降水量较平常年份少四成，有11个县出现旱情，受旱面积497万亩，严重的有49万亩。

5月29日，陕西省水电厅召集全省地市共39人对长武县相公、芋园人饮工程进行了竣工验收。该工程解决了3个乡11个村近1万人的饮水问题，属流域规模最大、效益最显著的人饮工程。

8月，咸阳地区水电局对全区人畜饮水和氟病情况做了第二次普查，人饮有困难的除咸阳、兴平、高陵3县外，有11个县，113.09万人；氟病区有乾县、礼泉、兴平、咸阳、泾阳、三原、户县、周至、旬邑、高陵等10县（市），72.25万人。二者兼有的有泾阳、三原、旬邑、乾县、礼泉等5县的部分地区5.97万人。

1984年

2月，在永寿、礼泉开展机井测试改造试点工作，1986年获省水利科技二等奖。

11月，由咸阳市水利局抽调有关县技术干部10余名，编制《咸阳市实用水文手册》，历时一年半，完成编制任务，经陕西省组织专家鉴定符合要求，正式刊印，并获优秀成果奖。

12月2日，泾阳县蒋刘乡河滩村发生土崖滑坡，移动土量约120万立方米。埋没房屋159间。死20人，伤20人。

12月10—16日，泾惠渠管理局在北京召开的“全国水利电力系统劳动模范、先进集体代表大会”上，被评为“全国水利管理先进单位”，授予金牌1面、奖金2万元。

1985年

4月，咸阳市水利局编制《咸阳市水利水保发展长远规划》（总报告及三个附件），经市科委组织省内13名专家、教授审定验收通过。1987年获咸阳市科技规划一等奖。

5月上旬，陕西省省长李庆伟、副省长孙达人，咸阳市委书记许廷方、市长祝新民等，由局党委书记程茂森、局长李瑞庆陪同视察泾惠渠首工程。对加强保护历代引泾渠口遗址及渠首绿化，作了指示。

6月9—15日，泾惠渠管理局局长李瑞庆赴比利时布鲁塞尔参加“联合国第五次国际水资源学术会”，以与张亚丁、施彬彬联名发表的《泾惠渠灌区水资源科学运用实践与认识》作为大会交流论文。

10月19日1时，泾阳县高庄乡金田峪村发生滑坡，滑动土方万余立方米。汛后，泾阳县太平、蒋刘、高庄3乡泾河南塬边缘出现裂缝14条，缝宽5～25厘米，形成长约30千米的滑动体，直接威胁21个自然村7510人的生命财产安全。

又：自1982年以来，泾阳县南原先后发生4次大滑坡，死24人，伤20人，毁坏农田580亩。滑动土方约188万立方米。

1986年

4月，始建于1977年，可灌地5000余亩的长武七里水库枢纽工程竣工。

5月，泾阳南原30米滑坡体，经咸阳市勘测设计队3个月的勘测研究，对其成因初步认识，并提出预防方案。

6月，国际开发协会贷款260万美元（折人民币728万元）和联合国粮食及农业组织援助小麦7122吨，共同资助彬县，完成农村改水工程项目。长武县王东沟被确定为国家“七五”期间黄土高原综合治理科技攻关的重点示范区。

7月2日，国务委员谷牧等视察历代引泾渠首遗址，步行2千米查看了历代引泾工程遗址，赞叹道:“真了不起！我们民族不愧是伟大的民族。”

7月，在泾阳泾河岸秦代郑国渠渠首地带发现该渠拦河大坝遗址。它是中国迄今发现时间最早、规模最大和保存最完整的拦河坝。

8月，陕西省政府在礼泉县召开关中地区水利管理和排水工作会议。徐山林副省长主持会议。

10月20日，渭北旱塬微灌工程现场会在淳化召开。在水源奇缺地区，推广微灌技术，是发展节水型农业的一项重要措施。

11月，咸阳市水利局和西北农业大学承担的渭北旱塬地下水开发利用研究项目之“轻型井试验研究”获得成功，通过省级验收鉴定。

1987年

5月3—7日，世界银行高级卫生工程师、中国农村供水项目负责人黄唯雄（加拿大籍华人）、顾问毛里求斯·阿尔博森、卫生工程师哲哈德·山内尔，世界粮食计划署项目官员梅米特·加法尔、联邦德国技术合作署官员韩里西·哈克等5人组成的中国农村改水项目中期评估代表团，由中央爱国卫生委员会办公室副主任张明昭、国家计委费彬陪同，来陕考察农村改水项目。重点考察了彬县项目执行情况和已建成的赵寨、白家宫、罗店 3 个水厂，正在施工的新民、南堡子 2 个水厂和南王子乡水厂管理站，并访问吃水农户。

5 月，泾阳县人民政府在张家山西疙瘩设立郑国渠首文管所。

12 月，永寿县石桥水电站正式动工建设。1991 年 7 月 25 日，机组启动试运转一次成功。

1988 年

春，泾阳人陈安福于泾阳县太壶寺创作《历代引泾渠首》图，生动地描绘了泾河张家山水文站（一）（二）断面的分布情势。

4 月，平凉市政协发出了建立泾河流域各县（市、区）政协友好联谊会的倡议，得到了泾河流域 3 省 5 个地区 12 个县（市）政协的赞同，自愿结成友好联谊会，平凉市政协筹备组织了首次会议。联谊会的目的是：开展横向联系，探讨新形势下开拓政协工作的新领域、新途径，推动教育、科技、文化交流，为促进区域经济和社会发展服务。会议形式为，每年举行一次联谊会，由各成员县（市）轮流组织。主要内容是，举办政协委员和各界人士书法、绘画、摄影、篆刻、剪纸等艺术作品展览；交流政协会刊、简报、文史资料等。

10 月 5—16 日，陕西省政府农业办公室邀请省内外有关专家对淳化县微灌示范工程进行验收。示范工程是 1985 年省农办立项，由省水利水土保持厅和水利部科技司、水利部西北水科所和淳化县水工队具体实施，当年冬建成韩家村微灌人饮联用示范工程，灌溉面积 120 亩。至 1988 年，示范点增加到 5 处，灌溉面积 1020 亩。

12 月 12 日，经咸阳市人民政府第二十六次常务会议决定，同意成立咸阳市水政水资源管理办公室，科级事业单位，隶属咸阳市水利水保局管理。

12 月下旬，永寿、彬县、旬邑、淳化、三原等县降了一场冻雨，持续 20 多天，使 38.3 万亩林木严重受害，造成损失约 1.15 亿元。

1989 年

5 月，永寿县被列入全国第一批农村小水电初级电气化试点县名单。

9 月，泾阳县泾河出山口发现一枚长约 3 米的大象门齿化石，直径 20 ~ 60 厘米，通体微弯，距今 11 万 ~ 12 万年。

11 月 29 日，旬邑县马栏乡钻出了流域内第一口油井。

11 月，陕西省泾惠渠管理局、山西省潇河水利管理局、河北省石津灌区管理局联合倡议组织“灌区建设与管理协作组”。1990 年 5 月 29 日在山西省榆次市潇河水利管理局召开会议，成立组织，通过章程，选举理事和常务理事，设立办事机构。1990 年 12 月 8 日，在安徽省淠史杭灌区管理局召开理事会议，更名为“全国灌区管理协会”。

12 月，永寿县每人平均用电量 203 千瓦时，在全省县（区）小水电站建设上名列第一，被确定为全国 100 个农村电气化试点县之一。陕西省水文总站申报的“陕西省泾、洛、渭河及三门峡库区洪水预报方案研究”成果获陕西省人民政府三等奖、陕西省水利水土保持厅二等奖。

1990 年

1 月 9 日，国家林业局“三北”（东北、华北、西北）局确定永寿县为生态经济型防护林体系建设示范县。

5 月 27—29 日，陕西省水利厅编志办在泾惠渠管理局召开《泾惠渠志》送审稿审稿会议，中国水利史研究会会长周魁一，陕西省水利厅调研员郭文儒，陕西省水利厅编志办主任谢方五、高级工程师荣嗣弘、雷全荫、田兴禾、黄长令、丁哲民、董玉璋等 30 余人参加。

5 月，高陵县水电局荣获西安市水电局 1989 年度冬季农田水利基本建设先进单位。

8 月，陕西省委、省政府决定在全省地、市、县政府之间开展“水利振兴杯”评比竞赛活动，旨在奖励先进工作者，推动全省农田基本建设。

9 月 11—15 日，中国近代水利史学术讨论会在泾惠渠管理局召开，25 个省（市、自治区）100 多名专家、学者出席了会议，日本“中国水利史研究会”代表爱媛大学副教授藤田胜久和兵库教育大学专务讲师松田吉郎也应邀出席会议，进行学术交流。会议期间共收到学术论文 110 篇，有 50 多人在大会上发言进行学术交流。

11 月 8 日，水利部发出通报，表彰全国先进灌区及排灌站 100 处，陕西省泾惠渠管理局被评为先进灌区，授予奖牌 1 面，并通报表彰。

11 月 12 日，礼泉县人民政府被陕西省政府评为全省抗旱工作先进单位。

11 月，张家山水文站被评为水利部先进集体。

12 月 17 日，陕西省水利水土保持厅、陕西省财政厅、陕西省物价局联合颁发《陕西省河道采砂收费管理实施办法》，开始对河道采砂实行统一规划、统一管理、统一发证、统一收费。

1991 年

1 月 10 日，高陵县获得国务院“1990 年粮食生产先进单位”奖励。

1 月 29 日，陕西省第七届人民代表大会常务委员会第十九次会议通过《陕西省水资源管理条例》，标志着陕西水资源管理工作进入依法管理的新阶段。

2 月 6 日，礼泉县地下水工作队“井旁小经济区建设及推广效益”项目获 1990 年陕西省水利科技进步二等奖。

3 月 25—30 日，水利部水利水电规划设计总院会同陕西省水利水土保持厅、黄河水利委员会在西安召开泾河规划暨东庄水利枢纽工程前期工作讨论会，参加会议的有水利部计划司、上海水电勘测设计院、西北水电勘测设计院、西北水科所、陕西省计委、省水电勘测设计院和咸阳市水利局等单位的代表共 65 人。会议听取了省水电勘测设计院关于泾河（陕西段）规划和东庄大坝地质勘探工作汇报，查勘了东庄、湾里和大佛寺坝址，提出泾河干流（陕西段）的开发方式、东庄水利枢纽的开发目标、工程规模以及前期工作方面意见。

3 月 26 日，经咸阳市编制委员会批准，市地方水电测试站成立，为科级事业单位，隶属咸阳市水利水保局管理。

3 月 27 日，西安市农田水利基本建设指挥部授予高陵县农田水利基本建设指挥部三等奖。

4月10日，全国政协副主席钱正英来礼泉县视察方田建设。

4月20日，永寿县被国家计委、水利部命名为初级农村电气化县。

4月22日，高陵县建立水行政执法体系试点工作展开，成立了领导小组，下设办公室，地点在县水政水资源办公室，办公室主任为吴兴亚。

5月，礼泉县人民政府出台《礼泉县水资源管理暂行办法》《礼泉县水资源费征收暂行实施细则》《礼泉县取水许可制度实施办法》，促进水资源管理规范化。

6月，淳化县、彬县被列入全国第二批农村小水电初级电气化试点县名单。

9月12日，中华人民共和国成立后的首部《永寿县志》首发式在永寿县举行。《永寿县志》是咸阳市首家出版发行的新编县志。

9月27日，泾河石桥水电站并网。该电站共3台机组，总装机容量7500千瓦，设计年发电量4040万千瓦时。

10月21日，水利部对全国5225个万亩以上灌区的工作进行综合考核评比，在全国20个一级灌溉管理单位中，泾惠渠榜上有名。

11月22日，泾惠渠灌区开始执行新水费计收标准和《泾惠渠灌区水费标准实施细则》。

12月23日，淳化县茨坪水电站动工建设。1999年11月正式并网发电。

1992年

1月6日，全国水土保持小流域治理试点工作汇报会在长武举行，水利黄河水利委员会、长江水利委员会水保局、珠江水利委员会、淮河水利委员会、松辽水利委员会、黄河中游治理局以及省、市水利等有关部门领导出席会议。

4月22日，郑国渠首遗址、李仪祉陵园被确定为省级重点文物保护单位。

5月28日，陕西省计委主持召开由陕西省水利厅，铜川、咸阳两市的计划、水利部门，桃曲坡水库管理局，旬邑县人民政府共同参加的马栏河引水工程初步设计审查会议。为解决旬邑县人畜饮水困难，陕西省计委用“以工代赈”资金安排职田塬区人饮工程。

5月19日，由中国水利学会、陕西省水利水土保持厅和陕西省水利学会共同发起的纪念李仪祉诞辰110周年暨泾惠渠建成通水60周年的“双纪念”活动在三原县隆重举行。全国政协副主席钱正英，陕西省省长白清才，水利部副部长严克强，陕西省有关方面领导周雅光、梁琦、李焕政、王双锡、余明、沈晋及咸阳市、三原、泾阳、高陵、蒲城县的领导，部分省、自治区水利厅（局）和流域机构的负责人，中国灌区协会、有关大型灌区、水利院校的代表，以及各界代表群众万余人欢聚同庆。副省长王双锡主持开幕式，陕西省水利水土保持厅厅长刘枢机致开幕词，钱正英、严克强等讲话祝贺。钱正英、白清才为李仪祉雕像揭幕。

7月4日，经咸阳市编制委员会批准，咸阳市农村供改水领导小组办公室升格为副县级事业单位，隶属咸阳市水利水保局管理。

7月24日，全国水土保持综合治理试验示范县建设领导小组第二次全体会议在长武县招待所召开。长武县被评为全国水土保持先进县。

9月4日，彬县程家川水电站开工建设，1999年12月全面竣工。

10月，永寿县和平水电站开工建设。1995年因资金问题停工，1997年5月13日复工，2000年7月6日正式并网发电。淳礼泾河大桥建成通车。

1993年

3月，咸阳市地下水资源管理办公室（小市）由咸阳市建委移交市水利水保局管理，并更名为咸阳市水利水保局城区水资源管理办公室，科级事业单位编制。

10月24日，《中国农民报》总编采访团在泾惠渠灌区渠首工地采访，陕西省泾惠渠管理局局长韩木斋、渠首加坝加闸工程指挥部副指挥李万兴陪同。

1994年

1月、5月，泾惠渠灌区降水量分别为4.2毫米、1.9毫米，遭受冬、春、夏三季连旱，为60年一遇大旱。

4月6日，高陵县水电局被西安市水电局授予1993年水利系统先进单位三等奖。高陵县水电局《陕西省高陵县水资源开发利用现状分析报告》获水利部优秀成果奖。

4月下旬至6月下旬，旬邑县持续干旱，地下水位大幅度下降，沟道泉水断流，大部分地区人畜饮水发生困难。据测定，麦田土壤含水量20～40厘米的仅占8.8%；约667公顷坡地小麦青干，减产四至五成；4667公顷烤烟死苗率25%以上，2667公顷苹果因缺乏水分严重落果，10%的新栽果树干枯死亡。

5月，中共旬邑县委、县人民政府制定《旬邑县公开拍卖集体“四荒地”使用权办法（试行）》。在坚持所有制不变的前提下，按照土地所有权和使用权分离的原则，有偿出让“四荒地”（荒山、荒坡、荒沟、荒滩）使用权，拍卖后的经营期限为50—70年不变。

5月，咸阳市人民政府决定，将咸阳市水利水保局更名为咸阳市水利局。

1995年

1月17日，西安市农建指挥部授予高陵县农建指挥部1994年冬季水利建设先进单位二等奖。

1月25日，陕西省副省长王双锡、陕西省水利厅厅长刘枢机来泾惠渠渠首工地检查工程建设，陕西省泾惠渠管理局局长韩木斋等陪同。

5月26—30日，陕西省三大灌区更新改造工程泾惠渠灌区更新改造工程通过验收。

8月19日，陕西省省长程安东、副省长王双锡检查指导礼泉县水利工程和方田建设工作。

5—8月，长武县旱情严重，井水干枯，黑河、南河、磨子河断流，人畜饮水发生严重困难，山坡农作物绝收，全县农作物减产45%。

10月18—19日，陕西省省长程安东、副省长王双锡视察了拟建泾河东庄水库坝址。

10月19日，陕西省省长程安东、副省长王双锡带领水利检查团，来泾惠渠渠首工地检查工程建设。程安东题词：“积累经验，再上水平，改造提高，扩大受益。”

11月15日，经咸阳市编制委员会批准，咸阳市机井监理站成立，和咸阳市地下水工作队合署办公。

旬邑县遭受特大干旱灾害。1—7月降水量比历年同期减少80毫米，偏少七成，是旬邑县有气象资料25年来同期降水量最少的一年。境内多数沟道泉水干涸，汃河、店子河、姜家河3条主要河流出现了历史上从未有过的断流现象，全县农业生产损失严重。

1996年

1月6日，泾惠渠渠首加坝加闸蓄水工程被列为“八五”期间陕西省十大水利工程之一。

3月12—15日，陕西省委书记安启元、副省长贾治邦到咸阳北五县考察抗旱救灾工作。

3月12日，西安市水电局、人事局授予高陵县水电局“先进集体”称号。

3月29日，咸阳市人民政府颁发了《关于发展社会民办水利水保事业的暂行规定》。

4月16日，水利部部长钮茂生、陕西省省长程安东一行40人考察东庄水库库址。

4月，泾阳县、礼泉县被列入全国第三批农村小水电初级电气化试点县名单。

5月9日，咸阳市渔政监督管理站经市编制委员会批准成立，和市水产工作站一套人马、两块牌子，合署办公。

5月25日，旬邑县职田、后掌等11个乡（镇）遭受冰雹袭击，乒乓球大的冰雹和狂风持续达50分钟，冰雹堆积达50厘米，为60多年来所罕见。受灾作物90742亩，直接经济损失4138万元。

6月12日晚，突降冰雹，长武县12个乡（镇）157个村普遍受灾，农作物受灾面积4200公顷，经济损失4000万元。

7月27日，长武县泾河、黑河暴涨，沿岸39个村遭受洪灾，农作物及土地损失严重。

7月28日，泾河上游甘肃庆阳地区普降暴雨，张家山水文站流量达到3900立方米每秒。由于洪水来势急猛，泾阳县在河滩作业的228名群众被围困河心。险情发生后，中共泾阳县委、县政府及时组织解放军和武警官兵大力营救，至29日12时，所有被困群众全部得救脱险。

9月4日，西安市水利局授予高陵县水政水资源办公室“1995年西安市水资源管理工作先进单位”称号，孙崇贤被授予“1995年水资源管理先进工作者”称号。

9月11日，长武县通过水利部“水土保持综合治理开发试验示范县”鉴定验收。

10月31日，长武县被全国绿化委员会评为全国造林绿化“百佳县”。

10月，泾惠渠灌区方田建设获陕西省科技成果推广一等奖。

郑国渠首遗址被列入第四批全国重点文物保护单位。泾阳县被列入全国节水灌溉重点建设县。

1997年

5月7日，永寿县人民政府与广东通达香精香料公司合资建设的和平水电站工程开工。

5月12日，咸阳市水利局出台《关于加快我市水利改革的意见》。

5月25日，泾惠渠渠首加坝加闸蓄水工程历经4年多建设全面竣工。陕西省省长程安东题写“泾惠渠首枢纽”和“渠首电站”。

7月1日，陕西省政府通令嘉奖泾惠渠渠首加坝加闸蓄水工程提前完工。

8月27日，中国人民银行陕西分行批准，马栏引水工程建设债券于9月22日正式向社会公开发行，发行总额3000万元，三年期，到期一次还本付息。这是全国首例水利工程建设债券。

10月6日，泾惠渠灌区水费开票到户工作正式启动。

11月8日，在陕西省总工会召开的陕西省重点工程劳动竞赛表彰会上，陕西省泾惠渠管理局与泾惠工程监理所分别被授予“陕西省重点工程劳动竞赛先进单位”和“陕西省重点工程劳动竞赛先进集体”荣誉称号。

12月24日，马栏引水工程11.49千米长的老爷岭引水隧洞全线贯通。30日陕西省政府在旬邑县马栏河引水隧洞建设工地举行祝捷大会，陕西省人民政府颁发嘉奖令。

1998年

2月12—14日，中共中央政治局委员、书记处书记温家宝一行来陕考察，先后在泾阳、礼泉县深入田间了解抗旱和春耕生产情况，察看了三原西郊水库建设工地及7处节水灌溉工程，并对农田水利基本建设、抗旱、节水和生态农业建设发表了重要意见。

2月，旬邑县太村镇水保员王利平作为陕西省水利系统唯一代表，在水利部组织的全国水保防治技能竞赛中获第一名，获得“全国技术能手”称号。

3月20日，泾河店子王护岸工程建设全面竣工。工程于1997年9月1日破土动工，完成了3、4、5、6号丁坝的修建。店子王护岸工程上游起自西三一级公路泾河桥，下游至店子王村东，按河势以正弦曲线连接上下游河岸，形成工程控导线，坝顶高程366.20～366.70米，设计标准为5年一遇，采用过流丁坝形式。

6月1日，经咸阳市人民政府研究决定成立市水政监察支队，副县级建制，和市水政水资源管理办公室一套机构、两个牌子，合署办公。

9月28日，马栏河引水工程举行通水典礼。陕西省省长程安东以及李焕政、刘枢机、王双锡等领导出席。该工程1993年5月动工兴建，是解决铜川供水的水源工程，由泾河支流马栏河引水至石川河支流沮河而入桃曲坡水库的跨流域调水工程。由枢纽、隧洞和出口渠道三部分组电力线路，横穿老爷岭输水隧洞全长11.49千米，1997年12月24日全线贯通。工程建成后多年平均引水量5059万立方米，除向铜川市年供水1200万～1500万吨外，可补农业灌溉用水量2524万立方米。

9月29日，陕西省水利厅在礼泉县石潭镇刀东村举行千亩喷灌工程建成通水庆典。工程以小坳、石泉两眼深机井联网供水，规划面积100公顷，预算总投资186万元。由澳大利亚、北京农业大学和礼泉县水利局合作建设。一期工程实施46.67公顷，其中果园微喷灌33.33公顷，半固定式喷灌6.67公顷，滴灌6.67公顷。

11月19日，咸阳市防汛抗旱指挥部办公室经咸阳市人民政府研究批准升格为副县级事业单位。

1999年

1月21—23日，世界银行官员史密斯 · 因斯伯格在中央、省“黄土高原水土保持二期世行贷款项目”办公室有关领导陪同下，到淳化县、旬邑县考察项目实施工作。

2月13日，高陵县政府第二十次常务会议决定：同意撤销“高陵县河道管理站”，其防洪等职能归属渭河管理站；同意成立“高陵县河道砂石管理站”，负责县境内泾、渭河流域的砂石管理。

2月26日，陕西省省委书记李建国、副省长王寿森来咸阳检查农业节水灌溉项目实施情况。

3月，咸阳市城区水资源管辖权由咸阳市建委移交市水利局管理。

5月21日，陕西省第一届渠道维护工技能竞赛在陕西省泾惠渠管理局举行。

7月15日，水利部、国家农业综合开发办公室批准《陕西省农业综合开发区泾惠渠灌区水利骨干工程项目实施计划》。项目总投资3055.4万元。

12月21日，《咸阳市水资源管理办法》经市人民政府第十六次常务会议通过，发布施行。

2000年

1月8日，总投资7100万元的彬县程家川水电站试运营。该项目为国务院批准的全国农村初级电气化县电源工程，总装机容量3×2500千瓦，年发电量4270万千瓦时。

2月8日，陕西省泾惠渠管理局获得陕西省文明单位标兵称号。

3月20日，咸阳市推行国家公务员制度领导小组批复同意将咸阳市防汛抗旱指挥部办公室、咸阳市农村供改水领导小组办公室、咸阳市水政水资源管理办公室、咸阳市水利管理站、咸阳市河务管理处、咸阳市机井管理站、咸阳市渔政监督管理站等11个单位纳入参照公务员制度管理。

3月22日，长武县被水利部、财政部命名为“全国水土保持生态环境建设示范县”。

5月8日，经咸阳市人民政府研究决定，将咸阳市城市防洪业务由咸阳市城建部门移交咸阳市水行政主管部门管理。

5月，由国家节水灌溉杨凌工程技术研究中心与礼泉县合作开发的远程自动化控制节灌系统工程建成。工程共投资15万元，分别在礼泉县城水管站、石潭镇刀东村部分田块设置主控服务器、电脑终端、土壤水分传感器、管道流量传感器等田间测控设备，是省内首创的电脑遥控灌装技术。

6月15—16日，全省夏季农田水利基本建设现场动员会在旬邑县召开。

9月18—20日，陕甘宁三省（区）泾河流域县市区政协联谊会第13次会议在泾阳举行，三省（区）30多个县市区政协代表，陕甘宁政协，咸阳市委、市人大、市政府、市政协领导及省、市新闻单位200余人参加会议。会议协商讨论泾河流域经济和社会发展问题，各县（市、区）交流迎接西部大开发的规划和项目，并联名发出推进泾河流域综合治理倡议。

11月，由国家发改委、水利部组织实施的“国家农村饮水解困工程”在咸阳市全面启动。

12月1日，中共咸阳市委、市政府做出《关于加强水土保持世行贷款项目建设工作的决定》。

12月2—3日，咸阳市山川秀美工程暨水土保持世行贷款项目建设现场会在彬县召开，中央水保世行贷款项目办副主任李松、陕西省水保世行贷款项目办副主任张志林、咸阳市领导谈俊琪等到会并讲话。

12 月 5 日，咸阳市委、市政府在亭口水库坝址举行项目启动仪式。

2001 年

3 月 6 日，陕西省防汛抗旱总指挥部同意高陵县抗旱服务队为合格的全国示范县抗旱服务队。

6 月 4 日，陕西省政府决定将三原西郊水库工程移交陕西省泾惠渠管理局建设和管理。

6 月 15 日，咸阳市水土保持工作站经市编制委员会批准纳入市参照公务员制度管理单位。

6 月，全省抗旱服务组织建设暨抗旱高效示范园建设会在泾阳县召开。

8 月 1 日，三原西郊水库建设工程现场移交泾惠渠管理局管理，并于 12 月 18 日正式办理了移交手续。

8 月 8 日，高陵区节水灌溉农田达 1.2 万公顷，占农田灌溉面积的 72.8%，进入西安市首批节水县行列。

11 月 15—16 日，咸阳市水土保持世行贷款项目建设现场会在彬县召开，先后参观了彬县城关镇芋家沟流域治理工地、旬邑县城关镇冬季治理工地等 6 个建设工地，总结了北五县水土保持世行贷款项目进展情况，表彰了先进单位。

12 月 10 日，陕西省人民政府对陕西省泾惠渠管理局、西郊水库建设管理处和参建单位通令嘉奖。

12 月 14 日，泾惠渠渠首泾惠湖水利旅游区晋升为陕西省首批 10 家水利风景区。

12 月 28 日，在陕西省计划委员会主持、省水利厅监交下，西郊水库工程建设现场管理工作正式由咸阳市人民政府移交陕西省泾惠渠管理局。

12 月，“国家农村氟砷改水项目”正式在咸阳市启动，计划安排国债资金 3373 万元，用于解决全市 15 万人饮用氟含量超标水问题。

2002 年

2 月 27 日，陕西省水利厅发出《关于表彰 2001 年度全省优秀水利（水电、水务）局长的通报》，高陵县张鑫被评为优秀水利（水电、水务）局长。

3 月 23 日，第二届全国水利行业技能竞赛渠道维护工比赛在安徽省淠史杭灌区落幕，陕西省泾惠渠管理局选手石小庆获得冠军。

5 月 14 日，泾惠渠灌区吕村农民用水者协会会员代表大会召开，标志着泾惠渠灌区第一个农民用水者协会正式成立。

6 月 29 日，永寿御驾宫、渡马、马坊、常宁、上邑、豆家、渠子、永太等 8 个乡（镇）遭受持续 40 多分钟的暴雨、冰雹袭击，造成经济损失 3070 多万元。

8 月，咸阳市政府决定加快彬长煤田开发，成立开发指挥部，由政府各部门分工抓好项目，明确由咸阳市水利部门抓好亭口水库前期工作。

9 月 10 日，日本黄河流域绿化团一行来永寿县建立“中日友好永寿县绿化基地”并义务植树。

2003 年

1 月 16 日，越南世界争先考察团来咸阳市考察北五县水土流失治理情况。

2 月 14 日，为加强亭口水库前期工作，咸阳市水利局以《关于成立亭口水库工程前期工作领导小组的通知》（咸水发〔2003〕50 号）下发局属各单位、机关各科室。由局长刘文龙任领导小组组长，副局长张红星、总工宁振荣任副组长，张红星兼任办公室主任。

3 月 19 日，中日丝绸之路绿色通道考察团考察咸阳市长武县、彬县小流域综合治理情况。

6 月 7 日，经咸阳市编制委员会批准，市水利工程质量监督站正式成立，为科级事业单位，隶属市水利局管理。

7 月 2 日，咸阳市水利局以《关于彬长电源点用水的复函》（咸水发〔2003〕320 号）回复，原则同意将亭口水库作为彬长水源（马屋电厂）生产、生活供水水源。

7 月 8 日，郑国渠渠首旅游区项目正式启动。该项目由泾阳县政府和泾惠渠管理局共同出资 2000 万元联合开发，项目建设包括景区道路工程、大坝和大坝下部的排砂处理工程。

7 月 12 日，陕西省水土保持世行贷款二期项目建设现场会暨表彰会在咸阳彩虹宾馆召开。与会代表参观了彬县、淳化县治理现场，并对全省水土保持世行贷款二期项目建设先进单位进行了表彰。

8 月 26 日，泾河上游甘肃地区普降大到暴雨，泾河景村站流量为 5320 立方米每秒，致使咸阳市沿河 5 县 24 个乡（镇）6 万多人口不同程度受灾，直接经济损失 9700 多万元。

10 月 10 日，《陕西省水资源开发利用规划》经陕西省政府研究同意，由陕西省发改委、陕西省水利厅联合印发（陕计规划〔2003〕771 号），要求各地、各部门在制定相关规划时要坚持以水定产业、以水定规模、以水定发展的原则，合理规划区域经济社会发展布局，以水资源的可持续利用支持经济社会的可持续发展。亭口水库作为重点水源工程列入该规划。

2004 年

2 月，咸阳市水利局被中共陕西省委、省人民政府命名为省级“创佳评差”竞赛活动最佳单位。

3 月 3 日，泾渭三角洲沿河堤坝工程开工建设，全长 6.8 千米，坝顶宽 10 米。

3 月 30 日，全省水利系统“创佳评差”活动经验交流现场会在咸阳召开。会议主要任务是学习推广咸阳市水利局开展“创佳评差”竞赛活动的先进经验，动员全省水利系统进一步弘扬美德，再接再厉，努力取得“创佳评差”竞赛活动的新成效。谭策吾厅长出席并做重要讲话。

9 月 6 日，陕西省黄河文化经济发展研究会与日本黄河流域文化义务植树团，组织中日学生在永寿县永平乡马家山开展中日友好永寿绿化基地植树活动。

10 月，咸阳市人民政府与大唐集团签署如下协商意见：咸阳市人民政府支持大唐集团开发亭口水库工程建设项目。亭口水库由大唐集团控股投资，并吸引联合其他投资方共同开发建设。

11 月 2 日，经咸阳市编制委员会研究，同意设立咸阳市节约用水办公室，在市水政水资源管理办公室挂牌，其编制、规格、隶属关系不变。

12 月，宝鸡峡泔河水库除险加固工程竣工。该工程于 2003 年 6 月开工，总投资 6822 万元，正常蓄水位由原 541 米升至 544.5 米，总库容为 6463 万立方米。

是年，旬邑县城汃河堤防洪工程（世纪广场）建成。

2005 年

1 月 7 日，陈德铭代省长在彬长煤田开发座谈会上讲话时指出：同意省发改委的意见，亭口水库应由咸阳市政府控股建设。强调亭口水库是矿区资源开发的瓶颈，要有战略眼光，以政府控股的形式建设水库，争取在供水管理中的主动。

1 月 13 日，坦桑尼亚水利与畜牧发展部部长洛瓦萨一行 6 人到泾惠渠灌区考察，水利部国科司郑如刚陪同。

2 月 3 日，咸阳市水利局组织机关干部职工赴长武县观看“巨粉娥同志先进事迹展”。

2 月 7 日，咸阳市政府以咸政办机字〔2005〕5 号《咸阳市人民政府办公室关于成立咸阳市亭口水库工程建设领导小组的通知》，批复成立亭口水库工程建设处，市水利局副局长张红星兼任处长，局副调研员于景深兼任副处长，局总工程师宁振荣兼任建设处总工程师。

3 月 4 日，高陵县水利局更名为高陵县水务局。

3 月 28—30 日，陕西省水利厅在西安召开了《黑河亭口水库工程项目建议书》审查会，会后向咸阳市水利局下发了《关于修改黑河亭口水库项目建议书的通知》（陕水总工函〔2005〕5 号），要求按所附《黑河亭口水库项目建议书专家组审查意见》进行修改完善。

4 月 8 日，咸阳市人民政府按照“政府控股、企业参与、市场运作”的指导思想，与大唐公司签订亭口水库建设合作协议。

5 月 4 日，旬邑县汃河城区段综合治理工程竣工，人工湖（翠屏湖）升坝蓄水成功，湖区水域面积 5.3 万平方米。湖区景色与翠屏山交相辉映，为县城增添了新的景观。

5 月，长武县马坊水库、彬县李家川水库、永寿县西沟水库除险加固初步设计通过黄委审查。

7 月 14 日，全省夏季农田基本建设现场会在旬邑县、彬县召开。咸阳市、旬邑县、彬县在会上做了典型发言。

8 月 8 日，陕西、甘肃、宁夏 3 省（区）泾河流域县（市、区）政协联谊会第十八次会议在永寿县城天和酒店召开。

9 月，咸阳市黄土高原水土保持世行贷款二期项目顺利通过中央、省项目办和世界银行验收团的竣工验收，赢得“非常满意”的评价。

12 月 1 日，旬邑县文物工作者在湫坡头镇一退休教师家中发现三枚恐龙脚印化石，该化石出土于湫波头镇八王庄村支党河河川。化石脚印清晰，均为三趾，是继古象、犀牛化石出土后的又一重大发现。

12 月 13 日，陕西省泾惠渠管理局获得全国水利系统先进集体称号。

12 月 16 日，亭口水库工程作为重点工程被列入《渭河流域近期重点治理规划》。

2006 年

4 月 15 日，麟游县被陕西省水利厅确定为陕西省农村饮水安全整体推进试点县。

5 月 28 日，陕西、甘肃两省环保部门在甘肃省平凉市召开了“陕甘两省三市泾河流域污染防治座谈会”。会上，两省三市分别通报泾河流域各自行政区内水污染治理情况，并就两省三市如何共同防治泾河流域水污染进行了认真的研究。会议决定建立两省三市泾河流域水污染防治联席会议制度；建立两省三市泾河流域水污染信息交流与通报制度；加强泾河流域环境管理，泾河流域内禁止建设不符合国家产业政策的项目；加大流域内环境执法力度；加强流域治理合作，促进企业之间相互交流水污染防治工作经验和成果。

6 月 20 日，咸阳市人民政府决定按照“政府控股、企业参与、市场运作”的原则，成立“陕西彬长煤田水务有限责任公司”（简称水务公司）。水务公司由咸阳市城市建设投资有限公司发起，联合陕西彬长矿业集团有限公司、大唐陕西发电有限公司、北京德源投资有限公司共同注册成立。水务公司和亭口水库工程建设处为一套机构、两块牌子。水务公司按照市场运作方式解决资金问题，以法人身份申请银行贷款，进行社会融资。

6 月 23 日，咸阳市政府向中国大唐集团公司送交了《关于黑河亭口水库建设有关问题的函》（咸政函〔2006〕58 号），根据双方 2005 年 4 月协议框架，按照“政府控股、企业参与、市场运作”的原则，与陕西煤业集团、山东鲁能集团发起组建陕西彬长煤田水务有限责任公司，以及公司股权设置及注册、水量使用权、亭口水库前期工作移交进行了函商。

7 月 14 日，咸阳市政府在政府会议室举行水务公司揭牌仪式，市委、市政府、市人大、市政协领导参加了会议。

7 月 28 日，咸阳市彬长煤田水源工程建设指挥部成立，由市长千军昌任指挥、市有关领导任副指挥，下设办公室于市水利局内。

7 月 31 日，由陕西省水利厅、咸阳市人民政府主办，咸阳市水利局和乾县人民政府承办的陕西省防抗 I 级干旱灾害演练在乾县举行，同时召开了全省抗旱工作座谈会。国家防总办公室、省政府办公厅及省财政厅、省民政厅、省农业厅、省气象局、省电力公司有关负责人，各市水利（水务）局及省直灌区管理局主管局长、防汛抗旱办主任、市抗旱服务队队长，咸阳市各县（区、市）水利局局长、重点县抗旱服务队队长及当地党委、政府领导与当地群众共 350 多人观摩了抗旱演练活动。此次防抗 I 级干旱灾害演练在全国范围内尚属首次。

9 月 15 日、18 日，亭口水库工程建设处分别与陕西彬长矿业开发建设有限责任公司、中国大唐集团公司彬长煤电水一体化项目筹建处签订供用水协议。协议水库建成后，每年为彬长矿业公司提供 2550 万立方米的原水服务；为大唐集团一期每年提供 1000 万立方米、二期以后20年内每年提供3000万立方米原水服务。

11月30日，黑河亭口水库工程项目建议书通过水利部部长会议研究，同意列入国家“十一五”水利工程建设规划。

12月，陕西省组织完成了开发目标“以防洪减淤为主，兼顾供水发电及改善生态环境”的东庄水利枢纽工程项目建议书。

2007年

1月11日，礼泉县城供水北山引水工程在昭陵乡尧召村开工。该工程是县委、县政府与深圳东部集团签约的招商引资项目，引尧召水源地优质矿泉水入县城区。工程设计水源井4眼，输水管道8.94千米，延伸城区配水管道1.53千米，修建两万吨注水池1座，日供水规模2万吨，计划投资约5000万元。

3月21日，陕西省省长袁纯清率省有关部门到淳化县考察农村饮水工作，副市长牛继鹏陪同考察。

7月24日，咸阳市农田基建和秋田管理现场会在旬邑县召开。

8月17日，陕西省水利厅批准了陕西省泾惠渠管理局机构设置及定岗定员方案。陕西省泾惠渠管理局机关为财政全额拨款事业单位。

9月24日，咸阳市市长千军昌主持召开会议，听取亭口水库前期工作进展情况汇报，研究启动亭口水库工程先期工程有关问题。会议要求根据先期工程技术工作进展情况，及时开工建设道路工程、建设管理基础设施工程、反调节蓄水工程、泄洪排沙底洞试验工程等先期工程。工程概算总投资1.8亿元。会议决定再增加陕西彬长煤田水务有限责任公司注册资本金6000万元，各股东以货币形式出资1500万元，满足亭口水库先期工程建设需要。

9月28日，概算总投资44748.21万元的《陕西省泾河干流咸阳段防洪规划报告》获得了陕西省水利厅的批复，这标志着陕西省开始对泾河实行防洪整治，工程建成后将对保护沿河4县22万人、12.4万亩耕地具有很大的促进和保证作用。

11月6日，黄河水利委员会正式发函，同意咸阳市在泾河支流黑河上建设亭口水库。

12月29日，经咸阳市编制委员会批准，咸阳市机井管理站更名为咸阳市地下水管理监测站，其编制、规格和隶属关系不变。

2008年

3月21日，陕西省省长袁纯清在淳化县考察农村饮水工作，要求切实解决农村饮水困难。

5月15日，陕西省泾惠渠管理局举行献爱心捐款活动，干部职工向四川地震灾区募捐2.963万元。同时陕西省泾惠渠管理局向四川省都江堰管理局捐款5万元。

5月27日，水利部农水司副司长顾斌杰、农村饮水安全中心副处长姚彬一行4人，到彬县检查“5·12”四川省汶川大地震对彬县供水设施造成的损失情况。

7月2日，咸阳市长武县群众因甘肃省宁县在泾河省界河段违法修建堤防工程与宁县群众发生群体械斗。事件发生后，水利部和黄委高度重视，陕西省政府领导作出重要指示，陕西省水利厅积极开展执法调查。按照水利部陈雷部长的批示，由黄委苏茂林副主任任组长、水利部政法司赵卫副司长任副组长的处理两省群众械斗事件的工作组，会同陕、甘两省水利等有关部门人员赴现场进行处理。经过多方努力，泾河长庆桥河段甘肃省宁县违规修建的护堤工程彻底拆除，这一水事违法案件得到妥善解决。

8月18日，陕西省人民政府批转省环保局、省发展改革委、省财政厅等关于印发《陕西省渭河流域综合治理五年规划（2008—2012年）》的通知（陕政发〔2008〕38号），要求全面推进水源工程建设，加快黑河亭口水库前期工作进度，争取尽快开工建设。

10月14日，陕西省泾惠渠管理局被陕西省劳动竞赛委员会评为"秦龙杯"夺杯单位。

10月30日，陕甘两省三市泾河流域环境污染同治第二次联席会议在彬县召开。

11月18日，水利部以水规计〔2008〕502号文出具《关于报送陕西省咸阳市亭口水库工程项目建议书审查意见的函》报国家发改委审批。

11月20日，泾河彬县城区段防洪工程举行开工仪式。该工程总投资3.5亿元，是以城区防洪为主体，涉及防洪排涝、道路桥梁、绿化景观等项目的综合性市政建设工程。

12月5日，为了加快亭口水库工程建设步伐，根据咸阳市委、市政府领导指示精神，建设处在亭口水库坝址举行了工程启动（奠基）仪式，市长庄长兴主持了会议，市委书记千军昌下达了工程启动令。

12月8日，麟游县完成《麟游县河库大典》编纂工作，并受到宝鸡市水利局表彰奖励。

12月20日，旬邑县水利局被陕西省委授予抗震救灾工作先进基层党组织称号，是咸阳市乃至全省水利系统唯一获此殊荣的单位。

2009年

1月11日，中国水利科学院水利专家团到长武勘察亭口水库建设情况。专家团一行先后到昭仁镇宜山村、庙底村，亭口乡宇家山村等淹没区移民安置点详细了解群众搬迁、投资建房及水库建设规划等情况。

2月6日，经国务院批准，国家发展改革委、水利部公布了《全国大型水库建设规划（2008—2012）》（发改农经〔2009〕374号），亭口水库被列为根据国家和地方财力情况择优安排审批的项目。

4月1日，经国务院批准，国家发改委、水利部将亭口水库列入国家大型水库建设规划。

4月28日，泾惠渠管理局获得"全国五一劳动奖状"，从而成为陕西省水利系统第一个荣获此奖的单位。

5月26日，国家发改委以发改农经〔2009〕1347号文件《国家发改委关于陕西省咸阳市亭口水库工程项目建议书的批复》审批通过了咸阳市亭口水库工程项目建议书。陕西省发改委以陕发改农经〔2009〕829号文予以了转发。

7月23日，长武县普降大到暴雨，降水量高达130毫米以上。黑河、南河交会后亭口径流量达到3000立方米每秒以上，为50年以来最大径流量。亭口镇亭南、亭北两村群众住宅及镇上一些机关单位房屋进水，最高进水达到3米。全县受灾群众4752户

17742人，房屋倒塌920户3213间、进水1452间，形成危房305户1066间，窑洞塌陷41户144孔、进水801孔，形成危窑340孔，倒塌围墙14692米，受灾农作物面积3925公顷，水、电、路、通信等基础设施均不同程度受损，造成直接经济损失4.73亿元，全县转移群众5680人。

8月9日，长武县突降暴雨，并伴有雷电、大风，短时降水量高达123毫米以上。甘肃境内泾河支流马莲河水位迅速上升，导致泾河长武段暴涨，最大洪峰流量达到2250立方米每秒。全县受灾群众2875户11148人，因灾转移群众3657人，房屋进水1555户5375间、涉及人口6194人，房屋倒塌595户2110间、涉及人口1885人，形成危房572户1481间，涉及人口2274人，倒塌围墙217米，损坏道路118千米，受灾农作物面积2782公顷，交通、电力、通信等基础设施均不同程度受灾。全县因灾造成“三无户”208户778人，因灾死亡5人、受伤8人，直接经济损失1.4亿元。

8月14日，陕西省人民政府以陕政发〔2009〕50号文发布《陕西省人民政府关于禁止在亭口水库工程占地和淹没区新增建设项目和迁入人口的通告》。通告“根据《大中型水利水电工程建设征地补偿和移民安置条例》（国务院令第471号）有关规定”，要求“自本通告发布之日起,禁止在亭口水库工程占地和水库淹没区实施与该工程无关的新建、扩建、改建项目，已批准未开工的项目不再建设，在建的项目停建；禁止开发土地、修建房屋和其他设施，禁止新栽种多年生经济作物和林木，禁止迁入人口。”

9月14日，咸阳市人民政府印发了《咸阳市彬长矿区输配水工程规划》（咸政办发〔2009〕134号），要求彬长矿区水资源由市政府统一调度和管理，由彬长水务公司统一组织实施。

11月22日，郑国渠文化研讨会在陕西省泾惠渠管理局召开。

2010年

2月3日，陕西省副省长姚引良在西安市临潼区和陕西省泾惠渠灌区察看旱情，检查指导抗旱保苗工作。强调各级政府和有关涉农部门要加强组织领导，把抗旱保苗放在当前农村工作的首位，加大抗旱灌溉力度，确保今年夏粮增产丰收。陕西省政府办公厅、水利厅、农业厅、气象局等省级有关部门负责人陪同。

5月21日，陕西省水利厅成立了东庄水库前期工作领导小组，由水利厅厅长任组长，分管副厅长、总工任副组长，并设立东庄水利枢纽工程前期工作领导小组办公室（东庄办），负责东庄水利枢纽工程的前期工作和准备工程建设。

5月，陕西省委、省政府决定重启东庄水库项目，并将其提升到事关陕西经济社会发展、渭河中下游人民安居乐业的战略高度。作为国务院批复的《黄河流域防洪规划》和国家发改委批准的《关中—天水经济区发展规划》中的重要防洪骨干工程和大型水源工程的东庄水利枢纽工程，重新迸发生机。

6月22日，陕西省防总总指挥长、副省长姚引良深入省泾惠渠灌区和三原县察看旱情，检查指导夏播夏灌工作。要求各地各部门充分认识当前抗旱的严峻形势，开动一切水利设施，昼夜抢灌保苗，为夺取秋粮丰产丰收奠定基础。陕西省政府办公厅、水利厅、农业厅、气象局等部门负责人陪同。

7月6日，陕西省水利厅厅长王锋到北京向水利部部长陈雷赠送水利大师李仪祉治水油画——“河渠志”，陕西省泾惠渠管理局局长刘晓明陪同。

7月23日下午，张家山水文站了解到泾河上游降大暴雨后，及时和上游暴雨区的泾河支流黑河张河水文站取得联系，并告知了掌握的降雨信息，使该站有了测报大洪水的思想准备。随后张河站出现1460立方米每秒洪峰，其下游长武县亭口镇部分建筑被淹。因测报及时、准确，9月9日泾河支流黑河张河水文站被中共咸阳市委、市政府授予“抗洪抢险先进集体”称号。

8月3日，彬县红岩河水库建设项目正式签约。该项目投资5亿元，由善意国能聚谷产业投资有限公司采用BOT的方式负责建设。水库项目按中型Ⅲ级水库设计，总库容8062万立方米，水库大坝高65.5米，长481.82米，放水卧管斜长120.2米，输水涵洞全长432米，设计洪水重现期100年，校核洪水重现期1000年，水库正常蓄水位903.3米。建设工期3年，经营期限50年。

11月28日，陕西枫岚实业有限公司投资8800万元建设的“枫鹤湾”项目泾河干流马家窑、花石渡段防洪工程开工，由此标志泾河旅游资源开发步入一个新的起点。咸阳市委书记千军昌、市人大常委会副主任寇述政、市政协副主席郑建新等出席开工仪式，副市长严维佳下达开工令。这项防洪工程是泾阳县与陕西枫岚实业有限公司合作签约的泾河产业开发项目——枫鹤湾旅游度假项目的子项目。

12月10日，李仪祉墓园整修开工暨李仪祉纪念馆建设奠基仪式在泾阳县王桥镇社树村隆重举行。陕西省水利厅副厅长管黎宏主持奠基仪式，厅长王锋出席奠基仪式并致辞。厅领导，厅直各单位党政主要负责人，机关各处室负责人，咸阳市、泾阳县、蒲城县政府负责人和陕西文化界名人以及灌区群众代表100余人参加了奠基仪式。

12月31日，陕西省人民政府以《关于咸阳市亭口水库工程建设征地移民安置规划大纲的批复》（陕政函〔2010〕232号）回复咸阳市人民政府，同意《规划大纲》确定的内容，至规划水平年2013年，工程涉及长武县5乡（镇）15个行政村共搬迁安置移民3744人，生产安置移民3694人。

2011年

1月6日，2011年彬州市第一批重点项目集中启动仪式在红岩河水库建设工地举行。陕西省水利厅副厅长田万全、咸阳市委副书记高合元、咸阳市人大常委会副主任刘国志、咸阳市政协副主席曾广中、市政府副市级咨询员王惠林参加启动仪式。

2月12日，陕西省委书记赵乐际带领省委常委、省委副秘书长李兴旺，省水利厅厅长王锋，省农业厅厅长王宏，深入泾惠渠灌区视察春灌抗旱工作，要求灌区管理单位切实发挥抗旱主力军作用，努力为灌区群众浇好地、服好务，全力保障灌区粮食安全。咸阳市委、市政府和陕西省泾惠渠管理局主要负责人陪同。

2月23日，永寿县水利局召开“永寿县水利建设年动员大会”，县委副书记邢步宜、县人大常委会副主任苏兴波、县政协副主席马彩云出席了会议，各乡镇主管水利工作的乡、镇长及水管员应邀参加了会议。

2月，咸阳市水利局拟订了《咸阳市煤炭资源开采水土流失补偿费征收使用管理办法（暂行）》，并正式施行。

3月9日，国务院、省、市水利普查办督导组一行，在国普办督导组组长、水利部水土保持司副司长牛崇桓的率领下，来旬邑县督查指导第一次全国水利普查工作。

3月15日，陕西省发改委以陕发改农经〔2011〕325号文《关于咸阳市亭口水库工程可行性研究报告的批复》通过亭口水库工程项目建议书最终审批。

3月26日，由陕西省泾惠渠管理局组队，代表陕西省参加全国“铁人杯”工会知识大赛，获得亚军。

3月28日，由陕西省水利厅主办、陕西省泾惠渠管理局承办的“三秦水利大讲堂水文化专题讲座”在西安举行。

5月10—12日，中国灌排发展中心日本GICA项目及埃塞俄比亚项目有关领导及专家到泾惠渠灌区考察交流。

5月23日，台湾台北七星农田水利学会代表团在泾惠渠灌区考察交流。

6月18日，亭口水库工程建设处与陕西彬长矿业集团有限公司签订分项目供水协议，同意每年为彬长矿业180万吨煤制甲醇项目提供1625.6万立方米原水。

6月22日，泾惠渠灌区地下水开发利用研讨会在西安举行。

7月12日，淳化县水利局荣获2010年度全省水利工作先进单位。陕西省防总在高陵区召开泾河防汛工作现场会，进一步安排部署泾河流域防汛工作，要求提高警惕，再添新举措，再鼓新干劲，努力实现泾河安全防汛。会上，西安市防汛办、咸阳市防汛办、彬县、高陵县等沿泾各县及水利部门详细汇报了各地的备汛情况。

7月21日，中国水利学会理事长敬正书视察李仪祉纪念馆建设工程，并题词：“弘扬仪祉精神，加快水利建设。”

7月22日18时至24日8时，长武县普降大到暴雨，降水量130毫米以上，黑河亭口段预计径流量最大为3000立方米每秒以上，为20世纪50年代以来最大径流量，23日晚，黑河亭口段径流量1500立方米每秒以上，27日咸阳市委办公室、市政府办公室发出通知，在全市范围内集中开展一次向受灾县捐款活动。至8月中旬前完成捐赠款的接收工作，9月中旬前完成捐赠款发放工作。

8月8日，陕西省2011年坡耕地水土流失综合治理试点工程建设现场会在永寿召开。会议主要是：贯彻落实省水利工作会及全国坡耕地试点工程建设现场会精神，研究工作措施，进一步推进全省坡耕地水土流失综合治理工作。

8月24日，泾河彬县大佛寺至火石咀段防洪工程可行性研究报告评审会在咸阳召开。陕西省水利厅总工程师陈文军、调研员陈习里，高级工程师赵彩君、张双燕，特邀专家蒋镇国、孙友庆、蒋改山、张镝，陕西省水工程勘测规划设计研究院专家，咸阳市水利局、防汛抗旱办公室负责人，县长陈万峰，县委常委、副县长燕三全，县委常委、政法委书记吴琳，副县长刘旭参加会议。

8月，旬邑县荣获全省夏季农田水利基本建设先进单位、咸阳市水利工作先进县称号。

9月21日，淳化县水利局荣获2011年度全省夏季农田水利基本建设先进单位称号。

10月19日，彬县红岩河水库项目建议书顺利通过水利部黄河水利委员会的审核。

11月2日，陕西省水利厅纪检组组长廉泾南带领厅监察室负责人深入亭口水库工程建设工地，检查中央一号文件（《关于加快水利改革发展的决定》）贯彻落实情况和工程建设进展情况。

11月6日，水利部副部长李国英深入陕西泾惠渠灌区调研。部人事司、陕西省水利厅有关负责同志一同调研。

11月28日，全省"十二五"十大重点水利工程之一的咸阳亭口水库工程开工典礼在亭口水库坝址隆重举行。

12月7日，麟游县委、县人民政府下发了《关于进一步加快水利改革发展若干政策的意见》。

12月16日，淳化县水利局被评为2011年度全省水资源工作先进集体。

2012年

2月24日，中央电视台七套《聚焦三农》栏目首席记者来泾惠渠灌区，采访末级渠系建设管理情况。

4月21日，旬邑县柏岭寺水库工程开工建设。

4月27日，由宝鸡市水利志编纂委员会樊维翰等一行三人组成的评审小组对《麟游县水利志》进行了复审。

6月19日，中国水利水电科学研究院教授、水利史研究所所长、中国水利学会水利史研究会会长谭徐明一行考察李仪祉纪念馆和引泾水文化遗产工作，并座谈交流陕西水文化建设工作。

6月29日，咸阳市发改委以咸发改〔2012〕439号文《关于咸阳市彬长矿区输配水工程可行性研究报告的批复》同意彬长矿区输配水工程为Ⅱ等大（2）型输水工程，工程估算静态总投资69820.67万元，总投资75081.78万元。

8月22日，李仪祉纪念馆开馆。陕西省政府有关领导，中国水利学会理事长敬正书，中国水利职工思想政治工作研究会会长张印忠，水利部黄河水利委员会主任陈小江，陕西省人大常委会副主任吴前进，陕西省副省长祝列克，省委、省政府相关部门主要负责人，咸阳市政府主要领导和社会各界人士出席了开馆仪式。陕西省水利厅厅长王锋主持开馆仪式。

8月26日，水利部发布《关于公布国家重要水文站名录的公告》，泾河张家山站、景村站，泾河支流黑河张河站均为国家重要水文站。

9 月 14 日，陕西省水利厅以陕水人发〔2012〕55 号文成立陕西省泾河东庄水利枢纽工程现场建设管理处。主要负责现场道路等“四通一平”的建设管理、礼泉基地的征迁和建设管理以及筹建陕西省泾河水利水电开发公司。

10 月 23 日，淳化县荣获“全国农村饮水安全工程示范县”称号。

10 月，亭口水库工程大坝开工建设。

11 月 7—8 日，中国水利文协水文化工作委员会、中国水利学会水利史研究会、陕西省水利厅共同在西安组织召开了治水与中华文明暨李仪祉水利思想研讨会。

11 月 13—18 日，黄河水利委员会在郑州主持召开会议，对泾河防洪治理工程可行性研究报告进行了审查。会议由黄河水利委员会副总工程师李文家主持，黄委规计局张俊峰局长、王敏副局长，有关部门负责同志及 10 余名特邀专家参加了审查。会前部分专家对现场进行了踏勘。陕西省水利厅魏小抗副厅长带领有关部门参加了会议。泾河防洪治理工程是陕西省列入全国“总体规划”的重要支流（流域面积在 3000 平方千米以上）治理项目，规划总投资为 5.9 亿元。陕西省水利厅有关处室，咸阳市水务局、西安市水务局、陕西水环境工程勘测设计研究院等单位有关人员参加了项目审查会。

11 月 16 日，陕西省廉政教育示范基地揭牌仪式在泾阳县李仪祉纪念馆举行。陕西省委纪委常委高山，咸阳市委常委、市纪委书记刘曙阳共同揭牌。陕西省水利厅党组成员、纪检组组长张敏等出席揭牌仪式。

12 月 5 日，陕西省水利厅在礼泉县东庄村举行东庄水利枢纽工程进场道路开工仪式。陕西省水利厅副厅长魏小抗主持开工仪式，东庄办主任雷春荣通报工程进展情况，施工方代表陕水集团、礼泉县县委书记孙矿玲做表态发言，陕西省水利厅厅长王锋宣布东庄水利枢纽进场道路工程开工。

12 月 18 日，亭口水库实施截流。

12 月，经过广大专家学者和科技工作者的艰辛努力，备受全省关注的东庄水库项目建议书于 2012 年 4 月 27 日通过水利部水规总院技术审查，12 月 31 日顺利通过水利部部长办公会议审查，明确了“以防洪减淤为主，兼顾供水、发电和生态环境”的开发目标，以及灰岩坝址、拱坝坝型的技术方案，结束了持续半个世纪的坝址之争，标志着全面进入了国家审批程序，正按照规划目标快速推进。

12 月，旬邑县荣获全省水土保持执法能力建设先进县、全省基本农田建设先进县称号。永寿县荣获“水利振兴杯”“全省水利工作先进县”和“全省夏季农建工作先进单位”称号。礼泉县水利局被评为咸阳市水利系统 2011 年度目标责任制考核先进单位。

2013 年

2 月 24 日，泾河东庄水利枢纽工程建设动员会在咸阳市礼泉县叱干镇举行。陕西省委常委、常务副省长江泽林主持，副省长祝列克对工程建设进行安排部署，水利部黄河水利委员会副主任薛松贵讲话，咸阳市委书记姜峰表态发言。陕西省人大、省政协、省军区、省政府办公厅及有关部门主要负责人参加了动员会。陕西省水利厅厅直单位和机关处室负责人，工程设计、施工、监理单位代表和周边群众约600人参加建设动员会。

2月28日，《陕西日报》第七版刊登了通讯员任晓妮、记者车喜韵撰写的《旱塬麟游智留“客水”为民造福》，记述了麟游县开展节水型社会建设活动成效。

3月20日，彬县水务公司技术部获全省重点水利工程2012年度“仪祉杯”劳动竞赛先进集体称号。杨宣政、刘文涛获先进个人称号。

5月29日，麟游县利用山洪灾害监测预警信息新建成的视频会商系统，成功召开了全县防汛防滑工作电视电话会议。麟游县率先在宝鸡市实现县镇防汛会商工作面对面。

6月17—18日，受水利部委托，水利部黄河水利委员会在咸阳市召开咸阳市节水型社会建设试点中期评估会议。咸阳市节水型社会建设试点工作以总体评分95分顺利通过中期评估。黄委水资源管理与调度局副局长袁东良担任评估组组长，陕西省水利厅副厅长张玉忠、咸阳市副市长刘新余参加评估会并做重要讲话。

7月25日，水利部副部长矫勇、总规划师周学文、黄河水利委员会主任陈小江一行在陕西省政府副省长祝列克、陕西省水利厅厅长王锋陪同下，深入礼泉县泾河峡谷视察东庄水利枢纽坝址，调研工程前期工作。水利部规计司常务副司长汪安南、水规总院副院长梅锦山、黄河水利委员会规计局局长张俊峰、黄河设计公司董事长李文学、陕西省水利厅副厅长魏小抗、总工程师王建杰等一同调研。

8月4日，中央电视台新闻联播《民情之中“照镜子”找差距》，播出稿件中涉及麟游县崔木镇河西村饮水工程建设情况。

8月31日，陕西省发改委以《陕西省发展和改革委员会关于咸阳市亭口水库工程初步设计的批复》（陕发改农经〔2013〕1247号）下发咸阳市发改委并抄送国家发改委、水利部、黄委、陕西省政府及陕西省、咸阳市相关部门。批复原则同意黑河亭口水库采用汛期相机低水位运行和畅泄排沙，非汛期采取异重流排沙的运行方式以及与中塬沟反调节水库联合运用的水沙调节方案。批复亭口水库工程多年平均供水量7141万立方米，工程概算总投资220600万元（其中亭口水库195235万元、反调节蓄水工程25365万元）。

9月6日，陕西省人民政府发布《关于禁止在东庄水利枢纽工程占地和淹没区新增建设项目和迁入人口的通告》。此后，陕西省水利厅东庄办会同咸阳市及相关四县政府组成7个工作组，历时3个多月完成了占地与移民实物调查工作。

10月10日，淳化县水利局被评为2013年度全省夏季农田水利基本建设先进单位。

12月，李仪祉纪念馆被陕西省科协命名为“陕西省青少年科技教育基地”，这为李仪祉纪念馆更好地开展水科普教育创造了良好条件。

2014年

3月12日，淳化县水利局被评为市级2013年度目标责任考核先进单位、市级2013年度水利系统“创选评”竞赛活动优秀单位。

3月26日，陕西省水利厅副巡视员刘恒福带领厅政法处、宣传中心、陕西省水土保持局负责同志，专程到咸阳市开展“送法下乡进工地”活动，围绕建设水生态文明，加快“三个陕西”建设，宣传贯彻新《水土保持法》和《陕西省水土保持条例》，并进行了水保法律法规知识讲座，进一步增强全社会水土保持法治意识，动员大家共同行动起来，为保护好我们赖以生存、生活和发展的家园，保卫蓝天、青山、绿水而共同努力。咸阳市、渭城区、兴平市政府领导和水利部门负责人，秦汉新城、空港新城管委会土地、环保、规划、建设部门和重点建设项目负责人70多人参加了活动。

4月14日，国土资源部办公厅以国土资厅函〔2014〕327号复函亭口水库工程建设处，同意亭口水库工程压覆21010万吨煤炭资源。

4月，水利部、教育部、全国节约用水办公室三部门联合发文，公布了第二批全国中小学节水教育社会实践基地名单，李仪祉纪念馆在列。

5月20日，麟游县被宝鸡市人民政府评为2013年度防汛抗旱工作先进集体。

5月，东庄水利枢纽工程被列为国务院确定的172项节水供水重大水利项目之一。

8月19日，咸阳市市长卫华来亭口水库工程现场视察工作。

8月21日，陕西水利博物馆正式挂牌成立。陕西省水利厅厅长王锋为陕西水利博物馆揭牌，副厅长张玉忠主持挂牌仪式。博物馆为厅直事业单位，正处级建制，经费实行财政全额拨款，核定人员12名。

10月21日，长益庙水库、崔木水库、澄水河水系连通和抗旱应急水源工程列入全国抗旱规划。

11月4日，麟游县防汛办被评为2013—2014年全省先进防汛抗旱办，受到陕西省防汛抗旱总指挥部的表彰。

11月28日，淳化县水利局、麟游县被评为2014年全省夏季农田水利基本建设先进单位。

11月，国家发改委以发改农经〔2014〕2653号文批复陕西省泾河东庄水利枢纽工程项目建议书，标志着备受关注的东庄水利枢纽工程前期工作取得了重大突破，即将进入全面建设阶段。

12月22日，陕西省政府新闻办举行了东庄水利枢纽工程前期工作取得重大突破新闻发布会，陕西省水利厅新闻发言人、副厅长魏小抗全面介绍了东庄水利枢纽工程前期工作取得的显著成绩，并就后续建设安排回答了记者提问。陕西省水利厅东庄办主任雷春荣就泥沙淤积和地质岩溶等取得的重大进展和突破回答了记者提问。陕西省政府新闻办副主任朱晓悦主持新闻发布会。

12月23日，咸阳市发改委以咸发改〔2014〕766号文审批通过彬长矿区输配水工程初步设计。至此，亭口水库工程项目报批手续全部完成，工程全面进入建设期。

2015年

1月8日，彬县城区泾河取水工程调试通水，城区日供水能力达到15000立方米，可保证用水高峰期城区生产生活用水需求。

4 月 16 日，淳化县水利局被评为市级 2014 年度水利系统“创选评”竞赛活动优秀单位、市级 2014 年度水利系统目标责任考核先进单位。

4 月，咸阳市被水利部、全国节约用水办公室授予第四批全国节水型社会建设示范区称号。

5 月，陕西水利博物馆荣获“陕西省科普教育基地”称号。

6 月 25 日，陕西省省长娄勤俭主持召开会议，听取省水利厅关于全省水利工程建设情况汇报，决定组建东庄水利枢纽工程项目法人单位，组建方案由省国资委会同省水利厅拟定。

8 月 7 日，《麟游县人民政府职能转变和机构改革实施方案》中，将县水利局并入县林业局，在县林业局挂水利局牌子（麟办发〔2015〕69 号文件）。

8 月 31 日，陕西省水利厅成立东庄水利枢纽项目法人筹备领导小组，陕西省水利厅党组书记、厅长王锋任组长。11 月 2 日，省长娄勤俭主持召开 2015 年第 17 次政府常务会议，听取了省国资委、省水利厅关于组建东庄水利枢纽工程建设有限责任公司有关情况汇报，同意组建东庄水利枢纽工程建设有限责任公司，初期注册资本金 2 亿元；授权省国资委履行出资人职责，省水利厅负责日常监管和业务指导。

8 月，泾阳张家山泉群供水工程与陕西省水务集团采取 PPP 模式合作启动。

9 月 25 日，麟游县第一部县级部门志书——《麟游县水利志》正式出版发行。

11 月 20 日，陕西省水利厅召开引汉济渭工程东庄水利枢纽前期工作表彰大会，总结成绩经验，对引汉济渭工程和东庄水利枢纽前期工作做出重要贡献的先进集体和先进个人进行表彰，对今后一个时期重大水利工程建设工作进行安排部署，有力有序推进重大水利工程建设。

12 月 2 日，淳化县水务有限公司成立。

12 月 12 日，陕西省人民政府以陕政函〔2015〕273 号文通知省水利厅、省国资委，同意成立陕西省东庄水利枢纽工程建设有限责任公司，明确工程建设期实行总经理负责制，总经理为公司法定代表人。

2016 年

1 月 30 日，陕西省环保厅主持召开会议，审查并通过了《陕西省泾河流域综合规划环境影响报告书》。会议认为，规划环评结论总体可信。报告书经进一步修改、完善后，可以作为规划优化调整和审批的依据。省泾河流域综合规划环境影响报告书通过省环保厅审查，为东庄水利枢纽工程环境影响评价报告书通过环境保护部审批奠定了基础。陕西省水利厅、住建厅、林业厅、农业厅和西安、咸阳、榆林、宝鸡市和沿泾有关县环保局负责同志及报告书编制单位的代表，以及有关专家共 40 多人参加了会议。

2 月 24 日，新华网、人民网、西安新闻网、《陕西日报》、陕西电视台、《华商报》《阳光报》等多家媒体组成采访团采访报道陕西郑国渠。

3 月 9 日，淳化县水利局被评为市级 2015 年度目标责任考核先进单位。

3月11日，陕西省环境保护厅以《关于陕西省泾河流域综合规划环境影响报告书审查意见的函》（陕环函〔2016〕147号）批复了陕西省泾河流域综合规划环境影响报告书，为东庄水利枢纽工程环境影响评价报告书通过环境保护部审批奠定了基础。

3月22日，陕西省委副书记胡和平赴东庄水利枢纽工程现场调研，陕西省水利厅厅长王拴虎、咸阳市市长卫华、礼泉县县委书记王强民陪同，东庄水利公司负责人肖宏武、东庄办主任雷春荣汇报东庄水利枢纽前期工作与准备工程进展情况。

4月，红岩河水库主体工程开始施工。

5月5日，水利部下发《水利部关于公布国家水情教育基地名单的通知》（水办〔2016〕171号），批准陕西水利博物馆为国家水情教育基地。

6月1日，陕西省水利厅在陕西省泾惠渠渠首组织开展“扮靓古渠我为申遗做贡献”主题志愿服务活动。

6月7—8日，受国际灌排委委托，由国际灌排委荣誉主席、中国水利水电科学研究院总工高占义率领的专家组对陕西省申报的郑国渠世界灌溉工程遗产进行了现场评估。

6月28日上午，随着最后一车土料铺摊、碾压完成，亭口水库大坝主体高度达到897米高程，坝体填筑顺利实现封顶。亭口水库大坝封顶，标志着亭口水库主体工程主要单位工程基本完成，为全面完成亭口水库工程建设奠定了坚实的基础。

7月8日，麟游县政府与陕西省水务集团在西安举行县城供水合作签约仪式，县委书记孙敬虎、县长李武发、副县长马霄出席签约仪式。

7月28—29日，“水利的历史与未来”水利史学术研讨会暨中国水利水电科学研究院水利史研究所成立80周年“古代灌溉工程现状与保护研讨会”在西安召开。

7月29日，淳化县水政监察大队荣获全省水利系统“六五”普法先进集体称号。

9月，旬邑柏岭寺水库大坝基本完工，同时启动水库试蓄水。

11月8日，从泰国传来喜讯，中国“三大古代水利工程”之一的郑国渠申遗成功，成为陕西省首个“世界灌溉工程遗产”。作为工程项目法人的陕西省东庄水利枢纽工程建设有限责任公司正式成立，为工程规范化建设及后期运营管理提供了组织保障。

11月9日，新华网、人民网、中国水利网、黄河网、西安新闻网、《陕西日报》、陕西电视台、《华商报》《阳光报》等多家媒体集中报道，陕西郑国渠成功入选世界灌溉工程遗产。

11月19日，陕西省省长胡和平来亭口水库调研。

12月30日，彬县红岩河水库输配水及净水厂项目正式签约，工程总投资1.73亿元，建设周期24个月，该项目是红岩河水库配套工程，主要为城镇生活和工业供水。

12月30日，陕西省水利厅发文表彰了在郑国渠申报世界灌溉工程遗产工作中的先进单位和先进个人。陕西省泾惠渠管理局、厅规划计划处、直属机关党委、厅宣传中心为先进单位，闫红阳、杨军严、耿涛等来自水利厅、咸阳市、泾阳县、泾惠局、水利博物馆的22人为先进个人。

2017 年

3 月 9 日，淳化县水利局被评为市级 2016 年度目标责任考核先进单位。

3 月 13 日，淳化县水利局被评为市级 2016 年度精神文明创建暨“改作风、塑形象，抓落实、树标兵”活动先进单位。

成立陕西省咸阳水文水资源勘测中心，张家山水文站归新成立的陕西省咸阳水文水资源勘测中心管理。

4 月 18 日，咸阳市委常委会审议通过了《咸阳市全面推行河长制实施方案》，以市委办、市政府办名义印发各县（市、区）及市直各有关部门。《咸阳市全面推行河长制实施方案》，明确全市将建立市、县、镇三级河长制，各级河长由同级党委、政府领导担任；明确了河长制的目标、任务，明确了咸阳市总河长、副总河长和市境内 8 条主要河流的市级河长，明确了总河长、河长的职责。该方案的出台，标志着咸阳市河长制工作全面启动。

4 月 25 日，西安水文局将张家山、景村、张河、淳化 4 站人、财、物正式移交咸阳水文中心。

4 月 28 日，彬长水务被评为 2017 年陕西省先进集体。

5 月 17 日下午，咸阳市市长、市泾河河长卫华，带领市水利局、市环保局、市国土资源局主要负责人深入泾河泾阳、礼泉段开展调研。卫华河长一行实地踏勘了泾河泾阳县桥底镇阴郭村段、关中环线泾河大桥段、泾河左岸礼泉县烟霞镇北二村段土地复垦现场。

5 月 24 日，陕西省委常委、常务副省长、陕西省泾河河长梁桂来咸阳调研泾河河长制情况。梁桂副省长深入泾河东庄水库详细察看了水库枢纽建设准备情况，并在泾阳县主持召开了泾河河长制工作座谈会。

5 月 26 日上午，咸阳市委常委、常务副市长、市级泔河河长陈俊锋带领市政府副秘书长、市铁腕治霾办主任赵效恩，市水利局局长康秉陆等部门负责人，到礼泉、乾县调研泔河流域治理和河长制落实情况。陈俊锋深入礼泉县泔河二库、罗家坝段生物深度治污工程、乾县泔河屈家嘴段水污染防治工程施工一线，现场听取礼泉县、乾县、永寿县河长制落实情况汇报，察看工程建设进展和泔河水质变化情况。

6 月 6 日，在全国放生日当天，礼泉县在泾河礼泉段举行渔业资源人工增殖放流活动启动仪式，省市县水利、渔业、渔政等部门相关负责人出席活动并讲话。

7 月 13 日，东庄水利枢纽项目可行性研究报告通过国家发改委批复。

7 月 19 日，泾阳县举行张家山群泉引水工程通水仪式，这标志着一项重大民生工程正式建成投入使用。

9 月 15 日，陕西郑国渠旅游风景区开始试运营。2017 年国庆长假期间，郑国渠旅游风景区接待游客 8.75 万人次，实现旅游综合收入 2236 万元。

9 月 22 日，陕西省水利厅副厅长魏小抗主持召开专题会议，研究安排东庄水库环评报告审批要求的陕西省泾河流域综合规划修编和批复工作。会议通报了东庄水库环评报告审查修改情况，并就陕西省泾河流域综合规划修编和批复对东庄项目的影响进行了说明，就规划修订目标等关键问题进行了讨论。

9 月 29 日，柏岭寺水库建成蓄水，库容 990 万立方米，向旬邑县城及职田塬区供水。

10 月 18 下午，咸阳市副市长程建国、市水利局局长康秉陆、市水利局总工袁国莉等来礼泉县检查指导泾河综合治理工作，礼泉县副县长王劲松、县水利局局长宁斌陪同。

11 月，陕西省人民政府以《陕西省人民政府关于泾河流域综合规划的批复》（陕政函〔2017〕147 号）进行了批复。

12 月 18 日，水利部副部长魏山忠一行到陕西省泾阳县调研河长制及水生态文明建设工作，考察郑国渠世界灌溉工程遗产。陕西省水利厅厅长王拴虎，县长拓巍峰、副县长刘洋一同调研。陕西省旅游资源开发管理评价委员会公告，泾阳县郑国渠旅游景区正式获批为国家 AAAA 级旅游景区。

12 月 31 日，张家山站下辖西安市高陵区通远坊雨量站，按行政区划移交给西安水文局马渡王水文站，从 2018 年 1 月 1 日起由该站管理。

2018 年

2 月 25 日上午，陕西省湖长制启动暨泾河综合治理动员大会在咸阳市礼泉县烽火镇泾河沿岸举行。陕西省委书记胡和平宣布启动，省长刘国中做动员讲话。泾河综合治理规划估算总投资约 299.89 亿元，主要建设内容包括防洪安全保障体系、水资源配置保护体系、水生态修复提升体系、水文化弘扬展现体系和产业融合发展体系等五大体系。

3 月 5 日，淳化县水利局被评为市级 2017 年度精神文明创建暨“提振精神、锐意创新、扎实工作、追赶超越”活动先进单位、市级 2017 年度目标责任考核优秀单位。

3 月 21 日，在第二十六届“世界水日”、第三十一届“中国水周”到来之际，陕西水利博物馆联合西安市水务局在灞河源头开展“关爱河湖 保护源头”志愿者行动暨公益宣传活动。本次活动分节水、护水公益宣传进校园和源头捡拾垃圾两个环节，活动启动仪式在蓝田县灞源镇中心小学举行。

3 月，陕西省人民政府办公厅印发关于加强东庄水利枢纽工程水生态环境保护工作的通知，切实保障生态水量，有效提高节水效能，进一步加大水污染防治力度，全面夯实各级责任。

5 月 5 日上午，西安市河湖长制工作推进暨泾河治理工程启动动员会举行，西安市人大常委会主任、泾河河长胡润泽宣布启动，市长上官吉庆讲话。现场高陵区、西咸新区和施工企业代表做了表态发言。西安市副市长杨广亭、市政府秘书长焦维发参加活动。

5 月 15—22 日，咸阳市河长制办公室组织三个验收组，由市环保局、住建局、农业局、水利局组成验收组，分别对咸阳市 13 个县（市、区）推行河长制工作进行了验收。

5 月 22 日，生态环境部印发《关于陕西省泾河东庄水利枢纽工程环境影响报告书的批复》（环评〔2018〕22 号），原则同意东庄水利枢纽工程环境影响报告书的评价结论和拟采取的生态环境保护措施。环评工作 2012 年启动到获得批复历时 7 年，经过了多轮咨询审查与不断完善最终获得批复，标志着东庄水利枢纽工程前期工作圆满完成。

5月30日14时46分，咸阳市环保局接到陕西省环保厅通报的甘肃省庆阳市华池县拉运含油污水车辆违法倾倒含油污水情况后，高度重视，迅速报告市政府，并立即开展预警分析，安排长武县和彬州市启动应急响应。在处置过程中，环保部门一方面采集水样进行监测，另一方面紧急调用储备的活性炭、吸附棉、吸油毡等应急物资，在泾河长武县亭口镇焦家湾断面搭建钢管网架，随时准备开展油污拦截、吸附等应急处置。

6月29日，陕西省泾河东庄水利枢纽工程全面建设推进会在咸阳市礼泉县举行。陕西省委书记胡和平宣布泾河东庄水利枢纽工程全面开工。省长刘国中、水利部总工程师刘伟平、黄河水利委员会主任岳中明分别讲话，省委副书记贺荣主持。省政府秘书长方玮峰出席会议，省水利厅厅长王拴虎介绍工程概况，咸阳市委书记岳亮做表态发言，市长卫华参加。

6月，红岩河水库大坝填筑封顶。

7月3日，咸阳市委书记岳亮检查亭口水库防汛工作。

7月20日，咸阳市召开泾河河长联席会议，听取了泾河沿线6个县（市）河长关于河长制及泾河治理情况的汇报，以及市水利局泾河干流综合治理有关情况的汇报和陕西省水环境设计研究院泾河综合治理规划的汇报。对泾河治理工作进行了专题研究部署。

9月18日，陕西省泾阳县郑国渠遗址博物馆正式开馆。

9月29日，由陕西省科学技术厅、陕西省教育厅共同主办为期两天的“首届陕西科学实验展演大赛”在西安圆满落幕。陕西水利博物馆王娇和邵宇欣两名同志代表水利博物馆参加比赛并荣获三等奖。

11月5日，东庄水利枢纽工程沙盘模型于11月5—9日在第二十五届杨凌农高会展出，受到社会各界广泛关注，东庄水利公司被省水利厅评为“第二十五届杨凌农高会水利参展工作先进单位”。

12月，长武县通过省级县域节水型社会达标建设县。

泾河湿地公园成功获批国家湿地公园（试点）称号。泾河国家湿地公园位于泾阳县城以南，地处泾河流域下游。该河段水流平稳，河床宽阔，野生动植物资源丰富，现有野生脊椎动物5纲26目54科163种，其中以鸟类资源最为丰富，有14目34科113种，包括国家一级保护动物2种，国家二级保护动物11种。

2019年

2月26日，淳化县水利局被评为咸阳市2018年度精神文明建设工作优秀单位。

3月13日，礼泉县为第一批节水型社会建设达标县（区）。

4月26日，2019年全省重点水利工程建设管理工作座谈会在西安召开，东庄公司被评为本届“仪祉杯”劳动竞赛夺杯单位。

6月6日，咸阳市总河长、泾河河长、市长卫华检查河长制湖长制落实情况，在礼泉县主持召开全市泾河河长联席会议，学习贯彻习近平总书记关于治水的重要论述，以及全省渭河河长湖长暨渭河生态区工作会议精神，对泾河河长制下一步工作进行安排部署。在泾阳县泾河大峡谷郑国渠风景区，卫华带领市级相关部门负责同志和县级河长巡河，检查泾河治理及泾河大峡谷开发情况，要求完善周边路网配套，为发展旅游提供保障。在礼泉县烽火镇下河村，卫华检查防洪堤坝建设和生态环境保护情况，要求积极吸引社会资本参与综合治理和沿线产业发展，打造关中户外运动公园。

6月11日，水利部正式批复《陕西省东庄水利枢纽工程初步设计报告》（水许可决〔2019〕46号）。工程建设任务是，以防洪减淤为主，兼顾供水、发电和改善生态等综合利用。至此，这项国家172项节水供水重大水利工程之一的东庄水利枢纽工程前期工作已全部完成。

6月28日，陕西水文博物馆开馆仪式在陕西水利博物馆园区举行。陕西省水文水资源勘测局局长杨汉明、陕西水利博物馆馆长张发民分别致欢迎词，水利部水文司副司长张文胜、黄河水利委员会水文局局长谷源泽、长江水利委员会水文局副局长徐剑秋、中华水文化委员会委员蒋建军到会祝贺并分别讲话，陕西省水利厅总工程师王建杰宣布开馆。

6月，咸阳市水利局8个局属事业单位更名。

11月12日，乾县、长武县、彬州市为全国第二批节水型社会建设达标县（区）。

12月16日，东庄公司与西北农林科技大学举行合作框架协议签约仪式，共同助力陕西省稳增长战略，加强校企合作，共享优势资源、做好协同发展。西北农林科技大学校长、党委副书记吴普特教授，省东庄公司党委书记、董事长肖宏武出席签约仪式并讲话。

12月28—29日，陕西省住建厅副巡视员魏龙率省验收组来咸阳，对咸阳市创建省级节水型城市进行技术验收并反馈相关情况。省验收组认为咸阳市达到省级节水型城市考核标准，通过技术验收。市委常委、副市长王飞做表态发言。

12月30日，西咸新区河湖水系保护治理三年行动集中开工暨泾河新城泾河综合治理工程开工仪式在泾河新城举行，吹响了泾河新城泾河综合治理工程攻坚战的冲锋号角。

2020年

3月11日，陕西省水利厅副厅长丁纪民赴彬州市、乾县专项核查群众网络反映“吃水难”问题。

3月19日，陕西省水利厅厅长王拴虎带领厅第一调研督导组对咸阳市农村饮水工程建设管护运行问题排查整改落实情况和水利扶贫脱贫攻坚工作进行明察暗访，咸阳市副市长程建国、省渭河生态区保护中心主要负责同志陪同调研。

4月2日，陕西省水利厅召集省东庄公司与咸阳市人民政府签订《陕西省东庄水利枢纽工程建设征地补偿和移民安置工作协议书》并召开动员会，标志着东庄水利枢纽工程建设征地补偿和移民安置工作全面启动实施。陕西省水利厅巡视员左占清主持会议并讲话，省东庄公司党委书记、董事长肖宏武讲话，总经理、党委副书记刘晓明与咸阳市人民政府副市长程建国签订协议书。

4月6日，泾阳籍作家白描创作的长篇纪实文学《天下第一渠》首发仪式在泾阳宾馆举行。

7月17日，陕西省水利厅厅长王拴虎在咸阳市调研水灾害防御和农村饮水安全工作。

8月13日，旬邑县职田水厂获全国首批“农村供水规范化水厂”称号。

8月21日，西咸新区泾河新城泾河滩面治理及生态修复工程在泾河新城泾河北岸彭家村滩面举行开工仪式。泾河新城党委委员、管委会副主任米海湖，泾河新城管委会农业农村局相关负责同志，指挥部“一办五组”各职能小组成员代表，产业发展集团、农业发展集团主要负责同志，参与泾河治理项目的施工企业、设计单位人员代表参加。

9月7日，陕西省委常委、省委政法委书记庄长兴来亭口水库调研。

9月10日，东庄水利公司与淳化县委、县政府召开座谈会，县林业局与东庄水利公司签订《仲山森林公园合作开发框架协议》。咸阳市政协副主席、淳化县委书记刘涛主持会议并讲话，省东庄公司党委书记、董事长肖宏武，总经理、党委副书记刘晓明等参加座谈。

10月16日，中国工程院陈厚群院士一行赴东庄水利枢纽工程调研并召开座谈会。省东庄公司党委书记、董事长肖宏武，副总经理、总工程师曹新红，西安理工大学土木学院院长党发宁陪同调研并参加座谈。

10月22日，咸阳市2020年煤矿涌水致泾河流域水污染突发环境事件应急演练活动在长武县举行。陕西省生态环境厅应急处副处长武鹏，咸阳市人民政府副秘书长魏曙新，咸阳市生态环境局党组书记、局长赵效恩，长武县委常委、常务副县长张乔，副县长李兴国出席活动。甘肃省平凉市、庆阳市以及陕西省铜川市、西咸新区生态环境局，市煤炭工业管理局、市应急管理局、市水利局和各县（市、区）政府负责同志以及市生态环境各分局、有关重点企业负责同志等受邀观摩演练活动。演练采取视频播放与现场实战操作展示相结合的方式，以模拟陕西彬长胡家河矿业有限公司矿井在正常作业期间突然发生大量涌水为背景，按事件起源、报告与事件处置、事件控制、事件评估等64个场景，逐项开展应急处置工作。

10月28日，陕西省水利厅厅长王拴虎来亭口水库检查工程建设情况。

11月13日，西安市全域治水总指挥、市委常委、统战部部长杨广亭对全域治水泾河综合治理工程进展情况进行督导检查，区政府党组成员师文忠陪同检查。

11月20日，陕西省泾惠渠灌溉中心举办首期“书香泾惠”文学创作雅集活动。

11月27日，陕西省咸阳市银行业及保险业协会“清廉金融文化教育基地”在陕西水利博物馆挂牌。中国银行保险业务监督委员会咸阳监督分局党委书记、局长雷煜及银行、保险机构代表等60余人参加了此次教育基地挂牌仪式。

12月14日，陕西省召开三秦工匠、五一劳动奖表彰大会，陕西省东庄水利枢纽工程建设有限责任公司被授予“陕西省五一劳动奖状”。

12月21日，水利部发布2020年第21号公告，高陵区、旬邑县、淳化县、定边县为第三批节水型社会建设达标县。

同日，陕西省泾惠渠灌溉中心启动“弘扬仪祉精神讲好郑国渠故事”宣讲活动。

12 月 30 日，西安市高陵区举行全域治水碧水兴城西安市河湖水系保护治理三年行动重大项目集中开工仪式。

12 月，水利部关于黄河流域水资源超载地区暂停新增取水许可的通知，渭城、泾阳被列入浅层地下水超采区。自本通知印发之日起，黄河水利委员会、相关地区县级以上地方人民政府水行政主管部门，对取自超载河流地表水、各超载类型地下水的取水申请，分别暂停审批相应水源的新增取水许可。

附　录

一、重要文献

唐《水部式》

（残卷节录）

泾渭白渠及诸大渠、用水灌溉之处，皆安斗门，并须累石及安木傍壁，仰使牢固。不得当渠造堰。诸灌溉大渠，有水下地高者，不得当渠【造】堰，听于上流势高之处，为斗门引取。其斗门皆须州、县官司检行安置，不得私造。其傍支渠有地高水下，须临时暂堰灌溉者，听之。

凡浇田，皆仰预知顷亩，依次取用，水遍即令闭塞，务使均普，不得偏并。

诸渠长及斗门长，至浇田之时，专知节水多少。其州、县每年各差一官检校。长官及都水官司时加巡察。若用水得所，田畴丰殖，及用水不平并虚弃水利者，年终录为功过附考。

京兆府高陵区界，清、白二渠交口，着斗门，堰清水。恒准水为五分，三分入中白渠，二分入清渠。若雨水过多，即与上下用水处相互开放，汇入清水。二月一日以前，八月三十日以后，亦任开放。泾渭二水大白渠，每年京兆少尹一人检校，其二水口大斗门，至浇田之时须有开下，放水多少，委当界县官共专当官司相知，量事开闭。

泾水南白渠、中白渠，南渠水口初分，欲入中白渠、偶南渠处，各着斗门，堰南白渠水一尺以上、二尺以下，入中白渠及偶南渠。若雨水过多，放还本渠。其南、北白渠雨水汛涨，旧有泄水处，令水次州、县相知检校，疏决勿使损田。

龙首、泾堰、五门、六门、升原等堰，令随近县官专知检校。仍堰别各于州、县差中男二十人、匠十二人分番看守，开闭节水。所有损坏，随即修理。如破多人少，任县申州差夫相助。

蓝田新开渠，每斗门置长一人，有水槽处置二人，恒令巡行。若渠堰破坏，即用随近人修理，公私材木并听运下。百姓须溉田处，令造斗门节用，勿令废运。其蓝田以东，先有水硙者，仰硙主作节水斗门，使通水过。

合璧宫旧渠，深处量置斗门节水，使得平满，听百姓以次取用。仍量置渠长、斗门长检校。若灌溉周遍，令依旧流，不得回兹弃水。

……

诸水碾硙，若壅水，质泥塞渠，不自疏导，致令水溢渠坏，于公私有妨者，碾硙即令毁破。

同州河西县瀵水，正月一日以后，七月三十日以前听百姓用水，仍令分水入通灵陂。

……

诸灌溉小渠上先有碾硙，其水以下即弃者，每年八月三十日以后，正月一日以前，听动用，自余之月，仰所管官司于用硙斗门下着锁封印，仍去却硙石，先尽百姓灌溉。若天雨水足，不须浇田，任听动用。其傍渠疑有偷水之硙，亦准此断塞。

都水监三津各配守桥丁三十人，于白丁、中男内取灼然便水者充。分为四番上下，仍不在简点及杂徭之限。五月一日以后、九月半以前不得去家十里，每水大涨即追赴桥。如能接得公私材木筏等，依令分赏。三津仍各配木匠八人，四番上下。若破坏多，当桥丁匠不足，三桥通役；如又不足，仰本县长官量差役，事了日停。

都水监渔师二百五十人，其中，长上十人随驾京都，短番一百二十人出虢州，明资一百二十人出房州，各为分四番，上下每番送三十人。并取白丁及杂色人五等已下户充，并简善采捕者为之，免其课役及杂徭。本司杂户、官户并令教习，年满二十补替渔师。其应上人，限每月三十日文牒并身到所，由其尚食、典膳、祠祭、中书门下所须鱼，并都水采供。诸陵各所管县供，余应给鱼处及冬藏度支，每年支钱二百贯，送都水监量依时价给直。仍随季具破除见在，申比部勾复；年终具录，申所司社会，如有回残，入来年支数。

已了及水大有余，灌溉须水，亦听兼用。

京兆府灞桥，河南府永济桥，差应上勋官并兵部散官，季别一人，折番检校，仍取当县残疾及中男分番守当。灞桥番别五人，永济桥番别二人。

……

皇城内沟渠壅塞停水之处及道损坏，皆令当处诸司修理。其桥将【匠】作修造，十字街侧令当铺卫士修理。其京城内及罗郭墙，各依地分当坊修理。……

三白渠修堰议

【宋】杜思渊

泾河内旧有石以堰水入白渠，溉雍田亩，岁收三万斛。其后多历年所，石坏，三白渠水少，溉田不足，民颇艰食；乾德中，节度判官施继业率民用梢穰篱笆栈木截河为堰，壅水入渠，缘渠之民颇获其利，然凡遇暑雨·山水暴至，则堰辄坏·至秋治堰·所用复取于民，民烦数役，终不能固。乞依古制调丁夫修垒石，可数十年不挠。所谓暂劳永逸也。

摘自《泾献文存》

请泾河行船通商详文

明·路振飞（知县）

为导民以自然之利、贻民以无疆之休事。窃照泾阳南迤有泾河，一带直通渭水，渭水商贾舳舻相望，而泾则任其安澜，弗载舟楫。噫！是可惜也，是天地以自然美利养泾民，而不知也！其可以运粮、伐木勿论，即如石炭一节，泾邑人稠地狭，莫可樵薪，而止藉于任辇之，须供炊爨，往来之力甚艰，故每炭一石，贱不下四钱，贵则五七钱不止矣。民间有淫雨冰雪而不能举火者，非尽无米之炊也。本县有鉴于此，每至泾岸，则临流相度，问之舟子，曰：“泾河水急、石多，浅深不一，商船不敢往来。”本县使吏同水夫沿河踏验，虽甚浅处，水亦尺许；深者，竟艨艟巨舰一毛矣。职欣然谓：“是可舟也！”然又恐偶尔难行，民间惜此小费，反阻后来兴利之端，乃先自为刀船，使水夫驾之临潼县，地名交口，运炭一次往来，止三日，而炭已卸装，视任辇者，盘费省什之七。又令水夫马守仓等，用各渡余船并前船，预支以工食，连运数次，在前每斗炭四分，今止二分五厘，此亦明著。较然至于雨雪载涂，轮蹄阻碍时，此愈觉便矣。况河道疏通，而渭川之粟、之木、之杂货，亦安往不供泾民用哉？自此一世万世，利奈何穷乎。本县以示民间有愿备船只由泾入渭搬运各物者，听其造。花池等处居民已有造船者。第事经远图、法垂永久，若不申请宪示，则不足为小民信也。伏乞批示，今后造船往来，任民自便，商货无税，私船不扰。河中偶有沙石处，官为设法疏浚，违者以不职处。庶难虑始之民，欣然就而利益宏矣。即奉。

陕西省政府布告保护渭北水利工程

1932 年 5 月 31 日　陕西省政府

渭北水利 厥惟引泾
灌溉五县 关系非轻
中外人士 竭力促成
凿渠修坝 苦心经营
桥梁涵洞 架设纵横
建筑即竣 保护宜殷
稍不爱惜 重累民生
倘图私便 利己害公
一经查出 定予严惩

特此布告 其各凛遵
中华民国二十一年五月三十一日

陕西省政府布告

渭北水利，厥惟引泾。
中外人士，竭力促成。
凿渠修坝，苦心经营。
桥梁涵洞，架设纵横。
建筑既浚，保护宜恒。
稍不爱惜，重累民生。
徜图私便，利己害公。
一经查出，定予严惩。
特此公告，其各凛遵

主席杨虎城

中华民国二十一年六月四日

国民政府关于公葬李仪祉的命令

国民政府命令 民国二十七年三月二十八日

陕西省水利局局长、前黄河水利委员会委员长李仪祉，德器深纯，精研水利，早年倡办河海工程学校，成材甚众，近年于开渠、浚河、导淮、治运等工事，尤瘁心力，绩效懋著。方期发展所长，弼成国家建设大计，永资倚畀，遽闻流逝，悼惜良深。李仪祉应于（予）特令褒扬。着“行政院”转饬陕西省政府举行公葬，考试院转饬诠叙部从优议恤，并将生平事迹存备，宣付史馆，以彰遽学，而资矜式，此令。

陕西渭北水利工程局引泾第一期报告书（节录）

1923年 李仪祉

引言

陕西渭河两侧之平原，按《禹贡》称为渭汭。据德国地质学家利溪妥芬之考察，其初乃一大湖也。唯此湖昔通海，故含盐卤质，后渐填淤为桑田。其淀质为沙及黄壤，有水挟入者，有风扬播者，然盐质卒不泯，故雍州田称上上，而关中地又号冈卤。数千年来，垦辟种植，土质已转良好，而蒲城、富平、渭南之卤泊，则至今尤为不毛之地。他处若临潼，若大荔，若泾阳、三原，掘井数十尺，犹得碱水，不能灌田，故用井泉甚稀，所希望者，惟引渠灌溉也。此平原与其谓为渭河两侧平原，毋宁谓为渭北平原，盖渭河傍南山南原行，平原之属于渭南者，仅狭长如带，且断且续，而渭河以北则广袤数百里，计有田可五万余顷，陕西麦、豆、棉花，皆大半取给予此。盖南山地狭人多，稻粱仅供本地应求，北山地旷人稀，而交通滞塞，形格势禁，欲发兹实力，势唯有先尽此平原经营之。

平原为渭河东西纬贯，其支流网布入渭者六：曰泾、曰冶、曰清、曰浊、曰石川、曰洛，此六水，冶、清、浊、石川，现皆用以灌田，经历代用之而今废，洛汉时曾凿龙首渠，引之不成而罢，泾、洛二水，水量相若，但洛上游处深谷中，下游地势太低，引难得利，他水量皆小，惟泾出谷口，地址高，开渠引之，可溉及远，故历代经营，不遗余力。陕西地上属半沙漠性质，气候又多燥鲜雨，故农者常苦旱，雨稍缺辄成灾。下表列举历史关内饥年属于水蝗者仅有，其他不著水蝗者，概由旱致，大饥则死亡枕藉，甚至人相食焉。关中饥荒年鉴（雨蝗为灾亦附）。

据事实可考者，凡一百六十二年，水为灾十五次，蝗为灾十二次，蝗而又旱七次，蝗而又水一次，其他皆旱灾也，史志失载者想不止此。计自商周及今三千年中，约为二十年灾一见。然古代之记载也稀，若以由明至今计之，则五百年中，灾四十八见。则为每十年一次。

观于上表，可知陕西受旱之频而饥馑之凶烈，远如明崇祯之十三年，近如清光绪之三、四两年，人民饿死者泰半，关心民间者能不为之设法预防哉?

唯其地气苦旱也，故陕西水利之急要较他省为更甚，而历史中，中国灌溉之工程亦惟陕西为最先，此工程非他，即今日所欲恢复者也。

第一章 引泾之历史

引泾灌田，自秦之郑国起，约当西历纪元前二四六年，汉中叶郑渠废弛，赵中大夫白公另开渠，白公以后至清，代有兴革，大抵皆渠口屡上移，其下游悉沿白公旧道。其沿革时代，以及溉田多寡，列入下表。（略）

郑国以后，改修工程之大者凡六次，曰白公、曰小郑、曰丰利、曰王御史、曰广惠、曰通济，其他不过小有修理而已，所以并举之者，以见此渠沿革之历史，而沿山麓凿渠之不易维持，或患泾阏，或苦崩圮，终无幸免。

堵泾之事，始于清乾隆，始以泉自足，后有官谋引泾者，累遭失败，于是言泾不可引者有人，言泾水不能溉田者有人，计图苟安则得，抑数千年古往成迹，又焉可否认耶!

第二章 引泾范围之讨论（略）

第三章 引泾预备工程之缘起

民国八年，郭希仁任陕西省水利厅局长，曾派人测仲山及泾谷形势二万五千分之一平面图，以其比例尺太小，且测用简略方法，故只可作参考图用。民国十年陕西饥，三原组织陕西义赈款总会，向中外各慈善家募赈，后余赈款十四万奇，应分派于渭北十一县，时饥已过，渭北诸绅佥谓，与其分散此款，穷民所得甚微，不如以之兴复水利，为久远救荒图，时外人侨陕者亦热心赞助之，遂立渭北水利工程局，举李仲三董其事，款由华洋义赈会保存，陆续拨用。北京华洋义赈总会，由全国水利局顾问方维因，咨荐工程师吴雪沧来陕，测勘仲山钓儿嘴地势，吴留该处月余，则由钓儿嘴经越妙儿岭，至山外赵家桥测其水准，有报告书，评凿洞不如修治原渠利，时予教授于南京河海工程专门学校，民国十年，被任陕西水利分局长，未就职，乡里多以水利属望焉，十一年春，今省长刘公，电子归就职，夏，李仲三复来邀予任引泾工程师，予允焉，吴君被治江讨论会召南旋，予之最始计划，即欲并复白公、郑国二渠，而主张先为确实之测量及调查。

第四章 引泾方法之讨论（略）

第五章 预备工程之所事

予既抱以上计划，故所拟定预备工程之应作者，为以下各事：

（一）仲山钓儿嘴形势平面图，比例尺二千分之一。

（二）泾谷中水库地址测量平面五千分之一，谷线纵断面、横断面等。

（三）干渠线循郑渠方向，东至洛三百里，平面万分之一。

（四）冶、清、浊、石川诸河床上下有关系段，平面五千分之一。

（五）白渠故道平面万分之一及纵断面。

（六）堰、闸、桥梁等之各已定地址平面图五百分之一。

（七）泾河及其他诸水流量，考察其挟沙侵蚀等情形。

（八）考察筑堰凿洞等处地质。

（九）量记雨量蒸发量，及其他一切有关系诸事。

（十）考察农产物需水多寡，及灌溉之适宜方法。

以上诸事，除测流量雨量等，永远继续进行外，限二年竣工。以下报告，则自十一年九月至十二年六月底，已经进行。

第六章 测量队之组织

本局实地测量队，组织于民国十一年十月二十二日。分为陆水二队。每队队长一人，测量员共四人，干事一人。民国十二年一月，加入测量员二人。测量员按工作之繁简，分配调用于二队间，亦随地做调查研究等事，以总工程师指导一切进行方法，期所费省而收功多测夫有常用者，亦有临时雇用者，共不出十人。测时以职务之不同，又分作分队。

第七章 仲山泾谷形势之说明

仲山者即位于泾、冶二谷之间之山，于秦称中山，唐称钟山，与冶谷以东之嵯峨（秦称巀嶭山）对峙，下临平原若屏障。二山之北，则为黄土所填，充成高原矣。泾之西则为九棕山，其最高处为顶天寺。兹所述者，但仲山临泾河之一部分，与引泾事有关系者。

泾河自淳化以下至此，皆处深谷中，两岸具为石崖，方向屈折甚多，至钓儿嘴则锐屈如舌形。其方向先东南，继西南，继而略正南。出谷口复东南而下，两岸亦高，其质则为泾河之冲积层，与黄土之覆掩。

仲山临泾处，当泾水屈折二腰中成一尖峰，高出谷底约四七〇公尺，或即命此为钓儿嘴，但多数人以锐屈如舌之处为钓儿嘴，其南则沿泾河延伸为张家山，历来龙洞工程大抵取石于此，石为白色鲑粒形石灰岩，迤东则渐低，至妙儿岭最低处，高出钓儿嘴谷底三四五公尺，其东则为天黄寺，又一高峰矣。

山之前为坡形之土原，俱经垦种为阶形之田。

龙洞渠沿泾河左岸山侧而行，自老龙王庙起，已在谷口之内，老龙王庙处于山麓凸出之阜上，其北为明广惠渠口，其旁为金门，泾河低水至此甚狭，宽仅四公尺许，水深而急，有前人筑堰遗址，石上留圆孔，系植铁椿者，渠口之高，出泾河低水不过一公尺许，但此处作堰甚不易。老龙王庙之南为龙洞渠之正身，皆凿石成者。昔者凿渠为引泾计，乃得泉水十余处，于是堵塞上游，事事引泉焉。

第八章　新计划之大略

予既于引言中述引泾凿洞之优于凿渠矣。美国垦务局长限尔所著灌溉学理有言亦可证予所见之不谬，其言曰：“计划洞工，勿徒震惊于其始费之大，当计及永远之养护费，与渠工相比较而取决焉。渠之处于陡立山坡者，尤多危险。或因山石滑崩而摧毁，或受山上冲下之石砾填塞，若用洞工，则可免此一切危险。由多数工程之经验，知渠址及地位不佳者，其经营维持等费，皆较洞工为甚巨。因此若计划得法，建筑得宜，实可持之永久也”。洞与渠之比较如此，况乎今日之龙洞渠，几经残毁，逼削无地，宁可不变方针耶？

选洞之上口地位，当以堰址为衡，盖作堰处之河床地质，最关切要，若仍作堰于广惠渠口，未尝不可稍缩短洞线之长，但该处河床石质，为红色页岩，片碎不坚，作堰其上，必善漏善圮，作堰下游，则河床过低深，而两岸土石质尤不可以为依据，且岸口复过宽，故乃选洞之上口于泾河锐屈之处，由赵家沟中出口，其长为二五六〇公尺，此洞名曰：“引水洞”，洞之底在上口定为高四六一分尺，高出低水面约一公尺许，其下口高四六〇公尺，其降度实为万分之三・七五，洞之断面积十二方公尺，以石工砌作穹形。

泾河锐屈之处山嘴穿一洞名曰回水洞，长不过四〇〇公尺，其用有二：

（一）筑高堰之先，可放泾水由洞直穿而过，使堰址常时干枯，以便兴堰工。

（二）堰成之后，可助泻洪水，使堰稳固，洞之断面积亦为十二平方公尺，泾河寻常涨水，可以泻之。

高堰之址，选于引水洞上口之下，回水洞下口之上，河床坚实，山形紧狭之处。引水洞口之下，相距不远处，拟筑低堰，以遏水入引水洞，或回水洞。

高堰之顶，拟筑至位高五二〇公尺。如是则堰最高之处为七五公尺，其他要点之高相比如下：

外库之筑，系于赵家沟内当引水洞出口之前，以石为堰，凿工为池，周围以石工镶砌为壁，池广六〇公尺，长二七五公尺，底深于外库堰顶四十二公尺，容量六九三〇〇〇立方公尺，中间深两旁渐高，以石工镶砌，外库堰下有底闸，底闸之外，复沿沟底凿槽，通于赵家桥槽底，亦以石工砌之，并于堰下设水电厂一所，可得二千五百马力，且可以减消水势，不至危害堰前渠址。

赵家桥必须改造一新式穹桥，穹有孔上通桥顶，另设一板拍闸门，横其枢轴，复之则闭桥顶孔，水可由桥上滚入泾河，竖之则遏入泾之路，水由孔流下归旧渠，外库之侧，设渠首渠，通新干渠。闸前渠底位高四八五公尺。新干渠之横断面，容水量每秒二十五立方公尺，降度万分之一。

新干渠所行之路，现尚未能决定，因测量未竣故也，大抵循北山高原之下而行，渠首既高，可望灌溉及远，惟泾阳所属之王桥、石桥等处，原上沟壑甚多，渠行其上，难期稳妥，如何变通，尚俟考虑，三原瓦窑头处，原身细薄，长不过三四里，或能斩之而过，直通富平。

水量之计算，泾河流域面积共约四二四七〇平方千米，其在甘肃境内收纳支流甚多，故有时涨溢极猛，惟亦不过十余年或数十年一次耳。泾水流量，仅自民国十一年十月测起，至今年六月计算，得平均流量每秒为二十四立方公尺余，惟所经过时月，皆非洪水时，故平均估其流量，为每秒二六·五立方公尺，非过估也（按继测本年七月最大水量至每秒一〇五〇立方公尺，唯此非常洪水可以除外）。以每秒二六·五立方公尺计，则每日流量可二，二六〇，〇〇〇立方公尺，每年之总流量为七八八，四〇〇，〇〇〇立方公尺。其可实用于灌溉者，折作60%计，约得四七三兆立方公尺。

渭北平原可溉之田，约为四，八八二，九七〇亩，计除去村镇坟墓沟渠所占十分之一，得四，三九四，六七三亩，又灌溉之地，可分为二大区，一清河以南，包括于清、渭二河之间，可舒展古白渠灌溉之，名曰南区；清河以北，包括于清、洛、渭三之间者，由新干渠灌溉之，名曰北区。计南北二区之灌溉面积如下：

共计南区一四二二八八六亩；北区二九七一七八七亩。

向来陕西农人未知量雨。其计雨之大小，以其渗入土之深浅，当农器入土之深浅论之，曰一锄，一耩子，一犁，雨已沾足，深犁不见干土，则曰透了。余半年以来，所得雨量与之相较，所得结果如下：

一锄 当雨量 一〇毫米至二〇毫米

一犁 当雨量 二〇毫米至三〇毫米

透了 当雨量 三〇毫米至四〇毫米

今分陕西田禾为三种，而按本地气候与农产之关系，为之立灌溉月期及水量表如下：

冬禾 包括大麦、小麦、豌豆、菜籽等类。

夏禾 包括谷子、糜子、高粱、玉米、荞麦等类。

春禾 包括棉花及各种豆类之种于春日者。

表中水量以毫米计高，即平面上水深若干毫米也。与计雨量之高同理，又化为立方公尺计之。除农期灌溉用水外，外库下闸亦须常时流水，以供水电厂之用，其流量定为每秒八立方公尺，此水磨电后即归白渠，白渠沿途相地开湖池，非灌溉期内，流下之水即可分储于各处。

按下表泾河之给水量，与各项耗水之量相较，实尚有盈羡，每年一八·二兆立方公尺，可作不时之需，又石川河之水固多溉田于上游，而冶、清、浊等水，则总计每秒平均流量当亦不下十立方公尺，每年供水亦可得三一五兆余立方公尺，其所溉之田，则在新灌溉区域内，尚未算入，由是可知水匪患不足，特患不能蓄，苟事蓄，则郑白全功亦何难恢复之有？水库之容量上表内蓄水最大之量，为三月份凡七六·三兆立方公尺。泾谷总水库测量尚未完全竣事，但其降度大约为千分之二。总库之外，外库亦可蓄水一兆立方公尺。沿干渠相地势，节节疫池湖，亦可蓄水。干渠本身亦为蓄水之所。冶、清、浊等谷亦可设堰蓄水。

洞闸之流量，用水最多者为九月份，凡一二七·三兆立方公尺，即每日须出水四·二四兆立方公尺，每秒须有四十九立方公尺之流量，今定为每秒五〇立方公尺，洞中最大流水速率限之为每秒五公尺，洞之横面积定为十二平方公尺，库内水位起落不定，其流速可增减启闸面积以节制之焉。又外库闸下亦有二门，约离库五公尺为入电厂门，每秒须有八立方公尺之流量，又贴底一门为助退水用，其流量相准，俱用圆门，上闸通干渠者，须有每秒四十二立方公尺之出水量，所需横断面约为四平方公尺，余定为五平方公尺，用直方形悬门。

退水路闻之父老，泾河涨溢之猛，极为可怖，故退水之路，不能不使之宽裕，回水洞横断面积十二平方公尺，每秒即可退洪六十立方公尺，高堰上设滚水堰，孔下设底闸，俱为退水之路，其应得面积及流量若干，有多年测流量之经验，计划高堰时再定之。

沙石泾河洪水时所带之泥沙积于高堰之内，可开底闸泻水冲去，上流酌设石坊，以拦滚石，积之多者，以机器捞取之。

水力外库中最高水位面，高四九八·五公尺，最低水面四八四公尺，外库之底深于洞之出口之底二公尺，堰外地址又削下三公尺，设电厂跌水之落差。最大者为四〇公尺，最小者为二五·五公尺，则求得所发生之马力，一为三千二百马力，一为二千零四十马力。

第九章　第一期工费之预算

引泾工事，可分作二期进行，第一期为恢复白渠，灌溉清、渭两河间各县地亩，凡一万四千余顷；第二期恢复顾渠，灌溉清、洛、渭三河间地亩，凡二万九千余顷，共溉田四万三千九百余顷。现时测量结果，洞线已定，则凿溉之事即可着手，故先第一期工费详为估计（内包括凿洞，筑低堰石，砌外渠段，及疏拓旧渠四项。第二期工费，须俟测量竣工后为之）。

《泾惠渠管理章程拟议》

1932 年 6 月 27 日

第一章 总则

1. 泾惠渠之管理，由官民合组为之。

2. 民方以每一斗口为单位，仍依旧例，每斗设水老一人，斗夫一人，另设渠保若干人。

3. 官方由陕西省政府建设厅设泾惠渠管理局于泾阳，设分所于三原、高陵、社树，并设谷口管闸事务所于张家山下，渠上设报汛站于彬县。

4. 各斗水老、斗夫、渠保，听命本局之指挥。

5. 各斗水老每年举行水老会议二次，由会议议决，有建议于管理局，请改良关于管理事项之权，有向省政府建设厅弹劾管理局失职之权。

第二章 水老

6. 水老由阖斗人民公举斗内年高有德者为之。水老之资格须：（甲）年在四十岁以上者；（乙）有相当田产，以农为业者；（丙）不吸鸦片私德完善者；（丁）未受刑事处分者；（戊）凡曾任官吏军士者，不得被举。

7. 公举水老，由阖斗人民每十户举出一代表，由代表用记名投票式公举水老，举定后报告管理局备案。

8. 水老之职权如下：（甲）出席水老会议；（乙）监督斗夫、渠保履行职务；（丙）平解斗内用水纷争。

9. 水老之任期定为三年，任期满后，再被举者，得连任。

第三章 斗夫及渠保

10. 斗夫及渠保，由水老就附渠居民中派充之。

11. 斗夫之职务，为保护及启闭斗门。斗门及斗口，若有损坏，立即报于水老及管理局修理之，遇有有意妨害之者，立即报于水老及管理局惩罚之。

12. 渠保之职务为分任保护渠身，每一渠保各管干渠或大支渠之一面，长五〇〇公尺至一〇〇〇公尺，由水老酌量情形，由附近居民分任。每二保相接处，插签为界，签式如上图。

凡渠身有冲毁破漏者，立即培补之；有积淤，立即挖之；遇有妨害渠身或戕贼渠上树木草木者，立即报于水老及视察员，严加惩罚。若有大工发生，立即报于水老转呈管理局修理之。

13. 斗夫及渠保之任期无定，其名额由水老报告于管理局备案。

第四章　养护及修理渠身、堤身

14. 养护及修理渠身，另有详章。

15. 凡寻常修补，小工由斗内自办之。遇有大工发生，报告管理局修理之，但仅限于干渠及头等支渠。

第五章　启闭斗门

16. 各斗门之启闭时刻，按轮流灌溉法严定时刻，另有章程详定之。

17. 每启闭斗门时，由上下二斗水老会同监督斗夫启闭之。

18. 斗门上加锁钥，由管理局或其分所执掌。开斗以前，由水老领取。

第六章　斗内经费

19. 斗内经费，由斗内按田亩自筹之，其多寡以能敷开支为准。

20. 水老每年得支公费五十元。斗夫及渠保，每人每年得各支工费二十元。各员皆农隙治事，公不害私，经费有余存贮，以备工事之需。

第七章　用水纷争

21. 凡一斗内，因用水而起之纷争，由水老处息之。不能处置者，报告于管理局解决之。

22. 凡此斗与彼斗之纷争，由两斗同时报告于管理局解决之。

23. 凡不按规章用水者，另订有罚则。

第八章　管理局

24. 泾惠渠管理局设于泾阳县城内。

25. 管理局监督管理事项如下：

（一）行政事项：

（子）引水洞门之启闭。

（丑）排水闸（排渠水泄入泾河）之启闭。

甲乙二项另置各口管闸所，以专责成。

（寅）各斗门之轮流启闭（参见第五章）。

（卯）渠堤之养护与修理（参见第四章）。

（辰）堰、闸、桥梁、涵洞、跌水、渡槽及附渠各项建筑物之养护与修理。

（巳）报汛及沿渠电话之管理。

（午）用水纠纷之处理。

（未）一切关于泾惠渠规章之督率。

（申）灌溉田亩之注册。

（酉）注册费及水利储蓄金之征收与保存。

（二）研究事项：为改进灌溉事业及扩展灌溉计划计。

（子）渭北诸水（泾、冶、清、浊、漆、沮、洛）之水文测量。

（丑）渭北气候之测验。

（寅）渭北各县地形之测量。

（卯）泾谷水库之探测。

（辰）长武以上泾河各支系之分别测量。

（巳）渭北灌溉用水方法之试验。

（午）渭北农业及林业之试验与提倡。

（未）渭北水力场之研究与提倡。

（申）渭北农产工艺之研究与提倡。

（酉）设立泾惠农工专门学校及中心学校，

（戌）渭北农民经济之研究与扶助。

（亥）大规模灌溉工程之准备。

以上各项，皆以泾惠经济为泉源，逐次实施。

26. 管理局设局长一人，由陕西省政府委派之，局长须以深具水利工程经验之工程师（工科大学毕业，服务水利工程至少五年）充之，不合资格者，不得被委。

27. 局长以下分为三股：

（一）总务股；

（二）工务股；

（三）财务股。

28. 各股之职务如下：

（一）总务股。

（子）本局文书事项。

（丑）本局庶务事项。

（寅）职员任用事项。

（卯）处理水利纠纷事项。

（辰）管理沿渠电话事项。

（巳）监督人民履行法规事项。

（午）其他不属于工务及财务二股事项。

（二）工务股。

（子）监督全渠及水闸、斗门、桥梁等建筑物之使用事项。

（丑）养护及修理全渠工程及建筑物事项。

（寅）监督报汛事项。

（卯）各种研究事项。

（三）财务股。

（子）灌溉田亩之注册事项。

（丑）征收注册费及水利储蓄金事项。

（寅）本局一切财产保管事项。

（卯）本局预算决算事项。

（辰）筹设泾惠储蓄银行事项。

（巳）扶植渭北农民经济事项。

29. 各股各设股长一人，股员三人至六人，雇员若干人。工务股以其需要，得延聘工程师及助理工程师等特别专务（如银行试验场等另有组织）。

30. 各股职员俱由局长委任或聘任之。

31. 本局得雇用警生六人。

第九章　视察区

32. 全渠系分为四视察区。

33. 每一视察区各置视察员一人，雇员一人。

34. 视察员之职务为分区视察渠务，并随时代管理局就近调查水利纠纷事项。

35. 分区划界如下图。

36. 除第四区视察员即住本局外，三原、高陵、社树各设一事务所。

37. 视察章程另订之。

第十章　报汛站

38. 彬县设报汛站，置汛夫一人。

39. 汛夫职务为视察记录及报告泾河水位之涨落于本局。

40. 报汛章程另订之。

第十一章　泾谷管闸所

41. 泾谷管闸所，设于张家山下渠上，置闸夫二人。

42. 闸夫职务：

（一）启闭引水洞门。

（二）启闭排水闸。

（三）观察及记录泾河水位涨落。

（四）巡查西石桥以上之渠身及附渠建筑物，如有破损，立即报知所管区视察员，遇有意妨害者，立即报于视察员惩罚之。

43. 急要时期由社树事务所加雇人工襄助闸夫。

第十二章　职工薪给

44. 局长、各股长、股员及一切办事人员等，酌定薪酬，以廉能养家为主，其额由省政府核定之。

45. 闸夫、汛夫为专职，酌定工资，由局费开支。

第十三章 管理局经济

46. 管理局之收入如下：

（子）灌溉田亩注册收入（于灌溉田亩请求注册立案，普通禾苗每亩收费一元，菜园果园等收费十元）。

（丑）水利储蓄金收入（灌溉田亩每年每亩普通禾苗收五角，菜园果园等收五元，酌定息金）。

（寅）官产收入。

（卯）各种营业收入。

47. 管理局筹设泾惠渠储蓄银行于三原，即以注册费为起始基金，并设储蓄柜于渭北各地银行，章程另订之。

48. 管理局各项收入，俱交泾惠渠储蓄银行收存，以为拓广水利及他项建设之用。

49. 泾惠渠储蓄银行，扶持农民经济之发展。

50. 泾惠渠储蓄银行，由管理局及水老会共同管理之，其章规另订之。

51. 管理局每年经费，由银行利息项下支付。

52. 工程经费、研究经费及事业经费，由管理局、水老会共同议决，由银行利息项下支付，呈省政府备案。

53. 各项事业发达后，得由红利提 5% 以为管理局全体职工奖金。

54. 各项事项发达后，得由每年盈余提存 20% 以助政府建设事业费。

第十四章 扶持农民经济

55. 泾惠渠储蓄银行成立后，指导敦劝人民储蓄，务使家家有储蓄，人人有储蓄。

56. 泾惠渠储蓄银行，指导各斗人民设立合作社，以微利贷款于人民，令举办生利事业。

57. 泾惠渠储蓄银行，代人民购办机器货品之有益于民生者。

58. 管理局极力推展各项农业工艺，以利民生。

第十五章 顾问团体

59. 管理局礼聘华洋义赈总会、华北慈善联合会及檀香山华侨为永久顾问团体。

60. 以后有以经济实力扶助泾惠渠之扩展捐助五万元以上者，均得为永久顾问。

61. 每一顾问团体，各派代表一人，对泾惠渠管理常加指导。

62. 渭北经济区域发达后，对顾问团体襄助其慈善事业之推广。

63. 顾问对泾惠渠区域农工等业，愿赐指导襄助，欣然接受。

第十六章 禁 例

64. 第一严禁种植毒卉，有犯之者，合全区域人民之力驱逐出境，其地充公。

65. 破坏管理章程及损坏渠工等事，另有罚则。

水利部关于印发泾河流域水量分配方案的通知

水资管〔2021〕127 号

水利部黄河水利委员会，甘肃省、陕西省、宁夏回族自治区人民政府：

依据《中华人民共和国水法》等，水利部黄河水利委员会商甘肃省、陕西省、宁夏回族自治区人民政府制定了《泾河流域水量分配方案》，根据国务院授权，现批复如下：

一、原则同意《泾河流域水量分配方案》（以下简称《方案》），请认真组织实施。

二、《方案》的实施要以习近平新时代中国特色社会主义思想为指导，深入贯彻党的十九大精神，坚持“节水优先、空间均衡、系统治理、两手发力”的治水思路，认真贯彻落实《黄河流域生态保护和高质量发展规划纲要》，将《方案》明确的水量分配份额作为水资源最大刚性约束的重要组成，全面加强水资源节约集约利用，加快推进节水型社会建设，为流域生态保护和高质量发展提供水资源支撑。

三、甘肃省、陕西省、宁夏回族自治区人民政府要加强组织领导，将《方案》的实施纳入地方经济社会发展规划和国土空间规划，加强规划引领，按照《方案》确定的水量份额，以水而定、量水而行，合理配置水资源，实行水资源消耗总量和强度双控，确保主要控制断面下泄水量。

四、水利部黄河水利委员会要抓紧组织制定泾河流域水量调度方案、年度调度计划，加强流域水资源统一调度管理，强化《方案》的组织实施和监督检查。

水利部

2021 年 4 月 26 日

泾河流域水量分配方案

泾河是渭河最大的支流，流经宁夏、甘肃、陕西三省（自治区），流域面积 45421 平方千米。多年平均地表水资源量 18.46 亿立方米（1956—2000 年系列），地表水含沙量高，部分河段矿化度高，开发利用难度大。随着流域内经济社会快速发展，用水量持续增长，水资源供需矛盾突出。为合理配置流域水资源，维系良好生态环境，实现水资源可持续利用，依据《中华人民共和国水法》等，制定本方案。

一、分配原则

（一）公平公正、科学合理；

（二）节水优先、保护生态；

（三）优化配置、持续利用；

（四）因地制宜、统筹兼顾；

（五）民主协商、行政决策。

二、分配意见

2030 水平年，泾河流域河道外多年平均地表水分配耗水量分别为：宁夏回族自治区 0.76 亿立方米、甘肃省 3.07 亿立方米、陕西省 5.73 亿立方米。

泾河流域不同来水条件下宁夏、甘肃、陕西三省（自治区）河道外地表水耗水量分配份额，由水利部黄河水利委员会商宁夏、甘肃、陕西三省（自治区）水行政主管部门视当年来水情况，按同比例丰增枯减的原则，在流域年度水量调度计划中确定。

三、主要断面控制指标

确定以张家山水文站为泾河流域出口控制断面。断面下泄水量控制指标见附表。

附表　泾河主要断面控制指标

断面名称	多年平均下泄水量 / 亿立方米
张家山	7.95

泾河主要断面年度下泄水量根据当年来水情况确定。

四、保障措施

（一）加强领导，落实责任。宁夏、甘肃、陕西三省（自治区）人民政府要将水量分配方案的实施作为贯彻落实《黄河流域生态保护和高质量发展规划纲要》及最严格水资源管理制度重要内容，将水量分配方案明确的水量分配份额作为水资源最大刚性约束的重要组成，坚持以水而定、量水而行，实行水资源管理行政首长负责制，明确责任，加强管理，完善措施，强化监督管理和绩效考核。

（二）强化水资源节约利用。宁夏、甘肃、陕西三省（自治区）人民政府要将水量分配方案的实施纳入地方经济社会发展规划和国土空间规划，按照确定的水量份额，调整经济结构和产业结构，合理配置水资源，统筹考虑生产、生活和生态用水，实行用水总量控制。落实节水优先方针，强化用水需求管理，加大农业节水力度，强化工业节水减排和服务业节水，加强污水资源化利用，增强公众节水意识，促进水资源节约集约利用，建设节水型社会。

（三）加强水资源统一调度管理。水利部黄河水利委员会负责泾河流域水资源统一调度，将流域水资源配置主要控制性工程纳入统一调度范围，抓紧制定泾河水量调度方案和年度水量调度计划，并监督实施。宁夏、甘肃、陕西三省（自治区）水行政主管部门负责本辖区范围内水量调度管理工作，加强辖区内用水总量控制。加快水资源监测监控设施建设，提高水资源管理能力。

关于郑国渠首遗址保护总体规划的批复

文物保函〔2015〕1101号

陕西省文物局：

你局《关于郑国渠首遗址保护总体规划的请示》（陕文物字〔2013〕23号）收悉。经研究，我局批复如下：

一、原则同意所报郑国渠首遗址保护总体规划。

二、该规划尚需做以下必要的修改和完善：

（一）应系统梳理已有考古工作成果和文献资料，细化价值评估内容，做到全面、科学，具有逻辑性。应准确界定遗址的历史、科学和社会价值，明确郑国渠首遗址在中国水利史中的地位和作用。“间谍工程”表述不当，建议删除。

（二）应完善现状评估内容，研究各时期泾河流域的水利体系及其发展演变过程，明确地形地貌与水利工程的关系，补充泾河的一般水位与径流、最大径流、历史最高水位、现状防洪等级等水文资料、相关历史洪灾资料。应明确规划范围内村庄发展状况、人口数量、现有建筑数量和规模，科学评估现有建筑对遗址及其周边景观风貌的影响。补充各遗址点现状安全评估、考古工作情况评估内容。

（三）应根据现状评估结论、遗址分布情况和保护管理需要，合理划定保护范围和建设控制地带，补充保护区划调整说明。应充分考虑泾惠渠等在用水利设施的延续性，合理划定其保护区划，并制订具有可操作性的管理规定，区分管控强度，以维护其使用功能。应根据地形地貌和管理需要进一步调整保护区划的具体边界，避免切割村庄。核实保护区面积。

（四）应充分考虑国家关于基本农田、水利设施的政策要求，科学评估保护范围全部土地转变为文物保护用地的可行性和必要性，协调处理好文物保护与农业生产、水利设施建设管理的关系；补充保护范围内保留建构筑物的高度、规模、色彩等改造要求。建设控制地带应进行分类管理，明确村庄发展方向和现有建构筑物的控制要求。

（五）应根据现状评估结论补充文物本体保护措施，明确加固保护、隔离保护、生物保护的具体内容、实施对象、范围、目标和技术要求等；明确设置安防监控和报警系统的必要性；补充护坡、清淤、建保护厅等保护工程措施的设计依据。

（六）细化专项规划内容。应充分考虑地方经济社会发展水平，在必要性充分的前提下，明确拟搬迁村庄的规模、人口数量、新村选址、产业发展方向、经费投入等具体内容；调整垃圾箱服务半径，降低设施密度；补充道路系统设计内容。

（七）应充分借鉴其他同类型水利设施的展示利用经验，科学预估郑国渠首遗址的旅游前景，根据遗址承载力科学确定利用强度和相关控制要求。应考虑设施建设投入和日常维护成本，科学确定开放区域、设施分布和数量、游线设计等，明确停车场、展示场馆、游客服务设施等新增设施的高度、体量、外观等控制性要求，严格控制新增设施数量和规模。应进一步论证在郑国渠故道和大坝修建保护厅的必要性，应结合遗址保存现状、形制特点和整体保护展示需求，制订适宜的保护措施。进一步论证博物馆选址的合理性，明确其与遗址的关系。博物馆建设在满足展览展示需求的同时，应避免对遗址及其历史环境产生负面影响。

（八）根据规划内容进一步核实经费预算。

（九）进一步完善文本、图纸。

三、请你局指导地方人民政府组织规划编制单位和专业考古研究单位，按照上述意见，对规划进行必要的修改和完善后，于15个工作日内将经你局核准的规划文本、图纸及相关电子档案等材料报我局备案。

四、请你局按照《国务院关于加强文化遗产保护的通知》的要求，将经我局备案的郑国渠首遗址保护总体规划报请陕西省人民政府公布，并督促地方人民政府将其纳入当地经济和社会发展计划以及城市总体规划，积极组织有关部门逐步实施。

五、规划涉及的文物保护与展示、环境整治、相关基础设施建设等项目，实施前应制定具体方案并按程序报批。

六、请你局和当地人民政府加强对郑国渠首遗址的保护和管理工作的指导，加强专门管理机构建设，制订专项管理法规，并提出具体实施步骤和保障措施，妥善解决土地用途调整、必要的搬迁以及环境整治等问题，确保规划的顺利实施。

此复。

国家文物局

2015年4月10日

陕西省人民政府
关于泾河流域综合规划的批复

陕政函〔2017〕242号

省水利厅、省发展改革委：

你们《关于审批（陕西省泾河流域综合规划）的请示》（陕水字〔2017〕83号）收悉。经研究，现批复如下：

一、原则同意《陕西省泾河流域综合规划》（以下简称《规划》），请认真组织实施。

二、《规划》是泾河流域综合开发利用和生态环境保护的基本依据，在实施过程中要全面贯彻党的十九大精神，牢固树立创新、协调、绿色、开放、共享的发展理念，认真做好与国家相关规划和流域内其他经济社会发展规划的衔接，严格落实河长制要求，科学合理开发利用流域内水资源，为区域经济社会发展提供水利支撑。

三、有关市县和部门要加强领导、密切配合，认真分解落实《规划》提出的各项任务措施，及时协调解决工作中存在的困难和问题，确保《规划》目标任务落到实处，切实保障流域防洪安全、供水安全和生态安全。

陕西省人民政府
2017 年 11 月 21 日

陕西省人民政府办公厅关于加强东庄水利枢纽工程水生态环境保护工作的通知

陕政办函〔2018〕83 号

西安、咸阳、铜川、渭南市人民政府，省人民政府各工作部门、各直属机构：

东庄水利枢纽工程位于泾河干流峡谷出口段，以防洪减淤为主，兼顾供水、发电和改善生态环境等综合利用，是列入国家“十三五”加快开工建设的 172 项重大水利工程之一，也是全省统筹实施的重大水利工程。工程建成后，将极大减轻渭河防洪压力，有效保障渭北旱塬生产生活用水，切实改善泾河、渭河流域生态环境，对促进区域经济社会发展将发挥重要作用。为全面保护和改善水生态环境，促进人与自然和谐共生，确保东庄水利枢纽工程顺利实施，经省政府同意，现就有关事项通知如下：

一、切实保障生态水量。要把维持河道基本生态用水需求作为基本条件，加强泾河上游水土资源涵养保护，优化东庄水利枢纽工程供水结构，保障泾河下游生态水量和湿地用水需求。严格执行生态水量调度方案，完善泾河下游文泾水电站、泾惠渠引水枢纽生态水量下泄设施，提高实时监测能力，确保东庄水利枢纽工程坝址以下河道生态水量持续顺畅下泄。

二、有效提高节水效能。全面落实《陕西省全民节水行动计划实施方案》，积极推进节水示范单元创建，加快实施农业节水增产、工业节水增效、城镇节水降耗行动。加快实施灌区节水改造、高效节水灌溉工程，提高农业灌溉用水效率。鼓励和引导工业企业加快节水改造，严禁高耗水工业项目建设，有效降低万元工业增加值用水量。推进体制机制创新，加快中水回用设施建设，提高水资源循环高效利用水平。

三、进一步加大水污染防治力度。认真实施《陕西省泾河流域综合规划》《泾河流域（陕西段）水污染防治规划》《东庄水库受水区水污染防治规划》，全面落实水污染防治各项措施，着力减少入河排污量，确保泾河水质不断改善。引导农民科学合理使用化肥、农药，切实减少畜禽养殖废弃物排放，有效控制农业面源污染。加快城镇污水处理设施建设和改造，逐步实现城镇污水收集处理全覆盖。加大环境督查整改力度，加强入河排污口监管，落实截污措施，严禁污水不经处理直排入河，严禁高污染工业项目落户，进一步改善入河水质，确保泾河达到Ⅲ类水质标准。

四、全面夯实各级责任。泾河流域水生态环境保护是一项长期的、复杂的系统工程，有关市、县（区）政府要加强组织领导，落实属地责任，细化工作措施，全面优化工程与非工程措施，扎实做好泾河生态水量保障、流域节水和水污染防治等各项工作，全面推进泾河流域生态文明建设。发展改革、财政、住房城乡建设、环境保护、水利、农业、林业等部门要各司其职，密切协作，加强监管，确保泾河生态环境保护各项工作落到实处。

陕西省人民政府办公厅

2018年3月20日

陕西省水利厅
关于马栏河引水工程取水申请的批复

（1999年9月2日）

陕西省桃曲坡水库灌溉管理局：

你局申报的“马栏河引水工程取水许可证申请”、有关附件及咸阳市水利局、旬邑县水利局的审查意见收悉。马栏河引水工程是省政府一九九〇年第四十六次省长办公会议决定修建的重点水源工程。在工程建设期间，旬邑县顾全大局、积极配合，促进了工程的顺利实施，为保证工程建成通水、尽快发挥效益做出了不懈的努力。申报材料经厅取水许可论证审批委员会审查，提出如下批复意见：

一、根据旬邑县水利局提供的用水资料和一九九七年编制的《咸阳市水中长期供求计划》的需水量预测资料，预测到2000年、2010年，马栏河引水口下游旬邑县境内工农业年需水量分别为1181万立方米、1615万立方米。按《桃曲坡水库扩建工程马栏河引水水文水利分析计算报告》的水文水利分析计算结果，到2000年，在保证满足旬邑县工农业用水1181万立方米的情况下，保证率75%年份，余水2806.7万立方米；保证率95%年份，余水1437.8万立方米。到2010年，在保证满足旬邑县工农业用水1615万立方米的情况下，保证率75%年份，余水2372.7万立方米；保证率95%年份，余水1003.8万立方米。在充分考虑旬邑县2010年工农业用水的情况下，保证率75%年份，每年从马栏河引水1200万～1500万立方米是有保证的。

二、原则同意旬邑县水利局的意见，在正常年份，同意你局在旬邑县马栏乡马栏河每年取水1200万～1500万立方米，向铜川市供水。在取水口下泄流量小于0.5立方米每秒时，马栏河引水工程应停止取水，以保证旬邑县工农业的用水需求。为充分发挥工程效益，在不影响旬邑县工农业用水的前提下，马栏河引水工程可引取马栏河洪水和多余水量，为铜川新区、煤电铝厂及桃曲坡水库灌区补充部分水量。

三、在特枯年份，双方用水出现矛盾时，省水利厅将依据国务院《取水许可制度实施办法》第二十一条的规定，协调解决用水问题。

四、马栏河引水工程投运后，你局应加强水质检测，积极协助划定水源保护区范围，采取必要的措施，防止水源遭受污染。

二、规范性文件

咸阳市人民政府关于加强河道堤防工程管理的通告

为了贯彻落实陕西省人民政府发布的《陕西省河道堤防工程管理规定》，迅速刹住破坏河道堤防的歪风，切实搞好河道堤防工程管理，确保沿河两岸工农业生产和人民生命财产的安全，特作如下通告：

一、《陕西省河道堤防工程管理规定》是河道堤防工程管理的重要法规，各地所有单位和个人，都必须认真执行，以确保河道堤防工程安全。

二、河流属国家所有。河道两岸的滩地，除集体有证土地外，应由县、区河道管理部门统一规划和管理，严禁任意侵占。

三、沿河堤两岸要划定护堤地和安全管理范围，并插标立界。渭河护堤地临河一侧十至二十米（从堤坡脚算起，下同），背河一侧三十至五十米，安全管理范围临河一侧五十米，背河一侧一百米。护堤地由县（区）以上河道管理单位使用，背河一侧护堤地以外，安全管理范围以内的土地所有权和使用权不变。

四、为确保堤防工程安全完整，须遵守以下规定：

1. 严禁在堤身挖坑、开口、埋葬、耕种、放牧、掘草皮、堆放杂物和任意修建房屋。

2. 严禁侵占护堤地，不得任意开垦种植。

3. 严禁在安全管理范围内淘沙、取土、挖池、挖窖、开沟、开渠、打井、爆破等。

4. 严禁损坏工程设施和挪动观测标志。

五、河道的水、土、沙、石资源由水利部门统一管理，严禁任意开采。采运沙、石、土料应向县、区河道管理部门申请，领取采运证，在指定地点采运，并向河道堤防管理部门交纳管理养护费。

六、严禁铁轮大车、履带拖拉机和载重车辆在堤顶行驶。汛雨道路泥泞期间，除执行任务的护汛抢险、军事、公安、救护车辆外，其他车辆一律禁行。

七、在划定的河道行洪范围内严禁修建各类违章工程和阻水建筑物，不得任意围滩造田和乱种林草，禁止向河道内倾倒垃圾、煤灰、土石料和堆放杂物。修建桥涵、渡槽、倒虹等跨河工程，须经水利部门审查同意，并不得影响河道行洪、排涝和上下游、左右岸的安全。

对现有危害河道堤防安全的跨河建筑物及违章工程，阻水林草、堆积物等，按“谁设障谁清除”的原则，必须限期予以改建和清除，凡已造成危害的应由设障部门承担责任。

八、违反上述规定，阻挠管理人员执行任务，应按《陕西省河道堤防工程管理规定》，依据情节，分别给予经济处罚、纪律处分或治安处罚，情节严重、触犯刑律的，应依法追究刑事责任。对于保护河道堤防工程安全有显著成绩的单位和个人要给予表扬或奖励。

九、本《通告》自公布之日起施行。

咸阳市人民政府印

一九八五年八月十七日

中共咸阳市委　咸阳市人民政府
关于加快水利改革发展的意见

咸字〔2011〕36号

（2011年5月23日）

加快水利发展是党中央、国务院做出的重大战略决策。为了贯彻落实《中共中央　国务院关于加快水利改革发展的决定》和省委、省政府实施意见精神，迅速掀起水利建设新高潮，现就我市水利改革发展提出如下意见。

一、充分认识加快水利改革发展的重要性和紧迫性

水是生命之源、生产之要、生态之基。兴水利、除水害，事关人类生存、经济发展、社会进步，历来是治国安邦的大事。建国以后，特别是改革开放以来，市委、市政府高度重视水利工作，组织、带领广大干部群众坚持不懈地兴水治水，重点工程得到了突破性、创造性的发展，为促进经济社会发展作出了突出贡献。但是水资源严重短缺、降水时空分布不均、开发利用滞后仍然是我市的基本水情，频繁发生的旱涝灾害仍然是全市人民的心腹大患，农田水利建设滞后仍然是影响农业稳定和粮食安全的突出因素，水利设施薄弱仍然是基础设施的明显短板，深化水利改革、加快水利发展刻不容缓。各级党委和政府要充分认识加快水利改革发展的重要性和紧迫性，把水利工作摆上更加突出的位置，抢抓机遇，推动发展，为建设西安（咸阳）国际化大都市提供有力支撑。

二、新形势下水利改革发展的指导思想和主要目标

（一）指导思想。全面贯彻党的十七大和十七届三中、四中、五中全会、中央农村工作会议和全省农村工作会议精神，以邓小平理论和“三个代表”重要思想为指导，深入贯彻落实科学发展观，把水利作为基础设施建设的优先领域，以水源工程建设为核心，把农田水利作为农村基础设施建设的重点任务，把严格水资源管理作为加快经济发展方式转变的战略举措，坚持科学治水、依法治水，突出加强薄弱环节建设，大力发展民生水利，加快建设节水型社会，不断深化水利改革，为经济社会又好又快发展提供坚强保障。

（二）主要目标。通过5—10年努力，构建起“五大体系”，从根本上扭转我市水利建设明显滞后的局面。一是建成亭口水库、柏岭寺水库、红岩河水库等重点水源工程，配合省上建设泾河东庄水库，基本建成水资源合理配置和高效利用体系。二是完成渭河整治、重点中小河流治理、小型水库除险加固和山洪灾害易发区预警预报系统建设，基本建成综合防洪抗旱减灾体系。三是加快大中型灌区节水改造与续建配套，完善末级渠系建设，恢复和改善灌溉面积100万亩，建设节水灌溉面积80万亩，使全市有效灌溉面积达到380万亩以上，基本建成农业高效灌溉体系。四是加快重点水土保持工程建设，强化水土流失预防监督，以渭河、沣河和泾河为重点开展水生态环境治理，强化水源保护，科学开发地下水资源，加强空中水资源开发，基本建成水土保持和水生态环境保护体系。五是以水量控制为中心，落实最严格的水资源管理制度，建立水利投入稳定增长机制，建立有利于水资源节约和合理配置的水价形成机制，形成水利工程建设管理良性运行机制，水利人才队伍和科技创新能力明显增强，水利公共管理服务和水行政执法能力显著提升，基本建成有利于水利科学发展的制度体系。

三、突出重点，全面推进水利基础设施建设

（一）加快水源工程建设。以地表水为主，地下水为辅，优化水资源配置。“十二五”期间，全面建成亭口水库、红岩河水库及柏岭寺水库，为彬长旬能化基地开发提供充足的水源保障；配合省上加快东庄水库前期工作，开展“三通一平”、移民安置等先期准备工程，力争尽快开工建设，解决我市中部及“旱腰带”地区缺水问题；积极融入以引汉济渭输配水工程为主脉的关中供水网络，最大限度争取配水量，开展调水水权认购，为南部各县市区以及泾渭新区长远发展储备水源。切实搞好第一次全国水利普查，进行彬州市四郎河郭家庄水库可行性研究，开展西郊水库、泔河水库、张家山泉群向泾渭新区供水前期工作，建立重大水源项目梯级储备。

（二）全面提高防洪减灾能力。全面整治渭河，“十二五”期间，新修、加固、改造堤防99千米，推进水污染防治和生态环境建设，建成渭河生态屏障。启动中小河流治理，2013年前完成冶峪河、三水河、漆水河3条河流防洪治理，2020年前完成泾河泾渭新区段及长武、彬州市、礼泉重点段以及其他11条中小河流治理，中小城镇和农村重点地区防洪能力普遍提高。加快小型水库治理，2012年前完成礼泉小河、乾县黑豹峪等8座小(一)型水库除险加固任务，2015年前完成东芋村、西芋村等18座重点小（二）水库除险加固任务，基本消除水库安全隐患。改造城镇排水网络，改善城镇排洪功能。建成渭河、泾河、沣河等16条河流洪水监测预警系统、羊毛湾等37座重点水库监测预警系统、86个乡镇708个行政村雨情自动监测系统、32条山洪沟雨水情测报系统，抗洪能力得到显著增强。以涉河事务管理为重点，建立完善河道、滩涂、岸线利用保护制度，开展河道砂石资源专营试点，落实正常维修养护费用，强化河道日常管理。

（三）突出抓好城乡供水。2012年前基本解决原规划内农村饮水安全问题，2015年底全面解决农村新增的190万人饮水不安全问题，农村自来水入户率达到85%以上。落实维修、管护和折旧基金，完善建后运营管理机制。积极落实中、省关于农村供水工程建设用地政策和建设、运行税收优惠政策，供水用电执行农业排灌用电价格。统一规划，统一安排，使城镇供水管网与交通、通信、能源等基础设施同步建设。加快引石过渭供水工程咸阳城区配套管网建设，完善城市配水系统，加强城市二次供水管理，加大城区自备水源井关闭力度，尽快完成城区水源的置换，扩大供水规模。创新城镇供水建设、管理、运营机制，抓紧县城供水水源建设，开展羊毛湾水库向乾县县城供水、黑河向长武县城供水等项目，加大县城供水管网改扩建力度。切实加强城乡饮用水水源保护和水质检测，由同级财政安排资金，实行城市（县城）和农村饮用水水质月报制度，完善城乡供水应急机制，全面提升供水保障水平。

（四）大力开展农田水利建设。积极推广渠道防渗、暗管输水、喷灌、微灌等节水灌溉技术，建成武功大庄、泾阳王桥等节水示范园区。加快灌区改造，到2020年，完成羊毛湾灌区及冶峪河、泔惠渠等19个中型灌区节水改造与续建配套任务，完成灌区末级渠系改造，建成一批高效节水的现代化农业灌溉系统。实施中央小型农田水利设施建设重点县、新增粮食生产能力等项目，开展小型农田水利设施建设，基本建成农业高效灌溉体系。切实加强抗旱应急水源工程建设，建设一批规模合理、标准适度的抗旱应急水源工程，建立应对特大干旱和突发水安全事件的水源筹备制度。加强人工增雨（雪）作业示范区建设，科学利用空中云水资源。建立以大中型灌区为重点的旱情、墒情监测预报体系，完善抗旱应急预案，大力推广抗旱保水新技术、新品种，推进县乡两级抗旱服务组织建设，健全抗旱应急物资储备体系。

（五）坚持抓好水土保持。以北部黄土高原丘壑区为重点，开展淤地坝系建设，进一步加大水保生态治理力度。巩固退耕还林成果，加快植树造林、封山育林步伐，充分发挥大自然的生态修复能力，治理水土流失，涵养保护水源。坚持开展小流域综合治理，以基本农田建设为重点，山、水、田、园、路、林、草统一规划，工程措施、生物措施、耕作措施、环保措施并举，建设生态型流域。鼓励、支持群众和社会力量参与水土流失治理，全市每年治理水土流失面积400平方千米以上。建立健全水土保持方案审批、监督检查、验收和补偿费征收使用制度，提高水土保持方案申报率、实施率和水土保持设施验收率。严格落实水土保持三同时制度，加大对重点流失地区及资源开采建设项目的监督管理，严肃查处水土保持违法案件，防止人为水土流失的发生。加快水土保持监测网络建设，发挥水土保持监测在政府决策和社会公众服务中的作用。

（六）积极推进水生态保护。开展河流水系绿化，2015年前，绿化河流、水库、渠道1100千米；2020年，全市主要河流两侧林带和重点水利工程区域绿化基本建成，绿化率达到80%以上，初步实现河流和渠道林带化，重点水利工程区域风景化。以咸阳城区段、沣河入渭口、泾河泾渭新区段为重点，整治河道，增加水面，改善、修复水生态环境。以咸阳湖、羊毛湾水库等为重点，建成5处国家级、省级水利风景区，加快水文化建设。

（七）切实搞好水能水产工作。加强水能资源的优化配置和监管，以泾河及其支流为重点，建成亭口水库坝后电站，开展长武景家河等水电站前期工作，积极吸纳社会资金投资小水电建设。大力推广渔业养殖新技术，引进名特优新水产品种，做好兴平、武功四个千亩无公害水产品基地建设、管理，建立和完善水产品质量安全检测体系。加大水产品质量安全监督管理，落实水产品市场准入制度，确保我市水产品质量安全。以秦都尹家渔业科技示范园建设为重点，带动渔业发展。

四、切实落实中省扶持政策，确保水利投入稳定增长

（一）加大市县财政投入力度。将水利作为公共财政投入的重点领域，积极争取中、省水利资金，多渠道筹集资金，力争今后10年全社会水利年均投入比2010年高出一倍。市、县财政对水利投入要达到本级财政收入的5%以上，总量和增幅明显提高。新增财力投入农业部分，60%以上用于农田水利基础设施建设。耕地占用费新增收入主要用于水利建设。要加大新增建设用地有偿使用费返还部分用于农田水利建设的力度。市县财政要积极落实上级下达的各类水利项目配套资金，足额落实水利项目前期工作经费。每年从土地出让收益中提取10%用于农田水利建设。每年从城市建设维护税中划出15%以上的资金，专项用于城市（县城）防洪和水源工程建设。要从城市配套费中划出一定比例安排城市（县城）供水、排水、排洪项目。要以县为单位，整合以工代赈、土地整理、农业综合开发、扶贫开发等专项资金，按照水利建设规划，统筹安排各类水利项目。

（二）建立水资源有偿使用和补偿机制。加大煤油气开采水土流失补偿费、河道砂石管理费等规费征收力度，加强水利建设基金、水资源费和水土流失补偿费使用管理，确保全额用于水利建设。加大对重要水源涵养区域和水源地生态保护与修复治理的财政转移支付力度，探索建立跨流域及流域上下游对重要水源地的生态补偿机制。各类建设项目占用、损毁水利设施的，要足额赔偿补偿。

（三）加强对水利建设的金融支持。加快筹组水务集团，搭建融资平台。综合运用财政和货币政策，加强与金融机构战略合作，鼓励和引导金融机构增加水利信贷资金。根据不同水利工程的建设特点和项目性质，确定财政贴息的规模、期限和贴息率。积极开展大型水利设备设施租赁融资、水利项目收益权质押贷款和洪水灾害保险等业务，增加融资渠道。

（四）广泛吸引社会资金。鼓励农民在统一规划的基础上，按照多筹多补、多干多补原则，加大“一事一议”财政奖补力度，充分调动农民兴修农田水利的积极性。积极稳妥地推进城市供水、水电、水产养殖、水利旅游等经营性水利项目进行市场融资。通过河道整治、改善环境、盘活土地等市场运作方式，多渠道筹集水利建设资金。

五、创新机制体制，实现水利改革新突破

（一）加快水利工程建设管理体制改革。加强市场监管，严格市场准入，加快建立水利建设市场信用体系，强化水利工程质量与安全监督政府职能。强化水利工程建设管理和已成工程设施管理，合理划分事权，完善水利工程确权划界，建立良性管理和运行机制。纳入基本建设的国家投资项目建设要严格执行项目法人责任制、招标投标制、建设监理制和合同管理制。加强对水利工程建设招投标活动的监管，落实监管责任，确保水利工程建设质量和资金安全。深化国有水利工程管理体制改革，落实好公益性、准公益性水管单位基本支出和维修养护经费。完善水利工程管理单位职工的社会保险有关政策。加快水管体制改革步伐，全面推进小型水利工程管理单位、乡镇水管站体制改革。深化水利工程产权制度改革，明确所有权和使用权，落实管护主体和责任，对市、县管理的公益性水利工程管护经费给予补助，探索社会化和专业化的多种水利工程管理模式。创新财政奖补机制，鼓励和引导用水户通过用水合作组织等形式对工程维护、用水管理、水费收缴等进行自主管理。引导经营性水利工程积极走向市场。

（二）完善水价形成机制。充分发挥水价的调节作用，兼顾效率和公平，大力促进节约用水和产业结构调整。按照促进节约用水、降低农民水费支出、保障灌排工程良性运行的原则，推进农业水价综合改革，落实水管单位管理费、维修养护经费，建立定额内农业灌溉水费市、县财政直补惠农机制，调动农民灌溉积极性。根据供水成本、费用及市场供求的变化情况适时调整水利工程非农业供水价格，工业和服务业用水实行超定额累进加价制度，拉开高耗水行业与其他行业的水价差价。合理调整城市（县城）居民生活用水价格，稳步推进阶梯式水价制度。

（三）健全基层水利服务体系。结合机构改革，设置镇水管站，强化基层水资源管理、防汛抗旱、农田水利基本建设、水利设施维修管护、水利科技推广等公益性职能，按规定核定和落实镇水利服务机构人员编制，将经费纳入县级财政预算。加强基层水管站基础设施建设，财政部门对基层水管站建设予以补助。实行县市区水利局对镇水管站人、财、物垂直管理。用足用活国家对抗旱、节水机具和渔具补贴、财政贴息政策，加强对基层抗旱服务组织的补助和扶持。由财政给予补贴，鼓励和引导用水户通过用水合作组织等形式对工程维护、用水管理、水费收缴等进行自主管理。力争通过3到5年的努力，建立起职责明确、布局合理、队伍精干、服务到位的基层水利服务体系。

（四）建立完善水利法治体系。严格水资源论证、取水许可、水工程建设规划同意书、洪水影响评价、水土保持方案编制、涉渔项目核准等制度。科学编制水利发展规划，强化水利规划对涉水活动的管理和约束作用。健全预防为主、预防与调处相结合的水事纠纷调处机制，健全水政监察执法体系，依法查处水事违法案件，建立良好的水事秩序。

六、落实责任，强化水资源管理

（一）建立用水总量控制制度，确立水资源开发利用控制红线。全市用水总量2015年控制在13.5亿立方米以内。加强市、县相关规划和重大项目建设布局水资源论证，对未经水资源论证的建设项目一律不得审批。建设全市水量水质监测系统，制定咸阳市水资源调度方案、应急调度预案和调度计划。加快水权制度建设，将取水许可管理与水权制度改革相结合，充分运用水资源管理体制和市场机制优化配置水资源。

加强对全市地下水资源的管理和保护，有计划、有步骤地封停城市自备水源井，涵养地下水资源。

（二）建立用水效率控制制度，确立用水效率控制红线。把节水工作贯穿于国民经济社会发展和群众生产生活全过程，全面落实建设项目节水设施与主体工程同时设计、同时施工、同时投产“三同时”制度，加快实施节水技术改造，建设节水示范工程，大力普及农业、工业和生活高效节水技术、工艺和器具，建立自觉节水的社会行为规范体系。力争到2015年，农田灌溉水利用系数提高到0.55以上、工业增加值用水量降到33立方米每万元、水功能区达标率达到60%、城镇供水管网漏损率降到13%、城镇节水器具普及率提高到70%。

（三）建立水功能区限制纳污制度，确立限制纳污红线。确定全市35处水功能区排污总量控制指标，严格控制入河排污总量。对渭河、泾河、沣河沿岸排污口进行综合整治，从严控制新建、改建和扩大入河排污口。加大水质监测力度，建立监测预警和监督管理制度，提高应对突发水污染事件的能力，确保用水安全。

（四）落实水资源统一管理体制和考核制度。强化水资源统一管理，深化水务一体化改革，统筹规划城乡供水、水资源综合利用、水环境治理和防洪排涝，建立符合事权清晰、分工明确、行为规范、运转协调的水资源管理机制。将水资源开发利用、节约保护主要指标纳入全市年度目标任务考核体系，综合考评。

七、加强领导，形成强大的兴水治水合力

（一）落实各级党委和政府责任。各级党委和政府要站在全局和战略的高度，切实加强对水利工作的组织领导，全面落实防汛抗旱、饮水安全保障、水资源管理、节约用水、水库安全管理、河道管理行政首长负责制。各级领导要深入实际，调查研究，研究解决水利改革发展中的突出问题，组织制定各项配套措施和办法，迅速掀起水利建设新高潮。

（二）切实加强水利技术队伍建设。完善人才引进、培养和选拔机制，大力加强各级水利专业技术人才队伍建设。加大投入，加强各级水利职工的业务技术培训。充实和加强水利机构，支持各级水利单位引进高素质人才，使市、县水行政主管部门1/3、事业单位1/4以上的在编人员为水利专业本科以上技术干部，每个基层水管单位有1～2名水利专业大专以上技术干部，尽快改变水利专业技术队伍青黄不接的面貌，切实增强水利勘测设计、建设管理和依法行政能力。

（三）形成水利改革发展的强大合力。各级各有关部门要密切配合，分工负责，落实责任，着力解决水利改革发展中的困难和问题。水利部门要搞好规划、调研、组织、协调和技术服务，为党委、政府决策当好参谋；发改、财政部门要合理安排水利建设项目，不断加大财政投入力度；审计部门要加强对水利资金、项目审计，确保资金落实及效益发挥；国土资源部门要做好水利工程土地征用和补偿工作；编制、人社部门要落实水利单位编制，尽快解决水利专业技术人才短缺问题；农业、林业、扶贫、建设、环保、电力、物价、税务、金融、工商、监察等部门要认真落实有关政策，全力支持水利改革发展；宣传部门和新闻媒体要加强宣传，增强全民水患意识、节水意识、水资源保护意识，激发各级政府和人民群众大干水利的积极性，形成全社会关心、支持和参与水利建设的强大合力，实现我市水利改革发展新跨越。

咸阳市全面推行河长制实施方案

为了贯彻落实中办、国办《关于全面推行河长制的意见》（厅字〔2016〕42号）和省委办公厅、省政府办公厅《陕西省全面推行河长制实施方案》（陕办字〔2017〕8号）精神，深化水环境综合治理，结合实际，制定如下实施方案。

一、主要目标

坚持“党政主导、部门联动，保护优先、科学利用，规划引领、因地制宜，因河施策、系统治理”的原则，按照河湖管理保护规划体系，全面建成河流洪水防御体系，全面建立沿岸污水收集、处理系统，健全水资源保护机制，绿化美化沿岸生态环境和人居环境，修复水域生态，确保河流水质达标，实现河畅、水清、岸绿、景美。

2017年6月前，各县市区出台推行河长制工作方案，全面落实市、县、镇三级河长，建立市、县两级河长制办公室；11月前，出台河长制工作各项配套制度。2018年初，初步建立起责任明确、协调有序、监管严格、保护有力、运转高效的河长制运行机制。

二、主要任务

（一）落实最严格水资源管理制度

1. 严守水资源开发利用控制、用水效率控制、水功能区限制纳污三条红线。编制水资源保护规划、水资源承载能力预警机制报告，明确管理指标，落实管理措施。进一步落实取水许可、水资源论证和水资源有偿使用制度。严格限制发展高耗水项目，提高用水效率。确立水功能区限制纳污红线，强化入河湖排污口监管，严格控制排污总量，改善河湖水环境。强化县市区政府责任，严格考核评估和监督。2020年，全市用水总量控制在14.47亿立方米以内，主要污染物排入总量控制在水功能区纳污能力范围之内，水功能区水质达标率提高到75%以上。

2. 全面加强节水型社会建设。以提高农业灌溉水利用率为核心，推动农业节水。以总量控制和定额管理为核心，强化工业节水。以管网改造和节水器具推广为核心，强化城镇节水。积极发展污水处理回用和雨水利用，开展节水型公共机构、企业、社区、灌区等节水单元创建工作。实行用水效率准入管理及用水效率和取水定额标准评估审查，全面履行建设项目节水措施“三同时”制度。完善水价形成机制，实行城镇居民生活用水阶梯水价、取水户超计划用水累进加价制度。到2020年，万元工业增加值用水量降低15%，万元国内生产总值用水量降低20%，农田灌溉水利用系数达到0.581。

（二）加强水源保护

1. 加强水源地保护。依法划定饮用水水源地保护区，完善饮用水水源地核准、安全评估及水质监测等监管制度，公布重要饮用水水源地名录。明确主要河流、重要水源涵养地、河流源头禁止开发范围，关闭、拆除保护区内排污口，实现河流源头保护区污水“零排放”。全面保护天然林，加快水源涵养林建设，提高森林蓄积量。

2. 严格水环境准入。对饮用水源保护区、自然保护区和水源涵养区依法实施强制性保护。严格控制高耗能、高耗水、重污染、高风险产业的发展，凡不符合生态环境功能区准入要求的建设项目，一律不得审批。建设项目不符合排污总量削减、替代比例或准入条件的，一律不予批准建设。

（三）加强水体污染综合防治

1. 开展污染源排查整治。明确水污染防治目标和任务，统筹水污染综合治理，完善排污管控机制和考核体系。排查入河污染源，优化排污口布局，实施排污口全面整治。

2. 加强种植业污染防治。大力发展生态循环农业，开展农业废弃物资源化利用。加快测土配方施肥和水肥一体化的推广应用，引导农民科学施肥，鼓励施用有机肥。大力推广运用病虫害综合防治措施，引导农民使用生物农药或高效、低毒、低残留农药，切实降低农药对土壤和水环境的影响。

3. 推进畜禽养殖污染防治。大力发展农牧紧密结合的生态畜牧业，实行畜禽养殖区域和污染物排放总量控制，促进畜牧业转型升级。以规模化养殖场为重点，加强养殖密集区污染防治，鼓励和引导集约化经营，推行养殖废弃物的集中处理。

4. 加强水产养殖污染防治。按照渭河沿线渔业基地、中北部库塘养殖区的生态环境状况、水体功能和水体承载能力，科学确定养殖种类、容量和方式。加大水产养殖水污染治理，实行水产养殖集中区域水环境监测，大力推广无公害水产养殖。

5. 建立水污染应急体系。加快水源保护区隔离和防护设施建设，加快城镇应急备用水源建设，加强环境隐患排查和环境风险防范，完善突发水污染事件防控应急预案，落实环境突发事故各项应急措施。全面完成饮用水水源地安全隐患排查及整治工作，提升应急保障能力。

（四）强化跨界断面和重点水域监测

1. 完善监测体系。编制河流水域纳污容量和限制排污总量方案，细化水功能区，建立健全河流水域监测体系，实现水功能区断面和市、县界断面动态监测全覆盖；推进水资源监测中心建设，统一标准，开展水质水量监测和评价；建立水功能区水质达标评价体系和通报制度，发布有关监测结果。

2. 强化水域监管。建立水质恶化倒查机制，追溯污染源，落实整治责任和限期整改措施。建立入河排污口监测、通报和巡查制度，全面推行排污许可制度，禁止无证排污或不按许可规定排污。对排污量超出水功能区限排总量的地区，限制审批新增取水和入河排污口。

（五）推动河湖生态环境保护与修复

1. 积极开展河湖治理。全力做好东庄水库、引汉济渭工程建设，为咸阳持续发展提供水源保障。编制关中水系市域、县域水生态文明建设规划，开展渭河、泾河等重要河流综合治理，推进水系连通工程建设，构建咸阳“四横三纵”水系新格局，恢复、改善河流水生态功能。

2. 加强水保生态建设。严格生产建设项目水土保持方案前置审批制度，确保与主体工程同时设计、同时施工、同时投产。积极实施退耕还林还草，推进北部丘陵沟壑区水土流失治理，每年治理水土流失面积不少于400平方千米。继续实施封育保护，推进自然生态修复。积极实施涝池水生态修复项目，改善农村生态环境。加强“海绵城市”建设，采取“蓄、连、净、用、排”等保水措施，建设城市水土保持示范工程。

3. 加强湿地保护与修复。以河流、水库、淤地坝、池塘为重点，大力开展湿地保护与修复，建立完整的湿地生态系统。

4. 积极开展水域岸线绿化。编制绿化方案，将河流、水库、灌区干支渠纳入绿化范围，开展河湖库渠沿岸绿化造林。

5. 修复渔业生态。制定河湖渔业资源养护和生态环境修复规划，落实涉渔工程环境影响评价机制，开展水生物增殖放养活动，恢复水生动物多样性。

6. 调整、编制水库、水电站调度运用方案，加强调度管理，确保下游河道生态基流，维护河湖生态环境。

7. 开展农村水环境治理。推进生态乡镇、生态村和绿色小康村创建活动，以生活污水治理和河道、池塘、沟渠垃圾清理为重点，综合整治农村水环境。

（六）加强水域岸线管理

1. 依法加强河湖管理。开展河湖水域岸线登记，推进河湖确权划界工作，依法划定河湖及水利工程管理范围和保护范围，明确岸线保护区、限制开发区、开发利用区。严格执行涉河建设项目施工监督制度，推行补救措施与项目建设同步设计、同步施工、同步验收制度。拆除或改建碍洪工程，依法查处非法侵占河湖的建设行为。

2. 强化河道采砂管理。严格执行河道采砂规划制度，明确开采区、禁采区、开采量、开采深度等指标，推行保护优先、总量控制和计量开采，合理开采河道砂石资源，严厉打击非法开采行为。

3. 编制河湖库渠工程维修养护规划，落实各级岁修经费，推进工程养护常态化，改善工程面貌，确保工程长效安全运行。

（七）严格行政监管与执法

1. 强化监管手段。健全河湖库渠管理机构，落实人员和经费；建立健全各项管理制度，严格落实巡查制度；建设全市河湖管理地理信息系统平台，建立卫星遥测和无人机巡查系统，加强水域环境动态监管。

2. 依法从严管理。建立健全信息共享、定期会商、案件通报、联合执法机制，推动水利、环保、城建、农业、林业、国土资源、交通运输等部门水环境综合执法，推进行政执法与刑事司法衔接。强化执法巡查监管，有效遏制擅自占用水域岸线、非法采砂、破坏水利设施、违法取水排污以及电、毒、炸鱼等破坏河湖生态环境的违法行为。

（八）完善河湖保护管理制度及法规

1. 完善管理制度。建立河湖自然资源资产产权制度，对水域、滩涂、岸线等自然生态空间确权登记。探索建立与生态文明建设相适应的河湖健康评价体系，定期发布河湖健康公报。健全生态补偿制度，生态补偿资金重点用于河湖保护管理。依法建立水域岸线占用补偿制度，按照消除对水域功能的不利影响、等效替代的原则进行占用补偿。

2. 创新管理方式。建立河湖水域岸线违法行为报告制度，强化日常监督和考核问责。完善河湖及堤防管理养护制度，明确河湖管理责任和管理主体，积极推行管养分离和政府购买服务方式，实现河湖养护专业化、社会化。

3. 大力推广水文化。结合河流综合治理、水保科技示范园、重点水源工程、污水处理等项目，构建水文化示范基地和水生态科普场所，搭建以水文化、水科技、水生态、水民俗等为主要内容的文化传播平台，增强群众亲水、爱水、护水意识，为加强水环境治理营造良好的文化氛围。

三、组织构架

（一）总体构架。建立市、县、镇三级河长体系，实现市境内河湖的河长制全覆盖。市、县、镇设立总河长，由同级党委、政府主要负责同志担任。市境内主要河湖设立市级河长，由市委、市政府负责同志担任；县、镇境内主要河湖设立河长，由同级党委、市政府负责同志担任。市、县设置河长制办公室。

（二）工作职责

1. 河长职责。总河长作为辖区推行河长制的第一责任人，负责全面推行河长制工作的决策部署，解决河长制推行过程中的重大问题。副总河长协助总河长统筹协调河长制的落实推进，负责协调督导相关部门和下级河长履行职责，对目标任务完成情况进行考核问责。河长负责相应河湖的管理和保护，协调解决重大问题，有序推进河湖生态环境治理工作。

2. 河长制办公室职责。河长制办公室负责贯彻执行河长的部署和决定，下达工作任务，督办河长确定的事项，组织对各县市区及相关部门河长制工作进行检查、督导、考核、评价。

3. 办公室成员单位职责。按照职能分工，各司其职，各负其责，协同推进河湖生态环境管理保护。

四、保障措施

（一）健全工作机制。建立总河长专题会制度，每半年召开一次，由总河长或副总河长召集，研究解决河湖库渠保护管理重大事项；建立河长工作制度，市级河长每季度至少深入河湖一次，检查、解决河湖保护管理中的突出问题；建立河长制办公室联席会议制度，协调解决河湖管理保护中的具体问题；建立问题督办制度，由总河长、副总河长、河长签发督办单，对河湖保护管理工作中的重要事项进行督办；建立工作督察制度，对于在督办期限内未完成工作任务的，由监察机关启动工作督查机制。健全信息共享制度，建立上下游左右岸及跨部门间的工作动态共享通报机制。

（二）落实工作机制。加快组建各级河长制办公室，明确工作职责，落实专管人员，配备相应设备，保障工作经费，做到机构、人员、责任、经费“四落实”。

（三）加大投入力度。在争取中央和省上支持的同时，加大各级财政投入，保障水质监测、规划编制、信息平台建设、河湖划界确权、突出问题整治等相关费用，保障河湖巡查、堤防岁修、日常保洁等管养经费，保障城乡水环境整治、水污染治理、水生态保护等项目投入。探索建立河湖管理保护资金投入新机制，引导社会资金参与河湖环境治理与保护。

（四）强化考核问责。把河长制工作任务，纳入全市目标责任考核体系。严格考核办法，把考核结果作为党政领导干部综合考核评价的重要依据。未按期完成河湖环境治理任务或水环境遭到严重破坏的，依法依规追究相关单位及责任人的责任。

（五）引导公众参与。在新闻媒体公布各级河长名单，在河湖显要位置设立河长公示牌，公布河长姓名职务、职责和联系方式，接受群众监督。广泛宣传河湖管理保护的法规，组织中小学生开展河湖管理保护教育，增强公众的河湖保护意识。发挥媒体的引导和监督作用，营造全社会关爱河流、珍惜河流、保护河流的良好氛围，为建设富强人文健康新咸阳提供优质水生态和有力水支撑。

三、其他文章

敬仰先祖功德 弘扬仪祉精神 加快水利发展
——对仪祉文化的初步研究与思考

省水利厅厅长 王锋

李仪祉先生是我国近代水利先驱，著名的水利科学家和教育家，也是我非常敬仰的仁人志士。他一生两次出国留学专攻水利，回国后创办水利高等学府，传播水利科技，培育水利人才，悉心研究治黄，探求治水方略，积极倡导兴建“关中八惠”，把毕生精力无私奉献给了水利事业，赢得了社会各界广泛赞誉和人民群众深切拥戴。虽然仪祉先生离开我们已经 70 多年了，但他留给我们的先进治水理念和辉煌的治水伟绩，永远激励着我们水利人。在新的历史条件下，研究探讨仪祉文化精神，对于进一步创新治水思路，加快水利发展，具有十分重要的现实意义和深远的历史意义。

一、中国近代水利第一人

李仪祉（1882—1938），原名协，字宜之，陕西蒲城人。他出生在书香门第，伯父李仲特和父亲李桐萱都是关中名儒，同盟会会员。父亲在辛亥革命后曾任陕西省咨议局副局长、省修史局总纂、西安易俗社首任社长、剧作家，伯父为数学家，曾任川汉铁路工程师、同盟会陕西分会会长。李仪祉从小受到父辈民主革命思想的熏陶，学习接受近代科学知识，以及两次留学德国学习西方科学技术，从而奠定了他忧国忧民、科学救国的思想基础。1900 年，他入三原宏道学堂求学，与于右任结为学友，志同道合，开始走上民主革命道路。1906 年，他与其兄李约祉同在北京京师大学堂读书，同时加入同盟会，当时被赞誉为“一家四口人、革命人两双”。

仪祉先生一生致力于水利教育和水利工程建设，取得了举世瞩目的伟绩，也赢得了诸如“中国近代水利先驱”“中国水利教育奠基人”“中国近代水利之父”“一代水利大师”“水利泰斗”等殊荣。纵观仪祉先生的治水生涯，之所以获得如此高的殊荣，这与他在中国近代水利发展史上创造的十个“第一”不无关系。

1. 第一位到国外学习水利的中国专家。追溯我国向外派遣留学生，近代始于第一次鸦片战争后。我国第一位留学生是广东人容闳，1850 年进入美国耶鲁大学学习。到 19 世纪 70 代，清政府派遣 120 名幼童赴欧美留学。著名的铁路工程师詹天佑（1861—1919）就是 1872 年被送到美国留学的，当时他只有 11 岁。1894 年中日甲午海战后，国内有识之士开始反思，大声呼吁派遣留学生到国外学习西方先进科学技术。自光绪年间，派遣留学生渐成规模，至 20 世纪初，留学生规模每年大约一二百人。赴欧洲留学主要集中在英、法、德和瑞士等国，他们中间不少人学成后回国报效祖国，成了我国现代科学和民主政治的开拓者。仪祉先生就是在这样的历史条件下赴欧留学的。1909 年，李仪祉从京师大学堂毕业后，获举人衔。同年 7 月，受西潼铁路筹备处派遣，赴德国柏林工业大学土木工程科攻读铁路和水利。1911 年 10 月 10 日，武昌起义爆发后，他毅然离开德国回国参加革命。1913 年，他考察欧洲水利后，再次进入德国丹泽工程大学攻读水利专业。两次留德攻读水利专业，为他实现水利救国抱负奠定了坚实的基础。

2. 参与创办了我国第一所水利专科学校。1915 年，李仪祉先生离开德国回国，因陕西政局不稳，财政困难，无法兴修水利，便应清末状元、实业家、全国水利局总裁张謇（字季直）的聘请，参与创办我国第一所高等水利学府——南京河海工程专门学校（即现在的河海大学），由留学归来有志于我国电力事业的许肇南任校长，李仪祉担任教务长。从此，他在河海执教 7 年，培养了 200 多名我国现代水利骨干科技专家，为近代水利教育事业作出了卓越贡献。

3. 把西方水利科学技术引入中国的第一人。李仪祉赴欧留学的年代，中国是一片黑暗愚昧落后。水利事业更是堤防破败，洪涝频繁，赤地千里，饿殍遍地。而当时欧洲正是大兴水利的时期，大江大河得到初步治理，洪水得到控制，灌溉事业发展，围海造田，改造盐碱，疏浚航道，极大地推动了德、法、荷、比等国经济的发展。先生留学期间，一方面刻苦攻读西方现代科技知识，一方面注重实地考察，他对欧洲的莱茵河、多瑙河及罗纳河的治理都留下了深刻印象。他回国后，和许多当年留学前辈一样，第一步就是通过著述、教育，将西方先进的水利科学技术介绍给国内，培养科技人才。在河海执教期间，他坚持主张编写中国教材，经常夜以继日，亲自动手编写了《水工学》《水工试验法》《潮汐论》和《中国水利史》等教科书，系统介绍阐述了西方水利科技的最新成果，这是先生作为中国近代水利先驱者的杰出贡献。

4. 主持兴建了我国第一座运用近代科学的大型灌溉工程——泾惠渠。李仪祉不仅是西方水利科技的早期传播人，而且是实践西方水利科技的第一人。1922 年，李仪祉离开南京，担任省水利局局长兼渭北水利局总工程师，在艰难曲折的道路上，开始了他兴修水利的生涯。他积极网罗人才，组织开展引泾灌溉工程设计，但由于当局不支持，经费没有着落，直到1927年仍无法开工。无奈之际，他愤然辞职，拂袖东去。1929年关中大旱，兴修水利的呼声越来越高。1930年杨虎城主政陕西后，急召李仪祉回陕任省政府委员兼建设厅厅长，才使他的引泾计划得以实现。在省政府出资和李仪祉多方奔走呼吁下，1930年工程开工，1932年6月第一期工程竣工通水，可灌溉农田50万亩。1935年第二期工程完工，扩灌至65万亩。泾惠渠的建成受益，成为中国当时现代水利工程之典范，在我国水利史上写下了光辉的一页。

5. 创立了我国水利界第一个民间学术团体。1931年，李仪祉会同著名水利科技工作者李书田、张含英、须恺、孙辅世、汪胡桢、张自立等，针对当时政府不重视水利建设、水行政不统一、水利工作者涣散等情况，倡议创建了“中国水利工程学会”， 即现在中国水利学会的前身。众望所归，李仪祉被推举为学会会长，并连任1—6届，直到逝世。担任会长期间，他主持创办了《水利学报》，以此广泛传播水利科技。此外，他还担任《水利杂志》《河海月刊》《黄河水利月刊》《导淮委员会月刊》《陕西水利月刊》等刊物的主持者或主要撰稿人。

6. 担任黄河水利委员会第一任委员长。民国前期北洋政府继承清末办法，黄河下游河道由冀豫鲁三省分段管理。这期间，黄河几乎年年决口，尤其省际交界处，河工薄弱，险情频发。国民政府成立后，统一河工事务的呼声日益高涨。1933年4月，李仪祉受命于危难之时，负责筹建黄河水利委员会，并出任第一任委员长兼总工程师。8月，黄河决口泛滥，国民政府在南京成立了黄河水灾救济会，李仪祉积极组织防洪抢险，救济灾民。1934年，他长途跋涉，到黄河上游考察。同年，黄河在贯台决口，他组织抢险。1935年，黄河又在贯台庄决口，他奉命加修金堤。这两年他还巡查了黄河、沁河、不牢河、微山湖、运河，验收贯台堵口工程，督筑金堤，疲惫不堪。1935年冬，孔祥熙同族孔祥榕任副委员长，主持堵口之事，乘机搜刮民财，凡大事裁决取于占卜，迷信“金龙四大王”。李仪祉气愤地说:“以孔理财，以孔治水；水和财都要从那个孔里流出去。”他不能和这样的人合作共事，辞职回陕。

7. 倡导开展了首次黄河河道模型试验。为了科学治理黄河，李仪祉先生十分注重开展河道模型试验。德国水利专家恩格斯首创河道模型试验技术，李先生回国后，在学校授课和撰写论文时，多次介绍恩格斯的河道模型试验技术，并经他积极促成，1932年在德国奥贝拉赫水工试验所进行了黄河河道治理模型试验，并推荐在德国留学的工程师李赋都参加试验。这是我国治理黄河历史上第一次进行河道模型试验。

8. 倡议设立了中国第一个水工实验所。李仪祉高度重视水利科学研究，积极倡导建立自己的实验室和科研机构。1928年，李仪祉等倡议设立河工实验室，1931年8月开始筹备，1933年10月1日成立董事会，他亲自担任董事长。1935年11月12日在天津举行了中国第一个水工实验所落成典礼，同时开始进行官厅水库坝下消力实验。后因抗日战争爆发，房屋毁于战火，到1947年重建为天津水工实验所，后与北京水利科学研究院合并，成为现在中国水利水电科学研究院的前身。所以，李仪祉先生当之无愧的是我国现代水利科学研究的奠基者。

9. 首次给水利和水利工程明确了定义。李仪祉在介绍西方水利科技、继承我国古代治水经验的基础上，创造性地确定了一大批水利专业术语，首次给水利和水利工程下了定义。他指出："水利为兴利除患事业，凡利用水以生利者为兴利事业……凡防止水之为害者为除患事业"。在中国水利工程学会第三届年会上，他明确提出水利工程包括防洪、排水、灌溉、水力、水电、给水、河渠、港工等 8 种工程。正因为有了李先生这些明确的阐述，才有了我们今天的"兴水利、除水害"的水利事业。

10. 第一位提出"综合治水"的水利专家。李仪祉虽然在黄河水利委员会只工作了两年，但他对黄河的问题进行了深刻而认真的研究，撰写了大量的治黄论文，论证了黄患之要害，治黄之方针。对于河流治理和水资源的开发利用，中国自周秦以来就有过许多好的意见和主张，但始终未能全面付诸实践，治理、开发中总是单打一居多。仪祉先生继承了历史上的合理意见，又根据西方近代治水思想的新主张，形成了"全面开发、综合利用"的水利规划思想，把中国数千年的传统治水思想推向一个新阶段。他首先提出了"治理黄河要上中下游并重，防洪、航运、灌溉及水电兼顾"的观点，开创了"综合治水"的先河。1933 年，他在《黄河水利委员会工作计划》中，提出了"全河应有统一之管理，不宜以省区割裂"的观点，比我们现在所倡导的"流域水资源统一管理"大约要早 70 年。正如钱正英同志所说："李仪祉把我国治黄理论和方略向前推进了一大步，直到今天仍然具有现实意义"（《李仪祉传》序言）。

二、殊功早入河渠志

李仪祉先生毕生以治水为志：求郑白之愿，效大禹之业，凿泾引渭，治黄导淮，整治运河长江数十年，足迹遍布祖国江河湖海，丰功伟绩卓著。正如于右任先生为其陵园所作的挽联："殊功早入河渠志，遗宅仍规水竹居"。纵观先生治水功绩，主要有以下几个方面：

（一）著述办学，开创中国水利高等教育先河。李仪祉先生两度留学归来，首先是通过著述办学，传播西方水利科学技术，培养水利人才。他先后参加创办三秦公学、河海工程专门学校（现河海大学）、陕西水利道路工程专门学校（后改为西北大学工科）、陕西水利专修班（后改为西北农学院水利系，现在为西北农林科技大学水利与建筑工程学院），担任教授、教务长、校长，兼任陕西省教育厅厅长。他毕生致力于水利事业，著述丰厚，多达 200 余册（篇）。他还曾在北京大学、清华大学、同济大学、第四中山大学、交通大学执教，培养和造就了大批科技人才和志士仁人，为我国水利工程教育事业作出了卓越贡献。

（二）凿泾引渭，兴建"关中八惠"惠泽三秦。李仪祉不仅是出色的水利教育家、科学家，更是一位造福四方的水利实干家。他自幼生长在渭北高原，干旱缺水在他幼小的心灵中留下了深刻印象，他终生愿望就是效法郑国、白公，兴修关中水利。1922 年他回到陕西后，在杨虎城的鼎力相助下，建成了我国第一个大型灌溉工程——泾惠渠，为实现他建设"关中八惠"开了一个好头。泾惠渠建成后，他辞去建设厅厅长职务，任省水利局局长，专心致志实施他兴建"关中八惠"（泾、渭、洛、梅、黑、涝、沣、泔）的宏伟规划。此外，他还亲赴陕南陕北考察勘测，筹划了陕南的汉惠渠、褒惠渠和陕北的织女渠、定惠渠。

至1938年先生逝世，泾渭洛梅四渠已初具规模，灌地180万亩，初步实现了“郑白宏愿”。

（三）潜心研究，把治黄理论和方略推向前进。李仪祉生于黄土高原，奔波于黄河上下，对我国历代治黄的经验教训，进行了深入调查研究，提出了科学的治河方略，写成了40多篇文章。他治理黄河的观点，概括起来主要有：泥沙未减，本病未除；中上游不治，下游难安；兴建水库，蓄洪减沙；综合开发，利用黄河。李仪祉亲自考察了黄河上中游各省后，提出把除害与兴利结合起来，按照“灌溉、放淤、垦荒、航运、水电”五大目标，综合开发水土草木电力资源，繁荣经济，为民造福。

（四）综合治水，奠定我国水土保持理论基础。李仪祉在他的著作中，虽然没有水土流失和水土保持名词的出现，而用“土壤侵蚀”“土随水去”“防止冲刷、平缓径流”相通其意。以根治泥沙为治黄之本，提出了精辟的水土保持观点、措施和方法。主要有四点：一是他认识了土壤侵蚀的三种主要方式，即风力、水力、重力侵蚀，因害设防；二是从土地利用，提出治理坡耕地、培植森林、广种苜蓿、改良盐碱荒沟荒滩等措施；三是在治理方式上，层层设防，从坡、沟、川、滩分层治理；四是在泥沙利用上，提出了保（就地蓄水保土）、拦（建库拦淤）、排（排洪排沙）、淤（引洪淤灌）。从而奠定了我国水土保持理论基础，成为我国近代水土保持工作的先驱。

（五）导江治河，足迹遍布江河湖海泽被十七省。李仪祉不仅兴修关中水利，而且主持参与了黄河治理、导淮工程、整治运河长江，足迹遍布祖国各地。1928年，李仪祉任华北水利委员会委员长，1929年任导淮委员会委员和总工程师，1933年任黄河水利委员会委员长，1936年又兼任了扬子江水利委员会顾问。他风尘仆仆，奔波于大江大河，勤勤恳恳地调研、访问、查询，撰写了大批论文，提出了独到的见解。全国政协原副主席钱正英曾评价说：“像李先生这样对我国水利问题探讨研究之深，涉及范围之广，在近代还是少见的。”

常年奔波，李仪祉身体每况愈下，在江苏了解淮水入海工程时，突发大病，不得不回陕西治疗。1938年3月8日，终因积劳成疾，病逝于西安，享年57岁。李仪祉先生德高望重，功垂千秋，深受人民敬仰，在西安参加追悼会者达万人之多，当灵柩运到泾阳陵园时，当地群众5000多人挥泪送葬。国民政府专发特令对他的事迹进行了褒扬。新中国成立后，对李仪祉先生的缅怀和纪念活动从没有间断过，1982年、1992年和2002年，分别在北京、陕西和郑州举行了李仪祉先生100周年诞辰、110周年和120周年纪念活动，陕西还拍摄播放了反映李仪祉治水业绩的8集电视连续剧《江河赤子》。2001年9月，在第29国际水利学大会上，李仪祉先生作为亚洲近代水利科技工作先驱者的首位，受到中外学者的高度赞誉。

三、仪祉文化内涵及意义

李仪祉先生虽然离开我们已经70多年了，但他在治水理念和治水实践中留给我们的精神财富，永远闪烁着他那高尚的思想品德和智慧的理想之光。研究仪祉文化精神，不仅可以缅怀治水功勋，而且可以指导我们沿着先辈指引的方向，把新时期水利建设推向可持续发展的崭新阶段。重温仪祉先生治水生涯，拜读仪祉先生治水宏论，研究仪祉文化内涵，至少有以下几个方面要继承和发扬。

一是爱国爱水，以民为本。在中国半封建、半殖民地的环境中，留学生比同时代人更多地沐浴了海外风雨，更多地接受了西方科技、文化及民主思想。他们既是西方文明的直接受益者，又是西方殖民主义的对立者。在民族危亡的历史关头，他们读书不忘救国，不少人抱定“科学救国”“教育救国”的宏伟志向，为中华民族崛起而发奋学习、工作。李仪祉先生两次留德攻读水利，实地考察了欧洲水利大发展给这些国家带来的巨大成就，与旧中国落后贫穷形成的巨大反差和鲜明对照，他得出了“水可兴国、诚然矣”的论断，更加坚定了他水利救国，振兴中国水利，造福中国百姓，实现兴水富民强国的宏大志愿。

二是崇尚科学，勤学治事。李仪祉先生的一生，就是学习科技、传播科技、钻研科技、实践科技的一生，在他言行中始终贯穿着科技兴水的理念；在河海执教期间，他坚持亲自编写中国水利教科书，传播西方水利科学技术；在治黄导淮建设中，他悉心钻研，重视运用现代方法加强测量、水文、地质等基础研究，探索“全面开发、综合利用”的治水方略；在兴建“关中八惠”中，他大胆采用先进的科学技术，从规划设计、地质勘测、施工管理、灌溉管理等方面积累了丰富的实践经验，建成了一批具有现代科技水平的灌溉工程。他一生科技著述丰厚，桃李满天下，用实际行动谱写了“培桃育李、治河惠民”的光辉篇章。

三是勇于创新，敢为人先。李仪祉先生曾指出:“用古人之经验，本科学之新知，加以实地之考察，精确之研究，详审之试验，多数之努力，伟大之机械，则有何目的之所不能达。”他注重学习西方先进科技的原理和方法，融会贯通地掌握，而不是生搬硬套，目的就是为了解决中国治水的实际问题，在实践中又能不断创新。在对待中国传统的治水思想和经验方面，既不是“食古不化”，又不是笼统地“全盘否定”，而是全面整理借鉴，采用现代科学方法加以阐述。把西方现代科技与中国治水传统有机结合起来，并不断创新，是李仪祉先生治水思想的精髓之一。特别是在科学研究方面，他更是不重洋、不食古，敢为人先，大胆试验。在20世纪初期，他就积极倡导在德国开展黄河河道模型试验，分别于1931年、1932年、1933年开展了3次大型试验，并及时分析研究试验结果，得出了治黄的不少真知灼见。在那样的年代，把我国河道模型试验放到外国去做，这充分体现了先生对民族利益高度负责的胆识气魄，对科学技术极度推崇的历史担当。

四是身体力行，真抓实干。李仪祉先生在河海执教时曾教育学生要“做大事不做大官，求实际不图虚名”。李先生是这样说的，更是这样做的。他一生担任过许多职务，有大学教授、教务长、校长，有全国性、流域性治水机构的领导职务，有省级教育厅厅长、建设厅厅长、水利局局长等，但无论担任什么职务，他都把职务作为为民造福的平台，想人民之所想，急百姓之所急，身体力行，鞠躬尽瘁，献身水利。在留德学习期间，为了给国家节省资金，两次都没有拿学位。对此，他很坦然地说:“我不远万里来到德国，求的是学问，而不是学位。”在兴建陕西水利工程中，他亲自考察、勘测、设计，多方奔走呼吁解决建设资金，从事灌溉工程十五年，成就灌区三百万多亩。在治黄导淮、整治运河长江中，他的足迹遍布祖国山川河流，时间长达九年之久，泽惠17个省区人民群众。正是他这种身体力行、真抓实干的精神，在中国老百姓心目中耸立了永不倒的丰碑。

站在新的历史起点上，弘扬仪祉文化精神，就是要学习他热爱人民、报效祖国、献身水利的奉献精神；学习他诲人不倦、严谨治学、培养人才的高尚情操；学习他崇尚科学、勤学治事、精益求精的科学态度；学习他注重实践、勇于创新、敢为人先的献身精神；学习他坚毅刚强、身体力行、真抓实干的工作作风。学习继承和发扬仪祉精神，最重要的就是要用实际行动，加快陕西水利发展。

一要坚持与时俱进，不断创新治水思路。时代在变化，治水实践也在不断推进。要根据中央新时期治水方针和省委、省政府关于水利工作的总体部署，围绕“突破瓶颈制约、发展民生水利、促进人水和谐”三大重点，抢抓国家扩大内需的机遇，着力加快水利发展方式转变，着力落实最严格的水资源管理制度，着力推进水利改革创新，着力建立健全水利投融资体制，加快水利改革与发展步伐，推进传统水利向现代水利、可持续发展水利转变。

二要坚持以民为本，加快水利工程建设步伐。要继承仪祉先生遗愿，坚持以民为本，加快农村饮水安全、基本农田、灌区节水改造、水保生态等民生水利建设，真正让最广大人民群众共享改革发展成果。要围绕关中—天水经济区发展规划实施和陕北能源化工基地建设，突出抓好水资源配置工程建设，在集中精力抓好引汉济渭、引红济石和榆林王屹堵、西安李家河、延安南沟门、咸阳亭口水库等“两引四库”建设的同时，加大泾河东庄水库、榆林引黄和黄河古贤水库前期工作力度，力促工程早日上马。要加快防洪抗旱减灾工程建设，加快预警系统、水文测站改造和水利信息化建设，加强科学调度，努力实现人水和谐。

三要坚持改革创新，不断提高水利管理水平。改革创新是水利发展的不竭动力。要在近年改革取得成效的基础上，继续加大水利投融资改革、水价改革、水管体制改革、小型水利产权改革，特别是要加大省级水务公司组建力度，搭建水利融资平台；积极探索以收费权质押，大胆使用金融资金，加快实施农业灌溉设施建设；积极推行农村小型水利设施“民建、民管、民用”机制，以多种经济成分促进民生水利持续发展、长久永续利用。

四要坚持科技兴水，加快水利发展方式转变。落实最严格的水资源管理制度，是加快水利发展方式转变的核心。要严格取水许可审批制度，加强水功能区监督管理，努力建设节水防污型社会。大力推进依法治水，加强水利立法基础工作，加大水事纠纷调处力度，依法维护水利行业合法权益。重视水利科技研究，通过与科研院所和水利院校的交流合作，积极搭建水利人才培养、科研攻关、技术创新平台，转化使用好水利创新成果，不断提升水利科技含量。加快推进水利信息化工程建设，以水利信息化推进水利现代化。

五要坚持真抓实干，造就一支作风过硬的水利队伍。水利要发展，人才是关键。要加大人才培养力度，采取多种形式，对水利行业干部职工进行培训，提高他们的政治理论素养和专业技术水平。深入开展“学理论、学技术、学法律”活动，努力营造学习型行业。大力提倡调查研究、务实创新、真抓实干的风气，静下心来谋发展，一心一意搞建设，在全省形成支持改革者、鼓励实干者、反对空谈者的良好氛围，以实际行动促进水利持续快速发展。

《陕西水利》2010年3月

索 引

山川河湖（24 条）

水资源节约集约利用（29 条）

河道整治与防汛抗旱（20条）

水保生态环境建设（20条）

流域综合管理（25 条）

泾河文化（27 条）

机构（35 条）

人物（27 条）

参考文献

[1] 陕西省地方志编纂委员会 . 陕西省志 · 水利志 [M]. 西安 : 陕西人民出版社，1999.

[2] 陕西省地方志编纂委员会 . 陕西省志 · 地理志 [M]. 西安 : 陕西人民出版社，2000.

[3] 陕西师大地理系咸阳市地理志编写组 . 咸阳市地理志 [M]. 西安 : 陕西人民出版社，1991.

[4] 水利部黄河水利委员会 . 黄河流域地图集 [M]. 北京：中国地图出版社，1989 .

[5] 水利部黄河水利委员会勘测规划设计院 . 黄河规划志 [M]. 郑州：河南人民出版社，1991.

[6] 咸阳市地方志编纂委员会 . 咸阳市志 [M]. 西安 : 陕西人民出版社，1996.

[7] 咸阳市地方志编纂委员会 . 咸阳市志（1991—2010）[M]. 西安 : 陕西人民出版社，2020.

[8]《咸阳大辞典》编纂委员会 . 咸阳大辞典 [M]. 西安 : 陕西人民出版社，2007.

[9]《泾阳县志》编委会 . 泾阳县志 [M]. 西安 : 陕西人民出版社，2001.

[10] 高陵县地方志编纂委员会 . 高陵县志 [M]. 西安 : 西安出版社，2000.

[11]《泾惠渠志》编写组 . 泾惠渠志 [M]. 西安 : 三秦出版社，1991.

[12]》蒋超 . 郑国渠 [M]. 西安 : 陕西科学技术出版社，2017.

[13] 康欣平 . 华洋义赈会与泾惠渠修建 [J]. 中国社会经济史研究 ,2011,(3):70–78.

[14]《陕西省水利电力勘测设计研究院志》编纂委员会 . 陕西省水利电力勘测设计研究院志 [M]. 北京 : 中国水利水电出版社，2006.

[15] 陕西省水文水资源勘测局 . 陕西省水文志 [M]. 北京 : 中国水利水电出版社，2007.

[16] 任三成 . 陕西灌区管理 [M]. 西安：陕西科学技术出版社，2002.

[17] 陕西省水利厅 . 陕西江河史话 [M]. 郑州：黄河水利出版社，2019.

[18] 陕西省水利厅 . 陕西水文化遗产名录 [M]. 西安：陕西科学技术出版社，2016.

[19] 陕西省水利厅 . 陕西历代治水人物传略 [M]. 郑州：黄河水利出版社，2017.

[20] 西安市水利志编纂委员会 . 西安市水利志 [M]. 西安 : 陕西人民出版社，1999.

[21] 咸阳市水利局 . 咸阳市水利志 [M].1995.

[22] 咸阳市水利志编纂委员会 . 咸阳市水利志（1987—2007）[M]. 西安 : 三秦出版社，2013.

[23] 旬邑县水利志编纂委员会 . 旬邑县水利志 [M].2022.

[24] 高陵县水利志编写组 . 高陵县水利志 [M].1994.

[25] 平凉地区水利志编纂领导小组 . 平凉地区水利志 [M].1997.

[26] 庆阳市水务局 . 庆阳水利志 [M]. 兰州：甘肃文化出版社，2015.

参加编写及提供资料人员名单

（排名不分先后）

咸阳市水利局：杨　恒　韦　坤
陕西省江河水库工作中心：成建民　孙海英
陕西省渭河生态区保护中心：王李泾
陕西省水文水资源勘测中心：宋小虎　王晓斌　陈　雪　曹保前　李润武　王　丽
陕西省水旱灾害防御中心：杨永平　马　博　晁　洋　张瑞雪　崔启源　杨思敏
惠　瑛　闫世伟　李文欣　王　甜　任　钰　李　伟
陕西省宝鸡峡引渭灌溉中心：李选明
陕西省水利电力勘测设计研究院：耿熙程　刘　哲
陕西省渭河生态集团有限公司：王芙蓉　张晓锋
陕西省东庄水利枢纽工程建设有限责任公司：葛东阳　杨莎莎　王彦博　董凯朋
陕西省水利学会：刘　芳
泾阳县王桥中学：王　冰
高陵区水务局：王　高
西咸新区管委会：郭　宁
泾阳县水利局：魏　丹
礼泉县水利局：周　江
乾县水利局：李兴国　王立库
淳化县水利局：韩淑莉
旬邑县水利局：刘　甲　孙　刚
彬州市水利局：孙相群
长武县水利局：李晓军　焦　伟

编后记

这部陕西省《泾河志》，是第一部全面、系统、完整记述泾河历史与现状和流域综合治理开发全过程的区域性志书。

陕西省水利厅党组高度重视《陕西省河流志丛书》的编纂工作，2023年6月9日成立了以厅党组书记、厅长郑维国为组长，厅党组成员丁纪民、张敏、党德才、宇涛、左怀理为副组长，厅设有关处室、厅属有关单位和各市水利部门主要负责同志为成员的《陕西省河流志丛书》编纂委员会，并设立编纂办公室，统筹协调推进编纂工作。6月25日，陕西省水利厅召开了全省水文化工作推进暨《陕西省河流志丛书》编纂工作启动视频会，厅党组成员、副厅长左怀理动员部署了《陕西省河流志丛书》编纂工作。为了加快志书编纂进度，确保编纂质量，陕西省水利厅创新编纂工作机制，实行主编负责制，由水文化专家任主编，全权负责志书资料收集、实地考察、内容编纂和征求意见、修改完善等各项工作。会后，《陕西省河流志丛书》编纂办公室组织水文化专家反复研究，研讨制定了既规范又有特色的河流志编纂大纲，提出“河流志编纂要坚持山水林田湖草沙生命共同体理念，以河流为轴线，以水为核心，以流域生态保护为基准线，以河流文化为特色，突出记述治水治河、治山治沙”的总体要求，逐河流召开资料提供对接推进会、专题问题研讨会，为河流志丛书编纂工作顺利推进奠定了基础。2024年1月底由编辑组总纂完成志书第一稿，陕西省水利厅召开了初稿审查会，提出修改意见，2024年1月25日，陕西省水利厅组织有关专家、厅设有关单位负责同志对《泾河志（初稿）》进行了初审，并提出了补充完善意见。会后，编者及时组织西安、咸阳有关市（县）编写人员逐条进行了修改完善。4月8—20日，《陕西省河流志丛书》编纂委员会将《泾河志（征求意见稿）》下发西安、咸阳有关单位、县（区）和省级有关单位征求意见，同时征求了陕西省地方志办公室的意见。西安、咸阳有关市（县）、单位补充完善了有关内容，并提出了50多条修改意见，特别是陕西省地方志办公室李军副处长、陕西省住房和城乡建设厅倪坪同志、陕西省水利厅原二级巡视员杨耕读同志对志书编纂工作给予了充分肯定，并对志书定位、审定、图表、记述重点、人物入志等提出了明确要求。根据陕西省地方志办公室编志最新要求，编者及时修改完善，统一设置了英文目录和索引，取消了人物篇中人物事录节。2024年6月8日，陕西省地方志办公室在西安市蓝田县召开了《泾河志》复审会，陕西省地方志办公室李军副处长出席并主持了复审会议，与会专家充分肯定了《泾河志》的编纂成果，认为《泾河志》政治观点正确，体例规范，结构合理，资料丰富翔实，文风朴实，语言精炼，特色明显，会议一致同意将《陕西省河流志丛书》纳入《陕西省地情丛书》范畴，并同意《泾河志》通过复审。2025年2月22日，中国名水志文化工程·陕西省河流志丛书终审会在北京召开。水利部办公厅、中国地方志工作办公室、中国水利水电科学研究院、中国社会科学院当代中国研究所、中国水利学会水利史与水利遗产专业委员会、黄河水利出版社、陕西省水利厅、陕西省地方志办公室的有关领导、专家、学者共计 17 人参加了会议。专家组一致同意将《陕西省河流志丛书》列入《中国名水志文化工程丛书》。

《泾河志》资料的收集和汇编，是本志稿编纂的基础工作。资料的收集工作从 2005 年编者在泾惠渠管理局参加工作开始，泾惠渠和泾河有着密不可分的关系，在工作中认识和研究泾河是一个绕不开的话题，从那时起就开始收集涉及泾河的水工程、李仪祉及历史文化等方面的资料。正式开始编写后，从本单位的档案室查阅资料，同时也查阅了陕西省图书馆、咸阳市图书馆、陕西省方志馆有关的档案和资料；走访了泾阳档案馆、乾县档案馆以及退休、调离干部和领导。为从横向开拓《泾河志》资料分布的广度，我们还收集和吸收了其他行业史志资料中的水利、科技、文化等内容。编写过程中，编者整个身心，沉醉于泾渭分明、水利遗址和风景区、河流发源地之中，感叹于历代艰苦卓绝的治水先贤的业绩之林，说艰苦都艰苦，说轻松都轻松，甘苦备受，但凭借着对泾河和这片土地的热爱，我们有责任和义务对泾河的地理、水系、河道治理、水利开发、历史文化进行挖掘和宣扬，让世人对这条流淌了千万年的河流有所了解，这是编纂本志书的精神支柱和锐意追求。

全志由序、凡例、概述和大事记，志、传、录、表、图以及附录三大部分组成，共设 7 篇 32 章 102 节。《泾河志》编纂历时一年半，在编纂过程中，通过挖掘梳理散碎自然地理、水资源开发利用、水土保持、河流综合治理、流域管理、历史文化等资料，部分章节记述了宁夏和甘肃的现状，突出泾河的名与特点，全面、客观、系统地记述泾河的变化和保护开发历程。无论是收集资料，还是专业指导、评审修改，都凝结着有关单位和领导、专家、同行业以及有关人员的心血，特别是陕西省水利厅领导给予坚强领导，陕西省泾惠渠灌溉中心赵鸿君主任给予支持、鼓励，陕西省泾惠渠灌溉中心、陕西省江河水库工作中心、陕西省渭河生态集团、陕西省水利信息宣传教育中心、咸阳市水利局、高陵区水务局等领导干部给予积极帮助。在业务上特别是陕西省水利厅原二级巡视员杨耕读、陕西省住房和城乡建设厅倪坪两位同志对志书编纂工作给予了充分肯定，并对志书概述、审定、图表、志书特点、人物入志等提出了明确要求，使本志不断完善。《陕西省河流志丛书》编纂委员会办公室主任许灏，副主任耿涛、王辛石等领导对志稿提出宝贵修改意见。在此，一并表示诚挚谢忱。

蒋建军、王芙蓉、杨永平、孙海英等同志，提供了珍贵、翔实的关于泾河方面的资料，在编纂《泾河志》时得以借鉴、引用。还有文字编辑和排版校核秦三群、陈景云、胡娜、王晓斌、王冰、张延龙等人，当此之际，我们向为本志编纂做过贡献的所有人员，表示诚挚的谢意！

因我们是首次编纂关于河流志书，知识水平和能力有限，虽已成书也难免有偏颇疏漏之处，敬请各位专家、领导和读者批评指正！

编　者

2025 年 4 月

中国名水志文化工程丛书
陕 西 省 地 情 丛 书
陕 西 省 河 流 志 丛 书

褒河志

《陕西省河流志丛书》编纂委员会 编

黄 河 水 利 出 版 社
· 郑 州 ·

图书在版编目（CIP）数据

褒河志 / 《陕西省河流志丛书》编纂委员会编. 郑州 : 黄河水利出版社, 2025. 6. -- (陕西省河流志丛书). -- ISBN 978-7-5509-4119-9

Ⅰ. TV882.841

中国国家版本馆CIP数据核字第2025CR0090号

褒河志　BAOHE ZHI

《陕西省河流志丛书》编纂委员会　编

责任编辑　赵红菲　　　　责任校对　岳晓娟

封面设计　张心怡　孟周利　　责任监制　常红昕

出版发行　黄河水利出版社

地址:河南省郑州市顺河路49号　邮政编码:450003

网址:www.yrcp.com　E-mail:hhslcbs@126.com

发行部电话：0371-66020550

承印单位　陕西省水利印刷厂

开　　本　787mm × 1092mm　1/16

插　　页　14

印　　张　29

字　　数　710千字

版次印次　2025年6月第1版　　2025年6月第1次印刷

定　　价　3680.00元（全十卷）

《中国名水志文化工程丛书》编纂委员会

《陕西省地情丛书》编纂委员会

《陕西省河流志丛书》编纂委员会

《陕西省河流志丛书》编纂委员会办公室

《褒河志》编纂委员会

审定单位

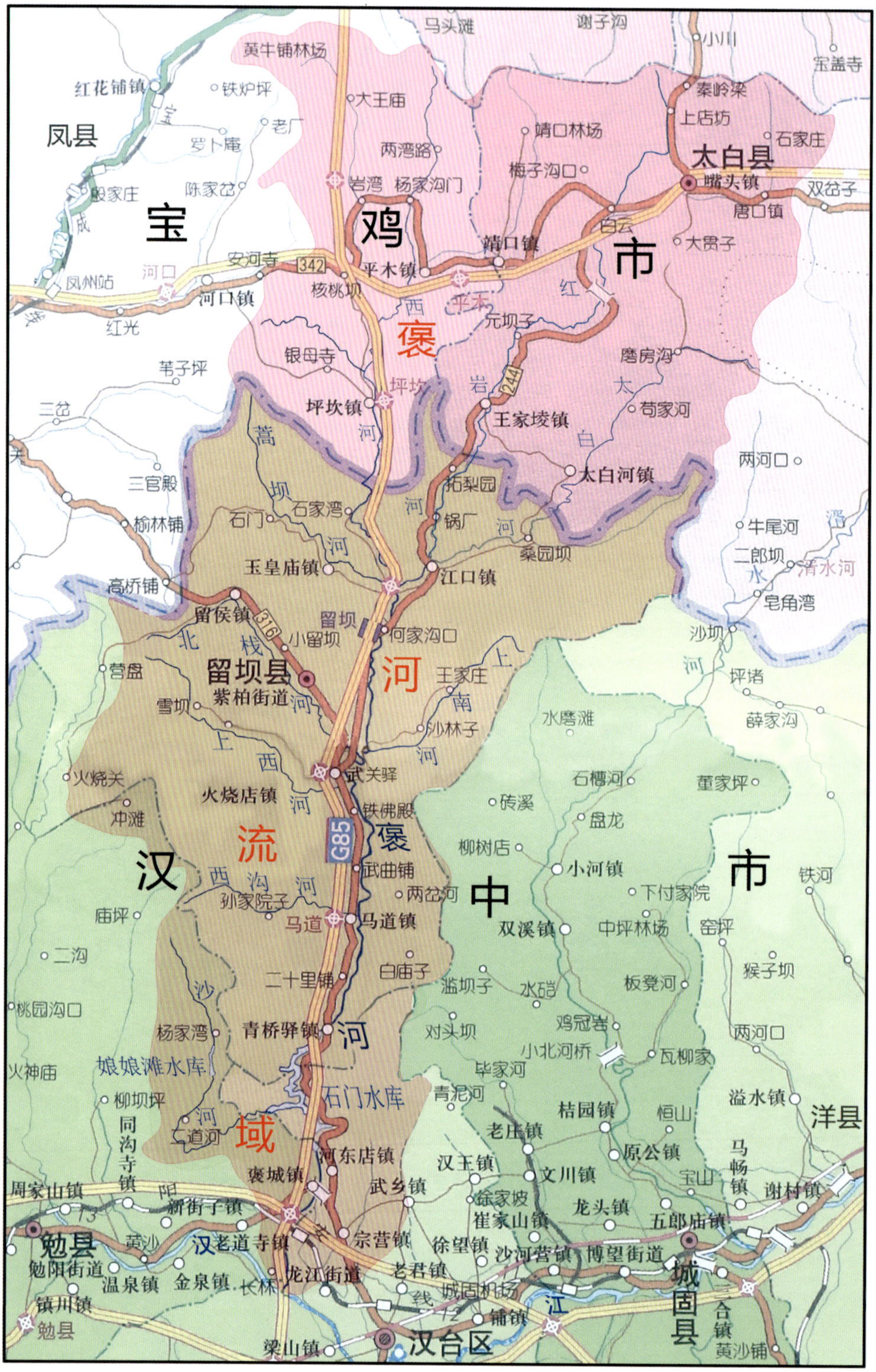
马头滩
谢子沟
小川
宝盖寺
黄牛铺林场
红花铺镇
铁炉坪
大王庙
秦岭梁
上店坊
凤县
老厂
罗卜庵
靖口林场
两湾路
石家庄
太白县
梅子沟口
嘴头镇
双岔子
殷家庄
陈家岔
岩湾
杨家沟门
唐口镇
宝
鸡
市
白云
大贯子
靖口镇
安河寺
342
平木镇
河口
凤州站
河口镇
核桃坝
平木
红光
西
褒
元坝子
银母寺
磨房沟
笋子坪
244
三岔
坪坎镇
坪坎
王家楞镇
苟家河
太白河镇
两河口
三官殿
拓梨园
石家湾
锅厂
榆林铺
石门
牛尾河
桑园坝
二郎坝
清水河
玉皇庙镇
江口镇
皂角湾
高桥铺
留坝
何家沟口
留侯镇
316
小留坝
沙坝
营盘
留坝县
河
王家庄
坪诸
紫柏街道
雪坝
水磨滩
薛家沟
沙林子
火烧关
武关驿
石槽河
董家坪
火烧店镇
铁佛殿
砖溪
冲滩
盘龙
流
G85
柳树店
汉
小河镇
市
铁河
武曲铺
下付家院
两岔河
中
孙家院子
马道
马道镇
双溪镇
中坪林场
窑坪
庙坪
二沟
白庙子
二十里铺
猴子坝
滥坝子
水碥
板凳河
桃园沟口
鸡冠岩
青桥驿镇
对头坝
两河口
杨家湾
小北河桥
瓦柳家
火神庙
娘娘滩水库
毕家河
石门水库
青泥河
溢水镇
洋县
柳坝坪
桔园镇
恒山
同沟寺镇
老庄镇
域
道河
原公镇
河东店镇
马畅镇
汉王镇
文川镇
褒城镇
宝山
周家山镇
徐家坡
谢村镇
武乡镇
新街子镇
崔家山镇
龙头镇
五郎庙镇
勉县
黄沙
宗营镇
老道寺镇
徐望镇
沙河营镇
博望街道
勉阳街道
城固县
温泉镇
金泉镇
长林
龙江街道
老君镇
镇川镇
城固机场
铺镇
江
合镇
勉县
汉台区
黄沙铺
梁山镇

褒河流域示意图

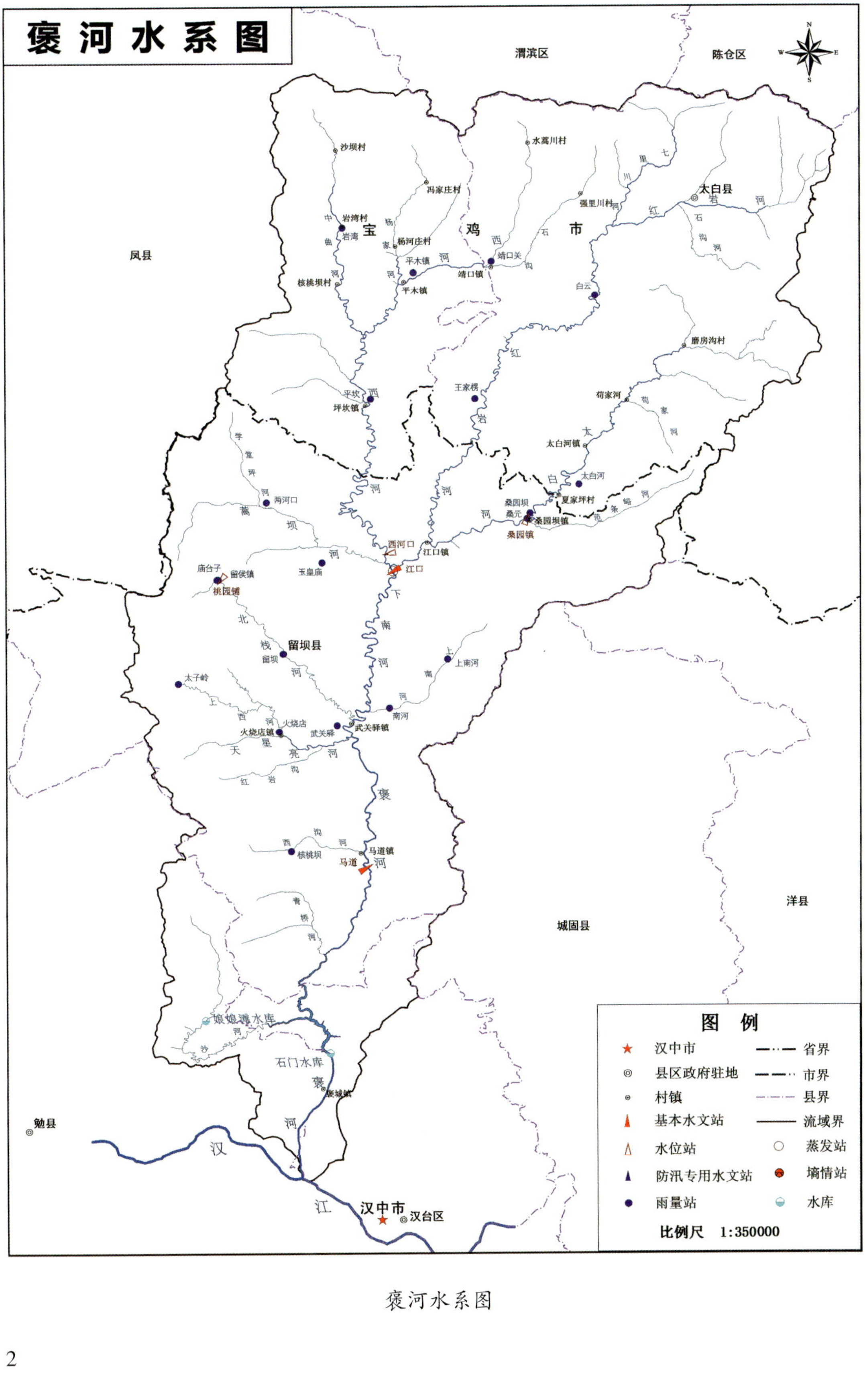
褒 河 水 系 图
渭滨区
陈仓区
宝
鸡
市
太白县
凤县
留坝县
城固县
洋县
勉县
汉中市
汉台区
沙坝村
冯家庄村
水蒿川村
强里川村
岩湾村
岩湾
杨河庄村
平木镇
平木镇
靖口关
靖口镇
核桃坝村
白云
磨房沟村
王家楞
荀家河
太白河镇
太白河
夏家坪村
桑园坝
桑元
桑园坝镇
桑园镇
平坎
坪坎镇
两河口
西河口
江口镇
江口
庙台子
留侯镇
桃园铺
玉皇庙
留坝
上南河
南河
太子岭
火烧店
火烧店镇
武关驿
武关驿镇
核桃坝
马道镇
马道
娘娘滩水库
石门水库
褒城镇
汉
江
图 例
汉中市
省界
县区政府驻地
市界
村镇
县界
基本水文站
流域界
水位站
蒸发站
防汛专用水文站
墒情站
雨量站
水库
比例尺 1:350000

褒河水系图

红岩河源头分水岭（2023 年拍摄）

太白河源头（2023 年拍摄）

西河源头（2023 年拍摄）

上南河源头（2023 年拍摄）

北栈河源头（2023 年拍摄）

尚溪河源头（2023 年拍摄）

沙沟河源头（2023 年拍摄）

褒河秋色（2023 年拍摄）

秦岭人家（2023年拍摄）

褒河王家堎段（2023年拍摄）

褒河江西营段（2018 年拍摄）

褒河马道段（2023 年拍摄）

褒河青桥驿段（2023 年拍摄）

宝巴高速石门库区段（2023 年拍摄）

褒河石门水库段（2023 年拍摄）

俯瞰石门库区（2023 年拍摄）

石门水库（2007 年拍摄）

石门库区（2013 年拍摄）

石门栈道（2006 年拍摄）

鸟瞰石门大坝（2020 年拍摄）

空库石门大坝（2023 年拍摄）

洞看石门（2018 年拍摄）

石门泄洪（2018 年拍摄）

褒谷飞瀑（2018 年拍摄）

褒谷石门（2020 年拍摄）

远眺石门大坝（2018 年拍摄）

褒河出谷口段（2018 年拍摄）

褒河龙江段（2023 年拍摄）

褒河入汉江处（2023 年拍摄）

石门东干渠（2020 年拍摄）

石门东干渠沥水沟渡槽（2018 年拍摄）

石门南干渠（2023 年拍摄）

石门南干一支渠（2024年拍摄）

石门西干渠（2024年拍摄）

石门灌区（2019 年拍摄）

板凳堰灌区（2019 年拍摄）

收获（2021 年拍摄）

农家通上自来水（2019 年拍摄）

褒河蜜桔（2018 年拍摄）

留坝食用菌（2023 年拍摄）

千年银杏树（2023 年拍摄）

千年桉椤树（2023 年拍摄）

柴关岭（2020 年拍摄）

张良庙（2018 年拍摄）

紫柏山（2009 年拍摄）

褒斜古栈道遗存（2023 年拍摄）

重修山河堰碑记（2023 年拍摄）

舞龙（2022 年拍摄）

采莲船（2022 年拍摄）

舞草龙（2023 年拍摄）

《陕西省河流志丛书》编纂团队合影

（前排左起赵西安、常崇信、许灏、蒋建军、雷保寿、耿涛，

后排左起田晓强、杨永平、权医平、王辛石、黄卫涛、于世宏、龚裕凌）

褒河流域水利事业发展数据表（2020年）

流域概况	流域涉及陕西省宝鸡、汉中2市，太白、凤县、留坝、汉台、勉县5县（区）20个镇（街办）。流域总面积3955平方千米，其中：宝鸡市1957平方千米，占49.5%；汉中市1998平方千米，占50.5%。河道总长195千米，其中宝鸡市境内78.6千米，汉中市境内116.4千米。河道总落差1883米，平均比降3.7‰
水资源量	流域多年平均年径流量13.45亿立方米，石门水库坝址平均年径流量10.47亿立方米。其中7—9月径流量占全年径流量的53.3%，而12—2月径流量仅占全年径流量的6.4%。年径流量最大为1981年的24.95亿立方米，最小为1997年的3.41亿立方米
引水工程	流域古有山河堰等引水工程，最大灌溉面积23万亩；近有褒惠渠，灌溉农田16.7万亩；现有板凳堰引水工程，灌溉农田2.034万亩。有引红济石调水工程，年调水0.921亿立方米至渭河流域石头河水库，解决关中平原缺水问题
蓄水工程	流域建成各类水库29座，其中：大（2）型水库1座，总库容1.098亿立方米，灌溉面积51.5万亩；小（1）型水库6座，总库容1604万立方米；小（2）型水库22座，塘（窖）239口
城乡供水	汉中中心城区水厂2座，供水管网总长311千米，供水3.29万户；太白县城水厂2座，供水管网总长29.3千米，供水人口2.52万人；留坝县城水厂1座，供水管网8.9千米，供水人口0.9万人。流域内有村镇供水工程864处，解决了17.76万人的安全饮水问题
水电开发	流域水能理论蕴藏量为21.37万千瓦，可开发装机容量为17.63万千瓦，2020年有小水电站40座，装机容量7.641万千瓦，2021年秦岭区域小水电站整治，整改保留4座，装机容量5.419万千瓦，拆除影响秦岭生态环境的小水电站36座，装机容量2.222万千瓦
水产养殖	流域养殖品种有鲢、鳙、草、鲂、鲤、鲫、鲶、鮰等8个大类24个品种；相继引进有彭泽鲫、湘云鲫、淡水鲈鱼、黄颡鱼、丁鲑、松浦镜鲤、乌克兰鳞鲤等名优新品种10个；沿河道分布水生动物甲鱼、青虾、汉虾、田螺、河蟹及国家二级保护动物大鲵和水獭。水产养殖面积7.6万亩，产量1.02万吨，产值4.3亿元
堤防建设	新建加固干流堤防37.55千米。其中，平川段堤防9.42千米，石门库区段堤防6.6千米，山区段堤防21.53千米。新建加固支流堤防12.8千米。建设城区景观堤防13.5千米
生态保护	流域治理水土流失面积495.26平方千米，建设省级水土保持示范园1处；有自然保护区3处，分别为汉江湿地省级自然保护区、桑园国家级自然保护区、摩天岭省级自然保护区；重要湿地2处，为汉中石门水库湿地、汉中褒河湿地；鱼类种质资源保护区1处，为褒河特有鱼类国家级水产种质资源保护区
流域管理	审批石门水库用水量3.1亿立方米，引红济石工程调水0.921亿立方米，板凳堰灌溉引水0.153亿立方米。流域市级河长1名，县级河长15名，村级河长65名，河湖警长15名。有水利综合执法队伍8支。完成水利科技试验研究和技术引进项目15项，开展水利科技考察交流活动20余次。获得各级水利科技成果奖67项，其中省部级8项，市（厅）级17项，县（区）级42项
河流文化	有世界灌溉遗产1处，国家级水利风景区1处，水文化遗产16处，重点历史文化名胜15处，古栈道遗存21处，碑石及摩崖造像51处，重点红色革命旧址13处，自然景观5处

序

陕西省位于中国中部，以地理分界，分陕南、陕北、关中三区，今人称其为三秦。三秦大地被两个山系——北山和秦岭分界。北山山系的黄龙山、子午岭、陇山诸山划出了陕西北部沟壑纵横的黄土高原和中部一马平川的关中平原。大地理的秦岭，西起昆仑，中经陇南、陕西中部，东至鄂、豫、皖，分出长江、黄河两大流域，以及中国南北方的地理、气候。而横贯秦地中部的秦岭，在此自西向东也成为渭水与汉水的分界，形成了黄河和长江两大流域最大的支流。山是水之依，水是山之魂。北山、秦岭和巴山造就了三秦河流，孕育了悠久的中华文明，见证了夏、商、周三代以后朝代的更替兴衰。

三秦河流自然环境差异极大，河流所经高原、山地、丘陵、盆地、平原交错其间，多年平均降水量从陕北的340毫米过渡到陕南的1240毫米。华夏先民进入三秦，水利便是他们生存和发展的必然选择。不算很优越的水资源条件，因他们卓越的水利创造，滋养出了灿烂的河流文化。

《陕西省河流志丛书》是所涉三秦河流的百科全书。丛书分为《渭河志》《汉江志》《无定河志》《泾河志》《丹江志》《北洛河志》《千河志》《延河志》《漆水河志》《褒河志》各卷。河流志各卷以河为轴，以水为主干，涵盖了河流的自然地理、发展利用、人文历史等。以水利凿通上下5000年及至当代，由此可见这部丛书作者们的担当。

陕西的河流保留了自上古时期至现代文明演替的历史印迹，其文化类型之丰富，在中国乃至世界江河中少有与之比肩者。中国水利史大致可以分为四个阶段，比照三秦尤其具有代表性。

第一阶段（距今约10000年—前221年），这是从部落氏族走向中国的文明生发期。近年考古发现证实了从农业的发端到秦帝国成立，没有中断的中华文明演变轨迹。距今5000年上下，黄河流域处于炎帝、黄帝、伏羲、女娲、尧、舜、禹的传说时代，华夏文化已经初具农耕社会形态，是为华夏文明的源头。约公元前11世纪，擅长农业的姬姓部族进入漆水河流域的周原，在岐山下经营出旱作、稻作农业，灌溉工程因此诞生。传说时代以禹治水而发生文明大转折。兴起于豳、岐的周人，经牧野之战，灭商建立了中国唯一的贵族王国——周，史称西周。西周先后建都丰、镐，建立了国家川衡、虞泽制度，为其后春秋战国各诸侯国水利兴起的先声。战国时期后起的秦国，经孝公时（前381—前338年）商鞅变法迅速强大，兼并六国，建立起第一个王朝集权国家。强大的秦国在泾河上兴建了郑国渠，关中水利区由此历经汉唐至明清，支撑了区域农业2000余年。郑国渠亦开创了中央王朝经营水利工程的先河。

第二阶段（前221—1279年），经历了汉、唐、宋水利发展的高潮，水利支撑了古代中国最重要朝代的繁盛。自汉迄唐，渭河横贯的八百里秦川，从京畿的咸阳、长安，到华州、陕州两岸密集分布着具有灌溉、水运、水能（水磨、水碾）等功能的水利工程。在渭河的支流北洛河上兴建了中国最早的隧洞引水工程——龙首渠。汉兴之地的汉江及其支流褒河、丹江，由军事屯垦带来了区域性水利工程兴建，历经东汉、三国、两宋发展，形成了陕南汉中水利区。这一阶段可称道的还有唐代第一部国家水利法规《水部式》的颁布，强化了中央政府对关中灌溉工程、河西和西域屯田水利、运河工程和用水管理，从而确立了国家、地方不同的水利管理体制。

第三阶段（1279—1930年），这一时期水利以陕北边镇水利为代表。陕北地处干旱和半干旱区，是农耕与游牧不同文化的分界线。北宋、西夏、明代在无定河与黄河支流清水河（今延河）流域先后涌现出大大小小的引水工程，营造出延安、榆林一带塞北稻作农业区。20世纪三四十年代抗日战争期间，旱区水利继续发扬光大。陕北的古代水利工程中，以无定河支流榆溪河红石峡灌渠最为著名。引水渠或明或暗穿行于榆溪河两岸的山崖中，灌渠、榆溪河、对峙的山崖和摩崖石刻，营造出著名的“榆林八景”，这一于15世纪兴建的工程今天仍在发挥作用，并继续九边重镇的无限风光。

第四阶段（1931年至今），这是传统水利步入现代工业文明的时期。水利技术逐渐取代传统工程技术，水资源开发利用超过了任何历史阶段。先是以泾惠渠、渭惠渠为代表的“关中八惠”等现代水利工程的兴建，带来了水权制度在灌区管理中的实践。在抗日战争期间，渭河边现代水利科学、教育发展起来；陕甘宁边区水利事业蓬勃发展。1949年以后，现代水利在三秦大地得到全面发展，水利在城市供水、防洪减灾等方面发挥的作用日渐突出。近年来，引汉济渭工程、东庄水利枢纽工程的实施，为咸阳、西安及秦地的渭北地区开辟了新水源，城市供水安全、经济可持续发展得到了保障。但是，工业革命理念下的水利建设也留下了违反河流规律的后果，如20世纪50年代三门峡水利工程规划失误，造成河流自然环境不可逆转的蜕变，此后数十年，渭河平原洪水灾害频发，直到实施三门峡枢纽工程重大改造才得以控制。近40年来，水利可持续发展理念日益深入人心，陕西省数十年持之以恒的水土保持工程，改善了河流自然环境，使青山绿水重返陕北。

《陕西省河流志丛书》所志十河，每河皆为名水，以“水”而见三秦山川之美，而见治水与治世、治水与文化的交织。《诗经·鲁颂·閟宫》曰：“赫赫姜嫄，其德不回。上帝是依，无灾无害。弥月不迟，是生后稷。降之百福。黍稷重穋，稙稚菽麦。奄有下国，俾民稼穑。有稷有黍，有稻有秬。奄有下土，缵禹之绪，后稷之孙，实维大王。居岐之阳，实始翦商。”十河的历史与文化属于三秦，亦属于中国。

是以为序。

谭徐明

二〇二五年，乙巳岁旦之日

（谭徐明，中国水利水电科学研究院原副总工程师，教授级高级工程师、博士生导师，中国水利学会水利史与水利遗产专业委员会主任委员，水利遗产保护与研究国家文物局重点科研基地学术委员会主任）

凡　例

一、本志以马克思列宁主义、毛泽东思想、邓小平理论、“三个代表”重要思想、科学发展观、习近平新时代中国特色社会主义思想为指导，坚持辩证唯物主义和历史唯物主义的观点、方法，客观记述褒河流域的历史与现状。

二、本志为《陕西省河流志丛书》之一，编排体例遵循丛书编纂统一规范。全志设序、凡例、概述、大事记及志、传、表、录、图等，分篇、章、节、目、子目五个层次，横排竖写、以时为序，尽量做到全面、系统，横不缺门，纵不断线，以历史真实性为最高原则，同时做到科学性、实用性、资料性、逻辑性、可读性相统一。

三、本志所记事物一般上溯肇始，下限止于2020年底，个别重要事项根据需要延至封笔。内容统合古今，略古详今，主要记述近现代，重点记述新中国成立以后的各项事务，力求体现专业特征和流域特色。对历代史志中有资治、教化、存史及研究价值的事物，尽量予以收录。

四、本志采用语体文、记述体编纂，坚持公允、客观，行文力求语言朴实、简练、流畅。引用历史资料一般注明出处，便于读者核查。文字使用以2000年10月31日发布的《中华人民共和国国家通用语言文字法》为准；标点符号使用以2011年12月30日发布的《标点符号用法》（GB/T 15834—2011）为准。

五、本志以1984年国家颁布的法定计量单位为准，对历史上的度量衡一般沿用旧制，必要时折合现行计量单位，予以括注。数字书写按照2011年7月29日发布的《出版物上数字用法》（GB/T 15835—2011）执行。

六、本志坚持山水林田湖草沙一体化保护和系统治理，以河流为轴线，以水为核心，以流域生态保护为基准线，以流域文化为特色，突出治水治河、治山治沙，重点记述流域内河流自然环境状况、水资源集约节约利用、防汛抗旱与河道整治、水保生态环境建设、流域综合管理、文化保护传承弘扬、机构与人物等。本志采用资料以各级档案、志书资料和流域内有关部门提供资料为主，亦有经过考证和鉴别的口碑资料。

七、本志中新中国成立后的统计数字以统计部门的法定数字为准；统计部门未予统计的数字，一般以业务管理部门的数字为准。择年统计表一般选用逢五、十年之数字。数字采用该年现行价计算。

八、本志中地名一般采用市县地名办公室普查核定的标准地名；对历史地名保持原名，与今名不同者注明今址。单位、机关名称一般使用法定标准全称谓名，对普遍熟知的简称

使用简称，在首次使用时括注全称。

九、本志使用公元纪年。对民国及其以前的纪年按年号记述，“××年代”均指20世纪中的公元年代。

十、本志遵循“生不立传”的惯例，不为生人立传。入志人物以对褒河流域作出突出贡献和较大影响为标准。立传记述人物以卒年为序。

目　录

第三篇　防汛抗旱与河道整治

第四篇　生态环境建设

第五篇　流域综合管理

第六篇　流域文化保护与传承

第七篇　机构与人物

Contents

Part II Water Resources Development and Utilization

Part III Flood Control, Drought Relief and River Regulation

Part IV Ecological Conservation

Part V Comprehensive Basin Management

Part VI Safeguarding and Transmission of Cultural Heritage within the Basin

Part VII Institutions and Figures

概　述

褒河古称褒水，因古褒国而得名，为汉江上游左岸最大支流之一。

一

褒河，是一条多姿多彩的河。

褒河流域位于陕西省西南部，秦岭南麓，汉江上游左岸。地理坐标为东经106° 40′ ~107° 20′、北纬 33° 12′ ~34° 12′。地跨宝鸡、汉中两市的太白、凤县、留坝、勉县、汉台 5 个县（区）。干流全长 195 千米，流域面积 3955 平方千米。其中：在汉中市境内 1998 平方千米，占 50.5%；宝鸡市境内 1957 平方千米，占 49.5%。河道总落差 1883 米，平均比降 3.7‰，多年平均年径流量 13.45 亿立方米，多年平均流量 40.7 立方米每秒。

褒河发源于宝鸡市太白县秦岭南麓太白山之灵湫，即《水经注》所称之衙岭山。源头至江西营为上游段，江西营以下至石门水库坝址以上为中游段，石门水库以下为下游段。流域地势西北部较高，东南部较低，形如簸箕。以石门水库坝址为界，以上主要是山区，以下为汉中盆地。

褒河流域水系发育良好，有 91 条流域面积 10 平方千米以上的支流汇入。其中，流域面积 1000 平方千米以上的河流 1 条，100~1000 平方千米的河流 8 条，10~100 平方千米的河流 83 条。

褒河流域属亚热带北缘山地暖温带温湿季风气候区，四季分明，夏无酷暑，冬无严寒。多年平均气温 11.5 摄氏度，最高气温 35.9 摄氏度，极端最低气温 -14.3 摄氏度，最大冻土深度 14 厘米。年平均日照时数 1804 小时，最大风速 20 米每秒。流域内雨量充沛，年降水量一般为 800~1000 毫米，最大年降水量 1622.3 毫米（1981 年），降水量年内分布不均，主要集中在 6—9 月，占全年总降水量的 75%。全年阴天较多，湿度较大，风速小（年平均风速小于 2.1 米每秒），年蒸发量为 800~900 毫米。河道多年平均水温 13.4 摄氏度，最高水温 23.3 摄氏度，最低水温 0 摄氏度。

褒河流经秦岭南坡和汉中盆地，地势北高南低，最高海拔为紫柏山主峰 2610.2 米，峡谷出口河床高程为 530 米，最低海拔为与汉江交汇处河床高程 507 米。峡谷口以上山峦密布，河流蜿蜒发育于秦岭中、低山区；出峡谷口后，地势豁然开阔，河谷两岸进入宽阔的汉江冲洪积平原。在大地构造位置上，地处秦岭褶皱系。以马道东西向断裂为界，横跨

两个二级构造单元，北属秦岭印支褶皱带，南跨华力西褶皱带。南部的汉中盆地大部分被大范围、厚度巨大的第四系地层所覆盖。

褒河流域灾害频繁，主要为洪灾和旱灾。近百年来较大水灾平均5~6年发生一次。1931年、1949年、1956年、1981年、1990年都发生过全流域性洪水灾害。1981年8月，流域发生百年罕见特大洪水，为褒河流域有实测记录以来最大的一场洪水。公元前190—2020年，较大干旱年份有120年，其中特大旱年63年，旱灾平均7~8年发生一次。

二

褒河，是一条孕育着丰富资源的河。

褒河流域中上游地处秦岭南坡，地形复杂多样，山川河谷兼有，生态环境优越，地质地貌独特，林业、矿产资源丰富，自然景观与人文景观交相辉映。产业自古以农牧业为主，粮食作物有水稻、玉米、小麦、豆类、薯类；农副产品有蔬菜、香菇、黑木耳、西洋参、板栗、核桃、猕猴桃、天麻、生漆、杜仲、蜂蜜等；畜禽品种有猪、牛、羊、鸡、鸭、鹅等；植物资源有乔木47科、灌木21科、竹藤类12科、草本类88科、菌类及地衣类21科。药用植物资源广泛分布于流域内不同海拔的山上，可供收购的药材有1720种，在国家、陕西省药材品种名录中占80%以上。动物资源有：常栖鸟类270种、常见兽类71种、两栖爬行类动物34种、鱼类125种、无脊椎动物329种。矿产资源有：金属矿产有金、铜、铁、铅、锌、镁，非金属矿产有蛇纹岩、大理石岩、石英岩、石灰岩、煤矿等。区内旅游资源丰富，近年来，留坝县再次依托境内丰富的生态资源和丰厚的历史文化积淀，进一步挖掘褒斜栈道、连云栈道等古道遗迹，精心打造紫柏山风景区、张良庙和褒河栈道漂流三大旅游品牌，为县域经济发展和农民增收带来了实实在在的好处。

褒河流域下游为汉中盆地腹心，是汉中重要粮食产地，物产丰富。石门灌区生产粮食约占汉中市粮食总产量的1/4，为汉中市“农业稳市”战略和保障粮食安全发挥了重要作用。

三

褒河，是一条荡漾着历史文化的河。

早在新石器时代，褒河流域河流沿岸的川道和台地就有人类居住。夏代，在褒谷口东侧的骆驼坪建立了褒国。周幽王伐褒，褒国献褒姒媾和，后有烽火戏诸侯的故事。

褒斜道被称为中国栈道博物馆，因取道褒水、斜水而得名，为古代途经汉中的七条蜀道之一，有“蜀道之始”的美誉。它依山傍水，顺河筑道。南起汉中城北15千米的褒谷口，北至眉县斜峪关口，全程249千米。是中国历史上发现最早，使用时间最长，影响和规模最大的栈道。

褒谷口阎王碥到鸡头关一带是褒斜道最险峻的地方，山崖陡峭，壁立千仞。司马迁在《史记》中道：“栈道千里，无所不通，唯褒斜绾毂其口。”东汉永平九年（66年），

汉明帝下诏，在七盘山下历时 6 年，用“火焚水激”之法开凿出一条长 15 米、高宽各为 4 米左右的穿山隧道，成为世界交通史上最早人工开凿的通车隧道。

公元前 206 年，韩信随刘邦退守汉中，因不被重用，沿褒河出走关中。萧何得知后连夜追赶，在一个今叫樊河（古称寒溪）的地方追上被山洪阻挡的韩信，向刘邦推荐韩信。刘邦拜韩信为大将后，按照韩信提出的计谋，明修栈道，暗度陈仓，灭三秦，夺天下，便有了“若非寒溪一夜涨，焉得汉家四百年”的千古咏叹。

马道是古褒斜道必经之地，镇街北小河上有一座桥叫“樊桥”。相传为汉王刘邦采纳韩信“明修栈道，暗度陈仓”之计，派樊哙明修栈道时所建。

位于留坝县留侯镇的留侯祠（又称张良庙），是一代谋臣、“汉初三杰”之一的张良隐居之地。张良庙老庙始建于东汉末年，位于紫柏山巅，至今已有 1800 年历史，据说是张良十世孙张鲁为纪念张良所建。明清时期，为了方便人们祭祀朝拜，遂从山上搬到山下，形成一处规模宏阔的古建筑群落，是较为完整的山地型寺庙古胜迹。抗战时期，此处为西南去华北等前线的必经之地，无数抗战名将在此留下豪言壮语。

诸葛亮第五次北伐，沿褒斜道进入关中五丈原，后因积劳成疾，壮志未酬身先死，大军复沿原路退回，“千古名相”葬在汉江边的定军山下，赵云守卫的赤崖在褒河的映照下至今依旧保持着鲜艳的色泽。

在唐代被称为“天下第一驿”的褒城驿，坐落在褒河边（现汉中市汉台区龙江镇的柏乡街）。褒城驿为唐宪宗元和初年（806 年）所建，曾经是一个四通八达的大道所在。从长安经褒斜道南去汉中，或西到四川都要从此经过。这里背依褒水清流，面对广阔原畴，驿舍宏丽，环境幽雅，池水相伴，花木簇拥，风光优美，景色宜人。随着时代变迁，风光不再，却留有唐代著名文学家孙樵《书褒城驿壁》的千古美文。

留坝县姜窝子的武休关，是汉中北上的门户，也是褒斜道上一处重要的军事要地。南宋绍兴三年（1133 年），抗金名将吴玠在这里设伏大败金兵。此战之后，金兵 30 年不敢再南下侵犯。

汉武帝时，为打通褒斜道以通漕运，御史大夫张汤之子张印为汉中太守，发动数万人治理褒水，并凿修褒斜栈道 500 里。后虽因褒河水流湍急、多石，最终未能通漕，但修通了褒斜道。其后李寿、鄐君、杨涣、归融、诸葛亮、羊祉、郑涯、贾汉复等都对栈道进行过修复，使褒斜道沿用 2200 多年。直到 20 世纪 30 年代国民政府修通川陕公路，褒斜道才结束了作为川陕交通干道的历史。

在石门洞壁内和附近山石上，历代文人骚客和达官显贵留下了颂扬开凿石门盛事、记载褒斜道和山河堰兴衰等摩崖石刻 177 方。修建石门水库时，因石门隧洞将被淹没，在有识之士的呼吁和政府的支持下，将东汉至宋代的 13 方摩崖石刻凿下，搬迁至汉中市博物馆保藏，供后人鉴赏。这些石刻书法作品统称“汉魏石门十三品”，被誉为“国之瑰宝”。石刻中有西汉开国功臣张良见水冲巨石如盆，即兴题写的“玉盆”；有曹操见褒谷水击岸石，激浪如雪，挥笔写下的“衮雪”；有南宋时期山河堰一次重大维修后，南郑县令晏袤撰书的“重修山河堰”碑等。中华书局 1947 年出版的《辞海》封面的“辞海”二字，便摹取自其中的国宝级文物《石门颂》。

四

褒河，是汉中盆地水资源开发利用最充分的一条河。

褒河流域水资源开发利用较早，水利灌溉具有2000多年的历史。史载秦末刘邦屯兵汉中，萧何、曹参倡修山河堰，为汉中盆地开发利用最早、发挥作用最大、使用时间最长、灌溉效益最好、传承最成功的水利工程。由于汉中自古是关中通往巴蜀的咽喉，也是中国历史上南方和北方割据政权长期争夺的古战场，汉中盆地的农业灌溉和收成，曾经是决定战争双方胜败的重要战略资源。因此，山河堰从建成的那一刻起，就备受历代地方官吏与驻军将领的重视。三国诸葛亮，五代后蜀武漳，北宋许逖、赵从俨，南宋吴玠、吴璘、杨政、吴拱，元代赛因普化，明代张良知、崔应科，清代余正焕、严如熤等均多次组织民众和军士进行整修加固，为发展农业经济，赢得战争胜利，发挥了极其重要的作用。

民国期间，近代著名水利专家李仪祉先生两次来汉中考察水利，制定了修建褒惠渠工程的方案。民国二十六年（1937年），为推进全民族的抗日战争，国共两党实现第二次合作，汉中作为抗日大后方，具有重要的战略地位。为促进农业发展，保障军粮供应，支援反侵略战争，同时也为了满足南郑、褒城、城固三县人民多年的迫切愿望，民国政府投资兴建了褒惠渠灌溉工程，较好地改善了汉中盆地中心区的灌溉条件。民国三十四至三十五年（1945—1946年），由国民政府经济部资源委员会投资，利用褒惠渠二支渠跌水修建了陕西省第一座小型水力发电站——武家沟水电站。年发电量57万千瓦时，主要供汉中市城镇照明及地方工业用电。

新中国成立后，褒河流域水利建设进入新的发展时期。1950—1953年，流域内各级政府围绕政权建设，整顿各级水利组织，重点抓褒惠渠水毁修复和渠系改建。1953—1957年，农业合作化运动兴起，水利建设从平川扩展到广大浅山丘陵区，在流域内掀起了以防旱抗旱、扩大水田面积为主要内容的兴修水利热潮。平川灌区重点开展整修改善和延长渠道，扩大灌溉面积；浅山丘陵区修堰打塘，提高抗旱能力，凤县建成了白蟒寺渠。同时，各地还兴修了许多小型渠堰、抽水站、小型水力发电站及重点江河堤防工程等，均初见成效。1958—1959年，按照“蓄水为主，小型为主，群众自办为主”的“三主”水利建设方针，以丘陵地区为主攻方向，大搞水利化建设，在流域内掀起了水利化高潮，动工兴建了褒河水库渠道、武乡四级抽水站、沔县板凳堰等一大批蓄、引、提工程。1960年起，国家经历了3年困难时期，国民经济实行“调整、巩固、充实、提高”的方针。1961—1965年，各县水利战线调整了建设布局，停、缓建了部分重点工程，处理“一平（平均主义）二调（无偿调用土地、劳力）”，大抓续建配套，完成遗留尾工，兴建大塘小库和小水电等。

1969年10月，石门水库在褒河谷口动工兴建，工程分为枢纽和渠道两部分进行，1979年全部工程竣工，投入试运行。1983年3月26—28日，日水库枢纽工程通过验收，交付石门水库管理局管理使用。水库控制流域面积3861平方千米，总库容1.098亿立方米，

承担着汉中市汉台、城固、勉县、汉中经济技术开发区4县（区）的农田灌溉任务。灌溉汉中市汉台、城固、勉县、汉中经济技术开发区4县（区）20个乡（镇）办事处232个行政村51.5万亩农田，为陕西省最大的水稻灌区。

1978—1987年，为国民经济调整时期，流域各地、县（市）认真贯彻中央“巩固改造，适当发展，加强管理，注重效益”的水利工作方针，把水利工作的重点逐步转向管理。狠抓已成灌区挖潜配套和修复水毁工程，充分发挥已成工程设施效益。一是压缩基建规模，清理在建工程；二是实施病险水库补强加固和灌区挖潜配套；三是在全市开展对水利工程的“三查三定”，落实水利工程管理责任，把水利工作的重点转移到管理上来，并积极开展多种经营，面向社会服务。进一步建立健全各项管理制度，落实完善水利管理责任制，推行经营承包和目标管理责任制，使水利综合效益得到全面发展。

1988—1998年，为褒河流域水利进入依法治理良性发展时期。1988年《中华人民共和国水法》和1991年《中华人民共和国水土保持法》的相继颁布，标志着水利事业逐步走向依法治理的轨道。首先开展了对水事活动的行政普查、行政许可、行政监督及行政违法案件的查处管理，对水资源开发利用、建设项目水土保持和河道采砂等实施许可管理，保障了流域水利建设的有序进行。从1996年开始的“甘露工程”建设，开创了解决流域农村人畜饮水困难问题的新局面，使边远山区和贫困地区的农民群众感受到党和政府的阳光雨露。

1999—2010年，为褒河流域水利步入快车道发展机遇期。1998年的“三江”大水之后，国家加大了对治理大江大河的投入，给流域江河堤防建设注入了新的活力；西部大开发使水利建设遇到千载难逢的历史机遇；科技兴水使水利建设插上腾飞的翅膀；资源水利、民生水利、工程水利和生态水利建设增添了褒河流域水利的勃勃生机。11年来，流域内各市、县（区）把水源建设、江河治理、城乡供水、防汛抗旱和水保生态列为首要水事，竭尽全力，常抓不懈；病险水库除险加固、防汛抗旱、节水灌溉、水电站建设、农田基建和水产渔政事业齐头并进，取得了喜人的成就。

2011—2020年，为褒河流域水利事业快速发展时期。灌区节水改造、农村安全饮水、中小河流治理、病险水库加固等工程的实施，使流域水利条件得到根本的改善。2016年，开始实施的脱贫攻坚饮水安全工作，使流域内各村基本实现了自来水通组到户，百姓全部吃上了安全卫生的自来水。2017年，开始推行河（湖）长制，流域内每一条河流都设置了河长，每条河流有人认领、有人负责、有人管理，使河道管理工作迈上了新的台阶。

五

褒河，是一条流淌着希望和奉献的河。

褒河流域造就了汉中盆地从古至今最重要的水利灌溉工程。从山河堰到褒惠渠，从褒惠渠再到石门水库，褒河灌区承担着汉中市1/4粮食的生产任务。

褒河流域是陕西省内“引红济石”工程的水源地。“引红济石”工程从褒河上游红岩

河建低坝引水枢纽，通过秦岭隧洞将水自流引入石头河上游桃川河，最后进入石头河水库调节，向西安、宝鸡、杨凌、咸阳等市（区）供水，并向渭河干流补充一定的生态水量，规划年调水量 0.921 亿立方米。

褒河流域也是陕西省“引汉济渭”工程的重要水源地。“引汉济渭”水利工程从汉江黄金峡引水至渭河流域，是横贯长江、黄河两大水系的跨流域调水工程，是解决陕西全省水资源短缺的战略性水资源配置工程。工程穿越秦岭，沟通汉江、渭河，连通陕南、关中，惠及陕北。既可解决关中地区西安、宝鸡、咸阳、渭南 4 个重点城市及沿渭河两岸 12 个县城和 6 个工业园区的生活用水及工业用水，又归还了关中地区原被大量挤占的 300 万 ~500 万亩耕地的农用水。此外，还能有效改变关中超采地下水、挤占生态水的状况，实现地下水采补平衡，防止城市环境地质灾害。同时，通过水权置换，将关中用水指标向陕北转移，为陕北能源化工基地建设提供水资源保障。

褒河流域还是国家南水北调中线工程的水源涵养区。南水北调工程是我国跨流域、跨区域配置水资源的骨干工程，是世界最大的调水工程，也是一项对我国战略全局、长远发展和民生福祉有重大影响的战略性工程。南水北调中线工程是从汉江中上游横跨湖北和河南两省的丹江口水库调水至北京、天津、河北，是缓解我国黄淮海平原水资源严重短缺、优化配置水资源的重大战略性基础设施，是关系到受水区省（市）经济社会可持续发展和子孙后代福祉的百年大计。为确保“一泓清水永续北上”，流域内各级政府始终把保护流域水质安全作为重大政治任务和重要民生举措来抓，持之以恒地加强水污染防治和生态环境保护，持续开展水环境综合整治，流域水环境质量持续保持优良。

褒河流域也是汉中中心城区居民生产生活用水的水源地。石门城市供水工程项目是汉中市政府 2002 年的招商引资重点项目，项目于 2002 年底开工建设，完成了取水口、净化水厂、净水厂至八里桥供水干管等主体工程。技改工程于 2018 年 3 月开工建设，2021 年 10 月底正式投入运行。汉中市中心城区 60 万名居民结束了饮用地下水的历史，开始饮用石门水库地表水。同时，随着城乡供水一体化的逐步落实，沿途的褒城组团、兴汉新区及宗营镇、龙江街道办事处也将饮用石门水库地表水。

随着汉中城市品质的提升和汉中盆地水资源的优化配置，在不久的将来，石门水库势必为中心城区和兴汉新区输送清洁的生态用水。

一河褒水，福泽千年，生生不息地滋灌着汉中这一方水土，养育了汉中这一方人民。还无私地敞开博大的胸怀，用甘甜的乳汁，滋润关中那片广袤的大地；把无限的爱，化成汩汩清流，流向遥远的京、津、冀。

第一篇　流域环境

褒河古称褒水，又称山河、乌龙江、黑龙江，元代一度称紫金河，明代称褒谷水，为汉江上游左岸较大支流。

褒河流域位于陕西省西南部，秦岭南麓，汉江上游左岸。北部以秦岭山脊与渭河流域为界，西部与汉江一级支流外坝河流域相邻，东部以摩天岭(2603米）—鹈风包（1909米）山脉主脊为界与湑水河流域分水，南临汉江。地理坐标为东经106° 40′至107° 20′、北纬33° 12′至34° 12′。地跨宝鸡、汉中两市的太白、凤县、留坝、勉县、汉台5个县（区）20个镇。干流全长195千米（宝鸡市境内78.6千米，汉中市境内116.4千米），流域面积3955平方千米（宝鸡市境内1957平方千米，占49.5%；汉中市境内1998平方千米，占50.5%），河道总落差1883米，平均比降3.7‰，多年平均年径流量13.45亿立方米，多年平均流量40.7立方米每秒。

第一章　河流水系

褒河发源于宝鸡市太白县秦岭南麓太白山之灵湫，即《水经注》所称之衙岭山。源头至江西营为上游段，江西营以下至石门水库坝址以上为中游段，石门水库以下为下游段。流域地势西北部较高，东南部较低，形如“簸箕”。流域上宽下窄呈漏斗形状，上游平均宽度约 40 千米，中下游平均宽度 20~30 千米。以石门水库坝址为界，以上主要是山区，以下为汉中盆地。

流域水体水质良好，均可作为饮用水源。流域植被较好，河东店水文站实测，石门水库大坝以上多年平均输沙量为 115 万吨，平均含沙量 0.74 千克每立方米。多年平均流量 39.1 立方米每秒，多年平均年径流量为 12.34 亿立方米，多年平均径流深为 319.4 毫米。水能理论蕴藏量为 21.7 万千瓦。

褒河流域水系发育良好，有 91 条流域面积 10 平方千米以上的支流汇入。其中，流域面积 1000 平方千米以上的河流 1 条，100~1000 平方千米的河流 8 条，10~100 平方千米的河流 83 条。

第一节　干　流

一、源头

褒河的源头据史料记载有二源和三源两种说法。

源头分水岭（2023 年拍摄）

《陕西省志》第十三卷《水利志》和《汉中地区水利志》及部分较早史料认为褒河有东、西二源。①东源出宝鸡市太白县太白山之灵湫，即《水经注》所称之衙岭山。地理坐标为东经 107° 22′ 30″，北纬 34° 09′ 38″，海拔 2150 米。始称虢川河，南流过太白县城，北纳七里川河（今称红岩河）。②西源出凤县代王山秦岭沟，地理坐标为东经 106° 54′ 53″，北纬 34° 09′ 39″。海拔 2100 米。初名中曲河，又称车道河，下行至在凤县平木镇朱家坝右纳杨家河今称西河。东源红岩河为正源。

《汉中地区志》及近代部分学者考察认为褒河有东、中、西三源。①东源为宝鸡市太白县城东南鳌山南麓的太白河，地理坐标东经 107° 25′ 16.6″，北纬 33° 54′ 47.7″，海拔 2390 米。②中源为太白县东北秦岭南麓的红岩河。③西源为凤县代王山秦岭沟的西河。中源红岩河为正源。

两种说法都坚持红岩河为褒河正源。

二、上游段

上游段为红岩河，又名虢川河、红崖河，古称寇家关河。流经宝鸡市太白县咀头镇、王家堎镇，于王家堎镇的擂鼓滩出太白县境入汉中市留坝县江口镇。纳太白河，再于江西营与西河汇合。其下 1 千米处有江口水文站，河源至江口水文站距离为 92.0 千米。

褒河上游段（2023 年拍摄）

流域属土石山区，山势陡峻，河谷宽浅，两岸谷坡较缓，耕地较多。地势东北高西南低，河道随山势蜿蜒曲折。沿途接纳沟溪众多，流域面积在 10 平方千米以上的河流有 11 条，河网密度 0.64 千米每平方千米。河流上游为束放形河道，形成以咀头镇为中心的大面积曲流阶地，是太白山区最大的宽谷式小盆地，也是太白县最重要的生态农业经济区和无公害绿色蔬菜生产基地。流域内林茂草密，水生态环境良好。植物以常绿混交阔叶林为主，大部分为天然林，是国家一、二级保护野生动物大熊猫、羚羊、林麝、灵猫、大鲵、蝾螈、白冠长尾雉、血雉等的主要栖息地。

历史上著名的秦蜀古栈道——褒斜栈道，早期就沿红岩河修建。其中，太白县王家堎镇、留坝县江口镇有古栈道遗迹多处。陕西省为解决渭河流域水资源紧缺而实施的重要跨流域调水工程“引红济石”水利工程，在红岩河上游筑坝取水。

三、中游段

江西营以下至石门水库坝址以上为中游河段，长度 89.86 千米。干流自上而下左纳上南河，至姜窝子右纳北栈河，至武关驿右纳尚溪河。干流继南流改称“北栈河”，经马道前左纳两岔河、右纳马道河。马道以下因有古褒国而得名褒河。褒河由马道经青桥驿、两岔河口，并在麻柳寺前右纳沙沟河，由青桥驿进入石门水库区。该段河道进入峡谷，山势陡峻，河谷

褒河中游段（2018 年拍摄）

深切，水流湍急，两岸山坡高出河床200~400米，坡度50°~70°，河床宽100~200米，最窄处仅30米，为褒河流域最险的一段。古褒斜栈道、连云栈道、民国时期宝汉公路在此段交会。其中，青桥驿、马道驿、武关驿都是古褒斜栈道上的重要驿站，也是我国古代交通史上的璀璨明珠。马道镇位于宝汉公路边（G316），北凭凤凰山，南临褒河水，历史上曾发生过“萧何月下追韩信”及“明修栈道，暗度陈仓”等历史典故；褒姒铺因褒姒而著名，曾留有“幽王烽火戏诸侯，褒姒一笑失江山”的神奇故事。

四、下游段

出石门水库后，在汉台区河东店镇以北1.8千米处出峡谷，进入宽阔平坦的汉中盆地，下游无较大支流注入。干流沿途流经汉台区河东店镇、宗营镇、龙江镇和勉县褒城镇、老道寺镇，在汉台区龙江镇孤山汉江大桥以西汇入汉江，长度13.14千米。河道进入汉中盆地后，地势豁然开阔，河谷两岸进入宽阔的汉江冲洪积平原，河面宽150~300米。河床多为砂卵石覆盖，河道冲淤变化显著，两岸发育漫滩阶地，农耕历史悠久，水利事业发达，古山河堰、民国时期的褒惠渠灌溉工程久负盛名。褒谷口有著名的石门三绝，即褒斜道、石门和摩崖石刻。石门始凿于东汉，历时三年，采用“火烧水激”法，修成了我国古代最浩大的陆路交通工程。而褒斜栈道沿途及石门一带刻有100多方摩崖石刻，大多以记述褒斜栈道开凿、山河堰水利工程修建及题咏为主要内容，以“玉盆”“石虎”“石门”“衮雪”为代表的“汉魏石门十三品”是举世闻名的书法瑰宝。

褒河入江口（2023年拍摄）

第二节　重要支流

褒河流域较重要的支流有11条。其中：流域面积在100平方千米以上的支流有9条，分别为太白河、西河、桑元河、黄牛河、蒿坝河、上南河、北栈河、武关河、沙沟河；流域面积不足100平方千米但较有影响的支流有2条，分别为马道河和青桥河。

一、太白河

太白河为褒河左岸一级支流，因太白山而得名。发源于宝鸡市太白县鳌山西南坡，地理坐标为东经107°25′16.6″，北纬33°54′47.7″，源头高程2470米。源出宝鸡市太白县太白河镇北部大河底村，至太白河镇园坝子村进入汉中市留坝县境，在江口镇汇入红岩河。

流域地处秦岭南坡，南北走向，北部、西部是红岩河主干道，东部以鳌山（3475米）—乌木梁（2563米）山脉主脊为界与湑水河流域分水，南临红岩河。河道两岸山体高大，

河谷宽浅不一，谷坝形成串珠状。流域内花岗岩、千枚岩和砂岩分布较广，河道随山势蜿蜒曲折。干流全长 60 千米，流域面积 642.1 平方千米，河流平均比降 26‰，多年平均年径流量 5.40 亿立方米，多年平均流量 16.5 立方米每秒，水能理论蕴藏量为 2.8 万千瓦。其中：太白县流域面积 377.87 平方千米，长 44.2 千米，平均坡降 30.9‰，平均流量 5.2 立方米每秒，多年平均年径流量 1.645 亿立方米；留坝县流域面积 264.23 平方千米，长 22.5 千米。

流域属暖温带山地气候。多年平均气温 11.2 摄氏度，极端最高气温 35.8 摄氏度，极端最低气温 −16.3 摄氏度，平均无霜期 180 天。多年平均降水量 886.3 毫米，年最大降水量 1562.2 毫米，年最小降水量 612.8 毫米。降水多集中在 7—9 月，占全年降水量的 1/2 以上，且多暴雨。春旱、伏旱出现频率较高，约三年一次。

流域主要覆盖太白县太白河镇和留坝县桑园坝乡及江口镇个别村组。中上游为无人区，也无工矿企业，下游有少量居民，总人口约 0.65 万人，拥有耕地约 380 公顷。居民以粮食种植和多种经营生产为主，农作物主要有小麦、玉米、土豆和豆类等。经济来源以香菇、木耳、中药材和生猪、中蜂养殖等为主。流域内森林植被良好，林地 1.98 万公顷，林木以栎、桦、松、柏为主，森林覆盖率达 85%。有国家一、二级保护野生动物大熊猫、羚羊、金丝猴、大鲵和锦鸡等，1997 年被国家列为大熊猫保护基地。流域内沟深谷狭，植被繁茂，水资源丰富，河水清澈且长流不息，是自然鱼类、水生动物繁衍生息的理想场所。

河流源出后呈西南流向，穿行于深山峡谷之间，河网密度 0.54 千米每平方千米，汉中市境内沿途有 10 条流域面积 10 平方千米以上的沟溪汇入。

太白河源头（2023 年拍摄）

二、西河

西河又名中曲河，古称车道河，为褒河右岸一级支流。西魏恭帝三年（556 年），修回车道经过这里，因此而得名。发源于秦岭山脉宝鸡市凤县河口镇岩湾以北代王山的秦岭沟，地理位置为东经 106° 54′ 41.56″，北纬 34° 09′ 39.18″，源头高程 2100 米。由北向南，在坪坎镇龙滩子纳入黄牛河，纳入点地理位置为北纬 33° 54′ 30″，东经 106° 59′ 38″，纳入点高程 1192 米。再向南流，在坪坎镇倒贴金出界进入留坝县境，在江口镇西河口再纳入蒿坝河，于留坝县江口镇江西营汇入褒河。

流域干流长 92 千米，流域总面积 1158 平方千米，年平均流量 5.76 立方米每秒，年径流总量 2.045 亿立方米。其中，在凤县境内涉及平木、岩湾和坪坎 3 个乡（镇）20 个行政村，干流长 35 千米，流域面积 634.1 平方千米，河流平均比降 32.6‰；在留坝县境内涉及玉皇庙和江口 2 个镇，干流长 19.3 千米，流域面积 64.8 平方千米，河流平均比降 4.1‰。

流域地处北秦岭加里东褶皱带，地貌类型为土石山区，流域内地貌单元由北秦岭中低山、中秦岭中低山和山间盆地为主。地势北高南低，平均海拔 1520 米左右。河流沟道密布，谷坡陡峻，沟谷狭窄，曲流深切，河床比较大，水流湍急。沟谷以“V”形居多，植被覆盖度高，生态环境良好。河流中游地势较缓，农业生产发达。全流域水土流失程度以中度为主，尤其是雨季，山体受水力侵蚀和重力侵蚀影响，会产生大量泥沙。

西河进入留坝处（2023 年拍摄）

河流源出后，穿行于千谷万壑中，沿途接纳沟溪众多，流域面积较大的河流有 42 条，河网密度 0.79 千米每平方千米。其中，黄牛河为流域面积最大支流。流域内河谷深切，水流湍急，水力资源丰富，水能理论蕴藏量达 1.7 万千瓦，可开发量 4285 千瓦，流域内先后修建了白蟒寺、杨河、岩湾、坪坎 4 座小型水电站。

在二级支流杨河上游，1970—1973 年修建了齐心水库，有效库容 50 万立方米，坝高 17.5 米，最大泄洪流量 2 立方米每秒。由于水源不足，加之配套工程不全，库容逐年缩小，截至 1985 年，坝高不足 10 米，有效库容仅剩 5 万立方米，基本丧失蓄水功能。

三、桑元河

桑元河又名范条峪河，为褒河二级支流，太白河左岸一级支流。发源于汉中市留坝县桑园坝镇碾子坝，由三条大沟溪汇流而成，于留坝县桑园坝镇桑园坝村注入太白河。

流域属秦岭南麓土石山区，地势东北高，西南低。北部、西部是太白河主干道，东部、南部与湑水河流域分水。河道由东北向西南方流，两岸山岭陡峭、河谷深切、沟地狭窄。干流全长 22 千米，流域面积 130 平方千米，河流平均比降 26.9‰，多年平均年径流量 0.48 亿立方米，水能理论蕴藏量 0.45 万千瓦。

桑元河上游段（2023 年拍摄）

流域属亚热带山地暖湿温带湿润季风气候区。以留坝县气象站为代表，平均气温 11.2 摄氏度，极端最高气温 35.8 摄氏度，极端最低气温 –16.3 摄氏度，雨量由东向西递增，多年平均降水量 750 毫米左右，7—9 月占全年降水量的 57% 以上。无霜期 218 天。1949 年以后，桑元河曾于 1964 年、1981 年、1984 年、1990 年发生流域

性洪水，沿河耕地和河堤损毁严重，损失较大，但未造成人员伤亡。耕地少，植被较好，水土流失轻微。

干流自碾子坝源出后，有3条流域面积10平方千米以上的沟溪汇入。流域主要覆盖留坝县桑园坝乡6个行政村，总人口约0.2万人，耕地面积约140公顷，森林面积1.2万公顷。流域内群众大多依河而居，主要从事农业生产，农作物主要以小麦、玉米、土豆和豆类为主，土特产主要有香菇、木耳、黄花、板栗、核桃，以及野生天麻、杜仲、党参、西洋参、当归、玄参等。改革开放后，流域群众充分利用特有的海拔和气候条件优势，发展大鲵养殖场12处。

四、黄牛河

黄牛河为褒河二级支流，西河一级支流。发源于宝鸡市太白县靖口镇水蒿川村的秦岭玉皇山，河源高程2540米，在庙台与石岸河相汇，于关上街与石沟河汇合后出太白县境入凤县平木镇，在平木镇接纳支流杨家河，继续南流至坪坎镇龙滩子汇入车道河，出境高程1331米。河道干流长41千米，太白县境河长22.5千米，流域面积232.52平方千米，平均坡降53.7‰，平均流量4.2立方米每秒，多年平均年径流量1.32亿立方米。

黄牛河中段（2023年拍摄）

流域北高南低，河谷狭长，植被覆盖率高，生态环境好，水土流失程度较轻。河流在山谷内，支沟发育呈“V”形，河床狭窄，河道遍布砂、砾、卵石和巨石，比降大，水流湍急。右岸为山体基岩，左岸为砂卵石淤积，河道弯曲多变，上游沟谷开阔，下游为中低山地，沟谷狭窄。最窄处30米左右，最宽处60米左右，冬季上游河水干涸，流量细微，夏秋季洪水频繁，山洪暴发时河水翻砂滚石，路断田毁，交通阻隔，易造成灾害。

河流源出后，沿途流域面积在10平方千米以上的河流有8条汇入，其中杨家河为流域最大支流，河长21千米，流域面积78.5平方千米。

黄牛河流域野生动物资源丰富，有国家一级保护野生动物3种，二级保护野生动物17种，主要有黑熊、狼、野猪、锦鸡、鹿、羚牛、林麝、鲵等珍稀物种。

五、蒿坝河

蒿坝河为褒河二级支流，西河一级支流，发源于汉中市留坝县柴关岭北坡。由南向北至青岗嘴与刘家沟汇流，又转向东接纳汪家沟、酒房沟、三道峡河水，流经留坝县玉皇庙、江口2个乡（镇），至江西营汇入西河。

流域地处秦岭南坡，海拔为920~2278米，地势西北高东南低，流域呈东西长、南北窄的带状形态，河道曲流其中。西部以紫柏山（2610米）—玉皇山（2278米）山脉主脊

为界与宝鸡凤县境内的嘉陵江支流旺峪河流域分水，东部与褒河河源段支流西河流域接壤，南部与褒河支流北栈河流域相邻，东临褒河主干道。干流全长33千米，流域面积225平方千米，河流平均比降26.7‰。多年平均年径流量0.94亿立方米，年平均流量3立方米每秒，水能理论蕴藏量为1.3万千瓦。

流域属亚热带山地暖温带湿润季风气候区，冬长夏短，春秋近半，降温快于升温。多年平均气温11.5摄氏度，年平均日照时数1804小时，多年平均降水量857毫米，主要集中在5—9月。河流属山溪型河道，河短、坡陡、集流快，一遇暴雨易形成洪水，具有猛涨陡落、洪峰流量大、泥沙含量高的特点。

流域主要覆盖留坝县玉皇庙乡15个行政村，居住总人口约0.5万人，拥有耕地约500公顷，森林面积2.6万公顷，是留坝县林产品主要产地和重要集散地之一。农作物有小麦、水稻、土豆、玉米等，群众多以猪苓、核桃、木耳、香菇、西洋参及中蜂养殖等农林特产品作为主要经济收入。流域属千枚岩、片岩地区，岩石风化严重，河道淤积严重，属河道重点治理区。

蒿坝河上游段（2023年拍摄）

干流源出后，有5条流域面积10平方千米以上的溪沟汇入，河沟密度1.2千米每平方千米。最大支流为刘家沟，沟长13.9千米，流域面积83.2平方千米，平均比降25‰。

六、上南河

上南河又称小南河，为褒河左岸一级支流，发源于汉中市留坝县武关驿镇漆树沟村东摩天岭的南坡。沿途流经武关驿镇3个行政村，由文川河、小东沟溪流汇流至武关驿镇南河街村注入褒河。

流域属秦岭南麓土石山区，地势为东北高西南低，北部与桑园沟河流域接壤，东部以摩天岭（2603米）—青山（2038米）山脉主脊为界与湑水河流域分水，西南部是褒河干流，河道呈西南流向。干流全长26千米，流域面积126.1平方千米，平均比降5.3‰，平均河宽30米，平均水深0.3米，多年平均流量1.85立方米每秒，多年平均年径流量0.5亿立方米。水能理论蕴藏量为1.09万千瓦。

流域属亚热带山地暖湿温带湿润季风气候区。其特点是垂直差异明显，热量不足，降水不均，气候湿润。以留坝县气象站为代表，多年平均气温11.5摄氏度，极端最高气温35.8摄氏度，极端最低气温-16.3摄氏度。多年平均降水量872.0毫米，7—9月占全年降水量的51.4%以上。夏季多暴雨，时有伏旱，秋季降温早，阴雨连绵，往往形成滑坡、泥石流等山洪地质灾害。1964年、1981年、1984年、1990年小南河曾发生流域性洪水，其中1981年8月，小南河最大洪峰流量为733立方米每秒。沿河耕地和河堤损毁严重，损

失较大，但未造成人员伤亡。

流域内无较大水利工程。2007 年，在上南河上游的孔雀台村建成上南河水电站，装机容量 1000 千瓦，年发电量 400 万千瓦时。流域植被较好，清水长年不断，河段沟岔成为大鲵繁衍生息的最佳环境。目前，以大鲵、林麝为主的特色养殖业发展迅速，全镇发展规模养殖场 70 余户，有效地提升了镇域经济发展的质量和效益，成为全镇农民增收的重要途径之一。

上南河瀑布（2023 年拍摄）

干流源出后，沿途有 3 条流域面积 10 平方千米以上的河流汇入，河网密度 0.55 千米每平方千米。流域主要覆盖武关驿镇 3 个行政村，总人口约 0.15 万人，拥有耕地 180 公顷。农户大都依河而居，主要从事农业生产，农作物主要以水稻、玉米、土豆和豆类为主，主要林特产为香菇、木耳、板栗等。流域生态环境优越，自然风光宜人，古栈道文化积淀丰厚，武关河标准式、孔雀台千梁无柱式古栈道遗迹保留完整，成为考察研究古栈道的重要历史资料，也带动了旅游业及农家乐服务业的发展。

七、北栈河

北栈河古称紫金河或紫柏河，亦称青羊河，为褒河右岸一级支流。发源于汉中市留坝县紫柏山、光华山东坡的大坝沟，经张良庙与柴关岭河溪汇流，由西北转入东南，穿留坝县城至武关驿镇姜窝子倒水湾汇入褒河，干流流经留侯、城关、武关驿 3 个乡（镇）。

流域属秦岭南麓土石山区，地势为西北高东南低，海拔为 1000~2600 米。东北面与蒿坝河流域接壤，西南面与武关河流域相邻。河道呈西北向东南流向，干流全长 36.3 千米，流域面积 157 平方千米，河流平均比降 25.9‰，河网密度 1.06 千米每平方千米，多年平均年径流量 0.62 亿立方米。水能理论蕴藏量为 0.88 万千瓦。

流域属亚热带山地湿润季风气候区。多年平均气温 11.5 摄氏度，极端最高气温 39.2 摄氏度，极端最低气温 -14.3 摄氏度。多年平均降水量 857 毫米，7—9 月占全年降水量的 55% 以上。最大年降水量 1565.2 毫米（1981 年），最小年降水量 564.8 毫米（1997 年）。夏季多暴雨，秋季多阴雨，易造成山洪地质灾害。1949 年以后，北栈河曾于 1964 年、1981 年、1984 年、1990 年发生流域性洪水，沿河耕地和河堤损毁严重，损失较大，但未造成人员伤亡。

流域主要覆盖留坝县留侯、城关 2 个乡（镇）14 个村，总人口约 1.4 万人，拥有耕地约 400 公顷，有 50% 的人从事农业生产，农作物主要以玉米、小麦、薯类和豆类为主；其他经济来源以香菇、西洋参、蔬菜种植，生猪、中蜂养殖为主。流域内无较大水利工程，已建有小留坝、画眉关 2 座水电站，装机容量 1000 千瓦，年发电量 430 千瓦时。

留坝县城坐落在北栈河两旁，总面积 84.2 平方千米，常住人口约 1 万人，是全县政治、

北栈河上游段（2023 年拍摄）

经济、文化中心。改革开放后，留坝县政府针对城区“一河九沟”的地形，加快了北栈河城关段堤防建设和维修加固，在北栈河县城段建成了 8 座滚水坝，集排污、蓄水、观光于一体，为县城居民创造了一个更加宜居的生活环境。

流域植被较好，以松、柏、竹、栗等针叶林和落叶阔叶林为主，还有庙台槭、银杏等珍稀树种。北栈河上游有“张良庙—紫柏山风景区”，界定面积 50 平方千米，沿紫柏山、光华山等山脉自然走向扩延发展。景区集山岳、峡谷、洞坦、泉溪、高山草甸等自然景观及古代建筑、园林、摩崖石刻、古战场遗址、宗教文化于一体，形成陕南独具魅力的旅游胜地，1993 年被列入省级风景名胜区。其中，距今 1800 多年历史的张良庙，依山傍水因势造型，四周五岭环抱，二水夹流，松柏苍郁，修竹摇曳，建筑群落规模宏大，楼殿亭阁布局奇特，是保存较为完整的山地型古胜迹，被列入“陕西四大古园林”之一，是汉中市重要旅游基地之一。

八、武关河

武关河古称尚溪河，亦叫野羊河、上西河等。为褒河右岸一级支流。发源于汉中市留坝县火烧店镇太子岭村以西光华山夏家湾的钱盘沟，由东河、上西河等河沟汇流而成。呈东南流向，至火烧店镇政府驻地，又与天星亮河和群力沟溪交汇，至武关河桥头处注入褒河。干流沿途流经火烧店、武关驿 2 个乡（镇），9 个行政村。

武关河上游段（2023 年拍摄）

流域地势西北高东南低。北部与北栈河流域接壤，南部与褒河支流马道河流域相邻（河长 20.4 千米，流域面积 95.4 平方千米，平均比降 52.5‰），西部与沮水上游段流域（正河）分水，东临褒河主干道。河道依山势谷地流出，干流全长 33 千米，流域面积 258 平方千米，平均比降 48.3‰，多年平均年径流量 1.06 亿立方米，多年平均流量 3.4 立方米每秒，属常年河。河道落差大，水电资源丰富，水能理论蕴藏量为 1.74 万千瓦。

流域属北亚热带山地暖湿季风气候，多年平均气温 11.5 摄氏度，极端最高气温 35.8 摄氏度，极端最低气温 –14.3 摄氏度。多年平均降水量 897 毫米，时空分布不均，年际月

际变化大，7—9月占全年降水量的57%以上。最大年降水量1546.4毫米（1981年），最小年降水量497.5毫米（1977年）。

流域内冬寒少雨雪，夏热多暴雨，秋季多阴雨，洪水干旱交替发生。旱灾以初夏干旱和盛夏伏旱影响较大，约三年一次；较大洪灾约八年一次，多由暴雨形成，具有猛涨陡落、洪峰流量大、泥沙含量高的特点。水土流失较为严重，属中度侵蚀区。其中，1981年8月，武关河最大洪峰流量为576立方米每秒，沿河耕地和河堤损毁严重，损失较大。

流域主要覆盖留坝县火烧店镇、武关驿9个行政村，总人口约3800人，拥有耕地约300公顷。沿河谷地海拔900米左右，山势开阔，气候温和，是留坝县粮食主产区之一。农作物有水稻、小麦、玉米、洋芋等。区内植被茂盛，森林覆盖率达68%，林产品丰富，盛产板栗、核桃、木耳、香菇等。目前，流域已建成水电站3座，装机容量0.22万千瓦，年发电量1070万千瓦时。

流域内群山环绕，沟壑纵横，水系发育良好。河流源出后，有8条流域面积10平方千米以上的河沟汇入，河网密度0.86千米每平方千米。在火烧店镇政府驻地右纳天星亮河，河长13.7千米，流域面积59.1平方千米，平均比降52.8‰；在武关驿镇白家店村右纳红岩沟，河长18.3千米，流域面积61.0平方千米，平均比降44.7‰。

九、沙沟河

沙沟河又叫沙子河，为褒河右岸一级支流，源于勉县新街子镇北部桃花梁案板石，由北向南经云雾寺、石门、黑滩子、娘娘滩、二道河至头道河折东，由玉皇庙出勉县境入汉台区，从沙河口汇入褒河，干流沿途流经勉县新街子、褒城和汉台区河东店3个镇。

流域地处秦岭南坡，海拔为800~2200米，山势陡峭，水流湍急。流域北部以光头山（2606米）—高佛岩（2104米）山脉主脊为界与褒河支流马道河流域分水，西部与汉江一级支流外坝河流域相邻，南部是汉江阶地，东临石门水库。干流全长50千米，流域面积171平方千米，平均比降35‰。以头道河断面实测，多年平均流量2.34立方米每秒，最大流量580立方米每秒（1990年7月6日），最小流量0.13立方米每秒（1966年6月8日），多年平均年径流量0.71亿立方米。2003年，陕西省水能资源调查，水能理论蕴藏量为1.11万千瓦。

沙沟河瀑布（2023年拍摄）

流域属北亚热带内陆性季风气候，多年平均气温14.2摄氏度。参照柳坝雨量站记载，多年平均降水量951毫米，最大年降水量1337毫米（1973年），最小年降水量729毫米（1977年）。

流域内岩石裸露，以花岗岩、千枚岩、片麻岩为主。多森林，植被较好，水土流失小，

水源涵养性强。流域水利开发较早。清嘉庆二十年（1815 年）4 月，村民在头道河筑坝引水，因开凿笔架山渠道时，隧洞断面狭小，石匠只能弯身坐在小板凳上凿石掘进，故称“板凳堰”。后因工程艰巨废弃。1958—1960 年，国家投资 77.3 万元建成，使勉县新街子、老道寺、褒城 3 个乡（镇）25 个行政村受益。是汉中市 17 个万亩灌区之一。1998 年 9 月，又在沙沟河中游动工修建娘娘滩水库，是一座集灌溉、发电等综合功能的龙头调节水库。工程由水利枢纽、坝后电站等组成。此外，板凳堰渠首以上还有 20 多条小堰，灌溉农田面积近 140 公顷。

干流水能开发利用潜力大，目前建设有娘娘滩、板凳堰等水电站 5 处，总装机容量为 1.15 万千瓦。

干流源出后，有 1 条流域面积 10 平方千米以上的沟溪汇入。流域主要覆盖勉县新街子和汉台区河东店镇 9 个行政村，总人口约 0.38 万人，拥有耕地约 400 公顷。主产小麦、玉米、水稻、豆类等作物；主要林特产有核桃、板栗、香菇、木耳等。流域植被良好，水资源丰富，峡谷飞瀑，晶莹剔透；深滩激流，清澈见底，以自然山水为依托的云雾寺、皇姑坟旅游景区更是游人如织。

十、马道河

马道河又叫西沟河，古称寒溪或樊溪，为褒河一级支流。发源于留坝县桥顶石梁北坡，上游由八道河与正河汇流，至中游与北岔沟汇西沟，再入北河，由西向东经沙坝至马道镇凤凰山下注入褒河，全长 20.4 千米，流域面积 95.4 平方千米里，河流平均比降 52.5‰。河网密度 0.69 千米每平方千米。

马道河上游段（2023 年拍摄）

马道河因汉初“萧何月下追韩信”和“明修栈道，暗度陈仓”计谋中樊哙在此修樊桥而闻名。

十一、青桥河

青桥河又叫杜家沟，褒河一级支流。发源于留坝县桥顶石梁南坡，源流向东，与改渠沟、架子上河沟汇入董家河，入青桥河，向东南于青桥驿南 1 千米处注入褒河。河长 15.4 千米，流域面积 69.4 平方千米，河流平均比降 58.1‰。河网密度 0.76 千米每平方千米。

青桥河中游段（2023 年拍摄）

青桥河汇入干流后，褒河进入石门库区。

第三节　其他支流

褒河水系流域面积10平方千米以上的支流有91条，其中：一级支流28条，二级支流43条，三级支流16条，四级支流4条。宝鸡市境内有42条，汉中市境内有49条。详见表1-1-1。

表1-1-1　褒河流域面积10平方千米以上河流特征统计表

水系	河名	岸别	支流级别名称				流域面积/km^2	河流长度/km	平均比降/‰	备注
			一	二	三	四				
汉江	褒河	左	草滩沟				29.1	7.2	61.8	
		左	龙王沟				15.6	8.7	112.2	
		右	新庄沟				26.2	10.1	32.7	
		右	棉木沟				39.1	13.7		
		左	石沟河				50.3	13.4	71.6	
		左		烂泥沟			15.5	6.9	101.3	
		右	七里川				107.8	20.7		
		左		烟筒沟			13.7	6.8	34.2	
		右		盘岔河			21.7	14.7	36.0	
		右	罗马湾				31.1	8.8		
		左	平沟				15.4	7.7	90.1	
		右	羊肠湾				20.6	7.6	85.8	
		左	太白河				642.1	60.0	26.0	
		右		小苏河			11.8	7.4	141.2	
		右		右磨房沟			29.9	9.9		
		左		左磨房沟			8.8	7.3		
		右		无名沟			26.8	8.3		磨房沟下1.6km处

续表 1-1-1

水系	河名	岸别	支流级别名称				流域面积/km²	河流长度/km	平均比降/‰	备注
			一	二	三	四				
汉江	褒河	左		无名沟			30.2	10.8	57.4	耳爬厂沟口上 5.2 km 处
		左		耳爬厂			50.8	12.8	62.9	
		右		双合沟			14.1	5.4	95.8	
		右			王家沟		14.0	5.4	93.4	
		右		庙沟			9.0	5.2		
		右		青岗沟			11.4	6.1	68.5	
		左		东沟			17.8	6.6	78.5	
		左		韭菜沟			10.3	3.6	81.6	
		右		冷水泉沟			13.5	8.5	57.0	
		左		桑元河			130.0	22.0	26.9	
		左			上两河		29.6	7.2	38.3	
		左				无名河	10.8	4.5	94.1	
		左			范条峪		31.9	8.2	52.8	
		左				矮房沟	11.5	6.0	107.7	
		左		小川			35.1	11.7	55.4	
		左		元树沟			21.0	6.9	63.5	
		左		梭落沟			21.8	7.9	50.2	
		右	柳川				26.1	8.9	56.3	
		右	碾槽沟				17.1	6.4	77.5	
		左	雪窝沟				14.6	4.5	122.3	
		左	小南河				126.1	26.0	5.3	
		左		东沟			14.5	5.4	118.0	
		左		文川河			23.4	5.5	70.6	
		右	沙坪沟				17.7	6.5	65.0	

续表 1-1-1

水系	河名	岸别	支流级别名称				流域面积/km²	河流长度/km	平均比降/‰	备注
			一	二	三	四				
汉江	褒河	右	西河				1158.0	92	32.6	
		左		庙东沟			14.5	8.7	78.7	
		左		地洞沟			16.3	6.3	67.6	
		右		官沟			17.5	8.2	62.6	
		右		牵羊沟			16.2	9.7	40.6	
		右		唐沟			18.0	8.0	38.9	
		左		黄牛河			232.52	41	53.7	
		左			东河里		24.6	9.4	52.5	
		右			石安河		27.0	13.1	62.7	
		右			西阳河		11.6	4.8	71.1	
		左			石沟		44.8	17.6	33.8	
		右			杨家沟		78.5	21.0	38.2	
		左				穆家沟	34.8	16.0	45.8	
		左			硬沟		10.1	6.4	82.5	
		左		荒草沟			15.5	6.4	76.9	
		右		八挂沟			47.2	17.3	38.5	又名空棺沟
		右		银母寺沟			50.2	14.3		
		左			铜铃沟		10.6	4.7	85.2	
		右		蒿坝河			225.0	33.0	26.7	
		右			刘家沟		83.2	13.9	25.0	
		右				吊坝子沟	26.2	8.5	27.5	
		左			酒房沟		11.8	9.4	68.8	
		左			三道峡		11.4	10.1	57.7	
		右			小河		34.6	9.6	43.5	

续表 1-1-1

水系	河名	岸别	支流级别名称				流域面积/km²	河流长度/km	平均比降/‰	备注
			一	二	三	四				
汉江	褒河	左		南河			10.2	5.1	98.8	
汉江	褒河	右	北栈河				157.0	36.3	25.9	
汉江	褒河	右	尚溪河				258.0	33.0	48.3	
汉江	褒河	右		石槽河			14.2	5.1	140.7	
汉江	褒河	右		无名河			14.7	6.5	102.8	
汉江	褒河	左		东河			16.9	11.8	41.2	
汉江	褒河	左		佛爷坝沟			13.7	7.4	58.4	
汉江	褒河	右		红卫河			59.1	13.7	55.8	
汉江	褒河	右			槐西铺川		15.6	6.1	116.7	
汉江	褒河	右		红岩沟			61.0	18.3	44.7	
汉江	褒河	右			小红岩沟		11.9	4.6	93.6	
汉江	褒河	左	公房沟				17.1	5.9	73.4	
汉江	褒河	左	两岔河				36.1	9.7	47.6	
汉江	褒河	左		董家沟			16.0	5.3	74.7	
汉江	褒河	右	马道河				95.4	20.4	52.5	
汉江	褒河	右		子河			22.4	5.7	117.8	
汉江	褒河	左		北岔沟			21.5	7.1	98.9	
汉江	褒河	左	东沟				33.7	9.7	36.8	
汉江	褒河	左	院坝子沟				14.0	7.2	112.6	
汉江	褒河	左	蚂蝗沟				27.0	8.4	66.5	
汉江	褒河	右	杜家沟				69.4	15.4	58.1	
汉江	褒河	右		党家院河			27.4	8.4	59.2	
汉江	褒河	右	两岔河				21.0	5.8	97.2	
汉江	褒河	右	沙沟河				171.0	50.0	35.0	
汉江	褒河	右		大中河			14.1	4.0	87.8	
汉江	褒河	左	黄花河				20.2	9.0	115.1	

第二章　自然社会环境

褒河流域跨越中华祖脉秦岭山系腹地，北接关中平原，南连汉中盆地。流域内群山耸立，重峦叠嶂，沟壑纵横。地形复杂多样，山川河谷兼有，生态环境优越，地质地貌独特。山美水秀，粮丰林茂，山珍荟萃，物产丰富，森林覆盖率达90%以上。

褒河流域位于中国南北气候的分界地带，属亚热带北缘山地暖温带温湿季风气候区，四季分明，夏无酷暑，冬无严寒。多年平均气温11.5摄氏度，最高气温达35.9摄氏度，极端最低气温 -14.3摄氏度，最大冻土深度14厘米。年平均日照时数1804小时，最大风速20米每秒。全年阴天较多，湿度较大，风速小（年平均风速小于2.1米每秒），年蒸发量为800~900毫米。河道多年平均水温13.4摄氏度，最高水温23.3摄氏度，最低水温0摄氏度。

褒河流域历史悠久，早在新石器时代，河道沿岸的川道和台地就有人类活动，人口以汉族为主，散居回族、藏族、维吾尔族、满族、苗族等少数民族，民风古朴淳厚。流域内资源丰饶，交通便利，历代为栈道交通要道，素称“秦汉咽喉”之地。

第一节　地质地貌

一、地质构造

褒河流域在大地构造位置上，地处秦岭褶皱系。以马道东西向断裂为界，横跨两个二级构造单元，北属秦岭印支褶皱带，南跨华力西褶皱带。印支褶皱带在境内居主体，细分为三个三级构造单元，由北至南依次是：玉皇山—桑园坝褶皱束；紫柏山—摩天岭褶皱束；闸口石—铁佛殿褶皱束。它们是在晚元古代地台的基础上演化而来的渐变地槽褶皱带，具有多旋回发展的特点，曾经历了加里东、华力西及印支三个旋回，且由南至北，由老至新，逐步演化发展。加里东旋回，由碳硅质、碳酸盐岩、泥碎屑岩组成，寒武纪发育具有一定的中酸性火山活动。马道以北的广大地区，加里东运动使之一度隆起，致使奥陶纪沉积缺失。随后发育的华力西、印支旋回，以泥盆－三叠纪泥碎屑岩、碳酸盐岩沉积为主，三叠纪的印支运动，不仅形成了秦岭印支褶皱带，同时结束了秦岭地槽系的生命，形成了一些线状褶皱和不同类型、不同规模的断裂，并伴有强烈酸性岩浆侵入活动和区域变质作用。

侏罗纪以来，在整体上升背景下，形成了小规模的中、新生代断陷盆地。侏罗纪以碎屑、泥质、含煤沉积建造为特征。

二、地貌特征

褒河流经秦岭南坡和汉中盆地，地势北高南低，最高海拔为紫柏山主峰2610.2米，

峡谷出口河床高程530米，最低海拔为与汉江交汇处河床高程507米。褒谷口以上河流蜿蜒于秦岭南坡，群峰环绕，沟壑纵横。流域西、北、东三面分别被紫柏山、代王山、太白山环抱，中、南地势较低，形如“簸箕”。褒河自北而南纵贯东西两岭之间，沿途不断接纳支流沟溪，形成树杈状形态。南部山岭陡峭，河谷深切，多为“V”形谷，沟地狭窄；北部支流沿线河谷切割较浅，山势开阔，多为“U”形谷，沟地较宽，形成了串珠状的谷地。褒谷口以下进入汉中盆地。北部为丘陵区，岗岭起伏，沟壑纵横。南部进入宽阔的汉江、褒河冲洪积平原，两岸地势平坦，属褒河河漫滩地和汉江一级阶地，为汉中最富饶的粮食产区。

第二节 土壤植被

一、土壤

（一）土壤分类

褒河流域成土过程表现为矿物质转化的弱富铝化，有机质合成分解比较旺盛，形成与流域植被、气候带相适应的地带性土壤——黄棕壤；在第四系黄土母质上形成黄褐土；盆地内部因人为长期栽培水稻形成了水稻土；秦岭山区形成棕壤和暗棕壤。其他非地带性土壤的出现，也都与相应的成土环境条件、成土过程和土壤属性相关联。

1980年以后，在全国第二次土壤普查和农业资源调查中，将流域土壤划分为9个土类、23个亚类、51个土属和近百个土种。1987年，第二次土壤普查结束，流域共有10个土类、21个亚类、38个土属、97个土种。

（二）土壤性状

1. 黄棕壤

为流域主要地带性土壤，分布于秦岭南坡1500米以下的山、丘、河谷，由于其表层腐殖质含量较多，质地较轻，结构疏松，群众称为“黄泡土”。分为普通黄棕壤和黄棕壤性土2个亚类。

2. 黄褐土

主要分布在海拔800~900米以下的黄土质低山、丘陵和阶地上，由于土质黏重，土色红黄，群众称为“黄泥巴”。面积占土壤总面积的2.54%，是主要耕作土壤之一，有1个普通黄褐土亚类，下分黄泥巴土和红黄泥土2个土属。

3. 山地棕壤

亦称棕色森林土，分布在秦岭南坡1500~2200米，中山地带，侵蚀严重，多具薄层粗骨的特点，富含砂粒、石砾，群众称为“泡土”。分为普通棕壤（棕壤）、漂洗棕壤、棕壤性土3个亚类、7个土属。

4. 山地暗棕壤

分布于秦岭南坡2300米左右以上山地。分为普通暗棕壤和暗棕壤性土2个亚类。普通暗棕壤具有较高的自然肥力，是中、高山区林特产品生产基地；暗棕壤性土土层浅薄，

宜作水土保持林地用。

5. 水稻土

分布广泛，但主要集中分布于流域下游的汉中盆地，其次是海拔千米以下的沟谷地带，是褒河流域主要耕作土壤。经过长期耕作、施肥和季节性淹水，形成了不同特征的层次，即耕作层、犁底层、渗育层、潴育层、潜育层、母质层等。这些层次主要受水分状况和耕作时间的影响，并不全部出现；其组合不同直接影响水稻土的肥力状况和特性。分为淹育性、潴育性、潜育性、脱潜育性、漂洗性等 5 个亚类。

6. 石灰土

分布于秦岭中低山区石灰岩风化物上的岩成土。地带性特征不明显，一般土层较薄，pH 值多在 7 左右，有石灰反应，土质黏重，土色暗棕。根据淋溶和侵蚀程度，分为棕色石灰土和淋溶棕色石灰土 2 个亚类。

7. 紫色土

是受母质强烈影响的岩成土，主要分布在巴山山地的紫色砂砾岩、紫色页岩风化物上，面积仅占土壤总面积的 1.13%。土层浅薄、侵蚀严重、发育程度差，无石灰反应，呈微酸性，土色暗紫 – 暗紫红色，全量养分和速效养分含量均低，有机质积累少，肥力低。只有中性紫色土 1 个亚类，下分砂砾岩中性紫色土和泥质岩中性紫色土 2 个土属。

8. 新积土

是河流新冲积物上初步发育或没有发育的一类土壤，群众称为“淤土”，主要分布在河滩地上。具有一定的沉积、冲积的层理，且多含卵石、砂粒。褒河流域新积土只分出新积土 1 个亚类，分为砂质新积土和壤质新积土 2 个土属。砂质新积土可划分出淤沙土、砾质淤土、腰沙淤土、石底淤土、沙底淤土、泥底淤土 6 个土种。壤质新积土下分 2 个土属。

9. 潮土

是分布在汉江及褒河的一级阶地上的半水成土，经人工垦殖而形成的耕作土壤，多数为水稻土。地下水位多为 1~3 米，且升降频繁，有潴育化现象，土体中出现锈斑、锈纹等新土体。分出潮土、湿潮土 2 个亚类。

10. 石质土

散见于秦岭坡度极大的石质山地，是裸露岩石极薄风化物上产生的初育土，土层厚度不足 10 厘米，处于原始成土阶段。面积占土壤总面积的 1.43%。下分为钙质石质土、硅质石质土 2 个亚类，难以利用。

（三）土壤分布规律

褒河流域土壤的地域性分布受地域性成土环境条件和人为经济活动影响。

1. 盆地平坝农耕区的土壤分布

流域下游盆地绝大部分土地被垦殖为稻麦两熟的肥沃农田。土壤组合的基本特征呈错综复杂的镶嵌型。在河漫滩和部分一级低阶地上，主要是新积土、潮土、草甸土、冲积型水稻土的镶嵌。二级阶地主要是淹育性和潴育性的水稻镶嵌体系。由此看出，盆地内部土壤分布的规律是：从河漫滩的新积土、潮土、草甸土镶嵌式，向一、二级阶地逐渐演变为

冲积型、黄褐土型的淹育性和潴育性水稻土的镶嵌组合。三、四级阶地已被侵蚀成岭、坡、沟交错分布的波状地貌。其土壤组合丘陵地上为残积的红黏土，坡地为坡积红黏土，丘陵间洼地为淤积红黏土。人们的农耕活动，在高的地形部位多旱耕地，低平地形多水稻田，缓坡则兴修水平梯田。因此，土壤按“岭”“湾”“冲”“沟”组合，呈现特有的格局。

2. 秦岭低山丘陵地的土壤分布

秦岭低山丘陵地带海拔800米以下的，主要是由第四系红色亚黏土组成的汉江高阶地，土壤为黄泥巴、死黄泥；地势平缓处，垦为水田是水稻土。

3. 秦岭山区的土壤分布

从河谷到山地，阴坡和阳坡，陡坡和缓坡，不同岩性和母质上分布有不同土壤。一般山头为青石粗骨土，坡腰为石片粗骨土，缓坡下部有小片土、黄胶泥，陡峻处为石片石渣土。

二、植被

（一）概况

褒河流域的地带性植被，属于北亚热带常绿、落叶阔叶混交林，虽然流域位于我国亚热带北部，但水热条件，尤其是热量条件比同纬度的淮河下游及邻近地区优越。因此，一些代表我国亚热带标准植物的山毛榉科、樟科、冬青科、杜鹃科等常绿阔叶树，马尾松、柏木、杉木等针叶树，以及柑橘、棕榈、油桐、乌桕、毛竹和枇杷等在流域均有分布，呈现植物种类多、植被类型丰富的特色。

流域内开发利用自然植被资源历史悠久，但人的经济活动使原始森林植被遭破坏，而代之以不可逆转的疏林迹地、次生林、灌草坡、光山秃岭和农耕区的人工栽培植被。只有人迹罕至的中高山区保存有小面积的原始森林植被，在历史演替过程中，自然植被天然更新，处于相对稳定阶段。褒河流域天然植物含国内西南、华中、华东和华北植物区系成分，甚至包含了日本、马来西亚和北美植物区系成分。所以，流域内不仅植被类型丰富，而且有中亚热带植被特色。如马尾松群系、杉木群系、柏木群系和黄杉群系等针叶乔木林，以及米心水青冈群系、包石栎群系和刺叶栎群系等阔叶乔木林，都是中亚热带常见的植被类型。尤其是马尾松、杉木、柏木等均为中亚热带植被的优势建群种。

（二）植被分区及分布

1. 平坝、丘陵区

该区域位于流域下游，南靠汉江，北到汉中盆地最高阶地后缘以下，海拔为484~700米。自然植被已被亚热带人工栽培植被所代替，天然植被已不存在。农业大田植被以水稻、小麦、油菜为主，还有玉米（苞谷）、黄豆、胡豆、高粱、小豆、芝麻、花生、马铃薯（洋芋、土豆、山药蛋）、甘薯（红苕、红薯、地瓜）、芋艿（芋头）、山药、向日葵、蓖麻、烟草、苎麻、大麻、甘蔗、西瓜、甜瓜、香瓜等。蔬菜植被有10类50余个地方品种。绿肥、饲料植被有苕子、毛苕子、苜蓿、毛野豌豆、草木犀、红萍、水浮莲、水葫芦等。花卉植被有木犀、茜草、蔷薇等30多科，有桂花、栀子、迎春花、杜鹃花、一串红、水仙花等60多个品种。该区域林木植被有防护林、四旁植树、橘柑、桑、果等。主要林木有毛白杨、香椿、臭椿、柳树、榆树、水杉、楸树、小叶冬青、侧柏、枫杨、苦栋、法桐、泡桐、刺槐、

洋槐、八角枫、五角枫、银杏、刺楸、杉树、梧桐、青冈栎、雪松、银白杨、大叶冬青、皂荚、棕榈、油橄榄、核桃、油桐、柿树、板栗树、柑橘、苹果、桃、杏、李、梨、石榴、樱桃、枇杷、枣、葡萄、无花果、林檎、木瓜、花椒、拐枣等。

2. 秦岭南坡浅山区

该区域位于流域中、下游，秦岭南坡海拔为700~1000米。林木属北亚热带含常绿阔叶树的针阔叶混交林带，林相不齐，为次生林。主要树种有油松、马尾松、华山松、栎类、化香树、山杨、棕榈、杜仲、油桐等。林中灌木常见的有黄栌、盐肤木、胡枝子、马桑、荆条等。林下草本有细叶苔、披针苔、大油芒、白茅、蒿类、蕨类等。

3. 秦岭南坡中山区

该区域位于流域中、上游，秦岭南坡海拔为1000~2300米。森林属暖温带针阔混交林、夏绿阔叶林带，多为次生森林和人工幼林。主要树种有华山松、油松、马尾松、栓皮栎、麻栎、槲栎、白桦、红桦、山核桃、漆树、山杨、化香树等。林下灌木主要有松花竹、黄栌、六道木、忍冬、杭子梢、杜鹃等。草本有红升麻、披针苔、鹿蹄草、丝苔、野青茅、大油芒、野菊等。海拔2300米以上的高山区，以红桦林为主。

（三）植被演替

历史上褒河流域曾是郁郁葱葱的山地森林植被景观，但随着人口的迁入和繁衍，经济活动日益频繁，自然森林植被遭到了严重破坏。在低山、河谷盆地区，农业植被取代了天然的常绿阔叶林。在中、低山丘陵区，由于毁林开荒、历代战争及灾民大批迁入，以及不适度地开发多种经营生产，抬田造地，刀耕火种，以致乱砍滥伐，原生植被遭到破坏后，逆行演替为草、灌丛，甚至变为荒山荒坡，原始森林甚少只存在于偏远的中、高山区，在人烟稀少、交通阻塞处，尚存一些半原始性森林植被。由于忽视流域高温多雨对自然环境有破坏的一面，历来沿用刀耕火种毁林开荒和乱砍滥伐、大面积砍伐开采林木，使原生植物遭到毁灭性的破坏，导致水土流失现象严重、土壤瘠薄、气候相对干旱和植被不可逆转的变化，而形成大面积荒山荒坡。在此情况下，阳性针叶树种如马尾松、油松、华山松等往往充当了重新绿化荒山荒坡的先锋树种。马尾松主要在秦岭的低山丘陵（海拔1000米以下）广泛分布；油松、华山松则多分布于中山（海拔1000~1800米）地带。在人工抚育措施下，油松林和华山松多演替成为以针叶树种为主，与锐齿栎、栓皮栎、短柄枹栎、山杨等阔叶树种混生的针阔叶混交林，形成中山地带相对比较稳定的植被类型。中、高山区的桦木林和冷杉林，由于分布位置较高，受人为影响小，生态环境条件适宜，天然更新良好，在历史演替过程中，处在相对稳定的阶段，但腐熟林木多。

第三节　气候水文

一、光照

褒河流域多云雨天气，日照受纬度、海拔、山脉走向、坡度大小及气候的影响很大。其分布南少北多，年、季节分布呈由南向北增高之势。高寒山区，多云雾，日照偏少；河

谷地带，东西向日照多，南北向日照少；宽谷日照多，窄谷日照少；山坡地带，南坡日照多，北坡日照少。

（一）日照

流域上游秦岭中山区，多年平均日照时数为1840.3小时，87%的年份日照时数小于2000小时。日照时数最多年份为1977年，日照时数为2076.2小时；日照时数最少年份为1964年，日照时数为1442.8小时。日照季节分布6月最多，为197.9小时；11月最少，为120.6小时。夏季日照时数为581.9小时，占年日照时数的31.6%；秋季日照时数为367.1小时，占年日照时数的20.0%；春季日照时数为490.3小时，占年日照时数的26.6%；冬季日照时数为401.0小时，占年日照时数的21.8%

流域中游秦岭浅山区，多年平均日照时数为1804.4小时。日照最多年份为1966年，日照时数为2067.7小时；日照最少年份为1989年，日照时数为1210.4小时。夏季日照时数最多为580.4小时；春季日照时数最多为479.2小时；秋季日照时数最少为350.2小时；冬季日照时数一般为394.6小时。历年各月日照情况：1966年6月日照时数最多，为294.3小时；1961年10月日照时数最少，为15小时。

流域下游平坝、丘陵区，多年平均日照时数为1707.9小时，最多年份可达2030.7小时（1965年）；最少年份仅有1273.1小时（1984年）。一年中，8月日照时数最多，达221.6小时；11月最少，仅有93小时。在时间分布上，5—8月光照充足，为175.4~221.6小时，其余各月不足160小时。

褒河流域1991—2020年平均日照时数如表1-2-1所示。

表1-2-1 褒河流域1991—2020年平均日照时数

县（区）	年平均日照时数/h
留坝	1685.6
勉县	1447.6
汉台	1484.3
太白	1930.9
凤县	1622.0

（二）辐射

流域上游秦岭中山区，最高平均年总辐射量为104.97千卡每平方厘米。1960年最高，总辐射量为111.8千卡每平方厘米；1964年最低，总辐射量为92.35千卡每平方厘米。年内四季辐射分布差异明显，夏季为36.39千卡每平方厘米，占全年总辐射量的34.7%；冬季为17.82千卡每平方厘米，占全年总辐射量的16.9%；春季为30.87千卡每平方厘米，占

全年总辐射量的 29.4%; 秋季为 19.9 千卡每平方厘米，占全年总辐射量的 19.0%。

流域中上游秦岭浅山区，年总辐射量为 110.08 千卡每平方厘米，各月分布与日照分布基本一致，夏季占 43.2%，春季占 34.6%，秋、冬两季不足全年的 1/4。春季气温 0~10 摄氏度期间，总辐射量高于秋季的；气温 0~10 摄氏度期间，总辐射量为气温 0~10 摄氏度期间的 2 倍；日平均气温 0 摄氏度以下时期内的总辐射量为无效辐射量。全年无效辐射量平均为 12.08 千卡每平方厘米。

流域下游平坝丘陵区，太阳总辐射量年平均为 105.1 千卡每平方厘米。春季占全年总辐射量的 27.7%，夏季占 36.2%，秋季占 19.7%，冬季占 16.5%。其中，8 月为全年最多，达 13.1 千卡每平方厘米年。历年来总辐射量变化较大，最多的是 1965 年，为 120 千卡每平方厘米年。最少的是 1964 年，只有 88 千卡每平方厘米年。境内南部大于北部，东部大于西部。

二、温度

（一）气温

褒河流域受地形影响，气温从南向北呈下降趋势，平川和丘陵高于山区。一般趋势是：海拔千米以下，地形每升高 100 米，气温递减 0.6 摄氏度；海拔千米以上，地形每升高 100 米，气温递减 0.5 摄氏度。

流域上游的太白县境内，多年平均气温 7.4 摄氏度，最冷的 1 月平均气温为 -5.3 摄氏度，最热的 7 月平均气温为 19.2 摄氏度。凤县境内年平均气温 11.4 摄氏度。7 月气温最高，平均气温为 22.7 摄氏度；1 月最低，平均气温为 1.1 摄氏度。年平均最高气温为 34.9 摄氏度，极端最高气温为 37.3 摄氏度（1966 年 6 月 21 日、1974 年 7 月 9 日）；年平均最低气温为 -13 摄氏度，极端最低气温为 -16.5 摄氏度（1975 年 12 月 15 日）。

流域中游的留坝县境内，多年平均气温 11.5 摄氏度。冬季气温变化大，夏季气温变化小，春季气温高于秋季气温，最热月份 7 月平均气温为 21.9 摄氏度，最冷月份 1 月平均气温为 1 摄氏度。年平均气温最高的年份是 1973 年，为 12.1 摄氏度；年平均气温最低的年份是 1976 年，为 10.7 摄氏度。极端最高气温为 35.9 摄氏度，出现在 1988 年 6 月 22 日。年极端最高气温出现时间多集中在 6 月中旬至 8 月上旬。极端最低气温为 -14.3 摄氏度，出现在 1975 年 12 月 15 日。年极端最低气温出现时间多集中在 12 月至次年 2 月，1 月占 60%。

流域下游的平坝和丘陵区，多年平均气温 14.3 摄氏度，年平均最高气温 19.2 摄氏度，年极端最高气温 38 摄氏度（1953 年 8 月 18 日）；年平均最低气温 10.6 摄氏度，年极端最低气温 -10.1 摄氏度（1957 年 1 月 14 日）。一年之中，1 月为全年最冷月份，月平均气温 2.1 摄氏度；7 月为全年最热月份，月平均气温 25.4 摄氏度。1—7 月平均气温逐月上升，8—12 月平均气温逐月降低。平均气温：春季 14.9 摄氏度，夏季 24.7 摄氏度，秋季 14.4 摄氏度，冬季 3.4 摄氏度。气温从 0 摄氏度上升到 20 摄氏度需 123 天；平均每 6.2 天上升 1 摄氏度；由 5 摄氏度上升到 15 摄氏度需 59 天，平均每 5.9 天上升 1 摄氏度；由 15 摄氏

度上升到20摄氏度需要30天，平均每6天上升1摄氏度。气温从20摄氏度下降到0摄氏度，需要123天，平均每6.2天下降1摄氏度；气温从20摄氏度降到10摄氏度需要59天，平均每5.9天下降1摄氏度。

褒河流域1991—2020年平均气温如表1-2-2所示。

表1-2-2 褒河流域1991—2020年平均气温

县（区）	年平均气温 / ℃
留坝	11.9
勉县	14.9
汉台	15.3
太白	8.6
凤县	12.1

（二）积温

积温是热量资源的重要标志。流域上中游山区，日平均气温≥0摄氏度的积温为4208.9摄氏度，持续313天；日平均气温≥10摄氏度的积温为3212.5摄氏度，持续196天；日平均气温≥20摄氏度的积温为1117.3摄氏度，持续50天。年平均气温≥0摄氏度的积温，最多的为4471.3摄氏度，最少的为3950.6摄氏度，最大年际差为515.7摄氏度。流域下游汉江谷地I1、I2级阶地日平均气温＞0摄氏度的积温年平均5220摄氏度，最多年份达5612.3摄氏度，最少年份达5020.7摄氏度。日平均气温≥10摄氏度的积温年平均4478.4摄氏度，最多年份达4781.8摄氏度，最少年份达4107.6摄氏度。

褒河流域1991—2020年平均积温如表1-2-3所示。

表1-2-3 褒河流域1991—2020年平均积温

县（区）	年平均气温≥10℃的积温 / ℃	年平均气温≥0℃的积温 / ℃
留坝	3768.4	4363.2
勉县	4826.0	5437.1
汉台	4955.3	5561.8
太白	2875.3	3416.4
凤县	3906.9	4459.0

（三）地温

流域上游地面年平均温度为 13.5 摄氏度，最高温度为 14.3 摄氏度，最低温度为 12.7 摄氏度。7 月平均地面温度为 26.5 摄氏度，1 月为 –0.9 摄氏度。历年最高地面温度平均值为 63.2 摄氏度，最低地面温度平均值为 –15.7 摄氏度。极端最高地面温度为 67.6 摄氏度，极端最低地面温度为 –19.1 摄氏度。

中部山区地面年平均温度为 14.2 摄氏度，1 月平均 1 摄氏度，4 月平均 15.3 摄氏度，7 月平均 26.6 摄氏度，10 月平均 13.7 摄氏度。年平均地面温度 16.7 摄氏度。8 月为 29.7 摄氏度，为全年最高；1 月为 3.1 摄氏度，为全年最低。由于地面温度增加比气温快，一年中各月地面温度均高于气温 0.9~4.7 摄氏度。极端最高地面温度 67.9 摄氏度，极端最低地面温度 –11.7 摄氏度。

一年之中，3—8 月地面温度随着深度的加深而降低，其余月份随着深度的加深而升高。

三、湿度

褒河流域年平均相对湿度分布基本呈南大北小。汉江平坝年平均相对湿度为 70% ~80%；秦岭山地年平均相对湿度为 71% ~73%。一年中，冬、春两季较小，夏、秋两季较大。其中：9 月、10 月相对湿度为全年之冠，均为 80% ~86%。冬季（12 月、1 月、2 月）三个月汉江平坝相对湿度为 75% ~80%；秦岭山地相对湿度为 58% ~66%。

相对湿度和温度呈相反的变化。一般情况下，温度日最高值出现在 14~16 时，此时正是相对湿度最低值；每日日出 1 小时前后，是气温最低值，此时也是相对湿度最高值。湿度的大小，与降水有关，降水多，湿度就大。

湿润程度：湿润指数＞ 1.50 的为过湿润；0.81~1.50 为湿润；0.61~0.80 为半湿润，0.41~0.60 为半干旱，0.21~0.40 为干旱；≤ 0.20 为严重干旱。流域冬、春季出现干旱频率高，伏旱也时有发生。但过湿润月份多出现在降水量最多的 7 月和 8 月。一般海拔 1300 米以上地区为湿润区，低于 1300 米的地区为半湿润区。

褒河流域 1991—2020 年平均相对湿度如表 1–2–4 所示。

表 1–2–4 褒河流域 1991—2020 年平均相对湿度

县（区）	年平均相对湿度 / %
留坝	73.7
勉县	75.7
汉台	77.4
太白	69.7
凤县	68.4

四、蒸发

流域内水面蒸发量变化在 800~900 毫米（统一换算成 E601 蒸发皿的蒸发量）。流域中上游多山，植被较好，又多云雾天气和降水，蒸发量偏小。流域下游丘陵区降水少，热量条件好，蒸发量较高。陆面蒸发根据水量平衡原理计算出全流域陆面蒸发值为 400~550 毫米。高值区在平坝丘陵地区，为 550 毫米；低值区在中上游秦岭南坡，为 400 毫米。

五、风

褒河流域受蒙古高压控制，风向受地貌影响，上游秦岭山区冬季较盛行偏东风和东南风，春秋季盛行偏东风，夏季盛行偏东风和西风；下游平坝丘陵区全年多东风和东北风。山区年均风速 2.8 米每秒，其中冬季平均风速为 3.3 米每秒，夏季平均风速为 2.4 米每秒。偏东风的风速以冬季最大，平均风速为 3.9 米每秒；夏季较小，平均风速为 3.2 米每秒。偏西风的风速以冬季最大，平均风速为 6.9 米每秒；春季最小，平均风速为 4.3 米每秒，夏秋两季平均风速为 5~6 米每秒。平川风速普遍偏小，春季平均风速为 1.3 米每秒，夏季平均风速为 1.1 米每秒，秋季平均风速为 0.9 米每秒，冬季平均风速为 0.8 米每秒。八级以上的大风出现天数，上游平均每年 2.8 次，中游平均每年 6.3 次，下游平均每年 1.7 次。其中，春夏两季出现概率较大，占大风次数的 86%。

褒河流域 1991—2020 年平均风速如表 1-2-5 所示。

表 1-2-5　褒河流域 1991—2020 年平均风速

县（区）	年平均风速 /（m/s）
留坝	1.7
勉县	1.1
汉台	1.0
太白	1.9
凤县	1.1

六、冻土和霜期

（一）冻土

流域上游秦岭山区冻土始于 11 月 20 日，最早为 11 月 5 日，解冻期平均在 3 月 19 日，最迟 5 月 6 日。历年冬季最大冻土深度平均为 26 厘米。下游平川冻土始于 12 月。一般夜冻昼消，最长连续冻土 9 天，最大冻土深度 8 厘米。

（二）霜期

流域上游太白县初霜日平均在 10 月 12 日，最早为 9 月 24 日，最晚为 11 月 9 日。终霜日平均在 5 月 6 日，最早为 3 月 31 日，最晚为 6 月 11 日。无霜期年平均 158 天，最长 187 天，最短 112 天。凤县初霜日平均在 10 月 20 日，最早 10 月 3 日。终霜日平均在 4 月

14 日，最迟为 5 月 10 日。无霜期年平均 188 天，最长 227 天，最短 154 天。

中游留坝县全年初霜日平均在 10 月 27 日，最早 10 月 3 日，最晚 11 月 21 日。终霜日平均在 4 月 16 日，最早为 3 月 7 日，最晚为 4 月 27 日。无霜期年平均 213 天。

下游平川初霜日平均在 11 月 12 日，最早为 10 月 20 日，最晚为 12 月 2 日。终霜日平均在 3 月 20 日，最早为 2 月 15 日，最晚为 4 月 16 日。无霜期年平均 234 天。

各地海拔每升高 100 米，无霜期减少 4.74 天。

七、物候

褒河流域地形变化大，气候垂直差异明显。流域跨越三种不同的气候类型，物候出现不尽相同。按照夏历（农历）和民间习惯，以立春、立夏、立秋、立冬为四季之始，根据流域内流传的一些谚语加以编次，尚需在实践中不断修正、丰富、完善。

1. 春季

立春（2 月 4 日或 5 日）：春天始，草木萌芽。冬眠动物蠕动。迎春花含苞，蜡梅花半开，各地栽种马铃薯。

雨水（2 月 19 日或 20 日）：天气转暖，雨水增多，各种生物开始苏醒。迎春花、蜡梅花盛开，桃、李含苞，柳、榆孕芽。

惊蛰（3 月 5 日或 6 日）：雷始发。蛰伏在泥土里冬眠的蛇、蜈蚣等动物出土，虫卵孵化。油菜起苔，桃、李开花，蚕豆始花，燕子归来，是植树造林和春游的大好时节。

春分（3 月 20 日或 21 日）：昼渐长，夜渐短。蚂蚁四处活动。狗、猪、猫等畜禽发情求配。豌豆始花。油菜现蕾。杜鹃花盛开。

清明（4 月 4 日或 5 日）：气候温和，春耕生产忙。柳树绽叶，春雨纷纷，梨花、兰花、海棠、油菜花盛开。各地点瓜种豆，育早稻秧。

谷雨（4 月 20 日或 21 日）：阵雨增多，蝌蚪水中游。浮萍开始生长。牡丹、油桐花盛开。育中、晚稻秧。早蒜苔成熟。偶遇西风吹，漫天浮黄沙，有余寒。

2. 夏季

立夏（5 月 5 日或 6 日）：蚯蚓出土，夜有蛙叫，樱桃成熟。小麦灌浆。早蚕上架。农民备夏收。

小满（5 月 21 日或 22 日）：布谷鸟鸣。洋槐花盛开。油菜成熟，小麦黄，开始插早秧。农谚："蚕老麦黄，绣女下床。"

芒种（6 月 5 日或 6 日）："芒种芒芒栽"，农民昼夜加班，抢时收割、插秧。枇杷成熟。有时初夏干旱，造成插秧缺水；偶逢连阴雨，使小麦生芽霉烂。

夏至（6 月 21 日或 22 日）：夏至夜最短，气温高，草木生长旺盛。螳螂猖獗，蝉虫高鸣，菌类繁殖快，李、杏成熟。

小暑（7 月 7 日或 8 日）：热风吹来，常出现雷雨、暴雨。开始炎热，蟋蟀入屋，萤火虫生，桃和各种瓜类陆续上市。

大暑（7 月 23 日或 24 日）：进入高温时节。赤日当空，炎气逼人，人畜易患暑热病，喜温作物生长最快，萝卜、早白菜下种。

3. 秋季

立秋（8月7日或8日）：暑气始消退，夜晚有凉意。暴雨依然常有，秋旱时有发生。开花植物常见的有芙蓉和紫藤，是栽葱种蒜的时节。

处暑（8月23日或24日）：处暑不暑，早苞谷收获，寸草结籽，蝉鸣枝头。

白露（9月7日或8日）：晚上始转凉，草上有露珠，桂花飘香，核桃、柿子、梨成熟。常有霖雨，偶有“秋封”（注：因霖雨时间过长，秋季出现过低气温，造成晚秋作物不能结籽，谓之“秋封”），造成晚秋作物减产。

秋分（9月23日或24日）：夜渐长，昼渐短。红薯、石榴、板栗成熟。农户忙收稻谷。燕子南归，大雁飞来。中山区播种小麦。

寒露（10月8日或9日）：野菊花开，红果（又名“救兵粮”）成熟，荞麦开花，枫叶变红，蝉渐消失。秋雨渐少，天气始冷。直播油菜结束，移栽油菜适时。浅山区播种小麦。

霜降（10月23日或24日）：天气转寒，见白霜，雷停雨稀。白杨落叶，草木变黄，菊花盛开。小麦播种进入洪期。蚊蝇逝迹，虫蛇开始冬眠。

4. 冬季

立冬（11月7日或8日）：天气越来越冷，人们普遍穿棉衣。阔叶树落叶，枇杷始花，红薯、生姜入窖保藏。

小雪（11月22日或23日）：始见雪。桑叶由绿变黄，小麦开始分蘖。月季还能开花。

大雪（12月7日或8日）：雪渐大。树叶落尽，月季停开，枇杷有花。是进行锄地施肥等冬季农田管理和修塘、开渠等农田水利基本建设的大好时机。

冬至（12月21日或22日）：昼短至极，寒夜最长，农谚：“一九”“二九”冻死茶柳，晨有严霜，午曝暖阳。

小寒（1月5日或6日）：进入最冷时节。农谚：“三九”“四九”冻死老狗。越冬作物生长极慢。

大寒（1月20日或21日）：天气严寒，滴水成冰，偶有积雪。不少植物在冰雪中暗暗孕育芽胎。

八、降水

（一）水汽来源

褒河流域地处北半球中纬度，形成全年降水的暖湿空气，主要来自印度洋的孟加拉湾，其次是西太平洋。夏季，在副热带高压的影响下，孟加拉湾水汽沿西南低涡下部的西南季风北上，经西藏、云南及四川西北部到达流域上空；西太平洋水汽随副热带高压边缘的东南气流输入流域上空。冬季，受极地大陆冷气团（主要是蒙古高压）控制，多西北季风，形成寒冷干燥少雨雪的天气。春、秋两季为过渡季节，春暖少雨，秋凉多雨，气候湿润。地面植物、水库、河流、田园等所蒸发于空间的水汽参与降水甚微。

（二）降水量变化

褒河流域雨量充沛，年降水量一般为600~1000毫米。因受大气环流、纬度及地形的

影响，降水具有年际变化大、年内分配不均的特点。空间分布上山区多于平坝，平坝多于秦岭，流域中游降水量大于上游和下游。流域上游秦岭山区年平均降水量 776.8 毫米，年最大降水量为 939.4 毫米，年最小降水量为 422.3 毫米。流域中下游浅山区平均降水量 886.3 毫米，年最大降水量为 1565.2 毫米，年最小降水量为 612.8 毫米。流域下游平坝年平均降水量 846.8 毫米，年最大降水量为 1462.8 毫米，年最小降水量为 597.9 毫米。降水量主要发生在汛期 5—10 月，夏秋季降水量远大于冬春季。暴雨也多发生在 7—9 月，且是多霖暴雨，即大面积连阴雨中的大暴雨，具有历时短、强度大的特点。褒河流域 1991—2020 年平均降水量如表 1-2-6 所示。

表 1-2-6　褒河流域 1991—2020 年平均降水量

县（区）	年平均降水量 /mm
留坝	798.7
勉县	746.6
汉台	808.3
太白	718.3
凤县	629.0

（三）降水量的季节分配

流域内季节降水量分配特点是：冬春少，夏秋多，其中夏季降水量为冬季的 17~20 倍，表现出明显的季风气候特征。

冬季（12—2 月）：由于冬季风最强盛，水汽少，降水量最少。秦岭山地 17~20 毫米、汉江平坝 17~24 毫米，冬季降水量占年降水量的 2%~3%。褒河流域 1991—2020 年冬季平均降水量如表 1-2-7 所示。

表 1-2-7　褒河流域 1991—2020 年冬季平均降水量

县（区）	冬季平均降水量 / mm	占年降水量的百分比 / %
留坝	22.7	2.8
勉县	21.4	2.8
汉台	26.2	3.2
太白	21.2	3.0
凤县	10.9	1.7

春季（3—5 月）：气温上升，水汽增多，流域内水量普遍增加，汉江平坝和秦岭山地降水量达 170~200 毫米，占年降水量的 19%~22%。褒河流域 1991—2020 年春季平均降水量如表 1-2-8 所示。

表 1-2-8　褒河流域 1991—2020 年春季平均降水量

县（区）	春季平均降水量 /mm	占年降水量的百分比 /%
留坝	157.7	19.7
勉县	155.7	20.7
汉台	168.8	20.9
太白	138.5	19.3
凤县	120.4	19.1

夏季（6—8 月）：由于夏季风盛行，降水量急剧增加，且多以暴雨形式出现，是流域一年中雨量最多的季节，占年降水量的 43%~51%。秦岭山地 430~470 毫米，占年降水量的 48%~51%；汉江平坝 360~400 毫米，占年降水量的 43%~45%。褒河流域 1991—2020 年夏季平均降水量如表 1-2-9 所示。

表 1-2-9　褒河流域 1991—2020 年夏季平均降水量

县（区）	夏季平均降水量 /mm	占年降水量的百分比 /%
留坝	398.1	49.8
勉县	355.9	47.4
汉台	363.0	44.9
太白	355.6	49.5
凤县	329.0	52.3

秋季（9—11 月）：降水量一般多于春季，仅次于夏季，且呈由南而北递减趋势。秋季多连阴雨天气，易形成秋汛。流域秋季降水量占年降水量的 30%左右。褒河流域 1991—2020 年秋季平均降水量如表 1-2-10 所示。

表 1-2-10　褒河流域 1991—2020 年秋季平均降水量

县（区）	秋季平均降水量 /mm	占年降水量的百分比 /%
留坝	220.6	27.6
勉县	218.4	29.1

续表 1-2-10

县（区）	秋季平均降水量 /mm	占年降水量的百分比 /%
汉台	251.3	31.1
太白	203.4	28.3
凤县	169.2	26.9

（四）全年降水日数

按日降水量大于或等于 0.1 毫米为一个降水日统计：流域中上游秦岭山地年平均降水 128~140 天；流域下游汉江平坝 120~128 天。其中，4—10 月各月在 10 天以上；秦岭山地 7 月为 16~17 天；汉江平坝 9 月为 15~16 天；冬季各月一般为 4~8 天。全年日降水量 10 毫米以上的日数，秦岭山地 25~30 天，汉江平坝 25 天左右。25 毫米以上的日数，秦岭山地和汉江平坝 8 天左右。褒河流域 1991—2020 年全年降水日数如表 1-2-11 所示。

表 1-2-11　褒河流域 1991—2020 年全年降水日数

县（区）	日降水量≥ 0.1 mm 的降水日数 /d
留坝	115.6
勉县	105.4
汉台	106.6
太白	110.9
凤县	97.1

（五）降雪、积雪

1. 降雪

流域上、下游由于地形的变化，降雪的时间和数量有一定的差异。山区平均初雪日出现于 10 月下旬至 11 月中旬，平坝区在 12 月中旬。平均终雪日山区 3 月中旬至 4 月上旬，平坝区 2 月底至 3 月初。

上游太白县山区初雪日为 10 月 26 日，最早 9 月 27 日（1962 年），最晚 11 月 11 日（1974 年、1975 年）。平均终雪日为 4 月 13 日，最早 3 月 24 日（1964 年），最晚 5 月 7 日（1968 年）。年降雪日数平均为 170 天，最长达 207 天（1962—1963 年），最短为 138 天（1963—1964 年）。

中游留坝县山区平均初雪日为 11 月 20 日，最早 10 月 22 日（1972 年），最晚 1 月 8 日（1958 年）；年平均终雪日为 3 月 23 日，最早 2 月 9 日（1975 年），最晚 4 月 24 日（1981 年）。年降雪日数平均为 124 天，最长达 179 天，最短为 88 天；月降雪日数最多 14 天，日最大降雪量 22.9 毫米。

下游冬季降雪一般较少。年平均降雪日数10天，最多年份可达29天（1954年），最少年份为3天（1963年）。平川平均初雪日在12月9日，最早11月10日，最晚终雪日4月12日。

2. 积雪

流域内积雪受地形变化影响，上、下游积雪差异较大。

上游太白县山区日最大积雪深度达23厘米（1979年），最小积雪深度仅3厘米（1980年）。有69%的年份积雪在10厘米以上，20%的年份积雪在15厘米以上。

中游留坝县浅山区2月积雪最长连续日10天；月积雪日数最多为12天；日最大积雪深度达11厘米。

下游平坝和丘陵区冬季降雪量小，地面温度较高，积雪一般不易形成。年平均积雪日数4天，最多年份9天，最少年份1天。日最大积雪深度9厘米，积雪最早日在12月4日，最晚终止日期在3月17日。

（六）冰雹

流域冰雹出现概率较小，平均10年中有2~3次，一般为局地性冰雹。3—9月是出现冰雹的时期。其中，3月、5月、6月三个月出现较多，但成灾的冰雹多出现在5—9月。平坝区内最大冰雹单体实测质量达12.6克。

（七）暴雨

流域内暴雨分雷雨型和霖雨型。雷雨型多在夏季，霖雨型多在秋季。日降水量50毫米以上的暴雨平均每年在秦岭山地为1~2天，汉江平坝暴雨为2天左右。上游太白县年平均暴雨1.3次，凤县年平均暴雨0.7次，个别年暴雨为2次。中游留坝县境内年平均暴雨1.7次。下游平坝年平均暴雨2.4次，暴雨最早出现在4月下旬，最晚结束在11月中旬，多集中在6—9月。日降水量100毫米以上的特大暴雨，1951—2020年，上游和中游秦岭山区各发生8次，下游平坝和丘陵区、汉台区和勉县分别发生了8次和6次。

九、径流

褒河属于雨源性河流，水系处于暖温带及北亚热带，山溪河流特点突出，支流多浅层地下水及岩溶水补给，流域年降水量800毫米左右，多年平均年径流量13.45亿立方米。径流主要由降雨形成，并随降雨而变化，具有年内分配不均、年际变化大等特点。径流地区分布也不均匀，径流沿程分布为上下小、中间大，马道至河东店区间年降水量可达900毫米以上，径流深450毫米，而河源及石门水库以下径流深在300毫米以下。径流以汛期最多，年内分配主要集中在7—9月，占全年径流总量的53%左右，5—10月约占年径流量的88%。河东店水文站（现石门水库大坝）控制流域面积3864平方千米，占全流域总面积的98.9%，平均年径流总量13.3亿立方米，最大年径流量为25.9亿立方米（1964年）、最小年径流量为7.03亿立方米（1969年）。

十、泥沙

褒河流域两岸山势陡峻，植被良好，中下游为浅山丘陵区，水平梯田较多，植被较差。

属山溪型河流，洪水陡涨陡落，平时水流清澈见底，只有在暴雨洪水期，洪水挟带少量泥沙，河水较浑浊，流域泥沙含量较低。

褒河泥沙主要来源于流域表面的土壤侵蚀，一年中的沙量大部分集中在汛期（5—10月），特别是来自较大的洪水过程。根据马道水文站实测泥沙资料统计，实测最大含沙量为91.8千克每立方米（1993年9月1日）。多年平均输沙量63.04万吨，年最大输沙量428.89万吨（1981年），年最小输沙量3.19万吨（1997年）。

第四节　经济社会

一、民族人口

（一）民族构成

褒河流域自古以来以汉人为主。随历史演变，受行政、军事、经商贸易诸因素的影响，民族结构呈多元化。古代流域内多有氐、羌族；明、清、民国时期开始有回族人聚集，近现代主要民族为汉族，其他民族如藏族、回族、蒙古族、满族、白族、壮族、苗族等居民时有迁入。20世纪六七十年代，随三线建设工厂内迁及工作调动、婚娶等原因，新增彝族、侗族、维吾尔族、布依族、朝鲜族、白族、纳西族等。

2020年《汉中市人口普查年鉴》成果显示，截至2020年11月1日，流域汉中境内共有43个民族。其中：汉族占总人口的99.62%，回族占总人口的0.27%，满族占总人口的0.02%，蒙古族、苗族、藏族、彝族、壮族、土家族各占总人口的0.01%，其他民族人口较少。

（二）人口规模

1. 人口数量

迄今6000年前，流域内已有人类活动，但人口数量资料记载不详。清顺治六年（1649年）颁布《垦荒令》，康熙年间（1662—1722年）采取“滋生人口，永不加赋”的措施，川楚一带无生计之民，扶老携幼，大量迁徙，使流域内人口剧增。民国时期，人口持续增长，但抗日战争时期，人口增长趋于缓慢。统计资料记载，截至1949年，太白县有5513户，23336人；凤县有11629户，47011人；留坝县有4387户，25037人；汉台区有61519户，286722人；勉县有44400户，201400人。

新中国成立以来，流域内人口发展基本实现由高出生、高死亡、高增长型向低出生、低死亡、低增长型转变；人口再生产由增长型过渡到稳定型阶段。1980年以来，计划生育工作全面开展，人口出生得到有效控制，人口增长速度也进入缓慢时期。根据宝鸡市、汉中市2020年年鉴资料，截至2020年11月1日，太白县有15881户，39630人；凤县有32193户，79165人；留坝县有14184户，35323人；汉台区有256314户，618204人；勉县有145212户，344935人。

2. 人口分布

流域上游早期居民呈点状分布，主要栖于红岩河、车道河、紫柏河之谷地。周秦以来，

人口向交通要道移动，主要沿褒斜栈道聚居。明清时期，人口渐增，因屡遭水患，又向山腰和高山移动。民国时期宝汉公路通车后，人口随交通要道及十字路口移动，初步形成集镇，人口密度发生较大变化。新中国成立以来，农村土地逐步实行集体耕种，在高中山区居住的人口又逐渐向川坝、河谷移动。流域下游平川段变化不大，人口一直在褒河沿岸丘陵和阶地聚居。

流域人民自古以农业为主，城乡人口比率悬殊。新中国成立初，太白县城镇人口占全县人口的 7.28%；凤县城镇人口占全县人口的 7%；留坝县城镇人口占全县人口的 10.4%。其后，随着国民经济的发展，工商业崛起，城镇人口逐年上升。到 1990 年，太白县城镇人口占全县人口的比例上升为 17.1%；凤县城镇人口占全县人口的比例上升为 28.7%；留坝县城镇人口占全县人口的比例上升为 32.07%。至 2020 年，太白县城镇人口占全县人口的比例上升为 45.24%；凤县城镇人口占全县人口的比例上升为 60.71%；留坝县城镇人口占全县人口的比例上升为 47.93%。下游平川段城镇人口在总人口中所占比例变化不大。

流域内人口分布随行政区域变化。明清时期，行政区域变动不大，且自然分布广。民国时期，大都向深山老林和交通不便的高山峰峦间移动。新中国成立以来，行政区域多次调整，人口分布随行政区划和农村经济发展状况而变动，在深山峰峦间居住的农民大都迁移至河谷及公路沿线或区（乡）集镇。

3. 人口密度

褒河流域上游山区人口密度小，下游平坝丘陵区人口密度大。留坝县清乾隆二十九年（1764 年）人口密度为 13 人每平方千米。道光三年（1823 年）人口密度为 66 人每平方千米。光绪二十三年（1897 年）人口密度为 17 人每平方千米。民国三十七年（1948 年）人口密度为 15.5 人每平方千米。凤县清道光三年（1823 年）人口密度为 55 人每平方千米。清末民初锐减，为 11 人每平方千米。民国三十五年（1946 年）为 14 人每平方千米。太白县 1949 年人口密度为 8 人每平方千米。

新中国成立后，高山区农户逐渐向低山、川坝及河岸移动。流域内川坝与深山人口密度相差较大。据留坝县 1982 年和 1990 年人口普查资料比较，城关镇 1982 年人口密度为 79.48 人每平方千米；1990 年人口密度为 100.06 人每平方千米。高寒山区的闸口石乡，1982 年人口密度为 9.24 人每平方千米，1990 年人口密度为 9.31 人每平方千米；凤县 1982 年双石铺镇人口密度最大，为 6460 人每平方千米。8 个河川区乡（镇）平均 55 人每平方千米。6 个山区乡平均 20.8 人每平方千米。河川区除县城外以龙口镇人口密度最大，为 139 人每平方千米，山区以坪坎乡人口密度最小，为 13 人每平方千米；太白县 1982 年县城咀头镇人口密度为 40 人每平方千米。太白河镇人口密度为 2.8 人每平方千米。靖口镇、王家堎镇人口密度为 15.7 人每平方千米。1989 年县城咀头镇人口密度为 41.7 人每平方千米；太白河镇人口密度为 4.4 人每平方千米。靖口镇、王家堎镇人口密度依然为 15.7 人每平方千米。

流域下游汉台区，民国二十二年（1933 年）人口密度为 223 人每平方千米；1982 年人口密度为 714 人每平方千米，1990 年人口密度为 794 人每平方千米，2000 年人口密度

为 924 人每平方千米，2010 年人口密度为 992 人每平方千米。勉县 1953 年人口密度为 94.6 人每平方千米，1964 年人口密度为 133 人每平方千米，1985 年人口密度为 163 人每平方千米，1987 年全县人口密度为 166 人每平方千米。到 2007 年，人口密度提高到 175.6 人每平方千米。

（三）人口变化

1. 自然变动

褒河流域人口随行政区域变化和战事、灾荒等因素变动较大。清道光年间（1821—1850 年），因农垦减赋和生育免役政策，迁入流域人口增加。随后，因战乱，栈道沿途重镇被焚、城池被毁，居住人口很不稳定。民国时期，流域内人口发展经历了高峰期至低谷期的阶段，突出特点是出生、死亡率高。由于流域多在边远山区，人民生活贫困，医疗保健卫生条件差，死亡率较高。新中国成立后，人民政府首先从发展生产、改善医疗环境、提高人民生活水平着手，一面抓经济建设，一面抓安全教育，流域人口增长呈大幅度上升趋势。20 世纪 70 年代开始实行计划生育，人口出生率得到控制，自然增长率逐步下降。

2. 迁徙

褒河流域自古人口迁徙变化较大。三国时期，蜀人徙移境内较多，人口骤增。隋、唐、宋时期，外籍人士入境甚多。明末清初，兵祸灾荒交织，乡民大部流徙他乡，田地荒芜。清康熙、乾隆年间，为增加财政收入，制定垦辟的优惠政策，川楚流民大量迁入，流域人口猛增。清道光三年（1823 年），留坝厅制定“开垦生荒三年内不纳租赋，后三年只须纳租粮；生育人口二年内免征赋税”，致使留坝厅人口达 94300 人。清末因战乱、瘟疫、匪患、赋捐杂税加重等原因，人口死亡率高，山区外迁人口剧增，流域人口下降。

民国初年（1912 年），人民生活较安定，人口趋增。民国十八年（1929 年），关中和汉中遭受大旱灾，大批灾民迁入流域中上游山区。抗日战争时期，流域处后方，沦陷区难民入境避难者甚多。抗日战争胜利后，多数迁回。

新中国成立以后，人口迁徙有水库移民、征兵、婚姻、就业、就学和干部、工人工作调动等因素，其中国家建设对人口流动影响较大。20 世纪 60 年代前期，进行国民经济调整，精减城镇人口，迁出大于迁入。1968 年，修建褒河水库，留坝县青桥驿公社迁出 2 个生产大队 395 人。汉台区迁出 695 人。20 世纪 60 年代后期至 70 年代初，进行三线建设，中央、省属单位相继在流域内建厂，人口迁入大于迁出。自 1978 年后，厂矿渐次外迁，人口陆续减少。1990 年以后，随着市场经济发展和房地产开发的兴起，人口迁徙城镇从事工业、商业及服务行业者较多，流域内流动人口骤增。2011 年启动的陕南移民搬迁及其后开展的农村脱贫攻坚，把流域内高、中山区人口已基本全部搬迁至交通便捷的集镇和平坝地区。

（四）人口控制

褒河流域历史上人口处于无计划繁衍状态。太平丰年人口增长，战乱荒年人口减少。明清时期，流域内采取优惠政策，吸收、发展人口。民国初年（1912 年），人口虽然稳定，但出现出生率和死亡率都高的异常情况。

新中国成立后，人口自然增长率偏高。1954 年后，人口迅速增长。1964—1965 年，

流域内各县人民政府成立计划生育委员会，下设办公室，各区、乡（镇）配备计划生育专干，开展计划生育咨询和技术工作。1966年，计划生育工作停顿，机构解散。1972年，各县恢复计划生育委员会，下设办公室，开展避孕节育知识宣传，组织计划生育宣传队、手术队、医疗队，下乡宣传教育已婚夫妇，并发放避孕药械。乡（镇）卫生所开始实行人工流产和结扎手术。1980年，流域各县执行《陕西省计划生育条例》，宣传教育“一对夫妇只生一个孩子”的政策，大力提高“一胎率”，严格控制二胎，坚决杜绝多胎生育。在坚持以思想教育为主的同时，辅之必要的经济措施、行政措施和组织措施，把计划生育工作的重点放在了农村和城镇企业。1985年，流域内各县在推行经营承包责任制的同时，制定了计划生育责任制，把生育计划落实到了村、组和个人。在农村，把土地、山林、宅基地的划分同计划生育挂钩，体现了对独生子女，特别是对独生女孩家庭的照顾和奖励，使独生子女就医、入托、入园优先。1992年，提倡晚婚、晚育，开展优生，坚持婚前、婚后孕期检查，减少了先天性遗传病婴儿的出生。1994年，为保护妇女身心健康，在节制生育中，放节育环和使用避孕药物，因人而异，综合节育；对计划生育，坚持做到思想工作走在前，医务人员技术领先，家庭及生命安全工作考虑周全。以上各项措施，有效控制了流域内人口的增长，提升了流域人口素质。

为应对中国老龄化、人口比例失调等问题。2015年10月，中共中央十八届五中全会决定，全面放开二孩政策。流域内实施了30多年的独生子女政策正式宣布终结。

为进一步优化生育政策，2021年5月31日中共中央政治局会议决定放开三胎，实施一对夫妻可以生育三个子女政策及配套支持措施，流域内各县区随即贯彻落实。

二、交通运输

（一）古道

经过褒河流域的主要古道有5条，分别为褒斜栈道、连云栈道、文川道、回车道、太白山路。这些古栈道，构成了流域内四通八达的交通网，在漫长的历史岁月中，虽历经风雨，且屡遭兵焚水毁，曾多次修复，至今遗迹尚存。

1. 褒斜栈道

褒斜栈道是汉中走向关中，或关中通向汉中达于巴蜀，穿越秦岭的道路，是世界上最早的栈道。南口在汉中城北15千米的褒河口，向北进入褒谷，沿褒河经过留坝县、太白县，越过秦岭主脊，进入斜峪河流域的斜谷，由眉县的斜峪口出达眉县，全长235千米。

据周原考古发掘甲骨文记载，褒斜道开通至迟当在殷商时期。而栈道修建时间，当在春秋战国时期，在秦汉时期最为鼎盛。从先秦到民国二十四年（1935年），一直是沟通秦蜀的主要交通干线，也是连接西南与中原贸易的纽带。

褒斜栈道因建于峻峭险要的大山峡谷中，其建筑形式根据自然地形而定。按其形制，人们又把栈道称为“栈阁”“桥阁”。有的路段上建有能遮蔽雨雪的棚盖，临河沟一面有护栏。修建形制大体有平梁立柱式、斜坡搭架式、斜撑式、无柱式、凹槽式、隧道式6种。

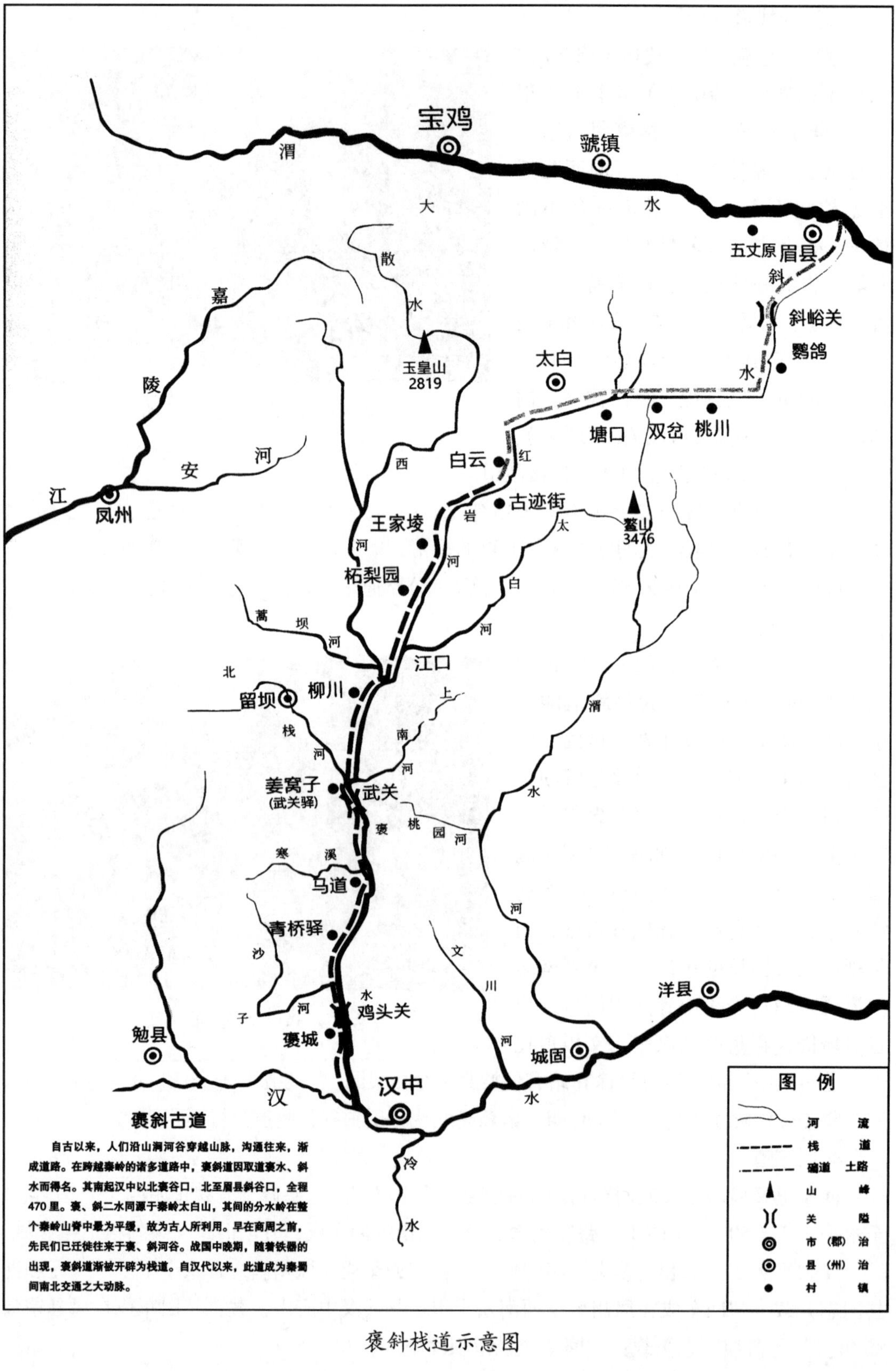
宝鸡
虢镇
渭
水
大
散
水
玉皇山
2819
五丈原
眉县
斜
斜峪关
鹦鸽
水
太白
塘口
双岔
桃川
嘉
陵
江
凤州
安
河
西
河
白云
红
岩
河
古迹街
太
白
河
鳌山
3476
王家棱
柘梨园
蒿
坝
河
江口
北
留坝
栈
河
柳川
上
南
河
姜窝子
(武关驿)
武关
褒
桃
园
河
寒
溪
马道
青桥驿
沙
河
子
湑
水
河
文
川
河
洋县
水
鸡头关
褒城
勉县
城固
汉
汉中
水
冷
水
图　例
河　流
栈　道
碥道　土路
山　峰
关　隘
市（郡）治
县（州）治
村　镇
褒斜古道
自古以来，人们沿山涧河谷穿越山脉，沟通往来，渐成道路。在跨越秦岭的诸多道路中，褒斜道因取道褒水、斜水而得名。其南起汉中以北褒谷口，北至眉县斜谷口，全程470里。褒、斜二水同源于秦岭太白山，其间的分水岭在整个秦岭山脊中最为平缓，故为古人所利用。早在商周之前，先民们已迁徙往来于褒、斜河谷。战国中晚期，随着铁器的出现，褒斜道渐被开辟为栈道。自汉代以来，此道成为秦蜀间南北交通之大动脉。

褒斜栈道示意图

2. 连云栈道

古连云栈道（2023 年拍摄）

据史料记载，连云栈道始修于汉。北魏正始四年（507 年）至永平二年（509 年）畅通。其南接褒斜栈道，至姜窝子（古名膈鱼潭）。向西北折沿紫柏河而上经八里关（古名小湾栈）、青龙寺（古名黑龙栈），越新开岭（古名登坡栈）、青羊铺（古名青水栈）、画眉关、大滩、安山驿（安山湾）。由安山驿（今留坝县城）向北，越柴关岭进入凤县境。经松林驿、榆林铺、连云寺、南星、留凤关（废邱关）、三岔铺、心红铺越凤岭至凤州，连接故道。

连云栈道直至民国二十四年（1935 年），一直是川陕官道（主要通道）。当时的过往行旅、客商、成群结队的骆驼队、上百的马帮，来来往往，呈现一片热闹景象。

民国二十五年（1936 年），川陕（宝汉）公路通车，替代了连云栈道。

3. 文川道

古文川道（2023 年拍摄）

因沿文川河而行，故名。唐大中三年（849 年）修筑，为褒斜道的一条支线，明清时改线拓宽，城固、洋县行旅多走此道。文川道北起留坝县西江口（今江口镇），离开褒斜道，向东南行，由铁灌沟、庙坪翻雪岭（鹰嘴石），至南河乡上南河村，折东行沙岭子，过月亮湾，翻桅杆石梁，由留坝进入城固境的小河子。再由南至双溪驿，越过光头山到文川河谷，出谷口城固，再折西到汉中。文川道比连云道至汉中近捷，唐时沿途驿站有仙岭驿（今柘梨园）、青松驿（今江口镇）、山辉驿、回雪驿（今沙岭子）等。蜀汉时期，诸葛亮北伐，出斜谷，此道为行军路线之一。

4. 回车道

回车道又名回车戍或回车路。因回车河（西河）而得名。始修于北魏正始四年（507 年），至永平二年（509 年）竣工。路线由散关至凤州南的回车戍，开创旧路交褒斜栈道至褒城。

《太平寰宇记》和《读史方舆纪要》载：“回车戍在凤州南一百六十里。”《元和郡县图志》载：“回车戍在凤州梁泉西南六十里。”《汉中府志》载：“回车戍在凤县东南 80 里。”《留坝厅志》载：“回车戍在留坝厅境。”

《凤县志》（1994版）载："北魏正始四年（507年），开石门阁道至褒谷，称之回车戍。西魏文帝大统五年（539年）杨宽取回车戍。恭帝元年（554年）九月，宇文泰使崔猷沿梁汉旧路开回车道。南北朝时，凤陷氐羌，由斜谷通梁，特取径于车道河，古回车道即此。"因此，"梁汉旧路"，就是回车道。它沟通了褒斜栈道和连云栈道及陈仓古道。

5. 太白山路

太白山路由留坝县江口沿太白河上，15千米至桑园坝，再向东北至太白县太白河镇。由此向西越狮子岭，至王家堎交褒斜栈道。

清《陕西通志》载："裴度为兴元观察使，奏修斜谷路及驿馆。自京师抵汉中，列肆于骆谷久矣。而艰难险阻，人尝病之。度既到镇，因访故老，熟其利害，遂决请移路于斜谷。桥梁馆宇，刻其而就，人心大惬。"目的是避开骆谷道的艰难险阻。为取代河池关至西江口这段险栈，于唐开元十三年（725年）大修太白山路。唐元和年间（806—820年），此道辟成官道。唐敬宗宝历二年（826年）春，"兴元节度使裴度春奏修斜谷道及馆驿，皆毕功"（《旧唐书·敬宗纪》）。不久，此道又改为驿路。

（二）公路

褒河流域在明清以前，"栈道"穿境而过，成为沟通秦蜀的咽喉地段。但境内山路崎岖艰险，行走十分困难。民国时期，有宝汉公路沟通川陕，但地方道路网络未能形成。新中国成立以来，流域内各级政府十分重视交通事业的发展。由国家、省、市、县财政多方投资，大力整修国道、省道和地方道路。截至1996年，实现了全流域城乡公路相连，乡镇道路畅通。尤其近年来实施的农村脱贫攻坚和乡村振兴，基本实现了道路村村通。

1. 宝汉公路

宝汉公路指宝鸡至汉中的一条国家干线公路。民国二十三年（1934年）勘测设计，全长254.6千米，修建时称西汉公路（西安至汉中）。由全国经济委员会主持修建，民国二十四年（1935年）12月26日竣工，通车于四川广元，又称川陕公路。1981年将川陕公路宝汉段改称316国道路段。

宝汉公路（2023年拍摄）

新中国成立后，宝汉公路乃川陕咽喉之道，过往车辆倍增。1965年以来，逐年对路面进行改造。1974年3月，开始铺筑渣油路面。1979—1981年，铺成以渣油为主体的三级路面。1996—1997年，将二十里铺至铁佛殿段拓宽、改造为二级路面。1998年6月，柴关岭至姜窝子段、二十里铺至潘家河段二级公路改建工程开工，2000年完成。

2. 留江公路

留江公路（留坝至江口）起点于枣木栏桃园铺，经土地梁、歇马台、小河子、庄房、

留江公路（2023 年拍摄）

两河口、玉皇庙、西河口、殷家院、青岗嘴至江口，全长 60 千米。民国二十八年（1939 年），由留坝县县长金铎提议修建。当时，经南郑专员公署批准、筹建、勘测、集资，劳力由各乡镇摊派。于民国三十年（1941 年）秋开工。经过 2 年修筑，于民国三十二年（1943 年）10 月竣工，路面宽 4 米。因测量、施工技术差，土地梁坡度大，未能通车。后因无力改修、保护，加之连年雨水冲刷，成为荒路。

3. 高桑公路

高桑公路（高桥铺至桑园）是高潘公路在县境的一段。由宝汉公路 150 千米加 912 米（高桥铺）处起，沿原回车道路线，经石门、两河口、玉皇庙、江口镇、郑家坝、桑园坝、沙岭子，抵达太白县黄泥塘止，称高桑公路。于 1956 年开工，分高江路段（高桥铺至江口）和江桑路段（江口至桑园坝）二段施工。后经过多次改建、拓宽，至 1986 年竣工通车。

高桑公路石门段（2023 年拍摄）

4. 姜太公路

姜太公路（姜窝子至太白县）是从姜窝子经过南河、柳川、江口、桑园坝，再经过太白县通往西安的一条便捷公路。该路在留坝县境的路段长 46 千米，其中 27 千米为新修路段。1988 年立项设计，1989 年开工，1993 年第一期工程基本完成通车。

5. 姜眉公路

姜（窝子）眉（县）二级公路是又一条连接关中与陕南的便捷通道，1996 年在陕西省政府立项。在姜太公路基础上扩修改建，从留坝县姜窝子经南河、柳川、江口到太白县，再由太白到眉县。1997 年 4 月由县道升为省道。1998 年改建工程开工建设。

6. 凤太公路

凤太公路（凤州至太白）从凤县双石铺至太白县咀头街，全程 96 千米。其中，凤

姜太公路（2023 年拍摄）

姜眉公路（2023 年拍摄）

县境内里程 67 千米，太白县境内里程 29 千米。1955 年冬勘察设计，1956 年建成凤州至河口段 20.4 千米，1958 年修通咀头至两河口段。1960 年，修通两河口至靖口段。1966—1967 年，航空航天部 067 基地和宝鸡地区交通局投资将其改造拓宽，后又铺筑成渣油和水泥路面，达三级公路标准。

7. 王太公路

王家堎镇至太白河镇，全程 23 千米。由王柘（王家堎至留坝县柘梨园）公路桐车坝接线至太白河。由陕西省太白林业局和驻军投资，太白县民工建勤修建，1971 年 8 月修通。

凤太公路（2023 年拍摄）

王太公路（2023 年拍摄）

（三）水运

汉中民间流传着“褒河不船”（不能行船）的古谚。

《史记 · 河渠书》记载，西汉武帝刘彻在位时，大批量漕运关东的谷粟，在渭水、黄河航道中遇到很多障碍，耗费漕运时间太长。于是，朝野有人上书建议打通褒斜道以通漕运。御史大夫张汤详细了解后，向汉武帝建议开凿褒斜道，把汉水和渭水沟通，这样，关东各地的漕舟，就不必再经过黄河中的砥柱之险，而由南阳郡附近运到沔水，溯沔水而上，转入褒水，复溯褒水而上，至褒水上游不能行舟处用车辆盘运过秦岭，再顺斜水而下入渭水；又由渭水东下，运至长安。张汤对汉武帝说，这条运道（水运陆转）开通以后，不仅对于关东漕运便利，而且在褒、斜谷中，所产的木材、竹箭也可以大量利用。

汉武帝听了张汤的报告后，便封张汤的儿子张卬为汉中郡太守，调发数万人开出一条长五百多里的褒斜道。但因褒河水流湍急多石，未能通漕。后历代也有打通褒河水道的想法，但一直未能实施。因此，清乾隆年间严如熤在《三省边防备览·水道》篇中记述：褒城县的乌龙江（褒河），船只“装运灰石，仅至褒城城下。自石门以上，小船亦不能行矣”。

据史料记载，褒河历史上仅褒谷口至汉江入口段可通行小船，褒谷口以上不具备航运条件，仅有渡船在渡口两岸之间摆渡。石门水库建成后，库区可行船，但仅限于摆渡和旅游观光。

石门库区渡口（2023 年拍摄）

（四）现代交通

1. 阳安铁路

阳安铁路西起汉中市宁强县宝成铁路上的阳平关，东到安康与襄渝铁路相接，全长 355 千米，东西走向。1969 年开始修建，1972 年 11 月竣工临时通车，1976 年完成电气化改造工程，8 月 1 日正式通车。阳安铁路穿越褒河流域下游汉中盆地，在褒河上建有桥梁，在河道东、西两侧汉台区和勉县境内建有火车站。

阳安铁路（2024 年拍摄）

2. 宝汉高速公路

宝汉高速公路是陕西省规划建设的“2637”高速公路网中三条南北纵线之一。路线起于宝鸡市陇县陕甘交界的大桥村，止于汉中市陕川交界的米仓山。陕西省境内规划里程约 400 千米，自北向南连接了连霍、十天和京昆 3 条国家高速公路，并沟通了陇东、关中西部、陕南西部、川东等区域。

宝巴高速跨石门段（2023 年拍摄）

宝汉高速公路穿越褒河流域段，起于宝鸡高新区潘家湾枢纽立交，与银昆高速公路陇县至宝鸡段、连霍高速宝鸡过境线相接，向西南沿

秦岭北坡展线升坡，经高新区八鱼镇、马营镇，渭滨区石鼓镇、神农镇，跨李家河、神沙河后转向南，以 15.56 千米特长隧道穿越秦岭至凤县河口镇沙坝村，再沿车道河向南经岩湾、田坝至凤县坪坎镇北，又沿西河一路向南，经坪坎镇、狮子坝至留坝县江口镇江西营，后沿褒河向南经武关驿（姜窝子）、马道镇、青桥驿镇，经石门特长隧道，在汉台区平安村以北跨石门水库至麻坪寺，经牛头山特长隧道至汉中市勉县褒城镇堡子沟村。在褒城镇金寨村与宝汉高速汉中至陕川界段相接，经石门枢纽互通式立交连接十天高速，然后沿褒河右岸向南穿越汉江至川陕界。

3. 太凤高速公路

太凤高速公路是陕西省“2367”高速公路网中 18 条联络线之一，起于太白县城西侧，接姜眉公路，沿白云河向西与银昆高速在田坝枢纽立交互通，沿嘉陵江，穿越凤县北侧山峁至省界，与甘肃省十天高速两当连接线相接。公路东西向穿越褒河流域上游，全长 85.07 千米，2020 年 10 月 28 日正式通车。

太凤高速跨黄牛河（2023 年拍摄）

三、经济发展

（一）农牧业

褒河流域古代由于关中及蜀汉人口经常徙入，带来农耕技术，当地农民亦农亦林亦牧。随着人口增加、流民迁徙，以及战争军旅往来，伐木垦辟日盛。尤其明清时，川楚徙居之民，或就河流两岸稍平处垒石坎，开作水田，或砍林开荒，刀耕火种，生产力低下，农业发展缓慢，自然灾害频繁。民国时期，战乱迭起，人口流动，农牧业日渐滞疲。新中国成立后，流域内各县（区）政府采取减免农业税等一系列措施，调整生产关系和产业结构，改进耕作技术，推广新品种，大搞农田基本建设，兴修水利，努力提高生产管理水平，农业总产值增长较快。

流域内种植业以粮食为主。流域中上游山区种植以玉米（苞谷）为大宗，次为水稻、小麦、洋芋、油菜、黄豆、荞麦、红苕等。民国时期，因刀耕火种，广种薄收，产量甚低，农民生活困苦。新中国成立后，粮食和油料作物种植仍居首位。粮食种植以秋粮为主，秋季农作物品种以玉米、水稻为主。流域下游汉中盆地地势平坦，水资源开发利用早，为汉中水稻、小麦、油菜主产区，也是陕西省最大的水稻灌区。

流域内林茂草丰。自古就有养殖牛、猪、羊、鸡、蜂的习惯。新中国成立后，农业发展，养殖业也呈发展趋势，畜禽以猪、牛为主，羊、禽次之。

（二）林特业

褒河流域地处秦岭南坡，古代森林茂密，草木苍翠。北宋时，连年整修栈道，用木浩

繁，沿栈森林被砍伐一空。明清时期，因整修栈道，栈旁山岭10里之内，已呈荒山秃岭。清道光年间，川、楚流民大量涌入流域深山老林，毁林开荒，竟出现“得深入30余里的老林伐木”的局面。中华民国时期，虽先后颁布《森林法》和《土地法》，但均未贯彻实施。战乱、灾祸和山林水火灾害频繁，使境内森林资源遭受浩劫。至1949年末，流域内部分山区已出现疏林地、灌木丛和荒山秃岭。新中国成立后，流域内各级政府制定了一系列法规、政策，保护森林，发展林业，受到一定重视。但是，在1958年，因“大炼钢铁”，大批山林被剃成“光头”，特别是实行集体食堂化，大砍林木；1962年，大搞人民公社化，组织社员毁林开荒。1966—1972年，森林资源遭受空前浩劫。1980年《中华人民共和国森林法》颁布后，坚持依法治林，调整林业政策，稳定山林权属，建立和完善山林经营承包责任制，给林业生产带来了生机，使林业经济得到迅速发展。1996年后，流域内实行退耕还林和天然林保护，推进集体林权制度改革，使森林资源得到较好保护。

流域地处暖温带之南缘，亚热带之北界，是华北、华西、华中生物区系的交会区，山青水绿，自然植被保护和衍育着种类繁多的动植物，土特产资源丰富，成为秦岭山区土特产生产基地之一。流域内山民自古靠山吃山，除生产粮食外，有生产土特产及狩猎的习惯。土特产主要有林果产品、中药材、动物皮毛、食用菌、竹木制品等；皮毛产品以鹿、麂、狐、水獭、野牛、羊、狗等毛皮为主；中药材以麝香、西洋参、杜仲、当归、党参、天麻、木贼、五倍子、木通、金银花、大黄、乌药、苍术、青藤、厚朴、黄柏、刺五加皮、黄精、茯苓、猪苓、鹿寿草、铁棒锤、台儿七、扭子七、牛角七、太白三七、长虫七、蜈蚣、粗榧、金石斛等为主；工业品有毛铁、铁锅、铧、构纸、火纸、酒曲、竹木制品等；林果品有核桃、生漆、猕猴桃、板栗等。新中国成立后，随着自然条件的改善和产业结构的调整，自然资源得到综合开发利用，多种经营拓展了土特产的生产。太白县大力发展蔬菜和食用菌，其高山蔬菜已成为知名品牌，远销省内外。留坝县的香菇、木耳产品畅销深圳、广州、天津、上海、北京，并转销日本、俄罗斯等国家和东南亚地区。

（三）工矿业

褒河流域先民早在5000年前，已能制作石器、骨器、陶器、玉器和编织渔网等。先秦时期，手工业开始兴起。由于修筑栈道需要，建造作坊，工匠冶炼铸造筑路工具，木匠架木设栈，石匠凿岩穿壁。民间制造生产工具，修造房舍等，均为简单手工业制作。唐、宋以来，流域内有酿酒、采矿、冶炼、编织等生产。至清代，手工业已扩及铸制铜、锡、铁器和棉纺、丝织、造纸、染色、制革、漆器、金银首饰、酿酒、制糖、米面加工、糕点、酱货、砖瓦石灰、竹木棕藤器等方面。

中华民国时期，随着抗日战争爆发，沦陷区一些工厂和文教单位内迁，一些新工艺随之传入流域下游一带，修车、修钟表、铁皮器皿、机卷烟、小五金、日用化工等产业得到发展。其间，留坝县庙台子铁厂冶炼铸造最为知名，其产品远销西北各省。

新中国成立后，从1953年起，流域内各县实行对手工业的社会主义改造，原有的企

业在整顿中并、转，其后国营工厂陆续出现。1958 年，组建全民企业，掀起了“大炼钢铁”的高潮，先后建起煤炭、炼铁、炼焦、陶瓷等工厂，然而因其盲目发展，缺乏技术，后在国民经济调整时停办。1963 年，调整工农业生产关系，向农业倾斜，工业生产基本停顿。1970 年前后，兴办“五小”工业（小铁厂、小煤矿、小农械厂、小木材加工厂、小酿造厂），引进技术和设备，扩大基建投资，招聘技术人才，利用当地自然资源，采取综合开发，加工增值，工业初露生机。1979 年后，逐步调整产业结构，进行技术改造，以建材工业为主体，依靠当地石材、木材等资源优势，重点发展石材、木材等加工业。1984 年，乡镇企业发展，以煤炭、金矿、铅锌矿、石英矿选矿，木材加工、建筑材料生产、石材开采与加工为主的乡镇工业蓬勃兴起，成为流域内各县工业生产的一大支柱。自此，工业在农业发展的基础上迈步，虽然规模效益尚不显著，但工业产值逐渐上升。2020 年，流域内各县工业体系有电力、矿业、机械、化工、建材、食品、木材加工、缝纫、印刷、五金等 11 个门类，数千家企业。

（四）商贸

褒河流域古代在栈道沿线，有南来北往之商贾进行山货交易。明清时期，商务经营以生铁、构纸、木炭、木材和药材为主。连云栈道沿途店铺较多，其安山驿、马道驿和河东店商贸活跃。民国初年（1912 年），咀头、王家堎、江口、枣木栏和留坝县城、褒城县城集市纷起，街市人口亦增，经营品种以食盐、糖、大米、桐油、布匹、兽皮、木炭、中药材、木材和竹、木农具等为主。民国二十年（1931 年），流域各县各集镇已销售国内外各地特产和丝绸、布料、日用百货及杂品。抗日战争期间，受交通和政局变化的影响，商业时兴时衰。民国三十七年（1948 年），流域内国民党重兵压境，民众深受兵役、苛捐杂税之苦，社会购买力低下，市面通货膨胀，物价飞涨，商业萧条。

新中国成立后，国营商业建立，供销商业发展，成为流域内各县商业的主体；1953 年后，实行计划经济体制，商品按计划供应分配，国家统一管理，同时对工商业进行公私合营。1962 年，取缔和限制私商发展，商品流通渠道不畅。1980 年，改革商品流通体制，公私联营，并鼓励私有经济发展，城乡商品流通渠道沟通，市场逐步繁荣。

流域内商业，自古多为土、畜、林产品、中药材交换，外来商贩和当地店铺甚多。民国二十年（1931 年）后，中药材外销量较大。1951 年后，土特产发展较快，国营、供销、粮食、物资、外贸等商业发展壮大，服务项目逐渐增多。特别是 1984 年后，实行商业体制改革，扩大企业自主权，出现多种经济成分；改革商品批发层次，逐步推行多渠道、少环节的商业批发与零售体制，增加商业网点，深购远销，突破经营界限，拓宽服务领域，促进了市场经济发展。同时，国营、集体、个体商业及饮食服务业逐步转变经营机制，进入市场平等竞争，综合服务质量提高，经济效益明显。

第三章　自然资源

褒河流域天然植被繁茂，生态保护完好，是各类生物繁衍的“乐园”，被称为“资源宝库”。流域内峰崖、山地、沟谷、川坝及河流中，蕴藏着种类繁多的植物、动物与矿藏，这是人们赖以生存、发展生产、从事经济建设的物质基础和保障。

第一节　水资源

一、地表水

地表水资源量是指河流、湖泊、冰川等地表水体中由当地降水形成的可以逐年更新的动态水量，用天然河川径流量表示。

褒河干流全长195千米，流域面积3955平方千米，多年平均年径流量13.45亿立方米。石门水库坝址以上流域面积3861平方千米，多年平均流量36.8立方米每秒。褒河上游“引红济石”跨流域调水工程，设计多年平均引水量约0.94亿立方米。褒河右岸娘娘滩水库工程设计年引水量约0.23亿立方米。扣除石门水库上游引调水量后，石门水库坝址多年平均流量33.2立方米每秒，多年平均年径流量10.47亿立方米。

褒河流域径流特点与降水特点基本一致，自西南而东北，随海拔高度和地形的变化，径流深的区域差异明显。流域多年平均年径流深为300~500毫米。其中，下游汉中平坝区年径流深在300毫米左右，中游中、低山区年径流深为400~500毫米，上游西河流域中曲河产流区径流深324.8毫米，河源一带多年平均年径流深最大达510.2毫米。

褒河流域径流年内分配不均匀。根据实测资料：石门水库入库径流7—9月径流量占全年径流量的53.3%，而12—2月径流量仅占全年径流量的6.4%。年内，9月多年平均径流量最大，占全年径流量的20.8%；2月径流量最小，占全年径流量的1.6%。50%频率多年平均流量30.3立方米每秒，75%频率多年平均流量23.0立方米每秒，95%频率多年平均流量18.4立方米每秒。

褒河流域径流年际变化大。石门水库坝址处1959—2016年径流系列最大为1981年的24.95亿立方米，为多年平均年径流量的2.39倍；最小为1997年的3.41亿立方米，为多年平均年径流量的0.33倍；最大年径流量与最小年径流量的比值为7.32。

二、地下水

地下水资源量是指降水和地表水体入渗补给地下水饱和含水层的动态水量。

褒河流域地下水主要由降水和地表水入渗补给。由于水文地质条件不同，地下水的分

布很不均衡。根据陕西省水文地质区划，流域属陕南秦岭巴山山地水文地质区。按地下水赋存条件，流域内地下水分为松散岩类孔隙水和基岩类裂隙水。

松散岩类孔隙水主要分布于流域下游汉中盆地及中、上游部分河流宽谷地带。含水岩层由砂、砂砾、卵石层组成。区域内地形平坦、岩性疏松，有利于大气降水，河流、渠道灌溉水的渗入，补给条件优越，地下水丰富，开发利用方便。依其水力性质又可分为潜水和承压水，二者之间无稳定隔水层，且有密切的水力联系。潜水在汉中盆地埋深一般为1~30米，地下水综合补给模数为24.8万~56万立方米每平方千米年。承压水含水层汉中盆地埋深在70米以下，含水层厚13~57米，水位埋深0.42~25米，局部高出地面2.4米。

基岩类裂隙水主要分布于流域中、上游的秦岭山区。为岩基山地，渗水贮水条件差，地下水贫乏，局部低凹地及坡积锥下，有泉水渗出。个别地段由于断裂、错动，裂缝流量较大，甚至形成暂时性线状小瀑布。其他大部以渗润形态充填在节理中，流量很小。因裂隙水缺少大面积串通通道及汇集通道，稳定性差，雨季流量增加，旱季相继断流。再由于地形陡峻，沟壑纵横，降水多以地表流形式排泄。岩浆岩致密坚硬；片岩、千枚岩性柔，裂系不甚发育。表层分化裂隙虽较集中，但多被杂质充填，连通性不好，不利于降水下渗，且无良好的贮水空间，地下水量一般较小。

褒河流域地下水一般就地补给，就地排泄，具有径流畅通、途径短、水循环交替强烈的特点。补给来源主要是大气降水，平均入渗系数11.6%，汉中盆地降雨入渗补给模数8.89万~20.52万立方米每平方千米年，地表水平均补给系数22%。盆地及主干河槽是地下水的归宿，山岭与山坡主要是地下水的补给区，河谷地带则为排泄区，泉水较多。

地下水的流向与地表水流向基本一致。总的趋势由山区流向盆地。在山区多以地表分水岭为界，沿山坡流向最近的沟谷，形成泉水而排泄。盆地内，地下水由盆地周边向盆地中心流动，最终泄于汉江。

褒河流域中、上游地下水蕴藏量少，不易开采。其中：留坝县最大可开采量为0.8464亿立方米每年，凤县最大可开采量为0.8556亿立方米每年，太白县最大可开采量为0.1亿立方米每年。下游汉中盆地为富水区，地下水可开采量为4.01亿立方米每年。其中：汉台区可开采量为1.01亿立方米每年，勉县可开采量为0.706亿立方米每年。

三、水质评价

褒河流域地表水和地下水水质较好，适宜人畜饮用。中上游秦岭南部山区水的pH值最高为8.1，最低为6.7；河沟水pH值为7.3~8.4，属中性偏碱。水质以软水居多，中等硬水次之。水中耗氧量除铁佛殿后沟水高达6毫克每升外，其余均未超国家标准。氢氧化物、六价铬、汞、砷酚等有毒有害物甚微或无。流域内企业数量少且分散，水源污染轻微。但水中含碘0.001克每升~0.006毫克每升，低于国家标准。水中严重缺碘是流域内地甲状腺疾病发病率高的主要原因。水中含氟量在0.17~0.45毫克每升，属低氟区，故多发生龋齿。水中的细菌总数不同程度地超过国家标准，大肠杆菌指数合格率仅占12.5%，其余均为23~2380个每升，主要是受人畜粪便污染所致。三氮（氨氮、亚硝酸盐氮、硝酸盐氮）及

氯化物的含量，除闸口石镇机关井水硝酸盐氮含量高达 7.6 毫克每升、氯化物含量达 110 毫克每升，超过国家标准外，其他地区都符合国家标准。下游汉中盆地潜水与承压水均为低矿化水，绝大部分为重碳酸水，阳离子总量为 250~350 毫克每升，其中碳酸根含量占 70% ~90%，矿化度为 200~250 毫克每升，总硬度（德度）10~14.5，阳离子以钙为主，水的酸碱度 pH 值等于 7，为中性水，各种化学离子含量均符合国家规定的饮用水水质标准，矿化度和总硬度也符合工业锅炉用水要求。由于水温为 16~18 摄氏度，影响植物生长的氯及硫酸离子含量很低，局部含钠离子虽稍高，但也未超出农作物用水的含量范围，完全宜于农田灌溉。

褒河石门水库断面，经多年观测，除水温、总氮不参与评价外，水质断面依据《地表水环境质量标准》（GB 3838—2002）采用单因子评价，均为Ⅱ类水质。

第二节 生物资源

一、植物资源

褒河流域山林资源富裕源长，流域内常见的乔木 47 科、灌木 21 科、藤本竹类 12 科、草本类 88 科、菌类及地衣类 21 科。

（一）乔木

（1）秦岭特有种：槭树科庙台槭，松科（冷杉属）秦岭冷杉，玄参科陕西泡桐。

（2）中国特有种：桦木科红桦、牛皮桦。

（3）中国名贵树种：银杏科银杏（又名白果树），属国家二级保护野生植物。

（4）中国珍贵树种：杉科水杉，为国家一级保护野生植物。还有七叶树。

（5）特有经济树种：常见的主要树种有柏科（侧柏）、三尖杉科（粗榧）、木兰科（厚朴、姜朴）、樟科（樟树）、蔷薇科（苹果、樱桃、李、杏、梅、桃）、豆科（皂荚）、含羞草科（合欢）、蝶形花科（刺槐）、山茱萸科（山茱萸、四照花）、五加科（刺楸）、金缕梅科（枫树）、悬铃木科（二球悬铃木，又名法国梧桐）、桑科（桑、构树）、杜仲科（杜仲，又名丝棉树，为流域特产药材）、杨柳树（山杨、波氏杨、小叶杨、旱柳、垂柳）、壳斗科（麻栎、栓皮栎、槲栎、刺叶栎、小枝青冈、星毛青冈、青冈栎、山毛榉、板栗、茅栗等，分布广泛）、榛科（榛为特产种）、胡桃科（核桃、山核桃、枫杨、化香树等）、榆树（榆、大叶榉等，为纤维原料）、椴树科（椴树）、梧桐科（梧桐）、大戟科（油桐）、大风子科（山拐枣）、山矾科（白檀）、紫葳科（梓树、楸树）、棕榈科（棕榈）、山茶科（野山茶）、八角科（野八角）、石榴科（石榴）、鼠李科（枣树）、柿树科（柿树）、芸香科（花椒）、苦木科（臭椿）、楝科（苦楝、香椿）、漆树科（漆树为本境主产，其次有黄连木、盐肤木等）、七叶树科（七叶树为珍贵树种）、木犀科（白蜡树、水曲柳、女贞、桂花树等为珍贵经济树种，又是环保树种）、胡颓子科（胡颓子、沙棘）、无患子科（文冠果）、茄科（野枸杞）、黄杨科（细叶黄杨）等。此外，松科松属

的华山松、油松、马尾松、铁杉、云杉、雪松等在流域内广泛分布。

（二）灌木

流域内灌木丛生，种类甚多，常见的主要树种有：马桑科（马桑）、锦葵科（木槿）、蔷薇科（火棘）、木兰科（玉兰）、蝶形花科（苦参、山豆花、紫荆、云实）、杜鹃花科（杜鹃花）、木通科（木通）、瑞香科（芫花、黄瑞香）、胡颓子科（胡颓子、牛奶子、沙棘等）、蔷薇科（刺梨）、小犀科（刺黄柏）、马钱科（密蒙花），忍冬科（金银花）、卫茅科（卫茅）、木犀科（连翘）、杨柳科（山柳）、冬青科（冬青、枸骨）、旌节花科（通草）、茜草科（钩藤）、桑寄生科（毛叶桑）。

（三）藤本竹类

流域以木质藤本为主，常见者有：猕猴桃科（小叶猕猴桃）、蝶形花科（葛藤、紫藤、鸡血藤）、五加科（青藤）、木兰科（五味子）、马兜铃科（异叶马兜铃）、毛茛科（短尾铁线莲）、木通科（八月瓜）、桑科（野枇杷）、葡萄科（野葡萄、桑叶葡萄、秋葡萄、毛叶葡萄、复叶葡萄、掌裂草葡萄、三裂叶蛇葡萄、叶蛇葡萄、爬山虎等）、芸香科（山枇杷）、防己科（蝙蝠葛）、卫茅科（苔蛇藤、南蛇藤）。

流域内竹类有：木竹、箭竹（又名松花竹）、慈竹、刚竹（又名斑竹）、淡竹（又名水竹）、毛竹（南竹）等。

（四）草本

流域内有禾本科：知风草、荩草、白茅、狗尾草、芸香草、巴茅、黄背草、薏苡、草地早熟禾、碱草、狗牙根、大油芒、龙须草、芦苇、看麦娘、细柄草、稗、鹅欢草、画眉草、牛筋草、野燕麦、白草、茭白等 88 种。荨麻科：宽叶荨麻、萱麻等 10 种。莎草科：苔草属 22 种，莎草 10 种，水虱草等 11 种。马兜铃科：马兜铃、细辛。蝶形花科：膜英黄芪、紫云英（俗称苕子）、草木樨、苜蓿、野豌豆、鸡眼草、野大豆、野小豆等 23 种。蓼科：大黄、何首乌、虎杖、水蓼、山蓼、酸模（又名野菠菜）。藜科：藜（灰灰菜）、猪毛菜、地肤（又名扫帚菜）。商陆科：商陆（又名山萝卜）。石竹科：石竹、瞿麦、王不留行、霞草（药名银柴胡）、鹅儿肠。苋科：土牛膝、刺苋、青箱、鸡冠花（具观赏、饮、药作用）。马齿苋科：马齿苋、半支莲（又名太阳花）。睡莲科：莲藕、芡实，莼菜。金鱼藻科：金鱼藻（生于河塘中）。毛茛科：威灵仙、乌头（根药用）、毛茛、过路黄（又名回回蒜，全草入药）、升麻、芍药、牡丹、铁棒槌、秦岭翠雀花、白头翁、铁线莲等野生种 23 个。菊科：马兰、苍耳、小刺儿菜、苦荬、蒲公英、狼尾巴草、北苍术、茵陈、紫菀、一支蒿、艾、白术、牛蒡、云木香、款冬、红花、野菊等 30 种。小檗科：淫羊藿（全草入药）。罂粟科：元胡（又名延胡索）、秃疮花、紫堇等全草入药。十字花科：大青叶、菘蓝（板蓝根）、荠菜、芝麻菜等 16 种。蔷薇科：龙牙草（仙鹤草）、地榆（野芝麻）、白草莓（地莓）、蛇莓、翻白草（委陵菜）等 16 种。虎耳草科：虎耳草、岩白菜（医药化工原料，提取岩白菜素）、鬼灯（药名黄药子）。鹿蹄草科：鹿寿草（主产紫柏山）。酢浆草科：酢浆草（又名酸溜溜）、麦穗七（山酢浆草）。

凤仙花科：凤仙花。蒺藜科：蒺藜。卷柏科：卷柏（又名还魂草）。檀香科：百蕊草。芸香科：白鲜（又名山牡丹，含芳香油，根茎为植物农药，杀虫剂）。大戟科：泽漆（又名猫儿眼）、地绵、铁苋菜。堇菜科：堇菜（又名紫花地丁）、犁头草、匐堇。菱科：菱（又名菱角）等11种。柳叶菜科：柳叶菜（又名水接骨丹）、水丁香（又名丁叶蓼）。五加科：西洋参、人参、大叶三七（又名参叶，为珍贵中药）。伞形科：水芹菜、北柴胡、藁本、川芎、羌活、蛇床、短毛独活、白芷、野胡萝卜、前胡。报春花科：狼尾花、过路黄（又名金钱草）、星宿菜（牧草）、珍珠菜（又名狼尾珍珠菜）。龙胆草科：秦岭龙胆花、秦艽、扁蕾等。萝摩科：白薇、牛皮消、柳叶细辛等。旋花科：菟丝子、旋花、圆叶牵牛、打碗花。马鞭草科：马鞭草、荆条。唇形科：野薄荷、紫苏、黄芩、痢止蒿、香薷、夏枯草、藿香、益母草、荆芥、薰衣草、散血草（又名紫背金盘）、韩信草、连钱草（又名活血丹）、夏至草、小鱼仙草、蜜蜂花（又名鼻血草）。茄科：天仙子、莨菪、酸浆草、龙葵（又名野茄子）、曼陀罗（又名洋金花）。玄参科：地黄、川玄参、草灵仙、车前利（又名水苦荬）、马先蒿属7种，婆婆纳属3种。列当科：列当（又名草苁蓉）。苦苣科：石花（又名石胆草）。狸藻科：狸藻（溪流塘库亦多）。车前科：大车前、小车前。茜草科：茜草（又名活血草）、蓬子菜、猪殃殃等11种。天南星科：半夏、天南星、石菖蒲、水浮莲。浮萍科：浮萍、无根萍、芜萍（鱼食）。薯蓣科：山药（又名薯蓣）、穿龙薯蓣（又名穿山龙、土龙骨、常山）、盾叶薯蓣（又名黄姜子、肉黄姜子、枕头根），为医药化工原料，根茎内含皂苷。凤尾蕨科：蕨，蕨幼芽为蕨菜。防己科：山豆根。金粟科：银线草。川续断科：川续断。桑科：啤酒花。鳞毛蕨科：贯众。百合科：百合（山丹丹、细叶百合）、知母、玉簪、麦门冬（又名麦冬）、吉祥草（又名观音草）、黄精、玉竹（又名萎蕤）、土茯苓、七叶一枝花（又名重楼）、天门冬（又名天冬）、卷叶贝母（又名川贝母）、白花百合、山慈姑、大理百合、小山蒜、青甘韭、野韭、大花韭、小根蒜、藜芦、鹿药、小萱草、铃兰等20余种。蓝雪科：二色补血草。紫草科：紫草、附地草等5种。败酱科：异叶败酱草。葫芦科：栝楼（又名瓜蒌）。瑞香科：草瑞香、狼毒。桔梗科：泡参、轮叶沙参、桔梗、党参。香蒲科：香蒲（又名蒲草）。眼子菜科：眼子菜（俗称水案板）、酸水菜。泽泻科：泽泻。水鳖科：水车前、黑藻。锦葵科：锦葵、野葵、苘麻。谷精草科：谷精草。鸭跖草科：鸭跖草，水田、水沟亦有生长。雨久花科：凤眼蓝（亦称水葫芦）、鸭舌草，河谷、溪边、塘、水田生长。灯心草科：灯心草（别名灯草）等7种。鸢尾科：鸢尾、射干。亚麻科：野亚麻（纤维植物）。木贼科：节节草、木贼等7种，流域分布亦广。兰科：白及（别名鸡头参）、天麻、绶草（别名盘龙参）、草石斛（又名金石斛、细叶石斛）、小花火烧兰、舌唇兰、二叶兜被兰等70余种。夹竹桃科：罗布麻，山坡亦有分布。牛儿苗科：老鹳草、芹叶、牛儿苗，为牧草，闸口石特产。景天科：瓦松、费菜、垂盆草（又名狗牙齿）、华北景天、轮叶景天。石蒜科：石蒜，遍布山涧石崖。千屈菜科：千屈菜，全草入药。藤黄科：贯叶连翘，全草入药。远志科：远志，入药。水韭科：水韭，分布潮湿渍地、沼地、水

溪。紫萁科：紫萁（又名薇菜、广东苔），与香椿芽、蕨菜苔干并列为“三珍野菜”。铁线蕨科：铁线蕨（俗称猪毛土，为钙质土壤指示植物）、灰背铁线蕨，流域分布阴湿地带。中国蕨科：金粉蕨，流域分布广。水蕨科：水蕨，分布于水溪、湿渍地区。水龙骨科：抱石莲（别名石豆），石峡、石岩、林下分布。

（五）菌类、地衣类

流域内菌类、地衣类植物达21科、347种，常见者有：灰包科大马勃，在竹林下多见。马勃亦称脱皮马勃，林间草坡多有分布，药用。多孔菌科猪苓主产中山区林地，茯苓主产疏林地，树舌生于桦栎树干上。灵芝，古称灵芝草，又名木灵芝，多腐生于栎类及阔叶树根或朽木上，火烧店亦多，药用。伞菌科种类多，主要有香菇、野蘑菇、口蘑、松蕈等，分布栎木、灌木林、草丛和松林朽木之中。还有密环菌，寄生于多种植物根部，或腐生于栎类朽木之上，是天麻生长的主要寄生菌。木耳科毛木耳，又名粗木耳或构耳，山林中阔叶树之根部及朽木之上生长最多；黑木耳，又名细木耳或光木耳，野生亦多，流域内人工栽培普及各户。银耳科银耳，又名白耳子，山林中阔叶树的腐木上亦生，人工栽培较多。马鞍菌科羊肚菌、小羊肚菌，主要分布在浅山林间或灌丛中。牛肝菌科牛肝菌，为美味山珍，山地疏林间广泛分布。石耳科皮果衣，又名黑石耳，阴湿岩崖亦有生长，为药用地衣类植物。梅衣科金丝带，多寄生于高中山地枯木之上，为地衣类植物，紫柏山广泛分布。松萝科破茎松萝，别名云雾草，庙台子广泛分布；树发，别名人头七，林区分布亦广，为药用地衣植物。

二、动物资源

褒河流域地处秦岭南坡，独特的地理环境，复杂多样的自然气候，为野生动物的生存提供了良好的栖息场所，致古北界和东洋界动物互相渗透，从而使流域野生动物种类繁多，仅哺乳类野生动物近1000种，其大部分经济动物组成了丰富多彩的资源动物种群，成为“动物资源宝库”。

（一）鸟类

流域内常栖鸟类270种。在这些鸟类中，多数为珍稀种。古北种和东洋种大致相当。留鸟和夏候鸟是鸟类的主要成分。流域内鸟类中有中国的一些特产鸟类，其鸡形目雉科的竹鸡、血雉、白冠长尾雉（又名花鸡）、红腹角雉（又名金鸡）、鸢（又名老鹰）和金雕等都为珍稀鸟类，是国家二级保护野生动物。被誉为“东方宝石”的国家一级保护野生动物朱鹮，已开始在流域下游的平川丘陵地带频频出现。

（二）兽类

流域内常见兽类71种。这些兽类，多数为珍贵种，以东洋界动物区系成分为主体。兽类分布广，且有中国的一些特产兽类，其大熊猫、小熊猫、羚牛、豹、华南虎、鬣羚（又名苏门羚）、大灵猫、小麂（又名黄麂）、猪獾、豪猪、竹鼠、花松鼠、水獭、狍、青羊（又名斑羚）、岩羊、林麝（又名香獐）、猞猁、果子狸、豺、狗熊、貉（又名狗獾）、刺猬、黄鼬（又名黄鼠狼）、鼬獾、草兔和蝙蝠等成为流域典型种类。但现在自然分布数量越来

越少，特别是面临绝迹的个别种如毛冠鹿、豹猫（又名金猫）和大熊猫等。

（三）两栖爬行类

（1）流域内两栖类动物有12种，主要有中国林蛙（又名蛤士蟆）、中华大蟾蜍（又名癞蛤蟆）、大鲵（俗名娃娃鱼），以及蝾螈（别名山溪鲵或山辣子）等。这些都属国家二级保护野生动物。

（2）流域内有爬行类动物22种，主要有中华鳖、竹叶青蛇、五步蛇（又名蕲蛇）、乌梢蛇、青竹标蛇、虎斑游蛇、锦蛇、黑眉锦蛇、乌龟、壁虎等。

近些年来，捕蛇者较多。常见的蝮蛇、赤链蛇、颈槽游蛇和水蛇等优势种日趋减少。

（四）鱼类

流域内有鱼类160种，分属为6目15科，其中有鲤科、鳅科和鲶科。鲤科鲢、草鱼、鲤鱼、鲫鱼、马口鱼、齐口裂腹鱼等分布广；鳅科花鳅、沙鳅、泥鳅亦多；鲶科鲇鱼（鲶鱼）和合鳃鱼科黄鳝以及酯科鳜鱼等是流域主要的水产资源。此外，鲿科黄鱼、钝头科拟缘、科中华纹胸（黄刺姑）等具有重要科研及经济价值。

（五）无脊椎动物

（1）流域内软体动物48种，主要有中国田螺、蜗牛、河蚌等。

（2）流域内节肢动物47种，主要有蜈蚣、蝎、圆网蛛、螃蟹（又名溪蟹）、青虾（又名日本沼虾）等。

（3）流域内昆虫234种，其中经济昆虫52种、蝴蝶58种。主要有蝼蛄、蟋蟀、知了（又名蝉）、蚜虫、黏虫、玉米螟、菜螟、松梢螟、金龟子、金针虫（又名叩头虫）、米象、绿蝇、蚊、草蛉、螳螂、蜻蜓、豆娘、蚕、七星瓢虫、姬蜂、蜜蜂、赤眼蜂、蝴蝶中的黑色玉带凤蝶、菜粉蝶，以及三大著名资源昆虫紫胶虫、五倍子蚜虫和白蜡虫。除蝗虫、松毛虫、谷象、稻苞虫、地老虎等为农业害虫外，大都为节肢动物中的经济昆虫，是农业害虫的天敌，尤其蜻蜓、螳螂、蜜蜂、赤眼蜂及姬蜂等寄生昆虫，在人为条件下大量繁殖，既可促进农业生产的发展，又可保护环境资源。

三、农作物品种资源

褒河流域地跨秦岭南坡和汉中盆地，植物南、北方兼有，农作物门类甚广，品种繁多。

据调查有104种，9480个品名。其中：粮食作物21种，260个品名；油料和经济作物18种，473个品名；蔬菜作物41种，215个品名；园艺作物19种。

粮食作物主要有水稻、小麦、大麦、玉米、高粱、小米、大豆、蚕豆、豌豆、绿豆、小豆、兵豆（冰豆）、芋头（又名芋子）等。

油料等经济作物有油菜、芝麻、向日葵、蓖麻子、火麻子、桐麻、甘蔗、生姜、西瓜、甜瓜、花生、油橄榄等。

蔬菜有白萝卜、胡萝卜、地瓜、甘兰、白菜、青菜、根芥菜、紫菜、花叶菜、瓜儿菜、旱菜、菜花、大蒜、蒜苔、蒜苗、韭菜、大头葱、大葱、胡葱（又称分葱）、黄花菜、辣椒、茄子、西红柿、黄瓜、南瓜（俗称北瓜）、苦瓜、笋瓜、丝瓜、西葫芦、芹菜、苋菜、

茴香、芫菜、菜豌豆、豇豆、菜豆、刀豆、扁豆、菠菜、甜菜、莴笋、洋姜、香椿、藕（又名莲菜）、竹笋、茭白、草蘑菇、香菇、凤尾菇、平菇、地耳、魔芋、山药、木耳、地环等。

四、畜禽品种资源

褒河流域水丰林茂，适合各种动物栖息繁衍。饲养动物主要有猪、牛、羊、马、兔、鸡、鸭、鹅等家畜家禽及蜜蜂。

（一）家畜

流域内主要家畜有猪、牛（黄牛、水牛、奶牛）、马、驴、骡、羊（绵羊、山羊、奶山羊）、兔、犬、猫等，猪、牛为流域内城乡主要饲养家畜。

（二）家禽

流域内主要家禽有鸡、鸭、鹅、鸽、鹌鹑等。以养鸡为主，鸭、鹅量少，鸡种山区主要是当地土种鸡，属肉蛋兼用品种。平坝丘陵区鸡种除本地鸡外，陆续引进了来航、星杂288、雪佛579、洛克、星布罗、星浦东、罗斯、罗斯1号等鸡。

（三）蜜蜂

流域内天然蜜源植物资源丰富，养蜂历史悠久。蜂蜜品质极佳，多以中草药蜜为主。蜂种以当地土蜂（中华蜜蜂）居多，也有引进的喀蜂、意蜂等。

第三节　药材资源

秦岭，素有“药山”之称。流域有民谚云：“秦岭山上无闲草，满山遍野都是宝，认得作药用，不识任枯凋。”褒河流域特殊的地理位置，明晰的垂直气候带，多样化的生态环境，古老的动植物区系成分，是野生动、植物分布的汇集地，药用植物广泛分布于流域内不同海拔高度的山上。其中，可供收购的药材1720种。在国家、陕西省药材品种名录中，褒河流域占80%以上。按照药材用途，可划分为6个亚类。

传统中药主要包括野生杜仲、黄柏、五倍子、五加皮、细辛、山茱萸、乌药、苦杏仁、当归、党参、桔梗、川芎、黄芪、黄连、大黄、首乌、附子、三七、生地、山药、柴胡、鹿寿草、铁棒锤、茵陈、青藤、金银花、辛夷、五味子、夏枯草、半枝莲、益母草、龙胆草、苍术、茯苓、半夏、西洋参、天麻、猪苓、丹参等中草药材，还有汉中参叶、金玄参、银柴胡、灯台七、手掌参等。除野生中药材外，还有人工栽培的西洋参、山茱萸、天麻、猪苓、杜仲、党参、附子、川芎、生地、桔梗、丹参等。

抗癌药物，民间采挖抗癌、消炎、防衰老药物2500余种，主要分布于中、高山区。其中，常年采挖的有尸儿七、纽子七、牛角七、太白三七、铁棒锤、毛细辛、木贼、麻黄、毛苍术、野菊花、金石斛、长虫七、蜈蚣七、粗榧、常春藤、黄芪、毛青藤、野百合、秦岭龙胆、黄荆条等1000余种。

药膳类植物主要有山药、川芎、酸、半夏、野山楂、薏米、松花、核桃仁、茯苓、当归、附片、党参、白芷、木香、梅李15种，经蒸、炒、烩、炸、煎等工艺烹饪，可制成糕点、

面包、饼子、汤等系列滋补保健食品。

兽用药植物常用的有二花、野紫苏、升麻、茵陈、铁扫帚、大黄、细辛、苍术、白术、地黄、麻黄、木贼、祖师麻、麦冬等50余种，经配伍调制成兽药效果极佳。如二花、大黄配伍等可治疗牛、羊中暑，泻叶可治牛、羊胃滞食等。

农药性植物常见的有银杏叶、苦楝果、除虫菊、白头翁、白及、毛莨、苦木、无患子、马桑、漆树、黄花烟草、山苍子叶、麻柳树叶、穿龙薯蓣、臭椿等50余种，用其根、茎、叶、花、果配制成农药，可防治粮经作物、蔬菜、果树等病虫害，无残毒、无污染。

化工药原料，境内50余种植物通过取皂苷、黄连素等成分生产化学药品。小檗科有中黄檗、十大功劳、三颗针等，薯蓣科有中盾叶薯蓣（黄姜）等。1985年，从野生植物中又发现许多化学药品原料，如青蒿、毛青藤、黄芪、亚麻、苎麻、银杏叶、野菊花、啤酒花、远志、木贼、麻黄、黄荆、一枝黄花、一支箭、一点红、皂荚、一枝蒿、龙胆草、何首乌、夏枯草、女贞、柴胡、槲寄生、鹿寿草（鹿蹄草）、苦木、五加、大黄、威灵仙、桃儿七、鸡血藤、岩白菜（猪屎筒）、续断、贯众、射干、鱼腥草、桔梗、问荆、白头翁、当归、凤党等，采收干制后药材年产量约100吨以上。

流域内动物类药材也较为丰富，主要有麝香、熊胆、牛黄、蛇胆、豹骨、水獭肝、鳖甲、蜈蚣、乌蛇、全蝎、山溪鲵等。

第四节 矿产资源

褒河流域上、中游为秦岭褶皱系的留坝—凤县—太白三角区，矿产资源丰富，是一个地质构造极为复杂、岩浆和火山活动十分强烈的元古代隆起区，矿床（点）星罗棋布。矿产资源的分布受大地构造制约，不同的构造单元发生不同的地质过程，形成不同特色的矿产组合。流域内有金、银、铜、铁、铅、锌、锑、汞、镁、镍等金属矿产10余种；有煤、大理石、石英石、水晶石、石灰石、花岗石、冰洲石、辉绿石、蛇纹石、镁质黏土、膨润土、石墨、石棉、滑石、石榴子石、石膏、磷、硫磺矿等非金属矿产20余种。

一、金属矿产

（一）金

褒河流域金矿分为原生金矿与沙金矿两种。原生金矿主要分布在流域上游凤县西河至青崖沟一带和太白县王家堎乡、太白河乡一带泥盆系地层中，分破碎角砾型和石英脉型；沙金矿主要分布于流域上游太白县咀头镇之塘口一带和留坝县狮子坝乡西河下段，以及下游褒河铁路桥至褒河与汉江交汇处。

（二）银

流域内留坝县光华山、太子岭等处广布银矿，明清时期均已开采，后查封停业。

（三）铜

流域内铜矿主要分布于太白县靖口镇双合子沟，王家堎镇核桃树沟、马槽沟、板桥子、

卞家沟。留坝县石门子乡的三道峡至小二岭沟脑一带及桑园坝镇砖头坝一带，矿体主要赋存于中泥盆统地层内的石英脉中。

（四）铁

流域上游太白县铁矿以磁铁矿为主，次有褐铁矿、镜铁矿、硫铁矿，矿点10处，均未构成矿床。凤县铁矿以磁铁、褐铁矿为主，赤铁、菱铁矿次之。有矿床、矿点、矿化点8处。主要分布在坪坎镇境内的丹桂沟，河口镇境内的梨树沟、小观音沟，以及瓦房坝镇的长坪村境内。

留坝县境内主要以风化淋滤作用形成的褐铁矿为主。有矿产地21处，集中分布于闸口石及留侯镇光华山、偏桥沟一带。其次，铬铁矿分布在县城西约7千米的留侯镇楼房沟一带。

（五）铅、锌

铅、锌矿主要分布在流域上游，为凤县优势矿种，有大型矿床1处、中型3处、小型3处，金属储量近300万吨，另有矿点9处，矿化点5处。分布于三岔乡境内的铅硐山、丰崖、银洞梁—手扳崖一带，坪坎镇银母寺一带，河口镇境内的尖端山、八方山一带。太白县范围内有铅、锌矿床、矿化点9个。分布于王家堎乡九坪沟崖房湾、魏家沟梁、油房沟，靖口乡索家沟、石安沟、宝佛寺、熊掌沟，二郎坝乡二道沟，咀头镇牛灌沟，鹦鸽乡银洞沟。留坝县在狮子坝、剪子坝有少量分布。

（六）镁

分布于太白县高码头乡棉寺坝，咀头镇牛家沟门、安家沟、风斗桥等地。

（七）钼

凤县陈家盆钼矿产于片麻状花岗岩内含石墨大理岩捕虏体中，据拣块样分析，品位3.1%。

（八）汞

凤县周家湾汞矿位于瓦房坝乡境内。产于上泥盆统铁山组中部灰岩、灰质白云岩夹千枚岩地层中。矿石矿物有辰砂、辉锑矿、雄黄、黄铁矿等。品位0.097%~0.22%。

（九）锑

凤县锑矿产于尖端山背斜北翼古道岭组上段结晶灰岩与心红铺组下段绢云母千枚岩间的断层上。矿化带长1300米，宽3~5米，矿石中见有辉锑、黄铜、方铅矿、石英、方解石等，矿化弱，属沉积－改造型。

二、非金属矿产

（一）蛇纹岩

蛇纹岩，又名中国大花绿，位于留坝县城关镇楼房沟，储量38690万吨，矿石品位MgO36.76%~42.43%，CaO小于0.6%，已开采利用。

（二）煤矿

流域内太白县、凤县、留坝县均有煤矿分布。太白县煤矿主要分布于靖口乡水蒿川，

为无烟煤矿床，含煤地层呈俘虏体产出。最宽处约400米，最窄处为5米，覆盖地层总厚度小于200米，煤呈鸡窝状、透镜状。凤县煤矿有扈家窑烟煤矿和红花铺、草滩沟无烟煤矿。扈家窑烟煤矿含煤地层厚270米，范围约16平方千米，存于侏罗系地层中，含4层煤，可采3层。红花铺、草滩沟无烟煤矿煤层存于石炭系草凉驿煤组上段含煤系中。含煤系地层厚143~236米，含煤18层，可采上1与上5两层。留坝县煤矿位于江口镇西北侧小岭子。煤层产于侏罗系地层中，呈层状，结构复杂，不稳定。

（三）大理石岩

流域内太白县和留坝县有储藏。

太白县主要分布于鹦鸽镇，矿层为厚乃至巨厚层状白色大理岩，局部地段夹带状石墨大理岩，透辉石大理岩。矿层长约2060米、厚11.24~75.5米，一般为26.65~38.6米。方解石含量达100%，以其为主，粗粒者为雪花状，表面光洁，质纯无裂纹和斑点；细粒者白色，质地细腻，光洁度好，可达到汉白玉级。其中，白崖一带矿带长203米，地质储量约116万立方米。此外，高码头乡棉寺坝，咀头镇之牛家沟门、风斗桥、安家沟等地也有分布。

留坝县主要分布在留后镇大坝沟和青桥驿镇宝汉公路两侧。大坝沟大理石岩储量7056万吨。第一层为灰黑、黑褐色硅质、钙质板岩，第二层为白色、灰白色粗块状大理石，现已开采利用。青桥驿大理石岩以褒河为界，将矿体分为雪花白大理石和含青灰色条带雪花白大理石两个工艺品种。其中：白云大理石，即称中国雪花白大理石，呈白色粗粒，中厚层呈块状，单层厚0.86~2.2米，成分以白云石为主（大于95%），次为方解石（5%）。岩石色白质纯，是构成矿体的主要矿石。矿石储量11714万立方米。青灰色条带白云大理石，因含青灰色条带，属另外一种品级的矿石类型。岩石的基本部分为白云青灰色条，团块部分白云石含量75%~80%，方解石含量在20%以上。矿石储量1895万立方米。

（四）石英岩（硅石）

流域内太白县和汉台区有储藏。

太白县分布于咀头镇蒿谷堆一带，含量一般在95%以上，各小脉体之走向间隔25~300米，除可作溶剂外，还可作硅砖、硅铁用，供硅砖、硅铁用的石英脉储量约为13.525万吨。

汉台区主要分布于河东店镇沥水沟、夏家沟一带。为汉台区优势矿种，质优、量大。其中，沥水沟矿区2个矿体，长度1430米，平均厚度8.35~64.92米，矿石储量7714.45万吨。夏家沟矿区一个矿体，长度300米，厚度108米，矿石储量576.60万吨。经普查和勘探证明，矿层厚度大，倾斜陡，矿区构造和水文地质条件简单，矿体大部裸露地表，剥离量小，适于露天开采。

（五）磷灰石矿

流域内凤县和汉台区有储藏。

凤县磷灰石矿分布于黄牛铺镇龙王沟村和草凉驿村境内九子沟。产于寒武系黑云母透

辉岩中，为低品位磷灰石矿床。

汉台区磷灰石矿分布于河东店镇沥水沟，磷矿呈层状、似层状、透镜状产出。有矿区4个，矿体长300~1000米，平均厚度1~5米，矿石品位15%~18%，远景储量660万吨。

（六）石灰岩

流域内凤县、留坝县、汉台区均有储藏。

凤县石灰岩主要分布在河口镇东南的黄牛沟、凤州东南的磨沟及唐藏李家庄村境内。①黄牛沟水泥石灰岩矿层产于泥盆系地层。矿体为灰白、深灰色晶质致密块状灰岩。含氧化钙47.08%~54.59%，氧化镁不超过0.7%，二氧化硅1.88%~6.25%。储量7.7亿吨。②磨沟水泥石灰岩矿存于中泥盆系古道岭组上段地层中。矿石平均品位氧化钙53%~53.5%，氧化镁0.83%~0.91%。储量871.54万吨。③唐藏电石灰岩矿床位于唐藏李家庄村境内。矿石含氧化钙54.48%，估算储量150万吨，远景储量350万吨。

留坝县石灰岩主要分布在玉皇庙镇石门子、留侯镇的沟桥和紫柏街道办的青石湾一带。石门子矿为沉积型小型矿，矿体产于上泥盆统地层中，矿体长210米，平均宽32米。出露地表高差60米。沟桥矿也为沉积型小型矿，矿体产于泥盆统地层中，矿体长2千米，厚度大于10米。青石湾矿为沉积型中型矿，品位CaO50.5%呈条带。

汉台区石灰岩分布十分广泛，且多在浅山区。流域内沥水沟矿产于下寒武统地层顶部，属受变质的浅海沉积型矿床。矿区产石灰岩一层，长600米，厚110米，矿石类型为黑色结晶灰岩，薄层状及条带状构造，细晶结构。初步探明矿石储量437万吨，为一小型矿床。

（七）钠长石矿

流域内太白县、凤县有储藏。

太白县钠长石矿分布于王家堎镇、太白河镇王家沟一带。矿石是钠长板岩形成后经构造作用而成的破碎角砾岩，其胶结物呈网状充填于角砾岩中。岩体在地表由大小不等的6个角砾岩体组成，断续延长1.15万米，出露宽度10~340米。为制作日用陶瓷和建筑陶瓷之坯料、釉料。

凤县钠长板岩位于红光镇青崖沟、秀家沟一带。矿层存于泥盆系心红铺组绢云母板岩、绢云母千枚岩、灰岩、白云岩、沙质板岩中有2个矿体，Na_2O含量分别为9.17%、10.01%，Fe_2O_3为1.8%和0.75%，矿石储量200万吨。

（八）石墨矿

分布于太白县咀头镇沪家塬，原石墨矿点与硅线石矿点互为顶底板，石墨层居上，硅线石矿在下。硅线石矿化带宽达250~450米、长达3500米；石墨矿化层出露宽度5~30米、长达7000米以上。

（九）耐火黏土矿

凤县扈家窑耐火黏土矿层产于下、中侏罗系地层中，呈层状和凸镜状。5层有工业价值，长约400米。矿体呈灰白色，质软、有滑感、黏性较大。耐火度在1700摄氏度以上，品级为4级。

第五节　旅游资源

一、自然旅游资源

（一）紫柏山

紫柏山位于留坝县西南，与宝鸡市凤县接壤，系秦岭主峰太白山支脉。海拔1300~2600米，山势巍峨壮观，山上古树多紫柏，故名紫柏山。

紫柏山岩谷地貌奇特，自然风光秀丽，野生植物较多，森林覆盖面积达4000公顷。山下有张良庙，其最高建筑“授书楼”屹立山巅，掩映在紫柏青松之间，隐现于云海雾涛之中，非常雄伟壮观。

紫柏山（2012年拍摄）

紫柏山集山岳、峡谷、洞坦、泉溪、云海、森林、高山草甸、珍奇动物、稀有植物等自然景观及古代建筑、园林、摩崖石刻、古战场遗址、古文化风情、宗教文化于一体，形成陕南最独具魅力的旅游胜地，1993年被列入省级风景名胜区。紫柏山风光秀丽，坑坦连片，溶洞奇特，山峰突兀，具有东险西秀、南奇北绝的特点，自古有“七十二洞、八十二坦、九十二峰”之说，相传是“汉初三杰”（张良、萧何、韩信）之一张良的辟谷修道之地，也是道教活动圣地。

（二）云雾山

云雾山位于陕西省勉县东北部，秦岭南坡，距离新街子32千米。主峰海拔近2000米，山上北亚热带原生林保护较好，有植物1390种，动物518种，森林覆盖率达90.7%。云雾山“山高水长”，沿着褒河一级支流沙沟河蜿蜒向上，一路潺潺流水相伴，空气清新宜人。有着“空山不见人，但闻人语响”的意境。沿途云雾寺、皇姑坟、朝阳洞窟、舍利塔林、激流、飞瀑、险滩、巨型石龟等人文，生态资源构成了东西宽约18千米，南北长约30千米的文物古迹风景名胜区。

云雾寺（2023年拍摄）

云雾山群峰绵延，危崖耸峙，飞瀑悬泉，冲漱其间，林木葱茏，隐天

蔽日，山花点点，蔓草簇簇。山巅云雾袅袅，时聚时散，变幻莫测，气象万千；山腰松涛阵阵，林海莽莽，绿浪滚滚，河水汤汤，空气清新，河水纯净甘洌。置身云雾山上，回归山野，融于自然，享受大自然赐予的清新幽静，与奇山做伴，与清流为邻，视松涛为友，与怪石共眠，使人如入仙境，精神净化，神清气爽，心旷神怡，乐而忘返，是一个修身养性的好地方。在云雾山不仅可享受宜人的清凉，呼吸洁净的空气，更迷恋大自然的神秘造化，尽情领略着山水风光的美感。

（三）鳌山

鳌山古称垂山、武功山，中隔跑马梁与拔仙台东西遥遥相望，又称西太白。海拔3476米，为太白境内第二高峰。鳌山位于县城东南25千米处，为渭河一级支流石头河和汉江二级支流红岩河（虢川河）的发源地。

鳌山巍然耸峙于太白山脉西端，气势雄伟，挺拔嵯峨。山巅为典型的古冰川地貌，有高山湖泊娘娘池。波光潋滟，碧蓝如镜。池旁有天然洞窟。站于山巅向东远眺，可见秦川和蜿蜒东去的渭水。其下有药王坪，广袤的高山草甸，奇花异草丛生，太白特产草药遍地。一座以砾石砌基、太白红杉木板作墙覆顶的古庙，悬匾药王庙。庙内供有隋末唐初著名的医药学家孙思邈塑像。相传孙思邈一生曾多次隐居鳌山，采集百药，研究药性，著书立说，诊病施药，救死扶伤，遂被人们尊称为“药王”。后人缅怀药王，在其隐居的鳌山建庙纪念。药王坪以下，有巨大的天然生成的石梯，高达70余米，有百余级石阶，为登临山巅的唯一通道。鳌山北麓有匀泉洞，清冽甘甜的泉水由洞内涌出，夏涝不溢，久旱不枯。泉水汇聚，遇崖成瀑，古称瀑布泉。

鳌山地处高海拔地带，特殊的高山气候、高山湿地及冷热气流不断交锋，使这里经常出现云似玉带缠山腰、雾随风起如鲛绡的奇异云海景观。有时山顶阳光灿烂，俯瞰千山万壑淹没于云涛雾海之中，云雾忽如惊涛骇浪，忽如轻纱薄幔，来之快，去之疾，变幻多端，神秘莫测。

在鳌山红杉林畔有1座白起庙，为纪念战国时期秦国名将白起而建，是鳌山著名古刹。庙内供奉铁铸神像10余尊。庙前有大铁钟1口，古时如逢久旱，人们上山到此。

鳌山定向穿越线路被国内“驴友”奉为全国最佳的6条户外游线路之一。

（四）玉皇山

玉皇山古称普明香岩山，又名青霄山，位于太白县靖口镇水蒿川村西北，海拔2819米，为秦岭第三主峰，自古以高、峻、奇、险而享誉国内外。山顶石锣、石鼓、石钟、麦垛石等怪石林立，山腰飞瀑齐崖，险峻秀丽。周围森林茂密，绚丽多彩，自然造化独具特色，天象景观各有千秋，是人们观日出、沐雨雾、听林涛和春踏青、夏避暑、秋赏叶、冬观雪的理想胜地。尤其是大气负氧离子充裕，更有益于游人身心健康。

山下老庙，又称乾元观，古朴凝重，是历史上秦岭腹地西部一处规模宏大的道教宗庙建筑群，也是历史上唐代至民国期间长安、汉中、凤翔三府以及凤邑、宝鸡二县臣民们祈雨求福的著名道场。整个庙址东西长约300米，南北宽约200米，地域宽阔，气势恢宏，

可惜历经沧桑而毁于一旦，遗址地形东西两边呈慢坡状，前窄后宽，中间微微凸起，形似一千年巨龟俯伏在玉皇山脚下，宁静安详。

良好的森林生态环境和厚重的道教文化积淀是方圆百里民众割舍不了的情怀，自20世纪90年代起，民间筹资投劳重建庙舍，现已有玉皇庙等殿、舍6栋18间，初具规模。随着生态旅游热的兴起，慕名前往的游人越来越多。

（五）桑园自然保护区

陕西桑园自然保护区是2002年8月经陕西省人民政府批准成立的省级自然保护区，后于2009年9月晋升为国家级自然保护区。保护区位于陕西省汉中市留坝县东北角，处于秦岭中段大熊猫自然保护区群的西缘，东部紧邻牛尾河自然保护区，南邻摩天岭、板桥和盘龙自然保护区，西部与屋梁山自然保护区和青木川自然保护区相望。桑园自然保护区处于相邻几个保护区的中心地带，是秦岭中部大熊猫种群向西扩散的必经之地。保护区总面积13806公顷，其中国有林9342公顷，占保护区总面积的67.7%，集体林4464公顷，占保护区总面积的32.3%。功能区划：核心区为8769.02公顷，占保护区总面积的63.51%；缓冲区为2620.69公顷，占保护区总面积的18.98%；试验区为2389.33公顷，占保护区总面积的17.31%。

桑园自然保护区（2023年拍摄）

桑园自然保护区是以大熊猫及其栖息地为主要保护对象的野生动物类型自然保护区。科学考察表明，保护区有高等维管束植物1099种，野生脊椎动物249种，大型真菌68种，昆虫1353种。在这些众多的物种中，有红豆杉、秦岭冷杉、连香树、水青树、水曲柳等国家一、二级保护珍稀野生植物9种。在保护区的主峰摩天岭分布有近2000公顷面积的秦岭冷杉群，其规模在整个秦岭地区较为罕见。

除植物资源外，保护区的野生动物资源也非常丰富，有国家一级保护野生动物6种：如大熊猫、金丝猴、羚牛、林麝等；国家二级保护野生动物24种：如黑熊、大鲵、大鵟、鬣羚、斑羚等。保护区主要范围为大熊猫的适宜栖息地，面积为11508公顷，占保护区总面积的83.4%。除动植物资源外，保护区内还有摩天岭、奎心楼、红花嶒瀑布等以高、寒、奇、险为特色的天然旅游景观资源。

二、人文旅游资源

（一）古栈道遗存

褒河流域是古代由中原入蜀，进入大西南的交通要道。流域内古栈道有褒斜栈道、连云栈道、文川道、回车道、平江栈道等。其中，褒斜道是我国古代横跨秦岭，连接关中、

巴蜀凿石架木而成的栈道，又叫阁道。由褒谷口经留坝县东北，越衙岭山，至眉县西南的斜谷口，全长 250 千米，是一条很古的通道。古书称："褒斜之道，夏禹发之，汉始成之。南褒北斜，两岭高峻，中为褒水所经，春秋开凿，秦时已有栈道"，至唐宋褒斜道是兵家行军必经之路，同时又是商旅的要道。巴蜀的物产，通过栈道运抵关中。唐在褒斜道上建了 11 个驿站。唐宋以后，由于连云栈道的畅通，褒斜栈道逐渐衰落。连云栈道是从陕西省宝鸡循故道至凤州，再由凤州西门外南行，越凤岭经心红铺、三岔、留凤关、南星、连云寺、榆林铺、高桥铺，越柴关岭入留坝县境。再沿紫柏河而下经由安山驿（今留坝县城）、大滩、画眉关、青羊铺（古名青水栈）、越新开岭（古名登坡栈）、过青龙寺（古名黑龙栈），八里关（古名小湾栈）至姜窝子（古名膈鱼潭）接古褒斜栈道。凤州以北借用故道，从武关驿以南沿用古褒斜道，从凤州到武休关为新线。连云栈道在元、明、清代是关中通往西南的官驿大道。各条栈道都留下了大量的历史遗存，成为褒河流域旅游开发的重要资源。

古褒斜栈道（2023 年拍摄）

（二）张良庙

张良庙位于秦岭柴关岭南麓，紫柏山东南脚下，距汉中留坝县城 17 千米处的庙台子街上。相传为汉高祖刘邦的主要谋臣，"汉初三杰"之一的张良，辅佐刘邦成就帝业后，就激流勇退，托名辟谷，隐居于此。后人仰慕他明哲保身的策略和功成不居的高风，在这里建庙奉祠。因他曾封"留侯"，故名留侯祠，俗称张良庙。

张良为"汉初三杰"之首，刘邦自己就这样说过：出谋划策，决胜千里，我不如张良；安抚百姓，筹集粮饷，我不如萧何；统帅百万大军，战必胜、攻必克，我不如韩信。此三位都是人杰。但张良深知和刘邦共事只可共患难，不能同安乐，所以当西汉立国之时，正是张良"辞汉"之日。此举正中刘邦下怀，当他当了西汉开国皇帝之后，就敕封张良为留侯。400 年之后的东汉之末，张良的第 10 代孙张鲁做了"汉中王"，为了尊崇先祖不以功高盖世而讨封，不以位极人臣而自居的超群拔俗之德，便修建了这座"汉张留侯祠"。从那时起，这里

张良庙（2014 年拍摄）

就成为道教活动的胜地，四方揽胜者络绎不绝，争相观光。这座古庙犹如一面历史的镜子，反映着张良其人其事及世代百姓对他的崇敬。

张良庙原在紫柏山顶，约在明清之际移至山下，相传为张良的“辟谷”所在。庙有6个大院、150余间殿宇，总面积1.4万平方米。庙门是彩石基座。砖构券洞式牌楼。进大门是一座连通二门的大木桥，名曰“进履桥”，取张良在圯桥为黄石公进履之意，是依“圯桥纳履”典故而设计建造的。当年苏轼曾在这里吟诵：“曾闻圯上逢黄石，久矣留侯不见欺。”赞扬了张良一生有始有终、里表一致。门院内有钟、鼓楼和三角形的“灵官殿”，越过遍立历代名人碑碣的前、后过庭，进入二山门便是大殿院。大殿院是张良庙的主题——人生业绩的光辉点。殿上悬有白金匾额，上书4个金光灿烂的大字：“帝王之师”。观后，不由得使人想起唐诗《娇儿诗》李商隐的诗句：“张良黄石术，便为帝王师。”这座殿院是专为此题设计的。张良辅佐刘邦的功绩很多，知名度特大的首推“鸿门宴”。张良在这里日与百姓为伍，躬耕田亩；夜与琴书相伴，悟道参禅。冯玉祥将军在此留下敬仰张良的楹联：“收秦关百二山河奇谋独运；辅汉家统一事业成功不居。”大殿中供奉着张良的塑像，道骨仙肌，智慧卓然。右侧“南花园”的池中有张良“辟谷学仙”的“僻谷亭”。于右任题碑：“送秦一椎，辞汉万户。”赞其“只做大事，不做大官”的高风亮节。左侧北园建有“洗心池”，清冽一潭，青天白云映入池底，使游客在此得到精神的浴涤。“北花园”中还有张良拜黄石公为师的“拜师亭”，还有学成自退、返回云山的“迴云亭”。再经翠竹蔽荫的曲径盘道攀援直上，便到了庙中的制高点——人间仙境的“授书楼”，它取黄石公给张良授书之意。凌顶举目，天地之间，谷幽峰明，神意飘然。庙内现存摩崖石碑100多块，木匾50多面，木、石刻对联30多幅。无数失意官宦和厌世文人纷纷留墨迹托意于此。

张良庙傍山依水，古朴典雅，终年云霭缭绕，颇有仙家灵气。柴关、紫柏二山在此形成一个圈椅状，庙前一水和庙后一河又成环抱之态，庙四周幽静肃穆，方圆百里苍松紫柏挺拔苍翠，大有护法卫道之像。二水轻流低吟，如琴鸣曲；鸟语清脆，空谷传音；再加以庙宇玲珑，楼台迭现，常使风尘仆仆的游客，如去云雾缥缈、变幻无常之境，顿生飘飘欲仙、游身世外之感。张良庙融名胜、古迹、文物、风景于一体，成为陕南著名的游览胜地。

（三）翠矶山

位于太白县城西郊，背依嵯峨大梁，古峰独秀，为县城西部屏障。因山上过去遍生橡树，大者数围，夏秋碧绿接天，后增植松柏，常年苍翠葱茏，故得名。翠矶山为堆积石灰岩，其东侧山腰陡壁之上自古就有天然生成洞穴，出口向东，名朝阳洞。洞前有石阶21级，与山腰石径相通。相传老子曾在洞中修道炼丹，后人遂在洞前建庙。庙内塑老子神像，又名老君洞。洞下石灰岩又生成多处石窟，窟前均建有庙宇。老君洞庙宇高悬崖壁，巍然凌空，层叠而上，形成高达5层的塔楼。楼梯为石阶盘旋而上。红色琉璃瓦覆顶，石砌墙壁固基，翅脊飞檐，雕梁画栋，气势壮观。石窟相连，庙窟互依，石阶陡峭，构造奇巧。庙前古槐苍劲，漫山松柏掩映，洞在庙中，庙隐林内，幽森玄妙，堪为奇观。据存碑载，翠矶山老

君洞于明宪宗成化十三年（1477 年）重修后，供奉老子、释迦牟尼、孔子等道、佛、儒三教始祖像，称“三教宫”。明武宗正德元年（1506 年），铸大钟 1 口，铭文“风调雨顺，国泰民安”，敲击此钟，数里可闻。老君洞明、清两代曾数次修建，渐成规模。后历经风雨，又不断修缮、扩建，盛况不减当年。

翠矶山（2023 年拍摄）

（四）龙华山

位于太白县咀头镇北沟村，县城以东 3 千米处，是青峰山与洞山之间余脉中的一奇异阶地，整体山势似鲲鹏展翅，坐东向西，气势恢宏。道教建筑群分布于龙华山山腰，掩映于茂密的松杉林木之中，肃穆庄严，巍峨壮观。

龙华山（2023 年拍摄）

山门前，北沟河由北向南顺山麓而下，一座石桥通向第一道硕大的山门，拾级而上，第二道山门又巍然矗立，两尊大石狮雄踞两边，山门上书“龙华山”。高大的门柱上有联曰：“山连太白东来紫气道贯诸天传教理，门对须弥西望瑶池化愚度贤度缘人。”从第一道山门向上经二山门、聚仙亭、天桥、日月潭、望月亭、八卦亭、鼓楼、钟楼等 9 台百十级石阶直到玉皇大殿。龙华山供奉主神为西王母，还有五圣庙、九天圣母宫、三宵宫、哪吒太子庙、大雄殿、药王庙、土地庙等其他道教尊奉诸神神庙、宫、观等建筑近 30 座，星罗棋布分布于山峰密林之中。山峰巍巍，林木葱葱，香烟袅袅，鼓磬声声。殿宇亭阁均为仿古建筑，翘翅飞檐，琉璃覆顶，所塑神像仙风威仪，工艺精巧。

龙华山庙宇始建于清初，数百年来香火不断，代代相传。碑刻记录着龙华山风雨沧桑的历史变迁。龙华山古庙会时值农历七月初七，炎夏酷暑之期，山上祥云缭绕，时有紫气升腾。

三、主要景区

（一）张良庙－紫柏山风景区

汉代张良留侯祠，俗称张良庙。是东汉末年，汉中王张鲁为纪念一代谋臣、“汉初三杰”之一的张良而建。

静卧于秦岭南坡紫柏山麓的张良庙，青山环抱，溪涧萦绕，实为人间仙境。曾是早期

道教活动的胜地之一，是陕南道教活动的中心。

经历代整修扩建，占地1.4万多平方米的张良庙如今有大小9个院落，殿、堂、楼、阁、亭、廊、桥、榭等多类古建筑，150余间房舍。主要景观有牌楼、进履桥、大山门、三清殿院、二山门、大殿院、北花园、拜石亭、迴云亭、南花园、第三洞天、草亭、云梯和授书楼等。其中，屹立于大殿后山岭之巅的授书楼是庙内的最高建筑，掩映在紫柏山青松间，急隐忽现于云海雾涛之中，犹如一座飘临凡界的仙阁。庙内布局匠心独运，建筑雕梁画栋，古韵依旧，香缠雾绕中似有仙踪可觅。古往今来，名人雅士皆醉心于此，对张良的惊叹和敬仰难计其详。现存摩崖题刻51处，碑题39通，楹联40余幅，匾额62面，如此丰富的人文景观亦令人叫绝。更有奇物，祠庙院内独有的拐竹可谓世间罕见。此竹主干近根部多有数节弯曲，离地三、五尺后便呈常态。倘将此幼竹移栽他处，即如普通一般，再不弯曲。

紫柏山景区（2023年拍摄）

早在1965年，张良庙就被陕西省列为首批省级重点文物保护单位。1994年，张良庙—紫柏山被列为省级风景名胜区。1996年，紫柏山又被列为陕西省三大名山之一，成为开发汉中市旅游资源的龙头。

该景区由张良庙、紫柏山组成，集山岳、峡谷、洞坦、泉溪、云海、森林、高山草甸、珍奇动物、稀有植物等自然景观及古代建筑、园林、摩崖石刻、古战场遗址、古文化风情、宗教文化于一体，形成陕南最大、最独具魅力的旅游度假地，1993年被列入省级风景名胜区。

张良庙，又名汉张留侯祠。1956年被列为省级重点文物保护单位，是陕南融南方园林之秀丽与北方殿堂之宏伟于一炉的最大古建筑群，也是中国早期道教活动圣地之一，国家AAA级景区。祠分九院，殿、亭、楼、阁俱全，雕梁画栋，典雅俏丽，规模宏大，技艺精良，可谓巧夺天工，举世罕见；四周五岭（光华、苇陀、青龙、凤凰、柴关）环抱，二水（青羊河、野羊河）夹流，松柏蓊郁，修竹摇曳，众鸟和鸣，泉音似琴，终年云缠雾绕，宛若“世外桃源”“人间仙境”。当地有“张良庙赛过北京、柴关岭雾气腾腾”之说。

紫柏山，山上古树多紫柏，故名紫柏山。景区风光秀丽，坑坦连片，溶洞奇特，山峰突兀，具有东险西秀、南奇北绝的特点，自古有“七十二洞、八十二坦、九十二峰”之说，相传是“汉初三杰”之一张良的辟谷修道之地，也是道教活动圣地，素有“黄山归来不看山、九寨归来不看水、紫柏归来不看草”之说。

（二）石门栈道景区

石门栈道风景区地处汉台、勉县、留坝三县（区）交界的褒谷口，总面积6875公顷，南距汉中市中心15千米，东西毗邻316国道和108国道，距西汉、十天、宝巴高速公路围成的“绕城高速”仅5千米，外部交通和区位极具优势。

景区内景色宜人，文化积淀深厚，是融栈道文化、褒国文化、水文化及两汉三国历史文化资源于一体的综合性风景区。栈道被誉为“世界第九大奇迹”，是古人为了在深山峡谷中通行，在峭岩陡壁上凿孔架桥连阁形成一种通道。川陕之间的栈道始于战国，兴于秦汉，其中褒斜栈道最负盛名，最具古道特征，被称为“蜀道之冠”。石门栈道就是在褒斜栈道原址上方抬高70米修建而成的，全长1.8千米，浓缩了古栈道的七种形制，以及石门、邮、亭、驿等建筑。因石门栈道文化积淀深厚，修建极为艰难，象征着汉中人民不畏艰险、勤劳与智慧的精神。

石门景区（2009年拍摄）

景区有着优越的北亚热带气候，高峡平湖、山清水秀，环境十分优美。早在清代同治时期就以“褒谷二十四景”闻名于世。景区内还汇集了众多的国宝级旅游资源：有世界首例人工开凿的通车隧道——石门；有与长城、大运河比肩的中国古代第三大建筑奇迹——褒斜栈道遗址；有世界灌溉工程遗产——山河堰；有20世纪70年代初中国最高的混凝土双曲拱坝——石门大坝；是国之瑰宝——摩崖石刻“石门十三品”的诞生地；还是千金一笑的西周美女褒姒的故里；有象征爱情的神秘吊桥——情人桥；有陕南最大的道场——山河观。汉王刘邦从这里出发，成就汉家帝业，开汉族、汉文化先河；曹操在石门挥毫留下“衮雪”墨宝，留下“鸡肋斩杨修”的故事；萧何月下追韩信，张良火烧栈道写“玉盆”，谱写了“明修栈道，暗度陈仓”的战略华章；诸葛亮从这里六出祁山、北伐曹魏，践行“鞠躬尽瘁，死而后已”的不朽誓言。

石门更有特色美食——褒河鲜鱼。取褒河水中之鲜鱼，用褒河清澈的河水，加上近10种调料烹调而成，麻辣鲜香，让人回味无穷……

古往今来，褒谷鸡头翘立，耸入云端，石虎镇守石门宝藏，“石门对石虎，金银万万五，谁能解得开，买下汉中府”。这里古褒国、古褒斜栈道、古连云栈道、古石门、古山河堰、新石门等历史遗迹交相辉映，是研究我国古代战争、交通、道路、经济、科技、水利、书法等的综合天然史料博物馆，这里也是大西北优美宜人的风光旅游胜地。

石门风景区随着时代的发展，不断加大开发力度，2000年被命名为汉中市首批风景名胜区，2002年被水利部批准为国家水利风景区，2012年被授予“全省平安优秀景区”。2016年12月，石门栈道风景区荣膺国家AAAA级旅游景区。现在是汉中唯一一处集“汉”“水”“绿”特色为一体的胜地，是游客到汉中旅游的首选地。

（三）勉县云雾山风景区

汉中云雾山因常年云雾缭绕而得名，距勉县32千米。景区原生林、瀑布、峡谷、古道、寺庙、自然景观和人文景观，是集森林生态观光、古道文化观光、宗教文化观光、度假等旅游产品于一体的综合性旅游区，是夏避暑、冬赏雪、四季观光休闲的理想场所。

汉中云雾山位于陕西汉中勉县东北部，秦岭南坡，海拔近2000米，北亚热带原生林（面积约476.5公顷，森林覆盖率达90.7%，有植物1390种、动物518种）。风景区以其秦岭南麓山水自然风光和历史文化隐匿人间。属北亚热带湿润季风气候大区秦巴气候区，冬无严寒，夏无酷暑（平均气温22摄氏度）。群峰叠嶂，万壑竞秀，竹林繁茂，珍禽异兽出没，五条沟谷河流纵贯其间，溪流、深潭、瀑布、浅滩随处可见，云雾仙境一般。

云雾山风景区（2023年拍摄）

云雾山风景区位于勉县新街子北边的山里，距离新街子32千米。在勉县新街子向北望，能看见一座最高的像屏障一样的山，而在山的背后就是云雾寺古迹，在当地地名叫黑滩子。

“山不在高，有仙则名。水不在深，有龙则灵”，巧的是：青山、瀑布，这两者云雾山全占齐了，为此前来烧香拜佛和游山玩水的人络绎不绝，给幽静的山林平添一丝人间的喧嚣。

（四）留坝——中国最美山村旅游环线

中国最美山村位于留坝县玉皇庙镇，这里山清水秀，景色迷人，其中被誉为“中国最美乡村道路”的高江路，是一条形成于半个多世纪前的高等级山村公路，从高桥铺到江西营全长39千米，公路两旁植被覆盖以杉树、银杏树、金丝柳为主。环境幽静，一年四季景色如幻，春来新芽初绽放，夏来绿荫犹蔽日，秋来金色溢山林，冬来银装添素裹。沿途田园风光、涓涓溪流、农家别院、银杏成林、鸟鸣花香等，让人恍若走进世外桃源。沿路有景点6个：月亮湾花谷里群芳争艳，蜂飞蝶舞，有可供休憩的凉亭、赏花的观景步道及嬉耍的戏水区，给游客在赏景的同时增添别样的休闲乐趣；银杏观光园占地100亩，园区内有观光步桥，在这里可以看到银杏的叶绿成荫、黄金满园、杏果一树等不同季节的风光；位于西河口的“子孙满堂”古银杏，有着4000多年的树龄，胸径为4.4米，高29米，树干直耸云天，枝叶茂盛，在全国古银杏树里排名第三，西北地区银杏树里位列第一，为玉皇庙镇“银杏之乡”赢来不少美誉；晏家坟“玉皇仙鸡”斗鸡场，是民间可供群众以斗鸡为娱的一种游戏，又名打鸡、咬鸡、军鸡，两雄相遇或为争食或为夺偶相互打斗时，可置生死于度外，战斗到最后一口气；晏家坟村大鲵仿生态观光园里，养殖大鲵200余尾，大鲵俗称“娃娃鱼”，因其叫声像婴儿啼哭，是国家二级保护水生野生动物，世界上现存

留坝——中国最美乡村道路（2023年拍摄）

最大的、也是最珍贵的两栖类动物，被称为“活化石”；石门子露营基地，周围景色优美，建有多功能广场、观光步道、垂钓园、旋转水车、仿古式情侣木屋、自助烧烤场地及房车区，是个自驾休闲度假的好去处。

（五）褒河省级森林公园

褒河省级森林公园位于秦岭南麓、褒河下游。316 国道由北至南横穿公园全境，距中国历史文化名城——汉中市 15 千米，是集自然景观和人文景观于一体的风景旅游区。陕西省林业厅 1998 年 9 月批准成立。近年来，由褒河林场筹集资金，进行深度开发，向社会开放。

褒河省级森林公园总面积 3312 公顷，森林覆盖率 92%，海拔 550~2037 米，属典型亚热带北缘湿润季风气候。公园内年均气温 14.3 摄氏度，夏无酷暑，冬无严寒，四季分明，景色各异。院内森林茂密，种类繁多，有种子植物 1500 余种，有野生动物 200 余种。公园划分为汉王山、黄花河、老丈沟、褒姒铺四大景区。山水景观集奇、险、秀、幽于一体，其中三海景观引人入胜。公园地处“两汉三国”遗址中心地带，人文景观丰富，历史文化底蕴深厚。如汉王屯兵过关的汉王山遗址、烽火戏诸侯一笑倾国的褒姒出生地，以及“明修栈道，暗渡陈仓”、萧何月下追韩信的历史事件发生地等。自然景观和人文景观相得益彰，构成公园独特风格。褒河省级森林公园既是旅游观光、避暑度假的理想之地，又是科考、野营、陶冶性灵的重要场所。共有景点 51 处，著名的水景有黄花飞瀑、镜潭映翠、金银斗瀑布、幽谷七叠等；石景有石蛙望月、呼噜睡石、奇峰林立等；名胜古迹有汉王远眺、汉王林海、汉王城遗址、栈道悬壁、大坝龙盘等。

褒河省级森林公园黄花河景区（2023 年拍摄）

（六）留坝栈道水世界

留坝栈道水世界景区位于留坝县武关驿镇，依托自然山势建成，是国内首个山地水世界。聚集海啸池、大喇叭、高山滑梯、疗养 SPA 儿童组合水寨、风情休闲吊脚楼、生态接待中心等“六区一中心”的功能布局，可同时容纳 3500 人亲水嬉戏，是陕南地区设施最全的水上乐园。同时，沿着褒河水顺河而下，观古栈道遗址，领略大自然的漂流项目，也是户外水上活动的亮点之一。

留坝栈道水世界（2023 年拍摄）

留坝栈道水世界与“中国栈道第

一漂”遥相呼应，相互补充，成为陕南地区生态植被最佳、配套设施最全、科技含量最高、游乐项目最惊险的水上娱乐主题公园，是夏季避暑休闲、戏水康体的最佳选择，也是留坝县最具代表性的特色旅游项目之一。

（七）太白鳌山滑雪场

太白鳌山滑雪场位于太白县咀头镇塘口村，主营业务覆盖旅游项目、滑冰、滑雪场经营管理，户外运动项目建设，住宿、餐饮等。项目规划总投资 22.23 亿元，截至 2020 年已投资 11.5 亿元。项目已建成初中高级雪道 21 条、索道 4 条、魔毯 5 条，配套雪具大厅 2.1 万平方米、酒店 2 座，是西北最大、雪期最长、雪质最好的滑雪场。2020 年 8 月被国家体育总局冬季运动管理中心命名为“冰雪运动推广示范单位”，2020 年 12 月被陕西省文化和旅游厅确定为省级旅游度假区，2021 年 11 月被国家体育总局、文化和旅游部认定为国家体育旅游示范基地，2022 年 1 月被文化和旅游部、国家体育总局确定为国家级滑雪旅游度假地。

鳌山滑雪场运营以来，先后成功举办了“鳌山杯”中国摩托车越野锦标赛、全国越野滑雪 U18 精英赛、陕西省第五届冰雪大会、2019 年世界雪日暨国际儿童滑雪节、“营动中国”全国青少年公益户外营地冬令营（鳌山站）、独占“鳌头”新浪杯高山滑雪公开赛等 30 余项大型赛事和活动。

项目建成后将吸引西安、重庆、成都等渝川陕陇“西三角经济圈”更多人群走进滑雪场、走上冰道，掀起冬季旅游消费热潮，带火县域内酒店餐饮、商贸服务、民宿民居等配套产业。真正让“冷资源”变成“热经济”，推动太白全域旅游、全季旅游高质量发展。

（八）衙岭三国主题文化公园

衙岭三国主题文化公园，位于太白县城以东 10 千米的五里坡段。五里坡也就是古文献记载中的衙岭山，是褒、斜二水的发源地，也是长江、黄河两大水系的分界岭。它横亘于青峰山与鳌山之间，南北延伸，与青峰山、鳌山形成一个“工”字形的天然屏障。站在五里坡上，东看为海拔 1000~1300 米的桃川谷地，西看为海拔 1540~1700 多米的虢川盆地。山梁东侧垂直下沉，从坡底上到山顶，仅有五里路程，人们称它为“五里坡”，正因五里坡山梁矮小，不翻越大山大岭，道路修建难度小，行走又不太费力，古人才选择了这里作为关中通往汉中的咽喉通道。

太白衙岭三国主题文化公园（2023 年拍摄）

五里坡山岭上过去曾经有守卫边界的官府衙门，亦称“衙岭”。战争时期一方在此扼守，防御一方攻打；和平时期则成为经济贸易、邮驿和传递公文的中转站。古时候，这就成为

国与国之间的边界和地区与地区之间的交通枢纽、军事要塞。五里坡以其独特的地理位置，从而成为关中与汉中的自然分界线。据史料考证，此处也是三国时期蜀汉与魏两国的分界线。蜀汉据此，进可攻关中平原，退可驻守虢川谷地，回守汉中，一直为两家必争之地。相传“死诸葛吓死活仲达”的传奇故事就发生在这里。山下的川道因司马懿仓皇退逃而得名“桃川”（逃窜）。

第四章 自然灾害

地处秦岭腹地，在内陆东亚季风区内，属南北气候交会地带，过渡地带导致暴雨多降温快，旱涝灾害交替，常出现春旱、秋涝、冰雹、霜冻等，特别是旱、涝灾害频繁，病、虫、鼠、鸟、兽害多有发生。此外，流域早秋易受强冷空气侵袭，易出现低温，致农作物“秋封”，给农业造成极其不利的气象灾害。其中，低温、连阴雨、暴雨、干旱、冰雹、大风和霜冻等，为流域主要的气象灾害。

第一节 旱 灾

一、类型特征

旱灾为褒河流域主要灾害。从汉惠帝五年（前190年）到2020年的2210年中，有文字记载者，褒河流域共发生旱灾102年（次）。主要有春旱、夏旱、秋旱、春夏旱、夏秋旱（伏旱）、春夏秋连旱等类型。春旱，多发生在3月、4月，正值小麦返青、拔节、孕穗阶段，对夏季作物危害较重。夏旱，多出现在5月、6月，是小麦灌浆、水稻插秧期，影响小麦收成，延误插秧和秧苗生长。夏秋旱（伏旱），一般发生在7月下旬至8月上旬，影响秋作物扬花授粉、抽雄吐穗，群众称为“卡脖旱”，危害极大。从史料记载分析，主要特征是：

（1）大范围旱灾年份较多。在102年（次）的旱灾中，大范围（4个县以上）或全地区性旱灾占63.4%；局部性（1~3个县）干旱占36.6%。大旱灾占51.2%。

（2）夏旱为主，伏旱突出；连季旱、连年旱时有发生；先旱后涝，久旱久涝，多数是春夏旱，秋涝。

（3）地域分布差异明显。一般是平坝干旱多于山区，勉县、汉台平坝丘陵区属多旱带，秦岭南坡中部基本无太大旱情。

二、旱灾纪实

汉惠帝五年（前190年），夏，江河水少，溪谷水绝。

晋太康六年（285年），春三月，梁郡国旱。

晋元康七年（297年），七月，雍梁州疫，大旱。

晋永嘉三年（309年），五月大旱，河、洛、江、汉皆可涉。

晋太宁三年（325年），四月，梁州大旱，自正月至是月。

唐永淳元年（682年），三月，京畿旱蝗，关中及山南二十六州旱饥。

唐垂拱元年（685年），五月，汉中旱。

唐天祐元年（904年），自陇而西迨于褒、梁之境，数千里亢阳，民多流散，自冬经春，饥民啖食草木，至有骨肉相食者甚多；凤县大旱，民多流散。自冬经春，饥民以草木、竹籽为食。

北宋元丰四年（1081年），凤州旱饥。

北宋天禧四年（1020年），洋县以西，留坝以南，利州路春旱。

北宋天禧五年（1021年），利州路旱。

北宋大观三年（1109年），留坝、凤县大旱，褒斜谷道水枯。

北宋宣和五年（1123年），凤州旱。

南宋建炎三年（1129年），留坝、凤县旱。

南宋绍兴六年（1136年），利州路大旱，斗米四千，路枕藉。

南宋绍兴三十年（1160年），留坝、凤县春旱。

南宋淳熙三年（1176年），夏，汉中旱，留坝大旱。

南宋淳熙十一年（金大定二十四年，1184年），四至八月不雨，兴元府、金、洋州旱，兴元府尤甚，冬不雨至明年二月。

南宋绍熙二年（1191年），春，留坝旱，麦无收。

南宋庆元二年（1196年），夏，汉中旱，留坝大旱，守官祷雨。

南宋庆元三年（1197年），利州路旱，自四月至九月。

南宋嘉定元年（1208年），利州路旱。

金崇庆元年（1212年），汉中七月旱。

元天顺元年（1328年），春，留坝大旱，麦无收。

明洪武四年（1371年），陕西旱饥，汉中尤甚。

明宣德元年（1426年），汉中府旱。

明宣德三年（1428年），凤州旱；留坝大旱、地裂。

明景泰元年（1450年），汉中大旱。

明成化元年（1465年），留坝因旱大饥。

明成化二十年（1484年），六月，南郑旱；秋，大旱饥，人相食。

明弘治十四年（1501年），陕南旱，以旱灾免汉中府及汉中、宁羌……卫所十四秋粮。

明弘治十七年（1504年），汉中府夏旱。

明正德五年（1510年），汉中连年荒旱，民多流徙。

明嘉靖元年（1522年），汉中旱。

明嘉靖五年（1526年），南郑、城固大旱大饥，人相食。

明嘉靖六年（1527年），南郑、略阳夏旱，秋禾全无，是岁大饥。

明嘉靖七年（1528 年），凤州五月旱，民大饥。

明嘉靖十六年（1537 年），夏，南郑旱。

明万历四十四年（1616 年），夏六月，陕西全省大旱。

明万历四十六年（1618 年），南郑旱饥。

明崇祯元年（1628 年），全陕西天赤如血，四至七月不雨。

明崇祯二年（1629 年），自去岁一年无雨，草禾焦枯……饥荒十分之极，而盗则次之。西安、汉中以下，盗贼十分之极，而饥荒则稍次之。

明崇祯六年（1633 年），南郑旱饥，饿殍遍野。

明崇祯七年（1634 年），南郑旱饥。

明崇祯九年（1636 年），汉中甚多旱蝗。

明崇祯十年（1637 年），汉中夏旱，秋禾全无，大饥。

明崇祯十一年（1638 年），九月，南郑旱饥。

明崇祯十二年（1639 年），汉中夏旱秋蝗，禾草俱尽，大饥。

明崇祯十三年（1640 年），汉中大旱，粟价腾涌十倍，绝粜罢市，木皮石面俱食尽。

明崇祯十四年（1641 年），汉中旱。

清康熙三十年（1691 年），南郑、洋县大旱，夏秋无收，民大饥，疫病横行，家户相连。

清乾隆二十四年（1759 年），闰六月以后，留坝等地无雨，溪流绝。

清嘉庆九年（1804 年），南郑等十三厅县被旱。

清嘉庆十八年（1813 年），汉中夏旱，稻田半槁，年岁大荒。

清光绪二年（1876 年），褒城、南郑等县闰五月后，天气亢炎，田地干旱，各属虽间得雨降，总未透足，夏秋禾苗被旱。

清光绪三年（1877 年），春夏，南郑、留坝大旱，秋无禾。

清光绪十七年（1891 年），四月以来，陕西未得透雨，北山秋禾多未播种，南山稻秧分插亦未过半，各属苞谷、糜粟等亦未能如期普种，望泽甚殷。

清光绪二十六年（1900 年），凤县大旱。

民国四年（1915 年），陕西夏收全无，秋粮颗粒未登，旱情甚大，陕西省皆然。流亡载道，卖妻鬻子，层冗叠出。流域内南郑、汉中、城固、河县、西乡等县均受灾。

民国十年（1921 年），陕西复遇旱魃，灾情最为惨酷，陕西省灾区 72 县，灾民 124.39 万人。

民国十一年（1922 年），凤县旱。

民国十七年（1928 年），陕西自春徂秋，滴雨未沾，泾、渭、汉、褒诸水，平时皆可通船，今夏断流，车马可由河道通行，夏秋收成不到二成，秋禾颗粒未登。

民国十八年（1929 年），陕西本年春、夏、秋亢旱无雨。旱灾重，灾区广。汉中所属各县旱灾尤重，收获不及二十分之一。树皮草根，掘食已尽，死亡载道。褒城死亡 7860

余人，逃亡 18595 口，绝户 87 家。

民国十九年（1930 年），“陕西从十七年至今冬，三年不雨，六料未收。”汉中境内因旱减产，大饥。洋县灾民 7.7 万人，死亡 9500 余人；西乡、略阳、佛坪民食草根树皮，途多饿殍。其中，佛坪待赈灾民 9500 人。

民国二十年（1931 年），城固入春以来，未得甘霖，四乡收成无望，待赈 13.44 万人；褒城八坝旱田受旱（1931 年 11 月 10 日《西安日报》《中国第二历史档案馆陕西灾情档案》）。

民国二十一年（1932 年），汉中所属各县夏秋皆旱，粮食歉收，待赈人数 32.6 万人。

民国二十七年（1938 年），南郑 3 月旱，麦、棉、苞谷、豆受灾 13.7 万亩；洋县 4 月、7 月、9 月旱，棉、麦、稻共受灾 11.9 万亩。

民国二十八年（1939 年），汉中、南郑、略阳、宁羌旱。凤县、留坝抗旱，灾民外逃。

民国二十九年（1940 年），夏，汉中，城固、西乡、宁羌旱，稻田龟裂，秋苗枯死。

民国三十年（1941 年），凤县春旱成灾。

民国三十四年（1945 年），春夏无雨，春禾枯萎，小麦歉收，秋粮减产，留坝灾民抗赋，被官府镇压，留侯镇、江口镇灾民外逃者亦多。

民国三十五年（1946 年），南郑春旱，城固、洋县亦旱。

民国三十七年（1948 年），凤县秋旱。

1949 年，汉中各县春夏久旱，1—6 月未降暴雨，9 月全区大水。

1951 年，6 月凤县旱，稻麦减收，甚者干枯。

1953 年 8 月 9—27 日，留坝干旱无雨，沟溪断流，水田干裂，稻禾枯死，坡地庄稼无收，大荒。

1955 年，沔县、汉中夏旱。

1956 年上半年，太白县咀头一带干旱，粮食减产 46.4 万千克。

1959 年 5 月 25 日至 9 月上旬，汉中地区未下透雨，高温亢旱 105 天，汉江、褒河可涉，陂塘枯竭，水稻及晚秋作物卷叶枯萎。全地区受旱 189 万亩，成灾 89 万亩，减产 0.7 亿千克。粮食奇缺，群众以草根树皮充饥，全区因饥饿干瘦得浮肿病 3 万余人。

1960 年 5—7 月，持续干旱，不少塘库干涸，小河水断流，汉、褒、濂、冷、滑水量较常年少 2/3 以上，80% 以上农作物受旱减产，不少地方发生浮肿病和人口外流。

1961 年，凤县旱，成灾面积 3.5 万亩，减收粮食 101.99 万千克。

1966 年，春夏旱，勉县 80% 稻田田面干裂，汉中水稻干裂 4.3 万亩，凤县小麦受旱，重者干枯。

1967 年，留坝夏季遭百日大旱，夏粮严重减产。

1974 年初夏，留坝干旱持续 2 个月，致小麦枯死、洋芋缺苗、玉米（苞谷）播种期推迟半月，夏粮歉收；秋季低温多雨，庄稼“秋封”，致秋粮减收。

1975 年春，凤县大旱。自 1 月 1 日至 4 月 4 日，无雨，麦减产。8 月，又旱，秋禾受灾，重者枯死。

1977 年，凤县春旱严重。麦苗萎缩枯黄，甚者干死，春播作物不能下种。

1978 年 4—5 月，夏旱，勉县、汉中插秧缺水，部分小麦因旱受损。

1985 年，夏旱、伏旱，勉县、汉中受旱。

1987 年，凤县自上年冬至当年春，少雨雪，50 厘米内土壤含水量仅 13.6%，夏粮减收三成。

1988 年，夏旱，一些塘库干涸，河沟断流。勉县、汉中受旱，人畜饮水困难。

1989 年 7—8 月，凤县旱，部分薄地秋禾枯萎。

1994 年，夏秋旱。5—8 月，流域降水量比多年同期平均降水量减少五六成。石门水库水位一度低于死水位 1 米，无法引水，灌区秋粮减产约四成。

1995 年 6—7 月，旱。6 月 19 日，石门水库进水量仅为 3.6 立方米每秒；6 月 20 日，全汉中地区 336 座水库、18922 口水塘存水 5100 万立方米。7 月 14 日，塘库几乎枯竭。

1996 年，春旱百日，夏粮减收近半；秋旱两月，坡地减收七成，且冬旱不止，冬小麦枯黄死苗。

1997 年，夏旱、伏旱、秋旱交替出现，凤县从 4 月起，连续 60 天未见透雨，是 40 年来极为罕见的严重干旱。太白县小麦抽穗灌浆期，持续干旱 20 余天。留坝县夏季玉米、洋芋 60%以上干枯，近一半水田无水插秧，部分地方人畜饮水困难。平川灌区尾水地带的水稻因遭“卡脖子”旱而抽穗困难。

1999 年，严重春旱，伏秋连旱。春旱致使小麦、油菜产生冬旺，小麦提前拔节抽穗，甚至死亡。留坝县冬春连旱 160 余天，7 月下旬至 9 月上旬干旱 50 余天，境内 223 条沟溪有 205 条断流，部分乡镇人畜饮水困难。勉县 7 月下旬至 9 月 10 日，无雨，伏旱严重，秧苗干枯，遇火能燃。丘陵地区，旱地回茬玉米、杂粮基本无收。老道寺等地农民为争水浇地引发水事纠纷，发生械斗，造成人员伤亡。

2000 年，流域遭遇冬、春、夏三季连旱，汉台区 1—4 月，降雨 68.6 毫米，较历年同期减少七成，1—6 月减少四五成，气温偏高 3~4 摄氏度，造成旱灾。石门水库蓄水严重不足，夏插前的库水位仅 608 米，比历年同期减少 10 米，减少供水量 2900 万立方米。勉县 1—3 月，降水偏少，气温偏高。4 月中旬后，持续高温少雨。5 月 1—20 日，降水量仅 19.3 毫米。春播、育秧和夏粮作物严重受灾，浅山丘陵地区旱地农作物全部受灾，13.5 万亩水田未插上秧改为旱粮作物，2.7 万亩水稻缺水枯死，1.8 万人饮水困难。留坝县春夏连旱，受灾人口 3.92 万人，其中 1.5 万人饮水困难。

2003 年，冬、春连旱，夏旱严重，局地伏旱。留坝、汉台受旱严重。留坝县有 123.07 公顷农作物枯死。汉台区 6 月发生持续干热风天气，降水与多年同期相比偏少七成以上，农作的耕作层干透，受旱面积 3068 公顷。

2006 年 5 月下旬至 9 月初，持续干旱少雨，出现夏伏连旱。留坝县 7 月下旬至 8 月中旬持续高温干旱，农作物受灾 310 公顷，部分乡镇出现饮水困难。勉县七大灌区引水流量不足 40%，塘库蓄水量严重不足。全县 1.5 万亩水稻干枯，13.5 万亩作物受旱，损失严重。

第二节　水　灾

一、特点与成因

水灾是褒河流域的主要灾害。西汉高帝元年（前206年）至2020年的2226年中，有资料记载发生水灾的有104年。

（一）褒河流域水灾的主要特点

（1）大范围灾害较多。在104年记录水灾年份中，受灾面在5个县（厅、州、市）以上者占50%以上；大灾约占总灾年的30%。1950—2020年，发生大灾6年。

（2）季节性明显。水灾多发生在夏、秋季，农历七、八、九3个月最为集中，也有发生在春末夏初的。

（3）流域内差异显著。从地形特点分析，盆地和宽谷坝子沿河两岸为水灾多发地区，其他地区相对较少。

（二）褒河流域形成水灾的主要因素

（1）孕灾的降水过程。褒河流域夏季易发生雷暴雨，一般笼罩面不大，造成局部地区或小范围洪水；秋季多发生霖暴雨，连阴雨中加大雨、暴雨，容易形成大范围洪水灾害。

（2）自然地理条件。流域山区面积大，河流多。山高坡陡，河谷狭窄，河流纵比降大，加之植被覆盖率低，土层瘠薄，调蓄作用低，河流集流快，洪水急剧上涨，容易形成灾害。

（3）人为破坏，水土流失。毁林开荒，陡坡垦殖及开矿修路，造成大面积水土流失。废渣弃石，淤塞河道，淤积水库，影响行洪，减少蓄水，促使水灾容易发生。

二、水灾纪实

（一）西汉—清代褒河流域水灾

《二十五史》等古籍及旧方志中记载西汉高祖元年至清代汉中水灾59次（年）。记录如下：

西汉高帝元年（前206年），秋，大水，黑龙江（褒河上游）溢，沿江两岸，人畜被冲，庄稼被毁。

西汉高后八年（前180年），夏，黑龙江水溢，泯人民。汉中南郡水复出，流6000余家。

东汉建安二年（197年），八月，大霖雨，紫柏河水溢。九月，汉水流害民人。

三国魏太和四年（230年），八月，大雨30余日，栈道断绝。九月，大雨，褒水泛滥，汉水溢。

西晋咸宁三年（277年），九月，益、梁七州又大水，留坝暴雨成灾，洪水败禾。

东晋太元十五年（390年），沔中诸郡大水。

南朝宋元嘉十八年（441年），夏五月，河水泛溢。

北宋大中祥符二年（1009 年），夏，发生特大水灾。黑龙江等诸河流水涨，死人甚多，栈阁毁坏；九月，凤州大水，漂溺民居。

北宋大中祥符九年（1016 年），八月，黑龙江发大水，飘荡庐舍；九月，利州水漂栈阁万二千八百间。

南宋绍兴二十八年（1158 年），六月，黑龙江大水，毁坏栈阁多处，栈道塞，水泯民庐。

南宋淳熙三年（1176 年），凤州霖雨伤禾。

南宋淳熙十三年（1186 年），利州路霖雨，败禾稼，瘖疹，金、洋、凤州亦如之。

南宋淳熙十六年（1189 年），五月，利西诸道霖雨。

南宋绍熙四年（1193 年），夏，黑龙江（褒河）大水，山河堰尽决。

元太祖十年（1215 年），秋，水灾。

元定宗元年（1246 年），夏，水患。

元天顺元年（1328 年），秋，发大水，栈道毁坏多处。

明洪武五年（1372 年），六月大雨，汉水暴溢，巨木蔽江而下抵南岸。

明洪武十八年（1385 年），汉水溢，漂珍宝坏民舍。

明洪武二十三年（1390 年），八月，霖雨，褒水暴溢。

明永乐十四年（1416 年），夏，褒水洪溢，淹没庐舍，毁坏栈道，紫柏河水高数丈，城郭居民俱移。

明成化八年（1472 年），八月，褒水涨溢，高数十丈，栈道毁。

明嘉靖六年（1527 年），九月，江水暴发，漂没民舍无数，栈道毁。

明嘉靖十一年（1532 年），夏，大水，风拔木，民大疫。

明嘉靖二十九年（1550 年），乌龙江（褒河）涨，漂打钟坝民舍。

明嘉靖三十三年（1554 年），褒城平地水深三尺，山崩石裂。

明万历二十三年（1595 年），秋，淫雨，禾不实。

明崇祯六年（1633 年），夏，汉中、沔县、褒城、南郑、城固、洋县、西乡、镇巴大水。

明崇祯七年（1634 年），六月，连阴雨，褒河、青羊河、西河等诸水泛涨，西寺被毁。

明崇祯十六年（1643 年），秋，暴雨两日，雨四十天，江河洪溢，树木连根蔽江而下，灾民无计。

清顺治四年（1647 年），南郑、汉中、褒城、城固、洋县、西乡、宁羌、略阳、沔县等，“八月暴雨两日夜，汉水（及嘉陵江）泛涨，田苗尽伤，大饥”。

清顺治四年（1647 年），八月，暴雨两日夜，田苗尽伤，民大饥。

清康熙元年（1662 年），六月，淫雨过后连下大雨六十天，山洪冲毁农舍，庄稼无计，灾民逃荒，人口锐减。

清康熙八年（1669 年），六月，汉中等地大水。

清康熙十八年（1679 年），夏末，淫雨四十日，大水漂没民舍无计。

清康熙二十七年（1688 年），初秋，雷电交加，大雨倾盆一日夜，水涨甚猛。

清康熙四十二年（1703 年），“汉中府属南、褒、沔等七州县被水”。

清乾隆三年（1738 年），四月、五月，汉中、南郑、褒城、沔县等阴雨浃月，收成歉，仅五、六成不等。

清乾隆四十年（1775 年），褒城秋雨过多，城垣间有坍塌。

清乾隆五十四年（1789 年），阴雨连绵，东西北门楼并东月城倾圮。

清嘉庆十一年（1806 年），三月，留坝大雨倾注，山水骤发，居民不能迁避，人口流毙多名，房屋多有冲塌；十六、十七两日夜大雨倾泻，山水骤发，民房多有冲塌，居民不能迁避，以致人口淹毙；秋，汉中府属阴雨连旬，收成欠薄。

清嘉庆十三年（1808 年），秋雨连绵，迭次山水陡发，石岸碥桥多被冲塌，山石滚滚，阻塞主道，冲塌学房 31 间，冲损地 20 顷 60 余亩，淹毙 9 人，贫民乏食。

清嘉庆十五年（1810 年），宁羌、南郑、城固、褒城、凤县、沔县、西乡、洋县等县水灾；雨水冲塌凤州城身、北城楼及垛墙数处。

清嘉庆十六年（1811 年），大雨，大水冲塌城垣、房舍，连云栈道滑坡。山水连年毁地冲禾稼，塌房死人，民力无不拮据。

清嘉庆二十四年（1819 年），秋雨多，江河水涨，汉水直灌南郑城根（今汉中城），深二三尺，浸倒民房四百余间；褒河泛溢，冲去褒城民房二百余间；略阳、沔县、留坝民房、地亩、桥梁间被冲淹。

清道光三年（1823 年），留坝等十一厅州县水灾。

清道光七年（1827 年），佛坪、留坝被水冲塌庐舍，伤及人口，浸淹田禾（故宫奏折）。

清道光十五年（1835 年），六月、七月，略阳、沔县、褒城、洋县、西乡、镇巴被水，漂没栈道，洋县坏田近两千亩，浸倒房屋六千余亩，淹死三百余人。

清道光二十二年（1842 年），秋雨连绵，山水浩荡，木石倾塌，不利行旅。

清道光二十四年（1844 年），夏，阴雨 40 日。山水漂没农田。

清道光二十九年（1849 年），七月，留坝、沔县、佛坪被水。

清咸丰七年（1857 年），褒城、沔县山水陡发，地田被冲。

清光绪十二年（1886 年），六月二十一至二十五日，沔县、南郑、留坝连日大雨，河水涨发，淹没田庐，留坝漂失男女人丁数十口。

清光绪十四年（1888 年），六月初，留坝、沔县、褒城、南郑、城固、洋县连日倾盆大雨，山水河流涨发，田地、房屋各有淹没。

清光绪十五年（1889 年），八月初一至九月初八，大雨滂沱。太平山城西北角塌陷，西南方城墙被紫柏河洪水冲垮十余丈。

清光绪二十年（1894 年），沔县、褒城水灾。

清光绪二十九年（1903 年），秋，紫柏河暴涨，冲淹田地、房屋、人口、牲畜无计；荒草坪沟山洪冲毁农户、田地无计。

清宣统二年（1910 年），七月，城固、褒城霖雨成灾。

清宣统三年（1911 年），秋雨四十余日，河水溢，沿河两岸及谷地粮食大都无收，灾民外逃；凤州东关进水，房多倒塌。

（二）民国年间褒河流域水灾

据民国时期的报刊及相关资料，记录褒河流域水灾 14 次（年）：

民国十年（1921 年），夏秋，沔县、褒城、南郑苦雨兼旬，山水暴发，冲溢河渠、人畜、田庐无算。

民国十一年（1922 年），凤县淫雨，洪水持续十余日，小峪河大水拔木；太白县桃川暴雨，河水猛涨，冲走鹿台沟以下地方 30 余户农舍，并毁坏农田。

民国十二年（1923 年），褒城、城固、西乡等县，水涨堤决，淹没稻田（《秦中公报》）。

民国十三年（1924 年），夏末，霖雨为灾，洪水泛滥，农田、庐舍漂没。

民国十四年（1925 年），夏，汉中各县淫雨连绵，冲决河堤，淹没田庐、人口不计其数，略阳城中积水数尺，村镇沦陷，稻谷生芽，秋收无望。

民国十九年（1930 年），秋，留坝县城及江口各区被水，沿河水田尽成淤泥；山坡地不帷，田禾无存。

民国二十年（1931 年），夏秋之交，大雨不断，汉中各县先后大雨，褒河、黑河泛滥，出现特大洪灾。

民国二十二年（1933 年），夏秋，褒城、城固、略阳、镇巴、佛坪暴雨、淫雨成灾。

民国二十三年（1934 年），夏，宁羌、略阳、留坝、镇巴部分地区大雨，山洪暴发，河水泛溢，猝不及避，淹毙人口无算，庐舍荡然无存。

民国二十六年（1937 年），留凤关、旧铺两村 90% 的河滩地被河水冲毁。

民国二十七年（1938 年），秋，沔县、褒城、南郑、城固、洋县、略阳、镇巴淫雨，江河水涨，淹没房屋田禾；太白县鹦鸽暴雨，洪水冲毁六家村、鹦鸽街农田各百余亩。

民国二十九年（1940 年），南郑、西乡、佛坪、城固、洋县、凤县，“入秋淫雨兼旬，山洪暴发，汉江倒灌，田庐漂没，人畜流离失所，目不忍视”。

民国三十二年（1943 年），7 月 29 日夜，突降暴雨，川陕公路武关驿路段及桥梁被洪水冲毁，行旅阻滞。崇仁乡四保（中西沟）、五保（上西沟）农户、田禾全被洪水荡溃，石沙堆积二丈高，受灾 348 户，冲毁房屋 135 间，死亡男女 118 人，淹没牲畜、猪、牛圈等无计。

民国三十四年（1945 年），秋，留坝县城关镇、崇仁乡水灾，庄稼无收。

民国三十八年（1949 年），“自 8 月 2 日以后，阴雨连绵约 60 天，9 月 2—18 日，16 天降雨 440 毫米，9 月 11 日连续降雨 24 小时，雨量达 150 毫米”。沔县、褒城、南郑、汉中、城固、洋县、西乡，七个县受灾。汉、褒、湑三渠枢纽工程遭受严重破坏，褒惠渠滚水坝顶过水 3.9 米，冲毁滚水坝西端 15 米，干渠 10 段、渠道建筑物 4 座。

（三）新中国成立以后褒河流域水灾

据水文、气象、民政等部门记载，褒河流域 1949—2020 年间发生水灾 27 次（年）：

1951 年 8 月 30 日至 9 月 10 日，淫雨连绵，洪水冲塌房屋 82 间，死 6 人，毁坏凤县双石铺桥南路基。

1952年7—9月，汉中地区各县先后因霖雨、大雨、暴雨成灾，成灾农田10万余亩，倒房2800余间，死32人，伤7人，冲决堰渠、道路、桥梁1000余处（条）。

1954年7月8日至8月23日，连降大雨，山洪暴发，河水猛涨，留坝县庙台子、江口、武关驿3区被洪水淹死3人，滑坡塌死12人，冲走耕牛2头。

1955年7月27日至8月22日，连续降暴雨，留坝县受灾乡22个、1109户，受灾稻田4969亩。其中，冲毁稻田1551亩、旱地2011亩，粮食减产；毁房56间；死亡13人；冲毁堰渠241条。

1956年6—7月，流域连降大、暴雨，受灾40余万亩，倒房2400余间，淹、塌、电死78人，冲毁水利、公路设施多处。

1958年7月3日14时至次日凌晨4时，凤县降水187毫米；23日降急雨1小时35分，降水195毫米。两次山洪冲毁庄稼5454亩，渠道58条，塌房、窑81间（孔），死伤6人。8月17—20日，降水300毫米，洪水毁秋禾1074亩，房75间。死大家畜34头。

1961年6月15至7月14日，凤县降雨26天，小麦生芽霉烂，山洪淹没农田，损失粮食134.74万千克。河堤、道路、房屋皆有损毁，死1人。

1962年6月7日，留坝县桑元、柘梨园、江口0.5小时内降水26毫米。山洪暴发，冲毁11个生产队的农田2500余亩；7月26至28日，留坝县连降大雨，山洪暴发，河水猛涨，褒河超过安全水位线，使沿河两岸的13个公社193个生产队、5599.5亩秋粮受灾减产。并冲走渡船3只，毁坏房屋86间、圈棚47间、河堤21处、大小堰渠314条，淹死14人、牲畜24头。

1963年5月22—25日，凤县大雨，山水冲走7人，毁房18间，畜圈42座，夏秋作物1864亩。7月26日夜，暴雨，玉米倒伏，塌房窑11间（孔），死9人，伤3人。

1964年7月31日、8月1日，大雨，山水毁地5060亩；秋，留坝县阴雨连绵60余天，大小河谷均发大水。9月9日，火烧店降暴雨，洪水冲毁稻田317.45亩，冲塌房屋24间；褒河沿岸的武关河、青桥驿等公社的66个生产队，受灾面积达4000亩，粮食减产，淹死24人，冲走耕畜23头，毁房187间。

1966年7月，多暴雨，河水猛涨，凤县三岔、凤州、平木三个公社冲毁秋禾282亩，倒房13间。宝（鸡）汉（中）公路多处路基、桥涵被毁。

1968年5月7日，凤县大雨，山洪暴发。抢险中，中国人民解放军8217部队副连长黄清井，班长张本礼，战士刘光理、王应寿光荣牺牲。

1972年7月7—15日，留坝县连降大雨，冲毁田地1230亩、堰渠30条、河堤40千米。8日，凤县忽降暴雨，山洪毁河堤2220米、抽水站5处，倒塌房屋42间，死2人，3万余亩小麦生芽减产。9月1日，太白县暴雨，山洪暴发，河水横溢，全县大部分地区均受危害。鹦鸽受灾最甚，200多亩秋田被毁，损失粮食3500余千克，死亡1人，造成经济损失达40余万元。

1975年9月上旬，留坝县连降暴雨3天，山洪暴发，冲毁、淹没水田1560亩、坡地1006亩。之后秋雨连绵，河水猛涨，又被洪水冲毁水稻1200亩。

1977 年夏，凤县降暴雨 3 次，山洪毁河堤 4790 米，渠道 9720 米，农田 1620 亩，鱼塘 40 亩，机井 4 眼，冲走 1 人。

1979 年 7 月上中旬，凤县连降暴雨，洪水冲毁农田 1883 亩，淹淤农作物 2228 亩，毁坏公路 20 千米，河堤 7215 米，桥 10 座，电杆 276 根，房屋 50 间。太白县 7 月 14 日咀头暴雨，冲毁蒿谷堆农田 152 亩、便桥 8 座、河堤 9 处。

1980 年 6 月、7 月两月连降暴雨，褒河堤防多处决口，河东店临渠居民住宅进水，被迫炸断褒惠渠南干渠上段，冲毁鱼池 12 个，成鱼 6 万余斤。冲断水电部三工局褒河专线铁路大桥 1 座，褒河火车站家属楼被洪水围困 9 小时；凤县 7 月 2 日降暴雨，山洪冲毁、淹没农作物 15281 亩，毁河堤 5 万余米、渠道 4335 米，倒塌房屋 281 间，死 4 人。

1981 年 7—8 月，流域普降大雨、暴雨。8 月 13—14 日，汉中市（现汉台区）降雨 358 毫米，留坝 535 毫米。江河猛涨，洪水频接，汉中地区受灾 324 个村镇、38 万户，倒塌房屋 18.69 万间，危房 12 万多间，死亡 369 人，受伤 6055 人，秋粮受灾 300 万亩，绝收 51.75 万亩，减产 40 万吨。江河堤防决口 4600 余处，毁堤 63.8 千米，冲毁堰渠 8296 条，水工建筑 331 处，水塘 231 口，抽水站 512 处，小水电站 86 处，机井 349 眼，沙压农田 38 万多亩，汉（中）宝（鸡）公路全部冲断。造成一次性经济损失约 10 亿元。8 月 21 日，太白、凤县暴发特大洪水灾害。太白县连续 6 小时降水量达 109.2 毫米。山洪暴发、河堤决口、山坡滑垮，洪水冲毁农田、公路、桥梁，交通、输电中断。遭滑坡袭击的房屋 5640 间（倒塌 1701 间），死亡 43 人，受灾农作物 51159 亩（10975 亩颗粒无收），造成直接经济损失达 2020 万元。

1983 年 7 月 27—30 日，留坝县突降暴雨，冲毁堰渠 68 条、水电站 3 处、河堤 17 处（计长 4.98 千米）、地方公路 8.4 千米；滑坡塌方 95 处，约 1.7 万立方米；损坏桥涵 4 座、挡土墙 1 千米；水毁农田 1033 亩；秋粮受灾面积 6498 亩，其中一半颗粒无收；洪水冲倒民房 89 间、畜圈 28 间，淹没倒塌房屋 131 间，4 人受伤，塌死耕牛 2 头，毁手扶拖拉机 1 台；7 月 28—30 日，太白县暴雨成灾，河堤决口，冲毁农田 1314.5 亩，粮食减产 1.5 万余千克，毁房屋 681 间、公路 157 千米，造成直接经济损失 76.3 万余元。1984 年 5—7 月，降水持续偏多，全县大部分小麦霉坏、生芽，减产 25 万千克，玉米减产 14.6%；凤县秋雨连绵，倒塌房窑 119 间（孔），畜圈 46 座，死亡 4 人。

1984 年 8 月 2 日 20 时到次日 20 时，留坝县城关、闸口石、庙台子、火烧店、南河、石门、玉皇庙、柳川等 8 个乡遭受特大暴雨袭击，24 小时共降水 214.9 毫米。特别是 8 月 3 日 2 时 10 分至 10 时，8 小时内降水 201.4 毫米，造成重灾。

1988 年 7 月 8 日，凤县降水 178.9 毫米，6 万亩小麦生芽，公路、鱼池和农田皆有毁损。8 月 3—5 日，留坝县姜窝子、火烧店、鲜家坝、铁佛殿乡和马道镇突降暴雨，受灾面积 4000 亩，其中绝收 1100 亩，粮食减产达 38 万千克；冲毁农田 1420 亩、公路 15 千米。9 日凌晨 2 时至 7 时，东沟、鲜家坝两乡再次遭受特大暴雨袭击，降水量 240 毫米，河水暴涨，山体滑崩，桥垮，路毁，房塌，人亡，通信中断。据统计，死亡 32 人（其中男性 15 人，女性 17 人），毁房 352 间，山体滑崩推倒房屋 58 间，造成危房 534 间，10 余个

村 324 人无家可归，造成直接损失 62 万余元；农作物受灾面积 7625 亩；冲毁农田 4500 亩、大小桥梁 24 座、堰渠 50 条、公路 11.4 千米，直接损失 160 万元。

1990 年 7 月 5—6 日，汉中地区特大暴雨，11 个县（市）重灾 9 个县，涉及 386 个乡镇 2124 个村，30.7 万户、138.15 万人。其中，重灾 9.31 万户、41.89 万人。农作物受灾 179.91 万亩，成灾 90 万亩，绝收 3.25 万亩，粮食减产约 2.5 亿千克。倒房 3.25 万间，损房 6.27 万间，倒圈舍 9.5 万间，因灾死亡 89 人，致伤 615 人，死伤牲畜 3900 多头。冲毁河堤、水利、公路、广播通信等设施 1 万余处，全区因灾直接经济损失 7.54 亿元。

1998 年 8 月 19—21 日，流域普降大到暴雨，局地大暴雨。留坝县的马道雨量最大，达 225.7 毫米；此次降水量的 90%集中在 8 月 20 日。最大 24 小时雨量，留坝县江口 128.5 毫米，留坝县城 167.1 毫米，均为各站有资料记载的最大值。汉江、褒河洪水暴涨，汉江干流洪水超过保证流量，石门水库实施错峰调度，减缓了褒河与汉江洪水叠加。洪水造成山体滑坡，农田冲淤、农作物被淹，交通道路、通信、供电中断，房屋进水、倒塌，堤防、渠道、电站等水利设施冲毁。其中，留坝县洪水冲毁堤防 61.1 千米，小型渠道 352 条共 112.5 千米，倒塌房屋 435 间，毁坏公路 247 千米（316 国道塌方 197 处，损坏 100 余处），毁坏桥涵 68 处，冲毁耕地 230 公顷，冲走食用菌棒 2.7 万架，农作物受灾 3000 公顷。太白县倒塌房屋 7 户 23 间，严重损坏房屋 5 户 14 间，7 头耕牛被河水冲走，农作物受灾面积 36.67 公顷，水毁耕地 20 多公顷，转移安置群众 630 多人，直接经济损失 1500 余万元。

2003 年 8 月 28 日 20 时至 30 日 7 时，流域上游普降大到暴雨，太白县咀头、靖口、王家堎、桃川、高龙 5 个乡（镇），177 户群众 687 间房屋进水，倒塌 44 户 159 间，危房 123 户 465 间；靖口镇 6 个村 11000 米人畜饮水管道中断；山洪冲倒光缆杆 45 根，冲毁光缆 3600 米，太白河、王家堎两乡镇通信中断；全县水毁公路 6 处 88.6 千米，桥涵 11 座，塌方 45 处 1260 立方米。凤县平木镇遭受数十年不遇特大暴雨洪涝灾害。平木镇 10 座桥梁，5600 米河堤，1035 米渠道被毁，60 千米村级道路中断。水毁耕地 150 亩，农作物受灾 3100 亩，直接经济损失 180 余万元。

2010 年 7 月 22—23 日，流域普降大到暴雨，褒河来水剧增，流域内各县（区）不同程度受灾。其中，汉台区 16 个镇、乡、街道普遍受灾，约 9300 人受灾，192 户 324 间房屋倒塌，1837 户 4293 间房屋受损。留坝县有 9 个乡镇受灾，紧急转移安置 1678 人，倒塌房屋 153 间，道路桥梁受损 760 千米，供电、通信线路受损 255 千米，农作物受灾 740 公顷，其中绝收 100 余公顷。

第三节　地质灾害

一、地震

褒河流域地震活动相对较弱，强度不大。邻区地震对流域相对影响较大，主要来自宁夏、甘肃东南部和四川北部，属于南北地震带中段的地震活动。地震一般强度较大。在 16 次影响褒河流域的邻区地震中，6 级以上 10 次，占 63%，6 级以下 6 次，占 37%。其

中，明嘉靖三十四年（1555年）陕西省华县地震，清光绪五年（1879年）甘肃武都地震，1976年四川松潘地震和2008年汶川地震，对褒河流域影响较大。

据史料记载，元泰定四年（1327年）至1949年的622年中，流域内地震共发生18次。新中国成立后，流域内发生5次小地震，虽不成灾，为保存资料，一并录之。

地震纪实如下：

元泰定四年（1327年），八月，留坝（北纬33.7°，东经102.2°）地震，4.5级（古代无震级确定数，此震级为推测数，全书同），震中烈度5。境内山崩地裂，房屋倒塌，栈阁毁断，人亡无计。

元元统元年（1333年），十月，地震，凤州山崩。

明成化二十二年（1486年），六月壬辰，汉中府及宁羌卫地裂，或十余丈，或六七丈。

明弘治八年（1495年），十一月乙亥，汉中府地震，有声如雷。

明正德元年（1506年），冬，汉中（北纬33.1°，东经107.0°）地震，4.5级，震中烈度5。褒城，留坝亦强烈。

明嘉靖元年（1522年），二月，凤县地震，3.5级，震中烈度4。留坝亦烈。

明嘉靖二年（1523年），正月，汉中地震。

明嘉靖九年（1530年），9月，汉中褒城、留坝地震，波及凤县诸邻（北纬33.2°，东经107.0°），3.5级，震中烈度4弱。

明嘉靖十二年（1533年），汉中（北纬33.1°，东经107.0°）地震，4.5级，震中烈度5。

明嘉靖十八年（1539年），褒城、凤县（北纬33.2°，东经106.9°）地震，3.5级，震中烈度4弱。

明嘉靖二十四年（1545年），褒城发生地震，有声如雷。

明隆庆二年（1568年），三月初五戌时，汉中（北纬33.1°，东经107.0°）地震，5级，震中烈度6。十五日再震，东北城角倒塌；十六日又震，塌西城垛头。

明天启四年（1624年），九月，汉中地震，震中洋县，城垣倾圮，留坝亦裂。

明崇祯九年（1636年），汉中（北纬33.1°，东经107.0°）地震，5.5级，震中烈度7。延续三日，垣屋尽倾，伤人甚多。

清顺治十年（1653年），汉中发生5级地震，城垣圮四十丈。

清道光二年（1822年），闰三月初三，沔县（北纬33.2°，东经106.6°）地震，武侯祠大殿、寝殿、戟门、山门之瓦口全行摇开；留坝地动山摇，屋瓦飞落，城垣倾塌。

清光绪八年（1882年），二月初八丑时，沔县（北纬33.2°，东经106.6°）地震，4.5级，震中烈度5。留坝、宁羌二厅州均报二月初八丑时地动。

民国二十六年（1937年）5月，留坝地震，震中江口，波及太白、凤县、佛坪诸县。

1981年9月19日，勉县（北纬33.01°，东经106.32°）地震，2级；12月11日，勉县（北纬33.01°，东经106.32°）地震，2级。

1984年8月16日16时20分58.6秒，汉台区与留坝县之间发生1.0级地震。

1990年9月21日10时11分28秒，太白县靖口乡水蒿川发生里氏2.4级地震。

2003年4月24日6时31分，太白县发生里氏2.3级有感地震。

2008 年 5 月 12 日 14 时 28 分，四川省汶川县发生里氏 8.0 级特大地震，地震波及褒河流域，太白、凤县、留坝、汉台、勉县 5 个县（区）均有强烈震感，5 月 12 日至 7 月 24 日，四川震区发生 6 级以上余震多次，流域内震感明显。

二、山体崩塌、滑坡、泥石流

褒河流域地质构造复杂，岩质多变，易于剥蚀；区内雨量充沛，且 50% 降水量集中在 7—9 月，大雨、暴雨多，加之城乡建设、矿山开采、毁林开荒、公路和水利工程建设放炮振动等人为活动影响，造成斜坡失稳，从而导致滑坡。滑坡、崩塌一类灾害，流域内古已有之，唯史料记载甚少。从东汉延熹三年（160 年）到清宣统三年（1911 年）的 1751 年中仅记有 6 次（年），民国记载 1 年，新中国成立后记载 8 年。从滑坡规模看，1981 年 8 月流域内多处滑坡属中型滑坡或崩塌外，其余多为小型滑坡。

滑坡纪实如下：

东汉延熹三年（160 年），五月，汉中山崩。

东晋义熙十三年（417 年），七月，汉中、城固水涯有声若雷，既而岸崩，出铜钟十有二枚。

清嘉庆十三年（1808 年），秋，山石滚滚，阻塞连云栈道，行人皆绕道溪涧稍浅处行走。

清嘉庆十六年（1811 年），连云栈道滑塌。

清光绪三年（1877 年），黄牛铺鲍家庄发生泥石流，毁坏村庄、农田。

清宣统三年（1911 年），豆积山崩，山石滚滚，声如雷。

民国十六年（1927 年），上南河山坡滑崩，毁上南河街。

1963 年 9 月 23 日，平木东庄村滑坡，毁地 1350 亩、房 24 间。

1966 年 7 月，宝汉公路崩塌 22 处，堵塞交通。

1980 年 10 月，汉中市褒河沥水沟雨后滑坡，长 120 米，宽 30 米，截断石门水库东干渠 100 余米。

1981 年 7—8 月，流域特大暴雨和洪水，凤县山体崩塌、滑坡 46.1 万亩。发生泥石流 400 余处，淤毙数十人，并淤毁大量房屋、农田、水利设施。公路、铁路交通中断。9 月 6 日晚，三岔乡三官殿村 3 组滑坡，3 户社员 16 人，淤毙 15 人，伤 1 人；留坝县两河口乡、狮子坝乡等地亦发生泥石流。山体崩塌、滑坡面积达 40 万亩，发生泥石流 300 余处。

1983 年，凤县发生滑坡 191 处，泥石流 31 处。压埋房屋 50 间，淤毁农田 650 亩。10 月 8 日，因山洪冲击，山坡下滑，留坝县柘梨园锅厂队黄仁厚一家 7 口全部被埋。

1994 年 10 月，汉中市河东店沥水沟口发生滑坡。

2003 年 6 月，太白县太白河镇庙沟西沟口滑坡，造成金矿堆浸场受损，经济损失 100 万元。9 月，勉县娘娘滩水库工地岩石崩塌，20 间工棚被毁，13 位民工受伤。

第四节　其他灾害

一、冰雹

褒河流域从周考王六年（前 435 年）到 2020 年的 2455 年中，史料中共记载雹灾 77 年，

其中 1949 年前 39 次，新中国成立后 38 次。

褒河流域冰雹一般发生在 3—9 月，最早在 2 月（农历正月末），最晚在 10 月（农历九月），最多发生在 4—6 月。上中游秦岭山区年平均雹日 0.1~1.3 天，下游汉中盆地雹日很少，一般年均在 0.5 天以下。每次降雹时间，一般 20~30 分，最长 1 小时。雹最大如拳头、鹅蛋，小如米粒。

流域内有记载的雹灾如下：

周考王六年（前 435 年），六月，秦降雨雪。

周考王十五年（前 426 年），陕南大雹，汉江冰，牛马死。

西汉后元七年（前 157 年），陕南雨雹，如桃李，深者厚三尺。

西汉中元六年（前 144 年），陕南二月雨雹，夏粮无收。

明弘治十四年（1501 年），正月十九日，南郑雨雹。

明弘治十七年（1504 年），秋，汉中、宁羌雨雹伤稼。

明嘉靖十一年（1532 年），六月，汉中雨雹。

明嘉靖十三年（1534 年），汉中雨冰雹。

明嘉靖十四年（1535 年），三月辛巳（4 月 22 日），汉中雨雹，陨霜杀麦。

明嘉靖十六年（1537 年），七月，汉中大雨伤稼；秋，南郑雨雹伤稼。

明嘉靖十八年（1539 年），七月，留坝雨雹伤禾。

清顺治四年（1647 年），汉中、南郑雨雹成灾。

清顺治六年（1649 年），汉中、洋县雨雹，二麦无收。

清康熙二年（1663 年），褒城雨冰雹，大伤禾稼。

清康熙五年（1666 年），四月，汉中雨冰雹杀禾。

清康熙八年（1669 年），八月十五日，汉中雨冰雹杀禾（清嘉庆《汉南续修郡志》）。

清康熙二十五年（1686 年），闰四月初，汉中、南郑、洋县、西乡雹如鸡卵；洋县四郎雨雹，“念佛崖”楼倾塌。

清康熙二十七年（1688 年），汉中雷雹风雨如注，水涨甚猛。

清乾隆五年（1740 年），五月，留坝雨雹杀禾。

清乾隆十一年（1746 年），四月、五月，留坝屡降冰雹，夏、秋作物受灾颇重。

清嘉庆二十四年（1819 年），留坝降雹。

清道光五年（1825 年），正月，留坝降雹。

清道光六年（1826 年），秋，留坝、凤县降雹，雹如卵石，玉米全毁。

清咸丰七年（1857 年），初夏，留坝冰雹后蝗灾。

清光绪二年（1876 年），留坝、褒城夏秋降雹，伤禾稼。

清光绪三年（1877 年），四月十五日，沔县雨雹，大如鸡卵。

清光绪八年（1882 年），留坝厅东北乡、江口、西营等三处被雹打伤小麦 287.5 亩。

清光绪十九年（1893 年），四月初四，南郑雹、雨、大风。

清光绪二十二年（1896年），沔县雹灾。

民国十一年（1922年），春，略阳、沔县降雹。

民国十三年（1924年），太白县咀头一带降雹成灾，损伤禾苗。

民国十四年（1925年），2月，留坝冰雹如石丸复地。

民国十七年（1928年），秋，留坝、凤县雨雹。

民国十九年（1930年），夏、秋，留坝雨雹不断，凤县近山一带降雹。

民国二十一年（1932年），6月，褒城、留坝、凤县降雹。留坝江口一带降雹大者如小碗口，击穿房屋，毁坏庄稼，人、畜伤者无计，凤县苇子坪及河口洞沟一带降雹，大者如碗，击穿房屋，毁坏夏、秋作物，人畜有伤亡。

民国二十六年（1937年），沔县降雹，大如鸡卵，约1小时始停。

民国二十八年（1939年），沔县长林等地降雹，秋禾受损。

民国三十五年（1946年），沔县夏秋遭雹灾。

民国三十六年（1947年），夏，沔县降雹成灾。

1950年6月，留坝、凤县降雹，秋粮受灾。留坝县火烧店、姜窝子和南河乡一带，降雹如鸡蛋；9月14日晚，紫柏山狂风暴雨后，连续降雹90分，冰雹如卵石，受灾面积30平方千米，畜、禽及秋禾损伤大半。凤县河口、三岔降雹，大如鸡蛋，3000余亩小麦减收。

1951年7月19日、20日，凤州、河口、平木、留凤关降雹，砸死家禽家畜，秋禾损伤甚重。

1952年7月13日，黄昏，凤县降雹20分，留坝县降雹15分，大部分玉米倒伏，叶烂如麻。

1953年5月26日17时左右，勉县境内普遍遭受雹灾，连续3次，前后约20分，最大雹似核桃；9月中旬，紫柏山暴雨后，冰雹如大枣，持续30分，地面积雹厚0.3米，多日方融化。

1954年5月4日，留坝县江口等地，冰雹降约5分，地面积雹厚近10厘米。

1955年7月23日，留坝县柳川、南河等乡降雹，大部分玉米被砸成光秆，黄豆全毁。

1956年4月30日18时许，勉县发生雹灾，历时25分，雹大如核桃；夏，连续4次降雹，留坝县大部分小麦被毁。

1958年7月12日，留坝县石门、庙台子，凤县坪坎降雹，毁坏秋禾。

1961年6月9日、10日，降雹，损失麦12.15万千克。7月31日又降冰雹，伤庄稼14671亩。

1962年6月7日下午，留坝县南河公社暴雨夹雹持续1小时，小麦大部分被毁。

1963年6月初，留坝县桑园、柳川等公社遭受冰雹和暴雨，持续2小时，地面积雹厚17厘米。

1964年7月31日和8月1日，凤县、留坝县遭受冰雹及暴雨袭击，全社秋粮减产一半。

1965年5月21日，留坝县柳川公社遭受冰雹和风雨袭击，小麦被毁近八成。

1966年6月24日，凤州降雹。9月30日，留坝县庙台子、江口等地发生冰雹，持续30分，地如石丸铺面。大部分秋杂粮受损。

1971年6月6日17时，凤州、红光、岩湾、平木降雹30分，伤庄稼11471亩。

1972年4月9日凌晨1时许，勉县褒联区降雹，夏粮减产。8月1日，太白县终南公社鹦鸽川、梅湾、大沟塬3个生产大队大风间冰雹，降雹大如核桃，打损玉米673亩。

1973年5—6月，凤县温江寺、瓦房坝、平木等4个公社先后降雹，伤庄稼3871亩。

1974年2月1日至7月17日，留坝县降雹4次，13个公社31个大队被冰雹毁坏的农作物面积达18681亩；房屋受损34间，砸死家畜279头、山羊218只。

1977年5月29日15时和6月9日17时，留坝县柘梨园、桑园、狮子坝、两河口、柳川、南河、闸口石等8个公社先后遭到冰雹袭击，雹大如鸡蛋。太白县东部一带降雹，最大者直径达2厘米。3个公社的40个大队受灾，农作物受灾面积达18407亩。6月12日15时，留坝县城关公社遭受狂风暴雨袭击后，降雹20分，雹如核桃，毁坏农作物1200多亩。8月21日20时10分，汉中市（汉台区）突起大风，骤降冰雹7~13分，最大如鸡蛋。23日沿山一带又降冰雹，6.6万亩已成熟水稻谷粒被吹打落地。

1978年5月31日和6月19日，凤县冰雹伤夏秋作物。20日，太白县靖口降雹，农作物受灾面积1448亩。

1979年7月18日，太白县二郎坝皂角湾大风、冰雹，玉米、水稻减产5万余千克，72间瓦房、27间草房受损，30余棵大树被风刮倒。

1980年6月21日，凤县平木、岩湾降雹30分。

1981年6月28日，太白县终南公社一带降雹，积雹最厚处达10~15厘米，4580余亩农作物受灾，小麦减产达6.5万千克。

1982年5月21日14时，留坝县江口、两河口、庙台子、城关、南河、鲜家坝、东沟7个公社降雹15分，直径约2厘米，将成熟的小麦、油菜全部打落在地，未灌水的秧母田的秧苗全被打倒、损坏，如麻丝。

1983年8月24日16时，留坝县桑园公社的田坝、徐家坝、桑园坝、小川子等大队遭受冰雹袭击，降雹近1小时，秋季作物全被毁坏。下旬，凤县雨雹3次，伤秋禾10119亩。

1985年7月大旱，24日、25日，勉县连遭狂风、暴雨、冰雹袭击，最大冰雹如杏子，最大风力10级，约1小时降雨41~56毫米。8区的32个乡（镇）、158个村严重受灾。秋粮减产4135万千克。

1990年8月11日，留坝县姜窝子、南河、火烧店、闸口石、庙台子、狮子坝、石门、玉皇庙、柘梨园、桑园坝乡和城关、江口镇遭受冰雹、狂风和暴雨的袭击，近1.5万亩农作物被打倒、损坏。

1993年7月25日，留坝县庙台子、闸口石、火烧店等乡（镇）降冰雹30分，雹大如桃，秋季农作物受损。

1995年8月15日，留坝县狮子坝、柘梨园、桑园乡降雨雹，秋粮受损过半。

1996 年 9 月 10 日，留坝县上南河降雹杀禾，水稻受损大半。

1997 年 4 月 26 日，太白县咀头镇塘口、李家沟村遭冰雹袭击，村民描述最大达 20 毫米，200 公顷蔬菜和早春作物受灾；5 月 3 日，留坝县青桥驿、马道、城关、留侯、江口、桑园坝 6 个乡（镇）33 个村遭受狂风冰袭击，冰雹最大直径 5 厘米，局地堆积冰雹厚度 15 厘米；5 月 4 日，太白县咀头、靖口、黄柏塬 3 乡（镇）遭冰雹袭击，村民描述最大达 20 毫米，受灾 286.13 公顷，成灾 225.3 公顷，841 户 3680 人受灾，3 人被雷电击伤，直接经济损失 95 万元。

1999 年 5 月 17 日，暴雨冰雹袭击凤县平木、草店 2 乡（镇）15 个村 50 个村民小组，受灾农作物 225 公顷，直接经济损失 78 万元；5 月 24 日，太白县 6 个乡（镇）23 个村遭冰雹袭击，伴有大风。农田受灾 1272.2 公顷，绝收 569.3 公顷，夏粮减产 6328 吨，杂果受灾 373300 株，经济损失 119 万元。

2000 年 8 月 27 日，留坝县江口、桑园坝一带出现大风冰雹，冰雹直径 2~3 厘米，持续时间 30 分，农作物受灾 270 公顷，毁坏民房 160 间。

2001 年 6 月 23 日，留坝县江口、玉皇庙、石门、留侯等乡（镇）出现大风冰雹，之后降大暴雨，冰雹直径约 2 厘米，农作物受灾 1000 余公顷，毁坏木耳、香菇 1.6 万架，损坏民房 780 间。太白县咀头镇 8 个村遭冰雹伴暴雨袭击，作物受灾 1756 公顷，成灾 770.8 公顷，绝收 33.93 公顷，直接经济损失 300 多万元。

2002 年 6 月 15 日，太白县咀头镇 4 个村遭冰雹袭击，184.53 公顷农田受灾，成灾 140 公顷，绝收 46.7 公顷，直接经济损失 130 多万元；8 月 28 日 18 时，江口镇、武关驿镇、桑园乡 23 个村遭受大风冰雹袭击，冰雹直径 3 厘米，持续时间 30 分，冰雹堆积 3~4 厘米，农作物叶面被打烂，茎秆被吹倒，水果、核桃大量落地。

2004 年 5 月 17 日，太白县咀头镇 5 个村遭冰雹袭击，蔬菜和早春作物受灾。

2006 年 4 月 23 日，勉县出现大风冰雹强对流天气，冰雹持续时间约为 15 分，冰雹直径在 10~30 毫米，地面积雹厚度 3 厘米。受灾人口 10519 人，受灾面积 1008 公顷，损坏房屋 167 间，直接经济损失 196.7 万元；6 月 24 日，咀头、靖口、黄柏塬 3 个乡（镇）遭冰雹袭击，农田受灾 704 公顷，绝收 64 公顷，杂果受灾 53.3 公顷，直接经济损失 1087 万余元。

2009 年 5 月 19 日，留坝县境内 5 个乡（镇）出现大风和冰雹，冰雹直径约 1.1 厘米，农作物、油菜倒伏 91 公顷，民房受损 394 间，蜜蜂受灾 1200 箱；6 月 3 日，太白县靖口镇发生冰雹灾害，造成 1723 人、160 公顷农作物受灾，直接经济损失 106 万元。

二、霜冻

褒河流域的冻害主要是霜冻，系冬季酷寒和春季晚霜、晚雪所致，对油菜、小麦等农作物危害甚重。其危害概率、强度，中低山区重于平坝丘陵。流域内海拔每升高 100 米，低温早 3~4 天。史料记载从西晋元康七年（297 年）到 2020 年的 1723 年间，流域内有记录的霜冻共 38 年，1949 年前有 12 年，新中国成立后有 26 年。

史料记载中褒河流域霜冻灾害如下：

西晋元康七年（297 年），秋，七月，雍梁州陨霜杀秋禾。

南宋淳熙十六年（1189 年），七月，凤州黑霜杀庄稼几尽，到冬，民饥荒。

明嘉靖十四年（1535 年），三月辛巳（4 月 22 日），汉中陨霜杀麦。

明万历四年（1576 年），九月七日，留坝、凤县大雪盈尺，霜冻庄稼。

清顺治十二年（1655 年），三月初四，汉中降黑霜杀麦，饥。

清乾隆元年（1736 年），九月初一、初二，留坝、凤县早霜伤禾。

民国九年（1920 年），8 月 25 日，留坝县早霜伤禾。

民国二十一年（1932 年），1 月、2 月，沔县降黑霜，杀死麦苗。

民国二十二年（1933 年），3—5 月，沔县、褒城、南郑先后霜冻，麦极受影响。

民国三十三年（1944 年），5 月上旬，气候异常，黑霜不断，夏季作物大部受灾。

民国三十六年（1947 年），陕南入春以来，农田普遍遭受黑霜。

民国三十七年（1948 年），秋末，留坝大雪夹霜，2 万余亩庄稼受霜冻。

1950 年春，降黑霜数日不断；5 月 3 日又降大雪，2 万亩稼禾受冻，留坝县夏季作物大部分受灾。

1952 年春，留坝、凤县普遍发生晚霜冻害。

1956 年春，太白县靖口霜冻，粮食减产 3600 千克。

1958 年 3 月 27 日，气温突降，晚间降霜。3 月 28 日早最低气温 -5 摄氏度，留坝县小麦、油菜、洋芋等禾苗全被寒霜冻死，大部分禾田翻耕后种植玉米。

1959 年 5 月 5 日夜，气温骤降，伤麦 28136 亩。21 日夜降黑霜，山区地冻 2 寸，伤作物 73799 亩，甚者苗死。核桃、花椒蕾、叶亦被霜杀，当年无收。5 月下旬，太白县大雪后出现霜冻，小麦受灾面积 1290 亩，占两地小麦总面积 13102 亩的 9.85%。

1960 年 11 月 21 日，留坝县霜冻，农作物大部受灾。

1963 年春，凤县黑霜伤麦 20778 亩，减收 62 万多千克。5 月中旬，留坝县闸口石公社降霜，洋芋 1000 亩全部冻死，小麦 1651 亩死苗。5 月 25 日，火烧店乡太子岭村降霜，小麦、洋芋冻死半数。

1969 年 4 月，留坝县连续霜冻，果树落花，小麦、油菜半数冻坏。

1970 年 4 月 27 日，留坝县城关镇霜冻，小麦冻死半数。

1975 年冬，留坝县霜冻不断，气温严寒，小麦、油菜等受害严重；次年春旱夹晚霜，夏粮减产近 30%。凤县酷寒，最低气温为 -16.7 摄氏度。4 月中旬因霜冻气温降至 -8.5 摄氏度，4 万余亩春性小麦——甘麦 8 号冻死而翻犁改种。

1979 年 4 月 1 日，凤县河口一带降雪，气温降至 -9 摄氏度，小麦、油菜受冻，甚者无收。4 月 1 日和 13 日，太白县白云公社 1189 亩小麦遭霜冻，粮食减产 4500 余千克。

1980 年春，太白县持续干旱和霜冻，全县小麦不同程度地受冻害，受灾面积 1.92 万亩（2000 亩颗粒无收），当年减产 265 万千克，占总产的 39%。

1981 年 3 月 7 日，留坝县马道、火烧店等地霜冻，大部分小麦被冻死。

1982 年 5 月 12 日，留坝县气温平均下降 4.8 摄氏度，马道区早秧因霜冻死苗。

1987 年 4 月 2 日，留坝县全县大雪，气温下降 4 摄氏度，次日早霜，小麦、油菜大部分受害。冬，凤县霜冻。

1988 年春，凤县霜冻，春性小麦因冻严重缺苗，大部翻犁改种。

1990 年秋末，留坝县江口区降霜不断，小麦受害。

1993 年春，留坝县鲜家坝、南河、柳川等乡黑霜，坡地小麦全被冻死。

1995 年秋，留坝县火烧店、闸口石乡降霜，小麦、油菜受害。

2001 年 3 月 8 日，凤县突降大雪，气温骤降至 –8 摄氏度，最大降温 20 摄氏度，雪后持续出现 4 天霜冻天气，农作物直接损失 5000 万元；4 月上旬末，留坝县境内气温骤降 14.3 摄氏度，并伴有降雪和雷电暴雨，农经作物不同程度受灾；4 月 8—10 日，太白县遭受罕见晚春风雪、霜冻低温袭击，降水 12.2 毫米，地面积雪 15 厘米左右，气温骤降 10 摄氏度以上，给全县拔节期小麦和开花期油菜、桃、梨、苹果、花椒、山茱萸等农作物造成严重冻灾。

2004 年 5 月 2 日，太白县遭受罕见低温冷冻灾害袭击，咀头镇普降中雪，靖口出现霜冻，直接经济损失 213 万元。

2005 年 4 月 12 日，太白县靖口镇 11 个村大面积发生霜冻，466.7 公顷花椒受到冻害，直接经济损失 840 万元。4 月 13 日，凤县凌晨霜冻，致花椒 1400 公顷受灾。

2007 年 4 月 3—7 日，留坝县境内出现强降温寒潮天气，最低温度降至 –2.8 摄氏度，经果林、油菜等作物受到冻害。

2008 年 1 月 10—28 日，留坝县境内普降大雪，并持续一周低温，造成道路结冰、班车停发、水管冻裂。

2009 年 11 月 10—12 日和 15—16 日，留坝县境内普降暴雪，之后为低温冻害，降雪量 35.7 毫米，积雪深度 80 毫米，其中闸口石、柴关岭梁积雪达到 300 毫米。小麦、油菜、蔬菜和药材受灾 410 公顷，西洋参棚架倒塌 3.4 公顷，食用菌棚倒塌 24 座，电力通信中断，死亡牲畜 129 头。11 月 11—12 日，太白县境内普降中到大雪，局部暴雪，持续 14 小时，降雪平均厚度 13 厘米，一些地方厚达 20 厘米以上。蔬菜大棚设施多被积雪压垮，造成损失。

2010 年 3 月 10 日，留坝县境内气温骤降，最低温度 –8.0 摄氏度，油菜、小麦出现冻害；4 月 14 日又出现雨雪交加天气，气温突然下降至 –0.1 摄氏度，油菜等农作物再次受到冻害。4 月 11—13 日，凤县连续低温，冻死花椒的新枝和花芽 2700 万株，冻死花椒树 380 万株，直接经济损失 1.2 亿元。

三、风灾

褒河流域风灾不是主要灾害，风力达到 8 级或 8 级以上的史料记载很少，记述甚简略，很难与现代风级对应。从北魏景明三年（502 年）到 2020 年的 1518 年中，记载风灾仅 27 年，明代以前记载寥寥无几。

褒河流域大风主要发生在春、秋两季，秦岭山区多，平坝丘陵少，中游多，上、下游少。新中国成立后，凤县出现8级以上大风73次，其中春季28次，夏季27次。留坝出现8级以上大风157次，春季77次。汉台区出现8级以上大风59次，其中春、夏两季占大风次数86%，秋末和冬季，少有大风。

褒河流域大风少，流域性的大风多年发生一次，但局部性大风，常造成拔树、倒屋、禾苗倒伏等灾害，给工农业生产、交通运输和人民生命财产带来损失。

北魏景明三年（502年），九月丙辰（十七日），梁州暴风昏雾，拔树发屋。

明弘治十四年（1501年），六月辛巳（十九日），南郑大风灾。

明弘治十七年（1504年），六月，汉中大风灾。

明嘉靖十一年（1532年），汉中大水，又大风拔木。

清康熙二年（1663年），汉江大水，又雷雨，大风拔木。

清康熙五年（1666年），三月，汉中大风，扬沙蔽日，褒城黑龙江岸有坏船长二丈许，飞覆民屋；大风，火烧店、玉皇庙等地树倒根拔，小麦枯黄。

清康熙二十五年（1686年），四月，汉中、南郑大风拔木。

清光绪二年（1876年），三月，大风，扬沙蔽日，畜瘟死尽。

民国十年（1921年），8月，紫柏山骤刮大风，吹倒大树，张良庙授书楼倾斜。

民国十九年（1930年），褒城全县风灾。

民国二十年（1931年），2月，褒城大风。

民国二十二年（1933年），5月，南郑大风。

1953年8月7日，留坝县城关和铁佛殿区，突刮大风，坡地玉米大都被风刮倒折断。

1954年7月22日，南郑在大风暴雨中，吹倒、折断大树392株。

1956年4月30日至5月2日，沔县、南郑大风，吹坏房屋430余间，吹塌80余间。

1957年4月7日夜，太白县沿虢川河一带大风，咀头街、拐里、塘口等地大部分草房被揭顶。

1972年8月1日，太白县终南公社鹦鸽川、梅湾、大沟塬3个生产大队大风刮断玉米20余亩；8月27日，留坝县刮大风，风速20米每秒。马道、江口等地房倒斜、农作物受损，其坡地玉米被折毁。

1979年7月18日，二郎坝皂角湾大风、冰雹，玉米、水稻减产5万余千克，72间瓦房、27间草房受损，30余棵大树被风刮倒。

1984年8月13日20时10—35分，勉县杨庄乡发生风灾，香子坝、桂花等5个村庄780户村民受灾。0.6万亩玉米被吹倒，0.17万余株树被吹断，165间房屋受损。

1985年7月，勉县大旱，24日、25日连遭狂风、暴雨、冰雹袭击，最大冰雹如杏子，最大风力10级，约1小时降雨41~56毫米。8区的32乡（镇）、158村严重受灾。秋粮减产4135万千克。留坝县南河乡遭受狂风暴雨袭击，1200亩玉米受损；14户农民的100余间瓦房被风吹倒；铁索吊桥2座被大风吹翻；高压输电线杆被刮倒10余根。

1987年4月19日，留坝县遭受九至十级暴风，吹倾铁佛殿、南河乡铁索吊桥6座，钢绳刮断，桥墩、吊桥架被拉裂倾斜。

1990年7月中旬，留坝县暴风骤雨，火烧店、姜窝子、南河、铁佛殿、城关、庙台子、石门、玉皇庙、狮子坝、桑园等乡的玉米大部分被大风刮倒，雨淋生芽，造成重灾。

1993年6月23日下午，汉中地区出现强飑线天气，勉县风力达11级，汉中市区风力达12级。同时，自西向东出现雷暴雨。

2003年2月20日19时30分至21日13时，太白县咀头镇遭受大风袭击。风速达20米每秒，风力8~9级，持续时间达18小时。全镇100多户民房受损，城区加油站、福利院50多米围墙被刮倒，160余棵树木被吹倒，27处广告牌严重受损，部分电力、电视线路中断，大风引发火灾，方才关村一农户3间房屋被烧，直接经济损失30余万元。

2004年5月20日，汉台区、南郑县、勉县的34个乡（镇）遭受大风袭击，20.8万人受灾。农作物受灾面积4300公顷，其中小麦面积约3000公顷。损毁房屋232户815间，吹倒通信电杆8根，断杆16根，吹倒果树7870棵，直接经济损失1840万元。

2008年6月1日，留坝县、勉县、汉台区出现雷雨大风天气，其中留坝县瞬间极大风速达19.2米每秒，勉县极大风速达17.9米每秒，造成部分抗震帐篷被吹翻破坏。6月4日，大风吹翻留坝县青桥铺村小蚂蝗沟吊桥，钢绳折断，村民2人坠桥受伤。7月7日，勉县境内出现短时强对流天气，测站极大风速达18.9米每秒，新街子等部分乡（镇）受灾，农作物、经济作物、树木受灾严重。

2011年7月中旬，火烧店境内出现大风，玉米倒伏52公顷。

第二篇 水资源开发利用

褒河流域水资源开发利用较早，史载秦末刘邦屯兵汉中，萧何、曹参倡修山河堰，为汉中盆地最早、最大的水利工程；民国期间，近代著名水利专家李仪祉先生两次来到汉中，倡修了褒惠渠工程，有效改善了汉中盆地灌溉条件。新中国成立后，大搞水利建设，引水工程、蓄水工程、提水工程、城乡供水、水能开发、水产养殖诸业并举，取得了丰硕成果。石门水库的建设，灌溉了汉中市汉台、城固、勉县、汉中经济技术开发区4个县（区）20个乡（镇）办事处232个行政村51.5万亩农田，为陕西省最大的水稻灌区。引红济石调水工程是陕西省内南水北调工程项目之一，对于优化陕西省水资源配置，有效缓解关中地区严重缺水局面，改善渭河水生态环境，促进全省经济社会可持续发展，具有重要意义。

第一章　引水工程

褒河流域支流众多，水利资源丰富。早在2000多年前的秦汉时期，流域内的先辈们就开始在河道上拦河垒堰，开渠引流，兴办水利，发展农业。特别是建在褒谷口的山河堰，是汉中盆地最具代表性、发挥作用最大、使用时间最长、灌溉效益最好、传承最成功的引流灌溉工程，从山河堰到褒惠渠再到石门水库南干渠，历经2000多年的传承和发展，成为长江流域可持续灌溉工程的一个典型范例。也让汉中盆地成为鱼米之乡，有了西北“小江南”的美誉。

第一节　古代渠堰

一、山河堰

山河堰又称萧曹堰，渠首位于褒河谷口，始建于汉初。是汉中古代开发最早、规模最大、效益最好的引水工程。《宋·山河堰赋》碑载：“山河堰盖汉相国酇侯（萧何）、懿侯（曹参）之所肇创。”清嘉庆《汉中府志》亦称：“汉相国萧何所筑，曹参落成之。”自汉初至民国三十一年（1942年）的2000多年里，褒城、南郑（今汉台区）两县的大部分农田，均依赖此堰灌溉。

清代筑堰

山河堰主要由渠首工程、防洪工程、渠系工程和控制工程（节制闸、分水闸、退水闸）组成。据清雍正《陕西通志》载：山河堰渠首工程以“巨石为主，锁石为辅，横以大木，植以长桩”。这种以石堆砌，用木桩固脚的截流工程，因其结构简单，汛期很难抵御洪水的冲刷，屡修屡毁。汉中自古是关中通往巴蜀的咽喉，也是中国历史上南方和北方割据政权长期争夺的古战场，汉中盆地的农业灌溉和收成，曾经是决定战争双方胜败的重要战略资源。因此，山河堰从建成的那一刻起，就备受历代地方官吏与驻军将领的重视。如三国诸葛亮，五代后蜀武漳，北宋许逖、赵从俨，南宋吴玠、吴璘、杨政、吴拱，元代赛因普化，明代张良知，

清代余正焕、严如熤等均多次组织民众和军士进行整修加固，为发展农业经济、赢得战争胜利，发挥了重要的作用。

南宋前，褒河自鸡头关以下的河段，鳞次筑堰六道，东西两岸引水。南宋以后，除二堰和三堰外，其他四堰相继废弃，且只有褒河东岸一侧有灌溉渠系。至民国二十八年（1939年），褒河实存三堰，即山河二堰、三堰和民国二十二年（1933年）增修的第四堰。

第一堰在原褒城县北三里的鸡头关下，堰基以柏木为桩，又名铁桩堰，古代曾在两岸开渠引水，灌溉褒城农田。据《续修汉南府志》载："堰久废，无迹可考"，即清初已不能指出一堰所在的位置。民国二十九年（1940年）在修建褒惠渠滚水坝清基时，于坝基处发掘出木桩千余根，有柏木、青冈木两种，高丈余，砌以巨石，与史料记载的山河堰构筑相符，经专家考证，为山河堰第一堰旧址。

第二堰位于原褒城县东门外，亦称官堰。经民国二十七年（1938年）实测，原堰长320米，高3米，顶宽3.6米，底宽4.5米，以卵石砌垒，间夹草、砂。断面略呈滚水坝形，渠口开于褒河东岸，宽20.6米，高1.5米，旧有进水口及启闭闸，因闸板毁于洪水，汛期泥沙畅流入渠，每年要投入大量劳力清淤。该堰输水干渠的断面、长度居诸堰之首，自拦河堰进水口曲折东行，至十八里铺向南注入汉江，全长35千米，有支渠60多条，灌田5.4万亩。2017年"汉中三堰"申遗过程中，曾在原址挖出木桩数十根，与史料记载相符。

古山河堰第二堰遗存（2017年拍摄）

第三堰在第二堰南约1千米，拦引褒河东岸河汊，堰长50米，筑堰方法与第二堰同。进水渠口设于堰头东侧，宽8米，无进水闸门和排沙设施，工程较简单。干渠经三洞桥、任头堰、龙江铺，从沙沿子泄入汉江，渠长不足10千米。东支渠灌龙江铺一带约2000亩，西支渠灌周家营、冉家营一带约700亩，由于第三堰灌区内有第二堰各洞口泄水流入，可资截引利用。据清嘉庆年间调查，南郑、褒城两县登记入册的灌溉面积为8000余亩，民国三十年（1941年）实灌面积已达1.5万亩。

第四堰建于民国二十一年（1932年），由灌区人民集资投工兴建。拦河堰位于第三堰以下1.5千米，拾石筑堰，做法与第二、三堰同。堰长65米，截引褒河东岸汊流，进水渠口宽3.6米，渠长15千米，流经打钟寺、武家坝、西郑营、新营、陈家营、武道场、周营、宁家坎等村，灌田3150亩。

民国三十一年（1942年）后，随着褒惠渠的建成，山河堰纳入褒惠渠灌区统一管理。至今，山河堰第二、三堰的旧渠虽残留不多，但部分渠段仍为汉台区排洪渠系的一部分，对中心城区的安全度汛起着极其重要的作用。

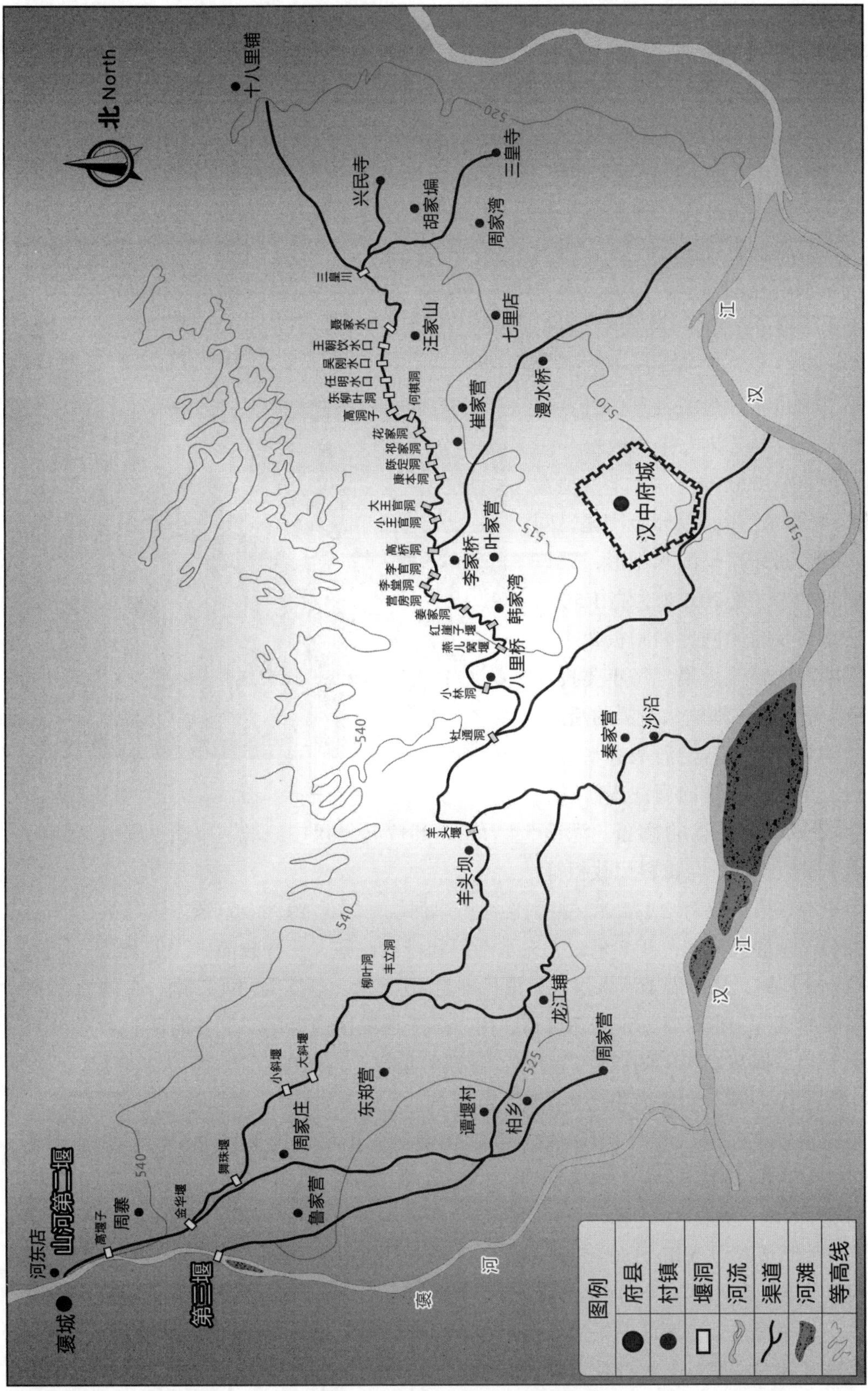
北 North
十八里铺
三皇寺
兴民寺
胡家堰
周家湾
三皇川
聂家水口
王朝钦水口
吴刚水口
任明水口
东柳叶洞
高洞子
河棋洞
汪家山
七里店
崔家营
漫水桥
花家洞
祁家洞
晓定洞
康本洞
大王官洞
小王官洞
高桥洞
李官洞
李堂洞
营房洞
姜家洞
红崖子堰
燕儿窝堰
李家桥
叶家营
韩家湾
八里桥
小林洞
杜通洞
汉中府城
秦家营
沙沿
羊头堰
羊头坝
柳叶洞
丰立洞
龙江铺
周家营
柏乡
谭堰村
东郑营
大斜堰
小斜堰
周家庄
舞珠堰
鲁家营
金华堰
周寨
高堰子
河东店
山河第二堰
第三堰
褒城
褒
河
汉
江
520
515
510
525
540
图例
府县
村镇
堰洞
河流
渠道
河滩
等高线

古山河堰图

2017 年 10 月 10 日，在墨西哥召开的第 23 届国际灌排大会暨国际灌排委员会 68 届国际执行理事会上，以山河堰、五门堰、杨填堰组团的“汉中三堰”成功申报为世界灌溉工程遗产。

二、小型渠堰

史载，褒河流域在宋代就有修渠引水灌溉农田的活动。明清时期，人们已在支流沿岸修渠引水，种植蔬菜或稻谷。引水工程虽原始简陋，但已颇具规模。

清道光二十二年（1842 年），贺仲瑊纂修《留坝厅志》载：“留坝本无水利。近年以来，川楚徙居之民，就溪河两岸地稍平衍者，筑堤障水，开作水田，又垒石溪河中，导小渠，以资灌溉。西江口一带，资太白、紫金诸河之利；小留坝以下间引北栈河水作渠。各渠大者灌百余亩，小者灌数十亩、十数亩不等，町畦相连，土人因地呼名。然至夏、秋山水涨，田与渠尝并冲淤，故不得名水利也。”清光绪十二年（1886 年），东沟乡修堰沟渠 1 条，灌数亩农田，沿用至今；清光绪十九年（1893 年），马道镇沙坝修渠 1 条；清光绪二十年（1894 年），北栈河陶沙坝对岸修堰渠 1 条，长 2 千米，沿用至今。民国时期，修筑江口镇河西水渠 1 条，因设计施工有误未能通水。溪河两岸，垒石筑堤，引水（自流）灌渠规模极小，多为村户自愿联合修筑，往往被洪水冲毁，或春疏夏导秋荡之。

（一）李公堰

位于留坝县紫柏街道办大滩村，清光绪三十年（1904 年）留坝厅同知倡导修建。在北栈河筑坝引水，从陶沙坝对岸山脚修渠直到沙湾，全长 2 千米，人称“李公渠”。把北栈河两岸旱地，改为水田，按亩缴纳堰课，归留坝厅高等小学堂，作为学堂办公、修缮、学生书籍、学生服装等开支。

李公堰堰首（2023 年拍摄）

（二）青龙堰

位于勉县新街子镇青龙坪，引沙沟河水灌溉青龙坪、团庄、杨家湾、王家坪等村农田。渠长 1.3 千米，灌溉 138 亩，相传为清代修建，具体时间不详。

第二节　民国时期引水工程

一、褒惠渠

民国期间的山河堰，虽然进行过整修，但仍沿用“聚之以石，遏水入渠”的筑堰方法，拦河堰及灌溉渠道都比较简单，易被洪水冲毁，每年要征夫耗资进行维修。在雨量不丰、褒河流量锐减的年份，灌区用水矛盾突出。据资料记载，褒河可引流量平均在 15 立方米每秒以上，可灌田 15 万亩，但因输水渠及拦河堰弯曲渗漏，民国三十年（1941 年）的灌溉面积仅 7 万亩左右。

民国二十三年（1934年），中国著名水利专家、陕西省水利局局长李仪祉来汉视察水利，提出了改建褒河引水工程的计划。民国二十六年（1937年），为推进全民族的抗日战争，国共两党实现第二次合作，汉中作为抗日大后方，具有重要的战略地位。为促进农业发展，保证军粮供应，支援反侵略战争，同时为了满足南郑、褒城、城固三县人民多年的迫切愿望，国民政府决定兴建褒惠渠灌溉工程。

民国二十七年（1938年），陕西省水利局测量设计队完成了工程的初步勘测设计，民国二十八年（1939年）进行复测，同年9月成立了褒惠渠工程处，刘钟瑞任总工程师，民国二十九年（1940年）冬全面动工兴建。渠首建在河东店北1千米的褒河谷口，由拦河坝、进水闸、冲刷闸、沉沙槽、排沙闸、渠闸组成。工程分两期实施，一期工程主要为渠首枢纽和开通干渠，建浆砌石滚水坝一座，长135.3米，宽8.55米。渠首砌护三段，总长1212米。干渠自渠首经河东店、宗营、李子沟、付家庙、狮子沟、洪沟河入城固文川河，全长32.3千米。干渠下有支渠3条，斗、分渠46条，总长61.6千米。民国三十一年（1942年）3月渠成试水，6月通水，当年灌田8.4万亩。二期工程为整修加固已成工程，增修部分建筑物，至民国三十五年（1946年）竣工。随着工程的逐年完善，至1949年，灌溉面积扩大到12.74万亩。

民国三十四年（1945年）10月，褒惠渠工程处改为褒惠渠管理局，主要任务转入灌溉管理及工程养护。

褒惠渠通水后，对汉中市农业经济的发展及地方工业的兴起发挥了重要的作用。但由于建设处于抗日战争时期，人力、物力、财力都十分困难。同时，干渠工程初具规模便先行放水灌溉，然后才逐渐增建各项工程或对已成工程加以管理改善。所以，运行中暴露出不少问题：一是滚水坝偏低，坝身局部脱缝，1949年大坝西端被洪水冲毁15米；二是干渠断面设计偏小，过水流量满足不了需要；三是干支渠建筑物设计标准不高，部分工程亟待维修；四是灌区排涝工程不配套，1万多亩农田排水困难。

汉中解放后，人民政府全面接管了褒惠渠管理局，根据灌区群众的强烈愿望和灌区不断扩大的现实需求，开始逐步对褒惠渠进行全面整修改造。

1950年10月，陕南水利管理局编报了褒惠渠全面整修工程计划，经陕西省水利局分呈西北水利部、陕西省农林厅，1951年2月2日，经中央水利部核准。1951年3月至1952年3月，对引水、输水、分水工程全面整修改造。一是翻修了滚水坝，坝高由原来的4.3米加高至4.8米，坝顶设计过流深度达5.27米；二是维修加固了渠首控水设施，对冲刷闸、进水闸的闸墩闸台进行了加固维修，并改建了闸房，用滑动式启闭机取代了绞车；三是改善和增修了干支渠建筑物，共改建加固建筑物52座，增建涵洞1座；四是对32千米干渠全部进行加高培厚；五是对利用原山河堰旧渠的二支渠采取局部裁弯取直、抬高渠床的方法行了全面改建。

1955年，由汉中地方国营渠道管理局设计，在南郑县石马乡（今汉台区北关办事处）焦山庙干渠上修建了陕西省最早的一座电力抽水站。当年扩灌插秧396亩，后发展到1000亩。在取得成功经验的基础上，1956年后，又陆续新建了陈家巷、白龙寺、王家嘴、农试站、

古山河堰与褒惠渠灌溉区域图

宗营、塬上、武乡四级抽水站等。到20世纪70年代初，沿干渠抽水站发展到25处，装机容量2000千瓦，抽水灌溉面积发展到3万亩。

1957年，褒冷渠管理局编制了褒惠渠《22斗新开工程计划书》，经汉中专区水利局转报陕西省水利局批复同意，由南郑（今汉台区）、城固两县受益区组织修建委员会，褒冷渠管理局抽调技术干部负责技术指导。工程于当年12月24日动工，1958年6月16日竣工通水。由干渠1号跌水上游120米处开斗引水，经丘陵沟壑区至城固文川河，全长21.54千米，引水流量2.5立方米每秒。灌溉南郑、城固两县11个乡43个村农田21543亩。斗渠沿干渠以北起伏不平的丘陵地带，最高填方17.0米，最高挖方13.8米，大小建筑物74座，其中渠坝结合水库1座。1958年，插秧1万亩，当年受益面积占设计46%。到1975年灌溉面积发展到1.98万亩。

褒惠渠在新中国成立后灌溉面积不断扩大，从1949年的12.74万亩，发展到1957年的16.7万亩，1958年猛增到20.4万亩，造成水量供需矛盾日益突出。为减缓供需矛盾，从1958年冬开始，管理部门依靠当地政府发动群众，先后动工修建了八里桥、狮子沟、段家沟、三岔沟4座小（1）型水库，库容1178万立方米。同时，不少斗渠也修建了一批大塘小库，减轻了灌区供水矛盾。

褒惠渠渠首（2017年拍摄）

原褒惠渠一支渠系旧山河堰的一部分，民国二十九年（1940年）修建褒惠渠时仅将其稍加整修，承袭沿用多年，渠道弯曲流长，年久失修，灌溉效率不高，用水季节供需矛盾突出。1975年，石门水库管理局和汉中县（今汉台区）政府对一支渠进行了全面改建，10月初动工，年底建成通水。改建后的一支渠，渠首引水口设于褒惠渠周宅2号桥西岸100米处。全长7.05千米，设计引水流量3.5立方米每秒。自引水口至渠尾，渠路结合，按园田化采用U形混凝土渠槽防渗结构统一规划施工。沿渠修燕尾式斗渠9条，设涵、闸和桥梁等建筑物66座，灌溉面积2.5万亩。

1971年后，褒惠渠划归石门水库灌区，因干渠渠首居石门水库枢纽南部，更名为石门水库南干渠，由石门水库管理局统一管理。

二、其他小型渠堰

民国时期，在流域内溪河两岸垒石筑堤，引水（自流）灌渠规模极小，多为村户自愿联合修筑，往往被洪水冲毁，或春疏夏导秋荡之。留坝县修筑江口镇河西水渠1条，因设计施工有误未能通水。褒城县在沙沟河上修建了青龙堰，渠长1.3千米，灌溉面积138亩，灌溉青龙坪、团庄、杨家湾、王家坪等村田地。

第三节　新中国成立后引水工程

新中国成立后，流域内各县大搞农田基本建设，连年修筑渠道，引水工程逐年增加。

留坝县 1956 年新修堰渠 19 条，扩灌面积 124 亩。但次年入夏，暴雨成灾，秋时多被洪水毁之一旦。1958 年春，修堰渠 1033 条（含水毁恢复工程），8 月霖雨成患，洪水冲毁堰渠 361 条。此后，每年（尤其是 20 世纪 70 年代）农闲时大搞农田基本建设，修筑堰渠，改善灌溉条件。由自流引灌，逐步建成引、提、防的综合灌溉体系。至 1996 年，留坝县全县修筑灌溉 200 亩以上的堰渠 7 条，50 亩以上的堰渠 43 条，灌溉面积达万亩以上。全县现有 200 亩以上的堰渠 18 条，50 亩以上的堰渠 64 条，灌溉面积 2 万亩以上。

太白县 1958 年在“以蓄为主、小型为主、社办为主”的水利建设方针指导下，兴修小型灌溉渠道。据当年统计，全县修大小渠道 921 条，改造旧渠道 126 条。有效灌溉面积达 6.4 万亩，占当年全县耕地面积的 46.9%。但这些渠道是一哄而起所修，质量不高，且忽视维护和加固，到 1962 年时已废弃近半。到 1980 年底，全县灌溉渠道 176 条，有效灌溉面积降到 21112 亩。1981 年 8 月中下旬，遭暴雨洪水袭击，134 条主要灌溉渠道几乎全部毁坏，总长达 128.6 千米。1983 年 7 月，再次遭暴雨洪水灾害，毁坏渠道 24 处 5.2 千米，其中 7 条主要灌溉渠道总长达 4.7 千米。据 1987 年底统计，全县能控制灌溉面积 50 亩以上的渠道 187 条，有效灌溉面积 8100 亩。全县现有灌溉渠道 387 条，总长 741.9 千米，有效灌溉面积 1.41 万亩。

凤县解放后，县委、县政府作出了“抗旱防灾、修渠打井、引水浇地”的决定，把修渠引水作为水利建设的重点，1953 年在流域内平木乡修成了 7.5 千米长的白蟒寺渠，取得了良好的效益。20 世纪 80 年代后，从实际出发，兴修小型、实用渠道，多能当年修建，当年受益。全县现有引水渠道 74 条，可灌溉农田 1.79 万亩。

汉台区在不断改善提高褒惠渠和石门水库灌区灌溉效益的基础上，还加强流域内浅山丘陵区小型引水工程的建设，先后建成了黄花河引水工程和武家崖堰。其中，黄花河引水工程因渠道垮塌和渗漏，未能发挥效益。后通过管道引水，解决了下游花果等村人畜饮水和果园灌溉。

勉县在支流沙沟河上建成了板凳堰引水工程，打通了清嘉庆年间历经 4 年未能打通的引水隧洞，灌溉勉县同沟寺、新街子、老道寺、褒城 4 个镇的 25 个村、176 个村民小组的 2.034 万亩农田。

第四节　主要引水工程

一、板凳堰

板凳堰渠首位于勉县新街子镇杨家湾村板凳垭（又名笔架山）北鹰嘴崖下。其名来源有二：一是原渠首位于笔架山板凳垭后；二是最早开凿板凳垭隧洞时，古人坐着板凳打凿

板凳堰渠首（2020年拍摄）

施工，故而得名。灌区位于勉县褒河以西、汉江以北的浅山丘陵区，引褒河支流沙沟河水，灌溉官沟、团庄、段家坝一带农田。

沙沟河为褒河右岸一级支流，发源于勉县新街子镇北部秦岭山脉的桃花梁案板石。流域内山高谷深，森林茂密，雨量充沛，水资源丰富。干流由北向南经云雾寺、黑滩子、娘娘滩、二道河，在板凳垭头道河折东流向汉台区境内，由沙河口汇入褒河。要把沙沟河水引到官沟、团庄、段家坝一带灌溉农田，需要在板凳垭头道河的位置拦河筑堰，开凿452米隧洞打通笔架山，出洞后通过自然沟道将水引至杨家湾，再建闸开渠，引流进入灌区。清嘉庆二十年（1815年）四月，村民们筹资筹劳，做好前期准备工作后，开始了板凳垭隧洞的施工。施工队用最原始的测量方法确定了隧洞轴线，用最简单的工具，纯手工的开凿方法，从进、出口两侧同时进行开凿。因不具备爆破技术，只能在昏暗的油灯下，用小手锤和手把钻头一点一点开凿的条件下，历经4年6个月艰苦卓绝的施工，凿成了断面1.2米×1.2米左右的隧洞187.3米。其中：进口段长97.3米，出口段长90米，并在距隧洞出口内约30米处设天眼（通风孔）一处，高14.3米。清嘉庆二十四年（1819年）十月，终因工程太艰巨，施工条件太差，施工工具和手段太落后，又缺乏资金支持的情况下，板凳垭隧洞工程最终无奈停工。此后，晚清及民国时期，当地民众多次请求复工修建，但一直难有结果。民众的愿望一次又一次破灭后，心灰意冷。民间开始流传："谁要修通板凳堰，狗都不吃白米饭"的谚语。

在隧洞重新开工时发现，原隧洞断面较小，施工人员只能弯腰行进，石工只能坐在小板凳上凿石。洞墙两侧相隔数米即凿有放置照明油灯的窑台一处，并在洞内发现油灯碗、手把钻头、小手锤、小凳子等遗物。在进口段洞壁刻有"嘉庆二十年四月"、"二十年十月"和"杨二德才"等记载字样。在原隧洞进口外下游50米处，河道右岸一巨石（众称馒头石）上，刻有"嘉庆二十四年四月吉旦"的石刻一幅，迄今尚在。

新中国成立后，在灌区民众的不断呼吁下，1958年3月，褒城县人民政府决定重修板凳堰，并组建了"板凳堰修建委员会"，采取民办公助的方式，组织受益村群众复工修建。汉中地区水电局水利工作队重新对工程进行了勘测设计，优化了建设方案，设计引水流量2.5立方米每秒，加大流量3立方米每秒。同年3月工程动工，次年4月完成了渠首拦河坝、进水闸、渠首引水渠的施工和板凳垭452米隧洞的扩建，同时渠系工程完成了杨家湾分水闸和东、西干渠各1千米渠道的施工。1959年，褒城县撤销后，灌区范围划归沔县管理。10月30日，沔县人民政府成立"沔县板凳堰工程指挥部"，投资投劳继续施工。1960年6月15日，东干渠修通至褒城连城山下褒河边，全长21千米。1961年冬至次年3月，由原杨家湾公社组成"基建专业队"修建西干渠6.4千米至黄沙窑。1965年10月至1966年6月，

以原官沟公社为主将西干渠由黄沙窑延长 5.8 千米至金光村李家湾，干渠全长达 12.2 千米。国家累计投资 77.3 万元，受益社队投劳 86.92 万工日。

由于工程建设于“大跃进”时期，灌区工程边勘测、边设计、边施工，通水受益后，渠系又进行了不断的完善配套。通过增修建筑物和滑坡治理、裁弯取直、开凿隧洞，以及灌区内长藤结瓜修塘筑库等工程措施的实施，至 20 世纪 70 年代，渠系配套完善。石门水库西干渠建成后，政府决定将板凳堰东干渠毛家沟以东、石门水库西干渠以南 4345 亩灌溉面积划拨给石门西干渠灌区灌溉管理。最终形成板凳堰东干渠长 15.1 千米，西干渠长 9.65 千米，斗渠 54 条，全长 75 千米，各类建筑物 232 座（处）的灌溉体系。灌区范围东至褒城镇的老虎沟，西至同沟寺镇的李家湾，南至汉惠渠北干渠、石门西干渠，北至秦岭山脚，东西长 15 千米，南北宽 3.5 千米。灌溉勉县同沟寺、新街子、老道寺、褒城 4 个镇的 25 个村、176 个村民小组的 2.034 万亩农田。为汉中市 17 个万亩灌区之一。

为充分利用板凳堰水力资源，一水多用。1966 年，勉县水利部门又从板凳垭隧洞出口沿山修引渠道 1.55 千米，利用 160 米水头建成板凳堰水电站，尾水再注入渠系灌溉农田。

二、白蟒寺引水工程

白蟒寺渠位于凤县平木镇白蟒寺村。1952 年始建，次年 5 月建成。渠长 7.5 千米，引水流量 0.6 立方米每秒，浇地 1200 亩。1963 年，续建配套工程，灌溉面积扩大到 1500 亩。1974 年，利用该渠水头，修建白蟒寺电站，装机容量 200 千瓦。1981 年水毁，翌年 5 月修复。成为灌溉发电两用渠道，经济效益显著。

三、黄花河引水工程

黄花河引水工程位于汉台区河东店镇花果村，以引黄花河水而得名，始建于 1958 年。全部工程包括：滚水坝及渠首等建筑物 13 座，引水渠 1 条，长 7.92 千米，其中石渠 2.2 千米，土石混合渠 5.72 千米。设计引水流量 0.5 立方米每秒，工程总投资 7 万余元。渠首海拔 1340 米。由于施工质量差，渠道渗漏严重，山石滑塌，造成多处渠段堵塞，加之渠道盘山而下，山势陡峻，运输、维修极其困难，工程效益较差。1966 年和 1981 年，虽然进行了两次整修，终因资金不足，仍未彻底解决渠道渗漏、堵淤和滑坡问题。2006 年再次对工程进行了改造，通过输水管道把水引出了山外，主要解决人畜饮水和节水灌溉用水。

四、武家崖堰

位于汉台区河东店镇光明村，在潘家河武家崖筑堰引水。由于堰首海拔 1300 多米，亦是高山行水，山路崎岖，所有材料全凭人背肩扛，往返长达 8 千米。1971 年 12 月初动工，翌年 1 月建成，投劳 1700 多个，完成土石方 0.5 万立方米，用水泥 10 吨、白灰 5 吨、沙子 50 立方米。建浆砌石溢流堰 1 座，引水渠 2 千米，灌溉面积 200 亩。

第五节　引红济石调水工程

引红济石调水工程是陕西省南水北调工程之一，是“十一五”期间陕西省开工建设的最大水利工程。“红”是指秦岭以南汉江水系褒河支流的红岩河，“石”是指秦岭北麓渭

河支流石头河。引红济石调水工程是国务院批准的《渭河流域近期重点治理规划》和陕西省的《陕西省水资源开发利用规划》确定的“两引八库”项目中的“两引”之一。工程位于宝鸡市太白县，自秦岭南汉江支流褒河上游红岩河取水，通过穿越秦岭的长隧洞自流调入秦岭北麓渭河支流石头河，经石头河水库调节后向西安、咸阳、宝鸡、杨凌等供水，并向渭河干流补充生态水量。这项工程对于优化陕西省水资源配置，有效缓解关中地区严重缺水局面，改善渭河水生态环境，促进陕西省经济社会可持续发展，具有重要意义。工程设计最大引水流量 13.5 立方米每秒，设计年调 9210 万立方米水量进入石头河水库，使之年均供水量增加到 2.66 亿立方米，除保持向西安城市供水 0.95 亿立方米，新增向杨凌、咸阳等供水 1.26 亿立方米，向渭河生态补水 4696 万立方米。工程设计水平年为 2015 年，城市供水设计保证率不低于 90%。

该工程主要由位于红岩河上的关山低坝引水枢纽和穿越秦岭五里坡梁与太白盆地南缘山区的 19.76 千米长输水隧洞两大部分组成。输水隧洞全长 20.18 千米。工程概算投资 10.38 亿元，计划总工期 66 个月，2008 年 10 月 8 日正式开工建设。2017 年 4 月 27 日 11 时，关键性控制工程青峰峡引水隧洞实现全线贯通，2018 年 10 月 20 日竣工通水。

工程引水隧洞掘进过程中，因地质原因导致 TBM 盾构机卡机 26 次，发生较大突泥涌水 7 次，区域断层分支和次生断层 300 余条。面对施工遇到的种种挑战，工程建设与施工单位密切配合、通力协作、攻坚克难，历时 103 个月最终打通引水隧洞。经评定，引水隧洞累计完成的单元工程质量全部合格，其中优良率达到 77%。

引红济石调水取水口（2018 年拍摄）

引红济石调水工程的建成，汉江水将穿越秦岭太白山脉流入渭河支流石头河，在缓解关中地区缺水问题的同时，还将对改善渭河生态环境发挥重要作用。但由于引走了褒河 9% 的基流，也给石门水库的调度造成一定的困难。

第二章　蓄水工程

褒河流域蓄水灌溉历史悠久，流域下游汉中盆地的先民们，早在2000多年前就开始修塘蓄水，引流灌田。古代流域人民视水利为衣食之本，生赖水利，死后也要将塘、堰制成陶模入葬。1965年，汉台区北郊石马坡发掘东汉古墓一座，出土陶陂池、陶稻田各一件。1978年，勉县老道寺镇沙家庄东汉墓中出土陶陂塘、稻田、冬水田模型数十件。再现了小型塘堰在农田灌溉中的重要作用，证明早在东汉时期，褒河流域的先民们就有挖塘蓄水进行灌溉的习惯。到清末、民国时期，流域下游褒河两岸以及北部丘陵等地区陂塘蓄水到处可见。流域上游少数村庄有供人畜饮用的蓄水涝池，但无蓄水灌溉之举。

新中国成立后，随着群众性农田水利基本建设的兴起，流域内各级政府视水利为农业的“命脉”，认真贯彻“蓄、小、群”水利建设方针，坚持“自力更生为主，国家补助为辅”的原则，因地制宜，大量修塘建库。

流域内陂塘修建历史悠久，大发展于20世纪五六十年代，尤其是1958—1959年水利建设“大跃进”时期。但因系一哄而上，只求多、快，不重视科学性、实用性，因此所修陂塘，绝大多数未能发挥效益。1972年后，随着石门等一批水库相继建成，陂塘的灌溉作用弱化，一度出现填塘还田的倾向。20世纪80年代，随着鱼类塘库精养技术的推广，流域内大多数陂塘不再承担灌溉任务，以水产养殖为主。

流域内水库建设始于1956年，大发展于20世纪五六十年代，巩固提高于七八十年代。先后修建了汉台区八里桥、许家岭、狮子沟、鱼塘沟和勉县东沟、娘娘滩6座小(1)型水库；凤县齐心水库，汉台区赵寨、黄坝堰、宋家桥、大坝水库、陈家山、范寨、西沟，勉县张家湾、鸫鸽堰、庆家寨、西窑沟12座小（2）型水库。

1958年，中共汉中地委、汉中专署决定修建褒河水库，初期坝址选在老君崖，由汉中市（汉台区）组织民工施工，到1960年完成上段小断面渠道19千米，投劳215万工日，1961年停建。1965年6月，由西北勘测设计院完成老君崖枢纽工程初步设计，1966年陕西省水电设计院完成引水渠道设计。1968年由国家水电部、陕西省革命委员会现场审查，提出以石门坝址设计和施工的决定，并列入国家基本建设计划，1969年10月开工。1970年由水电部第三工程局重新设计、施工，1979年全部竣工。为褒河流域最大水库工程，灌区为陕西省最大水稻灌区。

第一节　大型水库

褒河流域大型水库仅有石门水库一座。

一、工程概况

石门水库是以灌溉为主结合发电等综合利用的大（2）型水利工程，水库因位于褒斜道南谷口的石门而得名。水库于1969年2月进行施工准备，同年10月开工。全部工程分为枢纽和渠道两部分进行。1979年全部工程告竣，投入试运行。1983年3月26—28日，受国务院委托，由陕西省副省长刘庚主持组成验收委员会，对水库枢纽工程进行验收，由水电部第三工程局正式交付石门水库管理局管理使用。

石门水库为混凝土双曲拱坝，坝址以上控制流域面积3861平方千米。坝高88米，最大底宽27.3米，顶宽5米，坝顶弧长254米，坝顶高程620米。总库容1.098亿立方米，相应水位619.5米；正常库容1.05亿立方米，相应水位618米；有效库容0.607亿立方米，死库容0.443亿立方米。坝体中部开设6个泄洪大孔口，每孔宽7米，高8米，总泄量4950立方米每秒，设钢闸门和启闭设施调节。坝体拱冠设2米×2米底孔1个，泄量

大坝施工

干渠施工

土方夯填

渠道衬砌

隧洞施工

沥水沟渡槽施工

128 立方米每秒。混凝土拱坝的高度和大孔口泄流在当时均居全国之首。东干渠引水高程 589.74 米，西干渠引水高程 592.0 米，设施灌溉面积 51.5 万亩。东、西干渠渠首引水式和坝后式电站 3 处，总装机容量 4.05 万千瓦。

二、工程建设

（一）枢纽

1968 年 12 月，由中央水电部、陕西省革命委员会主持现场审查，在原老君崖坝址的基础上，作出了以石门坝址进行设计和施工的决定。1969 年 3 月，西北水电勘测设计院编报《关于褒河石门水利枢纽工程设计施工问题的报告》。1970 年，对枢纽工程又进行了重新审查，决定将重力坝改为拱坝，由水电部第三工程局承担设计和施工任务，具体由副局长李清太、枢纽工程设计负责人林景铭、总工程师崔军等负责施工。1970 年 8 月，该局提出《石门水利枢纽工程设计报告说明书》，11 月，获陕西省革命委员会生产组批准。

水库枢纽工程从 1969 年 10 月全面开工后，1970 年 4 月截流、清基，1971 年 3 月开始浇筑拱坝混凝土，1972 年 3 月下闸蓄水，1973 年 3 月拱坝基本建成。河床及东、西干渠电站于 1975—1979 年初先后建成，交石门水库管理局试投产运行。

石门枢纽施工中，工程指挥部与文物管理部门合作，从工程费中拨出专款，对库区

石门大坝（2017 年拍摄）

摩崖石刻做了完整的剥离和搬迁，使“石门十三品”等摩崖石刻得到完整的保护。

枢纽工程共完成土石开挖 62.5 万立方米，其中石方工程 33.8 万立方米。浇筑混凝土 33.8 万立方米，金属结构安装 1300 吨，灌浆钻孔总进尺 1.4 万米，用水泥 98000 吨、钢材 10600 吨、木材 26600 立方米。全部工程决算总投资为 10852 万元，其中灌溉部分分担投资为 6110 万元（《关于石门水库枢纽工程竣工验收的情况汇报》）。枢纽工程获水电部优质工程奖。

（二）渠道

渠道工程分为东、西干渠和南干渠。由汉中地区成立褒河渠道工程指挥部（简称指挥部）负责技术设计和施工。袁真任指挥部负责人，孙昭禄、潘光天主管技术工作。1968 年，指挥部根据变更后的工程规模，编报了《石门水库灌溉渠道补充设计和工程预算》，并于 1969 年 11 月开工。东干渠设汉中市、城固县两个指挥所，西干渠设勉县指挥所。各县按任务、投资分段包干。经过 3 县（市）广大群众、干部和工程技术人员的艰苦奋战，历经 6 载，1972 年 8 月试水，1975 年基本建成，投入灌溉受益。共计完成东、西干渠总长 54.91 千米，各类建筑物 646 座，土方 346 万立方米，石方 23 万立方米，砌石 18 万立方米，浇混凝土 1.18 万立方米，投劳 972 万工日，使用国家投资 1530.4 万元。1977 年 9 月 23—27 日，由汉中地区革委会组织有关部门进行验收。

1. 东干渠

东干渠为石门水库主渠道之一，干渠按 5 级建筑设计。渠首设计流量 30 立方米每秒，加大至 32 立方米每秒。分段递减，入城固境后为 8 立方米每秒，尾端 3.4 立方米每秒。

石门东干渠（2017 年拍摄）

渠首段依山傍水，穿越明涵、石渠，跨沥水沟渡槽，沿秦岭南麓丘陵地带，蜿蜒向东，横跨汉中市武乡区，由汉王乡马家村入城固县境。继经 655 厂区，越文川河，过陈家湾，北折伏牛山，尾水退入城固县许家庙军民水库，全长 40.59 千米。重点建筑物有渠首石渠 2.1 千米、沥水沟渡槽、干河倒虹、千山水库坝后渡槽等。设支渠 9 条，分支渠 4 条，共长 94.1 千米，渠 134 条。设施灌溉面积 27.0 万亩。

2. 西干渠

西干渠灌溉勉县红庙区北部丘陵和汉惠渠华阳以东河以西地区。首设计流量 6 立方米每秒，加大至 7 立方米每秒，分两段递减为 4 立方米每秒。渠首段沿褒河西岸穿过长 2 千米的石渠隧洞，于馒头山折西，经红庙堡子沟、老虎沟等，跨华阳河渡槽入东风水库。全长 14.35 千米。设支渠 2 条，长 4.6 千米，斗渠 21 条。设施灌溉面积 5.0 万亩。

石门西干渠（2024 年拍摄）

3. 南干渠

石门水库灌区由新老灌区组成，南干渠即原褒惠渠。石门电站尾水退入原褒惠渠渠首，灌溉褒惠渠原老灌区面积。1977—1978 年，水电部第三工程局对原褒惠渠滚水坝进行改建，在原坝顶安装橡胶坝袋。坝袋充水高 2.5 米，连同原坝共高 7 米，作为河床电站反调节池，有效容量 38 万立方米。灌溉渠系引水工程未变。

石门南干渠（2023 年拍摄）

4. 重点建筑物

（1）沥水沟渡槽为东干渠重点建筑物之一。位于东干渠 2+145 米处沥水沟口。输水能力 32 立方米每秒。1970 年 7 月开工，1972 年 5 月完工。1974 年，因山体滑塌，增建进口段第一跨槽箱。现渡槽全长 161 米，共 8 跨，最高跨 43 米，为轻型钢筋混凝土结构。

该工程由井框基础、装配式钢筋混凝土排架、叠合式预应力钢筋混凝土槽箱组成。渡槽构件为现场预制，槽箱最大质量 32 吨。为克服大型构件高空起吊、就位安装困难，在当地铁路、建筑等单位协助下，工地领导、技术人员、工人通力合作，采取埋地锚、竖铁塔，用钢丝绳作缆绳，通过滑轮，用卷扬机起降，使之达到安装位置。全部工程浇筑混凝土 1400 立方米，开挖土石 1.8 万立方米，用水泥 554 吨、钢材 189 吨，投劳力 16.79 万工日，总造价 50.47 万元。其工程规模和高度为汉中渠道渡槽之最。

（2）东干渠 655（012 基地彤辉机械厂）厂区改线东干渠定线后，012 基地将彤辉机械厂厂址选在渠线 26+880 至 29+500 渠段。该段所经地质为古滑坡带。渠道建成后，受厂区基建取土影响，通水不久，滑坡复活，导致护坡倒塌，涵洞折裂。继经建挡土墙、延长明涵、加混凝土抗滑桩、增修坡面排水等，均无效。使厂区安全和渠道受到严重威胁。

1974 年 2 月，由省建委主持召集有关方面研究，决定该渠段改线。同年 6 月，国家计委、

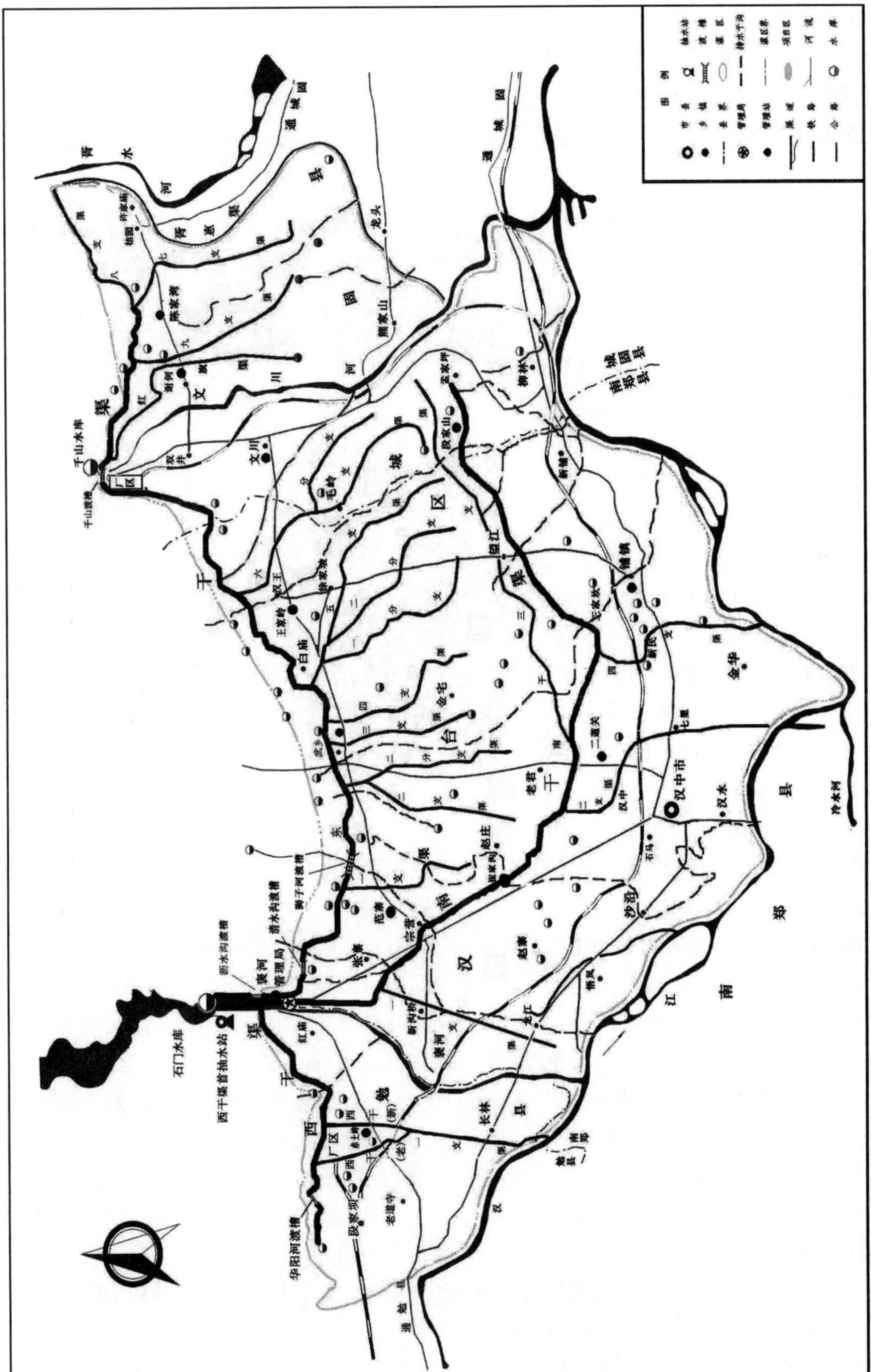
石门水库
西干渠首抽水站
褒河管理局
汉中市
千山水库
华阳河渡槽
沥水沟渡槽
清水沟渡槽
狮子河渡槽
南郑县
城固县
沙沿
勉县
汉江

石门灌区总平面布置图

建委批复同意改线，并采用隧洞方案。由陕西省综合勘测设计院承担地质测绘，汉中地区水电局负责隧洞设计，彤辉机械厂提供材料设备和工程投资。1976 年，由城固县、区领导成立655道改线指挥部，由地区水电工程队和城固受益区民工组成施工专业队，共700人。经过 3 年施工，1979 年完工。共完成钢筋混凝土和浆砌石隧洞（长 2196.7 米，其中主洞长 2105.9 米）、渡槽、涵闸等建筑物 8 座，开挖土石方 10.29 万立方米，砌石浇混凝土 2.68 万立方米，回填灌浆 2.74 万平方米，投劳 54 万工日。工程总投资 501 万元，扣除回收，实支 493.3 万元。1980 年 3 月，由汉中地委、行署，城固县委、县革委会领导及有关部门共同组织验收，同意交付使用。

（三）电站

石门水电站由河床坝后电站、河东渠首电站和河西渠首电站三部分组成，建成时装机 6 台，总装机容量 40500 千瓦，设计年发电量 1.21 亿千瓦时。

电站的设计和施工安装由原水电部西北勘测设计院（后改为水电部第三工程局）承担。在石门水利枢纽建设的同时，于 1968 年 12 月开始设计，1969 年 2 月开工，1975 年进行设备安装。1976 年 1 月，电站首台机组发电试运行，1978 年 5 月第一台机组建成并投入发电运行，1978—1983 年全部建设工程先后移交石门水库管理局运行管理，工程于 1983 年 3 月通过陕西省政府组织的竣工验收。

电站全站所发电能由河床电站升压站 2 台变压器升压至 110 千伏，统一送至 8 千米外国网汉中供电公司所属红河变电站并入国家电网。

2012 年 5 月，石门水电站先后实施了增效扩容改造及机组扩建工程，使其装机数达到 8 台，总装机容量增加至 44730 千瓦。2021 年 6 月，经过秦岭区域小水电整治后，拆除了东电站和西电站的 4 台发电机组，全站装机 4 台，总装机容量 40250 千瓦。

1. 坝后电站

河床坝后电站位于石门水库拱坝下游250米处河谷右岸，为引水式电站，封闭式水下式厂房。电站设计装机3台，选用 ZZ013-LJ-180 型轴流转桨式水轮机，配用 TS286/115-12 型发电机，单机容量 1.25 万千瓦，总装机容量为 3.75 万千瓦。水轮机单机设计流量 22.5 立方米每秒，设计水头 67 米。

石门坝后电站（2017 年拍摄）

河床坝后电站 3 号机组投入试运行后，出现机组震动、推力和水导瓦温超过规范值、顶盖漏水、停机时刹车不能制动和无功功率达不到铭牌数值等问题，未能通过验收。由于该机组均系“文化大革命”中试制产品，问题较多，后经检修仍未解决问题。1978 年 5 月省革委会领导指示，交付电站运行。1、2 号机组 1978 年安装，分别于 1978 年底和 1979 年初交付运行。

2. 渠首电站

河东渠首电站位于东干渠渠首，为引水式电站。电站选HL123-LJ-120型立轴混流式水轮机，配用TSL260/42-24型发电机两台，总装机容量为2500千瓦。单机设计流量8.05立方米每秒，设计水头21米，年发电量577千瓦时。1978年6月投入试运行，1983年正式移交。

石门东干渠渠首电站（2010年拍摄）

河西渠首电站位于西干渠渠首，也是季节性电站。机组选用HL123-WJ-84型卧轴混流式水轮机，配套TSW143/35-16型发电机1台，装机容量500千瓦。设计流量3.89立方米每秒，设计水头18米，年发电量143万千瓦时。1977年5月投入试运行，1983年正式移交。

三、加固改造

（一）灌区提升改造

1. 灌区配套

石门水库建成后，不断对灌区进行配套完善。截至1985年，共灌溉汉中、城固、勉县3县（市）7个区、40个乡、288个村，有效灌溉面积44.9万亩；东、西、南3条干渠渠首总引水流量56立方米每秒，总长87.1千米；支渠13条，总长116.4千米；斗渠251条，总长538千米。除枢纽外，灌区共有调蓄水库56座，一次调蓄库容0.38亿立方米，水塘664口，塘容量546万立方米。有抽水站171处，装机容量6070千瓦，打配机井599眼。整个灌区从建库前的以引为主，发展为以蓄为主，蓄、引、提串联，灌溉、发电、水产养殖等综合利用体系。

2. 灌区节水改造

石门灌区运行以来，逐年对渠系衬砌改造，提高灌溉效率。尤其自1999年开始实施的大型灌区节水改造项目，截至2020年5月，已完成18个批次的项目建设，共完成建设投资24648.06万元；完成渠首工程改造2处，干、支渠道改造193.92千米，建筑物配套和改造858座，建成灌区首期水雨情测报和信息化系统1项。通过对灌区干、支渠道衬砌改造，彻底改善灌区输水困难“卡脖子”渠段和险工段渠道，有力提升灌区渠道输水保障能力，促使灌区工程设施面貌发生巨大变化，保障灌区农田灌溉用水，促进灌区粮食生产。

（二）水库除险加固

1. 第一次除险加固

1998年10月，陕西省水利厅组织对石门水库进行安全鉴定，水库因防洪标准不满足

GB 50201—1994《防洪标准》及坝后冲坑危及左岸稳定、泄洪孔无检修门等问题，被鉴定为三类坝（病险库），随后石门水库除险加固被列为国家第一批水库除险加固规划项目中。

除险加固工程设计主要由西北水利水电建筑勘察设计院等单位承担，其中洪水调度系统施工设计由南京水利水电自动化研究所承担，水库排沙减淤项目实施方案设计由西北水利水电建筑勘察设计院承担。

除险加固工程批复概算总投资为 8090 万元。建设内容有左岸泄洪洞、坝后冲坑防护、泄洪中孔增设检修闸门、坝踵裂缝处理、底孔环缝处理、河床坝段帷幕灌浆、大坝安全监测自动化系统、水库洪水调度系统、管理设施及坝区环境改造、水库排沙减淤等。

除险加固工程由陕西省水电工程局（集团）有限责任公司（现为中水十五局）、中铁十八局（集团）第五工程公司等 7 个单位承担工程施工任务，工程监理工作由中国水利水电建设工程咨询西北公司、陕西大安工程建设监理有限责任公司承担。工程于 2001 年 10 月 16 日开工建设，2006 年 8 月 15 日完工。工程竣工决算经审计核定投资 8031 万元。2006 年 10 月 12 日，石门水库除险加固工程通过了陕西省发展和改革委员会组织的竣工验收。

2. 第二次除险加固

2013 年 7 月，石门水库管理局委托南京水利科学研究院对石门水库大坝进行了第二次安全鉴定工作。陕西省水利厅和水利部大坝安全管理中心先对大坝安全鉴定结论进行了评审、核查。石门水库存在的主要病险为：水库淤积严重并已侵占调洪库容；左岸泄洪洞低水位运行时存在负压；坝前泥沙淤积严重影响底孔闸门启闭和发电机组使用，防洪安全存在严重隐患；泄洪中孔、泄洪底孔等主要泄水建筑物金属结构老化腐蚀严重，运行可靠性差等，同意“三类坝”鉴定结论意见。

石门水库除险加固（2024 年拍摄）

2016 年 11 月，陕西省发展和改革委员会批复了《石门水库除险加固工程初步设计》，工程主要建设内容有大坝加高加固、改建排沙泄洪设施、两岸坝肩不利组合整治、金属结构及机电设备改造、水库排沙减淤措施、改造上坝交通等，核定工程概算总投资 15751 万元。2018 年 9 月开工建设。工程由中国水利水电第三工程局有限公司、四川东方水利智能装备工程股份有限公司、江苏南水科技有限公司、汉中龙江建筑工程有限公司等单位承担工程施工任务，工程监理工作由四川中和智慧项目管理有限公司承担。截至 2022 年底，除险加固工程已完成大坝加高加固、坝肩及坝基灌浆、排沙泄洪洞改建、上坝交通道路改造、水库排沙减淤、金属结构改造、大坝监测系统安装等主体工程，累计完成建设投资约 14960 万元。

（三）电站扩容整治

1. 增效扩容改造

因石门水电站建成于“文化大革命”后期，属典型的“三边”（边规划、边设计、边施工）工程，运行30多年后，设备老化、机组效率不高、自动化程度低等问题尤为突出，直接影响机电设备的安全运行和水力资源的充分利用，制约了石门水电站效益的正常发挥。

2010年11月，为了响应国家关于水库下泄最小流量、促进生态环境建设的要求，石门水电站自筹资金750万元，对河床坝后电站和河东渠首电站进行扩建，增设了河床8#机组（1×1600千瓦的卧轴混流式机组），以及河东渠首电站7#机组（1×500千瓦的卧轴混流式机组）。2012年10月，新增2台机组完工投运，全站装机台数增加至8台，装机容量从40500千瓦增加至42600千瓦。

2011年12月9日，陕西省水利厅对石门水电站增效扩容改造工程初步设计予以批复，同意对石门水电站河东渠首电站4#、5#机组，河西渠首电站6#机组进行增效扩容改造。具体建设内容为：水轮机、发电机、辅助设备改造及电气自动化监控系统改造，厂房修缮及厂区整治等。其中：河东渠首电站由原来2×1250千瓦增容至2×1500千瓦，河西渠首电站由原来1×500千瓦增容至1×630千瓦。该工程于2012年5月开工建设，2013年3月全部工程完工。

2012年12月30日，陕西省水利厅对石门水库河床坝后水电站增效扩容改造工程初步设计报告予以批复。批准的项目主要建设内容为：水轮发电机组及其附属设备、电气设备及电站辅助系统设备更新改造，金属结构及水工建筑物改造，综合自动化、输电线路改造，厂房修缮及厂区整治等。河床坝后电站由原来3×12500千瓦扩容至3×13000千瓦。该工程于2013年11月开工建设，2015年6月全面完成建设任务。

石门水电站通过扩建和实施农村水电站增效扩容项目，使其总装机容量增加至44730千瓦，出力系数由原来7.47提高至8.68，机组发电效率和水利用率大大提高，达到了“节水节能”和“增效扩容”的目的。2017年7月，石门水电站被陕西省水利厅评为“水利安全生产标准化二级单位”，12月被水利部评为“绿色小水电站”。

2. 秦岭区域小水电整治

2021年6月16日，陕西省秦岭生态环境保护委员会办公室印发《关于对秦岭区域小水电整治意见进行公示的函》（陕秦岭办函〔2021〕75号），将石门河床电站列为整改类，石门河东渠首电站、河西渠首电站列为退出类。按照《汉中市秦岭区域小水电整治实施工作方案》要求，汉中市石门水库管理局于2021年6月25日开始河床电站的整治工作，在石门水库下游橡胶坝冲沙闸处安装了生态流量泄放设施改造及生态流量监测监控设备。7月14日，石门河床坝后电站生态流量监测数据接入市级监管平台，完成石门河床电站的整治工作。

退出类石门河东渠首电站、河西渠首电站的整治工作自2021年6月30日开始，7月8日完成石门河东渠首电站断网工作，至7月30日完成河东渠首电站、河西渠首电站所有与发电相关的发电机组、电气盘柜等设施设备的现场拆除，并对发电机组进水口和出水口进行永久性封堵。8月5日，两座电站整治工作任务全部完成，先后通过县、市两级验收。

9 月 25 日，河床电站通过了省级验收。

四、旅游开发

石门水库管理局于 1996 年探索开展旅游经营活动，2002 年被水利部批准为第二批国家水利风景区。2004 年成立了汉中石门风景区旅游开发有限公司，设有办公室、财务部、市场营销部、园务部、安管部、客运部、门禁部、讲解组、客服组等 9 个部门，主要负责石门栈道风景区经营管理工作。

2004 年，石门水库管理局委托国家林业局西北林业调查规划设计院，对景区做了总体规划。按照规划，先后在石门西坝肩至老鹰崖处修建了仿古栈道，全长 1.8 千米，栈道上仿建石门隧洞、邮亭、驿站、廊桥等建筑；在东西电站厂房附近修建了横跨景区褒河两岸的滑索，修建了景区西门停车场、西大门、东西门售票室、景区道路及旅游步道、给排水管网、电路、网络等基础设施。

2013 年，为提升景区文化品位，解决景区存在的突出问题，石门水库管理局委托英国 ECO 景观建筑设计事务所，编制了 2015—2025 年的《汉中石门栈道风景区景观设施提升规划》。2016 年开始，先后投入资金恢复了坝下栈道，拓宽了西线和东门上坝公路，建设了游客中心、监控指挥中心、观光火车调度站、石门水利科普馆、水力发电实物展台、梵高星空艺术馆、星级卫生间，改造了景区大门、售检票场所等，统一更换了仿汉式景区指示牌，梳理了文化广场雕塑，对景区停车场、边坡、电站厂房外立面等进行了绿化美化，购置了纯电观光火车和画舫游船，打造了水上观光栈道航线等。

2018 年，石门水库管理局委托中国电建所属规划公司，参照景观提升规划，制定了新东门建设规划。规划建设景区新东门及其配套项目，包括东门智慧停车场、东门功能区、跨河廊桥、东线观光车道和东线栈道、“水文化”展示区以及连云栈道、索道开发等项目。

石门风景区建成后，景区每年接待游客在 50 万人次左右，荣获“第九届陕西质量奖”“陕西服务名牌”“陕西省著名商标”“陕西生态文明建设先进单位”“陕西省水利风景区建设与管理先进单位”“陕西省平安优秀景区”“陕西省文化产业示范单位”“陕西省级文明旅游景区”“陕西省文明旅游示范单位”“陕西最美休闲旅游度假地”“陕西省纳税信用等级 A 级纳税人”“汉中市首届市长质量奖”“大美陕西新丝路新发现水利风光人气景区”“西北最美避暑胜地”“美团点评最受用户欢迎风景区”“守合同重信用单位”“消费者放心单位”等诸多殊荣。景区多次在水利部、陕西省水利厅等举办的水利风景区建设与管理大会上作典型发言，管理经验被水利部载入《水利风景区蓝皮书 中国水利风景区发展报告（2018）》并向全国推广。

五、城市供水

（一）供水工程

石门城市供水工程项目是汉中市政府 2002 年的招商引资重点项目，项目业主原为国中（汉中）石门供水有限公司。该项目于 1999 年 11 月由陕西省计划委员会以陕计农经〔1999〕910 号文件《关于汉中市石门水库供水工程可行性研究报告的批复》同意建设。随后，陕西省发展计划委员会以陕计项目〔2000〕1266 号文件批复了石门水库供水工程

初步设计，同意一期供水工程设计供水能力为10万吨每日，核定工程概算总投资为1.239亿元。工程由日供水10万吨的净水厂、11.65千米供水干管和入城配水厂（现在位于兴汉新区的北城区供水调压服务站）三部分组成。项目于2002年底开工建设，完成了取水口、净化水厂、净水厂至八里桥供水干管等主体工程，占工程计划工程量的95%，实际完成投资1.05亿元，基本具备了供水条件。由于供水厂与城市管网关系不顺，又受市场需求不足等问题影响，该工程被迫于2004年7月停工。

为理顺石门供水和城市管网的关系，石门城市供水项目控股方——国中水务有限公司于2007年9月收购了原汉中市兴元自来水有限公司（100%产权），新组建了汉中市国中自来水有限公司。至此，石门城市供水公司作为地表水供水厂与汉中城市供水管网实现了一体化，为石门城市供水水源顺利并入汉中主城区供水管网提供了前提条件。

从2013年开始，汉中城区居民生活用水夏季高峰用水时段缺水的矛盾逐步凸显，加之城市建设发展的需要、部分水源井被关闭、兴元新区急需供水等紧急问题，市政府于2014年两次召开常务会议研究，决定启动石门水库地表水源地。按照市政府要求，汉中市国中自来水有限公司和汉中市石门水库管理局组建了汉中市石门城市供水有限公司，负责石门供水工程技改项目及石门水厂的生产运营。石门城市供水公司委托中国市政工程西北设计研究院，根据国家相关规范标准并结合汉中城区供需水实际情况，设计了石门城市供水工程技改方案。设计改造后水厂的供水规模9.8万吨每天，概算总投资1.05亿元（不包括兴元新区北城区供水加压服务站）。

石门水厂（2024年拍摄）

依据《汉中市石门水库供水工程初步设计》方案，石门水源主要向汉中市中心城区、褒城组团、宗营镇及兴汉新区供水，一期确定供水能力为10万立方米每天，远期供水能力为20万立方米每天。

石门供水工程从石门水库取水，其取水口位于石门大坝东坝肩，原水通过东干渠渠首隧洞、沥水沟渡槽、1.4千米加盖明渠送至石门净水厂，供水管线总长5千米，全程处于封闭状态，明渠及隧洞采用高强度等级水泥衬砌，配合库区拦污浮筒、输水管路拦污栅、事故检修闸等节水设施的使用，保证了所取原水无污染、无损失。

石门城市供水项目技改工程于2018年3月取得施工许可证后组织实施正式开工建设，2021年10月底正式投入运行。汉中市中心城区60万名居民结束饮用地下水的历史，开始饮用石门水库地表水。

（二）水源地保护

根据《汉中市石门水库饮用水水源保护区划分技术报告》，石门水库饮用水水源保护区划分后分三级，即一级保护区、二级保护区和准保护区。其中，一级保护区面积为0.54

平方千米，二级保护区面积为 22.35 平方千米，准保护区面积为 29.45 平方千米，保护区总面积 52.34 平方千米。

2021 年 10 月 14 日，汉中市行政审批局向石门水库管理局核发了“中华人民共和国取水许可证”，编号：C610702S2021-0005，允许最大取水量为 3332 万立方米每年。

2022 年 6 月 5 日，为切实加强对石门水库饮用水水源地的保护和管理，保证饮用水水源水质安全，根据《中华人民共和国水法》《中华人民共和国水污染防治法》《陕西省饮用水水源保护条例》等法律法规，汉中市人民政府发布了《汉中市人民政府关于加强石门水库饮用水水源保护区保护的通告》（汉政发〔2022〕9 号）。

汉中市石门水库管理局认真落实市委、市政府要求，组建了石门水源地保护中心，根据《汉中市石门水库饮用水水源保护区划分技术报告》及《汉中市人民政府关于加强石门水库饮用水水源保护区保护的通告》的要求，新建了 4 处水质在线监测站房，分别位于水源地一级保护区、二级保护区、准保护区和石门净水厂取水口，对各区段的地表水做水质在线监测分析，实时了解水质变化情况。

水源地一级保护区在线监测站房在实行常规 9 参数（温度、浊度、电导率、pH 值、高锰酸盐指数、总磷、总氮、氨氮、溶解氧）监测的基础上，增加了生物毒性、总酚有毒有害检测；水源地准保护区在线监测站房在实行常规 9 参数监测的基础上增加了生物毒性检测，确保了进入保护区水质安全。水源地二级保护区及石门净水厂取水口处两个水质在线监测站房，继续实行常规 9 参数监测。

在石门水源地保护区新装 24 处视频监控，主要监测 316 国道危险化学品运输通道、建筑垃圾、沿线农家乐及村庄所产生的污染源，通过保护区水面在线监控等技术手段，确保了水源地水质不受到外界污染。

建设完成水源地一级保护区内石门景区栈道钢丝隔离围网 2 千米，每 50 米设置一个水源地保护警示牌。在 316 国道边设置钢丝隔离围网 1.8 千米，每 100 米设置一个水源地保护警示牌。水域内配有垃圾打捞船、巡逻艇各一艘，设专人负责保护区水面水域卫生。

新建石门水源监控中心一处，中心 24 小时值守，实时接收水质监测站房水质检测数据和视频数据，对各项水质数据做实时比对，并在大雨等极端天气可调整检测频次，确保水源地水质安全。

4 座水质在线检测站房建成投运以来，原水检测结果均符合地表水环境质量标准Ⅱ类标准。已按要求，将供水管网在线监测数据接入汉中市城区水资源管理平台，并推送至陕西省水利厅水资源国控管理系统。

为确保水质达标，让汉中市人民喝上“放心水”，石门水库管理局严格按照地表水环境质量标准，每日常规检测，还委托专门机构每月对石门水源地水质进行取样检测，专门机构检测结果均符合地表水环境质量标准Ⅱ类标准。

第二节　小型水库

新中国成立后，流域内各级政府都把兴修水利作为重点工作来抓。从 1958 年冬开始，

褒惠渠管理部门为解决灌区供水矛盾，依靠当地政府发动群众，先后动工修建了八里桥、狮子沟等4座小（1）型水库。同时，流域内也修建了一批小（2）型水库，改善了流域灌溉条件，减轻了灌区供水矛盾。

一、八里桥水库

八里桥水库位于汉中市区北郊3千米的八里桥，是一座以灌溉为主，兼顾防洪、养鱼的小（1）型水库。流域面积24平方千米，是为解决褒惠渠供需矛盾而修建的调节配套水库。

八里桥水库（2006年拍摄）

该水库由原褒惠渠管理局勘测设计，1958年经汉中专署水电局批准兴建，褒惠渠武家沟管理站负责技术指导，石马、七里、金华三个乡组织施工。是年11月动工，翌年春基本建成，总库容268万立方米，有效库容126万立方米，国家投资5.71万元。枢纽工程由土坝、涵卧、溢洪道组成。土坝为黏土均质坝。主坝（南坝）呈东西向横截沟道，坝高10.3米，长78米，迎水坡1∶2.6，背水坡1∶2.5，底宽49米，顶宽4.5米。副坝（西坝）呈南北向，傍宝汉公路，坝高8.5米，长300米，顶宽8.6米，迎水坡1∶2.5，背水坡1∶2.3，为渠坝结合建筑。溢洪道位于主坝东端约50米，堰顶长17.5米，进口底高程526.92米，溢洪段长148米，最大泄洪流量148立方米每秒。

石门水库建成后，该水库系石门水库南干渠调节水库之一。1985年，汉台区人民政府依托八里桥水库兴建了兴元湖公园，成为汉中市民休闲娱乐的重要场所。2012年，开始建设的汉中兴汉新区根据水系建设规划需要，对水库又进行了全面改造，灌溉功能弱化。

二、许家岭水库

许家岭水库为石门水库东干二支渠调节库，地处老君镇许家岭村西北200米。1959年修建武乡四级抽水站时，由汉中专区水电局设计。同年冬，与抽水站工程一起动工，1960年6月建成蓄水。总库容180万立方米，有效库容122.8万立方米。土坝为四级抽水站二级输水渠的渠坝结合工程，坝高10.3米，顶宽9.1米，底宽55.45米，长197米，溢洪道位于水库东部，堰顶高程556.38米，宽1.7米，最大过水深1.5米，最大泄洪量3.75立方米每秒。按50年一遇洪水设计，500年一遇洪水

许家岭水库（2020年拍摄）

校核。

1976年冬，增修后坝工程，坝长275米，高5米，顶宽9米，完成土方2.4万立方米，将水库一分为二。从1979年起以水产养殖为主，灌溉功能弱化。

三、狮子沟水库

狮子沟水库为石门水库南干渠调节库，地处铺镇乡南池村狮子沟。水库1958年由褒惠渠管理局设计，同年12月经汉中专区水电局批准动工修建，1960年5月建成。流域面积15.5平方千米，总库容303万立方米，有效库容297万立方米。水库枢纽由土坝、涵卧、溢洪道组成。土坝利用南干渠狮子沟填方北坡加宽、加高、培厚而成。坝长320米，坝顶高程499.4米，最大坝高13.6米，顶宽5米，底宽88米，迎水坡1∶3，背水坡1∶2.3。大坝南侧设溢洪道1处，底高程496.2米，堰顶长20米，设计流量40立方米每秒。

除险加固中的狮子沟水库（2023年拍摄）

由于南干渠调蓄，水库复次利用率为1.5~1.7，保灌面积1.26万亩。水库运用期间，1963年因超蓄，致使土坝迎水坡横向下滑80米，为确保水库安全，报经地区水电局批准，增修坝北溢洪道一处，比原溢洪道底低2.2米，安装活动平板闸门两部，控制蓄水和排洪，可以提高溢洪能力20立方米每秒。2008年，对水库进行了除险加固。

四、渔塘沟水库

渔塘沟水库（上库）位于汉台区宗营镇范家坪村。1965年由陕西省水电勘测设计院设计，1969年由冬修建石门水库东干渠时，由汉中县渠道指挥所组织施工，1971年12月建成受益。

该水库为石门水库东干渠渠坝结合工程，流域面积3.6平方千米，大坝与下游渔塘沟下库紧接。总库容181.61万立方米，有效库容172.5万立方米，建筑物为4级，洪水标准按50年一遇设计，500年一遇校核。枢纽工程包括土坝、输水洞、溢洪洞三部分。土坝为黏土均质坝，坝高19.5米，顶宽20.8米，底宽123米，迎水坡1∶2.7，用片石干砌，背水坡1∶2.13，坡脚设倒滤坝。东干渠顺坝顶通过，渠内坡用混凝土板衬砌，渠道设计流量30立方米每秒。输水洞为涵洞卧管式，洞宽0.8米，高0.8米，最大引输流量9.52立方米每秒，放水采用吊球式启闭。溢洪洞设

渔塘沟水库（2020年拍摄）

于大坝西端，为半圆拱形，直墙高 1.8 米，洞宽 1.2 米，长 28.5 米，洞底高程 538.9 米，最大泄洪流量 14.52 立方米每秒。

五、东沟水库

东沟水库位于老道寺镇史寨村的东沟口，控制流域面积 0.75 平方千米，水源以渠道供水为主，原由板凳堰东干渠供水，1972 年后由石门水库西干渠供水。该水库工程于 1966 年 10 月动工，边施工边受益，1980 年竣工，为黏土均质土坝，原设计坝高 25 米，实际完成 20 米，坝顶长 345 米，沟底宽 250 米，坝顶宽 6 米，设计总库容 134.5 万立方米，有效库容 109 万立方米，死库容 11 万立方米。水库采用卧管涵洞放水，涵洞设于土坝左岸，卧管共 37 阶，每阶高 0.5 米，实蓄水 23 阶，放水孔直径 0.4 米，涵洞长 90 米，进口高程 588.4 米，出口高程 587.5 米，设计最大过水流量 1.2 立方米每秒。溢洪道按 50 年一遇洪水设计流量 9.1 立方米每秒，500 年一遇洪水校核流量 14.9 立方米每秒，设于土坝左坝肩与土坝呈垂直向，为折线形实用堰，进口底高程 601.0 米，堰顶高程 603.46 米，堰宽 4.8 米，溢洪道全长 84 米。

东沟水库（2019 年拍摄）

东沟水库由原褒联区投劳修建，主要补充汉惠渠北干渠下游水量的不足。放水渠由涵洞出口穿过阳安铁路，过史寨村东 1 千米，输水入汉惠渠。水量由汉惠渠管理局指导在褒联区范围内调节使用，受益面积 1 万亩。

六、娘娘滩水库

娘娘滩水库位于勉县新街子镇北部褒河支流沙沟河中段，流域面积 97 平方千米。水库以农田灌溉为主，兼有发电、养殖等综合效益。设计坝型为混凝土砌石双曲拱坝，设计坝高 53.4 米，坝顶弧长 215.14 米，水库总库容 537 万立方米，有效库容 368.4 万立方米，死库容 70 万立方米。泄洪采用坝顶溢流，溢流段位于主河槽，溢流宽 40 米，设计溢洪流量 429 立方米每秒，校核溢洪流量 668.5 立方米每秒。输水引水进口设置在坝体右端，采用内径 1000 毫米卷焊钢管引向坝址下游 170 米处坝后电站，设计流量 2.72 立方米每秒，设计水头 51.0 米，总装机容量 1000 千瓦（单机容量 500 千瓦，2 台）。建成后可保灌水田 1.56 万亩，扩灌 1.524 万亩，并为板凳堰一、二级电站调节水量。

娘娘滩水库（2023 年拍摄）

工程于1998年9月18日开工建设，先后完成坝肩、河床、翼坝及重力墩开挖、混凝土剪力墙及垫层浇筑等，2000年3月开始进行坝体砌石，至2003年12月完成坝体砌石高42.6米。定额调整、原材料和人工工资单价上涨，加之原施工单位西安市水利工程建设总公司经营不善等问题，导致其亏损严重，于2003年12月擅自撤离工地。在建设方与该施工单位多次谈判协商复工无果的状况下，于2004年6月更换了施工队伍，由勉县水利工程队继续施工，至2006年6月完成坝体砌石高4米。2006年6月后，由于建设资金短缺，工程建设停工，剩余6.8米坝高及溢流堰、闸门、启闭设施等尾留工程。2013年9月，陕西省发展和改革委员会下达尾留工程500万元省级资金计划后，2014年2月7日施工单位重新进驻施工现场进行施工，截至2015年12月完成了尾留工程全部建设任务，工程投入运行。

七、齐心水库

齐心水库位于凤县平木镇齐心村西北酒字沟，故也称酒字沟水库。坝址坐落在变质岩上，坝址以上流域面积4.08平方千米，多年平均日径流量0.14平方米每秒。1970年1月25日破土动工，1973年1月建成蓄水。坝型为浆砌石坝，坝高17.5米，顶长41.5米，底宽42.7米，顶宽2米，迎水坡比为1∶0.5，背水坡比为1∶0.9，总库容55万立方米，有效库容50万立方米。坝面用水泥砂浆砌石护坡，配有卧管式放水孔，孔径0.3米。溢洪道位于大坝右侧，为干砌和浆砌片石筑成，梯形断面，最大泄洪流量2立方米每秒。国家先后投资3.9万元，投工27.5万个，完成土石方3.0万立方米。齐心水库是以蓄水灌溉为主的小型水库，水库下游沿河修有10千米环山渠道，可灌地1000多亩。由于沟道水源平均流量仅0.14立方米每秒，加之配套工程不全，屡遭洪水、滑坡、泥石流淤积，库容逐年缩小。截至1985年，坝高不足10米，有效库容仅剩5万立方米，后被废弃。

八、大沟水库

大沟水库地处太白县王家堎镇中明村寇凤关，位于红岩河一级支流大沟河上，距太白县城40千米。该水库为混凝土重力坝，总库容52.38万立方米，有效库容40.5万立方米，防洪库容8.55万立方米，坝高29米，养殖水面面积5.4万平方米。

流域内小型水库主要分布在下游平川和浅山丘陵区。其中：汉台区还有赵寨、宋家桥、黄坝堰、大坝、范寨、西沟、陈家山和渔塘沟下库8座小（2）型水库；勉县还有黄沙窑、金洞崖、曹家沟、张家湾、鹁鸽堰、庆家寨、西窑沟、后头沟、华阳沟和老虎沟10座小（2）型水库。截至2020年，这些水库全部经过除险加固，正常运行。

第三节　陂塘（窖）

褒河流域陂塘建设最早可追溯到秦汉时期。陂塘是汉中盆地自古最重要的水利设施，主要功能为蓄水灌田。新中国成立后，随着流域内灌溉条件的不断改善，陂塘灌溉功能逐渐弱化，现大多以水产养殖为主。在分布上，上游秦岭山区少，下游汉中盆地多。盆地内北部丘陵多，褒河两岸漫滩阶地少。截至2020年，流域内共有陂塘239口，其中：太白县5口，凤县8口，留坝县31口，汉台区93口，勉县102口。

第三章　提水工程

第一节　古代提水机具

褒河流域自古有提水饮用和灌溉的习惯，用于提水的工具主要有握杆（桔槔）、辘轳、龙骨水车、翻斗水车、戽斗、筒车等。握杆、辘轳多用于饮水，在人口聚集处比较普遍。龙骨水车、翻斗水车、筒车因能连续提水，主要用于农田灌溉。

一、握杆

古称桔槔，属古老的提水工具，结构简单，有用独木竖杆的，也有用“Ⅱ”形架的，其顶部吊一活动横杆，横杆一端吊一竹（木）竿，以吊水桶用，另一端缚一与一桶水重量大致相等的重物，两端上下运动提水。使用方便，费力小，多用于饮水和浇灌蔬菜，速度较慢。

二、辘轳

辘轳是一种比较古老的人力手摇提水工具，一般在井口一侧埋设两根竖支架，大部分为条石，高 1.3 米，在两竖支架上端水平凿孔设一固定水平铁（或坚木）横轴，一端横于井中心，水平横轴上装一尺余（0.4 米左右）可转动并有摇把的空心绳滚（辘），绳滚上多绕以棕绳或其他结实的绳索系水桶吊入井中盛水，手摇提水出井。此种提水工具一般用于饮水或浇灌蔬菜，20 世纪 90 年代仍有所见。

三、龙骨水车

又称木龙，其构造一般用木料做成宽 0.18 米、深 0.25 米、长 3 米的木槽，槽两端设

清代老水车

固定木架，装设木齿轮，两齿轮轴相互平行，每隔0.2米设一块0.17米见方的木板（刮水板），刮水板互相平行固定在木链条上，刮水板与木链条垂直，木链条长度是木槽长度的2倍余，然后将木链条刮水板挂于水槽两端木齿轮上，上端木齿轮轴两端固定两手摇把或齿轮形转动脚踏板轮。将龙骨水车斜置于水池边，斜度一般小于或等于45°，两人用手绞动摇把或用脚踏齿轮形踩踏板轮，旋动木链条刮水板即连续刮水顺槽上升。其大小无定，木槽长短由提水高低而定，出水多少与提水高度和人力强弱成正比，用脚踏需设手扶横架和坐架，脚踏式省力。此车多用于提取渗水泉、小溪水、池水等水源，适应范围较广，平川、丘陵、山区于1949年前到处可见。日灌田2~3亩，也有用于多级提水。

四、畜力水车

畜力水车是用生铁铸造，起初以畜力或人力为动力，推动旋转平齿轮带动动力轮，使链条带水斗上升。1949年后做了改进，称为“解放式水车”，较原先更轻便，用人力、畜力推动，进而以小型内燃机、电力带动。畜力每日灌田1亩多，一般中等畜力提水高度达3~5米，井深与水斗及动力大小成正比，以机电动力日灌田5亩。

五、戽斗

是一种简单的原始提水工具，一般用竹篾编制的竹斗或用木斗、水桶，由两人操作，分一级或多级戽水，一级高达2米，日灌田1亩左右，在新中国成立前使用较广，平川、丘陵、山区到处可见，20世纪90年代山区仍有利用戽水灌田的。

六、筒车

也叫天车，是一种利用水力带动的提水机具，用木制或竹制的大立轮装置于木架上，受水流冲击转动，轮辕横斜装有盛水竹筒或木斗，筒口稍向上游方向倾斜，筒随轮转，提水灌田。当竹筒随轮转入水中时竹筒自然盛水后随轮转至轮的顶部，又自然将水倾入轮旁水槽内，再由水槽输入水渠再引入田内。立轮直径大小，根据计划提水高度和水力大小而定，直径逾10米可升高水面8米左右；筒的密度和大小，按水力之大小而有所异。每架筒车每日可灌田2~10亩。

新中国成立后，为改善城镇饮水条件，将开敞式井口改为封闭式，用单臂人力压水机取代了以桔槔和辘轳的传统提水方法，至今部分地方仍在沿用。随着电力抽水的普及，龙骨水车、蓄力水车、戽斗、筒车均在20世纪90年代后消失。

第二节　机　井

褒河流域先民取用井水历史悠久，1977年从汉中市广播站基建时出土的陶井管，经考证属秦汉时期之物，每节陶管高43厘米，壁厚2.5厘米，管径83厘米，质地与瓦盆、瓦罐大致相同，说明早在秦汉时期，褒河流域下游的汉中盆地就有了成熟的开凿陶管井的工艺。汉代以后，随着烧制砖瓦工艺的不断提高，陶井逐渐被砖井取代。上游秦岭山区受地质条件影响，极少凿井饮水，新中国成立前，留坝、凤县范围内只有少量生活水井。

新中国成立初，在国民经济恢复时期，人民政府曾拨专款，组织群众修旧井、打新井、推广使用“解放式水车”，以发展提水灌溉和解决人畜饮水困难的问题。1960 年，流域下游平川县沿河一带逐渐开始安装电动水车，提取井（泉）水浇灌蔬菜。1965 年，汉中县通过学习外地经验，以新沟桥公社新校大队为试点，采用大锅锥钻井技术，掀起了打井的高潮。其用人力推动锅锥，提取砂石，用预制混凝土管作井壁管，井径 0.7 米，平川地区一般可钻进 12 米左右，丘陵地区可达 30 米。由于结构简单，易于操作，可连续倒班作业，单井出水量每昼夜可灌田 10 余亩，具有投资少、见效快的优点，深受农村社队欢迎。但由于冲抓锥设备落后、冲抓深度有限、成井质量较差，适应不了机井建设的发展。随着凿井技术的不断更新，1976 年开始，汉中县购置了 3 台 CZ-22 型冲击钻机和 1 台 YW-9/7 型空气压缩机，配置解放牌汽车 3 辆，组成专业打井队，以汉中盆地一、二、三级阶地为主攻方向，打了一批中深井。流域上游凤县自 1970 年后，打井逐渐进入高潮，县、社、队相继成立打井队，打井机具也随之不断改善。由人工打井、竹力弹弓打井，发展到大锅锥掘井和钻机打井，大大提高了成井速度。1976 年，太白县水电局成立地下水工作队，专业从事凿井工作。流域内人畜饮水和井灌条件得到了极大改善。1981 年，流域特大洪水灾害，造成大量灌溉机井被毁，仅凤县一县水毁机井 177 眼，占机井总量一半以上。改革开放后，随着机井建设进入市场化，各种凿井设备纷纷进入打井市场，流域内机井建设得到迅速发展。由于流域内农田水利实施的不断完善和节水灌溉的推广，进入 21 世纪后，流域下游的汉台区和勉县，机井灌溉功能逐渐弱化，主要承担人畜饮水任务。上游的太白县和凤县，井灌依然发挥着重要的作用。

CZ-22 型冲击钻机凿井（2015 年拍摄）

第三节 抽水站

褒河流域下游抽水站建设较早。1955 年，由汉中地方国营渠道管理局勘测设计，褒冷渠管理局施工，利用褒惠渠干渠抽水，在汉中市焦山庙乡试办修建了汉中地区第一座电力抽水机站——焦山庙抽水站，也是陕西省最早的电力抽水站。1956—1960 年，汉中市利用汉中电厂电力和褒惠渠干、支渠及退水渠抽水，共建成电力抽水站 18 处、柴油机抽水站 4 处、水轮泵抽水站 2 处，共计抽灌面积 1.95 万亩。1959 年冬动工、1960 年 6 月基本建成的汉中市武乡四级抽水站，为汉中地区兴建的第一座多级高扬程电力抽水站。其后，

流域下游抽水站快速发展。

1963 年，由水利、工业、供销等有关部门联合组织，进行排灌机械清查整顿。通过检查清理，落实了权属，建立生产、供应、销售计划管理制度，经过技术鉴定，修理好一部分损坏设备，报废和淘汰部分严重损坏和不适应的机种，确定以电动机和柴油机为主要发展机型。至 1968 年，流域内抽水站在原基础上增加 1 倍左右。

1969 年后，国家电网进入流域内，加之板凳堰、石门等一批骨干水电站先后建成，为发展电灌提供了动力。1970 年，在中央北方地区农业会议后，国家先后投入大批财力和物资，大力发展农田机电排灌事业。据 1979 年机电排灌站清查摸底调查认为：①流域内抽水站的发展为盆地边缘丘陵旱地和山区部分高地灌溉创造了条件，发挥了抗旱增产的作用，机电抽水有效灌溉面积占全区有效灌溉面积的 20%以上；②部分扬程过高和柴油机抽水站能源耗量过大，导致灌溉成本过高，其中多数站靠国家补贴抽水；③科学管理不够，灌溉效益较差；④个别地区盲目建站，造成设备积压和经济损失。

1980年后，随着国民经济实行“调整、改革、整顿、提高”的方针，抽水站发展审慎。1980 年 8 月，省水电局转发中央水利部《全国机电排灌经营管理调查研究会议纪要》、《机电排灌经营管理暂行办法》和《国营抽水站实行按八项技术经济指标考核的暂行规定》3 个文件，加强对已建成抽水站的管理，普遍实行承包经营管理责任制，调整、改建部分柴油机抽水站为电力抽水站。

小型抽水站（2024 年拍摄）

进入 21 世纪后，随着流域内种植结构的调整和自流灌溉设施的完善，抽水站灌溉功能弱化，逐渐被淘汰。

褒河流域规模较大的抽水站如下。

一、焦山庙抽水站

位于石马乡焦山庙村，经陕西省水利局批准，在原褒惠渠中段 14+400 米设站，由汉中地方国营渠道管理局勘测设计，褒冷渠管理局武家沟管理站施工。1955 年 4 月动工，6 月 1 日建成，该站扬程 3.4 米，安装 14 千瓦电动机 1 台，配带 8K–25 型水泵，灌溉褒惠渠灌区内不能自流引水的高地 900 余亩，其中扩灌旱地 800 亩，变车水田（利用龙骨水车提水灌溉）为自流灌 151 亩。国家投资 1.8 万元。当年受益 540 亩。1985 年，灌溉面积发展到 1060 亩。

二、武乡四级抽水站

从褒惠渠武家沟渠段开斗引水，分四级提抽，到武乡西村新庄止，沿途设站四处。由汉中专署水电局设计，1959 年冬动工，武乡区工委组织施工，实行领导、技术干部、群

众三结合的办法，于1960年6月建成，当年抗旱插秧3407亩。为新中国成立后汉中第一座电力抽水站。

该抽水站设计抽水流量1.3立方米每秒，实际达到0.8立方米每秒，四级总扬程62米，装机14台，装机容量773千瓦，设计灌溉面积2.5万亩，有效灌溉面积1.38万亩。建成干渠一条，长8千米，架设10千伏输电专线一条，长7千米，修建渠坝结合许家岭水库一座。工程总投资62.06万元，其中国家补助37万元。

1963年，为提高灌溉效益，降低抽水成本，采取加强一、二级，管好三级，关闭四级的办法，使亩均电费由1962年的11.75元下降到8.49元，其中一级降到2元每亩，二级降到6.92元每亩，三级降到16元每亩。1964年，国家又补助4万多元进行工程整修和机组配套，灌溉效益逐年提高。1972年，石门水库东干渠建成，该抽水站灌区由东干渠自流灌溉，抽水站自此停止运行。1975年，经市水电局批准，将机器设备调整给东干渠以北的小高抽配套使用。1979年，伏旱严重，一、二级站又重新恢复。

三、石门水库西干渠渠首抽水站

石门水库西干渠渠首抽水站为水库修建后增建的电力抽水工程。该水库原设计西干渠渠首进水闸底高程为592.0米，东干渠渠首进水闸底高程为589.74米，两渠底进水高差2.26米。当夏灌期如遇干旱缺水，库水位下降至西干渠进水口以下不能自流引水时，东干渠尚能自流引水。根据西干渠灌区群众的意见，经有关部门批准同意，1975年，由石门水库管理局和勉县水电局共同设计，修建西干渠抽水站。1980年，由设计单位组织施工，国家投资29.9万元。1981年10月建成，由石门水库管理局负责管理。

该抽水站位于石门水库拱坝后右岸、河床电站与西干渠渠首电站之间。安装24SH-28A型水泵配JS128-6型电动机两台，装机容量430千瓦，扬程17.5米，单机出水量0.95立方米每秒。水泵进水钢管分别与河床电站二、三号引水岔管高压阀门连接，内径600毫米，进水口高程550.36米。出水管由内径500毫米钢管两根并连为内径850毫米钢管一根，接西干渠渠首电站尾水入西干渠，出水口高程594.0米。管道全长111米。可抽最低库水位578.9米，相应库容1940万立方米。当自流引水不能满足西干渠灌区农田用水时，由库内抽水入渠予以补充。设计灌溉面积4.95万亩，1981年保灌面积4.48万亩，其余年份多未启用。

第四节　水轮泵、水锤泵

一、水轮泵

水轮泵是用水作动力，由水轮机和离心式水泵同轴连接在一起而构成的一种抽水机具，顶部带有皮带传动轮以带动其他加工机具。褒河流域最早修建的水轮泵站为汉中市周寨和留马山水轮泵站。1958年，由陕西省水利电力厅提供图纸和设备，由原褒冷渠管理局负责试办。

周寨水轮泵站位于褒惠渠干渠第一斗，利用干、斗渠水位差，在斗口安装40-4-15

型水轮泵 1 台。水头 2.32 米，过水流量 0.38 立方米每秒，几何扬程 5.87 米，出水量 130 立方米每时。总投资 3460 元。

留马山水轮泵站位于褒惠渠干渠第 18 斗，利用干渠跌水，安装同型号水轮泵 1 台。水头 1.94 米，过水流量 0.35 立方米每秒，几何扬程 7.25 米，出水量 122 立方米每时。总投资 7706 元。

两站均于 1958 年 5 月建成。周寨水轮泵站当年灌溉 42 亩，1963 年达到 79 亩；留马山水轮泵站当年灌溉 120 亩，1963 年达到 250 亩。

1963—1973 年，流域内勉县、凤县、太白县也陆续修建了一批水轮泵站，用于解决灌溉和动力用电问题。

1974 年后，随着流域内农电网的建成及石门水库等一批水利设施竣工通水，原水轮泵站灌区成为自流灌区，部分泵站改用电力抽水。加之已建成站管理不善和水毁、失修，同时有关制造厂停止生产，零配件停销，使水轮泵站逐年减少，直至停办。

二、水锤泵

水锤泵是利用水的落差冲力，在阀门突然关闭时所产生的水锤压力进行提水。其特点是：需用流量小，水头与扬程比大。水锤泵仅在流域下游平川县少量利用。1964 年，由汉中专区通用机械厂从外地引进图纸和样机试生产后，先在勉县褒联公社红庙寨管理区金寨生产队试安装 1 台，扬程可达 60 余米。但因出水量不连续，流量太小，不能满足浇地灌溉用水，未能推广使用。

第四章　城乡供水

褒河流域有中心城区1座，县城2座，集镇20个。城镇自古有饮用井水的习惯，山地、丘陵地区农民，由于地形、地质、降雨、居住等自然条件和社会历史条件的限制，人畜饮水条件历来较差。新中国成立后，国家持续投资，大力兴修城乡饮水工程，通过实施“甘露工程”“以工代赈”“人饮解困”“安全饮水”以及脱贫攻坚饮水安全工程，全面解决了流域内城乡饮水困难。

第一节　城市供水

一、汉中中心城区供水

民国时期，汉中城内使用井水。1949年底，全城有水井118眼，分布在中山街办事处辖区19眼，汉中路29眼，东关34眼，东大街38眼。这些水井，大多为明、清时期遗留下来的老井，少数是民国时期新凿的。其中，以东关关井巷古井、南井巷古井、兴隆街古井、衙门口古井、菜集子古井、高坡子何家井、塔儿巷马家井、青年路水井巷古井、南市场许家井、文化街席家井等10多口井的水质最好。

新中国成立后，开始在居民取水集中的井上安装钢管手压井，一些机关、单位也相继安装手压井。1958年，在东大街、汉中路两口水井旁分别安装5米高的铁制高位水箱，用水泵抽入水箱后供水，俗称“自动供水”。此后，机关、企事业单位亦先后自备水源井，自建水塔，自成供水体系。1973年7月开始建设自来水公司，到1979年，投资累计200万元，凿水源井5眼，建容量为1500立方米的清水池2座，安装供水管道7千米，完成了二级泵房设备的安装调试工程。通过验收，正式投产供水，日供水能力1万吨。

1980年后，自来水公司除靠市财政拨款外，采取企业自筹和社会集资等形式，累计筹集资金405万元。凿水源井21眼，铺设供水管干管51千米，日供水能力提高到3.8万吨，高峰时达到4.3万吨。自备水源井日供水量3.6万吨。供水普及率达84%，1988年售水量1240万吨，总产值161.20万元。

1991年8月，一水厂投资34万元建成计算机供水管理系统，供水生产实现自动监测。到1996年底，日供水能力提高到5.5万吨。1992年2月，城市供水扩建工程二水厂筹建工程开工建设，总投资8150万元，设计规模为日供水6万吨。同年12月，工程竣工，开始向市区直泵供水，日产水1万吨。1994年6月，建成日供水3万吨生产能力的供水工程，主城区“水荒”问题及水源地水量补给不足问题得到解决。2001年2月，二水厂筹建处

改制组建为汉中市兴汉供水有限公司，建成日供水能力6万吨配水厂1座，凿水源井27眼，铺设输配水干管30千米。

2003年4月，汉中市自来水公司与汉中市兴汉供水有限公司合并成立汉中市兴元自来水有限公司，汉中市主城区供水首次实现统一调度、集中管理。

2004年，城市供水企业产权制度改革正式启动，2007年8月18日汉台区建设局与国中水务有限公司（唯一报名和摘牌受让方）在西安签署产权转让合同，国中水务有限公司购买汉中市兴元自来水有限公司100%股权，于12月28日正式变更为汉中市国中自来水有限公司。

二、县城供水

（一）留坝县

1976年，由省、地区、县投资22万元，在石峡子沟新建简易水井1眼，日供水400吨，普及率50%。1985年，投资33.5万元新建自来水井1眼，1988年竣工，日供水1200吨。截至1994年，供水1410户，城乡普及率90%，水利用率为80%，城乡铺设供水管道4100米，设置检查井5眼。以太平山西麓高位池为起点，分3支，呈放射状，向西1500米，向东1100米，向南300米。1997年，打大口井1眼，建清水池2个，分别为300立方米及150立方米，日供水为800立方米。2003年，编制城区供水工程项目可行性报告和城区供水净水厂工程项目建设书，并立项建设县城集中供水工程。2006年，建设县城供水石峡子沟6万立方米枯丰调节水库，同年在太平山下建净水厂。2011年，县城供水主管网上至陶沙坝县委党校门口，下至紫柏路漫水桥，环城路至县林业局下段100米处，共计8.9千米，供水人口0.9万人，日供水1500吨，年供水量65万吨，实际售水量47.9万吨。

（二）太白县

1972年，成立自来水工程筹建领导小组，供水工程动工，地址为牛家沟河东岸，占地3600平方米。1976年，第一期基础工程完工，总投资87.25万元，建一、二级快滤池、沙滤池、清水池、反冲池、拦水坝各1座，建400立方米高水位水池1座，铺设地下管道3546米，并安装电源配套设施。1979年，供水工程竣工并交付使用，日供未经处理的工业用水200立方米。1984年，自来水筹建组会同宝鸡市水利水电勘测设计队，现场察看水厂设施及原设计方案，提出改建措施，经论证交付实施。1985年，改建工程竣工投产，水质符合国家饮用水标准，供水面积2平方千米，用水单位32户2200多人，用水普及率18%，全年供水7万吨，其中工业用水4万吨、生活用水3万吨，日平均供水192吨。1989年，用水单位增至94户达1.2万人，年供水21万吨，供水普及率80%以上。1996年10月，投资136万元的自来水厂改造竣工，新建200立方米水旋式澄清池1座，1.8立方米聚丙烯酰胺搅拌缸1套，1.5立方米溶药池1座，并改造原有预处理池、排污管道。

2000年，二期供水工程动工，地址为凉峪村石沟河，占地面积5000平方米，总投资360万元，建一、二级快滤池、沙滤池、清水池、反冲池、拦水坝各1座，800立方米高位水池1座，铺设地下管道4365米，并安装电源配套设施，日供未经处理的工业用水600立方米，2005年交付使用。年供水能力60万立方米，平均日生产2000立方米，年供

水总量36万立方米，供水面积2.3平方千米，供水人口9000人，供水普及率85%。管网由4条主管道组成，呈树枝状布局，主管道总长4.7千米。2007年8月25日，太白县自来水技改项目竣工，总投资216.34万元，解决城区1.5万人的安全饮水问题。是年，太白县城集中供水工程将咀头街村和黄凤山村纳入城市供水管网，集中供水，总投资88万元，利用太白县自来水厂供水管网，延伸辐射管网16.51千米，解决500余户2100多人饮水问题。2008年，投资20万元，改造管网1.2千米，新增用水户50户。2009年12月，自来水公司建成水质监测中心1座。2010年，投资120万元，新建太白路供水管网4.5千米，改造城镇管网6.5千米，增供2050人饮水。

第二节　乡村供水

一、建设管理

褒河流域山地、丘陵地区占流域总面积的90%以上。分布在秦岭浅山丘陵区的农民，由于地形、地质、降雨、居住等自然条件和社会历史条件的限制，人畜饮水条件历来较差。大部饮用田角水、池塘水、山泉溪流和浸水等，距离远，高度大，水质不良，卫生标准低，饮水条件很差。特别是依靠雨水和山沟溪流为饮水水源的地区，每年4—6月降雨偏少，沟溪断流，便要到远距离有水源的地区运水，供人畜饮用。还有一些受地形地貌和居住位置的限制，有的山高水低，垂直距离大，取水十分不易；有的居住在孤山断梁，取水较远；还有大片石灰岩地区，下雨有水，雨停溪干，人畜饮水极为困难。位于汉中盆地北缘的高阶地和山前地带的村民，由于地下水埋藏很深，不易开采，自古以饮塘（田）水为主。20世纪60年代以前，很多地方“下雨吃的黄泥水，人畜共饮一口塘”的现象十分普遍。

新中国成立后，流域内各级党政组织积极采取措施，大力兴修饮水工程，逐步解决人畜饮水困难。特别是20世纪70年代后，随着农田灌溉工程建设的发展，各级政府把修建人畜饮水工程提到重要议程。各县（区）水利部门组织技术力量，对全县饮水困难乡镇全面进行了普查登记，按照“因地制宜”的原则，制定了全面解决饮水困难的总体规划，每年根据财力、物力作出年度计划安排。人畜饮水工程建设大多实行民办公助的办法，国家和市、县（区）财政每年拨付专款，按照工程投资大小和建设单位负担能力，酌情补助。主要依靠乡村和群众集资投工建设，水利部门负责技术指导，建成后进行验收，交付使用。

农村安全饮水工程（2024年拍摄）

20世纪90年代，随着改革开放进程的加快和经济建设的迅猛发展，以及广大群众对提高生活质量的呼声

愈来愈高，流域内各级政府开始高度重视解决城乡人民生产和生活的供水问题，解决农村人畜饮水问题成为水利部门的重要工作。进入 21 世纪后，国家加大了对农村人畜饮水的投资，流域内人畜饮水工程建设进入快速发展期。特别是脱贫攻坚的实施，使流域内村村通上了自来水，彻底解决了流域内农村饮水困难的问题。

褒河流域农村供水工作发展历程，基本经历了五个阶段。

第一阶段（1950—1969 年），主要解决当地群众人畜饮水用量不足问题，水质水源尚未引起足够重视。20 世纪 50 年代初，是国民经济恢复时期，农村饮水主要沿用以前的取水方式。农村合作化以后，政府拨专款，组织群众修旧井、打新井，推广“解放式水车”，解决人畜饮水困难。在一定程度上扩大了饮水来源，缺劳户取水、运水得到了集体的帮助。20 世纪 60 年代后期，一些社队建立了少量柴油机抽水站，在优先灌溉农田的基础上，也使群众生活用水较以前有了不同程度的改善。

第二阶段（1970—1981 年），1970 年，中共中央北方农业会议召开之后，陕西省开始把解决农村饮水工作正式纳入农田水利基本建设的主要内容，人畜饮水工作经费列入农田水利基本建设专项。各地结合修建农田灌溉工程，部分社队自筹修建人畜饮水工程，已解决了一些饮水困难的问题，但速度较慢。1979 年，人畜饮水和防氟改水工程建设正式纳入地、县水利建设计划，每年由国家拨出专项资金，采取国家、地县、群众“三三制”的集资办法，重点修建人畜饮水工程，并全面开展此项工作。

第三阶段（1982—1990 年），1982 年，陕西省水利厅在黄陵县召开全省人饮工作会议，省政府制定《陕西省解决人畜饮水、防氟改水的若干规定》，全省人畜饮水事业步入正规化、科学化、标准化的高速度发展时期。流域内各地、县水电局和卫生防疫部门共同组织，进行一次人畜饮水、防氟改水普查规划。这次规划，根据《陕西省解决人畜饮水、防氟改水的若干规定》精神，重点解决缺水在 3 个月以上、水平运距在 1 千米以上、垂直运距高差在 100 米以上、人口比较集中的社队和防氟改水的问题。对大量饮用河水、塘（田）水和乡镇供水等要求改善饮水条件的广大地区均未涉及。1984 年，农村供水工程广泛开展，工程建设严格实行各种形式的承包合同制，一批新的人畜饮水工程相继动工。流域内各级水利部门把解决群众饮水困难与防治地方病、改善水质相结合，建设饮水工程与农村两个文明建设相结合，农村人畜饮水问题有了较大变化。

第四阶段（1991—2015 年），25 年间，流域各县（区）重点把彻底改善农村人畜饮用水环境和建设社会主义新农村、建设小康社会相结合，逐步推行管理专业化、经营企业化、供水商品化、服务社会化的管理经营模式。其间，在 1996—2001 年启动实施了“甘露工程”建设项目，重点解决农村人畜饮水困难，流域内建设了一批高质量的农村饮水工程。2002—2005 年，实施了国家重点项目“人饮解困”工程，从根本上解决了大部分农村的饮水困难。2006—2010 年，流域内实施了饮水安全项目和以工代赈供水工程项目，先后建成大批人畜饮水工程，并高度重视水质安全，在各县（区）陆续成立农村饮用水安全监测中心，对水质进行定期检测，实现了不但让村民有水喝，还能喝好水，为流域农村饮用水更加安全、可靠提供了保障。

第五阶段（2016—2020年），2015年11月23日，中共中央政治局审议通过了《关于打赢脱贫攻坚战的决定》。褒河流域太白县、凤县、留坝县、勉县均为国定贫困县，汉台区虽非贫困县（区），但流域内浅山丘陵区均为贫困乡村。脱贫攻坚饮水安全评价指标主要有3项：一是贫困户脱贫：水质符合国家《生活饮用水卫生标准》（GB 5749），居民生活用水量达到每人每天20升以上，供水到户或人力取水往返时间不超过20分，供水保证率不低于95%；二是贫困村退出：行政村内全部农户生活用水达到饮水安全标准；三是贫困县摘帽：全县农村饮用自来水人口占农村总人口的比例不低于90%。2016年开始，流域内农村饮水安全脱贫攻坚工作快速推进。各级水利部门严格按照国家和省脱贫攻坚精准识别、精准退出方案要求，对贫困村、贫困户和贫困人口饮水安全情况进行了全覆盖、地毯式逐村逐户调查核实，精准识别存在饮水安全问题的贫困村和人口数量，建立"一村一册"饮水安全台账，做到不漏一村一户一人，并认真编制供水规划，多方筹措建设资金，逐村逐户解决农村饮水困难。截至2020年底，流域内各县（区）都全面完成脱贫攻坚饮水安全任务，各村基本实现了自来水通组到户，百姓全部吃上了安全卫生的水。同时，流域内5个县（区）还积极探索农村小型供水工程的管理模式，全部设立了工程专管机构，出台了运行管理办法，落实了维修养护资金，全面落实了政府、行业和供水单位"三个责任"，建立了机构、办法和维护"三项制度"，形成了农村供水工程管理的长效机制。

供水入户（2018年拍摄）

二、重要供水工程

（一）汉台区黄花河供水工程

黄花河供水工程位于汉台区河东店镇花果村，1958年褒河公社曾在山崖边开挖明渠，引黄花河水灌溉农田。但由于施工质量差和地质裂隙等，渠道渗漏严重，未能运行。2006年，汉台区水利局通过人饮解困项目，对工程进行了维修改造。争取投资700多万元，加固改造渠首低坝2座，新打隧洞800米，埋设输水管道10.6千米，新修水厂1座，埋设配水主管道17.8千米及入户管网设施。该供水工程建成后，有效解决了汉台区北部浅山丘陵区花果、河东店、张寨、范家坪、杨家山、马

黄花河水厂（2023年拍摄）

王庙，以及邢家坝、共力8个行政村1.52万人安全饮水问题，设计日供水规模为1595立方米每天。2019年，又争取抗旱应急水源工程资金300万元对工程进行改造提升，建设内容主要是更换老管网，增设净水设施，安装智能磁卡水表等。

2020年初，汉台区水利局又在黄花河水厂引入物联网智慧管理平台，全面监测水厂日常运行巡查工作，确保供水区群众生产生活用水安全。目前，供水辖区已实现了智能水表全覆盖，物联网智慧管理平台建设后可以实现水厂各处理部件自动操控，水厂管理人员通过电脑或手机实时察看水厂环境及处理设施，并进行水处理运行操作。同时，实施饮水安全预警系统全覆盖，实现24小时视频监控、水质动态监测，如出现水质不达标或者非法闯入等情况，管理人员的手机会立即收到报警信息，确保问题第一时间提示、第一时间处理。辖区内用水户还可以通过微信公众号进行水费缴纳，查看水费余额及相关用水信息。

（二）留坝县江口镇铁矿沟供水工程

江口镇铁矿村位于江口镇东北方向，距镇政府约7千米。铁矿沟供水工程为联村式供水，覆盖铁矿村、梭椤村和江口村六组，供水人口277户865人。铁矿村、梭椤村和江口村六组群众原有水源较为分散，水源地污染严重，沟道水经过简单的沉淀过滤后引到农户家中饮用，遇到下雨时水质浑浊，加之建设标准低，管道老化渗漏严重，且无消毒和净水设备，水质水量无法保证，群众意见较大。

2018年3月，留坝县水利局投资185.0万元，对江口镇铁矿沟人饮工程进行了提升改造。工程新建截水坝2座，小型水厂1座，占地128平方米，安装净化消毒设备1套，新建蓄水池、减压池各3座，监控设备1套，供水规模100立方米每天，铺设供水管道11千米，属重力式自流引水供水系统。该工程于2018年10月底全面竣工，并投入使用。目前，消毒净水设备及其他供水设施使用全部正常。

该供水工程在运行管护中呈现以下几个特点：①工程规划合理，使用效率高。在工程设计时结合群众居住位置采取“建大并小”的方式，把3个相邻的村纳入一个供水系统，方便了管理，提高了使用效率。②全面实施水源地保护。2019年，由留坝县生态环境局对该水源地进行了划界，设置了水源保护标识标牌，安装了隔离防护网，截断了污染源，落实了巡查人员和管理制度。③水费定价合理，群众满意度高。通过召开院坝说事会对工程运行成本进行了核算，经过商讨确定了水费收缴方案，按照保运转的原则以水表计量收费，为每吨1元，水费收缴率达100%。④夯实管护责任，工程运行管护较为规范。确定了管水负责人和管水员，成立了村自来水管护队。签订了管护协议，明确了管护责任，落实了务工补贴，使管水员知道自来水怎么管，供水有问题群众知道找谁，从而使供水工程效益更加明显。

（三）留坝县武关驿集镇供水工程

武关驿集镇供水工程位于留坝县武关驿镇河口村，水源为小东沟与上南河交汇口下游位置河道地表水，设计供水人口2500人，设计供水规模250立方米每天，供水管网12.35千米。该工程主要包括取水工程、输水工程、净水厂工程及配水管网工程。工程修建集水井1座，经潜水泵抽水至新建的水厂，利用水厂内一体化净水器及二氧化氯发生器进行消

毒净化处理后，经调节清水池输入配水管网，供给用水户。覆盖武关驿集镇武关河村姜窝子组、河口村、南河街村等 3 个村 1813 人的日常生活用水，工程总投资 298.62 万元。

该工程于 2017 年建成后，留坝县水利局将工程移交武关驿镇人民政府管理维护，经双方签字完成移交相关手续后，镇政府落实专人对整个供水系统进行规范管理，完善各项管理规章制度，管理人员持证上岗，确保安全生产和正常供水。工程自建成投入使用以来，一直由专人管理，定期加药消毒，并按期对供水设备、供水管网进行巡查维护，制定应急供水预案，备齐备足应急物资储备。水质、水量、水压等符合相关标准要求，运行良好，未出现大的问题。水费收缴按水表计量收取，每吨 1.5 元，水费回收率达 95% 以上。

（四）江口镇小川子村供水工程

江口镇小川子村位于江口镇东北方向，距镇政府约 13 千米。江口镇小川子村供水工程为单村式供水，覆盖全村 4 个村民小组 144 户 477 人，全村共用一个供水系统，自来水入户率 100%。

该村原有水源点 3 处，均为沟溪水，截水坝小，容易被山洪冲毁，汛期时常出现断水现象，且无消毒和净水设备，饮水安全无法保障，群众意见较大。2017 年 9 月对该村供水工程实施了提升改造，2018 年 6 月建成并投入使用。该供水工程属于自流式供水系统，新建小型水厂 1 座，安装净化消毒设备 1 套，监控设备 1 套，供水规模 50 立方米每天，总投资 150 万元。工程建成后，因水源数量充足、水质安全，全年未出现断水现象，群众满意度达 98% 以上。目前，消毒净水设备正常运行使用率达 100%。

该村供水工程在运行管护中呈现以下几个特点：①管水机构和制度健全。工程投入试用后，村委会及时召开院坝说事会，讨论确定了村支书为村级自来水总负责人，四组组长为管水员，制定了各项行之有效的管理制度，管水员定期对供水设备进行巡查检查，发现问题及时处理。②水费定价合理，群众满意度高。村委会通过群众代表大会“一事一议”商定，工程建设期因供水不稳定，水费每户按 5 元收取，从 2020 年起按水表计量收费，每吨 1 元，水费收缴率达 100%。③夯实管护责任，工程运行管护规范。合作社与管水员签订了管护协议，明确了管护责任，落实了务工补贴，使管水员知道自来水怎么管，供水有问题群众知道找谁，从而使供水工程效益更加明显。

（五）太白县咀头镇七里川村供水工程

咀头镇七里川村供水工程为农村饮水安全工程，于 2009 年 6 月 15 日开工，2009 年 10 月 15 日竣工，修建 20 吨、10 吨蓄水池各 1 座，管网 8880 米，完成投资 35.37 万元，其中国家投资 24 万元，解决了七里川村 830 人饮水困难的问题。

第三节　工业供水

一、工业供水

褒河流域工业分布较少，且多集中于平川、丘陵和城镇地区，工业用水大部系自采自

用。山区以地表水为主，平川、丘陵区以地下水为主。部属和省属大工厂、企业，用水量大，地下水供不应求，有条件地区以地表水补充。地方工业企业大部分提取地下水，微小企业采用城、镇集中供水。

2009 年，为保护城区地下水资源，防止地下水过度开采，汉中市政府对中心城区范围内企业自备水源井进行了逐步关停，工业用水全部由自来水公司提供。截至 2020 年，汉中中心城区范围内，除青岛啤酒汉中分厂因水质要求仍自采自用外，其他企业自备水源井已全部关停。

二、重要工业园区供水

褒河流域下游有 3 个工业园区，分别为汉中市经济开发区北区、汉台区褒河工业园区、勉县褒城工业园区。园区偏离中心城区供水管网，工业用水大多自采自用，全部采用地下水。石门水库供水工程和勉县长林水源地完全启用后，园区工业用水将逐步由自来水公司集中供水。

第五章　节约用水

褒河流域是陕西省水资源较丰富的流域之一，人均水资源占有量近4000立方米，分别为全国、全省人均水资源量的2倍和3倍。但是农田灌溉定额高，工业用水重复利用率低，用水效率整体不高，全民主动节水、惜水的意识不强。进入21世纪后，节约用水成为我国的一项基本国策，不仅是缓解目前水资源供需矛盾的有力措施，也是区域经济社会、环境可持续发展的战略措施。流域内各级政府解放思想，积极推动节约用水，在农业节水、社会节水、节水型社会建设方面取得了一定成绩。

第一节　农业节水

一、节水灌溉

褒河流域农业生产历史悠久，但由于水资源丰富，历来农业灌溉节水意识淡薄。新中国成立后，随着农业大规模发展，用水需求剧增，用水供需矛盾逐渐显现，加之农业增产的需要，流域内各地开始逐步注重农业节水增效，推广使用滴灌、喷灌等节水灌溉技术。现代节水灌溉技术与常规的渠水浇灌比较，具有节水、省地、省劳、不板结耕地、改变田间小气候等优点，核心是作物增产，又保持水土。现代节水灌溉技术有喷灌、微管、滴管、微喷灌、小管出流灌溉和渗灌等。这些技术的共同特点是：依靠机械加压或天然水位落差把水喷射成细小的水滴，更适合丘陵山区、梯地及水资源非常匮乏地区的经济作物灌溉。每亩地的灌水量相当于渠水漫灌的1/3~1/4。

（一）发展概况

褒河流域最早使用喷灌是在褒惠渠灌区。1958年冬，汉中市农械厂仿制双人杠压式人工降雨机（当时称喷灌为人工降雨），一种是通过苎麻水龙带衔接，安装可移动钢管或铁皮管，使用“折射式”喷头；另一种是在水龙带末端安装“洒壶式”喷头，移动作业。1959年春，褒惠渠利用渠道跌水水头，试办3处人工降雨站，又在周寨水轮泵站、陈家巷抽水站等试建人工降雨站。主管道为钢管，支管为内径8~10厘米的白铁皮管，支撑在地面上1.2~1.4米，管道上焊接“折射式”喷头若干个。但因设备简陋、技术不过关和管理不善等问题，试喷一二年后，便全部拆除。

1975年春，陕西省水电局召开喷灌技术座谈会，会后汉中地区灌溉工作站（今灌溉试验站）从西安市水利机械厂引进喷灌机2台。先后在汉中市宗营、新沟桥、张寨等社、队的蔬菜、洋芋、小麦地定点试喷，取得初步经验。是年11月，汉中地区灌溉站从广州、

陕西省水科所引进喷灌机具技术资料，与石门水库管理局修配厂试制喷灌机。翌年秋，石门修配厂提供喷灌样机15台，摇臂式喷头25个。1977—1980年，流域内发展喷灌达到高潮。其中，太白县有流动喷灌设备36套，固定式喷灌6处。

1981年8月水灾后，各地喷灌工程部分水毁，加之管理不善、设备不配套、质量不过关、机具价格高等诸多因素，到1985年底，流域内喷灌工程保留不多，主要用于橘柑、蔬菜和其他经济作物灌溉。其后，流域内各县（区）陆续建设了一批小型喷灌、微管、滴管、微喷灌、小管出流灌溉和渗灌等节水工程，但灌溉面积小，影响不大。

进入21世纪后，流域内各级水利部门继续探索喷灌、微灌等节水技术，在农业园区建设中得到了广泛推广应用。上游太白县积极探索对高山蔬菜实施节水灌溉，目前，太白县蔬菜基地节水灌溉工程已形成一定规模；在下游汉台区和勉县的盆地、丘陵地带的经济林带和高效农业园区，因地制宜地实施了一批节水灌溉示范工程，主要采用小型手推式喷灌机、半固定式喷灌、滴灌、微喷灌、小管出流、管道输水等灌溉模式，灌溉柑橘、梨、葡萄、等经济果林及大棚果蔬，水源一般借用人畜饮水的水塔。

大棚蔬菜微喷灌（2024年拍摄）

（二）典型工程

（1）汉中市褒河乡红旗大队（现汉台区河东店镇河东店村）自压喷灌站。工程地处褒谷口汉中盆地边缘丘陵地区。1978年，汉中市（现汉台区）水电、科委、林副等部门，协同区、乡建设果园基地，发展多种经营，由国家投资3.95万元，水电局设计施工，建成红旗大队果园自压喷灌工程。全部工程包括二级抽水站和自压喷灌池3个，引水渠800米，灌溉面积185亩，栽植橘柑1.2万株。

（2）太白县咀头镇塘口村节水灌溉工程。2001年，太白县水利部门投资50.37万元，在咀头镇塘口村建成节水灌溉工程1处，保障该村33.3公顷菜田的灌溉用水，改过去大水漫灌为方便、快捷、高效的节水灌溉。2002年，又建成40公顷节水灌溉工程，使蔬菜基地的灌溉条件得到改善。

二、灌区节水改造

新中国成立后，褒河流域大搞农田水利基本建设，兴修渠道，发展灌区。其中，石门灌区设施灌溉面积51.5万亩，有干渠3条，总长89.32千米；支渠15条，总长161.72千米；斗渠418条，总长675千米。板凳堰灌区设施灌溉面积2.04万亩，有东、西两条干渠，总长24.77千米；斗渠54条，总长75千米。这些灌溉渠道大部分于20世纪六七十年代修建，

工程标准较低，配套设施不全。到 20 世纪 80 年代末期，工程老化失修，渗漏严重，供水量也随之下降，每年夏季插秧用水矛盾十分突出。从 1987 年开始，流域内各级政府把渠道衬砌、除险加固作为农田水利工作的主攻方向，广泛发动群众，自力更生，集资投劳，进行渠道衬砌，提升灌溉效率。进入 20 世纪 90 年代以后，通过现代化灌区建设，组织实施高标准农田建设项目，使灌区灌溉条件发生根本改变。石门灌区自 1999 年开始实施大型灌区续建配套与节水改造项目建设。截至 2020 年 5 月，已完成 1999—2013 年和 2019 年共 18 个批次的节水改造项目建设，共完成建设投资 24648.06 万元（其中：中央资金 21977.00 万元，地方配套资金 2671.06 万元）；完成渠首工程改造 2 处，干、支渠道改造 193.92 千米，建筑物配套和改造 858 座。通过对灌区干、支渠道衬砌改造，彻底改善了造成灌区输水困难的“卡脖子”渠段和险工段渠道，有力提升灌区渠道输水保障能力，减少渠道输水损失，提高渠道水利用系数，使骨干渠道完好率、机电设备完好率均达到98%以上，为灌区农业水价改革和灌区标准化、规范化管理提供了硬件保证，促使灌区工程设施面貌发生了巨大变化，保障了灌区农田灌溉用水，促进了灌区粮食生产。

干渠现浇混凝土衬砌（2020 年拍摄）

斗渠 U 形混凝土板衬砌（2009 年拍摄）

三、集雨节灌

褒河流域大部地处秦岭山区和丘陵地带，山大沟深，水源分布不均，季节性干旱缺水问题突出。雨季降水量大，多过境流走，许多地方河谷深切，地下水埋藏较深，水资源开发利用难度大。加之耕地和农户居住分散，不具备修建骨干水利工程条件。集雨水窖是一种建在地下的埋藏式蓄水工程，适于流域内修建。水窖主要由窖口、窖体、窖底三部分组成，且具有集雨存水、调节时空、不易污染、不漏不渗、饮用灌溉、

集雨水窖（2024 年拍摄）

一窖多用、结构简单、易修易成、管理方便、费省效宏等优点。一年之内，可以多次蓄水，反复利用。2002—2005 年，汉台区、太白县、凤县利用“雨水集蓄利用项目”实施之机，因地制宜地修建集雨水窖，用于干旱缺水地区的灌溉。其中，汉台区修建水窖 86 个，集雨灌溉面积 133 公顷；太白县修建水窖 100 个，集雨灌溉面积 700 亩；凤县修建水窖 311 个，集雨灌溉面积 1147 亩。

第二节　社会节水

一、节水宣传

节约用水是我国的一项基本国策，关系到国民经济可持续发展的大局。“十三五”期间，国家大力推进节水型社会建设步伐。褒河流域各级政府提高认识，广泛开展各类节水宣传活动，通过报刊、广播、电视、网络、新媒体等宣传媒体，积极开展节水宣传教育，群众节水意识显著增强，形成了良好的节水氛围。各级水利部门利用“世界水日”“中国水周”、全国城市节水宣传周等时机，开展节水宣传进机关、进校园、进社区、进企业、进农村等主题活动，多种形式宣传《公民节约用水行为规范》《节约用水条例》等法律法规。在中心城区广场、县城中心广场等人口集聚区开展节约用水集中宣传活动，组织开展“节水中国　你我同行”等主题宣传活动。通过设置展板、有奖问答、免费发放节水器具、节水倡议书、环保购物袋等形式，广泛动员广大市民共同关注水资源，树立节约用水意识。同时，把节水知识宣传教育融入绿色学校创建中，以环境教育课程为载体，将节水节能等与学校日常教学有机结合，引导广大师生树立节水观念。通过形式多样、内容丰富的节水宣传活动，使节约用水成为每个单位、每个家庭、每个市民的自觉行动。广大干部群众节水护水意识明显增强，自觉节水良好风尚加速形成。

二、节水措施

（一）实施阶梯式计量水价

《陕西省节约用水办法》规定，对城市居民生活用水逐步实行阶梯式计量水价。阶梯式计量水价（简称阶梯式水价或阶梯水价），是居民生活用水适用的水价，是把居民家庭每月生活用水量划分为三个等级的阶梯式水量：第一级水量基数，根据“确保居民基本生活用水”的原则制定；第二级水量基数，根据“改善和提高居民生活质量”的原则制定；第三级水量基数，根据“市场价格满足特殊需要”的原则制定。根据《城市供水价格管理办法》，流域内汉中中心城区和太白、留坝县城

节水宣传（2020 年拍摄）

供水有计划地、合理地、稳妥地调整水价，严格执行城市居民生活用水阶梯式计量水价制度，非居民用水实行计划用水和定额管理，对超计划和超定额用水实行累进加价收费制度。

（二）加大城市供水管网优化改造力度

节水型社会建设以来，流域内各级政府坚持对城市一些老化严重、材质差的管网及时进行更新改造，并加强管网的查漏修补工作，以减少供水管网跑、冒、滴、漏等现象的发生。同时，从设计、施工、管材选用和管理等方面保证新建管网的工程质量，使新建的供水管网符合国家标准，确保安全供水。其中，1999—2004年，汉中中心城区实施了城市供水管网改造工程，完成23条20余千米供水管网的改造。太白、留坝县级城市供水管网改造也在解决水源建设的基础上，逐步完善了城市供水管网。

（三）大力推广节水器具

全面提高节水器具使用率，大力推广包括节水型水嘴、节水型淋浴器、节水型坐便器等在内的节水型生活用水器具；推广喷灌、滴灌、微灌等节水技术设备，积极促进工业节水发展，提高工业用水重复利用率。努力提高全社会各个行业的节水能力，降低水资源消耗，建设节水型社会。

（四）提高污水处理能力与重复利用

褒河流域是国家南水北调中线工程水源涵养区和陕西省引汉济渭水源地，流域内城市和沿河集镇都建设了污水处理厂，全面提高了污水处理能力，使各类废污水得到收纳处理，并鼓励、推广处理后再生水利用，以达到节约水资源、保护水环境的目的。积极开发小区和工厂内部再生水利用，在绿地灌溉、城市景观等方面增加再生水的使用量。在城市采用雨、污分流的排水体制，雨水按照就近、分散、简便、自流的原则，排入附近水体。同时，为充分利用雨水资源，积极推广海绵城市建设，在绿地、广场等公共区域布置渗（透）水地面、雨水集水池等，截流入渗或储存利用，涵养地下水源。

（五）制定切实可行的用水奖励机制

国家实施最严格水资源管理制度后，流域内各级政府建立健全水费计收制度，对各用水部门和用水环节实行定额管理，足额计收水费和水资源税，对超计划用水实行累进加价征收，对节水型企业、社区进行奖励，促进了节约用水，保障了区域经济社会发展的用水需求。

三、城市园林节水

随着城市化的不断推进和城市品质的提升，流域内汉中中心城区及各县城都积极创建园林城市，在园林绿化中大量引进和使用节水设施和节水灌溉技术，主要采用小型手推式喷灌机、固定式喷灌、微喷灌、

城市绿地喷灌（2024年拍摄）

滴灌等现代灌溉技术解决城市公共绿地、花卉苗木的灌溉问题，获得较好的节水效果。

四、节水示范单元建设

根据褒河流域特点，流域内各级部门积极在政府机关、学校、居民小区、医院等开展节水单元创建工作，提高节水型社会载体建设水平。汉中市将节水与学校日常教学相结合，利用校园广播、校园网、手抄报等形式开展宣传教育，引导学生建立节水意识，起到“教育一个学生、带动一个家庭、影响整个社会”的效果。汉师附小自 2015 年创建节约用水社会实践基地以来，通过全方位、多层次的节水校园创建，使全体师生形成了良好的主动节水意识，全校用水量显著下降，年节约用水 60% 以上。同时，通过在校师生的传播和辐射带动作用，从而引领家庭和社会公众共同参与节约用水。至 2020 年，流域内市、县水利局全部创建为水利行业节水型单位，3 所高校全部创建为省级节水型高校。汉中市机关事务管理局、紫薇公馆、汉师附小等单位被授予省级节水型单位、节水型居民小区、节水型校园。累计创建各级各类节水型载体 148 个，有效示范带动了全域节水。

节水意识从孩子抓起（2022 年拍摄）

第三节　节水型社会建设

节水型社会建设主要是通过制度建设，注重对生产关系的变革，形成以经济手段为主的节水机制，是缓解用水供需矛盾的有效途径。通过生产关系的变革进一步推动经济增长方式的转变，推动整个社会走上资源节约和环境友好的道路。2002 年，水利部下发《水利部印发关于开展节水型社会建设试点工作指导意见的通知》（水资源〔2002〕558 号）。2003 年 10 月，水利部在甘肃张掖召开全国节水型社会建设试点会议。2007 年 12 月 14 日，陕西省人民政府印发了《陕西省人民政府关于加快节水型社会建设的意见》（陕政发〔2007〕70 号）。2009 年，陕西省水利厅组织开展了省级节水型社会建设试点。2017 年，水利部印发《水利部关于开展县域节水型社会达标建设工作的通知》（水资源〔2017〕184 号），明确县域节水型社会达标建设考核程序为县级自评、省市节水部门技术评估、省级水行政主管部门验收、水利部备案命名，并发布了节水型社会评价标准，陕西省县域节水型社会达标建设工作全面展开。

县域节水型社会达标建设工作开展以来，褒河流域各县（区）坚持“节水优先”方针，扎实推进节水载体建设、农业节水增效、强化工业节水减排、城镇节水降损等重点工作，切实推动全社会节水行动，全面提升水资源利用效率。积极推动重点用水行业节水型企业、公共机构节水型单位、节水型校园、节水型居民小区建设，公共场所和新建小区节水器具

普及率达 100%。同时，积极推广微、喷灌等高效节水灌溉技术，使农田灌溉水利用系数显著提高。2020 年 11 月 25 日，水利部公布第三批节水型社会建设达标县（区）名单，汉中市汉台区入选。2021 年 7 月 15 日，水利部公布第四批节水型社会建设达标县（区）名单，宝鸡市凤县入选。2022 年 12 月 29 日，水利部公布第五批节水型社会建设达标县（区）名单，汉中市勉县入选。太白县、留坝县达标建设已全面实施，待通过省级验收。

第六章　水能开发

褒河流域水能资源丰富，理论蕴藏量为21.37万千瓦，可开发装机容量为17.63万千瓦，可开发利用系数为0.82。平均水力蕴藏量为185.07千瓦每平方千米，可开发装机容量为151.75千瓦。史料记载，褒河流域的先民们利用水力修造传统的水力机具，如水磨、水碓、水碾、轧花车、筒车等，用以打米、磨面、榨油、造纸、轧花及提水灌溉等古已有之。民国时期，由国民政府经济部资源委员会投资，利用褒惠渠二支渠跌水修建了陕西省第一座小型水力发电站——武家沟水电站。新中国成立后，国家对发展水电事业提出了依靠群众，自力更生，贯彻“大、中、小并举，多搞中小”的方针，水电建设得到各方面的支持。通过国家投资，各级集资，银行贷款，群众自筹，解决资金困难，促进水电建设的发展。在此期间，经过重点勘测设计，列入国家基本建设，或各方集资，兴建了石门水电站、勉县板凳堰水电站、留坝县桑园坝水电站等一大批中小型水电站，满足了流域内交通不便的边远山区照明和开展文化生活的用电。2011年，秦岭小水电整治，因褒河流域地处秦岭保护区，流域内水电站除石门坝后电站、留坝桑园水电站、郑家坝水电站、勉县马蹄沟水电站经整改验收保留外，其他干支流上大小水电站全部拆除退出。

第一节　水能资源

一、资源普查

褒河流域支流众多，降水量丰沛，河道比降大，水流含泥沙少，具有水能开发利用较好的自然条件。自新中国成立以来，中、省、市、县有关部门，曾先后多次对褒河流域水能资源进行了普查。根据普查成果，褒河流域面积3955平方千米，平均流量50.1立方米每秒，落差1787米，水能资源理论蕴藏量为21.37万千瓦，可开发装机容量为17.63万千瓦，可开发利用系数为0.82。平均水力蕴藏量为185.07千瓦每平方千米，可开发装机容量为151.75千瓦。

二、资源分布

褒河流域在水能资源的分布上区别较大，上游源近流短，流量季节性变化大，水能资源有限；中游山区降雨多，河流比降大，水能资源较为丰富；下游丘陵、平川段河流平缓，水能资源则相对偏少。流域内汇入褒河10平方千米以上的支流有92条，但水能资源主要分布在100平方千米以上的11条重大支流上。

第二节　早期开发利用

一、传统水力机具

褒河流域的水力开发利用较早，据《秦汉魏晋南北朝史》载：东汉初汉中盆地就有用水力舂米的水碓。据《凤县志》记载：“两山相逼，中即水沟，民间安置水磨、水硙，所在多省。”证明褒河流域的先民们利用水力修造传统的水力机具，如水磨、水碓、水碾、轧花车、筒车等，用以打米、磨面、榨油、造纸、轧花及提水灌溉等古已有之。

（1）水磨。是进行粮食和农副产品加工的传统水力机具。其制作以木制平轮或立轮作为水力传动机械，以木质立轴或横轴带动石磨（立轴石磨下扇旋转，上扇用绳索软固定；横轴通过木齿轮带动石磨上扇旋转，下扇固定）。一般利用水头 2~3 米，引用流量 0.2~0.5 立方米每秒，渠口设置木槽，导水冲动平轮或立轮轮叶，完成水能至机械能的转换。利用沟溪、渠道安装水磨最为普遍。

（2）水碓。水碓是利用水力冲动立轮带动一个或数个木（或石）杵做上下舂动，木杵下对石碓，用以代替人工进行农副产品加工的水力机械。

（3）水碾。是用木制水轮带动石滚或铁轮在碾盘上或碾槽内做旋转运动，用以碾压加工农副产品。

（4）轧花车。是利用水力冲动木制立式木轮（直径约 1.2 米）为动力进行棉花脱籽的。多在河道溜口或小河、山溪简单拦河，引水渠长 30~50 米，利用落差安装，也有利用渠道跌水落差的，水头在 0.5~1 米，设备简陋，以临时草棚为坊，冬春安装，汛前拆除，来年再造，当时尚属节省人力的先进机具。

（5）筒车。是利用水力提水的原始灌溉机具。用竹、木制成，一般架设在河道或渠道岸边，利用水力冲动，自动运转，提水灌溉。

二、水力站

民国时期，新式水轮机开始在褒河流域使用。抗日战争后期，由中国农村水力实业公司主办，在南郑县引褒惠渠水使用木制旋桨式水轮机兴建了 2 座各为 15 马力的水力厂，即万仙桥水力示范厂与铺镇水力工业厂。同时，在褒惠渠周寨使用木制旋桨式水轮机兴建了三泰面粉公司进行粮食加工。

民国时期武家沟水电站发电机组

三、武家沟水电站

民国三十四至三十五年（1945—1946 年），由国民政府经济部资源委员会投资，利用褒惠渠二支渠跌水修

建了陕西省第一座小型水力发电站——武家沟水电站。由工程师李义奎组织施工，民国三十五年（1946 年）5 月建成发电。该站引水流量为 2.5 立方米每秒，水头 12.5 米，装机容量为 160 千瓦，年发电量 57 万千瓦时，架设输电线路 4 千米，主要供汉中市城镇照明及地方工业用电。1949 年 12 月，国民党军队向四川溃退时将电站炸毁。1950 年 3 月，人民政府决定重建武家沟水电站，从上海运回美制 210 千瓦发电机组 1 台，于 8 月 16 日完成安装，恢复发电。1969 年大电网进入汉中后，经汉中地区革命委员会生产组决定，于 1970 年 3 月移交汉江制药厂自发自供（实际接收时间为 1972 年 8 月）。但该厂因水量不足等，只发电半月就停止运行。

第三节　水电站建设

一、石门水电站

石门水电站是石门水利枢纽工程的重要组成部分，为汉江支流褒河上的第一个梯级电站，位于汉中市河东店以北 3 千米处，距汉中市 18 千米。水库工程以灌溉为主，结合发电。

工程由坝后河床电站、东干渠渠首电站、西干渠渠首电站 3 部分组成。共装机 6 台，其中坝后河床电站 3 台（装机容量各 1.25 万千瓦），东干渠渠首站 2 台（装机容量各 1250 千瓦），西干渠渠首站 1 台（装机容量 500 千瓦），总装机容量 4.05 万千瓦。发电机组分别于 1978—1981 年相继移交生产。坝后河床电站设在坝后右岸，设计水头 67 米，最高水头 78 米，选用轴流转桨式高水头机组 3 台。1984—1989 年，对河床 3 台机组进行翻修改造，达到了发、变、送设备配套。河床升压站装有 3.15 万千伏安和 2 万千伏安变压器各 1 台。电站两回出线，电压等级分别为 110 千伏和 10 千伏，均送至红河变电站并入大电网。石门水库大坝和电站等工程由水电部第三工程局修建，电站部分造价为 2865 万元，工程质量较好，被水电部评为部优工程。石门水电站隶属汉中地区石门水库管理局。

石门水电站投入运行已经 40 多年，截至 2023 年 8 月累计完成发电量 35.3 亿千瓦时，实现工业总产值近 6.3 亿元，上缴利税近 6271 万元，电站在提高汉中电网的供电质量和可靠性方面发挥了重要作用，为汉中市经济建设和社会发展作出了重要贡献。

二、其他小型水电站

（1）平木上河水电站：位于凤县汉江二级支流黄牛河左岸的上河村。1974 年，由凤县水利局设计，在黄牛河北山崖筑坝，沿左岸修建 5 千米引水渠道，引黄牛河水流量 4.9 立方米每秒，水头 31 米。1974 年 11 月开工，历经 4 载，于 1978 年 6 月 17 日试车成功。现安装 HL129–WJ–42 型水轮机 2 台，装机容量共 250 千瓦，总投资 32.0 万元。

（2）杨河水电站：位于凤县黄牛河一级支流杨河左岸的杨河庄。1977 年，由凤县水利局设计，在刘家庄村石台上筑坝，渠道长度 3200 米，引水流量 0.7 立方米每秒，净水头 51.6 米，安装 HL110–WJ–42、HL110–WJ–35 型水轮机各一台，总装机容量 285 千瓦，预算造价 29.0 万元。1976 年动工，1981 年 8 月竣工，后来与平木上河水电站、齐心水电站并网运行，统称平木电站。

（3）齐心水库1、2级水电站：位于凤县杨河上游齐心村4组，1995年宝鸡高压铁塔厂扶持齐心村，联合平木电站，土法上马，利用水库前杨河至九子沟水库，引水渠道长度500米，流量3.9立方米每秒，水头24米，在坝后安装HL100–WJ–35型水轮发电机组1套，装机容量75千瓦。尾水退入齐心水库放水渠，再利用原齐心水电站引水渠500米，水头30米，安装HL260–WJ–30型水轮发电机组1套，装机容量100千瓦，工程总投资30万元，1996年1月竣工投运，并入平木小水电网。

（4）岩湾水电站：位于凤县河口镇岩湾村北，车道河左岸。由宝鸡市水电勘测设计队和凤县水电工作队共同设计。1972年12月开工，从上游2.5千米处筑坝，引水流量0.7立方米每秒，水头24米，安装HL110–WJ–42、HL350–WJ–35型水轮机各1套，装机容量180千瓦。1987年6月建成发电。

（5）坪坎金星水电站：位于凤县坪坎镇上方西河右岸，由凤县水利局水利队设计和技术指导。1974年初动工，在上游180米筑坝，引水流量4.8立方米每秒，水头6.49米，安装2D661–LH–60型水轮发电机组2台，装机容量150千瓦，总投资31.0万元，1978年7月竣工发电。1980年6月25日，该河段洪峰流量达870立方米每秒，过坝水将护坦和海漫冲毁而停运。修复后运行到1981年8月，又遭特大洪水袭击，将滚水坝及下游消力池全部冲毁，厂房机组被淹，10伏输电线路被毁7千米，因无力恢复，电站报废。1994年，坪坎镇政府筹资130万元，由凤县水利局重新设计，在上游黑牛坪筑坝引车道河水，现总装机容量达到150千瓦，1995年重新发电上网运行。

（6）凤县元润水电站：位于汉江二级支流车道河左岸，由凤县元润水电开发有限公司投资，引车道河、黄牛河水，筑双坝，经4000米隧洞至孔棺村东，流量5.64立方米每秒，水头36.6米，安装浙江临海HI240–WJ–50型水轮发电机1台500千瓦，HL270–WJ–50型2台1260千瓦，总装机容量1760千瓦（3台），配升压变3台2230千伏安，厂区用电变1台30千伏安。工程造价1260万元，2005年5月开工，2006年11月竣工投运。

（7）王家堎水电站：位于太白县王家堎镇板桥村，1988年6月筹建，1990年5月建成发电。总投资18万元，引红岩河水，设计水头9米，引水流量2.1立方米每秒，装机2台200千瓦，年发电量70万千瓦时。

（8）金凤水电站：位于太白县太白河镇东青村，1993年2月筹建，1997年7月建成发电。总投资100万元，引太白河水，设计水头63米，装机3台1320千瓦，年发电量528万千瓦时。

（9）石沟水电站：位于太白县咀头镇凉峪村，属红岩河一级支流。2002年3月筹建，2003年8月建成发电。总投资370万元，引石沟河水，设计水头52.45米，引水流量1.53立方米每秒，安装HL160–WJ–42型水轮机2台，装机容量520千瓦（320千瓦+200千瓦），年平均发电量274万千瓦时，2003年10月与高压线路并网，年产值103.95万元。

（10）靖口水电站：位于太白县靖口镇凉水泉村，2006年建成发电。总投资350万元，引黄牛河水，设计水头25.7米，引水流量2.2立方米每秒，安装HL200–WJ–50型水轮机2台，装机容量400千瓦，年发电量210万千瓦时。

（11）南天水电站：位于太白县咀头镇石沟河与红岩河交汇处，2005 年 1 月筹建，2006 年 1 月建成发电。总投资 280 万元，引虢川河、石沟河水，设计水头 12.9 米，安装 2D560-LH-80 型水轮机 2 台，装机容量 820 千瓦，年发电量 265 万千瓦时。

（12）天意水电站：位于太白县咀头镇石沟河，2005 年 3 月筹建，2005 年 11 月建成发电。总投资 330 万元，引石沟河水，装机 3 台 610 千瓦，年发电量 424 万千瓦时。

（13）七女峰水电站：位于太白县咀头镇石沟河，2006 年 9 月筹建，2007 年 4 月建成发电。总投资 1200 万元，引石沟河水，设计最大水头 193.53 米、最小水头 187.87 米，引水流量 1.11 立方米每秒，安装 CT237-W80/1×10 型水轮机 2 台、CT237-W70/1×9 型水轮机 1 台，功率 1660 千瓦，年发电量 600 万千瓦时。2007 年 4 月 20 日与高压线路并网，年产值 200 万元。

（14）咀头水电站：1958 年筹建，1961 年停建，1963 年由太白县水利工作队重新设计续建，1964 年终建成发电。安装 HL-300WG-30 型水轮机 1 台，TSWN 发电机 1 台，装机容量 55 千瓦，年发电量 13 万千瓦时，供县城用电。1970 年与大电网并网，实行电价交换。1983 年扩建，增加 55 千瓦机组 1 台，合并装机 2 台，功率 110 千瓦，年发电量 16 万千瓦时。1987 年发电量达 22 万千瓦时，2007 年扩建，装机容量 135 千瓦，年发电量 53 万千瓦时，年产值 15 万元。

（15）秀荣水电站：位于留坝县火烧店镇，是褒河一级支流尚溪河上的电站，开发方式为引水式。1979 年开工建设，1980 年建成运行，装机容量 100 千瓦。所有制性质为民营。

（16）桑园坝水电站：位于留坝县江口镇，是褒河一级支流太白河上的电站，开发方式为引水式。2013 年开工建设，2017 年建成运行，装机容量 6250 千瓦。2019 年被认定为绿色小水电。所有制性质为省属国有。

（17）郑家坝水电站：位于留坝县江口镇，为褒河一级支流太白河上的电站，开发方式为引水式。2016 年开工建设，2020 年建成运行，装机容量 5000 千瓦。2018 年被认定为农村小水电扶贫工程。所有制性质为省属国有。

（18）西沟河水电站：位于留坝县马道镇，为褒河一级支流西沟河上的电站，开发方式为引水式，工程任务为发电。2004 年开工建设，2006 年建成运行，装机容量 720 千瓦。

桑园坝水电站（2023 年拍摄）

郑家坝水电站（2023 年拍摄）

所有制性质为民营。

（19）正安水电站：位于留坝县马道镇，为褒河一级支流西沟河上电站，开发方式为引水式，电站和拦河工程的工程任务为发电和灌溉。1978 年开工建设，1980 年建成运行，装机容量 180 千瓦。所有制性质为民营。

（20）倒角水电站：位于留坝县江口镇，是褒河一级支流太白河上的电站，开发方式为引水式，电站和拦河建筑物的工程任务为防洪、发电、灌溉。开工建设时间不详，1983 年建成运行，装机容量 180 千瓦。所有制性质为民营。

（21）柳川金洞岭水电站：位于留坝县江口镇褒河干流，开发方式为引水式。1980 年开工建设，1990 年建成运行，装机容量 165 千瓦。所有制性质为民营。

（22）柘梨园水电站：位于留坝县江口镇，为褒河一级支流红岩河上的电站，开发方式为引水式。1981 年开工建设，1983 年建成运行，装机容量 40 千瓦。所有制性质为民营。目前处于停运状态。

（23）上南河水电站：位于留坝县武关驿镇，为褒河一级支流上南河上的电站，开发方式为引水式。2006 年开工建设，2008 年建成运行，装机容量 1000 千瓦。所有制性质为民营。

（24）西河水电站：位于留坝县玉皇庙镇，为褒河一级支流西河上的电站，开发方式为引水式。2013 年 11 月开工建设，受高速公路建设影响，仍处于在建状态，装机容量 4800 千瓦。所有制性质为民营。

（25）响水河水电站：位于勉县新街子镇，是响水河上的水电站，开发方式为引水式。1987 年开工建设，1991 年建成运行，2013 年改扩建，装机容量 200 千瓦。所有制性质为民营。

（26）娘娘滩坝后电站：位于勉县新街子镇，是沙沟河上的水电站，电站和拦河工程的工程任务为灌溉、发电，开发方式为坝后式。2003 年开工建设，2006 年建成运行，装机容量 1000 千瓦。2003 年被认定为小水电代燃料生态保护项目。所有制性质为民营。

（27）马蹄沟水电站：位于勉县新街子镇，是沙沟河上的电站，开发方式为引水式。2007 年开工建设，2010 年建成运行，2019 年改扩建，装机容量 2690 千瓦。2020 年被认定为绿色小水电、农村小水电扶贫工程。所有制性质为民营。

（28）长梁水电站：位于勉县新街子镇，是沙沟河上的电站，开发方式为引水式。2004 年开工建设，2008 年建成运行，装机容量 3200 千瓦。所有制性质为民营。

（29）板凳堰二级电站：位于勉县新街子镇，是沙沟河上的电站，电站和拦河工程的工程任务为灌溉、发电，开发方式为渠道式。1985 年开工建设，1990 年建成运行，2012 年增效扩容改造，装机容量 2400 千瓦。2018 年被认定为绿色小水电。所有制性质为民营。

（30）板凳堰一级电站：位于勉县新街子镇，是板凳堰总干渠上的电站，电站和拦河工程的工程任务为灌溉、发电，开发方式为渠道式，1964 年开工建设，1966 年建成运行，2012 年增效扩容改造，装机容量 3880 千瓦。2018 年被认定为绿色小水电。所有制性质为

民营。

（31）板凳堰寺坪水电站：位于新街子镇，是板凳堰东干渠上的电站，电站和拦河工程的工程任务为灌溉、发电，开发方式为渠道式。1992 年开工建设，1993 年建成运行，装机容量 250 千瓦。所有制性质为民营。

（32）板凳堰树林水电站：位于勉县新街子镇，是板凳堰东干渠上的电站，电站和拦河工程的工程任务为灌溉、发电，开发方式为渠道式。1992 年开工建设，1993 年建成运行，装机容量 175 千瓦。所有制性质为民营。

（33）留马山水电站：位于汉台区老君镇五星村，利用石门南干渠一、二号跌水落差，采用渠道引水式发电，引水流量 5 立方米每秒，设计水头 4.7 米，安装 55 千瓦、125 千瓦机组各 1 台，180 千伏安变压器 1 台，架设 10 千伏输电线路 1.5 千米，设计年发电量 72 万千瓦时。工程由汉中市（汉台区）水电工程队勘测设计，1973 年 10 月动工，1975 年 12 月建成，1976 年 7 月并网运行，国家投资 29.26 万元。由于渠道供水时有间断，实际年均发电一直无法达到设计标准，2017 年停止运行。

第四节　秦岭区域小水电整治

拆除后的板凳堰电站（2023 年拍摄）

2021 年，为保护秦岭区域生态环境，依据新修订的《陕西省秦岭生态环境保护条例》《陕西省秦岭生态环境保护总体规划》有关要求，陕西省秦岭生态环境保护委员会办公室制定了《秦岭区域小水电整治工作方案》和《陕西省秦岭区域小水电站工程评估指导与标准》，并委托中国水利科学院对秦岭区域小水电进行核查和评估，由秦岭区域相关市（县）负责整治。因褒河流域地处秦岭保护区，流域内水电站除石门坝后电站、留坝桑园水电站、郑家坝水电站、勉县马蹄沟水电站经整改验收保留外，其他干支流上大小水电站于 2011 年底全部拆除退出，共拆除小水电站 34 座。其中，太白县 8 座，凤县 10 座，留坝县 8 座，勉县 6 座，汉台区 2 座。

第七章　水产养殖

褒河流域水产养殖历史悠久，下游的汉中盆地素有“鱼米之乡”的美称。据《汉书·地理志》载：“汉中楚分也，火耕水耨，民食鱼稻，以渔猎伐山为业。”自秦、汉以后至新中国成立前的2000多年，境内虽有以渔猎为业的传统，但基本处于园圃生产形式，除部分塘池养殖鲤鱼、鲫鱼外，商品鱼的主要来源多为江河天然自生自长的野生鱼类。由于受水面、渔具和技术等条件限制，产量很低。

新中国成立后，随着水利事业的蓬勃发展，流域各级政府贯彻“农、林、牧、副、渔”五业并举的发展方针，坚持“一水多用，综合经营”，水产养殖业从园圃生产发展到人工养殖，渔业生产由江河捕捞型发展到人工养殖型，初步形成了以国营为骨干的渔业生产体系。中共十一届三中全会后，由于农村产业结构的调整和生产责任制的普遍推行，养殖水面不断扩大，科学养鱼技术不断提高，渔业生产逐步以精养为目标，在塘库推广磷氮化肥养鱼、投喂配合饵料精养、网箱养鱼、流水养鱼等新技术均取得成功，具有传统经验的稻田养鱼也有了新的发展，使流域内水产品产量大幅地增长。

第一节　资　源

褒河流域地处内陆，支流众多，有多种水生植物，适宜自然鱼类生存，中上游支流为国家二级保护野生动物大鲵的栖息地。古褒斜栈道西江口关下，沿褒河经过孔雀台1千米处的鱼洞子，古称“丙穴”（《水经注》）。史料记载，此处山峰险峭，碧石插天，犀株林立，飞湍箭激，凝为深渊，其色墨绿，凭高下瞰，令人魂悸。傍岩水边，有一石洞（鱼洞）。清嘉庆年间（1796—1820年），洞距水面约7米，然水如斗状，涓涓流出。清明至谷雨时节，鱼常夜出，尤多嘉鱼，长尺余，故有“嘉鱼出于丙穴”之典故。下游为汉中盆地，境内鱼类资源较丰富，池塘众多，且水（稻）田亦可兼作季节性养鱼，最宜于发展淡水养鱼。

据《陕西鱼类志》记载及省、地有关单位对汉江河道鱼类资源调查，汉江上游共有鱼类109种，占长江水系274种的40%，占全省144种的76%。主要经济鱼类有鲤、鲫、青、草、鲢、鲶、鲂、鳜、赤眼鳟、鳝、乌等30余种。此外，沿汉江、褒河支流及其沟道，大鲵（娃娃鱼）、甲鱼、青虾、汉蚌、田螺、河蟹也有分布。流域养殖水域中，主要养殖种类有鲢、鳙、草、鲤（镜鲤、丰鲤、兴国红鲤、荷包鲤）、鲫（日本大阪鲫、异育银鲫、方正银鲫）、鲂（团头鲂、三角鲂）、鳊、罗非、黄颡鱼、黄鳝等10余种。其中，鲢、鳙、草、鲤四大品种占养殖总体的90%以上。

褒河流域气候湿润，雨量丰沛，土壤酸碱度适中，地表径流中的有机物和无机盐为鱼类的生长提供了丰富的天然饵料。其中：以浮游生物为主，底栖动物和水生维管束植物次之。据查，石门水库的浮游植物量为 0.76 毫克每升，优势种属为甲藻类；浮游动物量达到 2.07 毫克每升，优势种属为轮虫类。小型水库及塘池的浮游生物量更高，常见的有小球藻、鱼腥藻、多肢轮虫、象鼻蚤、沙壳虫等 20 余种，常见的底栖动物有螺类、蚌类、寡毛虫、水蜈蚣、龙虱幼虫等 10 余种。常见的水生植物有浮萍、水葫芦、水芹菜、水菖蒲、莲藕、茭白等近 10 种。

第二节　养　殖

褒河流域渔业养殖历史悠久，1965 年、1978 年先后在汉台区石马坡、勉县老道寺镇沙家庄出土的东汉墓葬品陂塘、水田陶模中，塑有鲤鱼、鲫鱼、鳖、螺、菱角、茭白、莲藕等水生动、植物模型，证明流域下游的汉中盆地水产养殖业最晚始于汉代，而且品种多样。民国时期，在北部丘陵地区，亦有不少农民在房前屋后掘塘蓄水，浇灌稻田兼作养鱼。但其产品数量有限，多为自食，上市鱼货大都为江河野生，农民利用农闲季节手网捕捞，数量不稳定。

新中国成立后，渔业由个体农民从事简易的捕捞生产发展为以养为主、养捕结合的渔业生产形式。从采集野生卵到人工培育现鱼产卵和人工孵化鱼苗，又从普通养殖发展到科学养殖以及特种养殖，数量和质量都逐步上升，经济效益逐年提高。其发展过程可分五个阶段。

第一阶段：1958 年前，当时水利条件较差，流域已建成水库不多，且均属新建工程，质量不稳定，管理工作主要考虑工程的安全和农田供水，尚未开展水面的综合利用。有陂塘数百口，虽有少数养鱼，但养殖技术落后，不讲究品种的搭配，野鱼家鱼一起养，不清野除害，产量较低，上市鱼货靠捕捞江河野生鱼类。1958 年初，汉中市（汉台区）建立了水产养殖场，开始进行家鱼人工孵化鱼苗。

第二阶段：1959—1969 年，流域内的塘库养鱼虽然有了一定的发展，但由于长期以来沿用“白水养鱼靠天收”的传统，缺乏科学养鱼技术，产量很低，水面得不到充分利用，品种仅限于草、鲢、鳙、鲤几种，且每年要从湖北大量调运长江鱼苗，给苗种及成鱼生产带来一定的困难。1962 年，陕西省水产研究所为推广家鱼人工繁殖，以草、鲢、鲤为主要养殖鱼类，在汉中市（汉台区）水产养殖场设立试验点，经科技人员与全场职工共同努力，1963 年成功出苗，1964 年，鱼苗产量明显增加，1965 年形成规模生产，当年获卵 888 万粒，采用网箱孵化，生产鱼苗 221.9 万尾，培育冬片鱼种 51.7 万尾。自此，汉中市（汉台区）的鱼苗生产进入了人工繁殖培育阶段。1964 年，勉县以民办公助形式，由县投资补助 0.8 万元，扶持段家坝乡史寨村在村北李家冲修建村办鱼种场一处，每年从江河采集鱼卵，孵化鱼苗五六千尾，由武汉等地每年购回鱼苗 100 万尾，在鱼场就地培育鱼种。1969 年，勉县政府将史寨村办鱼种场改由县办，成立“勉县鱼种场”，将池塘发展到 9 口，水面 18.9 亩，增设产卵池和孵化设备，又从湖南请技术人员长期驻场指导，

流域鱼种开始自给自足。

第三阶段：1970—1980年，流域各级政府从加强技术力量，提高和推广养鱼技术入手，在“国营、集体、个人一起上”的方针指导下，渔业生产得到较快发展，1979年成鱼产量达到1958年的10倍。1971年，随着群众养鱼的逐步发展，出现了鱼种供不应求的矛盾，为解决鱼种供应不足，汉中市（汉台区）水产部门以国营鱼场、外租农村池塘、发展社队池塘的多渠道育种形式，租用和开办了杨家山、新岗、五丰、塬上、拐拐、光华、千户、毛堰、曹寨、白庙、崔营11处鱼种点，总面积47亩。勉县在县鱼种场人工孵化取得经验的基础上，扶持官沟乡办起了乡办鱼种场，水面14亩，年产鱼种15万尾；又在黄沙乡的前进村、镇川乡的安咀村、天堰乡的苏坪村办了3个重点鱼种场，水面25亩，年产鱼种23万尾，乡村生产鱼种占全县鱼种产量的67%。1977年，汉中市（汉台区）成立了“汉中市水产工作站”，具体负责全市水产养殖业的技术指导。勉县水电局配备了水产专职干部，负责渔业生产的组织、宣传和技术推广培训工作。在池塘养鱼中推广水、种、饵、密、混、轮、防、管“八字精养法”，对水库推行“赶、刺、拦”捕捞技术。同时，利用已有设备，实行国营、集体、个户同步发展，使大规格鱼种培育量达50万尾，保证了勉县养殖需要，还供应邻县。20世纪70年代初，太白县开始常规鱼类的养殖，主要养殖品种为鲤鱼、草鱼、鲫鱼等，全县养鱼水面曾发展到近200亩，后因各种原因大多水面荒芜，池塘废弃。1973年，凤县在洞沟水库开始投放鱼苗，进行水库养鱼。1975年，凤县水电局建立张家窑鱼种场，养殖水面15.2亩。

第四阶段：1981—2000年，褒河流域渔业走向改革和发展科学养殖、加强经营管理的阶段。中共十一届三中全会后，由于农村产业结构在经济体制改革中发生了变化，农民从单一的农业生产逐步转向商品经济，随着渔业生产承包责任制的落实完善，农民争相承包塘库养鱼。1982年，汉中地委、行署发了《关于加速渔业生产的决定》，把渔业列为全区多种经营十个重要项目之一来抓。平川县（市）除确定一名领导分管渔业生产外，区、乡亦有专管人员，重点乡配备了渔技员；全面推行生产承包责任制；并在部分水库、池塘进行精养、半精养试验。1983年，勉县塘库养鱼普遍实行水面承包责任制。成立“勉县水产工作站”，加强渔政建设，多形式地广泛宣传渔业政策和有关法规，对偷、抢、炸、毒鱼案件进行了有效查处和打击。采用多种形式举办养鱼技术培训班，普及养鱼知识和鱼病防治，提高养殖技术。1984年春，汉中地区行政公署召开水产工作会议，传达地委、行署为发展渔业生产制定的十二条规定。要求各级党政加强领导，大干三年解决吃鱼难的问题。此后流域内以家庭承包为主的渔业生产责任制得到进一步巩固、完善。一般承包期都延长至10~15年。汉中市（汉台区）水利局组织专人深入各乡、村调查核实水面，落实承包，签订新合同，延长承包期，完善了养鱼承包责任制，并以市政府名义颁发了养鱼水面使用证。同时，水库增施磷氮化肥、小水面精养等技术普遍推广。1985年，流域内兴起修建鱼池的高潮，一部分农民因地制宜，利用荒滩和低凹冷浸田挖塘养鱼，各级政府还利用江河滩地，开发商品鱼基地。在提高苗种产量和发展养鱼水面的同时，水产部门学习外地混放、密养、精养技术，加强经营管理，推广鱼类容易吞食的颗粒饵料，

拓宽养殖鱼类品种，引进鱼池增氧机械，试办网箱养鱼。在抓好水库养鱼的基础上，以池塘精养为主攻方向，发展高密度集约化养殖，推广稻田养鱼技术，使成鱼产量逐年提高。1987 年以后，流域渔业生产进入了新的发展阶段，主要体现在配套服务进一步提高，渔药、渔具、化肥的供应得到保障；物质投入量增加，大量投喂人工配合颗粒饵料；狠抓塘库精养，高产专业户相继涌现；网箱养鱼试验成功，投入产出比大幅提升；实行技术承包有偿服务，既满足了养殖户的技术需求，又调动了技术人员的积极性，流域渔业产业进入良性发展期。

第五阶段：2001—2020 年，褒河流域渔业进入结构调整和特种养殖时代。随着人们对水产品品质要求的不断提高，常规水产品养殖已满足不了市场的需求，流域内 70% 塘库水面开始实施渔业结构调整。水产养殖由常规品种向多元化品种发展，养殖模式向优质、高效、生态、安全发展。先后引进南方大口鲶、彭泽鲫、斑点叉尾鮰、江团、淡水鲈鱼、黄颡鱼、丁鲅、松浦镜鲤等新品种，养殖结构优化，扩大休闲渔业、生态渔业规模，档次逐步提升。黄鳝、甲鱼等地方特色水产品养殖量增加，成为渔业发展新经济增长点。同时，褒河流域作为我国主要大鲵栖息地，是全国开展大鲵规模养殖最早的地区。早在 20 世纪 70 年代末，留坝、太白县就有极少数农户自发探索在褒河支流上养殖大鲵。20 世纪 90 年代初，伴随市场价格的上涨，养殖户逐渐增多。2000 年，大鲵人工繁育在流域初步取得成功，2002 年大鲵原生态繁育模式和仿生态繁育模式在流域被推广，解决了制约大鲵繁育水平的技术难题。流域内各县（区）坚持“在保护中发展，在发展中更好保护”的方针，加强大鲵栖息地保护，积极推进大鲵驯养繁殖，走出了一条原生态模式、仿生态模式、全人工模式相结合的大鲵繁殖之路，已成为全国最大的大鲵繁育和人工养殖基地之一。2011 年 9 月，汉中市为保护大鲵资源，积极发展大鲵养殖，依据《中华人民共和国野生动物保护法》《中华人民共和国水生野生动物保护实施条例》和相关法律法规规定，出台了《汉中市人民政府关于加强大鲵资源保护规范大鲵养殖的通告》（汉政发〔2011〕36 号），为褒河流域进一步保护和依法利用大鲵资源提供了理论支撑。2014 年，“汉中大鲵”地理标志集体商标获得工商

人工养殖大鲵（2024 年拍摄）

陆基高位水池养殖（2023 年拍摄）

总局的批准，流域所在的汉中已成为全国最大的大鲵苗种供应基地，养殖总量和年苗种繁育量均名列全国前列。

第三节　捕捞及供销

一、捕捞

抬网捕捞（2022 年拍摄）

1960 年以前，主要以手撒网、钓竿、鱼鹰、搬罾网、小刺网等，在河道进行零星分散的捕捞作业，规模小，不能形成大量产品。20 世纪 60 年代，水利建设蓬勃发展，流域下游塘库设施逐年增多，随着塘库养鱼的发展，由江河零星猎捕逐步形成了以鱼种场为主的塘库专业捕捞队伍，网具也由手撒网、小刺网等，发展到大拉网、赶网、尼龙三层刺网。利用新网具，采取“赶、围、刺、张”联合作业，使捕捞水平显著提高。1963—1972 年，汉中市（汉台区）鱼种场与范寨、大坝、宋家桥、黄坝堰、马堰沟五座水库管委会进行“国、社合养”，鱼种场负责放养捕捞，水库负责看护管理，收益对半分成。其他塘库捕捞，水库按捕捞量的 10%、池塘按 5%收取捕捞费。1982 年，陕西省水利厅水产处拨专款由市、县水产工作站扶持群众自养自捕，购置大拉网、下水裤配备给乡镇渔技员，捕捞费由渔技员收取。1985 年推行了塘库养鱼承包责任制，水产站将配给各乡的网具，以租赁的形式实行有偿服务，每片网每年收取 60 元，作为维修更新资金。改革开放后，为满足市场需要，精养塘库开始引进抬网技术，既降低了捕捞成本，又解决了鱼货上市不均的难题，有效平衡了市场价格。

二、供销

1958 年以前，流域内水产品未规定价格，由买卖双方面议，实行自由交易。1959 年，随着水产品产量逐年增多，为兼顾国家、集体、个人三方利益，市、县政府确定把水产品经营纳入商业局的商品计划，实行派购，由食品公司统一购销。1974 年，汉中市（汉台区）水电局、商业局联合发出《塘库养鱼购留办法》的通知，规定：国营水库实行国家八、水库二，集体塘库实行购五留五的办法，一斤以上的成鱼，收购价每斤 0.25 元，零售价 0.30 元。1979 年，调整了成鱼购销价格，收购价每斤 0.37 元，零售价每斤 0.44 元。1980 年后，为改变对水产品统得过多、管得过死、价格偏低、抑制生产的局面，采取给养鱼户让利，实行平价议价结合的收购办法，将收购价提高到每斤 0.47 元，零售价 0.64 元。1985 年，流域内各级政府根据中央对水产品购销政策的进一步调整，将其划为三类产品，取消派购，

实行市场调节，随行就市，按质论价，产品自由交易。

改革开放后，流域内水产品产量虽然逐年提高，但鱼货上市不均，价格不稳。由于水产品价格全部放开，一些养鱼单位和个体户开始以高于本市的价格，将大量鱼货销往外地，又将外地物美价廉的水产品引入汉中，满足了市场需求，特别是汉中市过街楼水产品批发市场的建设，形成了面向全国的水产品营销网络，从根本上解决了流域水产品供销问题。大鲵繁育在流域取得成功后，大鲵养殖热在全省乃至全国兴起，全国全面进入炒苗阶段，2010—2012 年达到价格高峰期，15 厘米苗种每尾 1200~2000 元，而且达到一苗难求的地步。商品鱼每千克 360~4000 元，大鲵养殖成为流域广大群众脱贫致富的重要手段。2012 年后，大鲵价格开始大幅回落，逐渐趋于稳定。进入 21 世纪后，水产品销售方式以自销、代销、专业市场销售为主，兼有网络销售、餐饮销售、水产批发市场销售，销售以鲜鱼为主。

第四节　渔政管理

一、渔业保护

《国语・里革断罟匡君》载：宣公夏滥于泗渊，里革断其罟而弃之，曰："鸟兽成、水虫孕，水虞于是乎禁罝罜。今鱼方别孕，不教鱼长，又行网罟，贪无艺也"。公闻之，曰："吾过而里革匡我，不亦善乎"。由此可见，我国古代早在 2000 多年前就从实践中总结出了注意保护水产资源的道理。

新中国成立后，各级政府十分重视水产资源的保护工作，把加强渔政管理、维护良好的生产秩序作为促进渔业发展的重要保证。1962 年 3 月 28 日，汉中专员公署发出《关于禁止炸鱼、毒鱼确保水产资源的通知》，同年 10 月转发了水产部《关于禁止使用毒物毒鱼和炸药炸鱼，保护水产资源的布告》。1966 年 4 月 16 日，汉中专员公署发文，要求各地做好鲤鱼采卵和资源保护工作，严禁炸鱼、毒鱼和使用不合理的渔具、渔法捕鱼，并划出汉江鱼类产卵地段，立标志牌，严加保护。1979 年 2 月 19 日，国务院颁布《水产资源整顿保护条例》。1980 年，陕西省人民政府颁发《水产资源繁殖保护实施细则》。此后，流域内各地、县（市）相继印发了水产保护的通告、布告。

渔政执法（2015 年拍摄）

中共十一届三中全会后，加强渔政管理，保护水产资源的各项政策法规被广泛重视。1982 年，行署决定在石门水库成立水利派出所，负责水利、水产案件的侦破、处理工作。除国营渔业单位和养鱼户加强看护管理外，

水利、公安、司法部门认真贯彻渔业法规，在广泛宣传教育群众的同时，对严重破坏渔业生产秩序的不法分子，进行必要的经济处罚和法律制裁。1991—1995年，流域内各地（市）、县（区）分别成立渔政监督站，与水产工作站合署办公，负责行业执法工作，使渔业生产秩序逐步好转。

二、鱼类种质资源保护区

鱼类种质资源保护区是维护水生生物多样性、保护水生生物资源的重要载体，也是维护水生态环境、保护饮用水源地安全的重要屏障。褒河特有鱼类国家级水产种质资源保护区于2012年经农业部批准成立（农业部公告第1684号），保护区以褒河石门水库大坝以上河道及相关支流河道划定，总面积1714公顷，其中核心区面积约514公顷，试验区面积约1200公顷，核心区特别保护期为全年。主要保护对象为鲇、长吻鮠、黄颡鱼、大眼鳜、鲤鱼、乌鳍，其他保护物种包括鲫、黄鳝、鳖、大鲵、山溪鲵、蒲草等。根据《水产种质资源保护区管理暂行办法》（农业部令2011年1号）、《陕西省秦岭生态环境保护条例》相关规定，未经审批，禁止在保护区内开展捕捞、水利工程修建、建闸筑坝、勘探和开采矿产资源等一切破坏保护区水生生物资源及生态环境的活动。

鱼类种质资源保护区标识
（2023年拍摄）

三、十年禁渔

为加强长江流域水生生物保护，防止渔业资源被过度捕捞，有效保护野生渔业资源，恢复长江流域水域生态环境，农业农村部决定从2020年1月1日起，在长江干流和重要支流除水生生物自然保护区和水产种质资源保护区以外的天然水域实施长江十年禁渔计划。

褒河为长江二级支流，属长江禁捕范围，流域内各市、县（区）强力推进长江流域十年禁捕。汉中市成立了以市长为组长的禁捕工作领导小组，先后召开市委常委会、市政府常务会、市禁捕工作领导小组会，研究推动禁捕退捕工作，将禁捕工作纳入河湖长制工作考核和市对县年度目标责任考核负面清单事项。同时，开展联合执法行动，严厉打击非法捕捞行为，使禁捕工作取得良好效果，群众禁捕和保护渔业资源的意识不断增强。

第三篇　防汛抗旱与河道整治

褒河流域地处南北气候交会地带，暴雨多，降温快，旱涝灾害交替。新中国成立前，褒河无完整堤防，两岸均为“洪水走廊”，汛洪暴起暴落，河床左右游移不定，淹没农田，倒塌房屋，损失惨重。新中国成立后，各级政府加大了对河道的治理：一是 20 世纪 50 年代，主要对河道重点垮岸、城镇堤防重点加固，因害设防；二是 20 世纪 60 年代初至 70 年代初，采取工程措施与生物措施相结合，在平川段沿岸修建土堤，植树种草，重点防护，稳定河势，但因一些滩面树木芭茅茂密，影响行洪，后期又实施河道清障；三是 1974—1981 年，其特征是与江河争地，大量的裁弯取直、消除滩地、缩窄河道，给防洪留下了严重的隐患；四是 20 世纪 80 年代至 21 世纪初，其特征是以防洪治理为目标，通过大量工程措施，有效提高了沿河城镇的防洪能力；五是 21 世纪初至 2020 年，围绕“保障防洪安全、合理配置水资源、维系优良生态”三大目标，恢复湿地，整理滩地，梳理水网，整治河道，融入绿地，坚持“安澜惠民、生态宜居、持续发展”的理念，着力打造生态褒河。

石门水库的建成，改变了褒河的行洪条件。汛期的洪水调节，为汉江的防洪调度提供了有效的保障。

第一章　堤防建设

褒河堤防建设起步较晚。新中国成立前，褒河干流有岸无堤，河道主流不断摆动。新中国成立后，仅对部分险段投工投劳进行加固，但防洪标准偏低，筑堤质量不高，人为向河滩要地，缩窄了河道行洪断面，留下了隐患。“81·8”洪水，褒河堤防损失严重。其后，流域各级政府提高了堤防建设标准，加大了建设力度，使险工险段得到了较好的防护。

第一节　干流堤防建设

新中国成立前，褒河无堤，两岸群众常以洪灾为虑。新中国成立后，沿河地（市）县政府为保护两岸群众及农田安全，开始对褒河堤防进行建设。

一、平川段

褒河平川段北起河东店褒河公路大桥，南至梧凤乡孤山村汉江、褒河汇流处，全长 11.1 千米。从 1965 年开始，汉中县、勉县分别对褒河河岸进行治理。

褒河平川段生态堤防（2023 年拍摄）

1965 年，汉中县人民委员会批准褒河区动用义务建勤工，由龙江公社 8 个大队，投工 1.2 万个，对孤山以上的 1.9 千米褒河河岸进行了砌护。1976 年，汉中县、勉县分别对褒河河岸进行治理，按河宽 300 米、20 年一遇洪水流量 2800 立方米每秒设计，50 年一遇洪水流量 3700 立方米每秒校核。由汉中县、勉县各自在一侧修建堤防。汉中县成立了治理汉江、褒河指挥部，经地、县统一规划，用较短时间完成了勘测设计任务。国家补助 12 万元，调入 8 号铅丝 10 吨，水泥 700 吨，补助粮食 2 万千克，开始对褒河进行初步治理。汛前，褒河区治褒指挥部组织民工 1.02 万人，以军事建制组成施工队伍，投工 220 万个，移动土石方 185 万立米，完成筑堤 7.9 千米和疏滩、砌护任务。新堤按 3200 立方米每秒洪水设计，堤高 3~6 米，顶宽 3 米，内外坡为 1∶1.5。新堤建成后，由于堤顶未达到设计高程，施工质量差，砌护标准偏低，8 月 23 日褒河出现洪峰 1500 立方米每秒时，自堤首以下 8 处，长达 2.58 千米堤段发生垮塌、折裂、基础悬空等险情，县、区紧急动员 3000 余人，采用

沙袋围堵和抛石护基等临时措施抢修脱险。1977年4月，县上拨款1万元，加固修复了8处险段，其他堤段也同时进行了加固培厚处理。勉县一侧由杨寨至珍宝村，长5千米，除筑土堤，还进行了砌护，堤高4.5米，堤顶宽4米，边坡比1∶1.5。1981年石门水库泄洪流量4820立方米每秒，1981年8月，褒河出现400年一遇的特大洪水，洪峰达4820立方米每秒，沿河堤防被毁13处，长5.6千米，占总长的52%，灾情严重。左岸新沟桥等部分村庄被淹，倒房4500余间，冲毁农田0.31万亩，水电部三工局为修石门水库枢纽工程而建的褒河铁路桥被毁，由于阳安线褒河桥碍洪阻水，致使褒河火车站周围许多单位住房被淹，右岸勉县一侧堤防全部被毁。这次灾害除降水量过大等自然因素外，防洪标准偏低，筑堤质量不高，人为向河滩要地，缩窄了河道行洪断面，都是毁堤成灾的重要原因。

1981年冬，汉中县对褒河左岸堤防按20年一遇洪水进行了修复，褒河至张寨的640米堤段退回了老岸，新沟桥至龙江的2.18千米堤段退后筑了新堤。1983年1月，国家投资546.8万元，由铁一局五处五〇七工程队施工，历时9个月，挖填土方13万立方米，砌石5079立方米，将阳安线褒河碍洪桥扩建3孔，长146.9米，同时在桥东端上、下游砌护河堤1060米，扩建后的铁路桥可通过洪量5268立方米每秒。到1985年，左岸11.1千米河堤已砌护9.42千米。右岸至1999年仅有联合、柴寨等段恢复部分土堤，修建护岸短坝6座。

2019年，汉台区水利局对褒河左岸汉江回水段进行维修加固。工程褒河汉江回水段按汉江100年一遇洪水设防，堤防级别为1级，回水段范围以外按褒河50年一遇洪水设防，堤防级别为2级。工程建设内容为加固褒河左岸堤防2850米，加固涵闸2座，新建踏步4处，越堤路1处，改建生态岛4座。工程于2019年3月开工，2021年初全面竣工。

二、石门水库保护范围

石门水库大坝至褒河大桥段的2.85千米河道，为石门水库保护范围。其中，橡胶坝以上河道长1.906千米，橡胶坝以下河道长0.944千米，这段河道的堤防，按20年一遇洪水设计，50年一遇洪水校核。河堤右岸褒河大桥—翠屏桥段为堤路结合，堤顶修建了石门水电站进厂公路，长2.536千米；左岸橡胶坝下游河堤和南干渠渠堤相结合，长0.925千米。

1981年8月的褒河大洪水冲毁了河道两岸的部分进厂公路及南干渠的部分渠道，当年政府下拨专项救灾资金，修复了石门水电站进厂河堤公路，对南干渠渠首至褒河大桥段进行了改线修复，对河堤进行了内外砌护，拓宽了河道宽度，提高了该段河道的行洪能力。

2001年开始的石门水库除险加固和石门栈道风景区建设，又对这段河道进行了综合整治。

（一）左岸河堤工程建设

1. 橡胶坝以上河堤工程建设

橡胶坝以上河堤工程建设，从2004年2月至2018年10月，分四个批次建设，共修建挡土墙672米，完成工程投资189.2万元。

2004年，石门栈道风景区旅游公司在橡胶坝上游修建了150米河堤用于游船码头。河堤基础为2~5层铅丝石笼，上为3米高浆砌石挡土墙，完成工程投资40万元。2005年3月，在码头上游续建了195米长河堤，挡墙基础为1米厚铅丝石笼，上为3米高浆砌石挡土墙，工程投资30万元。2017年，大坝下游反调节池左岸水毁修复工程，修建了102

米钢筋混凝土悬臂挡土墙，投资 72.2 万元；2018 年 7—10 月，大坝下游反调节池左岸砌护工程，修建挡土墙 175 米，完成投资 67 万元。

2. 橡胶坝以下河堤建设

橡胶坝以下河堤建设，主要是结合南干渠加固工程进行的。2008 年 10 月至 2009 年 3 月，通过大型灌区节水改造与续建配套工程对南干渠节制闸以上 362 米、以下 98 米共 460 米明渠改造为明涵，堤顶修建 1 米高、0.4 米厚的混凝土防浪墙，完成工程投资 717.8 万元。

（二）右岸河堤工程建设

为保障除险加固弃渣场安全和石门栈道风景区开发建设的需要，石门水库管理局在右岸橡胶坝下游的河段，按 20 年一遇洪水设计，50 年一遇洪水校核进行了整体规划设计。从 2004 年 8 月至 2010 底，先后共修建河堤挡土墙 2090 米，投资 1336 万元。加上 2004 年前原电站进厂道路修的 370 米长的河堤护坡、挡墙，石门水库保护范围内河道右岸堤防全部完成了砌护。

石门水库库区段防护（2022 年拍摄）

三、山区段

褒河山区段以自然河岸为主。从 1975 年开始，留坝县在人口集中的重要河段进行了重点堤岸的加固砌护。

（1）江口河西段工程：1975 年，修筑防洪堤长 3126 米，其中干砌石堤 1226 米，防护农田 451 亩。1981 年以后，连续加固防洪河堤。1994 年，改原干砌石堤为水泥浆砌。

（2）武关河段工程：1976 年，疏通河道 1000 米，挖掘主河道中心淤沙石 37 万立方米；浆砌石河堤 19.786 万立方米，投工 33 万个，投资 180 万元。

（3）姜窝子段工程：1984 年，修建河堤 1000 米，全部采用浆砌石加固，投资 15 万元，既保证了川陕公路畅通，又保护了姜窝子集镇的安全。2009 年，又新修河堤长 160 米，投资 16.4 万元。

（4）铁佛殿段工程：1981 年 8 月，洪水冲毁宝汉公路铁佛殿村段，同时淹没其上下街 2 个村民小组。1982 年，铁佛殿乡协同县公路管理段修筑公路河堤，村民备石料，于 1983 年在武关河至铁佛殿村浆砌长 2 千米、高 7 米、厚 1 米的防洪石堤，总投资 60 万元。既加固了道路，又恢复了村落，确保了乡级单位及乡所在地 500 多名居民的安全，同时修复了农田 105 亩。

（5）青桥驿段工程：1970—1996 年，先后 15 次在青桥驿段整修防洪堤 2 千米，河堤高 11 米，厚 1.5 米，浆砌石堤，土砂石量达 39 万立方米，投资 110 万元。确保 316 国道大桥畅通，并保证青桥驿镇所在地机关单位、居民的安全。

（6）上南河段工程：1999 年，新修河堤长 108 米，投资 10.8 万元；2002 年，加固河堤长 136 米，投资 4.8 万元；2011 年，新修河堤长 210 米，投资 35 万元，保护农田 8 公顷。

（7）留坝县红岩河江口段工程：2010 年，在红岩河出口处修建农防堤长 153 米，投资 26.5 万元，保护农田 5.33 公顷。

（8）留坝县红岩河柘梨园段工程：1978 年，修筑防洪河堤 820 米，投劳 3 万个，投资 13.7 万元，保护耕地 4200 亩，造地 100 亩。2005 年，新修河堤 100 米，投资 10 万元，保护农田 16 公顷、房屋 180 间、150 人的生命财产安全。

（9）太白县红岩河防洪治理工程：红岩河主流经咀头镇、王家堎乡，出境入留坝县。由于沿途汇入支流多，每遇强降雨便会引发洪灾，对沿岸村民生产生活造成危害。1990年后，县、乡（镇）及沿岸村组多次组织力量疏浚河流，筑堤防洪，取得了一定成效。2010 年 3 月，红岩河治理工程完成勘测设计，次年 9 月竣工。修建防洪工程 11.32 千米，其中新修堤防工程 5.4 千米，新修护岸工程 3.33 千米，加固护岸工程 2.58 千米。草护坡 3.08 万立方米，植树 6600 株，雷诺护垫 0.94 万延米，格宾网 0.07 万延米，铅丝笼 1.55 万立方米，石渣路面 3.29 万立方米，工程总投资 2740.26 万元。

（a）

（b）

红岩河太白县城段堤防（2023 年拍摄）

第二节　支流堤防建设

新中国成立前，褒河众多支流河道一直为自然岸坡。新中国成立后，在相当长的时间内，由于建设资金、保护范围和重视程度的不同，基本上处于因害设防、群众投劳、政府资助的防洪治理模式，未进行有效的、成规模的系统治理。1981 年，“81 · 8”洪水基本上损毁了新中国成立以后所修建的防洪堤防工程。随着各级部门对防洪安保认识的提高，以及沿河城镇的快速发展和村庄的不断扩大，开始对城镇及人口集中段河道不断进行加固防护，保障了河道的防洪安全。

（1）留坝县北栈河城区段工程：1950—1996 年连年投资治理，总投工达 150 万个，修建蓄水坝 1 处、引水渠 4 条，长 3000 米，防洪堤 7.54 千米，共计土石方 13.4 万立方米，

总投资350万元。1997—2011年，针对北栈河城区段堤防设防标准低，重点对城区段县职中—建材厂桥段河道按照国家设防标准（按30年一遇洪水设计）进行全面治理。累计整修加固河堤长2396米（其中左岸1700米、右岸696米），新建河堤长3319米（其中左岸932米、右岸2387米），累计投资622万元。修建水面景观工程滚水坝8座，投资152万元；沿北栈河城区段左岸审计局桥—建材厂桥修建排污渠长2642米，投资348万元。以上工程的建成，使城区沿河两岸0.3万人及316国道县境段免受洪水之灾。

（a）　（b）

留坝北栈河县城段堤防（2023年拍摄）

（2）留坝县樊溪河马道段工程：1956—1995年，先后13次在马道镇政府所在地整修防洪渠堤坎1254米，浆砌石堤484米，投工8万个，投资9万元。既保护了马道镇机关单位及3000多名居民的安全，又保护了农田1245亩，还保护了公路1.3千米、农田645亩；灌溉农田743亩。

（3）留坝县武关驿镇月亮河段工程：1998年，新修河堤长230米，投资33万元。1999年，新修河堤长160米，加固河堤长50米，投资24.2万元。2001年，加固河堤长20米，投资0.7万元。2002年，新修河堤长420米，投资36.8万元，保护农田14公顷，农户5户。2004年，加固河堤长65米，投资3万元。2008年，新修河堤长180米，投资9.3万元，保护农田8公顷及13户52人生命财产安全；加固河堤长111米，投资5.2万元。2010年，新修河堤长61米，投资7.5万元。

（4）留坝县太白河江口镇段工程：2000年，新修河堤长116米，加固河堤长517米，投资36万元。2003年，加固河堤长180米，投资10.2万元。2007年，新修河堤长75米，投资7万元，保护农田320亩。2011年，新修河堤长1002米，投资194.7万元，保护农田8公顷，保障镇政府驻地机关单位及江口村1050人的生命及房屋财产安全。

（5）留坝县闸口石正河段工程：2002年，新修河堤长520米，投资30.1万元，保护小学1所16人，农户5户22人，房屋18间，耕地4.33公顷。

（6）留坝县蒿坝河两河口段工程：2003年，新修河堤长260米，投资13.6万元，保护耕地2公顷。

（7）留坝县西沟河马道段工程：2005 年，新修河堤长 70 米，投资 13.1 万元。2010 年，新修河堤长 50 米，投资 5 万元，保护镇政府驻地、马道中学及部分农户的房屋财产、人身安全。2011 年，新修河堤长 200 米，投资 40.3 万元，保护马道镇校场移民安置点 130 户 511 人的居住安全。

（8）留坝县太白河桑园坝段工程：2010 年，修建河堤 110 米，投资 15 万元，对桑园坝乡人民政府驻地河堤进行加固。同年，在太白河支流范条峪九元坝修建农防堤 405 米，保护耕地 11.33 公顷。

（9）留坝县北栈河青羊铺段工程：2011 年，投资 41.1 万元，新修河堤长 235 米，保护了北栈河青羊铺大桥以上南岸香沟口移民安置点 7 户 30 人的安全。

（10）太白县虢川河堤防生态治理工程：虢川河流经太白县城，于两河口汇入红岩河，全长 25 千米。2008 年，结合创建国家级卫生县城活动，对虢川河县城区段 3.6 千米长的河道进行生态综合治理。该工程由 3 部分组成，治理河道 3.6 千米，两岸新修堤防 1.4 千米，护岸工程（格网）2.02 千米；修建翻板闸门 3 座，工程建成后形成 3 处共计 6.2 万平方米的观水面；修建堤防公路 5 千米。一期工程于 2008 年 5 月开工建设，年底完工，总投资 220 万元，完成堤防治理 713 米。二期治理工程包括黄凤山桥以上堤岸硬化绿化工程、李家沟河清淤修复工程、牛家沟街心河下段河堤治理等工程，总投资 471.94 万元。三期工程于 2010 年 5 月开工建设，7 月竣工，修浆砌石护坡 1200 米，投资 100 万元，后续工程两项：黄凤山桥以上堤岸硬化绿化工程，修建水泥路面 200 米，绿化花圃 400 平方米，右岸平整扇形观景台 1200 平方米；李家沟河清淤 960 米，加固维修河堤 960 米、32 个挡水坎及排污管道，总投资 23.51 万元。

第二章　非工程防汛措施

新中国成立以来，流域内各级政府非常重视江河治理和防汛工作，积极开展防洪工程建设，强化非工程措施。按照“安全第一，常备不懈，以防为主，全力抢险”的方针，对褒河干支流进行了大规模的治理，防洪基础设施建设取得了显著成效。同时，流域各市、县、区设立了防汛指挥机构，汛前制定防汛预案，组建防洪抢险队伍，储备防洪物料，实行各级行政首长负责制，组织全社会力量进行防汛抢险，初步形成了较完整的现代化防洪系统。

第一节　组织机构

新中国成立前，褒河流域无常设防汛机构，每至汛期，当地政府根据汛情发布防汛命令，由保甲人员督领沿江群众携工具、材料进行临时防堵。民国二十六年（1937 年），汉南水利管理局经报请陕西省政府批准，成立了“南褒山河第二堰临时防汛委员会”。水利协会分会会长为防汛委员会委员，主任委员从委员中推选。防汛委员会下设防汛段，由堰长担任段长。1942 年，褒惠渠建成，次年 6 月，灌区防汛由褒惠渠管理局负责。

新中国成立初，褒河防汛工作由陕南水利管理局负责，沿河各县由建设科分管。沿褒河的区、乡大部分成立了防洪委员会（或防洪队），村成立防洪小组。1954 年，汉中、宝鸡专区成立抗旱防汛指挥部，下设办公室，流域内各县也相应成立防汛指挥部。1958 年 11 月，成立汉中专区水利运动办公室，防汛工作亦由办公室统辖。1960 年，专区及流域各县成立防汛指挥部，社、区（管理区）成立指挥所，生产队成立防汛组。1973 年，汉中地区成立农田基建办公室，担负全区抗旱、防汛、农田基建三项任务。此前，地、县指挥部及办公室为临时机构，汛期为 5—10 月。从 1978 年起，根据中央、省有关规定，汛期为每年 5 月 1 日至 11 月 15 日。汛期内，专管机构办公室人员上岗值班，全面投入防汛工作。地区抗旱防汛指挥部成员由中共汉中地委、行署、军分区领导和水利、气象、民政、城建、邮电、物资、商业、供销、交通等有关部门负责人组成。政委、指挥、副指挥分别由地委、行署、军分区、水电局、城建局领导担任，其他各部门领导为委员。指挥部成员随各部门人事变更，每年均有所调整。

1980 年 3 月，汉中地区抗旱防汛指挥部办公室为常设机构，办公地址设地区水电局，仍承担全地区抗旱、防汛、农田基建的指挥、调度，经办日常业务。1985 年，核定市防汛抗旱办公室编制 8 人，归汉中地区水利局管理。1997 年，市防汛抗旱办公室升格为副处级事业单位，编制 12 人。1998 年，将市农田水利基本建设指挥部办公室与市防汛抗旱

办公室合署办公，一套机构，两块牌子，承担两种职能，编制 14 人。2003 年，将市防汛抗旱指挥部办公室升格为处级，领导职数为主任 1 人，副主任 1 人，主任由市水利局局长兼任。市防汛办下设两个科，分别设正、副科长各 1 人。2007 年，市防汛抗旱指挥部办公室参照公务员管理。2009 年，将市防汛抗旱指挥部办公室领导职数 1 正 1 副改为 1 正 2 副，主任职数由原市水利局局长兼任改为由市水利局领导兼任。2019 年机构改革中，将原市水利局管理的市防汛抗旱指挥部办公室转隶市应急管理局管理。

1983 年 6 月，宝鸡地区成立抗旱防汛指挥部办公室。1994 年，机构改革更名为宝鸡市防汛抗旱指挥部办公室，为正科级事业单位。2000 年，按照省政府决定，市城镇防汛职能划归水利部门承担，市城镇防汛办公室合并到市防汛抗旱指挥部办公室。2004 年 7 月，市编制委员会批准，市防汛抗旱指挥部办公室由正科级升为副县级，全额事业单位，核定领导职数 2 名，其中主任 1 名（副县），副主任 1 名（正科）。下设综合科、防汛科、抗旱科 3 个科室，核定科长职数 3 名，总编制 16 名。2007 年，经批准成为参照《中华人民共和国公务员法》管理的事业单位。2010 年，市防汛办有主任（兼党支部书记）1 名，党支部副书记 1 名，副主任 3 名，职工 17 名，其中干部 15 名，工人 2 名。2019 年机构改革中，将原市水利局管理的市防汛抗旱指挥部办公室转隶市应急管理局管理。

流域内县级防汛机构参照市级防汛机构设置，机构变化亦随市级机构的变化而变化。

第二节　防汛责任制及预案

一、防汛责任制

褒河流域洪水灾害频繁，防汛任务繁重，防汛责任重于泰山。从 1996 年开始，省、市、县（区）政府坚持每年与相关政府及单位签订防汛目标责任书，并在相应报刊上公示主要江河和重点水库防汛责任人，各部门和单位也采取相应措施促进了各项责任制的逐级落实。汛期，要求流域各防汛工作岗位人员必须坚守岗位，履行岗位职责，遵守防汛工作规章制度，落实防汛工作措施，保证通信联络畅通。

（一）防汛办公室值班人员责任制

（1）防汛值班人员要尽职尽责，不得擅离岗位。

（2）降雨日，须准确做好记录。

（3）不得推诿或采取不负责任的态度。

（4）对险情、灾情较大并已激化的排水矛盾，要立即向领导成员报告，征求处理意见后，通知有关部门做好抢险救灾的准备，通知有关领导到现场，来不及报告的边抢险边报告或先抢险再报告。

（5）连续大雨天气，须了解记录指挥部人员汛位情况。

（6）值班人员全天 24 小时开机联络，做好记录，发现故障或汛情及时汇报，以便及时处理。

（二）防汛工作责任制

（1）认真学习、宣传、贯彻执行《中华人民共和国防洪法》，加大防汛执法力度，杜绝侵占、毁损防汛设施的现象。

（2）落实防汛指挥系统，按职责分工、明确，落实防汛抢险队伍，物资储备，车辆和转移、疏散地点的准备工作，组建快速、机动、有效的抢险队伍及联络网，做好防汛演习。

（3）防汛工作人员要做到认真负责，熟悉并深入工地，能及时了解情况并报告和处理险情。

二、度汛预案

1980年前，每年汛前由市防汛指挥部提出“防汛安排意见”，下发到各县、区和市直相关部门，安排部署防汛工作，各县（区）防汛指挥部也提出“防汛安排意见”，下发各乡（镇）部门和厂矿企业等单位，强调防汛工作重要性，要求各级各部门重视防汛工作，并成立防汛机构进行贯彻落实，指定物资和商业部门分别储备铁丝、水泥、麻袋、草袋、木材、石油等必要的抢险物资，以抢险应急之用。1980年以后，为了增强防洪调度的科学性，市、县（区）防汛办开始制定“防汛工作方案”或“防汛实施方案”，1986年起定名为“度汛方案”。1989年后，陆续开始制定河流、水库及城镇“防洪预案”，并逐年修订、完善。

三、防汛措施

（一）河流洪水预报

褒河洪水预报，始于1934年，当时，河东店水文观测站将本站已出现的洪峰流量、水位、雨量，按规定标准，向省、专区有关部门及下游用密码电文拍发。20世纪50—70年代，河东店、江口水文观测站，采用“上下游流量相关法”“合成流量法”“暴雨径流量关系法”，编制短期洪水预报。20世纪80年代以后，马道、江口水文站及石门水库，分别按“合成流量法”“降雨径流法”“经验公式法”编制洪水预报方案，报省、地、县防汛部门。2014年以后，马道、江口、靖口、太白水文站及石门水库分别编制洪水预报方案，报省、地、县防汛部门。

（二）水库限制水位

1959年，汉中地区对流域内小（1）型水库汛期限制水位、预留库容、滞洪削峰做了规定。1966年，汉中专区水利水电局重新核定百万立方米以上水库汛期限制水位。20世纪80年代后，汉中地区抗旱防汛指挥部每年汛期前，对石门水库及流域内百万立方米以上水库，明确汛期限制水位，落实安全负责人。

（三）制定防、抢、撤方案

20世纪50—70年代，每遇汛期，各级即根据汛情预报，制定防汛、抢险、撤离方案。1981年8月，全流域洪涝灾害后，各级防汛部门总结经验，按照防汛工作“正规化、规范化”的要求，结合褒河堤防建设现状，沿河地（市）、县分别制定了极具操作性的防御洪水方案。

四、石门水库防汛

（一）石门水库概况

石门水库位于汉中市汉台区河东店镇以北、褒河峡谷出口以上1.8千米，坝址处控制

流域面积 3861 平方千米。水库多年平均流量 39.1 立方米每秒，相应多年平均径流量 12.34 亿立方米，历史最大洪峰为 6200 立方米每秒（1981 年 8 月）。流域内降雨时空分布极不均匀，主要集中在 7—10 月，占全年降水量的 72%，暴雨也时常出现在该时段。洪水具有陡涨陡落的特性，一般降雨过程在 1~2 天，暴雨集中在 24 小时内；洪水过程在 3 天左右，多呈现峰高量小、尖瘦的单峰型。

（二）防汛组织机构

汉中市石门水库管理局防汛领导小组中，组长由管理局局长兼任，负责审查研究水库重大防汛工程抢险问题，组织实施水库防洪应急预案措施的落实，贯彻执行上级防汛指令；副组长由管理局分管防汛工作的副局长担任，负责协助组长全面指导，协调本局的防汛工作。

防汛调度办公室，是石门水库管理局主管石门水库防汛调度日常工作的办事机构，负责贯彻落实各级有关防汛工作的法律、法规和方针政策，执行管理局防汛领导小组的会商决定；负责年度水库防汛、城市供水、生态流量、农业灌溉、发电用水等调度工作；对褒河流域内设立的雨水情遥测站网和水库洪水调度系统进行管理、维护；编制石门水库年度度汛计划及防汛抢险应急预案；做好水库汛前各项安全度汛准备；参与组织水库枢纽工程和重点工程部位的度汛安全大检查工作。

按照大型水库防汛管理要求，石门水库防汛管理“三个责任人”确定为：汉中市分管水利工作的副市长为行政责任人；汉中市水利局局长为技术责任人；石门水库管理局局长为管理责任人。

（三）褒河流域雨水情自动测报系统

陕西省水文水资源勘测中心在褒河河流上，设有江口、马道、太白、靖口四处水文站，观测项目有水位、流量、泥沙、水温和降水量等；陕西省气象局在水库流域设有太白县、留坝县两处国家气象观测站。上述水文、气象站点，都与石门水库管理局建立有常年报汛服务工作合同和业务联系。

自 1999 年起，石门水库管理局在褒河流域建设石门水库流域雨水情自动测报及洪水预报调度系统。该系统由南京水利水文自动化研究所及河海大学承建，是采用自动遥测设备、通信、计算机等技术手段，自动监测、实时采集和传输处理的报汛系统，通过对雨量、水位、流量等各种参数的实时监测处理，最终实现防洪、灌溉、发电等优化调度功能，提高水资源的合理开发利用效益。

石门水库洪水调度系统自 2001 年 3 月建成验收后，总体运行效果良好。随着其运行时间的延迟，部分设备性能存在老化等问题，2013 年 3 月，管理局委托江苏南水科技有限公司，按照上级审批的《技术改造方案》，对水库洪水调度系统实施了更新改造。主要对流域上游 3 个有线雨量站（太白、靖口关、岩湾）进行了改造，采用 GPRS 公网传输方式，其余 11 个站点仍维持原有超短波方式不变；对部分站点报废设备及中心站部分设备进行了更换；原有软件系统由单机版升级为网络版。2019 年，春季石门水库第二次除险加固工程中，对原系统再次实施了更新改造，各站增建 1 套 GPRS 传输设备，并新增了 3 处雨量遥测站（坪坎、桑元、西沟）。截至 2020 年，石门水库流域洪水调度系统遥测站点达到 17 处，

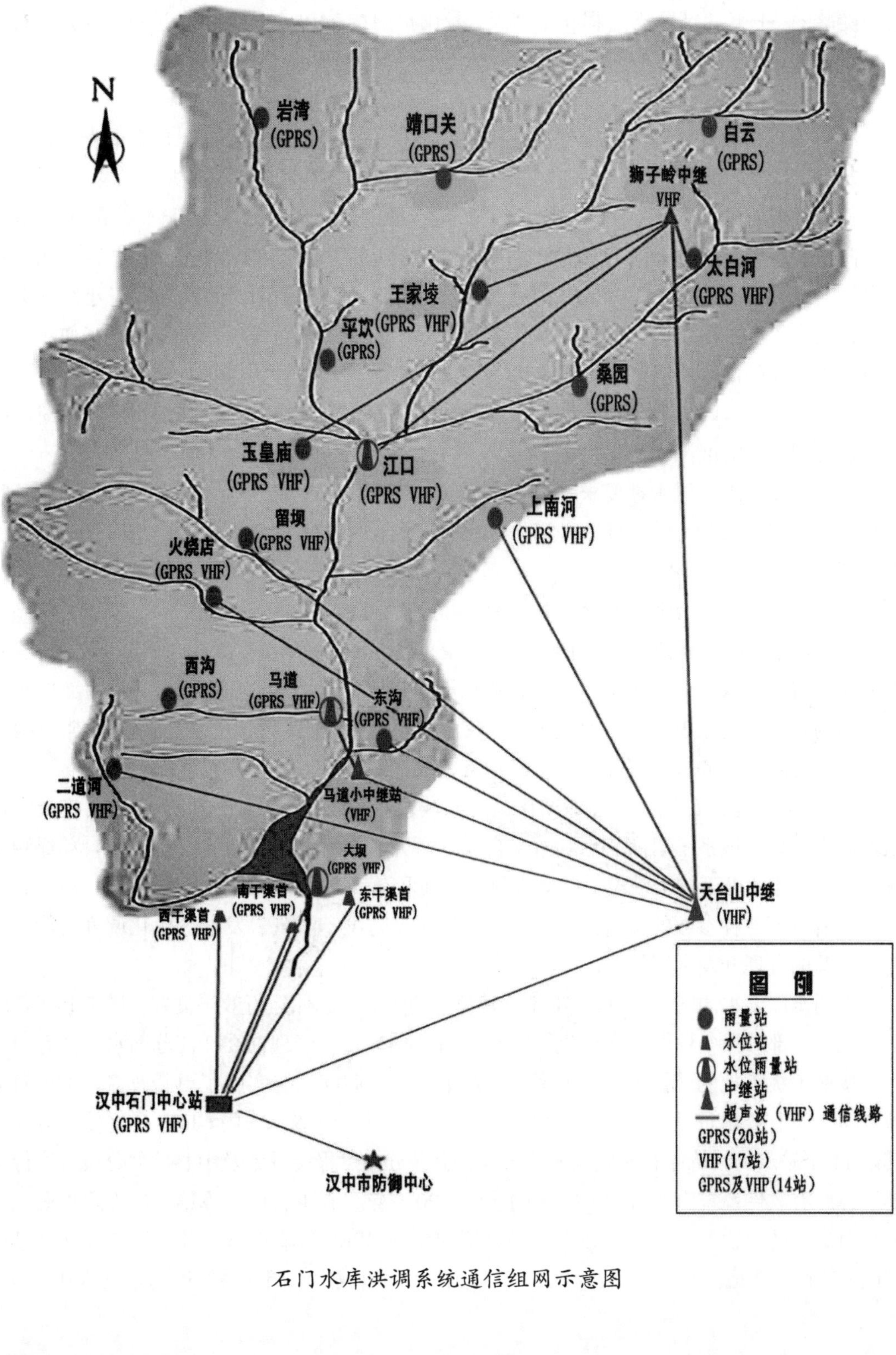

石门水库洪调系统通信组网示意图

系统由 1 个中心站（石门水库水情调度中心）；3 个中继站（狮子岭、天台山、马道小中继）；11 个雨量遥测站（岩湾、坪坎、靖口关、白云、王家堎、太白河、桑元、玉皇庙、上南河、留坝、东沟、火烧店、西沟、二道河）及 3 处水位雨量站（大坝、马道、江口）组网而成。其中：雨量遥测站点有 6 个（岩湾、坪坎、靖口关、白云、桑元、西沟）传输方式是 GPRS，其余 11 个遥测站分别有超短波和 GPRS 两种传输方式。石门水库管理局先后补建了东、南、西 3 处渠首超短波、GPRS 水位遥测站，使石门水库洪水调度系统遥测站点达到 20 处。

（四）水库洪水调度

石门水库实施的第二次除险加固工程，坝顶高度增加了 2.5 米，大坝现坝高 90.5 米，相应坝顶高程 622.5 米。水库正常蓄水位 618.0 米，死水位 595.0 米，设计洪水位 618.0 米，校核洪水位 619.5 米，可能最大洪水保坝水位 624.4 米。大坝总库容 1.098 亿立方米，有效库容 0.607 亿立方米，死库容 0.443 亿立方米，水库防洪库容 940 万立方米，调洪库容 1420 万立方米。

水库安全鉴定确定的防洪标准，仍采用按 100 年一遇洪水设计，1000 年一遇洪水校核，经复核设计洪水位 615.87 米，校核洪水位 619.50 米。

1. 防洪调度任务、目标及原则

石门水库经上级批准的调度运用设计报告明确指出，水库不承担下游的防洪任务，因此水库原设计时无防洪库容。当遭遇较大量级的洪水时，其滞蓄能力非常有限。调洪时主要以泄为主，水库调蓄滞洪时间只有 2 小时左右，洪水基本上属穿库而过。水库洪水调度原则是：确保大坝安全第一，下游第二。由于石门水库的防洪库容仅 940 万立方米，其滞洪能力十分有限，因此只能在确保水库防洪安全的前提下，对于汉江上游建成的汉中桥闸工程的错峰要求，将依据水库流域出现的雨水情及实际调洪现状能力决定。对于中小洪水，只要调度得当，可以适度承担一定的错峰调度任务。

2. 下泄流量控泄要求

褒河下游河道相对宽阔平坦，水流汇入汉江后转向东流，遇到较大量级的洪水时，下游河段对石门水库下泄流量也无具体限制要求。汛期在水库实际调度运用中，石门水库作为汉江上游唯一一座大型可人工控制的水利枢纽工程，当汉江上游发生较大洪水时，上级主管部门出于防洪抢险的客观需要，往往要求石门水库承担部分削峰、错峰调度任务。石门水库管理局将根据褒河流域已发生的雨水情及水库现状调洪能力，服从上级防汛指挥部的调度指令，严格执行省、市防汛指挥部的指挥决定，尽最大可能减轻汉江干流的防洪压力。

3. 汛情信息传输方式

每年 4 月底前，石门水库管理局防汛调度办公室分别与太白、留坝气象局及汉中水文局等相关单位，签订汛期报汛服务合同。江口、马道自动遥测站，利用安装的报汛传输设备，及时准确地测报实时雨水情数据信息。汛期平水期每日 8 时，马道站测报一次入库流量；当发生洪水时，起涨流量超过 50 立方米每秒，按三级拍报标准报汛；如遇较大洪水，随时增加报汛次数，并传报该站洪水涨落过程。同时，按照上级防汛通信联络规定，石门

水库管理局防汛调度办公室通过水库报汛手机、QQ 群、无线电台，汛期每天定时报送雨水情给省、市相关部门。

4. 洪水调度方式

石门水库的洪水调度原则是：确保大坝安全第一，下游堤防第二。当入库流量大于出库流量，库水位不断上涨时，采取首先开启底孔泄洪，再开启泄洪洞，最后单孔局部开启或逐孔全开大孔口的办法来调度洪水。在调洪初期，使库水位控制在 615.0 米以下，之后随着入库流量逐渐增大，直至所有泄洪设施全部开启泄洪。如果入库流量继续上涨，水库将呈自由调洪状态。

5. 洪水调度权限

当大孔口开启二孔（入库流量 1860 立方米每秒）及其以下时，由石门水库管理局防汛领导小组决定；当开启三孔（入库流量大于 1860 立方米每秒）及其以上时，由汉中市水利局、汉中市防汛指挥部调度，石门水库管理局组织实施；特殊情况下，服从陕西省防汛抗旱总指挥部的统一调度指挥。

6. 防汛预警系统及下游联防

根据陕西省水库防洪调度现代化建设的要求，2008 年汉中市石门水库管理局把水库泄洪预警系统更新为无线广播通信，设备的管理及维护由管理局大坝枢纽管理站负责。在大坝以下、褒河大桥以上区域，安装有六个高音喇叭，每当水库开孔泄洪时，提前广播预告泄洪通知，提醒人员迅速撤离河道避险。

汛期当褒河流域发生洪水，决定水库开孔泄洪时，按规定应提前 1.5 小时，向汉中市水利局、市防汛办报告，并电话通知市一江两岸办公室，汉中水文水资源勘测中心，汉台区、勉县、南郑区、城固和洋县防汛办，以及签约服务单位、公安汉台分局石门派出所和局内有关防汛工作部门等。同时，石门水库管理局枢纽站提前开启六个高音喇叭，连续多次广播预警通知，提醒在河道附近的闲游人员，迅速撤离河道紧急避险；公安汉台分局石门派出所按照《石门水库泄洪预警办法》确定的警戒区域，立即到达并进行巡查，督促闲散人员撤离、处理突发险情等水库泄洪预警相关工作。

第三节　水文站网建设

一、水文站

褒河水文站网建设始于民国二十三年（1934 年），当时陕西省水利局在褒河干流褒谷口设河东店水文站，该站 1972 年撤销。现在褒河干、支流上共设有四座水文站，依次为靖口水文站、太白水文站、江口水文站和马道水文站。

（一）靖口水文站

靖口水文站位于褒河支流西河黄牛河段的宝鸡市凤县平木镇东庄村，地理坐标为东经 107° 05′ 42″、北纬 33° 59′ 37″，控制流域面积 202 平方千米，2014 年 1 月设站，隶属宝鸡水文水资源勘测中心管理。靖口水文站为汛期水文站，设有水准点、直立式镀锌钢管水尺；基本断面建有水位塔，架设雷达流量计、雷达水位计、遥测雨量计、视频监控设备，

配备水文信息采集、传输和处理设备将实时信息传输至宝鸡水情分中心。测验河段位于石沟河入黄牛河交汇处以下约 2.5 千米，测验项目包括水位、流量、雨量。水文站的管理采取无人值守、委托看管的模式。该站的设立为黄牛河下游凤县平木镇及以下沿河村落提供及时准确的洪水预警信息，为当地政府防汛抗旱提供科学的决策依据。

（二）太白水文站

太白水文站位于褒河支流红岩河上游宝鸡市太白县咀头镇方才关村，地理坐标为东经 107° 18′ 28″、北纬 34° 03′ 15″，控制流域面积 155 平方千米。2014 年 1 月设站，隶属宝鸡水文水资源勘测中心管理。太白水文站为汛期水文站，设有水准点、直立式镀锌钢管水尺；基本断面建有水位塔，架设雷达流量计、雷达水位计、遥测雨量计、视频监控设备，配备水文信息采集、传输和处理设备将实时信息传输至宝鸡水情分中心。测验项目包括水位、流量、雨量。水文站的管理采取无人值守、委托看管的模式。该站的设立，为咀头镇及下游王家堎提供及时准确的洪水预警信息，为当地政府防汛抗旱提供科学的决策依据。

（三）江口水文站

江口水文站位于褒河干流汉中市留坝县江口镇江西营村，地理坐标为东经 107° 01′、北纬 33° 42′，控制流域面积 2501 平方千米，为褒河干流控制站，属省级重要水文站。该站于 1967 年 5 月由陕西省水文总站设立，名为江西营水文站，1971 年 4 月更名为江口水文站，1995 年 10 月领导机关转移给陕西省水文水资源勘测局。江口水文站观测项目有水位、流量、降水、蒸发，长期收集褒河流域以上河段各项水文特征，掌握该河段水量、沙量变化过程及规律。该站为防汛抗旱部门及下游地区提供实时水文情报、预报，为防汛减灾水资源利用开发提供技术支撑；为插补延长网内短系列资料，提供长系列样本。

（a）　　（b）

江口水文站（2023 年拍摄）

（四）马道水文站

马道水文站位于褒河干流汉中市留坝县马道镇凉水泉村，地理坐标为东经 107° 32′、北纬 33° 13′，控制流域面积 3415 平方千米。1979 年 8 月，由原陕西省水文总站设立，为褒河干流控制站，隶属汉中水文水资源勘测中心管理，是石门水库的入库控制站，1990 年被确定为国家一级站。设站目的是收集褒河马道以上流域基本水文资料，掌握该

流域降雨径流变化规律，为探讨地区产汇流规律积累资料，为石门水库防洪调度、工程规划、设计以及水资源开发利用提供科学依据。测验项目有水位、流量、泥沙、水温、水质和降水。承担向国家防总、长委会、省防总及下游防汛部门、水利工程单位提供水雨情信息的任务。

（a）　　　　　　　　　　（b）

马道水文站（2023 年拍摄）

二、水位站

褒河流域干、支流上共设有 4 处水位站，依次为关山水位站、桑园坝水位站、西河口水位站和桃园铺水位站。

（一）关山水位站

关山水位站位于宝鸡市太白县王家堎镇板桥村，地理坐标为东经 107° 06′ 50″，北纬 33° 52′ 40″。2012 年 12 月建站，是褒河上游红岩河干流控制站。断面以上河道平均比降 19.8‰，河长 59.3 千米，控制流域面积 557 平方千米。该站为常年水位站，测验项目包括水位、雨量。水位站的管理采取无人值守、委托看管的模式。担负褒河下游汉中市等沿河各村镇的防汛任务。

（二）桑园坝水位站

桑园坝水位站位于汉中市留坝县江口镇桑园坝村，地理坐标为东经 107° 08′，北纬 33° 45′。2012 年 6 月建站，控制流域面积 193 平方千米。桑园坝水位站是褒河支流太白河控制站，距河口 12 千米，属中小河流水位站，隶属于汉中水文水资源勘测中心管辖。配备自动遥测雨量计、雷达水位计等，利用水位流量报汛曲线实现报汛防汛任务。测验监测项目有水位、降水量监测。承担着收集太白河水文信息、向下游沿河乡镇提供防汛服务的任务。

桑园坝水位站（2023 年拍摄）

（三）西河口水位站

西河口水位站（2023 年拍摄）

西河口水位站位于汉中市留坝县玉皇庙镇石窑坝村，地理坐标为东经 107° 01′，北纬 33° 42′。2012 年 6 月建站，控制流域面积 500 平方千米。西河口水位站是褒河支流西河控制站，距河口 300 米，和蒿坝河汇合后一起流入褒河，属中小河流水位站，隶属于汉中水文水资源勘测中心管辖。配备自动遥测雨量计、雷达水位计等，利用水位流量报汛曲线实现报汛防汛任务。测验监测项目有水位、降水量监测。承担着收集西河水文信息、向下游沿河乡镇提供防汛服务的任务。

（四）桃园铺水位站

桃园铺水位站位于汉中市留坝县留侯镇桃园铺村，地理坐标为东经 106° 52′，北纬 33° 40′。2012 年 6 月建站，控制流域面积 157 平方千米。桃园铺水位站是褒河支流北栈河控制站，距河口 22 千米，属中小河流水位站，隶属于汉中水文水资源勘测中心管辖。配备自动遥测雨量计、雷达水位计等，利用水位流量报汛曲线实现报讯防汛任务。测验监测项目有水位、降水量监测。承担着收集北栈河水文信息、向下游沿河乡镇提供防汛服务的任务。

桃园铺水位站（2023 年拍摄）

三、雨量站

褒河流域在石门水库以上共设有雨量观测站 36 处，其中隶属于宝鸡市水文水资源勘测中心管辖的 11 处，隶属于汉中水文水资源勘测中心管辖的 25 处。分布在凤县 6 处、太白县 12 处、留坝县 18 处。石门水库以上雨量站站网统计如表 3-2-1 所示。

表 3-2-1 石门水库以上雨量站站网统计

序号	测站名称	测站站码	水系	河流	管理单位	地址				经度	纬度	设站时间（年）	基本雨量站	中小河流雨量站
						市	县	乡 / 镇	村 / 街道					
1	白云	61821600	汉江上游	红岩河	汉中水文水资源勘测中心	宝鸡市	太白县	咀头镇	白云村	107° 25'09"	33° 43'39"	1980	√	
2	王家	61821650	汉江上游	红岩河		宝鸡市	太白县	王家塄镇	王家塄村	107° 06'28"	33° 51'58"	1980	√	
3	太白河	61821700	汉江上游	太白河		宝鸡市	太白县	太白河镇	东青村 4 组	107° 12'18"	33° 48'34"	1967	√	
4	靖口关	61821800	汉江上游	黄牛河		宝鸡市	太白县	靖口关镇	大地岭村	107° 07'25"	33° 59'43"	1957		
5	岩湾	61821850	汉江上游	庙峪河		宝鸡市	凤县	河口镇	岩湾村	106° 58'28"	34° 02'01"	1980	√	
6	平坎	61821900	汉江上游	西河		宝鸡市	凤县	平坎镇	平坎村	106° 59'39"	33° 51'38"	1971	√	
7	两河口	61821950	汉江上游	蒿坝河		汉中市	留坝县	玉皇庙镇政府		106° 53'31"	33° 45'50"	1980	√	
8	桑园	61821750	汉江上游	新民河		汉中市	留坝县	江口镇	桑园坝村	107° 09'10"	33° 44'52"	1980	√	
9	桑园坝	61805880	汉江上游	太白河		汉中市	留坝县	江口镇	桑园坝村	107° 07'46"	33° 44'49"	2012		√
10	平木	61821865	汉江上游	褒河		宝鸡市	凤县	平木镇	平木村	107° 01'48"	33° 58'47"	2012		√
11	玉皇庙	61821790	汉江上游	褒河		汉中市	留坝县	玉皇庙镇	两河口村	106° 53'31"	33° 45'50"	2012		√
12	西河口	61806090	汉江上游	西河		汉中市	留坝县	玉皇庙镇	石窑坝 1 组	107° 00'45"	33° 42'33"	2012		√
13	江口	61822000	汉江上游	褒河		汉中市	留坝县	江口镇	江西营村	107° 01'17"	33° 42'02"	1967	√	
14	闸口石	61820600	汉江上游	正河		汉中市	留坝县	留侯镇	营盘村	106° 43'13"	33° 37'12"	1978	√	
15	南河	61822050	汉江上游	下南河		汉中市	留坝县	武关驿镇	南河街村	106° 59'53"	33° 33'43"	1978		
16	庙台子	61822100	汉江上游	北栈河		汉中市	留坝县	留侯镇	庙台子村	106° 51'15"	33° 41'27"	1977	√	
17	留坝	61822150	汉江上游	北栈河		汉中市	留坝县	紫柏街道办	大滩村	108° 54'56"	33° 37'09"	1951	√	
18	桃园铺	61806080	汉江上游	北栈河		汉中市	留坝县	留侯镇	桃园铺村	106° 52'50"	33° 39'42"	2012		√
19	留侯镇	61822175	汉江上游	北栈河		汉中市	留坝县	留侯镇政府		108° 51'04"	33° 41'30"	2012		
20	火烧店	61822190	汉江上游	褒河		汉中市	留坝县	火烧店镇	中西沟村	106° 54'51"	33° 32'48"	2012		√
21	太子岭	61822140	汉江上游	褒河		汉中市	留坝县	火烧店镇	墩墩石村	106° 51'50"	33° 34'15"	2012		√
22	核桃坝	61822260	汉江上游	褒河		汉中市	留坝县	马道镇	核桃坝村	106° 55'25"	33° 25'43"	2012		√
23	上南河	61822020	汉江上游	上南河		汉中市	留坝县	武关驿镇	上南河村 2 组	107° 04'09"	33° 36'34"	2012		
24	武关驿	61822010	汉江上游	褒河		汉中市	留坝县	武关驿镇武关驿小学		106° 58'48"	33° 33'04"	2012		√
25	马道	61822250	汉江上游	褒河		汉中市	留坝县	马道镇	凉水泉村	106° 59'38"	33° 24'43"	1979	√	
26	北沟村	61821540	汉江上游	红岩河	宝鸡水文水资源勘测中心	宝鸡市	太白县	咀头镇	北沟村	107° 21'45"	34° 04'50"	2012		√
27	南滩	61821560	汉江上游	红岩河		宝鸡市	太白县	咀头镇	南滩林场	107° 20'48"	34° 02'34"	2012		√
28	凉峪村	61821570	汉江上游	红岩河		宝鸡市	太白县	咀头镇	京峪村	107° 19'00"	34° 02'34"	2012		√
29	太白	61821510	汉江上游	红岩河		宝鸡市	太白县	咀头镇	咀头村	107° 18'34"	34° 03'43"	1986		
30	大坪里	61821502	汉江上游	红岩河		宝鸡市	太白县	咀头镇	七里川村	107° 17'21"	34° 05'41"	1959		
31	元坝子村	61821670	汉江上游	红岩河		宝鸡市	太白县	王家塄镇	元坝子村	107° 07'53"	33° 54'58"	2012		
32	太白河镇	61821702	汉江上游	太白河		宝鸡市	太白县	太白河镇	兴隆村	107° 13'02"	33° 49'41"	2012		√
33	强里川	61821870	汉江上游	黄牛河		宝鸡市	太白县	咀头镇	强里川村	107° 12'14	34° 03'56"	2012		√
34	烧锅庄	61821860	汉江上游	黄牛河		宝鸡市	凤县	平木镇	烧锅庄村	107° 03'20"	34° 01'23"	2012		√
35	平木	61821880	汉江上游	黄牛河		宝鸡市	凤县	平木镇	平木村	107° 01'58"	33° 58'50"	2012		
36	岩湾	61821852	汉江上游	黄牛河		宝鸡市	凤县	河口镇	岩湾村	106° 58'29"	34° 02'00"	2012		√

第四节　信息化建设

新中国成立前，褒河汛期的水情传递由各防汛段段长负责，主要方法是鸣锣传呼报警。用电话、电报等通信设施传递水情，始于民国二十三年（1934 年）。1950 年后，汛情主要通过地方邮电网传递，如出现重大险情，仍沿用鸣锣报警旧例。1951 年后，褒河河东店水文站，用电话通过邮电局以密码电报，向省、地防汛部门报汛。到 1960 年，全流域已形成以邮电部门为主，水文站为辅，布局合理，能够满足流域及省、地防汛任务的电报、电话结合的通信网。1978 年，地区防汛指挥部和石门水库管理局，始设无线电报汛电台，使汛情通信进入新阶段。到 1985 年，除邮电通信设施外，防汛部门已形成自己独立的防汛报汛网络体系，汛期 5 月、6 月、10 月，每天开机两次，进行水情收、发、转；7 月、8 月、9 月，每天夜间再增开 1 次。遇有暴雨、大洪，连续开机，保证通信联络畅通。其后，随着科技的进步，报汛设备由电话机、报话机、短波电台、超短波电台发展到计算机网络，信息化程度不断提升，形成了高效的防汛指挥信息系统。

第三章 防汛救灾

褒河流域洪涝灾害频繁，洪水灾害主要发生在5—10月。一次洪水历时，秋季长者5日左右，夏季短者一二日即逝。水灾的出现，带有一定区域性，大部为沿江河两岸农田、村镇受灾。特别是一些县城和集镇临江而建，人口集中，房屋密集，洪水泛滥，首当其冲。山区滑坡、泥石流危害亦严重，虽为局部发生，但多为毁灭性灾害，对人民生命财产威胁极大。新中国成立以来，流域各级政府在“预防为主，综合治理”的方针指引下，在兴修水利的同时，加强了对病险水库的治理和山洪灾害的防御，完善了非工程防汛措施，提高河道防汛能力。对易受洪水侵袭的重要城镇，加强城防堤防建设，不断提高农防防洪标准，使江河洪涝灾害不断降低。

第一节 病险水库防治

一、病险水库治理

褒河流域水库建设历史较早，但多集中在下游丘陵和平川，为汉中盆地农业的发展作出了突出的贡献。经过几十年的运行，水库大多年久失修、损坏严重，难以发挥设计供水灌溉任务。1998年，全国“三江大水”之后，中央加大了防洪工程建设投资力度。2000年8月，陕西省人民政府以陕政发〔2000〕36号文下发了《关于加快病险水库治理和水库排沙减淤工作的通知》，要求在“十五”期间全面完成病险水库治理任务，并建立了省级病险水库治理专项基金，主要用于省管病险水库治理及县管病险水库治理补助。褒河流域各市、县（区）抓住这一机遇，积极开展病险水库大坝安全鉴定，对病险水库进行除险加固。先后对石门水库、八里桥水库、东沟水库、黄坝堰水库、赵寨水库等实施了除险加固。通过实施除险加固工程，解决了流域内石门大型水库和20余座小型水库病险安全隐患，水库安全状况得到明显改善，保障了水库下游地区重要工矿企业、基础设施及人民生命财产安全。

二、石门水库除险加固

石门水库修建在褒河谷口上，是一座以灌溉为主、结合发电等综合利用的大（2）型水利枢纽工程。该工程于1969年动工修建，1973年建成后投入运行，从1978年5月起部分工程陆续交付石门水库管理局使用，并逐步发挥灌溉、发电效益。但通过近半个世纪的运行，也暴露出一定的安全隐患。为确保大坝安全，石门水库大坝进行了两次除险加固。

（一）石门水库大坝第一次除险加固

石门水库大坝首次安全鉴定由国家电力公司西北勘测设计研究院承担。1998 年 10 月，陕西省水利厅组织对石门水库进行安全鉴定，水库因防洪标准不满足国标《防洪标准》（GB 50201—1994）及坝后冲坑危及左岸稳定、泄洪孔无检修门等问题，被鉴定为三类坝（病险库），随后石门水库除险加固被列为国家第一批水库除险加固规划项目中。

汉中市石门水库除险加固工程设计主要由西北水利水电建筑勘察设计院等单位承担，其中洪水调度系统施工设计由南京水利水电自动化研究所承担，水库排沙减淤项目实施方案设计由西北水利水电建筑勘察设计院承担。

1999 年，石门水库除险加固工程原批复概算投资为 7313 万元，由于设计遗漏及设计变更，陕西省水利厅最终批复核定概算总投资为 8090 万元，包含左岸泄洪洞、坝后冲坑防护、泄洪中孔增设检修闸门、坝踵裂缝处理、底孔环缝处理、河床坝段帷幕灌浆、大坝安全监测自动化系统、水库洪水调度系统、管理设施及坝区环境改造、水库排沙减淤等建设内容。其中，一期工程（坝后冲坑防护和泄洪中孔增设检修闸门）可行性研究报告经水利部长江水利委员会批复，初步设计由陕西省计划委员会批复；剩余工程内容为二期工程，实施方案由陕西省水利厅批复。

1. 项目建设情况

工程质量监督由陕西省水利水电工程质量监督中心站和汉中市水利水电工程质量监督站共同进行，工程质量检测单位主要是汉中市水利水电工程质量检测站。施工地质配合工作由汉中市水利水电勘测设计院承担。

按照各个项目具体情况，主体工程标段划分为 11 个施工标段：

（1）坝后冲坑防护工程。主要建设内容包括新建永久潜堰（高 13.5 米，长 28 米），电站尾水导墙加固（加高 2 米，加长 5 米），一、二期护坦修复，新建 66.5 米三期护坦，电站尾水渠及下游反调节池淤积清除等。

（2）坝后交通桥工程。包括引桥在内，钢筋混凝土刚架拱桥全长 78.3 米，金属栏杆制安、设普通照明配电系统，桥面两侧配两排照明路灯，两端桥头分别安装彩色投射灯。

（3）泄洪中孔增设检修闸门工程，一扇 6 节拱型叠梁闸门，门机轨道及移动式门机一台。

（4）左岸泄洪洞土建及金属结构安装。新建泄洪洞一条 435.186 米，进、出口交通桥各一座，进口放水塔，出口闸室及进、出口金属结构制造安装。

（5）左岸泄洪洞金属结构制造。含进口主、副拦污栅槽各一道，平板事故检修闸门一套，固定卷扬启闭机一台，出口设弧形工作闸门一套，液压启闭机一台，桥式起重机一台。

（6）坝踵裂缝、底孔环缝处理及河床坝段帷幕灌浆工程。主要建设内容是在 7#~13# 坝段 540 廊道内补作帷幕灌浆、坝踵裂缝灌浆，底孔环缝环氧灌浆和底孔闸墩预应力锚索等。

（7）大坝安全监测自动化系统工程。主要建设内容包括渗流、变形、环境量监测和内观仪器自动化监测，以及系统设备、软件开发等。

（8）水库洪水调度系统工程。主要建设内容包括流域水情自动测报、水情数据通信系统建设、洪水预报调度和相关的系统软件开发。

（9）管理设施及坝区环境改造工程。主要建设内容包括大坝闸室、运行值班室维修，大坝警卫室、坝顶配电室改造，新建门卫室、两座环保厕所和四座休息亭等环境美化内容。

（10）水库排沙减淤工程。主要建设内容包括泥沙自动跟踪监测系统建设，以及库区中、上部近10万立方米淤积冲挖清理。

（11）泄洪洞出口防护。将泄洪洞工程设计变更增加内容单独作为标段招标实施。主要建设内容包括泄洪洞出口左岸防冲挡墙34米、右岸防冲挡墙128米。

石门水库除险加固工程由陕西省水电工程局（集团）有限责任公司、中铁十八局（集团）第五工程公司等七个单位承担工程施工任务，工程监理工作由中国水利水电建设工程咨询西北公司、陕西大安工程建设监理有限责任公司承担。

石门水库除险加固工程于2001年10月16日开工建设，2006年8月15日完工。工程竣工决算经审计核定投资8031万元。2006年10月12日，石门水库除险加固工程通过了陕西省发展和改革委员会组织的竣工验收，工程总体质量等级为优良。

2. 项目效益

石门水库第一次除险加固工程实施后，按照省市防总在除险加固之前对石门水库所指令的汛限水位615.00米进行调整演算，水库防洪标准由500年一遇提高到1000年一遇，坝后冲坑、坝踵裂缝、底孔环缝、8#~12#坝段扬压力、渗水量偏大等病险得到了治理。水库大坝安全监测自动化系统和洪水调度系统的建设，使水库安全运行和洪水调度自动化程度，以及预报准确度得到了提升，为保护褒河下游及汉江上游沿岸人民的生命财产安全发挥了更加积极的作用。

（二）石门水库大坝第二次除险加固

根据《水库大坝安全鉴定办法》，水库大坝实行定期安全鉴定制度，运行期每6~10年应进行一次大坝安全鉴定。2013年7月至2014年6月，石门水库管理局委托南京水利科学研究院对石门水库大坝进行了第二次安全鉴定工作，陕西省水利厅和水利部大坝安全管理中心先后组织对大坝安全鉴定结论进行评审、核查。核查结论指出石门水库存在的主要病险为：水库淤积严重并已侵占调洪库容，左岸泄洪洞低水位运行时存在负压，坝前泥沙淤积严重影响底孔闸门启闭和发电机组使用，防洪安全存在严重隐患；泄洪中孔、泄洪底孔等主要泄水建筑物金属结构老化腐蚀严重，运行可靠性差等，同意“三类坝”鉴定结论意见，建议尽快对其除险加固，确保工程安全。

2016年11月，陕西省发展和改革委员会批复了《石门水库除险加固工程初步设计》，工程主要建设内容为：大坝加高加固、改建排沙泄洪设施、两岸坝肩不利组合整治、金属结构及机电设备改造、水库排沙减淤措施、改造上坝交通等，核定工程概算总投资15751万元，工程建设总工期3年。

2018年3月1日，依据国家有关法律、法规及《大中型病险水库水闸除险加固项目建设管理办法》，汉中市石门水库管理局组建了石门水库除险加固工程项目办公室。

2018 年 9 月，施工方进场，除险加固工程开工建设。

石门水库除险加固工程由中国水利水电第三工程局有限公司、四川东方水利智能装备工程股份有限公司、江苏南水科技有限公司、汉中龙江建筑工程有限公司等单位承担工程施工任务，工程监理工作由四川中和智慧项目管理有限公司承担。

本次除险加固工程任务为：对大坝进行适当加高及影响处理；改扩建排沙泄洪设施、两岸坝肩不利组合面整治；对大坝中孔工作闸门及启闭机，底孔工作闸门和启闭机及事故检修闸门和启闭机，河床电站进水口拦污栅、闸门与启闭设备，东、西干渠工程渠首进水口拦污栅、闸门与启闭设备以及引水隧洞压力钢管等金属结构与供电设施更新改造；对大坝安全监测与洪水调度系统改造；上坝交通改造（包括发电引水洞放水塔工作桥、左岸泄洪洞进口工作桥、上坝公路和交通洞、坝后工作电梯等）；水库排沙减淤措施等。

本工程属丹江口库区及上游国家级水土流失重点预防区，且地处石门国家水利风景区，存在一定的制约因素，但考虑到工程的建设是为了保证石门水库安全运行，在严格保护植物，执行本方案提出的要求及实施完善的水土保持措施，有效控制可能造成的水土流失的前提下，进行工程实施。

截至 2022 年底，除险加固工程已完成大坝加高加固、坝肩及坝基灌浆、排沙泄洪洞改建、上坝交通道路改造、水库排沙减淤、金属结构改造、大坝监测系统安装等主体工程。累计完成建设投资约 14960 万元，工程建设形象进度约占总进度的 95%。

第二节　山洪灾害防御

褒河流域地处秦岭南坡，受特殊的地形、地貌的限制，加之降雨时空分布不均，局部高强度暴雨灾害频繁，最易发生山洪灾害，往往造成人员的群体性伤亡，故山洪灾害防御为防洪救灾的重要任务。山洪灾害突发性强，工作的重点在于平时的检查监测，及时发现灾害苗头，严格限制在易发灾害区建房、修路或其他开发活动，并采取相应的防范措施，灾害发生后必须立即组织抢险，全力保障人民群众生命安全。

2010 年 11 月 26 日，水利部、财政部、国土资源部和中国气象局启动《全国山洪灾害防治规划》非工程措施建设，计划用 3 年时间初步建成覆盖全国山洪灾害防治区的 2058 个县级非工程措施体系，完成县级及以下基层的监测预警系统和群测群防体系，全面提高全国山洪灾害防御能力和水平，有效减轻人员伤亡，尽最大可能避免群死群伤事件的发生。陕西省由省、市、县防汛办公室和陕西省水文水资源勘测局组织编制完成了陕西省山洪灾害防治县级非工程措施建设实施方案。根据方案，褒河流域五个县（区）列入全国山洪灾害防治县级非工程措施项目建设。于 2011 年汛末开始实施山洪灾害防治区级非工程措施项目，建设了一批自动监测站点、预警设备、监测预警平台等山洪灾害防治设施。在受山洪灾害威胁严重的乡镇、行政村、自然村配备了无线预警广播和手摇报警器、手持扩音器、铜锣、口哨、应急照明灯等预警设备；编制了县级和防治区内乡（镇）、行政村山洪灾害防御预案，建立健全了县（区）、乡（镇）、村三级防御组织机构与责任制，开展山洪灾

害防御宣传、培训、演练等群测群防体系。

2014年开始，陕西省防汛抗旱指挥部办公室委托陕西省水文水资源技术工程公司开展了流域内五个县（区）山洪灾害调查评价，全面准确地查清了山洪灾害区域分布与区域内人口分布情况，掌握了山洪灾害防治区内的水文气象、地形地貌、经济社会、历史山洪灾害类型、涉水工程、山洪沟基本情况以及山洪灾害防治现状等基础信息，并建立了山洪灾害调查成果数据库，为山洪灾害分析评价和防治提供了基础数据；分析了小流域暴雨洪水特征，提供了山洪灾害重点防治区内沿河村落、集镇、城镇等防灾对象的现状防洪能力、危险区等级划分、预警指标等成果，为山洪灾害预警、预案编制、人员转移、临时安置、防灾意识普及、群测群防等工作进一步提供了科学、全面、详细的信息支撑；在省级、市级、县级建立了山洪灾害调查评价数据审核汇集系统，实现了县级调查评价基础数据与省、市级共享；对已建的自动雨量监测站、自动水位（雨量）监测站进行了优化调整和升级改造，规范了自动监测站数据传输方式、格式和协议，满足《水文监测数据通信规约》（SL 651—2014）规范编号要求；完善了县（区）山洪灾害监测预警系统，实现防治区所有集中居民区都有相应的设施设备，并在全省山洪灾害频发区建造卫星通信信道，建设了山洪灾害防治自动监测预警监控平台。

第三节　防汛准备

一、汛前检查

汛前检查是每年汛前的一项重要工作，就褒河流域而言，主要进行堤防工程检查、河道检查和水库工程检查。

（一）堤防工程检查

1. 堤防外部检查

（1）堤身表面应保持完整，管护范围内的各项管理设施、标志、界桩等应完好无缺。

（2）堤身有无雨淋沟、浪窝、脱坡、裂缝、塌坑、洞穴及害虫害兽的活动痕迹。

（3）有无人为取土、挖窖、埋坑、开挖道口、穿堤管线等。

（4）护岸护坡、险工坝段、控治工程有无松动、脱落、淘刷、架空、断裂等现象。

（5）植物护坡和防浪林木是否完好，有无阻碍巡堤查险的杂草、刺条等。

（6）防汛物料是否齐备，料场、料堆是否符合储备定额要求。

（7）通信设施是否完好畅通。

2. 堤防断面检查

（1）堤防现有高程是否达到设计防洪水位的要求。

（2）堤防的安全超高是否符合设计标准。

（3）河床有无冲淤变化，实测水位与设计水位流量关系是否相符。

（4）根据堤身、堤基土质和洪水消落时间，检查堤身断面是否符合边坡稳定和渗透安全要求。

（5）检查堤防宽度是否便于通行和从事防汛活动。

3. 堤身隐患检查

（1）检查有无动物破坏，如狐、獾、鼠、蛇、白蚁等掏穿的洞穴。

（2）检查堤内有无因树根、树干、桩木等年久腐烂等而形成的空洞。

（3）检查施工时有无处理不当埋在堤内的排水沟、暗管、废井、坟墓等。

（4）检查施工中有无因局部夯压不实，或填有冻土、大土块，经固结和塌陷形成的暗隙。

（5）检查有无裂缝。一般应注意检查修筑时夯压不均匀、分界线和新旧堤结合部位有无发生裂缝，或者是因干缩、湿陷和不均匀沉陷而生成的裂缝。

4. 堤防渗漏检查

（1）检查已往汛期发生渗漏的实况记载，有无处理。分析渗漏发展与洪水位的关系，确定渗漏部位，仔细查找产生渗漏的原因。

（2）检查了解过去渗水的浑浊情况和渗水出口的水流现象。

（3）检查沿堤两侧有无水塘、取土坑、潭坑等穿透覆盖层情况。

（4）检查堤防附近有无打井、锥探、开采地下资源挖掘坑道等情况。

（5）检查穿堤建筑物周边有无垫陷、开裂和上下游水头差增大等现象。

（6）检查建在强透水土基上的堤防，为防止渗流破坏而修建的防渗、导流和减压工程设施等有无破坏。

（二）河道检查

1. 河势检查

（1）检查主流线（又称水流动力轴线）位置。主流线是水流沿程各断面最大垂直流速的连线。要检查主流线位置变化是否正常；是否与河道险工护岸相吻合；河道整治工程控制点有无变化；有无新发生坐弯出险趋势。

（2）检查河弯段的顶冲点位置。一般河道主流线和最大水深线均靠近弯顶附近，此点即所谓顶冲点。顶冲点随流量的变化常具有上提下移的规律，一般是低水上提，高水下移。另外，顶冲点与河道曲率有关，如形成急弯、低水位时，也将出现下移，可能发生河势变化。所以要检查顶冲点位置有无变动，水流方向是否与弯道保持吻合。

（3）检查河道各部位的冲淤变化。一般河道凹岸流速大易冲刷，凸岸底层流速小易落淤；有的是大水冲，小水淤；有的则汛期洪水淤，汛后枯水冲。各条河段应根据已往的冲淤变化规律，检查有无异常变化。

（4）检查串沟、河汊、洲滩的变化。河道自然形成的河汊、串沟、洲滩等分布是河道形态的组成部分，其位置的变化、范围的大小以及分流比例的改变，对河势变化会有较大影响，汛前要逐个进行检查。

2. 河工建筑物检查

（1）检查砌石、抛石护岸、坝垛、裹头有无开裂、蛰陷、松动、架空等现象，顶部高程有无下沉，潜水部分的坝顶防护是否完整，铅丝笼有无锈蚀断筋，柴排柳捆有无霉

腐等。

（2）检查坝岸工程的根石、基础有无淘刷、走失、下沉等。

（3）检查抛石护岸的稳定。控制稳定的标准主要是抛石坡度、厚度，以及河槽深度和石料尺寸等。

（4）检查坝岸工程附近的水流流态。坝岸工程建成后，不同程度地改变了近岸河床的边界条件，引起近岸流态的相应变化。这些变化规律应当符合兴建时的设计要求；否则要分析其原因，找出规律。

3. 河道阻水障碍检查

（1）检查河道滩地上有无密集林木形成片林，计算对过洪能力的影响程度。

（2）检查河道内有无打埝圈围、建房和堆积垃圾、废碴、废料等侵占河滩或河岸，造成束窄河道，减小行洪断面，抬高洪水位。

（3）检查河道内的水陂、引水堰、路基、渠堤、漫水桥等有无阻水现象。

（4）检查河道上的桥梁墩台、码头、排架等对泄洪有无阻水现象。

（5）检查河道糙率有无变化。

（6）检查有无因河口淤积使河道比降变缓，山洪泥石流堆积堵塞河道，以及码头、栈桥、引水口附近的河势变化等。

（三）水库工程检查

1. 水库特性检查

（1）检查水库规划设计的水文资料有无补充和修订；计算数据有无变更；水利计算成果（如设计降雨、设计洪水、调洪方式及预报方案等）有无修正和变更。检查水库在管理运用期间防洪调度执行情况。

（2）检查核对水库库容和库容曲线有无变化；当发生大洪水后要检查泥沙对有效防洪库容的影响，泥沙的淤积部位，回水线有无向上游延伸，增加淹没和浸没的农田面积。

（3）检查汛期调度运用方案中的防洪标准、最高洪水位、防洪限制水位的时段划分、泄流方式是否符合规划要求；下游安全泄量有无变化；上游水文测报系统和水文预报时限、精度是否符合要求。

（4）检查水库如发生超标准洪水有无非常措施。非常措施的可行性条件如何。当允许非主体工程破坏时，有无防护主体工程的措施。有无减少对下游灾害损失的措施。

（5）检查水库库区有无浸没、塌方、库边冲刷等现象。检查坝址附近的地形地貌有无变化。检查坝区和上坝公路附近汛期有无可能发生塌方、滑坡、山洪泥石流等破坏断路迹象。

2. 挡水建筑物检查

（1）土石坝的检查。

①观察坝面有无位移、沉陷、裂缝、滑坡、表面冲刷、兽洞、白蚁穴道等现象。

②坝面护坡有无翻起、松动、塌陷、架空等损坏。

③背水坡、两岸坝肩和坝址附近有无滑坡、塌陷、崩岸、淘刷、集中渗流、流土、管

涌等现象；截渗和减压设施有无破坏、穿透、淤塞等现象。

④排水反滤设施是否堵塞和排水不畅，渗水有无骤增骤减和发生浑浊现象。坝基、坝体浸润线和压力水测压管水位是否正常。

⑤检查土石坝内埋设的混凝土构件和与其他建筑物的接头、界面工作状况有无异常变化；坝顶路面及防浪墙是否完好，有无塌陷、裂缝现象。

（2）混凝土坝的检查。

①检查坝面及防浪墙有无裂缝、错动，坝体位移和相邻两坝挡之间的位移有无异常；坝面有无渗水、剥蚀、炭化、游离石灰排析现象。

②伸缩缝开合是否正常，止水填料有无破坏或失效。

③坝基扬压力、廊道渗流及排水设备是否正常。

④各项观测设备是否工作正常，对照检查观测数值有无超设计现象。

防汛物资储备（2024 年拍摄）

3. 溢洪设施的检查

（1）进水口附近有无危岩塌方、滑坡、堆积物；护坡有无裂缝、松动、架空等。

（2）溢流堰、边墙、底板、消力池等部位的混凝土有无裂缝、磨损、冲刷、气蚀等破坏现象。

（3）水跃流态是否正常，有无折冲水流、摆动流、回流等现象；拦污栅、拦鱼网是否堵塞壅水。

4. 输水隧洞及管道的检查

（1）进出口水流形态是否正常，有无漂浮物堆积，压力洞的通气孔是否通畅。

（2）输水隧洞混凝土衬砌有无剥落、漏水、变形、接合缝止水失效等现象。

（3）混凝土管道有无裂缝、漏水、变形、接合缝止水失效等现象。

5. 闸门及启闭设备检查

（1）闸门、阀门有无变形、裂纹、螺钉松动、焊缝开裂；钢丝绳有无锈蚀、磨损、断裂；止水设备是否完好，有无漏水；闸门启闭是否灵活，有无振动。

（2）检查控制设备制动是否灵活，机电安全保护设施是否完好，润滑油、防护油是否合格。

（3）检查动力设备是否良好，有无备用动力和人力启动设备，备用电源容量、燃料是否合格，备用电源的并入和切断是否正常。

（4）对溢洪道、输水设施的启闭设备的检查，除直接观察外，还要进行操作运行检查，并进一步分析当遭遇严峻工作环境下的启动可靠性。

二、防汛物资储备

防汛演练（2012 年拍摄）

新中国成立前，褒河堤防的防洪抢险，多采用打桩挂柳、土料填筑、抛石堵口等传统方法。柳树枝叶繁茂、柔软，防水冲、浪打效果明显。明清时期，广大劳动人民在褒河岸边，植树栽柳，就地取材，应急抗洪。山河堰二堰上下植柳尤多，故被称为柳边堰。新中国成立后，除沿袭传统方法外，每年汛前，地区从省下达的防汛费项下，划拨部分资金，各市、县（区）都会安排一定防汛资金，按工程情况，由供销部门储备一定数量草袋，水利部门储存铅丝、木材等。险工堤段，还储存必要的沙、石、水泥以及抢险工具。20 世纪 70 年代后期，省防汛指挥部还增拨防汛汽油、柴油专项指标以及橡皮船、无线电通信器材等。遇有特大险情，市、县（区）防汛指挥部，即从各有关部门调动汽车、船只、救生圈等设备，全力投入抗洪抢险。“81·8”洪水后，沿河各市、县（区）按照国家储备、社会团体储备和群众储备相结合的原则，实行“定点储存，规范管理，有偿使用，调物返物”的科学管理机制，都建立了防汛物资仓库，自储一定数量的防汛抢险专用物资，同时沿河各乡镇、办事处也按防汛预案落实各种防汛抢险物资储备。

三、防汛抢险队伍组建

防汛抢险队伍是防汛抢险救灾中的重要力量。新中国成立前，每至汛期发生灾情时，当地政府根据汛情发布防汛命令，由保甲人员督领沿江群众携工具、材料进行临时防堵。新中国成立后，沿河和水库受益区的区、乡都建立了以受益区民兵为骨干的防汛抢险队。防汛抢险队是为汛期除险专门组织的一支抢护力量，由群众防汛队伍中选拔有抢险经验的人员组成。汛期当发生险情时，立即抽调组成的抢险队员，配合专业队投入抢险。改革开放后，随着乡村治理结构的变化，沿河市、县（区）开始按照专业队伍和群防组织相结合的形式组建防汛抢险队伍，重要的险工险段一般由专业队伍负责抢险。2001 年后，陕西省防总先后批复成立了宝鸡、汉中两市的防汛机动抢险队伍。防汛机动抢险队按照“事业建制，企业管理，设备精良，机动灵活，抢建并举，自我维持，滚动发展”的原则运行，成为防汛抢险的一支重要力量。

四、防汛演练

为确保抢险队伍在关键时刻能拉得出、抢得住。每年汛期前，流域各市、县（区）驻地部队、武装部、厂矿和石门水库管理局，都会结合各自防汛特点分别举办不同防御形式的演练。通过各种形式的模拟演练，锻炼了防汛抢险队伍，增强了干部职工群众的防汛抢险意识。

第四节　典型抗洪抢险案例

一、“81·8”暴雨洪水

“81·8”暴雨是褒河流域历史上罕见的大暴雨，其特点是范围广，雨量大，持续时间长，洪峰次数多。峰高，量大，泥沙含量大，造成的灾害损失惨重。

这场暴雨从1981年7月30日至8月1日先后开始降雨，持续到8月24日结束，其间连续降雨且强度较大的主雨段为8月13—24日，降雨主要集中在15—16日、21—23日，约占总降水量的86%。各河流洪水多数从8月14日前后涨水，至27日结束，洪水总历时达15天之久。褒河出现400年一遇的特大洪水，洪峰流量达4820立方米每秒。

1981年8月21日，凤县、太白县遭受百年罕见暴雨。太白县连续6小时降水量达109.2毫米。山洪暴发、河堤决口、山坡滑垮，洪水冲毁农田、公路、桥梁，交通、输电中断。遭滑坡袭击的房屋有5640间（倒塌1701间），死亡43人，受灾农作物51159亩（10975亩颗粒无收），造成直接经济损失达2020万元。

1981年8月14日至9月13日，留坝县连续降雨29天，共计降水779.7毫米。其中，8月14—23日，10天降水561.7毫米，平均日降水量超过50毫米，为近20年来年平均降水量833.5毫米的67.4%。据留坝县气象站水文资料记载：“1981年8月16日降水73.6毫米；8月17日降水89.9毫米；8月18日降水101.3毫米；8月21日又降特大暴雨，致使褒河上游几大支流的红岩河、西河、蒿坝河同时出现特大洪峰，超过历史最高水位。褒河上游的江西营最大水流量4300立方米每秒；马道最大水流量5800立方米每秒。宝汉公路姜窝子至马道段被冲毁。除赵家河坎桥（又名江西营桥）、东沟、青桥驿大桥外，江口至青桥驿沿褒河所建桥梁大小13座全部被冲毁，为褒河历史上罕见的特大洪水。”据调查，留坝县山体崩塌、滑坡面积达40万亩；冲毁淹没沿河两岸农田、公路和姜窝子、铁佛殿、武曲铺、马道、青桥驿等村镇。其中，4乡21村被毁，倒塌房屋2967间，宝汉公路马道段交通中断。

洪水造成下游平川段汉台、勉县沿河堤防被毁13处，长5.6千米，占总长52%，灾情严重。新沟桥等部分村庄被淹，倒房4500余间，冲毁农田0.31万亩，水电部三工局为修石门水库枢纽工程而建的褒河铁路桥被毁，由于阳安线褒河桥碍洪阻水，致使褒河火车站周围许多单位住房被淹。

二、“90·7”暴雨洪水

1990年7月5—6日，褒河流域普降特大暴雨，引起山洪暴发，汉江上游大小河流洪水猛涨，7月6日汉江平川段出现了继“81·8”洪水之后的又一次特大洪水，褒河及较大支流的洪水也都远远超过警戒流量。

这次洪水，降雨从7月4日傍晚开始，先为小雨，5日转为大雨，入晚稍停，6日4时雨势加大，随后演变为大暴雨及特大暴雨，至6日15时降雨结束。

这次暴雨有以下几个特点：

（1）降雨强度大。此次降雨强度是多年少有的，凤县降水量达179.9毫米；留坝县

城关地区降雨 173 毫米，紫柏河洪水漫过县城大桥；马道地区降雨 230 毫米；江口地区降雨 207 毫米。褒河上游江口段 6 日 16 时水流量 2973 立方米每秒；马道段 6 日 17 时水流量 3100 立方米每秒。

（2）降雨来势猛，连续降雨时间长。此次降雨前后历时 30 多小时，降雨过程中，中间几乎没有间断，尤其在 5 日 2 时至 6 日 4 时的 26 个小时内，连续降着强度较大的暴雨。

（3）灾害损失大。太白县受灾人口 2430 人，受灾耕地 218.27 公顷，直接经济损失 1372 万元。留坝县死亡 10 人，冲走房屋 216 间，倒塌房屋 150 间，造成危房 2100 间。死亡耕牛 170 头、生猪 334 头，冲毁圈舍 1750 间。冲毁公路干支线 120 千米、大小桥梁 113 座，冲倒高压输电线杆 186 根，19 处水电站被毁，县城及 5 个乡（镇）的自来水供应设施严重损坏，冲毁耕地 1.85 万亩。全县堰渠 30 条（长 113 千米）、河堤 350 处（长 107 千米）被毁。全县 5.1 万亩秋粮作物遭灾，占秋粮总面积的 80%。汉台区褒河、汉江沿岸 10 个乡 32 个村受灾，倒塌房屋 2750 间，淹没农田 34.02 平方千米，直接经济损失 2100 多万元。勉县受灾 4.03 万户 19.1 万人，死亡 4 人。水毁河堤 734 处 89.79 千米。11 处抽水站、28 座小水电站、22 口陂塘被冲毁。12 个乡（镇）机关、320 所学校的 252 间房屋倒塌。

三、“98·8”暴雨洪水

1998 年 8 月 19—21 日，褒河流域普降暴雨，河水暴涨。此次汛情的特征是降雨范围广、强度大、河道水势猛，造成的损失严重。

此次降雨从 19 日上午开始至 21 日结束。在流域范围内县（区）降水量都在 100 毫米以上，其中最大雨量在留坝的马道达 225.7 毫米。此次降雨大部分雨区降水量的 90% 都集中在 8 月 20 日，19 日、21 日降雨较少。最大 24 小时雨量，江口 128.5 毫米，留坝 167.1 毫米，均为各站有实测资料以来的最大值。

由于流域范围持续降大到暴雨，甚至局地降了大暴雨，褒河马道站洪峰流量超过警戒流量。在暴雨洪水期间，石门水库入库洪峰 2700 立方米每秒，库水位最高达 618.07 米，最多时开启三孔泄洪，泄流量 2660 立方米每秒。

此次暴雨洪水造成的灾害损失严重，洪水造成山体滑坡，农田冲淤、农作物被淹，交通道路、通信、供电中断，房屋进水、倒塌，堤防、渠道、电站等水利设施被冲毁。太白县受灾乡（镇）2 个，受灾村组 11 个，农作物受灾面积 36.67 公顷，水毁耕地 20 公顷，倒塌房屋 7 户 23 间，严重损坏房屋 5 户 14 间，7 头耕牛被河水冲走，因灾直接经济损失 1500 余万元。留坝县洪水冲毁堤防 61.1 千米，小型渠道 352 条共 112.5 千米，倒塌房屋 435 间，毁坏公路 247 千米（316 国道塌方 197 处，损坏 100 余处），毁坏桥涵 68 处，冲毁耕地 230 公顷，冲走食用菌棒 2.7 万架，农作物受灾 3000 公顷。勉县 25 个乡（镇）、150 个村受灾，2 人被洪水冲走失踪，349 人被洪水围困，农田受灾 17.22 万亩，成灾 4.01 万亩，绝收 1.04 万亩，倒塌房屋 5790 间，灌溉干渠决口 78 处 3.9 千米，渠道滑坡 157 处 7.3 千米、淤积 107 千米，公路中断 57 条，冲毁桥梁 112 座，直接经济损失 7806 万元。

此次洪水过程中，石门水库实施错峰调度，减缓了褒河与汉江洪水叠加，减少了灾害损失。

第四章　抗旱救灾

干旱是褒河流域的主要灾害，干旱的类型以夏秋旱最为严重。夏旱主要出现在 5 月、6 月，是水稻插秧用水最集中的季节。夏秋旱（或伏旱）多发生在 7 月下旬至 8 月上旬，影响农作物扬花授粉，抽雄吐穗，群众谓之“卡脖旱”，危害极大。春旱多发生在 3—5 月，是小麦返青、灌浆、吐穗阶段，危害较重，且影响蓄水夏灌。新中国成立后，流域内各级政府始终把抗旱救灾作为保稳定、促发展的大事来抓，大力开展农田水利基本建设，形成了地面水与地下水相结合、蓄引提相串联的灌溉网络，有力地抗御了旱灾的侵袭。

第一节　抗旱设施

新中国成立前，褒河流域抗旱的水利设施主要依赖山河堰及一些古堰渠、陂塘。抗旱工具多系传统式的水车、辘轳、戽斗等，设施简陋，抗御干旱能力极弱。无灌溉条件的丘陵山区，旱灾十年九遇，无力抵御，全部“靠天吃饭”。小型渠堰、陂塘灌区，稍遇天旱，便插不上秧；或插上后干死，连年歉收。下游盆地山河堰灌区，虽灌溉条件稍好，但主要引用河道径流，插秧期历来均延至夏至前后结束；如遇干旱，则水田不能满插，已插水稻往往受旱减产；严重时颗粒无收。民国时期随着褒惠渠的建成和陂塘继续增加，抗旱条件有所改善。民国十八年（1929 年），陕西省大旱，汉中尤甚，树皮草根掘食已尽，死亡载道。沔、褒有人吟诗曰：“赤地遍山乡，潸然泪数行。树皮剥吃尽，豆渣是膏粱。弃女母垂泪，抛儿父断肠。斯民何不幸，搔首问穹苍。”

新中国成立后，流域内各县（区）大力开展农田水利基本建设，蓄、引、提工程均有较大的发展。提水灌溉机具也由传统的水车、戽斗、握杆改为运用柴油机、电动机抽水。盆地和丘陵区不少灌区打井挖掘地下水，已形成地面水与地下水相结合、蓄引提相串联的灌溉网络，加上水土保持，基本农田建设，有力地抗御了旱灾的侵袭。特别是石门水库的建成，流域下游丘陵、平川地区大大提升了抗御旱灾的能力。从 1978 年以来，流域内插秧结束期，由原来以“夏至（6 月 21 或 22 日）”为限，提前到 6 月 15 日以前（高产插秧期）。1982 年以后，又提前到 6 月 10 日左右，显示了水利设施灌溉效能的不断提高。由于水利设施、现代抗旱机具较好发挥作用，流域内遇一般干旱，粮食仍获得较好收成。群众有诗云：“大旱遍山川，蓄引提水灌。小旱仍丰收，大旱少减产。道无饿殍者，民心尽怡然。抚今追昔日，新旧两重天。”

第二节 抗旱措施

针对褒河流域干旱灾害频繁发生的实际，各级政府始终把抗旱救灾作为保稳定、促发展的一件大事。

（1）挖掘水源潜力，全力开展抗旱灌溉。一遇灾情，抓旱动快，及时部署、全民动员，开展声势浩大的抗旱减灾斗争。充分发挥小型水利设施在抗旱减灾中的重要作用，渠、库、塘、站、井、窖一齐上，各类小型水利设施齐开动，全力投入抗旱。

（2）充分发挥各级抗旱服务的作用。从1996年开始，流域内各市、县（区）分别成立了抗旱服务组织，经历20余年的建设和发展，已经形成了一支制度完善、管理规范、服务优良的抗旱服务组织队伍。各级抗旱服务组织以抗旱减灾为己任，主动出击，急群众抗旱之所急，想群众抗旱之所想，人员齐出动，设备一齐上，深入田间地头，开展流动浇地、设备维修租赁、修复抗旱设施、推广抗旱技术等多项抗旱服务。汉台区、勉县先后通过全省“国家级抗旱服务组织示范县”达标验收。汉台区、勉县抗旱服务队还获得全省抗旱服务组织建设先进集体、“质量、服务、效益年”活动先进集体、“文明抗旱服务队”称号。

（3）加大旱作农业及生物抗旱技术推广力度。把发展旱作农业作为抗旱的一项基础性工作来抓，大力推广耐旱品种、地膜覆盖技术、秸秆还田等农业新技术，提高了农业抗旱能力。同时，加大黄腐酸旱地龙的宣传推广力度，使这一非工程生化抗旱技术不断应用于抗旱实际中。1997年，市、县（区）水利部门成立推广示范领导小组，建立旱地龙销售网，通过典型示范、现场推广，得到较好的应用，减轻了干旱威胁，收到了良好的抗旱增产效果。

（4）实施人工增雨，支援抗旱。流域内各级人工影响天气部门在旱情紧张的时候，充分利用空中水资源，积极实施飞机、火箭、高炮人工增雨作业，不同程度地缓解旱情，在农业生产、经济建设和生态环境建设中发挥了极大的作用。

第三节 典型抗旱救灾案例

1960年5—8月持续干旱。褒惠渠从5月18日到7月10日降雨33.4毫米，占多年同期平均雨量202.4毫米的16.5%。夏旱中汉江河道断流，褒惠渠最枯流量为3.4立方米每秒，许多塘库干涸，83.6%的农作物面积受灾减产。旱情发生后，流域内各级党委、政府掀起了抗旱插秧保苗总动员。地委、专署发出了抗旱插秧紧急通知，抽调干部组成检查组，县、社、管区逐级成立抗旱指挥部、所，各级政府抽调干部深入社队，参加并领导抗旱。专署水利水电局多次发出抗旱通知，召开电话会议，传达上级指示，交流抗旱经验。各县（区）群众采取了插“跑马秧”“蛇退皮”等节约用水办法，抗旱插秧；并组织挖滩放水“远征军”，到褒河上游疏滩放水，增加下游灌溉插秧水量。

1969年5—8月未下透雨，流域内灌区从5月下旬至7月23日，一直干旱缺水；7月

下旬至8月底又遭伏旱。旱情之严重为历史少见。平川灌区5月、6月两月仅降雨50.4毫米，只占多年同期平均雨量175.9毫米的28.7%。褒惠渠从5月21日至7月23日的64天中，渠首平均流量仅7.49立方米每秒，最枯流量下降到4.72立方米每秒。浅山丘陵地区，旱情尤为严重。7月初才插秧结束。仅汉中、城固两县（市）不完全统计，有3.54万亩稻田未插上秧，1.95万亩水稻干死，2万余亩秋杂粮颗粒无收。

1979年，干旱时间长、范围广、灾情重。从1978年8月至1979年6月累计降雨（汉中站）329.8毫米，比多年同期平均雨量少46.7%，5月、6月两月降雨111.3毫米，只占多年同期平均雨量的63.2%。春夏旱达3月之久；8月又出现1个月左右伏旱，雨量比正常年少四至八成。流域上游太白、留坝、凤县山区曾先后发生旱灾。平川水稻灌区插秧用水十分紧张，河道流量急剧下降，塘库干涸，致使插秧推迟到7月3日结束。浅山丘陵塘库灌区，从育秧开始水量奇缺，致使个别灌区采取借田育秧。石门水库水位7月3日低于设计死水位5.08米，西干渠从6月15日至7月5日，有20天吊空，东干渠有10天引不上水。流域内各市、县（区）主要党政领导，亲自抓抗旱工作，抽调各部门领导和干部组成抗旱工作组，分赴各县、乡发动群众指导抗旱。各县都召开了驻地厂矿、机关负责人抗旱协作会议，动员各方面力量从人力、技术、物资上积极支援抗旱。石门水库管理局、汉中县、水电部第三工程局等组织了灌区抗旱抽水会战，在石门水库采用浮船抽水，装机5台，向东干渠抽引0.5立方米每秒的水；在水库坝外安装5台机泵，扬程60米，从褒河抽水1.0立方米每秒，调节东干渠；并恢复原武乡四级抽水站的一、二级，提抽南干渠0.5立方米每秒的水，以解决老君、武乡、赵庄等公社近2万亩水稻的用水。旱季期，驻汉空军积极配合抗旱，进行飞机人工降雨作业10多架次。

1997年，夏旱、伏旱、秋旱交替出现，流域内灾情严重。旱情是留坝县最严重的一次，夏季玉米、洋芋60%以上干枯，近50%水田无水插秧，部分地方人畜饮水困难。石门水库水位6月12日、6月29日、8月20日三次降至东干渠进水口以下，造成3次停水，最低水位为585.9米。夏插后期及稻田复水水量紧缺，东干渠以北秋杂作物受旱严重。灾情发生后，各市、县（区）积极应对，组织县级、乡级抗旱服务队进行抗旱救灾。采取人挑、车拉、泵抽取水等形式抗灾，减轻了灾害损失。

1999年，流域内留坝县冬春连旱160余天，7月下旬至9月上旬干旱50余天，县境内223条沟溪有205条断流，部分乡（镇）人畜饮水困难。太白县春旱，受旱面积933.33公顷。汉台区春旱和夏旱严重，至4月上旬，干旱少雨，120多天无有效降雨，气温比常年偏高3~4摄氏度，出现明显暖冬现象，造成土壤墒情骤降，塘库蓄水严重不足。区内作物受旱面积7.49万4993公顷，其中重旱1267公顷。勉县7月下旬至9月10日，无雨，伏旱严重，秧苗干枯，遇火能燃。丘陵地区，旱地回茬玉米、杂粮基本无收。灾情发生后，各级党委、政府紧急划拨抗旱应急资金，组织群众开展“一抗双保三防”活动，各级抗旱服务队工作到位，启用机井、抽水站、微型泵等抗旱机具紧急抗旱，并施用FA旱地龙抗旱保苗，减轻旱灾损失。

2000年，流域遭遇冬、春、夏三季连旱，汉台区1—4月，降雨68.6毫米，较历年同

期减少七成，1—6 月减少四五成，气温偏高 3~4 摄氏度，造成旱灾。全区受旱小麦、油菜 5867 公顷，其他经济作物受旱 667 公顷，北部丘陵山区 7000 余人饮水发生困难。石门水库蓄水严重不足，夏插前库水位仅 608 米，比历年同期减少 10 米，减少供水量 2900 万立方米。勉县 1—3 月，降水偏少，气温偏高。4 月中旬后，持续高温少雨。5 月 1—20 日，降水量仅 19.3 毫米。春播、育秧和夏粮作物严重受灾，浅山丘陵地区旱地农作物全部受灾，13.5 万亩水田未插上秧改为旱粮作物，2.7 万亩水稻缺水枯死，1.8 万人饮水困难。留坝县春夏连旱，受灾人口 3.92 万人，其中 1.5 万人饮水困难。灾情发生后，市、县（区）政府高度重视，紧急下拨资金抗旱救灾。各级抗旱服务队紧急出动，动用一切设备投入抗旱，挽回粮食损失 0.48 亿千克、经济作物损失 2460 万元，临时解决 4.48 万人、3.14 万头大家畜的饮水困难。

第四篇　生态环境建设

褒河流域属长江流域低山丘陵轻度水土流失区。古代地广人稀，流域上游秦岭深处林海浩瀚、遮天蔽日，下游丘陵地区林草同耕地面积基本兼半，一派山水青清景象，水土流失甚微。明、清以来，随着人口的增加，社会生产活动对水土资源利用不合理，破坏了自然生态环境，水土流失日益加剧。新中国成立后，各级政府把水土保持当作改变农业生产基本条件的重要措施来抓，发扬自力更生、艰苦奋斗的精神，坚持常年治山治水，大搞农田基本建设，取得显著成效。

褒河流域水资源虽然丰富，但时空分布不均，水土资源不匹配。随着经济社会的快速发展，河流枯竭、地下水位下降、水质污染和供水安全问题日趋突出。实施水功能区和入河排污口管理，加强饮用水水源地和地下水保护，开展水生态系统保护与修复和水生态文明建设，成为确保褒河河流健康的重要手段。

第一章　水土保持

水土保持是一项按照自然规律和经济规律进行国土整治、改善生态环境的重要工作。褒河流域自古生态较好，但随着森林、草坡植被的垦辟，生态平衡失调，连霖雨及持续性暴雨或突发性暴雨，导致土薄石碎的山地常被山洪冲刷，出现滑坡、泥石流等灾害，使水土流失日趋加剧。新中国成立后，各级政府因地制宜，采取工程、生物和耕作措施并举，对流失区进行了调查、规划和综合治理，并大搞农田水利基本建设，强化水土保持预防监督，取得了较好的生态效益、经济效益和社会效益。

第一节　水土流失

一、现状

褒河流域总面积3955平方千米，水土流失面积536平方千米。依据陕西省水土保持规划中水土保持区分区状况来划分，褒河流域属于秦岭南麓水源涵养保土区，水土流失类型以水力侵蚀为主，滑坡、崩塌、泥石流等重力侵蚀相对活跃，海拔1200米以上区域兼有冻融侵蚀，人为水土流失时有发生。

二、成因

水土流失的成因主要包括两个方面：一是自然因素，流域内山高坡陡，地形破碎，山地占总土地面积近90%，加之6—10月降雨占全年的60%~70%，暴雨形成的山洪，造成坡面泥沙下泄、沟道切割侵蚀，产生水土流失。二是人为因素，包括人为生产活动和生产建设项目造成的人为水土流失。

三、危害

水土流失造成的危害：一是导致贫困，水土资源的流失，损坏了可持续发展的基础；二是降低水源涵养功能，导致生态环境恶化；三是破坏土地资源，冲毁、砂压农田，破坏农业基础设施；四是增加河流泥沙，淤积塘库渠道，降低水利工程效益和寿命，同时淤积抬高河床，降低河道泄洪能力，加剧洪水灾害。

第二节　水土流失治理

民国时期，水土流失已引起各级部门的关注。陕西省政府为控制土壤冲刷，着令建设

厅拟具《陕西省防止土壤冲刷暂行办法草案》和《陕西省防止土壤冲刷实施方案》，令饬各县试办，以期求得最经济、最有效的方法后再行推进。

新中国成立后，流域内各县（区）以封山造林为主，采取小流域综合治理，对褒河干流及支流进行了系统规划治理。除植树造林外，坚持逐年退耕坡度在25°的坡地，还牧种草；连年加固防洪堤坎，整修排灌渠道；平整缓坡地为梯地或水田；严禁毁林开荒；加强荒坡植被；整修河道，拓宽水路，提高排洪能力；建立健全水土保持管理机构，加强水土保持工作。

20世纪90年代以来，流域内各级党委、政府以习近平生态文明思想为引领，高度重视水土保持工作，将水土保持纳入考核目标，紧抓西部大开发、丹江口库区及上游水土保持重点工程等机遇，严格落实陕西省秦岭生态环境保护规划，使流域的水土保持率达到86%以上，流域生态环境得到了极大提升，水源得到了涵养。

通过项目带动和产业推动，以小流域为治理单元，坚持山、水、林、草、田、园、路、村综合治理，突出了坡改梯地、经济果林栽植、溪沟整治、农业基础设施配套等治理措施，2008年后逐步探索清洁型小流域治理模式、水土保持示范工程建设、生态移民治理模式等。

截至2022年，褒河流域通过实施坡耕地整治项目、“丹治”项目和小流域综合治理项目等水土保持重点工程，累计治理水土流失面积495.76平方千米。其中，留坝县2022年水土保持率已达到95.21%，并于2023年开展了国家水土保持示范县创建工作。

勉县兴云小流域治理（2019年拍摄）

第三节　水土保持预防监督

1990年以前，流域内水土保持工作以营造水土保持林和发展经济林木为主，实施综合治理。1991年后，各县（区）分别成立水土保持监督站，开始实施水保监督，进行水保案件查处。监督站与水土保持工作站合署办公，负责全县水土保持综合治理工作。1996年后，流域内水土保持监督执法机构逐步健全和完善，并得到全面发展；通过有计划的教育培训和规范化建设，水土保持监督执法队伍的执法能力显著提高；通过水土保持监督管理能力建设，各级监督机构执法设备条件得到极大改善；各级水土保持监督执法机构在水土保持方案审批、执法检查、水土保持设施验收、水土保持补偿费征收中严

格按照法律规定履行职责，确保了水土保持法律制度的落实，促进了水土保持预防治理工作规范有序地进行。

一、监督队伍及执法能力建设

褒河流域涉及的市、县（区）均设有水土保持监督机构，现有监督执法人员30余人。2012年，勉县、凤县创建第一批全国水土保持监督管理执法能力建设示范县。2014年，通过水利部验收。2014年，汉台、留坝、太白县创建第二批全国水土保持监督管理执法能力建设示范县。2015年，通过水利部验收。

二、规范性文件制定

1996年，汉中市人大对石门水库进行了视察，作出了《关于设立石门水库保护区的决定》。1997年11月，汉中市人民政府根据市人大的决定，印发了《关于印发〈汉中市石门水库保护区管理办法〉的通知》（汉政发〔1997〕70号），确定了石门水库流域保护区和库区保护区的范围，成立了“石门水库保护区领导小组”，建立了石门水库保护基金，使流域内唯一的大型水库库区环境得到有力保护。2000年，汉中市人民政府印发了《关于划分水土流失重点防治区的公告》（汉政发〔2000〕61号）。2013年，汉中市人民政府办公室印发了《关于进一步做好水土保持工作通知》（汉政办发〔2013〕40号）。2004—2010年，汉中市水利局分别与市国土资源、电力、环保、安全等部门联合印发《关于生产建设项目做好水土保持监督管理工作通知》。各县（区）政府均出台了水土保持监督管理规范性文件。

三、生产建设项目监督执法

流域内各级水保监督部门，认真贯彻落实《中华人民共和国水土保持法》和水土保持“三同时”制度，有效防止人为水土流失的发生，保护了治理成果。各县（区）及相关部门对流域内生产建设监督检查实现全覆盖，尤其加大了对重大建设项目的监督检查。其中，316国道拓宽改线、244国道改线建设、眉太公路建设及宝汉高速建设，涉及的汉中、宝鸡两市五县（区）均开展了严格的水土保持监督检查。由于监督检查到位，减少了水土流失，各项工程顺利竣工。宝汉高速公路汉中至坪坎段水土保持设施，已于2021年7月通过验收。

第四节　农田水利基本建设

褒河流域历史上各朝代对农田水利基本建设都不太重视。新中国成立后，各级政府发动群众修渠道、挖塘筑库、兴修水利、平整土地、改良土壤、植树造林、砌石坎地、修建水平梯地，开展园田化建设，建设高产稳产农田，既保持了水土，又使农业生产基本条件得到改善。农田水利基本建设由水利部门主管，其建设内容根据山区、丘陵、平川的不同特点，各有侧重。山区以修建水平梯地、植树造林、保持水土为主；

丘陵区以开渠引水、抬田造地、修塘筑库、植树种草保持水土为主；平川以防洪排涝、改良土壤、改造低产田、园田化建设高产稳产基本农田为主，连年来取得了显著成绩。1965 年，在毛主席“农业学大寨”的号召指引下，流域各县掀起了农田水利基本建设高潮，到 20 世纪末，随着农业产业结构调整和农村大批人员出外务工，农田水利基本建设逐渐淡化。

褒河流域的农田水利基本建设，在 20 世纪 50—60 年代由各地、县（区）政府主管农业的领导主抓，水利部门办理具体业务。20 世纪 70 年代各县政府设立“农田水利基本建设指挥部”，专抓农田水利基本建设工作，指挥部由县党政主要领导及农、林、水、财政、物资、公安等部门负责人组成，下设“农田水利基本建设办公室（简称农田办）”，在各县水电局办公，负责办理日常事务。每年冬、春季节将农田水利基本建设列为农村的中心工作，各级党政齐抓共管，分级负责，使各项任务有布置、有检查、有验收。地、县（区）每年分别对完成任务好的县、区、乡、村都进行一次表彰奖励。

农田水利基本建设资金除基建项目由上级和县（区）财政下拨专款外，一般为民办公助，国家给予部分材料补助费，不足部分由受益地区筹集解决。按国务院《关于帮助贫困地区尽快改变面貌的通知》精神，1985—1987 年，汉中地区和宝鸡市按照陕西省分配指标下达给流域各县“以工代赈”补助实物一批，用于修建农田水利基本建设工程；1990 年以后国家以“二农”（第二农业开发区）、“吨粮田”（生产条件较好，增加工程设施后粮食亩产即能显著提高）、“粮基”（商品粮基地建设）、“以工代赈”（包括实物、债券投入）、“粮专”（粮食生产基本专用资金）、“农发”（农业综合开发）、“甘露”（农村人饮供水工程）等工程项目，多层次、多渠道投入资金进行农田水利基本建设，使流域的水利条件发生了重大的改变。

农田水利基本建设的开展，保持了流域水土，使农业生产基本条件得到改善，但也有一定的问题。1958 年前后修建过一批带带地，因质量差，形成“头年修，二年垮，三年成了平铺塌”。20 世纪 70 年代曾提出“向江河要地”和“大河一条线，小河靠边站”等口号，在沿河地带盲目搞改河造田工程，由于工程量大、资金不足、劳力有限等因素，大部分工程中途停工或工程标准低而被洪水冲毁造成浪费。

流域内各级农田水利基本建设指挥部与防汛抗旱指挥部实行一套班子，两块牌子，协同开展工作。2019 年机构改革，各级政府撤销农田水利基本建设指挥部，业务归口农业农村局管理。

第五节　水土保持示范园

太白县翠矶山水土保持科技示范园位于秦岭腹地——陕西省宝鸡市太白县，是陕西省海拔最高的水土保持示范园，园区占地面积 16.25 平方千米，距太白县城不足 0.1 千米，位置优越，交通便利。2009 年开工建设，2012 年基本建成并投入运行，截至

2020年，累计投入资金6038万元。2016年，被陕西省水土保持局命名为省级水土保持示范园。

园区建设初期，编制了《太白县翠矶山水土保持示范园总体规划》，确定了以“水保、科普、宣传、旅游”为主题，以边坡防护、梯田田坎整治、径流小区试验监测、水系连接、坡面整地、水保科教宣传为重点的建设思路。后期逐年实施，集中打造成具有秦岭南麓水源涵养保土区特色的水土保持综合治理体系。同时，积极探索水保科普宣传新形式，建成了全国首个水土保持户外科普教育展厅，形成了以全园为基地、户外展厅为核心的水保科普宣传体系。

园区设水土保持坡面防治体系综合展示区、水土保持科普宣传展示区、秦岭山地自然生态景观展示区和莓类产业与节水灌溉技术推广区四个功能区。水土保持坡面防治体系综合展示区：面积335.14公顷，集中展示水平阶整地、反坡梯田整地、鱼鳞坑整地、梯田筑坎及坡面防治典型措施。水土保持科普宣传展示区：面积452.55公顷，主要展示涝池、生态植草沟、人工湿地、蓄水池、地表径流排导等工程措施，配套径流小区、水土保持户外展厅及宣传导视系统。秦岭山地自然生态景观展示区：面积423.74公顷，展示主要内容为封禁封育、疏林补植、网围栏等生态修复措施及秦岭山地原始的自然山地景观。莓类产业与节水灌溉技术推广区：面积413.76公顷，引进陕西海升果业发展股份有限公司，建成集设施育苗、精深加工、研发检测、高效节水灌溉、雨水收集利用于一体的高端蓝莓产业区。

太白县翠矶山示范园是宝鸡市开展水土保持科普教育、宣传水土保持工作成就的重要基地。每年来园参观、开展科普活动的各类人员达4万人次。现已成为西北农林科技大学、宝鸡市文理学院的科研基地和全县中小学的校外课堂。2021年，园区被水利部命名为国家水土保持科技示范园。

第二章　生态保护

自古以来，褒河流域林草丰茂，生态良好，处于自然状态。明清时期，垦荒农耕，毁林严重。民国时期，毁林开荒极盛，战乱滥伐，森林植被惨遭破坏。新中国成立后，流域内各级人民政府把发展林业生产作为经济建设的突破口，确定林地权属，动员群众封山育林，保护森林资源。但因自然和人为因素，森林资源变化较大。尤其是 1950 年，毁林开荒最为严重。其次是 1961 年开展生产自救，绝大多数村毁林开荒，广种薄收。再者是 1958 年，因“大炼钢铁”，烧黑棒炭炼铁。1962 年、1963 年、1966 年，人民公社化时期大搞毁林开荒的种地运动，砍伐林木，无可估量。1981 年、1983 年，发生特大水灾，山洪毁林亦极其严重。1989—2000 年开展的长江中上游防护林体系建设工程、退耕还林工程和天然林保护工程，使流域森林植被得到较好的恢复。

第一节　植树造林

清代以前，流域生态较好。政府无兴林造林制度，山间林木多为自生自长。群众有自发在房前屋后、路边地坎、河边堤畔植树者，但规模小、成活差。民国时期，虽规定每年 3 月 12 日为植树节，但只限于机关、学校搞点零星植树，从无成片造林之举。

新中国成立后，人民政府把植树造林列为重要任务之一，常抓不懈，成绩显著。

一、采种

流域内树种繁多，可供采集的主要有华山松、油松、白皮松、侧柏、栓皮栎、漆树、青岗、楸、刺槐、山定子、核桃、山茱萸、花椒等树种。20 世纪 50 年代由群众采集，供销部门代收。20 世纪 60 年代后，贯彻“自采、自育、自造”方针，树种改由林业部门直接采收并施行检疫，实现了种子标准化、良种化。

二、育苗

民国初期，流域内主要是挖天然繁衍的野生树苗，或以插条、分根繁育，也有采种直播，大都是单家独户自发性地采种育苗。1936 年，平川县设立苗圃育苗，每年为学校、单位提供少量苗木。1950 年后，流域内各县（区）开始建立小型苗圃育苗。1958—1960 年，先后相继建立国营林场，大量育苗，绿化荒山。1964 年，响应省提出的“植树造林，苗圃先行，每队一亩，队上经营，参加分配，责任到人，年年狠抓，前途光明”号召，促进集体育苗。20 世纪 70 年代初，采取县、公社、生产大队、生产队四级办苗圃办法，将育苗列入国民经济计划。国营林场由小片地育苗转变为建立固定苗圃，走向育苗基地化。

1980年开始，农村经济体制改革和林业实行生产责任制，国营、集体和重点户都可育苗，种苗不仅满足本地需要，还大量销往外地，成为群众脱贫致富的门路之一。

三、植树造林

民国时期，流域内群众习惯在自己房前屋后及小块土地上零星栽种树木，也有一些大家户族营造小片的寺庙林、祠堂林及果园、竹园等。新中国成立后，各县（区）重视发展林业，组织动员广大群众，采种育苗，植树造林。从1950年春开始，各级政府张贴布告，动员群众开展植树造林运动，并对坡度30°以上的山地实行封耕，纠正了盲目开荒和破坏森林的做法。以后随着生产关系的逐步改革、调整，群众性的植树造林走向有组织、有领导、有计划的轨道。坚持连年植树造林，春、秋季突击绿化，已成为各级人民政府和人民群众的自觉行动。1981年以后，林业政策逐步完善，各种形式的植树造林责任制不断推行，造林专业户，实行经营承包，国家按造林面积和质量补助3~4元每亩，调动了林农的积极性。为把植树造林活动推向高潮，国家确立每年3月12日为植树节，组织机关、学校植树造林。其间，1970年冬至1994年春，每年春季先后由省民航局独立中队、兰州军区空军司令部运输团和西北航空公司兰州民航21大队，使用“运五型”（亦称“安二型”）飞机，实施飞播树种造林，加快了流域绿化进程。1993年以来，推广封山育林的经验，并在实行山林经营承包责任制以后，采取封山植树与经营挂钩。同时，对荒山和山林又采取拍卖、转让等措施，加快了荒山的绿化工作。

第二节　退耕还林

1999年8月，国务院提出“退耕还林（草）、封山绿化、个体承包、以粮代赈”16字方针，2002年开始全面实施。退耕还林工程要求以营造生态林为主，比例不低于80%，经济林比例不得超过20%，按照先陡坡后缓坡的原则进行退耕还林，还林后实行封山管护。流域内各级政府积极实施退耕还林工程，每年按照国家下达的年度退耕还林任务编制退耕还林年度作业设计方案，逐级落实到户，并分户建卡、签订合同。由农户按规定的数量和进度进行造林和管理。在确定土地所有权和使用权的基础上，实行“谁退耕、谁造林（草）、谁经营、谁受益”的政策，坚持责、权、利相结合，坚持政策引导和农民自愿相结合，尊重农民的意愿，实行自愿原则。

按照核定的退耕还林面积，各县（区）财政向退耕还林农户提供适当的补助粮食、种苗造林费和现金（生活）补助。其中，经济林补助5年，生态林补助8年，还草补助2年。退耕还林粮食和生活费补助期满后，中央财政还安排资金，继续对退耕农户给予适当的现金补助，解决退耕农户当前的生活困难。标准为：退耕地每年补助现金1575元每公顷（105元每亩）、生活补助费300元每公顷（20元每亩），并与管护任务挂钩。

退耕还林工程的实施，使流域内生态环境得到改善，森林覆盖率提高2个百分点以上。

第三节　天然林保护

1998 年 9 月，中共中央、国务院作出决定，全面停止长江、黄河流域上中游的天然林采伐，森工企业转向营林。同年 10 月，陕西省人民政府发布《关于实施天然林保护工程立即停止省属森工采育企业采伐天然林的命令》，决定从 11 月 1 日起，在省属太白、宁东、宁西、汉西、龙草坪 5 个森工采育林业局和宝鸡市辛家山、马头滩林业局全面停止天然林采伐，开展天然林保护工程试点工作。2000 年，褒河流域天然林保护工程全面启动。2000—2010 年，流域内市、县（区）分别成立天保专管机构，落实工作人。同时，聘用村级护林员和林场专职护林员，负责全县森林资源的管护，并签订管护合同书，公示工作职责和管护区位示意图，实行县、乡两级管理，半年和年终考核。

天然林资源保护工程实施后，流域内全面停止了天然林商品性采伐。国有林场均转为公益型林场，主要从事种苗培育、苗圃建设、造林更新和林场基本建设。林业经营方向从以木材生产为主向森林保护和培育转变，林区经济由“独木支撑”向调整产业结构和多种经营转变。工程区内，加强了森林防火基础设施建设，建立森林防火指挥中心。

实施天保工程后，随着天保政策的广泛宣传和管护措施的不断加强，乱砍滥伐、乱捕滥猎、乱占乱垦林地等案件逐年下降；森林火灾、森林病虫害防治得到有效控制，森林资源质量逐年提高，森林的各种功能也得到修复，日益减少的野生动物种群和数量增加，水土流失现象得到控制。

第三章　水生态环境保护

褒河流域水资源虽然丰富，但时空分布不均，年际间和年内丰枯变化大，水土资源不匹配，水资源保护任重道远。随着经济社会的快速发展，河流枯竭、地下水位下降、水质污染和供水安全等问题日趋突出，已成为制约流域经济社会发展的又一重大问题。对此，流域各级政府实施水功能区管理和入河排污口管理，加强了饮用水水源地保护和地下水保护，开展了水生态系统保护与修复和水生态文明建设，使水资源保护工作取得很大进展，水污染得到控制，水环境逐步改善。

第一节　水资源保护

一、水功能区管理

2000 年，水利部以水资源〔2000〕58 号文，部署在全国开展水资源保护规划编制工作，要求依据“全国水功能区划技术大纲”编制水功能区划。2004 年 9 月 22 日，《陕西省水功能区划》由陕西省政府办公厅印发实施（陕政办发〔2004〕100 号），为水资源开发、利用、配置、管理和保护提供了依据。

褒河流域共划分 3 个水功能区，分别是褒河留坝自然保护区、褒河汉中开发利用区、褒河汉中保留区。褒河留坝自然保护区起始断面为河源，终止断面为马道，长 111 千米，水质目标为Ⅱ类；褒河汉中开发利用区起始断面为马道，终止断面为石门水库大坝，长 27 千米，水质目标为Ⅲ类；褒河汉中保留区起始断面为石门水库大坝，终止断面为入汉江口，长 37.5 千米，水质目标为Ⅱ类。其中，褒河留坝自然保护区、褒河汉中开发利用区是市政府对县（区）政府实行最严格水资源管理制度考核的市考水功能区，监测断面分别是马道水文站和石门水库大坝库区，自 2014 年开始进行水质监测，历年来水质均达到考核要求。2016 年，汉中市开展了水功能区确界立碑工作，对褒河留坝自然保护区、褒河汉中开发利用区进行了确界立碑。

石门水库水环境监测断面（2023 年拍摄）

按照国家机构改革职能划转和中央编办《关于水质监测职责的意见》

有关要求，水质监测数据由生态环境部门统一提供。2019 年后，在国家水功能区和水环境控制单元整合工作完成之前，将原考核水功能区监测断面暂时整合调整为水环境监测断面，水环境监测断面水质情况由生态环境部门负责监测提供。褒河留坝自然保护区、褒河汉中开发利用区监测断面统一调整为石门水库水环境监测断面。

二、入河排污口管理

2005 年，陕西省水利厅安排部署了长江流域入河排污口普查登记工作。2009 年 5 月，陕西省水利厅印发《关于加强全省河流入河排污口监督管理的通知》，严格控制入河污染物排放。要求结合建设项目水资源论证开展入河排污口设置论证工作，对水功能区尚未达标的河流，严格控制入河排污口设置，建设项目新增的废污水需进入城市或工业园区污水系统处理后达标排放；对新建的化工类项目，积极推行“零”排放，减少废污水排放对水体的污染。2014 年 9 月，陕西省水利厅办公室印发了《关于进一步加强入河排污口监督管理工作的通知》（陕水资发〔2014〕30 号），又对加强全省入河排污口监督管理工作提出了具体要求。根据文件要求，流域内各县（区）水利部门及时做好了入河排污口扩大和设置审批职能的承接工作，对辖区内的入河排污口进行认真清查，对符合登记条件的及时办理登记手续，对需要办理设置审批手续的，及时要求设置单位补办审批手续。同时，开展了入河排污口监测、定标、立碑、亮界工作，为入河排污口监督管理奠定了基础。

2018 年，第二次全国污染源普查工作中，各县（区）水利部门又对辖区内入河排污口进行了逐一调查摸底，现场采集地理位置坐标、调查排污口设置管理主体、拍摄排污口照片，填写清查信息表，建立了入河排污口名录清单。在完成排污口清查的基础上，进一步明确每个排污口的排污主体、管理主体、监督主体。建立翔实完整的动态管理档案资料和信息卡，实行排污口“一口一卡”“一口一档”管理，并设立排污口标志牌。褒河流域排污口 11 个，分别是：留坝县污水处理厂排污口、马道镇污水处理厂排污口、留坝县武关驿镇栈道水世界排污口、留坝县武关驿镇污水处理厂排污口、留坝县火烧店镇污水处理厂排污口、留坝县江口镇江口村污水处理厂排污口、留坝县江口镇河西村污水处理厂排污口、留坝县玉皇庙镇生活排污口、留坝县青桥驿镇生活排污口、留坝县留侯镇生活排污口、太白县污水处理厂排污口。

三、饮用水水源地保护

褒河流域向汉中中心城区供水的水源地有 2 处，分别为长林饮用水水源地和石门水库饮用水水源地；向县城供水的水源地有 2 处，分别为留坝县城石峡子沟饮用水水源地和太白县城牛家沟饮用水水源地；向集镇供水的水源地有 10 余处，分布在沿河周边。

依据《中华人民共和国水污染防治法》《陕西省城市饮用水水源保护区环境保护条例》《饮用水水源保护区污染防治管理规定》等法律法规规定，1999 年 6 月，陕西省人民政府办公厅以陕政办发〔1999〕33 号文批准了太白县城牛家沟饮用水水源地保护区；2001 年 2 月，陕西省人民政府以陕政函〔2001〕41 号文批准了留坝县石峡子沟饮用水水源地保护区；2020 年 9 月，陕西省生态环境厅以陕环〔2020〕169 号文批准了太白县靖口镇索家沟饮用水水源地保护区；2022 年 2 月，陕西省生态环境厅以陕环〔2022〕26 号文批准

了石门水库饮用水水源地保护区；2022 年 4 月，陕西省生态环境厅以陕环〔2022〕76 号文批准了长林饮用水水源地保护区。其他集镇饮用水水源地保护区待批。

对饮用水水源地的保护，流域内各相关部门高度重视，密切合作，采取了如下措施。

（一）严控保护区项目准入，加强源头管控

严格控制水源地保护区内新、改、扩建项目的行政审批。建规、环保、国土等相关部门在项目规划选址、环境影响评价、土地征用等行政许可工作中从严把关，一律不予审批水源地一级保护区内的建设项目和二级保护区内排放污染物的项目。

（二）全面落实水源地保护责任

建规、住管、环保、水利、国土、卫计等部门按照各自工作职责，从行业抓好生活饮用水水质的监督管理，形成政府统一领导、部门分工协作的工作机制，促使水源地保护的任务和措施落到实处。同时，将水源地水质达标和保护措施落实作为对县（区）政府环境保护目标任务考核的重要内容，与县（区）政府签订责任书，逐年对县（区）进行检查考核。

水源地保护（2024 年拍摄）

（三）开展水源地环境整治

每年开展查处环境违法行为保障群众健康环保专项行动，把饮用水水源保护作为重点内容，对群众反映的涉及饮用水水源问题进行调查处理，有效消除饮用水水源污染隐患。将城市集中式饮用水水源地作为重点监控区域，实施水源地巡查制度，发现和处理违法占用保护区的违法行为，防止保护区内产生新的污染源。

（四）提升应急处置能力

水厂对供水过程实施全程监控，确保落实各项安全措施；公安部门定期进行巡查指导，排查隐患，全力保障供水安全。环保、水利、住管、卫计等部门不断加强水质监控，掌握水质变化情况，按照各自职能对水源地水质、自来水厂出厂水质、管网末梢水质进行定期检测和水质安全评价，向社会公示。设立 12369 环境举报投诉热线为饮用水水源地应急指挥值班电话，实行 24 小时值班制度，接报和启动应急处置程序，保障水质安全。

石门水源地保护站（2023 年拍摄）

第二节　水环境保护

褒河流域是国家南水北调中线工程的水源涵养区和陕西省内“引汉济渭”工程的水源地，流域内各级政府始终把保护流域水质安全作为重大政治任务和重要民生举措来抓，扛牢“一泓清水永续北上”政治责任，持之以恒地加强水污染防治和生态环境保护，深入贯彻落实“水十条”和河湖长制，扎实推进碧水保卫战各项重点任务，持续开展水环境综合整治，使流域水环境质量持续保持优良，优良水体占比达到100%。

一、完善工作推进机制

（一）加强组织领导

流域内各级党委、政府把生态环境保护纳入重要议事日程，纳入人大、政协监督重点领域和经济社会发展规划体系。成立由党委书记任第一主任、政府一把手任主任的生态环境保护委员会，统筹推进生态文明建设和水生态环境保护各项工作。建立“市县区委常委抓块、市县区长抓条”的推进机制，采取领导包抓、定期调度、督察督办等方式，加快推动水环境突出问题解决进程。

（二）健全责任体系

汉中市政府先后制定印发《汉江流域污染防治三年行动计划》、《水污染防治工作方案》和《碧水保卫战工作方案》等文件，逐年印发年度实施方案，市政府与县（区）政府和市级有关部门签订目标责任书，交办任务清单。围绕生态环境保护及碧水保卫战任务完成情况进行考核，开展县（区）水质排名，实行汉江流域水污染补偿机制，倒逼各级责任落实。创新出台《生态环境保护岗位责任清单》，构建“市—县—镇—村”四级生态环境保护监管网格，严格落实“党政同责、一岗双责”责任。

（三）完善长效机制

严格落实河（湖）长制，建立“组织协调、调度督导、检查考核”的综合管理机制，形成了“河湖长统筹、责任单位落实、水政执法人员巡查、督查办挂牌督办、河湖警长执法、检察长协作、民间河长监督、专职人员保洁”的“八员共治”工作体系。颁布实施汉中市首部生态环境领域地方性法规《汉中市汉江流域水环境保护条例》，强化法治保障和刚性约束，构建依法治水新格局。

二、系统治理水生态环境

（一）强化流域城镇污水处理设施建设

流域内县（区）城市污水处理厂全部达到一级A类排放标准，沿河各重点镇污水处理设施已基本建成，城镇雨污分流改造及管网建设稳步推进，水污染防治水平不断提升。

（二）统筹推进农村环境整治

2004年以来，对流域内汉台、勉县、留坝等县（区）的石材加工企业设置废水处理设施和弃渣堆场，消除废水和废渣乱排现象。制定了《褒河流域及石门水库水质和生态

保护建设工作方案》，对褒河库区废渣、废水乱排放现象进行治理，关停7家石材加工企业、5家石英砂采矿点，建立规范的矿石开采弃渣场和尾矿库。各县（区）还编制了《农村生活污水治理规划》。组织开展农村黑臭水体摸底排查，明确黑臭水体名称、地理位置、污染成因和治理范围。

污水处理厂（2024年拍摄）

（三）提升工业企业治污水平

流域内严格涉水项目准入，持续推进产业结构优化升级。全面推行排污许可制度，制定工业污染源全面达标排放计划，督促全流域废水排放企业安装在线监控设施。严格落实污染源网格化监管和随机抽查制度，对涉水排放重点企业实行全过程监管。

三、严格保障水质安全

（一）强化监测预警

密切关注流域重点断面水质变化，强化预警监测和巡河排查，及时发现处置异常情况，确保水质安全。持续开展“碧水”等专项执法检查，严格落实污染源网格化监管和随机抽查制度，对涉水排放重点企业实行全过程监管。启动实施汉江流域水环境热点网格监管项目，水环境预警监控能力不断提升。

（二）强化排查整治

深入开展流域生态环境保护、秦岭生态环境保护问题整治等专项行动，持续开展“碧水”等专项执法检查，扎实推进河湖划界工作，对排污口进行详查、监测、建档立卡。

（三）强化水源保护

持续开展集中式饮用水水源地问题专项整治，大力推进水源地建设，加强水源地水质监测评估，定期公布水质信息，流域城镇集中式饮用水水源地水质达标率达到100%。

（四）强化执法监管

严格落实污染源网格化监管和随机抽查制度，对涉水排放重点企业实行全过程监管。加强环保司法联动，严厉打击各类水环境违法行为。

（五）强化突发环境事件应急管理

加强尾矿库、危化品运输等风险源隐患排查，以“一企一档、一库一档”为原则，对流域内尾矿库进行排查梳理，并在此基础上制定流域突发环境事件应急预案，强化应急处置能力。

316国道危化应急处置处（2023年拍摄）

第三节　水生态环境保护区

褒河流域地处中华民族祖脉的秦岭山脉，生态环境的保护备受关注。流域褒谷口以上区域为秦岭生态环境保护区。其中，石门景区情人桥以上河段为秦岭保护区的重点保护区，其余河段均为一般保护区。褒河流域内还有生态敏感区 6 处，其中自然保护区 3 处，鱼类种质资源保护区 1 处，重要湿地 2 处。

一、自然保护区

（一）陕西汉江湿地省级自然保护区

陕西汉江湿地省级自然保护区于 2009 年 12 月经陕西省人民政府批准设立。2020 年，陕西省人民政府根据《陕西省人民政府关于陕西汉江湿地省级自然保护区范围及功能区划调整的批复》（陕政函〔2020〕168 号）调整了汉江湿地保护区范围。调整后，保护区总面积 14351.37 公顷，其中核心区 4826.91 公顷，缓冲区 2726.47 公顷，实验区 6797.99 公顷。在褒河范围划为实验区，区域为褒河与汉江交汇口以上 9 千米。

汉江湿地省级自然保护区（2023 年拍摄）

（二）桑园国家级自然保护区

2002 年，经陕西省人民政府批准设立，桑园为省级自然保护区。2009 年，国务院批准为国家级自然保护区。面积 1.4 万公顷，主要保护对象为大熊猫、羚羊、林麝等，地处留坝县东北部。

（三）摩天岭省级自然保护区

2002 年，经陕西省人民政府批准设立，面积 0.85 万公顷，主要保护对象为大熊猫、羚牛、林麝等，地处留坝县境内。

桑园国家级自然保护区（2023 年拍摄）

摩天岭省级自然保护区（2023 年拍摄）

二、湿地保护区

（一）汉中褒河湿地

陕西省人民政府发布《关于公布陕西省重要湿地名录的通告》（陕政发〔2008〕34号），褒河湿地被列为陕西省重要湿地。湿地范围：从留坝县玉皇庙乡到汉台区龙江镇沿褒河至褒河与汉江交汇处，包括褒河河道、河滩、泛洪区及河道两岸1千米范围内的人工湿地。

（二）汉中石门水库湿地

陕西省人民政府发布《关于公布陕西省重要湿地名录的通告》（陕政发〔2008〕34号），石门水库湿地被列为陕西省重要湿地。湿地范围：北至河东店镇与留坝县交界处，南至河东店镇光明村北口，包括滩涂及周边500米范围内的湿地。

汉中褒河湿地（2023年拍摄）

汉中石门水库湿地（2023年拍摄）

第四节　水污染事件应急处置案例

一、留坝县北栈河粗酚污染

2018年4月24日10时20分，榆林市靖边县盛新宇实业公司一辆载有32吨粗酚的危化品罐车（陕KD9749）由汉中驶向宝鸡途中，行至316国道留坝县境内紫柏街道办事处陶沙坝村西关加油站附近时，车辆罐体底部突然发生破裂，槽罐车内粗酚全部泄漏，大部分粗酚被拦截在公路两边水沟、公路边坡及闲置宅基地内，少量从公路边雨水沟进入褒河支流北栈河中，对北栈河造成污染。事件发生后，陕西省委、省政府高度关注，汉中市委、市政府高度重视，及时启动市、县突发环境事件应急预案，制定针对性极强的污染处置方案，昼夜开展应急监测，妥善应急和舆情处置，严格信息报送，经过市、县两级干部群众11天连续奋战，污染源被铲断并清除，北栈河及褒河水质全部持续达标。

二、汉台区316国道粗苯泄漏

2018年6月24日21时21分，一辆运有28.8吨粗苯的危化品车辆（陕J61269），从四川广元开往安徽淮北方向，车辆行至汉台区316国道河东店镇老丈沟村附近（K2195+100）发生单方交通事故，车辆侧翻至公路内侧，少量粗苯泄漏。污染物未进入水体，未对褒河水体造成污染。事件发生后，汉中市委、市政府高度重视，及时启动市、区突发环境事件应急预案，制定针对性极强的污染处置方案，及时对污染源铲断并清除，避免了褒河水质污染。

第五篇　流域综合管理

褒河流域水资源虽然丰富，但因时空分布不均，供需矛盾依然突出。水资源开发利用主要是石门水库灌溉用水、引红济石向关中调水、石门水库向汉中中心城区生活供水、娘娘滩水库与板凳堰灌溉用水，以及流域内人畜饮水、小型灌区引水和小水电站用水。水资源的依法管理始于20世纪80年代末至90年代初，随着各级水资源管理机构的建立，使流域水资源管理步入法制化轨道。最严格水资源管理制度的推行，让流域水资源管理跨上新的台阶。

河长制是由政府部门为加强水资源保护、水污染防治、水环境治理、水生态修复、水政执法监管而设立的一种机制。目的是对河流进行全面管理和保护，促进全社会共同参与到守护河湖美好生态环境工作中来，构建责任明确、协调有序、监管严格、保护有力的河湖库管理保护机制，营造河畅、水清、堤固、岸绿、景美的水生态环境。褒河流域2016年开始推行河（湖）长制，使河流环境得到有效的整治和保护。

水是重要自然资源和生态环境控制性要素，水安全是事关全局和长远发展的基础性保障。1988年，《中华人民共和国水法》颁布以后，《中华人民共和国水土保持法》、《中华人民共和国渔业法》、《中华人民共和国防洪法》、《中华人民共和国水污染防治法》和《中华人民共和国河道管理条例》、《水库大坝安全管理条例》、《取水许可制度实施办法》、《城市供水条例》和《中华人民共和国水生野生动物保护实施条例》等一批涉水法律法规由全国人大常委会和国务院相继颁布，使水利事业逐步走上法治的轨道。

第一章　水资源管理

水资源是经济社会发展的基础性自然资源和战略性经济资源，水资源管理是水利管理的重要基础工作。

第一节　管理机制

一、机构

新中国成立以后，流域长时期没有设立水资源管理机构。从20世纪80年代末至90年代初，汉中地区和宝鸡市及流域各县（区）分别成立水资源管理委员会，主任委员由主管水利的地（市）、县（区）担任，委员由经委、财政、水电、城建局等部门负责人组成，下设办公室（简称水资办），事业单位性质，办公室设在水电局，由水电局代管。1993年，原来城建部门管理的城镇水资源管理办公室，移交至水利部门管理，并开始按相关政策征收水资源费。1998—1999年分别成立市、县（区）水政监察支（大）队，与市水资源管理办公室合署办公，一套机构、两块牌子。2017年，陕西省作为全国试点开展水资源税费改革工作，自备水源取水户的取水量由水利部门负责核定，取用水户根据核定水量主动向税务部门报税，由税务部门负责征收水资源税。2019年机构改革，汉中市原水资源管理办公室撤销，在市水利局内设水资源科。除汉台区成立水资源管理保护中心机构保留外，勉县、留坝县水资源管理业务都与河道管理站、水利综合执法大队、水旱灾害防御中心合并。凤县、太白县机构保留并升格，分别更名为"凤县水资源事务管理中心""太白县水资源事务中心"。

二、职责

（1）贯彻执行《中华人民共和国水法》《取水许可及水资源费征收管理条例》和《陕西省实施〈中华人民共和国水法〉办法》等法律、法规及有关水资源管理的方针、政策、法规、法令，组织开展最严格水资源管理制度相关工作，制定符合流域实际的供用水实施办法。

（2）组织对水资源进行调查和评估，研究水资源的阶段发展趋势，提出对策和建议，制定水资源供需计划。

（3）对水资源进行统一管理，负责"取水许可证"审批、审验；按规定对用水户水量进行核定。

（4）开展水资源有偿使用、水量分配、水资源调度工作，承担河湖生态流量水量管

理工作；参加对新建、扩建取水项目的审查工作。

（5）参与编制水功能区划、指导入河排污口设置管理、水资源调查评价和饮用水水源保护等工作，保护水资源不受污染和破坏。

（6）制定宣传节约用水措施，组织编制并协调实施节约用水规划；组织实施用水总量控制、用水效率控制、计划用水和定额管理制度，总结交流、推广节约用水先进经验，奖励节约、惩罚浪费。

（7）组织地下水的观测和用水情况统计报表资料的汇集、整编工作及专项资金的管理等。

第二节　水资源配置

一、水资源规划

汉中市先后编制印发了《汉中市饮用水水源保护区规划》《汉中市秦岭水资源保护利用专项规划》《汉中市秦岭水资源保护利用规划》和《汉中市“十四五”节水型社会建设规划》等水资源规划。汉中市水利局联合市发展改革委印发了《关于印发“十四五”用水总量和强度双控目标的通知》，明确了各县（区）“十四五”期间用水总量、用水效率的控制目标。宝鸡市编制印发了《宝鸡市水资源开发利用现状调查评价报告》《宝鸡市水资源调查评价报告》和《宝鸡市水资源开发利用规划》等一批水资源规划。这些规划，为流域水资源开发利用和管理提供了依据。

二、水资源分配

褒河流域多年平均地表水资源量为 13.02 亿立方米。水资源虽然丰富，但因时空分布不均，供需矛盾依然突出。水资源开发利用主要是石门水库灌溉用水、引红济石向关中调水、石门水库向汉中中心城区生活供水、娘娘滩水库与板凳堰灌溉用水，以及流域内人畜饮水、小型灌区引水和小水电站用水。

三、水量调度

褒河流域水量调度主要涉及石门水库灌溉用水和引红济石调水，流域内人畜饮水、小型灌区引水和小水电站用水对流域水量调度没有大的影响。

石门水库灌区有 3 条干渠（东干渠、南干渠、西干渠），21 条支渠。设计灌溉汉台、勉县、城固和汉中经济开发区四县（区）51.5 万亩农田。2020 年，根据汉中市水利局审批的年度取用水计划，年取水总量 3.1 亿立方米。石门水库灌区灌溉因为水库除险加固施工未进行冬灌，实际取水 2.49 亿立方米。其中，东干渠渠首取水量 1.2 亿立方米，西干渠渠首取水量 0.19 亿立方米，南干渠渠首取水量 1.1 亿立方米。

引红济石工程设计年引调水量 9210 万立方米。工程设计最大引水流量 13.5 立方米每秒，经石头河水库结合自产水量进行调蓄后，水库年均供水量 2.66 亿立方米，除保持向西安城市供水 0.95 亿立方米外，新增向杨凌、咸阳等城市供水 1.26 亿立方米。

褒河流域水量调度的关键是石门灌区农灌用水和汉中中心城区人饮用水的调控，需阶段性与省江河中心加强对接，落实引红济石年度引水总量控制和3月、8月调水量控制，确保石门灌区灌溉高峰期农田灌水和城市人饮用水安全有保障。

第三节　取用水管理

随着《中华人民共和国水法》的公布实施，20世纪90年代以来，流域各市、县（区）认真贯彻落实陕西省依法实施取水许可和水资源有偿使用相关制度，逐步改革调整了农业、县城和城市用水价格，建设了水资源管理系统，开展了水资源监控能力建设，各项管理和改革措施得到全面落实，取用水管理效果十分显著。

一、取水许可

1988年1月，《中华人民共和国水法》颁布以后，陕西省取水许可制度在全省全面推行。1989年，陕西省水利水保厅制定了《陕西省取水许可登记暂行办法》；1991年1月29日，陕西省人大常委会颁发《陕西省水资源管理条例》，明确规定水行政主管部门负责当地水资源的统一管理，对直接从地下或者江河、湖泊取水，实行取水许可制度。1996年5月，陕西省人民政府根据国务院颁布的《取水许可制度实施办法》，制定颁发了《陕西省取水许可制度实施细则》。流域各县（区）全面推进取水许可制度的实施。

（一）换发取水许可证

对已成的取水工程，由市、县两级水资源管理机构，对取水相对人按规定填写的取水许可申请资料进行审查，合格的统一颁发“中华人民共和国取水许可证”，并加盖市、县（区）水行政主管部门印章。对已颁发的取水许可证，按规定每两年审验一次，对变化的取水情况及时进行调整。

（二）待建、在建工程水资源评价审核

按照《中华人民共和国水法》规定，新建取水工程要进行取水预申请，对水资源要进行切实可行的水资源评价论证，既要保证有稳定的水源可取，又不伤及第三者的用水权益，不影响水环境，这也是水利工程立项必需的前置程序。从20世纪80年代以来，市、县两级水资源管理机构共同组织开展的水资源评价项目近百项，保障了经济建设项目的顺利进行。

二、水资源费税征收

1992年10月10日，经陕西省人民政府同意，陕西省物价局、陕西省财政厅、陕西省水利水保厅联合制定颁发《陕西省水资源费征收、管理和使用暂行办法》，规定“凡在陕西省内直接从地下或江河、湖泊取水的单位和个人，均应向水行政主管部门提出取水申请，依法获得取水的使用权，并按规定交纳水资源费”。流域内各市、县（区）水资源费征收始于1993年，由各级水资源管理办公室负责征收。2017年，陕西省作为全国开展水资源税费改革工作的试点，自备水源取水户的取水量由水利部门负责核定，取用水户根据核定水量主动向税务部门报税，由税务部门负责征收水资源税。

三、水价管理

（一）农业水价

褒河流域古代水利管理和维修费用，均由民筹。其取费标准，据与山河堰相邻的五门堰灌区道光十九年（1839 年）《核定五门堰章程碑》载："常年派费，每亩酌百文以上，不得超过一百五十文。"

民国时期，民营渠堰除按亩摊派堰工外，并征收堰谷。民国三十一年（1942 年），褒惠渠建成灌溉受益后开征水费，稻田分为新增（一等）、旧有（二等）两种，水费征收标准：一等稻田每亩征收稻米 1.1 市斗，二等稻田每亩征收稻米 0.5 市斗。

新中国成立后，1950 年褒惠渠水费标准，仍按新、旧稻田，每亩分别征收大米 8.8 千克和 4 千克。1951 年，陕西省水利局通知，将汉、褒、湑三渠水费征收交各县财政部门征收，统一交水利部门。征收标准：灌区稻田不分等级，每亩每年征收粗粮（碛米）9 千克，浸水田、棉田、生姜田，每亩 6 千克。1953 年起，国营灌区水费仍归水利管理部门征收。

陕西省人民政府颁发《陕西省地方国营渠道一九五三年水费厘订与征收办法》，厘订汉中国营灌区水费标准：自流引水的一级稻田每亩 1.4 万元，抽水及浸水的二级稻田每亩 1.0 万元，水浇地每亩 0.6 万元。1956 年 6 月，陕西省人民委员会颁发《陕西省地方国营渠系水费厘订与征收办法》，调整褒惠渠等国营渠道水费标准：每亩稻田一级 1.8 元，二级 1.4 元，水浇地 0.8 元。从 1957 年起，国营灌区水费全年一次计算，分夏秋两季征收，夏季预征 30%，其余秋后一次结算征齐。

1983 年 12 月，陕西省人民政府发布《陕西省水利工程供水收费标准和使用管理试行办法》后，汉中地区行署于 1984 年 5 月颁发《汉中地区水利工程供水收费标准和使用管理办法》。水费标准和管理办法规定：农业用水，按亩计征水费，国营石门水库等 12 个自流灌区，稻田不分等级，每亩年收水费 3.2 元，水浇地 2 元，蔬菜 5 元，果园、经济作物（含喷灌）4 元；水利工程管理单位自营抽水站，一律实行按量计费，以机口水量计算，不论扬程高低，每立方米收费 8 厘，电费照实另收。经水利工程管理单位批准，群众自备机械，从国营渠道、水库提水灌溉，每立方米收费 6 厘，暂不具备按量计费的，可按亩计征，每亩收费 2.4 元；水库养鱼和鱼种生产，按总销售价 3%收缴水费；国营灌区群众自建、自管的抗旱井、站，权属不变，由水利工程管理单位按计划配水，建立开机审批制度，在批准抽水时间内所用电费，由水利工程管理单位按井、站实支电费的 40%在征收水费时予以减征；水利工程管理单位互相调剂供水的，每立方米收 2 厘。

2002—2004 年，陕西省为减轻农民灌溉水费不合理负担，改革水价管理方式。推行"终端水价"制度、"一个价计费"、"一张票送户"、"一只手征收"。"一个价计费"，即以斗渠口计算水量，水价是最终水价，价格不准加码，水量不准变更。水价构成包括国有水管单位水电费、基层管理费、村组浇地费 3 种费用，由政府定价，直接与农民见面。流域内各灌区开始实施按量收费。

2018 年，为进一步推进农业用水综合改革，建立健全农业水价形成机制，根据陕西省水利厅等部门《关于大力推进农业水价综合改革工作的通知》（陕水发〔2018〕17 号）

和汉中市人民政府办公室《关于印发汉中市推进农业水价综合改革实施方案的通知》（汉政办发〔2018〕44号）精神，汉中市物价局对石门水库等国营灌区进行成本审核后，调整了农业用水价格，适当提高了终端水价标准，并实行超定额累进加价制度。石门灌区终端水价平均水平调整到0.083元每立方米。

（二）城市供水水价

汉中中心城区1984年前，水费实行“包费制”，即按人按月缴纳水费。1984年，改革为以表计量，按量收费，按月缴纳，每吨水费0.12元。从1990年开始，汉中市物价局对水价进行了多次调整。1990年，调整为工业经营用水每吨0.3元，居民生活用水每吨0.2元。1992年1月1日起，生活用水每吨0.25元，生产经营用水每吨0.35元。1993年1月1日起，生活用水每吨0.324元，生产经营用水每吨0.432元。1994年3月1日起，居民生活用水每吨0.48元，生产经营用水每吨0.65元。1996年3月1日起，生活用水每吨调整为0.70元，生产经营用水每吨调整为0.90元。1998年3月1日起，实行生活用水、工业团体用水与服务、餐饮、基建用水3种价格，居民生活用水每吨0.88元，工业团体用水每吨1.00元，服务、餐饮、基建用水每吨1.21元。2000年8月1日起，实行居民生活用水、工业用水、行政事业单位用水、经营服务用水、特种行业用水5种价格，生活用水每吨0.97元，工业用水每吨1.17元，行政事业单位用水每吨1.12元，经营服务用水每吨1.41元，特种行业用水每吨1.96元。2004年7月1日起，居民生活用水每吨1.07元，工业用水每吨1.31元，行政事业单位用水每吨1.31元，经营服务用水每吨1.74元，特种行业用水每吨3.09元。2006年11月1日起，居民生活用水每吨1.20元，工业用水每吨2.05元，行政事业单位用水每吨2.15元，经营服务用水每吨2.80元，特种行业用水每吨4.30元。2020年末，居民生活用水每吨1.90元，工业用水每吨3.10元，行政事业单位用水每吨3.20元，经营服务用水每吨4.00元，特种行业用水每吨5.50元。

（三）县城供水水价

县城供水是重要的民生事项。1996年前，供水业务由城市建设行政主管部门管理。其价格属政府定价范围，实行一县一价。市、县物价部门根据各县供水成本、居民承受能力等因素，通过法定程序确定供水价格并发布实施。2003年，陕西省政府批转《陕西省计委等七部门关于加快推进我省城市供水价格改革的指导意见的通知》（陕政发〔2003〕35号），决定自2003年起实施城市水价改革“三步走”，即用3年时间将城市水价提高到合理水平，2005年陕西省供水价格平均每立方米提高到1.50元（其中：基本水价0.80元，污水处理费0.40元，水资源费0.30元）。水价改革“三步走”对减少供水企业亏损、促进企业良性运行起到了非常积极的作用。流域内太白、留坝县城按省、市部署，完成水价改革“三步走”目标。

（四）农村供水水价

流域内农村供水通过甘露工程、人饮解困工程、农村饮水安全工程和脱贫攻坚人饮工程的实施，村村通上了自来水。供水水价没有相关文件规定，市水利、物价部门给与指导，由各县（区）结合实际自行确定。

第四节　水资源考核

2011 年，中央 1 号文件和中央水利工作会议，提出要实行最严格水资源管理制度。2012 年 1 月，国务院印发了《关于实行最严格水资源管理制度的意见》（国发〔2012〕3 号），对实行最严格水资源管理制度进行了全面部署和安排。2013 年 1 月，国务院办公厅《关于印发实行最严格水资源管理制度考核办法的通知》（国办发〔2013〕2 号）确定了各省（市、区）的“三条红线”和“四项指标”。2013 年 5 月，《陕西省人民政府关于实行最严格水资源管理制度的实施意见》（陕政发〔2013〕23 号）印发，9 月，陕西省政府办公厅发布《关于印发实行最严格水资源管理制度考核办法的通知》（陕政办发〔2013〕77 号），确定了陕西省各市实行最严格水资源管理的“三条红线”和“六项指标”。2014 年 3 月，省水利厅联合发改、工信、财政和国土等十部门印发了《陕西省实行最严格水资源管理制度考核工作实施细则》（陕水发〔2014〕9 号），陕西省实行最严格水资源管理制度顶层设计基本完成。

2013 年 11 月，汉中、宝鸡两市水利局根据中、省文件精神，在征求各县（区）政府六项控制指标意见的基础上，分别制定了实行最严格水资源管理制度考核办法，并经市政府常务会议审议通过。宝鸡市人民政府办公室于 2014 年 1 月 21 日发布《宝鸡市实行最严格水资源管理制度考核办法》（宝政办发〔2014〕3 号）；汉中市人民政府办公室于 2014 年 3 月 10 日印发了《汉中市实行最严格水资源管理制度考核办法》（汉政办发〔2014〕3 号），内容主要包括考核的原则和方法、责任主体、考核机构组成、考核内容、考核等次、考核时间、考核结果的审定和公布，以及对考核结果的使用等方面，并确定了各县（区）的“六项指标”。2014 年 5 月，汉中市水利局联合发改、工信、财政和国土等十一部门印发了《汉中市实行最严格水资源管理制度考核工作实施细则》（汉水发〔2014〕135 号），为市考核县（区）实行最严格水资源管理制度提供了依据和支撑。

2013 年，陕西省人民政府开展最严格水资源管理制度考核以来，汉中、宝鸡 2 市连年完成各项考核指标，实行最严格水资源管理制度考核，一直位列陕西省前列。两市水利局也联合市发展改革委、市工信局、市财政局、市自然资源局、市生态环境局、市城管局、市住建局、市农业农村局和市统计局开展了市对县（区）年度实行最严格水资源管理制度考核工作，并将考核结果报政府审定后通报各县（区）政府。褒河流域 5 个县（区）在历次市级考核中，全部以优异成绩通过考核。

石门水库下泄生态流量监测（2022 年拍摄）

第二章　河湖长制

为加强河流的保护和管理工作，2016 年 12 月 11 日中共中央办公厅、国务院办公厅印发了《关于全面推行河长制的意见》，2017 年 2 月 7 日中共陕西省委办公厅、陕西省人民政府办公厅印发了《陕西省全面推行河长制实施方案》，褒河流域河长制工作全面展开。

第一节　体制机制与制度建设

一、机构设置

自 2017 年河长制推行以来，陕西省、市、县（区）各级党委、政府都成立了以党委主要领导和政府主要领导为总河长，党委副职和政府分管水利工作的领导为副总河长的河长制领导机构。各级人民政府设立河长制办公室，成员由各级水利、发改、公安、教育、科技、财政、国土资源、交通运输、生态环境、住房和城乡建设、农业、林业、旅游等部门组成。办公室设在各级水行政主管部门，办公室主任由水利部门主要领导兼任，副主任由同级生态环境和水利部门分管领导兼任。办公室由各级编委落实一定行政编制，水利部门抽调专门人员负责办公室日常工作。同时，每一条河流都设置河长，保证每条河流有人认领、有人负责、有人管理。

二、制度建立

河长制推行以来，根据工作需要，先后形成了河湖长制工作会议制度、督察考核制度、信息共享制度、问题清单制度、工作信息报送制度、工作验收制度等六项河长制制度。褒河流域各市、县（区）在贯彻落实六项制度的基础上，河长办积极探索，先后与督查办开展“四乱”问题挂牌督办，与公安局联合打击非法采砂，与检察院联合“四乱”整改销号，并建立了“河长 + 河湖警长 + 检察长”工作协作机制。汉中市河长办还创新制定了河道“四不两直”暗访制度、河道日常巡查执法制度、“四乱”问题整改销号制度等一系列规章制度，并在全省率先制定了《河长巡河指导意见》《河湖长制考核评价办法》等一系列规范性文件，从 2017 年起河长制列入市委、市政府综合考核评价体系。

第二节　河长巡河

一、巡河履职

河长巡河是河长制的一项重要工作。其目的是实现对河流问题的早发现、早处理、早

解决，严防乱倒乱排、乱采乱挖、乱占乱建、乱围乱堵等现象，逐步实现河道“四无四有”（无垃圾倾倒、无污水直排、无非法采砂、无违章建筑；有管护机构、有稳固堤防、有生态空间、有良好水质）目标，打造水清岸绿、生态健康、自然优美、人水和谐的河流环境。褒河干流流经汉中市境内，汉中市设市级河长 1 名，由市委、市政府副职领导担任。沿江 3 县（区），留坝县政府县长、勉县常务副县长、汉台区政府区长任县级河长，9 个镇（办）设镇级河长 9 名（汉台 3 名、留坝 4 名、勉县 2 名）、村级河长 31 名，配备河湖警长 9 名，选聘河道保洁员 45 名。褒河各重大支流河长分别由太白、凤县、留坝、汉台、勉县 5 个县（区）县级领导担任。其他较小河流河长，由沿河各镇领导担任。同时，在河湖显要位置设立河长公示牌，公布河段范围、姓名、职务、职责和联系方式，接受社会监督。

河长公示牌（2023 年拍摄）

二、巡查内容

河长巡河原则上应对责任河流进行全面巡查，并熟悉掌握责任河流基本情况，河道排污口分布、工业企业分布、农业养殖分布、河道项目建设等情况。巡查内容主要包括：

（1）水面是否有漂浮物（含垃圾）；

（2）水体有无明显异味，颜色是否异常；

（3）是否存在倾倒垃圾、渣土、建筑废弃物等违法行为；

（4）是否有违法排污水行为，重点检查河流沿岸餐饮服务业、工业企业、农业养殖、居民等是否存在直排废污水；

（5）在河流管理范围内是否存在违法采砂、违法建（构）筑物、碍洪物、侵占河道等问题；

（6）是否存在河道堵塞、堤岸崩塌等安全隐患；

（7）是否存在电鱼、毒鱼、炸鱼和违规网具捕鱼等违法行为；

（8）是否存在其他影响河流水质、安全的问题；

（9）涉河建设项目是否按要求推进；

（10）以前巡查发现的问题是否解决，解决的问题是否出现反弹或存在反弹迹象。

三、巡河频次

市级河湖长每年不少于 3 次（每半年不少于 1 次）；县级河湖长每季度不少于 1 次；镇（街）级河湖长每月不少于 1 次；村（社区）级河湖长每周不少于 1 次；村（社区）级巡河员每周巡查不少于 3 次。

四、问题处理

各级河长在巡河时或巡河结束当天，需详细、准确地填写河长巡查日志，并签名存档。河长及巡河员在巡查中发现问题的，需拍照取证，通过信息交流平台上传，及时妥善处理并跟踪解决到位。

村（社区）级巡河员在巡查中发现影响河流水质、安全等问题，需及时处理解决，不能及时处理的或者在其职责范围内暂无法解决的，立即上报镇（街）级河长。特别是发现河道堵塞、堤岸崩塌等安全隐患，应第一时间上报镇（街）级河长。

镇（街）级河长在巡查中发现的各类河道问题，需及时处理解决；涉及需要协调多部门解决的或在其职责范围内暂无法解决的，在24小时内报告县（区）级河长及县（区）河长制办公室。县（区）级河长在巡查中发现的各类河道问题，及时安排解决，未能及时安排解决的，以发出交办通知的形式进行督办。协调解决下级河长巡查中发现的重点、难点问题，并形成相关会议纪要，指定相关部门跟进问题处理。如涉及跨县（区）涉河问题，及时报相关市级河长及市河长制办公室。

县（区）、镇（街）河长制办公室对各级河长上报的问题按照问题清单制度，及时建立台账，指导、跟进、督促整改，对重点、难点问题应专项报送上级部门，积极协调解决。

第三节 河湖“清四乱”

一、河道“四乱”

河道“四乱”是河流保护和管理的重点和难点，褒河流域在过去河道管理中，“四乱”现象一直层出不穷。

（一）乱占

未依法经省级以上人民政府批准围垦河道；非法侵占水域、滩地；种植阻碍行洪的林木及高秆作物。

（二）乱采

未经许可在河道管理范围内采砂，不按许可要求采砂，在禁采区、禁采期采砂；未经批准在河道管理范围内取土。

（三）乱堆

在河湖管理范围内乱扔乱堆垃圾；倾倒、填埋、贮存、堆放固体废物；弃置、堆放阻碍行洪的物体。

（四）乱建

水域岸线长期占而不用、多占少用、滥占滥用；未经许可和不按许可要求建设涉河项目；河道管理范围内修建阻碍行洪的建筑物、构筑物。

二、清理整治目标

（一）清理整治“乱占”

（1）对于非法围垦河道，限期拆除违法占用河道及其滩地建设的围堤、护岸、阻水

道路、拦河坝等，铲平抬高的滩地，恢复河道原状。

（2）对于河湖管理范围内违法挖筑的鱼塘、设置的拦河渔具、种植的碍洪林木及高秆作物，及时清除，恢复河道行洪能力。

（3）对于河道管理范围内束窄河道、影响行洪安全和水生态、水环境的各类经济活动，应清理整治并恢复河道原状。

（二）清理整治“乱采”

（1）保持对非法采砂的高压严打，加强日常监管巡查，维护采砂秩序。

（2）严格落实采砂管理责任制，逐河段落实政府责任人、主管部门责任人和管理单位责任人。

（3）按照《中华人民共和国水法》要求，划定禁采区、规定禁采期，并向社会公告。许可采区实行旁站式监理，严禁超范围、超采量、超功率、超时间开采砂石。

（4）盯紧管好采砂业主和堆砂场。对非法采砂业主，依法依规处罚到位，情节严重、触犯刑律的，坚决移交司法机关追究刑事责任；对非法堆砂场，按照岸线保护要求进行清理整治。

（三）清理整治“乱堆”

（1）建立垃圾和固体废物堆放、贮存、倾倒、填埋点位清单。

（2）对照点位清单，逐个落实责任，限期完成清理，恢复河湖自然状态。

（3）对于涉及危险、有害废物需要鉴别的，主动向地方人民政府、有关河长汇报，主动协调、及时提交相关部门鉴别分类。

（四）清理整治“乱建”

（1）位于自然保护区、饮用水水源保护区、风景名胜区内的违法违规建设项目，严格按照有关法律法规要求进行清理整治。

（2）未经审批和批建不符的违法违规建设项目，对于其中符合岸线管控要求且不存在重大防洪影响的项目，由各地提出清理整治要求；其他项目由地方水行政主管部门督促项目业主组织提出论证报告，按涉河建设项目审批权限由有关水行政主管部门予以审查，评判是否影响防洪、是否符合岸线管控要求，明确是否拆除取缔或整改规范、是否需采取补救措施消除不利影响等。能立即整改的坚决整改到位，难以立即整改的需提出整改方案，明确责任人和整改时间，限期整改到位。

治理“四乱”（2024 年拍摄）

三、清理整治措施

褒河流域各市、县（区）始终把“清四乱”作为推进河长制的第一抓手。对照“四乱”认定及清理整治标准，推行问题整改定点、定性、定量、定时、定措施、定责任人、定责

任单位“七项制度”，确保问题分类施策、各个击破。此外，建立了日常督办、重点督办、挂牌督办工作机制，一般性问题由市河长办交办县（区）或有关责任单位，对专项排查发现的、中省检查反馈的“四乱”问题，全部通过市级河长交办县级河长。针对个别突出问题，市河长办督办、提醒相关县级河长，确保按期整改完成。汉中市在河湖“清四乱”专项整治之前，市委、市政府于 2018 年 3 月启动“清澈、修复、秀美”三年行动，5 月起开展河道乱象整治百日会战，河道乱象得到了有效整治。2019 年，市总河长签发了以“四乱”整治为核心的一号总河长令，市政府出台了专项行动实施方案。2020 年，市政府专门印发了《推进河湖“清四乱”常态化规范化制度化工作方案》。在河长制湖长制六项制度的基础上，出台了《河长制湖长制“四不两直”暗访检查工作制度》《中省市反馈交办“四乱”问题整改销号管理办法》《河湖长制“一令两函四单两报告”工作制度》，建立部门联动、交办督办、投诉举报受理、河长制送审件、河长制湖长制工作考核办法等一系列规章制度，河长制湖长制工作更加规范有效。

第四节　河道管理

一、“一河一策”

“一河一策”是实施河湖治理的指导性方略。包含河流管理保护中存在问题的摸排、解决方案的拟定、工作计划的安排、责任主体的明确和治理措施的确定。根据《陕西省全面推行河长制实施方案》要求，河流“一河一策”3 年编修一次。汉中市河长制办公室分别于 2018 年和 2021 年，委托设计单位编制完成了《褒河（石门水库）“一河（湖）一策”方案》，作为褒河干流每 3 年保护和管理工作的依据和指导性方略。流域内其他重要支流也由相关县（区）编制了“一河一策”方案。其中，上南河为河长制示范河流。

河长制示范流域（2023 年拍摄）

二、确权划界

划界，是划定河道及堤防的管理范围，而确权是申领管理范围内土地使用权。河道管理划界的主要任务是划定河道管理范围，立桩明示界限，领取权证。河湖管理范围划定是水行政主管部门依法进行河道管理、执法的基础和前提。根据水利部要求和陕西省水利厅安排部署，褒河流域于 2019 年 8 月全面启动了河道确权划界工作。2021 年底完成了划界工作，并通过了省级复核。

三、岸线保护利用规划

河流岸线是指河流两侧一定范围内水陆相交的带状区域，它既是河流空间的重要组成，又是服务经济社会发展不可再生的宝贵土地资源，编制河湖岸线保护与利用规划，划定岸线功能分区，是全面推行河长制明确的重要任务，是加强岸线空间管控的重要基础，是推动岸线有效保护和合理利用的重要措施，对于保障河势稳定和防洪安全、供水安全、生态安全具有重要意义。

2019 年 3 月，水利部办公厅印发《河湖岸线保护与利用规划编制指南（试行）》，要求全国各地组织编制河湖岸线保护与利用规划。汉中市河长制办公室委托陕西水环境工程勘测设计研究院开展《汉中市褒河岸线保护与利用规划》编制工作。规划范围为陕西省汉中市境内褒河干流，流经涉及留坝县、汉中市汉台区及勉县共 3 个县（区）。在现场调研、资料收集、分析论证的基础上，紧密结合褒河岸线自身特点和管护现状，并多次征询了水利、农业、生态、城建、旅游、文化等部门及专家的意见，规划单位于 2020 年 11 月编制完成了规划初稿，2022 年 6 月形成《汉中市褒河岸线保护与利用规划》并印发执行。

四、规划治理

褒河流域石门水库以上河段属山区峡谷河段，石门水库以下为平川段，历史上未经过系统治理，防洪体系较为薄弱。2020 年，汉中市河长制办公室委托汉中水利水电建筑勘测设计院有限公司编制了《汉中市褒河干流防洪工程规划》，计划对褒河汉中段进行系统治理。其中，汉台段、勉县段设防标准为 50 年一遇洪水，留坝段为 10~30 年一遇洪水，共计治理长度 38 千米。规划分近、远期实施，共规划治理岸线 31.893 千米，其中留坝段 13.047 千米，石门段 2.505 千米，汉台段 7.431 千米，勉县段 8.910 千米。新修涵洞（闸、管）36 座，踏步 48 座。

五、碧水保卫战

为贯彻落实国务院《水污染防治行动计划》《陕西省水污染防治工作方案》和省委、省政府《关于全面加强生态环境保护坚决打好污染防治攻坚战的实施意见》，2019 年流域内各市、县（区）开始进行碧水保卫战。其目的是使汉江流域地表水水质优良（达到或优于Ⅱ类）比例达到 100%，出境断面水质达到Ⅱ类；流域内集中式饮用水水源地水质全部达标，中心城区建成区黑臭水体全部消除，地下水质量考核点位水质保持现状。截至 2020 年底，流域内沿褒河汉中范围 9 个镇办中，留坝县江口、武关驿、马道、青桥驿，汉台区河东店、龙江，勉县褒城、老道寺等 8 个镇办污水处理设施已经建成，宗营镇污水处理设施正在建设；城镇雨污分流重点项目开始建设；长林新水源地开工建设，地表水型城镇集中式饮用水水源地环境问题整治到位；农村生活污水、生活垃圾专项治理任务完成率均达到 100%；对涉秦岭区域尾矿库进行专项治理，秦岭范围 5 个省控水质自动监测站建成运行。汉江出境水质稳定达到Ⅱ类标准，城市集中式饮用水水源地水质全部达标，水环境质量稳居陕西省前列。

第三章　水利法治

水利法治，就是用涉水法律法规处理水事活动中一切矛盾和纠纷，促进水事发展的全过程。纵观古今水利法规，具有鲜明的时代特征。古代水利法规，除国家大法、基本法中列有条款以外，大都制定有专门的水利法规，多以强化政府的权力为主。民国时期，中央多直接对较大工程项目制定管理办法，地方性规章多由政府颁布，并给专业管理单位赋予较大权力，注意发挥民间协会之类组织的作用。新中国成立后至1988年，国家颁布的水利法规较少，多以党和政府的政策规定而代之。1988年1月21日，第六届全国人民代表大会常务委员会第二十四次会议通过的《中华人民共和国水法》，是新中国成立以来第一部关于水事的大法，在此之后，一系列水利法律法规相继出台，使水利事业逐步走上法治的轨道。

第一节　执法依据

一、历代法规

（一）古代法典

早在3100年前，在周文王《伐崇令》中，就明令禁止填水井，违令者斩。古代的水法规，大都散列在有关法典之中，如秦代的《田律》、汉代的《减内史稻田租挈诏》、唐代的《六典》、元代的《农桑》等；也有专门发布的涉水法令，如西汉的《水令》，唐代的《水部式》，宋代的《农田水利约束》，宋、元代的《洪堰制度》等。古代有13个朝代在陕西关中建都，国家制定的水法规大都与宝鸡水利有关，即便在唐以后的宋、元、明、清各代也有涉及宝鸡水利的法规。

1.《田律》及《水令》

《田律》中规定：在春季二月不准进山林砍伐树木；不准壅堤堵水；播种后下了适时雨要报告雨量及受益田亩，发生旱、涝、风、虫灾害要报告受灾情况等。

《水令》是汉武帝元鼎六年（前111年），由左内史倪宽主持制定的一部灌溉管理法规，具体内容已完全散失。从《汉书 · 倪宽传》中可以看出，在关中开六辅渠后，曾经“定水令，以广溉田”。同年，汉武帝还颁布了《减内史稻田租挈诏》，实行“平繇行水”政策。

2.《水部式》

盛唐时期颁布的《水部式》是一部专司水利工程管理的法典，对灌溉用水、轮灌次序、渠堰整修、不得当渠造堰、不准私造斗门等均有明确规定。其中，涉及宝鸡的内容是：“龙

首、泾堰、五门、六门、升原等堰，令随近县官专知检校。……”其中六门堰、升原渠就在宝鸡境内。

3.《农田水利约束》

宋代继汉唐之法，在水法规方面，除宋仁宗天圣二年（1024年）颁布的《疏决利害八事》外，最重要的就是宋神宗熙宁二年（1069年）颁布的《农田水利约束》，主要内容有：鼓励开荒垦田，兴修水利，奖励有功者；对州县兴修的农田水利工程，要求有计划和预算，涉及9个州的大工程要上报朝廷审批，以及鼓励兴建农田水利工程的政策、奖励办法等。

4.《洪堰制度》及《用水则例》

据元李好文《长安志图》载：元世祖至元十一年（1274年）九月初二，大司农司扎付呈准中书省制定水法规条款，其中主要有《洪堰制度》与《用水则例》，制度和则例主要内容为渠系管理、维修养护、分水配水、放水时间等具体规定，基本上继承和总结了唐宋以来三白渠管理运用中的主要经验，在编入《长安志图》时，编者也加注了王御史渠建成后引泾灌区管理的实际情况，成为元代至明清时期灌区管理的主要法规和准则，对陕西许多灌区的灌溉管理有重要影响。褒河流域古代渠堰山河堰就按此制度，制定了渠系管理和用水制度。

5.《山河堰四六分水记略》

明万历年间，数位治汉的官员在考察山河堰后，针对山河堰用水秩序混乱，造成灌区下游受灾的局面，提出了山河堰上、下游按4天和6天分水的方案，并勒石记载。其后，汉中知府崔应科制定《山河堰四六分水记略》，作为山河堰灌溉管理的重要依据。

（二）民国规章

据1997年版《陕西省志》第十三卷《水利志》资料：民国五至三十八年（1916—1949年），据不完全统计，由陕西省政府、国民政府行政院等部门颁布的有关陕西的水利规章、办法共88个。主要有：民国二十一年（1932年）7月，陕西省政府公布实施的《陕西省水利通则》；民国二十二年（1933年）6月，陕西省政府公布实施的《陕西省各河堤修护防汛章程》；民国二十三年（1934年）6月，陕西省政府公布的《洪水期内人民防御水灾办法》；民国三十二年（1943年）5月，陕西省政府公布的《陕西省各渠工地用水管理规则》；民国三十七年（1948年）3月，陕西省政府修正公布的《陕西省各渠灌溉地亩计收水费办法》等。民国三十二年至三十五年（1943—1944年），国民政府行政院先后核准颁布了《陕西省“六惠”渠灌溉管理规则》。“六惠”渠指泾惠渠、渭惠渠、梅惠渠、黑惠渠、汉惠渠和褒惠渠。六个规则的条文，最多的70条，最少的62条，设总则、协助行水人员（段、斗干部）、水量、引水、灌溉、防汛、养护及修理、罚则、附则等。内容比较细致、具体、实用，可操作性强。民国三十一年（1942年），国民党鄂陕甘边区警备司令部颁布“维护汉惠渠、褒惠渠灌区用水秩序，维护工程安全”的布告等，在当时对维护褒惠渠灌溉用水秩序、保护水工程安全起了一定的作用。

二、当代法规

新中国成立以后，在20世纪50—80年代初期的较长时间内，褒河流域水利建设与管

理活动，多以党和国家的方针政策为指导，以各级政府和主管部门的规范性文件为依据，收到了良好的效果。中共十一届三中全会以后，在改革开放和以经济建设为中心的方针指导下，特别是《中华人民共和国水法》颁布以后，一批涉水法律法规由全国人大常委会和国务院相继颁布，主要有《中华人民共和国水土保持法》、《中华人民共和国渔业法》、《中华人民共和国防洪法》、《中华人民共和国水污染防治法》和《中华人民共和国河道管理条例》、《水库大坝安全管理条例》、《取水许可制度实施办法》、《城市供水条例》和《中华人民共和国水生野生动物保护实施条例》等。与此同时，水利部等有关部委又结合行业特点和实际，制定颁布了一系列涉水规章。据粗略统计，从改革开放至 2020 年，国家颁布的涉水法律 5 部、行政法规 12 部和水利部规章共有 150 多部。为了具体实施国家的法律法规，陕西省人大常委会和陕西省人民政府又结合陕西省的实际，制定颁布了一些适合陕西省的地方性法规和规章，陕西省水利厅制定了近百个具体规定和办法，作为水政执法的依据。为了贯彻执行国家和陕西省的涉水法规和规章，汉中市人民政府、宝鸡市人民政府又分别结合各自的实际，相继制定了一系列涉水规范性文件，用以具体规范两市的水事活动，成为流域各县水政执法的依据。为保护汉江流域水质，防治水污染，保障国家南水北调中线工程和陕西省引汉济渭工程水源水质安全，汉中市人大常委会于 2022 年 11 月 15 日出台了地方性涉水法规《汉中市汉江水质保护条例》。

第二节　执法机构

一、机构

1988 年《中华人民共和国水法》的颁布，使水政执法有了法律依据，1990 年 8 月 15 日水利部令第 1 号发布《水政监察组织暨工作章程（试行）》以后，褒河流域县级以上水行政主管部门的执法机构应运而生，逐步健全完善。

褒河流域水政执法机构主要有市、县（区）水政监察支（大）队，河道（务）管理处（站），水保监督站，渔政监督站。分别承担水资源管理、水利工程、河道管理、水保监督、渔政监督等方面的执法工作。

1991 年，经市政府批准，汉中市水电局设立水政水产科、宝鸡市水利水保局设立水政水资源科，负责全市水政执法工作。流域内各县（区）从 1984 年至 1988 年，先后成立了江河管理站、水资源管理委员会办公室、水土保持工作站和水产工作站，负责行业管理工作。1991—1995 年，又先后成立水政办公室、水土保持监督站和渔政监督站，负责行业执法工作，分别与水资源管理委员会办公室、水土保持工作站和水产工作站合署办公。1998—1999 年，汉中、宝鸡两市成立水政监察支队，与市水资源管理办公室一套机构、两块牌子；流域各县（区）成立水政监察大队，与县（区）水资源管理办公室一套机构、两块牌子。2019 年机构改革中，对水利执法工作队伍整合，市级整合为水利综合执法支队，与河道（务）管理处、水旱灾害防御中心三块牌子，一套人马；县（区）整合为水利综合执法大队，与河道（务）管理站、水旱灾害防御中心三块牌子，一套人马。石门水库管理局专门成立了水政科，组建了执法队伍，负责水库和灌区的执法工作。

二、职责

主要肩负着辖区内水法规宣传、水行政许可（核准）以及水资源管理、水保监督管理、河道管理、水利工程管理、渔政监督等方面违法案件查处。其主要职责如下：

（1）履行法律、法规、规章赋予水行政主管部门的执法权和行政处罚权。

（2）宣传贯彻《中华人民共和国水法》、《中华人民共和国水土保持法》、《中华人民共和国防洪法》、《中华人民共和国渔业法》及《中华人民共和国水资源管理条例》、《中华人民共和国河道管理条例》等水利法规政策。

（3）保护水资源、河道、水域、水工程、水土保持生态环境、防汛抗旱和渔业工程等有关设施。

（4）负责对辖区内的水事活动进行监督检查，对公民、法人或其他组织违反水法规和渔业法规的行为实施行政处罚或者采取其他行政措施。

（5）配合协助公安、司法部门查处水事、渔政治安和刑事案件。

（6）协助处理跨区域水事、渔事违法案件。

（7）负责辖区内水政、渔政违法大案、要案的查处。

（8）负责举办水行政执法案件听证会。

第三节　执法活动

一、水法规宣传

1988 年 1 月 21 日《中华人民共和国水法》颁布后，水利部决定，从 1988 年开始，每年 7 月 1—7 日为全国“水法宣传周”，集中开展水法宣传。为此，流域内各级水利部门和单位，每年都要具体安排，精心组织，通过报刊、电台、电视台宣传水法规和流域市、县（区）的水情。同时，印发宣传材料，举办宣传咨询，出动宣传车，开展声势浩大的宣传活动。1993 年，联合国第四十七届大会确定：从 1993 年开始，每年 3 月 22 日为“世界水日”，要求各国政府向广大群众宣传水资源状况，倡导节约水资源、珍惜水资源。水利部决定，从 1994 年起，每年 3 月 22—28 日为“中国水周”，二者纪念活动融为一体，每年各有一个宣传主题，结合实际开展形式多样的宣传。从 1994 年以来，流域内市、县（区）水利部门，利用“世界水日”“中国水周”及“12·4”法律宣传日，通过报刊、电视、广播、召开纪念会、印发学习宣传材料、书写标语、出动宣传车、上街咨询等形式，开展宣传活动。2010 年，汉中市水利局以“严格水资源管理，保障可持续发展”为主题在《汉中日报》进行水法规宣传，发表《汉中水资源关乎全省发展大计》《水源热泵知识问题》署名文章，增强全民节水和依法取水意识。宝鸡市水利局 2000 年以来在“中国水周”期间，在《宝鸡日报》先后举办“水资源开发管理”“水土流失防治”“江河治理”“防洪保安”“水产品安全保护”等专版十多期，收到比较好的宣传效果。

二、水事案件查处

流域内市、县（区）两级水政执法机构成立以来，按照水法规的规定，认真地查处了多起水事违法案件，维护了水事秩序，保护了水利工程。在执法过程中，市、县两级

水政执法人员都经过了严格的法律法规和执法程序培训，坚持做到“六化”，即执法权限法定化、执法主体合法化、执法管理程序化、执法监督经常化、执法队伍专职化、文书档案标准化，保证了水行政执法工作的准确、高效、及时。随着水法规的深入宣传，公民及法人的法制观念逐步提高，流域水事案件发生较少，而且不少水事违章行为在萌发阶段就得到纠正，没有酿成违法案件。

1996 年以来，流域内各级执法队伍主要查处了河道违规采砂和开矿、修路造成的水土流失对河道的影响。重点查处了石门水库保护区内因公路改线、开采矿山等人为向河道和石门水库弃渣，淤积水库河道，影响行洪而造成的水土流失案件。

三、水事纠纷调处

《中华人民共和国水法》第五十六条至第五十八条明确规定了调解水事纠纷问题，这是水政执法的又一重要职责。从流域发生的水事纠纷看，水事纠纷往往发生在地区与地区之间、单位与单位之间或个人与个人之间。当事双方的权利是平等的，前两种纠纷容易形成群体性，矛盾容易激化，而且是多种利益和矛盾叠加在一起。20 世纪 70 年代发生汉中市梧风乡孤山村和南郑县梁山村的治河纠纷案，具有一定代表性。孤山村和梁山村位于褒河口两岸。20 世纪五六十年代，两村各自修建堤防，种植林木、芭茅，与河争地，引起滩地纠纷。后两村虽签订了治河与开发利用滩地协议，但未得到很好执行。其后，双方又在河内修建丁坝，并沿河两岸继续向河心种植林带、芭茅，致使部分河段宽度只剩下 200 米左右，影响行洪。该纠纷引起地、县领导高度重视。经现场察看，确定双方立即停止修建不利对方和整体规划的水利设施。汉中地区革命委员会水电局《关于孤山和梁山两个大队在治理汉江中发生纠纷的处理意见》下达之后，孤山村和梁山村均拆除了规划外的违章工程和阻水林草。

第四节　水事执法纠纷调处案例

一、汉中、南郑治江纠纷

汉中市梧风乡孤山村和南郑县梁山村位于汉江支流褒河口两岸。20 世纪五六十年代，两村各自修建堤防，种植林木、芭茅，与河争地，引起滩地纠纷。1965 年，两村签订了治河与开发利用滩地协议，但未得到很好执行。1973 年，梁山村结合排水在黄龙山以上修建石渠槽 1 座，长 230 米，在梁山公路码头以东修建 1 条长 253 米、高 2.1 米的顺坝，将南夹河堵死。1974 年，孤山村也在褒河东岸修建了 1 条长 370 米、高 3 米的丁坝，在丁坝以下 150 米处修建了 1 座长 30 米、高 1 米的小丁坝，两坝直插向汉江河心。双方在沿河两岸继续向河心种植林带、芭茅，致使部分河段宽度只剩下 200 米左右，影响行洪。1974 年 3 月下旬，汉中地委副书记刘平西、张树诚，汉中县委书记慕生桂、南郑县委书记薛明辉，以及两县水电部门和有关社、队干部，经现场察看，确定双方立即停止修建不利对方和整体规划的水利设施。1974 年 7 月 1 日，汉中地区革命委员会水电局《关于孤山和梁山两个大队在治理汉江中发生纠纷的处理意见》下达之后，孤山村和梁山村均拆除了规划外的违章工程和阻水林草。

二、中曲河无证采砂及河道倾倒弃渣案

2010 年 9—10 月，凤县水政监察大队对中曲河凤县坪坎镇空棺村至坪坎镇政府段河道罗某某（个体）、张某某（个体）、薛某某无证采砂违法案件进行了查处，依据《陕西省河道采砂管理办法》的规定分别给予 1000 元、2000 元、3000 元的罚款；对平木镇齐心桥头水电站向河道倾倒弃渣的违法案件，依据《陕西省河道采砂管理办法》的规定给予 4000 元的罚款。

三、侵占石门南干渠搭建房屋案

2014 年 10 月，石门水库管理局崔家沟管理站工作人员在渠道巡查中发现汉台区宗营镇中街村一组村民崔某某擅自在石门灌区南干渠（宗营段）渠道内修建房屋，违规侵占水工程设施，严重影响渠道行水、防汛安全。石门水库管理局水政监察科按程序向当事人崔某某作出了行政处罚决定，但当事人拒不履行处罚决定。2016 年 1 月 8 日，石门水库管理局向汉台区人民法院申请了强制执行，2016 年 12 月 4 日，汉台区人民法院作出了〔2016〕陕 0702 执 155 号“执行裁定书”。

四、违规占用石门库区河道堆放砂石和淤泥案

2023 年 2 月 9 日，汉中市水利综合执法支队在巡查中发现石门库区排沙减淤工程现场存在违规占用库区河道堆放砂石和淤泥、搭建分筛设施等行为，现场对问题进行了交办并下发了交办单要求立即整改，但截至 2 月 24 日，有关单位未对该问题进行整改。

处理结果：①执法程序：承建石门水库排沙减淤工程项目的汉中市鹏翔砂石有限责任公司的行为，涉嫌违反《中华人民共和国长江保护法》第二十五条的规定，2 月 25 日，市水利局对此行为进行立案调查。3 月 7 日，下达了“水行政处罚事先告知书”；3 月 15 日，下达了“水行政处罚决定书”。②处罚决定：该公司在石门水库排沙减淤工程项目实施的过程中，违规占用库区河道堆放砂石料共计约 1.9 万立方米，堆放淤泥约 0.12 万立方米，违规占用河道设置筛分设备 2 组。该行为违反了《中华人民共和国长江保护法》第二十五条“实行严格的河湖保护，禁止非法侵占河湖水域”的规定，依据《中华人民共和国长江保护法》第八十七条“违反本法规定，非法侵占长江流域河湖水域，或者违法利用、占用河湖岸线的，由县级以上人民政府水行政、自然资源等主管部门按照职责分工，责令停止违法行为，限期拆除并恢复原状，所需费用由违法者承担，没收违法所得，并处五万元以上五十万元以下罚款”的规定，作出以下行政处罚：责令停止违法行为，限期拆除（清理）并恢复原状，行政处罚 40 万元。

第四章　水利科技

科学技术是第一生产力，是推动经济发展和社会进步的原动力。多年以来，褒河流域水利工作者在长期的水利建设和管理实践中，不断研究学习新技术，试验引进新品种。在水利建设、水土保持、水产养殖等诸多领域取得丰硕的科技成果，促进了流域水利事业的不断发展。

第一节　试验研究

一、灌溉试验

褒河流域下游为陕西省稻米生产基地。1954 年 11 月，陕西省人民政府水利局批准成立汉中灌溉试验站，站设流域下游汉台区宗营镇，开展以稻、麦、油菜为主的农作物灌溉用水试验。通过试验、示范为各国营灌区按不同土壤、气候和作物品种，编制水稻、小麦、油菜灌溉制度，并随着科学种田水平的提高而不断改进，为指导全区灌溉用水提供了科学依据。根据各阶段灌溉需要，还进行以下试验。

（一）秧母田灌水方法

流域内水稻种植区秧母田面积约占稻田 1/10。传统育秧方法有水秧、湿润秧、旱秧 3 种，1983 年后开始推广两段育秧法。水秧是水耕、水播、水育，主要分布在有水源的山区。湿润秧是水耕、湿播，出苗阶段保持土壤 70%~80% 的湿润度，主要分布在褒河两岸汉台、勉县的平川灌区。旱秧是旱耕、干播，一般不灌水，仅插秧前几天灌水提苗，多见于水源不足的塘库灌区。20 世纪 60 年代，随着水利建设的发展，旱秧逐渐为水秧和湿润秧所代替，湿润秧迅速推广。杂交稻推广后，又普遍推行了两段育秧技术，即温室育苗二至三叶期移植到秧田炼苗。

秧田均背风向阳、靠近水源、灌排方便。田间为一田多畦，四周开沟，每隔 1.2~1.5 米提沟作畦。谷种播种至三叶期是防止烂秧的关键阶段，畦面保持湿润。灌水经验是：晴天满沟水，阴天半沟水，小雨排干水，大风暴雨畦面水，秧板裂纹穿一水。三叶期后灌水上秧板，干旱缺水不能适时插秧时，排除明水，控制生长，防止秧苗老化。

（二）节水泡田法

20 世纪 50 年代，汉中各地有炕田（泡田前干犁曝晒）习惯。炕田后泡田，用水量增加 13%，加大水量供需矛盾，插秧时间推迟，不利增产。1954 年，学习四川绵阳地区危才弟互助组的“三到（水、牛、人到）、两好（耕好田边、糊好田坎）、一平（蹚平田面）”泡田经验。经试验后，新法泡田节省泡田水 39.7%，水稻全生育期灌水少 4 次，灌溉定额

减少 21.6%。新法泡田，田面平整，受水均匀，浅水灌溉，水温高，秧苗返青早 2~3 天，每亩稻谷增产 2.0% 左右。

（三）水稻本田期灌水技术

新中国成立后，先是推广“勤浇浅灌”技术。通过试验、示范，1962 年起，在灌区全面推广“浅—深—浅”灌水技术。按水稻生育阶段划分如下：

（1）浅水返青。插秧时为便于浅插，防止漂秧，加快返青，水层宜浅。插秧后为防止高温烧伤和低温危害，又要适当加深水层，一般淹灌 3~5 厘米。

（2）薄水分蘖。水稻的分蘖数以干白、深灌、浅灌、湿润的次序递增。湿润灌耐旱时间短，有效分蘖率低，通常采用 1~4 厘米的薄水灌溉。低湿和苗旺的田，采用湿润灌。分蘖末期晒田，可控制无效分蘖，改善田间小气候，减免水稻白叶枯、稻瘟病的发生和蔓延，水稻增产 10% 左右，且有利秋季耕种。晒至田面出现裂纹，行人脚不陷。群众有“黏土晒裂口，壤土人能走，沙壤不粘手”的经验。

（3）深水“养胎”。稻苗进入茎秆拔节期，生长迅速加快，对水分反应敏感。缺水受旱，颖花退化，空秕率增加，稻谷减产。农谚：“谷怕胎里旱”，主张深水“养胎”。一般灌水 2~7 厘米。雨多时，实行浅、湿交替灌，有利土壤通气，保根壮秆，促进穗粒发育。

（4）明水抽穗。水稻边抽穗边开花，此期要求光照充足，气温高而稳定，空气湿度适宜，水分供应正常，防旱排涝。水分不足，影响养分向籽粒运转，空秕率增加 3% 左右，千粒重降低 0.7 克。保持明水，杜绝干旱，增粒增重。

（5）花花水灌浆。稻株抽穗开花结束后，养分向籽粒运转集中，逐渐结实成熟，需水减少，且自然降雨日益增多，保持田面花花水即可。稻穗勾头散籽，停止灌溉或排水落干，以利稻谷收打和秋耕秋种。停水后，久旱少雨，灌跑马水印墒，防止强制成熟。

（四）小麦冬春灌试验

流域小麦冬灌增产稳定，幅度较大，是冬季田间管理不可缺少的措施。6 年试验结果表明，冬灌平均增产 23%，最高增产 46.9%。

灌区小麦于水稻收获后 1 个月左右播种，土壤底墒好。一般年份，小麦生长期可利用播前土壤储水量约 71 立方米每亩，平均降水量 130 立方米每亩左右，而田间总耗水量 292 立方米每亩，以供补需尚差 91 立方米每亩。这是汉中灌区小麦需要灌溉的主要原因。从降水分布看，冬季少雨，春雨多集中在小麦生长后期，与麦苗需水不相适应，除幼苗期和乳熟后略有富余外，分蘖至拔节期降水量仅为需水量的 1/4 左右。从土壤墒情变化看，冬季底墒饱，幼苗难利用；地表土块大，浮墒消耗快，影响麦苗盘根分蘖。入春后，气温回升，小麦开始拔节，土壤水分消耗快，如遇春旱，影响包胎出穗。冬灌可疏松土壤，促进麦苗盘根分蘖，蓄水保墒，调节地温，减轻麦苗冻害。春灌可巩固冬前分蘖，提高有效分蘖率。冬春灌时间，试验资料证明，冬灌应按气候变化，在有利于土块冻融时令进行最佳。群众有“不冻不消，冬灌嫌早；夜冻昼消，冬灌正好”的经验，一般是 1 月中旬至 2 月初。20 世纪 80 年代后冬灌期有所提前，在 12 月底进行。因汉中平川 12 月底日平均气温多在 3 摄氏度左右，夜间降至 0 摄氏度以下，中午可回升至 7~8 摄氏度，田间出现夜冻昼消，为开始冬灌最佳时机。春灌有可能出现灌水与降水量重叠，土壤过湿，有致使麦苗青干“气

死”的危险，因此要根据冬灌基础、麦苗长势、天气预报和墒情来确定。当60厘米土层平均含水率降至18.5%，且后10天无大雨时，应及时进行小定额灌水。经冬灌的麦田，春灌适宜期多在3月中旬前后。灌水方法主要推广沟浸灌。秋耕整田后开沟，按土质和田块形状，每隔1.5~2.5米为一小畦，四周开沟，平畦播种。灌水时，引水入沟，向两侧浸灌。一般单沟流量2.5~3.0升每秒，水深为沟深的3/4，灌至沟长的八至九成。冬灌为浸透地表，促使土块冻融，单沟流量可适当加大。这种灌水方法与漫灌相比的好处是：防止土壤板结，节约用水；雨涝时能及时排水，防止麦苗浸泡；能改善田间小气候，有利通风透光，壮株抗倒；便于田管、防虫、施肥从沟中通行，不致踩伤麦苗；有利于改善土中水、气、热条件，提高小麦单产。汉中灌溉试验站试验表明，沟浸灌较格田漫灌增产4.7%~5.0%。

（五）油菜灌溉试验

流域内灌区油菜是育苗移栽。移栽后窝浇保苗，与小麦同期冬灌。冬灌后，可疏松土壤，平抑地温，减轻越冬冻害，有利春季提沟培土，抵抗植株倒伏。春灌可增枝、增角、增粒。适时冬春灌增产6.1%~32.1%。

二、水土保持试验

1959年5月，成立陕西省汉中专区水保试验站后，水保科技人员先后在流域内勉县段家坝乡熊家坪村、汉中市张寨乡花果村建点，观测水土流失规律，调查研究治理措施，主要试验和调查项目如下。

（一）山地坡度对水土流失的影响

据汉江二级支流砖溪河调查，流域面积51.75平方千米，土地平均坡度32° 22′，属秦岭南坡中切割地带，具有中山区自然特点。其侵蚀量随坡度增加而增大，25°以下缓坡，侵蚀量与坡长基本呈正相关；25°~30°的坡，随坡度增加，侵蚀量增长速度加快，侵蚀量的变率超过坡度变率；30°以上的陡坡，坡度增加很小时，而侵蚀量却成倍增加。

（二）暴雨与土壤侵蚀的关系

据褒河流域汉台区夏家沟1960—1964年的48次降雨产流观测，暴雨次数占25%，暴雨侵蚀量占70.4%。其中，1961年暴雨侵蚀量占90%，年侵蚀模数高达3303吨每平方千米年。汉中地区“81·8”暴雨洪水侵蚀量，汉江武侯镇断面总输沙量1644万吨，为25年中最大年输沙量866万吨（1956年）的1.9倍，为多年平均值的6.02倍。洋县站实测总输沙量3197万吨，为23年中最大年输沙量2070万吨（1958年）的1.54倍，为多年平均值的6.01倍。

（三）坡地植被状况与水土流失的关系

据勉县华阳河流域观测，地面坡度近似，土壤侵蚀量随植被度减少而增加；坡度与植被度近似，浅山侵蚀量大于丘陵。农用地植被度与种植作物有关，茎叶铺覆的作物，覆盖严密，阻水拦沙作用强，轮歇地侵蚀量大。

（四）鱼鳞坑与荒坡径流量、冲刷量对比观测

鱼鳞坑为半月形坑穴，有大小两种规格。大坑长径0.8~1.5米，短径0.6~1.0米；小坑长径0.7米，短径0.5米。坑的间距是上下4米，左右2米。坑面水平稍向内倾斜，有的坑内侧设蓄水沟与坑两角引水沟相通。外缘有土埂，呈半环形，高0.2~0.25米。

1959 年，在汉中市张寨乡欧家梁修建鱼鳞坑小区 100 平方米，观测的结果为汛期 5 次产流降雨，总雨量 86.7 毫米，每亩水量 57.8 立方米，鱼鳞坑区径流量为 1.94 立方米每亩，拦落水量为 55.86 立方米每亩，占降水量 96.64%，土壤冲刷量为 0.25 立方米每亩；未作鱼鳞坑荒坡径流量为 8.52 立方米每亩，拦蓄水量 49.28 立方米每亩，占降水量 85.26%，土壤冲刷量为 0.61 立方米每亩。荒坡径流量为鱼鳞坑区的 4.39 倍，土壤冲刷量为鱼鳞坑区的 2.44 倍。

（五）农业技术改良措施观测试验

据勉县华阳河流域熊家坪沟东营村观测，在地面坡度相近的红薯地，两次产流降雨 39 毫米，横坡耕作法较顺坡耕作法产流和土壤冲刷均明显减少，产量增高。而横坡耕作中，等高垄作、带状间作和普通耕作，又以带状间作套种减冲固土效果好，等高垄作次之，普通耕作最差。

三、水产试验

（一）家鱼人工孵化试验

1962 年，陕西省水产研究所引进家鱼人工孵化技术，在流域下游以汉中市（汉台区）鱼场为基地，进行鲢、鳙、草鱼人工繁殖试验。1963 年 7 月 21 日，用 4 龄体重 4 千克鲢鱼，以兽用促情腺素，按每千克 1200 单位剂量，一次注射，人工催情，在水温 25~26 摄氏度条件下，经 17 小时，产卵 10 万多粒，孵化鱼苗 5 万尾，下塘培育 1.7 万尾。通过 3 年连续试验，终于掌握了人工孵化技术。1965 年，该场在陕西省水产研究所科技人员指导下，经全体职工共同努力，当年获卵 888 万粒，采用网箱孵化，生产鱼苗 221.9 万尾，培育冬片鱼种 51.7 万尾。

（二）水库化肥养鱼试验

褒河流域下游水库众多，20 世纪 80 年代水产技术人员进行了水库化肥养鱼试验。试验方法参照《在鱼塘中增施化肥技术》（俞家俊，1982 年），在鱼类生长季节，水温在 20 摄氏度以上时，每隔 20~30 天，选择晴天 10—16 小时，向水库上游浅水区泼洒磷、氮化肥溶液。每次亩用过磷酸钙、碳酸氢铵各 5 千克（有时依水色酌情增减），溶于 20~30 倍水中，施完一次需 4~5 天。水库化肥养鱼试验说明，向集雨面积小、溢洪量不大的调节水库投施磷、氮化肥，浮游植物繁衍快，经济效益高，特别有利鳙鱼生长。

（三）稻田养鱼试验与示范

褒河流域下游水田适宜进行稻田养鱼。按渔业生产条件可分为两类：一是稻麦两熟田，分布于平川灌区，水利化程度较高，田块集中连片，养殖期可达 80~90 天，鱼种亩产可达 7.5 千克，成鱼 15~25 千克；二是冬水田，分布在秦岭低山区，具有常年蓄水、水深泥烂的特点，可全年养殖，亩产成鱼可达 35~50 千克。20 世纪 80 年代，稻田养鱼主要为各类养殖水域提供大规格鱼种。

（四）网箱养鱼高产试验

1989 年，汉中市（汉台区）水利局、鱼种场进行水库网箱养鲤高产试验，摸索出选址、布局、鱼种进箱、引食训练饲养、管理、鱼病防治、生产配套等增产技术措施。175 平方米网箱，产鱼 5464.5 千克。

（五）大鲵人工繁育试验

大鲵俗称娃娃鱼，两栖动物，为国家二级保护野生动物。早在20世纪70年代末，褒河流域大小支流上就有极少数农户自发探索养殖大鲵。20世纪90年代初，伴随市场价格的上涨，养殖户逐渐增多。2000年，大鲵人工繁育在流域初步取得成功，2002年大鲵原生态繁育模式和仿生态繁育模式在汉江流域上游被广泛推广，解决了制约大鲵繁育水平的技术难题。

四、地下水动态观测

从1979年开始，汉中市（汉台区）水利局选定10眼观测井，观测网点控制面积10平方千米，代表面积366平方千米，按统一规定的项目和观测程序，固定专人进行地下水动态观测。持续9年，实测数据5000多个，经整理分析，全市阶地及新、老洪积扇地区的潜水位呈相对稳定趋势，上升或下降变幅基本在0.5米以下。市（区）及供水较集中的集镇（铺镇），由于机井密度逐年增加，地下水开采量越来越大，导致地下水位明显下降，下降幅度达1米以上。地下水动态观测成果，为全市合理开发利用地下水资源，补充农田灌溉及解决工业用水、人畜饮水困难，提供了科学依据。1986年，汉中市地下水观测工作受到表彰奖励，被陕西省水利厅评为先进集体。

五、石门水库流域雨水情自动测报及洪水预报调度系统

自1999年起，石门水库管理局在褒河流域建设石门水库流域雨水情自动测报及洪水预报调度系统。该系统由南京水利水文自动化研究所及河海大学承建。采用自动遥测设备、通信、计算机等技术手段，自动监测、实时采集和传输处理的报汛系统，通过对雨量、水位、流量等各种参数的实时监测处理，最终实现防洪、灌溉、发电等优化调度功能，提高水资源的合理开发利用效益。

第二节　推广应用

水利科技推广是促进水利科技与经济发展相结合的重要环节，是水利科技成果转化为现实生产力的关键。20世纪80年代以来，汉江流域各级水利部门及相关单位一直十分重视水利科技推广，组织实施了数十个水利科技推广项目，促进了水利新技术、新材料、新工艺、新设备等科技成果的转化应用。

一、灌溉技术推广应用

（一）汉中主要水稻灌区计划用水技术成果推广

1981年，汉中地区灌溉试验站完成了水稻灌区计划用水研究课题，为流域推行农田灌溉管理和排灌工程规划设计提供了科学依据，获陕西省科技成果三等奖。

（二）杂交水稻晒田增产技术成果推广

1985年，汉中地区灌溉试验站完成了杂交水稻晒田技术试验，提出杂交水稻采用“一早二重”的晒田技术，能协调杂交水稻的营养生长与生殖生长。该技术推广后面积增产11.6%，大面积增产5%~9%，节水5%~10%。

（三）汉中地区水稻需水量研究推广

1988 年，汉中地区灌溉试验站董厥祥与西北农业大学水利系、陕西省水利厅农水处完成了汉中地区水稻需水量研究，制订出计算水稻生长发育的前、中、后期及全生育期需水量经验公式，居国内先进水平。

（四）凤县平木平地、坡地灌溉方法推广

1961 年，凤县推广平木公社关于平地、坡地（两边高中间低、驴脊梁地、锅底地、穹隆地）等 6 种灌溉方法，收到了良好效果。全县推广面积 3100 亩，增产粮食 1.55 万千克。1962 年，凤县在全县推广凤州灌溉试验关于水稻、玉米、小麦对比灌溉试验成果。全县推广面积 2400 亩，增产粮食 1.2 万千克。

（五）喷灌技术推广

1958 年冬，汉中地区灌溉试验站指导喷灌，采用人工抬高水头办法进行过短期喷灌试验，采用汉中市农械厂引进仿制的双人杠压式人工降雨机，因设备简陋，技术不过关，试喷一二年后拆除。从 1975 年起，汉中地区灌溉试验站先后由西安、广州、陕西省水利科学研究所引进喷灌机具、技术资料，进行定点试喷。1976 年，汉中地区灌溉试验站与石门水库管理局修配厂合作，试制喷灌机 15 台，仿造摇臂式、蜗轮式和反冲式三种类型喷头 65 个，与勉县水电局合作，在丘陵区进行自压喷灌研究，1979 年抗旱喷灌增产三成以上。

（六）膜下滴水灌溉技术推广

膜下滴水灌溉技术是先进的节水灌溉技术之一，太白县从 2007 年至 2010 年在蔬菜种植中广泛使用。膜下滴水灌溉通过可控管道系统供水，使灌溉水呈滴状，均匀、定时、定量地浸润到作物根系发育区域，加之地膜覆盖，减少蒸发，水的利用率达到 90% 以上，平均用水量是传统方式的 1/8~1/3，而且还兼具省肥、省力、增产、增效、降低成本等优势。膜下滴水灌溉技术的推广应用，从根本上改变了传统用水灌溉方式，可使作物增产 20%~30%。2010 年，在咀头镇方才关村推广，建设 24 座日光温室膜下滴水灌溉示范大棚。

二、水土保持科技研究与推广

1989—1993 年，陕西省水土保持局、汉中地区水土保持工作站等单位完成的“陕南水土保持林草基地建设”，5 年内，在褒河及周边流域发展林果茶草，减少水土流失面积 211 平方千米，获陕西省农业技术推广二等奖。

三、水产养殖技术研究与推广

（一）池塘精养

20 世纪 80 年代，汉中地、县水电局为推广建鲤、彭泽鲫、长江原种鲢、鳙等优良品种，选用大规格鱼苗，增加投放密度，人工配合颗粒饲料，安装增氧机械，加强鱼病防治，增施磷、氮化肥，底层鱼定置网箱诱捕，实行轮捕轮放等技术，达到高产高效。汉中市（汉台区）水电局、水产站 1989 年推广 2020 亩，平均亩产鲜鱼 371.2 千克。该项试验，1988 年获陕西省农村科技进步二等奖。汉中地区水产站参与完成的陕西省中低产池塘养鱼高产综合技术推广，1990 年获农业部农牧渔业“丰收计划”二等奖。1993 年后，汉中

地区先后完成低产池塘养鱼综合精养技术推广；吨鱼池技术开发研究与推广应用；鱼病调查及草鱼、鲤鱼多发病的防治技术研究；万亩池塘主养鲤鱼投放颗粒饲料丰产技术研究；池塘养鱼高产综合技术推广等研究推广项目。

（二）稻渔综合种养

进入21世纪后，流域水产部门在原稻田养鱼基础上，大力推广稻渔综合种养技术。2022年，制定了“千斤粮、百斤鱼、万元钱”经营目标，在技术推广、金融支持、土地管理、产业保险、产销对接方面给予大力支持，产生了积极的效果。养殖鲤鱼、草鱼、鲢鱼、鳙鱼、鲫鱼、鲈鱼、甲鱼、小龙虾等，稻鱼综合种养亩均收益为8000~15000元。

（三）特种养殖

为了满足市民对优质水产品的需求，进入21世纪以来，汉中水产部门利用设施用地、闲置田坎、庭院空地，升级传统养殖基地设施设备，大力推进陆基圆池等设施渔业技术的推广应用。主要养殖鲈鱼、鳜鱼、斑点叉尾鮰、南美白对虾等品种，使流域内名优水产品比重不断提高。

四、水利工程技术

（一）U形渠道试验与推广

U形渠道试验始于20世纪70年代初期。1978年3月，石门水库管理局在南干一支渠做了292米长混凝土U形渠道试验段。最大过水流量4立方米每秒，比降1/2000，110号素混凝土现浇，2米长加二肋或三肋，采用简易木模人工浇捣，槽底圆弧人工拍抹成型。槽底50厘米以上采用内架支撑，活动板条造型浇筑。试验段的成功，为流域内混凝土U形渠道的推广应用奠定了基础。其后，浆砌石U形渠道因施工工艺简单，质量好控制，同时还具有槽壁厚度大、抵抗土体局部滑塌能力强的特点，从1980年起，开始在石门水库灌区支渠上推广应用。从混凝土U形渠道试验开始，到浆砌石U形渠道推广应用，除在石门灌区推广应用外，在汉中其他灌区的支、斗渠衬砌中也得到广泛推广应用。

（二）混凝土三角四面体的推广应用

混凝土三角四面体由四个三角形组成，亦称为四面体，它的四个面（一个叫底面，其余叫侧面）都是三角形，适用于在冲刷河段抛投固基。1990年，汉台区水利局在褒河下游汉江交汇段试验成功，其后在汉中防汛抢险和河道冲刷治理中广泛应用。

（三）宾格网的推广应用

宾格网由优质镀锌丝编织而成，具有高强耐腐、延展性好、施工简单、使用寿命长的特点，在河道治理和防汛抢险中广泛使用。2003年，汉台区水利局在河道治理中成功使用后，开始在防汛抢险和河道生态治理中广泛应用。

（四）土工布（防渗膜）的推广应用

防渗膜的应用始于20世纪80年代中期，先在渠道防渗中应用，后在河道治理和水库除险加固中使用。防渗膜具有优良的弹性和强的变形能力，使其非常适合地基表面的膨胀或收缩，并能有效地克服地基表面的不均匀沉降。土工布于20世纪90年代在石门灌区开始使用，其后在汉中市的江河治理和病险库处理中得到推广应用。

第三节　科技活动

一、技术培训

民国三十二年（1943 年），陕西省在流域成立褒城工职，后改为南郑高级工业职业学校，设土木工程、机械等科。汉中解放后，南郑工职与南郑农校合并为南郑技术学校，设水利科。1952 年，水利科并入武功水利学校。1960 年，汉中地区创建汉中水校，设农田水利、水力发电两个专业，1962 年撤销。1966 年，将汉中县（汉台区）周家湾职业学校移交专署水利水电局，改名汉中水电技术学校，1971 年撤销。

20 世纪 50 年代，汉中地区曾多次举办全区农民水利技术员、灌区放水员、斗（堰）长、斗技术员等不脱产水利人员训练班。1952—1963 年，先后 9 次培训农民水利技术员和灌区水利员 10072 人次。1957 年，专区水利局举办全区水利工程技术人员训练班，以中专毕业、工作两年以上技术干部为主要对象，讲授工程设计、测量和施工等专业技术，参加学员 24 名。20 世纪 60—80 年代，多次举办灌区计划用水训练班、计划用水资料整编以及管理站长训练班等。1975 年，举办中小型水库管理运用训练班。1977 年，举办水产养殖训练班。1982 年，对“文化大革命”期间毕业的 38 名大学生和 26 名中专生进行基础知识补课，使 85%的学员达到合格要求。20 世纪 90 年代以后，褒河流域各市、县水利部门认真贯彻干部培训教育政策，每年制定年度培训计划及要点，采取多种形式开展业务知识培训，提高干部职工业务技术能力。据不完全统计，至 2020 年，褒河流域累计举办了防汛减灾、水利工程管理、水利新技术宣讲、水土保持、水产养殖、水政执法等各类培训班 300 余期。

二、科技交流

1954 年，汉中水利系统成立了陕西省水利学会汉中分会。1980 年 6 月，经汉中地区科委批准，成立了汉中地区水利学会。其后，流域内各县（区）也分别成立了水利学会。各水利学会成立以来，认真贯彻科学技术为经济建设服务的方针，开展多种形式进行学术交流。利用省内外专家、教授来汉中考察之机，组织会员听取专题讲座和技术交流，共作国内外水利、水电、水文等发展概况及科研成果、汉中“81・8”洪水调查、陕南汉中盆地黏土滑坡发生机理及防治、灌溉技术、经济用水、虹鳟鱼养殖技术、红寺坝水库排沙试验及水工建筑物设计、汉中一江两岸景观建设等各类专题及赴日本水利考察、澳大利亚水资源考察等学术报告会 20 余次。同时，通过年会或研讨会，就流域水利区划、水土保持区划、水资源评价、灌溉用水、丘陵区水利规划、山区小水电建设、江河治理等问题，进行专题讨论。1981 年，全区遭受特大暴雨洪水灾害后，广大会员和科技人员跋山涉水，深入现场，开展调查研究，取得大量科学数据，共撰写有价值的研究报告 14 篇，并在地区汉江流域综合治理学术讨论会上进行交流，为各级领导对汉江治理规划提供决策依据。

三、科技下乡

科技下乡是把科学技术提供给农村，以节省财力、物力、人力等来提高产量和质量，

为农民服务，为新农村建设提供坚实的基础。2000 年以来，褒河流域各县（区）水利部门组织水利技术人员开展科技下乡服务工作，连年组织科技干部下到乡、镇、村和各基层单位及灌区管理站，推广易于学习掌握、能够增收、效益显著的实用水利技术，解决农业灌溉、农村饮水、水产养殖、水土保持等方面存在的技术问题。至 2020 年，累计组织近千名科技人员下乡，完成各类科技项目 100 多项，为流域新农村建设提供了技术支撑。

四、获奖成果

新中国成立以来，伴随着水利建设的快速发展，褒河流域水利科技工作也得到较快发展，取得显著成果。一大批优秀论文在《中国水利》《陕西水利》等杂志发表，并被《中国自然科技成果文集》《中国社会科学文库》《农业适用技术百科全书》《水利经济情报开发文集》《陕西省水利管理文汇》等书刊收录，一批科研成果荣获中、省、市及县（区）的表彰。至 2020 年，褒河流域有 67 项水利科技成果获奖。其中，省部级 8 项，市（厅）级 17 项，县区级 42 项。褒河流域获省部级科技推广成果奖一览表如表 5-4-1 所示。

表 5-4-1　褒河流域获省部级科技推广成果奖一览表

序号	成果名称	完成单位	获奖等级	获奖时间 / 年
1	汉中水稻灌区计划用水技术	汉中地区水电局	陕西省科技成果三等奖	1982
2	勉县温泉建立罗非鱼良种场综合技术研究	勉县水电局	陕西省科技进步三等奖	1990
3	陕西省 10 万亩银杏丰产示范园建设	陕西省水土保持局、西北农林科技大学、汉中市水保站	陕西省农业技术推广成果三等奖	2005
4	陕西省水产名优品种繁育及养殖技术推广	陕西省水产研究所、西安市水产工作站、汉中市水产工作站等	2006—2007 年度陕西省农业技术推广成果二等奖	2007
5	秦岭山区大鲵生境及繁育关键技术研究	陕西省动物研究所、陕西省渔业管理局、陕西滑水生物开发有限公司	陕西省科技奖三等奖	2007
6	中国大鲵仿生态人工驯养繁殖模式实验研究	南郑秦岭大鲵养殖有限责任公司、陕西师范大学、汉中市水产工作站	陕西省科技奖三等奖	2008
7	汉江上游大鲵产业化人工高效繁育配套技术研究与示范	陕西汉水大鲵开发有限公司	陕西省科技奖三等奖	2010
8	陕西省大中型水库渔业综合开发技术推广	陕西省水产工作总站、汉中市水产工作站等	第十六届陕西省农业技术推广成果奖三等奖	2014

第六篇　流域文化保护与传承

褒河流域处于黄河文明和长江文明的交汇地带，自古面蜀汉而背秦川，襟带陇羌，历史上为交通要道、军事重镇、文化名城。一个古褒国，一条褒斜道，一道山河堰，一座留侯祠，一座石门水库，把褒河变成了一条流淌着历史文化的大河。历代文人骚客和达官显贵，在褒河边留下了重要的历史遗迹，留下了许多动人的故事和传说，留下了脍炙人口的美文佳作。褒河以其独特的河流文化，被一代又一代的风流人物传颂。

第一章　历史文化名胜

褒河被称为中国栈道博物馆，褒斜道有“蜀道之始”的美誉。七盘山下历时6年用“火焚水激”之法开凿出的穿山隧道，成为世界交通史上最早人工开凿的通车隧道，修建石门水库时，搬迁至汉中市博物馆保藏的13方摩崖石刻，统称“汉魏石门十三品”，被誉为“国之瑰宝”。留侯祠是一代谋臣、“汉初三杰”之一的张良隐居之地，柴关岭、鸡头关、武休关、汉王城、三交城、江口、马道、寒溪，每一个地方都沉淀着厚重的历史文化。

第一节　古栈道遗址

一、褒斜栈道

褒斜栈道是汉中走向关中，或关中通向汉中达于巴蜀，穿越秦岭的道路，是世界上最早的栈道。南口在汉中城北15千米的褒河口，向北进入褒谷，沿褒河经过留坝县、太白县，越过秦岭主脊，进入斜峪河流域的斜谷，由眉县的斜峪口出达眉县，全长200多千米。

褒斜栈道修建的时间，当在春秋战国时期。秦文公至秦穆公期间（前765—前621年），秦蜀间既有军事攻伐，也有商旅往来；秦厉共公二十六年（前451年），秦左庶长城南郑；秦惠公十三年（前387年）秦伐蜀，攻取南郑；秦惠文王更元九年（前316年），司马错、张仪伐蜀前，曾大修道路。以上这些行动，经由褒斜道可能性最大，且在军事行动时修筑栈道的可能性亦最大。到秦昭襄王时（前266—前250年），范雎为秦相，蔡泽赞美范雎修筑“栈道千里，通于蜀汉，使天下皆畏秦”。栈道形成以后，各朝因战争、洪水，或毁坏栈道，或整修栈道。

褒斜栈道因建于峻峭险要的大山峡谷中，故其建筑形式多根据自然地形而定。按其形制，人们又把栈道称为“栈阁”“桥阁”。有的路段上建有能遮蔽雨雪的棚盖，向河沟一面有护栏。据调查，褒斜栈道修建形制大体有6种：

（1）标准式。平梁立柱结构。在底部石上凿孔立柱，上部直立的山崖靠水一边凿方形壁孔，插入横梁，柱与梁以榫卯相连接，横梁间距1.5~2.0米，横梁间铺以木板，形成路面；基石条件好的地方也有不凿柱孔的。有一梁一柱的，也有一梁多柱的。

（2）斜坡搭架式。在斜坡上凿一排石孔立柱，上搭木梁，梁间铺板，形成路面。

（3）斜撑式。在崖陡水深、无法安装立柱时，或立柱过高，为加强支撑力量，用方形壁孔插平梁立直柱加斜撑结构。

（4）无柱式。在深渊、陡崖地段，难以立柱和斜撑时，仅凿孔安横梁，铺板成栈，

亦称“千梁无柱”。

（5）凹槽式。在一些小山嘴处或石质不硬处，将山体挖出一个凹槽，以通人车，有的把这种形式叫作“老虎嘴”。

（6）隧道式。将山嘴凿通成洞，石门隧道最为著名。

据调查，褒斜栈道从眉县斜峪河谷至留坝县武关驿，有栈道遗迹 23 处，其中留坝县柘梨园乡磨坪村，江口镇南 1 千米，石垭子村东岸、西岸、西营村，柳川乡林家坝，韩树沟，磨桥湾，南河乡孔雀台，倒树湾各 1 处，黑杨坝、武关驿各 2 处。

据陕西省文物管理委员会、陕西省博物馆陕南工作组 1961 年调查，石门以北褒谷中，在天心桥、褒铺、万年桥、青桥铺、木龙沟北、马道、武曲铺、宝汉公路 183 千米、184 千米等处，均有栈孔遗迹，多者 80 多孔，少者 7~8 孔，有些遗迹已被水库淹没或埋没、毁坏。

据陕西省考古研究所 1962 年调查，从褒城到石门处，有古栈道遗迹，栈道壁孔 56 个，柱孔 190 个。

（a）

（b）

古栈道壁孔（2023 年拍摄）

（a）

（b）

古栈道梁石（2023 年拍摄）

二、连云栈道

连云栈道由原故道、回车道、褒斜道连接而成，始修时间史无明载。汉中境内部分，有史载者有：

北魏正始三年（506 年），梁秦二州刺史羊祉奏请开创回车（今凤县南）新道。北魏

正始四年（507年）十月，“遣左校令贾三德，领徒一万人，将帅百人”，修筑该道，“阁广四丈，路广六丈，皆填溪栈壑，砰险梁危，自回车至谷口二百余里。”北魏永平二年（509年）毕工。

古连云栈道（2023年拍摄）

自唐代中叶起，褒斜栈道北段改由回车道、散关道，南段仍由褒谷道，即从褒城入谷，沿褒河至留坝县姜窝子（褒斜道南段）向西北沿紫金河，经八里关、青龙寺、新开岭、青羊铺、画眉关、大滩、安山驿（今留坝县城）、翻越柴关岭，过凤县、煎茶岭、大散关，明清时称此路为连云栈道、北栈，南段习惯上也称褒斜栈道。该道在汉中境内长84千米。

民国二十四年（1935年），国民政府沿连云栈道修筑川陕公路，一直为川陕官道的连云栈道历史至此结束。

古文川道（2023年拍摄）

三、文川道

因沿文川河而行，故名文川道。唐大中三年（849年）修筑，为褒斜道的一条支线，明清时改线拓宽，城固、洋县行旅多走此道。文川道北起留坝县西江口（今江口镇），离开褒斜道，向东南行，由铁灌沟、庙坪翻雪岭（鹰嘴石），至南河乡上南河村，折东行沙岭子，过月亮湾，翻桅杆石梁，由留坝进入城固境的小河子。再由南至双溪驿，越过光头山到文川河谷，出谷口到城固，再折西到汉中。文川道比连云道至汉中近捷，唐代时沿途驿站有仙岭驿（今柘梨园）、青松驿（今江口镇）、山辉驿、回雪驿（今沙岭子）等。蜀汉时期，诸葛亮北伐，出斜谷，此道为行军路线之一。唐大中年间，著名文学家孙樵《兴元新路记》详细记载了文川道沿途情况。

四、平江栈道

平木至江口栈道，起于斜水经太白县靖口关入凤境平木镇，经硬沟门至坪坎、碾子坝、水磨碥、谭家坝、倒贴金，在留坝县江口镇与褒水相接，沿途栈道遗迹很多。手搿崖有栈道孔14个，方形、圆形两种，边长及深度均为23厘米，间距0.5~1.1米。葛条沟口、焦崖沟口、偏桥子均发现有栈道孔迹。坪坎丹桂沟口有栈道孔迹2段，共12个，方形。水磨碥有栈道孔迹200多米，3排均为方形。潭家坝回水湾有栈道孔10个，全为圆形，间距2~3米，条板崖有底柱孔2个，壁孔14个。老鸦岭崖石险峭，形似一老鸦，探头俯翔，石崖上栈阁孔迹分上、中、下三排53个，圆形。倒贴金至江口均有孔迹遗迹。

五、太白山路

太白山路由太白县江口沿太白河上行15千米至桑园坝，再向东北至太白县太白河镇。由此向西越狮子岭，至王家堎交褒斜栈道。由太白河向东北沿太白河上行到王家庄。至今，太白河东崖壁柱孔依存13个。

清《陕西通志》载：“裴度为兴元观察使，奏修斜谷路及驿馆。自京师抵汉中，列肆于骆谷久矣。而艰难险阻，人尝病之。度既到镇，因访故老，熟其利害，遂决请移路于斜谷。桥梁馆宇，刻其而就，人心大惬。”目的是避开骆谷道的艰难险阻。因此，将甘亭馆改为悬泉驿，骆驼荐馆改为武兴驿，坂下馆改为右界驿。

为取代河池关至西江口这段险栈，于唐开元十三年（725年）大修太白山路。唐元和年间（806—820年），此道辟成官道。唐敬宗宝历二年（826年）春，“兴元节度使裴度春奏修斜谷道及馆驿，皆毕功”（《旧唐书·敬宗纪》）。不久，此道又改为驿路。

六、七盘古道

七盘古道（2023年拍摄）

七盘古道亦称七盘岭，在褒谷口西侧连城山上。原褒斜栈道在鸡头关下，沿褒河经石门洞而过，南北朝北魏时，石门道遇洪水则不通，乃由石门洞北改道上山，经鸡头关达褒城。清嘉庆《汉中府志》载：“七盘岭（褒城）县北十里，即鸡头关。由马道、青桥自北而南，西面石山岣嶙，黑龙江盘折其中。栈路倚山临水，蛇径一线，人行乱石中。岭极陡峻，由山坳至山岭共七盘，如蹑云梯，北栈中此为最险。汉时古道在岭下，黑龙江（褒河）侧有石门，盖凿以通往来者，深四丈，两壁有历代镌刻铭诗，石门北石壁，凿有石穴数十，方圆不一，当时用以架木作栈，后路开岭上，石门之迹芜矣！”清《褒城县志》载：“县北十里曰七盘山，上为鸡头关。有大石自麓至顶，层棱兀出，状如鸡冠，故名。自北而上，回旋七转，故曰七盘。”古人称为“秦蜀咽喉”“南口锁钥”，即兵家必争之地。北魏正始元年（504年），汉中入魏。梁秦二州刺史羊祉重开阁道，为避水患，乃于石门北一里，凿山为道，盘曲九折，经鸡头而达褒城。

柴关岭（2023年拍摄）

七、柴关岭

柴关岭位于紫柏山东侧，距留坝县城20千米。为汉中地区北部之天然屏障，山势险峻，古为通往蜀汉的

连云栈道中的咽喉地段。此关在明代以前，曾设营把守。清代时，设步塘，属留坝营，有守兵 1 名，步兵 9 名。今宝汉公路通过此岭，仍为“卡脖子”地带，有原国家经委会公路处处长赵祖康书“柴关岭”石碑一块，立于山顶路侧，为留坝县与凤县交界线。

八、衙岭

衙岭又称五里坡，古称衙岭山。位于太白县城东 10 千米处，是长江、黄河两大水系的分界岭。衙岭地理位置独特，一夫当关，万夫莫开，这里自古就是一条交通要道，是历史上三国时期魏、蜀两国的边境线，也是关中与汉中的自然分界线。因此，五里坡的顶上，过去曾经有守卫边界的官府衙门，所以这里又被称为“衙岭”。

衙岭（2023 年拍摄）

九、靖口关

靖口关原名进口关。位于太白县西南 20 千米靖口镇，西与凤县接壤，南通王家堎。褒斜道经此，是西出太白的最后一关，自古就是川陕道上的军事要隘和物资集散地。因东汉时在此设“进口关”而得名，民国初年（1912 年）取“绥靖安宁”之意改“进口”为“靖口”。

靖口关（2023 年拍摄）

十、画眉关

画眉关位于留坝县城东南 5 千米处。地势险峭，古为连云栈道中的一大险关。明清时期，此关“上如升，下如鳖行；外俯汛流，内倚绝壁”。曾有守兵 3 人，步兵 10 余人。今宝汉公路倚壁穿过，道路平坦。

画眉关（2023 年拍摄）

十一、武休关

武休关位于留坝县城东南 20 千米处。现名武关河，古称虎头关或武关驿，是褒斜、连云栈道天险。武休关为褒斜（连云）栈道上的一个重要

军事据点，清乾隆二十九年（1764 年）以前为汉中府褒城县与凤翔府凤县交界处，是汉中的北大门户。在栈道关隘中，武休关以险关著称。明清以前，设防把守，守军千余，并有驿兵守备。这里曾多次发生激战。

十二、西江口

西江口位于留坝县城东北方，距县城 66 千米。为褒斜栈道的主要险关，又是文川道和回车道必经之关隘要口。此关由崇山峻岭环抱，三水（太白河、红岩河、西河）相交江西营，军事地理位置十分重要。北通眉县、宝鸡；南达城固、汉台；东接太白、洋县；西连勉县、凤县。今高江公路沿回车道路线修建，与宝汉公路和江太公路（宝太公路）沟通，交通便利，为留坝县重镇之一。清代以前，西江口先设江口营，后分防江口汛，设千总 1 员、马兵 10 名、步兵 67 名、守兵 23 名。

十三、桅杆石梁

桅杆石梁山巅有石桩像船上的桅杆，故称桅杆石。位于留坝县武关驿镇东南，距县城 58 千米。山峰重叠，道路崎岖，为文川道首险。北通凤县，南接城固，可谓文川道中“一夫当关，万夫莫开”之隘。古为城固出斜谷的必由之路。清时，此关设把总署，守兵百人。

十四、鸡头关

鸡头关亦名七盘岭、七盘关，位于原褒城县城北 5 千米山上，今属勉县褒城镇。《褒城县志》载：“县北十里曰七盘山，上为鸡头关。有大石自麓至顶，层棱兀出，状如鸡冠，故名。自北而上，回旋七转，故曰七盘。”清嘉庆《汉中府志》载：“七盘岭：（褒城）县北十里，即鸡头关。由马道、青桥自北而南，两面石山峋嶙，黑龙江（褒河）盘折其中。栈路倚山临水，蛇径一线，人行乱石中。岭极陡峻，由山坳至山岭共七盘，如蹑云梯，北栈中此最为险。汉时古道在岭下，黑龙江侧有石门，盖凿以通往来者，深四丈，两壁有历代镌刻铭诗，石门北石壁，凿有石穴数十，方圆不一，当时，用以架木作栈，后路开岭上，石门之迹芜矣！”

鸡头关（2023 年拍摄）

十五、马道驿

马道驿自古是褒斜栈道和连云栈道交会处的军旅重镇。为了传递官方书信文件和负责官员往来的迎接，历代设有驿站，配有驿丞，备有马匹和吃饭住宿的号舍（相当于今天的邮局和旅馆）。每驿管辖地段约 15 千米。马道驿上接武关驿，下接青桥驿，明代兵部尚书张佳胤路过这里，见一位 85 岁的驿丞，耳聋，齿脱，胡须发白，弓腰背驼，还在迎送

过往官员，曾题诗一首："马道驿丞八十五，身寄西秦家东鲁。耳聋齿脱鬓如霜，出入逢迎状伛偻。路接青桥与武关，栈道崎岖无与伍。不卑小官有展禽，不薄乘田有尼父。尔心岂是学圣贤，蜗角蝇头良自苦。余也东朝师保臣，罔生六十负君亲。抗章数十不得清，今始给驿归梁岷。官妻见尔如胶漆，方信余为勇退人。"

十六、褒城驿

褒城驿是秦蜀古栈道褒斜道上一个最负盛名的驿站，它连接凤翔、汉中二府，由朝廷直接管辖。唐代著名文人孙樵在《书褒城驿壁》一文中称之为"天下第一驿"。始建于秦代，坐落在褒谷口的褒水之畔，南北交通汇聚，山水风光秀丽。唐代严震任山南西道节度使时又广加修造，扩大池沼，植万竿竹千树梨，"遥望驿亭，前有大池，楼榭甚盛"旅客优游其间，乐而忘归。汉中是中央政府与西南半壁天下连接的交通枢纽之地，公务往来、信件驿传自然十分频繁，大小官吏出入，送往迎来应酬应接不暇，使褒城驿更显得地位重要。

十七、方才关驿

方才关古道驿站位于太白县城南 1 千米处，为古褒斜道的一处驿站，意为放棺材，据史料记载和专家考证，此处即为蜀相诸葛亮病逝五丈原后返蜀途中的停棺发丧之地。方才关古道驿站景点于 2008 年 4 月动工，8 月竣工。自然风光秀美，民风淳朴，集休闲度假、劳作体验、观光游览、娱乐健身、书画摄影等功能为一体。

十八、芝田驿

芝田驿位于太白县王家堎镇和平村三组红岩，相传为蜀军大将邓芝在此屯兵北伐中原时所设，是古代专供传递官府文件、军事情报的人或来往官员，途中食宿、换马的场所。驿站在过去分为驿、站、铺三部分。驿是官府接待宾客和安排官府物资的运输组织；站是传递重要文书和军事情报的组织，为军事系统所专用；铺则由地方厅、州、县衙门所领导，负责公文、信函的传递，其担负各种政治、经济、文化、军事等各方面信息的传递任务，是国家一种特定的网络传递和网络运输组织。芝田驿不仅是褒斜古道上十分重要的古驿站，而且是重要的物资中转和巡检所驻地。

十九、天心桥

天心桥在褒谷口石门北 500 米褒河西岸七盘山下，为明清连云栈上的桥梁。属拱式桥梁，以青砖砌成。桥长 5 米、宽 2.5 米，拱高 3 米、厚 0.6 米，后改建为铁桥。连云栈以前的褒斜道也应有桥栈之类的建筑，但其遗迹已无从可考。建修石门水库后，桥址已淹没。

二十、万年桥

万年桥在今留坝县青桥铺南 3 千米的水磨河与褒河交汇处。其北侧的山崖陡峭且岩石裸露，高不可攀；其南侧重峦叠嶂，号称观音碥。古褒斜道和早期的连云栈，都必须由此通过，南北往来，唯仰赖于桥梁。明清时称之为"万年桥"，迄今在河口南面的崖壁间仍

有“万年桥”和“卧云长虹”的刻字，字径约40厘米，皆为横列。“卧云长虹”是对万年桥的一种夸张性的写照。刻字平日很难见到。插秧季节石门水库水位下降，即出露于水面。

二十一、樊河桥

樊河桥在留坝县南16千米的马道街北樊河（亦称寒溪）上，相传韩信投奔汉王，因不被重用而悄然离去，恰逢寒溪夜涨而被萧何追回。迄今犹有“寒溪夜涨”和“汉相国追韩信至此”的两通石碑立于古樊河桥之北侧。就在这两通石碑所在地，有一铁索桥，即古之樊河桥，相传为西汉初樊哙领建。是原褒斜道中最大的桥梁，始为木桥，清道光十五年（1835年）改建为铁索桥。《中国科技史·桥梁卷》称樊河桥的建桥时间“暂定西汉元年（前206年），是中国古代铁索桥的最早记录”。

万年桥（2023年拍摄）

樊河桥（2023年拍摄）

第二节　古　城

一、汉王城遗址

传说西汉初年（前206年），在位于连云栈道安山驿东南，紫柏河（又名青羊河）西南岸修筑汉王城，周围群山环绕，南有画眉关，北有柴关岭，西有紫金山，东有老鸦山，山岭相连，众峰环围，层峦叠嶂，高入云霄。东晋元帝建武初年（317年），山洪暴发，汉王城池被冲毁。1996年后，其遗迹因城建而毁之。

二、三交城遗址

三交城遗址位于褒斜栈道军事要冲之险关西江口附近的江西营。此处为文川道、太白山路和回车道与褒斜栈道的交会点。三交城修筑在距河床30米高的塬上（现为梯田）。1971年，村民抬田修地时，挖出古城墙一段，城坐东南向西北，三水环绕，居高临下。三交城为汉高祖北定三秦的主要军事重镇，又为三国及晋代的军事战略要冲。南北朝时期，南朝的宋、齐、梁与北朝的北魏为争夺汉中和仇池地区多次在蜀道交战，胜者均在此派重

（a）　　　　（b）

三交城遗址（2023 年拍摄）

兵把守。西魏文帝大统初年（535 年），因战乱和山洪蚀毁三交城，军民移居梭椤村（江口镇），三交城亦成一片废墟。梁武帝太清三年（549 年），西魏占领西江口，于梭椤村重修三交城（又名梭椤城）。南宋高宗绍兴三年（1133 年）金兵从汉中经褒斜栈道退往关中途中，沿途关隘要道大部被摧毁，梭椤城遭火焚。南宋守军阻截重创金兵后，又重建梭椤城。明洪武年间（1374—1398 年），在梭椤城东南建“洪武寺”，城内建筑城中城，设武街门，建兵房，平整教场。

三、留坝厅城故城

清乾隆二十九年（1764 年）十二月，设留坝厅。清嘉庆五年（1800 年），由同知龙万育选平坦之地（今留坝中学）筑以土城，旋圮。城东以水井沟，南至紫柏河，西以娘娘庙沟，北倚山岭而建；城高两丈，墙基以沙、石块砌垒，东西 2 门，以木栏之；土筑城墙，厚为 3 丈，城周长约 1.5 千米，东西、南北各长 0.5 千米。通判署在城内。城墙因沙、土风化，不久毁于匪。现存北城墙根基（壕沟痕迹）。

留坝厅城故城（2023 年拍摄）

四、太平山城（留坝厅新城）

清嘉庆十一年（1806 年），陕西巡抚方维甸、西安守军德楞泰等认为留坝为栈道要路，该厅系抚民同知衙署仓库、兵房、监狱，须有城捍卫，遂联名奏章交军机处呈上，要求更立新城，移建于太坪岭（今太平山）。随后，奏章核准，由留坝厅同知任奎光于清嘉庆十三年（1808 年）承修，于嘉庆十六年（1811 年）竣工。新城建成，又经多次维修，

太平山城（2023 年拍摄）

继建坛、祠等，气势雄伟磅礴，尤南北两门高 8 米，台楼 3 层，飞檐翘角，极为壮观。城墙用糯米浆与石灰掺沙土板筑，石条围沿，十分坚固，以防决口。民国初年（1912 年），城墙及城楼依存。1958 年后，因基本建设用料，逐年拆砖取石，毁为壕口。现仅存太平山沿山城墙一段，长 200 余米。

褒城县文庙故址（2023 年拍摄）

五、褒城县故址

清嘉庆《汉中府志》载：褒城县治唐时在褒谷口南 5 千米褒河东岸的打钟坝（今汉台区宗营镇打钟寺村）。北宋嘉祐元年（1056 年）移于褒河东岸连城山南麓（今勉县褒城镇）。1958 年 11 月 1 日，国务院批准撤销褒城县。

第三节　宗教活动遗址

一、留侯祠

留侯祠俗称张良庙，在留坝县城北 15 千米庙台子紫柏山下，始建年无考，现存庙宇多为明、清代建筑。据清《留坝厅志》载，清康熙二十二年（1683 年），汉中知府滕天绶夜宿紫柏山，梦见张良、黄石公、赤松子，遂建庙祀张良，后人踵其迹扩而建之。现有房舍 6 院，156 间古建房舍，总面积 14200 平方米。院落相连，楼阁星布，回廊曲径，幽雅宜人。门前照壁一堵。庙门左侧竖“紫柏山汉张留侯辟谷处”石碑 1 通，院内景物多以张良生平故事命名，如进履桥、辟谷亭、拜石亭、授书楼等。庙内外有摩崖、石碑 100 多方，木匾、楹联 50 多幅。“文化大革命”期间，祠惨遭破坏，后整修。现为陕西省重点文物保护单位。

二、云雾寺

云雾寺（2023 年拍摄）

云雾寺在今勉县东北 60 千米的二道河乡石门子村云雾山。始建年代无考，宋、元已具规模，可容僧徒 500 余人。明初起义首领田九成曾在该寺为僧。明天顺元年（1457 年）正月初一，寺僧王斌（法名悟真）率众起事，即日攻占褒城县城，国号“极乐”，年号“天绣”，三月攻汉中，被俘处死。明万历十九年（1591 年），孝定皇太

后给该寺赐经678函，现存《赐经碑》。因年久失修，逐渐毁圮，现仅存寺舍5间，明、清代石碑数通。寺东北1千米，山间有崖，高30余米，斧切壁立，水痕如龙；崖东数步外，有人工石洞2处，名朝阳洞，洞内有石雕佛像，乃二三百年前所凿。寺后有古冢，高丈余，长数丈，俗称“皇姑坟”，史无证。寺西南历代寺僧葬骨之地，塔林耸立，掩映丛林中。

三、风云寺

风云寺又名云雨风雷寺，民众俗呼“青桥寺”，始建于明神宗万历初年（1573年），位于留坝县青桥驿蔡家坡之坦，主祀云雨风雷神。寺庙倚于山岭，由苍柏青松掩映，为三合院，道士住持，香火鼎盛。清顺治初年（1644年），扩建寺庙，有灵官殿、药王殿、财神殿、观音殿、娘娘殿、大雄宝殿、祖师殿、玉皇殿等。清乾隆二十年（1755年），再次扩建，由门楼、大雄宝殿、风云殿、雷雨殿等组成四合院，且有大山门、二山门和大殿院群相分相连。前后正殿都有拜殿券厅，客堂置其两侧，将大殿院分为前后左右4个四合天井。正殿内有云雨风雷神像。清同治十二年（1873年），整修一新。民国十三年（1924年），捐资维修大雄宝殿，同时修建戏楼2座。后因宝汉公路改道，栈道荒废，风云寺日渐人稀。1998年，原住持释源慧大师呼吁重建风云寺，2003年开工，2010年建成。

风云寺（2023年拍摄）

四、太白龙华山

龙华山位于太白县咀头镇北沟村，在县城以东3千米处，为太白县境内一处道教圣地。龙华山在青峰山与冻山之间，是其余脉中一奇异阶地，整体山势似鲲鹏展翅，坐东向西，气势不凡。

道教建筑群分布于龙华山山腰，掩映于茂密的松杉林木之中，肃穆庄严，巍峨壮观。龙华山山门前，北沟河由北向南顺山麓而下，一座石桥通向第一道巨大的山门，拾级而上，第二道山门又巍然矗立，两尊巨大石狮雄踞两边，山门上方“龙华山”三个金色大字熠熠生辉。高大的门柱上有联曰：“山连太白东来紫气道贯诸天传教理，门对须弥西望瑶池化愚度贤度缘人。”

从第一道山门向上经二山门、聚仙亭、天桥、日月潭、望月亭、八卦亭、鼓楼、钟楼等九台百十级石阶直到玉皇大殿。龙华山供奉主神为西王母，还有五圣庙、九天圣母宫、三宵宫、哪吒太子庙、大雄殿、药王庙、土地庙等其他道教尊奉诸神神庙、宫、观等建筑近30座，星罗棋布于山峰密林之中。

山峰巍巍，林木葱葱，香烟袅袅，鼓磬声声。殿宇亭阁均为仿古建筑，翘翅飞檐，琉璃覆顶，所塑神像仙风威仪，工艺精巧。龙华山庙宇始建于清初，来源于“万教归一，龙华三会”的道教理念，数百年中香火不断，代代相传。

太白民间口碑相传“陈生彦三起龙华”善举佳话，碑刻记录着龙华山风雨沧桑的历史变迁。龙华山古庙会时值农历七月初七，炎夏酷暑之期，山上祥云缭绕，时有紫气升腾，相传龙华山神灵显应，凡善者虔诚祈祷皆能如愿。游人到此可徜徉于绿水青山之中，感悟深山古观数百年长盛不衰的香火传承和道家空灵与玄妙，感受神山仙境般美妙的优美风光，体验凉风习习的舒适清爽，凡朝山览胜者人人乐此不疲，个个留连往返。

太白龙华山（2023 年拍摄）

五、凤鸣禅寺

凤鸣禅寺位于留坝县马道驿寒溪河口古樊溪桥北岸的凤鸣山。原为小庙，倚在半山腰间的栈阁旁。明清时期，扩建成“凤鸣禅寺”。寺庙依山傍水，规模宏大，与自然佳景浑然和谐，交相辉映。民国时期，因山洪、战火焚毁，仅存大山门、正殿、偏殿。1966 年，殿宇及金身铜像全部被毁。1994 年重建寺庙，现寺庙为三合院，有大山门、正殿、偏殿。

凤鸣禅寺（2023 年拍摄）

六、南河街三圣宫

三圣宫也称三圣楼、结义楼，位于留坝县武关驿镇上南河村。系清乾隆十六年（1751 年）建，清同治六年（1867 年）重修，因祀刘备、关羽、张飞而得名，原宫庙中塑有三人结义的塑像和菩萨。

七、牛头寺

牛头寺又名崇庆寺，在勉县城东北 25 千米的段家坝乡牛头山南麓，唐贞观年间（627—649 年）法融禅师建。原为三进大寺，为唐宋名刹，年久失修，近年又遭严重破坏，今存古建寺舍 8 间，明清石碑 4 通。南宋王象之《舆地纪胜》称：“剑外丛林，惟此（牛头寺）与中梁（寺）最胜。”

勉县牛头寺（2023 年拍摄）

八、山河堰庙

山河堰庙位于汉台区河东店镇石门南干渠边。曾是山河堰管理组织议事处，每年灌溉

前在此议事和祭祀。清道光《褒城县志》载："县东黑龙江东岸，山河堰之左，以祀平阳侯曹参。宋庆历年间，有邑令窦充碑，政和五年（1115 年），令黄灿又模勒黄石上。明嘉靖二十九年（1550 年），直使刘仑、副使齐宗道、邑令张庚共议修葺，并设萧相国像。两邑之民，春秋供牲栓，以供祈报。"褒惠渠取代山河堰后，庙逐渐衰败，"文化大革命"中庙毁。石门景区开发时，在褒河西侧重建庙宇，改名山河观。

山河观（2023 年拍摄）

九、孤山金山寺

孤山金山寺位于褒河与汉江交汇处的龙江办事处孤山村。山顶面积 1 万多平方米，属高于地面 20 多米的小山丘，故称孤山。《水经注》称为"汉王堆"。山顶旧有金山寺，传为清乾隆年间所建，现已无存。仅有石碑 3 通，2 通已失，1 通作桥板铺于山坡下沟渠上，上载太平军驻扎金山寺记事。清同治二年（1863 年），太平军来汉中时，盘踞孤山的地主曾在山上修筑石寨，备铁炮 6 门，以对抗太平军，后被太平军攻破，用作军营驻地。山南面与汉江对岸梁山相望，有古渡口"龙江晓渡"。

十、北海道观

北海道观位于汉台区河东店镇花果村，占地面积约 1200 平方米。清嘉庆年间（1796—1820 年）始建，1990 年扩建。相传此地有一北海奇泉，在正殿石崖下，无论天旱多日，此泉永不干涸，故名北海。又传，此地有一位名唤宝珍的女子，为救情人而染上了麻风病，被迫来到北海，因喝了黑蛇洗了澡的泉水，大病治愈。以后，她与蛇为友，人们称她为黑龙女。而她当年的情人，为了升官发财，带人大肆捕蛇，被黑龙女惩治。人们为了纪念她，在北海修建寺庙，取名北海道观。

北海道观（2023 年拍摄）

第四节 碑石与造像

一、石门十三品

石门在汉台区北褒谷南口内西岸山崖下。东汉永平年间开通，是世界上最早人工开凿的通车隧道。洞长 16.3 米，宽 4.2 米，高 3.45 米。石门自开通后，洞内外石壁上和褒河

水中巨石上，摩崖题刻文字40余种，其中以东汉《石门颂》与北魏《石门铭》为代表的石门十三品为国之瑰宝。1970年，修建石门水库，石门隧洞淹于水中。石门十三品于20世纪70年代初凿迁于汉中博物馆。石门十三品如下：

（一）《石门》

原在石门内西壁北端，高100厘米，宽47厘米，隶书“石门”2字，字径37厘米，无年月、姓名。

（二）《鄐君开通褒斜道》

又称“大开通”，原在石门南约半里处的西侧山崖间，东汉永平九年（66年）刻，高142厘米，宽228厘米，隶书16行，每行6~11字不等。记叙汉中太守鄐君及其部属王宏等，于永平六年（63年）率领广汉、巴郡、蜀郡刑徒2000余人，开通褒斜道258里，至永平九年（66年）四月竣工的情况。

《石门》石刻

《鄐君开通褒斜道》石刻

（三）《鄐君碑释文》

在《鄐君开通褒斜道》摩崖下方，南宋绍熙五年（1194年）刻，南郑县令晏袤撰并书。高270厘米，宽215厘米，隶书27行，每行28字左右。原来《鄐君开通褒斜道》摩崖（《鄐君碑》），天长日久渐被尘土堙没，至南宋绍熙四年（1193年）为霖雨冲刷始现，时南郑县令再刻并释文。

（四）《李君表》

原在石门内西壁，东汉永寿元年（155年）刻，高75厘米，宽44厘米，隶书7行，每行8~10字，称颂李君领修阁道功绩。

（五）《石门颂》

原在石门内西壁，东汉建和二年（148年）刻，时汉中太守王升撰文。连额通高

《鄐君碑释文》石刻

《李君表》石刻

《石门颂》石刻

261 厘米，宽 205 厘米，隶书 21 行，每行 30 字左右。额题双行："故司隶校尉犍为杨君颂"。杨君名涣，奏请修复褒斜道有功，特刻石"嘉其明知，美其仁贤"。

（六）《杨淮表记》

原在石门内西壁《石门颂》南侧。高 216 厘米，上宽 67 厘米，下宽 50 厘米，隶书 7 行，每行 26 字左右。东汉熹平二年（173 年）刻，卞玉撰书。卞玉为杨涣同乡，感念杨涣功德，遂将其后裔杨淮、杨弼的官职、政绩追刻于《石门颂》之后。

（七）《玉盆》

原在石门南褒河水中一巨石上。石中凹似盆，色白如玉，原有"玉盆"字，高 63 厘米，宽 103 厘米。至南宋，有人在旧刻"玉盆"之侧重刻竖写《玉盆》题名两段：一为南宋庆元二年（1196 年）闻丘等刻；一为南宋绍定二年（1229 年）曹济之等刻。

（八）《石虎》

原与石门隔河相望的东岸，山势如虎，崖间石刻汉隶"石虎"2 字，侧题"郑子真书"，相传为汉成帝（前 32—前 7 年）时隐士郑子真垂钓处。

（九）《衮雪》

原在石门南约半里的褒河水中一巨石上，右行横刻"衮雪"2 字，高 50 厘米，宽

《杨淮表记》石刻

《玉盆》石刻

《石虎》石刻

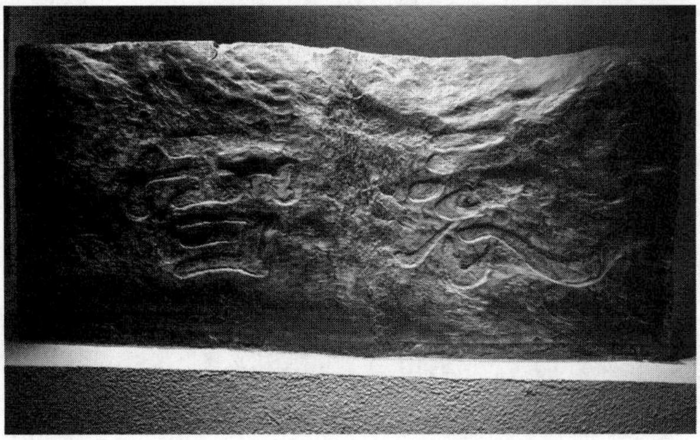

《衮雪》石刻

125 厘米，字径 45 厘米，左侧另有坚“魏王”2 字。清人罗秀书《褒谷古迹辑略》始言相传三国曹操书，待考。

（十）《李苞通阁道》

原在石门北口外西侧崖畔，隶书两行，高 36 厘米，宽 24 厘米，文曰：“景元四年（263 年）十二月十日，荡寇将军浮亭侯谯国李苞字孝章，将中军兵、石、木工二千人，始通此阁道”。石门南口外崖间，又有 1 方重刻摩崖。

（十一）《潘宗伯、韩仲元》

原在重刻《李苞通阁道》摩崖之南，隶书 1 行：“潘宗伯、韩仲元以泰始六年（270 年）五月十日造此石□□”。

《李苞通阁道》石刻

《潘宗伯、韩仲元》石刻

（十二）《石门铭》

原在石门内东壁，北魏永平二年（509 年）刻，王远撰书。高 180 厘米，宽 225 厘米，魏体 26 行，每行 20 字左右。记述梁秦二州（治南郑）刺史羊祉奏请修复褒斜道，北魏朝廷派遣左校领贾三德率刑徒 1 万人，石师百名兴工修复，永平二年（509 年）工竣，刻此石以赞颂羊、贾二人之功绩。

（十三）《重修山河堰》

原在石门南数 10 步的西侧崖际，南宋绍熙五年（1194 年）刻。高 225 厘米，宽 500 厘米，隶书 16 行，每行 6~9 字，字径 24 厘米。摩崖详记修复的尺度，以及用工、料、钱、粮等数据。疑为晏袤撰书。

《石门铭》石刻

《重修山河堰》石刻

二、褒斜道摩崖石刻

（一）《栈道平歌》摩崖

在石门水库北部万年桥西深涧南侧石壁上，属留坝县青桥驿乡田坝村。清康熙三年（1664年），陕西巡抚贾汉复主持整修连云栈道，工竣，时著名文人宋琬撰《栈道平歌》颂其功德，大书法家沈荃书，分刻8方摩崖，因又名“八个碑”。现淹没于石门水库中，枯水季节可露出水面。

（二）“四十八窟窿”晋代摩崖

在留坝县柘梨园锅厂村，原有晋太康元年（280年）修复褒斜道记事摩崖1方，唐孙樵《兴元新路记》有载。1971年修公路时炸毁。但据目击者云：“修路放炮时，石崩为几大块，字无大损。其崩下石块壅埋于路基下面。”此后再无人重新发掘。

（三）《重修山河堰记》摩崖

南宋抗金名将吴璘于乾道元年(1165年)主持修复山河堰,工竣,由杨绛撰文,摩崖记事,在河东店北约300米处的褒河东岸石崖上，地名曰婆婆坑。现被泥沙壅埋，有待发掘。

三、留侯祠摩崖题刻

留坝县留侯祠附近山崖及祠内有明代至民国摩崖刻石59方，摘其要者志之。

（一）《英雄蝉蜕》

在留侯祠授书楼南壁上，高210厘米，宽96厘米，隶体，字径55厘米，上款“光绪壬辰（1892年）初冬”，下款“督学使者岭南黎荣翰题”。

《英雄蝉蜕》石刻

（二）《冯玉祥为留侯祠题联》

共题2联，均在留侯祠大门南约100米处的公路东侧。一联高265厘米，宽105厘米，楷书，联曰：“侯封敝屣，汉家三杰，如公的是完人，明功成身退之义；备志击秦，博浪一椎，不中亦寒敌胆，以匹夫有责为心”。上款“中华民国十一年一

月穀旦”；下款“冯玉祥书”。另一联刻在前联之右上侧，高 120 厘米，宽 80 厘米，联曰：“收秦关百二山河，奇谋独运；辅汉家统一事业，成功不居”。上款“汉留侯庙”，下款“冯玉祥一七 · 一二 · 二二 · 南京”，即 1928 年 12 月 22 日题于南京。冯玉祥时为国民革命军第二集团军总司令。

（三）《韩光琦为留侯祠题联》

在留侯祠大门外南约 100 米处公路东侧。高 138 厘米，宽 110 厘米，楷体。联曰：“亡秦乃韩仇复，归汉为帝者师，圣主得贤臣，三杰才名，乎远矣；进履遇黄石公，辟谷从赤松子，急流能勇退，千秋庙祀，礼亦宜之”。小字跋语：“二十二年（1933 年）冬，随杨公虎城，飞汉视察，勾留月余。因欲游览北栈古迹，由斯道回省。行经此地，缅怀往哲，瞻拜之余，敬题俚联，用志鸿爪。兴平韩光琦题”。

（四）《张笃伦游留侯祠题诗》

在留侯祠授书楼南石壁上，民国二十五年（1936 年）刻。高 132 厘米，宽 66 厘米。诗云：“授书三教制先机，破楚亡秦一布衣。决策未能复故国，椎功赐爵愿全非。”末题：“楚张笃伦”。笃伦时为陕西省第六行政督察区（汉中）专员。

（五）《陈立夫过留侯祠题词》

在留侯祠授书楼南石壁上。高 57 厘米，宽 110 厘米，题“成功不居”，后题小字：“民国二十九年（1940 年）夏，奉命巡视西北政务，过留侯祠题记。吴兴陈立夫”。陈立夫时任国民政府教育部部长。

《陈立夫过留侯祠题词》石刻

（六）《何应钦为留侯祠题词》

在留侯祠大门外南约 100 米处的崖脚。高 217 厘米，宽 98 厘米，刻“功业垂宇宙”，字径 40 厘米。上款：“中华民国三十一年（1942 年）春”；下款：“何应钦题”。何应钦时任国民政府军委参谋长，后官至行政院长。

四、摩崖造像

（一）白石神像

在今勉县褒城北 5 千米鸡头关山上，石为白须老人状，自古人称白石土地（神）。清《金石萃编》中有南宋庆元三年（1197 年）褒中县令宋积之等拜白石神像的记载，判定造像时间当在南宋以前。附近有庙及碑数通。

鸡头关白石神像（2023 年拍摄）

（二）白石观音像

在汉台区河东店北 20 千米的观

音碥，现为石门水库淹没区。白石崖上凿一神龛，高约 2.5 米，宽约 4 米，深 2 米，傍崖雕观音像 1 尊，端坐莲台。龛外即水库潭渊，非舟船不可靠近。

（三）连城山“石虎”

在勉县褒城镇北连城山巅雷公祠西侧山岩上。摩崖高 180 厘米，宽 100 厘米，线刻下山虎 1 只，四川井研县知县王琅然画，清光绪五年（1879 年）刻石，有序诗题记。

（四）留坝县唐开元佛龛

唐开元佛龛位于留坝县江口镇柘梨园村驼羊沟口的古褒斜栈道旁。佛龛内有摩崖观音造像，左右有普贤、文殊二弟子。佛龛宽 0.66 米，高 0.63 米，深 0.2 米，佛像总高 0.35 米，二弟子各高 0.32 米。下方有莲台，高 0.12 米，造型优美。佛龛下右行竖有刻文。佛龛还有遮雨石檐，因年久风雨蚀损，模糊不清，仅显“唐开元二十八年……七月七日……”字迹。

（五）留坝县武关驿石造像

武关驿石造像位于留坝县武关驿镇武关河村，在一块独立的大石头上开凿，呈不规则长方体，通高 220 厘米，底宽 180 厘米，厚 150 厘米。共两窟，分别在石头的两个面，且一窟为尖顶式，高 80 厘米，宽 65 厘米，雕刻一佛二菩萨；一窟为圆顶式，高 96 厘米，宽 95 厘米，雕刻一佛二菩萨二弟子。按其风格，当为隋唐时期作品，石窟原在 316 国道路边，2012 年被公布为留坝县第二批重点文物保护单位。

连城山“石虎”（2023 年拍摄）

留坝县武关驿石造像（2023 年拍摄）

五、碑石

（一）《重修山河堰记》碑

原在汉中市河东店萧曹祠（今河东店小学），今存汉中市博物馆。碑已碎为 4 片，佚 2 片，南宋乾道七年（1171 年）刻，阎苍舒撰并书。内容记当时四川宣抚使王炎命兴元府（今汉中）知府吴拱，大举修复山河堰，增建渠道 65 条，灌南、褒 2 县水田 23 万多亩，创历代修复山河堰纪录。

（二）《留坝厅学堂官堰水利章程》碑

碑分两通，在留坝县城关镇大滩村六组，两碑各高 168 厘米，宽 85 厘米，厚 20 厘米，

清光绪三十年（1904 年）刻立。为厅学堂官堰立章 12 条，及兴学利民等事宜。

（三）《贾大司马修栈记》碑

此刻碑两通，一通立于栈道南端鸡头关，一通立于栈道北端煎茶坪。其立于鸡头关者，今已移至汉中市（汉台区）博物馆保存。碑高 172 厘米，宽 83 厘米，厚 21 厘米。记录了清康熙三年（1664 年）贾汉复对褒斜道的修复。

（四）《新建樊河铁索桥德政》碑

在留坝县马道街北樊河北沿。高 204 厘米，宽 102 厘米，厚 18 厘米，清道光十五年（1835 年）刻立。记述褒城知县贺仲主持建樊河铁索桥功绩。

（五）《寒溪夜涨》碑

碑高 1.1 米，宽 0.58 米，厚 0.2 米，圆额，直线边，上刻“寒溪夜涨”四个大字。马道驿丞黄绶于清嘉庆十年（1805 年）立。位于马道镇樊溪河汇合褒河处的“凤鸣禅寺”之下。

（六）《汉相国萧何追韩信至此》碑

高 1.5 米，宽 0.88 米，厚 0.23 米，圆额花边，上刻“汉相国萧何追韩信至此”。褒城县知事万世漠于清乾隆八年（1743 年）立；又于清咸丰五年（1855 年）由马道士庶人等重新刻立。

《新建樊河铁索桥德政》碑

《寒溪夜涨》碑

《汉相国萧何追韩信至此》碑

（七）《重修崇庆禅寺记》碑

崇庆寺又名牛头寺，在勉县段家坝乡叶家沟村，碑在寺门外通高 260 厘米，宽 105 厘米，厚 20 厘米，明弘治五年（1492 年）刻，秦藩宗老乐善堂撰文，钦德堂书丹。额篆“重修牛头山崇庆禅寺之碑”，楷书，赞颂寺的环境、殿宇和香火旺盛，僧侣云集之盛况。

（八）《圣谕》碑

明万历十九年（1591 年）刻，现存于勉县新街子镇云雾寺。

《圣谕》碑（2023 年拍摄）

（九）《保护留侯庙布告》碑

嵌在留坝县留侯祠大门左壁间，高 100 厘米，宽 48 厘米，刻于民国十一至十六年间（1922—1927 年）。上“陕南边防总司令吴（吴新田）布告：照得留侯庙地当孔道，往来行旅甚繁，无论军民人等，概不得在庙内任意滋扰。违者定按军法从事，决不宽贷。此布！”

（十）《冯玉祥留侯祠题联》碑

刻于英祥题词碑阴，现竖留坝县留侯祠中。碑高 170 厘米，宽 80 厘米，厚 14 厘米。上刻楷体楹联 1 副：“豪杰今安在，看青山不老，紫柏长存，想那志士名臣，千载空余凭吊处；神仙古来稀，设黄石重逢，赤松再遇，得此洞天福地，一生愿作逍遥游”。上款：“民国四年一月，率军过此”。下款：“陆军少将旅长冯玉祥书”。

（十一）《英雄神仙》碑

在留坝县留侯祠北花园，高 260 厘米，宽 84 厘米，厚 20 厘米，楷书“英雄神仙”4 个大字，为民国八年（1919 年）陕南镇守使管金聚题。

《英雄神仙》碑

（十二）《于右任题留侯祠联》碑

碑刻 1 幅：“送秦一椎，辞汉万户”。木联 2 幅：“不从赤松子，安报黄石公”（1946 年）；“自古神仙皆智勇，一生进退本从容”。

（十三）《怀山歌》碑

嵌于留坝县留侯祠北花园拜石亭。碑高 173 厘米，宽 68 厘米，明万历十五年（1587 年）刻；跋语两行，第 1 行：“太子少保文渊阁大学士，谥文肃，大洲赵贞吉题”；第 2 行磨泐严重，只依稀识辨“敬立”2 字。碑阴刻张佳胤和前韵歌词 1 首。在留侯祠中，和《山歌词》刻石者尚有万历十六年（1588 年）王士性及万历四十六年（1618 年）傅振商等多人。

（十四）《杯山好》词碑

嵌于张良庙内拜石亭正面墙壁上。碑高 1.72 米，宽 0.75 米。词为明隆庆五年（1571 年）礼部尚书兼文渊阁大学士赵贞吉所撰。

（十五）《归山好》词碑

位于张良庙拜石亭背面墙壁上。碑高 1.75 米，宽 0.68 米。词为明万历五年（1577 年）官阶正三品的督察院右副督御史并封太子太保的张佳胤所撰。

（十六）《紫柏山免粮记》碑

位于张良庙正殿前拜殿左侧。碑高 2.08 米，宽 0.90 米，厚 0.25 米。工艺精巧。碑文记载了留侯庙前朝的兴衰概况和蠲免杂徭等情况。正文 18 行，近 600 字，为书法楷模。碑文系明崇祯元年（1628 年）蜀观察使前吏部考功司郎中汉中郡人李一鳌所撰。

（十七）《水到渠成》碑

位于石门南干渠首闸房角落里，横幅方形，长高厚分别为 128 厘米 ×51 厘米 ×12.8 厘米，虽然碑面有多道划痕模糊不清，但上面“水到渠成”四个篆书大字仍可辨认，碑首竖排一行小字：“褒惠渠落成放水纪念”，落款为：“祝绍周中华民国三十一年六月。”

六、石门景区摩崖题刻

（1）新石门北侧，张保庆题字摩崖：“别有天”。

（2）石门水库坝上栈道，钟明善题字摩崖：“雄关云栈”。

（3）石门水库坝下栈道，石峰题字摩崖：“古今奇观”。

（4）石门水库坝下栈道，韩耀武题字摩崖：“连山如画”。

（5）石门水库坝下栈道，张德勤题字摩崖：“步坦途不忘蜀道难享安乐常念前辈功”。

（6）石门水库坝上栈道入口，雷珍民题字摩崖：“蜀道之冠”。

（7）石门景区文化广场，陈忠实题字：“汉中开汉业”。

第五节　红色革命旧址

一、红二十五军军部江口旧址

红二十五军军部江口旧址（2023 年拍摄）

红二十五军军部江口旧址位于留坝县江口镇河西村 4 组。1935 年 7 月 15 日，红二十五军在长安县沣峪口召开紧急会议，决定西征北上，与中央红军会师。部队于 16 日出发，经辛口子、周至县、太白县进入留坝县境松坪子、梨子坝、桑园坝、田坝等地，于 7 月 25 日晨到达江口，在梭椤村北门口，红岩河石垭子击溃了地方反动武装冯雨三民团。7 月 26 日，在镇江寺戏楼召开群众大会，宣传共产党和红军的政策，

公开处决了文质彬等江口镇联保主任和土豪劣绅，为穷苦人民申了冤，并将没收了的冯匪及恶霸的钱粮财物，分发给当地的穷苦百姓。红军在江口街和附近村庄张贴书写了“打土豪、分田地、救百姓”“红军是穷人的队伍”等宣传标语。

至今，罗家院仍保存着红二十五军首长程子华、徐海东、吴焕先办公用过的桌椅及休息用过的木床。2011 年 6 月，红二十五军军部江口旧址被命名为“留坝县青少年德育教育基地”。

二、石垭子战斗遗址（红二十五军纪念碑）

位于留坝县江口镇河西村 6 组，1935 年 7 月 25 日，西征北上的红二十五军一路辗转抵达江口，地方反动武装冯雨三民团在江口镇河西村石垭子对追击而来的红军先头部队进行顽固狙击。激战中红军打死打伤民团近 30 人，红军也付出了 5 人牺牲的沉痛代价，冯雨三民团不敌，有的进山林中溃逃，其余投降。2011 年 8 月，中共留坝县委、县人民政府于石垭子立碑，对当年在此战斗和牺牲的先烈以示缅怀。

三、江口苏维埃政府遗址

位于留坝县江口镇江口村 2 组（现江口镇政府所在地），1935 年 7 月 25 日，红二十五军和鄂豫陕省委抵达江口街，击溃了江口反动民团，团长冯雨三率部分溃兵逃窜。7 月 26 日，红二十五军在镇江寺戏楼广场召开千人群众大会，宣告成立江口苏维埃政府。下辖玉皇庙乡、两河口乡、桑园坝乡、柘梨园乡、柳川乡、下南河乡农会。随后在镇江寺后的河滩里，镇压了文质彬等土豪和恶霸，为穷人伸张了正义。苏维埃政府办公地点设在镇江寺庙内。

江口苏维埃政府遗址（2023 年拍摄）

四、江口镇红色文化广场

位于留坝县江口镇江口街南端，江口大桥南侧。1935 年 7 月，红二十五军直捣江口民团冯雨三巢穴。在江口进行了打土豪、分财产、建江口苏维埃政权，并对部队进行了整编。红军离开江口北上时，特留下中共党员任均益等协助地方党组织开展工作。为纪念红二十五军在江口的丰功伟绩，留坝县委、县人民政府在此建立江口镇红色文化广场。

五、江口党小组成立遗址

位于留坝县江口镇江口村 5 组。1941 年 7 月、8 月，陕南特委下辖的党组织南城褒边区区委遭到敌人严重破坏。区委书记李文芳被捕后越狱，为躲避敌人缉捕，化名“林英”，来到留坝县江口镇，以亲戚身份隐蔽在江口宋文理家中。李文芳在江口街隐蔽期间，发展杨汉英、李兴国加入中国共产党，于 12 月成立中共江口党小组，杨汉英任党小组长，并组织进行活动。

六、马道镇农会遗址

位于留坝县马道镇核桃坝村 2 组。1933 年 9 月，在红二十九军第三游击队协助下，

第十二赤卫队占领了马道街，打死民团团丁 7 人，活捉镇长杨正奎、毛乡约等人，镇压了大恶霸联保主任袁顺才、镇长杨正奎等人。召开群众大会，宣布成立马道区农会。农会办公地址设于街后城隍庙，农会下设东沟、西沟、核桃坝等 10 个分会。先后分了大地主毛志远等人的土地 800 多亩和部分房屋财产。

七、青桥铺战斗遗址

位于留坝县青桥驿镇青桥铺村 1 组。1933 年 7 月中旬，红二十九军第三游击大队侦察到国民党三十八军一个运输枪支弹药和军需物资的大队将经过马道、青桥铺（当时为褒城县管辖），随即做了详细的安排部署，制定了作战方案。午夜时分，游击队员以竹筏渡河，包围并俘虏了宿营在青桥铺街的运输队官兵。这次战斗，游击队速战速决，缴获了全部枪支弹药及大烟包子、布匹等物资，并把缴获的 3 麻袋铜板分给当地群众。

八、太白垭战斗遗址

位于留坝县马道镇乱石窖村龙王沟组。1933 年 7 月中旬，青桥铺战斗后的第二天上午，国民党三十八军营长李继敏带领一个营，由马道东沟尾追游击队。游击队调集兵力，在东沟后山上的太白垭设下埋伏，等敌军行至半山腰时，游击队突然在山顶出现，挥动红旗，高声呐喊，四下枪声大作。敌军向山上进攻，连冲数次，均被游击队以步枪、手榴弹打退，共击毙伤 40 多人，激战到下午黄昏，敌军溃逃。

九、玉皇庙红军标语旧址

位于留坝县玉皇庙镇玉皇庙村伍房组梁家庄。1935 年 7 月 31 日凌晨，红二十五军离开江口镇继续北上，经过玉皇庙时，在寨湾吊桥嘴击溃了前来阻击的留坝保安队。上午，红军在玉皇庙村做短暂的休息。他们到老百姓家借老百姓的锅灶做早饭，却丝毫未动老百姓的柴、米、油、盐，用过之后不仅把卫生打扫得干干净净，还留下钱放在灶台上。红军宣传员给路边劳动的群众宣讲政策，在墙上刷写“打白匪、救百姓”“打倒土豪分田地做主人”“红军是被逼迫为工农兵谋解放的先锋队”等标语，书写在梁家庄苟家土墙上“饿饭的穷人快来当红军”这条标语经过几代人的保护至今尚存。

玉皇庙红军标语旧址（2023 年拍摄）

十、玉皇庙农民起义遗址

位于留坝县玉皇庙镇玉皇庙村天池寺内。1919 年冬，关中焦某、丰某（其名不详）二人和四川籍青年马步超来留坝县玉皇庙、狮子坝一带传播“红灯教”，周边的江口、两河口、柳川、桑园、苇子坪等地农民纷纷入教，教址就设在寺庙内。起义农民于 1920 年春起义攻打官府，最终失败。

十一、天台山红色文化广场

位于汉台区河东店镇蚂蟥沟村。1932 年 12 月，红四方面军 2 万多人翻越秦岭向川北

战略转移时途经此处，留下了一段脍炙人口的亲民爱民佳话。在第一次国内战争期间，中共南（郑）、城（固）、褒（城）边区委员会所属的武乡游击大队（后改称为中国工农红军独立第三团）曾长期活跃战斗于此，发展武装力量，从事游击斗争。

天台山红色文化广场（2023 年拍摄）

十二、罗马湾战斗遗址

罗马湾战斗发生在太白县王家堎、靖口一带，是秦岭战役中的一次重要战斗。

1949 年 7 月，“扶眉战役”结束后，国民党胡宗南部龟缩于秦岭，据险扼守，负隅顽抗。8 月底，中国人民解放军西北第一野战军第十八兵团 61 军 541 团与宝鸡军分区部队发起秦岭战役。将胡宗南 36 军一部包围于黄牛河一带。1949 年 8 月 31 日，在罗马湾与敌军展开激战，人民解放军指战员个个奋起智勇，前仆后继，冲越孤岗重峦，喋血深沟宽堑，激战两昼夜，歼敌大部。10 月 29 日，我军主力在解放天水、武都后，再度挥师，全歼敌军，秦岭防线一举摧毁，靖口、王家堎一带随之解放。罗马湾战斗的胜利，给国民党胡宗南部以迎头痛击，并牵制敌军部署，实现了我军主力部队挺进甘肃、攻克兰州的战略部署，打开了关中通川蜀的门户，为配合第二野战军解放大西南创造了有利条件。

十三、红七十四师水蒿川驻地遗址

位于太白县靖口镇水蒿川村。1936 年 3 月 8 日，红七十四师在凤县摆脱国民党第四十九师追截，从玉皇山经走马岭到水蒿川休整三天。其间，召开群众大会，将土豪劣绅家的粮食财物分送穷苦百姓；并在当地群众引导下，翻越秦岭，在益门镇附近宝汉公路，截击国民党军运输车辆，缴获全部物资后撤离。红七十四师劫富济贫、爱护百姓的革命行动赢得了当地群众的信任和拥戴，水蒿川成为红军在太白山区坚持战斗的堡垒基地。

罗马湾战斗遗址（2023 年拍摄）

红七十四师水蒿川驻地遗址（2023 年拍摄）

第二章　流域民俗文化

褒河流域自古界于秦、蜀、陇结合部位，从而形成“语音杂秦蜀、风俗兼南北”的特点。习俗相互影响，呈多元化风俗，俗谓“十里不同风，百里不同俗”。流域民风淳厚，人民勤劳，热情好客，朴实的民风中包容着厚重的地域文化习俗。

第一节　民间艺术

一、龙灯社火

明清以来，每逢节日和重大庆祝活动都有民俗歌舞助兴。歌舞主要有采莲船、舞狮子、耍龙灯、社火、高跷等。

（一）采莲船

采莲船亦称“跑旱船”，在褒河流域比较流行。采莲船用竹篾和彩纸扎制而成，绿绸作围。耍采莲船一般为8人，主要有“船姑娘”和“艄公”。首先围场，以扎制的各种彩灯环绕四周，形成一个灯火辉映的圆形广场。在锣鼓声中，“船姑娘”和“艄公”徐徐入场，表演启船、转弯、闯滩、创沙和“平水船”“大浪船”“逆水船”等感受舞蹈动作，并配以陕南小曲，歌颂太平盛世；或配以山歌，编唱吉祥、祝福的歌词，向主户贺年。

采莲船（2023年拍摄）

（二）舞狮子

始于明清时期，迄今在流域内仍盛行不衰。每逢农历正月初一至十五，一对对狮子或舞于城区机关单位，或舞于集镇、农家，以贺新春。平时商铺开业，多以舞狮助兴。狮子是艺人用竹篾、彩纸扎粘成狮头，用棉布、麻丝扎成狮身，并经过精心装饰而成。狮子一大一小，称“父子”或“母子”；另有1~3人扮笑和尚（又称“喜头”），手持拂尘，翻滚腾跃，刚劲有力。玩“上桌子”“爬梯子”“鳖瞅”“太公钓鱼”“海底捞针”“张良拜师”“吉星高照”等老样，则表现舞狮人技艺。舞狮子亦有“文狮”或“武狮”之分。“文

狮”主要刻画狮子搔痒、舔毛、踩球、翻滚等温顺憨态；“武狮”，是表现狮子的勇敢性格，有跳跃、登高、翻腾、扑打等动作。为使舞狮子的场面更加精彩热烈，主户多为艺人布阵，阵式以“吉祥”“进财”“家昌”“致富”以及历史故事为内容，让舞狮子的艺人“破阵”。

舞狮子（2022 年拍摄）

（三）耍龙灯

流域内较流行。每年春节前夕，艺人用竹篾、彩纸扎成五彩缤纷的彩龙，一般长约 15 米，同时扎成各式各样的彩灯，与龙映衬。耍龙灯人数，多达百人。从农历正月十五开始，二月二过后结束。舞动时，一人持龙头，数人以竹竿持龙身，另一人持“宝球”于龙头左右，引巨龙盘旋、翻腾、摇头、摆尾，表演出各种热烈的舞姿，以示对主户祝贺新年。

耍龙灯（2023 年拍摄）

（四）社火

为流域内流行的古装折子戏的一种。需设坛或高台，是一种艺术表演层次较高的哑剧。清代至民国时，流行高台、平台、桌子社火，一般以 10 岁左右的小孩扮演古典戏剧人物，按一定的故事情节和场景造型，立于高台之上。新中国成立后，社火逐渐由平台或高台移至机动车辆上，称为“移动式社火”。

社火（2018 年拍摄）

（五）高跷

又名高跷社火。表演者多为青年男女，一行几人、十几人不等。表演者足蹬 1 米多长的木跷（木脚），扮演成戏剧人物，边走边舞，边舞边唱。另外，还有高 1 米以上的高跷社火，大都表演古装戏曲，气氛更加热烈。

（六）竹马灯

用竹条、彩纸扎制成马、驴等兽形，将异形异装挎系表演者腰间，腰下用布围着，似

骑其背上，踩着锣鼓点边走边舞。在春节期间的晚上游街串户、一套一套地表演，格外吸引人。

（七）蚌壳舞

亦称“白鹤啄蚌壳”，流行于流域中下游。用竹条、彩纸扎成蚌壳和白鹤，由一姑娘扮蚌精；另一青年戴鹤头，扮演白鹤。随蚌壳开合之势，时而鹤啄蚌，时而蚌夹鹤，双方争执，互不相让，妙趣横生，给人以启迪。

（八）板凳龙

用彩纸、竹条、绸布制作一龙，捆扎在长木凳一头，一青年持扎龙头的板凳腿，另一青年持龙尾的板凳腿，再由一青年从龙尾的二青年空隙处持龙腿舞起。三人位置、方向固定，配合默契，动作矫捷，令人眼花缭乱。

（九）草龙

用龙须草、稻草、棕丝、麻等编制而成，长10~20米，直径0.25~0.3米，一般用于喜庆丰收或节日庆贺，也可用于寺庙祭祀，挥舞时要用火把点燃龙头，边燃边舞，燃烧完为止，人们也称其为火龙，舞动时火光冲天，场面十分震撼。

高跷（2018年拍摄）

竹马灯（2018年拍摄）

板凳龙（2024年拍摄）

草龙（2023年拍摄）

二、民间说唱

（一）说春

每年农历正月，艺人持木刻版春牛日历（俗称“春贴”），走家串户，手敲莲花落板，

说唱押韵顺口的恭贺之词，然后奉送“春贴”，主家还以谢礼。

（二）劝善

艺人手打竹板，到农户家说唱，劝人行善积德做好事。明清时代较为盛行。现随老艺人逐渐减少，这种活动仅在山区小镇时有所见。

（三）说酒令

亦称祝酒辞。在婚嫁、寿辰、建房等酬客宴席上，主家请艺人代表自己，用说唱方式，串以答谢之词以表达对宾客的谢意，现多变为文艺表演。

（四）唱孝歌

长辈逝世后，晚辈在守丧时，请艺人唱孝歌，以示哀悼。分“坐唱”和“转唱”两种。坐唱一般不少于5~6人，手持锣鼓坐于灵柩前，边敲边唱；转唱，艺人敲锣鼓领头，孝子贤孙依次随后，绕灵柩边走边唱。说唱内容多为死者生前的功绩、品德和为人，有时也说唱古今孝道之事。

（五）围鼓子

又名花鼓戏。明末清初流行于留坝马道、庙台子、江口等地。逢年过节、婚丧喜庆时，以家中堂屋或院中为舞台，由2~3个名艺人身着戏装，在锣鼓管弦乐声中边舞边唱。唱腔以端公、道情、秦腔为主要曲调。因其活泼、简便，颇受群众喜爱。

三、民间工艺美术

（一）木板画

主要是门神年画。每逢过年之际，不少户的大门上都贴门神，以图吉祥避邪。品种有单、双幅之分，单幅有“天官赐福”，双幅有“秦琼敬德”“马武姚期”等。汉中门神艺术优美，独具一格。

（二）雕刻

按材料分主要有石雕、木雕、砖雕。技法上又有圆雕、浮雕、线雕等。时代上多属明、清历史遗物，且多存在于流域古建筑、古寺庙内，少量的存在于个人住宅院内。近年来还出现根雕及其他新型的雕塑，在一些机关院落和公共游览场所，塑有人物、动物、飞禽等艺术形象。

（三）彩绘

一般用在一些名胜古迹、古寺庙、公共游乐的建筑物上。多为装饰性的彩绘，其格调有旋子式和苏式两大类。

（四）剪纸

剪纸内容很多，主要用于窗花。如结婚剪双喜，生小孩剪长命百岁、十二生肖、二十八宿等。新中国成立后，多反映新人、新事、新风尚。

（五）刺绣

流域内城乡广为流行，妇女中多会此工艺。风格大体属蜀、湘绣之间，传统性的刺绣艺术丰富多彩，主要有错针、套针、挑针、乱针绣和边花、补花等，其中架花、挑花出色，多用于门帘、窗帘、鞋面、枕套、衣袖、围裙、帐沿、手帕等生活用品上。内容一般是日月、山水、花鸟、虫鱼、龙凤等图像和其他吉祥、几何形图案。现在为新兴刺绣工艺代替，

群众中刺绣减少。

（六）香包

过去每年端阳节，为纪念屈原，群众中特别在小娃和男女青少年中佩戴香包之习较盛。新中国成立后，戴香包之习，曾一度消失，改革开放后又有制作、佩戴香包风气。香包花样五颜六色，有菱形、心形、八角形及各种花果、动物等。

此外，在流域内民间还有油漆、印染、编织、装裱、装潢、镶嵌、泥塑、面塑、烫画、微雕等工艺美术。

第二节　民俗民风

一、衣食住行

（一）衣

流域内人民衣着，随着时代和社会发展而变化。清代多以家织土布，着白、蓝、黑色布衣。豪富人家，则用丝绸作衣料。辛亥革命后，款式新颖的旗袍、高跟皮鞋开始出现，少数富有人家和官绅家眷开始化妆。阴丹士林布（机器纺织）在城区出现，衣着款式有较大的改进。五四运动前后，青年学生穿长衫围围巾。官宦人家，一般为长袍短褂、平低领，衣面无袋。裤子多为大腰裤，裤脚面宽大，裤裆大而深，如袋。农民冬穿长衫，夏穿短衣。新中国成立后，城乡人民都穿短衫，蓝、灰、黑色居多。“文化大革命”期间，流行军干服、军服，男女皆穿，色调单一，样式一致，其他服饰也以深色为主。1978 年后，衣着变化较快，质地、式样不断翻新。男子穿中山装、西装、长短大衣；女子穿套服、西服、连衣裙、登山服、运动服及长短大衣。质料以毛料、混纺、化纤、呢绒、皮料为主，且较注意颜色搭配，城区有的青年男女穿皮夹克、牛仔裤、长筒皮靴。尤其夏季女青年多穿长裙、连衣裙、短裙、旗袍，并烫发，有的配饰项链、耳环和戒指。2000 年后，服饰趋向多元化，花色、款式多样，以休闲、运动服为主，人们开始追赶时尚潮流。

民国初，晴天多着布鞋，雨天出门则着草鞋或木屐。20 世纪 30 年代开始有胶鞋。雨具有油纸伞，乡人普遍戴雨帽或披蓑衣。新中国成立后，普遍穿布鞋和胶鞋。20 世纪 70 年代末期，皮鞋在城市广为流行，农村青年中穿皮鞋的逐年增多。夏有塑料凉鞋、合成革凉鞋、皮凉鞋，冬季还有皮棉鞋、毛毡棉鞋，式样各异。现多流行皮鞋和运动鞋。20 世纪 80 年代，化妆兴起，姑娘和年轻妇女中，搽脂粉、描眉涂唇等，城市较多，乡村较少。1991 年后，女青年多赶潮流，烫发染发，服饰、装饰时尚。

流域内民众最早无戴帽习惯。三国时以青白布帕裹头，言为诸葛亮戴孝，此习蔓延时间长。妇女用黑丝帕裹头或用巾搭头，以示美观。戴帽始有瓜皮帽、一把抓帽（针织而成，伞状，下如半圆，顶收结在一起，成疙瘩状）。20 世纪 30 年代，知识分子开始戴大礼帽，农村有戴烫头帽（帽外表八边形），学生帽普遍流行。新中国成立后，头帕绝迹，戴沿帽普遍，青年人草绿色，壮年人藏青色，老年人黑色为多，为卡其布缝制，或呢料制作的。20 世纪 70 年代末，流行戴鸭舌帽，面料多种，色泽由浅至深。年轻姑娘，多有戴色彩鲜艳、造型美观的针织帽子。老年妇女戴筒状折沿钩花帽。20 世纪 80 年代后，

冬季围各种围巾者较多。

（二）食

流域内人民讲究饮食。清《陕西通志》载："汉中之人质朴无文，不甚趋利，性嗜口腹，多事田渔，虽蓬室柴门，食必兼味。"主食除水稻外，还有麦、粟、豆类，兼食玉米和薯类。过去平坝、山区贫困户米面及杂粮兼半搭配。多为每日两餐，以稀饭、米饭、面食等互为调剂。菜多为泡菜、浆水菜等，肉类较少。小康之家日三餐，稀饭、米饭、面条相间，多食鲜菜和肉。富户多每日不离肉食，逢年过节或有喜庆之事，也设宴待客。

流域内一年四季皆产鲜菜。浆水菜、泡菜是一般农村家庭常备的菜蔬，方便易做，独有地方特色。干腌菜是久储不馊的家常菜。浆水面、梆梆面、面皮、粉皮等传统小吃，风味独特。逢年过节，或遇庆贺之事，招待客人，要备酒菜。农村一般讲究做席，菜分4碗4盘，4蒸4炒，鸡鸭鱼牛羊肉，上饭时还须4碗小菜，1个凉拼盘。一席8人，吃酒席时有包荷叶包的习惯，将油炸的菜和肉块放入荷叶，带回让家人食之。20世纪80年代，农村有些地方仍存此习。城市居民宴席待客，多在饭店包席，上菜12道左右，每桌10人。菜式做法有清炖、红烧、热炒、汤氽、清蒸、凉拌，多味，味嗜酸辣。

（三）住

秦汉至民国，流域内一般农民住房为土木结构。屋顶呈人字形，高脊平檐，有些前檐伸出，俗称"干檐"，可遮阳避雨。家庭经济贫困者，多以芦苇或麦秸盖顶。富豪之家盖瓦房，有四合院、三合院，高大深阔，有一门楼，四周院墙与野外隔断。新中国成立后，人民住房逐年改善，20世纪80年代后，大多为砖木结构平房，后期盖楼房逐步兴起，其设计都注意到采光、卫生、安全。城区大多数干部职工住进单位家属院、楼。2000年以后，农村新建房屋多为单家独院混砖多层楼房；城市小区建设兴起，城镇居民、城郊拆迁户多住进小区商品楼，楼房建设也趋向小高层、高层住宅。

（四）行

千百年来，流域内一般群众出外皆步行，运物是肩挑背背，或用人畜车（船）；富人出外，骑马坐轿。1936年，汉白、宝汉公路建成，汉中始有汽车客运，但车少价高，乘者很少。新中国成立后，交通事业大发展。20世纪50年代，城乡居民出行均步行。60年代后，自行车逐步成为城乡居民代步工具。1990年，乡乡通公路，汽车可开往区、乡（镇）所在地，村村有简易公路和人力车道，远距离行路多用自行车、拖拉机、摩托车和公共汽车代步。2000年后，城乡公路实现村村水泥硬化，摩托车、电动车出行较为普及，私家车日趋增多。

二、时令习俗

（一）春节

农历腊月，流域内农家开始做欢度春节的准备。家庭经济好一点的都杀猪宰羊，腌制腊肉。部分馈赠亲友，部分自食。房舍及衣服被褥等都要打扫、洗涤，干干净净迎接新年。一般家庭，都为子女置办新衣、新帽、新鞋，以示喜庆。春节的前一天，贴春联年画。内容各别，有行业联、家联。民国时期，门画贴钟馗驱鬼、秦琼、敬德画像等。新中国成立后，门画内容多是工农兵人物、庆丰收或拥军爱民等。20世纪80年代以后，传说中人物、

史书或文学作品中人物，又成为门画的主要内容。夜幕初降，有的家庭开始烧根纸，敬祖先，满堂灯火通明，家人团聚，吃团圆饭。这一晚家中的人都要洗脚，寓意一年吃饭能赶上趟。父母给儿女准备好新衣服、新帽，次日一早便可换服。是夜，有久坐守岁习惯，寓意能免去一年的过错，有的长辈向儿女传授处世、生活、劳动经验。现多居家观看中央电视台春节文艺晚会。

正月初一凌晨，燃放鞭炮。早饭多食元宵，含有一年伊始，诸事圆满。这一天一般不出门，认为会踏断地脉；不持帚扫地，认为会扫断地气；不挑水，认为会撞破水中天，招来四季阴晦；不捻弄针线，认为会招致一年手疼。还忌讳不吉利的话，免伤一年的喜气，坏一年的财气。初二这天要分别给姑、舅、姨、娘各家拜年，谓“拜新年”。春节期间，近亲客人有小孩要给压岁钱。初二开始走亲访友。从初五开始，晚上有用竹片做的“竹马灯”以娱乐的习俗。用此“竹马灯”数十，夜晚演出时布成一个圆形围场，内供演出者表演。演出扮相及剧目和一般舞台戏无异。但只有做、打而无念、唱。“竹马灯”活动至二月二，几乎夜夜不断，多在家院及公众集会场所进行。正月间尚有舞狮子、彩船、龙灯、踩高跷、社火等。社火尚有低、高，低台只 1 层，高台则 2~5 层。内容多是中国古典戏曲人物。农村还有荡秋千活动。

（二）元宵节

又名上元节，农历正月十五，张灯结彩，歌管酒筵、龙灯莲船、竹马狮子，城乡都有。春节庆祝活动，到此进入高潮，也基本结束。

（三）中和节

农历二月二。人们炒玉米花及豆类食品，以乞龙睁眼抬头，带来好运。老年妇女边炒边语：“二月二，龙抬头，大仓满，小仓流”，盼望农业丰收。是日，农家多以簸箕盛草木灰烬，拍撒房前屋后一圈，俗称：“打灰簸箕”，边打边语：“二月二，灰簸箕，虫虫蚂蚁隔过去”。谓此可消灾祛病，避免虫害。

（四）清明节

祭祀亡人之节。主要是上坟、扫墓。上坟又有新坟和老坟之别，上新坟在“惊蛰”之前，上老坟多在“春分”与“清明”之间，至迟不过清明节。旧时上坟扫墓，常备酒席，由宗族举办。祭主多的可设丰盛筵席，全族男女老幼在坟地而坐，先祭祖先之墓，叩头祭酒完毕，围地野餐。祭主少的，同族每户出席一人，在墓前献供、烧纸、放鞭炮，在青冢上压纸或在坟头荆、柏树枝上挂上纸绺，以示对祖先的怀念。如没有子嗣，本族中子弟可按辈数承继后裔。若抱养外姓子，不得进祠堂祭祀和上坟扫墓。上坟按辈分高低，由高而低，一代一代培土修坟，整饰墓碑。也有此日为先祖立碑的。五服（五代）以内的叫私坟，出五服的叫官坟。上私坟者，可请回出嫁女子，并邀请女婿参加。

（五）端阳节

又称端午节。农历五月五，清早从野外采回鲜活的蒲、艾，剪碎一部分淘净，和鸡蛋、大蒜放进锅里蒸煮，并温一壶黄酒。早饭前全家食毕鸡蛋、蒜头后，冲雄黄酒喝。再将碗底沉淀的雄黄汁，涂抹耳孔、鼻孔，以防飞虫侵入。悬挂蒲艾。用青艾扎成老虎形状，同蒲剑（葛蒲叶子像剑）悬挂在门楣之上，可以驱妖除邪，阖家安泰。剪红纸娃娃，在水缸

周围贴上红纸剪下的娃娃（家里有几个人就剪几个），象征“火神”，请之“水火相济”，可免除火灾。同时，在插筷子的竹编小篓里插红石榴花，谓全家人不生眼疾。

拴百索。用红、黄、蓝、白、黑五色线合成，拴在7岁以下孩子的脖颈和手脚两腕，叫“拴百索”，表示能使儿童长命百岁。

戴香包、看龙船。香包种类很多，老人戴“烟袋”“八卦”，儿童戴“金瓜”“葫芦”“童子坐莲”，青年戴“船舱借伞”“学士游湖”“花亭相会”等。下午，汉江边进行龙舟竞渡，比赛香包，不论生熟人，看上谁的香包好，可以乘其不备揪抢而跑，主人不追索，抢包习俗今已消失。

吃粽子和油糕，即端午送节，礼物为大肉一方，粽子10个以上，白糖、糕点各一斤。现未婚婿向未婚妻送节，除食物外，还送夏季的衣物等。

（六）天贶节

农历六月六，此日太阳光照射时间长，相传此日晒及百谷，不为虫蠹蚀。此习今仍存。部分地方，还有炒食麦面茶和给儿童戴“麦索”的习惯。

（七）中秋节

农历八月十五，城乡亲友互赠果品，互送月饼。当晚，家人团坐，饮茶食果，赏月拜月，有的家还供奉食品，以祈吉祥。

（八）重阳节

农历九月九，农家有庆丰收吃糍粑的习惯。城里人则有登高望远之习。今有举办菊花展览、吟诗作画来纪念重阳的。

（九）腊八节

农历腊月初八为腊八节。早晨，有大肉、蔬菜、瓜果、豆类混掺做粥吃之俗，并将果树砍些小口，以粥浇之，谓此可使来年果子丰收。

（十）祭灶节

农历腊月二十三为祭灶节。过去，各家用灶糖、灶饼、雄鸡、香蜡祀灶神，祝其：“上天言好事”。

三、诞寿风俗

（一）诞生

妇女生儿育女，俗谓“坐月子”。一个月内不出门。产后第一个来家的人，谓“封生”人，认为小孩日后性格与“封生”人同。也有就此认“封生”人为干爸。小孩取乳名，农村一般以丑陋、卑贱者为名，如“狗娃”“丑女”等，本意实为名之反。小孩半月，妇人娘家一般来人看望，赠送礼品。是头胎或者是多女遇儿，还设宴办满月。此日，以娘家及家族中人等，携“百家锁”“长命富贵”赐额头，并送鞋袜衣帽、肉蛋鸡鸭等，祝贺婴儿满月。产妇未满月前，忌讳孕妇到产妇房中。

新中国成立后，移风易俗，“封生”、认干爸等已很少。做满月之俗在城乡尚存。

（二）祝寿

年届半百，上无父母，也不在丧孝服期，即可设宴祝寿。旧时，富豪之家一般在生辰前夜，本人以香烛敬天地，拜祖宗，行三拜九叩之礼，再坐堂前，子女晚辈依岁序祝寿拜

礼。老人上座首席，作团聚祝寿餐，吃“长寿面”，献祝寿礼品。生辰日，亲友邻居来贺，送寿联、寿幛、蟠桃寿果，行礼下拜，祝贺“福寿双全”“长命百岁”，主人设宴款待。家道殷富和官宦人家，有摆长寿筵祝寿唱戏，热闹三天，借此机会广纳财礼。也有携子女到父母坟前祭酒。贫寒人家，则出走避寿，回家后由儿女备家常便饭，以慰其情。

贺寿礼俗今虽存在，但繁缛礼节已渐消失。以鸣放鞭炮的较多。城市多聚餐共贺，农村富裕之家，除款宴宾客外，于晚间包电影招待亲朋乡邻。

四、婚俗

旧时结婚，有“六礼”，即纳采、问名、纳吉、纳征、请期、亲迎。“纳采”：男家请媒人（俗称红叶）向女家提亲，答应议婚后，由男方备礼，媒人同男方父母、儿子同去女家。除送礼物外，由男方将准备的见面礼现金若干，送给女子。“问名”：媒人拿女子的“八字”（出生年、月、日）用红纸包好，即合生辰八字，看是否能结亲。也有先问名，后纳采的。“纳吉”（订婚），最早用雁、一鸡一鸭、一方肉和一只猪肘，为订婚的礼品。“纳征”即“纳币”，“纳吉”后由男方送聘礼给女家，数额视家庭经济状况而定。“请期”，即定婚期，需立婚书、请证婚人、介绍人以及双方的主婚人，以便完婚。“亲迎”，新郎备各种礼物，封成红纸包，到女家迎亲。结婚前几天，男方要把鸡、大肉和酒送到女方，叫“过礼酒”，数目不等，由双方父母商定。结婚之日，新郎备花轿，带礼品，并“礼信”若干封（红纸包的现金）及乐队，抬上妆奁，到女家迎亲。女家招待后，新郎由红叶交女方“梳妆礼”，送媒人“对红礼”，送裁缝“开剪礼”“装箱礼”，送厨师“参厨礼”“出席礼”。酒席中间，还给厨房送上“谢厨礼”。必须礼仪周全。否则，就不能顺利地迎女方到男家。女方别父母，又差媒人给女方送去“催妆礼”“祝神礼”，上轿时要给轿夫“升轿礼”，女方弟弟随轿走，男方要送“押轿礼”。同女方一同来的客人，谓之“上亲客”。新娘所乘大花轿为结婚专用，四周彩饰，四角布以樱花，轿顶安坐一木雕色染的麒麟，背上坐着一个婴儿，叫作麒麟送子。花轿必须四人抬。新娘大轿到男家，属相忌讳的人应回避，并筵请方士或道士“退煞”，以保新娘来婆家平安。新娘下轿后，由伴娘陪着，走向堂房，此时鞭炮齐鸣，鼓乐高奏。

伴郎和伴娘扶着新郎新娘进入堂房。拜堂开始，由赞礼先生司仪，新郎新娘拜天地、拜祖宗、拜父母、夫妻对拜，然后依长幼辈顺序，拜见亲友，受拜者一般都备礼答谢。拜礼完毕，新婚夫妇入洞房，夫妻先饮交杯酒，新娘给客人散发糖果喜烟。闹房者有出点子逗趣的，有翻箱倒柜找零吃的，笑闹不停。

次日清晨，新郎新娘起床，首先要拜灶神。接着，由新娘把扣在地上的碟子用脚翻起来，然后才能生火做茶点，送到公婆面前，表示日后孝敬公婆。有的还流行馈赠嫁前所做的门帘、床帏、手帕、鞋垫、衣帽、枕头、荷包、绣花等。在第二天或第三天，有回门之习，至今仍在流传。即新郎新娘回娘家拜见父母兄嫂，并准备两荤两素，即一方一肘、糖果点心，雇上小轿，骑上驴、马，到新娘家，娘家备酒席招待，新娘子侄们来向新娘道喜祝贺，新娘还得备见面礼酬答。

新中国成立后，宣传贯彻新婚姻法，男女自由恋爱已较普遍。“六礼”已破除，但偏远村庄，遗风尚存。有男女相互爱慕成婚的，也有靠媒人介绍的。首先，男女双方见

面，如双方都无意见，女方的母亲姑舅母、嫂子等去认门，看家舍。这天一般都吃顿面条。吃面条含有“缠身”之意。忌讳蛋，认为吃蛋（荷包蛋）有“滚蛋”之意。认门之后，逢年过节，男方都要备礼看望，或送东西给女方。订婚后，婚礼、手续礼、结婚礼都有一定的规矩，一般都要各种家具、家庭用品。娶亲这天，男方要到女家去迎亲。迎亲一般为 8 人，多为嫂妹、表兄弟姊妹等同辈人，鸣炮礼，过门规矩礼等。入堂屋和洞房时，男女皆争先。俗称谁先进门谁当家。进洞房后洗脸、挂门帘、窗帘、交房门钥匙、铺床礼节，都有讲究。

城市多自由恋爱，旅游结婚者日渐增多；大摆宴席，讲究排场者也有。置办家具，购买电风扇、洗衣机、收录机、彩色电视机等，所需费用有男女双方共同积攒的，也有靠父母资助的。20 世纪 80 年代，提倡移风易俗，新婚新办。新婚夫妇举行集体婚礼者，日渐增多。

另外，还有如下几种婚姻形式：

入赘：俗称“招女婿”“将女抱儿”或“上门”。女家无男儿，父母留女在家招婿承嗣，侍养终身。也有夫死妻寡，父母留媳招婿。男到女家，随女姓，生儿育女随母姓。

童养媳：生活清贫之父母，虑及日后为儿择媳困难，在子幼时，领幼女抚养，成年后，即令梳头成亲。新中国成立后已废除。

转房：旧时陋习。兄弟间，兄亡弟媳死而弟在或弟亡嫂死而兄在，经男女双方或家族同意，兄与弟媳或弟与嫂结婚，不出家门而婚配。

五、丧葬

褒河流域自古以土葬为主。年逾古稀，备棺材寿衣，由亲朋送馒头和长寿面恭贺高寿。寿衣（包括寿鞋、寿帽）单夹棉都有，丝、绸、布均可，忌用皮毛和缎子之类。认为皮毛下一生会成为禽兽，缎子可能断子绝孙。件数要单不要双。墓地要请风水先生察看地脉，避祛灾凶。父母临终，儿女侍守床前，满堂送终，认为最好。人一断气，立即烧倒头纸，用黄裱纸把室内香神主、门神遮起来，以免门神挡住去路。有的揭房上片瓦，有的在房顶穿孔，让死者从房上“升天”。同时，修整死者仪容，净身，穿衣，停放在棺盖上，男左女右。脸盖白布或黄裱，然后入棺，停堂屋正中。棺前设灵堂，放一尊纸糊的彩色灵房，还放灵牌，有的放死者遗像，边饰以白纱或黑纱。灵位写“新故显考（考为男，女则用妣）公讳老大人（老孺人）之灵位”。左上写“奉祀”二字，右下书“奉侍男（女）敬立”。灵两旁摆上纸做的金山银山以及纸佣、“摇钱树”、金童、玉女，还有贡献的肴馔、果品，最前面供以香烛纸火。有的还在大门外悬挂篾编、纸糊、剪贴，绘画各种各样的飞禽走兽和人物（如八仙、寿星一类），高三丈六尺，宽七尺，还有纸糊的“显道（导）神”，一文一武，挂一幅长八尺至一丈二尺白绸或黄绫铭旌，上多写死者最高官职，下面把书写者最高的官位写出来。在出丧时用绫罗扎成精彩的冥旌亭，8 人抬上，行于队前，以示死者生前的地位，送到坟头后焚化。

丧家儿孙穿白色孝服，头裹白帕垂至脚跟，腰束麻索，脚著麻鞋。父或母尚存，鞋跟必须露出，双亲俱亡，穿白鞋。除正孝儿孙外，其余的只有一件孝服和孝帕。女婿的孝帕内套红布帕一条，孝服腰束红腰带，以示异亲。葬前请和尚或阴阳先生 5~7 人，念经 3 天。

富宦人家还请礼宾先生行礼诵祭文，引孝子挂上一尺五寸长的竹杖（表示出生时只有一尺五寸），俗称“戳丧棒”，三转九叩。有的在出丧前一天夜里，请白乐班清唱，人们叫作“帕鼓戏”。剧情多与丧事有关。老年人死唱《二十四孝》；成年人死唱《秦雪梅吊孝》《王祥卧冰》《割股事亲》等。

起葬时，由“法师”或“方士”（阴阳先生）作开路法语：“今奉太上乾元大师批准，给以引路幡一张，阴曹地府，任意遨游，所有的游魂野鬼，关津渡口，不得阻滞，须做引路。”孝子走在队伍最前面，杵着戳丧棒，打上引路幡，抬灵柩的（最少 8 人，最多 16 人）口唱挽歌，脚踏节拍行进。另有人放鞭炮，撒买路钱。死者长子将祭奠死者燃的纸钱灰盆从头顶摔在十字路口。沿途桥梁码头要烧香祭奠。走过亲友门前时，要设台祭奠。到墓地后，风水先生拿罗盘定方位做法事。棺入墓坑后放上“引路幡”，下放“万年灯”，孝子撮土一把放在棺材上，始垒坟。孝子将烛帕盘起缠于头上。从此孝子可理发，但要留一绺头发于后，叫作“孝毛根”，3 年内不得剃除。此风至 20 世纪 30 年代后绝迹。葬后 3 天，全家将去坟头烧纸添土，叫作“复土”或“垒坟”，也叫复山。有的晚上由孝子守护。祭祀死者的礼仪还有从死之日算起，每七天为一个祭记日程，叫作“烧七”，“七七”为止。逢七都要焚烧纸钱，供奉香烛。百日和周年时，全家都到死者坟头祭奠，3 周年时行“除服”礼，丧家办筵席，酬宾客。

新中国成立后，移风易俗，破除封建迷信，社会新风尚逐步兴起，丧葬旧俗多已革除。城市居民和在职人员办理丧事从简从新，晚辈和亲朋好友，臂佩黑纱，胸戴白花，敬送花圈、挽幛，播放哀乐，开追悼会，致哀死者，并实行火葬。农村葬俗也已改革，许多旧习已除，火葬逐步兴起，但戴孝、烧七、做百日、除服等依然存在，修墓土葬的还较多。

第三节　特色美食

一、菜豆腐

菜豆腐又称菜豆腐粥。将黄豆泡胀打磨成豆浆，滤渣烧开徐徐加入浆水，待豆浆凝结成豆腐块后滤出压块（也可不滤出豆腐块），放入大米煮，快熟时加入豆腐块煮熟（也可放入适量切细的青菜）。食之酸甜可口，生津解渴，为夏季饮食佳品。

二、面皮

面皮是将大米浸泡后打磨成浆，稀稠调均，舀适量米浆倒入铺有布单的蒸笼或面皮锅中，大火蒸烫 2~3 分，即成柔韧适度、如镍币厚的薄饼，晾冷（也可热食），切成条状。调入红油辣椒、精盐、米醋、酱油、胡椒粉、姜汁、蒜泥等佐料，佐以豆芽、菠菜或土豆丝等菜蔬，食来微辣微咸，酸香可口，风味独特。

三、凉粉

凉粉是用大米或豆类（胡豆、豌豆、扁豆）磨成浆，倒入烧开的水中，用擀杖搅和以免焦糊，同时注入适量经沉淀过滤的生石灰水或草木灰碱水（豆类不注生石灰水），待熟盛盆、碗内，冷却后切成条块状，食时加醋、酱油、辣椒、盐、豆瓣酱、味精、生姜、蒜泥等各类佐料。食之酸辣爽口，四季均宜，以夏为佳。

菜豆腐

面皮

凉粉

四、粉皮

粉皮是用红薯粉（最佳为蕨根粉）加适量白矾，加水调成浆，在铁皮（铝制）专用器皿中，开水烫熟，冷水中稍浸，切成条状，加各种佐料即可食用。

五、浆水面

以浆水菜做调料的面条，称为“浆水面”。将白菜、芹菜、胡萝卜缨、花辣菜（以花辣菜为最佳）等洗净，放进开水中氽一下，杀青后捞起，盛入瓦罐，经短时期发酵，做成酸菜。用青油、红辣椒爆炒，也可加入蒜苗、大蒜、豆腐、豆芽、瘦肉，再多放浆水汤，做成面条调料，炎夏最宜食用。常食可利尿、安神、降逆。

六、梆梆面

汉中梆梆面是将擀得很薄的面片，切成比韭叶略宽的面条。选用鸡骨、大骨熬成汤，汤里加酱油、醋、盐、胡椒粉、葱花、秘制辣椒油和少许猪油。吃起来很光滑、柔软，有筋性，风味特别，直诱人垂涎。

粉皮

浆水面

梆梆面

七、米糕馍

米糕馍是将大米（最好为糯米）用水浸泡后打浆，经发酵，加入醪糟或白糖，上笼蒸熟，划块，食之甜软爽口，尤为春节餐桌佳肴。

八、麻辣豆瓣鱼

麻辣豆瓣鱼是褒河边特有美食，多用褒河鲜鱼烹制。见长于活鱼快做，鱼鲜肉嫩入味爽口，红油漫浸柔辣不腻，麻中透香回味悠长，被誉为“陕南一绝”。

九、腊肉

腊肉亦称熏肉。过去每逢冬腊月，家家户户杀猪，留够过年用的鲜肉外，其余趁鲜用食盐，配以一定比例的花椒、大茴、八角、桂皮、丁香等香料，腌入缸中。7~15 天后，用粽叶绳索串挂起来。选用柏树枝、甘蔗皮、椿树皮、柴草火或挂于烧柴火的灶头上空，慢慢熏制而成。熏好的腊肉，表里一致，煮熟切片，透明发亮，色泽鲜艳，黄里透红，食之味道醇香。现流域内山区仍保留着腌腊肉的习惯。

米糕馍

麻辣豆瓣鱼

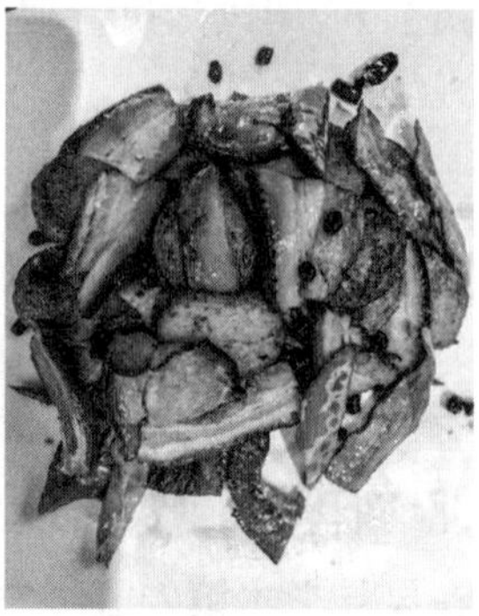

腊肉

第三章 水文化建设

褒河流域水利开发早，水文化遗产丰富，有各类水文化遗产 21 处，彰显着独特的水利文化。石门水利风景区被评为“国家水利风景区高质量发展标杆景区”和“首届全国十佳优秀水利风景区”。山河堰于 2017 年在墨西哥第 23 届国际灌排大会暨国际灌溉排水委员会 68 届国际执行理事会上，成功申报为世界灌溉工程遗产。

第一节 河源科考探源

褒河的源头史料有二源和三源两种说法。部分较早史料认为褒河有东西二源。东源出宝鸡市太白县太白山之灵湫，即《水经注》所称之衙岭山。始称虢川河，南流过太白县城，北纳七里川河后称红岩河；西源出凤县代王山秦岭沟，初名中曲河，又称车道河，下行至在凤县平木镇朱家坝右纳杨家河后称西河。

近代部分学者考察认为褒河有东、中、西三源。东源为发源于宝鸡市太白县城东南鳌山南麓的太白河。中源为发源于太白县太白山灵湫的红岩河。西源为发源于凤县代王山秦岭沟的西河。

2014 年 9 月 14 日，宝鸡市水利部门邀请中国科学院遥感与数字地球研究所组织专家对褒河河源进行了认真考察，确定陕西省太白县塘口镇红岩河一水泉为褒河正源，具体位置为东经 107° 22′ 30″，北纬 34° 09′ 38″，海拔 2150 米。

2023 年 10 月，汉中市水利局组织部分水文化专家和水利摄影爱好者，对褒河干流及其重要支流的河源进行了认真的考察，获取大量图片资料。

第二节 水文化遗产

一、水文化遗产调查与发掘

褒河流域水利开发较早，水文化遗产丰富。2013—2016 年，按照陕西省水利厅的安排部署，流域内水利部门组织水文化专家和相关人员对现存的古代水利工程遗址和水利非物质文化遗产进行了大普查。调查人员深入一线实地考察，认真挖掘，全面收集，反复甄别，并查阅大量史料，整理挖掘出流域内 1950 年以前建设、形成及遗存至今的水利风景、灌溉工程、摩崖石刻、碑刻和其他涉水文化遗址等水文化遗产 21 处。

（一）灌溉工程

1. 山河堰

又称萧曹堰，位于陕西省汉中市汉台区河东店镇褒谷口，是汉中有史以来建设最早、效益最好的灌溉工程。汉唐时期，自鸡头关以下的褒河河段，鳞次筑堰六道，东西两岸引水。南宋以后，一堰废弃，余二、三、四堰。石门摩崖石刻《山河堰落成记》《山河堰赋》等记述了山河堰多次修复的情况。2008 年 9 月，被陕西省政府确定为省级文物保护单位。2017 年 10 月 10 日 23 时，在墨西哥第 23 届国际灌排大会暨国际灌溉排水委员会 68 届国际执行理事会上，以山河堰、五门堰、杨填堰组成的“汉中三堰”，成功申报为世界灌溉工程遗产。

2. 褒惠渠

是民国时期由水利专家李仪祉倡修的“汉中三惠”之一。褒惠渠渠首位于陕西省汉中市汉台区河东店北 1 千米处的褒河谷口。渠首枢纽由浆砌石滚水坝、进水闸、冲刷闸、沉沙槽、排沙闸、引水渠闸组成。拦河坝为重力式浆砌石溢流坝，长 135.3 米，高 6 米，左岸设冲刷闸 3 孔，进水闸 5 孔，孔宽 2 米。干渠全长 32.3 千米，设计引水流量 15 立方米每秒，设计灌溉面积 15 万亩。石门水库建成后，原褒惠渠作为石门水库灌区的南干渠。

3. 板凳堰

渠首位于陕西省汉中市勉县新街子镇杨家湾村板凳垭北鹰嘴崖下，引褒河支流沙沟河水灌田。相传古人开凿板凳垭隧洞时坐着板凳打凿施工，故而得“板凳堰”。清嘉庆二十年（1815 年）4 月至清嘉庆二十四年（1819 年）10 月曾在此兴工，手工开凿板凳垭隧洞，欲修建引水灌溉工程，历时 4 年 6 个月，凿成狭小隧洞 183.3 米，因工程艰巨，中途停工，未能遂愿。晚清及民国时期，群众多次请求复工修建，无结果。直到 1958 年 3 月复建，1959 年 4 月完成渠首拦河坝、进水闸、渠首引水渠、板凳垭隧洞 452 米，东、西干渠各 1 千米，至 1966 年 6 月完成东干渠 15.1 千米，西干渠 9.65 千米，斗渠 54 条全长 75 千米，灌溉农田 1356 公顷。

（二）涉水文化遗址

1. 石门

位于陕西省汉中市城北褒谷口褒斜古栈道南端，距谷口 3500 米，是世界上人工开凿最早的通车隧道。东汉永平四年（61 年），汉明帝刘庄下诏，在七盘山下阻碍栈道之地开凿穿山洞，汉中郡太守鄐君奉诏组织 2000 多人于永平六年（63 年）开工，永平九年（66 年）完成。古石门南北走向，与褒谷平行，其底部与栈道在同一水平线上，东侧长 16.5 米，西侧长 15 米；南口高 3.45 米，宽 4.2 米；北口高 3.75 米，宽 4.1 米。石门内岩石裸露，无斧、钎、钻之痕迹，岩面平整光滑，隧洞内可供车马双向通行。20 世纪 70 年代初，因建成石门水库，该石门淹没于库区水面以下。

2. 寒溪

又叫樊河、马道河，为褒河一级支流。发源于留坝县桥顶石梁北坡。我国西汉时期著

名的“萧何月下追韩信”的故事就发生在这里。据传，韩信韬略过人，愿宏志大，因不能被刘邦重用，愤然离去他奔。萧何出于爱惜人才，月夜急忙追赶，一直追到寒溪河畔的马道街，在韩信被寒溪涨水挡住去路徘徊之时才赶上，说服韩信回到了汉营。在萧何的力荐下，刘邦设台拜将，封韩信为大将军。从此，韩信大展其才，辅助刘邦平定中原，打败项羽，建立了西汉王朝。溪旁原建的萧何庙于 1983 年被山体滑坡塌毁，现仅存清代石碑 2 通。

3. 樊河铁索桥

位于陕西省汉中市留坝县马道镇北的樊河上。此桥由秦末汉初樊哙所建，后人为纪念樊哙建桥之功，称马道河为樊河，桥名“樊河桥”。清道光十五年（1835 年），褒城知县贺仲碱主持修建铁索桥，从根本上解决了“桥通路接”问题。原铁索桥包括两端石墩，全长 32.5 米，宽 2.2 米，用长 27.4 米的 6 根铁索排成。6 根铁索均由长约 16 厘米、宽 4.5 厘米的铁环串联而成。锁上固定木板，两旁护有栏杆。樊河桥历代屡建屡毁，直至 1951 年 9 月该桥铁索因年久腐朽断裂，停止使用，历时 116 年。现在桥两端固定铁索的石墩及石墩上的铁链痕迹依然存在。

4. 汉王堰遗址

位于留坝县紫柏街道大滩村 6 组，原汉王城及汉王堰头占地面积共约 2500 平方米，相传汉高祖元年（前 206 年），人们在北栈河（又名青羊河）西南岸修筑了汉王城。东晋元帝建武初年（317 年），山洪暴发，汉王城池被山洪冲毁；清光绪二十九年（1903 年），留坝厅同知李复在原汉王堰遗址上主持修建，该堰从陶沙坝一直延伸到汉王城，又称李公渠。1996 年，其遗迹因改建 316 国道而被毁。通过陕西省第三次文物普查，得知遗址现存有记事碑 3 通，碑文字迹漫漶。历经数次修缮的堰渠呈“V”字形，上口宽 0.6~0.8 米，深 0.4 米。遗址所在地现为村民民居及耕种用地。

5. 山河观

山河观又名山河堰庙、萧曹祠，始建于宋庆历年间（1041—1048 年），1981 年 8 月毁于特大洪水。公元前 206 年，汉王刘邦建都陕西南郑，丞相萧何创修山河堰，曹参落成，惠泽天汉。原庙位于陕西省汉中市河东店街后山河堰二堰头，现河东店小学院内。

2006 年 6 月，石门水库管理局在古山河堰一堰堰头处重修山河观，占地约 0.3 公顷，四院九殿，塑像 99 尊，建筑面积 1430 平方米，三重大殿在一条中轴线上，依次为灵官殿、斗姆殿、三清殿。一院落北侧附殿为萧何祠，整个建筑群依山势逐阶而上，布局紧凑合理，集明清、汉唐风格于一体。

（三）摩崖石刻

1.《山河堰落成记》

又名“重修山河堰碑”，是陕西省汉中市城北褒谷口古石门隧道内的一块摩崖石刻，也是摩崖石刻石门十三品中最大的一块。该石刻刻于南宋绍熙五年（1194 年），所述内容为绍熙四年（1193 年）夏水患，官府百姓集资修堰，特铭功为记。20 世纪 70 年代初，当地修建石门水库，此摩崖被移藏于汉中市博物馆。该碑刻为宋代隶书中的佳品，为历代书法大家所推崇，是研究汉隶的重要实物文献，在中外书法界和金石学界享有极高的声誉。

2.《石门》

是汉中市城北褒谷口的褒斜古栈道南端石门洞内西壁的一块摩崖石刻，也是摩崖石刻石门十三品中的一块。20 世纪 70 年代初，当地修建石门水库，此摩崖被移藏于汉中市博物馆。“石门”2 字为竖列隶书，此摩崖通高 82 厘米，宽 50 厘米，间距 16 厘米，字径 35 厘米，字迹十分清晰，保存完整，无署名，书者无考。

3.《衮雪》

原刻于汉中市城北褒谷口褒河水中巨石上。摩崖石刻宽 148 厘米，高 67 厘米，字径 35~46 厘米，史料记载为曹操所书。这是汉魏摩崖石门十三品中最著名的石刻之一，1961 年被国务院确定为全国重点保护文物。1969 年，修筑石门水库，将“衮雪”二字凿下移入汉中市博物馆。这件石刻堪称书法瑰宝，弥足珍贵。该石刻所书内容，表现出了曹操的风采神韵与魏武精神。“衮”字气势磅礴，充满刚毅；“雪”字平和、内秀、收敛；二者合二为一，阳刚而不失柔美。

4.《玉盆》

原在石门南褒河水中一巨石上。石中凹似盆，色白如玉，原有“玉盆”字，高 63 厘米，宽 103 厘米。汉魏摩崖石门十三品中著名的石刻之一。至南宋，有人在旧刻“玉盆”之侧重刻竖写《玉盆》题名两段，一为庆元二年（1196 年）闻丘等刻；一为绍定二年（1229 年）曹济之等刻。1969 年，修筑石门水库，将“玉盆”二字凿下移入汉中市博物馆。

（四）碑刻

1.《重修山河堰记》

该碑刻于南宋乾道七年（1171 年），最早立于陕西省汉中市汉台区河东店镇萧曹祠内。该碑已碎为四片，只残存两片，现移存陕西省汉中市博物馆。

内容记述当时四川宣抚使王炎命兴元府（今汉中）知府吴拱大举修复山河堰，整修六道堰，开创山河堰灌溉历史上鼎盛时期的情形。碑记原文在清嘉庆《汉中府志・艺文》中有记载。

2.《山河堰重订章程碑记》

该碑立于清嘉庆九年（1804 年），现保存于陕西省汉中市博物馆。该碑石材为青石，上半截残缺。碑文内容主要记载加强山河堰管理，重新制定章程等。

3.《禁挖山河堰堤》

该碑立于清嘉庆七年（1802 年），现保存于陕西省汉中市博物馆。该碑高 150 厘米，宽 68 厘米，其材质为青石。圆额，中间直书“皇靖”2 字。碑文记载了清嘉庆七年（1802 年）汉中干旱，褒河水枯，第 3 堰民众掘挖山河堰官堰堰堤分水，官府重申旧制，出示警止等。

4.《留坝厅学堂官堰水利章程》

碑分两通，在留坝县城关镇大滩村 6 组，两碑各高 168 厘米，宽 85 厘米，厚 20 厘米，清光绪三十年（1904 年）刻立。为厅学堂官堰立章 12 条，及兴学利民等事宜。

二、山河堰世界灌溉遗产申报

史料记载，秦汉以来，在汉江大大小小的支流上，先后建有 100 多处引水堰坝，构成

了发达的农田灌溉体系，形成了独特的堰文化。在这些古代堰坝中，建设在褒河上的山河堰、湑水河上的五门堰和杨填堰最具有代表性，是发挥效益最大、使用时间最长、最有历史文化特色的典型。

2016 年 3 月 10—11 日，郑国渠申遗特聘专家国际泥沙研究培训中心副主任、中国水利学会水利史研究会委员蒋超教授在协助郑国渠申遗之余，来汉中考察了石门灌区、汉惠渠、湑惠渠、五门堰、杨填堰。在考察中，陪同的汉中市水利局副局长雷保寿就汉中古堰申遗的可能性与蒋超教授认真进行了探讨，蒋超教授认为汉中古堰在中国水利史上具有一定影响，且目前还在发挥作用，具备申报世界灌溉遗产的条件。五门堰可单独申遗，也可把汉中古堰打捆申遗。其后，雷保寿副局长向李代斌局长汇报了将汉中古堰打包申遗的建议，得到了李代斌局长的支持。同时，李代斌局长也向市政府领导汇报，得到了市政府领导的同意。

9 月 27—29 日，在汉中召开的陕西省水文化培训班期间，参会的雷保寿副局长代表汉中市水利局正式向陕西省水利厅负责申遗工作的陕西省水利厅文明办耿涛副主任提出了汉中古堰申遗的要求，并就申遗的相关事宜进行了探讨，形成了初步意见。

11 月 4 日，得知郑国渠申遗成功后，受李代斌局长委托，雷保寿副局长专程赴西安，与陕西省水利厅文明办耿涛副主任就五门堰单独申遗或“汉中三堰”打包申遗工作进行了沟通，明确了市水利局将山河堰、五门堰、杨填堰打包申遗的意见。

2017 年 1 月 16—17 日，在西安召开的《陕西省水文化遗产名录》评审会期间，陕西省水利厅文明办耿涛副主任向参会的雷保寿副局长通报了中国国家灌溉排水委员会（简称国家灌排委）正在拟定 2017 年世界灌溉遗产申报计划，春节前将确定候选项目，随即商定组团到国家灌排委进行汇报，争取“汉中三堰”列入计划。

1 月 22—23 日，陕西省水利厅文明办副主任耿涛、汉中市水利局副局长雷保寿、汉中市石门水库管理局局长邱存元、城固县副县长周小军、城固县水利局局长王志刚等一行 7 人赴国家灌排委，代表陕西省水利厅、汉中市人民政府向国际灌排委荣誉主席、中国水科院总工程师高占义，国际灌排委副主席、国家灌排委常务副秘书长丁昆仑等领导汇报了“汉中三堰”申遗事项，要求将“汉中三堰”申遗列入 2017 年国家申遗计划。国家灌排委决定将“汉中三堰”列入 2017 年国家申遗计划。

1 月 24 日，市政府成立了“汉中三堰”申遗工作领导小组，市水利局制定了《“汉中三堰”申报世界灌溉工程遗产工作方案》，城固县人民政府和市石门水库管理局也成立相应的领导机构和班子，“汉中三堰”申遗工作全面启动。

3 月 21—23 日，国际灌排委荣誉主席、中国水利水电科学研究院总工程师高占义率国家灌排委专家一行，在陕西省水利厅机关工委书记闫红阳、文明办副主任耿涛等领导陪同下，专程来汉中，对“汉中三堰”进行了实地考察，对申遗工作进行了调研和指导，并在城固县水利局与市水利局、城固县政府、市石门水库管理局进行了座谈，对申遗具体工作进行了沟通和研究，决定委托中国水利水电科学研究院对“汉中三堰”申报世界灌溉遗产进行技术服务。

3 月 30—31 日，市水利局副局长雷保寿带领市石门水库管理局副局长孟爱民、城固

县水利局总工程师文经邦、申遗主要工作人员喻东平、穆树利及汉中电视台专题片制作人员一行赴陕西省泾惠渠管理局学习郑国渠成功申遗的经验。

4 月 5 日，市水利局党组召开会议，专题研究“汉中三堰”申遗工作。会议决定由雷保寿副局长具体负责申遗工作，并抽调市石门水库管理局喻东平，额城固县水利局穆树利，市水利局杜新富、黄兵组成申遗工作班子，开展“汉中三堰”申遗工作。

4 月 7 日，市水利局与中国水利水电科学研究院正式签订了“汉中三堰”申报世界灌溉遗产技术服务合同。

4 月 24 日，国家灌排委办公室主任高黎辉，中国水利水电科学研究院博士李云鹏、周波再次来汉中，对“汉中三堰”申遗准备工作进行了检查，对相关技术问题进行了讨论和商定。

5 月 31 日，汉中市人民政府向国家灌排委和国际灌排委发承诺函，同意“汉中三堰”申报世界灌溉工程遗产，并承诺被成功收录后按有关规定进行保护和利用。

世界灌溉遗产标志牌

6 月 8—9 日，国家灌排委组织国内专家在陕西省水利厅机关工委书记闫红阳、文明办副主任耿涛等领导的陪同下，对“汉中三堰”申报世界灌溉工程遗产进行了现场考评，专家组踏勘了“汉中三堰”遗产现场，听取了汉中市政府和中国水利水电科学研究院申遗工作汇报，观看了申遗专题片。经过充分的讨论后，专家组认为，“汉中三堰”符合申报世界灌溉工程遗产条件，同意推荐申报。

7 月 3 日，中国国家灌溉排水委员会向汉中市水利局发来了“关于组团参加第 23 届国际灌排大会暨国际灌溉排水委员会 68 届国际执理会的函”，邀请相关责任人参加会议，并在评审会上做申遗汇报及答疑。

10 月 6 日，汉中市人民政府分管副市长、汉中市水利局局长、城固县委书记、市石门水库管理局局长、城固县水利局局长、市石门水库管理局申遗工作人员一行 6 人赴墨西哥参加第 23 届国际灌排大会暨国际灌溉排水委员会 68 届国际执行理事会，就“汉中三堰”申遗工作汇报及答疑。

10 月 10 日 23 时，在墨西哥第 23 届国际灌排大会暨国际灌溉排水委员会 68 届国际执行理事会上，以山河堰、五门堰、杨填堰组成的“汉中三堰”，成功申报为世界灌溉工程遗产。

第三节 水文化展示载体

石门国家水利风景区位于陕西省汉中市城北 15 千米处的褒谷口，这里是国务院 1961

年公布的第一批全国重点文物保护单位褒斜道、石门及其摩崖石刻的所在地，亦是汉中市首批风景名胜区，2002 年晋升为国家水利风景区。景区既有两汉三国厚重的历史文化底蕴，又有众多独特秀丽的自然风光，每年都吸引着众多的游客前往观光游览。风景区山势险峻，怪石嶙峋，翠峰林立，清代文人王晚香概括为“褒谷二十四景”，石门水库的建成更是锦上添花，高峡平湖，碧波荡漾，游船、快艇穿梭于 17 千米长的水上长廊，可尽情浏览湖光山色，怡人美景；仿古栈道独具一格，凌空飞架于褒谷陡峭悬崖上成为古褒斜道的缩影；惊险刺激的高空杂技表演与石门陡峭的山势巧妙地融为一体，吸引了众多游人前来观看。山间溪流潺潺，清泉涌溢，山瀑流水叮当，水产水禽种类繁多，以大鲵、甲鱼、白鹭等最为珍贵。这里是美女褒姒的故里，这里是中国栈道之乡。

第四节　水文化宣传与交流

一、中国栈道文化论坛

（一）第一届栈道文化论坛

2016 年 5 月 15 日，在汉中石门栈道景区西门广场举行。开幕式上，石门水库管理局特邀河南大学教授、博士生导师、中央电视台百家讲坛的主讲人王立群，国防大学教授、中央电视台特约军事评论员、军事专家胡思远，著名文化学者肖云儒，陕西省社科院文化旅游研究中心主任、研究员张燕，汉中博物馆原名誉馆长郭荣章，陕西省作家协会原副主席、汉中市作协原主席王蓬等专家学者以“石门栈道历史文化价值与传承”为主题进行了探讨。

（二）第二届栈道文化论坛

2017 年 4 月 23 日，在汉中石门栈道景区西门广场举行。活动以“栈道之乡真美汉中”为主题，由汉中市旅游发展委员会主办，汉中市石门水库管理局承办。开幕式上景区特邀文化学者、中国民生研究院特约研究员纪连海，四川西部经济文化发展研究院蜀道文化研究所所长朱福全，西安外国语大学旅游学院院长、陕西旅游研究院院长潘秋玲，陕西理工大学历史文化与旅游学院院长、秦岭与蜀道文化研究中心主任、两汉三国文化研究所所长梁中效，汉中文化名市建设顾问、陕西理工大学汉水文化特聘研究员、文化学者黄建中等五位来自国内文化、经济、旅游、历史等相关领域专家学者、文化名人，就“秦蜀古道的历史文化价值”坐而论道。活动现场，中国书法家协会顾问、陕西省书法家协会名誉主席钟明善先生为石门栈道景区赠送了摩崖石刻书法作品。

二、世界灌溉遗产宣传与展示

“汉中三堰”申遗成功后，引起了国内媒体的高度关注。中、省、市各主要媒体都对“汉中三堰”申遗工作进行了全面报道，引来一批专家学者对汉中堰渠文化进行挖掘和研究。2017 年 11 月 10 日，由汉中市人民政府主办，汉中市水利局承办的庆祝“汉中三堰”申遗成功大型歌舞晚会，对“汉中三堰”和汉中水利建设及水文化发展进行了集中宣传展示，让市民深刻感受到了汉中水利建设的丰硕成果和水文化的无穷魅力。

山河堰申遗过程中，石门水库管理局对古堰的遗存进行了挖掘和展示，并按景区标准进行了管理和保护，成为汉中水利发展的一个重要的展示平台。

三、石门摩崖石刻保护研究

2022年11月3日，汉中市石门水库管理局与陕西理工大学签订合作协议，共同发掘“石头上的文化”，开展“石门摩崖石刻的保护与利用”课题研究，进一步挖掘、保护石门的石刻文化。

本次合作围绕“文物保护的样板、传承利用的示范、文旅融合的标杆”目标，携手开展“石门摩崖石刻的保护与利用”课题研究，全面摸清石门摩崖石刻未开采、未展示部分的情况，形成《石门摩崖石刻调研报告》及《利用方案》，坚持保护为主、合理利用，提出了进一步的保护利用方案，持续提升文物保护与利用水平，真正让石门文化活起来兴起来，让四海宾客涌进来住下来。

双方开展全面战略合作，共建“产学研基地”，集聚一流创新人才，开展汉文化项目研究，弘扬汉中两汉三国文化；打造提升石门栈道风景区文化内涵，共同促进汉中文化产业发展。

第四章　流域文化作品

褒河流域是栈道的故乡，山河堰为世界级的灌溉工程遗产。自古以来，过往的文人名士、达官贵人，多在河边吟咏抒怀，留下众多的文化作品。然岁月沧桑，兵毁火焚，摩崖石刻、古碑、石联等文字大多散失。此章所收，挂一漏万。所录流域内重要碑文金石文字，以存史料。其他题材的作品，亦以“文质兼美”为标尺，酌量选入，以志流域艺文之概貌。

第一节　诗词歌赋

一、诗

游石门

（唐）李白

鸡头山下石门游，游到石门看龙湫。
龙湫自古龙潭下，潭下湾曲一点油。
一点油石高万仞，万仞绝壁对江流。
江流有声出谷口，谷口春残翠屏收。
翠屏岩上仙为石，石为舞裳几度秋？
秋水为神玉为骨，玉骨冰肌跨龙虬。
龙虬虎豹连狮象，狮象重重千古留。
千古石门对石虎，石虎断崖惹人愁。
愁人断崖题诗句，诗句悬处高云楼。
云楼顶上行人过，行人过往永无休。
永无休时游石洞，石洞天梯上鸡头。

官嘉刺史与鲜于庶自褒谷同行

（唐）岑参

剖竹向西蜀，岷峨眇天涯。空深北阙恋，岂惮南路赊。
前日登七盘，旷然见三巴。汉水出嶓冢，梁山控褒斜。
栈道笼迅湍，行人贯层崖。岩倾劣通马，石窄难容车。
深林怯魑魅，洞穴防龙蛇。水种新插秧，山田正烧畲。

夜猿啸山雨，曙鸟鸣江花。过午方始饭，经时旋及瓜。
数公各游宦，千里皆辞家。言笑忘羁旅，还如在京华。

褒斜道中

（唐）薛能

十驿褒斜到处慵，眼前常似接灵踪。
江遥旋入旁来水，山豁犹藏向后峰。
鸟迳恶时应立虎，畬田间日自烧松。
行吟却笑公车役，夜发星驰半不逢。

褒城驿二首

（唐）元稹

容州诗句在褒城，几度经过眼暂明。
今日重看满衫泪，可怜名字已前生。
忆昔万株梨映竹，遇逢黄令醉残春。
梨枯竹尽黄令死，今日再来衰病身。

过七盘岭

（唐）吴国伦

驱马度层岭，马鸣知委轲。欲速千里足，其奈七盘何。

夜宿七盘岭（今鸡头关）

（唐）沈佺期

独游千里外，高卧七盘西。晓月临窗近，天河入户低。
芳春平仲绿，清夜子规啼。浮客空留听，褒城闻曙鸡。

咏萧河堰

唐人（佚名）

万古萧河堰，褒斜北面南。石泾盆琢玉，川激水无蓝。
星象开天汉，云龙寄斗潭。休登岩穴路，不忍见嵴函。

山河庙诗碣

（宋）吴玠

早起登车日未暾，荛烟萋草北山村。
木工已就山河堰，粮道要供诸葛屯。
太白峰头通一水，武休关外忆中原。

宝鸡消息天知否？去岁创残未殄痕。

宋山河堰庙诗碣

（宋）阎苍舒

蚤起登车日未暾，荛烟萋草北山村。
木工已就萧何堰，粮道要供诸葛屯。
太白峰头通一水，武休关外忆中原。
宝鸡消息天知否，去岁创残未殄痕。

咏山河堰

（宋）王素

昼准精明破晓暾，恰逢寒食过江村。
轻烟飞絮汉中道，白苇黄茅渭上屯。
人工万工支水派，天心两邑溉川原。
柳营一饱原头看，夜雨新添拍案痕。

游石门

（宋）文同

凌晨走马过花村，先玩玉盆到石门。
细想张良烧断处，岩前伫立欲销魂。

自斜谷第一堰沂舟上观石门，两岸奇峰，最为佳绝

（宋）文同

北风吹云落寒水，逆波刺船行五里。
层峦夹空抱丛石，万剑侧春翠烟起。
草木枝叶自殊别，禽虫羽毛亦奇诡。
安得鸡冠数棱田，便可诛茅此居止。

分水

（元）范鹿溪

作堰在春野，省耕来麦秋。一渠新绿活，均作万家流。

游石门

（元）苏一元

百转苍崖列，千峰翠嶂开。石门无锁钥，俗客几曾来。

鸡头关

（明）孔天印

险绝鸡头岭，群山瞰觉低。七盘悬石磴，百转上天梯。
高鸟凌空度，猿猴向客啼。愁看汉江上，芳草碧凄凄。

七盘坡

（明）王旌

行尽一盘又一盘，七盘都尽到平颠。
樵携秦岭薪刍过，客为长安名利还。
半积半消沙路雪，乍阴乍晴晚峰天。
盘桓回首生离思，高处临风一帐然。

山河庙诗碣

（明）郭元柱

汉祚炎隆四百秋，萧曹事业冠群候。
当年将相今何在？惟有山河堰水流。

山河庙诗碣

（明）张良知

晨光隐隐露山暾，夙理征轺策远村。
雨过三渠饶雪喷，子来万锸拥云屯。
上游未许开私窦，美利应教溥广原。
胜见沃畲占有岁，刺芒积目翠无痕。

山河庙诗碣

（明）杨瞻

远山含翠吐晴暾，涨雨山溪没近村。
不塞洪流类石合，能消壮士比云屯。
源头急接嘉陵谷，阜势遥连和尚原。
锸补工成天贺雨，堰头苍翠发苔痕。

出连云栈

（明）杨慎

人关秦地尽，山栈蜀地长。树回云随马，溪回石作梁。
莺花春未老，湖海路初赏。不尽平生意，先看是庙廊。

鸡头关

（清）郑日奎

秦蜀此天险，重门一径通。七盘依厚地，百折入高空。
堑依龙江固，山连凤岭雄。凭高怀古迹，感慨意何穷。

栈道

（清）杨岱

鸟道与天齐，盘云万壑低。层峦飞瀑下，空木乱猿啼。
山势危巴郡，边声隔陇西。可怜存辇路，烟雨草凄凄。

连云栈道

（清）郗之奚

披图每叹连云险，登览方知蜀道难。
马向云端踏凤岭，人从天上度鸡关。

山河庙诗碣

（清）吴荣光

无数青山与道迎，路人知我绿衣行。
连朝好雨新渠足，喜见田间话泰平。
自春徂夏节频移，慰汝辛勤畚臿施。
衣食有源须记取，万家烟火酂候祠。
却意吾家上将才，军屯灌溉万塍开。
如今生享农田利，只合催耕使者来。
绿柳阴中水利图，几回相度费工夫。
不知饱吃行厨饭，可对南山父老无。

鸡头关

（清）果亲王

不送千门晓，昂然七曲山。何如鹦鹉语，伴客过重关。

游石门

（清）雷辟

舟挽沿涯上，寻幽溪洞前。鸡头耸面起，石壁矗云悬。
伏步扳岩侧，抠衣逐水边。足扬争探窟，心怯畏临渊。
轩冕欣酬爵，渔樵共煮鲜。王城识故址，崖字吊先贤。
兴逸忘归路，风飘促整鞭。临歧还上舶，隐约夕阳天。

龙江晓渡

（清）楚文璟

关津通岫路，晓景在龙江。无楫波还动，停舟水自撞。
晨星辉柳岸，残月照蓬窗。不道千门曙，沙鸥渡影双。

过紫柏山留侯祠

（清）林则徐

除秦便了复仇心，勇退非关虑患深。
博浪沙椎如早中，十年应已卧山林。
偶凭道力领三军，天汉通灵压楚氛。
烧绝褒斜千阁道，羽衣终占一山云。
漫将巾帼拟须眉，仙骨珊珊世岂知。
赚煞英雄谈面背，藏弓烹狗悔来迟。
清泉瀰瀰竹娟娟，七十二峰青可怜。
但借先生半弓地，不须辟谷也登仙。

七盘岭

（清）王士正

七日行褒斜，目瞆耳亦聋。浊浪崩崖垠，征衣碎蒙茸。
不知天地阔，讵测造化功。岌然土囊口，鸡愦摩苍穹。
磴道上七盘，大翮排天风。绝顶忽开豁，白日当虚空。
褒水出谷流，汉江绕其东。巴山跨秦蜀，蜿蜒连上庸。
川原尽沃野，天府如关中。桔柚郁成林，稻苗亦芃芃。
襄阳大艑来，千里帆墙通。当年号天汉，运归隆准公。
将相得人杰，驱策芟群雄。一战收三秦，遂都咸阳宫。
智勇久沦没，山川自宠嵸。跋马向褒国，日落烟濛濛。

褒谷二十四景诗

（清）王晚香

（1）堰口镇珠

云根地脉结珠园，闪烁晶光古堰前。
真似石犀能制水，花村千载浪恬然。

（2）峰头插剑

青峰古剑气冲霄，谁插石若可摇？

想是斩蛇人去后，光腾白虎向云跳。

（3）大将军柱

屹立中流大将幢，蛟笼府首望波降。
褒斜仗此安澜力，柱石功标万里江。

（4）霹雳巨掌

雷震神力半山扪，印石曾留箕爪痕。
可与巨灵双掌合，握云挥雨荡乾坤。

（5）瑕蟆异象

瑕蟆光怪涧边栖，灵气能嘘万丈霓。
试问清风明月夜，恍闻鼓吹蓼花溪。

（6）银涛衮雪

滚滚飞涛雪作窝，势如天上泻银河。
浪花并作笔花舞，魏武精神万顷波。

（7）翠屏西照

倒影斜阳景色殊，青岚盘翠映霞朱。
锦屏环列山城外，一幅天然古画图。

（8）沙岸夜明

金精气吐皎如霜，每到中霄别有光。
最好秋来山夜看，沙明万象瓣毫芒。

（9）金篆凝霞

玉简金编宝气含，精华遥映碧龙潭。
琅环不许凡人识，万古丹霞锁翠岚。

（10）一点油灯

幽谷沉沉路转螺，石灯一盏照山河。
莫嫌点滴油添少，琼液兰膏不在多。

（11）双流水洞

悬崖双洞喷灵泉，高下分流让后先。
气与海涛呼吸应，晓朝暮汐信无愆。

（12）万笏奇山

奇石参差列满山，森森玉笏出层峦。
群神昨夜朝金阙，端笏齐排白鹭班。

（13）虎石啸风

山君牙爪势峥嵘，高踞能教百兽惊。
雾豹何年同炳变，大王风自谷中生。

（14）七盘古道

褒斜栈道辟奇观，曲曲蛇行磴七盘。

客到鸡冠石上望，恍疑身在翠云端。

(15) 关耸鸡头

昂昂鸡首入青云，独立雄关孰与群？

似耸高冠来报晓，一声直使九天闻。

(16) 龙潭印月

清澈碧潭月影沉，天心皎皎印波心。

明珠一颗相吞吐，光射龙鳞万点金。

(17) 神人化迹

神仙化去总留影，一片晶莹太古灵。

酸白须眉真活现，巍然坐拥翠云屏。

(18) 浮浪玉盆

大器盘盘水面浮，长江万里一盆收。

居然宝盎冯夷捧，曾有仙人欲洗头。

(19) 横空铜鼎

天地炉开运六丁，铸成铜鼎镇山灵。

云烟缥缈归何处，篆作香炉峰上铭。

(20) 太阳镜照

阳火熔成石镜台，光辉万古不生埃。

试逢日午遥相照，大地山河一览来。

(21) 隐士钓台

汉代名流重子真，洁身却聘隐垂纶。

风高不让严陵濑，褒谷鱼台似富春。

(22) 新月弓悬

谁将弓样照华池，无数青山面面窥。

昨夜开帘天色好，岩头新月上弦时。

(23) 滩分马鬣

不教洪浪拂长堤，百尺沙洲抱堰西。

疑是渥洼神马出，鬈鬈鬃影立波嘶。

(24) 贤太守门

永平二载纪殊功，炼破石门蜀道通。

自有五丁开凿后，行人千古颂杨公。

注：褒谷二十四景在汉台区河东店镇褒谷口。《褒谷古迹辑略》记述甚详。清代人王晚香逐景赋诗。石门水库建成后，二十四景有的已毁，有的淹于水下。

浚水歌

（清）梁文煊

汉南多杭稻，精者柔且旨。
虽云树艺功，美利则资水。
我来三载税桑田，遍历农家考源泉。
共言酂侯辟沟浍，灌溉于今千百年。
世世耕者食其利，只恐横流冲激至。
因之绸缪未雨先，甫际冬春工即始。
里井同时荷畚锸，筑防决壅依成法。
千支万派浸原田，直引褒斜水出峡。
忽逢旱夏贵如琛，东阡西陌两相侵。
为爱农工不忍废，停车劝讼待平心。
始知滋培不容易，一茎一粒等兼金。
南褒沔，城洋西，泉流汩汩土成畦。
但愿年年祝豚蹄，满车满篝乐鸡栖，
余亦时来看一犁。

褒惠渠放水志庆并追念李仪祉先生

（民国）唐心源、唐得源

蒲城仪祉李，治水有师承。
里慕秦工郑，家传蜀守冰。
规模泾洛远，第次汉褒成。
今日思遗惠，石门纪典型。

褒惠渠放水纪念

一

（民国）赵进义、殷祖英

田于何所，石门谷口。山河在前，褒惠起后。
举锸成云，决渠成雨。褒水甘冽，百派分流。
且溉且沃，长我稻黍。衣食汉中，亿万之口。

二

（民国）陆士基

大有可卜，旱荒无虑。增产救国，厥工弗替。
褒民之福，秦地之利。惠泽留贻，延于世世。

杂咏一首

（民国）李仪祉

香园飞瀑挂层峦，攀跻楼迟匹练端。
胜地愿溜鸿爪印，也叫山水并人传。

庆褒惠渠放水

（民国）张津生

值兹褒惠渠放水之期，谨以四字俚歌为颂：
霖雨苍生，褒渠之功。值兹抗战，安定民生。
三载辛勤，万世永称。任劳任怨，卒抵于成。
今朝放水，万众欢腾。工程趣旨，唯依唯从。
水尽其利，吾道之行。谨具芜词，敬贺诸公。

过留坝留侯祠

陶铸

停车闲步瞻遗容，敢效亡秦抒所衷。
遥望延城光万丈，轮声欲起夕阳红。

观石门摩崖放歌

方济众

石门电站立千嶂，石门渠水清且长。
石门故道已荒凉，石门文物惊辉煌。
玉人移来供高堂，墨客闻讯喜欲狂。
千里迢迢归故乡，宾朋携访兴尤昂。
纵观摩崖壁生光，倾听崖穴水沧浪。
仿佛龙虬潭底藏，恍如鸿鹄过大荒。
群骥惊奔何仓皇，顿叫雕工脚手忙。
刻成汗雨湿衣裳，万岭千峰竟相望。
六六八万日月长，无处游人不表彰。
勾画捶拓纸万张，一纸千金倾君囊。
锦帛银屏供明窗，百读百习亦无妨。
自愧何如李颠狂，书尽斗墨不成章。
我为此歌兮枯衷肠。

怀石门古道

张佐周

石门本是国家珍，渺渺云水何处寻？
褒河有知应改道，忍令古道永沧沉。

忆玉盆衮雪

张佐周

褒城故垒度三春，水有清音月有魂。
玉盆衮雪无觅处，唯余肝胆照古今。

石门抒怀

徐永锡

褒谷有石门，天堑一线通。碑碣载伟绩，摩崖颂殊功；
精湛十三品，刻石更绝伦；翩翩云边鹤，矫矫水中龙；
朴茂且恣肆，野逸兼厚重。明珠何璀璨，遗韵昭九重。
宇内称瑰宝，海外奉书宗。野壁移广厦，光彩映汉宫。
招来天下士，研磨相接踵。弘扬期可望，壮哉汉魏风！

石门水库吟

丁鹏

巍巍玉坝撩双瞳，怒瀑滔滔下碧空；
目悦云端垂彩带，心舒壑底起长虹。
惊涛滚滚雷千里，骤雨潇潇雾万重；
坝腑六机生电虎，山腰百洞过游龙。
车流隐隐天池内，鱼队悠悠宝镜中；
玉宇琼楼迎贵客，杆林线网挽诗翁。
友朋搔首缘何事？“尽遇妖娆难画工”！

二、词

诉衷情

（宋）陆游

当年万里觅封侯，匹马戍梁州。关河梦断何处？尘暗旧貂裘。胡未灭，鬓先秋，泪空流。此生谁料，心在天山，身老沧州。

木兰花慢　席上送张仲固帅兴元

（宋）辛弃疾

汉中开汉业，问此地，是耶非。想剑指三秦，君王得意，一战东归。追亡事、今不见，

但山川满目泪沾衣。落日胡尘未断，西风塞马空肥。一编书是帝王师，小试去征西。更草草离筵，匆匆去路，愁满旌旗。君思我、回首处，正江涵秋影雁初飞。安得车轮四角，不堪带减腰围。

百字令　七盘关

（清）章永康

七盘高处，看芙蓉千仞，凌空如削。耿耿谁将双剑倚，疑是巨灵曾擘。片石危撑，悬崖中断，一线天疑裂。蒙蒙溪雾，哀猿啼出林隙。祇愁窟底蛟龙，波涛咫尺，雷雨鸣金铁。隔树呼侬风正怒，吹冷一鞭秋色。秦蜀遥分，河山终古，斜日茫茫白。今宵月冷，又听何处羌笛。

三、歌谣

（一）水利歌谣

旱年也要夺高产

王艽

杆杆红旗映蓝天，坡上坡下人声喧。
公社社员意志坚，不等雨来不靠天。
两个肩膀一挑桶，担水抗旱上了山。
扁担闪成一条线，好像大雁入云间。
灌出千亩大寨田，旱年也要夺高产。

咱队有班铁姑娘

王寅明

红梅花开满山岗，咱队有班铁姑娘。
英姿飒爽好气派，个个敢说又敢闯。
不怕悬崖百丈冰，大战水利献力量。
你看那
柳条帽下红脸膛。
汗如珍珠映朝阳。
抡起铁锤风雷响。
呵出热气熔冰霜。
钢钎刺破花岗石。
要把银河引进庄。
壮志凌云干劲大。
就像战士上战场。
老队长、上山岗，
察看炮眼细端详。

尺寸等，绳子量，
眯着笑眼喜洋洋。
姑娘们，下山岗，
扛来雷管炸药箱，
药包亲手放，雷管亲手装，
亲手移山绘新图，
把咱公社巧梳妆。
炮声隆隆震天响，
水利工地红旗扬。
延安儿女多壮志，
征山治水当闯将。
亲手引来龙泉水，
笑迎丰收万担粮。
红梅花开遍山香，
铁姑娘美名到处扬，
人人成了女炮手，
铁姑娘越战越顽强。

灌溉

泡田插秧脚面水，护苗返青寸半水，
分蘖期间瓜皮水，快到园杆落干水，
包胎抽穗二寸水，灌浆乳熟花花水，
勾头散子不要水，遇到天旱穿一水。

抗旱

求神祈雨是枉然，问巫卜卦害人间；
要想丰收吃饱饭，兴修水利莫迟缓。

打井修渠

靠天吃饭不保险，旱涝灾害天不管。
打井修渠来引水，兴修水利保增产。

兴修水利歌

秋冬季节修渠堰，天旱地干有水灌。
年年获得好收成，社员个个笑开颜。

山区修水利

全面大动员，万人上高山。苦战六十天，山地成田园。
泥土不下山，沟水不出川。面貌不改变，绝不下高山。

治山英雄

工地上，摆战场，治山英雄个个强。
一炮炸掉万方土，双手一挥渠万丈。

情歌

清早起来上高山，扛起锄头挖渠堰。
郎挖渠堰多辛苦，妹妹按时送茶饭。

修通板凳堰歌颂共产党

谁要修通板凳堰，狗都不吃白米饭。
古人的计划未实现，共产党领导把任担。
如今建成板凳堰，薄坡瘦岭变良田。
白米细面吃不完，共产党恩重似泰山！

治河

杨长福

治河先治湾，重点治凹岸。
控制治导线，留足河道宽。
疏滩固河床，导流护河湾。
基础要牢固，下基防冲悬。
修堤坡放缓，砌护稳镶嵌。
坡面压芭茅，防冲又护岸。
修管紧结合，渡汛保安全。

十上山快板

成学尧

吃奶小孩不离娘，托儿所搬到工地上。
为了水利修得快，食堂搬到工地来。
小商外贩货郎担，支援水利上前线。
为了工作不影响，卫生医药到前方。
农具所有都带上，工地需要修配厂。

为了工作好开展，宣传工作要广泛。
队队要有宣传员，文娱活动搞得欢。
农业中学把山上，课堂就在工地边。
洗衣组，理发员，都要随军齐苦战。
缝纫小组把山上，就地缝补能赶上。

（二）民歌民谣

九九歌

头九、二九，关门闭守；三九、四九，冻死老狗；
五九、六九，河里洗手；七九、八九，隔河看柳；
九九八十一，老汉顺墙立（晒太阳）。

烧炭谣

郎去烧炭姐不嫌，脸儿虽黑心底善；
千辛万苦炭出窑，卖的银钱交我管。

放羊歌

正月放羊迎新春，堂前辞别我双亲；人家辞母多热闹，奴家辞别一个人。二月放羊百草生，百草发芽往上升；羊儿不吃平地草，爱吃崖上朵朵青。三月放羊是清明，手提长线去挂青；有儿有女挂白纸，无儿无女草长青。四月放羊四月八，白天放羊夜理麻；白天放羊三百只，夜晚理麻麻半斤。五月放羊是端阳，龙船乐鼓闹长江；花鼓龙船多热闹，奴家一人多悲凉。六月放羊三伏天，奴赶羊儿上高山；羊儿晒得遍坡跑，奴家晒得一身汗。七月放羊二百只，白天放羊夜踏米；八月放羊三百只，夜晚踏米七斗七。九月放羊菊花黄，菊花造酒满院香；人家造酒有人吃，奴家酒香无人尝。十月放羊寒凄凄，孟姜女儿送寒衣；走一步来哭一声，长城万里泪中泣。冬月放羊寒霜降，奴赶羊儿下山冈；羊儿冷得遍地跑，奴家冷得把火攒，腊月放羊又一年，胭脂香粉称几钱；人家过年多热闹，奴家过年清羊圈。

短命的不长心

吃了烟来把灰扬，烟灰扬在姐身上；
短命的不长心呀，不怕烟火烧衣裳。

五更歌

一更里来翻下墙，看见哥哥泪汪汪；不是妹子不想郎，房内住着二爹娘。二更里来冷风吹，妹妹想哥心悲伤；许多话儿不好讲，哥哥待妹如冰霜。三更里来月色白，妹子送哥鞋一双；莫嫌布粗不好看，一针一线表心肠。四更里来刺骨寒，哥抱妹妹泪涟涟；不是哥哥不想你，家穷实难出礼钱。五更里来天发白，架上公鸡把翅拍；叫声哥哥你莫走，妹妹孤寂无人陪。

闷在心里把妹焦

三月燕子啄泥浆，双双对对垒新房；哥见妹妹心里乱，见面好像隔道墙。六月太阳晒黑背，哥与妹妹柳下歇；妹妹端来山泉水，偏问哥哥热不热。八月谷子黄又黄，哥扛犁头妹担筐；本想倒出心里话，害怕别人说短长。十月天气晒谷草，妹妹天天田中跑；叫声哥哥你说话，闷在心里把妹焦。

十探郎

正月探郎是新年，风吹灯笼团团转，转来转去奴面前。哥儿哟，灯笼映面最好看。

二月探郎百花开，拂晓下瑞雪，郎把妹紧努。哥儿哟，快把奴家丢。

三月探郎是清明，手拿长线挂新坟，迎春开在坟头上。哥儿哟，又是一年春。

四月探郎四月八，玉皇庙里把香插，烧把金钱纸。哥儿哟，占一个文武卦。

五月探郎是端阳，龙船花鼓闹长江，幺姑站在船头上。哥儿哟，望郎过长江。

六月探郎三伏天，妹打红花伞，郎拿白纸扇。哥儿哟，越看越好看。

七月探郎七月七，牛郎织女两夫妻，王母天河来隔断。哥儿哟，隔断两夫妻。

八月探郎是中秋，郎哥牵妹游，胭脂口红全不要。哥儿哟，梳一个卷发头。

九月探郎菊花黄，菊花泡酒满缸香，知道我郎爱饮酒。哥儿哟，暗中藏一缸。

十月探郎下大雪，天作人合留住妹，搭上一个鸳鸯窝。哥儿哟，奴家陪郎哥。

送郎歌

郎要走呀妹心酸，打开箱子取盘缠；我郎拿它带身上，喝茶吃饭买鞋穿。郎要走呀妹心酸，脚踏火炕四页转；但愿砖儿早合缝，差你一页不团圆。送郎送到院坝边，手拉手儿望青天；我望青天下大雨，多留情郎要几天。送郎送到吊石崖，我盼石崖塌下来；愿将二人齐塌死，一块死来一块埋。

清早起来露水潮

清早起来露水潮，露水汪汪搭天桥，太阳一出天桥断，隔断冤家路一条。

好个贤妹也无郎

清早起来去上梁，梁上有个土地塘，好个堰塘没有水，好个贤妹也无郎。

劝君莫喝阴凉水

太阳落坡四山阴，喝了凉水冷清清，劝君莫喝阴凉水，喝了凉水冷了心。

我同贤妹一起行

我同贤妹一起行，走着走着进了林。有人问我做啥子，背系断了扯葛藤。

我和贤妹隔条河

我和贤妹隔条河，来来往往打湿脚。心想搭个跳蹬石，又怕旁人闲话多。

郎在山上唱一声

郎在山上唱一声，妹在屋里掉了魂。手拿花针扎了手，端上饭碗不想吞。

娘问女儿想啥子，女儿这才回了神。

十杯酒

一杯酒儿起，递在郎手里，眼泪滚到酒杯里，有话难得提。二杯酒儿升，哥哥叫我说，情义哥哥害了我，生死丢不脱。三杯酒儿干，哥哥听我言，青布汗衫脱一件，另处凑姻缘。四杯酒儿溜，戒指溜打溜，金丝来打银钮扣，情丢义不丢。五杯酒儿中，叫声我的兄，你在西来我在东，姻缘一场空。六杯酒儿爽，妹妹述衷肠，请个媒人说成双，理直气也壮。七杯酒儿多，挑菜慢慢喝，莫嫌酒淡薄。八杯酒儿长，哥哥回书房，盼郎专心作文章，莫为奴心伤。九杯酒儿洒，拉住哥的手，你是奴家知心友，无事多来走。十杯酒儿足，祝哥征途煌，来世龙凤鸟，天地配成双。

黄鳝谣

小子生来就姓黄，起个名字黄鳝郎，家住烂泥塘。闲来无事钻田坎，遇上两位打鱼郎，全家大小一筐装。解到灶堂间，放在案板前，钢刀师傅审一案，切成丝，剁成片，遭难被押锅面前，铲子大人把案断，噗啦一声锅中翻，油炸火煎骨肉烂。还有几位弟兄来做伴，油盐酱醋加葱蒜。香气缭绕飘堂前，济济一堂口流涎。一家被押桌上边，胡子大人坐上面，无须小子坐两边。竹筷二将抖威风，上下左右不停闲。盘中丝，碟中片，全都进入肚里边，肚家坝里逛一天，最后来到田里面，好了五谷与葱蒜。重重关，道道险，虽然粉身骨也断，历经沧桑见世面，懂了许多曲与弯。

对歌

什么天上一点白，什么天上两点红，什么天上颠倒挂，什么天上金宝龙？
月亮出来一点白，太阳出来两点红，南斗六星颠倒挂，乌云脚下金宝龙。
一要山中一点白，二要山中两点红，三要山中颠倒挂，四要山中金包龙。
栀子开花一点白，石榴花开两点红，皂角树上颠倒挂，棕树脚下金包龙。
什么水中一点白，什么水中两点红，什么水中颠倒挂，什么水中金包龙？
鲫鱼尾巴一点白，鲤鱼背上两点红，虾子头上颠倒挂，苲草里面金包龙。
一要你身上一点白，二要你身上两点红，三要你身上颠倒挂，四要你身上金包龙。
抹上水粉一点白，打上胭脂两点红，八宝身环颠倒挂，奴家绣鞋金包龙。

（三）儿歌童谣

麻雀尾巴长

麻雀、麻雀尾巴长，接了媳妇忘了娘。把娘背到粪堆上，把媳妇背到热炕上。娘呀娘，你不哭，给你买个辣萝卜；媳妇媳妇你不哭，给你杀鸡烩豆腐。

撒种歌

一籽落地，万籽归仓。细撒细掩，保住地墒。老鸦偷吃，死在树庄；老鼠偷吃，死在洞旁；兔子偷吃，死在崖上；佃户吃了，理所应当；地主吃了，要打标枪（拉肚子）。

爷孙俩

红豆豆，剥米米，我给爷爷端椅椅，爷爷说我好乖娃，我说爷爷老崽娃。

点豆腐

请外甥，吃豆腐，舅母磨浆点豆腐。外甥落到锅里头，烧成个疤屁股。

小姑娘

大月亮，小月亮，哥哥起来学篾匠。嫂嫂起来打鞋底，婆婆起来蒸糯米。糯米蒸得喷喷香，打起锣鼓接姑娘。小姑娘呀，你莫哭，转个弯弯就到屋。七碟子嗳八大碗，香菇木耳美中餐。

雁儿哥

雁儿哥、兔儿哥、驴蹄子、马耳朵、你家发兵伐哪个？我家发兵伐这个。他打你，你打我，今年打到明年个。

月亮走，我也走

月亮走，我也走，我给月亮提花斗。一下提到大门口，大门开开摘石榴。石榴树上一对鹅，飞到飞到叫公婆。公婆不吃油炸饭，要吃河里水鸭蛋。蛋呀蛋、蛋勉县！勉县姑娘会擀面，擀的面一张纸，切的面一根线，下到锅里渤辘辘转，舀到碗里像牡丹，公一碗，婆一碗，案板底下藏一碗。隔壁大嫂借案板，切刀落下打破碗。

拍手歌

我们拍个正月正，家家门上挂红灯。我们拍个二月二，多收粮食不收菜。我们拍个三月三，三个娃儿抽茅签。我们拍个四月四，风调雨顺四个字。我们拍个五月五，雄磺酒儿过端午。我们拍个六月六，买把扇子遮日头。我们拍个七月七，牛郎过河配织女。我们拍个八月八，骑大马挂红花。我们拍个九月九，踏糍粑过重阳。我们拍个十月十，喂的猪儿肯吃食。我们拍个冬月冬，新棉袄暖烘烘。我们拍个腊月腊，堂屋插上迎春花。

（四）红色歌谣

红军走了啥时来

红军走了啥时来？人留红心花留苔。人留红心闹革命，百花留苔四季开。

哥当红军妹紧跟

雁飞千里不失群，鱼游大海爱水深。哥当红军妹紧跟，就像黄蜡裹烛芯。

哥当红军上前线

哥当红军上前线，妹妹给哥缝衣衫。千针万线护哥身，刀砍不入弹不进。

我爱红军心不变

手推磨子底不转，红军哥在心中牵。任你媒婆嘴嚼烂，我爱红军心不变。

送盘缠

双手送哥一半钱，哥当红军做盘缠。瓜子虽小有仁心，私房攒了好多年。

送荷包

妹绣荷包挨够打，浑身都是青疙瘩。送哥戴上找红军，早些回来杀东家。

（五）赋

山河堰赋

南宋（晏袤）

山河堰盖汉相国酂侯、肄（当是懿）侯之所肇创。昔高皇帝分王汉中，抚爱百姓，励志兵食。公因设水利，缵禹之绩，随山濬川，为万世利。卒致储丰物，军须大备，以能辅佐大业，克成厥勋。迁固作传，文实阙如，而耆旧相传，口经俱载，碑记可考，斑斑不诬。自汉今，民赖其赐。是堰也，围之以木，聚之以石，每岁孟陬，鸠工聚材以缮修之。虽出于人为，补造化之阙，然盛衰兴废物理之常。以逸待劳，有备无患。绍熙四，工役不便，夏潦暴涨，六堰尽决，田畴几荒，民用战粟。常平使者张史君、司汉郡范公，顾瞻吁嗟克广德心，捐钱千万，助民输木。劝农使者连帅关学，侍郎广汉章公实主盟之。集材于癸丑之冬，明年春，大役工徒，日以万计。锸运斤，如列行阵。进退作止，袍鼓相应，皆有准绳，桁伏掘，数以千万辈。作于仲春之乙未，告成于三月之申子。南郑令临淄晏袤实司是职。窃以二公心乎爱民，先事备具。此所谓先天下而忧其忧，后天下而乐其乐者也。其用大矣！请纪成绩而为之赋云：阅汉中之形胜兮，实古梁之奥区；控斜谷之冲要兮，兼褒中而与俱。山连大散兮，势若奔万马；江从太白兮，滥觞而纡徐。不舍昼夜兮，盈科而后进。镗鞳澎湃……

山河堰赋

明（佚名）

山河三堰，盖汉相国懿英侯曹公所肇创。昔高皇帝分王汉中，安养百姓，励志兵食。公因江河以继续禹之绩，随山浚川，瀹流九州，卒致储衍丰牣，军需大备，用能辅佐大业，

克成厥勋，迁、固作传，文实厥如。而耆旧相传，图经俱载，碑记可考，班班不诬。由汉迨今，民赖其赐。

是堰也，围之以木，聚木以石，每岁孟陬，鸠工集材，以缮修之，虽出于人为，补造化之缺。然盛衰兴废，物理之常，以逸待劳，有备无患。绍熙四祀，工役不虔，夏潦暴涨，六堰尽决，田畴几亢，民用战栗。常平使者国史右司蜀郡范公顾瞻吁嗟，乃捐钱千万，助民输木；劝农使者连帅、阁学侍郎广汉张（章）公实主盟之。集材于癸丑之冬。明年春，大役工徒，日以万计。畚锸运斤，如列行阵，进退则止，枹鼓相应，皆有准绳，桁梁栿橛，数以千万章。作于仲春之乙未，告成于三月之甲子。南郑令临淄晏袤，实司是取。窃以二公，心乎爱民，先事备具，所"先天下之忧其忧，后天下之乐其乐"者也！请纪成绩，而为之赋云：阅汉中之形胜兮，实关梁之奥区；控斜谷之冲要兮，隶褒中而与俱。山连大麓兮，势若从万马。江从太白兮，滥觞而纡徐。不舍昼夜兮，盈科而后进。镗铬彭湃兮……

第二节　谚语、楹联、题字

一、谚语

（一）水利谚语

水路不修，有田也丢。
修塘如修仓，蓄水如存粮。
要想多打粮，必须多打塘。
十亩一口塘，丰收有保障。
旱地改水田，一水顶三旱。
人怕老来穷，谷怕胎里旱。
锄头自带三分水，多锄抗旱苗稼肥。
塘库装满水，不怕田张嘴（干裂）。
不怕田瘦，只怕田漏（水）。
引水浇一遍，粮食多一半。
一苗喝一口，一亩多几斗。
有收没收在于水，收多收少在于肥。

（二）水土保持谚语

每亩三条沟，多收斗搭斗。
种地不开沟，强如贼来偷。
坡坡地里多打沟，沟沟岔岔砌石头。
坡土不开沟，遇雨连根丢。
山上开荒，山下遭殃。
山上绿油油，山上清水流。

治山治水不栽树，水土保不住。

山上开荒，川地遭殃。毁林开荒，水土流光。

水土不出田，粮仓吃不完。

治水不改土，有水无用处。改土不治水，天旱吃大亏。

水是一条龙，先从顶上行。治下不治上，等于白着忙。

人往高处走，水往低处流。水从上边来，治水要治头。

靠山吃山，吃山养山。只有青山常在，才能细水长流。

修地如修仓，蓄水如存粮。水土不下坡，粮食打得多。

大平小不平，有水浇不成。口小肚大，适宜打坝。

一漫三年收，有洪不要丢。慢水淤泥巴，急水冲庄稼。河水转个弯，下面有块滩。

（三）气象、防灾谚语

一黑一亮，石头泡涨。

天黄有雨，人黄有病。

一日黄沙三日雨，三日黄沙九日晴。

云雾山戴帽，大雨马上到。

云浮天变黄，场上快收光。

日落乌云障，半夜听雨响。

红云变黑云，必定大雨淋。

日月戴金圈，雨在两三天。

蛤蟆呱呱叫，大雨就来到。

日落火烧天，明日晒衣衫。

云跑东，刮大风；

云跑西，披蓑衣；

云跑南，（下雨）下半年；

云跑北，不等黑。

日晕涨江水，月晕刮大风。

日落乌云纲，半夜听雨响。

牛舔蹄子蛇挡道，短时之内大雨到。

勾勾云，雨淋淋。

东虹日头西虹雨，南虹河里涨大水。

有雨四山亮，无雨顶上光。

早雨不过午，过午打破鼓。

尿坑翻泡，大雨即到。

河里鱼儿打水花，不出一天有雨下。

雨打黄昏头，明天大日头。

星星密啦啦，明天下个稀塌塌。

蚂蚁搬家，大水冲沙。

高山戴帽，一点一个泡（大雨）。

蚯蚓滚沙，雷雨暴发。

二、楹联

（一）石门景区楹联

簪汉月履秦关万邦人谒石门颂；
襟陇云袖褒水千里鹃啼蜀道难。

——新石门栈道联，刁永泉撰书

云卷石门秦关蜀道汉家气；
堰开天府峰影波声萧相魂。

——石门景区联，刁永泉撰书

石门开凿通天下；
云栈高悬到日边。

——石门景区联，王大中撰书

云飞秦岭鸟道马嘶连天府；
雪涌褒流关楼烟笼锁汉川。

——石门景区联，王大中撰书

嘉禾岁穗思双相大将归心仰壹公。

——石门山河观萧曹祠联，郭加水撰写

石门开凿通天下云栈高悬到日边。

——景区西停车场南大门联

（二）汉张留侯祠楹联

博浪一声震天地圯桥三进升云霞。

——张良庙牌楼两侧的砖刻对联，清道光甲申年（1824 年）聂铣敏题联

花阴月照飞虫影松岭云归野鹿踪。

——张良庙北花园下官厅檐柱联，清道光二十二年（1842 年）李星沅题联

亭前留竹影石上听泉声。

——挂张良庙拜石亭，清咸丰五年（1855 年）上元日（正月十五），文俊书联

有亭翼然云山四望其心邈矣松柏千秋。

——挂张良庙上官厅门柱上，清道光二十六年（1846 年）夏（5 月）步濛题联

收秦关百二山河，奇谋独运；辅汉家统一事业，成功不居。

——冯玉祥题联

豪杰今安在，看青山不老，紫伯长存，想那志士名臣，千载空余凭吊处；神仙古来稀，设黄石重逢，赤松再遇，得此洞天福地，一生愿作逍遥游。

——冯玉祥题联

侯封敝屣，汉家三杰，如公的是完人，明功成身退之意；奋志击秦，博浪一椎，不中

亦寒敌胆，以匹夫有责为心。

——冯玉祥题联

富贵不淫，有儒者气；淡泊明志，作平地神。

——挂张良庙大殿前檐两侧柱，清光绪九年（1883 年）孟夏日（4 日）贺培芬题联

遗迹白云，留芳紫柏，看此地山高水长，风景不居华泰下；

受书黄石，从游赤松，忆当年功成身退，英明却比萧韩优。

——民国三年（1914 年）11 月，邱斌题联

窗明几净宜其地　水抱山环别有天；

客入赤松家，行忘栈道；山连紫柏坡，境若蓬莱。

——此二联挂张良庙北花园上官厅中门柱，光绪十六年（1890 年）2 月王殿题联

何处结仙缘，尽流传千载赤松，一拳黄石；

此间真福地，且领略万竿烟雨，四面云山。

——联挂张良庙三清殿院灵官殿前檐柱，清光绪十五年（1889 年）12 月延燮题联

日已落西君何往，天既明矣我不留；

报韩志决能潜迹，佐汉功成善退身。

——联挂张良庙大殿院南客堂，清嘉庆二十四年（1819 年）聂铣敏题联

既论功业真贤相，纵不神仙亦达人

——联挂张良庙大殿南客堂，清光绪三十年（1904 年）10 月富明阿题联

帷幄并垂勋，知几实迈萧丞相；

神仙新结局，后起还成李邺侯。

——联挂张良庙大殿院拜殿前檐柱上，清汉中知府郑子乖题联

帝佐才何处得来，帷幄运筹，一卷素书宏佐治；

神仙福几生修到，山林隐逸，千层紫柏映仙踪。

——联挂张良大殿院拜殿内后中柱，清光绪十八年（1892 年）9 月龙得胜题联

书不须多，一卷可做帝王师相；

楼毋轻倚，高声恐惊霄汉神仙。

——联挂张良庙大殿院北客堂前檐侧柱，清光绪二十九年（1903 年）陈寿彭题联

翘首白云间，背紫柏，面清溪，高明盘空，现出神仙真洞府；

举头红日近，控三巴，通二华，雄关扼要，曾留官辙旧游踪。

——联挂张良庙大殿北客厅，清道光五年（1825 年）12 月兆那苏图题联

我愿从游，讬迹行将寻紫柏；

世方多难，授书何处得黄公。

——清光绪二十九年（1903 年）王公亮题联

赤松黄石有深意，紫柏青山无俗情；

鹿逐中原成功终非凭力士，狮醒大陆画策还欲问先生。

——此联是王公亮于 1911 年 6 月在张良庙作，王世镗书

旧业犹存圯上卷，仙花争似陇头春。

——联题张良庙大殿进北花园门口，民国二十年（1931 年）马兆麟题联

壮士奋挥椎，报韩已落秦皇胆；

大王烦籍箸，策汉终函项羽头。

——联挂张良庙大殿门外中柱，清光绪十一年（1885 年）仲春月（二月）陈文黻题联

毕生彪炳，功勋肇自授书始；

历代宗丰，禋祀端由辟谷开。

——联挂张良庙大殿院“拜殿”中柱，清光绪七年（1881 年）7 月胡珍品题联

山月借栖隐无风度步虚。

——延龄于 1912 年题联

以三寸舌为帝师，帷幄赞襄，是前法吕伊之匹；

出一编书授儒子，源渊付讬，开汉廷黄老之宗。

——曾挂张良大殿外檐柱，清光绪二十年（1894 年）10 月杨调元题联

不从赤松子，安报黄石公。

——于右任题联

送秦一椎，辞汉万户。

——于右任题联

亡秦乃韩仇复，汉为帝者师，圣主得贤臣，三杰才名倜乎远矣；

进履遇黄石公，避谷从赤松子，急流能勇退，千秋庙祀礼亦宜之。

——此联书于庙台子川祖楼路旁石崖，1933 年韩光臻题联

月光本随日光耀；

江水都向海水流。

——王世镗题联

知足知机黄石素书酬大志；

克谦克让赤松仙踪仰高风。

——联挂张良庙二山门中柱，清嘉庆二十一年（1816 年）葭月（11 月）吕朝远题联

念当年：何等功臣国士，辅汉椎秦，一朝归去，则觅胜寻幽、辟谷遁形、化作些许闲烟水、邈邈入虚；而今唯见山月竹风、白云紫柏；

看此地：许多显宦信徒，求仙访道，千里奔来，但焚香盟愿、摩崖刻石、留下一堆俗姓名、匆匆去远；往后依然铜钱花市、乌帽朱楼。

——刁永泉撰联

寻梦枕黄石望飞云舒卷天书一页；

倦游倚赤松听逝水叮咛道理千言。

——刁永泉撰联

（三）太白楹联

谷口冻云开，万里寒光生积雪；

峰头初月上，四时好景孕灵泉。

——太白山庙宇对联

作镇周原，误把山灵传秦伯；
媲隆汉畤，至今石上有清泉。

——太白山庙宇对联

太白水奇，东投黄河，西归长江，滔滔滚滚汇太平；
古栈道险，南通巴蜀，北连秦川，曲曲折折贯古今。

——太白名联

八百里秦川原尽山合宝鸡昂首；
万千丛花木峰回路转太白擎天。

——太白山联

称雄华中睨观万里玉龙高卧傲苍穹；
巍峙三秦鹤立千秋奇石遍布凝紫气。

——太白山山门联

东入黄河西归长江流淌百载盛世；
南接巴蜀北连秦川贯通千年古道。

——太白路步行街东大门联

太白福地万壑藏云绿水环绕托洞天；
金星和瑞千峰竞秀青山怀抱含明珠。

——太白路步行街西大门联

敞开山门促开放，立足资源搞开发。

——潘太公路秦岭梁顶对联

三、题字

（一）石门景区

（1）新石门北，张保庆题字摩崖：“别有天”。

（2）坝上栈道，钟明善题字摩崖：“雄关云栈”。

（3）坝下栈道，石峰题字摩崖：“古今奇观”。

（4）坝下栈道，韩耀武题字摩崖：“连山如画”。

（5）坝下栈道，张德勤题字摩崖：“步坦途不忘蜀道难　享安乐常念前辈功”。

（6）栈道入口，雷珍民题字摩崖：“蜀道之冠”。

（7）文化广场，陈忠实题字摩崖：“汉中开汉业”。

（8）山河观门首，任法融题匾额：“山河观”。

（二）留候（张良）庙匾额

功成身退——聂铣敏　椎秦兴汉——周开勋
高尚绝伦——贺培芬　明哲风高——杨名飏
机谏得宜——胡超　　名高青简——陈才芳

智勇深沉——叶伯英　帝宰人龙——赵延俊
机其神乎——胡珍品　急流勇退——文德升
天人合应——唐树楠　相国神仙——于成龙
澹泊明志——赵守钰

第三节　碑记、散文

一、碑记

石门铭

北魏（王远）

此门盖汉永平中所穿，将五百载。世代绵迴，戎彝递作，乍开乍闭，通塞不恒。自晋氏南迁，斯路废矣。其崖岸崩沦，涧阁堙褫。门南北各数里，车马不通者久之，攀萝扪葛，然后可至。皇魏正始元年，汉中献地，褒余始开。至于门北一里，西上凿山为道，峭岨盘迂，九折无以加，径途巨碍，行者苦之。梁［秦］初附，实仗才贤，朝难其人，褒简良牧。三年，诏假节龙骧将军［督梁秦诸军事］梁秦二州刺史泰山羊祉，建旙漾，抚境绥边，盖有叔子之风焉。以天险难升，转输难阻，表求自回车已南开创旧路，释负担之劳，就方轨之逸。诏遣左校令贾三德，领徒一万人，石师百人，共成其事。三德巧思机发，精解冥会。虽元凯之梁河，德衡之损蹑，未足（以）偶其奇。起（至正）四年八月十日，讫永平二年正月毕功。阁广四丈，路广六丈，皆填溪栈壑，险梁危，自回车至谷口二百余里，连并辔而进。往哲所不工，前贤所辍思，莫不夷通焉。王生履之，可无临深之叹；葛氏若存，幸息木牛之劳。于是畜产炉铁之利，纨锦毦之饶，充牣川内，四民富实，百姓息肩，壮矣！自非思埒班尔，筹等张蔡，忠公忘私，何能成其事哉！乃作铭曰：

龙门斯凿，大禹所彰。兹岩廼穴，肇自汉皇。导此中国，以宣四方。其功伊何，既逸且康。去深去阻，匪阁匪梁。西带汧陇，东控樊襄。河山虽险，汉德是强。昔惟畿甸，今则关疆。永怀古烈，迹在人亡。不逢殊绩，何用再光。水眺悠，林望幽长。夕凝晓露，昼含曙霜。秋风夏起，寒鸟春伤。穹隆高阁，有车辚辚。咸夷石道，驷牡其骃。千载绝轨，百辆更新。敢刊岩曲，以纪鸿尘。

［魏永平二年，太岁己丑二月己卯朔卅日戊申，梁秦典签太原郡王远书，石师河南郡洛阳县武阿仁凿字］

汉中新修堰记

宋（杨绛）

乾道元年，四川宣抚使判兴州吴公璘。朝行在所，上宠嘉之。再拜上公，进爵真王，仍以奉国节旌移汉中。粤自用武而来，戎马充斥，民事寖缓。公至则曰："国基于民，而民以食为天，凡所以饱吾师，强吾国者，民也。民事固缓，而恬不加恤，是不知本之甚也，其可乎哉？"乃申饬僚吏具诏令之，忠厚爱民，与夫政事之偏而不起者，次第施行之。给

和籴之缗，而人无白著；停逾时之赋，而穷困以苏。兼并均敷，悍黠弗贷。严而不苛，宽而有制。至若划蠹除害，惠泽流布，家至户到，咸知乐业。明年春，农务未举，公首访境内浸溉之原，其大者无如汉相国曹公山河堰。导褒水，限以石，顺流而疏之。自北而西者，注于褒城之野；行于东南者，悉归南郑之区。其下支分派别，各遂地势，周溉田畴之渠。百姓飨其利，惟时二邑久矣。息作每岁鸠工度材以钜万计，将有事于沟洫。狡狯者，羸其财；侥幸者，啬其工。重以异时，小夫贱隶，染污习熟，卖丁鬻货，并缘为奸。以故无告蒙害，泽不下究。公慨然念之，锐意改作。与提典刑狱兼常平使者秘阁张公商榷，利病先事设备，偕诣堰所。击鲜格神，涓日起役。畚如云，万指齐作。乃檄通判军府事史祁俾总督之。仅两浃月工竣。凡用工若材视曩为省，而增创护岸之堤又数百丈。祁会邑宰，宣劳殚力，往来其间，申画畔岸，以杜分争。检校精粗，以别勤惰。如公指挥，人自知畏，不扰而辨。先是口道揵，积弊隳废。逾二十年而堰水下流，惟供豪右轮杵之用。异时沃野皆化泻卤，民实病之。公又躬即其处，相方度宜，易地穿渠，料简卒徒，官给财用，分授方略，佚道使之，刻期而就。凡以工计者，又十万有奇。水利至是惟广，能周溉三万余亩，泻卤复为上腴。讫事，而民弗预抑又难焉。钦惟我公威名骏烈，为社稷之卫，而司全蜀之命者，历三纪矣。建兹保釐，功崇位极，乃复推原本，始笃意民事。为朝廷固不拔之基，与黔首垂无穷之福，殆非识虑浅近者之所能为也。曹为异代创业之辅，公实今日中兴之佐。先后相望，千有余岁，其爱民利物之心及所成就，不约而同，可谓盛德事也。召父杜母何足拟伦？褒中之石，幸可磨镌。辞虽不腆，绛职在是。庸敢直书，昭示来世。

重修山河堰记

宋（阎苍舒）

山河堰在兴元褒城县北山下。图志载，水出太白山，山在凤州梁泉，南流入斜谷，下入褒中，又南入汉江。父老相传，此堰曹相国作。考之史，元年四月，汉王就国，留肖丞相收租给军。五月，王引兵出梁、雍，建成侯为将军从，还定三秦。三年，王与诸侯鄚侯守关中。则此堰疑非肖、曹所亲临。诏云，蜀汉民给军事劳苦，复勿租税二岁。三年，关中大饥。令民就食蜀汉，则汉中馈饷亦夥矣。平土上腴，必资水利。三堰之兴，安知不出于二公乎？由汉迄今，维梁为巨镇，世宿重兵，取足南亩，税事宜力，国朝有山河军。嘉祐三年，提举常平史照谓，游手扰人罢之，岁用食水，民计亩出工，官为董，齐其役，疏利害，釐蠹弊，新簿书，严尝罚，条而上之。是时，富公、韩公、曾公当国，奏下都水，植碑褒城，至今遵用。绍兴三年，汉中被兵，民多惊扰，而堰事荒矣。既而复业，稍寻旧役，则户版凋稀，功绪卤莽，堰既疏漏，渠亦洿浅。每秋潦猥盛，即败堰堙渠。下民告病，田收十六七，旱岁尤甚。乾道五年，上命参知政事相台王公宣抚四川。明年，移府汉中。一日，行堰上，顾视慨然，乃命知兴元府利州路安抚使、御前诸军都统制吴侯供（应为拱）商度之。图以献曰：谨酌民言，堰败当自外增二垠，渠堙当竞力通之。异时，野水冲激，当浚以新港出飞槽，俾不为渠病，顺规模宏深，非常岁比。乞用绍兴累降旨，发工徒，出官币修之。冬十月，公命大出后府钱币，募兵市财，积岸跻山。明年春正月丁酉，

厥役告成。合六堰，表一千二里（疑百之误）五十步，外增修二垠，皆精坚，可永勿坏。二渠若新港，一万一千九百四十步，悉力浚之，因得桐板若角石状，而渠遂复，视比岁所修深广倍之。使伐石十板，复置渠下，以为识用。长岁水夫四千四百六十八人发官军民兵合九千六百八十一人。用堰渠料工、凡材木若干。人夫总五十三万五千八百七十八工，自行府出钱鸠材飨犒及师司尝给有差，合计用钱三万一千二百六十缗。其渠港分流为筒跋者九十有九。凡溉南郑褒（城）二十三万三千亩。是役也，公尝一再临视，谓宾客曰：“汉河防之役，将军以负薪竟塞之。天下事功苟以身先，无不济者，不特水事也”。于是守帅、郡使者、宾僚、吏属、将骑熊罴之士皆在，而工徒人卒云兴椎凿，雷动欢讴之声，响撼一川。耋老孺童遮迎马首，舞跃歌呼，再拜投谢曰：“父兄子弟闻之，先民未尝睹斯役也，公之功德远矣，其敢忘赐耶”！吴侯嘱苍舒记之，不得辞。维秦汉以来，言水利者日益众，其最暴著则郑、白二渠。郑国起前，白公继后，相距才百五十二年，民得其饶而歌之。今我褒渠自汉丞相开迹，迨今千三百七十有三年。公始以副丞相临之，而后兴其工，斯民之咏歌，宜哉！苍舒以诸从事，辱公命，是役，皆所经见，于是书之，无愧辞。

山河堰落成记

绍熙五年，山河堰落成。郡太守章森、常平使者范中艺、戎帅王宗廉，以二月丙辰徕劳工徒，堰别为六，凡九百三十五丈，酾渠四百一十丈，木以工计，七十二万四千九百有奇，工以人计，一十五万九千八百有奇。先是四年夏，大水，六堰尽决。秋，使者被旨兼首事，会凡役，慨念民输当四倍于每岁之常，乃官出钱万缗，为民助。查沆，贾祠祖、晏袤、张炳实董其事。

山河堰溉田用水协约碑

粤稽汉志山河官堰为萧曹创建，横截龙江，直以长桩□□□□钜石为主，琐石为辅。溉沔、褒田四万五千顷。并无第三堰水分，惟有渗溢之水，尔等听用。至嘉庆□□七月内，偶逢天道炕焊，河源水竭，忽有第三堰栽田人户，不遵旧制，挖掘山河堰堤，以致山河官堰□庶具控。水利道宪朱暨府宪樊查明旧例，出示禁止，永不许第三堰掘挖官堰。嗣奉护理□赵、委候补县，会同县赴堰勘验，查阅汉志，并无第三堰水分。劝今山河官堰士庶，如遇天旱水缺，将官堰题坎仍照旧例横截，通以石砌，草土坚筑，止留五丈许，用石横截，不得草土坚筑；五丈之外，仍以草土坚筑。自立碑以后，官堰不得将所留五丈漏水草土堵塞，三堰亦不得擅行掘挖，妄起事端。从此建碑，永垂不朽云。□□岁贡王多士撰，生员孙骏烈书丹……生员朱孔阳书（共卅七人，其余从略）

山河堰水利管理协议碑

□□□□□□□□百者不谋新，如吾褒之山河堰，务剔除积弊，重建章程。是己粤自国初以来，水利久隶府□□□□□□□□□设堰长一名，小甲一名，工头二十二名。驿分八工，内设堰长一名，工头七名，外设船夫二名，神口□□□□□□□□□管堰法非不尽善也。

自乾隆二十一年，移署留坝，水利无专司之员，节年假手堰甲，弊窦丛生□□□□□□□及按限临头移东嫁西，指鹿为马，有钻当之徒，希图度日及包揽到手，捉风捕影，载鬼张狐最难，□□□□□□□混淆水同沟，而南褒参襍，或堰下合而滩数不投，或数投而年限迥异，犬牙互错，有废业已□□□□□□故主有受业已经多年，而堰簿未填约名，或姓氏同而田亩不对，或田亩对而错落悬殊，殊真伪难分。

牵牲告庙，船夫备舟运石，今田户屑征帮费，意在脱身了局。堰甲概行携，计存浸渔轧没。及动工□□□□□□存一叶谁驾，□视，徒苦夫役。原额堰甲远至百年一周，田多不过三十亩。工头近至十年一周，田□□□□□□久则弊生。田少则帮重，有栽田几世帮堰将临而田预早出废者；有置业数月，勺水未注而帮适猝临。□□□□□□之候彼此混赖，鼠牙频兴，屈直莫辨，疑信无凭，以上诸弊，不胜枚举。今阖堰人等公议，无论民田驿业，□□□□□分工照沉沟鳞次查田，经界正而水分清也。每岁用堰长一名上堰督工，小甲六名下乡催夫，裁一冗而□□□□□也。改易工头，加增长夫八十四名，添一夫而多一力易成功也。堰甲七年一轮，按土堰顺次滚、当长夫逐□□□□亩横推挨管，俱周而复始，年限近自轮流速而工不乱也。堰长一工摊田五百亩，小甲一工摊田五百亩，俱□□□□次过。四十长夫摊田七十亩，每亩不过三十。田亩多自议帮轻而人易从也。如此庶漏帮者水落石出，无所□□□□钱当者路尽途穷亦无所施其伎俩矣。众议佥同，遂禀请□□□陈□大人于百□□批允，随即遵照办理，今已重新簿书，条分缕析辑注详明，爰勒贞珉以垂永久。是举也绝隐昧之弊□□□之害，息争讼之端。虽不利于一二人，而利于亿万人，不便于一时，而便于千百世，讵不善始善终哉！经始于嘉庆□□，终事于越岁甲子之夏月日也。是为记。邑人欧阳文学谨撰□庠郑兆祥

张瑞香敬书

□□九年岁次甲子四月初一日阖堰士庶公立

山河堰水例记

为勒碑以垂久远事照，得考汉南郡志，山河堰汉相国萧何所筑，曹参落成之，引黑龙江水为三堰，古刻曰巨石为主，琐石为辅，横以大木，植以长桩，岁久无考。宋吴璘驻节汉中，访灌溉之源，导之而下，自北而西者导于褒城之野，曰山河第一堰，其址早废。行之于南郑之区，曰山河第二堰，至今水利赖之。旧堤长三百六十步，多植柳，名柳边堰，又名柳堤堰。自前名分上汉卫，高桥三皇川为上，有两坝共灌八万余亩，而志书所记四万有奇。所有各堰洞口俱有尺寸定例，不准擅改，祠因争水相讼不已，于康熙五十六年和议立于山河庙，仍照古制，使水日期照上四下六，至封开洞口仍照五月初一、七月十五，相传俗例。再下为第三堰，自立碑迄今又二百余年矣，其中添开水田不知凡几，私开洞口更无考稽，若值天雨及时，上下尚无异议，一遇亢旱偶灾，彼此竟争不已，自兵后，往往下坝尚未灌足六日，而上坝逐将洞口启板开放，反至下坝控官，则上坝之水已足，实下坝虽有六日之名，实无六日之实矣，故此屡讼不休，兹本道细阅，上坝首士等所呈碑文，又将初一改为初二，实属擅毁石制，亟应严惩究办，姑念俯首认错，情愿重立新碑两个于山河庙及道署大堂，

并培修山河庙堰等工。自应俯如所怨，免其查究，本道重述旧章，勒碑以垂久远，祠后上下两坝永遵勿替，如有妄生议论再起争端者，执此碑文控道严行究办，决不姑宽。除详明

巡抚部院及行府、县备案外，为此，示谕上下两坝绅民人等一体凛遵毋违，特示章程六条列后：

一、每年谷雨前后开堰之日，本道亲赴山河庙行香开堰，放秧苗水四十日，各洞口用木板拦沙，俾上下两坝一律均沾。

二、秧苗水放足以后，尚未至五月初一开堰之前，尽上坝各田灌溉，下坝不得争兢。

三、自五月初一黎明起，即将上坝金华堰起，至李官洞止，各堰口一律封闭，由道县等署请领封条，照上四下六定制，注明启闭日期，由下坝于每洞口拨夫看守，至初七日黎明即行扯封，放水不得逾限，上下两坝不准违章生事，违者重咎，十一日黎明再封再开，十日一轮，五、六两月若逢“小建”，各让半日，至七月十五日止。

四、各洞口水口尺寸，本有定例，如人心不怙，不知何年月日擅行私改加大，现若令逐一折毁，照例改修，而前修现属工料坚固。折毁不免可惜，应于放水时饬用木板照依旧制拦阻，不准违例。

五、自此定章以后，上下放水日期时刻，不得再行紊乱，倘遇天时亢旱，乃系天灾，上下两坝不得借口水不足用，恃强争闹，混乱前规，倘有不遵，严拿重处，决不宽贷。

六、其余修理堰工及山河堰丈尺，军民夫田，洞口尺寸数目并各项章程，均照旧制办理，不准擅改。

光绪二十年十月初十日告示，后一年十月十五日山河庙立

留坝厅水利章程碑（录文）

计开章程十二条于左：

一、明示宗旨，以垂不朽也。南岸之可开田，夫人而如之，然无一人倡议兴办者，以民间无此巨力也。现动用此巨款，开南岸堰渠，上时，虽有各业户按亩分年摊还之说，然分年征还，整款反同零欠，各业户受利倍丰，还本必多，一二年后，设俱纷纷措还，不惟学堂巨款，破为畸另；而官绅受莫大之劳，田主保自身之利，学堂反无永远之租。然揆之情理，亦殊未平。则南堰当定为学堂之世业，新田宜永有学堂之稞租，乃合学堂开渠之宗旨，若改归民业，田主众多，用水则争先恐后，修渠则退避不前。趋利避害，狱讼繁滋。今为学堂官堰，一切由官主持，消泯无限争端，且新开之田，将来增多谷数，较前何止倍蓰。学堂即照增出之数平分，尚不为苛，况按亩取租，为数甚少。嗣后无论田归某姓，堰渠总为学堂永久之业，不容更变。

一、计亩定课，以充经费也。新开堰渠，灌田四百四十八亩余，其陂泽可为溥矣。用过工费，统计一千二百余串，其用款亦云巨矣。而自始至终，动用学堂之专款，正所以扩充学堂之经费，田亩既赖学堂之力，以获倍收之租，学堂即应分利之余，用作膏火之需。其占渠水之田，每年租课收获，按约交堰稞三斗，每年可得花息壹佰叁拾余石，由堰长经

收，汇交学堂司事，储仓备用，仍于收获后，由司事造册报查。

一、渠口用闸，以示均平也。此渠既为沿渠三十八寨公共之利，自应一视同仁，将水田亩数多寡，通用计算，以渠水盈绌，按亩均匀分摊，乃为公溥。第恐一过天晏上流，就渠中筑闸，将水截留，灌注己田，或暗施诡计，截渠旁流。则下流有分灌之虚名，无受水之实际，谍讼之端，几由此起，不可不立法预防，以杜弊窦。应将水口安设闸板，每板定宽八寸，量水浅深，层递累堵，遇灌溉之时，如第一口去闸板一块，除分流外，二块闸板以下之水仍可下流。至第二口，则去闸板二块，第三口则去三块，以次递加。庶渠口以下，不至断流。用水之时，得以同时灌注，上下流通，水利均占。虽地居下游，不致有等候失误之虑，以示均平，而免纷争。

一、造册立卷，以昭信守也。渠工既成，凡沾渠利之地，逐亩履丈，分别花户、亩数、应纳稞数，亲向学堂书立卷，名日稞约。由学堂造具花名清册二份，一存于厅案，一存学堂，用备稽核地土。遇有售卖，须向学堂换立新约，以免日久口混。

一、轮举堰长，以专责成也。每年应公正神耆一人，专司渠事，名日堰长。凡渠通道淤疏浚，催稞换约等事，皆归稽查经理，由沾渠利益各户，按年轮流，以均劳逸而示限制。

一、预定岁修，以免垒淤也，每年夏秋雨多之时，山水暴涨，挟带泥沙。一经平减，不无沙泥停滞，计日积厚一钱，累年即将盈尺矣。是以岁修之举，不可不预算也。此渠乃学堂公业，与民间私产有别，不能较及销铢。况堂中经费尚绌，实难再筹。岁修之资众擎则易举，是不得不望于众业者。议于每年兴作之时，由堰长定期传知沾渠水利各业户，按地多寡，均匀出夫，按段疏浚，务期通畅而止。如遇暴雨时行之时，在于各户轮派水夫四人，由堰长督率，昼夜巡视，抢险防护，不得推抗，以免溃决。

一、田间水道，不得阻滞也，干渠灌田水口，其数有定，不能按户开宅，其相隔较远不临渠身之田，必须上流下接，由近及远，以次接灌，则田间水道，不惟已田行水之路径，亦乃邻田假道所必需。一经勘定，永远遵行，田主不得借口阻滞，致距较远之地，独抱向隅。田亩遇有展转接受，应将借道行水路径，注明约内，以免争执滋事。

一、开塘蓄水，以备不虞也。现于渠之下游，开挖池塘一处，若遇旱干之时，渠水来源不旺，不敷荫汪，则地居下游者，不无觖望。兹特备预不虞，俾水缺之时，得有挹注，用资补助，而免偏枯。

一、兵民一律，以期不允也。查沿渠各地，内有营中公产，向为旱地，今则得沾水利，俄成沃田矣。查此田乃营中私置公业，正饷之外，津贴之下也，其与国家赐作兵屯，不再支领正饷者不同。故一切赋税，向俱照依民间，一律办理。今兵丁既较往昔倍增其利，则堰课培修等项，应与民间一体照办，不得两歧，以示大公。

一、预权轻重，以定限制也。查旁渠旧有水碓，向系拦用大河之水，若果河流畅旺，水力有余，原河渠并用，两不相妨，第恐天旱水缺，其势万难兼颜，语云：两害相权，当择其轻。不得不舍碓以救田，彼时自应先尽渠中应用，以资灌田，水碓不得拦截相争，致碍田禾，先本后末，理固宜然，预示限制，以杜纷争。

一、禁挖沙坡，以固渠埂也。查荒草坪沟口一带沙坡，逼近渠埂，该处虽异石田，究非沃壤。该地主图见小利，间岁一种，冀得升斗之粮。第坡势既陡，沙脉复松，夏秋雨淋，水沙杂下，殊于渠道有害。今由学堂每岁于堰课项下，津贴该地主稻谷三斗，嗣后不得再行挖种，仍由学堂艺植树木，将来阅时既久，树根蟠结，草长土紧，与渠道大有裨益。仍俟学费充裕，给价承买，以断纠葛。

一、预立水限，以示均平也。南岸新开之田。惟资河水灌注，其用水不及平方五尺，北岸旧田，向分三坝；天福宫左右一带之田为上坝；文庙对岸之田为中坝，大滩、画眉关一带之田为下坝。统计不及南岸新田三分之二，其需水亦不过如新田平方五足矣。且上坝、下坝，尚有石峡沟、官塘沟雨水汇流资助，则分用大河之水，仅止中坝一处。常年水源，本属不可胜用，无虑缺少。所虑奇旱为灾，沟水或致缺乏，官堰地据上游，竭泽其易，则中坝、下坝之田，必致无水可灌，殊非公溥之道。今特预立水限，除常年之外，设遇奇旱之年，官堰与北岸民堰，按五日轮流分灌，庶北岸旧有之田，水利一体均沾，以杜纷争，而示大公。

以上所拟，系体察情形，因地制宜，大概章程，未必果能尽善，仍当随时斟酌。以期事归实际，理合登明。

经理：驿丞张国钧，把总刘福臣，外委张以信，廪生陈世虞，廪生吴从周，文生何秉璋，武生周鼎铭、李连科、福盛魁，堰长何连才。

光绪三十年岁次甲辰六月谷旦

贾大司马修栈记

康熙三年秋九月，尚书公（贾汉复）奉天子命，巡视汉南（即汉中）城垣，渡渭入栈，喟然叹曰：是昔魏武所谓五百石穴者也。行人骑畜，经其地者，大则有性命之虑，小亦有颠扑之患。自五丁粗开山径以后，数千年于兹矣！降至明季，逆闯横肆，秦蜀梗塞。羊肠一线，仅为猿狐出没。幸天佑皇清，我朝更新，救无辜于水火之中，奠元元于衽席之上，爰登大宝，传及圣明，天下一统而西服朝宗，必以栈道为咽喉，顾乃深洞隘窍，使亿万年皇星驰骋之路，弗克共游荡平。今栈落成，务使岭岩尽削，辟成坦途，庶几无负填抚之任。虽然，吾不忍以逸人者劳人，必也，计口授食，计食授钱，乃克有成功。因捐金募工，指授方略，进关南巡使范公而谋之，乃命参戎李君，司李曾君□董其事。于是，修险碥凡五千二百丈有奇；险石路凡二万三千八十九丈有奇；险土路凡一千七百八十一丈有奇；险偏桥一百一十八处，计一百五十七丈。去偏桥而垒石以补之者，自江面至岸，高三丈许，共长六十五丈二尺，凡十五处，修水渠一百四十五道，煅石三十二处，共一百五十六丈六尺。去当路山根大石二百八十九处，垒修木栏杆一百二十三处，凡九百三十八丈有奇。合营兵、驿夫、民夫、各匠，积六万九千八十三工。是役也，不三月而告竣，成功之速，若有神助。夫自有云栈以来，阅历数千载，其间不无豪杰佐命之士，痛惜行路之难，思欲平险为易？然皆逡巡，不敢施工者，以云栈地连雍梁二郡，宝、凤、褒三邑，绵亘六百里，

高者出层霄，下者临无地置足，靡所举手，欲乃寸寸口口而易之，嘻，其雉也！尚书公独不以为难，奋焉图之，一举而二郡三邑六百里蛇盘租栈之区，无尺寸不坦若康庄，诚不朽盛事也。汉中去京兆数百里，尚书公开府尊重，设非奉勒南巡，必不远涉栈塢，是查城之役，天实假之，以令尚书公竟亿万年未竟之业也。夫人之勋□□□，泽及一时，犹戛戛难之；尚书公一巡行间，体念忠君爱国之心，开万古荡平之绩，其志虑为何如乎！余老矣，不能复游褒斜，深幸亿万年难见之业，赖尚书公克底厥成文。喜尚书公功德之隆，与天地同其悠久。而余以衰老颂扬嘉绩，载名其上，荣莫大焉。因记其事而刻诸石，一置鸡头关，一置煎茶坪，志功所自始与所自成也。尚书公姓贾讳汉复字胶侯，号静庵，山西曲沃人。范公讳发愚，河南河内人。李君讳承恩，北直大兴人。曾君讳王孙，浙江秀水人。

特进光禄大夫太保兼太子太傅内翰林国史院大学士，前户刑二部承恩存问通家治生党崇雅顿首拜撰。康熙三年岁次甲辰季冬谷旦。汉凤二郡绅士、兵、民勒石。

二、散文

水经注·沔水篇（节录）

北魏（郦道元）

褒水西北出衙岭山，东南经大石门，历故栈道下谷，俗谓“千梁无柱”也。《诸葛亮与兄瑾书》云：“前赵子龙退军，烧坏赤崖以北阁道，缘谷百余里，其阁梁一头入山腹，其一头立柱于水中。今水大而急，不得安柱，此其穷极不可强也”。又云：“顷大水暴出，赤崖以南，桥阁悉坏时，赵子龙与邓伯苗，一戍赤崖屯田，一戍屯赤崖口，但得缘崖与伯苗相闻而已”。后，诸葛亮死于五丈原，魏延先退而焚之，谓是道也。自后按修旧路者，悉无复水中柱。迳涉者，浮梁振动，无不遥心眩目也。

褒水又东南，迳三交城，城在三水之会故也。一水北出长安，一水西北出仇池，一水东北出太白山。是城之所以取名矣。

褒水又东南，得丙水，西水。承洪水入丙穴，穴出嘉鱼，常以三月出，十月人。地穴口广五六尺。去平地七八尺，有泉悬注。鱼自穴下透人，水穴口向丙，故曰：“丙穴”，下注褒水，故左思称：“嘉鱼出于丙穴，良木攒于褒谷矣！”

山河堰四六分水记略

明（崔应科）

汉南水利之大者无如山河堰。自高堰子迄三皇川为洞口者四十有八，溉军民田四万四千八百二十有三，上坝与下坝利实共之。迩者，下坝之民每苦浇灌之难。一值亢旱，秋成无望。万历二十三年司李宋公一韩，奉文踏看灾伤。历巡两坝，察利病之源，酌民情之便，定其期限：由高堰至李官洞浇田一万九千六百八十亩，临近官沟注水易，议为四日；由高桥至三皇川浇田二万五千一百四十三亩，窎远注水难，议为六日。均为两轮，周而复始。在上者不知其余，在下者无忧不足，洵万世永赖哉。宋公去，二十八年巡道李公命以其议勒诸石。三十一年郡丞张公光宇至，以职水利。巡垄亩，采群议，无如宋公法善。议拨田夫分两班赴上坝洞口宿守防范。每轮毕，则差役同甲头封闭焉。经画周以悉矣。

汉中渠利说

清（严如熤）

西北渠利，其为水田种稻，惟宁夏、汉中。若秦之郑、白渠，灌麦粟而已，今亦无存者。宁夏地极高寒，汉、唐两渠所艺稻洒种，以利速成，收谷甚薄。汉中之渠，创之萧、曹两相国，诸葛武侯、宋吴武安王兄弟先后修治，法极精详。汉川周遭三百余里，渠田仅居其半。大渠三道，中渠十数道，小渠百余道。岁收稻常五六百万石，旱潦无所忧。古之有事中原者，常倚此为根本。屯数十万众，粮不外求。其治渠之善，东南弗过也。

盖尝讲求其故：

一在择水。稻田水宜清、宜暖。浊则不宜秋苗，冷则苗不长发，而迟熟。汉中各水，以汉江为大，然用之溉田者则水、水、濂水、乌龙江（褒河），数水皆注汉支河。汉流大而难用，支河小而易于堤防也。汉中又有南沙河、响水子，各渠皆向阳。山泉从石隙中出，流清而暖，故引渠之地，岁收稻不下十万石，其明验也。

一在择土。五方之土，黄壤、白壤、青黎、黑坟、赤埴，色各不同，性亦互异，种植各有所宜。种稻则宜涂泥。沿海沮洳，固多涂泥。顺津保河之间，地多泉脉，涂泥亦自不少。大约稻之土，泥壤为上；泥多带沙者次之；泥沙相半者次之；黄壤带沙，沙细杂少沙亦可用。若纯是黄壤、白壤、青壤、亮沙则决不可用。宜稻之地，沃野六七石，次亩四五石；不宜稻之土，岁丰不过一二石。渠修而土不宜稻，徒费工本，不可不慎也。

一在修渠身。垦田之地低，作渠之地高，高则可由上灌下。渠身择土性稍坚者治之。渠身一道，盘纡常百里、数十里。择引水之地，尤必求泄水之地。引水之地得，而渠有头；泄水之地得，而渠有尾。所引之水或即还本河，或径归大河。在相地势通盘预为筹定，而后可兴工。如汉中、濂各渠之水仍归谓、濂。有径入放汉江者，要之。所引之水，不可太迫。渠身往往行数十里、数里方始灌田，则可免灌沙冲筒之患。渠身宜广深，如溉田至六万亩，则渠身须广三四丈，深一丈四五尺。进渠之水，常有二三尺方可敷用。渠堤即用挖出土筑之，必须坚筑，且堤当在溉田一面。分水筒口就渠底穴堤砌之。无田一面空之，以收野潦助溉。筑时遇对面有潦沟，尤须加功。

一在分筒口。渠所灌溉有近渠身之田，有隔渠身半里数里之田。凡大渠一道，必分堰口数十道，灌田数百亩、千亩、数千亩不等。堰渠一道又必分筒口十数道，灌田十数亩、数十亩、百亩不等。堰口宽长各有尺寸，启闭各有日期，计所进之水足灌其田，不至干涸而止。灌田足用余水洴之下游，下游又作水田。雨多之岁，亦可有收。故凡洴水田于大渠工作不派夫，费不入常额。堰筒分水，有周官川浍沟洫遗意，但彼以沟洫之细泄之川浍以为蓄。此则正渠之大泄之堰筒而蓄之田。额田有余洴之余田，而仍归之河，井然不可乱。孟子所谓经界之必先正者，此也。

一在修龙门。渠与溪河相接，引水进渠处为龙门，乃一渠之咽喉。不能迎水则水不入渠，迎水而当大溜，则涨发时有决冲之患。故作龙门必得借小阜石确硬土为要。旁吸河

流，以避正溜。门须狭于渠，譬之门为口，渠为颊，口之所入，颊大始能容之。门两碌岸用灰土坚筑，炼成一气，各包十丈，为上用窑砖砌四五进，亦可砌石为下，石缝过大剥落易于浸水。如河流过大，龙门下数十丈、百余丈作减水坝，则堤身不至冲塌。龙门得法，为旱为潦，有水之利，无水患矣。

一在作拦河龙门。既用旁吸，则水非直入，必于正河截之，水方能以进渠，则拦河为要。南中拦坝往往用石砌，断河中流。而萧曹遗制不然。用木桩长四五尺，纵横植水中，磊以乱石，似近乎流。不知南中土薄，控数尺即见根，连根砌灰石可坚。西北土厚，挖至数丈不见根，砌以灰石，水遏不得过，搜根冲湍石下，则空而必倾。不如磊以乱石，截其流之大者入渠，而仍听石隙之水下流。则势不急而无搜根之患，此似疏而实密，常法之可久也。至水涸之时，需水孔亟，则用板用席，令其点水不滴，可也。或作拦河之处，而有湍激之势，则必用木圈竹笼盛石，钉以巨桩，工费所不可惜者。

凡此六事，皆汉中作渠溉田行之，数千年而有利无害者，西北可以相通仿而行，利济无穷矣。

褒斜同谷说

明（刘绍周）

古今志褒斜者，谓南北同谷，惟何氏《雍大记》不然，谓自秦人蜀，有三谷四道：西南曰褒谷；南曰骆谷，从洋人；东南曰斜谷，从郿人。其栈道有四出：从成、和、阶、文出者，为沓中阴平道，邓艾伐蜀由之；从两当出者，为故道，汉高帝攻陈仓由之；从褒、凤出者，为今连云栈道，汉王之南郑由之；从城固、洋县出者，为斜骆道，武侯屯渭上由之。此四道三谷。

余未履其地，但就其所分疏求之。夫既以骆谷为南，则斜谷当在西南，且斜、骆二谷、地望各异、何得概称一道，为武侯屯渭所经由也？盖褒谷在蜀汉西北，不得为自秦入蜀之路。若从秦州言，则南。日骆谷在整厔，西南为郿，则斜谷耳。乃讹“西南”曰“东南”，将以郿在整厔之东乎哉？故陈（程）大昌述高帝之人关也，“正月，羽封沛公为汉王，都南郑；封秦将章邯为雍王，都废邱。四月，汉王人蚀中，至南郑”。“蚀中”不见他书，以地望言，关中南面碍山，不可直达，其有微径可达汉中者，惟子午关在长安南；次西有骆谷关。又西则褒斜也。此“蚀中”，非骆谷，则子午耳。若大散，则在西南，不与咸阳对，出非其地矣。其年五（八）月，汉王引兵袭雍，则自褒斜出，盖雍之陈仓也。汉兵既出，章邯走废邱，遂定雍县，东围废邱，邯自杀。复遣樊哙、周勃引兵下郿，安得谓骆谷在南，而斜谷又在东耶？又按《郑氏地理略》，当蜀魏时，陈仓东北十五里为郿城，亮攻陈仓不拔，又攻郿不能克，乃引还。《国志》虽无其文，而渔仲博雅，必有所本。则高帝后，亮亦攻陈仓及郿，而不独屯渭上，由斜骆道矣。盖骆谷从扶风，隔南山，中有三岭，一日洸（沈）岭，近芒水，在厔；一日衙岭，一分水岭。固郿斜谷水所从出，以入渭者也。乃知斜、骆二谷，在南山中，其脉势实相联接，缘本著末，则郿与整厔皆有骆谷，而《雍大记》乃统称斜骆道云。所以记事者又有元（玄）、僖西幸由斜谷之说，见《次柳氏旧闻》及张氏《耆旧传》。

马道驿樊河桥记

明（李良汉）

马道驿之北，旧有樊河桥，乃汉将樊哙所建也。岁久倾圮，行人病之。居民恒架茅其上，随构随覆，如是者百余年。嘉靖庚寅岁，分巡关南宪副蒲坂刘公，每巡历兹地，见其山高水险，匪桥弗济，遂怃然有修建之意焉。既而谋协太守武进孙公，遂捐赎金六金，命驿丞阁柯营办，以考其成。至辛卯冬，时和年丰，阎问（闲）暇，柯集坊民之有行谊者，募工经营，采石于山，采木于林，诹日举事，董课章程。越明年壬辰春，事方就绪，而刘公受擢大参。建西充马公继巡兹郡，嗣为振作，而此桥告成，且砻密巩固，足垂永久。由是以通蜀秦，以利商贾，民甚便之。

呜呼，是举也，用度有数，不伤财也。兴作以时，不劳民也。聚其所欲，顺民望也。樊公建功于千百年之前，二公继功于千百年之后，先后盖重光矣，夫岂偶然者哉？是岁秋，予以事至此，睹其桥巍然焕然，制度一新，感二公之绩，不可以弗传也，遂援笔以记，姑述其大略如右云。

蓄水灌麦碑记

清（滕天绶）

粤稽汉南水利，肇自前汉萧、曹二公。嗣是疏浚修筑，代不乏人，数千载而下，讲之详矣，利云普矣。惟是蓄水灌麦，从未讲及，岂前贤未之思耶？抑后人虑未周耶？

余于丙寅冬来守是邦，缘地方恒以水利是角遂，得辙迹各堰坝、洞口，深晰地势、水利之原，更思各堰之水，夏秋藉以灌溉水田，俾一方免旱灾之苦，厥功大矣，毋复喙矣。然自秋成之后，各堰之水，胥于无用。切思水之为患固巨，为利益宏，既可以救夏秋之旱，独不可以救春冬之旱乎？既可以溉稻，独不可溉麦乎？爰谓九属父老曰：“何莫因已获之田，播种二麦，即因此见在之水利，撤入（水）灌之，不几田有两秋，而水尽其利也。”众父老曰：“否，否。”复进而谓之曰：“何为否、否？”父老因谓曰：“田可两秋，水可两用，何上下千古未闻是言也？”余再进而谓之曰：“子既不以余言为信，何莫耕稻田数亩，撤水灌之，以试余言，何如？”父老曰：“唯唯。”

是岁庚午冬，父老各耕田种麦如余言。待至来春，倍出寻常，已有成效，各属士民咸诉勒石以志其事。然查往例，每岁春时，各堰工督修堰坝，引水溉田，迨至七月间，遂弃不问。既蓄水灌麦，每年秋冬九月间，仍复加修，方克有济，此乃地方永远自然之利也。但恐事久更弛，应如士民所请，勒之于石，以垂水远。虽据各属士民，勒有贞珉，然此蓄水灌麦之利，关系民生，爰是直书其事，勒石于府门之右，倘后之君子，亦如汉南水利，详察劝谕，则蓄水之利，自与各堰之水利，並垂不朽矣。因是记之。

重修栈道折

清（董教增）

为栈道工程紧要，筹项修理，仰祈圣鉴事：

窃陕西汉中府属凤县、留坝、褒城、沔县、宁羌五厅、州、县，上年秋间被水，奏

蒙恩旨，抚恤在案。该五厅、州、县境内，栈道叠被水冲，当经檄饬查勘。兹据藩司朱勋转据该管道府及印委各员详称：汉栈为川陕要道，文报行旅，络绎不绝，其间崇山叠嶂，鸟道羊肠，最为险峻。上年秋雨连绵，叠次山水陡发，石岸、偏桥多被冲塌，兼之山石滚落，阻塞正路，行人皆绕道由溪涧稍浅处行走。一届夏令，大雨时行，于文报、行旅大有阻碍。现择紧要处所，逐段履勘，共估需银九千七百余两，急须筹项拨给。趁此春融，赶紧修治。

查栈道本有岁修之项，但截至十五年底，止仅存一千八百九十两零，不敷拨给。且栈道绵亘千里，山水冲决靡常，仍应留备岁修之用。陕省有各属当商生息银两，本系预备工程动用，除各处城工动拨外，现有积存息银一万五千余两，应请在于此项内照数拨给，作正开销。毋需另请帑项。绘图贴说，详请具奏前来。臣前在四川，往来栈道，熟悉该处情形，既经冲塌，实系应修急工。委员前往，会同地方官核实，撙节办理外，所有筹款修理缘由，理合恭折具奏。伏乞皇上睿鉴。谨奏。

建修太白庙募文

清（严如熤）

父老言：汉川数百里，民鲜洊饥，盖赖堰渠汇灌溉之利。堰渠之大，曰山河第二堰、第三堰，引水乌龙江；百丈、五门、杨填、高堰、新堰，引水湑水河。其他古道，沮、涚、溢渚（诸）河，均有渠利，而导源皆自太白山。是太白之粒我蒸民，功德在汉南为巨。太白禀金天之精，正位坤。维其灵气之磅礴，支分陵峦，峙山南各邑者，往往喷为神泉，遇雨泽衍期，文武士民虔诚祈祷，罔不应时涌，沛作甘霖。传曰："能御大灾，能捍大患，则祀之。"乾隆年间，省城奉敕特祀，宫殿巍然，守土者春秋告虔。去岁大中丞公以祷雨神应，重葺本山旧庙，躬亲报祀。汉南邀惠食德，而神庙未建，祀典缺如，无以仰答神庥，是守土者之责也。如熤承命观察使者，择郡城西北地一区，为神庙基，材鸠工，蠲吉兴修。维是汉南文武、士民，人人感神之佑，怀神之灵。薰蒿悽怆，如将见之。兹值百堵方作，当有共勷盛事者，则悃忱未可使之莫达也。各随愿书于右，以俟泐之贞珉。

褒斜论

清（顾祖禹）

褒斜道，今之北栈。南口曰"褒"，在褒城县北十里；北口曰"斜"，在凤翔府眉县西南三十里。总记川陕相通之道，谷长四百七十里。昔秦惠王取蜀中之道也。

《河渠书》：武帝时，有人上书欲通褒斜道及漕事。益州刺史张汤言："抵蜀从故道，故道多阪回远。今穿褒斜道少阪，近四百里，而褒水通沔，斜水通渭，皆可行船漕。漕从南阳上入褒，褒绝水至斜谷间百余里以车转，从斜下渭。如此，汉中谷可致，而山东从沔无限，便于底柱之漕。且褒斜木材竹箭之饶，拟於巴蜀"。天子以为然，拜汤子卯为汉中守。发数万人，作褒斜道五百余里。道果近便，而水湍石不可漕。然则褒斜之道，禹贡发之，而汉始成之，大约宜于陆，不宜于水。今南褒北斜，两谷高峻，中间褒水所经，曹操所言"五百里石穴"耳。

盖栈道，秦时已有之，所谓"范雎相秦，栈道千里，通於蜀汉"者也。汉高祖烧绝栈

道，因别开西路，从故道北出，以袭陈仓，而栈道遂废。武帝时复治之。后汉顺帝，延光四年即位，诏益州刺史罢子午道，通褒斜路，盖修栈道也。诸葛武侯与兄瑾书：“前赵子龙退军，烧坏赤崖以北阁道，缘谷一百余里，其阁梁一头入山腹，其一头立柱于水中，今水大而急，不得安柱，此其穷极不可强也”。武侯出师，屡修斜谷邸阁。及卒于五丈原，魏延先退而焚之。其后按修旧路，悉无复水中柱。迳涉之人，浮梁振动，无不摇心而弦目矣！”李文子曰：“自褒城县北褒谷至凤州界一百五十里，始通斜谷。谷中褒水之所经，皆穴山架木而行。”《汉中府志》：“褒斜谷中，宋时有栈阁二千九百八十九间，元时有板阁二千八百九十二间。历代制作，增损不定。明因故址修造，约有栈阁二千二百七十五间，统名之曰“连云栈”。陆贽所云：“缘侧经於岭岩，缀危栈於绝壁者也。”自凤县至褒城皆大山，缘坡岭行，有缺处以木续之，成道如桥然，所谓“栈道”也。其间乔木来道，行者遇夜，或宿于岩穴间，出褒城地始平。

褒谷地舆说

清（罗秀书）

古褒国建于夏时，其始封之君，佐禹治水有功，以此地封之。至周宣王时，褒国犹存，其传最久。古之国治，约在留坝左右。秦汉以来，改有褒中、苞中、褒内各名，尽在谷中。至唐迁打钟坝，宋迁七盘岭下，以便驿路，究非褒右古制。今褒姒铺相传是褒姒所生之处，犹有井存。然地名堡子铺，非褒姒铺，特以讹传讹耳。考褒水自柴关岭发源，斜谷太白山灵湫发源，流至武休关，汇为一水。至武曲铺东岸，山下有洞。三河水分流而入，即城固湑水河发源处。

今栈道说

清（罗秀书）

自秦惠王南取汉中，秦武王西取巴蜀，南山阁道于此始开。两汉以来，屡修屡废。太守杨孟文开石门，耗费已极。自后魏始绕七盘一途，然过龙潭南，即由褒谷旧路。晋伐吴时，人斜峪，经马道、东沟至文川出山，以鹦嘴石与石门至险，不能行兵。自唐至宋，皆有栈阁、板阁之说。前明太守崔公修道，犹详记桥阁数目。盖阁道、板阁、桥阁三者，皆架木为之。至国朝陕抚诸公请发帑修路，始废尽阁道，由山腰开路，方经久不坏，以便行人。及同治六年夏，大水行龙，至武曲铺至七盘岭下，所有古栈，尽行坍塌，行旅苦之。此时甫经兵，帑项支绌，万难措手。适汉中镇李公进兵剿回，率全军修路，极为神速，十余日竟数百里，尽成坦途，省费不下数十万，真国家之柱石，行旅之福星也，后之修路者宜知方略矣。

栈云峡雨日记（节录）

日本（竹添井井）

日本明治九年（清光绪元年 1875 年）

六月十五日，逾画眉关，乱石耸起，欲压人而坠，抵青羊铺。青羊水，一名洋水，雨

则涨绝路。过青龙寺，行里许，褒斜二水相会处。经三交城遗址，出武关驿，古武休关也。又有一水，藉小艇以过，抵武曲铺，道旁大石题“千古烟霞”四字。山间有瀑袅袅泻下，风来扬之，如撒明珠。褒之水潴则蘸蓝，奔则翻雪，奇岩怪石如蟠龙，如奔马，栈道一线，通於其间，行旅皆在图画中矣。将入马道驿，有水日樊河，水势迅疾，不可桥，横施铁索七条，系两头于石上，排木板，亭亭悬空，徐行震撼不已，疾步则否，驿中薪樵贱如草。

十六日，过青桥驿，抵新开岭，为栈中第一胜境。山皆如巨石砌成，风菁露条，弥缝罅隙，垂垂欲坠，其下则褒水纡曲，汇为潭者，漾青蓄碧，深不可测。沿岸皆平沙，一白如雪，于山岚水霭相映带。水西之山有悬瀑，流入褒水，架石桥曰卧龙桥。桥西为阎王碥，贾中丞煅石辟路处，盖栈中之险，有岭有关，皆以十数，而碥为之最。碥之险有燕子、有火烧、有小鬼、有青石，亦以十数，而阎王为之最。自中丞辟之，险变为夷，石栈如砥，置佛像焉，更名观音碥。有危岩从自像背，横划数十丈，日光不至，水滴滴下，幽阴凄冽，夏而秋矣。崖转路回，怪石攒矗，有顶相抵者，有肩相倚者，有腹裂而喷沙，有股跨而夺路，盘旋始能得过。抵褒铺，相传褒姒生于此。经沙河，河源出褒城西北黑滩山下，东南流，至于此与褒斜二水合而为汇，当雨涨则绝渡。抵将军铺，一大石屹立水中，状如兜鍪，名将军石，面镌“屹然砥柱”四大字。自此一蹊旋转而上，曰七盘岭，岭下二大石临溪对峙，所石门也。故道循麓，由石门而行，汉熹平中，扬淮学作，今则路转出山脊。雨急则瀑水四集不可过，因新架石桥，曰“天心桥”。过桥路益高峻，又无树林可荫，一步一喘，登涉之艰极矣。巅有关曰“鸡头”，关前大石状如鸡头，故名。关上祀关帝，羽流设茶亭于旁，行旅咸就憩焉。隔溪山腹有白石，莹然照映，相传为汉时山神所化。道光中有二炼师就关西偏，依山架木，设像奉之，过者多进香，号白石土地庙。发逆之乱罹灾，同治中再造，轮负映日，祷福之碑，累累相依，数里不绝，甚矣，人之好怪也。出庙则眼界豁然，褒中景色皆集于履舄下，秦栈至此尽矣。下山七里，宿褒城县。汉中府在褒城东十余里，实南郑也。

第四节　故事、传说

一、故事

留坝轶事

留坝县流传着许多有关风土人情的趣闻轶事。

“柴关岭雾气腾腾”：柴关岭地处秦岭南坡紫柏山麓，海拔2600余米，系我国亚热带地区北界，正值南北气候交汇处，亚热带北缘山地暖温带湿润季风气候特别明显。所以，这里四季云雾缭绕，聚散无常，变幻莫测，构成了留坝八景之一的“紫柏烟云”。

“张良庙典故横生”张良庙即“汉张留侯祠”，在县城北16千米处的紫柏山下庙台子街边，是陕西四大风景名胜游览区之一，还是省级第一批重点文物保护单位。其庙规模宏大，建筑群技艺精巧，布局奇特，楼殿亭阁错落有致，雕梁画栋，俏丽典雅，古色古香，与自然佳景浑然和谐，交相辉映。大小九院风貌各异，其建筑集北方宫廷的宏伟气势与南

方园林之秀丽于一体。泉水竹影，声色成趣；古柏劲松，千姿百态；奇花异草，浓郁馨香；碑石字画，各具妙处；石径岩梯，千回百转；神物典故，意趣横生。身临其境，如坠神仙境界。进履桥下溪水潺鸣，张良圯桥纳履的典故令人心舒神驰。

“枣木栏升斗不平”：由张良庙向南1千米，有一较大集镇，名曰枣木栏，现为庙台子乡驻地。过去，这里的财主巧取豪夺，克扣百姓，每当粜粮放租时，量粮用的升、斗总是比标准升斗小，从中盘剥鱼肉百姓，遂有民谣予以刺。

“桃园铺火烧庙门”：枣木栏向南有一村庄，叫桃园铺。过去这里有庙，然而始终没有庙门。原来，这庙门曾几次修建，都被火焚毁了，总是修不起来，于是留下了这句“史话”。

“乱石铺过街凉亭”：桃园铺南有一村落名乱石铺。过去，大路穿街而过，建一亭横跨街中，路便由街亭中穿过。过往商贾、行人多在亭下驻足休憩，遮雨避暑，十分惬意，故曰“过街凉亭”。

“小留坝徒有虚名”：北距古留坝厅3千米处称小留坝，地域宽阔，人口却稀少，又因兵祸荒凉，更日渐冷落，没有任何可与留坝匹敌之处，只虚有此名而已。

“大留坝生死衙门”：大留坝即古留坝，是对应小留坝而言的。在明代前，留坝仅设巡司。清嘉庆六年（1801年）设留坝营。清乾隆十五年（1750年），移汉中水利通判驻留坝，始建衙署。清乾隆二十九年（1764年）设留坝厅，因“地处深山，民性强悍，必干员莫属”，故在这里任职的同知均为六品以上官衔，并兼汉中府水利、捕盗事务。凡有关水利、捕盗之生杀案件，均由留坝厅同知核准，故有“生死衙门”之称。另传，一朝廷命官出京巡察，私贩鸦片，路经留坝，被同知所扣，这命官视同知为一小官，不放在眼里，出言不逊，要看看这小官如何治罪于他。谁知同知不怕恫吓，以律斩了命官，受到朝廷嘉奖。自此，上下皆言：“不可藐视此地，真乃生死衙门”。

“画眉关灵官爷吓死人”：此为古关隘，北距留坝厅6千米，相传褒姒入宫时曾在此画眉。这里一面是山崖，一面为河道，路由关中经过。山崖中塑有一尊灵官像：左手执慧眼，右手擎钢鞭，脚下踩一小鬼，面目狰狞，凶神恶煞。据说有一外乡人夜过此关被吓死。

“青羊铺豆腐干远近闻名”：距画眉关2千米，住着数十户人家。这里以加工豆腐干而远近闻名，家家户户均做得一手豆腐干，其色、香、味俱佳，过往客人都视为特产，买些带回去送给亲朋好友。留坝官府也将它作为宫宴上的佳肴献上。

“八里关罐罐肉香迄褒城”：八里关距厅城4千米，古为关隘。此地有一佳肴，名罐罐肉。用一种陶罐盛鸡肉和豆腐，用泉水煮开，再以文火炖之，放入天麻、党参和胡椒等十余种野生药材和佐料烹制而成。食之大补，且肉鲜味美，香气四溢，老少皆宜，回味无穷。

“武关河撑船僧道二门”：厅南20千米，有著名古关武休关，此乃昔日进入汉中之“北大门户”。今宝汉公路穿越于此。关北一水，名曰武关河，锁定关门。昔河渡船，分别为南、北两岸的僧道把持，并均以此为生计。因此，事端频起，争斗不息。后一巡抚过此，为之调处，每家一天，轮流摆渡，方平息干戈。当年，北岸码头插篙拴船之石窝、石洞至今依存。

“马道樊河桥六根铁绳”：樊河桥位于县南40千米的马道驿，为褒斜栈道必经之地。传公元前206年，汉高祖用韩信“明修栈道，暗度陈仓”之计，遣舞阳侯樊哙修复栈道时

修建此桥。清道光十五年（1835 年），由褒城县令贺仲碱改建为铁索桥，桥长 32.5 米，宽 2.5 米，高 5.64 米。六根铁索横亘河上，沟通南北。1951 年 9 月 13 日，索断桥毁，今两岸仅存部分遗迹。

“万年桥、八个碑青史留名”：留坝与褒城接壤处，昔有一桥名曰万年桥，此处旧称“阎王碥”。行人经此，稍不留意，便有丧身见阎王之难，为褒斜栈道中的首险之地。清康熙三年（1664 年），陕西巡抚贾汉复主持修复连云栈，整治这段险道，修“万年桥”，使之化险为夷，利于行旅，并改名“观音碥”。为颂其功绩，由当时知名之士宋琬撰写了《栈道平歌》，著名书法家沈荃书字，与贾氏本人撰写的《修碥记》一并镌于崖壁，共八块，后人便称之为“八个碑”。该摩崖被石门水库淹没，实难再见天日。然贾汉复之功绩和这段历史将永远铭记在人民心中。

（杨连富撰）

孔明讣告方才关

太白县城南有一个村庄，名叫方才关，相传西蜀丞相诸葛孔明率军北伐病殁五丈原后，蜀军护送灵柩撤退回川途中，在斜谷秘不发丧，待越过险关衙岭进入褒谷后，才在这里停灵公开讣告发丧。

相传，一路护送丞相灵柩的蜀军翻越老爷岭，跨过桃川河，在衙岭（又名五里坡），姜维用几个假孔明军师竟吓退了司马懿所部追兵，留兵据守衙岭要隘，大军在平川驿（今塘口）稍作停留，到达虢川河南岸一块台塬上，传令三军扎下营寨，正式公开讣告发丧。三军挂白幡，人马皆着白冠白衣。时值农历八月，关中尚还暑热，而虢川已至秋凉。姜维按照孔明生前密嘱，率蜀军在此公开讣告发丧，并让三军暂作休整，以解众将士半年来在五丈原与司马懿所部魏军对垒之苦。发丧中，三军将士痛伤悲哀，竟有哭死者。场面悲壮，催人泪下。翌日，兵分三路，各抬灵柩，左、右两路皆为假灵柩，杨仪、姜维率蜀军主力护送丞相灵柩沿褒水南下汉中定军山，三路队伍沿途多设假冢，以迷惑魏军。以后，当地人们就把这个村庄称作“放材棺”。后来才雅化为坊才关、方才关。

平木与孔棺的由来

平木与孔棺是凤县的两个地名。平木即为东距凤县县城 73 千米的平木镇。孔棺村为距县城东南部 70 千米的坪坎镇所辖的一个自然村。据凤县县志记载，平木原为“平墓”，为平掉坟墓之意。

孔棺村即为“空棺”，就是空棺材的意思。后来人们觉得镇名和村名用字应该取祥瑞之意，但又不失传地名隐含的故事和传说，于是便将“平墓”改为谐音平木，“空棺”改为谐音孔棺。那这两个与平墓和空棺材相关联的地名到底蕴含着什么故事呢?

凤县（古凤州）地处秦、蜀、陇咽喉地带，历来是军事活动的频发之地。据民间传说，蜀建兴十二年（234 年）春，诸葛亮率十万大军出斜谷实施第五次北伐，大军行至眉县后，司马懿料知蜀军远道而来，必缺粮草，加之初春大旱，田野很难获取食物与草料，他便筑营阻拦，与蜀军打起“蜀进我退、蜀退我进”的疲劳战，想慢慢困死、饿死蜀军。

诸葛亮只好在如今的蔡家坡南面五丈原扎营，作长期战争的打算。是年八月间，诸葛亮积劳成疾，病情日益严重，三军忧心忡忡，很多将士以泪洗面。诸葛亮也想到，生前如果不能将司马懿除去，那刘家很难得到江山，于是他临终前叮嘱部下，他死后，秘不发丧，缓缓退入斜谷，并将他运回汉中定军山安葬，且一路多建造假墓，以迷惑司马懿。姜维等遵照他的遗嘱，从连云栈道斜谷入凤县平木镇，经坪坎镇过留坝县前往汉中。当他们走到平木镇时，建了一座很大的假墓，并在墓碑上醒目地写着："武侯诸葛亮之墓"。不久，坐在军营大帐里的司马懿听说诸葛亮病死了而狂喜不已，但因他中了"空城计"后，疑心越来越重，担心诸葛亮是诈死，便带兵到处搜寻诸葛亮墓，要挖开验证诸葛亮是否真的病亡了。他们一路挖开了很多新土堆，一直一无所获。一天，他们行到一个山势较为平缓的地带，发现了一个比先前挖开的大三倍的"武侯诸葛亮之墓"。司马懿看到墓前有很多新烧的纸灰与香灰，他想这肯定是真墓，要不当地人不会来这里祭奠。他便命士兵挖开，可挖到墓底，依然除乱石和黄土外什么也没有。他气愤不过，为了防止本地人再来此地祭奠，给蜀军长士气，他命士兵砸碎墓碑，平掉坟墓。此后本地人便称此处为"平墓"。

司马懿不甘心他查不清诸葛亮是否真死，又继续向汉中方向搜寻。他们在坪坎镇的一个村子又挖开一座"汉大丞相诸葛亮武侯之墓"后，发现有一口黑漆发亮的棺材，便急急撬开棺材。这次士兵虽然没看到诸葛亮尸身，却在空棺材里找到一本线装的书，书的封面写着"兵法七十二禁计"。司马懿急忙从士兵手里要来翻阅。但书由于受潮，纸页几乎粘在一起了，他便手沾唾液一页页翻着看，只见第一页纸上写着"司马懿必到此地"；第二页纸上写着"请阻止他翻看此书"；第三页纸上写着"他若翻看必死此地"；第四页纸上写着"我不想让他再次被世人嘲笑"等。他越翻越生气，越生气越沾唾液翻得急，他翻着翻着就口吐鲜血而亡。原来书页上涂有剧毒，"死治司马懿"妙计也由此完成。后人们特别佩服诸葛亮的神机妙算，就将村名改成"空棺"。随着时间推移、历史的变迁，现如今这两个地名改成了谐音平木与孔棺。

二、传说

寒溪夜涨

留坝马道镇北面，有一条十几丈宽的小河，叫"寒溪"。这儿流传着一个"寒溪夜涨"的故事。

据说韩信投了刘邦，刘邦却嫌他出身微贱不予重用。韩信一气之下，跨上自己的枣红马，猛加一鞭，那马就驮着韩信，"嗒嗒嗒"地直奔褒斜峡谷而去。

守北门的军士一见韩信出了城，急忙报告相国萧何，萧何大吃一惊。他深知韩信是难得的将才，急忙派人追赶，手下人不高兴，认为一个芝麻官，值不得如此大惊小怪，可受上司的差遣，又不得不去。小差骑马到了褒城，看见韩信躺在草地上呼呼大睡，一泡刚撒下的尿近在咫尺。追赶韩信的人笑了，心想，这没出息的人会跑吗？便返回汉中向萧何报告。萧何大骂了小差一顿，又派第二个人去追赶韩信。这人出褒城，找到韩信刚才睡觉的地方，韩信早已不知去向了。

萧何听到第二次回报，心如火燎，赶紧备了快马，一路加鞭，亲自去追韩信，但路上根本见不到韩信的影子。

再说韩信骗过了赶他的人，跨马再向北走。当他来到马道寒溪时，天色已晚，只见溪水自西向东哗哗地淌，正待牵马涉溪而过，忽然一阵巨响，寒溪上游涌起了几股巨浪。霎时间，寒溪水涨数丈，逼得韩信只好后退几步，不敢涉水过渡了。

这时，水面上涌起了一朵莲花，莲花座上站着身穿白衣的观音大士。韩信见观音化身，急忙伏身跪拜。只听见观音说道："天兴炎刘，愿将军善扶明主，速速返回汉中，与萧相同辅大业。"

韩信抬起头来，观音大士已在水面上消失。这时，萧何已赶到溪边，拉着韩信的手，劝他返回汉中。韩信见萧相国一片真诚，这才掏出张良的荐书，一道打马回程。后来刘邦在汉中设坛拜将，拜韩信为大将军。韩信自此辅佐刘邦，南征北战，屡建奇功。因有"寒溪夜涨"这一段故事，才有"不是寒溪一夜涨，哪得炎刘四百年"这一脍炙人口的诗句，广为流传。

现在的马道镇西沟，仍称寒溪。在河的终端立有两通石碑，分别刻写"汉相国萧何追韩信至此"和"寒溪夜涨"。

（柴秦滇整理）

"衮"字为什么没有水

凡是看过石门魏王曹操书写的"衮雪"二字的，大都提出疑问：为什么"衮"字旁边缺三点水？这里还有一段有趣的传说哩。

据说，在东汉建安二十年（215 年）7 月，曹操于阳平关打败张鲁兄弟之后，曾在汉中停留 5 个多月，此间他游览了褒谷。

有一天，风和日丽，魏王带文官武将和侍从 30 多名，经花村（今河东店），沿峡谷，乘舟而上，直奔石门。在这里，人们尽情观赏如锦似画的江水。上游，滚滚江水一泻而下，狂涛向河中巨石猛冲，银花飞溅，雨雾空濛，云蒸霞蔚。那溅入空中的水珠，犹如雪花飘然落下。

魏王被这美景所迷住，高兴地大加赞赏。无怪张良、子真在此隐迹，真乃天堂也！当时，心旷神怡的曹操，站立船头，索来大笔，疾书"衮雪"二字。文武将官争相观看，虽看出"衮"字少了三点水，但俱面面相觑，默默无语。一侍从不知高低地问道：

"丞相大人字写得苍劲有力，但……"

"说下去。"

"但是……'衮'字缺……"

"缺什么？缺三点水是不是？"曹操用手一指激流："这不是水吗？"

在场者恍然大悟，不由哈哈大笑。后人把这一故事，编成顺口溜"狂涛巨浪流石边，'衮'字旁边不用点"。

（杨日整理）

闸口石的传说

从闸口石到枣木栏的路边，有一个方形的大石头，形如巨人的脑壳。特别是下半截，横起裂开的缝缝，跟人的嘴巴一模一样。

相传在很早以前，有个年轻后生，路过大石头时，在石头的“嘴巴”里放了把刀。喃喃地说道：“等我到枣木栏办完事回来，就把那个老不死的杀了，免得她拖累我。”说完就扛着一捆柴禾走了。

这后生有个老母，已经70多岁了，老眼昏花，耳聋倒听。这都不说，还得下个半边瘫的病，动不得身。不光吃喝要后生伺候，就连屎尿也得服侍，拖累得儿子蓬头垢面。20多岁了还没娶下媳妇。所以，这后生好不恼恨。不过，这后生平时也着实孝顺。俗话说：“久病床前无孝子”，何况伺候老母已是第五个年头了。这天，后生要到枣木栏卖点柴禾，买点油盐，路途中想起了自己生活的艰难全因老母拖累，便产生了杀母的邪念。

后生从枣木栏转回，伸手从“石嘴”取刀的时候，那“石嘴”突然“喀巴”一声合了拢，把后生的手紧紧夹住。后生使出平生力气，膀子都扯痛了，也取不出来。他在着急中一下子想起了到枣木栏去的时候说的话，深觉后悔。于是慌忙跪在地上，给石头连连磕头，认错发誓：“我以后再不敢起杀母之心了，一定伺候老人，直到送终。”石头听了后生的话，便慢慢张开嘴，让他把手取了出来。后生取出手，又向石头磕了三个响头，才急急忙忙回家。

从此，这后生十分孝敬老人，老母81岁时寿归南山。老人寿终的第二年，后生娶了个容貌俏丽、心地善良的媳妇，过上了好日子。后生每年春上都要叩拜那块会张嘴的大石头。众人知晓后，称之为“张口石”。留坝县方言土音较“软”，极易变音。时间一长，“张”与“闸”混淆，竟被叫为“闸口石”了。

（柴秦滇整理）

褒姒的传说

故事发生在西周幽王的时候，汉中地区褒河流域有一个诸侯小国叫褒国，褒国有一位年轻的姑娘叫褒姒，褒姒出身贫民家，她每天上山打柴下河洗衣，在家纺纱。青山绿水，衬托出她一表人才，真是杨柳细腰赛笔管，樱桃小嘴一点点，脸蛋就像桃花染——远近闻名的大美人。

俗话说，一家养女百家求。褒姒成年后，父母双亡，落得个孤身一人，求亲的人进进出出，踏断了门坎，多少王孙公子富家少爷她都看不上。她悄悄地爱上了褒河上的打鱼人张郎，这张郎一只渔船一张网全凭勤劳的双手养活家中70多岁的老母亲。张郎在河里打鱼时，经常看见褒姒在河边上种地洗纱。一个弱女子家，怪可怜的，张郎就产生了怜悯之心。他经常上岸去帮助她干一些重活。时间一长，彼此就相爱了，正当他们需要拜堂成亲的时候，周幽王传旨要选美。那个老昏君，年纪一大把了，皇后妃子一大群还不满足，不晓得他咋的知道小褒国有个美人儿褒姒的，就专门传旨点名要人。

那天，褒姒正在做新娘，早上张郎用渔船把褒姒接回家，在邻居们的鼓乐喧天的吹打

声中，先拜天地，再拜高堂。张郎 70 多岁的老母亲看见如花似玉的儿媳妇儿就在面前，高兴得合不拢嘴。

晚上，小夫妻俩送走客人，走进了茅屋做的洞房，他们一边兴高采烈地喝着交杯酒，一边说着知心话，突然，狗儿咬起来了。一片灯笼照耀下，几十个官差破门而入，不由分说，抓起新娘子就走。张郎拉着为头的差官说：“老爷，我们今天刚办了喜事，她是有主的人呀，官差说啥主不主的，大王指明选美，王命谁敢违抗？你有几个脑袋呀？”张郎母亲也走来哀求差官：“老爷行行好，不要拆散他们夫妻俩呀！”“去你的！”差官当胸一足把张母踢倒在地，张母年老体弱，马上就大口大口吐着鲜血！

“娘！”张郎跪下去扶着母亲。

“娘！”褒姒跪下去为婆婆擦血。

张母被踢过重，很快就咽了气。张郎气急了，抓起墙角的鱼叉就要上前拼命。差官拔出宝剑，冷笑一声道：“嘿嘿，你小子是活得不耐烦了！敢于造反犯上！来人！与我抓起来！”“是！”随从们一拥而上，要抓张郎。张郎不顾一切地奋勇反抗。可是双拳难敌众手。张郎虽然打伤了几个官差，但是自己也活活地被官差们打死了。

眼看着洞房花烛夜，顿时变成了家破人亡。褒姒姑娘也不想活了。她杏眼圆睁地用足劲，一头向肥胖的差官撞去。差官被撞了仰八叉。褒姒拿起菜刀就砍！

“抓着她！”官差气急败坏地大叫。

随从们把褒姒抓着了。褒姒披头散发地乱抓乱咬，死也不走。差官命令把褒姒捆绑了起来，塞进官船中带走了。

褒姒姑娘就这样被送进了镐京城。一路上，她饭不吃，水不喝，几次寻死不成，只好听天由命了。

周幽王一见褒姒，果然是名不虚传的大美人，就像饿狼见了羊羔一样涎水直流。他封褒姒为妃子，专门在骊山脚下修了个行宫，整天不理朝政，专门陪着美人花天酒地享乐。

褒姒自从进宫以后，天天想着死去的张郎和婆婆娘。虽然她吃的是山珍海味，穿的是绫罗绸缎，看的是清歌妙舞，可是她心里不痛快，整天阴沉着个脸，从来不笑一次。周幽王想尽办法逗她开心发笑，也不抵用，心里总感到不是个滋味。

有一天，天气晴朗。周幽王又传旨叫褒姒陪他上骊山顶上游玩。虽然山顶上有的是亭台楼阁，奇花异草，却还是引不起褒姒的一丝丝儿笑意。“汪汪汪……”周幽王突然趴在地上学了一阵狗叫。宫女们都忍不住笑了，褒姒仍然无动于衷。周幽王失望地走到了烽火台前。天色黄昏了。他突然心血来潮，传旨叫烽火台点火。

这烽火台是古时候专门报警用的。片刻，便见烈火腾腾，火光冲天了。伴随着火光，士兵们擂起了战鼓。鼓声隆隆，响声阵阵震天动地。

一座又一座的烽火台相继点燃了，在夜空里分外耀眼。远近的各路诸侯，看见了火光，以为镐京有了战祸，连忙带领各自的人马，不分昼夜，急急忙忙地从四方赶来。他们一队队顶盔冠甲，手提着刀枪，大汗淋漓地奔驰到骊山脚下时，哪来的什么战祸？只见骊山顶上，鼓乐喧天，歌声大作。周幽王正在陪着美人儿褒姒饮酒作乐，歌舞升平哩。各位诸侯

遭到了戏要，都敢怒而不敢言地带领队伍扭头便走了。褒姒亲眼看见这场滑稽戏，感到很好玩、很可笑。于是，入宫以来，破天荒地在脸上露出了笑容，而且笑出了声。

早就盼望着这一笑的周幽王可高兴啦。美人加笑容，真是锦上添花呀！他得意忘形地说："美人，心肝，来来来，寡人为你这千金难买的一笑，而敬你三杯！"

周幽王就是这样一个无道的昏君。他整天沉溺于酒色，多年不理朝政，民怨沸腾、国防松弛。过了不久，西方的犬戎族乘机发兵偷袭镐京。兵临城下时，周幽王才慌了，赶忙传旨叫烽火台点火报警。

一座座的烽火台又一次烈火腾腾，火光冲天，战鼓隆隆。各位诸侯看见了，一个个都按兵不动。他们上了一次当，以为这次又是老昏君在取笑美人哩。

救兵不到，京城兵微将寡，士无斗志。犬戎族很快就攻破了京城，占领了骊山，杀掉了昏君。西周三百年的江山就此灭亡了。

褒姒趁兵荒马乱之机，恢复了她的平民装束，逃回到了褒国故乡。她含泪祭奠了张郎和婆婆的坟灵后，就到秦岭深山中改名换姓，隐居了起来。她在古栈道旁边开了个小茶铺，为过往行人烧茶供水。行人们有钱的给一点、无钱的就免交。就这样，一年又一年地过去了，褒姒得到了善终。后人为了纪念她，就把她开的茶水铺叫褒姒铺。千年过去了，褒姒铺还在褒河边上存在着哩。

（王寅明搜集整理）

褒城石门的传说

勉县红庙乡（原褒城县城所在地）紧靠从秦岭穿出来的褒河。远近有名的褒斜古栈道，就在褒河西边沿岸的高山上，在古栈道南头的一个悬崖下部，有一面常年被水冲得光溜溜的石壁，它的形状很像一扇巨大的门。上半截露在外面，下半截淹在水里，这就是褒斜道石门。在石门河对面的山腰，有个凸出来的大石头，和鼓一模一样。

一提起石门，人们就会想起当地至今还流传着的"石门对石鼓，金银两万五，人心莫贪天，开门就能富"的民谣。

据说石门不是随便能开的，非得要金钥匙不可。那么金钥匙是啥样子呢？传说是个黑乎乎的石锤。只要用这把石锤在石门上敲三下，说声"石门快开"，石门就自动开了。可是，这石锤不是人们随便能找到的。千百年来，多少人千方百计寻找它，都没找着。相传有个名叫刘勤的娃子，家住连城山下的刘家村。刘勤家几辈人都是石匠，他爹爹做了一辈子的石匠活。有一年，他爹上山打石摔伤了腰，不能动弹。他娘是个盲人，全家只有靠 15 岁的刘勤砍柴卖钱过日子。刘勤人小力单，尽管每天砍柴卖，可还是缺吃少穿。有一年腊月，富人家都忙着杀猪宰羊，可刘勤还没穿上袄。这天一早，刘勤就上山去，到晌午时就砍好一担柴了。他正坐在石头上擦汗吃干粮，忽然听见不远处有哀鸣声，他找过去一看，原来是只梅花鹿，这鹿卧在泉边发抖，见他来了，就仰起脸望着刘勤。刘勤见鹿这么可怜，到跟前一看，鹿的一条腿受了重伤，血淌不止。刘勤蹲下用手在鹿的头上轻轻摸了一阵，随即到附近山上找来草药敷在伤口上，又从自己破布衫上扯下一块布给鹿包好伤。正要离去，

鹿挣扎着想站起身来，刚爬起身还没站起来又跌倒了。刘勤想，我要是走了，这鹿不叫人打死也会饿死的，得把它放在安全的地方。随即，他就把鹿抱到附近一个山洞里，又割来些草垫在鹿身下，留下干粮才回去。

从这天起，刘勤每天上山砍柴都要去洞里看看鹿。十几天后，鹿的伤慢慢好起来。过了一天，他又摘了些野果子送进洞，一进洞看见鹿不见了。他正要转身出去找时，忽然，洞里一下亮了。亮光中间有一个白胡子老汉。老汉身穿红袍，手柱龙头拐棍，笑嘻嘻地向他走来，身后跟着一只梅花鹿。刘勤又惊又怕，正想跑掉，老汉哈哈大笑起来。笑过，手捋着胡子对刘勤说："听说你是个好心的娃子，你救了我的仙鹿，我要送你一件礼物。"说完，只见梅花鹿嘴里噙着一个黑乎乎的长条石头，过来放在刘勤的脚下，刘勤一下子愣在那儿。白胡子老汉见他不动弹，又说道："这是开石门的钥匙。你用它在石门上敲三下，说声'石门快开'，石门就开了。那里面有的是金银，够你吃喝一辈子的。不过，你要保存好石锤，千万不要借给外人。"说完，洞里一闪变成漆黑一团，老人和鹿都不见了。

刘勤出洞来到石门那座山顶往下看，百丈崖壁下的水哗哗地流着。他正愁没法下到石门去，忽而见不远处有笼葛藤蔓，心里一阵高兴，很快扯下几根搓成绳子，栓在一棵树身上，顺绳小心地往下溜。脚快挨到水的时候，他抽出一只手从石包里取出石锤，在石门上敲了三下，说了三声"石门快开"。说毕，一声山响，石门哗啦开了。刘勤进了黑乎乎的洞，摸着向里走去。走了很远，听见里面有推磨声。转了几个弯道，面前忽然亮了。他看清是个大石屋，屋中间有一石磨，一头毛驴正拉着磨不停的跑着。石磨上堆着像包谷粒一样的金豆豆，从磨缝淌下来象麸皮一样的金片片落在磨盘上。屋角一位白发老婆婆正在用丝箩箩着金片片。老人见他进来，和气地对刘勤说："你是个好心娃子。有福份得了金钥匙，我这里都是金银，你想要多少就取多少吧"！说完领他到里屋看了金库银库。刘勤很不好意思地对老人说："我能用多少呢？够我全家人吃穿就行了，你就随手抓一把给我好啦。"老人点点头，拿起碗随手装了两碗，扯过他的衣襟倒下。刘勤高兴地回了家。

刘勤用金片片换来了粮食、布匹，全家人过了一个做梦也想不到的肥年。以后又给爹娘医好了病，还修了房子买了地，日子过得很顺心。

刘勤有金钥匙的消息叫外村一个叫杨八的大财主知道了，他想弄到石锤。他想：刘勤家不缺吃穿，金银财宝他不图了，得想别的法子。就一直盘算了两天。第三天早饭时，老财主领着一帮家人来到刘勤家。一见刘勤的爹就客气地问长问短，还夸他娃子有出息。接着问刘勤道："听说你得了一把挺好看的石锤，能拿出来叫我看看吗？"刘勤知道他来是黄鼠狼给鸡拜年——没安好心，就没好气地说："石锤是有，我用过就撇到河里了，你想要就捞去吧。"老财主一听软办法不行，得来硬的。随即把脸一沉对刘勤的爹说："刘石匠，有人把你告到县衙里了，说你谋反朝廷，我要押你到县衙门定罪。"说完，招呼家人道："把他带走！"家人一拥而上，绑走了刘石匠。刘石匠大声喊冤不顶用，刘勤哭着去拉爹，被那伙人踢倒，杨八恶狠狠地说："要救你爹不难，只要你交出石锤，保你爹平安回家。要是3天内不交出石锤，就甭想你爹活着。"说完押着刘石匠走了。

刘勤哭干了眼泪也想不出救爹的办法。村里一位长辈对他说："勤娃子，杨八那家伙

心狠手毒，啥缺德事都干得出来，你就把石锤给他吧！”这一夜，刘勤翻来覆去睡不着，想着年老体弱、经不起折腾的爹和哭得死去活来的娘，他想交出石锤。可白胡子老仙叮咛不能借人。时间过去两天，明天再交不去石锤，爹的命就难保了。看来，不交出去是不行了，先保住爹的命再说吧。想到这，第三天一早，他就把石锤送到杨财主家，换回了爹爹。

杨财主得到石锤，甭提有多高兴了。他不放心家人去取金银，亲自到了石门前。敲开石门，不等石门全开就挤进去，看到那么多的金银，他忘记了一切。他急忙挑大块的金子往布袋里装，装满布袋，又往衣包里塞。最后没处装了，这才使出吃奶的劲往外背。快到门口时已压得喘不过气来。左脚刚迈出门，不料一块金子当啷落下地，他正弯腰去拣，石门嘎嚓一声关上了，老财主躲不及，被石门挤住了。从此，平展的石门边上就凸出了一块石头，人们说那是老财主的身子。

（讲述：柴成）

鸡头关的传说

从关中到汉中的褒斜道上，有个一夫当关万夫莫开的雄关——鸡头关。这儿奇峰突兀，山势巍峨，状如鸡冠。崖畔，刀砍斧劈般的陡峭；谷底，河水滔滔，正是魏武挥毫题写“衮雪”的地方。长期以来，这儿流传着一个神奇动人的传说。

一次，鲁班和他的徒弟赵巧打这儿路过。一见这儿的山光水色、险要地势，像着了迷一样。师徒忘记劳累，登高爬低仔细观察了地形后赞叹说：“能在这儿筑个坝，可给老百姓带来多少好处啊！”徒弟赵巧，肚里还有另一番心思：觉得跟随师傅多年，手艺不但全学到了手，甚至还超过了师傅，可总没有显露的机会。想找个机会在师傅面前露一手，事成之后，好和师傅分手，凭自己的手艺，进城串乡，吃香的，喝辣的，自由自在地过日子。因此，赵巧急切提出筑坝的事，鲁班觉得给民造福是件好事，加之徒弟心热气盛，也就顿时答应了。师徒商定好当晚一更动手，各筑半段，鸡叫时看谁先完工。

夜深了，师徒二人表面上沉静，心里反复思量、筹划着。当褒城城楼上一更鼓响，两人便分头行动。赵巧年轻胆壮，求胜心切，使出全身本事，伐木搭桥，悬架索道，搬石运土，穿梭不停。才智过人的鲁班，见多识广，技艺娴熟，此时此刻，拿出绝技，造出一队队木牛流马，在谷中不停地驮运。又使出幺山赶石的神力，大手挥处，只听得隆隆的雷声响动，山石开裂，河石滚动，缕缕石火，叭叭闪光，整个河谷在轰响、晃动。响声也惊动了赵巧，他窥见师傅这一招数，不禁有些愧悔，想到自己那段工程的进展，更感自愧不如。他怕鸡叫前完不了工，赶忙找来簸箕，一头钻到附近人家的鸡窝旁，一手捏着鼻子，一手像鸡翅扇打似的拍着簸箕学鸡叫。在他的逗引下，一家的雄鸡叫了。十家、百家的鸡都跟着叫了。石门里的金鸡这时也被惊起，伸伸脖子，喉咙痒痒地不禁也叫了起来。鲁班忙着干活，隐约听到还有点不相信自己的耳朵，侧耳细听，金鸡真的也叫了，才停下少半工程。可又足足等了两个多时辰，天才微微放亮。只见徒弟的那头，仅有几堆散乱的石头，才知是中了计。天大亮了，师傅寻找徒弟，找遍了四山也没有踪迹。据说赵巧使了奸计后，害得石门里的金鸡错报了时辰受到了玉皇的惩罚，鸡头关就是金鸡受罚后化成的山石。而作

假骗人的赵巧，被关入石门里永远做着苦工。

故事流传了一千多年，新中国成立后，造福人民的党，终于在这鸡头关前修起了石门水库。拱形大坝，依山傍石，耸立河谷，高达80余米，蔚为壮观。大坝两边，东、西干渠像两条游龙，穿山越谷，浇地灌田，使数百万旱地变成了良田。石门水库电站日夜发电，送往城乡。千百年来人们美好的传说和幻想，今天变成了现实。

（王克家搜集整理）

玉皇庙的传说

从留坝到江口去的路上，有一个地方叫“玉皇庙”。这座庙是从十丈外的地方用牛牵来的。

原来的“玉皇庙”里有两和尚。老和尚只应酬香客，其余诸事都交给小和尚去做。小和尚天一亮便起床，先把院子打扫得干干净净，接着便到河里提水，然后烧火做斋饭，小和尚吃的斋饭是老和尚给定了量的，每顿只能吃个半饱。

有一天，老和尚应僧友之约，要外出六七天。在走之前，他从斋粮柜里舀出了一小钵米，放在锅中，然后把粮柜锁了，又把不多的一些柴用葛藤捆了，对小和尚说：“我走了之后，不准出寺院一步。如若寺院失窃，罚你面壁百天，担水千担。”

小和尚说：“师傅，您把斋柜锁了我吃啥？”

老和尚说：“不是给你留了一钵米吗？”

“那顶多能吃一天。”

“那你吃鹅包石。”

小和尚又问：“您把柴都封了，又不让我出寺院，打不成柴，我又烧啥呢？”

老和尚生气的答道：“烧腿杆。”

小和尚没再问，老和尚便走了。

七天后，老和尚回到寺院。首先检查了斋柜，见完好无损；又检查了柴禾，见葛藤已故；再看锅头，他所盛的一钵子米颗粒未动；再看小和尚，反而油光满面，精神十足。老和尚左思右想不得其解，便问小和尚：

“我走后你吃的是啥？”

“吃的鹅包石。”

“那你烧的是啥？”

“烧的是腿杆。”

“哟！……”

“你不相信，师父？”

老和尚直摇头。

小和尚便到河滩上抱了一抱石头，放在锅里，盖上锅盖；然后将腿伸到灶眼里，打了点火石，灶眼里便冒起通红的火苗，火苗直往外窜；稍过片刻，锅里便煮得叮叮咚咚地响；又过片刻，小和尚取出腿杆，吹灭火说：

“煮好了，你吃吃看，师父。”

老和尚吃惊地大张着嘴，傻了眼，他真不相信世上还有这等事，忙说：

“我吃不下，我吃不下，还是你吃。”

“那我吃了。”小和尚便咯吱咯吱地将半锅石头吃得精光。

老和尚又傻了眼。等小和尚把石头吃完了，老和尚扑通跪倒，说自己有眼无珠怠慢了小和尚，求小和尚饶恕。

自此，老和尚便不敢妄自尊大，寺内的事便和小和尚抢着干起来。

有一天午时，老和尚对小和尚说：

“你既然有那么大的神力，把我们这寺院往山下搬十丈吧！这样，问卜进香的人就少爬一截坡路了。”

小和尚说：“试试看吧！不过，师父，得辛苦你一趟。”

老和尚说：“有啥吩咐只管说。”

小和尚说：“你下午给方圆十五里的所有喂牛户说一声，就说今夜子时将他们的牛借用一下。”

老和尚答应道：“这个容易。”便即刻起来，到所有的喂牛的户主借牛去了。

老百姓听是和尚借牛，便慷慨答应，说是用上三五天也没啥。到天要黑时，老和尚给方圆十五里的牛户都说了。

吃罢斋饭，小和尚还是睡在偏殿里，老和尚想看小和尚如何用牛拉房，便不睡方丈屋，而是拿了蒲团，打坐在正殿。

这一夜，老和尚觉得特别长，到三更时分，他猛地听到一声断喝：“起——”，便听到房子的钉钉铆铆响成一片，不大会，响声便没了，一切又静了下来。

第二日，老和尚醒来看时，果见寺院移到了他指定的位置。

后来呢，这老少和尚都得了正果，成了神仙。庙里又有了新和尚，香火更是日日不断。

（搜集整理：石贵福）

王家堎由来

相传古时候有个姓王的出门经商做生意，发迹后回家的途中，路过一个荒无人烟的地方，碰到一块黄澄澄的像金子一样的石条，他想这一定是块宝石，于是就背上石条，顺着河道向下游走去。

他走到一个四面环山、河道平整、风景又好的地方，背上的石条越来越重，不由得歇起气来。这一歇就再也背不起来了，好像生了根一样，他想：这么好一块石条，甩了实在可惜，干脆回家找人去抬。于是就在这石条上打了记号，刻上“王家”二字。

当他回家把人找来时，石条不见了，而平坦的地方隆起了一条土塄，石条变土塄，上面两个“王家”字样还隐隐能看见，最后那个姓王的人家就搬到这里来居住，取地名为王家塄，后改名“王家堎”。

第五节　成语、典故

千金一笑

语同“千金买笑”，《中华多用成语大辞典》“千金买笑”载：以极高代价博取美女一笑。语本《史记·周本纪》，周幽王宠妃褒姒不爱笑，王命举告警烽火，使诸侯来援救。“诸侯悉至，至而无寇，褒姒乃大笑。”《东周列国志》第二回：“幽王曰：爱卿一笑，百媚俱生，此虢石父之力也！遂以千金赏之。至今俗语相传‘千金买笑’，盖本于此。”

历史典故：西周周厉王贪财好色，昏庸残暴，引起国人不满。公元前 841 年“国人（平民）暴动”，周朝从此衰落，社会动荡不安。到了周幽王统治时期，更加荒淫无度，无心朝政，国势更衰。周幽王喜爱的汉中女子褒姒，长得很美，却不爱笑。于是，周幽王派人贴出告示：谁能让褒姒笑，就可以得到千两金子。奸佞大臣虢石父给周幽王出了一个烽火戏诸侯的主意，周幽王听后觉得不错，于是就派人在烽火台上点火。各个诸侯都带领人马匆匆来救，结果并没有敌人。褒姒看到这种情况，开心大笑。于是，赏给虢石父千两金子。

谁也没想到，后来西戎军真的打进了都城，尽管烽火台上不断以烽火告急，却无人理会，诸侯们都以为是周幽王在玩耍胡闹。结果幽王被杀，西周灭亡。后人皆曰：赫赫宗周，褒姒灭之。但据记载，周幽王主动进攻申国，申侯联络犬戎打败了周幽王，西周因而灭亡。认真分析这一历史事件不难看出，幽王荒淫昏庸，大臣阿谀奉承，举国上下人心所背，危机四伏，这才是西周灭亡的真正原因。

国士无双

《中华多用成语大辞典》“国士无双”载：国士，国中杰出的人物。形容才能优异，国中独一无二，同时代风云人物出类拔萃仅此一人。语出《史记·淮阴侯列传》：“诸将易得耳，至如信（指韩信）者，国士无双。”

历史典故：韩信，是淮阴人，他的志向是指挥千军万马，建功立业。反秦起义军楚军经过淮阴时，韩信就带着宝剑投奔了楚军。但是，在楚军中韩信没有获得过任何军功。项羽接掌楚军后，韩信又被任命为宫中警卫队的下级军官。虽然韩信多次向项羽献计，但项羽都不予采纳。

于是，韩信便从楚军中逃了出来，投奔了汉军。却也只是在军中当个小官。幸运的是，在汉军中，韩信有了同汉军丞相萧何交谈的机会。萧何在与韩信多次谈话中发现韩信是一位奇才，便向汉王刘邦举荐，希望刘邦能给予重用。但是，当时韩信没有任何功绩，刘邦也就没有看重韩信。韩信见此，估计汉王和楚王项羽一样不会重用自己，就准备再次逃跑。恰好当时有几个军官也要从汉军中逃走，韩信也就跟着他们逃出了军营。将士叛逃后，就

有人向萧何报告，萧何听说韩信也在逃跑队伍中之后，来不及报告汉王，就赶忙沿着褒河去追赶他，追了一两天才在马道寒溪旁将韩信追到。萧何带着韩信回到汉营，刘邦见到萧何又惊又喜，责问萧何为什么无缘无故消失。萧何回答说是去追逃跑的将领。刘邦说军营里经常有人逃跑，为何这次你偏偏要去追呢？萧何就回答说："以前逃跑的将领都是平庸之辈，但韩信却是国士无双的奇才，普天之下找不出第二个人。如果您决意同项羽争夺天下，除了韩信您再也找不到可同您计议大事的人了。"

刘邦见萧何如此这般推荐韩信，也就动心了，于是立即提拔韩信为大将军，统领全军诸位大将。全军对汉王的举动非常惊讶，但是萧何的判断是正确的。此后，韩信率领汉军，每战必胜，立下了赫赫功勋，并最终帮助刘邦统一了天下。

成也萧何　败也萧何

《中华多用成语大辞典》"成也萧何 败也萧何"载：比喻事情的成功失败都出于一个人。宋代洪迈《容斋续笔·萧何给韩信》："韩信为人告反，吕后欲召，恐其不就，乃与萧相国谋，诈令人称陈豨已破，给信曰：'虽病强人贺。'信入，即被诛。信之为大将军，实萧何所荐，今其死也，又出其谋，故俚语有'成也萧何，败也萧何'之语。"

历史典故：典出司马迁《史记·淮阴侯列传》。据载，韩信经萧何举荐被刘邦任为大将军，为汉朝的建立立下汗马功劳，汉朝建立后被封为楚王。晚年的刘邦最怕在自己百年之后，政权旁落他人，为了刘姓政权的长治久安，必须铲除隐患。他认为在诸位将领中，功劳最大、才能最强、威望最高的功臣就是最危险的敌人。因此，韩信首当其冲。可是，除掉韩信谈何容易！刘邦明白就是自己出马也未必能取胜，其他诸将更不是韩信的对手。刘邦先是用计生擒了韩信。此时的韩信才明白过来，感叹地说："狡兔死，走狗烹；飞鸟尽，良弓藏；敌国破，谋臣亡。天下已定，我固当烹。"刘邦将韩信押回京城后，念其功高且又无罪证，又赦免了韩信，改封淮阴侯。削去了王位的韩信，心想自己为兴建汉室出生入死，最后落得个如此下场，既然你刘邦无情，休怪我韩信无义。韩信私下与被任命为赵国相的陈豨相约，陈豨在北方举事，韩信在长安响应。汉高帝十年（前197年），陈豨果然举兵反叛。刘邦亲自带兵平叛，长安空虚。韩信准备在长安举事，不幸走漏了消息，有人向吕后告发韩信准备谋反。吕后想把韩信召进宫来，又怕他不肯就范，就同萧何商议。最后，由萧何出面，假称北方传回捷报：叛军已败，陈豨已死，邀请韩信进宫向吕后贺喜。韩信哪里想到极力举荐自己而且一向过从甚密的萧何会是杀害自己的主谋。结果，韩信刚入宫门，就被事先埋伏好的武士一拥而上，捆绑起来。吕后将这一代名将带至长乐宫钟室，残忍地杀害了。民间因此有"成也萧何（韩信成为大将军是萧何推荐的），败也萧何（韩信被杀是萧何出的计谋）"的说法。后来用"成也萧何　败也萧何"来比喻事情的成败、好坏都由一个人。

明修栈道　暗度陈仓

"明修栈道，暗度陈仓"意指从正面迷惑敌人，用来掩盖自己的攻击路线，而从侧翼

进行突然袭击。引申意：用明显的行动迷惑对方，使敌人不备的策略，也比喻暗中进行活动。比喻用假象迷惑对方以达到某种目的。这是声东击西、出奇制胜的谋略。

历史典故：《史记·高祖本纪》记载：项羽自封为西楚霸王后，就向各诸侯分封领地，其中把巴蜀、汉中三郡分封给刘邦，立为汉王。刘邦在去领地途中令部下烧毁了栈道，他这是向项羽表白没有向东扩张的意图。刘邦待具备了一定的实力后，便抓住时机迅速挥师东进，其野心是要与项羽一争，韩信便出了“明修栈道，暗度陈仓”的计策。陈仓是刘邦进入关中的必经之地，两地之间有险山峻岭阻隔，又有雍王章邯的重兵把守。刘邦按韩信的计策派了最信任的大将——樊哙带领 1 万人去修褒河边五百里褒斜栈道，并以军令限 1 个月内修好。当然，这样浩大的工程即使 3 年也不可能完成。正是这一点，迷惑麻痹了陈仓的守将。陈仓的雍王章邯万万没想到刘邦的精锐部队摸着无人知晓的小道翻山越岭偷袭了陈仓。刘邦通过“明修栈道，暗度陈仓”，顺利挺进关中，站稳了脚跟，从此拉开了他开创汉王朝事业的大幕。

运筹帷幄之中　决胜千里之外

《中华多用成语大辞典》“运筹帷幄之中　决胜千里之外”载：在后方军帐之内作出谋划，指挥前方作战稳操胜算。语本《史记·高祖本纪》：“夫运筹策帷帐之中，决胜于千里之外，吾不如子房。”《汉书·高帝纪下》作“运筹帷幄之中，决胜千里之外”。

历史典故：西汉初年，天下已定，汉高祖刘邦在洛阳举行盛大的宴会，喝了几轮酒后，他向群臣提出一个问题：“我为什么会取得胜利？而项羽为什么会失败？”高起、王陵认为高祖派有才能的人攻占城池与战略要地，给立大功的人加官晋爵，所以能成大事业。而项羽恰恰相反，有人不用，立功不受奖，贤人遭猜疑，所以他才失败。汉高祖刘邦听了，认为他们说得有道理，但是最重要的取胜原因是能用人。他称赞张良说：“夫运筹帷幄之中，决胜千里之外，吾不如子房（子房为张良的字）。”意思是说，张良坐在军帐中运用计谋，就能决定千里之外战斗的胜利。这说明张良计谋多，善用脑，善用兵。后来人们就用“运筹帷幄”表示善于策划用兵，指挥战争。

英雄神仙

英雄，指不怕困难，不怕牺牲，才能勇武超群的人。亦指为了实现目标，成就大业视死如归的历史人物。神仙，比喻逍遥自在，淡泊名利，无牵无挂的人。原指张良运筹帷幄，决胜千里；助刘建汉，帝者之师；不贪荣利，功成身退。现形容那些具有卓越才能、建功立业，作出重要贡献又谦虚谨慎、不居功自傲、知足知止、在功成名就之时实现全身而退的杰出人物。

历史典故：张良，（？—前 189 年或前 190 年），汉三杰（萧何、张良、韩信）之一，相传为城父（今河南襄城西南）人。祖与父相继为韩国五世相。秦灭韩国，他图谋恢复，结交刺客，在博浪沙狙击秦始皇未中。传说他逃亡下邳时，遇黄石公，得《太公兵法》。

秦末农民战争中，聚众归刘邦，不久游说项梁立韩贵族成为韩王，任韩司徒。后韩王成为项羽所杀，复归刘邦，为其重要谋士。楚汉战争期间，提出不立六国后代，联合英布、彭越，重用韩信等策略，又主张追击项羽，歼灭楚军，均为刘邦采纳。汉朝建立，封留侯，曾建议刘邦西都关中，惠帝得立为太子，亦为他所策划。尽管张良为汉朝的建立和稳定作出了重要贡献，但他能摆正位置，从不居功自傲。相传后来淡泊名利，辞官隐退，安常处顺，过起了神仙般的生活，得以全终。

汉中市留坝县全国重点文物保护单位——张良庙内，现有许多匾额、碑刻、摩崖石刻赞美张良“知止”“英雄神仙”“急流勇退”“功成不居”“相国神仙”“英雄蝉蜕”“功成身退”“天人合应”。亦有不少赞誉对联：送秦一椎，辞汉万户；自古英雄皆智勇，一生进退本从容；富贵不淫有儒者气，淡泊明志作平地神；善运筹英雄本色，知进退圣贤气质。

功成不居

《老子》：“生而不有，为而不恃，功成而不（一作‘弗’）居”，谓任其自然存在，不占为己有。后以“功成不居”表示立了大功而不把功劳归于己。

历史典故见《英雄神仙》。

急流勇退

在激流中果断地及时退却。旧时比喻做官的人在顺利或得意时为避祸端而及早抽身，退出官场。现泛指在顺利、得意而情况复杂的时候，有先见之明，果断地退出来。

历史典故见《英雄神仙》。

鞠躬尽瘁　死而后已

《中华多用成语大辞典》“鞠躬尽瘁　死而后已”载：真诚谨慎，尽心尽力奉献毕生精力，到死也不改变。多用于写为事业全心全意奉献一生，至死不变的决心。出自三国蜀诸葛亮《后出师表》：“臣鞠躬尽瘁，死而后已，至于成败利钝，非臣之明所能逆睹也。”

历史典故：诸葛亮是三国时期蜀汉丞相，杰出的政治家、军事家。为了完成蜀主刘备生前巩固蜀汉政权、兴复汉室江山的愿望，他先后六次率军队攻打魏国，争夺中原。公元228年冬天，诸葛亮又一次集结军队，沿褒斜道出兵北伐。出征前，给后主刘禅写了这篇《后出师表》的呈文，分析当时的形势，表示北伐的决心。文章结尾，他写道：“臣鞠躬尽瘁，死而后已。”“鞠躬”，是恭敬谨慎；“尽瘁”，是竭尽心力；“已”，是停止。整句话是表示自己要竭忠尽智地拿出全部力量，至死方休。虽然有史学家认为《后出师表》并非诸葛亮所作，但“鞠躬尽瘁，死而后已”八字却准确概括了诸葛亮一生的精神品质。在中华历史文化中，诸葛亮是人们心中智谋出众与忠诚敬业的历史表率。

木牛流马

古代的一种运输工具。相传三国时诸葛亮创制。亦作能工巧匠、智慧能人的制作物的代指。

历史典故：典出《三国志·蜀书·诸葛亮传》。“亮性长于巧思，损益连弩，木牛流马，皆出其意。”罗贯中《三国演义》第一〇二回《司马懿占北原渭桥诸葛亮造木牛流马》：孔明笑曰：“吾已运谋多时也。前者所积木料，并西川收买下的大木，教人制造‘木牛’‘流马’，搬运粮米，甚是便利。木牛皆不水食，可以昼夜转运不绝也。”众皆惊曰：“自古及今，未闻有‘木牛’‘流马’之事。不知丞相有何妙法，造此奇物？”孔明曰：“吾已令人依法制造，尚未完备。吾今先将造木牛流马之法，尺寸方圆，长短阔狭，开写明白，汝等视之。”众大喜。孔明即手书一纸，付众观看。众将环绕而视。造木牛之法云：“方腹曲头，一脚四足；头人领中，舌着于腹。载多而行少：独行者数十里，群行者二十里……每牛载十人所食一月之粮，人不大劳，牛不饮食。”造流马之法云：“肋长三尺五寸，广三寸，厚二寸二分：左右同。前轴孔分墨去头四寸，径中二寸……孔径中三脚杠，长二尺一寸，广一寸五分，厚一寸四分，同杠耳。”……过了数日，木牛流马皆造完备，宛然如活者一般，上山下岭，各尽其便。今汉中市勉县周家山镇黄沙社区建有一亭，下覆一碑，上刻：“汉诸葛武侯制木牛流马处”，为市级重点文物保护单位。

死诸葛吓走活仲达

借指用死人吓唬活人。亦指有先见之明的人在临死前设置死后对敌的良策，也作“无诸葛能走生仲达”。

历史典故：典出陈寿《三国志·蜀书·诸葛亮传》裴松之注。三国蜀军主帅诸葛亮死于军中，蜀军秘不发丧，魏军主帅司马懿（字仲达）虽知此信而不敢追逼，百姓为之谚语曰：“死诸葛走生仲达。”

罗贯中《三国演义》第一〇四回《陨大星汉丞相归天见木偶魏都督丧胆》中记载：懿跌足曰：“孔明真死矣！可速追之！”……只见蜀兵俱回旗返鼓，树影中飘出中军大旗，上书一行大字曰：“汉丞相武乡侯诸葛亮。”懿大惊失色。定睛看时，只见中军数十员大将，拥出一辆四轮车来；车上端坐孔明：纶巾羽扇，鹤氅皂绦。懿大惊曰：“孔明尚在！吾轻入重地，堕其计矣！”急勒回马便走……过了两日，乡民奔告曰：“蜀兵退入谷中之时，哀声震地，军中扬起白旗：孔明果然死了，止留姜维引一千兵断后。前日车上之孔明，乃木人也。”懿叹曰：“吾能料其生，不能料其死也！”因此，蜀中人谚曰：“死诸葛吓走活仲达。”

栈道千里　无所不通

历史典故语出《史记·货殖列传》：“关中南则巴蜀，栈道千里，无所不通，唯褒斜绾毂其口。”褒斜道，古道路名。因取名褒水、斜水两河谷而得名。两水同出秦岭太白山：褒水南注汉水，谷口在旧褒城县北十里；斜水北注渭水，谷口在眉县西南三十里。汉武帝

时曾发数万人沿褒斜水道，欲使通漕运，未成；其陆道则自汉以后长时间为往来秦岭南北重要通道之一。时或堙塞，屡经开复。自汉末至唐，南北争兵，双方军行往往取道于此。（选自《辞海》）

第六节　出版著述存目

褒河流域文化底蕴深厚，文章浩如烟海。仅对省以上出版社出版的部分作品目录列表，如表 6–4–1 所示。

表 6–4–1　褒河流域出版著述存目

作品名称	类别	作者	出版单位	出版时间（年）	备注
石门碑释	文史	王森文		嘉庆	略阳知县
柴关岭留侯祠名胜考	文史	姚化晴		1945	铅印
秦岭动物园	故事	周竞	陕西人民出版社	1980	
油菜花开的夜晚	文学	王蓬	陕西人民出版社	1983	
汉张留侯祠	文史	陈泽孝等		1983	张良庙文管所
秦岭历险记	童话	周竞	陕西未来出版社	1984	
石门摩崖刻石研究	文史	郭荣章	陕西人民美术出版社	1985	
张良与留侯祠	文史	陈心锦、陈显远	陕西人民出版社	1986	
山祭	文学	王蓬	陕西人民出版社	1987	
勉县志	文史	杨世玉主编	地震出版社	1989	
张良庙传说故事	文史	陈心锦	陕西人民美术出版社	1990	
张良与张良庙传说	文史	蒿文杰	陕西人民美术出版社	1990	
水葬	文学	王蓬	中国文联出版公司	1991	
张良庙匾联石刻诗文集注	文史	陈心锦	陕西人民美术出版社	1993	

续表 6-4-1

作品名称	类别	作者	出版单位	出版时间（年）	备注
张良生平与业绩	文史	张兆文、陈泽孝	西安地图出版社	1993	
石门汉魏十三品	文史	郭荣章	陕西人民美术出版社	1993	
汉三颂专辑	文史	郭荣章	陕西人民出版社	1993	
石门十三品撮要	文史	郭荣章	陕西旅游出版社	1993	
汉中市志	文史	王福兴主编	中共中央党校出版社	1994	今汉台区
凤县志	文史	崔仰乾	陕西人民出版社	1994	
汉中地区水利志	文史	陈义隆主编	陕西人民出版社	1994	
狼坝	文学	赵熙	中国工人出版社	1995	
太白县志	文史	王炜主编	三秦出版社	1995	
可爱的留坝	文史	姜寅兰	陕西人民出版社	1996	
褒谷古迹辑略校注	文史	郭鹏		1996	
汉中女子	文学	王蓬	太白文艺出版社	1998	
山河岁月	文学	王蓬	太白文艺出版社	1999	
石门石刻大全	文史	郭荣章	三秦出版社	2001	
张良庙传说故事	文史	蒿文杰	陕西人民出版社	2001	
千古石门	文史	方孝文	内部发行	2001	
留坝县志	文史	苏建忠	陕西人民出版社	2002	
褒谷石门	文史	方孝文	内部发行	2003	
王蓬文集 1~4 卷	文学	王蓬	中国文联出版公司	2003	

续表 6-4-1

作品名称	类别	作者	出版单位	出版时间（年）	备注
生死尊严	文学	刘健	作家出版社	2003	
陕南留坝民歌集	文学	苏茂华	红旗出版社	2005	
石门－汉中文化研究	文史	冯岁平主编	三秦出版社	2005	
王蓬文集 5~8 卷	文学	王蓬	中国文联出版社	2006	
栈云峡雨稿点校	文史	冯岁平	三秦出版社	2006	
褒姒古里河东店	文史	河东店镇编	陕西旅游出版社	2006	
紫柏论道	文史	张昌文	国际炎黄文化出版社	2006	
王蓬文集	文学	王蓬	中国文联出版社	2006	
张良史迹略	文史	陈泽厚、陈宁	陕西旅游出版社	2007	
中国蜀道	文学	王蓬	中国旅游出版社	2008	
栈道杂诗（清・汪灏）	文学	汉中市博物馆	三秦出版社	2008	
发现汉中	文史	冯岁平	华夏出版社	2008	
红岩河	文学	鲁长安	作家出版社	2008	
秦蜀古道	文学	王蓬	三秦出版社	2009	
石门十三品	文史	冯岁平	西安地图出版社	2009	
天汉流韵	摄影	李魁元	中央文献出版社	2009	
汉中民俗	文史	刘汉文、王继盛主编	陕西旅游出版社	2009	
读《史记》说汉中	文史	田孟礼	三秦出版社	2010	
汉水汉中	文史	王蓬等	西安出版社	2015	

续表 6–4–1

作品名称	类别	作者	出版单位	出版时间（年）	备注
褒姒	文学	宁慧平	中国文史出版社	2015	
太白县志	文史	唐晖	三秦出版社	2017	
汉中市汉台区志	文史	冯文柯、李少伟主编	陕西人民出版社	2018	
勉县志	文史	程爱华、庄林、陈斌	陕西人民出版社	2018	
凤县志	文史	白强	陕西人民出版社	2018	
古褒国与褒姒	文史	田孟礼	文物出版社	2019	
留坝县志	文史	胡世成、胡望林主编	陕西人民出版社	2020	
汉中市志	文史	马世明主编	三秦出版社	2020	

第七篇　机构与人物

褒河流域水利建设起步较早，明代在汉中府设有通判主管河道、水利，清乾隆十三年（1748年）改为同知。清乾隆十五年（1750年）同知移驻留坝厅（今留坝县）。民国初曾附设水政于县吏，民国二十二年（1933年），成立陕西省汉南水利管理局负责水利工作。现水利机构包括汉中、宝鸡2市及5个县（区）的水行政管理机构，负责河道管理和灌溉管理的事业单位以及省驻流域的水利单位。褒谷口引水灌溉工程，是流域建设最早、传承最久、影响最大的水利工程。从山河堰到褒惠渠再到石门水库，从古至今涌现了一批卓有成效的官员和治水专家。

第一章　建置沿革

褒河流域流经宝鸡、汉中两市的太白县、凤县、留坝县、汉台区、勉县5个县（区），沿河两岸分布着20个重要集镇，历代行政建置隶属变更频繁。

第一节　历史变迁

夏和商代时期：流域属梁州褒国。商末上游属岐封地。

西周时期：流域初属梁州，后并入雍州。

东周时期：流域上游春秋时为羌人所居，战国时属白马氐管辖。下游，前期褒国亡于庸，归庸国，周匡王二年（前611年），秦、楚、巴联合灭庸，流域尽归秦。周贞定王二十八年（前441年），“南郑反”，归巴国。周安王十五年（前387年），秦夺回南郑，旋又被蜀占据，归属蜀国。周慎靓王五年（前316年），秦灭蜀，流域之地又尽归秦。

秦代时期：流域上游归陇西郡，下游隶属汉中郡。

西汉时期：沿秦朝建置，流域上游属陇西郡，下游为汉中郡。

新莽时期：流域下游改汉中郡为新城郡。

东汉时期：流域上游沿西汉建置，下游初期复更名汉中郡。初平二年（191年）张鲁据汉中，改汉中郡为汉宁郡。建安二十年（215年），曹操征降张鲁，复设汉中郡。

三国时期：流域为蜀魏相争的重要地带。流域上游为蜀魏分界线。

两晋时期：流域上游归益州，属武都郡。其下游属梁州汉中郡。

南北朝时期：流域是南北政权争夺地带，流域上游属北朝的北魏、西魏政权，下游前期属南朝的刘宋、南齐、萧梁政权，后期属北朝的北魏、西魏政权。

隋时期：流域上游初为凤州，大业三年（607年），废凤州置河池郡，大业十三年（617年），河池郡太守萧瑀以郡降唐，随之归唐。流域下游归梁州。

唐时期：初期和中期，流域上游均属河池郡，乾元元年（758年），改河池郡为凤州。流域下游武德元年（618年）废汉川郡，设总管府及梁州。贞观元年（627年），唐代在南郑设山南道，开元十三年（725年），改梁州为褒州；二十年仍复名梁州。天宝元年（742年），废州设郡，改梁州为汉中郡；至德二年（757年），复废郡设州。兴元元年（784年），改梁州为兴元府。

五代十国时期：流域上游属凤州。后梁贞明元年（915年），蜀攻克凤州，归蜀。后唐同光三年（925年）九月，魏伐蜀，归后唐。后汉天福十二年（947年），蜀又攻克凤州，复归后蜀。后周显德二年（955年）十一月，又归后周。流域下游唐亡后，初属前蜀，设梁州。

后蜀明德元年（934 年），属后蜀。

北宋时期：流域上游属陕西路（后改为秦凤路）凤州，下游属利州路兴元府。

南宋时期：流域上游初归凤州，绍兴十四年（1144 年），凤州改隶利州西路，淳熙二年（1175 年），凤州改隶兴元府。端平三年（1236 年），蒙古兵攻克武休关，归元朝。下游初期属利州路兴元府，端平二年（1235 年）蒙古军占据汉中，初仍沿宋建置，后并利州东、西路为兴元路。

元时期：流域均归属陕西省兴元路。

明时期：流域上游在洪武二年（1369 年），隶属凤翔府，洪武四年（1371 年），改属汉中府。下游洪武三年（1370 年）五月，改兴元路为汉中府。

清时期：流域属陕安道汉中府。

中华民国时期：民国初年（1912 年），流域内废陕安道；民国二年（1913 年）2 月，又废府、州、厅制，州及厅改称县。民国三年（1914 年）1 月，设立汉中道。民国十七年（1928 年），废汉中道，各县直隶于省，流域归属陕西省南郑、褒城、留坝、凤县。

中华人民共和国：

1949 年 11 月 27 日，凤县解放，流域上游隶属陕甘宁边区宝鸡分区，12 月 6 日，汉中解放，流域下游隶属陕甘宁边区陕南行政区汉中分区。1950 年 5 月，将宝鸡分区的凤县划入汉中，流域归属汉中分区。

1958 年 11 月，撤销南郑县，并入汉中市；撤销褒城县，辖区并入沔县和汉中市；撤销留坝县，辖区北部并入凤县，柴关岭以南的江口、留坝两公社划归汉中市。流域归属汉中专区汉中市、沔县和凤县。

1959 年 1 月，流域内凤县、留坝县合并，统称凤县。

1960 年 12 月，流域上游凤县划归宝鸡专区。

1961 年 8 月，恢复留坝县，流域上游归宝鸡专区，中下游归汉中专区。

1964 年 5 月，流域下游汉中市改为汉中县。9 月，沔县改名为勉县。

1969 年 1 月，流域中下游汉中专区改为汉中地区，行政领导机构改称汉中地区革命委员会。

1978 年 6 月，流域中下游汉中地区革命委员会改为汉中地区行政公署（简称“汉中行署”），为陕西人民政府派出机构。

1980 年 7 月，流域下游改汉中县为汉中市（县级）。8 月 1 日，流域上游宝鸡地、市合并为宝鸡市。

1996 年 2 月 21 日，流域内汉中地区改设为汉中市，原汉中市改为汉台区（县级）。

第二节 行政区划

一、太白县

太白县地处褒河流域源头，历史上曾属雍州、梁州多县分辖。

1953 年 2 月，建立太白中心区后，全区划 4 个区。其中，第一区（终南区）、第二区（靖口区）为褒河流域范围。

1953 年 6 月 9 日，陕西省人民政府命令，将流域内凤县黄牛河乡全部，关上乡的第四行政村（117 户）以大沟口为自然界线划归太白区，同时区划调整，将第一区（终南区）之第四乡的水蒿川村划归第二区（靖口区）；全区共辖 4 个区、20 个乡、90 个行政村、236 个自然村、5940 户、25014 人。其中，流域内第一区（终南区）辖咀头、方才关、拐里、七里川、太白河 5 个乡。第二区（靖口区）辖关上、黄牛河、白云、王家堎 4 个乡。

1956 年 3 月，撤销第一区（终南区），改原区所辖诸乡为太白区直属，并将所辖之咀头乡、方才关乡合并设咀头乡，乡人民委员会驻地咀头街。

1961 年 8 月，陕西省人民委员会按照区划调整方案设立太白县制。9 月，县人民委员会将原太白人民公社所辖 11 个管理区改为 10 个人民公社（咀头管理区与白云管理区合并）。

1966 年 9 月，将全县 11 个人民公社和 89 个生产大队改为象征“红色政权”和“革命”之类名称。1970 年 12 月至 1971 年 5 月，陆续恢复原公社、生产大队名称。

1980 年 12 月，撤销县革委会，成立县人民政府。同时，撤销 11 个公社革委会，成立 11 个公社管理委员会。

1984 年 5 月，改人民公社管理委员会为乡（镇）人民政府，改生产大队管理委员会为村民委员会，改生产队为村民小组。全县辖咀头镇、靖口乡、桃川乡、鹦鸽乡、龙窝乡、高码头乡、黄柏塬乡、二郎坝乡、太白河乡、王家堎乡、白云乡，共 89 个村民委员会（含 8 个一级核算的村委会）、261 个村民小组、497 个自然村。

二、凤县

凤县地处褒河流域上游，其行政区划，隋代前无考。

《元和郡县图志》载，唐开元年间（713—741 年）梁泉县（今凤县）设 12 乡。

《元丰九域志》载，宋梁泉县设三乡和黄花、保安、方石、东河桥、白涧、囱土、武休 7 镇。

元（1271—1368 年）无考。

明初实行里甲制，设乡、甲约。洪武十四年（1381 年）诏天下编赋役贡册，以 110 户为里，推丁粮多者 10 户为长，余百户为 10 甲。在城日坊，近城日厢，乡都日里。洪武二十八年（1395 年），又定百户为里，全县编户六里。

清初（1644—1911 年），沿用明里甲制，全县置登俊、安河、梁泉、方石、乐从、顺治、永兴、八庙、嘉陵九里九十甲。康熙四十七年（1708 年）申行保甲之令。乾隆二十九年（1764 年）分置留坝厅。清光绪《凤县志》载，县境向分 6 路，依其地势之邻近，各以乡约分属之。褒河流域居东小路。

中华民国时期，沿袭清末区划。据民国十六年（1927 年）《凤县志》（增补稿）载：“县境昔分六路，……今分七区。皆以道里之相近者举乡约以分属之。”褒河流域属东小区。

民国十八年（1929 年），陕西省农村组织筹备处，特拟具《陕西省试办模范村章程》及《县农村自治筹备处暂行条例》，规定每村置村委会主任 1 人，副村委会主任 1 人，村

民以10户为一牌。同年11月，民政厅遵照省政府所颁之《保甲条例大纲》，拟具《保甲实施补充条例》，规定10户为甲，5甲为排，百户为村。一村不满百户，或超过百户者，得联合附近小村，合组一村或数村，全县按照户口多寡，自治区域，划为9区，辖42地。褒河流域属沙坝区和岭东区。

民国二十二年（1933年）12月，陕西省公布《陕西省各县编查保甲户口暂行办法》，规定：保甲之编组，以户为单位，依照原有乡镇毗邻之家屋，由东而西，先南后北，顺序按户编组。10户为甲，10甲为保，同乡镇各保，联合为联保，每一联保，不少于4保，不多于15保。民国二十四年（1935年）1月，又公布《陕西省各县编练保甲队暂行办法》，规定每个联保不得少于4保，不超过7保。全县将原9个区编为凤州、双石铺、三岔、西小区、沙坝、靖口、河口、草凉、唐藏9个联保。下辖46保、469甲。褒河流域归沙坝、靖口联保。

民国二十八年（1939年）5月，陕西省整理保甲，将9个联保整编为7个乡镇，46保整编为36保，469甲整编为738甲。至民国三十年（1941年）仍为7个乡镇，36保。738甲调整为706甲。

民国三十四年（1945年），据凤县保甲报告表载：全县仍为7乡（镇），下辖36保、676甲、10479户。褒河流域归靖口乡，辖6保、118甲、1801户。

民国三十八年（1949年）4月，据凤县出席保民大会公民人数报告表载，全县仍为7个乡镇、36保，下辖767甲，11641户。褒河流域归靖口乡，辖6保、152甲、2035户、9317人。

中华人民共和国：

1949年9月3日，县人民政府进驻黄牛铺后，成立草凉驿区公署，并组成东河桥、堆子、黄牛铺、侯家店、红花铺、草凉驿6乡和唐藏地区的隘口乡。同年11月27日，县境全部解放，县人民政府迁驻凤州，废除保甲制，设立区、乡、行政村。全县设7个区公署、2市（乡级）、38乡。褒河流域归四区区公署：驻地平木。辖白云、关上、黄牛河、平木、两河口、沙坝6乡。

1950年5月，撤七区并入五区，1951年又恢复七区。

1953年，地域调整，把流域内四区所辖之白云、黄牛河两乡和关上乡的一半（包括靖口街及其以北的石沟）划归太白直属区。至12月将原38乡调整为42乡（镇）。褒河流域归四区区公所，驻地平木。辖白蟒寺、平木、莫家河、杨家河、沙坝、核桃坝6乡。

1956年3月，全县行政区划调整。撤销3个区，归并为8个直属乡镇，保留4个区，辖16乡。褒河流域归平木区公所，驻地平木。辖平木、莫家河、贯沟门、核桃坝4乡。

1958年9月18日，全县24个乡（镇）调整合并为10个人民公社，实行“政社合一”体制。褒河流域有卫星人民公社，驻地平木。由平木、莫家河2乡组成；红旗人民公社，驻地贯沟门。由贯沟门、核桃坝2乡组成。

1959年1月1日，凤县、留坝2县合并。原县24个人民公社合并为5个大公社，下设37个管理区、190个生产大队。褒河流域有河口人民公社，驻地河口。由东风、高潮、

超英、红旗、卫星5社组成。辖平木、莫家河、贯沟门、核桃坝、银母寺、陈家岔、河口、国安寺8个管理区，43个生产大队；留坝人民公社，驻地留坝城关镇。由学苏、超英、红旗、钢铁、庙台子、火烧店6社组成。辖城关、庙台子、下南河、武关河、火烧店、闸口石6个管理区，30个生产大队；江口人民公社：驻地江口。由江口、上游、东方红、红旗、桑园、狮子坝6社组成。辖江口、桑园、柳川、玉皇庙、柘梨园、狮子坝、两河口7个管理区，32个生产大队。

1961年1月1日，留坝、江口2人民公社划归汉中市辖。6月1日，撤销原3个公社和24个管理区，全县设1个城镇管理区，12个公社。褒河流域有平木人民公社，驻地平木。辖14个生产大队，66个生产队；岩湾人民公社，驻地岩湾。辖9个生产大队，42个生产队；坪坎人民公社，驻地坪坎。辖5个生产大队，26个生产队。

1966年9月10日，各社、镇相继更名，1970年又恢复原名。

1984年3月，改公社管理委员会、镇人民委员会为乡、镇人民政府。改生产大队为村民委员会，改生产队为村民小组。

1985年1月、4月、5月相继改黄牛铺、河口乡和龙口办事处为镇。至1989年，全县有4镇、11乡、9个居民委员会、148个村民委员会、659个村民小组，褒河流域有平木乡政府，驻地平木。辖东庄、白蟒寺、寺沟、上河、平木、蜈蚣岭、石板沟、硬沟门、平岭、寺河、烧锅庄、杨家河、刘家庄、齐心14村，73个村民小组；岩湾乡政府，驻地岩湾。辖唐沟、核桃坝、石鸭子、刘家河、岩湾、韩家庄、高桥、沙坝、秦岭9村，44个村民小组；坪坎乡政府，驻地坪坎。辖倒贴金、碾子坝、坪坎、银母寺、孔冠5村，25个村民小组。

三、留坝县

留坝县地处褒河流域中游，褒河流域占县域面积的89.8%。自清乾隆二十九年（1764年）十二月留坝设厅至中华民国时，疆域未变。

清乾隆二十九年（1764年）十二月留坝设厅时，沿用明代里甲制，将顺治、乐从、加林、八庙、永兴5里改为安山、武关2驿11里，24甲。

2驿为：

安山驿，辖大滩、画眉关、碾子坝、青羊铺、孔雀台、陶沙坝、小留坝、桃园铺、乱石铺、小河子。

武关驿，辖太子岭、光华山、火烧店、孟家山、青龙寺、新开岭、武关河、南河口、杆石。

11里为：

南星顺治里，辖连云寺、陈仓沟、白岩河、石佛铺、黄泥铺、分水岭、黄家沟。

榆林铺乐从里，辖松林驿、高桥铺、大竹园、柴关岭、红土梁、林木沟、南沟。

庙台子乐从里，辖枣木栏、大坝沟、正沟、茶店子、大湾。

江口加林里，辖太白河、铁矿沟、老庄坝、青草山、石厂沟、乌木梁、龙王沟、古墓坪、狮子岭、纸房沟。

江西营加林里，辖柳川沟、碾槽沟、漩滩、将军沟、田家沟、大岔、何家沟。

寺走坪加林里，辖玉皇庙、梁家庄、张家湾、蔡家沟、寨湾、西河口。

蒿坝河加林里，辖大树沟、汪家沟、石门（山羊沟口）、魏家沟、梨树沟、玉皇山、石门子、响滩子。

红崖河八庙里，辖草地沟、柘梨园、王家垮、寇家关、混木沟、梭椤坪、锅厂、沙坡沟。

周家楞八庙里，辖碾子坝、平坎、迎门寺、丹桂沟、夹山沟、谭家坝。

小川子永兴里，辖栗子坝、桑园坝、元树沟、范条峪、平定关、松坪子、青溪河、水白沟、郭家坝、上南河、下南河。

西河永兴里，辖倒贴金、柿树坝、包家湾、铜牌沟、佛儿岩、酒房沟、柏树沟。

24 甲为：

东乡五甲，江西营、西江口、太白河、小川子、红岩河。

西乡九甲，小留坝、桃园铺、小河子、枣木栏、庙台子、高桥铺、松林驿、南星、榆林铺。

南乡六甲，大滩、孔雀台、青羊铺、武关、南河、西沟。

北乡四甲，寺走坪、蒿坝河、西河、周家楞。

清代后期，改 24 甲为 36 保。

中华民国时期：

民国十七年（1928 年），全县划分 5 个区：署城区、东城区（武关河一带）、枣镇山前区（乱石铺、枣木栏至南星一带）、山后区（玉皇庙、两河口、狮石坝一带）、江口区（江口一带）。原 36 保改称 36 村。

民国二十四年（1935 年），留坝县实行联保制，全县设 6 乡、30 保、310 甲。分别为：

红岩乡联保，治所柴家院。辖 5 个保：号房、草地沟、柘梨园街、王家、元坝子。

江口乡联保，治所江口街。辖 4 个保：江口街、桑园坝、洪武寺、太白河街。

玉皇庙乡联保，治所玉皇庙街。辖 6 个保：玉皇庙街、下蒿坝河、上蒿坝河、上西河、中西河、下西河。

留侯乡联保，治所张良庙。辖 5 个保：枣木栏、茶店子、松林驿、榆林铺、南星。

城关乡联保，治所城关街。辖 5 个保：城关街、青羊铺、小留坝、五里铺、庄房。

武关乡联保，治所武关河。辖 5 个保：上南河、秧田坝、武关河、中西沟、上西沟。

民国二十七年（1938 年）以后，全县改设 3 镇 3 乡，辖 30 个保，282 甲。分别为：

城关镇，治所县城，辖 5 个保：城关街、青羊铺、小留坝、五里铺、庄房。

留侯镇，治所庙台子，辖 5 个保：枣木栏、茶店子、松林驿、榆林铺、南星。

江口镇，治所江口街，辖 4 个保：江口街、桑园坝、洪武寺、太白河街。

崇仁乡，治所武关河，辖 5 个保：上南河、秧田坝、武关河、中西沟、上西沟。

崇义乡，治所柴家院，辖 5 个保：号房、草地沟、柘梨园街、王家、元坝子。

崇礼乡，治所玉皇庙，辖 6 个保；玉皇庙街、下蒿坝河、上蒿坝河、上西河、中西河、下西河。

民国三十六年（1947 年），推行新村制，一保一村，保、村并存。留坝县只在宝汉公路沿线及江口交通方便地带实行之。

中华人民共和国：

1949 年 12 月至 1951 年，全县划为 7 个区，34 个乡。

城关区辖大滩、城关、小留坝、五里铺、小河子 5 个乡。

留侯区辖枣木栏、庙台子、高桥铺、榆林铺、南星 5 个乡。

嵩坝区辖玉皇庙、禹王宫、石门子、白庙子、关房子、碾子坝 6 个乡。

红岩区辖柳川沟、石垭子（江西营）、柘梨园、王家堎、元坝子 5 个乡。

江口区辖江口、洪武寺、桑元坝、太白河 4 个乡。

武关区辖上南河、下南河、白家店、中西沟、上西沟 5 个乡。

铁佛殿区辖铁佛殿、辛家坝、火烧店、红岩沟 4 个乡（1950 年 3 月从褒城县划入留坝县）。

1951—1952 年，全县调整为 5 个区，28 个乡。

第 1 区，驻地城关街，辖 4 个乡：大滩、城关、小留坝、五里铺乡。

第 2 区，驻地茶店子，辖 5 个乡：留侯、枣木栏、榆林铺、南星、石门子乡。

第 3 区，驻地玉皇庙，辖 6 个乡：嵩坝、两河口、狮子坝、关房子、碾子坝、小河子乡。

第 4 区，驻地江口，辖 6 个乡：柳川、江口、王家堎（柘梨园）、元坝子、太白河、桑园坝乡。

第 5 区，驻地铁佛殿，辖 7 个乡：铁佛殿、火烧店、白家店、上西河、西沟、上南河、下南河乡。

1953 年 5 月 13 日，全县调整为 6 个区 30 个乡。

江口区 7 乡：江口、王家堎、柘梨园、元坝子、太白河、桑园坝、柳川。

城关区 3 乡：城关、大滩、五里铺。

留侯区 2 乡：枣木栏、石门子。

南星区 3 乡：榆林铺、南星、茶店子。

嵩坝区 6 乡：嵩坝、两河口、狮子坝、碾子头、关房子、小河口。

武关区 9 乡：上南河、下南河、秧田坝、白家店、铁佛殿、五曲铺、火烧店、上西沟、中西沟。

1956 年，撤区并乡，全县为 14 个乡，即城关、庙台子、榆林铺、闸口石、玉皇庙、两河口、碾子坝、江口、狮子坝、桑园坝、柳川、下南河、铁佛殿、火烧店乡。

1958 年 11 月 1 日，褒城县撤销，将青桥驿、马道、东沟、鲜家坝乡划归留坝县。12 月 13 日，留坝县制撤销后，除武关河以南的铁佛殿、马道、鲜家坝、东沟、青桥驿 5 个公社划归汉中市外，其余地方均划归凤县管辖，分别成立凤县留坝人民公社和凤县江口人民公社。

1961 年 1 月 15 日，原留坝、江口人民公社从凤县划入汉中市管辖。随后，又将公社划分为管理区。9 月 2 日，恢复留坝县置，将原留坝县境域划入凤县的大部分地区（除留凤关、南星、榆林铺、高桥铺、倒贴金、平坎、碾子坝）和由原汉中市管辖的马道、留坝、江口人民公社划归留坝县。同时，又将原留坝县管辖的太白河、王家堎、元坝子等管理区划归太白县。

1962 年 6 月 30 日，全县划分为 2 个区、18 个人民公社。县直属 6 个人民公社。马道区辖 5 个人民公社，江口区辖 7 个人民公社。公社下辖 108 个生产大队、432 个生产队。

1968 年“文化大革命”运动中，大部分社、队名称以政治性词汇命名。1973 年，人民公社恢复原名称；将全县生产大队调整为 100 个，生产队划分为 416 个。1983 年 4 月，在政社分设试点中，人民公社管理委员会改为乡人民政府，生产大队改为村委员会，生产队改为村民小组。

1984 年，全县政区调整为 2 区、3 镇、15 乡、100 个村、418 个村民小组。

1994 年 5 月 24 日，撤销马道区、江口区。

1996 年 12 月 4 日，全县调整为县直辖 5 镇、5 乡。各乡镇所属村未变。

四、汉台区

汉台区前身为南郑县，地处褒河流域下游左岸。

明、清时期：

明洪武初年，南郑县编户 5 里；正德年间（1506—1521 年），增至 20 里，2078 户。

清初，沿袭明代的乡、里制。乾隆年间。南郑共编 4 乡、18 里、150 村，22517 户。

清同治时期，城内初设 10 坊，即书香坊、府西坊、仓场坊、新街坊、华庙坊、察院坊、孝义坊、什字坊、官官坊、行台坊。后将仓场坊、新街坊并入府西坊、什字坊、官官坊合并一坊，城外建四关坊及东部之塔儿巷坊、果园坝坊，改编为 13 坊；城外乡村为 4 区、20 里、88 坝、720 村。其中，褒河流域有北区的八里桥坝和西区的万寿坝、柏乡坝。

民国时期：

民国初年，沿袭清代乡、里制。

民国十八年（1929 年），废地方团总制，实行区长制，城乡共设 5 区。

民国二十四年（1935 年），废除乡、里制，实行保甲制。全县划为 5 区，辖 23 个联保处、252 保、3482 甲。西区的龙江、上水 2 个联保处地处褒河流域。

民国三十年（1941 年），实施新县制，改联保处为乡（镇）公所，调整插花地。至民国三十三年（1944 年），共设 5 区、20 乡（镇）、159 保、3030 甲。其中，4 区的龙江乡地处褒河流域，编制 10 保、238 甲。

民国三十六年（1947 年），设 5 区、5 镇、15 乡、157 保、3029 甲。其中，北区的龙江乡地处褒河流域，领 9 保、181 甲。

中华人民共和国：

中华人民共和国成立后，析置南郑市，辖原南郑县的城关 5 镇及近郊的石马、汉水；同时设南郑县，治所十八里铺，辖原南郑县的农村乡镇。

南郑市人民政府于 1950 年 3 月废除旧的保甲制度，设区公署、居民代表会、居民小组。将 5 个镇分别改为钟楼区、莲湖区、东塔区、社坛区、虎桥区。同年 4 月，行政区划调整。一区为东塔，二区为社坛，三区为虎桥。钟楼、莲湖 2 区合并为 4 区（城区）。4 个区共辖 47 个居民代表会、428 个居民小组。

1949 年 12 月 12 日，南郑县人民政府成立。临时将原 16 乡（镇）划分为 7 个区，即铺镇、

冷水、武乡、南海、梁山、红庙、汉山。1950年4月，全县划为12区，即铺镇、新民、武乡、老君、冷水、汉山、梁山、濂水、南海、湘水、红庙、青镇，下辖122乡。旋又改设为9个区。其后，为适应基层政权建设的需要，又数次调整区划。褒河流域在梁山区范围。

1958年12月，经国务院批准，撤销南郑县建制，政区并入汉中市。同时，将留坝县及褒城、黎坪部分地区并入汉中市，调整后的行政区划为：1个城区人民公社，辖5个管区；15个农村人民公社，辖122个管理区、672个生产大队。褒河流域划归褒河公社，驻河东店。辖张寨管理区，驻地张寨；龙江管理区，驻地龙江铺；沙沿管理区，驻地彭家营；梧凤管理区，驻地魏家巷；赵寨管理区，驻地赵寨；河东店管理区，驻地河东店；新沟桥管理区，驻地藏经寺；刘台管理区，驻地刘台；沙沿管理区，驻地沙沿子；武家坝管理区，驻地武家坝。

1961年9月11日，市县分设。汉江以南8个公社属南郑县辖区（县政府驻周家坪），马道、留坝2社归属留坝县。设褒河、铺镇、武乡3个区工委和城区工委，将管理区改为人民公社和街道办事处。全市设4区（含城区）、24个公社、5个街道办事处、215生产大队、46个居委会、1491个生产队。1964年6月5日，撤市设县后，农村3个区工委改为区公所，城区改为城关镇。褒河流域在褒河区范围内。

1980年9月，撤县设市辖区未变动。

褒河流域的褒河区，驻河东店。辖9个公社，共62个大队：

新沟桥公社，驻地许家庄。辖西郑营、武家坝、崔鲁营、新校、新沟桥、张营、硙里、桂花、邹马桥、打钟寺，共10个大队。

张寨公社，驻张寨。辖张寨、周寨、范寨、马王庙、花果、杨家山、范家坪，共7个大队。

龙江公社，驻龙江铺。辖龙江、张码头、周营、柏花、王坟、新营、谭堰，共7个大队。

沙沿公社，驻彭家营。辖大坝（杨家山）、三里店、白渡、汤房、八里桥、沙沿、舒家营（五星）、谷邵，共8个大队。

梧凤公社，驻黄家营。辖孤山、梧凤、小店、河坝、黄营、唐营，共6个大队。

赵寨公社，驻赵寨。辖龙台、塬上、凹口、赵寨、莲花、刘台、崔家沟，共7个大队。

宗营公社，驻宗营。辖上街、下街、中街、下寨、郭湾，共5个大队。

褒河公社，驻河东店。辖红旗、黎民、麻坪寺、沙河沟、马家沟、贯沟、老丈沟、前山、平安、光明，共10个大队。

天台公社，驻蚂蝗沟。辖蚂蝗沟、三娘坝2个大队。

1984年4月，实行体制改革，政社分设。各公社管理委员会改为乡人民政府，生产大队改为村民委员会，生产队改为村民小组。城区设城关镇，4个街道办事处，45个居民委员会；农村设3个区、24个乡、217个村，1557个村民小组和褒河、铺镇、武乡3个居民委员会。

1992年7月，设立汉中鑫源开发区期间，县、乡两级行政区划没有变动。9月，铺镇、武乡、褒河3个区和城关镇建制撤销，石马、汉水2个直属乡及铺镇、武乡、褒河3区下设的22个乡合并，设铺镇、武乡、河东店、宗营、龙江5个镇，七里、望江、老君、

汉王4个乡和北关、中山街、汉中路、东关、东大街、鑫源、舒家营7个街道办事处，共16个乡级政区，70个居民委员会，217个村民委员会。河东店、宗营、龙江镇辖区为褒河流域。

1996年2月，国务院批准撤销县级汉中市，设立汉台区。5月，经省民政厅批准，七里乡、老君乡、汉王乡分别改设为七里镇、老君镇、汉王镇，恢复1992年撤销的徐家坡乡。时汉台区辖铺镇、武乡、河东店、宗营、龙江、七里、老君、汉王8个镇，望江、徐家坡2个乡，北关、中山街、汉中路、东关、东大街、鑫源、舒家营7个街道办事处，共17个乡级政区、284个居民委员会（村民委员会）。褒河流域区划无变化。

2002年9月，七里镇改设七里街道办事处。汉台区辖望江、徐家坡2个乡；铺镇、河东店、武乡、宗营、龙江、老君、汉王7个镇；北关、东关、东大街、汉中路、中山街、舒家营、七里、鑫源8个街道办事处，共17个乡级政区、40个社区居委会、214个村民委员会。褒河流域区划无变化。12月，鑫源办事处上划汉中经济开发区（北区）。鑫源办事处辖塬上、莲花、赵寨、大坝、八里桥、千户、凹口7个行政村，51个村（居民）小组，总人口10132人，总面积10.39平方千米，耕地6.44平方千米，整体上划汉中经济开发区（北区）。汉台区不再对其行使管辖权限。但由于汉中经济开发区（北区）不属于行政区划建置，因此在行政区划界定上，汉台区境域并未发生变化。

2011年7月，舒家营街道、龙江镇合并为龙江街道，徐家坡乡、望江乡合并为徐望镇。汉台区辖铺镇、河东店、武乡、宗营、老君、汉王、徐望7个镇；北关、东关、东大街、汉中路、中山街、七里、龙江、鑫源8个街道办事处。下设44个社区居委会、201个村民委员会，共205个社区居民小组、1472个村民小组。较之2002年行政区划，乡级政区由17个减少到15个。汉台区作为汉中市唯一的城市中心区，至此乡政府消失，乡级政区全部被镇和街道办事处取代。到2020年，以上政区未变化。

五、勉县

1959年前，现勉县境内褒河流域主要在褒城县范围。

1958年11月1日，国务院决定撤销褒城县，将金泉、贾村坝、纪寨、长寨、杜寨、段家坝、老道寺、杨家湾、红庙寨、黑潭子等11个管理区划归勉县。1959年1月，全县共22个公社、68个管理区、313个大队。2月，合并为高潮、褒联、温泉、阜川、新铺、茶店、长沟河、张家河8个公社，共65个管理区、330个大队。褒河流域属褒联公社，驻老道寺，辖栗子坝、杜寨、杨家湾、纪寨、段家坝、老道寺、红庙寨、长林8个管理区，共47个大队。

1962年，县下设区，区下设公社，公社下设大队、生产队，原8个公社改为8区1镇，将管理区调整为55个公社，辖377个大队、2127个生产队。

1968年9月后，将区、公社、大队更名为“东方红、红卫、常青、四新、立新、东风、常红”等，1976年10月，恢复按地名称。

1979年，部分公社扩大，一些大队、生产队缩小。全县辖8区1镇，共55个公社、372个大队、2084个生产队。褒河流域褒联区辖杜寨、金泉、段家坝、团庄、东方红、长

林、栗子坝、红庙8个公社、73个大队、436个生产队。

1982年6月，经省民政局批准，将新铺、两河口、红星、小河、栗子坝、金华、东方红、东风、大河坝9个公社分别更名为新铺湾、白云寺、火神庙、胡家渡、二道河、金华寺、老道寺、弥陀寺、夏家营公社。其中，老道寺、二道河公社在褒河流域。

1983年3—5月，撤销公社、生产大队、生产队名称。公社改为乡（镇），生产大队改为村，生产队改为村民小组，行政区域未变动。至是年5月底，全县设8区1镇（城关镇），共55个乡、375个村、2175个村民小组。

1984年10月，将老道寺、黄沙、茶店3个乡改为镇。至此，全县设8区1镇，共55个乡（镇）、375个村、2175个村民小组和8个居民委员会。其中，褒联区大部在褒河流域。

1995年11月，撤区并乡建镇，全县设30个乡（镇）（其中17个镇、13个乡）。其中，褒河流域杜寨乡、团庄乡合并为新街子镇；老道寺镇、段家坝乡合并为老道寺镇；长林乡改为长林镇；红庙乡改为褒城镇；二道河乡未变。

2002年12月底，对30个乡（镇）再次调整，合并为25个乡（镇），褒河流域区划无变化。

2007年9月，对全县375个村先后调整合并。至2007年底，全县设25个乡（镇）、237个村、2176个村民小组和5个社区。

2011年5月，乡镇机构改革时，撤销6个乡（镇）。将褒河流域二道河乡并入新街子镇；长林镇并入老道寺镇。全县共设19个镇。

2015年5月，撤销青羊驿镇，将其所辖的6个村并入新铺镇。同年6月，勉阳镇被陕西省人民政府批准改为勉阳街道办事处。截至2020年，全县共设17个镇沿用至今。

第三节　沿河集镇

一、咀头镇

咀头镇位于太白县城郊，因境内道山岭围绕于盆地边缘，形如鸟兽之嘴衔环而得名。镇政府设在县城南大街。辖区东与桃川镇毗邻，南与黄柏塬镇、太白河镇交界，西与靖口镇、王家堎镇相连，北与陈仓区磻溪镇、钓渭镇接壤。1949年为宝鸡县终南乡，1953年为太白中心区终南区，1961年与白云2个管理区合并为咀头管理区，1962年为咀头公社，1984年撤销公社设镇，2001年撤销白云乡并入咀头镇。至2020年，辖18个行政村，80个村民小组，1个街道办事处。总人口23454人，其中农业人口3873户15546人。辖区总面积621.4平方千米，其中耕地面积31167亩。

咀头镇地处秦岭山区，海拔1600米，年平均气温7.6摄氏度，年降水量800毫米，无污染，有“天然空调城”之美誉。境内有多处旅游景点，石沟瀑布、龙华山、青峰山等美景吸引着众多外地游客观光旅游。境内自然资源丰富，植物种类近1800种，药用植物多达500余种，国家重点保护的珍稀植物种类多达21种，各种野生动物近280种。金、铜、镁等矿产资

源尤为丰富，素有地质公园、动物园、药材宝库之称。

二、靖口镇

靖口镇位于秦岭腹地，因东汉时在此设“进口关”而得名，民国初年（1912年）取“绥靖安宁”之意，改“进口”为“靖口”。

靖口镇地处太白县西部边境。西与凤县平木镇相邻，北与渭滨区神农镇接壤，东、南分别与流域咀头镇、王家堎乡毗邻。1953年以前归凤县，1953年划入太白中心区为靖口管理区，1958年改为靖口公社，1966年改名为红卫公社，1984年改公社为乡，1997年撤乡建靖口镇。截至2020年，全镇辖11个行政村，30个村民小组，辖区东西最大距离12千米，南北最大距离22.5千米，总面积198.4平方千米，耕地面积6686亩，总人口3781人。

境内群山连绵，森林广布，黄牛河、石沟河在此交汇后流出县境流入褒河，眉凤公路穿境而过。境内铅锌、大理石等有色金属矿藏丰富，有一定的工业开采价值。主要特产花椒种植历史悠久，品质优良，适应区广泛，素有“花椒之乡”的美誉。

三、王家堎镇

王家堎镇，地处太白县西南部，距县城45千米。因在清道光年间，一王姓大户居住东临红岩河堎坎上而得名。原属留坝县，1952年划归太白区，1958年成立王家堎公社，1984年改乡，2011年设王家堎镇。辖区东接太白河镇，南与汉中市留坝县江口镇接壤，西与靖口镇毗邻，北与咀头镇交界。辖区东西最大距离18.6千米，南北最大距离20千米，总面积135平方千米。

王家堎镇辖3个行政村，常住人口为918人。太（白）汉（中）公路过境。农产以小麦、玉米为主。多种经营发展迅速，木耳、香菇已成本地的支柱产业。有森林1万余公顷，有大鲵、锦鸡等珍稀动物。古迹有古栈道，相传为秦朝所修，境内长120千米，曾为秦取蜀之道，是中国历史上开凿最早、规模最大的一条栈道。

四、太白河镇

太白河镇地处秦岭南麓，位于太白县西南部，因太白河贯穿全境而得名。辖区距县城108千米，东与黄柏塬镇连接，南与黄柏塬镇、留坝县江口镇相邻，西与王家堎镇、留坝县江口镇接壤，北与王家堎镇、咀头镇相连。辖区东西最大距离41.7千米，南北最大距离23.7千米，总面积261平方千米。1951年以前归留坝县，1953年由留坝县划归太白区管辖，1958年成立太白河人民公社，1968年更名永红公社，1984年政社分设改太白河乡人民政府，1997年撤乡设镇，全镇辖2个行政村、7个村民小组，280户，1440人，耕地面积1220亩。

太白河镇境内森林、矿产资源丰富，森林面积达8万余亩，为太白县林业乡镇之一。经济林木以核桃、板栗、毛栗、橡树为主，林副业特产品有竹子、扫帚、栓皮及木耳、猕猴桃等。镇域驻有陕西太白黄金矿业有限责任公司、太白新星金矿两大矿产企业。采矿业的兴起，相应地带动和促进了全镇经济的发展，使群众生活水平显著提高。

五、平木镇

平木镇地处凤县东部，是凤县的东大门。相传因司马懿命兵毁平武侯疑墓冢而名“平

墓”，后将“墓”雅化为“木”。镇政府所在地距县城73千米，辖区东与太白县靖口镇接壤，南与坪坎镇交界，西与河口镇毗邻，北与宝鸡市渭滨区高家镇相邻。东西最大距离16.5千米，南北最大距离长30.9千米，总面积198.37平方千米。民国时期归靖口区公署（后改为平木区公署），1958年设卫星公社，1961年更名为平木公社，1966年更名为东方红公社，1970年恢复平木公社，1984年改平木公社为平木乡，1997年改平木乡为平木镇。全镇辖8个行政村，镇常住人口为5815人。辖区内有6个驻镇单位，13个村，71个村民小组，总人口10013人，其中农业人口9811人，是凤县的农业大镇之一。

平木镇交通、通信发达，文化、卫生设施齐全。全镇总面积317平方千米，耕地面积共2.6万亩，人均耕地面积2.6万亩，是凤县的农业大镇之一。

六、坪坎镇

坪坎镇位于秦岭南麓，地处凤县东南部，因地处深山一较平坦的土坝（坪坎）上而得名。镇政府所在地距县城69.5千米。辖区东与太白县王家垵镇接壤，南与留坝县江口镇相邻，西与留凤关镇毗邻，北与河口镇相接，东北与平木镇连接。辖区东西最大距离19千米，南北最大距离14千米。1949年12月属留坝县，1959年凤县、留坝合并属江口公社，1960年凤县、留坝分设属凤县，1961年建坪坎公社，1984年公社改乡，1997年乡改镇。辖4个行政村，镇常住人口2541人，总面积204.38平方千米，耕地面积5148亩。

坪坎镇得天独厚的地理优势，造就了极为丰富的矿产及动植物资源。镇境内金属矿藏主要有金、银、铜、铁、铅、锌6种，储量大、品位高，是本镇的优势资源。驻地现有四方金矿、银母寺铅锌矿、八万山铅锌矿、二星河铅锌矿4个市、县属企业，50余家私营矿山企业，从业人员达5000余人。森林主要以松、栋等针、阔叶树种为主，还有500年以上的古槐和罕见的古木沙罗树。野生动物种类繁多，主要珍稀动物有大鲵、锦鸡、熊、羚羊、鹿等。土特产有核桃、板栗、土蜂蜜等。境内申曲河汇集平木、岩湾两河之水，由北向南流长约22千米，水资源较为丰富。

七、江口镇

江口镇位于留坝县东北部，因驻地处于红岩河、太白河两河合口之处而得名。镇政府距县城68千米，辖区东与洋县接壤，南与武关驿镇相邻，西连玉皇庙镇和紫柏街道办，北接太白县的王家垵和太白河镇，是褒河上游、古栈道中段的一个经济重镇和商贸集散地。1949年设留坝县江口区，1958年12月凤县、留坝合并属江口公社，1961年凤县、留坝分设为留坝县江口公社，1984年改为江口镇，1996年撤区并乡建镇并入柳川乡、柘梨园乡，2011年撤销桑园坝乡并入江口镇。全镇总面积242平方千米，辖16个行政村、53个村民小组，总人口7569人，其中农业人口7085人。

江口镇是一个以粮食和多种经营生产为主的大镇，有耕地面积9016亩，其中水田1628亩、旱地7388亩。主产小麦、玉米、水稻、油菜、洋芋、豆类作物。香菇、木耳、核桃、板栗、天麻、银杏、猪苓等农副产品远销四方。

镇区栈道遗迹多处，誉为“古栈道自然博物馆”。其中，江西营有平梁直柱式栈道遗迹，史称“二十四孔阁”，山崖上有晋代修造栈道作记的摩崖石刻一方，是目前汉中唯一

已知的晋代修凿栈道的石刻。此外，洪武寺遗址、柘梨园赤崖遗址、梭椤树古城遗址、江西营“三交城”遗址等，无不显现古栈道风采。

八、玉皇庙镇

玉皇庙镇位于留坝县北部，因镇政府驻地的街后山上古代建有玉皇庙而得名。辖区东接江口镇，南临留侯镇，北连凤县坪坎镇，西与凤县留凤关镇接壤。1949 年 12 月属留坝县玉皇庙乡，1958 年 12 月凤县、留坝合并属凤县玉皇庙公社，1961 年凤县、留坝分设属留坝县，1984 年改为玉皇庙乡，1996 年撤销狮子坝乡并入玉皇庙乡，2001 年撤销石门乡并入玉皇庙乡，2011 年 7 月改设为玉皇庙镇。全镇总面积 293.65 平方千米，辖 15 个行政村、46 个村民小组、1467 户，总人口 5304 人。

境内地势西北高东南低，海拔最高处 2278.3 米，资源丰富。森林面积 39.69 万亩，有耕地 7799 亩，其中水田 825 亩、旱地 6974 亩，灌溉条件较好。主要土特产有猪苓、核桃、板栗、黄花、香菇、木耳、西洋参等。

镇政府驻地玉皇庙街，是全县香菇、木耳等农产品贸易的重要集散地之一。东约 1 千米的梁家庄，留有红军墨迹，是县级重点文物保护单位。1935 年，徐海东率红二十五军途经此地，在一民房墙壁上留下“饿饭的穷人快来当红军”标语，成为革命传统教育的基地。

九、武关驿镇

武关驿镇地处留坝县中部，境内古代曾在武关河设有驿站，因而得名。镇政府驻地姜窝子距县城 14 千米，辖区东与城固县接壤，南与马道镇相邻，西连勉县张家河镇，北接紫柏街道办。辖区东西最大距离 12.5 千米，南北最大距离 29.4 千米，总面积 294.80 平方千米。1949 年 12 月设武关区，1959 年凤县、留坝合并成立凤县武关河公社，1961 年凤县、留坝分设属留坝县，1984 年改为姜窝子乡，1996 年 12 月由南河乡、姜窝子乡、铁佛殿乡合并设立武关驿镇。下辖 10 个行政村，户籍人口 4973 人。

武关驿镇是姜眉公路的起点，也是姜眉路与 316 国道的交会点。全镇有耕地 5333 亩，其中水田 2186 亩、旱地 3147 亩，主产水稻、小麦、油菜、玉米、豆类等作物。境内农林、矿产资源丰富，矿产资源现已探明的有铁、金、铜、镁、铝等。

镇政府驻地南约 1 千米处，有一闻名的古关隘，史称武休关，为古代军事重镇。褒斜古栈道穿越全境，其中武关河标准式、孔雀台千梁无柱式古栈道遗址保留完整，成为考察研究古栈道的重要历史资料。

十、紫柏街道办

原名城关镇，因镇政府驻县城所在地而得名。1949 年 12 月属留坝县城关区，1956 年设立城关乡，1958 年 9 月成立城关公社，12 月撤县属宝鸡市凤县管辖，1961 年留坝县制恢复设城关管理区，1962 年恢复城关公社，1984 年改为城关镇，2015 年 6 月，陕西省调整乡镇行政区划，撤销留坝县城关镇，设立紫柏街道办。因其留坝主干街道为紫柏路，故名。

紫柏街道位于留坝县境中部，距汉中 58 千米，是全县政治、经济、文化中心。该镇地形南北狭长，宝汉公路沿北栈河纵贯全境，境内群山环绕，山势平缓。总面积 84.2 平

方千米，辖 5 个行政村、1 个社区居委会、27 个村民小组，现有农业人口 3911 人，非农业人口 6466 人。有耕地 3237 亩，其中水田 472 亩、旱地 2765 亩。

街区地理位置优越，文化底蕴深厚，交通方便，为连云栈道必经之地，曾设安山驿。汉王城遗址坐落在紫柏河西南岸。清代修筑留坝厅城，城墙石板围筑，城按三层，飞檐翘角，气势雄伟。镇东郊老鸦山下，有新石器时期村落遗址——瓦窑沟遗址。享有盛名的“留坝八景”中的“鸦山雪雨”“石洞观鱼”“西寺闻钟”就位于辖区内。

十一、留侯镇

留侯镇位于留坝县西北部，因汉张留侯祠（张良庙）坐落于境内庙台子街，故称留侯镇。镇政府驻地枣木栏，距县城 14 千米。辖区东接玉皇庙镇，南临勉县张家河镇，北连凤县留凤关镇，西与凤县留凤关镇和勉县张家河镇接壤。1949 年 12 月设留侯区，1958 年 12 月留坝、凤县合并属凤县，1961 年留坝县制恢复改为东风公社，1973 年复称庙台子公社，1984 年改为庙台子乡，1996 年撤区并乡建镇，将闸口石乡、庙台子乡撤销合并设立留侯镇。全镇总面积 274.8 平方千米，辖 8 个行政村、34 个村民小组、877 户，总人口 3032 人。

留侯镇自然资源丰富，有耕地面积 4373 亩，均为旱地，主产小麦、玉米、洋芋及豆类粮食作物。森林面积 34.31 万亩，草场面积 4.39 万亩。气候湿润，雨量充沛，极利于林业、牧业、种植业发展。土特产有西洋参、香菇、木耳、核桃、蜂蜜、鹿寿草等，特别是西洋参和土蜂蜜，以其品质纯正而畅销不衰。

境内峰峦叠嶂，翠柏林立，山清水秀。位于镇政府北 1 千米的名胜古迹张良庙（汉留侯祠），早已成为享誉海内外的旅游胜地。秀丽的紫柏山绵延百里，雾霭缭绕，松涛叠浪，洞坦相连，自然风光十分美丽，是观光旅游的好去处。

十二、火烧店镇

火烧店镇地处留坝县城西南部，因清光绪十年（1884 年）此地几家店房连遭火灾，故名火烧店。辖区东、南与武关驿镇接壤，西、北与留侯镇相连。东西最大距离 18 千米，南北最大距离 17 千米，总面积 205.18 平方千米。1951 年归留坝县武关河区管辖，1956 年撤区并乡为火烧店乡，1958 年 12 月改为凤县留坝公社火烧店管理区，1961 年留坝县制恢复改为火烧店公社，1966 年更名为红卫公社，1973 年恢复为火烧店公社，1984 年改设为火烧店乡，2011 年撤乡并镇设火烧店镇。下辖 7 个行政村、34 个村民小组、941 户，户籍人口 3201 人。有耕地 3682 亩，其中水田 1592 亩、旱地 2090 亩。

火烧店镇以黄姜为主的中药材和以核桃、板栗为主的经果林发展势头强劲，占农业总产值的 80%，成为农民经济收入的骨干项目。

火烧店镇交通方便，旅游资源丰富，当地在发展农业主导产业的同时，积极开发旅游产业，取得显著成效，获得“陕西省旅游特色名镇”和“中国旅游特色小镇”的美誉。

十三、马道镇

马道镇位于留坝县南部，因镇政府驻地古代设有驿站马道驿而得名。镇政府距县城 32 千米，辖区东接城固县双溪镇，南与青桥驿镇为邻，西连勉县同沟寺镇，北与武关驿

镇接壤。辖区东西最大距离25千米，南北最大距离122千米，总面积239.55平方千米。1949年12月属褒城县管辖，1958年11月褒城县撤销划归留坝县，12月留坝县撤销划归汉中县（今汉台区）改称马道公社，1961年留坝县制恢复后划归留坝县称马道公社，1984年改为马道镇，1996年将东沟乡、鲜家坝乡并入马道镇。下辖1个社区、12个行政村，户籍人口4756人。

马道镇现有耕地4955亩，其中水田2775亩、旱地2180亩。主产水稻、小麦、玉米、洋芋、豆类、油菜等作物。主要矿产有矽线石。主要土特产为香菇、木耳、桃核、板栗等。马道镇古设马道驿，是栈道重镇。历史上“火烧栈道”“寒溪夜涨”“萧何月下追韩信”等故事都发生在这里。镇政府驻地旁凤凰山上有明代修建的“凤鸣禅寺”，由歇山式、重檐式、硬山式等各种风格迥异的宫殿组成，建筑规模宏大，巍峨壮观，气宇轩昂，与自然佳景浑然一体，交相辉映。

十四、青桥驿镇

青桥驿镇位于留坝县南部，因镇政府驻地古代设有驿站青桥驿而得名。镇政府驻地青桥铺，距县城45千米。辖区东、南与汉台区接壤，西接勉县二道河镇，北连马道镇。辖区316国道纵贯全境，东西最大距离14千米，南北最大距离13.5千米，总面积115.17平方千米。1952年设褒城县青桥驿乡，1958年11月褒城县撤销划归留坝县，12月留坝县撤销并入汉中县（今汉台区），1961年留坝县恢复重归留坝县，1968年更名团结公社，1972年恢复青桥驿公社，1984年改为青桥驿乡，2011年撤乡设镇。下辖6个行政村，户籍人口1956人。

青桥驿镇有耕地4530亩，其中水田1055亩、旱地3475亩，主产小麦、玉米、水稻、豆类作物。境内地域辽阔，群山环绕，沟壑纵横，石门水库延伸境内4千米，水资源较为丰富。矿产资源有大理石和硫铁矿，大理石储量1.7亿立方米，尤以雪花白大理石最为珍贵。森林面积11.4万亩。主要土特产有核桃、板栗、香菇、木耳等。

十五、河东店镇

河东店镇位于汉中城北15千米处。因地处褒河以东，旧时街道店铺较多而得名。东、东南、南与宗营镇相连，西南、西与勉县褒城镇隔河相望，西北、北与留坝县青桥驿乡接壤，东北与城固县老庄镇接界。辖区东西长15千米，南北宽22千米。1950年为褒城县河东店乡，1953年改为褒城县城关镇，1958年褒城县撤销，褒城县城关镇改为河东店管理区，划归汉中市。1961年建褒河公社，1969年更名红河公社，1973年复称褒河公社，1984年改为褒河乡。1990年设褒河区，1992年10月乡镇机构改革，将褒河区属褒河乡、天台乡及张寨乡张寨村、周寨村、花果村和新沟桥乡瞿鲁营、邹马、磑里村合并设河东店镇。辖1个社区居委会、17个行政村，下设6个居民小组、92个村民小组。总人口27902人，其中农业人口13840人。镇域面积136.42平方千米。

河东店镇北依秦岭南麓，自北而南，北部为崇山峻岭，中部为浅山丘陵地带，南部为平原地形沿秦岭南麓由高而低。境内已探明地下矿藏有石英岩矿，地质储量700万吨。已开发石英矿位于沥水沟、大东沟等地，矿区面积0.6平方千米，可采量600万吨，年产量15.5万吨。

河东店镇为褒国故地、褒姒故里。旅游风景区主要有石门国家级水利风景旅游区、褒河森林公园、黄花河景区、花果山风景区、牡丹园等5处。境内有褒斜栈道、石门、“石门十三品”摩崖石刻遗址和山河堰遗址。境内土特产有褒河蜜橘、大鲵等。特色饮食有“褒河盆盆鱼”等。

十六、宗营镇

宗营镇位于汉中城北10千米处，因旧时宗氏户族落户于此而得名。东与武乡镇相连，东南与老君镇接壤，南邻汉中经济开发区（北区），西南邻龙江街道办，西接河东店镇及勉县老道寺镇，西北接河东店镇，北接武乡镇。民国时期为镇公所驻地。1949年后为褒城县城关区驻地。1950年建宗营乡，1959年改宗营管理区，1961年改称宗营公社，1984年改宗营乡，1992年10月乡镇机构改革，原褒河区所辖宗营乡及张寨乡范寨村、马王庙村、杨家山村、范家坪村4个村，新沟桥乡打钟寺村、武家坝村、新沟桥村、新校村4个村，武乡区所辖赵庄乡曹冲村、韩塘村、赵庄村、二十里铺村4个村合并为宗营镇。辖1个社区居委会、17个行政村，下设4个居民小组、115个村民小组。总人口30708人，其中农业人口24152人。镇域面积34.82平方千米，耕地面积16.01平方千米。

宗营镇地势北高南低，北部为丘陵地带。西依褒河，西部为褒河冲积平原。南部开阔平坦，土地肥沃，农业主产水稻、小麦、油菜籽、玉米，有2个村为蔬菜生产基地，是汉台区优质粮油主产区和高产区。

宗营镇历史悠久，向东南有3条旧道，分别通武乡、十八里铺和汉中。北有褒斜道达关中，西有金牛道达四川。由于交通方便，驮运商贾多在此歇息，旅店、饮食店、货栈较多，街道长500多米。宝汉公路通车后，逐渐萧条。

十七、龙江街道办

龙江街道办位于城区西南部，因地处褒河（古称黑龙江）东岸而得名。东与汉中经济开发区（北区）接壤，东南、南与北关街道相连，南、西南隔汉江与南郑县梁山镇相望，西、西北隔褒河与勉县老道寺镇毗邻，北与宗营镇相接，东北与汉中经济开发区（北区）接壤。1992年10月，褒河区龙江乡以及新沟桥乡张营村、西郑营、桂花村3个村，梧凤乡梧凤村、孤山村、唐营村、黄营村4个村，赵寨乡龙台村、刘台村共计18个村合并变更为龙江镇。褒河区沙沿乡沙沿村、谷邵村、三里店、舒家营村，梧凤乡河坝村、小店村合并组建为舒家营街道。2011年7月，龙江镇、舒家营街道合并为龙江街道。辖1个社区居委会、24个村，下设1个居民小组、178个村民小组。辖区总人口37763人，其中农业人口32732人。总面积33.74平方千米，耕地面积19.08平方千米。

龙江街道办为龙舞之乡、民间文化艺术之乡。辖区有文化艺术团体22个、公共图书馆（室）1个。其中，龙舞道具制作技艺为陕西省非物质文化遗产。

十八、褒城镇

在县城东偏北，地处勉县、汉台区、留坝3县（区）交界地带，原褒城县县城所在地。北依秦岭同留坝县相连，东临褒河与汉台区河东店镇相望，西接老道寺镇，南邻长林镇，

川陕公路穿境而过，距县城25.4千米。1958年前为褒城县治所在地，1958年12月褒、沔合并成立红庙管理区，1965年成立红庙公社，1968年改称红旗公社，1976年复称红庙公社，1983年改为红庙乡，1995年改为褒城镇。辖9个村民委员会和1个居委会，总人口1.26万人。镇域面积35.79平方千米，耕地面积水田2687亩、旱地7520亩，有效灌溉面积9267亩。

境内有褒城旧县城、连城山上寺、下寺、城隍庙、鸡头关、三清店等遗址，重点文物保护单位有七盘古道、连云栈道、石虎摩崖石刻等古遗址，还有褒河水库、褒河电站、西褒惠渠。辖区内有水电三局、陕西理工学院（原为北京大学汉中分校）北区、石门水库及110千伏输变电站等驻县企事业单位。

十九、老道寺镇

位于县城东22千米处，北倚牛头山，与二道河乡相接，南临汉江，与金泉镇相望，东与褒城镇、长林镇相连，西与新街子镇为邻。1958年前属褒城县，1958年并入沔县建东方红管理区，1961年建东方红人民公社，1976年恢复为老道寺公社，1983年改为老道寺乡，1984年改为老道寺镇，1995年段家坝乡并入老道寺镇，2011年撤销长林镇并入老道寺镇。辖1个社区、18个行政村、137个村民小组。镇域面积78.62平方千米，耕地面积水田10472亩、旱地21630亩，灌溉面积31696.95亩。总人口4.13万人。

境内阳安铁路、川陕公路、108国道、北环路横贯东西，宝汉高速穿越南北。有牛头寺、千佛洞等古文化遗址，有天河度假村休闲名地。辖区内有国有企业群峰机械厂、汉中未来生物制药厂，有镇属集体企业勉县石材厂及石材、木材、建材和农产品加工等个体私营企业200余家。

二十、新街子镇

位于县城东15千米处，南邻汉江，与金泉镇隔河相望，北依秦岭，与二道河乡接壤，东与长林、老道寺镇相连，西与黄沙镇为邻。因清嘉庆五年（1800年），汉江河水泛滥，村庄集镇被毁，灾后重建，恢复集市贸易，故名新街子。1951年设为褒城县杜寨乡，1958年并入沔县后改为杜寨管理区，1965年成立杜寨公社，1968年改称新民公社，1976年复称杜寨公社，1983年改为杜寨乡，1995年将原杜寨乡和团庄乡合并设立新街子镇，2011年将原二道河乡并入新街子镇。全镇总面积168.42平方千米，耕地面积水田6401亩、旱地16182亩，有效灌溉面积21160亩。辖15个村、124个村民小组，人口2.7万人。

境内阳安铁路、108国道、川陕公路、316省道、北环路等道路横贯全境，交通便利。镇内有丰都庙文化遗址。农业除粮油作物种植外，建有优质杂交水稻制种基地、玉米制种基地，利用汉江沿岸发展大棚瓜果、蔬菜、药材等，并在108国道沿线发展花卉苗圃、果树、蔬菜、养殖等。工商企业依托108国道、北环路、川陕路和新（街子）云（雾山）公路发展运输、家具制作和加工业，境内有6家货运信息部、17家长途货运联合体企业，有400多户农民购置运输车辆。境内生产的“雪峰牌”家具和“丰收牌”风车、“宇杰牌”魔芋等产品销往全国各地，并远销日本、韩国。

第二章　治水机构

褒河流域自古是关中通往巴蜀的咽喉，也是中国历史上南方和北方割据政权长期争夺的古战场，山河堰灌区的农业灌溉和收成，曾经是决定战争双方胜败的重要战略资源。因此，褒河的水利被历代各级官员所重视。汉中府明代始设通判主管河道、水利，清乾隆十三年（1748 年）改为同知，十五年（1750 年）同知移驻留坝厅（今留坝县）。民国初，曾附设水政于县吏。民国二十二年（1933 年），成立陕西省汉南水利管理局。褒惠渠建成后，褒河流域水利和河道工作由褒惠渠管理局主管。新中国成立后，流域内各市、县（区）均成立有水利专管机构。

第一节　市级机构

一、古代机构

明、清时期，朝廷规定；“知府掌一府之政……河渠、沟防、道路之事，虽有专官，皆总领而稽覈之”（《明史·职官志》《清史稿·职官志》）。汉中府明代设有通判主管河道、水利，清初仍袭之。清乾隆十三年（1748 年）改为同知，十五年（1750 年）同知移驻留坝厅（今留坝县），四十年（1775 年）同知主管抚民捕盗，河道、水利遂无专管之员。清嘉庆十八年（1813 年），又设经历，主管南郑、褒城、城固、洋县 4 县水利和汉中府公堰。经历下配“书吏一名，跟役二名，马夫一名”（清嘉庆《汉中府志·水利》）。

二、民国机构

汉中在民国初，曾附设水政于县吏。民国二十二年（1933 年），成立陕西省汉南水利管理局，设局长兼工程师 1 人，科长 2 人，技士、技佐各 1 人，其他等共 10 人。辖南、城、洋、西、褒、沔（勉）、留 7 县水利、河道事宜。民国二十五年（1936 年），辖区扩大为五、六两区即今安康、汉中地区的 22 个县。民国二十七年（1938 年）11 月奉令停办。民国二十九年（1940 年）3 月，陕西省建设厅长兼水利局长孙绍宗来汉视察返回后，请求恢复汉南水利管理局，经陕西省政府会议通过，于当年 4 月恢复。辖汉中盆地 6 县境内河系水利协会 12 个，渠堰水利分会 86 个，灌溉面积 50 余万亩。民国三十三年（1944 年）5 月，复令撤销。

民国二十八至三十七年（1939—1948 年），汉惠渠、褒惠渠、湑惠渠先后建成，分别成立管理局，隶属陕西省水利局，褒河流域水利和河道工作由褒惠渠管理局主管。

民国时期，宝鸡在凤翔设陕西省第九行政督察专员公署，后将公署治所迁宝鸡，公署设建设科，兼管农田水利。

三、当代机构

（一）汉中市水利局

汉中解放后，原汉、褒、湑管理局由陕南行署农林科以南郑军事管制委员会名义接管。1950年6月1日，成立陕南水利管理局，隶属陕西省水利局和陕南行署双重领导。局内设总务、水政、工务3科，共有职工46人（含主任工程师1人，工程师1人，副工程师2人，助理工程师2人，工程员3人），下设汉、褒、湑3个管理处和冷惠渠工程处。

1954年4月，陕南水利管理局改为陕西省汉中地方国营渠道管理局，由汉中专员公署代管。1956年8月，汉中地方国营渠道管理局改为汉中专区水利局，下设秘书、政治、灌溉管理、工程设计4科（室），统一领导专区水利工作。1958年6月3日，汉中专区水利局改称汉中专员公署水利局，由专署直接领导。局内设办公室、工程设计科、灌溉管理科、水土保持科和勘测设计队。1960年1月25日，汉中专员公署水利局，改称汉中专员公署水利水电局，局内原有科、室、队未变。“文化大革命”初期，党、政机关一度瘫痪。从1967年3月起全区水利工作由汉中军分区生产组统一领导。1969年10月，汉中地区水利水电局革命委员会成立，下设生产、政办2个组。1970年7月，成立汉中地区革命委员会水电局。1978年8月，恢复为汉中地区行政公署水利电力局。局内设办公室、工程机电科、灌溉水产科。1979年12月，改称汉中地区水利电力局。1980年3月20日，增设汉中地区抗旱防汛指挥部办公室。1983年9月机构改革后，局内设政治处、工程技术、水利管理、行政、水产科和抗旱防汛指挥部办公室。1996年6月，随撤地设市改称汉中市水电局。2002年，更名为汉中市水利局，局机关设有办公室、人事教育科、工程计划科、水政法规科、城乡供水科等6个科室；辖管防汛抗旱指挥部办公室、农田水利基本建设指挥部办公室、水库移民工作领导小组办公室、水资源管理办公室等4个参公机构。

（二）宝鸡市水利局

宝鸡解放后，设陕甘宁边区宝鸡分区，分区置行政督察专员公署，公署设4科，分管农田水利。1950年1月10日，宝鸡分区划归陕西省管辖，改为宝鸡区专员公署，将原4科更名建设科，仍兼管农田水利。1956年3月，专署建设科、交通科合并为宝鸡专署第五办公室，兼管农田水利。1956年10月1日，撤销宝鸡专区，所属县（市）直接归省管辖。宝鸡市（小市）人民委员会下设农林水牧局。1958年5月，撤销农林水牧局，同时成立宝鸡市郊区工作委员会，分管农田水利工作。1959年2月25日，撤销宝鸡市郊区工作委员会，成立宝鸡市人民委员会农林水牧局，内设秘书科、农业科、畜牧科、水利科，不久又增设经济科、农业机械科。1960年4月，撤销农林水牧局，成立宝鸡市人民委员会水利局。1961年9月1日，恢复宝鸡专区，同时成立宝鸡专员公署水利电力局。1961年9月12日，将农牧局与水电局合并为宝鸡专员公署农林水牧局。从1962年8月起，农林水牧局下设秘书科、农业科、林牧科、水利科、人民公社科。1962年9月12日，分设水电局。1963年8月22日，将水电局改为宝鸡专员公署水利局。1965年4月8日，又改名为宝鸡专员公署水电局，下设政秘、工程、灌溉、水保股。1966年8月1日，地、市分设，宝鸡市属省直接领导。1968年2月28日至1969年9月，地、市分别成立革命委员会，

下设生产指挥部，内设农业组，分管农田水利。1970年5月、6月，地、市分别设立水电局，内设政办、业务、财务3个组。1971年11月1日，地、市合并，成立宝鸡市革命委员会水电局，内设政秘、工程、灌溉、计划物资4个组，1975年改为科。1979年3月1日，地、市分设，成立宝鸡地区行政公署水电局，设政秘、计划物资、工程、灌溉4个组，同年11月改为科，并增设水产科。1980年8月1日，地市合并，设宝鸡市水电局。1983年9月，改名为宝鸡市水利水保局，内设政秘科教、计划财务、抗旱防汛、水管水产、水保农建5个科。1994年8月，由宝鸡市水利水保局更名为宝鸡市水利局，内设办公室、人事教育科、综合计划与建设管理科（城乡供水科）、农村水利水保科、水政水资源科、水产渔政科。

（三）汉中市河道管理处

1974年，汉中地区成立汉江治理指挥部，负责汉江平川段规划治理工作，编制20人，办公地址设在地区水电局；1980年指挥部撤销，业务交地区水电局。1981年8月汉江特大洪水后，1982年8月中共汉中地委决定成立汉中地区汉江管理处；1990年将汉中地区汉江管理处更名为汉中地区河道管理处，明确为地区水利局下属的主管河道管理工作的县级事业单位，编制15人，领导职数1正2副，内设工程科、管理科2个科室；1996年随地改市更名为汉中市河道管理处；1997年，经市委原农工部批复，增设办公室；2007年批准为参照公务员法管理的事业单位；2017年在原河道管理基础上整合河道执法、水资源执法、水土保持执法、水工程执法、库区灌区执法和河长制督查等工作职责和人员，成立水利综合执法支队，两块牌子、一套人马，核定编制33个，领导职数1正3副1总工，内设办公室、河（湖）长督查科、综合执法科、河道监督执法科、水土保持监督执法科、水资源监督执法科、渔政监督执法科7个科室；2020年在原汉中市河道管理处、汉中市水利综合执法支队的基础上再加挂汉中市水旱灾害防御中心，实行一套机构、三块牌子的管理体制；现有编制37个，领导职数1正3副1总工（正科级），内设综合科、河道管理科、案件审理科（执法监督科）、水利综合执法一大队、水利综合执法二大队、水利综合执法三大队、水旱灾害防御科、水旱灾害技术科、信息装备科9个科室。

（四）宝鸡市河务管理处

宝鸡市河务管理处成立于1985年11月，正科级事业单位。2010年，市河务管理处编制16人，实有在职职工16人，其中专业技术人员9人、工勤人员6人。在专业技术人员中，高级工程师3人、工程师2人、助理工程师4人。单位内设办公室、河道管理科2个科室。单位办公地址在宝鸡市姜谭路47号。

宝鸡市河务管理处的职责是：①贯彻执行国家、省、市河务管理方面的法律、法规和制度，审查全市跨河、穿河和临河在河道管理范围内建设项目，按管理权限和申报程序办理施工许可手续。②受市水利局委托，查处违反防汛及河道管理法律法规的行为。③负责市区段河道采砂许可证的核发，负责市区段砂石资源费的征收、上解工作。④按照市政府划分的管理权限，负责渭河市区段堤防建设与管理。⑤指导各县区河道管理和堤防建设工作。

（五）汉中市石门水库管理局

石门水库管理局成立于 1975 年 4 月，是石门水库枢纽及灌区的管理单位，主要承担水库防汛、农田灌溉、防汛抗旱、大坝枢纽工程安全运行与维护、灌区工程建设与管理、库区保护、发电生产、城市供水等任务。局设党政办公室、纪委办公室、组织人事科、财务审计科、防汛调度办公室、工程计划科、农业供水科、水政监察科、建筑规划科、渠系配水中心、灌区抗旱服务队、科技信息中心、枢纽管理站、石门库区生态环境保护大队、督查考核办 15 个内设机构。下设赤土岭、范寨、武乡、王家岭、文川、崔家沟、二道关、铺镇、段家山 9 个正科级基层灌溉管理站。水电站、石门旅游公司、危废中心、医废中心、建安公司 5 个实行企业化管理独立核算的经济实体。

2007 年以前是自收自支的事业单位，2007 年 8 月，按照国务院关于水管体制改革要求，石门水库管理局被定性为准公益性事业单位，规格为县级，经费实行财政差额预算管理，核定事业编制 366 人，其中：纯公益性编制 192 人，准公益性编制 174 人。现有在职人员 398 名，管理局配置正处级干部 1 名，副处级干部 5 人，正科级干部 22 人，副科级干部 24 人。

第二节　县（区）机构

一、古代机构

流域内历代水利管理多属综合机构兼管。北宋崇宁、大观年间（1103 年以后），朝廷规定："各县设县丞一员负责兴山泽之利"（《宋史·职官志》）。明、清的县衙设 6 房，由"工房"分管河道、水利、城工等。

二、民国机构

民国初，曾附设水政于县吏。民国十六年（1927 年），汉中各县政府废 6 房，设 3 科，第 3 科分管农业水利。后又改 3 科为 4 局，建设局分管水利。民国二十年（1931 年），县政府设建设助理员承办原建设局工作。民国二十七年（1938 年），建设科分管水利工作，并设技佐主管工程技术。1945 年，省水利局委托由褒惠渠管理局代管流域内汉中段的水利工作。

三、当代机构

（一）太白县水利局

1953 年 2 月，建立太白中心区，同年 2 月设立建设科，1956 年 10 月改称农林水牧局，分管农田水利。1961 年 8 月，始设太白县。县政府设农牧水局，分管全县农田水利。1970 年 5 月，设立农业局，分管水利。1972 年 5 月，改称农林牧局，分管水利。1973 年 5 月，改称农牧局，分管农田水利。1975 年 12 月，分设水利电力局。1981 年 10 月，县农业局、农机局、水利电力局合并，改称农水机局。1984 年 2 月，分设水利水保局。1994 年 7 月，水利水保局与农业局合并，称农业水利局。1995 年 3 月，又分设水利局。至 2010 年，水利局称谓未变。

水利局内设政秘股、业务股、计财股，行政编制 6 名，工勤事业编制 1 名，2020 年

实有8名。办公地址在县城北大街。水利局下属单位有7个：防汛抗旱指挥部办公室、水利电力工作队、水土保持工作站、水政水资源管理办公室、河务工作站、水产站、自来水公司。

（二）凤县水利局

1949年凤县解放，1950年1月，凤县人民政府建设科分管农林水牧。1956年，将建设科改为农林水牧局。1966年以后，农林水牧局直属县人民委员会生产组领导，1967年3月7日，将农林水牧局合并到凤县人民武装部农业生产办公室。1967年11月24日，更名为凤县抓革命、促生产第一线指挥部，下设农林办公室，分管农林水牧工作。1968年3月6日，县革命委员会设农林组，后改名为凤县革命委员会生产指挥部农林水牧组，主管全县农林牧副、水利建设等工作。1968年11月2日成立凤县农林水牧工作站，1969年10月21日撤销凤县农林水牧工作站，成立凤县革命委员会农业学大寨办公室。1970年5月21日，将农业学大寨办公室改名为凤县农林水牧局。1970年8月20日，成立凤县水电局。1984年4月2日，改称凤县水利水保局。1994年8月，又改称凤县水利局，一直未变，办公地址在凤县双石铺镇新建路。

2020年，凤县水利局机关由6个内设股室组成，分别为局办公室、计划规划股、水利水保股、水政水资源股、河湖管理股、水旱灾害防御股。凤县水利局有3个内设机构，分别为凤县落实最严格水资源管理制度领导小组办公室、凤县节水型社会建设领导小组办公室、凤县河长制办公室。水利局下属事业单位4个，分别为凤县水土保持工作站（正科级）、凤县水利工作站（正科级）、凤县水资源事务中心（正科级）、凤县河务工作站（副科级）。

（三）留坝县水利局

1951年，水利工作由留坝县人民政府建设科分管。1954年6月28日，成立留坝县防汛指挥部，主管防汛工作。1959年，因县置变化境域水利工作划归凤县水电局主管。1961年9月，留坝县置恢复，由县水电局主管。1969年，流域水利工作由县生产指挥部主管。1971年，恢复成立留坝县水电局。1984年，县水电局与县农牧局合并，1986年6月分设。1997年，留坝县水电局是县人民政府主管水利、水电、农田建设、防洪抗旱、河道管理、水土保持、水政水资源、水产渔政、城乡供水的行政职能部门，下辖县水工队、水保站、河道渔政管理站、防汛办、自来水公司。2002年机构改革中，留坝县革命委员会水电局更名为留坝县水利局，正科级建制，为县政府的工作部门。至2011年底，局机关行政编制6名，其中：领导职数3名（正科级1名、副科级2名），科员3人，工勤人员1人。留坝县水利局下设：留坝县河道管理站（水旱灾害防御中心、综合执法大队）、留坝县库区移民领导小组办公室（留坝县水土保持工作站、留坝县水土保持监督站）、留坝县安全供水服务站、留坝县自来水公司。

（四）汉台区水利局

1950年2月，汉中市（汉台区）政府设立建设科，分管水利工作。1956年6月，市农林水牧局成立，水利为主管工作之一。1959年9月，市政府单设水利局，1960年6月改称水利电力局，1962年1月又改为水利水电局，同年8月与市农林局合并，改为汉中

市农林水牧局。1964 年 6 月 1 日，市改县后，又分设农牧局和林水局，水利工作归林水局主管。

“文化大革命”期间，水利工作先后由生产指挥部农业办公室、军管会生产领导小组农业办公室和县革委会生产组农林办公室分管。1970 年 7 月，革委会农业局成立，统管农林水牧工作。1972 年 5 月，县革委会水电局另设，主管全县水利工作。1984 年 1 月机构改革时，改为汉中市水利局。1996 年机构改革时，改为汉台区水利局。主要工作职责是负责贯彻落实中、省、市有关水利工作的法律法规和方针政策；负责城区生活、生产经营和生态环境用水的统筹和保障、水资源保护工作；负责水利设施、水域及其岸线的管理、保护与综合利用和水土保持工作；监督水利工程建设与运行管理；负责实施农村安全饮水和自来水普及等工作。局机关行政编制 10 名，领导职数 1 正 2 副；内设 4 个股室：综合股、河湖运行股、规划建设管理股和水政水资股；下属 7 个事业单位：区水利管理中心、区河道管理站、区水资源管理保护中心、区水土保持工作站、武乡水利工作站、铺镇水利工作站和褒河水利工作站；下属 1 个国有企业：禹兴水利投资开发有限公司。截至 2022 年 12 月底，全系统共有在职干部职工 127 人。

（五）勉县水利局

新中国成立后，县政府由县长或 1 名副县长主管农业（水利）工作，县政府先后设建设科、农业局或农林水牧局分管水利。工程勘测设计于 1950 年由汉中专署水利局派 3~5 人的水利工作组驻县协助工作。1960 年 2 月 15 日，勉（沔）县人民委员会成立县水电局，为水利行政主管部门，编制 25 人，主管全县水利工作。1960 年下半年精减机构，水电局与农牧局合并，成立农林水牧局，下设水工组，原水电局人员部分被精减。1961 年有水利技术人员 12 人。

1962 年 7 月，恢复水电局，局内职工 25 人，下设水工组，有专业技术人员 13 人，担负全县水利、水电、水保、水产、防汛、抗旱等工程的勘测设计和施工业务。1971 年 5 月，水电局增设“农电公司”，负责全县农村用电线路等工程设施的勘测、架设与管理养护等业务，属全民单位，1973 年 4 月撤销农电公司，同时成立“勉县电力局”，业务归汉中地区供电局管理。1982 年后，人员增加，下设水工组，财务组、水管组、水产组、水保组、江河管理站以及防汛抗旱办公室、农田水利基本建设办公室。1987 年机构改革，水电局下设水利水电勘测设计工作队、水产工作站、江河管理站、水土保持工作站、县防汛抗旱、农田水利基建办公室、县水资源管理办公室、县鱼种场等县直事业单位和板凳堰水电站、水利工程队，以及原八区水利水保服务站等。从 1994 年起，设总工程师职务，负责全系统技术管理工作。1995 年，撤区并乡建镇后，八区水利水保服务站撤销，改由各乡镇设立水利水保服务站，人员由乡、镇管理。1997 年，根据上级有关规定将县自来水公司由县城建局移交给县水电局，截至 1999 年全系统共有职工 405 人（局机关 60 人），其中具有助工以上职称的在职专业技术干部 43 人，具有技术员职称的有 24 人。2002 年 9 月，变更为勉县水利局。

现勉县水利局下设办公室、水利建设管理股、水政水资源股、河湖运行股、直属机关

党委 5 个内设机构，有勉县江河管理站、勉县水土保持工作站、勉县安全供水服务站、勉县汉惠渠灌溉服务中心、勉县水利局军民渠管理站、勉县水利局无坝堰管理站、勉县水利局幸福渠管理处、勉县水利局天堰管理站、勉县水利局堰惠渠管理站、勉县水利局板凳堰管理站 10 个事业单位。全系统编制 227 人，实有 207 人，技术干部 66 人，其中高级职称 19 人、中级职称 21 人、初级职称 26 人。

（六）太白县河务工作站

太白县河务工作站成立于 2018 年 1 月，隶属县水利局管理的事业单位，单位规格正科级，县财政全额拨款。按照《中共太白县委机构编制委员会办公室关于县河道站等单位更名及明确主要职责的通知》（太编发〔2019〕47 号），太白县河道管理站更名为太白县河务工作站，截至 2023 年 11 月，编制数 13 个，其中管理岗 7 名、技术岗 6 名。现有人员 12 名，其中管理岗 7 名、技术岗 5 名。

（七）凤县河务工作站

凤县河务工作站原为凤县河道管理站，成立于 1991 年 12 月，为副科级事业单位，核定编制 3 名，隶属凤县水利水保局管理。2006 年 5 月，成立凤县嘉陵江河道综合治理办公室，与凤县河道管理站合署办公，核定凤县河道管理站编制 5 名。2021 年，更名为凤县河务工作站。现有编制 11 个，在岗人员 10 人。

（八）留坝县河道管理站

留坝县河道管理站成立于 1982 年 10 月，主要负责河道工程设计、施工及河道管理等业务，编制人数 4 人。2020 年 6 月机构改革中，在“留坝县河道管理站”加挂“留坝县水旱灾害防御中心”“留坝县水利综合执法大队”牌子，实行一套机构三块牌子的管理体制，为留坝县水利局所属正科级全额预算事业单位，增加编制 5 人，目前在编在岗人员 9 人。

（九）汉台区河道管理站

1984 年 6 月 24 日成立，属全民性质的股级事业单位。初有职工 5 人，主要负责全市江河堤防的管理、维护、实施规划、防汛抗洪、除险加固、划定保护范围、砂石资源管理及有关法规的贯彻执行。沿汉江、褒河 8 个乡设专职或兼职河管员 8 人，护堤员 22 人。2007 年前，逐步取消河管员、护堤员，职工增至 16 人。2007 年，城防划归水利部门，由城防河管站调入 4 人，职工增加到 20 人。2017 年，随着汉江综合整治的深入推行，由汉台区水利管理中心调整 8 个编制到河道管理站，职工增加到 28 人。2020 年 6 月机构改革中，将河管站升格为副科级事业单位，将原汉台区江河管理站更名汉台区河道管理站，增加水政执法和水旱灾害防御职能，增加编制 3 人，目前职工 31 人。

（十）勉县江河管理站

1984 年 6 月成立，属县直事业单位，由县水电局领导，编制 9 人，设站长 1 人，专业技术干部工程师 1 人、助工 2 人，另沿江乡、镇各设护堤员 1 人。2020 年，将勉县水资源管理委员会办公室划入勉县江河站，同时加挂“勉县水旱灾害防御中心”和“勉县水利综合执法大队”牌子，实行一套机构三块牌子的管理体制，为勉县水利局所属正科级财政全额预算事业单位，编制 37 人。主要负责辖区内河道日常管理，辖区内水利行业的水

情旱情监测预警、水工程调度和防御洪水应急抢险技术支撑等，辖区内河道管理执法、水土保持监督执法、水资源管理等。

第三节 陕西省派驻单位

一、汉中水文水资源勘测中心

1965 年，陕西省水文总站设立了“汉中水文分站”，机关驻址在汉中市河东店（原河东店中心水文站内），科级建制。1975 年汉中水文分站由河东店迁往汉中市中山街，1984 年又迁到汉中市劳动西路。管辖汉中地区省属各水文测站。

1986 年 4 月，汉中水文分站改称“汉中水文水资源勘测大队”，机关驻址及所管辖测区范围均未变，仍为科级建制。

1993 年，汉中水文水资源勘测大队改名为“汉中水文勘测局”（简称汉中水文局）。级别、管辖范围均不变。截至 2005 年底，汉中水文局机关内设机构有办公室、政工科、勘测科、水情科、水质科、多种经营科、财务科，另设水环境监测分中心 1 个，水情信息分中心 1 个。2001 年 6 月，水利部“国家防汛指挥系统工程汉中水情分中心示范区”亦设立于汉中水文局机关内。

2019 年机构改革中，汉中水文勘测局更名为“汉中市水文水资源勘测中心”。机关内设办公室、财务科、勘测科、水情科、水资源与水环境科 5 个科室，办公室下设设备科、工程科，设略阳、勉县、汉中、洋县、西乡 5 个水文监测中心。在职职工 72 人，下设水文站 22 处（其中国家基本站 17 处、中小河流防汛专用水文站 5 处），防汛专用水位站 20 处，雨量站 333 处，墒情监测站 11 处，水环境监测断面 32 处，负责定点监测汉江、嘉陵江干流及其 25 条支流（其中嘉陵江 1 条支流、汉江 24 条支流）的水位、流量、含沙量、泥沙颗粒、降水、蒸发等水文要素。同时，监测汉江、嘉陵江干流及其 9 条支流的水质要素，并在汉中平川区开展土壤墒情监测。负责汉中境内的水文监测、水文资料收集、水情报汛等，为水利工程建设及运行管理、防汛抗旱、水资源管理、水工程规划设计和管理、水环境保护和国民经济建设服务。

汉中水文水资源勘测中心在褒河流域设有江口、马道 2 座水文站，桑园坝、西河口、桃园铺 3 座水位站，25 处雨量站。

二、宝鸡市水文水资源勘测中心

1965 年 4 月，陕西省水文总站设立了“省西水文分站”，站址在眉县城西魏家堡村，与魏家堡水文站同址。首任分站站长为王学琪。1984 年，省西水文分站由眉县魏家堡村迁至宝鸡市益门堡，改称“宝鸡水文分站”，管辖宝鸡地区省属各水文测站，科级建制。

1986 年 4 月，宝鸡水文分站改称“宝鸡水文水资源勘测大队”，机关驻址及所管辖的测区范围均未变，仍为科级建制。

1993 年春，为了适应水文事业改革和发展的需要，宝鸡水文水资源勘测大队改称为“宝鸡水文水资源勘测局”（简称宝鸡水文局），级别建制、管辖范围不变。

2009 年 12 月 5 日，加挂“宝鸡市水文水资源勘测局”牌子，2013 年 4 月 26 日，与黄委和省水利厅加挂陕西首个水环境监测实验室“黄河流域水环境监测中心宝鸡分中心”牌子，宝鸡水文水资源中心和水环境监测实现了部、省、市共建共管机制。

2019 年机构改革中，宝鸡水文勘测局更名为“宝鸡市水文水资源勘测中心”。内设综合科、勘测技术科、水情信息科、水质科、计划财务科、装备科 6 个部门。现有在职职工 60 人，内设的眉县、益门、林家村 3 个巡测队管辖 10 处国家基本水文站，辖区设有专用水文（位）站 21 处、雨量站 245 处、墒情站 4 处，形成包括水位、流量、雨量、水质、蒸发、泥沙等项目齐全、布局合理的水文站网。承担着宝鸡市境内 30 余条河流的水文数据采集、雨水情信息传输及 20 个省、市界水质水量、水生态监测断面，12 个重要水源地断面、64 个典型排污口、26 个支流入渭水环境监测、水文特性分析研究等工作任务。

宝鸡水文水资源勘测中心在褒河流域设有靖口、太白 2 座水文站，关山水位站，11 处雨量站。

第三章　治水人物

褒河流域水利开发利用较早，从秦末修筑山河堰开始至今，涌现了一批优秀的治水人物和技术专家。本章遵循“生不立传”的原则，对古代和近现代已去世（2020年底前）之治水官员、贤达、专家，以《人物传》记其事迹，以昭彰后世，存史育人；对荣获省部级以上奖励的劳动模范、先进人物以及高级科技人员以《人物表》形式，亦录于此，以志不忘。

第一节　人物传略（以卒年为序）

萧　何　（？—前193），汉沛县（今江苏沛县）人。曾为沛县吏。秦末佐刘邦起义。楚汉战争中，留守关中，输送士卒粮草，支援作战，对刘邦战胜项羽起了重要作用。封侯。相传山河堰为“汉相国萧何所筑，曹参落成之”。流珠堰、杨填堰等亦为其所创。

曹　参　（？—前190），汉沛县人。曾为沛县狱吏。秦末从刘邦起义，屡立战功。汉开国，封平阳侯。后继萧何为汉惠帝相，“举事无所变更，一遵萧何约束”，有“萧规曹随”之称。相传山河堰为其落成。

张　卬　生卒不详，西汉京兆杜陵人。御史大夫张汤之子。武帝时任汉中郡太守，调发数万人欲打通褒河漕运，后虽因褒河水流湍急、多石，最终未能通漕，但修通了一条长五百多里的褒斜道。

诸葛亮　（181—234），字孔明，号卧龙，汉族，徐州琅琊阳都（今山东临沂市沂南县）人，三国时期蜀汉丞相，杰出的政治家、军事家、散文家、书法家、发明家。三国时期驻军汉中，对山河堰“踵迹增筑”。

许　逖　字景山，歙州（今安徽歙县）人。“（北宋真宗）大中祥符年间（1008—1016年）任兴元（汉中）知府，疏浚旧堰，采木石修之，堰成，岁大丰。欧阳修记其事（撰《许景山行状》）”。

赵从俨　生卒不详，北宋人。曾任兴元节度使，劝农治堰，丰腴明刑。历史上，位于陕南汉中的山河堰因难以抵御洪水冲袭，时有破损，历代地方官吏与驻军将领组织民众和军士整修。《汉南续修郡志》中记载：“赵从俨任兴元节度使，劝农治堰，丰腴明刑。”

吴　玠　（1093—1139），字晋卿。德顺军陇干县（今甘肃省静宁县）人。“（南宋高宗绍兴）六年（1136年），又调戍兵，命梁、洋守将治褒城废堰。民知灌溉可恃，愿归业者数万家”。

杨　政　（1098—1157），字直夫，原州临泾（今甘肃镇原县）人。南宋高宗建炎年间，从吴，击金人，九战九捷，累功至武显郎。南宋绍兴十至二十七年（1140—1157 年），“政守汉中十八年，六堰（指山河堰）久坏，失灌溉之利，政为修复。汉江水决为害，政筑长堤捍之。凡利民者不敢以军旅废”（《宋史·杨政传》）。

吴　璘　（1102—1167），字唐卿，陇干（今甘肃静宁）人。南宋乾道元年（1165 年），任四川宣抚使判兴元府。“璘至汉中，修复褒城古堰（注：即山河堰），溉田数千顷，民甚便之”（《宋史·吴璘传》）。

吴　拱　吴玠之子，曾任汉中知府。宋乾道六至七年（1170—1171 年），在其叔父吴璘督工整复古堰的基础上，对山河堰大加扩建。《宋史·河渠志》记载：“乾道七年（1171 年），遂委御前诸军统制吴拱经理，发卒万人助役，尽修六堰，浚大、小渠六十五，凡溉南郑、褒城田二十三万余亩，宣力最多。”这一灌溉面积是山河堰历史记载最大的数字，这次整修也是规模最大的。如此丰功伟绩，开创了山河堰灌溉历史上的鼎盛时期。

晏　袤　字亍德，山东临淄人，南宋绍熙间（1190—1194 年），任南郑县令。绍熙四年（1193 年）夏，洪水冲毁山河堰，晏与郡太守章森、常平使者范中艺等主持重修。绍熙五年（1194 年）四月，大功告成，晏袤撰书《山河堰落成记》，刻于石门南褒河西侧山崖间（现凿迁至汉中市博物馆）。同时还撰《山河堰赋》一文。绍熙五年（1194 年）三月，晏袤视察山河堰，至褒谷，在石门西南侧断崖中青苔下，发现了东汉永平九年（66 年）刻写的《鄐君开通褒斜道》摩崖，距石门不到百步。他还发现了三国魏景元四年（263 年）刻的《李苞通阁道》摩崖、潘宗伯与韩仲元于晋武帝泰始六年（270 年）修褒斜道摩崖。他分别写了《君碑释》及《魏潘宗伯、韩仲元、李孝章通褒斜阁道释文》，刻写于原摩崖石刻之下方，供后世摩崖石刻研究者进一步研究。袤长于书法，尤工隶书，所书《山河堰落成记》为古今书法名品。

赛因普化　蒙古人，元大德间（1298—1307 年）任兴元路劝农使。兴修水利，对山河堰及其他小堰，多加修复，扩大灌区，增加生产。

张良知　山西安邑人。明嘉靖十八年（1539 年），任汉中府同知，身体力行，大修山河堰，功劳卓著。又编《汉中府志》十卷，今尚流行。

崔应科　河南省登封县人。明万历年间任汉中知府，修堰浚渠筑城……多有成立，著有山河堰《崔应科四六分水记略》（清嘉庆《汉中府志·秩官》）。

滕天绶　奉天辽阳（今辽宁省辽阳市）人。清康熙二十五年（1686 年），由广东潮州府同知升任汉中知府。“汉南自肖相居守后，水利素饶。愚民争利，致多聚讼。天绶亲历南、褒、城、洋诸邑，相视地形，筑堤建闸。且勒禁携石碑，启闭有期蓄泄有界，自是争端永杜”（清嘉庆《汉中府志·秩官》）。其间，著有《滕太守分水约》等。清康熙三十年（1691 年），天绶试引冬水灌麦成功。清康熙三十一年（1692 年），劝民冬水灌田，正式成为一种灌水制度，为后人所沿用。

严如熤　湖南溆浦人。清嘉庆十三年（1808 年）九月任汉中知府。在此之前，乾隆十五年（1750 年），汉中府水利同知移驻留坝厅。乾隆四十年（1775 年）改水利同知为

抚民捕盗同知，水利遂无专管之员。严如熤任知府后即呈《请专委府经历专管公堰详文》，并对经历职责、堰务管理、轮水制度等，都做了较详细规定，对维护用水秩序、整修渠堰尤其是跨县渠堰起了积极作用。另外，严主修《汉中府志》将水利设专卷记述，为研究汉中水利史志提供了宝贵的资料。

李　复　（？—约 1906），江西萍乡人。清光绪二十九年（1903 年）任留坝厅同知，于光绪三十年（1904 年）将“紫柏书院”改为留坝厅高等小学堂。李复兴修水渠，从陶沙坝对岸山脚修渠直到沙湾（今县林业局处）全长 2 千米，人称“李公渠”。北栈河两岸旱地，改为水田，按亩交纳堰课，归留坝厅高等小学堂，作为学堂办公、修缮、学生书籍、学生服装等开支。厅民在小学大门立石碑 1 通，颂李公德政。该碑石毁于抗日战争时期。

李仪祉　名协，字宜之，陕西蒲城县人。生于 1882 年 2 月 20 日，卒于 1938 年 3 月 8 日，享年 56 岁，是我国近代著名水利专家。民国二十一年（1932 年），任陕西省水利局局长，随同全国经济、工程、新闻各界陕西实业考察团来汉考察水利等，由汉中籍林垦学者安汉陪同，考察并规划了汉江第一堰——汉惠渠。民国二十三年（1934 年），李仪祉再次来汉视察，又修订褒惠渠、湑惠渠整治方案，对“汉中三惠”的兴建起了巨大作用。

刘钟瑞　别号辑五，生于 1898 年，河北省南皮县人。河海工程专门学校毕业。民国二十九至三十五年（1940—1946 年）至民国三十五年（1946 年）任汉惠渠工程处主任工程师、褒惠渠工程处总工程师、湑惠渠工程处总工程师。民国三十五年（1946 年）3 月 27 日调省水利局任局长。新中国成立后，曾任中央水利部工务司司长等职。

刘钟瑞在汉中任职期间，对“汉中三惠”兴建作出了重要贡献，并著有《褒河水利之展望》、《美籍水利专家巴里特视察记》（陕西省水利季报第八卷第一期民国三十三年 3 月刊印）、《陕南新兴水利事业概况》、《汉江上游农田水利事业之概况》、《城固县水利志》、《褒惠渠灌溉工程释疑》、《为汉惠渠清丈告民众书》等（《陕南水利工程专号》陕西水利季报第七卷第一期民国三十一年 6 月 15 日刊印）。在《褒河水利之展望》中提出：“如在褒河山谷中，筑坝高达六十公尺，可产生水力四万八千马力。”在《美籍水利专家巴里特视察记》一文中提出：陕南汉中盆地，所采用自流式引水灌田，故已发生很大效果，愿更进一步储蓄洪水，以调节全年水量……。为开发汉中水力资源指明了途径。

潘光天　（1934—1993），男，陕西南郑人，1957 年 7 月毕业于西北农学院农田水利工程专业；1957 年 8 月至 1958 年 10 月，在汉中专署水电局工作；1958 年 11 月至 1982 年 2 月在褒河水库工程指挥部、汉中地区水利水电勘测设计队工作；1982 年 4 月任汉中地区水电局副总工程师；1983 年 9 月任汉中地区水电局局长；1990 年 6 月任汉中地区水电局总工程师。一生奉献汉中水利，先后参加或承担了汉中地区 20 余项重大水利工程的部分设计与施工，并系统地参加了褒河石门水库及渠道工程的规划设计和施工。

王春显　（1916—1997），男，山西省万荣县人，1939 年毕业于西北农学院，一生从事水利工作。1958 年 9 月至 1983 年 9 月，一直担任汉中地区水利电力局副局长，分管

水利业务工作；1983年9月至1986年9月，担任汉中地区水利电力局总工程师，负责汉中水利技术工作。先后组织并参与了石门水库、娘娘滩水库等褒河流域重点水利工程建设和水利前期工作。1958年4月，按照中共汉中地委和专署修建褒河水库的要求，组织技术人员对水库坝址进行踏勘测量，将坝址初选在老君崖，初设坝高70米，库容1亿立方米。其后，一直参与石门水库的建设规划和施工组织工作。

张佐周 （1910—2005），字郁文，满族，河北省保定县人。1932年，毕业于北洋大学土木系，曾任全国经济委员会公路处技师、国民党政府交通部公路总局设计科科长。1934年，国民政府决定修筑西汉公路，受全国经济委员会公路处的委命，张佐周代理留汉段测量队队长，主持修建西（西安）汉（汉中）公路，当施测到鸡头关下，为保护“石门”古迹及石门石刻，特在褒姒铺以下附近建桥（鸡头关大型钢架桥）过褒河，走“石门”对岸“石虎”脚下。又恐有损“石虎”虎形，随开凿连环三洞，称为“新石门”。新中国成立后，历任上海市工务局副处长、上海市市政工程管理局总工程师、上海市政工程设计研究所所长。2005年逝世，遵其遗嘱，归息褒谷。汉中市人民政府在褒谷口为张佐周立碑塑像纪念。

惠文光 （1925—2008），男，陕西省富平县人，毕业于三原工业职业学校水利科。一生从事水利工作50年，先后担任陕南水利局褒惠渠管理处副主任，陕南水利局灌溉科副科长，褒冷管理局副局长，汉中专署水电局灌溉科科长，专署水电局副局长，水电局革委会副主任、副局长，汉中地区水电局局长、党委书记，水利管理工程师，1989年离休。先后组织并参与了汉中石门水库等重点水利工程建设和水利前期工作，为全市水资源开发利用和水利灌溉工程管理作出了突出贡献。

第二节 人物表录

一、褒河流域水利系统省部级以上奖项获得者

新中国成立以来，褒河流域各市、县（区）水利工作者共获得省部级各项奖励37项，如表7-3-1所示。

表7-3-1 褒河流域水利系统获省部级表彰人员一览表

序号	姓名	性别	籍贯	获奖时工作单位	荣誉称号	授予时间（年）
1	杨长升	男	陕西凤县	凤县水利局	省水土保持劳动模范（省委、省政府）	1956
2	赵秀莲	女	陕西凤县	凤县水利局	省水利尖兵	1958
3	赵秀莲	女	陕西凤县	凤县水利局	全国建设社会主义积极分子	1959

续表 7-3-1

序号	姓名	性别	籍贯	获奖时工作单位	荣誉称号	授予时间（年）
4	宋登良	男	陕西凤县	凤县水利局	农业建设先进生产者（省委、省政府）	1960
5	刘建业	男	陕西洋县	凤县水利局	农业建设先进生产者（省委）	1960
6	索珍	男	陕西宝鸡	凤县水利局	抗洪救灾先进个人（省委、省政府）	1981
7	牛英杰	男	陕西武功	凤县水利局	全国第一批水土保持监督执法试点工作先进个人（水利部）	1993
8	杨万青	男	陕西凤县	凤县水利局	全国第一批水土保持监督执法试点工作先进个人（水利部）	1993
9	张炳彦	男	陕西周至	汉中市水土保持工作总站	陕西省政府科技推广二等奖	1994
10	王佰成	男	陕西凤县	凤县水利局	全国绿化奖章（全国绿化委员会）	1999
11	王艳翔	男	陕西凤县	凤县水利局	长江上中游水土保持重点防治工程先进个人	1999
12	周永章	男	陕西宁强	汉中水文局水情科	全国水利系统先进个人	1999
13	王佰成	男	陕西凤县	凤县水利局	全国水土保持工作先进个人	2001
14	马忠	男	陕西凤县	凤县水利局	陕西省 1999—2000 年度县城供水先进工作者	2001
15	王基刚	男	陕西西乡	汉中市水利局	全国电气化先进个人（水利部）	2001
16	王佰成	男	陕西凤县	凤县水利局	水土保持个体承包先进治理户	2002
17	张建兴	男	陕西扶风	扶风县水利局	陕西省水利系统先进个人	2002
18	王基刚	男	陕西西乡	汉中市水利局	抗旱救灾先进个人（省委、省政府）	2002
19	王基刚	男	陕西西乡	汉中市水利局	抗洪救灾先进个人（陕西省党委）	2002
20	吴俊	男	陕西凤县	凤县水利局	陕西省县城供水先进工作者	2003

续表 7-3-1

序号	姓名	性别	籍贯	获奖时工作单位	荣誉称号	授予时间（年）
21	许继学	男	陕西南郑	汉中市石门水库管理局	全国大型灌区精神文明建设先进个人	2005
22	吴兴金	男	陕西凤县	凤县水利局	陕西省农村饮水项目先进工作者	2005
23	董春元	男	陕西汉台	汉中市水利局	全国水利系统先进工作者	2005
24	张炳彦	男	陕西周至	汉中市水土保持工作总站	水利部“四五”普法先进个人	2006
25	许继学	男	陕西南郑	汉中市石门水库管理局	全国水利风景区建设与管理工作先进个人	2006
26	吴生华	男	陕西凤县	凤县水利局	长江上中游水土保持重点防治工程先进个人（长江上游水土保持委员会）	2006
27	王利夫	男	陕西洋县	汉中市石门水库管理局	全国河道水库管理先进工作者	2008
28	周永章	男	陕西宁强	汉中水文水资源勘测局水情科	全国水利系统先进工作者	2009
29	王基刚	男	陕西西乡	汉中市水利局	地震灾后恢复重建工作先进个人（陕西省党委）	2011
30	邱存元	男	陕西西乡	汉中市石门水库管理局	全国水利系统先进工作者	2015
31	张炳彦	男	陕西周至	汉中市水土保持工作总站	省水利系统“六五”普法先进个人	2016
32	邱存元	男	陕西西乡	汉中市石门水库管理局	水利风景区建设与管理工作先进个人	2016
33	邱存元	男	陕西西乡	汉中市石门水库管理局	陕西省首届最美水利人	2017
34	张炳彦	男	陕西周至	汉中市水土保持工作总站	省水利系统“七五”普法先进个人	2021
35	苌志超	男	陕西西安	汉中市水利局	水利部农村饮水安全脱贫攻坚先进个人	2021
36	郭浩淼	男	陕西太白	太白县水土保持工作站	2022 年全国水土保持先进个人	2022

二、褒河流域水利系统享受高级工程师待遇人员名录

新中国成立以来，褒河流域水利部门培养了一大批水利科技人才，现有享受高级工程师待遇的水利科技人员 113 人，如表 7–3–2 所示。

表 7–3–2　褒河流域水利系统高级工程师一览表

序号	姓名	性别	出生年月（年–月）	籍贯	参评时工作单位	批准时间（年–月–日）	备注
1	龙云霄	男	1941–02	陕西汉中	汉中市石门水库管理局	1994–04–07	
2	黄炳成	男	1945–12	陕西城固	汉中市石门水库管理局	2003–03–15 正高职高级工程师	
3	韩景泰	男	1943–05	陕西勉县	汉中市石门水库管理局	2003–03–15 正高职高级工程师	
4	唐喜允	男	1939–12	陕西汉中	汉中市石门水库管理局	1994–07–14	
5	闫磊	男	1944–12	陕西西安	汉中市石门水库管理局	2003–03–15 正高职高级工程师	
6	冯时敦	男	1945–12	湖南衡阳	汉中市石门水库管理局	2003–03–15 正高职高级工程师	
7	袁海智	男	1944–12	陕西城固	汉中市石门水库管理局	1997–04–08	
8	方孝文	男	1946–05	陕西镇巴	汉中市石门水库管理局	1996–12–28 高级政工师	
9	马治国	男	1941–07	陕西旬邑	汉中市石门水库管理局	1997–04–08	
10	陈述平	男	1936–09	河南荥阳	汉中市石门水库管理局	1997–04–08	
11	杨志平	男	1943–01	陕西汉中	汉中市石门水库管理局	1998–11–24	
12	张海峰	男	1946–10	陕西汉中	汉中市石门水库管理局	1998–11–24	
13	胡崇新	男	1946–08	陕西洋县	汉中市石门水库管理局	2000–09–07	
14	李培忠	男	1947–12	陕西洋县	汉中市石门水库管理局	1999–09–09	
15	陈善有	男	1949–10	陕西南郑	汉中市石门水库管理局	2001–09–20	
16	严仲彩	男	1952–01	陕西西乡	汉中市石门水库管理局	2000–09–07	
17	崔建荣	男	1955–08	甘肃酒泉	汉中市石门水库管理局	2001–12–31 高级政工师	
18	杨树正	男	1963–05	陕西洋县	汉中市石门水库管理局	2001–09–20	

续表 7-3-2

序号	姓名	性别	出生年月（年－月）	籍贯	参评时工作单位	批准时间（年－月－日）	备注
19	宋海福	男	1952–11	陕西勉县	汉中市石门水库管理局	1998–11–24	
20	刘永纪	男	1952–10	陕西城固	汉中市石门水库管理局	2006–11–16	
21	袁伟	男	1955–08	汉中市汉台区	汉中市石门水库管理局	2004–12–28	
22	樊立民	男	1956–02	山西临猗	汉中市石门水库管理局	2000–09–07	
23	杨立	男	1957–08	陕西西乡	汉中市石门水库管理局	2012–11–23	
24	高鹏华	男	1958–10	汉中市汉台区	汉中市石门水库管理局	2002–09–26	
25	李功元	男	1964–08	陕西安康	汉中市石门水库管理局	2002–09–26	
26	邱存元	男	1963–07	陕西西乡	汉中市石门水库管理局	2021–05–16 正高级工程师	
27	古学海	男	1977–10	陕西省南郑区	汉中市石门水库管理局	2015–10–28	
28	戴锦萍	女	1964–04	陕西西乡	汉中市石门水库管理局	2014–11–21	
29	郑晓红	女	1965–08	汉中市汉台区	汉中市石门水库管理局	2016–11–24	
30	朱才会	男	1964–07	陕西南郑	汉中市石门水库管理局	2017–11–22	
31	夏杰宏	男	1969–08	四川省三台县	汉中市石门水库管理局	2017–11–22	
32	刘小龙	男	1976–02	汉中市汉台区	汉中市石门水库管理局	2018–11–25	
33	徐海鹏	男	1963–09	陕西城固	汉中市石门水库管理局	2018–11–25	
34	王矛	男	1973–09	汉中市汉台区	汉中市石门水库管理局	2019–12–03	
35	马建新	男	1970–07	汉中市汉台区	汉中市石门水库管理局	2019–12–03	
36	廖宏伟	男	1974–07	陕西勉县	汉中市石门水库管理局	2019–12–03	
37	韩晓阳	男	1971–03	陕西勉县	汉中市石门水库管理局	2021–04–28	
38	杨晓伟	男	1973–07	汉中市汉台区	汉中市石门水库管理局	2021–04–28	
39	侯晓东	男	1976–11	汉中市汉台区	汉中市石门水库管理局	2021–04–28	

续表 7-3-2

序号	姓名	性别	出生年月（年－月）	籍贯	参评时工作单位	批准时间（年－月－日）	备注
40	李晓伟	女	1974-03	陕西洋县	汉中市石门水库管理局	2021-04-28	
41	赵成东	男	1977-02	汉中市汉台区	汉中市石门水库管理局	2021-04-28	
42	刘俊雁	女	1980-06	汉中市汉台区	汉中市石门水库管理局	2021-04-28	
43	汤建斌	男	1963-12	陕西勉县	汉中市石门水库管理局	2021-04-28	
44	林东炫	男	1973-07	汉中市汉台区	汉中市石门水库管理局	2021-12-19	
45	梁怡	女	1977-01	汉中市汉台区	汉中市石门水库管理局	2021-12-12 高级会计师	
46	刘成军	男	1971-09	陕西西乡	汉中市石门水库管理局	2023-03-06	
47	雷国松	男	1979-08	汉中市汉台区	汉中市石门水库管理局	2023-03-06	
48	李明	男	1975-09	陕西西乡	汉中市石门水库管理局	2023-03-06	
49	李琪	男	1974-10	汉中市汉台区	汉中市石门水库管理局	2023-03-06	
50	黄立忠	男	1968-02	陕西勉县	勉县水利局天堰管理站	2021-01	
51	刘虹毓	女	1984-10	陕西勉县	汉中市勉县水土 保持工作站	2021-12	
52	刘馨	女	1973-08	陕西眉县	勉县水土保持工作站	2016-05	
53	杨继儒	男	1973-09	陕西勉县	汉中市勉县水利局 堰惠渠管理站	2021-12	
54	吴霞	女	1976-04	陕西宁强	勉县汉惠渠管理局	2023-03	
55	李亚斌	男	1970-08	陕西勉县	勉县水利局军民渠管理站	2017-11	
56	王蕊	女	1984-08	陕西勉县	勉县安全供水服务站	2023-03	
57	汪文文	男	1984-08	陕西高陵	勉县安全供水服务站	2021-12	
58	陆军	男	1974-08	陕西勉县	勉县安全供水服务站	2009-11	
59	晏俊波	男	1973-07	陕西勉县	勉县安全供水服务站	2021-01	

续表 7-3-2

序号	姓名	性别	出生年月（年–月）	籍贯	参评时工作单位	批准时间（年–月–日）	备注
60	宁纪宇	男	1975–10	陕西勉县	勉县水利局无坝堰管理站	2021–01	
61	田维	男	1975–06	陕西勉县	勉县水利局军民渠管理站	2023–03	
62	张恩平	男	1965–11	陕西佛坪	勉县汉惠渠管理局	2021–01	
63	吴成金	男	1974–12	陕西勉县	勉县安全供水服务站	2021–04	
64	马严	男	1967–09	陕西勉县	勉县江河管理站	2012–11	
65	高国红	男	1969–04	陕西勉县	勉县汉惠渠管理局	2021–01	
66	李彦华	男	1972–12	陕西勉县	勉县汉惠渠管理局	2017–11	
67	岳小军	男	1977–11	陕西勉县	勉县江河管理站	2021–12	
68	于松波	男	1981–01	陕西勉县	勉县水利工程队	2023–03	
69	苏旭华	男	1972–09	陕西勉县	勉县江河管理站	2017–11	
70	辛永福	男	1968–12	陕西勉县	勉县汉惠渠管理局	2015–10	
71	张全成	男	1965–07	陕西勉县	勉县江河管理站	2021–01	
72	郑磊	男	1982–07	陕西汉台	汉中市汉台区水利管理中心	2021–12–19	
73	李波	男	1979–09	陕西汉台	汉中市汉台区水利管理中心	2022–03–06	
74	张炳彦	男	1966–04	陕西周至	汉中市水土保持工作总站	2001–09	
75	赵小军	男	1968–04	陕西城固	汉中市水利水电工程质量安全监督站	2017	
76	王晖	男	1973–08	陕西城固	汉中市水利水电工程质量安全监督站	2016	
77	张克阳	男	1974–04	陕西三原	汉中市灌溉试验站	2019–12	
78	靳筱宏	男	1973–01	陕西洋县	汉中市水利水电建筑勘测设计院	2012–12 正高级工程师	

续表 7-3-2

序号	姓名	性别	出生年月（年－月）	籍贯	参评时工作单位	批准时间（年－月－日）	备注
79	王树坤	男	1964–10	陕西礼泉	汉中市水利水电建筑勘测设计院	2002–09	
80	杜力锋	男	1965–01	陕西西乡	汉中市水利水电建筑勘测设计院	1998–11	
81	李科省	男	1965–10	陕西岐山	汉中市水利水电建筑勘测设计院	1999–09	
82	张耀	男	1964–11	陕西城固	汉中市水利水电建筑勘测设计院	2009–11	
83	王耀伟	男	1975–12	陕西宝鸡	汉中市水利水电建筑勘测设计院	2009–11	
84	王建明	男	1968–12	陕西韩城	汉中市水利水电建筑勘测设计院	2014–11	
85	李树荣	男	1972–03	陕西洋县	汉中市水利水电建筑勘测设计院	2008–11	
86	曹亚莉	女	1977–07	陕西商洛	汉中市水利水电建筑勘测设计院	2012–11	
87	张晓彦	女	1979–09	陕西城固	汉中市水利水电建筑勘测设计院	2016–11	
88	吴小妮	女	1978–09	陕西礼泉	汉中市水利水电建筑勘测设计院	2016–11	
89	张锁林	男	1976–10	陕西凤翔	汉中市水利水电建筑勘测设计院	2017–11	
90	孙岩	男	1969–09	陕西汉中	汉中市水利水电建筑勘测设计院	2017–11	
91	雷利娜	女	1978–05	陕西渭南	汉中市水利水电建筑勘测设计院	2017–11	
92	夏晓义	男	1976–05	贵州遵义	汉中市水利水电建筑勘测设计院	2017–11	
93	党碧江	男	1977–09	陕西周至	汉中市水利水电建筑勘测设计院	2017–11	
94	范彦军	男	1970–06	陕西汉中	汉中市水利水电建筑勘测设计院	2017–11	

续表 7–3–2

序号	姓名	性别	出生年月（年 – 月）	籍贯	参评时工作单位	批准时间（年 – 月 – 日）	备注
95	冀飞	男	1982–09	陕西西乡	汉中市水利水电建筑勘测设计院	2018–11	
96	王彦	女	1978–12	陕西城固	汉中市水利水电建筑勘测设计院	2018–11	
97	赵杰斐	男	1979–01	陕西乾县	汉中市水利水电建筑勘测设计院	2018–11	
98	张亚娟	女	1980–04	陕西城固	汉中市水利水电建筑勘测设计院	2018–11	
99	李国柱	男	1978–11	陕西岐山	汉中市水利水电建筑勘测设计院	2023–03	
100	夏伟	男	1982–05	陕西西乡	汉中市水利水电建筑勘测设计院	2023–03	
101	王先	男	1983–01	陕西汉中	汉中市水利水电建筑勘测设计院	2023–03	
102	郝雷	男	1984–12	陕西华县	汉中市水利水电建筑勘测设计院	2023–03	
103	何伟	男	1985–09	陕西洋县	汉中市水利水电建筑勘测设计院	2023–03	
104	蒋亚辉	男	1980–09	陕西杨凌	汉中市水利水电建筑勘测设计院	2023–03	
105	余江波	男	1980–11	陕西眉县	汉中市水利水电建筑勘测设计院	2023–03	
106	田忠义	男	1972–08	陕西扶风	凤县水利工作管理站	2018–12	
107	李小兵	男	1975–09	陕西岐山	凤县水资源管理站	2021–07	
108	吴生平	男	1975–09	陕西凤县	凤县水资源事务中心	2020–09	
109	王毅	男	1972–07	陕西宝鸡	凤县水利工作站	2020–09	
110	白金合	男	1970–07	陕西留坝	留坝县水利水电工作服务队	2022–12	
111	苟天华	男	1973–11	陕西留坝	留坝县水利水电工作服务队	2019–12	
112	袁长斌	男	1972–01	陕西南郑	汉中市冷惠渠管理局	2017–11	

大事记

史前时期

凤县出土文物表明，距今约6000年前，已有人类在褒河上游中曲河谷定居。

夏

《禹贡》载：禹封其子为褒君，名曰“有褒”，是为“褒国”。古褒国在今褒河流域。

西　周

周幽王三年（前779年），幽王伐褒，褒国进献褒姒女媾和。（《史记·周本纪》）

周平王二十一年（前750年），夏文侯杀虢公翰与褒人所立天王作民，褒国灭。

春秋战国

秦昭襄王四十一年至五十六年（前266—前251年），范雎为相，修褒斜栈道，时称“栈道千里，通于蜀汉，使天下皆畏秦”。

西　汉

高祖元年（前206年），项羽封刘邦为汉王，“王巴、蜀、汉中”，都南郑。四月，刘邦入汉中，张良劝汉王烧绝栈道，示天下无还心，以固项王意。八月，刘邦用韩信之计，“明修栈道，暗度陈仓”，派大将樊哙修褒斜栈道。萧何、曹参驻守汉中，创修山河堰，发展农业，供民食军需。

惠帝五年（前190年），陕西大旱，褒河水系断流、干枯。

高后八年（前180年），七月，黑龙江（褒河）水溢。

武帝元狩间（前128—前123年），张卬为汉中太守，发数万人作褒斜道五百余里，以通漕。“道果便近，而水多湍石，不可漕”（《汉书·沟洫志》）。

东 汉

明帝永平六年（63 年），汉中太守鄐君，率众整修褒斜栈道并凿石门。九年（66 年）开通。刻《鄐君开通褒斜道》摩崖于石门南口山崖间，记其事。

永初元至二年（107—108 年），西羌叛乱，褒斜栈道被切断，通蜀官道移子午道。

延光四年（125 年），诏益州刺史，罢子午道，通褒斜道。

初平二年（191 年），益州太守刘焉遣督义司马张鲁镇汉中，张袭杀汉中太守苏固等，烧绝褒斜谷道，踞汉中，以“五斗米教”控制汉中，建立政教合一政权，改汉中郡为汉宁郡。境内多建有“天师堂”，以祀张道陵。

延光四年（125 年），汉司隶校尉、四川为武阳人杨涣（字孟文）多次奏请，经安帝准允，兴工修复褒斜栈道。至建和二年（148 年），汉中太守王升刻《故司隶校尉犍为杨君颂》（习称《石门颂》）于石门洞内西壁，记其事。

建安二十三年（218 年），刘备从成都率兵攻取汉中。翌年三月，曹操自长安出斜谷来汉中，驻褒谷南口，与刘备军峙，攻而不克，于五月退兵，刘备遂据有汉中称王。

三 国

蜀建兴五至十二年（227—234 年），诸葛亮出屯汉中时，对山河堰“踵迹增筑”。（《清・一统志》）

蜀汉建兴六年（228 年），赵云由箕谷、赤崖败退时，烧毁赤崖（在今留坝县）以北阁道。

蜀汉建兴九年（231 年），诸葛亮伐魏以木牛运粮集于斜谷口。六月，粮尽，退兵回汉中。

蜀汉建兴十一年（233 年），蜀相诸葛亮伐魏使诸军运米集于斜谷口，并修复斜谷邸阁。秋，大雨 30 余日，水涨山崩，栈道断绝。

蜀汉建兴十二年（234 年），二月，诸葛亮由褒斜道以流马运粮伐魏。六月，诸葛亮病卒岐山五丈原，蜀兵由褒斜道退兵回汉中。蜀将魏延退兵，烧栈道。马岱斩魏延于褒谷南口至汉中途中。

曹魏景元四年（263 年），魏荡寇将军浮亭侯李苞，将中军兵、石、木工 2000 人，修复褒斜阁道。十二月十日，刻《李苞通阁道》摩崖于石门北口外西侧崖间。

晋

太康元年（280 年），为加强首都洛阳与汉中、四川等地的联系，官府征调西府（凤翔府）匠工及褒中县、蒲池县石佐并两县民工 260 多人修整褒斜道。在留坝县柘梨园乡锅厂村曾有《晋太康修栈道碑》摩崖石刻。

南北朝

南梁天监三年（504 年），梁州刺史夏侯道迁献汉中地，降于北魏。是年，梁秦刺史重开阁道，为避水患，乃于石门北一里凿鸡关岭道。

北魏正始元年（504 年）八月，自回车道以东（西江口）开褒斜栈道二百余里，历时二年，路成宽约四尺，沿栈道百姓富实息肩。

北魏正始四年至永平二年（507—509 年），秦、梁二州刺史羊祉奏开回车新道。北魏派左校令贾三德率徒一万、石师百人凿修褒斜道“自回车至谷口二百余里”，刻《石门铭》摩崖于石门洞内东壁。

西魏大统十五年、梁武帝太清三年（549 年），雍州刺史达奚武及行台杨宽率众七万取回车戍，入斜谷关（西江口），于梭椤村修梭椤城（原三交城东），固守城险要塞。

唐

元和元年（806 年），剑南西川节度使刘辟叛乱，唐代命神策军大将高崇文为统帅，与李元谅分别领兵取褒斜道，骆谷道由关中经汉中征讨，复置褒斜道馆驿，褒斜道再次成为驿道。

宝历二年（826 年），兴元府节度使裴度奏修褒斜路及馆驿，刻期而就，兴元府境置三驿：悬泉驿、武兴驿、右界驿。

开成四年（839 年），山南西道节度使归融大修褒斜道，此次修路中北段已改线，起点由散关经凤州、过柴关岭抵安山（今留坝县城）驿、青羊驿、武关驿、马道驿、青桥驿到褒城，置十五驿。史称唐褒斜道，也是后来的连云栈道。

大中三年（849 年），山南西道节度使郑涯奏请修文川道而代替褒斜道，此道留坝县江口镇青松驿以北系秦汉褒斜旧道，江口镇稍向东南，经上南河，越桅杆石梁至城固县小河口、双溪，过光头山到文川镇，再转西南至汉中段为新辟线路。全路置十一驿，建成后皇帝曾下诏美：“减十驿之途程”（与褒斜道比较）。该道于次年（850 年）毁于洪水。

光启元年（885 年），唐僖宗三月由成都返长安。十二月，李克用进攻京师，唐僖宗在宦官田令孜护卫下，经凤翔、散关逃往汉中躲避。沿途栈道被焚烧。僖宗到汉中后，命王建戍三泉，晋辉戍黑水，“修栈道以通往来”，褒斜道得到整修。

960—1368 年间，废石门，褒斜道南端开通七盘岭（鸡头关）。

五　代

后梁开平元年（907 年），前蜀王建据兴元，率兵数万修整褒斜栈道。

后唐天成三年（928 年）二月，兴元府奏“修斜谷阁道”。次年，山南西道节度使孙建率众匠整修，修阁 2800 多间。

北 宋

开宝六年（973 年），凤州奏修张良庙。朝廷命周边各府通力捐助，以复旧貌。自此，殿宇香火甚盛。

咸平元年（998 年），兴元（汉中）知府许逖修复山河堰（清嘉庆《汉中府志》）。

大中祥符二年（1009 年）夏，黑龙江（褒河）等诸河流水涨，死人甚多，栈阁毁坏。凤州城外修成利民堤、硙子堰。

祥符九年（1016 年），八、九月，褒河暴涨，水毁栈阁。

天圣三年（1025 年），秘书丞知兴元府褒城县窦充奏请于褒斜、金牛道两旁责令铺兵每年栽种树木，为修葺栈道需木之用。

仁宗嘉祐年间（1056—1063 年），提举常平史炤奏上堰法，获降敕书，刻石堰（指山河堰）上（《宋史 · 河渠志》）。

南 宋

绍兴三年（1133 年）二月，金将撒离喝由金州（安康）入侵兴元府，由褒谷北归。宋将吴玠率知府刘子羽等部千余兵士败金兵数万于武休关，金人坠涧死伤数千，尽弃辎重，由斜谷而返北。

绍兴六年（1136 年），吴玠命梁洋守将治褒城堰（山河堰），“民知灌溉可恃，愿归业者数万家”（《宋史 · 吴玠传》）。

绍兴十至廿七年（1140—1157 年），“政守汉中十八年，六堰久坏，失灌溉之利，政为修复。汉江水决为害，政筑长堤捍之”（《宋史 · 杨政传》）。

乾道元年（1165 年），吴璘至汉中，修复褒城古堰，溉田数千亩，民甚便之（《宋史 · 吴璘传》）。

乾道七年（1171 年），四川宣抚使王炎、汉中知府吴拱主持整修山河堰，“发卒万人助役”“共用钱三万一千余缗，尽修六堰，浚大小渠六十五里，凡溉南郑、褒城田 23.3 万亩有奇。诏奖谕拱”（《宋史 · 食货志》）。

光宗绍熙四年（1193 年）夏，黑龙江（褒河）大水，山河堰尽决。翌年，郡太守章森等又修复山河堰，并刻《山河堰落成记》，记其事。

嘉定十二年（1219 年）正月，金人攻武休关，兴元府都统李贵逃遁；二月，金人破武休关攻兴元。

绍定四年（1231 年）八月，蒙古拖雷破武休关，围攻兴元府，军民散走，死者数十万。

元

至元八年（1271年），改称褒斜道连云栈为“北栈”或“秦栈”；改称金牛道为“南栈”或“蜀栈”。

元成宗大德年间（1297—1307年），兴元路劝农使赛因普化对山河堰及其他各堰，多加修复，扩大灌区，增加生产（明嘉靖《汉中府志》）。

明

洪武三年（1370年）四月，大将军徐达遣金兴旺、张龙率军由凤翔入凤州，出连云栈，攻击兴元路，守将刘思忠、知院刘庆祥迎降。

洪武四年（1371年），春秋旱数月，又连降暴雨，洪水冲毁连云栈阁百余处，褒斜栈道被洪水毁坏，仅存栈阁275间。

洪武二十五年（1392年），朝廷命普定侯陈桓监督军夫增损历代旧路，修补连云栈道桥阁2000多间。为避鸡头关之险，自褒城翻越七盘岭，然后下至褒谷入栈。

洪武二十九年（1396年），褒河暴涨，水淹打钟坝民舍。

永乐十四年（1416年）夏，褒水洪溢，淹没庐舍，毁坏栈道，紫金河水高数丈，城郭居民俱移。是年，民间以村为堡，普修戏楼祈祷。

天顺元年（1457年）元旦，褒城西北云雾寺僧人王斌（法号悟贞），领导农民数千人起义，即日攻占褒城县城，宣布国号为“极乐”，年号为“天绣”。三月，攻打汉中府城时，王斌战败身亡。

成化八年（1472年）八月，暴雨成灾，褒水涨溢，高数丈，栈道毁。

成化二十二年（1486年）六月十九日，汉中府及宁羌州地裂十余丈，留坝地裂六七丈。次年又旱，致尸骸枕藉，流亡日多。

嘉靖六年（1527年），褒河水涨。

嘉靖十八年（1539年），汉中府同知张良知大规模修复山河堰（明嘉靖《汉中府志》）。

嘉靖二十九年（1550年），褒河涨，漂民舍。

万历年间（1573—1620年），汉中知府崔应科修堰浚城，订《山河堰四六分水记略》（清道光《褒城县志·山川图考》）。

崇祯七年（1634年），褒城县知县易道粹断栈道，守鸡头关，“秦蜀梗塞”，致使李自成义军被围于汉中，死者过半。

崇祯十七年（1644年）五月，太平天国起义军首领李自成据长安，遣帅田见秀抗清破汉中，令其将贺珍攻打凤县、留坝，紫柏山留侯祠、凤县文庙毁于兵火，褒斜栈道险关西江口、武休关、马道和连云栈道之柴关、安山驿、青羊驿等诸关驿被焚毁，以抗清兵。不久，贺珍率军踞汉中。

清

顺治二年（1645年）三月，太平天国李自成部将李过、高一功抗清从散关入栈道，复修栈阁，去四川。十二月，贺珍率劲兵二万人连云栈，出散关，攻凤翔、长安，不克，返回汉中。

顺治六年（1649年），朝廷颁布《垦荒令》，山东、河南、安徽、湖北、四川及陕西关中逃荒者大量流迁褒河流域。

康熙三年（1664年），陕西巡抚贾汉复重修了宝鸡褒城间的连云栈道，此次修路因栈道耗木甚巨和易损坏，故由煎茶坪至鸡头关特开路于诸岭上，称道，汉中境内栈道遂废，但此路仍称连云栈道。

康熙五年（1666年）三月，大风扬沙蔽目，褒城黑龙江（今褒河）岸，有坏船长二丈许，飞覆民屋。四月，雨冰雹，大伤禾稼。六、七月牛瘟尽死（《汉中府志》）。

康熙二十五年（1686年），滕天绶任汉中知府，亲历南（郑）、褒（城）、城（固）、洋（县）诸邑，相视地形，筑堤建闸，并订《滕太守分水约》（清嘉庆《汉中府志》）。

康熙二十八年（1689年），川陕总督葛思泰踵贾汉复之迹，重修连云道。

康熙三十八年（1699年），兵部尚书、右都御史于成龙责令陕南守备道对连云道旁紫柏山“汉张留侯祠”整修，要求重修张良大殿，再正金身，并亲书“相国神仙”匾额。

康熙四十二年（1703年），南郑、褒城、沔县等七县大水（《汉南续修郡志》）。

乾隆十三年（1748年），汉中府改水利通判为水利同知。十五年（1750年），水利同知移驻留坝厅。四十年（1775年），改水利同知为抚民捕盗同知，水利遂无专管之员。

乾隆三十年（1765年），朝廷拨款，对连云栈道先后整修多年。

嘉庆七年（1802年），布政使朱勋捐银千两，修筑山河石堰55丈。

嘉庆十年（1805年），陕安道余正焕、知府严如熤督领堰民加筑山河堰石堤79丈，开新渠103丈3尺。

嘉庆十三年（1808年），严如熤任汉中知府，“修复山河、五门、杨填诸堰及其它小堰百余，皆履勘浚治，水利普兴”（《清史稿·严如熤传》）。

嘉庆十六年（1811年），大中丞董公上奏朝廷拨款，委褒城县候补知县刘国柱督工对连云栈道修筑，数月竣工。修筑后因山水冲发无常，道路经常损坏，仍留岁修资金，责成凤汉两府各州县轮流岁修。渠道枢纽工程在今二道河乡头道河村。

嘉庆二十年（1815年）四月，在褒河支流沙沟河上修建板凳堰引水工程，至嘉庆二十四年（1819年）十月，开凿隧洞183.3米，因工程艰巨，施工条件差，后废弃。

嘉庆二十四年（1819年），乌龙江（今褒河）泛滥，汉江涨溢，毁房600余间，东北两乡，秋禾被淹。

道光十五年（1835年）五月，本厅同知王光宇倡捐，士民助资修建戏楼，并整修文庙、

城隍庙。十月，褒城知县贺仲瑊，修补马道驿樊河桥，同时扩建“凤鸣寺”。

咸丰元年（1851 年），汉江上游大雨连旬，汉江、褒河并涨，田地被淹。

光绪元年（1875 年），褒城县教谕罗秀书等人编纂的《褒谷古迹辑略》刊版行世。

光绪三年（1877 年）四月十五日，大雨雹，雹如鸡卵。从此干旱连年，山河堰灌区无秋，赤地遍野。

光绪九年（1883 年）八月，褒河大水发，杨寨等 4 处滨江地冲刷 2238 亩。

光绪二十九年（1903 年），本厅同知李复主修“李公渠”。

中华民国

民国十七年（1928 年），自春至秋，滴雨未沾，褒河诸流夏间断流，车马可由河道通行。

民国十八年（1929 年），连续大旱，滴雨未落，井泉涸竭，汉、褒诸水断流，树皮草根掘食已尽，饿殍载道。

民国二十二年（1933 年）12 月，宝（鸡）汉（中）公路（又称川陕公路）石方工程开始施工，次年 12 月，土方工程开工典礼在汉中城区北门外三里村隆重举行，西安绥靖公署主任杨虎城参加开工典礼。民国三十四年（1945 年）12 月 26 日，宝汉公路建成通车，赵祖康、张笃伦参加通车典礼。宝汉公路基本按原连云栈道走向修建，在鸡头关褒河东岸山脚下开凿单车道山洞 3 处，1 号洞长 17 米，2 号洞长 25.2 米，3 号洞长 4 米，总长 46.2 米，为陕西省公路施工中首次修建的隧道。

民国二十三年（1934 年），近代水利专家、黄河水利委员会委员长李仪祉先生来汉考察水利。在褒谷口手订山河堰整理方案，拟建褒惠渠。同年，陕西省水利局在褒河上设河东店水文站。陆军 17 师步兵 49 旅旅长王毅武派兵整治华阳河道，导流入汉江，华阳河水不再流入褒河。

民国二十五年（1936 年）10 月 18 日，褒河鸡头关大桥开工修建，次年 6 月竣工通车，结构为曲弦钢桁架穿式桥梁，单跨 45.7 米，净宽 6 米。

民国三十八年（1949 年）12 月，国民党军队溃逃入川时，将褒河大桥、鸡头关大桥炸毁，川陕交通中断。

民国二十七、二十八年（1938 年、1939 年），陕西省水利局派测量队勘测褒惠渠。民国二十八年 9 月成立褒惠渠工程处，刘钟瑞任总工程师。民国三十年（1941 年）10 月 1 日至 11 月 5 日，南郑、城固、褒城三县民工 1 万人动工修建，民国三十一年（1942 年）5 月大部分工程完成，6 月 15 日举行放水典礼，当年灌溉 8.4 万亩。

民国二十九年（1940 年）2 月，国民政府开辟川陕驿运干线 2 条，其中 1 条由宝鸡沿褒河经褒城抵广元，全程 443 千米，设 9 个驿站。

民国三十一年（1942 年）3 月，国民政府监察院长于右任来沔、褒调研，游览石门。

民国三十二年（1943 年）冬，由经济部资源委员会水力发电勘测总队派员勘测设计在褒惠渠上建设汉中武家沟水电站，并由该会投资兴建。民国三十四年（1945 年）春动工，

翌年6月建成，装机容量160千瓦，为汉中地区第一座水力发电站。1949年12月4日汉中解放前夕，国民党溃逃时，将电站炸毁。次年8月，由人民政府修复供电。（《汉中市文史资料第四辑》）

民国三十二年（1943年）12月，陕西省水利局总工程师刘钟瑞陪同美国水利专家巴里特来汉考察褒惠渠。

民国三十四年（1945年）4月17日、6月13日，蒋介石由蒋纬国陪同到张良庙调研。10月13日，蒋介石率李宗仁、白崇禧、陈诚、贺耀祖、罗卓英、魏德迈、蒋经国、胡宗南等军政大员抵达张良庙调研军事防务。

民国三十八年（1949年）5月，省水利局疏散转移来汉一部分人员，派褒惠渠管理局长郝季厚兼省水利局代局长。

民国三十八年（1949年）8月、9月间，汉中阴雨连绵。9月13日，汉江暴发洪水。汉中市南门外汉江最大洪峰10624立方米每秒，沿江7县受灾，群众逾10万人，死114人，伤1000余人，淹房3.4万间，倒塌8000余间，农田受淹4.9万亩，其中无收3.96万亩。褒惠渠渠首工程局部受损。

中华人民共和国

1950年

2月，陕甘宁边区政府农业局派于澄世科长赴北京汇报汉、褒、湑三渠水毁和工程整修计划，中央水利部贷款人民币15亿元。

8月，汉中武家沟水力发电厂经修复竣工发电。陕南区党委书记张邦英、军区司令员陈先瑞、汉中市市长王立人等亲临剪彩。

1951年

2月，经中央水利部核准，投资小麦250万千克（折人民币50亿元），对惠渠进行全面整修扩建。3月11日开工，次年2月完工，扩灌7万余亩。

1953年

5月9日，褒惠渠窑厂沟干渠发生决口，冲垮土方4670立方米，动员民工376人抢修8天，完成通水。

1955年

3月，褒惠渠、冷惠渠管理处合并成立褒冷渠管理局。1962年分开，恢复为褒惠渠管理局、冷惠渠管理局。

5月，汉中市第一座电力抽水站——褒惠渠干渠中段焦山庙抽水站建成。

1957年

兴修褒惠渠17斗，次年基本建成，投资24.6万元，完成土石方136.09万立方米，灌田1.62万亩。

4月，全区第一座水轮泵站——褒惠渠灌区汉中市周寨水轮泵站建成。

1958 年

3 月，板凳堰隧洞重新开工建设。1959 年 1 月 22 日凿成通水，新凿洞长 143 米。1960 年 6 月基本完成东干渠至褒河西岸，全长 21 千米。

4 月，汉中专区水利局讨论修建褒河水库，决定坝址为老君岩，坝高 70 米，蓄水 1 亿立方米，灌溉 45 万亩，工程费 400 万元，淹没公路 16 千米，石方 5 万立方米，土方 120 万立方米，民工 60 万个工日。由王春显工程师与赵德昭、曾广骝等先行踏勘。

10 月，陕西省政府在西安召开全省农田水利动员大会，推动水利建设高潮。汉中地委、专署通知成立褒河水库修建委员会，杨久良专员任主任委员，李明副专员任副主任委员，下设工程指挥部。坝址定为老君岩。1962 年 6 月，褒河水库渠道工程停建。

10 月，八里桥水库动工修建，次年春建成，总库容 268 万立方米，灌田 1.26 万亩，为褒惠渠调节库。

11 月 24 日，国务院批准，撤销留坝、褒城、佛坪、南郑县和黎坪区。留坝马道以北并入凤县，以南并入汉中市；褒城褒河以西并入沔县，以东及汉江以南，并入汉中市。合并工作于 1959 年 1 月结束。

12 月 15 日，凤县第三届人民代表大会第二次会议，通过留坝县并入凤县的决议。29 日，中共留坝县人民委员会召开三干会议，通告留坝县并入凤县的决定。

12 月，狮子沟水库动工修建，次年 5 月建成，总库容 302 万立方米，灌田 1.26 万亩，为褒惠渠调节库。

同年，汉中市在褒河支流黄花河上开工建设黄花河引水工程。

1959 年

1 月 1 日，留坝县正式并入凤县，县治双石铺。

是年，流域大旱，褒惠渠一度流量只有 0.44 立方米每秒，11 万亩水稻未插秧，已插的干死 1.5 万亩。

1960 年

3 月 1 日，农业部副部长何基沣率全国灌溉管理现场会代表百余人途经汉中，参观褒惠渠二支渠计划用水、闸门自动控制、渠道绿化及惠渠灌区。

5—8 月，汉中持续干旱，7 月下旬到 8 月又出现伏旱。平川灌区 5 月 18 日至 7 月 10 日，降水量为历年同期雨量的 16.5%~27%。褒惠渠最枯流量 3.4 立方米每秒，为新中国成立后罕见的大旱。

1961 年

1 月 1 日，留坝、凤县分设。凤县改隶宝鸡专区。

9 月 2 日，恢复留坝县建置。15 日后，县级各机关及其工作部门、单位陆续恢复成立。

1965 年

2 月 20 日，中共陕西省委第一书记胡耀邦来县调研，在中共留坝县委召开的公社书记以上干部会上提出：农业要两手抓，即一手抓粮，一手抓钱，实现双丰收；同时，提出：“山区要富，抓紧修路”。

3 月，北京大学分校在褒谷口连城山下开工建设，1979 年 3 月迁回北京。

是年，高桥铺至江口公路始修，由陕西省委第一书记胡耀邦调研留坝拨款。

1966 年

1 月 26 日，机械工业部所属汉江机床厂、汉川机床厂、汉江工具厂、汉江铸锻件厂开始在汉中县张寨和宗营镇筹建。

夏旱，6 月份降雨仅 14.1 毫米，褒惠渠流量减至 4.4 立方米每秒，近 10 万亩稻田缺水灌溉。

1969 年

2 月，石门水库进行施工准备。由水电部第三工程局承担枢纽工程和石门电站的设计施工。坝址位于“褒斜道”南谷口鸡头关的石门处，10 月枢纽工程开工。1973 年 9 月，钢筋混凝土双曲拱坝建成，最大坝高 88 米，总库容 1.098 亿立方米。1971 年 4 月河床电站开工，1975 年 12 月建成。1969 年，汉中地区成立褒河渠道工程指挥部，下设汉中、城固、勉县指挥所，负责渠道施工，同年 11 月开工，1975 年建成。1983 年 3 月，由省政府组织全面验收后，移交石门水库管理局。水库设施灌溉面积 51.5 万亩。河床及东、西干渠渠首电站共计装机容量 4.05 万千瓦。

5 月、6 月，汉中平川各县（市）大旱。2 个月降雨 50.4 毫米，为同期多年平均雨量的 28.7%。褒惠渠最枯流量 4.72 立方米每秒，7 月下旬至 8 月底又出现伏旱。仅汉中、城固 2 县 3 万亩水田未插上秧，2 万亩水稻秧苗干死，为新中国成立后第 2 个大旱年。

1970 年

《山河堰落成记》等十三方摩崖石刻整体凿取后，从石门库区移放至汉中市博物馆“石门十三品”专室展出。

1971 年

12 月，汉中县在褒河支流潘家河上动工修建武家崖堰，次年 1 月建成。

1973 年

8 月，汉中地区水电局召开局务会议，并吸收褒河工程渠道指挥部，褒惠渠管理局负责人参加，决定石门水库建成后与褒惠渠合并。机构编制 300 人，管理体制原则上水电统一，新老统一，大小统一，国家集体统一。职工总数建议 417 人（电厂、修配厂 190 人，新灌区管理 172 人，褒惠渠 55 人）。

1975 年

4 月，汉中地区革委会批准，撤销褒河灌溉管理局和褒河渠道工程指挥部，成立汉中地区石门水库管理局，刘世忠为首任局长。

5 月，省革委会发出《关于石门水电站管理体制的批复》。

10 月，褒惠渠一支渠（古山河堰）改线工程全面动工，12 月 28 日竣工通水。

同年，汉中县武乡区水管站划石门东干渠以南的小型水利设施，归石门水库管理局管理。

1976 年

1 月 7 日，“汉中县治理汉江褒河指挥部”成立。

2 月，褒惠渠干渠中段留马山水电站建成发电，装机容量 180 千瓦。

10 月，褒河支流蚂蟥沟汉中县第一座山区小型水电站——天台乡水电站建成供电，装机容量 12 千瓦。

1977 年

6 月 30 日，褒河乡沥水沟山洪暴发，大量泥石流涌入南干渠，省化工地质队正在山上作业的 3 名女工被山洪冲走，死亡 1 人。

1979 年

1 月 18 日，石门水库东干渠沥水沟渡槽上段石渠局部滑坡，经抢修，石渠改线 155 米，投资 17.32 万元，恢复通水。

2 月 9 日，陕西工学院正式招生，校址设在原北京大学分校。2001 年，陕西工学院与汉中师范学院合并组建陕西理工学院。

4—6 月，汉中春夏旱达 3 月之久。6 月 15 日至 7 月 5 日，石门水库东、西干渠分别 10~20 天引不上水，灌区插秧推迟到 7 月上旬，是新中国成立后继 1960 年、1969 年第 3 个大旱年。

1980 年

7 月 2 日，汉中暴雨，沿褒河、汉江的 6 个公社遭洪水袭击，冲毁渠道 40 条，淹没庄稼 1.4 万多亩，倒塌房屋 431 间，700 多名群众被洪水包围，经全力抢救脱险。7 月 3 日，副省长白纪年和地委、行署领导到灾区调研慰问。

1981 年

8 月，汉中普降大雨、暴雨。降雨 451.6 毫米，石门水库泄洪 4820 立方米每秒，仅差 0.8 米即翻坝溢洪，汉江大桥最大洪峰 8320 立方米每秒。汉江、褒河决口 5000 多米，22 个村庄被淹，13700 多人被洪水包围，淹没农田 61057 亩，冲毁 4151 亩，以及渠道、公路、电路等直接经济损失 5600 万元。

10 月，国务院副总理杨静仁率国务院民政部等部门领导人员组成的中央慰问团调研灾区，慰问灾民，并专程到张良庙调研祠庙受灾现场。之后相继拨款整修。

1982 年

11 月 5 日，文化部原部长、中顾委委员黄镇，兰州军区司令员杜义德，参观古汉台和“石门十三品”，黄镇题词“国之瑰宝”。

1983 年

8 月，国务院副总理万里、李鹏来汉中调研，同意国家给石门水电站 1~3 号发电机组投资人民币 300 万元，进行机组改造。由水电部富春江水工机械厂承担机组制造和安装任务。

1984 年

6 月，“勉县江河管理站”成立。

1985 年

3 月 27 日，日本书道美术院评议员富永秋山和白扇书道会长种谷扇舟参观市博物馆，

题词“汉中石门，日本之师”。

7月27日，汉中市第九届人大常委会第七次会议，批准《汉中市河道堤防工程管理办法》（试行），11月12日市政府颁布实施。

8月12日，日本“中国古代石刻文字研究访华团”一行15人来市进行学术交流。团长牛丸好一在市博物馆参观后，挥毫留墨：“观水下石门心潮翻滚，抚褒斜石刻归我夙愿”。

1986年

2月，根据《汉中市河道堤防工程管理办法》第11条规定，对汉江、褒河临河30米，背河10米的护堤地进行丈量，全市农防河堤埋设界桩299根。

9月16日，国务委员、中国人民银行行长陈慕华一行9人到张良庙调研。

1987年

4月15日，成立留坝县河道管理站，禁止在河道取沙搬石，疏通水路，以利防汛。

1988年

1月21日，根据《中华人民共和国水法》，水利部将每年的7月1—7日确定为“中国水周”。

7月1日起《中华人民共和国水法》施行。

1989年

10月15日，中共中央政治局常委乔石由陕西省委书记张勃兴陪同，到张良庙调研。

15日遭受暴风袭击。

1990年

汉中地区石门水库管理局被水利部认定为“部一级管理单位”。

4月，中华人民共和国水利部列凤县为长江上游嘉陵江水土保持重点防治县。

6月11日，太白县首次试行飞机播种造林，飞播面积413.34公顷。

6月12日，凤县第八次飞播造林开始。在岩湾乡、平木乡造林813公顷。

6月20日，太白县王家堎乡至留坝县柘梨园公路竣工通车，成为太白河乡和太白金矿与县城之间的重要通道。

6月20日，水利部、财政部、国家物价局《河道采砂收费管理办法》发布。

是月，第四次全国人口普查工作全面展开，人口普查登记标准时间为7月1日0时。

7月5—6日，流域普降大雨，山洪暴发，河水暴涨，褒河流域遭受1981年以来又一次特大暴雨洪水灾害。太白县城通往各乡（镇）的公路全部中断，电力设施损毁严重，县城部分城区及各乡停电，电话信号中断，一些民房倒塌。凤县倒塌房屋500间、房屋进水1823间，重灾户3500户15800人，死亡2人，失踪3人。

7月23日，省委书记张勃兴在宝鸡市委书记纪鸿尚等人陪同下，到太白县视察灾情。

8月11日14—21时，凤县连降大到暴雨，嘉陵江流量600立方米每秒。冲毁县乡公路多处，交通、供电、通信中断。直接经济损失5800万元。

9月1日，太白县二郎坝乡水电站竣工发电。

9月21日10时11分28秒，太白县靖口乡水蒿川发生2.4级地震。

12月30日，投资100万元的汉江、褒河3项治理工程全面铺开。

1991年

4月29日，宝（鸡）太（白）光纤通信线路开通投运。

5月31日，留坝县自来水站竣工，县城居民始用自来水。

10月，陕西省列凤县为陕南人均一亩基本农田以工代赈建设重点县。

12月23日，凤县“三线”单位外迁协调小组成立。即日起，驻凤县067基地各单位陆续搬迁外地。

1992年

5月11日，兰州军区司令员傅全有中将、二十一军军长钱树根、省军区司令员王志成到张良庙调研，并题“谋略先师”四字。并到凤县检查民兵武装工作。

6月4日，太白县王（家堎）太（白河）10千伏10千米输电线路工程竣工投运，该乡告别了靠煤油、松亮子照明的历史。

6月19日，朝鲜民主主义人民共和国考察团一行3人到留坝县考察西洋参生产。

7月中旬，太白全县阴雨连绵，咀头镇正值夏收，已收获的小麦多发生霉变，尚未收获的小麦均发芽变质，霉变、发芽小麦达到70%以上。

9月18日，中共中央委员、原广州军区司令员、北京军区政委王猛到张良庙调研。

1993年

1月1日，按国家政策取消粮食统购，取消城镇居民口粮供应办法。3月29日，凤县粮食局经请示销毁全国通用粮票112587.5千克、陕西省通用粮票838285.9千克、外省通用粮票685千克。

1月18日，联合国大会上通过决议，将每年3月22日确定为“世界水日”。1994年开始，水利部把“中国水周”的时间改为每年的3月22—28日。

2月28日，全国政协委员、中华全国台湾同胞联谊会常务理事、陕西省台湾同胞联谊会副会长吴庆洲一行9人来留坝县考察，游览张良庙。

3月31日，太白县政府常务会议研究决定：开放县境内太白山的庙宇；开放青峰山、龙华山、老君洞等地庙宇。

4月，留坝县人民政府决定：马道樊河桥遗址“寒溪夜涨碑亭”、“八个碑”遗址、武休关遗址、四十八窟窿遗址列为县级重点文物，予以保护。

5月1日，太白县城千门程控自动电话正式开通，结束了磁石电话通信的历史。

5月10日，凤（县）太（白）公路河口镇街东至黄牛嘴段3千米油路工程动工。

6月10日，凤县粮食经营和粮油价格全面放开。

7月25日，留坝县庙台子、闸口石、火烧店等乡降冰雹30分，雹大如桃，农作物大部受损。

8月，张良庙—紫柏山风景名胜区被陕西省人民政府批准为省级风景名胜区。

10月19日，凤县政府印发《关于鼓励承包治理荒山扶持发展多种经营大户的规定》。明确规定“谁投资，谁受益。长期不变。允许继承或转让”。

11月1—4日，第四届蜀道及石门石刻国际学术研讨会在汉中召开参加会的有中、外（日本）代表131人，会上发表论文78篇，确认汉中褒斜栈道的石门隧道是世界上最早人工开凿的穿山通车隧道。

是年，姜窝子到太白河公路经南河、柳川、江口镇，直通太白县的太白河。

1994年

5月1日，侨居菲律宾华人钟教僧侣归国旅游团赴张良庙奠祀。

5月3日至6月2日，连续干旱，褒河支流几乎断流。

9月20日，宝鸡—凤县240路数字微波电路启用，全长81.98千米。双石铺、龙口程控电话开通。宝鸡—凤县30年来长期使用铁路电缆通信的历史结束。

1995年

1月14—17日，省水土保持局专家组验收凤县二期长江流域治理工作，定为合格。

3月4日，凤县坪坎乡党委书记田建国和初二学生沈来学在扑救银母寺村窑洞湾森林火灾中英勇牺牲。3月8日，县委、县政府在坪坎乡举行追悼大会。3月25日，省政府追认田建国、沈来学为革命烈士。3月30日，中共陕西省委授予田建国“优秀共产党员”称号。

7月23日11时20分，在太白金矿1250米主平峒内，浙江采矿一队井下炸药库3吨炸药因电线老化引起燃烧，产生有毒气体，致使正在作业的9名民工中毒，造成5人死亡、3人重伤的重大事故。

10月16日，航天工业总公司067基地将凤（县）太（白）路红光沟段交由凤县地方维护管理。

12月31日，太白县靖口乡庙台村荒坡发生火灾，过火面积4公顷。乡、村干部、村民百余人力将山火扑灭。

1996年

2月12日，汉中市运输公司从青桥驿发往汉中的班车，途经宝（鸡）汉（中）公路247千米+600米处翻车，伤亡93人（其中死亡35人）。

4月，勉县在褒河支流沙沟河上修建娘娘滩水库，同年前期工程动工，大坝主体于1998年9月18日开工。

6月20日，石门风景区一期栈道修复工程竣工。

10月19日，褒河石门公路奠基，改道后原长12.28千米的越岭线成为5.79千米的沿溪线，公路等级由三级提高为二级。

1997年

1月5日，陕西省人民政府省长程安东带领省计委、交通厅等部门及汉中市委、市政府，

宝鸡市委、市政府负责人一行到留坝县和太白县，实地考察姜（姜窝子）眉（眉县）公路姜（姜窝子）太（太白）段修建设计线路，并确定姜太公路为二级公路，10 月 30 日首段工程举行开工典礼。

4 月 26 日，太白县咀头镇、靖口乡部分村遭受冰雹袭击，农作物受灾 73.3 公顷。靖口降雹厚度达 5~15 厘米，最大直径 2 厘米，为是年 4 次冰雹天气中最严重的一次。

5 月 1 日，“汉留侯张良诞辰 2250 周年”纪念活动在张良庙举行。空军司令李一恒，汉中市旅游局、文化文物局的负责人，菲律宾大型专程谒拜旅游团及周边各县群众代表近 1 万人参加纪念活动。

5 月 3 日 21 时 15 分至 22 时 55 分，留坝县青桥驿、马道、城关、留侯、江口、桑园坝等 6 个乡（镇）33 个村突遭冰雹、狂风、暴雨袭击，冰雹直径最大为 6 厘米，局部地面冰雹堆积厚度达 25 厘米，农作物损失 580 万元。随后县、乡立即组织开展查灾救灾工作。

5 月 15 日，副省长潘连生，省长助理、省计委主任刘玉浦带领省计委、建设厅、地矿厅、环保局、土地局、有色金属工业局负责人到留坝调研太白河、西河污染治理问题。

5 月，太白县咀头镇发生罕见霜冻，农作物受灾面积 718.7 公顷，经济损失近百万元。

6 月 14 日，太白县王家堎、白云 2 乡连续发生森林火灾，过火面积 7.84 公顷。

6 月 15 日，省委常委、常务副省长贾治邦在汉中市副市长朱静芝陪同下视察留坝县西洋参种植及夏收、夏插、夏种和抗旱等工作。

7 月 7 日，省政协主席周雅光一行 13 人视察留坝县政协工作。

8 月 1 日，316 国道宝汉线马道段二级公路改建全面竣工。该线路全长 20.36 千米，路基宽 9 米，路面宽 8.3 米。10 月 30 日，姜（窝子）太（白）二级公路首段工程举行开工典礼。

8 月 5 日，太白县邮电局建成县内第一座移动通信发射铁塔，开通县内无线移动电话通信。

10 月 15 日，陕西省省长程安东、副省长潘连生来凤县检查工作，召开现场办公会，同意将凤县尚未解决饮水问题的人口继续列入“甘露”计划。省政府拨付专款 55 万元，作为支持和补贴凤县贫困群众移民搬迁之需。

12 月 25 日，娘娘滩水库建设工程破土动工，计划投资 2565 万元。

1998 年

1 月 1 日起《中华人民共和国防洪法》施行。

3 月 13—14 日，陕西省拍卖“五荒地”使用权加快治理水土流失现场经验交流会在凤县召开。

3 月 17 日，香港驰生集团陕西东城矿业有限公司在留坝成立。副省长潘连生，原副省长张斌，中共汉中市委书记韩耀武，副书记、副市长孙志诚等出席成立大会。

5 月 4 日，陕西省水利厅列凤县为全省十个“五荒地”拍卖示范县之一。

5 月 20 日，石门栈道二期工程竣工。

5月28日，经国家计委批准，留坝县被列为国家水土保持重点防治县。

6月4日，总投资4800万元的国道316线柴关岭至画眉关段二级公路改造开工奠基仪式在留侯镇举行，中共汉中市委常委、汉中军分区司令员杨正才等出席开工奠基仪式。

7月18日，水利部副部长朱登铨来凤县视察水利水保工作，同意凤县“长治”五期工程立项。

8月20—21日，流域内24小时普降暴雨，留坝县10个乡镇受灾。其中，贯穿全境的国道316线塌方197处，塌方量2.73万立方米，沿途受阻车辆3000余辆。太白县大部分乡镇受灾，直接经济损失1500余万元。

8月24日，凤县电影放映发行公司有偿转让给县自来水公司。

11月27日，陕西省副省长王寿森一行，在汉中市副市长赵恒扬、朱静芝陪同下，到勉县了解娘娘滩水库建设情况。

1999年

1月15日，宝汉公路凤县县城过境段拓宽改造工程开工。

3月3日，留坝县桑园坝乡沙岭子村村民成功解救一只活体雌性大熊猫。县委书记曹毓刚为其取名“留留”。“留留”的出现，标志着留坝继佛坪、太白县后成为又一个大熊猫栖息地。

3月20日，陕西省嘉陵江流域竣工验收小组来凤县核查“长治”三期防治工作。

5月20日，留坝县人民政府发布《关于严禁向河道弃渣的通告》。

5月24日，太白县咀头、白云、靖口3乡（镇）遭冰雹、暴雨袭击，冰雹最大直径达3厘米，持续5~30分。成灾面积2239.87公顷，粮食减产5415吨，直接经济损失672.26万元。

8月30日，长479.2米、宽14.5米的108国道褒河大桥主体贯通。

11月，陕西省计划委员会批复，同意汉中市石门水库供水工程建设。2000年，省发展计划委员会批复了石门水库供水工程初步设计，同意一期供水工程设计供水能力为10万吨每日，核定工程概算总投资为1.239亿元。工程由日供水10万吨的净水厂、11.65千米供水干管和入城配水厂（现在位于兴汉新区的北城区供水调压服务站）三部分组成。

12月15日16时22分，县境内发生里氏3.6级地震。震中位于武关驿镇秧田坝村，无人员伤亡。

2000年

汉中石门风景区被命名为汉中市“首批风景名胜区”。

3月27日，太白县靖口镇庙台村3组发生森林火灾，过火面积4公顷。

3月28日，太白县白云乡过口村大沟梁1组发生森林火灾，过火面积6.53公顷，29日，大火彻底扑灭。

4月1日，全国政协副主席陈锦华一行10人在省政协副主席孙天义和汉中市委相关领导陪同下调研留坝县政协工作。

4月2日，太白金矿尾矿库发生重大泄漏污染河水事故，下游留坝县政府提出赔偿要求，经省环保局联合调查组调查处理，太白金矿一次性赔偿直接经济损失费和调查监测费40万元，并投资130余万元对废水循环系统及污水处理系统进行了全面改建和维修，使排污达到国家规定标准。

6月8日晨6时30分，太白县青峰植化股份合作公司青藤碱提取车间压力容器突然发生爆炸，并引发大火，造成1死5伤的严重事故。县城机关干部职工、驻军官兵、县人武装部官兵迅速进入现场抢险，历时3小时扑灭大火，受伤人员得到及时救治。

6月12日，陕西省副省长王寿森一行在娘娘滩水库施工现场，了解工程进展情况、研究建设资金问题。

6月15日，太白县靖口镇7个村、16个村民小组遭受暴雨、冰雹袭击，冰雹持续20分，受灾面积116.7公顷，造成经济损失47.26万元。

6月20日，留坝县花岗岩类蛇纹岩大花绿石材通过省级认定。专家组认定，留坝大花绿石材是中国新发现的又一环保型名贵石材，后命名“中国留坝大花绿”。

8月3日，太白县农村水电初级电气化县建设在全省首家通过国家验收，水利部发来贺电。全县已建成投产的水电站11座，总装机容量12415千瓦，年发电量3703万千瓦时。

9月28日，宝鸡市姜眉公路管理处在太白县城举行姜眉公路一期工程宝鸡段开工仪式，省交通厅、省公路局、宝鸡市委负责人参加仪式。

11月9日，陕西省勘界工作领导小组办公室在留坝召开勘界协商会，宝鸡市、汉中市和凤县、太白县、留坝县人民政府有关领导参加会议。经充分协商，决定将争议已久的桑园坝乡松坪子划归留坝县管辖。

2001年

1月4日，316国道（宝汉公路）潘家河至柴关岭段80千米二级公路改造贯通。

2月8日，留坝县庙台子至勉县二沟公路全线建成通车。

3月8日，凤县突降罕见大雪，气温骤降至-8摄氏度，降温幅度最大达20摄氏度。雪后又持续出现4天霜冻天气，致全县经济作物直接损失5000万元以上。

3月25日，太白县二郎坝乡牛尾河村发生森林火灾，过火面积3.33公顷，经济损失10余万元。

4月1日，凤县开始计征矿山企业水土流失补偿费、防治费。

4月8—10日，罕见大雪低温袭击太白县全境。气温骤降，地面积雪15厘米左右。粮、菜作物及果树受冻害严重，核桃、花椒绝收，有些树木被冻死。造成直接经济损失近3000万元。

4月9日，留坝县境内大部分地区突然遭受大风和冰雹袭击，气温由20摄氏度下降至-4摄氏度，积雪厚达0.2~0.3米，粮食作物受灾581公顷，经济作物受灾1212公顷。

4月20日，留坝褒斜栈道漂流在褒河上游江口至姜窝子段试漂成功。

是月，国家长江上游水土保持委员会命名凤县为“长江上游水土保持重点防治工作”样板县。

6月8日，全国政协副主席杨汝岱在省政协主席安启元和汉中市有关领导陪同下，到留坝视察政协工作。

6月23日16时许，太白县咀头镇10个村遭受暴雨冰雹袭击，持续40分，最大雹径2.5厘米，小麦、油料、蔬菜类遭受严重损失，直接经济损失达3928万元；19—21时，留坝县境内江口、玉皇庙、石门、留侯等乡镇遭受暴雨冰雹袭击，冰雹最大直径20毫米，农作物受灾1095公顷，民房受损780间，乡村道路水毁12千米，木耳、香菇棒水毁1.6万架。

6月29日，汉中市政府在留坝县姜窝子举行国道316线潘家河至柴关岭段二级公路改建竣工通车典礼仪式。

7月28日14时15分，国道316线留坝境内武关河桥头因降暴雨山岭滑坡，垮塌石方约4000立方米，导致交通中断，经全力抢修于次日中午12时25分恢复通行。

7月，太白甘蓝、西蓝花等多个蔬菜品种正式注册“太白山”牌商标。

7月，汉中石门风景区被陕西省水利厅批准为“省级水利旅游区”。

10月3日中午，石门水库泄洪时，陕西理工学院、汉中师范学院的8名学生被水围困，死亡1人、失踪1人。

10月28日，太白县咀头镇塘口村节水灌溉工程竣工，可灌溉农田33.3公顷。

12月31日，太（白）眉（县）线勘界工作全面完成。太白县勘界工作从1996年12月开始至2001年12月31日结束，历时5年，共完成18条26617千米的乡镇界线；5条13015千米的7县（区）（周至县、眉县、岐山县、宝鸡县、渭滨区、凤县、留坝县）界线和2市（西安市、汉中市）界线的勘界任务。省政府以陕政函〔2001〕391号、宝鸡市政府以宝政发〔2001〕48号文件，分别就太白山东段勘界作了正式裁决，此次勘界再次确定太白山主峰拔仙台位于太白县境内，其主峰北大爷海为位于太白县境内的高山湖泊。

是年，汉中博物馆原馆长郭荣章历时8年完成的《石门石刻大全》出版发行。

2002年

2月27日，凤（县）太（白）公路拓宽改造10千米，新铺油路8千米。

4月，汉中石门风景区被水利部命名为“国家水利风景区”。

4月3—4日，留坝县境内出现大风暴雨冰雹，近10个小时降水量76.6毫米，5镇4乡受灾，其中有12个村受到冰雹袭击，冰雹最大直径0.5厘米，有多处电杆、房屋倒塌，部分农田被毁，1.2万人受灾，直接经济损失280万元。

5月11日17时45分，留坝县兴农植化有限责任公司桑园皂素厂在调试黄姜皂素提取罐时突然爆炸起火，造成9人死亡、9人受伤的重大安全事故。

5月23日，河北诚信有限责任公司载有15.6吨氰化钠的槽车在前往太白县新星金矿送货途中，行至留坝县江口镇红岩河桥头翻车，导致氰化钠渗漏。江口镇政府、公安派出所立即抢险，县委、县人民政府及时组织施救，清除了渗漏，未造成人畜中毒和不安全隐患。

7月20日，汉中市石门水库管理局同香港国中水务有限公司合作出资1亿元的石门城市供水工程，举行开工奠基仪式。12月开工建设，完成了取水口、净化水厂、净水厂

至八里桥供水干管等主体工程，占工程计划问题计划工程量的95%，实际完成投资1.05亿元，基本具备了供水条件。

10月20日，凤县防滑（坡）业务由县水利局移交县国土资源局。

11月14日，省农业厅将太白县列为全省首批（唯一）县级无公害农产品基地。是年，“太白山”牌无公害蔬菜种植面积达到3000公顷。蔬菜总产量107112吨，比上年增长93%，骨干品种蔬菜远销港、澳特区和部分东南亚国家。

是月，姜眉公路宝鸡段一期工程50.5千米，经过26个月施工，竣工投运。

2003年

1月29日，宝鸡市中药产业发展会议决定在太白县建设“中国太白山药谷”。

4月24日6时31分，太白发生2.3级有感地震。

5—7月，在汉中市人民政府的支持下，石门水库完成管理区和保护区确权划界工作，划界面积1440亩，为保护石门水库、开发旅游产业奠定了基础。

8月6日，县城举行姜眉公路二期（眉县—太白段）工程建设开工仪式。

9月2日，留坝县委、县人民政府决定成立陕西桑园省级自然保护区筹建处。

是月，农业部确定太白县为国家级农产品标准化生产示范区和全国第二批无公害农产品生产示范基地县。

11月，柴关岭至画眉关段二级公路改建工程通过验收。全长25.788千米，总投资6110万元，于1998年8月开工，2000年7月完工，县城过境段路基宽为9~12米，其余路面宽7米，路面均为水泥混凝土路面。

2004年

2月4日，留坝县紫柏汽车有限责任公司一辆车牌号为陕F09902的客运班车在太白县王家乡元坝子村境内发生翻车事故，致2人死亡、4人重伤、25人轻伤。

2月，汉中市石门水库管理局组建汉中市石门风景区旅游开发有限公司，负责开发、管理景区旅游。

4月13日，太白县靖口镇遭受大面积霜冻灾害，400余公顷花椒受灾，造成直接经济损失135万元。

4月16日，国家水土保持验收工作组组长贾敏一行来留坝检查水土保持项目进展情况。

5月17日，太白县咀头镇、黄柏塬2乡（镇）遭受强降雨、冰雹袭击，1333.3公顷农作物受灾，造成直接经济损失234万元。

5月，汉中市石门灌区全面推行以“斗口计量、按亩分推、开票到户”为主要内容的农业水价改革，以降低用水户的水费负担，提高农民的节水意识，节约水资源。

6月9日，太白县举行寺院水电站产权转让合同暨太白县秦龙水电开发有限公司组建协议签字仪式。

是月，凤（县）太（白）公路改造工程竣工投运。

10月1日，汉中石门国家水利风景区对游人开放。景区总面积100平方千米，分

为山河堰、鸡头关、石门库区景区和褒姒铺生态保护区，共60多处景点。总投入1400万元。

12月12日，太白县荣获全国第五批农产品标准化生产基地称号。

12月14日，国家林业局命名凤县为“中国花椒之乡”。

12月20—21日，太白县组织实施的陕西省无公害农产品生产示范基地创建项目顺利通过农业部验收。

2005年

1月12日，太白创建全国无公害农产品生产示范基地县达标。

4月4日，太白县咀头镇下白云村冯家湾发生森林火灾。县委、县政府组织机关干部职工、驻县武警中队及驻军官兵千余人经4昼夜奋战扑灭林火，过火面积30公顷。

4月12日，姜眉公路正式投入运营。该路段为省道210线的主要路段，于1999年正式开工建设，起于铁佛殿，止于眉县槐芽，在县境内止于太白县交界的浑水沟，全长46千米，山区二级公路，行车速度为40千米每小时。

4月13日凌晨，凤县遭受霜冻灾害，致1400公顷300万株花椒受灾，全县70个村花椒绝收。

4月22日，国务院总理温家宝来汉中调研。随同来汉的有国家交通部部长张春贤、农业部部长杜青林、国务院副秘书长汪洋、国资委主任李荣融、总理办公室主任丘小雄等。在陕西省委书记李建国、汉中市委书记田杰陪同下，温家宝总理来到汉中博物馆，观看古栈道模型和“石门十三品”。

6月10日，太白县成功注册“太白山药谷”“太白山山茱萸”商标。

6月28日，留坝县城区供水净水厂竣工投运。工程总投资346万元，为汉中市首家采用地表水净化为饮用水工艺的城市饮水工程。

7月1—3日，留坝县境内普降大暴雨，马道镇、火烧店乡、武关驿镇、玉皇庙乡、桑园坝乡等乡（镇）52个村遭受洪涝灾害。玉米、水稻、蔬菜、黄姜受灾414公顷，毁坏耕地52公顷，倒塌房屋387间，乡村道路和堰渠大多被冲毁。

8月19日，太白县咀头、鹦鸽、高龙等乡（镇）遭受暴雨袭击，造成12户41间民房倒塌，形成危房70户112间。水毁耕地1.7公顷，农作物受灾146.67公顷；水毁公路18千米，塌方5处，直接经济损失106.6万元。公路主干线姜眉公路因五里坡滑坡通行受阻。

8月26日，太白县与留坝县缔结友好县。

8月29日，太白县生产的“太白山”牌蔬菜甘蓝、西蓝花、架豆、生菜、萝卜、白菜等6个品种通过国家绿色食品A级认证。

10月，农业部对太白县无公害蔬菜评审验收，命名太白县为全国无公害农产品生产示范基地县。

12月22日，位于咀头镇上白云村的省太白林业局九佛寺林区发生森林火灾，过火面积5.67公顷。

2006年

4月11日，太白县遭受严重低温冷冻灾害，正值花期或新生嫩枝的核桃、花椒、板栗、水果类、山茱萸等受冻害最重，直接经济损失398万元。

4月30日，褒河森林公园黄花河景区开园。

6月24日，咀头、靖口、黄柏塬3乡（镇）突降暴雨伴有冰雹，最大冰雹直径2.5厘米，冰雹持续25分左右，9个村704公顷农作物受灾，造成经济损失1086.55万元。

8月12日，全国政协常委、陕西省原省长程安东到汉中市石门栈道风景区参观。

8月27日15时至28日11时，留坝县普降大暴雨，最大降水量148毫米，江口、马道水文站洪峰流量分别达到224立方米每秒、379立方米每秒；暴雨引起河水猛涨，山洪暴发，滑坡、泥石流等地质灾害多处发生，全县9个乡镇98个村不同程度受灾，粮食减产、房屋倒塌、道路中断，农业和水利设施严重毁坏。

9月28日，太白县政府举行向驻县森工企业——省太白林业局颁发林权证书仪式，结束了该局在太白县经营40余年而无正式林权证的历史。

10月11日，陕西省南水北调引红（岩河）济石（头河）调水工程全面开工建设。

11月20日，太白县生产的无公害蔬菜甘蓝等10个品种，获得欧盟有机食品认证机构颁发的有机蔬菜认证证书。

2007年

2月27日，姜眉公路116千米处发生一起客车侧翻交通事故，造成28人受伤。

3月15日24时50分，316国道汉台区境内石门库区老丈沟发生一起客车坠库的特大交通事故，一辆从四川泸县开往西安的陕西友谊汽车有限责任公司大客车坠入石门水库，25人遇难，11人生还，13名责任人被追究相关责任。

3月15—17日，太白县境内普降中到大雪，路面结冰，姜眉公路五里坡段车辆拥堵，沿路滞留各类车辆3000余辆，滞留人员万余人。经交通管理部门疏导，始恢复通行。

3月22日，省委书记、省人大常委会主任李建国带领省水利、交通、环保、扶贫等部门到留坝县河滨广场、留侯镇西洋参种植基地、张良庙文管所调研，汉中市委书记田杰、市长赵乐秦等陪同。

4月1日16时30分，太白县与留坝县交界处的王家棱发生森林火灾，火势蔓延至留坝县江口镇夹山沟村二组。留坝县立即成立前线指挥部，集结扑火队员120余人进入现场实施扑救。至4月2日18时明火被扑灭。

5月26日，留坝县林业局出资2万元，对玉皇庙乡石窑坝村西河口一棵千年银杏树实施抢救性保护。该树高29.7米、胸径3.7米。省人大常委会副主任白云腾为其题字“子孙满堂”。

5月27日，长江水利委员会水土保持局局长廖纯燕来凤县检查长江流域治理工作。

6月1日，凤县森林资源二类调查成果评审会议召开。截至2006年末，全县森林覆盖率已达到75.8%，林木蓄积1465万立方米。

6月5—6日，省长袁纯清带领省直有关部门到留坝考察调研西洋参产业发展。汉中市委书记田杰、市长赵乐秦等陪同。

7月，陕西省副省长景俊海来石门水库检查防汛工作。

7月26日，云雾山风景区修建性规划评审会议召开，景区建设启动。

8月29日21时至8月30日8时，留坝县境内普降大暴雨，降水量144毫米，局地1小时内降雨43毫米，全县不同程度受灾。玉皇庙、江口、桑园坝3个乡（镇）灾情严重。灾后，县、乡立即组织开展查灾救灾工作。

是月，“太白山”牌无公害蔬菜顺利通过农业部质量检测，被确定为2008年北京奥运会蔬菜直供备选基地，并以高分通过省质量技术监督全国无公害蔬菜标准化生产示范园区考核验收。

10月20日，太白县建成秦岭山区首个50米梯度风能观测自动站。

11月初，陕西省原省长侯宗宾到汉中市石门栈道风景区参观。

11月7日，太白县全国蔬菜标准化生产综合示范区建设项目顺利通过省专家组检查验收，太白成为全省唯一的“全国蔬菜标准化综合示范区”。

11月9日，陕西原省委书记张勃兴到汉中市石门栈道风景区参观。

11月23日，水利部部长陈雷来石门水库调研，陕西省水利厅厅长谭策吾、汉中市委书记田杰等陪同。

2008年

5月，水利部副部长李国英调研石门水库。

5月21日，中共中央政治局常委、中央书记处书记、国家副主席习近平在省委书记赵乐际、省长袁纯清、市委书记唐俊昌、市长戴征社陪同下，来太白县鹦鸽镇瓦窑坡村四组视察灾情，并慰问了受灾群众和正在抢险的民兵预备役人员。

5月27日，水利部副部长周英调研石门水库及沥水沟渡槽的震损情况。

6月，水利部副部长矫勇调研石门水库，陕西省水利厅厅长谭策吾陪同调研。

6月24日，太白县城污水处理厂开工建设。

8月30日，《留坝县紫柏山草甸旅游开发项目策划》通过专家组评审。

9月1日，凤县政府决定开征水土流失补偿费、防治费，缴纳矿山环境治理恢复保险金。

9月16日，褒河森林公园黄花河景区长734米的二期步道工程及300平方米的山水园林景观设施竣工开放。

9月21日，河南洛阳一辆运载甲基叔丁基醚的槽车在行至316国道城关镇楼房沟路段时，发生翻车事故，造成罐内甲基叔丁基醚泄漏，未造成北栈河及褒河流域污染。

10月8日，陕西引红济石调水工程全面开工暨双护盾TBM步进仪式在青峰峡隧洞口举行。

10月17日，褒河列入省级重点湿地名录。其中，龙江镇沿褒河与汉江交汇处河道两侧1000米范围内列入汉中褒河湿地；河东店镇与留坝县交界处至光明村北口周边500米范围内列入汉中石门水库湿地。

10 月，水利部原部长杨振怀调研石门栈道风景区。

11 月，由宝鸡市公路局负责建设，总投资 750 万元的姜眉公路五里坡段 6.5 千米维修改造工程竣工，其中 5 千米由油铺路面改为露石混凝土路面，改建后的该路段雨雪天通行率大为提高。

12 月 24 日，国道 316 线凤县县城过境段改线建设一期工程开工。

2009 年

2 月 8—9 日，中共陕西省委书记赵乐际来凤县调研。强调“一定要沿着现在的路子把凤县优势、特色做强做好；一定要念好山水经，保持凤县的青山绿水；一定要重视人的发展，重视凤县的发展”。

2 月 26 日，《中华人民共和国抗旱条例》公布施行。

3 月，姜眉公路智能化信息系统投用，太白县与西门子（中国）有限公司签订智能交通建设项目，投资 390 万元建成集交通电视监控系统、可变信息发布系统为一体的现代化交通指挥中心，是全省第一个公路智能化交通管理系统。

是月，宝鸡—汉中天然气管道铺设施工过程中，在咀头镇下白云村发现一座砖室墓，经省、市文物专家鉴定，为宋代墓葬。

4 月 2 日，陕西原省委书记白纪年参观石门栈道风景区。

4 月，中国道教协会会长任法融参观汉中石门栈道风景区，并为山河观题写观名。

4 月 29 日，在紫柏山前山游客中心、客运索道下站和栈道漂流山庄举行张良庙—紫柏山风景区开园、紫柏山客运索道竣工和“中国栈道第一漂”启动仪式。副省长景俊海，汉中市委书记、市人大常委会主任田杰及省旅游局、省旅文办及汉中市委、市人大、市政协、市委宣传部、市旅游局、市林业局、汉中日报社等领导出席开园仪式。

6 月 20 日，国家水利部专家组来凤县评审嘉陵江源头水利风景区，认定合格，成为第九批国家级水利风景区之一，是宝鸡市首个国家级水利风景区。

7 月 8—10 日，由陕西省旅游局、汉中市政府主办，县委、县人民政府承办的“中国·汉中第三届紫柏山登山节暨栈道漂流节”在栈道漂流山庄、张良庙—紫柏山风景区举行。

8 月 15 日，位于太白北部秦岭梁的闲云岭公园开园典礼在公园举行。

10 月，陕西省委原书记张勃兴来石门水库调研。

10 月 22 日，太白县小水电协会成立大会暨牌仪式在县城举行。

10 月 30 日，首届紫柏山红叶节暨西洋参养生节启动仪式在紫柏山国家级森林公园举行。

11 月 11—12 日，太白县境内普降中到大雪，局部暴雪，持续 14 个小时，降雪平均厚度 13 厘米，一些地方厚达 20 厘米以上。蔬菜大棚设施多被积雪压垮，造成损失。

11 月 19 日，陕西省委常委、副省长洪峰，省交通厅厅长曹森，省发展改革委副主任李忙全，中铁一局常委、副书记、纪委书记王恩华，汉中市委书记田杰，市长胡润泽，市政协主席魏建民等参加宝（鸡）巴（中）高速公路汉中至陕川界工程奠基仪式。宝巴高速陕西段基本上沿原褒斜道走向建设。

12 月 28 日，凤县第二污水处理厂在凤州村开建。

12 月，汉中石门栈道风景区被陕西省旅游局命名为国家 AAA 级旅游景区。

2010 年

1 月，太白县城获中国（陕西）最具魅力自驾游城市荣誉。

4 月 27 日，铜板县蔬菜新品种种植试验基地建成。西北农林科技大学专家在咀头镇方才关村该基地对 186 个蔬菜新品种进行试验、推广。

5 月 12 日，受省委书记赵乐际委托，市委书记唐俊昌专程来到太白县鹦鸽镇中心小学，转交了中共中央政治局常委、国家副主席习近平给该校六年级学生包俊丽的复信。

5 月 12—13 日，太白全县各地突遇罕见降雪降温，果树及小麦、蔬菜等农作物大面积遭受低温冻害。核桃、花椒绝收，部分幼树被冻死。

5 月 31 日，褒河支流沥水沟河东店红旗村发生山体滑坡险情。

是月，中国航天科技集团公司将“神六”搭载的红钻石番茄等 8 个品种在太白县试验种植，并获得成功。

6 月 22 日，陕西省水利厅厅长王锋来石门水库检查防汛工作。

7 月 11—22 日，由陕西省旅游局、汉中市人民政府主办，汉中市旅游局、留坝县人民政府承办的陕西·汉中（留坝）2010 年第四届紫柏山登山节暨栈道漂流节举行。

7 月 23—25 日，太白县遭受连续暴雨袭击。由于雨势迅猛、雨量集中，降雨持续时间长，全县农村公路不同程度受损。王（家棱）太（白河）路以及部分村道受损严重，累计塌方量 9704 立方米，冲毁路面 252 平方米，路基悬空形成缺口 22 处 230 米，造成经济损失 50 余万元。

8 月 12 日，省政府通知：“将留坝县的江口镇、马道镇、青桥驿镇、玉皇庙镇、武关驿镇 5 个镇划为革命老区。”5 个革命老区镇占全县 8 个镇的 63%，全县为老区县。

11 月，在“5·12”地震中震损的石门灌区东干渠沥水沟渡槽重建工程开工建设。2013 年 12 月 10 日主体工程（渡槽进口隧洞、三跨拱渡槽、渡槽出口隧洞）完工，2014 年 1 月 4 日灌区冬灌时投入运行，2014 年 9 月 30 日完成主要建设内容。

10 月 12 日，兰空副司令员赵忠新中将一行参观石门水库。

2011 年

1 月，中央一号文件《中共中央 国务院关于加快水利改革发展的决定》发布。该文件是新中国成立以来中央发出的第一个关于水利改革发展的综合性政策文件，成为指导今后一个时期加快水利改革发展的纲领性文件，标志着我国水利改革发展步入了一个新的历史时期。

1 月 8 日起新修订的《中华人民共和国防汛条例》施行。

1 月 8 日起新修订的《中华人民共和国水土保持法实施条例》施行。

3 月 1 日起新修订的《中华人民共和国水土保持法》施行。

6 月 25 日，陕西省副省长娄勤俭来石门水库检查防汛工作。

7 月 27 日，世界小姐中国·西安赛区总决赛预赛在留坝县紫柏广场举行。

7 月 28 日至 8 月 7 日，2011·陕西·汉中（留坝）第五届紫柏山登山节暨栈道漂流节在留坝县栈道漂流山庄、张良庙－紫柏山风景区举行。中央、省、市媒体和县内外上千名干部群众、游客参加活动。

9 月 4 日，全国政协副主席张梅颖一行来留坝县调研“蜀道文化路线保护与申遗”工作。

2012 年

4 月 6 日，石门水电站河东电站 5 号机组开始拆除，该电站投资 1.336 亿元的增效扩容改造项目正式实施，到 2014 年 10 月完成。

4 月 25 日，国家信访总局副局长徐业安到汉中石门栈道风景区参观。

5 月 24 日，汉中市石门水库管理局从汉台区河东店镇迁到汉中城区劳动西路新址办公。

2013 年

5 月 22 日，最高人民法院原院长肖扬在陕西省委常委、政法委书记安东，汉中市委书记张会民等陪同下，到石门栈道风景区参观。

6 月，全国政协副主席齐续春到景区参观指导。

6 月 27 日，水利部副部长胡四一、水利部水电局局长田中兴一行来汉中石门水电站调研电站增效扩容改造工程。省水利厅巡视员李永杰、汉中市副市长王山稳等陪同。

7 月 15 日，陕西省副省长张道宏检查石门水库防汛工作，汉中市副市长王山稳等陪同。

8 月，中国道教协会会长任法融到景区弘法。

9 月，全国人大常委会原副委员长成思危一行到景区参观指导。

11 月，习近平总书记在关于《中共中央关于全面深化改革若干重大问题的决定》的说明中首次提出了“山水林田湖是一个生命共同体”的理念。

11 月，石门水电站开始实施农村水电站增效扩容项目，主要建设内容为：水轮发电机组及其附属设备、电气设备及电站辅助系统设备更新改造，金属结构及水工建筑物改造，综合自动化、输电线路改造，厂房修缮及厂区整治等。河床坝后电站由原 3×12500 千瓦扩容至 3×13000 千瓦。2015 年 6 月，全面完成建设任务。2016 年 10 月，项目通过了汉中市水利局组织的竣工验收。项目实施后，电站总装机容量增加至 44730 千瓦，出力系数由原来 7.47 提高至 8.68，机组发电效率和水利用率大大提高，达到了“节水节能”和“增效扩容”的目的。

2014 年

2 月 10 日下午，一辆牌号为沪 CBS387 的五菱宏光微型汽车，因为驾驶操作不慎，在 316 国道石门水库库区老丈沟段坠入水库，驾驶车辆的夫妇 2 人受伤，自行前往医院住院治疗。汉中市交警支队二大队、石门派出所、河东店派出所组织人员将车打捞出水。

3 月，习近平总书记在中央财经领导小组第五次会议上，就保障国家水安全发表重要

讲话，明确提出了“节水优先、空间均衡、系统治理、两手发力”的治水思路。

4月，汉中市评选出了最能体现汉中历史文化、人文生态、彰显文化名市底蕴的汉中十大文化符号：汉、古栈道（石门栈道），龙岗文化，拜将坛，张骞，定军山，石门十三品，朱鹮，汉调桄桄，汉中仙毫。

5月25日，以台湾经济部水利署北区水资源局副局长简昭群为团长的台湾中华水资源管理学会（台湾石门水库）代表团一行7人，来到汉中市石门水库管理局，就台湾、大陆2个“石门水库”的运行管理、库区水保治理、水电站经营管理、水库旅游开发等专题进行了广泛的交流、研讨。

6月，石门水库大坝被鉴定为“三类坝”，需要进行除险加固。

7月，陕西省人大常委会副主任朱静芝带领调研组到景区调研。

8月，石门水电站被国家水利部列为全国农村水电安全生产标准化试点电站。水利部总工程师汪洪、副部长胡四一先后到石门水电站调研。

9月10日，陕西省委常委、常务副省长江泽林到石门水库检查防汛工作。省政府副秘书长张光进、省水利厅副厅长魏小抗、省国土资源厅副厅长雷鸣雄，市委副书记、市长王建军，副市长王山稳陪同检查。

2015年

3月23日，316国道留坝县城段运输危化品车辆发生泄漏事故，造成粗酚污染北栈河。汉中市启动应急响应，紧急处置。

4月2日，国务院印发的《水污染防治行动计划》提出十条措施，俗称“水十条”。

5月，《石门栈道风景区景区设施提升规划》通过汉中市人民市政府的审批，该景区被列为市级重点景区。

6月17月，陕西省省长胡和平来石门水库调研考察。

2016年

4月1日起《陕西省地下水条例》施行。

4月，汉中市石门栈道风景区成功举办第一届中国栈道文化峰会，文化学者王立群、胡思远等做客石门。

5月9日，石门水电站被省水利厅确定为全省水利安全生产标准化建设试点单位。

11月，陕西省发展和改革委员会批复了石门水库除险加固工程初步设计，主要建设内容为：大坝加高加固（坝顶加高2.5米）、改建排沙泄洪设施、两岸坝肩不利组合整治、上坝交通改造、水库排沙减淤措施、金属结构及机电设备改造。2018年11月开工建设。

12月26日，汉中石门栈道风景区被陕西省旅游局授予国家AAAA级旅游景区。

2017年

3月，全国政协常委、副秘书长、致公党中央常务副主席蒋作君一行到景区调研。

4月，汉中石门栈道风景区成功举办第二届“中国栈道文化峰会”，文化学者纪连海、朱福全等做客石门。

5 月，全国政协常委、全国台联原党组书记、中共十八届中央候补委员梁国扬到石门景区调研。

5 月 27 日，中央政治局原委员、北京市委原书记刘琪，调研汉中石门栈道风景区。

6 月 5 日，中央政治局原常委、中央精神文明建设指导委员会原主任李长春调研汉中石门栈道风景区。

6 月 6 日，中央政治局常委、全国人大常委会委员长张德江率全国人大常委会执法检查组到汉中开展执法检查，调研汉中石门危险废物集中处置中心。张德江指出，要高度重视危险废物治理工作，切实增强责任意识，强化全过程监管，全面提升危险废物处置能力。

6 月 7—9 日，国际灌排委副主席、中国国家灌排委常务副秘书长丁昆仑率国家灌溉排水委员会专家组来汉中，对“汉中三堰”申遗做现场评估。9 日召开了“汉中三堰申报世界灌溉工程遗产专家评估会”。专家组认为，“汉中三堰”（山河堰、五门堰、杨填堰）符合申报世界灌溉工程遗产的条件，同意推荐申报。

6 月，陕西省委书记娄勤俭到石门景区调研指导。

9 月，汉中石门栈道风景区旅游公司成功创建汉中市首届市长质量奖。

10 月 10 日，在墨西哥召开的第 23 届国际灌排大会暨国际灌溉排水委员会 68 届国际执行理事会上，山河堰、五门堰、杨填堰组团的“汉中三堰”成功入选世界灌溉工程遗产名录。

11 月，水利部专家到景区调研，把景区作为优秀范例写入全国《水利风景区蓝皮书》。

12 月 21 日，石门水电站被水利部授予“2017 年度绿色小水电站”。

12 月 22 日，水利部新修订的《取水许可管理办法》发布。

2018 年

2 月，汉中市人民政府授予汉中石门栈道风景区旅游公司汉中首届“市长质量奖”荣誉称号。

3 月，汉中市石门城市供水项目技改工程取得施工许可证，开工建设。

4 月，汉中石门栈道风景区相继接待了原第十八届中央政治局常委、中央书记处书记刘云山，原第十一届全国人大常委会副委员长、党组成员、国家妇联主席陈至立，原水利部党组书记、部长杨振怀等领导考察参观。

8 月 2 日，汉中市水利局、市石门水库管理局、城固县人民政府因为“汉中三堰”申遗工作被汉中市人民政府记集体三等功一次；雷保寿、刘庭军、孟爱民、喻东平、杨晓伟、毛卫星、张天元、文经邦、穆树利等 20 人被表彰为“申遗工作先进个人”。

10 月，全国政协副主席李斌到汉中石门栈道风景区考察。

2019 年

3 月 1 日起《陕西省取水许可管理办法》施行。

3 月 1 日起《陕西省水文条例》施行。

10月，一级演员、女中音歌唱家、中国音乐家协会副主席关牧村，中国著名男中音歌唱艺术家、美音唱法中国学派代表佟铁鑫，中国著名女歌手、一级演员、中国音乐家协会理事成方圆来汉中石门栈道风景区参观游览。

11月，汉中石门栈道风景区荣登中国水利报——“水美中国、景惠民生”礼赞中国水利70年专栏；被两大网络平台推选为汉中区域游客心中十佳旅游景点排行榜榜首。

12月2日，陕西省水利厅印发《陕西省计划用水管理办法》。

12月26日，石门水库除险加固工程施工现场发生泄洪洞竖井施工承重架坍塌事故，造成3人死亡，5人受伤。

附　录

一、文献选录

原褒城县建置沿革

（一）

褒城县名由来，有两种说法：一说“终南山谷名褒斜，褒城县城正当褒谷南口，故名”；一说“（夏）禹为姒姓，其后分封用国为氏，故名褒氏”。“夏封同姓为褒国君”（《夏本纪》）。故夏、商、西周，皆称褒国。

褒国在唐虞时代，为古梁州城。

商、西周，为雍州地。

东周（春秋），褒国属蜀，后并入秦。

战国，周赧王元年（前314年），废褒国，置褒县属汉中郡。

西汉初，设褒中都尉。汉昭帝元凤六年（前75年），改为褒中县，属汉中郡。东汉永初四年（110年），西羌滇零入侵汉中，汉中太守郑勤移屯褒中，羌人攻褒中。褒中县名汉中褒城县。

魏，为褒中县。

东晋义熙九年（413年），褒中县更名为“苞中县”。

南朝，刘宋废苞中县。

北朝，北魏永平四年（511年），复置褒中县，新置褒中郡（治所在今汉中市新沟桥乡打钟寺村）。

北周，褒中县属梁州汉中郡。

隋文帝开皇元年（581年），杨坚为避其父杨忠之讳，改褒中县为褒内县。文帝仁寿元年（601年），因褒内县印失，发新印时改为褒城县。义宁二年（618年），复名褒中县，属梁州汉中郡。

唐贞观三年（629年），改褒中县为褒城县，属山南西道汉中郡。

五代，褒城县属兴元府。

北宋，嘉祐元年（1056年）属利州路兴元府，移治于山河堰西北（今红庙乡连峰村）。

元代，褒城县属陕西中书行省兴元路，又移治于山河堰东南 2.5 千米处今（汉中市河东店东）。

明初，又将县治移回北宋县城故址。洪武十年（1377 年）撤销城县，并入南郑县；不久，又恢复褒城县，属陕西布政司汉中府。

清代，褒城县属陕西省汉中府。

民国初，褒城县属陕西省汉中道。民国十七年（1928 年）废道，直属于省。民国二十四年（1935 年）属陕西省第六行政督察区专员公署。

1949 年 12 月 4 日，褒城县解放，属陕甘宁边区汉中分区行政督察专员公署。

1958 年 11 月 1 日，国务院批准撤销褒城县。

（二）

清以前地方行政区划无考。

据道光十一年（1831 年）《褒城县志·乡村》载：划全县为 12 坝，北为打钟、珍宝、贾村、牛头 4 坝，辖 24 村；南 8 坝为苇池、小沙、石窟、高台、消停、水南、七里、铁峪，辖 44 村。

民国初年（1912 年），在黄官岭设“分署”，分管县南行政事务。县以下划中一、东二、西三、南四 4 区。民国十七年（1928 年）撤销“分署”，区制未变。民国二十五年（1936 年）实行保甲制，划全县为连峰、长林、联乡、宗营、高台、协税、黄官、石窟、苇池、铁峪、南屏、水南、小沙、团堆、打钟、金泉、永安、马道、铁佛 19 个联保、108 保。民国二十九年（1940 年）改联保为乡、镇，划连峰、长林、联乡、宗营、高台、协税、黄官、马道、铁佛 9 镇；苇池、铁峪、南屏、石窟、水南、小沙、团堆、打钟、金泉、永安 10 乡、108 保。

新中国成立后，取消保甲制，划全县为城关、联乡、高台、新集、黄官、马道 6 区。1952 年增设长林、小沙 2 区。1956 年春，撤销长林、小沙 2 区。

褒城县撤销后，所属地域分别划归勉县、汉中市、留坝和南郑县。

古褒谷八景

古代汉中城北部褒谷口周围，亦即褒斜栈道南端，为游人驻足游憩之处，人们根据其自然景观，归纳为“古褒谷八景”。随着岁月沧桑，有的虽已不存，有的面目全非，为使人们了解该处昔日风貌，特载录如下。

（一）连城雄关

褒斜栈道南端进谷处的连城山，横卧在谷口，山势雄伟，高耸云霄，山下有鸡头关，乃北栈第一雄关。四周山势陡峭，谷底激流澎湃，河内巨石翻腾，谷中声如雷鸣。山上七盘迂回，山下有石门隧道通过，上下垂直，有昂鼻之势，鸡头关居高临下，锁住褒谷咽喉。其地形之险要，山势之雄伟，真是“一夫当关，万夫莫开”。历史上称之为“连城雄关”。

（二）石门藏珍

古石门遗址在褒斜道南谷口的七盘山下，与鸡头关上下垂直相对，它与眉县斜谷口的“大石门”严密锁着北栈道。根据史书记载，石门是东汉明帝时汉中太守部君所开。为世界历史上最早的人工隧道，经当代人测量，其长15.75米、宽4.15米、高3.6米，汉魏时期可容两车并行。石门内壁宛如刀削，光滑如镜。洞外南北十数里，怪石林立，崖壁上历代名人的“铭言石刻”，“颂文碑记”鳞次栉比。激流奔腾的河谷中，有魏王曹操触景生情挥毫就之的“衮雪”石刻。在褒河东岸，有石自然如盆，光泽如玉，上刻“玉盆”二字。这些褒谷古迹，摩崖碑刻，以“汉魏十三品”为代表，享誉海内外。旅者过此，必涉险攀登，欣赏这些珍品，怀古赞今，流连忘返。现因水库淹没，已将谷中主要的17方摩崖、碑刻移入汉中市博物馆保存。

（三）褒姒故里

沿褒斜道南口北上不远，在褒河岸边有村名“褒姒铺”，为周幽王宠姬褒姒故里。褒姒铺建有褒姒祠，塑有褒姒像，还有传说褒姒汲过水的褒姒井遗迹。（《汉中府志》载，褒姒居此汲水沐浴，肌肤莹腻）来往客商，慕褒姒之美名，均停车驻马，观瞻褒祠，谈论周幽王“烽火戏诸侯”昏庸误国的故事。

（四）卧云长虹

沿褒斜道南口北上15000米，有桥名“万年桥”，清康熙三年（1664年）修于河谷旁崖壁上，俯视谷底，水静波平，滩深难测，仰视悬崖峭壁千丈，使人惊魂失魄。两陡崖间横架石拱桥一座，犹如云雾之中一座长虹。山涧飞瀑倾泻，烟云缭绕桥下，人行桥上，观之如彩虹碧霞、玉珠万千，古人咏之为“峰横疑怪绝，泉响忽桥通”。马道拔贡钱仕锷手书：“卧云长虹”刻于壁之上，赞其绝妙佳景。桥侧有宋琬撰、沈荃书的《栈道平歌》和修栈者贾汉复自撰《修碥记》八方摩崖石碑，后人称八个碑，1971年没于石门水库中。

（五）木龙显灵

自褒谷口，沿栈道北上。褒河南岸，有村名“木龙沟”，住乡民十余户，傍山有祠，供有木龙神。曾传说是：褒河小龙显灵，救过行人，为感其恩而建。木龙神是一根自然长成的巨大龙形树根，精心雕刻而成，形象逼真，栩栩如生，有腾云吐雾之势，成为奇观。旧时行人怕栈道之险，经此必至祠前焚香祷告，求“龙神”佑其在褒斜道上“平安无恙”，因此祠内香火络绎不绝。随着栈道的变迁、交通的发展，往来客商多乘坐汽车，木龙祠虽在，木龙早已成为“雕刻工艺”的欣赏之物，已无灵可显。

（六）青桥寒索

马道南15000米处的青桥河上，有一座六根锁链连成的铁索桥，长有十余丈，继樊河索桥而建。桥下河床峡陡激流滚滚，咆哮之声震撼山岳，远在河口观之，铁索横浮于水上，瀑布直穿寒索。每到夜间，则显现出“碧波映月，寒索空荡”之幽景，故名为“青桥寒索”。古人以“崖树架连桥，奔流滩石怒，攀缘争一隙，时防马足误”而叹其险要。

（七）寒溪夜涨

马道驿旁有寒溪河，西汉刘邦大将樊哙在此屯兵时建有竹篾索桥一座，名樊河桥。相传韩信弃楚归汉，三次不遇，未得刘邦重用，一气之下，单骑北上，行至马道。是夜明月当空，但河水暴涨，信不能过。相国萧何月夜追至，信随萧何返回南郑。汉王刘邦筑坛拜将，封韩信为大将军，灭楚兴汉，为汉家四百年基业立下汗马功劳。今尚有“汉赞侯（萧何）追淮阴侯（韩信）因溪夜涨，至此，故及之”碑文。古人曾以“若非寒溪一夜涨，哪得汉室四百年”之句，赞叹“寒溪夜涨”之奇功。因此，马道颇负盛名。加之寒溪在此汇入褒水，两河交汇处的凤凰岭上，古树参天，茂林丛中，有一观音庙（凤凰寺），景色宜人，行旅至此，都攀登一游。

（八）太古烟霞

从马道沿栈道溯上八里，山谷狭窄陡高，谷底水流湍急，水冲乱石砰击而下，山上古树丛林，鸟兽出没无常，人行其间，如坠深谷之中，风声、水声震耳欲聋。明代，孙昭作诗形容此处为：“高林数息征鸿翼，崖壁时翻瀑布声，未信关南地形险，翻疑仙洞石梁行”。朝夕烟云缭绕，雾气弥漫，日出时彩云万道，徐徐浮升。游人经此，犹入太古境界，犹上九天云际。不知何时，江苏名士常万胜挥毫书“太古烟霞”四个大字，凿于古栈道旁，巨石之上。书法苍劲有力，赞其佳景，流传至今。

请专委府经历专管公堰详文

查汉属堰务，旧设水利通判。乾隆年间，秦将通判移安留坝，嗣改抚民同知，水利遂无专管之员。从前尚少争控事端，缘近年以来，老林开垦，土石松浮，每逢夏秋淋雨过多，遇有水涨，溪河拥沙推石而行，动将堰身冲塌，渠口堵塞，必乘冬春雇募人夫修砌挑挖，使水之时方能无误，工费日加繁重。需用银钱虽按地均摊，民间各举首事收支，而派拨人夫，必须官为督催，其各县所管堰渠与他县不相交涉者，地方官自行督办，尚易经理。内如南褒之山河大堰、第三堰、流珠等七渠，及城洋之杨填堰，均一渠浇灌两县田亩，一应修堤挖沙、拾石拦河、筑洞口各工，或上游恃其易于得水不肯照例行夫，或尾坝诿以难于得水不肯踊跃从事。至使水之时，或将洞口尺寸私行挖宽，或于封洞日期暗行盗启，人户既众，又属两邑关查，移讯动需时日，以至挑修不能赶紧，栽莳辄至误期，若委员督办，终非专管之官，事多掣肘，或届署事不能久留，更易生手，辄至茫无头绪，小民辄起争端，此士庶恳请设官经理之实情也，卑府查留坝关防，虽有水利字样，已改抚民同知，有命盗户婚田土等案之责，该厅距郡窎远，实难分身兼顾，而设官自有定制，未便添设。惟查卑府经历系属闲曹，并无专管要政，可否请将南褒城洋交涉两县堰务，责令该经历管理，不时赴交涉各堰督办，庶有专员经理，堰渠之争端可以稍息，于急工亦免至互推贻误，所有应议各条，胪列于左：

一、补筑堰堤，修整各洞决口，挑挖堰口淤沙，钉拾拦河桩石，均有旧例。按照段落

行夫，如举贡生监及各衙门充当书役人等，恃符依势，从中扰阻，抗不行夫，以致工不速竣，浇灌失利，贻害地方者，许该经历即行严拿，一面移会地方官讯详治罪，至使用银钱，向系民间自行按地摊派，仍交公举首事掌管，该员不得经手，以杜书役侵渔之弊。

二、各洞口大小，均按照浇田多寡定有尺寸，勒碑为记，永远遵守。如遇修整决口，不遵定例，私自增添既需水之时暗行挖宽者，该经历一经查出，即将为首之人拿究，照例治罪，该经历如有隐徇，即行参处。

三、大田需水之时，洞口启闭或轮日或分香，大堰由本道给发封条、余堰照旧规办理，如私启封条，暗行挖开，至下游水缺，该经历严拿究治，不得瞻徇。

四、各堰各洞所灌田亩均有定数，射利之徒间有将旱地开作水田，垦田日增，需水亦多。往往不循旧例，恃强争水，原灌正田反至失利。除已往不咎外，该经历不时稽查，再有将旱地开作水田者，立即拿究；如无契据者，照例入官充公。

五、各洞册内原灌正田，岁修有费，轮甲行夫为日已久，是以永沾灌田之利，至不入册之田，其田多系旱地所垦，并不派夫派费，只许收正田有余之水。如遇需水之时，借收水为名，偷挖堰水及聚众竞争者，立即严拿惩治。

六、水利易涉事端，劣衿豪棍往往煽惑愚民，籍争水利为名，敛钱聚众。而反坐食其利。该经历不时稽查，如访有此等播弄乡愚之徒，即先行严拿，移会地方官按律治罪。

七、南、褒、城、洋交涉各堰，设有堰差、堰长、小甲，遇应行修浚等事，必须差遣分拨办理，应饬该四县将堰差堰长小甲开列簿册，用合缝印交该经历查点，两县交涉堰务，听该经历差遣指使，如有抗违玩误，亦听该经历责处，倘该县违袒不发，许该经历明道府查究。

八、该经历既管四县交涉堰口之事，遇有争告呈状，许该经历接管，差遣堰差传唤到堰，随时剖断，事务稍巨，必须会同地方官办理，听其会办。如遇堰民上控，牵涉该经历接收呈状之事，不以擅受民词论。预杜刁告之风，其余民事不得干涉，仍议如律。

九、堰务交涉各事既责成该经历管，遇有上控两县堰务交涉之事，自应一体批发该经历审办，不得以滥批论，俾有事权不致棘手。如该经历审断不公，听地方官据实禀请道府提讯。

该经历冬春督工，夏秋查巡洞口，在堰日多，应设管理堰务文案之书吏及随带跟役马夫。除本员每日酌给饭食银二钱，书吏一名，跟役二名，马夫一名，每名酌给银五分，共计每月需银一十二两，每年需银一百四十八两。设经历系冷署闲曹，难以赔垫，转致裹足不前。请酌量堰务之烦简，地方官分别捐给。南郑县捐银五十八两，褒城三十两，洋县四十两，城固二十两，每月初一日致送。如有籍词抗交，令该经历径禀藩宪，在于各该县应领银两内扣发。设此月内遇有交卸，准交接任官按日入抵。以上各条是否可行？伏乞宪核饬遵。

董抚宪批准行。

严如熤——清嘉庆年间任汉中知府

鄂、陕、甘边区警备司令部文件
川陕鄂边区绥靖副主任公署

警副字第 3343 号

查汉惠渠、褒惠渠现已完工放水，灌溉农田增加生产，际此抗战建国时期，裨益军糈民生，至重且大，各界人等对此艰巨工程，自应倍加爱护，恪遵规定，以利生产，如有不法之徒，墨守已往陋规，或擅自将渠水引放江中，致妨碍下游农田灌溉者，一经查觉即以所在地之堰首分会长是问，如拿获放走渠水刁民，当以汉奸论处，军法从事，本司令言出法随，决不宽贷，合亟布告，仰各界民人，一体凛遵毋违，致于惩处！切切！

此布

司令并

祝绍周

副主任

中华民国三十一年五月二十四日

陕南行政主任公署布告

查汉中地区之汉、褒、湑三渠及各县民办之小型水利工程，均于最近大体修复完竣。现“芒种”将届，插秧在即。为了保障沿渠农民得以按时插秧，不误农时，施行公平合理的水利管理，有计划、有秩序地进行农田灌溉，实为必要。

兹根据本区的具体情况，规定以下办法：

（一）由各级人民政府、农代会代表及水利行政机关共同组成各灌溉区灌溉管理委员会，为执行放水的领导机关。其职权为计划、管理及督导放水事宜，并处理水利纠纷，办理违章事件等。

（二）各灌溉区群众，必须严守放水秩序，不得有霸水、盗水及一切违反当地用水公约之行为。如有犯者，经灌溉委员会检举控告，政府定予依法惩处。

（三）凡沿渠受益人民，均有保护大、小渠堰及建筑物之责任，不得破坏。如发现有破坏者，人人有检举之责。并禁止一切军、政、民人员在拦河大坝炸鱼，以免大坝工程发生危险。

（四）灌溉区群众相互间如因水发生争执，或对管理放水机关发现失职或不公现象，可向管理委员会申诉，或向政府控诉解决之。但不得自定罚规或聚众斗殴，违者依法严办！

仰我各灌溉区受益人民一体遵照执行为要！此布。

兼主任张邦英

公元一九五〇年五月二十二日

汉中地区革命委员会水电局
褒河石门水库西干渠进水口底槛高程问题座谈
会议纪要

一九七四年十月十一日，在地区革委会农办的主持下，我局邀请水电部第三工程局、褒河渠道工程指挥部、勉县革委会水电局和勉县褒联区革委会等单位的负责同志，对褒河石门水库西干渠进水口底槛高程问题进行了座谈，介绍了解了西干渠进水口高程设计、施工情况，讨论了群众意见，统一了认识，研究了西干渠进水口底槛以下库水的利用措施。

石门水库系按基本建设程序设计和施工的。一九六九年十月第一次渠道政工会议根据灌区灌溉面积和高程分布情况，研究确定西干渠渠道起点高程五百九十点八米（竣工高程五百九十点六一米），水电部第三工程局在设计大坝时，根据审定的正常高水位和死水位，结合渠首电站布置，将西干渠进口底槛高程定为五百九十二米，于一九七〇年八月和一九七二年三月两次上报了设计文件，施工中未变更设计。按设计，当库水位降至死水位五百九十五米时，西干渠仍可引进四点一立方米每秒流量，在设计灌溉保证率情况下，能够满足农田灌溉用水的要求。但由于一九七四年水库大坝灌浆处理时，前期蓄水不多，加之夏灌初期雨水缺少，到五月上旬库水位一度未蓄至五百九十二米高程上，造成西干渠几天引水的困难。褒联区广大贫下中农对竣工后西干渠进水口底槛高程较渠底高程高一点三九米以及东、西干渠高程不一有意见，多次向上级反映，要求采取有效措施，充分发挥水库作用，保证灌溉。与会同志认为，这种意见是正确的，表示欢迎。

为了充分利用死水位以下库水，提高西干渠灌区农田抗旱能力，水电部第三工程局和褒河渠道指挥部对广大贫下中农的意见多次进行了研究，提出了在河床电站引水隧洞出口，河床电站厂房前引水钢管Ⅰ、Ⅲ号管上开孔，垂直安装直径六百毫米的支管两根，引至五百五十米高程平台处，在支管上各安装一高压阀门，阀后接水泵进水管，于五百八十米高程处安装两台 24SH-28A 水泵，抽水入西干渠，以作特殊干旱年抽死水位以下库水，供西干渠灌区抗旱之用。与会同志认为这种办法比在库内设置浮动抽水船可靠，运行管理也方便，是积极可行的。经讨论商定：

（一）修建所需的支管、高压阀门和水泵进、出水压力管的钢材及其加工由水电部第三工程局负责解决。三工局领导表示同意，并已安排在一九七五年结合电站建设加工安装。

（二）抽水站由褒河渠道工程指挥部配合三工局进行设计，其所需电机、水泵和配电等设备由渠道指挥部负责解决，并领导好抽水站的施工。

（三）施工劳力由褒联区在冬春修建中组织受益社队承担，要求抽水站和管道基础开挖在河床电站设备安装前保证完成，迎接全国四届人民代表大会的召开！

一九七四年十一月十八日

注：本文随汉中地区革命委员会水电局“汉地革水便字〔1974〕第 35 号”文发。

中共中央、国务院
致电慰问陕西省水灾地区人民

新华社北京九月十日电中共中央、国务院向陕西灾区人民发出慰问电。电文如下：

陕西省委、省人民政府，兰州军区、陕西省军区并转遭受水灾的各地、市、县委、人民政府和广大干部、群众、人民解放军指战员：

你省继七月中旬汉中地区遭受洪水灾害后，最近二十多天来，汉中、关中以及陕南的一些地区又连降暴雨，引起山洪暴发，山坡滑塌，江河泛滥成灾，一些城镇村庄被淹，不少农田作物、水利设施以及公路、铁路等被冲毁，国家和人民财产遭受很大损失。党中央、国务院对此深为关切，特向你们表示亲切慰问。

水灾发生后，陕西省委、省人民政府、兰州军区、陕西省军区以及各级党政军领导同志，亲临重灾区领导抗洪救灾；广大干部、群众、人民解放军指战员奋不顾身，立即投入抗洪抢险，救出了大批被洪水围困的群众，抢救出大量国家和人民财产。同时及时安排群众生活，组织生产自救，取得了很大成绩。这又一次证明，在中国共产党领导下，只要广大干部和人民群众紧密团结，同甘共苦，共同战斗，任何艰难险阻都是可以战胜的。

党中央、国务院时刻关怀着你们，并决定尽可能从资金、物资上给以支援。希望奋战在抗灾前线的广大干部、共产党员、共青团员和人民群众、解放军指战员同志们，要在党的十一届六中全会精神的指引下，在各级党和政府的领导下，继续发扬自力更生、艰苦奋斗、英勇顽强的革命精神，再接再厉，千方百计地尽快恢复生产，重建家园，夺取抗灾斗争的更大胜利。

中共中央、国务院

一九八一年九月十日

（引自1981年9月11日《陕西日报》）

中共陕西省委、陕西省人民政府
致电慰问水灾地区人民

汉中地委、宝鸡市委，汉中行署、宝鸡市人民政府，汉中、宝鸡军分区并遭受严重水灾的各县委、县人民政府和广大干部、群众、人民解放军指战员：

今年七月中旬以来，汉中和宝鸡西部地区，多次普降暴雨或大雨，山洪暴发，江河猛涨，使不少地方遭受洪水灾害。尤其是八月十四日以来，灾情更为严重，国家和人民生命财产受到很大损失。灾害发生后，汉中地区、宝鸡市和受灾的各县（市）领导同志、广大干部和当地驻军指战员亲临第一线，领导和组织灾区抗洪救灾的斗争。你们奋不顾身解救被水围困的群众脱险，抢救人民财产，同时积极安排群众生活，恢复生产，大大减轻了水

灾的损失。在抗洪救灾中，出现了许多舍己为人、互帮互助的先进动人事迹。省委、省人民政府对这些地区的灾情极为关怀，特向灾区的广大人民群众表示亲切慰问；对各级干部、群众和解放军指战员在抗洪救灾斗争中，团结战斗，不怕困难，不畏艰险，英勇顽强的革命精神，表示敬意和赞扬。

当前受灾地区安排群众生活，恢复生产建设的任务相当艰巨繁重，特别是新的暴雨洪水灾害还可能再次发生。省委、省人民政府希望灾区的各级党政军领导同志和广大干部、共产党员、共青团员、民兵、人民群众，再接再厉，与灾害作斗争。要保持高度警惕，做好汛情预报，抓紧抢修和加固江河堤防，对居民和物资进行必要的安全转移，防止新的灾害。灾区的各级党政领导和广大干部，要千方百计地解救还在被水围困的群众脱险，尽快安排好受灾群众的生活。同时，要积极组织群众协助有关部门尽快抢修中断的铁路、公路和电讯，以便把粮食、食品、医药和物资运往灾区。要开展生产自救，对被淹农田作物，采取扶苗或改种等措施，尽量弥补灾害损失。对因灾停工停产的工矿企业，要抓紧清淤和复修，尽早恢复生产。力争把灾害所造成的损失夺回来。

省委、省人民政府相信灾区的广大干部和人民群众，在党的十一届六中全会精神的指引下，在各级党委和政府领导下，一定能进一步发扬大无畏的革命精神，团结战斗，恢复生产，战胜困难，重建家园，夺取抗灾斗争的新胜利。

中共陕西省委
陕西省人民政府
一九八一年八月二十三日
（引自 1981 年 8 月 24 日《陕西日报》）

二、地方法规

汉中行署办公室批转地区水电局《关于贯彻陕西省河道堤防工程管理规定的意见》的通知

各县、市人民政府：

地区水电局《关于贯彻陕西省河道堤防工程管理规定的意见》已经行署同意，现批转给你们，请结合实际，贯彻执行。

汉中行署办公室
一九八五年一月二十六日

关于贯彻《陕西省河道堤防工程管理规定》的意见

根据《陕西省河道堤防工程管理规定》，现结合我区的实际情况，提出以下意见：

一、《陕西省河道堤防工程管理规定》（以下简称《规定》）是加强河道堤防工程管

理、保障江河两岸工农业生产和人民生命财产安全的一个重要法规，是我们管理河道堤防的重要依据。沿江河的县、区、乡要采取多种形式大力进行宣传，使《规定》精神家喻户晓，人人明白，自觉遵守。各级水利部门特别是江河管理单位要组织广大职工对《规定》认真学习讨论，掌握《规定》的基本内容和具体要求。

二、加强领导，狠抓落实。各县市政府及水利部门要把实施《规定》列入工作议程，切实做好部署。水利部门要在全面做好贯彻实施工作的同时，当前要对护堤地进行清理，明确权属，插标亮界，并且进行汉江堤防安全管理范围的划定工作。对汉江和较大支流河道内的违章工程、阻水林草、有碍行洪的桥梁、房屋等建筑物要进行调查登记，督促其限期清除。

三、关于落实《规定》中几个问题的实施意见：

1. 关于专管机构和群众组织问题

汉江横贯我区全境，对平川五县的工农业生产和国家、人民群众生命财产的安全影响较大。当前建成堤防已达一百五十多千米。专管机构地区汉江管理处已成立。汉、南、城、洋、勉等五个平川县、市已相继成立江河管理站，因住房、人员还未全部落实，工作还没有很好开展起来，各县、市政府要重视这些问题，使已建立的机构很快发挥其职能作用。

其他各县，根据江河堤防管理业务多少，可设专管机构，或在水电局（或委托水工队）设专人管理此项业务，由各县自定。

群管组织，汉江和其主要支流，沿江两岸的乡村，乡设管理段，村设组，或每四~六千米堤防设一护堤员，明确管理任务，落实管理责任。

2. 防洪标准问题

汉中市城区紧邻汉江，又是我区的主要城市。因此，划为城防范围的防洪工程，设计标准按防御五十~一百年一遇洪水设计。其他沿江河县城的防洪工程，按五十年一遇洪水设计。汉江沿岸的主要集镇，堤防工程按二十~三十年一遇洪水设计。农田防洪堤按二十年一遇洪水设计。其他河流的农田防洪工程，按十~二十年一遇的洪水设计。

当前我区已成的江河堤防，防御洪水的能力大部分未达到上述标准。各县要争取在短期之内，达到上述设计标准。

3. 行洪范围问题

我区当前各个河流都未做系统的规划。因此，行洪范围暂作以下规定：

汉江老堤、老岸之间为河道行洪范围。

其他河流，老岸之间为行洪范围。

各县水利部门（或管理单位），要把各河流的行洪范围进行一次清查，凡阻水、违章建筑都应及早通知有关单位，限期清除。若有不遵守者，按《规定》条文惩罚。

4. 河道的砂、石采运和淘金的管理问题

为了改变当前河道砂、石采运的混乱状况，制止乱采乱挖，严防破坏工程设施。按《规定》河道砂、石、淘金由水利部门或河道管理单位统一管理。管理部门要指定砂石场范围和淘金的界限，并插标亮界，明确采运范围。

采运砂、石、土料和淘金的单位、个人，要向江河管理站领取采运证，在指定的范围内采运。凡采运砂石、淘金者应向管理单位缴纳堤防管理养护费，其收费标准地区意见暂定为砂石销售额的10%~15%，各县、市可根据实际研究确定。山区河流零星采运砂石的可暂不收费。

汉江平川五县管理站收缴的砂石管理养护费，一般应向地区汉江管理单位上缴3%~5%。

5. 护堤地的问题

汉江堤防护堤地的宽度，临河30米，背河10米；褒河、水河临河15米，背河5~10米；其他河流在不影响堤防安全的前提下，各县自定。

各县、市要组织农业局、水利（水电）局，城区吸收建设局共同划定，落实护堤地，要求一九八五年上半年完成，由管理单位插上界牌。护堤地属集体的由县人民政府调整，无法调整的，权属不变，但其经营利用方式需服从统一规划和堤防管理的要求。土地改变经营方式后，可给承包户减免公粮任务或采取其他办法。护堤地的划定，比较复杂，各县、市要组织力量调查研究，根据当地具体情况，采取合理的办法解决。

积极开展综合经营。各水利管理部门，要充分利用河道两岸的水土资源，因地制宜地开展种植、养殖、加工等多种经营，增加收入，逐步做到以堤养堤。

汉中地区水电局

一九八四年十二月二十四日

汉中市人民政府办公室文件

汉政办发〔2013〕40号

汉中市人民政府办公室
关于进一步做好水土保持工作的通知

各县区人民政府，汉中经济开发区管委会，市政府各工作部门、直属机构：

为深入贯彻《中华人民共和国水土保持法》、《陕西省水土保持条例》，进一步做好水土保持工作，减轻水土流失灾害，加快生态汉中建设，促进水土资源合理利用和经济社会全面协调可持续发展，现就有关事项通知如下：

一、切实增强水土保持工作的责任感和使命感

目前，全市尚有水土流失面积12500平方千米，占全市总面积的45%，1989年以来，相继实施了国家投资的长江中游水土保持重点工程（以下简称“长治”工程）、丹江口库区及上游水土保持工程（以下简称“丹治”工程）等水土保持工程，有效遏制了水土流失，保护了水土资源。但是，伴随市域经济社会快速发展，基础设施建设步伐加快，人为水土

流失问题依然突出，一些生产建设项目存在边破坏边治理、先破坏后治理、有的甚至破坏后不治理等现象，一些生产建设项目在建设中弃渣乱倒阻塞河道、影响交通、直接威胁着水利工程及下游群众生命财产安全。我市是国家南水北调中线工程水源地，也是陕西“引汉济渭”工程水源地，各县区政府、各有关部门要站在推进生态文明建设、促进经济社会可持续发展、保障国家和省内调水水量充足、水质安全的高度，处理好经济建设与保护水土资源的关系，做到开发建设与水土保持同步，不断提高水土保持工作水平。

二、科学编制规划，加快项目实施

水土保持规划应与土地利用总体规划、城乡建设规划和环境保护规划相协调，并纳入本级国民经济和社会发展规划。市、县（区）水行政主管部门要根据《水土保持法》《陕西省水土保持条例》的有关规定，编制水土保持规划，报同级政府批准，并会同发改、财政、国土、城建等部门，进行水土流失调查，提出水土流失重点预防区和重点治理区划定方案。相关基础设施建设、矿产资源开发、城镇建设、公共服务设施建设以及土地开发整理、工业园区、水电梯级开发、旅游景区等方面的规划，应提出预防和治理水土流失的具体措施，规划报批前须征得同级水行政主管部门同意。各县区政府、各有关部门要加强南水北调水源区水土保持、生态建设项目前期工作支持力度，认真储备和积极争取项目，对正在实施的“丹治”工程等重点项目要抓紧实施。

三、严格依法行政，加强服务监管

（一）严把行政许可关。凡在汉中境内开发建设的项目，必须依法编制水土保持方案，并经项目审批机关的同级水行政主管部门依法审查批准。未编制水土保持方案或者方案未经批准的生产建设项目，发改部门不得立项或申报，工信部门不得许可生产运营，公安部门不得发放爆炸物品和许可证，国土部门不得审批用地、发放采矿许可证，住建部门不得办理施工许可证，环保部门不得出具环境影响评价审批文件，安监部门不得办理安全生产许可证，工商管理部门不得发放营业执照。

（二）严把执法监督关。市、县（区）水行政主管部门要会同有关部门对辖区内交通、水利工程、矿产资源开发、工业园区、房地产开发等项目建设中造成的水土流失情况进行联合执法检查，督促开发建设单位认真落实水土保持“三同时”制度。对人为造成严重水土流失，且拒不整改的开发建设项目单位要按《水土保持法》《陕西省水土保持条例》规定依法处理。要认真履行监督职责，把水土保持方案的实施、后续设计、水土流失监测、竣工验收作为监督检查的重点，保证水土保持方案各项措施落到实处，积极探索建立上下联动、部门协作配合的监督检查机制，提高方案实施率。

（三）严把设施验收关。市、县（区）水行政主管部门要按照谁审批、谁验收的原则，认真做好生产建设项目水土保持设施验收工作。对主体工程已完工、水土保持设施未验收的项目，要督促生产建设单位限期完成水土保持设施验收。建设项目竣工验收时，必须有同级水行政主管部门对水土保持设施的验收意见，水土保持设施未经验收或者验收不合格的，相关行政主管部门不得对建设项目进行竣工验收，项目不得投产使用。

（四）切实加强水土保持监测工作。各县区政府要完善水土保持监测网络，对辖区内

水土流失动态进行适时监测，及时掌握辖区水土流失分布状况和变化趋势。生产建设单位要按照有关规定开展水土流失监测，并将水土流失监测情况及时报当地水行政主管部门，对不具备监测条件和能力的，应当委托具备相应条件和资质的机构进行监测。

四、强化保障措施，确保工作成效

（一）加强考核奖惩力度。各县区政府要把“丹治”等水土保持重点治理工程纳入年度目标责任考核。建立领导任期水土保持目标责任制和考核奖惩制度，主要领导负总责，逐级签订责任书，明确工作目标，落实具体责任，确保辖区内的水土资源永续利用。

（二）加强水土保持宣传。各县区要把水土保持国策宣传教育作为年度工作的重要内容，充分利用各类新闻媒体，宣传水土保持的战略地位和作用。要结合“六五”普法工作，开展水土保持法律法规“六进”活动，增强全社会的水土保持法治观念，为保护水土资源、改善生态环境营造良好的舆论氛围。

（三）加强队伍能力建设。《陕西省水土保持条例》将水土保持行政执法授权于水土保持监督管理机构，各县区政府要尽快完善水土保持监督管理机构建设，做到执法主体合法、执法程序合法、执法公平公正。同时要为水土保持工作提供必要的工作经费，高度重视水土保持队伍建设，按照《中央关于加快水利改革发展的决定》的精神，积极引进培养、选拔使用人才，尽快把熟悉水保治理、监测、执法，具有强烈事业心的同志充实到水土保持队伍中来。水行政主管部门要加强水保人员业务技能和法律知识培训，不断提高其业务素质和执法水平，为文明执法、公正执法、规范执法奠定坚实的基础。

汉中市人民政府办公室

2013 年 9 月 22 日

中共汉中市委文件

汉发〔2017〕11 号

中共汉中市委　汉中市人民政府
关于印发《汉中市全面推行河长制实施方案》的通知

各县区委、人民政府，汉中经济开发区、兴汉新区、航空智慧新城管委会，市委和市级国家机关各部门、直属机构，各人民团体：

现将《汉中市全面推行河长制实施方案》印发给你们，请结合实际认真抓好贯彻落实。

中共汉中市委　汉中市人民政府

2017 年 4 月 17 日

汉中市全面推行河长制实施方案

为全面贯彻落实中央《关于全面推行河长制的意见》（厅字〔2016〕42号）和《陕西省全面推行河长制实施方案》（陕办字〔2017〕8号）精神，进一步加强我市河湖管理保护工作，夯实属地责任，健全长效机制，结合我市实际，制定本实施方案。

一、总体要求

全面贯彻落实党的十八大和十八届三中、四中、五中、六中全会精神，深入学习贯彻习近平总书记系列重要讲话特别是来陕视察重要讲话精神，坚持“生态优先、绿色发展，党政领导、部门联动，问题导向、因地制宜，强化监督、严格考核”的基本原则和“节水优先、空间均衡、系统治理、两手发力”的工作方针，以加强水管理、保护水资源、防治水污染、改善水环境、修复水生态为主要任务，构建责任明确、协调有序、监管严格、运行有效的河长管理制度，为维护健康水环境、实现河湖功能永续利用提供制度保障。到2018年，在全市所有河湖，全面建立以党委、政府主要领导负责制为核心的市、县（区）、镇（街）三级河长体系，有效遏制乱倒乱排、乱采乱挖、乱占乱建、乱围乱堵等现象，逐步实现全市河湖“四无四有”目标（无垃圾倾倒、无污水直排、无非法采砂、无违章建筑；有管护机构、有稳固堤防、有生态空间、有良好水质），打造“水清岸绿、生态健康、自然优美、人水和谐”的河湖环境，为实现追赶超越目标、加快“三市”建设、同步全面小康提供坚实的水保障。

二、主要任务

我市是“一江清水供京济渭”的水源地，涵养水源、保护水质是长期的政治责任，为此明确以下八项主要任务。

（一）严格河湖规划管理

1. 科学谋划精心布局。遵循河湖自然规律和经济社会发展规律，坚持开发与保护并重，将“绿水青山就是金山银山”的生态理念融入城乡建设、河湖整治、旅游开发、环境治理、产业发展等项目的规划、实施和管理全过程，科学谋划经济社会发展规划和各领域、各行业专项规划。

2. 统筹编制多规合一。统筹考虑地区水资源条件，探索建立河湖联通联控联调制度，提高河湖水环境承载能力，积极推进海绵城市建设。以国民经济和社会发展五年规划为指导，注重生态环境保护和可持续发展，逐步推进土地、城乡、水利、农业、林业等专项规划与河湖环境有关规划“多规合一”。

（二）强化水资源保护

3. 落实最严格水资源管理制度。进一步落实“用水总量控制、用水效率控制、水功能区限制纳污、水资源管理责任与考核”四项制度，严守“水资源开发利用控制、用水效率控制、水功能区限制纳污”三条红线，构建水资源合理配置和高效利用体系。进一步落实取水许可和水资源有偿使用制度，对纳入取水管理的单位和用水大户全部实行用水目标管

理。严控地下水开采，实行地下水位和开采水量双控制度，进一步加大城镇公共供水管网覆盖范围内自备井的关闭力度。

4. 严格水功能区监管。从严核定水域纳污容量，实行污染物排放总量控制。将污染物排放总量控制指标作为新建、改建、扩建项目环境准入的依据，实行等量或减量置换。未完成污染物总量减排任务的县（区），暂停审批新增排放污染物项目。全面推行排污许可制度，加强入河排污口监管，开展入河排污口整治。

5. 提高水监测能力。加强重要河流跨界断面、重点水域的水量水质及地下水水位水质监测，强化突发水污染处置应急监测。逐步完善建强市、县（区）水资源水环境监测中心，开展水质水量监测和评价，按规定发布有关监测信息。

（三）加强水域岸线管护治理

6. 建立长效管护机制。健全河湖管护机构，落实人员编制和工作经费。依法划定河湖管理范围，建立河湖自然资源资产产权制度，对水域、滩涂、岸线等自然生态空间确权登记。严禁以各种名义侵占河道、水域，严格涉水活动的社会管理，科学划分河湖岸线功能区，强化分区管理和用途管制。明确河湖管理责任，完善河湖、堤防管理养护制度，积极推行管养分离和政府购买服务方式，实现河湖养护专业化、社会化。

7. 加强涉河活动监管。严格涉河项目审批和建设管理，严禁未批先建，对违规建设项目实行责任追究。按照保护优先、总量控制和有序开采的原则，科学制定河道采砂规划，继续实行褒河下游禁采制度，有序推进汉江平川段禁采工作。强化河道采砂日常监管，禁止超时超量超范围开采和在河道内堆放采砂尾弃料。跨河、临河交通桥梁保护范围内禁止河道采砂。开展多部门联合执法检查和专项整治行动，严厉打击乱倒乱排、乱采乱挖、乱占乱建、乱围乱堵、电毒炸鱼和违规网具捕鱼等突出问题，恢复河湖水域岸线生态功能。

8. 一河一策整治水系。按照一河一策思路和“还空间、固堤防、治污水、优环境”的要求，全面系统推进河湖综合治理。继续实施汉江综合整治，积极推进平川段水生态保护与修复工程和生态湿地群建设；通过实施嘉陵江防洪治理工程逐步完善重点段落防洪体系；其他河湖按照一河一策的要求，根据承载功能、不同区位和时段，对突出问题进行治理，重点实施褒河、西汉水防洪工程、中小河流治理、山洪沟治理项目。

（四）统筹城乡水污染防治

9. 加快城镇污水治理。推进城镇污水处理设施和配套管网建设，积极实施雨污分流，逐步实现城镇污水全收集、全处理，开展城市建成区黑臭水体整治。加强污水处理设施运行管理，因地制宜建设汉江、嘉陵江沿线生态湿地群，确保汉江、嘉陵江出境断面水质达到控制标准。

10. 加强沿岸垃圾处置。实施农村清洁工程，建设生态镇村。加快重要河流沿岸镇村的生活垃圾处理设施建设，完善配套设施，健全管理制度，逐步实现生活垃圾设施全覆盖和无害化处理。

11. 严格农业面源污染防治。加强种植业污染防治，加快测土配方施肥技术推广应用，引导农民科学施肥，广泛使用生物农药或低毒、低残留农药，降低农药对水环境的影响。

推进畜禽养殖污染防治，以规模化养殖为重点，推行养殖废弃物分户收集，集中处理。严格执行《淡水池塘养殖水排放要求》，推行无公害养殖。

（五）持续开展水环境治理

12.严格水环境保护。按照空间、总量、项目“三位一体”环境准入制度，对水源保护区、自然保护区、水源涵养区和水生生物保护区依法实施强制性保护。分类实施我市秦岭、巴山谷口保护，加强谷口沿河经营活动管理，开展截污治污，预防水体污染。健全生态补偿制度，生态补偿资金重点用于河湖保护管理工作。建立水质恶化倒查机制，追溯污染来源，严格落实整治责任和限期整改措施。

13.保障城乡供水安全。抓好重点水源工程和跨流域调水工程建设，积极推进云河水库在建项目竣工投用，娘娘滩、卡房水库灌溉配套，焦岩水库、引嘉入汉、石门水库除险加固等项目论证立项，充分发挥骨干水源工程在防洪、供水和改善生态环境等方面的重要作用。全面推进饮用水水源保护区和保护范围的划定，加强饮用水水源地保护，全力推进狮子崖等 7 座小型水库工程，建设城市集中式饮用水备用或应急水源，强化饮用水水源应急管理，建立完善饮用水水源地突发事件应急预案，保障城乡居民用水安全。

14.加强水环境应急管理。严格水环境风险控制，定期开展风险评估，加强隐患排查，落实防控措施。健全水污染事故处置应急预案，落实突发事故各项应急措施。按区域、流域规划建设分布式应急物资储备库，储备足够的应急物资。强化联合预警，建立联动应急预案和响应机制，定期组织开展演练，全面提升水环境应急保障和处置能力。

（六）加强水生态保护与修复

15.加大水土流失治理。继续实施退耕还林还草，以水土保持治理、坡改梯、旱改水等重点项目为依托，积极推进水保生态建设，创建清洁型示范小流域。强化水土保持监管，完善建设项目水土保持方案前置审批制度，创新城市水土保持工作。

16.推进水生态修复。科学划定生态保护红线，加强河湖湿地生态保护与修复，禁止侵占河湖湿地等水源涵养空间，开展河湖沿岸绿化造林，维护健康自然弯曲河湖岸线和天然浅滩深潭泛洪漫滩。加大水生生物保护，加强水生生物保护区和增殖放流站建设，科学组织增殖放流活动，加强水库、水电站运行调度，保证河道生态基流。

17.加强水文化建设。建设水文化示范基地和水生态科普基地，构建以水文化、水科技、水生态为主要内容的文化传播平台，增强人民群众亲水、爱水、惜水、护水意识，养成良好用水节水行为习惯，为改善水环境、修复水生态营造良好的水文化氛围。

（七）深入开展节水提效

18.强化节水管理。建立健全节水管理机构，加强节水管理制度建设，开展水效领跑者引领行动，推进高耗水行业节水技术改造，推行合同节水管理试点，促进节水型服务行业发展。树立节水标杆，开展节水型公共机构、企业、社区、灌区等节水单元创建工作。完善水价形成机制，继续推进城镇居民生活用水阶梯水价制度和非居民用水超计划超定额累进加价制度，不断理顺农业灌溉用水价格，以价格倒逼全社会节约高效用水。

19.提高用水效率。积极推广节水生产方式和消费模式，大力推进城市、农业、工业

节水提效工作，重点实施高效节水灌溉、城市供水管网改造等项目，以监督和激励机制为保障，严格目标考核，确保全市万元GDP用水量、万元工业增加值用水量和农田灌溉水有效利用系数达到控制目标。

（八）严格水环境监管与执法

20. 创新河湖监管体系。建立河湖日常监管巡查制度和违法行为报告制度，建设全市河湖管理地理信息系统平台，建立卫星遥测和无人机巡查系统，逐步实现河湖水域环境人机双重动态监管。建立健全河湖保洁管理制度，逐步实现城镇河段保洁全覆盖。建立水域岸线占用补偿制度，按照消除对水域功能的不利影响、等效替代的原则，进行占用补偿。探索建立与生态文明建设相适应的河湖健康评价体系，适时定期发布河湖健康公报。

21. 严打涉水违法犯罪。坚持依法治水管水，严格贯彻执行涉水法律法规，完善行政执法与刑事司法衔接机制。整合水利综合执法机构，落实人员、装备和经费，对水环境违法实行“零容忍”，严厉打击各类涉水违法行为。强化水利、公安、环保等部门联合执法，重点河流（段）设置警长，迅速打击破坏水环境、水安全的犯罪行为。

三、河长的设置及职责

（一）河长设置

1. 河长。我市总河长由市委、市政府主要负责同志担任，副总河长由市委、市政府分管农村农业工作的负责同志担任。我市境内汉江、嘉陵江两条干流及褒河、湑水河、牧马河、泾洋河四条重要支流设置市级河长。同时市级河长配备河道警长，市级河道警长由市公安局提出人选，报河长确定。

2. 河长制责任单位。市发改委、市工信委、市教育局、市科技局、市公安局、市财政局、市国土资源局、市建规局、市住管局、市交通运输局、市农业局、市林业局、市水利局、市环保局、市文旅局、市编办、市考核办、汉中供电局和地电汉中分公司等为市河长制责任单位。

3. 河长制办公室。成立市河长制办公室，办公室主任由市水利局主要负责同志担任，副主任由市环保局、市水利局分管负责同志及市河道管理处主要负责同志担任，市河长制责任单位责任人为办公室成员。

按照属地管理原则，各县（区）负责具体落实县（区）、镇（街）两级河长，由同级党委或政府负责同志担任。同时，县（区）相应设河长制办公室。

（二）工作职责

1. 河长职责。总河长、副总河长负责领导全市河长制工作，承担总督导、总调度、总协调职责。市级河长负责指导、协调包抓河流的保护管理工作，督导考核下级河长和市级有关责任单位履行职责，河道警长负责迅速打击包抓河流（段）涉水违法犯罪行为。各级河长是辖区内包抓河流（段）保护管理的直接责任人，负责牵头推进包抓河流（段）突出问题整治、水污染综合防治、巡查保洁安全防护、水生态修复和河湖保护管理等工作。各级河长要定期对包抓河流（段）进行巡查、检查、督导。镇（街）级河长每周巡查1次，县（区）级河长每月巡查1次，市级河长定期督查，协调解决实际问题。镇（街）级河长

职责由所在县（区）予以明确。

2. 责任单位职责。市发改委负责协调推进河湖保护有关重点项目，研究制定河湖保护产业布局和重大政策，协调水环境治理建设重大问题；市工信委负责协调指导对水环境造成污染的企业转型升级，淘汰落后产能；市教育局负责组织开展中小学生河湖保护管理教育；市科技局负责组织开展节约用水、水资源保护、河湖环境治理、水生态修复等科学研究和技术示范；市公安局负责落实市级河长包抓河道警长，依法迅速打击破坏河湖环境、影响社会公共安全的涉水违法犯罪行为；市财政局负责落实市级河长制专项经费，协调河湖保护管理所需资金，监督资金使用；市国土资源局负责开展矿产资源开发利用过程中矿山地质环境保护工作，协调河湖治理项目用地保障、河湖及水利工程管理范围和保护范围确权登记，负责河道外取土挖砂的监管；市建规局负责城市垃圾污水处理、城市防洪排涝项目建设规划审批、指导全市镇村垃圾污水处理，牵头推进城区水域黑臭水体整治；市住管局负责城镇污水、垃圾处理设施建设与管理；市交通运输局负责涉河陆路交通项目建设期间污染防治，河道水上船舶运营安全监管，河道桥梁上下游保护范围内的禁采工作；市农业局负责农业面源、畜禽养殖污染防治工作，推进农业废弃物综合利用；市林业局负责推进生态公益林和水源涵养林建设，推进河湖沿岸绿化和湿地修复工作；市水利局负责河长制办公室日常工作，贯彻落实最严格水资源管理制度，推进节水型社会和水生态文明建设，组织水域岸线登记及管理、河湖划界确权、河道采砂管理、水土流失治理、堤防及附属工程管理养护、水面养殖污染防治、水生生物保护、河湖水工程建设和水文化建设等，依法查处水事违法违规行为;市环保局负责水污染防治的统一监督管理,组织实施跨县(区)的水污染防治规划，严格执行河湖排污标准，开展入河污染源的调查执法和达标排放监管，实施全市地表水水质监测，推进农村环境综合整治工作；市文旅局负责指导和监督景区内河湖保护管理，水上旅游项目的污染防治和安全监管；市编办负责河长制有关机构设置和职能调整工作；市考核办会同市河长制办公室制定全市河长制考核办法并负责年终考核；汉中供电局、地电汉中分公司负责全市水环境治理保护过程中的用电申请办理和涉水违规主体的供电设施拆除。各责任单位要各司其职、各负其责、密切配合、协调联动，依法履行好职责。

3. 市河长制办公室职责。市河长制办公室具体负责河长制的组织实施，主要职责为组织协调、调度督导、检查考核。

四、组织保障

（一）健全工作机制。建立各级河长联席会议制度，由河长负责牵头召集河长制办公室和责任单位，协调解决河湖保护管理重点难点问题。建立问题督办制度，由河长签发督办单，对河湖保护管理重要事项进行督办。建立信息共享通报制度，加强日常工作沟通与协调，定期发布河长制工作信息。各级河长制办公室要加强组织协调，督促各责任单位按照职责分工，落实责任，密切配合，协同推进河湖管理保护工作。

（二）严格考核问责。将河长制纳入全市年度目标责任考核，根据不同河湖的实际情况，实行差异化绩效评价，具体考核办法由市河长制办公室会同市考核办制定，由市考核

办组织考核。对考核优秀的县（区）和责任单位进行通报表彰。将领导干部自然资源资产离任审计结果及整改情况作为考核的重要参考，考核结果作为领导干部综合考核评价的重要依据。实行生态环境损害责任终身追究制，对因失职、渎职导致河湖环境遭到严重破坏的，依法依规追究责任单位及责任人的责任。

（三）落实工作经费。各级财政要重点保障实施河长制、水质水量监测、信息平台建设、河湖划界确权、突出问题整治、水文化建设及技术服务等工作费用。足额保障河湖巡查、堤防维修、保洁等日常管养经费，纳入各级财政预算。加大城乡水环境整治、水污染治理、水生态保护修复等项目的资金投入，积极探索引导社会资金参与水环境治理与保护的机制。

（四）强化社会监督。河长制是一项长期制度，要在各级信息发布平台和媒体上公布河长名单，在河湖显要位置设立河长公示牌，公布河段范围、姓名、职务、职责和联系方式，接受社会监督。开展中小学生河湖保护管理教育，增强中小学生的河湖保护意识。引导企业履行社会责任，自觉防污治污，大力发展绿色循环经济。通过报刊、广播、电视、网络、微信等媒体和传播手段，广泛宣传江河库渠保护管理的法律法规，大力宣传河长制工作开展情况，有效发挥媒体舆论引导和监督作用，提高社会公众关注度和参与意识，营造全社会共同关心、支持、监督河湖保护管理的浓厚氛围。

索　引

山川河湖（34条）

水资源开发利用（31 条）

防汛抗旱与河道整治（20 条）

生态环境建设（20 条）

流域综合管理（52 条）

流域文化保护与传承（57条）

机构与人物（66 条）

参加编写及提供资料人员名单

资料总协调： 曹铭辉　徐鹏飞

提供资料人员：

肖　洁　夏群超　李　勤　喻东平　岳　洋　何晓斌　黄美辰　张亚琴
吕焕定　唐甜雨　雷梓潇　张　果　赵　芮　雷　超　黄克伟　戚晓星
屈利娜　马　严　罗　艺　黎徐成　邹红润　苟红国　高　敏　王　戬
王　新　刘　群　王建忠　张炳彦　李志斌　闫　青　马雄伟　鲁一未
张　耀

提供照片人员： 雷保寿　牛江林　张亚智　朱　林

编后记

时逢盛世，陕西省水利厅组织编纂《陕西省河流志丛书》，益当今，泽后世。

编纂方法推陈出新，编委会征召全省10位水文化专家为主编，包干负责10条重要河流志书的编纂任务。仗着对水文化的挚爱和40年水利工作的经历，编者斗胆接受了《褒河志》的编纂任务。

以河流编志，既不同于“地方志”，也不同于“专业志”，没有多少经验可借鉴。为实现编纂目标，编委会几经磋商，反复讨论，确定以河流为主线，以生态环境和水资源开发利用为重点，真实记述江河自然、人文古今状况，反映江河同人类文明的关系，最终实现遵循自然和历史规律，正确治理开发江河，使江河更好地为人类服务。使之成为回顾过去、反映现在、服务未来的工具书、资料书、参考书。

《褒河志》的编撰，2023年初落实编写任务，2024年初完成初稿。2024年1月25日，陕西省水利厅组织有关专家、厅设有关单位负责同志对《褒河志（初稿）》进行了初审，并提出了补充完善意见。会后，编者及时组织宝鸡、汉中有关市（县）编写人员逐条进行了修改完善。4月8—20日，《陕西省河流志丛书》编纂委员会将《褒河志（征求意见稿）》下发宝鸡、汉中有关单位、县（区）和省级有关单位征求意见，同时征求了陕西省地方志办公室的意见。宝鸡、汉中有关市（县）、单位补充完善了有关内容，并提出了50多条修改意见，特别是陕西省地方志办公室李军副处长、陕西省住房和城乡建设厅倪坪同志、陕西省水利厅原二级巡视员杨耕读同志对志书编纂工作给予了充分肯定，并对志书定位、审定、图表、记述重点、人物入志等提出了明确要求。根据陕西省地方志办公室编志最新要求，编者及时修改完善，统一设置了英文目录和索引，取消了人物篇中人物事录节。2024年6月8日，陕西省地方志办公室在西安召开了《褒河志》复审会，陕西省地方志办公室李军副处长出席并主持了复审会议，与会专家充分肯定了《褒河志》的编纂成果，认为《褒河志》政治观点正确，体例规范，结构合理，资料丰富翔实，文风朴实，语言精炼，特色明显，会议一致同意将《陕西省河流志丛书》纳入《陕西省地情丛书》范畴，并同意《褒河志》通过复审。

《褒河志》全稿谢笔结篇之际，编者如释重负。2025年2月22日，中国名水志文化工程·陕西省河流志丛书终审会在北京召开。水利部办公厅、中国地方志工作办公室、中国水利水电科学研究院、中国社会科学院当代中国研究所、中国水利学会水利史与水利遗产专业委员会、黄河水利出版社、陕西省水利厅、陕西省地方志办公室的有关领导、专家、

学者共计 17 人参加了会议。专家组一致同意将《陕西省河流志丛书》列入《中国名水志文化工程丛书》，编者深感欣慰。

《褒河志》的编写工作艰辛，工程浩繁，非得大量资料而难以成书。编者备尝耕耘的艰辛，深感修志之不易。从制定编纂大纲，到收集资料、外业勘查、文字撰写，历时一年。编者以高度的责任感，坚强的毅力，用超常规的工作手段和工作力度，夜以继日，忘我工作，孤军奋战，呕心沥血，几易其稿，最终成书。其功之艰，展卷可知。其间，汉中市水利局、石门水库管理局、汉中市水文水资源勘测中心以及太白县水利局、凤县水利局、留坝县水利局、汉台区水利局、勉县水利局等单位给予积极配合和鼎力支持，汉江书院给予倾情相助，谨致衷心感谢！

驾驭这样一部纵贯古今、横陈百科的河流志，限于编者才识，疏漏错讹，定然难免。为此，恳谢广大学者及社会各界不吝赐教，诚望各方人士指正，以便再修时正误补遗。

雷保寿

2025 年 4 月